Kölner Hand- und Formularbücher der notariellen Praxis

Eckhardt · Hermanns
Kölner Handbuch Gesellschaftsrecht
4. Auflage

Kölner Hand- und Formularbücher der notariellen Praxis

Kölner Handbuch Gesellschaftsrecht

Herausgegeben von

Dr. Dirk Eckhardt, Notar, Bergisch Gladbach

und

Dr. Marc Hermanns, Notar, Köln

Bearbeitet von

Dr. Kai Bischoff, LL.M. (Int Tax NYU), Notar, Köln; *Dr. Ulrich Bous,* Notar, Stolberg; *Dr. Dirk Eckhardt,* Notar, Bergisch Gladbach; *Dr. Jens Fleischhauer, LL.M.,* Notar, Köln; *Dr. Stefan Heinze,* Notar, Köln; *Dr. Marc Hermanns,* Notar, Köln; *Dirk Höfinghoff,* Notar, Siegburg; *Ralf Knaier,* Diplom-Jurist, Europajurist (Univ. Würzburg); *Maximilian Meier,* Wissenschaftlicher Mitarbeiter, Lehrstuhl für Internationales Strafrecht, Strafprozessrecht, Wirtschafts- und Steuerstrafrecht, Universität Würzburg; *Dr. Jörg R. Nickel,* RA/StB, Köln; *Dr. Klaus Piehler, LL.M.,* Notar a.D., Köln; *Dr. Niklas Rahlmeyer,* RA, Mülheim an der Ruhr; *Dr. Georg Specks,* Notar, Aachen; *Dr. Joachim Tebben, LL.M. (Michigan),* Notar, Düsseldorf; *Dr. Ulrich Temme,* Notar, Düsseldorf; *Prof. Dr. Christoph Terbrack,* Notar, Aachen, Honorarprofessor an der RWTH Aachen; *Philipp Thouet,* RA/StB, Aachen; *Stephanie Thouet,* RAin, Aachen; *Dr. Armin Winnen,* Notar, Aachen.

4. Auflage

Carl Heymanns Verlag 2021

Zitiervorschlag:
KölnerHBGesR/*Verfasser* Kap. ... Rn. ...

Bibliografische Information der Deutschen Nationalbibliothek

Die Deutsche Nationalbibliothek verzeichnet diese Publikation in der Deutschen Nationalbibliografie; detaillierte bibliografische Daten sind im Internet über http://dnb.d-nb.de abrufbar.

ISBN 978-3-452-29199-8

Downloaden Sie die Formulare des Werkes zur weiteren Bearbeitung in Ihrem Textprogramm. Rufen Sie dazu die Website
http://download.wolterskluwer.de
auf und registrieren Sie sich mit dem folgenden Zugangscode:

WKZ2VU8VM

Eine genaue Anleitung finden Sie unter der oben genannten Website.

www.wolterskluwer.de

Alle Rechte vorbehalten.

© 2021 Wolters Kluwer Deutschland GmbH, Wolters-Kluwer-Straße 1, 50354 Hürth.

Das Werk einschließlich aller seiner Teile ist urheberrechtlich geschützt. Jede Verwertung außerhalb der engen Grenzen des Urheberrechtsgesetzes ist ohne Zustimmung des Verlages unzulässig und strafbar. Das gilt insbesondere für Vervielfältigungen, Übersetzungen, Mikroverfilmungen und die Einspeicherung und Verarbeitung in elektronischen Systemen.

Verlag und Autor übernehmen keine Haftung für inhaltliche oder drucktechnische Fehler.

Umschlagkonzeption: Martina Busch Grafikdesign, Homburg Kirrberg

Satz: Datagroup-Int SRL, Timisoara, Romania

Druck und Weiterverarbeitung: Williams Lea & Tag GmbH, München

Gedruckt auf säurefreiem, alterungsbeständigem und chlorfreiem Papier.

Vorwort

Auch die nunmehr 4. Auflage des Werkes ist von dem Anliegen getragen, die in der notariellen Praxis auftretenden Fragen zugleich mit wissenschaftlichem Tiefgang und Fingerspitzengefühl für die Praxis darzustellen. Autoren und Herausgeber sind daher bemüht, ein angemessenes Gleichgewicht zwischen der Darstellung von theoretischen Grundlagen der Gestaltung und Vorschlägen für die konkrete Urkundengestaltung herzustellen.

Mit der Neuaufnahme der Kapitel über das Genossenschaftsrecht und zur Unternehmensfinanzierung glauben wir, zwei Themenbereiche aufgegriffen zu haben, die zwar nicht im Kernbereich der täglichen notariellen Praxis liegen mögen, jedoch in nicht wenigen Einzelfällen hilfreiche Unterstützung für die Notarin und den Notar geben können. Beide Themenkomplexe, die in den bisherigen Darstellungen eher stiefmütterlich behandelt werden, sind wichtig und versetzen die Notarin und den Notar in die Lage, auch in diesen Teilbereichen der Tätigkeit sachkundig zu gestalten.

Infolge der Corona-Pandemie wurden zu Beginn des Jahres 2020 zahlreiche Sonderregelungen geschaffen, die auch das Gesellschaftsrecht und die notarielle Praxis nachhaltig betreffen. Auch diese Neuerungen konnten in der Neuauflage berücksichtigt und durch erste Erfahrungen aus der notariellen Praxis angereichert werden. Nach nunmehr ungefähr halbjähriger Arbeit mit diesen Neuerungen kann festgestellt werden, dass sie eine angemessene Reaktion auf die Herausforderungen der Pandemie darstellen und sich per Saldo bewährt haben.

Autoren und Herausgeber wünschen allen Nutzern eine fruchtbare Arbeit mit der 4. Auflage unseres gemeinsamen Werkes und sind für jegliche Anregung aus der Praxis sehr dankbar.

Köln, im Oktober 2020

Dr. Dirk Eckhardt
Dr. Marc Hermanns

Verzeichnis der Verfasser

Dr. Kai Bischoff	Kapitel 10
Dr. Ulrich Bous	Kapitel 13
Dr. Dirk Eckhardt	Kapitel 2 Abschnitt A
Dr. Jens Fleischhauer	Kapitel 1 Abschnitt C
Dr. Stefan Heinze	Kapitel 1 Abschnitt A
Dr. Marc Hermanns	Kapitel 2 Abschnitt E–G; Kapitel 4
Dirk Höfinghoff	Kapitel 8 Abschnitt D
Ralf Knaier	Kapitel 1 Abschnitt A; Kapitel 6
Maximilian Meier	Kapitel 6
Dr. Jörg R. Nickel	Kapitel 12 Abschnitt B
Dr. Klaus Piehler	Kapitel 8 Abschnitt C
Dr. Niklas Rahlmeyer	Kapitel 5; Kapitel 11
Dr. Georg Specks	Kapitel 8 Abschnitt A–B
Dr. Joachim Tebben	Kapitel 2 Abschnitt B–D; Kapitel 9
Dr. Ulrich Temme	Kapitel 3 Abschnitt A; Kapitel 5
Prof. Dr. Christoph Terbrack	Kapitel 3 Abschnitt B
Philipp Thouet	Kapitel 12 Abschnitt A, Abschnitt C
Stephanie Thouet	Kapitel 1 Abschnitt B
Dr. Armin Winnen	Kapitel 7

Inhaltsübersicht

Vorwort V
Verzeichnis der Verfasser VII
Inhaltsverzeichnis XI
Abkürzungsverzeichnis (einschließlich der abgekürzt zitierten Literatur) LXV
Literaturverzeichnis LXXXI

Kapitel 1	Personengesellschaftsrecht	1
Kapitel 2	Recht der Gesellschaft mit beschränkter Haftung	205
Kapitel 3	Aktiengesellschaftsrecht	515
Kapitel 4	Recht der Kommanditgesellschaft auf Aktien	641
Kapitel 5	Recht der Societas Europaea (SE)	649
Kapitel 6	Genossenschaftsrecht	698
Kapitel 7	Gesellschaftsbeteiligungen im Familien- und Erbrecht	774
Kapitel 8	Umwandlungsrecht	838
Kapitel 9	Recht des Vertragskonzerns	1228
Kapitel 10	Internationales Gesellschaftsrecht	1247
Kapitel 11	Unternehmensfinanzierung	1314
Kapitel 12	Steuerrecht	1342
Kapitel 13	Insolvenzrecht	1543

Stichwortverzeichnis 1639

Inhaltsverzeichnis

Vorwort	V
Verzeichnis der Verfasser	VII
Inhaltsübersicht	IX
Abkürzungsverzeichnis (einschließlich der abgekürzt zitierten Literatur)	LXV
Literaturverzeichnis	LXXXI

Kapitel 1 Personengesellschaftsrecht ... 1

- A. Gesellschaft bürgerlichen Rechts ... 5
  - I. Grundlagen ... 5
    1. Grundlagen; Typisierung ... 5
    2. Erscheinungsformen der Gesellschaft bürgerlichen Rechts ... 9
    3. Die Gesellschaft bürgerlichen Rechts im internationalen Rechtsverkehr ... 9
  - II. Haftungsverhältnisse in der Gesellschaft bürgerlichen Rechts ... 10
    1. Die Entwicklung zur so genannten Akzessorietätstheorie ... 10
    2. Haftung bei Gesellschafterwechsel; Konsequenzen für die Praxis ... 12
       - a) Die Nachhaftung des ausscheidenden Gesellschafters ... 12
       - b) Die analoge Anwendung von § 130 HGB ... 13
  - III. Entstehung der Gesellschaft ... 13
    1. Entstehung durch Abschluss eines Gesellschaftsvertrages ... 13
       - a) Keine Einpersonengesellschaft ... 14
       - b) Gesellschafterfähigkeit ... 15
       - c) Beteiligung Minderjähriger ... 16
       - d) Einheitlichkeit/Unteilbarkeit der Beteiligung ... 20
    2. Form des Gesellschaftsvertrages ... 21
    3. Entstehung in sonstiger Weise ... 22
       - a) Entstehung durch Formwechsel nach UmwG ... 23
       - b) Entstehung aus einer anderen Personengesellschaft ... 24
  - IV. Die Gestaltung des Gesellschaftsvertrages durch den Notar ... 25
    1. Aufbau eines Gesellschaftsvertrages ... 25
    2. Der Gesellschaftsname ... 26
    3. Der Sitz der Gesellschaft ... 28
    4. Beiträge und Einlagen ... 29
       - a) Begriffliche Abgrenzung ... 29
       - b) Arten von Beiträgen und Einlagen ... 29
       - c) Sachen und Rechte als Beitrag ... 29
       - d) Bar- oder Geldleistungen ... 30
       - e) Dienstleistungen ... 30
       - f) Kapitalkonto und Kapitalanteil; Beteiligung am Gesellschaftsvermögen ... 30
    5. Geschäftsführung und Vertretung ... 32
       - a) Geschäftsführung ... 32
       - b) Vertretung ... 33
         - aa) Allgemeines ... 33
         - bb) Umfang der Vertretungsmacht ... 34
         - cc) Anwendbarkeit des § 172 BGB bei Vorlage des Gesellschaftsvertrages? ... 35
         - dd) Beendigung der Vertretungsmacht ... 36
    6. Gesellschafterbeschlüsse ... 36
       - a) Grundlagen ... 36
       - b) Gegenstände von Gesellschafterbeschlüssen ... 36
         - aa) Grundlagenbeschlüsse ... 36
         - bb) Geschäftsführungsmaßnahmen ... 39
         - cc) Sonstige Gesellschaftsangelegenheiten ... 39

Inhaltsverzeichnis

c)	Gesellschafterversammlungen	39
	aa) Einberufung	40
	bb) Durchführung der Gesellschafterversammlung; Stellvertretung	40
	cc) Form der Stimmabgabe	41
	dd) Vorsitz in der Gesellschafterversammlung	41
	ee) Anwendbarkeit von § 181 BGB auf Gesellschafterbeschlüsse	42
d)	Stimmrechte	42
e)	Stimmbindungsvereinbarungen	42
	aa) Vertreterklauseln	43
	bb) Stimmbindungsverträge	43
f)	Beschränkungen des Stimmrechts	43
g)	Beschlussmängelrecht der GbR	44
	aa) Ursachen der Rechtswidrigkeit eines Gesellschafterbeschlusses	44
	bb) Rechtsfolgen fehlerhafter Beschlüsse	44

7. Wettbewerbsverbote ... 45
   a) Grundlagen ... 45
   b) Voraussetzungen der §§ 112, 113 HGB ... 45
   c) Wettbewerbsverbot und Kartellverbot ... 46
8. Ergebnisverteilung ... 47
9. Verfügungen über die Mitgliedschaft unter Lebenden ... 48
   a) Abspaltungsverbot ... 48
   b) Anteilsübertragungen ... 48
   c) Nießbrauchsbestellung ... 51
   d) Verpfändung ... 53
10. Gesellschafterausschluss ... 54
    a) Zulässigkeit des Ausschlusses ... 54
    b) Abfindungsbeschränkungen ... 55
11. Rechtsnachfolge von Todes wegen ... 57
    a) Der gesetzliche Regelfall: Auflösung ... 57
    b) Abweichende Gestaltungen ... 58
       aa) Fortsetzungsklausel ... 58
       bb) Nachfolgeklauseln ... 59
       cc) Testamentsvollstreckung ... 61

V. Die Beendigung der Gesellschaft bürgerlichen Rechts ... 62
   1. Auflösung und Liquidation ... 62
      a) Auflösungsgründe ... 62
         aa) Kündigung durch einen Gesellschafter ... 63
         bb) Kündigung durch einen Pfändungsgläubiger ... 64
         cc) Eröffnung des Insolvenzverfahrens über das Vermögen der Gesellschaft ... 64
         dd) Gesellschafterinsolvenz ... 65
      b) Rechtsfolgen der Auflösung: Überblick über das Auseinandersetzungsverfahren ... 66
   2. Gesamtrechtsnachfolge ... 66

VI. Die grundbesitzverwaltende Gesellschaft bürgerlichen Rechts ... 66
   1. Grundlagen ... 66
      a) Veräußerlichkeit von Gesellschaftsanteilen im Vergleich zur Bruchteilsgemeinschaft ... 67
      b) Grunderwerbsteuerfreiheit bei GbR-Anteilsübertragungen ... 67
      c) Flexible Beteiligung der Gesellschafter am Gesellschaftsvermögen entsprechend der Finanzierungsbeiträge ... 67
      d) Möglichkeit der formfreien Übertragung von Gesellschaftsanteilen ... 68
   2. Der Erwerb von Grundbesitz durch eine Gesellschaft bürgerlichen Rechts ... 70
      a) Unterschiede zwischen § 19 GBO und § 20 GBO ... 70
      b) Die Klärung durch den Bundesgerichtshof ... 70
   3. Die Veräußerung von Grundbesitz durch eine Gesellschaft bürgerlichen Rechts ... 72
      a) Die Reichweite des § 899a BGB ... 72
      b) Veräußerung durch Namens-GbR ... 75
   4. Die Eintragungsfähigkeit von Belastungen und Verfügungsbeschränkungen nach dem ERVGBG ... 76

		5.	Die Veräußerung von Gesellschaftsanteilen an einer grundbesitzverwaltenden Gesellschaft bürgerlichen Rechts	77
			a) Die Bezugnahme auf das Grundbuch und die dort eingetragenen Gesellschafter ...	77
			b) Erklärungen über das Innenverhältnis	78
			c) Aufnahme der Zustimmungserklärungen	78
			d) Sicherung der Kaufpreiszahlung; Zug um Zug	78
			aa) Aufschiebend bedingte Anteilsabtretung (insbesondere bei Veräußerung an Mitgesellschafter)	79
			bb) Hinterlegung auf Notaranderkonto	81
			cc) Auflösend bedingte Anteilsabtretung	82
			e) Grundbuchvollzug	84
		6.	Die Grundbuchberichtigung im Todesfall	85
B.	Partnerschaftsgesellschaft			85
	I.	Einleitung		85
	II.	Die Partnerschaft im System des Gesellschaftsrechts		87
		1.	Wesensmerkmale der Partnerschaft	87
			a) Rechtsnatur der Partnerschaft	87
			b) Name der Partnerschaft	88
			c) Partnerschaftsregister	91
			d) Freiberufler	91
			aa) Ausgeklammerte Berufe	92
			bb) Heilberufe	93
			cc) Rechts- und wirtschaftsberatende Berufe	94
			dd) Naturwissenschaftlich orientierte Berufe	94
			ee) Freiberuflichkeit von Ausländern	95
			e) Berufsausübungsgemeinschaft	95
			f) Haftungskonzept	96
			g) Berufsrechtsvorbehalt	97
			h) Innenrecht	98
		2.	Die steuerrechtliche Behandlung der Partnerschaft	98
		3.	Vergleich der Partnerschaft mit den übrigen freiberuflichen Kooperationsformen ...	99
			a) Gesellschaft bürgerlichen Rechts	99
			b) Freiberufler-GmbH	100
			c) Freiberufler GmbH & Co. KG	102
			d) Partnerschaftsgesellschaft mit beschränkter Berufshaftung und Limited Liability Partnership (LLP)	104
	III.	Das Registerverfahren		105
		1.	Das Partnerschaftsregister	105
		2.	Die Anmeldung zum Partnerschaftsregister	106
		3.	Registerpublizität	107
		4.	Der Partnerschaftsvertrag	107
		5.	Umwandlungsfragen	108
	IV.	Die Haftungsverhältnisse in der Partnerschaft		109
		1.	Einleitung	109
		2.	Die Haftungskonzentration nach § 8 Abs. 2 PartGG	109
		3.	Haftung bei Ausscheiden und Eintritt von Partnern in die Partnerschaftsgesellschaft ...	111
		4.	Haftung von Scheinpartnern	111
	V.	Insbesondere die Partnerschaft mit beschränkter Berufsausübungshaftung		112
	VI.	Ausscheiden aus der Partnerschaft		114
		1.	Gesetzliche Ausscheidensgründe gem. § 9 Abs. 1 PartGG	114
		2.	Verlust der Zulassung gem. § 9 Abs. 3 PartGG	115
		3.	Auflösungsgründe	115
		4.	Die Vererblichkeit des Partnerschaftsanteils gem. § 9 Abs. 4 PartGG	115
C.	Personenhandelsgesellschaften			116
	I.	Überblick		116
		1.	Kennzeichnende Merkmale der Personenhandelsgesellschaft	116
			a) Prägung	116
			b) Rechtsfähigkeit	117

Inhaltsverzeichnis

		c)	Rechtsformen	117
		d)	Offene Handelsgesellschaft	117
		e)	Kommanditgesellschaft	118
		f)	Besteuerung	118
			aa) Ertragsteuern	118
			bb) Objekt- und Verkehrssteuern	119
	2.	Form		119
		a)	Gründung und Gesellschaftsvertrag	119
		b)	Handelsregisteranmeldung	121
		c)	Transparenzregister	121
II.	Rechtsformübergreifende Grundfragen			122
	1.	Gesellschafter		123
		a)	Grundsatz	123
		b)	Gesellschaft bürgerlichen Rechts	123
		c)	Erbengemeinschaft	123
		d)	Ausländische Gesellschafter	123
	2.	Gesellschaftsvertrag		125
		a)	Entstehung der Gesellschaft	125
		b)	Inhalt des Gesellschaftsvertrags	125
			aa) Mindestinhalt	125
			bb) Vertragsfreiheit	126
			cc) Fakultativer Inhalt	126
		c)	Form	127
			aa) Formfreiheit	127
			bb) Formbedürftigkeit in Sonderfällen	127
			cc) Gesellschaft bürgerlichen Rechts	128
			dd) GmbH & Co. KG	128
			ee) Heilung des Formmangels	128
		d)	Vertretung und Genehmigungserfordernisse	129
			aa) Vollmacht	129
			bb) Minderjährige	129
			cc) Familiengerichtliche Genehmigung	130
			dd) Ehegatten	131
			ee) Kartellrechtliche Freigabe	132
			ff) Anwendbarkeit des § 179a AktG auf die Personenhandelsgesellschaft?	132
	3.	Firma		133
		a)	Grundsatz	133
		b)	Namensfunktion	133
		c)	Irreführungsverbot	135
		d)	Rechtsformzusatz	137
		e)	Unterscheidungskraft	137
		f)	Partnerschaft	138
	4.	Die Mitgliedschaft in der Personenhandelsgesellschaft		138
		a)	Mitgliedschaftsrechte	138
		b)	Abspaltungsverbot	139
		c)	Durchbrechung des Abspaltungsverbots	139
			aa) Überblick	139
			bb) Stimmrechtsvollmacht	140
			cc) Vertreterklauseln	141
			dd) Treuhand	141
			ee) Nießbrauch	142
			ff) Verpfändung	147
			gg) Testamentsvollstreckung	148
		d)	Einheitlichkeit der Beteiligung	150
			aa) Grundsatz	150
			bb) Durchbrechung bei Testamentsvollstreckung	150
			cc) Einmann-Personengesellschaft?	151
			dd) Nießbrauchsvorbehalt in der Praxis	151

			e)	Kernbereichslehre	152
			f)	Ausübung der Mitgliedschaftsrechte von minderjährigen Gesellschaftern	152
			g)	Weitere Aspekte zur Gestaltung von Mitgliedschaftsrechten	152
				aa) Geschäftsführung und Vertretung	152
				bb) Stimmrecht und Beschlussfassung	154
				cc) Gewinnverwendung und Entnahmerecht, Gesellschafterkonten	155
				dd) Informations- und Kontrollrecht	157
		5.	Haftung		157
			a)	Grundsatz	157
			b)	Haftung für Altschulden und Nachhaftung	158
			c)	Die Haftung des Kommanditisten	158
			d)	Abweichende Vereinbarungen	160
		6.	Übertragung von Gesellschaftsanteilen		160
			a)	Durch Rechtsgeschäft unter Lebenden	160
				aa) Sonderrechtsnachfolge	160
				bb) Kommanditbeteiligungen	161
				cc) Mängelhaftung	163
				dd) Haftung aufgrund Firmenfortführung	163
			b)	Form	166
				aa) Übertragungsvertrag	166
				bb) Handelsregisteranmeldung	166
				cc) Formbedürftigkeit in Sonderfällen	166
				dd) GmbH & Co. KG	167
			c)	Zustimmungserfordernisse	167
				aa) Vinkulierung kraft Gesetzes	167
				bb) Minderjährige	168
				cc) Ehegatten	170
				dd) Zusammenschlusskontrolle	171
		7.	Ausscheiden eines Gesellschafters unter Lebenden		171
			a)	Grundsatz der Unternehmenskontinuität	171
			b)	Kündigung	172
			c)	Austrittsvereinbarung	172
			d)	Ausschluss eines Gesellschafters	172
				aa) Ausschließungsklage	172
				bb) Ausschließungsbeschluss	173
			e)	Auseinandersetzung, Abfindung	174
		8.	Tod eines Gesellschafters		177
			a)	Gesetzliche Regelung	177
			b)	Nachfolgeklauseln	177
				aa) Eintrittsklausel	178
				bb) Einfache Nachfolgeklausel	178
				cc) Qualifizierte Nachfolgeklausel	179
				dd) Wahlrecht der Erben nach § 139 HGB	179
				ee) Haftung des Erben	180
			c)	Testamentsvollstreckung	180
		9.	Auflösung und Liquidation der Gesellschaft		184
		10.	Anmeldung zur Eintragung in das Handelsregister		185
			a)	Allgemeine Anforderungen	185
			b)	Offene Handelsgesellschaft	187
			c)	Kommanditgesellschaft	188
			d)	GmbH & Co. KG	188
			e)	Partnerschaft	190
			f)	Veränderungen	191
III.	GmbH & Co. KG				191
	1.	Allgemeines			191
			a)	GmbH & Co. KG als Mischform	191
			b)	Errichtung der GmbH & Co. KG	193
			c)	Form	193
			d)	Kapitalaufbringung	194

Inhaltsverzeichnis

	2.	Besonderheiten der Gesellschaftsverträge bei der GmbH & Co. KG		195
		a)	GmbH-Vertrag	195
		b)	KG-Vertrag	195
			aa) Firma	195
			bb) Komplementärin	196
			cc) Geschäftsführung und Vertretung	196
			dd) Wettbewerbsverbot	196
		c)	Verzahnung der Gesellschaftsverträge von GmbH und KG	197
	3.	Haftung		197
		a)	GmbH	197
		b)	KG	197
	4.	Übertragung von Beteiligungen		198
		a)	Gesetzliche Vinkulierung und Beteiligungsgleichlauf	198
		b)	Form	198
	5.	Einheitsgesellschaft		199
		a)	Gründung	199
		b)	Willensbildung	199
	6.	UG (haftungsbeschränkt) & Co. KG		200
	7.	Limited & Co. KG		201
	8.	Publikumsgesellschaft		202
		a)	Überblick	202
		b)	Kennzeichnende Merkmale	203
		c)	Sonderrecht der Publikums-KG	203

Kapitel 2 Recht der Gesellschaft mit beschränkter Haftung 205

A.	Gründung der Gesellschaft mit beschränkter Haftung				210
	I.	Überblick			210
	II.	Rechtsformwahl			211
	III.	Rechtsnatur der GmbH und Gründungsablauf			212
		1.	Rechtsnatur der GmbH		212
		2.	Gründungsablauf		212
		3.	Die Vorgründungsgesellschaft		212
			a)	Entstehung und Rechtsnatur der Vorgründungsgesellschaft	212
			b)	Geschäftsführung und Vertretung der Vorgründungsgesellschaft	213
			c)	Haftungsverhältnisse bei der Vorgründungsgesellschaft	214
		4.	Die Vor-GmbH		216
			a)	Entstehung und Rechtsnatur der Vor-GmbH	216
			b)	Geschäftsführung und Vertretung bei der Vor-GmbH	217
			c)	Haftungsverhältnisse bei der Vor-GmbH	218
				aa) Haftung der Vor-GmbH als solcher	219
				bb) Persönliche Haftung der Gesellschafter der Vor-GmbH	219
				cc) Handelndenhaftung gem. § 11 Abs. 2 GmbHG	221
			d)	Folgen für den Berater	221
	IV.	Errichtung der GmbH			222
		1.	Gesellschafter		222
			a)	Natürliche Personen als Gründer	222
				aa) Ehegatten	222
				bb) Minderjährige und unter Betreuung stehende Personen	222
				cc) Ausländer	223
				dd) Freiberufler	224
				ee) Einzelkaufmann	224
			b)	Juristische Personen als Gründer	224
			c)	Personenhandelsgesellschaften als Gründer	225
			d)	Gesellschaft bürgerlichen Rechts als Gründer	225
			e)	Partnerschaft, Europäische Wirtschaftliche Interessenvereinigung, Erbengemeinschaft, Gütergemeinschaft und nichtrechtsfähiger Verein als Gründer	227
			f)	Zusätzliche besondere Qualifikationen	227

	2.	Vertretung von Gesellschaftern bei der Gründung		228
		a) Vertretung natürlicher Personen		228
			aa) Form der Vollmacht	228
			bb) Inhaltliche Anforderungen an die Vollmacht	229
			cc) Selbstkontrahieren und Mehrfachvertretung – § 181 BGB	230
			dd) Mangel der Vollmacht – vollmachtlose Vertretung – Ausland	230
			ee) Kosten der Vollmacht	231
		b) Vertretung von Personengesellschaften und juristischen Personen		232
			aa) Vertretung durch organschaftliche Vertreter	232
			bb) Vertretung durch rechtsgeschäftliche Vertreter	232
			cc) Vertretung ausländischer Gesellschaften	232
	3.	Abschluss des Gesellschaftsvertrags		234
		a) Form des Gesellschaftsvertrags der GmbH und der UG (haftungsbeschränkt)		234
		b) Form des GmbH & Co. KG-Vertrags		234
			aa) Grundstückseinbringung und Grundstücksgesellschaft	235
			bb) Geschäftsanteilseinbringung und Geschäftsanteilsabtretungsverpflichtung	235
			cc) Schenkung	235
			dd) Verpflichtung zum Abschluss eines Ehevertrags oder Pflichtteilsverzichtsvertrags	236
		c) Beurkundungstechnik		236
			aa) Individuell gestalteter Gesellschaftsvertrag	236
			bb) Musterprotokoll	238
	4.	Geschäftsführerbestellung, § 6 GmbHG		238
		a) Bestellungsvorgang		238
			aa) Bestellung im Gesellschaftsvertrag oder durch Gesellschafterbeschluss	238
			bb) Befristete und bedingte Bestellung	239
		b) Bestellungshindernisse		240
		c) Belehrung § 53 Abs. 2 BZRG, § 8 Abs. 3 Satz 2 GmbHG		241
		d) Bedeutung des § 181 BGB bei der Gründung		241
V.	Satzung und schuldrechtliche Nebenabreden			243
	1.	Allgemeines		243
	2.	Firma der GmbH		244
		a) Rechtsformzusatz		244
		b) Firmenbildung		245
		c) Praxisempfehlung		250
	3.	Sitz der GmbH		250
	4.	Gegenstand des Unternehmens		253
	5.	Betrag des Stammkapitals		257
	6.	Zahl und Nennbetrag der Geschäftsanteile		258
	7.	Gründungskosten		259
	8.	Dauer der Gesellschaft		261
VI.	Satzungsgestaltung bei fakultativen Satzungsbestandteilen			262
	1.	Nachschusspflichten		262
	2.	Wettbewerbsverbot		264
		a) Wettbewerbsverbot für Geschäftsführer		264
		b) Wettbewerbsverbot für Gesellschafter		265
		c) Verstoß gegen ein Wettbewerbsverbot und Vermeidung eines Verstoßes		266
	3.	Einschränkung der Veräußerung und Belastung von Geschäftsanteilen		267
		a) Allgemeines		267
		b) Satzungsmäßige Festlegung des Zustimmungserfordernisses		268
		c) Nachträgliche Vinkulierung		270
		d) Umwandlungsrechtliche Auswirkungen		271
		e) Vinkulierung bei Treuhand- und Sicherungsabtretungen sowie bei »Change of Control-Fällen«		271
	4.	Ankaufsrechte, Vorkaufsrechte und Anbietungspflichten		272
		a) Allgemeines		272
		b) Form		272
		c) Regelungsinhalte		273
		d) Drag along- und tag along-Regelungen		273
		e) Russian Roulette- und Texan shoot out-Regelungen		275

Inhaltsverzeichnis

	5.	Teilung von Geschäftsanteilen	276
	6.	Geschäftsführung und Vertretung	276
	7.	Befreiung und Ermächtigung zur Befreiung von § 181 BGB	279
		a) Anwendungsbereich des § 181 BGB	279
		b) Voraussetzungen für eine wirksame Befreiung vom Verbot des § 181 BGB	279
		aa) Mehrpersonen-GmbH	279
		bb) Einpersonen-GmbH	280
		cc) Befreiung der Liquidatoren von § 181 BGB	280
		dd) Befreiung von §§ 181 BGB bei der GmbH & Co. KG	281
	8.	Gesellschafterversammlung	281
		a) Allgemeines	281
		b) Einberufungsbefugnis	282
		c) Einberufungsform und Einberufungsfrist	282
		d) Tagesordnung und Tagungsort	283
		e) Einberufung durch eine Gesellschafterminderheit	283
		f) Einberufungsmängel und Vollversammlung	283
		g) Beschlussfähigkeit der Gesellschafterversammlung	284
		h) Teilnahmerecht	284
		i) Versammlungsleiter	285
		j) Stimmrechtsvollmachten und Stimmrechtsvertreter	286
		k) Beschlussfassung außerhalb Gesellschafterversammlung	286
		l) Kombinierte Beschlussfassung	287
	9.	Stimmrecht	287
	10.	Anfechtung von Gesellschafterbeschlüssen	289
	11.	Protokollierung von Gesellschafterbeschlüssen	289
	12.	Jahresabschluss, Publizität, Ergebnisverwendung	290
	13.	Ergebnisverwendung	291
	14.	Kündigung durch den Gesellschafter	291
	15.	Ausschluss, Einziehung von Geschäftsanteilen	293
		a) Allgemeines	293
		b) Voraussetzungen des Ausschlusses ohne Satzungsregelung	293
		c) Regelung von Ausschluss und Einziehung in der Satzung	294
		d) Zwangsabtretung	297
		e) Nennbetragsanpassung des Stammkapitals	297
		f) Gesellschafterstellung	298
		g) Gesellschafterliste	299
	16.	Abfindung	301
		a) Allgemeines	301
		b) Schuldner des Abfindungsanspruchs	301
		c) Abfindungsregelung	302
		d) Wirksamkeitsgrenzen	303
		e) Gestaltung von Abfindungsregelungen	306
	17.	Steuerliche Folgen der Abfindungsregelung	306
	18.	Checkliste: Abfindungsregelung	306
	19.	Fälligkeit und Zahlungsmodalitäten für die Abfindung	307
	20.	Aufsichtsrat und Beirat	307
	21.	Gerichtsstand, Schiedsgericht	309
		a) Allgemeines	309
		b) Form	310
		c) Gegenstand und Inhalt einer Schiedsvereinbarung	310
	22.	Bekanntmachungen	314
	23.	Salvatorische Klausel	314
VII.	Anmeldung der GmbH zum Handelsregister		314
	1.	Allgemeines	314
	2.	Zuständigkeit und anmeldepflichtige Personen	315
	3.	Form	315
	4.	Inhalt der Anmeldung	315
		a) Gesellschaft und Geschäftsführer	315

		b)	Inländische Geschäftsanschrift	315
		c)	Vertretungsbefugnis	316
		d)	Einzahlungsversicherung der Geschäftsführer	317
		e)	Versicherung über Nichtvorliegen von Bestellungshindernissen	318
	5.	Anlagen zur Anmeldung		320
		a)	Checkliste	320
		b)	Gestaltungsvorschlag: Gesellschafterliste anlässlich Gründung	321
	6.	Formulierungsvorschläge Handelsregisteranmeldung		322
VIII.	Mitteilungspflichten gegenüber dem Finanzamt und anderen Behörden			325
IX.	Kapitalaufbringung und Kapitalerhaltung			325
	1.	Allgemeines		325
	2.	Besonderheiten bei der Sachgründung		330
		a)	Allgemeines	330
		b)	Sacheinlage und Sachübernahme	330
		c)	Sacheinlagefähigkeit	332
		d)	Wert der Sacheinlage	333
		e)	Checkliste: Erforderliche Angaben im Gesellschaftsvertrag bei Sachgründung gem. § 5 Abs. 4 GmbHG	336
		f)	Einbringung und Einbringungsvertrag	336
		g)	Der Sachgründungsbericht	337
			aa) Inhalt und Form	337
			bb) Inhaltliche Anforderungen	338
		h)	Anmeldung der Sachgründung zum Handelsregister	339
		i)	Sachgründung bei vereinfachtem Verfahren und UG (haftungsbeschränkt)	340
	3.	Verdeckte Sachgründung, Hin- und Herzahlen		340
		a)	Verdeckte Sachgründung	340
			aa) Rechtslage verdeckte Sachgründung vor MoMiG	340
			bb) Rechtslage verdeckte Sachgründung nach MoMiG	341
			(1) Voraussetzungen der verdeckten Sacheinlage nach MoMiG	342
			(2) Rechtsfolgen der verdeckten Sacheinlage nach MoMiG	345
		b)	Hin- und Herzahlen gem. § 19 Abs. 5 GmbHG n.F.	346
			aa) Rechtslage Hin- und Herzahlen vor MoMiG	346
			bb) Rechtslage Hin- und Herzahlen nach MoMiG	347
			(1) Voraussetzungen	348
			(2) Rechtsfolgen des ordnungsgemäßen Hin- und Herzahlens	352
	4.	Keine Befreiung von der Einlagepflicht gem. § 19 Abs. 2 Satz 1 GmbHG n.F.		352
X.	Besonderheiten bei Gründung der Unternehmergesellschaft haftungsbeschränkt			352
XI.	Gründung im vereinfachten Verfahren			355
	1.	Allgemeines		355
	2.	Einzelfragen bei der Verwendung des Musterprotokolls		357
		a)	Vervollständigung des Musterprotokolls	357
		b)	Eignung als Gesellschafter	357
		c)	Firmenbildung	357
		d)	Unternehmensgegenstand	357
		e)	Stammkapital	358
			aa) Allgemeines	358
			bb) Anwendbarkeit des § 19 Abs. 4 und 5 GmbHG	358
			cc) Mindesteinzahlung	359
		f)	Bestellung des Geschäftsführers	359
			aa) Allgemeines	359
			bb) Einordnung der Geschäftsführerbestellung im Musterprotokoll	359
			cc) Folgen für die Handelsregisteranmeldung	360
		g)	Gründungskosten	360
		h)	Steuerliche Mitteilungspflichten	361
		i)	Belehrungshinweise des Notars	361
		j)	Änderungen des Musterprotokolls nach Beurkundung	361
	3.	Handelsregisteranmeldung bei der Gründung im vereinfachten Verfahren		361
XII.	Notarkosten			361

Inhaltsverzeichnis

        1. Notarkosten bei Gründung im klassischen Verfahren 361
            a) Gründung einer GmbH 361
            b) Gründung einer UG (haftungsbeschränkt) 363
        2. Notarkosten bei Gründung im vereinfachten Verfahren 363
    XIII. Geldwäschegesetz (GWG) und Gesetz zur Abmilderung der Folgen der COVID-19-Pandemie im Zivil-, Insolvenz- und Strafverfahrensrecht 363
        1. Geldwäschegesetz (GWG) 363
        2. COVID-19 364
B. Änderungen des Gesellschaftsvertrages 364
    I. Überblick 364
    II. Einberufung der Gesellschafterversammlung 365
        1. Zuständigkeit 366
        2. Form 366
        3. Frist 367
        4. Inhalt 367
        5. Rechtsfolgen fehlerhafter Einberufung 368
    III. Beschlussfassung über die Änderung des Gesellschaftsvertrages 369
        1. Zuständigkeit und Inhalt 369
        2. Form 370
        3. Vertretung 372
        4. Mehrheits- und Zustimmungserfordernisse 374
    IV. Anmeldung zum Handelsregister 375
        1. Zuständigkeit 375
        2. Form 376
        3. Registersperren 378
        4. Prüfungsumfang des Registergerichts 379
    V. Satzungsdurchbrechung 379
    VI. Satzungsänderung bei wirtschaftlicher Neugründung 380
C. Kapitalmaßnahmen 382
    I. Kapitalerhöhung gegen Bareinlagen 382
        1. Beschluss der Gesellschafter 382
        2. Zulassungsbeschluss 385
        3. Übernahmeerklärung 386
        4. Kapitalaufbringung 388
            a) Einzahlung zur freien Verfügung 388
            b) Voreinzahlung 389
            c) Verdeckte Sacheinlage 389
        5. Handelsregisteranmeldung 389
        6. Gesellschafterliste 391
        7. Anzeigepflicht gegenüber dem Finanzamt 392
    II. Kapitalerhöhung gegen Sacheinlagen 392
        1. Beschluss der Gesellschafterversammlung 392
        2. Übernahmeerklärung 393
        3. Handelsregisteranmeldung 393
    III. Kapitalerhöhung aus Gesellschaftsmitteln 394
        1. Beschluss der Gesellschafterversammlung 395
        2. Handelsregisteranmeldung 398
    IV. Genehmigtes Kapital 398
    V. Ordentliche Kapitalherabsetzung 399
        1. Beschluss der Gesellschafterversammlung 400
        2. Sicherstellung der Gläubiger 401
        3. Handelsregisteranmeldung 402
    VI. Vereinfachte Kapitalherabsetzung 402
    VII. Umstellung des Stammkapitals auf Euro 405
        1. Nur rechnerische Umstellung 405
        2. Umstellung und Glättung 406
D. Beendigung der Gesellschaft 407
    I. Auflösung der Gesellschaft 407

		1.	Auflösung durch Beschluss der Gesellschafterversammlung	407
		2.	Handelsregisteranmeldung	410
		3.	Bekanntmachung der Auflösung	411
	II.	Liquidation und Vollbeendigung der Gesellschaft		412
	III.	Fortsetzung einer aufgelösten Gesellschaft		413
	IV.	Nachtragsliquidation		414
E.	Die Übertragung von Geschäftsanteilen			415
	I.	Das Zustandekommen des Übertragungsvertrags		415
		1.	Die ordnungsgemäße Mitwirkung der Vertragsbeteiligten	415
			a) Persönlich anwesende Beteiligte	415
			b) Rechtsgeschäftlich oder organschaftlich vertretene Vertragsbeteiligte	417
			aa) Handeln eines bevollmächtigten Vertreters	419
			bb) Handeln eines organschaftlichen Vertreters	421
		2.	Das Formerfordernis des § 15 GmbHG	422
			a) Die Voraussetzungen der Beurkundungsbedürftigkeit	422
			aa) Die Beurkundungsbedürftigkeit des Verpflichtungsgeschäfts nach § 15 Abs. 4 GmbHG	423
			bb) Die Beurkundungsbedürftigkeit der Abtretung nach § 15 Abs. 3 GmbHG	425
			b) Die Reichweite der Beurkundungspflicht	425
			c) Das Beurkundungsverfahren	429
			d) Beurkundungsmängel und deren Heilung	432
			aa) Die Heilungsvoraussetzungen des § 15 Abs. 4 Satz 2 GmbHG	433
			bb) Die Heilungswirkungen des § 15 Abs. 4 Satz 2 GmbHG	434
			e) Auslandsbeurkundungen	435
	II.	Der Inhalt des schuldrechtlichen Verpflichtungsgeschäfts		438
		1.	Der Gegenstand des Verpflichtungsgeschäfts	438
		2.	Die Causa der Anteilsabtretung	441
			a) Die Schenkung von Geschäftsanteilen	441
			b) Die treuhänderische Übertragung von Geschäftsanteilen	444
			aa) Die verschiedenen Arten von Treuhandverhältnissen	444
			bb) Die wirksame Begründung des Treuhandverhältnisses	445
			cc) Der typische Inhalt von Treuhandverträgen	446
			c) Die Einbringung von Geschäftsanteilen in andere Gesellschaften	447
			d) Der Kauf von Geschäftsanteilen	448
			aa) Die Kaufvereinbarung	448
			bb) Die Regelungen zur Gegenleistung des Käufers	449
			(1) Die Methoden zur Bestimmung des Kaufpreises	449
			(2) Feste oder variable Kaufpreisklauseln	451
			(3) Die Art der Erbringung des Kaufpreises	452
			cc) Gewinnabgrenzung und wirtschaftlicher Übergang	453
			(1) Zuordnung noch nicht ausgeschütteter Gewinne	453
			(2) Vereinbarungen zum wirtschaftlichen Übertragungsstichtag	454
			dd) Gewährleistungs- und Garantieregelungen	456
			(1) Garantien des Verkäufers	456
			(2) Garantien des Käufers	460
			(3) Allgemeine Garantiebedingungen	460
			ee) Regelungen zum Closing	461
			ff) Sonstige Regelungen	463
			gg) Besonderheiten bei Management-Buy-Outs	463
	III.	Die dingliche Abtretung des Geschäftsanteils		467
		1.	Abtretungsbeschränkungen	468
			a) Genehmigung der Gesellschaft	468
			b) Zustimmung der Gesellschafter	469
			c) Zustimmung der Gesellschafterversammlung	469
			d) Die Zustimmung sonstiger Gesellschaftsorgane oder gesellschaftsfremder Dritter	470
		2.	Der gutgläubige Erwerb durch den Käufer	470
			a) Eintragung des Veräußerers in die Gesellschafterliste	471
			b) Der Ausschluss des gutgläubigen Erwerbs gem. § 16 Abs. 3 Satz 2 GmbHG	471

Inhaltsverzeichnis

		c)	Ausschluss des gutgläubigen Erwerbs nach § 16 Abs. 3 Satz 3 GmbHG	473
		d)	Das Vorliegen eines rechtsgeschäftlichen Erwerbs	474
		e)	Die Reichweite des Gutglaubensschutzes	474
		f)	Sicherungsmaßnahmen bei aufschiebend bedingter Abtretung eines Geschäftsanteils	475
	IV.	Der Vollzug der dinglichen Übertragung		475
		1. Einreichung einer neuen Gesellschafterliste		475
		a)	Die Pflicht zur Einreichung der Gesellschafterliste	475
		b)	Der Inhalt der Gesellschafterliste	476
		c)	Der Adressat der Verpflichtung zur Einreichung einer Gesellschafterliste	479
		d)	Der Zeitpunkt der Einreichung der Gesellschafterliste	481
		e)	Die Aufnahme dinglicher Belastungen in die Gesellschafterliste	482
		f)	Die rechtliche Bedeutung der Gesellschafterliste nach § 16 Abs. 1 GmbHG	483
		2. Steuerliche Anzeigepflichten		484
		a)	Anzeigepflicht nach § 54 EStDV	484
		b)	Grunderwerbsteuerliche Anzeigepflichten	485
		3. Gesellschaftsrechtliche Anzeige- und Mitteilungsobliegenheiten		486
	V.	Besonderheiten beim Erwerb einer Vorrats-GmbH		486
	VI.	Besonderheiten des Mantelkaufs		488
F.	Sonstige Verfügungen über Geschäftsanteile			490
	I.	Vorbemerkung		490
	II.	Die Verpfändung von Geschäftsanteilen		491
		1. Die Bestellung des Pfandrechts		491
		2. Die Person des Pfandgläubigers		492
		3. Inhalt und Umfang des Pfandrechts		493
	III.	Die Bestellung von Nießbrauchsrechten an Geschäftsanteilen		494
		1. Zulässigkeit und Bestellung des Nießbrauchs		494
		2. Inhalt und Umfang des Nießbrauchs		494
G.	Gesellschaftervereinbarungen			494
	I.	Arten und wirtschaftliche Bedeutung		494
	II.	Rechtliche Einordnung von Gesellschaftervereinbarungen und deren praktische Konsequenzen		495
		1. Grundlagen		495
		2. Rechtsfolgen im Falle vereinbarungswidrigen Verhaltens		496
		3. Veräußerungsbeschränkungen in Gesellschaftervereinbarungen		497
	III.	Zustandekommen von Gesellschaftervereinbarungen		497
		1. Voraussetzungen		497
		2. Ordnungsgemäße Vertretung der Vertragsbeteiligten		497
		a)	Praxis	497
		b)	Vertretung durch organschaftliche Vertreter	498
		c)	Vertretung durch bevollmächtigte Vertreter	499
		3. Form von Gesellschaftervereinbarungen		500
		4. Inhaltliche Grenzen für Gesellschaftervereinbarungen unter Aktionären		501
		a)	Verfügungsbeschränkungen	501
		b)	Erwerbsvorrechte	501
		c)	Stimmbindungsvereinbarungen	502
		d)	Einflussnahme auf die Bestellung von Gesellschaftsorganen	502
	IV.	Typischer Inhalt von Gesellschaftervereinbarungen		503
		1. Anwendungsbereich		503
		2. Abreden zur Finanzierung der Gesellschaft		503
		3. Abreden zur Ausübung von Gesellschafterrechten, insbesondere des Stimmrechts – Poolvereinbarungen		506
		4. Abreden betreffend Anteilsabtretungen		507
		5. Die Geschäftstätigkeit der Gesellschaft betreffende Abreden, insbesondere Wettbewerbsverbote		509
		a)	Wettbewerbsverbot während Gesellschaftszugehörigkeit	509
		b)	Nachvertragliches Wettbewerbsverbot	510
		c)	Rechtsfolgen bei Verletzung eines Wettbewerbsverbots	510

V.	Änderungen von Gesellschaftervereinbarungen			511
	1.	Praxis		511
	2.	Die notwendige Form für Änderungsvereinbarungen		511
	3.	Gegenstand von Änderungsvereinbarungen		512
VI.	Vollzug der Gesellschaftervereinbarung			512
VII.	Notarkosten			513

Kapitel 3 Aktiengesellschaftsrecht 515

A.	Gründung				519
	I.	Allgemeines			519
	II.	Bargründung			520
		1.	Übersicht: Ablauf einer Bargründung		520
		2.	Gründungsprotokoll		520
			a)	Form	521
			b)	Vertretung	522
			c)	Inhalt des Gründungsprotokolls	523
				aa) Erklärung der Aktienübernahme	523
				(1) Gründer	523
				(2) Angaben zu den Aktien	524
				(3) Einzahlungsbetrag auf das Grundkapital	524
				bb) Aufgeld/Agio	525
				cc) Fälligkeit und Einforderung der Einlage	525
				dd) Feststellung der Satzung	525
				(1) Satzungsstrenge	525
				(2) Notwendiger Inhalt der Satzung	526
				(3) Bedingt notwendige Satzungsbestandteile	526
				ee) Änderung der Gründungssatzung/Mitarbeitervollmacht	526
		3.	Einzelne Satzungsbestimmungen		527
			a)	Firma	527
			b)	Sitz	528
			c)	Geschäftsjahr	529
			d)	Gegenstand des Unternehmens	529
			e)	Bekanntmachungen	530
			f)	Höhe des Grundkapitals	530
			g)	Zerlegung des Grundkapitals	530
			h)	Namens- und/oder Inhaberaktien	530
			i)	Vinkulierung	532
			j)	Genehmigtes Kapital/Bedingtes Kapital	533
			k)	Verbriefungsanspruch	533
			l)	Aktiengattungen	534
			m)	Vorstand	535
			n)	Vertretung	536
			o)	Aufsichtsrat	537
				aa) Anzahl der Aufsichtsratsmitglieder, Mitbestimmungsrecht	537
				bb) Entsenderechte	538
				cc) Besondere Qualifikationen	538
				dd) Amtszeit der Aufsichtsratsmitglieder/Ersatzmitglieder	538
				ee) Niederlegung und Abberufung	539
				ff) Ausschüsse	540
				gg) Wahl des Vorsitzenden und des Stellvertreters	540
				hh) Anzahl und Form der Aufsichtsratssitzungen	540
				ii) Formen und Fristen der Einberufung sowie Bekanntgabe der Tagesordnung	541
				jj) Teilnahmerecht	542
				kk) Beschlussfähigkeit des Aufsichtsrates	542
				ll) Mehrheiten	543

Inhaltsverzeichnis

	mm) Vergütung	543
	nn) Geschäftsordnung	544
	oo) Änderungen der Satzungsfassung	544
	pp) Vertretung bei Willenserklärungen	545
p)	Hauptversammlung	545
	aa) Ort der Hauptversammlung	545
	bb) Einberufungsfrist/Einberufungsberechtigung/Art der Einberufung	545
	cc) Mehrheiten	546
	dd) Teilnahmerecht der Aktionäre/Stimmrecht der Aktionäre	546
	(1) Anmeldung gem. § 123 Abs. 2 Satz 1 AktG	546
	(2) Legitimationsregeln bei Inhaberaktien	547
	(3) Legitimationsregeln bei Namensaktien	547
	(4) Bevollmächtigung	548
	ee) Bestimmung des Versammlungsleiters	548
	ff) Online-Hauptversammlung, Briefwahl	548
	gg) Mitteilungen nach § 125 AktG	549
	hh) Bild- und Tonübertragungen	550
	ii) Rede- und Fragerecht	550
q)	Rechnungslegung, Gewinnverwendung, Dividendenabschlag, Fälligkeit der Dividende	552
r)	Einziehung von Aktien	552
s)	Angabe von Sondervorteilen gem. § 26 Abs. 1 AktG	554
t)	Gründungsaufwand	554
4.	Satzungsergänzende Nebenabreden	555
5.	Bestellung des Abschlussprüfers	555
6.	Bestellung des ersten Aufsichtsrates	555
7.	Erste Sitzung des Aufsichtsrates/Bestellung des ersten Vorstands	556
a)	Wahlen innerhalb des ersten Aufsichtsrates	556
b)	Bestellung des ersten Vorstands	556
	aa) Eignungsvoraussetzungen	556
	bb) Ausländer als Vorstände	557
	cc) Amtszeit	557
	dd) Vertretungsbefugnis	557
	ee) Vorsitzender des Vorstands	557
c)	Form	557
8.	Einlageleistung	557
a)	Form der Einlageleistung	557
b)	Fälligkeit	558
c)	Freie Verfügung des Vorstands	558
d)	Mindesteinlage	558
e)	Einlageleistung an die Vorgründergesellschaft	559
f)	Verdeckte Sachgründung	559
	aa) Tatbestand	559
	bb) Rechtsfolgen nach früherem Recht	560
	cc) Jetzige Rechtslage	561
g)	Hin- und Herzahlen	561
	aa) Frühere Rechtslage	561
	bb) Neuregelung des § 27 Abs. 4 AktG	562
9.	Gründungsbericht der Gründer	562
10.	Gründungsprüfungsbericht des Vorstands und des Aufsichtsrates	563
11.	Gründungsprüfungsbericht des externen Gründungsprüfers	563
a)	Erforderlichkeit der externen Gründungsprüfung	563
b)	Person des Gründungsprüfers	564
c)	Bestellung des Gründungsprüfers	564
d)	Inhalt des Gründungsprüfungsberichtes	564
12.	Bestätigung des Kreditinstitutes	565
13.	Berechnung Gründungsaufwand	565
14.	Liste der Aufsichtsratsmitglieder	565

	15.	Handelsregisteranmeldung.	565
		a) Vertretung.	565
		b) Inhalt der Anmeldung.	566
		aa) Erklärung zur Leistung der Einlage.	566
		bb) Versicherungen der Vorstandsmitglieder.	566
		cc) Angaben zur Vertretungsbefugnis.	567
		dd) Inländische Geschäftsanschrift.	567
		ee) Angaben bei Vorliegen eines genehmigten Kapitals.	567
		ff) Angaben nach § 24 HRV.	567
		gg) Externer Gründungsprüfer.	567
		hh) Vollmacht.	567
		ii) Zeitpunkt für die Richtigkeit der Angaben.	568
		c) Anlagen.	568
	16.	Übermittlung der Handelsregisteranmeldung an das Handelsregister.	568
	17.	Eintragung in das Handelsregister.	569
	18.	Mitteilung nach § 20 AktG.	569
	19.	Mitteilung nach § 42 AktG.	569
	20.	Steuerliche Mitteilungspflichten.	569
	21.	Notarkosten.	570
		a) Übersicht.	570
		b) Gründungsvollmacht.	570
		c) Feststellung der Satzung.	570
		d) Bestellung des Aufsichtsrates und des Abschlussprüfers.	570
		e) Erste Sitzung des Aufsichtsrates mit Bestellung des Vorstands.	571
		f) Entwurf der Liste der Aufsichtsratsmitglieder.	571
		g) Gründungsprüfung durch den Notar.	571
		h) Anmeldung zum Handelsregister.	571
III.	Sachgründung.		571
	1.	Sachgründung und Sachübernahme, Alternative Gestaltung.	571
	2.	Gegenstand der Sacheinlage bzw. Sachübernahme.	572
	3.	Bewertung/Bewertungsstichtag.	572
	4.	Besonderheiten des Sachgründungsprotokolls.	573
		a) Festsetzungen Satzung.	573
		b) Ausgabebetrag.	573
		c) Aufgeld/Agio.	574
		d) Unterbewertung der Sacheinlage.	574
		e) Nichterbringung der Sacheinlage.	574
		f) Ermächtigung zur Erfüllung der Sacheinlageverpflichtung.	575
		g) Aufsichtsrat.	575
	5.	Einbringungsvertrag.	575
		a) Begriffsbestimmung.	575
		b) Notwendigkeit eines Einbringungsvertrages.	575
		c) Form.	576
		d) Zeitpunkt des Abschluss des Einbringungsvertrages.	576
		e) Inhalt.	576
	6.	Leistungszeitpunkt der Sacheinlagen.	577
	7.	Gründungsbericht der Gründer.	577
		a) Vorausgegangen Rechtsgeschäfte (§ 32 Abs. 2 Satz 2 Nr. 1 AktG).	578
		b) Anschaffungs- und Herstellungskosten (§ 32 Abs. 2 Satz 2 Nr. 2 AktG).	578
		c) Betriebserträge (§ 32 Abs. 2 Satz 2 Nr. 3 AktG).	578
	8.	Gründungsprüfungsbericht des Vorstands und des Aufsichtsrates.	578
	9.	Gründungsprüfungsbericht des externen Gründungsprüfers.	579
		a) Sachgründung ohne externe Gründungsprüfung nach § 33a AktG.	579
		aa) Bewertung zum Börsenkurs.	579
		bb) Rückgriff auf vorhandene Bewertung.	579
		b) Person des Gründungsprüfers.	580
		c) Umfang der Prüfung, Erstreckung auf ein etwaiges Aufgeld.	580
	10.	Handelsregisteranmeldung.	581

Inhaltsverzeichnis

			a) Erklärung zur Leistung der Einlagen	581
			b) Erklärungen bei Sachgründung ohne externe Gründungsprüfung	581
			c) Anlagen	582
		11.	Prüfungspflicht des Registerrechts bei Sachgründungen ohne Gründungsprüfer	582
		12.	Bekanntmachung des Vorstands über die Zusammensetzung des Aufsichtsrates	582
		13.	Notarkosten	582
	IV.	Mischeinlage		583
	V.	Wirtschaftliche Neugründung		583
		1.	Grundlagen	583
		2.	Vorliegen einer wirtschaftlichen Neugründung	584
		3.	Anwendung der Gründungsvorschriften	584
			a) Erbringung der Einlagen (§§ 7, 36a AktG)	584
			b) Gründungsberichte der Gründer, des Vorstands und des Aufsichtsrats	584
			c) Gründungsprüfung	585
			d) Bankbestätigung/Nachweis der Kapitalaufbringung	585
			e) Berechnung des Gründungsaufwandes	585
			f) Offenlegung/Handelsregisteranmeldung	585
			g) Haftung	586
	VI.	Haftung und Vertretung im Gründungsstadium		586
		1.	Vorgründergesellschaft	586
		2.	Vor-AG	586
			a) Rechtsnatur	586
			b) Vertretung	587
		3.	Haftung der Gründer	587
			a) Verlustdeckungshaftung	587
			b) Unterbilanzhaftung (Vorbelastungshaftung)	588
			c) Haftung gem. § 46 AktG	588
			d) Differenzhaftung des Sacheinlegers	589
		4.	Haftung des Vorstands und des Aufsichtsrats	589
		5.	Haftung des Gründungsprüfers	589
		6.	Haftung der Bank	589
	VII.	Nachgründung		590
		1.	Grundlagen	590
		2.	Voraussetzungen	590
			a) Vertragsgegenstand	590
			b) Vertragspartner	590
			c) Gegenleistung	590
			d) Zweijahresfrist	591
			e) Vorratsgesellschaften	591
			f) Ausschluss gem. § 52 Abs. 9 AktG	591
		3.	Wirksamkeitsvoraussetzungen	591
			a) Form	591
			b) Publizität	591
			c) Prüfung durch den Aufsichtsrat/Gründungsprüfung	592
			d) Zustimmung der Hauptversammlung	592
			e) Registerverfahren	592
		4.	Rechtslage vor und nach der Eintragung im Handelsregister	593
B.	Hauptversammlung			593
	I.	Einberufung der Hauptversammlung		593
		1.	Einberufungsfrist	593
		2.	Einberufungsmedium	593
		3.	Angaben zu Firma und Sitz	594
		4.	Angaben zu Zeit und Ort der Hauptversammlung	594
		5.	Tagesordnung	595
		6.	Angabe der Teilnahmebedingungen usw.	596
		7.	Angabe der Einberufenden	597
	II.	Notar und Hauptversammlung		597
		1.	Einberufung der Hauptversammlung	598

	2.	Durchführung der Hauptversammlung	598
	3.	Erstellung des notariellen Hauptversammlungsprotokolls	599
	4.	Einzuhaltende Formalien des notariellen Hauptversammlungsprotokolls	599
		a) Rubrum	601
		b) Beschlüsse pp.	601
		c) Art der Abstimmung	602
		d) Ergebnis der Abstimmung pp.	603
		e) Minderheitsverlangen	605
		f) Widersprüche	605
		g) Unbeantwortete Fragen	605
		h) Hilfspersonen bei der Protokollierung	607
		i) Ordnungsentscheidungen, besondere Vorkommnisse	608
		j) Anlagen	608
	5.	Änderungen des Protokolls	610
	6.	Registervollzug	610
III.	Hauptversammlung ohne Notar		610
IV.	Hauptversammlung bei der Einpersonengesellschaft		611
V.	Einzelne Beschlussgegenstände		611
	1.	Feststellung des Jahresabschlusses	611
	2.	Gewinnverwendung	612
	3.	Bestellung des Abschlussprüfers	612
	4.	Entlastung von Vorstand und Aufsichtsrat	612
		a) Entlastungszeitraum	613
		b) Gesamt- und Einzelentlastung	613
		c) Stimmverbote	614
	5.	Wahlen zum Aufsichtsrat	614
	6.	Reguläre Kapitalerhöhung	615
		a) Obligatorischer Inhalt des Hauptversammlungsbeschlusses	615
		b) Fakultativer Inhalt des Hauptversammlungsbeschlusses	616
		c) Beschlussmehrheiten	616
		d) Bezugsrechte	616
		e) Bar-/Sachkapitalerhöhung	616
		f) Anmeldung und Wirksamwerden der Kapitalerhöhung	617
	7.	Genehmigtes Kapital	617
		a) Obligatorischer Inhalt des Hauptversammlungsbeschlusses	617
		b) Fakultativer Inhalt des Hauptversammlungsbeschlusses	618
		c) Beschlussmehrheiten	619
		d) Anmeldung und Wirksamwerden des genehmigten Kapitals	620
	8.	Bedingte Kapitalerhöhung	620
		a) Obligatorischer Inhalt des Hauptversammlungsbeschlusses	621
		b) Fakultativer Inhalt des Hauptversammlungsbeschlusses	621
		c) Beschlussmehrheiten	621
		d) Anmeldung und Wirksamwerden des bedingten Kapitals	621
	9.	Kapitalerhöhung aus Gesellschaftsmitteln	622
		a) Obligatorischer Inhalt des Hauptversammlungsbeschlusses	623
		b) Fakultativer Inhalt des Hauptversammlungsbeschlusses	624
		c) Beschlussmehrheiten	624
		d) Anmeldung und Wirksamwerden der Kapitalerhöhung aus Gesellschaftsmitteln	624
	10.	Kapitalherabsetzung	625
		a) Ordentliche Kapitalherabsetzung	625
		aa) Obligatorischer Inhalt des Hauptversammlungsbeschlusses	626
		bb) Sonderbeschlüsse	626
		cc) Beschlussmehrheiten	627
		dd) Anmeldung und Wirksamwerden der ordentlichen Kapitalherabsetzung	627
		ee) Gläubigerschutz	627
		b) Vereinfachte Kapitalherabsetzung	628
		aa) Obligatorischer Inhalt des Hauptversammlungsbeschlusses	628
		bb) Sonderbeschlüsse	629

Inhaltsverzeichnis

		cc) Beschlussmehrheiten	629
		dd) Anmeldung und Wirksamwerden der vereinfachten Kapitalherabsetzung	629
		ee) Gläubigerschutz	629
		ff) Rückwirkungsmöglichkeiten	630
	c)	Kapitalherabsetzung durch Einziehung von Aktien	630
	d)	Amortisation	630
11.	Unternehmensverträge		631
	a)	Obligatorischer Inhalt des Hauptversammlungsbeschlusses	632
	b)	Beschlussmehrheiten	632
	c)	Anmeldung und Wirksamwerden des Unternehmensvertrages	632
12.	Squeeze Out		633
	a)	Obligatorischer Inhalt des Hauptversammlungsbeschlusses	634
	b)	Sonderbeschlüsse	635
	c)	Beschlussmehrheiten	635
	d)	Anmeldung und Wirksamwerden des Squeeze-Out	635
13.	Delisting		635
VI. COVID-19 Pandemie und Hauptversammlung			636
1. Zeitlicher Geltungsbereich			637
2. Entgegenstehende Satzungsregelungen			637
3. Vorbereitung der Hauptversammlung			637
4. Durchführung der Hauptversammlung			638
5. Mitwirkung des Aufsichtsrates			639
6. Mitwirkung des Notars			640

Kapitel 4 Recht der Kommanditgesellschaft auf Aktien 641

A. Vorbemerkung.. 641
B. Die Struktur der KGaA... 641
C. Die Gründung der KGaA.. 643
D. Die Beurkundung von Hauptversammlungsbeschlüssen der KGaA............ 646
E. Die Auflösung der KGaA.. 647

Kapitel 5 Recht der Societas Europaea (SE) 649

A. Einführung.. 651
B. Aufbau der SE.. 652
   I. Die Verwaltung der SE.. 652
      1. Die Verwaltung im dualistischen Leitungssystem.......... 652
         a) Leitungsorgan.. 652
         b) Aufsichtsorgan... 652
      2. Die Verwaltung im monistischen Leitungssystem........ 653
         a) Verwaltungsrat.. 653
            aa) Bestellung der Mitglieder des Verwaltungsrats........ 653
            bb) Ausschüsse des Verwaltungsrats............................. 653
            cc) Vergütung der Mitglieder des Verwaltungsrats........ 653
         b) Geschäftsführende Direktoren 654
            aa) Organqualität der geschäftsführenden Direktoren... 654
            bb) Amtszeit der geschäftsführenden Direktoren........... 654
            cc) Aufgaben der geschäftsführenden Direktoren.......... 655
   II. Hauptversammlung der SE... 656
      1. Zuständigkeiten... 656
         a) Satzungsänderungen.. 656
         b) Bestellung der Arbeitnehmervertreter............... 657
         c) Sonstige Kompetenzen der Hauptversammlung.. 657
      2. Einberufung und Ablauf... 657

		a)	Zeitpunkt der Hauptversammlung	657
		b)	Ort und Sprache der Hauptversammlung	657
		c)	Niederschrift der Hauptversammlung	658
C.	Gestaltung der Satzung der SE			659
	I.	Allgemeines		659
	II.	Firma		659
	III.	Grundkapital		659
	IV.	Organe		659
		1. Dualistisches System		659
		a)	Amtszeiten des Leitungsorgans	659
		b)	Zustimmungsvorbehalte	660
		c)	Anzahl der Aufsichtsorganmitglieder	660
		2. Monistisches Leitungssystem		660
		a)	Allgemeine Formulierungsbeispiele	660
		b)	Amtszeiten der Verwaltungsratsmitglieder	661
		c)	Anzahl der Verwaltungsratsmitglieder	661
		d)	Vertretung durch die geschäftsführenden Direktoren	662
		e)	Zustimmungsvorbehalte geschäftsführenden Direktoren	662
		f)	Beschränkung der Abberufungsmöglichkeit geschäftsführender Direktoren	662
	V.	Hauptversammlung		662
		1. Hauptversammlungsort im Ausland		662
		2. Mehrheitserfordernis		663
	VI.	Gründung durch Verschmelzung		663
D.	Mitbestimmung			663
	I.	Allgemeines		663
	II.	Verfahren zur Beteiligung der Arbeitnehmer		664
	III.	Auffangregelungen		665
E.	Gründung			666
	I.	Allgemeines		666
	II.	Gründung mittels Verschmelzung		666
		1. Allgemeine Voraussetzungen		666
		a)	Mehrstaatlichkeit	667
		b)	Beteiligte Rechtsträger	667
		2. Ablauf der Verschmelzung		667
		a)	Aufstellung des Verschmelzungsplans	668
			aa) Aufstellung	668
			(1) Zuständigkeit zur Aufstellung	668
			(2) Business Combination Agreement?	668
			(3) Form	668
			(4) Sprache	669
			bb) Inhalt des Verschmelzungsplanes	669
			(1) Firma der SE	669
			(2) Sitz der SE	670
			(3) Umtauschverhältnis der Aktien	670
			(4) Einzelheiten der Übertragung der Aktien	670
			(5) Verschmelzungsstichtag	671
			(6) Zeitpunkt der Gewinnberechtigung	671
			(7) Besondere Vorteile	671
			(8) Rechte der Inhaber von Sonderrechten	671
			(9) Angaben zum Verfahren zur Arbeitnehmerbeteiligung	672
			(10) Satzung	672
			(11) Barabfindung	672
		b)	Einreichung des Verschmelzungsplanes oder seines Entwurfes zum Handelsregister zum Zwecke der Bekanntmachung	673
		c)	Verfahren zur Beteiligung der Arbeitnehmer	673
		d)	Verschmelzungsbericht	673
		e)	Verschmelzungsprüfung/Nachprüfungsbericht	673
		f)	Offenlegung	674

Inhaltsverzeichnis

		g) Zustimmungsbeschlüsse	674
		h) Bestellung des ersten Aufsichtsrater/Verwaltungsrates	675
		i) Bestellung des Abschlussprüfers	675
		j) Bestellung des Vorstands/der geschäftsführenden Direktoren	675
		k) Gründungsprüfung	675
		l) Anmeldung der Verschmelzung zum Handelsregister	676
		aa) Erste Prüfungsphase	676
		(1) Umfang der Prüfung durch das Registergericht/Rechtmäßigkeitsbescheinigung	676
		(2) Anmeldepflichtige Personen	677
		(3) Inhalt der Anmeldung	677
		(4) Anlagen	677
		bb) Zweite Prüfungsphase	677
		(1) Umfang der Prüfung durch das Registergericht	677
		(2) Anmeldepflichtige Personen	678
		(3) Inhalt der Anmeldung	678
		(4) Anlagen	679
	3.	Rechtsfolgen der Eintragung	679
	4.	Vereinfachungen bei einer Mutter/Tochter Verschmelzung	679
III.	Gründung mittels Formwechsel		679
	1.	Einführung	679
	2.	Aufstellung des Umwandlungsplans	680
		a) Zuständigkeit zur Aufstellung	680
		b) Inhalt	680
		c) Form	681
	3.	Umwandlungsbericht	681
	4.	Einreichung des Umwandlungsplans oder seines Entwurfs beim Handelsregister	681
	5.	Zuleitung an den Betriebsrat	681
	6.	Verfahren zur Beteiligung der Arbeitnehmer	682
	7.	Reinvermögensprüfung	682
	8.	Umwandlungsbeschluss/Kapitalerhöhungsbeschluss	682
	9.	Bestellung der Aufsichtsratsmitglieder bzw. Verwaltungsorgane	682
	10.	Konstituierende Sitzung des Aufsichtsrats/Verwaltungsrats mit der Bestellung des Vorstands bzw. der geschäftsführenden Direktoren	683
	11.	Gründungsprüfung	683
	12.	Anmeldung zum Handelsregister	683
		a) Anmeldepflichtige Personen	683
		b) Inhalt der Anmeldung	683
		c) Anlagen	684
	13.	Rechtsfolgen der Eintragung	684
IV.	Gründung einer Holding-SE		684
	1.	Einführung	684
	2.	Ablauf	685
	3.	Erstellung des Gründungsplanes	685
		a) Firma und Sitz der Gründungsgesellschaften	686
		b) Firma und Sitz der Holding SE	686
		c) Prozentsatz der einzubringenden Anteile, der von den die Gründung der SE anstrebenden Gesellschaften mindestens eingebracht werden muss	686
		d) Umtauschverhältnis für die SE-Aktien sowie ggf. die Höhe der Ausgleichsleistung	686
		e) Einzelheiten hinsichtlich der Übertragung der Aktien der SE	686
		f) Satzung der SE	687
		aa) Beschreibung des Einlagegegenstandes	687
		bb) Bestimmung der Höhe des Grundkapitals	687
		g) Barabfindungsangebot	687
		h) (Holding-) Gründungsbericht	687
	4.	(Holding-) Gründungsprüfung	688
	5.	Einreichung des Gründungsplans oder seines Entwurfs beim Handelsregister	688
	6.	Verfahren zur Beteiligung der Arbeitnehmer	688
	7.	Zustimmungsbeschluss	688

		8.	Bestellung der Organmitglieder und des Abschlussprüfers	688
		9.	Einbringung/Übernahme der Aktien	689
		10.	Treuhänder	689
		11.	Gründungsrecht der AG	689
		12.	Handelsregisteranmeldung	690
			a) Anmeldepflichtige Personen	690
			b) Inhalt der Anmeldung	690
			c) Anlagen	690
		13.	Eintragung der SE	690
	V.	Gründung einer gemeinsamen Tochter-SE		691
		1.	Einführung/Gründer/Mehrstaatlichkeitserfordernis	691
		2.	Keine Notwendigkeit eines Gründungsplans	691
		3.	Beteiligung der Arbeitnehmer	691
		4.	Ablauf der Gründung	691
		5.	Gründungsurkunde	692
		6.	Anmeldung zum Handelsregister	692
		7.	Zustimmungsbeschlüsse der beteiligten Gesellschaften	692
	VI.	Gründung einer Tochter SE der SE		692
F.	Besondere Strukturmaßnahmen bei der SE			693
	I.	Rückumwandlung der SE in eine Aktiengesellschaft		693
		1.	Allgemeines	693
		2.	Durchführung	693
	II.	Beteiligung der SE an Umwandlungsmaßnahmen nach dem Umwandlungsgesetz		694
	III.	Sitzverlegung ins EU-Ausland		694
		1.	Allgemeines	694
		2.	Durchführung	695
			a) Verlegungsplan	695
			b) Verlegungsbericht	695
			c) Verlegungsbeschluss	695
			d) Minderheitenschutz	696
			e) Gläubigerschutz	696
			f) Registerverfahren	696

Kapitel 6 Genossenschaftsrecht ... 698

A.	Bedeutung und Entwicklung der Genossenschaft			699
	I.	Entwicklung des Genossenschaftsrechts		699
	II.	Das Genossenschaftsgesetz		701
	III.	Begriff und Typisierung der Genossenschaft		702
		1.	Die Genossenschaft als körperschaftliche und personalistisch strukturierte Rechtsform	702
		2.	Genossenschaftsarten	703
	IV.	Auf Genossenschaften anwendbare Vorschriften		705
	V.	Genossenschaftliche Grundsätze		706
	VI.	Wirtschaftliche Bedeutung der Genossenschaft		707
B.	Gründung der Genossenschaft			707
	I.	Gründungsverfahren		707
	II.	Gründer		711
	III.	Kapitalanforderungen		712
C.	Satzungsgestaltung bei der Genossenschaft			712
	I.	Mindestinhalt der Satzung		725
	II.	Firma, Sitz und Gegenstand der Genossenschaft		726
	III.	Geschäftsanteil, Geschäftsguthaben und Haftsumme		727
	IV.	Satzungsänderungen		728
D.	Mitgliedschaft und Mitglieder der Genossenschaft			730
	I.	Beginn der Mitgliedschaft		730
	II.	Rechte und Pflichten aus der Mitgliedschaft		731

Inhaltsverzeichnis

	III.	Ende der Mitgliedschaft	731
	IV.	Investierende Mitglieder	732
	V.	Mitglieder mit Sonderrechten	733
E.		Organe der Genossenschaft	733
	I.	Vorstand	734
		1. Besetzung	734
		2. Aufgaben	736
		a) Geschäftsführung	736
		b) Vertretung der Genossenschaft	738
		3. Haftung	740
		a) Haftung gegenüber der Genossenschaft	740
		aa) Der Haftungstatbestand des § 34 Abs. 2 GenG	740
		(1) Sorgfaltsmaßstab	740
		(2) Pflichtverletzung	741
		(3) Verschulden	742
		(4) Kausaler Schaden	743
		(5) Haftungsausschluss	743
		(6) Gesamtschuldnerische Haftung	743
		(7) Verjährung	743
		bb) Sonstige Haftungstatbestände	744
		cc) Geltendmachung der Haftungsansprüche	744
		b) Haftung gegenüber Dritten	745
	II.	Aufsichtsrat	745
		1. Besetzung	745
		2. Aufgaben	747
		3. Haftung	749
	III.	Generalversammlung	750
		1. Aufgaben	751
		2. Ablauf	752
		3. Weitere Rechte der Mitglieder in der Generalversammlung	755
		4. Nichtigkeit und Anfechtbarkeit von Beschlüssen	756
		a) Nichtige Beschlüsse	756
		b) Anfechtbare Beschlüsse	758
	IV.	Vertreterversammlung	760
		1. Errichtung und Beendigung	761
		2. Besetzung	762
		3. Aufgaben	762
		4. Rechte der übrigen Mitglieder	763
	V.	Sonstige Organe	763
F.		Personalwesen der Genossenschaft	764
G.		Beendigung der Genossenschaft	765
	I.	Insolvenz	765
	II.	Liquidation	766
	III.	Löschung	767
H.		Genossenschaftliche Prüfungsverbände und Prüfungswesen	768
I.		Sonderprobleme bei Genossenschaften in speziellen Rechtsgebieten	769
	I.	Genossenschaften in der Unternehmensumwandlung	769
		1. Verschmelzung	769
		2. Formwechsel	770
		3. Spaltung	771
	II.	Genossenschaften im Kartellrecht	771
J.		Genossenschaften im internationalen Rechtsverkehr	772

Kapitel 7 Gesellschaftsbeteiligungen im Familien- und Erbrecht 774

A.		Familienrechtliche Bezüge	775
	I.	Gesellschaftsbeteiligungen und Zugewinnausgleich	775
	II.	Regelungen zum Güterstand in Bezug auf Gesellschaftsbeteiligungen	776

		1.	Herausnahme von Gesellschaftsbeteiligungen aus dem Zugewinnausgleich	777
			a) Abgrenzung zu anderen Regelungsmöglichkeiten	777
			b) Inhalt der Regelung	779
			aa) Bestimmung des unternehmerischen Vermögens.	779
			bb) Beibehaltung des Zugewinnausgleichs für den Todesfall	780
			cc) Behandlung von Erträgen	780
			dd) Behandlung von Verwendungen	782
			ee) Veränderungen des aus dem Zugewinnausgleich herausgenommenen Vermögens	783
			ff) Begrenzung der Ausgleichsforderung nach § 1378 Abs. 2 BGB	784
			gg) Beschränkung der Zwangsvollstreckung	784
			hh) Schutz vor Umkehr der Ausgleichsrichtung oder Erhöhung der Ausgleichsforderung	784
			ii) Ausschluss der Verfügungsbeschränkungen nach § 1365 BGB	785
			c) Vollständiges Formulierungsbeispiel	785
			d) Notarkosten	786
		2.	Bewertungsvereinbarungen	787
	III.	Verfügungsbeschränkung nach § 1365 BGB.	788
		1.	Bedeutung von § 1365 BGB im Hinblick auf Gesellschaftsbeteiligungen	788
			a) Voraussetzungen und Anwendungsbereich von § 1365 BGB	788
			b) Anwendungsfälle in Bezug auf Gesellschaftsbeteiligungen.	790
			aa) Gründung der Gesellschaft	790
			bb) Veräußerung der Beteiligung.	790
			cc) Änderung des Gesellschaftsvertrages	791
			dd) Beendigung der Mitgliedschaft und Beendigung der Gesellschaft	792
			ee) Verfügung über einzelne Vermögensgegenstände bei einer Einpersonengesellschaft	792
		2.	Erteilung der Zustimmung	793
		3.	Ehevertragliche Regelungen in Bezug auf § 1365 BGB	793
	IV.	Gesellschaftsvertragliche Regelungen	794
		1.	Zulässigkeit und Zweckmäßigkeit von Güterstandsklauseln	794
		2.	Formbedürftigkeit von Gesellschaftsverträgen bei Personengesellschaften	796
		3.	Inhaltliche Ausgestaltung einer Güterstandsklausel	797
			a) Verpflichtung zum Abschluss eines Ehevertrages	797
			b) Nachweispflicht	798
			c) Sanktionierung bei Pflichtverletzungen	798
			d) Formulierungsbeispiel	800
B.	Erbrechtliche Bezüge		801
	I.	Rechtsfolgen bei Tod eines Gesellschafters	801
		1.	Personengesellschaften	801
			a) Gesellschaft bürgerlichen Rechts	801
			b) Offene Handelsgesellschaft und Kommanditgesellschaft	802
			aa) Tod eines persönlich haftenden Gesellschafters	802
			bb) Tod eines Kommanditisten	803
			c) Besonderheiten bei einer zweigliedrigen Gesellschaft.	804
			d) Partnerschaftsgesellschaft nach dem PartGG	804
			e) GmbH & Co. KG	804
		2.	Kapitalgesellschaften	805
	II.	Gesellschaftsvertragliche Regelungen in Bezug auf den Tod eines Gesellschafters	807
		1.	Personengesellschaften	807
			a) Fortsetzungsklausel	807
			b) Auflösungsklausel	810
			c) Nachfolgeklauseln	811
			aa) Einfache Nachfolgeklausel	811
			bb) Qualifizierte Nachfolgeklausel.	814
			cc) Rechtsgeschäftliche Nachfolgeklausel	817
			d) Eintrittsklausel	818
		2.	Kapitalgesellschaften	822

Inhaltsverzeichnis

		a) Gemeinschaftliche Ausübung von Gesellschafterrechten..................	822
		b) Einziehungs- und Abtretungsregelung...............................	822
		c) Erbenlegitimation..	826
		d) Vinkulierungsklauseln..	826
	3.	Besonderheiten bei der GmbH & Co. KG...............................	827
III.	Regelungen in Verfügungen von Todes wegen in Bezug auf den Tod eines Gesellschafters...		828
	1.	Erbeinsetzung und Vermächtnis...	828
		a) Personengesellschaften	828
		b) Kapitalgesellschaften...	829
	2.	Anordnung von Testamentsvollstreckung................................	829
		a) Testamentsvollstreckung an Beteiligungen von voll haftenden Gesellschaftern ...	829
		aa) Abwicklungsvollstreckung..................................	829
		bb) Verwaltungs- und Dauertestamentsvollstreckung	830
		(1) Beschränkung der Testamentsvollstreckung auf die »Außenseite« der Beteiligung...	830
		(2) Ersatzlösungen zur Erstreckung der Testamentsvollstreckung auf die »Außenseite« der Beteiligung.............................	832
		(3) Anordnung der Testamentsvollstreckung und Umwandlung der voll haftenden Beteiligung in eine Kommanditbeteiligung..............	833
		b) Testamentsvollstreckung an Kommanditbeteiligungen	833
		c) Testamentsvollstreckung an Kapitalgesellschaftsbeteiligungen................	836

Kapitel 8 Umwandlungsrecht... 838

A.	Allgemeines zum Umwandlungsrecht	851
	I. Einleitung..	851
	II. Sonstige Umstrukturierungen...	852
	III. Gesetzesaufbau..	853
	IV. Europarechtliche Vorgaben...	854
	V. Schutzziele des Umwandlungsgesetzes	855
B.	Verschmelzung...	855
	I. Allgemeines	855
	II. Ablauf einer Verschmelzung..	856
	III. Verschmelzungsfähige Rechtsträger..	858
	1. Allgemeines...	858
	2. Uneingeschränkte Verschmelzungsfähigkeit.............................	858
	3. Unternehmergesellschaft	859
	4. Aufgelöste Gesellschaften/Sanierungsverschmelzungen	860
	a) Beteiligung als übertragender Rechtsträger	860
	b) Beteiligung als übernehmender Rechtsträger...........................	861
	c) Sanierungsverschmelzungen außerhalb des Insolvenzplans	861
	aa) Ordnungsgemäße Kapitalaufbringung	862
	bb) Verschmelzung ohne Kapitalerhöhung/Minderheitenschutz	863
	cc) Kapitalerhaltung...	864
	dd) Überschuldete übernehmende Rechtsträger	864
	IV. Der Verschmelzungsvertrag...	864
	1. Allgemeines...	864
	2. Abschlusskompetenz	865
	3. Vertretung..	865
	4. Inhalt..	866
	a) Allgemeines...	866
	b) § 5 Abs. 1 Nr. 1 (Beteiligtenangaben)	866
	c) § 5 Abs. 1 Nr. 2 (Vermögensübertragung/Anteilsgewährung)	867
	d) Ausnahmen von der Anteilsgewährungspflicht	868
	aa) § 5 Abs. 2 (Konzernverschmelzung)	868

		bb)	§ 20 Abs. 1 Nr. 3 Satz 1 Halbs. 2	869
		cc)	Verzicht	870
		dd)	Weitere Ausnahmen	871
			(1) GmbH & Co. KG mit Komplementärin ohne Vermögensbeteiligung	871
			(2) Verbot der Mehrfachbeteiligung bei Personenhandelsgesellschaften	871
	e)	§ 5 Abs. 1 Nr. 3 (Umtauschverhältnis/bare Zuzahlung)		872
		aa)	Umtauschverhältnis	872
		bb)	Bare Zuzahlung	873
	f)	§ 5 Abs. 1 Nr. 4 (Einzelheiten der Übertragung)		874
	g)	§ 5 Abs. 1 Nrn. 5 und 6 (Beginn der Gewinnberechtigung/Verschmelzungsstichtag)		874
	h)	§ 5 Abs. 1 Nr. 7 (Sonderrechte u.a. für Anteilsinhaber)		877
	i)	§ 5 Abs. 1 Nr. 8 (Sondervorteile für Amtsträger und Prüfer)		878
	j)	§ 5 Abs. 1 Nr. 9 (Folgen für Arbeitnehmer und ihre Vertretungen)		878
5.	Abfindungsangebot nach § 29			879
	a)	Mischverschmelzung		880
	b)	Wegfall der Börsennotierung		880
	c)	Verfügungsbeschränkungen		881
	d)	Widerspruch		881
	e)	Entbehrlichkeit des Angebots		882
	f)	Ausgestaltung des Angebots		882
	g)	Prüfung des Angebots		883
	h)	Rechtsfolgen bei Missachtung der Vorgaben des § 29		884
6.	Sonstiger zwingender Inhalt			884
	a)	Verschmelzung durch Neugründung		884
	b)	Rechtsformspezifische Bestandteile		884
7.	Fakultative Bestandteile des Verschmelzungsvertrages			884
	a)	Allgemeines		884
	b)	Bedingungen/Kettenverschmelzungen		885
8.	Zuleitung an den Betriebsrat			886
	a)	Maßgebliche Unterlagen		886
	b)	Empfangszuständigkeit		887
	c)	Monatsfrist		887
	d)	Verzichtsmöglichkeiten		887
	e)	Vertragsänderungen		888
9.	Form			888
	a)	Zweck		888
	b)	Verfahren und Umfang der Beurkundung		888
	c)	Entwurf des Vertrages		889
	d)	Auslandsbeurkundung		889
		aa)	Ortsform	889
		bb)	Einhaltung des § 6 durch Auslandsbeurkundung	890
	e)	Heilung von Formmängeln		891
V.	Verschmelzungsbericht				891
	1.	Allgemeines/Inhalt			891
	2.	Zuständigkeit für die Erstattung des Berichts			892
	3.	Entbehrlichkeit			892
		a)	Verzicht		892
		b)	Konzernverschmelzung		892
		c)	Personengesellschaften (§§ 41, 45c Satz 1)		893
	4.	Information der Anteilsinhaber			893
	5.	Grenzen der Berichtspflicht			894
	6.	Fehlerhafte Berichte			894
		a)	Heilung von Mängeln		894
		b)	Folgen für den Verschmelzungsbeschluss		895
		c)	Eintragbarkeit der Verschmelzung		896
	7.	Weitere Informationspflichten			897
VI.	Verschmelzungsprüfung nach §§ 9 bis 12				897

Inhaltsverzeichnis

1.	Allgemeines	897
2.	Erforderlichkeit der Verschmelzungsprüfung und des Prüfungsberichts	897
	a) Beteiligung von Personengesellschaften	898
	b) Beteiligung einer GmbH	899
	c) Beteiligung einer AG oder KGaA	899
	d) Mischverschmelzungen	900
	e) Sonstige Prüfungen	900
3.	Gegenstand, Ziel und Umfang der Verschmelzungsprüfung	900
	a) Allgemeines	900
	b) Unternehmensbewertung	900
	c) Bewertungsstichtag	902
	d) Börsennotierte Unternehmen	902
4.	Bestellung der Verschmelzungsprüfer	904
5.	Prüfungsbericht, Verzicht, Mängel	904
VII.	Verschmelzungsbeschlüsse	904
1.	Zweck des Zustimmungserfordernisses/Ausnahmen	904
2.	Modalitäten der Beschlussfassung	905
	a) Versammlungserfordernis/Konkludente Beschlussfassung	905
	b) Vorbereitung und Durchführung der Versammlung	905
	c) Mehrheitserfordernisse	906
3.	Gegenstand des Verschmelzungsbeschlusses	906
4.	Vertretung durch Bevollmächtigte	907
	a) Zulässigkeit	907
	b) Form der Vollmacht	908
5.	Beurkundung	908
6.	Beteiligung Minderjähriger	909
VIII.	Zustimmung einzelner Gesellschafter und sonstige Zustimmungserfordernisse	909
1.	Vinkulierungen im Sinne von § 13 Abs. 2	909
2.	Sonstige Zustimmungserfordernisse	910
3.	Beurkundung und Vertretung	910
IX.	Registeranmeldung	910
1.	Anmeldepflicht	910
2.	Anmelderecht	911
3.	Inhalt der Anmeldung	911
	a) Verschmelzung	911
	b) Negativerklärung (§ 16 Abs. 2)	911
	aa) Zweck des Negativerklärungserfordernisses	911
	bb) Klageverfahren nach § 14	912
	cc) Inhalt, Zeitpunkt und Formalien der Negativerklärung	913
	dd) Entbehrlichkeit der Negativerklärung wegen Verzichts der Anteilsinhaber	914
	ee) Entbehrlichkeit der Negativerklärung gem. § 16 Abs. 3 (Unbedenklichkeitsverfahren)	914
4.	Anlagen (§ 17)	915
	a) Anlagen im Sinne von § 17 Abs. 1	915
	b) Schlussbilanz nach § 17 Abs. 2	916
	c) Folgen fehlender Anlagen	917
5.	Art der Übermittlung (§ 12 HGB)	917
6.	Rechtsformspezifische Besonderheiten/Verschmelzung durch Neugründung	918
X.	Eintragung und Rechtsfolgen	918
1.	Eintragungsreihenfolge	918
2.	Eintragungsfolgen	918
	a) Gesamtrechtsnachfolge	918
	b) Erlöschen der übertragenden Rechtsträger	919
	c) Anteilserwerb	919
	d) Heilung von Beurkundungsmängeln	920
	e) Bestandskraft der Verschmelzung	920
XI.	Verschmelzung durch Neugründung	921
1.	Überblick	921

	2.	Verweis auf Regelungen zur Verschmelzung durch Aufnahme	922
	3.	Verschmelzungsvertrag.	922
	4.	Verschmelzungsbericht, Verschmelzungsprüfung und Verschmelzungsbeschluss.	922
	5.	Anmeldung und Eintragung	923
	6.	Verweis auf Gründungsrecht und Beteiligung Dritter	923
XII.	Besonderheiten bei der Beteiligung von Personenhandelsgesellschaften	924
	1.	Überblick.	924
	2.	Aufgelöste Gesellschaften (§ 39)	924
	3.	Besonderheiten bezüglich des Verschmelzungsvertrages (§§ 40, 43 Abs. 2 Satz 3)	925
		a) Bestimmung von Art und Umfang der Beteiligung der Anteilsinhaber der übertragenden Rechtsträger in der übernehmenden/neuen Personenhandels-gesellschaft	925
		aa) Art der Beteiligung	925
		bb) Rechtliche Vorgaben für die Bestimmung der Art der Beteiligung	925
		(1) Schutz der beschränkt haftenden Gesellschafter der übertragenden Rechtsträger (§ 40 Abs. 2).	925
		(2) Schutz der unbeschränkt haftenden Gesellschafter der übertragenden Rechtsträger (§ 43 Abs. 2 Satz 3 Halbs. 1)	926
		cc) Umfang der Beteiligung	926
		(1) Beteiligung als neuer Komplementär.	927
		(2) Beteiligung als neuer Kommanditist	928
		(3) Grundsatz der Einheitlichkeit der Beteiligung.	928
		(4) Buchung auf Darlehenskonten	929
		(5) Komplementär-GmbH ohne Vermögensbeteiligung.	929
		dd) Besonderheiten im Hinblick auf § 35 (unbekannte Aktionäre)	929
		b) Schutz der unbeschränkt haftenden Gesellschafter der übernehmenden Personenhandelsgesellschaft	930
		c) Verhältnis zu § 29	930
	4.	Verschmelzungsbericht (§ 41), Unterrichtung der Gesellschafter (§ 42) sowie Verschmelzungsprüfung (§ 44)	930
	5.	Verschmelzungsbeschluss	930
		a) Einstimmigkeitsgrundsatz	930
		b) Mehrheitsklauseln.	931
	6.	Nachhaftung, § 45.	932
	7.	Checkliste: Verschmelzung unter Beteiligung einer Personenhandelsgesellschaft	932
XIII.	Besonderheiten bei der Beteiligung von Partnerschaftsgesellschaften	933
	1.	Verschmelzungsfähigkeit	933
	2.	Zusätzliche Vorgaben für den Verschmelzungsvertrag (§ 45b)	933
	3.	Verschmelzungsbericht, Unterrichtung der Partner und Verschmelzungsprüfung (§§ 45c, 45e Satz 2)	933
	4.	Beschluss der Gesellschafterversammlung (§ 45d)/Zustimmungserfordernisse	934
	5.	Fehlendes Widerspruchsrecht.	934
	6.	Nachhaftung	934
	7.	Anmeldung der Verschmelzung	934
	8.	Checkliste: Verschmelzung bei Beteiligung einer Partnerschaftsgesellschaft	935
XIV.	Besonderheiten bei der Beteiligung von Gesellschaften mit beschränkter Haftung	936
	1.	Überblick.	936
	2.	Für übertragende wie übernehmende GmbH anwendbare Regeln zur Verschmelzung durch Aufnahme	936
		a) Unterrichtung der Gesellschafter (§ 47)	936
		b) Verschmelzungsprüfung (§ 48)	937
		c) Vorbereitung der Gesellschafterversammlung (§ 49)	938
		d) Mehrheitserfordernisse (§ 50 Abs. 1).	938
	3.	Nur für übernehmende GmbH anwendbare Regeln zur Verschmelzung durch Aufnahme	939
		a) Verschmelzung ohne Kapitalerhöhung (§ 54)	939
		aa) Kapitalerhöhungsverbote	939
		bb) Kapitalerhöhungswahlrechte gem. § 54 Abs. 1 Satz 2 Nrn. 1 und 2	941

Inhaltsverzeichnis

			cc)	Verzicht auf die Anteilsgewährung nach § 54 Abs. 1 Satz 3.	941
			dd)	Sonstige Fälle der Verschmelzung ohne Kapitalerhöhung/Drittbeteiligung	941
			ee)	Mittelbarer Besitz im Sinne von § 54 Abs. 2.	941
			ff)	Teilungserleichterungen nach § 54 Abs. 3.	942
		b)	Verschmelzung mit Kapitalerhöhung (§ 55)		942
			aa)	Anwendbare Regelungen des GmbH-Rechts.	942
				(1) Kapitalerhöhungsbeschluss	942
				(2) Genehmigtes Kapital (§ 55a GmbHG).	942
				(3) Kapitalaufbringungskontrolle	943
				(4) Differenzhaftung.	944
				(5) Überdeckung	944
			bb)	Nicht anwendbare Regeln des GmbH-Rechts.	944
				(1) Keine Übernahmeerklärungen nach § 55 Abs. 1 GmbHG	944
				(2) Kein Bezugsrecht	944
			cc)	Absicherung der Eintragung der Kapitalerhöhung (§ 53)	945
		c)	Anforderungen an den Inhalt des Verschmelzungsvertrages.		945
			aa)	Angaben über Anteilsinhaber und Geschäftsanteile (§ 46)	945
				(1) Namentliche Zuordnung	945
				(2) Gewährte Anteile	945
				(a) Mindestnennbetrag.	945
				(b) Mehrfachverschmelzung.	946
				(c) Aufstockung	946
				(d) Nummerierung.	946
				(e) Mehrere Anteile am übertragenden Rechtsträger.	946
				(f) Abweichende Nennbeträge (§ 46 Abs. 1 Satz 2)	947
				(g) Sonderrechte/Sonderpflichten (§ 46 Abs. 2)	947
				(h) Bereits vorhandene Anteile (§ 46 Abs. 3)	947
			bb)	Bare Zuzahlungen (§ 54 Abs. 4)	948
		d)	Zustimmungserfordernisse (§ 51 Abs. 1 Satz 1 und Satz 2, § 51 Abs. 2).		948
			aa)	Offene Einlagen bei der übernehmenden GmbH (§ 51 Abs. 1 Satz 1 und Satz 2)	948
			bb)	Nicht beteiligungsproportionale Anteilsgewährung (§ 51 Abs. 2)	949
			cc)	Zustimmungserfordernis nach § 53 Abs. 3 GmbHG analog bei Leistungsvermehrung?	949
	4.	Nur für übertragende GmbH geltende Vorgaben für die Verschmelzung durch Aufnahme (§ 50 Abs. 2).			950
	5.	Besondere Vorgaben für die GmbH-GmbH-Verschmelzung (§ 51 Abs. 1 Satz 3)			951
	6.	Registeranmeldungen.			951
		a)	Anmeldung der Kapitalerhöhung		951
		b)	Anmeldung der Verschmelzung.		953
			aa)	Besonderheiten nach § 52.	953
			bb)	Berichtigte Gesellschafterliste (§ 52 Abs. 2 UmwG a.F.)	953
	7.	Verschmelzung durch Neugründung			954
		a)	Überblick		954
		b)	GmbH als übertragender Rechtsträger		954
		c)	GmbH als Zielgesellschaft.		954
			aa)	Anwendbare Regeln der §§ 46 bis 55	954
			bb)	Sonderregeln in §§ 57 bis 59	955
				(1) § 57 (Sondervorteile, Gründungsaufwand, Sacheinlagen und Sachübernahmen).	955
				(2) § 58 (Sachgründungsbericht)	956
				(3) Verschmelzungsbeschlüsse/Organbestellung (§ 59)	957
			cc)	Sonstiges GmbH-Gründungsrecht	957
	8.	Checkliste: Verschmelzung durch Aufnahme unter Beteiligung einer GmbH			959
	9.	Checkliste: Verschmelzung durch Neugründung unter Beteiligung einer GmbH.			960
XV.	Besonderheiten bei der Beteiligung von Aktiengesellschaften				962
	1.	Überblick.			962

Inhaltsverzeichnis

2. Für übertragende wie übernehmende AG anwendbare Regeln zur Verschmelzung durch Aufnahme 963
    a) Verschmelzungsprüfung (§ 60) 963
    b) Bekanntmachung des Verschmelzungsvertrages (§ 61) 963
    c) Vorbereitung der Hauptversammlung (§ 63) 964
    d) Durchführung der Hauptversammlung (§ 64) 965
    e) Mehrheitserfordernisse (§ 65) 967
        aa) Grundsatz 967
        bb) Satzungsmäßige Mehrheitserfordernisse 967
        cc) Sonderbeschluss bei mehreren Aktiengattungen 968
3. Nur für übernehmende AG anwendbare Regeln zur Verschmelzung durch Aufnahme 968
    a) Konzernverschmelzung (§ 62) 968
        aa) Entbehrlichkeit eines Verschmelzungsbeschlusses der übernehmenden Gesellschaft (§ 62 Abs. 1) 969
        bb) Informationspflichten (§ 62 Abs. 3 Satz 1 bis Satz 3 sowie Satz 6 bis Satz 8) ... 969
        cc) Anmeldungsbesonderheiten (§ 62 Abs. 3 Satz 4 und Satz 5) 970
        dd) Neuerungen durch das 3. Gesetz zur Änderung des Umwandlungsgesetzes vom 11.07.2011 970
            (1) Entbehrlichkeit eines Verschmelzungsbeschlusses bei der übertragenden Kapitalgesellschaft (§ 62 Abs. 4) 970
            (2) Verschmelzungsrechtlicher Squeeze-out 971
    b) Nachgründungsrecht, § 67 974
        aa) Voraussetzungen für die Anwendung der Nachgründungsvorschriften 974
        bb) Rechtsfolgen 974
            (1) Prüfung und Bericht durch Aufsichtsrat (§ 52 Abs. 3 AktG) 974
            (2) Gründungsprüfung (§ 52 Abs. 4 AktG) 975
            (3) Eintragung des Verschmelzungsvertrages 975
    c) Verschmelzung ohne Kapitalerhöhung (§ 68) 975
    d) Verschmelzung mit Kapitalerhöhung (§ 69) 976
        aa) Anwendbare Vorschriften des AktG 976
            (1) Allgemeine Anforderungen an den Kapitalerhöhungsbeschluss (§ 182 Abs. 1 bis 3 AktG) 976
            (2) Besondere Anforderungen nach § 183 AktG 977
            (3) Genehmigtes und bedingtes Kapital 978
        bb) Nicht anwendbare Vorschriften des AktG 978
            (1) Ausstehende Einlagen (§ 182 Abs. 4 AktG) 979
            (2) Zeichnung neuer Aktien (§ 185 AktG) und Bezugsrecht (§§ 186, 187 AktG) 979
            (3) Differenzhaftung 979
        cc) Vorherige Eintragung der Durchführung der Kapitalerhöhung (§ 66) ... 979
    e) Bare Zuzahlungen (§ 68 Abs. 3) 979
    f) Treuhänderbestellung (§ 71) 980
4. Nur für übertragende AG geltende Vorgaben für die Verschmelzung durch Aufnahme (§ 72) 980
5. Registeranmeldungen 981
    a) Anmeldung des Beschlusses über die Kapitalerhöhung und Anmeldung ihrer Durchführung 981
    b) Anmeldung der Verschmelzung 982
6. Verschmelzung durch Neugründung 982
    a) Überblick 982
    b) AG als übertragender Rechtsträger 982
    c) AG als Zielgesellschaft 983
        aa) Umwandlungsrechtliche Besonderheiten 983
            (1) § 68 Abs. 3 (bare Zuzahlungen) 983
            (2) § 71 (Bestellung eines Treuhänders) 984
            (3) § 74 (Inhalt des Verschmelzungsvertrages) 984
            (4) § 75 (Gründungsbericht und Gründungsprüfung) 984
            (5) § 76 Abs. 2 (Verschmelzungsbeschlüsse) 984

			bb) Sonstiges Gründungsrecht und Anmeldung	985
			d) Nicht anwendbare Vorschriften des UmwG	986
		7.	Checkliste: Verschmelzung durch Aufnahme unter Beteiligung einer AG	987
		8.	Checkliste: Verschmelzung durch Neugründung unter Beteiligung einer AG	988
	XVI.	Besonderheiten bei der Beteiligung von Kommanditgesellschaften auf Aktien		990
	XVII.	Besonderheiten bei der Beteiligung von Europäischen Gesellschaften (SE)		990
	XVIII.	Notarkosten		991
		1.	Verschmelzung durch Aufnahme	992
			a) Verschmelzungsvertrag	992
			b) Verschmelzungsbeschlüsse	993
			c) Verzichts- und Zustimmungserklärungen	994
			d) Registeranmeldungen	995
			e) Nebentätigkeiten/Vollzugs-/Betreuungsgebühren	996
		2.	Verschmelzung durch Neugründung	996

C. Formwechsel ... 997

I. Einleitung ... 997
1. Regelung im Umwandlungsgesetz ... 997
2. Grundgedanken ... 997
3. Motive für den Formwechsel ... 998

II. Formwechselmöglichkeiten ... 999
1. Gesetzliche Regelung ... 999
2. Aufgelöste Rechtsträger ... 1000
3. Formwechsel nach anderen Bestimmungen ... 1001
   - a) Personengesellschaften ... 1001
   - b) UG in GmbH ... 1001
   - c) Formwechsel in die SE ... 1001
   - d) Formwechsel nach öffentlichem Recht ... 1001
   - e) Grenzüberschreitender Formwechsel ... 1002
4. Zielerreichung durch andere Gestaltungen ... 1005

III. Organisation des Formwechsels ... 1006
1. Allgemeine Vorbereitungsmaßnahmen ... 1006
   - a) Einladung und Ankündigung des Formwechsels ... 1006
   - b) Umwandlungsbericht ... 1006
   - c) Abfindungsangebot ... 1007
   - d) Umwandlungsprüfung ... 1007
   - e) Betriebsratszuleitung ... 1007
2. (Sach-) Gründungsbericht und -prüfung ... 1008
3. Vorbereitung der Bestellung des ersten Aufsichtsrats ... 1009
   - a) Formwechselnder Rechtsträger hat keinen obligatorischen Aufsichtsrat ... 1009
   - b) Der formwechselnde Rechtsträger hat bereits einen obligatorischen Aufsichtsrat ... 1010
   - c) Statusverfahren ... 1011
4. Versammlung ... 1012
5. Anlagen zur Registeranmeldung ... 1012
6. Abwicklungsmaßnahmen nach Eintragung ... 1012

IV. Der Umwandlungsbericht ... 1012
1. Gesetzliche Regelung/Schutzzweck/Aufstellungsverpflichtete ... 1012
2. Inhalt ... 1013
3. Entbehrlichkeit des Berichts, Verzicht ... 1014
4. Rechtsfolgen bei Mängeln des Berichts ... 1014

V. Der Inhalt des Umwandlungsbeschlusses ... 1015
1. § 194 Abs. 1 Nr. 1 – Zielrechtsform ... 1015
2. § 194 Abs. 1 Nr. 2 – Firma ... 1016
3. § 194 Abs. 1 Nr. 3 – Identität der Anteilsinhaber ... 1016
4. § 194 Abs. 1 Nr. 4 – Kontinuität der Beteiligung ... 1020
   - a) Art der Anteile ... 1021
   - b) Zahl und Umfang der Anteile ... 1021
   - c) Zuordnung der Beteiligung am formwechselnden Rechtsträger zu derjenigen am Rechtsträger neuer Rechtsform ... 1022

	d)	Nicht verhältniswahrender (quotenabweichender) Formwechsel	1023
	e)	Unbekannte Aktionäre	1024
5.	§ 194 Abs. 1 Nr. 5 – Besondere Rechte für einzelne Anteilsinhaber		1025
6.	§ 194 Abs. 1 Nr. 6 – Barabfindungsangebot		1027
7.	§ 194 Abs. 1 Nr. 7 – Folgen für die Arbeitnehmer		1029
8.	Formwechselstichtag		1031
9.	Bestellung der ersten Organe		1031
	a)	Bestellung des ersten Geschäftsführungsorgans	1031
	b)	Bestellung der Mitglieder des Aufsichtsrats	1032
VI. Satzung			1032
1.	Allgemeines		1032
2.	Abweichungen von Gesellschaftsvertrag oder Satzung des formwechselnden Rechtsträgers – Begrenzung von Mehrheitsmacht		1033
3.	Einzelfragen		1036
4.	Rechtsfolgen		1037
VII. Das Beschlussverfahren			1037
1.	Allgemeines		1037
2.	Durchführung der Versammlung		1037
	a)	Versammlung	1037
	b)	Durchführung der Versammlung	1038
3.	Mehrheitserfordernisse		1038
4.	Ermittlung der Stimmen		1041
5.	Änderungen gegenüber Betriebsratsvorlage		1042
6.	Beurkundung		1042
7.	Vertretung		1043
	a)	Zulässigkeit	1043
	b)	§ 181 BGB	1044
	c)	Gesetzliche Vertretung; Testamentsvollstreckung	1045
	d)	Form	1045
8.	Zustimmung Dritter		1047
	a)	Zustimmung dinglich Berechtigter	1047
	b)	Zustimmung des Ehepartners	1047
	c)	Zustimmung des Familien- oder Betreuungsgerichts	1048
9.	Aufhebung des Beschlusses, Anfechtung		1049
	a)	Aufhebung des Beschlusses	1049
	b)	Anfechtung des Beschlusses	1050
	c)	Inhaltliche Beschlusskontrolle	1050
VIII. Zustimmung einzelner Gesellschafter			1051
1.	Allgemeines		1051
2.	§ 193 Abs. 2 – Erfordernis der Zustimmung vinkulierungsbegünstigter Anteilsinhaber		1051
	a)	Sonderrechte einzelner Anteilsinhaber	1051
	b)	Ausgeschlossene Fälle	1052
	c)	Zustimmung bei gleicher Vinkulierung der Zielrechtsform	1053
	d)	Mangelnde Abstimmung mit Satzungsbestimmungen über Beschlussmehrheiten	1053
3.	Zustimmung anderer Sonderrechtsinhaber		1054
	a)	§§ 233 Abs. 2 Satz 1 Halbs. 2, 241 Abs. 2	1054
	b)	Besondere Zustimmungserfordernisse in der AG, insbesondere Sonderbeschlüsse gem. § 65 Abs. 2	1054
	c)	Zustimmung besonders verpflichteter Gesellschafter	1055
	d)	Allgemeines Zustimmungserfordernis für Sonderrechtsinhaber?	1055
4.	Weitere Zustimmungserfordernisse		1056
	a)	Zustimmung nicht erschienener Anteilsinhaber bei einstimmig zu fassenden Beschlüssen	1056
	b)	Zustimmung sowie ggf. Beitritt künftiger Komplementäre	1056
	c)	Zustimmung bisheriger Komplementäre	1057
	d)	Nicht proportional beteiligte Anteilsinhaber	1059
5.	Form		1059

Inhaltsverzeichnis

		6.	Erklärung.	1059
			a) Zustimmungserklärung.	1059
			b) Beitrittserklärung künftiger Komplementäre.	1060
	IX.	Handelsregisteranmeldung.		1061
		1.	Zuständiges Gericht.	1061
		2.	Anmeldepflichtige.	1061
			a) Anmeldepflichtige Organe oder Personen.	1061
			b) Vertretungsberechtigung, Vollmacht.	1062
		3.	Inhalt der Registeranmeldung.	1064
			a) Gegenstand.	1064
			b) Rechtsformspezifische Angaben, Gründungsrecht.	1064
			c) Erklärungen und Versicherungen.	1064
		4.	Anlagen zur Registeranmeldung.	1065
			a) Die in § 199 genannten Unterlagen.	1065
			b) Sonst erforderliche Unterlagen.	1066
			aa) Formwechsel in die Personengesellschaft/PartG.	1066
			bb) Formwechsel in die GmbH.	1066
			cc) Formwechsel in die AG oder KGaA.	1067
			dd) Formwechsel in die eG.	1067
	X.	Eintragung und Rechtsfolgen.		1068
		1.	Reihenfolge der Eintragungen.	1068
		2.	Eintragungsfolgen.	1068
			a) § 202 Abs. 1 Nr. 1 – Zielrechtsform, Firma.	1068
			aa) Dingliche Rechte.	1068
			bb) Schuldrechtliche Beziehung.	1069
			cc) Organstellung, Vollmachten, Prokura.	1069
			dd) Rechtsstreitigkeiten, Titelumschreibung.	1070
			ee) Genehmigungen und Erlaubnisse öffentlich-rechtlicher Natur.	1070
			ff) Unternehmensverträge.	1070
			gg) Stille Gesellschaft.	1071
			hh) Buchwertaufstockung.	1072
			b) § 202 Abs. 1 Nr. 2 Satz 1.	1072
			c) Fortbestand der Rechte Dritter § 202 Abs. 1 Nr. 2 Satz 2.	1074
			d) § 202 Abs. 1 Nr. 3 – Heilung von Beurkundungsmängeln.	1075
			e) Bestandskraft des Formwechsels § 202 Abs. 3.	1075
		3.	Gläubigerschutz.	1076
			a) Anspruch auf Sicherheitsleistung.	1077
			b) Haftung der Organe gem. §§ 205, 206.	1077
			c) Fortdauer der Haftung.	1078
			d) Gründerhaftung, Differenzhaftung.	1078
	XI.	Besonderheiten beim Formwechsel von Personenhandelsgesellschaften und PartGen.		1079
		1.	Überblick.	1079
		2.	Ablauf des Formwechsels, Einladung.	1079
		3.	Besonderheiten für den Beschlussinhalt.	1080
			a) § 194 Abs. 1 Nr. 1 und 2.	1080
			b) § 194 Abs. 1 Nr. 3 – Kontinuität der Anteilsinhaber.	1080
			c) § 194 Abs. 1 Nr. 4 – Kontinuität der Beteiligung.	1081
			aa) Kapitalfestsetzung, Vermögensdeckung, Behandlung überschießender Beträge.	1081
			bb) Ausstehende Einlagen.	1083
			cc) Übernahme weiterer Einlagen, Behandlung von Sonderbetriebsvermögen.	1084
			dd) Aufteilung des Vermögens auf die Gesellschafter.	1085
			d) § 194 Abs. 1 Nr. 5 (Sonderrechte).	1085
			e) § 194 Nr. 6 (Barabfindungsangebot).	1085
			f) § 197 Nr. 7 – Folgen des Formwechsels für die Arbeitnehmer.	1085
			g) Wahl der ersten Organe.	1086
		4.	Satzung.	1086
			a) Allgemeines.	1086

				b)	Inhalt der Satzung.	1086
		5.	Beschlussverfahren			1088
			a)		Durchführung der Versammlung	1088
			b)		Beschlussmehrheiten	1088
			c)		Beurkundung	1088
			d)		Vertretung.	1089
		6.	Zustimmung Dritter			1089
		7.	Zustimmung einzelner Gesellschafter.			1089
			a)		Zustimmung gem. § 193 Abs. 2	1089
			b)		Zustimmung nicht erschienener Anteilsinhaber	1089
			c)		Zustimmung der künftigen Komplementäre beim Formwechsel in die KGaA	1089
		8.	Handelsregisteranmeldung.			1089
			a)		Zuständiges Gericht	1089
			b)		Anmeldepflichtige.	1090
			c)		Inhalt der Registeranmeldung.	1090
			d)		Anlagen.	1090
		9.	Haftung.			1091
	XII.	Besonderheiten beim Formwechsel von Kapitalgesellschaften				1091
		1.	Überblick.			1091
			a)		Gesetzliche Regelung	1091
			b)		Besonderheiten für die KGaA	1091
			c)		Umwandlungsbericht	1092
			d)		Vorbereitung der Versammlung.	1092
			e)		Durchführung der Versammlung	1093
		2.	Besonderheiten beim Formwechsel einer Kapitalgesellschaft in eine Personengesellschaft.			1093
			a)		Allgemeines.	1093
			b)		Besonderheiten für den Beschlussinhalt	1094
				aa)	§ 194 Abs. 1 Nr. 1 und 2 (Zielrechtsform, Firma)	1094
				bb)	§ 194 Abs. 1 Nr. 3 (Inhaberidentität)	1095
				cc)	§ 197 Abs. 1 Nr. 4 (Beteiligungsidentität).	1095
				dd)	§ 194 Abs. 1 Nr. 5 (Sonder- und Vorzugsrechte).	1098
				ee)	§ 194 Abs. 1 Nr. 6 (Barabfindungsangebot)	1098
				ff)	§ 194 Abs. 1 Nr. 7 (Folgen für die Arbeitnehmer)	1098
				gg)	Wahl der ersten Organmitglieder	1098
			c)		Satzung.	1098
			d)		Beschlussverfahren	1099
				aa)	Einberufung und Durchführung der Versammlung	1099
				bb)	Beschlussfassung.	1099
				cc)	Inhaltliche Beschlusskontrolle.	1101
				dd)	Beurkundung des Beschlusses	1101
				ee)	Vertretung.	1101
			e)		Zustimmung Dritter	1102
			f)		Zustimmung einzelner Gesellschafter	1102
				aa)	Zustimmung nicht erschienener Gesellschafter gem. § 233 Abs. 1	1102
				bb)	Zustimmung künftiger Komplementäre beim Formwechsel in KG.	1103
				cc)	Zustimmung der Komplementäre einer formwechselnden KGaA	1103
				dd)	Zustimmung der Inhaber von Sonderrechten	1103
			g)		Handelsregisteranmeldung	1103
				aa)	Zuständiges Gericht	1103
				bb)	Anmeldepflichtige.	1103
				cc)	Inhalt der Anmeldung.	1104
				dd)	Versicherungen	1104
				ee)	Anlagen.	1104
			h)		Haftung	1104
		3.	Formwechsel zwischen Kapitalgesellschaften			1105
			a)		Allgemeiner Grundgedanke (Kapitalumstellung)	1105
			b)		Besonderheiten für den Beschlussinhalt	1105

Inhaltsverzeichnis

			aa)	§ 194 Abs. 1 Nr. 1 und 2 (Rechtsform, Firma)	1105

- aa) § 194 Abs. 1 Nr. 1 und 2 (Rechtsform, Firma) 1105
- bb) § 194 Abs. 1 Nr. 3 (Anteilsinhaberidentität) 1105
- cc) § 194 Abs. 1 Nr. 4 (Beteiligungskontinuität – Teil 1: Kapitalanpassung) ... 1106
  - (1) Anpassung des Nennkapitals beim Formwechsel der GmbH 1106
  - (2) Kapitalanpassung zur Beseitigung einer Unterbilanz 1106
  - (3) Kapitalanpassung zur Glättung des Grundkapitals auf einen vollen Eurobetrag 1108
  - (4) Euroumstellung 1108
  - (5) Sonstige Kapitalanpassungsmaßnahmen, anwendbares Recht 1109
- dd) § 194 Abs. 1 Nr. 4 (Beteiligungskontinuität – Teil 2: Zahl, Art und Umfang der Anteile) 1110
- ee) § 194 Abs. 1 Nr. 5 (Sonder- und Vorzugsrechte) 1113
- ff) § 194 Abs. 1 Nr. 6 (Barabfindungsangebot) 1113
- gg) § 194 Abs. 1 Nr. 7 (Folgen für die Arbeitnehmer) 1113
- hh) Bestellung der ersten Organe 1113
- c) Satzung 1115
- d) Beschlussverfahren 1116
  - aa) Einberufung und Durchführung der Versammlung 1116
  - bb) Mehrheitserfordernisse 1116
  - cc) Inhaltliche Beschlusskontrolle 1117
  - dd) Beurkundung des Beschlusses 1117
  - ee) Vertretung 1117
- e) Zustimmung Dritter 1118
- f) Zustimmung einzelner Gesellschafter 1118
  - aa) Zustimmungserfordernisse beim Wechsel in die KGaA 1118
  - bb) Zustimmungserfordernisse beim Formwechsel der KGaA gem. § 240 Abs. 3 1118
  - cc) Zustimmung gem. §§ 241, 242 1118
  - dd) § 50 Abs. 2 1119
  - ee) § 193 Abs. 2 1119
- g) Handelsregisteranmeldung 1119
  - aa) Zuständiges Gericht 1119
  - bb) Anmeldepflichtige 1119
  - cc) Versicherungen 1119
- h) Haftung 1119
4. Besonderheiten beim Formwechsel einer Kapitalgesellschaft in eine eG 1120
   - a) Festsetzung der Beteiligung an der eG 1120
   - b) Handelsregisteranmeldung 1121
     - aa) Zuständiges Gericht 1121
     - bb) Anmeldepflichtige 1121
     - cc) Anlagen 1121

XIII. Besonderheiten beim Formwechsel von eingetragenen Genossenschaften 1121
  1. Überblick 1121
  2. Vorbereitende Maßnahmen, Einladungen, Durchführungen der Versammlung 1121
     - a) Allgemeines, Ankündigungen, Einladungen 1121
     - b) Umwandlungsbericht 1122
     - c) Prüfungsgutachten 1122
     - d) Betriebsratsvorlage 1123
     - e) Durchführung der Versammlung 1123
  3. Besonderheiten für den Beschlussinhalt 1124
     - a) § 194 Abs. 1 Nr. 1 und 2 – Rechtsform und Firma 1124
     - b) § 194 Abs. 1 Nr. 3 und 4 – Beteiligung der bisherigen Anteilsinhaber am Rechtsträger neuer Rechtsform und Zahl, Art und Umfang der Anteile 1124
     - c) § 194 Abs. 1 Nr. 5 – Sonderrechte oder Maßnahmen für einzelne Gesellschafter ... 1127
     - d) § 194 Abs. 1 Nr. 6 – Barabfindungsangebot 1127
     - e) § 194 Abs. 1 Nr. 7 – Folgen für die Arbeitnehmer und ihre Vertretungen 1128
     - f) Wahl der ersten Organe 1128
  4. Satzung 1128
  5. Beschlussverfahren 1129

		a) Durchführung der Versammlung	1129
		b) Beschlussmehrheiten	1129
		c) Beurkundung	1130
		d) Vertretung	1130
	6.	Zustimmung Dritter	1131
	7.	Zustimmung einzelner Gesellschafter	1131
		a) Vinkulierungsbegünstigte Anteilsinhaber	1131
		b) Zustimmung künftiger Komplementäre	1131
	8.	Handelsregisteranmeldung	1131
		a) Zuständiges Gericht	1131
		b) Anmeldepflichtige	1131
		c) Inhalt der Anmeldung, Versicherungen	1132
		d) Anlagen	1132
	9.	Haftung	1133
XIV.	Besonderheiten beim Formwechsel rechtsfähiger Vereine		1133
	1.	Überblick	1133
	2.	Vorbereitende Maßnahmen, Einladung, Durchführung der Versammlung	1133
		a) Umwandlungsbericht	1134
		b) Betriebsratsvorlage	1134
		c) Durchführung der Versammlung	1134
	3.	Besonderheiten für den Beschlussinhalt	1134
		a) § 194 Abs. 1 Nr. 1 und 2 – Rechtsform und Firma	1134
		b) §§ 194 Abs. 1 Nr. 3 und 4, 276 Abs. 2 – Beteiligung der bisherigen Anteilsinhaber am Rechtsträger neuer Rechtsform sowie Zahl, Art und Umfang der Anteile	1134
		c) § 194 Abs. 1 Nr. 5 – Sonderrechte oder entsprechende Maßnahmen für einzelne Gesellschafter	1137
		d) § 194 Abs. 1 Nr. 6 – Barabfindungsangebot	1137
		e) § 194 Abs. 1 Nr. 7 – Folgen für die Arbeitnehmer und deren Vertretung	1137
		f) Wahl der ersten Organe	1137
	4.	Satzung	1138
	5.	Beschlussverfahren	1138
		a) Durchführung der Versammlung	1138
		b) Beschlussmehrheiten	1138
		c) Beurkundung des Beschlusses	1140
		d) Vertretung	1140
	6.	Zustimmung Dritter	1141
	7.	Zustimmung einzelner Gesellschafter	1141
		a) Vinkulierungsbegünstigte	1141
		b) Zustimmung künftiger Komplementäre	1141
		c) Zustimmung nicht erschienener Gesellschafter bei Nachschusspflicht oder Zweckänderung	1141
	8.	Handelsregisteranmeldung	1141
		a) Zuständiges Gericht	1141
		b) Anmeldepflichtige	1141
		c) Inhalt der Anmeldung	1142
		d) Anlagen	1142
	9.	Haftung	1142
XV.	Formwechsel von Versicherungsvereinen auf Gegenseitigkeit sowie von Körperschaften und Anstalten des öffentlichen Rechts		1142
D. Spaltung			1143
I.	Allgemeines		1143
	1.	Gesetzessystematik	1143
	2.	Arten der Spaltung	1143
		a) Aufspaltung	1143
		b) Abspaltung	1143
		c) Ausgliederung	1143
		d) Kombination von Spaltungsvorgängen	1144
	3.	Spaltungsfähige Rechtsträger	1145

Inhaltsverzeichnis

		a)	Aufspaltung und Abspaltung	1145
		b)	Besonderheiten bei der Ausgliederung	1146
		c)	Besonderheiten bei Beteiligung einer UG	1147
		d)	Besonderheiten bei Beteiligung einer Vorgesellschaft	1147
		e)	Beteiligung aufgelöster Rechtsträger an einer Spaltung	1148
	4.	Beteiligung Dritter		1148
	5.	Kapitalerhaltung und Kapitalherabsetzung bei Kapitalgesellschaften als übertragendem Rechtsträger		1149
		a)	Allgemeines	1149
		b)	Kapitaldeckungserklärung	1149
		c)	Vereinfachte Kapitalherabsetzung	1150
	6.	Anteilsgewährung beim übernehmenden Rechtsträger		1152
		a)	Anteilsgewährungspflicht	1152
			aa) Grundsatz	1152
			bb) Ausnahmen	1153
			cc) Verzicht auf Anteilsgewährung	1153
			dd) Bare Zuzahlungen	1154
			ee) Besonderheiten bei der Ausgliederung	1154
		b)	Umtauschverhältnis	1155
			aa) Nennbeträge	1155
			bb) Unterbewertung	1155
			cc) Nichtverhältniswahrende Spaltung	1156
		c)	Erfüllung der Anteilsgewährung	1156
			aa) Herkunft der zu gewährenden Anteile	1156
			bb) Spaltungsbedingte Kapitalerhöhung	1156
			cc) Kapitalerhöhungsverbote und -wahlrechte	1156
			dd) Durchführung der Kapitalerhöhung	1157
			ee) Prüfung der Kapitalaufbringung	1157
	7.	Gesamtschuldnerische Haftung der beteiligten Rechtsträger		1157
	8.	Besonderheiten bei Spaltung zur Neugründung		1159
		a)	Anwendung der Gründungsvorschriften	1159
		b)	Spaltungsplan und Gesellschaftsvertrag	1159
		c)	Kapitalaufbringung	1161
		d)	Anmeldung	1162
		e)	Sachgründungsbericht bei Kapitalgesellschaften	1162
		f)	Vorgesellschaft	1163
	9.	Grenzüberschreitende Spaltung		1163
	10.	Spaltungsvorgänge außerhalb des Umwandlungsrechts		1164
		a)	Zivilrechtlich	1164
		b)	Entsprechende Anwendung auf Einzelrechtsübertragungen	1164
		c)	Öffentlich-rechtliche Umwandlungen	1165
II.	Ablauf einer Spaltung, insbesondere Vorbereitung			1165
	1.	Bilanzaufstellung		1165
	2.	Entwurf des Spaltungsvertrages/Spaltungsplanes		1165
	3.	Zuleitung an den Betriebsrat		1166
	4.	Genehmigungen		1166
III.	Spaltungsvertrag und Spaltungsplan			1166
	1.	Allgemeines		1167
	2.	Abschlusskompetenz, Vertretung		1167
	3.	Inhalt		1168
		a)	§ 126 Abs. 1 Nr. 1 (Beteiligtenangaben)	1168
		b)	§ 126 Abs. 1 Nr. 2 (Vereinbarung des Vermögensübergangs gegen Anteilsgewährung)	1168
		c)	§ 126 Abs. 1 Nr. 3 (Umtauschverhältnis und bare Zuzahlung; nur bei Aufspaltung und Abspaltung)	1169
			aa) Umtauschverhältnis	1169
			bb) Bare Zuzahlungen	1169
			cc) Weitere Leistungen	1170

			d)	§ 126 Abs. 1 Nr. 4 (Einzelheiten für die Übertragung der Anteile; nur bei Aufspaltung und Abspaltung)	1170

			e)	§ 126 Abs. 1 Nr. 5 (Beginn der Bilanzgewinnteilhabe)	1171
			f)	§ 126 Abs. 1 Nr. 6 (Spaltungsstichtag)	1171
			g)	§ 126 Abs. 1 Nr. 7 (Sonderrechte)	1172
			h)	§ 126 Abs. 1 Nr. 8 (Sondervorteile für Amtsträger und Prüfer)	1173
			i)	§ 126 Abs. 1 Nr. 9 (Bezeichnung und Aufteilung der Aktiven und Passiven)	1173
				aa) Aufteilungsfreiheit	1173
				bb) Bestimmtheitsgrundsatz	1174
				cc) Folgen der Abschaffung von § 132	1175
				dd) Grundstücke und grundstücksbezogene Rechte	1175
				ee) Wohnungseigentum und Erbbaurecht	1177
				ff) Rechte in Abteilung II und III des Grundbuchs	1177
				gg) Sonstige Vermögensgegenstände	1178
				hh) Verbindlichkeiten	1179
				ii) Aufteilung von Vertragsverhältnissen	1179
				jj) Genehmigungen und weitere Rechtspositionen	1179
				kk) Vergessene Aktiva und Passiva	1180
			j)	§ 126 Abs. 1 Nr. 10 (Aufteilung der Anteile)	1180
			k)	§ 126 Abs. 1 Nr. 11 (Arbeitsrechtliche Folgen)	1181
		4.	Abfindungsangebot nach §§ 125 Satz 1, 29		1181
		5.	Sonstiger zwingender Inhalt		1182
		6.	Fakultativer Inhalt		1182
			a)	Satzungsänderung	1182
			b)	Abberufung/Bestellung von Organen	1182
			c)	Übergang der Arbeitsverhältnisse	1183
			d)	Surrogationsregelungen für Änderungen des übergehenden Vermögens	1183
			e)	Auffangklausel für vergessene Aktiva und Passiva	1183
			f)	Regelungen über Zweigniederlassungen und Prokuren	1183
			g)	Aufteilung der Haftung der an der Spaltung beteiligten Rechtsträger	1184
			h)	Bedingungen und Befristungen	1184
			i)	Kostentragung	1184
			j)	Auslandsvermögen	1185
			k)	Gewährleistungen	1185
			l)	Veräußerungsbeschränkungen	1185
			m)	Kartellrechtliche Regelungen	1186
		7.	Zuleitung an den Betriebsrat		1186
		8.	Form		1186
	IV.	Spaltungsbericht			1187
		1.	Allgemeines		1187
		2.	Zuständigkeit für die Erstattung des Berichtes		1187
		3.	Entbehrlichkeit des Spaltungsberichts		1187
			a)	Entbehrlichkeit bei Konzernausgliederung	1187
			b)	Verzicht	1188
			c)	Entfallen bei bestimmten Ausgliederungsvorgängen	1188
			d)	Personengesellschaften	1188
		4.	Näheres zum Inhalt		1188
			a)	Angaben zum Spaltungsvorhaben	1189
			b)	Angaben zum Umtauschverhältnis	1189
		5.	Informationen der Anteilsinhaber		1190
		6.	Grenzen der Berichtspflicht/Fehlerhafte Berichte		1190
	V.	Spaltungsprüfung (nur Auf- und Abspaltung)			1190
		1.	Allgemeines		1190
		2.	Entbehrlichkeit		1190
	VI.	Spaltungsbeschluss und besondere Zustimmungserfordernisse			1191
		1.	Entsprechende Anwendung der Verschmelzungsvorschriften		1191
		2.	Vorbereitung und Modalitäten der Beschlussfassung		1191
		3.	Nichtverhältniswahrende Spaltung		1192
		4.	Zustimmung einzelner Gesellschafter und sonstige Zustimmungserfordernisse		1193
		5.	Form		1194

Inhaltsverzeichnis

VII.	Verzichtsmöglichkeiten	1194
VIII.	Registeranmeldung	1194
	1. Entsprechende Anwendungen der Verschmelzungsvorschriften	1194
	2. Einzelheiten zur Anmeldung hinsichtlich des übertragenden Rechtsträgers	1195
	a) Gegenstand der Anmeldung	1195
	b) Weitere Erklärungen	1195
	c) Anlagen (§§ 125, 17)	1196
	d) Vereinfachte Kapitalherabsetzung	1196
	3. Anmeldung zum Register des übernehmenden Rechtsträgers	1196
	a) Gegenstand der Anmeldung	1196
	b) Weitere Erklärungen	1196
	c) Anlagen (§§ 125, 17)	1197
	d) Kapitalerhöhung	1197
	4. Anmeldung zum Register des neu gegründeten Rechtsträgers	1197
	a) Allgemeines	1197
	b) Gegenstand der Anmeldung	1197
	c) Anlagen	1198
	5. Besonderheiten der Spaltungsbilanz	1198
IX.	Eintragung und Rechtsfolgen	1199
	1. Abfolge der Eintragungen	1199
	2. Folgen eines Verstoßes gegen Eintragungsreihenfolge	1199
	3. Eintragungsfolgen	1200
	a) Aufspaltung	1200
	b) Abspaltung/Ausgliederung	1200
	c) Anteilserwerb	1200
	d) Heilung von Beurkundungsmängeln	1201
X.	Besonderheiten bei der Spaltung von Personenhandelsgesellschaften (OHG; KG einschl. GmbH & Co. KG)	1201
	1. Allgemeines	1201
	a) Überblick	1201
	b) Spaltungsvertrag	1201
	c) Spaltungsbericht (§ 127), Unterrichtung der Gesellschafter (§§ 125, 42) sowie Spaltungsprüfung (§§ 125, 44)	1201
	d) Spaltungsbeschluss	1202
	2. Personenhandelsgesellschaft als übertragender Rechtsträger	1202
	3. Personenhandelsgesellschaft als übernehmender Rechtsträger	1203
XI.	Besonderheiten bei der Spaltung unter Beteiligung von Partnerschaftsgesellschaften	1203
	1. Allgemeines	1203
	a) Spaltungsvertrag	1204
	b) Spaltungsbericht (§ 127), Unterrichtung der Gesellschafter (§§ 125, 42) sowie Spaltungsprüfung (§§ 125, 44)	1204
	c) Spaltungsbeschluss	1204
	2. Partnerschaftsgesellschaft als übertragender Rechtsträger	1204
	3. Partnerschaftsgesellschaft als übernehmender Rechtsträger	1204
XII.	Besonderheiten bei der Spaltung unter Beteiligung von GmbH	1204
	1. Allgemeines	1204
	a) Überblick	1204
	b) Spaltungsbericht	1205
	c) Spaltungsprüfung	1205
	d) Vorbereitung der Gesellschafterversammlung	1205
	e) Spaltungsbeschluss und Zustimmung von Sonderrechtsinhabern	1205
	f) Handelsregisteranmeldung	1206
	2. Besonderheiten bei GmbH als übertragendem Rechtsträger	1206
	a) Erklärung nach § 140	1206
	b) Kapitalherabsetzung	1206
	c) Ablauf der Kapitalherabsetzung	1207
	d) Anmeldung und Eintragung der Kapitalherabsetzung	1207
	e) Bedingungszusammenhang	1207

	f)	Weitere Beschlüsse und Anmeldungen	1208
	g)	Anmeldung der Spaltung	1208
3.		Besonderheiten bei GmbH als übernehmendem Rechtsträger	1208
	a)	Kapitalerhöhung	1208
	b)	Anmeldung und Eintragung der Kapitalerhöhung	1208
	c)	Besonderheiten bei Eingreifen eines Kapitalerhöhungsverbotes	1209
4.		Besonderheiten Spaltung auf GmbH zur Neugründung	1209

XIII. Besonderheiten bei der Spaltung unter Beteiligung von Aktiengesellschaften ... 1210
    1. Allgemeines ... 1210
        a) Überblick ... 1210
        b) Spaltungsvertrag und Bekanntmachung ... 1211
        c) Spaltungsbericht ... 1211
        d) Spaltungsprüfung ... 1211
        e) Spaltungsprüfungsbericht ... 1211
        f) Vorbereitung der Hauptversammlung ... 1211
        g) Zustimmungsbeschluss zur Spaltung ... 1211
    2. Besonderheiten für übertragende Aktiengesellschaft ... 1211
        a) Spaltungsverbot in Nachgründungsphase ... 1211
        b) Besondere Unterrichtspflichten über Vermögensveränderungen (§§ 125, 64 Abs. 1) ... 1212
        c) Erklärung nach § 146 ... 1212
        d) Kapitalherabsetzung ... 1212
            aa) Vereinfachte Kapitalherabsetzung ... 1212
            bb) Kapitalherabsetzungsbeschluss ... 1213
            cc) Anmeldung der Kapitalherabsetzung zum Handelsregister ... 1213
            dd) Anmeldung der Durchführung der Kapitalherabsetzung zum Handelsregister ... 1213
            ee) Bedingungszusammenhang ... 1214
        e) Anmeldung der Spaltung ... 1214
    3. Besonderheiten für übernehmende Aktiengesellschaft ... 1214
        a) Allgemeines ... 1214
        b) Spaltungsbedingte Kapitalerhöhung ... 1214
        c) Prüfung der Sacheinlagen ... 1214
        d) Besonderheiten beim Spaltungsbericht ... 1215
        e) Kein Bezugsrecht ... 1215
        f) Bestellung eines Treuhänders ... 1215
        g) Besonderheiten bei Eingreifen eines Kapitalerhöhungsverbotes ... 1215
    4. Spaltung auf Aktiengesellschaft zur Neugründung ... 1215
        a) Allgemeines ... 1215
        b) Zusätzlicher Gründungsbericht und Gründungsprüfung ... 1215
        c) Anmeldung der Spaltung ... 1216

XIV. Besonderheiten bei der Spaltung unter Beteiligung von Genossenschaften ... 1216
    1. Allgemeines ... 1216
    2. Spaltungsvertrag ... 1217
    3. Spaltungsprüfung, Spaltungsbericht ... 1217
    4. Vorbereitung der Generalversammlung ... 1217
    5. Durchführung der Generalversammlung ... 1217
    6. Besonderes Ausschlagungsrecht ... 1217
    7. Informationen der Mitglieder nach erfolgter Spaltung ... 1217
    8. Fortdauer der Nachschusspflicht ... 1217
    9. Anmeldeverfahren ... 1218

XV. Besonderheiten bei der Spaltung unter Beteiligung von Vereinen ... 1218
    1. Überblick ... 1218
    2. Spaltungsverfahren ... 1218

XVI. Ausgliederung aus dem Vermögen eines Einzelkaufmannes ... 1218
    1. Überblick ... 1218
    2. Einzelkaufmann ... 1219
    3. Gegenstand der Ausgliederung ... 1220

Inhaltsverzeichnis

4.	Sperre bei Überschuldung	1220
5.	Ausgliederungsplan und Ausgliederungsvertrag	1221
6.	Ausgliederungsbericht	1221
7.	Ausgliederungsprüfung	1221
8.	Ausgliederungsbeschluss	1221
9.	Besonderheiten bei der Ausgliederung zur Aufnahme	1221
10.	Besonderheiten bei der Ausgliederung zur Neugründung	1222
	a) Allgemeines	1222
	b) Sachgründungsbericht bzw. Gründungsbericht und Gründungsprüfung	1222
11.	Handelsregisteranmeldung	1222
XVII.	Ausgliederung von öffentlichen Unternehmen aus dem Vermögen einer Gebietskörperschaft oder Zusammenschlüssen von Gebietskörperschaften	1223
1.	Überblick	1223
2.	Ausgliederungsfähige Rechtsträger	1223
3.	Gegenstand der Ausgliederung	1223
4.	Ausgliederungsplan/-vertrag	1224
5.	Ausgliederungsbeschluss	1224
6.	Ausgliederungsbericht und Ausgliederungsprüfung	1224
7.	Registeranmeldung und -eintragung	1225
8.	Beamten- und arbeitsrechtliche Probleme	1225
XVIII.	Notarkosten	1225
1.	Spaltungsvertrag	1225
	a) Spaltung zur Aufnahme	1225
	aa) Geschäftswert	1225
	bb) Zustimmungsbeschlüsse der beteiligten Rechtsträger	1226
	b) Spaltung zur Neugründung	1226
	c) Besonderheiten bei der Ausgliederung	1226
2.	Verzichts- und Zustimmungserklärungen	1227
3.	Gesellschafterlisten, weitergehende Beratungstätigkeit	1227
4.	Handelsregisteranmeldung	1227
5.	Grundbuchberichtigungsantrag	1227

Kapitel 9 Recht des Vertragskonzerns ... 1228

A.	Überblick	1228
B.	Beherrschungs- und Gewinnabführungsvertrag mit einer abhängigen Aktiengesellschaft	1229
I.	Vertragsinhalt	1229
II.	Vertragsabschluss	1233
1.	Zuständigkeit und Form	1233
2.	Zustimmung der Hauptversammlung der abhängigen Gesellschaft	1233
3.	Zustimmung der Gesellschafterversammlung der herrschenden Gesellschaft	1234
4.	Prüfungs- und Informationspflichten	1235
5.	Handelsregisteranmeldung	1236
III.	Vertragsänderung	1237
IV.	Vertragsbeendigung	1237
1.	Beendigungsgründe	1237
	a) Aufhebung	1237
	b) Kündigung	1238
	c) Weitere Beendigungsgründe	1239
2.	Rechtsfolgen der Vertragsbeendigung	1239
	a) Handelsregisteranmeldung	1239
	b) Pflicht zur Sicherheitsleistung	1240
C.	Beherrschungs- und Gewinnabführungsvertrag mit einer abhängigen GmbH	1240
D.	Entherrschungsvertrag	1244

Inhaltsverzeichnis

Kapitel 10 Internationales Gesellschaftsrecht.............................		1247
A.	Einführung..	1248
B.	Das Gesellschaftsstatut..	1248
	I. Bestimmung des Gesellschaftsstatuts	1248
	1. Vorrangige Staatsverträge.......................................	1249
	2. Anwendung des Gründungsrechts für EU-Gesellschaften	1249
	3. Sitztheorie	1251
	4. Ausblick und »Brexit«	1251
	5. Gesamtverweisung, Rück- und Weiterverweisung	1252
	II. Anwendungsbereich des Gesellschaftsstatuts...........................	1252
	III. Internationale Sitzverlegung und Zweigniederlassungen von Gesellschaften ...	1252
	1. Sitzverlegung einer deutschen Gesellschaft ins Ausland	1252
	2. Sitzverlegung einer ausländischen Gesellschaft nach Deutschland	1254
	3. Errichtung von Zweigniederlassungen außerhalb des Gründungsstaates..	1255
	a) Zweigniederlassungen ausländischer Gesellschaften in Deutschland	1255
	aa) Angaben zur ausländischen Gesellschaft:.....................	1256
	bb) Angaben zur Zweigniederlassung:...........................	1256
	cc) Anlagen zur Registeranmeldung	1256
	dd) Einzelfragen	1257
	b) Zweigniederlassungen deutscher Gesellschaften im Ausland	1258
	IV. Formstatut	1259
C.	Gründung von Gesellschaften mit ausländischen Gesellschaftern	1259
	I. Ausländische natürliche Personen als Gesellschafter	1259
	II. Ausländische Gesellschaften als Gesellschafter	1259
D.	Außenbeziehungen der Gesellschaft, insbesondere Vertretungsfragen.........	1260
	I. Rechtsfähigkeit..	1260
	II. Organschaftliche Vertretung...	1261
	1. Organfähigkeit..	1261
	2. Selbstkontrahieren, Mehrfachvertretung und Vertretung ohne Vertretungsmacht	1264
	3. Register und Vertreterbescheinigungen für deutsche Gesellschaften zur Verwendung im Ausland	1265
	4. Nachweis der Vertretungsmacht von Organen und der Existenz ausländischer Gesellschaften	1266
	a) Einführung...	1266
	b) Anforderungen von Grundbuchamt und Handelsregister	1267
	c) Wie kann der Nachweis erbracht werden?.........................	1267
	d) Nachweis der Existenz und der Vertretungsmacht bei Gesellschaften ausgewählter Staaten	1270
	aa) Belgien	1270
	(1) Häufigste Rechtsformen und deren Vertretung.............	1270
	(2) Nachweis von Existenz und Vertretungsbefugnis...........	1271
	bb) Dänemark...	1271
	cc) England	1272
	(1) Wichtigste Rechtsformen und deren Vertretungsorgane	1272
	(2) Nachweis von Existenz und Vertretungsmacht	1272
	dd) Frankreich..	1274
	(1) Wichtigste Rechtsformen und deren Vertretungsorgane	1274
	(2) Nachweis von Existenz und Vertretungsmacht	1275
	ee) Italien...	1275
	(1) Wichtigste Rechtsformen und deren Vertretungsorgane	1275
	(2) Nachweis von Existenz und Vertretungsmacht	1276
	ff) Niederlande	1276
	(1) Wichtigste Rechtsformen und deren Vertretungsorgane	1276
	(2) Nachweis von Existenz und Vertretungsmacht	1276
	gg) Österreich	1277
	(1) Häufigste Rechtsformen und deren Vertretung.............	1277
	(2) Nachweis von Existenz der Vertretungsbefugnis...........	1277

Inhaltsverzeichnis

			hh)	Schweiz	1278
				(1) Wichtigste Rechtsformen und deren Vertretungsorgane	1278
				(2) Nachweis von Existenz und Vertretungsmacht	1278
			ii)	Spanien	1279
				(1) Wichtigste Rechtsformen und deren Vertretungsorgane	1279
				(2) Nachweis von Existenz und Vertretungsmacht	1279
			jj)	Vereinigte Staaten von Amerika	1280
				(1) Wichtigste Rechtsform und deren Vertretungsorgane	1280
				(2) Nachweis von Existenz- und Vertretungsmacht	1281
			kk)	Internetinformationen	1282
			ll)	Übersicht über das Verbot des Selbstkontrahierens/der Mehrfachvertretung	1282
	III.	Rechtsgeschäftliche Vertretung – Vollmachten			1283
		1. Die kollisionsrechtliche Behandlung der Vollmacht			1283
		2. Verwendung ausländischer Vollmachten in Deutschland			1286
		3. Verwendung deutscher Vollmachten im Ausland			1288
	IV.	Legalisation und Apostille			1289
		1. Legalisation			1290
		2. Vereinfachte Legalisation nach dem Haager Abkommen vom 05.10.1961 (Apostille)			1291
		3. Bilaterale Abkommen			1305
E.	Anteilsabtretungen/verpfändungen und Satzungsmaßnahmen, insbesondere Formfragen				1305
	I.	Anwendbares Recht bei Anteilsabtretungen/verpfändungen und Satzungsmaßnahmen			1305
	II.	Einhaltung von Formerfordernissen bei Beurkundungen betr. deutsche Gesellschaften im Ausland?			1306
		1. Maßgeblichkeit des Ortsrechts für Formfragen			1306
		2. Maßgeblichkeit des Geschäftsrechts?			1306
	III.	Anteilsübertragungen ausländischer Gesellschaften im Inland			1309
F.	Europäische Gesellschaftsformen: SE und EWIV				1310
G.	Beurkundungsrechtliche Fragen				1311
	I.	Besondere Hinweispflichten des Notars			1311
	II.	Beurkundungen in einer Fremdsprache und Übersetzung			1311

Kapitel 11 Unternehmensfinanzierung 1314

A.	Einleitung	1315
B.	Innenfinanzierung	1316
C.	Fremdkapital	1317
	I. Bankdarlehen	1317
	1. Betriebsmittelkredit	1317
	2. Laufzeitkredit	1317
	II. Anleihen	1318
	III. Mischformen (Mezzanine-Kapital)	1318
	1. Nachrangdarlehen	1319
	2. Partiarisches Darlehen	1319
	3. Stille Gesellschaft	1319
	4. Genussrechte und Genussscheine	1320
	5. Sonderformen der Anleihe	1320
	a) Ewige Anleihen (perpetual bonds)	1320
	b) Hochzinsanleihen (high yield bonds)	1321
	6. Anleihen mit Aktienbezug	1321
	a) Wandelanleihen (convertible bonds)	1321
	b) Pflichtwandelanleihen (mandatory convertible bonds)	1322
	c) Umgekehrte Wandelanleihen	1322
	d) Optionsanleihen (bonds with warrants)	1322
D.	Eigenkapital	1322
	I. Grund- bzw. Stammkapital bei Gründung einer Kapitalgesellschaft	1322
	II. Kapitalmaßnahmen nach Gründung	1323

			1.	Eigenkapitalbeschaffung mittels Börsengang	1323
		a)		Börsensegmente	1324
		b)		Pflichten infolge des Börsengangs	1324
		c)		Entscheidungen der Gesellschaftsorgane	1324
			aa)	Etwaig erforderliche Umwandlung in eine kapitalmarktfähige Rechtsform ...	1324
			bb)	Kapitalerhöhung	1325
			cc)	Zustimmung der Hauptversammlung im Fall der reinen Umplatzierung bestehender Aktien	1325
		d)		Börsengang als öffentliches Angebot	1326
			aa)	Emissionskonsortium	1326
			bb)	Emissionsvorbereitende Maßnahmen	1327
				(1) Festlegung des Emissionskonzepts	1327
				(2) Due Diligence	1327
				(3) Erstellung und Billigung des Wertpapierprospekts, Prospekthaftung ...	1327
				(4) Das öffentliche Angebot	1328
				(5) Ermittlung und Festlegung des Ausgabepreises	1328
				(6) Zuteilung der Aktien	1329
				(7) Mehrzuteilung (Greenshoe)	1329
				(8) Börsenzulassung und -einführung	1330
				(9) Anmeldung der Kapitalerhöhung zum Handelsregister	1330
			cc)	Kursstabilisierung	1331
			dd)	Wesentliche Vereinbarungen der Gesellschaft mit den beteiligten Banken und weitere Dokumente	1332
				(1) Letter of Engagement (Mandatsvereinbarung)	1332
				(2) NDA (Vertraulichkeitsvereinbarung)	1332
				(3) Subscription oder Underwriting Agreement (Übernahme- und Platzierungsvertrag)	1332
				(4) Pricing Agreement (Preisfestsetzungsvertrag)	1333
				(5) Listing Agreement (Börseneinführungsvertrag)	1333
				(6) Globalurkunde	1333
				(7) Anträge bei der BaFin und bei Börsenbetreibern	1334
		2.		Aktienplatzierungen nach Börsengang (Secondary Offering, Sekundärplatzierung) ...	1334
		a)		Zulassungspflicht für später ausgegebene Aktien	1334
		b)		Arten der Sekundärplatzierung	1334
			aa)	Kapitalerhöhung aus genehmigtem Kapital mit vereinfachtem Bezugsrechtsausschluss	1335
				(1) Aktienrechtliche Voraussetzungen	1335
				(2) Durchführung der Platzierung	1335
			bb)	Kapitalerhöhung mit Bezugsrecht	1337
				(1) Aktienrechtliche Voraussetzungen	1337
				(2) Durchführung	1338
			cc)	Barkapitalerhöhung unter Ausschluss des Bezugsrechts	1340
				(1) Aktienrechtliche Voraussetzungen	1340
				(2) Durchführung	1341

Kapitel 12 Steuerrecht 1342

A.		Das Steuerrecht der Personengesellschaften	1349
	I.	Das Steuerrecht der Personengesellschaften	1349
		1. Grundlagen	1349
		a) Die Steuersubjektfähigkeit der Personengesellschaft im Überblick	1349
		aa) Einkommensteuer	1350
		(1) Gewinneinkünfte – insbesondere bei Einkünften aus Gewerbebetrieb ...	1350
		(2) Überschusseinkünfte	1351
		bb) Gewerbesteuer	1351
		cc) Umsatzsteuer	1351
		dd) Erbschaft- und Schenkungsteuer	1352

Inhaltsverzeichnis

		ee)	Grunderwerbsteuer	1352
		ff)	Grundsteuer und sonstige Verkehrsteuern	1352
	b)	Die Personengesellschaft im Verfahrensrecht		1352
2.	Die Personengesellschaft im Einkommensteuerrecht			1353
	a)	Der Einkünfteerzielungstatbestand		1353
		aa)	Die Einkunftsarten	1353
			(1) Einkünfte aus Land- und Forstwirtschaft	1354
			(2) Einkünfte aus Gewerbebetrieb	1354
			(3) Einkünfte aus selbständiger Arbeit	1355
			(4) Einkünfte aus Kapitalvermögen	1357
			(5) Einkünfte aus Vermietung und Verpachtung	1358
			(6) Das Konkurrenzverhältnis der Einkunftsarten und deren Umkehrung	1358
		bb)	Die Ebene der Prüfung der Einkunftsart	1359
	b)	Die Gemeinschaftliche Einkünfteerzielung: Die Mitunternehmerschaft		1359
		aa)	Mitunternehmerrisiko und Mitunternehmerinitiative	1359
		bb)	Die Mitunternehmerstellung der Komplementär-GmbH	1360
		cc)	Mitunternehmerstellung bei Gestaltungen der vorweggenommenen Erbfolge	1360
			(1) Bedeutung von Rückforderungsrechten	1360
			(2) Nießbrauchsgestaltungen	1361
		dd)	Die verdeckte (»faktische«) Mitunternehmerschaft	1361
		ee)	Die Mitunternehmerschaft bei doppelstöckigen Mitunternehmerschaften	1362
	c)	Der Mitunternehmeranteil		1362
		aa)	Die Betriebsvermögensfähigkeit von Wirtschaftsgütern	1362
			(1) Betriebsvermögensfähigkeit von Wirtschaftsgütern	1362
			(2) Die Dreiteilung des Betriebsvermögens	1363
			(a) Das notwendige Betriebsvermögen	1363
			(b) Das notwendige Privatvermögen	1364
			(c) Das gewillkürte Betriebsvermögen	1364
			(d) Einzelfälle	1364
			(3) Exkurs: weitere Unterscheidungen des Betriebsvermögens	1365
			(4) Die Betriebsvermögenseigenschaft von passiven Wirtschaftsgütern	1365
		bb)	Das Sonderbetriebsvermögen	1366
		cc)	Die Funktion sogenannter Ergänzungsbilanzen	1366
		dd)	Korrespondenzprinzip bei Sonderbetriebsvermögen und Sondervergütungen	1367
	d)	Rechtsbeziehung zwischen Gesellschafter und Gesellschaft		1367
	e)	Die Änderung des Betriebsvermögens durch Entnahmen und Einlagen		1368
		aa)	Der Tatbestand der Einlage und Einlagefähigkeit	1368
			(1) Abgrenzung Einlagen/entgeltliches Geschäft und § 6 Abs. 5 EStG	1369
			(2) Die Bewertung von Einlagen und Auswirkungen auf Abschreibungen	1371
		bb)	Entnahmen	1372
	f)	Nachfolge		1372
		aa)	Vorweggenommene Erbfolge	1372
			(1) Die Übertragung von Betriebsvermögen	1372
			(2) Übertragung von Anteilen an Personengesellschaften	1373
			(3) Die unentgeltliche Aufnahme in ein bestehendes Einzelunternehmen	1374
		bb)	Erbfolge und Erbauseinandersetzung	1374
			(1) Grundsätze	1374
			(2) Steuerliche Folgen von Nachfolgeklauseln	1375
	g)	Änderung des Gesellschafterbestandes		1376
		aa)	Aufnahme eines Gesellschafters in ein Einzelunternehmen	1376
		bb)	Eintritt eines Gesellschafters in eine bestehende Personengesellschaft gegen Einlage	1376
		cc)	Die Veräußerung eines Mitunternehmeranteils	1377
		dd)	Die Veräußerung eines Teil eines Mitunternehmeranteils	1378
		ee)	Sachwertabfindung und Realteilung	1378
			(1) Sachwertabfindung	1378
			(2) Realteilung	1379

	h)	Beendigung der Gesellschaft und Betriebsaufgabe, § 16 EStG		1379
		aa)	Gewinnzurechnung in der Liquidationsphase	1379
		bb)	Besonderheiten bei beschränkter Haftung	1380
		cc)	Die Betriebsaufgabe, § 16 EStG	1380
	i)	Verluste bei beschränkter Haftung, § 15a EStG		1381
		aa)	Die Struktur des § 15a EStG	1381
		bb)	Der Verlustanteil des Kommanditisten	1382
		cc)	Das steuerrechtliche Kapitalkonto (i.S.d. § 15a EStG)	1382
			(1) Kontenmodelle in Gesellschaftsverträgen	1383
			(2) Die Abgrenzung von Eigen- und Fremdkapital	1383
	j)	Steuersatz und Steuerermäßigungen: § 32d EStG § 34a und § 35 EStG, §§ 16, 34 EStG		1384
		aa)	Tarif – Grundzüge	1384
		bb)	Sondertarif für nicht entnommene Gewinne, § 34a EStG	1384
			(1) Begünstigungsfähiges Thesaurierungsvolumen	1384
			(2) Der nachversteuerungspflichtige Betrag und die Nachversteuerung	1385
			(3) Verwendungsreihenfolge für Entnahmen	1385
		cc)	Steuerermäßigung für Einkünfte aus Gewerbebetrieb, § 35 EStG	1386
			(1) Der anteilige Gewerbesteuermessbetrag bei Mitunternehmerschaften	1386
			(2) Minderung und Verlust von Anrechnungsguthaben	1386
		dd)	Steuerermäßigung für Veräußerungsgewinne	1387
			(1) Veräußerungs- oder Aufgabefreibetrag, § 16 Abs. 4 EStG	1387
			(2) Tarifermäßigung nach § 34 Abs. 3 EStG	1387
			(3) Tarifermäßigung nach § 34 Abs. 1 EStG	1388
	k)	Steuerabzugsbeträge		1388
	3.	Gewerbesteuer		1388
		a)	Steuerobjekt	1389
		b)	Beginn der Gewerbesteuerpflicht	1389
		c)	Steuerbefreiungen	1390
		d)	Hinzurechnungen und Kürzungen	1390
			aa) Hinzurechnungen	1390
			bb) Kürzungen	1391
		e)	Gewerbesteuerlicher Verlustabzug	1391
		f)	Veräußerungsgewinne	1392
	4.	Umsatzsteuer		1392
		a)	Beginn der Unternehmereigenschaft	1392
		b)	Unternehmereigenschaft einer Holding	1392
		c)	Die umsatzsteuerliche Behandlung der Gründung der Gesellschaft	1393
		d)	Umsatzsteuerliche Behandlung der Leistungen eines Organs (Komplementär)	1393
		e)	Überlassung von Wirtschaftsgütern	1394
		f)	Besteuerung von Entnahmen	1394
		g)	Umsatzsteuerliche Organschaft	1395
	5.	Grunderwerbsteuer		1395
		a)	Übertragungen von Gesellschaftern auf eine Gesellschaft	1396
		b)	Änderungen des Gesellschafterbestandes	1397
		c)	Übertragung von Gesellschaft auf Gesellschafter	1397
II.	Sonderformen der Personengesellschaft			1397
	1.	Die GmbH & Co. KG		1397
		a)	Beteiligung und Vergütung der Komplementärin	1398
			aa) Ausgestaltung der Vergütung	1398
			bb) Angemessenheit	1398
			cc) Änderung der Gewinnverteilung	1398
		b)	Die Anteile an der GmbH als notwendiges Sonderbetriebsvermögen	1399
		c)	GmbH-Anteile als funktional wesentliche Betriebsgrundlage	1399
		d)	Sondervergütungen	1400
		e)	§ 15a EStG	1400
		f)	Umsatzsteuer	1400
	2.	Die gewerblich geprägte Personengesellschaft		1401

Inhaltsverzeichnis

		a)	Die Voraussetzungen der gewerblichen Prägung..........................	1402
		b)	Der Eintritt der gewerblichen Prägung.................................	1402
		c)	Besonderheiten der Besteuerung.......................................	1403
		d)	Erbschaftsteuerliche Behandlung der gewerblich geprägten Personengesellschaft.....	1403
			aa) Anknüpfung an das Ertragsteuerrecht.............................	1403
			bb) Hürde Verwaltungsvermögen	1403
			cc) Nutzung der Thesaurierungsrücklage zur Tilgung der Erbschaft-/ Schenkungsteuer..	1403
		e)	Umsatzsteuerliche Aspekte	1404
		f)	Die Entprägung	1404
	3.	Die vermögensverwaltende GmbH & Co. KG		1404
		a)	Die Vermeidung der gewerblichen Prägung	1404
		b)	Die sinngemäße Anwendung des § 15a EStG............................	1405
	4.	Die freiberufliche Personengesellschaft..		1405
		a)	Umqualifizierungsrisiken	1405
		b)	Freiberuflich tätige GmbH & Co. KG	1406
		c)	Keine Anwendung sog. Verpachtungsprivilegien.........................	1406
		d)	Gewinnermittlungswahlrecht	1406
		e)	Interprofessionelle Personengesellschaften.............................	1407
	5.	Betriebsaufspaltung		1407
		a)	Verflechtungsvoraussetzungen..	1407
			aa) Sachliche Verflechtung	1407
			bb) Die personelle Verflechtung	1408
		b)	Vermeidung der Betriebsaufspaltung durch Einstimmigkeitsabrede	1409
		c)	Vermeidung der Entflechtung im Erbfall	1409
		d)	Vermeidung der Beendigung der mitunternehmerischen Betriebsaufspaltung....	1409
		e)	Erbschaftsteuerliche Behandlung der Betriebsaufspaltung..................	1410
	6.	Familienpersonengesellschaften		1410
		a)	Die zivilrechtliche Wirksamkeit als Anerkennungsvoraussetzung	1410
		b)	Beteiligung minderjähriger Kinder	1411
		c)	Die Mitunternehmerstellung der Kinder................................	1411
		d)	Die Angemessenheit der Gewinnverteilung..............................	1412
	7.	Die Personengesellschaft im Internationalen Steuerrecht		1412
		a)	Qualifikation ausländischer Gesellschaften als Personengesellschaften..........	1412
		b)	Einkünftequalifikation bei beschränkt Steuerpflichtigen....................	1413
		c)	Der Wegzug von Personengesellschaftern	1413
III.	Besondere Beratungsschwerpunkte...			1414
	1.	Grundstücke		1414
		a)	Überführung von Grundstücken in die Personengesellschaft................	1414
			aa) Einlage aus dem Privatvermögen.................................	1414
			bb) Übertragung gegen Gewährung von Gesellschaftsrechten und entgeltliche Übertragung aus dem Privatvermögen	1415
			cc) Überführung von Grundstücken aus dem Sonderbetriebsvermögen in die Gesellschaft...	1415
		b)	Bilanzierung von Grundstücken	1415
			aa) Aufteilung in verschiedene Wirtschaftsgüter........................	1415
			bb) Absetzungen für Abnutzung	1417
		c)	Übertragung von Grundstücken aus der Personengesellschaft................	1417
			aa) Überführung in das Privatvermögen des Gesellschafters	1417
			bb) Überführung in das Sonderbetriebsvermögen des Gesellschafters	1418
			cc) Neutralisierung von Veräußerungsgewinnen durch § 6b-EStG-Rücklagen....	1418
			(1) Begünstigte Veräußerungsobjekte	1418
			(2) Personenbezogenheit der Rücklage	1419
			(3) Begünstigte Reinvestitionsobjekte.............................	1419
			(4) Reinvestitionszeitraum	1419
			(5) Verhältnis zu §§ 16, 34 EStG	1419
		d)	Gewerblicher Grundstückshandel unter Beteiligung von Personengesellschaften ...	1419
		e)	Umsatzsteuer..	1420

2.	Treuhandverhältnisse		1421
	a) Zurechnung und Anerkennung der Treuhand		1421
	b) Die Mitunternehmerstellung von Treugeber und Treuhänder		1421
	c) Treuhandmodell		1421
	d) Begründung und Beendigung der Treuhand		1422
	e) Erbschaftsteuerliche Beurteilung der Treuhand		1422
3.	Nießbrauchsgestaltungen		1422
	a) Der »Vorbehaltsnießbrauch« als steuerlicher Grundfall		1423
		aa) Gewinnbezugsrecht des Nießbrauchers	1423
		bb) Stimmrechtsverteilung	1424
		cc) Steuerliche Lastenverteilung	1424
		dd) Sonderbetriebsvermögen	1425
	b) Der Zuwendungsnießbrauch		1425
	c) Erbschaftsteuerliche Behandlung des Nießbrauches		1425
4.	Nachfolge in Gesellschaftsanteile		1426
	a) Sonderbetriebsvermögen als Gestaltungsherausforderung		1427
	b) Wirkungsweise von Nachfolgeklauseln		1428
		aa) Fortsetzungsklausel	1428
		bb) Einfache Nachfolgeklausel	1429
		cc) Qualifizierte Nachfolgeklausel	1430
		dd) Eintrittsklausel	1430
	c) Begünstigungstransfer im Erbschaftsteuerrecht		1430
5.	Steuerentnahmerechte und Steuerlastenverteilung		1431
	a) Steuerentnahmerecht		1431
	b) Gewerbesteuerklauseln		1432
		aa) Problemstellung	1432
		bb) Technik des Ausgleiches	1433
		(1) Kapitalgesellschaftsfall – einfacher Ausgleich	1433
		(2) Personenfall – Berücksichtigung der Steueranrechnung	1433
		(3) Verzerrungsfall – Begrenzung der Steueranrechnung	1433

IV. Steuerliche Hinweise zur Gestaltung des Personengesellschaftsvertrages ... 1434

1.	Formzwang und Rückwirkungsverbot		1434
2.	Der Gesellschafterkreis		1435
	a) Freiberuflich tätige Personengesellschaften		1435
	b) Kapitalgesellschaften als Gesellschafter		1435
	c) Doppelstöckige Mitunternehmerschaften		1435
	d) Minderjährige Gesellschafter		1436
	e) Beteiligung und Gesellschafterstellung von Ehegatten		1436
	f) Bedeutung der Beteiligungsverhältnisse		1436
3.	Gegenstand der Gesellschaft		1436
4.	Beginn, Dauer, Geschäftsjahr		1437
	a) Beginn		1437
	b) Dauer		1438
	c) Geschäftsjahr		1438
5.	Geschäftsführung und Vertretung, Kontrollrechte, Stimmverhältnisse		1438
	a) Geschäftsführung		1438
	b) Vertretung		1439
	c) Einsichts- und Kontrollrechte, Stimmrechte		1439
6.	Entnahmen und Einlagen		1440
	a) Einlagefähigkeit und Bewertung von Einlagen		1440
		aa) Bareinlagen	1440
		bb) Sacheinlagen	1440
	b) Bewertung von Entnahmen		1441
		aa) Bewertungsgrundsätze	1441
		bb) Entnahmen und § 15a EStG	1441
		cc) Steuerentnahmerechte	1441
7.	Gesellschafterkonten		1441
8.	Jahresabschluss und Ergebnisverteilung		1442

Inhaltsverzeichnis

			a) Regelung zum Jahresabschluss – Ansatz- und Bewertungswahlrechte	1442
			b) Verteilung nicht abziehbarer Aufwendungen	1442
			c) Gewinnverteilung	1443
			aa) Vergütung der Komplementärin einer GmbH & Co. KG	1443
			bb) Angemessenheit der Gewinnverteilung in einer Familiengesellschaft	1443
			cc) Leistungsbeziehungen zwischen Gesellschafter und Gesellschaft	1443
			dd) Versorgungszusagen zugunsten eines Personengesellschafters	1443
		9. Änderung des Gesellschafterbestandes		1443
			a) Verfügung über Gesellschaftsanteile	1444
			b) Erbfolge und Testamentsvollstreckung	1445
			aa) Nachfolgeklauseln	1445
			bb) Testamentsvollstreckung	1445
			c) Ausscheiden aus der Gesellschaft, Abfindung	1446
			aa) Steuerpflicht des Ausscheidens	1446
			bb) Ausgestaltung der Abfindung	1446
			(1) Einkommensteuer	1446
			(2) Erbschaftsteuer	1446
B.	Das Steuerrecht der Kapitalgesellschaften			1447
	I. Überblick			1447
		1. Grundlagen und allgemeine Besteuerungsprinzipien		1447
		2. Körperschaftsteuerpflicht		1448
		3. Gewerbesteuerpflicht		1448
	II. Besteuerung bei Gesellschaftsgründung			1448
		1. Behandlung bei der Gesellschaft		1448
		2. Behandlung beim Gesellschafter		1450
	III. Laufende Besteuerung			1450
		1. Besteuerung der Gesellschaft		1450
			a) Grundsätze der Einkommensermittlung	1451
			aa) Besteuerungszeitraum	1451
			bb) Einkommen der Kapitalgesellschaft	1451
			cc) Gewinnermittlung nach Handels- und Steuerbilanz	1452
			dd) Außerbilanzielle Korrekturen	1453
			(1) Korrekturen wegen verdeckter Gewinnausschüttungen und Einlagen	1453
			(2) Hinzurechnung nicht abzugsfähiger Ausgaben	1453
			(3) Korrekturen wegen steuerfreier Beteiligungserträge und Veräußerungsgewinne	1454
			ee) Weitere Vorschriften des KStG zur Einkommensermittlung	1454
			(1) Gewinnanteile des Komplementärs einer KGaA	1454
			(2) Spendenabzug	1454
			(3) Berücksichtigung von Verlusten	1455
			ff) Tarif	1455
			b) Besonderheiten bei der Einkommensermittlung	1456
			aa) Zinsschranke	1456
			(1) Allgemeine Geltung der Zinsschranke	1456
			(2) Maßgebliches Einkommen	1456
			(3) Rückausnahmetatbestände des § 8a KStG	1456
			bb) Beschränkung des Verlustvortrags bei Beteiligungsveräußerungen	1457
			c) Einlagen und Ausschüttungen	1458
			aa) Einlagen	1458
			(1) Offene Einlagen	1459
			(2) Verdeckte Einlagen	1459
			bb) Ausschüttungen	1460
			(1) Offene Gewinnausschüttungen	1460
			(2) Verdeckte Gewinnausschüttungen	1460
			cc) Steuerliches Einlagekonto gem. § 27 KStG	1462
			d) Gewerbesteuer	1463
		2. Besteuerung von Geschäftsführungs- und Aufsichtsgremien		1464
			a) Besteuerung von Vorständen und Geschäftsführern	1464

				aa) Fremdgeschäftsführer	1464
				bb) Gesellschafter-Geschäftsführer	1464
			b)	Besteuerung von Aufsichts- und Beiräten	1464
	IV.	Eigenkapitalmaßnahmen			1465

(reformatted as plain TOC)

    aa) Fremdgeschäftsführer 1464
    bb) Gesellschafter-Geschäftsführer 1464
  b) Besteuerung von Aufsichts- und Beiräten 1464
IV. Eigenkapitalmaßnahmen 1465
  1. Kapitalerhöhung 1465
    a) Handels- und steuerbilanzielle Auswirkungen 1465
    b) Auswirkungen auf die Besteuerung der Kapitalgesellschaft 1466
    c) Auswirkungen auf die Besteuerung des Gesellschafters 1466
    d) Exkurs: Umwandlung von Aktienarten und -gattungen 1467
  2. Kapitalherabsetzung 1467
    a) Handels- und steuerbilanzielle Auswirkungen 1467
    b) Auswirkungen auf die Besteuerung der Kapitalgesellschaft 1467
    c) Auswirkungen auf die Besteuerung des Gesellschafters 1468
  3. Erwerb und Veräußerung eigener Anteile 1468
    a) Handels- und steuerbilanzielle Auswirkungen 1468
    b) Auswirkungen auf die Besteuerung der Kapitalgesellschaft 1469
    c) Auswirkungen auf die Besteuerung des Gesellschafters 1469
  4. Einziehung von Anteilen 1469
V. Liquidation und Insolvenz 1470
  1. Liquidation der Kapitalgesellschaft 1470
  2. Insolvenz der Kapitalgesellschaft 1470
VI. Beteiligungs- und Konzernsachverhalte 1471
  1. Beteiligung von Kapitalgesellschaften an anderen Kapitalgesellschaften . 1471
    a) Überblick 1471
    b) Besteuerung von laufenden Beteiligungserträgen 1471
      aa) Beteiligungserträge 1472
      bb) Behandlung von Betriebsausgaben 1472
    c) Besteuerung von Veräußerungsvorgängen 1473
      aa) Veräußerungstatbestände 1473
      bb) Behandlung von Anschaffungs- und Veräußerungskosten sowie bestimmter Gewinnminderungen 1474
    d) Steuerentstrickung und Steuerverstrickung bei grenzüberschreitenden Sachverhalten 1475
  2. Beteiligung von natürlichen Personen und Personengesellschaften an Kapitalgesellschaften 1475
    a) Beteiligungen im Betriebsvermögen 1476
    b) Beteiligungen im Privatvermögen 1477
      aa) Der Abgeltungsteuer unterliegende laufende Beteiligungserträge und Veräußerungsgewinne 1477
      bb) Veräußerungsgewinne gem. § 17 EStG 1478
  3. Organschaft 1479
    a) Überblick 1479
    b) Voraussetzungen der Organschaft im Einzelnen 1481
      aa) Organträger 1481
      bb) Organgesellschaft 1482
      cc) Finanzielle Eingliederung 1482
      dd) Abschluss eines Gewinnabführungsvertrages 1483
      ee) Tatsächliche Durchführung des Gewinnabführungsvertrages 1485
    c) Rechtsfolgen der Organschaft 1486
      aa) Allgemeines 1486
      bb) Ebene der Organgesellschaft 1487
      cc) Ebene des Organträgers 1487
      dd) Rechtsfolgen bei verunglückter Organschaft 1488
VII. Umstrukturierungen 1489
  1. Überblick 1489
  2. Verschmelzung auf eine Personengesellschaft oder natürliche Person und Formwechsel einer Kapitalgesellschaft in eine Personengesellschaft 1490
    a) Besteuerung der übertragenden Kapitalgesellschaft 1490

Inhaltsverzeichnis

			aa) Grundsatz: Ansatz zum gemeinen Wert		1490
			bb) Bewertungswahlrecht		1490
		b)	Besteuerung der übernehmenden Gesellschaft		1491
			aa) Wertverknüpfung und Übernahmeergebnis		1492
			bb) Eintritt in die steuerlichen Verhältnisse der übertragenden Gesellschaft		1492
		c)	Besteuerung des Gesellschafters.		1492
	3.	Verschmelzung einer Kapitalgesellschaft auf eine andere Kapitalgesellschaft			1493
		a)	Besteuerung der übertragenden Kapitalgesellschaft		1493
			aa) Grundsatz: Ansatz zum gemeinen Wert		1493
			bb) Bewertungswahlrecht		1493
		b)	Besteuerung der übernehmenden Gesellschaft		1494
			aa) Wertverknüpfung und Übernahmeergebnis		1494
			bb) Eintritt in die steuerlichen Verhältnisse der übertragenden Gesellschaft		1494
		c)	Besteuerung des Gesellschafters.		1495
	4.	Auf- und Abspaltung von einer Kapitalgesellschaft			1495
		a)	Teilbetriebe		1496
			aa) »Echte« Teilbetriebe		1496
			bb) »Fiktive« Teilbetriebe.		1496
		b)	Besteuerung der übertragenden Kapitalgesellschaft		1497
			aa) Grundsatz der Besteuerung zum gemeinen Wert		1497
			bb) Ausübung von Bewertungswahlrechten		1497
			cc) Ausnahmetatbestände		1497
		c)	Besteuerung der übernehmenden Gesellschaft		1498
		d)	Besteuerung des Gesellschafters.		1499
	5.	Formwechsel zwischen Kapitalgesellschaften			1500
	6.	Anteilstausch			1500
		a)	Allgemeines.		1500
		b)	Besteuerung beim Übernehmenden		1501
		c)	Besteuerung beim Einbringenden		1502
C.	Erbschaft- und Schenkungsteuer				1503
	I.	Das gegenwärtige Erbschaft- und Schenkungsteuerrecht			1503
		1.	Vorbemerkung		1503
		2.	Rückblick: Verfassungswidrigkeit der Betriebsvermögensvergünstigungen und Neuregelung		1504
			a) Vorlagebeschluss des BFH und Entscheidung des BVerfG		1504
			b) Grundzüge der Neuregelung.		1504
			c) Keine rückwirkende Änderung für vor dem 01.07.2016 verwirklichte Fälle, Billigkeitsmaßnahmen und Übergangsprobleme		1505
		3.	Kurzüberblick über das Erbschaftsteuergesetz		1506
			a) Steuerpflicht und Anrechnung ausländischer Erbschaft-/Schenkungsteuer		1506
			b) Steuerpflichtiger Erwerb		1507
			c) Steuerklassen, persönliche Freibeträge, Tarif		1507
			aa) Persönliche Freibeträge, Versorgungsfreibetrag		1507
			bb) Steuerbefreiung des Zugewinnausgleiches		1508
			cc) Tarif		1508
		4.	Gesellschaften als Zuwendende/Erwerber im Erbschaftsteuerrecht		1509
		5.	Vermögensverwaltende Personengesellschaften		1510
		6.	Steuerpflichtige Zuwendungen		1510
			a) Freigebige Zuwendungen (unter Lebenden)		1510
			aa) § 7 Abs. 1 Nr. 1 ErbStG		1510
			bb) § 7 Abs. 6 ErbStG – Gewinnübermassschenkung bei Personengesellschaften		1510
			cc) § 7 Abs. 7 ErbStG – Ausscheiden		1511
			dd) § 7 Abs. 8 ErbStG Beteiligung an Kapitalgesellschaften		1511
			b) Erwerbe von Todes wegen.		1512
		7.	Zuweisung der Betriebsvermögensvergünstigungen bei mehreren Erwerbern		1512
		8.	Schuldenabzug		1513
		9.	Bewertung von Betriebsvermögen		1513
			a) Bewertung von Personengesellschaften		1513

			b)	Bewertung von Kapitalgesellschaften.	1514

- 10. Begünstigung von Betriebsvermögen 1515
  - a) Steuerbefreiung von Betriebsvermögen 1515
    - aa) Begünstigungsfähiges Vermögen 1515
    - bb) Umfang der Begünstigung und Verschonungsvoraussetzungen 1516
      - (1) Begünstigungsumfang – sogenannte Regelverschonung 1516
      - (2) Einhaltung von Lohnsummen 1517
      - (3) Keine Begünstigung des sogenannten Verwaltungsvermögens 1518
        - (a) Kategorien des Verwaltungsvermögens 1518
          - (aa) Grundstücke 1518
          - (bb) Beteiligungen an Kapitalgesellschaften. 1519
          - (cc) Kunstgegenstände 1519
          - (dd) Wertpapiere und vergleichbare Forderungen 1519
          - (ee) Finanzmittelvermögen. 1520
        - (b) Berücksichtigung von Schulden bei der Ermittlung des Nettoverwaltungsvermögens. 1520
        - (c) Junges Verwaltungsvermögen und junge Finanzmittel. 1522
        - (d) Berücksichtigung von Schulden 1523
        - (e) Ermittlung des Begünstigungsumfanges 1524
      - (4) Keine Veräußerung oder Aufgabe binnen 5 Jahren, § 13a Abs. 6 Satz 1 Nr. 1 und 4 ErbStG 1526
      - (5) Keine Beendigung einer Poolvereinbarung bei Kapitalgesellschaften, § 13a Abs. 6 Satz 1 Nr. 5 ErbStG 1527
      - (6) Keine »Überentnahmen«, § 13a Abs. 6 Satz 1 Nr. 3 ErbStG. 1527
      - (7) Umfang des Wegfalls von Vergünstigungen. 1527
    - cc) Optionsverschonung, § 13a Abs. 10 ErbStG. 1527
  - b) Abschlag für Familienunternehmen, § 13a Abs. 9 ErbStG 1528
  - c) § 13c ErbStG Verschonungsabschlag bei Großvermögen 1530
  - d) Stundung, § 28 ErbStG 1531
  - e) Verschonungsbedarfsprüfung, § 28a ErbStG. 1532
    - aa) Verfassungsrechtlicher Hintergrund 1532
    - bb) Persönliche Berechtigung zur individuellen Bedürfnisprüfung, § 28a Abs. 1 ErbStG 1532
    - cc) Umfang des Erlasses, verfügbares Vermögen, § 28a Abs. 2 ErbStG 1532
    - dd) Stundung, § 28a Abs. 3 ErbStG 1533
    - ee) Auflösend bedingter Erlass, § 28a Abs. 4 ErbStG 1534
- 11. Besonderheiten bei mehrstufigen Beteiligungsstrukturen 1535
  - a) Die Verbundvermögensaufstellung nach § 13b Abs. 9 ErbStG 1535
  - b) Die Ermittlung der Lohnsummenkriterien bei mehrstufigen Beteiligungsstrukturen und Betriebsaufspaltungen, § 13 Abs. 3 Satz 11 – 13 ErbStG 1536
- 12. Berücksichtigung mehrerer Erwerbe, § 13a Abs. 1 Satz 2 und 3 ErbStG, § 13c Abs. 2 Satz 2 – 4 ErbStG 1537
  - a) Grundsatz. 1537
  - b) Übergang zur Verschonungsbedarfsprüfung, § 28a ErbStG. 1537
  - c) Übergang zum Verschonungsabschlag für Großvermögen, § 13c ErbStG 1538
  - d) Kein Übergang vom Verschonungsabschlag für Großvermögen zur Verschonungsbedarfsprüfung 1538
  - e) Konsekutive Verschonungsbedarfsprüfung 1539
  - f) Verfahrensrecht. 1539
- 13. Zuständigkeiten, Anzeigepflichten und Verjährung 1539
  - a) Zuständigkeiten 1539
  - b) Anzeigepflichten. 1539
  - c) Festsetzungsfristen. 1540
- II. Überblick über Nachsorgezeiträume im Erbschaft- und Schenkungsteuerrecht nach ErbStG. 1540
- III. Auswirkung der verzögerten Umsetzung der Vorgaben des BVerfG 1541

Inhaltsverzeichnis

Kapitel 13 Insolvenzrecht 1543

A. Grundbegriffe 1545
B. Unternehmenskrise 1547
    I. Begriff der »Unternehmenskrise« 1547
    II. Besondere Pflichten in der Gesellschaftskrise 1547
        1. Beobachtungs-, Vermögensschutz- und Informationspflicht 1547
            a) Rechtslage bei der AG und GmbH 1547
            b) Rechtslage bei der OHG, KG und GbR 1549
        2. Verbot der Masseschmälerung 1549
            a) Rechtslage bei der AG und GmbH 1549
            b) Rechtslage bei der OHG, KG und GbR 1550
        3. Insolvenzantragspflicht 1551
            a) Rechtslage bei der AG und GmbH 1551
            b) Rechtslage bei der OHG, KG und GbR 1554
        4. Krisenspezifische Aufklärungspflichten 1554
        5. Erfüllung öffentlich-rechtlicher Pflichten 1555
    III. Übersicht wichtiger Masseschutzvorschriften 1555
        1. Allgemeine Haftungstatbestände mit Krisenbezug 1555
        2. Organhaftung bei AG und GmbH 1556
            a) Haftung der organschaftlichen Vertreter 1556
            b) Haftung der Mitglieder des Aufsichtsrates 1556
        3. Gesellschafterhaftung bei AG und GmbH 1556
        4. Personengesellschaften 1556
    IV. Ausgewählte Phänomene aus der Praxis 1557
        1. Firmenbestattung 1557
            a) Ablauf einer typischen missbräuchlichen Firmenbestattung 1557
            b) Rechtliche Fallstricke bei der typischen Firmenbestattung 1558
            c) Besonderheiten bei nationaler Sitzverlegung 1559
            d) Firmenbestattung mit Bezug zum Ausland 1560
            e) Zur Erkennbarkeit des Rechtsmissbrauchs für Außenstehende 1562
            f) Berufsrechtliche Aspekte 1563
        2. Amtsniederlegung 1564
        3. Vermögensverschiebungen 1565
            a) Allgemeine Vorschriften 1566
            b) Gesellschaftsspezifische Vorschriften 1566
            c) Berufsrechtliche Aspekte 1567
C. Die Gesellschaft im Insolvenzverfahren 1568
    I. Insolvenzfähigkeit 1568
    II. Insolvenzgründe 1568
        1. (Drohende) Zahlungsunfähigkeit (§§ 17, 18 InsO) 1568
        2. Überschuldung (§ 19 InsO) 1569
    III. Auswirkungen der Verfahrenseröffnung auf die Verbandsstruktur 1570
        1. Dogmatische Grundlagen 1570
        2. ABC ausgewählter Zuständigkeiten 1572
    IV. Änderungen des Gesellschaftsvertrages 1576
        1. Grundlagen 1576
        2. Firma 1577
        3. Gesellschaftssitz 1579
        4. Unternehmensgegenstand 1579
        5. Organisationsstruktur, Rechtsstellung der Gesellschafter 1580
        6. Wettbewerbsverbot 1580
            a) Ein Beispiel 1580
            b) Das Problem 1580
            c) Auswirkungen der Insolvenzeröffnung auf das Wettbewerbsverbot . 1581
            d) Erstmalige Befreiung vom Wettbewerbsverbot nach Verfahrenseröffnung 1582
    V. Besonderheiten bei Personengesellschaften 1582
    VI. Insolvenz in Konzernstrukturen 1583

	VII.	Schicksal der Gesellschaft nach Verfahrensbeendigung		1585
		1. GmbH, AG		1585
			a) Abweisung des Eröffnungsantrages mangels Masse	1585
			b) Verfahrenseinstellung mangels Masse und nach Masseunzulänglichkeit	1586
			c) Verfahrensaufhebung nach Schlussverteilung	1588
			d) Weitere Beendigungsgründe	1589
			e) Fortsetzung der Gesellschaft	1589
		2. OHG, KG und GbR		1590
			a) Abweisung des Eröffnungsantrages mangels Masse	1590
			b) Verfahrenseinstellung und Verfahrensaufhebung	1590
			c) Weitere Beendigungsgründe	1591
			d) Fortsetzung der Gesellschaft	1591
D.	Insolvenz eines Gesellschafters			1592
	I.	Die Gesellschaftsbeteiligung als Gegenstand der Masse		1592
	II.	Zu den Grenzen präventiver Vertragsgestaltung		1593
	III.	Insolvenz des GmbH-Gesellschafters		1594
		1. Allgemeine Wirkung der Gesellschafterinsolvenz		1594
		2. Ausgewählte Aspekte zum Insolvenzbeschlag		1594
			a) Stimmrecht	1594
			b) Gesellschafterversammlungen	1596
			c) Sonstige Mitgliedschaftsrechte	1596
		3. Ausschluss eines insolventen Gesellschafters		1597
			a) Einziehung	1597
			b) Zwangsabtretung	1598
			c) Ausschluss ohne ausdrückliche Satzungsgrundlage	1599
		4. Gestaltung von Abfindungsklauseln		1599
		5. Vereinbarungen zum Geschäftsanteil		1600
		6. Fortgeltung ausgewählter Satzungsbestimmungen		1601
	IV.	Insolvenz des Aktionärs		1601
	V.	Insolvenz des Gesellschafters einer OHG, KG und GbR		1602
		1. OHG und KG		1602
			a) Gesetzliche Regelung	1602
			b) Abweichende Regelungen im Gesellschaftsvertrag	1602
			c) »Fortsetzung« der Gesellschaft	1603
			d) Besonderheiten bei der KG	1604
			e) Insolvenz des »vorletzten« Gesellschafters	1605
		2. Gesellschaft bürgerlichen Rechts		1606
			a) Gesetzliche Regelung	1606
			b) Fortsetzung der aufgelösten GbR	1607
			c) Abweichende Vertragsgestaltung	1607
		3. Besonderheiten bei der »Simultaninsolvenz«		1608
E.	Sanierung und Reorganisation			1609
	Vorbemerkung			1609
	I.	Grundbegriffe		1609
	II.	Die »übertragende Sanierung«		1611
	III.	Maßnahmen nach dem UmwG		1612
		1. Zweckmäßigkeit von Umwandlungen als Sanierungsinstrument		1612
		2. Beteiligte Gesellschaft ist überschuldet		1614
			a) Kein Vorrang des Insolvenzrechts	1614
			b) Verschmelzung	1614
			aa) Verschmelzung auf natürliche Person als Alleingesellschafter	1614
			bb) Verschmelzung zweier Kapitalgesellschaften	1615
			cc) Formwechsel	1617
			dd) Abspaltung und Ausgliederung eines Teilbetriebes	1617
		3. Beteiligte Gesellschaft im Eröffnungsverfahren		1618
		4. Beteiligte Gesellschaft im eröffneten Verfahren		1619
		5. Beteiligte Gesellschaft nach Beendigung eines Insolvenz(antrags)verfahrens		1621
		6. Heilung (§ 20 Abs. 2 UmwG)		1621

Inhaltsverzeichnis

	IV.	Veränderungen des Kapitals	1621
		1. Effektive Kapitalerhöhung bei Kapitalgesellschaften	1621
		2. Personengesellschaften	1623
	V.	Weitere Sanierungsinstrumente	1624
		1. Ausgewählte Sofortmaßnahmen	1624
		2. Reorganisationsstrategien nach anglo-amerikanischem Vorbild	1627
	VI.	Gesellschaftsrechtliche Besonderheiten nach dem ESUG	1628
F.	Besonderheiten aufgrund Covid-19-Pandemie		1630
	I.	Aussetzung der Insolvenzantragspflicht	1630
		1. Kausalität der COVID-19-Pandemie	1631
		2. Beseitigung der Zahlungsunfähigkeit	1633
		3. Überschuldung	1633
		4. Ablauf der Insolvenzantragspflicht am 01.03.2020	1634
		5. Beweissituation	1634
		6. Dokumentation	1634
	II.	Einschränkung der Haftung	1634
		1. Allgemeine Rechtslage	1634
		2. Ausnahmetatbestand nach COVInsAG	1635
	III.	Ausschluss der Insolvenzanfechtung bei Rückzahlung von Krediten u.a.	1636
	IV.	Keine Anfechtung bestimmer Leistungen	1637
		1. Allgemeine Rechtslage	1637
		2. Aufhebung der Anfechtung kongruenter Deckungen	1637
		3. Aufhebung der Anfechtung inkongruenter Deckungen	1637
		4. Bösgläubigkeit des Leistungsempfängers	1637

Stichwortverzeichnis 1639

Abkürzungsverzeichnis (einschließlich der abgekürzt zitierten Literatur)

a.A.	anderer Ansicht
AAA	American Arbitration Association
a.a.O.	am angegebenen Ort
ABGB	Allgemeines Bürgerliches Gesetzbuch für Österreich
Abk.	Abkommen
abl.	ablehnend
ABl.	Amtsblatt
ABl. EG	Amtsblatt der Europäischen Gemeinschaften
Abs.	Absatz
Abschn.	Abschnitt
Abt.	Abteilung
abw.	abweichend
AbzG	Gesetz betreffend die Abzahlungsgeschäfte (Abzahlungsgesetz) vom 16. 5. 1894, aufgehoben durch VerbrKrG zum 1. 1. 1991
abzgl.	abzüglich
AcP	Archiv für die zivilistische Praxis (Band, Jahr, Seite)
ADHGB	Allgemeines Deutsches Handelsgesetzbuch von 1861
a.E.	am Ende
a.F.	alte Fassung
AfA	Absetzung für Abnutzungen
AFG	Arbeitsförderungsgesetz vom 25. 6. 1969 (BGBl. I, S. 582), aufgehoben, jetzt SGB III
AfP	Archiv für Presserecht
AFRG	Arbeitsförderungsreformgesetz
AG	Amtsgericht; Aktiengesellschaft; Die Aktiengesellschaft (Zeitschrift)
AGB	Allgemeine Geschäftsbedingungen
AGB-Banken	Allgemeine Geschäftsbedingungen der (privaten) Banken
AGBG	Gesetz zur Regelung des Rechts der Allgemeinen Geschäftsbedingungen vom 9. 12. 1976 (BGBl. I, S. 3317), aufgehoben durch SchuldRModG)
AGBGB	Ausführungsgesetz zum BGB
AGB-Spark.	Allgemeine Geschäftsbedingungen der Sparkassen und Girozentralen
AGH	Anwaltsgerichtshof
AgrarR	Agrarrecht (Zeitschrift)
AKB	Allgemeine Bedingungen für die Kraftfahrtversicherung
AktG	Gesetz über die Aktiengesellschaften und Kommanditgesellschaften auf Aktien (Aktiengesetz) vom 6. 9. 1965 (BGBl. I, S. 1089)
AKV	Deutscher Auslandskassenverein AG
ALB	Allgemeine Leistungsbedingungen der Deutschen Bahn AG, DB Cargo
allg.	allgemein
allg.M.	allgemeine Meinung
Alt.	Alternative
a.M.	anderer Meinung
AMG	Gesetz über den Verkehr mit Arzneimitteln (Arzneimittelgesetz)
ÄndAufhG	Gesetz über die Änderung oder Aufhebung von Gesetzen der DDR
ÄndG	Änderungsgesetz
AnfG	Gesetz betreffend die Anfechtung von Rechtshandlungen eines Schuldners außerhalb des Insolvenzverfahrens (Anfechtungsgesetz) vom 5. 10. 1994 (BGBl. I, S. 2911)
Anh.	Anhang
Anm.	Anmerkung
AnSVG	Gesetz zur Verbesserung des Anlegerschutzes (Anlegerschutzverbesserungsgesetz) vom 28. 10. 2004 (BGBl. I, S. 2630)
AnwBl	Anwaltsblatt
AO	Abgabenordnung i. d. F. vom 1. 10. 2002 (BGBl. I, S. 3866)
AöR	Archiv für öffentliches Recht (Zeitschrift – Band, Seite)

Abkürzungsverzeichnis

AP	Nachschlagewerk des Bundesarbeitsgerichts (seit 1954, vorher: Arbeitsrechtliche Praxis)
ApothG	Gesetz über das Apothekenwesen
AR	Aufsichtsrat
ArbeitserlaubnisVO	Arbeitserlaubnisverordnung
ArbG	Arbeitsgericht
ArbGG	Arbeitsgerichtsgesetz i. d. F. vom 2. 7. 1979 (BGBl. I, S. 853, ber S. 1036)
ArbNErfG	Gesetz über Arbeitnehmererfindungen (Arbeitnehmererfindungsgesetz)
ArbPlSchutzG	Gesetz über den Schutz des Arbeitsplatzes bei Einberufung zum Wehrdienst (Arbeitsplatzschutzgesetz) i. d. F. vom 14. 2. 2001 (BGBl. I, S. 253)
arg.(e.)	argumentum ex
Art.	Artikel
ARUG	Gesetz zur Umsetzung der Aktionärsrechterichtlinie vom 30. 7. 2009 (BGBl. I, S. 2479)
Aufl.	Auflage
AÜG	Gesetz zur Regelung der gewerbsmäßigen Arbeitnehmerüberlassung (Arbeitnehmerüberlassungsgesetz) i. d. F. vom 3. 2. 1995 (BGBl. I, S. 158)
ausführl.	ausführlich
AuslInvestmG	Gesetz über den Vertrieb ausländischer Investmentanteile und über die Besteuerung der Erträge aus ausländischen Investmentanteilen i. d. F. vom 9. 9. 1998 (BGBl. I, S. 2820), aufgehoben durch InvG 2003
AusfG	Ausführungsgesetz
ausschl.	ausschließlich
AVB	Allgemeine Versicherungsbedingungen
AVG	Angestelltenversicherungsgesetz i. d. F. vom 28. 5. 1924 (RGBl. I, S. 563), aufgehoben
AVO	Ausführungsverordnung
AWD	Außenwirtschaftsdienst des Betriebsberaters (Zeitschrift)
AWG	Außenwirtschaftsgesetz vom 28. 4. 1961 (BGBl. I, S. 481)
Az.	Aktenzeichen
BaBiRiLiG	Gesetz zur Durchführung der Richtlinie des Rates der Europäischen Gemeinschaften über den Jahresabschluss und den konsolidierten Abschluss von Banken und anderen Finanzinstituten (Bankbilanzrichtlinie-Gesetz) vom 30. 11. 1990 (BGBl. I, S. 2570)
BaFin	Bundesanstalt für Finanzdienstleistungsaufsicht (seit 1. 5. 2002)
BAG	Bundesarbeitsgericht; Bundesamt für Güterverkehr
BAGE	Entscheidungen des Bundesarbeitsgerichts (Band, Seite)
BAKred	Bundesaufsichtsamt für das Kreditwesen, seit 2002 BaFin
BankA	Bankarchiv, Zeitschrift für Bank- und Börsenwesen
Bank-Betrieb	Die Bank, Zeitschrift für Bankpolitik und Bankpraxis (bis 1976: Bank-Betrieb)
BAnz	Bundesanzeiger
BausparKG	Gesetz über Bausparkassen (Bausparkassengesetz) i. d. F. vom 15. 2. 1991 (BGBl. I, S. 454)
BayObLG	Bayerisches Oberstes Landesgericht
BayOLGZ	Entscheidungen des Bayerischen Obersten Landesgerichts in Zivilsachen
BayStiftG	Bayerisches Stiftungsgesetz
BB	Betriebs-Berater (Zeitschrift)
BBankG	Gesetz über die Deutsche Bundesbank i. d. F. vom 22. 10. 1992 (BGBl. I, 1782)
BBiG	Berufsbildungsgesetz vom 23. 3. 2005 (BGBl. I, 931)
BBl	Betriebswirtschaftliche Blätter (Zeitschrift)
BBRL	Bankbilanzrichtlinie
Bd.	Band
BdF	Bundesminister der Finanzen

Abkürzungsverzeichnis

BDSG	Gesetz zum Schutz vor Missbrauch personenbezogener Daten bei der Datenverarbeitung (Bundesdatenschutzgesetz) i. d. F. vom 20. 12. 1990 (BGBl. I, S. 2954)
Bearb.	Bearbeiter
Begr.	Begründung
Beil.	Beilage
Bem.	Bemerkung
ber.	berichtigt
BErzGG	Gesetz über die Gewährung von Erziehungsgeld und Erziehungsurlaub (Bundeserziehungsgeldgesetz)
BeschFG	Beschäftigungsförderungsgesetz vom 26. 4. 1985 (BGBl. I, 710)
Beschl.	Beschluss
bestr.	bestritten
betr.	betreffend
BetrR	Betriebsrat
BetrAVG	Gesetz zur Verbesserung der betrieblichen Altersversorgung (Betriebsrentengesetz) vom 19. 12. 1974 (BGBl. I, S. 3610)
BetrVG	Betriebsverfassungsgesetz i. d. F. vom 25. 9. 2001 (BGBl. I, S. 2518)
BeurkG	Beurkundungsgesetz vom 28. 8. 1969 (BGBl. I, S. 1513)
BewG	Bewertungsgesetz i. d. F. vom 1. 2. 1991 (BGBl. I, S. 230)
BezG	Bezirksgericht
BFG	Bundesfinanzgericht
BFH	Bundesfinanzhof
BFHE	Sammlung der Entscheidungen und Gutachten des BFH
BFuP	Betriebswirtschaftliche Forschung und Praxis (Zeitschrift)
BGB	Bürgerliches Gesetzbuch vom 18. 8. 1896 (RGBl., S. 195), i. d. F. vom 2. 1. 2002 (BGBl. I, S. 42)
BGBl. I, II	Bundesgesetzblatt, Teil I und II (Teil, Seite)
BGH	Bundesgerichtshof
BGH EBE	Eildienst der Entscheidungen des BGH
BGHSt	Entscheidungen des BGH in Strafsachen (Band, Seite)
BGHZ	Entscheidungen des BGH in Zivilsachen (Band, Seite)
BilKomm/*Bearbeiter*	*Ellrott/Förschle/Hoyos/Winkeljohann*, Beck'scher Bilanzkommentar, Handelsbilanz Steuerbilanz
BilMoG	Gesetz zur Modernisierung des Bilanzrechts (Bilanzrechtsmoderniesierungsgesetz) vom 25. 5. 2009 (BGBl. I, S. 1102)
BilReG	Gesetz zur Einführung internationaler Rechnungslegungsstandards und zur Sicherung der Qualität der Abschlussprüfung (Bilanzrechtsreformgesetz) vom 4. 12. 2004 (BGBl. I, S. 3166)
BiRiLiG	Gesetz zur Durchführung der Vierten, Siebenten und Achten Richtlinie des Rates der Europäischen Gemeinschaften zur Koordinierung des Gesellschaftsrecht (Bilanzrichtlinien-Gesetz) vom 19. 12. 1985 (BGBl. I 1985, S. 2335)
BKartA	Bundeskartellamt
BKR	Zeitschrift für Bank- und Kapitalmarktrecht
Bl.	Blatt
BMF	Bundesministerium der Finanzen
BMJ	Bundesministerium der Justiz und Verbraucherschutz
BMinBlF	Bundesministerialblatt für Finanzen
BNotK	Bundesnotarkammer
BNotO	Bundesnotarordnung vom 24. 2. 1961 (BGBl. I, S. 1998)
BO	Börsenordnung
BörsG	Börsengesetz vom 21. 6. 2002 (BGBl. I, S. 2010)
BörsZulVO	Verordnung über die Zulassung von Wertpapieren zum amtlichen Markt an einer Wertpapierbörse (Börsenzulassungsverordnung) i. d. F. vom 9. 9. 1998 (BGBl. I, 2832)
BPatG	Bundespatentgericht
BR	Bundesrat

Abkürzungsverzeichnis

BRAGO	Bundesgebührenordnung für Rechtsanwälte (Bundesrechtsanwaltsgebührenordnung) vom 26. 7. 1957 (BGBl. I, S. 907), aufgehoben zum 1. 7. 2004 durch KostRMoG vom 5. 5. 2005 (BGBl. I, S. 718), jetzt: RVG
BRAK	Bundesrechtsanwaltskammer
BRAK-Mitt.	BRAK-Mitteilungen (Zeitschrift)
BRAO	Bundesrechtsanwaltsordnung vom 1. 8. 1959 (BGBl. I, 565)
BR-Drucks.	Bundesratsdrucksache
BSG	Bundessozialgericht
BSHG	Bundessozialhilfegesetz
BStBl. I, II	Bundessteuerblatt, Teil I und II (Teil, (Jahr) und Seite)
bspw.	beispielsweise
BT	Bundestag
BT-Drucks.	Bundestags-Drucksache
Buchst.	Buchstabe
BuW	Betrieb und Wirtschaft (Zeitschrift)
BVerfG	Bundesverfassungsgericht
BVerfGE	Entscheidungen des Bundesverfassungsgerichts (Band, Seite)
BVerfGG	Gesetz über das Bundesverfassungsgericht
BVerwG	Bundesverwaltungsgericht
BVG	Besonderes Verhandlungsgremium
BVR	Bankvertragsrecht
BvS	Bundesanstalt für vereinigungsbedingte Sonderaufgaben (Treuhandanstalt)
BZRG	Gesetz über das Zentralregister und das Erziehungsregister (Bundeszentralregistergesetz) i. d. F. der Bekanntmachung vom 21. 9. 1984 (BGBl. I, S. 1229, ber. 1985 I, S. 195)
bzw.	beziehungsweise
Cc	Code civil, Codice civile, Código civil
cic	culpa in contrahendo
CR	Computer und Recht (Zeitschrift)
DArbR	Deutsches Arbeitsrecht (Zeitschrift)
DAV	Deutscher Anwaltverein
DB	Der Betrieb (Zeitschrift)
DBA	Doppelbesteuerungsabkommen
DBW	Die Betriebswirtschaft (Zeitschrift); vor 1977: Zeitschrift für Handelswissenschaft und Handelspraxis
DCGK	Deutscher Corporate Governance Kodex i. d. F. vom 2. 6. 2005
DepotG	Gesetz über die Verwaltung und Anschaffung von Wertpapieren (Depotgesetz) vom 4. 2. 1937 (RGBl. I, 171) i. d. F. vom 11. 1. 1995 (BGBl. I, 34)
ders.	derselbe
dgl.	dergleichen
DGVZ	Deutsche Gerichtsvollzieherzeitung (Zeitschrift)
d.h.	das heißt
DIS	Deutsche Institution für Schiedsgerichtsbarkeit e.V.
DIS-SchGO	Schiedsgerichtsordnung der Deutschen Institution für Schiedsgerichtsbarkeit e.V.
Diss.	Dissertation
DJ	Deutsche Justiz (Zeitschrift)
DJZ	Deutsche Juristenzeitung (Zeitschrift)
DMBilG	Gesetz über die Eröffnungsbilanz in Deutscher Mark und die Kapitalneufestsetzung (D-Mark-Bilanzgesetz) i. d. F. vom 28. 7. 1994 (BGBl. I, S. 1842)
DNotI	Deutsches Notarinstitut
DNotZ	Deutsche Notarzeitung (Zeitschrift)
DÖV	Die öffentliche Verwaltung (Zeitschrift)

Abkürzungsverzeichnis

DR	Deutsches Recht (Zeitschrift)
DrittelbG	Gesetz über die Drittelbeteiligung der Arbeitnehmer im Aufsichtsrat (Drittelbeteiligungsgesetz) vom 18. 5. 2004 (BGBl. I, S. 974)
DRpfl	Deutsche Rechtspflege (Zeitschrift)
DStR	Deutsches Steuerrecht (Zeitschrift); vor 1962: Deutsche Steuer-Rundschau
DStRE	Deutsches Steuerrecht – Entscheidungsdienst
DStZ	Deutsche Steuerzeitung
DVO	Durchführungsverordnung
DZWir	Deutsche Zeitschrift für Wirtschaftsrecht
e.A.	Einstweilige Anordnung
ebd.	ebenda
EBE/BGH	Eildienst Bundesgerichtliche Entscheidungen
EBITDA	earnings before interest, taxes, depreciation and amortization
EFG	Entscheidungen der Finanzgerichte
eG	eingetragene Genossenschaft
EG	Europäische Gemeinschaft; Einführungsgesetz; Vertrag zur Gründung der europäischen Gemeinschaft (ab 1. 5. 1999; vorher: EGV)
EGAktG	Einführungsgesetz zum Aktiengesetz vom 6. 9. 1965 (BGBl. I, S. 1185)
EGBGB	Einführungsgesetz zum Bürgerlichen Gesetzbuch vom 18. 8. 1896 (RGBl. S. 604)
EGGmbHG	Einführungsgesetz zum GmbH-Gesetz
EGHGB	Einführungsgesetz zum Handelsgesetzbuch vom 10. 5. 1897 (RGBl. S. 437)
EGInsO	Einführungsgesetz zur Insolvenzordnung
EGStGB	Einführungsgesetz zum Strafgesetzbuch
EGV/EG-Vertrag	Vertrag zur Gründung der Europäischen Gemeinschaft (vor 1. 5. 1999; seither: EG)
EHUG	Gesetz über elektronische Handelsregister und Genossenschaftsregister sowie das Unternehmensregister vom 10. 11. 2006 (BGBl. I, S. 2553)
Einf.	Einführung
EinigV	Einigungsvertrag
Einl.	Einleitung
einschl.	einschließlich
EMRK	Europäische Konvention zum Schutz der Menschenrechte und Grundfreiheiten
entspr.	entsprechend
EnWG	Energiewirtschaftsgesetz
ErbStG	Erbschaftsteuer- und Schenkungsteuergesetz i. d. F. der Bekanntmachung vom 27. 2. 1997 (BGBl. I, S. 378)
erg.	ergänzend
Erg.Lfg.	Ergänzungslieferung
ERJuKoG	Gesetz über elektronische Register und Justizkosten für Telekommunikation vom 10. 12. 2001 (BGBl. I, S. 3422)
Erl.	Erlass; Erläuterung(en)
EStDV	Einkommensteuer-Durchführungsverordnung
EStG	Einkommensteuergesetz i. d. F. vom 19. 10. 2002 (BGBl. I, S. 4210)
EStR	Einkommensteuerrichtlinien
etc.	et cetera
EU	Europäische Union
EuBVO	Verordnung (EG) Nr. Nr. 1206/2000 des Rates über die Zusammenarbeit zwischen den Gerichten der Mitgliedstaaten auf dem Gebiet der Beweisaufnahme
EuGH	Gerichtshof der Europäischen Gemeinschaften
EuGVO	Europäische Verordnung über die gerichtliche Zuständigkeit und die Anerkennung und Vollstreckung von Entscheidungen in Zivil- und Handelssachen vom 22. 12. 2000, ABlEG 2001 Nr. L 12/1, zuvor EuGVÜbk

Abkürzungsverzeichnis

EuGVÜ	Europäisches Übereinkommen über die gerichtliche Zuständigkeit und die Vollstreckung gerichtlicher Entscheidungen in Zivil- und Handelssachen vom 27. 9. 1968 (BGBl. I, S. 1972)
EuInsVO	Verordnung (EG) Nr. 1346/2000 des Rates über Insolvenzverfahren (ABl. EG Nr. L 160 S. 1)
EuroEG	Gesetz zur Einführung des Euro vom 9. 6. 1998 (BGBl. I, S. 1242)
EuZVO	Verordnung (EG) Nr. Nr. 1348/2001 des Rates über die Zustellung gerichtlicher und außergerichtlicher Schriftstücke
EuZW	Europäische Zeitschrift für Wirtschaftsrecht (Zeitschrift)
e.V.	einstweilige Verfügung; eingetragener Verein
EWiR	Entscheidungen zum Wirtschaftsrecht (Zeitschrift)
EWIV	Europäische Wirtschaftliche Interessenvereinigung
EWIVG/EWIV-AG	Gesetz zur Ausführung der EWG-Verordnung über die Europäische wirtschaftliche Interessenvereinigung (EWIV-Ausführungsgesetz) vom 14. 4. 1988 (BGBl. I, S. 514)
EWIV-VO	Verordnung (EWG) Nr. 2137/85 über die Schaffung einer Europäischen Wirtschaftlichen Interessenvereinigung
EWR	Europäischer Wirtschaftsraum
EzA	Entscheidungen zum Arbeitsrecht
f., ff.	folgende(r)
F&E	Forschung und Entwicklung
Fa.	Firma
FAmFG	Gesetz über das Verfahren in Familiensachen und in den Angelegenheiten der Freiwilligen Gerichtsbarkeit vom 17. 12. 2008 (BGBl. I, S. 2586, 2587, 2009 I, S. 1102)
FamRZ	Zeitschrift für Familienrecht
FAZ	Frankfurter Allgemeine Zeitung
FB	FinanzBetrieb (Zeitschrift)
FG	Finanzgericht
FGG	Gesetz über die Angelegenheiten der freiwilligen Gerichtsbarkeit vom 17. 5. 1898 (RGBl., S. 189) aufgehoben durch FamFG
FGO	Finanzgerichtsordnung
FGPrax	Praxis der freiwilligen Gerichtsbarkeit (Zeitschrift)
FinMin	Finanzministerium (eines Bundeslandes)
FK-InsO/*Bearbeiter*	*Wimmer*, Frankfurter Kommentar zur Insolvenzordnung
FLF	Finanzierung Leasing Factoring (Zeitschrift)
Fn.	Fußnote
FR	Finanzrundschau Deutsches Steuerblatt (Zeitschrift)
FRA	Forward Rate Agreement
FS	Festschrift (für)
FusionsRL	Fusions-Richtlinie
G	Gesetz
GastG	Gaststättengesetz
GB	Grundbuch
GBA	Grundbuchamt
GBl.	Gesetzblatt
GBl. (DDR) I	Gesetzblatt Deutsche Demokratische Republik Teil I
GBO	Grundbuchordnung i. d. F. vom 26. 5. 1994 (BGBl. I, S. 1114)
GbR	Gesellschaft bürgerlichen Rechts
GebrMG	Gebrauchsmustergesetz i. d. F. vom 28. 8. 1986 (BGBl. I, S. 1455)
gem.	gemäß
GemSOGB	Gemeinsamer Senat der obersten Gerichtshöfe des Bundes
GenG	Gesetz betreffend die Erwerbs- und Wirtschaftsgenossenschaften (Genossenschaftsgesetz) vom 1. 5. 1889 (RGBl. S. 55) i. d. F. vom 19. 8. 1994 (BGBl. I, S. 220)
GenTG	Gentechnikgesetz

Abkürzungsverzeichnis

GeschmMG	Gesetz über den rechtlichen Schutz von Mustern und Modellen (Geschmacksmustergesetz) vom 12. 3. 2004 (BGBl. I, S. 390)
GesO	Gesamtvollstreckungsanordnung
GewArch	Gewerbearchiv (Zeitschrift)
GewO	Gewerbeordnung i. d. F. vom 22. 2. 1999 (BGBl. I, S. 202)
GewStG	Gewerbesteuergesetz i. d. F. vom 15. 10. 2002 (BGBl. I, S. 4167)
GG	Grundgesetz für die Bundesrepublik Deutschland vom 23. 5. 1949 (BGBl. I, S. 1)
ggf.	gegebenenfalls
GKG	Gerichtskostengesetz i. d. F. vom 15. 12. 1975 (BGBl. I, S. 3047)
GmbH	Gesellschaft mit beschränkter Haftung
GmbHÄndG	Gesetz zur Änderung des Gesetzes betreffend die Gesellschaften mit beschränkter Haftung und anderer handelsrechtlicher Vorschriften vom 4. 7. 1980 (BGBl. I, S. 836)
GmbHG	Gesetz betreffend die Gesellschaften mit beschränkter Haftung vom 20. 4. 1892 (RGBl., S. 477) i. d. F. vom 20. 5. 1898 (RGBl., S. 846), zuletzt geändert durch EHUG
GmbHR	GmbH-Rundschau (Zeitschrift)
GmbH-Stb	Der GmbH-Steuerberater (Zeitschrift)
GNotKG	Gerichts- und Notarkostengesetz vom 23. Juli 2013 (BGBl. I, S. 2586)
GoA	Geschäftsführung ohne Auftrag
GoB	Grundsätze ordnungsgemäßer Buchführung
GoI	Grundsätze ordnungsgemäßer Inventur
grds.	grundsätzlich
GrEStG	Grunderwerbsteuergesetz
GrS	Großer Senat
GrSZ	Großer Senat in Zivilsachen
GRUR	Gewerblicher Rechtsschutz und Urheberrecht (Zeitschrift)
GS	Gedächtnisschrift; Preußische Gesetzsammlung (Jahr, Seite)
GüKG	Güterkraftverkehrsgesetz i. d. F. vom 22. 6. 1998 (BGBl. I, S. 1485)
GuV	Gewinn- und Verlust-Rechnung
GVBl.	Gesetz- und Verordnungsblatt (Jahr, Seite)
GV	Gerichtsvollzieher
GVG	Gerichtsverfassungsgesetz
GWB	Gesetz gegen Wettbewerbsbeschränkungen i. d. F. vom 15. 7. 2005 (BGBl. I, S. 2114)
GWG	Gesetz über das Aufspüren von Gewinnen aus schweren Straftaten vom 23. 6 2017 (BGBl. I S. 1822)
h.A.	herrschende Auffassung
HaftpflG	Haftpflichtgesetz
HansOLG	Hanseatisches OLG
HausTWG	Gesetz über den Widerruf von Haustürgeschäften und ähnlichen Geschäften vom 16. 1. 1986 (BGBl. I, 122), aufgehoben durch SchuldRModG
HessStiftG	Hessisches Stiftungsgesetz
HFA	Hauptfachausschuss des Instituts der Wirtschaftsprüfer
HGB	Handelsgesetzbuch vom 10. 5. 1897 (RGBl., S. 219), zuletzt geändert durch EHUG vom 10. 11. 2006
HGrG	Gesetz über die Grundsätze des Haushaltsrechts (Haushaltsgrundsätzegesetz) vom 19. 8. 1969 (BGBl. I, S. 1273)
HinterlO	Hinterlegungsordnung vom 10. 3. 1937 (RGBl. I, S. 285)
h.L.	herrschende Lehre
h.M.	herrschende Meinung
HRefG	Gesetz zur Neuregelung des Kaufmanns- und Firmenrechts und zur Änderung anderer handels- und gesellschaftsrechtlicher Vorschriften (Handelsrechtsreformgesetz – HRefG) vom 22. 6. 1998 (BGBl. I, S. 1474)
HReg	Handelsregister

Abkürzungsverzeichnis

HRegGebNeuOG	Gesetz zur Neuordnung der Gebühren in Handels-, Partnerschafts- und Genossenschaftsregistersachen (Handelsregistergebühren-Neuordnungsgesetz) vom 3. 7. 2004 (BGBl. I, S. 1410)
HRegGebV	Verordnung über Gebühren in Handels-, Partnerschafts- und Genossenschaftsregistersachen (Handelsregistergebührenverordnung) vom 30. 9. 2004 (BGBl. I, S. 2562)
HRR	Höchstrichterliche Rechtsprechung (Zeitschrift)
HRV	Verordnung über die Einrichtung und Führung des Handelsregisters (Handelsregisterverordnung) vom 12. 8. 1937 (RMBl., S. 515), zuletzt geändert durch EHUG vom 10. 11. 2006
Hs.	Halbsatz
Hrsg.	Herausgeber
HV	Hauptversammlung
HwO	Handwerksordnung
HypBG	Hypothekenbankgesetz i. d. F. vom 9. 9. 1998 (BGBl. I, S. 2674), aufgehoben durch PfandBG
i.A(bw).	in Abwicklung
IAS	International Accounting Standard, ab 1. 4. 2001 IFRS
ICC	International Chamber of Commerce
ICC-SchGO	Schiedsgerichtsordnung des International Court of Arbitration of the International Chamber of Commerce
i.d.F.	in der Fassung
i.d.gelt.F.	in der geltenden Fassung
i.d.R.	in der Regel
IdW	Institut der Wirtschaftsprüfer in Deutschland e.V.
i.E.	im Einzelnen
i.Erg.	im Ergebnis
i.e.S.	im engeren Sinne
IFRS	International Financial Reporting Standard (seit 1. 4. 2001, zuvor: IAS)
IHK	Industrie- und Handelskammer
IHR	Richtlinien für Insidergeschäfte mit börsenorientierten oder öffentlich angebotenen Aktien (Insiderhandelsrichtlinien)
i.H.v.	in Höhe von
i.Ins.	in Insolvenz
i.L(iq).	in Liquidation
insbes.	insbesondere
InsO	Insolvenzordnung vom 5. 10. 1994 (BGBl. I, S. 2866)
InsVV	Insolvenzrechtliche Vergütungsverordnung
InvG	Investmentgesetz vom 15. 12. 2003 (BGBl. I, S. 2676)
InVo	Insolvenz und Vollstreckung (Zeitschrift)
IPR	Internationales Privatrecht
IPRax	Praxis des Internationalen Privat- und Verfahrensrechts (Zeitschrift)
IPRspr	Die Deutsche Rechtsprechung auf dem Gebiete des IPR (Zeitschrift)
i.S.	im Sinne
i.S.d.	im Sinne des (der)
IStR	Internationales Steuerrecht (Zeitschrift)
i.S.v.	im Sinne von
i.V.m.	in Verbindung mit
IZRspr	Sammlung der deutschen Entscheidungen zum internationalen Privatrecht
i.Zw.	im Zweifel
JA	Juristische Arbeitsblätter (Zeitschrift)
JKomG	Gesetz über die Verwendung elektronischer Kommunikationsformen in der Justiz (Justizkommunikationsgesetz) vom 22. 3. 2005 (BGBl. I, S. 837)
JR	Juristische Rundschau (Zeitschrift)
JuS	Juristische Schulung (Zeitschrift)
JurBüro	Das Juristische Büro (Zeitschrift)

JW	Juristische Wochenschrift (Zeitschrift)
JZ	Juristenzeitung (Zeitschrift)
KAGG	Gesetz über die Kapitalanlagegesellschaften i. d. F. vom 9. 9. 1998 (BGBl. I, S. 2726), aufgehoben durch InvG 2003
Kap.	Kapitel
KapAEG	Gesetz zur Verbesserung der Wettbewerbsfähigkeit deutscher Konzerne an Kapitalmärkten und zur Erleichterung der Aufnahme von Gesellschaftsdarlehen (Kapitalaufnahmeerleichterungsgesetz) vom 20. 4. 1998 (BGBl. I, S. 707)
KapErhG	Gesetz über die Kapitalerhöhung aus Gesellschaftsmitteln und über die Verschmelzung von Gesellschaften mit beschränkter Haftung vom 23. 12. 1959 (BGBl. I, 789), außer Kraft mit Wirkung vom 1. 1. 1995 durch Gesetz vom 28. 10. 1994 (BGBl. I, 3210)
KapErhStG	Gesetz über steuerrechtliche Maßnahmen bei Erhöhung des Nennkapitals aus Gesellschaftsmitteln vom 30. 12. 1959 (BGBl. I, S. 834; BStBl. I 1960, 14)
KapMuG	Gesetz zur Einführung von Kapitalanleger-Musterverfahren (Kapitalanleger-Musterverfahrensgesetz vom 16. 8. 2005 (BGBl. I, S. 2437, ber. BGBl. I, 3095)
Kfm.	Kaufmann
kfm.	kaufmännisch
KfW	Kreditanstalt für Wiederaufbau
KG	Kommanditgesellschaft; Kammergericht
KGaA	Kommanditgesellschaft auf Aktien
KGJ	Jahrbuch für die Entscheidungen des Kammergerichts (Band, Seite)
KO	Konkursordnung i. d. F. vom 20. 5. 1898 (RGBl., S. 612)
KK-AktG/*Bearbeiter*	*Zöllner/Noack*, Kölner Kommentar zum Aktiengesetz, 8 Bände
KK-WpÜG/*Bearbeiter*	*Hirte/v. Bülow*, Kölner Kommentar zum WpÜG
KonTraG	Gesetz über die Kontrolle und Transparenz im Unternehmensbereich vom 27. 4. 1998 (BGBl. I, S. 786)
KostO	Gesetz über die Kosten in Angelegenheiten der freiwilligen Gerichtsbarkeit (Kostenordnung) i. d. F. vom 26. 7. 1957 (BGBl. I, S. 960)
KSchG	Kündigungsschutzgesetz vom 25. 8. 1969 (BGBl. I, S. 1317)
KStG	Körperschaftsteuergesetz 2002 i. d. F. vom 15. 10. 2002 (BGBl. I, S. 4144)
KStR	Körperschaftsteuerrichtlinien
KTS	Konkurs, Treuhand- und Schiedsgerichtswesen (Zeitschrift)
KV	Kostenverzeichnis
KVO	Kraftverkehrsordnung für den Güterfernverkehr mit Kraftfahrzeugen i. d. F. vom 23. 12. 1958, aufgehoben
KVStG	Kapitalverkehrssteuergesetz i. d. F. vom 17. 11. 1972 (BGBl. I, S. 2129), aufgehoben
KWG	Gesetz über das Kreditwesen i. d. F. vom 9. 9. 1998 (BGBl. I, S. 2776)
LadschlG	Ladenschlussgesetz vom 28. 11. 1956 (BGBl. I, S. 875)
LAG	Landesarbeitsgericht
LAGE	Entscheidungssammlung Landesarbeitsgerichte
Leipziger-GNotKG	*Renner/Otto/Heinzel*, Leipziger Gerichts- & Notarkosten-Kommentar
LFzG/LohnFG	Gesetz über die Fortzahlung des Arbeitsentgelts im Krankheitsfalle (Lohnfortzahlungsgesetz) vom 27. 7. 1969 (BGBl. I, S. 946)
LG	Landgericht
LHO	Landeshaushaltsordnung
lit.	litera, Buchstabe
LM	Lindenmaier-Möhring, Nachschlagewerk des Bundesgerichtshofs
LohnFG	s. LFzG
LPartG	Gesetz über die eingetragene Lebenspartnerschaft (Lebenspartnerschaftsgesetz) vom 16. 2. 2001 (BGBl. I, S. 66)
LPG	Landwirtschaftliche Produktionsgenossenschaft (DDR)

Abkürzungsverzeichnis

LS	Leitsatz
LSG	Landessozialgericht
LStDV	Lohnsteuer-Durchführungsverordnung
ltd./Ltd.	(engl.) Limited, private limited company by shares
LuftVG	Luftverkehrsgesetz i. d. F. vom 27. 3. 1999 (BGBl., S. 550)
LZ	Leipziger Zeitschrift für Deutsches Recht
MaBV	Verordnung über die Pflichten der Makler, Darlehens- und Anlagenvermittler, Bauträger und Baubetreuer (Makler- und Bauträgerverordnung) i. d. F. vom 7. 11. 1990 (BGBl. I, S. 2479)
MünchAnwaltsHdb. GmbH/*Bearbeiter*	*Römermann*, Münchener Anwaltshandbuch GmbH-Recht
MünchAnwaltsHdB FamR/*Bearbeiter*	*Schnitzler*, Münchener Anwaltshandbuch Familienrecht
MünchAnwaltsHdb. PersGes/*Bearbeiter* Personengesellschaftsrecht	*Gummert*, Münchener Anwaltshandbuch
m.Anm.	mit Anmerkung
MarkenG	Gesetz über den Schutz von Marken und sonstigen Kennzeichen (Markengesetz) vom 25. 10. 1994 (BGBl. I, S. 3082, ber. 1995 I, S. 156)
MDR	Monatsschrift für Deutsches Recht
MinBl.	Ministerialblatt
MitbestErgG	Gesetz zur Ergänzung des Gesetzes über die Mitbestimmung der Arbeitnehmer in den Aufsichtsräten und Vorständen der Unternehmen des Bergbaus und der Eisen und Stahl erzeugenden Industrie vom 7. 8. 1956 (BGBl. I, S. 707)
MitbestG	Gesetz über die Mitbestimmung der Arbeitnehmer (Mitbestimmungsgesetz) vom 4. 5. 1976 (BGBl. I, S. 1153)
MittBl.	Mitteilungsblatt
MittBayNotK	Mitteilungen der Bayerischen Notarkammer
MittRhNotK	Mitteilungen der Rheinischen Notarkammer
MMR	MultiMedia und Recht (Zeitschrift)
m.N.	mit Nachweis(en)
MoMiG	Gesetze zur Modernisierung des GmbH-Rechts und zur Bekämpfung von Missbräuchen i. d. F. vom 23. 10. 2008 (BGBl. I, S. 2026)
MontanMitbestG	Gesetz über die Mitbestimmung der Arbeitnehmer in den Aufsichtsräten und Vorständen der Unternehmen des Bergbaus und der Eisen und Stahl erzeugenden Industrie (Montan-Mitbestimmungsgesetz) vom 21. 5. 1951 (BGBl. I, S. 347)
MontanMitbestErgG	Gesetz zur Ergänzung des Gesetzes über die Mitbestimmung der Arbeitnehmer in den Aufsichtsräten und Vorständen der Unternehmen des Bergbaus und der Eisen und Stahl erzeugenden Industrie (Montan-Mitbestimmungsgesetz)
MRK	Menschenrechtskonvention
MünchKommBGB/*Bearbeiter*	*Rebmann/Säcker/Rixecker*, Münchener Kommentar zum Bürgerlichen Gesetzbuch, 12 Bände und Loseblatt-Aktualisierungsband
MünchKommAktG/*Bearbeiter*	*Kropff/Semler*, Münchener Kommentar Aktiengesetz 9 Bände
MünchKommHGB/*Bearbeiter*	*K. Schmidt*, Münchener Kommentar zum Handelsgesetzbuch, 7 Bände und Ergänzungsband
MünchKomm ZPO/*Bearbeiter*	Lüke/Wax, Münchener Kommentar zur Zivilprozessordnung, 3 Bände und Aktualisierungsband
MünchHdb. GesR I (II/III/IV/V)/*Bearbeiter*	Münchener Handbuch des Gesellschaftsrechts
MuSchG	Gesetz zum Schutze der erwerbstätigen Mutter (Mutterschutzgesetz) i. d. F. vom 20. 6. 2002 (BGBl. I, S. 1812)
m.w.N.	mit weiteren Nachweisen
m.w.V.	mit weiteren Verweisen

Abkürzungsverzeichnis

NachhBG	Gesetz zur zeitlichen Begrenzung der Nachhaftung von Gesellschaftern (Nachhaftungsbegrenzungsgesetz) vom 18. 3. 1994 (BGBl. I, S. 560)
NaStraG	Gesetz zur Namensaktie und zur Erleichterung der Stimmrechtsausübung (Namensaktiengesetz) vom 18. 1. 2001 (BGBl. I, S. 123)
n.F.	neue Fassung
NJ	Neue Justiz (Zeitschrift)
NJOZ	Neue Juristische Online-Zeitschrift
NJW	Neue Juristische Wochenschrift (Zeitschrift)
NJW-CoR	NJW-Computerreport (Zeitschrift)
NJW-RR	Neue Juristische Wochenschrift Rechtsprechungsreport (Zeitschrift)
NJWE-VHR	NJW-Entscheidungsdienst Versicherungs- und Haftpflicht (Zeitschrift)
NJWE-WettbR	NJW-Entscheidungsdienst für Wettbewerbsrecht (Zeitschrift)
Nr.	Nummer(n)
NRW	Nordrhein-Westfalen
NStZ	Neue Zeitschrift für Strafrecht
NStZ-RR	Neue Zeitschrift für Strafrecht Rechtsprechungsreport
NVwZ	Neue Zeitschrift für Verwaltungsrecht
NVwZ-RR	Neue Zeitschrift für Verwaltungsrecht Rechtsprechungsreport
NZA	Neue Zeitschrift für Arbeitsrecht
NZA-RR	Neue Zeitschrift für Sozialrecht
NZG	Neue Zeitschrift für Gesellschaftsrecht
o.ä. (Ä.)	oder ähnlich/oder Ähnliches
OECD-MA	OECD-Musterabkommen 2003 zur Vermeidung der Doppelbesteuerung auf dem Gebiet der Steuern vom Einkommen und vom Vermögen
OEEC	Organization for European Economic Cooperation
ÖJZ	Österreichische Juristenzeitung
o.g.	oben genannt(e/er/es)
OGH	Oberster Gerichtshof in Österreich
OGHZ	Amtliche Sammlung der Entscheidungen des OGH in Zivilsachen
OHG	Offene Handelsgesellschaft
OLG	Oberlandesgericht
OLGE	Sammlung der Rechtsprechung der Oberlandesgerichte (Band, Seite)
OLG-NL	OLG-Rechtsprechung Neue Länder
OLGR	OLG-Report (Zeitschrift)
OLGZ	Entscheidungen der Oberlandesgerichte in Zivilsachen einschließlich der freiwilligen Gerichtsbarkeit
ÖPNV	Öffentlicher Personennahverkehr
ÖV	Die öffentliche Verwaltung (Zeitschrift)
OVG	Oberverwaltungsgericht
OVGE	Entscheidungen der Oberverwaltungsgerichte (Band, Seite)
OWiG	Gesetz über Ordnungswidrigkeiten i. d. F. vom 19. 2. 1987 (BGBl. I, S. 602)
p.a.	per annum
PachtKG	Pachtkreditgesetz
Palandt/*Bearbeiter*	Palandt, Kurzkommentar zum BGB
PartGG	Gesetz über Partnergesellschaften Angehöriger Freier Berufe (Partnerschaftsgesellschaftsgesetz) vom 25. 7. 1994 (BGBl. I, S. 1744)
PartGmbB	Partnerschaftsgesellschaft mit beschränkter Berufshaftung
PatAO	Patentanwaltsordnung
PatG	Patentgesetz i. d. F. vom 16. 12. 1980 (BGBl. 1981 I, S. 1)
PersBfG	Gesetz über die Beförderungen von Personen zu Lande (Personenbeförderungsgesetz) i. d. F. vom 8. 8. 1990 (BGBl. I, S. 1690)
PfandBG	Pfandbriefgesetz vom 22. 5. 2005 (BGBl. I, S. 1373)
PGH	Produktionsgenossenschaft des Handwerks (DDR)
PrAngV(O)	Preisangabenverordnung vom 18. 10. 2002 (BGBl. I, S. 4197)

Abkürzungsverzeichnis

ProdHaftG	Gesetz über die Haftung für fehlerhafte Produkte (Produkthaftungsgesetz) vom 15. 12. 1989 (BGBl. I, S. 2198)
PrüfbV	Prüfungsberichtsverordnung
PRV	Partnerschaftsregisterverordnung
PublG	Gesetz über die Rechnungslegung von bestimmten Unternehmen und Konzernen (Publizitätsgesetz) vom 15. 8. 1969 (BGBl. I, S. 1189, ber. 1970 I, S. 1113)
Publikumsges.	Publikumsgesellschaft
pVV	positive Vertragsverletzung
PWW/*Bearbeiter*	*Prütting/Wegen/Weinreich*, Kommentar zum BGB
RA	Rechtsanwalt
RAK	Rechtsanwaltskammer
RberG	Rechtsberatungsgesetz vom 13. 12. 1935 (RGBl. I, S. 1478)
RdA	Recht der Arbeit (Zeitschrift)
Rdn.	Randnummer innerhalb des Werkes
Recht	Das Recht (seit 1935 Beilage zu Deutsche Justiz) (Zeitschrift, Jahr und Nr. der Entscheidung bzw. Jahr und Seite)
RefE	Referentenentwurf
RefE MoMiG	Referentenentwurf eines »Gesetzes zur Modernisierung des GmbH-Rechts und zur Bekämpfung von Missbräuchen« vom 29. 5. 2006
RegBegr.	(Gesetzes-)Begründung der Bundesregierung
RegBl.	Regierungsblatt
RegE	Regierungsentwurf
RFH	Reichsfinanzhof
RG	Reichsgericht
RGSt	Amtliche Sammlung der Entscheidungen des Reichsgerichts in Strafsachen (Band, Seite)
RGZ	Reichsgericht, Entscheidungen in Zivilsachen
RGBl.	Reichsgesetzblatt
Richtl.	Richtlinie
RIW/AWD	Recht der internationalen Wirtschaft/Außenwirtschaftsdienst des Betriebs-Beraters (Zeitschrift)
RJM	Reichsministerium der Justiz
RL	Richtlinie
ROHG	Reichsoberhandelsgericht; mit Fundstelle: amtliche Entscheidungssammlung (Band, Seite)
Rn.	Randnummer in anderen Veröffentlichungen
Rpfleger	Der Deutsche Rechtspfleger (Zeitschrift)
RR	Rechtsprechungsreport
Rspr.	Rechtsprechung
RStBl.	Reichssteuerblatt (Jahr, Seite)
RVG	Gesetz über die Vergütung der Rechtsanwältinnen und Rechtsanwälte (Rechtsanwaltsvergütungsgesetz) vom 5. 5. 2004 (BGBl. I, S. 718), Ablösung der BRAGO
s.	siehe
S.	Seite; Satz
s.a.	siehe auch
SAE	Sammlung arbeitsrechtlicher Entscheidungen (Jahr, Seite)
SCE	Societas Cooperativa Europaea – Europäische Genossenschaft
ScheckG	Scheckgesetz vom 14. 8. 1933 (RGBl. I, S. 597)
SchiedsG	Schiedsgericht
SchiedsVZ	Zeitschrift für Schiedsverfahren
SchuldRÄndG	Gesetz zur Änderung schuldrechtlicher Bestimmungen im Beitrittsgebiet (Schuldrechtsänderungsgesetz) vom 21. 9. 1994 (BGBl. I, S. 2538)

Abkürzungsverzeichnis

SchuldRAnpG	Gesetz zur Anpassung schuldrechtlicher Nutzungsverhältnisse an Grundstücken im Beitrittsgebiet (Schuldrechtanpassungsgesetz) vom 21. 9. 1994 (BGBl. I, S. 2538)
SchuldRModG	Gesetz zur Modernisierung des Schuldrechts vom 26. 11. 2001 (BGBl. I, S. 3138); Inkrafttreten 1. 1. 2002
Sec.	Section
SE	Societas Europaea – Europäische Aktiengesellschaft
SEAG	Gesetz zur Ausführung der Verordnung (EG9 Nr. 2157/2001 des Rates vom 8. 10. 2001 über das Statut der Europäischen Gesellschaft (SE) (SE-Ausführungsgesetz) vom 22. 12. 2004 (BGBl. I, S. 3675)
SEBG	Gesetz über die Beteiligung der Arbeitnehmer in einer Europäischen Gesellschaft (SE-Beteiligungsgesetz) vom 22. 12. 2004 (BGBl. I, S. 3675, 3686)
SEEG	Gesetz zur Einführung der Europäischen Gesellschaft vom 22. 12. 2004 (BGBl. I, S. 3675)
SE-RL	Richtlinie 2001/86/EG des Rates zur Ergänzung des Statuts der Europäischen Gesellschaft hinsichtlich der Beteiligung der Arbeitnehmer (SE-Richtlinie) vom 8. 10. 2001 (ABl. EG L 294/22)
SEStEG	Gesetz über steuerliche Begleitmaßnahmen zur Einführung der Europäischen Aktiengesellschaft (SE) – RegE (BR-Drucks. 542/06 vom 11. 8. 2006)
SE-VO	Verordnung (EG) Nr. 2157/2001 des Rates über das Statut der Europäischen Gesellschaft (SE), Abl. EG L 294/1 vom 10. 11. 2001
SG	Sozialgericht
SGB	Sozialgesetzbuch
SGG	Sozialgerichtsgesetz
Slg.	Sammlung
s.o.	siehe oben
sog.	so genannte(r/s)
SozPraxis	SozialPraxis (Zeitschrift) (vor 1940)
SpruchG	Gesetz über das gesellschaftrechtliche Spruchverfahren (Spruchverfahrensgesetz) vom 12. 6. 2003 (BGBl. I, 838)
StAnpG	Steueranpassungsgesetz vom 16. 10. 1934 (RGBl. I, 925)
Staudinger/*Bearbeiter*	J. von Staudingers Kommentar zum Bürgerlichen Gesetzbuch mit Einführungsgesetz und Nebengesetzen
StB	Der Steuerberater (Zeitschrift)
StBerG	Steuerberatungsgesetz i. d. F. vom 4. 11. 1975 (BGBl. I, S. 2735) Gesetz über die Rechtsverhältnisse der Steuerberater und Steuerbevollmächtigten vom 23. 8. 1961 (BGBl. I, S. 1301)
Stbg	Die Steuerberatung (Zeitschrift)
StBP	Die steuerliche Betriebsprüfung (Zeitschrift)
StGB	Strafgesetzbuch i. d. F. vom 13. 11. 1998 (BGBl. I, S. 3322)
StPO	Strafprozessordnung
str.	streitig
st.Rspr.	ständige Rechtsprechung
StSenkG	Steuersenkungsgesetz vom 23. 10. 2000 (BGBl. I, S. 1433)
StSenkErgG	Steuersenkungs-Ergänzungsgesetz vom 19. 12. 2000 (BGBl. I, S. 1812)
StuW	Steuer und Wirtschaft (Zeitschrift)
StV	Der Strafverteidiger (Zeitschrift)
s.u.	siehe unten
TDG	Gesetz über die Nutzung von Telediensten (Teledienstegesetz) vom 22. 7. 1997 (BGBl. I, S. 1870)
TKG	Telekommunikationsgesetz vom 22. 6. 2004 (BGBl. I, S. 1190)
TransportR	Transportrecht (Zeitschrift)
TransPuG	Gesetz zur weiteren Reform des Aktien- und Bilanzrechts, zu Transparenz und Publizität (Transparenz- und Publizitätsgesetz) vom 19. 7. 2002 (BGBl. I, S. 2681)

Abkürzungsverzeichnis

TreuhandG	Gesetz zur Privatisierung und Reorganisation des volkseigenen Vermögens vom 17. 6. 1990 (GBl. I, S. 300)
TVG	Tarifvertragsgesetz i. d. F. vom 25. 8. 1969 (BGBl. I, S. 1323)
Tz.	Textziffer
u.a.	unter anderem
UBGG	Gesetz über Unternehmensbeteiligungsgesellschaften i. d. F. vom 9. 9. 1998 (BGBl. I, S. 2765)
UMAG	Gesetz zur Unternehmensintegrität und Modernisierung des Anfechtungsrechts vom 22. 9. 2005 (BGBl. I, S. 2802)
UmwBerG	Gesetz zur Bereinigung des Umwandlungsrechts vom 28. 10. 1994 (BGBl. I, S. 3210)
UmwG	Umwandlungsgesetz i. d. F. vom 28. 10. 1994 (BGBl. I, S. 3210), ber. 1995 I 428
UmwStE	Umwandlungssteuererlass vom 25. 3. 1998
UmwStG	Umwandlungssteuergesetz 2002 i. d. F. vom 15. 10. 2002 (BGBl. I, S. 4133)
UmwVO	Umwandlungsverordnung
unstr.	unstreitig
UrhG	Gesetz über Urheberrecht und verwandte Schutzrechte (Urheberrechtsgesetz) vom 9. 9. 1965 (BGBl. I, S. 1273)
UrhRWahrnehmungsG	Urheberrechtswahrnehmungsgesetz
Urt.	Urteil
UStG	Umsatzsteuergesetz 1999 i. d. F. vom 9. 6. 1999 (BGBl. I, S. 1270)
UStR	Umsatzsteuer Rundschau (Zeitschrift)
u.U.	unter Umständen
UWG	Gesetz gegen den unlauteren Wettbewerb vom 3. 7. 2004 (BGBl. I, S. 1414)
vEK	verwendbares Eigenkapital
VereinsG	Gesetz zur Regelung des öffentlichen Vereinsrechts (Vereinsgesetz) vom 5. 8. 1964 (BGBl. I, S. 593)
VerbrKrG	Verbraucherkreditgesetz vom 17. 12. 1990 (BGBl. I, S. 2840), aufgehoben durch SchuldRModG
VerglO	Vergleichsordnung vom 26. 2. 1935 (RGBl. I, S. 321)
VerkProspG	Wertpapier-Verkaufsprospektgesetz i. d. F. vom 9. 9. 1998 (BGBl. I, S. 2701)
VermBG	Vermögensbildungsgesetz
VermVerkProspV	Verordnung über Vermögensanlagen-Verkaufsprospekte vom 16. 12. 2004 (BGBl. I, S. 3464)
VersR	Versicherungsrecht (Zeitschrift)
VersRiLi	Versicherungsbilanzrichtlinie
VersRiLiG	Gesetz zur Durchführung der Richtlinie des Rates der Europäischen Gemeinschaften über den Jahresabschluss und den konsolidierten Abschluss von Versicherungsunternehmen (Versicherungsbilanzrichtlinie-Gesetz) vom 24. 6. 1994 (BGBl. I, S. 1377)
vGA	verdeckte Gewinnausschüttung(en)
VG	Verwaltungsgericht
VGH	Verwaltungsgerichtshof
vgl.	vergleiche
VIZ	Zeitschrift für Vermögens- und Investitionsrecht
VO	Verordnung
VOB	Verdingungsordnung für Bauleistungen
VOBl.	Verordnungsblatt
Vorb(em).	Vorbemerkung
VorsRichter	Vorsitzender Richter
VorstAG	Gesetz zu Angemessenheit der Vorstandsvergütung vom 31. 7. 2009 (BGBl. I, S. 2509)
VStG	Vermögensteuergesetz
v.T.w.	von Todes wegen

Abkürzungsverzeichnis

VuR	Verbraucher und Recht (Zeitschrift)
VVaG	Versicherungsverein auf Gegenseitigkeit
vVG	verdeckte Vorteilsgewährung
VVG	Gesetz über den Versicherungsvertrag (Versicherungsvertragsgesetz) vom 30. 5. 1908 (RGBl, S. 263)
VV RVG	Vergütungsverzeichnis zum RVG
VW	Versicherungswirtschaft (Zeitschrift)
VwGO	Verwaltungsgerichtsordnung i. d. F. vom 19. 3. 1991 (BGBl. I, S. 686)
VwVfG	Verwaltungsverfahrensgesetz i. d. F. vom 23. 1. 2003 (BGBl. I, S. 102)
VwVG	Verwaltungs-Vollstreckungsgesetz 27. 4. 1953 (BGBl. I, S. 157)
VwZG	Verwaltungs-Zustellungsgesetz vom 21. 8. 2005 (BGBl. I, S. 2354)
WEG	Gesetz über das Wohnungseigentum und das Dauerwohnrecht vom 15. 3. 1951 (BGBl. I, S. 175, 209)
WG	Wechselgesetz vom 21. 6. 1933 (RGBl. I, S. 399)
wistra	Zeitschrift für Wirtschafts- und Steuerstrafrecht
WM	Wertpapiermitteilungen (Zeitschrift)
WPg	Die Wirtschaftsprüfung (Zeitschrift)
WP-Hdb	Wirtschaftsprüfer-Handbuch
WpHG	Gesetz über den Wertpapierhandel (Wertpapierhandelsgesetz) i. d. F. vom 9. 9. 1998 (BGBl. I, S. 2708)
WPO	Gesetz über eine Berufsordnung der Wirtschaftsprüfer (Wirtschaftsprüferordnung) i. d. F. vom 5. 11. 1975 (BGBl. I, S. 2803)
WpPG	Gesetz über die Erstellung, Billigung und Veröffentlichung des Prospekts, der beim öffentlichen Angebot von Wertpapieren oder bei der Zulassung von Wertpapieren zum Handel an einem organisierten Markt zu veröffentlichen ist (Wertpapierprospektgesetz) vom 22. 6. 2005 (BGBl. I, S. 1698)
WpÜG	Wertpapiererwerbs- und Übernahmegesetz vom 20. 12. 2001 (BGBl. I, S. 3822)
WRP	Wettbewerb in Recht und Praxis (Zeitschrift)
WRV	Weimarer Reichsverfassung
WuB	Entscheidungssammlung zum Wirtschafts- und Bankrecht (Loseblatt-Zeitschrift)
WuW	Wirtschaft und Wettbewerb (Zeitschrift)
WZG	Warenzeichengesetz
ZAP	Zeitschrift für die anwaltliche Praxis
z.B.	zum Beispiel
ZBB	Zeitschrift für Bankrecht und Bankwirtschaft
ZBR	Zurückbehaltungsrecht
ZEV	Zeitschrift für Erbrecht und Vermögensnachfolge
ZfA	Zeitschrift für Arbeitsrecht
ZfB	Zeitschrift für Betriebswirtschaft
Zfbf	Zeitschrift für betriebswirtschaftliche Forschung
ZfRV	Zeitschrift für Rechtsvergleichung
ZfS	Zeitschrift für Schadensrecht (Jahr, Seite)
ZfV	Zeitschrift für Versicherungswesen
ZG	Zollgesetz
ZGR	Zeitschrift für Unternehmens- und Gesellschaftsrecht
ZHR	Zeitschrift für das gesamte Handelsrecht und Wirtschaftsrecht (Band (Jahr), Seite)
ZInsO	Zeitschrift für das gesamte Insolvenzrecht
ZIP	Zeitschrift für Wirtschaftsrecht und Insolvenzpraxis
ZMR	Zeitschrift für Miet- und Raumrecht
ZPO	Zivilprozessordnung i. d. F. vom 12. 9. 1950 (BGBl. I, S. 533)
ZS	Zivilsenat
ZSteu	Zeitschrift für Steuern und Recht

Abkürzungsverzeichnis

z.T.	zum Teil
zust.	zustimmend
zutr.	zutreffend
ZVG	Gesetz über die Zwangsversteigerung und Zwangsverwaltung (Zwangsversteigerungsgesetz) vom 24. 3. 1897 (RGBl., S. 97)
ZVI	Zeitschrift für Verbraucher- und Privat-Insolvenzrecht
zzgl.	zuzüglich
ZZP	Zeitschrift für Zivilprozess
z.Zt.	zur Zeit

Literaturverzeichnis

Adler/Düring/Schmaltz	Rechnungslegung nach Internationalen Standards, Loseblattsammlung
Adler/Düring/Schmaltz	Rechnungslegung und Prüfung der Unternehmen, Online-Kommentar
Adolff	Unternehmensbewertung im Recht der börsennotierten Aktiengesellschaft, 2007
Andres/Leithaus	Kommentar zur InsO, 4. Aufl. 2018
Armbrüster/Preuss/Renner	BeurkG, 8. Aufl. 2019
Arndt/Lerch/Sandkühler	Bundesnotarordnung, 8. Aufl. 2016
Assies/Beule/Heise/Strube	Handbuch des Fachanwalts Bank- und Kapitalmarktrecht, 5. Aufl. 2019
Assmann/Schneider/Mühlbert	Wertpapierhandelsrecht, 7. Aufl. 2019
Baetgel Dörner/Kleekämper/ Wollmert/Kirsch	Rechnungslegung nach International Accounting Standards (IAS), Loseblattsammlung
Baetgel Kirsch/Thiele	Bilanzanalyse, 2. Aufl. 2004
Baetgel Kirsch/Thiele	Bilanzen, 15. Aufl. 2019
Ballreich	Fallkommentar zum Umwandlungsrecht, 6. Aufl. 2019
Bamberger/Roth	Kommentar zum Bürgerlichen Gesetzbuch, Bd. 1, 4. Aufl. 2019
Bartholomäus	Der GmbH-Gesellschafter in der Insolvenz, Band 29, 2009
Bauer	Die GmbH in der Krise, 6. Aufl. 2020
Baumann/Sikora	Hand- und Formularbuch des Vereinsrechts, 2. Aufl. 2017
Baumbach/Hopt	Handelsgesetzbuch, 39. Aufl. 2020
Baumbach/Hueck	GmbH-Gesetz, 22. Aufl. 2019
Baumbach/Lauterbach/ Hartmann/Anders/Gehle	Zivilprozessordnung, 78. Aufl. 2020
Baums	Recht der Unternehmensfinanzierung, 1. Aufl. 2017
Bechtold/Bosch	Kommentar zum GWB, 9. Aufl. 2018
BeckBil-Komm	Beck'scher Bilanzkommentar, Handelsbilanz Steuerbilanz, herausgegeben von *Grottel/Schmidt/Schubert/Störk*, 12. Aufl. 2020
Beck'sches Formularbuch Immobilienrecht	herausgegeben von *Weise/Forst*, 3. Aufl. 2018
Beck'sches Handbuch der AG	Gesellschaftsrecht, Steuerrecht, Börsengang, herausgegeben von *Drinhausen/Eckstein*, 3. Aufl. 2018
Beck'sches Handbuch der Genossenschaft	herausgegeben von *Helios/Strieder*, 2009
Beck'sches Handbuch der GmbH	Gesellschaftsrecht Steuerrecht, herausgegeben von *Prinz/Winkeljohann*, 5. Aufl. 2014
Beck'sches Handbuch der Personengesellschaften	Gesellschaftsrecht Steuerrecht, herausgegeben von *Prinz/Kahle*, 5. Aufl. 2020
Beck'sches Handbuch Unternehmenskauf im Mittelstand	Vertragsgestaltung, Steuerliche Strukturierung für Käufer und Verkäufer, herausgegeben von *Ettinger/Jaques*, 2. Aufl. 2017
Beck'sches Notarhandbuch	herausgegeben von *Heckschen/Herrler/Starke*, 7. Aufl. 2019
Beck'sches Rechtsanwalts-Handbuch	herausgegeben von *Heussen/Hamm*, 11. Aufl. 2016
Beck'sches M&A-Handbuch	Planung, Gestaltung, Sonderformen, regulatorische Rahmenbedingungen und Streitbeilegung bei Mergers & Acquisitions, herausgegeben von *Meyer-Sparenberg/Jäckle*, 2017
Beck'sche Online-Formulare	Vertragsrecht
Beisel/Klumpp	Der Unternehmenskauf, 7. Aufl. 2016
Bengell Reimann	Handbuch der Testamentsvollstreckung, 7. Aufl. 2020
Benicke	Wertpapiervermögensverwaltung, 2006

Literaturverzeichnis

Berthold	Unternehmensverträge in der Insolvenz, 2004
Beuthien	Genossenschaftsgesetz, Kommentar, 16. Aufl. 2018
Binder/Jünemann/Merz/ Sinewe	Die Europäische Aktiengesellschaft (SE), 2007
Binz/Sorg	Die GmbH und Co. KG, 12. Aufl. 2018
Birk/Desens/Tappe	Steuerrecht, 22. Aufl. 2019
Blaurock	Handbuch der Stillen Gesellschaft, 9. Aufl. 2020
Blümich	EStG, KStG, GewStG, herausgegeben von *Heuermann/Brandis*, Loseblattsammlung
Böckstiegel	Recht und Praxis der Schiedsgerichtsbarkeit der internationalen Handelskammer, 1986
Böttcher/Habighorst/Schulte	Umwandlungsrecht, 2. Aufl. 2019
Bohrer	Das Berufsrecht der Notare, 1991
Boos/Fischer/Schulte-Mattler	KWG, CRR-VO, Kommentar zu Kreditwesengesetz, VO (EU) Nr. 575/2013 (CRR) und Ausführungsvorschriften, 5. Aufl. 2016
Bork	Einführung in das Insolvenzrecht, 9. Aufl. 2019
Bork	Handbuch des Insolvenzanfechtungsrechts, 2007
Bormann/Diehn/Sommerfeldt	GNotKG, 3. Aufl. 2019
Boruttau	GrEStG, 19. Aufl. 2019
Bous	Die Konzernleitungsmacht im Insolvenzverfahren konzernverbundener Kapitalgesellschaften, 2001
Brambring	Ehevertrag und Vermögenszuordnung unter Ehegatten, 7. Aufl. 2012
Braun	Insolvenzordnung, 8. Aufl. 2020
Bumiller/Harders/Schwamb	FamFG, 12. Aufl., 2019
Bunjes	UStG, 19. Aufl. 2020
Bürgers/Fett	Die Kommanditgesellschaft auf Aktien, 2. Aufl. 2015
Bürgers/Körber	Aktiengesetz, 4. Aufl. 2017
Canaris	Handelsrecht, 24. Aufl. 2006
Dannecker/Knierim/ Hagemeier	Insolvenzstrafrecht, 3. Aufl. 2018
Demharter	GBO, 31. Aufl. 2019
Diehn	Notarkostenberechnungen, 6. Aufl. 2020
Dötsch/Patt/Pung/ Möhlenbrock	UmwStR, 7. Aufl. 2012
Dorsel	Kölner Formularbuch Erbrecht, 3. Aufl. 2020
Druckarczyk/Schüler	Unternehmensbewertung, 7. Aufl. 2016
Ebenroth/Boujong/Joost	Handelsgesetzbuch, 3. Aufl. 2014/2015
Eidenmüller	Ausländische Kapitalgesellschaften im deutschen Recht, 2. Aufl. 2013
Eilers/Rödding/Schmalenbach	Unternehmensfinanzierung, 2. Aufl. 2014
Ekkenga	Handbuch der AG-Finanzierung, 2. Aufl. 2019
El Mahi	Die Europäische Aktiengesellschaft, Societas Europaea – SE, 2004
Engl	Formularbuch Umwandlungen, 5. Aufl. 2020
Emmerich/Lange	Kartellrecht, 14. Aufl. 2018
Emmerich/Habersack	Aktien- und GmbH-Konzernrecht, 9. Aufl. 2019
Emmerich/Habersack	Konzernrecht, 11. Aufl. 2020
Ensthaler	HGB, Gemeinschaftskommentar zum Handelsgesetzbuch mit UN-Kaufrecht, 8. Aufl. 2015
Ensthaler/Füller/Schmidt	Kommentar zum GmbHG, 2. Aufl. 2009
Erfurter Kommentar zum Arbeitsrecht	Erfurter Kommentar zum Arbeitsrecht, herausgegeben von *Müller-Glöge/Preis/Schmidt*, 20. Aufl. 2020
Erman	Handkommentar zum Bürgerlichen Gesetzbuch, herausgegeben von *Westermann/Grunewald/Maier-Reimer*, 15. Aufl. 2017

Literaturverzeichnis

Feddersen/Meyer-Landrut	Partnerschaftsgesellschaftsgesetz, Kommentar und Mustervertrag, 1995
Fehrenbacher	Registerpublizität und Haftung im Zivilrecht, 2004
Weyland	BRAO, 10. Aufl. 2020
Fitting/Engels/Schmidt/ Trebinger/Linsenmaier	Betriebsverfassungsgesetz, 30. Aufl. 2020
FK-InsO	Frankfurter Kommentar zur Insolvenzordnung, herausgegeben von *Wimmer*, 8. Aufl. 2015
FK-WpÜG	Frankfurter Kommentar zum Wertpapiererwerbs- und Übernahmegesetz, herausgegeben von *Haarmann/Schüppen*, 4. Aufl. 2018
Fleischhauer/Wochner	Handelsregisterrecht, 4. Aufl. 2019
Fuhrmann/Wälzholz	Formularbuch Gesellschaftsrecht, 3. Aufl. 2018
Gabler	Wirtschaftslexikon, »Unternehmungskrise«
Ganter/Hertel/Wöstmann	Handbuch der Notarhaftung, 4. Aufl. 2018
Gebel	Betriebsvermögen und Unternehmernachfolge, 1997
Gehrlein/Born/Simon	GmbHG, 4. Aufl. 2019
Glanegger/Güroff/Selder	GewStG, 9. Aufl. 2017
Glenk	Genossenschaftsrecht, 2. Aufl. 2013
Göcke	Wechselwirkungen bei der Insolvenz von Gesellschaft, Gesellschafter und Organwalter, 2009
Goette/Habersack	MoMiG in Wissenschaft und Praxis, 2009
Göhler	Kommentar zum Gesetz über Ordnungswidrigkeiten, 17. Aufl. 2017
Groß	Kapitalmarktrecht, 7. Aufl. 2020
GroßkommAktG	Großkommentar zum Aktiengesetz, herausgegeben von *Hirte/Mülbert/Roth*, 5. Aufl. 2017 ff.
GroßkommGmbHG	GmbHG Großkommentar, herausgegeben von *Habersack/Casper/Löbbe*, 3. Aufl. 2019 ff.
GroßkommHGB	Handelsgesetzbuch. Großkommentar, herausgegeben von *Staub/Canaris/Schilling/Ulmer*, 4. Aufl. 1995–2005
Gustavus/Böhringer/Melchior	Handelsregisteranmeldungen, 10. Aufl. 2020
Habersack/Drinhausen	SE-Recht, 2. Aufl. 2016
Habersack/Henssler	Mitbestimmungsrecht, 4. Aufl. 2018
Habersack/Mülbert/Schlitt	Unternehmensfinanzierung am Kapitalmarkt, 4. Aufl. 2019
Hamann/Sigle	Vertragsbuch Gesellschaftsrecht, 2. Aufl. 2012
HambKomm	Hamburger Kommentar zum Insolvenzrecht, herausgegeben von *A. Schmidt*, 7. Aufl. 2019
Happ/Groß/Möhrle/Vetter	Aktienrecht, Band I, 5. Aufl. 2019; Band II, 5. Aufl. 2020
Happ	Die GmbH im Prozess, 1997
Happ	Konzern- und Umwandlungsrecht, 2011
Hartmann/Toussaint	Kostenrecht, 50. Aufl. 2020
Häsemeyer	Insolvenzrecht, 4. Aufl. 2007
Hauschild/Kallrath/Wachter	Notarhandbuch Gesellschafts- und Unternehmensrecht, 2. Aufl. 2017
Hauschka/Moosmayer/Lösler	Coporate Compliance, Handbuch der Haftungsvermeidung im Unternehmen, 3. Aufl. 2016
Heckschen	Das MoMiG in der notariellen Praxis, 2009
Heckschen	Private Limited Company, 2. Aufl. 2007
Heckschen	Verschmelzung von Kapitalgesellschaften, 1989
Heckschen/Heidinger	Die GmbH in der Gestaltungspraxis, 4. Aufl. 2018
Heckschen/Simon	Umwandlungsrecht, 2003
Heidel	Aktienrecht und Kapitalmarktrecht, 5. Aufl. 2019
HeidelbKommHGB	Heidelberger Kommentar zum Handelsgesetzbuch, herausgegeben von *Glanegger/Kirnberger/Kusterer*, 7. Aufl. 2007

Literaturverzeichnis

HeidelbKommGmbHG	GmbH-Recht, herausgegeben von *Bartl/Bartl/Beine/Koch/Schlarb/ Schmitt*, 8. Aufl. 2019
HeidelbKommInsO	Insolvenzordnung, herausgegeben von *Kayser/Thole*, 10. Aufl. 2019
Heinemann	FamFG für Notare, 2009
Henssler/Strohn	Gesellschaftsrecht, 4. Aufl. 2019
Henze	Aktienrecht, 5. Aufl. 2002
Herrmann/Heuer/Raupach	Kommentar zu EStG und KStG, Loseblattsammlung
Hesselmann/Tillmann/ Mueller-Thuns	Handbuch der GmbH & Co. KG, 22. Aufl. 2020
Hirte	Kapitalgesellschaftsrecht, 9. Aufl. 2021
Hirte/Bücker	Grenzüberschreitende Gesellschaften – Praxishandbuch für ausländische Kapitalgesellschaften mit Sitz im Inland, 2. Aufl. 2006
Hofmann	GrEStG, 11. Aufl. 2016
Hölters	AktG, 3. Aufl. 2017
Hölters	Handbuch Unternehmenskauf, 9. Aufl. 2019
Hommelhoff	Die Konzernleitungspflicht, 1982
Hueck	Das Recht der offenen Handelsgesellschaft, 4. Aufl. 1971
Hüffer	Aktiengesetz, 14. Aufl. 2020
Immenga/Mestmäcker	Wettbewerbsrecht, 5. Aufl. 2012 ff.
Jäckel	Die Rechtsfähigkeit der Erbengemeinschaft und ihre Beteiligungsfähigkeit an Personengesellschaften
Jäger	Aktiengesellschaft, 2004
Jannott/Frodermann	Handbuch der Europäischen Aktiengesellschaft – Societas Europaea, 2. Aufl. 2014
Jayme/Hausmann	Internationales Privat- und Verfahrensrecht, 19. Aufl. 2018
Jesch/Striegel/Boxberger	Rechtshandbuch Private Equity, 2. Aufl. 2020
Jördening	Die Partnerschaftsgesellschaft mit beschränkter Berufsausübungshaftung, 2018
KarlsruherKommOWiG	Karlsruher Kommentar zum Ordnungswidrigkeitengesetz, herausgegeben von *Mitsch*, 5. Aufl. 20148
Kallmeyer	Umwandlungsgesetz, Kommentar, Verschmelzung, Spaltung und Formenwechsel bei Handelsgesellschaften, 7. Aufl. 2020
Kegel/Schurig	Internationales Privatrecht, 9. Aufl. 2004
Keidel	FamFG, 20. Aufl. 2020
Kersten/Bühling	Formularbuch und Praxis der freiwilligen Gerichtsbarkeit, 26. Aufl. 2019
Kessler	Unternehmensfinanzierung Mittelstand, 2015
Kilper	Unternehmensabwicklung außerhalb des gesetzlichen Insolvenz- und Liquidationsverfahren in der GmbH, 2009
Kindler	Geschäftsanteilsabtretungen im Ausland, 2010
Kirchhof/Söhn/Mellinghoff	EStG, Loseblattsammlung
Klein	Handbuch Familienvermögensrecht, 2. Aufl. 2015
Knott/Mielke	Unternehmenskauf, 4. Aufl. 2011
Koch	Gesellschaftsrecht, 11. Aufl. 2019
Koch/Magnus/Winkler von Mohrenfels	IPR und Rechtsvergleichung, 4. Aufl. 2010
Köhler/Bornkamm/Feddersen	Gesetz gegen den unlauteren Wettbewerb: UWG mit PAngV, UKlaG, DL-InfoV, 38. Aufl. 2020
KK-AktG	Kölner Kommentar zum Aktiengesetz, herausgegeben von *Zöllner/ Noack*, 3. Aufl. 2004 ff.
KK-KapMuG	Kölner Kommentar zum Kapitalanleger-Musterverfahrensgesetz, herausgegeben von *Hess/Reuschle/Rimmelspacher*, 2008

Literaturverzeichnis

KK-KartR	Kölner Kommentar zum Kartellrecht, herausgegeben von *Busche/Röhling*, 2017
KK-WpÜG	Kölner Kommentar zum WpÜG, herausgegeben von *Hirte/v. Bülow*, 2003
KK-SpruchG	Kölner Kommentar zum Spruchverfahrensgesetz, herausgegeben von *Riegger/Wasmann*, 2005
KK-UmwG	Kölner Kommentar zum Umwandlungsgesetz, herausgegeben von *Dauner-Lieb/Simon*, 2009
Koller/Kindler/Roth/Morck	Handelsgesetzbuch, 8. Aufl. 2015
Korintenberg	GNotKG, 21. Aufl. 2020
Korte	Handbuch der Beurkundung von Grundstücksgeschäften, 2. Aufl. 2008
Köstler/Müller/Sick	Aufsichtsratspraxis, Handbuch für die Arbeitnehmervertreter im Aufsichtsrat, 10. Aufl. 2013
Krafka	Registerrecht, 11. Aufl. 2019
Krauß	Immobilienkaufverträge in der Praxis, 9. Aufl. 2020
Krauß	Vermögensnachfolge in der Praxis, 5. Aufl. 2018
Kremer/Bachmann/Lutter/v. Werder	Deutscher Corporate Governance Kodex, 7. Aufl. 2018
Kropholler/von Hein	Europäisches Zivilprozessrecht, 9. Aufl. 2011
Kropholler	Internationales Privatrecht, 6. Aufl. 2006
Kübler/Assmann	Gesellschaftsrecht, 6. Aufl. 2006
Kuhn	Die GmbH-Bestattung, 2011
Kühn/von Wedelstädt	Abgabenordnung und Finanzgerichtsordnung, 22. Aufl. 2018
Küting/Weber	Die Bilanzanalyse, Beurteilung von Abschlüssen nach HGB und IFRS, 11. Aufl. 2015
Lackner/Kühl	Kommentar zum StGB, 29. Aufl. 2018
Ländernotarkasse	Leipziger Kostenspiegel, 2. Aufl. 2017
Lange/Bilitewski/Götz	Personengesellschaften im Steuerrecht, 10. Aufl. 2018
Langenfeld/Milzer	Handbuch der Eheverträge und Scheidungsvereinbarungen, 8. Aufl. 2019
Lenski/Steinberg	Gewerbesteuergesetz, Kommentar, Loseblattsammlung
Lettl	Kartellrecht, 4. Aufl. 2017
Limmer	Handbuch der Unternehmensumwandlung 6. Aufl. 2019
Lippross	Umsatzsteuer, 24. Aufl. 2017
Littbarski	Einstweiliger Rechtsschutz im Gesellschaftsrecht, 1996
Littmann/Bitz/Pust	Einkommensteuerrecht, Loseblattsammlung
Looschelders	Internationales Privatrecht, 2004
Lorz/Kirchdörfer	Unternehmensnachfolge, 2. Aufl. 2011
Lüdenbach/Hoffmann	IFRS, 17. Aufl. 2019
Lutter	Der Letter of Intent, 1998
Lutter	Europäische Auslandsgesellschaften in Deutschland, 2005
Lutter	Information und Vertraulichkeit im Aufsichtsrat, 3. Aufl. 2006
Lutter/Hommelhoff	Die Europäische Gesellschaft, Prinzipien, Gestaltungsmöglichkeiten und Grundfragen aus der Praxis, 2005
Lutter/Hommelhoff	Kommentar zum GmbH-Gesetz, 20. Aufl. 2020
Lutter/Hommelhoff/Teichmann	SE-Kommentar, 2. Aufl. 2015
Lutter/Krieger/Verse	Rechte und Pflichten des Aufsichtsrats, 7. Aufl. 2020
Lutter	Umwandlungsgesetz Kommentar, herausgegeben von *Bayer/Vetter*, 6. Aufl. 2019
Manz/Mayer/Schröder	Europäische Aktiengesellschaft SE, Kommentar, 3. Aufl. 2019
Marsch-Barner/Schäfer	Handbuch börsennotierte AG, 4. Aufl. 2017

Literaturverzeichnis

Martens	Leitfaden für die Leitung der Hauptversammlung, 3. Aufl. 2003
Matschke/Brösel	Unternehmensbewertung: Funktionen – Methoden – Grundsätze, 4. Aufl. 2013
Meikel	GBO, 11. Aufl. 2015
Meilicke/Graf von Westphalen/ Hoffmann/Lenz/Wolff	Partnerschaftsgesellschaftsgesetz, 3. Aufl. 2015
Meincke/Hannes/Holtz	Erbschaftsteuerrecht, 17. Aufl. 2018
Meyer-Landrut	Formular-Kommentar GmbH-Recht, 4. Aufl. 2019
Michalski/Heidinger/Leible/J. Schmidt	Kommentar zum GmbH-Gesetz, 3. Aufl. 2017
Michalski/Römermann	Vertrag der Partnerschaftsgesellschaft, 4. Aufl. 2002
Michalski/Römermann	PartGG, Kommentar, 4. Aufl. 2013
Miras	Die neue Unternehmergesellschaft, 2. Aufl. 2011
Müller	Der Verband in der Insolvenz, 2002
Müller-Magdeburg	Rechtsschutz gegen notarielle Handeln, 2005
Münch	Ehebezogene Rechtsgeschäfte, 4. Aufl. 2015
Münch	Familienrecht in der Notar- und Gestaltungspraxis, 3. Aufl. 2020
Münchener Anwaltshandbuch Aktienrecht	herausgegeben von *Schüppen/Schaub*, 3. Aufl. 2018
Münchener Anwaltshandbuch Familienrecht	herausgegeben von *Schnitzler*, 4. Aufl. 2014
Münchener Anwaltshandbuch GmbH-Recht	herausgegeben von *Römermann*, 3. Aufl. 2014
Münchener Anwaltshandbuch Personengesellschaftsrecht	herausgegeben von *Gummert*, 2. Aufl. 2015
MünchKommAktG	Münchener Kommentar zum Aktiengesetz, herausgegeben von *Goette/Habersack*, 4. Aufl. 2014 ff., Bd. 1-3, 5. Aufl. 2019
MünchKommBGB	Münchener Kommentar zum Bürgerlichen Gesetzbuch, herausgegeben von *Säcker/Rixecker/Oetker/Limperg*, 7. Aufl. 2015 ff., 8. Aufl. 2019 f.
MünchKommGmbHG	Münchener Kommentar zum Gesetz betreffend die Gesellschaften mit beschränkter Haftung, herausgegeben von *Fleischer/Goette*, 3. Aufl. 2018
MünchKommHGB	Münchener Kommentar zum Handelsgesetzbuch, herausgegeben von *K. Schmidt/*, 3. Aufl. 2012, Bd. 1-3, 5-7, 4. Aufl. 2016 ff.
MünchKommInsO	Münchener Kommentar zur Insolvenzordnung, herausgegeben von *Stürner/Eidenmüller/Schoppmeyer*, 3. Aufl. 2013 ff., Bd. 1-3, 4. Aufl. 2019 f.
MünchKommStGB	Münchener Kommentar zum Strafgesetzbuch, herausgegeben von *Joecks/Miebach* 3. Aufl. 2017 ff.
MünchKommZPO	Münchener Kommentar zur Zivilprozessordnung, herausgegeben von *Krüger/Rauscher*, 5. Aufl. 2016 ff.
MünchHdb ArbeitsR	Münchener Handbuch zum Arbeitsrecht, herausgegeben von *Kiel/Lunk/Oetker*, 3. Aufl. 2009
MünchHdb GesR I	Münchener Handbuch des Gesellschaftsrechts Band 1: BGB-Gesellschaft, Offene Handelsgesellschaft, Partnerschaftsgesellschaft, Partenreederei, EWIV, herausgegeben von *Gummert/Weipert*, 5. Aufl. 2019
MünchHdb GesR II	Münchener Handbuch des Gesellschaftsrechts Band 2: Kommanditgesellschaft, GmbH & Co. KG, Publikums-KG, Stille Gesellschaft, herausgegeben von *Gummert/Weipert*, 5. Aufl. 2019

Literaturverzeichnis

MünchHdb GesR III	Münchener Handbuch des Gesellschaftsrechts Band 3: Gesellschaft mit beschränkter Haftung, herausgegeben von *Priester/Mayer/Wicke*, 5. Aufl. 2018
MünchHdb GesR IV	Münchener Handbuch des Gesellschaftsrechts Band 4: Aktiengesellschaft, herausgegeben von *Hoffmann-Becking*, 4. Aufl. 2015
MünchHdb GesR VIII	Münchener Handbuch des Gesellschaftsrechts, Band 8: Umwandlungsrecht; herausgegeben von *Lieder/Wilk/Ghassemi-Tabar*, 5. Aufl. 2018
Münchener Vertragshandbuch Band 1: Gesellschaftsrecht	herausgegeben von *Böhm/Burmeister*, 8. Aufl. 2018
Musielak/Voit	Kommentar zur Zivilprozessordnung, 17. Aufl. 2020
Nagel/Freis/Kleinsorge	Die Beteiligung der Arbeitnehmer in der Europäischen Gesellschaft – SE 2005
NomosKommentarBGB	herausgegeben von *Dauner-Lieb/Heidel/Ring*, 3. Aufl. 2018 ff.
Notarkasse	Streifzug durch das GNotKG, 12. Aufl. 2017
Obermüller/Werner/Winden	Die Hauptversammlung der AG, 5. Aufl. 2011
Oetker	HGB, 6. Aufl. 2019
Palandt	Kurzkommentar zum BGB, 79. Aufl. 2020
Petzel	Ansprüche der Minderheitsaktionäre bei Unternehmensverbindungen und Umwandlung, 1967
Picot	Unternehmenskauf und Restrukturierung, 4. Aufl. 2013
Piltz	Internationales Kaufrecht. Das UN-Kaufrecht (Wiener Übereinkommen von 1980) in praxisorientierter Darstellung, 1993
Pöhlmann/Fandrich/Bloehs	Genossenschaftsgesetz, Kommentar, 4. Aufl. 2012
Prütting/Wegen/Weinreich	BGB, 14. Aufl. 2019
Raiser/Veil/Jacobs	Mittbestimmungsgesetz und Drittelbeteiligungsgesetz, 6. Aufl. 2015
Raiser/Veil	Recht der Kapitalgesellschaften, 6. Aufl. 2015
Reimann/Bengel/Mayer	Testament und Erbvertrag, 7. Aufl. 2020
Reithmann/Albrecht/Basty	Handbuch der notariellen Vertragsgestaltung, 8. Aufl. 2001, mit aktuellen Ergänzungen zur 8. Aufl. 2002
Reithmann/Martiny	Internationales Vertragsrecht, 8. Aufl. 2015
Renner/Otto/Heinze	Leipziger Gerichts- & Notarkosten-Kommentar, 2. Aufl. 2016
Rettmann	Die Rechtmäßigkeitskontrolle von Verschmelzungsbeschlüssen, 1998
Reul/Heckschen/Wienberg	Insolvenzrecht in der Gestaltungspraxis, 2. Aufl. 2018
Richardi	Betriebsverfassungsgesetz, 16. Aufl. 2018
Rödder/Herlinghaus/van Lishaut	UmwStG, 3. Aufl. 2019
Röhricht/Graf von Westphalen/Haas	Handelsgesetzbuch, 5. Aufl. 2019
Rohs/Heinemann	Die Geschäftsführung der Notare, 11. Aufl. 2002
Rohs/Wedewer	GNotKG, Loseblattsammlung
Roth/Altmeppen	GmbHG, Kommentar, 9. Aufl. 2019
Rotstegge	Konzerninsolvenz, 2007
Rowedder/Schmidt-Leithoff	GmbH-Gesetz, Kommentar, 6. Aufl. 2017
Sagasser/Bula/Brünger	Umwandlungen, 5. Aufl. 2017
Salfeld	Wettbewerbsverbote im Gesellschaftsrecht, 1987
Sauter/Schweyer/Waldner	Der eingetragene Verein, 20. Aufl. 2016
Schäfer/Hamann	Kapitalmarktgesetze, Loseblattsammlung
Schippel/Bracker	Bundesnotarordnung, 9. Aufl. 2011
Schlüter/Knippenkötter	Die Haftung des Notars, 2004
Schmidt	Einkommensteuergesetz, Kommentar, 39. Aufl. 2020

Literaturverzeichnis

K. Schmidt	Gesellschaftsrecht, 4. Aufl. 2002
K. Schmidt	Handelsrecht, 6. Aufl. 2014
K. Schmidt/Lutter	Aktiengesetz, 3. Aufl. 2015
Schmitt/Hörtnagl/Stratz	Umwandlungsgesetz, Umwandlungssteuergesetz, Kommentar, 8. Aufl. 2018
Schmutz	Die »bestattete« GmbH im Insolvenzeröffnungsverfahren, 2009
Scholz	Kommentar zum GmbH-Gesetz, 12. Aufl. 2018
Scholz/Kleffmann	Praxishandbuch des Familienrecht, Loseblattsammlung
Schöner/Stöber	Grundbuchrecht, 15. Aufl. 2012
Schulze zur Wiesche	Die GmbH & Still, 7. Aufl. 2019
Schwark/Zimmer	Kapitalmarktrechts-Kommentar, 5. Aufl. 2020
Schwarz	SE-VO Kommentar, 2006
Schwedhelm	Die Unternehmensumwandlung, 9. Aufl. 2019
Schwerdtfeger	Gesellschaftsrecht, 3. Auflage 2015
Schwintowski	Bankrecht, 5. Aufl. 2018
Semler/Peltzer/Kubis	Arbeitshandbuch für Vorstandsmitglieder, 2. Aufl. 2015
Semler/Stengel	Umwandlungsgesetz, 4. Aufl. 2017
Semler/v. Schenk	Arbeitshandbuch für Aufsichtsratsmitglieder, 4. Aufl. 2013
Semler/Volhard/Reichert	Arbeitshandbuch für die Hauptversammlung, 4. Aufl. 2018
Seyfarth	Vorstandsrecht, 2016
Singhof/Seiler/Schlitt	Mittelbare Gesellschaftsbeteiligungen, Stille Gesellschaft Unterbeteiligungen Treuhand, 2004
Soergel	Bürgerliches Gesetzbuch mit Einführungsgesetz und Nebengesetzen, 13. Aufl. 2000 ff.
Söffing/Thümmel	Praxishandbuch der Unternehmensgestaltung, 2003
Spindler/Stilz	Kommentar zum Aktiengesetz, 4. Aufl. 2019
Staub	Handelsgesetzbuch Großkommentar, 5. Aufl. 2008 ff.
Staudinger	Kommentar zum BGB, 14. Aufl. 2004 ff.
Stein/Jonas	Kommentar zur Zivilprozessordnung, 23. Aufl. 2014 ff.
Steinmeyer	WpÜG, Kommentar, 4. Aufl. 2019
Stoye-Benk/Cutura	Handbuch Umwandlungsrecht, 3. Aufl. 2012
Sudhoff	GmbH & Co. KG, 7. Aufl. 2015
Süß/Wachter	Handbuch des internationalen GmbH-Rechts, 3. Aufl. 2016
Thielemann	Das Genussrecht als Mittel der Kapitalbeschaffung und Anlegerschutz, 1988
Thomas/Putzo	Zivilprozessordnung, 41. Aufl. 2020
Tipke/Kruse	Abgabenordnung, Finanzgerichtsordnung, Loseblattsammlung
Tipke/Lang	Steuerrecht, 23. Aufl. 2018
Uhlenbruck	Insolvenzordnung, 14. Aufl. 2015
Ulmer/Brandner/Hensen	AGB-Recht, Kommentar zu den §§ 305–310 BGB und zum Unterlassungsklagengesetz, 12. Aufl. 2016
van Hulle/Maul/Drinhausen	Handbuch zur Europäischen Gesellschaft, 2007
Verhoeven	Die Konzerninsolvenz, 2011
von der Heydt/von Rechenberg	Die Europäische Wirtschaftliche Interessenvereinigung, 1991
von Hoffmann/Thorn	Internationales Privatrecht, 9. Aufl. 2007
Wachter	Praxis des Handels- und Gesellschaftsrechts, 4. Aufl. 2018
Waldner	Beurkundungsrecht, 2007
Wassermeyer/Richter/Schnittker	Personengesellschaften im Internationalen Steuerrecht, 2. Aufl. 2015
Wegen/Spahlinger	Internationales Gesellschaftsrecht in der Praxis, 2005
Weingärtner	Dienstordnung für Notarinnen und Notare, 13. Aufl. 2016

Literaturverzeichnis

Weingärtner/Löffler	Vermeidbare Fehler im Notariat, 10. Aufl. 2018
Westermann/Wertenbruch	Handbuch der Personengesellschaft, Loseblattsammlung
Weitnauer	Handbuch Venture Capital, 6. Aufl. 2019
Widmann/Mayer	Umwandlungsrecht, Loseblattsammlung
Wiedemann/Frey	Gesellschaftsrecht 9. Aufl. 2016
Wilhelm	Kapitalgesellschaftsrecht, 4. Aufl. 2018
Windbichler	Gesellschaftsrecht, 24. Aufl. 2017
Winkler	Beurkundungsgesetz, 19. Aufl. 2019
Wolfsteiner	Die vollstreckbare Urkunde, 4. Aufl. 2019
WP-Handbuch	Wirtschaftsprüfer-Handbuch, herausgegeben vom Institut der Wirtschaftsprüfer, 16. Auflage 2019
Würzburger Notarhandbuch	herausgegeben von *Limmer/Hertel/Frenz/Mayer*, 5. Aufl. 2017
Zimmermann/Hottmann/ Kiebele/Schaeberle/Scheel	Die Personengesellschaft im Steuerrecht, 12. Aufl. 2017
Zöller	Zivilprozessordnung, 33. Aufl. 2020

Kapitel 1 Personengesellschaftsrecht

Übersicht

		Rdn.
A.	**Gesellschaft bürgerlichen Rechts**	1
I.	Grundlagen	1
	1. Grundlagen; Typisierung	1
	2. Erscheinungsformen der Gesellschaft bürgerlichen Rechts	8
	3. Die Gesellschaft bürgerlichen Rechts im internationalen Rechtsverkehr	9
II.	Haftungsverhältnisse in der Gesellschaft bürgerlichen Rechts	10
	1. Die Entwicklung zur so genannten Akzessorietätstheorie	10
	2. Haftung bei Gesellschafterwechsel; Konsequenzen für die Praxis	18
	a) Die Nachhaftung des ausscheidenden Gesellschafters	18
	b) Die analoge Anwendung von § 130 HGB	20
III.	Entstehung der Gesellschaft	23
	1. Entstehung durch Abschluss eines Gesellschaftsvertrages	23
	a) Keine Einpersonengesellschaft	24
	b) Gesellschafterfähigkeit	28
	c) Beteiligung Minderjähriger	32
	d) Einheitlichkeit/Unteilbarkeit der Beteiligung	39
	2. Form des Gesellschaftsvertrages	43
	3. Entstehung in sonstiger Weise	52
	a) Entstehung durch Formwechsel nach UmwG	53
	b) Entstehung aus einer anderen Personengesellschaft	57
IV.	Die Gestaltung des Gesellschaftsvertrages durch den Notar	59
	1. Aufbau eines Gesellschaftsvertrages	60
	2. Der Gesellschaftsname	62
	3. Der Sitz der Gesellschaft	74
	4. Beiträge und Einlagen	76
	a) Begriffliche Abgrenzung	76
	b) Arten von Beiträgen und Einlagen	77
	c) Sachen und Rechte als Beitrag	78
	d) Bar- oder Geldleistungen	81
	e) Dienstleistungen	82
	f) Kapitalkonto und Kapitalanteil; Beteiligung am Gesellschaftsvermögen	84
	5. Geschäftsführung und Vertretung	89
	a) Geschäftsführung	89
	b) Vertretung	96
	aa) Allgemeines	96
	bb) Umfang der Vertretungsmacht	101

		Rdn.
	cc) Anwendbarkeit des § 172 BGB bei Vorlage des Gesellschaftsvertrages?	105
	dd) Beendigung der Vertretungsmacht	107
6.	Gesellschafterbeschlüsse	108
	a) Grundlagen	108
	b) Gegenstände von Gesellschafterbeschlüssen	110
	aa) Grundlagenbeschlüsse	111
	bb) Geschäftsführungsmaßnahmen	117
	cc) Sonstige Gesellschaftsangelegenheiten	118
	c) Gesellschafterversammlungen	119
	aa) Einberufung	123
	bb) Durchführung der Gesellschafterversammlung; Stellvertretung	124
	cc) Form der Stimmabgabe	129
	dd) Vorsitz in der Gesellschafterversammlung	131
	ee) Anwendbarkeit von § 181 BGB auf Gesellschafterbeschlüsse	133
	d) Stimmrechte	135
	e) Stimmbindungsvereinbarungen	136
	aa) Vertreterklauseln	137
	bb) Stimmbindungsverträge	138
	f) Beschränkungen des Stimmrechts	139
	g) Beschlussmängelrecht der GbR	141
	aa) Ursachen der Rechtswidrigkeit eines Gesellschafterbeschlusses	141
	bb) Rechtsfolgen fehlerhafter Beschlüsse	143
7.	Wettbewerbsverbote	145
	a) Grundlagen	145
	b) Voraussetzungen der §§ 112, 113 HGB	148
	c) Wettbewerbsverbot und Kartellverbot	149
8.	Ergebnisverteilung	153
9.	Verfügungen über die Mitgliedschaft unter Lebenden	159
	a) Abspaltungsverbot	159
	b) Anteilsübertragungen	160
	c) Nießbrauchsbestellung	175
	d) Verpfändung	182
10.	Gesellschafterausschluss	187
	a) Zulässigkeit des Ausschlusses	187
	b) Abfindungsbeschränkungen	191
11.	Rechtsnachfolge von Todes wegen	198

			Rdn.			Rdn.

		a) Der gesetzliche Regelfall: Auflösung	198		sitzverwaltenden Gesellschaft bürgerlichen Rechts	281
		b) Abweichende Gestaltungen	206		a) Die Bezugnahme auf das Grundbuch und die dort eingetragenen Gesellschafter	282
		aa) Fortsetzungsklausel	206			
		bb) Nachfolgeklauseln	208			
		cc) Testamentsvollstreckung	215		b) Erklärungen über das Innenverhältnis	285
V.	Die Beendigung der Gesellschaft bürgerlichen Rechts		220		c) Aufnahme der Zustimmungserklärungen	287
	1. Auflösung und Liquidation		220		d) Sicherung der Kaufpreiszahlung; Zug um Zug	290
		a) Auflösungsgründe	221			
		aa) Kündigung durch einen Gesellschafter	222		aa) Aufschiebend bedingte Anteilsabtretung (insbesondere bei Veräußerung an Mitgesellschafter)	291
		bb) Kündigung durch einen Pfändungsgläubiger	229			
		cc) Eröffnung des Insolvenzverfahrens über das Vermögen der Gesellschaft	233		bb) Hinterlegung auf Notaranderkonto	302
					cc) Auflösend bedingte Anteilsabtretung	304
		dd) Gesellschafterinsolvenz	237		e) Grundbuchvollzug	309
		b) Rechtsfolgen der Auflösung: Überblick über das Auseinandersetzungsverfahren	239	6.	Die Grundbuchberichtigung im Todesfall	311
	2. Gesamtrechtsnachfolge		241	B.	**Partnerschaftsgesellschaft**	312
VI.	Die grundbesitzverwaltende Gesellschaft bürgerlichen Rechts		242	I.	Einleitung	312
	1. Grundlagen		242	II.	Die Partnerschaft im System des Gesellschaftsrechts	319
		a) Veräußerlichkeit von Gesellschaftsanteilen im Vergleich zur Bruchteilsgemeinschaft	246		1. Wesensmerkmale der Partnerschaft	319
					a) Rechtsnatur der Partnerschaft	320
		b) Grunderwerbsteuerfreiheit bei GbR-Anteilsübertragungen	247		b) Name der Partnerschaft	324
					c) Partnerschaftsregister	334
		c) Flexible Beteiligung der Gesellschafter am Gesellschaftsvermögen entsprechend der Finanzierungsbeiträge	248		d) Freiberufler	336
					aa) Ausgeklammerte Berufe	340
					bb) Heilberufe	345
		d) Möglichkeit der formfreien Übertragung von Gesellschaftsanteilen	250		cc) Rechts- und wirtschaftsberatende Berufe	349
					dd) Naturwissenschaftlich orientierte Berufe	350
	2. Der Erwerb von Grundbesitz durch eine Gesellschaft bürgerlichen Rechts		254		ee) Freiberuflichkeit von Ausländern	351
		a) Unterschiede zwischen § 19 GBO und § 20 GBO	255		e) Berufsausübungsgemeinschaft	354
					f) Haftungskonzept	355
		b) Die Klärung durch den Bundesgerichtshof	257		g) Berufsrechtsvorbehalt	358
					h) Innenrecht	364
	3. Die Veräußerung von Grundbesitz durch eine Gesellschaft bürgerlichen Rechts		263		2. Die steuerrechtliche Behandlung der Partnerschaft	365
		a) Die Reichweite des § 899a BGB	264		3. Vergleich der Partnerschaft mit den übrigen freiberuflichen Kooperationsformen	370
		b) Veräußerung durch Namens-GbR	275		a) Gesellschaft bürgerlichen Rechts	370
	4. Die Eintragungsfähigkeit von Belastungen und Verfügungsbeschränkungen nach dem ERVGBG		278		b) Freiberufler-GmbH	378
					c) Freiberufler GmbH & Co. KG	388
	5. Die Veräußerung von Gesellschaftsanteilen an einer grundbe-				d) Partnerschaftsgesellschaft mit beschränkter Berufshaftung und Limited Liability Partnership (LLP)	399

	Rdn.
III. Das Registerverfahren	402
1. Das Partnerschaftsregister	402
2. Die Anmeldung zum Partnerschaftsregister	409
3. Registerpublizität	413
4. Der Partnerschaftsvertrag	418
5. Umwandlungsfragen	421
IV. Die Haftungsverhältnisse in der Partnerschaft	427
1. Einleitung	427
2. Die Haftungskonzentration nach § 8 Abs. 2 PartGG	429
3. Haftung bei Ausscheiden und Eintritt von Partnern in die Partnerschaftsgesellschaft	434
4. Haftung von Scheinpartnern	436
V. Insbesondere die Partnerschaft mit beschränkter Berufsausübungshaftung	442
VI. Ausscheiden aus der Partnerschaft	448
1. Gesetzliche Ausscheidensgründe gem. § 9 Abs. 1 PartGG	448
2. Verlust der Zulassung gem. § 9 Abs. 3 PartGG	449
3. Auflösungsgründe	454
4. Die Vererblichkeit des Partnerschaftsanteils gem. § 9 Abs. 4 PartGG	456
C. Personenhandelsgesellschaften	461
I. Überblick	461
1. Kennzeichnende Merkmale der Personenhandelsgesellschaft	461
a) Prägung	461
b) Rechtsfähigkeit	464
c) Rechtsformen	466
d) Offene Handelsgesellschaft	468
e) Kommanditgesellschaft	471
f) Besteuerung	473
aa) Ertragsteuern	473
bb) Objekt- und Verkehrsteuern	476
2. Form	477
a) Gründung und Gesellschaftsvertrag	477
b) Handelsregisteranmeldung	481
c) Transparenzregister	482
II. Rechtsformübergreifende Grundfragen	486
1. Gesellschafter	487
a) Grundsatz	487
b) Gesellschaft bürgerlichen Rechts	489
c) Erbengemeinschaft	490
d) Ausländische Gesellschafter	491
2. Gesellschaftsvertrag	493
a) Entstehung der Gesellschaft	493
b) Inhalt des Gesellschaftsvertrags	495
aa) Mindestinhalt	495

	Rdn.
bb) Vertragsfreiheit	497
cc) Fakultativer Inhalt	498
c) Form	500
aa) Formfreiheit	500
bb) Formbedürftigkeit in Sonderfällen	501
cc) Gesellschaft bürgerlichen Rechts	506
dd) GmbH & Co. KG	508
ee) Heilung des Formmangels	509
d) Vertretung und Genehmigungserfordernisse	510
aa) Vollmacht	510
bb) Minderjährige	512
cc) Familiengerichtliche Genehmigung	517
dd) Ehegatten	522
ee) Kartellrechtliche Freigabe	524
ff) Anwendbarkeit des § 179a AktG auf die Personenhandelsgesellschaft?	525
3. Firma	526
a) Grundsatz	526
b) Namensfunktion	529
c) Irreführungsverbot	535
d) Rechtsformzusatz	539
e) Unterscheidungskraft	541
f) Partnerschaft	544
4. Die Mitgliedschaft in der Personenhandelsgesellschaft	545
a) Mitgliedschaftsrechte	545
b) Abspaltungsverbot	547
c) Durchbrechung des Abspaltungsverbots	549
aa) Überblick	549
bb) Stimmrechtsvollmacht	552
cc) Vertreterklauseln	556
dd) Treuhand	557
ee) Nießbrauch	561
ff) Verpfändung	574
gg) Testamentsvollstreckung	578
d) Einheitlichkeit der Beteiligung	585
aa) Grundsatz	585
bb) Durchbrechung bei Testamentsvollstreckung	587
cc) Einmann-Personengesellschaft?	589
dd) Nießbrauchsvorbehalt in der Praxis	590
e) Kernbereichslehre	592
f) Ausübung der Mitgliedschaftsrechte von minderjährigen Gesellschaftern	594
g) Weitere Aspekte zur Gestaltung von Mitgliedschaftsrechten	595

	Rdn.		Rdn.
aa) Geschäftsführung und Vertretung	595	dd) Wahlrecht der Erben nach § 139 HGB	706
bb) Stimmrecht und Beschlussfassung	602	ee) Haftung des Erben	708
cc) Gewinnverwendung und Entnahmerecht, Gesellschafterkonten	605	c) Testamentsvollstreckung	710
		9. Auflösung und Liquidation der Gesellschaft	721
dd) Informations- und Kontrollrecht	612	10. Anmeldung zur Eintragung in das Handelsregister	727
5. Haftung	615	a) Allgemeine Anforderungen	727
a) Grundsatz	615	b) Offene Handelsgesellschaft	733
b) Haftung für Altschulden und Nachhaftung	618	c) Kommanditgesellschaft	739
c) Die Haftung des Kommanditisten	621	d) GmbH & Co. KG	743
d) Abweichende Vereinbarungen	630	e) Partnerschaft	747
6. Übertragung von Gesellschaftsanteilen	631	f) Veränderungen	754
		III. GmbH & Co. KG	755
a) Durch Rechtsgeschäft unter Lebenden	631	1. Allgemeines	755
aa) Sonderrechtsnachfolge	631	a) GmbH & Co. KG als Mischform	755
bb) Kommanditbeteiligungen	636	b) Errichtung der GmbH & Co. KG	759
cc) Mängelhaftung	643	c) Form	764
dd) Haftung aufgrund Firmenfortführung	645	d) Kapitalaufbringung	767
b) Form	652	2. Besonderheiten der Gesellschaftsverträge bei der GmbH & Co. KG	769
aa) Übertragungsvertrag	652	a) GmbH-Vertrag	769
bb) Handelsregisteranmeldung	653	b) KG-Vertrag	771
cc) Formbedürftigkeit in Sonderfällen	654	aa) Firma	771
dd) GmbH & Co. KG	656	bb) Komplementärin	772
c) Zustimmungserfordernisse	658	cc) Geschäftsführung und Vertretung	773
aa) Vinkulierung kraft Gesetzes	658	dd) Wettbewerbsverbot	776
bb) Minderjährige	662	c) Verzahnung der Gesellschaftsverträge von GmbH und KG	777
cc) Ehegatten	667	3. Haftung	778
dd) Zusammenschlusskontrolle	669	a) GmbH	779
7. Ausscheiden eines Gesellschafters unter Lebenden	670	b) KG	781
a) Grundsatz der Unternehmenskontinuität	670	4. Übertragung von Beteiligungen	785
		a) Gesetzliche Vinkulierung und Beteiligungsgleichlauf	785
b) Kündigung	673	b) Form	787
c) Austrittsvereinbarung	674	5. Einheitsgesellschaft	788
d) Ausschluss eines Gesellschafters	675	a) Gründung	788
aa) Ausschließungsklage	675	b) Willensbildung	790
bb) Ausschließungsbeschluss	679	6. UG (haftungsbeschränkt) & Co. KG	794
e) Auseinandersetzung, Abfindung	682	7. Limited & Co. KG	799
8. Tod eines Gesellschafters	692	8. Publikumsgesellschaft	802
a) Gesetzliche Regelung	692	a) Überblick	802
b) Nachfolgeklauseln	695	b) Kennzeichnende Merkmale	806
aa) Eintrittsklausel	698	c) Sonderrecht der Publikums-KG	808
bb) Einfache Nachfolgeklausel	701		
cc) Qualifizierte Nachfolgeklausel	703		

A. Gesellschaft bürgerlichen Rechts

I. Grundlagen

1. Grundlagen; Typisierung

Die Gesellschaft bürgerlichen Rechts ist wohl die zahlenmäßig am häufigsten anzutreffende Gesellschaftsform in der Praxis.[1] Dies liegt weniger an einer bewussten Entscheidung zu Gunsten dieser Gesellschaftsform, sondern daran, dass die Gesellschaft bürgerlichen Rechts den **Grundtypus** der Personengesellschaft bildet. Die derzeitige rudimentäre gesetzliche Regelung in den §§ 705 bis 740 BGB, welche seit dem Inkrafttreten des BGB nahezu unverändert geblieben ist,[2] bildet die Grundlage für eine Vielzahl unterschiedlicher Erscheinungsformen.

Durch den am 20.04.2020 vom BMJV vorgelegten Entwurf für ein »Gesetz zur Modernisierung des Personengesellschaftsrechts (MoPeG)«[3] könnten sich teilweise weitreichende Änderungen für das Recht der GbR ergeben.[4] Der »Mauracher Entwurf« sieht die die umfassendste Reform des Personengesellschaftsrechts seit Verabschiedung des BGB vor.[5] Nach dem Entwurf soll im Grunde keine inhaltliche Neugestaltung des Personengesellschaftsrechts stattfinden, sondern im Kern geht es um die Anpassung des kodifizierten Rechts des BGB an das geltende Recht.[6] Dennoch ergeben sich im Einzelnen durchaus bemerkenswerte Anpassungen im BGB. Zu begrüßen ist jedoch, dass der Entwurf weitgehend Gestaltungsfreiheit bei der Abfassung des Gesellschaftsvertrags vorsieht.[7]

§ 705 Abs. 2 BGB-E stellt die eigene Rechtspersönlichkeit der GbR klar und führt damit die Änderung der Rechtsprechung durch den BGH mit seiner Entscheidung in Sachen »ARGE Weißes Ross«[8] (dazu auch Rdn. 11) fort.[9] Damit wird zugleich die Gesamthandslehre aufgegeben.[10] Der Entwurf differenziert zwischen drei verschiedenen Ausprägungen der GbR: die nicht rechtsfähige GbR, die rechtsfähige GbR ohne Eintragung im Register der GbR[11] und die eingetragene GbR. In den ersten Stellungnahmen zum Mauracher Entwurf wird die Entscheidung, auch weiterhin Gesellschaften mit eigener Rechtspersönlichkeit zuzulassen, die in keinem Register eingetragen sind, teilweise sehr kritisch betrachtet.[12] Im Verhältnis zu Dritten soll die GbR nach § 719 Abs. 1 BGB-E entstehen, sobald sie mit Zustimmung sämtlicher Gesellschafter am Rechtsverkehr teilnimmt, jedenfalls aber wenn sie in das Gesellschaftsregister eingetragen ist.

---

1 Jüngst *Heckschen*, NZG 2020, 761.
2 Zur Entwicklung ausführlich MünchKommBGB/*Schäfer*, Vor. § 705 Rn. 27 ff.
3 Abrufbar unter: https://www.bmjv.de/SharedDocs/Downloads/DE/News/PM/042020_Entwurf_Mopeg.pdf?__blob=publicationFile&v=3 (Stand: 01.10.2020).
4 Siehe hierzu *Wertenbruch*, NZG 2019, 407; *Heckschen*, NZG 2020, 761; *Bachmann*, NZG 2020, 612; *Storz*, GWR 2020, 257; *Noack*, NZG 2020, 581; *Scholz*, NZG 2020, 1044; *Heckschen/Nolting*, BB 2020, 2256; *Heinze*, DStR 2020, 2107; *Fleischer*, BB 2020, 2114; *Wilhelm*, NZG 2020, 1041; *Habersack*, ZGR 2020, 539; *Hippeli*, DZWir 2020, 286; *Wilsch*, ZfIR 2020, 521; siehe auch die Beiträge in ZGR-Sonderband Modernisierung des Personengesellschaftsrechts (im Erscheinen).
5 Siehe dazu ausführlich die Beiträge in ZGR-Sonderband Modernisierung des Personengesellschaftsrechts (im Erscheinen).
6 *Bachmann*, NZG 2020, 621; *Noack*, NZG 2020, 581.
7 Siehe auch *Heckschen*, NZG 2020, 761, 764.
8 BGH, NJW 2001, 1056.
9 *Heckschen*, NZG 2020, 761, 762; kritisch zur systematischen Stellung der geplanten Regelungen im BGB *Bachmann*, NZG 2020, 612.
10 Ausführlich hierzu *Westermann*, DZWiR 2020, 321, 324.
11 Zum geplanten Gesellschaftsregister ausführlich *Herrler*, Das neue Gesellschaftsregister, in: ZGR-Sonderband Modernisierung des Personengesellschaftsrechts (im Erscheinen).
12 Kritisch *Heckschen*, NZG 2020, 761, 762 f.; mit kritischen Überlegungen zum Steuerrecht *Heinze*, DStR 2020, 2107.

§ 706 BGB-E eröffnet der GbR die Möglichkeit, einen vom Verwaltungssitz abweichenden Vertragssitz zu wählen. Gleiches gilt über § 105 Abs. 3 HGB sodann für die oHG. Hiermit wird gesetzgebungstechnisch an die Regelungen der §§ 4a GmbHG, 5 AktG angeknüpft, die durch das MoMiG[13] eingeführt wurden. Parallel zum Recht der AG und der GmbH wird für die GbR auch keine Begrenzung auf einen Sitz innerhalb Deutschlands oder der EU vorgenommen.[14]

Die bisher schon anerkannte Möglichkeit einen GbR-Anteil zu übertragen (dazu Rdn. 160 ff.) soll nun in §§ 708, 711 BGB-E kodifiziert werden. Der Entwurf sieht vor, dass die Übertragung grundsätzlich der Zustimmung der Mitgesellschafter bedarf, was jedoch durch den Gesellschaftsvertrag modifiziert werden kann.[15]

Für Gesellschafterbeschlüsse sieht § 714 Satz 1 BGB-E vor, dass grundsätzlich die Mitwirkung aller Gesellschafter erforderlich ist (dazu Rdn. 111). Nach § 714 Satz 2 BGB-E gilt im Zweifel die einfache Mehrheit, falls der Gesellschaftsvertrag Mehrheitsbeschlüsse vorsieht. Weiterhin ungeregelt bleibt indes die Problematik der Stimmverbote (dazu Rdn. 39 ff.).[16] Der Entwurf verweist in seiner Begründung lediglich darauf, dass auf die verschiedenen gesetzlichen Stimmrechtstatbestände im Verbandsrecht zurückzugreifen sei (§ 34 BGB, § 47 Absatz 4 GmbHG, § 136 Absatz 1 AktG, § 43 Absatz 6 GenG).[17] Angesichts der Disparität der verschiedenen Regelungen und nachdem heftig umstritten ist, ob und welche Regelungen für die GbR und die Personenhandelsgesellschaften gelten,[18] erscheint der Entwurf hier nachbesserungsbedürftig. Hinsichtlich der Beschlussmängelanfechtung soll nach dem Entwurf nunmehr eine Anlehnung an das Konzept des Aktienrechts stattfinden, § 714a BGB-E. Es wird zwischen anfechtbaren und nichtigen Beschlüssen unterschieden.

Die Vertretung der GbR soll in den §§ 719 ff. BGB-E geregelt werden.[19] Grundsätzlich soll die GbR weiterhin durch sämtliche Gesellschafter vertreten werden (dazu Rdn. 96 ff.). Die Gesellschafter sollen jedoch abweichende Vertretungsmodelle gesellschaftsvertraglich regeln und auch registrieren können. Die Gesamtvertreterermächtigung soll nunmehr in § 720 Abs. 2 BGB-E geregelt werden.

Die Haftung der Gesellschafter soll sich grundsätzlich nach § 721 BGB-E richten. Die Regelung knüpft an die für die oHG in § 128 HGB geregelte Haftung an.[20] Der Entwurf ermöglicht keine allgemeine Haftungsbeschränkung für die GbR, etwa im Sinne einer GbR mbH (dazu auch Rdn. 14, 17).[21] Wollen die Gesellschafter Haftungsbeschränkungen herbeiführen, so muss dies mit dem jeweiligen Vertragspartner vereinbart werden.

§ 723 BGB-E listet eine Reihe von Gründen für das Ausscheiden eines Gesellschafters auf und gibt vor, dass die Gesellschaft dabei grundsätzlich nicht aufzulösen ist (dazu auch Rdn. 198 ff.). Das Ausscheiden führt gem. § 712 I BGB-E zur Anwachsung des Anteils.[22] § 728 BGB-E sieht eine ausdrückliche Regelung zum Abfindungsanspruch bei Ausscheiden vor. § 728b BGB-E flankiert dies mit einer Nachhaftung ausscheidender Gesellschafter von fünf Jahren.

---

13 Gesetz zur Modernisierung des GmbH-Rechts und zur Bekämpfung von Missbräuchen v. 23.10.2008, BGBl. I, S. 2026.
14 Siehe hierzu auch Limmer/*Knaier*, Handbuch der Unternehmensumwandlung, Teil 6 Rn. 46.
15 *Heckschen*, NZG 2020, 761, 764.
16 Ausführlich zum Beschlussmängelrecht nach dem Maurracher Entwurf *Drescher*, Beschlussmängelrecht, in: ZGR-Sonderband Modernisierung des Personengesellschaftsrechts (im Erscheinen).
17 BMJV, Maurracher Entwurf Begründung, S. 89.
18 Dazu *Heckschen*, GmbHR 2016, 897.
19 Ausführlich hierzu *Wertenbruch*, NZG 2019, 407; *Heckschen*, NZG 2020, 761, 764 f.
20 *Heckschen*, NZG 2020, 761, 765.
21 Kritisch zur fehlenden Möglichkeit, eine Haftungsbeschränkung herbeizuführen *Westermann*, DZWiR 2020, 321, 324; *Bachmann*, NZG 2020, 612, 616 f.
22 Ausführlich dazu *Bachmann*, NZG 2020, 612, 616.

Angesichts der derzeitigen Offenheit der gesetzlichen Regelung ist eine Systematisierung erforderlich; hierzu finden sich vielfältige Ansätze.[23] Nachfolgend sollen die für die **notarielle und anwaltliche Praxis wichtigsten Differenzierungskriterien** dargestellt werden.

Häufig wird schon einleitend danach differenziert, ob eine **Dauergesellschaft** oder eine **Gelegenheitsgesellschaft** vorliegt.[24] Nach dem gesetzlichen Regelungsmodell ist die GbR nicht auf einen langfristigen Bestand ausgerichtet,[25] woraus ihre Eignung als Gelegenheitsgesellschaft folgt. Als Beispiele für Gelegenheitsgesellschaften werden Fahr- und Spielgemeinschaften, Arbeitsgemeinschaften sowie Emissions- oder Kreditkonsortien genannt.[26] Für die notarielle Praxis kommt es auf diese Differenzierung kaum an. Meistens wird man mit Dauergesellschaften zu tun haben (Grundstücksverwaltungsgesellschaft; vermögensverwaltende Gesellschaft; Poolgesellschaft),[27] aber auch die Beurkundung des Vertrages einer Gelegenheits-GbR ist nicht ausgeschlossen. Wenn der Zusammenschluss nicht dauerhaft ist, sollte dies ausdrücklich geregelt werden (Befristung [meist wenig zweckmäßig] oder erleichterte Kündigung nach einer gewissen Zeit). Weitere Differenzierungen stellen darauf ab,

– ob eine Gesellschaft als solche am Rechtsverkehr teilnimmt (»**Außen-GbR« oder »Innen-GbR«**). Die Voraussetzungen für die Differenzierung sind umstritten. In der Kommentarliteratur wird häufig darauf abgestellt, ob die Gesellschaft die Teilnahme am Rechtsverkehr beabsichtigt.[28]
– ob es sich um eine **unternehmenstragende**[29] Gesellschaft handelt oder um eine rein **vermögensverwaltende**[30] Gesellschaft. Hier bestehen unterschiedliche Anforderungen an die Komplexität des Gesellschaftsvertrages.
– ob die Gesellschaft eine **personalistische** oder **kapitalistische** Struktur aufweist. Dies ist insbesondere für die Frage von Bedeutung, ob und in welchem Umfang das Recht der Kapitalgesellschaften zur Lückenschließung angewendet werden kann.
– ob die Gesellschaft den mit der Erreichung des Gesellschaftszwecks verbundenen Gefahren gemeinsam gegensteuert werden soll (Gefahrengemeinschaften) oder ob durch die Gesellschaft die gemeinsamen Interessen verfolgt und vertreten bzw. (besser) geschützt werden sollen.[31]

Die vorstehend angedeuteten Kategorien sowie die noch weitergehenden Klassifizierungen sind für die Anschauung hilfreich. In der Praxis ist allerdings davor zu warnen, aus der Zugehörigkeit zu der einen oder der anderen Kategorie zwingende Schlussfolgerungen abzuleiten. Die Regelungen sind natürlich in erster Linie den Regelungszielen der Beteiligten anzupassen. Zweifelsfragen sollten ohnehin möglichst ausgeräumt werden. Wird ein Regelungsprinzip aus dem Kapitalgesellschaftsrecht z.B. als wünschenswert angesehen, so sollte dessen entsprechende Anwendung ausdrücklich geregelt werden und nicht auf eine analoge Anwendung kraft Rechtsfortbildung vertraut werden.

Die wohl wichtigste Unterscheidung ist diejenige zwischen **Innengesellschaft und Außengesellschaft**.[32] Eine Innengesellschaft liegt nach dieser Begriffsbildung nur vor, wenn die Gesellschafter lediglich untereinander Rechtsverhältnisse begründen, nicht aber am Rechtsverkehr teilnehmen wollen.[33] Eine Außengesellschaft setzt hingegen voraus, dass die Gesellschafter **am Rechtsverkehr teilnehmen** und nach außen in Erscheinung treten wollen.[34] Entscheidend für die Abgrenzung sind

---

23 Ausführlich MünchKommBGB/*Schäfer,* Vor § 705 Rn. 35 – 108; Soergel/*Hadding/Kießling,* Vorbemerkungen zu § 705 Rn. 27 – 40 (Strukturtypen) und Rn. 41 – 59 (Erscheinungsformen).
24 Z.B. Soergel/*Hadding/Kießling,* Vorbemerkungen zu § 705 Rn. 27; MünchKommBGB/*Schäfer,* Vor § 705 Rn. 91 – 93; MünchHdbGesR/*Schücking,* Bd. 1, § 4 Rn. 7 ff.
25 MünchKommBGB/*Schäfer,* Vor § 705 Rn. 91.
26 MünchKommBGB/*Schäfer,* Vor § 705 Rn. 92.
27 Siehe aktuell *Heckschen,* NZG 2020, 761.
28 MünchKommBGB/*Schäfer,* Vor § 705 Rn. 96; Soergel/*Hadding/Kießling,* Vor § 705 Rn. 29.
29 Ausführlich mit zahlreichen Beispielen zu Einzelfällen MünchHdbGesR/*Schücking,* Bd. 1, § 4 Rn. 17 ff.
30 Dazu ausführlich MünchHdbGesR/*Schücking,* Bd. 1, § 4 Rn. 47 ff.
31 Zu dieser Abgrenzung MünchHdbGesR/*Schücking,* Bd. 1, § 4 Rn. 70 ff.
32 *K. Schmidt,* GesR, § 58 II 2, S. 1695 – 1696.
33 RGZ 166, 160, 163; BGHZ 12, 308, 314 = NJW 1954, 1159 = LM § 709 Nr. 1.
34 MünchKommBGB/*Schäfer,* § 705 Rn. 261.

die im Gesellschaftsvertrag enthaltenen Regelungen. Welche Indizien für die Abgrenzung tragfähig sind, ist umstritten. Diskutiert werden:
- die Existenz einer **Organisationsstruktur** für das Auftreten im Außenverhältnis;[35]
- die Existenz von **Gesellschaftsorganen**;[36]
- die Existenz von **Gesellschaftsvermögen**;[37]
- die Existenz eines **Gesellschaftsnamens**.[38]

6 Ob insoweit eines dieser Kriterien einen zwangsläufigen Vorrang hat, ist unklar. Nach einer moderneren Auffassung liegt eine Außengesellschaft stets dann vor, wenn **gesamthänderisch gebundenes Gesellschaftsvermögen** vorhanden ist.[39] Nach der herrschenden Auffassung ist allein das Auftreten nach außen maßgeblich;[40] die Existenz von Gesellschaftsvermögen allein lasse nicht den sicheren Schluss auf eine Außengesellschaft zu, weil auch die Innengesellschaft über Gesellschaftsvermögen wenigstens in Form von Sozialansprüchen verfüge.[41] Jedenfalls eine Gesellschaft bürgerlichen Rechts, welche im Grundbuch eingetragen ist, dürfte stets eine Außen-Gesellschaft sein.[42] Die in jüngerer Vergangenheit von *Steffek* vertretene Auffassung, wonach lediglich Außen-Gesellschaften gem. § 47 Abs. 2 Satz 1 GBO in das Grundbuch einzutragen seien,[43] Innengesellschaften jedoch weiterhin nach der früher verwendeten Formel »in Gesellschaft bürgerlichen Rechts«, ist unzutreffend: Auch wenn man die Begründung von Gesamthandsvermögen allein nicht für ausreichend für den Schluss auf eine Außengesellschaft hält, so ist der Erwerb und das für jedermann ersichtliche Halten des Grundbesitzes eine nach außen gerichtete Tätigkeit. Gesellschaften bürgerlichen Rechts, welche Grundbesitz oder Rechte an Grundstücken halten, sind somit **stets Außengesellschaften**.

7 Zusätzliche Schwierigkeiten bei der Rechtsanwendung im Bereich der Gesellschaft bürgerlichen Rechts entstehen dadurch, dass die §§ 705 bis 740 nicht nur bloß eine fragmentarische Regelung bereitstellen, sondern darüber hinaus weitgehend dispositiv sind.[44] Noch nicht abschließend geklärt ist, in welchem Umfang eine **entsprechende Anwendung der Vorschriften über die OHG** auf die Außen-GbR in Betracht kommt.[45] Obwohl dies der in § 105 Abs. 3 HGB angeordneten Verweisungsrichtung eigentlich widerspricht, wird man von einer entsprechenden Anwendung in Einzelfällen angesichts der im Bereich der GbR vollzogenen Rechtsfortbildung ausgehen müssen. In Betracht kommt eine Analogie hinsichtlich:
- § 110 HGB (Aufwendungsersatz);[46]
- § 111 HGB (Verzinsungspflicht);[47]
- §§ 112, 113 HGB (Wettbewerbsverbote);[48]
- § 116 HGB (Geschäftsführungsbefugnis, falls Einzelgeschäftsführung vereinbart wurde; freilich werden dann regelmäßig ergänzende abweichende Regelungen getroffen);[49]
- § 125a HGB, soweit eine Handelsregistereintragung nicht vorausgesetzt wird;[50]

---

35 MünchKommBGB/*Schäfer*, § 705 Rn. 261 ff.
36 MünchHdbGesR/*Schücking*, Bd. 1, § 3 Rn. 14 ff.; MünchKommBGB/*Schäfer*, § 705 Rn. 255 ff.
37 Ausführlich MünchKommBGB/*Schäfer*, § 705 Rn. 265 ff.
38 MünchKommBGB/*Schäfer*, § 705 Rn. 270 ff.
39 *K. Schmidt*, GesR, § 58 II 2 b, S. 1697.
40 RGZ 80, 268, 271; 92, 341, 342; OLG München NJW 1968, 1384, 1385; Soergel/*Hadding*, Vor § 705 Rn. 28; Erman/*Westermann*, Vor § 705 Rn. 28.
41 *Wiedemann*, GesR II, § 1 II 1, S. 17.
42 MünchHdb. GesR I/*Schücking*, § 3 Rn. 45.
43 *Steffek*, ZIP 2009, 1445 ff.
44 *Wiedemann*, GesR II, § 7 I 6, S. 632.
45 *Groth*, Die analoge Anwendung von OHG-Recht auf BGB-Gesellschaften, 1994, S. 65 ff.
46 *Wiedemann*, GesR II, § 7 I 6, S. 631; *K. Schmidt*, GesR, § 58 V 2, S. 1722.
47 Dagegen MünchKommHGB/*Langhein*, § 111 Rn. 4.
48 Soergel/*Hadding*, BGB, § 705 Rn. 62.
49 *Wiedemann*, GesR II, § 7 I 6, S. 631.
50 *Wiedemann*, GesR II, § 7 I 6, S. 631; dies ist jedoch weitestgehend unerörtert.

A. Gesellschaft bürgerlichen Rechts

– §§ 128, 129 HGB: Unbeschränkte Außenhaftung der Gesellschafter für Gesellschaftsverbindlichkeiten;[51]
– § 130 HGB: Haftung des eintretenden Gesellschafters für Altverbindlichkeiten;[52]
– § 132 HGB soll § 723 Abs. 1 Satz 1 BGB bei Erwerbsgesellschaften modifizieren.[53] Auch dies dürfte praktisch selten zum Tragen kommen, da das Recht zur jederzeitigen ordentlichen Kündigung regelmäßig modifiziert wird.

Die Regelungen betreffend das Außenverhältnis unterliegen nicht der Disposition der Beteiligten, insbesondere nicht die §§ 128 bis 130 HGB.[54] Hinsichtlich der im Innenverhältnis geltenden Regelungen besteht dagegen in weitem Umfang Gestaltungsfreiheit. Soweit der eine oder andere Aspekt von großer Bedeutung ist, empfiehlt sich auch in diesem Zusammenhang eine ausdrückliche Regelung.

2. Erscheinungsformen der Gesellschaft bürgerlichen Rechts

Der Charakter der Gesellschaft bürgerlichen Rechts als **Grundtypus** aller Personengesellschaften und ihre Flexibilität sind wohl die Hauptgründe für die Vielfalt der Erscheinungsformen. Eine ausführliche Übersicht kann und soll an dieser Stelle nicht geboten werden.[55] In der notariellen und anwaltlichen Praxis von hervorgehobener Bedeutung sind neben den **Grundbesitzgesellschaften** auch **Stimmbindungsgemeinschaften** bzw. **Gesellschaftervereinbarungen**.[56] Wegen ihrer großen Flexibilität kann die GbR auch in untypischen Zusammenhängen gut eingesetzt werden, z.B. bei der Regelung der Rückgewähransprüche im Zusammenhang mit einem Überlassungsvertrag[57] oder mitunter bei Dienstbarkeiten und Nießbrauchrechten (vgl. § 1059a BGB).

3. Die Gesellschaft bürgerlichen Rechts im internationalen Rechtsverkehr

In der Praxis ergeben sich zahlreiche Fälle, in denen es zu Konstellationen von GBG-Gesellschaften mit Auslandsberührungen kommt. Exemplarisch seien nur die nachfolgenden Einzelfälle aus Literatur und Rechtsprechung genannt:
– zwei in nichtehelicher Lebensgemeinschaft zusammenlebende Ausländer bilden in Deutschland gemeinschaftliches Vermögen;[58]
– zwei Deutsche schließen einen Vertrag zur Entwicklung, Parzellierung und Bebauung eines Grundstücks in Spanien;[59]
– eine New Yorker Anwaltssozietät tritt vor einem deutschen Gericht als Kläger auf;[60]
– der grenzüberschreitende Zusammenschluss mehrerer Unternehmen zu gesellschaftsrechtlichen Interessengemeinschaften (Pools);[61]
– der grenzüberschreitende Zusammenschluss mehrerer Unternehmen zu Gemeinschaftsunternehmen (Joint Ventures).[62]

---

51 BGHZ 146, 341, 358 = NJW 2001, 1056 = RNotZ 2001, 224.
52 BGHZ 154, 370 = RNotZ 2003, 324.
53 *Wiedemann*, GesR II, § 7 I 6, S. 631.
54 Dazu *Eckart/Fest*, WM 2007, 196; *Häublein*, EWiR 2007, 105
55 S. nur *K. Schmidt*, GesR, § 58 III, S. 1701 – 1712; MünchKommBGB/*Schäfer*, Vor § 705 Rn. 35 – 89; Soergel/*Hadding*, Vor § 705 Rn. 41 – 59; MünchHdb. GesR I/*Weipert*, §§ 24 bis 35.
56 Zu letzteren MünchHdb. GesR I/*Weipert*, § 34; BeckOK-GmbHG, Stand 15.01.2010, »Gesellschaftervereinbarungen«.
57 *Krauß*, Vermögensnachfolge in der Praxis, Rn. 1178.
58 MünchHdbGesR/*Schücking*, Bd. 1, § 1 Rn. 26.
59 BGH, Urt. v. 16.02.1967 – II ZR 171/65, DB 1967, 766 = BWNotZ 1967, 312.
60 OLG Zweibrücken, Urt. v. 13.10.1986 – 4 U 98/85, NJW 1987, 2168.
61 Dazu MünchKommBGB/*Kindler*, IntGesR Rn. 297.
62 *Ebenroth*, JZ 1987, 265.

Die sich hierbei ergebenden kollisionsrechtlichen Fragen sind stets im Einzelfall und im Hinblick auf die sich konkret stellenden Rechtsfragen zu beurteilen.[63] Dennoch ergeben sich einige grundlegende Differenzierungen für die GbR, die als Anhaltspunkte herangezogen werden können. Außengesellschaften, die mindestens über eine für Dritte erkennbare eigene Organisationsstruktur verfügen und damit nach außen auftreten, werden zwingend dem Recht als Gesellschaftsstatut unterworfen, das am Ort des Sitzes ihrer tatsächlichen Verwaltung gilt.[64] Ebenso wie in der gefestigten Rechtsprechung zur oHG[65] gilt daher für ausländische als Außengesellschaften zu qualifizierende GbR grundsätzlich die Sitztheorie.[66]

Für Innengesellschaften gelten dagegen die Art. 3 ff. Rom I-VO.[67] Hierbei handelt es sich aus Sicht des Kollisionsrechts lediglich um schuldvertragliche Beziehungen, die nicht dem Gesellschaftsstatut, sondern dem Schuldvertragsstatut unterworfen werden. Sie werden daher, soweit das auf den Vertrag anzuwendende Recht nicht nach Art. 3 Rom I-VO vereinbart worden ist, nach Art. 4 Rom -VO angeknüpft. Danach unterliegt der Vertrag dem Recht des Staates, mit dem er die engsten Verbindungen aufweist.[68]

II. Haftungsverhältnisse in der Gesellschaft bürgerlichen Rechts

1. Die Entwicklung zur so genannten Akzessorietätstheorie

10 Bis ins Jahr 1999 ging die überwiegende Auffassung von der Geltung der so genannten **Doppelverpflichtungstheorie** aus.[69] Hiernach begründeten die geschäftsführenden Gesellschafter beim Abschluss eines Rechtsgeschäfts zum einen **eine Verpflichtung hinsichtlich des Gesellschaftsvermögens**; darüber hinaus handelten sie aber auch im eigenen Namen sowie im Namen der übrigen Gesellschafter. Obwohl § 8 Abs. 2 PartGG teilweise als Bestätigung der Doppelverpflichtungstheorie gedeutet wurde,[70] litt sie an der Schwäche, dass sie auf einer **Vielzahl fiktiver Willenserklärungen** fußte, obwohl die Beteiligten letztlich nur einen Vertrag schließen wollten.[71] Insbesondere der Umstand, dass § 128 HGB unmittelbar gelten würde, sobald die Schwelle des § 1 Abs. 2 HGB überschritten wird, führte zu der Erkenntnis, dass zwischen der OHG und der Außen-GbR im **Wesentlichen Strukturgleichheit** besteht.[72] Auch bei der Außen-GbR müsse das Fehlen eines Mindestkapitals und eines Kapitalerhaltungsrechts durch die unbeschränkte Gesellschafterhaftung ausgeglichen werden. Hierfür spricht auch die Möglichkeit, eine Kapitalgesellschaft in eine GbR unter ähnlichen Voraussetzungen umzuwandeln wie in eine OHG.[73]

11 Seit den Grundsatzentscheidungen des BGH v. 27.09.1999[74] und v. 29.01.2001[75] kann von der Geltung der Akzessorietätstheorie ausgegangen werden.[76] Hierdurch ist insbesondere klargestellt,

---

63 MünchHdb GesR Bd. 1/*Schücking*, § 1 Rn. 26.
64 *Ebenroth*, JZ 1987, 265, 266; MünchHdb GesR Bd. 1/*Schücking*, § 1 Rn. 28.
65 RGZ 23, 31, 33; RGZ 36, 172, 177; RGZ 124, 146, 149; BGH, DB 1954, 231.
66 Ausführlich mit eingehender Differenzierung MünchKommBGB Bd. 12/*Kindler*, IntGesR Rn. 282; MünchHdb GesR Bd. 1/*Schücking*, § 1 Rn. 28 ff.
67 Dazu MünchKommBGB Bd. 12/*Kindler*, IntGesR Rn. 287
68 BGH NZG 2015, 1073: akzessorische Anknüpfung einer Ehegatteninnengesellschaft an das Ehegüterstatut; BGH, NJW 2009, 1482; BGH, NJW 2004, 3706, 3708; OLG Hamburg, NJW-RR 2001, 1012, 1013 f.; OLG Frankfurt a.M., RIW 1998, 807, 808; vgl. auch *Ebenroth*, JZ 1987, 265, 266; *Jülicher*, ZEV 2001, 469, 473 f.; *Pfeiffer*, IPRax 2003, 233, 235.
69 BGHZ 74, 240 = NJW 1979, 1821 = DNotZ 1979, 537; BGHZ 79, 374 = NJW 1981, 1213 = DNotZ 1981, 485; BGHZ 117, 168 = DNotZ 1992, 729; BGH NJW 1987, 3124.
70 Vgl. *Kindl*, NZG 1999, 517, 518.
71 *Ulmer*, ZIP 1999, 554.
72 Zu den Unterschieden zwischen GbR und OHG im Überblick *Schäfer*, GesR, § 20.
73 Hierzu auch Limmer/*Limmer*, Hdb. Unternehmensumwandlung, Teil 4 Rn. 13.
74 BGHZ 142, 315 = DNotZ 2000, 135 = MittRhNotK 1999, 353.
75 BGHZ 146, 341 = NJW 2001, 1056.
76 Ausführlich hierzu MünchHdbGesR/*Gummert*, Bd. 1, § 18 Rn. 9 ff.

dass die §§ 128, 129 HGB auch auf die Gesellschaft bürgerlichen Rechts anwendbar sind. Die Haftung eines Gesellschafters für Gesellschaftsschulden analog § 128 HGB setzt zunächst eine **wirksame Gesellschaftsschuld** voraus. Die Gesellschafter haften nicht nur für rechtsgeschäftliche Verbindlichkeiten der Gesellschaft, sondern auch für **Ansprüche aus unerlaubter Handlung**.[77] Das Verhalten der Organe wird der GbR dabei analog § 31 BGB zugerechnet.[78] Zu beachten ist jedoch, dass die Gesellschafter nur untereinander gesamtschuldnerisch haften; im Verhältnis zur Gesellschaft ist ihre Haftung nachrangig und eher mit derjenigen **eines Bürgen** zu vergleichen.[79] Eine Haftungsbeschränkung ist auch dann nicht möglich, wenn die Vertretungsmacht des Geschäftsführers entsprechend beschränkt ist; erforderlich ist eine individualvertragliche Vereinbarung mit dem jeweiligen Gläubiger.[80]

Umstritten ist, ob die Gesellschafterhaftung inhaltlich auf **Erfüllung** oder lediglich auf eine **Haftung in Geld** gerichtet ist. Nach wohl überwiegender Auffassung schulden die Gesellschafter ebenfalls die Erfüllung der von der Gesellschaft geschuldeten Leistung.[81] Der BGH neigt wohl grds. zur Erfüllungstheorie; wenn dem Gesellschafter jedoch die Erfüllung persönlich nicht zugemutet werden kann, besteht nur eine auf Geld gerichtete Haftung.[82] 12

Der Gesellschafter kann der Inanspruchnahme aus der Gesellschafterhaftung neben den ihm persönlich zustehenden Einreden analog § 129 Abs. 1 HGB auch die der Gesellschaft zustehenden Einreden erheben.[83] Dabei ist zu beachten, dass **verjährungsunterbrechende Maßnahmen** gegen einen Gesellschafter nicht erforderlich sind:[84] Ist die Forderung gegenüber der Gesellschaft unverjährt, so kann der Gesellschafter nicht die Einrede der Verjährung erheben.[85] 13

Aus der Ablehnung der Doppelverpflichtungstheorie folgt schließlich, dass die **Bezeichnung »GbR mbH«** oder ähnliche Zusätze, die auf eine beschränkte Gesellschafterhaftung hindeuten, unzulässig sind.[86] Werden derartige Zusätze weiterhin verwendet, so kann darin eine **irreführende geschäftliche Handlung** gem. § 5 Abs. 1 Satz 2 Nr. 3 UWG liegen.[87] Obwohl die einschlägigen Entscheidungen des Bundesgerichtshofes schon einige Zeit zurückliegen, zeigt sich in der Praxis, dass nach wie vor die Vorstellung verbreitet ist, eine »GbR mbH« gründen zu können.[88] 14

Der Grundsatz, wonach auf alle Außengesellschaften bürgerlichen Rechts die OHG-Haftungsregeln im Außenverhältnis anzuwenden sind, wird aus **Vertrauensschutzgesichtspunkten** vereinzelt durchbrochen: Der BGH hat anerkannt, dass die Gesellschafter von **Publikumsgesellschaften** weiterhin nur anteilig für die Gesellschaftsschulden haften, wenn die Haftungsbeschränkung für den Vertragspartner wenigstens **erkennbar** war.[89] Ganz ausgeschlossen soll die Haftung analog § 128 HGB in den Fällen sein, in denen ein Kreditinstitut auf Grund eines (wegen eines Verstoßes gegen das 15

---

77 *K. Schmidt*, GesR § 60 III 4c), S. 1804 f.; *ders.*, NJW 2001, 993, 1003; für differenzierte Anwendung des akzessorischen Haftungsmodells *Klerx*, NJW 2004, 1907.
78 BGHZ 154, 88 = NJW 2003, 1445, 1446 = DStR 2003, 747.
79 *Habersack*, AcP 198 (1998), 152, 159.
80 BGH, MittBayNot 2008, 67.
81 RGZ 49, 340, 343; RGZ 139, 252, 254; GroßkommHGB/*Habersack*, § 128 Rn. 38; ausführlich MünchKommHGB/*K. Schmidt*, § 128 Rn. 24.
82 BGH, NJW 1987, 2369.
83 BGH, NJW 2001, 1056.
84 MünchKommHGB/*K. Schmidt*, § 129 Rn. 8; anders Staub/*Habersack*, HGB, § 129 Rn. 7.
85 *Wertenbruch*, NJW 2002, 324, 325.
86 BGH, DNotZ 2000, 135; s. zur Entwicklung MünchHdbGesR/*Gummert*, Bd. 1, § 18 Rn. 96 ff.
87 OLG Jena, ZIP 1998, 1797, 1798; OLG München, GRUR 1999, 429; Fezer/Büscher/Obergfell/*Peifer/Obergfell*, UWG, § 5 Rn. 372 f.; MünchKommHGB/*Heidinger*, § 18 Rn. 188.
88 S.a. jüngst den Vorschlag von *Jacobsen*, DStR 2020, 1259 den »Mauracher Entwurf« (Rdn. 2) um eine KGmbH als Personengesellschaftsform mit genereller Haftungsbeschränkung zu erweitern.
89 BGHZ 150, 1 = NJW 2002, 1642 = DNotZ 2002, 805.

RBerG⁹⁰ a.F.) nichtigen Darlehensvertrages die Fondsbeteiligung eines Kapitalanlegers finanziert und unmittelbar an den Fonds ausgezahlt hat: Hier kann das Kreditinstitut den Gesellschafter nicht, auch nicht anteilig, analog § 128 HGB auf Rückzahlung in Anspruch nehmen.[91] Auf welche weiteren Einzelfälle die BGH-Rechtsprechung zur Ausnahme von der gesamtschuldnerischen Haftung auszudehnen ist, ist unklar: **Außerhalb der vom BGH anerkannten Fallgruppen** kommt dies dann in Betracht, wenn im Einzelfall »dem Interesse des auf die Fortgeltung der Rechtslage vertrauenden Gesellschafters gegenüber der materiellen Gerechtigkeit der Vorrang einzuräumen ist«.[92] Hierfür sollen allerdings unbillige Härten erforderlich sein. Der BGH geht jedoch offenbar davon aus, dass die vorstehend zitierte Ausnahme nur für typisierte Immobilienfonds-GbR gelten soll.[93] Hieran hält, soweit ersichtlich, auch die instanzgerichtliche Rechtsprechung fest.[94]

16 Der BGH neigt dazu, Abweichungen und Ausnahmen vom Grundsatz der unbeschränkten und gesamtschuldnerischen Gesellschafterhaftung restriktiv zu handhaben. Dies zeigt sich z.B. in einer Entscheidung aus der jüngeren Vergangenheit zur quotalen Gesellschafterhaftung:[95] Die GbR schloss einen Darlehensvertrag ab. In diesem Vertrag wurde vereinbart, dass die Haftung der Gesellschafter (abweichend von § 128 Satz 1 HGB) auf den der Beteiligungsquote entsprechenden Anteil der Gesellschaftsschuld beschränkt blieb. Die Gesellschaft tilgte das Darlehen nur teilweise. Fraglich war, ob die Gläubigerin die Gesellschafter der GbR bis zur Höhe der auf die ursprünglichen Darlehensforderung bezogenen Quote in Anspruch nehmen konnte oder ob die anteilige Tilgung der Darlehensschuld (hier: durch Versteigerung) auch zur Reduktion der quotalen Gesellschafterhaftung führte. Der BGH bejahte einen Fortbestand der ursprünglichen Haftungsquote, da die Tilgung nicht auf die quotale Gesellschafterhaftung erfolgt sei. Dies kann man auch im Sinne einer Tendenz zu restriktiven Interpretation von Haftungsbeschränkungen interpretieren.[96]

17 In der Praxis können im Einzelfall Belehrungen empfehlenswert sein.[97] Dies gilt z.B. dann, wenn mit der Wahl der Gesellschaftsform ersichtlich Fehlvorstellungen über die Haftung verbunden sind (z.B. bei der Wahl eines ohnehin unzulässigen Gesellschaftsnamens »GbR mbH«) oder wenn erhebliche Haftungsrisiken nach der Natur der Tätigkeit bestehen oder wenn ein Gesellschafter von sich glaubt, er sei nur »kapitalmäßig« beteiligt. Für solche Fälle ist die GbR wohl nicht mehr die richtige Rechtsform; auszuweichen ist dann ggf. auf Kommanditgesellschaften.

2. Haftung bei Gesellschafterwechsel; Konsequenzen für die Praxis

a) Die Nachhaftung des ausscheidenden Gesellschafters

18 Gem. § 736 Abs. 2 BGB gelten die für die Personenhandelsgesellschaften einschlägigen Regelungen über die Begrenzung der Nachhaftung sinngemäß.[98] Nach § 160 Abs. 1 Satz 1 HGB haftet ein Gesellschafter für Altverbindlichkeiten, wenn sie **vor Ablauf von 5 Jahren nach dem Ausscheiden fällig** geworden sind und entweder eine Vollstreckungshandlung vorgenommen worden ist oder ein Vollstreckungstitel hierüber errichtet worden ist (§ 197 Abs. 1 Nr. 3 – 5 BGB). Für den Fristbeginn kann § 160 Abs. 1 Satz 2 HGB nicht herangezogen werden, da die Gesellschaft bürgerlichen Rechts

---

90 Rechtsberatungsgesetz v. 13.12.1935, RGBl. I S. 1478, Außerkrafttreten am 01.07.2008, BGBl. I S. 2840, 2860; nun Rechtsdienstleistungsgesetz v. 12.07.2007, BGBl. I 2007, S. 2840.
91 BGHZ 177, 108 = ZIP 2008, 1317.
92 OLG Karlsruhe, NZG 2009, 503.
93 Vgl. die Aussage des damaligen Vorsitzenden des II. Zivilsenats *Goette,* DStR 2002, 818, 819.
94 LG Berlin, NZG 2010, 268 m. Anm. *Lode.*
95 BGH, NZG 2011, 583.
96 Vgl. *K. Schmidt,* NJW 2011, 2001.
97 S. zu Aspekten der Rechtsformwahl in der Beratungspraxis in diesem Zusammenhang auch Herrler/ Herrler, Gesellschaftsrecht in der Notar- und Gestaltungspraxis, § 1.
98 Prütting/Wegen/Weinreich/*von Ditfurth*, BGB, § 736 Rn. 7 ff.

nicht im Handelsregister geführt wird. An die Stelle des dort genannten Zeitpunktes tritt daher das Ende des Tages, an dem der Gläubiger von dem Ausscheiden des Gesellschafters Kenntnis erlangt.[99]

Wird ein ausscheidender Gesellschafter danach in Anspruch genommen, so kann der ausscheidende Gesellschafter von der Gesellschaft Freistellung beanspruchen (§§ 105 Abs. 3, 738 Abs. 1 Satz 2 HGB).[100] Schuldnerin des Freistellungsanspruchs ist die Gesellschaft.

b) Die analoge Anwendung von § 130 HGB

Mit Urteil v. 07.04.2003[101] hat der Bundesgerichtshof entschieden, dass neu eintretende Gesellschafter **grundsätzlich auch für Altverbindlichkeiten haften**. Insbesondere diese Entscheidung hat die Gestaltungspraxis dazu bewogen, von der Gesellschaft bürgerlichen Rechts als Rechtsform abzuraten.[102] Von besonderer Bedeutung für die Gestaltungspraxis ist der Umstand, dass dem in § 130 HGB geregelten Eintritt eines Gesellschafters auch die (dem Gesetz unbekannte) **Übertragung im Wege der Sonderrechtsnachfolge gleichgestellt ist.**[103]

Die Haftung erstreckt sich grundsätzlich auf **alle Altverbindlichkeiten.** Der neue Gesellschafter kann sich nicht darauf berufen, dass er im Zeitpunkt der Entstehung der Verbindlichkeit noch nicht Gesellschafter gewesen sei. In Ermangelung einer besonderen Vereinbarung kann der in Anspruch genommene Gesellschafter von der Gesellschaft **Freistellung** bzw. Regress gem. § 110 HGB verlangen.[104] Ferner kann der Gesellschafter auch die übrigen Gesellschafter auf Regress in Anspruch nehmen. § 707 BGB steht dem nicht entgegen, da die Ausgleichsverpflichtung der Gesellschafter **lediglich die Folgen der Außenhaftung verteilt,** jedoch keine Nachschusspflicht begründet.[105] Im Zweifel kann der eintretende Gesellschafter die übrigen Gesellschafter nur **anteilig** in Anspruch nehmen.[106] Ob möglicherweise in den Fällen der analogen Anwendung des § 130 HGB der eintretende Gesellschafter einen Anspruch gegen die Altgesellschafter aus dem Gesichtspunkt der Veranlassung haben könnte, mit der Folge einer vollständigen Freistellung, ist noch nicht erörtert worden, muss allerdings als ungewiss gelten.

▶ Praxistipp:

Bei der Abtretung eines GmbH-Geschäftsanteils wird häufig darauf hingewiesen, dass der Erwerber gem. § 16 Abs. 2 GmbHG hafte;[107] der Veräußerer äußert sich zum Fehlen rückständiger Leistungen. Entsprechende Garantien könnten hier in Betracht kommen. Wird die Übertragung eines GbR-Anteils beurkundet, so kann auch hier im Einzelfall eine Erörterung und Belehrung zweckmäßig sein.

III. Entstehung der Gesellschaft

1. Entstehung durch Abschluss eines Gesellschaftsvertrages

Die Gesellschaft bürgerlichen Rechts entsteht in den meisten Fällen durch Abschluss eines **Gesellschaftsvertrages**, der die Anforderungen des § 705 BGB erfüllen muss. Mindestens zwei Gesell-

---

99 BGHZ 117, 168 = DNotZ 1992, 729.
100 GroßkommHGB/*Habersack*, § 160 Rn. 37.
101 BGHZ 154, 370 = BGH NJW 2003, 1803 = DNotZ 2003, 764.
102 *Wälzholz*, NotBZ 2003, 249, 253.
103 GroßkommHGB/*Habersack*, § 130 Rn. 9 m.w.N.
104 BGHZ 37, 299 = NJW 1962, 1863; BGHZ 39, 319 = NJW 1963, 1873; NJW 1984, 2290; ZIP 2002, 394, 395 = DStR 2002, 319.
105 BGH, NJW 1962, 1863; BGH, DStR 2002, 319; a.A. noch RGZ 80, 268, 272; RGZ 31, 139, 141.
106 GroßkommHGB/*Habersack*, § 128 Rn. 148 m.w.N.
107 Siehe etwa den Hinweis bei Hoffmann-Becking/Gebele/*Wentrup*, Beck'sches Formularbuch Bürgerliches, Handels- und Wirtschaftsrecht, IX 18. Rn. 3.

schafter müssen sich darüber einigen, die Erreichung eines gemeinsamen Zweckes zu fördern, was insbesondere durch Leistung der vereinbarten Beiträge geschieht.[108]

a) Keine Einpersonengesellschaft

24 Nach nahezu allgemeiner Auffassung setzen Gründung und Fortbestand der Gesellschaft bürgerlichen Rechts das Vorhandensein mindestens zweier Gesellschafter voraus.[109] Der **Vertragscharakter** wird bei der Personengesellschaft als strukturprägend angesehen,[110] sodass die bei den Kapitalgesellschaften vorgesehenen Möglichkeiten der Ein-Mann-Gründung nicht auf die Gesellschaft bürgerlichen Rechts übertragbar seien; die Gesamthandsstruktur stehe nicht zur Disposition der Gesellschafter.[111] Freilich dürfte diese Begründung überwiegend auf historischen Gegebenheiten und nicht auf zwingenden Sachzusammenhängen beruhen.[112] Für praktische Zwecke ist hiervon aber angesichts der ständigen Rechtsprechung auszugehen.

25 Sehr eng verwandt mit der Frage nach der Einpersonengesellschaft ist die Frage nach der »Mehrfachbeteiligung« eines Gesellschafters an der Personengesellschaft. Diese Frage stellt sich freilich mehr bei Kommanditgesellschaften mit je nach Gesellschafterstellung verschiedenen Haftungsverhältnissen. Auch hier geht man im Regelfall davon aus, dass ein Gesellschafter an einer Personengesellschaft nur einen einzigen Anteil halten kann (Grundsatz der **Einheitlichkeit der Beteiligung**; vgl. Rdn. 39). Das Argument hierfür klingt simpel, wirkt aber angesichts der sehr großzügigen Rechtsfortbildung erstaunlich formalistisch: Der Zusammenschluss beruhe auf einem Vertragsschluss, sodass man auch nur einmal Vertragspartner sein könne.[113]

26 Ausnahmen vom Mehrpersonenerfordernis (und damit konsequenterweise auch von der Einheitlichkeit der Beteiligung) werden jedoch in **besonderen Situationen** auch von der herrschenden Meinung anerkannt.[114] Die genauen Konturen dieser Ausnahme sind noch nicht geklärt. Viele Fallgruppen sind in der Literatur umstritten.[115] In den wenigen einschlägigen Entscheidungen der Rechtsprechung ist es jedoch anerkannt, dass im Ausnahmefall eine »unterschiedliche Zuordnung« geboten sein kann.[116] Dies wird bejaht
– wenn über einen Anteil die **Testamentsvollstreckung**[117] oder die **Nachlassverwaltung**[118] angeordnet ist
– wenn eine offene Treuhand besteht, also der Gesellschafter den Anteil zugleich als Treuhänder für einen oder mehrere Treugeber hält;[119]
– wenn der verbliebene Gesellschafter in die Gesellschafterstellung des anderen als dessen **Vorerbe** eintritt.[120]

27 Das OLG Düsseldorf hat das Erlöschen der Gesellschaft trotz Belastung eines Geschäftsanteils mit einem Nießbrauch bejaht;[121] die überwiegende Literatur sowie das LG Hamburg sehen jedoch in der Existenz eines Nießbrauchs eine hinreichende Rechtfertigung für den Fortbestand der Gesellschaft.[122]

---

108 Ausführlich MünchHdbGesR/*Möhrle*, Bd. 1, § 5 Rn. 1 ff.
109 MünchKommBGB/*Schäfer*, § 705 Rn. 60.
110 Siehe etwa *K. Schmidt*, GesR § 59 I 2; *Grunewald*, GesR § 1 I Rn. 2.
111 MünchKommBGB/*Schäfer*, § 705 Rn. 60.
112 *Wiedemann*, GesR II, § 5, S. 388.
113 Vgl. ausführlich MünchKommBGB/*Schäfer*, § 705 Rn. 187 ff.
114 Vgl. KG, DNotZ 2007, 954.
115 Vgl. MünchKommBGB/*Schäfer*, § 705 Rn. 188.
116 OLG Schleswig, DNotZ 2006, 374, 375.
117 BGH, NJW 1996, 1284 = MittRhNotK 1996, 169.
118 OLG Hamm, ZEV 1999, 234, 236.
119 Vgl. MünchKommBGB/*Schäfer*, § 705 Rn. 93.
120 BGH, DNotZ 1987, 116.
121 OLG Düsseldorf, DNotZ 1999, 440.
122 LG Hamburg, NZG 2005, 926; *Esch*, BB 1993, 666; *Lüdtke*, NJW 1994, 5, 8; MünchKommBGB/*Schäfer*, § 705 Rn. 188 m.w.N. in Fn. 543.

A. Gesellschaft bürgerlichen Rechts

In der Literatur wird ferner die Möglichkeit einer Sonderzuordnung bejaht, wenn eine offene Treuhand besteht, also der Gesellschafter einen Anteil zugleich als Treuhänder für einen oder mehrere andere Gesellschafter hält.[123] Ob das zutrifft, erscheint ungewiss: Die Testamentsvollstreckung bzw. Nachlassverwaltung führen zu einer echten dinglichen Sonderzuordnung des Vermögens. Insoweit waren Ausnahmen vom Grundsatz der Einheitlichkeit der Beteiligung schon seit langem anerkannt.[124]

b) Gesellschafterfähigkeit

Gesellschafter einer GbR kann sein, wer rechtsfähig ist. Bei natürlichen Personen bestehen **keinerlei Schranken**.[125] Gesellschafterfähig sind ferner die juristischen Personen des Privatrechts und des öffentlichen Rechts, Personenhandelsgesellschaften[126] sowie andere Gesellschaften bürgerlichen Rechts.[127] Auch dem nichtrechtsfähigen Verein wird die Fähigkeit zugesprochen, Gesellschafter zu sein.[128] Eine Bruchteilsgemeinschaft sowie eine Gütergemeinschaft können mangels Rechtsträgerschaft hingegen nicht Gesellschafter bürgerlichen Rechts sein.[129] Nach einhelliger Auffassung ist auch die **Erbengemeinschaft nicht fähig**, Gesellschafterin einer werbenden Gesellschaft bürgerlichen Rechts zu sein. Begründet wird dies üblicherweise mit dem Argument, dass die auf Auflösung zielende Struktur der Erbengemeinschaft mit der Struktur einer Personengesellschaft unvereinbar sei.[130]

28

Ein Personengesellschaftsanteil kann nach wohl allgemeiner Auffassung nicht mehreren Personen in Bruchteilsgemeinschaft zustehen.[131] Zwar ist die Mitgliedschaft selbst inzwischen Verfügungen zugänglich; jedoch soll das mit der Mitgliedschaft verbundene »Rechtsverhältnis« nicht gegenüber einer nur in Bruchteilsgemeinschaft zusammengeschlossenen Personenmehrheit bestehen.

29

Die Erbengemeinschaft wird in ständiger Rechtsprechung ebenfalls nicht für fähig gehalten, Mitglied einer werbenden GbR zu sein.[132] Es ist nicht ersichtlich, dass sich abweichende Auffassungen[133] in der Praxis durchsetzen werden, zumal der BGH auch nach Anerkennung der GbR-Rechtsfähigkeit an seiner Rechtsprechung festgehalten hat.[134] Eine Ausnahme besteht allerdings, wenn ein Gesellschafter verstirbt, von mehreren Erben in Erbengemeinschaft beerbt wird und keine von § 727 BGB abweichende Bestimmung im Gesellschaftsvertrag getroffen ist. Dann ist die Erbengemeinschaft »Mitglied« der Liquidationsgesellschaft. Der »Versuch«, auf diese Weise einer Erbengemeinschaft doch zur Mitgliedschaft zu verhelfen (etwa durch absichtliches Unterlassen einer Nachfolgeklausel und Fassung eines Fortsetzungsbeschlusses), dürfte jedoch scheitern: Mit Wirksamkeit des Fortsetzungsbeschlusses werden die Erben **persönlich und individuell Mitglieder der Gesellschaft**.[135]

30

---

123 *K. Schmidt*, GesR, § 45 I 2 b bb, S. 1313.
124 Vgl. Düringer/Hachenburg/*Geiler*, HGB, 3. Aufl. 1932, Bd. II/1, Anm. 218: »Es besteht eine Gesellschaft, bei der beide Gesellschafter dieselbe Person sind.«.
125 S. zu Sonderkonstellationen mit Minderjährigen, beschränkt Geschäftsfähigen und Geschäftsunfähigen BeckOGK/*Geibel*, § 705 Rn. 27 f. (dazu auch Rdn. 32 ff.).
126 Hierzu nur MünchKommBGB/*Schäfer*, § 705 Rn. 78.
127 BGH, NJW 1998, 376.
128 Soergel/*Hadding*, § 705 Rn. 25.
129 MünchKommBGB/*Schäfer*, § 705 Rn. 83 f.
130 MünchKommBGB/*Schäfer*, § 705 Rn. 82; BGH, NJW 1957, 180; BGH, NJW 1977, 1339; BGH, DNotZ 1984, 35.
131 MünchKommBGB/*Schäfer*, § 705 Rn. 84.
132 MünchKommBGB/*Schäfer*, § 705 Rn. 82; BGH, NJW 1957, 180; BGH, NJW 1977, 1339; BGH, DNotZ 1984, 35.
133 Pointiert z.B. *Jäckel*, Die Rechtsfähigkeit der Erbengemeinschaft und ihre Beteiligungsfähigkeit an Personengesellschaften, 2007, S. 190.
134 BGH, MittBayNot 2003, 228.
135 MünchKommBGB/*Schäfer*, § 727 Rn. 33.

> **Praxistipp:**
>
> Im Grundbuchverfahren kann diese Differenzierung bedeutsam werden.[136] Ergibt sich aus dem Gesellschaftsvertrag das Fehlen einer Nachfolgeklausel, so treten an die Stelle des gem. § 47 Abs. 2 Satz 1 GBO eingetragenen und verstorbenen Gesellschafters dessen Erben in Erbengemeinschaft. Die Eintragung der Erbengemeinschaft erfolgt bezogen auf diesen Gesellschaftsanteils ebenfalls mit einem § 47 Abs. 1 GBO entsprechenden Vermerk.

31 Jedenfalls im Anwendungsbereich der Art. **49, 54 AEUV** darf Gesellschaften, die in einem anderen Mitgliedstaat gegründet worden sind, die Rechts- und Parteifähigkeit in einem anderen Mitgliedstaat nicht versagt werden.[137] Die Rechtsfähigkeit solcher Gesellschaften besteht in dem Umfang, den ihr das Gründungsstatut zubilligt. Hieraus folgt, dass solche ausländische Gesellschaften nicht Gesellschafter einer GbR sein können, deren Beteiligungsfähigkeit nach dem maßgeblichen Gründungsstatut eingeschränkt ist.[138] Außerhalb der Art. 49, 54 AEUV hält der BGH weiterhin an der Sitztheorie fest, sofern keine vorrangigen völkerrechtlichen Verträge, wie z.B. mit den USA, bestehen.[139] Allerdings werden ausländische Kapitalgesellschaften mit Verwaltungssitz in Deutschland als rechtsfähige Personengesellschaften behandelt.[140]

c) Beteiligung Minderjähriger

32 Für die Beteiligung Minderjähriger an Gesellschaften bürgerlichen Rechts gelten ähnliche Grundsätze wie bei der OHG.[141] Da regelmäßig die Eltern als gesetzliche Vertreter Mitglieder derselben Gesellschaft sind, können sie den Minderjährigen beim Abschluss des Gesellschaftsvertrages sowie bei späteren Änderungen nicht vertreten (§§ 1629 Abs. 2 Satz 1, 1795 Abs. 2, 181 BGB). Es muss daher ein Pfleger bestellt werden (§ 1909 Abs. 1 BGB).[142] Bei Maßnahmen der Geschäftsführung und bei sonstigen (laufenden) Gesellschaftsangelegenheiten ist der gesetzliche Vertreter dagegen nicht gem. § 181 BGB daran gehindert, sowohl im eigenen Namen als auch als Vertreter des Minderjährigen mitzuwirken.[143] Da § 181 BGB wohl bei sämtlichen Grundlagengeschäften einschlägig ist und andererseits die Abgrenzung zwischen Grundlagengeschäften und laufenden Gesellschaftsangelegenheiten nicht immer leicht fällt, empfiehlt sich die vorsorgliche Bestellung eines Ergänzungspflegers.[144] Weiterhin nicht völlig geklärt ist die Frage, ob der Abschluss eines GbR-Gesellschaftsvertrages unter dem Gesichtspunkt des § 1822 Nr. 3 BGB der familiengerichtlichen Genehmigung bedarf.[145] Dies hängt weitgehend davon ab, wie der Begriff des Erwerbsgeschäfts ausgelegt wird.[146] Es empfiehlt sich, vorsorglich von einer Genehmigungsbedürftigkeit auszugehen[147] und vorsorglich jede Stimmabgabe sowohl von den Eltern/gesetzlichen Vertretern als auch dem Ergänzungspfleger vornehmen zu lassen. Da ein Ergänzungspfleger ebenfalls den Beschränkungen

---

136 Ausführlich hierzu *Weber*, ZEV 2015, 200.
137 EuGH, Urt. v. 05.11.2002, Rs. C-208/00 (»Überseering«), Slg. I 2002, 9919.
138 MünchHdb. GesR I/*Möhrle*, § 5 Rn. 26 ff.
139 Siehe hierzu BGH, NJW 2009, 289 (»Trabrennbahn«); siehe etwa zum Verhältnis zu den USA den Freundschafts-, Handels- und Schifffahrtsvertrag zwischen der Bundesrepublik Deutschland und den Vereinigten Staaten von Amerika v. 29.10.1954, BGBl. 1956 II, S. 487; ausführlich zur Problematik *Kaulen*, Die Anerkennung von Gesellschaften unter Artikel XXV Abs. 5 S. 2 des deutsch-US-amerikanischen Freundschafts-, Handels- und Schifffahrtsvertrags von 1954, 2008.
140 Ausführlich *Bartels*, ZHR 2012, 412; aktuell zur Behandlung englischer Kapitalgesellschaften mit Verwaltungssitz in Deutschland nach dem Brexit *Teichmann/Knaier*, EuZW-Sonderausgabe 1/2020 2020, 14.
141 Hierzu ausführlich MünchKommBGB/*Schäfer*, § 705 Rn. 69 ff.; *Wertenbruch*, FamRZ 2003, 1714; siehe auch *Kölmel*, RNotZ 2010, 1.
142 BGHZ 38, 26, 31 = NJW 1962, 2344.
143 BGH, NJW 1976, 49.
144 *Ivo*, ZNotP 2007, 210, 211.
145 Ausführlich *Rust*, DStR 2005, 1942, 1943; *Ivo*, ZNotP 2007, 208, 210, je m.w.N.
146 S. hierzu MünchKommBGB/*Kroll-Ludwigs*, § 1822 Rn. 11 ff.
147 *Rust*, DStR 2005, 1942, 1943.

A. Gesellschaft bürgerlichen Rechts

des § 181 BGB unterliegt (§§ 1909 Abs. 1, 1915 Abs. 1 Satz 1, 1795 Abs. 2 BGB), insbesondere auch dem **Verbot der Mehrfachvertretung**, ist für jeden Minderjährigen ein eigener Ergänzungspfleger zu bestellen.[148]

Die Frage nach der gerichtlichen Genehmigungsbedürftigkeit hat in der jüngsten Zeit Schwierigkeiten verursacht. Dies hängt zum einen mit der GbR-Rechtsfähigkeit zusammen; bedeutsam ist aber auch der Umstand, dass die BGH-Rechtsprechung zur Genehmigungsbedürftigkeit von Personengesellschaftsverträgen noch zu einer Zeit erging, in der **vermögensverwaltende Personenhandelsgesellschaften** undenkbar waren.[149] Der BGH hat die Ansicht vertreten, dass der geschäftsführende Gesellschafter einer Personengesellschaft nicht deshalb der gerichtlichen Genehmigung bedarf, weil ein Minderjähriger Gesellschafter ist.[150] In diesen Entscheidungen klang folgendes Gesamtkonzept an: Bei der Aufnahme eines Minderjährigen in die Gesellschaft oder bei dessen Gründungsbeteiligung ist zwingend § 1822 Nr. 3 BGB verwirklicht; diese Genehmigung erstreckt sich auch auf die Risiken, die mit späteren Änderungen verbunden sind.[151] Diese Prämisse ist aber schon bei vermögensverwaltenden Personenhandelsgesellschaften und erst recht bei GbR zweifelhaft, da das Tatbestandsmerkmal »**Erwerbsgeschäft**« nicht notwendigerweise verwirklicht ist. Nach üblicher Definition ist ein Erwerbsgeschäft gem. § 1822 Nr. 3 BGB jede berufsmäßig ausgeübte, auf selbständigen Erwerb gerichtete Tätigkeit mit Gewinnerzielungsabsicht.[152] Ein Erwerbsgeschäft stand nach Auffassung des RG im Gegensatz zu gemeinnützigen oder ideellen Zwecken.[153] Andererseits sei ein Erwerbsgeschäft auch nicht notwendig gleichzusetzen mit einem Handelsgewerbe oder überhaupt einem Gewerbe gemäß GewO.[154] Man mag ausführen, dass **bei reiner Vermögensverwaltung** ein Erwerbsgeschäft zu verneinen sei. Jedoch hat die Rechtsprechung ein Erwerbsgeschäft bejaht, wenn »eine Gesellschaft bürgerlichen Rechts auf lange Dauer hin errichtet wird, um **gewerblich nutzbare Immobilien von erheblichem Wert** zu verwalten, zu vermieten und zu verwerten«.[155] Die Nutzungsmöglichkeit der Immobilien führt allerdings in anderen Zusammenhängen (z.B. bei der steuerlichen Abgrenzung zwischen privater Vermietung und Verpachtung und gewerblichen Einkünften) auch nicht dazu, dass die Rechtsnatur der Vermietung einen abweichenden Charakter erhält.[156] Sofern man dem entgegnen wolle, es komme ja nicht auf die steuerliche Abgrenzung an, ist darauf hinzuweisen, dass das Fehlen jeglicher Orientierungsgewissheit der Rechtssicherheit abträglich ist. In einfach gelagerten Fällen privater Vermögensverwaltung (Verwaltung des eigenen Hausgrundstücks; Verwaltung eines im Krieg zerstörten Grundstücks) wurde das Tatbestandsmerkmal »Erwerbsgeschäft« dagegen verneint.[157]

▶ Praxistipp:

Die Merkmale »lange Dauer«, »gewerbliche Nutzbarkeit« und »erheblicher Wert« sind nicht eindeutig zu erfassen. Ist nur das private Eigenheim betroffen, wird man wohl ein »Erwerbsgeschäft« verneinen können. Bei einem nicht ganz geringfügigen Umfang der Vermögensverwaltung sollte man aber ansonsten vorsorglich das Merkmal eines Erwerbsgeschäfts bejahen.

---

148 Vgl. Palandt/*Götz*, § 1795 Rn. 14.
149 BGH, NJW 1955, 1067 mit dem rigorosen Leitsatz, dass der Abschluss eines KG-Vertrages unter Beteiligung eines Minderjährigen stets der vormundschaftsgerichtlichen (heute: familiengerichtlichen) Genehmigung bedürfe. Der Begriff des Erwerbsgeschäfts wurde nicht thematisiert, da gem. §§ 161 Abs. 2, 105 Abs. 1 HGB a.F. eine Personenhandelsgesellschaft zwingend ein Handelsgewerbe betrieb.
150 BGH, NJW 1971, 375, 376.
151 Ausführlich BGH, NJW 1962, 2344.
152 RGZ 133, 7, 11; KG, NJW 1976, 1946; LG Aachen, MittRhNotK 1995, 183 – 186.
153 RGZ 133, 7, 11.
154 KG, NJW 1976, 1946, 1947.
155 BayObLG, DNotZ 1995, 941 (GbR, gegründet auf 20 Jahre); BayObLG DNotZ 1998, 495, 496 (erheblicher Wert); OLG Zweibrücken, NJW-RR 1999, 1174, 1175 (lange Dauer, erheblicher Wert).
156 Vgl. hierzu Blümich/*Bode*, EStG, 152. EL Mai 2020, § 15 EStG Rn. 112 ff. m.w.N. (Abgrenzung richtet sich danach, ob besondere Umstände vorliegen, insb. der Vermieter zusätzliche Verpflichtungen zur Nutzungsüberlassung übernimmt).
157 LG Münster, FamRZ 1997, 842; OLG Hamburg, FamRZ 1958, 333, 334.

34 Eine weitere Unklarheit besteht bei der rechtsfähigen GbR, wenn ein Minderjähriger an ihr beteiligt ist und die Veräußerung eines der GbR gehörenden Grundstücks beabsichtigt ist.[158] Während der BGH für Personenhandelsgesellschaften vertreten hat, dass die Mitgliedschaft eines Minderjährigen in einer Personenhandelsgesellschaft die Vertretungsmacht des organschaftlichen Vertreters nicht einschränke,[159] wird in der jüngeren Rechtsprechung zur GbR die Schlussfolgerung gezogen, dass die Rechtsfähigkeit der Gesellschaft eine Genehmigungsbedürftigkeit gem. § 1821 Abs. 1 Nr. 1 oder Nr. 4 BGB nicht ausschließe, wenn ein Grundstück zum Gesellschaftsvermögen gehöre.[160] Das OLG Nürnberg schließt sich dabei der BGH-Rechtsprechung grundsätzlich an und betont, eine einmalige Genehmigung bei der Gründung gem. § 1822 Nr. 3 BGB führe dazu, dass spätere Grundstücksveräußerungen »mitgenehmigt« seien. Unterliege aber die **Gesellschaftsgründung keiner Genehmigung**, so sei eine spätere Grundstücksveräußerung **jedenfalls dann genehmigungspflichtig**, wenn die Veräußerung von Grundstücken aus dem **Gesellschaftszweck nicht ersichtlich** sei. Das überzeugt nicht: Die Beschränkungen der §§ 1821, 1822 BGB sind tatbestandlich auszulegen und nicht beliebigen Wertungen zugänglich. Nimmt man die Rechtsfähigkeit der GbR ernst, so ist der Geltungsgrund der Genehmigungsfreiheit nicht in der ursprünglichen Kontrolle gem. § 1822 Nr. 3 BGB zu sehen, sondern darin, dass es sich bei den Grundstücken der GbR nicht um Grundstücke des Minderjährigen gem. § 1821 Abs. 1 Nr. 1 BGB handelt. Nach der Entscheidung des OLG Nürnberg ist auch nicht ersichtlich, warum nicht auch juristische Personen bei der Veräußerung von Grundstücken ggf. der Genehmigung bedürfen, wenn Minderjährige zu den Gesellschaftern bzw. Mitgliedern der juristischen Person gehören – es sei denn, man argumentiert, die »Teilrechtsfähigkeit« der GbR bleibe eben hinter derjenigen der juristischen Personen zurück. Das letztere Argumentationsmuster öffnet allerdings den Weg zur Beliebigkeit. Wenn man die Gesellschaftsgrundstücke noch »wertungsmäßig« als Grundstücke des Minderjährigen betrachtet, müsste man auch davon ausgehen, dass der Geschäftsführer der Gesellschaft nicht diese, sondern auch den Minderjährigen vertritt, was die Anwendbarkeit des § 1795 BGB auf den Plan rufen würde. Unklar ist auch, ob § 1821 Abs. 1 Nr. 1 BGB eingreifen soll, wenn die »Minderjährigen-GbR« ein Grundstück nicht direkt in ihrem Gesellschaftsvermögen hält, sondern nur mittelbar über eine weitere GbR.

35 Zusätzliche Probleme können auftreten, wenn vor der Grundstücksveräußerung ggf. ein Gesellschafterbeschluss erforderlich ist. Der BGH hat die **entsprechende Anwendbarkeit des § 179a AktG im Personengesellschaftsrecht** bejaht.[161] Nach § 179a Abs. 1 Satz 1 AktG bedarf bei einer Aktiengesellschaft ein Vertrag, durch den sich die Aktiengesellschaft zur Veräußerung des gesamten Gesellschaftsvermögens verpflichtet (ohne dass die Übertragung unter die Vorschriften des Umwandlungsgesetzes fällt), der **Zustimmung der Hauptversammlung,** und zwar auch dann, wenn damit keine Änderung des Unternehmensgegenstandes verbunden ist. Die Analogiebildung ist heftig kritisiert worden,[162] und zwar wohl mit gutem Grund: § 179a AktG ist ein Restbestand des traditionell im Aktienrecht geregelten, nunmehr aber im UmwG konsolidierten **Umwandlungsrechts** (§ 303 HGB 1897; § 361 AktG 1965; § 255 AktG 1937). Bereits unter Geltung des alten Rechts wurde die Möglichkeit einer Analogie diskutiert, aber wohl überwiegend abgelehnt.[163] Neuerdings wird auch die fehlende Vereinbarkeit mit Art. 9 der Richtlinie über bestimmte Aspekte des Gesellschaftsrechts[164] (zuvor wortgleich Art. 10 der Publizitätsrichtlinie RL 2009/101/EG, ehemals Art. 9 68/151/EWG)

---

158 S. hierzu auch MünchKommBGB/*Kroll-Ludwigs*, § 1821 Rn. 11.
159 BGH, NJW 1971, 375, 376.
160 OLG Nürnberg, 04.10.2012 15 W 1623/12, juris; OLG Koblenz, NJW 2003, 1401.
161 BGH, DStR 1995, 404; vgl. insb. die Anm. des damaligen Mitglieds des Senates *Goette*: »allgemein für das Gesellschaftsrecht geltender Gedanke«.
162 *Grunewald*, JZ 1995, 577; *Kirsch*, EWiR 1995, 483; *Hadding*, in: FS Lutter, 2000, 851 ff.; *Bredthauer*, NZG 2008, 816; *Spranger*, ZfIR 2011, 234, 238.
163 RGRK-HGB/*Weipert*, 2. Aufl. 1950, § 126 Anm. 3: »Für die Personengesellschaften des Handelsrechts gilt hier keine dem § 255 AktG [1937] entsprechende Bestimmung...«; vgl. auch Geßler/Eckardt/Hefermehl/Kropff/*Kropff*, AktG, 4. Aufl. 1992, § 361 Rn. 11: keine entsprechende Anwendung auf GmbH.
164 RL (EU) 2017/1132 v. 14.07.2017, Abl. L 169/46 v. 30.06.2017.

als Argument ins Feld geführt,[165] was aber mangels Anwendbarkeit dieser Richtlinie auf GbR jedenfalls in diesem Bereich kein Analogiehindernis ist. Einstweilen muss man die BGH-Rechtsprechung als maßgeblich zu Grunde legen[166] Hiernach erfasst § 179a AktG nicht bloß solche Verpflichtungsgeschäfte, durch die das Gesellschaftsvermögen in »Bausch und Bogen« veräußert wird; anwendbar ist diese Norm auch dann, wenn nur einzelne, verhältnismäßig unbedeutende Vermögenswerte zurückbleiben.[167] Dies führt zu Abgrenzungsschwierigkeiten. In der Kommentarliteratur wird vertreten, es müsse darauf abgestellt werden, ob die Gesellschaft mit dem zurückbehaltenen Vermögen weiterhin in der Lage sei, ihren Unternehmensgegenstand selbst zu verfolgen.[168] Es handelt sich dabei überwiegend um diejenigen Kriterien, die der BGH in seiner berühmten »Holzmüller-Entscheidung« zum Aktienrecht herangezogen hat.[169] Soweit man quantitative Kriterien ergänzend bemüht, wird vertreten, dass die Abgrenzungsformeln zu § 1365 BGB nicht herangezogen werden könnten, sondern man größere Prozentsätze (ca. 95 %) zu fordern habe.

Lassen sich die Voraussetzungen des § 179a AktG analog nicht ausschließen, so ist ein Gesellschafterbeschluss (analog zum Hauptversammlungsbeschluss erforderlich). Hierbei dürfte man nicht einfach die in § 179 AktG festgelegte 3/4-Mehrheit für zulässig halten; vielmehr dürfte es auf die gesellschaftsvertraglichen Mehrheitserfordernisse ankommen. Nach der Wertung des § 179a AktG handelt es sich bei den hierbei erfassten Geschäften um Grundlagengeschäfte, sodass der im Personengesellschaftsrecht geltende Bestimmtheitsgrundsatz zu beachten ist und insbesondere eine einfache Mehrheitsklausel nicht genügen dürfte. Ferner dürfte ein solcher Beschluss für die Frage nach der Anwendbarkeit des § 181 BGB (bei Beteiligung Minderjähriger) ebenfalls als Grundlagengeschäft einzustufen sein, sodass ein Ergänzungspfleger für jeden Minderjährigen erforderlich ist.

36

Solange der BGH die Anwendbarkeit des § 179a AktG im Personengesellschaftsrecht nicht einschränkt, lässt sich nicht ausschließen, dass auch bei einer Einfamilienhaus-GbR diese Norm anwendbar ist – mit der Folge, dass die Minderjährigen bei dem erforderlichen Gesellschafterbeschluss durch einen Ergänzungspfleger vertreten werden müssen. Kombiniert man dies mit der von der Rechtsprechung außerdem bejahten Anwendbarkeit des § 1821 Abs. 1 Nr. 1 BGB, so kann die Einbeziehung Minderjähriger einen erheblichen Aufwand verursachen: Ist die Mitwirkung des Minderjährigen erforderlich (etwa, weil eine Mehrheitsklausel im Gesellschaftsvertrag wegen des Bestimmtheitsgrundsatzes nicht genügt), so bedarf es für diese Stimmabgabe der Mitwirkung eines Ergänzungspflegers; ferner bedarf dann auch noch die Grundstücksveräußerung der familiengerichtlichen Genehmigung (§ 1821 Abs. 1 Nr. 1 BGB), wenn man dieser Rechtsprechung folgt.

37

Bemerkenswert ist jedoch, dass der BGH[170] jüngst für die GmbH entschieden hat, dass § 179a AktG auf die GmbH nicht entsprechend anwendbar ist. Im Hinblick auf diese Entscheidung lehnt *Patrick Meier*[171] die analoge Anwendung des § 179a AktG auf Personengesellschaften nun mit ausführlicher Begründung ab. Zwar sei § 179a AktG als Ausnahmevorschrift nicht grundsätzlich einer analogen Anwendung verschlossen, allerdings mangele es bereits an einer planwidrigen Regelungslücke, da die Regelung des § 179a AktG bereits seit über 100 Jahren im AktG enthalten sei, ohne dass dies zur Aufnahme einer vergleichbaren Regelung in das HGB (oder GmbHG) geführt habe. Zudem fehle es jedenfalls an einer vergleichbaren Interessenlage, da bei juristischen Personen das Prinzip der Fremdorganschaft gelte, während bei Personengesellschaften dem Prinzip der Selbstorganschaft

---

165 *Bredthauer*, NZG 2008, 816, 817.
166 So auch die neuere Lit., vgl. *Leitzen*, NZG 2012, 491; *Hüren*, RNotZ 2014, 77; s.a. OLG Düsseldorf, Beschl. v. 26.11.2015, I-10 W 120/15: Frage nach der Anwendbarkeit des § 179a AktG auf Kommanditgesellschaften nicht geklärt, daher Beurkundung keine unrichtige Sachbehandlung gem. § 21 GNotKG.
167 MünchKommAktG/*Stein*, § 179a Rn. 17, der auf den Formulierungsunterschied zu § 174 Abs. 1 UmwG (»Vermögen als Ganzes«) hinweist.
168 MünchKommAktG/*Stein*, § 179a Rn. 19 m.w.N.
169 BGH, NJW 1982, 1703.
170 BGH, Beschl. v. 08.01.2019 – II ZR 364/18, NZG 2019, 505; siehe hierzu auch *Heinze*, NJW 2019, 1995.
171 DNotZ 2020, 246.

zu folgen sei, womit praktisch auszuschließen sei, dass die Entscheidung über die Verpflichtung zur Übertragung des gesamten Gesellschaftsvermögens ohne die Beteiligung mindestens eines Gesellschafters getroffen werde.

▶ **Praxistipp:**

Dieser Rechtsunsicherheit kann man gestalterisch wohl nur dadurch begegnen, dass man dem Bestimmtheitsgrundsatz Rechnung trägt. Wenn man die Anwendbarkeit des § 179a AktG analog für möglich hält, kann man dem möglicherweise dadurch Rechnung tragen, dass sich die Mehrheitsklausel ausdrücklich hierauf bezieht.

38 ▶ **Formulierungsbeispiel: Mehrheitsklausel bei Beschlüssen analog § 179a AktG**

Einer Mehrheit von [...] bedarf es auch dann, wenn ein Gesellschafterbeschluss durch eine mögliche analoge Anwendung von § 179a AktG erforderlich werden sollte, etwa dadurch, dass sich die Gesellschaft verpflichtet, das Hausgrundstück [...] zu veräußern, welches gegenwärtig das maßgebliche Gesellschaftsvermögen ausmacht.

d) Einheitlichkeit/Unteilbarkeit der Beteiligung

39 Eng verwandt mit dem Dogma von der unzulässigen Einpersonengesellschaft ist der **Grundsatz der Einheitlichkeit (Unteilbarkeit) der Mitgliedschaft**.[172] Dieser Grundsatz besagt, dass die Mitgliedschaft weder mehreren Gesellschaftern zu Bruchteilen zustehen noch ein Gesellschafter mehrere Mitgliedschaften halten kann.[173] Zur Rechtfertigung des Einheitlichkeitsgrundsatzes wird üblicherweise argumentiert, dass ein Mitglied Vertragspartner des Gesellschaftsvertrages sei und an diesem notwendig nur einmal beteiligt sein könne.[174] Eine generelle Abkehr von diesem Grundsatz ist bislang nicht ersichtlich.[175] Ebenso wie in den Fällen der Einpersonengesellschaft sind aber auch hier Ausnahmen denkbar.

40 Der Grundsatz der Einheitlichkeit/Unteilbarkeit der Mitgliedschaft hat zunächst folgende Konsequenzen: Erwirbt ein Gesellschafter einen weiteren Anteil hinzu, so vereinigen sich beide Anteile zu einem vergrößerten Anteil; ein Komplementär, der einen Kommanditanteil hinzuerwirbt, bleibt weiterhin Komplementär.[176] Ein Treuhänder hält stets nur einen Gesellschaftsanteil, mag er diesen im Innenverhältnis auch zu Gunsten mehrerer Personen halten.

41 Ausnahmen von dem Einheitlichkeitsgrundsatz sind in den Fällen anerkannt, in denen auch Ausnahmen von einer Einpersonengesellschaft anerkannt sind. Eindeutige Fälle dürften vorliegen, wenn nur ein Gesellschaftsanteil einem **Sondervermögen zugeordnet ist** (Nachlassverwaltung; Testamentsvollstreckung). Im Übrigen lässt sich auf die vorstehenden Ausführungen verweisen.

42 ▶ **Praxistipp:**

Die Einheitlichkeit der Beteiligung dürfte aber abweichenden schuldrechtlichen Vereinbarungen nicht entgegenstehen. Insbesondere dürften Vereinbarungen im Innenverhältnis möglich sein, wonach sich Beteiligte so stellen, als bestünde ein Pfandrecht/Nießbrauch nur an 50 % des Gesellschaftsanteils.

---

172 Hierzu ausführlich und kritisch MünchKommBGB/*Schäfer*, § 705 Rn. 187 ff.
173 MünchKommHGB/*K. Schmidt*, § 105 Rn. 76; BGHZ 24, 106, 108 = NJW 1957, 1026, 1027; BGHZ 58, 316, 318 = NJW 1972, 1755, 1756; BGH, WM 1963, 989; BGH, NJW-RR 1989, 1259.
174 GroßkommHGB/*Schäfer*, § 105 Rn. 72.
175 Vgl. *Ulmer*, ZHR 167 (2003), 103, 114.
176 BGH, NJW 1987, 3184, 3186.

2. Form des Gesellschaftsvertrages

Der Gesellschaftsvertrag einer Gesellschaft bürgerlichen Rechts bedarf kraft Gesetzes keiner Form (anders im Personengesellschaftsrecht insbesondere § 3 PartGG [Schriftform]). Ein konkludenter Vertragsschluss ist denkbar, in der notariellen und anwaltlichen Praxis jedoch wohl bedeutungslos.[177] Jedenfalls ein **schriftlicher Abschluss des Gesellschaftsvertrages** ist aus Gründen der Beweissicherung zu empfehlen.[178] Besondere Formerfordernisse bestehen z.B., wenn der Gesellschaftsvertrag eine Verpflichtung begründet, ein Grundstück (§ 311b Abs. 1 BGB) oder einen Geschäftsanteil an einer GmbH (§ 15 Abs. 4 GmbHG) zu erwerben. Eine Vereinbarung, nach welcher ein Grundstück der Gesellschaft nur zur Benutzung überlassen oder dem Werte nach eingebracht wird, bedarf hingegen nicht der notariellen Beurkundung.[179] Das Formgebot des § 311b Abs. 1 Satz 1 BGB gilt ferner nur dann, wenn der Erwerb eines bestimmten oder zumindest bestimmbaren Grundstücks Gegenstand der Gesellschaft ist; dagegen ist ein Gesellschaftsvertrag, dessen Zweck **im Allgemeinen im Erwerb von Grundstücken besteht,** nicht formbedürftig.[180]

43

Liegen die Voraussetzungen der genannten Formvorschriften vor, so gelten die allgemeinen Grundsätze: Beurkundungsbedürftig ist der **gesamte Vertrag,** also alle Abreden, die nach den Vorstellungen der Beteiligten Bestandteil des Rechtsgeschäfts sind. Dies führt dazu, dass eine Beurkundungspflicht nach diesen Vorschriften regelmäßig zur Beurkundungsbedürftigkeit des gesamten Gesellschaftsvertrages führt. Ein Verstoß gegen die Beurkundungspflicht führt zur Formnichtigkeit gem. § 125 Satz 1 BGB. Hat eine nur unvollständige Beurkundung stattgefunden, so ist umstritten, ob hinsichtlich des beurkundeten Teils die von § 139 BGB im Zweifel angeordnete Rechtsfolge eingreift; der BGH bejaht dies jedoch.[181]

44

Ein dogmatisch interessanter Fall sind insbesondere **Vertragsänderungen bei (ursprünglich) formbedürftigen Gesellschaftsverträgen.**[182] Umfangreiche Rechtsprechung existiert zu nachträglichen Vertragsänderungen bei von § 311b Abs. 1 Satz 1 BGB erfassten **Austauschverträgen (insbesondere Kaufverträgen).**[183] Nach dieser Rechtsprechung sind vor Beurkundung der Auflassung **grundsätzlich sämtliche Änderungen beurkundungsbedürftig** (Ausnahmen betreffen die kaum rechtssicher handhabbaren Fallgruppen »fehlende Wesentlichkeit« oder »Behebung unvorhergesehener Vollzugshindernisse«). Während sich die Vertragsänderung bei solchen Verträgen aber strukturell in derselben Weise vollzieht wie der Vertragsabschluss, tritt im Gesellschaftsrecht allgemein häufig der Gesellschafterbeschluss als Handlungsform an die Stelle des Vertragsschlusses. Die Formvorschrift des § 311b Abs. 1 Satz 1 BGB lässt sich jedoch hierdurch wohl nicht überwinden: Sofern Vertragsänderungen erfolgen und diese in Beschlussform vorgenommen werden, dürfte nur eine Beurkundung gem. § 8 BeurkG genügen, nicht hingegen eine Beurkundung gem. § 36 BeurkG. Bei sehr großen Gesellschaften sollte man ggf. warten, bis die Auflassung erklärt worden ist.

45

Nach der Rechtsprechung nicht formbedürftig sind demgegenüber **Anteilsabtretungen bei Personengesellschaften,** selbst wenn das Gesellschaftsvermögen im Wesentlichen aus Grundbesitz[184] oder GmbH-Geschäftsanteilen[185] besteht. Eine Ausnahme soll nur eingreifen, wenn **die Norm des § 311b Abs. 1 Satz 1 BGB bewusst umgangen werden soll.** Aber hieraus lassen sich für Vertragsänderungen

46

---

177 MünchKommBGB/*Schäfer*, § 705 Rn. 26; BGH, NZG 1999, 498.
178 MünchHdb. GesR I/*Möhrle*, § 5 Rn. 55; *Giefers/Ruhkamp*, Rn. 68.
179 BGH, DStR 2009, 2015; BGH, DB 1965, 1282.
180 BGH, NJW 1978, 2505.
181 Vgl. BGH, DNotZ 1983, 231.
182 *Heinze*, ZNotP 2013, 42 ff.
183 S. BGH, WM 1957, 1458; BGH, WM 1966, 656; BGH, NJW 1973, 37; BGH, NJW 1974, 271; BGH, WM 1980, 166; BGH, DNotZ 1988, 548; BGH, NJW 1988, 3263.
184 BGH, NJW 1983, 1110; BGH, NJW 1998, 376, 377; OLG Frankfurt, Rpfleger 1996, 403; OLG Hamm, DNotZ 2000, 384, 385; zuvor schon RGZ 118, 325, 328.
185 BGH, DNotZ 2008, 785.

keine Schlussfolgerungen ziehen, denn die Anteilsabtretung ist der Sache nach keine Vertragsänderung, auch wenn sie natürlich auf die Parteien des Vertrages einwirkt.[186]

▶ **Praxistipp:**

Eine solche Umgehungsabsicht wird sich kaum jemals in der Praxis feststellen lassen.

47 Wird ein Gesellschafter unentgeltlich beteiligt, so kann dies den Tatbestand eines formbedürftigen **Schenkungsversprechens** ausmachen (§ 518 Abs. 1 BGB).[187] Jedoch wird regelmäßig mit dem Erwerb der Beteiligung der Vollzug der Schenkung und damit die Heilung des Formmangels (§ 518 Abs. 2 BGB) eintreten.[188]

48 Tritt nach den Vorschriften des materiellen Rechts eine Heilung ein (insbesondere: §§ 311b Abs. 1 Satz 2 BGB, 15 Abs. 4 Satz 2 GmbHG), so erstreckt sich die Heilungswirkung auf das **gesamte Rechtsgeschäft**.[189]

49 Haben die Gesellschafter vereinbart, dass **Änderungen des Gesellschaftsvertrages nur schriftlich** beschlossen werden können, so ist zu beachten, dass nach der Rechtsprechung derartige Schriftformklauseln im Regelfall nur **Klarstellungsfunktion** haben.[190] Formlos beschlossene Vertragsänderungen stellen nach dieser Rechtsprechung gleichzeitig eine **konkludente Aufhebung der Schriftformklausel** dar.[191] Dem sollte durch entsprechende Klarstellungen Rechnung getragen werden.

50 Verbreitet wird vertreten, eine **qualifizierte Formklausel** könne formlos geändert werden, da sich die Beteiligten nicht ihrer Privatautonomie begeben dürften.[192] Jedoch hat der BGH bislang überwiegend die Auffassung vertreten, dass derartige qualifizierte Formklauseln Bestand haben könnten.[193] Soweit gegen eine solche Bindung unter dem Gesichtspunkt des AGB-Rechts argumentiert wird,[194] ist dem zu entgegnen, dass eine AGB-Kontrolle bei gesellschaftsrechtlichen Regelungen nicht stattfindet (§ 310 Abs. 4 BGB). Für praktische Zwecke dürften qualifizierte Formklauseln jedenfalls eine gewisse Gewähr für Rechtssicherheit bieten, wenngleich sie eine Registrierung sicher nicht ersetzen können.

51 ▶ **Formulierungsbeispiel:**

Änderungen dieses Gesellschaftsvertrages (einschließlich einer völligen Neufassung) bedürfen der Schriftform. Dies gilt auch für einen Verzicht auf das Schriftformerfordernis selbst.

3. Entstehung in sonstiger Weise

52 Neben der Entstehung durch Abschluss eines Gesellschaftsvertrages kann eine GbR ferner durch einen **Wechsel der Rechtsform** entstehen. Der Rechtsformwechsel kann durch rechtsgeschäftliches Handeln der Gesellschafter oder kraft Gesetzes eintreten. Zu erörtern sind dabei insbesondere die **Umwandlung einer Kapitalgesellschaft in einer GbR nach dem Umwandlungsgesetz** sowie die **Entstehung der GbR aus einer anderen Personenhandelsgesellschaft**.

---

186 Vgl. dogmatisch weiterführend *Reiff/Nannt*, DStR 2009, 2376, 2382.
187 BGH, NJW 1990, 2616.
188 *Giefers/Ruhkamp*, Rn. 72.
189 Siehe etwa BGH NJW 1978, 1577; MünchKommBGB/*Ruhwinkel*, § 311b Rn. 93; Michalski/Heidinger/Leible/J. Schmidt/*Ebbing*, GmbHG, § 15 Rn. 110.
190 BGHZ 49, 364 = NJW 1968, 1378.
191 BGH, NJW 1966, 826; BGHZ 58, 115 = DNotZ 1972, 432; BGHZ 71, 162 = DNotZ 1978, 541.
192 Z.B. *Reymann*, ZNotP 2011, 84, 88.
193 Z.B. BGHZ 66, 378 zur qualifizierten Schriftformklausel in einem Mietvertrag.
194 *Bloching/Ortolf*, NJW 2009, 3393, 3397.

a) Entstehung durch Formwechsel nach UmwG

Gem. §§ 226, 191 UmwG kommt ein Formwechsel in eine GbR für Kapitalgesellschaften in Betracht, also für AG, KGaA oder GmbH.[195] Eine GbR kann im Wege des Formwechsels jedoch nur entstehen, wenn der Gegenstand des Unternehmens der Kapitalgesellschaft nicht auf den Betrieb eines Handelsgewerbes gerichtet ist (vgl. § 228 Abs. 1 UmwG).[196] Zu beachten ist, dass eine ggf. bestehende Erbengemeinschaft, welche Anteile an der umzuwandelnden Kapitalgesellschaft hält, sich hinsichtlich dieser Anteile auseinandersetzen muss. Noch nicht vollständig geklärt, wohl aber zu bejahen ist die Frage, ob im Zuge der Umwandlung **einzelne Gesellschafter den Ein- oder Austritt** erklären können.[197] Für den Umwandlungsbeschluss (§§ 194, 214 ff. UmwG) gelten im Wesentlichen die allgemeinen Grundsätze; auf die Erstattung eines Umwandlungsberichts kann durch notariell beglaubigte Verzichtserklärung aller Anteilsinhaber verzichtet werden (§ 192 Abs. 2 UmwG). Bei der Anmeldung zum Handelsregister ist statt der neuen Rechtsform die Umwandlung der Gesellschaft in das Register, in dem die formwechselnde Gesellschaft eingetragen ist, anzumelden; § 198 Abs. 2 UmwG findet keine Anwendung (§ 235 UmwG). Die Registeranmeldung kann durch die GmbH-Geschäftsführer **in vertretungsberechtigter Zahl** erfolgen; eine Mitwirkung aller ist nicht notwendig (anders § 222 UmwG).[198] Nach einer Entscheidung des OLG Bremen handelt es sich bei den Personen der Gesellschaft bürgerlichen Rechts nicht um eine eintragungspflichtige Tatsache gem. § 15 Abs. 3 HGB.[199]

▶ **Praxistipp:**

Eine große praktische Relevanz weisen derartige Formwechsel, soweit ersichtlich, nicht auf. Als nachteilig dürfte insbesondere empfunden werden, dass der Gesellschaftsvertrag der GbR gem. § 234 Nr. 3 UmwG bei der Handelsregisteranmeldung einzureichen ist und damit publik gemacht wird.

▶ **Formulierungsbeispiel: Formwechselbeschluss einer GmbH in eine GbR**

(Urkundeneingang)

§ 1 Sachstand

Die vorstehend erschienenen A und B halten je einen nach ihren Angaben zur Hälfte eingezahlten Geschäftsanteil im Nennbetrag von 12.500 Euro (Nr. 1 und Nr. 2) ausweislich der zuletzt zum Handelsregister aufgenommenen Gesellschafterliste vom [...] an der vorstehend bezeichneten X-GmbH.

§ 2 Formwechselbeschluss

A und B beschließen unter Verzicht auf alle Fristen und Formen der Einberufung einstimmig:

Die X-GmbH wird durch Formwechsel umgewandelt in eine Gesellschaft bürgerlichen Rechts mit dem Namen X-GbR mit dem dieser Niederschrift als Anlage beigefügten Gesellschaftsvertrag. Gesellschafter der X-GbR sind A und B zu je gleichen Teilen. Die noch offenen Einlageverpflichtungen werden mit Wirksamkeit des Formwechsels hiermit wechselseitig erlassen.

§ 3 Besondere Rechte; Auswirkungen auf die Arbeitnehmer

Besondere Rechte für einzelne Anteilsinhaber oder Dritte bestehen nicht.

Der formwechselnde Rechtsträger verfügt über keinen Betriebsrat und keine Arbeitnehmer.

---

195 Ausführlich hierzu Limmer/*Limmer*, Hdb. Unternehmensumwandlung, Teil 4 Rn. 364 ff.
196 MünchHdb. GesR I/*Möhrle*, § 5 Rn. 90.
197 Vgl. MünchHdb. GesR I/*Möhrle*, § 5 Rn. 91.
198 Semler/Stengel/*Ihrig*, § 235 Rn. 7.
199 OLG Bremen, NZG 2016, 185; kritisch *Priester*, GmbHR 2015, 1289, 1292, der auf die Revision unter dem Aktenzeichen II ZR 314/15 verweist.

§ 4 Zustimmungs- und Verzichtserklärungen

Alle erforderlichen Zustimmungen werden hiermit erteilt. Weiter wird allseits auf einen Umwandlungsbericht und auf ein Abfindungsangebot verzichtet. Auch auf die Anfechtung dieses Beschlusses wird verzichtet.

§ 5 Kosten

Die Kosten dieser Urkunde und ihres Vollzuges trägt der neue Rechtsträger.

§ 6 Belehrungen

Der Notar hat die Beteiligten darauf hingewiesen,
- dass der Formwechsel erst mit seiner Eintragung in das Handelsregister wirksam wird;
- dass ein Formwechsel in eine Gesellschaft bürgerlichen Rechts nur möglich ist, wenn der neue Rechtsträger kein Handelsgewerbe betreibt;
- dass die Gläubiger des formwechselnden Rechtsträgers Sicherheiten für ihre Forderungen verlangen und den Geschäftsführer des formwechselnden Rechtsträgers auf Schadensersatz in Anspruch nehmen können.

§ 7 Abschriften

(Beglaubigte Abschrift an FA-Körperschaftsteuerstelle gemäß § 54 Abs. 1 S. 1 EStDV).

56 ▶ **Formulierungsbeispiel: Handelsregisteranmeldung des Formwechsels**

An das Handelsregister des formwechselnden Rechtsträgers

Zur Eintragung in das Handelsregister wird angemeldet:

Die X-GmbH ist durch Formwechsel gemäß §§ 191, 228 UmwG in eine Gesellschaft bürgerlichen Rechts umgewandelt worden.

Der neue Rechtsträger betreibt kein Handelsgewerbe.

Es wird versichert, dass

a) der formwechselnde Rechtsträger keinen Betriebsrat hat;
b) gegen den Umwandlungsbeschluss keine Anfechtungs- oder Nichtigkeitsklage erhoben ist; der Formwechselbeschluss enthält einen Anfechtungsverzicht sämtlicher Gesellschafter.

Anlagen:

Formwechselbeschluss einschließlich Zustimmungs- und Verzichtserklärungen sowie einschließlich des Gesellschaftsvertrages der X-GbR.

(Registervollmacht)

(Beglaubigungsvermerk)

b) Entstehung aus einer anderen Personengesellschaft

57 Eine Personenhandelsgesellschaft wird kraft Gesetzes automatisch zu einer GbR, wenn sie kein Handelsgewerbe mehr betreibt und aus dem Handelsregister gelöscht wird.[200] Bei einer vermögensverwaltenden OHG gemäß tritt die Umwandlung bereits durch bloße Löschung derselben aus dem Handelsregister ein (§§ 105 Abs. 2 Satz 2, 2 Satz 3 HGB).[201] Registerverfahrensrechtlich liegt außerdem der Fall des **Erlöschens einer Handelsfirma** gem. § 31 Abs. 2 Satz 1 HGB vor. Das Registergericht hat in diesen Fällen eine Prüfungskompetenz, um festzustellen, ob die Voraussetzungen des § 2 Satz 3 HGB bzw. § 105 Abs. 2 Satz 1 HGB tatsächlich vorliegen.[202] Man wird allerdings wohl

---

200 MünchHdb. GesR I/*Möhrle*, § 5 Rn. 105.
201 S. zum Ausnahmefall von land- oder forstwirtschaftlichen Unternehmen, die nach Art und Umfang einen in kaufmännischer Weise eingerichteten Geschäftsbetrieb nicht erfordern (§ 3 Abs. 2 HGB) MünchKommHGB/K. *Schmidt*, § 3 Rn. 27.
202 Oetker/*Körber*, § 2 Rn. 27.

A. Gesellschaft bürgerlichen Rechts

zunächst von dem allgemeinen Grundsatz ausgehen können, dass sich das Registergericht in der Regel mit den Angaben der Beteiligten zu begnügen hat und nur bei konkreten Anhaltspunkten für deren Unrichtigkeit eine weitergehende Ermittlungsbefugnis hat.[203] Verfügte eine solche registrierte Gesellschaft über Grundbesitz, so muss das Grundbuch nicht gem. § 22 GBO berichtigt, sondern »richtig gestellt« werden.[204] Die Richtigstellung erfolgt zweckmäßigerweise in der Art, dass sowohl die Vertretungsorgane der ehemals registrierten Personengesellschaft als auch sämtliche Gesellschafter der Gesellschaft bürgerlichen Rechts in öffentlich beglaubigter Form den Sachverhalt darstellen und die Richtigstellung des Grundbuchs anregen; dabei erleichtert es dem Grundbuchamt die Arbeit, wenn der gelöschte Registerauszug beigefügt wird.

▶ **Formulierungsvorschlag: Anmeldung des »Formwechsels« einer nicht vollkaufmännischen Personenhandelsgesellschaft in eine GbR** — 58

Zur Eintragung in das Handelsregister wird angemeldet:

Die Firma der X-OHG ist gem. §§ 105 Abs. 2 Satz 2, 2 Satz 3 HGB erloschen. Die Voraussetzungen des § 2 Satz 3 HGB liegen vor, da die Gesellschaft nur eigenes Vermögen verwaltet (alternativ: da der Gewerbetrieb der Gesellschaft kein Handelsgewerbe gem. § 1 Abs. 2 HGB ist).

IV. Die Gestaltung des Gesellschaftsvertrages durch den Notar

In der notariellen und in der anwaltlichen Praxis von besonderer Bedeutung ist die Gestaltung des Gesellschaftsvertrages einer GbR. Gerade dann, wenn eine Teilnahme am Wirtschaftsverkehr intendiert ist, dürften sich die Gesellschafter kaum darauf verlassen, einen lediglich mündlichen Gesellschaftsvertrag ausreichen zu lassen. Nachfolgend sollen die wichtigsten Gestaltungselemente eines GbR-Gesellschaftsvertrages im Überblick dargestellt werden. — 59

1. Aufbau eines Gesellschaftsvertrages

Allgemeinverbindliche Hinweise zur Gestaltung eines GbR-Gesellschaftsvertrages lassen sich nicht erteilen. Für die Gestaltungspraxis empfiehlt es sich, mehrere Grundmuster zur Verfügung zu haben und diese im Einzelfall anzupassen.[205] Die in anderen Situationen zweckmäßigere Methode des »Baukastensystems« dürfte bei der Gestaltung von Gesellschaftsverträgen wenig zweckmäßig sein. — 60

Die eingangs dargestellte Vielfalt möglicher Gesellschaftsformen führt auch zu einer Vielfalt von Gesellschaftsvertragstypen. Dennoch lassen sich Gesellschaftsverträge typischerweise in die nachfolgenden logischen Abschnitte unterteilen:[206] — 61
- Name, Sitz und Gegenstand der Gesellschaft, ggf. Dauer
- Namen der Gesellschafter, Einlagen, Beteiligung am Vermögen der Gesellschaft, Kontenregelung
- Geschäftsführung und Vertretung
- Gesellschafterversammlungen und Gesellschafterbeschlüsse
- Vorschriften über Geschäftsjahr, Rechnungslegung, Gewinnverteilung und Entnahmerechte
- Wettbewerbsverbote
- Verfügungsbeschränkungen
- Regelungen über den Austritt bzw. die Kündigung von Gesellschaftern; Abfindungsregelungen
- Regelungen hinsichtlich der Rechtsnachfolge von Todes wegen
- Sonstiges (salvatorische Klauseln, Formvorschriften)

---

203 Zu diesem allgemeinen Grundsatz im Personengesellschaftsrecht z.B. BayObLGZ 1977, 76.
204 OLG München, ZIP 2016, 269 für die umgekehrte Richtung m.w.N.
205 S. etwa die Musterverträge bei Beck'sche Online-Formulare Vertrag/*Giehl*, 7.1.1.1.-7.1.4.6.
206 Umfassende Checkliste bei *Giefers/Ruhkamp*, S. 383.

2. Der Gesellschaftsname

62 Anders als bei den Personenhandelsgesellschaften wird die Führung eines Gesellschaftsnamens für die Gesellschaft bürgerlichen Rechts durch das Gesetz nicht vorgegeben.[207] Der Gesetzgeber ging offenbar davon aus, dass die Gesellschaft regelmäßig unter den Namen sämtlicher Gesellschafter auftritt und dadurch identifiziert wird.[208] Dies ist jedoch bei einem großen Gesellschafterbestand unpraktikabel.[209] Gleichzeitig ist anerkannt, dass die Namensführung ein wesentliches Merkmal der Identitätsausstattung einer Außengesellschaft ist.[210] Die Verwendung eines Gesamtnamens, der nicht aus den Namen sämtlicher Gesellschafter besteht, ist nach heute wohl unangefochtener Auffassung zulässig.[211]

63 Bei der Auswahl des Namens sind die Gesellschafter weitgehend frei. Ohne weiteres möglich ist es, den Gesellschaftsnamen auf der Grundlage der Namen **sämtlicher Gesellschafter** oder eines der Gesellschafter zu entwerfen, wie dies insbesondere bei Freiberufler-GbR typisch sein dürfte.[212] Im Übrigen dürfte eine Orientierung an § 18 HGB empfehlenswert sein.[213] Danach sollte der Name der Gesellschaft Kennzeichnungs- und Unterscheidungskraft enthalten (§ 18 Abs. 1 HGB) und darf nicht zur Irreführung geeignet sein (§ 18 Abs. 2 HGB).

64 Die erforderliche **Kennzeichnungskraft** liegt vor, wenn eine Individualisierung möglich ist.[214] Nach derzeit noch herrschender Auffassung im Handelsrecht muss eine Firma aus **lesbaren und aussprechbaren** Schriftzeichen bestehen.[215] Dies ist dann nicht der Fall, wenn lediglich Bildzeichen verwendet werden; auch unaussprechbare Buchstabenkombinationen wurden für unzulässig gehalten.[216]

65 Nach dem **Irreführungsverbot** darf der Name keine Angaben enthalten, die geeignet sind, über geschäftliche Verhältnisse, die für die angesprochenen Verkehrskreise wesentlich sind, irrezuführen.[217] Im Anwendungsbereich des § 18 Abs. 2 HGB werden in Folge des Irreführungsverbots solche Firmen für unzulässig gehalten, die falsche Vorstellungen über **Rechtsform, Größe, Art oder Geschäftsumfang** des Unternehmens vermitteln, ferner Angaben, die hinsichtlich der **Identität der Gesellschafter** irreführend sind.[218]

66 Auch die Anwendung des **§ 19 HGB**, wonach der Firmenname einen Rechtsformzusatz enthalten muss, ist jedenfalls empfehlenswert; zum Teil wird sie sogar als erforderlich beschrieben.[219] Wie bereits gezeigt, dürfte die Verwendung des Firmenzusatzes »GbRmbH« **wettbewerbswidrig** sein.[220]

67 Ungeklärt ist bislang, welche **Konsequenzen** die Verwendung eines unzulässigen Gesellschaftsnamens nach sich zieht. Auszugehen ist von der Feststellung, dass eine handelsregisterliche Kontrolle

---

207 Dazu MünchKommBGB/*Schäfer*, § 705 Rn. 133, 278 ff.
208 MünchKommBGB/*Schäfer*, § 705 Rn. 278.
209 OLG Karlsruhe, BB 1978, 519.
210 K. Schmidt, GesR, § 60 I 3, S. 1770.
211 Giefers/Ruhkamp, Rn. 89 m.w.N.
212 Vgl. § 2 Abs. 1 PartGG, wonach der Name einer Partnerschaft mindestens den Namen eines Partners enthalten muss.
213 Zu den Grundlagen und einzelnen Funktionen der Firma, die im Wesentlichen auch bei der GbR zu beachten sind ausführlich MünchKommHGB/*Heidinger*, § 18 Rn. 9 ff.
214 MünchKommHGB/*Heidinger*, § 18 Rn. 9.
215 Koller/Kindler/Roth/Drüen/*Roth*, HGB, § 18 Rn. 3.
216 Ausführlich mit Beispielen zulässiger und unzulässiger Konstellationen MünchKommHGB/*Heidinger*, § 18 Rn. 12 ff.
217 Gesetz zur Einführung des elektronischen Rechtsverkehrs und der elektronischen Akte im Grundbuchverfahren sowie zur Änderung weiterer grundbuch-, register- und kostenrechtlicher Vorschriften (ERVGBG) v. 11.08.2009 BGBl. I, S. 2713.
218 Koller/Kindler/Roth/Drüen/*Roth*, HGB, § 18 Rn. 12 ff. m.w.N.
219 Staudinger/*Habermeier*, BGB, Vor §§ 705 ff. Rn. 23.
220 OLG Jena, ZIP 1998, 1797, 1798; OLG München, GRUR 1999, 429.

des Gesellschaftsnamens wie bei der Firma nach § 37 Abs. 1 HGB nicht stattfindet.[221] Ansprüche gegen einen unzulässigen Gesellschaftsnamensgebrauch dürften sich also allein aus dem **quasi-negatorischen Beseitigungsanspruch** ergeben (§§ 12, 823 Abs. 1, 1004 BGB).[222] Auch **wettbewerbsrechtliche und markenrechtliche Unterlassungsansprüche** kommen in Betracht.[223] Eine notarielle Pflicht zur Prüfung der Vereinbarkeit des von den Gesellschaftern gewählten Namens mit den genannten Rechtsgrundsätzen besteht grundsätzlich nicht. Allenfalls in Evidenzfällen (Beispiel: eklatanter Widerspruch zwischen Gesellschaftszweck und Gesellschaftsnamen) wird eine Belehrungspflicht des Notars zu erwägen sein. Im Übrigen verfügt der Notar nicht über die erforderlichen Informationen, um eine evtl. namens-, wettbewerbs- und markenrechtliche Relevanz beurteilen zu können.

68 Ausdrücklich anerkannt hat der Gesetzgeber die Möglichkeit einer Gesellschaft bürgerlichen Rechts zur Namensgebung in **§ 15 Abs. 1 Buchst. c) GBV**. Nach dieser durch das ERVGBG[224] eingefügten Vorschrift können neben den nach § 47 Abs. 2 Satz 1 GBO zwingend einzutragenden Gesellschaftern, welche zur Identifizierung gem. § 15 Abs. 1 Buchst. a) GBV einzutragen sind, zur Bezeichnung der Gesellschaft **Name und Sitz** in den Eintragungsvermerk aufgenommen werden. Trotz der Änderung der ursprünglich auf der Verordnungsermächtigung in § 1 Abs. 4 GBO beruhenden Grundbuchverfügung hat sich deren Charakter als Rechtsverordnung nicht geändert,[225] so dass Verstöße gegen die GBV nicht für sich genommen zur Unwirksamkeit der Eintragung führen.

69 Die Formulierung des § 15 Abs. 1 Buchst. c) GBV, wonach der Name der Gesellschaft eingetragen werden kann, wirft die Frage auf, ob das Grundbuchamt über die Eintragung des Namens nach **eigenem Ermessen** entscheidet oder an den Antrag der Gesellschafter gebunden ist. Überwiegend wird angenommen, dass das Grundbuchamt die beantragte Eintragung des Gesellschaftsnamens nicht verweigern dürfe.[226] Dem ist zuzustimmen: Ausweislich der Gesetzesbegründung soll die Angabe des Gesellschaftsnamens einem häufig geäußerten Wunsch der Gesellschafter Rechnung tragen.[227] Dies bringt eine subjektiv-rechtliche Zielsetzung zum Ausdruck, welche das Grundbuchamt im Rahmen der Entscheidung über die Eintragung des Namens zu berücksichtigen hat. Aus dem Gang des Gesetzgebungsverfahrens folgt des Weiteren, dass die Nennung des Namens auch im öffentlichen Interesse steht: Sie ermöglicht nämlich die Identifizierung der Gesellschaft und dadurch den Abgleich mit anderen Registern, z.B. dem Liegenschaftskataster.

70 Dem Grundbuchamt steht eine **Prüfungskompetenz** hinsichtlich der Frage, ob der Gesellschaftsname möglicherweise gegen andere Rechtsvorschriften verstößt, nicht zu.[228] Dies folgt aus dem Fehlen einer mit § 37 Abs. 1 HGB vergleichbaren Vorschrift im Grundbuchverfahren. Das Grundbuchamt hat im Regelfall nicht die Möglichkeiten, einen Verstoß gegen Marken- oder Wettbewerbsrecht zu prüfen; darüber hinaus obliegt die Durchsetzung derartiger Rechtspositionen den jeweiligen Rechteinhabern.

71 Ist die Gesellschaft sodann mit ihrem Gesellschaftsnamen in das Grundbuch eingetragen worden, stellt sich die weitere Frage, ob eine Pflicht der Gesellschaft besteht, nachträgliche Änderungen zu berichtigen. Dogmatisch handelt es sich bei der »Berichtigung« des Gesellschaftsnamens nicht um eine Grundbuchberichtigung gem. § 22 Abs. 1 GBO, sondern um eine **Richtigstellung**.[229] Derartige

---

221 Anders aber wohl MünchKommBGB/*Schäfer*, § 705 Rn. 279: Einschränkung der Wahlfreiheit.
222 Ausführlich BeckOGK/*Niebel*, § 12 BGB Rn. 188 ff.
223 Dazu MünchKommBGB/*Schäfer*, § 705 Rn. 280 f.
224 Gesetz zur Einführung des elektronischen Rechtsverkehrs und der elektronischen Akte im Grundbuchverfahren sowie zur Änderung weiterer grundbuch-, register- und kostenrechtlicher Vorschriften v. 11.08.2009, BGBl. I 2009, 2713.
225 BVerfGE 114, 196, 233.
226 *Steffek*, ZIP 2009, 1445, 1447; *Lautner*, DNotZ 2009, 650, 655; a.A. *Bestelmeyer*, Rpfleger 2010, 169.
227 BT-Drucks. 16/13437, S. 29 li. Sp.
228 Siehe etwa BeckOGK/*Zeiser*, § 18 GBO Rn. 1.
229 BeckOGK/*Holzer*, § 22 GBO Rn. 95 f.

Richtigstellungen werden auf Anregung von Amts wegen vorgenommen. Nach wohl herrschender Auffassung ist die Form des § 29 Abs. 1 Satz 1 oder Satz 2 GBO nicht einzuhalten.[230] Eine entsprechende Richtigstellung im Grundbuch löst nach dem GNotKG keine Gebühr mehr aus, da eine Erwähnung in den Nr. 14110 ff. des Kostenverzeichnisses fehlt. Nicht zuletzt deshalb empfiehlt es sich, eine entsprechende vertragliche Verpflichtung der Gesellschafter zur Grundbuchberichtigung zu regeln, um den Zweck des § 15 Abs. 1 Buchst. c) GBV, eine Identifizierung der Gesellschaft zu ermöglichen, nicht zu vereiteln.

72 ▶ **Formulierungsbeispiel: Pflicht zur Namensführung bei Grundbesitz-GbR**

Solange die Gesellschaft Inhaberin von Grundbesitz oder sonstigen, im Grundbuch einzutragenden Rechten ist, sind die Gesellschafter verpflichtet, einen satzungsmäßigen Namen zu führen und einen Gesellschaftssitz im Gesellschaftsvertrag festzulegen. Die Gesellschafter verpflichten sich, bei Änderungen des Namens und/oder des Sitzes auf eine Verlautbarung dieser Änderungen in allen Grundbüchern hinzuwirken, in welchen die Gesellschaft als Berechtigte eingetragen ist. Die Kosten der Richtigstellung trägt die Gesellschaft.

73 Ist der Name eines Gesellschafters zugleich Bestandteil des Gesellschaftsnamens, so bietet es sich an, die Auswirkungen des Ausscheidens des betreffenden Gesellschafters auf die Fortführung des Gesellschaftsnamens besonders zu regeln. Zu beachten ist, dass § 24 Abs. 2 HGB für entsprechend anwendbar gehalten wird mit der Folge, dass die Fortführung des Gesellschaftsnamens in Abweichung einer besonderen Regelung nur mit Zustimmung des betreffenden Gesellschafters möglich wäre.[231]

3. Der Sitz der Gesellschaft

74 Ebenso wenig wie für den Namen enthält das Gesetz eine Regelung über den Sitz einer Gesellschaft bürgerlichen Rechts.[232] Da eine Außengesellschaft jedoch rechts- und parteifähig ist, hat sie zwangsläufig einen Gesellschaftssitz.

75 Es spricht einiges dafür, die zum Recht der Personenhandelsgesellschaften entwickelten Grundsätze über den Gesellschaftssitz **auf die Gesellschaft bürgerlichen Rechts zu übertragen**.[233] Nach der bislang herrschenden Auffassung ist der Sitz der Gesellschaft derjenige Ort, an dem die Hauptverwaltung geführt wird.[234] Maßgeblich soll nicht der satzungsmäßige, sondern der tatsächliche Gesellschaftssitz sein. Diese Auffassung wird gerade in jüngster Zeit unter Verweis auf §§ 4a GmbHG, 5 AktG und die Streichung der jeweiligen Abs. 2 dieser Vorschriften bezweifelt.[235] Hierfür spricht auch, dass das Interesse des Rechtsverkehrs, an die Gesellschaft Zustellungen bewirken zu können, bereits durch die ebenfalls anzugebende inländische Geschäftsanschrift (§ 106 Abs. 2 Nr. 2 HGB) geschützt wird. Da der BGH allerdings deutlich gemacht hat, dass er ohne eine entsprechende Gesetzesänderung im Bereich des Internationalen Privatrechts an der so genannten Sitztheorie festhalten werde,[236] sollten Satzungssitz und Verwaltungssitz möglichst übereinstimmen.

▶ **Praxistipp:**

Anders als im Kapitalgesellschaftsrecht ist es nach h.M. nicht möglich, einen »Satzungssitz« festzulegen. Der im Gesellschaftsvertrag genannte (und bei Personengesellschaften im Handelsregister eingetragene) Sitz ist lediglich deklaratorisch.[237]

---

230 OLG München, FGPrax 2020, 21, 22.
231 OLG München, NZG 2000, 367.
232 Der »Mauracher Entwurf« (dazu Rdn. 2) sieht in § 706 BGB-E nun eine Regelung über den Sitz der GbR vor.
233 Siehe hierzu *Koch*, ZHR 173 (2009), 101.
234 BGH, WM 1957, 999, 1000; VG Aachen, NJW 2005, 169; GroßkommHGB/*Schäfer*, § 106 Rn. 18 m.w.N.
235 GroßkommHGB/*Schäfer*, § 106 Rn. 18; Baumbach/Hopt/*Roth*, § 106 Rn. 8.
236 BGH, NJW 2009, 89.
237 MünchKommHGB/*Langhein*, § 106 Rn. 46.

4. Beiträge und Einlagen

a) Begriffliche Abgrenzung

Eine gesetzliche Definition der Begriffe »Beiträge« und »Einlagen« fehlt. Die Pflicht des Gesellschafters zur Leistung der vereinbarten Beiträge ist lediglich in den §§ 706, 707 BGB geregelt. Unter **Beiträgen** gem. §§ 706, 707 BGB werden Leistungen des Gesellschafters an die Gesellschaft auf der Grundlage der Mitgliedschaft verstanden.[238] **Einlagen** hingegen kennzeichnen eine bestimmte Art von Beiträgen, nämlich **Vermögensgegenstände,** die in das Gesellschaftsvermögen übergehen.[239] Die frühere Abgrenzung, wonach Einlagen bereits erbracht sind und Beiträge noch ausstehen,[240] dürfte als überholt anzusehen sein, da sich an den Tatbestand eines »erfüllten Beitrages« keine Rechtsfolgen knüpfen, die über die Erfüllung hinausgehen.[241] Einlagen sind somit nur solche Leistungen an die Gesellschaft, die dort zu einer **aktivierungsfähigen Vermögensmehrung** führen.[242]

b) Arten von Beiträgen und Einlagen

Hinsichtlich der Frage, welche Beiträge bzw. Einlagen die Gesellschafter zu erbringen haben, herrscht im Bereich der BGB-Gesellschaft grundsätzlich **Vertragsfreiheit**, in den Schranken der allgemeinen Grundsätze.[243] Aus § 706 Abs. 3 BGB, der klarstellt, dass der Beitrag auch (allein) im Leisten von Diensten bestehen kann, ergibt sich zumindest indirekt, dass der Beitrag nicht zwingend in einer Kapitalbeteiligung bestehen muss.[244] Da bei der BGB-Gesellschaft, anders als bei der KG, an die Erbringung der Einlage keine haftungsbeschränkenden Folgen geknüpft werden, kommt es auf den die Werthaltigkeit einer Einlage grds. nicht an.[245]

c) Sachen und Rechte als Beitrag

Der nächstliegende Gegenstand einer Beitrags- bzw. Einlageverpflichtung sind Sachen (z.B. Grundstücke, Kraftfahrzeuge, Maschinen) sowie Rechte (z.B. Immaterialgüterrechte). Hinsichtlich der **zivilrechtlichen Erbringung** der Einlageleistung besteht ebenfalls eine weitgehende Gestaltungsfreiheit der Gesellschafter. Unterschieden wird üblicherweise zwischen einer Übertragung zu Eigentum (*quoad dominum*), einer Übertragung dem Werte nach (*quoad sortem*) sowie einer Übertragung zum Gebrauch (*quoad usum*).[246] Die Übertragung zu Eigentum ist der praktisch häufigste Fall. Sind Sachen beizutragen, so hat die Übertragung zu Eigentum nach der widerlegbaren Vermutung des § 706 Abs. 2 BGB ohnehin zu erfolgen.

▶ Praxistipp:

> Die zivilrechtliche Technik der Beitragsleistung sollte unbedingt klargestellt werden, um Auslegungsstreitigkeiten zu vermeiden.

▶ Formulierungsbeispiel: Einlage eines Grundstücks zu Eigentum/zum Gebrauch

Der Gesellschafter erbringt seine Einlage dadurch, dass der der Gesellschaft das Eigentum an dem Grundstück [genaue Grundstücksbezeichnung] verschafft/dadurch, dass er der Gesellschaft

---

238 *Wiedemann*, GesR II, § 3 II 1, S. 184.
239 *Wiedemann*, GesR II, § 3 II 1, S. 184.
240 BGH, NJW 1980, 1744.
241 *K. Schmidt*, ZHR 154 (1990), 237, 241; MünchHdb. GesR I/*Gummert*, § 13 Rn. 18 ff.
242 Dazu MünchKommBGB/*Schäfer*, § 706 Rn. 2 f.
243 Zur Sittenwidrigkeit einer grob einseitigen Einlagebewertung vgl. BGH WM 1975, 325; Kuhn WM 1975, 718, 723; keine Sittenwidrigkeit einer gesellschaftsvertraglichen Ausgleichspflicht einer nicht leistungsfähigen Gesellschafterin (Ehefrau) bei deren wirtschaftlichem Eigeninteresse, BGH NZG 2013, 984.
244 MünchKommBGB/*Schäfer*, § 706 Rn. 10.
245 MünchKommBGB/*Schäfer*, § 706 Rn. 2.
246 MünchKommBGB/*Schäfer*, § 706 Rn. 9, 11, 13.

das Grundstück [genaue Bezeichnung] ohne weiteres Entgelt zum Gebrauch überlässt. [hier ggf. noch Regelungen zur Lastentragung, Verkehrssicherung, Beendigung des Gebrauchs bei Ausscheiden etc.].

d) Bar- oder Geldleistungen

81 Auch soweit der Beitrag in Geld zu erbringen ist, kann der entsprechende Betrag endgültig zum Eigenkapital geleistet oder der Gesellschaft auf Zeit als Darlehen zur Verfügung gestellt werden. Auch hier sollte eine klare gesellschaftsvertragliche Festlegung erfolgen. Ist der Gesellschafter zu einer Geldeinlage verpflichtet, so hat er der Gesellschaft grundsätzlich die tatsächliche und dauerhafte Verfügungsmacht zu verschaffen.[247]

e) Dienstleistungen

82 Gem. § 706 Abs. 3 BGB kann der Beitrag auch (ausschließlich) im Leisten von Diensten bestehen.[248] Das im Kapitalgesellschaftsrecht geltende Verbot, Dienstleistungen als Sacheinlagen zu bewerten (§ 27 Abs. 2 AktG),[249] gilt im Bereich der GbR nicht. Von der Verpflichtung zur Dienstleistung wird besonders im Zusammenhang mit der **Begründung von Geschäftsführungspflichten** Gebrauch gemacht.[250] Ohne weiteres können derartige Pflichten auch im Wege eines **Anstellungsverhältnisses** vereinbart werden. Beruht die Geschäftsführungsverpflichtung lediglich auf gesellschaftsvertraglicher Grundlage, so steht dem Geschäftsführer im Zweifel keine besondere Tätigkeitsvergütung zu. In Betracht kommt jedoch als Kompensation eine **gesellschaftsvertraglich vereinbarte erhöhte Gewinnbeteiligung**.

83 ▶ Praxistipp:

Ein Anstellungsverhältnis ist zweckmäßigerweise nicht in den Gesellschaftsvertrag selbst aufzunehmen.

f) Kapitalkonto und Kapitalanteil; Beteiligung am Gesellschaftsvermögen

84 Die gesetzliche Regelung der Gewinnverteilung und der Stimmengewichtung (§§ 709, 722 BGB) wird regelmäßig nicht gewünscht sein. Stattdessen wird üblicherweise ein System von **Kapitalkonten** gebildet, welches die vermögensmäßige Beteiligung der Gesellschafter abbilden soll.[251] Insofern bestehen keine Unterschiede zu den Kontenmodellen bei Personenhandelsgesellschaften.[252] Die Kontenführung bei einer Personengesellschaft betrifft das Innenverhältnis der Gesellschafter und steht in **deren Ermessen**.[253] Die Abgrenzung hat jedoch Bedeutung für die Frage, ob Leistungen zwischen Gesellschaft und Gesellschaftern der Eigenkapitalsphäre (dann »Kapitalkonto« oder »Beteiligungskonto«) oder der Fremdkapitalsphäre (dann »Privatkonto« oder »Darlehenskonto«) zuzurechnen sind. Innerhalb der Eigenkapitalsphäre ist zudem von Bedeutung, welchem Eigenkapitalposten sie zuzurechnen sind.[254] Für die **Abgrenzung** zwischen Eigenkapital- und Fremdkapitalkonten kommt es nicht auf die Bezeichnung an. Vielmehr ist anhand des Gesellschaftsvertrages zu ermitteln, welche zivilrechtliche Rechtsnatur die Konten haben, ob sie also Eigenkapital oder Forderungen/Schulden ausweisen.[255] Entscheidend für die Prägung eines Kontos als Eigenkapitalkonto dürfte der Umstand sein, dass es auch **Verluste erfasst**; denn eine Ver-

---

247 BGH, NJW 1973, 1328.
248 Dazu BeckOGK/*Geibel*, § 706 BGB Rn. 7, 11, 24.
249 Vgl. BGH, DStR 2009, 506 (Qivive); BGH, DStR 2010, 560 (Eurobike).
250 Hierzu ausführlich *Fleischer/Pendl*, WM 2017, 881.
251 Dazu ausführlich MünchHdB GesR Bd1/*Gummert*, § 13 Rn. 32 ff.
252 *Leitzen*, ZNotP 2009, 255.
253 MünchHdB GesR Bd1/*Gummert*, § 13 Rn. 32.
254 *Leitzen*, ZNotP 2009, 255.
255 BFH, DStR 2008, 1577.

A. Gesellschaft bürgerlichen Rechts

lustbeteiligung ist mit einer Fremdkapitalbeteiligung unvereinbar.[256] Die Verlustbeteiligung muss sich aus dem Gesellschaftsvertrag selbst ergeben. Ist eine laufende Verlustverrechnung nicht vorgesehen, so genügt es auch, wenn die Abfindungsregelung für den Fall des Ausscheidens auf den Saldo sämtlicher Gesellschafterkonten abzüglich eines eventuellen Verlustvortrages abstellt.[257] Unerheblich ist es dagegen, ob das Konto verzinst ist. Auch das Fehlen eines Höchstbetrages sowie einer Tilgungsregelung steht einer Einordnung als Darlehenskonto nicht notwendigerweise entgegen.[258]

Die Verwendung von Konten führt häufig zu Missverständnissen. Die Verbuchung auf einem bestimmten Konto betrifft nicht die **zivilrechtliche Vermögenszuordnung.**[259] Dies wird gelegentlich von juristisch nicht geschulten Beratern missverstanden. Denn die Zuordnung von zivilrechtlichem Eigentum oder zivilrechtlicher Forderungen hängt nicht davon ab, ob überhaupt ein Kontenmodell geführt wird. Wird z.B. ein Grundstück auf die Gesellschaft zum Eigentum übertragen (§§ 873, 925 BGB), so kann dies nicht durch eine Verbuchung auf dem einen oder anderen Konto geändert werden. Wohl aber kann zum Ausdruck gebracht werden, dass die Gesellschaft den in Geld auszudrückenden wirtschaftlichen Wert nur darlehensweise gewährt bekommen hat (dann Verbuchung auf dem Darlehenskonto).

In der Praxis verbreitet sind das so genannte **Zwei-Konten-Modell** sowie das **Drei-Konten-Modell**.[260] Beim Zwei-Konten-Modell existiert ein festes Beteiligungskonto (»Kapitalkonto I«), welches unabhängig von der tatsächlichen Einlageleistung die Beteiligungsquote des Gesellschafters ausweisen soll. Das »Kapitalkonto II« dient der Verbuchung von Gewinnen, Verlusten und Entnahmen. Beim »Drei-Konten-Modell« werden auf dem »Kapitalkonto II« die nicht entnahmefähigen Gewinne und Verluste verbucht, während die entnahmefähigen Gewinnanteile und sonstigen Entnahmen/Einlagen auf dem dritten Konto gebucht werden. Bei dieser Gestaltung ist das Kapitalkonto II ein Eigenkapitalkonto, das Kapitalkonto III hingegen ein Forderungskonto.[261]

Wenig Aufmerksamkeit wurde der Bedeutung der Kontenführung bislang im Zusammenhang mit **Anteilsübertragungen** geschenkt. Soweit ein Gesellschafterkonto Eigenkapitalcharakter aufweist, handelt es sich lediglich um eine buchungstechnische Folge der Mitgliedschaft; eine selbständige Übertragbarkeit kommt nicht in Betracht.[262] Anders ist dies bei **Darlehenskonten:** Der BGH hat entschieden, dass im Falle einer Gesellschaftsanteilsübertragung aus der Vergangenheit herrührende Geldansprüche im Zweifel auf den Erwerber übergehen, wenn sie im Rechenwerk der Gesellschaft Niederschlag gefunden haben, insbesondere auf dem Darlehens- oder Privatkonto ersichtlich sind.[263]

▶ Praxistipp:

Regelmäßig weist das Darlehenskonto einen Saldo zu Gunsten des Veräußerers aus. Bei den Beteiligten fehlt häufig das Bewusstsein, dass hier ein Problem liegen könnte. Der Veräußerer geht regelmäßig davon aus, dass er »sein Geld« zurückerhalte. Es bietet sich daher z.B. folgende Regelung an:[264]

---

256 *Strahl*, KÖSDI 2009, 16531.
257 BFH, DStR 2008, 1577.
258 FG Nürnberg, EFG 2009, 2019.
259 *Plassmann*, BB 1978, 413.
260 Dazu MünchHdB GesR Bd1/*Gummert*, § 13 Rn. 38 ff.
261 *Leitzen*, ZNotP 2009, 255, 257.
262 Vgl. MünchKommHGB/*Priester*, § 120 Rn. 87.
263 BGHZ 45, 221 = NJW 1966, 1307; NJW 1973, 328; NJW-RR 1987, 286.
264 Vgl. *Hesselmann/Tillmann/Müller-Thuns*, S. 1082 (Anhang E).

▶ **Formulierungsbeispiel: Darlehenskonto bei Übertragungsverträgen**

»Forderungen des Verkäufers gegen die Gesellschaft und Verbindlichkeiten des Verkäufers gegenüber der Gesellschaft sind nicht Bestandteil des heutigen Kauf- und Übertragungsvertrages. Die Parteien verpflichten sich wechselseitig, alle erforderlichen Handlungen vorzunehmen, damit diese Forderungen und Verbindlichkeiten bis zum ... ausgeglichen werden.«[265]

5. Geschäftsführung und Vertretung

a) Geschäftsführung

89 Der Begriff der Geschäftsführung bezeichnet **jede zur Förderung des Gesellschaftszwecks bestimmte**, im laufenden Betrieb der GbR vorgenommene Tätigkeit eines Gesellschafters mit Ausnahme von Grundlagengeschäften.[266] Ob eine Maßnahme zur Geschäftsführung gehört, richtet sich nach Zweckbestimmung und Funktion der jeweiligen Tätigkeit.[267] Zur Geschäftsführung gehört auch die Vertretung der Gesellschaft, sodass eine Differenzierung zwischen Geschäftsführung und Vertretung danach, ob das Innen- oder Außenverhältnis betroffen ist, nicht hilfreich ist.[268] Auch der Abschluss von Verträgen im Namen der Gesellschaft ist eine Maßnahme der Geschäftsführung; ob diese Verträge wirksam sind, richtet sich freilich nach den Vertretungsverhältnissen.[269]

90 Die weitgehende Vertragsfreiheit im Recht der Personengesellschaften wird auch bei der GbR beschränkt durch das so genannte Prinzip der **Selbstorganschaft**. Hiernach kann sich eine GbR wie eine Einzelperson nicht durch die Übertragung der Geschäftsführungsbefugnisse an einen Dritten ihrer **Handlungshoheit** begeben.[270] Das Prinzip der Selbstorganschaft hindert die Gesellschaft freilich nicht, einem Dritten im Wege einer Vollmacht, auch einer Generalvollmacht, Geschäftsführungsaufgaben im Wege eines Anstellungsverhältnisses zu übertragen; allerdings müssen die Gesellschafter jederzeit die Möglichkeit haben, die Geschäftsführung wieder »an sich« zu ziehen.[271] Zulässig ist sogar eine Gestaltung, nach der die Geschäftsführungsbefugnis nur **aus wichtigem Grund mit der einfachen Mehrheit der Gesellschafter** widerrufbar ist.[272]

91 Das Gesetz ordnet in der Auslegungsregel des § 709 Abs. 1 BGB das Prinzip der Gesamtgeschäftsführung an.[273] Dies bedeutet, dass entweder alle Gesellschafter gemeinsam handeln müssen oder wenigstens die Zustimmung aller Gesellschafter vorzuliegen hat.[274] Weigert sich ein Gesellschafter, an der Geschäftsführung mitzuwirken, so müssen die übrigen Gesellschafter ihn auf Zustimmung verklagen.[275] Eine **Zustimmungspflicht** besteht dabei regelmäßig nicht, es sei denn, es handelt sich um eine Maßnahme der **Notgeschäftsführung** entsprechend § 744 Abs. 2 BGB oder der Betroffene weigert sich ohne sachlichen Grund, die Zustimmung zu erteilen, obwohl der Gesellschaftszweck und das Interesse der Gesellschaft dies erfordern.[276]

92 Gem. § 709 Abs. 2 BGB kann die Geschäftsführungsbefugnis einer Mehrheit der Gesellschafter zugewiesen werden. Derartige Mehrheitsklauseln sind unproblematisch, soweit sie sich nur auf Maß-

---

265 Alternative Gestaltung (Darlehen verbleibt beim Veräußerer, detaillierte Regelung der Rückzahlung durch Gesellschaft): BeckFB BHW, Muster VIII.D.22, § 5.
266 Staudinger/*Habermeier*, § 709 Rn. 1.
267 Staudinger/*Habermeier*, § 709 Rn. 1.
268 NomosKommentarBGB/*Heidel/Pade*, § 709 Rn. 2.
269 Staudinger/*Habermeier*, § 709 Rn. 1.
270 BGH, MittRhNotK 1994, 224.
271 NomosKommentarBGB/*Heidel/Pade*, § 709 Rn. 3.
272 BGH, NJW 1982, 2495; BGH, NJW 1982, 877, 878.
273 BGH NZG 2018, 1387 sogar bei bloßer Innengesellschaft.
274 Dazu ausführlich BeckOGK/*Geibel*, § 709 BGB Rn. 30 ff.
275 BGH, NJW 1960, 91.
276 JurisPK-BGB/*Bergmann*, § 709 Rn. 11 m.w.N.

nahmen der Geschäftsführung erstrecken und nicht strukturändernde Maßnahmen erfassen.[277] Die mehrheitliche Geschäftsführung erstreckt sich auf gewöhnliche und außergewöhnliche Geschäftsführungsmaßnahmen; § 116 Abs. 2 HGB gilt bei einer Klausel gem. § 709 Abs. 2 BGB nicht entsprechend.[278] Die Mehrheit wird gem. § 709 Abs. 2 BGB ermittelt durch die »Zahl der Gesellschafter«, sofern nicht, wie häufig, die Stimmrechtsmacht durch die Einlagenhöhe bestimmt wird.

Der Grundsatz der Einstimmigkeit kann bei kleineren Gesellschaften praktikabel sein; bei größeren Gesellschaften dürfte er die Gesellschaft in ihrer Handlungsfähigkeit unverhältnismäßig einschränken. Sollte auch eine Mehrheitsklausel nicht die gewünschte Flexibilität bieten, wird zulässigerweise die Befugnis zur **Einzelgeschäftsführung** in den Gesellschaftsvertrag aufgenommen. Die Möglichkeit hierzu setzt das Gesetz in § 711 BGB voraus. Die Befugnis zur Einzelgeschäftsführung kann auch konkludent eingeräumt werden; hierfür muss allerdings der auf die Abweichung von § 709 BGB gerichtete Wille eindeutig erkennbar sein.[279] Eine unbeschränkte Einzelgeschäftsführungsbefugnis dürfte vor allem bei kleineren vermögensverwaltenden Gesellschaften in Betracht kommen; häufiger ist die **funktionell beschränkte Einzelgeschäftsführung** anzutreffen, durch welche eine ressortbezogene Geschäftsführungsbefugnis eingeräumt wird.[280] Ist eine ressortbezogene Einzelgeschäftsführungsbefugnis eingeräumt, so steht den anderen Gesellschaftern im Zweifel kein Widerspruchsrecht gem. § 711 BGB zu.[281] 93

Der Gesellschaftsvertrag sollte die Geschäftsführungsbefugnis stets eindeutig beschreiben und abgrenzen. Die Frage nach Widerspruchsrechten sollte daher ausdrücklich geregelt und erörtert werden. Ohne weiteres möglich ist auch eine Vereinbarung, wonach die Einzelgeschäftsführungsbefugnis in Anlehnung an § 116 Abs. 1 und Abs. 2 HGB nur im Bereich gewöhnlicher Geschäfte bestehen soll.[282] Wird dies gewünscht, so sollten die außergewöhnlichen Geschäfte im Wege der Enumeration konkretisiert werden, ohne dass die allgemeine Regelung außer Kraft gesetzt wird. 94

▸ Formulierungsbeispiel: Regelung der Geschäftsführung im Gesellschaftsvertrag 95

Die Geschäftsführer sind zur alleinigen Geschäftsführung der Gesellschaft berechtigt, sofern es sich um Geschäfte handelt, die der gewöhnliche Betrieb des Unternehmens mit sich bringt. Zu außergewöhnlichen Geschäften ist die vorherige Zustimmung aller Gesellschafter erforderlich. Außergewöhnliche Geschäfte sind insbesondere:
– […]
– […]
– […]

b) Vertretung

aa) Allgemeines

Nach der Auslegungsregel des § 714 BGB richtet sich die Vertretung der Gesellschaft bürgerlichen Rechts im Zweifel nach der Geschäftsführungsbefugnis. § 714 BGB ist jedoch wie die meisten Vorschriften im BGB-Gesellschaftsrecht dispositiv.[283] Dies verdeutlicht bereits die Existenz von § 715 BGB. Der Begriff der Vertretung richtet sich nach den §§ 164 ff. BGB, bedeutet also das Handeln im Namen eines Dritten und mit Wirkung für und gegen diesen.[284] 96

Die Formulierung des § 714 BGB, wonach es um die Vertretung der anderen Gesellschafter gehe, ist durch die Anerkennung der Rechtsfähigkeit der BGB-Gesellschaft überholt. Vertreten werden 97

---

277 Staudinger/*Habermeier*, § 709 Rn. 46.
278 MünchKommBGB/*Schäfer*, § 709 Rn. 24; NomosKommentarBGB/*Heidel/Pade*, § 709 Rn. 18.
279 NomosKommentarBGB/*Heidel/Pade*, § 709 Rn. 22.
280 BeckOK-BGB/*Schöne*, § 709 Rn. 22.
281 MünchKommBGB/*Schäfer*, § 709 Rn. 17.
282 MünchKommBGB/*Schäfer*, § 709 Rn. 16 f.
283 BeckOK-BGB/*Schöne*, § 714 Rn. 6.
284 MünchHdB GesR Bd1/v. *Ditfurth*, § 7 Rn. 83.

nicht mehr die Gesellschafter, **sondern die Gesellschaft.** Es kann dahinstehen, ob der Wortlaut des § 714 BGB überholt ist[285] oder ob § 714 BGB den Fall der **organschaftlichen Vertretung der Gesellschaft** gar nicht regelt.[286] Ob § 714 BGB insoweit ein Anwendungsbereich verbleibt, als die Gesellschafter im Zweifel auch mitverpflichtet werden,[287] ist eine Frage der Auslegung, kann allerdings angesichts der akzessorischen Gesellschafterhaftung für Gesellschaftsschulden dahinstehen.

98 Trotz der überholten Formulierung findet § 714 BGB insoweit weiterhin Anwendung, als Geschäftsführungsbefugnis und Vertretungsbefugnis im Zweifel übereinstimmen. Eine Abweichung bedarf einer ausdrücklichen gesellschaftsvertraglichen Bestimmung.[288]

▶ Formulierungsbeispiel:
Die Gesellschafter A, B und C sind jeweils einzelgeschäftsführungsberechtigt. Zur Vertretung der Gesellschaft gegenüber Dritten ist jedoch ausschließlich der Gesellschafter B berechtigt.

100 Der Grundsatz der Selbstorganschaft wirkt sich auf der Ebene der Vertretung der Gesellschaft dergestalt aus, dass die Gesellschaft **keinesfalls handlungsunfähig** werden kann.[289] Ist beispielsweise der Mehrheitsgrundsatz als Vertretungsregelung vereinbart und fällt ein vertretungsberechtigter Gesellschafter weg, so bleibt die Vertretungsregel bestehen, sofern die Handlungsfähigkeit der Gesellschaft fortbesteht; würde der Wegfall zur Handlungsunfähigkeit führen, gilt die gesetzliche Regelung (§§ 709, 714 BGB).

bb) Umfang der Vertretungsmacht

101 Nach herrschender Auffassung findet **§ 126 Abs. 2 HGB** auf die BGB-Gesellschaft trotz Anerkennung der Rechtsfähigkeit **keine Anwendung.**[290] Daher richtet sich der Umfang der Vertretungsmacht im Zweifel nach dem Umfang der Geschäftsführungsbefugnis. Entscheidend ist die Ausgestaltung des Gesellschaftsvertrages. Möglich ist z.B. eine Regelung, wonach die Vertretungsmacht auf bestimmte Geschäftsbereiche oder Geschäftstypen beschränkt ist.[291] Unzulässig ist allerdings eine Beschränkung der **organschaftlichen Vertretungsmacht** auf das Gesellschaftsvermögen; hierfür bedarf es einer individualvertraglichen Vereinbarung.[292]

102 Die fehlende Anwendbarkeit von § 126 Abs. 2 HGB gerät zunehmend unter Kritik.[293] Die Rechtsprechung hält allerdings weiterhin an der grds. auf die Geschäftsführungsbefugnis beschränkten Vertretungsmacht fest, lässt im Einzelfall jedoch eine weitergehende Haftung nach Rechtsscheinsgrundsätzen zu.[294] Dies kommt z.B. im Liquidationsstadium in Betracht, wenn für den Vertragspartner nicht erkennbar ist, ob das Geschäft vom Liquidationszweck gedeckt ist.[295]

103 Für die **Passivvertretung** gilt § 164 Abs. 3 BGB, wonach regelmäßig der Zugang einer Willenserklärung an einen vertretungsberechtigten Gesellschafter genügt.[296] Dies wird teilweise unter Beru-

---

285 NomosKommentarBGB/*Heidel/Pade*, § 714 Rn. 1.
286 Soergel/*Hadding*, § 714 Rn. 7, 14.
287 Soergel/*Hadding*, § 714 Rn. 14.
288 MünchKommBGB/*Schäfer*, § 714 Rn. 18 ff.
289 Vgl. MünchKommBGB/*Schäfer*, § 714 Rn. 12.
290 MünchKommBGB/*Schäfer*, § 714 Rn. 24 m.w.N.
291 MünchKommBGB/*Schäfer*, § 714 Rn. 24, § 709 Rn. 23 ff.
292 BGH, MittRhNotK 1999, 353.
293 MünchKommBGB/*Schäfer*, § 714 Rn. 24 m.w.N.; siehe auch *Schäfer*, ZIP 2003, 1225, 1233 f.
294 BGH, MittRhNotK 1996, 414.
295 Staudinger/*Habermeier*, § 714 Rn. 8.
296 Staudinger/*Habermeier*, § 714 Rn. 11.

A. Gesellschaft bürgerlichen Rechts   **Kapitel 1**

fung auf § 125 Abs. 2 Satz 3 HGB hergeleitet,[297] im Zwangsvollstreckungsrecht aus § 170 Abs. 3 ZPO.[298] Diese Vorschriften dürften vertraglicher Disposition nicht unterliegen.

Der Gestalter sollte sich von derartigen Beschränkungen der Vertretungsmacht einzelner Geschäftsführer im Außenverhältnis fernhalten (»Geschäfte mit einem Wert von bis zu 10.000 Euro«). Soweit eine GbR als Komplementärin bei einer Kommanditgesellschaft (vgl. § 162 Abs. 1 Satz 2 HGB) oder bei einer KGaA[299] tätig werden soll, wird man solche Beschränkungen ohnehin als unzulässig ansehen müssen. Dann muss eine eventuelle Einzelvertretung unbeschränkt erteilt werden.   104

cc) Anwendbarkeit des § 172 BGB bei Vorlage des Gesellschaftsvertrages?

Nach wohl inzwischen einhelliger Auffassung sind die vertretungsberechtigten Gesellschafter der GbR **organschaftliche Vertreter.**[300] Für einen Vertragspartner der GbR ist es daher im Einzelfall schwierig, sich über die Vertretungsverhältnisse der GbR Gewissheit zu verschaffen, da keine Registerpublizität existiert. Um den Bedürfnissen des Rechtsverkehrs entgegen zu kommen, wurde gerade in jüngster Zeit eine (entsprechende) **Anwendung des § 172 Abs. 1 BGB auf GbR-Gesellschaftsverträge** erörtert.[301] Soweit eine Analogie bejaht wird, stellt man zur Begründung häufig auf eine Entscheidung des BGH ab, wonach **§ 174 BGB hinsichtlich des Gesellschaftsvertrages entsprechend anwendbar sein soll,** wenn ein alleinvertretungsberechtigter Gesellschafter gegenüber einem Dritten ein einseitiges Rechtsgeschäft vornimmt.[302] Hiergegen wird eingewandt, dass derjenige, der mit einer GbR einen Vertrag schließe, weniger schutzwürdig sei als derjenige, gegenüber dem die GbR ein einseitiges Rechtsgeschäft vornimmt.[303] Die entsprechende Anwendung des § 172 BGB auf Gesellschaftsverträge einer GbR erscheint jedoch vorzugswürdig: Auch wenn es sich um organschaftliche Vertretungsmacht handelt, so beruht die Vertretungsmacht der Gesellschafter letztlich doch auf einer Willensentscheidung der Gesellschafter, nämlich der Gründung der Gesellschaft.[304] Zudem erscheint es formalistisch, bei der Vorlage des Gesellschaftsvertrages die Anwendung des § 172 BGB zu verneinen, diese jedoch **bei Vorlage entsprechender Vollmachten** der Gesellschafter zu bejahen.[305] Die Rechtsprechung der Instanzgerichte hat sich dem jedoch bislang verschlossen.[306]   105

▶ **Praxistipp:**   106

Dennoch empfiehlt es sich jedenfalls bei Grundstücks-GbR, den Gesellschaftsvertrag wenigstens öffentlich beglaubigen zu lassen. Für den Fall, dass die Rechtsprechung zukünftig die Anwendbarkeit des § 172 BGB auf die Vorlage eines Gesellschaftsvertrages bejaht, kann dadurch die Vertretung nachgewiesen werden. Davon abgesehen erspart ein solcher Gesellschaftsvertrag bei der im Todesfall ggf. erforderlichen Grundbuchberichtigung evtl. eine Versicherung an Eides statt.[307] Alternativ möglich, wenn auch schwerfällig, ist die Erteilung originärer Vollmachten im Zeitpunkt der GbR-Gründung.

---

297 Siehe RGZ 53, 227, 230 f.; BGHZ 62, 166, 173; BGH, NZG 2012, 69; Erman/*Westermann*, BGB, § 714 Rn. 8.
298 Siehe BGH NJW 2006, 2191 zu § 170 Abs. 1, 3 ZPO; BGH, NJW 2007, 995, 997; BGH, NJW 2006, 2189, 2190 zu § 170 Abs. 1 ZPO.
299 Vgl. *Heinze*, DNotZ 2012, 426.
300 *Wertenbruch*, NZG 2005, 462; Staudinger/*Habermeier*, § 714 Rn. 2; MünchKommBGB/*Schäfer*, § 714 Rn. 16.
301 Vgl. *Kiehnle*, ZHR 174 (2010), 208, 224/225 m.w.N.
302 BGH, NJW 2002, 1194, 1195 = DNotZ 2002, 533; *Wertenbruch*, DB 2003, 1099, 1101; *Lautner*, MittBayNot 2005, 93, 96; *Knöfel*, AcP 205 (2005), 645, 652; *Wagner*, ZIP 2005, 637, 644; *Lautner*, DNotZ 2009, 650, 661.
303 *Kiehnle*, ZHR 174 (2010), 208, 224/225; eine entsprechende Anwendung ablehnend auch *Schöner/Stöber*, Rn. 3635; *Hertel*, DNotZ 2009, 121, 128; Staudinger/*Schilken*, § 172 Rn. 1; *Ruhwinkel*, MittBayNot 2007, 92, 95.
304 *Kiehnle*, ZHR 174 (2010), 208, 224/225.
305 Zu letzterer Möglichkeit *Tebben*, NZG 2009, 288, 292; *Krauß*, notar 2009, 429, 437.
306 Vgl. OLG München, DStR 2011, 1965, 1966.
307 Hierzu OLG Schleswig, ZEV 2012, 434.

dd) Beendigung der Vertretungsmacht

107 Gem. §§ 712, 715 BGB setzt die Beendigung der Vertretungsmacht eines Gesellschafters das Vorliegen eines wichtigen Grundes sowie einen Gesellschafterbeschluss voraus.[308] Die Vertretungsmacht kann nicht isoliert entzogen werden, sondern nur gemeinsam mit der Geschäftsführungsbefugnis.

6. Gesellschafterbeschlüsse

a) Grundlagen

108 Auch wenn es der Wortlaut zunächst nicht vermuten lässt, wird § 709 BGB als **Grundlage für das Beschlussrecht** in der GbR angesehen.[309] Anders als die §§ 45 ff. GmbHG enthält das BGB keine Vorschriften betreffend die **Gesellschafterversammlung, deren Zuständigkeit und das Verfahren**. Dies ist unproblematisch, wenn das Einstimmigkeitsprinzip beibehalten wird; gilt jedoch das Mehrheitsprinzip, so kommt eine entsprechende Anwendung der §§ 34, 35 BGB sowie des § 47 Abs. 4 GmbHG in Betracht.[310]

109 Nach heute wohl unbestrittener Auffassung ist ein Gesellschafterbeschluss dogmatisch als **mehrseitiges Rechtsgeschäft** einzuordnen, welches sich aus den Stimmabgaben als empfangsbedürftigen Willenserklärungen zusammensetzt.[311] Die allgemeinen Vorschriften der §§ 104 ff. BGB sind auf das Zustandekommen und die Wirksamkeit von Beschlüssen anwendbar.[312]

b) Gegenstände von Gesellschafterbeschlüssen

110 Üblicherweise findet eine Unterteilung von Gesellschafterbeschlüssen in drei Arten statt, und zwar in Beschlüsse über[313]
 – Grundlagen der Gesellschaft, insbesondere den Gesellschaftsvertrag,
 – Geschäftsführungsangelegenheiten sowie
 – sonstige Angelegenheiten der Gesellschaft.[314]

aa) Grundlagenbeschlüsse

111 Grundlagenbeschlüsse bedürfen grds. der Zustimmung aller Gesellschafter. Der Vertrag kann freilich die einfache Mehrheit der Stimmen als Quorum fixieren. Allerdings werden Mehrheitsbeschlüsse über Vertragsänderungen durch den so genannten **Bestimmtheitsgrundsatz** beschränkt: Dieser besagt, dass sich aus der Mehrheitsklausel auch der jeweils in Frage stehende Gegenstand der Vertragsänderung mit Bestimmtheit ergeben muss.[315] Je schwerwiegender der potenzielle Eingriff des Mehrheitsbeschlusses in die Gesellschafterstellung wiege, desto konkreter müsse die Mehrheitsklausel sein.[316]

112 Der **Bestimmtheitsgrundsatz** wurde in der Rechtsprechung zunächst entwickelt am Beispiel von **Beitragserhöhungen**, welche abweichend von § 707 BGB im Wege eines Mehrheitsbeschlusses

---

308 Zu den denkbaren wichtigen Gründen im Einzelnen MünchKommBGB/*Schäfer*, § 712 Rn. 9 ff.
309 MünchKommBGB/*Schäfer*, § 709 Rn. 50.
310 MünchKommBGB/*Schäfer*, § 709 Rn. 50.
311 Siehe Soergel/*Hadding/Kießling*, BGB, § 709 Rn. 24; Staudinger/*Habermeier*, BGB, § 709 Rn. 17; Erman/*Westermann*, BGB, § 709 Rn. 18a; *Wiedemann*, GesR I § 3 III 1b, 178 ff.; *Wiedemann*, GesR II § 4 I 2a, 297; *K. Schmidt*, GesR § 15 I 2.
312 MünchKommBGB/*Schäfer*, § 709 Rn. 52; zur Stimmabgabe durch minderjährigen Gesellschafter *J. Flume*, NZG 2014, 17.
313 Dazu ausführlich m.w.N. MünchKommBGB/*Schäfer*, § 709 Rn. 53 ff.
314 Vgl. BGHZ 65, 93.
315 BGHZ 8, 35, 41 = NJW 1953, 102.
316 MünchKommBGB/*Schäfer*, § 709 Rn. 84.

A. Gesellschaft bürgerlichen Rechts Kapitel 1

beschlossen werden sollten.[317] Dabei blieb die Rechtsprechung jedoch nicht stehen. Der Bestimmtheitsgrundsatz wurde von der Rechtsprechung bisher beispielsweise angewandt auf:
- Feststellung des Jahresabschlusses;[318]
- Änderungen des Gewinnverteilungsschlüssels;[319]
- Vertragsverlängerungen;[320]
- Änderung der Kündigungsfolgen;[321]
- Herabsetzung des Mehrheitserfordernisses für Vertragsänderungen.[322]

Der Bundesgerichtshof hat in jüngerer Vergangenheit zunächst klargestellt, dass an dem Bestimmtheitsgrundsatz weiterhin festzuhalten sei;[323] allerdings sei dieser nicht derart zu verstehen, dass er eine Auflistung der betroffenen Beschlussgegenstände verlange. Grund und Tragweite der Legitimation von Mehrheitsentscheidungen könnten sich vielmehr auch durch Auslegung des Gesellschaftsvertrages ergeben. Aber auch die Eindeutigkeit einer vertraglichen Regelung sei zwar notwendige, aber nicht hinreichende Voraussetzung für die Wirksamkeit einer Mehrheitsentscheidung: Einer Mehrheitsentscheidung schlechthin unzugänglich sind **absolut unentziehbare Gesellschafterrechte**; relativ unentziehbare Gesellschafterrechte können nur mit (antizipierter) Zustimmung des betroffenen Gesellschafters oder aus wichtigem Grund entzogen werden. Im letzteren Fall komme es darauf an, dass die Grenzen der Ermächtigung inhaltlich eingehalten worden seien und sich die Mehrheit nicht treuepflichtwidrig über wichtige Belange der Minderheit hinweggesetzt habe.[324] Diese »Zwei-Stufen-Prüfung« ist generell durchzuführen und nicht nur bei solchen Beschlüssen, die die gesellschaftsvertraglichen Grundlagen oder den Kernbereich berühren.[325] Der Minderheitsgesellschafter hat allerdings darzulegen und zu beweisen, dass ein Treuepflichtverstoß vorgelegen habe. Bei einer Stimmbindungsgesellschaft kann hiernach grds. mit einfacher Mehrheit ein bestimmtes Stimmverhalten beschlossen werden, selbst wenn bei der Kapitalgesellschaft selbst eine qualifizierte Mehrheit erforderlich ist.[326]

113

Auf der Grundlage dieses Verständnisses des BGH vom Bestimmtheitsgrundsatz bedarf es einer Klarstellung, in welchem Verhältnis dieser zur so genannten **Kernbereichslehre** steht. Nach einer in der Literatur vertretenen Ansicht wird der Bestimmtheitsgrundsatz durch die Kernbereichslehre ersetzt: Mehrheitliche Eingriffe in den **Kernbereich der Mitgliedschaft** sollen nur dann zulässig sein, wenn der betroffene Gesellschafter zugestimmt hat.[327] Nach dieser Auffassung ist der Bestimmtheitsgrundsatz überholt; der Minderheitenschutz sei vor allem im Wege der Kernbereichslehre zu gewähren.[328] Die derart verstandene Kernbereichslehre unterscheidet sich von der vom BGH vertretenen Position freilich eher terminologisch.[329] Von einer Aufgabe des Bestimmtheitsgrundsatzes in der Rechtsprechung des BGH zu sprechen,[330] dürfte freilich verfrüht sein. Der BGH geht weiter von einem **zweigliedrigen Verständnis** des Kernbereichs aus: Der **Kernbereich im engeren Sinn** umfasse schlechthin unverzichtbare Gesellschafterrechte; der Kernbereich im weiteren Sinne bezeichne Gegenstände, die nur bei eindeutiger Festlegung in die Mehrheitskompetenz fallen.[331]

114

---

317 RGZ 91, 166; RGZ 151, 321; RGZ 163, 385.
318 BGHZ 132, 263 = DNotZ 1997, 577; allerdings genügt eine einfache Mehrheitsklausel, BGHZ 170, 283 = DNotZ 2007, 629 (Otto).
319 BGH, NJW 1979, 419.
320 BGH, NJW 1973, 1602.
321 BGHZ 48, 251 = NJW 1967, 2151.
322 BGH, DNotZ 1988, 49.
323 BGHZ 170, 283.
324 BGHZ 170, 283 = DNotZ 2007, 629 (Otto).
325 BGHZ 179, 13 = DNotZ 2009, 392 (Schutzgemeinschaftsvertrag II).
326 BGH, DNotZ 2009, 392.
327 MünchKommBGB/*Schäfer*, § 709 Rn. 90 ff.; GroßkommHGB/*Schäfer*, § 119 Rn. 34 ff., 38 ff.
328 GroßkommHGB/*Schäfer*, § 119 Rn. 36.
329 Ebenroth/Boujong/Just/Strohn/*Goette*, 3. Aufl. 2008, § 119 Rn. 53.
330 GroßkommHGB/*Schäfer*, § 119 Rn. 37.
331 Ebenroth/Boujong/Just/Strohn/*Goette*, 3. Aufl. 2008, § 119 Rn. 53, 59.

115 Die neue Rechtsprechung dürfte zu mehr Rechtssicherheit bei der Gestaltung gesellschaftsvertraglicher Mehrheitsklauseln führen. Denn außer in den Fällen der schlechthin unentziehbaren Gesellschafterrechten dürfte eine Mehrheitsklausel in den meisten Fällen zulässig sein. Die hierfür ggf. erforderliche Zustimmung hat der Gesellschafter entweder bei der Gründung erklärt oder im Zuge eines Anteilserwerbes; beim Erwerb von Todes wegen dürfte der Rechtsnachfolger an die Zustimmung durch den Rechtsvorgänger gebunden sein. In der Literatur wird in Reaktion auf die Rechtsprechung eine noch klarere Trennung zwischen dem (unter dem Gesichtspunkt des Kernbereichs sowie des Belastungsverbotes unterschiedlich wirkenden) Bestimmtheitsgrundsatz sowie der auf der wechselseitigen Treuepflicht beruhenden Inhaltskontrolle gefordert.[332]

116 Der BGH ist einer allzu restriktiven Handhabung des Bestimmtheitsgrundsatzes in einer aktuelleren Entscheidung entgegen getreten. Im konkreten Fall hatte das KG als Vorinstanz die Geltung der Mehrheitsklausel für die Feststellung einer Liquidationsschlussrechnung verneint; der Gesellschaftsvertrag enthielt eine einfache Mehrheitsklausel für Gesellschafterbeschlüsse sowie eine qualifizierte Mehrheitsklausel für vertragsändernde Beschlüsse und die Auflösung der Gesellschaft. Das KG sah hier keine Grundlage für eine Auslegung dergestalt, dass zumindest auch das qualifizierte Mehrheitserfordernis auch für die Feststellung der Liquidationsschlussrechnung gelten könnte.[333] Der BGH hat die Entscheidung des KG aufgehoben:[334] Da der Gesellschaftsvertrag die Mehrheitsklausel auf die Auflösung erstreckte, sei hiervon auch die Feststellung der Auseinandersetzungsbilanz erfasst. Anderseits stützte der BGH sein Ergebnis zusätzlich darauf, dass es sich um eine Publikumsgesellschaft handele.[335]

Nach der jüngsten Entscheidung des BGH vom 21.10.2014[336] dürfte der rein formelle Bestimmtheitsgrundsatz nunmehr erledigt sein.[337] Der zweite Leitsatz der Entscheidung besagt, dass es keine allgemeine Auslegungsregel mehr gibt, wonach Mehrheitsklauseln im Gesellschaftsvertrag restriktiv auszulegen seien oder Grundlagengeschäfte oder ungewöhnliche Geschäfte regelmäßig nicht erfasse. Entscheidend ist lediglich die zweite Stufe: auch eine formell legitimierte Mehrheitsentscheidung kann unwirksam sein, wenn sie treuepflichtwidrig ist, insbesondere sich über schützenswerte Belange der Minderheitsgesellschafter hinwegsetzt. Dies lässt sich im Vorfeld kaum prüfen.

Zu beachten ist zudem, dass sich der BGH auch von der Kernbereichslehre zwischenzeitlich wohl weitgehend distanziert hat.[338] 2012 wurde in einer Entscheidung[339] der »früher so genannte[n] Kernbereich« thematisiert. 2014 hieß es, dass sich »der Kreis der nicht ohne weiteres durch Mehrheitsbeschluss entziehbaren Rechte nicht abstrakt und ohne Berücksichtigung der konkreten Struktur der jeweiligen Personengesellschaft und einer etwaigen besonderen Stellung des betroffenen Gesellschafters umschreiben lässt«.[340] Ein Teil der Literatur[341] schloss hieraus eine gänzliche Abkehr von der Kernbereichslehre und plädierte für die alleinige Kontrolle von Mehrheitsbeschlüssen am Maßstab der gesellschaftsrechtlichen Treuepflicht. Überwiegend wird hingegen ein zumindest partieller Fortbestand der Kernbereichslehre angenommen.[342]

---

332 Zu dieser Differenzierung *K. Schmidt*, ZIP 2009, 737, 739/740.
333 KG, NZG 2010, 223.
334 BGH, DStR 2012, 808.
335 BGH, DStR 2012, 808, 810.
336 BGH, NJW 2015, 859.
337 So auch die Lit., z.B. *Altmeppen*, NJW 2015, 2065; *Ulmer*, ZIP 2015, 657, 662; *Schäfer*, NZG 2014, 1401, 1403; *Grunewald*, BB 2015, 328, 332.
338 Ausführlich Ebenroth/Boujong/Joost/Strohn/*Freitag*, HGB, § 119 Rn. 72 f.
339 BGH, NZG 2013, 49.
340 BGHZ 203, 77.
341 *Wertenbruch* DB 2014, 2875, 2877; gegen die Fortführung der Kernbereichslehre mit ökonomischen Erwägungen *Klöhn*, AcP 216 (2016), 281, 303 ff.
342 *Schäfer*, NZG 2014, 1401, 1403 f.; *Altmeppen*, NJW 2015, 2065, 2066 ff.; *Priester*, NZG 2015, 529; *Schäfer*, ZIP 2015, 1313, 1315 f.; *Schiffer*, BB 2015, 584, 586; *Ulmer*, ZIP 2015, 657, 658 f.; *Lieder*, notar 2016, 283, 291; *Kleindiek*, GmbHR 2017, 674, 678 f.

A. Gesellschaft bürgerlichen Rechts

▶ **Praxistipp:**

Die Entscheidung des BGH hat eine wohl übermäßig restriktive Auslegung verhindert. Wenn aber ein Beschlussgegenstand ersichtlich von besonderer Bedeutung ist, sollte man in der Praxis weiterhin mit »insbesondere« – Katalogen arbeiten. Eine klare (womöglich überflüssige) Regelung ist einer streitanfälligen (wenn auch im Wege der »richtigen Auslegung« behebbaren) Regelung vorzuziehen.

»Gesellschafterbeschlüsse werden mit der einfachen Mehrheit der Stimmen getroffen. Dies gilt insbesondere auch für Änderungen des Gesellschaftsvertrages, Beschlüsse über die Auflösung der Gesellschaft sowie die Aufstellung einer Liquidationsschlussrechnung.«

Der erwähnte Verstoß gegen die Treuepflicht bzw. die fehlende Rücksichtnahme auf schützenswerte Belange des Minderheitsgesellschafters liegt sicherlich vor, wenn versucht wird, bei einem Mehrheitsbeschluss unentziehbare Gesellschafterrechte zu entziehen. Bei der Gestaltung einer Mehrheitsklausel lässt sich aber nicht vorhersehen, in welcher Situation es hierzu ggf. einmal kommen könnte. Es mag erwogen werden, im Gesellschaftsvertrag als Merkposten einen Hinweis auf die BGH-Rechtsprechung anzubringen.

bb) Geschäftsführungsmaßnahmen

Die Frage nach Beschlüssen in Geschäftsführungsangelegenheiten stellt sich vor allem dann, wenn das **Mehrheitsprinzip (§ 709 Abs. 2 BGB)** vereinbart worden ist.[343] Praktisch behilft man sich vor allem damit, dass bestimmte Arten von Geschäften der vorherigen Zustimmung der (einfachen oder qualifizierten) Mehrheit der Gesellschafter bedürfen.[344] In Geschäftsführungsangelegenheiten ist die Gestaltungsfreiheit der Gesellschafter größer als bei Grundlagengeschäften.

cc) Sonstige Gesellschaftsangelegenheiten

Unter den sonstigen **gemeinsamen Gesellschaftsangelegenheiten** versteht man z.B. die **Entlastung von Geschäftsführern.** Auch diese Beschlüsse stehen grds. dem Mehrheitsprinzip offen.[345]

c) Gesellschafterversammlungen

Das BGB enthält keine Vorschriften über Gesellschafterversammlungen bei der GbR; auch im Recht der Personenhandelsgesellschaften sind derartige Vorschriften nicht zu finden; für Personenhandelsgesellschaften existieren immerhin die §§ 39, 217 UmwG, welche Gesellschafterversammlungen im Bereich des Umwandlungsrecht erwähnen. Aus notarieller Sicht von Bedeutung ist daher die Frage, wie weit in diesem Bereich die **Gestaltungsautonomie** reicht.

Nach einer verbreiteten Auffassung sind die **§§ 47 ff. GmbHG entsprechend** anzuwenden, soweit der Gesellschaftsvertrag regelt, dass Beschlussfassungen der Gesellschafter grds. in einer Gesellschafterversammlung stattzufinden haben.[346] Wie auch bei der GmbH ist jedoch dringend zu empfehlen, die gesetzlichen Regelungen im Einzelfall anzupassen und zu ergänzen.

Regelungen über Gesellschafterversammlungen sollten sich verhalten zu:
– Art und Weise der Einberufung (Form, Ladungsfristen etc.)
– Vollversammlungsprivilegien
– Teilnahmerechten
– Zulässigkeit der Teilnahme durch Vertreter

---

343 MünchKommBGB/Schäfer, § 709 Rn. 54.
344 Vgl. Münchener Vertragshandbuch Bd. 1, Muster I.3, § 6 Abs. 2; BeckFB BHW, Muster VIII.A.2.
345 MünchKommBGB/Schäfer, § 709 Rn. 55.
346 MünchKommHGB/*Enzinger*, § 119 Rn. 48; LG Karlsruhe, DB 2001, 693; a.A. *Giefers/Ruhkamp*, Rn. 407.

- Ort der Versammlung
- Protokollierung
- Versammlungsleitung
- Bekanntgabemöglichkeiten
- Anfechtungsfristen
- Stimmrechten und Mehrheiten

122 ▶ **Praxistipp:**

Soweit Gesellschaftsverträge von Ehegatten-Grundstücksgesellschaften betroffen sind, erscheinen übermäßig detaillierte Regelungen betreffend die Einberufung und/oder Abhaltung von Gesellschafterversammlungen verfehlt. Solange derartige Gesellschaften funktionieren, dürften Beschlüsse regelmäßig einstimmig gefasst werden; ist dies nicht (mehr) der Fall, wird meistens aus anderen Gründen eine Auseinandersetzung stattzufinden haben.

aa) Einberufung

123 In Ermangelung einer abweichenden Regelung steht das Recht zur Einberufung der Gesellschafterversammlung **jedem Gesellschafter** zu.[347] Von der Möglichkeit, dieses Einberufungsrecht zu beschränken, sollte regelmäßig Gebrauch gemacht werden: Beispielsweise kann das Recht zur Einberufung auf die geschäftsführenden Gesellschafter übertragen werden;[348] einer qualifizierten Minderheit kann ein Einberufungsanspruch ergänzend eingeräumt werden.[349]

bb) Durchführung der Gesellschafterversammlung; Stellvertretung

124 Hinsichtlich der Durchführung der Gesellschafterversammlung bietet es sich an, Regelungen über die Teilnahmeberechtigung, zulässige Bevollmächtigung und Konsequenzen einer Nichtteilnahme aufzunehmen. Soweit eine Nichtteilnahme an der Gesellschafterversammlung dazu führen soll, dass dann die Mehrheit der abgegebenen Stimmen genügt,[350] ist dies freilich ohnehin nur in Angelegenheiten denkbar, in denen nach den dargestellten Grundsätzen **nicht zwangsläufig die Zustimmung der betroffenen Gesellschafter oder sogar aller Gesellschafter erforderlich ist.** Sofern allerdings eine Zustimmung bereits im Voraus erklärt werden kann, sollte der Gesellschaftsvertrag klarstellen, dass sich diese Zustimmung auch auf Beschlüsse erstreckt, die zulässigerweise von der Mehrheit der abgegebenen Stimmen gefasst worden ist.

125 Anders als im Recht der GmbH, wo die Zulässigkeit der Bevollmächtigung der gesetzliche Regelfall ist (§ 47 Abs. 3 GmbHG, dazu auch Kap. 2 Rdn. 356 f.), ist die Ausübung des Stimmrechts in der Personengesellschaft grds. **höchstpersönlicher Natur.**[351] Die Ausübung des Stimmrechts kann und muss entweder vorab im Gesellschaftsvertrag oder im Wege der ad-hoc-Zustimmung erklärt werden; ein Anspruch auf eine solche Zustimmung zur Bevollmächtigung eines außenstehenden Dritten besteht nur ausnahmsweise dann, wenn der Gesellschafter an der persönlichen Stimmabgabe gehindert ist und ihm eine Bevollmächtigung der Mitgesellschafter nicht zumutbar ist.[352] In vielen Fällen dürften sich Klauseln empfehlen, wonach eine Stellvertretung durch solche Personen zulässig ist, die **zur berufsmäßigen Verschwiegenheit verpflichtet sind.** Erwägenswert erscheint es überdies, eine Stellvertretung auch auf der Grundlage einer **Vorsorgevollmacht** zuzulassen.

126 Nur in dem Bereich derjenigen Beschlussgegenstände, die einer Entscheidung durch Mehrheitsbeschluss zugänglich sind, stellt sich darüber hinaus die Frage nach **Beschlussquoren.** Ohne eine Rege-

---

347 MünchKommHGB/*Enzinger*, § 119 Rn. 49.
348 Siehe hierzu auch MAHPersG/*Plückelmann*, § 8 Rn. 100 f.
349 Hierzu BeckHdBPersG/*Stengel*, § 3 Rn. 441 m.w.N.
350 Dies ist gem. § 47 Abs. 1 GmbHG der Regelfall bei einer GmbH, *Roth/Altmeppen*, § 47 Rn. 3.
351 MünchKommBGB/*Schäfer*, § 709 Rn. 60, 77.
352 BGH, LM § 109 HGB Nr. 8 = NJW 1970, 706 = DNotZ 1970, 303.

lung dürfte es stets auf die Mehrheit aller Gesellschafter ankommen;[353] dies kann schnell zur Handlungsunfähigkeit der Gesellschaft führen. Es bietet sich an, ein derartiges Beschlussquorum erst für eine zweite Gesellschafterversammlung anzuordnen, welche erst einberufen wird, nachdem die Beschlussquoren bei der zunächst einberufenen Gesellschafterversammlung nicht erreicht worden sind.

Dabei ist jedoch eine gewisse Vorsicht geboten, um so genannte **Eventualeinberufungen** zu vermeiden: Hierbei handelt es sich um eine vorsorglich ausgesprochene Einberufung für den Fall, dass die Beschlussfähigkeit nicht erreicht wird.[354] Unwirksam ist eine solche Eventualeinberufung jedenfalls dann, wenn der Gesellschaftsvertrag regelt, dass diese Einberufung erst nach der Einberufung der ersten Versammlung erfolgen soll (denn die Eventualeinberufung wird ja gleichzeitig mit der regulären Einberufung versendet).[355] Aber selbst wenn man die Zulässigkeit solcher Eventualeinberufungen regeln kann, erscheint sie wohl nicht zweckmäßig. Denn dann könnte man jegliches Quorum für die Beschlussfähigkeit abschaffen, was regelmäßig wegen der damit verbundenen Gefahren nicht gewünscht ist.

▶ Formulierungsbeispiel: Beschlussfähigkeit der Gesellschafterversammlung

Die Gesellschafterversammlung ist beschlussfähig, wenn 50 % des Festkapitals anwesend oder vertreten ist. Fehlt es an dieser Voraussetzung, so haben die geschäftsführenden Gesellschafter innerhalb von vier Wochen eine neue Gesellschafterversammlung einzuberufen, die dann in jedem Fall beschlussfähig ist. Hierauf ist in der Ladung hinzuweisen.

cc) Form der Stimmabgabe

Weder im BGB noch im HGB existieren Formvorschriften betreffend die Stimmabgabe. Soweit hier Regelungsbedarf gesehen wird, kommt eine **Protokollierungsverpflichtung nach Gesellschafterversammlungen** in Betracht, ebenso dann, wenn Beschlüsse einstimmig im Umlaufverfahren beschlossen werden.[356] Eine derartige Formulierung sollte vorsorglich klarstellen, dass ein Verstoß gegen die Protokollierungspflicht nicht zur Unwirksamkeit des entsprechenden Gesellschafterbeschlusses führt.

▶ Formulierungsbeispiel: Gesellschafterbeschlüsse außerhalb von Versammlungen

Gesellschafterbeschlüsse können auch außerhalb von Versammlungen in jeder beliebigen Form gefasst werden, wenn sämtliche Gesellschafter dem zustimmen. Über einen derart gefassten Beschluss hat der geschäftsführende Gesellschafter unverzüglich eine Niederschrift aufzunehmen; der Beschluss ist jedoch unabhängig von einer solchen Niederschrift wirksam.

dd) Vorsitz in der Gesellschafterversammlung

Der Vorsitz in der Gesellschafterversammlung ist gerade bei größeren Gesellschaften von erheblicher Bedeutung. Im Personengesellschaftsrecht gibt es (in Ermangelung von Regelungen über Gesellschafterversammlungen) auch keine Regelungen betreffend die Versammlungsleitung und eine eventuelle **Beschlussfeststellung**.[357] Wenn aber das Verfahren der Gesellschafterversammlung im Einzelfall regelungsbedürftig ist, erscheint auch die Frage der Versammlungsleitung bzw. Beschlussfeststellung erwähnenswert.

Während im Aktienrecht die Beschlussfeststellung durch den Vorsitzenden der Hauptversammlung kraft zwingender gesetzlicher Anordnung Wirksamkeitsvoraussetzung eines Beschlusses ist, dürften im Personengesellschaftsrecht (vorausgesetzt, Mehrheitsbeschlüsse werden zugelassen) ähnliche

---

353 MünchKommBGB/*Schäfer*, § 709 Rn. 96.
354 Siehe BGH, NJW 1998, 1317 zur GmbH; vgl. zum WEG BayObLG, WuM 1995, 500; zum Verein: BGH, Rpfleger 1989, 111.
355 BGH, NJW 1998, 1317.
356 Vgl. RGZ 101, 7.
357 MünchKommBGB/*Schäfer*, § 709 Rn. 73.

Grundsätze gelten wie im GmbH-Recht: Beschlüsse sind wirksam, wenn die gesetzlichen Voraussetzungen vorliegen; anderenfalls sind sie unwirksam.[358] Ist hingegen eine **Beschlussfeststellung vorgesehen**, so ist ein entsprechend festgestellter Beschluss als vorläufig wirksam zu behandeln; er muss dann mit der (dann ebenfalls zu regelnden) **Anfechtungsklage** angegriffen werden.[359] Dies gilt jedoch nur, wenn der Versammlungsleiter legitimiert ist. Die Legitimation wird entweder durch eine **Bestimmung im Gesellschaftsvertrag** getroffen oder ad hoc, wenn gegen die Versammlungsleitung **kein Widerspruch erhoben wird**.[360]

ee) Anwendbarkeit von § 181 BGB auf Gesellschafterbeschlüsse

133 Insbesondere dann, wenn ein Mitgesellschafter zulässigerweise zum Stimmrechtsvertreter bestellt worden ist, stellt sich die Frage, ob das **Selbstkontrahierungsverbot** bzw. das **Verbot der Mehrfachvertretung** zu beachten ist. Nach der Rechtsprechung ist § 181 BGB von vornherein unanwendbar bei Gesellschafterbeschlüssen, die die **Geschäftsführung** oder im Rahmen des bestehenden Gesellschaftsvertrages **gemeinsame Gesellschaftsangelegenheiten** betreffen.[361] Anders liegt der Fall, wenn es um die Änderung des Gesellschaftsvertrages[362] oder die Bestellung des Stimmrechtsvertreters zum geschäftsführenden Gesellschafter geht;[363] dann ist § 181 BGB anwendbar.[364]

134 ▶ **Praxistipp**:

> Die Abgrenzung fällt – ebenso wie in den Fällen minderjähriger Gesellschafter – im Einzelfall schwer. Stimmrechtsvollmachten sollten stets entsprechende Befreiungen von den Beschränkungen des § 181 BGB enthalten; sofern dies z.B. bei juristischen Personen im Einzelfall nicht möglich ist, sollte jedenfalls die Mehrfachvertretung vermieden, also pro Gesellschafter ein gesonderter Bevollmächtigter bestellt werden.

d) Stimmrechte

135 Nach der gesetzlichen Vorgabe haben alle Gesellschafter das gleiche Stimmgewicht (§ 709 Abs. 2 BGB). Haben die Gesellschafter allerdings Beiträge bzw. Einlagen in **abweichenden Größen** erbracht, wird die gesetzliche Regelung als unsachgemäß empfunden: Vielmehr besteht die Erwartungshaltung, dass sich die Vermögensbeiträge in den Mitspracherechten widerspiegeln.[365] Eine Abhilfemöglichkeit besteht darin, die Stimmrechte der Gesellschafter gemäß ihren **Kapitalanteilen** festzulegen. Der Kapitalanteil in diesem Sinne ist zu verstehen als buchungstechnische Größe, welche die Beteiligung jedes Gesellschafters am Eigenkapital repräsentiert.[366] Hinsichtlich der Ausgestaltung des Stimmrechts, also hinsichtlich der Frage, ob je 1 € oder je 100 € Kapitalanteil eine Stimme gewähren, sind die Gesellschafter frei.

e) Stimmbindungsvereinbarungen

136 Auch bei der Gesellschaft bürgerlichen Rechts werden die gesellschaftsvertraglichen Pflichten flankiert durch schuldrechtliche Vereinbarungen unter den Gesellschaftern. Häufig finden sich Vereinbarungen, mit denen das Abstimmungsverhalten der Gesellschafter beeinflusst werden soll. Von den so genannten **Stimmbindungsverträgen** lassen sich **Vertreterklauseln** unterscheiden.[367]

---

358 Michalski/Heidinger/Leible/J. Schmidt/*Römermann*, § 47 Rn. 583.
359 Ausführlich MünchKommBGB/*Schäfer*, § 709 Rn. 118 ff.
360 Vgl. zum GmbH-Recht *Bunz*, NZG 2017, 1366.
361 BGH, NJW 1976, 49.
362 BGH, NJW 1976, 49.
363 BGH, NJW 1991, 691; BGH, NJW 1969, 841; BayObLG DNotZ 2001, 887; LG Berlin NJW-RR 1997, 1534.
364 Ausführlich *Baetzgen*, RNotZ 2005, 193.
365 Siehe Henssler/Strohn/*Servatius*, § 705 BGB Rn. 53.
366 Ausführlich hierzu *U. Huber*, Vermögensanteil, Kapitalanteil und Gesellschaftsanteil an Personengesellschaften des Handelsrechts, 1970.
367 Dazu MünchKommBGB/*Schäfer*, § 717 Rn. 18 ff.

A. Gesellschaft bürgerlichen Rechts

aa) Vertreterklauseln

Insbesondere Familiengesellschaften sind dadurch geprägt, dass der Gesellschafterkreis durch mehrere »Gesellschafterstämme« geprägt ist.[368] Bei derartigen Gesellschaften sind Vereinbarungen des Inhalts empfehlenswert und üblich, dass innerhalb eines Gesellschafterstammes das **Stimmrecht jeweils nur einheitlich ausgeübt** werden darf. Eine derartige Einschränkung trägt insbesondere dem Umstand Rechnung, dass sich der Gesellschafterbestand durch Erbgänge in unübersehbarer Art und Weise ausweitet. Die Zulässigkeit derartiger Klauseln wird in der Literatur unter Berufung auf die Rechtsprechung des BGH bejaht, wonach eine Verpflichtung der Ausübung der Gesellschafterrechte durch einen einheitlichen Vertreter nach einer Erbfolge für zulässig erachtet wurde.[369] Entscheidend dürfte sein, dass der Vertreter innerhalb einer Gruppe von dieser jederzeit abberufen werden kann. Von der Gruppenvertretungsregelung unberührt bleiben freilich diejenigen Gesellschafterrechte, welche einem Gesellschafter nicht entzogen werden können. Innerhalb einer Gruppe sollten Vereinbarungen über die **interne Willensbildung** getroffen werden.

137

bb) Stimmbindungsverträge

Stimmbindungsverträge sind Verträge, mit denen ein Gesellschafter die Verpflichtung übernimmt, von seinem Stimmrecht in bestimmter Weise Gebrauch zu machen. Der BGH hat die Zulässigkeit derartiger Verträge zunächst bei der GmbH bejaht[370] und sie dann auf alle anderen Gesellschaftsformen übertragen.[371] In der Literatur werden unter Verweis auf das Abspaltungsverbot teilweise zurückhaltendere Auffassungen vertreten, insbesondere dann, wenn es sich um **Vereinbarungen gegenüber Dritten** handelt.[372] Diese Bedenken wurden allerdings bislang vom BGH nicht aufgegriffen. Schranken ergeben sich allerdings weiterhin aus der gesellschaftsrechtlichen **Treuepflicht** sowie aus der **Kernbereichsrechtsprechung**.[373]

138

f) Beschränkungen des Stimmrechts

In den §§ 705 ff. BGB finden sich keine allgemeinen Vorschriften, die mit den §§ 47 Abs. 4 GmbHG, 136 Abs. 1 AktG vergleichbar wären. Ausdrückliche Regelungen enthalten allerdings die §§ 712, 715 und 737 Satz 2 BGB. In der Rechtsprechung wird allerdings § 47 Abs. 4 GmbHG als **Ausprägung eines allgemeinen Rechtsgrundsatzes** angesehen.[374] Hiernach kann von einem selbst am Geschäft beteiligten Gesellschafter nicht erwartet werden, er werde bei der Stimmabgabe seine eigenen Belange hinter diejenigen der Gesellschaft stellen.[375] Bereits die im BGB enthaltenen Ausschlusstatbestände verdeutlichen, dass ein Stimmrecht immer dann ausgeschlossen ist, wenn es um ein »**Richten in eigener Sache**« geht (Anwendungsfall des § 47 Abs. 4 Satz 1 GmbHG). Das OLG München zieht jedoch auch § 47 Abs. 4 Satz 2 GmbHG heran, wenngleich es dessen Voraussetzungen im konkreten Fall verneint. Es spricht daher vieles dafür, die zu § 47 Abs. 4 GmbHG insgesamt entwickelten Fallgruppen auch auf das Stimmrecht innerhalb der Gesellschaft bürgerlichen Rechts heranzuziehen.[376]

139

Neben den gesetzlichen Stimmrechtsbeschränkungen stellt sich auch die Frage, inwieweit **vertragliche Beschränkungen des Stimmrechts** vereinbart werden können. Derartige Beschränkungen

140

---

368 Hierzu allgemein *Holler*, DStR 2019, 880.
369 BGHZ 46, 291 = NJW 1967, 826; BGH, NJW 1973, 1602.
370 BGHZ 48, 163 = NJW 1967, 1963.
371 Vgl. zuletzt BGHZ 179, 13 = DNotZ 2009, 392.
372 Bamberger/Roth/*Schöne*, § 717 Rn. 15 m.w.N.
373 Siehe mit ausführlicher Differenzierung danach, ob sich der Gesellschafter gegenüber Mitgesellschaftern oder gegenüber außenstehenden Dritten gebunden hat MünchKommBGB/*Schäfer*, § 717 Rn. 20 ff.
374 Vgl. etwa BGH NZG 2018, 1226; BGH, ZIP 2012, 917; BGH, WM 1983, 60; BGH WM 1974, 834; RGZ 162, 370; RGZ 136, 236.
375 BGHZ 51, 215, 219 = NJW 1969, 841; 56, 47, 52 = NJW 1971, 1265; OLG München, DStR 2009, 2212.
376 Ausführlich MünchKommBGB/*Schäfer*, § 709 Rn. 65 ff.

können die vorstehend dargestellten Grundsätze zur Kernbereichslehre nicht außer Kraft setzen; in diesen Fällen muss der stimmrechtslose Gesellschafter **zugestimmt haben**.[377] Unter diesen Voraussetzungen dürfte ein Stimmrechtsausschluss zulässig sein, sofern dem stimmrechtslosen Gesellschafter weiterhin Anwesenheits- und Mitspracherechte in der Gesellschafterversammlung zustehen.[378]

g) Beschlussmängelrecht der GbR

aa) Ursachen der Rechtswidrigkeit eines Gesellschafterbeschlusses

141 Beschlussmängel lassen sich unterteilen in **formelle und materielle Mängel**.[379] Bei formellen Mängeln liegt ein Verstoß gegen Verfahrensvorschriften vor (z.B. fehlerhafte Einberufung oder Ladung; unterbliebene Protokollierung). Hier ist zu differenzieren: Handelt es sich um Verstöße gegen bloße **Ordnungsvorschriften**, so hat dies keine Auswirkung auf die Wirksamkeit des Gesellschafterbeschlusses (Beispiel: unterbliebene Protokollierung, s.a. § 47 Abs. 3 GmbHG). Anders liegt der Fall, wenn der Verstoß **zwingende Verfahrensregeln** betrifft (z.B. unterbliebene Ladung eines Gesellschafters). Verstöße gegen derartige zwingende Verfahrensvorschriften führen dagegen zur Unwirksamkeit des Gesellschafterbeschlusses, wenn nicht ausgeschlossen werden kann, dass das Ergebnis auf dem Mangel beruht. Nach der Literatur soll es sich bei vertraglichen Form- oder Verfahrensklauseln im Personengesellschaftsrecht im Zweifel nur um Ordnungsvorschriften handeln;[380] in der Gestaltungspraxis sollte allerdings regelmäßig eine Klarstellung erfolgen.

142 **Materielle Beschlussmängel** beruhen auf einer Verletzung des Gesetzes, gesellschaftsrechtlicher Grundsätze oder des Gesellschaftsvertrages. In Betracht kommen dabei zum einen Fehler bei der Stimmabgabe nach den allgemeinen Regeln des BGB (fehlende Geschäftsfähigkeit, Anfechtung). Häufiger dürften jedoch **spezifisch gesellschaftsrechtliche Verstöße auftreten** (z.B. Verstöße gegen die gesellschaftsrechtliche Treuepflicht, die Grundsätze zum Kernbereich, den Grundsatz der Gleichbehandlung).

bb) Rechtsfolgen fehlerhafter Beschlüsse

143 Nach bislang ganz überwiegender Auffassung sind die **§§ 241 ff. AktG** auf Beschlussmängel im Recht der Personengesellschaften nicht entsprechend anwendbar.[381] Als Begründung wird üblicherweise angeführt, dass bei Aktiengesellschaften das Bedürfnis nach Rechtssicherheit angesichts der typischerweise großen Mitgliederzahl größer sei und daher dem Bestandsschutz im Einzelfall der Vorrang gegenüber den Minderheitsrechten gebühre; diese Erwägung lasse sich jedenfalls nicht auf Personengesellschaften ohne Publikumsöffnung nicht übertragen.[382] *Karsten Schmidt* plädiert hingegen aus Gründen der Rechtssicherheit dafür, die Anfechtungsklage auf alle rechtswidrigen Mehrheitsbeschlüsse auszudehnen.[383]

144 Unabhängig von den vorstehend dargestellten Auffassungen kann der Gesellschaftsvertrag einer Personengesellschaft Fristen festlegen, innerhalb derer die Unwirksamkeit von Gesellschafterbeschlüssen geltend gemacht werden kann.[384] Aus Gründen der Rechtssicherheit sollte von einer sol-

---

377 MünchKommBGB/*Schäfer*, § 709 Rn. 63, der die Differenzierung zwischen Zustimmung (zu Kernbereichsangelegenheiten) und Stimmabgabe betont.
378 BGHZ 14, 264, 270 = NJW 1954, 1563; *Teichmann*, Gestaltungsfreiheit in Gesellschaftsverträgen, 1970, 209 f.
379 *Wiedemann*, GesR II, § 4 I 5, S. 321.
380 *Wiedemann*, GesR II, § 4 I 5, S. 321.
381 BGH, NJW 1999, 3113; MünchKommBGB/*Schäfer*, § 709 Rn. 105; Baumbach/Hopt/*Roth*, § 119 Rn. 31; *Casper* ZHR 163 (1999), 54, 72 ff.; *Scholz*, WM 2006, 897, 904; a.A. *K. Schmidt*, GesR, § 15 II 3, S. 447 – 449: Bindung der Mangelgeltendmachung an Klage nach dem Vorbild der §§ 243, 246 AktG.
382 *Wiedemann*, GesR II, § 4 I 5, S. 324.
383 *K. Schmidt*, GesR, § 15 II 3, S. 448 m.w.N.
384 BGHZ 68, 212, 216 = NJW 1977, 1292; BGH, NJW 1995, 1218; *Goette*, DStR 1995, 615: »GmbH-Anfechtungsrecht kann vereinbart werden«.

7. Wettbewerbsverbote[386]

a) Grundlagen

Im Unterschied zum OHG-Recht (§§ 112, 113 HGB) existiert im Recht der GbR kein gesetzlich normiertes Wettbewerbsverbot. Dennoch gelten die §§ 112, 113 HGB auch bei der GbR jedenfalls für die **geschäftsführenden Gesellschafter** entsprechend. Zur Begründung wird üblicherweise auf die **gesellschaftsrechtliche Treuepflicht** abgestellt.[387] Unklar ist allerdings, ob ein solches Wettbewerbsverbot auch für die **nicht geschäftsführenden Gesellschafter** gilt. Dies wird zum Teil ohne Einschränkungen bejaht;[388] die wohl herrschende Auffassung in der Literatur geht demgegenüber davon aus, dass das Wettbewerbsverbot für diese jedenfalls dann nicht gilt, wenn dessen Informations- und Kontrollrechte gem. § 716 Abs. 2 BGB auf das zulässige Mindestmaß beschränkt sind.[389]

Unklarheiten bestehen hinsichtlich derjenigen Gesellschafter, die zwar von der Geschäftsführung ausgeschlossen sind, denen aber gleichwohl die in § 716 Abs. 1 BGB genannten Kontrollrechte belassen sind. Auch bei diesen besteht die Gefahr, dass sie ihr »Sonderwissen« im Wege des Wettbewerbsverhaltens zunutze machen. Vorzugswürdig erscheint die Auffassung, dass auch für derartige Gesellschafter kein Wettbewerbsverbot eingreift.[390] Aus der Treuepflicht ergibt sich für diese Gesellschafter ohnehin die Verpflichtung, die auf Grund der Mitgliedstellung erlangten Kenntnisse nicht zum Nachteil der Gesellschaft einzusetzen.

In einer Publikumsgesellschaft dürften regelmäßig die Rechte der bloß kapitalmäßig beteiligten Gesellschafter auf ein Minimum beschränkt sein. Sie unterliegen daher keinem Wettbewerbsverbot; dieses greift regelmäßig nur für den geschäftsführenden Gesellschafter ein. In einer GmbH & Co. KG ist ein Wettbewerbsverbot also auch dann nicht gerechtfertigt, wenn ein Kommanditist über 1/3 der Stimmrechte verfügt und von den übrigen Gesellschaftern widerruflich zur Ausübung des Stimmrechts bevollmächtigt worden ist.[391]

b) Voraussetzungen der §§ 112, 113 HGB

Der Begriff der »**Geschäfte im Handelszweig der Gesellschaft**« wird durch den Gesellschaftsvertrag und den tatsächlichen Geschäftsbetrieb der Gesellschaft bestimmt.[392] Auch Tätigkeiten, die mit dem bisherigen Geschäftsbetrieb eng verwandt sind, sind vom Wettbewerbsverbot erfasst. Zu unterlassen ist im Anwendungsbereich des § 112 Abs. 1 HGB auch die **Beteiligung an einer anderen Handelsgesellschaft**.[393] Keinen Unterschied macht es, ob der Gesellschafter die unzulässige Tätigkeit im eigenen Namen ausübt oder als **Geschäftsführer einer von ihm gegründeten und geführten GmbH**.[394] Eine Geschäftsführerstellung an einer solchen GmbH ist dann nicht erforderlich, wenn der Gesellschafter diese in Folge einer maßgeblichen Beteiligung beeinflussen kann.[395]

---

385 BGH, NJW 1995, 1218.
386 Weiterführend *Rudersdorf*, RNotZ 2011, 509.
387 MünchKommBGB/*Schäfer*, § 705 Rn. 242 m.w.N.
388 Bejahend: Staudinger/*Habermeier*, BGB, § 705 Rn. 52; *Becher*, NJW 1961, 1998.
389 MünchKommBGB/*Schäfer*, § 705 Rn. 243; differenzierend auch Soergel/*Hadding*, BGB, § 705 Rn. 62.
390 *Armbrüster*, ZIP 1997, 261, 272.
391 OLG Frankfurt am Main, RNotZ 2009, 610 m. Anm. d. Schriftleitung.
392 BGHZ 70, 331 = NJW 1978, 1001.
393 BGHZ 89, 162, 170 = NJW 1984, 1351.
394 BGHZ 70, 331 = NJW 1978, 1001.
395 BGHZ 89, 162, 170 = NJW 1984, 1351.

c) Wettbewerbsverbot und Kartellverbot

149 Unklar ist, ob vertragliche Ausgestaltungen des Wettbewerbsverbotes im Gesellschaftsvertrag empfehlenswert sind. Nur ganz vereinzelt wurde vertreten, dass das Wettbewerbsverbot in Folge von § 1 GWB völlig gegenstandslos sei[396] oder dass das Wettbewerbsverbot gem. § 112 HGB überhaupt nicht unter das Verbot des § 1 GWB falle.[397] Nach ganz herrschender und von der Rechtsprechung vertretener Auffassung schließen Wettbewerbsverbot und Kartellverbot sich nicht wechselseitig aus.[398] Das Kartellrecht verbiete jedoch nicht, was zum Schutze des Unternehmens notwendig und von der **Treuepflicht gefordert** ist. Wettbewerbsverbote sind daher zulässig, soweit sie zur **Funktionserhaltung der Gesellschaft** erforderlich sind; derartige Wettbewerbsverbote seien ohnehin gesellschaftsimmanent.[399] Regelmäßig unproblematisch sind daher Wettbewerbsverbote für geschäftsführende Gesellschafter; schwieriger gestaltet sich die Rechtslage hingegen für Gesellschafter, die **vorwiegend kapitalmäßig** beteiligt sind.

150 Noch nicht geklärt ist, ob durch eine Entscheidung des BGH die vorstehenden Grundsätze zu modifizieren sind.[400] Der BGH hat entschieden, dass ein Wettbewerbsverbot in einem Gesellschaftsvertrag dann nicht gegen § 1 GWB verstößt, wenn es notwendig ist, um das im übrigen kartellrechtsneutrale Unternehmen in seinem Bestand und seiner Funktionsfähigkeit zu erhalten und davor zu schützen, dass ein Gesellschafter es von innen her aushöhlt oder gar zerstört. Eine Notwendigkeit in diesem Sinne kann sich im Einzelfall daraus ergeben, dass **Minderheitsgesellschafter durch ihr jeweiliges Stimmverhalten** strategisch wichtige Einzelfallentscheidungen wegen einer Einstimmigkeitsklausel blockieren können. In der Literatur wird diese Entscheidung vorsichtig als Auflockerung der bisherigen strenge Linie gewürdigt, da nunmehr auch unter Umständen ein **wirksames Wettbewerbsverbot für Minderheitsgesellschafter** vereinbart werden kann.[401] Auch das OLG Nürnberg hat in einer Entscheidung aus der jüngeren Vergangenheit ein Wettbewerbsverbot, welches für die Zeit von 5 Jahren ab Ausscheiden aus der Gesellschaft angeordnet war, im Wege der geltungserhaltenden Reduktion jedenfalls für einen Zeitraum von 2 Jahren für wirksam gehalten.[402] In jedem Fall muss das Wettbewerbsverbot **räumlich, zeitlich und gegenständlich beschränkt** sein.[403] Die Möglichkeit einer geltungserhaltenden Reduktion besteht nur dann, wenn die **zulässigen zeitlichen Grenzen** überschritten sind;[404] sind sowohl die räumlichen als auch die zeitlichen Grenzen überschritten, ist das Wettbewerbsverbot gem. § 138 Abs. 1 BGB nichtig.[405]

151 ▶ Praxistipp:

> Sofern ein Wettbewerbsverbot ausdrücklich im Gesellschaftsvertrag geregelt werden soll, empfiehlt es sich im Regelfall, auf die §§ 112, 113 HGB zu verweisen.[406] Das Wettbewerbsverbot sollte nicht für einen über 2 Jahre hinausgehenden Zeitraum ab Ausscheiden des Gesellschafters gelten. Auch eine räumliche Beschränkung sollte ausdrücklich aufgenommen werden.

---

396 *Lutz*, NJW 1960, 1833; *Klaue*, WuW 1961, 303.
397 *Gärtner*, BB 1970, 946; *Würdinger*, WuW 1969, 143.
398 BGHZ 38, 306, 311 ff.; BGHZ 70, 331, 335 f.; BGHZ 89, 162; BGH BB 1993, 1899; siehe auch BGH NJW 1994, 384: Wettbewerbsverbot zu Lasten eines ausscheidenden Gesellschafters; dazu auch *Kellermann*, in: FS Fischer, 1979, 307.
399 BGHZ 38, 306, 311 ff. = NJW 1963, 646; BGHZ 70, 331, 335 f. = NJW 1978, 1001; BGHZ 89, 162 = NJW 1984, 1351; BGHZ 120, 161 = NJW 1993, 1710.
400 BGH, NZG 2010, 76.
401 *Podszun*, GWR 2009, 453.
402 OLG Nürnberg, 30.09.2009, BeckRS 2009, 29285.
403 BGH NJW 1991, 699; BGH, WM 1997, 1707; BGH, NJW-RR 1996, 741; BGH, NZG 2004, 35; MünchKomm/*Schäfer*, § 705 Rn. 244.
404 BGH, DNotZ 1998, 905; OLG Düsseldorf, MittRhNotK 1999, 63.
405 LG Krefeld, 04.01.2007, 3 O 443/06, www.nrwe.de.
406 Vgl. *Lohr*, GmbH-StB 2010, 115.

A. Gesellschaft bürgerlichen Rechts

Ein größerer Gestaltungsspielraum besteht hingegen bei **Beschränkungen des gesetzlichen Wettbewerbsverbotes**. Üblich sind Klauseln, mit denen die Möglichkeit einer **Befreiung vom Wettbewerbsverbot durch Mehrheitsbeschluss** vorgesehen ist. Auch eine Kombination von Wettbewerbsverbot und Befreiungsmöglichkeit, welche sich unter bestimmten Voraussetzungen zu einem Befreiungsanspruch der betroffenen Gesellschafter verdichtet, ist denkbar; auf diese Weise soll die Inhaltskontrolle des Wettbewerbsverbotes »abgemildert« werden.[407]

152

8. Ergebnisverteilung

Gem. § 722 Abs. 1 BGB findet im Zweifel unabhängig von der Höhe der Beiträge eine **Ergebnisverteilung nach Köpfen** statt. Die Vorschrift ist jedoch dispositiv; es besteht bis zur Schranke des § 138 BGB weitgehende Gestaltungsfreiheit. Da der Gewinnanspruch eines Gesellschafters zum **Kernbereich** gehört, bedürfen Änderungen des Gewinnverteilungsschlüssels der Einstimmigkeit.[408] Bei Gesellschaften zwischen **gewerblich tätigen Unternehmern** neigt die Rechtsprechung dazu, eine konkludente Abbedingung des § 722 BGB anzunehmen.[409]

153

In der Praxis werden vielfältige Verteilungsmaßstäbe eingesetzt. Häufig ist eine Ergebnisverteilung entsprechend der **jeweiligen Einlagenhöhe** oder eine **Verteilung nach festen Prozentsätzen**. Gebrauch gemacht wird auch von der Möglichkeit, einem geschäftsführenden Gesellschafter ein **Gewinnvoraus** einzuräumen.[410] Sowohl der vollständige Ausschluss von der Gewinn- als auch von der Verlustbeteiligung sind gleichermaßen zulässig.[411]

154

Von der Frage nach der Ergebnisverteilung zu unterscheiden sind die Ansprüche eines Gesellschafters auf **Auszahlung**. Im Unterschied zur GmbH, wo der Auszahlungsanspruch für die Entstehung neben der Feststellung des Jahresabschlusses auch die Fassung eines entsprechenden Gewinnverwendungsbeschlusses voraussetzt,[412] entsteht der Anspruch gem. § 721 Abs. 1 BGB im Zweifel mit der Auflösung der Gesellschaft bzw. nach § 721 Abs. 2 BGB nach Feststellung des Jahresabschlusses.[413]

155

Ein gesetzliches Recht auf **gewinnunabhängige Entnahmen**, wie es für die OHG in § 122 Abs. 1 HGB angeordnet ist, existiert für die GbR nicht. Die Frage nach einer entsprechenden Anwendung dieser Vorschrift wird im Schrifttum uneinheitlich beantwortet.[414] Der BGH geht jedoch davon aus, dass derartige Entnahmerechte nur bei einer entsprechenden Vereinbarung bestehen.[415]

156

Ebenso wie bei der OHG (§ 122 Abs. 1 HGB)[416] ist das **Recht auf Gewinnentnahme** bei der GbR grundsätzlich nicht beschränkt; dem Interesse der Gesellschaft an einer Thesaurierung trägt das Gesetz nicht Rechnung. Ungeschriebene Schranken des Gewinnentnahmerechts ergeben sich jedoch aus der Treuepflicht im Einzelfall.[417] Grundsätzlich besteht wegen der an sich unbeschränkten Gesellschafterhaftung kein Interesse des Rechtsverkehrs an einer Einschränkung der Gestaltungsfreiheit.

157

---

407 BeckFB BHW, Muster VIII.D.2 Rn. 55.
408 BeckOK-BGB/*Schöne*, § 722 Rn. 2.
409 BGH, NJW 1982, 2816, 2817; BGH, NJW-RR 1990, 736, 737.
410 BeckOK-BGB/*Schöne*, § 722 Rn. 3.
411 MünchKommBGB/*Schäfer*, § 722 Rn. 5; Staudinger/*Habermeier*, BGB, § 722 Rn. 6; siehe zur Sittenwidrigkeit von Abreden zur Gewinn- oder Verlustverteilung BGH WM 2013, 1556.
412 BGHZ 139, 299 = DNotZ 1999, 434.
413 BGHZ 80, 357 = NJW 1981, 2563.
414 Analogie bejahend: *K. Schmidt*, GesR, § 58 V 2, S. 1722, für die Mitunternehmer-GbR; Staudinger/*Habermeier*, BGB, § 721 Rn. 10; verneinend: MünchKommBGB/*Schäfer*, § 721 Rn. 15.
415 BGH, NJW-RR 1994, 996 (1. Leitsatz).
416 Schranken bestehen nach der gesetzlichen Vorschrift nur hinsichtlich des Kapitalentnahmerechts, nicht auch hinsichtlich des Gewinnentnahmerechts, MünchKommHGB/*Priester*, § 122 Rn. 1.
417 BGHZ 132, 263, 276 = DNotZ 1997, 597.

158 Im Bereich der Entnahmerechte besteht weitgehend Gestaltungsfreiheit: Denkbar sind z.B. Regelungen, mit denen die Gesellschafter Auszahlungen nur **ratenweise** oder unter **Wahrung einer Auszahlungsfrist** verlangen können.[418]

9. Verfügungen über die Mitgliedschaft unter Lebenden

a) Abspaltungsverbot

159 Das so genannte Abspaltungsverbot besagt, dass mitgliedschaftliche Verwaltungsrechte vom Stammrecht der Mitgliedschaft nicht abgespalten werden können.[419] Es wird aus § 717 Satz 1 BGB hergeleitet.[420] Klauseln, welche eine derartige Abspaltung vorsehen (Beispiel: unwiderrufliche Stimmrechtsvollmacht bei gleichzeitigem Ausschluss des Gesellschafter-Stimmrechts), sind unwirksam.[421] Allerdings steht das Abspaltungsverbot weder einer Bevollmächtigung bei der Stimmrechtsausübung noch einer Testamentsvollstreckung entgegen (hierzu Rdn. 124 ff.).[422] Für die Vermögensrechte gilt allerdings § 717 Satz 2 BGB. Gewinnanteile, Abfindungsansprüche und Liquidationsquoten sind also übertragbar und gem. § 851 ZPO auch pfändbar.[423]

> ▶ **Praxistipp:**
> Verletzungen des Abspaltungsverbotes dürften bei häufigen praktischen Gestaltungen nicht bestehen. Etwas anderes kann gelten, wenn das Stammrecht der Mitgliedschaft lediglich als »bloße Hülle« fortbestehen soll.

b) Anteilsübertragungen

160 Weder das Recht der BGB-Gesellschaft noch dasjenige der Personenhandelsgesellschaften regeln eine Veräußerung des Gesellschaftsanteils in einer dem § 15 Abs. 3 GmbHG vergleichbaren Weise. Nach der traditionellen Lesart vollzog sich der Wechsel der Mitgliedschaft im Wege einer **Kombination von Eintritt und Austritt**.[424] § 719 Abs. 1 BGB wurde nach dieser Lehre als Hindernis für Verfügungen über den Gesellschaftsanteil angesehen.

161 Unklar ist, wann sich genau die Auffassung durchgesetzt hat, dass die Mitgliedschaft selbst Gegenstand rechtsgeschäftlicher Verfügungen sein kann. Vielfach wird in diesem Zusammenhang eine Entscheidung des Großen Senats des Reichsgerichts vom 30.09.1944 zitiert.[425] In jener Entscheidung ging es jedoch in erster Linie um die registerverfahrensrechtliche Behandlung einer Sonderrechtsnachfolge in Kommanditanteile; hierüber hatte zuvor eine erhebliche Auseinandersetzung bestanden. Das RG bejahte die Möglichkeit einer Anteilsabtretung mit der Erwägung, bei den §§ 717, 719 BGB handele es sich um nachgiebiges Recht,[426] ohne dass diese Feststellung in jener Entscheidung besonders betont wurde. Jedenfalls hat der BGH dieses Ergebnis in ständiger Rechtsprechung bestätigt.[427]

162 Nach heute herrschender Dogmatik ist die Anteilsübertragung eine **Verfügung über die Mitgliedschaft unter Lebenden** (§§ 413, 398 BGB).[428] Nach der modernen Lesart von § 719 Abs. 1 BGB bringt diese Vorschrift nur zum Ausdruck, dass es sich um eine **Schutzregel zu Gunsten der Mit-**

---

418 Näher hierzu MünchHdbGesR Bd1/*Gummert*, § 15 Rn. 10 ff.
419 MünchKommBGB/*Schäfer*, § 717 Rn. 7.
420 BeckOGK/*Lübke*, § 717 Rn. 1, 11 ff.
421 BGH, NJW 1952, 178; BGH, NJW 1956, 1198.
422 MünchKommHGB/*K. Schmidt*, § 105 Rn. 195.
423 MünchKommHGB/*K. Schmidt*, § 105 Rn. 195 m.w.N.
424 RGZ 83, 312, 314; RGZ 128, 172, 176.
425 RG, DNotZ 1944, 195 = WM 1964, 1130.
426 RG, DNotZ 1944, 195, 198.
427 BGHZ 13, 179, 185; BGHZ 24, 106, 114; BGHZ 44, 229, 231; BGHZ 45, 221, 222; BGHZ 81, 82, 84; BGHZ 98, 48, 50.
428 *Reiff/Nannt*, DStR 2009, 2376, 2378 m.w.N.

gesellschafter handelt, ohne deren Zustimmung die Übertragung nicht zulässig ist.[429] In der Literatur wird § 719 Abs. 1 BGB sogar nur als Klarstellung des Inhalts interpretiert, dass die Vermögensbeteiligung nicht ohne die Mitgliedschaft übertragen werden kann.[430]

Die Übertragung des Gesellschaftsanteils unter Lebenden bedarf nach allgemeiner Auffassung der Zustimmung aller übrigen Gesellschafter.[431] Diese kann entweder ad-hoc oder vorab im Gesellschaftsvertrag erklärt werden. Für die dogmatische Rechtfertigung dieses Zustimmungserfordernis zieht der BGH, wie gezeigt, § 719 Abs. 1 BGB heran. Die Literatur stellt hingegen auf den vertragsändernden Charakter einer Veräußerung der Mitgliedschaft ab; dogmatisch lässt sich das Zustimmungserfordernis aus einer analogen Anwendung bzw. einem Erst-Recht-Schluss aus den §§ 414, 415 BGB herleiten.[432]

163

Auf die Zustimmungserklärungen sind die §§ 182 ff. BGB anwendbar.[433] Wird ein Übertragungsvertrag ohne die notwendigen Zustimmungen geschlossen, so ist dieser Vertrag schwebend unwirksam.[434] Eine eventuell im Voraus erklärte Einwilligungserklärung ist gem. § 183 Satz 1 BGB grds. widerruflich. Unwiderruflichkeit kann vorbehaltlich der stets bestehenden Widerrufsmöglichkeit aus wichtigem Grund vereinbart werden.[435] Unklar ist, ob die im Gesellschaftsvertrag erklärte Zustimmung angesichts der vertraglichen Bindung ebenfalls widerruflich ist; im Zweifel dürfte jedoch eine im Gesellschaftsvertrag erteilte Zustimmung eine abweichende Bestimmung gem. § 183 Satz 1 BGB darstellen.

164

Eine antizipierte Zustimmung der Gesellschafter zu beliebigen Verfügungen dürfte nur selten, ggf. bei Publikumsgesellschaften, in Betracht kommen. Häufiger sind Zustimmungserklärungen, die sich auf Verfügungen zugunsten eines bestimmten Personenkreises beziehen (z.B. auf Verfügungen zugunsten von Mitgesellschaftern oder deren Abkömmlingen).[436] Denkbar sind auch solche Klauseln, mit denen anstelle der Zustimmung aller Gesellschafter ein Mehrheitsbeschluss für ausreichend erklärt wird.

165

Hinsichtlich der mit einer Anteilsübertragung verbundenen Rechtsfolgen ist zu differenzieren zwischen den Rechtsfolgen, die den Altgesellschafter treffen, und denjenigen, die sich auf den Neugesellschafter auswirken.[437] Als geklärt dürfte gelten, dass der neue Gesellschafter jedenfalls nicht für solche Verbindlichkeiten haftet, die **nicht ausschließlich auf der Mitgliedschaft** beruhen, sondern zusätzlich an individuelle Merkmale des bisherigen Gesellschafters anknüpfen, z.B. Schadensersatzansprüche wegen Treuepflichtverletzungen oder Verletzungen eines Wettbewerbsverbotes.[438] Nach der Rechtsprechung kann keine generelle Aussage darüber getroffen werden, in welchem Umfang Verpflichtungen gegenüber der Gesellschaft vom bisherigen auf den neuen Gesellschafter übergehen.[439] Grundsätzlich obliege es der Gestaltungsfreiheit zwischen Veräußerer und Erwerber, eine Vereinbarung über den Übergang von Verpflichtungen gegenüber der Gesellschaft zu treffen. In Ermangelung einer ausdrücklichen Vereinbarung ergebe eine Auslegung der Vereinbarungen, dass der Erwerber nur für diejenigen Verpflichtungen einzustehen habe, die **zum Zeitpunkt der Anteilsübertragung »im Rechenwerk der Gesellschaft ihren Niederschlag gefunden haben,** also insbesondere aus den Privat- und Darlehenskonten des Veräußerers ersichtlich sind«. Eine Zustimmung der

166

---

429 BGHZ 13, 179, 183 = NJW 1954, 1155.
430 *K. Schmidt*, GesR, § 45 III, S. 1322.
431 BGHZ 13, 179, 184; BGHZ 24, 106, 114; BGHZ 77, 392, 395.
432 *Reiff/Nannt*, DStR 2009, 2376, 2378 m.w.N.
433 Vgl. MünchKommBGB/*Schäfer*, § 719 Rn. 27.
434 Siehe BGHZ 13, 179, 185 f. = NJW 1954, 1155; BGH, WM 1964, 878, 879; BGH, WM 1986, 832, 835; MünchKommHGB/*K. Schmidt*, § 105 Rn. 219.
435 BGHZ 77, 392 = DNotZ 1981, 454; Staudinger/*Gursky*, § 183 Rn. 14.
436 Vgl. BeckFB BHW, Form. VIII. A. 2, § 2 Abs. 5.
437 Dazu ausführlich MünchKommBGB/*Schäfer*, § 719 Rn. 39.
438 *Reiff/Nannt*, DStR 2009, 2376, 2378 m.w.N.
439 BGHZ 45, 221 = NJW 1966, 1307.

Mitgesellschafter zu diesen Vereinbarungen zwischen Veräußerer und Erwerber sei entbehrlich, da die Mitgesellschafter bereits dadurch hinreichend geschützt seien, dass sie ihre Zustimmung zu der Anteilsübertragung als solche erklärt hätten. In der Literatur wurde diese Entscheidung kritisiert, da eine Schuldübernahme stets die Mitwirkung des Gläubigers voraussetze; ohne eine solche Zustimmung erlange die Vereinbarung zwischen Alt- und Neugesellschafter lediglich im Innenverhältnis Bedeutung. Die Zustimmung der Mitgesellschafter zur Anteilsübertragung sei auf den Gesellschafterwechsel beschränkt.[440]

167 ▶ **Praxistipp:**

Eventuell erforderliche Zustimmungserklärungen der übrigen Gesellschafter sollten sich daher auch ausdrücklich zu den Vereinbarungen zwischen Veräußerer und Gesellschafter hinsichtlich einer eventuellen Übernahme von Verpflichtungen gegenüber der Gesellschaft verhalten.

168 Häufig regelungsbedürftig ist in diesem Zusammenhang die Behandlung von **Darlehenskonten** bei einer Anteilsveräußerung. Nach der vorstehend getroffenen Formulierung des BGH gehen Ansprüche, die auf dem Darlehenskonto verbucht sind, im Zweifel mit der Anteilsübertragung auf den Erwerber über. Soweit im Schrifttum ausgeführt wird, Ansprüche auf Darlehenskonto würden im Zweifel nicht übertragen,[441] fehlt es an einer Auseinandersetzung mit der zitierten BGH-Entscheidung.[442]

169 ▶ **Formulierungsbeispiel: Regelung bzgl. des Darlehenskontos bei Anteilsveräußerung**

Mitverkauft und durch den Kaufpreis abgegolten ist auch der zu Gunsten des Verkäufers positive Saldo auf dessen Darlehenskonto gemäß § [...] des Gesellschaftsvertrages. Dieser Saldo beläuft sich zum Stichtag [...] auf [...] Euro. Der Verkäufer tritt dem dies annehmenden Käufer alle Ansprüche hieraus aufschiebend bedingt auf die vollständige Kaufpreiszahlung ab.

170 Die Möglichkeit der **Übertragung eines Gesellschaftsanteils** besteht nicht nur dann, wenn die Mitgliedschaft insgesamt übertragen werden soll, sondern auch, wenn nur ein **Teilgesellschaftsanteil** übertragen werden soll.[443] In derartigen Fällen stellt sich in besonderer Weise die Frage, in welchem Umfang der Erwerber in die Verpflichtungen des Veräußerers gegenüber der Gesellschaft eintritt. Bei vermögensrechtlichen Ansprüchen wird angenommen, dass diese wegen ihrer Teilbarkeit im Zweifel anteilig dem Erwerber zustehen.[444] Die ohnehin in der Literatur kritisierte Auffassung des BGH,[445] wonach Verpflichtungen, die aus der Vergangenheit herrühren, dann auf den Erwerber übergehen, wenn sie ihren Niederschlag im Rechenwerk der Gesellschaft gefunden haben, dürfte hingegen auf bloße Teilübertragungen nicht anwendbar sein, da der Veräußerer in der Gesellschaft bleibt. Die Literatur geht daher davon aus, dass der Veräußerer im Zweifel seine Guthaben oder Verbindlichkeiten auf Gesellschafterkonto nicht übertragen will;[446] teilweise wird angenommen, dass Veräußerer und Erwerber für die auf die Beteiligung entfallenden Verbindlichkeiten als Gesamtschuldner haften.[447] Bei der Gestaltung eines Vertrages über die teilweise Veräußerung eines Gesellschaftsanteils sind daher unbedingt detaillierte Regelungen zu treffen; auch die Zustimmung der Mitgesellschafter sollte sich, wie dargestellt, auf die Haftungsabgrenzung zwischen Veräußerer und Erwerber erstrecken.

---

440 *Reiff/Nannt*, DStR 2009, 2376, 2379 m.w.N.
441 *Rodewald,* GmbHR 1998, 521, 523.
442 Ebenso BGH, NJW-RR 1987, 286, 287.
443 MünchKommBGB/*Schäfer*, § 719 Rn. 48 f.
444 MünchHdb. GesR I/*Schulte/Hushahn*, § 10 Rn. 143.
445 BGH, NJW 1966, 1307, 1309.
446 MünchHdb. GesR I/*Schulte/Hushahn*, § 10 Rn. 142; so wohl auch BFH, BStBl. II 1982 S. 211, 214.
447 MünchKomm-BGB/*Schäfer*, § 719 Rn. 49; *Michalski*, NZG 1998, 95, 98.

A. Gesellschaft bürgerlichen Rechts

Von der Haftung gegenüber der Gesellschaft zu unterscheiden ist die Haftung von Veräußerer und Erwerber für Verbindlichkeiten der Gesellschaft im Außenverhältnis. Hierfür gelten, wie gezeigt, einerseits §§ 736 Abs. 2 BGB, 160 HGB sowie andererseits § 130 HGB entsprechend (Rdn. 18 ff.). 171

▶ **Praxistipp:** 172
Bei der Gestaltung eines Anteilsübertragungsvertrages empfiehlt es sich, auf die Nachhaftung des Veräußerers hinzuweisen, ebenso auf die Haftung des Erwerbers analog § 130 HGB.[448] Der Veräußerer kann überdies garantieren, dass ihm keine bestehenden oder drohenden Verbindlichkeiten bekannt sind, welche zur Illiquidität oder Überschuldung der Gesellschaft führen könnten.[449]

Die (zulässige) Übertragung aller Anteile auf einen einzelnen Erwerber oder auf den einzigen verbleibenden Mitgesellschafter führt dazu, dass die Gesellschaft ohne Liquidation beendet wird und der Erwerber im Wege der Gesamtrechtsnachfolge Alleineigentümer des Gesellschaftsvermögens wird, ohne dass eine Verfügung über die Gegenstände des Gesellschaftsvermögens stattfindet.[450] Sofern zum Gesellschaftsvermögen Grundbesitz gehört, erfolgt die Eintragung des Erwerbers in das Grundbuch durch Grundbuchberichtigung. Ob ausnahmsweise ein Fortbestand der Gesellschaft denkbar ist, wenn ein Anteil mit einem Pfandrecht oder Nießbrauch belastet ist, erscheint zweifelhaft (vgl. Rdn. 24 ff. zur Einpersonengesellschaft).[451] 173

In den Fällen der fehlerhaften Anteilsübertragung wendet der BGH die **Grundsätze über die fehlerhafte Gesellschaft an**.[452] Dies bedeutet, dass der unwirksame, aber in Vollzug gesetzte Gesellschafterwechsel gleichwohl wirksam ist; der Anteilsveräußerer kann allerdings die Rückforderung verlangen. Hieran wurde kritisiert, dass damit die Unterscheidung zwischen Aus- und Eintritt einerseits und der Sonderrechtsnachfolge andererseits verwischt werde. Die fehlerhafte Gesellschaft sei nur für den Abschluss des Gesellschaftsvertrages maßgeblich, nicht aber für den Erwerb einer Beteiligung bestimmt.[453] Der XII. Zivilsenat hat im Jahr 2010 entschieden, dass er trotz der bei der GmbH abweichenden Beurteilung an den Grundsätzen der fehlerhaften Gesellschaft festhält.[454] 174

c) Nießbrauchsbestellung

An der **Zulässigkeit eines Nießbrauchs an einem GbR-Gesellschaftsanteil** bestehen nach modernem Verständnis keine Zweifel.[455] Ein Verstoß gegen das **Abspaltungsverbot** besteht nicht: Der Nießbrauch als dingliches Recht führt vielmehr dazu, dass Nießbraucher und Besteller **gemeinsam am Gesellschaftsanteil** berechtigt sind.[456] Der Nießbraucher wird durch die Nießbrauchsbestellung nicht Gesellschafter; die Mitgliedschaft wird jedoch durch den Nießbrauch »überlagert«.[457] 175

Für die Bestellung des Nießbrauchs sind die **Zustimmungserklärungen aller Gesellschafter** erforderlich.[458] Zur Rechtfertigung wird auch hier auf den **höchstpersönlichen Zusammenschluss** abgestellt.[459] Die Zustimmung kann bereits vorab im Gesellschaftsvertrag erteilt sein; eine Zustimmung 176

---

448 *Eigner*, MittBayNot 2004, 50, 51.
449 Beck'sche Online-Formulare Vertragsrecht, Muster 7.4.3.2, § 7 Abs. 3.
450 BGHZ 71, 296, 297 = NJW 1978, 1525; OLG Düsseldorf, DNotZ 1999, 440.
451 OLG Düsseldorf, DNotZ 1999, 440; a.A. *Kanzleiter*, DNotZ 1999, 443.
452 BGH, DNotZ 1988, 624; BGH, DStR 2010, 2198 (Fonds-GbR).
453 *K. Schmidt*, BB 1988, 1053, 1059.
454 BGH, DStR 2010, 2198, 2202; siehe auch kritisch zum Ganzen m.w.N. MünchKommBGB/*Schäfer*, § 705 Rn. 387.
455 BGHZ 58, 316 = DNotZ 1972, 695.
456 BGHZ 108, 187, 199 = DNotZ 1990, 183, 190.
457 MünchKommBGB/*Schäfer*, § 705 Rn. 97.
458 MünchKommBGB/*Schäfer*, § 705 Rn. 98.
459 Hierzu näher *Schön*, ZHR 158 (1994), 229.

zur Übertragung beinhaltet nicht notwendigerweise auch die Zustimmung zur Belastung des Anteils mit einem Nießbrauch.[460]

177 Die **Beendigung des Nießbrauchs** folgt allgemeinen Regeln. Hiernach endet der Nießbrauch durch **Zeitablauf oder Tod des Nießbrauchers (§ 1061 BGB)**. Stirbt hingegen der Besteller, so ist danach zu unterscheiden, ob der Gesellschaftsvertrag eine Fortsetzungsklausel nur unter den übrigen Gesellschaftern (§ 736 Abs. 1 BGB) oder eine Nachfolgeklausel vorsieht; in letzterem Fall setzt sich der Nießbrauch am Anteil des Erben fort, anderenfalls setzt sich der Nießbrauch entsprechend §§ 1074, 1075 BGB am **Abfindungsguthaben** fort.[461] Auch für den Fall, dass sich die Gesellschaft in eine **Abwicklungsgesellschaft umwandelt**, besteht der Nießbrauch an dem Gesellschaftsanteil des bzw. der Erben fort.

178 Gem. §§ 1068 Abs. 2, 1030 Abs. 1 BGB hat der Nießbraucher das Recht zur Nutzziehung. Hierunter fallen diejenigen Erträge und Vorteile, die die Mitgliedschaft ihrer Bestimmung nach gewährt.[462] Folglich gebühren dem Nießbraucher die **entnahmefähigen Gewinne** in gleicher Weise wie einem Gesellschafter; diese Berechtigung besteht **unmittelbar gegenüber der Gesellschaft**.[463] Wird der Nießbrauch unterjährig bestellt, so gebührt dem Nießbraucher der Gewinn anteilig für den Zeitraum, der auf seine Berechtigung entfällt. Maßgeblich ist der **tatsächlich ausgeschüttete Gewinn**. Nicht entnahmefähige Gewinnanteile oder Ansprüche, die auf der Wahrnehmung von Organtätigkeiten beruhen,[464] kann der Nießbraucher dagegen nicht beanspruchen.

179 Die formale Abgrenzung der Beteiligung des Nießbrauchers bezogen auf Zeiteinheiten und Gewinnausschüttung unterliegt der Kritik: Einerseits müsse der Nießbraucher analog § 1049 BGB an den nicht entnommenen Gewinnen beteiligt werden, da ansonsten das Fruchtziehungsrecht des Nießbrauchers durch unterlassene Ausschüttungen beeinträchtigt werden könne;[465] andererseits müsse analog § 1039 BGB die Beteiligung des Nießbrauchers an außerordentlichen Erträgen eliminiert werden.[466] Dem ist zu entgegnen, dass die Frage, ob Gewinne ausgeschüttet werden oder nicht, bei üblicher Satzungsgestaltung auch nicht in der Macht eines einzigen Gesellschafters liegen. Der Nießbrauch ist eine Beteiligung am Gesellschaftsanteil und keine Beteiligung am Gesellschaftsvermögen.[467]

180 Noch nicht vollständig geklärt dürfte auch die **Verteilung der Mitwirkungsrechte** zwischen Gesellschafter und Nießbraucher sein.[468] Auszugehen ist von der Feststellung, dass die Verwaltungsrechte keine Gebrauchsvorteile gem. § 100 BGB sind.[469] Der BGH hat diese Frage in einer Entscheidung aus dem Jahr 1999 noch offen gelassen, aber ausgeführt, dass sich das Stimmrecht des Nießbrauchers **jedenfalls nicht auf Grundlagengeschäfte erstreckt**.[470] Teilweise wird unter Berufung auf eine BGH-Entscheidung zur Testamentsvollstreckung ausgeführt, dass dem Nießbraucher grds. ein Stimmrecht zustehe.[471] Für den Nießbrauch an einem **Wohnungseigentum** ist in der Rechtsprechung demgegenüber die Auffassung vertreten worden, dass ein Nießbrauch am Wohnungseigentum das Stimmrecht des Eigentümers in der Wohnungseigentümerversammlung unberührt lässt.[472] Aus Gründen der Rechtssicherheit ist dieser Auffassung auch für den Nießbrauch an GbR-Gesellschaftsanteilen

---

460 *Wiedemann*, GesR II, § 5 II 2 a bb, S. 442.
461 MünchKommBGB/*Schäfer*, § 705 Rn. 99 m.w.N.
462 Ausführlich MünchKommBGB/*Schäfer*, § 705 Rn. 100 ff.
463 BGHZ 58, 316 = DNotZ 1972, 695.
464 Z.B. Vergütungen für Geschäftsführertätigkeit, *Wiedemann*, GesR II, § 5 II 2, S. 443.
465 *Schön*, ZHR 158 (1994), 229, 242.
466 *Petzold*, DStR 1992, 1171, 1176.
467 *Wiedemann*, GesR II, § 5 II 2, S. 443 – 444.
468 Ausführlich hierzu MünchKommBGB/*Schäfer*, § 705 Rn. 100 ff.
469 MünchKommBGB/*Schäfer*, § 705 Rn. 99; *Schön*, ZHR 158 (1994), 229, 248 f.
470 BGH, NJW 1999, 571 = MittRhNotK 1999, 535 m. Anm. *Hermanns*; offen lassend auch RG, JW 1934, 976.
471 BFH, NJW 1995, 1918, 1919; LG Aachen, RNotZ 2003, 398, 399.
472 BGHZ 150, 109 = DNotZ 2002, 881; OLG Hamburg, OLGR 2004, 252 = ZMR 2003, 701.

zu folgen.⁴⁷³ Der Gesellschafter dürfte dem Nießbraucher allerdings schon aus dem Begleitschuldverhältnis heraus verpflichtet sein, diesen über die Vorgänge in der Gesellschaft zu unterrichten und dessen Zustimmung einzuholen, es sei denn, es geht um unverzichtbare Gesellschafterrechte. Zweckmäßigerweise sollte das Verhältnis zwischen Nießbraucher und Gesellschafter im Rahmen der Nießbrauchsbestellung klargestellt werden und dem Nießbraucher eine Vollmacht zur Ausübung des Stimmrechts eingeräumt werden. Da die übrigen Gesellschafter ohnehin der Bestellung des Nießbrauchs zustimmen müssen, sollte sich ihre Zustimmung auch darauf erstrecken, dass der Nießbraucher als Bevollmächtigter das Stimmrecht wahrnimmt.

Gehört zum Vermögen der Gesellschaft **Grundbesitz,** so stellt sich die Frage, ob der Gesellschafter zur Veräußerung dieses Grundstücks im Zusammenwirken mit den übrigen Gesellschaftern, aber ohne Zustimmung des Nießbrauchers berechtigt ist. Entscheidend kommt es auf die Auslegung des **§ 1071 BGB an.** Nach dieser Vorschrift kann ein dem Nießbrauch unterliegendes Recht durch Rechtsgeschäft nur mit **Zustimmung des Nießbrauchers** aufgehoben werden. Bei einem Nießbrauch an einem Erbteil wird überwiegend angenommen, dass die Veräußerung von Nachlassgegenständen der Zustimmung des Nießbrauchers gem. § 1071 Abs. 1 BGB bedarf, da der Nachlass nicht ohne Zustimmung des Nießbrauchers in seiner Substanz gemindert werden dürfe.⁴⁷⁴ Angesichts der Rechtsfähigkeit der Gesellschaft bürgerlichen Rechts dürfte diese Erwägung inzwischen nicht mehr übertragbar sein. Aus diesen Gründen dürfte sich die Eintragungsfähigkeit eines Nießbrauchs an einem GbR-Gesellschaftsanteil erledigt haben.⁴⁷⁵

181

d) Verpfändung

Auch die Möglichkeit, einen GbR-Gesellschaftsanteil zu verpfänden, ist seit langem in der Rechtsprechung anerkannt.⁴⁷⁶ Die Verpfändung bedarf ebenfalls der Zustimmung sämtlicher übriger Gesellschafter, welche ggf. auch im Voraus erklärt sein kann. Einer Anzeige der Verpfändung an die Gesellschafter gem. § 1280 Abs. 1 BGB bedarf es nicht.⁴⁷⁷

182

Von besonderer Bedeutung ist die Vorschrift des § 1276 Abs. 1 BGB. Nach dieser Norm kann ein verpfändetes Recht nur mit Zustimmung des Pfandgläubigers aufgehoben werden. Gleichwohl lassen sich aus dieser Vorschrift weder Mitverwaltungsrechte herleiten, noch kann der Pfandgläubiger intervenieren, wenn Gegenstände, die zum Gesellschaftsvermögen gehören, ohne dessen Zustimmung veräußert werden.⁴⁷⁸ Aus dem Begleitschuldverhältnis zwischen Verpfänder und Pfandgläubiger, in der Regel auch schon aus dem Verpfändungsvertrag, wird sich im Regelfall zumindest bei wirtschaftlich bedeutsamen Geschäften im Innenverhältnis die Notwendigkeit ergeben, den Pfandgläubiger vorab um Zustimmung zu ersuchen.

183

Der Verpfändungsvermerk ist daher nach Anerkennung der Rechtsfähigkeit der GbR sowie nach Inkrafttreten des ERVGBG auch nicht mehr in das Grundbuch einzutragen.⁴⁷⁹

184

▶ **Praxistipp:**

185

Ggf. empfiehlt sich eine Belehrung darüber, dass der Verpfänder Gegenstände des Gesellschaftsvermögens wirksam auch ohne Zustimmung des Pfandgläubigers veräußern darf.

---

473 Ausführlich *Wiedemann,* GesR II, § 5 II 2, S. 445 – 446.
474 Staudinger/*Frank,* § 1089 Rn. 13; RGZ 90, 232; KG KGJ 38, 232; BayObLGZ 1959, 50, 57.
475 *Lautner,* DNotZ 2009, 650, 659; *Bestelmeyer,* Rpfleger 2010, 169, 181; OLG München, RNotZ 2011, 176; OLG Celle, NZG 2011, 1146; *Schöner/Stöber,* Rn. 4289.
476 RG, SeuffA 83 (1929), Nr. 109; BGHZ 97, 392, 394 = NJW 1986, 1991; BGHZ 116, 222, 228 = NJW 1992, 830.
477 RGZ 57, 414, 415; MünchKommBGB/*Schäfer,* § 719 Rn. 52.
478 BeckOGK/*Leinenweber,* § 1276 BGB Rn. 19; DNotZ 2016, 925, 928 f.: Verfügung des seinen Anteil verpfändenden Gesellschafters gemeinsam mit den übrigen Gesellschaftern über im Eigentum der GbR stehende Grundstücke.
479 *Schöner/Stöber,* Rn. 4292; siehe auch BGH, DNotZ 2016, 925.

186 Die Verwertung durch Zwangsvollstreckung erfolgt auf der Grundlage eines vorläufig vollstreckbaren Duldungstitels im Wege der Anteilspfändung.[480] Alternativ steht auch dem Pfandgläubiger die Möglichkeit der Kündigung gem. § 725 Abs. 1 BGB zu.[481]

10. Gesellschafterausschluss

a) Zulässigkeit des Ausschlusses

187 § 737 BGB regelt den Ausschluss eines Gesellschafters. Nach dieser Vorschrift kann ein Gesellschafter durch Erklärung der übrigen Gesellschafter aus der Gesellschaft ausgeschlossen werden, wenn der Gesellschaftsvertrag eine Fortsetzungsklausel enthält und wenn in der Person des auszuschließenden Gesellschafters ein wichtiger Grund gem. § 723 Abs. 1 Satz 3 BGB liegt. Anders als bei der OHG (dort: Ausschließungsklage gem. § 140 HGB) erfolgt der Gesellschafterausschluss bei der GbR durch eine Erklärung gegenüber dem auszuschließenden Gesellschafter.[482]

188 Hinsichtlich der an den wichtigen Grund zu stellenden Anforderungen ist auch bei § 737 BGB zu beachten, dass die Kündigung nur als **ultima ratio** zulässig ist und nicht auch **mildere Mittel** (Entziehung von Geschäftsführungsrecht und Vertretungsmacht, §§ 712, 715 BGB) zum Erfolg führen.[483] Das Tatbestandsmerkmal des wichtigen Grundes ist wohl in gleicher Weise zu interpretieren wie bei § 723 Abs. 1 Satz 3 BGB;[484] an den wichtigen Grund im Falle eines Gesellschafterausschlusses dürften auch keine strengeren Anforderungen zu stellen sein als an einen Kündigungsgrund nach § 723 Abs. 1 Satz 3 BGB: Soweit angeführt wird, dass der Auszuschließende schlechter gestellt würde als im Falle einer Kündigung,[485] ist dem zu entgegnen, dass die Rechtsstellung des ausgeschlossenen Gesellschafters sich nicht notwendiger schlechter darstellt als im Falle einer Kündigung mit der Folge der Auflösung der Gesellschaft.[486]

189 Ursprünglich wurde den Gesellschaftern bei der Möglichkeit, einen Gesellschafterausschluss auch **ohne wichtigen Grund** zu beschließen, ein weitgehendes Ermessen eingeräumt: Der Gesellschafterausschluss sollte hiernach nur bei der Ausübung des Hinauskündigungsrechts unter dem Gesichtspunkt unzulässiger Rechtsausübung einer Kontrolle unterliegen.[487] Diese Rechtsprechung hat der Bundesgerichtshof jedoch aufgegeben: Die Wirksamkeit eines Ausschlusses setzt neben einer hinreichenden Erkennbarkeit voraus, dass für den Ausschluss **sachlich gerechtfertigte Gründe** bestehen.[488] Ausschlussklauseln, die diesen Anforderungen nicht genügen, sind gem. § 138 Abs. 1 BGB nichtig; nur ausnahmsweise kommt eine Aufrechterhaltung in Betracht, wenn die Klausel ihrem Inhalt nach teilbar ist.[489]

190 Hinsichtlich der Frage, welche Anforderungen an die Konkretisierung eines **sachlichen Grundes** zu stellen sind, wird in der Rechtsprechung in jüngster Zeit wieder eine Tendenz zu einer **großzügigeren Haltung** beobachtet: Eine Hinauskündigungsklausel, welche den Ausschluss eines Gesellschaf-

---

480 MünchKommBGB/*Schäfer*, § 719 Rn. 57.
481 MünchKommBGB/*Schäfer*, § 719 Rn. 58.
482 MünchKommBGB/*Schäfer*, § 737 Rn. 14.
483 BeckOGK/*Koch*, § 737 BGB Rn. 14; OLG Koblenz, ZIP 2014, 2086; *Nodoushani*, DStR 2016, 1932, 1933.
484 MünchKommBGB/*Schäfer*, § 737 Rn. 8 f.
485 BGH, NJW 1952, 461; RGZ 146, 169, 179.
486 Staudinger/*Habermeier*, § 737 Rn. 9.
487 BGHZ 34, 80, 83 = NJW 1961, 504; BGHZ NJW 1973, 1606 = DNotZ 1974, 71; BGHZ WM 1962, 462, 463.
488 Grundlegend: BGHZ 68, 212 = DNotZ 1977, 680; BGHZ 81, 264, 266 = DNotZ 1982, 164; BGHZ 105, 213, 216 = DNotZ 1989, 512; BGHZ 107, 351, 353 = DNotZ 1991, 913; BGH DStR 2007, 1216; BGH DNotZ 2007, 858; Überblick bei *Nassall*, NZG 2008, 851. S. nunmehr OLG Brandenburg, Urt. v. 28.04.2016, 5 U 79/13: automatisches Ausscheiden eines Gesellschafters bei Pfändung in dessen Gesellschaftsanteil verstößt nicht gegen § 138 BGB.
489 MünchKomBGB/*Schäfer*, § 737 Rn. 17 m.w.N.

ters ohne einen Grund ermöglicht, verstößt nicht gegen § 138 Abs. 1 BGB, wenn sie **ihrerseits durch sachliche Gründe** gerechtfertigt ist.[490] Nach einem Systematisierungsversuch in der Literatur liegen derartige sachliche Gründe unter anderem in folgenden Situationen vor:[491]

- **»Gesellschafter auf Probe«**: Beim Eintritt in eine bestehende Gesellschaft soll dem aufnehmenden Teil eine angemessene Prüfungszeit zustehen, innerhalb derer er den aufgenommenen Gesellschafter auch ohne einen wichtigen Grund ausschließen kann.[492]
- **»Gesellschafter kraft Mitarbeit«** (auch **Managermodelle**): Ist eine Gesellschaft auf die Mitarbeit aller Gesellschafter ausgerichtet, so soll der Ausschluss des Gesellschafters, welcher nicht mehr mitarbeitet, ohne weiteres zulässig sein.[493] Auch einem **Manager/Fremdgeschäftsführer** (bei der Personengesellschaft freilich auf der Grundlage einer Vollmacht) kann die Gesellschaftsbeteiligung entzogen werden, wenn sein Anstellungsverhältnis beendet ist. Denn die Beteiligung dient dem Manager als Anreiz; sie verliert diese Funktion bei Beendigung der Managerstellung.[494]
- **»Gesellschafter kraft Zuwendung«**: Wurde einem Gesellschafter die Beteiligung **unentgeltlich zugewandt**, so macht das den Zuwendungsempfänger zwar nicht zu einem »Gesellschafter zweiter Klasse«;[495] wohl aber steht das Gesellschaftsrecht nicht einer Rückforderung oder einer Weiterleitungsverpflichtung kraft Schenkungsrecht entgegen.[496]

b) Abfindungsbeschränkungen

Der Ausschluss eines Gesellschafters führt neben der in § 738 Abs. 1 Satz 1 BGB geregelten Anwachsung ferner dazu, dass dem ausgeschlossenen Gesellschafter ein **Abfindungsanspruch nach § 738 Abs. 1 Satz 2 BGB** zusteht.[497] Gem. § 738 Abs. 2 BGB kann der Abfindungsanspruch auch im Wege der **Schätzung** ermittelt werden. Anders als der Wortlaut des § 738 Abs. 1 Satz 2 BGB vermuten lässt, ist die Grundlage einer solchen Schätzung nicht der Liquidationswert, sondern der **Ertragswert der als werbend fortgesetzten Gesellschaft**.[498] Denn auch im Fall der Auflösung der Gesellschaft können durch Verwertung eines fortführungsfähigen Unternehmens Fortführungswerte erzielt werden.[499]

191

Von besonderer Bedeutung sind **vertragliche Abfindungsvereinbarungen.** Derartige Vereinbarungen können unterschiedliche Zwecke verfolgen. Unproblematisch sind dabei solche Klauseln, die lediglich eine **reibungslose Auseinandersetzung** ermöglichen und die Bewertung des Unternehmens vereinbaren wollen.[500] Hierzu gehört etwa auch die **Festlegung auf eine bestimmte Bewertungsmethode**. In den wohl meisten Fällen wird mit Abfindungsklauseln allerdings das Ziel verfolgt, den **Abfindungsanspruch zu beschränken**. Besonders verbreitet sind dabei so genannte **Buchwertklauseln.**

192

Während in der Vergangenheit derartige Buchwertklauseln als unproblematisch erachtet wurden, sofern sie alle Fälle des Ausscheidens gleichmäßig erfassten,[501] ist gegenwärtig zu vermeiden, dass derartige Abfindungsklauseln **gleichfalls mit dem Verdikt der Sittenwidrigkeit belegt werden**. Hervorgehoben werden sollen nur einige besonders praxisrelevante Fallgruppen:

193

---

490 BGHZ 164, 98 = DNotZ 2006, 137.
491 Ausführlich *Nassall*, NZG 2008, 851 ff.
492 BGH, NJW-RR 2007, 1256, 1258.
493 BGH, NJW 1983, 2880.
494 BGH, NJW 2005, 3641.
495 BGH, NJW 1989, 2681.
496 BGH, NJW 1990, 2622; OLG Karlsruhe, NZG 2007, 423.
497 Dazu ausführlich MünchKommBGB/*Schäfer*, § 738 Rn. 14 ff.
498 RGZ 106, 128, 132; BGHZ 17, 130, 136 = NJW 1955, 1025; BGHZ 116, 359, 370 = DNotZ 1992, 526; BGH NJW 1985, 192, 193.
499 MünchKommHGB/*K. Schmidt*, § 131 Rn. 142 ff. m.w.N.; vgl. auch *Leitzen*, RNotZ 2009, 315 ff.; MünchKommBGB/*Schäfer*, § 738 Rn. 32 ff.
500 GroßkommHGB/*Schäfer*, § 131 Rn. 162 m.w.N.
501 BGH, NJW 1979, 104.

- Eine **Differenzierung der Abfindungshöhe nach Ausschlusstatbeständen** kann einen Verstoß gegen § 138 Abs. 1 BGB darstellen, wenn mit dieser **ausschließlich gläubigerbenachteiligende Ziele** verbunden werden.[502] Zulässig ist hingegen eine solche Klausel, die nicht nur den Fall der Anteilspfändung oder Gesellschafterinsolvenz erfasst, sondern auch den Fall einer **Ausschließung aus wichtigem Grund**.[503]
- Weiterhin gültig ist die Rechtsprechung, wonach die Abfindung völlig ausgeschlossen werden kann, wenn ein Gesellschafter **durch Tod ausscheidet**.[504]
- Nach überwiegender Auffassung sind Differenzierungen der Abfindungshöhe je nach **Dauer der Gesellschaftszugehörigkeit** zulässig.[505]
- Noch unklar ist es, ob Abfindungsbeschränkungen zu erwägen sind, wenn die Gesellschaftsbeteiligung **unentgeltlich erworben worden ist** bzw. ob generell eine **Differenzierung nach dem Erwerbspreis** möglich ist.[506] Derzeit dürfte angesichts der entgegenstehenden älteren Rechtsprechung mit derartigen Differenzierungen Vorsicht geboten sein.[507]
- Abfindungsbeschränkungen sind in der Regel bei Gesellschaften **mit ideeller Zielsetzung** zulässig bzw. dann, wenn sie **genossenschaftlich strukturiert** sind.[508]

194 Abfindungsbeschränkungen, welche die Abfindung **unterhalb des Buchwertes ansetzen,** sind – von den vorgenannten Ausnahmen abgesehen – grds. **sittenwidrig**.[509] An die Stelle einer nichtigen Abfindung tritt die in § 738 Abs. 1 Satz 2 BGB geregelte Abfindung nach dem **vollen Wert**.

195 Im weitesten Sinne abfindungsbeschränkend wirken auch Klauseln, mit denen im Interesse der Gesellschaft die Auszahlung **zeitlich gestreckt** wird. Denn nach dem gesetzlichen Regelfall ist die Abfindung mit dem Ausscheiden fällig.[510] Hierzu existiert bislang, soweit ersichtlich, nur wenig Rechtsprechung.[511] Eine Verteilung auf fünf Jahresraten wird im Regelfall nicht zu beanstanden sein; oberhalb dieses Zeitraums droht die Gefahr der Sittenwidrigkeit,[512] und zwar bei einem Zeitraum von 15 Jahren auch bei angemessener Verzinsung.[513]

196 Von der Frage der Sittenwidrigkeit zu unterscheiden ist diejenige der Ausübungskontrolle. Hiernach kann eine ursprünglich nicht zu beanstandende Abfindungsbeschränkung bei einer erfolgreichen Unternehmensentwicklung dazu führen, dass der buchmäßige und der wirkliche Wert der Gesellschaft in einem Ausmaß auseinanderklaffen, der **bei Gründung der Gesellschaft nicht vorhersehbar war**.[514] Ursprünglich hatte der Bundesgerichtshof daher Buchwertklauseln für unwirksam angesehen, wenn im Zeitpunkt des Ausscheidens eine **besondere Diskrepanz zwischen Buchwert und wirklichem Wert** vorlag.[515] Hieran wurde kritisiert, dass eine Abfindungsklausel nicht entweder wirksam oder unwirksam sein könne. Seit 1993 beruht daher die Überprüfung von Abfindungsklauseln, die in Folge einer Veränderung der Verhältnisse zu unbilligen Ergebnissen führen, auf einer **Ausübungskontrolle gem. § 242 BGB bzw. auf einer ergänzenden Vertragsauslegung**.[516] Hiernach kann ein im Zeitpunkt des Vertragsschlusses noch nicht abzusehendes **Missverhältnis zwischen Abfindungswert**

---

502 BGHZ 32, 151, 156 = NJW 1960, 1053; BGHZ 65, 22, 26 = NJW 1975, 1835; BGHZ 144, 365, 267 = MittRhNotK 2000, 349.
503 BGHZ 65, 22, 26; BGH NJW 1993, 2101 = DStR 1993, 1109 m. Anm. *Goette*.
504 BGH DNotZ 1978, 166, 169; BGHZ 22, 186, 194 = NJW 1957, 180; *Goette*, DStR 1997, 337, 338.
505 *Hülsmann*, GmbHR 2001, 409, 412.
506 *Leitzen*, RNotZ 2009, 315, 316 m.w.N.
507 BGH, DNotZ 1991, 907; BGH 112, 40, 47 = DNotZ 1991, 819.
508 BGH, DNotZ 1998, 802; OLG Hamm, GmbHR 1997, 942; OLG Oldenburg, GmbHR 1997, 503.
509 BGH, DNotZ 1991, 907; so auch *Leitzen*, RNotZ 2009, 315, 318 m.w.N.
510 Palandt/*Sprau*, § 738 Rn. 6.
511 OLGR Karlsruhe 2006, 306; OLG Dresden, NZG 2000, 1042.
512 *Leitzen*, RNotZ 2009, 315, 318 m.w.N.
513 BGH, DNotZ 1991, 906.
514 Siehe auch MünchKommBGB/*Schäfer*, § 738 Rn. 55 ff.
515 BGH, NJW 1973, 651 = DNotZ 1973, 480; BGH, DNotZ 1991, 910.
516 BGH, NJW 1993, 2101; BGHZ 123, 281 = MittRhNotK 1993, 329; vgl. OLGR München 2006, 516.

und tatsächlichem Anteilswert dazu führen, dass dem betroffenen Gesellschafter nicht mehr zugemutet werden kann, an der vereinbarten Regelung festzuhalten. Der BGH betont dabei, dass es auf die Umstände des Einzelfalles ankomme; zu berücksichtigen seien insbesondere die Dauer der Mitgliedschaft, der Anteil des Ausscheidenden am Aufbau und Erfolg des Unternehmens sowie der Anlass des Ausscheidens.[517]

Ist eine ursprünglich nicht zu beanstandende Abfindungsregelung infolge einer nachträglichen Änderung der Verhältnisse für den betroffenen Gesellschafter unzumutbar geworden, so tritt an ihre Stelle eine **angemessene Abfindung**.[518] Hierbei hat eine Abwägung stattzufinden zwischen den Interessen der Gesellschaft (Liquiditäts- und Existenzsicherung) sowie dem Interesse des ausscheidenden Gesellschafters.[519]

197

11. Rechtsnachfolge von Todes wegen

a) Der gesetzliche Regelfall: Auflösung

Nach der gesetzlichen Vorgabe wird die GbR durch den Tod einer ihrer Gesellschafter aufgelöst, sofern der Gesellschaftsvertrag keine abweichende Regelung enthält (§ 727 Abs. 1 BGB). Diese Auflösung führt im Regelfall nicht zur Vollbeendigung der Gesellschaft, sondern wandelt diese in eine Abwicklungsgesellschaft um mit der Folge, dass die Gesellschaft als Rechtssubjekt weiterhin existiert, der Gesellschaftszweck jedoch auf Abwicklung gerichtet ist.[520] Eine bloße **Treuhänderstellung** des Verstorbenen ändert nichts an der Auflösung der Gesellschaft, da allein der Treuhänder Gesellschafter ist.[521] Sind juristische Personen oder Personengesellschaften an der Gesellschaft bürgerlichen Rechts beteiligt, so tritt an die Stelle des Todes deren **Vollbeendigung**, nicht bereits die Auflösung.[522]

198

Trotz aller abweichenden Empfehlungen kommen die Fälle, in denen Gesellschaften mit erheblichem Vermögen in Ermangelung einer Fortsetzungs- bzw. Nachfolgeklausel aufgelöst werden, nicht selten vor. Insbesondere bei grundbesitzverwaltenden Gesellschaften ist dies zu beobachten. Ein Grund dafür mag aus dem Notarkostenrecht herrühren: Wird eine GbR in einem Grundstückskaufvertrag gegründet, so ist der Abschluss des Gesellschaftsvertrages mit dem Grundstückskaufvertrag nicht gegenstandsgleich. Für die Beurkundung des Gesellschaftsvertrages wurde unter Geltung des § 36 Abs. 2 KostO vertreten, dass eine zusätzliche 20/10-Gebühr aus dem Wert des eingebrachten Grundstückes anfalle.[523] Etwas anderes soll gelten, wenn die gesellschaftsrechtlichen Vereinbarungen lediglich daraus bestehen, dass die Käufer erklären, sie seien zu gleichen Teilen an der GbR beteiligt und dass im Übrigen die gesetzlichen Bestimmungen gelten sollen.[524] Hieran wird in den ersten Stellungnahmen zum GNotKG im Grundsatz festgehalten.[525] Eben in diesen Fällen stellt sich die Problematik der »Vererbung in eine Abwicklungsgesellschaft hinein«, welche nachstehend erörtert wird.

199

Die Umwandlung von einer werbenden Gesellschaft in eine Abwicklungsgesellschaft erfolgt automatisch und ohne Mitwirkung der Gesellschafter. Die Erben werden automatisch Gesellschafter der Abwicklungsgesellschaft mit allen Rechten und Pflichten, die dem verstorbenen Gesellschafter selbst zugestanden hätten.[526] Zu beachten ist, dass die Stellung als Liquidationsgesellschafter **mehreren Erben**

200

---

517 BGH, NJW 1993, 2101.
518 BGH, DNotZ 1986, 31; BGH, DNotZ 1992, 526.
519 BGH, NJW 1979, 1705 = DNotZ 1979, 354.
520 Staudinger/*Habermeier*, BGB § 727 Rn. 1.
521 MünchHdb. GesR I/*Klein/Lindemeier*, § 11 Rn. 2.
522 BGHZ 84, 379 = NJW 1982, 2821; OLG Frankfurt am Main, Rpfleger 1982, 427.
523 LG München v. 08.09.1972, MittBayNot 1972, 314 f.
524 Streifzug durch die KostO, Rn. 996.
525 Hierzu, mit weiteren Differenzierungen, *Diehn*, Berechnungen zum neuen Notarkostenrecht, Rn. 696.
526 BGH, NJW 1982, 170; BGH, NJW 1995, 3314, 3315; Staudinger/*Habermeier*, BGB, § 727 Rn. 7.

in **Erbengemeinschaft** zusteht.[527] Der Grundsatz, dass eine Erbengemeinschaft nicht Mitglied einer werbenden Gesellschaft sein kann, findet auf die Abwicklungsgesellschaft keine Anwendung.[528]

201 Mangels abweichender Regelung erlöschen die einem Gesellschafter durch Gesellschaftsvertrag eingeräumte **Einzelgeschäftsführungs- und Vertretungsbefugnis**.[529] An dessen Stelle tritt die gemeinschaftliche Geschäfts- und Vertretungsbefugnis der Liquidatoren, § 730 Abs. 2 Satz 2 BGB. Zu Gunsten eines Gesellschafters gilt jedoch die diesem übertragene Geschäftsführungsbefugnis als fortbestehend, bis er von dem Tod des Mitgesellschafters Kenntnis hat oder Kenntnis haben muss (§ 729 BGB).

202 Wird der verstorbene Gesellschafter durch eine **Erbengemeinschaft** beerbt, so gilt innerhalb der Erbengemeinschaft der Grundsatz der Einstimmigkeit; soweit es um Angelegenheiten ordnungsgemäßer Verwaltung geht, gilt jedoch das Mehrheitsprinzip (§§ 2038 Abs. 1 Satz 1, 745 Abs. 1 BGB). Die Rechte der Erbengemeinschaft gegenüber der Gesellschaft können auch durch einen gemeinsamen Vertreter wahrgenommen werden. Fassen die Gesellschafter jedoch einen **Fortsetzungsbeschluss**, so ist die Zustimmung aller Miterben erforderlich.[530] Der Fortsetzungsbeschluss bewirkt, dass an die Stelle der Erbengemeinschaft die **Erben persönlich** als Mitglieder der fortgesetzten Gesellschaft treten.[531]

203 Gem. § 727 Abs. 2 Satz 1 BGB hat der Erbe des verstorbenen Gesellschafters im Falle der Auflösung den übrigen Gesellschaftern den Tod unverzüglich anzuzeigen und bei Gefahr im Verzug die dem Erblasser durch den Gesellschaftsvertrag übertragenen Geschäfte fortzuführen. Die Anzeige ist grds. an sämtliche Gesellschafter zu richten, nicht nur an den Geschäftsführer.[532] Dabei soll sich die Pflicht auf die Absendung der Anzeige beschränken; ein Zugang soll nicht erforderlich sein.[533]

204 Noch nicht geklärt ist die Frage, in welchem Umfang der bzw. die Erben für Verbindlichkeiten der Abwicklungsgesellschaft haften. Die Literatur geht davon aus, dass sowohl für die vor dem Erbfall entstandenen Gesellschaftsschulden als auch für die nach dem Erbfall begründeten Verbindlichkeiten eine Beschränkung der Haftung auf den Nachlass möglich ist.[534]

205 Ist über den Nachlass des verstorbenen Gesellschafters **Testamentsvollstreckung** angeordnet, so erstrecken sich die Befugnisse des Testamentsvollstreckers auch auf den vererbten Anteil an der Abwicklungsgesellschaft.[535] Nach der Literatur ist für die Testamentsvollstreckung an einem Anteil in der Abwicklungsgesellschaft die Zustimmung der übrigen Gesellschafter nicht erforderlich;[536] auch die Beschränkungen, die für den Testamentsvollstrecker in der werbenden Gesellschaft grds. gelten, sollen nicht zum Tragen kommen.[537]

b) Abweichende Gestaltungen

aa) Fortsetzungsklausel

206 Nach üblicher Terminologie wird unterschieden zwischen so genannten **Fortsetzungsklauseln, Nachfolgeklauseln sowie Eintrittsklauseln**.[538] Eine Fortsetzungsklausel bezeichnet üblicherweise eine

---

527 BGH, NJW 1982, 170, 171.
528 MünchKommBGB/*Schäfer*, § 727 Rn. 14.
529 Siehe MünchKommBGB/*Schäfer*, § 730 Rn. 40; OLG Köln, WM 1995, 1881, 1882.
530 BGHZ 1, 324, 328; BGH, NJW 1982, 170, 171.
531 BGHZ 1, 324, 328 = NJW 1951, 650; MünchKommBGB/*Schäfer*, § 727 Rn. 20.
532 MünchKommBGB/*Schäfer*, § 727 Rn. 15.
533 MünchKommBGB/*Schäfer*, § 727 Rn. 15.
534 MünchKommBGB/*Schäfer*, § 727 Rn. 21; Staudinger/*Habermeier*, BGB § 727 Rn. 8.
535 BGHZ 98, 48, 58; BGH, NJW 1981, 749, 750.
536 Staudinger/*Habermeier*, BGB, § 727 Rn. 12.
537 BeckOGK-BGB/*von Proff zu Irnich*, § 727 Rn. 15.
538 Vgl. nur MünchHdb. GesR I/*Klein/Lindemeier*, § 11 Rn. 10.

gesellschaftsvertragliche Bestimmung, welche anordnet, dass die Gesellschaft mit dem Tod eines Gesellschafters unter den übrigen Gesellschaftern fortgesetzt wird.[539] Eine derartige Klausel führt zum **Erlöschen der Mitgliedschaft** des betroffenen Gesellschafters; der Anteil des verstorbenen Gesellschafters am Gesellschaftsvermögen wächst den übrigen Gesellschaftern an (§ 738 Abs. 1 Satz 1 BGB). Insbesondere *Karsten Schmidt* kritisiert diese Terminologie:[540] Aus der Sicht der Erben entscheidend sei der **Ausschluss aus der Gesellschaft**, welchen die Klausel im Vergleich zur gesetzlichen Regelung bewirke; daher sei eine Bezeichnung als **Ausschließungsklausel** treffender. Der Begriff Fortsetzungsklausel signalisiert aber immerhin, dass die Gesellschaft in Abweichung zu § 727 Abs. 1 BGB als **werbende Gesellschaft** fortgesetzt wird.

Fortsetzungsklauseln werden üblicherweise mit den nachstehend zu besprechenden »Nachfolgeklauseln« kombiniert. Sollte dies ausnahmsweise nicht der Fall sein, so bieten sich ergänzende Vereinbarungen an. Insbesondere bei **zweigliedrigen Gesellschaften** sollte geregelt werden, ob beim Tode eines Gesellschafters der Rechtsübergang auf den anderen Gesellschafter automatisch erfolgen soll oder ob dem überlebenden Gesellschafter das Recht zur Übernahme aller Aktiva und Passiva zustehen soll.[541] Wird die Gesellschaft mit den verbleibenden Gesellschaftern fortgesetzt, so scheidet der verstorbene Gesellschafter aus der Gesellschaft aus (§ 736 Abs. 1 BGB). In den Nachlass fällt der Anspruch auf Abfindung (§ 738 Abs. 1 Satz 2 BGB). Nach der herrschenden Meinung ist der **vollständige Ausschluss von Abfindungsansprüchen** der Erben zulässig; eine derartige Vereinbarung bedarf nicht der Form des § 2301 Abs. 1 BGB oder des § 518 Abs. 1 BGB.[542]

207

bb) Nachfolgeklauseln

Nach der üblichen Terminologie bezeichnen Nachfolgeklauseln gesellschaftsvertragliche Vereinbarungen, auf Grund derer beim Todes eines Gesellschafters dessen Gesellschafterstellung auf einen oder mehrere Nachfolger übergehen soll; die gesetzliche Auflösungsfolge soll nicht eintreten.[543] Die Nachfolgeklausel führt allerdings auch bei der BGB-Gesellschaft nicht dazu, dass die Gesellschaftsbeteiligung »vererblich gestellt« wird, denn nach dem gesetzlichen Regelmodell findet eine Vererbung in eine Liquidationsgesellschaft statt.[544] Vielmehr ermöglicht die Nachfolgeklausel die Rechtsnachfolge von Todes wegen in eine **werbende Gesellschaft.**

208

Eine so genannte **einfache Nachfolgeklausel** ermöglicht die Fortsetzung der Gesellschaft als werbende Gesellschaft mit beliebigen Erben des verstorbenen Gesellschafters.[545] Liegt eine derartige Fortsetzungsklausel vor, so tritt im Falle des Todes eines Gesellschafters dessen Erbe unmittelbar an die Stelle des Verstorbenen. Handelt es sich um einen Alleinerben, so übernimmt dieser in vollem Umfang die Rechtsstellung des Verstorbenen. Sind mehrere Erben vorhanden, so geht die Gesellschaftsbeteiligung nicht auf die Erbengemeinschaft über, sondern auf **jeden Erben persönlich**; der Grundsatz der Gesamtrechtsnachfolge durch die Erbengemeinschaft wird durchbrochen.[546] Für die Rechtsstellung der Erben soll dasselbe gelten wie bei der Übertragung von **Teilgesellschaftsanteilen**.[547]

209

Enthält der Gesellschaftsvertrag hingegen eine so genannte **qualifizierte Nachfolgeklausel**, so ist der Anteil **nur für bestimmte Personen vererblich**.[548] Eine solche Klausel lässt den Gesellschaftsanteil

210

---

539 MünchHdb. GesR I/*Klein/Lindemeier*, § 11 Rn. 12.
540 *K. Schmidt*, GesR, § 45 V 3, S. 1337.
541 MünchHdb. GesR I/*Klein/Lindemeier*, § 11 Rn. 13, dort auch mit weiteren Regelungspunkten.
542 BGH, WM 1971, 1338, 1339; MünchHdb. GesR I/*Klein/Lindemeier*, § 11 Rn. 47; MünchKommBGB/ *Schäfer*, § 738 Rn. 62.
543 MünchHdb. GesR I/*Klein/Lindemeier*, § 11 Rn. 20.
544 *K. Schmidt*, GesR, § 45 V 4, S. 1338 – 1339.
545 Dazu ausführlich BeckOGK-BGB/*von Proff zu Irnich*, § 727 Rn. 63 ff.
546 MünchKommBGB/*Schäfer*, § 727 Rn. 34 m.w.N.
547 MünchKommBGB/*Schäfer*, § 727 Rn. 34; § 719 Rn. 49.
548 BGHZ 108, 187; BGH, NJW 1978, 264; BeckOGK-BGB/*von Proff zu Irnich*, § 727 Rn. 68 ff.

nur auf die durch die Klausel begünstigten Erben übergehen.[549] Zulässig sind auch Klauseln, wonach der Gesellschaftsanteil in unterschiedlichen Quoten auf bestimmte Erben übergeht; diese Quoten müssen nicht den Erbquoten entsprechen.[550] Allerdings setzt die qualifizierte Nachfolgeklausel voraus, dass der vorgesehene Nachfolger **zugleich (Mit)erbe** wird. Auch bei einer Miterbenstellung fällt dem durch die qualifizierte Nachfolgeklausel bestimmten Nachfolger der Anteil **ungeteilt zu.**[551] Die Erbquote spielt hier keine Rolle; gesellschaftsrechtlich genügt auch schon eine Erbeinsetzung zu einem geringen Bruchteil. Ob der begünstigte Erbe gegenüber den anderen Erben zum Wertausgleich verpflichtet ist, richtet sich ausschließlich nach der letztwilligen Verfügung.[552]

211 ▶ **Praxistipp:**
Zweckmäßigerweise sollte dem begünstigten Gesellschafter die Beteiligung im Wege eines Vorausvermächtnisses (§ 2150 BGB) zugewandt werden, um Abgrenzungsschwierigkeiten zu vermeiden.

Bei der Verwendung qualifizierter Nachfolgeklauseln ist zu beachten, dass die beabsichtige Nachfolge nur dann eintritt, wenn die nachfolgeberechtigte Person wirklich **Erbe** wird.[553] Die bloße **Vermächtniseinsetzung** genügt hingegen nicht. Allerdings kann eine qualifizierte Nachfolgeklausel dann als Eintrittsklausel ausgelegt werden.[554] Gefahren drohen insoweit insbesondere bei **Ehegattengesellschaften:** Haben Eheleute eine Grundbesitz-Gesellschaft gegründet und wünschen sie den Übergang der Gesellschaftsanteile auf ihre Abkömmlinge, so ist dies mit einem **Berliner Testament** unvereinbar: Selbst dann, wenn Vermächtnisse zu Gunsten der begünstigten Abkömmlinge angeordnet sind, führt das Versterben des überlebenden Ehegatten mangels Erbenstellung der nach dem Gesellschaftsvertrag nachfolgeberechtigten Personen zwingend zur **Anwachsung (§ 738 Abs. 1 Satz 1 BGB) und Vollbeendigung der Gesellschaft.** Zwar dürfte auch in diesen Fällen ein Anspruch des oder der Erben auf Aufnahme in eine neu gegründete Gesellschaft bestehen; hierauf sollte man aber nicht vertrauen. Der bloße schuldrechtliche Anspruch aus einem Vermächtnis kann auch nicht ausnahmsweise zu einem Fortbestand der Gesellschaft in der Form der »Ein-Mann-Personengesellschaft« führen.[555] In diesen Fällen müssen der bzw. die vorgesehenen Nachfolger unbedingt (zu einer beliebigen Quote) zu Erben eingesetzt werden. Wollen die Eheleute ihre jeweilige Gesellschaftsbeteiligung unterschiedlichen Personen zukommen lassen, so muss die Nachlassplanung getrennt erfolgen.

213 Wird die Gestaltung einer qualifizierten Nachfolgeklausel erwogen, so sollte die Existenz von **steuerlichem Sonderbetriebsvermögen** mit dem Klienten erörtert werden.[556] Nach ständiger Rechtsprechung erfasst das so genannte notwendige Sonderbetriebsvermögen Wirtschaftsgüter im Sinne des Steuerrechts, welche kraft ihrer Funktion dem Betrieb der Personengesellschaft (Sonderbetriebsvermögen I) oder der Beteiligung des Mitunternehmers (Sonderbetriebsvermögen II) dienen.[557] Gewillkürtes Sonderbetriebsvermögen sind hingegen Wirtschaftsgüter, die subjektiv bestimmt und geeignet sind, dem Betrieb der Gesellschaft (I) oder der Beteiligung des Mitunternehmers (II) zu dienen.[558] Sonderbetriebsvermögen zeichnet sich zivilrechtlich dadurch aus, dass es nicht im Eigentum der Gesellschaft steht. In Folge dessen geht das Sonderbetriebsvermögen nicht auf den begünstigten Erben

---

549 MünchKommHGB/*K. Schmidt,* § 139 Rn. 16.
550 MünchKommHGB/*K. Schmidt,* § 139 Rn. 16.
551 BGHZ 68, 225, 231 = NJW 1977, 1340.
552 BGHZ 22, 186, 197 = NJW 1957, 180, 181.
553 Vgl. BGHZ 68, 225, 229, 238.
554 MünchKommHGB/*K. Schmidt,* § 139 Rn. 22, 25.
555 MünchKommHGB/*K. Schmidt,* § 105 Rn. 25 m.w.N.
556 Hierzu *Tiedtke/Hils,* ZEV 2004, 441; MünchHdbGesR Bd. 1/*Fischer/Palenker,* § 82 Rn. 16; siehe auch Hübner, ErbR 2020, 607.
557 BFH, DStR 1992, 1198.
558 BFH, DStR 1999, 314.

über, sondern unterliegt den allgemeinen Regeln. Dies kann zu einer **anteiligen Entnahme des Sonderbetriebsvermögens** sowie zur Aufdeckung stiller Reserven führen.[559]

Zur Vermeidung dieses Ergebnisses kommen mehrere Gestaltungen in Betracht, welche im Einzelfall von Art und Umfang des Sonderbetriebsvermögens abhängen: 214
– Alleinerbeneinsetzung des begünstigten Erben, ggf. mit entsprechenden Vermächtnissen;[560]
– Übertragung des Gesellschaftsanteils sowie des Sonderbetriebsvermögens auf den Nachfolger in vorweggenommener Erbfolge;[561] alternativ kommt eine Übertragung nur des Sonderbetriebsvermögens auf den Nachfolger in Betracht, allerdings unter Vereinbarung eines Nießbrauchs und eines nicht vererblichen freien Widerrufsrechts;
– Einbringung des Sonderbetriebsvermögens zu Lebzeiten in eine GmbH & Co. KG.[562]

cc) Testamentsvollstreckung

Es darf inzwischen als gesichert gelten, dass die Testamentsvollstreckung an einem Gesellschaftsanteil einer Personengesellschaft zulässig ist.[563] Entgegen missverständlicher Stimmen hat der BGH ausdrücklich entschieden, dass auch an dem Gesellschaftsanteil eines persönlich haftenden Gesellschafters die Dauervollstreckung nicht schlechthin ausgeschlossen ist.[564] Nach ständiger Rechtsprechung ist jedoch das Verwaltungsrecht des Testamentsvollstreckers durch die im Gesellschaftsrecht wurzelnden Besonderheiten beschränkt:[565] Der Testamentsvollstrecker kann über die mit der Gesellschaftsbeteiligung verbundenen **Vermögensrechte** verfügen, insbesondere über den Anspruch am künftigen Auseinandersetzungsguthaben; der Testamentsvollstreckung entzogen sind jedoch die **inneren Angelegenheiten** der Gesellschaft.[566] Gesichert ist ferner, dass die Gesellschafter einer GbR die Zustimmung zur Anordnung der Testamentsvollstreckung erklären müssen.[567] 215

Diese allgemeine Formel lässt außerhalb der wenigen BGH-Entscheidungen weiterhin Raum für Interpretationsspielräume. Eine Vielzahl von Veröffentlichungen mit teilweise abweichenden Meinungen und Nuancen trägt nur bedingt zur Rechtssicherheit bei.[568] Nach der OLG-Rechtsprechung soll das **Recht zur Verfügung über den Gesellschaftsanteil** dem Testamentsvollstrecker zustehen; der Zustimmung der Erben bedarf es nicht.[569] Andererseits betrachtet die Rechtsprechung die Ausübung der Mitgliedschaftsrechte stets als »innere Angelegenheiten«.[570] 216

Angesichts der spärlichen Rechtsprechung erscheinen sichere Prognosen über das, was der Testamentsvollstrecker darf und wozu die Erben der Zustimmung des Testamentsvollstreckers bedürfen, nur schwer möglich. Systematisierungsversuche in der Literatur stellen darauf ab, dass der Testamentsvollstrecker die Zustimmung zu allen Maßnahmen erteilen müsse, die den Auseinandersetzungs- oder Abfindungsanspruch sowie den Gewinnanspruch betreffen.[571] Soweit er jedoch auch zu Beschlüssen über die Thesaurierung des Gewinns zustimmen soll, stellt sich die Frage, ob dem Testamentsvollstrecker damit nicht ein faktisches Vetorecht zusteht, welches doch stark in den Bereich der »inneren Angelegenheiten« hineinreicht. Vorsicht ist geboten, soweit eine Entscheidung des 217

---

559 Ebenroth/Boujong/Just/Strohn/*Lorz*, § 139 Rn. 34 m.w.N.
560 *Reimann*, ZEV 2002, 487, 492.
561 Ebenroth/Boujong/Just/Strohn/*Lorz*, § 139 Rn. 36.
562 Ebenroth/Boujong/Just/Strohn/*Lorz*, § 139 Rn. 36 m.w.N.
563 BGH, NJW 1989, 3152, 3153; BGH, NJW 1996, 1284, 1285; KG, WM 1995, 1890, 1891.
564 BGH, DStR 1996, 929 (Leitsatz); LG Hamburg, ZfIR 2008, 794 m. Anm. *Lang*.
565 Hierzu *Kämper*, RNotZ 2016, 625; BeckOGK BGB/*Lübke*, § 717 BGB Rn. 50.
566 BGH, DStR 1998, 304 m. Anm. *Götte*.
567 BGH, NJW 1986, 2431; OLG Hamm, DNotZ 1992, 320.
568 S. etwa zum Ganzen MünchHdbGesR Bd. 1/*Klein/Lindemeier*, § 11 Rn. 70 f. m.w.N.
569 KG, RNotZ 2009, 251; auch LG Leipzig, Rpfleger 2008, 492.
570 OLG Düsseldorf, RNotZ 2008, 303; LG Krefeld, Urt. v. 30.06.2006, 5 O 51/06, www.nrwe.de.
571 *Everts*, MittBayNot 2003, 427, 430.

LG Mannheim zitiert wird:[572] Diese Entscheidung erging zur Testamentsvollstreckung an einem Kommanditanteil. In seiner Grundsatzentscheidung und auch später hat der BGH jedoch zwischen einer Stellung als persönlich haftender Gesellschafter und Kommanditgesellschafter differenziert.

218 Angesichts der Unklarheiten bei der Abgrenzung zwischen »Außenseite« und »Innenseite« dürfte man auf Ersatzlösungen weiterhin nicht verzichten können. Nach der so genannten **Vollmachtslösung** bevollmächtigt entweder der Gesellschafter-Erbe oder der Erblasser im Wege der postmortalen Vollmacht den jeweils mit Zustimmung der übrigen Gesellschafter.[573] Die Vollmachtslösung hat allerdings einerseits den Nachteil, dass eine Vollmacht nicht als unwiderruflich ausgestaltet werden kann; andererseits kann im Wege einer Vollmacht auch keine unbeschränkte Erbenhaftung herbeigeführt werden.[574] Die **Treuhandlösung** sieht die treuhänderische Übertragung des Gesellschaftsanteils auf den Testamentsvollstrecker vor; gegen sie spricht allerdings, dass das Risiko einer persönlichen Haftung analog § 128 HGB potenzielle Amtsinhaber abschrecken könnte.[575]

219 Als »große Lösung« verbleibt die Möglichkeit der lebzeitigen »Umwandlung« in eine GmbH (Sachgründung oder Umwandlung nach Eintragung in das Handelsregister) oder in eine GmbH & Co. KG. Freilich werden dadurch die übrigen Gründe für eine Rechtsformwahl in den Hintergrund gerückt. Für den betroffenen Gesellschafter ist § 139 HGB wohl insoweit entsprechend anzuwenden, als ein Austrittsrecht des Erben besteht; teilweise wird auch ein Recht bejaht, eine Umwandlung in die Stellung eines Kommanditisten verlangen zu dürfen, allerdings nur unter den Voraussetzungen des § 105 Abs. 2 HGB und entsprechender Eintragung in das Handelsregister.[576]

V. Die Beendigung der Gesellschaft bürgerlichen Rechts

1. Auflösung und Liquidation

220 Anders als die Formulierung vermuten lässt, führt die Auflösung einer Gesellschaft nicht bereits zu deren Erlöschen als Rechtssubjekt.[577] Die aufgelöste Personengesellschaft besteht vielmehr bis zur so genannten **Vollbeendigung** fort.[578] Die aufgelöste Personengesellschaft ist weiterhin rechtsfähig.[579] Allerdings führt die Auflösung der Gesellschaft nach h.M. zu einer **Änderung des gemeinsamen Zwecks**.[580] Gem. § 730 Abs. 2 BGB sind im Zweifel alle Gesellschafter nur noch gemeinsam geschäftsführungs- und vertretungsberechtigt.[581] Gegenüber Dritten führt die Auflösung der Gesellschaft grds. keine Änderungen herbei; allerdings gilt § 714 BGB auch im Liquidationsstadium.[582] Die **Identität der Gesellschaft bleibt erhalten**; das Gesellschaftsvermögen wird grds. nicht tangiert.

a) Auflösungsgründe

221 Die gesetzlichen Auflösungsgründe sind in den §§ 723 bis 728 BGB geregelt. Die §§ 723 bis 725 BGB setzen dabei die Ausübung eines Gestaltungsrechts (Kündigung) voraus; die in den §§ 726

---

572 LG Mannheim, NZG 1999, 824.
573 *Everts*, MittBayNot 2003, 427, 430/431 m.w.N.
574 Ebenroth/Boujong/Just/Strohn/*Lorz*, § 139 Rn. 80 m.w.N.
575 Ebenroth/Boujong/Just/Strohn/*Lorz*, § 139 Rn. 79 m.w.N.
576 *Schäfer*, NJW 2005, 3665, 3669; *Mock*, NZG 2004, 118; *von Hoyenberg*, RNotZ 2007, 377.
577 *K. Schmidt*, GesR, § 11 V 2, S. 308: »Nur der Laie stellt sich die Auflösung eines Verbandes als dessen Verschwinden vor.«
578 MünchKommBGB/*Schäfer*, Vor § 723 Rn. 5 ff.
579 RGZ 41, 93, 95; RGZ 134, 91, 94; BGHZ 1, 324, 329; BGH, NJW-RR 1986, 394.
580 Vgl. nur MünchKommBGB/*Schäfer*, Vor § 723 Rn. 22, 6; BGH, NZG 2016, 107; abweichend MünchKommHGB/*K. Schmidt*, § 145 Rn. 23, 28, wonach der Gesellschaftszweck durch den Liquidationszweck »überlagert« werde.
581 MünchKommBGB/*Schäfer*, Vor § 723 Rn. 22.
582 BeckOK-BGB/*Schöne*, § 730 Rn. 27.

A. Gesellschaft bürgerlichen Rechts

bis 728 BGB genannten Auflösungsgründe schließen sich demgegenüber als unmittelbare Folge der dort genannten Sachverhalte an (Zweckerreichung, Tod, Eröffnung des Insolvenzverfahrens).[583]

aa) Kündigung durch einen Gesellschafter

Bei der Kündigung handelt es sich um eine einseitige, empfangsbedürftige Willenserklärung, welche an alle Mitgesellschafter gerichtet sein und allen Mitgesellschaftern zugehen muss.[584] Abweichende Regelungen im Gesellschaftsvertrag sind möglich und empfehlenswert (Beispiel: Zugang nur beim geschäftsführenden Gesellschafter erforderlich). Die Kündigung bedarf kraft Gesetzes keiner besonderen Form; es empfiehlt sich aber unbedingt, mindestens die Textform zu vereinbaren, möglichst die Schriftform.[585] Das Wort »Kündigung« muss nicht notwendigerweise verwendet werden; erforderlich ist jedoch, dass der Wille des Erklärenden, entweder die Auflösung der Gesellschaft herbeizuführen oder aus ihr auszuscheiden (falls eine Fortsetzungsklausel vereinbart ist).[586]

222

Hinsichtlich des weiteren notwendigen Inhalts ist danach zu differenzieren, ob es sich um eine **ordentliche oder außerordentliche Kündigung** handelt: Eine ordentliche Kündigung kann ohne Angabe von Gründen erklärt werden; eine außerordentliche Kündigung muss zusätzlich den wichtigen Grund angeben, sofern dieser den übrigen Gesellschaftern nicht ohnehin bekannt ist.[587] Eine außerordentliche Kündigung kann wie im Arbeitsrecht ggf. in eine ordentliche Kündigung umgedeutet werden, wenn ein solcher Wille des Kündigenden erkennbar ist.[588]

223

Wird eine Kündigungserklärung unter einer **Bedingung erklärt,** so ist zu differenzieren: Eine Bedingung führt dann zur Unwirksamkeit der Kündigung, wenn die Bedingung zu Unsicherheiten über die Wirksamkeit führt.[589] Unschädlich sind insbesondere so genannte **Potestativbedingungen,** deren Eintritt nur vom Willen des anderen Teils abhängt.[590]

224

Ist die Kündigung wirksam erklärt, so führt sie zur sofortigen Auflösung der Gesellschaft, sofern nichts Abweichendes vereinbart ist, z.B. eine entsprechende Frist im Gesellschaftsvertrag. Zu beachten ist jedoch, dass der Gesellschafter nach dem gesetzlichen Regelmodell **nicht sofort aus der Gesellschaft ausscheidet.** Die Gesellschaft besteht zunächst **mit dem kündigenden Gesellschafter als Liquidationsgesellschaft fort.**[591] Enthält der Gesellschaftsvertrag demgegenüber eine so genannte **Fortsetzungsklausel,** so scheidet der kündigende Gesellschafter sofort aus der Gesellschaft aus (§ 736 Abs. 1 BGB).

225

Der in § 723 Abs. 1 Satz 3 Nr. 1 beschriebene wichtige Grund wird in ständiger Rechtsprechung wie folgt definiert: Dem Kündigenden ist nach Lage des Falles eine Fortsetzung der Gesellschaft bis zum Vertragsende oder bis zum nächsten ordentlichen Kündigungstermin nicht zumutbar, weil das Vertrauensverhältnis grundlegend gestört ist oder ein gedeihliches Zusammenleben aus sonstigen Gründen nicht mehr möglich ist.[592]

226

Ob ein wichtiger Grund vorliegt, lässt sich nur in Würdigung **aller Umstände des Einzelfalls ermitteln.** Von maßgeblicher Bedeutung sind dabei Art und Zweck der Gesellschaft, die bisherige Dauer,

227

---

583 MünchKommBGB/*Schäfer,* Vor § 723 Rn. 12.
584 MünchHdb. GesR I/*Gummert,* § 21 Rn. 15.
585 MünchHdb. GesR I/*Gummert,* § 21 Rn. 16.
586 RGZ 89, 398, 400.
587 MünchKommBGB/*Schäfer,* § 723 Rn. 27.
588 BGHZ 20, 239, 249 f.; BGH, NJW 1981, 976; BGH, NJW 1982, 2603; BGH, NJW 1998, 76; BGH, NJW 1998, 1551; Soergel/*Hadding/Kießling,* BGB, § 723 Rn. 16.
589 MünchKommBGB/*Schäfer,* § 723 Rn. 16.
590 RGZ 91, 307, 309; *Enneccerus/Nipperdey,* BGB AT II § 195 II 2; *Flume,* BGB AT II § 38, 5, 697 f.; Staudinger/*Bork,* BGB, Vor §§ 158–163 Rn. 40 ff.; BeckOKBGB/*Schöne,* § 723 Rn. 9.
591 MünchKommBGB/*Schäfer,* § 723 Rn. 19.
592 BGHZ 4, 108, 113; BGHZ 31, 295, 304; BGHZ 84, 379, 382; MünchKommBGB/*Schäfer,* § 723 Rn. 28 m.w.N.

der Zeitraum bis zum nächsten ordentlichen Kündigungstermin und die Stellung des Kündigenden in und zu der Gesellschaft.[593] Für die Praxis von entscheidender Bedeutung ist die Erkenntnis, dass das Kündigungsrecht in einer Gesellschaft bürgerlichen Rechts allgemein nur unter bestimmten Voraussetzungen beschränkt werden darf (§ 723 Abs. 3 BGB); der Versuch, das Recht zur Kündigung aus wichtigem Grund auszuschließen, ist von vornherein zum Scheitern verurteilt, da derartige Klauseln nichtig sind.[594]

228 Unklar ist, inwieweit das Recht zur Kündigung aus wichtigem Grund einer Konkretisierung zugänglich ist. Ohne weiteres zulässig ist es, wenn die Gesellschafter die Anforderungen an einen solchen wichtigen Grund absenken.[595] Unzulässig dürfte es demgegenüber sein, erschwerende Vereinbarungen zu treffen. Gesellschaftsvertragliche Listen wirken vielmehr als bloße **Klarstellungen**.[596]

bb) Kündigung durch einen Pfändungsgläubiger

229 Gem. § 725 BGB kann der Pfändungsgläubiger nach Pfändung des Anteils am Gesellschaftsvermögens die Gesellschaft ohne Einhaltung einer Kündigungsfrist kündigen; solange die Gesellschaft besteht, kann er die sich aus dem Gesellschaftsverhältnis ergebenden Rechte mit Ausnahme des Anspruchs auf einen Gewinnanteil nicht geltend machen (§ 725 Abs. 2 BGB). Der Hintergrund dieser Regelung besteht darin, dass der Gesellschafter nicht Inhaber des Gesellschaftsvermögens ist und ein unmittelbarer Zugriff des Pfändungsgläubigers folglich ausscheidet.[597] Da die Gewinnansprüche möglicherweise nicht zur Befriedigung des Pfändungsgläubigers ausreichen (oder die Gesellschafter den Gewinn möglicherweise nicht ausschütten), besteht für den Pfändungsgläubiger gem. § 725 Abs. 1 BGB ein Kündigungsrecht.

230 Entgegen der undeutlichen Formulierung der §§ 725 BGB, 859 ZPO geht die heute herrschende Meinung davon aus, dass Gegenstand der Pfändung nicht der »Vermögensanteil« des Gesellschafters ist (welcher gem. § 719 Abs. 1 BGB ohnehin nicht übertragbar wäre), sondern die **Mitgliedschaft als solche**.[598] Trotz der Pfändung der Mitgliedschaft wird der Pfandgläubiger nicht Gesellschafter. Das Informations- und Stimmrecht verbleibt weiterhin beim Gesellschafter; auch das Kündigungsrecht ist nicht eines des Gesellschafters, sondern ein Gläubigerrecht.

231 Im Regelfall bestimmt der Gesellschaftsvertrag die Fortsetzung der Gesellschaft schon für den Fall der Pfändung des Gesellschaftsanteils; um den Gesellschafter gegen eine unberechtigte Pfändung zu schützen und ihm Rechtsmittel zu ermöglichen, wird darüber hinaus üblicherweise eine gewisse Frist eingeräumt, innerhalb derer die Pfändung wieder aufgehoben werden kann.

232 ▶ **Formulierungsbeispiel: Ausscheiden bei Pfändung des betroffenen Gesellschaftsanteils**

Wird der Gesellschaftsanteil eines Gesellschafters gepfändet und die Pfändung nicht innerhalb von zwei Monaten ab Wirksamkeit aufgehoben, so scheidet der betroffene Gesellschafter aus der Gesellschaft aus. Die Gesellschaft wird in diesem Fall nicht aufgelöst, sondern besteht fort.

cc) Eröffnung des Insolvenzverfahrens über das Vermögen der Gesellschaft

233 Während unter der Geltung der Konkursordnung die Gesellschaft bürgerlichen Rechts von der herrschenden Meinung nicht als konkursfähig angesehen worden war,[599] ist die Insolvenzfähigkeit der Gesellschaft bürgerlichen Rechts in § 11 Abs. 2 InsO ausdrücklich geregelt. Voraussetzung einer

---

593 MünchKommBGB/*Schäfer*, § 723 Rn. 29 m.w.N.; vgl. auch MünchKommHGB/*K. Schmidt*, § 133 Rn. 14 ff.
594 Staudinger/*Habermeier*, § 723 Rn. 43.
595 Staudinger/*Habermeier*, § 723 Rn. 43.
596 Erman/*Westermann*, § 723 Rn. 24; Soergel/*Hadding*, § 723 Rn. 31.
597 MünchKommBGB/*Schäfer*, § 725 Rn. 1.
598 MünchKommHGB/*K. Schmidt*, § 135 Rn. 2 m.w.N.
599 Siehe MünchKommInsO/*Vuia*, § 11 Rn. 49.

A. Gesellschaft bürgerlichen Rechts

Auflösung der Gesellschaft ist die Eröffnung des Insolvenzverfahrens, also mit dem Wirksamwerden des Eröffnungsbeschlusses (§ 27 Abs. 1 Satz 1 InsO). Das Insolvenzverfahren ist eröffnet in dem Zeitpunkt, in welchem der Richter den Eröffnungsbeschluss unterschrieben und in den Geschäftsgang gegeben hat,[600] im Regelfall also dann, wenn der Richter den unterschriebenen Beschluss der Geschäftsstelle übergeben hat.[601]

Das Recht zur Stellung des Insolvenzantrages steht neben den Gläubigern auch jedem persönlich haftenden Gesellschafter zu (§ 15 InsO). Eine Glaubhaftmachung des Eröffnungsgrundes ist nur dann erforderlich, wenn nicht alle Gesellschafter den Eröffnungsantrag stellen.[602] Die Antragsberechtigung steht auch solchen Gesellschaftern zu, die von der Geschäftsführung ausgeschlossen sind.[603] Eine Antragspflicht besteht analog § 130a HGB nur für Gesellschaften ohne natürliche Personen als persönlich haftende Gesellschafter; sie kann sich im Einzelfall aus der Treuepflicht der Gesellschafter ergeben.[604]

234

Aus der Insolvenzfähigkeit der Gesellschaft ergeben sich im Wesentlichen folgende Konsequenzen: Die Gesellschaft selbst ist Insolvenzschuldnerin und somit auch Adressatin des Eröffnungsbeschlusses.[605] Beschwerdebefugt ist ebenfalls die Gesellschaft, nicht die Gesellschafter, § 24 InsO.[606] Gem. § 32 Abs. 1 InsO ist der Insolvenzvermerk bei den für die Gesellschaft bürgerlichen Rechts eingetragenen Grundstücken einzutragen.

235

Gem. § 80 Abs. 1 InsO gehen das Recht des Schuldners, das zur Insolvenzmasse gehörende Vermögen zu verwalten und über es zu verfügen, auf den Insolvenzverwalter über. Der Insolvenzverwalter wird an Stelle der Gesellschafter Liquidator des Gesellschaftsvermögens; die §§ 730 ff. BGB finden jedoch keine Anwendung, sondern die vorrangigen Vorschriften der InsO.[607] Die Geltendmachung von Sozialansprüchen erfolgt durch den Insolvenzverwalter.[608] Ansprüche aus der persönlichen Haftung der Gesellschafter können nur durch den Insolvenzverwalter geltend gemacht werden (§ 93 InsO).

236

dd) Gesellschafterinsolvenz

Nach § 728 Abs. 2 BGB wird die Gesellschaft durch die Eröffnung des Insolvenzverfahrens über das Vermögen eines Gesellschafters aufgelöst. Diese Vorschrift ähnelt § 725 Abs. 1 BGB, unterscheidet sich jedoch von dieser dadurch, dass es einer Kündigungserklärung nicht bedarf. Die Gesellschaft wandelt sich in eine Abwicklungsgesellschaft um; die §§ 730 bis 735 BGB bleiben anwendbar. Der Insolvenzverwalter tritt jedoch an die Stelle des Gesellschafters bei der Wahrnehmung der Gesellschafterrechte, insbesondere auch des Rechts zur Geschäftsführung.[609] Das Abfindungsguthaben des Insolvenzverwalters bildet Teil seiner Insolvenzmasse und dient damit der Gläubigerbefriedigung.

237

Ebenso wie die Pfändung stellt die Eröffnung des Insolvenzverfahrens eine erhebliche Gefährdung für den Fortbestand der Gesellschaft dar. Regelmäßig ist es empfehlenswert, das Ausscheiden des entsprechenden Gesellschafters für den Fall der Insolvenzeröffnung anzuordnen.

238

---

600 BGHZ 50, 242, 245.
601 Ausführlich und differenzierend dazu Uhlenbruck/*Zipperer*, § 27 InsO Rn. 8 m.w.N.
602 MünchKommBGB/*Schäfer*, § 728 Rn. 11.
603 Uhlenbruck/*Hirte*, § 15 InsO Rn. 2.
604 MünchKommBGB/*Schäfer*, § 728 Rn. 12.
605 MünchKommBGB/*Schäfer*, § 728 Rn. 13.
606 MünchKommBGB/*Schäfer*, § 728 Rn. 13.
607 MünchKommBGB/*Schäfer*, § 728 Rn. 15.
608 Palandt/*Sprau*, § 705 Rn. 29.
609 Staudinger/*Habermeier*, § 728 Rn. 22; RG, NSW § 728 Nr. 1 = SeuffA 89 Nr. 82.

b) Rechtsfolgen der Auflösung: Überblick über das Auseinandersetzungsverfahren

239 Abgesehen von den bereits geschilderten Änderungen im Liquidationsverfahren (Änderung bzw. Überlagerung des Gesellschaftszwecks, Ende der Einzelvertretungsbefugnis) ist während der Liquidation die Durchsetzung von Sozialansprüchen der Gesellschafter gegen die Gesellschaft nicht möglich.[610] Denn diese Ansprüche sollen nur einheitlich nach der Schlussabrechnung durchgeführt werden und die Auseinandersetzung nicht gefährden. Drittgläubigeransprüche eines Gesellschafters gegen die Gesellschaft, also solche Ansprüche, die ihren Ursprung nicht im Gesellschaftsverhältnis haben (Schadensersatz aus unerlaubter Handlung, Aufwendungsersatz aus Geschäftsführung ohne Auftrag) bleiben hingegen unberührt.[611] Die Gesellschaft kann jedoch mit Gegenansprüchen gegen einen Gesellschafter aufrechnen.[612] In Ausnahmefällen können auch Einzelansprüche aus dem Gesellschaftsverhältnis im Liquidationsstadium durchsetzbar sein.[613]

240 In der Liquidation sind zunächst die schwebenden Geschäfte zu beenden (§ 730 Abs. 2 BGB). Sodann hat die Gesellschaft einem Gesellschafter Gegenstände, die dieser der Gesellschaft nur zur Benutzung überlassen hat, zurückzugeben (§ 732 BGB). Nach Berichtigung der Gesellschaftsschulden (§ 733 Abs. 1 BGB) werden die Einlagen in Geld erstattet; Sacheinlagen werden nur dem Werte nach erstattet (§ 733 Abs. 2 Satz 2 BGB). Ein eventuell verbleibender Überschuss wird sodann unter den Gesellschaftern verteilt (§ 734 BGB). Sofern das Gesellschaftsvermögen nicht zur Begleichung der Schulden ausreicht, sind die Gesellschafter gem. § 735 BGB zum Nachschuss verpflichtet. § 735 BGB betrifft jedoch ausschließlich das **Innenverhältnis der Gesellschafter;**[614] eine gläubigerschützende Zielrichtung ist mit der Vorschrift nicht verbunden, zumal die Gesellschafter ohnehin nachhaften.

2. Gesamtrechtsnachfolge

241 Darüber hinaus kann eine Beendigung der Gesellschaft bürgerlichen Rechts auch durch Ausscheiden des vorletzten Gesellschafters im Wege der Gesamtrechtsnachfolge eintreten.[615] In diesen Fällen ist ein Liquidationsverfahren nicht erforderlich.[616]

VI. Die grundbesitzverwaltende Gesellschaft bürgerlichen Rechts

1. Grundlagen

242 Den wirtschaftlich wohl bedeutendsten Bereich des BGB-Gesellschaftsrechts stellt in der notariellen Praxis ist die Fallgruppe der **Grundbesitzgesellschaften dar.** Auch diese Erscheinungsform der Gesellschaft bürgerlichen Rechts lässt sich weiter unterteilen: Derartige Grundbesitzgesellschaften können sowohl zu **privaten Zwecken** gegründet werden als auch für gewerbliche Immobilieninvestitionen. Für **geschlossene Immobilienfonds** dürfte sich aus Haftungsgründen nunmehr eher die Rechtsform der Kommanditgesellschaft anbieten.[617]

243 In den letzten Jahren sind zahlreiche Gerichtsentscheidungen zur Behandlung der **GbR im Grundbuchverfahren ergangen.** Einige wichtige Fragen sind dabei durch den BGH für die Praxis gelöst worden; für andere Bereiche steht eine Lösung dagegen noch aus.

244 Im privaten Bereich stellt sich die Gründung einer Gesellschaft bürgerlichen Rechts zum Zweck des Immobilienerwerbs als **Alternative zum Erwerb in Bruchteilsgemeinschaft** dar.[618] Beide Erwerbsfor-

---

610 BGH, NJW 1984, 1455.
611 BGH, NJW-RR 2006, 1268, 1270 unter ausdrücklicher Aufgabe von BGH, WM 1978, 89, 90.
612 MünchKommBGB/*Schäfer*, § 730 Rn. 53.
613 MünchKommBGB/*Schäfer*, § 730 Rn. 54 ff. m.w.N.
614 BeckOK-BGB/*Schöne*, § 735 Rn. 5.
615 Dazu ausführlich MünchKommBGB/*Schäfer*, Vor § 723 Rn. 17, § 705 Rn. 60 ff.
616 OLG Düsseldorf, DNotZ 1999, 440; KG, DNotZ 2007, 954.
617 MünchHdb. GesR I/*Hamann/Fröhlich*, § 27 Rn. 3.
618 MünchHdbGesR Bd. 1/*Hamann/Fröhlich*, § 27 Rn. 1 ff.

men sind mit Vor- und Nachteilen verbunden. Als Vorteile der Gesellschaft bürgerlichen Rechts werden üblicherweise angegeben:[619]
- Fehlende Möglichkeit der **freien Veräußerung von Gesellschaftsanteilen**;
- **Grunderwerbsteuerfreiheit** der Anteilsübertragung bis zur Anwachsung/Anteilsvereinigung in einer Hand (§§ 1 Abs. 1 Nr. 3, Abs. 2a GrEStG);
- **Gezielte Nachfolgesteuerung** durch Fortsetzungsklauseln und qualifizierte Nachfolgeklauseln;
- **Abschirmung des Gesellschaftsvermögens** gegen Pfändungen und Gesellschafterinsolvenz durch Ausscheiden des Gesellschafters.

Nachteile werden gesehen in der gesamtschuldnerischen Haftung aller Gesellschafter im Außenverhältnis sowie ggf. dem Sonderkündigungsrecht Minderjähriger bei Erreichen der Volljährigkeit.[620]

a) Veräußerlichkeit von Gesellschaftsanteilen im Vergleich zur Bruchteilsgemeinschaft

Wie dargestellt sind Gesellschaftsanteile an einer Gesellschaft bürgerlichen Rechts nur dann veräußerlich, wenn alle Gesellschafter hierzu ihre Zustimmung erteilen. Üblicherweise wird diese Zustimmung in das **freie Ermessen** der übrigen Gesellschafter gestellt; ferner kommen Vor- und Ankaufsrechte in Betracht. Freilich können ähnliche Vereinbarungen (vormerkungsgesicherte Ankaufsrechte, dingliche Vorkaufsrechte) auch bei **Miteigentumsanteilen** vereinbart werden und eine Miteigentümervereinbarung (§ 1010 BGB) getroffen werden.[621] Allerdings sind derartige Regelungen bei einer Bruchteilsgemeinschaft schwerfällig und kostenintensiv.

b) Grunderwerbsteuerfreiheit bei GbR-Anteilsübertragungen

Die genannten grunderwerbsteuerlichen Vorteile ergeben sich daraus, dass der Übertragungsgegenstand »Gesellschaftsanteil« nur unter bestimmten Voraussetzungen Grunderwerbsteuer auslöst. Einschlägige Norm ist insoweit § 1 Abs. 2a GrEStG. Diese Vorschrift ist schon nach ihrer Formulierung (»bei einer Personengesellschaft«) systematisch gegenüber § 1 Abs. 3 GrEStG vorrangig. Gesellschaftsanteilsübertragungen sind aus der Sicht des Gesetzgebers nur dann vergleichbar mit den übrigen grunderwerbsteuerpflichtigen Tatbeständen, wenn sich der Gesellschafterbestand unmittelbar oder mittelbar innerhalb von 5 Jahren dergestalt ändert, dass mindestens 95 % der Anteile am Gesellschaftsvermögen auf neue Gesellschafter übergehen. Der Verbleib von höchstens 5 % der Anteile stellt sich als bloßer »Zwerganteil« dar, welcher die Gleichstellung von gesellschaftsrechtlicher und sachenrechtlicher Verfügung über das Grundstück nicht hindert.

c) Flexible Beteiligung der Gesellschafter am Gesellschaftsvermögen entsprechend der Finanzierungsbeiträge

Ein wesentlicher Vorteil der Wahl einer Grundstücks-GbR gegenüber der Bruchteilsgemeinschaft wird ferner in der Möglichkeit gesehen, die **vermögensmäßige Beteiligung am Gesellschaftsvermögen** flexibel auszugestalten.[622] Insbesondere bei nichtehelichen Lebensgemeinschaften wird dieser Vorteil betont. Erwerben die Partner einer nichtehelichen Lebensgemeinschaft in Bruchteilsgemeinschaft, so könnten einerseits ungleiche Finanzierungsbeiträge Schenkungen im Sinne von § 7 Abs. 1 ErbStG sein; zum anderen bestehe bei einer Trennung der nichtehelichen Lebensgemeinschaft kaum Aussicht auf Rückforderung.[623] Freilich müssen beide Aspekte vor dem Hintergrund der jüngsten Rechtsentwicklung relativiert werden: In der Rechtsprechung der Finanzgerichte finden sich Anhaltspunkte dafür, dass **weder der Beitrag übermäßigen Eigenkapitals noch die Übernahme von Zins-**

---

619 *Krauß*, Immobilienkaufverträge in der Praxis, Rn. 618 ff.
620 *Krauß*, Immobilienkaufverträge in der Praxis, Rn. 625.
621 S. hierzu *Krauß*, Immobilienkaufverträge in der Praxis, Rn. 632 ff.
622 *Proff zu Irnich*, RNotZ 2008, 313, 325. In bestimmten Fällen mag die Gesellschaft hypertroph sein und eine Darlehenslösung angemessen sein; hierzu *Everts*, MittBayNot 2012, 258 und MittBayNot 2012, 337.
623 Hierzu *Proff zu Irnich*, RNotZ 2008, 313.

und **Tilgungsleistungen** als freigebige Zuwendung unter Lebenden (§ 7 Abs. 1 Nr. 1 ErbStG) eingeordnet werden.[624] Hinsichtlich der Möglichkeit einer Rückforderung von Miteigentumsanteilen bei **Trennung** ist die aktuelle Rechtsentwicklung in der höchstrichterlichen Rechtsprechung zu beachten:[625] Hiernach kommt eine Rückforderung nach den Grundsätzen der Zweckverfehlungskondiktion (§ 812 Abs. 1 Satz 2, 2. Fall BGB) bzw. des Wegfalls der Geschäftsgrundlage (§ 313 BGB) in Betracht bei **wesentlichen Beiträgen, welche für die Bildung von Vermögenswerten von erheblicher Bedeutung** verwendet wurden; weiterhin ausgeschlossen sind Rückforderungen dagegen in den Fällen, in denen es um die Erfüllung laufender Unterhaltsverpflichtungen oder Leistungen geht, die auf das gerichtet sind, was die Lebengemeinschaft Tag für Tag benötigt. Der BGH hat jedoch betont, dass derartige Rückforderungsansprüche »in Betracht kommen«, keineswegs jedoch, dass sie stets ohne weiteres bestehen. Nach wie vor dürfte daher der Erwerb in einer Bruchteilsgemeinschaft bei nichtehelichen Lebensgemeinschaften bei einer Trennung **erhebliche Rechtsunsicherheiten** aufwerfen. Ungeachtet einer eventuellen Schenkungssteuerpflicht fällt für die Übertragung eines Miteigentumsanteils unter Partnern der nichtehelichen Lebensgemeinschaft jedenfalls **Grunderwerbsteuer** an, da anders als bei Ehegatten die Befreiungstatbestände der § 3 Nr. 4 und § 3 Nr. 5 GrEStG nicht eingreifen.

249 Die Zulässigkeit **beweglicher Beteiligungsquoten** ist unzweifelhaft. Sie folgt schon allein aus der Tatsache, dass bewegliche Beteiligungsquoten der **gesetzliche Regelfall für OHG und KG** (§§ 120, 167 HGB) sind. Werden derartige bewegliche Beteiligungsquoten vereinbart, so sollte die vertragliche Regelung folgende Punkte konkretisieren:[626]
– Berücksichtigung von Beiträgen (Eigenkapitalleistungen, Tilgungsleistungen, Arbeitsleistungen, Bestandserweiterungen);
– Anrechnung von Zeiten der Betreuung gemeinsamer Kinder;
– Wiederkehrende Dokumentationspflichten der Gesellschafter über die erbrachten Leistungen;
– Rechtsfolgen eines Ausscheidens aus der Gesellschaft; ggf. Übernahmerecht hinsichtlich der Immobilie.

d) Möglichkeit der formfreien Übertragung von Gesellschaftsanteilen

250 Als vermeintlicher Vorteil des Haltens von Grundbesitzes in der Rechtsform der Gesellschaft bürgerlichen Rechts wird darüber hinaus auf die Möglichkeit hingewiesen, in Ermangelung einer besonderen gesellschaftsvertraglichen Regelung **formlos die Verpflichtung zur Übertragung** der Gesellschaftsanteile an der GbR, welche Eigentümerin des Immobiliarvermögens ist, **begründen zu können**.[627] Diesen vom Reichsgericht für den Ein- und Austritt von Gesellschaftern entwickelten Grundsatz hat der Bundesgerichtshof aufgegriffen und derart weiterentwickelt, dass § 311b Abs. 1 Satz 1 BGB auch dann auf die Übertragung von Gesellschaftsanteilen keine Anwendung finde, wenn das Vermögen der Gesellschaft im Wesentlichen aus Grundbesitz bestehe.[628] Zur Begründung hat der BGH im Wesentlichen ausgeführt, dass Formvorschriften, an deren Nichtbeachtung das Gesetz die Nichtigkeit des Rechtsgeschäfts knüpfe, aus Gründen der Rechtssicherheit eng auszulegen seien.[629] Trotz der gerade in jüngster Zeit hieran geäußerten Kritik[630] dürfte die Entscheidung des BGH nach wie vor Geltungskraft haben. Dies verdeutlichen insbesondere die neueren Entscheidungen, welche eine analoge Anwendung des § 15 Abs. 4 Satz 1 GmbHG auf Verträge, welche die Verpflich-

---

624 FG München, EFG 2005, 1727; FG München, EFG 2006, 686.
625 BGHZ 177, 193; BGH, FamRZ 2009, 849; BGH, NJW 2010, 868.
626 Ein Beispiel findet sich bei *Krauß*, Immobilienkaufverträge in der Praxis, Rn. 621.
627 Siehe auch *Krauß*, Immobilienkaufverträge in der Praxis, Rn. 619 m.w.N.
628 BGHZ 86, 367; OLG Düsseldorf, OLGR 2007, 253 = NZG 2007, 512.
629 BGHZ 86, 367.
630 MünchKommBGB/*Schäfer*, § 719 Rn. 35; *K. Schmidt*, GesR, § 58 IV 3, S. 1720; *Münch*, DNotZ 2001, 535, 549.

tung zur Übertragung eines GbR-Gesellschaftsanteils begründen, ablehnen, wenn nicht die Errichtung der GbR dazu dient, die Formvorschrift des § 15 Abs. 4 GmbHG zu umgehen.[631]

Angesichts der gesetzlich nunmehr ausdrücklich geregelten Berichtigungspflicht bei Veränderungen im Gesellschafterbestand einer grundbesitzhaltenden GbR (§ 82 Satz 3 GBO) besteht jedenfalls für solche Gesellschaften bürgerlichen Rechts faktisch eine Einschränkung der Formfreiheit, da jedenfalls die für die Grundbuchberichtigung erforderlichen Erklärungen in der Form des § 29 Abs. 1 Satz 1 GBO abgegeben werden müssen.[632] Für den Fall eines Gesellschafterwechsels unter Lebenden kommt eine Berichtigung des Grundbuchs entweder auf der Grundlage einer **Berichtigungsbewilligung** (§ 19 GBO) oder auf der Grundlage des **Unrichtigkeitsnachweises** (§ 22 Abs. 1 Satz 1 GBO) in Betracht: 251

Der **ausscheidende oder veräußernde Gesellschafter** kann die Eintragung der Rechtsänderung gem. § 19 GBO bewilligen. Erforderlich ist jedoch auch die Zustimmungserklärung des **erwerbenden oder eintretenden Gesellschafters**; dieses Zustimmungserfordernis wird aus § 22 Abs. 2 GBO hergeleitet.[633] Überdies müssen **alle weiteren Gesellschafter der GbR zustimmen,** da dies ein allgemeines gesellschaftsrechtliches Wirksamkeitserfordernis für die Anteilsübertragung bei Personengesellschaften darstellt, welches auch im Grundbuchverfahren zu überprüfen ist.[634] Darüber hinaus müssen die Rechtsvorgänge, die zu einem Gesellschafterwechsel außerhalb des Grundbuches geführt haben, **schlüssig dargelegt werden.**[635]

Alternativ ist auch der **Nachweis der Grundbuchunrichtigkeit** möglich:[636] Hierfür bedarf es der Vorlage des Anteilsübertragungsvertrages sowie der Zustimmungserklärungen der übrigen Gesellschafter in der Form des § 29 Abs. 1 Satz 1 GBO.

Beide Verfahren sind in ihrer Schwerfälligkeit in etwa vergleichbar, da die Zustimmungserklärungen sämtlicher verbleibender Gesellschafter in beiden Fällen vorgelegt werden müssen.[637] Ist eine derartige Zustimmung im Gesellschaftsvertrag vorab erteilt worden, so genügt die **Vorlage des Gesellschaftsvertrages** in der Form des § 29 Abs. 1 Satz 1 GBO. Angesichts dieser Formerfordernisse ist es empfehlenswert, für Verfügungen über Gesellschaftsanteile bei Grundbesitz-GbR generell das Formerfordernis der öffentlichen Beglaubigung vorzusehen. 252

Nach Inkrafttreten des ERVGBG wurde kurzzeitig die Auffassung vertreten, eine Berichtigung des Grundbuchs im Falle eines Gesellschafterwechsels sei nicht möglich: Die Gesellschaftereigenschaft der im Grundbuch eingetragenen Personen könne nicht nachgewiesen werden, weil § 899a Satz 1 BGB nur in Ansehung des eingetragenen Rechts gelte, also nur bei Verfügungen über das Grundstück und nicht bei Verfügungen über den Gesellschaftsanteil. Die einhellige Rechtsprechung der Oberlandesgerichte steht demgegenüber weiterhin auf dem Standpunkt, dass sich für den Vollzug derartiger Anteilsübertragungen oder sonstiger Wechsel im Gesellschafterbestand unter Lebenden gegenüber der früheren Rechtslage keinerlei Besonderheiten ergeben, sofern die Gesellschafter gem. § 47 Abs. 2 Satz 1 GBO im Grundbuch eingetragen sind.[638] 253

---

631 BGH, DNotZ 2008, 785; BFH/NV 2009, 2003; OLG Frankfurt am Main, ZIP 2007, 2167.
632 Siehe Beck'sches Notar-Handbuch/*Herrler*, § 1 Rn. 59.
633 *Schöner/Stöber*, Grundbuchrecht, Rn. 4272.
634 OLG Frankfurt am Main, MittRhNotK 1996, 192; BGHZ 13, 179 = DNotZ 1954, 407; BGH 44, 229 = DNotZ 1966, 504.
635 BayObLG DNotZ 1991, 598, 599; BayObLGZ 1994, 33, 38; OLG Frankfurt am Main, NJW-RR 1996, 14.
636 Dazu *Heinze*, RNotZ 2010, 289, 305.
637 Vgl. *Schöner/Stöber*, Grundbuchrecht, Rn. 4272.
638 OLG München, RNotZ 2011, 297; OLG Zweibrücken, NJW 2010, 384; OLG Karlsruhe, FGPrax 2012, 247; OLG Hamm, NJOZ 2011, 2022.

2. Der Erwerb von Grundbesitz durch eine Gesellschaft bürgerlichen Rechts

254 Durch das ERVGBG ungeregelt geblieben sind die Fälle des Eigentumserwerbs einer Gesellschaft bürgerlichen Rechts. Probleme bestehen allerdings, soweit es um den Nachweis der Existenz der Gesellschaft, den Nachweis der Vertretungsberechtigung der handelnden Personen sowie den Identitätsnachweis geht.

a) Unterschiede zwischen § 19 GBO und § 20 GBO

255 Unproblematisch sind diejenigen Fälle, in denen die beabsichtigte Grundbucheintragung zu Gunsten der GbR (nur) auf der Grundlage einer Eintragungsbewilligung gem. § 19 GBO erfolgen soll. Im Anwendungsbereich des § 19 GBO hat das Grundbuchamt **grundsätzlich keine Nachforschungen** hinsichtlich der Existenz des Erwerbers anzustellen; nur wenn es weiß, dass die Angaben in der Bewilligung unrichtig sind, hat es den Antrag zu beanstanden bzw. zurückzuweisen.[639] Strengere Prüfungspflichten treffen das Grundbuchamt im Anwendungsbereich des § 20 GBO. Nach dieser Vorschrift darf die Eintragung im Fall der Auflassung eines Grundstücks bzw. der Bestellung, Inhaltsänderung oder Übertragung eines Erbbaurechts nur erfolgen, wenn die erforderliche Einigung des Berechtigten und des anderen Teils erklärt sind. Geltungsgrund dieser Vorschrift ist, dass mit dem Grundstückseigentum wichtige privatrechtliche und öffentlich-rechtliche Verpflichtungen verbunden sind und daher an einer Übereinstimmung von materieller Rechtslage und Grundbuchinhalt ein gesteigertes Interesse besteht.[640] Welche Prüfungspflichten hiermit im Einzelnen verbunden sind, ist im Detail umstritten: Nach überwiegender Auffassung darf das Grundbuchamt zwar nur prüfen, ob die Einigung in der Form des § 29 Abs. 1 Satz 1 und Satz 2 GBO so vorliegt, wie sie materiellrechtlich zur Herbeiführung der Rechtsänderung notwendig ist.[641] Hierzu gehört, dass die Erklärenden geschäftsfähig sind und bei Handeln eines Vertreters oder eines Nichtberechtigten eine wirksame Vollmacht oder Zustimmung bzw. die gesetzliche Vertretungsmacht nachgewiesen wird.[642] Ferner muss die Identität des vertretenen Rechtssubjekts nachgewiesen werden.[643]

256 Die im Anwendungsbereich des § 20 GBO gesteigerten Prüfungspflichten des Grundbuchamtes haben bereits kurz nach Inkrafttreten des ERVGBG zu Schwierigkeiten geführt, wenn die Beteiligten erklären, nicht für eine neue, in der Erwerbsurkunde gegründete, sondern eine zwischen ihnen bestehende Gesellschaft bürgerlichen Rechts erwerben zu wollen.

b) Die Klärung durch den Bundesgerichtshof

257 Der V. Zivilsenat des Bundesgerichtshofes hat diese Frage zumindest für die Praxis geklärt.[644] Will eine bereits bestehende Gesellschaft bürgerlichen Rechts ein Grundstück oder ein Wohnungseigentum erwerben, so reicht es für die Eintragung des Eigentumswechsels in das Grundbuch aus, wenn die GbR und ihre Gesellschafter in der notariellen Auflassungsverhandlung benannt sind und die für die GbR Handelnden erklären, dass sie deren alleinige Gesellschafter sind; weiterer Nachweise der Existenz, der Identität und der Vertretungsverhältnisse dieser GbR bedarf es gegenüber dem Grundbuchamt nicht. Im Ergebnis entsprechen die Anforderungen, die einzuhalten sind, denjenigen, die vor Anerkennung der GbR-Rechtsfähigkeit galten.

---

[639] OLG Schleswig, DNotZ 2010, 296; *Demharter*, § 19 Rn. 96.
[640] *Schöner/Stöber*, Grundbuchrecht, Rn. 108.
[641] *Demharter*, GBO, § 20 Rn. 38; *Kuntze/Ertl/Herrmann/Eickmann*, Grundbuchrecht, § 20 Rn. 3; *Wolfsteiner*, DNotZ 1987, 67, 72; a.A. Meikel/*Böttcher*, § 20 Rn. 140: auch Prüfung der materiellen Wirksamkeit.
[642] *Demharter*, § 20 Rn. 38.
[643] OLG Schleswig, DNotZ 2010, 296, 297.
[644] BGH, DNotZ 2011, 711 = RNotZ 2011, 341 = MittBayNot 2011, 393; zum Meinungsstand vor dieser Entscheidung vgl. die 2. Auflage, Rn. 223 – 231.

Der V. Zivilsenat stützt sich zur Rechtfertigung auf einen Beitrag aus dem Schrifttum von *Reymann*,[645] wonach die Gesellschaft im Grundbuchverfahren durch ihre Gesellschafter als Folge des § 47 Abs. 2 GBO »mediatisiert« werde.[646] Diese Schlussfolgerung sei dadurch gerechtfertigt, dass vor Anerkennung der GbR-Rechtsfähigkeit die Existenz der Gesellschaft nicht habe nachgewiesen werden müssen.[647] Ein Berechtigungsverhältnis gem. § 47 GBO a.F. sei dem Grundbuchamt ebenfalls nicht nachzuweisen gewesen, sofern dem Grundbuchamt nicht bekannt gewesen sei, dass die Angabe unrichtig war.[648]

258

Die Entscheidung des V. Zivilsenates ist im notariellen Schrifttum überwiegend begrüßt worden, da sie die zuvor entstandenen Schwierigkeiten überwand.[649] Jedoch hat sich der V. Zivilsenat mit der Nachweismediation eines neuartigen und unnötigerweise komplizierten Systems bedient. Der Verweis auf die Kontinuität wird durch die in Bezug genommenen Entscheidungen nicht gedeckt. In Wirklichkeit hielt man einen Nachweis über die Existenz deshalb für entbehrlich, weil sich diese »konkludent aus dem Zusammenwirken aller Gesellschafter« ergebe,[650] was darauf hindeutet, dass man den Nachweis eben als erbracht ansah.[651] Die vom BGH und *Reymann* zitierte Entscheidung des OLG Karlsruhe,[652] wonach die Prüfung eines angegebenen Gesellschafts- oder Gemeinschaftsverhältnisses nicht dem Grundbuchamt unterlag, lässt sich wohl nicht verallgemeinern, da in jener Entscheidung die Beteiligten als Bruchteilseigentümer erwerben wollten, das Grundbuchamt aber Zweifel äußerte, ob ein solcher Erwerb angesichts ihres Güterstandes möglich sei. Richtiger und systemkonformer wäre es gewesen, eine weitere Fallgruppe der **Nachweiserleichterungen** zuzulassen, wie sie bei Auslandsgesellschaften, bei Vor-GmbH sowie bei Stiftungen[653] und insbesondere im GbR-Recht bereits angewendet werden, und zwar bei der Grundbuchberichtigung im Todesfall.[654] Die an dieser Linie und an der Entscheidung des BGH geäußerte Fundamentalkritik[655] nimmt für sich zwar besondere Gesetzestreue in Anspruch, aber hat bislang die Gegenargumente schlichtweg ignoriert. Für die Praxis bereitet es keinen Unterschied, ob die bewährte Verfahrensweise nunmehr Ausprägung einer Nachweiserleichterung ist oder in Folge einer Nachweismediatisierung zulässig ist.

259

Ein letztes »Rückzugsgefecht« wird vereinzelt noch in Ungehorsam gegenüber der BGH-Entscheidung dergestalt geführt, dass immer dann, wenn die Gesellschaft nicht in der Erwerbsurkunde neu gegründet worden ist, **in Spalte 4 der ersten Abteilung (vgl. § 9d GBV) ein Vermerk** einzutragen ist, wonach die Eintragung »auf Grund der ungeprüften Vertretungsverhältnisse und im Hinblick auf den Gesellschafterbestand ungeprüft« erfolgt. Gegen derartige Zusätze ist die Fassungsbeschwerde statthaft. Da ein solcher Vermerk nicht zur Klarstellung der Rechtslage beiträgt, sondern lediglich die Unzufriedenheit bestimmter Rechtspfleger mit der Rechtsprechung des BGH zum Ausdruck bringt, ist ein solcher Vermerk zu löschen.[656] Einen Anspruch auf Anlegung eines neuen Grundbuchblattes (mit dem Ergebnis, dass auch der gelöschte Vermerk nicht mehr ersichtlich ist) hat das OLG Naumburg verneint.[657]

260

---

645 Grundlegend *Reymann*, ZNotP 2011, 84, 109 ff.
646 BGH, DNotZ 2011, 711, 714, Rn. 19.
647 BGH, DNotZ 2011, 711, 715, Rn. 21.
648 BGH, DNotZ 2011, 711, 715, Rn. 21.
649 Z.B. *Lautner*, DNotZ 2011, 643, 644.
650 *Eickmann*, Rpfleger 1985, 85, 88.
651 So ausdrücklich LG Aachen, MittRhNotK 1985, 215, 216.
652 OLG Karlsruhe, Rpfleger 1994, 248.
653 Zu diesen Fällen s. *Heinze*, ZNotP 2010, 409, 416 und *Reymann*, ZNotP 2011, 84, 96, je m.w.N.
654 Hierzu BayObLG, DNotZ 1992, 157; BayObLG, DNotZ 1993, 394; BayObLG, DNotZ 1998, 811, bestätigt durch OLG Schleswig, FGPrax 2012, 62.
655 *Bestelmeyer*, Rpfleger 2009, 169 und ZIP 2011, 1389.
656 OLG Naumburg, Beschl. v. 07.12.2012, 12 Wx 31/12.
657 OLG Naumburg, FGPrax 2013, 106.

261 In der Praxis sollte man dementsprechend eine Fassungsbeschwerde erheben.[658] Sollte dies dazu führen, dass der – gelöschte – Klarstellungsvermerk immer noch im Grundbuch ersichtlich ist, so lassen sich für den notariellen Umgang folgende Hinweise formulieren: Die Bezeichnung der Eintragungsgrundlage nimmt nicht am öffentlichen Glauben des Grundbuchs gem. § 891 Abs. 1 BGB teil[659] und damit erst recht nicht ein gelöschter Vermerk bzgl. der Eintragungsgrundlage. Von § 21 Abs. 1 BeurkG sind gelöschte Vermerke nicht erfasst, ebenso wenig wie die Einsicht in die Grundakten.[660] Da indes bei einer Weiterveräußerung ohnehin noch nicht geklärt ist, in welchem Umfang der Erwerb von einer im Grundbuch eingetragenen GbR rechtsbeständig ist, dürften sich aus diesem gelöschten Vermerk keine Besonderheiten ergeben.

262 Zur Darstellung des bisherigen Meinungsstandes s. die erste Auflage, Rn. 222 – 230.

3. Die Veräußerung von Grundbesitz durch eine Gesellschaft bürgerlichen Rechts

263 Nach Anerkennung der Rechtsfähigkeit der GbR durch den BGH, spätestens jedoch seit der Entscheidung vom 04.12.2008 wurde bezweifelt, dass ein gutgläubiger Erwerb von Grundeigentum von einer Gesellschaft bürgerlichen Rechts noch möglich sei.[661] Diese Zweifel gründeten sich insbesondere auf den Umstand, dass die Eintragung der Gesellschafter in das Grundbuch nicht mehr als »Inhalt des Grundbuches« gem. § 892 Abs. 1 Satz 1 BGB, sondern nur noch als Identifizierungsbehelf angesehen wurde. Abhilfe schafften § 47 Abs. 2 Satz 1 GBO einerseits und § 899a BGB andererseits: Die Eintragung der Gesellschafter im Grundbuch ist nunmehr wieder »echter Grundbuchinhalt«; gem. § 899a Satz 2 i.V.m. § 892 Abs. 1 Satz 1 BGB ist ein gutgläubiger Erwerb möglich, da der gute Glaube an die ordnungsgemäße Vertretung der Gesellschaft geschützt wird.

Trotz vielfältiger Entwicklungen im Bereich der GbR und ihrer Behandlung im Grundbuchverfahren ist die Frage nach der Reichweite des § 899a BGB in Veräußerungsfällen immer noch ungeklärt.

a) Die Reichweite des § 899a BGB

264 Ist eine Gesellschaft bürgerlichen Rechts im Grundbuch eingetragen, so wird in Ansehung des eingetragenen Rechts auch vermutet, dass diejenigen Personen Gesellschafter sind, die nach § 47 Abs. 2 Satz 1 GBO im Grundbuch eingetragen sind (positive Vermutung); ferner wird vermutet, dass über die eingetragenen Personen hinaus keine weiteren Gesellschafter vorhanden sind (negative Vermutung). Die Kombination von positivem und negativem Element führen zu der Vermutung, dass die GbR ordnungsgemäß vertreten wird, wenn diejenigen Personen in ihrem Namen handeln, die als ihre Gesellschafter im Grundbuch verlautbart sind; dies ist zwingende Folge des Grundsatzes der Selbstorganschaft der Personengesellschaften.[662] Die Vermutung des § 899a Satz 1 BGB soll funktional der des § 891 BGB entsprechen, gilt allerdings nur in Ansehung des eingetragenen Rechts. Diese an die §§ 893, 894, 936 Abs. 2, 945, 1059c Abs. 1 Satz 2, 1208 BGB[663] angelehnte Formulierung bezweckt eine Begrenzung der materiell-rechtlichen Vermutungswirkung: Dem Grundbuch soll nach der Gesetzesbegründung gerade nicht die Funktion eines allgemeinen Gesellschaftsregisters zukommen.[664]

---

658 Dazu auch *Schöner/Stöber*, Grundbuchrecht, Rn. 4252.
659 OLG Hamm, FGPrax 2011, 322, 324.
660 Zu letzterem BGH, DNotZ 2009, 444.
661 Kein Gutglaubensschutz im Hinblick auf die Vertretungsmacht: BGH, NJW 2006, 2189, 2190; *Ulmer/Steffek*, NJW 2002, 330, 338; *Miras*, GWR 2009, 78, 80; für einen Gutglaubensschutz »zur Vermeidung einer untragbaren Schutzlücke« plädierte vor Einführung des § 899a BGB bereits MünchKommBGB/*Wacke*, 5. Aufl. 2009, § 892 Rn. 26.
662 BT-Drucks. 16/13437, S. 30 r. Sp.
663 Vgl. auch § 1138 BGB: »in Ansehung der Forderung«.
664 BT-Drucks. 16/13437, S. 30 r. Sp.

Die Eintragung der Gesellschafter soll sich vielmehr nur bei Rechtshandlungen auswirken, die einen **unmittelbaren Bezug zum Eintragungsgegenstand** aufweisen;[665] innerhalb dieses Bereichs soll § 899a Satz 1 BGB allerdings eine mit § 15 Abs. 3 HGB vergleichbare Wirkung entfalten.[666] Als Gegenbeispiel nennt die Gesetzesbegründung den Verkauf beweglicher Sachen im Zusammenhang mit einem Grundstückskaufvertrag: Hierauf soll sich die Vermutung des § 899a BGB nicht beziehen.[667] Auch für den Erwerb eines Gesellschaftsanteils soll § 899a BGB nicht gelten, da die Abtretung des Gesellschaftsanteils keine unmittelbar auf das Immobiliarsachenrecht bezogene Rechtshandlung sei.[668]

265

Nach dem gesetzgeberischen Willen soll sich die Vermutung des § 899a Satz 1 BGB auch auf die **Existenz der Gesellschaft** erstrecken: Die Existenz sei denknotwendige Voraussetzung für das Vorhandensein von Gesellschaftern.[669] Insbesondere für den Fall des liquidationslosen Anwachsens bei zweigliedrigen Gesellschaften soll also der Fortbestand der Gesellschaft vermutet werden, solange noch zwei Gesellschafter im Grundbuch eingetragen sind.

266

Die Frage, ob sich die Wirkung des § 899a Satz 1 BGB tatsächlich auf die Existenz der GbR erstreckt, ist sehr umstritten.[670] Die ablehnenden Stimmen verweisen auf den eingeschränkten Wortlaut der Norm und darauf, dass im Rahmen des § 891 Abs. 1 BGB der gute Glaube an die Existenz ebenfalls nicht geschützt sei. Allerdings legt § 899a Satz 1 BGB den Gesellschafterbestand der GbR offen, während eine Berechtigteneintragung bei § 891 Abs. 1 BGB darüber nichts aussagt. § 32 GBO a.F. erfasste nach allgemeiner Auffassung auch die Existenz des Berechtigten, obwohl der Wortlaut dies nicht regelte.[671] Freilich fragt man sich, warum § 899a Satz 1 BGB diese Klarstellung nicht ausdrücklich enthält, obwohl § 32 GBO durch das ERVGBG gleichzeitig neu gefasst worden ist.

267

Umstritten ist, ob § 899a Satz 2 BGB auch den guten Glauben an das **schuldrechtliche Verpflichtungsgeschäft** schützt. Die überwiegende Auffassung bejaht dies unter Verweis auf den gesetzgeberischen Willen;[672] eine abweichende Auffassung hält nur dingliche Rechtsgeschäfte für erfasst.[673] Richtigerweise lässt die Gesetzesformulierung für beide Lesarten Raum; ein Vergleich mit § 893, 2. Alt. BGB deutet darauf hin, dass ein Rechtsgeschäft in Ansehung des eingetragenen Rechts nicht notwendig eine Verfügung sein muss, da § 893 BGB dies ansonsten nicht hätte ausdrücklich klarstellen müssen. Bei einer derartigen Gesetzesformulierung muss die Auslegung dem gesetzgeberischen Willen Rechnung tragen und die Verkehrsfähigkeit der Gesellschaft bürgerlichen Rechts wiederherstellen.

268

Teilweise wird vertreten, dass sich § 899a Satz 2 BGB auch auf schuldrechtliche Rechtsgeschäfte erstrecken müsse.[674] Tatsächlich würde der Normzweck wohl auch besser verwirklicht, wenn dies gewährleistet wäre. Aber der durch das ERVGBG eindeutig verfolgte Normzweck, die Verkehrsfähigkeit der GbR im Grundbuchverfahren wiederherzustellen, ist abstrakt und allgemein formuliert.

269

---

665 BT-Drucks. 16/13437, S. 30 r. Sp.
666 BT-Drucks. 16/13437, S. 31.
667 BT-Drucks. 16/13437, S. 30 r. Sp.
668 BT-Drucks. 16/13437, S. 31.
669 BT-Drucks. 16/13437, S. 31 l. Sp.
670 Verneinend: *Steffek*, ZIP 2009, 1445, 1453; *Bestelmeyer*, Rpfleger 2010, 169, 174; *Altmeppen*, NJW 2011, 1905, 1906; *Krüger*, NZG 2010, 801, 805; *ders.*, ZNotP 2012, 42, 44; *Kohler*, NZG 2012, 441, 448; differenzierend *Ulmer*, ZIP 2011, 1689, 1698; bejahend *Kuckein/Jenn*, NZG 2009, 848, 851; *Lautner*, DNotZ 2009, 650, 667; *Heinze*, ZfIR 2010, 713, 716; *Kesseler*, NJW 2011, 1909, 1912.
671 BayObLG, NJW-RR 1989, 977, 978.
672 *Krauß*, notar 2009, 429, 436; *Rebhan*, NotBZ 2009, 445, 447; *Lautner*, DNotZ 2009, 650, 671; *Rebhan*, NotBZ 2009, 445, 448; *Ruhwinkel*, MittBayNot 2009, 421, 423; *Böttcher*, notar 2010, 222, 232; *Heinze*, RNotZ 2010, 289, 297; im Ergebnis *Reymann*, FS Martinek, 2010, 271.
673 JurisPK-BGB/*Toussaint*, § 899a Rn. 25; Palandt/*Herrler*, § 899a Rn. 7; *Kuckein/Jenn*, NZG 2009, 848, 851; *Bestelmeyer*, Rpfleger 2010, 169, 175; *Kiehnle*, ZHR 174 (2010), 209, 233; *Krüger*, NZG 2010, 801, 805 f.
674 Siehe *Lautner*, DNotZ 2009, 650, 671; *Heßeler/Kleinhenz*, WM 2010, 446, 448; a.A. *Krüger*, NZG 2010, 801, 806.

Es besteht die Gefahr, dass durch einen Rekurs auf immer abstraktere Normzwecke ein gewünschtes Auslegungsergebnis herbeigeführt wird. Tatsächlich fällt eine analoge Anwendung schwer, da sich der Bereich erfasster Verpflichtungsgeschäfte kaum zuverlässig abgrenzen lassen wird. Jedenfalls eine direkte Anwendung auf schuldrechtliche Rechtsgeschäfte dürfte schwerfallen, da § 899a Satz 2 BGB auf § 892 Abs. 1 Satz 1 BGB verweist und dort eindeutig nur Verfügungsgeschäfte erfasst sind.

270 Die zwischenzeitlich entwickelten Lösungsmodelle sind vielfältig, ohne die Problematik freilich zu erschöpfen:[675] Teilweise wird auf eine generelle Konditionsfestigkeit des gutgläubigen Erwerbs abgestellt;[676] teilweise wird ein Rechtsgrund aus einer analogen Anwendung des § 128 HGB hergeleitet.[677] Es erscheint vorstellbar, dass sich der Schutz des entgeltlichen Erwerbers erst auf der Ebene des Bereicherungsrechts abspielt. Erstaunlicherweise existiert ein vergleichbares Problem im Rahmen der Auslegung des § 366 Abs. 1 HGB. Nach einer Minderheitsauffassung erstreckt sich § 366 Abs. 1 HGB auch auf die Fälle eines **Vertreters ohne Vertretungsmacht.** Dies wird insbesondere unter dem Blickwinkel kritisiert, dass ein solcher Erwerb kondizierbar sei, da das schuldrechtliche Rechtsgeschäft jedenfalls von § 366 Abs. 1 HGB nicht erfasst sei. Die Folgefragen werden allerdings nur vereinzelt erörtert, da die herrschende Meinung eben diese Auslegung des § 366 Abs. 1 HGB ablehnt.[678] Sofern man einen Rechtsgrund ablehnt, erscheint es mit den bereicherungsrechtlichen Grundsätzen am ehesten vereinbar, dass der gutgläubige Erwerber zur Rückübereignung des Grundstücks jedenfalls nur **Zug um Zug gegen Erstattung des aufgewendeten Kaufpreises** verpflichtet ist.

271 Solange die Erstreckung des § 899a Satz 1 BGB auf schuldrechtliche Rechtsgeschäfte noch nicht höchstrichterlich entschieden ist, stellt sich die Frage, wie dem Bedürfnis nach möglichst sicherer Vertragsgestaltung Rechnung getragen werden kann. Die nächstliegende Lösung besteht darin, dass sich in dem Veräußerungsvertrag **neben der Gesellschaft zugleich die Gesellschafter** verpflichten; im Innenverhältnis übernimmt gegenüber den Gesellschaftern die Gesellschaft die Verpflichtung. Hintergrund dieser Lösung ist die Befürchtung, ein gutgläubiger Erwerb des Eigentums könne von der nicht ordnungsgemäß vertretenen Gesellschaft im Wege des Bereicherungsrechts zurückgefordert werden. Durch die Verpflichtung der Gesellschafter zur Leistung soll eine Eingriffskondiktion der Gesellschaft gegen den Erwerber wegen einer vorrangigen Leistungsbeziehung ausgeschlossen sein. Eine Leistungskondiktion der Gesellschaft dürfte aber jedenfalls dann ausscheiden, wenn **ausschließlich die Buchgesellschafter als Vertragspartner** auftreten.[679]

272 Die Entstehung der **Vormerkung als Voraussetzung der Fälligkeit** setzt darüber hinaus die Wirksamkeit des zu sichernden Anspruchs voraus. Diejenigen, die an der Anwendbarkeit des § 899a BGB auf den Kaufvertrag zweifeln, bezweifeln gleichfalls die Wirksamkeit einer Vormerkung. Zwar könnten sich jedenfalls die Gesellschafter wirksam verpflichten; dies widerspreche aber dem so genannten **Identitätsgebot**, wonach im Zeitpunkt der Entstehung der Vormerkung Eigentümer und Schuldner des vormerkungsgesicherten Anspruchs übereinstimmen müssen. Freilich beruht das Identitätsgebot auf Wertungen, welche durch die (neue) Wertung des § 899a BGB eventuell überwunden werden können.[680] Wenn man die Möglichkeit einer Vormerkbarkeit bezweifelt, kann man die Kaufpreiszahlung über ein **Notaranderkonto** abwickeln.[681] Die Auszahlung soll dabei erst nach Umschreibung des Eigentums auf den Erwerber erfolgen; für die Einzahlung auf das Notaranderkonto wäre eine Vormerkung streng genommen nicht erforderlich; da es aber nach dieser Auffassung

---

675 Ausführlich *Heinze*, DNotZ 2016, 443 ff.
676 *Hartmann*, RNotZ 2011, 139, 140.
677 *Kohler*, ZIP 2011, 2277, 2287.
678 Vgl. zu einer Auseinandersetzung mit den Folgefragen *Reinicke*, AcP 189 (1989), 45 ff. und *Raisch*, FS Hagen (1999), 449 ff.
679 Dieser Vorschlag stammt von *Hertel*, FS Brambring (2011), 171 ff.
680 Ein Ansatz stammt von *Kohler*, ZIP 2011, 2277, 2290.
681 Würzburger Notarhandbuch/*Hertel*, Teil 2, Kapitel 2, Rn. 539; *Krauß*, Immobilienkaufverträge in der Praxis, Rn. 533 ff.; siehe auch den Formulierungsvorschlag für eine Anderkonto-Abwicklung bei *Weber*, ZfIR 2018, 759, 765 f.

unsicher ist, ob das schuldrechtliche Geschäft wirksam ist oder nicht, sollte die Eintragung der Vormerkung in das Grundbuch gleichwohl erfolgen.

Die kostenrechtlichen Auswirkungen einer »Doppelverpflichtung« durch die Gesellschafter sind noch nicht gesichert. Wäre die Verpflichtung der Gesellschafter nicht gegenstandsgleich mit derjenigen der GbR, so wären die Werte zusammenzurechnen (§ 86 Abs. 2 GNotKG). Meines Erachtens liegt jedoch Gegenstandsgleichheit vor, da die Verpflichtung der Gesellschafter der Sicherung oder jedenfalls der sonstigen Durchführung der Verpflichtung der GbR selbst dient (§ 109 Abs. 1 Satz 2 GNotKG). Eine isolierte Verpflichtung nur durch die Buchgesellschafter löst jedenfalls keine zusätzlichen Kosten aus. Wer der Auffassung ist, dass die Veräußerung durch eine GbR trotz aller Sicherheitsvorkehrungen mit Unsicherheiten verbunden ist, dem bleibt nur die Aufnahme eines entsprechenden **Belehrungsvermerks,** verbunden mit dem Hinweis auf die Möglichkeit, die Fälligkeit von der Auflassung auf die Gesellschafter in Bruchteilen abhängig zu machen oder der Eintragung der Gesellschaft als OHG in das Handelsregister und entsprechender Richtigstellung des Grundbuches. 273

In der Praxis wird man häufig die in der Literatur diskutierten Sicherungsmodelle (doppelte Verpflichtung von Gesellschaft und Gesellschaftern; eventuell nur Verpflichtung der Gesellschafter; Formwechsel in eine offene Handelsgesellschaft; Auseinandersetzung der Gesellschaft und Übertragung an die Gesellschafter zu Bruchteilen)[682] den Beteiligten nicht vermitteln können. Angesichts der Tatsache, dass empirisch wohl in den weitaus meisten Fällen die Eintragung der Gesellschafter zutreffen dürfte, mag man sich mit einem Belehrungsvermerk und Hinweisen begnügen. Ist hingegen die Gründung einer neuen Gesellschaft bürgerlichen Rechts beabsichtigt, welche in Zukunft als Veräußerin von Grundstücken auftreten soll, so kann es sich wiederum empfehlen, den Beteiligten zur Erteilung einer »Geburtsvollmacht« zu raten. 274

b) Veräußerung durch Namens-GbR

Während § 899a Satz 1 BGB immer dann Anwendung findet, wenn die Gesellschafter bürgerlichen Rechts (zumindest auch) eingetragen sind (unabhängig davon, ob in der vom BGH empfohlenen Buchungsform oder in der klassischen, gesamthänderischen Buchungsform), hat die Gesetzesbegründung diejenigen Fälle ausdrücklich offen gelassen, in denen nach der Entscheidung des BGH vom 04.12.2008 eine Gesellschaft lediglich mit ihrem Namen in das Grundbuch eingetragen worden ist.[683] Es solle der Praxis überlassen bleiben, für den Einzelfall billige Lösungen zu finden, wobei ggf. auf die zur Beweisnot entwickelten Grundsätze zurückgegriffen werden könne, um eine dauerhafte Grundbuchblockade zu verhindern.[684] Ein Berichtigungszwang gem. §§ 47 Abs. 2 Satz 1, 82 Satz 3 GBO besteht nicht, da Art. 229 § 21 EGBGB eine Rückwirkung dieser Vorschriften gerade nicht anordnet. Allerdings steht eine »Namens-GbR« vor Schwierigkeiten, sobald sie über ihr Grundstück oder Recht an einem Grundstück verfügen möchte. 275

Da der Bundesgerichtshof die Eintragung einer Gesellschaft bürgerlichen Rechts unter ihrem Namen und unter Angabe der gesetzlichen Vertreter als vorrangige Buchungsform betrachtete,[685] erscheint eine analoge Anwendung des § 899a Satz 1 BGB auf die gesetzlichen Vertreter diskutabel. Denn gesetzliche Vertreter einer GbR sind jedenfalls sämtliche Gesellschafter. Ob eine derartige Analogie von der Rechtspraxis nachvollzogen wird, erscheint allerdings ungewiss. 276

Die Rechtsprechung hat inzwischen Wege aufgezeigt, um die nachträgliche Eintragung der Gesellschafter zu ermöglichen. Das OLG München hält – jedenfalls dann, wenn die Gesellschaft in der Erwerbsurkunde gegründet worden ist – die Grundsätze über die so genannte **Richtigstellung von** 277

---

682 Siehe hierzu auch *Krauß*, Immobilienkaufverträge in der Praxis, Rn. 483 ff.
683 S. hierzu BGH, DNotZ 2009, 115, 119.
684 BT-Drucks. 16/13437, S. 30.
685 BGH, DNotZ 2009, 115, 119, Rn. 20.

Amts wegen für anwendbar.[686] Dies führt dazu, dass die Gesellschafter aus der Erwerbsurkunde nachzutragen sind, sofern keine Anhaltspunkte dafür vorliegen, dass diese Personen nicht mehr Gesellschafter sind. Nach einer abweichenden Auffassung (welche sich freilich mit der vom OLG München vertretenen Ansicht nicht auseinandersetzt) sind die Grundsätze des Grundbuchberichtigungsverfahrens anwendbar, dabei aber Nachweiserleichterungen zu gewähren.[687] Die strenge, aber wohl überholte Auffassung des OLG Köln hat es offen gelassen, ob die (grundsätzlich abgelehnten) Nachweiserleichterungen wenigstens dann eingreifen können, wenn ansonsten kein Weg zur nachträglichen Eintragung der Gesellschafter verbleibt.[688]

4. Die Eintragungsfähigkeit von Belastungen und Verfügungsbeschränkungen nach dem ERVGBG

278 Von großer Praxisrelevanz ist die Frage, ob und in welchem Umfang **Verfügungsbeschränkungen und Belastungen** an einem Gesellschaftsanteil zur Eintragung in das Grundbuch fähig sind. Die Rechtslage bis zum ERVGBG war nicht einheitlich: Umstritten war die Eintragungsfähigkeit des Nießbrauchs,[689] des Insolvenzvermerks bei Insolvenzeröffnung über das Vermögen eines Gesellschafters,[690] der Verpfändung eines Gesellschaftsanteils,[691] des Testamentsvollstreckervermerks,[692] des Nacherbenvermerks[693] sowie der aufschiebend bedingten Anteilsübertragung.[694] Ganz überwiegend verneint wurde dagegen die Eintragungsfähigkeit der Pfändung eines Gesellschaftsanteils.[695]

279 Nach Inkrafttreten des ERVGBG ist im Ausgangspunkt darauf abzustellen, ob die jeweilige Belastung oder Verfügungsbeschränkung **das Recht des Gesellschafters beeinträchtigt, die GbR zu vertreten**.[696] Dies ist jedoch nur **im Insolvenzfall** zu bejahen: Die Insolvenz eines Gesellschafters führt bei entsprechender Vertragsgestaltung entweder zu dessen Ausscheiden oder in Ermangelung einer Regelung gem. § 728 Abs. 2 Satz 1 BGB dazu, dass der Insolvenzverwalter die Rechte des betroffenen Gesellschafters in der Liquidationsgesellschaft wahrnimmt.[697] Der Gesellschafter kann daher nicht mehr die GbR vertreten. Um einen gutgläubigen Erwerb gem. §§ 899a Satz 2, 892 Abs. 1 Satz 2

---

686 OLG München, Beschl. v. 27.04.2010 – 34 Wx 32/10, DNotZ 2010, Heft 9 m. Anm. *Heinze*, ebenso OLG Zweibrücken, Beschl. v. 16.05.2011, 3 W 47/11.
687 OLG Schleswig, FGPrax 2011, 114; OLG Schleswig, NJW-RR 2011, 1033.
688 OLG Köln RNotZ 2011, 166.
689 Bejahend: OLG Hamm DNotZ 1977, 376; *Schiller*, MittRhNotK 1980, 97, 106; *Renz*, MittRhNotK 1996, 377, 385; *Demharter*, Anhang zu § 13 Rn. 33; a.A. *Kruse*, RNotZ 2002, 69, 84; Staudinger/*Frank*, BGB, 2009, Anhang zu §§ 1068, 1069 Rn. 83; MünchKommBGB/*Pohlmann*, § 1089 Rn. 85.
690 Bejahend: OLG München, Beschl. v. 02.07.2010, 34 Wx 62/10, www.dnoti.de; OLG Zweibrücken, ZInsO 2001, 1207, 1209; LG Hamburg, ZIP 1986, 1590, 1592; LG Dessau, InVO 2001, 57 f.; LG Neubrandenburg, NZI 2001, 325; MünchKomm-InsO/*Schmal*, § 32 Rn. 17; *Raebel*, FS Kreft, 2004, S. 483 ff.; *Uhlenbruck*, § 32 Rn. 5; Frankfurter Kommentar zur InsO/*Schmerbach*, § 32 Rn. 3; HeidelKommInsO/*Kirchhof*, § 32 Rn. 7; *Schöner/Stöber*, Rn. 1635a; a.A. OLG Dresden, ZIP 2003, 130, 131; OLG Rostock, NZI 2003, 648; LG Frankenthal, Rpfleger 2002, 72; LG Neuruppin, ZInsO 2002, 145.
691 Bejahend: OLG Düsseldorf, RNotZ 2004, 230; LG Hamburg, Rpfleger 1982, 142; *Schöner/Stöber*, Rn. 1671; a.A. MünchKommBGB/*Damrau*, § 1274 Rn. 71; *Rupp/Fleischmann*, Rpfleger 1984, 223; *Lindenmeier*, DNotZ 1999, 876, 910; *Keller*, Rpfleger 2000, 205.
692 Bejahend: LG Hamburg, ZEV 2009, 94; *van de Loo*, GWR 2009, 276651; *Hörer*, BWNotZ 1990, 16; a.A. *Lang*, ZfIR 2008, 795, 797 m.w.N.
693 *Bestelmeyer*, Rpfleger 2008, 552, 556 m.w.N.
694 LG Zwickau, DNotZ 2003, 131, 132 m. zust. Anm. *Demharter*, DNotZ 2003, 133; LG Koblenz, 30.09.2008, 2 T 653/08, www.juris.de.
695 BeckOK-GBO/*Kral*, Gesellschaftsrecht Rn. 84; OLG Düsseldorf, NJW-RR 2004, 1111; OLG Hamm, NJW-RR 1987, 723; *Schöner/Stöber*, Rn. 1674; a.A. *Hintzen*, Rpfleger 1992, 262.
696 *Bestelmeyer*, Rpfleger 2010, 169, 189; *Lautner*, DNotZ 2009, 650, 670.
697 OLG Zweibrücken, RNotZ 2001, 449.

BGB zu verhindern, ist daher der Insolvenzvermerk weiterhin eintragungsfähig.[698] Auch ein Vermerk über die Testamentsvollstreckung an einem Gesellschaftsanteil dürfte zur Eintragung nicht fähig sein: Ungeachtet der genauen Abgrenzung der Befugnisse eines Testamentsvollstreckers hinsichtlich eines Gesellschaftsanteils erstrecken sich diese jedenfalls wohl nach der Auffassung der Rechtsprechung nicht auf das Recht zur Geschäftsführung der Gesellschaft und somit auch nicht auf die Vertretung.[699] Dementsprechend hat die Rechtsprechung auch die **Eintragungsfähigkeit eines Nießbrauchs** abgelehnt.[700]

280
Es erscheint unklar, ob und in welcher Weise die nicht eintragungsfähigen Verfügungsbeschränkungen bzw. Belastungen nunmehr im Wege der **Eintragung eines Widerspruchs** bewirkt werden können.[701] Die Eintragung eines Widerspruchs wird herkömmlich bei **Erbteilsveräußerungen** empfohlen,[702] und zwar als Fälligkeitsvoraussetzung. Da die Eintragung des Widerspruchs auf der Grundlage einer Eintragungsbewilligung gem. § 19 GBO erfolgt, darf das Grundbuchamt Nachweise über die inhaltliche Richtigkeit des Widerspruchs grds. nicht verlangen. Allerdings wurde in der Vergangenheit entschieden, dass das Grundbuchamt ausnahmsweise dann weitere Nachweise verlangen könne, wenn sich gerade aus der Bewilligungsurkunde ergebe, dass das Grundbuch gerade durch die beantragte Eintragung unrichtig werden könnte.[703] Dem kann dadurch entgegengewirkt werden, dass die Bewilligung nicht zugleich in der Urkunde über das »Hauptgeschäft« enthalten ist. Stattdessen wird die Bewilligung zu separater Urkunde gefertigt; in der Haupturkunde wird auf diese lediglich (untechnisch) verwiesen.

5. Die Veräußerung von Gesellschaftsanteilen an einer grundbesitzverwaltenden Gesellschaft bürgerlichen Rechts

281
Die Veräußerung von Gesellschaftsanteilen an Grundbesitz-Gesellschaften dürfte einen Schwerpunkt der notariellen Befassung mit Gesellschaften bürgerlichen Rechts ausmachen; hierzu existieren viele oberlandesgerichtliche Entscheidungen,[704] aber noch keine Klärung durch den BGH Bei der Vertragsgestaltung sind den durch das ERVGBG verursachten Neuerungen besondere Aufmerksamkeit zu widmen.

a) Die Bezugnahme auf das Grundbuch und die dort eingetragenen Gesellschafter

282
Die Veräußerung von Gesellschaftsanteilen bei Grundstücks-GbR setzt im Regelfall die vorherige Einsicht in das Grundbuch voraus; nach Möglichkeit ist zu ermitteln, ob dieselbe Gesellschaft auch noch über weiteren, in anderen Grundbüchern verzeichneten Grundbesitz verfügt. § 21 Abs. 1 Satz 1 BeurkG ist nicht anwendbar, weil die Veräußerung eines Gesellschaftsanteils kein Geschäft über ein im Grundbuch eingetragenes oder einzutragendes Recht ist. Unabhängig von der Frage jedoch, ob eine entsprechende Pflicht zur Einsichtnahme ggf. aus § 17 Abs. 1 BeurkG resultieren könnte, ist es allein aus Zweckmäßigkeitsgründen dringend zu empfehlen, wie bei der Veräußerung von Grundbesitz sich Gewissheit über den Inhalt des Grundbuches zu verschaffen.

283
Gleichwohl entfaltet der Grundbuchinhalt nicht in gleicher Weise Wirkung wie bei der Veräußerung von Grundbesitz. Zum einen wird der gutgläubige Erwerb eines Gesellschaftsanteils ausweislich der Gesetzesbegründung nicht geschützt. Zum anderen kann der Notar nur schwer überprüfen, ob es

---

698 *Bestelmeyer*, Rpfleger 2010, 169, 189; *Heinze*, RNotZ 2010, 289, 306; OLG München, Beschl. v. 02. 07.2010, 34 Wx 62/10, www.dnoti.de = ZIP 2011, 375; OLG Dresden, DNotZ 2012, 614 m. Anm. *Kesseler*.
699 BGH, MittRhNotK 1996, 169; *Everts*, MittBayNot 2003, 427, 429; a.A. allerdings MünchKommBGB/ *Ulmer*, 4. Aufl. 2004, § 705 Rn. 118 m.w.N.; BeckOK-BGB/*J. Mayer*, § 2205 Rn. 47.
700 OLG Celle, RNotZ 2011, 489; OLG München, RNotZ 2011, 176.
701 Ablehnend: *Bestelmeyer*, Rpfleger 2010, 169, 189; bejahend: *Ruhwinkel*, MittBayNot 2009, 421, 425.
702 BeckFB BHW, Muster VI.34 (Erbteilskaufvertrag); *Mauch*, BWNotZ 1993, 134, 139.
703 *Neusser*, MittRhNotk 1979, 143, 147 unter Bezugnahme auf RGZ 73, 154, 157; s.a. *Schöner/Stöber*, Rn. 361; BayObLGZ 1954, 225, 230, jeweils im Zusammenhang mit Erbteilsveräußerungen.
704 Vgl. z.B.: KG, Beschl. v. 30.04.2015, 1 W 466/15, WKRS 2015, 16979.

sich um dieselbe Gesellschaft bürgerlichen Rechts handelt, wenn Grundbesitz auf mehreren Grundbuchblättern gebucht ist; auch eine eventuelle Namensgleichheit soll für eine Identität der Gesellschaften kein hinreichendes Merkmal sein. Freilich dürften beide Punkte bei entsprechender Aufklärung und Garantieübernahme des Veräußerers keine Schwierigkeiten aufwerfen.

284 ▶ **Formulierungsbeispiel: Auflistung des Grundbesitzes bei GbR-Anteilsveräußerung**

Der Veräußerer ist nach seinen Angaben Gesellschafter der am […] gegründeten X-GbR mit dem Sitz in A. Der nach Angaben des Veräußerers aktuelle Gesellschaftsvertrag vom […] ist dieser Urkunde zu Dokumentationszwecken als Beilage beigefügt. Zum Vermögen der vorstehenden Gesellschaft gehört nach Angabe des Veräußerers:

– das im Grundbuch des AG X von X Blatt X verzeichnete Grundstück […]
– das im Grundbuch des AG Y von Y Blatt Y verzeichnete Grundstück […]

Als Eigentümerin beider Grundstücke im Grundbuch eingetragen ist: Gesellschaft bürgerlichen Rechts mit dem Namen X-GbR und dem Sitz in A, bestehend aus dem Veräußerer und den weiteren Gesellschaftern B und C.

b) Erklärungen über das Innenverhältnis

285 Auch nach dem ERVGBG ist die **Beteiligungshöhe** eines Gesellschafters weiterhin nicht in das Grundbuch eintragungsfähig. Denn der Umfang der Beteiligung betrifft das Innenverhältnis der Gesellschafter untereinander, hat aber keinen Einfluss auf die eingetragenen Rechte oder die Verfügungsbefugnis hinsichtlich dieser Rechte.[705] Angesichts dessen empfiehlt es sich, auf einen ggf. existierenden Gesellschaftsvertrag Bezug zu nehmen:

286 ▶ **Formulierungsbeispiel: Dokumentation der Beteiligung bei Anteilsverkauf**

Ausweislich des vom Verkäufers vorgelegten Gesellschaftsvertrag vom […], dieser Niederschrift zur Dokumentation beigefügt, ist der Veräußerer zu 1/3 an der Gesellschaft vermögensmäßig beteiligt.

c) Aufnahme der Zustimmungserklärungen

287 Die nächstliegende Möglichkeit zum Umgang mit dem Zustimmungserfordernis besteht darin, die übrigen Gesellschafter an der Urkunde mitwirken zu lassen und ihre Zustimmungserklärungen in die Urkunde aufzunehmen.

288 ▶ **Formulierungsbeispiel: Zustimmung der Mitgesellschafter zu Anteilsveräußerung**

B und C erteilen hiermit als weitere, im Grundbuch eingetragene Gesellschafter ihre Zustimmung zu der in dieser Urkunde enthaltenen Geschäftsanteilsveräußerung.

289 Sind die weiteren Gesellschafter hingegen nicht »greifbar«, so bieten sich im Regelfall ein entsprechender Auftrag und eine entsprechende Vollmacht an den Notar an, die Zustimmung der übrigen Gesellschafter einzuholen und entgegen zu nehmen. Aus kostenrechtlichen Gründen sollte der Notar auch den Entwurf der Zustimmungserklärung fertigen, wenn er mit der Einholung der Zustimmungserklärung beauftragt wird. Die Einholung der Zustimmungserklärung löst nunmehr gemäß Vorbemerkung 2.2.1.1. Abs. 1 Nr. 5 Kostenverzeichnis zum GNotKG eine Vollzugsgebühr (Nr. 22110) aus. Eine gesonderte Entwurfsgebühr entsteht daneben nicht (Vorbemerkung 2.2 Abs. 2 des Kostenverzeichnisses).

d) Sicherung der Kaufpreiszahlung; Zug um Zug

290 Bei der Anteilsabtretung kann der Kaufvertrag zwecks Sicherung der Zug-um-Zug-Abwicklung in zweierlei Weise gestaltet werden: denkbar ist zum einen die aufschiebend bedingte Abtretung; des

---

[705] OLG München, DNotZ 2006, 35, 36 m. Anm. *Lautner*.

Weiteren die auflösend bedingte Abtretung. Es bestehen starke Parallelen zur Gestaltung eines Erbteilskaufvertrages, jedoch mit der Maßgabe, dass bei der aufschiebend bedingten Abtretung bestimmte Sicherungsmechanismen (wohl) nicht zur Verfügung stehen. Diese sollte daher vorzugswürdig bei der Veräußerung an Mitgesellschafter eingesetzt werden.

aa) Aufschiebend bedingte Anteilsabtretung (insbesondere bei Veräußerung an Mitgesellschafter)

Die aufschiebend bedingte Abtretung des Anteils zeichnet sich durch ihre größere Verständlichkeit aus. Betrachtet man einmal die vorhandene Literatur zur Vertragsgestaltung,[706] so wird überwiegend mit der auflösend bedingten Abtretung gearbeitet und nur selten mit der aufschiebend bedingten Abtretung.[707] Der Grund dafür dürfte in Folgendem liegen: Bei der aufschiebend bedingten Anteilsabtretung ist nach Inkrafttreten des ERVGBG umstritten, ob die aufschiebend bedingte Abtretung die **Eintragung einer Verfügungsbeschränkung** gem. § 892 Abs. 1 Satz 2 BGB rechtfertigt.[708] Als Argument wird angeführt, dass die Verfügungsbefugnis der Gesellschaft über das Eigentum von einer aufschiebend bedingten Abtretung eines Gesellschafters nicht berührt werde. Unklar ist freilich bei einer solchen Lesart, welche Bedeutung § 899a Satz 2 BGB, der ja auch auf § 892 Abs. 1 Satz 2 BGB verweist, hat. Für die Praxis muss man jedenfalls davon ausgehen, dass gegen die Eintragungsfähigkeit einer Verfügungsbeschränkung in Folge aufschiebend bedingter Abtretung eines Anteils Bedenken bestehen. Eine solche Verfügungsbeschränkung würde aber nur vor vertragswidrigen Verfügungen über das Grundstück schützen. Dessen bedarf es nicht, weil ja der Erwerber als Mitgesellschafter eine solche Veräußerung verhindern kann; es genügt dann jedenfalls eine **Vereinbarung**, wonach Veräußerer und Erwerber die Gesellschaft bei Verfügungen über den Grundbesitz nur gemeinsam vertreten können (dieser Vereinbarung sollten vorsorglich die weiteren Gesellschafter zustimmen, da es ja denkbar ist, dass Veräußerer und Erwerber kraft Mehrheitsklausel überstimmt werden können und kraft Vereinbarung gem. §§ 714, 709 BGB von der Vertretung ausgeschlossen sind). Bei einer aufschiebend bedingten Anteilsveräußerung erscheint auch die Eintragung eines **Widerspruchs** gegen die Richtigkeit des Grundbuchs zweifelhaft, weil das Grundbuch ja nicht unrichtig ist, solange die aufschiebend bedingte Anteilsabtretung nicht eingetreten ist. Theoretisch besteht zwar die Möglichkeit, einen unrichtigen Widerspruch im Wege isolierter Bewilligung in das Grundbuch einzutragen, weil das Grundbuchamt im Rahmen des § 19 GBO nicht die inhaltliche Richtigkeit der bewilligten Eintragung prüft.[709] Da es aber anderweitige Lösungsmechanismen gibt, erscheint dieses Vorgehen jedenfalls bei bestehender Beteiligung des Erwerbers nicht angezeigt.

Angesichts dessen wird man jedenfalls in der Konstellation einer **bestehenden Beteiligung des Erwerbers** auf eine Fälligkeitsmitteilung evtl. verzichten können (sofern nicht ggf. die Zustimmungserklärungen der Mitgesellschafter nicht in der Urkunde enthalten sind). Sollten hingegen die Zustimmungserklärungen noch erforderlich sein, so könnte etwa wie folgt formuliert werden:

▶ Formulierungsbeispiel: Fälligkeitsvoraussetzungen bei Anteilskauf

Der Kaufpreis ist fällig binnen einer Woche nach Zugang einer schriftlichen Mitteilung des Notars an den Käufer, dass folgende Voraussetzungen erfüllt sind:

– Die Zustimmungserklärungen der weiteren, im Grundbuch eingetragenen Gesellschafter liegen dem Notar auflagenfrei und in grundbuchtauglicher Form vor;

---

706 Z.B. Fuhrmann/Wälzholz/*Wicke*, Muster 19.06, S. 1800 ff.; *Krauß*, Immobilienkaufverträge, Rn. 6279; Beck'sches Formularbuch Immobilienrecht/*Dubois*, Muster IV.3, S. 601 (ausführliche Regelungen zu Garantien, eher Unternehmenskauf); Kersten/Bühling/*Wachter*, § 130 Rn. 154; s.a. DNotI-Report 2015, 97.
707 Zu letzterem das Muster von Kersten/Bühling/*Wachter*, § 130 Rn. 154.
708 Verneinend: OLG Köln, Beschl. v. 20.12.2010, 2 Wx 118/10, RNotZ 2011, 166, 173; vor Inkrafttreten des ERVGBG dagegen bejahend LG Zwickau DNotZ 2003, 131 m. Anm. *Demharter*.
709 Vgl. 2. Auflage, Rn. 287 und 288 M.

294 ▶ **Formulierungsbeispiel: Vereinbarung zwischen Veräußerung und Erwerber bzgl. Wahrnehmung der Vertretung der Gesellschaft mit Zustimmung der übrigen Gesellschafter**

Im Hinblick auf die aufschiebend bedingte Veräußerung des Gesellschaftsanteils vereinbaren Veräußerer und Erwerber hiermit mit Zustimmung der weiteren Gesellschafter: Bis zum Eintritt der aufschiebenden Bedingung oder deren endgültigen Ausfall können Veräußerer und Erwerber die Gesellschaft bei Verfügungen über den Grundbesitz und bei Verpflichtungsgeschäften über solche Verfügungen nur gemeinsam vertreten.

295 Was sodann den **Vollzug der Grundbuchberichtigung** betrifft, kursieren m.E. unzutreffende Erwägungen: Bei der Gestaltung von Erbteilskaufverträgen wird verbreitet vorgeschlagen, die Übertragung des Erbteils nicht unter eine aufschiebende, sondern eine auflösende Bedingung zu stellen.[710] Zur Rechtfertigung der auflösenden Bedingung wird vorgetragen, der Eintritt einer aufschiebenden Bedingung (Zahlung des Kaufpreises) könne dem Grundbuchamt gegenüber nicht nachgewiesen werden;[711] ausnahmsweise dürfe das Grundbuchamt auch im Anwendungsbereich des § 19 GBO weitere Nachweise verlangen, wenn sich aus der Bewilligungsurkunde ergebe, dass das Grundbuch gerade durch die beantragte Eintragung unrichtig werden könnte.[712]

296 Diese Bedenken sind unter mehreren Gesichtspunkten unbegründet. Von vornherein unzutreffend sind sie, wenn der Grundbuchvollzug nicht im Wege des Unrichtigkeitsnachweises, sondern auf der Grundlage einer **Berichtigungsbewilligung** erfolgt. Bei einer Berichtigungsbewilligung hinsichtlich einer Eintragung in Abt. I besteht die in der Rechtsprechung entwickelte ungeschriebene weitere Voraussetzung, die Unrichtigkeit des Grundbuchs schlüssig darzulegen; diese Notwendigkeit wird damit gerechtfertigt, dass bzgl. der Richtigkeit des Grundbuchs in Abt. I ein gesteigertes Interesse besteht.[713] Die schlüssige Darlegung besteht darin, dass das Grundbuch nach Eintragung der aufschiebenden Bedingung unrichtig ist. Wenn der Notar, wie üblich, die Zahlung des Kaufpreises und die Einreichung der Bewilligung (zur technischen Gestaltung s. nachstehend) überwacht und sodann die Bewilligung beim Grundbuchamt einreicht, bestehen keinerlei Anhaltspunkte für das Grundbuchamt, von der Unrichtigkeit auszugehen und die Bewilligung anzuzweifeln. Die Anforderungen, unter denen das Grundbuchamt kraft des Legalitätsprinzips eine Eintragung verweigern kann, sind hier genauso wie in anderen Fällen; erforderlich sind konkrete Anhaltspunkte, die den sicheren Schluss auf die Grundbuchunrichtigkeit zulassen. Somit kann die aufschiebende Bedingung bei Verwendung einer Berichtigungsbewilligung in derselben Weise verwendet werden wie in allen anderen Fällen auch.

297 Aber auch mit dem Unrichtigkeitsnachweis lässt sich arbeiten. Einzige Bedingung für den Anteilsübergang muss dann die Einreichung einer Ausfertigung oder beglaubigten Abschrift der Anteilsübertragungsurkunde beim Grundbuchamt sein. Im Innenverhältnis überwacht der Notar wiederum die Kaufpreiszahlung. Er wird von den Beteiligten übereinstimmend angewiesen, den Antrag auf Grundbuchberichtigung erst zu stellen und Ausfertigungen oder beglaubigte Abschriften erst zu erteilen, wenn (im Fall der Direktzahlung) der Verkäufer die Kaufpreiszahlung bestätigt oder der Käufer die Zahlung des Kaufpreises nachgewiesen hat; erfolgt die Abwicklung der Zahlung über Notaranderkonto, so kommt es auf die vollständige Hinterlegung des Kaufpreises an. Nachteilig an dieser Gestaltung ist ggf. aber, dass bei Verzögerungen im Notariat oder bei verzögerter Mitteilung des Veräußerers der Kaufpreis gezahlt ist, aber die Anteile dann nicht übergehen. Soweit man formuliert, dass aufschiebende Bedingung in Wirklichkeit die Zahlung sei, diese aber gegenüber dem Grundbuchamt als nachgewiesen gelte, wenn der Notar eine beglaubigte Abschrift der Urkunde einreicht oder den Antrag stellt, mag dieses Problem überwunden werden. Dogmatische Restzwei-

---

710 BeckFB BHW, Muster VI.34 (Erbteilskaufvertrag); BeckFB ErbR, Abschnitt K.IV; *Wurm/Wagner/Zartmann*, Muster 86.01; Münchener Vertragshandbuch Bd. 5/*Nieder*, Muster XX.1.
711 *Keim*, RNotZ 2003, 375, 384; *Neusser*, MittRhNotK 1979, 143, 147.
712 RGZ 73, 154, 157; s.a. *Schöner/Stöber*, Rn. 361; BayObLGZ 1954, 225, 230.
713 BayObLG DNotZ 1991, 598; OLG Frankfurt NJW-RR 1996, 1123; OLG München Beschl. v. 28.04.2016, 34 Wx 378/15.

fel an dieser Lösung bestehen aber: Man weißt dem Grundbuchamt den Eintritt einer Bedingung nach, welche nicht unmittelbar Voraussetzung für den Gesellschafterwechsel ist.

Schließlich stellt sich die technische Frage, ob man mit einer bereits erklärten, aber nicht ausgefertigten Berichtigungsbewilligung arbeitet oder den Weg über die Bevollmächtigung des Notars im Wege der Eigenurkunde geht. Die Vor- und Nachteile in diesen Fällen entsprechen denjenigen, die sich auch in anderen Fällen stellen. Der Weg, die Eintragung der Grundbuchberichtigung der notariellen Berichtigungsbewilligung zu überlassen, ist in der Handhabung einfacher und ggf. weniger fehleranfällig. Wie in allen anderen Fällen auch ist jedoch das Erlöschen der Vollmacht im Insolvenzfall (§ 117 InsO) in besonderen Situationen nachteilig, nämlich wenn über das Veräußerervermögen das Insolvenzverfahren eröffnet wird und der Insolvenzverwalter den veräußerten Gesellschaftsanteil freigibt. Dies dürfte indes nur äußerst selten zu einem praktischen Problem werden. 298

▶ **Formulierungsbeispiel: Aufschiebend bedingte Anteilsabtretung, Berichtigungsbewilligung, Vorlagesperre** 299

Der Verkäufer tritt dem dies annehmenden Käufer die verkaufte Gesellschaftsbeteiligung unter der aufschiebenden Bedingung der vollständigen Kaufpreiszahlung ab. Die Beteiligten bewilligen die Berichtigung des Grundbuchs in der Weise, dass anstelle des Verkäufers der Käufer als Gesellschafter der im Grundbuch eingetragenen Gesellschaft eingetragen wird. Der Notar wird angewiesen, die vorstehende Bewilligung dem Grundbuchamt erst vorzulegen, wenn ihm der Verkäufer die Kaufpreiszahlung bestätigt hat oder ihm die Kaufpreiszahlung sonst nachgewiesen ist. Vorher darf er keine beglaubigten Abschriften oder Ausfertigungen dieser Urkunde mit dieser Bewilligung an den Käufer oder das Grundbuchamt erteilen.

▶ **Formulierungsbeispiel: Aufschiebend bedingte Anteilsabtretung, Berichtigungsbewilligung, Vollmacht an Notar mit Eigenurkunde** 300

Der Verkäufer tritt dem dies annehmenden Käufer die verkaufte Gesellschaftsbeteiligung unter der aufschiebenden Bedingung der vollständigen Kaufpreiszahlung ab. Die Beteiligten bewilligen gegenwärtig jedoch noch nicht die Berichtigung des Grundbuchs in Folge der Abtretung; hierzu wird vielmehr der beurkundende Notar, befreit von § 181 BGB, unwiderruflich und über den Tod hinaus, bevollmächtigt. Der Notar wird angewiesen, die vorstehende Bewilligung im Wege der Eigenurkunde erst zu erklären und dem Grundbuchamt erst vorzulegen, wenn ihm der Verkäufer die Kaufpreiszahlung bestätigt hat oder ihm die Kaufpreiszahlung sonst nachgewiesen ist.

▶ **Formulierungsbeispiel: Aufschiebend bedingte Anteilsabtretung, Unrichtigkeitsnachweis, Fiktion des Bedingungseintritts gegenüber Grundbuchamt durch Antragstellung** 301

Der Verkäufer tritt dem dies annehmenden Käufer die verkaufte Gesellschaftsbeteiligung unter der aufschiebenden Bedingung der vollständigen Kaufpreiszahlung ab. Die Bedingung gilt gegenüber dem Grundbuchamt als eingetreten, wenn der Notar die Grundbuchberichtigung beantragt. Der Notar wird angewiesen, den Antrag auf Grundbuchberichtigung erst dann zu stellen, wenn ihm der Verkäufer die Kaufpreiszahlung bestätigt hat oder ihm die Kaufpreiszahlung sonst nachgewiesen ist.

bb) Hinterlegung auf Notaranderkonto

Alternative Gestaltungen sehen eine **Hinterlegung des Kaufpreises** auf ein Notaranderkonto vor; die Abtretung des Gesellschaftsanteils erfolgt dabei aufschiebend bedingt, die Auszahlung soll jedoch erst dann erfolgen, wenn der Käufer im Grundbuch eingetragen worden ist und keine vertragswidrigen Zwischeneintragungen erfolgt sind.[714] Die Hinterlegung auf Notaranderkonto rechtfertigt sich dadurch, dass das beim Grundstückskaufvertrag verwendete Sicherungsmittel der Vormerkung nicht zur Verfügung steht. Der Widerspruch ist demgegenüber kein gleichwertiger Ersatz. Zwar dürfte 302

---

714 Formularbibliothek Vertragsgestaltung, Bd. 3, § 9 Rn. 130 (Erbteilskauf); *Schulte-Nölke/Frenz/Flohr*, Formularbuch Vertragsrecht, Teil 17 Muster 3 (Rn. 34).

der Widerspruch rechtsgeschäftliche Verfügungen der Gesellschaft über den Grundbesitz faktisch vereiteln; er führt jedoch nicht zu einer Grundbuchsperre. Gegen Maßnahmen in der Zwangsvollstreckung (Eintragung einer Sicherungshypothek auf dem Grundstück) bietet er keinerlei Gewähr, anders die Vormerkung wegen § 883 Abs. 2 Satz 1 BGB. Ein berechtigtes Sicherungsinteresse für eine Abwicklung über Notaranderkonto (§ 54a Abs. 2 Nr. 1 BeurkG) besteht daher weiterhin; freilich wird man bei Übertragungen innerhalb des Gesellschafterkreises hierauf ggf. nach entsprechender Belehrung verzichten können.

303 ▶ **Formulierungsbeispiel: Vertragsgestaltung bei Zahlung auf Notaranderkonto**

Der Kaufpreis ist zinslos fällig und zahlbar innerhalb von 14 Tagen ab heute, jedoch auf das Anderkonto des beurkundenden Notars bei der [...]-Bank, IBAN: [...]

Zahlungen gelten nur dann als vertragsgemäß, wenn sie ohne Treuhandauflagen Dritter, z.B. finanzierender Kreditinstitute, erfolgen.

(weitere Vereinbarungen bzgl. Notaranderkonto, z.B. Vollstreckungsunterwerfung, Zinsen, Verzug, Anlage als Festgeld etc.).

Der Notar wird unwiderruflich angewiesen, den hinterlegten Kaufpreis nebst Hinterlegungszinsen, jedoch abzüglich angefallener Bankspesen, an den Verkäufer auszuzahlen, sobald die Grundbuchberichtigung im Grundbuch eingetragen ist und keine Eintragungen in das Grundbuch zwischenzeitlich erfolgt sind, denen der Käufer nicht zugestimmt hat.

[...]Der Verkäufer tritt seinen verkauften Gesellschaftsanteil an den dies annehmenden Käufer ab.

Die Abtretung erfolgt jedoch nur aufschiebend bedingt. Aufschiebende Bedingung ist die Einreichung einer Ausfertigung oder einer beglaubigten Abschrift dieser Urkunde, die die Abtretung und den nachstehenden Grundbuchberichtigungsantrag enthalten, durch den Notar an das Grundbuchamt.

Die Beteiligten beantragen, das Grundbuch aufgrund der Anteilsübertragung dahin zu berichtigen, dass nunmehr der Käufer anstelle des Verkäufers als Mitglied der GbR eingetragen wird.

Der Notar wird jedoch angewiesen, eine Ausfertigung oder eine beglaubigte Abschrift dieser Urkunde erst dann zur Grundbuchberichtigung dem Grundbuchamt einzureichen, wenn der Kaufpreis vollständig und auflagenfrei hinterlegt ist. Bis dahin kann der Notar auch dem Käufer Ausfertigungen oder beglaubigte Abschriften nur ohne Abtretung und Grundbuchberichtigungsantrag erteilen.

Der Notar hat darauf hingewiesen, dass die Grundbuchberichtigung erst nach Vorliegen der Unbedenklichkeitsbescheinigung des Finanzamtes beantragt werden kann.

cc) Auflösend bedingte Anteilsabtretung

304 Wer die dogmatischen Zweifel vermeiden möchte, die sich bei einer aufschiebend bedingten Anteilsübertragung unter Verwendung eines Widerspruchs ergeben, kann, wie angedeutet, zu einer **auflösend bedingten Anteilsübertragung** greifen.[715] Danach erfolgt die Abtretung unter der auflösenden Bedingung, dass der Verkäufer wegen Nichtzahlung des Kaufpreises vom Kaufvertrag zurücktritt. Die Vorlage der Urkunde zur Grundbuchberichtigung wird so lange ausgesetzt, bis der Verkäufer die Kaufpreiszahlung bestätigt oder diese anderweitig nachgewiesen ist. Eine derartige Gestaltung bietet möglicherweise eine zusätzliche Sicherheit, wenn eine Veräußerung an einen Außenstehenden beabsichtigt ist. Durch die auflösend bedingte Abtretung wird das Grundbuch unrichtig, was die Eintragung eines Widerspruchs ermöglicht (§§ 899a Satz 2, 899 BGB). Dies verhindert, dass der Veräußerer gemeinsam mit den weiteren Gesellschaftern den Grundbesitz an gutgläubige Dritte veräußert. Andererseits muss verhindert werden, dass der Erwerber bereits vor Zahlung des Kaufpreises als Gesellschafter im Grundbuch eingetragen wird. Dieser Schutz kann hier wohl nur dadurch

---

715 Ausführlich Hauschild/Kallrath/Wachter/*Bolkart*, Notarhandbuch Gesellschafts- und Unternehmensrecht, § 10 Rn. 71 ff.; Fuhrmann/Wälzholz/*Wicke/Ruhwinkel*, M.19.6.

erreicht werden, dass der Notar angewiesen wird, Ausfertigungen oder beglaubigte Abschriften mit der Abtretung erst nach Nachweis der Kaufpreiszahlung zu erteilen. Freilich tritt gem. § 82 Satz 3 GBO der Grundbuchberichtigungszwang ein; hier mag man vertreten, dass das Sicherungsinteresse des Verkäufers ein berechtigter Grund gem. § 82 Satz 2 GBO ist.[716] Für den Fall des Rücktritts des Verkäufers wegen Nichtzahlung kann erwogen werden, bzgl. der dann erforderlichen Löschung des Widerspruchs ein ähnliches Verfahren einzuhalten, wie es bei der Löschung einer Vormerkung bei regulären Grundstückskaufverträgen praktiziert wird.[717]

▶ **Formulierungsbeispiel: auflösend bedingte Anteilsveräußerung (Widerspruch als Fälligkeitsvoraussetzung)** 305

Allgemeine Fälligkeitsvoraussetzung ist,

a) dass dem beurkundenden Notar die Mitteilung über die Eintragung des Widerspruchs, wie in dieser Urkunde vereinbart, vorliegt,
b) und dass an dem vorbezeichneten Grundbesitz keine anderen Belastungen eingetragen sind als diejenigen, die im Urkundeneingang aufgeführt sind,
 (falls noch nicht in der Urkunde vorhanden)
c) dass dem Notar die Zustimmungserklärungen der im Grundbuch eingetragenen weiteren Gesellschafter grundbuchtauglich vorliegen,
d) (ggf. falls relevant), die Zustimmung des dieser Urkunde genannten, im Grundbuch eingetragenen Gläubigers zum Entlassung des Veräußerers aus seiner fortbestehenden Gesellschafterhaftung für die dort bestehenden Verbindlichkeiten der Gesellschaft bürgerlichen Rechts und aus dem abstrakten Schuldanerkenntnis samt Vollstreckungsunterwerfung erteilt wurde. Diese Erklärungen dürfen allenfalls unter dem Vorbehalt stehen, dass der Erwerber als Gesellschafter der Gesellschaft bürgerlichen Rechts im Grundbuch eingetragen wird.

Der Kaufpreis ist dann zur Zahlung fällig innerhalb von zwei Wochen nach Absendung der vorgenannten Mitteilung des Notars (einfacher Brief/Einwurf-Einschreiben), nicht jedoch vor dem [...].

Für die Rechtzeitigkeit der Kaufpreiszahlung kommt es auf die Gutschrift auf dem nachstehend bezeichneten Konto an.

Der Kaufpreis ist zu zahlen an folgende Bankverbindung:

▶ **Formulierungsbeispiel: auflösend bedingte Anteilsveräußerung (Grundbucherklärungen)** 306

Der Veräußerer überträgt hiermit den veräußerten Gesellschaftsanteil mit sofortiger dinglicher Wirkung an den Erwerber, allerdings unter der auflösenden Bedingung, dass der Veräußerer wegen des in dieser Urkunde vereinbarten Rücktrittsrechts zurücktritt. Der Erwerber nimmt die auflösend bedingte Übertragung des Gesellschaftsanteils an.

Durch die Übertragung des Gesellschaftsanteils ist das Grundbuch unrichtig geworden.

Der Veräußerer bewilligt und der Erwerber beantragt hiermit die Eintragung eines Widerspruchs gemäß § 899a S. 2 i.V.m. 899 BGB zu Gunsten des Erwerbers gegen die Richtigkeit des Grundbuches in Bezug auf die Eintragung des Veräußerers als Gesellschafter.

Der Erwerber bewilligt und beantragt bereits jetzt die Löschung dieses Widerspruchs gemeinsam mit Vollzug der nachstehenden Grundbuchberichtigung (§ 16 Abs. 2 Grundbuchordnung).

Der Veräußerer bewilligt und der Erwerber beantragt hiermit die Berichtigung des Grundbuchs gemäß der Anteilsübertragung in der Weise, dass der Erwerber anstelle des Veräußerers als Gesellschafter bürgerlichen Rechts eingetragen wird. Der Notar wird allerdings unwiderruflich angewiesen, die Grundbuchberichtigung erst zu beantragen, wenn der Veräußerer bestätigt hat, dass das vereinbarte Entgelt gemäß dem heutigen Kaufvertrag gezahlt wurde oder der Erwerber die Zahlung entsprechend nachweist, z.B. durch Bankbescheinigung.

---

716 Hauschild/Kallrath/Wachter/*Bolkart*, Notarhandbuch Gesellschafts- und Unternehmensrecht, § 10 Rn. 72.
717 *Krauß*, Immobilienkaufverträge, Muster XXXIV, Rn. 6277.

307 Angesichts der (trotz Grundbucheintragung) eingeschränkten Publizität der Gesellschafterstellung ist der Käufer auf verschuldensunabhängige Garantien des Verkäufers angewiesen. Derartige Garantien sollten sich zumindest auf folgende Umstände beziehen:[718]
- Existenz des Gesellschaftsanteils, Lastenfreiheit und Berechtigung des Verkäufers;
- Zugehörigkeit des Grundbesitzes zum Gesellschaftsvermögen;
- Richtigkeit des Grundbuches;
- Ggf. Verbindlichkeiten/Aktiva der Gesellschaft;
- Richtigkeit des beigefügten Gesellschaftsvertrages.

308 ▶ Formulierungsbeispiel: Garantien des Veräußerers

Der Veräußerer versichert, dass
- er den Anteil nicht anderweitig veräußert oder verpfändet hat und dass er auch nicht gepfändet oder mit sonstigen Rechten Dritter belastet ist;
- die in Abschnitt [...] dieser Urkunde aufgeführten Gegenstände zum Vermögen der GbR gehören
- der dieser Niederschrift beigefügte Gesellschaftsvertrag vom [...] der gegenwärtig aktuelle Gesellschaftsvertrag ist.

Sind diese Versicherungen unrichtig, so haftet der Veräußerer auch ohne Verschulden auf Vertrauensschaden bis zu einem Betrag von höchstens [...] €. Weitergehende gesetzliche Ansprüche, insbesondere Schadensersatz bei Verschulden des Veräußerers, bleibt vorbehalten.

e) Grundbuchvollzug

309 Angesichts des Umstandes, dass § 899a Satz 1 BGB sich gerade nicht auf den guten Glauben an die Gesellschaftereigenschaft erstrecken soll, sind in der Literatur Zweifel daran geäußert worden, dass die Zustimmung sämtlicher im Grundbuch eingetragener Gesellschafter ausreiche; vielmehr müsse der Nachweis der Gesellschafterstellung der Zustimmenden erbracht werden.[719] Dem ist die oberlandesgerichtliche Rechtsprechung bislang jedoch zu Recht geschlossen entgegen getreten.[720] Zwar trifft es zu, dass der gutgläubige Erwerb eines Gesellschaftsanteils nicht geschützt werden soll. § 899a Satz 2 BGB schützt daher nicht davor, dass der Gesellschaftsanteil tatsächlich nicht existiert oder dem Veräußerer zusteht. Jedoch ist es durchaus sachgerecht, hinsichtlich der Wirkung der Grundbucheintragung zu differenzieren zwischen dem **Schutz des Rechtsverkehrs** (dieser wird über die in § 899a Satz 2 BGB enthaltene Verweisung bewirkt) und der Frage, in welchem Zusammenhang das Grundbuchamt eine Rechtsvermutung zu beachten hat. Auch § 891 BGB und § 892 BGB unterscheiden sich hinsichtlich der durch sie vermittelten Reichweite. Die Gesetzesgenese untermauert dieses Ergebnis.[721]

310 Sollte der Notar lediglich mit dem Entwurf der für den Grundbuchvollzug erforderlichen Bewilligungserklärung betraut sein, ist schließlich zu beachten, dass die Berichtigungsbewilligung bzw. der Unrichtigkeitsnachweis den **Grund der Grundbuchunrichtigkeit** schlüssig darzulegen hat.[722] Dies geschieht aber schlicht z.B. mit folgendem Zusatz: »In Folge der in dieser Urkunde enthaltenen Anteilsveräußerung ist das Grundbuch unrichtig geworden«.

---

718 Vgl. auch BeckFB M&A, Muster C.VI, wo zwischen allgemeinen und grundbesitzbezogenen Garantien differenziert wird.
719 *Bestelmeyer*, Rpfleger 2010, 169.
720 OLG Zweibrücken, NJW 2010, 1384; OLG Brandenburg 23.07.2010 – 5 Wx 47/10, www.dnoti.de; OLG München 07.09.2010 – 34 Wx 100/10; DNotI-Report 2010, 145, 147 = DNotZ 2010, 691 m. Anm. *Heinze*.
721 § 47 Abs. 2 Satz 4 GBO-E lautete in der ersten Entwurfsfassung: »Ist jemand als Gesellschafter im Grundbuch eingetragen, so wird **gegenüber dem Grundbuchamt** vermutet, dass er Gesellschafter sei«. In Grundbuchberichtigungsfällen ist § 899a Satz 1 BGB weiterhin in diesem Sinne zu lesen.
722 OLG Frankfurt am Main, NJW-RR 1996, 14.

6. Die Grundbuchberichtigung im Todesfall

Verstirbt ein Gesellschafter, so richten sich die Rechtsfolgen nach der gesellschaftsvertraglichen Vereinbarung.[723] Obwohl sich hier ähnliche Nachweisschwierigkeiten stellen wie beim rechtsgeschäftlichen Erwerb (Nachweis des Rechtszustandes durch Gesellschaftsvertrag entweder wegen fehlender Form oder wegen Zeitablaufs bei strenger Betrachtung unmöglich),[724] hat die Rechtsprechung in dieser Hinsicht einen pragmatischen Ansatz entwickelt[725] und nach dem ERVGBG beibehalten.[726] Zur Grundbuchberichtigung ist danach stets die Vorlage des Gesellschaftsvertrages erforderlich, da sich aus diesem nach Auffassung der Rechtsprechung die Bewilligungsberechtigung ergibt.[727] Einer Literaturauffassung, wonach bei Fehlen eines formgerechten Gesellschaftsvertrages sämtliche Gesellschafter und Erben die Bewilligung abzugeben hätten,[728] hat sich die Rechtsprechung nicht angeschlossen. Liegt ein Gesellschaftsvertrag nicht einmal in Schriftform vor, so haben die verbliebenen Gesellschafter und alle Erben Erklärungen über den Vertragsinhalt in der Form des § 29 GBO abzugeben, wobei das Grundbuchamt im Einzelfall auch die Vorlage einer Versicherung an Eides statt verlangen können soll.[729] Derartige Fälle dürften allerdings selten sein.

311

B. Partnerschaftsgesellschaft

I. Einleitung

Die Erweiterung der gesellschaftsrechtlichen Gestaltungsmöglichkeiten zugunsten der freien Berufe war über nahezu 30 Jahre in der Diskussion. Bereits 1967 wurde ein Entwurf zur Schaffung einer »eingetragenen Partnerschaft« vorgelegt.[730] Der Wandel des Umfelds der freiberuflichen Berufsausübung und die Entwicklung des Dienstleistungssektors verstärkten Anfang der 90iger Jahre die Notwendigkeit gemeinsamer Berufsausübung und damit das Bedürfnis nach einer dafür angemessenen Organisationsform, die die bestehenden gesellschaftsrechtlichen Gestaltungsmöglichkeiten sinnvoll erweitern sollte.[731]

312

Mit dem Partnerschaftsgesellschaftsgesetz (PartGG) vom 25.07.1994, in Kraft seit 01.07.1995, schuf der Gesetzgeber erstmals eine neue, ausschließlich zur gemeinschaftlichen Ausübung freiberuflicher Tätigkeiten bestimmte Rechtsform der Personengesellschaften.[732] Die Motive der Diskussion der 50iger Jahre fanden sich nahezu unverändert im Gesetzgebungsverfahren des PartGG im Jahre 1994 wieder:
- die für größere Zusammenschlüsse unzureichende Struktur der BGB-Gesellschaft,
- die Wettbewerbsfähigkeit der deutschen Angehörigen freier Berufe im Vergleich zur internationalen Konkurrenz,
- die Schaffung einer spezifisch freiberuflichen Gesellschaftsform als Alternative zur Kapitalgesellschaft,
- die nationale Regelung interprofessioneller Zusammenarbeit in überörtlichen und internationalen Zusammenschlüssen.[733]

313

---

723 Vgl. hierzu insb. OLG München RNotZ 2015, 639 m. Anm. *Heinze*, RNotZ 2016, 24, mit einem verschachtelten Sachverhalt, aber unter Darstellung zahlreicher Problemkreise.
724 So auch schon LG Tübingen, BWNotZ 1982, 167.
725 Grundlegend BayObLGZ 1991, 301, 304; BayObLGZ 1992, 259, 261; BayObLGZ 1997, 307; OLG Zweibrücken, Rpfleger 1996, 192, 193.
726 OLG München, RNotZ 2011, 48; OLG Schleswig, ZEV 2012, 434; OLG Brandenburg, ZEV 2012, 116; kritisch *Schöner/Stöber*, Rn. 4274.
727 BayObLGZ 1997, 307, 308.
728 *Schöner*, DNotZ 1998, 815, 820.
729 OLG Schleswig, ZEV 2012, 434.
730 *Seibert/Kilian*, PartGG, Einleitung Rn. 6 unter Verweis auf *Volmer*, Der Steuerberater 1967, S. 25 ff.
731 *Seibert/Kilian*, PartGG, Einleitung Rn. 7.
732 MünchKommBGB/*Ulmer*, § 1 PartGG Rn. 5.
733 Michalski/Römermann, PartGG, Einführung, Rn. 25.

314 Ähnliche Überlegungen fanden sich im Referentenentwurf des Bundesjustizministeriums vom 03.02.2012 zum »Entwurf eines Gesetzes zur Einführung einer Partnerschaftsgesellschaft mit beschränkter Berufshaftung und zur Änderung des Berufsrechts der Rechtsanwälte, Patentanwälte und Steuerberater«, der Änderungen im PartGG und verschiedenen berufsrechtlichen Gesetzen vorsah. Mit diesem Referentenentwurf, der zurück ging auf einen Vorschlag des DAV auf dem DJT 2010 in Berlin,[734] sollte insbesondere für Rechts- und Patentanwälte eine Rechtsform – Variante zur Limited Liability Partnership (LLP) geschaffen werden. Der Gesetzgeber erhoffte sich dadurch möglicherweise eine Art Abwehrmittel, vergleichbar der Schaffung der Unternehmergesellschaft gegenüber der Private Limited Company (Ltd.) im Jahr 2008.[735]

315 Der Entwurf beruft sich zur Begründung darauf, dass das Haftungskonzept der Partnerschaft von den Angehörigen freier Berufe zum Teil als nicht befriedigend empfunden werde. Die – bisherige – Haftungskonzentration nach § 8 Abs. 2 PartGG stoße insbesondere dort auf Schwierigkeiten, wo Gesellschaften eine gewisse Größe überschritten und bei Teamarbeit der eine Partner die Bearbeitungsbeiträge des anderen nicht überblicken könne. Es zeichne sich bei Großkanzleien ein Trend zur Limited Liability Partnership (LLP) nach englischem Recht ab, zu der eine deutsche Alternative geboten werden solle.[736]

316 Am 12.06.2013 behandelte der Rechtsausschuss den Regierungsentwurf und empfahl einige Änderungen, die der Bundestag in 2. und 3. Lesung am 13.06.2013[737] unverändert übernahm. Das Gesetz passierte am 05.07.2013 ebenfalls unverändert den Bundesrat und ist am 19.07.2013 in Kraft getreten.

317 Im Vergleich zum bisherigen Entwurf weist das Gesetz in der verabschiedeten Fassung nunmehr folgende Änderungen[738] gegenüber den bisherigen Regierungsentwürfen auf:
– die Regelungen zur Haftpflichtversicherung wurden zum Schutz der Geschädigten so verändert, dass der Geschädigte auch dann einen Anspruch gegen die Haftpflichtversicherung geltend machen kann, wenn der Versicherte Obliegenheiten verletzt hat – insbesondere wenn er mit der Prämienzahlung in Verzug ist.
– Ferner soll die korrekte Eintragung des Namenszusatzes, aus dem die Haftungsbeschränkung ersichtlich wird, keine Bedingung für eine wirksame Haftungsbeschränkung mehr sein.
– Die noch im Regierungsentwurf vorgesehene Möglichkeit für Versicherungen, Ersatzansprüche wegen wissentlicher Pflichtverletzung auszuschließen, wurde zur Vermeidung einer rechtlichen Schutzlücke gestrichen.
– Für in den Anwendungsbereich des Steuerberatungsgesetzes fallende PartGmbB wurde eine Mindestversicherungssumme von 1 Million € als Voraussetzung für eine Haftungsbeschränkung aufgenommen.

318 Zunächst erlangte die Partnerschaft nicht die ihr vom Gesetzgeber zugedachte Bedeutung.[739] Erst mit der Einführung der Partnerschaftsgesellschaft mit beschränkter Berufsausübungshaftung im Jahr 2013 etablierte sich die für Freiberufler vorgesehene Gesellschaftsform und liegt mittlerweile voll im Trend. In den deutschen Partnerschaftsregistern waren zum 31.12.2018 6773 PartGmbB registriert entsprechend einem Anstieg von 20 % gegenüber dem Vorjahr und mehr als einer Verdoppelung in den letz-

---

734 Vgl. *Hellwig*, ZGR 2013, 216, Fn. 44.
735 *Römermann/Praß*, NZG 2012, 601 ff., 602.
736 Referentenentwurf, S. 1; *Römermann* a.a.O Rn. 701 kommentiert diese Begründung pointiert: es solle eine Nische bedient werden, die Handvoll wahrhaft deutscher Großkanzleien, die nicht geschluckt, nicht fusioniert wurde, die keinen formellen Sitz nach England verlegt haben und die als wahre Patrioten jede andere Lösung als eine deutsche Rechtsform mit Missachtung strafen.
737 BT-Drucks. 17/13944 v. 12.06.2013 (Teil B).
738 BT-Drucks. 17/13944 v. 12.06.2013 (Teil B).
739 *Kilian*, AnwBl. 2012, 895 ff.

ten drei Jahren. Damit scheint die Partnerschaftsgesellschaft mit beschränkter Berufsausübungshaftung der »einfachen« Partnerschaftsgesellschaft mittlerweile den Rang abzulaufen.[740]

Am 20.04.2020 hat eine vom Bundesministerium für Justiz und Verbraucherschutz (BMJV) eingesetzte Expertenkommission einen Entwurf für ein Gesetz zur Modernisierung des Personengesellschaftsrechts vorgelegt (»Mauracher Entwurf«). Darin vorgesehen wird unter anderem die Öffnung der Personenhandelsgesellschaften für Freiberufler, wenn das jeweilige Berufsgesetz eine entsprechende Öffnung gestattet. Eine wichtige Liberalisierung würde auch die Reform des Namensrechts der Partnerschaftsgesellschaft mit sich bringen. Der Zwang zur Benennung mindestens eines Partners und zur Berufsbezeichnung aller vertretenen Partner soll entfallen. Damit würden – wie auch schon seit 1998 (!) bei anderen Personengesellschaften – reine Sach- oder Phantasiebezeichnungen – freilich unter Beachtung des Irreführungsverbots – zulässig werden[741].

II. Die Partnerschaft im System des Gesellschaftsrechts

1. Wesensmerkmale der Partnerschaft

Nach dem Willen der Gesetzesverfasser soll die Partnerschaft als rechtsfähige Personengesellschaft eine Lücke zwischen der Gesellschaft bürgerlichen Rechts und den Kapitalgesellschaften schließen.[742] Sie kann als eine auf die Besonderheiten freier Berufsausübung zurechtgeschnittene OHG mit einer besonderen Haftungsverfassung bezeichnet werden[743] und steht damit zwischen BGB-Gesellschaft und Kapitalgesellschaft. Die Nähe zur OHG ergibt sich aus der Verweisung auf Vorschriften des HGB und – subsidiär – des BGB. 319

a) Rechtsnatur der Partnerschaft

Die Partnerschaft ist eine rechtsfähige Personengesellschaft, die über die in § 124 Abs. 1 HGB genannten »Einzelrechtsfähigkeiten« verfügt und damit weitestgehend der juristischen Person angenähert ist.[744] So ist die Partnerschaft unter ihrem Namen grundbuchfähig. Im Falle eines Gesellschafterwechsels bedarf es daher keiner kostenpflichtigen Grundbuchberichtigung.[745] Sie ist des Weiteren insolvenzfähig.[746] Die Partnerschaftsgesellschaft ist nach § 11 Abs. 2 Nr. 1 InsO insolvenzfähig. Da sie keine juristische Person i.S.d. § 19 Abs. 1 InsO ist, stellt die Überschuldung der Gesellschaft keinen Insolvenzantragsgrund dar. In prozessualer Hinsicht ist die Partnerschaft partei-, nicht aber prozessfähig (§ 51 Abs. 2 ZPO). Entsprechend § 124 Abs. 2 HGB kann in das Partnerschaftsvermögen vollstreckt werden. Erforderlich, aber auch ausreichend ist ein gegen die Partnerschaft gerichteter Titel. 320

Aufgrund der weitgehenden Annäherung der Partnerschaftsgesellschaft an die juristischen Personen soll nach einer Entscheidung des Anwaltssenats des BGH vom 20.03.2017 eine **Partnerschaftsgesellschaft nicht Gesellschafterin einer Rechtsanwaltsgesellschaft (mbH)** sein können.[747] Der Wortlaut des § 59e Abs. 1 Satz 1 BRAO spreche dafür, dass nur Angehörige der dort genannten freien Berufe, mithin natürliche Personen, Gesellschafter einer Rechtsanwaltsgesellschaft sein könnten, nicht hingegen juristische Personen mit eigener, von den an ihnen beteiligten Berufsangehörigen vollständig losgelöster Rechtspersönlichkeit und dementsprechend auch nicht etwa Personengesellschaften, die, wie die Partnerschaftsgesellschaft, einer juristischen Person weitgehend angenähert 321

---

740 *Lieder/Hoffmann*, »Die PartG mbB läuft der klassischen Partnerschaftsgesellschaft den Rang ab«, NZG 2019, 249 ff.
741 *Henssler/Deckenbock*, Gesetzgebungsreport, ZAP 2020, 507 ff, 520, 521.
742 Michalski/*Römermann*, PartGG, Einführung, Rn. 37.
743 BT-Drucks. 12/6152, 8; MünchHdb. GesR I/*Salger*, § 36 Rn. 7: »Schwesterfigur zur OHG«.
744 *Seibert/Kilian*, PartGG, Einleitung Rn. 10; MünchHdb. GesR I/*Salger*, § 36 Rn. 7.
745 *Henssler*, PartGG, § 7 Rn. 24: gleichwohl keine Kostenersparnis, da der Gesellschafterwechsel im Partnerschaftsregister einzutragen ist.
746 § 11 Abs. 2 Nr. 1 InsO.
747 BGH, Urt. v. 20.03.2017, NJW 2017, 1681 ff.

seien. Diese Sichtweise entspreche dem Willen des Gesetzgebers bei der Einführung der gesetzlichen Regelungen über die Rechtsanwaltsgesellschaft (§§ 59c ff. BRAO).

322 Der BGH unterscheidet damit zwischen der Partnerschaft einerseits und der GbR andererseits, die nach einer Entscheidung des für Patentangelegenheiten zuständigen Senats aus dem Jahr 2001[748] unter bestimmten Voraussetzungen die Anteile an einer Patentanwalts-GmbH halten darf. Zur Begründung verweist der BGH darauf, dass die Partnerschaftsgesellschaft deutlich selbständiger ausgestaltet und sie insbesondere als Rechtssubjekt gegenüber den ihr als Gesellschafter angehörenden natürlichen Personen rechtlich deutlich stärker verselbständigt sei als die GbR. Die GbR stehe natürlichen Personen rechtlich gesehen näher, die in ihr verbundenen Berufsangehörigen würden als natürliche Personen gegenüber der Gesellschaft weniger stark in den Hintergrund treten als dies bei der einer juristischen Person angenäherten Partnerschaftsgesellschaft der Fall sei[749]. Das Verbot der Anwalts-GmbH als mehrstöckiger Gesellschaft begegne auch im Hinblick auf Art. 3 Abs. 1 GG und Art. 12 Abs. 1 GG keinen verfassungsrechtlichen Bedenken. Art. 3 Abs. 1 GG sei nicht einschlägig, weil GbR und Partnerschaft grundsätzlich unterschiedlich seien. Gegen das Urteil des BGH wurde **Verfassungsbeschwerde** eingelegt,[750] über die bislang noch nicht entschieden wurde.

323 Die Differenzierung des BGH zwischen GbR und Partnerschaftsgesellschaft und der Verweis auf die (vermeintlichen) deutlichen Unterschiede zwischen beiden Gesellschaftsformen wird in der Literatur zum Teil kritisiert: auch die Außen-GbR sei weitgehend an die OHG angenähert[751]. GbR wie auch die Handelsgesellschaften einerseits und die Partnerschaftsgesellschaft andererseits seien eben keine juristischen Personen. Die These, in dem Spektrum zwischen natürlicher und juristischer Person stehe die GbR in rechtlich relevanter Weise der natürlichen Person, die Partnerschaft hingegen der juristischen Person näher, sei nicht haltbar[752]. Aus gesellschaftsrechtlicher Sicht spreche alles für eine Gleichstellung von GbR und Partnerschaft.

Aus einem gegen die Partnerschaft gerichteten Titel kann jedoch nicht in das (sonstige) Privatvermögen der Partner vollstreckt werden (§ 8 Abs. 1 PartGG; 129 Abs. 4 HGB). Für den Gläubiger eines Gesellschafters besteht allerdings die Möglichkeit zur Pfändung und Einziehung des Gesellschaftsanteils.[753]

b) Name der Partnerschaft

324 Die Partnerschaft ist namensrechtsfähig, § 2 Abs. 1 Satz 1 PartGG, und tritt im Rechtsverkehr unter eigenem Namen auf. Der Name muss den Namen mindestens eines Partners, den Zusatz »und Partner« oder »Partnerschaft« sowie die Berufsbezeichnungen aller in der Partnerschaft vertretenen Berufe enthalten. Die Namen anderer Personen als der Partner dürfen nicht in den Namen der Partnerschaft aufgenommen werden.[754] Dieser »wahrheitsgemäßen« Angabe der tatsächlich in der Gesellschaft aktiven Partner kommt nach den Gesetzesmaterialien aufgrund der auf persönliche Leistungserbringung ausgerichteten Tätigkeit der Partnerschaft besonderes Gewicht zu.[755] Eine Ausnahme gilt gem. § 2 Abs. 2 PartGG i.V.m. § 24 Abs. 2 HGB jedoch dann, wenn der namensgebende Partner ausscheidet und in die Fortführung seines Namens eingewilligt hat. Mit der Anordnung der entsprechenden Anwendung der §§ 21, 22 Abs. 1 und 24 auf Partnerschaften sollte nach dem Regierungsentwurf der erheblichen praktischen Bedeutung der Fortführung des Namens ausgeschiedener Partner gerade auch bei Sozietäten von Freiberuflern Rechnung getragen werden, zumal der Verkehr sich darauf eingestellt habe, dass der im Sozietätsnamen enthaltene Familienname eines

---

748 BGHZ 148, 270 = NJW 2002, 68.
749 BGH, NJW 2017, 1681 ff.
750 AnwBl. 2017, 667, 668.
751 *Henssler*, NJW 2017, 1644, 1645.
752 *Henssler*, NJW 2017, 1644, 1645.
753 *Henssler*, PartGG, § 7 Rn. 28.
754 § 2 Abs. 1 Satz 1 und 3 PartGG.
755 BGH, Beschl. v. 08.05.2018 – II ZB 7/17, FGPrax 2018, 206, 207.

Sozius nicht darauf hindeute, dass dieser auch heute noch seine Dienste anbiete.[756] Diese Fortführungsbefugnis gilt nach dem Wortlaut des § 24 Abs. 2 HGB für die gesamte bisherige Firma und damit auch für den in der bisherigen Namen der Partnerschaft angegebenen Doktortitel des ausscheidenden Namensgebers: der Doktortitel ist zwar nicht Bestandteil des bürgerlichen Namens des Ausscheidenden, wohl aber als Namenszusatz Bestandteil des Namens der Gesellschaft.[757] Auch für die Namensfortführung einer Partnerschaft gilt allerdings der Vorbehalt des Irreführungsverbots gem. § 2 Abs. 2 PartGG i.V.m. § 24 Abs. 2, 18 Abs. 2 HGB.

Doktortitel sind aufgrund Gewohnheitsrechts in das Partnerschaftsregister eintragungsfähig.[758]

325 Die handelsrechtlichen Vorschriften über die Firma finden entsprechende Anwendung auf den Namen der Partnerschaft.[759] Damit gelten z.B. die Grundsätze der Firmenwahrheit, Firmenbeständigkeit und Firmenausschließlichkeit auch für den Namen der Partnerschaft. Auch am Beispiel des Namens wird damit deutlich, wie die Partnerschaftsgesellschaft mit beschränkter Berufsausübungshaftung trotz ihrer Verwurzelung im Personengesellschaftsrecht große Schnittmengen mit den Handelsgesellschaften aufweist.[760] Neben den Vorgaben des PartGG sind auch diejenigen der jeweils betroffenen Berufsordnungen zu beachten. Dies ergibt sich aus der Vorrangregel des § 1 Abs. 3 PartGG.

326 Gemäß § 11 Abs. 1 Satz1 PartGG dürfen den Zusatz »Partnerschaft« oder »und Partner« nur Partnerschaften nach dem PartGG führen. Rechtsträgern anderer Rechtsformen ist es seit dem 01.07.1995 verwehrt, ihren Namen bzw. ihre Firma mit dem Zusatz »Partnerschaft« oder »und Partner« zu versehen. Das gilt für die GbR, die Personenhandelsgesellschaften wie auch die Kapitalgesellschaften und Genossenschaften. Sinn der Regelung ist sowohl der Ausschluss einer Verwechselungsgefahr als auch die Durchsetzung des Partnerzusatzes im Verkehr zur Kennzeichnung der Partnerschaftsgesellschaft.[761] Die Reservierung der Zusätze erstreckt sich auch auf andere Schreibweisen und allgemein verständliche Abwandlungen, u.a. »Partner«, »partner«, »+partner«, »& Partner«, »und Partnerin«. Strittig ist dies allerdings für das englischsprachige »partners«: Nach einem Beschluss des OLG Hamburg vom 10.05.2019 (11 W 35/19) komme eine erweiternde Auslegung der Verbotsvorschrift des § 11 Abs. 1 Satz 1 PartGG auf die Bezeichnung »partners« nicht in Betracht, da sich der Firmenzusatz »partners« als englischsprachiger Begriff von den in § 11 Abs. 1 Satz 1 PartGG genannten Namenszusätzen eindeutig abgrenze.[762]

327 Der Name einer **Ärztepartnerschaft** darf nur die Namen der in der Gesellschaft tätigen ärztlichen Gesellschafter enthalten.[763] Bei einer **medizinischen Kooperationsgemeinschaft** zwischen Ärzten und Angehörigen anderer Fachberufe in der Rechtsform der Partnerschaftsgesellschaft muss sich gem. § 23b Abs. 1 Satz 4 g MBOÄ die medizinische Kooperationsgemeinschaft verpflichten, im Rechtsverkehr die Namen aller Partnerinnen und Partner und ihre Berufsbezeichnungen anzugeben und den Zusatz »Partnerschaft« zu führen.

328 Eine Kurzbezeichnung wird durch das ärztliche Berufsrecht allerdings nicht ausgeschlossen. Der berufsrechtlichen Anforderung, im Rechtsverkehr die Namen sämtlicher Partner anzugeben, wird auch durch eine entsprechende Angabe auf dem Briefbogen und dem Praxisschild Genüge getan.[764]

---

756 BGH, Beschl. v. 08.05.2018 – II ZB 7/17, FGPrax 2018, 206, 207 unter Verweis auf den Regierungsentwurf zum PartGG v. 25.07.1994, BT-Drucks. 12/6152, 11.
757 BGH, Beschl. v. 08.05.2018 – II ZB 7/17, FGPrax 2018, 206, 207.
758 BGH, Beschl. v. 04.04.2017 – II ZB 10/16, DStRE 2018, 184.
759 § 2 Abs. 2 PartGG i.V.m. §§ 18 Abs. 2, 21, 22 Abs. 1, 23, 24, 30, 31 Abs. 2, 32 und 37 HGB.
760 *Jördening*, Kapitel I, C I., S. 126.
761 BeckOK BGB Bamberger/Roth/Hau/Poseck/*Schöne* § 11 PartGG Rn. 2.
762 Dagegen BeckOK BGB Bamberger/Roth/Hau/Poseck/*Schöne* § 11 PartGG Rn. 3; KG, Beschl. v. 17.09.2018 – 22 W 57/18, FGPrax 2018, 258.
763 § 23a Abs. 2 MBOÄ.
764 *Henssler*, PartGG, § 2 Rn. 42.

329 Für **Tierärzte** gilt § 25 Abs. 4 MBO-Tierärzte.

330 Gemäß § 9 BORA, der ausdrücklich auch für die Partnerschaftsgesellschaft gilt, können in der Kurzbezeichnung einer **anwaltlichen Berufsausübungsgesellschaft** auch die Namen von freien Mitarbeitern und Angestellten geführt werden.

Die ranghöhere gesellschaftsrechtliche Regelung des § 2 Abs. 3 Satz 3 PartGG ist daher insoweit strenger als das Berufsrecht und benachteiligt Rechtsanwälte, die sich in der Rechtsform der Partnerschaftsgesellschaft zusammengeschlossen haben.[765] Da die BRAO im Gegensatz zum StBerG für die Partnerschaft kein eigenes Anerkennungsverfahren kennt, ist einer Partnerschaft, an der Rechtsanwälte beteiligt sind, ein Auftreten als »Rechtsanwaltsgesellschaft« verwehrt.[766]

331 Für **Steuerberatungsgesellschaften** gilt hingegen die Erleichterung gem. § 53 Satz 2 StBerG. Partnerschaften, die nach §§ 49 ff. StBerG als Steuerberatungsgesellschaften anerkannt wurden, sind von der Verpflichtung befreit, die Berufsbezeichnungen aller in der Partnerschaft vertretenen Berufe in den Namen aufzunehmen. Daneben steht Steuerberatern gem. § 56 Abs. 2 StBerG die Möglichkeit offen, sich an sog. einfachen Partnerschaften zu beteiligen.

Damit sind jene Partnerschaften angesprochen, die nicht als Steuerberatungsgesellschaftern anerkannt sind und die damit zugleich nicht die strengen berufsrechtlichen Anforderungen erfüllen, welche §§ 50 ff. StBerG an die Mehrheitsverhältnisse in Geschäftsführung und Gesellschafterkreis stellen.

332 Für die **Wirtschaftsprüfungsgesellschaft** gilt eine § 53 Satz 2 StBerG entsprechende berufsspezifische Erleichterung gem. §§ 31 Abs. 2, 130 WPO.[767]

333 Der Namenszusatz der PartGmbB gem. § 8 Abs. 4 Satz 3 PartGG ist kein konstitutives Merkmal der PartGmbB. Es handelt sich bei § 8 Abs. 4 Satz 3 PartGG vielmehr um eine firmenrechtliche Ordnungsvorschrift.[768] Die Rechtsformvariante gelangt auch dann wirksam zur Entstehung, wenn es entgegen § 8 Abs. 4 Satz 3 PartGG an einer ordnungsgemäßen Eintragung des Rechtsformzusatzes im Partnerschaftsregister fehlt oder die Gesellschaft entgegen § 7 Abs. 5 PartGG i.V.m. § 125a Abs. 1 Satz 1, Abs. 2 HGB auf die Führung des Namenszusatzes im Geschäftsverkehr verzichtet. Inhaltlich genügen die Partner den sachlichen Anforderungen des Namenszusatzes, wenn sie den ausführlichen Hinweis »mit beschränkter Berufshaftung« oder die explizit zugelassene Abkürzung »mbB« wählen.[769] Anders als bei der Unternehmergesellschaft kann der Name der Partnerschaft auch eine andere, allgemein verständliche Abkürzung enthalten. Ausgeschlossen sind aber unverständliche, mehrdeutige oder solche Zusätze, die keinen Rückschluss auf die Haftungsbeschränkung zulassen. Nach einhelliger Auffassung unzulässig ist der Zusatz »mbH«.[770] Die Abkürzung ist zwar allgemein bekannt, ist aber bei der Partnerschaftsgesellschaft irreführend, da sie eine Weite der Haftungsbeschränkung suggeriert – nämlich hinsichtlich aller Verbindlichkeiten –, die über die tatsächliche Beschränkung hinaus geht.[771] Führt die Partnerschaftsgesellschaft mbB im Rechtsverkehr gleichwohl den Zusatz »mbH«, wird also der Rechtsschein einer weitergehenden Haftungsbeschränkung erweckt als diese tatsächlich besteht, kann sich die Partnerschaftsgesellschaft mbB nicht

---

765 *Henssler*, PartGG, § 2 Rn. 45; zur Problematik der Haftung des »Scheinpartners« und § 8 Abs. 2 PartGG s.u. Rdn. 437–441.
766 *Henssler*, PartGG, § 2 Rn. 53 f. unter Hinweis auf § 59k Abs. 2 BRAO und die Monopolisierung des Begriffs der Rechtsanwaltsgesellschaft für die GmbH.
767 Zu Bedenken der Privilegierung der Wirtschaftsprüfungs- und Steuerberatungsgesellschaften vgl. *Meilicke* in: M/GvW/H/L/W, PartGG, § 2 Rn. 6.
768 Henssler/Strohn/*Hirtz*, § 8 PartGG Rn. 32.
769 *Lieder/Hoffmann*, NJW 2015, 897, 899.
770 Henssler/Strohn/*Hirtz*, § 8 PartGG Rn. 32; *Westermann/Wertenbruch* HdB Personengesellschaften, Stand 9/2014 Rn. 207.
771 Feuerich/Weyland/*Brüggemann*, § 8 PartGG Rn. 25.

auf diesen Rechtsschein berufen. Denn der Rechtsschein wirkt nach allgemeinen Grundsätzen nur zugunsten Dritter, aber niemals zugunsten der Person, die ihn erweckt.[772]

Auch wenn es sich um eine bloße Namensvorschrift handelt, sind mit der Missachtung gesetzlicher Vorgaben zur Firmierung Konsequenzen verbunden. Der Verstoß gegen § 8 Abs. 4 Satz 3 PartGG eröffnet beispielsweise dem Registergericht die Möglichkeit der Löschung des unrichtigen Namenszusatzes von Amts wegen nach § 395 Abs. 1 FamFG[773] sowie die Androhung eines Ordnungsgeldes nach § 392 Abs. 2 FamFG.[774] Außerdem stellt dieses Verhalten einen Wettbewerbsverstoß nach § 5 Abs. 1 Satz 2 Nr. 3 UWG dar, der von Wettbewerbern, aber auch von Kammern und Berufsverbänden verfolgt werden kann.[775]

c) Partnerschaftsregister

Die Partnerschaft ist – wie die OHG – registerfähig und -pflichtig. Gemäß § 7 Abs. 1 PartGG wird die Partnerschaft im Verhältnis zu Dritten mit ihrer Eintragung in das Partnerschaftsregister wirksam. Ab diesem Zeitpunkt kommt den Partnern die Haftungskonzentration nach § 8 Abs. 2 PartGG zugute und treten die Wirkungen nach § 7 Abs. 2, 124 Abs. 1 HGB ein. Vor Eintragung in das Partnerschaftsregister besteht die Partnerschaft als solche nicht; § 123 Abs. 2 HGB ist nicht entsprechend auf die Partnerschaft anzuwenden.[776]   334

Das Partnerschaftsregister entspricht weitgehend dem Handelsregister (§ 5 PartGG). Es ist wie dieses elektronisch zu führen und genießt denselben Bezeichnungsschutz (§ 5 PartGG i.V.m. § 8 Abs. 2 HGB).[777]   335

Auch bei einer »Partnerschaftsgesellschaft mit beschränkter Berufshaftung« ist im Partnerschaftsregister in der Rubrik »Rechtsform« (Spalte 4, Buchst. a) des Registers) lediglich die Bezeichnung »Partnerschaft« – ohne den Zusatz »mit beschränkter Berufshaftung« einzutragen.[778]

d) Freiberufler

Wer als Freiberufler i.S.d. PartGG gilt, bestimmt § 1 Abs. 2 PartGG in Anlehnung an den Katalog des § 18 Abs. 1 Nr. 1 Satz 2 EStG.   336

Diese Kataloge sind allerdings nicht abschließend. Erfasst werden auch Berufe, die sich unter die Adjektive wissenschaftlich, künstlerisch, schriftstellerisch, unterrichtend oder erzieherisch subsumieren lassen.

Wie problematisch die Abgrenzung zwischen freiberuflichen und gewerblichen Berufen sein kann, zeigt die Entscheidung des OLG Zweibrücken vom 30.08.2012: ein Ingenieurbüro für technische Gebäudeausrüstung und Energieberatung wurde nicht als freiberuflich, sondern als gewerblich eingestuft.[779] Denn der Bereich der Ingenieurleistungen zur technischen Gebäudeausrüstung und Energieberatung sei nicht die Ausübung eines freien Berufs. Gegenstand der in diesem Zusammenhang erbrachten Tätigkeiten seien z.B. die Beratung und Planung betreffend die Wärme-, Kälte-, Klima- und Sanitärtechnik, Gebäudeenergiekonzepte und Elektro- sowie Kommunikationstechnik. Das seien, so das OLG Zweibrücken, Dienstleistungen, die zwar Ergebnis einer hochqualifizierten Tätigkeit seien, aber gleichwohl »in erster Linie sachbezogen« erbracht würden. Solche Dienstleistungen   337

---

772 MünchKommHGB/*Krebs,* § 15 Rn. 42 ff.
773 *Lieder,* NotBZ 2014, 128 ff., 129.
774 *Lieder/Hoffmann,* NJW 2015, 897, 899.
775 *Jördening,* Kapitel I, C, IV., S. 129.
776 Vgl. zur Wirksamkeit der Vor-Partnerschaft gegenüber Dritten *Meilicke* in: M/GvW/H/L/W, PartGG, § 7 Rn. 4 f.; s. i.Ü. auch unten Rdn. 414.
777 Baumbach/Hopt/*Hopt,* HGB, Anhang § 160, Rn. 57.
778 OLG Nürnberg, Beschl. v. 05.02.2014 – 12 W 351/14.
779 OLG Zweibrücken NJW-Spezial 2013, 48.

würden auch in erheblichem Umfang in einer gewerbetypischen Art beworben und angeboten. So gebe es etwa im Bereich der Erstellung von »Energieausweisen« für private und gewerbliche Gebäude eine Vielzahl von Anbietern im Internet, die solche Leistungen anbieten würden, ohne dass es jemals zu einem persönlichen Kontakt zwischen einem Ingenieur und Besteller komme. Damit scheide die Annahme einer freiberuflichen Tätigkeit für Ingenieurleistungen der vorliegenden Art aus.

338 Die Sonderstellung der Freiberufler führt dazu, dass die Freiberufler – mangels Handelsgewerbe – weder unter die Gewerbesteuerpflicht fallen noch Buchführungs- und Bilanzierungspflichten haben. Die Regelungen zu Firma und Prokura sind irrelevant, soweit nicht die Rechtsform der Kapitalgesellschaft gewählt wird.[780]

339 [Nicht belegt]

aa) Ausgeklammerte Berufe

340 Die Nichtaufnahme der **Notare** in den Katalog des § 1 Abs. 2 Satz 2 PartGG wurde ursprünglich damit begründet, dass Notare wegen der Ausübung eines öffentlichen Amtes nicht partnerschaftsfähig seien.[781] Diese Argumentation ist jedoch seit der Neufassung des § 9 BNotO im Jahr 1998 differenziert zu betrachten. § 9 Abs. 1 BNotO gestattet die gemeinsame Berufsausübung von Nur-Notaren, soweit die persönliche und eigenverantwortliche Amtsführung, Unabhängigkeit und Unparteilichkeit des Notars nicht beeinträchtigt wird. Aufgrund der Höchstpersönlichkeit der Amtsausübung steht den Notaren als Rechtsform für den organisatorischen Teil der gemeinsamen Berufsausübung nur die Rechtsform der GbR zur Verfügung. Andere Gesellschaftsformen, etwa die Partnerschaft oder die Kapitalgesellschaften sind weder zulässig noch geeignet.[782] Ob dies allerdings auch für die Zusammenarbeit von Nur – Notaren in einer Partnerschaft gilt, ist umstritten.[783] Soweit es um die Kooperation von Anwaltsnotaren geht, sind diese durch die Qualifikation als Notar ohnehin nicht gehindert, zur Ausübung ihrer Anwaltstätigkeit gemeinsam mit anderen Rechtsanwälten eine Partnerschaft zu gründen.[784]

341 Der **Anwaltsnotar** hat gem. § 9 Abs. 2 BNotO eine größere Soziierungsfreiheit, wobei sich die Sozietät dann nicht auf das Notaramt, sondern lediglich auf die anwaltliche Berufsausübung bezieht.[785] Denn eine aus Anwälten und Anwaltsnotaren bestehende Partnerschaftsgesellschaft, bei der die Anwaltsnotare auch mit ihrem Beruf als Notar in die Partnerschaft mit einbezogen sind, ist mit § 1 PartGG, § 59a BRAO, § 9 BNotO unvereinbar und kann folgerichtig nicht in das Partnerschaftsregister eingetragen werden.[786]

342 Auch **Vermessungsingenieure** nehmen ein öffentliches Amt wahr. Im Rahmen dieser Amtstätigkeit sind sie insoweit ebenfalls nicht partnerschaftsfähig. Sofern es Vermessungsingenieuren nach dem jeweiligen landesrechtlichen Berufsrecht[787] nicht verwehrt ist, sich mit anderen Freiberuflern zur

---

780 *Lenz* in: M/GvW/H/L/W, PartGG, § 1 Rn. 6.
781 BT-Drucks. 12/6152, S. 10.
782 Würzburger Notarhandbuch/*Bischoff*, Teil 1, Kap. 1, Rn. 56.
783 Dafür: *Henssler*, PartGG, § 1 Rn. 70; MünchKommBGB/*Ulmer* § 1 PartGG Rn. 80; a.A. OLG Stuttgart BWNotZ 2007, 46, 47; OLG Celle, NJW 2007, 2929, 2930; Schippel/Bracker, BNotO, § 9 Rn. 5; s.a. BGH NJW-RR 2005, 1722 f. zu der Frage, wann aufgrund einer übermäßigen Konzentration von Berufsausübungsgeschäften die Genehmigung zum Zusammenschluss von drei Nur-Notaren durch die zuständige Aufsichtsbehörde versagt werden kann.
784 Vgl. § 59 Abs. 1 Satz 3 BRAO und § 9 Abs. 2 BNotO.
785 Würzburger Notarhandbuch/*Bischoff*, Teil 1, Kap. 1 Rn. 57.
786 OLG Stuttgart NJW-RR 2006, 1723.
787 § 12 Abs. 1 ÖbV-BO Baden-Württemberg, § 7 ÖbVI-BO Hamburg, § 7 Abs. 4 BO-ÖbVI Hessen, § 6 Abs. 3 ÖbVermIng BO NRW: Nur Arbeitsgemeinschaften zulässig; § 6 ÖbVI- BO Brandenburg: Partnerschaft zulässig mit Angehörigen verwandter freier Berufe; Bremen: keine Einschränkung; s.a. *Henssler*, PartGG, § 1 Rn. 72.

gemeinsamen Berufsausübung zusammenzuschließen, sind sie jedoch mit ihren nicht hoheitlichen Tätigkeiten als »Ingenieure« partnerschaftsfähig.[788]

Apotheker sind ebenfalls aus dem Anwendungsbereich des PartGG ausgeklammert. Ihnen steht gem. § 8 ApothG als zulässige Kooperationsform lediglich die GbR und die OHG zur Verfügung. Der besondere Charakter des Apothekerberufs, der einerseits als Heilberuf freiberufliche, andererseits als Arzneimittelkaufmann gewerbliche Züge aufweist, ist der Grund für diese Wahlmöglichkeit.[789] In der Praxis wird aufgrund des Handelsumfanges jedoch in der Regel nur die Gründung einer OHG (§ 105 Abs. 2 HGB) in Betracht kommen. 343

Ob die Apotheker außerhalb dieses Gesetzes noch als freier Beruf anzusehen sind oder ob sie wegen des seit langem deutlichen Überwiegens der Anschaffung und Weiterveräußerung von Arzneimitteln gegenüber deren persönlicher Herstellung, ein Handelsgewerbe betreiben, kann für den Anwendungsbereich des PartGG offen bleiben.[790] Aus steuerrechtlicher Sicht gehören die Apotheker nicht zu den Freien Berufen. Nach Auffassung des BVerfG und des BGH betreibt der selbständige Apotheker ein Gewerbe.[791] Insgesamt spricht vieles dafür, den Apotheker auch partnerschaftsrechtlich als Gewerbetreibenden anzusehen.[792] 344

bb) Heilberufe

Zu den Heilberufen zählen die Ärzte, Zahnärzte, Tierärzte, Heilpraktiker, Krankengymnasten/Physiotherapeut, Hebammen, Heilmasseure, medizinisch – diagnostische Assistenten, Krankenschwestern, Logopäden, Zahnpraktiker, Ergo- und Psychotherapeuten etc. (vgl. im Einzelnen die nicht abschließende Aufzählung in § 1 Abs. 2 Satz 2 PartGG), nicht jedoch Altenpfleger, Bademeister oder Fußpfleger.[793] Entscheidend ist, dass für alle der in § 1 Abs. 2 Satz 2 PartGG genannten Heilberufe eine **staatliche Zulassung** erforderlich ist. Die Zulassung ist für das Berufsbild der Heilberufe in der Regel konstitutiv.[794] 345

Die Abgrenzung zwischen freiberuflicher und gewerblicher Tätigkeit im Bereich der Heilberufe kann im Einzelfall schwierig sein: 346
– ein Arzt wird z.B. gewerblich tätig, wenn er über den Praxisbedarf, die stationäre Versorgung oder die Notfallbehandlung hinaus Medikamente gegen Entgelt abgibt;
– Augenärzte, bei denen der Verkauf von Kontaktlinsen im Vordergrund steht, üben eine gewerbliche Tätigkeit aus;
– als nicht mehr eigenverantwortlich tätig und somit gewerblich ist auch die Tätigkeit eines Arztes für Laboratoriumsmedizin einzustufen, der die Untersuchungen durch Angestellte erledigen lässt und nicht mehr persönlich an jeder Untersuchung mitarbeitet.[795]
– Von der freiberuflichen Tätigkeit der Physiotherapeuten ist das gewerbliche Betreiben eines Medizinischen Gerätetrainings zu unterscheiden. Da Physiotherapeuten in diesem Bereich in Wettbewerb zu den Betreibern von gewerblichen Fitnessstudios treten, handelt es sich nicht mehr um heilberufliche und damit freiberufliche Tätigkeit.[796] Soweit an den Geräten jedoch gerätegestützte Krankengymnastik vorgenommen wird, werden Physiotherapeuten freiberuflich tätig.

---

788 BT-Drucks. 12/6152, S. 10.
789 *Henssler*, PartGG, § 1 Rn. 73.
790 Michalski/Römermann, PartGG, § 1 Rn. 36.
791 BVerfGE 17, 232, 239; BGH NJW 1983, 2085, 2086; MünchKommHGB/*K. Schmidt*, § 1 Rn. 35; Baumbach/Hopt/*ders.*, § 1 Rn. 19; a.A. MünchHdb.GesR I/*Salger*, § 39 Rn. 7.
792 *Henssler*, PartGG, § 1 Rn. 75.
793 Wachter/*Kesseler*, Teil 2, 1. Kapitel § 5 Rn. 6.
794 *Henssler*, PartGG, § 1 Rn. 99; Michalski/Römermann, PartGG, § 1 Rn. 43.
795 *Henssler*, PartGG, § 1 Rn. 101.
796 Verfügung der OFD München v. 11.06.2004, abgedruckt in DStR 2004, 1963.

- Die Tätigkeit von Diplom-Psychologen ist nicht notwendig heilkundlich, sie muss aber nicht immer freiberuflich sein.[797]

347 Wenn ausschließlich gewerblichen Tätigkeiten nachgegangen werden soll, sind die Berufsangehörigen insoweit nicht partnerschaftsfähig.[798] Derartige Tätigkeiten können nicht im Namen einer Partnerschaft ausgeübt werden. Konkurrenten können dies als Wettbewerbsverstoß ahnden. Noch nicht geklärt ist allerdings die Frage, welche gesellschaftsrechtliche Bedeutung gewerbliche Nebentätigkeiten einer Partnerschaftsgesellschaft für diese haben.[799] Sogenannte Mischtätigkeiten führen in der steuerrechtlichen Dogmatik nach der Abfärbetheorie des BFH dazu, dass alle Einkünfte der Gewerbesteuer unterfallen, sobald auch nur ein Teil der Tätigkeiten gewerblicher Art ist. Überträgt man diesen strengen Ansatz auch auf die gesellschaftsrechtliche Ebene würde dies bedeuten, dass es keine gemischten freiberuflich-gewerblichen Tätigkeiten einer Partnerschaft geben kann, sondern in solchen Fällen stets eine OHG oder KG vorliegt. Nach allgemeiner Auffassung ist die Abfärbetheorie aber nicht auf die gesellschaftsrechtliche Ebene zu übertragen. Stattdessen soll nach einer Auffassung[800] schon eine kleingewerbliche Tätigkeit eines eigentlich in der Rechtsform einer Partnerschaft geführten Betriebs die Inanspruchnahme dieser Rechtsform ausschließen. Nach anderer Auffassung soll der entscheidende Maßstab sein, ob die gewerbliche Tätigkeit einen in kaufmännischer Weise eingerichteten Gewerbebetrieb erfordert (§ 1 Abs. 2 HGB).[801] In Anlehnung an das Nebenzweckprivileg des Vereinsrechts soll nach einer weiteren Auffassung[802] die gewerbliche Nebentätigkeit unerheblich sein, solange ihr nur eine untergeordnete, dienende Funktion zukomme.

348 Die einzelnen Partner sind indes nicht gehindert, die genannten Tätigkeiten außerhalb einer Partnerschaft auszuüben. Auch aus steuerlichen Gründen kann die Auslagerung der gewerblichen Tätigkeiten auf eine Schwesternpersonengesellschaft in Betracht kommen, um die Infektionswirkung zu vermeiden. Eine genaue Umschreibung der in der Partnerschaft ausgeübten Berufs gem. § 3 Abs. 2 Nr. 2 PartGG ist ratsam.[803]

cc) Rechts- und wirtschaftsberatende Berufe

349 In die Gruppe der rechts- und wirtschaftsberatenden Berufe fallen Rechtsanwälte, Patentanwälte, Wirtschaftsprüfer, Steuerberater, beratende Volks- und Betriebswirte/Unternehmensberater, vereidigte Buchprüfer, Steuerbevollmächtigte. Andere Berufe, die im Einzelfall Rechtsdienstleistungen im Sinne von § 5 RDG als Nebenleistungen im Zusammenhang mit einer anderen Tätigkeit erbringen dürfen, werden allein dadurch nicht zum »ähnlichen Beruf« im Verhältnis zu rechts- oder wirtschaftsberatenden Berufen. Die Erlaubnisnorm des § 5 RDG schafft keinen neuen Freien Beruf, es handelt sich vielmehr um eine reine Annextätigkeit.[804]

dd) Naturwissenschaftlich orientierte Berufe

350 Hierzu zählen Ingenieure, Architekten, Landschafts- und Innenarchitekten sowie Stadtplaner, Vermessungsingenieure mit nichthoheitlichen Tätigkeiten, Diplom-Informatiker, hauptberufliche Sachverständige, soweit die Tätigkeit eine qualifizierte Ausbildung erfordert. Die gutachterliche Tätigkeit eines Handwerksmeister (KFZ-Sachverständiger) ist mangels qualifizierter höherer Ausbildung nicht freiberuflich. Dagegen ist ein Unfallsachensachverständiger als freiberuflich anzuerkennen, da diese Tätigkeit in der Regel umfangreicher mathematisch-physikalischer Kenntnisse bedarf.[805] Soweit

---

797 *Henssler*, PartGG, § 1 Rn. 110 ff.
798 *Michalski/Römermann*, PartGG, § 1 Rn. 45.
799 Hierzu *Eitelbuß*, DStR 2018, 1568 ff.
800 *Henssler*, PartGG § 1 Rn. 103.
801 *Meilicke*, § 1 Rn. 85 und 86.
802 MünchKommBGB/*Schäfer*, PartGG § 1 Rn. 20.
803 *Henssler*, PartGG, § 1 Rn. 102.
804 Henssler/Strohn/*Hirtz*, § 1 PartGG II. 4. (2).
805 *Henssler*, PartGG, § 1 Rn. 166.

ein Architekt sich vorwiegend mit der wirtschaftlichen (finanziellen) Baubetreuung beschäftigt, wird er gewerblich tätig.[806] Ebenso kann ein Architekt Grundstückshandel und -vermittlung nur außerhalb einer Partnerschaft betreiben.[807]

ee) Freiberuflichkeit von Ausländern

Die Zugehörigkeit zu den Freien Berufen beurteilt sich für jeden Gesellschafter – auch für Ausländer – nach deutschem Recht. Die Berufstätigkeit von Ausländern ist an dem deutschen Berufsbild des jeweiligen Freien Berufs zu messen. Historisch bedingt ist die Definition des Gesellschafterkreises in § 1 Abs. 1 und Abs. 2 PartGG ausschließlich national ausgerichtet. Ausländische freie Berufe und Zweigniederlassungen von Partnerschaften im Ausland standen weder bei der Einführung noch bei der Ergänzung des PartGG im Blickfeld der Diskussion.[808] Nach dem PartGG ist grundsätzlich jeder Ausländer partnerschaftsfähig, der die Kriterien des § 1 Abs. 2 PartGG erfüllt. Etwas anderes kann sich aus der Sicht des inländischen Berufsrechts – soweit international anwendbar – ergeben.[809] 351

Soweit § 1 Abs. 2 Satz 2 PartGG bei den Katalogberufen nicht von Rechtsanwälten, sondern von »Mitgliedern einer Rechtsanwaltskammer« spricht, bedeutet dies nicht, dass ausländische Rechtsanwälte, die keiner deutschen Rechtsanwaltskammer, sondern entsprechend ihrem Heimatrecht nur der Rechtsanwaltskammer an ihrem Kanzleisitz angehören, der Zugang zur Rechtsform der PartGG verschlossen ist.[810] Die Qualifikation als freier Beruf richtet sich nach den vier Kriterien des § 1 Abs. 2 Satz 1 PartGG, die auch von ausländischen Rechtsanwälten erfüllt werden, ohne dass es auf die Zugehörigkeit zu einer (deutschen) Rechtsanwaltskammer ankommt.[811] Nicht partnerschaftsfähig sind ausländische Rechtsanwälte, die in Deutschland in der Hauptniederlassung oder einer Zweigniederlassung einer deutschen Partnerschaftsgesellschaft dauerhaft tätig werden, aber gleichwohl keiner Rechtsanwaltskammer angehören. Hier ergibt sich die Verpflichtung zur Kammermitgliedschaft aufgrund des (deutschen) Berufsrechts, so dass § 1 Abs. 3 PartGG einschlägig ist.[812] Hingegen sind ausländische Rechtsanwälte, die keine Niederlassung in Deutschland unterhalten, sondern nur in ausländischen Zweigniederlassungen tätig sind, als Partnerschaftsgesellschafter auch dann zuzulassen, wenn sie vorübergehend dienstleistend in Deutschland tätig sind, ohne dass hierdurch eine Pflicht zur Kammermitgliedschaft (in Deutschland) begründet wird[813]. 352

Im Hinblick auf einen (harten) **Brexit** plant das BMJV derzeit eine Ergänzung der Verordnung nach § 206 Abs. 1 Satz 2 BRAO, die klarstellt, dass britische Berufsträger als dem deutschen Rechtsanwaltsberuf entsprechend im Sinne von § 206 Abs. 1 Satz 1 BRAO anzusehen sind.[814] 353

e) Berufsausübungsgemeinschaft

In der Partnerschaftsgesellschaft schließen sich gem. § 1 Abs. 1 Satz 1 PartGG Freiberufler **zur Berufsausübung** zusammen. 354

Dieses Erfordernis bedeutet ausweislich der amtlichen Begründung, dass der einzelne Partner seinen Beruf aktiv ausüben muss.[815] Unzulässig sind nach der amtlichen Begründung damit sog. stille Beteiligungen an einer Partnerschaft oder Unterbeteiligungen von nicht partnerschaftsfähigen Personen. Dabei beteiligt sich der stille Gesellschafter mit einer Vermögenseinlage an einer Berufsausübungsgesellschaft und nimmt im Gegenzug am Gewinn einer freiberuflichen Praxis teil. Die für die Part-

---

806 BFH NJW 1990, 343.
807 *Henssler*, PartGG, § 1 Rn. 161.
808 *Henssler*, NZG 2019, 401 ff.
809 *Henssler*, PartGG, § 1 Rn. 87.
810 *Henssler*, NZG 2019, 401, 403.
811 *Henssler*, NZG 2019, 401, 403.
812 *Henssler*, NZG 2019, 401, 403.
813 *Henssler*, NZG 2019, 401, 403.
814 *Henssler*, NZG 2019, 401, 403.
815 BT-Drucks. 12/6152, S. 9.

nerschaft ablehnende Beurteilung gilt sowohl für die typisch stille Gesellschaft als auch für die atypisch stille Gesellschaft.[816] Mit der Partnerschaft wird nur dem eine besondere Gesellschaftsform zur Verfügung gestellt, der seinen Beruf in eigener Verantwortung ausübt und für sein Handeln grundsätzlich persönlich haftet. Unterbeteiligung, Nießbrauch und Treuhand sind daher ausgeschlossen.[817] Ausreichend soll es aber sein, wenn ein Partner der Gesellschaft nur zum Teil seine Arbeitskraft widmet, etwa im Rahmen einer nebenberuflichen oder geringfügigen Tätigkeit. Die Aufgabe der freiberuflichen Tätigkeit hat, anders als der endgültige Verlust der Berufszulassung (vgl. § 9 Abs. 3 PartGG) zunächst keine Auswirkung auf das Partnerschaftsverhältnis.[818] Denn von außen ist nicht zu verhindern, dass Gesellschafter Partner bleiben, die sich aus der aktiven Mitarbeit zurückgezogen haben.[819] Indes können die übrigen Partner den Ausschluss erzwingen, weil die Beendigung der aktiven Mitarbeit aus Sicht des PartGG einen wichtigen Grund i.S.d. § 133 Abs. 1 HGB darstellt.[820]

f) Haftungskonzept

355   Das Haftungskonzept entspricht im Ausgangspunkt dem der OHG, indem der Grundsatz der gesamtschuldnerischen Haftung aller Partner für die Verbindlichkeiten der Gesellschaft übernommen wird. Jedoch ist hinsichtlich der Haftung wegen fehlerhafter Berufsausübung eine gesetzliche Haftungsbeschränkung auf den handelnden Partner eingeführt worden, die im Rechtsformvergleich mit der OHG zu einer haftungsrechtlichen Privilegierung der Partnerschaft und damit der Angehörigen der freien Berufe führt.[821]

356   Neben der Haftungskonzentration nach § 8 Abs. 2 PartGG sieht das Gesetz nun durch das am 19.07.2013 in Kraft getretene Gesetz zur Einführung einer Partnerschaftsgesellschaft mit beschränkter Berufshaftung (PartG mbB) und zur Änderung des Berufsrechts der Rechtsanwälte, Patentanwälte, Steuerberater und Wirtschaftsprüfer eine alternative Variante der Haftungsbeschränkung vor: Gemäß § 8 Abs. 4 PartGG besteht für Freiberufler die Möglichkeit, die Haftung für die fehlerhafte Berufsausübung auf das Gesellschaftsvermögen zu beschränken. Damit diese neue Variante der Haftungsbeschränkung greift, muss die jeweilige Gesellschaft eine zu diesem Zweck durch Gesetz vorgegebene Berufshaftpflichtversicherung unterhalten, die gesetzlich als Pflichtversicherung i.S.d. VVG ausgestaltet ist. Die Möglichkeit der Einführung einer solchen Berufshaftpflichtversicherung für die PartG mbB besteht für alle freien Berufe, jedoch wurden zunächst nur für Rechtsanwälte (§ 51a BRAO), Steuerberater (§ 67 StBerG), Wirtschaftsprüfer (§ 4 WPO) und Patentanwälte (§ 45a PatAO) die rechtlichen Grundlagen hierfür geschaffen.

357   Soweit das Berufsrecht für einzelne Berufsgruppen nicht in die Bundes-, sondern in die jeweilige Gesetzgebungszuständigkeit der Länder fällt (z.B. Architekten, Ärzte, Zahnärzte, beratende Ingenieure) sind die entsprechenden berufsrechtlichen Regelungen zur Berufshaftpflichtversicherung auf der Länderebene umzusetzen. Sofern es in dem entsprechenden Berufsrecht bis dato keine Regelung zur Haftpflichtversicherung bei der PartG mbB gibt, ist der jeweiligen Berufsgruppe der Weg in die Partnerschaftsgesellschaft mit beschränkter Berufsausübungshaftung versperrt, bis eine entsprechende Regelung geschaffen wird.[822] Die landesrechtlichen Architekten- und Ingenieurgesetze sehen zwischenzeitlich mehrheitlich die neue Rechtsformvariante auch ausdrücklich vor.[823] Durch eine Ände-

---

816 *Seibert/Kilian*, PartGG, § 1 Rn. 3.
817 Henssler/Strohn/*Hirtz*, PartGG § 1 II. 5.
818 *Seibert/Kilian*, PartGG, § 1 Rn. 4.
819 Henssler/Strohn/*Hirtz*, PartGG § 1 II. 5.
820 *Seibert/Kilian*, PartGG, § 1 Rn. 4.
821 *Seibert/Kilian*, PartGG, Einleitung, Rn. 10; zum Haftungskonzept auch Rdn. 427 ff.
822 *Offermann-Burckart*, AnwBl. 2014, 474, 475.
823 § 4b Abs. 3 Satz 3 NArchtG;§ 7 Abs. 2 Satz 6 NIngG; §§ 10 Abs. 1 Satz 1, Abs. 3 Satz 4, § 12 Satz 1 HmbArchtG; §§ 10, 35 BauKaG NRW, § 10 Abs. 2 DVO BauKaGNRW; vgl. hierzu auch den Beschluss des OLG Hamm v. 30.07.2015, 27 W 70/15: nicht beratende Ingenieure sind hier nicht erfasst; § 10 Abs. 3 SächsArchG.

rung des Art. 18 Abs. 2 Bay. Heilberufskammergesetz steht die PartG mbB (bayerischen) Ärzten, Zahnärzten, Psychotherapeuten und Tierärzten als Rechtsformvariante zur Verfügung. Soweit vereinzelt Zusammenschlüsse von Physiotherapeuten, Masseuren, Hebammen oder Heilpraktikern als PartG mbB eingetragen worden sind, sind diese mangels gesetzlicher Anerkennung der PartG mbB als Rechtsformvariante nebst zugehöriger Berufshaftpflichtversicherung unzulässig.[824]

g) Berufsrechtsvorbehalt

Das Berufsrecht kann die Berufsausübung in der Partnerschaft für einzelne Berufe ausschließen oder von weiteren Voraussetzungen abhängig machen.[825] Grund hierfür ist, dass das PartGG von berufsrechtlichen Regelungen frei bleiben sollte. Das PartGG kann und soll das Berufsrecht weder ersetzen noch als übergeordnetes Standesrecht alle Besonderheiten für die freien Berufe regeln.[826] Die Berufsausübung in der Partnerschaft kann demnach grundsätzlich ausgeschlossen werden (so z.B. für die Apotheker) oder die Möglichkeiten interprofessioneller Zusammenarbeit eingeschränkt werden oder von gewissen Voraussetzungen abhängig gemacht werden. Für einige Berufe gibt es keine berufsrechtlichen Einschränkungen der Partnerschaft, z.B. Unternehmensberater, Dolmetscher oder Journalisten.[827]   358

Der für das Gesellschaftsrecht zuständige II. Zivilsenat des BGH hält das Verbot von Anwälten und Ärzten für verfassungswidrig (Beschl. v. 16.05.2013 – II ZB 7/11) und hat daher nach Art. 100 GG dem Bundesverfassungsgericht die Frage zur Entscheidung vorgelegt, ob § 59a Abs. 1 BRAO mit dem Grundgesetz zu vereinbaren ist.   359

Die Vorschrift verbietet Ärzten und Apothekern die gemeinschaftliche Berufsausübung mit Rechtsanwälten (Sozietätsverbot). Im konkreten Fall hatte ein Rechtsanwalt und eine Ärztin (und zugleich Apothekerin) eine Partnerschaftsgesellschaft als »interprofessionelle Partnerschaft für das Recht des Arztes und des Apothekers« gegründet. Amtsgericht und Oberlandesgericht wiesen die Anmeldung zur Eintragung ins Partnerschaftsregister mit Blick auf die – abschließende – Regelung des § 1 Abs. 3 PartGG Regelung des § 59a Abs. 1 BRAO zurück. § 59a BRAO erlaube Rechtsanwälten nur, eine Partnerschaftsgesellschaft zusammen mit anderen Rechtsanwälten, Steuerberatern, Wirtschaftsprüfern und vereidigten Buchprüfern auszuüben, nicht aber mit sonstigen verkammerten Berufen. Verfassungsrechtliche Bedenken hatten die Vorinstanzen nicht, da es aus Gründen des Gemeinwohls geboten sei, Rechtsanwälten nur die Zusammenarbeit mit bestimmten Berufen zu gestatten.   360

Der II. Senat des BGH legt seine hierzu abweichende Auffassung im Beschluss vom 16.05.2013 deutlich dar: das Sozietätsverbot des § 59a Abs. 1 BRAO verstoße gegen Art. 3 Abs. 1, 9 Abs. 1 und 12 Abs. 1 GG. Der Verstoß gegen die Berufsfreiheit (Art. 12 Abs. 1 GG) sei nur erlaubt, wenn dies durch ausreichende Gründe des Gemeinwohls gerechtfertigt werden könne, was bei dem Sozietätsverbot nach § 59a BRAO nicht der Fall sei. Für das Berufsbild des Rechtsanwalts seien insbesondere die Verschwiegenheitsverpflichtung, die Aussageverweigerungsrechte und die Beschlagnahmeverbote von hoher Bedeutung. Daher dürfe der Gesetzgeber grundsätzlich die Zusammenarbeit der Anwälte auf solche Berufe beschränken, die diese Voraussetzungen ebenfalls erfüllten. Dies sei aber gerade bei Ärzten und Apothekern erfüllt. Auch weist der Senat darauf hin, dass § 44b WPO der Berufsgruppe der Wirtschaftsprüfer einen Zusammenschluss mit den Heilberufen erlaube.   361

Das BVerfG[828] stellt hierzu fest, dass das in § 59a Abs. 1 Satz 1 BRAO enthaltene Sozietätsverbot im Hinblick auf die gemeinsame Berufsausübung mit Ärztinnen und Ärzten und Apothekerinnen und Apothekern im Rahmen einer Partnerschaftsgesellschaft verfassungswidrig ist. Der Eingriff in die Berufsausübungsfreiheit durch das Sozietätsverbot habe ein erhebliches Gewicht. Gerade bei der   362

---

824 *Lieder/Hoffmann,* NJW 2015, 897, 900.
825 § 1 Abs. 3 PartGG.
826 BT-Drucks. 12/6152, S. 8.
827 *Henssler,* PartGG, § 1 Rn. 218.
828 BVerfG Beschl. v. 12.01.2016 – 1 BvL 6/13.

Einschränkung der Zusammenarbeit von Rechtsanwältinnen und Rechtsanwälten mit anderen Berufen zeige sich in besonderem Maße: die begrenzte Überschaubarkeit und zunehmende Komplexität moderner Lebens- und Wirtschaftsverhältnisse hätte zur Folge, dass Rechtsfragen oft nicht ohne professionellen Sachverstand aus anderen Berufen ausreichend beantwortet werden können und die Nachfrage nach kombinierten interprofessionellen Dienstleistungen wachse. Das Interesse an der Wahrung der Verschwiegenheit können gesetzgeberisch durch grundlegende Verschwiegenheitspflichten oder durch Ausschluss einer beruflichen Zusammenarbeit gewahrt werden. Wie Rechtsanwälte auch seien auch Ärzte und Ärztinnen und Apotheker und Apothekerinnen zur beruflichen Verschwiegenheit verpflichtet. Selbst bei der Zusammenarbeit von als sozietätsfähig anerkannten Berufen seien Situationen nicht ausgeschlossen, in denen der berufsfremde Partner von Umständen Kenntnis erlangt, die zwar der anwaltlichen, nicht aber seiner eigenen beruflichen Verschwiegenheit als Steuerberater oder Wirtschaftsprüfer unterfallen. Gleichwohl sei eine gemeinsame Berufsausübung hier zulässig. Anhaltspunkte dafür, dass das Gefährdungspotential bei der Zusammenarbeit von Rechtsanwälten und Rechtsanwältinnen mit Ärzten und Ärztinnen oder Apothekern und Apothekerinnen höher sei, waren für das BVerfG nicht ersichtlich.[829]

363 Im Rahmen der möglichen Neuordnung des anwaltlichen Gesellschaftsrechts stellte das Bundesministerium für Justiz und Verbraucher im August 2019 **Eckpunkte für eine Neuregelung des Berufsrechts der anwaltlichen Berufsausübungsgesellschaften** vor. Danach sollen u.a. für die Berufsausübungsgesellschaften der Rechtsanwaltschaft rechtsformneutrale und soweit möglich einheitliche berufsrechtliche Regelungen geschaffen werden. Berufsausübungsgesellschaften sollen grundsätzlich alle nationalen und europäischen Rechtsformen zur Verfügung stehen. Berufsausübungsgesellschaften sollen in einem elektronischen Verzeichnis erfasst werden. Die Möglichkeiten der interprofessionellen Zusammenarbeit sollen verbesset werden: im Anschluss an die Entscheidung des BVerfG v. 12.01.2016 soll der Kreis der sozietätsfähigen Berufe erweitert werden. Gesellschafterinnen und Gesellschafter von Berufsausübungsgesellschaften sollen künftig Angehörige aller »vereinbaren« Berufe sein. Auch gibt es Überlegungen, Wagniskapital für den Bereich Legal Tech zuzulassen.[830]

h) Innenrecht

364 Das Innenrecht der Gesellschaft bestimmt sich vorrangig nach dem Gesellschaftsvertrag, ergänzend findet das Innenrecht der OHG Anwendung. Es gelten die Grundsätze der Selbstorganschaft und Einzelvertretung.

2. Die steuerrechtliche Behandlung der Partnerschaft

365 Auf die Partnerschaft als Personengesellschaft finden in Ermangelung spezieller Regelungen die allgemeinen, steuerlichen Vorschriften Anwendung. Die steuerliche Belastung der Partnerschaft ist dabei durch den im Rahmen des Gesetzgebungsverfahrens deutlich artikulierten Grundsatz der Gleichbehandlung mit der Gesellschaft bürgerlichen Rechts bestimmt.[831]

366 Die Partnerschaft ist daher ertragsteuerlich – wie die übrigen Personengesellschaften auch – kein selbstständiges Steuersubjekt. Vielmehr wird der von der Partnerschaft erzielte Gewinn den einzelnen Gesellschaftern im Wege der gesonderten und einheitlichen Feststellung zugerechnet. Der Feststellungsbescheid ist für die Einkommensteuerbescheide der einzelnen Gesellschafter verbindlich. Die Partner der Partnerschaftsgesellschaft haben als nicht gewerblich tätige natürliche Personen ihre Gewinnanteile als Einkünfte aus selbständiger Tätigkeit gem. § 18 EStG zu versteuern.

---

829 *Mayer*, Urteilsanmerkung, FD-RVG 2016, 375804, BeckRS 2016, 41338.
830 Zur Kritik hieran BRAK, FD-RVG 2019, 419647: Widerspruch zum grundsätzlichen Verbot der Fremdkapitalbeteiligung.
831 *Henssler*, PartGG, Einführung, Rn. 15 unter Verweis auf BT-Drucks. 12/6152, S. 2.

Als freiberufliche Kooperation übt die Partnerschaft kein Gewerbe aus, so dass eine **Gewerbesteuerbelastung** nicht anfällt.[832] Anders als bei der Gesellschaft bürgerlichen Rechts kann bei der Partnerschaft die Gefahr der Gewerblichkeit durch den Eintritt eines Berufsfremden in die Partnerschaft nicht eintreten. Auch die PartGmbB ist steuerlich genauso zu behandeln wie die »normale« PartG. Denn es handelt sich bei der PartGmbB nicht um eine neue Rechtsform, sondern lediglich um eine Variante der PartG.[833] Mit Schreiben v. 28.10.2013 hat auch das BMF im Einvernehmen mit den obersten Finanzbehörden der Länder mitgeteilt: Eine Partnerschaftsgesellschaft mit beschränkter Berufshaftung ist – wie die Partnerschaftsgesellschaft – eine Personengesellschaft, so dass keine Gewerbesteuerpflicht kraft Rechtsform besteht. Die Annahme einer Gewerblichkeit nach § 15 Abs. 3 EStG bleibt unberührt.

367

Nach der Rechtsprechung des BFH entsteht die Gewerbesteuerpflicht dann, wenn eine berufsfremde Person an der Gesellschaft beteiligt ist, z.B. im Erbfall. Während dies bei der Gesellschaft bürgerlichen Rechts zur Annahme der Gewerblichkeit führt, kommt dies bei der Partnerschaft jedenfalls für den Bereich der Erbfolge nicht in Betracht. Denn partnerschaftsfähig sind nur Angehörige der freien Berufe, nicht deren Erben oder Vermächtnisnehmer, die diese Qualifikation nicht erfüllen. Die Beteiligung an einer Partnerschaft ist nicht vererblich, § 9 Abs. 4 Satz 1 PartGG. Eine Sonderrechtsnachfolge nicht qualifizierter Erben oder Vermächtnisnehmer in die Beteiligung an der Partnerschaft ist nicht möglich.

Bezogen auf die **Umsatzsteuer** ist die Partnerschaft hingegen eigenes Steuersubjekt. Da sie eine selbständige und nachhaltige Tätigkeit mit Einnahmeerzielungsabsicht ausübt, ist sie umsatzsteuerlich als Unternehmer einzustufen.[834]

368

Die Partnerschaft ist nicht bilanzierungspflichtig. Sie unterliegt nicht den kaufmännischen Rechnungslegungsvorschriften der §§ 238 ff. HGB und ist deshalb nicht zur Bilanzierung verpflichtet, sondern kann die Gewinnermittlung nach § 4 Abs. 3 EStG durch Einnahmen-Überschussrechnung durchführen. Es kann allerdings auch Konstellationen geben, in der es für die Partnerschaft sinnvoll ist, zu bilanzieren. Sie ist deshalb nicht nur auf eine Form der Gewinnermittlung beschränkt.

369

3. Vergleich der Partnerschaft mit den übrigen freiberuflichen Kooperationsformen

a) Gesellschaft bürgerlichen Rechts

Nach der Entscheidung des BGH aus dem Jahre 2001[835] zur Teilrechtsfähigkeit der Gesellschaft bürgerlichen Rechts und der Folgeentscheidungen besteht im Hinblick auf die Frage der Rechtsfähigkeit heute nahezu kein Unterschied mehr zwischen Gesellschaft bürgerlichen Rechts und Partnerschaftsgesellschaft.

370

Gleiches gilt für das Innenrecht der Partnerschaft und der Gesellschaft bürgerlichen Rechts: gesetzliche Vorteile der Partnerschaft durch entsprechenden Verweis auf Vorschriften des HGB werden durch eine spezialisierte Kautelarpraxis für die (Freiberufler) GbR ausgeglichen. In der inneren Organisationsform ist die Partnerschaft der GbR damit ebenfalls nicht von vorneherein überlegen.

371

Auch steuerlich bestehen zwischen beiden Gesellschaftsformen keinerlei Unterschiede.

372

Die Registerpflicht der Partnerschaft ist dagegen ein erheblicher Unterschied zwischen beiden Gesellschaftsformen: einerseits bedeutet die – fehlende – Registerpflicht der GbR eine erhöhte Flexibilität bei der Gründung und späteren Änderungen, zumal das Eintragungsverfahren auch mit Kosten und einem – wenn auch geringen – Verwaltungsaufwand verbunden ist. Andererseits bietet das Registrierungsverfahren auch verschiedene Vorteile, z.B. hinsichtlich des Namensschut-

373

---

832 Vgl. hierzu allerdings die Ausführungen zur Abfärbe- und Infektionstheorie unter Rdn. 347, 348.
833 OLG Nürnberg, Beschl. v. 05.02.2014 – 12 W 351/14.
834 *Henssler*, PartGG, Einl. Rn. 25.
835 BGH NJW 2001, 1056.

zes der Partnerschaft, der Publizität der Gesellschaft nach außen[836] und bei der Errichtung von Zweigniederlassungen im Ausland.[837]

374 Einen weiteren Vorteil bietet die Registrierung auch bei Ausscheiden eines Gesellschafters aus der Partnerschaft, da hier der Beginn der fünfjährigen Nachhaftungsfrist gem. §§ 10 Abs. 2 PartGG, 159 f. HGB eindeutig bestimmt werden kann.[838] Bei der GbR kann der Beginn der fünfjährigen Nachhaftung nur durch eine Information der Gläubiger (z.B. eine Mandanteninformation) herbeigeführt werden. Der GbR-Gesellschafter steht damit deutlich schlechter da als der OHG-Gesellschafter.[839]

375 Ein Vorteil der Gesellschaft bürgerlichen Rechts dürfte darin liegen, dass ihr Gesellschafterkreis – anders als der der Partnerschaft (§ 1 Abs. 1 Satz 1 PartGG) – nicht nur aus natürlichen Personen bestehen muss, sondern beispielsweise auch die Beteiligung einer Kapitalgesellschaft zulässt.

376 Hingegen dürfte ein Vorteil, wenn auch nicht ein entscheidender, Vorteil der Partnerschaft darin liegen, dass es nur ihr gestattet ist, den Zusatz »& Partner« bzw. »Partnerschaft« im Rechtsverkehr zu führen (§ 11 Abs. 1 PartGG).[840]

377 Der entscheidende Vorteil der Partnerschaft gegenüber der Gesellschaft bürgerlichen Rechts liegt aber jedenfalls nach der Änderung des § 8 Abs. 2 PartGG[841] und erst recht nach Einführung der Partnerschaftsgesellschaft mit beschränkter Berufshaftung in der **institutionellen Haftungskonzentration** auf den mandatsbearbeitenden Partner bzw. der Beschränkung der Haftung auf das Gesellschaftsvermögen unter den Voraussetzungen des § 8 Abs. 4 PartGG.[842] Damit hat die Partnerschaft für die freiberufliche Tätigkeit deutlich an Attraktivität gewonnen, weil sie ihren Gesellschaftern erhebliche Rechts- und Planungssicherheit bietet.[843] Der GbR bleibt demgegenüber nur die Möglichkeit der individualvertraglich getroffenen Haftungsbeschränkung, z.B. gem. § 51a Abs. 1 Nr. 2 BRAO.[844]

b) Freiberufler-GmbH

378 Die GmbH verfügt – anders als die Partnerschaft – über eine institutionelle und umfassende Haftungsbeschränkung auf das Gesellschaftsvermögen (§ 13 Abs. 2 GmbHG), und zwar für alle Arten von Verbindlichkeiten, nicht beschränkt auf Haftung für berufliche Fehler bzw. Berufsausübungshaftung gem. § 8 Abs. 2 und 4 PartGG.

379 Ein weiterer Vorteil ist die Zulässigkeit der Ein-Mann-Gründung. Scheidet dagegen einer von zwei verbliebenen Partnern aus einer Partnerschaftsgesellschaft aus, gehen das Vermögen und die Verbindlichkeiten der Gesellschaft auf den letzten Partner im Wege der Gesamtrechtsnachfolge über,

---

836 MünchKommBGB/*Ulmer/Schäfer*, Vorbemerkung zum PartGG Rn. 11, 12, die auch auf die negativen Folgen der Publizität des Registerverfahrens verweisen.
837 MünchHdb. GesR I/*Salger*, § 36 Rn. 24.
838 MünchHdb. GesR I/*Salger*, § 36 Rn. 24.
839 *Heckschen/Bretschneider*, NotBZ 2013, 81 ff., 84.
840 BGH, Senat für Anwaltssachen, Beschl. v. 24.10.2012 – AnwZ (Brfg) 14/12; vorhergehend Anwaltsgerichtshof Hamm 2. Senat, Urt. v. 02.12.2011.
841 Ob die ursprüngliche Regelung auch Haftungsvorteile gegenüber der GbR hatte, konnte zu Recht bezweifelt werden.
842 Hierzu weiter unten Rdn. 429 ff.
843 *Henssler*, PartGG, Einführung Rn. 32.
844 *Heckschen/Bretschneider* NotBZ 2013, 81, 84; *Römermann*, AnwBl. 2012, 288 ff.; *Salger*, DB 2012, 1794, 1795, weist allerdings darauf hin, dass der Regierungsentwurf im Gegensatz noch zum Referentenentwurf die Streichung der Haftungsbeschränkung auf »Fälle einfacher Fahrlässigkeit« für Rechtsanwälte im bisherigen § 51a Abs. 1 Nr. 2 BRAO ohne Begründung nicht mehr aufgreift; zur Kritik an dieser substantiellen Änderung auch *Beck*, DZWIR 2012, 447, 449; anders die Rechtslage für Steuerberater und Wirtschaftsprüfer, § 67a Abs. 1 Satz 2 StBerG und § 54a Abs. 1 Nr. 2 WPO, die eine Haftungsbeschränkung auch für Fälle der groben Fahrlässigkeit zulassen.

die Gesellschaft erlischt.⁸⁴⁵ Da für die GmbH auch das Prinzip der Selbstorganschaft nicht gilt, ist Fremdgeschäftsführung hier unproblematisch. Allerdings muss aus berufsrechtlicher Sicht beachtet werden, dass die maßgeblichen Geschäftsführungsentscheidungen von den verantwortlichen Berufsträgern verantwortet werden (§§ 59f Abs. 1 Satz 2 BRAO, 50 Abs. 4 StBerG, 21 Abs. 1 Satz 1 WPO).⁸⁴⁶ Damit wird der Vorteil der Fremdgeschäftsführung teilweise abgeschwächt.⁸⁴⁷ Prokura kann – bei der Partnerschaft unzulässig – erteilt und zum Handelsregister angemeldet werden.⁸⁴⁸

Gesellschafter können nur tatsächlich für die GmbH tätige Freiberufler sein. Personen, die dieses Kriterium nicht erfüllen, können weder Stimmrechte, Vertretungsbefugnisse oder Gewinnansprüche eingeräumt werden. **380**

Für den Gesellschafter einer Anwalts-GmbH besteht gem. § 59e Abs. 1 Satz 2 BRAO ein sog. Tätigkeitsgebot. Diese gesetzliche Verpflichtung, tatsächlich tätig zu sein, findet sich daneben auch im Vertragsarzt- und Notarrecht, nicht aber bei den Rechtsanwälten (in Kanzlei) und Steuerberatern.⁸⁴⁹ **381**

Die GmbH ist umfangreicheren Publizitätspflichten unterworfen als die Partnerschaft. Die Anmeldung der Partnerschaft zum Partnerschaftsregister hat gem. § 4 Abs. 1 Satz 2 i.V.m. § 3 Abs. 2 PartGG Mindestangaben zu Namen und Sitz der Partnerschaft, Name und Vorname der Partner, in der Partnerschaft ausgeübter Beruf und Wohnort des Partners sowie den Gegenstand der Partnerschaft zu machen, des weiteren Geburtsdatum und Vertretungsmacht der Partner. Deutlich umfangreicher sind dagegen die der Anmeldung der GmbH zum Handelsregister beizufügenden Unterlagen. Insbesondere besteht anders als bei der Partnerschaft die Pflicht zur Vorlage des Gesellschaftsvertrags gem. § 8 Nr. 1 GmbHG. **382**

Bei der Handelsregistereintragung sind die speziellen berufsrechtlichen Vorschriften zu beachten.⁸⁵⁰ Bei interprofessionellen Zusammenschlüssen kann die Anerkennung wegen der jeweils vorgeschriebenen Anteils- bzw. Stimmmehrheiten problematisch sein.⁸⁵¹ **383**

Das berufsrechtliche Zulassungsverfahren ist von erheblicher Bedeutung: so erwirbt beispielsweise die Rechtsanwaltsgesellschaft ihre Postulationsfähigkeit erst mit der Zulassung durch die Rechtsanwaltskammer nach § 59 Abs. 1 BRAO.⁸⁵² **384**

Die GmbH ist buchführungs- und bilanzierungspflichtig (§§ 235 ff. HGB), was häufig mit einem höheren Verwaltungs- und Kostenaufwand verbunden wird.⁸⁵³ Ein Wahlrecht hinsichtlich der Art der Gewinnermittlung besteht hier – anders als bei der Partnerschaft – nicht. **385**

Sie ist gewerbesteuerpflichtig. Anders als die Einkommensteuer kennt die Körperschaftsteuer aber keine Anrechnung der Gewerbesteuer. Die Doppelbelastung von Gesellschaft und Gesellschafter wird durch Abgeltungsteuer, Teileinkünfteverfahren etc. deutlich abgemildert, entfällt aber nicht **386**

---

845 Kammergericht DStR 2007, 1177.
846 *Weil*, BRAK-Mitteilungen 2013, 54, 58 zur Frage, inwieweit englische ABS (Alternative Business Structures) ihrer Eigentums- und Geschäftsführungsstruktur den in der BRAO normierten Voraussetzungen entsprechen.
847 *Heckschen/Bretschneider* NotBZ 2013, 81, 88.
848 OLG München NJW 2005, 3730 zur Unzulässigkeit der Prokuraerteilung durch eine Partnerschaftsgesellschaft.
849 *Kleine-Cosack* AnwBl. 2013, 11, 12; hierzu auch OLG Düsseldorf, Urt. v. 21.12.2011, AnwBl. Online 2013, 7 – 17.
850 §§ 59c bis 59g BRAO; §§ 27, 28 WPO; §§ 49, 50 StBerG.
851 Vgl. §§ 59e Abs. 2 und Abs. 3 BRAO; § 28 Abs. 4 Nr. 3 und 5 WPO; 50a Abs. 1 Nr. 5 StBerG.
852 *Heckschen/Bretschneider,* NotBZ 2013, 81 ff., weisen darauf hin, dass in der Praxis der Notar darauf drängen sollte, dass der Entwurf der Satzung zuvor mit der zuständigen Kammer der betreffenden Freiberufler abgestimmt wird.
853 Allerdings weist *Römermann*, AnwBl 2012, 288, 291, darauf hin, dass die Bilanzierungspflicht auch eine höhere Transparenz zur Folge habe und die Annahme, Partnerschaften seien insoweit schlichter strukturiert als Kapitalgesellschaften, durchaus fragwürdig sei.

insgesamt. Die – zwingende – Sollbesteuerung führt bei der Umsatzsteuer zu einem gewissen Liquiditätsnachteil.[854] Andererseits sind nur bei der GmbH, nicht bei den Personengesellschaften, gem. § 6a EStG Pensionszusagen möglich. Der Jahresabschluss der GmbH ist zum elektronischen Unternehmensregister offenzulegen (§ 325 HGB) bzw. zu hinterlegen.

387 Zuguterletzt ist noch darauf hinzuweisen, dass die **Mindesthaftpflichtversicherungssumme** und damit auch die Prämienbelastung bei der Freiberufler-GmbH deutlich höher ist als bei der Partnerschaft.[855] So beträgt die Mindestversicherungssumme bei einer Anwalts – GmbH für jeden Schadensfall 2,5 Mio. €, pro Jahr mindestens 10 Mio. € vgl. §§ 59j Abs. 2, 51 Abs. 4 BRAO). Zusätzlich ist die Mindestversicherungssumme von 2,5 Mio. € bei der GmbH mit der Zahl der als Rechtsanwalt tätigen Gesellschafter und Fremdgeschäftsführer zu vervielfältigen.[856]

c) Freiberufler GmbH & Co. KG

388 Da die Haftungsbeschränkung in der Partnerschaft gem. § 8 Abs. 2 PartGG immer noch unzulänglich ist bzw. als unzulänglich empfunden wird[857] und die Kapitalgesellschaft insbesondere für mittelständische Beratungsunternehmen nicht nur aus gewerbesteuerlichen, sondern auch aus bilanz- und publizitätsrechtlichen Gründen begrenzte Attraktivität hat, liegt es nahe, die Freiberufler GmbH & Co. KG als »Königsweg« anzusehen.[858]

389 Dem hatte der BGH mit Urteil vom 18.07.2011[859] eine Absage erteilt. Die Zulässigkeit einer Rechtsanwalts-GmbH & Co. KG scheitere schon daran, dass eine KG den Betrieb eines Handelsgewerbes und damit einen gewerblichen Unternehmenszweck voraussetze, die freien Berufe aber nach dem tradierten Gewerbebegriff, den der Gesetzgeber dem HGB zugrunde lege, generell vom Anwendungsbereich des HGB ausgeklammert seien. Deshalb sei nicht nur die Rechtsanwalts-, sondern jede Freiberufler-KG mit handelsrechtlichen Grundsätzen nicht zu vereinbaren.[860]

390 Für Steuerberater und Wirtschaftsprüfer ist – anders als bei Rechtsanwälten – aus berufsrechtlicher Sicht die Errichtung einer GmbH & Co. KG zulässig (§§ 50 Abs. 1 StBerG, 27, 28 WPO). Die wirksame Errichtung scheiterte bislang aber an der fehlenden Eintragungsfähigkeit der Freiberufler-GmbH & Co. KG.[861]

Denn die berufsrechtlichen Vorschriften setzen die handelsrechtlichen Vorschriften nicht außer Kraft.

391 Der BGH macht unmissverständlich deutlich, dass nach seiner Auffassung auch eine in der Rechtsform der GmbH & Co. KG betriebene Steuerberatungsgesellschaft oder Wirtschaftsprüfungsgesellschaft nur dann zulässigerweise als solche zu qualifizieren sei, wenn sie neben einer schwerpunktmäßigen gewerblichen Tätigkeit auch freiberufliche Dienstleistungen erbringe.[862]

---

854 Michalski/Römermann, PartGG, § 1 Rn. 36.
855 Für Wirtschaftsprüfungsgesellschaften beträgt die Mindesthaftpflichtversicherungssumme gem. § 323 Abs. 2 Satz 1 HGB i.V.m. § 54 Abs. 1 Satz 2 WPO 1. Mio. €; Steuerberatungsgesellschaften müssen sich hingegen »angemessen« versichern, vgl. auch *Posegga*, DStR 2012, 612 ff. zu diesbezüglichen Widersprüchlichkeiten zwischen den einzelnen Berufsordnungen.
856 MünchKommBGB/*Ulmer/Schäfer*, Vorbemerkungen zum PartGG Rn. 25, Fn. 1.
857 Vgl hierzu unter Rdn. 429 ff.
858 Vgl. hierzu *Römermann*, AnwBl. 2012, 288; 2012, 288, 291; *Salger*, DB 2012, 1794, 1795; Stellungnahme des Rechtsausschusses des Deutschen Bundestages zum PartG mbB, www. bundestag.de; Stellungnahme des Richterbundes zur PartG mbB von März 2012, www.drb.de/cms/index.php?id=765.
859 BGH NZG 2011, 344; dazu *Henssler*, NZG 2011, 1121 ff.
860 *Henssler*, NZG 2011, 1121, 1122 auch zur weiteren Frage der Verfassungsmäßigkeit des Verbots der Rechtsanwalts GmbH & Co. KG.
861 *Teersteegen*, NZG 2010, 651 ff., und auch mit dem Appell an den Gesetzgeber zur Klarstellung und Harmonisierung von Berufs- und Gesellschaftsrecht.
862 *Schüppen*, BB 2012, 783 ff.

Für die Berufsgruppe der Steuerberater und Wirtschaftsprüfer bringt nun ein Beschluss des II. Zivilsenates des BGH vom 15.07.2014[863] eine Wende: in dem zugrunde liegenden Sachverhalt wurde eine von vier Steuerberatern gegründete GmbH & Co. KG Steuerberatungsgesellschaft zur Handelsregistereintragung angemeldet. Unternehmensgegenstand der Gesellschaft war die »geschäftsmäßige Hilfeleistung in Steuersachen sowie die damit vereinbarten Tätigkeiten gemäß § 33 in Verbindung mit § 57 Abs. 3 StBerG einschließlich der Treuhandtätigkeit.« Die Handelsregistereintragung wurde mit der Begründung verweigert, es handele sich nicht nur um die ausschließlich oder zumindest überwiegende Wahrnehmung von Treuhandtätigkeiten. Der II. Zivilsenat des BGH erachtete die Rechtsbeschwerde, vor dem Hintergrund der Entscheidung des BGH aus dem Jahre 2011 durchaus überraschend,[864] für zulässig und begründet. 392

Aus berufsrechtlicher Sicht bestehen zwischen den Berufsgruppen erhebliche Unterschiede: Für Steuerberater und Wirtschaftsprüfer ergibt sich die berufsrechtliche Zulässigkeit einer GmbH & Co. KG aus dem Zusammenspiel von §§ 27 Abs. 2 WPO, 49 Abs. 2 StBerG i.V.m. § 28 Abs. 1 Satz 2 WPO bzw. § 50 Abs. 2 Satz 3 StBerG.[865] Bei Rechtsanwälten ist die berufsrechtliche Zulassung ausschließlich der Rechtsanwalts-GmbH vorbehalten. Die GmbH & Co. KG ist hingegen nicht selbständige Adressatin des anwaltlichen Berufsrechtes. 393

Nach Auffassung des II. Senats des BGH können Steuerberatungs- und Wirtschaftsprüfungsgesellschaften bereits dann als Personenhandelsgesellschaften in das Handelsregister eingetragen werden, wenn sie nach ihrem Gesellschaftszweck darauf ausgerichtet sind, neben einer prägenden geschäftsmäßigen Hilfeleistung in Steuersachen »auch«, d.h. untergeordnet, eine berufsrechtliche erlaubte Treuhandtätigkeit auszuüben. Dies ergebe sich, so der BGH, aus § 49 StBerG, § 27 WPO, die aufgrund der Gesetzgebungsgeschichte als lex speciales zu § 105 HGB anzusehen seien. Von der im Handels- und Gesellschaftsrecht herrschenden »Schwerpunkttheorie« wird mithin eine Ausnahme konstruiert. 394

Diese Rechtsprechungskorrektur des II. Senats des BGH führt zu einer deutlichen Privilegierung der Steuerberater und Wirtschaftsprüfer gegenüber anderen Berufsgruppen wie z.B. Rechtsanwälten oder Architekten, die auch verfassungsrechtlich bedenklich ist.[866] Diesen Berufsgruppen steht nun die GmbH & Co. KG als relativ gesicherte Rechtsform zur Verfügung. Eine Löschung der Gesellschaft nach § 395 FamFG von Amts wegen kommt nicht mehr in Betracht. Auch ein Verlust des Haftungsprivilegs des (Schein) Kommanditisten ist nicht mehr zu befürchten. 395

In praktischer Sicht besteht auch nach Einführung der PartGmbB nach wie vor ein Bedürfnis für die Zulässigkeit der Freiberufler GmbH & Co. KG: zum einen deckt die PartGmbB längst nicht alle Verbindlichkeiten und Risiken mit der Haftungsbeschränkung ab, zum anderen steht sie (noch) nicht allen Freiberuflern zur Verfügung. Der vollständige Ausschluss der persönlichen Haftung in der Rechtsform der GmbH & Co. KG ist daher nach wie vor attraktiv für die Angehörigen der freien Berufe. 396

Auf dem 71. Deutschen Juristentag im Jahr 2016 in Essen wurde der Antrag auf Erweiterung der Organisationsfreiheit der Freien Berufe im Bereich der Personengesellschaften einschließlich Öffnung der Rechtsform der Kommanditgesellschaft und der GmbH & Co. Kommanditgesellschaft für alle Freien Berufe mit deutlicher Mehrheit angenommen.[867] Die Öffnung der Rechtsform der Partnerschaftsgesellschaft für alle Gewerbetreibenden im Falle der Öffnung der OHG/KG für die Freien Berufe wurde eindeutig abgelehnt.[868] Gemäß dem Eckpunktepapier des Bundesministerium 397

---

863 BGH NZG 2014, 1179.
864 *Henssler/Markworth*, NZG 2015, 1 ff.
865 *Henssler/Markworth*, NZG 2015, 1 ff., 2.
866 *Henssler*, NZG 2011, 1121, 1123 ff.; *Römermann*, AnwBl 2011, 750, 751 ff.; *K. Schmidt*, DB 2011, 2477, 2480.
867 *Wertenbruch*, NZG 2019, 1081, 1085.
868 *Wertenbruch*, NZG 2019, 1081 ff.

der Justiz und für Verbraucherschutz v. 27.08.2019 soll im Rahmen des für die 19. Legislaturperiode vorgesehenen Gesetzesvorhabens zur Modernisierung des Personengesellschaftsrechts geprüft werden, ob Personenhandelsgesellschaften und insbesondere die GmbH & Co. KG als Rechtsform für anwaltliche Berufsausübungsgesellschaften zugelassen werden soll.

398 Auf den ersten Blick könnte die mögliche Erweiterung des § 105 Abs. 2 HGB zugunsten aller selbständigen Tätigkeiten einschließlich der Freien Berufe und damit die Öffnung insbesondere der GmbH & Co. KG die Bedeutung der Partnerschaft mit beschränkter Berufsausübungshaftung bei der Rechtsformwahl in der Praxis erheblich einschränken oder sogar eliminieren.[869] Die Vorteile der GmbH & Co. KG liegen in der Freistellung von der persönlichen Gesellschafterhaftung auch für Verbindlichkeiten aus Miets- oder Arbeitsverhältnissen, in der Mitunternehmerbesteuerung nach §§ 15, 15a EStG und in der gesellschaftsrechtlichen Flexibilität, da sich an der GmbH & Co. KG auch andere Gesellschaften beteiligen können. Andererseits ist die Errichtung einer GmbH & Co. KG durch die Beteiligung zweier Gesellschaften komplexer und kostenintensiver als bei der Partnerschaftsgesellschaft mit beschränkter Berufsausübungshaftung. Bei der Komplementärin müssen zudem die strengen Kapitalaufbringungsvorschriften beachtet werden.[870] Auch der Verwaltungsaufwand ist bei der GmbH & Co. KG höher als bei der PartGmbB: Die KG unterliegt nach § 238 HGB der Pflicht zur Buchführung und ist zur Erstellung von Jahresabschlüssen verpflichtet. Die GmbH & Co. KG unterliegt nach § 264a Abs. 1 HGB verschärften Publizitätspflichten, die häufig als Nachteil empfunden werden.

d) Partnerschaftsgesellschaft mit beschränkter Berufshaftung und Limited Liability Partnership (LLP)

399 Die Rechtsprechung des EuGH zur Niederlassungsfreiheit[871] hat in der Vergangenheit dafür gesorgt, dass sich gerade Anwälte in Deutschland zunehmend ausländischer Rechtsformen bedienen, vorzugsweise der Limited Liability Partnership (LLP).[872] Die LLP erschien – gerade auch für Großkanzleien[873] – attraktiv, weil sie einerseits als Personengesellschaft behandelt werden konnte, gleichwohl aber eine Haftungsbeschränkung für Verbindlichkeiten aus vertraglichen Pflichtverletzungen auf das Gesellschaftsvermögen aufwies.[874]

400 Auch der Referentenentwurf vom 03.02.2012 führte hierzu aus:

> »Es ist deshalb bei Anwaltskanzleien, nicht nur bei anwaltlichen Großkanzleien, ein Trend zum Wechsel in die Limited Liability Partnership (LLP) nach englischem Recht entstanden. Mit der Wahl dieser Rechtsform wurde die Hoffnung verbunden, die transparente Besteuerung der Personengesellschaft und andere Vorteile der Personengesellschaft beibehalten zu können, zugleich aber eine Haftungsbeschränkung wie bei einer Kapitalgesellschaft auf das Gesellschaftsvermögen zu erreichen. Ob diese Erwartung zutrifft, mag dahinstehen. Jedenfalls ist der Wechsel freiberuflicher Gesellschaften in eine ausländische Rechtsordnung (unter Beachtung der darin geltenden Rechtsregeln) in einem gemeinsamen Markt nichts Vorwerfbares und ein Ausdruck des Wettbewerbs des Systems. Freilich deckt ein solcher Trend eine Regelungslücke oder ein Regelungsdefizit im deutschen Recht auf.«[875]

401 Die LLP ist eine steuerlich privilegierte Personengesellschaft, bei der die Haftung auf das Gesellschaftsvermögen beschränkt ist. Problematisch ist aber, dass bis dato nicht abschließend geklärt ist, ob die Gesellschafter der LLP ihren Mandanten gegenüber für berufliche Fehler nicht doch persön-

---

869 *Wertenbruch*, NZG 2019, 1081, 1090.
870 *Jördening*, S. 271.
871 EuGH, Slg. 1999 I – 1459 = NZG 1999, 298 = Centros; EuGH, Slg. 2002, I – 9919 = NZG 2002, 1164 – Überseering; EuGH, Slg. 2003, I-10155 = NZG 2003, 1064 – Inspire Act.
872 *Römermann/Praß*, NZG 2012, 601.
873 Vgl. hierzu *Pleister*, AnwBl 2012, 801 ff., Erfahrungsbericht zum Wechsel der Nörr Stiefenhofer Lutz Partnerschaftsgesellschaft in die Noerr LLP.
874 *Heckschen/Bretschneider*, NotBZ 2013, 81, 90 f.
875 Regierungsentwurf S. 16; *Dahns*, NJW Spezial 2012, 190.

lich haften⁸⁷⁶ Andererseits ist die LLP als Rechtsform weltweit etabliert und passt besser in einen internationalen Zuschnitt.⁸⁷⁷ Dass hingegen bei der PartG mbB die Haftung beschränkt ist, steht fest.⁸⁷⁸ Die PartGmbB bleibt Personengesellschaft, hat aber den Vorteil der partiellen Haftungsbeschränkung. Für berufliche Fehler haftet nur noch das Gesellschaftsvermögen. Inbegriffen sind damit sämtliche Verbindlichkeiten aus mandatsbezogenen Geschäftsbesorgungs-, Dienst- und Werkverträgen sowie vorvertraglichen Pflichtverletzungen. Nicht erfasst sind hingegen Verbindlichkeiten wie Miete, Löhne, Leasingraten oder deliktische Ansprüche.⁸⁷⁹

III. Das Registerverfahren

1. Das Partnerschaftsregister

Auf das Partnerschaftsregister und die registerrechtliche Behandlung von Zweigniederlassungen sind die §§ 8, 8a, 9, 10 bis 12, 13, 13d, 13h und 14 – 16 HGB über das Handelsregister entsprechend anzuwenden (§ 5 Abs. 2 PartGG). Einzelheiten über die Einrichtung und Führung des Partnerschaftsregisters sind in der Partnerschaftsregisterverordnung (PRV) enthalten, die wiederum umfassend auf die Handelsregisterverordnung verweist (§ 1 Abs. 1 Satz 1 PRV). 402

Das Partnerschaftsregisterverfahren gem. § 374 Nr. 3 FamFG zählt zu den sog. unternehmensrechtlichen Verfahren i.S.d. § 375 Nr. 15 FamFG. § 375 FamFG löst seit dem 01.09.2009 die inhomogene Zuständigkeitsbestimmung des § 145 FGG ab, deren Gegenstände bislang als »Handelssachen« bezeichnet wurden. Inhaltlich sind die unternehmensrechtlichen Verfahren mit den Angelegenheiten nach §§ 145 Abs. 1, 148 und 160 b Abs. 2 FGG identisch und bringen keine wesentlichen Änderungen mit sich. Bei den unternehmensrechtlichen Verfahren handelt es sich nach wie vor um Angelegenheiten der freiwilligen Gerichtsbarkeit.⁸⁸⁰ Das FamFG regelt dabei lediglich das vom Registergericht zu beachtende Verfahren. Die Rechtsgrundlagen für die einzelnen Register sowie deren eintragungsfähigen Inhalt finden sich dagegen in §§ 4 und 5 PartGG bzw. der PRV. 403

Sachlich zuständig ist in unternehmensrechtlichen Angelegenheiten des § 375 FamFG ausschließlich das Amtsgericht, § 23a Abs. 1 Nr. 2, Abs. 2 Nr. 3 4 GVG. Damit wurde insbesondere für die Registerführung den Bestrebungen, diese auf die Industrie- und Handelskammern zu übertragen, eine Absage erteilt.⁸⁸¹ 404

Funktionell zuständig für Angelegenheiten des Partnerschaftsregisters ist der Rechtspfleger, § 3 Nr. 2d RPflG. Die Zuständigkeit in Partnerschaftsregistersachen gem. § 374 Nr. 3 FamFG des Rechtspflegers ist umfänglich, besteht also in Eintragungs-, Zwangsgeld- und Löschungsverfahren (§§ 393, 395). Die Richtervorbehalte des § 17 Nr. 1 RPflG gelten nur für das Handelsregister. Eine Vorlage an den Richter kommt bei Umwandlungsvorgängen oder der Anwendung ausländischen Rechts in Betracht, § 5 Abs. 1 Nr. 2, 17 Nr. 1c, 5 Abs. 2 RPflG.⁸⁸² 405

Örtlich zuständig ist das Gericht, in dessen Bezirk sich der jeweilige Sitz des Rechtsträgers befindet (§ 3 Abs. 2 Nr. 1 PartGG). Abzustellen ist auf den statuarischen Sitz, d.h. bei Ersteintragung auf den im Gesellschaftsvertrag eingetragenen Sitz. Bei Partnerschaftsgesellschaften gilt im Zweifel der Ort der Geschäftsleitung als Sitz der Gesellschaft.⁸⁸³ 406

Gemäß § 380 FamFG werden die Registergerichte von den berufsständischen Organen der freien Berufe unterstützt (§ 380 Abs. 1 Nr. 4 FamFG), also gem. § 4 PRV von den jeweiligen Berufskam- 407

---

876 *Römermann/Jähne,* BB 2015, 579.
877 *Lieder/Hoffmann,* NJW 2015, 897, 898.
878 *Römermann/Jähne,* BB 2015, 579.
879 *Heckschen/Bretschneider,* NotBZ 2013, 81, 91.
880 Keidel/*Heinemann,* FamFG, § 375 Rn. 1.
881 Keidel/*Heinemann,* FamFG, § 377 Rn. 16.
882 Keidel/*Heinemann,* FamFG, § 377 Rn. 23.
883 Keidel/*Heinemann,* FamFG, § 377 Rn. 7.

mern, in denen die einzelnen Berufsangehörigen nach Landes- und Bundesrecht Zwangsmitglieder sind, beispielsweise die Ärzte- und Apothekerkammern, Architekten- und Ingenieurkammern, Rechtsanwaltskammern, Steuerberater- und Wirtschaftsprüferkammern. Fehlt es an einer solchen Berufskammer, so entfallen die Rechte und Pflichten nach § 380 FamFG.[884] Die Mitwirkungspflicht der berufsständischen Organisationen soll der Berichtigung und Vervollständigung des Partnerschaftsregisters dienen, deshalb sind ihnen die Eintragungen auch generell bekannt zu geben (§ 6 PRV). Zur Sicherung des Datenschutzes dürfen die übermittelten personenbezogenen Daten von den berufsständischen Organen nur für die in § 380 FamFG genannten Zwecke verwendet werden, § 387 Abs. 3 Satz 3 FamFG.

408 Auch sollen die Berufsorgane bei Löschungen in diesen Registern, bei Einschreiten wegen unzulässigen Firmengebrauchs oder unzulässigen Gebrauchs eines Partnerschaftsnamens mithelfen. Dem dienen u.a. auch die Antragsbefugnisse gem. §§ 393 Abs. 1 Satz 1, 394 Abs. 1 Satz 1, 395 Abs. 1 Satz 1, 399 FamFG.

2. Die Anmeldung zum Partnerschaftsregister

409 Die Ersteintragung hat folgende Angaben zu enthalten (§§ 5, 3 Abs. 2 PartGG):
– Name und Sitz der Partnerschaftsgesellschaft (§ 3 Abs. 2 Nr. 1 PartGG);
– Namen/Vornamen sowie den in der Partnerschaftsgesellschaft ausgeübten Berufs (§ 3 Abs. 2 Nr. 2 PartGG);
– Wohnort jeden Partners (§ 3 Abs. 2 Nr. 3 PartGG);
– Gegenstand der Partnerschaftsgesellschaft (3 Abs. 2 Nr. 3 PartGG);
– Geburtsdatum jeden Partners (§ 4 Abs. 1 Satz 2 PartGG);
– Vertretungsmacht der Partner (§ 4 Abs. 1 Satz 2 PartGG);
– Angabe, welchen freien Beruf jeder Partner ausübt (§ 4 Abs. 2 Satz 1 PartGG).

410 Weitere eintragungsfähige Tatsachen sind:[885]
– Namensänderung der Partnerschaftsgesellschaft (§ 4 Abs. 1 Satz 3 PartGG);
– Änderung des Gegenstands (§ 4 Abs. 1 Satz 3 PartGG);
– Änderung der Vertretungsmacht (§ 4 Abs. 1 Satz 3 PartGG);
– Sitzverlegung (§ 4 Abs. 1 Satz 3, 5 Abs. 2 PartGG i.V.m. § 13 HGB);
– Eintritt eines neuen Partners (§ 9 Abs. 4 PartGG);
– Ausscheiden eines Partners (§ 9 Abs. 1, 2 und 4 PartGG);
– Errichtung und Aufhebung einer Zweigniederlassung (§ 5 Abs. 2 PartGG, §§ 13d, 13h HGB);
– Auflösung der Partnerschaftsgesellschaft (§ 9 Abs. 1 PartGG);
– Liquidation der Partnerschaftsgesellschaft (§§ 9, 10 Abs. 1 PartGG).

411 Anmeldungen zum Partnerschaftsregister haben elektronisch in öffentlich beglaubigter Form (§ 5 Abs. 2 Satz 1 PartGG, § 12 HGB) zu erfolgen. Die Anmeldung zum Partnerschaftsregister ist von sämtlichen Partnern zu bewirken (§ 4 Abs. 1 PartGG, § 108 HGB).

412 Die Eintragungen in das Partnerschaftsregister sind gebührenpflichtig. Der für die Erstanmeldung einer Partnerschaftsgesellschaft anzusetzende Geschäftswert richtet sich nach § 105 Abs. 2 und Abs. 3 GNotKG. Er beträgt für die Erstanmeldung einer aus zwei Partnern bestehenden Partnerschaft € 45.000 (§ 105 Abs. 3 Nr. 2 Satz 1 GNotKG). Für jeden weiteren Partner erhöht sich dieser Wert um jeweils € 15.000. Spätere Anmeldungen haben einen Pauschalwert von € 30.000 bzw. je weiteren Gesellschafter einen hinzuzurechnenden Wert von € 15.000 (§ 105 Abs. 4 Nr. 3 GNotKG). Für Anmeldungen zum Partnerschaftsregister ohne wirtschaftliche Bedeutung ist lediglich ein Pauschalwert von € 5.000 anzusetzen, § 105 Abs. 5 GNotKG. Der maximale Geschäftswert beträgt gem. § 36 Abs. 2 GNotKG nunmehr 1.000.000 €.

---

884 Keidel/*Heinemann*, FamFG, § 380 Rn. 14.
885 Keidel/*Heinemann*, FamFG, § 374 Rn. 26.

3. Registerpublizität

Anmeldung und Eintragung führen zur Anwendbarkeit der Register-Publizität gem. § 5 Abs. 2 PartGG i.V.m. § 15 Abs. 1 HGB. Die – erstmalige – Eintragung der Partnerschaft wirkt konstitutiv (§ 7 Abs. 1 PartGG). Die Geschäftsaufnahme durch die »Partner« schon vor der Eintragung der Partnerschaft in das Partnerschaftsregister führt hingegen nicht zur Wirksamkeit der Partnerschaft. Hier liegt ein entscheidender Unterschied zur Rechtslage bei der OHG und zur Vorschrift des § 123 Abs. 2 HGB. Wollte man § 123 Abs. 2 HGB entsprechend auf die Partnerschaft anwenden, gäbe es für den freiberuflichen Bereich nur noch die Partnerschaft, nicht mehr die GbR.

Beginnt die Partnerschaft ihre Geschäfte vor Eintragung, finden die Vorschriften der Gesellschaft bürgerlichen Rechts Anwendung.[886] Auch die Haftungsbeschränkung gem. § 8 Abs. 2 PartGG wird erst mit der Eintragung der Partnerschaft wirksam. In der »Vor-Partnerschaft« haften deshalb alle Gesellschafter persönlich.[887]5

Die Eintragung in das Partnerschaftsregister begründet im Übrigen keinen Rechtschein einer freiberuflichen Tätigkeit. Wurde die Partnerschaft zu Unrecht in das Partnerschaftsregister eingetragen, weil in Wirklichkeit gar keine freiberufliche Tätigkeit vorlag (Scheinpartnerschaft), so bleibt die Gesellschaft eine Gesellschaft bürgerlichen Rechts. Entfällt später der freiberufliche Gegenstand, so wandelt sich die Partnerschaft in eine Gesellschaft bürgerlichen Rechts um.[888]

Das Registergericht prüft z.B. den Namen der Partnerschaft und die Einhaltung der allgemeinen firmenrechtlichen Grundsätze.

Soweit Berufsrecht für die Wirksamkeit einzutragender Tatsachen von Bedeutung ist, unterliegt auch das Berufsrecht der Prüfung durch das Registergericht. Es erfolgt aber keine Überprüfung von Amts wegen, sondern das Gericht darf sich auf die Angaben der anmeldenden Partner verlassen, § 4 Abs. 2 Satz 2 PartGG.[889] Hieraus ergibt sich allerdings kein Verzicht auf ein Prüfungsrecht des Registergerichts oder eine Einschränkung des Prüfungsumfangs.

4. Der Partnerschaftsvertrag

Gemäß § 3 Abs. 1 PartGG bedarf der Partnerschaftsvertrag der Schriftform. Ein solches Schriftformerfordernis ist im Personengesellschaftsrecht ungewöhnlich.[890] Des Weiteren muss der Partnerschaftsvertrag die Mindestangaben gem. § 3 Abs. 2 PartGG enthalten. Einer Vorlage des Partnerschaftsvertrages an das Registergericht im Rahmen der Anmeldung bedarf es nicht.

Selbstverständlich erschöpft sich die Bedeutung des Gesellschaftsvertrages der Partnerschaft nicht in diesen Pflichtangaben. Üblicherweise finden sich zu diesen Pflichtangaben im Gesellschaftsvertrag der Partnerschaft weitere Regelungen zu Themenbereichen wie z.B.
- Gegenstand der Partnerschaft,
- Dauer und Kündigung der Gesellschaft/Geschäftsjahr,
- Einlagen der Partner/Beitragspflichten,
- Festkapital/Beteiligung der Partner,
- Partnerkonten,
- Verfügung über Partnerschaftsanteile/Veräußerung von Anteilen,
- Geschäftsführung/Vertretung der Partnerschaft,
- Beschlussfassungen/Partnerschaftsversammlungen/Stimmrechte,
- Buchführung/Bilanzierung,

---

886 Strittig; vgl. *Henssler*, PartGG, § 7 Rn. 7; a.A. Michalski/Römermann PartGG, § 7 Rn. 5 »Vorpartnerschaft« oder als Gesellschaft »sui generis«.
887 *Henssler*, PartGG, § 7 Rn. 14.
888 Strittig: *Henssler*, PartGG, § 7 Rn. 19 m.w.N.
889 *Henssler*, PartGG, § 4 Rn. 33.
890 Henssler/Strohn/*Hirtz*, § 3 PartGG Rn. 1.

- Tätigkeitsvergütung,
- Verteilung von Gewinn und Verlust,
- Informations- und Kontrollrechte der Gesellschafter,
- Gewinnverwendung/Entnahmen/Rücklagen,
- Urlaub/Krankheit/Arbeitsunfähigkeit,
- Wettbewerbsverbot,
- Auflösung/Ausscheiden/Fortsetzung,
- Tod eines Gesellschafters/Nachfolgeklausel/Eintrittsrechte,
- Ausschließung,
- Abfindung,[891]
- Schiedsklausel, Schriftformklausel, salvatorische Klausel.

420 Verletzt ein Partner berufsbezogene Pflichten gegenüber dem Mandanten, verletzt er zugleich seine gesellschaftsrechtliche Treuepflicht gegenüber der Partnerschaft und den übrigen Partnern und ist diesen dann im Innenverhältnis zum Schadensersatz verpflichtet. Da dieses Risiko der Innenhaftung die Haftungserleichterung wesentlich entwertet, kann es empfehlenswert sein, die Innenhaftung eines Partners wegen fahrlässiger Verstöße bei der Berufsausübung auszuschließen. Die gleiche Problematik stellt sich auch im Rahmen der Liquidation der Partnerschaft für Nachschussverpflichtungen des Partners gem. § 735 Abs. 1 BGB bzw. in der Insolvenz.[892]

5. Umwandlungsfragen

421 Die Partnerschaft ist grundsätzlich umwandlungsfähig.[893] Zu beachten sind hierbei allerdings die Besonderheiten, die sich aus der berufsrechtlichen Überlagerung ergeben. Die Verschmelzung unter Beteiligung einer Partnerschaft als Zielrechtsträger ist in den §§ 45a ff. UmwG geregelt. Da die Partner einer Partnerschaft nur natürliche Personen sein können, die sich zur Ausübung eines freien Berufs zusammengeschlossen haben, kann eine Verschmelzung auf eine Partnerschaftsgesellschaft somit nur erfolgen, wenn alle Anteilsinhaber der übertragenden Rechtsträger diese Anforderungen auch erfüllen.[894]

422 Um den besonderen Gründungsvoraussetzungen der Partnerschaft auch im Umwandlungsbereich Rechnung zu tragen, muss der Verschmelzungsvertrag weitere Angaben zu den Partnern enthalten (vgl. § 45b UmwG).

423 Zwischen der Partnerschaft und den anderen Personengesellschaften ist außerhalb des Umwandlungsgesetzes ein identitätswahrender Rechtsformwechsel möglich, ohne dass es hierzu einzelner Vermögensübertragungen bedarf.[895]

424 Im Hinblick auf die verbesserte Haftungsverfassung der PartGmbB wird immer wieder die Überführung einer bestehenden Sozietät in eine Partnerschaftsgesellschaft angestrebt. Die »Umwandlung« der Sozietät in eine PartGmbB erfolgt durch bloße identitätswahrende Anmeldung der Sozietät als Partnerschaftsgesellschaft zum Partnerschaftsregister. Dies sieht § 2 Abs. 2 PartGG ausdrücklich vor. Es bedarf keiner Umwandlung nach den §§ 190 ff. UmwG. GbR und neu entstehende PartGmbB sind identische Rechtsträger.[896] Die Umformung einer bestehenden GbR in eine PartGmbB erfolgt durch bloßen Abschluss des erforderlichen Versicherungsvertrages und Änderung des Gesellschaftsvertrages bezüglich des Mindestinhalts nach § 3 PartGG mit anschließender Partnerschaftsregisteranmeldung und Eintragung in das Partnerschaftsregister. Die Partnerschaftsgesellschaft entsteht mit

---

891 Vgl. zum Aufbau des Gesellschaftsvertrages allgemein Rdn. 60 ff.; Westermann/*Heckschen*, Handbuch der Personengesellschaften, M 80; Wachter/*Kesseler*, Teil 2, 5. Kapitel Teil C Rn. 52 ff.
892 *Wollweber*, DStR 2014, 1926.
893 Wachter/*Kesseler*, Teil 2, 1. Kapitel § 5 Rn. 127.
894 Semler/Stengel, UmwG, § 3 Rn. 19.
895 *Seibert/Kilian*, PartGG, § 7, Annex Rn. 9.
896 *Wälzholz*, DStR 2013. 2637, 2640.

Eintragung. Bis dahin gilt die Haftungsbeschränkung des § 8 Abs. 4 PartGG noch nicht. Zu beachten ist, dass die »Umwandlung« einer GbR in eine PartGmbB zur Anwendung der Vorschriften über die Nachhaftung führt, §§ 736 Abs. 1 BGB, i.V.m. §§ 159, 160 HGB.[897]

Sofern bereits eine im Partnerschaftsregister eingetragene PartG existiert und diese in eine PartGmbB überführt werden soll, so sind auch hier beide Rechtsformen identisch, so dass es keiner Umwandlung i.S.d. UmwG bedarf. Die »Umwandlung« einer bestehenden PartG in eine PartGmbB erfolgt durch bloßen Abschluss des erforderlichen Versicherungsvertrages und Änderung des Gesellschaftsvertrages bezüglich des Namens mit anschließender Partnerschaftsregisteranmeldung und Eintragung in das Partnerschaftsregister. 425

Die Umwandlung einer GmbH & Co. KG in eine PartGmbB kann als Verschmelzung nach § 1, 3 Abs. 1, §§ 4 ff., 39 ff., 45a ff. UmwG erfolgen. 426

Für die Umwandlung einer GmbH in eine PartG kommt sowohl Verschmelzung wie auch Formwechsel in Betracht. An der Zielgesellschaft dürfen nur noch natürliche Personen beteiligt sein, die den Anforderungen des PartG und des jeweiligen Berufsrechts entsprechen, § 1 PartGG und § 45, § 228 Abs. 2 UmwG.[898]

IV. Die Haftungsverhältnisse in der Partnerschaft

1. Einleitung

Nach § 8 Abs. 1 PartGG haften neben dem Vermögen der Partnerschaft alle Partner als Gesamtschuldner für Verbindlichkeiten der Partnerschaft. Dies entspricht der akzessorischen Haftung im Sinne von § 128 Abs. 1 HGB. Demnach kann ein Gläubiger also nach Belieben jeden Gesamtschuldner ganz oder teilweise in Anspruch nehmen bzw. die Partnerschaft, alle Partner oder einen einzelnen Partner belangen. § 8 Abs. 1 Satz 1 PartGG erstreckt sich dabei neben rechtsgeschäftlichen Verbindlichkeiten auch auf gesetzlich begründete Haftungstatbestände.[899] Angesichts ihrer akzessorischen Haftung für die Verbindlichkeiten der Partnerschaft haben die Partner ein besonderes Interesse an einer sachgerechten Begrenzung ihrer persönlichen Einstandspflicht. Insbesondere in großen Berufsausübungsgesellschaften ist die unbeschränkte gesamtschuldnerische Haftung für das Fehlverhalten der anderen Partner weder praxisgerecht noch aus Gründen des Verbraucherschutzes erforderlich.[900] Deswegen sieht § 8 Abs. 2 PartGG eine »gesetzliche Handelndenhaftung«[901] in der Partnerschaftsgesellschaft vor. Neben der Partnerschaft haften de lege lata nur noch die mit der Bearbeitung des Auftrags befassten Partner. Einer gesonderten Vereinbarung zwischen Mandant und Berater bedarf es nicht mehr. Folglich ist die Haftung auf das Vermögen der Partnerschaft und den oder die mit dem Auftrag tatsächlich befassten Partner begrenzt. 427

Neben der »persönlichen« Haftungsbegrenzung in § 8 Abs. 2 PartGG auf den handelnden Partner sieht § 8 Abs. 3 PartGG als Ergänzung noch eine berufsrechtliche summenmäßige Haftungsbegrenzung auf einen Höchstbetrag vor.[902] 428

2. Die Haftungskonzentration nach § 8 Abs. 2 PartGG

Die Haftungsbeschränkung nach § 8 Abs. 2 PartGG bezieht sich nur auf die akzessorische Haftung der Gesellschafter für Ansprüche aus Schäden wegen fehlerhafter Berufsausübung im Zusammenhang mit der Bearbeitung eines Auftrags. Die zum Schadensersatz verpflichtende Verletzung einer dem Berufstätigen obliegenden vertraglichen oder gesetzlichen Pflicht muss einen sachlichen Zusam- 429

---

897 *Wälzholz*, DStR 2013. 2637, 2640.
898 *Wälzholz*, DStR 2013. 2637, 2640.
899 *Hahn/Naumann*, WM 2012, 1756, 1757.
900 *Henssler*, PartGG, § 8 Rn. 51.
901 Vgl. BT-Drucks. 13/9820 v. 09.02.1998, S. 21 f.
902 *Henssler*, PartGG, § 8 Rn. 96.

menhang zu der freiberuflichen Tätigkeit aufweisen, die Gegenstand des Vertragsverhältnisses zwischen Partnerschaft und Geschädigtem ist.[903] Deshalb bleibt von § 8 Abs. 2 PartGG die akzessorische Haftung für vertragliche Verbindlichkeiten außerhalb der freiberuflichen Tätigkeit unberührt.

430 Zur »Befassung« zählt jede Mitwirkungshandlung im weitesten Sinne. Es handelt sich hierbei um ein tatsächliches Kriterium. Ein rechtsgeschäftlicher Kontakt mit dem Auftraggeber ist nicht erforderlich. Nach der Rechtsprechung des BGH[904] liegt eine »Befassung« unabhängig den Kriterien der Kausalität und des Verschuldens vor, mit weitreichenden haftungsrechtlichen Konsequenzen:

— Alle an einem Mandat arbeitenden Partner haften, auch wenn sie keinen Einfluss auf die Handlungen des anderen hatten und den Schaden in keiner Weise selbst beeinflusst haben, weil sie z.B. erst später zur Bearbeitung hinzugezogen wurde.
— Ein Angestellter der Partnerschaftsgesellschaft, der selbst nicht Partner ist, aber im Rahmen der Bearbeitung für den sachbearbeitenden Partner tätig wird und sich somit mit dem Auftrag »befasst«, wird nicht von der Haftungskonzentration des § 8 Abs. 2 PartGG berührt.[905]
— Ungeachtet dessen kann er aber Erfüllungsgehilfe gem. § 278 BGB sein, so dass sich der jeweils mit der Bearbeitung des Auftrags befasste Partner dessen Verschulden zurechnen lassen muss. In Fällen der Bearbeitung durch einen angestellten Rechtsanwalt hat sich der zuständige Partner dann insofern mit dem Auftrag gem. § 8 Abs. 2 PartGG befasst, als dass er seine Überwachungs- und Kontrollpflichten nicht ordnungsgemäß erfüllt hat.[906]
— Gerade bei größeren Partnerschaftsgesellschaften, deren Aufträge wegen ihres Umfanges und ihrer Komplexität regelmäßig arbeitsteilig und häufig auch überregional bzw. standortübergreifend von mehreren Partnern bearbeitet werden, zeigen sich die Grenzen der Handelndenhaftung nach § 8 Abs. 2 PartGG.[907] Denn hier haften Partner auch für solche Fehler, die außerhalb ihres Einflussbereichs liegen.[908]
— Ein Partner ist auch dann von der Handelndenhaftung erfasst, soweit er nicht über die für die Bearbeitung des Mandats erforderliche fachliche Kompetenz verfügt. Aus diesem Grund können sich Partner anderer Standorte innerhalb einer überregional tätigen Partnerschaftsgesellschaft, sofern es sich um eine standortübergreifende Bearbeitung im Rahmen einer Praxisgruppe handelt – ebenfalls nicht von der Handelndenhaftung nach § 8 Abs. 2 PartGG exkulpieren.[909]
— Eine vorformulierte »Mandatsausführungsklausel«[910], die auf den ersten Blick nur organisatorischen Charakter hat, kann die Haftungskonzentration des § 8 Abs. 2 PartGG nicht auf den mandatsführenden Partner einschränken, es sei denn, sie enthält den Hinweis, dass die Haftung des § 8 Abs. 2 PartGG unberührt bleibt.

431 Ist ein Partner im Rahmen eines Mandats tatsächlich tätig geworden, liegt also ein »Befassen« im Sinne von § 8 Abs. 2 PartGG vor, kann er sich dennoch der Haftungskonzentration entziehen, soweit sein Bearbeitungsbeitrag lediglich von **untergeordneter Bedeutung** war, § 8 Abs. 2 Halbs. 2 PartGG.

432 Ausweislich der Begründung des Gesetzgebers soll ein Beitrag von »untergeordneter Bedeutung« z.B. bei Urlaubsvertretungen ohne eigene gebotene inhaltliche Bearbeitung oder bei beratender konsiliarischer Beiziehung eines Partners vorliegen.[911] Die Vertretung allein – dies gilt auch für Krankheits- und sonstige Abwesenheitsvertretungen – bedeutet aber nicht per se, dass es sich um einen untergeordneten Beitrag handelt. Entscheidend ist vielmehr die Intensität des Beitrags und

---

903 *Henssler*, PartGG, § 8 Rn. 61.
904 BGH NJW 2010, 1360 f.
905 MünchKommBGB/*Ulmer*, § 8 PartGG Rn. 21.
906 *Henssler*, PartGG, § 8 Rn. 21.
907 *Friedel*, AnwZert HaGesR 20/2012, erschienen am 10.10.2012, zitiert nach juris, Anm. 1.
908 Friedel, AnwZert HaGesR 20/2012, erschienen am 10.10.2012, zitiert nach juris, Anm. 1; *Schulze*, juris PR-HaGesR 10/2012 v. 30.10.2012, zitiert nach juris, Anm. 1; *Dahns*, NJW Spezial, 2012, 190 f.
909 *Hahn/Naumann*, WM 2012, 1756, 1759.
910 Vgl. zur Problematik *Kern*, NJW 2010, 493 f., 495.
911 BT-Drucks. 13/9820 v. 09.02.1998, S. 21.

der substantiellen Bearbeitung. Eine konsiliarische Beziehung dürfte hingegen immer von Gewicht sein – sonst würde sie nicht z.B. als 2. Meinung eingeholt – und steht damit der Annahme einer »untergeordneten Bedeutung« schon begriffsnotwendig entgegen.[912]

Mit der Entscheidung vom 12.09.2019 (IX ZR 190/18)[913] bestätigt der BGH seine Rechtsprechung und baut das strenge personengesellschaftsrechtliche Haftungsgerüst aus. Ein einmal mit der Angelegenheit befasster Partner kann seiner Haftung nicht mehr entgehen. Der BGH führt aus: 433

> Ein Ende der Haftung eines Partners mit Abgabe des Mandats innerhalb der Partnerschaftsgesellschaft und eine gesonderte Prüfung ordnet § 8 Abs. 1 und Abs. 2 PartGG nicht an. Für eine entsprechende teleologische Reduktion der Vorschrift sieht der Senat keinen Anlass. Der Senat hat es bereits abgelehnt, die Haftung gemäß § 8 Abs. 2 PartGG auf Berufsfehler zu beschränken, die sich zugetragen haben, während der in Anspruch genommene Partner der Partnerschaft angehörte. Nichts anderes gilt für Fehler, die nach Abgabe des Mandats innerhalb der Partnerschaft geschehen sind. Wer den Fehler intern begangen hat, können schon die Partner oft nicht leicht erkennen. Umso mehr gilt dies für den geschädigten Mandanten. Da der Gesetzgeber eine einfache und unbürokratische gesetzliche Regelung der Handelndenhaftung schaffen wollte, darf der Mandant denjenigen Partner in Anspruch nehmen, der sich – für ihn erkennbar – mit seiner Sache befasst hat.

Auch diese Entscheidung dürfte dazu führen, dass der Bedeutungsverlust der einfachen Partnerschaft gegenüber der Partnerschaftsgesellschaft mit beschränkter Berufsausübungshaftung nach § 8 Abs. 4 PartGG weiter fortschreitet.

3. Haftung bei Ausscheiden und Eintritt von Partnern in die Partnerschaftsgesellschaft

Das Ausscheiden eines Partners hat keinen Einfluss auf seine Haftung für die bis zu seinem Ausscheiden begründeten Verbindlichkeiten der Partnerschaft. Für die Nachhaftung gilt § 10 Abs. 2 PartGG i.V.m. § 160 HGB. Gehört der Ausgeschiedene zu den nach § 8 Abs. 2 PartGG verantwortlichen Bearbeitern, bleibt seine Außenhaftung unberührt. Auf den Grund des Ausscheidens kommt es nicht an.[914] 434

Der Eintritt eines Partners führt trotz der Haftung nach § 8 Abs. 1 Satz 2, PartGG, 130 HGB nicht automatisch auch zur Einbeziehung in die Haftung nach § 8 Abs. 2 PartGG. Denn die Schadensersatzhaftung nach § 8 Abs. 2 PartGG beruht nicht auf der Mitgliedschaft, sondern auf der Mitwirkung bei der Bearbeitung.[915] Eine Haftung kommt jedoch dann in Betracht, wenn der Neueintretende nach dem Beitritt in die Erbringung oder Überwachung der Leistung eingeschaltet wird und damit auch eine »Befassung« i.S.d. § 8 Abs. 2 PartGG vorliegt. Ob seine Tätigkeit schuldhaft oder kausal ist, ist nach der neueren Rechtsprechung des BGH nicht mehr relevant.[916] 435

4. Haftung von Scheinpartnern

In der Praxis führen Berufsausübungsgesellschaften von Freiberuflern auch angestellte Mitarbeiter als Berufsträger auf Briefkopf, Praxisschildern oder Internetpräsentationen auf, ohne darauf hinzuweisen, wer von den genannten Berufsträgern auch Gesellschafter ist. Das betrifft Sozietäten von Rechts- oder Patentanwälten ebenso wie Steuerberater- oder Arztpraxen. 436

Als Scheingesellschafter haftet grundsätzlich, wer entgegen den wirklichen Verhältnissen in zurechenbarer Weise den Anschein erweckt oder unterhält, er sei (persönlich haftender) Gesellschafter einer (vorhandenen oder nicht vorhandenen) Gesellschaft.[917] Für die Partnerschaftsgesellschaft ergeben sich 437

---

912 *Hahn/Naumann*, WM 2012, 1756, 1761.
913 BGH, in: DB 2019, 2400 f.
914 MünchKommBGB/*Ulmer*, § 8 PartGG, Rn. 31.
915 MünchKommBGB/*Ulmer*, § 8 PartGG, Rn. 32.
916 Vgl. Urteil des BGH v. 19.11.2009, NZG 2010, 421; anders noch MünchKommBGB/*Ulmer*, § 8 PartGG, Rn. 32.
917 *Sommer/Treptow/Friemel*, NZG 2012, 1249 ff., 1250.

dabei aus dem Bestehen des Partnerschaftsregisters keine Besonderheiten, weil § 15 Abs. 2 HGB nicht eingreift.[918] Der Scheinpartner wird daher haftungsrechtlich einem echten Partner gleichgesetzt.

438 Der Scheinpartner haftet daher persönlich für sämtliche Gesellschaftsverbindlichkeiten nach § 8 Abs. 1 PartGG akzessorisch, soweit sich der betreffende Gesellschaftsgläubiger auf den Rechtsschein berufen kann.[919]

439 Angesichts der neuen Rechtsprechung des IX. Senats zur Haftungsverfassung der freiberuflichen Sozietät[920] ist für eine Differenzierung nach Art der vertraglichen Verpflichtung und Begrenzung der Rechtsscheinhaftung auf Ansprüche im Zusammenhang mit berufstypischen Tätigkeiten kein Raum (mehr).[921]

Es bedarf daher zutreffend keiner Unterscheidung zwischen berufstypischen und allgemeinen Sozietätsverpflichtungen des Scheingesellschafters.

440 Hinsichtlich der Haftung für Berufsfehler ist anerkannt, dass der Scheinpartner nur in den Umfang persönlich haftet, indem auch ein echter Partner gegenüber den Gläubigern in die Haftung genommen werden könnte. Das bedeutet, dass für Berufsfehler auch zu Gunsten des Scheinpartners die Haftungskonzentration des § 8 Abs. 2 PartGG uneingeschränkt Anwendung findet.[922] Der Scheinpartner kann sich also – ebenso wie ein echter Partner – gegenüber dem Gesellschaftsgläubiger darauf berufen, an der Bearbeitung des betreffenden Auftrags nicht beteiligt gewesen zu sein.

441 Im Übrigen haftet ein Scheinsozius in gleicher Weise wie der echte Gesellschafter bei Eintritt in die Gesellschaft, für Verbindlichkeiten während des Bestehens des gesetzten Rechtsscheins und bei Austritt aus der Gesellschaft.[923]

V. Insbesondere die Partnerschaft mit beschränkter Berufsausübungshaftung

442 Zentrale Vorschrift des Gesetzes zur Einführung einer Partnerschaftsgesellschaft mit beschränkter Berufshaftung (PartGmbB) ist § 8 Abs. 4, der eine Haftungsbeschränkung für Verpflichtungen der Partnerschaft aus beruflicher Tätigkeit vorsieht. Verpflichtungen aus sonstigen Verträgen bleiben unbeschränkt. Bei der Partnerschaftsgesellschaft mit beschränkter Berufshaftung PartGmbB handelt es sich nicht um eine neue Rechtsform, sondern lediglich um eine Variante der Partnerschaftsgesellschaft. Sowohl die PartG als auch die PartGmbB sind Personenhandelsgesellschaft mit teilweise beschränkter Haftung. Sie unterscheiden sich lediglich in der Reichweite der persönlichen Haftung der Partner.[924]

443 Bei der Berufshaftpflichtversicherung im Sinne von § 8 Abs. 4 PartGG handelt es sich um eine eigenständige Versicherung der Partnerschaft, die von der Partnerschaft unterhalten werden muss.[925] Die Versicherung ist durch die PartG mbB selbst und nicht durch einzelne Partner abzuschließen. Dies stellt einen Bruch zum bisherigen System der Versicherung freiberuflich tätiger Personengesellschaften dar, denn bisher war die Versicherungspflicht an die Eigenschaft als Berufsträger

---

918 MünchKommBGB/*Ulmer*, § 8 PartGG Rn. 11; *Graf von Westphalen* in: M/GvW/H/L/W, PartGG, § 8 Rn. 37; *Henssler*, PartGG, § 8 Rn. 17; *Roth*, DB 2007, 616; a.A. Michalski/Römermann, PartGG, § 8 Rn. 30a.
919 MünchKommBGB/*Ulmer*, § 8 PartGG Rn. 5 ff.; *Sommer/Treptow/Friemel*, NZG 2012, 1249 ff., 1251.
920 BGH, Urt. v. 03.05.2007, IX ZR 218/05, DStR 2007. 1736 ff.
921 So noch der VIII. Zivilsenat des BGH: Rechtsscheinhaftung nur für berufstypische Tätigkeiten; BGH Urt. v. 16.04.2008, VIII ZR 230/07, NJW 2008, 2330 ff.
922 OLG München NJW-RR 2001, 1358 ff.; *Henssler*, PartGG § 8 Rn. 41; *Langenkamp/Jaeger*, NJW 2005, 3238; *Graf von Westphalen* in: M/GvW/H/L/W, PartGG, § 8 Rn. 37; Einzelheiten hierzu bei *Sommer/Treptow/Friemel*, NZG 2012, 1249, 1251 ff.
923 *Prosegga*, DStR 2013, 611, 614; auch zur Haftung des Scheinsozius in der interprofessionellen Sozietät.
924 *Uwer*, AnwBl. 2013, 309, ff.
925 *Friedel*, AnwZert HaGesR 20/2012, erschienen am 10.10.2012, zitiert nach juris, II. 1.

geknüpft.⁹²⁶ Nunmehr ist die PartG mbB – obwohl grundsätzlich nicht selbst Berufsträger – versicherungspflichtig.

Durch den Begriff des »Unterhaltens« wird nicht darauf abgestellt, dass die Versicherung auch tatsächlich Ersatz leistet.⁹²⁷ Voraussetzung für die Haftungsbeschränkung nach § 8 Abs. 4 PartGG ist nur der Abschluss und das Unterhalten der Berufshaftpflichtversicherung in der vorgeschriebenen Mindesthöhe, nicht die (volle) Deckung des Schadens im Einzelfall. Mit Entfallen des Versicherungsschutzes entfällt auch die materielle Voraussetzung der Haftungsbeschränkung auf das Vermögen der PartGmbB, so dass die Handelndenhaftung wieder auflebt. Der Versicherer steht als eigenständiger (akzessorischer) Schuldner dem Geschädigten zusätzlich neben dem Gesellschaftsvermögen als ein auf Schadensersatz Haftender zur Verfügung. Zwischen haftender Partnerschaft (Gesellschaftsvermögen) und Versicherer besteht ein Gesamtschuldverhältnis.⁹²⁸

Grundsätzlich unberührt bleibt die Pflichtversicherung der Partner aufgrund des eigenen Berufsrechts (für Rechtsanwälte z.B. aus § 51 BRAO). Steuerberater genügen ihrer persönlichen Versicherungspflicht, wenn die sich aus der Berufstätigkeit ergebenden Haftpflichtgefahren für Vermögensschäden durch die Versicherung der Partnerschaft gedeckt sind und sie ausschließlich für die Partnerschaft tätig werden (§ 51 Abs. 3 i.V.m. Abs. 2 DStV).⁹²⁹ Wirtschaftsprüfer müssen unabhängig von der Situation bei der Gesellschaft eine eigene Berufshaftpflichtversicherung unterhalten.⁹³⁰ Die Erfüllung der gesetzlichen Voraussetzungen für die Haftungsbeschränkung hat zur Folge, dass die persönliche Haftung der Partner ausgeschlossen wird. Nach der endgültigen Gesetzesfassung führt – im Gegensatz noch zu § 8 Abs. 4 PartGG-E im Regierungsentwurf – also allein die Unterhaltung einer entsprechenden ausreichenden Haftpflichtversicherung durch die Partnerschaft mit beschränkter Berufsausübungshaftung zur Haftungsbeschränkung. Folgerichtig ist dann auch die akzessorische Mithaftung der Mitgesellschafter gem. § 8 Abs. 1 PartGG bereits allein durch den Abschluss der Berufshaftpflicht ausgeschlossen. Insbesondere ist nunmehr die Aufnahme des die Haftungsbeschränkung anzeigenden Zusatzes in den Namen der Partnerschaft nicht mehr Bedingung für das Eingreifen der Haftungsbegrenzung. Es handelt sich nicht mehr um einen Rechtsformzusatz, sondern um einen Firmenzusatz. Ob dies allerdings die Haftung der übrigen Gesellschafter nach Rechtsscheingrundsätzen auszuschließen vermag, bleibt abzuwarten.

Die Organisation einer interprofessionellen PartG mbB ist zulässig, sofern für jede der beteiligten Berufsgruppen eine Haftpflichtversicherung i.S.d. § 8 Abs. 4 PartGG gesetzlich vorgesehen ist. Auf eine ausdrückliche gesetzliche Regelung zur Versicherung der interprofessionellen PartG mbB hat der Gesetzgeber verzichtet und stattdessen auf den sog. Grundsatz des strengsten Berufsrechts verwiesen. Dieser besagt, dass bei divergierenden berufsrechtlichen Vorgaben stets die jeweils strengste berufsrechtliche Vorgabe anzuwenden ist, etwa die höchste vorgeschriebene Mindestversicherungssumme, die höchste Jahreshöchstleistung oder der strengste Pflichtwidrigkeitsmaßstab.⁹³¹

444

Die Anforderungen an die jeweils erforderliche Berufshaftpflichtversicherung ergeben sich nicht aus dem PartGG, sondern aus den jeweiligen Berufsgesetzen. Sofern es in dem entsprechenden Berufsrecht bis dato keine Regelung zur Haftpflichtversicherung bei der PartGmbB gibt, ist der jeweiligen Berufsgruppe der Weg in die Partnerschaftsgesellschaft mit beschränkter Berufshaftung versperrt, bis eine entsprechende Regelung geschaffen wird.⁹³²

445

Das Erfordernis einer eigenen Berufshaftpflichtversicherung der Partnerschaft mbB besteht gem. § 59j Abs. 1 BRAO bereits für die Rechtsanwaltsgesellschaft. Die Mindestversicherungssumme

---

926 *Jördening*, S. 30.
927 *Meilicke* PartGG § 8 Rn. 107.
928 *Meilicke* PartGG § 8 PartGG Rn. 112.
929 *Michalski/Römermann* PartGG § 8 Rn. 81.
930 *Peres/Senft* Sozietätsrecht § 19 Rn. 45.
931 *Henssler/Trottmann*, NZG 2017, 241, 244.
932 *Römermann/Jähne*, BB 2015, 579, 581.

beträgt hier 2,5 Mio. €. Diese Haftpflichtversicherung muss zusätzlich zu den persönlichen Haftpflichtversicherungen der Gesellschafter abgeschlossen werden. Die neue Versicherungspflicht betrifft auch die Partnerschaften mbB von Patentanwälten.[933]01 Wirtschaftsprüfungspartnerschaften mbB werden in den Anwendungsbereich des § 54 WPO einbezogen. Nach der Änderung des § 67 StBerG beträgt nunmehr auch für Steuerberater die Mindestversicherungssumme € 1.000.000 und nicht wie vorher lediglich »eine angemessene Versicherung«. Eine Vereinheitlichung der Mindestversicherungssummen konnte allerdings nicht durchgesetzt werden. Bei interprofessionellen Partnerschaftsgesellschaften mit beschränkter Berufsausübungshaftung soll das jeweils strengste Berufsrecht gelten.[934] Damit ist bei einer interprofessionellen Zusammenarbeit die betragsmäßig höchste Mindestversicherungssumme maßgeblich. Bei einer PartGmbB bestehend aus Rechtsanwälten, Steuerberatern und Wirtschaftsprüfern muss die Mindestversicherungssumme deshalb 2,5 Mio. € betragen. Sofern solche interprofessionellen Partnerschaften von der Möglichkeit der Haftungsbeschränkung für fahrlässiges Handeln durch vorformulierte Vertragsbedingungen Gebrauch machen, muss die Versicherungssumme mindestens 10,0 Mio. € betragen.[935]

Aus § 51a Abs. 2 Satz 2 BRAO folgt, dass die Mindestversicherungssumme für alle Leistungen des Versicherer innerhalb eines Versicherungsjahres auf eine Mindestversicherungssumme zu erstrecken ist, die – vervielfacht mit der Zahl der Partner – mindestens 1 Mio. € betragen muss. Dabei ist fraglich, ob auch diejenigen in die Berechnung der Mindestversicherungssumme als Partner einzubeziehen sind, die nur den Status eines Scheinpartners haben.[936]

446 Eine PartGmbB kann einmal durch Neugründung errichtet werden. Des Weiteren können auch bestehende Partnerschaftsgesellschaften nachträglich in eine PartGmbB umgewandelt werden. Dabei handelt es sich allerdings nicht um einen Formwechsel nach § 190 Abs. 1 UmwG, da es sich bei der PartGmbB lediglich um eine Rechtsformvariante der PartG handelt. Die Umwandlung der PartG in eine PartGmbB setzt eine entsprechende schriftliche Beschlussfassung der Partner zur Fortführung der Partnerschaft als Partnerschaft mit beschränkter Berufshaftung und entsprechender Namensänderung sowie dem Abschluss einer entsprechenden Berufshaftpflichtversicherung voraus, der der im Partnerschaftsvertrag vorgesehenen Mehrheit, gegebenenfalls Einstimmigkeit bedarf. Des Weiteren ist der Abschluss einer entsprechenden Berufshaftpflichtversicherung einzuholen und in Vorbereitung der Anmeldung zum Partnerschaftsregister auch eine Versicherungsbescheinigung nach § 113 Abs. 2 VVG einzuholen. Die Namensänderung ist zur Eintragung in das Partnerschaftsregister anzumelden.[937]

447 Nicht nur den bestehenden klassischen Partnerschaften steht der Weg in die PartGmbB offen. Die PartGmbB ist als Rechtsformvariante der klassischen Partnerschaftsgesellschaft umwandlungsfähiger Rechtsträger. Sie kann daher übernehmender oder neuer Rechtsträger einer Verschmelzung oder Spaltung oder Rechtsträger neuer Rechtsform eines Formwechsels sein (§§ 3 Abs. 1 Nr. 1, 125 Abs. 1, 191 Abs. 2 Nr. 2 UmwG).[938]

VI. Ausscheiden aus der Partnerschaft

1. Gesetzliche Ausscheidensgründe gem. § 9 Abs. 1 PartGG

448 Gemäß § 9 Abs. 1 PartGG i.V.m. §§ 131 bis 144 HGB scheidet ein Partner in den folgenden Fällen aus der Partnerschaft aus:
– Tod des Partners (§ 131 Abs. 3 Nr. 1 HGB),
– Eröffnung des Insolvenzverfahrens über das Vermögen des Partners (§ 131 Abs. 3 Nr. 2 HGB),

---

933 Vgl. § 45a Pat-AnwO-E.
934 BT-Drucks. 17/13944, S. 15.
935 *Peres/Senft* Sozietätsrecht § 19 Rn. 49.
936 Vgl. hierzu *Meilicke* PartGG § 8 Rn. 118.
937 *Uwer*, AnwBl. 2013, 309, 311.
938 *Uwer*, AnwBl. 2013, 309, 311.

- Kündigung des Partners (§ 131 Abs. 3 Nr. 3 HGB),
- Kündigung durch den Privatgläubiger des Partners (§ 131 Abs. 3 Nr. 4 HGB),
- Eintritt von weiteren im Partnerschaftsvertrag vorgesehenen Fällen (§ 131 Abs. 3 Nr. 5),
- Beschluss der Partner (§ 131 Abs. 3 Nr. 6 HGB).

2. Verlust der Zulassung gem. § 9 Abs. 3 PartGG

Da die Partnerschaft Freiberuflergesellschaft ist, muss derjenige, der seine Zulassung zu dem in der Partnerschaft ausgeübten Beruf verliert, aus der Partnerschaft ausscheiden.

Die Vorschrift des § 9 Abs. 3 PartGG ist daher für die freien Berufe einschlägig, deren Angehörige kraft Gesetzes verkammert sind, nämlich Ärzte, Zahnärzte, Tierärzte, Architekten, Vereidigte Buchprüfer, Beratende Ingenieure, Rechtsanwälte, Patentanwälte, Steuerberater und Wirtschaftsprüfer.

Zum Ausscheiden führt allein der endgültige und unanfechtbar festgestellte Verlust der Zulassung sowie deren rechtskräftiger Widerruf. Eine nur vorübergehende Aufhebung oder ein Ruhen der Berufszulassung führt hingegen nicht zu einem automatischen Ausscheiden aus der Partnerschaft.[939]

▶ Beispiele:
Entzug der ärztlichen Approbation, die Rücknahme oder der Widerruf der Zulassung zur Rechtsanwaltschaft, die Löschung der Eintragung in die Architektenliste oder der Verzicht auf eine Zulassung, um gegebenenfalls dem Entzugsverfahren zuvor zu kommen.[940]

Maßgeblich ist die Zulassung, die der betroffene Partner in der Gesellschaft ausübt. Dieser ergibt sich aus dem Partnerschaftsvertrag (§ 3 Abs. 2 Nr. 2 PartGG) und der entsprechenden Eintragung im Partnerschaftsregister. Übt ein Gesellschafter im Rahmen einer Partnerschaft mehrere Berufe aus, bleibt der Verlust einer Zulassung daher ohne Auswirkung, vorbehaltlich abweichender Vereinbarung der Mitpartner.[941]

Bei Berufen ohne Zulassungsverfahren kann ein Partner allein durch gerichtliche Entscheidung gem. § 140 HGB oder bei einer entsprechenden Regelung im Partnerschaftsvertrag auch durch Beschluss aus der Partnerschaft ausgeschlossen werden.[942]

3. Auflösungsgründe

Die Partnerschaft wird in folgenden zwingenden Fällen aufgelöst:
- Zeitablauf (§ 131 Abs. 1 Nr. 1 HGB),
- Auflösungsbeschluss der Partner (§ 131 Abs. 1 Nr. 2 HGB),
- Eröffnung des Insolvenzverfahrens über das Vermögen der Partnerschaft (§ 131 Abs. 1 Nr. 3 HGB),
- Erlass eines Auflösungsurteils aus wichtigem Grund (§ 131 Abs. 1 Nr. 4 HGB i.V.m. § 133 HGB),
- Ausscheiden des vorletzten Partners.

Das Ausscheiden und die Auflösung der Partnerschaft sind von allen Partner zur Eintragung in das Partnerschaftsregister anzumelden. Die Partner sind untereinander zur Mitwirkung an der Anmeldung verpflichtet.

4. Die Vererblichkeit des Partnerschaftsanteils gem. § 9 Abs. 4 PartGG

Die Vererblichkeit kann im Partnerschaftsvertrag vorgesehen werden bezogen auf taugliche Partner, also Angehörige solcher Berufe, die mit den bereits in der Partnerschaft ausgeübten Berufen verein-

---

939 *Henssler*, PartGG, § 9 Rn. 38.
940 *Michalski/Römermann*, PartGG, § 9 Rn. 23.
941 *Michalski/Römermann*, PartGG, § 9 Rn. 22.
942 *Henssler*, PartGG, § 9 Rn. 41.

bar sind. Das Wahlrecht des Erben nach § 139 HGB ist eingeschränkt: er hat nur die Wahl zwischen dem Verbleiben in der Partnerschaft und dem Ausscheiden. Der Übertritt in die Kommanditistenstellung ist aus Gründen der freiberuflichen Rechtsform ausgeschlossen.[943]

457 Die Vererblichkeit des Anteils setzt eine entsprechende Nachfolgeklausel im Partnerschaftsvertrag voraus. Sie kann sich nur auf solche Personen als Erben beziehen, die ihrerseits die berufliche Qualifikation für den Beitritt zur fraglichen Partnerschaft erfüllen.

458 Denkbar ist zum einen die Vereinbarung der einfachen Nachfolgeklausel zugunsten aller Erben des verstorbenen Partners, die die Qualifikation für mindestens einen in der konkreten Partnerschaft ausgeübten freien Beruf erfüllen.[944]

459 Daneben kann der Partnerschaftsvertrag auch durch eine qualifizierte Nachfolgeklausel die Nachfolge auf eine bestimmte Person beschränken.[945] Vom Erfordernis beruflicher Qualifikation abgesehen sind partnerschaftsspezifische Besonderheiten insoweit nicht zu beachten.

460 Denkbar sind noch weitere Gestaltungen betreffend den Gesellschafterwechsel im Todesfall. So kommt auch ein partnerschaftsvertraglich vereinbartes Eintrittsrecht für bestimmte oder bestimmbare Partner oder Dritte in Betracht oder aber eine rechtsgeschäftliche Abrede zwischen dem Partner und einem Dritten über die Anteilsübertragung mit Wirkung auf den Tod des Partners, wenn der Partnerschaftsvertrag die Übertragung zulässt oder die übrigen Partner ihr zustimmen und die Form nach § 2301 BGB gewahrt ist.

C. Personenhandelsgesellschaften

I. Überblick

1. Kennzeichnende Merkmale der Personenhandelsgesellschaft

a) Prägung

461 Unter dem Oberbegriff »Personenhandelsgesellschaften« werden die Personengesellschaften zusammengefasst, die ein Handelsgewerbe betreiben. Sie sind, wie die Gesellschaft bürgerlichen Rechts und im Unterschied zu den Körperschaften, gekennzeichnet durch ihre Abhängigkeit von der Person ihrer Gesellschafter, deren gesamthänderische Verbundenheit und eine grundsätzliche persönliche Haftung sowie die Selbstorganschaft, d.h. die Vertretung der Gesellschaft gegenüber Dritten durch ihre Gesellschafter. Im Unterschied zu der Gesellschaft bürgerlichen Rechts muss das von der Personenhandelsgesellschaft betriebene Unternehmen ein kaufmännisches Handelsgewerbe i.S.d. § 1 HGB sein. Für Kleingewerbetreibende und vermögensverwaltende Gesellschaften gibt es daneben die Möglichkeit der freiwilligen Eintragung in das Handelsregister mit konstitutiver Wirkung (§§ 105 Abs. 2, 161 Abs. 2 HGB).[946]

462 Ein Handelsgewerbe ist nach der Legaldefinition jeder Gewerbebetrieb, außer er erfordert nach Art oder Umfang keinen in kaufmännischer Weise eingerichteten Geschäftsbetrieb (§ 1 Abs. 2 HGB). Gewerbe ist die erkennbar planmäßige, auf Dauer angelegte, selbstständige, auf Gewinnerzielung ausgerichtete oder jedenfalls wirtschaftliche Tätigkeit am Markt unter Ausschluss freiberuflicher, wissenschaftlicher und künstlerischer Tätigkeit.

---

943 MünchKommBGB/*Ulmer*, § 9 PartGG Rn. 24.
944 Vgl. zur einfachen Nachfolgeklausel oben Rdn. 209.
945 Vgl. zur qualifizierten Nachfolgeklausel oben Rdn. 210.
946 S.a. Kersten/Bühling/*M. Wachter*, § 131.

C. Personenhandelsgesellschaften

Für die Handelsgesellschaften gelten die Sondervorschriften des HGB für Kaufleute (§ 6 Abs. 1 HGB). Dabei haben die Gesellschaft und persönlich haftende Gesellschafter Kaufmannseigenschaft, nicht persönlich haftende Gesellschafter (Kommanditisten) grundsätzlich nicht.[947]

b) Rechtsfähigkeit

Die eigene Rechtsfähigkeit der Personenhandelsgesellschaften ist seit langem anerkannt.[948] Sie können selbst und unabhängig von ihren Gesellschaftern Träger von Rechten und Pflichten sein, Eigentum und andere dingliche Rechte an Grundstücken erwerben und vor Gericht unter ihrer Firma klagen und verklagt werden (§§ 124 Abs. 1, 161 Abs. 2 HGB, § 7 Abs. 2 PartGG). Im Grundbuch wird die Gesellschaft als solche unter ihrer Firma als Eigentümerin eingetragen. Ein Wechsel der Gesellschafter hat – anders als bei der Gesellschaft bürgerlichen Rechts – keinen Einfluss auf die Grundbucheintragung.[949]

Dessen ungeachtet ist das Prinzip der persönlichen Haftung der Gesellschafter oder eines Teils der Gesellschafter für die Verbindlichkeiten der Gesellschaft kennzeichnend für die Personenhandelsgesellschaften (§§ 128, 161 Abs. 1 HGB, § 8 Abs. 1 PartGG).

c) Rechtsformen

Personenhandelsgesellschaften sind die offene Handelsgesellschaft (§§ 105 ff. HGB), die Kommanditgesellschaft (§§ 161 ff. HGB), ferner die Partenreederei (§§ 489 ff. HGB) und die Europäische Wirtschaftliche Interessenvereinigung (EWIV). Auch in der Spielart mit einer beschränkt haftenden Kapitalgesellschaft als persönlich haftendem Gesellschafter ist die KG Personengesellschaft (GmbH & Co. KG, UG [haftungsbeschränkt] & Co. KG, AG & Co. KG, Ltd. & Co. KG), auch wenn in dieser Rechtsform keine natürliche Person mit ihrem gesamten Vermögen für die Gesellschaftsverbindlichkeiten haftet. Es herrscht Rechtsformzwang, d.h. andere als die gesetzlich vorgegebenen Gesellschaftsformen können nicht kraft Vereinbarung geschaffen werden. Als Sonderform für die freiberuflichen Berufe lehnt sich die Partnerschaft nach dem PartGG an die oHG an.[950] Die stille Gesellschaft (§§ 230 ff. HGB) ist eine reine Innengesellschaft, die mit dem Inhaber eines Handelsgeschäfts oder eines Anteils an einer Handelsgesellschaft eingegangen wird.

Die Regelungen über die Gesellschaft bürgerlichen Rechts (§§ 705 ff. BGB) als dem Grundtypus der Personengesellschaft haben Auffangfunktion für die Personenhandelsgesellschaften, teilweise aufgrund ausdrücklicher Verweisung (§ 105 Abs. 3 HGB für die oHG; § 161 Abs. 2 HGB für die KG; § 1 Abs. 4 PartGG für die freiberufliche Partnerschaft).

d) Offene Handelsgesellschaft

Eine offene Handelsgesellschaft ist eine Gesellschaft, deren Zweck auf den Betrieb eines Handelsgeschäfts gerichtet ist und bei deren Gesellschaftern die Haftung gegenüber den Gesellschaftsgläubigern nicht beschränkt ist (§ 105 Abs. 1 HGB). Für solche oHG besteht die Pflicht zur Eintragung in das Handelsregister (§ 106 Abs. 1 HGB).

Daneben eröffnet § 105 Abs. 2 HGB die Möglichkeit zur Wahl der Rechtsform der oHG durch freiwillige Eintragung in das Handelsregister für Gesellschaften, die kein Handelsgewerbe betreiben (Kleingewerbe) und Gesellschaften, »die nur eigenes Vermögen verwalten«. Solche Gesellschaften sind – wie ein »Kann-Kaufmann« i.S.d. § 2 HGB – berechtigt, aber nicht verpflichtet, sich in das Handelsregister eintragen zu lassen (§§ 105 Abs. 2 Satz 2, 2 Satz 2 HGB).

---

947 Im Einzelnen vgl. Baumbach/Hopt/*Roth*, § 105 Rn. 19.
948 BGHZ 50, 307, 312; im Unterschied zu der GbR.
949 *Schöner/Stöber*, Rn. 981 ff., 984; zur Grundbuchfähigkeit der GbR und ihrer Eintragung im Grundbuch s.o. Rdn. 242 ff.
950 Die Partnerschaft übt kein Handelsgewerbe aus (§ 1 Abs. 1 Satz 2 PartGG). Sie ist aber der oHG nachgebildet, zahlreiche Vorschriften des PartGG verweisen auf das Recht der oHG im HGB.

470 Die Eintragungsoption ist von praktischer Bedeutung insbesondere für Holding-, Besitz-, Verwaltungs- und Objektgesellschaften, deren Tätigkeit sich auf das »Halten und Verwalten« von Beteiligungen und Immobilien beschränkt. Solche Gesellschaften betreiben kein Gewerbe und sind daher nicht oHG oder KG nach §§ 105 Abs. 1, 161 Abs. 2 HGB. Die Eintragungsoption eröffnet diesen Unternehmen die Möglichkeit der gewerblichen Prägung im steuerlichen Sinne und (als KG) der Haftungsbeschränkung. Umstritten ist, was genau unter der Verwaltung eigenen Vermögens zu verstehen ist. Nach der Gesetzesbegründung muss die Vermögensverwaltung einem Gewerbe vergleichbar sein, so dass eine wirtschaftlich über den privaten Bereich hinausgehende Tätigkeit (z.B. die Vermögensverwaltung von Eheleuten) nicht darunter fallen soll.[951] Die Verwaltung fremden Vermögens wird nicht erfasst; sie ist zudem regelmäßig gewerblich. Verwaltet eine Gesellschaft neben eigenem Vermögen in geringem Umfang auch fremdes Vermögen, so soll dies unschädlich sein.[952] In der Praxis häufig anzutreffen sind Familiengesellschaften, die das aus Immobilien oder Unternehmensbeteiligungen bestehende Vermögen der Familienmitglieder verwalten.

e) Kommanditgesellschaft

471 Eine Kommanditgesellschaft ist eine Gesellschaft, deren Zweck auf den Betrieb eines Handelsgewerbes unter gemeinschaftlicher Firma gerichtet ist und bei der die Haftung von einem oder mehreren der Gesellschafter gegenüber den Gesellschaftsgläubigern auf den Betrag einer bestimmten Vermögenseinlage beschränkt ist (Kommanditisten), während bei dem anderen Teile der Gesellschafter eine Beschränkung der Haftung nicht stattfindet (persönlich haftende Gesellschafter, auch Komplementäre genannt), § 161 Abs. 1 HGB.

472 Von großer praktischer Bedeutung ist die GmbH & Co. KG, bei der die Funktion des persönlich haftenden Gesellschafters von einer ihrerseits nur beschränkt haftenden Kapitalgesellschaft übernommen wird. Die Zulässigkeit der GmbH & Co. KG steht heute außer Frage. Der Gesetzgeber hat für die GmbH & Co. KG einige Sonderregeln geschaffen, die dem Umstand Rechnung tragen, dass hier keine natürliche Person mit ihrem Vermögen für Gesellschaftsverbindlichkeiten haftet (z.B. § 19 Abs. 2 HGB).

f) Besteuerung

aa) Ertragsteuern

473 Die Kapitalgesellschaften unterliegen als eigenständige, von den Gesellschaftern getrennte Rechtssubjekte der Besteuerung nach dem Körperschaftsteuergesetz. Im Unterschied dazu existiert für die Personenhandelsgesellschaften kein eigenes Steuergesetz. Die Besteuerung von Unternehmensgewinnen erfolgt nach dem Einkommensteuergesetz (insbesondere §§ 15 ff. EStG). Hierbei wird wie folgt unterschieden: Zunächst erfolgt die Ermittlung der Einkünfte auf der Ebene der Gesellschaft, die eigentliche Besteuerung erfolgt dann auf der Ebene der Gesellschafter unter Berücksichtigung von deren persönlichen Steuermerkmalen. In ertragsteuerlicher Hinsicht sind also die Gesellschafter Steuersubjekt, die Gesellschaft »Subjekt der Gewinnermittlung«.[953] Bei der Ermittlung der Einkünfte geht es darum, ob die Gesellschaft einen Gewerbebetrieb im einkommensteuerlichen Sinn betreibt und daraus Einkünfte erzielt werden. Nach der Legaldefinition des § 15 Abs. 2 EStG setzt der Gewerbebetrieb eine selbstständige, nachhaltige Betätigung voraus, die mit der Absicht Gewinn zu erzielen unternommen wird und sich als Beteiligung am allgemeinen wirtschaftlichen Verkehr dar-

---

951 Begr.RegE des Handelsrechtsreformgesetzes (HRefG), BT-Drucks. 13/8444, S. 41, 63. Kritisch Hauschild/Kallrath/Wachter/*Herrler*, § 11 Rn. 1.
952 Vgl. zum Ganzen Baumbach/Hopt/*Roth*, § 105 Rn. 13, 14.
953 Anschaulich MünchHdb. GesR I/*Inhester*, § 65 Rn. 5; MünchHdb. GesR II/*Inhester*, § 26 KG Rn. 8; BFH BStBl. 1995, 617, 621 (partielle Steuersubjektsfähigkeit der Personenhandelsgesellschaften nach der sog. Einheitstheorie im Unterschied zu der überholten Bilanzbündeltheorie). Überblick auch bei Kersten/Bühling/*M. Wachter*, § 131, Rn. 19 ff.

stellt. Davon ist insbesondere die rein private Vermögensverwaltung abzugrenzen. Den originär gewerblich tätigen Gesellschaften stellt das Gesetz die gewerblich geprägten Personengesellschaften gleich. Dabei handelt es sich um Personengesellschaften, bei denen ausschließlich eine oder mehrere Kapitalgesellschaften persönlich haftende Gesellschafter sind und bei denen die Geschäftsführung der Kapitalgesellschaft oder einem Nichtgesellschafter übertragen ist (§ 15 Abs. 3 Nr. 2 EStG). Insbesondere die typisch gestaltete GmbH & Co. KG unterliegt damit der Regelung des § 15 Abs. 1 Satz 1 EStG, und zwar auch dann, wenn sie lediglich vermögensverwaltend tätig ist.

Die Gesellschafter erzielen nur dann Einkünfte aus Gewerbebetrieb, wenn sie kraft Mitunternehmerinitiative und Mitunternehmerrisiko als Mitunternehmer anzusehen sind. Das ist bei den persönlich haftenden Gesellschaftern regelmäßig der Fall. Auch die nur beschränkt haftenden und von der Vertretung und der Geschäftsführung ausgeschlossenen Kommanditisten werden grundsätzlich als Mitunternehmer anerkannt. Abweichungen vom gesetzlichen Regelstatut, insbesondere die Beschränkung der Kontroll-, Widerspruchs- und Zustimmungsrechte nach §§ 161 Abs. 2, 164 HGB oder der Ausschluss von Vermögensbeteiligungsrechten, können aber die Mitunternehmerstellung des Kommanditisten gefährden. 474

Die gewerblichen Einkünfte der Gesellschafter setzen sich aus ihrem Anteil am Gewinn der Gesellschaft und aus den von den Gesellschaftern bezogenen Vergütungen für Tätigkeiten im Dienst der Gesellschaft (Sondervergütungen, Sonderbetriebsausgaben) zusammen. Die Zurechnung erfolgt auf der Grundlage einer Steuerbilanz der Gesellschaft und in Höhe des dem Gesellschafter nach dem Gesellschaftsvertrag zugewiesenen Anteils. Dieser Anteil wird dem Gesellschafter unmittelbar zugerechnet, auf einen tatsächlichen Zufluss beim Gesellschafter kommt es für die Besteuerung nicht an. Das Gleiche gilt im Prinzip für Verluste der Gesellschaft, wobei die Verlustzurechnung an Kommanditisten sowie der Verlustausgleich mit anderen Einkunftsarten durch § 15a Abs. 1 EStG eingeschränkt ist. 475

bb) Objekt- und Verkehrssteuern

Im Bereich der Objektsteuern sind die Personengesellschaften selbst Steuersubjekt. So ist die gewerblich tätige Personenhandelsgesellschaft und nicht die Gesellschafter Steuerschuldner der Gewerbesteuer (§ 2 Abs. 1 GewStG). Das Gleiche gilt für die Grunderwerbsteuer und die Grundsteuer, wenn eine Personengesellschaft Grundbesitz erwirbt bzw. hält. Veränderungen im Kreis der Gesellschafter einer grundbesitzenden Gesellschaft führen grundsätzlich nicht zu einem nach dem GrEStG steuerbaren Vorgang. Die äußere Grenze bildet § 1 Abs. 2a GrEStG, wonach Änderungen im Gesellschafterbestand als Erwerbsvorgang fingiert werden, wenn mindestens 95 % der Anteile auf neue Gesellschafter übergehen.[954] Die gewerblich tätige Personenhandelsgesellschaft ist auch Unternehmer i.S.d. Umsatzsteuergesetzes, so dass sie und nicht die Gesellschafter für die Vereinnahmung und Abführung der Umsatzsteuer verantwortlich ist. 476

2. Form

a) Gründung und Gesellschaftsvertrag

Anders als bei den Kapitalgesellschaften bedürfen der Gründungsvorgang und der Abschluss des Gesellschaftsvertrages bei Personenhandelsgesellschaften regelmäßig nicht der notariellen Beurkundung.[955] Die Gründungsunterlagen müssen auch nicht dem Handelsregister eingereicht werden. Die 477

---

954 Zur Erschwerung der Gestaltung von grunderwerbsteuerfreien Share Deals plant der Gesetzgeber die Herabsetzung der 95 %-Grenze auf 90 %, s. BR-Drucks. 355/19 v. 08.09.2019; näher *Wälzholz*, DNotZ 2020, 310.
955 Eine Beurkundungsbedürftigkeit des Gesellschaftsvertrages kann sich gem. § 311b BGB ergeben, wenn der Vertrag die Verpflichtung zur Übertragung eines Grundstücks enthält, s. im Einzelnen unten Rdn. 501 ff. Zur Frage der Beurkundungsbedürftigkeit des KG-Vertrages bei Gründung einer GmbH & Co. KG s.u. Rdn. 508.

Übertragung von Gesellschaftsanteilen, Beschlüsse der Gesellschafter und die meisten anderen Vorgänge im Leben von Personenhandelsgesellschaften sind ebenfalls in der Regel nicht beurkundungsbedürftig.[956] Das Gesetz sieht nicht einmal Schriftform vor.[957] Allerdings bedarf die Anmeldung der Gründung und von späteren Veränderungen der Gesellschaft zum Handelsregister der öffentlichen, d.h. notariellen Beglaubigung (§ 12 HGB; dazu sogleich unter Rdn. 481 ff.).

478 ▶ COVID-19-G

Wegen der relativen Formfreiheit der Personenhandelsgesellschaften konnte sich der Gesetzgeber beim Erlass von Maßnahmen zur Erhaltung der Handlungsfähigkeit von Gesellschaften während der COVID-19-Pandemie auf die Kapitalgesellschaften, Genossenschaften und Vereine konzentrieren.[958] Im Interesse des Infektionsschutzes (Vermeidung von persönlichen Kontakten) erlaubt das Gesetz während der Pandemie u.a. Aktiengesellschaften die Durchführung einer virtuellen Hauptversammlung ohne Präsenz der Aktionäre auch ohne Satzungsermächtigung sowie GmbH die Beschlussfassung durch Abstimmung im Umlaufverfahren ohne Gesellschafterversammlung an einem Ort. Diese Sonderregelungen gelten zunächst für im Jahr 2020 stattfindende Versammlungen und zu fassende Beschlüsse (§ 7 MaßnG-GesR); aufgrund der Verordnungsermächtigung in § 8 MaßnG-GesR kann das BMJV den zeitlichen Anwendungsbereich bis längstens zum 31. Dezember 2021 verlängern. Unmittelbare Bedeutung für Personenhandelsgesellschaften hat § 4 MaßnG-GesR, wonach es im Jahr 2020 abweichend von § 17 Abs. 2 Satz 4 UmwG für die Zulässigkeit der Eintragung einer Umwandlungsmaßnahme genügt, wenn die Bilanz auf einen höchstens zwölf (statt acht) Monate vor der Anmeldung liegenden Stichtag ausgestellt ist. Für Umwandlungsmaßnahmen im Jahr 2020 wird also die Achtmonatsfrist des § 17 Abs. 2 Satz 4 UmwG auf zwölf Monate verlängert. Ansonsten enthält das Maßnahmengesetz keine Sonderregelungen für die Personengesellschaften.

479 Die Formfreiheit der Personenhandelsgesellschaft führt in der Praxis dazu, dass viele Gesellschaften ohne hinreichende rechtliche Beratung gegründet und später Beschlüsse gefasst und Gesellschaftsanteile übertragen werden. Häufig werden Gesellschaftsverträge nur mündlich, konkludent oder rudimentär schriftlich geschlossen. Mitunter stellt sich in diesen Fällen erst später, im günstigen Fall bei der Vorbereitung der Handelsregisteranmeldung durch den Notar, sonst im Streitfall, heraus, dass von den Beteiligten vereinbarte oder beschlossene Regelungen des Gesellschaftsverhältnisses nicht wirksam oder nicht eintragungsfähig und jedenfalls nicht beweiskräftig dokumentiert sind. Sinnvoll erscheint daher regelmäßig die parallele Vorbereitung der vertraglichen Grundlagen und der Anmeldung bzw. eine rechtzeitige Rückkoppelung, um Schwierigkeiten bei der Eintragung der beabsichtigten Regelungen im Handelsregister und Streitpotential zu vermeiden.

480 ▶ Praxistipp:

Expertise des Notars im Gesellschaftsrecht für eine Rundum-Betreuung der Personenhandelsgesellschaft aus einer Hand nutzen![959]

---

956 Beurkundungsbedürftig sind Umwandlungsvorgänge unter Beteiligung von Personenhandelsgesellschaften (§§ 3 Abs. 1 Nr. 1, 6, 191 Abs. 1 Nr. 1, 193 Abs. 3 UmwG).
957 Abweichend hiervon bedarf der Partnerschaftsvertrag der freiberuflichen Partnerschaft(sgesellschaft) der Schriftform (§ 3 Abs. 1 PartGG).
958 Gesetz zur Abmilderung der Folgen der COVID-19-Pandemie im Zivil-, Insolvenz- und Strafverfahrensrecht v. 27.03.2020 (COVID-19-Gesetz), BGBl. I, S. 569); dieses enthält in Art. 2 das Gesetz über Maßnahmen im Gesellschafts-, Genossenschafts-, Vereins-, Stiftungs- und Wohnungseigentumsrecht zur Bekämpfung der Auswirkungen der COVID-19-Pandemie (MaßnG-GesR); dazu die Arbeitshilfe des DNotI, DNotI-Rep. 2020, 52 (Teil 1) und 61 (Teil 2) sowie den Beitrag von *Wälzholz/Bayer*, DNotI 2020, 285.
959 So auch Baumbach/Hopt/*Roth*, Einl. vor § 105 Rn. 7.

C. Personenhandelsgesellschaften

b) Handelsregisteranmeldung

Erforderlich ist die Anmeldung der Gesellschaft und von späteren Veränderungen zum Handelsregister. Die Anmeldung zur Eintragung in das Handelsregister ist elektronisch in öffentlich beglaubigter Form einzureichen (§ 12 Abs. 1 HGB). Dies geschieht in zwei Schritten: Zunächst fertigt der Notar die Anmeldung in der herkömmlichen Papierform und beglaubigt die Unterschriften der anmeldenden Personen.[960] Sodann stellt er von dem Papierdokument eine elektronische beglaubigte Abschrift mit qualifizierter elektronischer Signatur her (§ 39a BeurkG). Diese Datei wird über das Elektronische Gerichts- und Verwaltungspostfach der Justiz (EGVP) an das Handelsregister geleitet.[961]

481

Anmeldungen zum Handelsregister können auch durch **Bevollmächtigte** vorgenommen werden, wenn keine höchstpersönlichen Erklärungen abzugeben sind. Dies ermöglicht flexible Verfahren, nicht zuletzt während der COVID-19-Pandemie zum Infektionsschutz durch Vermeidung von persönlichen Kontakten. Allerdings bedürfen auch die Vollmachten der öffentlichen Form (§ 12 Abs. 1 Satz 2 HGB). Bei der Erteilung von Vollmachten durch mehrere Gesellschafter an einen Bevollmächtigten sollte vorsorglich von den Beschränkungen des § 181 BGB befreit werden. Wenn der Anmeldung eine notarielle Beurkundung zugrunde liegt, kann auch der Notar die Anmeldung vornehmen (§ 378 Abs. 2 FamFG).

c) Transparenzregister

Neben der Anmeldung der Gesellschaft zum Handelsregister muss – bei der Gründung und späteren Veränderungen – geprüft werden, ob eine Mitteilung des »wirtschaftlich Berechtigten« zum neuen Transparenzregister zu erfolgen hat. Das Transparenzregister wurde durch § 18 GWG in der Fassung des **Geldwäscherichtlinie-Umsetzungsgesetzes** 2017 eingeführt.[962] Registerführende Stelle ist die Bundesanzeiger Verlag GmbH; das Register ist unter www.transparenzregister.de zugänglich. Gem. § 20 Abs. 1 GWG haben u.a. »eingetragene Personengesellschaften« die in § 19 Abs. 1 GWG genannten Angaben zu dem oder den »wirtschaftlich Berechtigten« dem Transparenzregister elektronisch mitzuteilen. Zu den »eingetragenen Personengesellschaften« gehören unstrittig die Personenhandelsgesellschaften oHG, KG, GmbH & Co. KG und die Partnerschaftsgesellschaft. »Wirtschaftlich Berechtigter« einer Gesellschaft ist gem. § 3 Abs. 1 GWG die hinter der Gesellschaft stehende natürliche Person, die aufgrund ihrer Beteiligung, Stimmrechte oder Treuhandabreden die beherrschende Kontrolle ausübt. Nach § 3 Abs. 2 GWG ist bei Gesellschaften jede natürliche Person als »wirtschaftlich Berechtigter« anzusehen, der unmittelbar oder mittelbar (1) mehr als 25 % der Kapitalanteile hält, oder (2) mehr als 25 % der Stimmanteile kontrolliert oder (3) auf vergleichbare Weise Kontrolle ausübt. Hinsichtlich dieses oder dieser »wirtschaftlich Berechtigten« sind gegenüber dem Transparenzregister gem. § 19 Abs. 1 Nummern 1 bis 5 GWG folgende Angaben zu machen:

482

– Vor- und Nachname,
– Geburtsdatum, Wohnort,
– Art und Umfang des wirtschaftlichen Interesses sowie die
– Staatsangehörigkeit.

---

960 Muster von Handelsregisteranmeldungen: Fleischhauer/Wochner/*Kallrath*, Handelsregisterrecht, Teil D. bis F. (oHG, KG, GmbH & Co. KG) sowie Fleischhauer/Wochner/*Solveen*, Handelsregisterrecht, Teil G. und H. (Partnerschaftsgesellschaft, EWIV); Kersten/Bühling/*M. Wachter*, §§ 134, 135 (oHG), § 136 (PartG), § 138 (KG) § 139 (GmbH & Co. KG), § 140 (EWIV); *Gustavus/Boehringer/Melchior*, Handelsregister-Anmeldungen.

961 Zum Verfahren im Einzelnen und den in der Praxis hierzu verwendeten Programmen XNotar einschließlich SigNotar s. *Püls*, notar 2011, 75; *Apfelbaum/Bettendorf*, RNotZ 2007, 89; Fleischhauer/Wochner/*Schemmann*, Handelsregisterrecht, Teil A. Rn. 95 ff., sowie unter www.notarnet.de.

962 Gesetz zur Umsetzung der Vierten EU-Geldwäscherichtlinie, zur Ausführung der EU-Geldtransferverordnung und zur Neuorganisation der Zentralstelle für Finanztransaktionsuntersuchungen v. 24.06.2017, BGBl. I, S. 1822; dazu *Seibert*, GmbHR 2017, R97; *Schaub*, GmbHR 2017, 727; *Elsing*, notar 2018, 71; *Sitter*, ZNotP 2019, 411.

Die Angaben zu Art und Umfang des wirtschaftlichen Interesses sollen § 19 Abs. 3 GWG zufolge erkennen lassen, ob die Stellung als wirtschaftlich Berechtigter aus einer Beteiligung an der Gesellschaft selbst, insbesondere der Höhe der Kapitalanteile oder der Stimmrechte, der Ausübung von Kontrolle auf sonstige Weise oder der Funktion des gesetzlichen Vertreters, geschäftsführenden Gesellschafters oder Partners folgt.

483 ▶ Hinweis:
Die Pflicht zur Mitteilung der Angaben trifft die Gesellschaft selbst (§ 20 Abs. 1 Satz 1 GWG). Der mit Anmeldung der Gesellschaft zum Handelsregister beauftragte Notar ist nicht Adressat der Mitteilungspflicht.

484 Um den bürokratischen Aufwand für die Unternehmen in Deutschland in Grenzen zu halten, hat der Gesetzgeber eine sog. Mitteilungsfiktion vorgesehen: Gem. § 20 Abs. 2 GWG gilt die Mitteilungspflicht des § 20 Abs. 1 GWG als erfüllt, wenn sich die Angaben zu dem wirtschaftlich Berechtigten gem. § 19 Abs. 1 Nr. 1 bis 4 (nicht 5 – Staatsangehörigkeit!) GWG elektronisch aus einem der in Deutschland geführten öffentlichen Registern, insbesondere dem Handelsregister, abrufen lassen. Die in § 19 Abs. 1 Nr. 1 bis 4 GWG verlangten Angaben und die in § 19 Abs. 3 GWG geforderten weiteren Aspekte sind bei den Personenhandelsgesellschaften eintragungspflichtige Tatsachen. Im Grundsatz erfüllen die Personenhandelsgesellschaften also die Mitteilungspflicht an das Transparenzregister durch die Anmeldung der relevanten Angaben zum Handelsregister. Eine Ausnahme bildet die Staatsangehörigkeit der Gesellschafter, welche nicht in das Handelsregister einzutragen ist. Die Mitteilungsfiktion soll aber offenbar ungeachtet dessen gelten, weil § 20 Abs. 2 GWG nur auf die Angaben gem. § 19 Abs. 1 Nr. 1 bis 4 rekurriert. Die Mitteilungsfiktion greift nicht, wenn Treuhandabreden, Stimmrechtsbindungen, Mehrstimmrechte, Unterbeteiligungen, stille Beteiligungen, Nießbrauchsrechte o.ä. vereinbart werden, die dazu führen, dass nicht der im Handelsregister eingetragene Gesellschafter wirtschaftlich Berechtigter i.S.d. § 3 GWG ist, sondern eine andere natürliche Person (etwa der Treugeber, ein anderer Gesellschafter oder ein Dritter). Bei Kommanditgesellschaften kann die im Handelsregister eingetragene Einlage eines Kommanditisten von seiner gesellschaftsvertraglich vereinbarten Kommanditbeteiligung abweichen, so dass die Angabe der Einlage nicht die Mitteilung des tatsächlichen Kapitalanteils i.S.v. § 19 Abs. 3 GWG fingieren kann.[963] In diesen Fällen müssen die Gesellschaften die Angaben zu den wirtschaftlich Berechtigten, die nicht dem Handelsregister zu entnehmen sind, dem Transparenzregister gesondert mitteilen.

485 Die oHG und die KG können unter ihrer Firma – also als rechtlich selbstständiger Träger von Rechten und Pflichten – Eigentum und andere dingliche Rechte an Grundstücken erwerben (§§ 124 Abs. 1, 161 Abs. 2 HGB).[964] Die oHG und die KG sind also ohne weiteres grundbuchfähig und mit ihrer Firma und ohne Nennung der Gesellschafter als Eigentümer oder als anderweitig dinglich Berechtigter in das Grundbuch einzutragen (vgl. § 15 Abs. 1 Buchst. b) GBV: Bezeichnung mit Namen oder Firma und Sitz der Gesellschaft). Ein Gesellschafterwechsel hat keinen Einfluss auf die Grundbucheintragung. Umgekehrt kann ein Gesellschafter nicht isoliert über seine Beteiligung an dem Grundbesitz verfügen, das Gesellschaftsvermögen und die einzelnen Vermögensgegenstände der Gesellschaft sind gesamthänderisch gebunden (§§ 718 Abs. 1, 719 Abs. 1 BGB). Auch die Partnerschaftsgesellschaft ist grundbuchfähig.[965]

II. Rechtsformübergreifende Grundfragen

486 Nachstehend werden einige Grundfragen erörtert, die unabhängig von der konkreten Rechtsform jede Personenhandelsgesellschaft betreffen. Die Schwerpunkte der Erörterung sind entsprechend der notariellen Praxis und ihrer Aktualität gewählt.

---

963 Zum Ganzen *Sitter*, ZNotP 2019, 411.
964 Zur Rechtsnatur der Personenhandelsgesellschaft Baumbach/Hopt/*Roth*, § 124 Rn. 1.
965 *Demharter*, § 19 Rn. 104 f.

C. Personenhandelsgesellschaften

1. Gesellschafter

a) Grundsatz

Die Gründung einer Personenhandelsgesellschaft setzt begrifflich mindestens zwei Gesellschafter voraus, eine Höchstzahl von Gesellschaftern ist nicht vorgesehen.[966] Gesellschafter einer Personenhandelsgesellschaft kann jede natürliche oder juristische Person sowie andere Personenhandelsgesellschaft sein. Auch Minderjährige, Geschäftsunfähige und in der Geschäftsfähigkeit beschränkte Personen können Gesellschafter sein.[967]

487

Angehörige einer Partnerschaft nach dem PartGG können hingegen nur natürliche Personen sein, die einen freien Beruf ausüben (§ 1 Abs. 1 Satz 1 und 3 PartGG).

488

b) Gesellschaft bürgerlichen Rechts

Eine Gesellschaft bürgerlichen Rechts kann (als Außengesellschaft) Kommanditistin einer KG sein (arg. e § 162 Abs. 1 Satz 2 HGB).[968] Ob eine GbR auch Gesellschafterin einer oHG oder Komplementärin einer KG sein kann, ist umstritten.[969] Die Tendenz der Rechtsprechung des BGH zur Rechts- und Grundbuchfähigkeit der GbR und die Reaktion des Gesetzgebers darauf lassen erwarten, dass der GbR in Zukunft noch stärker die Fähigkeit zugeschrieben wird, selbstständig Träger von Gesellschafterrechten und -pflichten zu sein.[970]

489

c) Erbengemeinschaft

Die Erbengemeinschaft hat nicht die Funktion, selbstständiger Träger von Rechten und Pflichten zu sein. Sie ist vielmehr strukturell auf ihre Auseinandersetzung angelegt und soll grundsätzlich nicht auf Dauer Bestand haben (§ 2042 BGB). Eine Erbengemeinschaft kann sich daher nicht an der Gründung einer Personenhandelsgesellschaft beteiligen.[971] Eine Erbengemeinschaft kann auch nicht kraft Erbfolge oder auf andere Weise Gesellschafterin werden. Beim Tod eines Gesellschafters und Vorhandensein einer entsprechenden Nachfolgeklausel geht sein Gesellschaftsanteil nicht auf die Gemeinschaft seiner Erben, sondern auf die einzelnen Erben unmittelbar über. Die rechtsgeschäftliche Übertragung eines Gesellschaftsanteils auf eine Erbengemeinschaft ist nicht möglich. Sie kann auch nicht identitätswahrend in eine personengleiche Personengesellschaft umgewandelt werden.

490

d) Ausländische Gesellschafter

Der Beteiligung von Gesellschaftern mit ausländischer Staatsangehörigkeit stehen keine handels- oder gesellschaftsrechtlichen Hindernisse entgegen, allenfalls können sich aus dem Ausländer-, Auf-

491

---

966 Ob später eine Ein-Personen-Handelsgesellschaft entstehen kann, ist höchst umstritten (vgl. MünchKommBGB/*Ulmer*, § 705 Rn. 60 ff.). Eine Ausnahme bildet die KG in der Sonderform der sog. Einheitsgesellschaft, bei der die Komplementär-GmbH zugleich Kommanditistin ist. Besondere Probleme werfen große Publikumsgesellschaften auf, s.u. Rdn. 802 f.
967 Zu den Besonderheiten bei der Vertretung von beschränkt geschäftsfähigen und geschäftsunfähigen Gesellschaftern s.u. Rdn. 512 ff. (Gründung), Rdn. 594 (Ausübung von Mitgliedschaftsrechten) und Rdn. 662 ff. (Übertragung).
968 BGH, Beschl. v. 16.07.2001 – II ZB 23/00, BGHZ 148, 291 = DNotZ 2002, 57 m. Anm. *Heil*.
969 Dafür OLG Celle, Beschl. v. 27.03.2012 – 9 W 37/12, ZIP 2012, 766; LG Berlin ZIP 2003, 1201; Baumbach/Hopt/*Roth*, § 105 Rn. 28 f.; MünchKommBGB/*Ulmer*, § 705 Rn. 317 m.w.N.
970 BGH, Beschl. v. 04.12.2008 – V ZB 74/08, DNotZ 2009, 115 m. Anm. *Hertel* = RNotZ 2009, 227 m. Anm. *Heil* = ZNotP 2009, 66; § 47 Abs. 2 GBO und § 899a BGB i. d. F. des Gesetzes zur Einführung des elektronischen Rechtsverkehrs und der elektronischen Akte im Grundbuchverfahren sowie zur Änderung weiterer grundbuch-, register- und kostenrechtlicher Vorschriften (ERVGBG) v. 11.08.2009 (BGBl. I, S. 2713).
971 BGHZ 58, 316, 317; zur ehelichen Gütergemeinschaft s. BayObLG, Beschl. v. 22.01.2003 – 3Z BR 238/02 u. a., DNotZ 2003, 454.

enthalts- oder Gewerberecht Beschränkungen ergeben, z.B. hinsichtlich einer gewerblichen Tätigkeit im Inland. Ein Wohnsitz in Deutschland oder die Kenntnis der deutschen Sprache sind nicht erforderlich. Die neu eingeführte Pflicht zur Anmeldung einer inländischen Geschäftsanschrift[972] trifft nur die inländische Gesellschaft, nicht ihre ausländischen Gesellschafter.

492 Auch ausländische Gesellschaften und juristische Personen können sich an deutschen Personenhandelsgesellschaften beteiligen. Praktische Bedeutung hat zur Zeit vor allem die Beteiligung einer Limited englischen Rechts als Komplementärin an einer KG (Ltd. & Co. KG).[973] Einschränkungen können sich allenfalls aus dem ausländischen Gesellschaftsrecht ergeben, z.B. wenn dieses die Beteiligung als haftende Gesellschafterin an einer anderen Gesellschaft verbietet. Die früher heftig diskutierte Frage der Anerkennung der Rechtsfähigkeit einer ausländischen juristischen Person im Inland (und damit ihrer Beteiligungsfähigkeit an einer deutschen Gesellschaft) spielt in der Praxis kaum noch eine Rolle. Nach der Rechtsprechung des EuGH zu Art. 43, 48 EGV (Niederlassungs- und Dienstleistungsfreiheit) steht die Freizügigkeit von in einem EU-Mitgliedstaat gegründeten Gesellschaften innerhalb der Gemeinschaft fest.[974] Die Teilnahme am Rechts- und Geschäftsverkehr darf danach nicht mehr von eigenen Voraussetzungen des Betätigungsstaats abhängig gemacht werden. In einem anderen EU-Mitgliedstaat oder in einem EWR-Staat gegründete Gesellschaften sind also ohne weiteres »anzuerkennen«. In Bezug auf Gesellschaften aus Drittstaaten ist nach der insofern noch geltenden Sitztheorie zu prüfen, ob die Gesellschaft in dem Staat, in dem sie ihre Rechtsfähigkeit erlangt hat, auch ihren Verwaltungssitz hat.[975] Nur dann ist sie »anzuerkennen«. Hat eine ausländische Kapitalgesellschaft ihren effektiven Sitz hingegen in Deutschland, so wird sie als Personengesellschaft mit unbeschränkter Haftung der Gesellschafter (GbR oder oHG) behandelt.[976] Dieses Schicksal droht nach dem **BREXIT** auch englischen Gesellschaften mit Sitz in Deutschland, wenn nicht rechtzeitig zwischenstaatliche Regelungen vereinbart werden. Eine Ausnahme gilt für US-amerikanische Gesellschaften, deren Anerkennung im Deutsch-Amerikanischen Freundschafts-, Handels- und Schifffahrtsvertrag vom 29.10.1954[977] geregelt ist.

Nach einer Entscheidung des OLG Bremen[978] kann auch die deutsche Zweigniederlassung eines ausländischen Unternehmens unter ihrer Firma als Kommanditistin in das Handelsregister eingetragen werden. Inhaberin der Beteiligung ist hierbei die ausländische Gesellschaft als Unternehmensträgerin; die Zweigniederlassung tritt dann aber mit selbstständigen Befugnissen und unter einer eigenen Registernummer als Unternehmensteil im Rechtsverkehr auf.

---

972 Dazu unten Rdn. 750.
973 Dazu unten Rdn. 799 ff.
974 EuGH, Urt. v. 09.03.1999 – Rs. C-212/97, DNotZ 1999, 593 – Centros; EuGH, Urt. v. 05.11.2002 – Rs. C-208/00, DNotZ 2003, 139 – Überseering; EuGH, Urt. v. 30.09.2003 – Rs. C-167/01, DNotZ 2004, 55 – Inspire Art.
975 Der wohl politisch gescheiterte Referentenentwurf des BMJ eines Gesetzes zum internationalen Privatrecht der Gesellschaften, Vereine und juristischen Personen vom Januar 2008 sieht die einheitliche Anwendung der Gründungstheorie auf alle ausländischen Gesellschaften vor (Art. 10 EGBGB n.F.); abrufbar unter www.bmj.de. Dazu *Wagner/Timm*, IPrax 2008, 81. Näher zum Internationalen Gesellschaftsrecht Kapitel 10.
976 BGH, Urt. v. 01.07.2002 – II ZR 380/00, BGHZ 151, 204, 206; BGH, Urt. v. 27.10.2008 – II ZR 158/06, DNotZ 2009, 385 m. Anm. *Thoelke* 389, für eine in der Schweiz gegründete Aktiengesellschaft mit Verwaltungssitz in Deutschland.
977 BGBl. 1956 II, S. 487; Überblick über weitere zwischenstaatliche Abkommen bei MünchKommBGB/ *Kindler*, IntGesR Rn. 237 ff.
978 OLG Bremen, Beschl. v. 18.12.2012 – 2 W 97/12, ZIP 2013, 268.

2. Gesellschaftsvertrag

a) Entstehung der Gesellschaft

Bei der Entstehung einer Personenhandelsgesellschaft ist wie folgt zu differenzieren: Mit dem Abschluss des Gesellschaftsvertrages zwischen den Gesellschaftern oder auch der Aufnahme der Geschäfte aufgrund stillschweigender Verabredung beginnt die Gesellschaft. Betreibt die Gesellschaft ein Handelsgewerbe i.S.d. § 1 Abs. 2 HGB, so entsteht sie im Verhältnis zu Dritten schon mit der Aufnahme ihres Geschäftsbetriebs als Personenhandelsgesellschaft (§§ 123 Abs. 2, 161 Abs. 2 HGB). Betreibt sie kein Handelsgewerbe, so ist sie zunächst eine Gesellschaft bürgerlichen Rechts. Ohne Handelsgewerbe entsteht sie erst mit ihrer Eintragung in das Handelsregister als Personenhandelsgesellschaft oHG oder KG (§§ 105 Abs. 2, 123 Abs. 1 HGB; § 7 Abs. 1 PartGG für die Partnerschaft). Ohne (in diesem Fall freiwillige und konstitutive) Eintragung bleibt sie eine Gesellschaft bürgerlichen Rechts, auch wenn die Gesellschafter etwas anderes vereinbart haben sollten. Das Gleiche gilt für die lediglich vermögensverwaltende Gesellschaft, für die seit 1998 ebenfalls die Rechtsform der Personenhandelsgesellschaft eröffnet ist.[979]

Der Gesellschaftsvertrag hat sowohl den Charakter eines schuldrechtlichen Rechtsgeschäfts als auch den eines Gemeinschafts- und Organisationsvertrags.[980] Im Einzelnen umstritten ist, welche der allgemeinen Regeln des BGB zum Vertragsschluss anwendbar sind.[981] Die Regelungen zur Leistungsstörung werden zum größeren Teil durch die Grundsätze der fehlerhaften Gesellschaft verdrängt oder sind der Sache nach nicht angemessen.[982] In der notariellen Praxis von Bedeutung sind die Anwendbarkeit der §§ 158 ff. BGB (Bedingung) und die Regeln über die Vertretung bei der Gründung (§§ 164 ff. BGB). Zum Beispiel kann der Beginn der Gesellschaft aufschiebend bedingt von ihrer Eintragung in das Handelsregister abhängig gemacht werden, um Haftungsgefahren nach § 176 Abs. 1 HGB zu begegnen.

b) Inhalt des Gesellschaftsvertrags

aa) Mindestinhalt

Das Gesetz gibt nur einen bestimmten Mindestinhalt des Gesellschaftsvertrages vor. Zunächst gilt für alle Personengesellschaften die Grundregel des § 705 BGB. Danach müssen die Gesellschafter einen gemeinsamen Zweck vereinbaren, zu dessen Förderung sie sich verpflichten. Die oHG ist daran anknüpfend gem. § 105 Abs. 1 HGB eine Gesellschaft, deren Zweck auf den Betrieb eines Handelsgewerbes unter gemeinsamer Firma gerichtet ist, wenn bei keinem der Gesellschafter die Haftung gegenüber den Gesellschaftsgläubigern beschränkt ist. Im Unterschied dazu ist die KG gem. § 161 Abs. 1 HGB eine Gesellschaft, bei der bei einem oder mehreren Gesellschaftern die Haftung gegenüber den Gesellschaftsgläubigern auf den Betrag ihrer Einlage beschränkt ist (Kommanditisten), während bei anderen Gesellschaftern eine Beschränkung der Haftung nicht stattfindet (persönlich haftende Gesellschafter, genannt Komplementäre). Enthält der Gesellschaftsvertrag demnach eine Regelung zur Haftungsbeschränkung eines Gesellschafters, handelt es sich automatisch um eine KG. Schweigt der Gesellschaftsvertrag ganz zur Frage der Außenhaftung, handelt es sich um eine oHG. Einer ausdrücklichen Regelung zur unbeschränkten Außenhaftung bedarf es bei der oHG nicht.

Für die Partnerschaft(sgesellschaft) schreibt das Gesetz als Mindestinhalt folgende Angaben vor (§ 3 Abs. 2 PartGG): den Namen und den Sitz der Partnerschaft, den Namen und den Vornamen sowie den in der Partnerschaft ausgeübten Beruf und den Wohnort jedes Partners, den Gegenstand der Partnerschaft.

---

979 Eingeführt durch das Handelsrechtsreformgesetz (HRefG) v. 22.06.1998 (BGBl. I, S. 1474).
980 BGHZ 112, 40, 45.
981 Im Einzelnen *K. Schmidt*, Gesellschaftsrecht, § 20 III.
982 Vgl. Baumbach/Hopt/*Roth*, § 105 Rn. 50, 75.

bb) Vertragsfreiheit

497 Im Übrigen herrscht weitgehende Vertragsfreiheit bei der Gestaltung des Gesellschaftsvertrags einer Personenhandelsgesellschaft (vgl. § 109 HGB). Die gesetzlichen Regelungen zum Innenverhältnis der Gesellschafter (§§ 110 bis 122 HGB), zur Auflösung der Gesellschaft und das allgemeine Vertragsrecht des BGB gelten nur subsidiär zum Gesellschaftsvertrag und sind zum großen Teil dispositiv. Zwingenden Charakter haben für das Innenverhältnis im Wesentlichen lediglich §§ 118, 166, 233 HGB (Kontrollrecht der oHG-Gesellschafter, Kommanditisten bzw. stillen Gesellschafter), § 133 HGB (Recht zur Auflösung der Gesellschaft aus wichtigem Grund) und §§ 134, 138 BGB. Außerdem sind die ungeschriebenen gesellschaftsrechtlichen Grenzen der Vertragsfreiheit zu berücksichtigen (insbesondere die gegenseitige Treuepflicht, der Gleichbehandlungsgrundsatz, das Abspaltungsverbot, der Bestimmtheitsgrundsatz und die Kernbereichslehre). Die Rechtsprechung hat zur Prüfung von einzelnen gesellschaftsvertraglichen Regelungen und ihren Auswirkungen eine auf die Grundprinzipien des Gesellschaftsrechts gestützte Inhaltskontrolle entwickelt (z.B. für die Hinauskündigung von Gesellschaftern und Abfindungsklauseln).[983] Die Regelungen für das Außenverhältnis (§§ 123 bis 130a HGB) haben hingegen im Wesentlichen zwingenden Charakter (insbesondere § 126 – Umfang der Vertretungsmacht; § 128 – persönliche Haftung der Gesellschafter; § 130 HGB – Haftung des eintretenden Gesellschafters).

cc) Fakultativer Inhalt

498 Üblich und empfehlenswert ist in jedem Fall die individuelle Regelung des Gesellschaftsvertrags nach den Wünschen und Bedürfnissen der Gesellschafter. Regelmäßig sind auf die Verhältnisse abgestimmte Regelungen zur Geschäftsführung und Vertretung, Beschlussfassung und Stimmrecht, Gewinnverwendung und Entnahmerecht, Kündigung und Ausschluss von Gesellschaftern, Einrichtung von Kapitalkonten, Veräußerbarkeit von Gesellschaftsanteilen, eine Nachfolgeklausel und eine Abfindungsklausel sinnvoll. Außerdem muss der Gesellschaftsvertrag mit den erbrechtlichen und ggf. eheverträglichen Regelungen der Gesellschafter abgestimmt werden. Die Gestaltung eines Gesellschaftsvertrags für eine Personenhandelsgesellschaft stellt daher besondere Anforderungen an den Kautelarjuristen. Von einer unreflektierten Verwendung von Musterverträgen ist abzuraten.[984]

499 ▶ **Checkliste: Gestaltung des Gesellschaftsvertrags einer Personenhandelsgesellschaft**

☐ Gesellschafter
☐ Zweck der Gesellschaft und Beiträge der Gesellschafter
☐ Geschäftsführung und Vertretung
☐ Stimmrecht und Beschlussfassung
☐ Gesellschafterkonten
☐ Gewinnverwendung und Entnahmerecht
☐ Kündigung und Ausschluss von Gesellschaftern
☐ Veräußerung von Gesellschaftsanteilen
☐ Auflösung oder Fortsetzung der Gesellschaft
☐ Tod eines Gesellschafters, Rechtsnachfolge, Testamentsvollstreckung
☐ Abfindungsklausel
☐ Wettbewerbsverbot[985]
☐ Schiedsvereinbarung[986]
☐ Schriftformklausel
☐ Salvatorische Klausel

---

983 *Baumbach/Hopt*, § 109 Rn. 3 m.w.N.
984 Vertragsmuster bei Kersten/Bühling/*M. Wachter*, §§ 131–139 und Würzburger Notarhandbuch/*Limmer*, Teil 5 Kap. 2 Rn. 19 (oHG) und 22 (GmbH & Co. KG) sowie Beck'sches Notarhandbuch/*Hermanns*, § 20 Rn. 188 (GmbH & Co. KG mit Gleichlaufklausel).
985 S. *Rudersdorf*, RNotZ 2011, 509.
986 Hierzu *Hauschild/Böttcher*, DNotZ 2012, 577; *Heskamp*, RNotZ 2012, 415.

c) Form

aa) Formfreiheit

Für den Abschluss des Gesellschaftsvertrages sieht das Gesetz keine bestimmte Form vor. Eine Personenhandelsgesellschaft kann also formfrei und somit auch mündlich, stillschweigend oder durch konkludentes Verhalten gegründet werden. Selbstverständlich ist aus Gründen der Rechtssicherheit und zu Beweiszwecken sowie im Interesse der steuerlichen Anerkennung die Schriftform als Minimum zu empfehlen. Eine Ausnahme bildet die Partnerschaft nach dem PartGG, für die der Gesetzgeber die Schriftform des Partnerschaftsvertrages vorgeschrieben hat (§ 3 Abs. 1 PartGG). 500

bb) Formbedürftigkeit in Sonderfällen

In Sonderfällen kann sich die Formbedürftigkeit des Gesellschaftsvertrages daraus ergeben, dass einzelne Gesellschafter darin besondere Verpflichtungen übernehmen. So führt die Verpflichtung zur Übertragung oder Einbringung eines Grundstücks oder grundstücksgleichen Rechts durch einen Gesellschafter oder zum Erwerb eines Grundstücks durch die Gesellschaft zum Formerfordernis der notariellen Beurkundung gem. § 311b Abs. 1 BGB. Die Verpflichtung zur Übertragung oder Einbringung von GmbH-Geschäftsanteilen macht den Gesellschaftsvertrag formbedürftig nach § 15 Abs. 4 GmbHG. Ferner kann sich der Beurkundungszwang für den Gesellschaftsvertrag daraus ergeben, dass dieser ein Schenkungsversprechen eines Gesellschafters enthält (§ 518 BGB)[987] oder die Verpflichtung, das gesamte Vermögen zu übertragen (§ 311b Abs. 3 BGB). 501

Neben der Verpflichtung zum Erwerb eines Grundstücks durch die Gesellschaft oder zur Veräußerung eines Grundstücks durch einen Gesellschafter an die Gesellschaft führt auch die Pflicht zum Erwerb eines Grundstücks (oder einer Eigentumswohnung) bei Ausscheiden des Gesellschafters aus der Gesellschaft oder bei Auflösung der Gesellschaft zur Formbedürftigkeit.[988] Das Gleiche gilt für die Begründung eines Vorkaufsrechts zu Gunsten der Gesellschaft.[989] Schließlich begründet die Verpflichtung eines Gesellschafters, ein Grundstück im eigenen Namen zu erwerben und dieses anschließend der Gesellschaft oder einem Dritten zu übereignen, die Formbedürftigkeit des Gesellschaftsvertrages nach § 311b BGB.[990] 502

§ 311b BGB ist allerdings nur dann anwendbar, wenn der Gesellschaftsvertrag die Verpflichtung zum Erwerb oder zur Veräußerung eines bestimmten Grundstücks enthält.[991] Ein Gesellschaftsvertrag ist nicht formbedürftig, wenn er nur die allgemeine Vereinbarung zum Erwerb irgendwelcher Grundstücke enthält oder als Zweck »Erwerb und Verwaltung von Grundstücken« vereinbart wird (z.B. beim Vertrag zur Gründung einer Immobilienverwaltungs- oder Grundstückshandelsgesellschaft, wenn noch nicht feststeht, welche Grundstücke später zu erwerben sind). Wird der Gesellschaftsvertrag in unmittelbarem Zusammenhang mit dem Erwerb eines Grundstücks geschlossen, spricht viel für die Beurkundungsbedürftigkeit des Gesellschaftsvertrags. Maßgeblich ist dann neben dem Wortlaut auch der erkennbare Wille der Gesellschafter, die Gesellschaft gerade zum Erwerb des betreffenden Grundstücks zu gründen. 503

Ein Interesse der Beteiligten an der Beurkundung eines Gesellschaftsvertrages kann sich ergeben, wenn die Gesellschaft einen Kaufvertrag mit Auflassung über ein Grundstück schließen soll, bevor sie in das Handelsregister eingetragen wird.[992] Die Vertretungsbefugnis z.B. des Komplementärs zur Erklärung der Auflassung und der Eintragungsbewilligung kann vor Eintragung einer KG nicht durch Bezug- 504

---

[987] Nach der BGH-Rechtsprechung liegt bei der Aufnahme eines Gesellschafters ohne eigene Einlage regelmäßig keine unentgeltliche Zuwendung vor, BGH WM 1959, 719, BGHZ 112, 40, 44; str., vgl. Baumbach/Hopt/*Roth*, § 105 Rn. 56.
[988] BGH NJW 1978, 2505, 2506.
[989] RGZ 110, 327, 333; RGZ 125, 261, 263.
[990] BGHZ 85, 245, 250; BGH NJW-RR 1991, 613, 614.
[991] BGH NJW 1992, 3237, 3238; BGH NJW 1996, 1279, 1280; s.a. Würzburger Notarhandbuch/*Limmer*, Teil 5 Kap. 2 Rn. 30.
[992] S. im Einzelnen unten bei Rdn. 766.

nahme auf das Register (§ 32 Abs. 2 GBO) oder durch notarielle Vertretungsbescheinigung nach § 21 Abs. 1 BNotO nachgewiesen werden. Die Praxis hilft in diesen Fällen weiter, in dem sie den notariell beglaubigten oder beurkundeten Gesellschaftsvertrag als Beweis für das Bestehen der in ihm enthaltenen Regelungen, insbesondere der Vertretungsregelungen, für einen gewissen Zeitraum anerkennt.

505 Keinen Formzwang nach § 311b BGB begründen gesellschaftsvertragliche Pflichten zur Gebrauchsüberlassung eines Grundstücks oder zur Einbringung eines Grundstücks dem Werte nach ohne Verwertungsrecht der Gesellschaft (»quoad sortem«).[993]

cc) Gesellschaft bürgerlichen Rechts

506 Bei der Gesellschaft bürgerlichen Rechts ist, unabhängig vom Beurkundungszwang nach § 311b BGB, in jedem Fall die Beglaubigung der Unterschriften der Gesellschafter bei Abschluss des Gesellschaftsvertrags empfehlenswert, wenn die Gesellschaft ein Grundstück oder ein grundstücksgleiches Recht erwerben soll. Auf diese Weise kann im Grundbuchverfahren der Nachweis der Vertretungsbefugnis und ggf. der Rechtsnachfolge in der Form des § 29 GBO geführt werden.[994]

507 ▶ **Checkliste: Beurkundungsbedürftigkeit des Gesellschaftsvertrags im Zusammenhang mit einem Grundstücksgeschäft**
- ☐ Verpflichtung zum Erwerb (oder zur Veräußerung) eines bestimmten Grundstücks führt zum Beurkundungszwang
- ☐ Vereinbarung des Zwecks »Erwerb, Halten, Verwaltung, Veräußerung« von bestimmten oder unbestimmten Grundstücken führt nicht zum Beurkundungszwang
- ☐ Als Nachweis der Vertretungsregelung beim Abschluss eines Grundstückskaufvertrages vor Eintragung der Gesellschaft
- ☐ Beglaubigung der Unterschriften bei der GbR in jedem Fall sinnvoll

dd) GmbH & Co. KG

508 Häufig enthalten die Gesellschaftsverträge zur Gründung einer GmbH & Co. KG die Verpflichtung zur Wahrung der Beteiligungsidentität bei der KG und der Komplementär-GmbH. Das bedeutet, dass ein Gesellschafter, der seinen Kommanditanteil veräußert, gleichzeitig auch seinen GmbH-Geschäftsanteil veräußern muss und umgekehrt. Auch aus dieser Gestaltung ergibt sich die Beurkundungsbedürftigkeit des Gesellschaftsvertrags der KG gem. § 15 Abs. 4 GmbHG, so dass die gesamte GmbH & Co. KG-Gründung mit beiden Gesellschaftsverträgen notariell zu beurkunden ist.

ee) Heilung des Formmangels

509 Die Nichteinhaltung der Form führt zur Nichtigkeit des gesamten Rechtsgeschäfts (§§ 125, 139 BGB),[995] wenn nicht die Heilung des Formmangels durch Vollzug eingetreten ist (§§ 311b Abs. 1 Satz 2, 518 Abs. 2 BGB, § 15 Abs. 4 Satz 2 GmbHG). Zu beachten ist, dass der Formmangel des Verpflichtungsgeschäfts in den wesentlichen Fällen nur durch Auflassung und Eintragung im Grundbuch (§ 311b Abs. 1 Satz 2 BGB), durch notarielle Beurkundung der Abtretung des GmbH-Geschäftsanteils (§ 15 Abs. 4 Satz 2, Abs. 3 GmbHG) bzw. durch Vollzug des Schenkungs-

---

993 RGZ 109, 380, 381; BGH WM 1965, 744, 745; vgl. auch BGH, Urt. v. 15.06.2009 – II ZR 242/08, ZIP 2009, 1809: nur schuldrechtliche Verpflichtung, keine Änderung der dinglichen Rechtsstellung und der Verfügungsbefugnis.
994 Der Mauracher Entwurf für ein Gesetz zur Modernisierung des Personengesellschaftsrechts (MoPeG) sieht u.a. die Schaffung einer »rechtsfähigen Gesellschaft bürgerlichen Rechts« vor, die in ein neu zu schaffendes »Gesellschaftsregister« eingetragen werden kann, welches den Nachweis der Existenz, Identität und der Vertretungsverhältnisse der Gesellschaft ermöglicht; der Entwurf ist abrufbar unter www.bmjv.de.
995 Str., BGHZ 45, 376, 377 und die wohl h.M. halten die Grundsätze über die Teilunwirksamkeit für anwendbar. Richtigerweise dürfte die Nichtigkeit aber den gesamten Gesellschaftsvertrag erfassen; es entsteht eine fehlerhafte Gesellschaft, vgl. MünchKommBGB/*Ulmer*, § 705 Rn. 35, 40 m.w.N.

versprechens (§ 518 Abs. 2 BGB) geheilt werden kann. Eine Heilung des mit dem Formmangel behafteten Gesellschaftsvertrags ist somit in der Praxis eher unwahrscheinlich. Allenfalls kommt die Heilung einer unentgeltlichen Beteiligung eines Gesellschafters in Betracht, weil die wirksame Gründung der Gesellschaft als Vollzug des Schenkungsversprechens angesehen werden kann. Aus Vorsichtsgründen ist in zweifelhaften Fällen zur Beurkundung zu raten.

d) Vertretung und Genehmigungserfordernisse

aa) Vollmacht

Die Gründung einer Personenhandelsgesellschaft ist trotz der damit verbundenen persönlichen Haftungsübernahme kein höchstpersönliches Rechtsgeschäft. Die Gesellschafter können sich daher beim Abschluss des Gesellschaftsvertrages durch einen Bevollmächtigten vertreten lassen. Die Vollmacht zur Gründung einer Personenhandelsgesellschaft bedarf keiner besonderen Form (§ 167 Abs. 2 BGB). Zu Beweiszwecken sollte sie aber jedenfalls schriftlich erteilt werden. § 181 BGB findet auf die Erklärungen zum Abschluss eines Gesellschaftsvertrages Anwendung. Wenn also ein künftiger Gesellschafter zugleich in eigenem Namen und als Bevollmächtigter eines anderen Gesellschafters auftreten soll oder wenn ein Bevollmächtigter für mehrere Gesellschafter handeln soll, muss der Bevollmächtigte von den Beschränkungen des § 181 BGB befreit sein. Das Original oder eine Kopie der Vollmachtsurkunde sollte dem Gesellschaftsvertrag beigefügt werden. 510

Auch bei der Unterzeichnung der Handelsregisteranmeldung können sich die Gesellschafter durch einen Bevollmächtigten vertreten lassen. Zu beachten ist allerdings, dass die Vollmacht zur Anmeldung der Gesellschaft zur Eintragung in das Handelsregister formbedürftig ist (§ 12 Abs. 1 Satz 2 HGB).[996] 511

bb) Minderjährige

Minderjährige und andere Personen, die geschäftsunfähig oder beschränkt geschäftsfähig sind, können Gesellschafter einer Personenhandelsgesellschaft werden. Minderjährige werden beim Abschluss des Gesellschaftsvertrags durch ihre sorgeberechtigten Eltern vertreten, und zwar grundsätzlich durch beide Elternteile (§ 1629 Abs. 1 BGB). Wenn die Eltern oder ein Elternteil selbst an der Gesellschaft beteiligt werden sollen, sind die Eltern an der Vertretung des Minderjährigen gehindert und es muss ein Ergänzungspfleger bestellt werden (§§ 1629 Abs. 2 Satz 1, 1795 Abs. 1 Nr. 1, Abs. 2, 181, 1909 Abs. 1 BGB).[997] § 181 BGB findet zwar keine Anwendung, wenn das Geschäft für den Minderjährigen lediglich einen rechtlichen Vorteil bringt. Der Abschluss eines Gesellschaftsvertrags ist wegen der damit verbundenen Pflichten und Haftungsrisiken allerdings niemals ausschließlich rechtlich vorteilhaft i.S.d. § 107 BGB.[998] Bei Beteiligung mehrerer Minderjähriger ist für jeden Minderjährigen ein eigener Pfleger zu bestellen (§§ 1915 Abs. 1, 1795 Abs. 2, 181 BGB).[999] Falls der Pfleger bei Abschluss des Gesellschaftsvertrags noch nicht bestellt ist, kann er den anderweitig geschlossenen Gesellschaftsvertrag nach Prüfung genehmigen. Bis zur Genehmigung durch den Pfleger ist der Gesellschaftsvertrag schwebend unwirksam. 512

Eine Personenhandelsgesellschaft ist regelmäßig auf den Betrieb eines Erwerbsgeschäfts gerichtet (§ 105 Abs. 1 HGB). Der Abschluss des Gesellschaftsvertrags durch einen Minderjährigen bedarf 513

---

[996] OLG Karlsruhe, Beschl. v. 12.11.2014 – 11 Wx 61/14, MittBayNot 2015, 426 zum Nachweis der Erteilung und des Nichterlöschens der Registervollmacht.
[997] Zum Ganzen s. *Mai*, notar 2020, 87; Würzburger Notarhandbuch/*Limmer*, Teil 5 Kap. 2 Rn. 33.
[998] BGHZ 68, 225, 232; Palandt/*Ellenberger*, § 107 Rn. 4; anders OLG Jena, Beschl. v. 22.03.2013 – 2 WF 26/13, notar 2015, 20, für die Errichtung einer rein vermögensverwaltenden KG durch minderjährige Kommanditisten, wobei das Gericht etwas unscharf lediglich auf den Zweck der Gesellschaft abstellt. Interessant auch OLG Nürnberg, Beschl. v. 16.12.2014 – 11 WF 1415/14, MittBayNot 2015, 235 zur Genehmigungsfähigkeit der Gründung einer BGB-Gesellschaft, deren geschäftliches Risiko allein der Minderjährige tragen soll.
[999] Anders OLG München, Beschl. v. 17.06.2010 – 31 Wx 70/10, NZG 2010, 862.

daher der Genehmigung des Familiengerichts (§§ 1643 Abs. 1, 1822 Nr. 3 BGB). Nach einer im Vordringen befindlichen Auffassung ist § 1822 Nr. 3 BGB nicht erfüllt, wenn die Gesellschaft nach ihrem Gesellschaftsvertrag nur eigenes Vermögen verwalten soll.[1000] Das kann der Fall sein, wenn die Wohnimmobilie einer Familie auf eine Gesellschaft übertragen und alle Familienmitglieder einschließlich der minderjährigen Kinder an der Gesellschaft beteiligt werden sollen. In einer solchen Konstellation ist kein Erwerbszweck erkennbar. Anders liegt es, wenn die Immobilie ganz oder teilweise an Dritte vermietet werden soll, z.B. bei der Aufspaltung eines Unternehmens in eine Immobilienbesitzgesellschaft und in eine Betriebsgesellschaft, oder wenn neben der Verwaltung eigenen Vermögens weitere Zwecke vereinbart werden.[1001]

514 ▶ Praxistipp:
Die Beteiligung von minderjährigen Familienmitgliedern an einer Gesellschaft ohne Erwerbszweck kann durch Übertragung voll eingezahlter Kommanditanteile an einer bestehenden Gesellschaft leichter – nämlich ohne Genehmigung des Familiengerichts – erreicht werden.[1002]

515 Die Vorgehensweise bei der Beteiligung eines Minderjährigen an einer Personenhandelsgesellschaft – als Gründer oder als Erwerber eines Gesellschaftsanteils – sollte nach Möglichkeit vorab mit dem zuständigen Familiengericht abgestimmt werden.

516 Bei der Beteiligung von Minderjährigen ist das Kündigungsrecht nach § 723 Abs. 1 Satz 3 Nr. 2 BGB zu beachten. Danach kann der volljährig gewordene Gesellschafter die Gesellschaft aus wichtigem Grund kündigen. Unabhängig davon, ob die Gesellschaft durch die Kündigung aufgelöst oder unter den verbleibenden Gesellschaftern fortgesetzt wird, hat der volljährig Gewordene den Abfindungsanspruch nach § 738 Abs. 1 Satz 2 BGB. Eine Vereinbarung, die das Kündigungsrecht ausschließt oder beschränkt, ist nichtig (§ 723 Abs. 3 BGB). Das gilt wohl auch für die mittelbare Beschneidung des Kündigungsrechts durch Beschneidung des Abfindungsanspruchs.[1003]

cc) Familiengerichtliche Genehmigung

517 Bei der Einholung und der Entgegennahme der familiengerichtlichen Genehmigung sind zwei Ebenen zu unterscheiden, nämlich das gerichtliche Genehmigungsverfahren und die vertragliche Ebene.

518 Das gerichtliche Genehmigungsverfahren ist durch das Gesetz zur Reform des Verfahrens in Familiensachen und in den Angelegenheiten der Freiwilligen Gerichtsbarkeit (FGG-Reformgesetz, BGBl. I, S. 2587, in Kraft seit 01.09.2009) in dem neuen FamFG wie folgt geregelt worden.[1004] Das Gericht fasst die Genehmigungsentscheidung durch Beschluss (§ 38 FamFG). Der Genehmigungsbeschluss wird nicht mit seiner Bekanntgabe, sondern erst mit Rechtskraft wirksam (§ 40 Abs. 2 FamFG). Die Rechtskraft tritt ein nach Ablauf der Beschwerdefrist (§ 45 FamFG). Nach Ablauf der Frist kann das Gericht ein Rechtskraftzeugnis erteilen (§ 46 FamFG). Dazu ist der Beschluss zunächst allen Beteiligten bekannt zu geben (§ 41 Abs. 1 FamFG). Jeder Verfahrensbeteiligte kann den Beschluss durch Beschwerde anfechten. Die Beschwerdefrist beträgt 2 Wochen und beginnt mit der Bekanntgabe der Entscheidung. Ohne Bekanntgabe läuft eine Frist von 5 Monaten (§ 63 Abs. 2 Nr. 2, Abs. 3 FamFG). Der Verzicht auf die Beschwerde ist möglich (§ 67 Abs. 1 FamFG), allerdings erst nach

---

1000 So OLG Jena, Beschl. v. 22.03.2013 – 2 WF 26/13, notar 2015, 20; für die schenkweise Übertragung von Kommanditanteilen an einen Minderjährigen bereits OLG Bremen, Beschl. v. 16.06.2008 – 2 W 38/08, RNotZ 2008, 625, und OLG München, Beschl. v. 06.11.2008 – 31 Wx 076/08, DNotZ 2009, 230 = RNotZ 2009, 55.
1001 OLG Oldenburg, Beschl. v. 17.07.2019 – 12 W 53/19, MittBayNot 2020, 269 m. krit. Anm. *Menzel* 272 = NZG 2019, 1059.
1002 S. dazu unten Rdn. 664.
1003 Beck'sches Notarhandbuch/*Hermanns*, § 20 Rn. 101.
1004 Im Einzelnen *Keidel*, FamFG; *Heinemann*, FamFG für Notare; *Litzenburger*, RNotZ 2009, 380; *ders.*, RNotZ 2010, 32; DNotI-Gutachten, DNotI-Report 2009, 145; *Kölmel*, RNotZ 2010, 1, 25; *Bolkart*, MittBayNot 2011, 176.

Bekanntgabe des Beschlusses. Verfahrensbeteiligte sind die an dem Vertrag formell und materiell Beteiligten. Der Beschluss ist also nicht nur den Vertretern (Eltern, Betreuer) und dem etwaigen Pfleger bekanntzumachen, sondern auch dem minderjährigen oder betreuten Gesellschafter. Minderjährige über 14 Jahre und betreute Erwachsene gelten als verfahrensfähig; sie sollen ihre Interessen im Verfahren grundsätzlich selbst wahrnehmen und sind daher zu beteiligen. Sollten diese Personen nach Einschätzung des Gerichts nicht verfahrensfähig sein, kann ein Verfahrensbeistand (§ 158 FamFG) bzw. nach obergerichtlicher Rechtsprechung ein Ergänzungspfleger (§ 1909 Abs. 1 BGB) für den Minderjährigen[1005] bzw. ein Verfahrenspfleger für den Betreuten (§ 276 FamFG) bestellt werden. Einem über 14-jährigen Kind, das nicht geschäftsunfähig ist, muss die Entscheidung in jedem Fall bekannt gemacht werden, auch wenn ein Verfahrensbeistand bestellt ist. Das Kind hat ein eigenes Beschwerderecht (§§ 164, 60 FamFG). Das Gleiche gilt für den betreuten Volljährigen; dieser wird ohne Rücksicht auf seine etwaige Geschäfts(un)fähigkeit als verfahrensfähig behandelt (§ 275 FamFG).

519 Wenn das gerichtliche Genehmigungsverfahren durchlaufen ist und der Genehmigungsbeschluss mit Rechtskraftzeugnis vorliegt, muss die Genehmigung auf der vertraglichen Ebene dem anderen Vertragsteil mitgeteilt werden (§§ 1829 Abs. 1 Satz 2, 1643 Abs. 3, 1908 i, 1915 BGB). Erst mit der Mitteilung wird die Genehmigung vertragsrechtlich wirksam. Die notarielle Praxis hat zur Vereinfachung dieses Vorgangs das Institut der Doppelvollmacht entwickelt. Dabei wird der beurkundende Notar unter Befreiung von den Beschränkungen des § 181 BGB von dem Vertreter des einen Vertragsteils zur Empfangnahme der gerichtlichen Genehmigung und zur Mitteilung an den anderen Vertragsteil und von dem anderen Vertragsteil zur Empfangnahme der Mitteilung bevollmächtigt. Der Notar kann aufgrund einer solchen Vollmacht in einer notariellen Eigenurkunde nach Eingang der Genehmigung alle notwendigen Erklärungen abgeben und entgegennehmen und auf diese Weise ohne weiteren Zeitverlust das wirksame Zustandekommen des Gesellschaftsvertrags beweiskräftig dokumentieren. Ohne Einschaltung eines Notars muss der Vertreter des einen Vertragsteils die Genehmigung dem anderen Vertragsteil selbst mitteilen und sich den Empfang der Mitteilung bestätigen lassen.

520 Die vorstehenden Regelungen zur Vertretung durch einen Pfleger, zur gerichtlichen Genehmigung und zum Vollzug gelten sinngemäß auch bei Beteiligung anderer nicht voll geschäftsfähiger Personen (z.B. betreute Volljährige, §§ 1897, 1908i BGB; hier ist das Betreuungsgericht zuständig).

▶ **Checkliste: Beschleunigung des gerichtlichen Genehmigungsverfahrens** 521

Das gerichtliche Genehmigungsverfahren kann durch folgende Vorkehrungen beschleunigt werden:
- ☐ Abstimmung des Gesellschaftsvertrags und des Verfahrensablaufs mit dem Gericht vor Abschluss des Gesellschaftsvertrags
- ☐ Rechtzeitige Bestellung eines Ergänzungspflegers (BGB) und ggf. eines Verfahrensbeistands bzw. -pflegers (FamFG), vorzugsweise einer von den Beteiligten benannten geeigneten Person
- ☐ Beantragung der Genehmigung mit Rechtskraftzeugnis
- ☐ Sofortiger schriftlicher Verzicht auf Rechtsmittel und auf Einhaltung der Beschwerdefrist nach Bekanntgabe des Genehmigungsbeschlusses
- ☐ Kontrolle der Bekanntgabe der Genehmigung an alle Beteiligte
- ☐ Mitteilung der Genehmigung an anderen Vertragsteil und Empfangnahme durch diesen im Wege der notariellen Eigenurkunde aufgrund Doppelvollmacht

dd) Ehegatten

522 Ein im gesetzlichen Güterstand der Zugewinngemeinschaft verheirateter Gesellschafter bedarf zu der Verpflichtung über sein Vermögen im Ganzen zu verfügen der Zustimmung seines Ehegatten (§ 1365 BGB). Die Vermögensverfügung kann z.B. in der Einbringung eines Grundstücks oder

---

1005 OLG Köln, Beschl. v. 04.07.2011 – 21 UF 105/11, MittBayNot 2012, 131 m. Anm. *Kölmel* S. 108.

Handelsgeschäfts in eine zu gründende Gesellschaft liegen.[1006] Die Verfügungsbeschränkung erfasst auch Verfügungen über einzelne Vermögensgegenstände, wenn sie das ganze oder nahezu das ganze Vermögen ausmachen. Das ist nicht der Fall, wenn dem Ehegatten bei einem kleineren Vermögen 15 % und bei einem größeren Vermögen 10 % verbleiben. Unbeachtlich ist, dass der Gesellschafter eine Gegenleistung erhält, bei Gründung der Gesellschaft den Gesellschaftsanteil. § 1365 BGB greift aber nur, wenn dem Geschäftspartner bekannt ist, dass das Rechtsgeschäft über einen Einzelgegenstand das ganze oder nahezu ganze Vermögen erfasst.[1007]

523 Bis zur Genehmigung durch den anderen Ehegatten ist das Rechtsgeschäft schwebend unwirksam (§ 1366 Abs. 1 BGB).

ee) Kartellrechtliche Freigabe

524 Bestimmte Rechtsgeschäfte, darunter auch der Abschluss von Gesellschaftsverträgen, bedürfen der kartellrechtlichen Freigabe im Fusionskontrollverfahren durch das Bundeskartellamt oder durch die EU-Kommission (vgl. §§ 35 ff. GWB, EG-Fusionskontrollverordnung)[1008]. Bis zur Erteilung der Freigabe oder eines entsprechenden Negativattestes besteht ein Vollzugsverbot, dessen Verletzung oder Umgehung eine Ordnungswidrigkeit darstellt. Die Zusammenschlusskontrolle nach dem GWB findet statt, wenn im letzten Geschäftsjahr vor dem Zusammenschluss die beteiligten Unternehmen insgesamt weltweit Umsatzerlöse von mehr als 500 Mio. € und im Inland mindestens ein beteiligtes Unternehmen Umsatzerlöse von mehr als 25 Mio. € und ein weiteres beteiligtes Unternehmen Umsätze von mehr als 5 Mio. € erzielt haben (§ 35 Abs. 1 GWB). Es ist indes nicht immer von vornherein klar, ob die Voraussetzungen für die Anmeldepflicht und eine Freigabe gegeben sind oder ob das Vorhaben freigestellt ist bzw. anderweitig nicht der Fusionskontrolle unterliegt. Es empfiehlt sich daher, den Abschluss des Gesellschaftsvertrages in kritischen Fällen unter die aufschiebende Bedingung zu stellen, dass die zuständige Behörde die Freigabe oder ein entsprechendes Negativattest erteilt hat.

ff) Anwendbarkeit des § 179a AktG auf die Personenhandelsgesellschaft?

525 Von der Frage der Genehmigungsbedürftigkeit der Gründung von Gesellschaften bzw. des Abschlusses von Gesellschaftsverträgen ist die Frage zu unterscheiden, ob die Verfügung über das gesamte Vermögen der Gesellschaft eines zustimmenden Beschlusses der Gesellschafterversammlung bedarf. Ausdrücklich geregelt ist diese Frage nur für die Aktiengesellschaft: § 179a Abs. 1 AktG bestimmt, dass ein Vertrag, durch den sich eine Aktiengesellschaft zur Übertragung des ganzen Gesellschaftsvermögens verpflichtet, eines Beschlusses der Hauptversammlung nach § 179 AktG bedarf. Ein solcher Beschluss bedarf nach § 179 Abs. 2 AktG einer Drei-Viertel-Mehrheit und muss daher notariell beurkundet werden (§ 130 Abs. 1 AktG). Ratio der Vorschrift ist der Schutz der Gesellschaft und der Aktionäre vor solchen Veräußerungen durch den Vorstand, die dazu führen, dass die Gesellschaft ihren satzungsmäßigen Zweck nicht mehr erfüllen kann. Als Nebeneffekt begrenzt die Norm die Vertretungsbefugnisse des Vorstands im Außenverhältnis, indem sie diese an eine Entscheidung der sonst nur im Innenverhältnis entscheidungsbefugten Hauptversammlung knüpft. Der BGH hat den Rechtsgedanken des § 179a (früher § 361) AktG in einer früheren Entscheidung auch auf die KG für anwendbar gehalten.[1009] Dieser Rechtsprechung hat sich die ganz überwiegende Literatur angeschlossen,[1010] wobei ein Beurkundungsbedürfnis für den Zustimmungsbeschluss bei

---

1006 So der Sachverhalt bei OLG Saarbrücken, Beschl. v. 14.03.2019 – 6 UF 130/18, RNotZ 2019, 477.
1007 BGHZ 35, 135; BGHZ 43, 174; BGH NJW 1991, 1739; Palandt/*Brudermüller*, § 1365 Rn. 4, 6, 9.
1008 Verordnung (EG) Nr. 139/2004 des Rates v. 20.01.2004 über die Kontrolle von Unternehmenszusammenschlüssen, EG-ABl. L 24/1 v. 29.01.2004.
1009 BGH, Urt. v. 09.01.1995 – II ZR 24/95, NJW 1995, 596 = DNotZ 1995, 961; zuletzt OLG Düsseldorf, Urt. v. 23.11.2017 – I-6 U 225/16, NJW-RR 2018, 361.
1010 *Meier*, DNotZ 2020, 246, 248 m.w.N. in Fn. 14; *Weber*, DNotZ 2018, 96 m.w.N. in Fn. 2 und 3; *Hermanns*, DNotZ 2013, 9, 11.

der Personengesellschaft einhellig verneint wurde.[1011] Nunmehr hat der BGH einer analogen Anwendung von § 179a AktG auf die GmbH eine klare Absage erteilt.[1012] Tragendes Argument der Entscheidung ist die Überlegung, dass die Gesellschafter der GmbH in deutlich größerem Maße Einfluss auf die Geschäftsführung nehmen könnten als die Aktionäre einer Aktiengesellschaft auf den Vorstand. Die Wertungslage sei bei der GmbH eine andere als bei der AG; eine analoge Anwendung der Schutzvorschrift scheide aus. Folgt man dem BGH hinsichtlich der GmbH, so wird man sagen müssen, dass die Gesellschafter von Personenhandelsgesellschaften in noch geringerem Umfang schutzbedürftig sind. Personengesellschaften zeichnen sich dadurch aus, dass (mit Ausnahme der GmbH & Co. KG, bei der auch ein Fremdgeschäftsführer bestellt werden kann) die Gesellschafter regelmäßig selbst zur Vertretung und Geschäftsführung der Gesellschaft berufen sind. Auch nicht vertretungsberechtigte Gesellschafter sind in die Vorbereitung grundlegender geschäftlicher Entscheidungen eingebunden (ggf. mit Ausnahme von Kommanditisten). Die Veräußerung des gesamten Gesellschaftsvermögens ohne Beteiligung von Gesellschaftern erscheint demnach in vielen Fällen ausgeschlossen.[1013] Im Ergebnis fällt die Prognose nicht schwer, dass ein Gesellschafterbeschluss in analoger Anwendung von § 179a AktG bei den Personenhandelsgesellschaften wohl nicht (mehr) gefordert werden kann.

3. Firma

a) Grundsatz

Das Firmenrecht ist durch das Handelsrechtsreformgesetz 1998 liberalisiert worden.[1014] Mittlerweile lässt sich sagen, dass sich das Vereinfachungsstreben des Gesetzgebers auch in der Praxis der Gerichte niedergeschlagen hat. Von zentraler Bedeutung ist nunmehr die Namensfunktion der Firma: die Firma ist der Name des Kaufmanns, unter dem er im Geschäftsverkehr agiert und erkannt werden soll (§ 17 HGB). Die Freiheit zur Firmenbildung wird heute im Wesentlichen durch das Irreführungsverbot begrenzt.

526

Die Rechtsgrundlagen für die Bildung von Firmen sind in §§ 18, 19 und 30 HGB einheitlich für alle Kaufleute und Handelsgesellschaften geregelt; frühere Sondervorschriften für einzelne Rechtsformen sind aufgehoben. Danach gelten folgende Anforderungen: Eignung zur Kennzeichnung, hinreichende Unterscheidungskraft, Verbot der Irreführung über wesentliche geschäftliche Verhältnisse, Rechtsformzusatz, Unterscheidbarkeit von bestehenden Firmen am gleichen Ort.

527

Nach der Neuregelung von 1998 besteht somit eine weitgehende Freiheit bei der Bildung von Firmen. Zulässig sind Personen-, Sach-, Misch- und auch reine Fantasiefirmen, wenn die vorgenannten Anforderungen eingehalten werden. Insbesondere muss die Firma einer Personenhandelsgesellschaft nicht mehr die Namen der Gesellschafter enthalten. Dessen ungeachtet gibt es immer noch und immer wieder Meinungsverschiedenheiten über die Zulässigkeit von Firmen, die von den Gerichten geklärt werden müssen.[1015]

528

b) Namensfunktion

Die Unterscheidungskraft und die Kennzeichnungseignung sind nach dem Schrift- und Klangbild der Firma unter Berücksichtigung der Verkehrsauffassung zu beurteilen. Unterscheidungskraft besitzt eine Firma, wenn sie ihrer Art nach die Gesellschaft von anderen Unternehmen unterscheiden und auf diese Weise individualisieren kann. Kennzeichnungseignung ist gegeben, wenn die Firma überhaupt als Name für ein Unternehmen im Rechtsverkehr fungieren kann. Grundsätzlich müssen der

529

1011 Vgl. *Weber*, DNotZ 2018, 96, 124 m.w.N. Zum Ganzen auch DNotI-Gutachten, DNotI-Rep. 2017, 41.
1012 BGH, Urt. v. 08.01.2019 – II ZR 364/18, DNotZ 2020, 136 = notar 2019, 161 m. Anm. *Vossius*.
1013 Zutr. *Meier*, DNotZ 2020, 246, 250.
1014 Handelsrechtsreformgesetz (HRefG) v. 22.06.1998 (BGBl. I, S. 1474).
1015 Überblick auch bei Kersten/Bühling/*M. Wachter*, § 125, Rn. 1 ff.; Würzburger Notarhandbuch/*Limmer*, Teil 5 Kap. 2 Rn. 6 ff.

Firmenkern und etwaige Zusätze eine aussprechbare Bezeichnung darstellen, um die Namensfunktion zu erfüllen. Angesichts der verbreiteten Verwendung von Buchstabenkombinationen war fraglich geworden, ob die Bezeichnung als Wort aussprechbar sein muss. Nach der BGH-Rechtsprechung genügt als notwendige, aber zugleich hinreichende Bedingung die Aussprechbarkeit im Sinne der Artikulierbarkeit. Für weitergehende Einschränkungen sei nach der Neuregelung durch das Handelsrechtsreformgesetz kein Raum mehr. Danach sind auch bloße Buchstabenkombinationen zulässig, wenn sie artikulierbar sind (im entschiedenen Fall »HM & A GmbH & Co. KG«).[1016] Gemeint ist ein spezifisches eindeutiges – zumindest wortähnliches – Klangbild (z.B. DBK = phonetisch »Debeka«).

530 Unzulässig sind nicht artikulierbare Bildzeichen (»#«, »*«), denen keine Namensfunktion zukommt. Das kaufmännische Sonderzeichen »&« hat hingegen Verkehrsgeltung erlangt; es ist zudem als »und« ohne weiteres aussprechbar. Auch dem Sonderzeichen »@« wird zunehmend Verkehrsgeltung und Aussprechbarkeit (als englisches Wort »at«) zugesprochen. Nach dieser Auffassung ist das @-Zeichen als Firmenbestandteil eintragungsfähig, z.B. wenn eine Emailadresse als Firma fungieren soll.[1017] Hingegen sind Ziffern oder Zahlen allein nicht als Unternehmensname geeignet.[1018]

531 Fremdsprachige Firmenbestandteile sind zulässig, jedenfalls wenn sie den gängigen Fremdsprachen wie etwa Englisch, Französisch, Spanisch, Italienisch entlehnt sind.

532 Unabdingbar ist die lateinische Schrift. Es besteht kein Anspruch auf eine bestimmte Schreibweise (Satzzeichen, Großbuchstaben im zusammengesetzten Wort, Klein- oder Großschreibweise von Firmenbestandteilen). Aus diesem Grund kann das @-Zeichen zwar ersetzend für das englische Wort »at«, nicht aber als modische Schreibweise des Buchstabens »a« verwendet werden.[1019] Die Verwendung von Internetdomains als Firma ist zulässig, auch wenn diese die Verwendung eines Punktes (»dot«) vor der Domainkennung (».de«, ».com« etc.) bedingen. Die Zusammensetzung von Domainbezeichnungen ist heute allgemein bekannt und sogar aussprechbar (»XY Punkt de« oder »XY dot com«). Das Registergericht ist nicht an eine bestimmte grafische Gestaltung der Firma gebunden[1020].

533 Die Unterscheidungskraft fehlt bei ganz allgemeinen, generischen Begriffen ohne Individualisierung. Bloße Branchen-, Gattungs- oder Ortsbezeichnungen sind daher nicht eintragungsfähig.[1021] Eine Branchenbezeichnung kann ggf. durch eine Ortsangabe individualisiert werden, auch wenn diese

---

1016 BGH, Beschl. v. 08.12.2008 – II ZB 46/07, GmbHR 2009, 249 m. Anm. *Lamsa* 251 = DNotZ 2009, 469 = MittBayNot 2009, 160; ebenso bereits OLG Hamm, Beschl. v. 11.12.2007 – 15 W 85/07, RNotZ 2008, 232 = DNotI-Report 2008, 87 (»I2-GmbH & Co. KG« zulässig); anders noch OLG Celle, Beschl. v. 06.07.2006 – 9 W 61/06, DNotZ 2007, 56 (»AKDV GmbH« unzulässig). Nicht artikulierbare Bezeichnungen bleiben unzulässig (OLG Frankfurt, NJW 2002, 2400: »AAAAA AAAAA AAAAA AAAAA Ab ins Internet«; AG Koblenz v. 20.08.2014 -50 AR 531/14, zit. nach DNotZ 2015, 742, Fn. 8: »MGCMDR Ventures UG haftungsbeschränkt«).
1017 LG München I, Beschl. v. 15.12.2008 – 17 HKT 920/09, MittBayNot 2009, 315 entgegen BayObLG, Beschl. v. 04.04.2001 – 3Z BR 84/01, NJW 2001, 2337; ebenso LG Berlin, Beschl. v. 13.01.2004 – 102 T 122/03, RNotZ 2004, 412.
1018 KG v. 17.05.2013 – 12 W 51/13, zit. nach DNotZ 2015, 743, Fn. 15 – »23 GmbH«).
1019 Großzügiger Lutter/Hommelhoff/*Bayer*, § 4 Rn. 19: Nach der Verkehrsauffassung werde das @-Zeichen innerhalb eines Wortes als »a« gesprochen, z.B. »Met@box«. Anders wohl inzident BGH, Beschl. v. 08.12.2008 – II ZB 46/07, GmbHR 2009, 249 m. Anm. *Lamsa* 251 = DNotZ 2009, 469 = MittBayNot 2009, 160: fremdsprachige Bezeichnungen, die nicht aus lateinischen Buchstaben gebildet werden, und reine Bildzeichen als Bestandteile der Firma nicht zulässig.
1020 OLG München, GmbHR 2011, 587 – A³... GmbH: hochgestellte Zahl muss nicht eingetragen werden.
1021 H.M., vgl. Baumbach/Hopt/*Hopt*, § 17 Rn. 12 m.w.N.; OLG München, Beschl. v. 07.03.2007 – 31 Wx 92/06, DNotZ 2007, 866: »Planung für Küche und Bad Ltd.« trotz fehlender Unterscheidungskraft zulässig im Hinblick auf die europäische Niederlassungsfreiheit, Art. 43, 48 EGV, hinter der das Interesse des Allgemeinwohls an der Freihaltung der beschreibenden Begriffe zurückstehen müsse.

selbst nicht unterscheidungskräftig ist. Ortsangaben sind demnach auch in attributiver Form zulässig und können bloße Gattungsbezeichnungen kennzeichnend individualisieren.[1022] Auch als Internetdomain mit dem Zusatz ».de« wird eine Gattungsbezeichnung nicht unterscheidungskräftig.[1023]

▶ **Praxistipp: Individualisierung von Gattungsbezeichnungen durch Buchstabenkombinationen** 534

Die vom BGH zugelassenen Buchstabenkombinationen können zur Individualisierung gattungsbezogener Firmen herangezogen werden. Dafür reicht es, z.B. die Anfangsbuchstaben der verwendeten Gattungsbegriffe oder die Initialen der Gesellschafter voranzustellen (»AB Autodienst Berlin OHG«). Eine besondere Werkhöhe ist nicht erforderlich.

c) Irreführungsverbot

Weiter darf die Firma keine Angaben enthalten, die geeignet sind, über geschäftliche Verhältnisse, 535
die für die angesprochenen Verkehrskreise wesentlich sind, irrezuführen (§ 18 Abs. 2 HGB). Auch hinreichend individualisierte Firmen mit Kennzeichnungseignung und Unterscheidungskraft können also unzulässig sein, wenn sie zur Irreführung des Geschäftsverkehrs geeignet sind. Die Eignung zur Irreführung ist allerdings nur noch dann zu berücksichtigen, wenn sie ersichtlich ist (§ 18 Abs. 2 Satz 2 HGB). Der Prüfungsmaßstab des Gerichts ist also deutlich abgesenkt. Das Irreführungsverbot ist eher als äußere Grenze der Freiheit der Unternehmen bei der Wahl ihrer Firmen zu sehen.[1024] Irreführend können Angaben sein, die über die Personen der Gesellschafter, die Art und den Umfang der Tätigkeit oder die Größe des Unternehmens Fehlvorstellungen wecken. Die Irreführung muss zudem wettbewerbliche Relevanz haben (Wesentlichkeitsschwelle).[1025]

Personenhandelsgesellschaften haben häufig noch Namensfirmen. Zulässig sind Fantasienamens- 536
firmen, bei denen der Name einer nicht existenten Person verwendet wird.[1026] Auch die Verwendung des (bekannten) Namens eines Nichtgesellschafters ist nicht per se unzulässig. Sie kann jedoch im Einzelfall irreführend sein, wenn damit unzulässig Wettbewerbsvorteile erstrebt werden.[1027] Beim Wechsel von Gesellschaftern kann sich die Frage stellen, ob die Fortführung der Namensfirma zulässig ist, wenn kein Träger des betreffenden Namens mehr Gesellschafter ist. §§ 21, 22 und 24 HGB stellen den Grundsatz der Firmenbeständigkeit vor den der Firmenwahrheit. Die Fortführung einer Namensfirma ist bei Veränderungen im Gesellschafterkreis jedenfalls mit Zustimmung der betroffenen Namensträger grundsätzlich zulässig. Eine Grenze ist dort zu ziehen, wo die weitere Verwendung eines Namens eine Irreführungsgefahr i.S.d. § 18 Abs. 2 HGB birgt.[1028] Das kann z.B. der Fall sein, wenn ein akademischer Titel als Namensbestandteil in der Firma fortgeführt wird, obwohl der

---

1022 KG, Beschl. v. 11.09.2007 – 1 W 81/07, DNotZ 2008, 392 m. abl. Anm. *Kanzleiter* 393 – Autodienst Berlin Limited; abl. auch *Kilian*, notar 2009, 19, 23; s. aber auch OLG München, Beschl. v. 28.04.2010 – 31 Wx 117/09, notar 2010, 304 = DNotI-Report 2010, 115 – Münchner Hausverwaltung GmbH.
1023 LG Köln, Beschl. v. 08.02.2008 – 88 T 04/08, RNotZ 2008, 553 – brillenshop.de GmbH.
1024 S. *S. Meyer*, ZNotP 2009, 250.
1025 So bejaht das OLG Köln, Beschl. v. 12.03.2008 – 2 Wx 5/08, DNotZ 2009, 140 = RNotZ 2008, 551, eine Irreführung durch Weiterverwendung des Doktortitels eines ausgeschiedenen Gesellschafters in der Firma einer Personalberatung. Sehr liberal ist hingegen die Entscheidung des OLG München, Beschl. v. 28.04.2010 – 31 Wx 117/09, notar 2010, 304 = DNotI-Rep. 2010, 115 – Münchner Hausverwaltung GmbH, wonach die Firma »Münchner Hausverwaltung GmbH« nicht irreführend sei, obwohl die Gesellschaft ihren Sitz in einer Nachbargemeinde hat und im Wirtschaftsraum München keineswegs führend in der betreffenden Branche ist.
1026 OLG Jena, Beschl. v. 22.06.2010 – 6 W 30/10, DNotZ 2010, 935 (zur GmbH); OLG München, Beschl. v. 08.11.2012 – 31 Wx 415/12, ZIP 2012, 2393 (zum eingetragenen Kaufmann).
1027 OLG Karlsruhe, Beschl. v. 24.02.2010 – 31 Wx 117/09, notar 2010, 304; OLG Rostock, Beschl. v. 17.11.2014 – 1 W 53/14, notar 2015, 91 (zur GmbH).
1028 Zutr. Baumbach/Hopt/*Hopt*, § 22 Rn. 14.

betreffende Titelträger aus der Gesellschaft ausgeschieden ist.[1029] Bei der GmbH & Co. KG ist es andererseits nicht mehr erforderlich, den Namen des persönlich haftenden Gesellschafters in der Firma zu führen. Die Verwendung des Namens einer anderen Person, etwa eines Kommanditisten, kann irreführend sein, allerdings nicht in Bezug auf die persönliche Haftung dieser Person. Der Rechtsformzusatz »GmbH & Co. KG« ist für den Rechtsverkehr ein eindeutiger Hinweis darauf, dass keine natürliche Person persönlich haftet. Die GmbH & Co. KG und ihre Komplementär-GmbH können heute zudem völlig unterschiedliche Firmen haben.[1030] Eine andere Frage ist, ob bei Änderung der Firma der Komplementär-GmbH eine Pflicht zur Anmeldung der Änderung bei der KG besteht, auch wenn die Firma der KG selbst nicht geändert wird. Nach der obergerichtlichen Rechtsprechung handelt es sich lediglich – wie allgemein bei der Änderung der Namen von eingetragenen Personen – um eine nicht anmeldepflichtige Änderung der Bezeichnung. Allerdings sind die von der Namensänderung betroffenen Personen zur Mitwirkung an der Aktualisierung des Handelsregisters verpflichtet, z.B. durch eine entsprechende Anregung und Beibringung geeigneter Nachweise über die Namensänderung. Die Berichtigung des Registers hat dann von Amts wegen zu erfolgen (§ 17 HRV).[1031] Im Vordringen begriffen ist die Auffassung, dass auch die Namensänderung eine anmeldepflichtige Änderung der eingetragenen Rechtsverhältnisse darstelle. Danach ist eine förmliche Handelsregisteranmeldung erforderlich, wobei an die beizubringenden Nachweise keine hohen Anforderungen gestellt werden.[1032]

537 Teilweise kurios mutet die Rechtsprechung zur Weiterverwendung von akademischen Titeln an. So hat der BGH im Fall der Weiterverwendung eines Doktorgrads in der Firma einer Partnerschaft von Rechtsanwälten durch die selbst nicht promovierten Partner entschieden, dass keine Irreführungsgefahr vorliege. Die Fortführung des Doktortitels sei nicht irreführend, weil der Titel in den Augen der Öffentlichkeit für eine abgeschlossene Hochschulausbildung stehe und bei einer Partnerschaft von Rechtsanwälten klar sei, dass alle Partner, ob promoviert oder nicht, als Voraussetzung der Zulassung zu ihrem Beruf eine akademische Ausbildung abgeschlossen haben müssten.[1033] Das Gleiche gelte für Partnerschaften von Rechtsanwälten und Steuerberatern.[1034]

538 Großzügiger wird die Rechtsprechung auch bei der Verwendung von Begriffen wie »Gruppe«, »Group« und »Holding«. Zwar darf ein Einzelkaufmann nicht als »Group« firmieren, weil dieser Firmenbestandteil auf eine Mehrzahl beteiligter Unternehmen hindeutet.[1035] Die Verwendung von »Gruppe« kann auch irreführend sein, wenn die betreffende Gesellschaft kein Zusammenschluss mehrerer selbstständiger Unternehmen zur Wahrung gemeinsamer Interessen ist.[1036] Daraus folgt aber nicht, dass jede Gesellschaft, die als Gruppe firmieren soll, selbst mehrere Gesellschafter haben muss. Denkbar ist auch, dass die »Gruppe« die Obergesellschaft mehrerer Tochtergesellschaften ist. Dies entspricht einer weit verbreiteten Praxis (z.B. REWE Group) und stellt sicher keine Irreführung der angesprochenen Verkehrskreise dar. Die Verwendung der Begriffe »Holding«, »Gruppe« etc. ist auch schon bei Gründung von Gesellschaften zulässig, ohne dass dem Handelsregister nachgewiesen wer-

---

1029 OLG Köln, Beschl. v. 12.03.2008 – 2 Wx 5/08, RNotZ 2008, 551 zur Fortführung eines Doktortitels in der Firma einer GmbH, die im Bereich der Personalberatung tätig ist.
1030 Früher musste in der Firma der GmbH & Co. KG die Firma der GmbH wiederholt werden, was zu unzeitgemäßen Bandwurmkonstruktionen geführt hat (vgl. § 19 Abs. 2, 4 HGB a.F.).
1031 OLG Hamm, Beschl. v. 26.01.2010 – I-15 W 361/09, DNotZ 2010, 555; OLG Celle, Beschl. v. 18.09.2012 – 9 W 124/12, abrufbar unter www.dnoti.de.
1032 *Krafka*, Registerrecht, Rn. 182.
1033 BGH, Beschl. v. 08.05.2018 – II ZB 7/17, ZIP 2018, 1393. Laut BGH handelt es sich freilich um eine Sonderkonstellation. Die Ausnahme dürfte ausschließlich für »Nur-Akademiker-Partnerschaften« gelten und nicht auf andere Gesellschaften übertragbar sein. Für diese dürfte weiter gelten, dass ein Doktortitel nur dann geführt werden darf, wenn mindestens einer der Partner über diesen Titel verfügt, vgl. BGH, Beschl. v. 04.04.2017 – II ZB 10/16, ZIP 2017, 1067.
1034 BGH, Beschl. v. 08.05.2018 – II ZB 26/17, ZIP 2018, 1494 (Wirtschaftsprüfer) und – II ZB 27/17, UIP 2018, 1439 (Steuerberater).
1035 OLG Schleswig, Beschl. v. 28.09.2011 – 2 W 231/10, NZG 2012, 34.
1036 So OLG Jena, Beschl. v. 10.10.2013 – 6 W 375/12, ZIP 2014, 375 = NZG 2013, 1270.

C. Personenhandelsgesellschaften

den müsste, dass der Aufbau einer Unternehmensgruppe oder einer Holdingstruktur konkret beabsichtigt ist.[1037]

d) Rechtsformzusatz

Zwingend hat die Firma jeder Personenhandelsgesellschaft den entsprechenden Rechtsformzusatz oder eine allgemein verständliche Abkürzung dieser Bezeichnung zu enthalten (§ 19 HGB). Die offene Handelsgesellschaft muss also als solche oder als »oHG« und die Kommanditgesellschaft als solche oder als »KG« bezeichnet werden. Die früher häufig anzutreffende Bezeichnung »& Co.« ist nicht mehr zulässig. Eine Sonderregel enthält § 19 Abs. 2 HGB für Handelsgesellschaften ohne natürliche Person als vollhaftender Gesellschafter. In die Firma einer solchen Gesellschaft muss eine Bezeichnung aufgenommen werden, welche die Haftungsbeschränkung kennzeichnet (»GmbH & Co. KG«). Dies gilt auch im Fall der im Übrigen zulässigen Fortführung einer Firma. **539**

Der Name einer Partnerschaft(sgesellschaft) nach dem PartGG muss den Zusatz »und Partner« oder »Partnerschaft« enthalten (§ 2 Abs. 1 PartGG). Andere Gesellschaften dürfen diese Zusätze nicht in der Firma führen bzw. nur noch dann, wenn sie die Bezeichnung bei Inkrafttreten des PartGG geführt haben und der Bezeichnung einen Hinweis auf ihre Rechtsform hinzufügen (§ 11 Abs. 1 PartGG; z.B. »XY und Partner oHG«).[1038] Hinsichtlich der Verwendung des Zusatzes »Partners« bzw. »partners« ist die Rechtsprechung der Obergerichte uneinheitlich. Während das KG die Firma »P ... Capital Partners ... GmbH« nach wie vor für unzulässig hält,[1039] urteilt das OLG Hamburg liberaler über die Zulässigkeit von »... partners Steuerberatungsgesellschaft mbH«.[1040] **540**

Neu ist die Partnerschaftsgesellschaft mit beschränkter Berufshaftung (BGBl. I 2013, S. 2386), mit der die Partner ihre berufliche Haftung auf das Vermögen der Partnerschaft beschränken können. Die Partnerschaft muss einen Zusatz in ihrer Firma führen, der die Haftungsbeschränkung offenbart (»mbB«). In der Rubrik Rechtsform des Partnerschaftsregisters (Spalte 4, Buchst. a)) soll aber nur die Bezeichnung »Partnerschaft« ohne den Zusatz »mit beschränkter Berufshaftung« eingetragen werden.[1041]

e) Unterscheidungskraft

Schließlich verlangt § 30 HGB, dass sich jede neue Firma von allen an demselben Ort bereits bestehenden und in das Handelsregister eingetragenen Firmen deutlich unterscheidet (konkrete Unterscheidungskraft). Dies lässt sich durch eine Recherche im elektronischen Handelsregister (www.handelsregister.de) oder Unternehmensregister (www.unternehmensregister.de), im Internet per Suchmaschine oder durch eine Anfrage bei der örtlich zuständigen Industrie- und Handelskammer in der Regel schnell und sicher klären. Ordinalzahlen zur Unterscheidung von im Übrigen identischen Firmen reichen aus.[1042] **541**

1037 Zutreffend OLG Frankfurt, Beschl. v. 16.04.2019 – 20 W 53/18, NZG 2019, 1232.
1038 Vgl. BGH, Beschl. v. 21.04.1997 – II ZB 14/96, BGHZ 135, 257. Nach OLG München, Beschl. v. 14.12.2006 – 31 Wx 089/06, DNotI-Rep. 2007, 32, ist »Partner« als Wortbestandteil eines zusammengesetzten Wortes zulässig und eine Verwechselung mit »und Partner« ausgeschlossen (»GV-Partner GmbH & Co. KG«); ebenso OLG Frankfurt, Beschl. v. 11.11.2004 – 20 W 321/04, GmbHR 2005, 96; KG NJW-RR 2004, 976. Anders verhält es sich, wenn eine Verwechselung mit dem für die Partnerschaft reservierten Rechtsformzusatz mangels wesentlicher Unterscheidungsmerkmale zu deren Rechtsformbezeichnung nicht ausgeschlossen werden kann (OLG Düsseldorf, Beschl. v. 09.10.2009 – I-3 Wx 182/09, GmbHR 2010, 38 zu »Partner Logistics Immobilien GmbH«).
1039 KG, Beschl. v. 17.09.2018 – 22 W 57/18, ZIP 2018, 1975.
1040 OLG Hamburg, Beschl. v. 10.05.2019 – 11 W 35/19, ZIP 2019, 1286 = NZG 2019, 744.
1041 So OLG Nürnberg, Beschl. v. 05.02.2014 – 12 W 351/14, DNotZ 2014, 468 = RNotZ 2014, 390.
1042 Zutreffend OLG Hamm, Beschl. v. 11.07.2013 – 27 W 52/13, NZG 2013, 997.

542 ▶ **Praxistipp: Abklärung von Firmen mit der IHK**
Die Regelanfrage bei der Industrie- und Handelskammer ist entfallen (vgl. § 23 HRV). Ein IHK-Gutachten zur Firma und zum Unternehmensgegenstand ist seitens des Handelsregisters nur noch in zweifelhaften Fällen einzuholen. Dessen ungeachtet kann die Abstimmung der Firma mit der zuständigen IHK vor Anmeldung zum Handelsregister sinnvoll sein, vor allem zur Klärung, ob eine ähnliche Firma am Ort bereits existiert (§ 30 HGB).

543 ▶ **Checkliste zur Firmenbildung von Personenhandelsgesellschaften:**
☐ Namensfunktion: Kennzeichnungseignung, Unterscheidungskraft
☐ Keine Irreführung über wesentliche geschäftliche Verhältnisse
☐ Rechtsformzusatz
☐ Unterscheidbarkeit von bestehenden Firmen am gleichen Ort.

f) Partnerschaft

544 Für die Partnerschaft(sgesellschaft) nach dem PartGG ist die Freiheit zur Firmenbildung eingeschränkt. Der Name der Partnerschaft muss den Namen mindestens eines Partners, den Zusatz »und Partner« oder »Partnerschaft« sowie die Berufsbezeichnungen aller in der Partnerschaft vertretenen Berufe enthalten. Die Namen anderer Personen als der Partner dürfen nicht in den Namen der Partnerschaft aufgenommen werden (§ 2 Abs. 1 PartGG). Zu beachten ist, dass der Begriff »Partner« (statt »und Partner«) für Partnerschaften nicht zulässig ist. Ob andere geringfügige Abweichungen eingetragen werden können, sollte vorab mit dem zuständigen Partnerschaftsregister abgeklärt werden (z.B. die Verwendung des kaufmännischen »&«-Zeichens oder des »+«-Zeichens statt des Wortes »und«, »Partnerschaftsgesellschaft« statt »Partnerschaft«)[1043]. Eine Abkürzung des Rechtsformzusatzes sieht das Gesetz nicht vor; »PartG« ist wohl auch (noch) nicht allgemeinverständlich. Zur Vermeidung von Irreführungen ist der Zusatz »und Partner« nur zulässig, wenn nicht alle Namen der Gesellschafter aufgeführt werden, sondern außer den in dem Namen genannten Partnern mindestens ein weiterer Partner existiert. Etwas anderes kann im Interesse der Namensbeständigkeit gelten, wenn der Name der Partnerschaft sich aus den Namen von zwei Partnern und dem Zusatz »und Partner« zusammensetzt und der dritte Partner ausscheidet.[1044] Mehrere Namen müssen getrennt voneinander (und nicht etwa als ein zusammengesetztes Wort) geschrieben werden.[1045] Im Übrigen gelten kraft der Verweisung des § 2 Abs. 2 PartGG die dargestellten Grundsätze des handelsrechtlichen Firmenrechts.

4. Die Mitgliedschaft in der Personenhandelsgesellschaft

a) Mitgliedschaftsrechte

545 Die Mitgliedschaft in der Personenhandelsgesellschaft umfasst für den Gesellschafter zahlreiche Rechte (Stimmrecht, Gewinnbeteiligung, Geschäftsführungs- und Vertretungsbefugnis, Informations- und Kontrollrecht) und Pflichten (Zweckförderungs- und Beitragspflicht, Haftung für Verbindlichkeiten der Gesellschaft, allgemeine Treue- und Rücksichtspflicht).

546 Innerhalb der Gesellschafter- oder Mitgliedschaftsrechte sind Verwaltungs- und Vermögensrechte zu unterscheiden. Verwaltungsrechte sind insbesondere das Recht auf Geschäftsführung und Vertretung der Gesellschaft, das Stimmrecht und die Informations- und Kontrollrechte des Gesellschafters gegenüber der Gesellschaft. Zu den Vermögensrechten gehören insbesondere die Ansprüche auf

---

1043 Für die Zulässigkeit MünchHdb.GesR I/*Salger*, § 38 Rn. 18; OLG Düsseldorf, Beschl. v. 09.10.2009 – I-3 Wx 182/09, GmbHR 2010, 38.
1044 OLG Celle, Beschl. v. 11.08.2008 – 9 W 82/08, NZG 2008, 866.
1045 OLG Frankfurt am Main, Beschl. v. 25.02.2008 – 20 W 464/07, RNotZ 2008, 630.

C. Personenhandelsgesellschaften Kapitel 1

Vergütung und Aufwendungsersatz aus Geschäftsführung, Gewinnbeteiligung und Beteiligung am Auseinandersetzungsguthaben.

b) Abspaltungsverbot

Die Verwaltungsrechte sind nicht ohne die Mitgliedschaft übertragbar (§ 717 Satz 1 BGB, sog. Abspaltungsverbot). Dem liegt der Rechtsgedanke zugrunde, dass die Ausübung von Rechten nicht von der daraus entstehenden Haftung getrennt werden darf.[1046] Der Gesellschafter, den zwingend die Haftung für ein bestimmtes Handeln trifft, soll die Befugnis zu dem Handeln also nicht auf einen Dritten übertragen dürfen. Außerdem soll kein Mitgesellschafter mit der Einwirkung eines Dritten konfrontiert werden, mit dem er nicht selbst gesellschaftsvertragliche Beziehungen aufgenommen hat. Die mit der Mitgliedschaft verbundenen Vermögensrechte, insbesondere die Ansprüche auf Vergütung und Aufwendungsersatz aus Geschäftsführung, Gewinn und ein Auseinandersetzungsguthaben, sind hingegen abtrennbar und können unabhängig von der Gesellschafterstellung abgetreten werden (§ 717 Satz 2 BGB).[1047]

547

Das Abspaltungsverbot gilt nur für die Abtretung von Verwaltungsrechten an Dritte; nicht für die Abtretung an Mitgesellschafter.

548

c) Durchbrechung des Abspaltungsverbots

aa) Überblick

Eine begrenzte Durchbrechung oder Umgehung des Abspaltungsverbots ist möglich, indem ein Dritter zur Wahrnehmung von Verwaltungsrechten ermächtigt oder dazu bevollmächtigt wird. Eine solche Ermächtigung bedarf stets der Zustimmung aller Gesellschafter. Diese kann speziell für das zugrunde liegende Rechtsgeschäft erteilt oder durch eine entsprechende Regelung im Gesellschaftsvertrag antizipiert werden. Ein Eingriff in den sog. Kernbereich der Gesellschafterstellung darf aufgrund der Ermächtigung nicht erfolgen (sog. Kernbereichslehre).[1048]

549

In der Personengesellschaft herrschen die Grundsätze der Selbstorganschaft, d.h. der Geschäftsführung durch einen oder mehrere Gesellschafter (§§ 114 ff., 164 HGB; § 6 Abs. 2, 3 PartGG), und der organschaftlichen Vertretungsmacht gegenüber Dritten (§§ 125 ff., 170 HGB, § 7 Abs. 3 PartGG). Organschaftliche Geschäftsführer im Innenverhältnis und Vertreter der Gesellschaft im Außenverhältnis können also regelmäßig nur Gesellschafter sein. Diese Prinzipien korrelieren mit dem Grundsatz der persönlichen Haftung der handelnden Gesellschafter für die Verbindlichkeiten der Gesellschaft. Die Verwaltungsrechte der Geschäftsführung und Vertretung können daher nicht als solche auf Dritte übertragen werden. Das Abspaltungsverbot schließt aber nicht die rechtsgeschäftliche Übertragung von Geschäftsführungs- und Vertretungsbefugnissen auf Dritte, z.B. einen angestellten Geschäftsführer, aus. Dazu können weit reichende Vollmachten erteilt werden (Prokura, Handlungsvollmacht, u.U. Generalvollmacht oder Vorsorgevollmacht zur Vermeidung der Bestellung eines Betreuers für den geschäftsunfähig gewordenen Gesellschafter).[1049] Eine Umgehung des

550

1046 BGHZ 20, 363, 368.
1047 Bei dem Gewinnanspruch wird unterschieden zwischen dem nicht abtretbaren Gewinnstammrecht und dem übertragbaren Gewinnanspruch, i.E. sehr str., vgl. MünchKommBGB/*Ulmer/Schäfer*, § 717 Rn. 34 ff.
1048 Zu den Kernrechten werden u. a. gezählt: die Änderung des Gesellschaftsvertrags, Eingriffe in das Stimm-, Gewinn-, Geschäftsführungsrecht sowie das Recht auf Beteiligung am Auseinandersetzungsguthaben und sonstige direkte und indirekte Eingriffe in die vermögensmäßige Rechtsstellung des Gesellschafters, vgl. Baumbach/Hopt/*Roth*, § 119 Rn. 36 (str.).
1049 BGH, Urt. v. 20.10.2008 – II ZR 107/07, ZNotP 2009, 26: Vertretung einer KG aufgrund rechtsgeschäftlicher Generalvollmacht des Komplementärs möglich, die auf eine zulässige Generalhandlungsvollmacht i.S.d. § 54 HGB zu reduzieren ist; ebenso BGH, Urt. v. 18.07.2002 – III ZR 124/01, DNotZ 2003, 147: organvertretende Generalvollmacht bei der GmbH unzulässig, aber Umdeutung

Abspaltungsverbots und unzulässige Fremdorganschaft liegen jedoch dann vor, wenn alle Gesellschafter von der Vertretung ausgeschlossen werden, auf die eigene Vertretungsmacht oder auf ihr Weisungsrecht vollständig verzichten. Den oder dem geschäftsführungs- und vertretungsbefugten Gesellschafter(n) muss also jedenfalls das Letztentscheidungs- oder Rückholrecht verbleiben. Die Erteilung einer unwiderruflichen Generalvollmacht an einen gesellschaftsfremden Dritten wäre demnach unzulässig.

551 Die Überlassung der Ausübung von Verwaltungsrechten ohne Übertragung der Gesellschafterstellung insgesamt ist von großer praktischer Bedeutung. Es gibt zahlreiche Situationen, in denen legitime (rechtliche und/oder wirtschaftliche) Interessen der Beteiligten dafür sprechen, dass Verwaltungsrechte ausnahmsweise nicht durch den Gesellschafter selbst, sondern durch eine andere Person ausgeübt werden sollen, z.B. bei der Mitwirkung in Publikumsgesellschaften, in denen das rechtliche Interesse des einzelnen Gesellschafters an einer unmittelbaren Mitwirkung relativ gering ist, bei Treuhandvereinbarungen oder dem Nießbrauch an einem Gesellschaftsanteil. Die Praxis hat für die typischen Konstellationen rechtlich anerkannte Ausnahmen vom Abspaltungsverbot gefunden bzw. die notwendigen Abweichungen mit dem Prinzip harmonisiert.

bb) Stimmrechtsvollmacht

552 Der wichtigste Fall einer solchen rechtlich wirksamen Abspaltung von Gesellschafterrechten ist die Erteilung einer Stimmrechtsvollmacht an einen Dritten oder einen Mitgesellschafter (§ 167 Abs. 1 BGB). Die Möglichkeit zur Bevollmächtigung einer anderen Person (Mitgesellschafter, Ehegatte, berufsrechtlich zur Verschwiegenheit verpflichteter Angehöriger eines rechts- oder steuerberatenden Berufs) zur Ausübung des Stimmrechts in der Gesellschafterversammlung ist vielfach in Gesellschaftsverträgen vorgesehen. Eine solche Vollmacht ist ein sinnvolles Instrument und stellt grundsätzlich keinen Verstoß gegen das Abspaltungsverbot dar. Das Abspaltungsverbot ist jedoch dann berührt, wenn der Gesellschafter sich seines Stimmrechts ganz entäußert bzw. auf spätere Einflussnahme ganz verzichtet, so dass die Bevollmächtigung einer Stimmrechtsübertragung gleichkommt. Das kann der Fall sein, wenn die Stimmrechtsvollmacht unwiderruflich und zeitlich unbegrenzt erteilt wird, der Gesellschafter auf die eigene Ausübung seines Stimmrechts verzichtet oder sich verpflichtet, nicht gegen den Willen des Bevollmächtigten zu stimmen.[1050] Solche Stimmrechtsvollmachten sind unwirksam und können auch nicht mit Zustimmung aller Gesellschafter im Gesellschaftsvertrag vereinbart werden.

553 Eine ähnliche Problematik stellt sich dann, wenn ein Gesellschafter die Ausübung seines Stimmrechts an den Willen von Mitgesellschaftern oder Dritten bindet. Solche Bindungen sind z.B. in Stimmbindungsverträgen und Poolvereinbarungen enthalten, mit denen die Beteiligten ihr Stimmverhalten von einem vorher gemeinsam zu fassenden Beschluss, der Weisung eines Beteiligten oder einer anderweitig festgelegten Maßgabe abhängig machen. Solche Stimmbindungsvereinbarungen werden indes als zulässig angesehen, und zwar sowohl mit anderen Gesellschaftern als auch gegenüber Dritten (str.).[1051]

554 Eine besondere Bedeutung hat die Stimmrechtsvollmacht in Publikumsgesellschaften oder Fonds, die oft in der Rechtsform der KG mit einer Vielzahl von Kommanditisten konstruiert werden. Der einzelne Kommanditist hat in der Publikumsgesellschaft zumeist ein rein finanzielles Interesse am Unternehmenserfolg und an der Verzinsung seiner Investition. Er möchte regelmäßig nicht das Tagesgeschäft der Gesellschaft beeinflussen. Üblich und zulässig ist daher die Erteilung weit reichen-

---

in Handlungsvollmacht zu prüfen. In das Handelsregister einzutragen ist allerdings nur die Prokura (§§ 48, 53 HGB), eine Handlungs-, Generalhandlungs- oder Generalvollmacht ist nicht eintragungsfähig, zutr. Hanseatisches OLG Hamburg, Beschl. v. 04.12.2008 – 11 Wx 80/08, RNotZ 2009, 347 = GmbHR 2009, 252; a.A. *Schroeder/Oppermann*, JZ 2007, 176, 180 m.w.N. Zur Vorsorgevollmacht des Gesellschafters ausführlich *Baumann/Selzener*, RNotZ 2015, 605; ferner *Jocher*, notar 2014, 3.
1050 BGHZ 3, 354, 358; BGHZ 20, 363, 367.
1051 Vgl. Baumbach/Hopt/*Roth*, § 119 Rn. 17 f. m.w.N.; MünchKommBGB/*Ulmer/Schäfer*, § 717 Rn. 25.

der Stimmrechtsvollmachten an den Initiator des Fonds oder an den Komplementär. Die Stimmrechtsvollmacht wird häufig kombiniert mit einer Handelsregistervollmacht zur Anmeldung der anmeldepflichtigen Tatsachen bei dem Handelsregister. Auf diese Weise kann der Initiator im Namen aller Kommanditisten eine Vielzahl von Entscheidungen treffen und vollziehen, nicht zuletzt die Aufnahme weiterer Kommanditisten in die Gesellschaft.

Von der rechtsgeschäftlichen Bevollmächtigung ist die gesetzliche Vertretung bei der Stimmrechtsausübung, z.B. von Minderjährigen durch ihre Eltern, zu unterscheiden. Nach der Rechtsprechung ist die Ausübung von Rechten des Vertretenen durch den gesetzlichen Vertreter rechtlich identisch mit der Rechtsausübung durch den Vertretenen selbst.[1052] Ein Verstoß gegen das Abspaltungsverbot liegt also nicht vor.

555

cc) Vertreterklauseln

Vertreterklauseln haben die einheitliche Ausübung von Gesellschafterrechten von mehreren Gesellschaftern zum Ziel. Dieses Ziel soll dadurch erreicht werden, dass die Gesellschafter einen gemeinsamen Vertreter bestellen müssen und ihre Gesellschafterrechte nur durch diesen gemeinsamen Vertreter ausüben dürfen. Dabei wird dem Vertreter eine Reihe von Verwaltungsrechten zur Ausübung überlassen (Stimmrecht, Geschäftsführungsbefugnis, Kontroll- und Informationsrechte). Vertreterklauseln können zur Vermeidung der Zersplitterung von Verwaltungsrechten sinnvoll sein, z.B. wenn mehrere Erben die Rechtsnachfolge in einen Kommanditanteil antreten.[1053] Die Willensbildung der betroffenen Gesellschafter erfolgt dabei vorab innerhalb der Gruppe, in der Gesellschafterversammlung tritt die Gruppe einheitlich auf. Der Vertreter kann ein Mitgesellschafter oder auch ein Dritter sein. Das Abspaltungsverbot steht allerdings der Übertragung der Verwaltungsrechte als solche auf den Vertreter entgegen. Der Vertreter ist lediglich als rechtsgeschäftlich Bevollmächtigter der Gesellschaftergruppe zu qualifizieren. Er unterliegt den Weisungen der Gesellschafter und muss jedenfalls aus wichtigem Grund abberufen werden können. Außerdem darf die Vertreterklausel nicht zu einer unzulässigen Stimmrechtsbeschränkung führen und nicht mit dem Entzug von höchstpersönlichen Gesellschafterrechten wie dem Kündigungsrecht verbunden sein.[1054]

556

dd) Treuhand

In Treuhandvereinbarungen über Gesellschaftsbeteiligungen wird typischerweise ein ganzes Bündel von Rechten und Pflichten zwischen Treugeber und Treuhänder vereinbart, die gemeinsam zum Ziel haben, dem Treugeber die Kontrolle über die Beteiligung und das Handeln des Treuhänders zu ermöglichen. Dabei wird der Treuhänder als Gesellschafter regelmäßig an die Weisungen des Treugebers gebunden. Damit die Bindung und das Weisungsrecht im Treuhandverhältnis nicht mit den Pflichten des Treuhänders als Gesellschafter in Konflikt geraten, müssen die Treuhandvereinbarungen unter Berücksichtigung des Abspaltungsverbots passgenau mit dem Gesellschaftsverhältnis harmonisiert werden. Die gesellschaftsvertragliche Bindung des Treuhänders muss dabei stets den Vorrang vor seiner treuhänderischen Bindung an den Willen des Treugebers erhalten. Der Treuhänder kann nicht durch Weisung des Treugebers zur Verletzung seiner Gesellschafterpflichten gezwungen werden. Im Konfliktfall haftet der Treuhänder, der eine Weisung des Treugebers missachtet, weil er sich gesellschaftskonform verhält, dem Treugeber nicht wegen der Missachtung der Weisung. Umgekehrt kann sich der Treuhänder gegenüber seinen Mitgesellschaftern nicht auf die Weisung berufen, wenn er in Ausübung der Weisung gegen gesellschafterliche (Treue) Pflichten verstößt. Bei der Gestaltung von Treuhandvereinbarungen sollte daher neben dem Abspaltungsverbot der Grundgedanke berücksichtigt werden, dass das Weisungsrecht eines Treugebers niemals weiter gehen darf als die eigenen Rechte und Handlungsoptionen des Gesellschafters.[1055]

557

1052 BGHZ 92, 259.
1053 BGHZ 46, 291, 294.
1054 Baumbach/Hopt/*Roth*, § 163 Rn. 10 f.
1055 Instruktiv *Hermanns*, notar 2014, 283.

558 Eine Treuhandvereinbarung, die die vorstehenden Prämissen zugrunde legt, ist daher notwendigerweise ein Kompromiss zwischen dem Interesse des Treugebers an einer möglichst weitgehenden Kontrolle über die Beteiligung und der Notwendigkeit für den Treuhänder, seine Pflichten als Gesellschafter erfüllen zu können. Der umsichtige Gestalter einer solchen Vereinbarung wird vor allem Wert auf weit reichende Informations- und Kontrollrechte des Treugebers legen, das Weisungsrecht unter den Vorbehalt der gesellschafterlichen Treuepflicht des Treuhänders stellen und die etwa gewünschte Stimmrechtsausübung durch den Treugeber mit einer entsprechenden Stimmrechtsvollmacht oder eine Stimmbindungsvereinbarung absichern.

559 Die Rechtsstellung des Treugebers kann der eines Gesellschafters weitgehend angenähert werden, wenn die Treuhand den Mitgesellschaftern offengelegt wird und diese ihre Zustimmung erteilen (qualifizierte mittelbare Beteiligung, offene Treuhand).[1056] Der Treugeber haftet allerdings nicht persönlich für Gesellschaftsverbindlichkeiten (auch nicht analog §§ 128, 130 HGB).[1057]

560 Der Treuhand vergleichbar ist die Unterbeteiligung an einem Gesellschaftsanteil. Der wesentliche Unterschied liegt darin, dass bei der Unterbeteiligung der Hauptbeteiligte und der Unterbeteiligte im Innenverhältnis eine Gesellschaft bürgerlichen Rechts bilden, während das Innenverhältnis zwischen Treuhänder und Treugeber unterschiedlich, auch rein schuldrechtlich z.B. als Geschäftsbesorgungsvertrag, ausgestaltet sein kann. Bei der Unterbeteiligung findet keine Übertragung des Gesellschaftsanteils auf den Unterbeteiligten statt, bei der Treuhand wird hingegen der Gesellschaftsanteil vom Treugeber auf den Treuhänder übertragen (wenn nicht der Treuhänder bereits Gesellschafter ist und vereinbart wird, dass er den Gesellschaftsanteil zukünftig treuhänderisch für den Treugeber hält).

ee) Nießbrauch

561 (1) Von großer praktischer Bedeutung ist neben der Treuhand auch der Nießbrauch an einem Gesellschaftsanteil. So gehört die Einräumung von Nießbrauchsrechten zum Standardinstrumentarium bei der vorweggenommenen Erbfolge, wenn ein Vermögensgegenstand zu Lebzeiten auf den Nachfolger übertragen werden soll, der Veräußerer sich aber bestimmte Nutzungsrechte und Einflussmöglichkeiten bewahren möchte. Die Zulässigkeit der Nießbrauchsbestellung an dem Anteil an einer Personenhandelsgesellschaft ist im Grundsatz anerkannt.[1058] Es handelt sich um einen Fall des Nießbrauchs an Rechten (§ 1068 Abs. 1 BGB). Der Nießbrauch kann nach der heute herrschenden Auffassung am Gesellschaftsanteil insgesamt bestellt werden, wenn der Gesellschaftsanteil als ein übertragbares Recht i.S.d. § 1069 Abs. 2 BGB ausgestaltet ist. Dabei fallen dem Nießbraucher auch die zur Ausübung des Nießbrauchsrechts notwendigen Verwaltungsrechte zu.[1059] Die früher üblichen Umgehungskonstruktionen (z.B. treuhänderische Übertragung des gesamten Anteils mit entsprechenden schuldrechtlichen Abreden im Treuhandverhältnis, Nießbrauch nur an den separat übertragbaren Vermögensrechten oder an einem »Gewinnstammrecht«, Stimmrechtsvollmachten) sind nicht mehr erforderlich. Die Bestellung des Nießbrauchs an einem Teil der mit dem Anteil verbundenen Rechte, insbesondere an dem Gewinnbeteiligungsrecht, bleibt aber weiterhin möglich. Die Bestellung eines Nießbrauchs nur an einem Teil des Gesellschaftsanteils ist hingegen nicht zulässig.

1056 Baumbach/Hopt/*Roth*, § 105 Rn. 34.
1057 BGH, Urt. v. 11.11.2008 – XI ZR 468/07, ZIP 2008, 235; s. allerdings auch BGH, Urt. v. 11.10.2011 – II ZR 242/09, ZNotP 2012, 33, zu der Rechtsstellung des Treugebers bei Verzahnung von Gesellschaft und Treuhand im Gesellschaftsvertrag einer Publikumsgesellschaft.
1058 BGH, Urt. v. 09.11.1998 – II ZR 213/97, NJW 1999, 571 = DNotZ 1999, 607 = Mitt-RhNotK 1999, 250 (zu GbR); BGHZ 58, 316, 320; BGHZ 108, 187, 199 (zum Kommanditanteil); OLG Düsseldorf, DNotZ 1999, 440, 442; *Frank*, MittBayNot 2010, 96; *Kruse*, DNotZ 2002, 69, 81; *Hermanns*, MittRhNotK 1999, 235, 236; *Krafka*, Rn. 770; anders noch OLG Koblenz, NJW 1992, 2163.
1059 A.A. noch OLG Koblenz NJW 1992, 2163: Untrennbarkeit von Mitgliedschaft und Stimmrecht.

Der Nießbrauch an dem gesamten Gesellschaftsanteil bedarf der Zustimmung aller Gesellschafter. Diese kann konkret für die betreffende Nießbrauchsbestellung eingeholt oder in genereller Weise bereits im Gesellschaftsvertrag erteilt werden. Die generelle Zulassung der Übertragung von Gesellschaftsanteilen im Gesellschaftsvertrag ist keine hinreichende Grundlage für die Nießbrauchsbestellung. 562

(2) Allerdings bestehen hinsichtlich der konkreten Ausgestaltung des Nießbrauchs noch zahlreiche umstrittene Einzelfragen. Diese ergeben sich aus dem mit der Nießbrauchsbestellung an einem Gesellschaftsanteil angesprochenen Spannungsverhältnis von Sachenrecht und Gesellschaftsrecht. Gesellschaftsrechtlich gilt das Abspaltungsverbot, wonach die mit dem Anteil verbundenen Verwaltungsrechte nicht separat übertragen werden können (§ 717 Satz 1 BGB). Sachenrechtlich handelt es sich bei der Nießbrauchsbestellung gerade um eine dingliche Berechtigung an einem Vermögensgegenstand ohne Vollrechtsübertragung. Das Eigentum bzw. die Inhaberschaft an dem Vermögensgegenstand bleibt beim Nießbrauchsbesteller, der Nießbraucher erhält nur einzelne mit dem Gegenstand verbundene Rechte, vornehmlich das Recht zur Ziehung der Nutzungen, aber auch Mitwirkungsrechte. 563

Nach heute herrschender, aber noch nicht umfassend durch Rechtsprechung abgesicherter Auffassung verlaufen die Trennlinien bei der Aufteilung der Vermögens- und Verwaltungsrechte zwischen Gesellschafter und Nießbraucher in etwa wie folgt: Vor allem stehen dem Nießbraucher die Nutzungen in Gestalt der Erträge des Anteils zu (§§ 1068 Abs. 2, 1030 Abs. 1, 100, 99 Abs. 2 BGB). Damit ist der ordentliche, durch Jahresabschluss und Gewinnverwendungsbeschluss als entnahmefähig festgestellte Gewinn einschließlich der Zinsen auf dem Guthabenkonto des Gesellschafters nach Abzug einer etwa beschlossenen Rücklage gemeint.[1060] Außerordentliche Erträge und Wertsteigerungen des Anteils, die stillen Reserven und ein Auseinandersetzungsguthaben stehen hingegen dem Gesellschafter zu.[1061] Bei Erhöhung des belasteten Gesellschaftsanteils ist die erweiterte Beteiligung allein dem Gesellschafter zugewiesen, der Nießbrauch setzt sich nicht automatisch an dem Erhöhungsbetrag fort.[1062] Bei den Verwaltungsrechten – insbesondere Geschäftsführungsbefugnis und Stimmrecht – wird zwischen den Angelegenheiten der laufenden Verwaltung und den sog. Grundlagengeschäften unterschieden. Die Zuständigkeit für die laufenden Angelegenheiten bleibt dem Nießbraucher zugewiesen, der Gesellschafter ist zuständig für Maßnahmen außerhalb der laufenden Verwaltung und für Grundlagenentscheidungen, die die Gesellschafterstellung selbst berühren.[1063] Soweit Grundlagenentscheidungen den Bestand des Nießbrauchs tangieren, können sie allerdings nur mit Zustimmung des Nießbrauchers getroffen werden (§ 1071 BGB). Flankierend stehen dem Nießbraucher neben dem Gesellschafter entsprechende Informations- und Kontrollrechte gem. §§ 118, 166 HGB zu. 564

Die Haftung für Gesellschaftsverbindlichkeiten gegenüber Dritten trifft den Gesellschafter. Umstritten ist, ob und inwieweit auch der Nießbraucher nach außen haftet, wenn er Verwaltungsrechte an Stelle oder neben dem Gesellschafter ausübt.[1064] In Betracht kommt auch ein Regress des Gesellschafters gegen den Nießbraucher im Innenverhältnis falls der Gesellschafter für ein Handeln des Nießbrauchers im Außenverhältnis haften muss. 565

Die weiterhin unsichere Rechtslage macht eine (klarstellende) vertragliche Regelung zur Abgrenzung der Rechte und Pflichten von Gesellschafter und Nießbraucher unbedingt erforderlich. Dabei sind 566

1060 BGH WM 1985, 1343; BGH DNotZ 1975, 735.
1061 BFH NJW 1995, 1918.
1062 BGHZ 58, 316.
1063 Baumbach/Hopt/*Roth*, § 105 Rn. 46; MünchHdb. GesR I/*Gummert*, § 16 Rn. 29, im Anschluss an BGH NJW 1999, 571; BGHZ 108, 187, 199 = NJW 1989, 3. Wegen der damit verbundenen Abgrenzungsschwierigkeiten im Einzelnen sehr umstritten, vgl. *Lindemeier*, RNotZ 2001, 155, 156; *Frank*, MittBayNot 2010, 96, 99 ff.
1064 MünchKommBGB/*Ulmer*, § 705 Rn. 106 m.w.N. für gesamtschuldnerische Haftung von Gesellschafter und Nießbraucher; a.A. Baumbach/Hopt/*Roth*, § 105 Rn. 44: Haftung nur des Gesellschafters.

der sachenrechtliche Bestimmtheitsgrundsatz und die Kernbereichslehre zu beachten. Der Bestimmtheitsgrundsatz verlangt die eindeutige und unzweifelhafte Bezeichnung der übertragenen bzw. vorbehaltenen Rechte. Die Kernbereichslehre beschreibt die inhaltlichen Grenzen der Vertragsfreiheit und steht der Übertragung der Kompetenz für sog. Grundlagengeschäfte vom Gesellschafter auf den Nießbraucher entgegen.[1065] Außerdem muss die Nießbrauchsvereinbarung oder der Nießbrauchsvorbehalt sorgfältig auf den Gesellschaftsvertrag abgestimmt werden. Der Nießbraucher kann nicht mehr Rechte erhalten als dem Gesellschafter nach dem Gesellschaftsvertrag zustehen.

567 (3) Nicht zuletzt sind die von den Beteiligten mit der Nießbrauchsbestellung verfolgten steuerlichen Ziele zu berücksichtigen. Bei der Übertragung eines Gesellschaftsanteils an einer Personenhandelsgesellschaft unter Nießbrauchsvorbehalt stellt sich zum einen die Frage der Besteuerung der Zuwendung nach dem Erbschaft- und Schenkungssteuergesetz und zum anderen die Frage der Besteuerung der Erträge nach Einkommensteuerrecht. Diese Fragen hängen indes eng zusammen. Maßgeblich für die Anwendung des § 13a ErbStG (Verschonungsabschlag und Abzugsbetrag bei Betriebsvermögen) wie für die Ertragsbesteuerung ist, ob aufgrund der Ausgestaltung des Nießbrauchs und der Zuordnung der Mitgliedschaftsrechte eine Mitunternehmerschaft i.S.d. § 15 EStG besteht. Dabei können die steuerlichen Interessen des Veräußerer-Nießbrauchers und des Erwerber-Gesellschafters durchaus in Konflikt geraten. Denn einerseits sind dem Erwerber die Vergünstigungen des § 13a ErbStG nur dann zu gewähren, wenn er Mitunternehmer wird (Fortführung des Betriebes). Andererseits werden die Einkünfte nur demjenigen ertragsteuerlich zugerechnet, der die Mitunternehmerstellung i.S.d. § 15 EStG behält bzw. erwirbt.

568 Maßgeblich für die Mitunternehmerschaft ist, ob eine Person Mitunternehmerinitiative hat und ob sie ein Mitunternehmerrisiko trägt. Mit der Mitunternehmerinitiative ist vor allem die Möglichkeit zur Teilhabe an unternehmerischen Entscheidungen gemeint, also zur Ausübung von Gesellschafterrechten. Zu § 13a ErbStG a.F. hat der BFH entschieden, dass dem Erwerber-Gesellschafter jedenfalls dann Mitunternehmerinitiative zukommt, wenn der vorbehaltene Nießbrauch nach den Vorgaben des BGB ausgestaltet ist, und zwar unabhängig von dem zivilrechtlichen Meinungsstreit über die Verteilung der Mitgliedschaftsrechte zwischen Nießbraucher und Gesellschafter.[1066] Abweichende Gestaltungen können dazu führen, dass die Privilegien der §§ 13a, 13b ErbStG für den Erwerber entfallen.[1067]

569 Ertragsteuerlich kommt es beim Vorbehaltsnießbrauch hingegen meist darauf an, dass der Veräußerer-Nießbraucher – ggf. neben dem Erwerber-Gesellschafter – Mitunternehmer bleibt. Dafür reicht es nicht aus, dass ihm die Erträge aus dem übertragenen Gesellschaftsanteil zugewiesen werden.[1068] Er muss vielmehr einen nennenswerten Einfluss auf die Geschäftsführung behalten, z.B. durch Kontroll- und Widerspruchsrechte und Beteiligung an dem Stimmrecht.[1069] Nach der Rechtsprechung des BFH kann wohl darauf vertraut werden, dass eine Nießbrauchsgestaltung nach den Vorgaben des BGB zur Mitunternehmerschaft von Nießbraucher und Gesellschafter führt. Allerdings ist die genaue gesetzliche Verteilung der Mitgliedschaftsrechte zwischen Gesellschafter und Nießbraucher weiterhin unklar. Das macht es in der Praxis schwierig, eine Gestaltung zu finden, die alle steuerlichen Ziele erreicht und gleichermaßen das Bedürfnis der Beteiligten nach einer eindeutigen Abgrenzung ihrer rechtlichen Verhältnisse befriedigt.[1070]

1065 Instruktiv *Hermanns*, MittRhNotK 1999, 235, 236; ausführlich *K. Schmidt*, ZGR 1999, 601, 606.
1066 BFH, Urt. v. 10.12.2008 – II R 34/07, MittBayNot 2010, 156, 157 = ZEV 2009, 149.
1067 In casu die Wahrnehmung aller Gesellschafterrechte durch die Nießbraucher, unterlegt durch eine »vorsorglich« erteilte Stimmrechtsvollmacht.
1068 BFH, BStBl. II 1976, 592, 594; BFH NJW 1992, 336.
1069 Vgl. *Frank*, MittBayNot 2010, 96, 102.
1070 Vgl. BFH, Urt. v. 06.05.2015 – II R 34/13, MittBayNot 2016, 188 m. Anm. *Ihle* 190, zur Frage der erbschaftsteuerlichen Begünstigung der Übertragung unter Nießbrauchsvorbehalt und Mitunternehmerschaft. Gestaltungshinweise bei *Ihle*, notar 2016, 49, 50.

Ähnlich verhält es sich beim Zuwendungsnießbrauch, also der Bestellung eines Nießbrauchs ohne vorherige Übertragung des Gesellschaftsanteils. Dem Nießbraucher werden die Einkünfte steuerlich nur zugerechnet, wenn er durch Einräumung entsprechender Rechte und Risiken Mitunternehmer neben dem Gesellschafter wird. Die Nießbrauchsbestellung ohne Einräumung einer Mitunternehmerschaft für den Nießbraucher kann zu einer Entnahme und Aufdeckung von stillen Reserven führen. 570

(4) Umstritten ist schließlich, ob der Nießbrauch an einem Gesellschaftsanteil in das Handelsregister einzutragen ist. Die Eintragungsfähigkeit des Nießbrauchs an einem Gesellschaftsanteil wird von der wohl noch überwiegenden Auffassung abgelehnt.[1071] Daran ist richtig, dass es nach dem Grundsatz der Registerklarheit nicht im Belieben der Beteiligten steht, ihnen sinnvoll erscheinende Tatsachen in das Handelsregister eintragen zu lassen. Es ist aber nicht zu übersehen, dass ein berechtigtes Interesse des Rechtsverkehrs an einer Information darüber bestehen kann, welche Personen an Beschlussfassungen der Gesellschaft mitwirken und ggf. die Haftung für Verbindlichkeiten der Gesellschaft tragen. Wenn ein Nießbrauch nicht lediglich auf die Beteiligung am Gewinn beschränkt ist, sondern wie regelmäßig auch Verwaltungsrechte umfasst, ist dieser Nießbrauch also zumindest eintragungsfähig.[1072] Die Eintragung ist auch für den Nießbraucher von Bedeutung, weil er auf diese Weise seine Haftung für die Gesellschaftsverbindlichkeiten begrenzen kann.[1073] Die Rechtsprechung der Obergerichte ist uneinheitlich; eine höchstrichterliche Entscheidung zur Frage der Eintragungsfähigkeit des Nießbrauchs an einem Gesellschaftsanteil in das Handelsregister liegt noch nicht vor.[1074] 571

▶ **Checkliste zur Gestaltung des Nießbrauchrechts an einem Gesellschaftsanteil unter Berücksichtigung der steuerlichen Ziele:** 572

☐ Umfang des Nießbrauchs: entnahmefähiger Gewinn nebst Zinsen auf Guthabenkonto; außergewöhnliche Erlöse; erhöhte Kapitalanteile; Auseinandersetzungsguthaben?
☐ Stimmrecht: Abgrenzung der Gegenstände der Beschlussfassung; Aufteilung zwischen Gesellschafter und Nießbraucher; Pflicht zur vorherigen Konsultation und internen Abstimmung; Rücksichtnahme auf die Interessen des anderen; Verpflichtung, für ein bestimmtes Beschlussergebnis zu stimmen (z.B. Ausschüttung des gesamten Gewinns); ggf. Stimmrechtsvollmacht
☐ Geschäftsführungsbefugnis: Aufteilung entsprechend der Stimmrechtsverteilung
☐ Entnahmerecht
☐ Weitgehende beiderseitige Informations- und Kontrollrechte; Einsichtsrecht in Unterlagen der Gesellschaft; Unterrichtungs- und Konsultationspflicht vor jeder Beschlussfassung
☐ Abstimmung der Nießbrauchsregelung mit dem Gesellschaftsvertrag
☐ Haftungsregress, -beschränkung oder -ausschluss im Innenverhältnis
☐ Zustimmung aller Gesellschafter bereits im Gesellschaftsvertrag enthalten oder noch herbeizuführen?
☐ Eintragung des Nießbrauchs in das Handelsregister?

1071 *Krafka*, Registerrecht, Rn. 770 m.w.N.
1072 So OLG Stuttgart, Beschl. v. 28.01.2013 – 8 W 25/13, RNotZ 2013, 452 = NZG 2013, 432; OLG Oldenburg, Beschl. v. 09.03.2015 – 12 W 51/15, RNotZ 2015, 448 = NZG 2015, 643 = MittBayNot 2016, 65 m. Anm. *Omlor*.
1073 Zutr. LG Köln, Beschl. v. 28.07.2000 – 89 T 20/00, RNotZ 2001, 170 m. zust. Anm. *Lindemeier* 155, 157; LG Aachen, Beschl. v. 28.04.2002 – 44 T 06/2003, RNotZ 2003, 398; LG Oldenburg, Beschl. v. 08.04.2008 – 15 T 257/08, DNotI-Report 2008, 166; *Frank*, MittBayNot 2010, 96, 98; MünchHdb.GesR I/*Hohaus*, § 66 Rn. 16 m.w.N.
1074 **Für die Eintragungsfähigkeit:** OLG Stuttgart, Beschl. v. 28.01.2013 – 8 W 25/13, RNotZ 2013, 452; OLG Oldenburg, Beschl. v. 09.03.2015 – 12 W 51/15, RNotZ 2015, 448; **dagegen:** OLG München, Beschl. v. 08.08.2016 – 31 Wx 204/16, RNotZ 2016, 608 = NZG 2016, 1064; OLG Köln, Beschl. v. 07.10.2019 – 18 Wx 18/19, RNotZ 2020, 236.

573 ▶ **Formulierungsbeispiel: Nießbrauchsvorbehalt an Kommanditanteil bei vorweggenommener Erbfolge**[1075]

Nießbrauchsvorbehalt

1. Der Veräußerer behält sich an der übertragenen Kommanditbeteiligung in einer Höhe von ..... Euro (»belasteter Kommanditanteil«) den lebenslänglichen Nießbrauch vor. Schuldrechtlich wird vereinbart, dass eine Gegenleistung für den vorbehaltenen Nießbrauch nicht zu erbringen ist.
   Der Nießbrauch erstreckt sich im Verhältnis des belasteten Kommanditanteils zum gesamten Kommanditkapital auch auf einen etwa erhöhten Gesellschaftsanteil. Soweit der Nießbrauchsberechtigte nicht selbst bezugsberechtigt ist, haben die Gesellschafter ihm insoweit einen entsprechenden Nießbrauch an dem erhöhten Gesellschaftsanteil zu bestellen.
2. Dem Nießbrauchsberechtigten steht der auf den belasteten Kommanditanteil entfallende Anteil am Gewinn der Kommanditgesellschaft seit dem Stichtag zu, soweit er im Rahmen von Gesetz, Gesellschaftsvertrag, festgestelltem Jahresabschluss und etwaigen Gesellschafterbeschlüssen entnahmefähig ist. Beruht der Gewinn der Kommanditgesellschaft darauf, dass sie einen Gegenstand des Anlagevermögens zu einem höheren als dem Buchwert veräußert hat (Realisierung stiller Reserven) und übersteigt dieser Teil des Gewinns den nicht entnahmefähigen Gewinn, so steht dem Erwerber von dem entnahmefähigen Gewinn derjenige Teil zu, der seinem Anteil an dem zur Ausschüttung gelangenden Realisierungsgewinn entspricht.
3. Entnahmerechte für Steuerzwecke nach dem Gesellschaftsvertrag der Kommanditgesellschaft stehen dem Nießbrauchsberechtigten zu, soweit sie auf den belasteten Kommanditanteil entfallen. Wenn und soweit dem Erwerber Einkünfte aus dem belasteten Kommanditanteil ertragsteuerlich zugerechnet werden, wird der Nießbrauchsberechtigte den Erwerber von den daraus resultierenden Steuerverbindlichkeiten freistellen. Dem Erwerber aufgrund von vorstehender Ziffer 2 S. 2 zufließende Teile des entnahmefähigen Gewinns sind anzurechnen.
4. Die Mitgliedschafts- und Verwaltungsrechte, die mit dem belasteten Kommanditanteil verbunden sind, werden mit Ausnahme der nachfolgend aufgeführten, durch den Erwerber auszuübenden Rechte während der Dauer des Nießbrauchs von dem Nießbrauchsberechtigten ausgeübt. Soweit diese Rechte gesetzlich dem Erwerber zustehen, bevollmächtigt er den Nießbrauchsberechtigten zur Ausübung. Übt der Erwerber insoweit Stimm- oder Verwaltungsrechte aus, ist er an die Weisungen des Nießbrauchsberechtigten gebunden. Insoweit ist der Nießbrauchsberechtigte zur Mitwirkung an
   a) Gewinnverwendungsbeschlüssen, die zu einer geringeren Dotierung der Rücklagen der Kommanditgesellschaft als 15 % des festgestellten Gewinns führen,
   b) Beschlüssen über die Auflösung von Rücklagen zur Ausschüttung an die Gesellschafter,
   c) Gewinnverwendungsbeschlüssen und Entnahmen, die zu einem Wiederaufleben der Haftung des Erwerbers gemäß § 172 Abs. 4 HGB führen,
   jeweils nur mit Zustimmung des Erwerbers berechtigt.
5. In folgenden Angelegenheiten wird das auf den belasteten Kommanditanteil entfallende Stimmrecht bei Beschlüssen in der Kommanditgesellschaft durch den Erwerber ausgeübt, wobei dieser das Stimmrecht nicht ohne Zustimmung des Nießbrauchsberechtigten ausüben darf:
   a) Änderungen des Gesellschaftszwecks,
   b) Änderung der Beteiligungsverhältnisse,
   c) Änderung der Berechnung der Höhe oder der Auszahlungskonditionen oder des Schlüssels für die Verteilung des Gewinns, Auseinandersetzungsguthabens oder Liquidationserlöses,
   d) Änderung der Regelungen über die Zuführungen zu den Rücklagen und die Entnahmebefugnisse,
   e) Änderung des Zinssatzes für Guthaben auf den Gesellschafterkonten,
   f) Einlageerhöhungen oder –herabsetzungen,
   g) Auflösung, Fortsetzung oder Umwandlung der Kommanditgesellschaft,

---

[1075] Weiterer Formulierungsvorschlag bei *Frank*, MittBayNot 2010, 96, 103.

h) sonstige Änderungen des Gesellschaftsvertrages, die die Rechtsstellung des Veräußerers als Nießbrauchsberechtigtem beeinträchtigen.

Der Veräußerer und der Erwerber haben sich insoweit wechselseitig rechtzeitig vor einer jeden Beschlussfassung Gelegenheit zu geben, ihre jeweiligen Zustimmungsrechte auszuüben. Solange eine Zustimmung des berechtigten Vertragsteils nicht vorliegt, hat sich der andere Vertragsteil der Ausübung des Stimmrechts bei der Kommanditgesellschaft zu enthalten.

6. Gestaltungs- und Verfügungsrechte, die die Kommanditbeteiligung als solche betreffen, stehen dem Erwerber zu. Dies gilt insbesondere für
   a) die Kündigung der Kommanditgesellschaft,
   b) die Erhebung der Auflösungsklage gemäß § 133 HGB,
   c) die ganze oder teilweise Veräußerung der Kommanditbeteiligung,
   d) die Erhebung sonstiger Klagen aus dem Gesellschaftsverhältnis, soweit sie die in Absatz 3 aufgeführten Angelegenheiten betreffen.

   Der Erwerber wird diese Rechte nicht ohne Zustimmung des Veräußerers ausüben. Das Gleiche gilt für sonstige Erklärungen und Handlungen, die zum Untergang oder zu einer die Rechtsstellung des Veräußerers als Nießbraucher beeinträchtigenden Veränderung der Kommanditbeteiligung führen.

7. Soweit sich die nachfolgenden Rechte nicht bereits aus der Gesellschafterstellung des Nießbrauchsberechtigten ergeben,
   a) ist dieser berechtigt, an den Gesellschafterversammlungen teilzunehmen, er ist entsprechend einzuladen,
   b) steht ihm die gleichen Auskunfts- und Einsichtsrechte gegen die Gesellschaft zu wie den Gesellschaftern,
   c) sind die Gesellschafter verpflichtet, dem Nießbrauchsberechtigten sämtliche gewünschten Auskünfte und Einsichtsmöglichkeiten zu geben, insbesondere hinsichtlich des Jahresabschlusses der Gesellschaft und der Entwicklung der Kapitalkonten

8. Der Nießbrauchsberechtigte ist ..... Jahre alt. Der Nießbrauch hat einen monatlichen Wert von ca. ..... Euro.

ff) Verpfändung

Die Verpfändung eines Gesellschaftsanteils wirft zunächst keine besonderen Fragen auf. Der Gesellschaftsanteil ist ein übertragbares Recht und kann daher mit einem Pfandrecht belastet werden (§§ 1273, 1274 Abs. 2 BGB). Der Pfandgläubiger hat sodann die Rechte nach §§ 1273 Abs. 2, 1204 ff. BGB. Er kann sich durch Veräußerung des Gesellschaftsanteils im Wege der Zwangsvollstreckung (§ 1277 Satz 1 BGB) oder durch Kündigung und Beteiligung an dem Auseinandersetzungsguthaben befriedigen. In der Praxis wird häufig die Verwertung ohne vollstreckbaren Titel vereinbart. Das Pfandrecht kann auch in der Weise bestellt werden, dass der Pfandgläubiger berechtigt ist, die Nutzungen des Pfandes zu ziehen (§ 1213 Abs. 1 BGB). Die Nutzungen des Gesellschaftsanteils sind die Gewinnanteile.

Für den Pfandgläubiger kann es von Interesse sein, das Pfandrecht durch ihm abgetretene Verwaltungsrechte zu sichern. Zu denken ist z.B. an die Übertragung eines Kontrollrechts bezüglich der Beteiligung oder des Stimmrechts für solche Beschlüsse, die den Bestand oder den wirtschaftlichen Wert des Pfands tangieren.[1076] Rechtsprechung zu dieser Fragestellung gibt es soweit ersichtlich nicht. Wie bei der Nießbrauchsbestellung dürfte auch bei der Verpfändung eines Gesellschaftsanteils die Übertragung solcher Verwaltungsrechte mit dem Abspaltungsverbot vereinbar sein, welche die laufenden Angelegenheiten der Gesellschaft betreffen. Für darüber hinaus zu fassende Beschlüsse kann eine Stimmrechtsvollmacht helfen, die berechtigten Interessen des Pfandgläubigers abzusichern.

Die Verpfändung eines Gesellschaftsanteils birgt für die anderen Gesellschafter das Risiko, dass ihnen bei Versteigerung des Anteils ein neuer, ihnen unbekannter Gesellschafter aufgedrängt wird. Die Zulassung der Verpfändung will also gut überlegt sein.

1076 S. Beck'sches Notarhandbuch/*Hermanns*, § 20 Rn. 63.

577 ▶ Formulierungsbeispiel zur Verpfändung eines oHG-Gesellschaftsanteils:

1. .....(nachfolgend »der Schuldner« genannt) ist an der ..... oHG mit dem Sitz in ....., eingetragen im Handelsregister des Amtsgerichts ..... unter HRA ..... mit einem Gesellschaftsanteil in Höhe von ..... Euro beteiligt. Weitere Gesellschafter sind ..... und.....
2. Der Schuldner verpfändet hiermit seinen vorgenannten Gesellschaftsanteil zur Sicherung des von ..... am ..... gewährten Darlehens in Höhe von ..... nebst Zinsen in Höhe von ..... % jährlich an den dies annehmenden ..... (nachfolgend »der Gläubiger« genannt).
3. Die Verpfändung ist zulässig gemäß § ..... des Gesellschaftsvertrags der ..... oHG vom ..... [oder:] Die Verpfändung bedarf der Zustimmung der weiteren Gesellschafter. Die Beteiligten werden die schriftliche Zustimmungserklärung der weiteren Gesellschafter herbeiführen und diesem Vertrag beifügen.
4. Die Verpfändung dient der Sicherung aller bestehenden und künftigen, auch bedingten oder befristeten Ansprüche des Gläubigers gegen den Schuldner aus dem Darlehensvertrag vom.....
5. Dem Gläubiger steht der auf den verpfändeten Gesellschaftsanteil entfallende Anteil am Gewinn der offenen Handelsgesellschaft zu, soweit er im Rahmen von Gesetz, Gesellschaftsvertrag, festgestelltem Jahresabschluss und etwaigen Gesellschafterbeschlüssen entnahmefähig ist. Dem Gläubiger steht ferner das auf den verpfändeten Gesellschaftsanteil entfallende Auseinandersetzungsguthaben zu. Der Gläubiger ist berechtigt, den Gewinn einzuziehen. Die an den Gläubiger ausgezahlten Gewinnanteile sind auf die Verbindlichkeiten des Schuldners aus dem Darlehensvertrag vom ..... anzurechnen.
6. Die Mitgliedschafts- und Verwaltungsrechte, die mit dem verpfändeten Gesellschaftsanteil verbunden sind, stehen weiterhin dem Schuldner zu. Insbesondere übt der Schuldner das Stimmrecht aus. Bei der Ausübung des Stimmrechts hat der Schuldner jedoch die Interessen des Gläubigers am Bestand und am Umfang des Pfandrechts zu berücksichtigen. Der Schuldner ist verpflichtet, dem Gläubiger auf Verlangen vor Beschlussfassung Auskunft über die zu fassenden Beschlüsse zu erteilen. Der Schuldner verpflichtet sich, alles zu unterlassen, was zu einer Beeinträchtigung des Wertes des verpfändeten Gesellschaftsanteils führen könnte, es sei denn die Maßnahme erfolgt im ordentlichen Geschäftsgang oder der Gläubiger hat der Maßnahme schriftlich zugestimmt.
7. Die Pfandreife tritt ein, wenn der Schuldner seine Verpflichtungen aus dem Darlehensvertrag vom ..... bei Fälligkeit nicht oder nicht rechtzeitig erfüllt. Der Gläubiger ist bei Pfandreife berechtigt, den verpfändeten Gesellschaftsanteil auch ohne vollstreckbaren Titel öffentlich versteigern zu lassen. Die Versteigerung kann an jedem Ort in der Bundesrepublik Deutschland stattfinden. Sie ist dem Schuldner mit einer Frist von vier Wochen anzudrohen.

gg) Testamentsvollstreckung

578 Problematisch ist auch die Frage, ob die Testamentsvollstreckung hinsichtlich eines Gesellschaftsanteils mit dem Abspaltungsverbot vereinbar ist. Mehrere höchstrichterliche Entscheidungen haben hier eine gewisse Klärung gebracht;[1077] zahlreiche Einzelfragen bleiben jedoch umstritten. Kautelarjuristisch kommt es im Schnittfeld von Gesellschaftsrecht und Erbrecht auf die sorgfältige Abstimmung von gesellschaftsvertraglichen und erbrechtlichen Regelungen an.[1078]

579 Beim Tod eines Gesellschafters geht der Gesellschaftsanteil unmittelbar im Wege der Sondererbfolge auf den oder die Erben über. Die zur Nachfolge des Kommanditisten bestimmten Erben erwerben dabei jeweils eigenständige Gesellschaftsanteile im Umfang ihrer Erbquoten. Der durch die Sondererbfolge übergegangene Anteil ist nicht Teil des gesamthänderisch gebundenen Vermögens der Erbengemeinschaft; er gehört aber zum Nachlass.[1079]

1077 BGHZ 108, 187 = NJW 1989, 3152 (Testamentsvollstreckung an Kommanditbeteiligung); BGH NJW 1996, 1284 (GbR-Anteile); gegen die Testamentsvollstreckung an einem Kommanditanteil RGZ 172, 199, 203; offen gelassen von BGHZ 91, 132, 137.
1078 Zum Ganzen auch *Kämper*, notar 2018, 125.
1079 Die mit dem Übergang des Gesellschaftsanteils unmittelbar auf den oder die zum Nachfolger bestimmten Erben verbundene Ausgliederung aus dem übrigen gesamthänderisch gebundenen Nachlass steht

Hinsichtlich der Testamentsvollstreckung bezüglich des Gesellschaftsanteils differenziert die wohl herrschende Auffassung wie folgt: **580**

Zunächst wird zwischen der Abwicklungstestamentsvollstreckung (§§ 2204, 2205 BGB) und der Verwaltungs- oder Dauertestamentsvollstreckung (§§ 2205, 2209 BGB) unterschieden. Die Abwicklungsvollstreckung zielt lediglich auf die Auseinandersetzung des Nachlasses durch den Testamentsvollstrecker ab. Der Testamentsvollstrecker muss dazu keine gesellschaftsrechtlichen Verwaltungsrechte in großem Umfang oder über einen längeren Zeitraum ausüben. Seine Aufgabe erschöpft sich im Wesentlichen in der Inbesitznahme des Nachlasses und der Verteilung der Nachlassgegenstände unter den Erben bzw. Vermächtnisnehmern.[1080] Bei der Personenhandelsgesellschaft geht der Anteil unmittelbar auf den oder die Erben über. Ein Konflikt mit dem Abspaltungsverbot ist daher regelmäßig nicht zu erwarten. **581**

Hingegen hat der Testamentsvollstrecker bei der Verwaltungs- oder Dauertestamentsvollstreckung die Aufgabe, den Nachlass auf Dauer in Besitz zu nehmen und für den oder die Erben zu verwalten (§§ 2205, 2209 BGB). Gehört zum Nachlass ein Anteil an einer Personenhandelsgesellschaft, so stellt sich angesichts des Verbots der Abspaltung von Gesellschaftsrechten von der Gesellschafterstellung die Frage, inwieweit der Testamentsvollstrecker die Mitgliedschaftsrechte an Stelle des Erben ausüben kann. Diese Frage wird für unbeschränkt haftende und beschränkt haftende Beteiligungen unterschiedlich beantwortet. **582**

Dem BGH zufolge ist die Dauertestamentsvollstreckung an einer Kommanditbeteiligung grundsätzlich zulässig, wenn der Gesellschaftsvertrag die Testamentsvollstreckung erlaubt oder die Mitgesellschafter nachträglich zustimmen. In diesen Fällen ist auch die Eintragung eines Testamentsvollstreckervermerks in das Handelsregister zulässig.[1081] Dem Testamentsvollstrecker obliegt die Ausübung sämtlicher Mitgliedschaftsrechte; eine Abspaltung einzelner Rechte ist also nicht gegeben. Der Kommanditist ist durch die auf die Einlage begrenzte Haftung ausreichend geschützt. Der Testamentsvollstrecker bedarf allerdings der Zustimmung des Erben zu Maßnahmen, die dessen persönliche Haftung begründen[1082] oder die in den Kernbereich seiner Mitgliedschaft eingreifen.[1083] Zum Kernbereich werden die Rechte des Gesellschafters gerechnet, die für die Gesellschafterstellung prägend sind, insbesondere die Regelung der Gewinnverteilung und des Auseinandersetzungsguthabens, das Stimmrecht und weitere zwingende und unentziehbare Mitwirkungs-, Kontroll- und Gestaltungsrechte. Umstritten ist auch, ob der Testamentsvollstrecker die Beteiligung veräußern darf. Nach § 2205 Satz 2 BGB ist ihm grundsätzlich die Verfügungsbefugnis über Nachlassgegenstände eingeräumt. Es hängt vom Einzelfall bzw. einer entsprechend klaren Gestaltung ab, ob in der Anordnung der Dauertestamentsvollstreckung ein der Veräußerung entgegenstehender Wille des Erblassers i.S. von § 2208 Abs. 1 Satz 1 BGB zu erkennen ist. Zusammenfassend ist für die Praxis **583**

---

der Nachlasszugehörigkeit des Gesellschaftsanteils und einer Testamentsvollstreckung nicht entgegen, vgl. BGH NJW 1989, 3152, 3153; BGHZ 98, 48, 51; BGH, Beschl. v. 14.02.2012 – II ZB 15/11, DNotZ 2012, 788 = MittBayNot 2012, 304 = ZNotP 2012, 148.

1080 S. KG, Beschl. v. 09.12.2008 – 1 W 417/07, RNotZ 2009, 251, 252 (Übertragung eines GbR-Anteils auf einen Erben durch Abwicklungsvollstrecker in Ausführung einer Teilungsanordnung oder Vorausvermächtnisses).

1081 BGHZ 108, 187 = DNotZ 1990, 183 = NJW 1989, 3152, 3154; BGH, Beschl. v. 14.02.2012 – II ZB 15/11, DNotZ 2012, 788 = MittBayNot 2012, 304 = ZNotP 2012, 148 = notar 2012, 204. Auf dieser Linie auch OLG Frankfurt, Beschl. v. 15.04.2019 – 20 W 41/18, juris, zit. nach *Kilian*, notar 2020, 10, 14 Fn. 33. Die h.M. bejaht darüber hinaus wegen der unmittelbaren Außenwirkung der Dauervollstreckung auch eine Pflicht zur Anmeldung, vgl. *Heckschen/Strnad*, NZG 2014, 1201, 1207 m.w.N.

1082 Die Rückzahlung der Einlage gem. § 172 Abs. 4 HGB dürfte regelmäßig keine ordnungsgemäße Verwaltung des Nachlasses i.S.d. § 2216 Abs. 1 BGB darstellen; zu weiteren Einzelfragen BGH NJW 1989, 3152, 3155.

1083 Baumbach/Hopt/*Roth*, § 139 Rn. 27; MünchHdb. GesR I/*Klein/Lindemeier*, § 80 Rn. 43 m.w.N.

festzuhalten, dass die Dauertestamentsvollstreckung an Kommanditbeteiligungen jedenfalls für die laufende Verwaltung ein geeignetes Mittel zur Durchsetzung des Erblasserwillens ist.

584 Weit unklarer ist die Rechtslage bei der Testamentsvollstreckung an voll haftenden Beteiligungen wie dem Anteil an einer offenen Handelsgesellschaft oder der Beteiligung als persönlich haftender Gesellschafter an einer Kommanditgesellschaft. Grundsätzlich dürfte der Widerspruch zwischen der unbeschränkten Haftung des Gesellschafters (§ 128 HGB) und der beschränkten Befugnisse des Testamentsvollstreckers, der den Erben ohne dessen Einverständnis nur begrenzt auf das Nachlassvermögen verpflichten kann (§ 2206 BGB), der Zulässigkeit der Vollstreckungsanordnung entgegenstehen.[1084] Zudem ist die Übernahme von Leitungsfunktionen wie der Geschäftsführung durch einen Dritten ohne eigene persönliche Haftung mit dem Grundsatz der Selbstorganschaft bei der Personenhandelsgesellschaft nicht vereinbar.[1085] Allerdings hat der BGH die auf die Wahrnehmung der verkehrsfähigen Vermögensrechte beschränkte Testamentsvollstreckung bezüglich des Anteils an einer Gesellschaft bürgerlichen Rechts als zulässig erachtet.[1086] Dem BGH zufolge besteht Raum für eine Testamentsvollstreckung auch am Anteil eines persönlich haftenden Gesellschafters, von der die Geschäftsführung und andere, möglicherweise zu einer Haftung der Gesellschaft führende Handlungen unberührt bleiben, und die sich im Wesentlichen auf die Wahrnehmung und Erhaltung der mit dem Anteil verbundenen, übertragbaren Vermögensrechte beschränkt.[1087] Danach sollte auch die auf die Wahrnehmung der Vermögensrechte, insbesondere das Gewinnbeteiligungsrecht, beschränkte Testamentsvollstreckung am Anteil eines persönlich haftenden Gesellschafters einer Personenhandelsgesellschaft zulässig sein, und zwar auch ohne Zustimmung der Mitgesellschafter.

d) Einheitlichkeit der Beteiligung

aa) Grundsatz

585 Für die Personenhandelsgesellschaften gilt der Grundsatz der Einheitlichkeit der Beteiligung, d.h. ein Gesellschafter kann stets nur einen Gesellschaftsanteil halten und nicht wie bei der GmbH oder Aktiengesellschaft mehrere voneinander unabhängige Anteile (Geschäftsanteile bzw. Aktien). In der Praxis führt dies beim Erwerb eines weiteren Gesellschaftsanteils durch einen Gesellschafter dazu, dass sich der ursprüngliche Anteil um den hinzu erworbenen Anteil »erhöht«. Augenscheinlich ist dies beim Hinzuerwerb eines weiteren Kommanditanteils durch einen Kommanditisten von einem Mitgesellschafter. Anzumelden und im Handelsregister einzutragen ist nicht etwa der Kommanditist mit nunmehr zwei Kommanditeinlagen, sondern der Kommanditist mit einer einheitlichen, wenn auch nunmehr höheren Einlage. Auch wenn ein Komplementär einen Kommanditanteil hinzu erwirbt, wird er dadurch nicht gleichzeitig Komplementär und Kommanditist. Er bleibt Komplementär mit durch den Erwerb erhöhtem Kapitalanteil an der Gesellschaft.[1088]

586 Außerdem kann nicht ein Teil eines Gesellschaftsanteils anders ausgestaltet sein als der andere Teil. Es kann auch nicht ein Teil eines Gesellschaftsanteils belastet werden (z.B. mit einem Nießbrauch oder einem Pfandrecht), während der Rest unbelastet bleibt.

bb) Durchbrechung bei Testamentsvollstreckung

587 Dieser Grundsatz hat in der Rechtsprechung jedoch einige Durchbrechungen erfahren, und zwar immer dann, wenn ein Gesellschafter zu seinem vorhandenen Gesellschaftsanteil einen Gesellschaftsanteil hinzu erwirbt, für den Testamentsvollstreckung angeordnet ist.

1084 BGH NJW 1989, 3152, 3154 mit Nachweis der st. Rspr.
1085 Zutr. Beck'sches Notarhandbuch/*Hermanns*, § 20 Rn. 135.
1086 BGH NJW 1996, 1284, 1285; ebenso OLG Düsseldorf, Beschl. v. 24.09.2007 – I-9 U 26/07, RNotZ 2008, 303, für Komplementäranteil an einer KG.
1087 Die Abgrenzung klingt bereits in BGHZ 98, 48, 55 bzgl. einer oHG-Beteiligung an.
1088 St. Rspr., vgl. BGHZ 66, 98, 101; BGHZ 101, 123, 129; OLG Jena, Beschl. v. 31.08.2011 – 6 W 188/11, ZIP 2011, 2256.

So hat der BGH die Testamentsvollstreckung an einem ererbten Gesellschaftsanteil auch in einem Fall **588** zugelassen, in dem die Erben bereits Gesellschafter waren. Die Testamentsvollstreckung verhindere die uneingeschränkte Vereinigung der bisher schon gehaltenen und der hinzu erworbenen Anteile.[1089] In dem Fall einer zweigliedrigen oHG hatte die Testamentsvollstreckung bezüglich des ererbten Anteils zur Folge, dass die Gesellschaft trotz Vereinigung aller Geschäftsanteile in der Hand des Erben als nicht erloschen anzusehen war.[1090] Bis zu diesen Entscheidungen stand der BGH auf dem Standpunkt, dass es aus Rechtsgründen nicht möglich sei, dass ein einheitlicher Gesellschaftsanteil dem Gesellschafter teilweise zur unbeschränkten Verfügung steht und teilweise der Verwaltung des Testamentsvollstreckers unterliegt.[1091] In seiner neueren Rechtsprechung gibt der BGH somit der Testamentsvollstreckung gleichsam den Vorrang vor dem Prinzip der Einheitlichkeit der Beteiligung. Im Extremfall hat der BGH das Entstehen einer Art Ein-Personen-Gesellschaft akzeptiert, obwohl das Zusammenfallen aller Anteile in einer Hand nach allgemeinen Grundsätzen zur Auflösung der Gesellschaft führt (Konfusion).

cc) Einmann-Personengesellschaft?

Im Anschluss an diese Rechtsprechung hat ein Teil der Literatur den Standpunkt eingenommen, **589** dass auch bei testamentarisch angeordneter Vor- und Nacherbfolge keine Vereinigung des unbelasteten vorhandenen und des belasteten ererbten Gesellschaftsanteils stattfinde und eine zuvor nur aus dem Erblasser und dem Erben bestehende zweigliedrige Gesellschaft als Einmann-Personengesellschaft fortbestehe.[1092] Letztlich ist die gleiche Problematik stets aufgeworfen, wenn der letzte verbleibende Gesellschafter zu seinem bisherigen Gesellschaftsanteil einen weiteren Anteil hinzu erwirbt, der anders als der erste Anteil belastet oder ausgestaltet ist. Zu denken ist z.B. an den Hinzuerwerb eines mit einem Nießbrauchsrecht oder Pfandrecht belasteten Anteils.[1093]

dd) Nießbrauchsvorbehalt in der Praxis

Für den praktisch wichtigen Fall der Übertragung eines Gesellschaftsanteils unter Nießbrauchsvorbehalt sollten aus den vorstehend aufgezeigten Entwicklungen keine voreiligen Schlüsse gezogen **590** werden. Es ist keineswegs sicher, dass der BGH die Dogmen der Einheitlichkeit der Beteiligung und der Auflösung der Gesamthand durch Konfusion weiter durchlöchern würde. Für die Gestaltung ist bis zur höchstrichterlichen Klärung davon auszugehen, dass ein Gesellschafter nicht mehrere Gesellschaftsanteile halten kann und dass die Gesellschaft bei Zusammenfallen aller Anteile in einer Hand aufgelöst wird.[1094] Die Zulässigkeit der Ein-Personen-Handelsgesellschaft kann keineswegs als Regelfall unterstellt werden.

Das macht die Übertragung von Gesellschaftsanteilen unter Nießbrauchsvorbehalt schwierig, wenn **591** der Erwerber bereits Mitgesellschafter ist, und unmöglich, wenn er der letzte verbleibende Gesellschafter ist.[1095] Beabsichtigt z.B. ein Unternehmer, die nachfolgende Generation nach und nach als

---

1089 BGH NJW 1996, 1284, 1286, zur GbR, in casu wohl begrenzt auf die Testamentsvollstreckung bezüglich der übertragbaren Vermögensrechte.
1090 BGHZ 98, 48, 57.
1091 BGHZ 24, 106, 113; Zweifel daran bereits in BGH NJW 1989, 3152, 3155.
1092 Ebenroth/Boujong/Joost/*Lorz*, § 139 Rn. 58 m.w.N.
1093 Vgl. MünchKommBGB/*Ulmer*, § 705 Rn. 63 f., Rn. 181 f. zu der von ihm als h.M. in der Lit. bezeichnete Auffassung, welche den Fortbestand der Gesellschaft annimmt, wenn die Gesellschaftsanteile zwar in einer Hand zusammenfallen, aber einer »unterschiedlichen quasi-dinglichen oder erbrechtlichen Zuordnung unterliegen«.
1094 St. Rspr., BGHZ 24, 106, 108; BGHZ 47, 293, 296; BGHZ 58, 316, 318; BGHZ 66, 98, 101; BGHZ 91, 132, 137; BGHZ 101, 123, 129; BGH, Urt. v. 07.07.2008 – II ZR 37/07, MittBayNot 2009, 57 = NZG 2008, 704 = ZNotP 2008, 452.
1095 OLG Düsseldorf DNotZ 1999, 440 (m. abl. Anm. *Kanzleiter*, 443), und OLG Schleswig ZIP 2006, 615, haben den Fortbestand der Gesellschaft als Ein-Personen-Gesellschaft bei Übertragung des Gesellschaftsanteils des vorletzten Gesellschafters auf den letzten Gesellschafter unter Nießbrauchsvorbehalt abgelehnt.

Gesellschafter an das Unternehmen heranzuführen und möchte er sich dabei Nutzungs- und Mitwirkungsrechte für einen längeren Zeitraum vorbehalten, so sollte bei der schrittweisen Übertragung von Anteilen der Nießbrauch – am besten aufgrund einer Gesamtplanung – immer gleich ausgestaltet sein. Bei gleicher Belastung können sich die übertragenen Anteile zwanglos zu einem nach und nach erweiterten Gesamtanteil des Nachfolgers vereinigen. Ist die Übertragung oder Vererbung des gesamten Unternehmens auf eine Person geplant, so müssen Vorkehrungen gegen eine etwaige Konfusion und Auflösung der Gesellschaft getroffen werden. Durch die rechtzeitige Umwandlung einer GbR, oHG oder KG in eine GmbH & Co. KG wird der Übergang auch auf eine einzelne natürliche Person ermöglicht.

e) Kernbereichslehre

592 Nach der Kernbereichslehre gibt es einen Kernbestand von Mitgliedschaftsrechten, die dem Gesellschafter nicht bzw. nicht ohne seine Zustimmung entzogen werden können. Die Zustimmung kann dabei nicht nur ad hoc im Rahmen der Beschlussfassung erteilt werden, mit der in das betreffende Mitgliedschaftsrecht eingegriffen wird, sondern auch antizipiert z.B. in Gestalt einer entsprechenden (Mehrheits) Klausel im Gesellschaftsvertrag. Um wirksam zu sein, muss eine solche Vertragsklausel eindeutig die Möglichkeit des Eingriffs bezeichnen sowie Art und Ausmaß des Eingriffs genau erkennen lassen. Zum Kernbereich der Mitgliedschaftsrechte werden insbesondere das Stimm- und Gewinnrecht, das Recht auf Beteiligung am Liquidationserlös, das Geschäftsführungsrecht und das Informationsrecht gerechnet. »Kernbereichsrelevanz« haben außerdem alle Maßnahmen, die in die Grundlagen der Gesellschaft eingreifen, z.B. die Entscheidung über ihre Auflösung, die Änderung des Zwecks der Gesellschaft, die Nachforderung von Beiträgen sowie die Änderung des Gewinnverteilungsschlüssels und – jedenfalls in der gesetzestypisch personenbezogenen Gestaltung der Gesellschaft – die Zusammensetzung der Gesellschafter.[1096]

593 In der Praxis ist die »Kernbereichsrelevanz« somit das Prüfungskriterium für die Zulässigkeit von Mehrheitsentscheidungen über Maßnahmen, die die Grundstrukturen der jeweiligen Gesellschaft berühren.

f) Ausübung der Mitgliedschaftsrechte von minderjährigen Gesellschaftern

594 Die Ausübung der Mitgliedschaftsrechte eines minderjährigen Gesellschafters obliegt den Eltern als gesetzlichen Vertretern (§ 1629 BGB).[1097] Der gesetzliche Vertreter kann den Minderjährigen zum selbstständigen Betrieb eines Erwerbsgeschäfts, also auch zur Ausübung der Mitgliedschaftsrechte in einer Personenhandelsgesellschaft, ermächtigen (§ 112 Abs. 1 BGB). Die Ermächtigung bedarf der Genehmigung des Familiengerichts. Von der Ermächtigung sind diejenigen Rechtsgeschäfte ausgenommen, zu denen der Vertreter der Genehmigung des Familiengerichts bedarf (§§ 112 Abs. 1 Satz 2, 1643, 1821, 1822 Nr. 1, 3, 5, 8 bis 11 BGB). Ist ein Elternteil selbst an der Gesellschaft beteiligt, hindert § 181 BGB ihn nicht an der gleichzeitigen Ausübung des Stimmrechts als gesetzlicher Vertreter des Minderjährigen. Etwas anderes gilt allerdings bei den sog. Grundlagenbeschlüssen. Die Einrichtung einer Dauerergänzungspflegschaft zur Ausübung des Stimmrechts ist daher nicht notwendig, es sei denn Grundlagenbeschlüsse müssen gefasst werden.[1098]

g) Weitere Aspekte zur Gestaltung von Mitgliedschaftsrechten

aa) Geschäftsführung und Vertretung

595 Das Recht und die Pflicht zur Geschäftsführung betreffen das Innenverhältnis der Gesellschafter untereinander; die Vertretungsmacht hingegen die Befugnis zur Bindung der Gesellschaft im Außenverhältnis gegenüber Dritten. Im Gesellschaftsvertrag sollte entsprechend sorgfältig formuliert werden.

1096 Vgl. MünchKommBGB/*Ulmer/Schäfer*, § 709 Rn. 91 ff.
1097 BGHZ 68, 100.
1098 BGHZ 65, 95; Baumbach/Hopt/*Roth*, § 105 Rn. 27.

C. Personenhandelsgesellschaften

(1) Die Geschäftsführungsbefugnis umfasst alle tatsächlichen und rechtsgeschäftlichen, gewöhnlichen und außergewöhnlichen Handlungen der Gesellschafter, die auf die Verwirklichung des Gesellschaftszwecks gerichtet sind.[1099] Bei der oHG sind grundsätzlich alle Gesellschafter zur Geschäftsführung berechtigt und verpflichtet (§ 114 Abs. 1 HGB, § 709 Abs. 1 BGB). Dabei ist jeder Gesellschafter allein handlungsbefugt; die anderen geschäftsführungsbefugten Gesellschafter haben ein Widerspruchsrecht (§ 115 Abs. 1 HGB). Zur Vornahme von außergewöhnlichen Geschäften ist ein Beschluss sämtlicher Gesellschafter erforderlich (§ 116 Abs. 2 HGB). Bei der KG sind die Kommanditisten von der Geschäftsführung ausgeschlossen (§ 164 HGB). Ihnen steht aber ein Widerspruchsrecht gegen Geschäftsführungsmaßnahmen zu, die über den gewöhnlichen Geschäftsbetrieb der Gesellschaft hinausgehen. Aus dem Zusammenspiel von § 116 Abs. 2 und § 164 Satz 1 Halbs. 2 HGB ergibt sich nach h.M. die Notwendigkeit, vor der Vornahme einer außergewöhnlichen Maßnahme die ausdrückliche Zustimmung der Kommanditisten einzuholen.[1100]

596

Die Vorschriften zur Geschäftsführung sind dispositiv (§ 109 HGB). Der Gesellschaftsvertrag kann somit einzelne Gesellschafter von der Geschäftsführung ausschließen (vgl. § 114 Abs. 2 HGB). Statt der Einzelbefugnis kann bestimmt werden, dass die geschäftsführungsbefugten Gesellschafter nur gemeinschaftlich handeln dürfen (vgl. § 115 Abs. 2 HGB). Die Vornahme von Geschäften kann an zusätzliche Erfordernisse geknüpft werden, z.B. einen Mehrheitsbeschluss aller Gesellschafter, und die gesetzlichen Beschränkungen (§ 116 Abs. 2 und 3 HGB) können im Gesellschaftsvertrag gelockert werden. So können beispielsweise das Widerspruchsrecht und das Zustimmungserfordernis der Kommanditisten für außergewöhnliche Geschäfte ausgeschlossen werden.

597

(2) Die Vertretungsmacht im Außenverhältnis ist bei der oHG gesetzlich als Einzelvertretungsmacht sämtlicher Gesellschafter ausgestaltet (§ 125 Abs. 1 und 2 HGB). Bei der KG sind die Kommanditisten zwingend von der Vertretung der Gesellschaft ausgeschlossen, es sind nur die persönlich haftenden Gesellschafter vertretungsberechtigt (§ 170 HGB). Die Vertretungsmacht erstreckt sich ohne Beschränkung auf sämtliche Geschäfte und Rechtshandlungen (§ 126 Abs. 1 HGB). Weder sind außergewöhnliche Geschäfte von der Vertretungsmacht ausgenommen noch besteht eine Limitierung auf den Zweck der Gesellschaft. Eine Beschränkung des Umfangs der Vertretungsmacht im Innenverhältnis ist gegenüber Dritten unwirksam (§ 126 Abs. 2 Satz 1 HGB). Dritte können also auf das inhaltlich uneingeschränkte Bestehen der Vertretungsbefugnis vertrauen (zwingender Verkehrsschutz).

598

Der Gesellschaftsvertrag kann einzelne Gesellschafter von der Vertretung ausschließen (§ 125 Abs. 1 Halbs. 2 HGB) sowie die Gesamtvertretung durch alle oder mehrere Gesellschafter anordnen (§ 125 Abs. 2 Satz 1 HGB). Bei Gesamtvertretung können einzelne Gesellschafter zur Vornahme bestimmter Geschäfte ermächtigt werden, z.B. bei der Aufteilung nach Ressorts (§ 125 Abs. 2 Satz 2 HGB). Auch eine gemischte (oder unechte) Gesamtvertretung durch Gesellschafter in Gemeinschaft mit einem Prokuristen (§ 125 Abs. 3 HGB) sowie Kombinationen (Einzelvertretung des Gesellschafters A, Gesamtvertretung der übrigen Gesellschafter) sind zulässig. Beim Empfang von Willenserklärungen genügt jedoch die Abgabe gegenüber einem der gesamtvertretungsberechtigten Gesellschafter (passive Einzelvertretung, § 125 Abs. 2 Satz 3 HGB). Im Übrigen haben die Regelungen der §§ 125 bis 127 HGB im Interesse des Verkehrsschutzes zwingenden Charakter.

599

Einem Kommanditisten kann keine organschaftliche Vertretungsmacht übertragen werden. Möglich ist aber die Erteilung einer rechtsgeschäftlichen Vollmacht, auch einer Prokura. Die Vollmacht kann auch im Gesellschaftsvertrag erteilt werden. Dann sollte klargestellt werden, ob es sich um ein Sonderrecht i.S.d. § 35 BGB handelt, das nicht ohne Zustimmung des Kommanditisten wieder entzogen werden kann.

600

1099 Baumbach/Hopt/*Roth*, § 114 Rn. 2.
1100 RGZ 158, 302, 305; Baumbach/Hopt/*Roth*, § 164 Rn. 2.

601 Zu beachten ist, dass nach § 146 Abs. 1 Satz 1 HGB im Fall der Auflösung der Gesellschaft sämtliche Gesellschafter gemeinschaftlich vertretungsberechtigt werden, soweit nichts anderes beschlossen wird. Dies gilt auch für die sonst von der Vertretung ausgeschlossenen Kommanditisten.[1101]

(3) Im Gesellschaftsvertrag sollten die beiden Ebenen der Geschäftsführung und der Vertretungsmacht eng aufeinander abgestimmt und miteinander verzahnt werden. Die äußeren Grenzen der Gestaltungsfreiheit bilden das Abspaltungsverbot, das Gebot der Selbstorganschaft und das Verbot des Eingriffs in den Kernbereich der Gesellschafterrechte. So steht das Abspaltungsverbot der Übertragung von Verwaltungsrechten an Dritte entgegen, nicht aber der Überlassung von deren Ausübung. Möglich ist daher z.B. die Betrauung von Angestellten der Gesellschaft mit Geschäftsführungsaufgaben. Entsprechend verhält es sich bei der Organschaft: Organ der Gesellschaft können nur Gesellschafter sein, die Bestellung eines Dritten zum Geschäftsführer mit Generalvollmacht für die Vertretung im Außenverhältnis ist aber zulässig, wenn die Gesellschafter weisungsbefugt bleiben und die Vollmacht widerruflich ist. An der Kernbereichslehre sind Regelungen zu messen, die einen Zwang zur Abgabe von Geschäftsführungsbefugnissen vorsehen (Vertreterklausel, Beirat).[1102]

(4) Für die vertretungsberechtigten Gesellschafter von Personenhandelsgesellschaften gelten die Beschränkungen des § 181 BGB.[1103] Von diesen Beschränkungen kann befreit werden, und zwar nur von dem Verbot des Selbstkontrahierens oder nur von dem Verbot der Mehrfachvertretung oder von beiden Verboten. Die Befreiung kann im Einzelfall oder generell durch Gesellschafterbeschluss erteilt werden. Sie kann auch bereits im Gesellschaftsvertrag erfolgen. Sie kann allen vertretungsberechtigten Gesellschaftern oder nur einzelnen, namentlich genannten Gesellschaftern erteilt werden. Bei der GmbH & Co. KG sind häufig mehrere Ebenen betroffen, zum einen das Verhältnis der Komplementär-GmbH zu ihrem Geschäftsführer und zum anderen mögliche Geschäfte zwischen der KG und der Komplementär-GmbH, insbesondere wenn die gleiche Person Geschäftsführer der GmbH und gleichzeitig als Kommanditist an der Gesellschaft beteiligt ist.[1104] Bei der generellen Befreiung von den Beschränkungen des § 181 BGB handelt es sich nach der Rechtsprechung zwar nicht um eine eintragungspflichtige, aber um eine eintragungsfähige Tatsache. Die Anmeldung zur Eintragung in das Handelsregister ist zu empfehlen.

bb) Stimmrecht und Beschlussfassung

602 Das Stimmrecht ist das zentrale Mitgliedschaftsrecht jeden Gesellschafters. Bei der Personenhandelsgesellschaft hat jeder Gesellschafter eine Stimme, also das gleiche Stimmgewicht. Abgestimmt wird somit nach Köpfen, nicht nach Kapitalanteilen. Das Stimmrecht ist als solches nicht übertragbar; die Ausübung kann aber einem anderen Gesellschafter oder einem Dritten überlassen werden (Stimmrechtsvollmacht).[1105]

603 Das Gesetz sieht für die Beschlussfassung der Gesellschafter grundsätzlich das Erfordernis der Einstimmigkeit vor (§ 119 Abs. 1 HGB, § 709 Abs. 1 BGB). Gesellschaftsvertraglich kann aber auch das Mehrheitsprinzip verankert werden (vgl. § 119 Abs. 2 HGB, § 709 Abs. 2 BGB). In diesem Fall kann auch das Stimmgewicht nach anderen Kriterien als nach Köpfen bestimmt werden, z.B. nach der Höhe der Beteiligung an der Gesellschaft. Außer einer einfachen Mehrheit kann der Gesellschaftsvertrag auch eine qualifizierte Mehrheit, das Erfordernis eines bestimmten Quorums, ein Mehrstimmrecht eines oder einzelner Gesellschafter oder andere Varianten vorsehen. Zulässig sind allgemeine Mehrheitsklauseln und Katalogklauseln, die spezielle Beschlussgegenstände bestimmten (qualifizierten) Mehrheitserfordernissen unterwerfen. Auch die Kombination solcher Klauseln ist zulässig.

1101 Instruktiv OLG Dresden, Beschl. v. 15.02.2012 – 17 W 1163/11 u. 17 W 1164/11, RNotZ 2012, 290.
1102 S.o. Rdn. 592 f.
1103 Zum Ganzen *Suttmann*, MittBayNot 2011, 1.
1104 S. im Einzelnen unten bei Rdn. 775.
1105 S. im Einzelnen oben Rdn. 552 ff.

C. Personenhandelsgesellschaften

Für die allgemeinen Mehrheitsklauseln ist mittlerweile anerkannt, dass diese nicht gegen den Bestimmtheitsgrundsatz verstoßen. Die Geltung einer solchen Klausel ist also nicht davon abhängig, dass alle denkbaren Beschlussgegenstände erschöpfend aufgezählt werden (hierfür gibt auch § 119 Abs. 2 HGB nichts her). Es genügt vielmehr, dass sich aus dem Gesellschaftsvertrag eindeutig ergibt, dass der betreffende Beschlussgegenstand einer Mehrheitsentscheidung unterworfen sein soll.[1106] Dabei ist das Mehrheitsprinzip für keinen Beschlussgegenstand von vornherein ausgeschlossen, auch nicht für sog. Grundlagengeschäfte oder Änderungen des Gesellschaftsvertrags.[1107] § 119 Abs. 2 HGB erlaubt den Gesellschaftern, sich beim Abschluss des Gesellschaftsvertrags im Rahmen der Privatautonomie darauf zu einigen, das starre Einstimmigkeitsprinzip für beliebige Beschlussgegenstände durch das flexiblere Mehrheitsprinzip zu ersetzen. Nach der Rechtsprechung ist allerdings auf einer zweiten Stufe im Sinne einer inhaltlichen Wirksamkeitskontrolle zu prüfen, ob die konkrete Beschlussfassung unter dem Aspekt einer etwaigen Verletzung der gesellschafterlichen Treuepflicht in unzulässiger Weise Minderheitsrechte verkürzt.[1108] Diese Prüfung ist nicht nur bei Grundlagengeschäften und bei Maßnahmen, die in den Kernbereich der Mitgliedschaftsrechte eingreifen, durchzuführen, sondern bei allen Mehrheitsentscheidungen. Dem BGH zufolge liegt allerdings bei einem Eingriff in den Kernbereich regelmäßig eine treupflichtwidrige Ausübung der Mehrheitsmacht vor, während in sonstigen Fällen die Minderheit den Nachweis einer treupflichtwidrigen Mehrheitsentscheidung zu führen hat.[1109]

604

cc) Gewinnverwendung und Entnahmerecht, Gesellschafterkonten

Das Gesetz sieht vor, dass nach jedem Geschäftsjahr der Jahresgewinn oder -verlust ermittelt und für jeden Gesellschafter sein Anteil daran berechnet und seinem Kapitalanteil zu- bzw. abgeschrieben wird (§ 120 HGB). Der Gewinn ist zunächst in Höhe von 4 % des Kapitalanteils, der Rest und ein Verlust nach Köpfen unter den Gesellschaftern zu verteilen (§ 121 HGB). Entnahmen sind bis zur Höhe von 4 % des für das letzte Geschäftsjahr festgestellten Kapitalanteils sowie in Höhe eines etwaigen Mehrgewinns zulässig (§ 122 HGB). Auch im Liquidationsfall ist das verbleibende Vermögen der Gesellschaft im Verhältnis der Kapitalanteile unter den Gesellschaftern zu verteilen (§ 155 Abs. 1 HGB). Für Kommanditisten gilt nach der Sonderregel des § 167 HGB nur eine auf die Einlage begrenzte Gewinnzuschreibung und ein begrenzter Verlustanteil. Der Kommanditist hat kein gewinnunabhängiges Entnahmerecht (§ 169 HGB).

605

Diese Regelungen sind sämtlich dispositiv (§§ 109, 145 HGB).

606

Die gesetzlich vorgesehenen veränderlichen Kapitalanteile sind Rechnungsziffern, die das Verhältnis der Beteiligung der Gesellschafter bezeichnen. Danach bestimmen sich die Gewinnanteile, das Entnahmerecht und die Beteiligung am Auseinandersetzungsguthaben. Es handelt sich nicht um die Beteiligung der Gesellschafter an dem Gesellschaftsvermögen. Das Gesetz schreibt für die Personenhandelsgesellschaften kein Eigenkapital und kein Festkapital vor. In der Praxis wünschen die Gesellschafter demgegenüber regelmäßig die Festlegung eines nicht veränderlichen Beteiligungsverhältnisses, das meistens an die unterschiedlichen Einlagen der Gesellschafter anknüpft. Üblich und empfehlenswert ist daher die Bildung mehrerer Konten für jeden Gesellschafter. Auf einem festen Kapitalkonto (auch Festkapitalkonto oder Kapitalkonto I) wird der Kapitalanteil des Gesellschafters ausgewiesen. Der Betrag dieses Kontos entspricht der Einlage des Gesellschafters und ist unveränderlich. An diesen Betrag und sein Verhältnis zum gesamten Kapital der Gesellschaft lassen sich die Rechte und Pflichten der Gesellschafter anknüpfen (z.B. Gewinnbeteiligung, Entnahmerecht, Stimm-

607

1106 BGH, Urt. v. 15.01.2007 – II ZR 245/05 (OTTO), BGHZ 170, 283 = DNotZ 2007, 629, 631; BGH, Urt. v. 24.11.2008 – II ZR 116/08, DNotZ 2009, 392, 393; anders BGH, Urt. v. 05.03.2007 – II ZR 282/05, DNotI-Report 2007, 71: allgemeine Mehrheitsklausel deckt nicht Beschluss über Nachschussverpflichtung, Bestimmtheitsgrundsatz verlangt Festlegung von Kriterien, die das Erhöhungsrisiko eingrenzen.
1107 Der BGH hat den Bestimmtheitsgrundsatz inzwischen auch als Auslegungsregel zur restriktiven Handhabung von allgemeinen Mehrheitsklauseln aufgegeben, vgl. BGH, Urt. v. 21.10.2014 – II ZR 84/13, BGHZ 203, 77.
1108 BGH, Urt. v. 16.10.2012 – II ZR 239/11, ZNotP 2013, 27 m.w.N. = ZIP 2013, 65.
1109 BGH, Urt. v. 24.11.2008 – II ZR 116/08, DNotZ 2009, 392, 394.

recht). Auf einem zweiten, variablen Konto (Kapitalkonto II) werden die Gewinne, Verluste und Entnahmen gebucht. Daneben können noch sog. Privatkonten (auch Sonder-, Darlehenskonten) eingerichtet werden, auf die andere Forderungen und Verbindlichkeiten im Verhältnis von Gesellschaft und Gesellschaftern gebucht werden können.

608 Abweichende Vereinbarungen hinsichtlich der Gewinnverteilung, der Verzinsung der Konten und des Entnahmerechts sind zulässig und weit verbreitet. Insbesondere wird die Beteiligung an Gewinn und Verlust regelmäßig an den festen Kapitalanteil gemäß dem Kapitalkonto I geknüpft. Das Entnahmerecht kann erweitert oder auch beschränkt werden. Nachträgliche Änderungen bedürfen der Zustimmung aller Gesellschafter.

609 ▶ Formulierungsbeispiel für die Kommanditgesellschaft (Konto):

§ ..... Konten

1. Für jeden Kommanditisten wird ein Kapitalkonto I in Höhe der Kommanditeinlage als Festkonto geführt. Das Kapitalkonto I ist unverzinslich und bleibt, soweit sich aus diesem Gesellschaftsvertrag nichts anderes ergibt, unverändert.
2. Rücklagen, die aus Einlagen stammen, die die Kommanditisten über die Kommanditeinlagen hinaus leisten, werden auf einem Rücklagenkonto gebucht, das den Kommanditisten entsprechend ihren Kommanditeinlagen gesamthänderisch zusteht (Kapitalkonto II).
3. Für jeden Kommanditisten wird ferner ein Kapitalkonto III geführt, auf dem Gewinnrücklagen gebucht werden. Etwaige Verluste der Kommanditisten werden auf Verlustvortragskonten, die im Bedarfsfall für jeden Kommanditisten eingerichtet werden, verbucht. Entnahmefähige Gewinne und Entnahmen werden auf Darlehenskonten, die für jeden Gesellschafter geführt werden, verbucht. Die Kapitalkonten III und die Darlehenskonten werden mit 2 Prozentpunkten über dem jeweiligen Basiszinssatz verzinst.

610 ▶ Formulierungsbeispiel für die Kommanditgesellschaft (Gewinnverteilung)

§ ..... Gewinn- und Verlustbeteiligung

1. Für die Verteilung von Gewinn und Verlust ist der festgestellte Jahresabschluss maßgeblich.
2. Die persönlich haftende Gesellschafterin erhält vorab Ersatz ihrer aus der Geschäftsführung entstandenen Aufwendungen sowie zur Abgeltung ihres Haftungsrisikos jährlich einen Betrag in Höhe von 5 % ihres Stammkapitals. Im Übrigen ist sie am Gewinn und Verlust der Gesellschaft nicht beteiligt.
3. Der verbleibende Gewinn steht den Kommanditisten im Verhältnis ihrer Beteiligung (auf dem Kapitalkonto I gebuchte Kommanditeinlagen) zu. Einen Verlust tragen die Kommanditisten ebenfalls im Verhältnis ihrer Beteiligung.

611 ▶ Formulierungsbeispiel für die Kommanditgesellschaft (Entnahmerecht)

§ ..... Rücklagen, Entnahmen

1. Fünfundzwanzig vom Hundert des verfügbaren Jahresgewinns werden in die Rücklage gemäß § ..... Ziffer 3. dieses Gesellschaftsvertrages eingestellt und auf den Kapitalkonten III der Kommanditisten verbucht. Über eine abweichende Rücklagendotierung sowie die Auflösung von Rücklagen entscheidet die Gesellschafterversammlung mit einer Mehrheit von drei Vierteln der abgegebenen Stimmen. Die Auflösung von Rücklagen ist allerdings nur zulässig, soweit die Rücklagenkonten gemäß § ..... Ziffern 2. und 3. den bilanziellen Bestand des Anlagevermögens abzüglich der Kommanditeinlagen (Summe der Kapitalkonten I laut § ..... Ziffer 1.) und des Sonderrücklagenkontos laut § ..... Ziffer 4. übersteigt. Entnahmen aus dem Kapitalkonto I sind unzulässig.
2. Die auf dem Darlehenskonto gebuchten Gewinne können jederzeit entnommen werden, soweit hierdurch nicht ein negativer Saldo entsteht oder sich erhöht. Diese Einschränkung gilt nicht, soweit ein Kommanditist unterjährige Entnahmen tätigt, die seinen voraussichtlichen entnahmefähigen Gewinn des laufenden Geschäftsjahres pro rata temporis nicht überschreiten und die Gesellschafterversammlung mit einer Mehrheit von drei Vierteln der abgegebenen Stimmen zustimmt.

dd) Informations- und Kontrollrecht

Jedem Gesellschafter stehen gegen die Gesellschaft umfangreiche Informations- und Kontrollrechte zu (§ 118 Abs. 1 HGB; § 716 Abs. 1 BGB). Die Rechte umfassen alle Angelegenheiten der Gesellschaft und erstrecken sich auf die Einsichtnahme in sämtliche Unterlagen der Gesellschaft sowie Zugang zu den Geschäftsräumen, nur ausnahmsweise auf Auskunft. Wegen ihrer persönlichen Haftung haben bei der oHG alle Gesellschafter die gleichen Rechte, unabhängig davon, ob sie von der Geschäftsführung ausgeschlossen sind oder nicht. Das Kontrollrecht des Kommanditisten ist hingegen inhaltlich auf die Prüfung des Jahresabschlusses unter Einsicht in die Bücher und Papiere der Gesellschaft beschränkt (§ 166 Abs. 1 HGB).

612

Das Informationsrecht ist ein höchstpersönliches Recht des Gesellschafters, das nicht auf Dritte übertragen werden kann. Die Ausübung durch einen Bevollmächtigten ist mit Zustimmung der Gesellschafter zulässig; der einsichtsberechtigte Gesellschafter kann aber einen geeigneten Sachverständigen hinzuziehen.[1110]

613

Die Informations- und Kontrollrechte können im Gesellschaftsvertrag eingeschränkt und abbedungen werden (vgl. §§ 109, 163 HGB), etwa bezüglich bestimmter Unterlagen, in zeitlicher Hinsicht, hinsichtlich der Art und Weise der Wahrnehmung oder der Person von Bevollmächtigten.[1111] Umstritten ist, ob das Informationsrecht auch vollständig ausgeschlossen werden kann.[1112] Eine nachträgliche Entziehung wie bei der Geschäftsführungsbefugnis (§ 117 HGB) ist indes nicht möglich. Der Ausschluss oder eine Beschränkung stehen der Geltendmachung des Kontrollrechts nicht entgegen, wenn für den Gesellschafter Grund zur Annahme unredlicher Geschäftsführung besteht (§ 118 Abs. 2 HGB). Der Umfang des Informationsrechts kann im Gesellschaftsvertrag auch erweitert werden.

614

5. Haftung

a) Grundsatz

Die Personenhandelsgesellschaften sind gekennzeichnet durch die persönliche und gesamtschuldnerische Haftung ihrer Gesellschafter für die Verbindlichkeiten der Gesellschaft (§ 128 HGB). Diese Haftung ist akzessorisch zu der Haftung der Gesellschaft selbst (§ 129 HGB), aber auch unmittelbar und primär gegenüber den Gesellschaftsgläubigern. Mehrere Gesellschafter haften jeweils aufs Ganze, ein Ausgleich findet nur im Innenverhältnis statt. Die Gesellschafterhaftung ist bei der oHG unbeschränkt und unbeschränkbar (vgl. § 128 Satz 2 HGB). Bei der KG kann die Haftung der Kommanditisten auf die Höhe der Einlage (Haftsumme) beschränkt werden; die Haftung entfällt, soweit die Einlage geleistet ist (§ 171 Abs. 1 HGB). Der persönlich haftende Gesellschafter der KG haftet hingegen unbeschränkt mit seinem gesamten Vermögen (§§ 161 Abs. 2, 128 HGB).

615

Die Partner der Partnerschaft haften grundsätzlich wie oHG-Gesellschafter für die Verbindlichkeiten der Partnerschaft (§ 8 Abs. 1 PartGG). Ist allerdings nur ein einzelner Partner mit der Bearbeitung eines Auftrags befasst, so haftet nur dieser für berufliche Fehler neben der Partnerschaft (§ 8 Abs. 2 PartGG). Eine Haftungsbeschränkung der Höhe nach kann durch Gesetz zugelassen werden, wenn das Gesetz zugleich die Pflicht zum Abschluss einer entsprechenden Berufshaftpflichtversicherung begründet (§ 8 Abs. 3 PartGG).

616

Die Haftung gilt für sämtliche Gesellschaftsverbindlichkeiten, gleich aus welchem Rechtsgrund und mit welchem Inhalt.

617

[1110] BGHZ 25, 115.
[1111] OLG München, Urt. v. 31.01.2018 – 7 U 2600/17, DNotZ 2018, 928 = ZIP 2018, 425, dazu *Heckschen/Strnad*, notar 2018, 435, 450.
[1112] Baumbach/Hopt/*Roth*, § 118 Rn. 17 sowie § 166 Rn. 18 m.w.N.: bejahend für oHG, verneinend für KG (Kernbereich).

b) Haftung für Altschulden und Nachhaftung

618 Die Haftung trifft zunächst die Gesellschafter, die im Zeitpunkt der Entstehung der Verbindlichkeit Gesellschafter sind. Später in die Gesellschaft eintretende Gesellschafter haften in gleicher Weise für die vor dem Eintritt begründeten Verbindlichkeiten (§ 130 Abs. 1 HGB). Auf die Kenntnis des eintretenden Gesellschafters von den Altschulden kommt es nicht an. Der Eintritt kann durch Aufnahme in die Gesellschaft, Erbgang oder rechtsgeschäftliche Anteilsübertragung erfolgen.

619 Die Haftung für Altschulden bleibt auch nach Ausscheiden des Gesellschafters bestehen. Die Nachhaftung ist allerdings zeitlich begrenzt auf 5 Jahre nach dem Ausscheiden des Gesellschafters (§ 160 Abs. 1 HGB).[1113] Der Lauf der Enthaftungsfrist beginnt mit der Eintragung des Ausscheidens des Gesellschafters in das Handelsregister (§ 160 Abs. 1 Satz 2 HGB). Die Eintragung des Ausscheidens des Gesellschafters ist für den Fristbeginn jedoch nicht konstitutiv. Die Frist beginnt auch mit der anderweitig erlangten positiven Kenntnis des Gläubigers von dem Ausscheiden des Gesellschafters.[1114] Der gleichen Nachhaftung unterliegt ein persönlich haftender Gesellschafter, wenn er Kommanditist wird (§ 160 Abs. 3 HGB). Für nach seinem Ausscheiden begründete Verbindlichkeiten (Neuschulden) haftet der Gesellschafter hingegen nicht.

620 Nach Auflösung der Gesellschaft verjähren die Ansprüche der Gesellschaftsgläubiger gegen die Gesellschafter, und zwar in 5 Jahren nach Eintragung der Auflösung in das Handelsregister (§ 159 Abs. 1 und 2 HGB).

c) Die Haftung des Kommanditisten

621 Der Kommanditist in der KG haftet wie folgt für Verbindlichkeiten der Gesellschaft:[1115]

622 aa) Vor Eintragung der Gesellschaft in das Handelsregister haftet der Kommanditist unbeschränkt wie ein persönlich haftender Gesellschafter für die bis zur Eintragung der Gesellschaft begründeten Verbindlichkeiten, wenn er dem vorzeitigen Geschäftsbeginn zugestimmt hat (Voreintragungshaftung, § 176 Abs. 1 HGB). Die unbeschränkte Haftung entfällt gegenüber Gläubigern, denen die Beteiligung als Kommanditist bekannt war.[1116] Die Haftung für einmal begründete Verbindlichkeiten erlischt nicht mit der Eintragung der Gesellschaft. Die Voreintragungshaftung gilt nur für die Kommanditisten von Gesellschaften, die ein Handelsgewerbe betreiben und die somit bereits mit Aufnahme ihrer Geschäfte und nicht erst durch ihre Eintragung im Handelsregister entstehen. Die Kommanditisten von Gesellschaften, die nur ein Kleingewerbe, Land- oder Forstwirtschaft oder die Verwaltung eigenen Vermögens betreiben, sind von der Haftung ausgenommen (§ 176 Abs. 1 Satz 2 HGB).

623 bb) Ab Eintragung der Gesellschaft und der Kommanditeinlage in das Handelsregister (§ 162 Abs. 1 HGB) ist die Haftung des Kommanditisten der Höhe nach auf den Betrag der Einlage beschränkt (§ 171 Abs. 1 Halbs. 1 HGB). Maßgeblich ist der im Handelsregister angegebene Betrag (§ 172 Abs. 1 HGB). Mit der Einlage ist somit die Haftsumme gegenüber den Gesellschaftsgläubigern gemeint (Außenverhältnis). Diese Haftsumme ist von der im Gesellschaftsvertrag vereinbarten Pflichteinlage des Kommanditisten (Innenverhältnis) zu unterscheiden. Die Beträge der Haftsumme und der Pflichteinlage können übereinstimmen, müssen es aber nicht. Der Kommanditist haftet sum-

---

1113 Dabei handelt es sich um eine Ausschlussfrist, nicht um eine Verjährungsregelung, zutr. Baumbach/Hopt/*Roth*, § 159 Rn. 2. Im Einzelnen kritisch *Lüneborg*, ZIP 2012, 2229.
1114 So nunmehr BGH, Urt. v. 24.09.2007 – II ZR 284/05, DNotZ 2008, 388, 3890 = MittBayNot 2008, 138, im Anschluss an *Altmeppen*, NJW 2000, 2529, 2530; entgegen der bisher h.L.
1115 Instruktiv *Peters*, RNotZ 2002, 425; *Specks*, RNotZ 2008, 143.
1116 OLG Frankfurt am Main, Beschl. v. 09.05.2007 – 13 U 195/06, RNotZ 2008, 170, lässt hierfür im Einklang mit der wohl h.L. schon die Firmierung als GmbH & Co. KG genügen. Bei der GmbH & Co. KG könne die typische Verkehrserwartung, dass nur die GmbH unbeschränkt hafte, während die beteiligten natürlichen Personen Kommanditisten seien, mit der positiven Kenntnis i.S. von § 176 Abs. 1 Satz 1 HGB gleichgestellt werden. S.u. Rdn. 782.

menmäßig beschränkt auf den Betrag der eingetragenen Einlage, aber weiterhin mit seinem gesamten Privatvermögen als Haftungsmasse.

cc) Ausgeschlossen ist die Haftung des Kommanditisten mit seinem Privatvermögen gegenüber den Gesellschaftsgläubigern erst, wenn er die Einlage an die Gesellschaft geleistet hat (§ 171 Abs. 1 Halbs. 2 HGB). Bei teilweiser Leistung der Einlage entfällt die Haftung nur in Höhe des geleisteten Betrages. Die Einlage kann entsprechend den Vereinbarungen im Gesellschaftsvertrag in Geld, durch Übertragung eines Vermögensgegenstands (Sacheinlage) oder durch Aufrechnung mit einer Forderung des Kommanditisten gegen die Gesellschaft erbracht werden. Entscheidend ist, dass der Gesellschaft der vereinbarte Wert zugeführt wird. Die Bewertung der Einlage im Innenverhältnis der Gesellschafter ist aber nicht maßgeblich für die Frage der Haftungsbefreiung. Bei Überbewertung droht somit das Risiko des Fortbestehens der Haftung im Außenverhältnis. Die Beweislast für die Erbringung und die Werthaltigkeit der Einlage trägt der Kommanditist. Daneben kann der Kommanditist auch mit der direkten Befriedigung von Gläubigern der Gesellschaft in Höhe seiner Haftsumme den Ausschluss seiner Haftung bewirken.[1117] Durch die Zahlung an einen Gesellschaftsgläubiger befreit sich der Kommanditist allerdings nicht von seiner Einlageschuld gegenüber der Gesellschaft. Er erlangt lediglich einen Anspruch gegen die KG auf Erstattung des gezahlten Betrages, den er mit der Einlageforderung aufrechnen kann.[1118]

624

dd) Die Haftung des Kommanditisten lebt wieder auf, soweit ihm die Einlage zurückbezahlt wird (§ 172 Abs. 4 HGB). Eine zurückbezahlte Einlage gilt den Gläubigern gegenüber als nicht geleistet. Das Gleiche gilt, wenn durch Entnahmen der Kapitalanteil des Kommanditisten unter den Betrag seiner Einlage sinkt (Überentnahmen). Eine Einlagenrückgewähr kann nicht nur in der Rückzahlung einer Geldeinlage liegen, sondern mit jeder Leistung der KG an den Kommanditisten verbunden sein, der keine objektiv wertdeckende Gegenleistung des Kommanditisten gegenübersteht (z.B. Kauf- oder Mietverträge zu nicht marktgerechten Preisen, Darlehen zu unangemessenen Konditionen, Vergütungen und Gewinnvorausschüttungen).

625

ee) Der in eine bestehende Handelsgesellschaft (KG oder auch oHG, die durch den Eintritt eines Kommanditisten zur KG wird) eintretende Kommanditist haftet zunächst für die in der Zeit zwischen seinem Eintritt und dessen Eintragung in das Handelsregister begründeten Verbindlichkeiten der Gesellschaft (§ 176 Abs. 2 HGB). Die Haftung des eintretenden Kommanditisten ist nicht davon abhängig, dass er der Fortführung der Geschäfte zugestimmt hat.

626

Der eintretende Kommanditist haftet außerdem auch für Altschulden, die vor seinem Eintritt begründet worden sind (§ 173 Abs. 1 HGB).

627

Die Einlage des eintretenden Kommanditisten kann auch durch einen Dritten erbracht werden, etwa im Wege der Schenkung (§ 276 Abs. 1 BGB). Probleme können entstehen, wenn die Einlage durch einen Mitgesellschafter aus Mitteln erbracht wird, die der Gesellschaft bereits zur Verfügung stehen. Zu denken ist an die Aufnahme eines neuen Kommanditisten, dessen Einlage schenkweise von einem persönlich haftenden Gesellschafter oder durch Umbuchung von dem Konto eines anderen Gesellschafters erbracht wird (sog. Einbuchungsfälle). Nach der Rechtsprechung ist die schenkweise Zuwendung aus dem freien Vermögen des Komplementärs zulässig, auch wenn dadurch der Umfang des unbegrenzt haftenden Vermögens des Komplementärs vermindert wird. Bei der Umbuchung von einem Konto eines Kommanditisten ist darauf zu achten, dass die Buchung aus dem freien Vermögen, etwa dem Darlehenskonto, und nicht aus dem gebundenen Kapitalkonto erfolgt. Anderenfalls droht dem schenkenden Kommanditisten das Wiederaufleben seiner Haftung gem. § 172 Abs. 4 HGB.[1119]

628

1117 BGHZ 95, 188; BGHZ 51, 391.
1118 BGHZ 63, 338, 342; BGH NJW 1984, 2290.
1119 Im Einzelnen *Peters*, RNotZ 2002, 425, 431.

629 ff) Beim Gesellschafterwechsel ist zu unterscheiden: Bei Austritt des alten Kommanditisten und Eintritt eines neuen Kommanditisten jeweils durch Vertrag mit den übrigen Gesellschaftern (Austritt/Eintritt-Modell) kommt es zur sog. doppelten Kommanditistenhaftung. Der ausscheidende Kommanditist haftet gem. § 172 Abs. 4 HGB wegen der Rückgewähr seiner Einlage. Den eintretenden Gesellschafter trifft die Haftung gem. §§ 173 Abs. 1, 176 Abs. 2 HGB. Eine abweichende Haftungsregelung ist nur kraft Vereinbarung mit den Gesellschaftsgläubigern möglich. Wird die Kommanditbeteiligung hingegen im Wege der Sonderrechtsnachfolge rechtsgeschäftlich vom alten auf den neuen Kommanditisten übertragen und ein entsprechender Nachfolgevermerk in das Handelsregister eingetragen, so findet keine Einlagenrückgewähr an den ausscheidenden Kommanditisten statt und dem neuen Kommanditisten wird die erbrachte Einlage des alten Kommanditisten zugerechnet.[1120]

d) Abweichende Vereinbarungen

630 Abweichende Vereinbarungen der Gesellschafter sind den Gläubigern gegenüber unwirksam (§§ 128 Satz 2, 130 Abs. 2, 173 Abs. 2 HGB). Die Gesellschafter können also ihre Haftung im Außenverhältnis nicht durch Vereinbarung im Innenverhältnis beschränken oder ausschließen. Zulässig sind jedoch Vereinbarungen der Gesellschafter mit den Gläubigern, z.B. bei einem Gesellschafterwechsel der Verzicht des Gläubigers auf die Inanspruchnahme des ausscheidenden Gesellschafters bei Haftungsübernahme durch den eintretenden Gesellschafter. Außerdem können die Gesellschafter im Innenverhältnis ihre Haftungsbeiträge sowie die Modalitäten und den Umfang des Regresses bei Inanspruchnahme einzelner Gesellschafter regeln. In formularmäßigen Verträgen getroffene, von der gesetzlichen Haftungsverteilung abweichende Vereinbarungen zwischen Erwerber und Veräußerer einer Kommanditbeteiligung unterliegen der AGB-Inhaltskontrolle.[1121]

6. Übertragung von Gesellschaftsanteilen

a) Durch Rechtsgeschäft unter Lebenden

aa) Sonderrechtsnachfolge

631 Nach heute ganz herrschender Auffassung ist die Übertragung von Anteilen an Personenhandelsgesellschaften durch Abtretung, also durch ein Rechtsgeschäft zwischen dem Zedenten und dem Zessionar, möglich (§§ 413, 398 BGB, sog. Sonderrechtsnachfolge). §§ 717, 719 BGB stehen der Übertragung des Gesellschaftsanteils insgesamt, d.h. der Mitgliedschaft mit allen Rechten und Pflichten, nicht entgegen. §§ 738, 739 BGB gelten für die rechtsgeschäftliche Übertragung eines Gesellschaftsanteils nicht. Es bedarf auch keines Vertrages aller Gesellschafter mit dem ausscheidenden Gesellschafter einerseits und mit dem eintretenden Gesellschafter andererseits (sog. Doppelvertrag oder Austritt-Eintritt-Modell).[1122] Neben der direkten Abtretung im Wege der Sonderrechtsnachfolge bleibt die Möglichkeit des Gesellschafterwechsels durch gleichzeitigen Austritt des alten Gesellschafters und Eintritt des neuen Gesellschafters bestehen.

632 Allerdings bedarf die Abtretung, also das dingliche Verfügungsgeschäft, stets der Zustimmung aller Gesellschafter. Diese kann generell bereits im Gesellschaftsvertrag enthalten sein – auch mit Einschränkungen, z.B. dass die Übertragung eines mit einfacher Mehrheit gefassten Gesellschafterbeschlusses bedarf – oder ad hoc anlässlich der Übertragung erklärt werden. Hierin wirkt die »persönliche« Struk-

---

[1120] S. im Einzelnen unten Rdn. 636 ff.
[1121] BGH, Urt. v. 26.03.2019 – II ZR 413/18, DNotZ 2019, 955: Unpräzise Modifikation der gesetzlichen Nachhaftung des ausscheidenden Kommanditisten verstößt gegen das Transparenzgebot des § 307 Abs. 1 BGB.
[1122] RG DNotZ 1944, 195 = WM 1964, 1130; Baumbach/Hopt/*Roth*, § 105 Rn. 69 m.w.N.

tur der Personenhandelsgesellschaft nach. Kein Gesellschafter muss neue Mitgesellschafter gegen seinen Willen akzeptieren.[1123]

Der Gesellschaftsvertrag kann die Übertragung von Gesellschaftsanteilen an weitere formelle und materielle Voraussetzungen knüpfen, etwa an eine bestimmte Verwandtschaftsbeziehung, Lebensalter oder Ausbildung der neuen Gesellschafter.

633

Auch die Übertragung eines Teils eines Gesellschaftsanteils ist möglich. Treffen mehrere Anteile in der Hand eines Gesellschafters zusammen, so verschmelzen sie zu einem einheitlichen Gesellschaftsanteil. Weiterhin sind die gleichzeitige Auswechselung aller Gesellschafter durch Übertragung der Anteile auf Rechtsnachfolger[1124] sowie die Übertragung aller Anteile auf einen Erwerber möglich.[1125] Im letzteren Fall wird die Gesellschaft aufgelöst und der Erwerber wird Alleininhaber des Handelsgewerbes der Gesellschaft. Auf diese Weise kann das Vermögen der Gesellschaft ohne Verfügung über den einzelnen Vermögensgegenstand auf einen der Gesellschafter übertragen werden.

634

Mit dem Gesellschaftsanteil geht die Mitgliedschaft als solche mit allen Rechten und Pflichten des veräußernden Gesellschafters einschließlich aller Ansprüche und Verbindlichkeiten im Verhältnis zur Gesellschaft über. Abweichende vertragliche Vereinbarungen sind möglich, jedoch nur bezüglich der selbstständig übertragbaren Vermögensrechte (sog. Sozialansprüche und -verpflichtungen) und nicht zu Lasten Dritter, von Mitgesellschaftern oder der Gesellschaft. Der Erwerber nimmt also im Grundsatz die gleiche Rechtsposition ein wie der Veräußerer sie innehatte. Ausgenommen sind lediglich höchstpersönliche Rechte, die im Einzelfall so mit der Person des Veräußerers verbunden sind, dass sie nicht mit übergehen und erlöschen (z.B. ein Mehrstimmrecht oder ein Recht zur Geschäftsführung).

635

bb) Kommanditbeteiligungen

Einen besonderen Vorteil hat die Sonderrechtsnachfolge für die Übertragung von Kommanditbeteiligungen. Mit der Sonderrechtsnachfolge lässt sich nämlich weitgehend die Haftung der beteiligten Gesellschafter vermeiden, die Folge der Auswechselung eines Kommanditisten im Wege des Ein- und Austritts wäre (sog. Verdoppelung der Kommanditistenhaftung gegenüber den Gesellschaftsgläubigern). Im Fall des Ein- und Austritts haftet der ausscheidende Gesellschafter, dem das Auseinandersetzungsguthaben ausgezahlt wird, wegen Rückgewähr der Einlage (§ 172 Abs. 4 HGB). Der eintretende Gesellschafter haftet den Gesellschaftsgläubigern bis zur Bewirkung seiner Einlage (§§ 160 Abs. 1, 171 Abs. 1, 173 Abs. 1 HGB). Bei der Sonderrechtsnachfolge hingegen wird der Kapitalanteil des ausscheidenden Gesellschafters auf den eintretenden Gesellschafter umgebucht. Eine Einlagenrückgewähr findet nicht statt. Der eintretende Gesellschafter kann sich auf die Einlagenerbringung durch den Altgesellschafter berufen; er hat selbst keine neue Einlage zu erbringen.

636

Nach der Rechtsprechung setzt die Vermeidung der doppelten Kommanditistenhaftung allerdings voraus, dass die Sonderrechtsnachfolge im Handelsregister verlautbart wird. Ohne Verlautbarung lebt die Haftung des veräußernden Kommanditisten wieder auf (§ 172 Abs. 4 HGB). Der Veräußerer wird dann aufgrund eines von ihm gesetzten Rechtsscheins so behandelt, als ob er die von ihm geleistete Einlage im Zuge seines Austritts aus der Gesellschaft zurückerhalten habe.[1126] Dieser Rechtsschein kann durch Anmeldung und Eintragung eines klarstellenden Rechtsnachfolgevermerks (»Übertragung im Wege der Sonderrechtsnachfolge« oder »Eintritt an Stelle des bisherigen Kommanditisten im Wege der Einzelrechtsnachfolge«) im Handelsregister beseitigt werden. Durch den

637

1123 *K. Schmidt,* Gesellschaftsrecht, S. 1323 f., spricht von einer »Vinkulierung im Grundsatz«, noch treffender wäre: »Vinkulierung kraft Gesetzes«.
1124 BGHZ 44, 229.
1125 BGHZ 71, 269, 299; BGH NJW 1978, 1525.
1126 BGHZ 81, 82; OLG Köln, Beschl. v. 04.02.2004 – 2 Wx 36/03, RNotZ 2004, 169. Die Haftung kann nicht mehr auf § 15 Abs. 1 HGB gestützt werden, nachdem die Vorschrift nach der Neufassung der §§ 162 Abs. 2 und 3 HGB durch das NaStraG v. 18.01.2001 nicht mehr anwendbar ist.

Rechtsnachfolgevermerk wird für den Rechtsverkehr ersichtlich, dass kein Gesellschafterwechsel durch Eintritt und Austritt mit den Haftungsfolgen der §§ 160 Abs. 1, 161 Abs. 2, 173, 172 Abs. 4 HGB vorliegt.[1127]

638 In der Praxis setzt die Eintragung des Rechtsnachfolgevermerks die Abgabe der sog. negativen Abfindungsversicherung gegenüber dem Handelsregister voraus.[1128] Danach haben der oder die vertretungsberechtigten Gesellschafter und der ausscheidende Kommanditist zu versichern, dass der ausscheidende Kommanditist keine bzw. »keinerlei«[1129] Abfindung von der Gesellschaft erhalten habe und ihm eine solche auch nicht versprochen worden sei. Anhand dieser Versicherung soll das Gericht prüfen können, ob ein Fall der Sonderrechtsnachfolge oder ein Gesellschafterwechsel in Form des getrennten Ein- und Austritts vorliege. Die negative Abfindungsversicherung sollte sinnvollerweise in der Anmeldung des Kommanditistenwechsels enthalten sein. Umstritten ist, welche Gesellschafter die Versicherung abzugeben haben. Überwiegend wird verlangt, dass sämtliche Komplementäre und der ausscheidende Kommanditist die Versicherung leisten müssen,[1130] teilweise sollen es sämtliche Gesellschafter sein[1131] oder zusätzlich der erwerbende Kommanditist.

639 Noch nicht höchstrichterlich geklärt ist die Frage, ob der ausscheidende Kommanditist die negative Abfindungsversicherung persönlich abgeben muss oder ob eine **rechtsgeschäftliche Vertretung** möglich ist. Die Erklärung der Versicherung durch einen Bevollmächtigten wird in der Literatur für generell zulässig erachtet.[1132] Demgegenüber hat das OLG Köln zwar klargestellt, dass es sich bei der Abfindungsversicherung nicht um eine höchstpersönliche Erklärung des Kommanditisten handele, die einer gewillkürten Stellvertretung nicht zugänglich wäre. Es handele sich vielmehr um eine Wissenserklärung im Rahmen der Sachverhaltsermittlung durch das Registergericht gem. § 26 FamFG. Das Gericht dürfe die Erklärung daher von dem Kommanditisten selbst als persönlich Betroffenem verlangen, der aufgrund eigenen Wissens am zuverlässigsten darüber Auskunft geben könne, ob er eine Abfindung oder ein Abfindungsversprechen erhalten habe. Lediglich in den Fällen, in denen der Kommanditist keine Angaben aus eigenem Wissen machen könne, weil er sich bei der Ausübung seiner Gesellschafterrechte eines Bevollmächtigten bedient hat, komme auch die Abgabe der Abfindungsversicherung durch diesen Bevollmächtigten in Betracht. Dabei handele der Bevollmächtigte aber nicht als Vertreter des Kommanditisten, sondern im eigenen Namen als Auskunftsperson i.S.d. § 27 Abs. 2 FamFG.[1133]

640 ▶ Formulierungsbeispiel zur Anmeldung der Sonderrechtsnachfolge in eine Kommanditbeteiligung:

Amtsgericht.....

Handelsregister Abt. A

HRA.....

.....KG

1127 Auch wenn für die Haftung nur noch »allgemeine Rechtsscheinsgrundsätze« herangezogen werden können, ist die Beantragung eines Rechtsnachfolgevermerks für die Praxis weiterhin zu empfehlen; zutr. *Peters*, RNotZ 2002, 425, 438; Fleischhauer/Wochner/*Kallrath*, Handelsregisterrecht, Teil E., Rn. 11, Erl. 2.
1128 Bestätigt von BGH, Beschl. v. 19.09.2005 – II ZB 11/04, DNotZ 2006, 135 = WM 2006, 36, 37, entgegen KG ZIP 2004, 1847, 1849. Ursprünglich RG DNotZ 1944, 195.
1129 So OLG Nürnberg, Beschl. v. 26.06.2012 – 12 W 688/12, FGPrax 2012, 211.
1130 KG, Beschl. v. 28.04.2009 – 1 W 389/08, FGPrax 2009, 177; OLG Zweibrücken, Beschl. v. 14.06.2000 – 3 W 92/00, Rpfleger 2002, 156.
1131 So OLG Nürnberg, Beschl. v. 26.06.2012 – 12 W 688/12, FGPrax 2012, 211.
1132 *Krafka*, Rn. 750 m.w.N.; Münchener Handbuch GesR II/*Piehler/Schulte*, § 35 Rn. 61.
1133 OLG Köln, Beschl. v. 21.07.2017 – 4 Wx 9/17, RNotZ 2018, 111.

C. Personenhandelsgesellschaften   Kapitel 1

Zur Eintragung in das Handelsregister melden wir an:

1. Der Kommanditist ....., geboren am ....., wohnhaft ....., hat seinen Kommanditanteil in Höhe von ..... Euro im Wege der Sonderrechtsnachfolge auf ....., geboren am ....., wohnhaft ....., übertragen.
2. Herr ..... ist damit aus der Gesellschaft ausgeschieden.
3. Herr ..... ist damit als Kommanditist mit einer Kommanditeinlage in Höhe von ..... in die Gesellschaft eingetreten.
4. Sämtliche vertretungsberechtigten Gesellschafter und der ausscheidende Kommanditist versichern, dass der ausscheidende Kommanditist für die von ihm aufgegebenen Rechte aus dem Gesellschaftsvermögen keine/keinerlei Abfindung aus dem Gesellschaftsvermögen erhalten hat und dass ihm eine solche auch nicht versprochen worden ist.

....., den.....

[Unterschriften sämtlicher Gesellschafter einschließlich des ausscheidenden Kommanditisten]

Öffentliche Beglaubigung

Umstritten ist, ob ein Kommanditist, der im Wege der Sonderrechtsnachfolge in die Gesellschaft eintritt, gem. § 176 Abs. 2 HGB für die in der Zeit zwischen seinem Eintritt und dessen Eintragung in das Handelsregister begründeten Gesellschaftsverbindlichkeiten haftet.[1134] Einer etwaigen Haftung kann dadurch begegnet werden, dass der dingliche Übergang des Kommanditanteils und damit der Eintritt in die Gesellschaft unter die aufschiebende Bedingung der Eintragung des Kommanditistenwechsels gestellt wird. Im Übrigen hat die Handelsregistereintragung des Gesellschafterwechsels, -eintritts oder -austritts nur deklaratorische Bedeutung.   641

▶ **Formulierungsbeispiel zur aufschiebenden Bedingung bei der Sonderrechtsnachfolge:**   642

Die Abtretung der Kommanditbeteiligung erfolgt aufschiebend bedingt auf die Eintragung des Kommanditistenwechsels in das Handelsregister der Gesellschaft.

cc) Mängelhaftung

Hinsichtlich der Mängelhaftung des Veräußerers gegenüber dem Erwerber ist danach zu unterscheiden, ob ein einzelner Gesellschaftsanteil oder alle oder nahezu alle Anteile verkauft werden. Beim Verkauf eines einzelnen Anteils handelt es sich mangels abweichender Vereinbarung der Kaufvertragsparteien um einen Rechtskauf und der Veräußerer haftet nur für Mängel des Rechts und nicht des Unternehmens der Gesellschaft. Werden hingegen sämtliche Anteile verkauft, so handelt es sich wirtschaftlich um einen Unternehmenskauf und es gilt Sachmängelrecht.[1135]   643

Zu empfehlen sind eindeutige und individuelle Regelungen der Kaufvertragsparteien zur Frage der Haftung für etwaige Mängel der Beteiligung und/oder des Unternehmens sowie zu den Grenzen der Haftung.   644

dd) Haftung aufgrund Firmenfortführung

Eine Haftung des Erwerbers für die Verbindlichkeiten der Gesellschaft kann sich nach den Grundsätzen der Haftung bei Firmenfortführung ergeben (§§ 25 bis 28 HGB).[1136] Die Haftung nach § 25 HGB setzt voraus, dass ein bestehendes kaufmännisches Handelsgeschäft unter Lebenden erworben wird und der Erwerber das Handelsgeschäft und die Firma fortführt. Der Erwerber haftet mit seinem gesamten Vermögen gesamtschuldnerisch mit dem Veräußerer für sämtliche im Betrieb des Handelsgeschäfts begründeten Verbindlichkeiten. In gleicher Weise haftet der Erbe, der ein zum   645

1134 So BGHZ 66, 100; BGH NJW 1983, 2258, 2259; a.A. Baumbach/Hopt/*Roth*, § 176 Rn. 10 f.; MünchHdb. GesR II/*Piehler/Schulte*, § 35 Rn. 41 m.w.N.; *Specks*, RNotZ 2008, 143.
1135 Baumbach/Hopt/*Roth*, § 105 Rn. 73.
1136 Zur Haftung nach § 25 HGB beim GmbH-Erwerb s. Heckschen/Heidinger/*Heidinger*, Kap. 21.

Nachlass gehörendes Handelsgeschäft fortführt (§ 27 HGB). Wird durch Eintritt eines persönlich haftenden Gesellschafters oder Kommanditisten in ein einzelkaufmännisches Geschäft eine oHG oder KG gegründet, so haftet die Gesellschaft auch ohne Fortführung der Firma für die Verbindlichkeiten des Einzelkaufmanns (§ 28 HGB).

646 Nach der Rechtsprechung greift die Haftung nach § 25 HGB, wenn zwar der Unternehmensträger wechselt, das Unternehmen selbst aber aus Sicht des maßgeblichen Verkehrs im Wesentlichen unverändert unter der alten Firmenbezeichnung fortgeführt wird.[1137] Hierfür genügt es, wenn nur ein Teilbereich des Unternehmens fortgeführt wird, sofern es sich aus Sicht des Rechtsverkehrs um den den Schwerpunkt des Unternehmens bildenden wesentlichen Kernbereich bzw. den Ertragsträger des Unternehmens handelt. Maßgeblich ist, ob der Tätigkeitsbereich, die innere Organisation, die Räumlichkeiten sowie die Kunden- und Lieferantenbeziehungen im Kern beibehalten und/oder Teile des Personals übernommen werden. Indizien für die Fortführung des Ertragsträgers eines Unternehmens, mit dem die Gewinne erwirtschaftet werden, sind der hierfür gezahlte Kaufpreis, die steuerliche Bewertung der Beteiligten und das Schicksal des nicht übernommenen Unternehmensteils.[1138] Auch eine sukzessiv erfolgende Übernahme eines Unternehmens, bei der der alte und der neue Unternehmensträger eine gewisse Zeit parallel werbend tätig sind, kann eine Fortführung des Handelsgeschäfts sein, wenn sich die Betätigung des übernehmenden Rechtsträgers für den Rechtsverkehr als Weiterführung des ursprünglichen Unternehmens in seinem wesentlichen Bestand darstellt, z.B. weil die beiden Unternehmen unter der gleichen Anschrift und Telefonnummer, mit ähnlichen Briefbögen und teilweise den gleichen Mitarbeitern auftreten.[1139]

647 Eine Firmenfortführung liegt vor, wenn nach der Verkehrsanschauung der prägende Teil der alten Firma beibehalten oder in die neue Firma übernommen wird, so dass der Kern der alten und der neuen Firma identisch sind. Dabei kommt es nicht darauf an, dass die alte Firma wort- und buchstabengetreu übernommen wird. Entscheidend ist die tatsächliche Fortführung der Firma, auf die rechtliche Zulässigkeit kommt es nicht an.[1140] Auch die Weiterverwendung eines Firmenbestandteils als Geschäfts- oder Etablissementsbezeichnung kann unter Umständen die Haftung nach § 25 HGB auslösen[1141]; nicht jedoch die Weiterverwendung einer Geschäftsbezeichnung außerhalb der Firma.[1142] Die kurzzeitige Verwendung einer abweichenden Firmierung unterbricht die Kontinuität der Firmenfortführung nicht, wenn zumindest eine Ähnlichkeit fortbesteht.[1143]

648 Die Haftung nach §§ 25 und 28 HGB kann durch Eintragung in das Handelsregister und Bekanntmachung ausgeschlossen werden (§§ 25 Abs. 2 und 28 Abs. 2 HGB).

649 Der Haftungsausschluss ist nach der Rechtsprechung in das Handelsregister einzutragen, wenn er formgerecht angemeldet ist und eine Haftung gem. § 25 Abs. 1 HGB ernsthaft in Betracht kommt.[1144]

1137 BGH, Urt. v. 28.11.2005 – II ZR 355/03, DNotZ 2006, 629; BGH, Urt. v. 16.09.2009 – VIII ZR 321/08, ZNotP 2009, 493 = Rpfleger 2010, 81; OLG Bremen, Urt. v. 13.02.2008 – 1 U 78/07, NZG 2008, 946; jüngst BGH, Urt. v. 05.07.2012 – III ZR 116/11, ZNotP 2012, 430.
1138 BGH, Beschl. v. 07.12.2009 – II ZR 229/08, DNotI-Report 2010, 26; BGH, Urt. v. 16.09.2009 – VIII ZR 321/08, ZNotP 2009, 493; BGH DNotZ 1992, 581.
1139 BGH, Urt. v. 24.09.2008 – VIII ZR 192/06, DNotZ 2009, 226.
1140 Vgl. *Baumbach/Hopt*, § 25 Rn. 7. Zur Zulässigkeit der Firmenfortführung i.S.d. §§ 22, 24 HGB: OLG Düsseldorf, Beschl. v. 27.07.2007 – I-3 Wx 153/07, RNotZ 2008, 36; OLG München, Beschl. v. 22.07.2008 – 31 Wx 88/07, DNotZ 2009, 73. Jüngst OLG Düsseldorf, Beschl. v. 20.03.2019 – 3 Wx 20/18, NZG 2019, 820 m. Anm. *Thelen*, notar 2019, 429 zur Weiterverwendung nur des Firmensachteils »… Apotheke« bei Austausch des Inhabernamens.
1141 Str., zum Stand der Rechtsprechung vgl. OLG München, Beschl. v. 30.04.2008 – 31 Wx 41/08, DNotZ 2008, 955 = MittBayNot 2008, 401 = RNotZ 2008, 425 m. Anm. *Heil*, 427.
1142 So BFH, Urt. v. 20.05.2014 – VII R 46/13, DStR 2014, 1874 = MittBayNot 2015, 58, dazu *Mensch*, notar 2015, 92.
1143 BGH, Urt. v. 16.09.2009 – VIII ZR 231/08, MittBayNot 2010, 216.
1144 BGH NJW 1996, 2867; BayObLG, Beschl. v. 15.01.2003 – 3Z BR 225/02, DNotZ 2003, 453; OLG Düsseldorf, Beschl. v. 06.06.2003 – 3 Wx 108/03, RNotZ 2003, 459; OLG Düsseldorf, Beschl. v. 09.05.2011 – 3 Wx 84/11, RNotZ 2011, 434.

Die Vorlage des Textes der Vereinbarung über den Haftungsausschluss ist regelmäßig nicht erforderlich.[1145] In der Praxis kommt es vor, dass im Einzelfall nicht von vornherein klar ist, ob eine Haftung nach § 25 HGB eingreift, sei es weil das Unternehmen nicht im Ganzen fortgeführt wird oder weil nur Teile der Firma weiterverwendet werden sollen oder nicht als Firma, sondern lediglich als Marken- oder Geschäftsbezeichnung. In diesen Fällen empfiehlt sich eine vorsorgliche Vereinbarung und Registeranmeldung des Haftungsausschlusses. Zu begrüßen ist die Rechtsprechung des OLG München, wonach ein Haftungsausschluss nur dann nicht eintragungsfähig ist, wenn eindeutig und zweifelsfrei keine Haftung des neuen Unternehmensträgers nach § 25 Abs. 1 HGB in Betracht kommt.[1146] Dem OLG Zweibrücken zufolge kann der Haftungsausschluss auch dann eingetragen werden, wenn eine Haftungsbegründung des Erwerbers zwar unwahrscheinlich, aber eben auch nicht auszuschließen ist.[1147] Nach dieser Rechtsprechung ist die Eintragung des Haftungsausschlusses sogar dann möglich, wenn ausdrücklich vereinbart wird, dass die Fortführung gerade keine Geschäftsübernahme darstellen soll.[1148] Dem Erwerber eines Unternehmens ist danach auch in Zweifelsfällen die Möglichkeit eröffnet, den gesetzlich vorgesehenen Haftungsausschluss vorsorglich herbeizuführen. Ein engeres Verständnis würde letztlich dem Erwerber das Risiko aufbürden, dass das Prozessgericht im Streitfall die Frage der Haftung nach § 25 HGB anders beantwortet als das Registergericht. Zudem ist es nicht die Aufgabe des Rechtspflegers, die schwierige Frage einer Haftung nach § 25 Abs. 1 HGB zu entscheiden, wenn es um die Eintragung des Haftungsausschlusses geht.

Der Ausschluss der Haftung kann allerdings nur im Register des Erwerbers und nicht (auch) im Register des Veräußerers eingetragen werden. Die Haftung nach § 25 HGB kann nur bei dem fortführenden Rechtsträger eintreten. Eine kraft Eintragung auszuschließende Haftung des ursprünglichen Rechtsträgers gibt es nicht.[1149] Außerdem ist die Eintragung des Haftungsausschlusses nach der Rechtsprechung abzulehnen, wenn ein längerer Zeitraum seit der Geschäftsübernahme verstrichen ist. Die Eintragung sei dann nicht mehr geeignet, die an die Firmenfortführung anknüpfende Verkehrserwartung der Haftungsübernahme zu beseitigen. Die zeitliche Grenze liegt bei etwa 7 Monaten nach der Unternehmensübernahme, wobei auch zu berücksichtigen ist, ob die Verzögerung der Eintragung von dem betroffenen Unternehmen zu vertreten oder durch andere Umstände begründet ist.[1150]

650

▶ **Formulierungsbeispiel zur Handelsregisteranmeldung zur Haftungsvermeidung:**

651

Amtsgericht.....

Handelsregister Abt. A

HRA.....

.....e.K.

1145 OLG München, Beschl. v. 23.06.2010 – 31 Wx 105/10, ZIP 2011, 528.
1146 OLG München, Beschl. v. 30.04.2008 – 31 Wx 41/08, DNotZ 2008, 955 = MittBayNot 2008, 401 = RNotZ 2008, 425 m. Anm. *Heil* 427; ähnlich OLG Stuttgart, Beschl. v. 23.03.2010 – 8 W 139/10, notar 2011, 58, für den Fall des Erwerbs einzelner Vermögensgegenstände vom Insolvenzverwalter. Allgemein zur Geltung von § 25 HGB beim Erwerb vom Insolvenzverwalter: DNotI-Gutachten, DNotI-Rep. 2011, 165.
1147 OLG Zweibrücken, Beschl. v. 11.11.2013 – 3 W 84/13, RNotZ 2014, 179.
1148 So auch *Weiler*, notar 2009, 154, 164.
1149 OLG Düsseldorf, Beschl. v. 25.02.2008 – I-3 Wx 32/08, RNotZ 2008, 424 m. Anm. *Heil,* 427.
1150 Vgl. OLG München, Beschl. v. 06.02.2007 – 31 Wx 103/06, DNotI-Rep. 2007, 69 m.w.N. zur Rechtsprechung: Kein Haftungsausschluss mehr 7 Monate nach Übernahme. OLG Hamm, Beschl. v. 27.02.2014 – I 27 W 9/14, notar 2014, 299: 3 Jahre nach Eintragung der Eintragung der Firma offensichtlich kein Haftungsausschluss mehr möglich, weil sich die Verkehrsauffassung verfestigt habe, dass der neue Unternehmensträger zur Übernahme der Verbindlichkeiten des früheren Inhabers bereit sei.

Zur Eintragung in das Handelsregister melden wir an:

1. Der bisherige Inhaber ....., geboren am ....., wohnhaft ....., hat das von ihm unter der Firma ..... e.K. betriebene Unternehmen mit dem Recht zur Fortführung der Firma an ....., geboren am ....., wohnhaft ....., und ....., geboren am ....., wohnhaft ....., veräußert.
2. Die Erwerber führen das Unternehmen in der Rechtsform der offenen Handelsgesellschaft fort. Die Firma erhält den Rechtsformzusatz oHG.
3. Die Haftung der Erwerber für die im Betrieb des Unternehmens begründeten Verbindlichkeiten des bisherigen Inhabers und der Übergang der im Betrieb des Unternehmens begründeten Forderungen sind ausgeschlossen worden.

....., den.....

[Unterschriften sämtlicher Gesellschafter]

Öffentliche Beglaubigung

b) Form

aa) Übertragungsvertrag

652 Grundsätzlich ist die Übertragung von Gesellschaftsanteilen an Personenhandelsgesellschaften formfrei. Zu Dokumentations- und Beweiszwecken ist allerdings die schriftliche Niederlegung der Vereinbarungen zu empfehlen.[1151]

bb) Handelsregisteranmeldung

653 Veränderungen im Gesellschafterkreis sind zur Eintragung in das Handelsregister anzumelden (§ 107 HGB für die oHG, §§ 161 Abs. 2, 107 und § 162 HGB für die KG). Dazu sind keine Unterlagen einzureichen. Die Anmeldung ist von allen Gesellschaftern zu bewirken.

cc) Formbedürftigkeit in Sonderfällen

654 In Sonderfällen kann das Verpflichtungsgeschäft zur Übertragung von Anteilen an einer Personengesellschaft dem Formerfordernis nach § 311b Abs. 1 BGB bzw. nach § 15 Abs. 4 GmbHG unterliegen. In diesem Zusammenhang ist anerkannt, dass der Beurkundungszwang nicht schon dann gegeben ist, wenn das Vermögen der Gesellschaft im Wesentlichen aus Grundbesitz oder einem GmbH-Geschäftsanteil besteht. Grundsätzlich ist der Erwerb oder Verlust der gesamthänderischen Mitberechtigung an dem Grundbesitz oder Geschäftsanteil nur eine gesetzlich angeordnete Folge des Erwerbs oder Verlusts der Mitgliedschaft und die Konsequenz davon, dass das Gesellschaftsvermögen auch bei einem Mitgliederwechsel stets dem jeweiligen Gesellschafterkreis zugeordnet bleibt (§ 738 Abs. 1 Satz 1 BGB). Nach der BGH-Rechtsprechung ist die Entscheidung des Gesetzgebers für die Formlosigkeit gesellschaftsrechtlicher Verfügungen zu respektieren, auch wenn bei wirtschaftlicher Betrachtungsweise der Zweck im Vordergrund steht, über das Gesellschaftsvermögen zu verfügen. Lediglich in Fällen der bewussten Umgehung der Formvorschriften, in denen etwa Gesellschaften nur zu dem Zweck gegründet werden, um Vermögen ohne förmliche Zwänge beweglicher verlagern zu können, kommt eine Anwendung der §§ 311b BGB und 15 Abs. 4 GmbHG in Betracht.[1152] Ein solcher Umgehungsfall wird von einem Teil der Literatur schon dann angenommen, wenn sich der Zweck der Gesellschaft auf das Halten und Verwalten von Grundstücken bzw. GmbH-Geschäftsanteilen beschränkt. In diesen Fällen sei ohne Weiteres von einer objektiven Umgehung der Formvorschriften auszugehen.[1153] Dem ist der BGH kürzlich entgegengetreten. Auch wenn das Halten von GmbH-Anteilen der Haupt- oder alleinige Zweck einer Gesellschaft bürgerlichen

---

1151 Muster für die Anteilsabtretung bei einer GmbH & Co. KG: Würzburger Notarhandbuch/*Limmer*, Teil 5 Kap. 2 Rn. 77; Beck'sches Notarhandbuch/*Hermanns*, § 20 Rn. 189.
1152 BGHZ 86, 367, 370 = DNotZ 1984, 169, 171.
1153 Mit beachtlichen Argumenten MünchKommBGB/*Ulmer/Schäfer*, § 719, Rn. 35 f. m.w.N.; *Ulmer/Löbbe*, DNotZ 1998, 724 (zu Grundstücksgesellschaften); *K. Schmidt*, AcP 182 (1982), 481, 511.

Rechts sei, bedürfe ein Verpflichtungsgeschäft über Anteile an dieser Gesellschaft nicht schlechthin der notariellen Beurkundung entsprechend § 15 Abs. 4 GmbHG. Die Formbedürftigkeit könne sich allenfalls daraus ergeben, dass die Schutzzwecke des § 15 Abs. 4 GmbHG (Beweiserleichterung, Erschwerung des leichten und spekulativen Handels mit GmbH-Anteilen) berührt werden.[1154]

Nach der jüngsten BGH-Rechtsprechung kommt es für die Frage, ob eine gesellschaftsrechtliche Konstruktion eine Umgehung der Formvorschriften des § 15 Abs. 4 GmbHG oder des § 311b Abs. 1 BGB mit der Folge der analogen Anwendung dieser Vorschriften darstellt, darauf an, dass die Schutzzwecke der Formvorschriften verletzt sind. Das ist zu verneinen, wenn auch andere (legitime) Zwecke verfolgt werden und der Gesellschaftsvertrag der Verletzung der Schutzzwecke auf andere Weise vorbeugt. Hingegen kann allein aus dem Umstand, dass das Vermögen der Gesellschaft nur aus einem Grundstück oder GmbH-Geschäftsanteil besteht oder dass ihr Hauptzweck das Halten von solchen Vermögensgegenständen ist, nicht automatisch auf die analoge Anwendung der Formvorschriften geschlossen werden. 655

dd) GmbH & Co. KG

Werden bei der Übertragung einer GmbH & Co. KG zugleich ein Geschäftsanteil an der Komplementär-GmbH und ein Kommanditanteil veräußert, so ergreift das Formerfordernis des § 15 Abs. 4 GmbHG regelmäßig auch die Verpflichtung bezüglich des Kommanditanteils. Das Formerfordernis erstreckt sich auf alle Vereinbarungen, aus denen sich nach dem Willen der Beteiligten das Rechtsgeschäft zusammensetzt (alle Vereinbarungen, mit denen das Rechtsgeschäft »steht und fällt«).[1155] 656

Der formunwirksam geschlossene Übertragungsvertrag über den Kommanditanteil kann nach der Rechtsprechung durch die spätere notarielle Beurkundung der Abtretung des GmbH-Geschäftsanteils geheilt werden (entsprechende Anwendung des § 15 Abs. 4 Satz 2 GmbHG).[1156] Die Heilung hat allerdings nur Wirkung ex nunc ab dem Zeitpunkt der notariellen Beurkundung.[1157] Bei aufschiebend bedingter Abtretung des Geschäftsanteils tritt die Heilungswirkung erst mit dem Eintritt der Bedingung (z.B. der Zahlung des Kaufpreises) ein. Ein zeitlich nach der Abtretung des GmbH-Geschäftsanteils geschlossener Übertragungsvertrag über den Kommanditanteil bleibt unwirksam. Der Notar, der im Interesse der Beteiligten verpflichtet ist, stets die sicherste Gestaltung zu empfehlen, wird wegen dieser erheblichen Risiken von einer derartigen Gestaltung abraten. 657

c) Zustimmungserfordernisse

aa) Vinkulierung kraft Gesetzes

Die Übertragung von Gesellschaftsanteilen ist grundsätzlich nur mit Zustimmung aller Gesellschafter möglich (»Vinkulierung kraft Gesetzes«).[1158] Das Zustimmungserfordernis gilt für das dingliche Geschäft, nicht für das zugrunde liegende Verpflichtungsgeschäft (Kaufvertrag, Schenkung). Es gilt auch für die treuhänderische Abtretung eines Gesellschaftsanteils.[1159] Ohne Zustimmung ist die Übertragung schwebend unwirksam, durch eine nachträgliche Genehmigung wird sie ex tunc wirksam (§§ 182 ff. BGB). 658

Die Zustimmung der Mitgesellschafter kann bereits im Gesellschaftsvertrag generell oder unter bestimmten Voraussetzungen oder für bestimmte Fälle erteilt werden (z.B. für eine Übertragung auf 659

1154 BGH, Urt. v. 10.03.2008 – II ZR 312/06, DNotZ 2008, 785, 786 = ZIP 2008, 876.
1155 BGH, Urt. v. 14.04.1986 – II ZR 155/85, DNotZ 1986, 687 = NJW 1986, 2642; BGH, Beschl. v. 20.10.2009 – VIII ZB 13/08, DNotZ 2010, 230, 233.
1156 BGH NJW-RR 1992, 991.
1157 S. im Einzelnen *Hermanns*, ZIP 2006, 2296.
1158 St. Rspr., BGHZ 13, 179, 185; BGHZ 77, 392, 394; *K. Schmidt*, Gesellschaftsrecht, S. 1323 f.
1159 BGHZ 24, 106, 114; str. für die Vereinbarungstreuhand, bei der äußerlich kein Gesellschafterwechsel stattfindet.

Ehegatten und Abkömmlinge von Gesellschaftern oder auf Mitgesellschafter). Die gesellschaftsvertragliche Zustimmung ist eng auszulegen, sie muss die jeweilige Art der Übertragung ausdrücklich umfassen. So kann regelmäßig nicht von einer generell erteilten Zustimmung zur Anteilsübertragung auf die Zulässigkeit einer Teilübertragung oder von dem Schweigen des Gesellschaftsvertrags bezüglich der Übertragung auf Mitgesellschafter auf deren Zulässigkeit geschlossen werden.[1160] In besonders gelagerten Ausnahmefällen kann sich die Zustimmung auch ohne ausdrückliche Regelung im Gesellschaftsvertrag aus der gesellschafterlichen Treuepflicht ergeben, die jedem Gesellschaftsverhältnis auch ohne explizite vertragliche Regelung immanent ist.[1161]

660 Die im Gesellschaftsvertrag erteilte Zustimmung (Einwilligung) ist grundsätzlich unwiderruflich. Ebenso sind die nachträglich erteilte Zustimmung (Genehmigung) und die Verweigerung der Genehmigung unwiderruflich. Die vorherige Zustimmung außerhalb des Gesellschaftsvertrags kann unwiderruflich erteilt werden; sonst ist sie bis zur Vornahme des Rechtsgeschäfts widerruflich.

661 Mit dem Zustimmungserfordernis soll verhindert werden, dass den Mitgesellschafter gesellschaftsfremde Personen als Gesellschafter aufgedrängt werden bzw. dass sich die Beteiligungsverhältnisse gegen ihren Willen verändern. Dieser Zweck lässt sich durch flankierende Regelungen im Gesellschaftsvertrag wie Vorkaufs- oder Vorerwerbsrechte sowie Anbietungspflichten und -rechte weiter fördern.[1162] Am besten funktionieren in der Praxis sog. Vorerwerbsrechte, die einen veräußerungswilligen Gesellschafter zwingen, den zu veräußernden Gesellschaftsanteil den Mitgesellschaftern zum Erwerb anzubieten, ohne dass zuvor ein Vertrag mit einem Dritten geschlossen wurde und unabhängig davon, ob die Veräußerung entgeltlich oder unentgeltlich erfolgen soll. Der Zwang liegt darin, dass die Zustimmung der Mitgesellschafter zu einer Veräußerung in jedem Fall davon abhängig gemacht wird, dass der veräußerungswillige Gesellschafter den Anteil den anderen Gesellschaftern zum Erwerb angeboten hat und diese den Erwerb abgelehnt haben. Im Einzelnen muss auch geregelt werden, wie der Preis für den Anteil zu bestimmen ist, welche Gesellschafter in welcher Reihenfolge und mit welcher Beteiligungshöhe zum Erwerb zugelassen werden und innerhalb welcher Frist das Erwerbsrecht auszuüben ist.[1163] Ferner können Mitverkaufsrechte und -pflichten den anderen Gesellschaftern das Recht einräumen bzw. die Verpflichtung auferlegen, ihre Beteiligungen zu entsprechenden Konditionen zu veräußern, wenn ein Gesellschafter, regelmäßig der Mehrheitsgesellschafter, seinen Anteil veräußert (sog. »tag along« und »drag along«).

bb) Minderjährige

662 Minderjährige werden beim Abschluss der Rechtsgeschäfte zur Veräußerung und zum Erwerb von Gesellschaftsanteilen von ihren Eltern als gesetzliche Vertreter vertreten (§ 1629 Abs. 1 BGB). Wenn die Eltern oder ein Elternteil selbst an dem Rechtsgeschäft beteiligt sind, z.B. bei der Übertragung eines Anteils von den Eltern auf ein Kind, sind die Eltern an der Vertretung des Minderjährigen gehindert und es muss ein Ergänzungspfleger bestellt werden (§§ 1629 Abs. 2 Satz 1, 1795 Abs. 1 Nr. 1, Abs. 2, 181, 1909 Abs. 1 BGB). § 181 BGB findet zwar keine Anwendung, wenn das Geschäft für den Minderjährigen lediglich einen rechtlichen Vorteil bringt. Der Erwerb eines Gesellschaftsanteils ist wegen des damit verbundenen Bündels von Rechten, Pflichten und Haftungsrisiken aber nicht ausschließlich rechtlich vorteilhaft i.S.d. § 107 BGB.[1164] Es bedarf daher stets der Bestellung eines Ergänzungspflegers, wenn Eltern ihren Kindern – auch schenkweise – Anteile an Personen-

---

1160 Zu weiteren Einzelfällen und Umgehungssituationen MünchHdb. GesR II/*Piehler/Schulte*, § 73 Rn. 5 ff.
1161 BGH, Urt. v. 09.06.2015 – II ZR 420/13, MittBayNot 2016, 61 sowie Beschl. v. 09.06.2015 – II ZR 227/14, DNotZ 2016, 139 zum Ausscheiden eines Gesellschafters aus einer Publikumspersonengesellschaft in der Krise (Sanieren oder Ausscheiden).
1162 Ausführlich *Michalski*, NZG 1998, 95.
1163 Zu den zulässigen Russian-Roulette- und Texan-Shoot-Out-Klauseln s. *Fleischer/Schneider*, DB 2010, 2713; *Schulte/Sieger*, NZG 2005, 24 sowie OLG Nürnberg, Urt. v. 20.12.2013 – 12 U 49/13, RNotZ 2014, 180 = ZIP 2014, 171 = GmbHR 2014, 310.
1164 BGHZ 68, 225, 232; Palandt/*Ellenberger*, § 107 Rn. 4; OLG Oldenburg, Beschl. v. 17.07.2019 – 12 W 53/19, MittBayNot 2020, 269 m. abl. Anm. *Menzel* 272 = NZG 2019, 1059.

handelsgesellschaften übertragen wollen.¹¹⁶⁵ Wenn schon ein minderjähriges Kind an der Gesellschaft beteiligt ist und dem Beitritt eines weiteren Kindes zustimmen muss, sind die Eltern auch an der Vertretung des ersten Kindes bei der Zustimmung zum Beitritt gehindert (§§ 1629 Abs. 2, 1795 Abs. 1 Nr. 1 BGB). Auch für das Kind, das bereits Gesellschafter ist, muss also ein Ergänzungspfleger bestellt werden.¹¹⁶⁶

Einige Oberlandesgerichte machen eine Ausnahme für die **unentgeltliche Übertragung** einer voll eingezahlten Kommanditbeteiligung, die unter der **aufschiebenden Bedingung** der Eintragung des Gesellschafterwechsels in das Handelsregister erfolgt. Mangels einer persönlichen Haftung des erwerbenden Minderjährigen handele es sich dabei um ein lediglich rechtlich vorteilhaftes Geschäft i.S.d. § 107 BGB.¹¹⁶⁷ Daraus werden unterschiedliche Schlussfolgerungen gezogen: Zum Teil wird konsequent angenommen, dass der beschränkt geschäftsfähige Minderjährige (§ 106 BGB) für seine Erklärungen nicht der Einwilligung der Eltern als gesetzliche Vertreter bedürfe. Zum Teil wird lediglich angenommen, dass die Eltern als gesetzliche Vertreter nicht an der Vertretung gehindert seien, also kein Ergänzungspfleger bestellt werden müsse.

663

Nach der noch überwiegenden Rechtsprechung der Obergerichte ist außerdem die familiengerichtliche Genehmigung erforderlich (§§ 1643 Abs. 1, 1822 Nr. 3 und Nr. 10 BGB). § 1822 Nr. 3 BGB betrifft zwar nach seinem Wortlaut nur den entgeltlichen Erwerb und die Veräußerung eines Erwerbsgeschäfts, dem Genehmigungserfordernis werden aber auch solche Geschäfte unterworfen, die auf den Erwerb und die Veräußerung von Anteilen an Personengesellschaften gerichtet sind, die ein solches Erwerbsgeschäft betreiben.¹¹⁶⁸ Genehmigungsbedürftig sind sowohl das Verpflichtungsgeschäft wie auch das Verfügungsgeschäft und sowohl die entgeltliche wie auch die unentgeltliche Verfügung.¹¹⁶⁹ Der Minderjährige ist danach bei der Übertragung eines Anteils an einer Gesellschaft, die ein Erwerbsgeschäft betreibt, in gleicher Weise schutzbedürftig wie bei der Gründung der Gesellschaft. Nach einer im Vordringen begriffenen Auffassung ist § 1822 Nr. 3 BGB bei der Übertragung von Kommanditanteilen jedoch nicht erfüllt, wenn die Gesellschaft nach ihrem Gesellschaftsvertrag nur eigenes Vermögen verwaltet.¹¹⁷⁰ Das ist z.B. der Fall, wenn die Gesellschaft nur die Wohnimmobilie einer Familie hält und alle Familienmitglieder einschließlich der minderjährigen Kinder an der Gesellschaft beteiligt werden sollen. In einer solchen Konstellation ist in der Tat kein Erwerbszweck erkennbar. Von einer reinen Vermögensverwaltung ist allerdings schon dann nicht mehr auszugehen, wenn zum Unternehmensgegenstand auch gewerbliche Tätigkeiten wie z.B. die Vermietung oder das Leasing von Immobilien und Mobilien des eigenen Vermögens gehören. Dabei handelt es

664

1165 Zum Ganzen s. aus notarieller Sicht: Würzburger Notarhandbuch/*Limmer*, Teil 5 Kap. 2 Rn. 34; *van de Loo/Strnad*, ZEV 2018, 617; *Menzel*, MittBayNot 2019, 222; *Mai*, notar 2020, 87; zur schenkweisen Erhöhung der Beteiligung eines minderjährigen Kommanditisten: DNotI-Gutachten, DNotI-Rep. 2018, 26.
1166 OLG Oldenburg, Beschl. v. 18.03.2019 – 12 W 9/19, MittBayNot 2019, 603 = DNotI-Rep. 2019, 87.
1167 OLG Bremen, Beschl. v. 16.06.2008 – 2 W 38/08, RNotZ 2008, 625 = ZEV 608; OLG Jena, Beschl. v. 22.03.2013 – 2 WF 26/13, ZEV 2013, 521; OLG Köln, Beschl. v. 26.03.2018 – 4 Wx 2/18, RNotZ 2018, 494 = MittBayNot 2019, 272; OLG Dresden, Beschl. v. 25.04.2018 – 17 W 160/18, MittBayNot 2019, 270; OLG München, Beschl. v. 28.12.2017 – 2 WF 1509/17, MittBayNot 2019, 132 m. Anm. *Egger*; krit. noch *Weiler*, notar 2009, 154, 164; zust. aber die mittlerweile wohl h.M., vgl. Staudinger/*Klumpp*, BGB, § 107 Rn. 59; MüKo-HGB/*Grunewald*, § 161, Rn. 24, jeweils m.w.N. Andere Auffassung: OLG München, Beschl. v. 06.11.2008 – 31 Wx 076/08, DNotZ 2009, 230 = RNotZ 2009, 55; OLG Dresden, Beschl. v. 25.04.2018 – 17 W 160/18, NZG 2018, 1108.
1168 BGHZ 17, 160, 164; BGH NJW 1977, 1339; KG NJW 1976, 1946; OLG Frankfurt am Main, Beschl. v. 27.05.2008 – 20 W 123/08, DNotZ 2009, 142 = RNotZ 2008, 627; OLG Oldenburg, Beschl. v. 17.07.2019 – 12 W 53/19, MittBayNot 2020, 269 m. abl. Anm. *Menzel* 272 = NZG 2019, 1059.
1169 Vgl. MünchHdb. GesR I/*Piehler/Schulte*, § 73 Rn. 13.
1170 OLG Bremen, Beschl. v. 16.06.2008 – 2 W 38/08, RNotZ 2008, 625; OLG München, Beschl. v. 06.11.2008 – 31 Wx 076/08, DNotZ 2009, 230 = RNotZ 2009, 55; OLG Dresden, Beschl. v. 25.04.2018 – 17 W 160/18, NZG 2018, 1108.

sich um eine geschäftsmäßige, gleichsam berufliche Tätigkeit, bei der die Gesellschafter ein unternehmerisches Risiko übernehmen.[1171]

665 Da die Mitgliedschaft in einer Personenhandelsgesellschaft mit der (beschränkten) Haftung für die Verbindlichkeiten der Gesellschaft verbunden ist, greift beim Erwerb eines Gesellschaftsanteils durch einen Minderjährigen auch § 1822 Nr. 10 BGB.[1172] Erst bei der Entscheidung über die Genehmigungsfähigkeit des Beitritts des Minderjährigen ist der nach dem Minderjährigenhaftungsbeschränkungsgesetz begrenzte bzw. begrenzbare Umfang der Haftung des Minderjährigen (vgl. § 1629a BGB) zu berücksichtigen. Nur colorandi causa sei vermerkt, dass die Übertragung eines Kommanditanteils an ein noch nicht geborenes Kind (nasciturus) nicht in das Handelsregister eingetragen werden kann, und zwar auch dann nicht wenn die Sonderrechtsnachfolge aufschiebend bedingt auf die Geburt des Kindes erfolgen soll.[1173]

666 ▶ Praxistipp:

Für den Vertragsgestalter ist angesichts der noch uneinheitlichen Rechtsprechung Vorsicht geboten: Falls sich zu einem späteren Zeitpunkt herausstellen sollte, dass eine Übertragung von Gesellschaftsanteilen an einen Minderjährigen nicht wirksam geworden ist, lässt sich dies zwar rechtlich mit Wirkung ex tunc durch Nachholung der familiengerichtlichen Genehmigung oder Genehmigung durch den volljährig gewordenen Erwerber (§ 108 Abs. 3 BGB) reparieren. Die Finanzverwaltung wird einer nachgeholten Genehmigung steuerlich aber möglicherweise nur Wirkung ex nunc zusprechen.

In zweifelhaften Fällen **vorsorglich die familiengerichtliche Genehmigung einholen**, um Rechtssicherheit in rechtlicher und steuerlicher Hinsicht zu schaffen. Ein Beschluss des Familiengerichts, der die Genehmigungsbedürftigkeit verneint (»Negativattest«), bringt keine Rechtssicherheit![1174]

cc) Ehegatten

667 Ein im gesetzlichen Güterstand der Zugewinngemeinschaft verheirateter Gesellschafter bedarf zu der Verpflichtung, über seinen Gesellschaftsanteil zu verfügen, der Zustimmung seines Ehegatten, wenn er damit über sein Vermögen im Ganzen verfügt (§ 1365 BGB). Die Verfügungsbeschränkung erfasst auch Verfügungen über einzelne Vermögensgegenstände, wenn sie das ganze oder nahezu das ganze Vermögen ausmachen. Das ist nicht der Fall, wenn dem Ehegatten bei einem kleineren Vermögen 15 % und bei einem größeren Vermögen 10 % verbleiben. Unbeachtlich ist, dass der Gesellschafter eine Gegenleistung erhält, etwa den Kaufpreis für den Gesellschaftsanteil. § 1365 BGB greift aber nur, wenn dem Geschäftspartner bekannt ist, dass das Rechtsgeschäft über einen Einzelgegenstand das ganze oder nahezu ganze Vermögen erfasst.[1175]

668 Bis zur Genehmigung durch den anderen Ehegatten ist das Rechtsgeschäft schwebend unwirksam (§ 1366 Abs. 1 BGB).

1171 Zutr. OLG Oldenburg, Beschl. v. 17.07.2019 – 12 W 53/19, MittBayNot 2020, 269 m. abl. Anm. *Menzel* 272 = NZG 2019, 1059.
1172 BGH NJW 1992, 300, 301.
1173 Zutr. OLG Celle, Beschl. v. 30.01.2018 – 9 W 13/18, notar 2018, 405 m. Anm. *Jeep*.
1174 Zutr. *van de Loo/Strnad*, ZEV 2018, 617; *Heckschen/Strnad*, notar 2019, 406, 422; *Menzel*, MittBayNot 2019, 222; *Mai*, notar 2020, 87 ff.
1175 BGHZ 35, 135; BGHZ 43, 174; BGH NJW 1965, 909; BGH NJW 1991, 1739; Palandt/*Brudermüller*, § 1365, Rn. 4, 6, 9.

C. Personenhandelsgesellschaften

dd) Zusammenschlusskontrolle

Der Erwerb eines Unternehmens kann einen Zusammenschluss i.S.d. GWB oder der EG-Fusionskontrollverordnung[1176] darstellen. Die Zusammenschlusskontrolle nach dem GWB findet statt, wenn im letzten Geschäftsjahr vor dem Zusammenschluss die beteiligten Unternehmen insgesamt weltweit Umsatzerlöse von mehr als 500 Mio. € und im Inland mindestens ein beteiligtes Unternehmen Umsatzerlöse von mehr als 25 Mio. € und ein weiteres beteiligtes Unternehmen Umsätze von mehr als 5 Mio. € erzielt haben (§ 35 Abs. 1 GWB). Wenn die Umsatzschwellen erreicht sind, ist der Zusammenschluss bei dem Bundeskartellamt anzumelden. Das Bundeskartellamt prüft, ob der Zusammenschluss eine marktbeherrschende Stellung begründet oder verstärkt (§ 36 GWB). Ist dies der Fall, ist der Zusammenschluss zu untersagen. Anderenfalls erteilt die Behörde die Freigabe. Bis zur Erteilung der Freigabe oder eines entsprechenden Negativattestes besteht ein Vollzugsverbot, dessen Verletzung oder Umgehung eine Ordnungswidrigkeit darstellt. Wenn nicht von vornherein klar ist, dass der Erwerb einer Gesellschaftsbeteiligung nicht der Fusionskontrolle unterliegt, sollte der Unternehmenskaufvertrag unter die aufschiebende Bedingung gestellt werden, dass die zuständige Behörde die Freigabe oder ein entsprechendes Negativattest erteilt hat.

669

7. Ausscheiden eines Gesellschafters unter Lebenden

a) Grundsatz der Unternehmenskontinuität

Nach der Neukonzeption durch das Handelsrechtsreformgesetz von 1998[1177] wird die Personenhandelsgesellschaft im Wesentlichen nur noch aufgrund von Umständen aufgelöst, die sie selbst betreffen: Zeitablauf, Gesellschafterbeschluss, Eröffnung des Insolvenzverfahrens über das Vermögen der Gesellschaft, gerichtliche Entscheidung (§§ 131 Abs. 1, 161 Abs. 2 HGB). Die Auflösung der Gesellschaft führt regelmäßig nicht unmittelbar zu ihrer Vollbeendigung, sondern zur Änderung ihres Zweckes von der werbenden Tätigkeit zur Abwicklung (Liquidation). Die Abwicklung ist die Auseinandersetzung der Gesellschafter über das Gesellschaftsvermögen (§§ 145 ff. HGB).

670

Umstände aus der Sphäre eines Gesellschafters führen hingegen nach der gesetzlichen Regelung nicht mehr zur Auflösung der Gesellschaft, sondern zum Ausscheiden des betreffenden Gesellschafters: Tod des persönlich haftenden Gesellschafters, Eröffnung des Insolvenzverfahrens über das Vermögen des Gesellschafters, Kündigung durch den Gesellschafter oder einen Privatgläubiger des Gesellschafters (§§ 131 Abs. 3, 161 Abs. 2 HGB). Mit diesem Paradigmenwechsel hat der Gesetzgeber den Gedanken der Unternehmenskontinuität gestärkt und einen wesentlichen Unterschied zur Gesellschaft bürgerlichen Rechts geschaffen (vgl. §§ 723, 727, 728 BGB).

671

Ausnahmsweise hat das Ausscheiden eines Gesellschafters bei der Zwei-Personen-Gesellschaft die Auflösung der Gesellschaft zur Folge, wenn nicht zeitgleich ein neuer Gesellschafter aufgenommen wird. So führt z.B. der Tod des einen von zwei Gesellschaftern einer oHG zur Auflösung der Gesellschaft, wenn der verbleibende den verstorbenen Gesellschafter allein beerbt (Konfusion).[1178] Das Vermögen der Gesellschaft geht im Wege der Gesamtrechtsnachfolge auf den letzten verbliebenen Gesellschafter über.[1179] Ebenso führt der Wegfall des einzigen persönlich haftenden Gesellschafters einer KG zur Auflösung der Gesellschaft. Existieren neben dem weggefallenen Komplementär noch

672

1176 Verordnung (EG) Nr. 139/2004 des Rates v. 20.01.2004 über die Kontrolle von Unternehmenszusammenschlüssen, EG-ABl. L 24/1 v. 29.01.2004.
1177 BGBl. I, S. 1474.
1178 Etwas anderes soll ausnahmsweise gelten, wenn für den vererbten Gesellschaftsanteil Vor- und Nacherbfolge oder Testamentsvollstreckung angeordnet ist, s.o. Rdn. 587 ff.
1179 BGH, Urt. v. 07.07.2008 – II ZR 37/07, MittBayNot 2009, 57 = NZG 2008, 704 = ZNotP 2008, 452 (st. Rspr.): Ausscheiden des vorletzten Gesellschafters einer Personengesellschaft (in casu einer GbR) führt bei Vorhandensein einer Fortsetzungsklausel zur liquidationslosen Vollbeendigung der Gesellschaft; das Vermögen der Gesellschaft geht im Wege der Gesamtrechtsnachfolge auf den letzten verbliebenen Gesellschafter über (s.a. *Weiler*, notar 2009, 154, 164).

mindestens zwei Kommanditisten, so wird die Gesellschaft liquidiert. Sie kann auch durch Fortsetzungsbeschluss mit einem neuen Komplementär fortgesetzt werden. In der zweigliedrigen Gesellschaft gibt es diese Möglichkeit nicht. Der Wegfall des Komplementärs führt bei dieser zum liquidationslosen sofortigen Erlöschen der Gesellschaft bei gleichzeitigem Übergang der Aktiva und Passiva auf den verbleibenden alleinigen Kommanditisten.[1180]

b) Kündigung

673 Von praktischer Bedeutung ist das Kündigungsrecht des Gesellschafters, dessen Ausübung zu seinem Ausscheiden aus der Gesellschaft führt (§§ 723, 724 BGB, §§ 131 Abs. 3 Nr. 3, 132 HGB). Die Kündigung kann mit einer Kündigungsfrist von sechs Monaten zum Schluss eines Geschäftsjahres erfolgen, wenn die Gesellschaft für unbestimmte Zeit (§ 132 HGB) oder für die Lebenszeit eines Gesellschafters eingegangen ist oder, wenn sie für eine bestimmte Dauer eingegangen war, nach Ablauf dieser Dauer stillschweigend fortgesetzt wird (§ 134 HGB). Regelmäßig werden Gesellschaften für eine unbestimmte Zeit oder »auf Dauer« gegründet und sind damit praktisch jederzeit kündbar. Die Festlegung längerer Kündigungsfristen oder einer bestimmten Dauer ohne Kündigungsmöglichkeit liegt häufig im jedenfalls zu Beginn gemeinsamen Interesse der Gesellschafter. Entsprechende gesellschaftsvertragliche Regelungen sind bis zur Grenze der Sittenwidrigkeit (§ 138 BGB) möglich, die unter Berücksichtigung aller Umstände des Einzelfalls zu prüfen ist.

c) Austrittsvereinbarung

674 Ein Gesellschafter kann auch aufgrund einer vertraglichen Austrittsvereinbarung mit allen Gesellschaftern aus der Gesellschaft ausscheiden. Hinsichtlich der Rechtsfolgen des Austritts besteht eine weitgehende Gestaltungsfreiheit. So können die Frage einer Abfindung aus dem Gesellschaftsvermögen, die Freistellung von der Haftung für Verbindlichkeiten der Gesellschaft und andere Aspekte des Ausscheidens auch ohne Bindung an die gesellschaftsvertraglichen Regelungen einvernehmlich geregelt werden.

d) Ausschluss eines Gesellschafters

aa) Ausschließungsklage

675 Schließlich ist es möglich, einen Gesellschafter gegen seinen Willen aus der Gesellschaft auszuschließen. Dies geschieht im Wege der Ausschließungsklage durch gerichtliche Entscheidung (§ 140 Abs. 1 HGB). Voraussetzung für den Erfolg des gerichtlichen Ausschlussverfahrens ist das Vorliegen eines wichtigen Grunds i.S.d. § 133 HGB, der die anderen Gesellschafter sonst zur Auflösungsklage berechtigen würde. Ein solcher Grund ist insbesondere gegeben, wenn der auszuschließende Gesellschafter eine gesellschaftsvertragliche wesentliche Pflicht vorsätzlich oder grob fahrlässig verletzt hat (§ 133 Abs. 2 HGB). Erforderlich ist, dass den klagenden Gesellschaftern bei Abwägung aller Interessen die Fortsetzung der Gesellschaft mit dem betreffenden Gesellschafter unzumutbar ist. Die Ausschließung kann dabei nur letztes Mittel sein, um Schaden von der Gesellschaft abzuwenden. Alternativ sind mildere Mittel wie die Entziehung oder Beschränkung von Mitgliedschaftsrechten des betreffenden Gesellschafters oder die Umwandlung seiner persönlich haftenden Gesellschafterstellung in eine beschränkt haftende Kommanditbeteiligung zu prüfen. Ferner kann der wichtige Grund in der Person des auszuschließenden Gesellschafters entfallen, wenn er seine Beteiligung an einen Dritten überträgt, der selbst als Gesellschafter nicht zu beanstanden ist.

676 Im Vordergrund stehen die verhaltensbezogenen Ausschließungsgründe (z.B. Untreue zu Lasten der Gesellschaft und andere grobe Verstöße gegen die Unternehmensinteressen). Es können aber auch nicht verhaltensbezogene und selbst nicht als eigenes Verschulden vorwerfbare Umstände in der Person eines Gesellschafters dazu führen, dass den anderen Gesellschaftern die Fortsetzung des

---

1180 BGHZ 113, 132; instruktiv DNotI-Gutachten, DNotI-Rep. 2010, 45.

C. Personenhandelsgesellschaften

Gesellschaftsverhältnisses unzumutbar ist (z.B. Ehescheidung in der Familiengesellschaft). Ein rein privates Fehlverhalten bildet aber keinen Ausschließungsgrund, weil die Ausschließung keine Strafe für den auszuschließenden Gesellschafter ist, sondern dem Schutz der Gesellschaft dient.

Die Ausschließungsklage ist auch in der Zwei-Personen-Gesellschaft zulässig (§ 140 Abs. 1 Satz 2 HGB). Die Ausschließung eines von zwei Gesellschaftern führt allerdings zum Erlöschen der Gesellschaft und zur Übernahme des Handelsgeschäfts durch den klagenden Gesellschafter im Wege der Gesamtrechtsnachfolge (deswegen auch »Übernahmeklage«). An den wichtigen Grund sind bei der Übernahmeklage nicht per se höhere Anforderungen als bei der Ausschließungsklage zu stellen. Die Rechtsfolge der Auflösung der Gesellschaft ist aber ein Gesichtspunkt bei der Interessenabwägung und bei der Frage, ob ein milderes Mittel gegeben ist. Liegen beim Streit in der Zwei-Personen-Gesellschaft bei beiden Gesellschaftern Ausschließungsgründe vor, so bleibt regelmäßig nur die Auflösung der Gesellschaft gem. § 133 HGB. Der (zuerst) klagende von zwei dolosen Gesellschaftern soll nicht die Möglichkeit haben, den anderen Gesellschafter zu verdrängen und das Handelsgeschäft an sich zu ziehen.[1181]

Anders als die Regelung zur Auflösungsklage (§ 133 Abs. 3 HGB) ist die Regelung zur Ausschließungs- und Übernahmeklage nicht zwingend. Das Ausschließungsrecht und -procedere kann also gesellschaftsvertraglich erleichtert, erschwert, modifiziert und ausgeschlossen werden. Insbesondere können bestimmte Verhaltensweisen oder Ereignisse als Ausschließungsgründe festgelegt oder ausgeschlossen werden. Begrenzt wird die Gestaltungsfreiheit durch § 138 Abs. 1 BGB und den Schutz des Kernbereichs der Gesellschafterrechte. Der Ausschluss von Gesellschaftern ohne Vorliegen eines wichtigen Grundes (sog. Hinauskündigung) oder nach freiem Ermessen der anderen Gesellschafter ist daher grundsätzlich nicht zulässig.

bb) Ausschließungsbeschluss

Das Ausscheiden eines Gesellschafters kann weiterhin gesellschaftsvertraglich an den Eintritt eines bestimmten Ereignisses oder an einen entsprechenden Beschluss der Gesellschafter geknüpft werden (§ 131 Abs. 3 Nr. 5 und 6 HGB). Diese Regelung stellt den Ausschluss eines Gesellschafters allerdings nicht in das freie Ermessen der Gesellschafter. Es gelten grundsätzlich die gleichen Schranken wie für die Ausschließungsklage nach § 133 HGB.[1182] Insbesondere muss auch für die Ausschließung aufgrund eines Gesellschafterbeschlusses ein wichtiger Grund vorliegen, der die Ausschließung rechtfertigt.

Ein freies Ausschließungsrecht ohne wichtigen Grund hat der BGH nur ganz ausnahmsweise und nur dann für zulässig erachtet, wenn es durch besondere Gründe sachlich gerechtfertigt ist. Derartige Beteiligungen »auf Zeit« oder »zur Honorierung« können in Mitarbeiter- und Managermodellen eine Rolle spielen oder wenn ein neuer Berufsträger »auf Probe« in eine Freiberuflersozietät aufgenommen wird.[1183] Die Phase der Erprobung eines neuen Gesellschafters, während der ein freies Ausschließungsrecht gelten soll, darf allerdings 3 Jahre nicht überschreiten.[1184] In diesen Fällen sollte versucht werden, einen geeigneten sachlichen Umstand bzw. dessen Wegfall als wichtigen Grund für die Ausschließung im Gesellschaftsvertrag zu definieren.

Grundsätzlich ist der Ausschließungsbeschluss einstimmig zu fassen, wobei der auszuschließende Gesellschafter stimmberechtigt ist (§ 119 HGB). Der Gesellschaftsvertrag kann den betroffenen Gesellschafter von der Beschlussfassung über seine Ausschließung ausschließen und das Einstimmig-

---

1181 Vgl. Baumbach/Hopt/*Roth*, § 140 Rn. 14 m.w.N.
1182 Baumbach/Hopt/*Roth*, § 131 Rn. 25 f.
1183 Vgl. BGH, Urt. v. 19.09.2005 – II ZR 173/04, BGHZ 164, 98 = DNotZ 2006, 137 = RNotZ 2005, 610, und BGH, Urt. v. 19.09.2005 – II ZR 342/03, BGHZ 164, 107 = DNotZ 2006, 140 = RNotZ 2005, 614 (zur GmbH); *Gehrlein*, NJW 2005, 1971; *Drinkuth*, NJW 2006, 413.
1184 BGH, ZIP 2007, 1309 = NZG 2007, 583, für ärztliche Gemeinschaftspraxis; BGH, Urt. v. 08.03.2004 – II ZR 165/02, DNotZ 2004, 865: Prüfungszeit von 10 Jahren in Freiberufler-GbR zu lang.

keitserfordernis zugunsten eines qualifizierten oder einfachen Mehrheitserfordernisses abbedingen. Weiter kann eine Anfechtungs- oder Klagefrist gesetzt werden, innerhalb derer der auszuschließende Gesellschafter den Beschluss anzufechten hat.[1185]

e) Auseinandersetzung, Abfindung

682 aa) Im Fall des Ausscheidens eines Gesellschafters findet die Auseinandersetzung mit dem ausgeschiedenen Gesellschafter, seinen Erben bzw. dem Insolvenzverwalter statt. Hierfür gelten die §§ 738 bis 740 BGB, die mit Ausnahme von § 738 Abs. 1 Satz 1 BGB (Anwachsung des Anteils des ausscheidenden Gesellschafters am Gesellschaftsvermögens bei den übrigen Gesellschaftern) dispositiv sind.[1186] Gesellschaftsvertragliche Regelungen zur Auseinandersetzung und insbesondere zur Abfindung des ausgeschiedenen Gesellschafters sind daher möglich und üblich.

683 Der ausgeschiedene Gesellschafter haftet weiter für Gesellschaftsverbindlichkeiten, die vor seinem Ausscheiden begründet worden sind (sog. Nachhaftung, §§ 128, 160 HGB). Nach § 738 Abs. 1 Satz 2 und 3 i.V.m. § 732 BGB sind die verbleibenden Gesellschafter verpflichtet, ihn von diesen gemeinschaftlichen Schulden zu befreien. Der Anspruch ist auf sofortige Befreiung von fälligen Forderungen, d.h. Erfüllung oder Schuldhaftentlassung durch den Gläubiger, bzw. auf Sicherheitsleistung bezüglich noch nicht fälliger Forderungen gerichtet. Falls der ausgeschiedene Gesellschafter nicht befreit wird und von den Gesellschaftsgläubigern in Anspruch genommen wird, kann er die Erstattung seiner Leistungen verlangen. Im Gesellschaftsvertrag kann vereinbart werden, ob und unter welchen Voraussetzungen ein ausscheidender Gesellschafter von Gesellschaftsverbindlichkeiten befreit wird.

684 Andererseits nimmt der ausgeschiedene Gesellschafter im Innenverhältnis am Ergebnis (Gewinn und Verlust) schwebender Geschäfte teil und kann am Schluss eines jeden Geschäftsjahrs Auskunft über die noch schwebenden Geschäfte, die erledigten Geschäfte und die Auszahlung seines Anteils daran verlangen (§ 740 BGB). Schwebende Geschäfte sind solche Umsatzgeschäfte, die im Zeitpunkt des Ausscheidens bindend vereinbart, aber noch nicht voll erfüllt sind.

685 bb) Praktisch im Vordergrund steht die Regelung der Abfindung des ausgeschiedenen Gesellschafters, mit der regelmäßig alle vermögensmäßigen Ansprüche einschließlich der Beteiligung an schwebenden Geschäften abgegolten werden soll. Nach der gesetzlichen Regelung steht dem ausgeschiedenen Gesellschafter das zu, was er bei Auseinandersetzung der Gesellschaft im Fall der zeitgleichen Auflösung der Gesellschaft erhalten würde (§ 738 Abs. 1 Satz 2 i.V.m. § 732 BGB). Der gleiche Anspruch steht bei Tod eines Gesellschafters seinen Erben und bei Insolvenz der Insolvenzmasse zu. Er richtet sich gegen die Gesellschaft und gegen die akzessorisch haftenden Mitgesellschafter. Stichtag für die Bewertung des Gesellschaftsvermögens und die Berechnung des Auseinandersetzungsguthabens ist der Tag des Ausscheidens des Gesellschafters. Maßgeblich ist der volle Verkehrswert des lebenden Unternehmens einschließlich aller stillen Reserven und eines etwaigen Goodwill (Ertrags- oder Fortführungswert, nicht Liquidationswert). Dieser Unternehmenswert ist regelmäßig durch Sachverständigengutachten anhand einer besonderen Bilanz zum Stichtag des Ausscheidens zu ermitteln. Die Höhe der Abfindung des ausgeschiedenen Gesellschafters entspricht der Höhe seines Anteils am Gesellschaftsvermögen nach Maßgabe des festen Kapitalkontos. Die Abfindung ist grundsätzlich sofort fällig und ab dem Stichtag verzinslich (§ 271 BGB).

686 Abweichende Bestimmungen zur Abfindung können im Gesellschaftsvertrag sowie ad hoc für den konkreten Fall des Ausscheidens eines Gesellschafters vereinbart werden. Abfindungsklauseln betreffen im Wesentlichen das Innenverhältnis der Gesellschafter. Der Vertragsfreiheit sind daher nur dort äußere Grenzen gezogen, wo der ausscheidende Gesellschafter in seinen Rechten unzumutbar ein-

---

1185 BGH, Urt. v. 21.06.2011 – II ZR 262/09, ZIP 2011, 1509.
1186 Die Auseinandersetzung betrifft das Innenverhältnis zwischen der Gesellschaft und dem ausgeschiedenen Gesellschafter; im Unterschied dazu betrifft die Liquidation bei Auflösung der Gesellschaft auch die Gesellschaftsgläubiger (§§ 145 ff. HGB).

geschränkt wird oder Dritte, zumeist Gläubiger des ausscheidenden Gesellschafters, benachteiligt werden. Diese Schranken ergeben sich aus §§ 138 und 242 BGB, aber auch aus dem Rechtsgedanken des § 723 Abs. 3 BGB. Die Sittenwidrigkeit einer Abfindungsregelung führt zu der Nichtigkeit der Klausel und zur Anwendung des dispositiven Gesetzesrechts (Wirksamkeitskontrolle). Bei der Verletzung der anderen Schranken nimmt die Rechtsprechung hingegen eine Vertragsanpassung im Wege der ergänzenden Vertragsauslegung vor (Ausübungskontrolle). Die Wirksamkeitskontrolle stellt allein auf die bei Abschluss des Gesellschaftsvertrags maßgeblichen Umstände ab. Bei der Ausübungskontrolle werden die – möglicherweise zwischenzeitlich veränderten – Gegebenheiten bei Geltendmachung der Abfindungsbeschränkung betrachtet. So kann es vorkommen, dass eine Klausel bei Abschluss des Gesellschaftsvertrags zwar wirksam ist, aber später aufgrund veränderter Umstände nicht mehr durchgesetzt werden kann.

cc) Der aktuelle Meinungsstand und die Rechtsprechung zu Abfindungsklauseln lassen sich wie folgt zusammenfassen:[1187] Der vollständige Ausschluss jeglicher Abfindung ist grundsätzlich sittenwidrig, und zwar auch beim Ausschluss eines Gesellschafters aus wichtigem Grund.[1188] Unwirksam ist weiter eine Abfindungsklausel, die zu einem groben Missverhältnis zwischen dem wahren Wert des Anteils und dem Abfindungsbetrag führt. Ein grobes Missverhältnis wird angenommen, wenn der Abfindungsbetrag mindestens 50 % unter dem wahren Wert liegt.[1189] Im Einzelfall entscheidend ist aber, ob das Interesse des Gesellschafters an einer seinem Anteil entsprechenden Abfindung in nicht zu billigender Weise missachtet bzw. ob die Erwartung einer niedrigen Abfindung zu einer unzulässigen Einschränkung des Kündigungsrechts des Gesellschafters führt (vgl. § 723 Abs. 3 BGB).[1190] Das mit der Abfindungsklausel verfolgte Ziel, die Gesellschaft vor dem Abfluss von liquiden Mitteln zu schützen, hat demgegenüber keinen Vorrang. Vor diesem Hintergrund sind Buchwertklauseln als unzulässig anzusehen, wenn sie zu einer erheblichen Abweichung der Abfindung von dem wahren Wert führen. Das Gleiche gilt für Klauseln, die einen zu hohen Abschlag von dem durch die Bewertung ermittelten Abfindungsbetrag vorsehen.[1191] Maßgeblich für die kündigungsbeschränkende Wirkung einer Klausel sind die Verhältnisse bei Gründung der Gesellschaft. Später veränderte Wertverhältnisse sind nicht zu berücksichtigen, weil die Klausel sonst zeitweise wirksam und zeitweise unwirksam wäre.[1192]

687

Unzulässig sind außerdem Klauseln, die ausschließlich auf die Schlechterstellung von Gläubigern des ausgeschiedenen Gesellschafters abzielen. Wegen der damit verbundenen Gläubigerbenachteiligung darf der Gesellschaftsvertrag nicht für den Fall des Ausscheidens aufgrund von Vollstreckungsmaßnahmen oder Insolvenz des Gesellschafters eine niedrigere Abfindung vorsehen als für andere Ausscheidensgründe.[1193]

688

Im Übrigen kann durchaus anhand sachlicher Kriterien differenziert werden. Beispielsweise kann die Höhe der Abfindung unterschiedlich danach bemessen werden, ob der Gesellschafter sein Ausscheiden zu vertreten hat (wichtiger Grund in seiner Person, insbesondere eigenes Fehlverhalten, ferner Pfändung und Insolvenz) oder ob er aus anderen Gründen aus der Gesellschaft ausscheidet, die er

689

1187 Instruktiv *Eckhardt*, notar 2015, 347; *Leitzen*, RNotZ 2009, 315, sowie zu Abfindungsbeschränkungen in Familiengesellschaften *Wolf*, MittBayNot 2013, 9.
1188 BGH, Urt. v. 29.04.2014 – II ZR 216/13, NZG 2014, 820; OLG Frankfurt am Main, Urt. v. 29.07.2008 – 5 U 73/02, juris (zur OHG); Baumbach/Hopt/*Roth*, § 131 Rn. 63 m.w.N.
1189 Ebenroth/Boujong/Joost/*Strohn/Lorz*, § 131 Rn. 133; BGHZ 123, 281 bzw. OLG München NZG 2004, 1055: Missverhältnis bejaht bei 63 % bzw. 66 % Abweichung; OLG Naumburg, NZG 2000, 698: kein Missverhältnis bei 17 % Abweichung; BGH, Urt. v. 07.04.2008 – II ZR 3/06, DNotI-Rep. 2008, 93 = ZNotP 2008, 411 (zur Fortsetzungsklausel bei der GbR).
1190 Zutr. Baumbach/Hopt/*Roth*, § 131 Rn. 64.
1191 BGHZ 116, 369 (zur GmbH); BGHZ 123, 283; NJW 1989, 2685. Eine feste Grenze für den Abschlag gibt es nicht; die wohl h.L. hält einen Abschlag von bis zu 25 – 30 % im Unternehmensinteresse für zulässig; ein Abschlag von mehr als 50 % dürfte in jedem Fall unzulässig sein.
1192 BGH NJW 1993, 3193.
1193 BGH, Urt. v. 19.06.2000 – II ZR 73/99, BGHZ 144, 365, 367 (zur GmbH).

Fleischhauer

nicht zu verantworten hat.[1194] Anerkannt ist auch, dass die Abfindung des Erben im Fall des Todes eines Gesellschafters beschränkt und sogar ganz ausgeschlossen werden kann.[1195] Ferner können die Dauer der Mitgliedschaft des ausgeschiedenen Gesellschafters und seine unternehmerische Leistung (aktiver Beitrag zum Erfolg oder nur passives Investment) angemessen berücksichtigt werden.[1196] Wieder stärker im Fluss ist die Frage, ob die Umstände des Erwerbs einer Beteiligung eine unterschiedliche Ausgestaltung der Abfindung beim späteren Ausscheiden rechtfertigen können. Im Anschluss an eine Entscheidung des BGH zum schenkweisen Erwerb einer Beteiligung wird weithin vertreten, dass insofern eine Differenzierung prinzipiell unzulässig sei. Es gebe keinen Gesellschafter »minderen Rechts« aufgrund der Erwerbsumstände. Demgegenüber hat der BGH in jüngerer Zeit durchaus Differenzierungen zugelassen, die ihre Rechtfertigung in den besonderen Rahmenbedingungen der Aufnahme von Neugesellschaftern finden. Die gleichen Erwägungen können eine Rolle spielen, wenn es um die Abfindung von Gesellschaftern geht, die als Mitarbeiter oder potentielle Nachfolger auf Zeit oder zunächst auf Probe in die Gesellschaft aufgenommen werden.[1197]

690 Zulässig und sinnvoll sind Klauseln, die die Bewertungsmethode und den Bewertungsmaßstab festlegen. Regelmäßig wird eine Variante des Ertragswertverfahrens die Methode der Wahl sein (z.B. die Bewertungsgrundsätze des Instituts der Wirtschaftsprüfer, sog. IDW S. 1; die reine Ertragswertmethode, die discounted cash flow-Methode oder das neue vereinfachte Ertragswertverfahren gem. §§ 199 ff. BewG).[1198] Auch Buchwertklauseln sind innerhalb der aufgezeigten Grenzen zulässig. Weiter kann bestimmt werden, dass der Unternehmenswert durch einen Sachverständigen, z.B. einen Wirtschaftsprüfer, als Schiedsgutachter mit verbindlicher Wirkung zu ermitteln ist. Ferner kann geregelt werden, durch wen die Person dieses Schiedsgutachters mangels Einigung der Beteiligten zu bestimmen ist und wer die Kosten des Schiedsgutachtens zu tragen hat. Schließlich kann die Zahlung der Abfindung in angemessenen Raten vereinbart werden, wobei die Streckung auf bis zu fünf Jahresraten mit einer verkehrsüblichen Verzinsung der noch nicht fälligen Beträge regelmäßig zulässig ist.[1199]

691 ▶ Formulierungsbeispiel: Abfindungsklausel

§ ..... Abfindung ausscheidender Gesellschafter

1. Scheidet ein Gesellschafter aus der Gesellschaft aus, ohne dass die Gesellschaft dadurch aufgelöst wird oder sein Gesellschaftsanteil auf einen Rechtsnachfolger übergeht, so erhält er eine Abfindung. Die Höhe der Abfindung des ausgeschiedenen Gesellschafters entspricht der Höhe seines Anteils am Wert des Unternehmens der Gesellschaft nach Maßgabe des festen Kapitalkontos.
2. Der Unternehmenswert ist nach Maßgabe der Bewertungsgrundsätze des Instituts der Wirtschaftsprüfer (IDW S. 1) zu bestimmen, die im Zeitpunkt des Ausscheidens des Gesellschafters gelten. Von dem ermittelten Unternehmens- bzw. Anteilswert ist ein Abschlag von fünfundzwanzig vom Hundert zum Unternehmensschutz zu machen.
3. Die Höhe der Abfindung ist durch einen Steuerberater oder Wirtschaftsprüfer oder eine Steuerberatungs- oder Wirtschaftsprüfungsgesellschaft als Schiedsgutachter zu bestimmen. Das Schiedsgutachten ist für alle Beteiligen verbindlich. Können sich die Beteiligten nicht auf die Person des Schiedsgutachters einigen, so ist dieser auf Antrag einer der Parteien vom Präsidenten der Industrie- und Handelskammer zu ..... zu benennen.

1194 Vgl. BGH MittBayNot 1994, 157 (zur GmbH); BGH, Urt. v. 17.12.2001 – II ZR 348/99, DNotZ 2002, 305 (GmbH).
1195 BGHZ 22, 194, BGH WM 1971, 1339; BGH DNotZ 1978, 166, 169; BGH, Urt. v. 19.03.2007 – II ZR 300/05, DNotZ 2007, 858 (freies Hinauskündigungsrecht zu Lasten des Gesellschaftererben).
1196 Zutr. Beck'sches Notarhandbuch/*Hermanns*, § 20 Rn. 107; *Leitzen*, RNotZ 2009, 315, 317.
1197 *Leitzen*, RNotZ 2009, 315, 317 m.w.N.
1198 Von einer Festlegung einer Bewertung nach dem sog. »Stuttgarter Verfahren« (§ 11 Abs. 2 Satz 2 BewG i.V.m. R 96 ff. ErbStR 2003) sollte hingegen abgesehen werden. Dieses Verfahren betraf in erster Linie die Bewertung von Anteilen an nicht notierten Kapitalgesellschaften. Es ist durch das im neuen Bewertungsgesetz geregelten und rechtsformneutral geltenden vereinfachten Ertragswertverfahren ersetzt worden. S. DNotI-Gutachten, DNotI-Rep. 2009, 121.
1199 *Leitzen*, RNotZ 2009, 315, 318 m.w.N.

4. Der Schiedsgutachter bestimmt auch Einzelheiten der Konkretisierung der Bewertungsgrundsätze. Der Schiedsgutachter kann bestimmen, dass der Abfindungsbetrag in zeitlich gestreckten Teilbeträgen bei angemessener Verzinsung zu zahlen ist. Die Kosten des Schiedsgutachtens tragen die Gesellschaft zur einen und der ausscheidende Gesellschafter zur anderen Hälfte.
5. Zusätzlich erhält der ausscheidende Gesellschafter etwaige Guthaben auf seinem Kapitalkonto III oder seinem Darlehenskonto, soweit diese bei der Bewertung nach Ziffer 2. unberücksichtigt bleiben.

8. Tod eines Gesellschafters

a) Gesetzliche Regelung

Nach der seit 1998 geltenden gesetzlichen Regelung führt der Tod eines persönlich haftenden Gesellschafters zu dessen Ausscheiden aus der Gesellschaft, aber nicht zu deren Auflösung (§§ 131 Abs. 3 Nr. 1, 161 Abs. 2 HGB). Die Gesellschaft wird nach dieser Neukonzeption von den verbleibenden Gesellschaftern ohne die Rechtsnachfolger des verstorbenen Gesellschafters fortgesetzt. Einer gesellschaftsvertraglichen Fortsetzungsklausel bedarf es hierfür nicht mehr. Beim Tod eines Kommanditisten wird die Gesellschaft hingegen mit den Erben fortgesetzt (§ 177 HGB). Eine Ausnahme ist der Tod des alleinigen persönlich haftenden Gesellschafters in einer KG. Mit dessen Tod wird die Gesellschaft aufgelöst, weil eine KG nicht ohne persönlich haftenden Gesellschafter existieren kann.[1200] Auch der Tod des vorletzten Gesellschafters führt regelmäßig zur Auflösung der Gesellschaft.

692

Im Fall des Ausscheidens eines Gesellschafters durch Tod erfolgt die Auseinandersetzung der verbleibenden Gesellschafter mit dem oder den Erben des verstorbenen Gesellschafters (§§ 738 bis 740 BGB). Der Abfindungsanspruch der Erben ist dabei auf den Anteil am Gesellschaftsvermögen gerichtet, den sie bei Auflösung der Gesellschaft und Auseinandersetzung erhalten würden.

693

Von dem Vorstehenden abweichende gesellschaftsvertragliche Regelungen sind möglich, üblich und empfehlenswert.

694

b) Nachfolgeklauseln

Regelmäßig soll der Gesellschaftsanteil beim Tod eines Gesellschafters auf dessen Rechtsnachfolger übergehen. Das kann durch eine gesellschaftsvertragliche Regelung erreicht werden, die die Fortsetzung der Gesellschaft mit dem oder den Erben vorsieht (sog. Nachfolgeklauseln). Zu diesem Zweck hat die Kautelarpraxis verschiedene Varianten entwickelt.[1201]

695

Zu beachten ist dabei, dass mehrere Erben die Gesellschafterstellung im Wege der Sondererbfolge oder Einzelrechtsnachfolge erlangen. Die Erbengemeinschaft kann nicht als solche Gesellschafter werden. Die Erben werden unmittelbar Gesellschafter und an dem Anteil in Höhe ihrer Erbquote beteiligt. Der Gesellschaftsanteil gehört zwar zum Nachlass des Erblassers, ist aber aus dem gesamthänderisch gebundenen übrigen Nachlass ausgegliedert.[1202] Wenn der Erblasser den Gesellschaftsanteil durch eine Teilungsanordnung einem von mehreren Erben zugewendet hat, so sind zunächst sämtliche Miterben in das Handelsregister einzutragen.[1203]

696

1200 Allerdings ist die Fortsetzung der Gesellschaft mit einem neuen persönlich haftenden Gesellschafter möglich; wenn die Kommanditisten die Gesellschaft ohne Komplementär fortsetzen, entsteht eine oHG.
1201 Zu den steuerlichen Folgen der einzelnen Gestaltungsvarianten s. *Wälzholz*, notar 2015, 39; Kersten/Bühling/*M. Wachter*, § 133, Rn. 5 ff.
1202 H.M., s.o. Rdn. 579.
1203 H.M.; vgl. DNotI-Gutachten, DNotI-Rep. 2020, 1; KG, Beschl. v. 17.07.2018 – 22 W 17/18, RNotZ 2018, 715, auch zum Nachweis der Rechtsnachfolge durch Vorlage öffentlicher Urkunden gem. § 12 Abs. 1 Satz 4 HGB und entsprechend § 35 Abs. 1 Satz 2 GBO.

697 Die Nachfolgeklausel muss zudem auf die entsprechenden letztwilligen Verfügungen des Gesellschafters abgestimmt werden.

aa) Eintrittsklausel

698 Die Eintrittsklausel besagt, dass die Erben des Gesellschafters oder andere Personen durch Rechtsgeschäft unter Lebenden an Stelle des verstorbenen Gesellschafters in die Gesellschaft eintreten dürfen. Aufgrund einer solchen Klausel findet keine Rechtsnachfolge von Todes wegen in die Gesellschafterstellung statt. Der Begünstigte wird vielmehr durch den von ihm erklärten Eintritt Gesellschafter. Dazu muss der Gesellschaftsanteil nicht durch Abtretungsvertrag auf den Begünstigten übertragen werden. Die Eintrittsklausel wird deswegen auch als gesellschaftsrechtliche Nachfolgeklausel bezeichnet.

699 Die Eintrittsklausel kann auch Personen begünstigen, die nicht Erben des Gesellschafter-Erblassers werden. Sie vermittelt nur einen Anspruch des Begünstigten, keine Pflicht zum Eintritt (begünstigender Vertrag zugunsten Dritter auf den Todesfall).

700 ▶ **Formulierungsbeispiel: Eintrittsklausel**

– Gesellschaftsvertrag:

§ ..... Tod eines Gesellschafters

1. Jeder Gesellschafter ist berechtigt, durch letztwillige Verfügung einer oder mehreren Personen das Recht zum Eintritt in die Gesellschaft als Nachfolger beim Tod des Gesellschafters einzuräumen. Der Nachfolger tritt als Gesellschafter in die Gesellschaft ein, wenn er sein Eintrittsrecht ausübt. Die Eintrittserklärung ist innerhalb von sechs Monaten nach dem Tod des Gesellschafters gegenüber allen Gesellschaftern abzugeben.
2. Übt der Nachfolger sein Eintrittsrecht nicht oder nicht fristgerecht aus, so wird die Gesellschaft von den übrigen Gesellschaftern ohne den Eintrittsberechtigten fortgesetzt. Die Erben des verstorbenen Gesellschafters erhalten in diesem Fall eine nach § ..... des Gesellschaftsvertrags zu bestimmende Abfindung. Übt der Nachfolger sein Eintrittsrecht aus, so sind Abfindungsansprüche der Erben des verstorbenen Gesellschafters ausgeschlossen.
3. Der eintretende Nachfolger wird so gestellt, als ob er im Zeitpunkt des Todes des verstorbenen Gesellschafters in die Gesellschaft eingetreten wäre. Er erhält alle Gesellschafterrechte, die dem verstorbenen Gesellschafter zustanden.

– Letztwillige Verfügung des Gesellschafters in Testament oder Erbvertrag:

1. Ich bin an der ..... oHG mit dem Sitz in ....., eingetragen im Handelsregister des Amtsgerichts ..... unter HRA ....., als Gesellschafter beteiligt. Der Gesellschaftsvertrag sieht in § ..... vor, dass jeder Gesellschafter einer oder mehreren Personen das Recht zum Eintritt in die Gesellschaft als Nachfolger bei seinem Tod einräumen darf.
2. Ich räume hiermit meinem Sohn ..... das Recht ein, bei meinem Tod als mein Nachfolger in die ..... oHG einzutreten.
3. Mein Sohn ..... hat den weiteren Erben zum Ausgleich für seinen Eintritt in die ..... oHG jeweils einen Betrag von ..... Euro zu zahlen.

bb) Einfache Nachfolgeklausel

701 Mit der einfachen Nachfolgeklausel wird der Gesellschaftsanteil vererblich gestellt, d.h. der Gesellschaftsanteil geht beim Tod des Gesellschafters unmittelbar auf den oder die Erben über. Die einfache (erbrechtliche) Nachfolgeklausel wirkt zugunsten aller Erben, die den Gesellschafter-Erblasser aufgrund gesetzlicher oder testamentarischer Erbfolge beerben.

702 ▶ **Formulierungsbeispiel: einfache Nachfolgeklausel**

§ ..... Tod eines Gesellschafters

1. Beim Tod eines Gesellschafters wird die Gesellschaft mit seinen Erben als Nachfolgern fortgesetzt. *[oder: werden seine Erben seine Nachfolger.]*

2. *[Mehrere Erben haben zur Ausübung ihrer Gesellschafterrechte einen gemeinsamen Vertreter zu benennen. Die Gesellschafterrechte können nur einheitlich ausgeübt werden. Vor Benennung des gemeinsamen Vertreters gegenüber der Gesellschaft ruhen die Gesellschafterrechte der Erben.]*

cc) Qualifizierte Nachfolgeklausel

Mit der qualifizierten Nachfolgeklausel wird die Rechtsnachfolge in den Gesellschaftsanteil von vornherein auf einen oder mehrere bestimmte Erben oder auf Erben, die bestimmte Merkmale erfüllen, beschränkt. Dabei können die gewünschten Nachfolger namentlich, als Gruppe oder mit ihren Merkmalen bezeichnet werden (z.B. der Sohn XY des Erblassers; die Kinder des Erblassers; die Ehefrau; die volljährigen weiblichen Abkömmlinge, die im Erbfall eine kaufmännische Ausbildung oder ein Wirtschafts- bzw. Ingenieursstudium abgeschlossen haben). Die h.M. hält die Anknüpfung an geschlechtsbezogene Merkmale bis dato für zulässig. Im Hinblick auf die jüngere Rechtsprechung in Österreich, wonach sog. Geschlechterklauseln wegen der damit verbundenen Ungleichbehandlung von Frauen und Männern sittenwidrig sein können,[1204] erscheint ein Umdenken aber auch in Deutschland nicht ausgeschlossen.[1205]

703

Die qualifizierte Nachfolgeklausel führt nur zum gewünschten Ergebnis, wenn die in der Klausel bezeichneten Personen auch tatsächlich zu Erben des Gesellschafter-Erblassers berufen sind. Unter Umständen kann eine fehlgeschlagene Nachfolgeklausel in eine Eintrittsklausel umgedeutet werden, z.B. wenn der in der Klausel genannte Nachfolgekandidat nicht Erbe geworden ist.

704

▶ Formulierungsbeispiel: qualifizierte Nachfolgeklausel

705

– Gesellschaftsvertrag:

§ ..... Tod eines Gesellschafters

1. Beim Tod eines Gesellschafters wird die Gesellschaft mit seinem ältesten Abkömmling fortgesetzt
[oder: Beim Tod eines Gesellschafters wird sein Ehegatte sein Nachfolger.
oder: Beim Tod eines Gesellschafters wird das Kind oder die Kinder des Gesellschafters seine Nachfolger, die zu diesem Zeitpunkt eine kaufmännische Ausbildung abgeschlossen haben.]
2. Ist ein solcher Nachfolger nicht vorhanden, so wird die Gesellschaft von den übrigen Gesellschaftern fortgesetzt. Andere Erben des verstorbenen Gesellschafters werden nicht Gesellschafter. Ihnen steht eine Abfindung zu, die nach § ..... des Gesellschaftsvertrags zu berechnen ist.

– Letztwillige Verfügung des Gesellschafters in Testament oder Erbvertrag:

1. Ich bin an der ..... KG mit dem Sitz in ....., eingetragen im Handelsregister des Amtsgerichts ..... unter HRA ....., als persönlich haftender Gesellschafter beteiligt.
2. Ich setze hiermit meine Ehefrau ..... zu einhalb Anteil und meine beiden Kinder ..... und ..... zu jeweils ein Viertel Anteil zu meinen Erben ein. Im Wege der Teilungsanordnung bestimme ich, dass mein Sohn ..... mein Nachfolger als Gesellschafter der ..... KG ist. [oder: Vorausvermächtnis zugunsten des betreffenden Miterben].
3. Mein Sohn hat einen etwaigen seinen Erbteil übersteigenden Wert der Beteiligung an der ..... KG gegenüber den anderen Erben nicht auszugleichen.

dd) Wahlrecht der Erben nach § 139 HGB

Aufgrund einer Nachfolgeklausel treten der oder die Erben des persönlich haftenden Gesellschafters unmittelbar in dessen Rechtsstellung ein, d.h. ab dem Zeitpunkt des Erbfalls trifft sie die persönliche und unbeschränkte Haftung für alle Gesellschaftsverbindlichkeiten (§ 128 HGB). Entgehen kann der Erbe dieser Haftung nur durch Ausschlagung des gesamten Erbes (§§ 1943 ff. BGB). Eine

706

1204 OGH (Österreich), Entsch. v. 24.01.2019 – 6 Ob 55/18h, NZG 2019, 904.
1205 So *Heckschen/Strnad*, notar 2019, 406, 420.

teilweise Ausschlagung nur der Gesellschaftsbeteiligung ist nicht möglich. In dieser Situation hilft die Regelung des § 139 HGB, wonach der Erbe sein Verbleiben in der Gesellschaft davon abhängig machen kann, dass die übrigen Gesellschafter der Umwandlung seiner haftenden Beteiligung in eine Kommanditbeteiligung zustimmen. Verweigern die übrigen Gesellschafter die Zustimmung, kann der Erbe ohne weiteres, insbesondere ohne Einhaltung einer Kündigungsfrist, aus der Gesellschaft ausscheiden oder als haftender Gesellschafter in der Gesellschaft verbleiben (Wahlrecht).

707 Stimmen die Mitgesellschafter dem Wechsel zu, wandelt sich die oHG in eine Kommanditgesellschaft um. Der Wechsel bedarf eines Vertrages zwischen allen Gesellschaftern und dem Erben.

ee) Haftung des Erben

708 Die Haftung des Erben für Gesellschaftsverbindlichkeiten richtet sich danach, ob er persönlich haftender Gesellschafter bleibt, nach Maßgabe von § 139 HGB Kommanditist wird oder aus der Gesellschaft ausscheidet oder ob die Gesellschaft durch sein Ausscheiden aufgelöst wird. Außerdem ist hinsichtlich danach zu unterscheiden, ob es sich bei den Verbindlichkeiten um vor dem Erbfall entstandene Altschulden, während der Schwebezeit des § 139 Abs. 3 HGB oder nach der endgültigen Entscheidung über die Gesellschafterstellung des Erben entstandene Neuschulden handelt.[1206]

709 Daneben kommt eine Haftung des Erben für die Altverbindlichkeiten gem. § 27 HGB in Betracht, wenn der Erbe das zum Nachlass gehörende Handelsgeschäft fortführt.

c) Testamentsvollstreckung

710 Beim Tod eines Gesellschafters geht der Anteil an einer Personenhandelsgesellschaft unmittelbar auf den oder die Erben über. Fraglich ist, inwieweit Raum für eine Testamentsvollstreckung besteht.

711 Dem BGH zufolge ist die Testamentsvollstreckung auch in Gestalt der Verwaltungs- oder Dauertestamentsvollstreckung (§§ 2205, 2209 BGB) an einer Kommanditbeteiligung grundsätzlich zulässig, wenn der Gesellschaftsvertrag die Testamentsvollstreckung erlaubt oder die Mitgesellschafter nachträglich zustimmen.[1207] Dem Testamentsvollstrecker obliegt in diesem Fall die Ausübung sämtlicher Mitgliedschaftsrechte. Der Kommanditist ist durch die auf die Einlage begrenzte Haftung ausreichend geschützt. Der Testamentsvollstrecker bedarf allerdings der Zustimmung des Erben zu Maßnahmen, die dessen persönliche Haftung begründen[1208] oder die in den Kernbereich seiner Mitgliedschaft eingreifen.[1209] Im Fall der Dauertestamentsvollstreckung bezüglich einer Kommanditbeteiligung ist im Interesse des Rechtsverkehrs auch die Eintragung eines Testamentsvollstreckervermerks in das Handelsregister zulässig.[1210]

712 Weit unklarer ist die Rechtslage bei der Testamentsvollstreckung an voll haftenden Beteiligungen wie dem Anteil an einer offenen Handelsgesellschaft oder der Beteiligung als persönlich haftender Gesellschafter einer Kommanditgesellschaft. Grundsätzlich dürfte der Widerspruch zwischen der unbeschränkten Haftung des Gesellschafters (§ 128 HGB) und der beschränkten Befugnisse des Testamentsvollstreckers, der den Erben ohne dessen Einverständnis nur begrenzt auf das Nachlassvermögen verpflichten kann (§ 2206 BGB), der Zulässigkeit der Vollstreckungsanordnung

---

1206 Im Einzelnen zu den Fallgruppen MünchKommHGB/*K.Schmidt*, § 139 Rn. 102 ff.
1207 BGHZ 108, 187 = DNotZ 1990, 183 = NJW 1989, 3152, 3154; jüngst BGH, Beschl. v. 14.02.2012 – II ZB 15/11, DNotZ 2012, 788 = MittBayNot 2012, 304 = ZNotP 2012, 148 = notar 2012, 204.
1208 Die Rückzahlung der Einlage gem. § 172 Abs. 4 HGB dürfte regelmäßig keine ordnungsgemäße Verwaltung des Nachlasses i.S.d. § 2216 Abs. 1 BGB darstellen; zu weiteren Einzelfragen BGH NJW 1989, 3152, 3155.
1209 *Baumbach/Hopt*, § 139 Rn. 27; MünchHdb. GesR I/*Klein/Lindemeier*, § 80 Rn. 43 m.w.N.; oben Rdn. 578 ff.
1210 Muster einer entsprechenden Handelsregisteranmeldung unten Rdn. 718. Der h.M. zufolge besteht auch eine Pflicht zur Anmeldung, vgl. *Heckschen/Strnad*, NZG 2014, 1201, 1207 m.w.N.

entgegenstehen.¹²¹¹ Zudem ist die Übernahme von Leitungsfunktionen wie der Geschäftsführung durch einen Dritten ohne eigene persönliche Haftung mit dem Grundsatz der Selbstorganschaft bei der Personenhandelsgesellschaft nicht vereinbar.¹²¹² Allerdings hat der BGH die auf die Wahrnehmung der verkehrsfähigen Vermögensrechte beschränkte Testamentsvollstreckung bezüglich des Anteils an einer Gesellschaft bürgerlichen Rechts als zulässig erachtet.¹²¹³ Dem BGH zufolge besteht Raum für eine Testamentsvollstreckung auch am Anteil eines persönlich haftenden Gesellschafters, von der die Geschäftsführung und andere, möglicherweise zu einer Haftung der Gesellschaft führende Handlungen unberührt bleiben, und die sich im Wesentlichen auf die Wahrnehmung und Erhaltung der mit dem Anteil verbundenen, übertragbaren Vermögensrechte beschränkt.¹²¹⁴ Danach sollte auch die auf die Wahrnehmung der Vermögensrechte, insbesondere das Gewinnbeteiligungsrecht, beschränkte Testamentsvollstreckung am Anteil eines persönlich haftenden Gesellschafters einer Personenhandelsgesellschaft zulässig sein, und zwar auch ohne Zustimmung der Mitgesellschafter.

713 Dessen ungeachtet werden herkömmlicherweise zwei Umgehungsstrategien vorgeschlagen, um das Ziel der umfassenden dauerhaften Verwaltung und damit Kontrolle der Beteiligung durch einen Testamentsvollstrecker zu erreichen.¹²¹⁵ Zum einen kann der Testamentsvollstrecker den Gesellschaftsanteil mit Zustimmung der Mitgesellschafter auf sich als Treuhänder übertragen oder von dem Erben übertragen lassen (sog. Treuhandlösung). Der Testamentsvollstrecker wird dadurch Gesellschafter mit allen Gesellschafterrechten und -pflichten und lediglich schuldrechtlich-treuhänderischer Bindung gegenüber dem Erben als Treugeber. Der Nachteil der Treuhandlösung liegt darin, dass den Testamentsvollstrecker auch die volle persönliche Haftung gem. § 128 HGB trifft. In der Praxis dürfte ein Testamentsvollstrecker nur in besonderen Konstellationen zur Übernahme dieses besonderen eigenen Risikos bereit sein, z.B. aufgrund persönlicher Verbundenheit mit dem Erblasser.

714 Zum anderen kann der Erbe oder der Erblasser dem Testamentsvollstrecker eine weitreichende Vollmacht zur Ausübung der beim Erben verbleibenden Gesellschafterrechte erteilen (sog. Vollmachtslösung). Dabei kann die Erteilung der Vollmacht durch den Erblasser mit postmortaler Wirkung, also bedingt auf den Tod des Erblassers, erfolgen. Da die Vollmacht nicht unwiderruflich erteilt werden kann, erreicht der Erblasser die von ihm gewünschte Bindung des Erben an den Willen des Testamentsvollstreckers allerdings nur eingeschränkt.

715 Heftig umstritten ist, ob der Erblasser den Erben mit erbrechtlichen Mitteln verpflichten kann, den Anteil treuhänderisch auf den Testamentsvollstrecker zu übertragen oder diesem eine Vollmacht zu erteilen bzw. eine testamentarisch erteilte Vollmacht aufrecht zu erhalten (z.B. durch eine entsprechende testamentarische Auflage oder auflösend bedingte Erbeinsetzung) und unter welchen Voraussetzungen der Testamentsvollstrecker gar einen Anspruch gegen den Erben auf treuhänderische Übertragung des Gesellschaftsanteils hat.¹²¹⁶

716 Die Zuständigkeit des Testamentsvollstreckers für die Anmeldung der Veränderungen zur Eintragung im Handelsregister knüpft an seine Verwaltungsbefugnisse an (§§ 2205, 2209 BGB). Die Rechtsprechung differenziert auch diesbezüglich zwischen der Abwicklungsvollstreckung und der Dauervollstreckung. Der lediglich zur Abwicklung des Nachlasses bestellte Testamentsvollstrecker ist nicht zur Anmeldung berechtigt und verpflichtet; zuständig sind die Altgesellschafter und die Erben, weil diese

---

1211 BGH NJW 1989, 3152, 3154 mit Nachweis der st. Rspr.
1212 Zutr. Beck'sches Notarhandbuch/*Hermanns*, § 20 Rn. 135.
1213 BGH NJW 1996, 1284, 1285; ebenso OLG Düsseldorf, Beschl. v. 24.09.2007 – I-9 U 26/07, RNotZ 2008, 303, für Komplementäranteil an einer KG.
1214 Die Abgrenzung klingt bereits in BGHZ 98, 48, 55 bzgl. einer oHG-Beteiligung an.
1215 Ausführlich *Kämper*, notar 2018, 125, 131; *Reimann*, MittBayNot 1986, 232; *Schmellenkamp*, Mitt-RhNotK 1986, 181; OLG Düsseldorf, Beschl. v. 24.09.2007 – I-9 U 26/07, RNotZ 2008, 303, 304 zu einer entsprechenden Testamentsauslegung.
1216 Z.B. BGHZ 24, 106, 112.

ohne Mitwirkung des Testamentsvollstreckers kraft Sonderrechtsnachfolge Gesellschafter werden.[1217] Ist hingegen Dauertestamentsvollstreckung bezüglich des Gesellschaftsanteils angeordnet, so ist der Testamentsvollstrecker zuständig.[1218] Der Testamentsvollstrecker ist auch für die Anmeldung der Auflösung der Gesellschaft durch Tod eines Gesellschafters und das Ausscheiden des Erblassers sowie von nicht nachfolgenden Miterben verantwortlich. Die Anmeldung des aufgrund einer Eintrittsklausel eintretenden Nachfolgers obliegt dem Eintretenden. In der Praxis schadet es nicht und vermeidet Verzögerungen, wenn die Anmeldung in unklaren Fällen durch den Testamentsvollstrecker und den betreffenden Erben (sowie durch sämtliche Gesellschafter) bewirkt wird.

717 Dementsprechend erachtet der BGH mittlerweile auch die Anmeldung und Eintragung eines Testamentsvollstreckervermerks in das Handelsregister für zulässig. In den Fällen der Dauertestamentsvollstreckung gem. § 2209 BGB bestehe ein schutzwürdiges Interesse des Rechtsverkehrs auf Information über die durch die Testamentsvollstreckung veränderten Handlungsbefugnisse und Haftungsverhältnisse.[1219]

718 ▶ Formulierungsbeispiel zur Anmeldung der Testamentsvollstreckung bezüglich einer Kommanditbeteiligung:

Amtsgericht.....

Handelsregister Abt. A

HRA.....

.....KG

Zur Eintragung in das Handelsregister melde ich als Testamentsvollstrecker an:

1. Der Kommanditist ....., geboren am ....., wohnhaft ....., ist verstorben.
2. Herr ..... ist damit aus der Gesellschaft ausgeschieden.
3. Die Erben des verstorbenen Kommanditisten sind im Wege der Sonderrechtsnachfolge entsprechend ihrer Erbquoten wie folgt in die Gesellschaft eingetreten:
    a) Herr ....., geboren am ....., wohnhaft ....., mit einem Kommanditanteil in Höhe von ..... Euro, und
    b) Frau ....., geboren am ....., wohnhaft ....., mit einem Kommanditanteil in Höhe von ..... Euro.
4. Es ist Testamentsvollstreckung angeordnet.

....., den.....

[Unterschrift des Testamentsvollstreckers]

Öffentliche Beglaubigung

1217 OLG Hamm, Beschl. v. 10.12.2010 – I-15 W 636/10, MittBayNot 2011, 248 (Ls).
1218 BGHZ 108, 187, 192 = DNotZ 1990, 183 = NJW 1989, 3151, 3153; KG, Beschl. v. 30.05.2000 – 1 W 931/99, DNotZ 2001, 408; KG OLGZ 1991, 261, 265; OLG München, Beschl. v. 07.07.2009 – 31 Wx 115/08, RNotZ 2009, 666 = MittBayNot 2010, 144 m. krit. Anm. *Tersteegen*, 145; Fleischhauer/Wochner/*Kallrath*, Handelsregisterrecht, Teil E. Rn. 21 Erl. 1.
1219 BGH, Beschl. v. 14.02.2012 – II ZB 15/11, DNotZ 2012, 788 = MittBayNot 2012, 304 = ZNotP 2012, 148 = notar 2012, 204; entgegen KG, WM 1995, 1890 = DNotZ 1996, 813; offen gelassen von BGH NJW 1989, 3152, 3153; *Krafka*, Registerrecht, Rn. 769 m.w.N. zum bisherigen Meinungsstreit. Davon zu unterscheiden ist die Frage, ob im Grundbuch ein Testamentsvollstreckervermerk einzutragen ist, wenn Grundbesitz zum Gesellschaftsvermögen gehört. Dafür LG Hamburg ZEV 2009, 96, wenn bzgl. der Gesellschaftsbeteiligung Dauertestamentsvollstreckung angeordnet ist. Richtigerweise kann die Eintragung des Vermerks nur dann in Betracht kommen, wenn der Testamentsvollstrecker im Außenverhältnis vertretungsbefugt ist und daher seine Verfügungsbefugnis über den Grundbesitz verlautbart werden soll.

C. Personenhandelsgesellschaften

▶ **Checkliste zur Testamentsvollstreckung an Kommanditbeteiligungen:** 719
- ☐ Gesellschaftsvertrag: Rechtsnachfolgeklausel und Zulassung der Dauertestamentsvollstreckung
- ☐ Verfügung von Todes wegen des Kommanditisten: Bestimmung des Nachfolgers und Anordnung der Testamentsvollstreckung
- ☐ Definition der Aufgaben des Testamentsvollstreckers unter Berücksichtigung der gesellschaftsvertraglichen und gesetzlichen Grenzen
- ☐ Anmeldung Testamentsvollstreckervermerk zur Eintragung in das Handelsregister

▶ **Formulierungsbeispiel zur Dauertestamentsvollstreckung hinsichtlich Kommanditanteilen:** 720

Zulassung der Testamentsvollstreckung im Gesellschaftsvertrag:

§ ..... Tod eines Gesellschafters

1. [Nachfolgeklausel][1220]
2. Die Anordnung der Testamentsvollstreckung einschließlich der Dauertestamentsvollstreckung bezüglich von Kommanditbeteiligungen an der Gesellschaft ist zulässig. Der Testamentsvollstrecker kann ermächtigt werden, im Rahmen seines Amtes sämtliche mit der Beteiligung verbundenen Gesellschafterrechte auszuüben.
3. Dem Testamentsvollstrecker kann auch eine umfassende Stimmrechtsvollmacht bezüglich der zu vererbenden oder zu vermachenden Beteiligung erteilt werden. Weiterhin ist die treuhänderische Übertragung der zu vererbenden oder zu vermachenden Beteiligung auf den Testamentsvollstrecker zulässig. Die treuhänderische Übertragung auf den Testamentsvollstrecker und die Rückübertragung auf den oder die Erben oder Vermächtnisnehmer bedürfen nicht der Zustimmung der anderen Gesellschafter.

Regelung im Testament oder Erbvertrag:

1. Ich ordne Testamentsvollstreckung an. Der Testamentsvollstrecker hat die Aufgabe, den Nachlass auf Dauer bis zur gesetzlichen Höchstdauer [bis zur Vollendung des ..... Lebensjahres durch den jüngsten Erben] zu verwalten. Insbesondere hat der Testamentsvollstrecker die Kommanditbeteiligung in Höhe von ..... Euro an der ..... KG mit dem Sitz in ....., eingetragen im Handelsregister des Amtsgerichts ..... unter HRA ....., zu verwalten. Ihm stehen alle Rechte eines Gesellschafters zu, soweit diese nicht gesellschaftsrechtlich zwingend dem Erben zugewiesen sind. Der Testamentsvollstrecker ist [nicht] berechtigt, über die Kommanditbeteiligung zu verfügen. Ihm wird hiermit eine umfassende Stimmrechtsvollmacht zu allen die Kommanditbeteiligung betreffenden Beschlussgegenständen erteilt. Die Vollmacht gilt ab meinem Tode und kann von den Erben nicht widerrufen werden.
2. Der Testamentsvollstrecker ist in der Eingehung von Verbindlichkeiten für den Nachlass nicht beschränkt, soweit dies zu einer ordentlichen und wirtschaftlichen Verwaltung des Nachlassvermögens gehört. Die Erträge des Nachlasses und bei einer etwaigen Veräußerung von Nachlassgegenständen der Veräußerungserlös unterliegen der Verwaltung des Testamentsvollstreckers. Er hat aus ihnen den Erben die Mittel zur Verfügung zu stellen, die sie zu ihrem angemessenen persönlichen Unterhalt benötigen. Dies soll in Form einer monatlichen Zahlung in angemessener Höhe nach pflichtgemäßem Ermessen des Testamentsvollstreckers und entsprechend der Lebensverhältnisse der Erben zu ihrer freien Verwendung erfolgen.
3. Der Testamentsvollstrecker erhält keine Vergütung; er erhält seine Aufwendungen aus dem verwalteten Nachlass ersetzt. [Der Testamentsvollstrecker erhält eine Vergütung nach Maßgabe der Rheinischen Tabelle des Deutschen Notarvereins.]
4. Der Testamentsvollstrecker ist von allen gesetzlichen Beschränkungen und Pflichten einschließlich der Beschränkungen des § 181 BGB befreit, soweit dies gesetzlich zulässig ist.
5. Zum Testamentsvollstrecker ernenne ich ...... Der Testamentsvollstrecker hat unverzüglich nach Annahme des Amtes dem Nachlassgericht einen Nachfolger für den Fall seiner Amtsniederlegung zu benennen. Ersatzweise soll das Nachlassgericht einen Testamentsvollstrecker ernennen.

1220 S. die Formulierungsbeispiele oben Rdn. 702, 705.

9. Auflösung und Liquidation der Gesellschaft

721 Die Personengesellschaft wird im Wesentlichen nur noch aufgrund von Umständen aufgelöst, die sie selbst betreffen: Zeitablauf, Gesellschafterbeschluss, Eröffnung des Insolvenzverfahrens über das Vermögen der Gesellschaft, gerichtliche Entscheidung (§§ 131 Abs. 1, 133, 161 Abs. 2 HGB). Das Ausscheiden eines Gesellschafters führt hingegen nach der Neukonzeption durch das Handelsrechtsreformgesetz von 1998[1221] regelmäßig nicht mehr zur Auflösung der Gesellschaft. Folge der Auflösung der Gesellschaft ist nicht unmittelbar ihre Vollbeendigung, sondern die Änderung ihres Zweckes von der werbenden Tätigkeit zur Abwicklung (Liquidation). Die Abwicklung ist die Auseinandersetzung der Gesellschafter über das Gesellschaftsvermögen (§§ 145 ff. HGB). Erst nach Abschluss der Abwicklung ist die Gesellschaft beendet und im Handelsregister zu löschen (§ 157 Abs. 1 HGB). Vor der Vollbeendigung können die Gesellschafter die Fortsetzung der Gesellschaft mit Wirkung ex nunc beschließen (§ 144 HGB für den Fall der Insolvenz, allgemeiner Rechtsgedanke). Nach der Vollbeendigung ist die Wiederbelebung der Gesellschaft ausgeschlossen. In Ausnahmefällen kommt die gerichtliche Bestellung eines Nachtragsliquidators analog § 273 Abs. 4 AktG in Betracht.[1222]

722 Die Aufzählung der Auflösungsgründe in § 131 Abs. 1 und 2 HGB ist grundsätzlich abschließend. Daneben wird die oHG durch Wegfall oder Ausscheiden des vorletzten Gesellschafters aufgelöst und gleichzeitig ohne Liquidation beendet, weil es keine Ein-Personen-oHG gibt.[1223] Die KG wird durch Wegfall ihres alleinigen persönlich haftenden Gesellschafters aufgelöst. Außerdem wird die KG beendet, wenn sämtliche Gesellschafter ihre Gesellschafterstellung auf einen Dritten übertragen. In diesem Fall geht das Gesellschaftsvermögen im Wege der Gesamtrechtsnachfolge auf den Dritten über.[1224]

723 Die Auflösung wegen Zeitablaufs (§ 131 Abs. 1 Nr. 1 HGB) tritt automatisch ein, wenn die kalendermäßig bestimmte Zeit verstrichen oder der zeitlich begrenzte Gesellschaftszweck erfüllt ist. Der Auflösungsbeschluss (§ 131 Abs. 1 Nr. 2 HGB) ist einstimmig zu fassen, wenn der Gesellschaftsvertrag kein anderes Mehrheitserfordernis vorsieht (§ 119 HGB). Die Eröffnung des Insolvenzverfahrens über das Vermögen der Gesellschaft führt zu ihrer Auflösung (§ 131 Abs. 1 Nr. 3 HGB), nicht schon der Antrag auf Eröffnung des Insolvenzverfahrens, die Anordnung von Sicherungsmaßnahmen oder die Ablehnung des Eröffnungsantrags mangels Masse. Verbleibt der Gesellschaft nach Abschluss des Insolvenzverfahrens ausnahmsweise noch Vermögen, ist eine Abwicklung durchzuführen (§ 145 HGB). Weitergehende Sonderregeln gelten für die oHG, bei der kein persönlich haftender Gesellschafter eine natürliche Person ist (§ 131 Abs. 2 HGB). Schließlich wird die Gesellschaft durch gerichtliche Entscheidung aufgelöst (§ 131 Abs. 1 Nr. 4 HGB), wenn ein Gesellschafter dies beantragt und ein wichtiger Grund vorliegt (§ 133 HGB).

724 An die Auflösung der Gesellschaft schließt sich die Abwicklung (Liquidation) an, sofern die Gesellschafter nicht etwas anderes vereinbaren oder das Insolvenzverfahren eröffnet worden ist (§ 145 Abs. 1 HGB). Die Abwicklung ist die Auseinandersetzung der Gesellschafter über das Gesellschafts-

---

1221 BGBl. I, S. 1474; Gedanke der Unternehmenskontinuität.
1222 So das OLG Saarbrücken, Beschl. v. 18.07.2018 – 5 W 43/18, DNotZ 2018, 872, in einem Fall, in dem eine Nachtragsliquidation lange Zeit nach Löschung der Gesellschaft im Handelsregister erforderlich wurde (zwecks Erteilung einer Löschungsbewilligung zur Löschung eines zugunsten der Gesellschaft im Grundbuch eingetragenen Vorkaufsrechts) und infolge Zeitablaufs erhebliche Zweifel bezüglich der Fortexistenz und der Auffindbarkeit der Gesellschafter bestanden; vom BGH wird die analoge Anwendbarkeit von § 273 Abs. 4 AktG bisher lediglich für die Publikums-KG befürwortet, s. BGH, Urt. v. 02.06.2003 – II ZR 102/02, BGHZ 155, 121 = DNotZ 2003, 773.
1223 Vgl. BGH, Beschl. v. 05.07.2018 – V ZB 10/18, DNotZ 2018, 914 = MittBayNot 2019, 37, auch zum grundbuchlichen Nachweis der Gesamtrechtsnachfolge durch Vorlage der notariell beglaubigten Handelsregisteranmeldung und Eintragung des Ausscheidens des Gesellschafters und des Erlöschens der Gesellschaft im Handelsregister.
1224 KG, Beschl. v. 30.11.2018 – 22 W 69/18, MittBayNot 2019, 384.

vermögen. Die Gesellschafter verlieren ihre Geschäftsführungs- und Vertretungsbefugnis an die Liquidatoren. Sämtliche Gesellschafter sind »geborene« Liquidatoren, wenn nicht durch Beschluss oder im Gesellschaftsvertrag einzelne Gesellschafter oder andere Personen zu »gekorenen« Liquidatoren bestellt sind (§ 146 Abs. 1 HGB). Aufgabe der Liquidatoren ist die Beendigung der laufenden Geschäfte der Gesellschaft, die Einziehung von Forderungen, die Versilberung des Vermögens und die Befriedigung der Gläubiger (§ 149 HGB). Das nach der Befriedigung der Gläubiger verbleibende Vermögen ist an die Gesellschafter im Verhältnis ihrer Kapitalanteile nach Maßgabe der Schlussbilanz zu verteilen (§ 155 Abs. 1 HGB). Die Liquidatoren vertreten die Gesellschaft und zwar mehrere Liquidatoren gemeinschaftlich, es sei denn Einzelvertretungsbefugnis ist angeordnet (§§ 149 Satz 2, 150 Abs. 1 HGB). Die gemeinschaftliche Vertretungsbefugnis aller Gesellschafter gilt auch für die KG und die GmbH & Co. KG, so dass die sonst von der Vertretung ausgeschlossenen Kommanditisten nach Auflösung der Gesellschaft vertretungsbefugt werden.[1225]

Die Personenhandelsgesellschaft kann auch auf andere Weise als durch ein Liquidationsverfahren 725 beendet werden, z.B. durch Übernahme des gesamten Vermögens durch einen Gesellschafter oder infolge Vermögenslosigkeit der Gesellschaft.

Die Auflösung der Gesellschaft und die Liquidatoren sind von allen Gesellschaftern zur Eintragung 726 in das Handelsregister anzumelden (§§ 143 Abs. 1, 148 Abs. 1 HGB). Dabei ist auch die Vertretungsmacht der Liquidatoren, d.h. ihre allgemeine Vertretungsbefugnis, anzugeben. Wenn Prokuristen bestellt sind, ist zu entscheiden, ob die Prokuren im Zuge der Auflösung erlöschen oder ob diese bis zur Vollbeendigung der Gesellschaft fortbestehen sollen.[1226] Die Prokuren erlöschen nicht automatisch mit der Auflösung der Gesellschaft. Nach der Beendigung der Liquidation ist das Erlöschen der Firma von den Liquidatoren anzumelden (§ 157 Abs. 1 HGB). Wird keine Liquidation durchgeführt, kann die sofortige Löschung der Firma angemeldet werden, ohne dass Liquidatoren bestellt werden. Anders als bei der GmbH setzt die Beendigung und Löschung einer Personenhandelsgesellschaft nicht die Einhaltung eines Sperrjahres voraus (außer bei der GmbH & Co. KG). Die Fortsetzung der aufgelösten, aber noch nicht beendeten Gesellschaft ist von sämtlichen Gesellschaftern unter Angabe der Abbestellung der Liquidatoren und der Vertretungsmacht der Gesellschafter anzumelden.[1227] Sämtliche Eintragungen haben nur deklaratorische Wirkung.

10. Anmeldung zur Eintragung in das Handelsregister

a) Allgemeine Anforderungen

Die Personenhandelsgesellschaften sind zur Eintragung in das Handelsregister bzw. das Partner- 727 schaftsregister anzumelden (§§ 106 Abs. 1, 161 Abs. 2 HGB; § 4 Abs. 1 PartGG). Die Anmeldung ist für die Gesellschaft, die ein Handelsgewerbe betreibt, zwingend; die Eintragung hat insofern nur deklaratorische Wirkung. Eine Gesellschaft, die kein Handelsgewerbe betreibt oder nur (eigenes) Vermögen verwaltet, kann kraft freiwilliger Eintragung in das Handelsregister oHG werden (§ 105 Abs. 2 i.V.m. § 2 Satz 2 HGB); die Eintragung wirkt in diesem Fall konstitutiv.[1228] Die KG bzw. die Haftungsbeschränkung der Kommanditisten entsteht erst mit ihrer Eintragung in das Handelsregister (§§ 172 Abs. 1, 176 Abs. 1 HGB).

1225 OLG Dresden, Beschl. v. 15.02.2012 – 17 W 1163/11 u. 17 W 1164/11, RNotZ 2012, 290, auch für den Fall der Vertretung der durch Insolvenz aufgelösten GmbH & Co. KG bei der Veräußerung von Vermögensgegenständen, die durch den Insolvenzverwalter aus der Masse freigegeben worden waren.
1226 Vgl. OLG München, Beschl. v. 09.08.2011 – 31 Wx 314/11, ZIP 2011, 2059 = notar 2012, 14.
1227 Vgl. Fleischhauer/Wochner/*Kallrath*, Handelsregisterrecht, Teil D., Rn. 25.
1228 Parallel zu den Regelungen zur Kaufmannseigenschaft natürlicher Personen (Ist-Kaufmann, § 1 HGB; Kann-Kaufmann, § 2 HGB) gibt es also auch die Ist-oHG mit Handelsgewerbe und die Kann-oHG ohne Handelsgewerbe kraft Eintragung in das Handelsregister.

Kapitel 1   Personengesellschaftsrecht

728 Die Anmeldung ist jeweils durch sämtliche Gesellschafter zu bewirken (§ 108 HGB, gilt kraft Verweisung auch für die KG, § 161 Abs. 2 HGB, und für die Partnerschaft, § 4 Abs. 1 Satz 1 PartGG). Anmeldungen zum Handelsregister können auch durch **Bevollmächtigte** vorgenommen werden, wenn keine höchstpersönlichen Erklärungen abzugeben sind. Dies ermöglicht flexible Verfahren, nicht zuletzt während der COVID-19-Pandemie zum Infektionsschutz durch Vermeidung von persönlichen Kontakten. Allerdings bedürfen auch die Vollmachten der öffentlichen Form (§ 12 Abs. 1 Satz 2 HGB). Bei der Erteilung von Vollmachten durch mehrere Gesellschafter an einen Bevollmächtigten sollte dieser vorsorglich von den Beschränkungen des § 181 BGB befreit werden. Wenn der Anmeldung eine notarielle Beurkundung zugrunde liegt, kann auch der Notar die Anmeldung vornehmen (§ 378 Abs. 2 FamFG).

729 Zuständig ist jeweils das Gericht, in dessen Bezirk die Gesellschaft ihren Sitz hat (§§ 106 Abs. 1, 161 Abs. 2 HGB; § 4 Abs. 1 PartGG). Zu beachten ist die Zuständigkeitskonzentration der Handelsregister und noch stärker der Partnerschaftsregister in den Ländern. Sitz im Sinne von § 106 HGB ist der Sitz der tatsächlichen Hauptverwaltung bzw. der Geschäftsleitung. Das MoMiG hat für die Kapitalgesellschaften die freie Wahl des Sitzes einschließlich des Auseinanderfallens von Satzungssitz und tatsächlichem Sitz eingeführt. Teilweise wird diese Freiheit mittlerweile auch für die Personenhandelsgesellschaften eingefordert. Dem hat die Rechtsprechung bislang eine Absage erteilt.[1229]

730 Auch Änderungen der eingetragenen Tatsachen sind anzumelden (§§ 107, 162 Abs. 3, 175 HGB).

731 Unterlagen sind nicht zum Handelsregister einzureichen (abgesehen von öffentlichen Urkunden zum Nachweis der Rechtsnachfolge bei Tod eines Gesellschafters, § 12 Abs. 1 Satz 4 HGB). Das Gericht prüft lediglich die in der Anmeldung von den Gesellschaftern gemachten Angaben. Der Notar ist verpflichtet, die Anmeldung vor ihrer Einreichung für das Registergericht auf ihre Eintragungsfähigkeit zu prüfen (§ 378 Abs. 3 Satz 1 FamFG).[1230] Die Prüfung eigener und fremder Anmeldungsentwürfe vor Antragstellung war schon zuvor eine verbreitete *best practice* des Notariats. Die Prüfung der Eintragungsfähigkeit durch den Notar ist nach der gesetzlichen Regelung nunmehr auch eine formelle Eintragungsvoraussetzung, die dem Registergericht nachzuweisen ist. Der Nachweis kann durch Beifügung eines Prüfvermerks erfolgen.[1231] § 378 Abs. 3 FamFG schreibt einen Vermerk zwar nicht ausdrücklich vor. Mittlerweile ist es aber weithin üblich, den Prüfvermerk ungeachtet der Autorenschaft jeder Anmeldung, und zwar im Antragschreiben an das Gericht oder im Beglaubigungsvermerk beizufügen.

732 Seit Inkrafttreten des MoMiG ist nicht nur für GmbH, sondern für sämtliche Rechtsformen und Zweigniederlassungen eine inländische Geschäftsanschrift zum Handelsregister anzumelden (§§ 29, 31 Abs. 1, 13 Abs. 1 Satz 1, Abs. 2, 13d Abs. 2, 13e Abs. 2 Satz 3, 106 Abs. 2 Nr. 2, 107 HGB).[1232] Anders als bei den Kapitalgesellschaften besteht bei den Personenhandelsgesellschaften und den Einzelkaufleuten allerdings keine freie Wahl der inländischen Geschäftsanschrift unabhängig vom Sitz der Gesellschaft. Mangels der nur für juristische Personen geltenden Vorschriften über die öffentliche Zustellung (§ 185 Nr. 2 ZPO, § 15a HGB) dürfen Handelsgesellschaften und Kaufleute nur an einem Ort die inländische Geschäftsanschrift begründen, an dem sie tatsächlich erreichbar sind. Das ist regelmäßig der Sitz der Gesellschaft.[1233] Auch die Anmeldung der inländischen Geschäftsanschrift ist durch sämtliche Gesellschafter zu bewirken, selbst bei der GmbH & Co. KG.[1234]

1229 KG, Beschl. v. 07.02.2012 – 25 W 4/12, RNotZ 2012, 395 = ZIP 2012, 980.
1230 Erweiterung der notariellen Prüfungspflichten im Register- und Grundbuchverfahren durch das Gesetz zur Neuordnung der Aufbewahrung von Notariatsunterlagen und zur Einrichtung des elektronischen Urkundsarchivs bei der Bundesnotarkammer sowie zur Änderung weiterer Gesetze vom 01.06.2017, BGBl. I 2017, S. 1396.
1231 Begr. RegE, BT-Drucks. 18/10607, S. 109.
1232 Neu eingeführt durch das Gesetz zur Modernisierung des GmbH-Rechts und zur Bekämpfung von Missbräuchen (MoMiG) v. 23.10.2008 (BGBl. I, S. 2026).
1233 Schl.-Holst. OLG, Beschl. v. 14.11.2011 – 2 W 48/11, RNotZ 2012, 348 = DNotI-Rep. 2012, 49 = notar 2012, 205.
1234 OLG Frankfurt am Main, Beschl. v. 12.09.2011 – 20 W 13/11, ZIP 2012, 924.

b) Offene Handelsgesellschaft

Bei der oHG hat die Anmeldung zu enthalten: (1) den Namen, Vornamen, das Geburtsdatum und den Wohnort jedes Gesellschafters, (2) die Firma der Gesellschaft, den Ort, an dem sie ihren Sitz hat, und die inländische Geschäftsanschrift, (3) die Vertretungsmacht der Gesellschafter (§ 106 Abs. 2 HGB). 733

Nicht mehr erforderlich ist die Angabe des Beginns der Gesellschaft. Die Gesellschafter werden mit ihrem vollständigen Namen und ihrem Geburtsdatum bezeichnet. Der Beruf oder Stand der Gesellschafter ist nicht mehr anzugeben. Es genügt die Angabe des Wohnorts der Gesellschafter, die Angabe der vollständigen Anschrift ist unschädlich, aber entbehrlich. 734

Nach § 24 Abs. 4 HRV ist zudem der Geschäftsgegenstand der Gesellschaft anzugeben. 735

§ 24 Abs. 2 HRV verlangt die Angabe der Lage der Geschäftsräume, wenn diese von der inländischen Geschäftsanschrift der Gesellschaft abweicht. Die inländische Geschäftsanschrift wird in das Handelsregister eingetragen (insofern ist die förmliche Anmeldung erforderlich), die Lage der Geschäftsräume wird nicht eingetragen (hier ist eine einfache schriftliche Mitteilung ausreichend). 736

Die »Vertretungsmacht der Gesellschafter« ist auch anzumelden, wenn sie dem gesetzlichen Regelfall entspricht (§ 106 Abs. 2 Nr. 4 HGB).[1235] Bei der oHG ist also anzumelden: »Jeder Gesellschafter vertritt die Gesellschaft einzeln.« (§ 125 Abs. 1 HGB). Sieht der Gesellschaftsvertrag eine davon abweichende Vertretungsregelung oder den Ausschluss eines Gesellschafters von der Vertretung der Gesellschaft vor, so ist dies neben der gesetzlichen (abstrakten) Vertretungsmacht als konkrete Vertretungsbefugnis anzumelden. Weiter ist eine etwaige Befreiung der vertretungsberechtigten Gesellschafter von den Beschränkungen des § 181 BGB anzumelden. 737

▶ Formulierungsbeispiel zur Erstanmeldung einer offenen Handelsgesellschaft: 738

Amtsgericht.....

Handelsregister Abt. A

Neueintragung der ..... oHG

Zur Eintragung in das Handelsregister melden wir an:

– Die unterzeichneten Gesellschafter ....., geboren am ....., wohnhaft ....., ..., geboren am ....., wohnhaft ..... und ....., geboren am ....., wohnhaft ....., haben eine offene Handelsgesellschaft mit dem Sitz in ..... gegründet.
– Die Gesellschaft führt die Firma ..... oHG.
– Die inländische Geschäftsanschrift der Gesellschaft ist: .....
– Jeder Gesellschafter vertritt die Gesellschaft mit Einzelvertretungsbefugnis. Jeder Gesellschafter ist berechtigt, im Namen der Gesellschaft Rechtsgeschäfte mit sich im eigenen Namen oder als Vertreter eines Dritten vorzunehmen.
– Gegenstand des Unternehmens ist .....

....., den.....

[Unterschriften aller Gesellschafter]

Öffentliche Beglaubigung

1235 Neu eingeführt durch das ERJuKoG v. 10.12.2001 (BGBl. I, S. 3422). Der Gesetzgeber wollte Registereintragungen zur Vertretungsmacht bei Personenhandelsgesellschaften eindeutiger und verständlicher machen. Zu diesem Zweck sind die (organschaftlichen) Vertretungsverhältnisse anzumelden, auch wenn die Vertretungsregelung dem gesetzlichen Regelfall entspricht.

c) Kommanditgesellschaft

739 Bei der KG hat die Anmeldung außer den in § 106 Abs. 2 genannten Angaben (1) die Bezeichnung der Kommanditisten und (2) den Betrag der Einlage eines jeden Kommanditisten zu enthalten (§ 162 Abs. 1 Satz 1 HGB).

740 Ist eine Gesellschaft bürgerlichen Rechts Kommanditist, so sind auch die Gesellschafter der GbR mit den Angaben nach § 106 Abs. 2 HGB (Name, Vorname, Wohnort) und spätere Änderungen in der Zusammensetzung der Gesellschafter anzumelden.

741 Bei der KG sind die Kommanditisten von der Vertretung der Gesellschaft ausgeschlossen (§ 170 HGB). Als gesetzlich-abstrakte Vertretungsbefugnis ist bei der KG daher anzumelden: »Jeder persönlich haftende Gesellschafter vertritt die Gesellschaft einzeln«. Sind einzelne von mehreren persönlichen haftenden Gesellschaftern von der Vertretung der Gesellschaft ausgeschlossen oder darin beschränkt, so ist dies anzumelden. Ein Kommanditist kann aufgrund Vollmacht zur Vertretung der Gesellschaft berufen sein. Eine solche nicht-organschaftliche Vertretungsmacht ist nicht anzumelden und kann nicht in das Handelsregister eingetragen werden. Hingegen ist die Befreiung eines vertretungsberechtigten Gesellschafters von den Beschränkungen des § 181 BGB anzumelden.

742 ▶ Formulierungsbeispiel zur Erstanmeldung einer Kommanditgesellschaft:

Amtsgericht.....

Handelsregister Abt. A

Neueintragung der ..... KG

Zur Eintragung in das Handelsregister melden wir an:
- Die unterzeichneten Gesellschafter ....., geboren am ....., wohnhaft ....., ..., geboren am ....., wohnhaft ..... und ....., geboren am ....., wohnhaft ....., haben eine Kommanditgesellschaft mit dem Sitz in ..... gegründet.
- Die Gesellschaft führt die Firma ..... KG.
- Die inländische Geschäftsanschrift der Gesellschaft ist: .....
- Persönlich haftender Gesellschafter ist .....
- Kommanditisten sind ..... mit einer Einlage von ..... Euro und ..... mit einer Einlage von ..... Euro.
- Jeder persönlich haftender Gesellschafter vertritt die Gesellschaft mit Einzelvertretungsbefugnis. Jeder persönlich haftender Gesellschafter ist berechtigt, im Namen der Gesellschaft Rechtsgeschäfte mit sich im eigenen Namen oder als Vertreter eines Dritten vorzunehmen.
- Gegenstand des Unternehmens ist .....

....., den.....

[Unterschriften aller Gesellschafter]

Öffentliche Beglaubigung

d) GmbH & Co. KG

743 In der Anmeldung der GmbH & Co. KG ist die GmbH als persönlich haftende Gesellschafterin mit ihrer Firma und ihrem Sitz zu bezeichnen. Zusätzlich sollten das Amtsgericht und die Handelsregisternummer ihrer Eintragung angegeben werden.

744 Die Ersteintragung einer GmbH & Co. KG erfordert die Anmeldung der Komplementär-GmbH zur Abteilung B und der KG zur Abteilung A des Handelsregisters. Haben die Gesellschaften ihren Sitz an unterschiedlichen Orten, kann sich die Zuständigkeit von zwei verschiedenen Amtsgerichten ergeben. Die KG kann bereits dann in das Handelsregister eingetragen werden, wenn die GmbH gegründet, aber ihrerseits noch nicht eingetragen ist. Dazu ist die Vor-GmbH mit dem Zusatz »in Gründung« als Komplementärin anzumelden und in das Handelsregister einzutragen. Die Gründung der GmbH und die Vertretungsbefugnis ihrer Geschäftsführer sind dem Handelsregister durch

beglaubigte Abschriften der Gründungsurkunde und der die GmbH betreffenden Handelsregisteranmeldung nachzuweisen. Außerdem müssen die Geschäftsführer zur Beteiligung der Vor-GmbH an der KG ausdrücklich ermächtigt sein.[1236] Ohne einen solchen Nachweis wird das für die KG zuständige Handelsregister die Eintragung der GmbH abwarten, bevor es die Eintragung der KG vornimmt. Andererseits kann die Eintragung der KG auch ausdrücklich von der vorherigen Eintragung der GmbH abhängig gemacht werden. Welche Vorgehensweise empfehlenswert ist, richtet sich nach der Einschätzung der Haftungsrisiken, die mit der Übernahme der Komplementärhaftung durch die Vor-GmbH bzw. der Geschäftsaufnahme vor Eintragung der KG für die Kommanditisten verbunden sind.

Bei der GmbH & Co. KG gibt es in vielen Fällen das Bedürfnis, neben der GmbH als persönlich haftender Gesellschafterin der KG auch die Geschäftsführer der GmbH von den Beschränkungen des § 181 BGB zu befreien. Nur wenn auch die Geschäftsführer befreit sind, können sie ihrerseits Geschäfte mit der KG machen und die Befreiung an Dritte weitergeben, z.B. bei der Erteilung von Vollmachten namens der GmbH & Co. KG. Die wohl überwiegende Rechtsprechung gestattet die Eintragung, dass die persönlich haftende Gesellschafterin (GmbH) und ihre Geschäftsführer von den Beschränkungen des § 181 BGB befreit sind. Neben dem Interesse der Gesellschaft an der Wirksamkeit von Rechtsgeschäften zwischen der KG und den GmbH-Geschäftsführern wird dies auch mit einer Warnfunktion für die Geschäftspartner der GmbH & Co. KG begründet, die auf die enge vermögensmäßige Verzahnung der Gesellschaft und der Komplementär-Organe hingewiesen werden sollen.[1237] Eintragungsfähig ist allerdings nur die Befreiung der »jeweiligen« (bzw. aller) Geschäftsführer, nicht die Befreiung von namentlich genannten Geschäftsführern, weil nicht ohne Zuziehung anderer Registerblätter festgestellt werden kann, ob die betreffende Person aktuell noch Geschäftsführer ist.[1238]

745

▶ Formulierungsbeispiel zur Erstanmeldung einer GmbH & Co. KG:

746

Amtsgericht......

Handelsregister Abt. A

Neueintragung der ...... GmbH & Co. KG

Zur Eintragung in das Handelsregister melden wir an:

– Wir haben unter der Firma ...... GmbH & Co. KG eine Kommanditgesellschaft mit dem Sitz in ...... gegründet.
– Die inländische Geschäftsanschrift der Gesellschaft ist: ......
– Persönlich haftende Gesellschafterin ist die ...... GmbH mit dem Sitz in ......, eingetragen [bzw. noch einzutragen] im Handelsregister des Amtsgerichts ...... unter HRB ......
– Kommanditisten sind ......, geboren am ......, wohnhaft in ......, mit einer Einlage von ...... Euro und ......, geboren am ......, wohnhaft in ......, mit einer Einlage von ...... Euro.
– Jeder persönlich haftender Gesellschafter vertritt die Gesellschaft mit Einzelvertretungsbefugnis. Die persönlich haftende Gesellschafterin ...... GmbH mit dem Sitz in ...... und ihre jeweiligen Geschäftsführer sind berechtigt, im Namen der Gesellschaft Rechtsgeschäfte mit sich im eigenen Namen oder als Vertreter eines Dritten vorzunehmen.
– Gegenstand des Unternehmens ist ......

......, den......

[Unterschriften aller Gesellschafter]

Öffentliche Beglaubigung

1236 Zutr. Fleischhauer/Wochner/*Kallrath*, Handelsregisterrecht, Teil F. I. Rn. 2 Erl. 3; *Krafka*, Registerrecht, Rn. 818.
1237 BayObLG MittBayNot 1999, 390 sowie 2000, 53 und 241, 330.
1238 *Krafka*, Registerrecht, Rn. 811.

e) Partnerschaft

747 Die Anmeldung einer Partnerschaft(sgesellschaft) nach dem PartGG hat zu enthalten: (1) den Namen und den Sitz der Partnerschaft, (2) den Namen und den Vornamen sowie den in der Partnerschaft ausgeübten Beruf und den Wohnort jedes Partners, (3) den Gegenstand der Partnerschaft, (4) das Geburtsdatum jedes Partners, und (5) die Vertretungsmacht der Partner (§ 4 Abs. 1 Satz 2, § 3 Abs. 2 PartGG). Weiter ist (6) die Zugehörigkeit jedes Partners zu dem Freien Beruf, den er in der Partnerschaft ausübt, anzugeben (§ 4 Abs. 2 PartGG).

748 Hinsichtlich der Vertretung der Partnerschaft verweist § 7 Abs. 3 PartGG auf die Regelungen zur oHG (§§ 125, Abs. 1 und 2, 126, 127 HGB). Es ist also die allgemeine oder abstrakte Vertretungsmacht anzugeben und, falls davon abweichend, auch die besondere oder konkrete Vertretungsbefugnis einzelner Partner.

749 Eine Pflicht zur Anmeldung einer inländischen Geschäftsanschrift besteht für die Partnerschaft ausdrücklich nicht (§ 5 Abs. 2 letzter Halbs. PartGG). Es soll aber die Lage der Geschäftsräume angegeben werden (§ 1 Abs. 1 PRV i.V.m. § 24 Abs. 2 Satz 1 HRV).

750 Umstritten ist, ob die Partnerschaftsregister in jedem Fall oder nur bei gegebenem Anlass Nachweise über die Zugehörigkeit zu einem Freien Beruf und die Vorlage von Urkunden über die staatliche Zulassung oder anderweitige Befähigung zu dem Beruf verlangen dürfen. Dagegen spricht die Regelung des § 4 Abs. 2 Satz 1 PartGG, der die bloße Angabe in der Anmeldung genügen lässt. Die unterrangige Soll-Vorschrift des § 3 Abs. 1 Satz 2 PRV kann nicht zu einer anlasslosen Nachweispflicht führen.[1239] Dessen ungeachtet verlangen die meisten Registergerichte die Vorlage von urkundlichen Nachweisen über die Zugehörigkeit zum Freien Beruf. Der Praxis ist daher zur Vermeidung von Verzögerungen im Eintragungsverfahren zu empfehlen, die entsprechenden Unterlagen mit der Anmeldung einzureichen.

751 Davon zu unterscheiden ist die Frage, ob die Partnerschaft aufgrund der berufsrechtlichen Bestimmungen selbst der staatlichen Zulassung bedarf (vgl. § 49 StBerG, § 27 Abs. 1 WiPrO, § 130 Abs. 2 WiPrO). In diesem Fall ist der Anmeldung eine entsprechende Unbedenklichkeitsbescheinigung der zuständigen Behörde beizufügen, wonach die Zulassung nach erfolgter Eintragung erteilt wird (§ 3 Abs. 3 PRV). Die eigentliche Zulassung der Partnerschaft wird erst nach ihrer Eintragung in das Partnerschaftsregister ausgesprochen.

752 Weiterhin soll in der Anmeldung der Partnerschaft erklärt werden, dass berufsrechtliche Schranken der Gründung der Partnerschaft nicht entgegenstehen (vgl. § 3 Abs. 2 PRV) und mitgeteilt werden, ob und welche Berufskammern für die in der Partnerschaft ausgeübten Berufe bestehen (§ 4 Satz 2 und 3 PRV).

753 ▶ Formulierungsbeispiel zur Ersteintragung einer Partnerschaft von Trägern eines Freien Berufes:

Amtsgericht.....

Partnerschaftsregister

Neueintragung der Partnerschaft ..... [z.B. Rechtsanwälte Steuerberater] Partnerschaftsgesellschaft

Zur Eintragung in das Partnerschaftsregister melden wir an:

- Wir haben unter dem Namen ..... [Rechtsanwälte Steuerberater] Partnerschaftsgesellschaft eine Partnerschaft im Sinne des Gesetzes über Partnerschaftsgesellschaften Angehöriger Freier Berufe mit dem Sitz in ..... gegründet.
- Gegenstand der Partnerschaft ist .....
- Die Partnerschaft hat ihre Geschäftsräume in .....
- Partner der Partnerschaft sind:

1239 Zutr. Fleischhauer/Wochner/*Solveen*, Handelsregisterrecht, Teil G., Rn. 7, Erl. 19 m.w.N.

- ....., geboren am ....., wohnhaft ....., Rechtsanwalt,
- ....., geboren am ....., wohnhaft ....., Steuerberater,
- ....., geboren am ....., wohnhaft ....., Beruf: .....,
- ....., geboren am ....., wohnhaft ....., Beruf: .....,
- Jeder Partner vertritt die Partnerschaft mit Einzelvertretungsbefugnis.
- [Der Partner ..... ist berechtigt, im Namen der Partnerschaft Rechtsgeschäfte mit sich im eigenen Namen oder als Vertreter eines Dritten vorzunehmen.]

Wir versichern,

- die Zugehörigkeit jedes Partners zu dem vorstehend bei seinem Namen genannten Freien Beruf und dass jeder Partner diesen Freien Beruf in der Partnerschaft ausübt,
- dass berufsrechtliche Vorschriften einer Zusammenarbeit der Partner in einer Partnerschaft nicht entgegenstehen oder diese einschränken,
- dass die Partnerschaft nicht der staatlichen Zulassung bedarf [oder: dass die für die Partnerschaft zuständige ..... (Berufskammer) bestätigt hat, dass die für die Partnerschaft erforderliche staatliche Zulassung nach deren Eintragung in das Partnerschaftsregister erfolgen kann].

Für die in der Partnerschaft ausgeübten Freien Berufe bestehen [keine bzw.] folgende Berufskammern:

- Rechtsanwaltskammer in ..... (postalische Anschrift);
- Steuerberaterkammer in ..... (postalische Anschrift),
- .....(postalische Anschrift).

Als Nachweise fügen wir bei:

- Urkunde über die Zulassung zum Beruf des Rechtsanwalts vom .....,
- Urkunde über die Zulassung zum Beruf des Steuerberaters vom .....,
- Bescheinigung der .....-Kammer,
- Zeugnis über die Befähigung zum Beruf des .....,
- Unbedenklichkeitsbescheinigung der .....-Kammer zur Zulassung der Partnerschaft nach erfolgter Eintragung.

....., den.....

[Unterschriften aller Partner]

Öffentliche Beglaubigung

f) Veränderungen

Bei späteren Veränderungen der Gesellschaft und der Gesellschafter sind u. a. folgende Tatsachen zur Eintragung in das Handelsregister anzumelden: alle Änderungen hinsichtlich der eingetragenen Angaben (§§ 107, 162 Abs. 3, 175 HGB), insbesondere der Eintritt und der Austritt von Gesellschaftern; die Auflösung der Gesellschaft (§ 143 Abs. 1 HGB); das Ausscheiden eines Gesellschafters (§ 143 Abs. 2 HGB); die Fortsetzung der Gesellschaft (§ 144 Abs. 2 HGB); die Liquidatoren und ihre Vertretungsmacht (§ 148 Abs. 1 HGB); die Änderung einer Kommanditeinlage (§ 175 HGB). 754

III. GmbH & Co. KG

1. Allgemeines

a) GmbH & Co. KG als Mischform

Zivil- wie steuerrechtlich seit langem anerkannt und in der Praxis von herausragender Bedeutung ist die GmbH & Co. KG. Die GmbH & Co. KG ist eine Kommanditgesellschaft, bei der die Komplementärfunktion von einer ihrerseits nur beschränkt haftenden Kapitalgesellschaft, nämlich einer GmbH, übernommen wird. Die GmbH & Co. KG vereint daher Merkmale der Personen- und der Kapitalgesellschaft. Je nach der Gestaltung dieser Mischform überwiegen die kapitalistischen Züge oder die Charakteristika der Personenhandelsgesellschaft. 755

756 In der Praxis sind verschiedene Erscheinungsformen der GmbH & Co. KG anzutreffen.[1240] In der Grundform der »typischen« GmbH & Co. KG sind die Kommanditisten natürliche Personen und einziger Komplementär eine GmbH, deren alleiniger Zweck die Übernahme der persönlichen Haftung ist (»personenidentische GmbH & Co. KG«). Häufig sind die Kommanditisten in der typischen GmbH & Co. KG im gleichen Verhältnis an der KG und an der GmbH beteiligt (»beteiligungsidentische GmbH & Co. KG«). Als Unterfall der personen- und beteiligungsidentischen GmbH & Co. KG ist die Einpersonen-GmbH & Co. KG zu nennen, bei der nur ein Kommanditist existiert, der zugleich der alleinige Gesellschafter der GmbH ist. Von praktischer Bedeutung ist außerdem die sog. Einheitsgesellschaft oder wechselseitig beteiligte GmbH & Co. KG, bei der die Kommanditgesellschaft alleinige Gesellschafterin ihrer Komplementär-GmbH ist. Die wechselseitige Beteiligung wird dadurch erreicht, dass die Kommanditisten ihre Geschäftsanteile an der GmbH als Einlage in die KG einbringen, allerdings ohne haftungsbefreiende Wirkung gegenüber den Gesellschaftsgläubigern (§ 172 Abs. 6 HGB). Daneben ist auch die doppelstöckige GmbH & Co. KG zulässig, bei der nicht eine GmbH, sondern eine weitere GmbH & Co. KG als Komplementärin eingesetzt wird.

757 Die Gestaltungsfreiheit bei der KG erlaubt schließlich die einer Kapitalgesellschaft angenäherte GmbH & Co. KG. Kapitalistisch strukturierte Gesellschaften treten einerseits in der Form auf, dass die Kommanditisten auch mit Geschäftsführungs- und Vertretungsaufgaben betraut werden und die Gesellschaft insofern beherrschen (z.B. Familiengesellschaft). Andererseits kann die Rolle der Kommanditisten auch auf die von Geldgebern oder Investoren beschränkt und die Führung vollständig den Geschäftsführern bzw. Gesellschaftern der Komplementär-GmbH übertragen werden (Publikumsgesellschaft, Investmentfonds). Bei der Publikumsgesellschaft sind die Kommanditisten typischerweise nicht an der GmbH beteiligt.

758 Fraglich ist, ob eine »Freiberufler«-GmbH & Co. KG in das Handelsregister eingetragen werden kann. Interessanterweise werden Steuerberater bei dieser Frage anders behandelt als Rechtsanwälte. Handelsrechtlich kann eine Gesellschaft nur dann als OHG oder KG in das Handelsregister eingetragen werden, wenn ihr Zweck auf den Betrieb eines Handelsgewerbes gerichtet ist (§§ 1, 105, 161 HGB). Verfolgen die Gesellschafter mehrere (gewerbliche und nichtgewerbliche/freiberufliche) Zwecke, so entscheidet die nach dem Gesamtbild prägende Tätigkeit darüber, ob der Geschäftsbetrieb insgesamt als Handelsgewerbe einzuordnen ist. Regelmäßig bilden die gewerblichen Tätigkeiten in Steuerberatungs- und Rechtsanwaltsgesellschaften (z.B. die Übernahme von Treuhandtätigkeiten) nicht den Schwerpunkt der Tätigkeit. Der Geschäftsbetrieb einer Steuerberatungs- oder Rechtsanwaltsgesellschaft ist handelsrechtlich daher in der Regel nicht als Gewerbebetrieb anzusehen. Auch § 105 Abs. 2 HGB verhilft diesen Gesellschaften nicht zur Eintragung, weil danach nur rein vermögensverwaltende Gesellschaften eintragungsfähig sind (begrenzende Funktion des § 105 Abs. 2 HGB). Nach der jüngeren BGH-Rechtsprechung geht allerdings die berufsrechtliche Regelung in § 49 Abs. 2 StBerG als spezialgesetzliche Regelung den handelsrechtlichen Vorschriften vor. Danach können Steuerberatungsgesellschaften bereits dann in das Handelsregister eingetragen werden, wenn sie nach ihrem Gesellschaftszweck darauf ausgerichtet sind, *neben* der sie prägenden (freiberuflichen) geschäftsmäßigen Hilfeleistung in Steuersachen *auch*, d.h. untergeordnete Treuhandtätigkeiten ausüben.[1241] Im anwaltlichen Berufsrecht fehlt es an einer dem § 49 Abs. 2 StBerG vergleichbaren Spezialregelung. Eine Rechtsanwaltsgesellschaft kann daher nicht in der Rechtsform der GmbH & Co. KG betrieben werden.[1242] De lege ferenda gehen zur Zeit Überlegungen dahin, auch anderen Freiberuflern die Berufsausübung in der Rechtsform der GmbH & Co. KG zu ermöglichen, damit alle Berufsgruppen die steuerlichen Vorteile der beschränkt haftenden Personengesellschaft nutzen können.[1243]

1240 Vgl. den Überblick bei Baumbach/Hopt/*Roth*, Anh. § 177a Rn. 6 ff.; MünchHdb. GesR II/*Gummert*, GmbH & Co. KG, § 49 Rn. 12 ff.
1241 BGH, Beschl. v. 15.07.2014 – II ZB 2/13, RNotZ 2015, 34.
1242 BGH, Urt. v. 18.07.2011 – AnwZ 18/10, ZIP 2011, 1664.
1243 § 107 Abs. 1 HGB-E des Mauracher Entwurfs für ein Gesetz zur Modernisierung des Personengesellschaftsrechts (MoPeG) eröffnet die fakultativ-konstitutive Eintragung in das Handelsregister auch solchen Gesellschaften, deren Zweck die gemeinsame Ausübung Freier Berufe durch ihre Gesellschafter ist; abrufbar unter www.bmjv.de.

b) Errichtung der GmbH & Co. KG

Eine GmbH & Co. KG kann auf verschiedenen Wegen entstehen: durch Neugründung von GmbH und KG, durch den Eintritt einer bestehenden GmbH in eine bestehende KG oder oHG oder durch Umwandlung eines bestehenden Rechtsträgers. Die Neugründung einer GmbH & Co. KG setzt die Errichtung einer GmbH gem. § 2 GmbHG und den anschließenden Abschluss des KG-Vertrages zwischen der GmbH und dem oder den Kommanditisten voraus. Hierbei sind u. a. folgende Einzelheiten zu beachten: **759**

Die Gründung der GmbH muss zeitlich vor dem Abschluss des KG-Vertrages erfolgen. Die vorherige Eintragung der GmbH in das Handelsregister ist nicht erforderlich. Die Vor-GmbH kann Komplementärin einer KG sein.[1244] Sie wird in diesem Fall als »GmbH i.G.« in das Handelsregister der KG eingetragen, nach ihrer Eintragung wird der Zusatz »i.G.« im Handelsregister der KG gelöscht. **760**

Unabhängig davon ist es möglich, sämtliche zur Gründung der GmbH & Co. KG erforderlichen Urkunden – Gründung und Satzung der GmbH, Gesellschaftsvertrag der KG, Handelsregisteranmeldung der GmbH, Handelsregisteranmeldung der KG – in einem Termin zu beurkunden. Der Notar kann angewiesen werden, die Anmeldung der KG zeitgleich mit der Anmeldung der GmbH beim Handelsregister oder erst nach erfolgter Eintragung der GmbH einzureichen. Werden beide Anmeldungen zeitgleich eingereicht, so wird das Handelsregister die KG nur dann vor der Eintragung der GmbH eintragen, wenn sich dieses Verlangen eindeutig aus der Anmeldung ergibt. **761**

Je nach Ablauf der Gründung und Eintragung ergeben sich allerdings unterschiedliche Haftungsfolgen für die Gesellschafter.[1245] **762**

Wenn die Geschäftsführer der GmbH auch Kommanditisten werden sollen, müssen sie als Geschäftsführer von den Beschränkungen des § 181 BGB befreit werden. Soll die KG mit der GmbH i.G. in das Handelsregister eingetragen werden, so müssen die Geschäftsführer zur Vornahme der dafür notwendigen Handlungen, insbesondere zum Abschluss des KG-Vertrages, ausdrücklich ermächtigt werden. **763**

c) Form

Bei der Gründung der GmbH & Co. KG stellt sich die Frage der Beurkundungsbedürftigkeit des KG-Vertrages. Die Errichtung der GmbH bedarf der notariellen Beurkundung (§ 2 GmbHG). Der Abschluss des KG-Vertrages unterliegt hingegen für sich genommen keinem Formerfordernis. Seine Beurkundungsbedürftigkeit kann sich allerdings aus zwei Gesichtspunkten ergeben. Zum einen ist daran zu denken, dass die Gesellschaftsgründung in vielen Fällen als einheitliches Rechtsgeschäft anzusehen ist, insbesondere wenn es sich bei den Gesellschaftern der GmbH und der KG um dieselben Personen handelt. Wenn die KG-Gründung nach dem Willen der Beteiligten mit der GmbH-Errichtung »steht und fällt« und die Gründung der einen Gesellschaft nicht ohne die Gründung der anderen erfolgen soll, spricht dies für die Beurkundungsbedürftigkeit des gesamten Vorgangs.[1246] **764**

Zum anderen enthalten die Gesellschaftsverträge zur Gründung einer GmbH & Co. KG oftmals die Verpflichtung zur Wahrung der Beteiligungsidentität bei der KG und der Komplementär-GmbH. Dazu wird vereinbart, dass ein Gesellschafter, der seinen Kommanditanteil veräußert, gleichzeitig auch seinen GmbH-Geschäftsanteil veräußern muss und umgekehrt. Auch aus dieser Gestaltung ergibt sich die Beurkundungsbedürftigkeit des Gesellschaftsvertrags der KG gem. § 15 Abs. 4 **765**

1244 BGHZ 80, 129, 132.
1245 S.u. Rdn. 797 ff.
1246 So auch *Binz/Mayer*, NJW 2002, 3054, 3055; zu Heilungsmöglichkeiten (Vorsicht!) ebda. und MünchHdb. GesR II/*Gummert*, GmbH & Co. KG, § 50 Rn. 19.

GmbHG, so dass die gesamte GmbH & Co. KG-Gründung mit beiden Gesellschaftsverträgen notariell zu beurkunden ist.

766 Indirekt kann sich die Notwendigkeit zur Beurkundung eines KG-Vertrages ergeben, wenn die KG (oder GmbH & Co. KG) einen Kaufvertrag mit Auflassung über ein Grundstück schließen soll, bevor die KG in das Handelsregister eingetragen wird. Zunächst geht es dabei um die Frage, wie die KG beim Abschluss des Kaufvertrages vertreten werden kann. Die oHG oder KG »in Gründung« entsteht im Verhältnis zu Dritten mit der Aufnahme ihres Geschäftsbetriebs, wenn sie ein Gewerbe betreibt (§ 123 Abs. 2, § 161 Abs. 2 HGB). Eine solche gewerbliche Gesellschaft kann durch ihre persönlich haftenden Gesellschafter vertreten werden. Hingegen entsteht die rein vermögensverwaltende Gesellschaft erst durch ihre Eintragung in das Handelsregister (vgl. § 105 Abs. 2 HGB). Bis zu ihrer Eintragung ist die vermögensverwaltende oHG oder KG eine Gesellschaft bürgerlichen Rechts, die sich aus den jeweiligen Gesellschaftern zusammensetzt und grundsätzlich von diesen gemeinschaftlich vertreten wird. Nach der Rechtsprechung und der Literatur kann aber auch die werdende vermögensverwaltende Personenhandelsgesellschaft, die eigentlich noch GbR ist, nach dem Willen der Gesellschafter von den Organen vertreten werden, die im Gesellschaftsvertrag dazu bestimmt sind.[1247] Wenn eine neu gegründete KG vor ihrer Eintragung einen Grundstückskaufvertrag schließen soll, sollte daher im Gesellschaftsvertrag ausdrücklich geregelt werden, dass die Gesellschafter mit der Vertretung durch den Komplementär und – im Hinblick auf die damit verbundenen Haftungsrisiken – mit der Aufnahme der Geschäfte auch schon vor Eintragung der Gesellschaft in das Handelsregister einverstanden sind.[1248] Die Beurkundungsbedürftigkeit des KG-Vertrages mit den Vertretungsregelungen ergibt sich aus § 29 Abs. 1 GBO. Nach dieser Vorschrift soll das Grundbuchamt nur dann eintragen, wenn die Eintragungsbewilligung (hier der Umschreibung des Eigentums) und die sonstigen zur Eintragung erforderlichen Erklärungen (hier die Auflassung) durch öffentliche oder öffentlich beglaubigte Urkunden nachgewiesen sind. Die Vertretungsbefugnis des Komplementärs zur Erklärung der Auflassung und der Eintragungsbewilligung kann vor Eintragung der KG nicht durch Bezugnahme auf das Register (§ 32 Abs. 2 GBO) oder durch notarielle Vertretungsbescheinigung nach § 21 Abs. 1 BNotO nachgewiesen werden. Diese Nachweise lassen sich auch nicht nach erfolgter Eintragung der Gesellschaft nachholen; sie müssen im Zeitpunkt der Erklärung der Auflassung vorliegen. Die Praxis hilft in diesen Fällen weiter, in dem sie den notariell beglaubigten oder beurkundeten Gesellschaftsvertrag als Beweis für das Bestehen der in ihm enthaltenen Regelungen, insbesondere der Vertretungsregelungen, anerkennt.[1249] Im Hinblick auf die Möglichkeit einer zwischenzeitlichen Änderung des Vertrages hält die Beweiswirkung allerdings nur für einen gewissen Zeitraum (etwa sechs Wochen) an. Demnach sollte es möglich sein, einen Grundstückskaufvertrag mit Auflassung mit Hilfe eines beurkundeten KG-Gesellschaftsvertrages als Vertretungsnachweis zu vollziehen, wenn nur wenige Tage zwischen der Beurkundung des Gesellschaftsvertrages und der des Kaufvertrages liegen.[1250]

d) Kapitalaufbringung

767 Die zur Gründung der Komplementär-GmbH geleistete Bareinlage wird in der Praxis nicht selten als »totes Kapital« betrachtet. Da liegt es nahe, die Einlage nach Eintragung der GmbH in das Handelsregister als Darlehen an die operativ tätige KG weiterzuleiten. Der BGH hat dieser durchaus verbreiteten Praxis kurz vor Inkrafttreten des MoMiG eine deutliche Absage erteilt. Dem BGH zufolge ist die Einlageforderung der Komplementär-GmbH nicht erfüllt, wenn die an die GmbH gezahlte Einlage umgehend an die von dem Einzahlenden beherrschte Kommanditgesellschaft gezahlt wird. Ein Sonderrecht für die Kapitalaufbringung bei der Komplementär-GmbH gebe es auch unter

---

1247 Baumbach/Hopt/*Roth*, § 123 Rn. 20 m.w.N.
1248 DNotI-Gutachten, DNotI-Rep. 2017, 169.
1249 Die wohl h.M. lässt die öffentliche Beglaubigung des Gesellschaftsvertrags genügen. Zum Meinungsstand vgl. DNotI-Gutachten, DNotI-Rep. 2017, 169, 172.
1250 Zum Ganzen DNotI-Gutachten, DNotI-Rep. 2017, 169 m.w.N.

C. Personenhandelsgesellschaften

dem Aspekt einer »wirtschaftlichen Einheit« von Komplementär-GmbH und KG bei der GmbH & Co. KG nicht.[1251]

Fraglich ist, ob die Weiterleitung der Einlagemittel an die KG denkbar ist, nachdem das MoMiG in § 19 Abs. 5 GmbHG die Kapitalaufbringung im Wege des »Hin- und Herzahlens« für zulässig erklärt hat.[1252] Danach kann die Einlage auch dann Erfüllungswirkung haben, wenn vor Erbringung der Einlage eine Leistung an den Gesellschafter vereinbart worden ist, die wirtschaftlich einer Rückzahlung der Einlage entspricht und die nicht schon als verdeckte Sacheinlage i.S. von § 19 Abs. 4 GmbHG zu beurteilen ist. Tatbestandlich setzt die Erfüllungswirkung voraus, dass die Leistung durch einen vollwertigen Rückgewähranspruch gedeckt ist, der jederzeit fällig ist oder durch fristlose Kündigung durch die Gesellschaft fällig werden kann. Zudem muss die Leistung oder die Vereinbarung der Leistung in der Handelsregisteranmeldung offen gelegt werden (§ 19 Abs. 5 Satz 2 GmbHG).[1253] Angesichts der hohen Anforderungen an die Erfüllung des Tatbestands des § 19 Abs. 5 GmbHG, die von der Rechtsprechung nach Inkrafttreten des MoMiG tendenziell verschärft werden, dürfte die Weiterleitung des GmbH-Stammkapitals als Darlehen an die KG jedenfalls aus notarieller Sicht keine empfehlenswerte sichere Gestaltung zur Gründung einer GmbH & Co. KG sein.[1254]

2. Besonderheiten der Gesellschaftsverträge bei der GmbH & Co. KG

a) GmbH-Vertrag

aa) Nach der Liberalisierung des Firmenrechts unterliegt die Bildung der Firma der Komplementär-GmbH nur noch den allgemeinen Anforderungen (§ 4 GmbHG). Ein Hinweis auf ihre Funktion ist nicht erforderlich, aber noch durchaus üblich (»... Verwaltungs GmbH«, »... Beteiligungs GmbH«). Die Firmen der GmbH und der KG müssen nicht übereinstimmen oder auf einander Bezug nehmen, zulässig sind auch völlig verschiedene Fantasiefirmen.

bb) Bei der reinen Komplementär-GmbH wird der Unternehmensgegenstand heute üblicherweise mit »Beteiligung als persönlich haftender Gesellschafterin an der ... GmbH & Co. KG« bzw. mit »Übernahme der Haftung und der Geschäftsführung von Kommanditgesellschaften, insbesondere der ... GmbH & Co. KG« o. ä. beschrieben. Nicht erforderlich ist die Bezugnahme auf den Tätigkeitsbereich der KG.[1255]

b) KG-Vertrag

aa) Firma

Für die Bildung der Firma der KG gelten die allgemeinen Anforderungen (§§ 18, 19, 30 HGB). Es sind also Personen-, Sach- und Fantasiefirmen mit Unterscheidungskraft und ohne Irreführungspotential zulässig. Zu beachten ist die Sonderregel des § 19 Abs. 2 HGB (früher § 19 Abs. 5 HGB). Danach muss die Firma einer offenen Handelsgesellschaft oder Kommanditgesellschaft, in der keine natürliche Person persönlich haftet, die Haftungsbeschränkung erkennen lassen. Die Bezeichnung als GmbH & Co. KG ist dafür geeignet.

1251 BGH, Urt. v. 10.12.2007 – II ZR 180/06, DNotZ 2008, 545 = MittBayNot 2008, 139 = DNotI-Report 2008, 22 = ZNotP 2008, 84.
1252 Dafür offenbar *Weiler*, notar 2009, 154, 158.
1253 BGH, Urt. v. 16.02.2009 – II ZR 120/07, ZIP 2009, 713 – Qivive; BGH, Urt. v. 20.07.2009 – II ZR 273/09, ZIP 2009, 1561 = DNotI-Report 2009, 134 – Cash Pool II; vgl. auch *Wicke*, GmbHG, § 35 Rn. 35; *Apfelbaum*, notar 2008, 160, 167.
1254 A.M. mit Textmuster Kersten/Bühling/*M. Wachter*, § 139, Rn. 28, 29M.
1255 So die heute h.M. und Praxis, anders noch BayObLG GmbHR 1995, 722.

bb) Komplementärin

772 Regelmäßig wird die Funktion der Komplementär-GmbH auf die Übernahme der persönlichen Haftung und die Geschäftsführung der KG beschränkt. Die GmbH wird daher meist nicht am Kapital und am Ergebnis der KG beteiligt. Sie erbringt auch keine Einlage und ist vom Stimmrecht ausgeschlossen. Allerdings muss der GmbH eine Vergütung für die Komplementärstätigkeit (Übernahme der Haftung und Geschäftsführung) und der Ersatz ihrer Aufwendungen (z.B. des Geschäftsführergehalts) gewährt werden, um eine verdeckte Gewinnausschüttung zu vermeiden. Dazu wird häufig eine pauschale Vergütung vereinbart, z.B. eine jährliche Zahlung in Höhe eines bestimmten Prozentsatzes des Haftungskapitals der GmbH.

cc) Geschäftsführung und Vertretung

773 Die Geschäftsführung und Vertretung der KG obliegt der GmbH als persönlich haftender Gesellschafterin (§§ 164, 170 HGB). Die GmbH wird wiederum vertreten und geführt durch ihren Geschäftsführer (§ 35 GmbHG). Der Geschäftsführer ist Organ der GmbH, das der Organstellung zugrunde liegende Dienstverhältnis besteht mit der GmbH. Ein Weisungsrecht gegenüber dem Geschäftsführer hat daher zunächst nur die GmbH bzw. deren Gesellschafterversammlung (§ 37 GmbHG).

774 Davon abweichend kann eine dritte Person, auch ein Kommanditist, rechtsgeschäftlich mit der Vertretung der KG beauftragt werden. Der KG oder den Kommanditisten kann auch vertraglich ein Weisungsrecht gegenüber dem GmbH-Geschäftsführer eingeräumt werden. In der typischen GmbH & Co. KG besteht oftmals Personengleichheit zwischen den GmbH-Gesellschaftern und den Kommanditisten und ggf. auch zwischen den Gesellschaftern und dem Geschäftsführer. Ein Kommanditist ist zwar zwingend von der organschaftlichen Vertretung der KG ausgeschlossen (§ 170 HGB). Er kann aber zum Geschäftsführer der GmbH bestellt werden mit der Folge einer mittelbaren organschaftlichen Vertretung der KG durch einen Kommanditisten (»Gesellschafter-Geschäftsführer«).

775 Das gesetzliche Verbot des Selbstkontrahierens und der Mehrfachvertretung (§ 181 BGB) greift bei der GmbH & Co. KG sowohl auf der Ebene der KG als auch auf der Ebene der GmbH. Zum einen darf der GmbH-Geschäftsführer nicht gleichzeitig für die GmbH und die GmbH & Co. KG tätig werden. Zum anderen darf er keine Rechtsgeschäfte zwischen sich selbst und einer der Gesellschaften abschließen. Außerdem ist die GmbH als Komplementärin gehindert, Rechtsgeschäfte zwischen sich selbst und der KG zu schließen. Auf beiden Ebenen kann Befreiung von den Beschränkungen des § 181 BGB erteilt werden, die in das Handelsregister einzutragen ist. In das Handelsregister der KG kann sowohl die Befreiung der Komplementär-GmbH[1256] wie auch die Befreiung ihrer Geschäftsführer (im Verhältnis zur KG) eingetragen werden. Allerdings muss die Regelung bezüglich der Geschäftsführer ohne Hinzuziehung anderer Registerblätter aus sich heraus verständlich sein. Die Befreiung der »jeweiligen (bzw. aller) Geschäftsführer« der Komplementär-GmbH von den Beschränkungen des § 181 BGB gegenüber der KG ist daher eintragungsfähig; die Befreiung eines namentlich benannten Geschäftsführers hingegen nicht.[1257]

dd) Wettbewerbsverbot

776 Für die GmbH als persönlich haftende Gesellschafterin und für die Kommanditisten gilt das gesetzliche Wettbewerbsverbot (§§ 112, 113, 161 Abs. 2 HGB). Hingegen besteht kein unmittelbares Wettbewerbsverbot der GmbH-Gesellschafter gegenüber der KG. Für den Geschäftsführer der GmbH wiederum wird auch ein Wettbewerbsverbot im Verhältnis zur KG angenommen, jedenfalls dann, wenn die wesentliche Aufgabe der GmbH die Geschäftsführung der KG ist.[1258] Regelmäßig

---

1256 Anschaulich der Fall des KG, Beschl. v. 04.12.2012 – 1 W 150/12, ZIP 2013, 162, zu der gleichzeitigen Vertretung von zwei GmbH & Co. KG durch die gleiche GmbH als Komplementärin.
1257 Vgl. BayObLG, Beschl. v. 07.04.2000 – 3Z BR 77/00, MittBayNot 2000, 330; *Krafka*, Registerrecht, Rn. 811; Fleischhauer/Wochner/*Kallrath*, Handelsregisterrecht, Teil F. I. Rn. 2 Erl. 5.
1258 Vgl. Baumbach/Hopt/*Roth*, Anh. § 177a Rn. 27 f.

C. Personenhandelsgesellschaften

empfehlen sich ausdrückliche gesellschaftsvertragliche Regelungen zum Wettbewerbsverbot und zur Befreiung vom Wettbewerbsverbot für alle Beteiligten.

c) Verzahnung der Gesellschaftsverträge von GmbH und KG

Üblich ist die Verzahnung der Gesellschaftsverträge, um einen Gleichlauf der Beteiligungen an den beiden Gesellschaften zu erreichen. Insbesondere bei der typischen GmbH & Co. KG besteht ein Interesse, dass die Beteiligten im gleichen Verhältnis an der GmbH und als Kommanditisten an der KG beteiligt sind und das auch bleiben. Um dieses Ziel zu erreichen kann die Veräußerung der Beteiligungen ganz ausgeschlossen oder von der Zustimmung der Mitgesellschafter abhängig gemacht werden. Vielfach finden sich Regelungen, die die Zustimmung zur Veräußerung z.B. davon abhängig machen, dass der veräußerungswillige Gesellschafter beide Beteiligungen an die gleiche Person abtritt. Um zu verhindern, dass der Beteiligungsgleichlauf auf andere Weise gestört wird, können flankierend die Pflicht zur Übertragung von Gesellschaftsanteilen und die Möglichkeit zur Einziehung von Geschäftsanteilen vereinbart werden, beispielsweise für den Fall, dass beim Tod eines Gesellschafters seine Beteiligungen auf unterschiedliche Nachfolger übergehen. Entsprechende parallele Regelungen sind für den Fall des anderweitigen Ausscheidens eines Gesellschafters, z.B. durch Kündigung, oder die Ausschließung eines Gesellschafters möglich.

777

3. Haftung

Hinsichtlich der Haftung der Gesellschafter für Verbindlichkeiten der GmbH & Co. KG im Gründungsstadium ist wie folgt zu unterscheiden.

778

a) GmbH

Die Gesellschafter der Komplementär-GmbH haften für die vor Eintragung der GmbH begründeten Verbindlichkeiten nach den allgemeinen für die GmbH entwickelten Grundsätzen. Danach haften die Gründer der Gesellschaft persönlich und nicht begrenzt auf die Höhe ihrer Einlagen für die vom Vermögen der Gesellschaft nicht gedeckten Vorbelastungen, wenn sie die handelnden Geschäftsführer ermächtigt haben (Verlustdeckungshaftung). Nach der Eintragung der GmbH haften die Gesellschafter anteilig für die Differenz zwischen dem Stammkapital und dem Wert des Gesellschaftsvermögens im Zeitpunkt der Eintragung, und zwar in Höhe des vollen Verlustausgleichs (Unterbilanzhaftung). Daneben tritt die persönliche Haftung der vor der Eintragung im Namen der GmbH Handelnden gegenüber den Gläubigern gem. § 11 Abs. 1 GmbHG (Handelndenhaftung). Die Verlustdeckungshaftung und die Handelndenhaftung entfallen mit der Eintragung der Gesellschaft in das Handelsregister.

779

Im Ergebnis haften die Gesellschafter der GmbH für die von der Vor-GmbH als persönlich haftender und geschäftsführender Gesellschafterin der KG veranlassten Verbindlichkeiten der KG. Es besteht also ein erhöhtes Haftungsrisiko der GmbH-Gesellschafter, wenn die GmbH & Co. KG ihre Geschäfte vor Eintragung der Komplementär-GmbH in das Handelsregister aufnimmt.

780

b) KG

aa) Die Gesellschaft selbst und die Komplementär-GmbH haften für die im Geschäftsbetrieb der Gesellschaft begründeten Verbindlichkeiten (§§ 124 Abs. 1, 128, 161 Abs. 2 HGB).

781

bb) Die Kommanditisten einer KG haften vor Eintragung der Gesellschaft in das Handelsregister grundsätzlich unbeschränkt wie ein persönlich haftender Gesellschafter für die bis zur Eintragung der Gesellschaft begründeten Verbindlichkeiten, wenn sie dem vorzeitigen Geschäftsbeginn zugestimmt haben (Voreintragungshaftung, § 176 Abs. 1 HGB). Allerdings entfällt die unbeschränkte Haftung gegenüber Gläubigern, denen die Beteiligung als Kommanditist bekannt war. Die wohl herrschende Literaturmeinung, der sich nunmehr das OLG Frankfurt angeschlossen hat, lässt hierfür schon die Firmierung als GmbH & Co. KG genügen. Bei der GmbH & Co. KG könne die typische Verkehrserwartung, dass nur die GmbH unbeschränkt hafte, während die beteiligten natür-

782

lichen Personen Kommanditisten seien, mit der positiven Kenntnis i.S. von § 176 Abs. 1 Satz 1 HGB gleichgestellt werden.[1259] Der Gläubiger könne schlechterdings nicht davon ausgehen, dass in der GmbH & Co. KG neben der GmbH noch eine natürliche Person unbeschränkt mit ihrem Vermögen hafte. Nach dieser Auffassung haftet der Kommanditist einer GmbH & Co. KG also nicht nach § 176 Abs. 1 HGB für die vor der Eintragung getätigten Geschäfte, wenn die Gesellschaft unter ihrer korrekten Firma aufgetreten ist und somit auf die Haftungsbeschränkung der Kommanditisten aufmerksam gemacht hat. Eine neuere höchstrichterliche Entscheidung zu dieser bedeutsamen Frage liegt allerdings noch nicht vor. Sicher lässt sich die Vorhaftung daher bis auf weiteres nur dadurch vermeiden, dass keine Geschäfte vor Eintragung der KG getätigt werden oder dadurch, dass der Geschäftspartner ausdrücklich auf die Kommanditisteneigenschaft hingewiesen wird.

783 Die Haftung für einmal begründete Verbindlichkeiten erlischt nicht mit der Eintragung der Gesellschaft. Die Voreintragungshaftung gilt nur für die Kommanditisten von Gesellschaften, die ein Handelsgewerbe betreiben und die somit bereits mit Aufnahme ihrer Geschäfte und nicht erst durch ihre Eintragung im Handelsregister entstehen (vgl. § 123 Abs. 1 und 2, § 176 Abs. 1 Satz 2 HGB).

784 Im Übrigen bestimmt sich die Haftung der Kommanditisten nach den §§ 171, 172 HGB.[1260]

4. Übertragung von Beteiligungen

a) Gesetzliche Vinkulierung und Beteiligungsgleichlauf

785 Grundsätzlich gelten für die rechtsgeschäftliche Übertragung von Geschäftsanteilen an der Komplementär-GmbH und von Gesellschaftsanteilen an der KG die jeweiligen gesetzlichen und gesellschaftsvertraglichen Bestimmungen. Die GmbH-Geschäftsanteile sind danach unter Beachtung der notariellen Form frei veräußerlich, wenn der Gesellschaftsvertrag nicht eine Vinkulierung oder andere Beschränkung vorsieht (§ 15 GmbHG). Die KG-Anteile sind hingegen nur veräußerlich, wenn der Gesellschaftsvertrag dies vorsieht oder die Gesellschafter im Einzelfall zustimmen (»gesetzliche Vinkulierung«).

786 Häufig werden die Gesellschaftsverträge der GmbH und der KG bei der GmbH & Co. KG jedoch derart miteinander verzahnt, dass die Veräußerung der Beteiligungen nur einheitlich, z.B. im gleichen Umfang und an den gleichen Erwerber erlaubt ist. Dadurch soll der Beteiligungsgleichlauf gewahrt werden. Um dieses Ziel zu erreichen, muss die Vinkulierung der GmbH-Geschäftsanteile und der Kommanditbeteiligungen sorgfältig aufeinander abgestimmt werden.

b) Form

787 Gesetzlich ist nur für die Übertragung der GmbH-Geschäftsanteile die notarielle Form vorgeschrieben (§ 15 Abs. 4 GmbHG). Aufgrund der Vinkulierung zur Wahrung des Beteiligungsgleichlaufs kann sich aber auch für die Veräußerung der Kommanditanteile die Beurkundungsbedürftigkeit nach § 15 Abs. 4 GmbHG ergeben. Die Beurkundungsbedürftigkeit für das gesamte Geschäft ist insbesondere gegeben, wenn die Geschäftsanteile der Komplementär-GmbH nicht ohne die Kommanditanteile veräußert werden sollen. Würde in einem solchen Fall nur die Übertragung der Geschäftsanteile der Komplementär-GmbH beurkundet und die Abtretung der Kommanditanteile in einfacher Schriftform erfolgen, dann hätte dies die Gesamtnichtigkeit des Rechtsgeschäfts zur Folge.[1261]

[1259] OLG Frankfurt am Main, Beschl. v. 09.05.2007 – 13 U 195/06, RNotZ 2008, 170, m.N. zur Lit.; zust. *Specks*, RNotZ 2008, 143; anders noch BGH NJW 1980, 54; offen BGH NJW 1983, 2258, 2260 für die Zeit nach dem Inkrafttreten des § 19 Abs. 5 HGB a.F. (nunmehr § 19 Abs. 2 HGB).
[1260] S.o. Rdn. 621 ff.
[1261] BGH, Urt. v. 14.04.1986 – II ZR 155/85, DNotZ 1986, 687; BGH, Beschl. v. 20.10.2009 – VIII ZB 13/08, DNotZ 2010, 230, 233.

5. Einheitsgesellschaft

a) Gründung

Eine besondere Form der GmbH & Co. KG ist die sog. Einheitsgesellschaft. Diese ist dadurch gekennzeichnet, dass die KG einzige Gesellschafterin ihrer Komplementär-GmbH ist. Die Kommanditisten sind somit mittelbar stets im gleichen Verhältnis an der GmbH wie an der KG beteiligt. Die Zulässigkeit der Einheitsgesellschaft ist seit längerem anerkannt und wird vom Gesetz seit 1980 vorausgesetzt (vgl. 172 Abs. 6 HGB). Die Einheitsgesellschaft bietet den besonderen Vorteil einer automatischen Verzahnung der Beteiligungen an der KG und der GmbH sowie der damit verbundenen Rechte und Pflichten ohne den sonst bei der beteiligungsidentischen GmbH & Co. KG erforderlichen gestalterischen Aufwand und ohne die damit verbundene Fehleranfälligkeit.[1262]

788

Die wechselseitige Beteiligung wird dadurch erreicht, dass die Kommanditisten ihre Geschäftsanteile an der GmbH als Einlage in die KG einbringen, allerdings ohne haftungsbefreiende Wirkung gegenüber den Gesellschaftsgläubigern (§ 172 Abs. 6 HGB). Dabei müssen die Kapitalaufbringungs- und Haftungsregeln für beide Gesellschaftsformen beachtet werden. Sowohl das Stammkapital der GmbH wie die Kommanditeinlagen müssen den Gesellschaftsgläubigern als Haftungsfonds zur Verfügung stehen. Dazu sind die Bareinlagen auf das Stammkapital der GmbH in voller Höhe zu erbringen; sie dürfen nicht im Zuge des Erwerbs der GmbH durch die KG zurückgezahlt werden. Ferner darf mit der (entgeltlichen) Einbringung der GmbH-Geschäftsanteile keine Rückgewähr von Kommanditeinlagen an die Kommanditisten verbunden sein (§ 172 Abs. 4 HGB). Vermeiden lässt sich die Haftung bzw. das Wiederaufleben der Haftung der Gesellschafter, indem die Kommanditisten die voll eingezahlten GmbH-Geschäftsanteile zusätzlich zu der von ihnen zu erbringenden Kommanditeinlage in die KG einlegen oder der KG zusätzliche Mittel zum Kauf der Geschäftsanteile zur Verfügung stellen.[1263]

789

b) Willensbildung

Die besondere Konstruktion der Einheits-GmbH & Co. KG wirft allerdings die Problematik der Willensbildung in der Gesellschafterversammlung der Komplementär-GmbH auf. Diese Frage wird z.B. praktisch, wenn es um die Bestellung und Abberufung von Geschäftsführern der GmbH geht. Die KG ist alleinige Gesellschafterin der GmbH, in der Gesellschafterversammlung der GmbH wird sie gesetzlich vertreten durch die GmbH selbst bzw. deren Geschäftsführer. Bei der Einheitsgesellschaft kommt es also dazu, dass die GmbH in ihrer eigenen Gesellschafterversammlung stimmberechtigt ist und gewissermaßen über ihr eigenes Schicksal entscheidet.

790

Nach einem Teil der Literatur steht der Willensbildung und -umsetzung durch die von den Maßnahmen selbst betroffene GmbH bzw. deren Geschäftsführer der Rechtsgedanke des § 47 Abs. 4 GmbHG entgegen. Die GmbH könne nicht in »eigener Sache« entscheiden.[1264] Gemäß dem Rechtsgedanken des § 47 Abs. 4 GmbHG seien nicht der GmbH-Geschäftsführer, sondern die Kommanditisten zur Wahrnehmung der Gesellschafterrechte in der GmbH-Gesellschafterversammlung befugt, und zwar auch ohne ausdrückliche Regelung im Gesellschaftsvertrag (sog. Einheitslösung).[1265] Der BGH hat allerdings in einem ähnlich gelagerten Fall entschieden, dass die Mitgeschäftsführer einer Komplementär-GmbH, die zur Vertretung ihrer Alleingesellschafterin berechtigt ist, durchaus über die Abberufung eines Geschäftsführers entscheiden dürfen (sog. Trennungslösung). Der BGH verweist für dieses Ergebnis auf die Kompetenzregelung des § 46 Nr. 5 GmbHG, ohne die Frage des

791

1262 Weiterhin skeptisch *K. Schmidt*, Gesellschaftsrecht, § 56 II 3 e: »hypertrophe Rechtskonstruktion«, bei deren Gestaltung »die Phantasie der Kautelarjuristen mit den Gesellschaftsformen durchgegangen« sei.
1263 Vgl. MünchHdb. GesR II/*Gummert*, § 51 GmbH & Co. KG, Rn. 5 ff. m.w.N.
1264 Insbesondere *K. Schmidt*, Gesellschaftsrecht, § 56 II 3 e.
1265 *K. Schmidt*, ZIP 2007, 2193, 2196.

Entscheidens in eigener Sache zu erörtern.[1266] Nunmehr hat das KG ausdrücklich für die Einheitsgesellschaft entschieden, dass mangels abweichender gesellschaftsvertraglicher Regelungen die KG in der Gesellschafterversammlung ihrer Komplementärin durch deren Geschäftsführer vertreten wird und dass es einer Beteiligung der Kommanditisten nicht bedürfe.[1267]

792 Bei alledem darf nicht übersehen werden, dass in der Einheitsgesellschaft regelmäßig die Kommanditisten die wirtschaftlich und unternehmerisch maßgeblichen Gesellschafter sind (und nicht die Komplementär-GmbH oder deren Geschäftsführer). Es ist regelmäßig interessengerecht, wenn die Kommanditisten in die Lage versetzt werden, die GmbH zu beherrschen. Dazu kann das Stimmrecht in der GmbH-Gesellschafterversammlung gesellschaftsvertraglich den Kommanditisten zugewiesen werden. Es ist mittlerweile weithin anerkannt, dass eine entsprechende Bevollmächtigung der Kommanditisten in ihrer Gesamtheit zur Ausübung der Gesellschafterrechte der KG in der Gesellschafterversammlung der Komplementär-GmbH nicht gegen § 170 HGB verstößt. Um den Widerruf einer solchen Vollmacht durch den Geschäftsführer der GmbH zu verhindern, kann den Kommanditisten im Gesellschaftsvertrag der GmbH ein entsprechendes unentziehbares Sonderrecht eingeräumt werden.[1268]

793 Unverkennbar droht den Kommanditisten in der Einheitsgesellschaft ohne eine solche gesellschaftsvertragliche Regelung die Beherrschung durch die Geschäftsführer der Komplementär-GmbH. Es besteht also dringender Gestaltungsbedarf, vor allem, wenn ein gesellschaftsfremder Dritter als Geschäftsführer installiert werden soll.

6. UG (haftungsbeschränkt) & Co. KG

794 Die durch das MoMiG neu eingeführte Unternehmergesellschaft (haftungsbeschränkt) kann als Komplementärin einer KG eingesetzt werden.[1269] Die Firma der KG muss den Rechtsformzusatz »Unternehmergesellschaft (haftungsbeschränkt) & Co. KG« oder abgekürzt »UG (haftungsbeschränkt) & Co. KG« enthalten (§ 5a GmbHG). Weitergehende Abkürzungen sind nicht zulässig.

795 Die UG (haftungsbeschränkt) kann mit einem Stammkapital gegründet werden, das niedriger als 25.000 € ist. Jeder Gesellschafter muss einen Geschäftsanteil von mindestens 1 vollen € übernehmen. Im Unterschied zu der Limited unterliegt die UG (haftungsbeschränkt) allein dem deutschen Recht. Es steht daher zu erwarten, dass sie der bisher bei kapitalschwachen Unternehmern beliebten Rechtsform der Limited englischen Rechts den Rang ablaufen wird.[1270]

796 Bei der UG (haftungsbeschränkt) handelt es sich nicht um eine neue Rechtsform, sondern um eine Variante der GmbH, für welche die Sonderregeln des § 5a GmbHG gelten. Unter anderem ist für die UG (haftungsbeschränkt) die Bildung einer gesetzlichen Rücklage zur Ansammlung des Mindeststammkapitals von 25.000 € vorgeschrieben (§ 5a Abs. 3, 5 GmbHG). Nach Inkrafttreten des MoMiG wurde daher die Eignung der UG (haftungsbeschränkt) als Komplementärin bezweifelt, weil eine Komplementärgesellschaft typischerweise nicht am Gewinn der KG beteiligt wird und somit die gesetzliche Pflicht zur Bildung einer gesetzlichen Rücklage nicht erfüllen kann.[1271] Vereinzelt ist vorgeschlagen worden, in dem KG-Gesellschaftsvertrag eine angemessene Haftungsvergütung zu vereinbaren, die der UG (haftungsbeschränkt) die Bildung der Rücklage ermöglicht.[1272] Demgegenüber gehen die mittlerweile ganz herrschende Meinung und die Registerpraxis von der

---

1266 BGH, Urt. v. 16.07.2007 – II ZR 109/06, DNotZ 2008, 145 = MittBayNot 2008, 306, mit Aufsatz *Giehl* 268 = GmbHR 2007, 1034 m. Anm. *Werner* 1035.
1267 KG, Beschl. v. 21.12.2018 – 22 W 84/18, DNotZ 2019, 387 m. Anm. *Priester* 388 = RNotZ 2019, 240 = MittBayNot 2019, 384.
1268 Im Einzelnen *K. Schmidt*, ZIP 2007, 2193; *Giehl*, MittBayNot 2008, 268; *v. Bonin*, RNotZ 2017, 1; mit Formulierungsbeispiel *Heckschen/Strnad*, notar 2019, 406, 420 f.
1269 Zutr. *Wälzholz*, MittBayNot 2008, 425, 427; *Apfelbaum*, notar 2008, 160, 163.
1270 Erste Gründungsstatistiken bei *Bayer/Hoffmann*, GmbHR 2009, 124; GmbHR 2010, 9.
1271 *Veil*, GmbHR 2007, 1084; *Wachter*, Sonderheft GmbHR 2008, 87, 91; *Katschinski/Rawert*, ZIP 2008, 1993, 1999.
1272 *Katschinski/Rawert*, ZIP 2008, 1993, 1999.

Komplementärsfähigkeit der UG (haftungsbeschränkt) aus. Das lässt sich überzeugend damit begründen, dass das GmbH-Gesetz kein Gebot zur Erwirtschaftung von Gewinnen enthält und der Gesetzgeber in Kauf genommen hat, dass die Pflicht zur Rücklagenbildung z.B. durch die Gestaltung der Geschäftsführervergütung ohne weiteres unterlaufen werden kann.[1273]

Sollte die UG (haftungsbeschränkt) als Komplementärin im Einzelfall doch am Gewinn der KG beteiligt sein und ihren Haftungsfonds dadurch auf mindestens 25.000 € aufstocken können, besteht die Möglichkeit der Umfirmierung in »GmbH«. Die KG kann sodann als »GmbH & Co. KG« bezeichnet werden. Die Umfirmierung der UG (haftungsbeschränkt) erfolgt durch einfache Satzungsänderung. Einer Umwandlung im Sinne eines Rechtsformwechsels bedarf es nicht, weil die UG (haftungsbeschränkt) keine eigene Rechtsform ist.[1274]

797

Angesichts der Möglichkeit, die UG (haftungsbeschränkt) mit einer Mindesteinlage von 1 € pro Gesellschafter zu gründen, dürfte die Frage, ob nach der Einführung der Kapitalaufbringung im Wege des »Hin- und Herzahlens« durch das MoMiG (§ 19 Abs. 5 GmbHG n.F.) die zur Gründung der UG erbrachte Bareinlage darlehensweise an die operative KG gezahlt werden kann, keine große praktische Bedeutung haben. Es kommt also in der Praxis nicht darauf an, ob die Anwendbarkeit des § 19 Abs. 5 GmbHG durch das Volleinzahlungsgebot des § 5a Abs. 2 Satz 1 GmbHG ausgeschlossen ist.[1275]

798

7. Limited & Co. KG

Zulässig ist ferner die Eintragung einer Kommanditgesellschaft, bei der eine ausländische Kapitalgesellschaft die Komplementärfunktion übernimmt.[1276] Von praktischer Bedeutung war eine Zeitlang die Bildung einer sog. Limited & Co. KG mit einer englischen Private Company Limited by Shares (Rechtsformzusatz: Limited) als persönlich haftender Gesellschafterin. Mit dieser Konstruktion ließen sich die Vorteile einer Personenhandelsgesellschaft deutschen Rechts mit der Haftungsbeschränkung der Limited mit einem extrem niedrigen Haftungskapital kombinieren. Nachdem der deutsche Gesetzgeber die UG (haftungsbeschränkt) eingeführt hat, ist zu erwarten, dass die Begeisterung für die Limited und die Limited & Co. KG schnell nachlässt.[1277]

799

Fraglich war, ob die Limited eine Zweigniederlassung zum Handelsregister in Deutschland anmelden muss, wenn ihre inländische Geschäftstätigkeit lediglich in der Übernahme der Komplementärstellung in einer Limited & Co. KG besteht. Diese Frage ist bei richtlinienkonformer Auslegung der §§ 13d, e HGB zu verneinen, weil eine in einem EU-Mitgliedstaat wirksam errichtete Gesellschaft in den anderen Mitgliedstaaten auch dann anzuerkennen ist, wenn sie sich nur in einem anderen Mitgliedstaat wirtschaftlich betätigt.[1278] Durch die Übernahme der Komplementärstellung und der Geschäftsführung einer deutschen Handelsgesellschaft wird noch keine Zweigniederlassung im Inland begründet, weil hierin nicht die Schaffung einer selbstständigen Organisationseinheit gesehen werden kann. Die Anmeldung der KG kann also ohne vorherige Anmeldung einer Zweigniederlassung der Limited erfolgen.[1279]

800

1273 *Heckschen*, MoMiG in der notariellen Praxis, Rn. 209; *Miras*, Die neue Unternehmergesellschaft, Rn. 399; Fleischhauer/Wochner/*Kallrath*, Handelsregisterrecht, Teil F. Rn. 3 Erl. 1; Hauschild/Kallrath/Wachter/*Herrler*, § 11 Rn. 229.
1274 So auch *Wälzholz*, MittBayNot 2008, 425, 426.
1275 So *Wicke*, § 5a Rn. 7; a.A. die wohl überwiegende Meinung, *Herrler*, DNotZ 2008, 903, 915; *Miras*, Die neue Unternehmergesellschaft, Rn. 360 ff.
1276 BayObLG, NJW 1986, 3029; OLG Frankfurt, Beschl. v. 24.04.2008 – 20 W 425/07, DNotZ 2008, 860; *Binz/Sorg*, GmbHR 2003, 249; *Kowalski/Bormann*, GmbHR 2005, 1045; *Thiermann*, ZIP 2011, 988.
1277 Zu den zahlreichen Problemen bei der Verwendung der Limited für ausschließlich in Deutschland tätige Unternehmen s. Kap. 10 Rdn. 22 ff.
1278 OLG Frankfurt am Main, Beschl. v. 24.04.2008 – 20 W 425/07, DNotZ 2008, 860.
1279 Zutr. *Kilian*, notar 2010, 13, 18; einschränkend bei Geschäftsführung *Wachter*, GmbHR 2006, 79, 80.

801 Das entlastet die Limited allerdings nicht von der Notwendigkeit, dem Handelsregister ihre Existenz und die Vertretungsbefugnis ihrer Direktoren in öffentlich beglaubigter Form nachzuweisen. Der Existenznachweis kann regelmäßig durch ein aktuelles Certificate of Incorporation des Registrars of Companies des zentralen Registers House of Companies in Cardiff geführt werden (mit Apostille nach dem Haager Übereinkommen von 1961). Probleme bereitet hingegen der Vertretungsnachweis, weil das Certificate of Incorporation keine Angabe zu den vertretungsberechtigten Organen enthält und sich die konkrete Vertretungsbefugnis der Direktoren nur aus dem Zusammenspiel von Gesetz, Satzung und Gesellschafterbeschlüssen ergibt. Auch das Certificate of Good Standing des Registrars of Companies bescheinigt nur, wer als Direktor der Gesellschaft eingetragen ist. Die Einzelvertretungsbefugnis eines alleinigen Geschäftsführers sowie die Gesamtvertretungsbefugnis mehrerer Geschäftsführer darf allerdings unterstellt werden. Geeignete Vertretungsbescheinigungen englischer Notare (public notaries)[1280] oder englischer Rechtsanwälte (expert opinions) werden selten beigebracht, weil sie mit relativ hohen Kosten verbunden sind. Hilfsweise sind die Vorlage des Gesellschaftsvertrages (»articles of association«) in Verbindung mit einem zeitnah gefassten Beschluss über die Geschäftsführerbestellung geeignet, den Vertretungsnachweis zu führen.[1281] Das Handelsregister ist nicht berechtigt, die Vorlage einer beglaubigten Übersetzung des »Table A«, der gesetzlichen Mustersatzung für die Limited, zu verlangen.[1282] Eine notarielle Vertretungsbescheinigung gem. § 21 BNotO ist nicht möglich, weil das beim Companies House geführte Register hinsichtlich der Vertretungsbefugnisse der Gesellschaftsorgane nicht dem deutschen Handelsregister vergleichbar ist.[1283]

8. Publikumsgesellschaft

a) Überblick

802 Als Publikumsgesellschaft oder Publikums-KG wird eine Personenhandelsgesellschaft bezeichnet, wenn sie eine unbestimmte Zahl von Gesellschaftern als reine Kapitalgeber aufgrund eines Gesellschaftsvertrages aufnimmt, der von einem Initiator vorformuliert und vorgegeben ist. Das Ziel der Publikumsgesellschaft ist die Ansammlung von Kapital zur Vornahme von zumeist steuerbegünstigten Geschäften oder zur Investition in bestimmte Wirtschaftsgüter oder Anlagemodelle. Die Publikumsgesellschaft verwendet die Rechtsform einer Personenhandelsgesellschaft, häufig einer GmbH & Co. KG; sie ist aber kapitalistisch strukturiert. Man spricht daher auch von einer Kapitalgesellschaft im Kleid einer Personengesellschaft.

803 Der Bildung einer Publikumsgesellschaft liegen regelmäßig steuerliche Motive zugrunde, nämlich die Möglichkeit zur Geltendmachung von negativen Kapitalanteilen und Verlustzuweisungen im Einkommensteuerrecht (Abschreibungen und Sonderabschreibungen). Die Rechtsprechung und der Gesetzgeber haben die Abschreibungsmöglichkeiten in den vergangenen Jahrzehnten immer weiter begrenzt.[1284] Der Gesetzgeber hat aber auch neue steuerliche Anreize gesetzt, um wirtschaftspolitisch gewünschte Investitionen attraktiv zu machen.[1285] Daneben sind geschlossene Fonds verbreitet, die nicht unbedingt steuerorientiert sind (z.B. Immobilienfonds, Schiffsfonds, Leasingfonds).

1280 Zum Inhalt einer solchen Bescheinigung: OLG Nürnberg, Beschl. v. 25.03.2014 – 15 W 381/14, DNotZ 2014, 626.
1281 OLG Dresden, Beschl. v. 21.05.2007 – 1 W 0052/07, DNotZ 2008, 146.
1282 OLG Zweibrücken, Beschl. v. 28.02.2008 – 3 W 36/08, DNotZ 2008, 795.
1283 OLG Nürnberg, Beschl. v. 26.01.2015 – 12 W 46/15, notar 2015, 168; ebenso OLG Düsseldorf, Beschl. v. 21.08.2014 – 3Wx 190/13, notar 2015, 166, zu § 32 GBO.
1284 Verneinung der Gewinnerzielungsabsicht bei reinen Abschreibungsgesellschaften durch den BFH 1984, BStBl. II 1984, 751; Einführung des § 15a EStG 1980, des § 2b EStG 1999 sowie des § 15b EStG 2005; ferner der sog. Fondserlass und der Medienerlass des BMF.
1285 Z.B. die Sonderabschreibung von Kosten für die Anschaffung und Sanierung von Immobilien in den neuen Bundesländern nach der Wiedervereinigung sowie die sog. Tonnagebesteuerung gem. § 5a EStG, ferner die Denkmalschutz-AfA.

C. Personenhandelsgesellschaften Kapitel 1

Die Publikums-KG bietet auch zahlreiche rechtliche Vorteile gegenüber anderen Kapitalsammelgesellschaften, insbesondere gegenüber der Aktiengesellschaft. Die KG erlaubt wie die AG die Beschränkung der Haftung der Anleger auf die eingezahlten Einlagen und auch die Trennung von Kapitalanlegern (Investoren) und Management (Initiatoren). Die Gründung, die Aufnahme weiterer Gesellschafter, Kapitalerhöhungen und die Gestaltung von Entscheidungsprozessen sind aber bei der KG weitaus einfacher als bei der satzungsstrengen AG. 804

Heute ist anerkannt, dass die kapitalistisch strukturierte KG im Grundsatz zulässig ist. Es liegt nicht von vornherein ein Missbrauch der Rechtsform vor, auch wenn sich die Publikumsgesellschaft weit von dem gesetzlichen Leitbild der KG entfernt hat. Die Rechtsprechung hat demgemäß für diese besondere Form der KG ein Sonderrecht entwickelt, das die gesetzlichen Regelungen der §§ 161 ff. HGB weithin überlagert und verdrängt.[1286] Dieses Sonderrecht dient nicht zuletzt dem Schutz der Anleger, die sich als Kommanditisten an der Publikums-KG beteiligen. Daneben greifen die anlegerschützenden Regeln des Kapitalmarktrechts, insbesondere zur Prospekthaftung. 805

b) Kennzeichnende Merkmale

Kennzeichnend für die Publikums-KG ist das Vorhandensein von aktiven Initiatoren und passiven Investoren. Die Initiatoren geben den Gesellschaftsvertrag und damit die Struktur der Gesellschaft vor. Sie übernehmen das Management und beherrschen die Gesellschaft unternehmerisch, häufig über ihre Beteiligung an der Komplementär-GmbH. Die Investoren beteiligen sich lediglich kapitalmäßig als Kommanditisten. Die Zahl der Kommanditisten ist nicht beschränkt, sie wird allenfalls durch die Höhe des insgesamt aufzubringenden Kommanditkapitals und die Mindesteinlage für den einzelnen Anleger definiert. Die Gesellschafterrechte der Kommanditisten sind auf das rechtlich notwendige Maß beschnitten. Sie können zudem häufig nur über ein besonderes Organ (Ausschuss oder Beirat) wahrgenommen werden. Vor allem Treuhandkonstruktionen sind üblich, mittels derer sämtliche Kommanditisten einen Treuhänder mit der Wahrnehmung ihrer Rechte beauftragen (müssen). Für den Erwerb der Beteiligungen an der Publikums-KG wird in der Öffentlichkeit geworben, die Beteiligung steht grundsätzlich jedem Interessenten offen.[1287] Nicht selten arbeiten die Initiatoren mit Vertriebsorganisationen zusammen oder vertreiben ihre Produkte über Banken und Anlagevermittler. Die Vertriebsgebühren, Provisionen und das von den Anlegern zu zahlende Agio sind für die Initiatoren und ihre Vertriebspartner wichtige Einkünfte neben dem unternehmerischen Ergebnis der Gesellschaft. 806

In der Praxis werden die Investoren regelmäßig veranlasst, sehr weit gefasste Vollmachten zugunsten des Initiators oder eines Treuhänders zu erteilen, mit der Veränderungen der Gesellschaft und des Gesellschafterkreises vereinbart und zum Handelsregister angemeldet werden können. 807

c) Sonderrecht der Publikums-KG

Soweit Publikumsgesellschaften kapitalistische Strukturen aufweisen, hat die Rechtsprechung zum Schutz der Anleger die Grundsätze des Körperschaftsrechts für anwendbar erklärt. Welche Grundsätze anzuwenden sind, ist allerdings eine Frage des Einzelfalls. Eine »sklavische« Übernahme des 808

1286 Mangels einer abweichenden Vertragsgestaltung gelten allerdings §§ 161 ff. HGB, Einschränkungen ergeben sich nicht allein daraus, dass es sich um eine Publikums-KG handelt; zutr. OLG München, Beschl. v. 05.09.2008 – 31 Wx 063/07, DNotZ 2009, 152; Beschl. v. 12.04.2011 – 31 Wx 189/10, ZIP 2011, 1619, beide zum außerordentlichen Informationsrecht der Kommanditisten nach § 166 Abs. 3 HGB.
1287 Vgl. MünchHdb. GesR II/*Gummert/Horbach*, § 61 PublKG, Rn. 2.

Körperschaftsrechts kommt dem BGH zufolge nicht in Frage.[1288] Folgende Grundlinien lassen sich festhalten:[1289]

809 Der Gesellschaftsvertrag der Publikums-KG, die Beitrittsvereinbarung und die im Zusammenhang mit dem Beitritt von dem Kommanditisten weiter zu schließenden Verträge, z.B. der Vertrag mit dem Treuhandkommanditisten, sind von den Initiatoren für eine Vielzahl von Gesellschaftern vorformuliert und für den einzelnen Anleger nicht verhandelbar. Es handelt sich somit nicht um Individualvereinbarungen. Nach der Rechtsprechung sind der Gesellschaftsvertrag (wie die Satzung einer AG oder GmbH) und die weiteren Verträge daher objektiv auszulegen. Subjektive Vorstellungen der Gründer, die sich dem Vertrag nicht entnehmen lassen, bleiben danach unberücksichtigt.

810 In einem zweiten Schritt nach der Auslegung unterwirft der BGH den Gesellschaftsvertrag und die Begleitverträge der gerichtlichen Inhaltskontrolle, die auf § 242 BGB gestützt wird. § 310 Abs. 4 BGB, der Verträge im Bereich des Gesellschaftsrechts von der AGB-Kontrolle gem. §§ 305 ff. BGB ausnimmt, soll dem nicht entgegenstehen. Zum Teil fließen die in §§ 305 ff. BGB enthaltenen Rechtsgedanken in die Inhaltskontrolle nach § 242 BGB mit ein. Dies ist nicht verwunderlich, geht es doch in beiden Fällen um den Schutz vor dem Missbrauch von vorformulierten Vertragsbedingungen. So wird auch der Kapitalanleger, der an der Gestaltung der Vertragsklauseln nicht beteiligt war, vor überraschenden und unangemessenen Vertragsklauseln geschützt. Andererseits berücksichtigt die Rechtsprechung auch die Besonderheiten der Publikums-KG und insbesondere die Notwendigkeit von Vorkehrungen, die eine effiziente Willensbildung auch bei einer Vielzahl von Kommanditisten ermöglichen.[1290] Auch die in formularmäßigen Kauf- und Übertragungsverträgen getroffenen, von der gesetzlichen Haftungsverteilung abweichenden Vereinbarungen zwischen Erwerber und Veräußerer einer Kommanditbeteiligung unterliegen der AGB-Inhaltskontrolle.[1291]

[1288] BGHZ 69, 207, 220; vgl. i.E. MünchHdb. GesR II/*Gummert/Jaletzke*, § 65 PublKG, Rn. 1 ff.; zu aktuellen Entwicklungen *Wagner*, ZNotP 2009, 48 ff., 101 ff.; *ders.* ZNotP 2011, 291; *ders.* ZNotP 2012, 45.

[1289] Vgl. Baumbach/Hopt/*Roth*, Anh. § 177a Rn. 67 f.; MünchHdb. GesR II/*Gummert/Jaletzke*, § 65 PublKG, Rn. 3, 8 ff., dort auch zu Einzelfragen.

[1290] Vgl. BGH, Urt. v. 11.10.2011 – II ZR 242/09, ZNotP 2012, 33, zu der Rechtsstellung des Treugebers bei Verzahnung von Gesellschaft und Treuhand im Gesellschaftsvertrag; *Wiedemann*, ZIP 2012, 1786; BGH, Hinweisbeschl. v. 24.07.2012 – II ZR 185/10, ZIP 2013, 366, zum Bestimmtheitsgebot für Gesellschafterbeschlüsse.

[1291] BGH, Urt. v. 26.03.2019 – II ZR 413/18, DNotZ 2019, 955: Unpräzise Modifikation der gesetzlichen Nachhaftung des ausscheidenden Kommanditisten verstößt gegen das Transparenzgebot des § 307 Abs. 1 BGB.

Kapitel 2 Recht der Gesellschaft mit beschränkter Haftung

Übersicht

	Rdn.
A. Gründung der Gesellschaft mit beschränkter Haftung	1
I. Überblick	1
II. Rechtsformwahl	5
III. Rechtsnatur der GmbH und Gründungsablauf	7
1. Rechtsnatur der GmbH	7
2. Gründungsablauf	8
3. Die Vorgründungsgesellschaft	10
a) Entstehung und Rechtsnatur der Vorgründungsgesellschaft	11
b) Geschäftsführung und Vertretung der Vorgründungsgesellschaft	15
c) Haftungsverhältnisse bei der Vorgründungsgesellschaft	17
4. Die Vor-GmbH	24
a) Entstehung und Rechtsnatur der Vor-GmbH	24
b) Geschäftsführung und Vertretung bei der Vor-GmbH	31
c) Haftungsverhältnisse bei der Vor-GmbH	36
aa) Haftung der Vor-GmbH als solcher	37
bb) Persönliche Haftung der Gesellschafter der Vor-GmbH	38
cc) Handelndenhaftung gem. § 11 Abs. 2 GmbHG	47
d) Folgen für den Berater	55
IV. Errichtung der GmbH	56
1. Gesellschafter	57
a) Natürliche Personen als Gründer	58
aa) Ehegatten	58
bb) Minderjährige und unter Betreuung stehende Personen	61
cc) Ausländer	66
dd) Freiberufler	67
ee) Einzelkaufmann	68
b) Juristische Personen als Gründer	69
c) Personenhandelsgesellschaften als Gründer	72
d) Gesellschaft bürgerlichen Rechts als Gründer	73
e) Partnerschaft, Europäische Wirtschaftliche Interessenvereinigung, Erbengemeinschaft, Gütergemeinschaft und nichtrechtsfähiger Verein als Gründer	81
f) Zusätzliche besondere Qualifikationen	85
2. Vertretung von Gesellschaftern bei der Gründung	87
a) Vertretung natürlicher Personen	88
aa) Form der Vollmacht	89
bb) Inhaltliche Anforderungen an die Vollmacht	93
cc) Selbstkontrahieren und Mehrfachvertretung – § 181 BGB	96
dd) Mangel der Vollmacht – vollmachtlose Vertretung – Ausland	97
ee) Kosten der Vollmacht	102
b) Vertretung von Personengesellschaften und juristischen Personen	106
aa) Vertretung durch organschaftliche Vertreter	107
bb) Vertretung durch rechtsgeschäftliche Vertreter	109
cc) Vertretung ausländischer Gesellschaften	110
3. Abschluss des Gesellschaftsvertrags	118
a) Form des Gesellschaftsvertrags der GmbH und der UG (haftungsbeschränkt)	118
b) Form des GmbH & Co. KG-Vertrags	120
aa) Grundstückseinbringung und Grundstücksgesellschaft	121
bb) Geschäftsanteilseinbringung und Geschäftsanteilsabtretungsverpflichtung	124
cc) Schenkung	126
dd) Verpflichtung zum Abschluss eines Ehevertrags oder Pflichtteilsverzichtsvertrags	129
c) Beurkundungstechnik	130
aa) Individuell gestalteter Gesellschaftsvertrag	131
bb) Musterprotokoll	134
4. Geschäftsführerbestellung, § 6 GmbHG	135
a) Bestellungsvorgang	135
aa) Bestellung im Gesellschaftsvertrag oder durch Gesellschafterbeschluss	135
bb) Befristete und bedingte Bestellung	141
b) Bestellungshindernisse	144

Kapitel 2

Recht der Gesellschaft mit beschränkter Haftung

	Rdn.
c) Belehrung § 53 Abs. 2 BZRG, § 8 Abs. 3 Satz 2 GmbHG	150
d) Bedeutung des § 181 BGB bei der Gründung	151
V. Satzung und schuldrechtliche Nebenabreden	158
1. Allgemeines	158
2. Firma der GmbH	165
a) Rechtsformzusatz	165
b) Firmenbildung	168
c) Praxisempfehlung	188
3. Sitz der GmbH	190
4. Gegenstand des Unternehmens	201
5. Betrag des Stammkapitals	218
6. Zahl und Nennbetrag der Geschäftsanteile	223
7. Gründungskosten	229
8. Dauer der Gesellschaft	236
VI. Satzungsgestaltung bei fakultativen Satzungsbestandteilen	242
1. Nachschusspflichten	242
2. Wettbewerbsverbot	254
a) Wettbewerbsverbot für Geschäftsführer	255
b) Wettbewerbsverbot für Gesellschafter	258
c) Verstoß gegen ein Wettbewerbsverbot und Vermeidung eines Verstoßes	260
3. Einschränkung der Veräußerung und Belastung von Geschäftsanteilen	264
a) Allgemeines	264
b) Satzungsmäßige Festlegung des Zustimmungserfordernisses	271
c) Nachträgliche Vinkulierung	281
d) Umwandlungsrechtliche Auswirkungen	282
e) Vinkulierung bei Treuhand- und Sicherungsabtretungen sowie bei »Change of Control-Fällen«	283
4. Ankaufsrechte, Vorkaufsrechte und Anbietungspflichten	286
a) Allgemeines	286
b) Form	288
c) Regelungsinhalte	289
d) Drag along- und tag along-Regelungen	290
e) Russian Roulette- und Texan shoot out-Regelungen	295
5. Teilung von Geschäftsanteilen	298
6. Geschäftsführung und Vertretung	301
7. Befreiung und Ermächtigung zur Befreiung von § 181 BGB	319

	Rdn.
a) Anwendungsbereich des § 181 BGB	319
b) Voraussetzungen für eine wirksame Befreiung vom Verbot des § 181 BGB	321
aa) Mehrpersonen-GmbH	322
bb) Einpersonen-GmbH	324
cc) Befreiung der Liquidatoren von § 181 BGB	326
dd) Befreiung von §§ 181 BGB bei der GmbH & Co. KG	328
8. Gesellschafterversammlung	330
a) Allgemeines	330
b) Einberufungsbefugnis	331
c) Einberufungsform und Einberufungsfrist	335
d) Tagesordnung und Tagungsort	337
e) Einberufung durch eine Gesellschafterminderheit	339
f) Einberufungsmängel und Vollversammlung	341
g) Beschlussfähigkeit der Gesellschafterversammlung	344
h) Teilnahmerecht	348
i) Versammlungsleiter	354
j) Stimmrechtsvollmachten und Stimmrechtsvertreter	356
k) Beschlussfassung außerhalb Gesellschafterversammlung	358
l) Kombinierte Beschlussfassung	361
9. Stimmrecht	363
10. Anfechtung von Gesellschafterbeschlüssen	370
11. Protokollierung von Gesellschafterbeschlüssen	372
12. Jahresabschluss, Publizität, Ergebnisverwendung	374
13. Ergebnisverwendung	377
14. Kündigung durch den Gesellschafter	380
15. Ausschluss, Einziehung von Geschäftsanteilen	386
a) Allgemeines	386
b) Voraussetzungen des Ausschlusses ohne Satzungsregelung	387
c) Regelung von Ausschluss und Einziehung in der Satzung	389
d) Zwangsabtretung	400
e) Nennbetragsanpassung des Stammkapitals	401
f) Gesellschafterstellung	402
g) Gesellschafterliste	406
16. Abfindung	408
a) Allgemeines	408
b) Schuldner des Abfindungsanspruchs	409

	Rdn.
c) Abfindungsregelung	410
d) Wirksamkeitsgrenzen	413
e) Gestaltung von Abfindungsregelungen	424
17. Steuerliche Folgen der Abfindungsregelung	426
18. Checkliste: Abfindungsregelung	427
19. Fälligkeit und Zahlungsmodalitäten für die Abfindung	428
20. Aufsichtsrat und Beirat	430
21. Gerichtsstand, Schiedsgericht	436
a) Allgemeines	436
b) Form	437
c) Gegenstand und Inhalt einer Schiedsvereinbarung	439
22. Bekanntmachungen	446
23. Salvatorische Klausel	448
VII. Anmeldung der GmbH zum Handelsregister	450
1. Allgemeines	450
2. Zuständigkeit und anmeldepflichtige Personen	452
3. Form	454
4. Inhalt der Anmeldung	455
a) Gesellschaft und Geschäftsführer	455
b) Inländische Geschäftsanschrift	456
c) Vertretungsbefugnis	457
d) Einzahlungsversicherung der Geschäftsführer	461
e) Versicherung über Nichtvorliegen von Bestellungshindernissen	469
5. Anlagen zur Anmeldung	473
a) Checkliste	473
b) Gestaltungsvorschlag: Gesellschafterliste anlässlich Gründung	475
6. Formulierungsvorschläge Handelsregisteranmeldung	477
VIII. Mitteilungspflichten gegenüber dem Finanzamt und anderen Behörden	479
IX. Kapitalaufbringung und Kapitalerhaltung	482
1. Allgemeines	482
2. Besonderheiten bei der Sachgründung	498
a) Allgemeines	498
b) Sacheinlage und Sachübernahme	500
c) Sacheinlagefähigkeit	505
d) Wert der Sacheinlage	509
e) Checkliste: Erforderliche Angaben im Gesellschaftsvertrag bei Sachgründung gem. § 5 Abs. 4 GmbHG	516

	Rdn.
f) Einbringung und Einbringungsvertrag	517
g) Der Sachgründungsbericht	520
aa) Inhalt und Form	520
bb) Inhaltliche Anforderungen	524
h) Anmeldung der Sachgründung zum Handelsregister	526
i) Sachgründung bei vereinfachtem Verfahren und UG (haftungsbeschränkt)	530
3. Verdeckte Sachgründung, Hin- und Herzahlen	531
a) Verdeckte Sachgründung	532
aa) Rechtslage verdeckte Sachgründung vor MoMiG	532
bb) Rechtslage verdeckte Sachgründung nach MoMiG	534
(1) Voraussetzungen der verdeckten Sacheinlage nach MoMiG	539
(2) Rechtsfolgen der verdeckten Sacheinlage nach MoMiG	552
b) Hin- und Herzahlen gem. § 19 Abs. 5 GmbHG n.F.	555
aa) Rechtslage Hin- und Herzahlen vor MoMiG	555
bb) Rechtslage Hin- und Herzahlen nach MoMiG	559
(1) Voraussetzungen	560
(2) Rechtsfolgen des ordnungsgemäßen Hin- und Herzahlens	574
4. Keine Befreiung von der Einlagepflicht gem. § 19 Abs. 2 Satz 1 GmbHG n.F.	575
X. Besonderheiten bei Gründung der Unternehmergesellschaft haftungsbeschränkt	578
XI. Gründung im vereinfachten Verfahren	588
1. Allgemeines	588
2. Einzelfragen bei der Verwendung des Musterprotokolls	595
a) Vervollständigung des Musterprotokolls	595
b) Eignung als Gesellschafter	596
c) Firmenbildung	597
d) Unternehmensgegenstand	598
e) Stammkapital	599
aa) Allgemeines	599
bb) Anwendbarkeit des § 19 Abs. 4 und 5 GmbHG	601
cc) Mindesteinzahlung	603
f) Bestellung des Geschäftsführers	604
aa) Allgemeines	604

		Rdn.				Rdn.
	bb) Einordnung der Geschäftsführerbestellung im Musterprotokoll	605		1. Beschluss der Gesellschafter		709
				2. Zulassungsbeschluss		721
				3. Übernahmeerklärung		723
	cc) Folgen für die Handelsregisteranmeldung	609		4. Kapitalaufbringung		732
				a) Einzahlung zur freien Verfügung		734
	g) Gründungskosten	610				
	h) Steuerliche Mitteilungspflichten	611		b) Voreinzahlung		737
	i) Belehrungshinweise des Notars	612		c) Verdeckte Sacheinlage		740
	j) Änderungen des Musterprotokolls nach Beurkundung	613		5. Handelsregisteranmeldung		741
				6. Gesellschafterliste		750
	3. Handelsregisteranmeldung bei der Gründung im vereinfachten Verfahren	614		7. Anzeigepflicht gegenüber dem Finanzamt		754
			II.	Kapitalerhöhung gegen Sacheinlagen		755
XII.	Notarkosten	615		1. Beschluss der Gesellschafterversammlung		755
	1. Notarkosten bei Gründung im klassischen Verfahren	615		2. Übernahmeerklärung		760
	a) Gründung einer GmbH	615		3. Handelsregisteranmeldung		763
	b) Gründung einer UG (haftungsbeschränkt)	625	III.	Kapitalerhöhung aus Gesellschaftsmitteln		769
	2. Notarkosten bei Gründung im vereinfachten Verfahren	626		1. Beschluss der Gesellschafterversammlung		772
XIII.	Geldwäschegesetz (GWG) und Gesetz zur Abmilderung der Folgen der COVID-19-Pandemie im Zivil-, Insolvenz- und Strafverfahrensrecht	628		2. Handelsregisteranmeldung		785
			IV.	Genehmigtes Kapital		789
			V.	Ordentliche Kapitalherabsetzung		795
				1. Beschluss der Gesellschafterversammlung		798
	1. Geldwäschegesetz (GWG)	628		2. Sicherstellung der Gläubiger		804
	2. COVID-19	629		3. Handelsregisteranmeldung		809
B.	Änderungen des Gesellschaftsvertrages	630	VI.	Vereinfachte Kapitalherabsetzung		813
I.	Überblick	630	VII.	Umstellung des Stammkapitals auf Euro		822
II.	Einberufung der Gesellschafterversammlung	636		1. Nur rechnerische Umstellung		825
	1. Zuständigkeit	637		2. Umstellung und Glättung		829
	2. Form	639	D.	Beendigung der Gesellschaft		834
	3. Frist	646	I.	Auflösung der Gesellschaft		834
	4. Inhalt	647		1. Auflösung durch Beschluss der Gesellschafterversammlung		836
	5. Rechtsfolgen fehlerhafter Einberufung	649		2. Handelsregisteranmeldung		842
III.	Beschlussfassung über die Änderung des Gesellschaftsvertrages	652		3. Bekanntmachung der Auflösung		845
			II.	Liquidation und Vollbeendigung der Gesellschaft		848
	1. Zuständigkeit und Inhalt	652	III.	Fortsetzung einer aufgelösten Gesellschaft		853
	2. Form	657				
	3. Vertretung	663	IV.	Nachtragsliquidation		856
	4. Mehrheits- und Zustimmungserfordernisse	670	E.	**Die Übertragung von Geschäftsanteilen**		861
IV.	Anmeldung zum Handelsregister	674	I.	Das Zustandekommen des Übertragungsvertrags		861
	1. Zuständigkeit	675		1. Die ordnungsgemäße Mitwirkung der Vertragsbeteiligten		862
	2. Form	678				
	3. Registersperren	687		a) Persönlich anwesende Beteiligte		863
	4. Prüfungsumfang des Registergerichts	690		b) Rechtsgeschäftlich oder organschaftlich vertretene Vertragsbeteiligte		869
V.	Satzungsdurchbrechung	693				
VI.	Satzungsänderung bei wirtschaftlicher Neugründung	700				
C.	**Kapitalmaßnahmen**	707		aa) Handeln eines bevollmächtigten Vertreters		871
I.	Kapitalerhöhung gegen Bareinlagen	707				

		Rdn.			Rdn.
	bb) Handeln eines organschaftlichen Vertreters	875		cc) Gewinnabgrenzung und wirtschaftlicher Übergang	959
2.	Das Formerfordernis des § 15 GmbHG	878		(1) Zuordnung noch nicht ausgeschütteter Gewinne	960
	a) Die Voraussetzungen der Beurkundungsbedürftigkeit	879		(2) Vereinbarungen zum wirtschaftlichen Übertragungsstichtag	964
	aa) Die Beurkundungsbedürftigkeit des Verpflichtungsgeschäfts nach § 15 Abs. 4 GmbHG	880		dd) Gewährleistungs- und Garantieregelungen	968
				(1) Garantien des Verkäufers	969
	bb) Die Beurkundungsbedürftigkeit der Abtretung nach § 15 Abs. 3 GmbHG	887		(2) Garantien des Käufers	977
				(3) Allgemeine Garantiebedingungen	979
	b) Die Reichweite der Beurkundungspflicht	889		ee) Regelungen zum Closing	983
	c) Das Beurkundungsverfahren	893		ff) Sonstige Regelungen	988
	d) Beurkundungsmängel und deren Heilung	901		gg) Besonderheiten bei Management-Buy-Outs	990
	aa) Die Heilungsvoraussetzungen des § 15 Abs. 4 Satz 2 GmbHG	902	III.	Die dingliche Abtretung des Geschäftsanteils	995
			1.	Abtretungsbeschränkungen	996
	bb) Die Heilungswirkungen des § 15 Abs. 4 Satz 2 GmbHG	904		a) Genehmigung der Gesellschaft	999
				b) Zustimmung der Gesellschafter	1001
	e) Auslandsbeurkundungen	908		c) Zustimmung der Gesellschafterversammlung	1002
II.	Der Inhalt des schuldrechtlichen Verpflichtungsgeschäfts	912		d) Die Zustimmung sonstiger Gesellschaftsorgane oder gesellschaftsfremder Dritter	1003
1.	Der Gegenstand des Verpflichtungsgeschäfts	913			
2.	Die Causa der Anteilsabtretung	920	2.	Der gutgläubige Erwerb durch den Käufer	1006
	a) Die Schenkung von Geschäftsanteilen	921			
				a) Eintragung des Veräußerers in die Gesellschafterliste	1007
	b) Die treuhänderische Übertragung von Geschäftsanteilen	928		b) Der Ausschluss des gutgläubigen Erwerbs gem. § 16 Abs. 3 Satz 2 GmbHG	1008
	aa) Die verschiedenen Arten von Treuhandverhältnissen	929			
	bb) Die wirksame Begründung des Treuhandverhältnisses	934		c) Ausschluss des gutgläubigen Erwerbs nach § 16 Abs. 3 Satz 3 GmbHG	1013
	cc) Der typische Inhalt von Treuhandverträgen	935		d) Das Vorliegen eines rechtsgeschäftlichen Erwerbs	1018
	c) Die Einbringung von Geschäftsanteilen in andere Gesellschaften	942		e) Die Reichweite des Gutglaubensschutzes	1019
	d) Der Kauf von Geschäftsanteilen	944		f) Sicherungsmaßnahmen bei aufschiebend bedingter Abtretung eines Geschäftsanteils	1021
	aa) Die Kaufvereinbarung	945			
	bb) Die Regelungen zur Gegenleistung des Käufers	947	IV.	Der Vollzug der dinglichen Übertragung	1023
	(1) Die Methoden zur Bestimmung des Kaufpreises	948	1.	Einreichung einer neuen Gesellschafterliste	1024
				a) Die Pflicht zur Einreichung der Gesellschafterliste	1024
	(2) Feste oder variable Kaufpreisklauseln	950			
				b) Der Inhalt der Gesellschafterliste	1026
	(3) Die Art der Erbringung des Kaufpreises	955			

		Rdn.			Rdn.
	c) Der Adressat der Verpflichtung zur Einreichung einer Gesellschafterliste	1032	1. Voraussetzungen		1086
	d) Der Zeitpunkt der Einreichung der Gesellschafterliste	1041	2. Ordnungsgemäße Vertretung der Vertragsbeteiligten		1088
			a) Praxis		1088
	e) Die Aufnahme dinglicher Belastungen in die Gesellschafterliste	1048	b) Vertretung durch organschaftliche Vertreter		1089
	f) Die rechtliche Bedeutung der Gesellschafterliste nach § 16 Abs. 1 GmbHG	1049	c) Vertretung durch bevollmächtigte Vertreter		1092
			3. Form von Gesellschaftervereinbarungen		1096
	2. Steuerliche Anzeigepflichten	1051	4. Inhaltliche Grenzen für Gesellschaftervereinbarungen unter Aktionären		1102
	a) Anzeigepflicht nach § 54 EStDV	1052	a) Verfügungsbeschränkungen		1103
	b) Grunderwerbsteuerliche Anzeigepflichten	1055	b) Erwerbsvorrechte		1104
			c) Stimmbindungsvereinbarungen		1107
	3. Gesellschaftsrechtliche Anzeige- und Mitteilungsobliegenheiten	1059	d) Einflussnahme auf die Bestellung von Gesellschaftsorganen		1108
V.	Besonderheiten beim Erwerb einer Vorrats-GmbH	1061	IV. Typischer Inhalt von Gesellschaftervereinbarungen		1110
VI.	Besonderheiten des Mantelkaufs	1065	1. Anwendungsbereich		1110
F.	**Sonstige Verfügungen über Geschäftsanteile**	1068	2. Abreden zur Finanzierung der Gesellschaft		1111
I.	Vorbemerkung	1068			
II.	Die Verpfändung von Geschäftsanteilen	1070	3. Abreden zur Ausübung von Gesellschafterrechten, insbesondere des Stimmrechts – Poolvereinbarungen		1120
	1. Die Bestellung des Pfandrechts	1070			
	2. Die Person des Pfandgläubigers	1072	4. Abreden betreffend Anteilsabtretungen		1122
	3. Inhalt und Umfang des Pfandrechts	1073	5. Die Geschäftstätigkeit der Gesellschaft betreffende Abreden, insbesondere Wettbewerbsverbote		1128
III.	Die Bestellung von Nießbrauchsrechten an Geschäftsanteilen	1077	a) Wettbewerbsverbot während Gesellschaftszugehörigkeit		1129
	1. Zulässigkeit und Bestellung des Nießbrauchs	1077	b) Nachvertragliches Wettbewerbsverbot		1131
	2. Inhalt und Umfang des Nießbrauchs	1079	c) Rechtsfolgen bei Verletzung eines Wettbewerbsverbots		1132
G.	**Gesellschaftervereinbarungen**	1080	V. Änderungen von Gesellschaftervereinbarungen		1136
I.	Arten und wirtschaftliche Bedeutung	1080	1. Praxis		1136
II.	Rechtliche Einordnung von Gesellschaftervereinbarungen und deren praktische Konsequenzen	1082	2. Die notwendige Form für Änderungsvereinbarungen		1137
	1. Grundlagen	1082	3. Gegenstand von Änderungsvereinbarungen		1140
	2. Rechtsfolgen im Falle vereinbarungswidrigen Verhaltens	1083	VI. Vollzug der Gesellschaftervereinbarung		1141
	3. Veräußerungsbeschränkungen in Gesellschaftervereinbarungen	1084	VII. Notarkosten		1144
III.	Zustandekommen von Gesellschaftervereinbarungen	1086			

A. Gründung der Gesellschaft mit beschränkter Haftung

I. Überblick

1 Eine Gesellschaft mit beschränkter Haftung (GmbH) kann auf zweierlei Weise entstehen: Durch Gründung und durch Umwandlung.

A. Gründung der Gesellschaft mit beschränkter Haftung

Die **Gründung** der GmbH gem. §§ 2 ff. GmbHG kann im Weg der Bargründung wie auch im Weg der Sachgründung vorgenommen werden. Bei der Bargründung übernehmen die Gründergesellschafter auf ihre Geschäftsanteile Bareinlagen. Bei der Sachgründung haben die Gründergesellschafter auf ihre Geschäftsanteile Sacheinlagen zu leisten. Bei der Bargründung ist seit der Reform des GmbH-Rechts durch das MoMiG wiederum zu unterscheiden zwischen der Gründung einer GmbH im »klassischen« Gründungsverfahren und der Gründung einer GmbH im sogenannten »vereinfachten« Verfahren unter Zugrundelegung des gesetzlichen Musterprotokolls. Weiter kennt das GmbH-Recht seit seiner Reform durch das MoMiG die sogenannte Unternehmergesellschaft (haftungsbeschränkt), bei der es sich um eine (Unterform der) GmbH handelt, die ausschließlich im Wege der Bargründung errichtet werden kann und deren Stammkapital den Betrag von 25.000,00 € unterschreitet (§ 5a GmbHG). Auch die Unternehmergesellschaft (haftungsbeschränkt) kann sowohl im »klassischen« Gründungsverfahren als auch im sogenannten »vereinfachten« Verfahren unter Zugrundelegung des gesetzlichen Musterprotokolls errichtet werden.

Die Entstehung einer GmbH kann schließlich auch durch **Umwandlung** erfolgen. In Betracht kommen hierbei insbesondere die Verschmelzung zur Neugründung (§ 2 Nr. 2 UmwG), die Spaltung zur Neugründung (§ 123 Nr. 2 UmwG) sowie als Unterfall der Spaltung die Ausgliederung aus dem Vermögen eines Einzelkaufmanns (§ 152 UmwG) und der Formwechsel (§ 190 UmwG).[1]

Von der Entstehung der GmbH zu unterscheiden ist der Fall des Erwerbs der Geschäftsanteile an einer **Vorrats-GmbH**. In diesem Fall besteht bereits eine GmbH, die typischerweise auch schon im Handelsregister eingetragen ist. Der von den Gründern der Vorrats-GmbH verfolgte wirtschaftliche Zweck ist der Verkauf ihrer Geschäftsanteile an der Vorrats-GmbH an Personen, die den mit dem Gründungsverfahren verbundenen Zeitaufwand vermeiden wollen und sofort eine bestehende GmbH als Unternehmensträger benötigen. Die Vorrats-GmbH sollte und hat dementsprechend zu keiner Zeit vor dem Verkauf ihrer Geschäftsanteile ein Handelsgewerbe betrieben. Bei diesem Verfahren sind zum Schutze des Rechtsverkehrs nicht wenige Gründungsvorschriften entsprechend anzuwenden.[2]

II. Rechtsformwahl

Der Gründung einer Gesellschaft geht die Bestimmung der zur Erreichung der von den Gesellschaftern angestrebten Zwecke am besten geeignet erscheinenden **Gesellschaftsform** voraus. Dabei sind insbesondere zu berücksichtigen, wirtschaftliche Gesichtspunkte wie die Höhe des verfügbaren Kapitals und die Kreditwürdigkeit der Gesellschaft, organisatorische Fragen wie die Ausgestaltung der Geschäftsführung, die Haftung der Gesellschaft, der Gesellschafter und der organschaftlichen Vertreter der Gesellschaft (Geschäftsführer oder Vorstand), rechtliche Möglichkeiten zur Ausgestaltung der Mitgliedschaft wie etwa zur Höhe der Beteiligung, Übertragbarkeit der Beteiligung und Regelung sonstiger Verfügungen über die Beteiligung, Ausschlussmöglichkeiten, Kündigungsrechte, Informationsrechte, Treuhandverhältnisse, die steuerliche Behandlung der Gesellschaft, der Gesellschafter und der Geschäftsführer, und zwar über den gesamten geplanten »Lebenszyklus« der Gesellschaft, also insbesondere bei der Gründung und der Auflösung der Gesellschaft, der Kündigung der Mitgliedschaft, einer etwaigen späteren Veräußerung der Beteiligung, der Besteuerung der laufenden Erträge der Gesellschaft, der Besteuerung der Vergütung der Geschäftsführer, der erbschaftsteuerlichen Folgen des Versterbens eines Gesellschafters sowie erbrechtliche Fragen, wie die Vererblichkeit der Mitgliedschaft, die Sicherung eines geeigneten Unternehmensnachfolgers und die Abfindung weichender Erben.

Im Rahmen dieser Betrachtung sind sämtliche Gesellschaftsformen auf ihre Eignung zur Erreichung der von den Gesellschaftern angestrebten Zwecke zu durchdenken. Als Rechtsformalternativen zur

---

1 S. dazu nachfolgend Kapitel 5.
2 S. dazu unten Rdn. 1061 ff.

GmbH kommen regelmäßig in Betracht die GmbH & Co. Kommanditgesellschaft und die Aktiengesellschaft.[3]

III. Rechtsnatur der GmbH und Gründungsablauf

1. Rechtsnatur der GmbH

7   Gesellschaften mit beschränkter Haftung (GmbH) können gem. § 1 GmbHG zu jedem gesetzlich zulässigen Zweck durch eine oder mehrere Personen errichtet werden. Dabei sind die Bestimmungen des GmbH-Gesetzes (GmbHG) zu beachten. Die GmbH ist juristische Person und gilt nach § 13 Abs. 3 GmbHG als Handelsgesellschaft i.S.d. Handelsgesetzbuches (HGB), und zwar unabhängig vom Unternehmensgegenstand selbst dann, wenn sie kein Erwerbsgeschäft betreibt.[4] Die Vorschriften des 1., 3. und 4. Buchs des HGB finden auf sie grundsätzlich volle Anwendung. Ihre Geschäfte sind stets Handelsgeschäfte. Die GmbH ist Unternehmer im Sinne von § 14 BGB und damit gem. § 310 Abs. 1 BGB nur eingeschränkt gegenüber AGB geschützt. Für sie gelten §§ 38 ZPO, 95 Abs. 1 Nr. 1 GVG. Allerdings ist die GmbH Gewerbetreibender i.S.d. GewO nur dann, wenn sie tatsächlich ein entsprechendes Gewerbe betreibt.[5]

2. Gründungsablauf

8   Die »klassische« Gründung der Gesellschaft mit beschränkter Haftung (GmbH) vollzieht sich herkömmlicherweise in drei Schritten:
- Die Gründer als künftige GmbH-Gesellschafter verabreden, eine GmbH zu gründen. Durch diese Vereinbarung entsteht die sogenannte **Vorgründungsgesellschaft**. Bei der Ein-Personen-GmbH entfällt dieser Gründungschritt.
- Dem folgt die Errichtung der Gesellschaft durch notariellen Gründungsakt. Dadurch entsteht die **Vorgesellschaft**, auch Vor-GmbH genannt.
- Mit der sich daran anschließenden Eintragung der Gesellschaft im Handelsregister entsteht sodann gem. § 11 Abs. 1 GmbHG die **GmbH** als solche.

9   Begrifflich bezeichnet man im GmbH-Recht den vorstehend beschriebenen Gesamtvorgang als Gründung. Unter der Errichtung versteht man dagegen den Abschluss des Gesellschaftsvertrags samt der Übernahme der Einlagen auf die Geschäftsanteile.

3. Die Vorgründungsgesellschaft

10 Im Stadium der **Vorgründungsgesellschaft** wenden sich die Gründer in Regel noch nicht an einen Notar und nehmen zu diesem Zeitpunkt häufig auch keine anderweitige gesellschaftsrechtliche Beratung in Anspruch. Nicht selten wird aber bereits in diesem Stadium ein Steuerberater oder Wirtschaftsprüfer von den Gründern zugezogen, der steuerliche Vorüberlegungen anstellt und oftmals zu einer bestimmten Gesellschaftsform rät. Für den rechtlichen Berater, insbesondere den Notar ist die Vorgründungsgesellschaft vornehmlich aus amtshaftungsrechtlicher Sicht von Bedeutung, da die Gründer in aller Regel über die Rechtsfolgen ihrer Erklärungen und Handlungen im Vorgründungsstadium beratungs- und belehrungsbedürftig sind und diese auch Auswirkungen auf die Vor-GmbH und die GmbH selbst haben können.

a) Entstehung und Rechtsnatur der Vorgründungsgesellschaft

11 Dem Gang zum Notar zum Zwecke der Errichtung der Gesellschaft mit beschränkter Haftung, also des Abschlusses und der Beurkundung des Gesellschaftsvertrags gem. § 2 Abs. 1 GmbHG geht in der Praxis bei der Gründung der Mehr-Personen-GmbH in der Regel eine Verabredung der Grün-

---

3 Vgl. zur Gegenüberstellung der sogenannten »kleinen AG« *Olbing/Binnewies*, GmbH-StB 2001, 59 ff.
4 Baumbach/Hueck/*Fastrich*, § 13 Rn. 73 m.w.N.
5 Baumbach/Hueck/*Fastrich*, § 13 Rn. 73 m.w.N.

der voraus, in der diese – meist formlos – vereinbaren, eine GmbH zu gründen. Durch diese Vereinbarung entsteht die sogenannte **Vorgründungsgesellschaft**. Sie hat den Zweck, die GmbH als juristische Person ins Leben zu rufen.[6] Die Vorgründungsgesellschaft ist nicht mit der späteren Vor-GmbH und GmbH identisch.

Bei dieser Vorgründungsgesellschaft handelt es sich ihrer **Rechtsnatur** nach um eine Gesellschaft bürgerlichen Rechts (GbR) in der Regel als reine Innengesellschaft ohne eigenes Vermögen oder aber, wenn sie ein Handelsgewerbe betreibt, kraft Rechtsformzwangs nach § 105 Abs. 1 Satz 1 HGB um eine offene Handelsgesellschaft.[7] Bei der Ein-Personen-GmbH ist die Entstehung einer solchen Vorgründungsgesellschaft ausgeschlossen, da diese zwingend eine Mehrheit von Gesellschaftern voraussetzt.

In diesem Zusammenhang ist von Bedeutung, dass die rechtsverbindliche Verabredung zur Errichtung einer GmbH und damit die Gründung der Vorgründungsgesellschaft ihrerseits **formbedürftig** ist, da es dabei um die Verpflichtung handelt, ein formbedürftiges Rechtsgeschäft (Gründung der GmbH) abzuschließen. Andernfalls würde der mit der Formvorschrift des § 2 Abs. 1 GmbHG auch bezweckte Schutz der Gesellschafter vereitelt.[8] Unterbleibt die Beurkundung, ist eine wirksame Verpflichtung zur Gründung einer GmbH nicht entstanden. Nach herrschender Ansicht besteht eine Haftung des Gründungsunwilligen auf Erfüllung aus c.i.c. in diesem Falle nicht,[9] da der mit § 2 Abs. 1 GmbHG vom Gesetzgeber bezweckte Schutz sonst leerliefe.

Bloße **Vorbereitungshandlungen** zur Gründung der GmbH, wie die Schaffung bestimmter Grundvoraussetzungen, das Ausräumen von Hindernissen, ohne bindende Verpflichtung zum Abschluss des GmbH-Vertrags, können hingegen formfrei vereinbart werden, da es sich insoweit mangels Rechtsbindungswille nicht um einen echten Vorvertrag zur Errichtung einer GmbH handelt.[10] Formfrei möglich soll auch die bindende Zusage einer Beteiligungsmöglichkeit an einer GmbH für den Fall ihrer Gründung sein.[11] Für gleichfalls nicht formgebunden wird die Verpflichtung erachtet, als Treuhänder für einen anderen an einer GmbH-Gründung teilzunehmen.[12] Dies gilt im Grundsatz auch bei treuhänderischer Ein-Personen-Gründung. Die Einhaltung der notariellen Form gem. § 2 Abs. 1 GmbHG kann hier jedoch geboten sein, wenn bereits im **Treuhandvertrag** selbst der Inhalt des GmbH-Vertrags genau festgelegt wird. In diesem Falle ist eine Verurteilung zum Vollzug des einseitigen Errichtungsgeschäfts und die Vollstreckung nach § 894 ZPO nicht ausgeschlossen. Der Treuhandvertrag entspricht dann zugleich einem Vorvertrag und könnte wie der Mehr-Personen-Vorvertrag zur Umgehung der Schutz- und Belehrungsfunktion der Formvorschrift § 2 Abs. 1 GmbHG führen.[13]

b) Geschäftsführung und Vertretung der Vorgründungsgesellschaft

Für die **Geschäftsführung** und **Vertretung** der Vorgründungsgesellschaft gelten die für die jeweilige Gesellschaftsform (GbR oder oHG) vorgesehenen gesetzlichen Regeln: Handelt es sich bei der Vorgründungsgesellschaft um eine Gesellschaft bürgerlichen Rechts, gilt der Grundsatz der gemein-

---

6 Baumbach/Hueck/*Fastrich*, § 2 Rn. 35; Scholz/*K. Schmidt*, § 11 Rn. 9 differenziert zutreffend zwischen dem Gründungsvorvertrag, in dem sich die Gründer durch schuldrechtlichen Vertrag zur Gründung verpflichtet haben, und der gegebenenfalls entstehenden Mitunternehmerschaft im Vorgründungsstadium.
7 BGH NJW 1983, 2822 ff.; BGHZ 91, 151; NJW 1992, 2698; 1998, 1645; Heckschen/Heidinger/*Heidinger*/*Blath*, Kap. 3 Rn. 2; Baumbach/Hueck/*Fastrich*, GmbHG, § 11 Rn. 36 m.w.N.; MünchHdb. GesR I/*Gummert*, § 14 Rechnungsabschluss, Rn. 14.
8 St. Rspr. RGZ 66, 120; 130, 75; 149, 395; 156, 138; BGH WM 1973, 68 obiter; DB 1988, 223; NJW 1992, 362, 363; OLG München GmbHR 1958, 195; Baumbach/Hueck/*Fastrich*, § 11 Rn. 35.
9 Anders jedoch BGH NJW-RR 1988, 288 im Hinblick auf grundlosen Abbruch der Verhandlungen.
10 Baumbach/Hueck/*Fastrich*, § 2 Rn. 35 m.w.N.; Roth/Altmeppen/*Altmeppen*, § 2 Rn. 66.
11 BGH WM 1973, 67.
12 BGH WM 1971, 306.
13 Baumbach/Hueck/*Fastrich*, § 2 Rn. 35.

schaftlichen Geschäftsführung und Vertretung gem. §§ 709, 714 BGB. Handelt es sich bei der Vorgründungsgesellschaft hingegen um eine offene Handelsgesellschaft, ist gem. §§ 114, 125 HGB grundsätzlich jeder Gesellschafter einzeln zur Geschäftsführung und Vertretung befugt.

16 Betreibt die Vorgründungsgesellschaft ein Handelsgewerbe i.S.d. §§ 105 Abs. 1, 1 HGB, handelt es sich auch dann um eine offene Handelsgesellschaft, wenn die Handelnden im Namen einer »GmbH« auftreten. Da eine GmbH mangels notariellen Gründungsakts noch nicht errichtet ist, handelt es sich hier um einen Fall der falschen Bezeichnung des Unternehmens, für das gehandelt wurde. Nach ständiger Rechtsprechung wird dann der wahre Rechtsträger aus dem betriebsbezogenen Geschäft berechtigt und verpflichtet, also die aus dem Handelnden und den weiteren Gesellschaftern bestehende Personenhandelsgesellschaft. Beabsichtigt der Handelnde eine Ein-Personen-GmbH zu errichten, besteht keine Vorgründungsgesellschaft, da diese zwingend eine Personenmehrheit voraussetzt. In diesem Falle haftet der Handelnde persönlich allein.[14]

c) Haftungsverhältnisse bei der Vorgründungsgesellschaft

17 Auch in Ansehung des Haftungsregimes der Vorgründungsgesellschaft gelten die für die jeweilige Gesellschaftsform (GbR oder oHG) vorgesehenen gesetzlichen Regeln.[15]

18 Aus den für die Vorgründungsgesellschaft abgeschlossenen Geschäften haften die Gesellschafter dementsprechend persönlich und unbeschränkt gem. § 128 HGB, soweit sich aus den Vereinbarungen oder den Umständen nichts anderes ergibt.[16] Den tragenden Grund dafür erblickt der BGH darin, dass es nicht in der Hand der Vertragspartner der Vorgründungsgesellschaft liege, ob und wann die GmbH tatsächlich gegründet und in das Handelsregister eingetragen werde.[17]

19 Für eine **Haftungsbeschränkung** reicht insbesondere die Tatsache, dass für eine »GmbH in Gründung« gehandelt wird, nicht aus.[18] Der BGH hält zwar bei der Vor-GmbH das Auftreten als »GmbH« oder »GmbH in Gründung« für einen ausreichenden und wirksamen Ausdruck des Willens, nur bis zur Höhe des satzungsgemäß einzusetzenden Kapitals haften zu wollen; eine entsprechende Individualvereinbarung fordert er dazu nicht.[19] Bei der Vorgründungsgesellschaft sieht er dies anders. Den entscheidenden Grund erblickt der BGH darin, dass die Vor-GmbH als notwendige Vorstufe zur juristischen Person ein besonderes, vom Gesetzgeber vorausgesetztes Rechtsgebilde mit einer eigentümlichen, zeitlich und sachlich eng begrenzten Aufgabenstellung sei.[20] Dies gelte aber erst von dem Augenblick an, in dem die Gesellschafter durch Abschluss eines notariellen Gründungsvertrages, der die wesentlichen Grundlagen der einzutragenden Gesellschaft und namentlich die Höhe ihres Kapitals und der darauf zu leistenden Einlagen festlege, den ersten entscheidenden Schritt zur Errichtung der juristischen Person getan hätten.[21] Eine gesetzliche Notwendigkeit, schon vorher im Rechtsverkehr als Gesellschaft in Erscheinung zu treten oder sogar geschäftlich tätig zu werden, bestehe nicht.

---

14 Vgl. zum Ganzen BGH NJW 1998, 1645 sowie BGHZ 91, 148, 152 = NJW 1984, 2164 = LM § 11 GmbHG Nr. 33.
15 BGH Urt. v. 20.06.1983, NJW 1983, 2822.
16 In seiner grundlegenden Entscheidung vom 29.01.2001 hat der BGH die Rechtsfähigkeit der GbR anerkannt, soweit sie durch Teilnahme am Rechtsverkehr eigene Rechte und Pflichten begründet. Zur persönlichen Haftung der Gesellschafter für Verbindlichkeiten der GbR hat der BGH ausgeführt, dass diese dem Verhältnis zwischen der Verbindlichkeit der Gesellschaft und der Haftung des Gesellschafters bei der oHG als akzessorischer Haftung entspreche, BGH NJW 2001, 1056; Fortführung von BGHZ 142, 513 = NJW 1999, 3483.
17 BGH Urt. v. 20.06.1983, NJW 1983, 2822.
18 BGH NJW 1983, 2822.
19 So aber *Flume*, DB 1980, 1783; NJW 1981, 1754, 1756.
20 BGHZ 80, 139, 142 = NJW 1981, 1452.
21 BGH ZIP 1980, 658 = WM 1980, 955 (zu 2 a).

A. Gründung der Gesellschaft mit beschränkter Haftung

Aus demselben Grunde lehnt der BGH das **Ende der Haftung** der Vorgründungsgesellschaft und der Vorgründungsgesellschafter mit der Eintragung der GmbH im Handelsregister entsprechend den von ihm entwickelten Grundsätzen zur Handelndenhaftung nach § 11 Abs. 2 GmbHG wie auch der Haftung der Gründer als Mitglieder der Vorgesellschaft[22] für Verbindlichkeiten aus der Vorgründungszeit ab. Die Haftung der Vorgründungsgesellschaft endet – anders als die der Vor-GmbH und anders als die Haftung aus § 11 Abs. 2 GmbHG – nicht mit Eintragung der GmbH. Die Rechte und Verbindlichkeiten der Vorgründungsgesellschaft gehen nicht automatisch auf die Vor-GmbH oder später auf die GmbH über, sondern müssen durch Rechtsgeschäft übertragen werden.[23]

Bei der Vorgründungsgesellschaft genügt dementsprechend für eine zeitliche Begrenzung der Haftung nicht allein der Hinweis auf die beabsichtigte Gründung einer GmbH. Vielmehr bedarf es einer besonderen **Vereinbarung** mit dem Gläubiger.[24] Eine solche kann sich ausnahmsweise auch aus den Umständen ergeben. So hat der BGH in einem Fall, in dem nicht nur der Gründungstatbestand deutlich zutage lag, sondern auch ein besonderes Sicherungsbedürfnis für den Geschäftspartner augenscheinlich nicht bestand, aus der Interessenlage gefolgert, dass die Mitglieder der Vorgründungsgesellschaft in dieser Eigenschaft nur bis zur Eintragung der GmbH haften sollten.[25] Für eine Ende der Haftung der Vorgründungsgesellschaft mit Eintragung der GmbH im Handelsregister ist daher entweder eine bei Begründung der Verbindlichkeiten zu treffende entsprechende Vereinbarung mit dem Geschäftspartner erforderlich, die sich nur ausnahmsweise auch aus den Umständen ergeben kann, oder eine nachträglich vereinbarte befreiende Schuldübernahme gem. §§ 414, 415 BGB. Die dazu erforderliche Zustimmung des Gläubigers lässt sich nicht allein daraus herleiten, dass er bei Vertragsschluss annahm (beispielsweise wegen ihres Auftretens als Vor-GmbH oder GmbH in Gründung), mit einer beschränkt haftenden GmbH zu kontrahieren, da darin die Auswechslung eines unbeschränkt haftenden gegen einen lediglich beschränkt haftenden Vertragspartner liege.[26]

Haben die Gründer der Vorgründungsgesellschaft eine Vereinbarung zum Ende ihrer unbeschränkten Haftung mit den Gläubigern der Vorgründungsgesellschaft nicht getroffen, kann sich für die Gründer der Vorgründungsgesellschaft ein faktisches Ende der Haftung nur noch unter Verjährungsgesichtspunkten ergeben. Die **Verjährungsregelung** des § 159 Abs. 1 HGB findet auf die Vorgründungsgesellschaft Anwendung, und zwar unabhängig davon, ob es sich bei der Vorgründungsgesellschaft um eine oHG oder um eine Gesellschaft bürgerlichen Rechts handelt. Es ist anerkannt, dass diese Regelung auf die Gesellschaft bürgerlichen Rechts analog anzuwenden ist.[27] Danach verjähren Ansprüche gegen einen Gesellschafter aus Verbindlichkeiten der Gesellschaft innerhalb von 5 Jahren nach Auflösung der Gesellschaft. Die Verjährung beginnt jedoch für die oHG gem. § 159 Abs. 2 HGB erst am Ende des Tages, an dem die Auflösung in das Handelsregister eingetragen worden ist. Ist die Gesellschaft nicht im Handelsregister eingetragen, entfällt die Verjährung nach § 159 HGB.[28] Für den Beginn der Verjährung sind demnach die Nachholung der Eintragung der Gesellschaft im Handelsregister und die Eintragung ihrer Auflösung erforderlich. Handelt es sich bei der Vorgründungsgesellschaft um eine Gesellschaft bürgerlichen Rechts, scheidet sowohl die Eintragung der Gesellschaft als auch die Eintragung ihrer Auflösung im Handelsregister aus. Der BGH hält bei der Gesellschaft bürgerlichen Rechts daher die Kenntnis des Gläubigers von der Auflösung für den Beginn der Verjährung für maßgeblich.[29]

Die notarielle Gründung einer GmbH gibt dem **Notar** Gelegenheit, die Gründer auf die vorstehend dargelegten Grundsätze hinzuweisen und insbesondere darüber zu belehren, dass etwaige Rechte

---

22 S. dazu BGHZ 80, 129, 144 ff. = NJW 1981, 1452.
23 BGH NJW 2001, 2635.
24 BGH NJW 1983, 2822.
25 BGH NJW 1982, 932 = LM § 11 GmbHG Nr. 30.
26 BGH NJW 1998, 646, 647 = DNotZ 1999, 224.
27 Palandt/*Sprau*, Vorb. v. § 723 Rn. 3; BFH NJW 1998, 1185.
28 Baumbach/Hopt, § 159 Rn. 6.
29 BGHZ 117, 168 für den Fall des Ausscheidens.

und Pflichten der Vorgründungsgesellschaft nicht von selbst auf die Vor-GmbH und GmbH übergehen. Besondere Bedeutung kommt dabei der Einrichtung eines Kontos für die »GmbH in Gründung« und der Einzahlung der Einlagen auf dieses Konto vor Abschluss des notariellen Gesellschaftsvertrags der GmbH zu. Dieses Guthaben geht nicht automatisch auf die Vor-GmbH und GmbH über, da eine Identität zwischen der Vorgründungsgesellschaft und der durch die Gründung entstehenden Vor-GmbH und der daraus hervorgehenden GmbH nicht besteht. Es wird zwar vertreten, dass eine **konkludente Übereignung** des Guthabens auf die Vor-GmbH anzunehmen sei, wenn sich die Einlagen zum Zeitpunkt der Gründung noch unangetastet auf dem Konto befinden.[30] Sollte der vorstehend beschriebene Sachverhalt vorliegen, sollte der Notar jedoch vorsorglich zur Einrichtung eines neuen Kontos für die gegründete Vor-GmbH und Einzahlung der Einlagen auf dieses Konto raten. Für die Erbringung der Einlagen kann auch das Guthaben auf dem Konto der Vorgründungsgesellschaft herangezogen werden. Dabei ist auf eine klare und deutliche Tilgungsbestimmung zu achten.

4. Die Vor-GmbH

a) Entstehung und Rechtsnatur der Vor-GmbH

24 Zur Gründung der Gesellschaft mit beschränkter Haftung (GmbH) bedarf es gem. § 2 Abs. 1 GmbHG der Beurkundung des Gesellschaftsvertrags.

25 Mit der Errichtung der Gesellschaft durch notariellen Gründungsakt entsteht die Vorgesellschaft, auch **Vor-GmbH** genannt. Bei der ab Abschluss des förmlichen Gesellschaftsvertrages bis zu ihrer Eintragung in das Handelsregister bestehenden Vorgesellschaft handelt es sich weder um eine oHG noch um eine BGB-Gesellschaft, sondern nach heute nahezu einhellig vertretener Auffassung um eine körperschaftlich strukturierte Gesellschaft eigener Art (sui generis), die weitgehend dem Recht der künftigen Kapitalgesellschaft unterliegt.[31]

26 Auf die Vor-GmbH sind neben dem Gesellschaftsvertrag bereits die Regelungen des GmbH-Rechts anzuwenden, soweit diese nicht gerade die Rechtsfähigkeit voraussetzen oder sonst mit der Beschränkung auf das Gründungsstadium nicht vereinbar sind.[32] Dies gilt jedoch nicht bei der sogenannten **unechten Vor-GmbH** und auch nicht uneingeschränkt bei fehlgeschlagener Gründung.[33]

27 Dementsprechend ist anerkannt, dass der Vor-GmbH als körperschaftsrechtliches strukturiertes Gebilde **Teilrechtsfähigkeit** zukommt.[34] Sie ist heute als Träger von Rechten und Pflichten allgemein anerkannt. Daher ist die Vorgesellschaft selbst als solche und nicht etwa jeder einzelne Gesellschafter oder gar eine von der Vorgesellschaft verschiedene Gesamtheit ihrer Gesellschafter Träger der eingebrachten Vermögenswerte. Die Vorgesellschaft kann unternehmerisch tätig und als solche bereits Trägerin eines Unternehmens sein.[35] Sie verfügt bereits über eine eigene Firma oder doch jedenfalls über einen eigenen Namen,[36] ist konto-, wechsel-, scheck- und grundbuchfähig,[37] aktiv und passiv

---

30 D. *Mayer*, FS Schippel, S. 473; *Kanzleiter*, DNotZ 1994, 700; Gutachten des DNotI zu § 7 GmbHG Nr. 27798; a.A. OLG Stuttgart DNotZ 1994, 695.
31 BGH WM 1980, 955, 956; BGHZ 80, 129, 132; *Baumbach/Hueck*, § 11 Rn. 6.
32 St. Rspr., BGHZ 21, 242, 246; 45, 338, 347; 51, 30, 32; 72, 45, 48 f.; 80, 129, 132; 134, 333, 336; NJW 2000, 1193, 1194; Baumbach/Hueck/*Fastrich*, § 11 Rn. 6; ausführlich m.w.N. auch zu den vor allem früher vertretenen abweichenden Auffassungen *G. Hueck*, FS GmbHG, 1992, S. 138 ff.; Ulmer/ *Ulmer*, § 11 Rn. 9 ff.; Scholz/*K. Schmidt*, § 11 Rn. 30; kritisch Roth/Altmeppen/*Altmeppen*, § 11 Rn. 39 f.; a.A. *Beuthien*, ZIP 1996, 305: für Einordnung der Vor-GmbH als Personenhandelsgesellschaft bzw. als nichtrechtsfähigen Verein.
33 Dazu Baumbach/Hueck/*Fastrich*, § 11 Rn. 32 sowie unten Rdn. 44 f.
34 BGHZ 80, 129 ff. zur Vor-GmbH; Scholz/*K. Schmidt*, § 11 Rn. 34 ff. m.w.N.; BGH DNotZ 1994, 107, 109 zur Vor-AG.
35 BGHZ 134, 333, 335; Scholz/*K. Schmidt*, § 11 Rn. 36 ff.
36 BGHZ 120, 103.
37 BGHZ 117, 323, 326; BGH NJW 1992, 1824.

parteifähig,³⁸ insolvenzfähig gem. § 11 Abs. 2 Nr. 1 InsO³⁹ und auch im Übrigen imstande, durch ihre Geschäftsführung als satzungsmäßiges Vertretungsorgan nach außen geschlossen aufzutreten und eigene Rechte und Verbindlichkeiten zu begründen, deren Träger nicht die Gesellschafter, sondern die Gesellschaft selber ist, die infolgedessen auch schon die Fähigkeit besitzt, als solche die Funktion des persönlich haftenden Gesellschafters in einer Kommanditgesellschaft zu übernehmen.⁴⁰ Sie kann Anträge im Verfahren vor dem Handelsregister stellen.⁴¹

Sie ist nicht stets **Handelsgesellschaft**, da § 13 Abs. 3 GmbHG erst für die eingetragene GmbH gilt, kann aber Handelsgesellschaft sein, wenn sie ein Handelsgewerbe betreibt.⁴² **28**

Aus der Anwendbarkeit der Vereinbarungen des Gesellschaftsvertrags und der Regelungen des GmbH-Rechts ergibt sich ihre Verpflichtung zur **Rechnungslegung** nach §§ 264 ff. HGB auch für den Zeitraum zwischen Gründung (Errichtung) und Eintragung in das Handelsregister. Dies ist nicht Folge des Betriebs eines kaufmännischen Handelsgewerbes oder der direkten oder analogen Anwendung von Vorschriften des Rechts der Personenhandelsgesellschaften und ihrer Verpflichtung zur Rechnungslegung nach §§ 238 ff. HGB.⁴³ Die Vor-GmbH hat eine Eröffnungsbilanz gem. § 242 Abs. 1 HGB aufzustellen. Die Buchführungspflicht beginnt mit dem ersten buchungspflichtigen Geschäftsvorfall nach dem notariellen Abschluss des Gesellschaftsvertrags.⁴⁴ Eine kaufmännische Rechnungslegung ist insbesondere auch im Hinblick darauf geboten, dass die Geschäfte der Vorgesellschaft mit der Eintragung der GmbHG auf diese »übergehen«⁴⁵ und deshalb ebenso aufgezeichnet und behandelt werden müssen, wie nachfolgend bei der Kapitalgesellschaft.⁴⁶ **29**

Die **Vorgesellschaft endet** mit der Entstehung der GmbH durch deren Eintragung in das Handelsregister. Da die Vor-GmbH mit der späteren GmbH identisch ist, gehen alle Rechte und Pflichten der Vor-GmbH ohne weiteres, insbesondere also ohne rechtsgeschäftlichen Übertragungsakt auf die GmbH über.⁴⁷ **30**

b) Geschäftsführung und Vertretung bei der Vor-GmbH

Die laufende Geschäftsführung und die Vertretung der Vor-GmbH obliegen den Geschäftsführern.⁴⁸ **31**

Dabei deckt die das Innenverhältnis regelnde **Geschäftsführungsbefugnis** alle Maßnahmen, die zur Durchführung der Gründung erforderlich sind, wie insbesondere die Entgegennahme der Mindestbar- und Sacheinlagen nach § 7 Abs. 2 und 3 GmbHG sowie die Anmeldung der GmbH zur Eintragung in das Handelsregister. Darüber hinaus sind die Geschäftsführer aber auch zu allen Maßnahmen berechtigt, die ihre Grundlage im Gesellschaftsvertrag oder in einem einstimmigen Gesellschafterbeschluss haben. Die Geschäftsführer sind daher bei einer Sachgründung zur Verwaltung und Erhaltung der Sacheinlagen und bei Einbringung eines Unternehmens zur Geschäftsfortführung berechtigt. Auch bei einer Bargründung sind die Geschäftsführer zu über gründungsnotwendige Maßnahmen hinaus **32**

---

38 BGHZ 79, 239, 241; BGH NJW 1998, 1079.
39 S. auch BGH NZG 2003, 116.
40 BGHZ 80, 129, 130, BGH NJW 1992, 1824; zur extensiven Handelnden- und Gesellschafterhaftung gegenüber den Gläubigern der KG in diesem Fall vgl. Lutter/Hommelhoff/*Bayer*, § 11 Rn. 13.
41 BGHZ 117, 323, 325.
42 Baumbach/Hueck/*Fastrich*, § 11 Rn. 13; Scholz/*K. Schmidt*, § 11 Rn. 37; Heymann/Emmerich, § 1 HGB Rn. 35; BGH NJW 2000, 1193.
43 Scholz/*Crezelius*, Anh. § 42a Rn. 35; GroßkommHGB/*Hüffer*, § 238 Rn. 16; abweichend *Adler/Düring/Schmaltz*, § 262 HGB Rn. 10: nur bei vollkaufmännischer Vorgesellschaft.
44 Lutter/Hommelhoff/*Kleindiek*, § 41 Rn. 7.
45 BGHZ 80, 129.
46 MünchHdb. GesR I/*Gummert*, § 14 Rechnungsabschluss, Rn. 15.
47 BGHZ 80, 129, 137 ff.; dazu auch Scholz/*K. Schmidt*, § 11 Rn. 151 ff. m.w.N.
48 *Baumbach/Hueck*, § 11 Rn. 9, 18.

gehenden Handlungen berechtigt, wenn sie dazu im Gesellschaftsvertrag oder durch die Gesellschafter ermächtigt werden.[49]

33 Die **Vertretung** der Vor-GmbH im Außenverhältnis erfolgt ebenfalls durch die Geschäftsführer. Die Geschäftsführer sind die organschaftlichen Vertreter der Vor-GmbH.[50] Die Geschäftsführer sind für die Vor-GmbH unentbehrliches Handlungsorgan, haben die GmbH zur Eintragung in das Handelsregister anzumelden und sind daher im Gründungsstadium zu bestellen.[51] Die Bestellung der Geschäftsführer erfolgt entweder gem. § 6 Abs. 3 Satz 2 GmbHG im Gesellschaftsvertrag oder durch Mehrheitsbeschluss.[52] Als Organ der Vorgesellschaft handeln die Geschäftsführer unmittelbar nur für diese. Bis zur Eintragung der GmbH im Handelsregister ist die Vor-GmbH Trägerin des Unternehmens.[53] Die Vertretung einer Vor-GmbH vor Geschäftsführerbestellung durch eine in der Gründungsurkunde/im Gesellschaftsvertrag von den Gesellschaftern bevollmächtigte Person ist nicht möglich. Die Gesellschafter der Vor-GmbH können diese nicht vertreten und in ihrem Namen keine Vollmacht erteilen.[54]

34 Der Umfang der **Vertretungsbefugnis** der Geschäftsführer ist umstritten. In der Literatur und in der Rechtsprechung wird noch ganz überwiegend die Beschränkung der Vertretungsmacht auf gründungsnotwendige Geschäfte befürwortet, da insbesondere bei Bestehen einer Fremdorganschaft die unbeschränkte persönliche Inanspruchnahme der Gründer drohe, ohne dass diese die Haftung selbst herbeigeführt hätten.[55] Im Verkehr mit einer noch nicht eingetragenen GmbH erscheine die Berücksichtigung der konkret bestehenden Vertretungsmacht auch für Dritte zumutbar, zumal zu ihrem Schutz auch bei Überschreitungen i.d.R. die Handelndenhaftung nach § 11 Abs. 2 GmbHG eingreife.[56]

35 Die Vertretungsmacht der Geschäftsführer kann jedoch durch Gesellschaftsvertrag oder auch formlos durch eine von den Gründern zu erteilende **Ermächtigung** erweitert werden.[57] Sollen die Geschäftsführer der Gesellschaft nach der Errichtung aber vor Eintragung der GmbH im Handelsregister bereits Geschäfte vornehmen, die für die GmbH nicht gründungsnotwendig sind, so sollten die Geschäftsführer zur Vornahme dieser Geschäfte in der Satzung oder durch die Gesellschafter ausdrücklich ermächtigt werden. Dies hat insbesondere Bedeutung für die Gründung einer GmbH, die sich vor ihrer Eintragung im Handelsregister als persönlich haftende Gesellschafterin an einer **GmbH & Co. KG** beteiligen soll, anderenfalls droht die Fehlerhaftigkeit des KG-Vertrages.[58]

c) *Haftungsverhältnisse bei der Vor-GmbH*

36 Die Klärung der Haftungsverhältnisse bei der Vor-GmbH ist in den vergangenen 15 Jahren im Zuge umfangreicher Rechtsprechung und Literatur weitgehend erfolgt. Zu unterscheiden ist insoweit
– die Haftung der Vor-GmbH als solcher,

---

49 BGHZ 80, 129, 139; Baumbach/Hueck/*Fastrich*, § 11 Rn. 10; Lutter/Hommelhoff/*Bayer*, § 11 Rn. 14.
50 BGHZ 80, 129, 132; BGHZ 117, 323, 326; Baumbach/Hueck/*Fastrich*, § 11 Rn. 18; Heckschen/Heidinger/*Blath*, Die GmbH in der Gestaltungs- und Beratungspraxis, Kap. 3 Rn. 8.
51 Baumbach/Hueck/*Fastrich*, § 6 Rn. 3.
52 BGHZ 80, 212, 214.
53 Allg. M. BGH BB 1990, 86, BayObLG 1986, 549; Scholz/*K. Schmidt*, § 11 Rn. 36.
54 Gutachten DNotI v. 28.02.2019 Abruf-Nr. 165918, DNotI-Report 2019, 32–33.
55 BGHZ 80, 129, 139 = NJW 1981, 1373, 1375 = GmbHR 1981, 114; Baumbach/Hueck/*Fastrich*, § 11 Rn. 19; Lutter/Hommelhoff, § 11 Rn. 14; Roth/Altmeppen/*Altmeppen*, § 11 Rn. 46 ff.; *Lutter*, JuS 1998, 1073, 1076; *Ulmer*, ZGR 1981, 596 ff.; *Fleck*, GmbHR 1983, 8 f.; dem wird entgegengehalten, dass die Beschränkung der Vertretungsmacht auf gründungsnotwendige Geschäfte mit der Aufgabe des Vorbelastungsverbots durch die Rechtsprechung seine innere Rechtfertigung verloren habe Scholz/*K. Schmidt*, § 11 Rn. 72 f.
56 Baumbach/Hueck/*Fastrich*, § 11 Rn. 19; Hachenburg/*Ulmer*, § 11 Rn. 54; *Fleck*, GmbHR 1983, 9.
57 BGHZ 80, 129, 139 = NJW 1981, 1373, 1375; Baumbach/Hueck/*Fastrich*, § 11 Rn. 20 m.w.N.
58 Zur Haftung der Geschäftsführer und der Gesellschafter der Komplementär-GmbH s. nachfolgend und vgl. Baumbach/Hueck/*Fastrich*, § 11 Rn. 69 ff.

A. Gründung der Gesellschaft mit beschränkter Haftung

- die persönliche Haftung der Gesellschafter der Vor-GmbH,
- die Handelndenhaftung gem. § 11 Abs. 2 GmbHG.

aa) Haftung der Vor-GmbH als solcher

Geklärt ist heute, dass die Vor-GmbH als solche für Verbindlichkeiten aus Rechtsgeschäften haftet, wenn sie bei deren Abschluss wirksam vertreten worden ist[59] oder wenn sie ein ohne Vertretungsmacht vorgenommenes Rechtsgeschäft genehmigt.[60] Sie selbst wird als Träger des Gesellschaftsvermögens durch das Handeln ihrer Geschäftsführer als Organ verpflichtet.[61] Ein Organverschulden wird der Vor-GmbH analog § 31 BGB zugerechnet. Insbesondere gilt § 31 BGB entsprechend für zum Schadensersatz verpflichtendes deliktisches Verhalten der Geschäftsführer in ihrer Eigenschaft als Organ der Vor-GmbH.[62] Für Erfüllungsgehilfen gilt im Rahmen von Sonderrechtsverhältnissen, insbesondere also bei Verträgen die Zurechnungsnorm des § 278 BGB und für unerlaubte Handlungen von Verrichtungsgehilfen die Regelung des § 831 BGB. Die Wissenszurechnung erfolgt nach allgemeinen gesellschaftsrechtlichen Grundsätzen.[63] Kenntnis, Irrtum, guter und böser Glaube der Geschäftsführer und der Liquidatoren werden der Vor-GmbH unmittelbar zugerechnet. Für die Wissenszurechnung von Stellvertretern gilt die Bestimmung des § 166 BGB.[64]

37

bb) Persönliche Haftung der Gesellschafter der Vor-GmbH

Ursprünglich versuchte der BGH die Unversehrtheit des Stammkapitals im Zeitpunkt der Eintragung der Gesellschaft gegenständlich durch das Vorbelastungsverbot sicherzustellen. Mit der Aufgabe des Vorbelastungsverbots und der Einführung der **Unterbilanzhaftung**, auch Vorbelastungshaftung genannt[65] entstand ein Wertungswiderspruch zwischen beschränkter Außenhaftung der Gesellschafter vor Eintragung der Gesellschaft und unbeschränkter interner Einstandspflicht nach Eintragung. Diesen löste der BGH in seiner Grundsatzentscheidung vom 27.01.1997[66] zugunsten eines durchgängigen **Innenhaftungsmodells** auf. In dieser Entscheidung hat der BGH seine frühere Rechtsprechung, nach der eine auf den Betrag der noch ausstehenden Einlagen beschränkte Außenhaftung der Gesellschafter bestand,[67] aufgegeben.

38

Nach der Rechtsprechung des BGH ist nunmehr von einer internen Verlustdeckungshaftung der Gesellschafter für die Zeit vor der Eintragung der Gesellschaft und von einer internen Unterbilanzhaftung für die Zeit ab Eintragung der Gesellschaft im Handelsregister auszugehen. Sollten die von den Mitgesellschaftern geschuldeten Einlagen von diesen nicht zu erlangen sein, kann die übrigen Gesellschafter nach § 24 GmbHG eine interne Ausfallhaftung treffen. Eine unmittelbare Außenhaftung der Gesellschafter besteht demnach grundsätzlich nicht mehr.

39

Mit der Eintragung der Gesellschaft im Handelsregister entsteht deren Anspruch gegen die Gesellschafter auf Ausgleich der Unterbilanz. Damit trägt der BGH dem **Unversehrtheitsgrundsatz** nicht mehr gegenständlich, sondern bilanziell Rechnung. Die Stammkapitalziffer muss im Zeitpunkt der Eintragung der Gesellschaft durch deren vorhandenes Vermögen – nur vermindert um den Gründungsaufwand – gedeckt sein. Ist das nicht der Fall, sind die Gesellschafter anteilig zum Ausgleich der Differenz der Gesellschaft gegenüber verpflichtet. Bei dieser Ausgleichspflicht handelt es sich

40

---

59 S. zur Vertretung oben Rdn. 33.
60 Scholz/*K. Schmidt*, § 11 Rn. 68 ff.
61 Baumbach/Hueck/*Fastrich*, § 11 Rn. 22.
62 Allg.M.: Baumbach/Hueck/*Fastrich*, § 11 Rn. 22; Ulmer/*Ulmer*, § 11 Rn. 85; *Beuthien*, BB 1996, 1337 f.
63 *K. Schmidt*, GesR, § 10 V.
64 Scholz/*K. Schmidt*, § 11 Rn. 78.
65 BGHZ 80, 129 = NJW 1981, 1373 dort nicht Unterbilanzhaftung, sondern Differenzhaftung genannt.
66 DNotZ 1998, 142 = MittRhNotK 1997, 312 = MittBayNot 1997, 186 = NJW 1997, 1507 = ZIP 1997, 679 = WM 1997, 820 = DB 1997, 867 = BGHZ 134, 333.
67 BGHZ 65, 378; 72, 45; 80, 182.

um eine **reine Innenhaftung** der Gesellschafter gegenüber der Gesellschaft.[68] Dies gilt auch im Falle der Vermögenslosigkeit der GmbH bei ihrer Eintragung und der Einpersonengesellschaft.[69]

41 Auch bei der Unterbilanzhaftung ist nach dem entsprechend geltenden Grundsatz der realen Kapitalaufbringung ein automatisches **Erlöschen** des Anspruchs durch faktische Zweckerreichung infolge anderweitiger Auffüllung des Haftungsfonds ausgeschlossen. Der aus Unterbilanz haftende Gesellschafter kann nach dem ebenfalls entsprechend geltenden § 19 GmbHG nicht ohne weiteres einseitig mit Forderungen, die er gegen die GmbH besitzt, aufrechnen.[70]

42 Der Anspruch gegen die Gesellschafter auf Ausgleich der Unterbilanz wird wie ein Anspruch auf Leistung fehlender Bareinlagen behandelt und **verjährt** analog der Regelung in § 9 Abs. 2 GmbHG in 10 Jahren. Damit besteht ein Gleichlauf zwischen der Verjährung der Unterbilanzhaftung, der Verjährung der Stammeinlageforderungen gem. § 19 Abs. 6 GmbHG und der Verjährung der Rückzahlungsforderungen § 31 Abs. 5 GmbHG.[71]

43 Vor der Eintragung der Gesellschaft im Handelsregister besteht grundsätzlich die sogenannte **Verlustdeckungshaftung**, die in ihrer Struktur und in ihrem Umfang der Unterbilanzhaftung entspricht. Auch bei der Verlustdeckungshaftung handelt es sich um eine Innenhaftung der Gesellschafter gegenüber der Gesellschaft.[72] Scheitert die Eintragung der GmbH oder geben die Gründer die bestehende Eintragungsabsicht auf, haften sie persönlich, unbeschränkt und entsprechend ihrer jeweiligen Beteiligung an der Gesellschaft.[73]

44 Etwas anderes gilt ausnahmsweise dann, wenn die Gründer der Vor-GmbH von vornherein nicht die Absicht haben, die Eintragung der GmbH in das Handelsregister zu betreiben, sog. **unechte Vor-GmbH**. In diesem Fall handelt es sich nicht um eine Vor-GmbH, sondern um eine Personengesellschaft, und zwar abhängig vom Gesellschaftszweck um eine Gesellschaft bürgerlichen Rechts oder eine offene Handelsgesellschaft. Für diese gelten die jeweiligen gesetzlichen Regeln.[74] Die Gründer haften den Gläubigern der Gesellschaft daher im Wege der **Außenhaftung** unmittelbar, unbeschränkt, persönlich, gesamtschuldnerisch auf das Ganze.[75]

45 Darüber hinaus wird eine **Außenhaftung** von der Rechtsprechung auch angenommen bei
 – Vermögenslosigkeit der Vor-GmbH,[76]
 – der Ein-Mann-Vor-GmbH,[77] wenn sie nur einen Gläubiger hat,[78]
 – in masselosen Insolvenzen[79] sowie
 – bei Scheitern der Gründung der GmbH ohne sofortige Beendigung der Geschäftstätigkeit und Abwicklung der Vorgesellschaft gemäß den Vorschriften der §§ 60 ff. GmbHG.[80]

---

68 DNotZ 1998, 142 = MittRhNotK 1997, 312 = MittBayNot 1997, 186 = NJW 1997, 1507 = ZIP 1997, 679 = WM 1997, 820 = DB 1997, 867 = BGHZ 134, 333.
69 BGH II ZR 129/04, DNotZ 2006, 215 = NotBZ 2006, 99 = NZG 2006, 64 = ZIP 2005, 2257 = WM 2005, 2396 = GmbHR 2006, 88 = DB 2005, 2809 = NJW-RR 2006, 254.
70 BGH DNotZ 2006, 539 = NJW 2006, 1549.
71 Vgl. zu Altfällen Heckschen/Heidinger/*Heidinger/Blath*, Kap. 3 Rn. 38 m.w.N.
72 Für Außenhaftung Scholz/K. *Schmidt*, § 11 Rn. 91 ff.; *Roth*/Altmeppen, § 11 Rn. 55; Michalski/*Blath*, § 11 Rn. 67 (anders offenbar in Rn. 126).
73 BGH DNotZ 1998, 142 = MittRhNotK 1997, 312 = MittBayNot 1997, 186 = NJW 1997, 1507 = ZIP 1997, 679 = WM 1997, 820 = DB 1997, 867 = BGHZ 134, 333; BGH ZIP 1996, 590.
74 Ulmer/*Ulmer*, 2005, § 11 Rn. 26; Heckschen/Heidinger/*Heidinger/Blath*, Kap. 3 Rn. 41.
75 OLG Stuttgart, 20 U 87/99, NZG 2001, 86.
76 DNotZ 1998, 142 = MittRhNotK 1997, 312 = MittBayNot 1997, 186 = NJW 1997, 1507 = ZIP 1997, 679 = WM 1997, 820 = DB 1997, 867 = BGHZ 134, 333, 341; bestätigt durch BGHZ 149, 273, 274 = NJW 2002, 824 zur analogen Anwendung bei der Genossenschaft.
77 BGH ZNotP 2001, 242 = NZG 2001, 561 = ZIP 2001, 789 = WM 2001, 903 = GmbHR 2001, 432 = DB 2001, 975.
78 OLG Dresden GmbHR 1998, 188; BGH NJW 1997, 1507, 1509.
79 LAG Frankfurt am Main GmbHR 1998, 785.
80 BGH NJW 2003, 429; OLG Hamm NZG 2006, 754, 755.

Die **subsidiäre Ausfallhaftung** der Mitgesellschafter nach § 24 GmbHG findet auch auf die Verlustdeckungshaftung Anwendung, so dass auch insoweit ein Gleichlauf mit der Unterbilanzhaftung hergestellt ist.[81]

cc) Handelndenhaftung gem. § 11 Abs. 2 GmbHG

Gem. § 11 Abs. 2 GmbHG haften die im Namen der Gesellschaft vor deren Eintragung im Handelsregister Handelnden persönlich und solidarisch. **Handelnder** im Sinne dieser Regelung sind die Geschäftsführer der Gesellschaft sowie die Personen, die wie ein solcher für die künftige GmbH oder die Vorgesellschaft tätig werden.[82] Die Regelung gilt jedoch auch für den Fall, dass der Geschäftsführer einen anderen für sich handeln lässt.[83] Gesellschafter, die der Aufnahme des Geschäftsbetriebs durch die Vorgesellschaft zugestimmt haben, sind nicht allein deswegen als Handelnde anzusehen.[84]

Eine Haftung besteht nur **Drittgläubigern** gegenüber. Eine Haftung den Gesellschaftern gegenüber besteht nicht, selbst wenn diese Drittgläubiger sind.[85]

Mehrere gemeinsam Handelnde haften im Außenverhältnis Drittgläubigern gegenüber **gesamtschuldnerisch**.[86]

Es besteht nur eine Haftung für **rechtsgeschäftlich** begründete Verbindlichkeiten, nicht hingegen für kraft Gesetzes begründete Verbindlichkeiten, wie beispielsweise Sozialversicherungsbeiträge.[87]

Die Haftung kann durch Vereinbarung mit dem Geschäftspartner beschränkt und auch gänzlich **ausgeschlossen** werden.[88]

Die **Haftung erlischt**, wenn und sobald die GmbH im Handelsregister eingetragen wird.[89]

Bei Inanspruchnahme des Handelnden durch Gesellschaftsgläubiger kann dieser **Freistellung** gem. § 257 BGB und nach Leistung gem. §§ 675, 670 BGB Erstattung von der Vorgesellschaft und nach Eintragung von der GmbH verlangen.[90]

Die vorstehend dargestellten Haftungsgrundsätze zur Handelndenhaftung gelten auch für die **Ein-Personen-Vor-GmbH**.[91]

d) Folgen für den Berater

Anlässlich des Gründungsvorgangs empfiehlt sich ein **Hinweis** des Notars zu den vorstehend dargelegten Grundsätzen. Insbesondere sollte
- der Zeitpunkt der Entstehung der GmbH,
- die Teilrechtsfähigkeit der Vor-GmbH,
- die Reichweite und die Grenzen der Geschäftsführungsbefugnis und der Vertretungsmacht der Geschäftsführer,
- die Haftung der Vor-GmbH,

---

81 Baumbach/Hueck/*Fastrich*, § 11 Rn. 25.
82 St. Rspr. BGHZ 47, 25; 65, 378, 380; 91, 148, 149; Baumbach/Hueck/*Fastrich*, § 11 Rn. 47.
83 BGHZ 53, 206; BGH NJW 1974, 1284; BGH WM 1983, 230; OLG Hamm GmbHR 1997, 602.
84 H.M. Baumbach/Hueck/*Fastrich*, § 11 Rn. 47.
85 BGH NJW 1980, 1630; *Wicke*, 2011, § 11 Rn. 14.
86 Baumbach/Hueck/*Fastrich*, § 11 Rn. 51.
87 BGHZ 53, 214; 65, 380; 76, 320, 325; Michalski/*Blath*, § 11 Rn. 95; Rowedder/*Schmidt-Leithoff*, § 11, Rn. 120; Baumbach/Hueck/*Fastrich*, § 11 Rn. 49; *Wicke*, § 11 Rn. 13; a.A. *Schwab*, NZG 2012, 481 ff.
88 BGHZ 15, 206; 53, 213; Baumbach/Hueck/*Fastrich*, § 11 Rn. 52.
89 Früher str. jetzt allg. M. BGHZ 80, 182; 80, 145; NJW 1982, 932; 1983, 2822; vorher schon BGHZ 69, 103; 70, 139; 76, 323; Scholz/*K. Schmidt*, § 11 Rn. 130 m.w.N.
90 Baumbach/Hueck/*Fastrich*, § 11 Rn. 54.
91 *Wicke*, § 11 Rn. 16.

- die Unterbilanz- und die Verlustdeckungshaftung der Gesellschafter sowie ihre
- subsidiäre Ausfallhaftung nach § 24 GmbHG als auch
- die Handelndenhaftung nach § 11 Abs. 2 GmbHG insbesondere der Geschäftsführer

erläutert und dies aus Haftungsgründen in der Urkunde dokumentiert werden.

IV. Errichtung der GmbH

56 Die Gründung der GmbH regelt das GmbH-Gesetz in seinem Ersten Abschnitt. Begrifflich wird dabei in Anlehnung an das Aktienrecht überwiegend zwischen der Errichtung der Gesellschaft, unter der man den Abschluss des Gesellschaftsvertrages und die Übernahme der Geschäftsanteile versteht, und der Gründung, die erst mit Eintragung der GmbH im Handelsregister abgeschlossen ist, unterschieden.[92]

1. Gesellschafter

57 Gründer und Gesellschafter einer GmbH können sein natürliche Personen, juristische Personen, Personenhandelgesellschaften, die Gesellschaft bürgerlichen Rechts, die Partnerschaft, die Europäische Wirtschaftliche Interessenvereinigung sowie als weitere Gesamthandgemeinschaften die Erbengemeinschaft, die Gütergemeinschaft und der nichtrechtsfähige Verein.

a) Natürliche Personen als Gründer

aa) Ehegatten

58 Ist ein Gründer der GmbH verheiratet, empfiehlt es sich im Urkundeneingang den Güterstand aufzunehmen. Aus dem **Güterstand** können sich sowohl Schranken im Hinblick auf Einlageverpflichtungen als auch Folgen für die Rechtsinhaberschaft am Geschäftsanteil ergeben.

59 Grundsätzlich unterliegen Ehegatten keinen Beschränkungen. Sie können selbständig Gründer und Gesellschafter sein.[93] Ein Ehegatte bedarf zum Abschluss des Gesellschaftsvertrages gem. § 1365 BGB jedoch ausnahmsweise der Zustimmung seines mit ihm in **Zugewinngemeinschaft** lebenden Ehegatten, wenn er sich in dem Gesellschaftsvertrag verpflichtet, sein gesamtes oder nahezu Vermögen, in die Gesellschaft einzubringen und dies für den Mitgründer erkennbar ist.[94] Dass dem Ehegatten mit dem Geschäftsanteil regelmäßig ein angemessener Gegenwert zufließt, ist im Rahmen des § 1365 BGB unbeachtlich.

60 Bei **Gütergemeinschaft** wird der im Rahmen der Gründung erworbene Geschäftsanteil Gesamtgut der Ehegatten. Dies kann vermieden werden, wenn hinsichtlich des aufgrund der Einlageverpflichtung an die Gesellschaft zu leistenden Vermögenswerts ehevertraglich Vorbehaltsgut gem. § 1418 Nr. 3 BGB vereinbart wird.[95]

bb) Minderjährige und unter Betreuung stehende Personen

61 Minderjährige und andere nicht unbeschränkt geschäftsfähige sowie geschäftsunfähige Personen können Gründer und Gesellschafter einer GmbH sein. Bei der Gründung bedürfen sie der Mitwirkung des gesetzlichen Vertreters. Die **Vertretung** richtet sich dabei nach den allgemeinen gesetzlichen Regeln. Minderjährige werden gem. §§ 1629 Abs. 1, 1626 Abs. 1 BGB grundsätzlich durch beide Eltern gemeinschaftlich vertreten. Ist ein Elternteil selbst als Gründer an der Gesellschaft beteiligt und schließt er den Gesellschaftsvertrag somit auch im eigenen Namen, ist er an der Vertretung des Kindes gem. §§ 1629 Abs. 2, 1795 Abs. 2, 181 BGB gehindert. Ein für die GmbH-Grün-

---

92 Baumbach/Hueck/*Fastrich*, § 1 Rn. 2.
93 Baumbach/Hueck/*Fastrich*, § 1 Rn. 27.
94 H.M. im Einzelnen str., s. zu den Einzelheiten Ulmer/*Ulmer*, § 2 Rn. 71; Michalski/*J. Schmidt*, § 2 Rn. 18; Baumbach/Hueck/*Fastrich*, § 1 Rn. 27 differenzierend zwischen Bar- und Sacheinlagen.
95 Baumbach/Hueck/*Fastrich*, § 1 Rn. 27, 37 zur Gründung durch Ehegatten in Gütergemeinschaft.

A. Gründung der Gesellschaft mit beschränkter Haftung

dung relevantes Vertretungsverbot besteht ferner in den in § 1795 Abs. 1 BGB genannten Fällen. Da die Gründung einer Gesellschaft mit beschränkter Haftung stets auch Verpflichtungen mit sich bringt, ist der Abschluss eines Gesellschaftsvertrages nie ausschließlich rechtlich vorteilhaft i.S.d. § 107 BGB.

Dem Minderjährigen ist in diesen Fällen gem. § 1909 Abs. 1 BGB ein Ergänzungspfleger zu bestellen. Sollen mehrere minderjährige Kinder Gesellschafter werden, ist für jedes minderjährige Kind gesondert ein Pfleger zu bestellen, da der Pfleger gem. § 1915 Abs. 1 BGB seinerseits den für die Vormundschaft geltenden Vorschriften und damit gemäß dem Vertretungsverbot der §§ 1795 Abs. 2, 181 BGB unterliegt. Eine gleichzeitige Vertretung mehrerer minderjähriger Kinder durch einen Pfleger ist ausgeschlossen.[96]

Bei der Beteiligung eines Minderjährigen sind die §§ 1822 Nr. 3., 1643 bzw. 1915 BGB zu beachten. Nach der 2. Alt. von § 1822 Nr. 3. bedürfen Eltern bzw. Vormund zum Abschluss eines Gesellschaftsvertrages, der zum Betrieb eines Erwerbsgeschäftes eingegangen wird, der **Genehmigung** des Familien- bzw. Betreuungsgerichts. Dies gilt auch, wenn der Abschluss des Gesellschaftsvertrages für den Minderjährigen unentgeltlich ist. Dass das Erwerbsgeschäft von der GmbH als juristische Person betrieben werden soll, steht der Anwendbarkeit des § 1822 Nr. 3 BGB nicht entgegen.[97]

Bei Mehrpersonengesellschaften greift darüber hinaus – wegen der Ausfallhaftung des § 24 GmbHG – auch die Genehmigungsbedürftigkeit des § 1822 Nr. 10 BGB unter dem Gesichtspunkt der Übernahme einer fremden Verbindlichkeit ein.[98]

Für **Betreute** gilt Vorstehendes entsprechend, wenn vom Betreuungsgericht ein Einwilligungsvorbehalt für Vermögensangelegenheiten angeordnet worden ist. In diesem Fall hat der Betreute gem. §§ 1903 Abs. 1, 108 ff. BGB eine ähnliche Stellung wie der Minderjährige.[99] Das Geschäft bedarf der betreuungsrechtlichen Genehmigung gem. §§ 1908i, 1822 Nr. 3 BGB.[100] Besteht ein Vertretungsverbot gem. §§ 1908i, 1795, 181 BGB oder §§ 1908i, 1796 BGB ist abweichend von den Regelungen beim Minderjährigen kein Ergänzungspfleger, sondern eine ergänzende Bestellung eines weiteren (Ersatz-) Betreuers gem. § 1899 Abs. 4 BGB erforderlich.[101]

cc) Ausländer

Ausländer können sich grundsätzlich an der Gründung einer deutschen GmbH beteiligen.[102] Dies gilt insbesondere für Angehörige von EU-Mitgliedstaaten.[103] Allerdings hat der Notar gem. § 4 BeurkG die Beurkundung abzulehnen, wenn im Pass des ausländischen Gründers ein Verbot der Erwerbstätigkeit (sog. »**Sperrvermerk**«) eingetragen ist, da in diesem Falle die Eintragung einer solchen GmbH im Handelsregister gegen die Bestimmungen des § 134 BGB verstößt.[104] Gleiches soll gelten, wenn der Ausländer durch seine Beteiligung an der GmbH gegen ausländerrechtliche oder gewerbepolizeiliche Beschränkungen verstößt.[105]

---

96 Differenzierend *Ivo*, ZEV 2005, 193 ff.
97 Baumbach/Hueck/*Fastrich*, § 2 Rn. 26.
98 Vgl. auch *Bürger*, RNotZ 2006, 156; *Wälzholz*, GmbH-StB 2006, 170.
99 Baumbach/Hueck/*Fastrich*, § 1 Rn. 26.
100 Baumbach/Hueck/*Fastrich*, § 1 Rn. 25.
101 Baumbach/Hueck/*Fastrich*, § 1 Rn. 26.
102 Eingehend zum Ganzen *Bohlscheid*, RNotZ 2005, 505 ff.
103 Vgl. dazu Art. 21, 21, 49 AEUV.
104 OLG Stuttgart MittBayNot 1984, 138; Beck'sches Notarhandbuch/*Mayer/Weiler*, § 22 Rn. 8.
105 KG GmbHR 1997, 412; Lutter/Hommelhoff/*Bayer*, § 1 Rn. 16, anders die überwiegende Lit. s. die Nachweise bei Scholz/*Emmerich*, § 2 Rn. 41 ff.

dd) Freiberufler

67 Die Möglichkeit und die Art und Weise der Ausübung einer **freiberuflichen Tätigkeit** durch eine GmbH unterliegt oftmals besonderen standesrechtlichen Regeln,[106] z.B.
- Rechtsanwälte: §§ 59c ff. BRAO;[107]
- Steuerberater: §§ 49 ff. StBerG;
- Wirtschaftsprüfer: §§ 27 ff. WiPrO;
- Patentanwälte: §§ 52c ff. PatAnwO;
- Architekten: z.B. Art. 8 ff. BauKaG Bayern;
- Ärzte: §§ 23a ff. Musterberufsordnung;[108]
- Zahnärzte: Zahnarzt-GmbH von der Rechtsprechung grundsätzlich für zulässig erachtet;[109] die Zulässigkeitsvoraussetzungen sind in den einzelnen Bundesländern unterschiedlich.

ee) Einzelkaufmann

68 Der **Einzelkaufmann** kann sich sowohl unter seinem bürgerlichen Namen als auch unter seiner kaufmännischen Firma (§ 17 HGB) an der Gründung einer GmbH beteiligen.[110] Aufgrund der Neufassung des § 5 Abs. 2 GmbHG kann er auch unter beiden Bezeichnungen gesonderte Stammeinlagen übernehmen.

b) Juristische Personen als Gründer

69 **Juristische Personen** deutschen Rechts können grundsätzlich ohne Einschränkung Gründer und Gesellschafter einer GmbH sein, insbesondere also AG, GmbH, KGaA, Genossenschaft, e.V., rechtsfähige Stiftung bürgerlichen Rechts. Auch juristische Personen des öffentlichen Rechts können eine GmbH gründen oder sich an einer Gründung beteiligen. Grenzen ergeben sich insoweit nicht aus dem GmbHG, können sich jedoch aus den jeweiligen für die juristische Personen des öffentlichen Rechts geltenden gesetzlichen Grundlagen und Aufgabenstellungen ergeben.[111]

70 Nach h.M. können auch die Vor-AG, die Vor-GmbH und die Vor-KGaA, die durch die notarielle Beurkundung der Satzung entstehen, Gesellschafter einer GmbH sein.[112] Die Anerkennung der Vorgesellschaften als Rechtsträger bringt es mit sich, dass sich diese auch als solche bereits an der Gründung einer GmbH beteiligen können.[113]

71 **Ausländische juristische Personen** können sich ebenfalls an der Gründung einer GmbH beteiligen, soweit dies nach dem für sie geltenden Recht zulässig ist.[114]

---

106 Näheres s.u. beim Unternehmensgegenstand Rdn. 202, 214 ff.
107 Vgl. OLG Rostock GmbHR 2007, 377; *Ballof*, GmbH-Stpr 2003, 124; *Vieth/Schulz-Jander*, NZG 1999, 1126 (mit Muster); *Henssler*, NJW 1999, 241.
108 Vgl. *Braun/Richter*, MedR 2005, 685; *Häußermann/Dollmann*, MedR 2005, 255.
109 BGH NJW 1994, 786.
110 Baumbach/Hueck/*Fastrich*, § 1 Rn. 28.
111 BGHZ 20, 124; Baumbach/Hueck/*Fastrich*, § 1 Rn. 30.
112 Ulmer/*Ulmer*, § 2 Rn. 80; Scholz/*Cramer*, § 2 Rn. 59 f.; Scholz/*K. Schmidt*, § 11 Rn. 34, 66 ff.; Roth/Altmeppen, § 11, Rn. 29; Rowedder/*Schmidt-Leithoff*, § 11 Rn. 80; Baumbach/Hueck/*Fastrich*, § 1 Rn. 31; Michalski/*J. Schmidt*, § 2 Rn. 20.
113 Zulässigkeit der Beteiligung der Vor-GmbH an einer KG anerkannt durch BGHZ 80, 129 ff.
114 Lutter/Hommelhoff/*Bayer*, § 2 Rn. 9; Scholz/*Cramer*, § 2 Rn. 59; KG NJW-RR 1997, 1127; OLG Frankfurt am Main NZG 2002, 294; LG Saarbrücken MittRhNotK 1991, 89 = GmbHR 1991, 581.

c) Personenhandelsgesellschaften als Gründer

Die **Personenhandelsgesellschaften** (oHG, KG) nehmen gem. § 124 HGB am Rechtsverkehr als Einheit unter ihrer Firma teil. Sie können sich als Gründer und Gesellschafter an einer GmbH beteiligen. Dies gilt auch für die Einpersonen-Gründung einer GmbH.[115]

d) Gesellschaft bürgerlichen Rechts als Gründer

Die **GbR** kann sich an der Gründung einer Mehr-Personen-GmbH mit Dritten beteiligen[116] und auch allein eine Ein-Personen-GmbH gründen.[117] Dies findet seine Bestätigung in der grundlegenden Entscheidung des BGH vom 29.01.2001, in der der BGH die Rechtsfähigkeit der (Außen-) GbR anerkannt hat, soweit sie durch Teilnahme am Rechtsverkehr eigene Rechte und Pflichten begründet.[118] Die fehlende Registerpublizität der GbR erfordert jedoch wie bei § 162 Abs. 1 Satz 2 HGB, dass in der Satzung und in der Gesellschafterliste nicht nur die GbR unter ihrer Bezeichnung als Gründer aufgeführt wird, sondern dass auch die Namen ihrer Gesellschafter genannt werden.[119]

Nicht geklärt ist bislang die Frage, ob und wie die **Existenz der GbR** als solcher und ihre Vertretung dem die Gründung beurkundenden Notar und dem Handelsregister nachzuweisen ist. Fraglich ist, ob dazu die Vorlage einer Gründungsurkunde erforderlich ist und genügend ist oder, ob es darüber hinaus der Erklärung und möglicherweise der (eidesstattlichen) Versicherung bedarf, dass sich an den Beteiligungsverhältnissen der GbR seit ihrer Gründung nichts geändert hat, also kein Gesellschafter ausgeschieden und keiner neuer hinzu gekommen ist. Mangels einer konkreten gesetzlichen Regelung dieser Frage, ist zu ihrer Beantwortung auf die allgemeinen Bestimmungen zurückzugreifen. Dabei tragen die beurkundungsrechtlichen Bestimmungen der §§ 9 Abs. 1, 10 Abs. 1, 6 Abs. 2 BeurkG i.V. mit § 26 DONot zur Lösung des Problems insoweit nichts bei, als sie auf einen formellen Beteiligtenbegriff abheben. Nach dem formellen Beteiligtenbegriff sind an einer Beurkundung die Erschienenen beteiligt, deren im eigenen oder fremden Namen abgegebene Erklärungen beurkundet werden. Bei der Gründung durch eine GbR geht es aber um die Klärung der Existenz und Vertretung der materiell beteiligten GbR. Nach § 10 Abs. 1 BeurkG soll die Person so genau bezeichnet sein, dass Zweifel und Verwechslungen ausgeschlossen sind. Daraus wird auch das Erfordernis von Angaben zum Verhältnis des formell zum materiell Beteiligten abgeleitet.[120] Bei der GbR ist also das Verhältnis der Handelnden zur GbR, also insbesondere die organschaftliche oder rechtsgeschäftliche Vertretung aufgrund Vollmacht in der Urkunde festzuhalten. Nach § 12 BeurkG sind darüber hinaus Nachweise zur Vertretungsberechtigung zur Urkunde zu nehmen. Eine Notarbescheinigung nach § 21 BNotO über die Vertretungsberechtigung genügt, wenn diese sich aus dem Handelsregister oder einem ähnlichen Register ergibt. Da solche Register für die GbR nicht geführt werden, hilft dies bei der Beantwortung der aufgeworfenen Fragen nicht weiter.

Richtigerweise dürfte wie folgt zu differenzieren sein:

Wird die GbR bei der GmbH-Gründung von allen ihren Gesellschaftern vertreten, ist zum Nachweis des Bestehens und der Vertretung der GbR die Vorlage des schriftlichen GbR-Vertrags samt der Erklärung der GbR-Gesellschafter, dass sich an den Beteiligungs- und Vertretungsverhältnis-

---

115 Baumbach/Hueck/*Fastrich*, § 1 Rn. 32; Lutter/Hommelhoff/*Bayer*, § 2 Rn. 7; Ulmer/*Ulmer*, § 2 Rn. 58; Scholz/*Cramer*, § 2 Rn. 61.
116 BGHZ 78, 311; 118, 83, 99 f. für AG; BGH WM 1992, 12 für eG und allg.; OLG Hamm MittBayNot 1996, 126 f.= DNotI-Report 1996, 41; Baumbach/Hueck/*Fastrich*, § 1 Rn. 33; MünchKomm GmbHG/*Heinze*, § 2 Rn. 98; ausführlich zum Ganzen Gutachten DNotI-Report 2019, S. 129 ff.
117 Baumbach/Hueck/*Fastrich*, § 1 Rn. 33; Hachenburg/*Ulmer*, § 2 Rn. 58; Scholz/*Cramer*, § 1 Rn. 61.
118 BGHZ 146, 341 = DNotZ 2001, 234; Fortführung von BGHZ 142, 315.
119 OLG Hamm NJW-RR 1996, 483 f.; *K. Schmidt*, GesR § 34 II 1; Michalski/*J. Schmidt*, § 2 Rn. 23; Michalski/*Tebben*, § 8 Rn. 12; Baumbach/Hueck/*Fastrich*, § 1 Rn. 33; Scholz/*Cramer*, § 2 Rn. 63 stützt dies auf eine analoge Anwendung der §§ 8 Abs. 1 Nr. 3, 40 GmbHG; zum Ganzen DNotI-Gutachten in DNotI-Report 2011, 73 ff.
120 *Winkler*, BeurkG, § 10 Rn. 12.

sen seit Vertragsschluss nichts geändert hat, ausreichend, da die Rechtsordnung strengere Formvorschriften für die GbR-Gründung genauso wenig vorsieht wie eine Registereintragung der GbR und die gemeinschaftliche Vertretung der GbR durch alle ihre Mitglieder immer möglich ist. Eine Glaubhaftmachung durch entsprechende eidesstattliche Versicherungen scheint nicht erforderlich, für die Praxis jedoch bis zu einer Klärung der Problematik gleichwohl ratsam, da in der Angabe der GbR-Gesellschafter zumindest eine konkludente GbR-Gründung liegt, die zum Tragen kommt, falls es an einer vorherigen GbR-Gründung entgegen den Angaben der Beteiligten fehlen würde. Liegt ein schriftlicher GbR-Vertrag nicht vor, genügt die Erklärung sämtlicher Erschienenen, dass zwischen ihnen eine GbR besteht. Auch insoweit ist maßgebend, dass das materielle Recht strengere Formvorschriften für die GbR-Gründung und eine Registereintragung nicht vorsieht, die von formellen Vorschriften aufgrund ihrer dienenden Funktion nicht verschärft werden können.

77 Dieses Ergebnis entspricht der Rechtslage bei der Mitgliedschaft einer GbR in einer Personenhandelsgesellschaft. Gem. § 162 Abs. 1 Satz 2 HGB sind dort neben der GbR als solcher die ihr zum Zeitpunkt ihres Beitritts angehörenden Gesellschafter zur Eintragung in das Handelsregister anzumelden. Nachweise über das Bestehen der GbR und ihre Vertretung sind nicht erforderlich.

78 Wird die GbR bei der GmbH-Gründung nicht durch alle GbR-Gesellschafter, sondern nur durch einen oder mehrere Gesellschafter organschaftlich vertreten, scheint die analoge Anwendung der Regelung des § 2 Abs. 2 GmbHG auf den GbR-Vertrag, als Nachweis der organschaftlichen Vertretungsmacht für die praktische Handhabung naheliegend, da der Grund für die Nichtgeltung des § 2 Abs. 2 GmbHG bei organschaftlichen Vetrtretern in der Möglichkeit des registerlichen Nachweises der Vertretungsmacht liegt und ein solcher bei der GbR (derzeit noch) nicht besteht.[121] Damit ist dann auch zugleich der Nachweis über die GbR-Gründung erbracht und den formalen Anforderungen des § 12 BeurkG genügt.

79 Dies steht im Einklang mit der Rechtslage bei dem Erwerb von Grundeigentum durch eine GbR. Spätestens seit der BGH die Grundbuchfähigkeit der GbR als solcher ausdrücklich bejaht,[122] kann (nur) die GbR in das Grundbuch eingetragen werden. Der BGH hat die Frage der Führung erforderlicher Nachweise über Existenz und Vertretung der GbR ausdrücklich offen gelassen und die Regelung in die Hand des Gesetzgebers gelegt, der diese Frage in dem Gesetz zur Einführung des elektronischen Rechtsverkehrs und der elektronischen Akte im Grundbuchverfahren allerdings nur teilweise ausdrücklich geregelt hat.[123] So knüpft die Vermutung in der neuen Regelung des § 899a BGB daran an, dass die GbR bereits im Grundbuch eingetragen ist. Auch aus §§ 47 Abs. 2, 82 Satz 3 GBO n.F. und § 15 Abs. 1 Buchst. c) GBV n.F. sowie Art. 229 § 20 EGBGB folgt nichts anderes. Der Gesetzgeber hat die vorstehend aufgeworfene Frage über den Nachweis der Existenz der GbR für ihre erstmalige Eintragung nicht für regelungsbedürftig erachtet, geht demnach davon aus, dass für die Eintragung der GbR die Einhaltung der vorstehend skizzierten allgemeinen Regeln ausreichen. Der BGH hat in seiner Entscheidung vom 28.04.2011 – V ZB 194/10 hat daraus die Konsequenz gezogen, dass es für den Erwerb von Grundbesitz durch eine GbR ausreicht, wenn die GbR und ihre Gesellschafter in der notariellen Auflassungsverhandlung benannt werden und die für die GbR Handelnden erklären, dass sie die alleinigen Gesellschafter der GbR sind. Weiterer

---

121 Vgl. MünchKomm GmbH/*Heinze*, § 2 Rn. 71; Gutachten DNotI-Report 2019, 129 ff., wo die Auffassung vertreten wird, dass die GmbH von den vertretungsbefugten Gesellschaftern der GbR auch dann gegründet werden kann, wenn lediglich ein formloser GbR-Vertrag besteht. Insbesondere bei der Einmanngründung wird aber vor dem Hintergrund des möglichen Verstoßes gegen den § 2 Abs. 2 GmbHG und der damit verbundenen unheilbaren Nichtigkeit der Gründung abgeraten.
122 BGH, Beschl. v. 04.12.2008 – V ZB 74/08, DNotZ 2009, 115 = NJW 2009, 594 = NZG 2009, 137 = ZIP 2009, 66 = BGHZ 179, 102.
123 BT-Drucks. 16/13437 vom 17.06.2009.

Nachweise der Existenz, der Identität und der Vertretungsverhältnisse bedarf es gegenüber dem Grundbuchamt nicht.[124]

Trotz der vorausgeführten zum Grundstückserwerb ergangenen BGH-Entscheidung kann es sich zur Vermeidung von Verzögerungen im Eintragungsverfahren empfehlen, die vorstehende Frage bei Gründung einer GmbH unter Beteiligung einer GbR vorab mit dem zuständigen Registergericht zu klären. **80**

e) Partnerschaft, Europäische Wirtschaftliche Interessenvereinigung, Erbengemeinschaft, Gütergemeinschaft und nichtrechtsfähiger Verein als Gründer

Die **Partnerschaftsgesellschaft** von Freiberuflern nimmt gem. § 7 Abs. 2 PartGG, § 124 HGB am Rechtsverkehr wie eine oHG teil. Sie kann daher wie diese auch Gründer einer GmbH sein. **81**

Auch die **Europäische Wirtschaftliche Interessenvereinigung** kann sich nach Maßgabe der Verordnung Nr. 2137/85 EWG an der Gründung einer GmbH beteiligen.[125] **82**

Die **Erbengemeinschaft**, die **Gütergemeinschaft** und der **nichtrechtsfähige Verein** können sich als Gesamthandsgemeinschaften nicht nur im Wege des derivativen Erwerbs, sondern im Grundsatz auch als Gründer an einer GmbH beteiligen, soweit dem nicht Besonderheiten des auf sie jeweils anwendbaren Rechts entgegenstehen. So kann sich die Erbengemeinschaft nur mit Mitteln des Nachlasses und damit sehr beschränkt in ihrer gesamthänderischen Verbundenheit am Rechtsverkehr und damit auch an der Gründung einer GmbH beteiligen. Die Möglichkeit der Beteiligung von Gesamthandsgemeinschaften an der GmbH war vor dem Hintergrund des § 18 GmbHG von jeher anerkannt, wird jetzt aber auch für die gemeinsame gesamthänderische Teilnahme an der Gründung überwiegend befürwortet.[126] **83**

Die Haftung für die übernommene Einlagepflicht trifft alle Mitglieder der Gesamthandgemeinschaft persönlich und gesamtschuldnerisch auf den gesamten übernommenen Betrag. Eine Beschränkung auf das Gesamthandsvermögen ist zur Sicherung der Kapitalaufbringung ausgeschlossen.[127] **84**

f) Zusätzliche besondere Qualifikationen

Die Gründer können im Gesellschaftsvertrag festlegen, dass die Gesellschafter und damit auch die Gründer bestimmte persönliche Voraussetzungen erfüllen müssen, wie z.B. Staatsangehörigkeit, Familienzugehörigkeit, Familienstand, Mindestalter, Beruf, ausgeübte Tätigkeit, Ausschluss juristischer Personen. Besondere Bedeutung hat die Vorgabe des Berufs sowie die Ausübung der Berufstätigkeit in der Praxis bei der Freiberufler-GmbH zur Erfüllung standesrechtlicher Vorgaben. Im Außenverhältnis entfaltet eine solche Regelung keine Wirkung. Sie ist vom Registergericht vor der Eintragung nicht zu überprüfen.[128] **85**

Ein Verstoß gegen diese Bestimmung macht den Gesellschaftsvertrag nicht unwirksam; er ist bis zur Eintragung der GmbH gegebenenfalls wegen Irrtums oder arglistiger Täuschung anfechtbar. Danach kann der betreffende Gesellschafter nur noch aus der Gesellschaft ausgeschlossen oder Auflösungsklage nach § 61 GmbHG erhoben werden.[129] **86**

---

124 BGH DNotZ 2011, 711 = DNotI-Report 2011, 711 = RNotZ 2011, 341 = MittBayNot 2011, 393 = NJW 2011, 1958 = DB 2011, 1323 = ZIP 2011, 1003.
125 *Wicke*, § 1 Rn. 11.
126 Baumbach/Hueck/*Fastrich*, § 1 Rn. 34 mit zahlreichen weiteren Nachweisen; Ulmer/*Ulmer*, § 2 Rn. 78, 80 ff.
127 BGHZ 78, 311 zur GbR; Baumbach/Hueck/*Fastrich*, § 1 Rn. 34 ff. mit zahlreichen weiteren Nachweisen.
128 Ulmer/*Ulmer*, § 2 Rn. 85; Scholz/*Cramer*, § 2 Rn. 82; Michalski/*J. Schmidt*, § 2 Rn. 30.
129 Baumbach/Hueck/*Fastrich*, § 1 Rn. 38; Michalski/*J. Schmidt*, § 2 Rn. 31.

2. Vertretung von Gesellschaftern bei der Gründung

87 Bei der Errichtung der GmbH kann sich ein Gesellschafter vertreten lassen. Als Grundlage für die Vertretung kommen in Betracht:
- die rechtgeschäftliche Vollmacht,
- die organschaftliche Vertretung,
- die gesetzliche Vertretung.

a) Vertretung natürlicher Personen

88 **Natürliche Personen** können sich bei der Gründung der Gesellschaft durch einen Bevollmächtigten vertreten lassen.[130] Für die rechtsgeschäftliche Vertretung bei der Gründung gelten im Grundsatz die Bestimmungen der §§ 164 ff. BGB.

aa) Form der Vollmacht

89 Formell bedarf die **Vollmacht** abweichend von § 167 Abs. 2 BGB gem. § 2 Abs. 2 GmbHG zu ihrer Wirksamkeit der notariellen Beurkundung (§ 128 BGB, §§ 8 ff. BeurkG) oder der notariellen Beglaubigung (§ 129 BGB, § 40 BeurkG). Bei dieser Formvorschrift handelt es sich um eine **Wirksamkeitsvoraussetzung**, nicht um eine bloße Ordnungsvorschrift, da die gesetzliche Regelung den Zweck hat, spätere Streitigkeiten über die Vertretungsmacht des Vertreters zu vermeiden.[131] Für eine wirksame Vertretung muss die Vollmacht daher in beurkundeter oder beglaubigter Form erteilt sein. Für die Erteilung gilt § 167 Abs. 1 BGB. Fehlt es an einer Erteilung gem. § 167 Abs. 1 BGB in der Form des § 2 Abs. 2 GmbHG, ist die Vollmacht nicht wirksam. Der Vertreter handelt ohne Vertretungsmacht. Nicht erforderlich ist allerdings, dass der Bevollmächtigte die formgerechte Vollmachtsurkunde in der Beurkundungsverhandlung vorlegt. Es reicht aus, dass die Vollmacht zu diesem Zeitpunkt bereits formgerecht erteilt war, dies nachgewiesen und die Vollmachtsurkunde nachgereicht wird.[132] Gem. § 12 BeurkG hat der Notar Wirksamkeit, Besitz und Fortbestehen der Vollmacht anlässlich der Beurkundung der GmbH-Gründung zu überprüfen und die Urschrift oder eine beglaubigte Abschrift der Vollmacht zur Niederschrift zu nehmen.[133]

90 Im **Inland** sind für die Beurkundung oder Beglaubigung ausschließlich die Notare zuständig. Wenn und soweit landesrechtliche Bestimmungen Beurkundungs- oder Beglaubigungskompetenz anderen Stellen zuweist, geht die Regelung des § 2 Abs. 2 GmbHG solchen landesrechtlichen Zuweisungen an andere Stellen nach § 63 BeurkG vor.[134] Für ausreichend wird auch die von einer öffentlichen Behörde in einer öffentlichen Urkunde erteilte Vollmacht betrachtet, da in diesem Fall Zweifel an der Legitimation des Vertreters nicht bestehen.[135]

91 Im **Ausland** sind für die Beurkundung oder Beglaubigung deutsche Konsularbeamte zuständig (§ 10 KonsularG). Auch die Beurkundung oder Beglaubigung durch einen ausländischen Notar genügt.[136] Allerdings bedarf die durch einen ausländischen Notar beurkundete oder beglaubigte Vollmacht zur Verwendung in Deutschland grundsätzlich der **Legalisation**[137] durch einen deutschen Konsularbeamten. Nicht erforderlich ist die Legalisation, wenn die Beurkundung oder Beglaubigung in einem Staat erfolgt ist, der dem Haager Übereinkommen vom 05.10.1961 zur Befreiung ausländischer Urkunden

---

130 Zur gesetzlichen Vertretung Minderjähriger s.o. Rdn. 61 ff.
131 BGH NJW 1968, 1856.
132 MünchHdb. GesR III/*Riemenschneider/Freitag*, GmbH, § 5 Rn. 47.
133 *Winkler*, BeurkG, § 12 Rn. 4 ff.
134 Baumbach/Hueck/*Fastrich*, § 2 Rn. 20.
135 OLG Düsseldorf MittRhNotK 1997, 436 = GmbHR 1998, 238; Roth/Altmeppen/*Altmeppen*, § 2 Rn. 29, Scholz/*Emmerich*, § 2 Rn. 24.
136 Baumbach/Hueck/*Fastrich*, § 2 Rn. 20; Scholz/*Cramer*, § 2 Rn. 32.
137 S. zur Legalisation Kap. 10 Rdn. 136 f.

von der Legalisation beigetreten ist.[138] In diesen Fällen genügt die sog. **Apostille**, bei der es sich um eine Überbeglaubigung durch eine ausländische Behörde handelt. Nicht erforderlich ist die Legalisation schließlich, wenn zwischen dem betreffenden Staat und Deutschland ein entsprechender **Staatsvertrag** besteht.[139] Ist die Vollmacht nicht in deutscher Sprache abgefasst, muss eine **beglaubigte Übersetzung** der Vollmacht vorgelegt werden, es sei denn der zuständige Registerrichter ist der ausländischen Sprache mächtig, §§ 184, 185 Abs. 3 GVG n.F. (§§ 8, 9 FGG), § 50 BeurkG.

Im Falle des **Widerrufs** der Vollmacht gilt für die Vertretungsmacht bei ausgehändigter Vollmachtsurkunde die Regelung des § 172 BGB. 92

bb) Inhaltliche Anforderungen an die Vollmacht

Materiell muss die Vollmacht ihrem Umfang nach das Errichtungsgeschäft nur inhaltlich allgemein umfassen. Nicht erforderlich ist, dass die Vollmacht speziell zur Errichtung dieser Gesellschaft ermächtigt.[140] Die Vollmacht muss keine Vorgaben über die zu gründende Gesellschaft enthalten. Es genügt, wenn sie die Errichtung derartiger Gesellschaften beinhaltet.[141] 93

▶ Formulierungsbeispiel: Vollmacht zur Gründung einer GmbH in Beglaubigungsform 94

VOLLMACHT

.....

Ich, Herr/Frau ....., geboren am ....., wohnhaft.....

bevollmächtige hiermit

Herrn/Frau ....., geboren am ....., wohnhaft.....

in meinem Namen unter der Firma ..... oder einer anderen, ihm geeignet erscheinenden Firma eine Gesellschaft mit beschränkter Haftung mit einem Stammkapital in Höhe von ..... Euro und dem Sitz in ..... zu gründen, die Gründungsurkunde zu unterzeichnen, den Gesellschaftsvertrag für diese Gesellschaft zu vereinbaren und den Geschäftsanteil in Höhe von ..... Euro gegen Geldeinlage zu übernehmen sowie in einer ersten Gesellschafterversammlung der Gesellschaft, in der insbesondere die Geschäftsführer bestellt und deren Vertretungsbefugnis geregelt werden sollen, das Stimmrecht auszuüben sowie alle ihm weiter zur Gründung der Gesellschaft erforderlich oder geeignet erscheinenden Erklärungen für mich abzugeben und entgegenzunehmen, Handlungen vorzunehmen sowie Anträge zu stellen, zu ändern und zurückzunehmen.

Der Bevollmächtigte ist auch berechtigt, bis zur Eintragung der Gesellschaft im Handelsregister den Gesellschaftsvertrag wieder zu ändern, Geschäftsführer wieder abzuberufen, neu zu bestellen und deren Vertretungsbefugnis zu regeln, dazu an Gesellschafterversammlungen teilzunehmen und das Stimmrecht für mich auszuüben.

Der Bevollmächtigte ist auch berechtigt, Untervollmacht zu erteilen; er ist befugt Rechtsgeschäfte mit sich im eigenen Namen sowie als Vertreter Dritter vorzunehmen (Befreiung von den Beschränkungen des § 181 BGB).

Bergisch Gladbach, den.....

(Unterschrift des Vollmachtgebers)

(notarieller Beglaubigungsvermerk)

(Unterschrift des Notars)

---

138 Länderliste findet sich bei www.DNotI.de – Arbeitshilfen – IPR und ausländisches Recht – Legalisation und Apostille – Haager Konferenz für Internationales Privatrecht – Liste der Beitrittsstaaten zum Haager Übereinkommen über die Befreiung ausländischer öffentlicher Urkunden von der Legalisation.
139 Übersicht zu Ländern, mit denen Staatsvertrag besteht s. Kap. 10 Rdn. 3.
140 Scholz/*Cramer*, § 2 Rn. 33; Baumbach/Hueck/*Fastrich*, § 2 Rn. 21.
141 Baumbach/Hueck/*Fastrich*, § 2 Rn. 21; Scholz/*Cramer*, § 2 Rn. 33.

95 Allgemein anerkannt ist, dass die **Generalvollmacht**[142] und die **Prokura** (KGJ 49, 273) für ein Handelsgeschäft gem. § 49 Abs. 1 HGB zur Beteiligung an einer GmbH-Gründung ausreichen, nicht jedoch die **Handlungsvollmacht** gem. § 54 HGB.[143] Zum Nachweis der Vertretungsmacht genügt bei der Prokura ein aktueller Handelsregisterauszug.[144]

cc) Selbstkontrahieren und Mehrfachvertretung – § 181 BGB

96 Soll ein Vertreter bei der Gründung der Gesellschaft mehrere Gründer vertreten oder will er auch zugleich für sich selbst als Mitgründer an der Gründung teilnehmen, so sind die Beschränkungen des **§ 181 BGB** zu beachten. Danach ist eine solche Vertretung grundsätzlich unzulässig. In der Vollmacht kann jedoch Befreiung von dem Verbot der Mehrfachvertretung und dem Verbot des Selbstkontrahierens erteilt werden. Diese Befreiung bedarf zu ihrer Wirksamkeit ihrerseits der Beachtung der Form des § 2 Abs. 2 GmbHG.[145] Fehlt es an der erforderlichen Befreiung nach § 181 BGB in der Vollmacht, so sind die auf der Grundlage dieser Vollmacht abgegeben Erklärungen schwebend unwirksam und können vom Vertretenen genehmigt werden. Die **Genehmigung** bedarf ihrerseits ebenfalls der Form des § 2 Abs. 2 GmbHG.

dd) Mangel der Vollmacht – vollmachtlose Vertretung – Ausland

97 Wurde eine Vollmacht nicht in der Form des § 2 Abs. 2 GmbHG erteilt, ist sie gem. § 125 Satz 1 BGB unwirksam. Der Vertreter handelt dann ohne Vollmacht und damit als Vertreter ohne Vertretungsmacht. In der Praxis nicht selten ist auch der Fall, dass ein Vertreter offen als Vertreter ohne Vertretungsmacht handelt, wenn eine Vollmacht noch nicht erteilt ist.

98 Bei einer **Mehrpersonengründung** ist die von dem Vertreter ohne Vertretungsmacht abgegebene Erklärung schwebend unwirksam und kann von dem vollmachtlos Vertretenen gem. § 177 Abs. 1 BGB nachträglich genehmigt werden. Zu ihrer Wirksamkeit bedarf die Genehmigung abweichend von § 182 Abs. 2 BGB ihrerseits auch der Beachtung der Form des § 2 Abs. 2 GmbHG.[146] Mit **formgerechter Genehmigung** wird die Erklärung wirksam. Bei Verweigerung der Genehmigung wird die Erklärung endgültig unwirksam.

99 Anders ist dies bei der **Einpersonengründung.** Hier handelt es sich um ein einseitiges Rechtsgeschäft. Die Erklärung des vollmachtlosen Vertreters ist daher gem. § 180 Satz 1 BGB von vornherein nichtig. Eine Genehmigung scheidet aus.[147] Mit der Eintragung der GmbH entsteht diese nach h.M. jedoch als fehlerhafter Verband, der im Handelsregister gelöscht werden kann. Soll dies vermieden werden, bedarf die GmbH-Gründung zu ihrer Wirksamkeit der notariell beurkundeten Bestätigung (§ 141 BGB). Ob die Bestätigung im Handelsregister eingetragen werden muss, ist bislang nicht geklärt, sollte vorsorglich aber veranlasst werden.[148] Ebenso scheidet die Gründung durch einen münd-

---

142 RGZ 102, 17.
143 Baumbach/Hueck/*Fastrich*, § 2 Rn. 21.
144 H.M. KGJ 49, 273; Ulmer/*Ulmer*, § 2 Rn. 29; Scholz/*Cramer*, § 2 Rn. 33; Roth/Altmeppen/*Altmeppen*, § 2 Rn. 29; Baumbach/Hueck/*Fastrich*, § 2 Rn. 21.
145 KG OLGE 19, 29; OLG Celle NJW 1948, 524; Scholz/*Cramer*, § 2 Rn. 34; Roth/Altmeppen/*Altmeppen*, § 2 Rn. 31; *Wicke*, § 2 Rn. 8.
146 Nunmehr h.M. OLG Köln DB 1995, 2413 = WM 1996, 207 = GmbHR 1995, 725; Baumbach/Hueck/*Fastrich*, § 2 Rn. 22; Lutter/Hommelhoff/*Bayer*, § 2 Rn. 21; Ulmer/*Ulmer*, § 2 Rn. 27, 37; Roth/Altmeppen, § 2 Rn. 30.
147 OLG Stuttgart notar 2015, 257 ff.; = GmbHR 2015, 487; OLG Frankfurt am Main GmbHR 2003, 415; *Wachter*, GmbHR 2003, 660; LG Berlin GmbHR 1996, 123; Ulmer/*Ulmer*, § 2 Rn. 27a; Baumbach/Hueck/*Fastrich*, § 2 Rn. 22; Lutter/Hommelhoff/*Bayer*, § 2 Rn. 22.; a.A. *Dürr*, GmbHR 2008, 408; *Hasselmann*, ZIP 2012, 1947; *Tonikidis*, MittBayNot 2014, 660.
148 Ausführlich zum Ganzen Gutachten DNotI-Report 2018, 177 ff.

A. Gründung der Gesellschaft mit beschränkter Haftung Kapitel 2

lich Bevollmächtigten mit nachträglicher notariell-beglaubigter Vollmachtbestätigung aus, weil die mündliche Vollmacht gem. § 2 Abs. 2 GmbHG i.V.m. § 125 Satz 1 BGB nichtig ist.[149]

Wird die GmbH trotz des Formmangels der Vollmacht in das Handelsregister eingetragen, entsteht die GmbH gem. § 11 GmbHG. Die Folgen der Eintragung hängen von der Art des Mangels ab: War eine Vollmacht unter Missachtung der Formvorschrift des § 2 Abs. 2 GmbHG erteilt, wird der Mangel der Form der Vollmacht durch die Eintragung ebenso **geheilt** wie dies bei einem Formmangel des Gesellschaftsvertrags selbst auch der Fall wäre.[150] Fehlt es jedoch an einer Vollmachtserteilung überhaupt, wird dieser Mangel durch die Eintragung der Gesellschaft nicht geheilt. Die Gesellschaft ist wegen der Bestimmung des § 75 Abs. 1 GmbHG zwar wirksam entstanden, der Geschäftsanteil des zu Unrecht Vertretenen ist aber nicht zur Entstehung gelangt. Es greift das Beanstandungs- und Auflösungsverfahren nach § 399 Abs. 4 FamFG ein.[151] Der vollmachtlose Vertreter haftet bei Verweigerung der Genehmigung des vollmachtlos Vertretenen gem. § 179 Abs. 1 BGB auf Schadensersatz oder Erfüllung, wird jedoch nicht selbst Gesellschafter; die Bestimmungen der §§ 179 Abs. 2 und 3 BGB sind nicht anwendbar.[152] 100

Bei Erteilung der Vollmacht im **Ausland** und bei Erteilung der Genehmigung im Ausland, ist für die Vollmacht und die Genehmigung deutsches Recht maßgebend. In einem solchen Fall richtet sich die Vertretungsmacht aufgrund des deutschen internationalen Privatrechts grundsätzlich nach dem Recht des Landes, in dem die Vollmacht ihre Wirkung entfalten soll.[153] 101

ee) Kosten der Vollmacht

Bei den **Kosten der Vollmacht** ist danach zu unterscheiden, ob der Notar die Vollmacht beurkundet oder den Entwurf der Vollmacht anfertigt und die Unterschrift beglaubigt oder nur die Unterschrift unter einem fremden Entwurf beglaubigt. 102

Beurkundet der Notar die Vollmacht, entsteht dafür nach dem seit dem 01.08.2013 geltenden GNotKG eine 1,0 Gebühr gemäß Nr. 21100 KV GNotKG. Der Geschäftswert der Vollmacht beläuft sich nach § 98 Abs. 1 GNotKG auf die Hälfte des Ausgabebetrags des vom Vollmachtmachtgeber übernommenen Geschäftsanteils, nach § 98 Abs. 4 GNotKG jedoch auf höchstens 1 Million €. Die höchste entstehende Gebühr beläuft sich daher auf 1.735,00 €. 103

Fertigt der Notar den Entwurf der Vollmacht selbst an, entsteht dadurch gemäß Nr. 24101 KV GNotKG eine 0,3 – 1,0 Gebühr, mindestens jedoch eine Gebühr von 60,00 €. Der Geschäftswert bestimmt sich wiederum nach § 98 Abs. 1 GNotKG nach der Hälfte des Ausgabebetrags des vom Vollmachtmachtgeber übernommenen Geschäftsanteils. Der Höchstwert beträgt auch hier 1 Million €, so dass die höchste entstehende Gebühr sich auf 1.735,00 € beläuft. Die anschließende Beglaubigung der Unterschrift löst keine gesonderte Gebühr aus, wenn sie demnächst erfolgt (Vorbemerkung zu 2.4.1 Abs. 2 KV GNotKG). 104

Fertigt der Notar den Entwurf der Vollmacht nicht selbst an, sondern beglaubigt nur die Unterschrift unter einem fremden Vollmachtsentwurf, fällt dafür gemäß Nr. 25100 KV GNotKG eine 0,2 Gebühr an. Der Geschäftswert bestimmt sich auch hier nach § 98 Abs. 1 GNotKG auf die Hälfte des Ausgabebetrags des vom Vollmachtmachtgeber übernommenen Geschäftsanteils. Nach Nr. 25100 KV GNotKG beträgt die Höchstgebühr 70,00 € und die Mindestgebühr 20,00 €. 105

---

149 DNotI-Gutachten Internetgutachtennummer: 139913, letzte Aktualisierung 11.02.2015.
150 H.M. Baumbach/Hueck/*Fastrich*, § 2 Rn. 23 m.w.N.; Scholz/*Cramer*, § 2 Rn. 38.
151 Vgl. Scholz/*Cramer*, § 2 Rn. 38; Michalski/*J. Schmidt*, § 2 Rn. 78.
152 Baumbach/Hueck/*Fastrich*, § 2 Rn. 45 a.E.
153 BGH v. 27.05.1993 – IX ZR 66/92, DNotZ 1994, 485, 487 = NJW 1993, 2744; vgl. BGHZ 64, 183, 192; BGH, v. 13.05.1982 – III ZR 1/80, NJW 1982, 2733; v. 26.04.1990 – VII ZR 218/89, NJW 1990, 3088.

b) Vertretung von Personengesellschaften und juristischen Personen

106 Die Vertretung von Personengesellschaften und juristischen Personen kann durch ihre organschaftlichen Vertreter und durch rechtgeschäftlich Bevollmächtigte erfolgen.

aa) Vertretung durch organschaftliche Vertreter

107 Auf die Vertretung durch organschaftliche Vertreter findet die Formvorschrift des § 2 Abs. 2 GmbHG keine Anwendung.[154] Zum Nachweis der Vertretungsbefugnis bei **Personenhandelsgesellschaften** und **Kapitalgesellschaften** ist ein aktueller beglaubigter Registerauszug vorzulegen, der nach der uneinheitlichen Praxis der Registergerichte nicht älter als 6 bis 12 Wochen sein darf und aus dem sich die Vertretungsbefugnis des Handelnden ergeben muss[155] oder eine Bescheinigung des Notars nach § 21 BNotO.

108 Bei der **GbR** als Gründer einer GmbH ist die Vorlage eines Registerauszugs zum Nachweis der organschaftlichen Vertretungsbefugnis nicht möglich. Fraglich ist, ob in diesem Falle der Nachweis der organschaftlichen Vertretungsmacht in der Form des § 2 Abs. 2 GmbHG zu führen ist. Seinem Wortlaut nach kommt die Regelung nur auf Bevollmächtigte und damit nicht auf organschaftliche Vertreter zur Anwendung. Der Zweck des § 2 Abs. 2 GmbHG, spätere Streitigkeiten über die Vertretungsmacht des Vertreters zu vermeiden, gebietet jedoch seine Anwendung auch auf den Fall der organschaftlichen Vertretung der GbR. Wendet man die Bestimmung des § 2 Abs. 2 GmbHG auf die organschaftliche Vertretung bei der GbR an, ist die Vorlage eines der Form des § 2 Abs. 2 GmbHG genügenden GbR-Vertrags erforderlich, aus dem sich die organschaftliche Vertretung ergibt.[156]

bb) Vertretung durch rechtsgeschäftliche Vertreter

109 Personengesellschaften und juristischen Personen können nicht nur durch ihre Organe, sondern auch aufgrund rechtsgeschäftlich erteilter **Vollmacht** vertreten werden. Für die Vollmacht gelten dann die vorstehenden Ausführungen entsprechend.

cc) Vertretung ausländischer Gesellschaften

110 Schwierig ist die rechtliche Situation bei der Vertretung **ausländischer Gesellschaften**.[157] In diesem Zusammenhang ist zu klären die Existenz der ausländischen Gesellschaft und ihrer Anerkennung im Inland sowie der entsprechende Nachweis, die Berechtigung des Vertreters zur Vertretung und der Nachweis seiner Vertretungsmacht.

111 Ausländische Gesellschaften sind in Deutschland als existent und parteifähig anzusehen, wenn sie in den Anwendungsbereich des **Vertrages über die Arbeitsweise der Europäischen Union** fallen und wenn das Recht, dem sie unterliegen, der Gründungstheorie und nicht der Sitztheorie zur Ermittlung des Gesellschaftsstatuts folgt. Ist im Ausgangsstaat die Sitztheorie maßgebend, gilt dies nur, wenn die Gesellschaft ihren tatsächlichen Verwaltungssitz in dem Ausgangsstaat beibehalten und nicht ins Ausland verlegt hat.[158] Nach der Rechtsprechung des EuGH stehen Art. 43, 48 EG (jetzt Art. 49, 54 AEUV) nationalen Regelungen eines Mitgliedsstaats, die der Gesellschaft die Verlegung ihres Sitzes in das Ausland (Wegzug) unter Beibehaltung ihrer Eigenschaft als Gesellschaft des nationalen Rechts des Mitgliedsstaats, nach dessen Recht sie gegründet wurde, verwehren, nicht entgegen. Nationale Beschränkungen zur Sitzverlegung in einen anderen Mitgliedsstaat sind also mit den Bestimmungen der Art. 43, 48 EG (jetzt Art. 49, 54 AEUV) vereinbar.

---

154 Baumbach/Hueck/*Fastrich*, § 2 Rn. 24.
155 Scholz/*Cramer*, § 2 Rn. 35.
156 S. dazu im Einzelnen oben Rdn. 76 ff.
157 Vgl. zum Ganzen Heckschen/Heidinger/*Heckschen*, Kap. 2 Rn. 32 ff.
158 S. hierzu EuGH, Urt. v. 16.12.2008, NJW 2009, 569 = NZG 2009, 61 = DStR 2009, 121 = ZIP 2009, 24 = EuZW 2009, 75 »Cartesio«.

Gleiches gilt, wenn es sich um ausländische Gesellschaften aus Mitgliedsstaaten des **EWR-Abkommens**, die nicht Mitglied der EU sind (Island, Liechtenstein, Norwegen), handelt. Die Art. 31, 34 EWR-Abkommen beinhalten Regelungen, die den Grundsätzen der gemeinschaftlichen Niederlassungsfreiheit vergleichbar sind.[159]

112

Im Übrigen richtet sich die Anerkennung ausländischer Gesellschaften nach **völkerrechtlichen Grundsätzen.** Insoweit sind vorrangig bilaterale Abkommen mit dem jeweiligen ausländischen Staat zu beachten. Diese haben Vorrang vor dem autonomen deutschen IPR. Besteht ein solcher bilateraler Staatsvertrag, der die Anerkennung der Gesellschaften dieses Staates zum Gegenstand hat, nicht, so bestimmt sich die Rechtsfähigkeit der Gesellschaft nach dem Recht des Staates, in dem sich die Hauptverwaltung der Gesellschaft befindet.[160] Tritt eine solche Gesellschaft in Deutschland auf, kommt es demnach darauf an, ob sie ihren Verwaltungssitz im Gründungsstaat oder in Deutschland hat. Hat sie ihren Verwaltungssitz im Gründungsstaat, ist für die Anerkennung ihrer Rechts- und Parteifähigkeit erforderlich, dass ein ausreichender Nachweis über die wirksame Gründung und das Fortbestehen der Gesellschaft erbracht wird. Hat sie ihren Verwaltungssitz hingegen nach Deutschland verlegt, wird sie nicht mehr als ausländische Gesellschaft anerkannt. Sie müsste das deutsche Gründungsverfahren durchlaufen, wenn sie als Kapitalgesellschaft anerkannt werden will.[161] Unterbleibt dies, kommen auf sie die Vorschriften der §§ 105 ff. HGB bzw. §§ 705 ff. BGB zur Anwendung.[162]

113

Die Existenz des ausländischen Rechtsträgers und die Vertretungsberechtigung der für ihn Handelnden bedürfen ihrerseits des **Nachweises.** Die Führung dieses Nachweises hat durch öffentliche Urkunden zu erfolgen.

114

Besteht in der ausländischen Rechtsordnung ein **Handelsregister** und beinhaltet dieses eine verlässliche Aussage zur Vertretungsmacht der Gesellschaftsorgane, so ist ein beglaubigter und mit Apostille oder Legalisation versehener Handelsregisterauszug aus dem ausländischen Handelsregister nebst einer deutschen Übersetzung geeignet, den Nachweis der Existenz und der Vertretungsmacht der Handelnden zu führen.[163] Werden Handelsregister nicht geführt oder lassen sich ihnen nicht die erforderlichen Rechtsverhältnisse entnehmen, muss der Nachweis auf andere Unterlagen gestützt werden. In Betracht kommen dabei insbesondere Satzungen, Vollmachtsurkunden sowie Bescheinigungen oder Zertifikate der zuständigen Registrierungsbehörden.

115

Von der Erteilung **notarieller Vertretungsbescheinigungen** auf der Grundlage ausländischer Handelsregisterauszüge durch einen deutschen Notar ist abzuraten, da die Zulässigkeit solcher Bescheinigungen umstritten ist[164] und Haftungsprobleme auslöst. Hat die ausländische Gesellschaft jedoch in Deutschland eine **Zweigniederlassung**, die im deutschen Handelsregister eingetragen ist, kann auf der Grundlage dieser Eintragung eine notarielle Vertretungsbescheinigung gem. § 21 BNotO ausgestellt werden.[165] Der Zweck der §§ 13d ff. HGB besteht darin, im Fall der Errichtung einer inländischen Zweigniederlassung für eine ausländische Gesellschaft im Inland eine Handelsregistereintragung zu schaffen, auf die sich der inländische Rechtsverkehr verlassen kann und die ihm den gleichen Schutz gewährt, wie ihn das deutsche Recht auch für im Inland gegründete Gesellschaften

116

---

159 Zudem orientiert sich der EFTA-Gerichtshof stark an der Rechtsprechung des EuGH, s. *Meilicke*, GmbHR 2003, 793, 798; *Zöllner*, GmbHR 2006, 1, 2; *Eidenmüller/Rehm*, Ausländische Kapitalgesellschaften im deutschen Recht, 2004, § 2 Rn. 47.
160 OLG Hamburg NJW 1986, 2199.
161 BGH NJW 1986, 2194.
162 BGH DNotZ 2009, 385 = EuZW 2009, 59 = BB 2009, 14; BGH NJW, 2002, 3539; OLG Hamburg NZG 2007, 597 = GmbHR 2007, 763 = AG 2007, 870.
163 Handelsregister werden beispielsweise geführt in Belgien, Frankreich, Italien, den Niederlanden, Österreich, Spanien.
164 Dafür *Melchior/Schulte*, NotBZ 2003, 344, 345; dagegen OLG Hamm NJW-RR 1995, 469.
165 DNotI Gutachten vom 08.10.2009.

vorsieht. Insoweit bezieht sich der Schutz des § 15 HGB in vollem Umfang auf sämtliche Eintragungen beim deutschen Handelsregister.[166]

117 Formal müssen diese ausländischen öffentlichen Urkunden den Anforderungen des § 415 ZPO genügen. Zum Beweis der Echtheit bedarf es der **Legalisation**[167] oder stattdessen einer **Apostille** gemäß dem Haager Übereinkommen vom 05.10.1961 (BGBl. II 1965, S. 875). Legalisation und Apostille sind nach bestehenden Staatsverträgen und bilateralen Abkommen nicht selten entbehrlich.[168] Im Ausland errichtete fremdsprachige Urkunden können dem Gericht vorgelegt werden; regelmäßig verlangen die Gerichte jedoch eine deutsche Übersetzung, wozu sie gem. § 142 Abs. 2 ZPO berechtigt sind. Gesellschaftsverträge oder Satzungen müssen zur Ermöglichung einer Einsichtnahme stets in deutscher Sprache oder mit deutscher Übersetzung[169] eingereicht werden.[170]

3. Abschluss des Gesellschaftsvertrags

a) Form des Gesellschaftsvertrags der GmbH und der UG (haftungsbeschränkt)

118 Der Abschluss des Gesellschaftsvertrags der GmbH und der Unternehmergesellschaft (haftungsbeschränkt) bedarf gem. § 2 Abs. 1 GmbHG der **notariellen Beurkundung.** Das Beurkundungserfordernis gilt unabhängig davon, ob eine GmbH mit individuell gestaltetem Gesellschaftsvertrag oder in dem durch das MoMiG eröffneten vereinfachten Verfahren nach § 2 Abs. 1a GmbHG mit dem gesetzlichen Musterprotokoll gegründet wird. Beurkundungsbedürftig ist der gesamte Inhalt des Gesellschaftsvertrags, also nicht nur der nach § 3 Abs. 1 GmbHG notwendige Inhalt, sondern auch der fakultative Inhalt, soweit er unter § 3 Abs. 2 GmbHG fällt oder darüber hinaus körperschaftsrechtliche Wirkung, also Satzungscharakter hat.[171] Regelungen, die nicht nur für die Gründer, sondern darüber hinaus auch gegenüber künftigen Gesellschaftern und Dritten verbindlich sein sollen, sind demnach beurkundungsbedürftig.

119 Nicht beurkundungsbedürftig sind **schuldrechtliche Nebenabreden** der Gründer untereinander, die nur diese persönlich, wenn auch mit Bezug auf das Gesellschaftsverhältnis, binden.

b) Form des GmbH & Co. KG-Vertrags

120 Fraglich ist, ob das für die Gründung einer GmbH bestehende Beurkundungserfordernis, deren Zweck die Übernahme der Stellung des persönlich haftenden Gesellschafters in einer Kommanditgesellschaft ist, auch den Gesellschaftsvertrag der **GmbH & Co. KG** erfasst. Grundsätzlich bedarf der Gesellschaftsvertrag der GmbH & Co. KG zu seiner Wirksamkeit keiner Form. Der **KG-Vertrag** ist jedoch ausnahmsweise dann formbedürftig, wenn er besondere Vereinbarungen beinhaltet, die die Notwendigkeit seiner Beurkundung begründen oder wenn die Errichtung der GmbH mit dem Abschluss des KG-Vertrags zusammenfällt und nach dem Willen der Beteiligten das eine Gesellschaftsverhältnis nicht ohne das andere begründet worden wäre, was in erster Linie bei Gesellschaften mit identischen Gesellschaftern der Fall sein kann.[172] Zu denken ist dabei insbesondere an folgende Fälle:

---

166 DNotI Gutachten vom 08.10.2009.
167 Str., vgl. aber § 438 Abs. 2 ZPO; Musielak/*Huber*, ZPO, § 438 Rn. 2. § 28 Rn. 323 ff.
168 Übersicht bei Beck'sches Notarhandbuch/*Süß*, § 28 Rn. 323 ff.
169 LG Düsseldorf NZG 1999, 730 = Rpfleger 1999, 334 zur Zulässigkeit der Abfassung der Satzung einer deutschen GmbH in englischer Sprache.
170 Heckschen/Heidinger/*Heckschen*, Kap. 2 Rn. 76.
171 Baumbach/Hueck/*Fastrich*, § 2 Rn. 12 m.w.N.
172 Vgl. dazu DNotI-Gutachten Nr. 60312 vom 11.07.2005.

A. Gründung der Gesellschaft mit beschränkter Haftung   Kapitel 2

aa) Grundstückseinbringung und Grundstücksgesellschaft

Enthält der KG-Vertrag die Verpflichtung eines Gesellschafters, der KG ein Grundstück oder ein grundstücksgleiches Recht zu übertragen, so bedarf er gem. § 311b Abs. 1 Satz 1 BGB notarieller Beurkundung. Gleiches gilt für den Fall, dass ein Gesellschafter der KG ein Vorkaufsrecht an einem Grundstück einräumt oder der KG-Vertrag die Verpflichtung enthält, beim Ausscheiden aus der Gesellschaft ein Grundstück oder eine Eigentumswohnung zu erwerben.[173] Dieses Beurkundungserfordernis kann leicht übersehen werden, wenn ein Grundstück oder ein grundstücksgleiches Recht nicht isoliert, sondern im Zusammenhang mit der Einbringung anderer Gegenstände, beispielsweise eines Handelsgeschäftes, zu dessen Vermögen ein Grundstück gehört, auf die KG zu übertragen ist.   121

Das Beurkundungserfordernis besteht nicht, wenn das Grundstück nur zur Nutzung (quoad usum) oder dem Werte nach (quoad sortem) eingebracht, das Eigentum zivilrechtlich also nicht übertragen wird.[174] Bei der Einbringung dem Werte nach kann der einbringende Gesellschafter entsprechend § 732 Satz 1 BGB die Rückgabe des Grundstücks nach Auflösung der Gesellschaft verlangen, wird dann aber mit einem in die Auseinandersetzungsrechnung einzustellenden Anspruch auf Ausgleich des Wertes des betreffenden Gegenstandes belastet. Wird der KG bei einer Einbringung des Grundstücks zur Nutzung oder dem Werte nach aber ein Verwertungsrecht eingeräumt, beispielsweise für den Fall der Liquidation, greift das Beurkundungserfordernis des § 311b BGB ein.[175]   122

Umstritten ist die Frage, ob und unter welchen Voraussetzungen § 311b BGB auf den Abschluss von KG-Verträgen anwendbar ist, deren Zweck im Erwerb und Halten von Grundbesitz besteht.[176] Weitgehende Übereinstimmung besteht, dass es nicht zur Beurkundungspflicht führt, wenn der Zweck der Gesellschaft allgemein im Erwerb von Grundstücken besteht. Besteht der Zweck der Gesellschaft dagegen im Erwerb eines bestimmten Grundstücks, soll der Gesellschaftsvertrag beurkundungspflichtig sein. Für die notarielle Praxis ist in beiden Fällen als sicherer Weg die Beurkundung des KG-Vertrags zu empfehlen.   123

bb) Geschäftsanteilseinbringung und Geschäftsanteilsabtretungsverpflichtung

Verpflichtet sich ein KG-Gesellschafter im KG-Vertrag, einen Geschäftsanteil an einer GmbH in die KG einzubringen (beispielsweise zur Bildung von Holdinggesellschaften), unterliegt der KG-Vertrag gem. § 15 Abs. 4 GmbHG dem Erfordernis der notariellen Beurkundung.   124

Häufig übersehen wird dieses Formerfordernis, wenn im Gesellschaftsvertrag einer GmbH & Co. KG die Verpflichtung enthalten ist, zugleich mit dem KG-Anteil auch den Geschäftsanteil an der Komplementär-GmbH zu übertragen, um eine stetige Beteiligungsidentität der Gesellschafter an beiden Gesellschaften zu gewährleisten. Ist eine solche Pflicht zur Übertragung eines Geschäftsanteils im Gesellschaftsvertrag der KG enthalten, ist der gesamte Kommanditgesellschaftsvertrag nach § 15 Abs. 4 GmbHG beurkundungspflichtig.[177]   125

cc) Schenkung

Aus § 518 BGB ergibt sich in dem Fall, dass die Einlage eines Gesellschafters von einem anderen Gesellschafter aufgebracht wird (sog. »Einbuchungsfälle«)[178] für die Wirksamkeit des KG-Vertrags im Ergebnis kein Formproblem.   126

---

173 Vgl. BGH NJW 1978, 2505; vgl. auch DStR 1998, 1724.
174 BGH WM 1965, 744, 745; ZIP 1998, 956.
175 BGH WM 1977, 196 f.; *Reimann*, DStG 1991, 154/155.
176 Vgl. BGH DNotZ 1997, 40 = NJW 1996, 1279; WM 1997, 2220; *Wenz*, MittRhNotK 1996, 377; *Ulmer/Loebbe*, DNotZ 1998, 711 jew. m.w.N.
177 Scholz/*Seibt*, § 15 Rn. 50 m.w.N.; Hopt/*Volhard/Tischbirek,* Vertrags- und Formularbuch zum Handels-, Gesellschafts- und Bankrecht, S. 558 m.w.N.
178 Vgl. *K. Schmidt*, BB 1990, 1992.

127 Wird einem persönlich haftenden Gesellschafter einer KG die Gesellschafterstellung durch Einbuchung ohne Gegenleistung verschafft, muss der Betreffende selbst also keine Einlage leisten, handelt es sich nicht um eine Schenkung, auch nicht um eine gemischte Schenkung der Gesellschafterstellung, da es am für eine Schenkung erforderlichen Merkmal der Unentgeltlichkeit dieser Zuwendung fehlt.[179] Die Gegenleistung besteht nach Auffassung des BGH darin, dass der Gesellschafter die persönliche Haftung sowie die Beteiligung an einem etwaigen Verlust übernimmt und im Regelfall zum Einsatz seiner vollen Arbeitskraft verpflichtet ist. Das steht der Annahme auch nur einer gemischten Schenkung grundsätzlich entgegen.[180] Allerdings hat der BGH anerkannt, dass ein Kommanditanteil Gegenstand einer Schenkung sein kann.[181]

128 Liegt danach eine Schenkung vor, führt die Formvorschrift des § 518 BGB jedoch nicht zwangsläufig zur Beurkundungsbedürftigkeit des KG-Vertrages. Auseinanderzuhalten sind insoweit die Schenkung einerseits und ihr Vollzug andererseits. Lediglich das Schenkungsversprechen ist formbedürftig. Unterbleibt eine Beurkundung des Schenkungsversprechens, wird dieser Formmangel gem. § 518 Abs. 2 BGB durch Bewirkung der versprochenen Leistung, den Abschluss des Gesellschafts- bzw. Beitrittsvertrages geheilt. Die Begründung der Gesellschafterstellung ist Vollzug.

dd) Verpflichtung zum Abschluss eines Ehevertrags oder Pflichtteilsverzichtsvertrags

129 Beinhaltet der KG-Vertrag schließlich die Verpflichtung zum Abschluss eines Ehevertrags oder zum Abschluss eines Pflichtteilsverzichtsvertrags, so erfasst die Beurkundungsbedürftigkeit dieser Vorgänge auch den KG-Vertrag.[182]

c) Beurkundungstechnik

130 Für die **Errichtung der Niederschrift** gelten die Bestimmungen der §§ 8 ff. BeurkG. Beurkundungstechnisch ist zwischen dem individuell gestalteten Gesellschaftsvertrag einerseits und dem gesetzlichen Musterprotokoll andererseits zu unterscheiden.

aa) Individuell gestalteter Gesellschaftsvertrag

131 Bei der Errichtung mittels eines **individuell gestalteten Gesellschaftsvertrages** besteht beurkundungstechnisch zum einen die Möglichkeit, ein Gründungsprotokoll zu beurkunden und gem. § 9 Abs. 1 Satz 2 BeurkG den Gesellschaftsvertrag als Anlage dazu zu nehmen. Möglich ist jedoch auch, von der Trennung der Satzung im Wege der Anlage zur Gründungsurkunde abzusehen.[183]

132 Die **Trennung** von **Gründungsprotokoll** einerseits und Gesellschaftsvertrag im engeren Sinne (Satzung) andererseits ist zu bevorzugen. Sie erleichtert später die Erteilung der Bescheinigung des Notars nach § 54 Abs. 1 Satz 2 GmbHG. Zudem wird auf diese Weise deutlich, welche Vereinbarungen der Gründer Bestandteile des Gesellschaftsvertrages und damit »echte« Satzungsbestandteile i.S.d. §§ 53 ff. GmbHG sind.[184] Entscheidet man sich für die Beurkundung des Gründungsprotokolls und der **Satzung als Anlage** hierzu, ist zu beachten, dass nach der Rechtsprechung[185] in entsprechender Anwendung des § 54 Abs. 1 Satz 2 GmbHG die vollständige und geschlossene Zusammenfassung des Gesellschaftsvertrages in einem Schriftstück schon bei Gründung erforderlich ist. Dies bedeutet, dass alle im Gesellschaftsvertrag im engeren Sinne (Satzung) erforderlichen Bestimmungen

---

179 BGH DNotZ 1959, 549; WM 1965, 359; WM 1977, 862; WM 1981, 623, 624 = NJW 1981, 1956.
180 BGH a.a.O.; anders aber der BFH BStBl. II 1992, 923; s. zum Ganzen *Wiedemann/Heinemann*, DB 1990, 1992; *Jülicher*, ZGR 1996, 82.
181 BGH DNotZ 1991, 819 = NJW 1990, 2616 = BGHZ 112, 40.
182 DNotI-Gutachten Nr. 71662 vom 31.10.2006.
183 *Winkler*, DNotZ 1980, 578; *Röll*, DNotZ 1981, 16; GmbHR 1982, 251.
184 So auch Kersten/Bühling/*Kanzleiter*, § 142 Rn. 21; Beck'sches Notarhandbuch/*Mayer/Weiler*, § 22 Rn. 15.
185 OLG Stuttgart DNotZ 1979, 359; OLG Frankfurt am Main DNotZ 1981, 706.

A. Gründung der Gesellschaft mit beschränkter Haftung

in der Anlage wiederholt werden müssen, auch soweit sie bereits im Gründungsprotokoll enthalten sind. Dies gilt insbesondere in Ansehung der Geschäftsanteile und der Person ihrer Übernehmer und der Gründungskosten.[186] Umstritten ist, wie lange diese Angaben zu den Gründungskosten, zu den Geschäftsanteilen und zu der Person der Übernehmer im Gesellschaftsvertrag verbleiben müssen.[187] Die Beibehaltung der Angaben über die Person der Übernehmer ist nach h.M. jedenfalls nach Volleinzahlung des Stammkapitals nicht mehr erforderlich.[188]

▶ Formulierungsbeispiel: GmbH-Gründungsprotokoll mit Satzung als Anlage   133

UR.Nr: ...../.....

Verhandelt zu ..... am.....

Vor Notar/in Dr. vin.....

erschienen

1. Herr/Frau ....., geboren am ....., wohnhaft ....., ..., ausgewiesen durch.....
2. Herr/Frau ....., geboren am ....., wohnhaft ....., ..., ausgewiesen durch.....
3. Herr/Frau ....., geboren am ....., wohnhaft ....., ..., ausgewiesen durch ....., hier nicht handelnd im eigenen Namen, sondern als alleiniger und von den Beschränkungen des § 181 BGB befreiter Geschäftsführer der und für die im Handelsregister des Amtsgerichts ..... unter HR B eingetragenen Gesellschaft mit beschränkter Haftung unter der Firma ....., was der Notar hiermit aufgrund heutiger Einsichtnahme in das Handelsregister des Amtsgerichts ..... bescheinigt, mit der Geschäftsanschrift.....

Diese erklärten, teils handelnd wie angegeben:

I. Wir errichten hiermit eine Gesellschaft mit beschränkter Haftung unter der Firma ..... GmbH und vereinbaren für diese Gesellschaft den dieser Urkunde als Anlage beigefügten Gesellschaftsvertrag, auf den hiermit verwiesen wird.
II. Unter Abhaltung einer ersten Gesellschafterversammlung der Gesellschaft mit beschränkter Haftung fassen wir folgende Gesellschafterbeschlüsse:
Zu ..... stets einzelvertretungsberechtigten Geschäftsführern für die Gesellschaft mit beschränkter Haftung werden bestellt:
1. ....., ... (Beruf), geboren am ....., wohnhaft .....,
2. ....., ... (Beruf), geboren am ....., wohnhaft .....,
Herr/Frau ..... und Herr/Frau ..... sind beide jeweils von den Beschränkungen des § 181 des Bürgerlichen Gesetzbuches befreit.
III. Die Geschäftsanschrift der Gesellschaft lautet: ..... (Adresse).
IV. Die Gesellschafter bevollmächtigen hiermit unter Befreiung von den in § 181 des Bürgerlichen Gesetzbuches geregelten Beschränkungen
   a) Notarfachangestellte ....., geboren am .....,
   b) Notarfachangestellte ....., geboren am .....,
   beide dienstansässig ....., und zwar jede allein und mit der Berechtigung zur Erteilung von Untervollmacht, bis zur Eintragung der Gesellschaft in das Handelsregister alle Rechtsgeschäfte und Rechtshandlungen vorzunehmen, die vom Amtsgericht, der Industrie- und Handelskammer oder anderen Behörden zur Eintragung der Gesellschaft in das Handelsregister erfordert werden, insbesondere auch den Gesellschaftsvertrag der Gesellschaft einschließlich ihrer Firmierung zu ändern und die in diesem Zusammenhang erforderlich werdenden Registeranmeldungen zu unterzeichnen.
   Weiter bevollmächtigen die Gesellschafter hiermit einen jeden von ihnen je einzeln und unter Befreiung von den in § 181 des Bürgerlichen Gesetzbuches geregelten Beschränkungen, den Gesellschaftsvertrag und die Anmeldung zum Handelsregister bis zur Eintragung der Gesellschaft in das Handelsregister abzuändern und zu ergänzen, soweit Änderungen

---

186 OLG Stuttgart DNotZ 1979, 359; OLG Frankfurt am Main DNotZ 1981, 706.
187 S. dazu *Winkler*, DNotZ 1980, 578; *Röll*, DNotZ 1981, 16; GmbHR 1982, 251; *Riester*, GmbHR 1973, 169 und die Nachweise bei BayObLG DNotZ 1982, 177.
188 BayObLG DB 1971, 88; ZIB 1996, 2109; OLG Frankfurt am Main BB 1981, 695.

vom Amtsgericht, der Industrie- und Handelskammer oder anderen Behörden erfordert werden.

V. Belehrungshinweise[189]

Diese Niederschrift und die Anlage hierzu wurden vorgelesen, von den Erschienenen genehmigt und von ihnen sowie dem Notar unterschrieben.

(Unterschriften der Beteiligten)

(Unterschrift des Notars)

bb) Musterprotokoll

134 Für die Gründung der GmbH im **vereinfachten Verfahren** gem. § 2 Abs. 1a GmbHG ist abweichend von den vorstehenden Ausführungen zwingend eines der in der Anlage zum GmbHG enthaltenen **Musterprotokolle** zu verwenden. Diese beinhalten auch die Satzung und gelten gem. § 2 Abs. 1a Satz 4 GmbHG zugleich als Gesellschafterliste. Die Gründung im vereinfachten Verfahren ist nur möglich, wenn die Gesellschaft höchstens drei Gesellschafter und lediglich einen Geschäftsführer hat, der nach dem Inhalt des Musterprotokolls immer zwingend von den Beschränkungen des § 181 BGB befreit ist. Bei einer Gründung im Wege des vereinfachten Verfahrens, ist das Musterprotokoll unverändert zu übernehmen. Individuelle Vereinbarungen durch Streichungen und Ergänzungen können nicht aufgenommen werden. Wird gleichwohl eine Änderung vorgenommen, entfallen die mit dem Musterprotokoll verbundenen Erleichterungen und die kostenrechtliche Bevorzugung der Gründung nach §§ 107 Abs. 1 Satz 2, 105 Abs. 6 GNotKG. Außerdem ist nicht auszuschließen, dass die Eintragung der GmbH vom Registergericht mit der (unzutreffenden) Begründung abgelehnt wird, dass durch die Bezugnahme auf § 2 Abs. 1a GmbHG eine Auslegung des modifizierten Musterprotokolls als »normales« Gründungsprotokoll mit Satzung und Geschäftsführerbestellung nicht möglich sei.

4. Geschäftsführerbestellung, § 6 GmbHG

a) Bestellungsvorgang

aa) Bestellung im Gesellschaftsvertrag oder durch Gesellschafterbeschluss

135 Zu Geschäftsführern können gem. § 6 Abs. 3 Satz 1 GmbHG sowohl Gesellschafter als auch andere Personen bestellt werden. Die **Bestellung** erfolgt gem. § 6 Abs. 3 Satz 2 GmbHG entweder im Gesellschaftsvertrag oder nach Maßgabe der Bestimmungen des dritten Abschnitts des GmbHG, also durch Gesellschafterbeschluss gem. § 46 Nr. 5 GmbHG, sofern diese Zuständigkeit nicht durch den Gesellschaftsvertrag auf einen Aufsichtsrat, Beirat oder Gesellschafterausschuss übertragen worden ist.

136 Die Bestellung bedarf in jedem Falle der **Annahme** durch den Geschäftsführer. Die Annahme unterliegt keiner besonderen Form. Bei Bestellung eines Gesellschafter-Geschäftsführers im Gesellschaftsvertrag liegt die Annahme in der Unterzeichnung desselben. Bei Bestellung durch Gesellschafterbeschluss wird die Annahme durch die Vornahme der Handelsregisteranmeldung zum Ausdruck gebracht.[190]

137 Erfolgt die Bestellung des Geschäftsführers im **Gesellschaftsvertrag**, sollte klargestellt werden, ob es sich dabei um einen echten oder um einen unechten Satzungsbestandteil handelt. Fehlt es an dieser Klarstellung, handelt es sich im Zweifel um einen unechten Satzungsbestandteil.[191] Handelt es sich bei der Bestellung des Geschäftsführers im Gesellschaftsvertrag ausnahmsweise um einen echten Satzungsbestandteil, kann die Abberufung des Geschäftsführers wie auch die Änderung seiner Vertretungsbefugnis grundsätzlich nur im Weg der Satzungsänderung unter Beachtung der dafür geltenden beson-

---

189 Ausführlicher Formulierungsvorschlag hierzu bei Heckschen/Heidinger/*Heckschen*, Kap. 2 Rn. 130.
190 Lutter/Hommelhoff/*Kleindiek*, § 6 Rn. 42 f.
191 Baumbach/Hueck/*Fastrich*, § 6 Rn. 26 m.w.N.; Gutachten des DNotI, Fax-Abruf-Nr. 90975, 03.03.2009.

deren Form- und Mehrheitserfordernisse erfolgen. Die Abberufung aus wichtigem Grund bleibt jedoch auch in diesem Fall gem. § 38 Abs. 2 GmbHG möglich. Noch stärker ist die Rechtsposition des Geschäftsführers, wenn mit seiner Bestellung im Gesellschaftsvertrag ein **Sonderrecht** auf Geschäftsführung begründet wird. In diesem Fall bedarf seine Abberufung grundsätzlich einer Satzungsänderung, die nach § 35 BGB nur mit seiner Zustimmung erfolgen kann.[192] Handelt es ich hingegen um einen unechten Satzungsbestandteil, kann der Geschäftsführer mit einfacher Mehrheit durch Gesellschafterbeschluss gem. § 46 Nr. 5 GmbHG abberufen und seine Vertretungsbefugnis geändert werden.

Bei Gründung der GmbH oder UG haftungsbeschränkt gem. § 2 Abs. 1a GmbHG im Wege des **vereinfachten Verfahrens** sieht Nr. 4 des Musterprotokolls die Bestellung des Geschäftsführers der Gesellschaft vor. Dabei lässt der Wortlaut des Musterprotokolls offen, ob es sich dabei um eine satzungsmäßige Bestellung oder lediglich um einen in das Musterprotokoll aufgenommenen Bestellungsbeschluss handelt. Die Aufnahme einer klarstellenden Regelung in das Musterprotokoll erscheint vor diesem Hintergrund naheliegend und sachlich geboten. Gleichwohl sollte eine solche Änderung des Musterprotokolls unterbleiben, da Änderungen des Musterprotokolls vor dem Hintergrund des § 2 Abs. 1a Satz 3 GmbHG, wonach »keine vom Gesetz abweichenden Bestimmungen« getroffen werden dürfen, überwiegend für unzulässig erachtet werden. Daher ist es insbesondere nicht möglich, im Verfahren der vereinfachten Gründung zusätzliche Bestimmungen in die Urkunde mit aufzunehmen oder bei der Gründung mehrere Geschäftsführer zu bestellen.[193] Nach jetzt h.M. hat der im **Musterprotokoll** bestellte Geschäftsführer weder ein satzungsmäßiges Geschäftsführungsrecht noch Sonderrechte. Dementsprechend kann er mit einfacher Mehrheit durch Gesellschafterbeschluss abberufen werden. Bei der im Musterprotokoll enthaltenen Geschäftsführerbestellung handelt es sich nach h.M. um einen sogenannten »unechten« Satzungsbestandteil.[194] 138

Die Bestellung des Geschäftsführers kann gem. §§ 6 Abs. 3 Satz 2, 46 Nr. 5 GmbHG auch durch **Gesellschafterbeschluss** erfolgen. Bei der Gründung der GmbH wird dieser Beschluss im Gründungsprotokoll festgehalten, wenn man sich der Möglichkeit der Trennung des Gründungsvorgangs in einen Urkundenhauptteil (Mantelurkunde) und in eine Anlage (Satzung) bedient. Anderenfalls kann der Gesellschafterbeschluss zur Bestellung des Geschäftsführers auch im Anschluss an die Satzung beurkundet werden. 139

Mit der Bestellung wird der Geschäftsführer zum Organ der GmbH. Zu unterscheiden davon ist der Abschluss des **Anstellungsvertrages**, bei dem es sich um einen Dienstvertrag handelt.[195] In der Bestellung allein ist grundsätzlich noch nicht der Abschluss eines Dienstvertrages zu sehen. Ebenso wenig darf die Abberufung des Geschäftsführers mit der Kündigung seines Dienstverhältnisses gleichgesetzt werden.[196] 140

bb) Befristete und bedingte Bestellung

Die aufschiebend **befristete Bestellung** eines Geschäftsführers ist zulässig.[197] Eingetragen werden kann der Beschluss in das Handelsregister allerdings nicht vor Ablauf der Frist, da die Wirkungen der Beschlussfassung erst dann eintreten. 141

---

192 Baumbach/Hueck/*Fastrich*, § 6 Rn. 27; Scholz/*Uwe H. Schneider*, § 6 Rn. 85.
193 S. dazu DNotI-Report 2009, 57.
194 *Heckschen*, DStR 2009, 166, 167; *Tebben*, RNotZ 2008, 441, 443 f.; Gutachten des DNotI, Fax-Abruf-Nr.: 90975, 03.03.2009.
195 S. dazu *Jaeger*, Der Anstellungsvertrag des GmbH-Geschäftsführers, S. 33 ff., 47 ff.; *Nägele*, BB 2001, 305; zur Sozialversicherungspflicht des Geschäftsführers: Baumbach/Hueck/*Fastrich*, § 35 Rn. 165; Hessisches LSG ZIP 2007, 545 ff. = GmbHR 2007, 487 ff.; Gutachten DNotI v. 29.07.2019 Abruf-Nr. 162298 zur Sozialversicherungspflicht von Gesellschafter-Geschäftsführern einer GmbH & Co. KG, die zugleich Kommanditisten der Kommanditgesellschaft sind.
196 *Jaeger*, Der Anstellungsvertrag des GmbH-Geschäftsführers, S. 33 ff.
197 OLG Hamm, Beschl. v. 08.02.2007 – 15 W 34/07; 15 W 414/06, RNotZ 2007, 289 = GmbHR 2007, 762.

142 Streitig ist, ob eine **bedingte Geschäftsführerbestellung** trotz der damit verbundenen Rechtsunsicherheit zulässig ist. Für die auflösend bedingte Geschäftsführerbestellung hat der BGH dies bejaht, weil dadurch Belange der Rechtssicherheit nicht in stärkerem Maße als bei einer anderen Form der Abberufung berührt werden.[198] Ob dies auch für die aufschiebend bedingte Geschäftsführerbestellung gilt, hat der BGH nicht ausdrücklich ausgesprochen; er hat in seiner Argumentation jedoch nicht zwischen der auflösend bedingten und der aufschiebend bedingten Geschäftsführerbestellung unterschieden, so dass auch diese zulässig sein dürfte, wenn der Schwebezustand bis zur Annahme der Bestellung durch den Geschäftsführer beendet wird.[199] Die Eintragung des aufschiebend bedingt bestellten Geschäftsführers im Handelsregister kann erst mit Bedingungseintritt erfolgen, da die Anmeldung bedingter Tatsachen unzulässig ist.[200] Bei der Anmeldung ist der Bedingungseintritt dem Registergericht nachzuweisen.

143 Die auflösende Bedingung und die Befristung sind nach h.M. nicht im Handelsregister **eintragungsfähig**.[201]

b) Bestellungshindernisse

144 Geschäftsführer kann gem. § 6 Abs. 2 GmbHG nur eine **natürliche, unbeschränkt geschäftsfähige Person** sein. Geschäftsunfähige und beschränkt Geschäftsfähige sind als Geschäftsführer ausgeschlossen. Für Minderjährige gilt dieser Ausschluss auch bei Vorliegen einer Ermächtigung nach §§ 112, 113 BGB sowie bei Handeln des gesetzlichen Vertreters und familiengerichtlicher Genehmigung. Ausgeschlossen sind gem. § 6 Abs. 2 Satz 2 Nr. 1 GmbHG auch Betreute, wenn sie ganz oder teilweise einem Einwilligungsvorbehalt gem. § 1903 BGB unterliegen. Ausgeschlossen sind schließlich auch juristische Personen und sonstige Personengesamtheiten.

145 Zu Geschäftsführern können Gesellschafter aber auch andere natürliche Personen bestellt werden, die nicht an der GmbH beteiligt sind. Der Grundsatz der **Selbstorganschaft** gilt – anders als im Personengesellschaftsrecht – nicht.

146 **Ausländer** können zu Geschäftsführern bestellt werden. Wohnsitz oder ständiger Aufenthalt, Arbeits- oder Gewerbeerlaubnis im Inland sind dafür nicht Voraussetzung.[202] Bislang hat jedoch vor allem die Rechtsprechung und ein Teil der Registerpraxis die Zulässigkeit der Bestellung eines Ausländers zum Geschäftsführer vom Bestehen einer jederzeitigen Einreisemöglichkeit abhängig gemacht, da die Erfüllung der gesetzlichen Mindestpflichten nur dann gewährleistet sei. Danach können EU-Ausländer sowie Ausländer aus jenen Nicht-EU-Staaten, die nach Anhang II der EU-Visums-Verordnung (»Positivliste«) für Aufenthalte bis zu 3 Monaten keinen Aufenthaltstitel benötigen, ohne weiteres zu Geschäftsführern bestellt werden. Streitig ist, ob die Bestellung sonstiger Ausländer und ihre Eintragung in das Handelsregister an die Vorlage einer entsprechenden Aufenthalts- bzw. Einreiseerlaubnis geknüpft werden darf.[203] Da die GmbH nach Streichung des § 4a Abs. 2 GmbHG durch das MoMiG ihren Verwaltungssitz auch im Ausland nehmen und nach § 8 Abs. 3 Satz 2 GmbHG in der Fassung des MoMiG die Belehrung des Geschäftsführers auch schriftlich oder durch einen ausländischen Notar erfolgen kann und durch Einsatz moderner Kommunikationsmittel die Wahrnehmung der Aufgaben auch vom Ausland aus möglich ist, erscheint es nicht mehr gerecht-

---

198 BGH, Urt. v. 24.10.2006 – II ZR 55/04, DNotZ 2006, 214 = NotBZ 2006, 18 = NZG 2006, 62 = ZIP 2005, 2255.
199 Lutter/Hommelhoff/*Kleindiek*, § 6 Rn. 41.
200 OLG Düsseldorf, Beschl. v. 15.12.1999 – 3 Wx 354/99, DNotZ 2000, 529 = MittRhNotK 2000, 77 = NZG 2000, 262; *Gustavus*, Handelsregisteranmeldungen, S. 7.
201 DNotI-Gutachten, Nr. 87121 vom 30.07.2008.
202 Insoweit allg.M., Baumbach/Hueck/*Fastrich*, § 6 Rn. 9 m.w.N.
203 Dafür OLG Celle ZIP 2007, 1157 = NZG 2007, 633; OLG Köln GmbHR 1999, 182; OLG Hamm GmbHR 1999, 1089 = ZIP 1999, 1919; OLG Zweibrücken NZG 2001, 857; Scholz/*Schneider*, § 6 Rn. 17 ff.; dagegen Baumbach/Hueck/*Fastrich*, § 6 Rn. 9; Baumbach/Hueck/*Zöllner/Noack*, § 39 Rn. 21; Lutter/Hommelhoff/*Kleindiek*, § 6 Rn. 15; Michalski/*Tebben*, § 6 Rn. 32; *Bohlscheid*, RNotZ 2005, 525 f.

fertigt, die jederzeitige Einreisemöglichkeit zur Voraussetzung für die Bestellung zum Geschäftsführer zu erheben. Für die Praxis empfiehlt es sich, die Problematik vorab mit dem zuständigen Handelsregister zu klären.

Die **Ausschlussgründe** in § 6 Abs. 2 Satz 2 GmbHG wurden durch das MoMiG erheblich erweitert. 147
Danach kann jetzt nicht mehr zum Geschäftsführer bestellt werden, wer
(1) als Betreuter bei der Besorgung seiner Vermögensangelegenheiten ganz oder teilweise einem Einwilligungsvorbehalt (§ 1903 des Bürgerlichen Gesetzbuchs) unterliegt,
(2) aufgrund eines gerichtlichen Urteils oder einer vollziehbaren Entscheidung einer Verwaltungsbehörde einen Beruf, einen Berufszweig, ein Gewerbe oder einen Gewerbezweig nicht ausüben darf, sofern der Unternehmensgegenstand ganz oder teilweise mit dem Gegenstand des Verbots übereinstimmt,
(3) wegen einer oder mehrerer vorsätzlich begangener Straftaten
  – des Unterlassens der Stellung des Antrags auf Eröffnung des Insolvenzverfahrens (Insolvenzverschleppung),
  – nach den §§ 283 bis 283 d des Strafgesetzbuchs (Insolvenzstraftaten),
  – der falschen Angaben nach § 82 des GmbH-Gesetzes oder § 399 des Aktiengesetzes,
  – der unrichtigen Darstellung nach § 400 des Aktiengesetzes, § 331 des Handelsgesetzbuchs, § 313 des Umwandlungsgesetzes oder § 17 des Publizitätsgesetzes oder
  – nach den §§ 263 bis 264 a oder den §§ 265b bis 266 a des Strafgesetzbuchs zu einer Freiheitsstrafe von mindestens einem Jahr
verurteilt worden ist; dieser Ausschluss gilt für die Dauer von 5 Jahren seit der Rechtskraft des Urteils, wobei die Zeit nicht eingerechnet wird, in welcher der Täter auf behördliche Anordnung in einer Anstalt verwahrt worden ist.

Die Regelung des § 6 Abs. 2 Satz 2 Nr. 3 gilt entsprechend bei einer Verurteilung im Ausland wegen 148
einer Tat, die mit den in § 6 Abs. 2 Satz 2 Nr. 3 genannten Taten vergleichbar ist.

Die Bestellung des Geschäftsführers ist **unwirksam**, wenn sie gegen einen der in § 6 Abs. 2 GmbHG 149
genannten Ausschlussgründe verstößt. Tritt ein Bestellungshindernis nachträglich ein, führt dies ohne weiteres zum sofortigen Amtsverlust.²⁰⁴

c) Belehrung § 53 Abs. 2 BZRG, § 8 Abs. 3 Satz 2 GmbHG

Gem. § 8 Abs. 3 Satz 2 GmbHG hat der Notar den Geschäftsführer über seine unbeschränkte Auskunftspflicht gegenüber dem Registergericht nach § 53 Abs. 2 des Bundeszentralregistergesetzes zu belehren. Die Belehrung nach § 53 Abs. 2 des Bundeszentralregistergesetzes kann schriftlich vorgenommen werden; sie kann auch durch einen Notar oder einen im Ausland bestellten Notar, durch einen Vertreter eines vergleichbaren rechtsberatenden Berufs oder einen Konsularbeamten erfolgen. Dies erleichtert das Verfahren, wenn die Geschäftsführer sich im Ausland aufhalten.²⁰⁵ 150

d) Bedeutung des § 181 BGB bei der Gründung

Die Anwendbarkeit des **§ 181 BGB** im Gesellschaftsrecht auf das Handeln der organschaftlichen 151
Vertreter der Gesellschaften ist heute allgemein anerkannt. Auch der Gesetzgeber bringt dies mittelbar in § 35 Abs. 3 GmbHG zum Ausdruck. Nach der Bestimmung des § 181 BGB kann ein Vertreter im Namen des Vertretenen mit sich im eigenen Namen oder als Vertreter eines Dritten ein Rechtsgeschäft nicht vornehmen, es sei denn, dass das Rechtsgeschäft ausschließlich in der Erfüllung einer Verbindlichkeit besteht, oder dass ihm die Vornahme des Rechtsgeschäfts gestattet ist. Bedeutung hat die Regelung des § 181 BGB demnach nicht nur für das spätere Handeln der bei der

---

204 Baumbach/Hueck/*Fastrich*, § 6 Rn. 17 m.w.N.; Lutter/Hommelhoff/*Kleindiek*, § 6 Rn. 12; Heckschen/Heidinger/*Heidinger*/*Knaier*, Kap. 6 Rn. 31 m.w.N.; OLG München, NZG 2011, 394 = GmbHR 2011, 430.
205 Formulierungsbeispiel zur unbeschränkten Auskunftspflicht s.u. Rdn. 477.

GmbH-Gründung für die GmbH bestellten Geschäftsführer, sondern auch für den Gründungsvorgang selbst, da die Bestimmung des § 181 BGB auch auf den Abschluss und die Änderung eines Gesellschaftsvertrags anwendbar ist.[206]

152 Darüber hinausgehende Bedeutung hat § 181 BGB, wenn eine Gesellschaft eine **Tochtergesellschaft** gründen will und der gesetzliche Vertreter der Muttergesellschaft auch zum gesetzlichen Vertreter der Tochter-GmbH bestellt werden soll. Denn auch auf diesen Fall der Stimmrechtsausübung juristischer Personen durch ihre Organe, etwa durch den Vorstand einer Genossenschaft oder AG, die an der gegründeten GmbH beteiligt ist oder die Geschäftsführer einer GmbH, die an einer Tochter-GmbH beteiligt ist, findet § 181 BGB Anwendung.[207] Die Bestellung des organschaftlichen Vertreters der Muttergesellschaft zum Geschäftsführer der Tochtergesellschaft ist demnach nur wirksam, wenn der den Bestellungsbeschluss für die Muttergesellschaft fassende gesetzliche Vertreter von den Beschränkungen des § 181 BGB wirksam befreit ist. Fehlt es an einer solchen Befreiung, ist die Stimmabgabe schwebend unwirksam. Bei einer Mehr-Personen-GmbH ist der mit der schwebend unwirksamen Stimmabgabe zustande gekommene Beschluss anfechtbar.[208] Bei einer Einmann-Gesellschaft bewirkt die Unwirksamkeit der Stimmabgabe darüber hinausgehend die Unwirksamkeit des Beschlusses.[209] Vorstehende Grundsätze finden jedoch keine Anwendung auf die Beschlussfassung des Einmanngesellschafters, soweit er selbst abstimmt.[210] Nach ganz h.M. lässt sich ein Verstoß gegen § 181, 1. Alt. BGB auch nicht dadurch vermeiden, dass ein nach § 181 BGB verhinderter Vertreter einen Untervertreter bestellt.[211] Dies ist unmittelbar allerdings nur von Bedeutung, wenn sich der Untervertreter zum Geschäftsführer bei der Tochter-GmbH bestellt. Wegen des abstrakten Interessenkonflikts wird jedoch auch bei Bestellung des Geschäftsführers der Tochter-GmbH durch einen von diesem als Geschäftsführer der Mutter-GmbH bevollmächtigten Untervertreter ein Verstoß gegen § 181 BGB angenommen.[212]

153 Handelt es sich bei der **Muttergesellschaft** um eine Aktiengesellschaft oder Genossenschaft, stellt sich die bislang nicht geklärte weitere Frage, ob die Bestellung eines Vorstands der Muttergesellschaft in ein Organ der Tochtergesellschaft als Vertretung der Muttergesellschaft gegenüber dem Vorstand gilt mit der Folge, dass gem. §§ 112 AktG, 39 GenG bei (Mutter-) Aktiengesellschaften und Genossenschaften selbst bei Personenverschiedenheit des die Muttergesellschaft vertretenden Vorstandsmitglieds und des zum Geschäftsführer der Tochter-GmbH bestellten Vorstandsmitglieds der Muttergesellschaft nicht der Vorstand, sondern der Aufsichtsrat der Muttergesellschaft für deren Vertretung bei der Bestellung ihres Vorstandsmitglieds zum Geschäftsführer der Tochter-GmbH zuständig wäre. Danach könnte das AG-Vorstandsmitglied ohne entsprechende Bevollmächtigung durch den Aufsichtsrat nicht wirksam zum Geschäftsführer der GmbH bestellt werden.[213]

---

206 BGHZ 65, 93 ff. = BGH NJW 1976, 49, 50 = MittBayNot 1975, 263; DNotZ 1989, 26, 27 = NJW 1989, 168, 169.
207 Baumbach/Hueck/*Zöllner*, § 47 Rn. 60; BayObLG DNotZ 2001, 887 = ZNotP 2001, 72 = NZG 2001, 128 = ZIP 2001, 70 = DNotI-Report 2001, 7 = GmbHR 2001, 72; *Baetzgen*, RNotZ 2005, 193, 222; *Cramer*, NZG 2012, 765, 767; zum Ganzen auch DNotI-Gutachten in DNotI-Report 2012, 189 ff.
208 BayObLG DNotZ 2001, 887 = ZNotP 2001, 72 = NZG 2001, 128 = ZIP 2001, 70 = DNotI-Report 2001, 7 = GmbHR 2001, 72.
209 BayObLG DNotZ 2001, 887 = ZNotP 2001, 72 = NZG 2001, 128 = ZIP 2001, 70 = DNotI-Report 2001, 7 = GmbHR 2001, 72; Baumbach/Hueck/*Zöllner*, § 47 Rn. 65.
210 Baumbach/Hueck/*Zöllner*, § 47 Rn. 60.
211 BGHZ 112, 339.
212 Vgl. BGH NJW 1975, 1117, 1118; OLG Frankfurt OLGZ 1974, 347; OLG Hamm DNotZ 1981, 383; DNotI-Gutachten in DNotI-Report 2012, 189, 191.
213 So LG Berlin NJW-RR 1997, 1534 = GmbHR 1997, 750 = Rpfleger 1997, 312; das BayObLG DNotZ 2001, 887 = ZNotP 2001, 72 = NZG 2001, 128 = ZIP 2001, 70 = DNotI-Report 2001, 7 = GmbHR 2001, 72 übergeht die Zuständigkeitsfrage und befasst sich nur mit der der Organzuständigkeit logisch nachgelagerten Frage der Vertretungsbefugnis und der Befreiungsmöglichkeit nach § 181 BGB; a.A. OLG München DNotZ 2012, 793 = DNotI-Report 2012, 127 = RNotZ 2012, 455 =

A. Gründung der Gesellschaft mit beschränkter Haftung　　Kapitel 2

An der Bestellung der Geschäftsführer der Tochter-GmbH sollte man in solchen Fällen vor diesem Hintergrund vorsorglich mitwirken lassen: 154
- die zu wählenden Vorstände der Muttergesellschaft,
- sonstige weitere Vorstände der Muttergesellschaft,
- sämtliche Aufsichtsratsmitglieder, und zwar beim Bestellungsakt selbst zur Wahrung der Kompetenzverteilung des § 112 AktG sowie zur Befreiung etwa selbst handelnder Vorstände von § 181 BGB erste und zweite Alternative.

Werden diese Voraussetzungen nicht beachtet, ist bei Bejahung der Anwendbarkeit der §§ 112 AktG, 39 GenG auf diesen Fall eine gleichwohl vorgenommene Bestellung des Vorstandsmitglieds der Mutter-Gesellschaft zum Geschäftsführer der Tochter-GmbH nach neuerer Auffassung schwebend unwirksam und die Gesellschaft daher (noch) nicht ordnungsgemäß nach §§ 7, 8, 78 GmbHG angemeldet.[214] 155

Fraglich ist, ob ein vom Verbot des § 181 BGB nicht befreiter Geschäftsführer einer GmbH, die ihrerseits eine Tochter-GmbH gründet, bei deren Gründung mitwirken und deren (mit ihm nicht identischen) **Geschäftsführer** bestellen und **von § 181 BGB befreien** kann, wenn entweder die Satzung der Tochter-GmbH selbst deren Geschäftsführer von dem Verbot des § 181 BGB befreit oder aber eine entsprechende Ermächtigung der Gesellschafterversammlung dazu vorsieht. Da der Geschäftsführer der Muttergesellschaft den Geschäftsführer der Tochtergesellschaft nicht zu seinem Untervertreter, sondern zum Vertreter der Tochter-GmbH bestellt, wird ein Verstoß gegen § 181 BGB in diesem Fall verneint.[215] 156

Die Notwendigkeit zur Befreiung des Geschäftsführers vom Verbot des Selbstkontrahierens besteht besonders häufig bei der Gründung einer GmbH, die die Komplementärfunktion in einer **GmbH & Co. KG** übernehmen soll. Wirkt der GmbH-Geschäftsführer an dem Abschluss des KG-Vertrages auch als Kommanditist der KG mit, handelt es sich um einen Fall des Selbstkontrahierens. Auch besteht in der Praxis oftmals nach vollzogener Gründung der KG die Notwendigkeit zum Abschluss von Rechtsgeschäften zwischen der GmbH und der GmbH & Co KG oder zwischen der KG und dem Geschäftsführer. Hierzu ist die Befreiung des Geschäftsführers von den Beschränkungen des § 181 BGB auf der Ebene der GmbH und auf der davon zu unterscheidenden Ebene der KG und weiter die Befreiung der GmbH auf der Ebene der KG erforderlich. 157

V. Satzung und schuldrechtliche Nebenabreden

1. Allgemeines

Das GmbH-Recht unterscheidet bei den Satzungsbestandteilen zwischen obligatorischen und fakultativen Regelungen mit körperschaftlichem Charakter sowie rein schuldrechtlichen Vereinbarungen. Schuldrechtliche Vereinbarungen können nicht nur in der Satzung, sondern auch außerhalb der Satzung in schuldrechtlichen Nebenabreden getroffen werden.[216] 158

Die Unterscheidung zwischen körperschaftlichen Regelungen und individualrechtlichen Bestimmungen hat **Bedeutung** für die bei der Auslegung der entsprechenden Regelungen anzuwendenden 159

NZG 2012, 710 = ZIP 2012, 1122: Danach fällt die Bestellung der eigenen Person als Geschäftsführer der Tochter-GmbH durch den Vorstand der Mutter-AG nicht in den Anwendungsbereich des § 112 AktG; ebenso *Hüffer*, § 112 AktG Rn. 3a m.w.N.; eingehend zum Ganzen *Cramer*, NZG 2012, 765 ff.; Heckschen/Heidinger/*Heidinger/Blath*, Kap. 6 Rn. 469 ff.

214 LG Berlin NJW-RR 1997, 1534 = GmbHR 1997, 750 = Rpfleger 1997, 312; vgl. auch OLG Karlsruhe AG 1996, 224; OLG Celle AG 2003, 433 = BB 2002, 1483; OLG München WM 2008, 73 = ZIP 2008, 220; *Hüffer*, § 112 AktG Rn. 7; a.A. für endgültige Unwirksamkeit K. Schmidt/Lutter/*Drygala*, § 112 AktG Rn. 19.

215 DNotI-Gutachten Nr. 64339 vom 15.12.2005; zur GmbH & Co. KG DNotI-Gutachten, DNotI-Report 2006, 61; Heckschen/Heidinger/*Heidinger/Blath*, Kap. 6 Rn. 465 ff. m.w.N.

216 Zur Abgrenzung *Wicke*, DNotZ 2006, 419, 420; und *Hermanns* in Rdn. 1080 ff.

Grundsätze – objektivierte Auslegung körperschaftlicher Regelungen einerseits und individuelle Vertragsauslegung individualrechtlicher Bestimmungen unter Anwendung der allgemeinen Regeln über Willenserklärungen und Rechtsgeschäfte gem. §§ 133, 157 BGB andererseits –, für die Anwendbarkeit des AGB-Rechts, für die Änderung der Regelungen, für die Wirkung gegenüber der Gesellschaft, künftigen Gesellschaftern und Dritten sowie für die Behandlung von Pflichtverletzungen.

160 Die **zwingenden Satzungsbestandteile** sind in § 3 Abs. 1 GmbHG geregelt. Danach muss der Gesellschaftsvertrag enthalten die Firma und den Sitz der Gesellschaft, den Gegenstand des Unternehmens, den Betrag des Stammkapitals und die Zahl und die Nennbeträge der Geschäftsanteile, die jeder Gesellschafter gegen Einlage auf das Stammkapital (Stammeinlage) übernimmt.

161 Gem. § 3 Abs. 2 GmbHG sind darüber hinaus in den Gesellschaftsvertrag Regelungen über eine Beschränkung der Dauer des Unternehmens ebenso aufzunehmen wie die Übernahme weiterer Verpflichtungen der Gesellschafter gegenüber der Gesellschaft über die Leistung von Kapitaleinlagen hinaus.

162 Handelt es sich um eine **Sachgründung**, muss die Festsetzung der Sacheinlage gem. § 5 Abs. 4 GmbHG in der Satzung erfolgen. Schließlich bedarf es der Aufnahme einer Regelung über die **Gründungskosten** entsprechend § 26 Abs. 2 AktG.

163 ▶ Checkliste: Zwingende Satzungsbestandteile
- ☐ Firma der Gesellschaft,
- ☐ Sitz der Gesellschaft,
- ☐ Gegenstand des Unternehmens der Gesellschaft,
- ☐ Betrag des Stammkapitals,
- ☐ Zahl und Nennbeträge der Geschäftsanteile, die jeder Gesellschafter übernimmt,
- ☐ Regelung der Gründungskosten,
- ☐ Zeitbeschränkung, wenn eine solche vorgesehen werden soll,
- ☐ Übernahme weiterer Verpflichtungen der Gesellschafter gegenüber der Gesellschaft über die Leistung von Kapitaleinlagen hinaus, wenn solche vorgesehen werden sollen,
- ☐ Festsetzung der Sacheinlage bei Sachgründung.

164 **Schuldrechtliche Nebenabreden** können neben der Satzung getroffen werden, wenn sie inhaltlich nicht gegen zwingende Grundsätze des GmbH-Rechts verstoßen. Sie können **formfrei** erfolgen. Allerdings stellt sich in jedem Einzelfall die Frage der Abgrenzung der formfreien Nebenabrede zur gem. § 3 Abs. 2 GmbHG beurkundungspflichtigen gesellschaftsrechtlichen Nebenleistungspflicht. Wird eine solche nicht beurkundet, führt dies zur Nichtigkeit der gesamten Gesellschaftsgründung.[217] Sprechen nicht etwa Geheimhaltungsgründe – seit Inkrafttreten des EHUG und der Einführung der online-Einsicht kann die gesamte Registerakte ohne weiteres eingesehen werden – für die Auslagerung der entsprechenden Vereinbarung in eine Nebenvereinbarung, sollten die entsprechenden Regelungen vorsorglich in die Satzung aufgenommen und mitbeurkundet werden. Anderenfalls sollten die entsprechenden Regelungen sehr genau auf ihre rechtliche Qualität untersucht und die Beteiligten auf die Folgen einer Fehleinschätzung hingewiesen werden.

2. Firma der GmbH

a) Rechtsformzusatz

165 Die **Firma**, als Name der Gesellschaft, ist nach § 3 Abs. 1 Nr. 1. GmbHG zwingender Bestandteil der Satzung der GmbH. Das GmbHG trifft zum Firmenrecht der GmbH in § 4 lediglich noch Regelungen zur Erforderlichkeit und zum Inhalt des in die Firma aufzunehmenden Rechtsformzusatzes. Danach muss die Firma der GmbH die Bezeichnung »Gesellschaft mit beschränkter Haftung« oder eine allgemein verständliche Abkürzung dieser Bezeichnung enthalten. Als allgemein

---

217 OLG Dresden GmbHR 1997, 746.

verständliche Abkürzung hat sich in der Rechtspraxis die Bezeichnung »GmbH« eingebürgert. Dies gilt auch wenn der Firmenkern nach § 22 HGB oder anderen gesetzlichen Vorschriften fortgeführt wird. Der Rechtsformzusatz ist in diesen Fällen zwingend zu korrigieren und muss den Anforderungen des § 4 GmbHG genügen.

Durch eine Entscheidung des OLG München[218] fraglich geworden war die Zulässigkeit des Rechtsformzusatzes »gGmbH« für eine gemeinnützige GmbH. Das OLG München hält diesen Rechtsformzusatz für mit dem Grundsatz der Firmenwahrheit unvereinbar und damit für unzulässig. Es könne der Eindruck entstehen, bei der gGmbH handele es sich um eine besondere Rechtsform. Diese Auffassung ist auf Zustimmung[219] und Kritik[220] gestoßen. Durch das Ehrenamtsstärkungsgesetz vom 21.03.2013 (BGBl. I, S. 656) wurde § 4 GmbHG ein Satz 2 angefügt, der diese Firmierung nunmehr ausdrücklich gestattet. Nicht geklärt ist damit allerdings die Frage, ob die Firmierung einer gemeinnützigen UG mit »gUG« (haftungsbeschränkt) zulässig ist.[221]

166

Bei der durch das MoMiG geschaffenen Unternehmergesellschaft muss nach § 5a Abs. 1 GmbHG in die Firma als Rechtsformzusatz die Bezeichnung »**Unternehmergesellschaft (haftungsbeschränkt)**« oder »**UG (haftungsbeschränkt)**« aufgenommen werden. Fraglich ist, ob sie diesen Firmenzusatz auch dann noch beibehalten darf, wenn das Stammkapital der UG auf 25.000,00 € oder mehr erhöht worden ist. Dafür spricht die Regierungsbegründung zum MoMiG, wonach die UG sich in diesem Falle sodann nach § 4 GmbHG »umfirmieren« könne, nicht aber müsse. Goette[222] weist zutreffend darauf hin, dass dem eine nicht hinreichende Unterscheidung der Firma von dem nach § 4 GmbHG vorgeschriebenen Rechtsformzusatz zugrunde liegt. Die Regelung des § 5a Abs. 5 Halbs. 2 GmbHG ist einschränkend dahin auszulegen, dass der Firmenkern nicht jedoch der sodann sachlich unrichtige Rechtsformzusatz beibehalten werden kann.[223] Wollen die Gesellschafter einer UG trotz einer Kapitalerhöhung auf 25.000,00 € oder mehr und der damit zwingend einhergehenden Veränderung der UG in eine GmbH den nunmehr sachlich unzutreffenden Rechtsformzusatz »UG (haftungsbeschränkt)« beibehalten, ist dringend zu raten, dies vorab mit dem Handelsregister zu klären.

167

b) Firmenbildung

Im Übrigen richtet sich die **Firmenbildung** nach den allgemeinen Grundsätzen des HGB. Durch das HRefG von 1998 wurde das Firmenrecht weitgehend liberalisiert. Die vormals nach § 4 a.F. GmbHG bestehenden Beschränkungen auf eine allein aus Gesellschafternamen bestehende Personenfirma oder eine dem Unternehmensgegenstand entlehnte Sachfirma sind entfallen.[224]

168

Heute muss die Firma nach § 18 Abs. 1 HGB zur Kennzeichnung des Kaufmanns geeignet sein und Unterscheidungskraft besitzen. Weiter darf die Firma nach § 18 Abs. 2 Satz 1 HGB keine Angaben enthalten, die geeignet sind, über geschäftliche Verhältnisse, die für die angesprochenen Verkehrskreise wesentlich sind, irrezuführen. Schließlich muss sich nach § 30 HGB jede neue Firma von allen am selben Ort und derselben Gemeinde bereits bestehenden und in das Handelsregister eingetragenen Firmen deutlich unterscheiden. In dem so gesteckten Rahmen besteht Freiheit zur Firmenbildung. Für die Praxis empfiehlt sich, die Zulässigkeit der konkret von den Beteiligten ins Auge gefassten Firma vorab mit dem Handelsregister und der IHK zu klären.

169

Die Firma kann nach wie vor gebildet werden als Sachfirma, als Personenfirma, aber auch – anders als dies vor dem HRefG der Fall war – als Phantasiefirma sowie als Kombination aus diesen Möglichkeiten.

170

---

218 OLG München DNotZ 2007, 148 = RNotZ 2007, 163 = MittBayNot 2007, 236 = NJW 2007, 1601 = ZIP 2007, 771; NZG 2007, 191.
219 *Rohde*, GmbHR 2007, 267; *Paulick*, DNotZ 2008, 167.
220 *Krause*, NJW 2007, 2156.
221 S. dazu im einzelnen Gutachten DNotI-Report 2013, 181 f.
222 Einführung in das neue GmbH-Recht, S. 20 f.
223 *Goette*, Einführung in das neue GmbH-Recht, 2008, S. 20 f., Einf. Rn. 47.
224 Baumbach/Hueck/*Fastrich*, § 4 Rn. 5.

171 Da es sich bei der Firma um den Namen der GmbH handelt, muss sie zur **Kennzeichnung geeignet** sein und von den angesprochenen Verkehrskreisen auch als Name verstanden werden (»Namensfunktion«).[225] Hierunter wird eine abstrakte Namensfähigkeit verstanden. Der Firmenkern ist deshalb aus einer wörtlich aussprechbaren Bezeichnung zu bilden.[226] Bildzeichen sind zur Firmenbildung nicht geeignet.[227] Die Verwendung von Zeichen und Ziffern als Bestandteile einer Firma ist gleichwohl nicht gänzlich ausgeschlossen.[228]

172 Sehr streitig ist die Kennzeichnungseignung von Firmen, die nur aus einer **Buchstabenkombination** bestehen. So hat das OLG Hamm die Buchstabenkombination »HM & A GmbH & Co. KG« für zulässig gehalten,[229] da diese Buchstabenkombination aussprechbar sei. Anderer Auffassung war das OLG Celle zur Firma »AKDV GmbH«,[230] da es sich dabei nicht um ein Wort der deutschen Sprache, sondern lediglich um die Anfangsbuchstaben einzelner Worte und nicht um ein aussprechbares Phantasiewort handele. Ebenso hatte das OLG Celle bereits zuvor Buchstabenfolgen, bestehend aus demselben Buchstaben (»AAA...GmbH«) die Eignung zur Firmenbildung abgesprochen.[231]

173 Da nur der wörtlichen Bezeichnung Namensfunktion zukommt, wird die vom Rechtsträger gewählte Schreibweise oder graphische Darstellung nicht Firmenbestandteil.[232] Dementsprechend hat der Rechtsträger keinen Anspruch auf die Übernahme der von ihm gewählten Schreibweise oder der von ihm gewählten graphischen Darstellung.[233]

174 Die Zulässigkeit des »@«-**Zeichens** als Firmenbestandteil dürfte entgegen früherer Bedenken heute zu bejahen sein. Soweit vertreten wurde, dass es als Wortzeichen mangels eindeutiger Aussprache, als Buchstabe mangels Anspruch auf Übernahme eines werblich gestalteten Schriftbildes und als Bildzeichen grundsätzlich nicht zur Firmenbildung geeignet sei,[234] kann dies heute als überholt betrachtet werden. Die heute h.M. bejaht die Zulässigkeit des »@«-Zeichens als selbständig aussprechbares und in den angesprochenen Verkehrskreisen bekanntes Sonderzeichen.[235] Selbst man davon ausgeht, dass im Jahre 2001 eine eindeutige Verkehrsgeltung noch nicht erreicht war, was bei den mit der gewünschten Firma angesprochenen Verkehrskreisen durchaus zweifelhaft erscheint, kann man dies heute m. E. unter Berücksichtigung der sich wandelnden Verkehrsauffassung nicht mehr vertreten.[236] Daher sollte das »@«-Zeichen als wortersetzendes Sonderzeichen ebenso zur Firmenbildung geeignet sein wie dies seit langem für das »&«-Zeichen sowie das »+«-Zeichen anerkannt ist. Für die Praxis empfiehlt es sich, diese Frage ggf. im Vorfeld mit dem Handelsregister zu klären.

175 Neben der Eignung zur Kennzeichnung muss die Firma des Kaufmanns gem. § 18 Abs. 1 HGB **Unterscheidungskraft** besitzen. Dabei kommt es nach dieser Vorschrift auf die sogenannte abstrakte Unterscheidungskraft an, die lediglich eine zur Unterscheidung des betroffenen Unternehmens von

---

225 BGHZ 24, 11, 214, 217; BGHZ 79, 265, 270; BGH NJW-RR 1998, 253, 254 = BB 1997, 2611.
226 BGHZ 14, 155, 159 f.; OLG Celle GmbHR 1999, 412.
227 BGHZ 14, 155, 159 f.; KG GmbHR 2000, 1101, 1102; Scholz/*Cziupka*, § 4 Rn. 25; Baumbach/Hueck/*Fastrich*, § 4 Rn. 6a.
228 Zu den Einzelheiten Ebenroth/Boujong/Joost/Strohn/*Strohn*, HGB, § 18 Rn. 28.
229 OLG Hamm (RNotZ 2008, 23 = ZIP 2008, 791).
230 RNotZ 2006, 548 = MittBayNot 2007, 140; = DB 2006, 1950.
231 DB 1999, 40 = GmbHR 1999, 412; OLG Frankfurt am Main NJW 2002, 2400; OLG München NZG 2007, 320 = ZIP 2007, 772 für den Verein.
232 MünchKommHGB/*Heidinger*, § 18 Rn. 14.
233 MünchKommHGB/*Heidinger*, § 18 Rn. 14; KG DNotI-Report 2000, 170 zur Schreibweise in Großbuchstaben.
234 BayObLG NJW 2001, 2337 = ZIP 2001, 960; OLG Braunschweig EWiR 2001, 275 »met@box«; LG Leipzig NotBZ 2002, 112 »@toll GmbH«.
235 LG Berlin RNotZ 2004, 412 = NJW-RR 2004, 835 = GmbHR 2004, 428; so auch LG Cottbus NJW-RR 2000, 337; Lutter/Hommelhoff/*Bayer*, § 4 Rn. 19; Baumbach/Hueck/*Fastrich*, § 4 Rn. 6a; MünchKommHGB/*Heidinger*, § 18 Rn. 13; Scholz/*Cziupka*, § 4 Rn. 28; a.A. noch Scholz/*Emmerich*, § 4 Rn. 12.
236 Ebenso MünchKommHGB/*Heidinger*, § 18 Rn. 13.

anderen Unternehmen ausreichende Eigenart voraussetzt.[237] Danach sind Sachfirmen, die im Firmenkern eine bloße **Gattungs- oder Branchenbezeichnung** beinhalten mangels ausreichender Unterscheidbarkeit zur Firmenbildung nicht geeignet. Dies gilt auch dann, wenn es sich um die erste Firma dieses Inhalts im Gerichtsbezirk handelt.[238] So wurde die Bezeichnungen »Profi-Handwerker GmbH«[239] für unzulässig erachtet. Ebenso wurden die Firmen »Getränke-Industrie«,[240] »Management-Seminare«,[241] »Video-Rent«,[242] »Leasing-Partner«,[243] »COTTON LINE«[244] mangels Unterscheidungskraft für unzulässig erachtet. Dieser Beurteilung ist auch nach § 18 Abs. 1 HGB zu folgen. Eine bloße Branchen- oder Sachbezeichnung eignet sich nicht zur Kennzeichnung des Kaufmanns.[245]

Für zulässig erachtet wurden indessen die Firmen »Autodienst-Berlin Ltd.«[246] Auch wurde die Firma »perspectives consulting« für hinreichend unterscheidungskräftig erachtet.[247] Auch die Firma »Planung für Küche und Bad Ltd.« wurde für hinreichend unterscheidungskräftig gehalten.[248]

176

Fraglich ist in diesem Zusammenhang die Zulässigkeit von allgemein gefassten **Internet-Domains**. So hat das LG Köln[249] die Internet-Domain »brillenshop.de GmbH« als reine Branchenangabe für firmenrechtlich nicht hinreichend unterscheidungskräftig gehalten. Individualisierende Zusätze können Gattungsfirmen zwar zulässig machen, bei der Verwendung des Zusatzes ».de« im Rahmen einer Internet-Domain erscheint dies indessen zweifelhaft, da dieser Zusatz von den betroffenen Verkehrskreisen typischerweise nicht als individualisierender Zusatz, sondern lediglich als Hinweis auf den Charakter einer Internet-Domain verstanden wird und eine unüberschaubare Vielzahl von Internet-Domänen mit genau diesem Zusatz existieren.

177

Weiter ist bei der Firmenbildung das **Irreführungsverbot** des § 18 Abs. 2 HGB zu beachten. Dieses wurde durch das HRefG von 1998 zwar entschärft, indem das Verbot der Irreführung auf verkehrswesentliche Geschäfte beschränkt wurde. Im Verfahren vor dem Registergericht soll die Eignung zur Irreführung nur berücksichtigt werden, wenn sie ersichtlich ist, § 18 Abs. 2 Satz 2 HGB. Dementsprechend soll ein Gutachten der IHK nach der Neufassung des § 23 Satz 2 Handelsregisterverfügung nur noch in Zweifelsfällen eingeholt werden. Trotz der nach diesen Regelungen vom Gesetzgeber beabsichtigten Liberalisierungen bei der Firmenbildung, ist in der Praxis eine ausgeprägte Neigung zur Überprüfung der Eignung einer Firma zur Irreführung festzustellen. So holen die Registergerichte in der Praxis entgegen dem neugefassten § 23 Satz 2 Handelsregisterverfügung in der überwiegenden Zahl der Fälle ein Gutachten der IHK ein.

178

Vor dem Hintergrund des Irreführungsverbots ist bei der Firmenbildung zu berücksichtigen, dass bestimmte Firmenbestandteile nur einem genau definierten Adressatenkreis zur Verwendung offenstehen. So unterliegen einzelne Branchenbezeichnungen einem **besonderen gesetzlichen Schutz**. So stehen die Begriffe **Bank, Bankier** sowie Bezeichnungen, in denen diese Worte enthalten sind, die Bezeichnung **Volksbank**, die Bezeichnung Sparkasse gem. §§ 39 ff. KWG nur entsprechenden Unternehmen offen. Ebenso verhält es sich mit der Bezeichnung Bausparkasse gem. § 1 des Gesetzes über Bausparkassen sowie mit der Bezeichnung Spar- und Darlehenskasse gem. § 40 Abs. 2 KWG. Ähn-

179

---

237 Ebenroth/Boujong/Joost/Strohn/*Strohn,* § 18 Rn. 4.
238 Vgl. *Meyding/Schnorbus/Henning,* ZNotP 2006, 122, 125.
239 BayObLG NotBZ 2003, 353 = NZG 2003, 1029 = Rpfleger 2003, 589 = BB 2003, 2382.
240 BGH GRUR 1957, 426.
241 BGH GRUR 1976, 254, 255.
242 BGH NJW 1987, 438.
243 BGH NJW-RR 1991, 1190.
244 BGH NJW-RR 1996, 230.
245 Ebenroth/Boujong/Joost/Strohn/*Strohn,* § 18 Rn. 18.
246 KG NZG 2008, 80 = GmbHR 2008, 146; kritisch dazu *Kanzleiter,* DNotZ 2008, 393 ff. (Anm.); *Schulte,* GmbHR Heft 3/2008 R 33.
247 OLG Frankfurt am Main DB 2006, 269 f. = GmbHR 2006, 259 ff.
248 OLG München ZIP 2007, 1949 = GmbHR 2007, 979; vgl. auch LG Aachen ZIP 2007, 1001.
249 LG Köln, Beschl. v. 08.02.2008, Rpfleger 2008, 425.

liches gilt für die Bezeichnungen Kapitalanlagegesellschaft, Investmentfond oder Investmentgesellschaft sowie Bezeichnungen, in der diese Begriffe vorkommen.[250] Auch für die Bezeichnung Steuerberatungsgesellschaft (§§ 43 Abs. 1, 53 Abs. 1, 161 StBerG) und Wirtschaftsprüfungsgesellschaft (§§ 27, 31, 33 WPO) bestehen bundesrechtliche Beschränkungen. Landesrechtliche Vorgaben gibt es für die Befugnis zur Führung von Berufsbezeichnungen wie Architekt und Ingenieur.[251]

180 Auch Firmenbestandteile, die eine besondere **Marktbedeutung** oder **Leistungsfähigkeit** wie zum Beispiel »deutsche«, »europäische«, »internationale« oder einen besonderen Bezug zur Umwelt beinhalten wie zum Beispiel »Bio« oder »Öko« sind im Einzelfall auf ihre Eignung zur Irreführung zu untersuchen.

181 Fraglich ist die Zulässigkeit der Verwendung des **Namens eines Nichtgesellschafters** im Firmenkern der GmbH.[252] Bis zum Inkrafttreten des HRefG war dies gem. § 18 Abs. 1 a.F. HGB sowie § 19 Abs. 4 a.F. HGB unzulässig. Diese Beschränkungen sind mit dem HRefG entfallen. Kennzeichnungseignung und Unterscheidungskraft kann dem Namen eines Nichtgesellschafters in gleicher Weise zukommen, wie dem Namen eines Gesellschafters. Die generelle firmenrechtliche Unzulässigkeit der Verwendung des Namens eines Nichtgesellschafters in der Firma der Gesellschaft kann sich aber aus dem Irreführungsverbot des § 18 Abs. 2 HGB ergeben. Gegen die Zulässigkeit der Verwendung von Namen bestimmter anderer existierender Personen in der Firma von Personenhandelsgesellschaften aber auch von Kapitalgesellschaften wie der GmbH wird angeführt, dass die Rechtsordnung in der Vergangenheit das Vertrauen auf die Identität von Namensträger und Unternehmensträger gefördert habe.[253] Es sei nicht anzunehmen, dass diese Grundsätze mit der Handelsrechtsreform 1998 hinfällig geworden seien. Den Gesetzesmaterialen sei nicht zu entnehmen, dass das durch die Neufassung aufgeworfene Problem der Nennung einer unternehmensfremden Person oder eines Kommanditisten in der Firma bedacht worden sei.[254] Dem wird zunehmend entgegengehalten, dass zumindest bei der GmbH die Personen der Gesellschafter aus Haftungsgründen für den Rechtsverkehr keine Rolle spielen und zudem aufgrund der Firmenfortführungsregelungen ohnehin nicht gewährleistet sei, dass stets die Person Gesellschafter ist, die in der Firma der GmbH genannt werde.[255] Das OLG Saarbrücken hebt im Zusammenhang mit der Prüfung der Frage, ob die Aufnahme des Namens eines Kommanditisten in die Firma einer Kommanditgesellschaft zulässig ist, maßgebend darauf ab, dass durch die Zulässigkeit von Sach- und Phantasiefirmen »das zur Identifikation geeignete Band zwischen dem Namen und den Haftungsverhältnissen offenkundig gelöst« sei und die Haftungserwartungen sich richtigerweise nur noch an dem Rechtsformzusatz orientieren dürften.[256] Dies ist zutreffend. Dass das früher vom Gesetzgeber geförderte Vertrauen in die Gesellschafterstellung einer in der Firma genannten Person damit heute nicht mehr gerechtfertigt ist, ist die unausweichliche Folge der Liberalisierung des Firmenrechts und vom Rechtsverkehr hinzunehmen. Die Aufnahme des Namens eines Nichtgesellschafters in die Firma ist daher nicht in jedem Falle täuschend i.S.d. § 18 Abs. 2 Satz 1 HGB.[257] Anders dürfte sich dies nur bei der Verwendung von Namen berühmter lebender Personen der Zeitgeschichte wie Unternehmern, Sportlern, Künstlern, Politikern usw. darstellen.

182 Die Aufnahme **geografischer Bezeichnungen** in die Firma der GmbH bedarf auch im jeweiligen Einzelfall einer genauen Überprüfung auf ihre Täuschungseignung, da eine Orts- oder Regionsan-

---

250 Ebenroth/Boujong/Joost/Strohn/*Strohn*, § 18 Rn. 21 f.
251 Ebenroth/Boujong/Joost/Strohn/*Strohn*, § 18 Rn. 23.
252 Dazu OLG Karlsruhe, 22.11.2013 – 11 Wx 86/13 = DNotI Dokumentennummer: 11 Wx 86/13 = MDR 2014, 233.
253 Ebenroth/Boujong/Joost/Strohn/*Strohn*, § 18 Rn. 11.
254 Ebenroth/Boujong/Joost/Strohn/*Strohn*, § 18 Rn. 11.
255 *Heidinger*, DB 2005, 815; DNotI-Report 2003, 107 ff.; so jetzt auch OLG Rostock, Beschl. v. 17.11.2014 – 1 W 53/14, notar 2015, 91 f.; m. Anm. *Blath*, notar 2015, 92.
256 ZIP 2006, 1772 = NZG 2006, 587 = DNotZ 2006, 711 m. b. N.; ebenso MünchkommHGB/*Heidinger*, § 18 Rn. 168.
257 Gutachten des DNotI zu § 4 GmbHG Nr. 48406.

gabe eine führende Rolle des Unternehmens im entsprechenden Bereich andeutet und damit zur Täuschung über die Bedeutung und Größe des Unternehmens geeignet sein kann.[258]

Dem Firmenbestandteil **Institut** ist ein Zusatz hinzuzufügen, der deutlich macht, dass es sich nicht um eine öffentliche oder unter öffentlicher Aufsicht stehende wissenschaftliche Einrichtung handelt, da anderenfalls die angesprochenen Verkehrskreise bei einem Institut von einem öffentlichen Unternehmen bzw. einer öffentlichen oder unter öffentlicher Aufsicht stehenden wissenschaftlichen Einrichtung ausgehen und getäuscht werden.[259] Vor dem Hintergrund des Irreführungsverbotes ebenfalls problematisch ist der Zusatz »und **Partner**« bzw. »**Partnerschaft**«. Diese Begriffe sind seit dem Inkrafttreten des PartGG Partnerschaften im Sinne dieses Gesetzes vorbehalten. Gleichwohl ist die Verwendung dieser Begriffe vor dem Hintergrund des Irreführungsverbotes des § 18 Abs. 2 HGB nicht generell unzulässig. Für zulässig wurde die Verwendung dieser Begriffe dann erachtet, wenn ihre Verwechslung mit dem Rechtsformzusatz »und Partner« ausgeschlossen erschien. Dies wurde beispielsweise dann angenommen, wenn er lediglich als Bestandteil eines zusammengesetzten Wortes verwendet wird und dadurch in einen solchen Zusammenhang gesetzt wird, der eine Verwechslung mit dem Rechtsformzusatz »und Partner« ausschließt.[260] Für zulässig hat hat das OLG Hamburg die Bezeichnung »partners« als Bestandteil einer GmbH-Firma betrachtet.[261] Eine Verwechslungsgefahr werde bereits durch den nach § 4 Satz 1 GmbHG zwingenden Rechtsformzusatz vermieden. **183**

Der **Doktortitel** ist aus der Firma einer GmbH, die sich auf dem Gebiet der Personalberatung betätigt, wegen der Eignung zur Irreführung zu entfernen, wenn kein promovierter Akademiker in der Gesellschaft mehr eine maßgebliche Stellung einnimmt.[262] **184**

Bei einer **Sachfirma** ist zur Vermeidung einer unzulässigen Irreführung erforderlich, dass sie dem Gegenstand des Unternehmens entlehnt ist und eine hinreichende Unterscheidungskraft gegenüber anderen Firmen durch weitere Zusätze wie Fantasienamen, Ortsbezeichnungen, Buchstabenkombinationen oder ähnliches aufweist. Sachfirmen, die eine bloße Gattungs- oder Branchenbezeichnung enthalten, fehlt die erforderliche Unterscheidungskraft.[263] Dies gilt auch dann, wenn es sich um die erste Firma dieses Inhalts im Gerichtsbezirk handelt.[264] Bei der Ersteintragung einer GmbH erfordert der Firmenbestandteil »Holding« keine Holdingstruktur im Stadium der Vorgesellschaft.[265] **185**

Für die Firmenbildung einer **Komplementär-GmbH**, die bei einer oHG oder KG die Stellung des persönlich haftenden Gesellschafters übernimmt, gelten keine von den vorstehenden Grundsätzen abweichenden Besonderheiten. Zu beachten ist in diesem Zusammenhang jedoch, dass die Firma der Komplementär-GmbH einerseits und der GmbH & Co. oHG bzw. GmbH & Co. KG andererseits unterscheidbar sein müssen. Wird die oHG oder KG nach ihrer Komplementär-GmbH benannt, ist darauf zu achten, dass eine ausreichende Unterscheidbarkeit beider Firmen besteht. Dieses Problem kann beispielsweise durch Aufnahme eines **Funktionszusatzes** in die Firma der GmbH (»XY Verwaltungs«-GmbH, »XY Geschäftsführungs«-GmbH oder »XY Betriebs«-GmbH o. ä.) gelöst werden.[266] Es kommt aber auch jeder andere individualisierende Zusatz in Betracht, der den vorstehenden Anforderungen genügt. Der Rechtsformzusatz GmbH in der Firma der Komplementärin allein, genügt dem nicht. **186**

---

258 OLG Köln RNotZ 2006, 193 ff. »Deutschland«; OLG Frankfurt am Main FGPrax 2005, 133 f. »Hessen-Nassau«; LG Aurich Rpfleger 2006, 198 f. »Ostfriesland«.
259 OLG Frankfurt am Main NJW-RR 2002, 459 für eine Ärztepartnerschaft.
260 OLG München ZIP 2007, 770 = NZG 2007, 457 = GmbHR 2007, 266 = DNotZ 2007, 149 = RNotZ 2007, 164.
261 OLG Hamburg Beschl. v. 10.05.2019 – 11 W 35/19; a.A. KG Beschl. v. 17.09.2018 – 22 W 57/18, FG Prax 2018, 258 f.= NVwZ 2018, 1311 f.
262 OLG Köln FGPrax 2008, 125.
263 BayObLG NZG 2003, 1029: »Profi-Handwerker GmbH«.
264 Vgl. *Meyding/Schnorbus/Henning*, ZNotP 2006, 122, 125.
265 OLG Frankfurt am Main, DNotI-Report 2019, 198 f.
266 BGHZ 80, 353; Baumbach/Hueck/*Fastrich*, § 4 Rn. 35.

187 Für die **Firmenbildung** der oHG und der KG ist die Bestimmung des § 19 Abs. 2 HGB zu beachten. Wenn bei einer oHG und KG keine natürliche Person persönlich haftet muss in die Firma der oHG und KG nach § 19 Abs. 2 HGB zwingend eine Bezeichnung aufgenommen werden, die die **Haftungsbeschränkung** kenntlich macht. Dies kann geschehen, indem die Bezeichnung »GmbH & Co. KG« gewählt wird.[267] Unzulässig ist es, wenn die Rechtsformbezeichnung nicht am Ende oder der Spitze der Firma steht, sondern dem GmbH-Zusatz unmittelbar vorangestellt wird. Bei Firmen wie »XY-KG GmbH & Co.« oder »XY & Co. KG-GmbH & Co.« wird die Rechtsform der unter dieser Firma auftretenden Gesellschaft nicht hinreichend deutlich.[268] Unterbleibt die erforderliche Kennzeichnung der Haftungsbeschränkung in der Firma ist die begehrte Handelsregistereintragung gem. § 9c Abs. 1 GmbHG abzulehnen und kann zu einer Rechtsscheinhaftung führen.[269]

c) Praxisempfehlung

188 Für die **Praxis** empfiehlt es sich, die Zulässigkeit der Firma jeweils im Vorhinein mit dem zuständigen Registergericht und der örtlich zuständigen IHK zu klären, zumal die Praxis der Registergerichte nicht unerheblich voneinander abweicht. Zur Beschleunigung der Eintragung der GmbH im Handelsregister kann es sich weiter empfehlen, schon vor der Gründung und Anmeldung der GmbH eine Stellungnahme der IHK zur Zulässigkeit der Firma einzuholen und diese sodann dem Registergericht mit der Anmeldung vorzulegen.

189 Schließlich ist in jedem Falle zu berücksichtigen, dass die Firma der GmbH nicht die Rechte Dritter verletzen darf. Die Verwendung geschützter **Marken** sowie die Verwendung von Namen natürlicher Personen setzt die Zustimmung des jeweiligen Markenrechtinhabers bzw. die Zustimmung des jeweiligen Namensinhabers voraus. Dies gilt auch, wenn in der Firma der Name eines Gesellschafters verwandt wird. In diesem Fall empfiehlt sich der Abschluss einer Vereinbarung, die die (Weiter-) Verwendung dieses Namens nach einem etwaigen Ausscheiden dieses Gesellschafters aus der GmbH regelt.

3. Sitz der GmbH

190 Nach § 3 Abs. 1 Nr. 1 GmbHG muss der Gesellschaftsvertrag den Sitz der Gesellschaft enthalten. Gem. § 4a GmbH ist der Sitz der Gesellschaft der Ort im Inland, den die Satzung bestimmt (»**Satzungssitz**«). Bei der Bestimmung des Satzungssitzes sind die Gesellschafter in ihrer Entscheidung frei. Insbesondere besteht seit dem Inkrafttreten des MoMiG die vormals in § 4a Abs. 2 GmbHG geregelte Beschränkung, wonach der Sitz der Gesellschaft nur ein Ort sein konnte, an dem die Gesellschaft einen Betrieb hat oder an dem sich die Geschäftsleitung befindet oder die Verwaltung geführt wird (»Verwaltungssitz«), nicht mehr. Satzungssitz und Verwaltungssitz können nun voneinander abweichen.[270]

191 Bei der Wahl des Satzungssitzes ist zu beachten, dass dieser maßgebend ist für
- die örtliche Zuständigkeit des Handelsregisters nach § 7 Abs. 1 GmbHG;
- den allgemeinen Gerichtsstand der GmbH gem. § 17 ZPO;
- die Zuständigkeit des Insolvenzgerichts gem. § 3 Abs. 1 Satz 1 InsO;
- die Bestimmung des Erfüllungsorts für die Rechte und Pflichten der GmbH gegenüber den Organmitgliedern;[271]
- Abhaltung von Gesellschafterversammlungen entsprechend § 121 Abs. 5 AktG, wenn die Satzung insoweit keine abweichende Bestimmung trifft;[272]

und dass seine Verlegung eine beurkundungspflichtige Satzungsänderung darstellt gem. §§ 53, 54 GmbHG.

---

267 BGH NJW 1980, 2084 st. Rspr.
268 Ebenroth/Boujong/Joost/*Strohn*, § 18 Rn. 33, m.w.N.
269 Baumbach/Hueck/*Fastrich*, § 4 Rn. 36, 15.
270 *Wicke*, § 4a Rn. 1.
271 BGH WM 1985, 283 f.
272 Lutter/Hommelhoff/*Bayer*, § 4a Rn. 4.

A. Gründung der Gesellschaft mit beschränkter Haftung — Kapitel 2

Ein vom Verwaltungssitz abweichender Satzungssitz ist vor diesem Hintergrund in der Praxis von Bedeutung,
- wenn im Rahmen eines Konzerns für alle Konzerngesellschaften eine einheitliche gerichtliche Zuständigkeit (Handelsregister, allgemeiner Gerichtsstand, Insolvenzgericht) herbeigeführt werden soll;[273]
- wenn man sich der Zuständigkeit nicht zügig arbeitender Gerichte entziehen will;[274]
- bei Verwaltungssitznahme im Ausland.

192

Der Satzungssitz muss zwingend im Inland liegen. Im Gesellschaftsvertrag ist eine bestimmte politische Gemeinde anzugeben. Bei Großgemeinden mit mehreren Gerichtsbezirken ist eine nähere Bestimmung erforderlich[275] wie beispielsweise »Berlin-Charlottenburg« oder »Hamburg-Harburg«. Ein Doppelsitz ist grundsätzlich unzulässig.[276]

193

▶ Formulierungsbeispiel: Sitz der GmbH

194

Der Sitz der Gesellschaft ist.....

Fehlt eine gesellschaftsvertragliche Regelung zum Satzungssitz oder ist sie unzulässig, beispielsweise wegen mangelnder Bestimmtheit oder eines Auslandssitzes, muss das Registergericht die beantragte Eintragung der GmbH gem. § 9 c Abs. 1 GmbHG ablehnen.

Eine Regelung zum Verwaltungssitz muss der Gesellschaftsvertrag nicht beinhalten. Aus Gründen des Minderheitenschutzes kann es sich im Einzelfall[277] jedoch empfehlen, den Verwaltungssitz ebenfalls zum Satzungsgegenstand zu machen. Geschieht dies, erfordert dessen Verlegung einen Gesellschafterbeschluss mit satzungsändernder Mehrheit.

▶ Formulierungsbeispiel: Auseinanderfallen von statutarischem und Verwaltungssitz der GmbH

195

(1) Der statutarische Sitz der Gesellschaft ist.....
(2) Ihren Verwaltungssitz hat die Gesellschaft in.....

Fallen Verwaltungssitz und Satzungssitz auseinander, ist zu beachten, dass es sich bei dem Verwaltungssitz nach einer in der Literatur vertretenen Auffassung rechtlich um eine Zweigniederlassung i.S.d. § 13h HGB handelt.[278] Für diese Auffassung spricht, dass es sich bei dem Verwaltungssitz typischerweise um einen auf Dauer räumlich und organisatorisch, nicht aber rechtlich verselbständigten Teil des Unternehmens der Gesellschaft handelt, der regelmäßig über eine eigene Buchführung oder jedenfalls über einen gesonderten Ausweis der Geschäfte verfügt, so dass begrifflich die Voraussetzungen einer Zweigniederlassung erfüllt sein dürften. Folgt man dieser Auffassung, bedarf diese der Anmeldung zum Handelsregister. Zuständig ist dafür seit dem Inkrafttreten des EHUG gem. § 13 HGB das Gericht der Hauptniederlassung. Bei dem Gericht der Hauptniederlassung handelt es sich nach Wicke[279] zwingend um das Gericht des Satzungssitzes. Die Eintragung kann gem. § 14 HGB auch erzwungen werden. Ob sich diese Auffassung durchsetzen wird, bleibt abzuwarten.

196

Mit der Neufassung des § 4a GmbHG wollte der Gesetzgeber der deutschen GmbH die Errichtung eines **Verwaltungssitzes im Ausland** ermöglichen. Dies kommt im Wortlaut des § 4a GmbHG zwar

197

---

273 *Hoffmann*, ZIP 2007, 1582.
274 *Hoffmann*, ZIP 2007, 1582.
275 BayObLG GmbHR 1988, 23, 24; Roth/Altmeppen/*Altmeppen*, § 4a Rn. 6.
276 H.M. Scholz/*Cziupka*, § 4a Rn. 13; Baumbach/Hueck/*Fastrich*, § 4a Rn. 6 jeweils m.w.N.; a.A. *Borsch*, GmbHR 2003, 258; *Pluskat*, WM 2004, 601; vgl. zu Ausnahmefällen: OLG Brandenburg NotBZ 2006, 22; LG Potsdam NotBZ 2004, 402.
277 Dies generell befürwortend *Heckschen*, DStR 2007, 1442, 1447.
278 *Wicke*, § 4a Rn. 7.
279 *Wicke*, § 4a Rn. 7.

nur sehr unvollkommen zum Ausdruck, ergibt sich jedoch eindeutig aus der Gesetzesbegründung.²⁸⁰ Es sollte ein »level playing field«, also gleiche Ausgangsbedingungen gegenüber vergleichbaren Auslandsgesellschaften geschaffen werden.²⁸¹ Hintergrund dieser gesetzgeberischen Absicht ist die EuGH-Rechtsprechung zur Niederlassungsfreiheit gem. Art. 49, 54 AEUV (bzw. Art. 43, 48 EG a.F.) zur Zulässigkeit der Verlegung des (faktischen) Verwaltungssitzes innerhalb der EU.²⁸² Danach ist die Verlegung des Verwaltungssitzes ausländischer Gesellschaften nach Deutschland ohne deren Auflösung und Neugründung in Deutschland möglich, wenn das jeweilige Heimatrecht dies gestattet, dort also die »Gründungstheorie« gilt. Nach der Gründungstheorie kommt es für das wirksame Entstehen und Fortbestehen einer Gesellschaft lediglich auf die Einhaltung der Bestimmungen des Gründungslandes an. Der Ort des Verwaltungssitzes spielt, anders als nach der »Sitztheorie«, die bislang für deutsche Gesellschaften galt, keine Rolle. Infolge dieser EuGH-Rechtsprechung war in Deutschland die Rechts- und Parteifähigkeit ausländischer Gesellschaften sowie die Möglichkeit der Eintragung einer Zweigniederlassung am Orte des effektiven Verwaltungssitzes in Deutschland zu akzeptieren. Dies gilt jedoch nur für ausländische Gesellschaften aus EU-Ländern sowie Gesellschaften aus Ländern, die den EWR-Vertrag verabschiedet haben.²⁸³ Für andere Länder geht der BGH nach wie vor von der Geltung der Sitztheorie aus. So betrachtete er beispielsweise eine schweizerische AG, die ihren Verwaltungssitz nach Deutschland verlegt hatte, für aufgelöst und behandelte die in Deutschland werbend tätige Gesellschaft als Personengesellschaft.²⁸⁴

198 Fraglich ist, ob der Gesetzgeber durch die Neufassung der §§ 4a GmbHG, 5 AktG die Sitztheorie abgeschafft und durch die Gründungstheorie ersetzt hat. Von der Antwort hängt in der Praxis die Möglichkeit der Errichtung eines Verwaltungssitzes im Ausland ab. Ist man der Auffassung, dass die Aufgabe der Sitztheorie nicht durch eine Änderung des materiellen Rechts erfolgen kann, sondern einer kollisionsrechtlichen Regelung bedarf,²⁸⁵ bleibt es für die Entscheidung der Frage, ob der Verwaltungssitz einer deutschen GmbH wirksam ins Ausland verlegt werden kann, im Ausgangspunkt bei der Anwendung der Sitztheorie. Nach ihr unterliegen alle gesellschaftsrechtlichen Vorgänge dem Recht des Staates, in dem die Gesellschaft ihren tatsächlichen Verwaltungssitz hat. Damit ist sodann ausländisches Recht anzuwenden und entscheidet im Ergebnis darüber, ob der Sitz im Ausland genommen werden kann oder nicht. Folgt das ausländische Recht der Gründungstheorie verweist es auf deutsches Recht und damit auf §§ 4a GmbHG, 5 AktG zurück, die die Verlegung des Verwaltungssitzes ins Ausland gestatten. Folgt das ausländische Recht hingegen nicht der Gründungs-, sondern der Sitztheorie, verweist es nicht auf deutsches Recht und damit auf §§ 4a GmbHG, 5 AktG zurück. Nach der in diesem Fall anzuwendenden Sitztheorie ist eine Verwaltungssitzverlegung ins Ausland nicht möglich. Der mit den §§ 4a GmbHG, 5 AktG verfolgte gesetzgeberische Zweck wird verfehlt. Etwas anderes ergibt sich auch nicht aus der »Cartesio-Entscheidung« des EuGH.²⁸⁶ Danach ist die Anwendung der Sitztheorie (auch) gegenüber EU- und EWR-Staaten nicht ausgeschlossen, obwohl sie den Wegzug einer Gesellschaft verhindert. Ihrer Anwendung gegenüber sonstigen Staaten stehen Art. 49, 54 AEUV (Art. 43, 48 EG a.F.) ohnehin nicht entgegen.

199 Anders würde sich die Rechtslage nur darstellen, wenn man in der Neufassung der §§ 4a GmbHG, 5 AktG – entgegen der vorstehend dargestellten Auffassung – eine kollisionsrechtliche Regelung

---

280 BT-Drucks. 16/9737, S. 94; s.a. bei *Goette*, Einführung in das neue GmbH-Recht, S. 160 ff.
281 S. Begr. z. RefE abgedruckt bei *Goette*, Einführung in das neue GmbH-Recht, S. 161 f.
282 EuGH NJW 1989, 2186 »Daily Mail«; EuGH DNotZ 1999, 593 = NJW 1999, 593 = NZG 1999, 298 »Centros«; EuGH NJW 2002, 3614 = MittBayNot 2003, 63 = NotBZ 2002, 463 = NZG 2002, 1164 = ZIP 2002, 2037 »Überseering«; EuGH NJW 2003, 3331 = DNotZ 2004, 55 = NotBZ 2003, 388 = ZIP 2003, 1885 »Inspire Art«; EuGH ZIP 2005, 2311 »Sevic«.
283 S. zu letzterem BGH DNotZ 2006, 143 ff. = NZG 2005, 974 = ZIP 2005, 1869.
284 BGH DNotZ 2009, 385 = NJW 2009, 289 = NotBZ 2009, 135 = ZIP 2008, 2411 = NZG 2009, 68.
285 So *Binnewies*, GmbH-StB 2008, 268, 270 f.; *Franz/Laeger*, BB 2008, 678, 683 f.; *Peters*, GmbHR 2008, 245.
286 DNotZ 2009, 553 = NJW 2009, 569 = WM 2009, 223.

erblicken würde.²⁸⁷ In diesem Falle wäre die Verlegung des Verwaltungssitzes ins Ausland in jedem Falle möglich.

Ob die gesetzgeberische mit der Neufassung des § 4a GmbHG verfolgte Absicht, der deutschen GmbH die Errichtung eines Verwaltungssitzes im Ausland zu ermöglichen, sich in der Praxis verwirklichen lässt, bedarf vor diesem Hintergrund in jedem Einzelfall der Prüfung und **Abstimmung mit dem ausländischen Registergericht**, bei dem die Eintragung des Verwaltungssitzes als (Zweig-)Niederlassung der GmbH erfolgen soll.

200

4. Gegenstand des Unternehmens

Die Regelung des § 3 Abs. 1 Nr. 1 GmbHG schreibt zwingend vor, dass der **Gegenstand des Unternehmens** der Gesellschaft im Gesellschaftsvertrag enthalten sein muss.

201

Er bezeichnet den Bereich und die Art der Betätigung der Gesellschaft. Gegenstand des Unternehmens der Gesellschaft kann jede erlaubte Tätigkeit materieller sowie auch ideeller Art sein.²⁸⁸ Der Zweck der Aufnahme des Unternehmensgegenstandes in die Satzung und seiner Eintragung in das Handelsregister gem. § 10 Abs. 1 GmbHG besteht im Wesentlichen in Folgendem:
- Kenntlichmachung des Schwerpunkts der Geschäftstätigkeit nach außen für die beteiligten Wirtschaftskreise;²⁸⁹
- Begrenzung der Geschäftsführungsbefugnis der Geschäftsführer im Innenverhältnis und verbunden damit gewisser Schutz der Gesellschafter der GmbH, da die Geschäftsführer den Unternehmensgegenstand grundsätzlich nicht überschreiten dürfen, es sei denn aus der Satzung, dem Gesetz, einer etwaigen Geschäftsordnung, dem Anstellungsvertrag oder Weisungen der Gesellschafter ergäbe sich etwas anderes.²⁹⁰
- Maßgeblichkeit für den Umfang des Wettbewerbsverbots des Geschäftsführers und gegebenenfalls der Gesellschafter.²⁹¹

202

Die besondere Bedeutung des Unternehmensgegenstandes kommt darüber hinaus auch in § 75 Abs. 1 GmbHG zum Ausdruck. Danach kann die Gesellschaft bei Fehlen oder Nichtigkeit des Unternehmensgegenstandes für nichtig erklärt werden. Außerdem kann ein Amtslöschungsverfahren gem. § 397 Satz 2 FamFG eingeleitet werden. Daran ist insbesondere unter dem Gesichtspunkt des Scheingeschäfts gem. § 117 BGB zu denken, wenn im Gesellschaftsvertrag eine Tätigkeit beschrieben wird, die die Gesellschaft in Wahrheit nicht ausübt und auch nicht auszuüben beabsichtigt oder wenn der Unternehmensgegenstand gegen das Gesetz oder die guten Sitten verstößt gem. §§ 134, 138 BGB.

203

Heute ist allgemein anerkannt, dass entsprechend dieser Zielsetzung der Unternehmensgegenstand in der Satzung so **individualisiert** sein muss, dass er den Schwerpunkt der Betätigung der Gesellschaft hinreichend deutlich erkennen lässt.²⁹² Das ist der Fall, wenn das Registergericht anhand des formulierten Unternehmensgegenstands prüfen kann, ob die Gesellschaft eine erlaubte Tätigkeit verfolgt, den Geschäftsführern der Umfang ihrer Geschäftsführungsbefugnis deutlich vor Augen geführt wird und die Reichweite von etwaigen Wettbewerbsverboten beurteilt werden kann. Es ist daher empfehlenswert den Unternehmensgegenstand im Gesellschaftsvertrag möglichst genau zu fassen und **Leerformeln** zu vermeiden. Solche genügen den Anforderungen der Rechtsprechung an die Individualisierung des Unternehmensgegenstands nicht.²⁹³ Daher sind Unternehmensgegenstände

204

---

287 So *Tebben*, RNotZ 2008, 441, 447.
288 Baumbach/Hueck/*Fastrich*, § 1 Rn. 6 ff.
289 H.M. BGH DB 1981, 466; Baumbach/Hueck/*Fastrich*, § 3 Rn. 7.
290 H.M. Baumbach/Hueck/*Fastrich*, § 3 Rn. 7.
291 Heckschen/Heidinger/*Heckschen*, Kap. 4 Rn. 158, 283 ff.
292 Michalski/*J. Schmidt*, § 3 Rn. 13.
293 Vgl. BGH DB 1981, 466; BayObLG BB 1995, 1814; BayObLG GmbHR 1996, 360; BayObLG NZG 2003, 482; Baumbach/Hueck/*Fastrich*, § 3 Rn. 8.

wie »Betrieb eines Kaufmannsgeschäfts«, »Handelsgeschäfte aller Art«, »Produktion und Vertrieb von Waren aller Art«, »Betreiben von Handelsgeschäften« und dergleichen nicht ausreichend,[294] und zwar auch dann nicht, wenn durch einen Negativzusatz (wie etwa »soweit dies gesetzlich zulässig ist und die Einholung von Genehmigungen nicht erfordert«) die potentielle Genehmigungsbedürftigkeit oder Verbotswidrigkeit vermieden werden soll.

205 Die Registergerichte machen sich diese Anforderungen nach Kenntlichmachung des Schwerpunkts der Geschäftsfähigkeit im Gesellschaftsvertrag zunehmend zueigen, so dass auf die Formulierung des Unternehmensgegenstandes entsprechende Sorgfalt zu verwenden ist. In Zweifelsfällen empfiehlt sich, den Unternehmensgegenstand im Vorhinein mit dem Registergericht abzustimmen.

206 Nicht unzulässig ist es, zu einem entsprechend den vorstehenden Kriterien hinreichend bestimmten Geschäftsgegenstand als **Zusatz** eine Generalklausel aufzunehmen, wonach die Gesellschaft zu Geschäften und Maßnahmen berechtigt ist, die zur Erreichung des beschriebenen Gesellschaftszwecks notwendig oder nützlich erscheinen, und dass sie zur Errichtung von Zweigniederlassungen und zur Beteiligung an anderen Unternehmen befugt ist. Dies dient in erster Linie der Abgrenzung der Kompetenzen zwischen Geschäftsführung und Gesellschafterversammlung. Nicht mehr zweifelsfrei erscheint vor dem Hintergrund der vorstehend skizzierten Grundsätze, ob die Generalklausel auch zur Aufnahme weiterer Geschäftszweige, die ihrerseits nicht näher beschrieben sind, als dass sie zur Erreichung des genau definierten Gesellschaftszwecks notwendig oder nützlich erscheinen, ermächtigen kann. Dafür spricht, dass diese Geschäftszweige im Hinblick auf den definierten Gegenstand des Unternehmens lediglich dienende Funktion haben können und daher hinreichend konkret umschrieben sind. Die Aufnahme sonstiger negativer Zusätze in den Unternehmensgegenstand wie beispielsweise »genehmigungspflichtige Tätigkeiten sind nicht Gegenstand des Unternehmens«, sind zulässig, sofern daneben eine ausreichend positive Umschreibung des Betätigungsfeldes vorliegt.[295]

207 Für die Eintragung der GmbH ist grundsätzlich nicht mehr von Bedeutung, ob ihr Unternehmensgegenstand **genehmigungsbedürftig** ist oder nicht. Mit Inkrafttreten des MoMiG ist § 8 Abs. 1 Nr. 6 GmbHG a.F. ersatzlos entfallen. Die Handelsregistereintragung erfolgt nunmehr auch ohne weiteres bei genehmigungsbedürftigen Unternehmensgegenständen.[296] Ungeachtet dessen müssen die Geschäftsführer selbstverständlich entsprechende Genehmigungen einholen, wenn sie genehmigungsbedürftige Geschäfte vornehmen.[297] Die Einholung der Genehmigung vor der Handelsregistereintragung ist entgegen dem vorstehenden Grundsatz jedoch dann ausnahmsweise erforderlich, wenn in den die Genehmigungsbedürftigkeit begründenden Spezialgesetzen eine **Registersperre** für Eintragungen in öffentliche Register ohne Vorlage der erforderlichen Genehmigung angeordnet ist. Dies ist beispielsweise bei § 43 KWG der Fall.

208 ▶ Formulierungsbeispiel: Gegenstand des Unternehmens der GmbH

(1) Gegenstand des Unternehmens der Gesellschaft ist.....
(2) Die Gesellschaft ist zu allen Geschäften und Maßnahmen berechtigt, die zur Erreichung des vorgenannten Gesellschaftszweckes notwendig oder nützlich erscheinen, auch zur Aufnahme weiterer Geschäftszweige, zur Errichtung von Zweigniederlassungen im In- und Ausland und zur Beteiligung an anderen Unternehmen.

209 Eine Besonderheit besteht bei der **Komplementär-GmbH** einer GmbH & Co. KG. Hier verlangt die ältere Rechtsprechung zusätzlich zur Bezeichnung der KG-Beteiligung und der Geschäftsfüh-

---

294 KGJ 34, 149; BayObLG NZG 2003, 482; BayObLG BB 1994, 1811; BayObLG BB 1995, 1814; BayObLG GmbHR 1996, 360.
295 *Wicke*, 2011, § 3 Rn. 6.
296 Allerdings können ausnahmsweise auch heute noch Erlaubnisvorbehalte bestehen, die eine Eintragung in das Handelsregister hindern, so z.B. § 32 KWG.
297 Eine ausführliche Übersicht über bestehende Genehmigungserfordernisse im Zusammenhang mit einer GmbH-Gründung findet sich unter www.dnoti.de/DOC/2007/GmbH-Genehmigungserfordernisse.pdf sowie auf der Website der IHK Wiesbaden unter www.ihk-wiesbaden.de/leistungen-recht-informationen-gewerberecht-link auf Verwaltungswegweiser.

A. Gründung der Gesellschaft mit beschränkter Haftung — Kapitel 2

rungstätigkeit auch eine Angabe des Unternehmensgegenstandes der KG.[298] In der Literatur wird diese Forderung zurückgewiesen,[299] da dies zu einer Gleichstellung von GmbH und KG führe, obwohl der Unternehmensgegenstand der KG nach den Vorschriften des HGB nicht publizitätspflichtig sei. Beschränkt sich die Tätigkeit der Komplementär-GmbH auf die Geschäftsführung einer bestimmten KG, ist also nicht auf die Einnahme von Komplementärstellungen bei verschiedenen Kommanditgesellschaften ausgerichtet, so verlangen die Registergerichte beim Unternehmensgegenstand der Komplementär-GmbH regelmäßig die Angabe der Firma und des Sitzes der Kommanditgesellschaft.[300]

Anerkannt ist heute die Zulässigkeit der Gründung von sogenannten **Vorratsgesellschaften**. Bei der Vorratsgesellschaft handelt es sich um eine nur zum Zwecke der späteren Weiterveräußerung gegründete Gesellschaft, die selbst nicht unternehmerisch tätig werden soll. Im Zeitpunkt der späteren Abtretung der Geschäftsanteile ist sie als Rechtsträger sofort verfügbar. Damit wird in dieser Situation das Durchlaufen des haftungsträchtigen Stadiums der Vor-GmbH vermieden. Wird eine Vorrats-GmbH gegründet, so ist dies im Rahmen des Gegenstands des Unternehmens kenntlich zu machen. Geschieht dies, handelt es sich um eine sogenannte offene Vorratsgründung, deren Zulässigkeit von der Rechtsprechung anerkannt ist.[301] 210

▶ Formulierungsbeispiel: Offene Vorratsgründung 211

Gegenstand des Unternehmens der Gesellschaft ist das Halten und Verwalten des eigenen Vermögens.

[oder alternativ:]

Gegenstand des Unternehmens der Gesellschaft ist die Verwaltung eigenen Vermögens.

Wird die Vorratsgründung nicht offengelegt, sondern ein fiktiver oder doch zumindest nicht ernstlich gewollter Unternehmensgegenstand in die Satzung aufgenommen, so handelt es sich um ein Scheingeschäft, das gem. § 117 BGB oder § 134 BGB nichtig ist.[302] Nichtigkeit des Unternehmensgegenstandes kann dazu führen, dass die Gesellschaft für nichtig erklärt wird gem. § 75 Abs. 1 GmbHG.[303] 212

Die Zulässigkeit der **Rechtsanwalts-GmbH** ist von der Rechtsprechung heute grundsätzlich anerkannt.[304] Heute findet sich die für eine Rechtsanwalts-GmbH maßgebliche Regelung des Unternehmensgegenstandes in § 59c Abs. 1 BRAO. Danach ist der Unternehmensgegenstand einer Rechtsanwalts-GmbH die Beratung und Vertretung in »Rechtsangelegenheiten«. Gem. § 59e Abs. 1 Satz 1, 2 i.V.m. § 59a Abs. 1, 3 BRAO darf sich der Unternehmensgegenstand von Rechtsanwaltsgesellschaften auch auf die Tätigkeiten von Patentanwälten, Steuerberatern, Steuerbevollmächtigten, Wirtschaftsprüfern und vereidigten Buchprüfern erstrecken. Zur negativen Abgrenzung kann sich die Aufnahme der Regelung empfehlen, dass Tätigkeiten, die mit dem Beruf eines Rechtsanwalts nicht vereinbar sind, ausgeschlossen werden. 213

Auch **Steuerberatungs-** und **Wirtschaftsprüfungsgesellschaften** können gem. § 49 Abs. 1 StBerG, § 27 WPO in der Rechtsform der GmbH errichtet werden. Zulässiger Unternehmensgegenstand einer Steuerberatungs- oder Wirtschaftsprüfungsgesellschaft können gem. § 55 Abs. 1 BOStB nur solche Tätigkeiten sein, die mit dem Beruf des Steuerberaters nach § 57 StBerG vereinbar sind. Ent- 214

---
298 BayObLG NJW 1976, 1694; OLG Hamburg BB 1968, 267.
299 Baumbach/Hueck/*Fastrich*, § 3 Rn. 9 m.w.N.
300 Heckschen/Heidinger/*Heckschen*, Kap. 4 Rn. 184; vgl. dazu auch *Binz/Sorg*, Die GmbH & Co. KG, § 3 Rn. 8 ff. mit Formulierungsbeispiel.
301 BGH DNotZ 1994, 107 = BGH, NJW 1992, 1824 = BGHZ 117, 323 für AG; BGH DNotZ 2003, 443 = RNotZ 2003, 193 = MittBayNot 2003, 230 = NZG 2003, 170 = NJW, 2003, 892 = BGHZ 153, 158 für GmbH.
302 BGH DNotZ 1994, 107 = BGH, NJW 1992, 1824 = BGHZ 117, 323 für AG.
303 BGH DNotZ 1994, 107 = BGH, NJW 1992, 1824 = BGHZ 117, 323 für AG.
304 BayObLG, NJW 1995, 199 – Seufert I; BayObLG, NJW 1996, 3217 – Seufert II.

sprechendes gilt für die Wirtschaftsprüfungs-GmbH gem. §§ 2, 43 Abs. 2, 43a Abs. 3, 4 WPO. Nicht gestattet ist der Steuerberatungs- und der Wirtschaftsprüfungs-GmbH die Ausübung einer gewerblichen Tätigkeit gem. § 57 Abs. 4 Nr. 1 StBerG, § 43a Abs. 3 Nr. 1 WPO.

215 Zulässiger Unternehmensgegenstand einer GmbH kann weiter auch die Erbringung von **Architektenleistungen** sein. Dazu bestehen spezielle Vorschriften, die sich jedoch nicht in einem Bundesgesetz wie bei der Rechtsanwalts-GmbH (§§ 59c ff. BRAO) finden, sondern in den Architektengesetzen einiger – nicht aller – Bundesländer, da dem Bund gem. Art. 70 Abs. 1 GG insoweit keine Gesetzgebungskompetenz zukommt. In den Architektengesetzen[305] finden sich lediglich Regelungen zu der Frage, unter welchen Voraussetzungen die Eintragung der Architekten-GmbH in die Architektenliste des jeweiligen Bundeslandes erfolgen darf.[306] Für die Eintragungsfähigkeit einer Architekten-GmbH in die Architektenliste des jeweiligen Landes ist nicht erforderlich, dass das jeweilige Landesgesetz ausdrücklich die Aufnahme von GmbHs in die Architektenliste gestattet.[307] Die Ablehnung der Eintragung einer Architekten-GmbH in die Architektenliste ist nur zulässig, wenn das entsprechende Landesgesetz die Eintragung von GmbHs ausschließt oder wenn die einzutragende GmbH die an die Eintragung einer natürlichen Person geknüpften Voraussetzungen, die auf die GmbH entsprechend anzuwenden sind, nicht erfüllt. Bei der Gestaltung des Gesellschaftsvertrages der GmbH sind dementsprechend die jeweiligen landesrechtlichen Vorgaben zu beachten. Die jeweiligen Landesgesetze sehen ganz überwiegend vor, dass die GmbH ihre Niederlassung in dem jeweiligen Bundesland haben muss und dass der Geschäftsgegenstand auf die Berufsaufgaben des Architekten und auf Planungsleistungen gemäß den Leistungsbildern der Honorarordnung für Architekten und Ingenieure (HOAI) beschränkt sein muss.[308]

216 Schließlich können auch andere **freie Berufe** in der Rechtsform der GmbH ausgeübt werden. So hat der BGH die Errichtung einer **Zahnärzte-GmbH** und die Erbringung zahnärztlicher Leistungen durch diese für grundsätzlich zulässig erklärt.[309] Aus der Argumentation des BGH ergibt sich, dass die Erbringung freiberuflicher Leistungen durch eine GmbH grundsätzlich zulässig ist, soweit es nicht Regelungen gibt, die eine entsprechende Berufsausübung verbieten. Dementsprechend können grundsätzlich beliebige freie Berufe in der Rechtsform der GmbH ausgeübt werden. Bei der Vertragsgestaltung sind insoweit etwaige gesetzliche Beschränkungen, insbesondere durch Landesgesetze vorsorglich zu beachten.[310] Etwaige Verbote sind vor dem Hintergrund der grundgesetzlich geschützten Vereinigungsfreiheit nach Art. 9 Abs. 1 GG sowie der Berufswahlfreiheit nach Art. 12 Abs. 1 GG in ihrer Vereinbarkeit mit dem Grundgesetz regelmäßig höchstproblematisch. Ungeachtet dessen sind sie im Rahmen der Beratung zur Vorbereitung einer GmbH-Errichtung zu berücksichtigen. Weiter ist auf die etwaige Notwendigkeit einer streitigen Durchsetzung der Eintragung in das Handelsregister ebenso hinzuweisen wie die Problematik ihrer berufsrechtlichen Anerkennung.

217 Ferner ist die Gründung einer sogenannten **gemeinnützigen GmbH** möglich. Angestrebt wird damit die Steuerfreiheit der Gesellschaft. Um dies zu erreichen, muss über den Unternehmensgegenstand hinaus eine Regelung des ideellen Zwecks der GmbH gem. §§ 59, 60 AO aufgenommen werden. Es muss sich aus der Satzung ergeben, dass die Gesellschaft ihre Ziele selbstlos, ausschließlich und unmittelbar verfolgt. Ein pauschaler Hinweis, wonach die GmbH gemeinnützige Zwecke verfolge, genügt nicht den Anforderungen des Individualisierungsgebotes. Zur Individualisierung kann auf die steuerrechtlichen Regelungen der §§ 51 ff. AO ergänzend abgestellt werden. Diese beinhalten

---

305 S. Art. 3 ff. BayArchG; § 3 BbgArchG; § 7 ArchG NW; §§ 8a-e ArchG RPf.
306 Michalski/*Römermann*, 1. Aufl., systematische Darstellung 7 Rn. 129.
307 Michalski/*Römermann*, 1. Aufl., systematische Darstellung 7 Rn. 130.
308 Zu den weiteren Voraussetzungen s. Michalski/*Römermann*, systematische Darstellung 7 Rn. 131 ff.
309 BGH NJW 1994, 786 = ZIP 1994, 381 = BGHZ 124, 224 = DB 1994, 468 = DStR 1994, 469 m. Anm. *Götte*.
310 Vgl. OLG Düsseldorf RNotZ 2007, 352 = NZG 2007, 190 für eine Tierarzt-GmbH.

A. Gründung der Gesellschaft mit beschränkter Haftung   Kapitel 2

Regelungen, wann eine Gesellschaft gemeinnützige (§ 52 AO), mildtätige (§ 53 AO), kirchliche (§ 54 AO) verfolgt.[311]

5. Betrag des Stammkapitals

Gem. § 3 Abs. 1 Nr. 3 GmbHG muss der Gesellschaftsvertrag den **Betrag des Stammkapitals** beinhalten. Eine Definition des Begriffs findet sich im GmbHG nicht. Das Stammkapital kennzeichnet das bei der Gründung durch Einlagen der Gesellschafter aufzubringende Gesellschaftsvermögen.[312] Der Betrag des Stammkapitals ist im körperschaftlichen Teil des Gesellschaftsvertrages als ein fester Betrag in Euro anzugeben. Dies gilt auch bei der Erbringung von Sacheinlagen. Nicht ausreichend ist, die einzelnen Nennbeträge der Geschäftsanteile ohne ihre Summe oder aber einen Circa- oder Höchstbetrag im Gesellschaftsvertrag aufzunehmen.[313] Ebenso wenig genügt es, den Betrag des Stammkapitals an anderer Stelle festzuhalten wie etwa im Gründungsprotokoll oder in der Anmeldung.[314]

218

Das Stammkapital der GmbH muss gem. § 5 Abs. 1 GmbHG mindestens 25.000,00 € betragen. Allerdings ist die Gründung einer GmbH auch mit einem geringeren Stammkapital möglich. Durch das MoMiG wurde das Mindest-Stammkapital auf 1,00 € verringert. Zulässig ist die Unterschreitung der Mindest-Stammkapitalziffer von 25.000,00 € gem. § 5a GmbHG dann, wenn in der Firma der Gesellschaft abweichend von § 4 GmbHG die Bezeichnung »Unternehmergesellschaft (haftungsbeschränkt)« oder »UG (haftungsbeschränkt)« aufgeführt wird. Damit hat der Gesetzgeber die Gründung einer Kapitalgesellschaft ohne eine Mindestkapitalausstattung ermöglicht.

219

Die Regelung des § 5 Abs. 3 Satz 2 GmbHG schreibt zwingend vor, dass das Stammkapital mit der Summe der Nennbeträge aller Geschäftsanteile übereinstimmen muss. Dies gilt nicht nur bei der Gründung der Gesellschaft, sondern auch danach für die gesamte Zeit ihres Bestehens und hat damit insbesondere Bedeutung für die Formulierung von Gesellschaftsvertragsregelungen, die sich mit der Einziehung von Geschäftsanteilen befassen.[315]

220

Das Stammkapital soll der Gesellschaft ein Mindestmaß an wirtschaftlicher Handlungsfreiheit verschaffen und lässt die ursprüngliche Eigenkapitalausstattung erkennen. Gleichzeitig dient es dem Schutz der Gesellschaftsgläubiger.[316] § 10 Abs. 1 GmbHG schreibt die Eintragung der Stammkapitalziffer im Handelsregister vor. Weiter knüpft § 75 Abs. 1 GmbHG an das Fehlen des Betrags des Stammkapitals im Gesellschaftsvertrag die Folge der Nichtigkeit der Gesellschaft und eröffnet damit gem. §§ 397, 395 FamFG die Möglichkeit, eine gleichwohl im Handelsregister eingetragene GmbH im Wege des Amtslöschungsverfahrens im Handelsregister zu löschen.

221

Dieser formale Gläubigerschutz wird ergänzt durch strenge materielle Regeln zur Aufbringung und -erhaltung des Stammkapitals wie insbesondere §§ 5, 7 Abs. 2 und 3, 9, 19 ff., 24 GmbHG, die Bilanzierungsvorschriften in den §§ 29 ff. GmbHG, das Verbot der Auszahlung des Stammkapitals gem. §§ 30 ff. GmbHG sowie Regelungen zur Kapitalherabsetzung gem. §§ 58 ff. GmbHG.[317] Im Innenverhältnis der Gesellschafter untereinander bestimmt das Stammkapital die Beiträge der Gesellschafter zur Erreichung des Gesellschaftszwecks,[318] die Deckungspflicht der Gesellschafter für die Einlagen der GmbH gem. § 24 GmbHG und sonstige Rechte der Gesellschafter wie etwa Minderheitsrechte in § 50 GmbHG sowie § 66 Abs. 2 GmbHG.

222

---

311 Zur Gestaltung der Satzung einer gemeinnützigen GmbH s. *Dahlbender*, GmbH-StB 2006, 17; *Briester*, GmbHR 1999, 151.
312 Baumbach/Hueck/*Fastrich*, § 3 Rn. 14.
313 Baumbach/Hueck/*Fastrich*, § 3 Rn. 15.
314 Baumbach/Hueck/*Fastrich*, § 3 Rn. 15.
315 S. dazu unten Rdn. 401.
316 Scholz/*Cziupka,* § 3 Rn. 47; Scholz/*Veil,* § 5 Rn. 1, 8 m.w.N.
317 S. dazu ausführlich Rdn. 795 ff., 813 ff. unten.
318 Scholz/*Veil,* § 5 Rn. 10.

6. Zahl und Nennbetrag der Geschäftsanteile

223 Gem. § 3 Abs. 1 Nr. 4 GmbHG muss der Gesellschaftsvertrag die **Zahl** und die **Nennbeträge der Geschäftsanteile**, die jeder Gesellschafter gegen Einlage auf das Stammkapital (Stammeinlage) übernimmt, enthalten. Dabei muss deutlich zum Ausdruck kommen, dass es sich um den mitgliedschaftlichen Beitrag des Gesellschafters i.S.d. § 3 Abs. 1 Nr. 4 GmbHG handelt und nicht etwa nur um eine Leistung nach § 3 Abs. 2 GmbHG oder um eine rein schuldrechtliche Verpflichtung der Gesellschafter untereinander.[319] Die den Geschäftsanteil übernehmende Person ist in der Satzung so genau zu bezeichnen, dass Verwechslungen ausgeschlossen sind. Dazu ist zumindest die Angabe des Namens erforderlich. Weiter ist die Höhe, also der Nennbetrag des übernommenen Geschäftsanteils anzugeben. Dabei müssen die Geschäftsanteile gem. § 5 Abs. 2 Satz 1 GmbHG auf volle Euro lauten. Mit dem Inkrafttreten des MoMiG ist die bislang geltende Mindesthöhe von Geschäftsanteilen von 100,00 € und das Erfordernis ihrer Teilbarkeit durch 50,00 € entfallen. Da gem. § 5 Abs. 2 Satz 2 GmbHG jeder Gesellschafter auch schon bei der Gründung der GmbH abweichend von der früheren Rechtslage **mehrere Geschäftsanteile** übernehmen kann, muss in der Satzung die Zahl der jeweils übernommenen Geschäftsanteile angegeben werden. Dabei können die von einem Gesellschafter übernommenen Geschäftsanteile durchaus von unterschiedlicher Höhe sein gem. § 5 Abs. 3 Satz 1 GmbHG. Die Summe der Nennbeträge aller Geschäftsanteile muss jedoch mit dem Gesamtbetrag des Stammkapitals übereinstimmen gem. § 5 Abs. 3 Satz 2 GmbHG. Hiergegen darf nach h.M. auch bei einer späteren Einziehung von Geschäftsanteilen nicht verstoßen werden,[320] was durch eine entsprechende Fassung der Einziehungsregelungen sicherzustellen ist.[321]

224 Die Angabe der Nennbeträge der Geschäftsanteile muss unabhängig davon erfolgen, ob die zu leistende Einlage in Geld besteht (»Bargründung«) oder in anderen Vermögenswerten (»Sachgründung«) oder sowohl in Geld als auch in anderen Vermögenswerten (»Mischgründung«). Sollen Sacheinlagen geleistet werden, so müssen der Gegenstand der Sacheinlage und der Nennbetrag des Geschäftsanteils, auf den sich die Sacheinlage bezieht, im Gesellschaftsvertrag festgesetzt werden gem. § 5 Abs. 4 Satz 1 GmbHG. Unterbleibt dies, ist die Einlage in Geld zu leisten.

225 Eine Durchnummerierung der Geschäftsanteile muss im Gesellschaftsvertrag nicht erfolgen. Ein derartiges Erfordernis sieht das Gesetz in § 8 Abs. 1 Nr. 3 GmbHG lediglich für die Gesellschafterliste vor.

226 Unzulässig ist nach § 9 GmbHG die Festsetzung der vom Gesellschafter zu leistenden Einlage unter dem Nennbetrag des dafür genommenen Geschäftsanteils. Aus dieser gesetzlichen Regelung leitet die h.M. das sogenannte Verbot der »**Unter Pari Emission**« ab.[322] Zulässig ist hingegen die sogenannte »**Über Pari Emission**«. Dabei handelt es sich um über die Stammeinlage von allen oder einzelnen Gesellschaftern hinaus übernommene zusätzliche Beitragsleistungen in Form eines sogenannten Agios sowie von Nebenleistungs- oder Nachschusspflichten. Dabei besteht die Möglichkeit, ein Agio (= Aufgeld) als »echtes« oder »statuarisches Agio« gem. § 3 Abs. 2 GmbHG vorzusehen. Geschieht dies, wird ein Anspruch der Gesellschaft gegen die Gesellschafter begründet, der in der Insolvenz der Gesellschaft vom Insolvenzverwalter geltend gemacht werden kann. Die Vorschriften zur Sicherung der Aufbringung und Erhaltung des Stammkapitals gelten indessen nicht für das Aufgeld.[323] Dem Registergericht ist bei der GmbH ein Nachweis über die Leistung des Aufgeldes nicht zu erbringen.[324] Statt der Vereinbarung eines echten Agios können die Gesellschafter eine rein schuldrechtliche Vereinbarung über die Leistung eines Agios treffen (sogenanntes »schuldrechtliches

---

319 Baumbach/Hueck/*Fastrich*, § 3 Rn. 16.
320 Begr. RegE MoMiG, BT-Drucks. 16/6140, S. 31; Scholz/*Veil*, § 5 Rn. 27; Lutter/Hommelhoff/*Bayer*, § 5 Rn. 6; a.A. Baumbach/Hueck/*Fastrich*, § 5 Rn. 9.
321 Vgl. hierzu unten Rdn. 401, 407.
322 BGHZ 68, 191, 195; Scholz/*Veil*, § 5 Rn. 28; Baumbach/Hueck/*Fastrich*, § 5 Rn. 11.
323 Bilanziell ist das Aufgeld als Kapitalrücklage auszuweisen. § 272 Abs. 2 Nr. 1 HGB.
324 Anders bei der Aktiengesellschaft gem. §§ 36a Abs. 1, 37 Abs. 1 AktG.

Agio«).³²⁵ Bei einem schuldrechtlichen Agio entsteht kein Anspruch der Gesellschaft gegen die Gesellschafter.³²⁶ Vereinbart werden kann ein solches schuldrechtliches Agio im Rahmen schuldrechtlicher Nebenabreden außerhalb der Satzung. Möglich ist aber auch die Vereinbarung eines solchen schuldrechtlichen Agios innerhalb der Satzung. In diesem Falle muss in der Satzung klargestellt werden, dass mit dieser Vereinbarung nur Verbindlichkeiten der Gesellschafter untereinander begründet werden sollen (sogenannter »unechter Satzungsbestandteil«).³²⁷ Anderenfalls besteht die Gefahr, dass die Vereinbarung als echtes Agio i.S.d. § 3 Abs. 2 GmbHG ausgelegt wird und entgegen dem Willen der Gesellschafter einen Anspruch der Gesellschaft selbst begründet.

In der Satzung sollte eine Regelung zur **Fälligkeit der Stammeinlagen** vorgesehen werden. Insoweit ist zwischen Bareinlagen einerseits und Sacheinlagen andererseits zu differenzieren. Bei der Bareinlage muss auf jeden Geschäftsanteil mindestens 1/4 seines Nennbetrages gem. § 7 Abs. 2 Satz 1 GmbHG vor der Anmeldung geleistet werden. Insgesamt muss auf das Stammkapital mindestens die Hälfte des Mindest-Stammkapitals, also 12.500,00 € eingezahlt sein gem. § 7 Abs. 2 Satz 2 GmbHG. Gem. § 7 Abs. 3 GmbHG gilt bei der Sacheinlage das Volleinzahlungsgebot. Die Sacheinlage ist also vollständig vor der Anmeldung an die Gesellschaft zu leisten. Es empfiehlt sich, im Gesellschaftsvertrag die Fälligkeit der von jedem Gesellschafter auf das Stammkapital zu leistenden Einlage zu regeln. Dabei sollte zur Klarstellung in der Gründungssatzung die Mindesteinlage sofort fällig gestellt werden. Geschieht dies nicht, ist gem. § 271 Abs. 1 BGB im Zweifel ebenfalls sofortige Fälligkeit mit Entstehung der Forderung anzunehmen. Hinsichtlich der Resteinlage kann für die Fälligkeit gem. §§ 46 Nr. 2, 45 Abs. 2 GmbHG Regelungen der Satzung getroffen werden. Auch können die Einforderung durch Gesellschafterbeschluss oder auch bestimmte Zahlungstermine festgesetzt werden. 227

Die Satzung kann die Fälligkeit der Resteinlage auch an eine entsprechende Einforderungserklärung der Geschäftsführer binden, sie kann einen zeitlichen Rahmen für die Einforderung festlegen sowie die Form der Übertragung regeln. 228

7. Gründungskosten

Soll die GmbH die Gründungskosten tragen, so ist dazu entsprechend § 26 AktG eine ausdrückliche Regelung **in der Satzung** erforderlich. Die Aufnahme in das Gründungsprotokoll genügt nicht. Das gilt auch, wenn die Verpflichtung der Gründer (§ 26 Abs. 2 AktG analog) abbedungen werden soll, der GmbH die Gründungskosten zu erstatten, die sie im Außenverhältnis – allein oder neben den Gründern – geschuldet und bezahlt hat.³²⁸ Dabei ist dem gesetzgeberischen Zweck des § 26 Abs. 2 AktG entsprechend im Interesse des Gläubigerschutzes in der Satzung offenzulegen, wie weit das Stammkapital durch Gründungsaufwand vorbelastet ist. Dies wird nur erreicht, wenn der gesamte Aufwand ausgewiesen und nicht danach unterschieden wird, wer ihn im Außenverhältnis schuldet. Soweit die Satzung über den Gründungsaufwand nichts aussagt, sind deshalb entsprechend § 26 Abs. 2 AktG im Verhältnis zur GmbH die Gründer dessen alleinige Schuldner mit der Folge, dass sie im Außenverhältnis für Rechnung der GmbH zu leisten und dieser zu erstatten haben, was sie an Gründungsaufwand aufgebracht haben. Nach der Rechtsprechung ist erforderlich, dass 229
- sämtliche Gründungskosten in der Satzung als Gesamtbetrag festgesetzt werden,³²⁹
- alle einzelnen Aufwandspositionen, wie Kosten der Beurkundung, der Eintragung im Handelsregister, des Steuerberaters, des Wirtschaftsprüfers, etwaige Grunderwerbsteuer, Kosten für die Bewertung der Sacheinlage usw. angegeben werden.³³⁰

---

325 BGH DNotZ 2008, 461 = NZG 2008, 73 = NotBZ 2008, 23 = ZNotP 2008, 130 = ZIP 2007, 2416; BayObLG NZG 2002, 583.
326 BGH DNotZ 2008, 461 = NZG 2008, 73 = NotBZ 2008, 23 = ZNotP 2008, 130 = ZIP 2007, 2416.
327 Vgl. hierzu *Wicke*, DNotZ 2006, 419; *ders.*, DStR 2006, 1137.
328 BGH DNotZ 1990, 124 = BGHZ 107, 1.
329 BGH DNotZ 1990, 124 = BGHZ 107, 1.
330 BGH NJW 1998, 233.

230 Nicht erforderlich ist, dass die einzelnen Kostenpositionen in ihren jeweiligen Einzelbeträgen aufgeführt werden. Es genügt die Festsetzung der Höhe des Gesamtbetrages.[331]

231 Eine **prozentuale Höchstgrenze** des Gründungsaufwands im Verhältnis zum jeweiligen Stammkapital besteht nicht.[332] Entscheidend ist, ob dem Registergericht die Höhe des angesetzten Gründungsaufwands nachgewiesen werden kann.[333] Ungeachtet dessen hat sich in der Praxis nicht weniger Registergerichte eine Handhabung durchgesetzt, die 10 % des jeweiligen Stammkapitals als Höchstgrenze für den von der Gesellschaft zulässigerweise zu tragenden Gründungsaufwands betrachtet. Im Übrigen werden je nach Region unterschiedlich bei einer GmbH, die mit einem Stammkapital von 25.000,00 € gegründet wird, Gründungskosten von 1.500,00 € bis 2.500,00 € als Pauschalbetrag anerkannt. Es empfiehlt sich vor der Festlegung des von der Gesellschaft zu tragenden Gründungsaufwands in der Satzung mit dem jeweils zuständigen Registergericht zu klären, bis zu welcher Höhe dort Gründungskosten anerkannt werden.[334]

232 Wird eine GmbH gem. § 2 Abs. 1a GmbHG im vereinfachten Verfahren unter Verwendung des **Musterprotokolls** gegründet, kann die Gesellschaft die mit ihrer Gründung verbundenen Kosten lediglich bis zu einer Summe von 300,00 € tragen, höchstens jedoch bis zu dem Betrag ihres Stammkapitals (Anlage zu § 2 Abs. 1a GmbHG). Diese Regelung des Gesetzes macht deutlich, dass die von einigen Registergerichten gezogene prozentuale Höchstgrenze des Gründungsaufwands im Verhältnis zum jeweiligen Stammkapital nicht zutreffend sein kann. Allerdings genügt das Musterprotokoll insoweit nicht den voraufgeführten vom BGH gestellten Anforderungen, da es die einzelnen Aufwandspositionen nicht nennt, sondern pauschal von den mit »der Gründung verbundenen Kosten« spricht. Daraus kann nicht der Rückschluss gezogen werden, dass die Aufführung der einzelnen Aufwandspositionen bei der Gründung einer GmbH unter Verwendung individueller Regelungen sich nunmehr ebenfalls erübrigt. Es liegt in der Natur des Musterprotokolls, dass die einzelnen im Rahmen der Gründung entstandenen Aufwandspositionen dort nicht aufgeführt werden können, da diese Aufwandspositionen sich von Fall zu Fall unterscheiden.

233 Werden die vorstehenden Grundsätze nicht beachtet, so liegt steuerlich eine unwirksame Übernahme der Gründungskosten durch die GmbH vor. Trägt die GmbH auf dieser Grundlage gleichwohl die Kosten, handelt es sich in steuerlicher Hinsicht um eine **verdeckte Gewinnausschüttung.**

234 Die Festsetzungen zur Tragung der Gründungskosten durch die GmbH müssen in Anlehnung an die Frist des § 9 Abs. 2 GmbHG nach heute wohl überwiegender Auffassung **10 Jahre** nach der Gründung in der Satzung beibehalten werden.[335]

235 ▶ Formulierungsbeispiel: Gründungskosten

Die Gründungskosten (Notar-, Gerichts- und Veröffentlichungskosten sowie etwaige im Zusammenhang mit der Gründung entstandene Beratungskosten, insbesondere Steuerberaterkosten) trägt die Gesellschaft mit beschränkter Haftung bis zu einem Gesamtbetrag von ..... Euro.

---

331 BGH DNotZ 1990, 124 = BGHZ 107, 1.
332 MünchHdb. GesR III/*Mayer*, GmbH, § 20 Rn. 108; eingehend zur gesamten Problematik: DNotI-Gutachten Abruf-Nr. 128100, letzte Aktualisierung 13.01.2014; sowie Gutachten, DNotI-Report 2020, 67–69, insb. zur Frage völlig realitätsferner Schätzung der Gründungskosten »ins Blaue hinein«.
333 DNotI Gutachten zum Gesellschaftsrecht, 1994, S. 72 ff.
334 OLG Celle DNotI-Report 2015, 23 = notar, 2015, 292 = RNotZ 2015, 99 = MittBayNot 2015, 154 hielt (in einem Formwechselfall) die Übernahme von Gründungskosten von 15.000,00 € bei einem Stammkapital von 25.000, 00 € für unangemessen; das KG, DNotI-Report 2015, 173 = RNotZ 2016, 56 akzeptierte hingegen bei Gründung einer UG (haftungsbeschränkt), dass der Gründungsaufwand i.H. von 1.000,00 € dem Stammkapital von 1.000,00 € entspricht.
335 H.M. OLG Celle, Beschl. v. 02.02.2018 – 9 W 15/18, MittBayNot 2018, 267 f. = FG Prax 2018, 16 = NotBZ 2018, 311 f.; Baumbach/Hueck/*Fastrich*, § 5 Rn. 57; Scholz/*Veil*, § 5 GmbHG Rn. 112; a.A. Ulmer/*Ulmer*, § 5 Rn. 217; *Wachter*, NZG 2010, 734, 737.

8. Dauer der Gesellschaft

Soll das Unternehmen der Gesellschaft auf eine gewisse Zeit beschränkt sein, so bedarf diese Bestimmung der Aufnahme in den Gesellschaftsvertrag gem. § 3 Abs. 2 GmbHG. Eine wirksame **Zeitbeschränkung** kann kalendermäßig durch Festsetzung eines kalendermäßigen Datums getroffen werden. Ebenso ist die Vereinbarung einer Frist möglich. In diesen Fällen ist sowohl für die Gesellschafter wie für die Geschäftsführer sowie für gesellschaftsfremde Dritte aufgrund der Eintragung der Zeitbeschränkung gem. § 10 Abs. 2 Satz 1 GmbHG im Handelsregister die konkrete Dauer der Gesellschaft von vornherein erkennbar. Es ist jedoch auch möglich, eine Zeitbeschränkung in der Weise vorzusehen, dass die Dauer der Gesellschaft von einem künftigen Ereignis bestimmt wird, dessen Eintritt sicher, der Zeitpunkt des konkreten Eintritts aber ungewiss ist.[336]

236

Treffen die Gesellschafter in der Satzung keine ausdrückliche Regelung zur **Dauer der Gesellschaft**, so ist diese auf unbestimmte Zeit geschlossen. Bei der zeitlich unbeschränkten Gesellschaft handelt es sich um den praktischen Regelfall. Da das GmbHG abweichend vom Recht der Personengesellschaften (§ 723 BGB, §§ 132, 131 Abs. 3 Nr. 3 HGB, §§ 161 Abs. 2, 131 Abs. 3 Nr. 3, 132 HGB) keine ordentliche **Kündigung** des Gesellschaftsverhältnisses kennt, besteht für den GmbH-Gesellschafter nach dem Gesetz nur eine Möglichkeit aus der GmbH auszuscheiden. Er muss seinen Geschäftsanteil gem. § 15 Abs. 1 GmbHG übertragen. Dies ist nach den Regelungen des GmbHG unter Beachtung der in § 15 Abs. 3 und 4 GmbHG geregelten Formvorschriften, die eine notarielle Beurkundung anordnen, jederzeit möglich. Insbesondere bedarf es zur Abtretung des Geschäftsanteils sowie zur Eingehung einer Verpflichtung zur Abtretung des Geschäftsanteils nicht der Zustimmung der Gesellschaft, anderer Gesellschafter oder Dritter. Anders ist dies nur dann, wenn in dem Gesellschaftsvertrag von der in § 15 Abs. 5 GmbHG eingeräumten Möglichkeit der Vinkulierung der Geschäftsanteile Gebrauch gemacht worden ist. In diesem Falle müssen die weiteren im Gesellschaftsvertrag für die Abtretung vorgesehenen Voraussetzungen vorliegen. Solange dies nicht der Fall ist, geht der Geschäftsanteil nicht auf den Erwerber über.

237

Die Rechtsprechung hat allerdings auch für den Fall, dass die Regelung eines Kündigungsrechtes in der Satzung unterblieben ist, ein **Austrittsrecht** anerkannt. Voraussetzung dafür ist das Vorliegen eines wichtigen Grundes, der für den betreffenden Gesellschafter die Fortdauer seiner Mitgliedschaft in der GmbH unzumutbar macht.[337] Als wichtiger Grund kommen Umstände in der Person des betreffenden Gesellschafters oder den Verhältnissen der Gesellschaft sowie auch das Verhalten der Mitgesellschafter in Betracht.[338] Bei dem Austrittsrecht handelt es sich um ein Notrecht, das nur dann ausgeübt werden kann, wenn weder eine Fortsetzung der Mitgliedschaft noch eine andere Form der Beendigung derselben zumutbar und möglich ist.[339]

238

Vor diesem Hintergrund empfiehlt sich zur Vermeidung unnötiger und kostenträchtiger Auseinandersetzungen regelmäßig die **Aufnahme eines Kündigungsrechtes** für die Gesellschafter in die Satzung. Wird ein Kündigungsrecht in der Satzung für die Gesellschafter vorgesehen, so sind zum einen die Voraussetzungen seiner Ausübung wie aber auch die Rechtsfolgen der Kündigung zu regeln. Die Regelung der Rechtsfolgen der Kündigung ist von ganz besonderer Bedeutung, da anderenfalls nicht klar ist, ob die Gesellschaft durch die Kündigung aufgelöst wird[340] oder die Kündigung zum Aus-

239

---

[336] BayObLG BB 1975, 249 f.; Baumbach/Hueck/*Fastrich*, § 3 Rn. 27, Lutter/Hommelhoff/*Bayer*, § 3 Rn. 49.
[337] RGZ 128, 1, 16 f.; BGHZ 9, 162 f.; BGH, DNotZ 1992, 526 = MittRhNotK 1992, 54 = NJW 1992, 892 = BGHZ 116, 359, 369; OLG München DB 1990, 473; Baumbach/Hueck/*Fastrich*, Anhang § 34 Rn. 18 f.; Lutter/Hommelhoff/*Lutter*, § 34 Rn. 70 f.
[338] BGH, DNotZ 1992, 526 = MittRhNotK 1992, 54 = NJW 1992, 892 = BGHZ 116, 359, 369; Baumbach/Hueck/*Fastrich*, Anhang § 34 Rn. 19 m.w.N.
[339] Lutter/Hommelhoff/*Lutter*, § 34 Rn. 70 m.w.N.
[340] RGZ 93, 326, 327; 95, 39, 40; 113, 147, 149; KG JW 1930, 2719; OLG Karlsruhe GmbHR 1960, 24 f.; Baumbach/Hueck/*Haas*, § 60 Rn. 90.

scheiden des kündigenden Gesellschafters führt.[341] Des Weiteren ist in der Satzung bei Einräumung eines Kündigungsrechtes zu regeln, wie sich das Ausscheiden des Kündigenden im Einzelnen vollzieht. Da das im Recht der Personengesellschaften geltende An- und Abwachsungsprinzip (§ 738 BGB, § 142 HGB) dem GmbH-Recht fremd ist, bedarf das Ausscheiden eines Gesellschafters eines Vollzugsakts, der in der Einziehung des Geschäftsanteils oder aber in seiner Abtretung bestehen kann. Solange das Ausscheiden des Gesellschafters nicht vollzogen worden ist, ist er nach wie vor Gesellschafter der GmbH und damit auch grundsätzlich stimmberechtigt,[342] wenn dies in der Satzung nicht ausdrücklich anders geregelt ist. In der Satzung kann vorgesehen werden, dass ein kündigender Gesellschafter sofort mit der Kündigung und nicht erst mit der Leistung der Abfindung aus der Gesellschaft ausscheidet.[343]

240 Auch wenn im Gesellschaftsvertrag ein ordentliches Kündigungsrecht verankert wird, kann das Kündigungsrecht nur **ausgeübt** werden, wenn der Geschäftsanteil des Kündigenden voll einbezahlt ist und § 30 GmbHG einer Zahlung der Abfindung durch die Gesellschaft nicht entgegensteht.

241 ▶ Formulierungsbeispiel: Dauer und Kündigungsregelung

(1) Die Gesellschaft wird auf unbestimmte Zeit vereinbart.
(2) Die Gesellschaft ist kündbar unter Einhaltung einer Frist von einem Jahr, erstmals zum ..... des Jahres ..... und in der Folgezeit nur zu einem Zeitpunkt, der jeweils ..... Jahre später liegt, also zum ..... der Jahre ..... und so weiter
(3) Die Kündigung hat durch eingeschriebenen Brief an die Gesellschaft zu erfolgen.
(4) Kündigt ein Gesellschafter die Gesellschaft, so unterliegt sein Geschäftsanteil bis zum Ablauf der Kündigungsfrist der Einziehung oder Zwangsübertragung gemäß den Bestimmungen in § ..... dieses Gesellschaftsvertrages.
(5) Wird der Geschäftsanteil des kündigenden Gesellschafters nicht gemäß § ..... dieses Gesellschaftsvertrages eingezogen oder übertragen, so wird die Gesellschaft mit Ablauf der Kündigungsfrist aufgelöst.

VI. Satzungsgestaltung bei fakultativen Satzungsbestandteilen

1. Nachschusspflichten

242 Nach den Bestimmungen der §§ 26 bis 28 GmbHG kann der Gesellschaftsvertrag **Nachschusspflichten** für die Gesellschafter begründen. Bei Nachschüssen handelt es sich um Geldeinlagen, die über die Stammeinlagen hinaus kraft Satzung zur Vermehrung des Vermögens der GmbH zu leisten sind.[344] Nachschüsse haben die **Funktion eines variablen Zusatzkapitals**, dessen Aufbringung gem. §§ 27, 28 GmbHG besonders gesichert ist, für das die Ausfallhaftung der übrigen Gesellschafter gem. § 24 GmbHG jedoch nicht gilt und das unter Beachtung der Beschränkungen des § 30 Abs. 2 GmbHG auch wieder zurückgezahlt werden kann.[345] Nachschüsse dienen der Stärkung des Eigenkapitals und sind gem. § 272 Abs. 2 Nr. 4 HGB in der Bilanz zu passivieren.[346]

243 Besteht bei den GmbH-Gesellschaftern einerseits der Wunsch, das Stammkapital niedrig zu halten, ist andererseits jedoch nicht auszuschließen, dass die ins Auge gefasste niedrige Stammkapitalziffer möglicherweise nicht zu einer ausreichenden Kapitalisierung der GmbH ausreicht, bietet sich die Aufnahme von Nachschusspflichten in die Satzung an. Diese Regelung ermöglicht, das **Eigenkapital** der GmbH nach Bedarf **variabel zu ergänzen** und stellt damit eine Alternative zur Gewährung

---

341 Lutter/Hommelhoff/*Kleindiek*, GmbHG, § 60 Rn. 27; Rowedder/Schmidt-Leithoff/*Rasner*, § 60 Rn. 44 f.; *Fischer*, GmbHR 1955, 165, 168 f.; *Hofmann*, GmbHR 1975, 217, 223.
342 BGH ZIP 1983, 1444.
343 BGH GmbHR 2003, 1062; LG Köln ZIP 2005, 439.
344 Lutter/Hommelhoff/*Bayer*, § 26 Rn. 2.
345 Lutter/Hommelhoff/*Bayer*, § 26 Rn. 2.
346 Lutter/Hommelhoff/*Bayer*, § 26 Rn. 2.

von Gesellschafterdarlehen dar. Gegenstand einer Nachschusspflicht kann stets nur eine Geldzahlung sein.[347] Es ist der GmbH jedoch unbenommen, eine Sachleistung an Erfüllungs Statt anzunehmen.[348]

Hinsichtlich des **Inhalts von Nachschusspflichten** unterscheidet das Gesetz[349] zwischen der 244
- beschränkten Nachschusspflicht mit statutarischer Höchstgrenze gem. § 26 Abs. 3, § 28 GmbHG ohne Preisgaberecht,
- der unbeschränkten Nachschusspflicht mit unbeschränktem Preisgaberecht gem. § 27 Abs. 1 GmbHG,
- der unbeschränkten Nachschusspflicht mit beschränktem Preisgaberecht gem. § 27 Abs. 4, § 28 Abs. 1 Satz 2 GmbHG (sogenanntes Abandon),
- der gemischten Nachschusspflicht dergestalt, dass die Nachschüsse bis zu einem bestimmten Betrag den Regeln über die beschränkte Nachschusspflicht mit statutarischer Höchstgrenze folgen und der darüber hinausgehende Betrag den Regeln über die unbeschränkte Nachschusspflicht folgt.

Mit der Vereinbarung einer unbeschränkten Nachschusspflicht gem. § 27 Abs. 1 GmbHG ist vorsichtig umzugehen, da sie zum Hinausdrängen von Minderheitsgesellschaftern missbraucht werden kann, wenn diese nicht willens oder in der Lage sind die eingeforderten Nachschüsse aufzubringen.[350] 245

Diese gesetzlichen Vorgaben eröffnen sehr präzise und ausgewogene Regelungsmöglichkeiten, um eine Unterkapitalisierung der GmbH zu vermeiden. Gleichwohl wird von ihnen in der Praxis eher selten Gebrauch gemacht. 246

Nachschusspflichten können nur in der Satzung vereinbart werden. Sollen **Nachschusspflichten nachträglich** eingeführt werden, so bedarf dies einer Satzungsänderung, zu deren Wirksamkeit gem. § 53 Abs. 3 GmbHG die Zustimmung sämtlicher von der Nachschusspflicht betroffener Gesellschafter erforderlich ist. 247

Für das Entstehen der konkreten Nachschusspflicht bedarf es eines Gesellschafterbeschlusses über die Einforderung der Nachschüsse, der nur auf der Grundlage der Satzungsermächtigung gefasst werden kann. Diesen **Einforderungsbeschluss** kann nur die Gesellschafterversammlung fassen; er kann nicht auf ein anderes Gesellschaftsorgan übertragen werden.[351] Inhaltlich hat der Beschluss den Grundsatz der Gleichbehandlung gem. § 26 Abs. 2 GmbHG zu wahren, wenn die Zustimmung des Betroffenen zu einer Abweichung dazu nicht in der Satzung bereits erteilt ist oder individuell erteilt wird. Ein Verstoß gegen den Gleichbehandlungsgrundsatz macht den Beschluss anfechtbar.[352] 248

Da der Einforderungsbeschluss zwingend von der Gesellschafterversammlung zu fassen ist und nicht auf ein anderes Organ der Gesellschaft übertragen werden kann, kann auch der **Insolvenzverwalter** in der Insolvenz der Gesellschaft nicht anstelle der Gesellschafter deren gegenüber der Gesellschaft bestehende Verpflichtungen dadurch erweitern, dass er Nachschüsse einfordert. Weder der Insolvenzverwalter noch Gläubiger der Gesellschaft können die Einforderung der Nachschüsse erzwingen.[353] Auch vor diesem Hintergrund besteht daher kein Anlass von der Aufnahme von Nachschussklauseln in GmbH-Satzungen in geeigneten Fällen abzusehen. 249

Von der Nachschusspflicht zu unterscheiden sind **Nebenleistungspflichten** i.S.d. § 3 Abs. 2 GmbHG. Übernehmen die Gesellschafter einer GmbH die Verpflichtung, zu den Kosten der Gesellschaft Deckungsbeiträge zu erbringen, so bedarf dies nur dann der Aufnahme in die Satzung, wenn diese 250

---

347 Baumbach/Hueck/*Fastrich*, § 26 Rn. 2.
348 Baumbach/Hueck/*Fastrich*, § 26 Rn. 2.
349 Instruktiv Lutter/Hommelhoff/*Bayer*, § 26 Rn. 3.
350 Baumbach/Hueck/*Fastrich*, § 26 Rn. 3.
351 Allg.M. BGH GmbHR 1994, 710; Baumbach/Hueck/*Fastrich*, § 26 Rn. 8; Lutter/Hommelhoff/ *Bayer*, § 26 Rn. 8.
352 Lutter/Hommelhoff/*Bayer*, § 26 Rn. 8.
353 Baumbach/Hueck/*Fastrich*, § 26 Rn. 8.

Verpflichtung in der Weise an den Gesellschaftsanteil gebunden sein soll, dass sie ohne weiteres auch künftige Gesellschafter treffen soll; anderenfalls ist eine formfreie Vereinbarung der Gesellschafter untereinander oder der Gesellschaft gegenüber (§ 328 BGB) ausreichend.[354]

251 Treffen die Gesellschafter eine entsprechende Vereinbarung außerhalb der Satzung, so sollte zur Vermeidung von Missverständnissen ausdrücklich klargestellt werden, dass die entsprechende Verpflichtung nicht an den Gesellschaftsanteil gebunden ist und damit im Falle einer Übertragung auch nicht ohne weiteres auf den neuen Gesellschafter übergeht, mithin keinen kooperativen Charakter trägt. Anderenfalls ist nicht auszuschließen, dass die Leistung von Deckungsbeiträgen mit der Begründung verweigert wird, es handele sich dabei um Nachschusspflichten, die mangels Beurkundung der erforderlichen Ermächtigung in der Satzung nicht formwirksam vereinbart und damit nichtig seien.

252 ▶ **Checkliste: Nachschusspflicht**

☐ Satzungsgrundlage für Erhebung von Nachschüssen erforderlich:
☐ Regelung in der Satzung, ob
– beschränkte Nachschusspflicht mit statutarischer Höchstgrenze gem. § 26 Abs. 3, § 28 GmbHG ohne Preisgaberecht oder
– unbeschränkte Nachschusspflicht mit unbeschränktem Preisgaberecht gem. § 27 Abs. 1 GmbHG;
– unbeschränkte Nachschusspflicht mit beschränktem Preisgaberecht gem. § 27 Abs. 4 GmbHG § 28 Abs. 1 Satz 2 GmbHG;
– gemischte Nachschusspflicht aus vorstehenden Varianten;
☐ Regelung der erforderlichen Mehrheit für Gesellschafterbeschluss, bei Fehlen genügt absolute Mehrheit;
☐ Minderheitenschutz durch Beschränkung der Höhe der Nachschusspflicht;
☐ Abgrenzung zu Nebenleistungspflichten i.S. des § 3 Abs. 2 GmbHG.

253 ▶ **Formulierungsbeispiel: Nachschussklausel für beschränkte Nachschusspflicht**

Die Gesellschafterversammlung kann über die Nennbeträge der Geschäftsanteile hinaus die Einforderung von weiteren Einzahlungen (Nachschüssen) beschließen. Die Nachschusspflicht ist auf einen Betrag von insgesamt ..... Euro beschränkt. Der vom einzelnen Gesellschafter zu leistende Nachschuss darf ..... vom Hundert des Nennbetrags aller von ihm gehaltenen Geschäftsanteile nicht übersteigen. Hält die Gesellschaft eigene Anteile an sich selbst, zählen diese bei Aufteilung der Nachschüsse mit.

Der Beschluss über die Einforderung von Nachschüssen bedarf einer Mehrheit von ..... vom Hundert der abgegebenen Stimmen.

2. Wettbewerbsverbot

254 Im Rahmen der Gestaltung von GmbH-Satzungen ist in jedem Einzelfall die Regelung von vertraglichen **Wettbewerbsverboten** sowie die Befreiung von bestehenden gesetzlichen Wettbewerbsverboten zu bedenken. Zu unterscheiden sind insoweit gesetzliche Wettbewerbsverbote von vertraglichen Wettbewerbsverboten ebenso wie die jeweiligen Adressaten des Wettbewerbsverbotes als auch der Zeitraum seiner jeweiligen Geltung.

a) Wettbewerbsverbot für Geschäftsführer

255 Obwohl das GmbHG im Unterschied zu § 88 AktG für die **Geschäftsführer** kein ausdrückliches Wettbewerbsverbot vorsieht, trifft den Fremdgeschäftsführer nach allgemeiner Auffassung aufgrund seiner Organstellung die Verpflichtung zu loyalem Verhalten gegenüber der Gesellschaft.[355] Dies

---

354 BGH DNotZ 1994, 310 = MittRhNot 1993, 123 = MittBayNot 1993, 223 = NJW 1993, 1788 = NJW 1993, 1788 = ZIP 1993, 432.
355 MünchHdb. GesR III/*Marsch-Barner/Diekmann*, GmbH, § 43 Rn. 63.

umfasst ein umfassendes Wettbewerbsverbot, ohne dass dieses in der Satzung oder im Anstellungsvertrag besonders vereinbart werden müsste.[356] Der Geschäftsführer darf seine Organstellung nicht für sich selbst zum Nachteil der Gesellschaft ausnutzen, indem er Geschäftschancen der Gesellschaft an sich zieht.[357] Das Wettbewerbsverbot **beginnt** mit der tatsächlichen Aufnahme der Amtsgeschäfte, spätestens mit der kooperationsrechtlichen Amtsübernahme.[358] Das Wettbewerbsverbot **endet** in dem Zeitpunkt, in dem der Geschäftsführer aus seinem Amt rechtswirksam ausscheidet.[359]

Der **Umfang** des Wettbewerbsverbots für den Geschäftsführer wird durch den im Gesellschaftsvertrag festgelegten Unternehmensgegenstand bestimmt. Dies gilt unabhängig davon, ob die Gesellschaft diesen Unternehmensgegenstand tatsächlich vollständig ausfüllt oder nicht.[360] Auch vor diesem Hintergrund empfiehlt sich stets eine enge Fassung des Unternehmensgegenstandes. 256

Nach dem **Ausscheiden** trifft den Geschäftsführer grundsätzlich kein Wettbewerbsverbot mehr. Wünschen die Beteiligten etwas anderes, so muss ein entsprechendes Wettbewerbsverbot vereinbart werden.[361] Für die Wirksamkeit eines solchen Wettbewerbsverbotes ist erforderlich, dass es einem berechtigten geschäftlichen Interesse der Gesellschaft im Zeitpunkt des Ausscheidens des Geschäftsführers dient und dass es nach Ort, Zeit und Gegenstand die Berufsausübung und wirtschaftliche Betätigung des Geschäftsführers nicht unbillig erschwert (Art. 12 GG, § 138 BGB).[362] Die Laufzeit des Wettbewerbsverbotes muss angemessen sein, sie darf in der Regel nicht über 2 Jahre hinausgehen. Als Ausgleich für das Wettbewerbsverbot ist dem ausgeschiedenen Geschäftsführer grundsätzlich eine angemessene Entschädigung zu gewähren, deren Höhe für die Laufzeit des Wettbewerbsverbotes in etwa die Hälfte der zuletzt erhaltenen Bezüge betragen sollte.[363] Teilweise wird eine Entschädigung nicht für erforderlich gehalten, wenn das Wettbewerbsverbot ausschließlich in einer Kunden-/Mandantenschutzklausel besteht.[364] 257

b) Wettbewerbsverbot für Gesellschafter

Auch den **Gesellschafter** kann ein Wettbewerbsverbot treffen. Hier ist zu differenzieren: Der Alleingesellschafter-Geschäftsführer einer **Ein-Personen-GmbH** unterliegt nach h.M. grundsätzlich weder als Geschäftsführer noch als Gesellschafter einer Treuepflicht und daher auch keinem Wettbewerbsverbot, weil die Interessen des Alleingesellschafters von denen der Gesellschaft jedenfalls solange nicht getrennt werden können, als nicht Gläubigerinteressen gefährdet sind.[365] 258

---

356 Ulmer/Paefgen, § 35 Rn. 248; Rowedder/Schmidt-Leithoff/*Koppensteiner*, § 38 Rn. 17; Scholz/*Schneider*, § 43 Rn. 153; MünchHdb. GesR III/*Marsch-Barner/Diekmann*, GmbH, § 43 Rn. 63; BGHZ 89, 162, 165, OLG Frankfurt am Main GmbHR 1998, 376.
357 *Langenfeld*, GmbH-Vertragspraxis, § 12 Rn. 267.
358 Lutter/Hommelhoff/*Kleindiek*, Anhang zu § 6 Rn. 21.
359 BGH ZIP 1988, 47; OLG Frankfurt am Main GmbHR 1998, 376, 378; Lutter/Hommelhoff/*Kleindiek*, Anhang zu § 6 Rn. 21.
360 Beck'sches Notarhandbuch/*Mayer/Weiler*, § 22 Rn. 79; Lutter/Hommelhoff/*Kleindiek*, Anhang zu § 6 Rn. 22; MünchHdb. GesR III/*Marsch-Barner/Diekmann*, GmbH, § 43 Rn. 65; a.A. BGH NJW 1984, 1351 = BGHZ 89, 162, 170; *Armbrüster*, ZIP 1997, 1269, 1276.
361 Dazu im Einzelnen *Hoffmann-Becking*, FS Quack, S. 273 ff. und *Sina*, DB 1985, 902.
362 BGH, NJW 1968, 1717; BGH, WM 1974, 74, 76; 1986, 1282; 1990, 13, 16; BGH, NJW 1984, 2366 = BGHZ 91, 1, 5 ff.; OLG, Düsseldorf GmbHR 1993, 581; OLG Düsseldorf NZG 1999, 405; Lutter/Hommelhoff/*Kleindiek*, Anhang zu § 6 Rn. 25; MünchHdb. GesR III/*Marsch-Barner/Diekmann*, GmbH, § 43 Rn. 76.
363 *Hoffmann-Becking*, FS Quack, S. 273, 277; Baumbach/Huck/*Zöllner/Noack*, § 35 Rn. 202; MünchHdb. GesR III/*Marsch-Barner/Diekmann*, GmbH, § 43 Rn. 77.
364 MünchHdb. GesR III/*Marsch-Barner/Diekmann*, GmbH, § 43 Rn. 77.
365 BGH NZG 2008, 187 = ZIP 2008, 308 = GmbHR 2008, 257 = DStR 2008, 886 m.w.N. zur Rspr.; Scholz/*Schneider*, § 43 Rn. 161; Baumbach/Hueck/*Zöllner/Noack*, § 35 Rn. 43, MünchHdb. GesR III/*Mayer*, GmbH, § 20 Rn. 19.

259 Der Gesellschafter einer **Mehr-Personen-GmbH**, der nicht zugleich Geschäftsführer ist, unterliegt nach h.M. allein aufgrund der Treuepflicht, also ohne besondere vertragliche oder satzungsmäßige Vereinbarung, grundsätzlich keinem Wettbewerbsverbot.[366] Etwas anderes gilt jedoch ausnahmsweise dann, wenn ein Gesellschafter einen bestimmenden Einfluss auf die Gesellschaft ausübt[367] oder ausüben könnte oder wenn die GmbH insgesamt betont personalistisch strukturiert ist.[368] Fraglich ist, ob dies auch dann gilt, wenn die Konkurrenzsituation schon vor dem Erwerb der Mehrheitsbeteiligung bestanden hat. Für den herrschenden Aktionär gegenüber der abhängigen Aktiengesellschaft hat der BGH ein Wettbewerbsverbot kraft Treuepflicht abgelehnt, wenn die Konkurrenzsituation bereits vor dem Erwerb der Mehrheitsbeteiligung bestanden hat.[369]

c) Verstoß gegen ein Wettbewerbsverbot und Vermeidung eines Verstoßes

260 Für den Fall des Verstoßes gegen ein Wettbewerbsverbot sieht das Gesetz verschiedene **Folgen** vor. Zum einen steht der Gesellschaft ein Anspruch auf Unterlassung und ggf. auch Schadensersatz zu. Darüber hinaus hat die Gesellschaft entsprechend § 113 Abs. 1 HGB ein Eintrittsrecht. Die Verletzung des Wettbewerbsverbotes kann beim Gesellschafter einen Grund für seinen Ausschluss aus der Gesellschaft oder für die Einziehung seines Geschäftsanteils darstellen. In steuerlicher Hinsicht kann der Verstoß gegen ein bestehendes Wettbewerbsverbot zur Annahme einer verdeckten Gewinnausschüttung führen. Nach Auffassung des BFH ist dies dann anzunehmen, wenn ein Gesellschafter/Geschäftsführer einer GmbH gegen ein ihn treffendes Wettbewerbsverbot verstößt, die Gesellschaft jedoch gleichwohl auf die Geltendmachung eines ihr dadurch entstandenen Schadenersatzanspruchs verzichtet.[370]

261 Vor diesem Hintergrund stellt sich in der Gestaltungspraxis die Frage, ob und wie der Verstoß gegen Wettbewerbsverbote vermieden werden kann. Besteht nach den vorstehend dargestellten Grundsätzen ein Wettbewerbsverbot, kann davon in der Satzung selbst unmittelbar befreit werden. Auch kann in der Satzung die Grundlage für eine spätere Befreiung durch Gesellschafterbeschluss aufgrund Öffnungsklausel gelegt werden.[371]

262 ▶ Formulierungsbeispiel: Öffnungsklausel

Die Gesellschafterversammlung kann mit einfacher Mehrheit der abgegebenen Stimmen Befreiung vom Wettbewerbsverbot erteilen, erweitern, einschränken oder aufheben und beschließen, ob und in welcher Höhe eine angemessene Vergütung an die Gesellschaft zu zahlen ist.[372]

Gesellschaftern und den Geschäftsführern der Gesellschaft kann Befreiung von gesetzlichen Wettbewerbsverboten erteilt werden. Die Befreiung kann – soweit rechtlich zulässig – auch ohne Entgelt erfolgen. Über die Einzelheiten der Befreiung (Aufgabenabgrenzung, Entgeltvereinbarung) beschließt die Gesellschafterversammlung mit einfacher Mehrheit.

263 Weitere Voraussetzung für die Vermeidung einer verdeckten Gewinnausschüttung ist, dass der aufgrund der Öffnungsklausel gefasste Gesellschafterbeschluss eine klare und eindeutige **Aufgabenabgrenzung** zwischen der Gesellschaft und dem Gesellschafter beinhaltet. Schließlich ist zur Vermeidung einer verdeckten Gewinnausschüttung erforderlich, dass an die Gesellschaft eine angemessene **Gegenleistung** für die Befreiung vom Wettbewerbsverbot vorgesehen wird, was insbesondere dann

---

366 *Rudersdorf*, RNotZ 2011, 509, 522 ff. zu den Schranken für Wettbewerbsverbote in Gesellschaftsverträgen vor und nach Ausscheiden des Gesellschafters; *Miras*, notar 2015, 204 ff. mit Formulierungsvorschlag für nachvertragliche Wettbewerbsverbote; BGH DNotZ 2015, 390 = ZIP 2015, 472 = NZG 2015, 354 zu zeitlicher Grenze nachvertraglichen Wettbewerbsverbots.
367 BGH NJW 1984, 1351 = BGHZ 89, 162 zur KG.
368 Lutter/Hommelhoff/*Bayer*, § 14 Rn. 26.
369 BGH NotBZ 2008, 416 L = NZG 2008, 831 = ZIP 2008, 1872 = WM 2008, 1873 = DStR 2008, 2077.
370 BFH GmbHR 1992, 191.
371 BFH BB 1995, 2513; MünchHdb. GesR III/*Mayer*, GmbH, § 20 Rn. 20.
372 Formulierungsvorschlag nach Münchener Handbuch des Gesellschaftsrechts/*Mayer*, GmbH, § 20 Rn. 21.

erforderlich ist, wenn der Gesellschafter/Geschäftsführer aufgrund der Befreiung eine Tätigkeit aus einem Teilbereich des Unternehmensgegenstands der Gesellschaft gestattet wird, in dem die Gesellschaft bereits tätig ist. Insoweit wird nicht beanstandet, wenn 20 – 25 % vom Gewinn oder 3 – 5 % vom Umsatz als laufende Vergütung zugunsten der Gesellschaft vereinbart werden. Lediglich bei der Neugründung einer Gesellschaft ist eine unentgeltliche Befreiung vom Wettbewerbsverbot möglich. Allerdings sind die übrigen vorstehend beschriebenen Voraussetzungen auch hier einzuhalten.

3. Einschränkung der Veräußerung und Belastung von Geschäftsanteilen

a) Allgemeines

Nach der gesetzlichen Regelung in § 15 Abs. 1 GmbHG sind GmbH-Geschäftsanteile grundsätzlich (frei) veräußerlich und (zwingend) vererblich.[373] Gem. § 15 Abs. 5 GmbHG kann die Abtretung der Geschäftsanteile durch den Gesellschaftsvertrag jedoch an weitere Voraussetzungen geknüpft, insbesondere von der Genehmigung der Gesellschaft abhängig gemacht werden, sogenannte **Vinkulierung**.[374] Auch kann in dem Gesellschaftsvertrag die Abtretung des Geschäftsanteils gänzlich ausschlossen werden.[375] Ein Verstoß gegen die Bestimmung des § 137 Satz 1 BGB ist im Ausschluss der Abtretbarkeit des Geschäftsanteils nicht zu sehen, da es sich hierbei um einen Fall des § 399 BGB handelt.[376]

264

Von der Vinkulierung wird nur die Abtretung von Geschäftsanteilen sowie die Abtretung von Teilen von Geschäftsanteilen oder Mitberechtigungen am Geschäftsanteil (§ 747 BGB) erfasst.[377] Nicht erfasst wird von der Vinkulierung das zugrundeliegende schuldrechtliche Verpflichtungsgeschäft.[378] Die Vinkulierung erstreckt sich nur auf **rechtsgeschäftliche Übertragungen** im Wege der Abtretung, gilt also nicht für gesetzliche Erwerbsfälle wie beispielsweise die Erbfolge und die Verschmelzung.

265

Die Bestellung von **dinglichen Belastungen**, wie insbesondere eines Nießbrauchsrechts gem. § 1069 Satz 1 BGB sowie eines Pfandrechts gem. § 1274 Abs. 1 Satz 1 BGB können der Vinkulierung unterworfen werden.

266

Der **Zweck** solcher Vinkulierungsklauseln besteht zum einen darin, den Gesellschafterkreis vor nicht gewollten Veränderungen zu schützen und zum anderen auch ungewollte quantitative Beteiligungsveränderungen zu vermeiden.[379] In der Praxis ist an die Vinkulierung der Geschäftsanteile daher insbesondere bei personalistisch geprägten Gesellschaften zu denken. Gesetzlich vorgeschrieben wird die Vinkulierung der Geschäftsanteile für Steuerberatungs- und Wirtschaftsprüfungsgesellschaften mit beschränkter Haftung gem. § 50 Abs. 5 Satz 2, 3 StBerG, § 28 Abs. 5 Satz 2, 3 WPO.

267

Unter der »**Genehmigung**« nach § 15 Abs. 5 GmbHG ist die »Zustimmung« im Sinne von §§ 182 ff. BGB zu verstehen.[380] Dementsprechend kann die Genehmigung sowohl vor als auch nach der Abtretung erteilt werden. Dies gilt selbst dann, wenn die Satzung die vorherige Zustimmung verlangt.[381]

268

---

373 Zur Auslegung bzw. Umdeutung einer die Vererblichkeit einschränkenden und damit unzulässigen Satzungsklausel s. BGH GmbHR 1997, 165, Vorinstanz OLG Koblenz GmbHR 1995, 586, 587; BGHZ 92, 386, 390 = DNotZ 1986, 34, 35 = NJW 1985, 2592, 2593; Scholz/*Seibt*, § 15 Rn. 27 m.w.N. DNotI-Gutachten vom 19.03.2015, Internetgutachtennummer: 140559.
374 Zum Ganzen *Blasche*, RNotZ 2013, 515 ff.
375 Allg. M., RGZ 80, 175, 179; Baumbach/Hueck/*Fastrich*, § 15 Rn. 38; Lutter/Hommelhoff/*Bayer*, § 15 Rn. 57; Scholz/*Seibt*, § 15 Rn. 135; Roth/Altmeppen/*Altmeppen*, § 15 Rn. 107.
376 Lutter/Hommelhoff/*Bayer*, § 15 Rn. 57.
377 Lutter/Hommelhoff/*Bayer*, § 15 Rn. 65.
378 Roth/Altmeppen/*Altmeppen*, § 15 Rn. 94; Lutter/Hommelhoff/*Bayer*, § 15 Rn. 65.
379 Lutter/Hommelhoff/*Bayer*, § 15 Rn. 58; *Liebscher*, Konzernbildungskontrolle, 1995, S. 229 ff. sieht in der Vinkulierung zutreffend auch einen Konzerneingangsschutz.
380 Allg.M. BGHZ 13, 179, 184; Baumbach/Hueck/*Fastrich*, § 15 Rn. 41.
381 BGH NJW 1965, 1376 f.; OLG Celle GmbHR 1999, 131; Baumbach/Hueck/*Fastrich*, § 15 Rn. 41; *Wicke*, § 15 Rn. 24.

Bei der Zustimmung (Einwilligung und Genehmigung i.S.d. §§ 182 bis 184 BGB) handelt es sich um eine empfangsbedürftige Erklärung. Die Genehmigung wird mit ihrem Zugang unwiderruflich; die Einwilligung bleibt hingegen gem. § 183 BGB bis zum Abschluss des Abtretungsvertrages widerruflich.[382] Einwilligung und Genehmigung können unter einer aufschiebenden,[383] nicht jedoch unter einer auflösenden Bedingung erteilt werden.[384]

269 Bis zur Erteilung bzw. Verweigerung der Genehmigung ist eine bereits erfolgte Abtretung **schwebend unwirksam**.[385] Wird die Genehmigung sodann erteilt, wirkt sie gem. § 184 Abs. 1 BGB auf den Zeitpunkt des Abschlusses des Abtretungsvertrages zurück. Die Abtretung wird ex tunc wirksam.[386] Zwischenzeitlich getroffene Verfügungen des Veräußerers werden gem. § 184 Abs. 2 BGB grundsätzlich unwirksam, soweit nicht gutgläubiger Erwerb gem. § 16 Abs. 3 GmbHG erfolgt ist.[387]

270 Streitig ist, ob die **Verweigerung der Zustimmung** in jedem Falle zur Unwirksamkeit einer bereits erfolgten Abtretung führt[388] oder ob dies nur gilt, wenn die Verweigerung der Zustimmung rechtmäßig erfolgt ist.[389]

b) Satzungsmäßige Festlegung des Zustimmungserfordernisses

271 Bei der Aufnahme von Vinkulierungsklauseln in die Satzung einer GmbH ist schließlich exakt zu formulieren, wessen Zustimmung zur Abtretung des Geschäftsanteils erforderlich ist. Zu denken ist in Anlehnung an die Bestimmung des § 15 Abs. 5 GmbHG zunächst an die **Zustimmung der GmbH**. In diesem Falle sollte in der Satzung eindeutig zum Ausdruck gebracht werden, dass die Zustimmung der GmbH selbst erforderlich ist, dass die Zustimmungserteilung im Außenverhältnis durch die Geschäftsführer in vertretungsberechtigter Zahl erfolgt, ob die Geschäftsführer im Innenverhältnis zuvor einen Gesellschafterbeschluss einholen müssen,[390] mit welcher Mehrheit die Beschlussfassung der Gesellschafter zu erfolgen hat[391] und wer bei der Beschlussfassung stimmberechtigt ist.[392] Im Außenverhältnis wird die Zustimmung durch die Geschäftsführer in vertretungsberechtigter Zahl erteilt.[393]

272 ▶ Formulierungsbeispiel: Vinkulierungsklausel: Zustimmung durch Gesellschaft

Zur Abtretung der Geschäftsanteile an der Gesellschaft bedarf es der Zustimmung der Gesellschaft.

Die Zustimmung wird im Außenverhältnis durch die Geschäftsführer in vertretungsberechtigter Zahl erteilt.

Die Geschäftsführer müssen vor der Erteilung der Zustimmung im Innenverhältnis einen zustimmenden Gesellschafterbeschluss einholen. Der Beschluss kann mit einfacher Mehrheit gefasst werden. Bei der Beschlussfassung sind alle Gesellschafter stimmberechtigt.

---

382 BGHZ 48, 163, 166; Lutter/Hommelhoff/*Bayer*, § 15 Rn. 75.
383 Scholz/*Seibt*, § 15 Rn. 132 a.E.
384 Lutter/Hommelhoff/*Bayer*, § 15 Rn. 75; generell gegen Zulässigkeit einer Bedingung bei Genehmigung wegen deren rechtsgestaltender Wirkung Michalski/*Ebbing*, § 15 Rn. 142.
385 Allg.M. Michalski/*Ebbing*, § 15 Rn. 156; Baumbach/Hueck/*Fastrich*, § 15 Rn. 47.
386 Allg.M. Baumbach/Hueck/*Fastrich*, § 15 Rn. 47.
387 Baumbach/Hueck/*Fastrich*, § 15 Rn. 47.
388 H.M. BGHZ 13, 179, 178; 48, 163, 166; Baumbach/Hueck/*Fastrich*, § 15 Rn. 47.
389 So *K. Schmidt*, FS Beusch, 1993, S. 778 ff.; Lutter/Hommelhoff/*Bayer*, § 15 Rn. 77.
390 Fehlt diese Regelung, wird man gem. § 46 Nr. 4 GmbHG im Zweifel von der Notwendigkeit eines zuvor einzuholenden Gesellschafterbeschlusses ausgehen müssen.
391 Fehlt eine solche Regelung, ist grds. die einfache Mehrheit ausreichend, Lutter/Hommelhoff/*Bayer*, § 15 Rn. 66.
392 Veräußerer und – falls dieser schon Gesellschafter ist – auch der Erwerber haben mangels abweichender Regelung dabei Stimmrecht, Lutter/Hommelhoff/*Bayer*, § 15 Rn. 66.
393 Lutter/Hommelhoff/*Bayer*, § 15 Rn. 66.

273 Nach § 15 Abs. 5 GmbHG kann die Satzung die Abtretung der Geschäftsanteile auch an **sonstige weitere Voraussetzungen**, insbesondere die Zustimmung der Gesellschafterversammlung, der Geschäftsführer, eines Aufsichtsrats, eines Schiedsgerichts sowie aller oder einzelner Gesellschafter knüpfen.[394] Sieht die Satzung für die Abtretung der Geschäftsanteile aber anstelle der Genehmigung der Gesellschaft oder zusätzlich dazu die Zustimmung der **Gesellschafterversammlung** vor, ist ein zustimmender Gesellschafterbeschluss im Außenverhältnis Voraussetzung für die Wirksamkeit der Anteilsübertragung.[395] In der Satzung sollte geregelt werden, mit welcher Mehrheit der Beschluss gefasst werden kann und wer dabei stimmberechtigt ist. Nicht ratsam erscheint es, die Zustimmung »*der Gesellschafter*« in der Satzung vorzusehen. Bei dieser Formulierung bleibt unklar, ob alle vorhandenen Gesellschafter zustimmen müssen, oder ob alle in der Gesellschafterversammlung anwesenden Gesellschafter zustimmen müssen, oder ob ein mehrheitlicher Gesellschafterbeschluss ausreicht. Heißt es in der Satzung, dass »*alle Gesellschafter*« zustimmen müssen, so ist entweder ein einstimmiger Gesellschafterbeschluss, der unter Mitwirkung aller vorhandenen Gesellschafter gefasst worden ist (nicht nur der anwesenden Gesellschafter) erforderlich oder es muss jeder Gesellschafter gesondert seine Zustimmung erklären.[396]

274 ▶ **Formulierungsbeispiel: Vinkulierungsklausel: Zustimmung durch Gesellschafterversammlung**

Zur Abtretung der Geschäftsanteile an der Gesellschaft bedarf es der Zustimmung der Gesellschafterversammlung.

Die Zustimmung wird durch Gesellschafterbeschluss erteilt. Der Beschluss kann mit einfacher Mehrheit gefasst werden. Bei der Beschlussfassung sind alle Gesellschafter stimmberechtigt.

Eine ohne entsprechenden Gesellschafterbeschluss durch die Geschäftsführer erteilte Zustimmung ist unwirksam.

275 Wird die Entscheidung über die Zustimmungserteilung von der Satzung auf ein anderes Gesellschaftsorgan wie einen **Aufsichtsrat** oder Beirat übertragen, sollte die Willensbildung dieses Organs im Zusammenhang mit der Zustimmungserteilung in der Satzung im Einzelnen geregelt werden. Sind Veräußerer und/oder Erwerber Mitglied des zuständigen Organs, besteht nach herrschender Meinung anders als bei der Abstimmung im Rahmen der Gesellschafterversammlung ein Stimmverbot.[397]

276 Sehr streitig ist, ob die Satzung für die Abtretung der Geschäftsanteile auch die Notwendigkeit der **Zustimmung eines Dritten** anordnen kann.[398] Bis zu einer Klärung dieser Frage durch den BGH sollte von einer derartigen Regelung in der Satzung einer GmbH besser abgesehen werden.

277 Auch im Übrigen ist die **Ausgestaltung der Vinkulierungsregelungen** in der Satzung grundsätzlich frei möglich. Sie kann sich auf alle Übertragungen erstrecken, andererseits die Zustimmungspflicht jedoch auch auf einzelne Geschäftsanteile beschränken. Auch kann sie eine Zustimmungspflicht lediglich für die Abtretung von Geschäftsanteilen bestimmter Gesellschafter anordnen und von einer Zustimmungspflicht hinsichtlich der von den anderen Gesellschaftern gehaltenen Geschäftsanteile absehen.[399] Ebenso ist es möglich, bestimmte Übertragungen von der Vinkulierung in der Satzung freizustellen, wie zum Beispiel die Abtretung an Mitgesellschafter, Ehegatten von Gesellschaftern, Abkömmlinge von Gesellschaftern, Schwiegerkinder von Gesellschaftern usw. Von besonderer Bedeu-

---

[394] Allg. M. Baumbach/Hueck/*Fastrich*, § 15 Rn. 38.
[395] H.M. Lutter/Hommelhoff/*Bayer*, § 15 Rn. 67.
[396] BayObLG GmbHR 1991, 572, 573; OLG Hamm GmbHR 1997, 950, 951; Lutter/Hommelhoff/*Bayer*, § 15 Rn. 69.
[397] OLG Schleswig, ZIP 2003, 1703; a.A. Baumbach/Hueck/*Fastrich*, § 15 Rn. 43; Michalski/*Ebbing*, § 15 Rn. 152.
[398] Dafür Baumbach/Hueck/*Fastrich*, § 15 Rn. 38 m.w.N.; dagegen Scholz/Winter/*Seibt*, § 15 Rn. 122 m.w.N.
[399] Lutter/Hommelhoff/*Bayer*, § 15 Rn. 61.

tung für die Praxis ist, dass eine Vinkulierungsklausel die Abtretung eines Geschäftsanteils im Rahmen der Erbauseinandersetzung und Verwirklichung des **Erblasserwillens** wie beispielsweise der vermächtnisweisen Abtretung oder der Übertragung aufgrund einer Teilungsanordnung grundsätzlich nicht ohne weiteres erfasst. Soll auch eine solche Abtretung unter Zustimmungsvorbehalt stehen, muss dies in der Satzung ausdrücklich festgelegt werden.[400]

278 ▶ Formulierungsbeispiel: Ausnahme von Vinkulierung

Zur Abtretung der Geschäftsanteile an der Gesellschaft bedarf es der Zustimmung der Gesellschaft.

Die Zustimmung wird im Außenverhältnis durch die Geschäftsführer in vertretungsberechtigter Zahl erteilt.

Die Geschäftsführer müssen vor der Erteilung der Zustimmung im Innenverhältnis einen zustimmenden Gesellschafterbeschluss einholen. Der Beschluss kann mit einfacher Mehrheit gefasst werden. Bei der Beschlussfassung sind alle Gesellschafter stimmberechtigt.

Ohne die Zustimmung der Gesellschaft ist eine Anteilsübertragung zulässig, wenn der Erwerber ein Gesellschafter, der Ehegatte eines Gesellschafters, ein leiblicher ehelicher Abkömmling des übertragenden Gesellschafters oder dessen Ehegatte ist.

279 ▶ Formulierungsbeispiel: Ausnahme von Vinkulierung zugunsten eines bestimmten Gesellschafters

Zur Abtretung der Geschäftsanteile an der Gesellschaft bedarf es der Zustimmung der Gesellschaft.

Die Zustimmung wird im Außenverhältnis durch die Geschäftsführer in vertretungsberechtigter Zahl erteilt.

Die Geschäftsführer müssen vor der Erteilung der Zustimmung im Innenverhältnis einen zustimmenden Gesellschafterbeschluss einholen. Der Beschluss kann mit einfacher Mehrheit gefasst werden. Bei der Beschlussfassung sind alle Gesellschafter stimmberechtigt.

Ohne die Zustimmung der Gesellschaft ist eine Anteilsübertragung durch den Gesellschafter ..... zulässig.

280 ▶ Formulierungsbeispiel: Kombination vorstehender Ausnahmen

Zur Abtretung der Geschäftsanteile an der Gesellschaft bedarf es der Zustimmung der Gesellschaft.

Die Zustimmung wird im Außenverhältnis durch die Geschäftsführer in vertretungsberechtigter Zahl erteilt.

Die Geschäftsführer müssen vor der Erteilung der Zustimmung im Innenverhältnis einen zustimmenden Gesellschafterbeschluss einholen. Der Beschluss kann mit einfacher Mehrheit gefasst werden. Bei der Beschlussfassung sind alle Gesellschafter stimmberechtigt.

Ohne die Zustimmung der Gesellschaft ist eine Anteilsübertragung durch den Gesellschafter ..... zulässig, wenn der Erwerber ein Gesellschafter, der Ehegatte eines Gesellschafters, ein leiblicher ehelicher Abkömmling des übertragenden Gesellschafters oder dessen Ehegatte ist.

c) Nachträgliche Vinkulierung

281 Erfolgt die Regelung der **Vinkulierung** nicht anlässlich der Gründung der GmbH, sondern soll eine solche **nachträglich** eingeführt werden, so bedarf die entsprechende Vinkulierungsregelung nach dem Rechtsgedanken des § 180 Abs. 2 AktG der Zustimmung aller betroffenen Gesellschafter, weil

---

400 OLG Düsseldorf DB 1990, 214.

durch die Vinkulierung in die freie Veräußerlichkeit und damit in ein relativ unentziehbares Mitgliedschaftsrecht eingegriffen wird.[401] Das gleiche gilt für die nachträglich in die Satzung aufzunehmende Verschärfung[402] einer Vinkulierung. Für die nachträgliche Aufhebung oder Erleichterung durch Satzungsänderung ist dagegen nur die gesetzliche oder im Gesellschaftsvertrag vorgeschriebene Mehrheit erforderlich, es sei denn es würde dadurch in Sonderrechte einzelner Gesellschafter eingegriffen.[403]

d) Umwandlungsrechtliche Auswirkungen

Weiter sind bei der Formulierung von Vinkulierungsklauseln deren Auswirkungen nach dem **Umwandlungsrecht** (§§ 13 Abs. 2, 125, 193 Abs. 2 UmwG) zu berücksichtigen. Ist in der Satzung des übertragenden Rechtsträgers für die Abtretung von Geschäftsanteilen ein Zustimmungserfordernis für einzelne oder alle Gesellschafter vorgesehen, führt dies auch bei einem etwaigen Umstrukturierungsbeschluss – abweichend von §§ 50 Abs. 1 Satz 1, 125, 233 Abs. 2, 240 Abs. 1 Satz 1 UmwG – dazu, dass dem Umstrukturierungsbeschluss sämtliche Gesellschafter zustimmen müssen, zu deren Gunsten ein Zustimmungsvorbehalt für den Fall der Abtretung in der Satzung vorgesehen ist. Ist in der Satzung der übernehmenden Gesellschaft eine Vinkulierungsklausel vorgesehen, so ist grundsätzlich ein Barabfindungsangebot gem. § 29 Abs. 1 Satz 2 UmwG erforderlich.

282

e) Vinkulierung bei Treuhand- und Sicherungsabtretungen sowie bei »Change of Control-Fällen«

Bei der Aufnahme von Vinkulierungsklauseln in den Gesellschaftsvertrag ist zu bedenken, dass die Vinkulierung auch für **Treuhand- und Sicherungsabtretungen** gilt. Wird die Genehmigung für eine solche erteilt, so liegt darin im Zweifel auch die Zustimmung zur Rückabtretung an den Treugeber.[404] Streitig ist, ob ein satzungsmäßiges Zustimmungserfordernis für Geschäftsanteilsabtretungen auch auf den Fall der Vereinbarungstreuhand anzuwenden ist. Dem ist entgegenzuhalten, dass es bei der Vereinbarungstreuhand gerade nicht zu einer dinglichen Anteilsabtretung kommt. Es findet also kein dinglicher Wechsel in der Anteilsinhaberschaft statt. Dementsprechend kann die lediglich dinglich wirkende Vinkulierung diesen Fall nicht erfassen. Soll auch die Vereinbarungstreuhand unter die Kontrolle der Mitgesellschafter oder der Gesellschaft gestellt werden, so kann dies durch die Aufnahme von Zwangsabtretungs- oder Einziehungsklauseln in die Satzung geschehen.

283

Ebenso wenig sind Vinkulierungsklauseln geeignet, sogenannte »**Change of Control-Fälle**« zu unterbinden. Darunter versteht man die Übertragung von Anteilen an der Gesellschaft, die ihrerseits den Geschäftsanteil an der Zielgesellschaft hält. Die Vinkulierung ist nur geeignet, die Übertragung von Geschäftsanteilen in der Zielgesellschaft zu kontrollieren. Sie kann nicht verhindern, dass Anteile an ihrer Gesellschafterin übertragen werden. Solche Fälle können in der Satzung durch Zwangsabtretungs- oder Einziehungsklauseln beherrscht werden.[405]

284

▶ **Checkliste: Vinkulierung von Geschäftsanteilen**

285

☐ Gibt es Gründe, die Veränderung des Gesellschafterkreises an die Zustimmung der Gesellschaft, aller oder bestimmter Gesellschafter, der Geschäftsführer, des Aufsichtsrats oder eines Schiedsgerichts zu binden?

☐ Gibt es Gründe, die Veränderung der Beteiligungshöhe innerhalb des Gründergesellschafterkreises, also eines oder bestimmter oder aller Gesellschafter an die Zustimmung der Gesell-

---

401 H.M. RGZ 68, 210; OLG München NZG 2008, 320 = GmbHR 2008, 541, 542; Baumbach/Hueck/*Fastrich*, § 15 Rn. 40 m.w.N.
402 OLG München NZG 2008, 320, 321 = GmbHR 2008, 541, 542.
403 Baumbach/Hueck/*Fastrich*, § 15 Rn. 40.
404 MünchHdb. GesR III/*Mayer*, GmbH, § 20 Rn. 32.
405 MünchHdb. GesR III/*Mayer*, GmbH, § 20 Rn. 32.

schaft, aller oder bestimmter Gesellschafter, der Geschäftsführer, des Aufsichtsrats oder eines Schiedsgerichts zu binden?
- ☐ Soll die Vinkulierung auch für Bestellung dinglicher Belastungen an Geschäftsanteilen gelten?
- ☐ Soll die Vinkulierungsregelung auch für die Teilung des Geschäftsanteile eines verstorbenen Gesellschafters unter mehreren Rechtsnachfolgern angewendet werden?
- ☐ Ist für die Zukunft eine umwandlungsrechtliche Maßnahme geplant?
- ☐ An wessen Zustimmung soll die Abtretung oder Belastung des Geschäftsanteils gebunden werden?
  - Sieht die Vinkulierungsregelung die Zustimmung der Gesellschaft selbst vor, ist zu regeln, wie und durch wen die Zustimmung im Außenverhältnis erfolgt, ob und mit welcher Mehrheit im Innenverhältnis zuvor einen Gesellschafterbeschluss eingeholt werden muss und wer dabei stimmberechtigt ist.
  - Sieht die Vinkulierungsregelung die Zustimmung einer Personenmehrheit vor, ist zu regeln, was zur Wirksamkeit der Zustimmung im Außenverhältnis erforderlich ist; bei einem Organ ist die Willensbildung zu regeln, insbesondere erforderliche Mehrheiten sowie Stimmverbote.
- ☐ Sollen bestimmte Abtretungen von der Vinkulierung ausgenommen oder die Vinkulierungsanforderungen geändert werden?
- ☐ Vinkulierung gilt auch für Treuhand- und Sicherungsabtretungen ist jedoch nicht auf die Vereinbarungstreuhand und auf »Change of Control-Fälle« anwendbar.

4. Ankaufsrechte, Vorkaufsrechte und Anbietungspflichten

a) Allgemeines

286   Zur Steuerung des Hinzukommens und Ausscheidens von Gesellschaftern in die GmbH bedient man sich in der Praxis ergänzend zu den vorstehend erörterten Vinkulierungsklauseln oftmals eines Ankaufsrechts, eines Vorkaufsrechts oder auch einer Anbietungsverpflichtung.

287   Bei dem **Ankaufsrecht** handelt es sich um die Befugnis eines Gesellschafters anlässlich der Veräußerung des Geschäftsanteils durch einen anderen Gesellschafter diesen zu erwerben, wobei das Ankaufsrecht unabhängig davon ausgeübt werden kann, welche schuldrechtliche Verpflichtung der Veräußerung durch den anderen Gesellschafter zugrunde liegt. Als besondere Spielart des Ankaufsrechts stellt sich das **Vorkaufsrecht** dar. Anknüpfungspunkt für seine Ausübung ist auch hier die Veräußerung des Geschäftsanteils durch einen Mitgesellschafter. Das Vorkaufsrecht erfasst jedoch nur solche Veräußerungen, denen schuldrechtlich ein Verkauf des Geschäftsanteils zugrunde liegt. Einen strukturell anderen Ansatzpunkt wählt die **Anbietungspflicht**. Hierbei handelt es sich um eine gesellschaftsvertragliche Bestimmung, nach der ein veräußerungswilliger Gesellschafter verpflichtet ist, seinen Geschäftsanteil zunächst den anderen Gesellschaftern anzubieten.

b) Form

288   Zur Wirksamkeit der Vereinbarung dieser Rechte bedarf es der Beachtung der **notariellen Form** gem. § 15 Abs. 4 Satz 1 GmbHG. Das Ankaufs- und Vorkaufsrecht wie auch die Anbietungsverpflichtung haben lediglich **schuldrechtliche Wirkung**. Wollen die Gesellschafter die Beachtung der sich aus diesen Vereinbarungen ergebenden Pflichten absichern, so kann dies durch die Vinkulierung der Abtretung von Geschäftsanteilen geschehen. Diese wirkt gem. § 15 Abs. 5 GmbHG dinglich. In diesem Zusammenhang ist zu bedenken, dass bei einer Nichtausübung des Ankaufs- oder Vorkaufsrechtes sowie bei einer Ablehnung der Übernahme der angebotenen Geschäftsanteile im Falle der Vereinbarung einer Anbietungspflicht in der Satzung auch eine Regelung zu treffen ist, die in diesem Falle zur Erteilung der aufgrund der Vinkulierung erforderlichen Zustimmung verpflichtet. Dabei kann Anlass dafür bestehen, die Bedingungen, unter denen eine Zustimmungspflicht besteht, im Einzelnen näher zu regeln.

c) Regelungsinhalte

Wird in der Satzung einer GmbH ein Ankaufs- oder Vorkaufsrecht vereinbart, sind sowohl seine Voraussetzungen als auch seine Rechtsfolgen im Einzelnen zu regeln. Zu bedenken ist dabei insbesondere, wer zum Vorkauf berechtigt ist, in welchem Verhältnis mehreren Vorkaufsberechtigten das Vorkaufsrecht zueinander zusteht, welche Folgen die Nichtausübung des Vorkaufsrechts durch einen Vorkaufsberechtigten hat, in welcher Form der Verkäufer den Inhalt des mit dem Käufer geschlossenen Vertrages den Vorkaufsberechtigten mitzuteilen hat, innerhalb welcher Frist und in welcher Form das Vorkaufsrecht durch die Vorkaufsberechtigten ausgeübt werden kann, ob das Vorkaufsrecht durch den Vorkaufsberechtigten nur hinsichtlich des gesamten ihm zustehenden Anteils oder auch beschränkt auf einen Teil davon ausgeübt werden kann, welchem Vorkaufsberechtigten nicht teilbare Spitzenbeträge eines Geschäftsanteiles zufallen sollen, ob und unter welchen Voraussetzungen die Gesellschafter verpflichtet sind, die zur Übertragung des Geschäftsanteils erforderliche Zustimmung aufgrund bestehender Vinkulierungsklausel zu erteilen, und ob eine Zustimmungspflicht zur Veräußerung bei Nichtausübung des Vorkaufsrechtes besteht. Bei Ankaufsrechten ist darüber hinaus zu regeln, zu welchem Preis der zu veräußernde Geschäftsanteil durch den Ankaufsberechtigten erworben werden kann. In diesem Zusammenhang ist bei der Gestaltung der Ankaufsregelung die Rechtsprechung des Bundesgerichtshofs zur »Hinauskündigung« und zu »Abfindungsbeschränkungen« zu beachten.

d) Drag along- und tag along-Regelungen

Insbesondere bei sogenannten »Venture-Capital-Gesellschaften« aber nicht nur dort besteht nicht selten das Bedürfnis in der Satzung **Mitveräußerungspflichten** (»drag along«) und **Mitveräußerungsrechte** (»tag along«) vorzusehen. Drag-along-Klauseln verpflichten den betroffenen Gesellschafter seine Beteiligung zu verkaufen, wenn der berechtigte Gesellschafter seine Beteiligung veräußert und der Erwerber dieses Geschäftsanteils darüber hinaus weitere Geschäftsanteile an der Gesellschaft erwerben möchte. Tag-along-Klauseln verpflichten den betroffenen Gesellschafter bei einem Verkauf seines Geschäftsanteils den anderen berechtigten Gesellschaftern einen Verkauf ihrer Geschäftsanteile zu den gleichen Konditionen zu ermöglichen, zu denen er seinen Geschäftsanteil veräußert hat.[406]

Die Mitveräußerungsverpflichtung (drag-along-Klausel) verschafft dem Berechtigten die Möglichkeit, den Verkauf aller Geschäftsanteile an der GmbH, also auch der ihm nicht gehörenden Geschäftsanteile durch die weiteren Gesellschafter, zu einem von ihm bestimmten Zeitpunkt und zu von ihm bestimmten Konditionen zu erreichen. Damit einher geht für die verpflichteten Gesellschafter die Gefahr, ihre Geschäftsanteile gegen ihren Willen verkaufen zu müssen. Dem kann entgegengewirkt werden, indem der Verkauf an einen Gesellschafterbeschluss gebunden wird, der einer bestimmten qualifizierten Mehrheit bedarf. Weiter sollte bedacht und geregelt werden, ob der aus der drag-along-Klausel Berechtigte seinen Geschäftsanteil erst nach Ablauf einer bestimmten Haltefrist veräußern darf und/oder ob die Ausübung der drag-along-Klausel an das Erreichen eines bestimmten Preisniveaus geknüpft wird.

▶ Formulierungsbeispiel: Einfache Mitveräußerungsverpflichtung:

Die Gesellschafter sind auf Verlangen des Gesellschafters ..... verpflichtet, ihre Geschäftsanteile an einen Dritten zu den Bedingungen, zu denen der Gesellschafter ..... seine Geschäftsanteile an diesen Dritten veräußert hat, zu veräußern und abzutreten.

Voraussetzung dafür ist, dass der Gesellschafter ..... dieses Verlangen schriftlich unter Vorlage einer beglaubigten Abschrift oder Ausfertigung des von ihm geschlossenen notariellen Geschäftsanteilskaufvertrages über seine Geschäftsanteile an der Gesellschaft allen Mitgesellschaftern

---

[406] Näher zu diesen Vereinbarungen *Wälzholz*, GmbH-StB 2007, 84, 85 f.; *Hauschild/Kallrath/Wachter*, Notarhandbuch Gesellschafts- und Unternehmensrecht, § 13 Rn. 316 f.

gegenüber stellt. Die Ausübung etwaiger in der Satzung vorgesehener Vorkaufs-/Ankaufs- und Vorerwerbsrechte durch die Mitgesellschafter ist in diesem Fall ausgeschlossen.

Die Gesellschafter sind verpflichtet, die Veräußerung und Abtretung ihrer Geschäftsanteile an den Dritten innerhalb von ..... Wochen nach Eingang des Veräußerungsverlangens des Gesellschafters ..... bei dem letzten Mitgesellschafter zu notarieller Urkunde vorzunehmen.

Die Mitverkaufsverpflichtung trifft die Mitgesellschafter nicht, wenn der Verkaufspreis den Verkehrswert der Geschäftsanteile/nicht erreicht./alternativ/nicht um mindestens ..... Prozent übersteigt.

[alternativ:]

Die Mitverkaufsverpflichtung trifft die Mitgesellschafter nicht, wenn der Verkaufspreis den Nominalwert der Geschäftsanteile/nicht erreicht./alternativ/nicht um mindestens ..... Prozent übersteigt.

Sollte keine Einigkeit über den Verkehrswert des Geschäftsanteils bestehen, entscheidet ein Schiedsgutachter über den Verkehrswert nach Maßgabe der in dieser Satzung festgelegten Bestimmungen zur Ermittlung eines Abfindungsguthabens.

293 Mitveräußerungsrechte (tag-along-Klauseln) verschaffen dem berechtigten Gesellschafter hingegen das Recht, an der Beteiligungsveräußerung durch den anderen Gesellschafter zu denselben wirtschaftlichen Bedingungen teilzunehmen. Bei Venture-Capital-Gesellschaften wird über diesen Weg oftmals das Recht des Finanzinvestors gesichert, sich seines Geschäftsanteils an der Gesellschaft zu entledigen, wenn ein anderer Gesellschafter, der über das für die Gesellschaft wesentliche know-how verfügt, seinen Anteil verkauft. Zu regeln ist in diesem Falle in der Satzung die Frage, wie verfahren werden soll, wenn der Erwerber nicht bereit ist sämtliche Anteile, also die des Verkäufers und zugleich die des Mitveräußerungsberechtigten zu erwerben. Gelöst werden kann dieses Problem, indem eine Veräußerung der Anteile im Verhältnis der Beteiligung des veräußerungswilligen und des mitveräußerungsberechtigten Gesellschafters vorgesehen wird. Alternativ dazu kann man für diesen Fall auch daran denken, dass eine Veräußerung insgesamt zu unterbleiben hat.

294 ▶ Formulierungsbeispiel: Einfache Mitveräußerungsberechtigung

Beabsichtigt ein Gesellschafter seine Beteiligung an der Gesellschaft insgesamt oder teilweise entgeltlich zu veräußern, können alle übrigen Gesellschafter verlangen, ihnen gehörende Geschäftsanteile zu denselben wirtschaftlichen Bedingungen mitzuveräußern, wenn von den in dieser Satzung vorgesehenen Vorkaufs-/Ankaufs- und Vorerwerbsrechten kein Gebrauch gemacht wird.

Der die Veräußerung beabsichtigende Gesellschafter ist verpflichtet, die Mitgesellschafter spätestens ..... Wochen vor Abschluss des beabsichtigten Geschäftsanteilsveräußerungsvertrages unter Vorlage des vollständigen Vertragsentwurfs zu unterrichten. Die berechtigten Gesellschafter sind befugt, ihr Mitveräußerungsverlangen durch Erklärung gegenüber dem veräußerungswilligen Gesellschafter innerhalb einer Frist von ..... Wochen auszuüben. Das Mitveräußerungsverlangen hat schriftlich zu erfolgen.

Ist der Erwerber nicht bereit, sowohl die Geschäftsanteile von dem die Veräußerung beabsichtigenden Gesellschafter als auch die Geschäftsanteile zu erwerben, deren Mitveräußerung wirksam verlangt wurde, ist der veräußerungswillige Gesellschafter verpflichtet, seine und die Geschäftsanteile, deren Mitveräußerung verlangt worden ist, im Verhältnis der Beteiligung des veräußerungswilligen Gesellschafters und des betreffenden mitveräußerungsberechtigten Gesellschafters an der Gesellschaft untereinander zu denselben wirtschaftlichen Bedingungen zu veräußern. Wird diese Verpflichtung erfüllt, entfällt das in § ..... dieser Satzung geregelte für die Veräußerung geregelte Zustimmungserfordernis. Anderenfalls bleibt es bei dem in § ..... dieser Satzung für die Veräußerung geregelten Zustimmungserfordernis. Die Zustimmung zur Übertragung kann dann verweigert werden.

e) Russian Roulette- und Texan shoot out-Regelungen

In den letzten Jahren sind insbesondere für **Joint-venture-Gesellschaften**, an denen zwei Partner mit je 50 % der Kapital- und Stimmanteile beteiligt sind, Ausstiegsklauseln entwickelt worden, die das schnelle und reibungslose Ausscheiden eines der beiden Partner bewirken sollen. Um dies zu erreichen, kombinieren die Klauseln, die unter der Bezeichnung »Russian Roulette« bzw. »Texan shoot out« bekannt sind, Elemente der freiwilligen und der erzwungenen Übertragung von Anteilen an einer Joint-venture-Gesellschaft.[407] Beim klassischen **Russian Roulette** sieht der Gesellschaftsvertrag vor, dass ein Gesellschafter dem anderen Gesellschafter ein Verkaufs- und Abtretungsangebot hinsichtlich aller von ihm an der Gesellschaft gehaltenen Geschäftsanteile zu einem in dem Angebot festgelegten Preis unterbreitet. Dabei kann in der Satzung vorgesehen werden, dass die Ausübung dieses Rechtes an ein bestimmtes im Voraus festgelegtes Ereignis gebunden ist oder bestimmte Voraussetzungen eingetreten sein müssen. Es ist jedoch auch möglich, dass dieses Recht jederzeit ohne weitere Voraussetzungen von den Gesellschaftern ausgeübt werden kann. Weiter wird in der Klausel vorgesehen, dass der andere Gesellschafter in einer festgelegten Frist nach Zugang des Verkaufs- und Abtretungsangebots entweder die Annahme dieses Angebotes erklärt oder die von ihm selbst an der Gesellschaft gehaltenen Geschäftsanteile an den anbietenden Gesellschafter verkaufen und abtreten muss, und zwar zu demselben verhältnismäßigen Preis, den der andere Gesellschafter in seinem Angebot vorgesehen hatte (One Way Sell Russian Roulette). Eine zweite Variante des Russian Roulette besteht darin, dass ein Gesellschafter dem anderen Gesellschafter zwei Angebote unterbreitet. Im ersten Angebot bietet der Gesellschafter dem anderen Gesellschafter seine eigenen Anteile zu einem bestimmten Preis zur Veräußerung und Übertragung an. Im zweiten Angebot bietet er dem anderen Gesellschafter den Erwerb von dessen Geschäftsanteilen zu dem gleichen Preis an. Der andere Gesellschafter ist verpflichtet, eines der beiden Angebote innerhalb einer bestimmten Frist anzunehmen (Offer to sell or buy Russian Roulette). Bei dem **Texan-shoot-out**-Verfahren handelt es sich um eine leicht modifizierte Variante des One Way Sell Russian Roulette. Hier unterbreitet der Gesellschafter dem anderen Gesellschafter ein Erwerbsangebot hinsichtlich aller der von dem anderen Gesellschafter an der Gesellschaft gehaltenen Geschäftsanteile zu einem im Angebot festgelegten Preis. Dieses Angebot muss der andere Gesellschafter innerhalb einer bestimmten Frist annehmen, mit der Konsequenz dass er aus der Gesellschaft ausscheidet, oder aber alle von dem das Angebot unterbreitenden Gesellschafter gehaltenen Anteile an der Gesellschaft zu einem verhältnismäßig höheren Preis als demjenigen, den er bei Annahme des anderen Angebots erhalten hätte, zu übernehmen.[408]

Nicht abschließend geklärt ist in diesem Zusammenhang die Frage, ob mit der notariellen Beurkundung des Gesellschaftsvertrages der GmbH bereits dem **Formerfordernis** des § 15 GmbHG genüge getan ist oder ob eine gesonderte Beurkundung der konkreten Ausstiegsmitteilung bei der Ingangsetzung des Russian Roulette und der anderen damit verbundenen Mitteilungen erforderlich ist. Da in der Satzung selbst die Festlegung des Kaufpreises für die Geschäftsanteile nicht erfolgen kann, ist den Gesellschaftern ein entsprechendes Leistungsbestimmungsrecht i.S.d. § 315 BGB einzuräumen, das diese im Rahmen der Durchführung des Russian-Roulette-Verfahrens sodann ausüben können.[409]

In der Praxis sollte mit solchen Regelungen mit Bedacht und äußerster Zurückhaltung umgegangen werden. Sie bieten zwar eine hohe Gewähr für eine gerechte Preisfindung und führen zu einer schnellen Trennung der Gesellschafter, wenn das Kräfteverhältnis zwischen den Gesellschaftern ausgewogen ist. Ist das nicht der Fall, droht die Gefahr, dass die finanziell stärkere Partei den Mechanismus als Zwangsmittel nutzt, um den Geschäftsanteil der schwächeren Seite zu übernehmen und den

---

407 *Schulte/Sieger*, NZG 2005, 24, 25.
408 *Schulte/Sieger*, NZG 2005, 24, 25.
409 *Schulte/Sieger*, NZG 2005, 24, 28.

Gesellschafter gegen dessen Willen aus der Gesellschaft hinauszudrängen. Ähnliches gilt, wenn eine der beiden Seiten über das für die Gesellschaft entscheidende Know-how verfügt.[410]

5. Teilung von Geschäftsanteilen

298 Mit der Aufhebung des § 17 GmbHG durch das MoMiG ist eine **Teilung von Geschäftsanteilen** nunmehr grundsätzlich ohne Einschränkungen möglich, und zwar auch zum Zwecke der Veräußerung. Notwendig ist lediglich ein **Gesellschafterbeschluss** gem. § 46 Nr. 4 GmbHG. Allerdings kann in der Satzung die Teilung von Geschäftsanteilen an das Vorliegen bestimmter Voraussetzungen geknüpft werden. Gem. § 45 Abs. 2 GmbHG unterliegt die Bestimmung des § 46 Nr. 4 GmbHG der Disposition der Gesellschafter.[411] So können in der Satzung beispielsweise bestimmte qualifizierte Beschlussmehrheiten ebenso vorgesehen werden wie die Festlegung von Mindestbeträgen für Geschäftsanteile, die sodann bei der Durchführung der Teilung zu beachten sind. Umgekehrt ist es auch möglich in der Satzung die Teilbarkeit von Geschäftsanteilen ohne Gesellschafterbeschluss zu ermöglichen. Dies wird sich in der Praxis oftmals zur Vermeidung von Unwirksamkeitsfolgen sowie aus Gründen des Minderheitenschutzes empfehlen. Anderenfalls ist es der Gesellschafterminderheit nicht möglich, ohne Mitwirkung der Gesellschaftermehrheit eine Teilung ihrer Geschäftsanteile vorzunehmen. In jedem Falle sollte in der Satzung geregelt werden, dass die Teilung eines Geschäftsanteils nur durch **schriftliche Erklärung** des teilenden Gesellschafters erfolgen kann und diese Erklärung dem Geschäftsführer der GmbH mitzuteilen ist. Diese Regelung erscheint vor dem Hintergrund des § 40 Abs. 1 Satz 2 GmbHG in der Fassung nach dem MoMiG unentbehrlich, weil danach Änderungen der Gesellschafterliste durch die Geschäftsführung nur auf Mitteilung und Nachweis erfolgen.

299 ▶ Formulierungsbeispiel: Teilung Geschäftsanteil

Zur Teilung und zur Vereinigung von Geschäftsanteilen ist eine Zustimmung der Gesellschaft nicht erforderlich. Die Teilung und Zusammenlegung ist durch den betroffenen Gesellschafter zu erklären. Die Teilung und die Zusammenlegung von Geschäftsanteilen wird erst wirksam, wenn die entsprechende Erklärung des Gesellschafters einem der Geschäftsführer der Gesellschaft zugegangen ist.

300 Vorstehende Satzungsklausel allein führt indessen nicht dazu, dass eine **Zusammenlegung von Geschäftsanteilen** in jedem Falle nur der entsprechenden Erklärung des Gesellschafters bedarf. Hier ist vielmehr zu beachten, dass es bei der Zusammenlegung nicht voll eingezahlter Geschäftsanteile neben der Erklärung bzw. Zustimmung des Gesellschafters zur Zusammenlegung auch der seiner Rechtsvorgänger bedarf, soweit nicht etwa deren Haftung gem. § 22 GmbHG ausgeschlossen ist, wie dies beispielsweise gem. § 22 Abs. 3 GmbHG möglich ist. Darüber hinaus darf ein Nachschuss auf den Geschäftsanteil nicht rückständig sein. Auch ist die Zusammenlegung eines verpfändeten mit einem nicht verpfändeten Geschäftsanteil wegen der notwendigen Teilung bei der Verwertung unzulässig.[412]

6. Geschäftsführung und Vertretung

301 Nach den Bestimmungen der §§ 35 ff. GmbHG erfolgt die Geschäftsführung und Vertretung der GmbH grundsätzlich durch ihre Geschäftsführer.

302 Die Unterscheidung der Geschäftsführungsbefugnis von der Vertretungsmacht ist von grundlegender Bedeutung. Die **Geschäftsführungsbefugnis** ist maßgebend dafür, welche Geschäftsführungshandlungen der Geschäftsführer im Innenverhältnis gegenüber der Gesellschaft zulässig sind. Die

---

410 Darauf weist auch das OLG Nürnberg RNotZ 2014, 180 ff. = ZIP 2014, 171 = NZG 2014, 222 hin, das eine entsprechende gesellschaftsvertragliche Regelung nicht per se für unwirksam hält.
411 *Mayer*, DNotZ 2008, 403, 425.
412 Baumbach/Hueck/*Fastrich*, § 15 Rn. 19.

Geschäftsführungsbefugnis befasst sich mit dem rechtlichen »Dürfen« der Geschäftsführer. Die Geschäftsführer sind gem. § 37 Abs. 1 GmbHG der Gesellschaft gegenüber verpflichtet, die Beschränkungen einzuhalten, die für den Umfang ihrer Befugnis, die Gesellschaft zu vertreten, durch das Gesetz, den Gesellschaftsvertrag oder, soweit dieser nicht etwas anderes bestimmt, durch die Beschlüsse der Gesellschafter festgesetzt sind. Nach § 35 Abs. 1 Satz 1 GmbHG wird die Gesellschaft durch die Geschäftsführer gerichtlich und außergerichtlich gegenüber Dritten vertreten. Die Reichweite der **Vertretungsmacht** bestimmt demnach darüber, ob eine Willenserklärung gegenüber Dritten im Außenverhältnis für die GmbH wirksam ist.

Im Gegensatz zur Geschäftsführung ist die organschaftliche Vertretungsmacht der Geschäftsführer nach außen unbeschränkt und auch unbeschränkbar gem. § 37 Abs. 2 GmbHG.[413] Etwas anderes gilt nur bei kollusivem Zusammenwirken zwischen Geschäftsführer und Drittem sowie in dem Fall, dass ein Zustimmungsvorbehalt zum Inhalt des Vertrages gemacht wird. Außenwirkung kommt darüber hinaus einer durch Gesellschafterbeschluss begründeten Beschränkung der Befugnis des GmbH-Geschäftsführers, die Gesellschaft zu vertreten, dann zu, wenn dem Vertragspartner die Beschränkung erkennbar war. Dabei kommt es nicht darauf an, ob der Geschäftsführer zum Nachteil der Gesellschaft handelt.[414]

303

Nach dem **gesetzlichen Modell** des § 35 Abs. 2 Satz 1 GmbHG wird die Gesellschaft aktiv grundsätzlich durch alle Geschäftsführer gemeinschaftlich vertreten, sogenannte Gesamtvertretung. Zu einer Einzelvertretung kommt es demnach, wenn nur ein Geschäftsführer bestellt ist oder alle weiteren Geschäftsführer ausscheiden.[415] Gem. § 35 Abs. 2 Satz 2 GmbHG genügt zur Passivvertretung der Gesellschaft der Zugang der Willenserklärung an einen der Gesamtvertreter. Dies gilt gem. § 170 Abs. 3 ZPO auch für Zustellungen in gerichtlichen Verfahren.

304

In der Praxis ist das gesetzliche Modell der Gesamtvertretung zur allgemeinen Vertretungsmacht oft nicht geeignet das von den Gründern gewünschte Maß an die Flexibilität und Effektivität der Vertretung der Gesellschaft zu erreichen. Wollen die Gründer einer Gesellschaft mit beschränkter Haftung von dem gesetzlichen Modell der Gesamtvertretung abweichen, so ist dies möglich, bedarf aber einer entsprechenden **Regelung in der Satzung** der Gesellschaft. Dabei ist zwischen der allgemeinen Vertretungsregelung und der besonderen Vertretungsmacht einzelner Geschäftsführer zu unterscheiden.

305

Wird die gesetzliche Vertretungsregelung in der Satzung geändert, ist zu beachten, dass nach dem Rechtsgedanken des § 125 Abs. 3 Satz 1 HGB eine **organschaftliche Vertretung** der Gesellschaft ohne Mitwirkung von rechtsgeschäftlichen Vertretern stets rechtlich möglich sein muss.[416]

306

Zulässig ist es, die im Gesetz geregelte **allgemeine Vertretungsregelung** (Gesamtvertretung) in der Satzung abzuändern. So kann die Satzung beispielsweise vorsehen, dass nicht alle, sondern nur eine bestimmte Anzahl von Geschäftsführern die Gesellschaft gemeinsam vertreten kann (sogenannte **modifizierte Gesamtvertretung**). Dies hat allerdings zur Folge, dass im Falle des Fortfalls eines nach dieser Regelung zur Gesamtvertretung notwendigen Geschäftsführers ein neuer Geschäftsführer bestellt werden muss, da die verbleibenden Geschäftsführer nicht ohne weiteres vertretungsberechtigt sind, wenn ihre Anzahl die in der Satzung für die Vertretung vorgesehene Anzahl von Geschäftsführern nicht mehr erreicht.[417]

307

▶ Formulierungsbeispiel: Modifizierte Gesamtvertretung

308

Die Gesellschaft wird stets durch zwei Geschäftsführer gemeinschaftlich vertreten.

---

413 Baumbach/Hueck/*Zöllner/Noack*, § 35 Rn. 3.
414 BGH NZG 2006, 626 = NJW 2006, 2776 = ZIP 2006, 1391.
415 Baumbach/Hueck/*Zöllner/Noack*, § 35 Rn. 103.
416 Vgl. Baumbach/Hueck/*Zöllner/Noack*, § 35 Rn. 112.
417 BGH NJW 1961, 506 = BGHZ 34, 27; BGH WM 1975, 157; Baumbach/Hueck/*Zöllner/Noack*, § 35 Rn. 109 m.w.N.

309 Vorgesehen werden kann in der Satzung auch die sogenannte **unechte Gesamtvertretung**. Eine solche liegt vor, wenn ein Geschäftsführer die Gesellschaft nur in Gemeinschaft mit einem Prokuristen vertreten kann.[418] Diese gesellschaftsvertragliche Regelung zur abstrakten Vertretungsmacht bedarf vor dem Hintergrund des Gebotes der organschaftlichen Vertretung der GmbH einer Ergänzung dahingehend, dass für den Fall, dass nur noch ein Geschäftsführer vorhanden ist, Einzelvertretungsmacht für diesen besteht. Schließlich ist zu beachten, dass die Satzung bei Vorhandensein mehrerer Geschäftsführer nach dem Rechtsgedanken des § 125 Abs. 3 Satz 1 HGB die Vertretung durch beide Geschäftsführer ohne Mitwirkung des Prokuristen nicht verbieten kann.

310 ▶ Formulierungsbeispiel: Unechte (gemischte) Gesamtvertretung:

Die Gesellschaft hat einen oder mehrere Geschäftsführer. Ist nur ein Geschäftsführer berufen, so vertritt er die Gesellschaft allein. Sind mehrere Geschäftsführer bestellt, so wird die Gesellschaft durch zwei Geschäftsführer gemeinsam oder durch einen Geschäftsführer in Gemeinschaft mit einem Prokuristen vertreten.

311 Möglich ist schließlich auch, Geschäftsführern **Einzelvertretungsmacht** in der Satzung einzuräumen. Nach dem Rechtsgedanken des § 37 Abs. 2 Satz 2 GmbHG muss die Einzelvertretungsmacht für alle Geschäfte vorgesehen werden; es ist nicht möglich sie für bestimmte Geschäfte auszuschließen.[419]

312 ▶ Formulierungsbeispiel: Einzelvertretung:

Die Gesellschaft wird stets durch einen Geschäftsführer allein vertreten.

313 Soll sich die Einzelvertretungsbefugnis in der **Liquidation** der Gesellschaft fortsetzen, so bedarf dies einer entsprechenden ausdrücklichen Regelung in der Satzung oder einem entsprechenden Gesellschafterbeschluss. Anderenfalls besteht für die vormals einzelvertretungsbefugten Geschäftsführer gem. § 68 Abs. 1 Satz 2 GmbHG als Liquidatoren lediglich Gesamtvertretungsbefugnis.[420]

314 ▶ Formulierungsbeispiel: Vertretung in der Liquidation:

Bei Liquidation der Gesellschaft gelten für die Vertretungsbefugnis der Liquidatoren die vorstehenden Bestimmungen über die Vertretung entsprechend.

315 Über die allgemeine Regelung der Vertretungsmacht hinaus ist es möglich, eine davon abweichende besondere **(konkrete) Vertretungsmacht** einzelner Geschäftsführer zu regeln. Dies kann zum einen in der Satzung selbst geschehen. Andererseits kann in der Satzung auch eine **Ermächtigung** vorgesehen werden, auf deren Grundlage die Ausgestaltung der Vertretung im Einzelnen einem Beschluss der Gesellschafter, des Beirats oder auch des Aufsichtsrates vorbehalten bleibt.[421] Fehlt eine entsprechende Ermächtigung in der Satzung, sind von der in Satzung abweichende Regelungen der Vertretungsmacht unwirksam, und zwar auch dann, wenn diese auf Gesellschafterbeschluss beruhen.[422]

316 ▶ Formulierungsbeispiel: Unechte (gemischte) Gesamtvertretung mit Ermächtigung zur Einzelvertretung durch Gesellschafterbeschluss

Die Gesellschaft hat einen oder mehrere Geschäftsführer. Ist nur ein Geschäftsführer berufen, so vertritt er die Gesellschaft allein. Sind mehrere Geschäftsführer bestellt, so wird die Gesellschaft durch zwei Geschäftsführer gemeinsam oder durch einen Geschäftsführer in Gemeinschaft mit einem Prokuristen vertreten, soweit nicht durch Beschlussfassung der Gesellschafterversammlung Geschäftsführern die Berechtigung zur Einzelvertretung eingeräumt wird.

---

418 Baumbach/Hueck/*Zöllner/Noack*, § 35 Rn. 111; Lutter/Hommelhoff/*Kleindiek*, § 35 Rn. 39; MünchHdb. GesR III/*Marsch-Barner/Diekmann*, § 44 Rn. 22; Scholz/*Schneider*, § 35 Rn. 71.
419 RGZ 103, 417; Baumbach/Hueck/*Zöllner/Noack*, § 35 Rn. 107; MünchHdb. GesR III/*Marsch-Barner/Diekmann*, § 44 Rn. 20.
420 BGH ZIP 2008, 34 f.
421 Baumbach/Hueck/*Zöllner/Noack*, § 35 Rn. 106.
422 Baumbach/Hueck/*Zöllner/Noack*, § 35 Rn. 106; Lutter/Hommelhoff/*Kleindiek*, § 35 Rn. 37.

Soll der Gesellschafterversammlung größtmögliche Freiheit zur Ausgestaltung der konkreten Vertretungsmacht durch Gesellschafterbeschluss eingeräumt werden, empfiehlt es sich, die Ermächtigung in der Satzung möglichst weit zu formulieren. Damit kann die Vertretungsmacht beispielsweise auch auf namentlich bestimmte Vertreterpaare beschränkt werden.[423]   317

▶ Formulierungsbeispiel: Unechte (gemischte) Gesamtvertretung mit allgemeiner Ermächtigung zur Abweichung durch Gesellschafterbeschluss   318

Die Gesellschaft hat einen oder mehrere Geschäftsführer. Ist nur ein Geschäftsführer berufen, so vertritt er die Gesellschaft allein. Sind mehrere Geschäftsführer bestellt, so wird die Gesellschaft durch zwei Geschäftsführer gemeinsam oder durch einen Geschäftsführer in Gemeinschaft mit einem Prokuristen vertreten. Die Gesellschafterversammlung kann die Vertretung durch Beschlussfassung abweichend regeln, insbesondere bestimmte Geschäftsführer zur Einzelvertretung ermächtigen.

7. Befreiung und Ermächtigung zur Befreiung von § 181 BGB

a) Anwendungsbereich des § 181 BGB

In den **Anwendungsbereich** des § 181 BGB fallen alle Geschäfte zwischen der GmbH und ihren Geschäftsführern, bei denen die GmbH durch den auf der anderen Seite persönlich an dem Geschäft beteiligten Geschäftsführer vertreten wird (Selbstkontrahieren) sowie auch alle die Geschäfte, in denen die GmbH und ein außen stehender Dritter durch den Geschäftsführer gleichermaßen vertreten werden (Mehrfachvertretung). Diese Vertretungsbeschränkungen sind bei der **Ausgestaltung der Vertretungsmacht** der anlässlich der GmbH-Gründung bestellten Geschäftsführer zu berücksichtigen und die Geschäftsführer gegebenenfalls von den Beschränkungen des § 181 BGB zu befreien. Dabei kann sich die Befreiung auch auf einen der beiden in § 181 BGB geregelten Tatbestände, das Insichgeschäft oder die Mehrfachvertretung, beschränken.   319

Der Mehrfachvertretung kommt insbesondere in **Konzernverhältnissen** große Bedeutung zu. Wird eine Person als Geschäftsführer zweier Gesellschaften bestellt, kann er Verträge zwischen den beiden Gesellschaften nur wirksam zustande bringen, wenn er auf beiden Seiten von dem in § 181 BGB geregelten Verbot der Mehrfachvertretung befreit worden ist.   320

b) Voraussetzungen für eine wirksame Befreiung vom Verbot des § 181 BGB

Für die Frage, welche **Voraussetzungen** für eine wirksame **Befreiung** vom Verbot des § 181 BGB beachtet werden müssen, ist zwischen der Mehrpersonen-GmbH und der Einpersonen-GmbH zu unterscheiden.   321

aa) Mehrpersonen-GmbH

Bei der **Mehrpersonen-GmbH** unterscheidet die h.M. hinsichtlich der an die Gestattung zu stellenden Anforderungen zwischen der generellen Gestattung einerseits und der Gestattung im Einzelfall andererseits. Die **generelle Gestattung** kann nur in der Satzung selbst oder aufgrund einer in der Satzung enthaltenen Ermächtigung (sogenannte Öffnungsklausel) erfolgen. Weiter ist erforderlich, dass die Befreiung im Handelsregister eingetragen wird.[424] Für die Gestattung im **Einzelfall** wird hingegen eine Satzungsermächtigung nicht für erforderlich gehalten. Insoweit soll ein einfacher Gesellschafterbeschluss genügen, wenn nicht die Satzung weitergehende Erfordernisse aufstellt.[425] Da eine generelle Befreiung von den Beschränkungen des § 181 BGB damit einer **Satzungsermächtigung** bedarf, empfiehlt es sich regelmäßig, diese anlässlich der Gründung der Gesellschaft in die   322

---

423 *Link*, RNotZ 2009, 351 f. Anm. zu LG Mönchengladbach, RNotZ 2009, 350; DNotI-Gutachten in: DNotI-Report 2015, 44.
424 KG ZIP 2006, 2085 = GmbHR 2006, 653 = NZG 2006, 718 = RNotZ 2006, 353.
425 Scholz/*Schneider*, § 35 Rn. 99; *Goette*, DStR 1998, 937, 943; *ders.*, DStR 2000, 697.

Satzung aufzunehmen. Geschieht dies nicht und soll sodann nachträglich eine generelle Befreiung erfolgen, bedarf dies einer nachträglichen Aufnahme einer Öffnungsklausel in die Satzung sowie eines Befreiungsbeschlusses zugunsten des betreffenden Geschäftsführers. Zwar kann die beurkundungspflichtige Satzungsänderung mit dem Befreiungsbeschluss verbunden werden, gleichwohl wird die Befreiung erst mit Eintragung der Satzungsänderung wirksam.

323 Soll die Erteilung der Befreiung aufgrund der Satzungsermächtigung aus Gründen des Minderheitenschutzes nicht durch die einfache Gesellschaftermehrheit erfolgen können, so kann die Satzung **qualifizierte Mehrheitserfordernisse** vorsehen. Erfolgt eine generelle Befreiung eines Geschäftsführers, sei es durch die Satzung selbst oder durch Gesellschafterbeschluss aufgrund einer in der Satzung enthaltenen Ermächtigung, ist die Befreiung von den Beschränkungen des § 181 BGB zur Eintragung in das Handelsregister anzumelden.[426] Begründet wird dies damit, dass die Gestattung des Selbstkontrahierens die Vertretungsbefugnis bestimme und damit gem. § 10 Abs. 1 Satz 2 GmbHG eintragungspflichtig sei.[427]

bb) Einpersonen-GmbH

324 Bei der **Einpersonen-GmbH** stellt sich die Rechtslage hinsichtlich der **generellen Befreiung** nicht abweichend von der bei der Mehrpersonen-GmbH dar. Auch hier ist eine Befreiung von den Beschränkungen des § 181 BGB nur durch die Satzung selbst oder aber aufgrund einer in der Satzung enthaltenen Ermächtigung (Öffnungsklausel) möglich.[428] Anders als bei der Mehrpersonen-GmbH ist jedoch bei der Einpersonen-GmbH auch die auf den **Einzelfall** beschränkte Befreiung des Alleingesellschafter-Geschäftsführers von den Beschränkungen des § 181 BGB nur auf der Grundlage einer entsprechenden Satzungsermächtigung möglich. Ein einfacher Gesellschafterbeschluss reicht dafür, anders als bei der Mehrpersonen-GmbH, nicht aus.[429] Nicht erforderlich ist, dass die Befreiung in der Satzung selbst ausgesprochen wird. In der Rechtsprechung ist anerkannt, dass eine Befreiung des Geschäftsführers von den Beschränkungen des § 181 BGB auch bei der Einpersonen-GmbH aufgrund einer Ermächtigung in der Satzung (Öffnungsklausel) durch Befreiungsbeschluss der Gesellschafter möglich ist.[430] Neben der Satzungsermächtigung ist jedoch erforderlich, dass der Alleingesellschafter sich vor dem Notar zum von den Beschränkungen des § 181 BGB befreiten Geschäftsführer bestellt und dies in das Handelsregister eingetragen wird.[431]

325 ▶ Formulierungsbeispiel: Ermächtigung zur Befreiung von den Beschränkungen des § 181 BGB

Geschäftsführer können durch Beschlussfassung der Gesellschafterversammlung von den in § 181 des Bürgerlichen Gesetzbuches geregelten Beschränkungen befreit werden.

cc) Befreiung der Liquidatoren von § 181 BGB

326 Die in der Satzung selbst ausgesprochene Befreiung von den Beschränkungen des § 181 BGB zugunsten einzelner Geschäftsführer, wie auch die Ermächtigung einer Befreiung durch Gesellschafterbeschluss herbeizuführen beziehen sich nicht ohne weiteres auf die nach Auflösung der Gesellschaft mit deren Vertretung befassten **Liquidatoren**.[432] Insoweit bedarf es vielmehr einer eigenen Befreiung des Liquidators entweder durch die Satzung der Gesellschaft selbst oder durch Gesellschafterbeschluss, wobei auch hier wiederum dem Gesellschafterbeschluss eine entsprechende Ermäch-

---

426 BGH DNotZ 1983, 633.
427 BGH DNotZ 1983, 633.
428 *Baetzgen*, RNotZ 2005, 193, 208; BGH DNotZ 1983, 633.
429 BGH DNotZ 1983, 633.
430 BGH DStR 2000, 697.
431 BGH DStR 2000, 697 m. Anm. *Goette*.
432 BGH v. 27.10.2008 – II ZR 255/07, NZG 2009, 72 = ZIP 2009, 34.

tigung in der Satzung zugrunde liegen muss.[433] Vor diesem Hintergrund empfiehlt sich die Aufnahme einer entsprechenden Regelung in die Satzung.

▶ **Formulierungsbeispiel: Geltung der Vertretungsregelungen für Liquidatoren** 327

Bei Liquidation der Gesellschaft gelten für die Vertretungsbefugnis der Liquidatoren die vorstehenden Bestimmungen entsprechend.

dd) Befreiung von §§ 181 BGB bei der GmbH & Co. KG

Bei der **GmbH & Co. KG** ist für die Befreiung von §§ 181 BGB zwischen drei Rechtsverhältnissen zu unterscheiden, nämlich 328
– der Komplementär-GmbH mit ihren Geschäftsführern,
– der Komplementär-GmbH mit der KG,
– der KG zu den Geschäftsführern der Komplementär-GmbH.

Die vorstehend angesprochene Befreiung des GmbH-Geschäftsführers in der GmbH-Satzung oder durch Gesellschafterbeschluss der GmbH-Gesellschafter hat nur Bedeutung für Vorgänge zwischen der GmbH und dem Geschäftsführer sowie einem durch den Geschäftsführer etwa vertretenen Dritten. Soll ein Vertrag zwischen der (Komplementär-) GmbH einerseits und der (GmbH & Co) KG andererseits durch den GmbH-Geschäftsführer abgeschlossen werden, so bedarf dieser der Befreiung von § 181 BGB sowohl auf der Ebene der GmbH als auch auf der Ebene der KG. Mit der GmbH & Co. KG durch Insichgeschäft einen Vertrag abzuschließen, kann dem Geschäftsführer der Komplementär-GmbH nur die KG gestatten.[434] Dementsprechend bedarf es nicht nur der Befreiung der Komplementär-GmbH, sondern auch ihrer jeweiligen Geschäftsführer auf KG-Ebene für die Vornahme von Insichgeschäften. Im Handelsregister der KG ist sowohl die Befreiung der Komplementär-GmbH von § 181 BGB als auch die Befreiung ihrer Vertretungsorgane von den Beschränkungen des § 181 BGB eintragungsfähig.[435] 329

8. Gesellschafterversammlung

a) Allgemeines

Die **Willensbildung** der Gesellschaft vollzieht sich nach dem gesetzlichen Modell grundsätzlich in der Gesellschafterversammlung gem. § 48 GmbHG. Dabei kommt der Gesellschafterversammlung als Beschlussorgan der Gesellschaft umfassende **Beschlusszuständigkeit** zu. Der in § 46 GmbHG festgelegte Aufgabenkreis der Gesellschafter ist **satzungsdispositiv** gem. § 45 Abs. 2 GmbHG. Dementsprechend kann er durch die Satzung erweitert aber auch eingeschränkt werden. So ist es insbesondere zulässig, dort geregelte Zuständigkeiten auf einen Aufsichtsrat oder Beirat, einen Gesellschafterausschuss, einzelne Gesellschafter oder auch die Geschäftsführer zu übertragen.[436] Entsprechende Satzungsbestimmungen müssen bestimmt und eindeutig formuliert sein.[437] Allerdings behält die Gesellschafterversammlung auch bei weitgehender Zuständigkeitsverlagerung auf andere Organe als die Geschäftsführer also etwa auf einen Aufsichtsrat, Beirat oder Gesellschafterausschuss zwingend einen Kernbestand eigener Zuständigkeit, kann also dahin gehörende Kompetenzen wahr- 330

---

433 Heckschen/Heidinger/*Heidinger/Knaier*, Kap. 6 Rn. 431; für Änderbarkeit durch Gesellschafterbeschluss ohne entsprechende Satzungsgrundlage Baumbach/Hueck/*Haas*, GmbHG, § 68 Rn. 5 m.w.N. auch der Gegenmeinung.
434 BGHZ 58, 115 = DNotZ 1972, 432 = NJW 1972, 623.
435 BayObLG MittBayNot 2000, 53 = GmbHR 2000, 91; BayObLG MittBayNot 2000, 241 = GmbHR 2000, 385 = ZIP 2000, 701; *Westermeier*, MittBayNot 1998, 155, 159.
436 Scholz/*K. Schmidt*, § 46 Rn. 2; Baumbach/Hueck/*Zöllner*, § 46 Rn. 5, 6, 93 ff.
437 BGH DStR 1996, 111 m. Anm. *Goette* zur Übertragung der Befugnis zur Einforderungen von Einzahlungen auf die Stammeinlage auf die Geschäftsführung.

nehmen, ohne vorher die Satzung entsprechend ändern zu müssen.[438] Dies gilt insbesondere für die Prüfung und Überwachung der Geschäftsführung sowie für die Geltendmachung von Ersatzansprüchen entsprechend § 147 Abs. 1 und Abs. 2 Satz 1 AktG.[439] Der Gesellschafterversammlung verbleibt stets auch die Ersatzkompetenz bei Funktionsunfähigkeit des von ihr durch Satzung mit Zuständigkeiten betrauten Organs.[440]

b) Einberufungsbefugnis

331 Die **Einberufung** der Gesellschafterversammlung erfolgt gem. § 49 Abs. 1 GmbHG durch ihre Geschäftsführer. Dabei ist jeder Geschäftsführer – unabhängig von der satzungsmäßigen Vertretungsregelung – allein zur Einberufung berechtigt.[441] Dies kann zur Klarstellung in der Satzung zum Ausdruck gebracht werden.

332 ▶ Formulierungsbeispiel: Einfache Regelung zur Einberufungsbefugnis

> Zur Einberufung der Gesellschafterversammlung ist jeder Geschäftsführer, und zwar unabhängig von seiner Vertretungsbefugnis, befugt.

333 Die **Einberufungsbefugnis** der Geschäftsführer kann in der Satzung jedoch abweichend davon geregelt werden.

334 ▶ Formulierungsbeispiel: Differenzierte Regelung zur Einberufungsbefugnis

> Zur Einberufung der Gesellschafterversammlung ist jeder Geschäftsführer, der die Gesellschaft einzeln vertreten kann, befugt. Sind mehrere gesamtvertretungsberechtigte Geschäftsführer vorhanden, so sind zwei von ihnen gemeinsam zur Einberufung berechtigt; jedoch kann auch dann jeder Geschäftsführer einzeln die Einberufung vornehmen, wenn über ungewöhnliche Betriebsgeschäfte oder aber über die in den §§ 46 oder 49 Abs. 3 GmbH-Gesetz angesprochenen Vorgänge Beschluss gefasst werden soll.

c) Einberufungsform und Einberufungsfrist

335 Gem. § 51 Abs. 1 GmbHG hat die Einberufung der Gesellschafterversammlung durch Einladung der Gesellschafter mittels eingeschriebener Briefe zu erfolgen. Streitig ist hierbei, ob zur Wahrung der **Form** zwingend ein Übergabe-Einschreiben erforderlich ist, oder ob auch ein Einwurf-Einschreiben ausreicht.[442] Unstreitig genügt zur wirksamen Einberufung ein Einwurf-Einschreiben, wenn dies in der Satzung zugelassen ist.[443] Vor diesem Hintergrund empfiehlt sich die Regelung dieser Frage in der Satzung. Die **Einberufungsfrist** muss gem. § 51 Abs. 1 Satz 2 GmbHG mindestens eine Woche betragen. Eine Verkürzung der Ladungsfrist in der Satzung auf weniger als eine Woche ist nach herrschender Meinung unzulässig.[444] Auch kann die Satzung nicht von der Pflicht zur Ladung aller Gesellschafter befreien.[445] In der Praxis empfiehlt es sich regelmäßig die kurze gesetzliche Einberufungsfrist von einer Woche zu verlängern und den Beginn der Laufzeit der Frist zu bestimmen.

336 ▶ Formulierungsbeispiel: Regelung der Einberufungsform und -frist

> Die Einberufung hat durch eingeschriebenen Brief, wobei ein Einwurf-Einschreiben ausreicht, mit einer Frist von mindestens vierzehn Tagen zu geschehen.

---

438 Baumbach/Hueck/*Zöllner*, § 46 Rn. 94.
439 Baumbach/Hueck/*Zöllner*, § 46 Rn. 94.
440 Baumbach/Hueck/*Zöllner*, § 46 Rn. 94 a.E.; Lutter/Hommelhoff/*Bayer*, § 45 Rn. 13.
441 Allg. M. Baumbach/Hueck/*Zöllner*, § 49 Rn. 3.
442 Für die Erforderlichkeit eines Übergabe-Einschreibens Baumbach/Hueck/*Zöllner*, § 51 Rn. 12; Einwurf-Einschreiben für ausreichend erachtet durch LG Mannheim, NZG 2008, 111; *Köper*, NZG 2008, 96.
443 Baumbach/Hueck/*Zöllner*, § 51 Rn. 12.
444 OLG Naumburg NZG 2000, 44.
445 Scholz/*K. Schmidt/Seibt*, § 51 Rn. 5.

A. Gründung der Gesellschaft mit beschränkter Haftung Kapitel 2

d) Tagesordnung und Tagungsort

Gem. § 51 Abs. 2 GmbHG ist mit der Einberufung die **Tagesordnung** anzukündigen. Ob die Satzung von dem Erfordernis der Ankündigung der Tagesordnung in der Einberufung befreien kann, ist streitig.[446] Bis zu 3 Tage vor der Gesellschafterversammlung können gem. § 51 Abs. 4 GmbHG Tagesordnungspunkte nachgereicht werden.

▶ **Formulierungsbeispiel: Regelung der Einberufungsform und -frist sowie der Tagesordnung und des Tagungsortes**

Die Einberufung hat unter Mitteilung der Tagesordnung und des Tagungsortes durch eingeschriebenen Brief, wobei ein Einwurf-Einschreiben ausreicht, mit einer Frist von mindestens vierzehn Tagen zu geschehen.

e) Einberufung durch eine Gesellschafterminderheit

Die Einberufung kann gem. § 50 Abs. 3 GmbHG auch durch eine **Gesellschafterminderheit** von mindestens einem Zehntel des Stammkapitals erfolgen, wenn ihrem Begehren eine Gesellschafterversammlung einzuberufen durch die Geschäftsführer gem. § 50 Abs. 1 GmbHG nicht entsprochen wird. Sollten nach der Satzung nicht die Geschäftsführer die Einberufung vorzunehmen haben, so gilt dies entsprechend für die anderweitig Einberufungsberechtigten. Nach § 52 Abs. 1 GmbHG i.V.m. § 111 Abs. 3 AktG gilt dies auch für Einberufungen durch den Aufsichtsrat der mitbestimmten GmbH. Das Einberufungsrecht kann nach h.M. durch die Satzung nicht wirksam eingeschränkt oder aufgehoben werden.[447] Dies gilt auch für die weiteren in § 50 GmbHG geregelten Minderheitsrechte.[448]

Es ist zulässig, dass die Satzung die formellen Anforderungen an die Einberufung herabsetzt, wenn sichergestellt wird, dass alle Gesellschafter die Einladung erhalten und die Möglichkeit haben, ihr Teilnahmerecht wahrzunehmen. So wird eine Satzungsregelung, nach der mündlich, telefonisch, per Fax oder per E-Mail eingeladen werden kann nicht zu beanstanden sein.[449]

f) Einberufungsmängel und Vollversammlung

Da **Einberufungsmängel** in der Praxis den Schwerpunkt bei der Anfechtung von Gesellschafterbeschlüssen bilden, erscheint es nicht ratsam die gesetzlichen Einberufungsformalitäten in der Satzung herabzusetzen, da mit mündlichen, telefonischen sowie auch mit der Einberufung per Telefax oder E-Mail Nachweisprobleme verbunden sind. Für die Praxis zu empfehlen ist die Aufnahme von Satzungsbestimmungen über die Zahl der einberufenden Geschäftsführer, sei es im Sinne einer Einzelbefugnis oder einer Gesamtbefugnis, die Verlängerung der gesetzlichen Wochenfrist auf zumindest 2 Wochen und die Regelung des Fristbeginns. Weiter sollte klargestellt werden, dass die Einberufung durch Übergabe-Einschreiben erfolgen kann. Die Einhaltung dieser Formalitäten führt zu einem hohen Maß an Rechtssicherheit und ermöglicht den Gesellschaftern die Wahrnehmung ihres Teilnahmerechts.

Die wirksame Abhaltung einer Gesellschafterversammlung ohne die Einhaltung der gesetzlich und gesellschaftsvertraglich vorgesehenen Formen und Fristen ist gleichwohl möglich, wenn es sich um eine **Vollversammlung** aller Gesellschafter handelt, und in diesem Zusammenhang auf die Einhaltung der gesetzlichen und satzungsmäßigen Form- und Fristvorschriften einvernehmlich verzichtet wird. Dies kann auch schlüssig geschehen. In der Satzung kann dies ausdrücklich klargestellt werden.

---

[446] Dagegen Baumbach/Hueck/*Zöllner*, § 51 Rn. 39; a.A. Scholz/*K. Schmidt/Seibt*, § 51 Rn. 3.
[447] Baumbach/Hueck/*Zöllner*, § 50 Rn. 2.
[448] H.M. Scholz/*K. Schmidt/Seibt*, § 50 Rn. 6; Baumbach/Hueck/*Zöllner*, § 50 Rn. 2.
[449] Baumbach/Hueck/*Zöllner*, § 48 Rn. 39; Lutter/Hommelhoff/*Zöllner*, § 51 Rn. 36.

343 ▶ Formulierungsbeispiel: Vollversammlung

Die Gesellschafter können auch unter Verzicht auf die Förmlichkeiten der Einberufung zu einer Gesellschafterversammlung zusammentreten, sofern alle Gesellschafter sich hiermit einverstanden erklären.

g) Beschlussfähigkeit der Gesellschafterversammlung

344 Ist die Gesellschafterversammlung ordnungsgemäß einberufen worden, ist die Zahl und Beteiligungshöhe der erschienenen Gesellschafter für **Beschlussfähigkeit** der Gesellschafterversammlung nach den gesetzlichen Bestimmungen belanglos. Es besteht dann in jedem Falle Beschlussfähigkeit. Erscheint nur ein einziger Kleinbeteiligter kann dieser wirksam Beschlüsse fassen.[450] Die Satzung kann die Beschlussfähigkeit der Versammlung jedoch regeln. So kann eine Mindestanzahl Erschienener oder Mindestbeteiligungshöhe vorgesehen werden.[451] Wird die Beschlussfähigkeit der Versammlung in der Satzung geregelt, so sollte auch bestimmt werden, ob eine einmal vorhandene Beschlussfähigkeit erhalten bleibt, wenn im Lauf der Gesellschafterversammlung die Zahl der Gesellschafter oder ihre Beteiligung unter kritische Grenze sinkt.

345 ▶ Formulierungsbeispiel: Beschlussfähigkeit der Gesellschafterversammlung

Die Gesellschafterversammlung ist beschlussfähig, wenn mindestens drei Viertel des Stammkapitals vertreten sind.

346 Satzungsregelungen, die für den Fall der **Beschlussunfähigkeit** der einberufenen Versammlung die Möglichkeit der Einberufung einer zweiten Gesellschafterversammlung mit der Folge vorsehen, dass diese in jedem Falle beschlussfähig ist, wenn auf diese Rechtsfolge in der Einladung hingewiesen wird, sind zulässig. Dies gilt auch, wenn in der Satzung gestattet wird mit der Einberufung zur ersten Versammlung auch gleichzeitig die zweite Versammlung einzuberufen, die sodann in jedem Falle beschlussfähig ist.[452] Anders ist dies, wenn die Satzung dieses Verfahren nicht ausdrücklich gestattet. In diesem Falle sind die in der zweiten Versammlung gefassten Beschlüsse anfechtbar.[453]

347 ▶ Formulierungsbeispiel: Regelung der Beschlussfähigkeit

Die Gesellschafterversammlung ist beschlussfähig, wenn mindestens drei Viertel des Stammkapitals vertreten sind. Ist die Gesellschafterversammlung danach nicht beschlussfähig, so kann nach Maßgabe der Regelung in ..... der Satzung zu den gleichen Tagesordnungspunkten eine weitere Gesellschafterversammlung einberufen werden. Diese ist in jedem Falle beschlussfähig, wenn auf diese Rechtsfolge in der Einladung hingewiesen worden ist. Die Einberufung zu der weiteren Gesellschafterversammlung kann mit der Einladung zu der Gesellschafterversammlung verbunden werden.

h) Teilnahmerecht

348 Zweckmäßig sind oftmals Regelungen zur Ausgestaltung des **Teilnahmerechts** an den Gesellschafterversammlungen. Teilnahmeberechtigt ist grundsätzlich jeder Gesellschafter. Dies gilt auch wenn er von der Ausübung seines Stimmrechtes ausgeschlossen ist.[454] Die **Erweiterung des Teilnahmerechtes** in der Satzung ist grundsätzlich möglich. Insbesondere kann die Satzung vorsehen, dass neben dem Gesellschafter weiteren Personen die Teilnahme gestattet wird.[455]

---

450 Allg.M. Baumbach/Hueck/*Zöllner*, § 48 Rn. 3.
451 Baumbach/Hueck/*Zöllner*, § 48 Rn. 3.
452 OLG Saarbrücken GmbHR 2007, 143.
453 BGH GmbHR 1998, 287.
454 BGH WM 1985, 567.
455 Baumbach/Hueck/*Zöllner*, § 48 Rn. 12.

▶ **Formulierungsbeispiel: Teilnahmerecht Dritter mit Ablehnungsrecht** 349

Jeder Gesellschafter kann zu der Versammlung einen Berater zuziehen. Dieser darf an der Gesellschafterversammlung teilnehmen. Bei dem Berater muss es sich jedoch um einen zur Berufsverschwiegenheit verpflichteten Dritten handeln. Die Gesellschafterversammlung kann den Dritten mit Stimmenmehrheit ablehnen. Dabei hat der betroffene Gesellschafter kein Stimmrecht. Wird der Dritte mit Stimmenmehrheit ablehnt, darf er an der Gesellschafterversammlung nicht teilnehmen.

▶ **Formulierungsbeispiel: Teilnahmerecht Dritter ohne Ablehnungsrecht** 350

Jeder Gesellschafter kann zu der Versammlung einen Berater zuziehen. Dieser darf an der Gesellschafterversammlung teilnehmen. Bei dem Berater muss es sich jedoch um einen sachkundigen, zur Berufsverschwiegenheit verpflichteten Dritten handeln. Die Gesellschafterversammlung kann den Dritten nicht ablehnen.

Ohne eine solche Gestattung sind die Mitgesellschafter nicht verpflichtet zu dulden, dass sich ein 351 anderer Gesellschafter in der Gesellschafterversammlung von einem Berater begleiten lässt.[456] Es bedarf dann der Gestattung durch die Gesellschafterversammlung.[457]

Die **Einschränkung des Teilnahmerechtes** als unverzichtbares und unentziehbares Mitgliedschafts- 352 recht ist nur in begründeten Ausnahmefällen zulässig. Satzungsregelungen, die die Teilnahme des Gesellschafters verhindern oder auf eine Person beschränken, auf die der ausgeschlossene Gesellschafter keinen Einfluss hat, sind unzulässig.[458] Grundsätzlich zulässig und in der Praxis von nicht unerheblicher Bedeutung sind die sogenannten »**Vertreterklauseln**«. Steht ein Geschäftsanteil mehreren Mitberechtigten gemeinschaftlich zu, so darf die Satzung vorschreiben, dass die Teilnahme an Gesellschafterversammlungen ausschließlich durch einen gemeinsamen Vertreter der Personenmehrheit erfolgt.[459] Dabei ist die Auswahl des Vertreters der Personenmehrheit zu überlassen.

▶ **Formulierungsbeispiel: Vertreterklausel** 353

Steht ein Geschäftsanteil mehreren Mitberechtigten ungeteilt zu, haben sich diese durch einen von ihnen schriftlich zu bestellenden gemeinsamen Vertreter in Gesellschafterversammlungen vertreten zu lassen. Der Vertreter übt alle sich aus dem Geschäftsanteil ergebenden Rechte und Pflichten in der Gesellschafterversammlung aus. Bis zur Bestellung des Vertreters ruht das Stimmrecht aus dem Geschäftsanteil und gelten Erklärungen der Gesellschaft, die einem von ihnen zugegangen sind, als allen zugegangen. Ein Testamentsvollstrecker gilt als gemeinsamer Vertreter im Sinne dieser Regelung.

i) Versammlungsleiter

Sinnvoll sind auch Satzungsregelungen über die Abhaltung der Gesellschafterversammlung. Um 354 einen geordneten Ablauf der Gesellschafterversammlung zu fördern kann in der Satzung eine Regelung zur Bestimmung eines **Versammlungsleiters** aufgenommen werden. Zur Bestimmung des Versammlungsleiters kann auf das Alter der anwesenden Gesellschafter, die Höhe ihrer Beteiligung oder auch auf das Losverfahren abgehoben werden.

---

456 *Werner*, GmbHR 2006, 871.
457 Baumbach/Hueck/*Zöllner*, § 48 Rn. 13.
458 Michalski/*Römermann*, § 48 Rn. 77.
459 Baumbach/Hueck/*Zöllner*, § 48 Rn. 6; Michalski/*Römermann*, § 48 Rn. 79.

355 ▶ Formulierungsbeispiel: Versammlungsleiter

Den Vorsitz in der Gesellschafterversammlung führt – sofern nicht mit Stimmenmehrheit etwas anderes beschlossen wird – der älteste der anwesenden Gesellschafter.

j) Stimmrechtsvollmachten und Stimmrechtsvertreter

356 Schließlich kann die Satzung auch Regelungen über die Anforderungen an Stimmrechtsvollmachten und Stimmrechtsvertreter treffen. So kann insbesondere auch von der für Vollmachten in § 47 Abs. 3 GmbHG vorgesehenen Textform in der Satzung abgewichen werden. Es kann auf die Einhaltung einer Form generell verzichtet werden wie auch eine strengere Form vorgesehen werden. Auch kann die Satzung bestimmte Anforderungen an die Person der Stimmrechtsvertreter aufstellen.[460] Diese wirken auch gegenüber einem Vorsorgebevollmächtigten.[461] Geschieht dies nicht, kann sich der GmbH-Gesellschafter in der Gesellschafterversammlung ohne Weiteres durch einen rechtsgeschäftlich Bevollmächtigten vertreten lassen.[462] Dabei kann es sich auch um einen Vorsorgebevollmächtigten handeln. Streitig ist, ob in diesem Falle die Zustimmung der Mitgesellschafter erforderlich ist.[463]

Empfehlenswert erscheint aus Nachweisgründen die Anordnung eines Schriftformerfordernisses für Stimmrechtsvollmachten. Werden bestimmte Anforderungen an die Person der Stimmrechtsvertreter vorgesehen, sollte es sich zur Vermeidung von Streitigkeiten möglichst um objektiv nachprüfbare Anforderungen handeln.

357 ▶ Formulierungsbeispiel: Vertretung in Versammlung, Form der Vollmacht

Jeder Gesellschafter kann sich in der Gesellschafterversammlung durch einen mit schriftlicher Vollmacht versehenen Bevollmächtigten vertreten lassen. Der Bevollmächtigte muss selbst Gesellschafter, der Ehegatte eines Gesellschafters oder ein zur Berufsverschwiegenheit verpflichteter Dritter sein. Die Gesellschafterversammlung kann den Bevollmächtigten mit Stimmenmehrheit ablehnen.

k) Beschlussfassung außerhalb Gesellschafterversammlung

358 Gesellschafterbeschlüsse können auch **außerhalb** einer **Gesellschafterversammlung** gefasst werden, und zwar gem. § 48 Abs. 2 GmbHG wenn entweder sämtliche Gesellschafter in Textform mit der zu treffenden Bestimmung oder aber mit der schriftlichen Abgabe der Stimmen sich einverstanden erklären. Sind alle Gesellschafter mit der schriftlichen Abstimmung einverstanden, ist auch eine mehrheitliche Beschlussfassung möglich. Die Satzung kann von dieser gesetzlichen Regelung jedoch abweichen. So kann sie mündliche, telefonische, schriftliche, fernschriftliche und auch telegrafische Abstimmung gestatten oder auch ausschließen. Bei einer entsprechenden gesellschaftsvertraglichen Regelung empfiehlt es sich, das Abstimmungsverfahren, die Art und Weise zur Aufforderung zur Stimmabgabe sowie die Dokumentation der Beschlüsse zu regeln.

359 Für unzulässig hält die Rechtsprechung derartige Regelungen allerdings wenn eine Satzungsänderung Gegenstand der Beschlussfassung ist. Zur Begründung stützt sich die Rechtsprechung auf § 53

---

460 Baumbach/Hueck/*Zöllner*, § 47 Rn. 45; Scholz/*K. Schmidt*, § 47 Rn. 97; *Heckschen/Heidinger*, Die GmbH in der Gestaltungs- und Beratungspraxis, 4. Aufl., Kap. 4 Rn. 336.
461 DNotI-Gutachten v. 16.10.2018, Abruf-Nr. 164281.
462 Michalski/*Römermann*, § 48 Rn. 47; s.a. MünchKommGmbHG/*Liebscher*, 2. Aufl. 2016, § 48 Rn. 29: Stimmrechtsvollmacht enthalte zugleich Ermächtigung zur Teilnahme.
463 Gutachten DNotI-Report 2018, 81 ff.

Abs. 2 GmbHG. Danach sei die Abhaltung einer Gesellschafterversammlung bei satzungsändernden Beschlüssen unverzichtbar.[464]

▶ Formulierungsbeispiel: Beschlussfassung außerhalb Gesellschafterversammlung 360

Beschlüsse der Gesellschafter können – soweit dies gesetzlich zulässig ist und alle Gesellschafter sich hiermit einverstanden erklären – statt in einer Gesellschafterversammlung auch durch schriftliche, telegrafische oder fernschriftliche Stimmabgabe gefasst werden.

Für die Aufforderung zu einer schriftlichen, telegrafischen oder fernschriftlichen Stimmabgabe gelten die Bestimmungen in § ..... der Satzung entsprechend.

Die gemäß der Regelung im ersten Abs. gefassten Beschlüsse sind unverzüglich von den Geschäftsführern in einer Niederschrift festzuhalten.

l) Kombinierte Beschlussfassung

Eine **kombinierte Stimmenabgabe** dergestalt, dass die in der Gesellschafterversammlung anwesenden Mehrheitsgesellschafter in der Versammlung einen einstimmigen Beschluss fassen und ebenso einstimmig einem abwesenden Gesellschafter gestatten, seine Stimme in Schriftform nachzureichen, hält der BGH für unzulässig, es sei denn, dass diese Art der Stimmabgabe in der Satzung ausdrücklich zugelassen worden ist.[465] Ist eine kombinierte Beschlussfassung in der Satzung gestattet worden, wird ein entsprechend gefasster Gesellschafterbeschluss erst mit der Feststellung des Beschlussergebnisses wirksam. Fehlt es an einer entsprechenden Satzungsgrundlage, sind in einem solchen Verfahren gefasste Beschlüsse nach Auffassung des BGH generell nichtig, und zwar selbst dann, wenn dem Verfahren sämtliche Gesellschafter zustimmen[466]. 361

▶ Formulierungsbeispiel: Kombinierte Beschlussfassung 362

Die von den Gesellschaftern in den Angelegenheiten der Gesellschaft zu treffenden Bestimmungen erfolgen durch Beschlussfassung der Gesellschafter. Die Beschlüsse der Gesellschafter werden in der Regel in Versammlungen gefasst.

Beschlüsse der Gesellschafter können – soweit dies gesetzlich zulässig ist und alle Gesellschafter sich hiermit einverstanden erklären – statt in einer Gesellschafterversammlung auch durch schriftliche, telegrafische oder fernschriftliche Stimmabgabe gefasst werden.

Ausdrücklich zulässig ist auch die Kombination beider Beschlussverfahren in Ansehung eines Beschlussgegenstandes, soweit dies gesetzlich zulässig ist und alle Gesellschafter sich hiermit einverstanden erklären.

Die gemäß den vorstehenden Regelung gefassten Beschlüsse sind unverzüglich von den Geschäftsführern in einer Niederschrift festzuhalten.

9. Stimmrecht

Nach der Neufassung des § 47 Abs. 2 GmbHG durch das MoMiG gewährt **jeder Euro** eines Geschäftsanteils eine Stimme. Die frühere Regelung, wonach je 50,– € eine Stimme gewährten, wurde aufgehoben. Da auch die vormalige Mindestbeteiligung eines Gesellschafters in Höhe von 100,– € bei der Gründung der Gesellschaft gem. § 5 Abs. 1 a.F. GmbHG sowie die Teilbarkeit eines Geschäftsanteils durch fünfzig gem. § 5 Abs. 3 a.F. GmbHG durch das MoMiG abgeschafft wurden, empfiehlt sich nunmehr es bei Neugründungen bei der gesetzlichen Regelung des § 47 Abs. 2 GmbHG zu belassen und Altsatzungen auf die entsprechende Regelung umzustellen. Auf 363

---

464 BGHZ 15, 324, 328 = NJW 1955, 220; KG NJW 1959, 1446; Roth/Altmeppen, § 48 Rn. 2, § 53 Rn. 17; a.A. Michalski/*Hoffmann*, § 53 Rn. 62; Baumbach/Hueck/*Zöllner*, § 48 Rn. 28; Baumbach/Hueck/*Zöllner/Noack*, § 53 Rn. 55.
465 BGH DNotZ 2006, 548 = RNotZ 2006, 350 = NZG 2006, 428 = ZIP 2006, 852 = GmbHR 2006, 706.
466 BGH DNotZ 2006, 548 = RNotZ 2006, 350 = NZG 2006, 428 = ZIP 2006, 852 = GmbHR 2006, 706.

diese Weise wird die Entstehung von Geschäftsanteilen, die keine Stimmrechte vermitteln, vermieden, da eine kleinere Stückelung der Geschäftsanteile als auf 1 € nicht zulässig ist.

Fraglich ist, ob die uneinheitliche Stimmrechtsausübung durch einen Gesellschafter aus mehreren von ihm gehaltenen Geschäftsanteilen ohne besondere Satzungsregelung zulässig ist. Die ganz h.M. bejaht dies, wenn ein schutzwürdiges Interesse daran besteht. Ein solches wird insbesondere in Fällen der Treuhand, der Verpfändung oder des Nießbrauchs und bei einer Stimmbindung angenommen.[467] Darüber hinausgehend wird zunehmend auch befürwortet, dass auch ohne besondere Interessenkonstellation für mehrere Geschäftsanteile unterschiedlich abgestimmt werden könne.[468] Höchstrichterlich geklärt ist diese Frage bislang nicht. Dies sollte daher in der Satzung geregelt werden.

364 ▶ **Formulierungsbeispiel: Stimmrecht**

Jeder Euro eines Geschäftsanteils gewährt eine Stimme.

Hat ein Gesellschafter nur einen Geschäftsanteil, kann er aus diesem nur einheitlich abstimmen. Hat ein Gesellschafter mehrere Geschäftsanteile, so kann er sein Stimmrecht für jeden Geschäftsanteil verschieden ausüben.

365 Die uneinheitliche Abstimmung aus einem einzigen Geschäftsanteil wird auch nach Inkrafttreten des MoMiG nach überwiegender Ansicht nicht für zulässig gehalten[469] und kann in der Satzung auch nicht zugelassen werden.[470]

366 Für das Zustandekommen eines Gesellschafterbeschlusses genügt grundsätzlich die einfache **Mehrheit** der abgegebenen Stimmen. Gezählt werden lediglich die »Ja« und die »Nein«-Stimmen. Nicht gezählt werden Enthaltungen sowie ungültige Stimmen.[471]

367 Es ist zulässig **stimmrechtslose Geschäftsanteile** zu bilden.[472] Die Satzung kann auch **Mehrstimmrechte**, Mindeststimmrechte sowie Höchststimmrechte vorsehen und sich vom kapitalbezogenen Stimmrecht lösen. Solche Regelungen können für alle Beschlüsse vorgesehen, jedoch auch auf bestimmte Beschlussgegenstände beschränkt werden.[473] Der Ausschluss des Stimmrechts für alle Gesellschafter ist unzulässig, da die Gesellschafterversammlung dann nicht mehr handlungsfähig wäre.[474] Die Beschränkung der stimmrechtslosen Anteile auf 50 % des Grundkapitals gem. § 139 Abs. 2 AktG ist ebenso wenig erforderlich wie die Ausstattung der stimmrechtslosen Anteile mit Gewinnvorzug gem. § 139 Abs. 2 AktG. Diese aktienrechtlichen Regelungen sind auf die GmbH nicht anwendbar.[475]

368 ▶ **Formulierungsbeispiel: Mehrstimmrecht**

Solange der Gesellschafter »X« dinglicher Inhaber von Geschäftsanteilen an der Gesellschaft ist, vermitteln diese mindestens »Y« vom Hundert der Gesamtstimmzahl aller Geschäftsanteile, und zwar unabhängig vom Nennbetrag der vom Gesellschafter »X« gehaltenen Geschäftsanteile.

---

467 Baumbach/Hueck/*Zöllner*, § 47 Rn. 20 m.w.N.
468 Scholz/*K. Schmidt*, § 47 Rn. 72 m.w.N.
469 Baumbach/Hueck/*Zöllner*, § 47 Rn. 20 m.w.N.; BGH GmbHR 1965, 32; BGH NJW 1988, 1844.
470 Baumbach/Hueck/*Zöllner*, § 47 Rn. 20 m.w.N.; a.A. LG München GmbHR 2006, 431; Scholz/ *K. Schmidt*, § 47 Rn. 73 m.w.N.
471 Baumbach/Hueck/*Zöllner*, § 47 Rn. 23.
472 RGZ 167, 65, 73; BGHZ 14, 264, 269 ff.; Scholz/*K. Schmidt*, § 47 Rn. 11; Baumbach/Hueck/*Zöllner*, § 47 Rn. 33.
473 Scholz/*K. Schmidt*, § 47 Rn. 11.
474 Baumbach/Hueck/*Zöllner*, § 47 Rn. 70.
475 Baumbach/Hueck/*Zöllner*, § 47 Rn. 70.

A. Gründung der Gesellschaft mit beschränkter Haftung Kapitel 2

Von den in § 47 Abs. 4 GmbHG geregelten **Stimmverboten** kann in der Satzung abgewichen werden. Unbedenklich sind insoweit Erweiterungen und Ergänzungen der Stimmverbote.[476] Streitig ist, ob und inwieweit in der Satzung die Stimmverbote des § 47 Abs. 4 GmbHG beseitigt oder eingeschränkt werden können. Das Stimmverbot heute insoweit überwiegend als satzungsfest betrachtet als es dem Gesellschafter verwehrt als Richter in eigener Sache tätig zu werden. Handelt es also um Entlastungsbeschlüsse, Befreiung von Verbindlichkeiten, die Einleitung von Schadenersatzprozessen sowie um Maßnahmen aus wichtigem Grunde, hält die Rechtsprechung das Stimmverbot für zwingend. Es kann insoweit nicht in der Satzung abbedungen werden.[477] 369

10. Anfechtung von Gesellschafterbeschlüssen

Das GmbH-Gesetz regelt die Nichtigkeit oder Anfechtbarkeit von Gesellschafterbeschlüssen bei der GmbH nicht. Die Rechtsprechung wendet die **aktienrechtlichen Vorschriften** der §§ 241 ff. AktG entsprechend an, soweit dem nicht strukturelle Unterschiede der beiden Gesellschaftsformen entgegenstehen.[478] Die allgemeinen zivilrechtlichen Vorschriften über die Anfechtbarkeit und Nichtigkeit werden durch diese Vorschriften verdrängt. Demnach führen nur besonders schwerwiegende Mängel zur Nichtigkeit des Beschlusses, die grundsätzlich von jedermann, in jeder Form und zu jeder Zeit geltend gemacht werden kann, soweit keine Heilung analog § 242 Abs. 2 Satz 1 AktG eingetreten ist.[479] Bei Beschlussmängeln stellt vor diesem Hintergrund die Nichtigkeit von Beschlüssen die Ausnahme und ihre Anfechtbarkeit den Regelfall dar. Für die Anfechtbarkeit von Beschlüssen statuiert § 246 Abs. 1 AktG eine Monatsfrist. Diese Monatsfrist gilt nicht strikt, sondern stellt nach der Rechtsprechung lediglich ein Leitbild dar.[480] 370

Rechtssicherheit kann eine Satzungsregelung schaffen, die die **Anfechtungsfrist** regelt. Die Verkürzung der Anfechtungsfrist auf unter einen Monat ist dabei unzulässig. In der Praxis üblich und rechtlich unbedenklich ist vor diesem Hintergrund die Vereinbarung einer zweimonatigen Anfechtungsfrist. Regelungsbedürftig ist in diesem Zusammenhang auch der Beginn der Anfechtungsfrist. Der Gesellschafter muss sich innerhalb der Frist darüber klar werden, ob die Anfechtung eines Beschlusses erfolgen soll oder nicht. In diesem Zusammenhang sind tatsächliche und rechtliche Fragen zu klären. Da dem Gesellschafter dies erst möglich ist, wenn ihm der Beschluss bekannt ist, sollte die Anfechtungsfrist erst mit dem Zugang des Beschlussprotokolls bei dem Gesellschafter zu laufen beginnen. Auf die Absendung des Beschlussprotokolls an den Gesellschafter in der Satzung abzustellen, erscheint aus den vorgenannten Gründen nicht ratsam. Zudem ist dem Gesellschafter der Absendezeitpunkt nicht in jedem Falle bekannt, so dass er mangels zuverlässiger Kenntnis des Fristbeginns auf das Ende der Anfechtungsfrist nicht zuverlässig ermitteln kann. Entsprechend der Satzungsbestimmungen wurden daher von der Rechtsprechung für unwirksam erachtet.[481] 371

11. Protokollierung von Gesellschafterbeschlüssen

Das GmbH-Gesetz ordnet eine Protokollierung von Gesellschafterbeschlüssen nicht allgemein an. Ein **Protokollierungsgebot** wird in § 48 Abs. 3 GmbHG lediglich für die Einpersonengesellschaft ausgesprochen. In der Satzung kann eine generelle Protokollierungspflicht vorgesehen werden. Diese dient der Schaffung von Klarheit über den Inhalt der gefassten Beschlüsse. Zur Streitvermeidung empfiehlt es sich den Mindestinhalt des Protokolls in der Satzung festzulegen. Das Protokoll sollte 372

---

476 Baumbach/Hueck/*Zöllner*, § 47 Rn. 106, Lutter/Hommelhoff/*Bayer*, § 47 Rn. 33.
477 BGHZ 108, 21 = NJW 1989, 2694; Ulmer/*Hüffer*, § 47 Rn. 192; Lutter/Hommelhoff/*Bayer*, § 47 Rn. 33.
478 BGHZ 11, 231, 235; BGHZ 51, 209, 210; BGHZ 104, 66, 69 = GmbHR 1988, 304; BGH GmbHR 2003, 171; BGH GmbHR 2009, 426, 427.
479 Lutter/Hommelhoff/*Bayer*, Anhang zu § 47 Rn. 1.
480 BGH GmbHR 1992, 801 = NJW 1993, 129; BGH GmbHR 1999, 714; BGH GmbHR 2005, 925.
481 OLG Düsseldorf NZG 2005, 980.

den Tag, den Ort, und die Zeit der Versammlung, die Personen der Teilnehmer, die Tagesordnung sowie die gestellten Beschlussanträge, die konkreten Abstimmungsergebnisse und den Wortlaut der gefassten Beschlüsse beinhalten.

373 ▶ **Formulierungsbeispiel: Protokollierung von Gesellschafterbeschlüssen**

Über jede Gesellschafterversammlung ist vom Vorsitzenden der Versammlung eine Niederschrift zu fertigen, die von ihm zu unterzeichnen ist.

In die Niederschrift ist der Tag, der Ort und die Zeit der Gesellschafterversammlung, die Personen der Teilnehmer, die Tagesordnung, die gestellten Beschlussanträge, die konkreten Abstimmungsergebnisse und der Wortlaut der gefassten Beschlüsse aufzunehmen.

12. Jahresabschluss, Publizität, Ergebnisverwendung

374 Gem. § 242 HGB hat jeder Kaufmann, also auch die GmbH, für den Schluss eines jeden Geschäftsjahres einen **Jahresabschluss** aufzustellen. Gem. § 242 Abs. 3 HGB bilden die Bilanz und die Gewinn- und Verlustrechnung den Jahresabschluss. Bei Kapitalgesellschaften ist der Jahresabschluss durch deren gesetzliche Vertreter um einen Anhang, der mit der Bilanz und der Gewinn- und Verlustrechnung eine Einheit bildet, sowie einen Lagebericht gem. § 264 Abs. 1 HGB zu erweitern. In §§ 284 ff. HGB wird der in den Anhang aufzunehmende Inhalt im Einzelnen geregelt. Den Inhalt des Lageberichts bestimmt § 289 HGB. Diese gesetzlichen Regelungen lassen für satzungsmäßige Gestaltungen nur einen geringen Spielraum. Es empfiehlt sich im Regelfall, insbesondere für die Frist der Aufstellung des Jahresabschlusses auf die gesetzliche Bestimmung des § 264 Abs. 1 HGB zu verweisen. Satzungsregelungen, die die dort vorgesehene Drei-Monatsfrist für die **Aufstellung** des Jahresabschlusses nach Ablauf des Geschäftsjahres verlängern, sind grundsätzlich unwirksam. So ist insbesondere eine generelle Ausweitung der Bilanzierungsfrist auf 6 Monate in der Satzung ist nicht möglich.[482] Lediglich für kleine Kapitalgesellschaften verlängert § 264 Abs. 1 Satz 3 HGB die Frist für die Aufstellung auf höchstens 6 Monate ab Beginn des neuen Geschäftsjahres, sofern dies einem ordnungsgemäßen Geschäftsgang entspricht. Dies kann in der Satzung entsprechend geregelt werden.

375 ▶ **Formulierungsbeispiel: Aufstellung des Jahresabschlusses bei kleinen Kapitalgesellschaften**

Der Jahresabschluss (Bilanz sowie Gewinn- und Verlustrechnung nebst Anhang) und – sofern gesetzlich vorgeschriebenen – der Lagebericht ist in den ersten drei Monaten des Geschäftsjahres für das vergangene Geschäftsjahr aufzustellen. Eine spätere Aufstellung des Jahresabschlusses ist ausnahmsweise dann zulässig, wenn dies einem ordnungsgemäßen Geschäftsgang entspricht und mit den gesetzlichen Bestimmungen vereinbar ist; auch in diesem Fall muss sie innerhalb der ersten sechs Monate des Geschäftsjahres für das vergangene Geschäftsjahr erfolgen.

376 Von der Aufstellung des Jahresabschlusses zu unterscheiden ist seine **Feststellung**. Die Feststellung erfolgt grundsätzlich durch Beschluss der Gesellschafter gem. § 46 Nr. 1 GmbHG. Die Satzung kann diese Kompetenz abweichend davon regeln und einzelnen Gesellschaftern, einem Aufsichtsrat aber auch den Geschäftsführern zuweisen.[483] Eine Abschlussprüfung schreibt das Gesetz in § 316 Abs. 1 Satz 1 HGB nur für mittelgroße und große Kapitalgesellschaften i.S.d. § 267 Abs. 2 und 3 HGB vor. Kleine Kapitalgesellschaften müssen eine Abschlussprüfung nicht vornehmen lassen. Die Entscheidung, ob sie eine freiwillige Abschlussprüfung vornehmen, liegt nicht bei den Geschäftsführern, sondern bei den Gesellschaftern. Dies kann in der Satzung klargestellt werden.[484]

---

[482] BayObLG, DB 1987, 978; *Meyding/Schnorbus/Hennig*, ZNotP 2006, 122, 127.
[483] Vgl. *Hommelhoff/Priester*, ZGR 1986, 375 ff.
[484] Vgl. *Hommelhoff/Priester*, ZGR 1986, 475 ff.

13. Ergebnisverwendung

Die Ergebnisverwendung ist von den insoweit gegenläufigen Interessen der Gesellschaft und ihrer Gesellschafter geprägt. Das Interesse der Gesellschaft zielt auf die Thesaurierung und das der Gesellschafter, insbesondere das der Minderheitsgesellschafter, auf Ausschüttung. Gem. § 29 Abs. 1 Satz 1 GmbHG beschließen die Gesellschafter über die Ergebnisverwendung grundsätzlich mit einfacher Mehrheit. Dies kann dazu führen, dass die Gesellschaftermehrheit gegen den Willen der Gesellschafterminderheit von Ausschüttungen gänzlich absieht, obwohl die Minderheitsgesellschafter wirtschaftlich auf die Ausschüttung von Gewinnen angewiesen sind. Es ist in jedem Einzelfall zu überlegen, ob und inwieweit über die Aufnahme von Thesaurierungs-, Ausschüttungs- und kombinierte Ausschüttungs-/Thesaurierungsklauseln in die Satzung ein angemessener Interessenausgleich zwischen der Gesellschaft einerseits und ihren Gesellschaftern andererseits sowie zwischen Mehrheits- und Minderheitsgesellschaftern erreicht werden kann. 377

▶ **Formulierungsbeispiel: Kombinierte Ausschüttungs- und Thesaurierungsklausel** 378

Vom Jahresergebnis im Sinne von § 29 Abs. 1 S. 1 GmbHG sind »X« Prozent zu thesaurieren und weitere »Y« Prozent an die Gesellschafter im Verhältnis ihrer Geschäftsanteile zueinander zum Verbleib bei diesen auszuschütten. Über die Verwendung des danach verbleibenden Restes des Jahresergebnisses beschließen die Gesellschafter mit einfacher Mehrheit.

Anders als das Aktienrecht in § 59 Abs. 1 AktG enthält das GmbH-Gesetz kein Verbot von **Vorausschüttungen** auf den erwarteten Gewinn während des laufenden Geschäftsjahres und vor Feststellung des Jahresabschlusses des abgelaufenen Geschäftsjahres. Deshalb wird eine (Vorab-) Ausschüttung selbst während des laufenden Geschäftsjahres vor Aufstellung des Jahresabschlusses ganz überwiegend für zulässig gehalten.[485] Voraussetzung dafür ist ein Gesellschafterbeschluss, der auch ohne entsprechende Satzungsgrundlage wirksam gefasst werden kann,[486] wenn bei der Beschlussfassung mit einem die Ausschüttung deckenden Ergebnis im Sinne von § 29 Abs. 1 GmbHG gerechnet werden[487] und die Vorabschüttung ohne Beeinträchtigung des gem. § 30 GmbHG geschützten Stammkapitals erfolgen kann (allgemeine Ansicht). Eine Satzungsregelung erübrigt sich daher insoweit. 379

14. Kündigung durch den Gesellschafter

Die gesetzlichen Regelungen des Personengesellschaftsrechtes eröffnen einem Gesellschafter die Möglichkeit, seine Gesellschafterstellung im Wege der **Kündigung** zu beenden. Gem. § 723 Abs. 1 Satz 1 kann jeder Gesellschafter eine Gesellschaft bürgerlichen Rechts, die nicht für eine bestimmte Zeit eingegangen ist, jederzeit kündigen. Durch die Kündigung wird die Gesellschaft aufgelöst. Gem. §§ 132, 161 Abs. 1 HGB kann auch der Gesellschafter einer oHG oder KG das Gesellschaftsverhältnis kündigen, wenn die Gesellschaft für unbestimmte Zeit eingegangen ist. Allerdings ist die Kündigung nur zum Schluss eines Geschäftsjahres mit sechsmonatiger Frist möglich und führt gem. § 131 Abs. 3 Nr. 3 HGB nicht zur Auflösung der Gesellschaft, sondern zum Ausscheiden des kündigenden Gesellschafters. Vergleichbare Regelungen kennt das GmbH-Gesetz nicht. Allgemein anerkannt ist jedoch, dass auch ohne gesellschaftsvertragliche Regelung jedem GmbH-Gesellschafter bei Vorliegen eines wichtigen Grundes ein **gesetzliches Austrittsrecht** zusteht. Das Recht des Gesellschafters einer GmbH, bei Vorliegen eines wichtigen Grundes aus der Gesellschaft auszutreten, gehört zu seinen zwingenden, unverzichtbaren Mitgliedschaftsrechten. Es darf nicht in unzulässiger weise eingeschränkt werden.[488] Dies ist bei der Gestaltung der Satzung zu berücksichtigen. 380

---

485 Ausführlich zum Ganzen *G. Hueck*, ZGR 1975, 133; Baumbach/Hueck/*Fastrich*, § 29 Rn. 60 m.w.N.
486 Allgemeine Ansicht Lutter/Hommelhoff, § 29 Rn. 45; Baumbach/Hueck/*Fastrich*, § 29 Rn. 61.
487 H.M.: BGH AG 1978, 106, 107; Baumbach/Hueck/*Fastrich*, § 29 Rn. 61; a.A. MünchHdb. GesR III/ *Priester*, GmbH, § 57 Rn. 61.
488 BGH II ZR 58/91, DNotZ 1992, 526 = MittBayNot 1992, 213 = MittRhNotK 1992, 54 = NJW 1992, 892 = DStR 1992, 652 = BGHZ 116, 359.

381 Beinhaltet die Satzung einer GmbH keine Kündigungsregelungen, so hat dies zur Folge, dass ein Gesellschafter aus der Gesellschaft nur bei Vorliegen eines wichtigen Grundes[489] unter Inanspruchnahme seines gesetzlichen Austrittsrechts austreten kann oder aber seinen Geschäftsanteil auf einen Dritten übertragen muss, um aus der Gesellschaft auszuscheiden. Findet sich ein solcher nicht, wäre er bis zum Eintritt eines wichtigen Grundes als Gesellschafter an die GmbH gebunden. Vor diesem Hintergrund empfiehlt es sich in der Regel, ein ordentliches **Kündigungsrecht** für die GmbH-Gesellschafter in der Satzung zu verankern. Um der Gesellschaft in ihrer Aufbauphase nach der Gründung Stabilität zu verleihen, kann die Kündigungsmöglichkeit für eine gewisse Zeit nach der Gründung ausgeschlossen werden. Bei Aufnahme eines Kündigungsrechtes in die Satzung ist darüber hinaus die Kündigungsfrist sowie die Form der Kündigung zu regeln. Bei der Bemessung der **Kündigungsfrist** ist zu berücksichtigen, dass die verbleibenden Gesellschafter ausreichend Zeit erhalten, sich auf die geänderte Situation einzustellen und Klarheit über die wirtschaftlichen und rechtlichen Folgen des Ausscheidens des kündigenden Gesellschafters zu gewinnen. Neben der Kündigungsfrist sollte die **Form** der Kündigung in der Satzung geregelt werden. Aus Gründen der Beweissicherung empfiehlt sich insoweit die Anordnung der Schriftform.

382 Neben den Voraussetzungen der Kündigung ist eine Regelung ihrer **Rechtsfolgen** in der Satzung unentbehrlich. Sieht die Satzung eine ordentliche Kündigungsmöglichkeit ohne eine Regelung von deren Rechtsfolgen vor, so führt die Ausübung des Kündigungsrechts nach überwiegender Meinung im Zweifel nicht etwa zum Ausscheiden des kündigenden Gesellschafters, sondern zur Auflösung der Gesellschaft.[490] Zur Vermeidung solcher Zweifel müssen die Rechtsfolgen der Kündigung eines Gesellschafters in der Satzung geregelt werden. Dabei kann an die Kündigung sowohl die Rechtsfolge der Auflösung der Gesellschaft als auch die des Ausscheidens des kündigenden Gesellschafters geknüpft werden. Soll der kündigende Gesellschafter infolge seiner Kündigung aus der Gesellschaft ausscheiden, so bedarf dieser Vorgang seinerseits einer Verfahrensregelung, da dem GmbH-Gesetz das An- und Abwachsungsmodell des Personengesellschaftsrechts (§ 738 BGB) fremd ist und dies im GmbH-Recht auch keine analoge Anwendung findet. Der Geschäftsanteil des kündigenden Gesellschafters geht ohne eine entsprechende Bestimmung weder unter noch geht er ohne weiteres auf die übrigen Mitgesellschafter über. Deshalb ist eine Regelung zum Schicksal des Geschäftsanteils des ausscheidenden Gesellschafters erforderlich. Für den Übergang des Geschäftsanteils auf die in der Gesellschaft verbleibenden Gesellschafter oder auf Dritte bedarf es seiner Abtretung. Wird hingegen der Untergang des Geschäftsanteils angestrebt, so lässt sich dies mittels seiner Einziehung gem. § 34 GmbHG erreichen.

383 Da im Zeitpunkt der Gründung der GmbH in der Regel nicht absehbar ist, ob die Einziehung, die Abtretung oder die Auflösung der Gesellschaft sinnvolle und von den verbleibenden Gesellschaftern gewünschte Rechtsfolge der Kündigung durch einen Gesellschafter ist, empfiehlt es sich in der Regel nicht, die verbleibenden Gesellschafter bereits in der Satzung auf eine bestimmte Rechtsfolge der Kündigung festzulegen. Vorzugswürdig erscheint vielmehr, den verbleibenden Gesellschaftern in der Satzung ein Wahlrecht einzuräumen, ob die Einziehung oder die Übertragung des Geschäftsanteils des kündigenden Gesellschafters erfolgen soll. Wird innerhalb einer zu bestimmenden Frist der Geschäftsanteil weder eingezogen noch übertragen, so sollte die Satzung klarstellen, dass und zu welchem Zeitpunkt die Gesellschaft durch die Kündigung aufgelöst wird.

384 Schließlich empfiehlt es sich, in der Satzung den Zeitpunkt des Ausscheidens des kündigenden Gesellschafters ausdrücklich zu regeln. Anderenfalls droht Streit über die Frage, ob der kündigende Gesellschafter bereits mit Zugang der Kündigungserklärung oder aber erst mit Zahlung der Abfindung aus der Gesellschaft ausscheidet.[491]

---

489 Zum Austritt bei der Familiengesellschaft *Binz/Mayer*, NZG 2012, 201, 204 ff.
490 RGZ 93, 326, 327; 95, 39, 40; 113, 147, 149; Baumbach/Hueck/*Haas*, § 60 Rn. 90; Michalski/*Nerlich*, § 60 Rn. 317; a.A. Rowedder/Schmidt-Leithoff/*Rasner*, § 60 Rn. 45; Lutter/Hommelhoff/*Kleindiek*, § 60 Rn. 27 für Ausscheiden des kündigenden Gesellschafters.
491 Vgl. dazu Ulmer/*Ulmer*, 2006, § 34 Rn. 32 ff.; Scholz/*Seibt*, Anhang § 34 Rn. 22 ff.

A. Gründung der Gesellschaft mit beschränkter Haftung   Kapitel 2

▶ **Formulierungsbeispiel: Kündigungsregelung**   385

(1) Die Gesellschaft wird auf unbestimmte Zeit vereinbart.
(2) Die Gesellschaft ist kündbar unter Einhaltung einer Frist von ..... Monaten zum Ende eines Geschäftsjahres, erstmals zum 31. Dezember des Jahres ..... und in der Folgezeit nur zu einem Zeitpunkt, der jeweils ..... Jahr/e später liegt, also zum 31. Dezember der Jahre ..... und so weiter.
(3) Die Kündigung hat durch eingeschriebenen Brief an die Gesellschaft zu erfolgen, wobei ein Übergabeeinschreiben genügt.
(4) Kündigt ein Gesellschafter die Gesellschaft, so unterliegt sein Geschäftsanteil bis zum Ablauf der Kündigungsfrist der Einziehung oder Zwangsübertragung gemäß den Bestimmungen in § ..... dieses Gesellschaftsvertrages
(5) Wird der Geschäftsanteil des kündigenden Gesellschafters nicht gemäß § ..... dieses Gesellschaftsvertrages eingezogen oder übertragen, so wird die Gesellschaft mit Ablauf der Kündigungsfrist aufgelöst.
(6) Der Zeitpunkt des Ausscheidens des kündigenden Gesellschafters bestimmt sich nach den Regelungen in § ..... dieses Gesellschaftsvertrags. Sollte bis zum Ablauf der Kündigungsfrist weder die Einziehung noch die Zwangsabtretung beschlossen worden sein, die Gesellschaft also aufgelöst werden, so nimmt der kündigende Gesellschafter an der Liquidation der Gesellschaft teil.

15. Ausschluss, Einziehung von Geschäftsanteilen

a) Allgemeines

Die Einziehung (Amortisation) von Geschäftsanteilen ist eine vom GmbH-Gesetz vorgesehene   386
Regelung, die zum Untergang des Geschäftsanteils führt, und im Ergebnis das Ausscheiden einzelner Gesellschafter aus der GmbH zur Folge hat, wenn alle seine Geschäftsanteile eingezogen werden. Die Einziehung eines Geschäftsanteils ist vom Ausschluss eines Gesellschafters zu unterscheiden. Der Ausschluss richtet sich gegen den Gesellschafter, die Einziehung bezieht sich auf den Geschäftsanteil selbst und kann Mittel zum Ausschluss sein. Der Ausschluss eines GmbH-Gesellschafters ist gesetzlich nicht geregelt, jedoch allgemein anerkannt.[492]

b) Voraussetzungen des Ausschlusses ohne Satzungsregelung

Voraussetzung für den **Ausschluss** gegen den Willen des betroffenen Gesellschafters ist – vorbehalt-   387
lich einer anderweitigen Regelung in der Satzung – das Vorliegen eines wichtigen Grundes in der Person oder in dem Verhalten des auszuschließenden Gesellschafters.[493]

Der Ausschluss erfordert einen **Gesellschafterbeschluss** mit der dafür in der Satzung vorgesehenen   388
Mehrheit[494] und bei Fehlen einer Satzungsregelung mit 3/4 Mehrheit[494] und ein Ausschließungsurteil, dem rechtsgestaltende Wirkung zukommt.[495] Das **Ausschlussurteil** allein führt jedoch nicht zum Ausscheiden des Gesellschafters. Das Ausschlussurteil hat nach der Rechtsprechung des BGH[496] und der wohl noch h.M. in der Literatur[497] unter der aufschiebenden Bedingung der rechtzeitigen Zahlung

---

[492] BGHZ 9, 157, 164; 16, 317, 322; 80, 346, 349; BGH NJW 2000, 35; Baumbach/Hueck/*Fastrich*, Anh. § 34 Rn. 2; Lutter/Hommelhoff/*Lutter*, § 34 Rn. 52; zum Ganzen auch DNotI-Gutachten in DNotI-Report 2012, 167 f.
[493] Baumbach/Hueck/*Fastrich*, Anh. § 34 Rn. 3; Lutter/Hommelhoff/*Lutter*, § 34 Rn. 53.
[494] Baumbach/Hueck/*Fastrich*, Anh. § 34 Rn. 9; Lutter/Hommelhoff/*Lutter*, § 34 Rn. 60.
[495] BGHZ 9, 157, 164; 16, 317, 322; 80, 346, 349; MünchHdb. GesR III/*Kort*, GmbH, § 29 Rn. 45.
[496] BGHZ 9, 157; ob der BGH daran künftig festhält ist vor dem Hintergrund seiner Entscheidung vom 24.01.2012 – II ZR 109/11, DNotI-Report 2012, 37 = DNotZ 2012, 464 = RNotZ 2012, 248 = BB 2012, 664 =DStR 2012, 568, fraglich; danach scheidet der Gesellschafter aus der GmbH schon mit dem Einziehungsbeschluss aus, auch wenn diese Rechtsfolge des Einziehungsbeschlusses nicht in der Satzung angeordnet ist.
[497] Baumbach/Hueck/*Fastrich*, Anh. § 34 Rn. 12; Lutter/Hommelhoff/*Lutter*, § 34 Rn. 63.

der im Urteil festgesetzten Abfindung zu ergehen. Aber auch nach Zahlung der Abfindung ist der Ausgeschlossene immer noch Inhaber des Geschäftsanteils. Dieser kann sodann eingezogen oder aber auf einen Mitgesellschafter, einen gesellschaftsfremden Dritten oder die Gesellschaft selbst übertragen werden. Die Entscheidung darüber trifft die Gesellschafterversammlung durch Beschluss gem. § 46 Nr. 4 GmbHG.

c) Regelung von Ausschluss und Einziehung in der Satzung

389 Der Ausschluss eines Gesellschafters kann – abweichend von den vorstehenden Grundsätzen – auch in der Satzung geregelt werden. Dabei bedient man sich in der Praxis zumeist des Mittels der Einziehung. Die **Einziehung** ist gem. § 34 Abs. 1 GmbHG nur möglich, soweit sie im Gesellschaftsvertrag zugelassen ist. Zu unterscheiden ist insoweit zwischen der Einziehung mit Zustimmung des betroffenen Gesellschafters und der Einziehung ohne Zustimmung des betroffenen Gesellschafters (Zwangseinziehung). Die Zwangseinziehung ist gem. § 34 Abs. 2 nur zulässig, wenn ihre Voraussetzungen in Ansehung des von der Einziehung betroffenen Geschäftsanteils vor dem Zeitpunkt, in dem der auszuschließende Gesellschafter den Geschäftsanteil erworben hat, im Gesellschaftsvertrag festgesetzt waren.[498] Steht ein Geschäftsanteil mehreren Personen ungeteilt zu, so kann die Satzung die Einziehung dieses Geschäftsanteils auch dann gestatten, wenn ein Einziehungsgrund nur in der Person eines der Mitberechtigten vorliegt.

390 Für folgende **Fälle** wird das Recht zur Einziehung in der Satzung typischerweise vorgesehen:
– Zwangsvollstreckung in den Geschäftsanteil,
– Insolvenzverfahren über das Vermögen des Gesellschafters,
– erbrechtlicher Übergang des Geschäftsanteils an gesellschaftsvertraglich nicht nachfolgeberechtigte Personen,
– Kündigung durch den Gesellschafter,
– Ausscheiden aus Organ- oder Anstellungsverhältnissen,
– Verstoß gegenüber Mitveräußerungspflichten/-rechte,
– »Change of Control«-Fälle (s. dazu oben Rdn. 284),
– Verstoß gegen Wettbewerbsverbote,
– unterlassene Herausnahme des Geschäftsanteils aus dem Zugewinnausgleich,[499] sowie
– allgemein das Vorliegen eines wichtigen Grundes in der Person des auszuschließenden Gesellschafters.

391 Unzulässig ist es, das Recht zur Einziehung eines Geschäftsanteils für den Fall der Erhebung der Auflösungsklage durch einen Gesellschafter gem. § 61 GmbHG vorzusehen. Eine solche Regelung ist nichtig.[500]

392 Der Grund für die Schaffung der Einziehungsmöglichkeit bei **Zwangsvollstreckungsmaßnahmen** in den Geschäftsanteil besteht darin, dass nach derzeit herrschender Meinung in der Satzung vorgesehene Zustimmungsvorbehalte für den Fall der Anteilsübertragung im Falle der zwangsweisen Verwertung aufgrund eines Pfandrechtes nicht zu beachten sind.[501] Die Gesellschafter werden bei einer Pfändung des Geschäftsanteils daher nicht nur mit einem ihnen unbekannten Gläubiger konfrontiert, sondern müssen auch noch tatenlos zusehen, dass der gepfändete Geschäftsanteil an Dritte veräußert wird, die auf diese Weise gegen den Willen der verbleibenden Gesellschafter in die Gesellschaft eindringen können. Dasselbe gilt in dem Fall, dass ein Gesellschafter in die Insolvenz gerät. Auch bei der Verwertung seines Geschäftsanteils durch den Insolvenzverwalter greifen in der Satzung vorgesehene Zustimmungsvorbehalte zur Anteilsübertragung (Vinkulierung) nicht ein. In diesem Fall sehen sich die übrigen Gesellschafter einem ihnen unbekannten Verwalter gegenüber, der die

---

498 BGH NZG 2013, 1344.
499 Zur Zulässigkeit derartiger Klauseln s. *Brambring*, DNotZ 2008, 724.
500 BayObLG DB 1978, 2164.
501 S. dazu *Liebscher/Lübke*, ZIP 2004, 241, 242 ff.

Gesellschafterrechte des insolventen Gesellschafters wahrnimmt. Zudem müssen sie auch hier mit dem Eindringen unerwünschter gesellschaftsfremder Dritter durch Anteilsveräußerung rechnen.

Auch zur Beherrschung des **Todesfallrisikos** eignet sich das Mittel der Einziehung. Da der Geschäftsanteil zwingend vererblich ist, hat es allein der jeweilige Gesellschafter in der Hand, über die Rechtsnachfolge in seinen Geschäftsanteil zu bestimmen. Insbesondere bei personalistisch strukturierten Gesellschaften haben die übrigen Gesellschafter ein vitales Interesse daran, dass auf diese Weise nicht etwa Personen in die Gesellschaft eindringen, mit denen die einvernehmliche Erreichung des Gesellschaftszwecks erschwert oder gar unmöglich wird. 393

Lange Zeit umstritten war die Frage, ob das Ausscheiden eines Gesellschafters aus einem bestehenden **Organ- oder Anstellungsverhältnis** mit der Gesellschaft in der Satzung wirksam als Grundlage für die Einziehung seines Geschäftsanteils vorgesehen werden konnte. Hintergrund der Problematik war die Rechtsprechung des Bundesgerichtshofs zu Hinauskündigungsklauseln, die er im Rahmen des Personengesellschafts- und GmbH-Rechts entwickelt hat. Der Bundesgerichtshof vertritt in ständiger Rechtsprechung die Auffassung, dass im Personengesellschafts- und GmbH-Recht »Hinauskündigungsklauseln«, die es in das freie Ermessen eines Gesellschafters oder einer Gesellschaftermehrheit stellen, einzelne Gesellschafter aus der Gesellschaft auszuschließen, gem. § 138 BGB sittenwidrig und damit nichtig sind. Ein freies Hinauskündigungsrecht führe dazu, dass Gesellschafter aus sachfremden Gründen ausgeschlossen werden könnten. Es könne damit einer Willkürherrschaft der ausschließungsbefugten Gesellschafter insgesamt Vorschub leisten. Die Möglichkeit zur jederzeitigen freien Ausschließung von Mitgesellschaftern begründe darüber hinaus die Gefahr, dass diese von den ihnen eingeräumten Rechten nicht mehr Gebrauch machen und die ihnen obliegenden Pflichten nicht mehr ordnungsgemäß erfüllen, sich vielmehr den Wünschen der ausschließungsbefugten Gesellschafter selbst dann beugen, wenn sie nach sorgfältiger Abwägung zu der Auffassung kommen, dass das Vorgehen der ausschließungsbefugten Gesellschafter sachlich nicht zu rechtfertigen sei.[502] Diese abstrakte Gefahr allein reiche zur Annahme der Unzulässigkeit eines freien Hinauskündigungsrechtes grundsätzlich aus. Unerheblich sei dem gegenüber, dass die konkrete Gefahr eines Missbrauchs in Anbetracht der Persönlichkeit der ausschlussberechtigten Gesellschafter nicht drohe.[503] Gleichzeitig hat der BGH jedoch anerkannt, dass Fallgestaltungen denkbar seien, die die Aufnahme einer gesellschaftsvertraglichen **Bestimmung über die Hinauskündigung** ohne Begründung (nach sachgemäß ausgeübten Ermessen) gerechtfertigt erscheinen lassen können. Dies könne – angesichts der dargelegten Gefahren – doch nur bei Vorliegen außergewöhnlicher Umstände angenommen werden. Diese Umstände müssen geeignet sein, dem Ausschließungsrecht an sich eine sachliche Rechtfertigung zu geben.[504] Diese Rechtsprechung hat der BGH auch auf die GmbH übertragen.[505] Auch für das GmbH-Recht erkennt der BGH an, dass eine solche Regelung in Ausnahmefällen wegen besonderer Umstände sachlich gerechtfertigt sein kann.[506] Solche außergewöhnlichen Umstände hat der BGH in jüngster Zeit in einer Reihe von Entscheidungen bejaht. So hat er Hinauskündigungsrechte für sachlich gerechtfertigt und damit grundsätzlich wirksam anerkannt 394

– gegenüber einer Gesellschafterin, die ihren Gesellschaftsanteil von dem zur Hinauskündigung berechtigten Gesellschafter im Rahmen einer »eheähnlichen« Beziehung lediglich treuhänderisch bzw. treuhänderisch übertragen erhalten hat;[507]
– zur Erprobung eines neu aufgenommenen Gesellschafters in einer Sozietät von Freiberuflern, sofern sich die Länge der Probezeit in einem angemessenen Rahmen hält,[508] wobei die höchst-

---

502 BGH II ZR 56/80, DNotZ 1982, 164 = NJW 1981, 2565 = BGHZ 81, 264.
503 BGH II ZR 56/80, DNotZ 1982, 164 = NJW 1981, 2565 = BGHZ 81, 264.
504 BGHZ 212, 215 = NJW 1977, 1292; DNotZ 1982, 164 = NJW 1981, 2565 = BGHZ 81, 264.
505 BGHZ 112, 103, 107 f.; NJW 1990, 2622 = DNotZ 1991, 917 = MittBayNot 1990, 319; vgl. *Miesen*, RNotZ 2006, 522, 534.
506 BGH NJW 1990, 2622.
507 BGH II ZR 194/89, DNotZ 1991, 917 = MittBayNot 1990, 319 = NJW 1990, 2622.
508 BGH II ZR 165/02 DNotZ 2004, 865 = NZG 2004, 569 = NJW 2004, 2013 = ZIP 2004, 903 = ZNotP 2004, 367.

zulässige Frist für die Ausübung des Hinauskündigungsrechtes nunmehr auf 3 Jahre festgelegt wurde;[509]
- wenn sich die Mitgliedschaft in der Gesellschaft als bloßer Annex zu einer separaten Geschäftsbeziehung in Form eines Kooperationsvertrages (hier: Franchise-System) darstellt, der seinerseits zulässigerweise nach freiem Ermessen beendet werden kann und so sichergestellt werden soll, dass der Gesellschaft nur die Partner des Kooperationsvertrages angehören.[510]

395 Als zulässig anerkannt hat der BGH auch das sogenannte »**Manager-Modell**«. Dabei handelt es sich um Vertragsgestaltungen, die dadurch gekennzeichnet sind, dass ein Geschäftsführer der GmbH für die Dauer seiner Organstellung auch zum Gesellschafter gemacht wird, seine Mitgliedschaft aber verliert, wenn er als Geschäftsführer abberufen wird.[511] In diesem Fall erachtet der BGH die an keine Voraussetzungen geknüpfte Hinauskündigungsklausel ausnahmsweise als wirksam, da sie wegen besonderer Umstände sachlich gerechtfertigt sei. Dem Geschäftsführer werde lediglich im Hinblick auf seine Geschäftsführerstellung eine Minderheitsbeteiligung eingeräumt, für die er nur ein Entgelt in Höhe des Nennwerts zu zahlen und die er bei Beendigung seines Geschäftsführeramtes gegen eine der Höhe nach begrenzte Abfindung zurück zu übertragen habe. Bei dieser Sachlage ist der das Hinauskündigungsverbot tragende Gedanke, den Gesellschafter bei der Wahrnehmung seiner Mitgliedschaftsrechte nicht unter unangemessenen Druck zu setzen, nicht berührt. Im Vordergrund steht vielmehr die im Gesetz vorgesehene Möglichkeit, den Geschäftsführer ohne Grund aus seiner Organstellung abzuberufen. Der dadurch entstehenden Abhängigkeit von dem Mehrheitsgesellschafter ist der Geschäftsführer schon nach der gesetzlichen Regelung in § 38 Abs. 1 GmbHG ausgesetzt. Die weitere Folge, dass er dann auch seine Gesellschafterstellung verliert, fällt dem gegenüber nicht entscheidend ins Gewicht, weil die – von vornherein auf Zeit eingeräumte – Beteiligung in dem »Manager-Modell« nur einen Annex zu der Geschäftsführerstellung darstellt.[512]

396 Für zulässig hält der BGH ebenso das sogenannte »**Mitarbeiter-Modell**«, bei dem die Gesellschafterstellung des Mitarbeiters mit dem Bestand seines Arbeitsverhältnisses verknüpft wird.[513] Neben den bereits zum Manager-Modell dargestellten Überlegungen stützte der BGH seine Entscheidung hier auf den Gedanken, dass ein willkürliches Hinausdrängen aus der Gesellschaft durch die Beendigung des Arbeitsverhältnisses ausgeschlossen sei, da das Kündigungsschutzgesetz willkürliche Kündigungen unterbinde.

397 Der Rechtsprechung des BGH ist zuzustimmen. In den genannten Fällen lassen die besonderen Umstände die durch die jederzeitige Hinauskündbarkeit hervorgerufene Gefahr der Nichtwahrnehmung von Gesellschafterrechten und -pflichten in den Hintergrund treten. Zudem müsste man im Falle der Annahme der Unwirksamkeit des Hinauskündigungsrechtes konsequenterweise auch die Einräumung der Gesellschafterstellung an sich für unwirksam erachten gem. § 139 BGB, da die Einräumung der Gesellschafterstellung nur im Zusammenhang mit der Hinauskündigungsmöglichkeit gewollt war und erfolgt ist.[514]

398 Bei der Gestaltung von Mitarbeiter- und Arbeitnehmerbeteiligungsmodellen sollten die entsprechenden Regelungen sowohl auf schuldrechtlicher als auch auf gesellschaftsrechtlicher Ebene getroffen werden. Auf **schuldrechtlicher Ebene** bietet sich dazu die Vereinbarung eines Rückübertragungsangebots an. In Betracht kommt zur Absicherung der Rückübertragung auch die Vereinbarung einer

---

509 BGH II ZR 281/05 NZG 2007, 583 = DStR 2007, 1216 = NJW-RR 2007, 1256.
510 BGH II ZR 153/03, DNotZ 2005, 792 = RNotZ 2005, 442 = MittBayNot 2006, 59 = GmbHR 2005, 620 = NZG 2005, 479 = ZIP 2005, 706 = ZNotP 2005, 313.
511 BGH II ZR 173/04, DNotZ 2006, 137 = RNotZ 2005, 610 = ZNotP 2006, 33 = NZG 2005, 968 = ZIP 2005, 1917.
512 BGH a.a.O.; ebenso *Habersack*, ZGR 2005, 451, 461 ff.; *Goette*, DStR 1997, 337; *Piehler*, FS Rheinisches Notariat, 1998, S. 321, 326 ff.
513 BGH II ZR 342/03, DNotZ 2006, 140 = RNotZ 2005, 614 = NJW 2005, 3644 = DB 2005, 2404 = ZIP 2005, 1920 = BGHZ 164, 107; OLG München, DNotI-Report, 2017, 86.
514 *Kowalski/Bormann*, GmbHR 2004, 1438, 1442; *Binz/Sorg*, GmbHR 2005, 893.

auf den Zeitpunkt des Ausscheidens als Geschäftsführer aufschiebend bedingten Rückabtretung des Geschäftsanteils an den Mehrheitsgesellschafter. Auf **gesellschaftsrechtlicher Ebene** kann das Ausscheiden des Gesellschafters durch eine Zwangseinziehungsklausel oder Zwangsabtretungsklausel erreicht werden. Sowohl auf schuldrechtlicher Ebene bei Vereinbarung eines Rückübertragungsangebots wie auch auf gesellschaftsrechtlicher Ebene sollten **Fristen** vorgesehen werden, innerhalb derer die Annahme des Rückübertragungsangebots erfolgen und das Einziehungs- bzw. Zwangsabtretungsrecht ausgeübt werden kann. Dabei darf die Frist nicht unangemessen lang sein, anderenfalls droht auf schuldrechtlicher Ebene die Unwirksamkeit des Rückübertragungsangebotes gem. § 308 Nr. 1 BGB. Auf gesellschaftsrechtlicher Ebene stellt sich das Problem der Befristung gleichermaßen. Nach Eintritt des Einziehungsgrundes kann grundsätzlich jederzeit die Einziehung erklärt werden. Damit entsteht ein Einziehungsrecht, das nach freiem Ermessen ausgeübt werden kann. Vor dem Hintergrund der Rechtsprechung des BGH zur zulässigen Dauer einer »Eignungsprüfung« bei Freiberuflergesellschaften erscheint es auch auf gesellschaftsrechtlicher Ebene ratsam, eine Frist für die Ausübung dieses Rechtes vorzusehen. Eine Frist von bis zu einem Jahr dürfte nicht unangemessen sein.

Weitere Voraussetzung für die Einziehung ist, dass der Geschäftsanteil voll eingezahlt ist, und dass die Zahlung des Einziehungsentgelts aus dem ungebundenen Bilanzvermögen der Gesellschaft, also ohne Antastung des Stammkapitals möglich ist und erfolgt (§§ 34 Abs. 3, 30 Abs. 1 GmbHG). Die **Notwendigkeit der Volleinzahlung** vor Einziehung des Geschäftsanteils ergibt sich aus § 19 Abs. 2 GmbHG, wonach die Gesellschafter nicht von der Verpflichtung zur Leistung der Einlagen befreit werden können, die Einziehung aber zum Untergang des Geschäftsanteils und aller mit ihm verbundenen Rechte und Pflichten,[515] also unzulässigerweise auch zum Erlöschen der offenen Einlagepflicht führen würde.[516] Der Beschluss über die Einziehung eines nicht voll eingezahlten Geschäftsanteils ist nichtig.[517] Solange die Zahlung des Einziehungsentgelts nicht aus freiem Vermögen der Gesellschaft erfolgen kann, ist die abschließende Durchführung der Einziehung nicht möglich. Steht bereits bei Fassung des Einziehungsbeschlusses fest, dass die Zahlung der **Abfindung aus ungebundenem Vermögen** der GmbH nicht möglich ist, ist der Einziehungsbeschluss wegen Verstoßes gegen § 34 Abs. 3 GmbHG nichtig.[518]

399

d) Zwangsabtretung

In Anbetracht der oftmals schmalen Kapitalausstattung von Gesellschaften mit beschränkter Haftung empfiehlt es sich dringend, in der Satzung nicht nur die Möglichkeit der Einziehung von Geschäftsanteilen vorzusehen, sondern an ihrer Stelle auch die (**Zwangs-**) **Abtretung** des Geschäftsanteils an Mitgesellschafter oder Dritte zu ermöglichen. In diesem Fall ist die (»Einziehungs-«) Vergütung durch den Erwerber des Geschäftsanteils zu leisten. Das Gesellschaftsvermögen der GmbH wird nicht belastet.

400

e) Nennbetragsanpassung des Stammkapitals

Weiter ist zu bedenken, dass der eingezogene Geschäftsanteil infolge der Einziehung untergeht. Damit stimmt die **Summe der Nennbeträge** der Geschäftsanteile entgegen der Regelung des § 5 Abs. 3 GmbHG in der Fassung des MoMiG nicht mehr mit dem Betrag des Stammkapitals überein. Fraglich war, ob ein solches Auseinanderfallen der Summe der Nennbeträge der Geschäftsanteile

401

---

515 BGHZ 9, 168; Baumbach/Hueck/*Fastrich*, § 34 Rn. 11.
516 Lutter/Hommelhoff/*Lutter*, § 34 Rn. 22, 47.
517 MünchHdb. GesR III/*Kort*, GmbH, § 28 Rn. 3.
518 BGH II ZR 263/07, ZNotP 2009, 204 = ZIP 2009, 314 = NZG 2009, 221 = NJW-RR 2009, 464 = WM 2009, 308 = GmbHR 2009, 313; BGH II ZR 73/99, DNotZ 2001, 868 = MittRhNotK 2000, 349 = BGHZ 144, 365, 369 = NZG 2000, 1027 = NJW 2000, 2819; a.A. lediglich Anfechtbarkeit OLG Celle GmbHR 1998, 140; Roth/Altmeppen/*Altmeppen*, GmbHG, § 34 Rn. 22.

und des Betrag des Stammkapitals zur Unwirksamkeit des Einziehungsbeschlusses führt.[519] Nach Auffassung des BGH ist dies nicht der Fall.[520] Wünschen die Gesellschafter im Gesellschaftsvertrag eine Anordnung, wonach mit der Einziehung des Geschäftsanteils gleichzeitig eine Maßnahme beschlossen werden soll, die ein solches Auseinanderfallen verhindert, kommen insoweit in Betracht eine Aufstockung der Nennbeträge der Geschäftsanteile der verbleibenden Gesellschafter, die Bildung eines neuen Geschäftsanteils oder -soweit zulässig- die Herabsetzung des Stammkapitals. Mit der Aufstockung der Nennbeträge und der Bildung eines neuen Geschäftsanteils gehen nach überwiegender Auffassung keine Einlagepflichten einher.[521]

f) Gesellschafterstellung

402 Nach nunmehr überholter Auffassung der Rechtsprechung ging der Geschäftsanteil bei seiner Einziehung auf der Grundlage der gesetzlichen Regelungen erst mit der Zahlung der Abfindung aus ungebundenem Vermögen der Gesellschaft unter, blieb also bis dahin mit allen sich aus ihm ergebenden Rechten und Pflichten bestehen und mit ihm die Gesellschafterstellung des betroffenen Gesellschafters (sog. »Bedingungslösung«).[522] Die Rechte ruhten nur dann, wenn dies in der Satzung ausdrücklich vorgesehen war oder die **Ausübung der Gesellschafterrechte** missbräuchlich gewesen wäre.[523] Nachdem der BGH zunächst anerkannt hat, dass die Satzung einer GmbH für den Fall des Ausschlusses eines Gesellschafters durch Gesellschafterbeschluss anordnen kann, dass der betroffene Gesellschafter seine Gesellschafterstellung mit sofortiger Wirkung – also auch schon vor Zahlung seiner Abfindung – verliert,[524] hat er schließlich in Abkehr von seiner früheren Auffassung entschieden, dass der Einziehungsbeschluss diese Rechtsfolge auch dann auslöst, wenn sie in der Satzung nicht angeordnet ist.[525] Zum Schutz des Gesellschafters, dessen Anteil eingezogen wird, hat der BGH eine anteilige Haftung der Gesellschafter, die den Einziehungsbeschluss gefasst haben, angeordnet, wenn sie nicht dafür sorgen, dass die Abfindung aus ungebundenem Vermögen der Gesellschaft geleistet werden kann, oder sie die Gesellschaft nicht auflösen (sog. »Haftungslösung«). Steht bei der Fassung des Einziehungsbeschlusses allerdings bereits fest, dass die Abfindung nicht aus freien Mitteln der Gesellschaft erbracht werden kann, ist der Beschluss nichtig.[526] Diese Rechtsprechung führt der der BGH auch für den Fall fort, dass die Gesellschaft über stille Reserven verfügt, deren Auflösung ihr die Bezahlung des Einziehungsentgelts ermöglichen würde.[527]

---

519 Dafür OLG Saarbrücken NZG 2012, 180; LG Essen RNotZ 2010, 547; *Wachter*, GmbHR Sonderheft Oktober 2008, 5, 11; dafür wohl auch Beck'sches Notarhandbuch/*Mayer/Weiler*, § 22 Rn. 147; dagegen MünchHdb. GesR III/*Kort*, GmbH, § 28 Rn. 42; für bloße Anfechtbarkeit analog § 243 AktG Michalski/*Sosnitza*, § 34 Rn. 126; zum Ganzen DNotI-Gutachten in DNotI-Report 2011, 193 f.
520 BGH DNotZ 2015, 447 = DNotI-Report 2015, 61, 62 = ZIP 2015, 579 = NZG 2015, 429; zum Problem *Kleindiek* NZG 2015, 489.
521 Vgl. Gutachten, DNotI-Report 2016, 141 ff.
522 RGZ 142, 286; BGH DStR 1997, 1336; BGHZ 139, 299, 301. = NJW 1998, 3647; s. dazu auch Baumbach/Hueck/*Fastrich*, § 34 Rn. 41 m.w.N.
523 BGHZ 88, 320, 325 ff.
524 BGH II ZR 263/07, DNotI-Report 2009, 102 = ZNotP 2009, 205 = NZG 2009, 221 = ZIP 2009, 314 = WM 2009, 308 = GmbHR 2009, 313 = DStR 2009, 340 = DB 2009, 340; ebenso für den Fall der Kündigung BGH II ZR 326/01, DNotZ 2004, 62 = RNotZ 2004, 588 = ZNotP 2004, 28 = NZG 2003, 871 = ZIP 2003, 1544 = NJW 2004, 1865 = DStR 2003, 1717.
525 BGH Urt. v. 24.01.2012 – II ZR 109/11, DNotI-Report 2012, 37 = DNotZ 2012, 464 = RNotZ 2012, 248 = BB 2012, 664 =DStR 2012, 568.
526 BGH Urt. v. 24.01.2012 – II ZR 109/11 Rn. 7, DNotI-Report 2012, 37 = DNotZ 2012, 464 = RNotZ 2012, 248 = BB 2012, 664 =DStR 2012, 568.
527 BGH Urt. v. 26.06.2018 – II ZR 65/16, DNotI-Report 2019, 19 f. = NotBZ 2018, 418 f.; soweit *Kilian*, MittBayNot 2018, 17 unter Berufung auf BGH Urt. v. 10.05.2016 – II ZR 342/14, MittBayNot 2017, 609 ff., in dem der BGH sich eingehend mit der subsidiären Haftung der Gesellschafter bei Einziehung befasst, Kritik an der vorliegend vertretenen Auffassung äußert, liegt dieser ein Fehlverständnis der genannten BGH-Entscheidung zugrunde.

Durch die Rechtsprechung des BGH ist eine Satzungsregelung nicht mehr zwingend geboten, wenn schon durch den Beschluss allein das Ausscheiden des Gesellschafters herbeigeführt werden soll. Gleichwohl kann sich aus Gründen der Klarstellung eine entsprechende Satzungsregelung empfehlen.

Nicht ganz klar ist, ob alle, also auch die gegen die Einziehung stimmenden Mitgesellschafter für die Abfindung haften.[528] Es liegt daher nahe, dies in der Satzung zu regeln. Dabei spricht für die Anordnung einer Haftung aller auch der gegen die Einziehung stimmenden Mitgesellschafter für die Abfindung in der Satzung, dass der Wert des durch die Einziehung untergehenden Geschäftsanteils allen zuwächst. 403

Fraglich ist schließlich auch, ob und inwieweit die vom BGH angeordnete Ausfallhaftung der verbleibenden Gesellschafter in der Satzung abbedungen werden kann. Zumindest sollte eine Beschränkung der Ausfallhaftung der Mitgesellschafter insoweit möglich sein, als die Abfindung generell beschränkt werden könnte.[529] Zweifelhaft ist, ob die Gesellschafter in der Satzung von vornherein auf die Ausfallhaftung ihrer Mitgesellschafter für den Fall der Zwangseinziehung ganz verzichten können. Nach der vormals herrschenden »Bedingungslösung« war dies die Folge einer Satzungsregelung, wonach der Gesellschafter mit Fassung eines wirksamen Einziehungsbeschlusses ohne Leistung der Abfindung aus der Gesellschaft ausschied. Vor dem Hintergrund der Haftungsrechtsprechung des BGH zur »doppelten« Belehrungspflicht bei ungesicherter Vorleistung[530] empfahl es sich, die Beteiligten darauf hinzuweisen, dass der ausgeschlossene Gesellschafter damit seine Gesellschafterrechte verlor, ohne im Gegenzug seine Abfindung erhalten zu haben, was nach der gesetzlichen Regelung (Bedingungslösung) gerade nicht der Fall war. 404

Zur **Disponibilität der Ausfallhaftung** äußert sich der BGH in seiner Entscheidung nicht. Wegen des in der Abbedingung liegenden Missbrauchspotentials wird die Abbedingung der Ausfallhaftung teilweise kritisch gesehen.[531] Da die Zwangseinziehung jedoch grundsätzlich nur bei Vorliegen von in der Satzung geregelten wichtigen Gründen möglich ist, und der ausscheidende Mitgesellschafter durch seine Mitgliedschaft seine Zustimmung zu diesen Einziehungsgründen erklärt hat, erscheint eine Abbedingung der Ausfallhaftung der Mitgesellschaft nicht unzulässig. Dadurch verliert der ausscheidende Mitgesellschafter nicht seinen Abfindungsanspruch, sondern nur dessen Absicherung über die Ausfallhaftung. Bis zur Klärung dieser Frage sollte man bei der Gestaltung der Satzung Vorsicht walten lassen. 405

g) Gesellschafterliste

Der Untergang des Geschäftsanteils infolge seiner Einziehung führt zu einer Veränderung in den Personen der Gesellschafter oder des Umfangs ihrer Beteiligung. Die Geschäftsführer haben daher gem. § 40 Abs. 1 GmbHG eine **neue Gesellschafterliste** zum Handelsregister einzureichen. 406

▶ Formulierungsbeispiel: Einziehungsregelung 407

(1) Die Einziehung von Geschäftsanteilen ist zulässig. Die Gesellschafter können die Einziehung von Geschäftsanteilen eines Gesellschafters mit dessen Zustimmung jederzeit beschließen. Ohne dessen Zustimmung kann die Einziehung nur beschlossen werden, wenn
   a) Zwangsvollstreckungsmaßnahmen in einen Geschäftsanteil eines Gesellschafters ausgebracht, diese insbesondere gepfändet werden, sofern diese Maßnahmen nicht innerhalb von zwei Monaten wieder aufgehoben werden,
   b) über das Vermögen eines Gesellschafters das Insolvenzverfahren eröffnet oder die Eröffnung mangels Masse abgelehnt wird;
   c) der Gesellschafter verstirbt und seine Geschäftsanteile kraft Gesetzes oder durch Verfügung von Todes wegen nicht auf einen anderen Gesellschafter, den Ehegatten eines

---

528 Baumbach/Hueck/*Fastrich*, § 34 Rn. 46; dagegen *Schockenhoff*, NZG 2012, 449.
529 Baumbach/Hueck/*Fastrich*, § 34 Rn. 48.
530 S. nur BGH Urt. v. 22.06.2006 – III ZR 259/05, DNotZ 2006, 912 = NJW 2006, 3065.
531 Baumbach/Hueck/*Fastrich*, § 34 Rn. 48.

anderen Gesellschafters, leibliche/adoptierte/eheliche Abkömmlinge des verstorbenen Gesellschafters oder den Ehegatten des verstorbenen Gesellschafters übergehen,
d) der Geschäftsanteil eines verheirateten Gesellschafters nicht binnen ..... Wochen nach Eheschließung durch Ehevertrag aus dem Zugewinnausgleich herausgenommen worden ist oder wenn die Herausnahme des Geschäftsanteils aus dem Zugewinnausgleich bei Rechtshängigkeit des Scheidungsantrags nicht mehr besteht,
e) der Gesellschafter Anlass gegeben hat, ihn aus wichtigem Grunde aus der Gesellschaft auszuschließen,
f) der Gesellschafter die Gesellschaft gekündigt hat gemäß § ..... dieses Gesellschaftsvertrags. Eine Einziehung ist unzulässig, wenn der Einziehungsgrund vor der Beschlussfassung entfällt.
(2) Die Beschlussfassung über die Einziehung erfolgt mit einfacher Stimmenmehrheit; der betroffene Gesellschafter hat hierbei kein Stimmrecht.
(3) Das Recht zur Einziehung endet in den Fällen des Abs. 1 lit. c) mit Ablauf eines Jahres nachdem die betroffenen Gesellschafter den Erwerb des Geschäftsanteils der Gesellschaft schriftlich angezeigt haben.
(4) Die Einziehung wird mit Zugang des Einziehungsbeschlusses bei dem betroffenen Gesellschafter wirksam. Mit dem Zugang des Einziehungsbeschlusses ist der von der Einziehung betroffene Gesellschafter aus der Gesellschaft ausgeschieden.

Die verbleibenden Gesellschafter haften dem ausscheidenden Gesellschafter gegenüber für das Einziehungsentgelt gesamtschuldnerisch und wie selbstschuldnerisch haftende Bürgen. Im Innenverhältnis untereinander haften sie nach dem Verhältnis der Nennbeträge ihrer Geschäftsanteile.

Der Notar hat die Beteiligten auf die damit verbundenen Folgen hingewiesen. Den Beteiligten ist bekannt, dass der ausscheidende Gesellschafter seine Gesellschafterstellung verliert, ohne die geschuldete Abfindung erhalten zu haben. Er hat darauf hingewiesen, dass dies vermieden werden kann, wenn das Ausscheiden des Gesellschafters an die Zahlung der geschuldeten Abfindung geknüpft wird. Dies wurde von den Beteiligten nicht gewünscht.

[Oder alternativ:]

(4) Die Einziehung wird erst mit Zahlung des geschuldeten Einziehungsentgelts wirksam und nicht bereits mit dem Zugang des Einziehungsbeschlusses bei dem betroffenen Gesellschafter. Erst mit der Zahlung des geschuldeten Einziehungsentgelts ist der betroffene Gesellschafter aus der Gesellschaft ausgeschieden. Ab dem Zugang des Einziehungsbeschlusses bei dem betroffenen Gesellschafter ruht dessen Stimmrecht bis zu dessen Ausscheiden aus der Gesellschaft.
Der Notar hat die Beteiligten auf die damit verbundenen Folgen hingewiesen. Den Beteiligten ist bekannt, dass die Gesellschaft das Einziehungsentgelt schuldet und dazu zu dessen Zahlung das Stammkapital der Gesellschaft nicht angetastet werden darf. Er hat darauf hingewiesen, dass dies vermieden werden kann, wenn das Ausscheiden des Gesellschafters nicht an die Zahlung der geschuldeten Abfindung geknüpft wird. Dies wurde von den Beteiligten nicht gewünscht.
(5) Mit dem Einziehungsbeschluss ist gleichzeitig entweder eine Aufstockung der Nennbeträge der Geschäftsanteile der verbleibenden Gesellschafter oder die Bildung eines neuen Geschäftsanteils oder -soweit zulässig- die Herabsetzung des Stammkapitals zu beschließen, so dass die Summe der Geschäftsanteile mit der Stammkapitalziffer der Gesellschaft auch nach der Einziehung übereinstimmt.
(6) Wird ein Geschäftsanteil gemäß den Bestimmungen in Abs. 1 eingezogen, so hat die Gesellschaft – soweit nicht zwingende Gesetzesvorschriften entgegenstehen – dem betroffenen Gesellschafter für den Anteil einen Betrag nach den im Gesellschaftsvertrag festgelegten Bewertungsgrundsätzen zu vergüten.
(7) Statt der Einziehung kann die Gesellschaft nach entsprechender Beschlussfassung der Gesellschafter verlangen, dass der Geschäftsanteil ganz oder geteilt von ihr erworben oder auf von ihr benannte Gesellschafter oder auf andere Personen übertragen wird. Der betroffene Gesellschafter hat auch bei dieser Beschlussfassung kein Stimmrecht. Als Entgelt für die Übertragung ist der Wert des Anteils nach den in diesem Gesellschaftsvertrag festgelegten Bewertungsgrundsätzen zu vergüten. Auch im Übrigen gelten die vorstehenden Regelungen zur Einziehung, ausgenommen Abs. 5, sinngemäß.

16. Abfindung[532]

a) Allgemeines

Scheidet ein Gesellschafter durch Einziehung seines Geschäftsanteils aus der Gesellschaft aus, so steht ihm grundsätzlich ein Anspruch auf Abfindung für den Verlust seines Geschäftsanteiles zu.[533] Eine ausdrückliche Regelung findet sich dazu im GmbH-Gesetz nicht. Hergeleitet wird der **Abfindungsanspruch** überwiegend aus einer Analogie zu § 738 Abs. 1 Satz 2 BGB.[534] Der Abfindungsanspruch besteht nicht nur im Falle der freiwilligen Einziehung des Geschäftsanteils, sondern auch bei seiner Zwangseinziehung gegen den Willen des betroffenen Gesellschafters. Der Abfindungsbetrag ist nach dem vollen wirtschaftlichen Wert (Verkehrswert) des eingezogenen Geschäftsanteiles zu bemessen, soweit der Gesellschaftsvertrag keine davon abweichende, seine Höhe beschränkende Abfindungsklausel enthält.[535] Dabei entspricht der Verkehrswert des eingezogenen Geschäftsanteils dem Anteil des Kaufpreises, der bei einer Veräußerung des Unternehmens als Ganzes entsprechend der Liquidationsquote gem. § 72 GmbHG auf ihn entfallen würde.[536] Da ein funktionsfähiger Markt für den Verkauf des Unternehmens und damit des Geschäftsanteils regelmäßig nicht vorhanden ist, ist der Wert des Geschäftsanteils auf der Grundlage des wirklichen Werts des Unternehmens nach betriebswirtschaftlichen Grundsätzen zu ermitteln. Dabei sind die stillen Reserven und der Goodwill des Unternehmens zu berücksichtigen. Für die Unternehmensbewertung ist eine bestimmte Berechnungsmethode nicht vorgeschrieben.[537] Überwiegend wird die Berechnung auf der Grundlage des Ertragswerts befürwortet.[538] Bei der Ermittlung des Ertragswertes werden die in der Vergangenheit erzielten und die in der Zukunft voraussichtlich zu erzielenden Erträge berücksichtigt.[539] Bei den zu prognostizierenden künftigen Erträgen sind positive wie negative Entwicklungsfaktoren zu berücksichtigen.[540] Bei ertragsschwachen Unternehmen, bei vermögensverwaltenden Holdings und bei freiberuflichen Unternehmen, deren Ertragskraft maßgeblich von der persönlichen Mitarbeit ihrer Gesellschafter beeinflusst wird, legt die Rechtsprechung den Substanzwert des Unternehmens als Korrektiv zum Ertragswert der Bemessung des Verkehrswertes zugrunde. Der Liquidationswert des Unternehmens wird für die Ermittlung der Höhe der Abfindung relevant, wenn er den Ertragswert erheblich übersteigt.[541]

b) Schuldner des Abfindungsanspruchs

Schuldner des Abfindungsanspruchs ist die Gesellschaft.[542] Der Abfindungsanspruch entsteht mit Wirksamwerden der Einziehung und wird mangels abweichender Regelung in der Satzung grundsätzlich sofort fällig.[543]

---

532 *Eckhardt*, notar 2015, 347 ff.
533 BGHZ 9, 157, 168; 16, 317, 322; 116, 359, 370; Baumbach/Hueck/*Fastrich*, § 34 Rn. 22; Scholz/*Westermann*, § 34 Rn. 25 m.w.N.
534 Baumbach/Hueck/*Fastrich*, § 34 Rn. 22.
535 BGH II ZR 58/91, DNotZ 1992, 526 = MittRhNotK 1992, 54 = MittBayNot 1992, 213 = NJW 1992, 892 = DStR 1992, 652 = BGHZ 116, 359.
536 BGH II ZR 58/91, DNotZ 1992, 526, 530 = BGHZ 116, 359.
537 BGH II ZR 58/91, DNotZ 1992, 526, 530 = BGHZ 116, 359.
538 BGH II ZR 58/91, DNotZ 1992, 526, 530 = BGHZ 116, 359; BGH NJW 1985, 192, 193 für die KG; Baumbach/Hueck/*Fastrich*, § 34 Rn. 23.
539 *Haibt*, MittRhNotK 1998, 261, 265.
540 MünchHdb. GesR III/*Kort*, GmbH, § 28 Rn. 18.
541 BGH II ZR 295/04, DNotZ 2006, 707 = NZG 2006, 425 = ZIP 2006, 851 = WM 2006, 776 = DB 2006, 999.
542 Scholz/*Westermann*, § 34 Rn. 25.
543 MünchHdb. GesR III/*Kort*, GmbH, § 28 Rn. 20.

c) Abfindungsregelung

410 Die Gesellschafter können die Abfindung abweichend von den gesetzlichen Bestimmungen im Gesellschaftsvertrag regeln.[544] Bei der Gestaltung der **Abfindungsregelung** besteht ein weiter Spielraum. In der Abfindungsregelung können sowohl die Höhe des Abfindungsanspruchs als auch die Zahlungsmodalitäten der von der Gesellschaft zu zahlenden Abfindung festgelegt werden. Die Zielsetzung von Abfindungsklauseln besteht typischerweise in der Bestandssicherung des Unternehmens der GmbH und oftmals auch in der Vermeidung von Bewertungsschwierigkeiten.[545] Allerdings kann die Abfindung in der Satzung der GmbH nicht beliebig beschränkt werden. Die Rechtsprechung unterwirft Abfindungsbeschränkungen einer **doppelten Kontrolle:** Auf einer ersten Stufe nimmt die Rechtsprechung eine **Inhaltskontrolle** der Abfindungsvereinbarung vor. In deren Rahmen wird ihre Wirksamkeit bezogen auf den Zeitpunkt ihrer Vereinbarung überprüft. Ergibt diese Prüfung die Wirksamkeit der Abfindungsregelung, findet auf einer zweiten Stufe eine **Anwendungskontrolle** statt, und zwar bezogen auf den Zeitpunkt des Ausscheidens des Gesellschafters.[546] Diese hat die nachträgliche Anpassung einer im Zeitpunkt ihrer Vereinbarung wirksamen Klausel aufgrund eines danach entstandenen Missverhältnisses zwischen Anteilswert und Abfindungshöhe zum Gegenstand. Entsteht ein solches Missverhältnis nachträglich, führt dies nicht zur Unwirksamkeit der Abfindungsklausel. Die Abfindungsklausel bleibt wirksam, ist aber nach Auffassung des BGH im Wege der ergänzenden Vertragsauslegung[547] oder aber nach einer in der Literatur vertretenen Meinung auf der Grundlage des Einwands unzulässiger Rechtsausübung im Wege der Ausübungskontrolle anhand von Treu und Glauben an die geänderten Umstände anzupassen.[548]

411 Da die Mehrzahl der Abfindungsregelungen im Zeitpunkt ihrer Vereinbarung wirksam sind, sich ihre abfindungsbeschränkende Wirkung nachträglich im Verlaufe der Zeit durch eine Änderung der tatsächlichen Verhältnisse grundlegend ändern kann, kommt in der Praxis der Anwendungskontrolle ganz erhebliche Bedeutung zu. Entwickeln sich Abfindungshöhe und Wert des Geschäftsanteils deutlich auseinander ist nach der Rechtsprechung im jeweiligen Falle zu klären, ob das entstandene **Missverhältnis** so erheblich ist, dass dem von der dieser Entwicklung nachteilig betroffenen Gesellschafter ein Festhalten an der Abfindungsklausel unter Berücksichtigung der berechtigten Interessen der anderen Gesellschafter noch zugemutet werden kann. Zur Beantwortung dieser Frage ist nicht nur das Ausmaß des Missverhältnisses zwischen Abfindungshöhe und Wert des Geschäftsanteils zu berücksichtigen, sondern alle Umstände des konkreten Einzelfalles. So ist insbesondere die Dauer der Mitgliedschaft des Ausgeschiedenen, sein Anteil am Aufbau und Erfolg des Unternehmens und der Anlass seines Ausscheidens von Bedeutung.[549] Kann dem ausscheidenden Gesellschafter das Festhalten an der vertraglichen Abfindungsregelung nicht zugemutet werden, so ist die Abfindung anderweitig unter Berücksichtigung der veränderten Verhältnisse und des wirklichen oder mutmaßlichen Willens der Vertragschließenden festzusetzen.[550]

412 Bei der **Gestaltung** von Abfindungsklauseln ist also nicht lediglich eine Wirksamkeitskontrolle bezogen auf den Zeitpunkt ihrer Vereinbarung vorzunehmen. Vielmehr ist bei der Vertragsgestaltung darüber hinaus darauf zu achten, dass die in der Klausel vorgesehene Regelung bei Veränderung der

---

544 *Eckhardt*, notar 2015, 347 ff.
545 MünchHdb. GesR III/*Kort*, GmbH, § 28 Rn. 21.
546 Baumbach/Hueck/*Fastrich*, § 34 Rn. 28; dogmatisch anders der BGH: ergänzende Vertragsauslegung, s. BGH DNotZ 1992, 526 = NJW 1992, 892 = BGHZ 116, 359.
547 BGH II ZR 104/92, NJW 1993, 3193 = ZIP 1993, 1611 = BGHZ 123, 281, 284 zur KG; BGH NJW 1994, 2536 = ZIP 1994, 1173 = BGHZ 126, 226 zur GbR; a.A. noch BGH DNotZ 1992, 526 = NJW 1992, 892 = BGHZ 116, 359 für nachträglich eingetretene Unwirksamkeit der Klausel.
548 Lutter/Hommelhoff/*Lutter*, § 34 Rn. 87; Baumbach/Hueck/*Fastrich*, § 34 Rn. 28; Scholz/*Westermann*, § 34 Rn. 35; *Ulmer/Schäfer*, ZGR 1995, 1561, 1570.
549 BGH II ZR 36/92 NJW 1993, 2101, 2102 = MittBayNot 1994, 157 = ZIP 1993, 1160 = DB 1993, 1614.
550 BGH II ZR 36/92, NJW 1993, 2101 = MittBayNot 1994, 157 = ZIP 1993, 1160 = DB 1993, 1614; zur Auslegung von Abfindungsvereinbarungen BGH RNotZ 2012, 187 = NZG 2011, 1420 = DStR 2011, 2418.

d) Wirksamkeitsgrenzen

Bei der Vereinbarung der Klausel zu beachtende Grenzen für die **Wirksamkeit der Beschränkung** des Abfindungsrechts eines GmbH-Gesellschafters ergeben sich aus der Vorschrift des § 138 BGB.[551] Danach ist eine Abfindungsklausel unwirksam, wenn bereits im Zeitpunkt ihrer Vereinbarung ein »grobes Missverhältnis« zwischen dem vertraglichen Abfindungsanspruch und dem Verkehrswert des Geschäftsanteils besteht.[552] Ein grobes Missverhältnis liegt insbesondere dann vor, wenn die mit der Klausel verfolgte Einschränkung des Kapitalabflusses außer Verhältnis zu den im Gesellschaftsinteresse notwendigen Beschränkungen steht und sich die Wertdifferenz als willkürlich und bar jeder sachlichen Rechtfertigung darstellt.[553] Ist die Abfindungsklausel danach unwirksam, hat dies zur Folge, dass die Abfindung auf gesetzlicher Grundlage zum Verkehrswert zu erfolgen hat.[554]

413

Ein **völliger Ausschluss** der Abfindung ist gem. § 138 Abs. 1 BGB nichtig, es sei denn, dass die Gesellschaft lediglich ideelle oder gemeinnützige Zwecke verfolgt[555] oder, dass das abfindungslose Ausscheiden der Erben eines verstorbenen Gesellschafters vorgesehen wird (aleatorisches Geschäft)[556] oder es sich um auf Zeit abgeschlossene Mitarbeiter- oder Managerbeteiligungen ohne Kapitaleinsatz handelt.[557] Dies gilt insbesondere in dem Fall, dass durch den Abfindungsausschluss der Charakter als »Familiengesellschaft« gesichert werden soll.[558] Nicht zulässig ist ein Abfindungsausschluss nach Auffassung des BGH für den Fall der Einziehung des Geschäftsanteils aus wichtigem Grund. Insbesondere sei der Abfindungsausschluss auch unter dem Gesichtspunkt der Vertragsstrafe nicht wirksam.[559]

414

Buchwertklauseln, die dadurch gekennzeichnet sind, dass sie eine Abfindung ohne Berücksichtigung stiller Reserven vorsehen, sind im Regelfall nicht gem. § 138 Abs. 1 BGB zu beanstanden.[560] Etwas anderes würde insoweit allerdings dann gelten, wenn bereits im Zeitpunkt der Vereinbarung der Buchwertklausel ein grobes Missverhältnis zwischen dem Buchwert und dem Verkehrswert des Geschäftsanteils besteht.[561] Ob die Beschränkung der Abfindung auf einen Bruchteil des Buchwerts generell unzulässig ist, ist streitig. Die Kürzung des Abfindungsanspruchs auf die Hälfte des Buchwerts ist jedenfalls sittenwidrig.[562] Vor diesem Hintergrund sollten Abfindungsklauseln den **Buchwert nicht unterschreiten**, da anderenfalls die Unwirksamkeit der Klausel droht.

415

---

551 BGH II ZR 58/91, DNotZ 1992, 526 = MittRhNotK 1992, 54 = MittBayNot 1992, 213 = NJW 1992, 892 = DStR 1992, 652 = BGHZ 116, 359; *Lutter/Hommelhoff*, § 34 Rn. 84; a.A. Baumbach/Hueck/*Fastrich*, GmbHG, § 34 Rn. 26 a.E. Nichtigkeit analog §§ 241 ff. AktG.
552 BGH II ZR 58/91, DNotZ 1992, 526 ff.
553 BGH II ZR 58/91, DNotZ 1992, 526, 532 f.
554 BGH II ZR 58/91, DNotZ 1992, 526 = MittRhNotK 1992, 54 = MittBayNot 1992, 213 = NJW 1992, 892 = DStR 1992, 652 = BGHZ 116, 359.
555 BGH ZIP 1997, 1453 f. für die GbR; BGHZ 135, 387; Lutter/Hommelhoff/*Lutter*, § 34 Rn. 85.
556 Ausführlich dazu *Reimann*, DNotZ 1992, 472, 487 ff. m.w.N.; BGH, 22, 186, 194; K. Schmidt; Gesellschaftsrecht, § 45 V 3 c; Ebenroth/Boujong/Joost/Strohn/*Strohn*, § 131 Rn. 123 jeweils für die Personengesellschaft; a.A. Ulmer, NJW 1979, 81.
557 BGH Urt. v. 19.09.2005 – II ZR 342/03, BGHZ 164, 107, 115 f. = DNotZ 2006, 140 = RNotZ 2005, 614 = NJW 2005, 3544 = DB 2005, 2404 = ZIP 2005, 1920; BGH Urt. v. 19.09.2005 – II ZR 173/04, BGHZ 164, 98, 104 = DNotZ 2006, 137 = RNotZ, 2005, 610 = ZNotP, 2006, 33 = NZG 2005, 968 = ZIP 2005, 1917.
558 BGH DB 1977, 342, 343; BGH, DStR 1997, 336; *Haibt*, MittRhNotK 1998, 268.
559 BGH DNotZ 2014, 788 = NZG 2014, 820; zum Ganzen DNotI-Report 2014, 100; a.A. teilweise die Lit. Ulmer/*Ulmer*, GmbHG, § 34 Rn. 104 m.w.N.; Michalski/*Sosnitza*, GmbHG, § 34 Rn. 70.
560 BGHZ 123, 281; BGH NJW 1985, 192, 193; *K. Schmidt*, Gesellschaftsrecht, § 35 IV 2 d, § 50 IV 2 c; *Rasner*, NJW 1983, 2905, 2907; *Haibt*, MittRhNotK 1998, 261, 268.
561 Vgl. BGH DNotZ 1986, 31, 32; BGH MittRhNotK 1989, 173, 174.
562 BGH NJW 1989, 2685 = GmbHR 1989, 508, 509 zur KG.

416 ▶ **Formulierungsbeispiel: Buchwertklausel**

Wird ein Geschäftsanteil gemäß den Bestimmungen in ..... dieses Gesellschaftsvertrages eingezogen, so hat die Gesellschaft – soweit nicht zwingende Gesetzesvorschriften entgegenstehen – dem betroffenen Gesellschafter für den Anteil einen Betrag zu vergüten, der der Höhe nach seiner Einzahlung auf das Stammkapital abzüglich oder zuzüglich der Salden auf seinen Konten bei der Gesellschaft entspricht. Hinzuzurechnen sind die anteiligen Kapital- und Gewinnrücklagen, die anteiligen Gewinnvorträge und der anteilige Jahresüberschuss beziehungsweise Bilanzgewinn. Abzuziehen sind anteilig etwa vorgetragene Verluste sowie ein etwaiger Jahresfehlbetrag beziehungsweise Bilanzverlust der Gesellschaft.

An dem seit Beginn des letzten Geschäftsjahres, für das der Jahresabschluss noch nicht erstellt wurde, bis zum Tage der Einziehung erzielten Gewinn oder eingetretenen Verlust nimmt der Gesellschafter nur anteilig im Verhältnis der Zeit nach Maßgabe der Feststellung in der Jahresbilanz teil. Der Firmenwert und stille Rücklagen sind bei der Berechnung der Vergütung außer Ansatz zu lassen.

417 **Nennwertklauseln** sind gem. § 138 Abs. 1 BGB nichtig, wenn der an dem Unternehmenswert auszurichtende volle wirtschaftliche Anteilswert den Nennwert erheblich übersteigt.[563] Nennwertklauseln sind Klauseln, bei denen sich die Abfindung auf den Nennbetrag des Geschäftsanteils ohne anteilige Rücklagen und Gewinn- aber auch Verlustvortrag beschränkt.[564] Die für die Buchwertklauseln geltenden Zulässigkeitsschranken sind sinngemäß auch bei den Nennwertklauseln zu beachten.

418 ▶ **Formulierungsbeispiel: Nennwertklausel**

Wird ein Geschäftsanteil gemäß den Bestimmungen in ..... dieses Gesellschaftsvertrages eingezogen, so hat die Gesellschaft – soweit nicht zwingende Gesetzesvorschriften entgegenstehen – dem betroffenen Gesellschafter für den Anteil einen Betrag zu vergüten, der der Höhe nach seiner Einzahlung auf das Stammkapital abzüglich oder zuzüglich der Salden auf seinen Konten bei der Gesellschaft entspricht. Nicht zu berücksichtigen sind die dabei Kapital- und Gewinnrücklagen, die Gewinnvorträge und der Jahresüberschuss beziehungsweise Bilanzgewinn sowie etwa vorgetragene Verluste und ein etwaiger Jahresfehlbetrag beziehungsweise Bilanzverlust der Gesellschaft.

419 Eine Abfindung nach dem sogenannten »**Stuttgarter Verfahren**«, das ursprünglich in den Vermögensteuerrichtlinien und sodann in den Erbschaftsteuerrichtlinien geregelt war, war in der Praxis weit verbreitet. Es ließ sich leicht handhaben und führte in vielen Fällen zu einer sachgerechten Höhe der Abfindung. In der Sache handelt es sich dabei um ein Schätzungsverfahren, das die Finanzbehörde unter den Voraussetzungen des § 11 Abs. 2 Satz 2 Bewertungsgesetz anwendet und das sowohl das Vermögen wie auch die Ertragsaussichten der Gesellschaft berücksichtigt. Durch die Änderung des Verfahrens und der ihm zugrundeliegenden gesetzlichen Bewertungsvorschriften seit 1993 führt die Anwendung des Stuttgarter Verfahrens heute jedoch zu kaum prognostizierbaren Ergebnissen der Abfindungshöhe, so dass seine Vereinbarung in der Satzung nicht ratsam erscheint.[565] Ob eine entsprechende Abfindungsklausel wirksam ist, hängt auch in diesem Falle davon ab, ob sie bereits bei ihrer Vereinbarung zu einem groben Missverhältnis zwischen Abfindung und wirklichem Wert des Geschäftsanteiles führt. Die Gefahr eines solchen groben Missverhältnisses wird bei nachträglicher Vereinbarung der Klausel, also Aufnahme der Klausel in die Satzung nach Gründung der GmbH, in nicht wenigen Fällen bestehen und mangels Kenntnis der tatsächlichen wirtschaftlichen Verhältnisse nicht ohne weiteres zu beurteilen sein.

420 **Ertragswertklauseln** sind vor dem Hintergrund des § 138 Abs. 1 BGB in der Regel unbedenklich, da ihre Anwendung in aller Regel zu einer Abfindung in Höhe des Verkehrswertes des Geschäftsanteiles führt.

---

563 BGH II ZR 58/91, DNotZ 1992, 526, 532.
564 MünchHdb. GesR III/*Kort*, GmbH, § 28 Rn. 31.
565 *Langenfeld*, GmbH-Vertragspraxis, § 17 Rn. 328 ff.

421 Abfindungsbeschränkungen, die ausschließlich dazu dienen, die Gesellschaftsbeteiligung für die Gläubiger des Gesellschafters zu entwerten, sind wegen **Gläubigerdiskriminierung** gem. § 138 BGB sittenwidrig und deshalb nichtig.[566] Dies gilt allerdings nur, wenn sie ausschließlich der Gläubigerbenachteiligung dienen. Das ist auch dann der Fall, wenn der Gesellschaftsvertrag für andere Fälle des Ausscheidens keinerlei Abfindungsregelung enthält. Denn dann bestimmt sich die Abfindung für die übrigen Fälle des Ausscheidens nach dem Gesetz.[567] Finden sie hingegen ebenso auf – aus der Sicht der übrigen Gesellschafter – vergleichbare Fälle Anwendung, wie insbesondere auf den Fall der Ausschließung aus wichtigem Grund, werden sie für wirksam erachtet.[568]

422 Bei der Gestaltung der Abfindungsklausel ist der Grundsatz der **Gleichbehandlung** im Gesellschaftsrecht zu beachten. Dieser verbietet eine willkürliche, sachlich nicht gerechtfertigte unterschiedliche Behandlung der Gesellschafter. Die Gewährung unterschiedlicher Rechte im Gesellschaftsvertrag ist demnach nicht generell unzulässig. Sie muss lediglich sachlich berechtigt sein und darf nicht den Charakter der Willkür tragen.[569] Verstößt eine Regelung gegen den Gleichbehandlungsgrundsatz, führt das nicht zu ihrer Nichtigkeit, sondern lediglich zur Anfechtbarkeit der Bestimmung entsprechend § 243 AktG.[570] Nach Ablauf der Anfechtungsfrist ist die Regelung wirksam.[571] Eine Abfindungsklausel, nach der den Gesellschaftern ein Abfindungsanspruch zusteht, dessen Höhe sich aus dem Nennwert des Geschäftsanteils und einem nach Jahren der Gesellschaftszugehörigkeit bemessenen, nach größeren Zeitabschnitten gestaffelten, durch einen Höchstbetrag begrenzten Betrag errechnet, verletzt den Gleichbehandlungsgrundsatz nicht.[572]

423 Wann ein **grobes Missverhältnis** im Sinne einer erheblichen Abweichung der satzungsmäßig festgelegten Abfindung vom wirklichen Wert des Geschäftsanteils vorliegt, die Abfindung also in grob unbilliger Weise willkürlich und bar jeder sachlichen Berechtigung hinter dem Verkehrswert des Geschäftsanteils zurückbleibt,[573] hat der BGH bislang nicht prozentual ausgedrückt. Vielmehr will er im jeweiligen Einzelfall das Interesse des Gesellschafters an einer angemessenen Abfindung gegen das Bestandsinteresse der Gesellschaft und der verbleibenden Gesellschafter unter Berücksichtigung der konkreten Verhältnisse abwägen.[574] Vor diesem Hintergrund erscheinen prozentuale Abschläge der Abfindung vom Verkehrswert des Geschäftsanteils von mehr als 25 % nicht unbedenklich. Zulässig ist jedoch bei der Abfindungshöhe nach dem Einziehungsgrund zu differenzieren und die Abfindung bei einer Einziehung des Geschäftsanteils aus wichtigem Grunde geringer zu bemessen als bei sonstigen Einziehungsgründen.[575] Bei einer Einziehung des Geschäftsanteils aus wichtigem Grunde wird eine Abfindung zum Buchwert für vertretbar gehalten.[576] Auch in den Fällen der Einziehung des Geschäftsanteils bei einem Insolvenzverfahren oder einer Zwangsvollstreckung sowie beim Ausscheiden von Erben des Gesellschafters nach dessen Tod wird eine Buchwertklausel für vertretbar gehalten.[577]

---

[566] BGH II ZR 73/99, DNotZ 2001, 868 = NZG 2000, 1027 = BGHZ 144, 365; BGHZ 32, 151; BGHZ 65, 22.
[567] BGH DNotZ 2001, 868 = NZG 2000, 1027 = BGHZ 144, 365.
[568] BGH NJW 1975, 1835 = BGHZ 65, 22.
[569] BGH DNotZ 1992, 526, 531 = NJW, 1992, 892 = BGHZ 116, 359.
[570] BGH DNotZ 1992, 526, 531 = NJW, 1992, 892 = BGHZ 116, 359; Lutter/Hommelhoff/*Lutter*, § 34 Rn. 96.
[571] Lutter/Hommelhoff/*Lutter*, § 34 Rn. 96.
[572] BGH DNotZ 1992, 526, 531 = NJW, 1992, 892 = BGHZ 116, 359.
[573] BGH NJW 1992, 892 = BGHZ 116, 359.
[574] BGH NJW 1992, 892 = BGHZ 116, 359, 375 f.
[575] Lutter/Hommelhoff/*Lutter*, § 34 Rn. 90.
[576] BGH DNotZ 2002, 305 = NZG 2002, 176 = ZIP 2002, 258; MünchHdb. GesR III/*D. Mayer*, GmbH, § 20 Rn. 89.
[577] BGH DNotZ 2002, 305; MünchHdb. GesR III/*D. Mayer*, GmbH, § 20 Rn. 89.

e) Gestaltung von Abfindungsregelungen

424 Bei der **Gestaltung von Abfindungsregelungen** sind die vorstehend dargestellten Grenzen zu beachten. Für die Prüfung der Wirksamkeit der beabsichtigten Regelung ist vom Ertragswertverfahren auszugehen und der Substanz- sowie der Liquidationswert als Korrektiv zu berücksichtigen. Von dem so ermittelten Wert können bei der Bemessung der Abfindung Abschläge vorgenommen werden, wobei es für die zulässige Höhe derzeit keine festen Grenzen gibt. Die Abschläge sollten sich grundsätzlich unter 50 % des wirklichen Wertes des Geschäftsanteils bewegen[578] und den Buchwert des Geschäftsanteils nicht unterschreiten.

425 ▶ Formulierungsbeispiel: Abfindung nach gesetzlichen Vorschriften mit Herabsetzung bei Einziehung wegen Pfändung oder aus wichtigem Grund

(1) Wird ein Geschäftsanteil gemäß den Bestimmungen in ..... dieses Gesellschaftsvertrages eingezogen, so hat die Gesellschaft dem betroffenen Gesellschafter für den Anteil einen Betrag zu vergüten, der dem Wert des eingezogenen Geschäftsanteils entspricht. Die Bemessung des Wertes des eingezogenen Geschäftsanteils und damit die Höhe der Vergütung bestimmt sich nach den gesetzlichen Vorschriften.
(2) Erfolgt die Einziehung gemäß den Bestimmungen in
   – .....lit. a) (Zwangsvollstreckung in den Geschäftsanteil),
   – .....lit. b) (Eröffnung des Insolvenzverfahrens über Vermögen des Gesellschafters oder Ablehnung der Eröffnung mangels Masse) oder
   – .....lit. e) (Einziehung aus wichtigem Grund)
dieses Gesellschaftsvertrages verringert sich die für den eingezogenen Geschäftsanteil zu zahlende Abfindung auf 75 vom Hundert des nach Abs. 1 ermittelten Betrages.

17. Steuerliche Folgen der Abfindungsregelung

426 Die Abfindung unter dem jeweiligen Steuerwert des Geschäftsanteils kann sowohl erbschaft- und schenkungsteuerliche als auch einkommensteuerliche Folgen nach sich ziehen.[579] Im Umfange des Wertzuwachses liegt eine durch den Gesellschaftsvertrag begründete Vermögenszuwendung im Sinne von § 3 Abs. 1 Nr. 2 Satz 3 (Einziehung bei Tod), § 7 Abs. 7 Satz 2 (Einziehung unter Lebenden), § 10 Abs. 10 Satz 2, 2. Alt. i.V.m. § 7 Abs. 7 Satz 3 ErbStG vor, mit der Folge einer steuerbaren **Schenkungsfiktion** vor.[580]

18. Checkliste: Abfindungsregelung[581]

427 ▶ Checkliste: Abfindungsregelung

☐ Feststehende Zulässigkeitsgrenzen:
  – Abfindung unter Buchwert (§ 138 BGB);
  – Gläubigerdiskriminierung (§ 138 BGB);
  – Verletzung des Gleichheitsgrundsatzes (§ 243 AktG);
  – anfängliches grobes Missverhältnis (§ 138 BGB);
  – **Rechtsfolge bei Verletzung:** Nichtigkeit oder Anfechtbarkeit und damit bei Nichtigkeit oder Anfechtung Geltung gesetzlicher Abfindungsregeln (Verkehrswert)
☐ Flexible Ausübungsgrenzen:
  – nachträgliches grobes Missverhältnis (§ 242 BGB/ergänzende Vertragsauslegung)
  – **Rechtsfolge:** ergänzende Vertragsauslegung (BGH) oder Anpassung der Abfindungsvereinbarung gem. § 242 BGB (Rechtslehre)

---

578 *Ulmer*, FS Quack, S. 487.
579 Vgl. dazu *Haibt*, MittRhNotK 1998, 261, 271.
580 S. zu den mit Abfindungsklauseln verbundenen erbschaft- und schenkungsteuerlichen Problemen *Hübner/Maurer*, ZEV 2009, 361 ff., 428 ff.
581 *Eckhardt*, notar 2015, 347, 355.

19. Fälligkeit und Zahlungsmodalitäten für die Abfindung

Nach den gesetzlichen Bestimmungen ist die Abfindung mit dem Wirksamwerden der Einziehung grundsätzlich **fällig** gem. § 271 Abs. 1 BGB.[582] Steht in diesem Zeitpunkt die konkrete Abfindungshöhe noch nicht fest, so wird die Abfindung spätestens dann in voller Höhe fällig, sobald dies der Fall ist. Die Zahlung der von der Gesellschaft geschuldeten Abfindung in einer Summe birgt die Gefahr, dass die Liquidität der Gesellschaft überfordert wird. Dem kann in der Satzung durch eine Regelung der **Zahlungsmodalitäten** entgegengewirkt werden. Auch dabei darf in der Satzung jedoch nicht grob unbillig vom Gesetz abgewichen und übermäßig lange Auszahlungszeiträume vorgesehen werden. Auch hier sind Schranken, die sich aus dem Gesichtspunkt des Schutzes des betroffenen Gesellschafters als auch aus dem des Schutzes der Gesellschafterglaubiger ergeben können zu beachten.[583] Anders als bei der Frage der Beurteilung des groben Missverhältnisses hat sich die Rechtsprechung hinsichtlich der zulässigen Dauer von Stundungsvereinbarungen erfreulich konkret festgelegt. So hat der BGH eine Vereinbarung, die die Auszahlung der Abfindung in fünfzehn Jahresraten vorsah, auch für den Fall für nichtig gehalten, dass die Abfindungshöhe selbst nicht zu beanstanden ist.[584] Ob die Auszahlung der Abfindung in zehn gleichen Jahresraten vorgesehen werden kann, ist höchstrichterlich noch nicht entschieden. Der BGH hat dies in der vorstehend angeführten Entscheidung ausdrücklich offen gelassen. Eine 10 Jahre übersteigende Abfindungszeit wird ganz überwiegend für rechtlich unzulässig erachtet.[585] Die Vereinbarung einer fünfjährigen Laufzeit für die Zahlung der Abfindungsraten wird überwiegend für zulässig erachtet.[586] Bei einer Laufzeit von 5 bis 10 Jahren sind ist vor dem Hintergrund des § 138 Abs. 1 BGB auf die weiteren Zahlungsmodalitäten, wie etwa die Verzinsung und Sicherung des Abfindungsanspruchs zu achten.[587]

428

Unter Berücksichtigung dieser Unsicherheiten empfiehlt es sich in der **Praxis** die Abfindungszeiträume auf maximal 5 Jahre zu beschränken, zumal auch der Bundesgerichtshof diesen Zeitraum bislang nicht beanstandet hat.[588] Zudem sollte eine angemessene Verzinsung des jeweils offenen Abfindungsbetrages geregelt werden. Auch sollte bei einer Staffelung der Abfindungsraten möglichst nicht vorgesehen werden, dass der Löwenanteil der Abfindung erst zum Ende der Laufzeit zur Zahlung fällig wird. Schließlich zu berücksichtigen, dass die Abfindung unter dem jeweiligen Steuerwert des Geschäftsanteils sowohl erbschaft- und schenkungssteuerliche als auch einkommensteuerliche Folgen nach sich ziehen kann.[589]

429

20. Aufsichtsrat und Beirat

Anders als bei der Aktiengesellschaft ist bei der GmbH die Bestellung eines **Aufsichtsrates** grundsätzlich nicht vorgeschrieben. Etwas anders kann sich aus den Bestimmungen des DrittelbG und aus dem MitBestG ergeben. Übersteigt die Belegschaftsstärke nicht nur vorübergehend fünfhundert Arbeitnehmer muss die Gesellschaft gem. § 1 Abs. 1 Nr. 3 DrittelbG einen Aufsichtsrat bilden, wenn keine Ausnahme gem. § 1 Abs. 2 und Abs. 3 DrittelbG besteht. Übersteigt die Mitarbeiterzahl des Unternehmens der Gesellschaft nicht nur vorübergehend die Anzahl von zweitausend, unterliegt die Gesellschaft dem Mitbestimmungsgesetz gem. § 1 Abs. 1 Nr. 2 MitBestG und ist gem. § 6 Abs. 1 MitBestG ein Aufsichtsrat zu bestellen. In diesem Fall kann die Satzung der GmbH nicht bestimmen, dass der Aufsichtsrat neben den nach dem MitBestG stimmberechtigten Aufsichtsratsmitgliedern aus weiteren Mitgliedern mit beratender Funktion besteht.[590] Schließlich kann sich die

430

---

582 Baumbach/Hueck/*Fastrich*, § 34 Rn. 24.
583 Baumbach/Hueck/*Fastrich*, § 34 Rn. 38.
584 BGH II ZR 83/88 DNotZ 1991, 906 = MittRhNotK 1989, 173 = MittBayNot 1989, 223 = NJW 1989, 2685.
585 *Ulmer*, NJW 1979, 85.
586 Baumbach/Hueck/*Fastrich*, § 34 Rn. 38.
587 Baumbach/Hueck/*Fastrich*, § 34 Rn. 38.
588 BGH NJW 1993, 3193 = ZIP 1993, 1611 = MittRhNotK 1993, 329 = BGHZ 123, 281.
589 Vgl. dazu *Haibt*, MittRhNotK 1998, 261, 271; *Hübner*, ZEV 2009, 361 ff., 428 ff.
590 BGH NZG 2012, 347.

zwingende Einrichtung eines Aufsichtsrates aus dem Montanmitbestimmungsgesetz ergeben. Dieses erfasst im Bereich der Montanindustrie tätige Gesellschaften mit beschränkter Haftung, deren Arbeitnehmerzahl regelmäßig mehr als eintausend beträgt (§ 1 Abs. 2 MontanMitbestG).

431 Im Übrigen ist die Bestellung eines Aufsichtsrates bei der GmbH nicht vorgeschrieben, aber gem. § 52 Abs. 1 GmbHG durch entsprechende Regelungen in der Satzung möglich. Die Einrichtung eines Aufsichtsrates oder Beirats kann sich insbesondere bei Gesellschaften mit einer größeren Anzahl von lediglich kapitalistisch beteiligten Gesellschaftern wie auch bei Familiengesellschaften empfehlen, um eine zügige Willensbildung in und Arbeit der Gesellschaft zu gewährleisten. Vor diesem Hintergrund wird dem Aufsichtsrat typischerweise die Überwachung der Geschäftsführung übertragen. Neben dieser Überwachungsfunktion können dem Aufsichtsrat weitere Aufgaben anvertraut werden, wie die Feststellung des Jahresabschlusses, die Entscheidung über die Ergebnisverwendung und die Hoheit über Personalentscheidungen.[591]

432 So wie die Satzung fakultativ einen Aufsichtsrat nach Belieben der Gesellschafter vorsehen kann, besteht auch weitgehende **Gestaltungsfreiheit** hinsichtlich der Rechtsverhältnisse des Aufsichtsrates selbst. So kann die Satzung die Größe und Zusammensetzung des Aufsichtsrates bestimmen, seine Kompetenzen, seine innere Ordnung und Beschlussfassung regeln und das Maß der Sorgfalt nebst der Haftung der Aufsichtsratsmitglieder festlegen. Nicht zulässig ist es indessen **Grundlagenentscheidungen** in die Kompetenz des Aufsichtsrates zu verlagern. Diese müssen der Gesellschafterversammlung verbleiben. So können insbesondere die Befugnis zur Änderung der Satzung, zur Auflösung der Gesellschaft, zur Umwandlung der Gesellschaft sowie zum Abschluss strukturverändernder Unternehmensverträge nicht auf den Aufsichtsrat verlagert werden. Diese Kompetenzen müssen der Gesellschafterversammlung vorbehalten bleiben.[592] Weiter kann dem Aufsichtsrat nicht die Kompetenz zur Vertretung der GmbH gegenüber Dritten eingeräumt werden. Diese Befugnis liegt zwingend allein bei den Geschäftsführern gem. § 35 Abs. 1, § 37 Abs. 2 GmbHG.[593] Auch die Pflicht zur Buchführung, zur Aufstellung des Jahresabschlusses, und zur Stellung eines Insolvenzantrags obliegt nach dem GmbHG und der InsO zwingend den Geschäftsführern gem. §§ 41, 42a GmbHG, § 15 Abs. 1 InsO und kann dem Aufsichtsrat nicht übertragen werden.[594] Ebenso verbleibt das Recht Nachschüsse einzufordern zwingend in der Kompetenz der Geschäftsführer.[595]

433 Wird in der Satzung die Bildung eines Aufsichtsrates/Beirates vorgesehen, so ordnet § 52 GmbHG die Anwendung einer Reihe aktienrechtlicher Vorschriften an, deren Anwendung jedoch insoweit ausscheidet, als dass zulässigerweise in der GmbH-Satzung vorrangige Regelungen getroffen werden. In der Satzung der GmbH sollte bei Einrichtung eines Aufsichtsrates[596] insbesondere geregelt werden dessen
– Größe und Zusammensetzung,
– die Bestellung,
– Amtszeit und Abberufung von Aufsichtsratsmitgliedern,
– die Sachkompetenzen des Aufsichtsrates,
– die Ermächtigung, sich eine Geschäftsordnung zu geben, falls dies gewollt ist[597] oder die Anordnung einer Geschäftsordnung in der Satzung der GmbH selbst sowie
– die Vergütung der Aufsichtsratsmitglieder.

---

591 *Langenfeld*, GmbH-Vertragspraxis, § 18 Rn. 340.
592 BGH NJW 1965, 1378 = BGHZ 43, 261, 264; Baumbach/Hueck/*Zöllner/Noack*, § 52 Rn. 26; *K. Müller/Wolf*, GmbHR 2003, 810 m.w.N.; *Langenfeld*, GmbH-Vertragspraxis, § 18 Rn. 340.
593 Baumbach/Hueck/*Zöllner/Noack*, § 52 Rn. 26.
594 Baumbach/Hueck/*Zöllner/Noack*, § 52 Rn. 26.
595 RGZ 70, 326, 330; Michalski/*Giedinghagen*, § 52 Rn. 213.
596 Es ist streitig ob eine Satzungsgrundlage für den Erlass einer Geschäftsordnung des Aufsichtsrates erforderlich ist, dagegen Baumbach/Hueck/*Zöllner/Noack*, § 52 Rn. 84 m.w.N.
597 Es ist streitig ob eine Satzungsgrundlage für den Erlass einer Geschäftsordnung des Aufsichtsrates erforderlich ist, dagegen Baumbach/Hueck/*Zöllner/Noack*, § 52 Rn. 84 m.w.N.

A. Gründung der Gesellschaft mit beschränkter Haftung Kapitel 2

Zu beachten ist schließlich, dass es sich bei der Kontrolle der Geschäftsführung um die unentziehbare **Minimalkompetenz** des Aufsichtsrates handelt, da der Rechtsverkehr bei Bestehen eines Aufsichtsrates typischerweise mit der Überwachung der Geschäftsführung durch den Aufsichtsrat gem. § 52 Abs. 2 GmbHG rechnet.[598]

434

▶ Formulierungsbeispiel: Fakultativer Aufsichtsrat

435

(1) Die Gesellschaft hat einen Aufsichtsrat. Er besteht aus drei Mitgliedern.
(2) Der Aufsichtsrat wird durch die Gesellschafterversammlung bestellt und abberufen.
(3) Die Mitglieder des Aufsichtsrats werden jeweils auf die Dauer von drei Jahren gewählt, mindestens bis zur Beendigung der Gesellschafterversammlung, die über die Entlastung des Aufsichtsrats für das 3. Geschäftsjahr nach der Wahl abstimmt; hierbei wird das Jahr, in dem die Wahl erfolgt ist, nicht mitgerechnet. Bis zur Neuwahl bleibt der Aufsichtsrat im Amt.
(4) Der Aufsichtsrat berät und überwacht die Geschäftsführung; er ist beschließt insbesondere über
   a) die Bestellung, Abberufung und Entlastung von Geschäftsführern sowie den Abschluss und die Kündigung der Anstellungsverträge mit Geschäftsführern;
   b) die Erteilung und Versagung von Zustimmungen zu zustimmungspflichtigen Geschäften;
   c) den Erlass und die Änderung einer Geschäftsordnung für die Geschäftsführung;
   d) die Bestellung und Abberufung des Abschlussprüfers;
   e) die Feststellung des Jahresabschlusses
(5) Auf den Aufsichtsrat finden die Bestimmungen des Aktiengesetzes keine Anwendung
(6) Der Aufsichtsrat tritt so oft zusammen, wie es die Erfüllung seiner Aufgaben erfordert. Der Aufsichtsrat soll turnusgemäß mindestens zweimal im Jahr tagen. Jedes Mitglied des Aufsichtsrats und der Geschäftsführung kann jedoch im Übrigen die Einberufung einer Aufsichtsratssitzung verlangen, wenn es das Interesse der Gesellschaft erfordert
(7) Der Aufsichtsrat ist beschlussfähig, wenn mindestens zwei Mitglieder anwesend sind. Der Aufsichtsrat entscheidet, soweit nichts anderes im Gesellschaftsvertrag geregelt ist, mit Mehrheit nach Köpfen. Der Aufsichtsrat kann sich eine Geschäftsordnung geben
(8) Der Aufsichtsrat wählt aus seiner Mitte einen Vorsitzenden. Wird ein Vorsitzender nicht innerhalb von drei Monaten gewählt, so ist er von der Gesellschafterversammlung mit einfacher Mehrheit der Stimmen sämtlicher Gesellschafter zu wählen. Der Vorsitzende des Aufsichtsrats führt die Geschäfte des Aufsichtsrat s. Er vertritt den Aufsichtsrat gegenüber der Geschäftsführung und der Gesellschafterversammlung.
(9) Den Mitgliedern des Aufsichtsrats steht außer dem Ersatz der ihnen bei der Ausübung des Amtes entstehenden Auslagen eine von der Gesellschafterversammlung festzusetzende angemessene Vergütung zu
(10) Schadenersatzansprüche gegen Mitglieder des Aufsichtsrats aus ihrer Aufsichtsratstätigkeit sind beschränkt auf den Vorsatz und grobe Fahrlässigkeit. Sie verjähren innerhalb eines Jahres seit Kenntnis von der schadenersatzpflichtigen Handlung oder Unterlassung, spätestens aber seit fünf Jahren nach Vornahme der Handlung oder Unterlassung
(11) Solange ein Aufsichtsrat nicht bestellt ist, werden die ihm nach diesem Gesellschaftsvertrag zugewiesenen Aufgaben durch die Gesellschafterversammlung wahrgenommen

21. Gerichtsstand, Schiedsgericht

a) Allgemeines

Im Gesellschaftsrecht kommt schiedsgerichtlicher Streitbeilegung vergleichsweise große Bedeutung zu. Ob die Aufnahme einer **Schiedsklausel** in den Gesellschaftsvertrag einer GmbH zweckmäßig ist, lässt sich nur im jeweiligen Einzelfalle entscheiden.[599] Bezweckt wird mit der Aufnahme einer Schiedsvereinbarung eine im Vergleich zu staatlichen Gerichten schnellere und vertrauliche Beile-

436

---

598 Baumbach/Hueck/*Zöllner/Noack*, § 52 Rn. 28.
599 Vgl. zum Ganzen *Ebbing*, NZG 1999, 754 ff.; *Ebbing*, NZG 1998, 281 ff.; *Westermann*, Gesellschaftsrechtliche Schiedsgerichte, FS Robert Fischer, 1979, S. 853 ff.; *Böttcher/Fischer*, NZG 2011, 601.

b) Form

437 Wird eine Schiedsvereinbarung im Rahmen der notariell beurkundeten Satzung einer GmbH vereinbart, so ist eine solche Vereinbarung in jedem Falle **formwirksam**. Soweit die Schiedsvereinbarung die Regelung etwaiger statutarischer Streitigkeiten zum Gegenstand hat, unterliegt sie nach einhelliger Auffassung nicht der Regelung des § 1031 Abs. 5 ZPO, wonach die Schiedsvereinbarung mittels gesonderter Urkunde schriftlich getroffen und von beiden Parteien unterschrieben werden muss, da diese Vorschrift sich lediglich auf vertragliche Schiedsvereinbarungen bezieht.[601] Bei den statutarischen Regelungen einer GmbH-Satzung handelt es sich nach allgemeiner Auffassung jedoch nicht um eine vertragliche Schiedsvereinbarung i.S.d. § 1031 Abs. 5 ZPO, sondern um die Anordnung eines Schiedsgerichts durch sonstige Verfügung i.S.d. § 1066 ZPO.[602] Beinhaltet die Satzung neben der Regelung statutarischer Rechtsbeziehungen auch Bestimmungen über sonstige schuldrechtliche Rechte und Pflichten und erfasst die Schiedsklausel auch diese schuldrechtlichen Bestimmungen, ist sie insoweit als vertragliche Vereinbarung anzusehen, die zu ihrer Wirksamkeit der dafür bestimmten Form des § 1031 ZPO bedarf. Das gleiche gilt gem. § 1031 Abs. 5 ZPO, wenn an der Schiedsvereinbarung ein Verbraucher beteiligt ist. In diesen Fällen muss die Schiedsvereinbarung in einer von den Parteien eigenhändig unterzeichneten Urkunde enthalten sein, wenn die schriftliche Form nicht zulässigerweise durch die elektronische Form gem. § 126a BGB ersetzt wurde (§ 1031 Abs. 5 Satz 2 ZPO). Die Aufnahme in eine gesonderte Urkunde ist gem. § 1031 Abs. 5 Satz 3 ZPO jedoch dann nicht erforderlich, wenn der Vertrag, der die Schiedsvereinbarung enthält, notariell beurkundet wird. Eine Schiedsvereinbarung kann also auch in diesem Falle in die Satzung einer GmbH aufgenommen werden. Damit ist sowohl das Schriftformerfordernis gewahrt als auch die Notwendigkeit der Errichtung einer gesonderten Urkunde vermieden.[603]

438 Aufgrund einer Schiedsvereinbarungen sollen regelmäßig unterschiedliche **Arten von Streitigkeiten** erledigt werden können. Zu unterscheiden ist zwischen statutarischen Streitigkeiten, Streitigkeiten über schuldrechtliche Ansprüche aus dem Gesellschaftsvertrag, Streitigkeiten aus Verträgen der Gesellschaft mit Dritten sowie Ausgleichsansprüchen der Gesellschafter untereinander.

c) Gegenstand und Inhalt einer Schiedsvereinbarung

439 Gegenstand einer Schiedsvereinbarung kann gem. § 1030 ZPO jeder vermögensrechtliche Anspruch sein. Nicht vermögensrechtliche Ansprüche können dagegen nur insoweit Gegenstand einer Schiedsvereinbarung sein, als die Parteien berechtigt sind, über den Gegenstand des Streites einen Vergleich zu schließen. Streitigkeiten der Gesellschafter untereinander und Streitigkeiten der Gesellschaft mit den Gesellschaftern aus dem und über den Gesellschaftsvertrag können danach Gegenstand einer Schiedsvereinbarung sein, und zwar unabhängig davon, ob es sich um statutarische Streitigkeiten aus oder im Zusammenhang mit dem Gesellschaftsverhältnis oder um schuldrechtliche Streitigkeiten aus dem oder im Zusammenhang mit dem Gesellschaftsverhältnis handelt. Die **objektive Schiedsfähigkeit** ist nur dann zu verneinen, wenn sich der Staat im Interesse besonders schutzwürdiger, der Verfügungsmacht privater Personen entzogener Rechtsgüter ein Rechtsprechungsmonopol in dem Sinne vorbehalten habe, dass allein der staatliche Richter in der Lage sein soll, durch seine Entscheidung den angestrebten Rechtszustand herbeizuführen. Bei Rechtsstreitigkeiten über die Wirksamkeit der **Aufbringung des Stammkapitals** einer GmbH ist das nicht der Fall, trotz der gläubigerschützenden Funktion der Kapitalaufbringungsvorschriften. Nach § 1030 ZPO kann jeder

---

600 *Raeschke-Kessler/Wiegand*, AnwBl. 2007, 396 ff.
601 *Ebbing*, NZG 1998, 281.
602 *Ebbing*, NZG 1998, 281.
603 *Ebbing*, NZG 1998, 281, 282.

A. Gründung der Gesellschaft mit beschränkter Haftung Kapitel 2

vermögensrechtliche Anspruch, also auch der Kapitalaufbringungsanspruch des GmbH-Rechts, Gegenstand einer Schiedsvereinbarung sein.[604]

Streitig war lange Zeit die Schiedsfähigkeit der Anfechtung von Gesellschafterbeschlüssen bei Kapitalgesellschaften (»**Beschlussmängelstreitigkeiten**«), da Gesellschafterbeschlüsse Wirkungen für und gegen alle Gesellschafter und die Gesellschaft selbst haben. Für die AG sind die Anfechtungsmöglichkeiten in §§ 243 ff. AktG geregelt, die auf die GmbH entsprechende Anwendung finden. Die Anfechtungsklage führt im Falle ihres Erfolges als Gestaltungsklage die Nichtigkeit des angefochtenen Beschlusses gem. § 241 Nr. 5 AktG herbei. Sie ändert damit allgemeingültig die materielle Rechtslage. Die Entscheidung erwächst nicht nur zwischen den Streitparteien, sondern für alle Gesellschafter sowie für die Mitglieder der Geschäftsführung und eines etwaigen Aufsichtsrats gem. §§ 248 Abs. 1 Satz 1, 249 Abs. 1 Satz 1 AktG in Rechtskraft. Diese inter-omnes-Wirkung hat den BGH bis zum Inkrafttreten des Schiedsverfahrens-Neuregelungsgesetzes zur Verneinung der Schiedsfähigkeit von **Beschlussmängelstreitigkeiten** im Recht der GmbH veranlasst.[605] Diese Rechtsprechung hat der BGH in seiner Grundsatzentscheidung vom 06.04.2009 aufgegeben.[606] Beschlussmängelstreitigkeiten im Recht der GmbH sind auch ohne ausdrückliche gesetzliche Anordnung der Wirkungen der §§ 248 Abs. 1 Satz 1, 249 Abs. 1 Satz 1 AktG grundsätzlich kraft einer dies analog im Gesellschaftsvertrag festschreibenden Schiedsvereinbarung oder einer außerhalb der Satzung unter Mitwirkung aller Gesellschafter und der Gesellschaft getroffenen Individualabrede »schiedsfähig«, sofern und soweit das schiedsgerichtliche Verfahren in einer dem Rechtsschutz durch staatliche Gerichte gleichwertigen Weise – das heißt unter Einhaltung eines aus dem Rechtsstaatsprinzip folgenden Mindeststandard an Mitwirkungsrechten und damit an Rechtsschutzgewährung für alle ihr unterworfenen Gesellschafter – ausgestaltet ist.[607] Der BGH unterwirft die Schiedsklausel auf der Grundlage des § 138 BGB auf die Einhaltung der Gebote des Rechtsstaatsprinzips und zieht dazu die Regelungen der §§ 246 ff. AktG heran. Als Unterfall des Prozessvertrags gelten für eine Schiedsvereinbarung dessen materielle Gültigkeitsgrenzen. Schiedsvereinbarungen sind gem. § 138 Abs. 1 BGB nichtig, wenn sie eine übermäßige Einschränkung des Rechtsschutzes zum Gegenstand haben.

440

Folgende **Mindestanforderungen** muss eine Schiedsklausel mit inter-omnes-Wirkung zu ihrer Wirksamkeit erfüllen: Die Schiedsabrede muss grundsätzlich mit **Zustimmung sämtlicher Gesellschafter** in der Satzung verankert sein. Wird die Schiedsabrede außerhalb der Satzung vereinbart, so muss dies unter Mitwirkung sämtlicher Gesellschafter und der Gesellschaft geschehen. Weiter muss sie gewährleisten, dass neben den Gesellschaftsorganen jeder Gesellschafter über die Einleitung und den Verlauf des Schiedsverfahrens **informiert** und dadurch in die Lage versetzt wird, dem Verfahren zumindest als Nebenintervenient beizutreten. Weiter ist erforderlich, dass sämtliche Gesellschafter an der **Auswahl** und Bestellung der Schiedsrichter mitwirken können, sofern nicht die Auswahl durch eine neutrale Stelle erfolgt. Im Rahmen der Beteiligung mehrerer Gesellschafter auf einer Seite des Streitverhältnisses kann dabei grundsätzlich das **Mehrheitsprinzip** zur Anwendung gebracht werden. Schließlich muss gewährleistet sein, dass alle denselben Streitgegenstand betreffenden Beschlussmängelstreitigkeiten bei einem Schiedsgericht konzentriert werden (»**Zuständigkeitskonzentration**«). Die gebotene Erledigung aller denselben Streitgegenstand betreffenden Beschlussmängelstreitigkeiten bei einem Schiedsgericht erfordert entweder die ex ante Bestimmung einer neutralen Person oder Stelle als Schiedsgericht oder die Anordnung einer »Sperrwirkung« des ersten bei der Geschäftsleitung der Gesellschaft eingegangenen Antrags, die Streitigkeit einem Schiedsgericht

441

---

604 BGH II ZR 65/03 DNotZ 2004, 920, 921 = BGHZ 160, 127 = NZG 2004, 905 = NJW 2004, 2898 = ZIP 2004, 1736 = WM 2004, 1736 = GmbHR 2004, 1214 = DB 2004, 2036.
605 BGH II ZR 124/95 DNotZ 1996, 694 = NJW 1996, 1753 = BGHZ 132, 278 = GmbHR 1996, 437 = DB 1996, 1172 = MittRhNotK 1996, 182 = MittBayNot 1996, 314 – Schiedsfähigkeit I.
606 BGH II ZR 255/08, DNotZ 2009, 938 = NJW 2009, 1962 = NZG 2009, 620 = ZIP 2009, 1003 = DB 2009, 1171 = DStR 2009, 1043 = WM 2009, 991 – Schiedsfähigkeit II.
607 BGH II ZR 255/08, DNotZ 2009, 938 = NJW 2009, 1962 = NZG 2009, 620 = ZIP 2009, 1003 = DB 2009, 1171 = DStR 2009, 1043 = WM 2009, 991 – Schiedsfähigkeit II.

vorzulegen, in Bezug auf spätere Anträge, bei einem ex post bestimmten Schiedsgericht.[608] Zur Sicherung der **Beteiligungsmöglichkeit** für sämtliche Gesellschafter muss die Schiedsklausel darüber hinaus regeln, dass der Verfahrenseinleitungsantrag ohne Festlegung des Antragstellers auf einen Schiedsrichter bei der Gesellschaft einzureichen und von dort aus sämtlichen Mitgesellschaftern mit der Aufforderung zuzustellen ist, binnen einer bestimmten Frist über einen Beitritt auf Seiten des Antragstellers oder der Gesellschaft zu entscheiden. Eine diese Voraussetzungen nicht berücksichtigende Schiedsklausel ist gem. § 138 Abs. 1 BGB unwirksam.[609]

442 Das **Schiedsverfahren** kann gem. § 1042 Abs. 3 ZPO entweder durch gesellschaftsvertragliche Einbeziehung einer von einer Schiedsorganisation vorgegebenen Schiedsordnung (institutionelles Schiedsverfahren) oder ohne Mitwirkung einer solchen Organisation einzelfallbezogen in der Satzung erfolgen. Die institutionellen Schiedsgerichte verfügen über eigene Schiedsordnungen, die derzeit aber noch nicht alle die vorstehend dargestellten Anforderungen des BGH an Beschlussmängelstreitigkeiten erfüllen. Diese müssen derzeit daher auch bei einer gesellschaftsvertraglichen Einbeziehung einer von einer Schiedsorganisation vorgegebenen Schiedsordnung in die gesellschaftsvertragliche Schiedsklausel einbezogen werden.

443 Da die Beurkundungspflicht des § 2 Abs. 1 Satz 1 GmbHG sich grundsätzlich auf alle materiellen Satzungsbestandteile bezieht, erfasst sie auch die Schiedsklausel, wenn diese nicht nur gegenüber den gegenwärtigen, sondern auch gegenüber zukünftigen Gesellschaftern gelten soll. Fraglich ist, ob damit auch eine Pflicht zur Mitbeurkundung der Schiedsordnung besteht. Insoweit ist zwischen einer statischen und einer dynamischen Verweisung zu unterscheiden. Bei einer statischen Verweisung, die regelmäßig wegen der »Versteinerung« der maßgebenden Verfahrensordnung nicht im Interesse der Gesellschafter liegen dürfte, erfasst die Beurkundungspflicht nach wohl überwiegender Auffassung in der Literatur auch die in Bezug genommene Schiedsordnung, da diese den »dinglich« wirkenden Satzungsinhalt betreffe.[610] Anders sieht dies die h.M. bei einer dynamischen Verweisung und stützt sich dabei auf den Rechtsgedanken des § 317 BGB. Wenn die Parteien selbst bei beurkundungsbedürftigen Verträgen die Leistungsbestimmung einem Dritten überlassen können, so müsse dies erst recht hinsichtlich der Gestaltung des Schiedsverfahrens möglich sein.[611] Nach h.M. ist bei einer dynamischen Verweisung das Schiedsgericht als »Dritter« i.S.d. § 317 BGB zur Festlegung der zu gegebener Zeit geltenden Schiedsordnung berufen.[612] Beurkundet werden muss die Schiedsordnung bei einer dynamischen Verweisung daher nicht.[613]

444 Hervorzuheben sind für gesellschaftsrechtliche Streitigkeiten die Deutsche Institution für Schiedsgerichtsbarkeit in Köln (diese hat die Vorgaben der neuen Rechtsprechung des BGH bereits umgesetzt und in eine Musterschiedsvereinbarung aufgenommen. Nähere Einzelheiten unter www.dis-arb.de.) und das Ständige Schiedsgericht bei der Rechtsanwaltskammer Frankfurt am Main Dieses verfügt über eine eigene Kammer für Gesellschaftsrechtsstreitigkeiten. Wollen die Gesellschafter auf eine außerhalb der Satzung der GmbH geregelte Schiedsgerichtsordnung, z.B. des DIS e.V. verwei-

---

608 BGH II ZR 255/08, DNotZ 2009, 938 = NJW 2009, 1962, 1965 = NZG 2009, 620 = ZIP 2009, 1003 = DB 2009, 1171 = DStR 2009, 1043 = WM 2009, 991 – Schiedsfähigkeit II.
609 BGH II ZR 255/08, DNotZ 2009, 938 = NJW 2009, 1962, 1965 = NZG 2009, 620 = ZIP 2009, 1003 = DB 2009, 1171 = DStR 2009, 1043 = WM 2009, 991 – Schiedsfähigkeit II.
610 Gutachten DNotI-Report, 2008, 188, 189; *Hauschild/Böttcher*, DNotZ 2012, 577, 592; a.A. *Wachter*, EWiR 2014, 267, 268; Rowedder/Schmidt-Leithoff/*Görner*, GmbHG, 5. Aufl. 2013, § 15 Rn. 40.
611 OLG München, DNotZ 2014, 206, 211; Gutachten DNotI-Report 2008, 188, 189; *Hauschild/Böttcher*, DNotZ 2012, 577, 593; *Wachter*, EWiR 2014, 267, 268; *Heskamp*, RNotZ 2012, 415, 427; *ders.* DNotZ 2014, 212, 214.
612 DNotI-Report 2008, 188, 189; *Böttcher/Fischer*, NZG 2011, 601, 604; *Hauschild/Böttcher*, DNotZ 2012, 577, 593 ff.; *Heskamp*, RNotZ 2012, 415, 427.
613 DNotI-Report 2014, 169, 170; *Weiler*, notar 2014, 406, 408; BGH Beschl. v. 24.07.2014 – III ZB 83/13, NZG 2014, 1155 = DNotI-Report 2014, 141 = DB 2014, 2103 = ZIP 1852 äußert sich zu dieser Frage nicht, da hier nur die Beurkundungsbedürftigkeit der Schiedsklausel selbst verneint wird, wenn die Auslegung ergibt, dass diese unabhängig von der Wirksamkeit des Hauptvertrags gelten soll.

sen, empfiehlt es sich, in der Schiedsvereinbarung, die als Satzungsbestandteil mitzubeurkunden ist, klarzustellen, dass es sich um eine dynamische Verweisung handelt. Dies beugt Auslegungsschwierigkeiten und der Gefahr der Unwirksamkeit der Verweisung vor.

▶ Formulierungsbeispiel: Schiedsgerichtsklausel ohne Verweisung auf gesonderte Schiedsgerichtsordnung   445

(1) Über alle Streitigkeiten zwischen der Gesellschaft und Gesellschaftern sowie zwischen Gesellschaftern aus oder im Zusammenhang mit dem Gesellschaftsvertrag oder dem Gesellschaftsverhältnis oder betreffend die Gesellschaft entscheidet endgültig und unter Ausschluss des ordentlichen Rechtswegs ein Schiedsgericht, wenn und soweit dem nicht zwingendes Recht entgegensteht. Dies gilt insbesondere auch für Streitigkeiten über
  – die Wirksamkeit gesellschaftsvertraglicher Bestimmungen sowie des Gesellschaftsvertrags insgesamt,
  – Gesellschafterbeschlüsse, wie deren Nichtigkeit, Wirksamkeit, Anfechtbarkeit und Zustandekommen (Beschlussmängelstreitigkeiten),
  – die Einziehung von Geschäftsanteilen, die Kündigung eines Gesellschafters oder das sonstige Ausscheiden eines Gesellschafters einschließlich der an den ausscheidenden Gesellschafter zu zahlenden Abfindung, und zwar auch, wenn der Gesellschafter bereits aus der Gesellschaft ausgeschieden ist.

(2) Das Schiedsgericht besteht aus zwei Schiedsrichtern und einem Obmann. Jeder Beteiligte benennt einen Schiedsrichter. Diese benennen sodann einen Obmann. Der Obmann muss die Befähigung zum Richteramt haben. Erfolgt die Benennung nicht jeweils innerhalb von zwei Wochen, so ist der Kläger befugt, den Präsidenten des für den Satzungssitz der Gesellschaft örtlich zuständigen Oberlandesgerichts um die Benennung des zweiten Schiedsrichters bzw. des Obmanns zu ersuchen, der die Benennung sodann vorzunehmen hat.

(3) Ort des schiedsrichterlichen Verfahrens ist der Satzungssitz der Gesellschaft. Die Verfahrenssprache ist deutsch. Die Schiedsrichter haben das deutsche materielle Recht anzuwenden

(4) Wird gegen die Gesellschaft eine gerichtliche Klage erhoben, deren Streitgegenstand der Schiedsabrede gemäß vorstehendem Abs. 1 unterfällt, sind die Gesellschafter verpflichtet, darauf hinzuwirken, dass die Gesellschaft die Einrede des Schiedsvertrags gegenüber der Klage erhebt

(5) Soweit vorliegend nicht eine abweichende Regelung getroffen wird, und das 10. Buch der ZPO keine Regelung enthält, werden die Verfahrensregeln vom Schiedsgericht nach freiem Ermessen bestimmt. Das Schiedsgericht ist insbesondere berechtigt, über die Zulässigkeit einer Beweiserhebung zu entscheiden, diese durchzuführen und das Ergebnis frei zu würdigen. Der Schiedsspruch ist schriftlich abzusetzen. Für die Zustellung und Niederlegung gelten die Vorschriften der ZPO, die auch im Übrigen anzuwenden sind

(6) Für Beschlussmängelstreitigkeiten und sonstige Schiedsverfahren, die mit dem Ziel eingeleitet werden, die Wirkungen des Schiedsspruchs auf mehr als die beiden Beteiligten zu erstrecken, gelten für die Benennung und das Verfahren folgende weitere besondere Regelungen:
  a) Die Klage ist gegenüber der Gesellschaft schriftlich zu erklären. Die Gesellschaft hat die Klageschrift innerhalb von zwei Wochen nach Erhalt den übrigen Gesellschaftern und sonstigen Organmitgliedern in Ablichtung durch eingeschriebenen Brief, wobei ein Einwurfeinschreiben genügt, mit der Aufforderung zuzuleiten, innerhalb von zwei Wochen der Gesellschaft gegenüber schriftlich zu erklären, ob und auf welcher Seite sie sich am Schiedsverfahren beteiligen (Anmeldefrist).
  b) Die Gesellschaft hat innerhalb von zwei Wochen nach Ablauf der Anmeldefrist allen nach Anmeldung Verfahrensbeteiligten den Kreis der Verfahrensbeteiligten schriftlich mit der Aufforderung mitzuteilen, dass jede Seite einen Schiedsrichter benennt. Die Benennung des Schiedsrichters der Gesellschaft erfolgt durch einstimmigen Beschluss der Personen, die sich für die Gesellschaft angemeldet haben. Die Benennung des Schiedsrichters der Kläger erfolgt durch einstimmigen Beschluss dieser und der Personen, die sich auf Seiten der Kläger angemeldet haben. Kommt ein einstimmiger Beschluss nicht innerhalb von zwei Wochen nach Zugang der Aufforderung bei allen Verfahrensbeteiligten zustande, ist der Kläger befugt, den Präsidenten des für den Satzungssitz der Gesellschaft örtlich

zuständigen Oberlandesgerichts den Schiedsrichter zu benennen. Für die Benennung des Obmanns gilt die Reglung in Abs. 2 entsprechend.

c) Die Gesellschaft hat den Termin für die erste mündliche Verhandlung des Schiedsgerichts allen Gesellschaftern und Organmitgliedern mindestens zwei Wochen zuvor schriftlich mitzuteilen. Alle Gesellschafter und Organmitglieder sind befugt, dem Schiedsverfahren als Nebenintervenient im Sinne des § 69 ZPO beizutreten. Darauf ist in der Mitteilung des Termins von der Gesellschaft hinzuweisen.

d) Während der Dauer eines Schiedsverfahrens sind weitere gesonderte Schiedsverfahren oder sonstige Verfahren im Hinblick auf denselben Streitgegenstand nicht zulässig. Gehen mehrere Klagen mit identischem Streitgegenstand am selben Tage bei der Gesellschaft ein, so sind, sofern bis dahin kein Schiedsverfahren mit diesem Streitgegenstand anhängig war, die entsprechenden Verfahren zusammenzuführen.

e) Schiedssprüche sowie sonstige Entscheidungen des Schiedsgerichts wirken gegenüber allen an der Gesellschaft beteiligten Gesellschaftern, Organen, Organmitgliedern und der Gesellschaft entsprechend §§ 248 Abs. 1 S. 1, 249 Abs. 1 S. 1 AktG, und zwar unabhängig davon, ob der einzelne Gesellschafter an dem Verfahren teilgenommen hat.

22. Bekanntmachungen

446 Die Festlegung eines Veröffentlichungsblattes in der Satzung ist seit dem 01.04.2005 nicht mehr erforderlich, da gem. § 12 Satz 1 GmbHG nun der Bundesanzeiger das gesetzliche Gesellschaftsblatt ist. Die Festlegung des Bundesanzeigers als Gesellschaftsblatt in der Satzung hat lediglich klarstellende Funktion.

447 ▶ Formulierungsbeispiel: Bekanntmachungen

Die Bekanntmachungen der Gesellschaft erfolgen im elektronischen Bundesanzeiger.

23. Salvatorische Klausel

448 Es empfiehlt sich regelmäßig, in die Satzung der GmbH eine salvatorische Klausel aufzunehmen. Bei der Formulierung dieser Klausel sollte zur Wahrung des Formerfordernisses von Satzungsänderungen (Beurkundung der entsprechenden Regelung gem. § 53 GmbHG) davon abgesehen werden in die salvatorische Klausel eine Fiktion des Inhaltes aufzunehmen, dass »diejenige Bestimmung als vereinbart« gelte, die der unwirksamen Bestimmung möglichst nahe kommt. Vorzugswürdig ist, eine Anpassungspflicht vorzusehen.

449 ▶ Formulierungsbeispiel: Salvatorische Klausel

Sollte eine der Bestimmungen dieses Gesellschaftsvertrages nicht rechtswirksam sein oder sollte sich in dem Vertrag eine Lücke herausstellen, so wird hierdurch die Gültigkeit der übrigen Vertragsvorschriften nicht berührt. Die Gesellschafter sind jedoch verpflichtet, dann eine Ergänzungsvereinbarung zu treffen, die gewährleistet, dass anstelle der unwirksamen Bestimmungen oder zur Ausfüllung der Lücke eine angemessene Regelung tritt, die – soweit nur möglich – dem am nächsten kommt, was die Gesellschafter nach dem Sinn und Zweck dieses Vertrages gewollt haben.

VII. Anmeldung der GmbH zum Handelsregister

1. Allgemeines

450 Die GmbH ist gem. § 7 Abs. 1 GmbHG nach ihrer Gründung zur Eintragung in das Handelsregister anzumelden. Erst mit ihrer Eintragung in das Handelsregister entsteht die GmbH gem. § 11 Abs. 1 GmbHG als solche.

451 Vor der **Anmeldung** der Gesellschaft sind die in der Satzung festgesetzten und von den Gründern mit Abschluss der Übernahmeverträge übernommenen **Bareinlagen** und **Sacheinlagen** an die Gesellschaft **zu leisten.** Dabei muss nach § 7 Abs. 2 GmbHG auf jeden nicht mit Sacheinlagen zu bele-

A. Gründung der Gesellschaft mit beschränkter Haftung　　Kapitel 2

genden Geschäftsanteil ein Viertel seines Nennbetrags eingezahlt sein. Sacheinlagen sind vor der Anmeldung der Gesellschaft zur Eintragung in das Handelsregister vollständig an die Gesellschaft zu bewirken. Insgesamt muss auf das Stammkapital mindestens so viel eingezahlt sein, dass der Gesamtbetrag der eingezahlten Geldeinlagen zuzüglich des Gesamtnennbetrags der Geschäftsanteile, für die Sacheinlagen zu leisten sind, die Hälfte des Mindeststammkapitals gem. § 5 Abs. 1 GmbHG, also 12.500,00 € erreicht.

2. Zuständigkeit und anmeldepflichtige Personen

Die Anmeldung der Gesellschaft hat bei dem **Amtsgericht** als Registergericht zu erfolgen, in dessen Bezirk das jeweils für den Gesellschaftssitz i.S.d. § 4a GmbHG, also den Satzungssitz zuständige Landgericht seinen Sitz hat. Dieses ist für die Anmeldung der GmbH zum Handelsregister sachlich und örtlich ausschließlich zuständig gem. § 7 Abs. 1 GmbHG i.V. mit § 8 HGB, § 376 Abs. 1 FamFG. Wurde die Handelsregisterführung für mehrere Gerichtsbezirke auf ein Amtsgericht nach § 376 Abs. 2 Satz 1 FamFG übertragen, ist dieses zuständig. 452

Zur Vornahme der Anmeldung verpflichtet sind die **Geschäftsführer** der Vor-Gesellschaft. Die Anmeldung der Gesellschaft muss gem. §§ 78, 7 Abs. 1 GmbHG durch sämtliche Geschäftsführer der Gesellschaft erfolgen. Auch etwaige Stellvertreter von Geschäftsführern gem. § 44 GmbHG sind anmeldepflichtig. Die Anmeldung durch Geschäftsführer in vertretungsberechtigter Zahl genügt nicht. Die Anmeldung hat durch die Geschäftsführer höchstpersönlich zu erfolgen. Eine rechtsgeschäftliche Vertretung der Geschäftsführer ist bei der Handelsregisteranmeldung ausgeschlossen. Dies gilt unstreitig für die von den Geschäftsführern abzugebenden Versicherungen nach § 8 Abs. 2, 3 GmbHG und nach h.M. auch für die Abgabe der Anmeldungserklärung als solcher.[614] Die Handelsregisteranmeldung muss daher von allen vorhandenen Geschäftsführern persönlich unterzeichnet werden. Nicht erforderlich ist jedoch, dass alle Geschäftsführer die Anmeldung gleichzeitig unterzeichnen. Ebenfalls nicht erforderlich ist, dass alle Geschäftsführer dieselbe Anmeldungsurkunde unterzeichnen. Die Anmeldung kann auch im Wege der Unterzeichnung unterschiedlicher Anmeldungsurkunden, erfolgen, die jedoch inhaltsgleich sein müssen. 453

3. Form

Die Anmeldung hat gem. § 12 Abs. 1 HGB in öffentlich beglaubigter Form zu erfolgen. Seit dem Inkrafttreten des EHUG am 01.01.2008 sind Anmeldungen dem Handelsregister gem. § 12 Abs. 1 GmbHG elektronisch einzureichen. Nach h.M. besteht zwar nach § 378 FamFG keine vermutete Vollmacht zur Einreichung des die Gründung der GmbH beurkundenden Notars, wohl aber eine Ermächtigung des die Anmeldungserklärung beglaubigenden Notars zur Einreichung beim Handelsregister.[615] 454

4. Inhalt der Anmeldung

a) Gesellschaft und Geschäftsführer

Den **Inhalt der Anmeldung** regeln §§ 7, 8 GmbHG. Danach ist zunächst die Gesellschaft selbst zur Eintragung in das Handelsregister anzumelden. Weiter sind die Geschäftsführer der Gesellschaft zur Eintragung in das Handelsregister anzumelden. In der Anmeldung sind der Familienname, Vorname, Geburtstag und Wohnort jedes **Geschäftsführers** aufzuführen (§ 43 HRV). 455

b) Inländische Geschäftsanschrift

Nach § 8 Abs. 4 Nr. 1 GmbHG, der durch das MoMiG eingeführt worden ist, ist in der Anmeldung die **inländische Geschäftsanschrift** der Gesellschaft angegeben werden. Dies soll Zustellungs- 456

---

614 Baumbach/Hueck/*Fastrich*, § 7 Rn. 3.
615 Baumbach/Hueck/*Fastrich*, § 7 Rn. 3.

probleme vermeiden, die bisher zu Lasten der Gläubiger bestehen konnten. Die Gesellschaft kann die Geschäftsanschrift im Inland grundsätzlich frei wählen. Ist die Zustellung weder unter der eingetragenen Geschäftsanschrift noch bei einer anderen gem. § 10 Abs. 2 GmbHG eingetragenen empfangsberechtigten Person möglich, kann künftig öffentlich nach §§ 185 Abs. 2 ZPO, 15a HGB zugestellt werden, wenn keine andere Anschrift bekannt ist. Die Eintragung des c/o-Zusatzes wird dabei teilweise für zulässig gehalten, wenn davon auszugehen sei, dass er der besseren Auffindbarkeit der zur Annahme der Zustellung tatsächlich befugten Person und nicht der Verschleierung oder dem Vortäuschen einer solchen Möglichkeit diene.[616]

c) Vertretungsbefugnis

457 Gem. § 8 Abs. 4 Nr. 2 GmbHG ist die Art und der Umfang der Vertretungsbefugnis der Geschäftsführer anzumelden. Anzumelden ist danach sowohl die **abstrakte Vertretungsbefugnis** aller oder einzelner Geschäftsführer als auch die **konkrete Vertretungsbefugnis** eines Geschäftsführers, wenn diese von der abstrakten Vertretungsbefugnis abweicht. Die abstrakte Vertretungsbefugnis aller oder einzelner Geschäftsführer richtet sich nach dem Gesellschaftsvertrag oder mangels Regelung im Gesellschaftsvertrag nach dem Gesetz (§ 35 Abs. 1 und 2 GmbHG). Die konkrete Vertretungsbefugnis eines Geschäftsführers kann von der abstrakten Vertretungsbefugnis abweichen, wenn die Satzung eine entsprechende Ermächtigung zur Abweichung von der abstrakten Vertretungsbefugnis beinhaltet und von dieser Ermächtigung Gebrauch gemacht wird. Auch die Befreiung von den Beschränkungen des § 181 BGB ist eintragungspflichtig und daher anzumelden. Dies gilt ebenso für die Befreiung des Alleingesellschafter-Geschäftsführers von dem Verbot des Insichgeschäfts.[617]

458 Diese Unterscheidung ist für die Anmeldung auch bei einer Gesellschaftsgründung unter Inanspruchnahme des gesetzlichen **Musterprotokolls** beizubehalten.[618] Nach nunmehr wohl h.M. enthält das Musterprotokoll in seiner Nr. 4. keine Regelung der abstrakten Vertretungsbefugnis[619] und damit auch keine Abweichung von der in § 35 Abs. 1 und Abs. 2 GmbHG vorgesehenen gesetzlichen Vertretungsbefugnis. Die abstrakte Vertretungsbefugnis der Geschäftsführer entspricht bei Musterprotokollgründungen also der im Gesetz geregelten Vertretungsbefugnis. Danach ist der Geschäftsführer einzelvertretungsbefugt, solange er alleiniger Geschäftsführer ist. Gesamtvertretungsbefugnis besteht, wenn mehrere Geschäftsführer bestellt sind. Dies ist als abstrakte Vertretungsbefugnis zum Handelsregister anzumelden.

459 Bei der im Musterprotokoll enthaltenen Befreiung von den Beschränkungen des § 181 BGB handelt es sich um eine konkrete Vertretungsregelung.[620] Da diese von der abstrakten Vertretungsbefugnis abweicht, ist sie gem. §§ 8 Abs. 4 Nr. 2, 10 Abs. 1 Satz 2 GmbHG zur Eintragung in das Handelsregister anzumelden. Da es sich um eine konkrete Vertretungsregelung handelt, gilt die Befreiung von den Beschränkungen des § 181 BGB nicht automatisch für einen weiteren Geschäftsführer. Sie besteht jedoch für den »Gründungsgeschäftsführer« im Rahmen der Gesamtvertretungsbefugnis fort, wenn ein weiterer Geschäftsführer bestellt wird.[621]

460 Nicht eintragungsfähig und nicht angemeldet werden kann die Befreiung von den Beschränkungen des § 181 BGB unter der Voraussetzung, dass der Geschäftsführer Alleingesellschafter ist, da letzte-

---

616 OLG Hamm NZG 2015, 833: Dieser Entscheidung lag die Frage zugrunde, ob eine GmbH als inländische Geschäftsanschrift die Kanzleianschrift des mit der Gründungsbeurkundung beauftragten Notars verwenden darf. Zur Vereinbarkeit mit dem notariellen Berufsrecht äußerte sich das OLG Hamm nicht.
617 BGH DNotZ 1983, 633 = NJW 1983, 1676 = BGHZ 87, 59.
618 OLG Stuttgart DNotZ 2010, 71 = NZG 2009, 754 = ZIP 2009, 1011; OLG Hamm NZG 2009, 1431 = ZIP 2009, 2246 = GmbHR 2009, 1334; DNotI-Gutachten Fax-Abruf-Nr. 90975 vom 03.03.2009.
619 OLG Hamm NZG 2009, 1431 = ZIP 2009, 2246 = GmbHR 2009, 1334.
620 OLG Stuttgart DNotZ 2010, 71 = NZG 2009, 754 = ZIP 2009, 1011.
621 OLG Hamm NZG 2009, 1431 = ZIP 2009, 2246 = GmbHR 2009, 1334; DNotI-Gutachten Fax-Abruf-Nr. 90975 vom 03.03.2009; a.A. OLG Stuttgart DNotZ 2010, 71 = NZG 2009, 754 = ZIP 2009, 1011.

res nicht aus dem Handelsregister hervorgeht.[622] Nicht eintragungsfähig und nicht angemeldet werden kann die bloße Ermächtigung der Gesellschafterversammlung, Geschäftsführer von den Beschränkungen des § 181 BGB zu befreien, wenn davon kein Gebrauch gemacht ist[623] sowie die bloße Ermächtigung zur Erteilung von Einzelvertretungsmacht, wenn davon kein Gebrauch gemacht ist.[624] Ebenso wenig ist die Funktion eines von mehreren Geschäftsführern als »Sprecher der Geschäftsführung« eintragungsfähig.[625]

d) Einzahlungsversicherung der Geschäftsführer

In der Anmeldung haben alle Geschäftsführer die **Versicherung** abzugeben, dass die in § 7 Abs. 2 und 3 GmbHG bezeichneten **Leistungen** auf die Geschäftsanteile **bewirkt** sind und dass der Gegenstand der Leistungen sich endgültig in ihrer freien Verfügung befindet. Es muss zwar nicht das Wort »Versicherung« enthalten sein, zur Vermeidung von Nachfragen des Gerichts ist zur Verwendung des Begriffs »Versicherung« jedoch zu raten. Die Versicherung kann entweder in der Anmeldung selbst oder nach h.M. auch gesondert in öffentlich beglaubigter Form erklärt werden.[626] 461

Bei der Versicherung nach §§ 8 Abs. 2, 7 Abs. 2 GmbHG müssen die Geschäftsführer im Einzelnen angeben, welcher Gesellschafter was auf welche Art und Weise geleistet hat. Übernimmt ein Gesellschafter bei der Gründung der GmbH mehrere Geschäftsanteile, ist die Einlageleistung für jeden Geschäftsanteil gesondert zu beziffern.[627] Die bloße Wiederholung des Gesetzeswortlauts des § 8 Abs. 2 GmbHG genügt nicht. Ebenso wenig genügt die Angabe, dass auf jeden Geschäftsanteil »die gesetzliche Mindestleistung« oder »ein Viertel« geleistet sei.[628] Das Registergericht muss in die Lage versetzt werden, seiner Prüfungsaufgabe anhand konkreter Angaben nachzukommen. Nur bei Volleinzahlung genügt eine eindeutige entsprechende Erklärung der Geschäftsführer in der Anmeldung.[629] 462

Fraglich ist, ob sich die Leistung in der »endgültigen freien Verfügung des Geschäftsführers« i.S.d. § 8 Abs. 2 GmbHG befindet, wenn die Einzahlung auf ein Bankkonto erfolgt, über das nach den Kontobedingungen der Bank erst mit der Eintragung der GmbH im Handelsregister verfügt werden kann (»Einzahlung auf Sperrkonto«). Nach dem Wortlaut des § 7 Abs. 3 GmbHG müssen dem Geschäftsführer die Einlagen bereits vor der Anmeldung der GmbH und nicht erst mit ihrer Eintragung zur freien Verfügung stehen. Eine solche Zahlung wird daher überwiegend für nicht ausreichend erachtet.[630] Diese Auffassung vernachlässigt allerdings den Normzweck der §§ 8 Abs. 2, 7 Abs. 3 GmbHG, bei denen es sich um Bestimmungen zum Gläubigerschutz handelt, der bei einer Einzahlung auf ein Sperrkonto im Ergebnis nicht beeinträchtigt wird.[631] Da die Rechtslage unsicher ist, empfiehlt es sich zur Vermeidung des Risikos einer Strafbarkeit (§ 82 Abs. 1 Nr. 1 GmbHG), den Vorgang in der Anmeldung offenzulegen. Dann dürfte eine falsche Angabe i.S.v. § 82 Abs. 1 Nr. 1 GmbHG nicht vorliegen.[632] 463

Die Registergerichte verlangen seit Inkrafttreten des MoMiG auf der Grundlage des § 19 Abs. 5 Satz 2 GmbHG n.F. teilweise generell eine **Negativangabe**, dass eine Rückzahlung der Einlage weder erfolgt noch vereinbart ist, und zwar auch, wenn hierfür keine Anhaltspunkte bestehen. Ein solches 464

---

622 BGH DNotZ 1983, 633 = NJW 1983, 1676 = BGHZ 87, 59; Baumbach/Hueck/*Fastrich*, § 8 Rn. 19.
623 OLG Hamm DB 1996, 2272; BayObLG BB 1982, 577; OLG Frankfurt am Main BB 1984, 238; DB 1993, 2174; OLG Karlsruhe BB 1984, 238.
624 OLG Hamm GmbHR 1993, 500.
625 OLG München DNotZ 2012, 557 = NZG 2012, 429.
626 Baumbach/Hueck/*Fastrich*, § 8 Rn. 11.
627 Baumbach/Hueck/*Fastrich*, § 8 Rn. 12.
628 BayObLG DNotZ 1980, 646; OLG Hamm GmbHR 1983, 102; OLG Celle GmbHR 1986, 309.
629 OLG Düsseldorf DNotZ 1986, 180; OLG Frankfurt am Main BB 1992, 1160.
630 Scholz/*Veil*, § 7 Rn. 40; BayObLG GmbHR 1998, 736, 737.
631 Vgl. im einzelnen die Argumentation in: Gutachten DNotI v. 29.03.2019 Abruf-Nr. 164915.
632 Gutachten DNotI v. 29.03.2019 Abruf-Nr. 164915 mit Verweis auf *Heidinger/Knaier*, in: FS 25 Jahre DNotI, 2018, S. 467, 483 f.

Verlangen der Registerpraxis ist mit dem Gesetz nicht vereinbar. Nach dem Gesetzeswortlaut des § 19 Abs. 5 Satz 2 GmbHG n.F. ist lediglich die Leistung, mit der eine Einlage zurückgezahlt wird oder die Vereinbarung einer solchen Leistung anzugeben. Dies bedeutet im Umkehrschluss, dass nichts anzugeben ist, wenn weder eine Leistung noch die Vereinbarung einer solchen im Raume stehen. Dafür spricht auch die systematische Stellung des § 19 Abs. 5 Satz 2 GmbHG n.F., der sich auf den Sonderfall einer Einlagenrückzahlung nach § 19 Abs. 5 Satz 1 GmbHG n.F. bezieht. Hätte der Gesetzgeber für alle Fälle der Anmeldung eine Angabe für erforderlich gehalten, ob Einlagen zurückgezahlt worden sind oder nicht, wäre dies richtigerweise in § 8 GmbHG zu regeln gewesen. Schließlich führt die mangelnde Offenlegung des Hin- und Herzahlens zur Strafbarkeit des Geschäftsführers der Gesellschaft gem. § 82 Abs. 1 Nr. 1 GmbHG, so dass eine ausdrückliche Negativangabe auch vor diesem Hintergrund entbehrlich ist.

465 Da bei der **UG (haftungsbeschränkt)** nach § 5a Abs. 2 GmbHG die Anmeldung erst nach Volleinzahlung des Stammkapitals erfolgen darf, kann und muss bei ihrer Anmeldung die Volleinzahlung des Stammkapitals versichert werden.

466 Bei **Sacheinlagen** sind die Übereinstimmung der geleisteten Gegenstände mit den im Gesellschaftsvertrag festgesetzten Gegenständen sowie die wirksame Erfüllung zu versichern. Bei Sachübernahme ist in die Versicherung auch die Durchführung und Höhe der Verrechnung aufzunehmen.

467 Nach ganz h.M. sind in der Versicherung nach § 8 Abs. 2 GmbHG auch Angaben darüber aufzunehmen, ob und inwieweit Anfangskapital durch Verbindlichkeiten **vorbelastet** ist.[633] Die Minderung oder Belastung des Stammkapitals durch gründungsbedingte Gebühren und Kosten ist unschädlich und muss in der Versicherung nicht erwähnt werden, wenn diese im Gesellschaftsvertrag wirksam als Gründungsaufwand festgesetzt worden sind. Alle übrigen im Zeitpunkt der Anmeldung bestehenden, nichtausgeglichenen Minderungen oder Belastungen des Anfangskapitals müssen angegeben werden. Bereits im Zeitpunkt der Anmeldung unrichtige Angaben sind zu berichtigen. Durch Veränderungen nach der Anmeldung wird die Versicherung nicht unrichtig. Es besteht daher nach h.M. auch keine Nachmeldepflicht der Geschäftsführer.[634] Vor der Handelsregisteranmeldung entstandene und bis zur Handelsregisteranmeldung nicht ausgeglichene Vorbelastungen, stellen ein **Eintragungshindernis** dar.[635] Das Registergericht kann und muss nach h.M. die Eintragung der Gesellschaft in diesem Falle ablehnen.

468 **Maßgebender Zeitpunkt** für die Beurteilung der Richtigkeit der Versicherung über die Leistung der Einlagen ist der Eingang der Erklärung beim Registergericht und nicht etwa der Zeitpunkt der Abgabe der Erklärungen beim Notar.[636]

e) Versicherung über Nichtvorliegen von Bestellungshindernissen

469 In der Anmeldung haben die Geschäftsführer weiter zu versichern, dass keine Umstände vorliegen, die ihrer **Bestellung** nach § 6 Abs. 2 Satz 2 Nrn. 2 und 3 sowie § 6 Abs. 2 Satz 3 entgegenstehen, und dass sie über ihre unbeschränkte Auskunftspflicht nach § 53 Abs. 2 des Bundeszentralregistergesetzes gegenüber dem Gericht belehrt worden sind.[637] Der Katalog der Ausschlussgründe und damit der Inhalt er Versicherung wurde durch das MoMiG erheblich erweitert. Da § 8 Abs. 3 GmbHG jedoch nicht auf § 6 Abs. 2 Satz 2 Nr. 1 GmbHG verweist, muss sich die Versicherung des Geschäftsführers nicht auf das Nichtvorliegen eines Einwilligungsvorbehalts gem. § 1903 BGB

---

633 Baumbach/Hueck/*Fastrich*, § 8 Rn. 14 m.w.N.; Scholz/*Veil*, § 8 Rn. 27 a.E.; Michalski/*Tebben*, § 8 Rn. 32 ff.
634 Baumbach/Hueck/*Fastrich*, § 8 Rn. 14; Lutter/Hommelhoff/*Bayer*, § 8 Rn. 6, 12.
635 Baumbach/Hueck/*Fastrich*, § 9c Rn. 11 m.w.N.; Michalski/*Tebben*, § 9c Rn. 29.
636 Baumbach/Hueck/*Fastrich*, § 8 Rn. 12; Michalski/*Tebben*, § 8 Rn. 30; Scholz/*Veil*, § 8 Rn. 24; Gutachten in DNotI-Report 2003, 115 f.
637 OLG Karlsruhe NZG 2012, 598: Dabei muss das Wort »versichern« nicht angegeben werden. Es genügt jede Wendung, die eigenverantwortliche Bekundung des Betroffenen erkennen lässt.

erstrecken. Seit dem Inkrafttreten der Straftatbestände der §§ 265c, 265d und 265e StGB[638] ist fraglich, ob sich die Versicherung des Geschäftsführers auch auf diese beziehen muss.[639] Die Beantwortung dieser Frage hängt von der Rechtsnatur der Verweisung im GmbHG ab. Das Bestimmtheitsgebot des Art. 103 GG spricht hier eher für die Annahme einer statischen Verweisung, die die Aufnahme der neuen Straftatbestände entbehrlich erscheinen lässt In der Praxis kann es sich empfehlen, die Frage vorab mit dem Registergericht zu klären.

Eine allgemein gehaltene vom Geschäftsführer in der Anmeldung zum Handelsregister gem. § 8 Abs. 3 GmbHG abgegebene Versicherung, er sei »noch nie, weder im Inland noch im Ausland, wegen einer Straftat verurteilt worden«, genügt nach Auffassung des BGH[640] den gesetzlichen Anforderungen. Es ist weder erforderlich, die in § 6 Abs. 2 Satz 2 Nr. 3 GmbHG genannten Straftatbestände noch die in Rede stehenden vergleichbaren Bestimmungen des ausländischen Rechts in der Versicherung im Einzelnen aufzuführen. Diese Versicherung des Geschäftsführers beinhaltet in hinreichender Weise die Information, dass er (auch) nicht wegen einer vorsätzlich begangenen Straftat i.S.d. Katalogs des § 6 Abs. 2 Satz 2 Nr. 3 GmbHG bzw. einer vergleichbaren Auslandstat verurteilt wurde. Damit hat das Registergericht die für die Eintragungsentscheidung erforderliche tatsächliche Information erhalten, der Gesetzeszweck ist vollständig erreicht. **470**

Aus dem Beschluss des BGH wird teilweise hergeleitet, dass sich die Versicherung des Geschäftsführers nach den §§ 8 Abs. 3, 39 Abs. 3 und 67 Abs. 3 GmbHG auf die Wiedergabe des Gesetzestextes beschränken dürfe.[641] Werden die Bestellungshindernisse in der Versicherung jedoch im Einzelnen aufgeführt, so ist zu beachten, dass die Übernahme des Gesetzeswortlauts des § 6 Abs. 2 Satz 2 Nr. 2 des GmbH-Gesetzes in die Versicherung nach der im Vordringen befindlichen m.E. zutreffenden Auffassung insoweit für unzulässig gehalten wird, als der Geschäftsführer versichert, dass er weder aufgrund eines gerichtlichen Urteils oder einer vollziehbaren Entscheidung einer Verwaltungsbehörde einen Beruf, einen Berufszweig, ein Gewerbe oder einen Gewerbezweig *im Bereich des Unternehmensgegenstands* nicht ausüben darf. Da die Überprüfung, ob ein etwaiges Tätigkeitsverbot in den Bereich des Unternehmensgegenstands falle, dem Registergericht und nicht dem die Versicherung abgebenden Geschäftsführer obliege, dürfe diese Beschränkung nicht in die Versicherung aufgenommen werden. Vielmehr müsse ein etwaiges Verbot offen gelegt oder *jegliches Verbot* verneint werden, so wie dies in dem vom BGH entschiedenen Fall war.[642] Ist die Versicherung des Geschäftsführers falsch, weil eine Gewerbeuntersagung eines Unternehmensteilgegenstands besteht, führt dies zur Nichtigkeit der Geschäftsführerbestellung.[643] Diese Nichtigkeit entfällt auch nicht mit Ablauf von 5 Jahren nach der Bestellung. Die Frist des § 6 Abs. 2 Satz 2 Nr. 3 a.E. GmbHG ist nicht auf den Tatbestand des § 6 Abs. 2 Nr. 2 GmbHG übertragbar.[644] **471**

Auch genügt eine Versicherung, in der ein Geschäftsführer nur auf den Zeitpunkt der Verurteilung selbst abstellt und nicht auf den der Rechtskraft des Urteils, nicht den Anforderungen des § 6 Abs. 2 Satz 2 GmbHG, da sie dem Registergericht nicht die nach dem Gesetz erforderlichen Angaben über das Vorliegen eines Ausschlussgrundes nach § 6 Abs. 2 Satz 2 Nr. 3 GmbHG vermittelt.[645]

---

638 51. Strafrechtsänderungsgesetz, BGBl. I 2017, 815.
639 Befürwortend OLG Oldenburg, FGPrax 2018, 21; ablehnend Gutachten, DNotI-Report, 2017, 73 ff.; OLG Hamm, DNotI-Report 2018, 165 = FGPrax 2018, 260.
640 BGH, Beschl. v. 17.05.2010 – II ZB 5/10, NZG 2010, 829 = ZIP 2010, 1337; OLG Hamm NZG 2011, 710.
641 OLG Stuttgart GmbHR 2013, 91 m. zust. Anm. *Oppenländer/Kunkel, Wachter* ZIP 2010, 1339, 1341; a.A. OLG Schleswig MittBay Not 2015, 155, 157: Der Geschäftsführer müsse eine Versicherung abgeben, in der das Vorliegen konkreter Tatsachen verneint wird, die seiner Bestellung entgegenstehen würden; so auch OLG Frankfurt am Main v. 09.04.2015 – 20 W 215/14, ZIP 2015, 2076.
642 Vgl. BayObLGZ 1981, 396 ff.; OLG Schleswig MittBay Not 2015, 155, 157; OLG Frankfurt am Main v. 09.04.2015 – 20 W 215/14, ZIP 2015, 2076.
643 KG NZG 2012, 430.
644 Baumbach/Hueck/*Fastrich*, § 6 Rn. 12.
645 BGH DNotZ 2011, 790 = NZG 2011, 871.

Fraglich geworden ist durch eine Entscheidung des OLG Frankfurt am Main, ob bei einer Anmeldung mehrerer Geschäftsführer in einer einheitlichen Anmeldung die Versicherung der Geschäftsführer in »Wir«-Form den Anforderungen des § 8 Abs. 3 Satz 1 GmbHG entspricht. Das OLG Frankfurt am Main verneint dies, da damit nicht hinreichend klar werde, dass keine den jeweiligen Geschäftsführer nur einzeln betreffenden Verurteilungen und Untersagungsverfügungen vorliegen.[646]

472 Bei einem **Geschäftsführerwechsel** vor Eintragung der Gesellschaft hat der neue Geschäftsführer in jedem Fall die Versicherung nach § 8 Abs. 3 GmbHG abzugeben, dass keine Bestellungshindernisse in seiner Person bestehen. Die Abgabe der Versicherung nach § 8 Abs. 2 GmbHG ist nur erforderlich, wenn er die Anmeldung ergänzt und daher als Anmeldender zur nachträglichen Berichtigung oder Ergänzung verpflichtet ist.[647]

5. Anlagen zur Anmeldung

a) Checkliste

473 ▶ **Checkliste: Anlagen zur Anmeldung**

Der Anmeldung müssen gem. § 8 Abs. 1 GmbHG folgende **Unterlagen** in elektronischer Form (§ 8 Abs. 2 GmbHG i.V. mit § 12 Abs. 2 HGB) als **Anlagen** beigefügt sein:
- ☐ der Gesellschaftsvertrag oder eine beglaubigte Abschrift dieser Urkunde;
- ☐ die notariell errichtete oder beglaubigte Vollmacht des den Gesellschaftsvertrag unterzeichnenden Bevollmächtigten im Falle der rechtsgeschäftlichen Vertretung eines Gründers, oder eine beglaubigte Abschrift dieser Urkunde;
- ☐ die Legitimation der Geschäftsführer, sofern dieselben nicht im Gesellschaftsvertrag bestellt sind, also der Gesellschafterbeschluss oder sonstiger Bestellungsakt in Urschrift oder beglaubigter Abschrift, bei zulässiger mündlicher Bestellung elektronische Aufzeichnung der schriftlichen Bestätigung der Mitglieder des Bestellungsorgans;
- ☐ Gesellschafterliste gem. § 40 GmbHG auf von der Anmeldung gesonderten Blatt, die von den Anmeldenden, d.h. sämtlichen Geschäftsführern unterschrieben sein muss und aus der Name, Vorname, Geburtsdatum und Wohnort der Gesellschafter sowie die Nennbeträge und die laufenden Nummern der von einem jeden derselben übernommenen Geschäftsanteile sowie die durch den jeweiligen Nennbetrag eines Geschäftsanteils vermittelte jeweilige prozentuale Beteiligung am Stammkapital zu entnehmen sind. Ist ein Gesellschafter selbst eine Gesellschaft, so sind bei eingetragenen Gesellschaften in die Liste deren Firma, Satzungssitz, zuständiges Register und Registernummer aufzunehmen, bei nicht eingetragenen Gesellschaften deren jeweilige Gesellschafter unter einer zusammenfassenden Bezeichnung mit Name, Vorname, Geburtsdatum und Wohnort. Hält ein Gesellschafter mehr als einen Geschäftsanteil, ist in der Liste der Gesellschafter zudem der Gesamtumfang der Beteiligung am Stammkapital als Prozentsatz gesondert anzugeben. Halten mehrere Personen einen Geschäftsanteil gemeinschaftlich sind alle Personen aufzuführen sowie die Art des Gemeinschaftsverhältnisses[648]; eine Gesellschafterliste erübrigt sich jedoch bei Gründung im vereinfachten Verfahren, dort ersetzt das Musterprotokoll nach § 2 Abs. 1 GmbHG die Gesellschafterliste[649]; die Unterzeichnung der Gesellschafterliste durch den Notar ist nach dem Gesetz bei der anlässlich der Gründung einzureichenden Gesellschafterliste nicht vorgesehen.
- ☐ bei Sachgründungen

---

646 OLG Frankfurt am Main, Beschl. v. 04.02.2016 – 20 W 28/16.
647 Baumbach/Hueck/*Fastrich*, § 8 Rn. 11; a.A. MünchHdb. GesR III/*Riemenschneider/Freitag*, GmbH, § 8 Rn. 10.
648 Bei Aufnahme eines Testamentsvollstreckervermerks in die Liste kann das Handelsregister diese zurückweisen, BGH DNotI-Report 2015, 53.
649 S. dazu unten Rdn. 589.

A. Gründung der Gesellschaft mit beschränkter Haftung

– die Verträge, die den Festsetzungen zugrunde liegen oder zu ihrer Ausführung geschlossen worden sind, soweit diese wenigstens in Schriftform verfügbar sind; andernfalls ist nach h.M. die Angabe, dass diese fehlt hinreichend aber auch erforderlich;[650]
– der Sachgründungsbericht, der von allen Gründern unterzeichnet sein muss;
– Unterlagen darüber, dass der Wert der Sacheinlagen den Nennbetrag der dafür übernommenen Geschäftsanteile erreicht, damit das Registergericht der ihm mangels gesonderter Gründungsprüfung, nach § 9c GmbHG zugewiesenen Prüfungspflicht nachkommen kann.

Grundsätzlich nicht beigefügt sein müssen der Anmeldung seit Inkrafttreten des MoMiG am 01.11.2008 etwaige **Genehmigungsurkunden** für den Fall, dass der Gegenstand des Unternehmens einer staatlichen Genehmigung bedarf. Die entsprechende Regelung des § 8 Abs. 1 Nr. 6 GmbHG a.F. wurde ersatzlos gestrichen. Dies gilt jedoch nicht, wenn in den die Genehmigungsbedürftigkeit begründenden Spezialgesetzen ausnahmsweise eine **Registersperre** für Eintragungen in öffentliche Register ohne Vorlage der erforderlichen Genehmigung angeordnet ist. Dies ist beispielsweise bei § 43 KWG der Fall. 474

b) Gestaltungsvorschlag: Gesellschafterliste anlässlich Gründung

Die Gesellschafter sind im nachfolgenden Gestaltungsvorschlag gleichzeitig auch Geschäftsführer der GmbH. Unterzeichnen müssen die Gesellschafterliste[651] lediglich die Geschäftsführer. Bei Fremdgeschäftsführung ist eine Unterzeichnung der Gesellschafterliste durch die Gesellschafter nicht erforderlich und kann die Unterzeichnung durch die Geschäftsführer nicht ersetzen. 475

▶ Formulierungsbeispiel: Liste der Gesellschafter 476

Liste der Gesellschafter der Franz Wilhelm & Xaver Friedrich GmbH mit dem Sitz in Bergisch Gladbach			
Nr. des Geschäftsanteils	Vor- und Nachname/ Firma des Gesellschafters Geburtsdatum	Wohnort/Sitz des Gesellschafters	Nennbetrag d. Geschäftsanteils
1	Franz Wilhelm 01.01.1985	Köln	12.500,00 €
2	Xaver Friedrich 01.01.1975	Bergisch Gladbach	12.500,00 €
Stammkapital (EUR)			25.000,00 €
Bergisch Gladbach, den.		2010	
_____ Franz Wilhelm Geschäftsführer			_____ Xaver Friedrich Geschäftsführer

---

650 Baumbach/Hueck/*Fastrich*, § 8 Rn. 8.
651 § 40 GmbHG ist aufgrund Art. 14 des Gesetzes zur Umsetzung der Vierten EU-Geldwäscherichtlinie geändert worden (BGBl. 2017 I, S. 1822). Die GmbH-Gesellschafterliste muss jetzt zusätzlich auch Angaben zur jeweiligen prozentualen Beteiligung am Stammkapital für jeden Geschäftsanteil eines Gesellschafters und insgesamt für jeden Gesellschafter enthalten. Außerdem enthält § 40 Abs. 4 GmbHG seither eine Ermächtigungsgrundlage zum Erlass einer Verordnung über die Ausgestaltung der Gesellschafterliste. Von dieser Ermächtigungsgrundlage hat das Bundesministerium der Justiz und für Verbraucherschutz (BMJV) Gebrauch gemacht und die Gesellschafterlistenverordnung (GesLV) erlassen (BGBl. 2018 I, S. 870). Die Verordnung ist zum 01.07.2018 in Kraft getreten (§ 6 GesLV). S. zum Ganzen auch Gutachten, DNotI-Report 2017, 131; 2018, 105.

6. Formulierungsvorschläge Handelsregisteranmeldung

477 ▶ **Formulierungsbeispiel: Anmeldung Bargründung Ein-Personen-GmbH**

An das

Amtsgericht ..... – Handelsregister

Betr.: Neuanmeldung der .....-Gesellschaft mit beschränkter Haftung mit dem Sitz in.....

Als Geschäftsführer der

.....-Gesellschaft mit beschränkter Haftung

in ..... (Satzungssitz) überreicht der Unterzeichnete ..... (Name), ... (Beruf), geboren am ....., geschäftsansässig/wohnhaft ..... (Straße), ... (Ort), als Anlage

1. beglaubigte Abschrift der notariellen Niederschrift vom ..... (Datum) – UR.Nr. ...../..... des Notars ..... (Name) in ..... (Ort der Amtsstelle) –, die enthält
   a) den Gesellschaftsvertrag,
   b) die Bestellung des Unterzeichneten zum Geschäftsführer der Gesellschaft,
2. die beglaubigte Vollmacht/beglaubigte Ablichtung der notariellen Ausfertigung der Vollmacht der Vertreter, die den Gesellschaftsvertrag unterzeichnet haben,
3. die unterzeichnete Liste der Gesellschafter

Der Unterzeichnete meldet hiermit die Gesellschaft und sich als deren Geschäftsführer zur Eintragung in das Handelsregister an.

Weiter wird zur Eintragung in das Handelsregister angemeldet:
   a) Abstrakte Vertretungsregelung
   (für unechte gemischte Gesamtvertretung mit Ermächtigung zur Erteilung von Einzelvertretung und Befreiung von § 181 BGB)
   Ist nur ein Geschäftsführer berufen, so vertritt er die Gesellschaft allein. Sind mehrere Geschäftsführer bestellt, so wird die Gesellschaft durch zwei Geschäftsführer gemeinsam oder durch einen Geschäftsführer in Gemeinschaft mit einem Prokuristen vertreten, soweit nicht durch Beschlussfassung der Gesellschafterversammlung Geschäftsführern die Befugnis zur Einzelvertretung eingeräumt wird.
   Geschäftsführer können durch Beschlussfassung der Gesellschafterversammlung von den in § 181 des Bürgerlichen Gesetzbuches geregelten Beschränkungen befreit werden.
   b) Konkrete Vertretungsmacht
   (des bestellten Geschäftsführers, der einzelvertretungsbefugt und von § 181 BGB befreit ist)
   Der Unterzeichnete ist zum Geschäftsführer der Gesellschaft bestellt. Er ist als Geschäftsführer stets einzelvertretungsbefugt und von den in § 181 des Bürgerlichen Gesetzbuches geregelten Beschränkungen befreit.
   Der unterzeichnende Geschäftsführer versichert, dass auf sämtliche Geschäftsanteile die Einzahlung jeweils in voller Höhe des Nennbetrags, also in Höhe von ..... Euro, in bar bewirkt ist und dass sich der eingezahlte Betrag endgültig in seiner freien Verfügung befindet. Ferner versichert er, dass das Stammkapital – außer den Gründungskosten im Betrag von höchstens ..... Euro – nicht durch Verbindlichkeiten vorbelastet ist.

Der unterzeichnende Geschäftsführer versichert weiter, dass keine Umstände vorliegen, die seiner Bestellung nach § 6 Abs. 2 S. 2 Nrn. 2 und 3 sowie S. 3 des GmbH-Gesetzes entgegenstehen, und dass er weder
1. aufgrund eines gerichtlichen Urteils oder einer vollziehbaren Entscheidung einer Verwaltungsbehörde einen Beruf, einen Berufszweig, ein Gewerbe oder einen Gewerbezweig[652] nicht ausüben darf, noch
2. im Inland wegen einer oder mehrerer vorsätzlich begangener Straftaten
   des Unterlassens der Stellung des Antrags auf Eröffnung des Insolvenzverfahrens (Insolvenzverschleppung),
   nach den §§ 283 bis 283d des Strafgesetzbuchs (Insolvenzstraftaten),

---

[652] Im Bereich des Unternehmensgegenstands; siehe dazu Rdn. 469.

A. Gründung der Gesellschaft mit beschränkter Haftung — Kapitel 2

der falschen Angaben nach § 82 des GmbH-Gesetzes oder § 399 des Aktiengesetzes, der unrichtigen Darstellung nach § 400 des Aktiengesetzes, § 331 des Handelsgesetzbuchs, § 313 des Umwandlungsgesetzes oder § 17 des Publizitätsgesetzes oder nach den §§ 263 bis 264a oder den §§ 265b (ggf. vorsorglich aufzunehmen: §§ 265c, 265d und 265e StGB) bis 266a des Strafgesetzbuchs zu einer Freiheitsstrafe von mindestens einem Jahr oder

3. im Ausland wegen einer Tat, die mit den in Ziffer 2. genannten Taten vergleichbar ist, verurteilt worden ist.

Ihm ist bekannt, dass der Ausschluss gemäß vorstehender Ziffer 2. und 3. für die Dauer von 5 Jahren seit der Rechtskraft des Urteils gilt, wobei die Zeit nicht eingerechnet wird, in welcher der Täter auf behördliche Anordnung in einer Anstalt verwahrt worden ist. Er versichert ferner, dass er von dem seine Unterschrift unter dieser Registeranmeldung beglaubigenden Notar nach § 53 Abs. 2 des Bundeszentralregistergesetzes über seine unbeschränkte Auskunftspflicht gegenüber dem Gericht belehrt worden ist. Außerdem versichert er, dass der Notar über die Strafbarkeit falscher Angaben im Rahmen dieser Handelsregisteranmeldung und darüber belehrt hat, dass das Registergericht zur Überprüfung der Angaben einen Auszug aus dem Bundeszentralregister über strafrechtliche Verurteilungen und andere Eintragungen (z.B. Untersagung der Ausübung eines Berufes, Berufszweiges, Gewerbes oder Gewerbezweiges) einholen kann.

Der Geschäftsführer ist darauf hingewiesen worden, dass er verpflichtet sind, bei jeder Änderung im Gesellschafterbestand unverzüglich eine neue Liste der Gesellschafter dem Handelsregister einzureichen, anderenfalls er den Gläubigern der Gesellschaft für den daraus entstandenen Schaden persönlich haftet (§ 40 Abs. 3 GmbHG).

Die Geschäftsanschrift der Gesellschaft lautet: ....., ...; dies ist auch die inländische Geschäftsanschrift im Sinne des § 10 Abs. 1 S. 1 GmbHG.

Notar ..... in ..... ist berechtigt, die Anträge aus dieser Registeranmeldung – auch eingeschränkt – dem Registergericht vorzulegen, sie wieder zurückzunehmen sowie Änderungen und Ergänzungen dieser Registeranmeldung vorzunehmen, soweit sie vom Registergericht gefordert werden.

....., den.....

▶ **Formulierungsbeispiel: Anmeldung Sachgründung Mehr-Personen-GmbH** 478

An das

Amtsgericht ..... – Handelsregister –

Als Geschäftsführer der

XY-GmbH

in ..... überreichen die Unterzeichneten als Anlage

1. beglaubigte Abschrift der notariellen Niederschrift vom ..... – UR.Nr. ...../..... des Notars ..... in ..... –, die enthält
   a) den Gesellschaftsvertrag,
   b) die Bestellung der Unterzeichneten zu Geschäftsführern der Gesellschaft,
   c) die Verträge, die den Festsetzungen der Sacheinlagen zugrunde liegen und zu ihrer Ausführung geschlossen sind,
2. die unterzeichnete Liste der Gesellschafter,
3. den Sachgründungsbericht,
4. die Jahresergebnisse der beiden letzten Geschäftsjahre,
5. die Unterlagen darüber, dass der Wert der Sacheinlagen den Betrag der dafür übernommenen Stammeinlagen erreicht.

Die Unterzeichneten melden hiermit die Gesellschaft und sich als Geschäftsführer zur Eintragung in das Handelsregister an.

Weiter wird zur Eintragung in das Handelsregister angemeldet:

a) Allgemeine Vertretungsregelung
(für unechte gemischte Gesamtvertretung mit Ermächtigung zur Erteilung von Einzelvertretung und Befreiung von § 181 BGB)
Die Gesellschaft einen oder mehrere Geschäftsführer. Ist nur ein Geschäftsführer vorhanden, so vertritt er die Gesellschaft allein. Sind mehrere Geschäftsführer bestellt, so wird die Gesellschaft durch zwei Geschäftsführer gemeinsam oder durch einen Geschäftsführer in Gemeinschaft mit einem Prokuristen vertreten, soweit nicht durch Beschlussfassung der Gesellschafterversammlung Geschäftsführern die Befugnis zur Einzelvertretung eingeräumt wird.
Die Gesellschafterversammlung kann ferner Geschäftsführer von den Beschränkungen in § 181 des Bürgerlichen Gesetzbuches befreien.

b) Konkrete Vertretungsmacht
(der bestellten Geschäftsführer, die einzelvertretungsbefugt und von § 181 BGB befreit sind)
Die Unterzeichneten sind als Geschäftsführer stets einzelvertretungsbefugt und von den in § 181 des Bürgerlichen Gesetzbuches geregelten Beschränkungen befreit.

Die unterzeichneten Geschäftsführer versichern, dass die Sacheinlagen auf die Gesellschaft übertragen sind und dass diese sich endgültig in ihrer freien Verfügung befinden. Sie versichern insbesondere, dass alle Vermögensteile des bisher von der ..... Gesellschaft bürgerlichen Rechts betriebenen Unternehmens auf die Gesellschaft übertragen sind und sich endgültig in ihrer freien Verfügung befinden. Ferner versichern sie, dass das Stammkapital – außer den Gründungskosten im Betrag von höchstens ..... EUR und den übernommenen im laufenden Betrieb des eingebrachten Unternehmens entstandenen und noch entstehenden Verbindlichkeiten – nicht durch Verbindlichkeiten vorbelastet ist und dass der Wert des eingebrachten Unternehmens dessen Verbindlichkeiten, und zwar unter Berücksichtigung der seit dem Zeitpunkt der Eröffnungsbilanz noch entstandenen Verbindlichkeiten um einen über der Summe des Stammkapitals liegenden Betrag übersteigt.

Die unterzeichnenden Geschäftsführer versichern weiter, dass keine Umstände vorliegen, die ihrer Bestellung nach § 6 Abs. 2 S. 2 Nr. 2 und 3 sowie S. 3 des GmbH-Gesetzes entgegenstehen, und dass sie weder

1. aufgrund eines gerichtlichen Urteils oder einer vollziehbaren Entscheidung einer Verwaltungsbehörde einen Beruf, einen Berufszweig, ein Gewerbe oder einen Gewerbezweig[653] nicht ausüben dürfen, noch
2. im Inland wegen einer oder mehrerer vorsätzlich begangener Straftaten
   a) des Unterlassens der Stellung des Antrags auf Eröffnung des Insolvenzverfahrens (Insolvenzverschleppung),
   b) nach den §§ 283 bis 283d des Strafgesetzbuchs (Insolvenzstraftaten),
   c) der falschen Angaben nach § 82 des GmbH-Gesetzes oder § 399 des Aktiengesetzes,
   d) der unrichtigen Darstellung nach § 400 des Aktiengesetzes, § 331 des Handelsgesetzbuchs, § 313 des Umwandlungsgesetzes oder § 17 des Publizitätsgesetzes oder
   e) nach den §§ 263 bis 264a oder den §§ 265b (ggf. vorsorglich aufzunehmen: §§ 265c, 265d und 265e StGB) bis 266a des Strafgesetzbuchs zu einer Freiheitsstrafe von mindestens einem Jahr oder
3. im Ausland wegen einer Tat, die mit den in Ziffer 2. genannten Taten vergleichbar ist, verurteilt worden sind.

Ihnen ist bekannt, dass der Ausschluss gemäß vorstehender Ziffer 2. und 3. für die Dauer von 5 Jahren seit der Rechtskraft des Urteils gilt, wobei die Zeit nicht eingerechnet wird, in welcher der Täter auf behördliche Anordnung in einer Anstalt verwahrt worden ist. Sie versichern ferner, dass sie von dem ihre Unterschrift unter dieser Registeranmeldung beglaubigenden Notar nach § 53 Abs. 2 des Bundeszentralregistergesetzes über ihre unbeschränkte Auskunftspflicht gegenüber dem Gericht belehrt worden sind. Außerdem versichern sie, dass der Notar über die Strafbarkeit falscher Angaben im Rahmen dieser Handelsregisteranmeldung und darüber belehrt hat, dass das Registergericht zur Überprüfung der Angaben einen Auszug aus dem Bundeszentral-

---

653 Im Bereich des Unternehmensgegenstands; siehe Rdn. 469.

register über strafrechtliche Verurteilungen und andere Eintragungen (z. B. Untersagung der Ausübung eines Berufes, Berufszweiges, Gewerbes oder Gewerbezweiges) einholen kann.

Die Geschäftsführer sind darauf hingewiesen worden, dass sie verpflichtet sind, bei jeder Änderung im Gesellschafterbestand unverzüglich eine neue Liste der Gesellschafter dem Handelsregister einzureichen, anderenfalls er den Gläubigern der Gesellschaft für den daraus entstandenen Schaden persönlich haftet (§ 40 Abs. 3 GmbHG).

Die Geschäftsanschrift der Gesellschaft lautet: ....., ...; dies ist auch die inländische Geschäftsanschrift im Sinne des § 10 Abs. 1 S. 1 GmbHG.

Notar ..... in ..... ist berechtigt, die Anträge aus dieser Registeranmeldung – auch eingeschränkt – dem Registergericht vorzulegen, sie wieder zurückzunehmen sowie Änderungen und Ergänzungen dieser Registeranmeldung vorzunehmen, soweit sie vom Registergericht gefordert werden.

....., den.....

VIII. Mitteilungspflichten gegenüber dem Finanzamt und anderen Behörden

Gem. § 137 AO i.V. mit § 54 Einkommensteuerdurchführungsverordnung (EStDV) sind Notare verpflichtet, dem nach § 20 AO zuständigen Finanzamt (Körperschaftsteuerstelle) eine beglaubigte Abschrift aller auf Grund gesetzlicher Vorschrift aufgenommenen oder beglaubigten Urkunden, die die Gründung zum Gegenstand haben, zu übersenden. 479

Die Abschrift ist gem. § 54 Abs. 2 EStDV binnen 2 Wochen, von der Aufnahme oder Beglaubigung der Urkunde ab gerechnet, einzureichen. Die Kennzeichnung mit der Steuernummer gem. § 54 Abs. 2 Satz 2 EStDV scheidet aus, da eine solche noch nicht besteht. Die Absendung der Urkunde ist vom Notar auf der zurückbehaltenen Urschrift der Urkunde beziehungsweise auf einer zurückbehaltenen Abschrift zu vermerken. 480

Den Beteiligten dürfen die Urschrift, eine Ausfertigung und auch eine beglaubigte Abschrift der Urkunde erst ausgehändigt werden, wenn die Abschrift der Urkunde an das Finanzamt abgesandt worden ist. 481

IX. Kapitalaufbringung und Kapitalerhaltung

1. Allgemeines

Den Gläubigern der GmbH haftet grundsätzlich nur deren Gesellschaftsvermögen. Eine persönliche Haftung der Gesellschafter sowie der Geschäftsführer der Gesellschaft besteht im Außenverhältnis der Gesellschaft deren Gläubigern gegenüber grundsätzlich nicht. 482

Vor diesem Hintergrund misst der Gesetzgeber der **Aufbringung und Erhaltung des Stammkapitals** der GmbH aus Gründen des Gläubigerschutzes besondere Bedeutung bei. Die Gläubiger der Gesellschaft sollen darauf vertrauen dürfen, dass die GmbH bei ihrer Gründung mit dem im Gesellschaftsvertrag festgesetzten Stammkapital real ausgestattet worden ist. Die Kapitalerhaltungsvorschriften sollen vermeiden, dass der Gesellschaft nach ihrer Gründung und Eintragung im Handelsregister das haftende Stammkapital wieder willkürlich entzogen werden kann. Das Kapitalschutzsystem der GmbH ist gewissermaßen der »Preis« für die mit der Haftungsbeschränkung auf das Gesellschaftsvermögen verbundene Gläubigergefährdung. Beherrschende Grundidee des Kapitalschutzsystems des GmbH-Gesetzes ist daher, dass bei der Gründung der GmbH zumindest zum **Zeitpunkt der Eintragung** der Gesellschaft in das Handelsregister das Stammkapital einmal unbelastet vorhanden ist (Unversehrtheitsgrundsatz). Wird das Kapital der GmbH nach ihrer Eintragung im Handelsregister für Zwecke des Unternehmens der Gesellschaft im allgemeinen Geschäftsverkehr verbraucht, so sind die Gläubiger der Gesellschaft davor nicht geschützt. 483

Bei der **Kapitalerhöhung** hat der BGH den Zeitpunkt, zu dem das erhöhte Kapital für Zwecke der Gesellschaft verbraucht werden kann, weiter vorverlagert. Bei der Kapitalerhöhung muss das erhöhte 484

Kapital im Zeitpunkt der Eintragung der Kapitalerhöhung im Handelsregister und auch im Zeitpunkt der Anmeldung der Kapitalerhöhung nicht mehr wertgleich im Vermögen der Gesellschaft vorhanden sein. Hier genügt es, wenn die geschuldete Einlage nach Entstehung der Einlageverpflichtung, also nach Fassung des Kapitalerhöhungsbeschlusses und Abschluss des Übernahmevertrages, in das Vermögen der GmbH geleistet worden ist. Wird es danach für Zwecke der Gesellschaft verbraucht, so liegt ein Verstoß gegen die Vorschriften der ordnungsgemäßen Kapitalaufbringung nicht vor.

485 Für die praktische Durchführung einer ordnungsgemäßen GmbH-Gründung ist die Wahl des richtigen **Zeitpunkts** für die Erbringung der **Einlageleistung** von ausschlaggebender Bedeutung. Da die mit der späteren durch die Eintragung in das Handelsregister entstehenden GmbH identische Vorgesellschaft erst mit Abschluss des notariellen Gründungsaktes entsteht, ist jede der GmbH zugedachte Leistung vor diesem Zeitpunkt tunlichst zu vermeiden. Die vor der notariellen Errichtung gegebenenfalls bestehende Vorgründungsgesellschaft ist mit der späteren durch die notarielle Errichtung entstehenden Vor-GmbH nicht identisch. Die Leistung der Einlage auf ein für diese Vorgründungsgesellschaft bei einer Bank errichtetes Konto ist daher nicht geeignet, die Bareinlageverpflichtung der GmbH gegenüber zu erfüllen. Anders wird dies teilweise gesehen, wenn der Zahlung an die Vorgründungsgesellschaft eine klare Zweckbestimmung zugrunde lag und die Zahlung nach notarieller Beurkundung des Gesellschaftsvertrages noch als ausscheidbarer Vermögensbestandteil vorhanden ist und zur freien Verfügung der Gründungsgesellschaft steht.[654] Andere sprechen in diesem Zusammenhang von einer »technischen Voreinzahlung« mit Wirkung für die Vor-GmbH.[655] Für den Fall, dass die Einlage – wie in der Praxis nicht selten – bereits **vor dem Notartermin** zur Gründung der GmbH auf ein Konto mit der unrichtigen Bezeichnung GmbH i.G. eingezahlt wurde und sich die Einlagen zum Zeitpunkt der Gründung unangetastet auf diesem Konto befinden, wird teilweise auch von einer konkludenten Übereignung auf die Vor-GmbH ausgegangen.[656] Auch das OLG Schleswig[657] und das OLG Frankfurt[658] gestatten die Einzahlung der Stammeinlage vor Errichtung der GmbH sogar bei einer Ein-Personen-GmbH auf ein Konto des Gesellschafters als Erfüllung der Bareinlagepflicht, wenn diese Vorauszahlung mit einer klaren Zweckbestimmung getroffen wurde und der Stammeinlagebetrag zur Zeit der Übernahme durch die Vorgesellschaft noch als ausscheidbarer Vermögensgegenstand unangetastet vorhanden und vom übrigen Vermögen isoliert und abgrenzbar ist.

486 So begrüßenswert diese Überlegungen aus der Sicht eines **missglückten Gründungsvorgangs** sein mögen, darf nicht übersehen werden, dass es Stimmen gibt, die durch die Zahlung auf das Konto der Vorgründungsgesellschaft nur eine Forderung dieser gegen die Bank sehen, die als Sacheinlage in die Vor-GmbH einzubringen ist.[659] In der Praxis sollte die Einzahlung erst nach der Beurkundung des Gesellschaftsvertrages, also unter Einhaltung der gesetzlich vorgesehenen Reihenfolge, erfolgen. Stellt sich anlässlich der Beurkundung des Gesellschaftsvertrages für den Notar heraus, dass bereits vorher die Stammeinlagen auf ein Konto der Vorgründungsgesellschaft oder auch des Gesellschafters selbst erfolgt ist, so dürfte es sich empfehlen, für die mit der Beurkundung entstehende Vor-GmbH ein neues, auf die Vor-GmbH lautendes Bankkonto einzurichten und auf dieses sodann die Einzahlung der Bareinlagen vorzunehmen. Diese Einzahlung kann auch von dem Konto der Vorgründungsgesellschaft bzw. des Gesellschafters selbst erfolgen. Nach herrschender Meinung ist ohne Belang, ob der Gründer selbst leistet oder ein Dritter, z.B. Treuhänder, Ehegatte eines Gründers oder eine sonstige Person.[660]

---

654 MünchHdb. GesR III/*Riemenschneider/Freitag*, GmbH, § 7 Rn. 11.
655 *Kanzleiter*, DNotZ 1994, 700 f.; *Rückert*, BWNotZ 1995, 50, 52.
656 Beck'sches Notarhandbuch/*Mayer/Weiler*, § 22 Rn. 235.
657 OLG Schleswig GmbHR 2003, 1058.
658 OLG Frankfurt am Main – 20 W 415/04, RNotZ 2005, 551 = MittBayNot 2005, 421 = NotBZ 2005, 365 = GmbHR 2005, 681 = NZG 2005, 556 = DB 2005, 1049.
659 So z.B. *Wegmann*, DStR 1992, 1620; OLG Stuttgart DNotZ 1994, 695, 698.
660 Vgl. dazu MünchHdb. GesR III/*Riemenschneider/Freitag*, GmbH, § 7 Rn. 10, S. 85.

487 Zur Erfüllung der **Mindesteinlagepflicht** ist erforderlich, dass die Gründergesellschafter die von ihnen geschuldeten Leistungen auf die übernommenen Geschäftsanteile so an die Gesellschaft bewirken, dass der Gegenstand der Leistungen sich sodann endgültig **in der freien Verfügung** der Geschäftsführer gem. § 8 Abs. 2 GmbHG befindet. Dabei trifft den Gesellschafter die Beweislast für eine ordnungsgemäße Einlageleistung.[661] Bei der Erfüllung der Bareinlageverpflichtung ist darauf zu achten, dass auf jeden insoweit übernommenen Geschäftsanteil gem. § 7 Abs. 2 Satz 1 zumindest ein Viertel des Nennbetrages eingezahlt wird. Insgesamt muss auf das Stammkapital mindestens so viel eingezahlt sein, dass der Gesamtbetrag der eingezahlten Geldeinlagen zuzüglich des Gesamtnennbetrags der Geschäftsanteile, für die Sacheinlagen zu leisten sind, die Hälfte des Mindeststammkapitals gem. § 5 Abs. 1 GmbHG, also 12.500,00 € erreicht. Dies gilt nunmehr auch für die Gründung der Ein-Personen-GmbH, da die Regelungen in § 7 Abs. 2 Satz 3 GmbHG a.F. durch das MoMiG ersatzlos entfallen sind.

488 Wie die GmbH-Gründer ihre Geldleistungen erbringen, überlässt das GmbHG anders als § 54 Abs. 3 AktG ihrer Entscheidung. Die Einlageverpflichtung kann erfüllt werden durch Übergabe eines **Barbetrages** an den Geschäftsführer. Bei der Einpersonen-Gründung ist insoweit jedoch zu beachten, dass die Zahlung an die Vor-GmbH auch für außenstehende Dritte eindeutig erkennbar sein muss.[662] An der objektiv erkennbaren Zugehörigkeit zum Gesellschaftsvermögen fehlt es, wenn der Alleingesellschafter und Alleingeschäftsführer den Barbetrag in einem Briefumschlag in seinem privaten Safe verwahrt[663] sowie auch in dem Fall, dass dem Notar anlässlich der notariellen Beglaubigung der Anmeldung der GmbH zum Handelsregister der entsprechende Bargeldbetrag vorgezeigt, die Nummern der vorgelegten Geldscheine festgehalten und das **Bargeld** anschließend vom Alleingesellschafter/-Geschäftsführer wieder mitgenommen wird. Auch hier fehlt es an der Erkennbarkeit der Zugehörigkeit des Geldbetrages zum Vermögen der zu gründenden GmbH für einen Außenstehenden.[664] Da die Beweislast für die ordnungsgemäße Erbringung der Einlageleistung beim Gesellschafter liegt, empfiehlt es sich in der Praxis regelmäßig nicht die Geldeinlageverpflichtung durch die Übergabe eines Bargeldbetrages zu erfüllen. Gegen eine Barzahlung spricht auch, dass das Gericht bei erheblichen Zweifeln an der Richtigkeit der Einzahlungsversicherung des Geschäftsführers Nachweise (unter anderem Einzahlungsbelege) gem. § 8 Abs. 2 Satz 2 GmbHG verlangen kann.

489 Zur Erfüllung der Bareinlagepflicht können die Gründer den geschuldeten Betrag auch auf ein **Konto** der (Vor-) GmbH einzahlen oder überweisen. Erforderlich ist insoweit, dass es sich um eine vorbehaltlose Gutschrift auf einem inländischen Bankkonto der (Vor-) GmbH handelt. Es wird auch für zulässig gehalten, dass die Einzahlung auf ein Konto des Geschäftsführers, dass dieser in seiner Eigenschaft als Geschäftsführer der (Vor-) GmbH eingerichtet hat, erfolgt. Es darf sich also nicht um ein privates Konto des Geschäftsführers handeln.[665] Dies wird jedoch dann für zulässig erachtet, wenn der Geschäftsführer nicht gleichzeitig auch selbst Gesellschafter der GmbH ist und das Guthaben sodann tatsächlich der GmbH zur Verfügung steht.[666] In der Praxis sollten die mit der Zahlung auf ein Konto des Geschäftsführers verbundenen Risiken Anlass sein, dieses Verfahren zu meiden.

490 Die Leistung der Geldeinlage muss **unbedingt** und **vorbehaltlos** erfolgen.[667] Dabei hat die Zahlung nach h.M. in deutscher Währung, also in Euro, zu erfolgen.[668] Erfolgt die Leistung der Bareinlage nicht durch Bar- oder Buchgeld, sondern durch **Scheck** oder **Wechsel**, führt dies zu einer Schuld-

---

661 BGH GmbHR 1992, 601; OLG Dresden GmbHR 1998, 884, 885; MünchHdb. GesR III/*Riemenschneider/Freitag*, GmbH, § 7 Rn. 3, S. 82; Heckschen/Heidinger/*Heidinger/Berkefeld*, Kap. 11 Rn. 44.
662 Baumbach/Hueck/*Fastrich*, § 7 Rn. 9.
663 OLG Hamburg – 11 U 190/00, NZG 2002, 53 = BB 2001, 2182.
664 OLG Oldenburg – 1 U 8/07, RNotZ 2008, 40 = NZG 2008, 32 = DB 2007, 2195 = ZIP 2008, 267.
665 Baumbach/Hueck/*Fastrich*, § 7 Rn. 8; Scholz/*Veil*, § 7 Rn. 31 m.w.N.
666 Michalski/*Tebben*, § 7 Rn. 30.
667 H.M. Scholz/*Veil*, § 7 Rn. 31.
668 H.M. Scholz/*Veil*, § 7 Rn. 32; MünchHdb. GesR III/*Riemenschneider/Freitag*, GmbH, § 7 Rn. 8.

befreiung erst, wenn die zunächst nicht geschuldete, erfüllungshalber erbrachte Leistung in eine der zulässigen Formen umgesetzt wird, d.h. mit der vorbehaltlosen Gutschrift des Schecks und Zahlung des Wechsels.[669]

491 Eine ausdrückliche **Tilgungsbestimmung** bei Vornahme der Zahlung ist zur Tilgung der Einlageschuld nicht zwingend erforderlich[670] aber dringend zu empfehlen. Es reicht zwar aus, wenn im Falle mehrerer durch die Zahlung nicht vollständig gedeckter Verbindlichkeiten für den Empfänger ersichtlich ist, dass eine bestimmte Forderung nach dem Willen des Leistenden getilgt werden soll.[671] Dies ist unter anderem dann anzunehmen, wenn genau der Betrag der Schuldsumme gezahlt wird und in diesem Zeitpunkt eine andere diesem Betrag entsprechende anderweitige Verbindlichkeit des Gesellschafters bei der GmbH nicht bestand. Zur Vermeidung späterer Zuordnungsschwierigkeiten empfiehlt es sich in der Praxis, dass der Notar die Gründer anlässlich der Beurkundung des Gesellschaftsvertrages auf die im Anschluss daran vorzunehmende Erbringung der Geldeinlagen darauf hinweist, dass die Einzahlungen mit einer eindeutigen Tilgungsbestimmung erfolgen sollten. Folgt der Gesellschafter diesem Rat, scheitert er mit dem ihm obliegenden Beweis der Erfüllung der Einlageschuld nicht schon an dieser Hürde.

492 Vorsicht ist geboten, wenn die Einzahlung der Einlageleistung auf ein **debitorisches Konto** der Vorgesellschaft erfolgt. Dies wird im Zusammenhang mit der Gründung der GmbH in der Praxis eher der Ausnahmefall sein. Befreiende Wirkung hat die Zahlung auf ein im Debet geführtes Bankkonto, wenn die Geschäftsführung die Möglichkeit erhält, über einen Betrag in Höhe der Einlageleistung frei zu verfügen, sei es im Rahmen eines förmlich eingeräumten Kreditrahmens, sei es aufgrund einer nur stillschweigenden Gestattung der Bank.[672] Für die befreiende Wirkung der Zahlung ist jedoch nicht ausreichend, dass die Geschäftsführung eine bloß tatsächliche Möglichkeit zur Verfügung über den Einlagebetrag erhält. Erforderlich ist, dass eine entsprechende rechtlich gesicherte Möglichkeit zur Verfügung der Geschäftsführung besteht.[673]

493 Vor der Anmeldung der Gesellschaft zum Handelsregister sollte die Geschäftsführung nicht über die geleisteten Einlagen verfügen. Gem. § 8 Abs. 2 Satz 1 GmbHG haben die Geschäftsführer bei Anmeldung der Gesellschaft die Versicherung abzugeben, dass der Gegenstand der erbrachten Leistungen sich endgültig in ihrer freien Verfügung befindet. Daraus wird heute zwar **keine Bar-Depot-Pflicht** mehr hergeleitet, die Einlagen müssen also nicht notwendig gegenständlich unverändert bei Abgabe der Versicherung vorhanden sein, allerdings ist deren **wertmäßiges Vorhandensein** zwingend erforderlich.[674] Die Anmeldung der GmbH zum Handelsregister steht damit unter dem **Vorbehalt wertgleicher Deckung**. Für das wertmäßige Vorhandensein der eingezahlten Einlagen ist entscheidend, ob bilanziell ein Aktivtausch vorliegt. Daran fehlt es bei der Bezahlung von Dienstleistungen, Gebrauchs- und Nutzungsüberlassungen, da es sich insoweit um Gegenleistungen handelt, die sich bilanziell nicht niederschlagen. Dementsprechend sind in die Versicherung auch Angaben darüber aufzunehmen, ob und inwieweit das Anfangskapital durch Verbindlichkeiten **vorbelastet** ist.[675] Anzugeben sind dabei zunächst alle im Zeitpunkt der Anmeldung bestehenden, nicht ausgeglichenen

---

669 Lutter/Hommelhoff/*Bayer*, § 7 Rn. 13.
670 BGH II ZR 275/99, MittBayNot 2001, 576 = ZNotP 2001, 486 = NZG 2002, 45 = NJW 2001, 3781 = ZIP 2001, 1997 = GmbHR 2001, 1114 = DB 2001, 2437 = WM 2001, 2120.
671 BGH II ZR 275/99, MittBayNot 2001, 576 = ZNotP 2001, 486 = NZG 2002, 45 = NJW 2001, 3781 = ZIP 2001, 1997 = GmbHR 2001, 1114 = DB 2001, 2437 = WM 2001, 2120.
672 BGH DNotZ 2005, 312 = NZG 2005, 180 = ZIP 2005, 121 = WM 2005, 132 = NotBZ 2005, 71 = DStR 2005, 164 = DB 2005, 155 = BB 2005, 123.
673 BGH DNotZ 2005, 312 = NZG 2005, 180 = ZIP 2005, 121 = WM 2005, 132 = NotBZ 2005, 71 = DStR 2005, 164 = DB 2005, 155 = BB 2005, 123; MünchHdb. GesR III/*Riemenschneider/Freitag*, GmbH, § 7 Rn. 18; Baumbach/Hueck/*Fastrich*, § 7 Rn. 11 m.w.N.
674 BGH II ZR 263/91, MittRhNotK 1992, 322 = MittBayNot 1992, 409 = NJW 1992, 3300 = DStR 1992, 1733 = BGHZ 119, 177.
675 BGH II ZR 54/80, NJW 1981, 1373 = BGHZ 80, 129; Baumbach/Hueck/*Fastrich*, § 8 Rn. 14.

A. Gründung der Gesellschaft mit beschränkter Haftung　Kapitel 2

Minderungen oder Belastungen des Anfangskapitals.[676] Darüber hinaus wird von der Rechtsprechung auch die **Offenlegung der Verfügungen** verlangt, die bilanziell nicht zu einer Verminderung oder Belastung des Anfangskapitals geführt haben, weil das aus den Mitteln der Gesellschaft angeschaffte Wirtschaftsgut bilanziell gleichwertig war. Begründet wird dies damit, dass nur auf diese Weise dem Registergericht die Prüfung über die Einhaltung des Vorbehalts wertgleicher Deckung möglich sei.[677] Nur unter Beachtung der vorgeschilderten Voraussetzungen könne das Registergericht die ihm gem. § 9c GmbHG obliegende Nachprüfungspflicht erfüllen.

Fraglich ist, ob die sogenannte Stafettengründung (auch Kaskadengründung oder Pyramidengründung genannt) vor dem Hintergrund der vorstehenden Überlegungen zulässig ist.[678] Von einer Stafettengründung spricht man, wenn eine GmbH nach ihrer Gründung, jedoch vor ihrer Eintragung in das Handelsregister, also im Stadium der Vor-GmbH, eine Tochter-GmbH errichtet, deren Stammkapital durch Abfluss des Gründungskapitals der Mutter-GmbH aufgebracht wird. Eine Vor-GmbH ist rechtsfähig und kann daher grundsätzlich eine Tochtergesellschaft gründen. Zu beachten ist in diesem Zusammenhang jedoch, dass die Vertretungsmacht der Geschäftsführer der Vor-GmbH sich auf gründungsnotwendige Geschäfte beschränkt und durch Satzungsregelung oder Bestimmung in der Gründungsurkunde oder in der Satzung entsprechend erweitert werden muss. Streitig ist, ob die Geschäftsführer bei Anmeldung der Mutter-Gesellschaft die Versicherung abgeben dürfen, dass der Gegenstand der erbrachten Leistungen sich endgültig in ihrer freien Verfügung befindet, wenn in diesem Zeitpunkt schon feststeht, dass das eingebrachte Kapital zur Gründung einer Tochter-Gesellschaft abfließt.[679] Unschädlich dürfte sein, dass die Bareinlage nicht mehr unversehrt im Vermögen der Mutter-Gesellschaft vorhanden ist, da der BGH das Vorbelastungsverbot aufgegeben und durch das Gebot der wertgleichen Deckung ersetzt hat.[680] Allerdings besteht das Risiko einer Unterbilanzhaftung, wenn die Beteiligung an der Tochter-Gesellschaft im Zeitpunkt der Eintragung der Mutter-Gesellschaft nicht mehr den Wert des einzuzahlenden Stammkapitals hat. Schließlich ist nicht abschließend geklärt, ob die Stafettengründung eine verdeckte Sacheinlage darstellt.[681] Vor diesem Hintergrund kann das Modell der Stafettengründung der Praxis derzeit nicht empfohlen werden.

494

Ausgenommen vom Vorbehalt der wertgleichen Deckung sind die im Zusammenhang mit der Gründung der Gesellschaft entstandenen Kosten, wenn diese entsprechend der Regelung des § 26 Abs. 2 AktG in der Satzung wirksam der Gesellschaft auferlegt worden sind.

495

Mit der Anmeldung ist der Kapitalaufbringungsvorgang zunächst abgeschlossen. Allerdings können Verfügungen über die eingebrachten Einlagen vor Eintragung der Gesellschaft im Handelsregister zu der oben dargestellten **Unterbilanz- bzw. Differenzhaftung** der Gründergesellschafter führen. Dies ist der Fall, wenn die dem Gesellschaftsvermögen durch die vorgenommenen Verfügungen zufließenden Vermögenswerte einen geringeren bilanziellen Wert aufweisen als der bei der Gesellschaft entstandene Vermögensabfluss. Damit soll die Ausstattung der Gesellschaft mit dem übernommenen Stammkapital bis zum Zeitpunkt der Eintragung der Gesellschaft im Handelsregister

496

676　Baumbach/Hueck/*Fastrich*, § 8 Rn. 14.
677　Vgl. BGH II ZR 263/91, MittRhNotK 1992, 322 = MittBayNot 1992, 409 = BGHZ 119, 177 und; für die Kapitalerhöhung hat der BGH das Erfordernis wertgleicher Deckung im Zeitpunkt der Anmeldung aufgegeben, BGH II ZR 363/00, DNotZ 2002, 808 = RNotZ 2002, 287 = MittBayNot 2002, 301 = NotBZ 2002, 378 = NZG 2002, 522 = NJW 2002, 1716 = ZIP 2002, 799 = WM 2002, 963: Danach ist bei einer Kapitalerhöhung die Bareinlage schon dann zur (endgültig) freien Verfügung der Geschäftsführung geleistet worden, wenn sie nach dem Kapitalerhöhungsbeschluss in ihren uneingeschränkten Verfügungsbereich gelangt ist und nicht an den Einleger zurückfließt – Aufgabe von BGHZ 119, 177 Leitsätze a und b.
678　Dazu im Einzelnen: DNotI-Gutachten in DNotI-Report 2015, 73 ff.
679　Für die Zulässigkeit der Versicherung *Wälzholz/Bachner*, NZG 2006, 361, 363; dagegen, Beck'sches Notar-Handbuch/*Mayer/Weiler*, D I Rn. 36.
680　BGH NJW 1992, 3300, 3302, NJW 1981, 1373, 1374 ff.
681　Bejahend *Salzig*, NotBZ 2005, 422, 426 ff.; Beck'sches Notar-Handbuch/*Mayer/Weiler*, D I Rn. 36; verneinend *Wälzholz/Bachner*, NZG 2006, 361, 364; DNotI-Gutachten in DNotI-Report 2015, 73, 76.

sichergestellt werden. Nach der Eintragung der Gesellschaft im Handelsregister sind Verfügungen über die Einlageleistungen für die Gesellschafter grundsätzlich nicht mehr haftungsschädlich. Etwas anderes gilt lediglich bei Nichteinhaltung der Kapitalerhaltungsregeln gem. §§ 30 ff. GmbHG sowie bei verdeckten Sacheinlagen.

497 Die Erbringung von **Nachweisen** über die erbrachten Einzahlungen sind gegenüber dem Registergericht grundsätzlich nicht erforderlich, es sei denn, es bestehen erhebliche Zweifel an der Richtigkeit der Versicherung, § 8 Abs. 2 Satz 2 GmbHG. Nur in diesem Falle ist das Registergericht berechtigt Nachweise über die Erbringung der Einlagen, wie beispielsweise Einzahlungsbelege, zu verlangen.

2. Besonderheiten bei der Sachgründung

a) Allgemeines

498 Neben der Bargründung kennt und regelt das GmbH-Gesetz die Sachgründung. Bei der Ermittlung des Willens der Beteiligten anlässlich einer GmbH-Gründung hat der Notar aufzuklären, ob die Beteiligten eine Bar- oder eine Sachgründung anstreben. Kennzeichnend für die **Sachgründung** ist, dass zur Belegung des Stammkapitals kein Geld, sondern anderweitige Vermögenswerte übertragen werden. Bei der Sachgründung sind zur Sicherstellung der Einhaltung des Gebots der realen Kapitalaufbringung im Gesetz besondere Vorkehrungen getroffen worden, da hier die Gefahr besteht, dass zur Erfüllung der Einlagepflicht wertlose oder mangelhafte Gegenstände in die Gesellschaft eingebracht werden. Diese besonderen von der Bargründung abweichenden Gründungsvorschriften für die Sachgründung finden sich im Wesentlichen in § 5 Abs. 4 Satz 1 und 2, § 7 Abs. 3, § 8 Abs. 1 Nr. 4 und Nr. 5, § 8 Abs. 2 Satz 1, § 9 sowie § 9c Abs. 1 Satz 2 GmbHG und § 19 Abs. 2 Satz 2 GmbHG.

499 Nach § 5 Abs. 4 Satz 1 GmbHG müssen der **Gegenstand der Sacheinlage** und der Nennbetrag des Geschäftsanteils, auf den sich die Sacheinlage bezieht, **im Gesellschaftsvertrag festgesetzt** werden (Sacheinlagevereinbarung), wenn Sacheinlagen geleistet werden sollen. Die Festsetzung in der Satzung bezweckt die Aufklärung der Gesellschaftsgläubiger über die Zusammensetzung des aufzubringenden Stammkapitals und die Ermöglichung der registergerichtlichen Kontrolle.[682] Bei dieser Festsetzung handelt es sich um einen bei der Sachgründung unentbehrlichen körperschaftlichen Teil des Gesellschaftsvertrages.[683] Vor diesem Hintergrund wird vertreten, dass die Sacheinlagevereinbarung nicht in einer gem. § 9 Abs. 1 Satz 2 BeurkG dem notariellen Protokoll beigefügten Anlage enthalten sein darf.[684] Dies sollte daher in der Praxis bei Gründung der GmbH vorsorglich vermieden und die Sacheinlagevereinbarung in den Gesellschaftsvertrag selbst aufgenommen werden.

b) Sacheinlage und Sachübernahme

500 Die in § 5 Abs. 4 GmbHG angesprochene **Sacheinlage** umfasst zwei unterschiedliche Tatbestände, ohne dass dies im Wortlaut des Gesetzes zum Ausdruck kommen würde: § 5 Abs. 4 GmbHG gilt sowohl für die Sacheinlage im engeren Sinne, bei der die Einlagepflicht sich selbst unmittelbar auf die Einbringung von Sachen oder sonstigen Vermögensgegenständen bezieht als auch für die **Sachübernahme**, bei der derartige Vermögenswerte durch die GmbH gegen Vergütung und unter Anrechnung auf die als Bareinlage vereinbarte Einlage vom Gründergesellschafter oder einem Dritten übernommen werden. Bei einer Sachübernahme wird also eine Bargründung mit einer von ihr getrennten Vereinbarung zwischen Gesellschaft und Gründergesellschafter bzw. Drittem, wonach

---

682 Baumbach/Hueck/*Fastrich*, § 8 Rn. 21, 43; Scholz/*Veil*, § 5 Rn. 86.
683 BGH II ZR 219/63, NJW 1966, 1311 = BGHZ 45, 338.
684 Scholz/*Veil*, § 5 Rn. 86; MünchHdb. GesR III/*Riemenschneider/Freitag*, GmbH, § 9 Rn. 20, S. 148 m.w.N.; a.A. Baumbach/Hueck/*Fastrich*, § 5 Rn. 43.

die Gesellschaft einen bestimmten Gegenstand in Anrechnung auf die Bareinlagepflicht des Gesellschafters entgeltlich erwirbt, kombiniert.

Eine **Sachübernahme** ist zwar in § 5 Abs. 4 GmbHG seit der GmbH-Novelle im Jahre 1980 nicht mehr ausdrücklich angesprochen, jedoch bei Beachtung der in § 19 Abs. 2 Satz 2 GmbHG i.V.m. § 5 Abs. 4 GmbHG nach wie vor zulässig.[685] Nach § 19 Abs. 2 Satz 2 GmbHG ist eine Aufrechnung gegen den Bareinlageanspruch der GmbH nur zulässig, wenn mit einer Forderung aus der Überlassung von Vermögensgegenständen aufgerechnet wird, deren Anrechnung auf die Einlageverpflichtung nach § 5 Abs. 4 Satz 1 GmbHG im Gesellschaftsvertrag vereinbart worden ist. Da die Anrechnungsklausel im Gesellschaftsvertrag danach alle wesentlichen Angaben für die Sachübernahme enthalten muss, ist die praktische Bedeutung der Sachübernahme gering. Die Sachübernahme bietet daher zumindest für den Fall, dass ein Gesellschafter die Sachleistung erbringen soll, keine Vorteile gegenüber der Sacheinlage im engeren Sinne. Anders ist dies lediglich dann, wenn ein Nichtgesellschafter die Sachleistung an die Gesellschaft auf der Grundlage eines von der Bargründung getrennten Verpflichtungsgeschäftes erbringen und diese Sachleistung auf die Bareinlagepflicht eines Gesellschafters verrechnet werden soll. Hier bietet die Sachübernahme mit ihrem von der Gründung getrennten Verpflichtungsgeschäft eine echte Gestaltungsalternative. 501

Bei der **Festsetzung des Gegenstands** der Sacheinlage im Gesellschaftsvertrag ist dieser so genau zu beschreiben, dass seine Identität zweifelsfrei feststeht.[686] Welche Angaben dazu im Einzelfalle erforderlich sind, richtet sich nach der Art des einzubringenden Gegenstands.[687] Entscheidend ist, dass für außenstehende Dritte der eingebrachte Gegenstand eindeutig identifizierbar ist. Nur dann hat das Gericht die Möglichkeit, seinen gesetzlichen Prüfungspflichten effektiv nachzukommen. Werden mehrere Gegenstände im Rahmen einer Sachgründung in die GmbH eingebracht, so gilt das Individualisierungsgebot für jeden einzelnen von ihnen. Bei der Einbringung von Sachgesamtheiten wie Unternehmen genügt deren verkehrsübliche Bezeichnung.[688] Bei Handelsgeschäften genügt dementsprechend regelmäßig die Angabe der Firma und der Handelsregisternummer.[689] Sollen bei der Einbringung von Sachgesamtheiten einzelne Gegenstände nicht eingebracht werden, müssen zur Wahrung des Individualisierungsgebotes entweder sämtliche eingebrachten Einzelgegenstände der Sachgesamtheit einzeln aufgeführt werden oder es müssen die nicht eingebrachten Einzelgegenstände der Sachgesamtheit konkret aufgeführt werden.[690] 502

▶ Formulierungsbeispiel: Sacheinlagevereinbarung 503

(1) Auf dieses Stammkapital übernehmen
    a) Herr/Frau A ..... einen Geschäftsanteil von ..... Euro (Geschäftsanteil Nr. 1) durch Sach- und Bareinlage.
    b) Herr/Frau B ..... einen Geschäftsanteil von ..... Euro (Geschäftsanteil Nr. 2) durch Sacheinlage
(2) Der Gesellschafter Herr/Frau A ..... ist Mitgesellschafter der im Handelsregister des Amtsgerichts ..... (HR B .....) eingetragenen ..... GmbH. An dem Stammkapital dieser Gesellschaft mit beschränkter Haftung von ..... Euro ist er mit einem zu 100 vom Hundert eingezahlten Geschäftsanteil von ..... Euro beteiligt
Der Gesellschafter Herr/Frau A ..... leistet seine Einlage auf den von ihm übernommenen Geschäftsanteil von ..... Euro (Geschäftsanteil Nr. 1) in Höhe von ..... Euro durch Einbringung seines vorbezeichneten Geschäftsanteils an der im Handelsregister des Amtsgerichts ..... (HR B .....) eingetragenen ..... GmbH in die Gesellschaft. Der Wert der Sacheinlage entspricht dem Nominalwert des eingebrachten Geschäftsanteils, beläuft sich also auf ..... Euro. Den

---

685 Baumbach/Hueck/*Fastrich*, § 5 Rn. 16; Lutter/Hommelhoff/*Bayer*, § 5 Rn. 38.
686 Baumbach/Hueck/*Fastrich*, § 5 Rn. 45.
687 Baumbach/Hueck/*Fastrich*, § 5 Rn. 45.
688 Baumbach/Hueck/*Fastrich*, § 5 Rn. 45.
689 Baumbach/Hueck/*Fastrich*, § 5 Rn. 45.
690 OLG Düsseldorf GmbHR 1996, 214.

> Restbetrag seiner Einlage in Höhe von ..... Euro hat der Gesellschafter Herr/Frau A ..... in bar zu leisten.
> (3) Der Gesellschafter Herr/Frau B ..... ist Eigentümer des im Grundbuch des Amtsgerichts ..... eingetragenen Grundbesitzes von ..... Blatt ..... der Gemarkung ....., Flur ....., Flurstück ....., Gebäude- und Freifläche, ... Straße, groß ...... Der Grundbesitz ist in Abteilung II und III des Grundbuches unbelastet
> Der Gesellschafter Herr/Frau B ..... leistet seine Einlage auf den von ihm übernommenen Geschäftsanteil von ..... Euro (Geschäftsanteil Nr. 2) in voller Höhe durch Einbringung seines vorbezeichneten Grundbesitzes in die Gesellschaft. Der Wert der Sacheinlage entspricht dem Betrag des übernommenen Geschäftsanteils, beläuft sich also auf ..... Euro.

504 Schließlich ist zu beachten, dass die gem. § 5 Abs. 4 GmbHG in der GmbH-Satzung vorzunehmende Festsetzung des Gegenstands der Sacheinlage und des Nennbetrags des Geschäftsanteils, auf den sich die Sacheinlage bezieht, nach h.M. frühestens **5 Jahre** nach Leistung der Sacheinlage durch Satzungsänderung aus dieser entfernt werden darf.[691] Grundlage für die Annahme dieser Frist war die Verjährungsregelung gem. § 9 Abs. 2 GmbHG a.F. Durch die gesetzgeberische Verlängerung dieser Frist auf nunmehr 10 Jahre, stellt sich die Frage, ob die entsprechende Satzungsregelung nicht ebenfalls nunmehr 10 Jahre beibehalten werden muss. Dies dürfte zu bejahen sein. Der Grund für das Verbot der Löschung der gem. § 5 Abs. 4 GmbHG erforderlichen Festsetzungen in der Satzung liegt in dem Informationsbedürfnis Dritter. Ist aber bei einer Überbewertung von Sacheinlagen der Anspruch der Gesellschaft auf Leistung des Fehlbetrags in Geld gegen den Inferenten nicht wie nach alter Rechtslage bereits nach 5 Jahren, sondern erst nach 10 Jahren verjährt, so besteht das Informationsbedürfnis gesellschaftsfremder Dritter entsprechend länger. Eine entsprechende Anwendung der in § 26 Abs. 5 AktG geregelten dreißigjährigen Frist erscheint dem gegenüber nicht geboten.[692]

c) Sacheinlagefähigkeit

505 Im Zusammenhang mit der Festsetzung des Gegenstands der Sacheinlage ist darauf zu achten, dass es sich um **sacheinlagefähige** Vermögenswerte handelt. Tauglicher Gegenstand einer Sacheinlage können sein Sachen, Rechte und sonstige vermögenswerte Positionen, die wie Geldleistungen bei der Bareinlage zur Bildung der Kapitalgrundlage der Gesellschaft geeignet sind.[693] Einlagefähig sind somit Gegenstände mit einem gegenwärtig erfassbaren Vermögenswert. Sacheinlagen können daher im GmbH-Recht – wie auch im Aktienrecht nach § 27 Abs. 2 AktG – nur solche Vermögensgegenstände sein, deren wirtschaftlicher Wert feststellbar ist.[694] Weitere Voraussetzung für die Einlagefähigkeit ist, dass der Vermögenswert auf die Gesellschaft übertragen werden kann.[695] Eine allgemeine Verkehrsfähigkeit, insbesondere die Eignung des eingebrachten Gegenstands als Zugriffsobjekt für die Gesellschaftsgläubiger ist hingegen für die Annahme der Sacheinlagefähigkeit nicht erforderlich. Es genügt, wenn der Vermögenswert der Gesellschaft zur Verwendung für ihre Zwecke zur freien Verfügung steht und im Rahmen des Gesellschaftsunternehmens den Gläubigerinteressen allgemein nutzbar gemacht werden kann.[696]

506 Einlagefähig sind daher insbesondere
- das Eigentum an existierenden Sachen;
- dingliche Rechte an Sachen, wenn diese zugunsten der Gesellschaft bestellt oder aber bestehende dingliche Rechte auf die Gesellschaft übertragen werden,[697] sofern die Gesellschaft durch das Recht in den dauerhaften Besitz der Sache gelangt;

---

691 Baumbach/Hueck/*Fastrich*, § 5 Rn. 49; *Priester*, DNotZ 1980, 520.
692 Baumbach/Hueck/*Fastrich*, § 5 Rn. 49.
693 Baumbach/Hueck/*Fastrich*, § 5 Rn. 23.
694 BGH II ZR 121/02, DNotZ 2005, 62 = NotBZ 2004, 343 = NZG 2004, 910 = DStR 2004, 1662 = DB 2004, 1985.
695 Baumbach/Hueck/*Fastrich*, § 5 Rn. 23.
696 H.M. Baumbach/Hueck/*Fastrich*, § 5 Rn. 23, m.w.N.
697 Baumbach/Hueck/*Fastrich*, § 5 Rn. 25.

- obligatorische Nutzungsrechte an beweglichen oder unbeweglichen Sachen verbunden mit Besitzübertragung, und zwar auch dann, wenn die Sache dem Inferenten gehört, wenn sie gegen Risiken aus der Sphäre des Eigentümers/Inhabers ausreichend gesichert sind, also nicht nach Belieben wie beispielsweise Kündigung des Inferenten oder durch andere Ereignisse wie Insolvenz oder Zwangsvollstreckung untergehen oder sonst entzogen werden können und damit im Falle des wirtschaftlichen Zusammenbruchs der GmbH anderweitig verwertet werden können;[698]
- Forderungen des Inferenten gegen die Gesellschaft selbst;[699]
- Forderungen gegen Dritte, wenn sie bestehen, für die Gesellschaft einen Vermögenswert haben und übertragbar sind;[700]
- Mitgliedschaftsrechte an anderen Gesellschaften wie Aktien, GmbH-Geschäftsanteile, Beteiligungen an Personengesellschaften sowie Genossenschaften sind einlagefähig, wenn sie übertragbar sind;[701]
- Erbteile (§ 2033 BGB);[702]
- Immaterialgüterrechte, wenn sie übertragbar sind;
- die Firma eines Kaufmanns,[703] Geschäftsbezeichnungen sowie der Goodwill. Da diese nur zusammen mit dem dazugehörigen Unternehmen übertragen werden können, ist dessen Übertragung Voraussetzung für die Einbringung dieser Vermögenswerte;[704]
- Unternehmen und sonstige Sachgesamtheiten, soweit Übertragbarkeit besteht.[705]

Nicht einlagefähig sind Forderungen gegen den Einleger oder anderen Gesellschafter,[706] da die gesellschaftsrechtliche Einlagepflicht nicht durch die Begründung einer neuen rein schuldrechtlichen und damit weniger streng gesicherten Verpflichtung erfüllt werden kann.

507

Nicht einlagefähig sind insbesondere

508

- bedingte Forderungen; künftige Forderungen; künftige Forderung kann eingebracht werden, wenn und soweit sie bis zum Einbringungszeitpunkt endgültig entstanden ist;[707]
- vom Inferenten selbst geschuldete Dienstleistungen;[708]
- Ansprüche auf Dienste und höchstpersönliche Werkleistungen Dritter,[709] da die künftige Erfüllung unsicher ist, so dass eine reale Wertaufbringung nicht sichergestellt ist. § 27 Abs. 2 Halbs. 2 AktG bestätigt das. Danach können Verpflichtungen zu Dienstleistungen nicht Sacheinlagen oder Sachübernahmen sein. Anders wird dies teilweise gesehen, wenn die Erbringung der Dienstleistungen sichergestellt ist, beispielsweise durch die Übernahme von Garantien Dritter.[710]

d) Wert der Sacheinlage

Das Kardinalproblem und der Grund, warum die Sachgründung in der Praxis der GmbH-Gründung nur ein Mauerblümchendasein fristet, liegt in der Erforderlichkeit der **Bewertung der Sacheinlage** und ihrer Überprüfung durch das Registergericht. Im GmbH-Recht gilt wie im Aktienrecht

509

---

698 H.M. Lutter/Hommelhoff/*Bayer*, § 5 Rn. 22; Baumbach/Hueck/*Fastrich*, § 5 Rn. 25, jeweils m.w.N.
699 BGH NJW 2001, 67, 69 = BGHZ 145, 150; Baumbach/Hueck/*Fastrich*, § 5 Rn. 28.
700 Baumbach/Hueck/*Fastrich*, § 5 Rn. 27, 23.
701 Baumbach/Hueck/*Fastrich*, § 5 Rn. 26; zur Einlagefähigkeit von GmbH-Geschäftsanteilen an einer GmbH in Gründung s. Gutachten DNotI, DNotI-Report 2018, 9–11.
702 Baumbach/Hueck/*Fastrich*, § 5 Rn. 25.
703 H.M., Baumbach/Hueck/*Fastrich*, § 5 Rn. 26.
704 BGH NJW 2001, 67 = BGHZ 145, 150; Baumbach/Hueck/*Fastrich*, § 5 Rn. 26.
705 Baumbach/Hueck/*Fastrich*, § 5 Rn. 30.
706 Baumbach/Hueck/*Fastrich*, § 5 Rn. 27, 24.
707 Str. dafür Baumbach/Hueck/*Fastrich*, § 5 Rn. 27; dagegen Lutter/Hommelhoff/*Bayer*, § 5 Rn. 17.
708 BGH II ZR 120/07, (»Qivive«), DNotZ 2009, 766 = DNotI-Report 2009, 78 = NZG 2009, 463 = NJW 2009, 2375 = ZIP 2009, 713 = GmbHR 2009, 540 = DB 2009, 780 = WM 2009, 698.
709 H.M. Baumbach/Hueck/*Fastrich*, § 5 Rn. 27.
710 Roth/Altmeppen/*Roth*, § 5 Rn. 43; MünchHdb. GesR III/*Riemenschneider/Freitag*, GmbH, § 9 Rn. 16, S. 147.

das Gebot der realen Kapitalaufbringung. Erreicht der Wert einer Sacheinlage im Zeitpunkt der Anmeldung der Gesellschaft zur Eintragung in das Handelsregister nicht den Nennbetrag des dafür übernommenen Geschäftsanteils, so hat der Gesellschafter gem. § 9 Abs. 1 Satz 1 GmbHG in Höhe des Fehlbetrages eine Einlage in Geld zu leisten.[711] Das Gericht hat die Eintragung der GmbH gem. § 9c Abs. 1 Satz 2 GmbHG abzulehnen, wenn Sacheinlagen nicht unwesentlich überbewertet worden sind. Auszugehen ist dabei vom **wirklichen (objektiven) Zeitwert** des Einlagegegenstandes. Dieser bildet die Obergrenze für die Festsetzung im Gesellschaftsvertrag.[712]

510 Ist der in der Satzung gem. § 5 Abs. 4 Satz 1 GmbHG für die Sacheinlage festgesetzte Anrechnungsbetrag höher als der Wert der Sacheinlage, spricht man von einer **Unterpariemission**, die mit dem Grundsatz der realen Kapitalaufbringung nicht vereinbar ist.

511 Der umgekehrte Fall, die **Überpariemission**, bei der der objektive Zeitwert der Sacheinlage den Nennbetrag des Geschäftsanteils, auf den sie sich bezieht, überschreitet, ohne das eine entsprechende Ausgleichszahlung an den Inferenten vorgesehen wird, ist zulässig. Regelungsbedürftig erscheint vor dem Hintergrund des § 272 Abs. 2 HGB insoweit allerdings die bilanzielle Behandlung des der Gesellschaft durch die Unterbewertung der Sacheinlage zufließenden Mehrbetrages. Soll der Mehrbetrag der Gesellschaft als Eigenkapital verbleiben, handelt es sich um ein **Aufgeld (»Agio«)**. Soll es ihr als Fremdkapital verbleiben, handelt es sich um ein **Gesellschafterdarlehen**.[713] Schließlich ist auch denkbar, dass der Betrag an den Inferenten zurückgezahlt werden soll. In den beiden letztgenannten Fällen handelt es sich um eine sogenannte **gemischte Sacheinlage**.[714] Eine betragsmäßige Festsetzung des Mehrbetrages in der Satzung ist rechtlich nicht erforderlich und praktisch oftmals auch gar nicht möglich, da der Zeitpunkt der Bewertung der Sacheinlage sich nicht mit dem Zeitpunkt der Anmeldung der GmbH deckt. Ausreichend ist die Bestimmbarkeit des Mehrbetrages anhand der Satzungsregelung. Insbesondere bei Einlagegegenständen mit einem schwankenden Wert erscheint die Festlegung eines festen Vergütungsbetrages für die Praxis nicht ratsam, da der Bewertungsvorgang zeitlich zwingend vor der Anmeldung liegt und damit nicht exakt auf den Zeitpunkt der Anmeldung selbst ermittelt wird. Daraus ergibt sich für Einlagegegenstände mit einem schwankenden Wert – wie beispielsweise Unternehmen – dass der ermittelte Wert des Sacheinlagegegenstandes von dessen Wert im maßgebenden Zeitpunkt, dem der Handelsregisteranmeldung, mehr oder weniger abweicht, so dass ein Verstoß gegen das Verbot der Unterpariemission für den Fall droht, dass der Wert des Einlagegegenstandes in der Zeit von seiner Bewertung bis zur Handelsregisteranmeldung gesunken ist. Vor diesem Hintergrund erscheint es ratsam, in solchen Fällen von der Festsetzung eines festen Vergütungsbetrages in der Satzung abzusehen und stattdessen vorzusehen, dass die später objektiv festzustellende Wertdifferenz dem Gesellschafter vergütet wird.[715] Wird gleichwohl ein fester Betrag für die Vergütung vereinbart, so ist dieser im Gesellschaftsvertrag anzugeben.[716]

512 Von entscheidender Bedeutung ist, welche **Bewertungsgrundsätze** im Rahmen der Bewertung der Sacheinlagen heranzuziehen sind. Als **Bewertungszeitpunkt** bestimmt § 9 Abs. 1 GmbHG den Zeitpunkt der Anmeldung der Gesellschaft zum Handelsregister.

513 Im Rahmen der Bewertung ist der **tatsächliche Wert des Einlagegegenstandes** zu ermitteln.[717] Der Wertansatz hat daher grundsätzlich nach den allgemeinen Bewertungsregeln wie für die Eröffnungsbilanz zu erfolgen, und zwar unter Berücksichtigung der Verwendungsmöglichkeiten des eingebrachten Gegenstandes für die GmbH. Vor diesem Hintergrund wird in der Literatur und Rechtsprechung überwiegend eine Differenzierung zwischen Gegenständen des Anlagevermögens und des Umlauf-

---

711 Zur Beseitigung der Differenzhaftung durch Nacherfüllung der mangelhaften Sacheinlage nach Handelsregisteranmeldung s. *Schlösser/Pfeiffer*, NZG 2012, 1047 ff.
712 Baumbach/Hueck/*Fastrich*, § 5 Rn. 33.
713 Michalski/*Zeidler*, 1. Aufl., § 5 Rn. 208 ff.
714 Baumbach/Hueck/*Fastrich*, § 5 Rn. 20.
715 H.M. Baumbach/Hueck/*Fastrich*, § 5 Rn. 20 m.w.N.
716 Allg.M. Baumbach/Hueck/*Fastrich*, § 5 Rn. 20.
717 Baumbach/Hueck/*Fastrich*, § 9 Rn. 4, § 5 Rn. 33, 34 m.w.N.

vermögens vorgenommen. Für Gegenstände des **Anlagevermögens**, die typischerweise dauerhaft der GmbH verbleiben, soll regelmäßig der Wiederbeschaffungswert des Gegenstandes maßgeblich sein.[718] Handelt es sich bei Gegenständen des Anlagevermögens um solche, bei denen ein Wiederbeschaffungswert nicht vorhanden ist, wie dies bei Immaterialgüterrechten der Fall ist, ist hilfsweise auf den Ertragswert abzustellen.[719] Handelt es sich bei der Sacheinlage um einen Gegenstand, der dem **Umlaufvermögen** der Gesellschaft zuzurechnen ist, ist für die Bewertung von ihrem Veräußerungswert auszugehen.[720]

Soll ein **Unternehmen** als Sacheinlage in die GmbH eingebracht werden, ist dessen Wert festzustellen. Für die Ermittlung des Wertes eines Unternehmens sind in der Praxis verschiedene Bewertungsmethoden entwickelt worden. Soll das einzubringende Unternehmen von der GmbH fortgeführt werden, kann es mit seinem Ertragswert angesetzt werden.[721] Soll das eingebrachte Unternehmen hingegen nicht von der GmbH fortgeführt, sondern liquidiert werden, ist der Liquidationswert ausnahmsweise maßgeblich. In seltenen Fällen ist der Substanzwert als Summe der Wiederbeschaffungskosten der Wirtschaftsgüter des eingebrachten Unternehmens in Ansatz zu bringen.[722] Bei dem Buchwert eines Unternehmens schließlich handelt es sich nicht um ein taugliches Bewertungskriterium, da dieser etwa vorhandene stille Reserven außer acht lässt und daher keine zutreffende Aussage über den tatsächlichen Wert des Unternehmens treffen kann.[723] Gleichwohl wird in der Praxis bei Unternehmenseinbringungen zur Belegung des Stammkapitals aus steuer- und bilanzrechtlichen Gründen von den Gründern oftmals eine Regelung des Inhaltes gewünscht, dass das Unternehmen zum **Buchwert** in die Gesellschaft eingebracht wird und von einem festzulegenden Stichtag an als auf Rechnung der GmbH geführt gilt. Die Registergerichte erkennen die Buchwerte in der Regel ohne weitere Wertnachweise als Mindestwerte des eingebrachten Unternehmens an. Dem liegt zugrunde, dass die Buchwerte nach dem handelsrechtlichen Vorsichtsprinzip regelmäßig den Mindestwert des eingebrachten Gegenstandes darstellen. Dabei wird überwiegend der letzte Bilanzstichtag gewählt. In diesem Falle kann die letzte **Bilanz** des eingebrachten Unternehmens als Wertnachweis für die Gründung herangezogen werden, wenn der letzte Bilanzstichtag noch zeitnah ist, also nicht zu lange zurückliegt.[724] Als Richtschnur hierfür hat sich in der Praxis die Acht-Monats-Frist des § 57e GmbHG und des § 17 Abs. 2 Satz 4 UmwG durchgesetzt. In diesem Fall kann man sich in der Praxis bei der Vorlage einer zeitnahen Bilanz eine gesonderte Unternehmensbewertung ersparen. Eine solche ist allerdings trotz Vorlage einer zeitnahen Bilanz erforderlich, wenn eine **Unterbilanz** vorliegt. In diesem Fall kann das Unternehmen zwar in die GmbH eingebracht werden, erforderlich ist jedoch, dass durch ein Gutachten eines Wirtschaftsprüfers ein höherer Wert des Unternehmens glaubhaft gemacht wird und dieser den in der Satzung festgelegten Anrechnungsbetrag für den Wert des Sacheinlagegegenstandes erreicht oder überschreitet. Die **Aufdeckung stiller Reserven** in der Bilanz ist – soweit überhaupt rechtlich möglich – dazu nicht erforderlich.

514

Erreicht der Wert einer Sacheinlage nicht den Nennbetrag des dafür übernommenen Geschäftsanteils, hat der betreffende Gesellschafter gem. § 9 Abs. 1 Satz 1 GmbHG in Höhe des Fehlbetrages eine Einlage in Geld zu leisten. Diese **Differenzhaftung** trifft nur den Inferenten und ist von der allgemeinen Unterbilanzhaftung, die alle Gründer belastet, zu unterscheiden. Maßgebender Zeitpunkt für die Differenzhaftung des die Sacheinlage schuldenden Gesellschafters ist der Zeitpunkt der Anmeldung der Gesellschaft zur Eintragung in das Handelsregister. Abweichend davon ist für die Frage, ob und in welcher Höhe eine **Unterbilanzhaftung** aller Gründer besteht, auf den Zeitpunkt der Eintragung im Handelsregister abzustellen. Der Differenzhaftungsanspruch

515

---

718 Baumbach/Hueck/*Fastrich*, § 9 Rn. 4, § 5 Rn. 34 m.w.N.; Michalski/*Leitzen*, § 5 Rn. 161 m.w.N.
719 OLG Düsseldorf GmbHR 1992, 112; OLG München GmbHR 1994, 712; MünchHdb. GesR III/*Freitag/Riemenschneider*, § 9 Rn. 34, S. 154.
720 Michalski/*Leitzen*, § 5 Rn. 161 m.w.N.
721 Scholz/*Veil*, § 5 Rn. 57 m.w.N.; Heckschen/Heidinger/*Heidinger/Berkefeld*, Kap. 11 Rn. 145.
722 Heckschen/Heidinger/*Heidinger/Berkefeld*, Kap. 11 Rn. 145.
723 Heckschen/Heidinger/*Heidinger/Berkefeld*, Kap. 11 Rn. 145.
724 MünchHdb. GesR III/*Riemenschneider/Freitag*, § 9 Rn. 26, S. 151 m.w.N.

des § 9 Abs. 1 Satz 1 verjährt gem. § 9 Abs. 2 GmbHG in 10 Jahren seit der Eintragung der Gesellschaft in das Handelsregister. Bestehen Zweifel an einer zutreffenden Bewertung von Sacheinlagen hat der **Notar** den Inferenten nach Auffassung des BGH auf die Gefahr einer Differenzhaftung hinzuweisen.[725] Stellt sich im Eintragungsverfahren heraus, dass der Wert der Sacheinlage hinter dem Nennbetrag des Geschäftsanteils zurückbleibt, kann die Eintragungsfähigkeit der GmbH dadurch hergestellt werden, dass der Gesellschafter den Unterschiedsbetrag in bar einzahlt und der Geschäftsführer die in § 8 Abs. 2 GmbHG vorgeschriebene Versicherung (nochmals) abgibt, wonach sich der gezahlte Betrag endgültig in seiner freien Verfügung befindet.[726] Einer Änderung der Satzung der betroffenen Gesellsschaft dahingehend, dass anstelle der Sacheinlage eine Bareinlage vorgesehen wird, bedarf es nicht.[727]

e) Checkliste: Erforderliche Angaben im Gesellschaftsvertrag bei Sachgründung gem. § 5 Abs. 4 GmbHG

516 ▶ **Checkliste: Erforderliche Angaben im Gesellschaftsvertrag bei Sachgründung gem. § 5 Abs. 4 GmbHG**

- ☐ Person des Gründers, der Sacheinlage leistet;
- ☐ Gegenstand der Sacheinlage;
- ☐ Nennbetrag des Geschäftsanteils, auf den sich Sacheinlage bezieht;
- ☐ Höhe und Art und Weise der Vergütung des Mehrwerts, falls Wert der Sacheinlage den Nennbetrag des Geschäftsanteils, auf den sie sich bezieht, übersteigt (Überpariemission);
- ☐ bei der Sachübernahme Höhe der Vergütung für die Sacheinlage und Anrechnungsvereinbarung.

f) Einbringung und Einbringungsvertrag

517 Von der Sacheinlagevereinbarung gem. § 5 Abs. 4 GmbHG, die die Verpflichtung des Gesellschafters zur Übertragung der Sacheinlage auf die Gesellschaft begründet, ist deren Erfüllung zu unterscheiden. Die Erfüllung der Sacheinlageverpflichtung erfolgt als dingliches Verfügungsgeschäft im **Einbringungsvertrag**. Der Einbringungsvertrag muss nicht in der Gründungsurkunde enthalten sein. Wird er in die Gründungsurkunde aufgenommen, so sollte er nicht als Bestandteil der Satzung, sondern getrennt davon beurkundet werden. Ob und welcher **Form** der Einbringungsvertrag bedarf, richtet sich nach dem Gegenstand der Sacheinlage. Handelt es sich um Gegenstände, die nach den allgemeinen Vorschriften zu ihrer Übertragung der notariellen Beurkundung bedürfen, wie dies beispielsweise bei Grundstücken und GmbH-Geschäftsanteilen der Fall ist, bedarf der Einbringungsvertrag der notariellen Beurkundung. In diesem Fall ist die Aufnahme in die Gründungsurkunde ratsam, da dadurch keine zusätzlichen Beurkundungsgebühren entstehen.[728]

518 ▶ **Formulierungsbeispiel: Einbringungsvertrag**

(1) Der Gesellschafter Herr/Frau A ..... leistet seine Einlage auf den von ihm übernommenen Geschäftsanteil von ..... Euro (Geschäftsanteil Nr. 1) in Höhe von ..... Euro durch Einbringung seines vorbezeichneten Geschäftsanteils an der im Handelsregister des Amtsgerichts ..... (HR B .....) eingetragenen ..... GmbH in die Gesellschaft. Der Wert der Sacheinlage entspricht dem Nominalwert des eingebrachten Geschäftsanteils, beläuft sich also auf ..... Euro. Den Restbetrag seiner Einlage in Höhe von ..... Euro hat der Gesellschafter Herr/Frau A ..... in

---

725 BGH III ZR 13/07, DNotZ 2008, 376 = RNotZ 2008, 47 = ZNotP 2007, 466 = NJW 2007, 3566 = DB 2007, 2477 = ZIP 2007, 2166.
726 Lutter/Hommelhoff/*Bayer*, HmbHG, § 9 Rn. 21; MünchKomm/*Wicke*, GmbHG, § 9c Rn. 37; Scholz/*Veil*, GmbHG, § 9 c Rn. 40; Ulmer/*Ulmer*, § 9 c Rn. 43.
727 OLG Naumburg, Beschl. 17.01.2018 – 5 Wx 12/17, NotBZ 2018, 316 f.
728 OLG Düsseldorf MittRhNotK 1989, 25; MünchHdb. GesR III/*Riemenschneider/Freitag*, § 9 Rn. 36, S. 155.

bar zu leisten. Die Gesellschafter und die Gesellschaft, vertreten durch ihren Geschäftsführer C ..... sind einig, dass der vorgenannte Geschäftsanteil auf die Gesellschaft übergeht. Die Abtretung erfolgt mit allen Rechten und Pflichten vom heutigen Tage an; der auf den übertragenen Geschäftsanteil entfallende Gewinn der Gesellschaft mit beschränkter Haftung steht – soweit er noch nicht ausgeschüttet ist – vom ..... an der Gesellschaft zu. Der Gesellschafter Herr/Frau A ..... garantiert, dass der übertragene Geschäftsanteil frei von Rechten Dritter auf die Gesellschaft übergeht. Darüber hinausgehende Ansprüche und Rechte der Gesellschaft sind ausgeschlossen.

Die zu der Übertragung des Geschäftsanteils gemäß der Vorschrift in § ..... des Gesellschaftsvertrages der im Handelsregister des Amtsgerichts ..... (HR B .....) eingetragenen ..... GmbH erforderliche Zustimmung der ..... Gesellschafter/der Gesellschaft liegt dem beurkundenden Notar bereits vor.

(2) Die Gesellschafter und die Gesellschaft, vertreten durch ihren Geschäftsführer C ..... sind einig, dass der vorgenannte Grundbesitz auf die Gesellschaft übergeht und bewilligen und beantragen den Eigentumsübergang in das Grundbuch einzutragen. Besitz und Gefahr, Nutzungen und Lasten gehen mit Wirkung zum Ablauf des heutigen Tages auf die Gesellschaft über. Der Gesellschafter Herr/Frau B ..... garantiert, dass der übertragene Grundbesitz frei von im Grundbuch eingetragenen und eintragungsfähigen Rechten auf die Gesellschaft übergeht. Darüber hinausgehende Ansprüche und Rechte der Gesellschaft sind ausgeschlossen.

Zu bewirken sind die Sacheinlagen an die Gesellschaft vor deren Anmeldung zur Eintragung in das Handelsregister, und zwar gem. § 7 Abs. 3 GmbHG so, dass sie endgültig **zur freien Verfügung** der Geschäftsführer stehen. Daraus ergibt sich, dass die Sacheinlagen an die Vor-GmbH zu übertragen sind. Die Vor-GmbH entsteht ihrerseits erst mit Abschluss des notariellen Errichtungsaktes. Werden bereits vor diesem Zeitpunkt Sacheinlagen geleistet, scheidet die Vor-GmbH mangels Existenz als Leistungsempfänger aus. Die Leistung der Sacheinlagen kann dann allenfalls an die Vorgründungsgesellschaft erfolgt sein. Diese ist mit der Vorgesellschaft jedoch weder rechtlich identisch noch geht deren Vermögen auf die Vorgesellschaft durch deren Errichtung automatisch über. Dafür ist vielmehr die Übertragung der Sacheinlagen von der Vorgründungsgesellschaft auf die Vorgesellschaft erforderlich. Dies kann, muss aber nicht in der Gründungsurkunde geschehen. Zur Tilgung der Einlageschuld ist erforderlich, dass die Sacheinlage durch die Vorgründungsgesellschaft unbelastet im Wege der Einzelrechtsübertragung auf die Vorgesellschaft übergeleitet wird. 519

g) Der Sachgründungsbericht

aa) Inhalt und Form

Gem. § 5 Abs. 4 Satz 2 GmbHG haben die Gesellschafter in einem Sachgründungsbericht die für die Angemessenheit der Leistungen für Sacheinlagen wesentlichen Umstände darzulegen und beim Übergang eines Unternehmens auf die Gesellschaft die Jahresergebnisse der beiden letzten Geschäftsjahre anzugeben. 520

Der Sachgründungsbericht dient als Grundlage für die Prüfung durch das Registergericht gem. § 9c Abs. 1 Satz 2 GmbHG und damit der Sicherung der realen Kapitalaufbringung.[729] Gem. § 8 Abs. 1 Nr. 4 GmbHG ist der Sachgründungsbericht bei der Anmeldung der Gesellschaft zum Handelsregister einzureichen, zusammen mit den Verträgen über die Festsetzung und Ausführung der Sacheinlagen und sonstigen Unterlagen über deren Wert gem. § 8 Abs. 1 Nr. 4, Nr. 5 GmbHG. Demnach bedarf der Sachgründungsbericht der **Schriftform**. Er ist jedoch nicht Teil des Gesellschaftsvertrags und daher auch nicht mit diesem zu beurkunden. 521

Adressat des § 5 Abs. 4 Satz 2 GmbHG sind sämtliche im Zeitpunkt der Handelsregisteranmeldung vorhandenen Gesellschafter, also auch die, die selbst keine Sacheinlage zu erbringen haben.[730] Sollte 522

---

[729] Baumbach/Hueck/*Fastrich*, § 5 Rn. 54.
[730] Baumbach/Hueck/*Fastrich*, § 5 Rn. 54.

sich der **Gesellschafterkreis** nach der Anmeldung zum Handelsregister **ändern**, ist ein Sachgründungsbericht der neuen Gesellschafter grundsätzlich entbehrlich. Allerdings bedarf es eines neuen Sachgründungsberichtes aller Gesellschafter, also auch der Altgesellschafter, wenn ein neuer Gesellschafter eine Sacheinlage übernimmt.[731] Die Gesellschafter, die der Vorgesellschaft im Zeitpunkt der Handelsregisteranmeldung angehören, müssen den Sachgründungsbericht **eigenhändig unterzeichnen**. Ist dies nicht möglich wie bei juristischen Personen oder nicht zulässig wie bei Minderjährigen, haben die gesetzlichen Vertreter nach den jeweils geltenden Vorschriften die Unterzeichnung des Sachgründungsberichtes vorzunehmen. Eine **rechtsgeschäftliche Vertretung** scheidet nach h.M. wegen der Strafbewehrung in § 82 Abs. 1 Nr. 2 GmbHG aus.[732] Eine Erstattung des Sachgründungsberichtes durch die Geschäftsführer der Gesellschaft ist nicht erforderlich und auch nicht ausreichend.[733]

523 Streitig ist, ob ein Sachgründungsbericht auch bei einer **Sachübernahme** erforderlich ist. Dagegen spricht, dass § 19 Abs. 2 Satz 2 GmbHG lediglich auf § 5 Abs. 4 Satz 1 GmbHG und nicht auch auf § 5 Abs. 4 Satz 2 GmbHG verweist. Der Zweck des § 5 Abs. 4 Satz 2 GmbHG lässt seine Anwendung jedoch auch auf den Fall der Sachübernahme geboten erscheinen, und zwar sowohl für den Fall, dass der Gesellschafter selbst Leistender ist[734] als auch für den Fall das Leistender ein Nichtgesellschafter ist. Dafür spricht auch § 8 Abs. 1 Nr. 4 GmbHG, der nicht zwischen Sacheinlagen im engeren Sinne und der Sachübernahme unterscheidet.

bb) Inhaltliche Anforderungen

524 Die **inhaltlichen Anforderungen** an den Sachgründungsbericht ergeben sich aus § 5 Abs. 4 Satz 2 GmbHG. In den Sachgründungsbericht haben die Gründer entsprechend seinem Zweck alle für die Beurteilung der Angemessenheit der Sacheinlage durch das Registergericht wesentlichen Angaben aufzunehmen. Im Falle der Einbringung eines Unternehmens in die Gesellschaft gehören dazu zumindest die Jahresergebnisse der beiden letzten Geschäftsjahre gem. § 5 Abs. 4 Satz 2 GmbHG. Im Übrigen sieht das GmbHG keine Einzelheiten für den Inhalt des Sachgründungsberichtes vor. Nähere Anhaltspunkte kann man jedoch der Regelung des § 32 Abs. 2 AktG entnehmen. Dieser ist für die GmbH zwar nicht bindend,[735] zeigt aber, welchen Umständen der Gesetzgeber für die Beurteilung der Angemessenheit der Sacheinlagen Bedeutung beimisst. Für die Prüfung der Angemessenheit und Werthaltigkeit der Sacheinlage sind danach insbesondere von Belang ihre Anschaffungs- und Herstellungskosten, ein etwaiger gegenwärtiger Marktpreis, Zustand, Nutzungsmöglichkeiten sowie die Bedeutung für das Unternehmen als auch etwaige weitere im Einzelfall aussagekräftige Gesichtspunkte.[736] Bei der Einbringung von Grundstücken eignen sich oftmals Unterlagen des gemeindlichen Gutachterausschusses, bei der Einbringung von Kraftfahrzeugen die von Sachverständigen erstellten Listen dazu den Einlagewert plausibel zu machen.[737] Auch die Vorlage des Kaufvertrages oder der sonstigen Anschaffungsunterlagen für den Sacheinlagegegenstand können sich im Einzelfall als Wertnachweis eignen. Dies ist insbesondere dann der Fall, wenn der Abschluss des Vertrags noch nicht allzu lange zurückliegt.

525 **Mängel** des Sachgründungsberichtes stehen einer Eintragung der GmbH gem. § 9c Abs. 1 Satz 2 GmbHG entgegen. Dies gilt insbesondere für das völlige Fehlen des Sachgründungsberichtes, aber auch im Falle seiner Unvollständigkeit oder Ungenauigkeit.[738] Solche Mängel können durch ord-

---

731 Scholz/*Veil*, § 5 Rn. 99; Baumbach/Hueck/*Fastrich*, § 5 Rn. 54; MünchHdb. GesR III/*Riemenschneider/Freitag*, § 9 Rn. 40, S. 157.
732 Baumbach/Hueck/*Fastrich*, § 5 Rn. 54; Scholz/*Veil*, § 5 Rn. 100; Michalski/*Leitzen*, § 5 Rn. 150; Lutter/Hommelhoff/*Bayer*, § 5 Rn. 34; *Priester*, DNotZ 1980, 520.
733 Baumbach/Hueck/*Fastrich*, § 5 Rn. 54.
734 Lutter/Hommelhoff/*Bayer*, § 5 Rn. 40.
735 Baumbach/Hueck/*Fastrich*, § 5 Rn. 55; Lutter/Hommelhoff/*Bayer*, § 5 Rn. 33.
736 Baumbach/Hueck/*Fastrich*, § 5 Rn. 55; Lutter/Hommelhoff/*Bayer*, § 5 Rn. 33.
737 Vgl. Lutter/Hommelhoff/*Bayer*, § 5 Rn. 33.
738 Baumbach/Hueck/*Fastrich*, § 5 Rn. 56.

nungsgemäße Nachholung **geheilt** werden.[739] Wird die GmbH trotz Fehlen oder trotz Mängeln des Sachgründungsberichtes in das Handelsregister eingetragen, so hat dies nach erfolgter Eintragung keine materiell-rechtlichen Folgen in Bezug auf die Sacheinlagevereinbarung in der Satzung oder gar die gesamte GmbH-Gründung.[740]

h) Anmeldung der Sachgründung zum Handelsregister

Gem. § 7 Abs. 1 GmbHG ist die Gesellschaft bei dem Gericht, in dessen Bezirk sie ihren Sitz hat, zur Eintragung in das Handelsregister anzumelden. Die **Anmeldung** darf erst erfolgen nachdem die Sacheinlagen so an die Gesellschaft bewirkt worden sind, dass sie endgültig zur freien Verfügung der Geschäftsführer der Gesellschaft stehen gem. § 7 Abs. 3 GmbHG. Übernimmt ein Gesellschafter auf seinen Geschäftsanteil teilweise eine Geldeinlage und teilweise eine Sacheinlage (Mischgründung), deren Notwendigkeit sich für die Praxis im Hinblick auf die Möglichkeit der Übernahme mehrerer Geschäftsanteile durch einen Gesellschaftsgründer gem. § 5 Abs. 2 Satz 1 GmbHG, weitgehend erledigt haben dürfte, ist die Geldeinlage mindestens zu einem Viertel gem. § 7 Abs. 2 GmbHG und die Sacheinlage in vollem Umfang gem. § 7 Abs. 3 GmbHG vor der Anmeldung zu leisten. Insgesamt müssen gem. § 7 Abs. 2 Satz 2 GmbHG mindestens 12.500,00 € auf das Stammkapital geleistet sein. Dabei sind sowohl die geleisteten Geldeinlagen als auch der Gesamtnennbetrag der Geschäftsanteile, für die Sacheinlagen zu leisten sind, zu berücksichtigen. 526

Der **Inhalt der Anmeldung** entspricht weitgehend dem Inhalt bei Anmeldung einer Bargründung. Gem. §§ 8 Abs. 2, 7 Abs. 2 Satz 2 GmbHG ist lediglich zusätzlich in der Anmeldung durch die Geschäftsführer zu versichern, dass die Sacheinlagen auf die Geschäftsanteile bewirkt sind und dass der Gegenstand der Leistungen sich endgültig in der freien Verfügung der Geschäftsführer befindet. Weitergehende Versicherungen der Geschäftsführer über die bereits aus der Satzung ersichtlichen Sacheinlagen werden ebenso wie solche zum Wert der Sacheinlagen oder der Art und Weise der Sacheinlageleistungen von der wohl herrschenden Meinung für überflüssig gehalten.[741] 527

Schließlich sind bei der Anmeldung einer Sachgründung gem. § 8 Abs. 1 Nr. 4 und Nr. 5 GmbHG neben den bei der Bargründung vorgeschriebenen **weitere Unterlagen** in Urschrift oder öffentlich beglaubigter Abschrift der Anmeldung beizufügen. Dabei handelt es sich gem. § 8 Abs. 1 Nr. 4 GmbHG zum einen um die Verträge, die den Festsetzungen im Gesellschaftsvertrag zugrunde liegen oder zu ihrer Ausführung geschlossen worden sind, also auch die **Einbringungsverträge** (z.B. Auflassung von Grundbesitz, Abtretung von GmbH-Geschäftsanteilen). Sollte im Einzelfalle der Abschluss dieser Verträge formlos wirksam und nicht zumindest schriftlich erfolgt sein, ist ihre Vorlage nicht erforderlich. Stattdessen ist darauf in der Anmeldung hinzuweisen.[742] Aus § 8 Abs. 1 Nr. 4 GmbHG ergibt sich kein Schriftformerfordernis für die Erfüllung der Sacheinlagevereinbarung.[743] Des weiteren ist gem. § 8 Abs. 1 Nr. 4 GmbHG der **Sachgründungsbericht** der Handelsregisteranmeldung beizufügen. Schließlich sind der Anmeldung gem. § 8 Abs. 1 Nr. 5 GmbHG Unterlagen darüber, dass der Wert der Sacheinlagen den Nennbetrag der dafür übernommenen Geschäftsanteile erreicht, beizufügen (**Wertnachweis**). Dabei hängt vom jeweiligen Gegenstand der Sacheinlage ab, in welcher Art der Nachweis über ihren Wert zu führen ist.[744] In Betracht kommen dabei Kaufverträge, Rechnungen, Belege über die Herstellungskosten, Preislisten, Kursnotierungen 528

---

739 Baumbach/Hueck/*Fastrich*, § 5 Rn. 56.
740 Baumbach/Hueck/*Fastrich*, § 5 Rn. 56; so auch der BGH für den Fall der Sachkapitalerhöhung unter gedanklicher Annahme der Erforderlichkeit eines Sachkapitalerhöhungsberichtes – II ZR 121/02, DNotZ 2005, 62 = NotBZ 2004, 343 = DStR 2004, 1662 = ZIP 2004, 1642 = GmbHR 2004, 1219 = DB 2004, 1985 = NZG 2004, 910.
741 Baumbach/Hueck/*Fastrich*, § 8 Rn. 12; MünchHdb. GesR III/*Riemenschneider/Freitag*, GmbH, § 9 Rn. 43, S. 158.
742 Ganz h.M. Scholz/*Veil*, § 8 Rn. 14; Baumbach/Hueck/*Fastrich*, § 8 Rn. 8; Michalski/*Tebben*, § 8 Rn. 16.
743 Lutter/Hommelhoff/*Bayer*, § 8 Rn. 5.
744 Baumbach/Hueck/*Fastrich*, § 8 Rn. 9; Lutter/Hommelhoff/*Bayer*, § 8 Rn. 6.

sowie Gutachten von Sachverständigen.⁷⁴⁵ Nicht erforderlich ist, dass es sich um öffentlich bestellte Sachverständige handelt. Erforderlich ist jedoch eine ausreichende Kompetenz und Seriosität des Sachverständigen. Bei der Einbringung eines Unternehmens hält die überwiegende Meinung die Erstellung einer Einbringungsbilanz für erforderlich.⁷⁴⁶ Bei Einbringung des Unternehmens zu Buchwerten genügt auch ein zeitnaher Jahresabschluss, wenn die Ordnungsmäßigkeit der Bilanzierung durch einen Angehörigen der wirtschaftsprüfenden oder steuerberatenden Berufe bescheinigt wird.⁷⁴⁷ Von der Einbringungsbilanz abweichende Einbringungswerte sind in jedem Falle gesondert zu belegen.⁷⁴⁸

529 Bei **Sachübernahmen** mit Verrechnungsabrede gem. § 19 Abs. 2 Satz 2 GmbHG ist die Vornahme der Verrechnung nachzuweisen, da anderenfalls die Sachübernahme nicht im Sinne von § 7 Abs. 3 GmbHG als erbracht dargelegt ist. Ein Hinweis auf eine entsprechende Regelung im Gesellschaftsvertrag genügt insoweit.⁷⁴⁹

i) Sachgründung bei vereinfachtem Verfahren und UG (haftungsbeschränkt)

530 Unzulässig ist eine offene Sachgründung bei der GmbH-Gründung im **vereinfachten Verfahren** gem. § 2 Abs. 1a GmbHG unter Verwendung des Musterprotokolls. Die Musterprotokolle für die Gründung einer Einpersonengesellschaft wie einer Mehrpersonengesellschaft mit bis zu drei Gesellschaftern sehen jeweils in ihrer Nr. 3. vor, dass die Einlagen in Geld zu erbringen sind. Da die Gründung im vereinfachten Verfahren gem. § 2 Abs. 1a GmbHG die Verwendung der gesetzlichen Musterprotokolle vorschreibt, ist eine offene Sachgründung im vereinfachten Verfahren nicht möglich. Ebenso scheidet bei der Gründung einer Unternehmergesellschaft (haftungsbeschränkt) gem. § 5a Abs. 2 Satz 2 GmbHG die Erbringung von Sacheinlagen aus.

3. Verdeckte Sachgründung, Hin- und Herzahlen

531 Durch das MoMiG hat der Gesetzgeber nunmehr erstmals ausdrücklich Regelungen zur verdeckten (verschleierten) Sacheinlage und zum Hin- und Herzahlen der Bareinlage aufgestellt. Die entsprechenden Regelungen finden sich § 19 Abs. 4 und 5 GmbHG.

a) Verdeckte Sachgründung

aa) Rechtslage verdeckte Sachgründung vor MoMiG

532 Nach der bisherigen ständigen Rechtsprechung des BGH liegt eine **verdeckte Sacheinlage** dann vor, wenn die gesetzlichen Regeln für Sacheinlagen dadurch unterlaufen werden, dass zwar eine Bareinlage vereinbart wird, die Gesellschaft aber bei wirtschaftlicher Betrachtung von dem Einleger aufgrund einer im Zusammenhang mit der Übernahme der Einlage getroffenen Absprache einen Sachwert erhalten soll.⁷⁵⁰ Bei der Gründung einer Ein-Personen-GmbH, bei der mangels Vorhandensein einer Mehrzahl von Gesellschaftern eine »Absprache« der vorgenannten Art nicht denkbar ist, reicht nach der Rechtsprechung des BGH ein entsprechendes »Vorhaben« des alleinigen Gründungsge-

---

745 MünchHdb. GesR III/*Riemenschneider/Freitag*, § 9 Rn. 44, S. 159.
746 Scholz/*Veil*, § 8 Rn. 13; Lutter/Hommelhoff/*Bayer*, § 8 Rn. 6; *Priester*, BB 1980, 21; weniger streng: Baumbach/Hueck/*Fastrich*, § 8 Rn. 9.
747 Vgl. *Priester*, DNotZ 1980, 515, 522; Lutter/Hommelhoff/*Bayer*, § 8 Rn. 6.
748 Scholz/*Veil*, § 8 Rn. 13.
749 Lutter/Hommelhoff/*Bayer*, § 8 Rn. 6.
750 BGH II ZR 176/05, DNotZ 2007, 230 = ZNotP 2007, 100 = NJW 2007, 765 = ZIP 2007, 178 = DStR 2007, 263 = BGHZ 170, 47 = NZG 2007, 144; BGH II ZR 235/01, DNotZ 2004, 206 = ZNotP 2003, 467 = NotBZ 2004, 34 = NZG 2003, 867 = DStR 2003, 1844 = ZIP 2003, 1540 = NJW 2003, 3127 = BGHZ 155, 329; BGH II ZR 76/04, DNotZ 2006, 543 = NZG 2006, 344 = ZIP 2006, 665 = NJW 2006, 1736 = DStR 2006, 764 = DB 2006, 772 – Cash-Pool I.

sellschafters aus.⁷⁵¹ Bei einer verdeckten Sacheinlage handelt es sich demnach um eine Aufspaltung des wirtschaftlich einheitlich gewollten Vorgangs einer Sacheinbringung in mehrere rechtlich getrennte Geschäfte, bei denen der Gesellschaft zwar formal Bargeld als Einlage zugeführt, dieses jedoch im Zusammenhang mit einem Rechtsgeschäft gegen die Übertragung eines anderen Gegenstandes zurückgewährt wird und mit dem die Gesellschaft im wirtschaftlichen Ergebnis keine Bar-, sondern eine Sacheinlage erhält.⁷⁵²

Rechtsfolge einer verdeckten Sachgründung bzw. Sacheinlageleistung war bis zum Inkrafttreten des MoMiG nach ganz h.M. die Unwirksamkeit sowohl des schuldrechtlichen Verpflichtungsvertrags über die verdeckte Sacheinlage als auch des dinglichen Erfüllungsgeschäfts analog § 27 Abs. 3 Satz 1 AktG.⁷⁵³ Nach in Krafttreten des MoMiG kommt die Anwendung dieser Rechtsfolgen auf eine verdeckte Sacheinlage nur noch in Betracht, wenn die Anwendung der Regelung des § 19 Abs. 4 GmbHG n.F., in dem die verdeckte Sacheinlage nunmehr in ihren Voraussetzungen und Rechtsfolgen geregelt ist, nicht anwendbar ist. Dies dürfte insbesondere bei der Unternehmergesellschaft (haftungsbeschränkt) der Fall sein. 533

bb) Rechtslage verdeckte Sachgründung nach MoMiG

Durch das MoMiG hat die verdeckte Sacheinlage erstmals eine gesetzliche Regelung gefunden. Nach der **Legaldefinition** des § 19 Abs. 4 GmbHG n.F. liegt eine verdeckte Sacheinlage vor, wenn eine Geldeinlage eines Gesellschafters bei wirtschaftlicher Betrachtung und aufgrund einer im Zusammenhang mit der Übernahme der Geldeinlage getroffenen Abrede diese vollständig oder teilweise als Sacheinlage zu bewerten ist. Die **Rechtsfolgen** der nach dem Gesetz in der Fassung des MoMiG nach wie vor unzulässigen verdeckten Sacheinlage regelt der Gesetzgeber jedoch genau umgekehrt zur bisherigen alten Rechtslage. Gem. § 19 Abs. 4 Satz 2 und 3 GmbHG n.F. sind die Verträge über die Sacheinlage und die Rechtshandlungen zu ihrer Ausführung entgegen der bisherigen Rechtslage nicht unwirksam. Durch die Erbringung einer verdeckten Sacheinlage wird der Gesellschafter jedoch gem. § 19 Abs. 4 Satz 1 GmbHG n.F. gleichwohl nicht von seiner Geldeinlageverpflichtung frei. Allerdings wird der Wert des eingebrachten Vermögensgegenstandes auf die fortbestehende Geldeinlagepflicht des Gesellschafters angerechnet (**Anrechnungslösung**).⁷⁵⁴ Maßgebender Zeitpunkt für die Wertbestimmung des Gegenstandes ist der der Anmeldung der Gesellschaft zur Eintragung in das Handelsregister oder aber der Wert des Vermögensgegenstandes im Zeitpunkt seiner Überlassung an die Gesellschaft, falls diese nach der Anmeldung der Gesellschaft erfolgt. Die Anrechnung selbst erfolgt gem. § 19 Abs. 4 Satz 4 GmbHG n.F. nicht vor Eintragung der Gesellschaft in das Handelsregister. 534

Die **Beweislast** für die Werthaltigkeit des Vermögensgegenstandes trägt gem. § 19 Abs. 4 Satz 5 GmbHG n.F. der Inferent. 535

Die Anrechnung erfolgt nach dem Gesetz **automatisch**. Es bedarf keiner Willenserklärung der Beteiligten oder der Gesellschaft. 536

Da die Anrechnung nach dem Gesetz erst nach der Eintragung der Gesellschaft im Handelsregister erfolgt, und zwar auch in dem Fall, dass die (verdeckte) Sacheinlage bereits vor der Eintragung in die Gesellschaft eingebracht worden ist, gibt der **Geschäftsführer** bei Anmeldung der Bar-Gründung trotz Vorliegens einer verdeckten Sacheinlage gem. § 8 Abs. 2 GmbHG eine falsche und gem. § 82 Abs. 1 Nr. 1 GmbHG **strafbare falsche Versicherung** ab. Da die Anrechnung gem. § 19 Abs. 4 537

---

751 BGH II ZR 171/06, DNotZ 2008, 547 = ZNotP 2008, 209 = NZG 2008, 311 = ZIP 2008, 643 = DB 2008, 751 = DStR 2008, 831.
752 BGH II ZR 171/06, DNotZ 2008, 547 = ZNotP 2008, 209 = NZG 2008, 311 = ZIP 2008, 643 = DB 2008, 751.
753 BGH II ZR 235/01, DNotZ 2004, 206 = NotBZ 2004, 34 = ZNotP 2003, 467 = NZG 2003, 867 = ZIP 2003, 1540 = NJW 2003, 3127 = DStR 2003, 1844 = DB 2003, 1894 = BGHZ 155, 329.
754 Diese geht auf einen Vorschlag des Deutschen Anwaltsvereins zurück.

Satz 4 GmbHG n.F. nicht vor Eintragung der Gesellschaft in das Handelsregister erfolgt, ist dem Geschäftsführer die Möglichkeit sich im Zeitpunkt der Abgabe der Versicherung auf die Erfüllung der Einlageschuld zu berufen, abgeschnitten. Darüber hinaus kann das Registergericht nach § 9c Abs. 1 GmbHG die Eintragung der Gesellschaft selbst in dem Fall ablehnen, dass der Wert der verdeckten Sacheinlage den Wert der geschuldeten Geldeinlage erreicht oder übersteigt.

538 Vor dem geschilderten Hintergrund ist auch nach Inkrafttreten des MoMiG eine verdeckte Sachgründung unbedingt **zu vermeiden**.

(1) Voraussetzungen der verdeckten Sacheinlage nach MoMiG

539 Aus dem Gesetzeswortlaut des § 19 Abs. 4 GmbHG ergeben sich drei **Tatbestandmerkmale** für das Vorliegen einer verdeckten Sacheinlage.

540 Erstes Tatbestandsmerkmal ist, dass es sich bei der in der Satzung vereinbarten Einlagepflicht des Gesellschafters um eine Geldeinlage handelt. Ob dies der Fall ist oder nicht wird durch die Regelung in der Satzung der GmbH bestimmt.

541 Zweites Tatbestandsmerkmal des Vorliegens einer verdeckten Sacheinlage ist die entgeltliche Zuwendung eines Vermögensgegenstandes durch den bareinlagepflichtigen Gesellschafter an die Gesellschaft. Dies gilt auch für sogenannte »gewöhnliche **Umsatzgeschäfte** im Rahmen des laufenden Geschäftsverkehrs«. Solche sind nicht von vornherein aus dem Anwendungsbereich der verdeckten Sacheinlage ausgenommen, sondern können den Tatbestand einer verdeckten Sacheinlage erfüllen.[755] Ebenso hat der BGH dies für die Aktiengesellschaft entschieden.[756]

542 Auch kann ein Verkehrsgeschäft, bei dem das Anlagevermögen nicht vom Inferenten selbst, sondern von einem **Dritten** erworben wird, der mit dem Inferenten oder der betreffenden GmbH verbunden ist, die Annahme einer verdeckten Sacheinlage begründen. Nach der Rechtsprechung des BGH ist die personelle Identität zwischen dem Inferenten und dem Rückzahlungsempfänger für die Annahme einer verdeckten Sacheinlage nicht zwingend erforderlich. Die Weiterleitung der Einlagemittel an einen Dritten muss sich der Einlageschuldner dann zurechnen lassen, wenn er dadurch in gleicher Weise begünstigt wird wie in dem Fall, dass an ihn selbst geleistet würde.[757] Dies gilt insbesondere bei der Leistung an ein von dem Inferenten beherrschtes Unternehmen.[758] Auch der Rückfluss der Einlagemittel an ein Unternehmen, von dem der Inferent seinerseits abhängig ist, kann unter Umständen die Annahme einer verdeckten Sacheinlage begründen.[759] Nach dieser Rechtsprechung ist die Weiterleitung der Einlagemittel in **Konzernkonstellationen**, also an die Mutter-, Tochter- oder Schwestergesellschaft des Inferenten problematisch und in der Praxis höchste Vorsicht geboten.

543 Eine verdeckte Sacheinlage scheidet aus, wenn die durch das Verkehrsgeschäft an die Gesellschaft erbrachte Leistung **nicht sacheinlagefähig** ist. Die Grundsätze der verdeckten Sacheinlage gem. § 19 Abs. 4 GmbHG n.F. finden insbesondere auf **Dienstleistungen**, die ein GmbH-Gesellschafter nach Leistung einer Bareinlage entgeltlich erbringen soll, keine Anwendung.[760] Der BGH begründet die mangelnde Sacheinlagefähigkeit von Dienstleistungen mit der Regelung des § 27 Abs. 2 Halbs. 2 AktG. Scheidet eine offene Sacheinlage der Dienstleistung aus, kann diese auch nicht verdeckt – also unter Umgehung der Offenlegungspflicht – in die Gesellschaft eingebracht werden.

---

755 BGH II ZR 171/06, DNotZ 2008, 547 = ZNotP 2008, 209 = NZG 2008, 311.
756 BGH II ZR 176/05, DNotZ 2007, 230 = ZNotP 2007, 100 = NZG 2007, 144 = NJW 2007, 765 = BGHZ 170, 47.
757 BGH NJW 1994, 1477 = BGHZ 125, 141, 144 Heckschen/Heidinger/*Heidinger/Berkefeld*, Kap. 11 Rn. 181.
758 BGH DNotZ 2007, 708, 709; ZIP 2007, 178, 180; GmbHR 2003, 237 = BGHZ 153, 107, 111.
759 BGH DNotZ 2007, 708, 709; BGHZ 110, 740, 66 ff.
760 BGH II ZR 120/07, DNotZ 2009, 766 = DNotI-Report 2009, 78 = NZG 2009, 463 = NJW 2009, 2375 = ZIP 2009, 713 = GmbHR 2009, 540 = WM 2009, 698 = DB 2009, 780 = BGHZ 180, 38 (»Qivive«).

Durch die Rechtsprechung bereits weitgehend geklärt sind die Auswirkungen des MoMiG auf den sogenannten **Cash-Pool**. Das Cash-Pooling ist ein von Konzernen praktiziertes Cash-Management-System, dessen Problematik der Gesetzgeber mit dem MoMiG durch die neue Reglung in § 19 Abs. 5 GmbHG (»Hin- und Herzahlen«) entschärfen wollte. Beim sogenannten physischen Cash-Pool werden alle Konten der in den Cash-Pool einbezogenen Gesellschaften zum Ende eines jeden Tages auf Null gestellt und auf einem Zentralkonto der Betreibergesellschaft zusammengefasst. Befindet sich auf dem Konto der Konzerngesellschaft ein positiver Saldo, wird dieser auf das Zentralkonto transferiert. Die Konzerngesellschaft verliert also Liquidität. Weist das Konto der Konzerngesellschaft hingegen einen negativen Saldo auf, wird dieser durch eine Zahlung vom Zentralkonto ausgeglichen. Der Konzerngesellschaft wird Liquidität zugeführt. In rechtlicher Hinsicht handelt es sich bei diesem Vorgang um die Begründung von Darlehensforderungen und -verbindlichkeiten. Fließt Liquidität von der Konzerngesellschaft auf das Zentralkonto, erhält die Konzerngesellschaft eine Darlehensforderung gegen die den Cash-Pool betreibende Gesellschaft. Fließt ihr hingegen vom Zentralkonto zum Ausgleich eines negativen Saldos Liquidität zu, so entsteht dadurch eine Darlehensverbindlichkeit gegenüber der den Cash-Pool betreibenden Gesellschaft. Von diesem physischen Cash-Pool zu unterscheiden ist der sogenannte virtuelle Cash-Pool. Bei diesem finden keine realen Transaktionen in dem vorbeschriebenen Sinne statt. Dementsprechend werden auch in rechtlicher Hinsicht keine Forderungen und Verbindlichkeiten unter den Konzernunternehmen mehr begründet. Die mit dem physischen Cash-Pooling erstrebten Vorteile, Ausschöpfung der Liquidität des Gesamtkonzerns zugunsten aller Konzerngesellschaften und unabhängig von deren jeweiliger eigener Liquidität verbunden mit einer Absenkung der auf den Gesamtkonzern bezogen geringeren Liquiditätsreserve als für jede Konzerngesellschaft einzeln, gesteht die Bankenpraxis Konzernen auch beim virtuellen Cash-Pool zu.

544

Fraglich war, ob beim **physischen Cash-Pool** eine verdeckte Sacheinlage denkbar ist, oder ob es sich in jedem Falle um ein Hin- und Herzahlen i.S.d. § 19 Abs. 5 GmbHG n.F. handelt. Dazu hat der BGH vor Inkrafttreten des MoMiG in seiner grundlegenden Entscheidung vom 16.01.2006[761] festgestellt, dass die in ein Cash-Pool-System einbezogenen Gesellschaften mit beschränkter Haftung bei der Gründung und bei der Kapitalerhöhung den Kapitalaufbringungsvorschriften des GmbHG und den dazu von der höchstrichterlichen Rechtsprechung entwickelten Grundsätzen uneingeschränkt unterliegen und ein »Sonderrecht« für diese Art der Finanzierung nicht besteht. Der BGH hat in dem von ihm entschiedenen Fall eine verdeckte Sacheinlage bejaht. Dort war die gesamte Einlage, wie von vornherein beabsichtigt, alsbald nach der nur etwa einen Monat später erfolgten Eintragung der Kapitalerhöhung unter Auflösung des zum Zwecke der Kapitalerhöhung eingerichteten Sonderkontos auf das einzige Geschäftskonto der GmbH weitergeleitet und von dort aus im Rahmen des bestehenden Cash-Pools noch am Abend desselben Tages kraft der Pool-Vereinbarung »automatisch« dem Zentralkonto der von den Inferenten beherrschten Cash-Pool-Gesellschaft gutgeschrieben worden. Da dieses Konto der Gesellschaft einen Debetsaldo aufwies, die Gesellschaft gegenüber der Cash-Pool-Gesellschaft also Verbindlichkeiten hatte, sind diese durch die Gutschrift getilgt worden. Die Gesellschaft hat dementsprechend eine Befreiung von den gegenüber der Cash-Pool-Gesellschaft bereits seit längerem bestehenden Darlehensverbindlichkeiten und damit einen Sachwert erlangt, der verdeckt, also unter Umgehung der dafür vorgesehenen gesetzlichen Voraussetzungen in die Gesellschaft eingebracht worden ist.[762] Die Anwendbarkeit der dargelegten Grundsätze über die verdeckte Sacheinlage hat der BGH auch nach Inkrafttreten des MoMiG für den vorstehend geschilderten Fall bestätigt. Die Einzahlung der Einlage auf ein Konto, das in einen dem Inferenten zuzurechnenden Cash-Pool einbezogen ist, ist eine verdeckte Sacheinlage, wenn der Saldo auf dem Zentralkonto des Cash-Pools im Zeitpunkt der Weiterleitung zulasten der Gesell-

545

---

761 BGH II ZR 76/04, DNotZ 2006, 543 = NZG 2006, 344 = NJW 2006, 1736 = ZIP 2006, 665 = DStR 2006, 764 = BGHZ 166, 8 – Cash-Pool I.
762 BGH II ZR 76/04, DNotZ 2006, 543 = NZG 2006, 344 = NJW 2006, 1736 = ZIP 2006, 665 = DStR 2006, 764 = BGHZ 166, 8 – Cash-Pool I.

schaft negativ ist.⁷⁶³ Soweit die Einlage dagegen auf ein Zentralkonto des Inferenten weitergeleitet wird, dessen Saldo ausgeglichen oder zugunsten der Gesellschaft positiv ist, liegt ein reines **Hin- und Herzahlen** vor. Mit der Weiterleitung auf das Zentralkonto gewährt die Gesellschaft dem Inferenten ein Darlehen. Nach der Rechtsprechung des Bundesgerichtshofs liegt in diesem Falle die Erfüllung der Einlageschuld erforderliche Leistung zur freien Verfügung der Geschäftsführung nicht vor, wenn der eingezahlte Einlagebetrag absprachegemäß umgehend an den Inferenten zurückfließt und die Einlageforderung der Gesellschaft durch eine schwächere Rückzahlungsforderung ersetzt wird.⁷⁶⁴

546 Nach der Rechtsprechung des BGH ist der Gesetzgeber mit dem **MoMiG** dieser Unterscheidung gefolgt und hat mit § 19 Abs. 4 und 5 GmbHG n.F. lediglich die Rechtsfolgen dieser Vorgänge neu geregelt. Nach § 19 Abs. 4 GmbHG n.F. befreit eine verdeckte Sacheinlage den Gesellschafter zwar nicht von seiner Einlageverpflichtung, führt aber – bezogen auf den Zeitpunkt der Anmeldung bzw. der Leistung – zur Anrechnung des Wertes der Vermögensgegenstände, die der Gesellschafter aufgrund der nunmehr als schuldrechtlich und dinglich wirksam anzusehenden Verträge über die verbotene Sacheinlage tatsächlich erbracht hat.⁷⁶⁵ Wenn ein bloßes Hin- und Herzahlen vorliegt, nämlich eine Einlageleistung vereinbart wird, die wirtschaftlich der Rückzahlung der Einlage entspricht und diese nicht als verdeckte Sacheinlage gem. § 19 Abs. 4 GmbHG n.F. zu beurteilen ist, wird der Inferent gem. § 19 Abs. 5 Satz 1 GmbHG n.F. grundsätzlich ebenfalls nicht von seiner Einlageverpflichtung frei. Etwas anderes gilt nur, wenn die besonderen Voraussetzungen des § 19 Abs. 5 GmbHG n.F. erfüllt sind, also eine die Einlagepflicht substituierende Vereinbarung getroffen wird, die auf ihrer Grundlage erbrachte Leistung durch einen vollwertigen, jederzeit fälligen oder durch fristlose Kündigung fällig werdenden Rückzahlungsanspruch gegen den Inferenten gedeckt ist und der Geschäftsführer diese Umstände bei der Anmeldung nach § 8 GmbHG offenlegt.⁷⁶⁶ Liegt schließlich nur teilweise eine verdeckte Sacheinlage vor, weil die Einlagezahlung den negativen Saldo zulasten der Gesellschaft auf dem Zentralkonto übersteigt, ist der Vorgang teilweise als verdeckte Sacheinlage und teilweise als Hin- und Herzahlen zu beurteilen. Da die Einlagezahlung aufgeteilt werden kann, ist nicht in Höhe der gesamten Zahlung von einer verdeckten Sacheinlage auszugehen.⁷⁶⁷

547 Soweit nach dem Vorstehenden eine verdeckte Sacheinlage vorliegt, ist gem. § 19 Abs. 4 GmbHG n.F. der Wert des verdeckt eingebrachten Vermögensgegenstands im Zeitpunkt der Anmeldung der Gesellschaft zur Eintragung in das Handelsregister anzurechnen. In diesem Zusammenhang ist daher der Wert der Forderung gegen die Gesellschaft zu ermitteln. Bei dieser Forderung handelt es sich um die Verbindlichkeit der Gesellschaft auf dem Cash-Pool Konto. Ob und inwieweit bei einer als verdeckte Sacheinlage zu behandelnden Einzahlung der Inferent die Nichtschuld tilgend erbrachte Einlage noch einmal leisten muss, hängt nach der geschilderten Rechtsprechung des BGH davon ab, ob und in welcher Höhe die Gesellschaft durch die Einlagezahlung von einer Forderung des

---

763 BGH II ZR 273/07, DNotZ 2009, 941 = NJW 2009, 3091 = NZG 2009, 944 = ZNotP 2009, 359 = NotBZ 2009, 356 = ZIP 2009, 1561 = GmbHR 2009, 926 = WM 2009, 1574 = DB 2009, 1755 = BB 2009, 2108 – Cash-Pool II.

764 BGH II ZR 140/04, DNotZ 2006, 218 = NotBZ 2006, 15 = NZG 2006, 24 = NJW 2006, 509 = ZIP 2005, 2203 = ZNotP 2006, 71 = DStR 2006, 104 = DB 2005, 2743; BGH II ZR 72/05, DNotZ 2006, 536 = NotBZ 2006, 88 = NZG 2006, 227 = NJW 2006, 906 = ZIP 2006, 331 = DStR 2006, 382; BGHZ II ZR 180/06, DNotZ 2008, 545 = ZNotP 2008, 84 = NotBZ 2008, 60 = MittBayNot 2008, 139 = ZIP 2008, 174 = NZG 2008, 143 = NJW-RR 2008, 480 = DStR 2008, 311.

765 BGH II ZR 273/07, DNotZ 2009, 941 = NJW 2009, 3091 = NZG 2009, 944 = ZNotP 2009, 359 = NotBZ 2009, 356 = ZIP 2009, 1561 = GmbHR 2009, 926 = WM 2009, 1574 = DB 2009, 1755 = BB 2009, 2108 – Cash-Pool II.

766 BGH II ZR 273/07, DNotZ 2009, 941 = NJW 2009, 3091 = NZG 2009, 944 = ZNotP 2009, 359 = NotBZ 2009, 356 = ZIP 2009, 1561 = GmbHR 2009, 926 = WM 2009, 1574 = DB 2009, 1755 = BB 2009, 2108 – Cash-Pool II.

767 BGH II ZR 273/07, DNotZ 2009, 941 = NJW 2009, 3091 = NZG 2009, 944 = ZNotP 2009, 359 = NotBZ 2009, 356 = ZIP 2009, 1561 = GmbHR 2009, 926 = WM 2009, 1574 = DB 2009, 1755 = BB 2009, 2108 – Cash-Pool II.

Inferenten befreit wird, die sie ohne diese Einlagezahlung aus ihrem (freien) Vermögen hätte erfüllen können.

Der Annahme einer verdeckten Sacheinlage steht schließlich nicht entgegen, wenn eine **gegenständliche Identität** der von dem Inferenten ein- und der an ihn zurückgezahlten Geldmittel nicht besteht.[768] 548

Vor dem Hintergrund der geschilderten Rechtsprechung kann in der **Praxis** von einer Einbeziehung des Stammkapitals in das Cash-Pool-System nur abgeraten werden. Bei einem bestehenden Cash-Pool-System sollte der Einzahlungsvorgang außerhalb dieses Systems, also auf einem gesonderten Konto möglichst bei einem anderen Kreditinstitut vorgenommen werden. Dadurch geht der Gesellschaft der Einlagebetrag nicht verloren, weil das Geld dort nicht thesauriert werden muss, sondern für Zwecke der Gesellschaft eingesetzt werden darf. Es muss lediglich ein Rückfluss an den Inferenten ausgeschlossen werden.[769] 549

Drittes Tatbestandsmerkmal des Vorliegens einer verdeckten Sacheinlage gem. § 19 Abs. 4 Satz 1 GmbHG n.F. ist, ist das Vorliegen einer sogenannten **Verwendungsabsprache**. Das Gesetz verlangt in § 19 Abs. 4 Satz 1 GmbHG n.F. eine im Zusammenhang mit der Übernahme der Geldeinlage getroffene Abrede. Gegenstand dieser Abrede ist, dass die vereinbarte Bareinlage des Gesellschafters im wirtschaftlichen Ergebnis durch eine andere Leistung als in Geld erbracht werden soll oder kann. Diese Abrede muss zwischen den Gesellschaftern oder mit dem Geschäftsführer im Zeitpunkt der Übernahme der Einlageverpflichtung getroffen worden sein. 550

Für das Vorliegen einer solchen Abrede spricht eine widerlegliche **Vermutung**, wenn ein enger zeitlicher und sachlicher Zusammenhang zwischen der Leistung der Einlage und der Erfüllung des zwischen Gesellschafter und Gesellschaft vereinbarten Rechtsgeschäfts vorliegt.[770] In diesem Zusammenhang wird ganz überwiegend ein Zeitraum von bis zu 6 Monaten als eine die Vermutung rechtfertigende zeitliche Nähe betrachtet. 8 Monate wurden vom BGH als bereits zu lange Frist betrachtet, um eine Absprache noch vermuten zu können.[771] Der Ablauf der Sechs-Monats-Frist steht dem Vorliegen einer verdeckten Sacheinlage indessen nicht uneingeschränkt entgegen. Vielmehr kann gleichwohl eine verdeckte Sacheinlage vorliegen, wenn eine entsprechende Absprache vorliegt und nachgewiesen werden kann. Dies dürfte in der Praxis nicht selten aufgrund der in den Gesellschaftsunterlagen vorhandenen Dokumente gelingen. 551

(2) Rechtsfolgen der verdeckten Sacheinlage nach MoMiG

Die Rechtsfolgen der verdeckten Sacheinlage wurden durch das **MoMiG** grundlegend geändert. 552

Der baren Einlageleistung kommt zwar gem. § 19 Abs. 4 Satz 1 GmbHG n.F. bei Vorliegen einer verdeckten Sacheinlage wie vor Inkrafttreten des MoMiG **keine Erfüllungswirkung** zu. 553

Bis zum Inkrafttreten des MoMiG bestanden die Rechtsfolgen einer verdeckten Sacheinlage jedoch auch bei der GmbH in der Nichtigkeit sowohl des schuldrechtlichen Verpflichtungsgeschäfts als auch des dinglichen Erfüllungsgeschäfts entsprechend § 27 Abs. 3 Satz 1 AktG.[772] Im Gegensatz dazu sind mit Inkrafttreten des MoMiG gem. § 19 Abs. 4 Satz 2 GmbHG n.F. die Verträge über die Sacheinlage und die Rechtshandlungen zu ihrer Ausführung nicht mehr unwirksam. Auf die fort- 554

---

[768] BGH II ZR 132/06 – Rheinmöwe, DNotZ 2008, 628 = NotBZ 2008, 270 = NZG 2008, 425 = ZIP 2008, 788 = WM 2008, 784 = DB 2008, 920 = BGHZ 175, 265; BGH II ZR 137/08 – Lurgi II, NZG 2009, 747 = NJW 2009, 2886 = ZIP 2009, 1155 = WM 2009, 1199 = DB 2009, 1285.
[769] *Goette*, Anm. zu BGH, Urteil II ZR 76/04, DStR 2006, 764, 767 f.
[770] BGH II ZR 89/95, DNotZ 1997, 480 = MittRhNotK 1996, 133 = MittBayNot 1996, 220 = ZIP 1996, 595 = NJW 1996, 1286 = DStR 1996, 794 = DB 1996, 876 = BGHZ 132, 133.
[771] BGH II ZR 1/00, DNotZ 2003, 207 = RNotZ 2003, 57 = NZG 2002, 1172 = NJW 2002, 3774 = ZNotP 2003, 33 = DB 2002, 2367 = ZIP 2002, 2045 = WM 2002, 2245 = GmbHR 2002, 1193 = BGHZ 152, 37.
[772] BGH II ZR 235/01, DNotZ 2004, 206 = NotBZ 2004, 34 = ZNotP 2003, 467 = NZG 2003, 867 = NJW 2003, 3127 = ZIP 2003, 1540 = DStR 2003, 1844 = DB 2003, 1894 = BGHZ 155, 329.

bestehende Geldeinlagepflicht des Gesellschafters wird der Wert des Vermögensgegenstands im Zeitpunkt der Anmeldung der Gesellschaft zur Eintragung in das Handelsregister oder im Zeitpunkt seiner Überlassung an die Gesellschaft falls diese später erfolgt, gem. § 19 Abs. 4 Satz 3 GmbHG n.F. angerechnet.[773] Die **Anrechnung** erfolgt automatisch und ausweislich des Wortlautes des § 19 Abs. 4 Satz 4 GmbHG n.F. nicht vor Eintragung der Gesellschaft in das Handelsregister. Dementsprechend darf der Geschäftsführer im Zeitpunkt der Anmeldung gem. § 8 Abs. 2 Satz 1 GmbHG nicht versichern, dass die Leistungen auf die Geschäftsanteile bewirkt sind, da der Anrechnungszeitpunkt der Versicherung erst zeitlich nachfolgt. Im Zeitpunkt der Abgabe der Versicherung ist diese falsch. Der Geschäftsführer macht sich gem. § 82 Abs. 1 Nr. 1 GmbHG strafbar.

b) Hin- und Herzahlen gem. § 19 Abs. 5 GmbHG n.F.

aa) Rechtslage Hin- und Herzahlen vor MoMiG

555 Zum Verständnis des § 19 Abs. 5 GmbHG n.F. soll vorab kurz auf die alte Rechtslage vor Inkrafttreten des MoMiG eingegangen werden. Danach war von der vorstehend erörterten verdeckten Sacheinlage das sogenannte **Hin- und Herzahlen** der geschuldeten Einlage zu unterscheiden. Beim Hin- und Herzahlen wird die vom Gesellschafter der Gesellschaft geschuldete Bareinlage zunächst an die Gesellschaft geleistet und anschließend durch die Gesellschaft an den Gesellschafter zurückgezahlt. Die dieser Rückzahlung zugrundeliegende Abrede kann unterschiedlicher Natur sein. In Frage kommt insoweit die gesetzlichen Kapitalaufbringungsvorschriften bewusst umgehende Scheinzahlung. Bei einer Scheinzahlung hat die im Voraus abgesprochene Rückzahlung keinen außerhalb dieser Abrede selbst liegenden Rechtsgrund.[774] Tatsächliche Grundlage für die Rückzahlung der Einlage an den Gesellschafter kann auch eine Darlehensabrede sein. In diesem Fall fließt der eingezahlte Einlagebetrag absprachegemäß als Darlehen an den Inferenten oder an ein mit ihm verbundenes Unternehmen zurück.[775] Ebenso ist der umgekehrte Fall dergestalt denkbar, dass die Gesellschaft dem Gesellschafter ein Darlehen gewährt und dieser sodann dieses Geld zur Tilgung seiner Einlageschuld aus einer später beschlossenen Kapitalerhöhung an die Gesellschaft zurück überweist.[776] Grundlage einer Rückzahlung des Einlagebetrages kann auch eine »Treuhandabrede« sein.[777]

556 Ein Hin- und Herzahlen auf der Grundlage einer Darlehensabrede erfolgte in der Praxis nicht selten bei der Gründung einer **GmbH & Co. KG**, indem die Komplementär-GmbH ihr Barvermögen der Kommanditgesellschaft als Darlehen überlassen hat[778] und in der **Konzern-Praxis** bei den Cash-Pool-Systemen. Auf der Grundlage der Darlehensabrede floss die Einlage an den Inferenten oder einen Dritten mit der Folge zurück, dass der Inferent sich diesen Rückfluss unter bestimmten Voraussetzungen zurechnen lassen musste.[779]

557 Nach der Rechtsprechung des BGH leistet der Inferent unter dem Gesichtspunkt der Kapitalaufbringung beim Hin- und Herzahlen eines Bareinlagebetrages nichts.[780] Das Hin- und Herzahlen des

---

773 Zum Ganzen *Müller*, NZG 2011, 761 ff.
774 BGH NJW 1991, 1754 = BGHZ 113, 335, 347.
775 BGH NZG 2003, 168 = DStR 2003, 1131.
776 BGH NZG 2006, 716 = ZIP 2006, 1633 = GmbHR 2006, 982.
777 BGH II ZR 72/05, DNotZ 2006, 536 = NotBZ 2006, 88 = NZG 2006, 227 = NJW 2006, 906 = ZIP 2006, 331 = DB 2006, 443 = WM 2006, 438 = DStR 2006, 382 = BGHZ 165, 352.
778 BGH DNotZ 2008, 545 = BGHZ 174, 370 = NZG 2008, 143 = ZIP 2008, 174; zur Heilung dieses Vorgangs bei der personenidentischen GmbH & Co. KG s. Gutachten des DNotI Fax-Abruf-Nr. 98537 vom 11.11.2009.
779 BGH II ZR 76/04, DNotZ 2006, 543 = NZG 2006, 344 = NJW 2006, 1736 = ZIP 2006, 665 = DStR 2006, 764 = GmbHR 2006, 477 = BGHZ 166, 8 – Cash-Pool I.
780 BGH II ZR 140/04, DNotZ 2006, 218 = NotBZ 2006, 15 = ZNotP 2006, 71 = NZG 2006, 24 = NJW 2006, 509 = ZIP 2005, 2203 = WM 2005, 2397 = DB 2005, 2743 = GmbHR 2006, 43 = BGHZ 165, 113; BGH, II ZR 72/05, DNotZ 2006, 536 = NotBZ 2006, 88 = NZG 2006, 227 =

Einlagebetrages in geringem zeitlichen Abstand **tilgt die Einlageschuld nicht**, weil in einem solchen Fall nicht davon ausgegangen werden kann, dass die Leistung § 8 Abs. 2 Satz 1 GmbHG gemäß zur freien Verfügung des Geschäftsführers der Gesellschaft gestanden hat.[781] Die Einlage steht nicht endgültig zur freien Verfügung des Geschäftsführers, wenn die Beteiligten im Zusammenhang mit der Einlageleistung Verabredungen treffen und sodann umsetzen, die zu einem Rückfluss der Mittel an den Gesellschafter oder ihm nahestehende Dritte führen. Der BGH betrachtet das Hin- und Herzahlen – unter Kapitalaufbringungsgesichtspunkten – als einen einheitlichen Vorgang, bei dem der Gesellschaft nichts zugeführt wird und auch der Gesellschafter keine – später zurückzugewährende – Leistung aus dem Vermögen der Gesellschaft erhält. Die Sacheinlage ist vielmehr so zu behandeln, als habe der Gesellschafter nie irgendeinen Betrag zur endgültigen freien Verfügung der Geschäftsführung der Gesellschaft geleistet. Dementsprechend entstehen durch die Zahlungsflüsse auch keine bereicherungsrechtlichen Ansprüche. Dafür besteht unverändert die Einlageschuld des Gesellschafters fort.[782] Die fortbestehende Einlageschuld kann nach der Rechtsprechung des BGH allerdings auch durch die spätere Zahlung auf die vermeintliche »Darlehensschuld« durch den Inferenten bzw. die Auskehrung des vermeintlich »treuhänderisch zurückgewährten Bareinlagebetrages« an die Gesellschaft getilgt werden.[783]

Für die praktisch oft schwierige **Abgrenzung** der Hin- und Herzahlungs-Fälle von den Fällen der verdeckten Sacheinlage ist maßgebend, dass bei der verdeckten Sacheinlage bei wirtschaftlicher Betrachtung anstelle der geschuldeten Bareinlage in Wahrheit ein anderer, sacheinlagefähiger Gegenstand eingebracht wird, wie dies beispielsweise bei einer Verrechnung der Einlageschuld mit einer – als Sacheinlage einzubringenden – Forderung des Inferenten gegenüber der Gesellschaft der Fall ist.[784] Demgegenüber bestehen bei der Konstellation der Hin- und Herzahlung keine Forderungen, die als Sacheinlage dienen könnten.

558

bb) Rechtslage Hin- und Herzahlen nach MoMiG

Das Hin- und Herzahlen der Einlage wird durch das MoMiG im neuen § 19 Abs. 5 GmbHG n.F. grundlegend neu geregelt. Mit dieser Regelung wollte der Gesetzgeber insbesondere den physischen Cash-Pool ermöglichen. Seinem Wortlaut nach ist § 19 Abs. 5 GmbHG n.F. jedoch auch auf alle anderen Fälle des Hin- und Herzahlens anwendbar.[785] Liegen die Voraussetzungen des § 19 Abs. 5 GmbHG n.F. vor, so wird der Gesellschafter von seiner Einlageverpflichtung der GmbH gegenüber frei. Trotz des wirtschaftlichen Rückflusses der Einlage fehlt es nicht an dem für die Befreiung von der Einlageleistung erforderlichen Merkmal der Leistung zur endgültig freien Verfügung der Geschäftsführer gem. § 8 Abs. 2 Satz 1 GmbHG.

559

NJW 2006, 906 = ZIP 2006, 331 = DStR 2006, 382 = DB 2006, 443 = WM 2006, 438 = BGHZ 165, 352.
781 BGH a.a.O.; BGH II ZR 7/02, MittBayNot 2004, 373 = ZNotP 2004, 365 = NZG 2004, 618 = ZIP 2004, 1046 = WM 2004, 1140 = DStR 2004, 1096 = DB 2004, 1199.
782 *Goette*, Anm. zu BGH II ZR 140/04, DStR 2006, 104, 106 f.
783 BGH II ZR 140/04, DNotZ 2006, 218 = NotBZ 2006, 15 = NZG 2006, 24 = NJW 2006, 509 = ZNotP 2006, 71 = ZIP 2005, 2203 = WM 2005, 2397 = GmbHR 2006, 43 = DB 2005, 2743 = BGHZ 165, 113; BGH II ZR 72/05, DNotZ 2006, 536 = NotBZ 2006, 88 = NZG 2006, 227 = NJW 2006, 906 = ZIP 2006, 331 = DB 2006, 443 = WM 2006, 438 = DStR 2006, 382 = BGHZ 165, 352.
784 BGH II ZR 140/04, DNotZ 2006, 218 = NotBZ 2006, 15 = NZG 2006, 24 = NJW 2006, 509 = ZNotP 2006, 71 = ZIP 2005, 2203 = WM 2005, 2397 = GmbHR 2006, 43 = DB 2005, 2743 = BGHZ 165, 113; BGH II ZR 72/05, DNotZ 2006, 536 = NotBZ 2006, 88 = NZG 2006, 227 = NJW 2006, 906 = ZIP 2006, 331 = DB 2006, 443 = WM 2006, 438 = DStR 2006, 382 = BGHZ 165, 352.
785 DNotI-Gutachten, DNotI-Report 2014, 161 zu Einlagenrückgewähr und Hin- und Herzahlen durch Tilgung eines Fremddarlehens des Gesellschafters seitens der GmbH, das dieser zur Bargründung/Barkapitalerhöhung aufgenommen hat.

(1) Voraussetzungen

560 **Voraussetzung** für die Befreiung von der Einlageschuld trotz wirtschaftlichen Rückflusses der Einlage ist gem. § 19 Abs. 5 GmbHG n.F., dass vor der Einlage eine Leistung an den Gesellschafter vereinbart wurde, die wirtschaftlich einer Rückzahlung der Einlage entspricht und die nicht als verdeckte Sacheinlage im Sinne von § 19 Abs. 4 GmbHG n.F. zu beurteilen ist. Weiter ist erforderlich, dass die Leistung durch einen vollwertigen Rückgewähranspruch gedeckt ist, der jederzeit fällig ist oder durch fristlose Kündigung durch die Gesellschaft fällig werden kann. Schließlich muss eine solche Leistung oder Vereinbarung einer solchen Leistung in der Anmeldung nach § 8 GmbHG angegeben werden.

561 Es muss also vor der Einlageleistung eine **Vereinbarung** zwischen Gesellschaft und Gesellschafter getroffen worden sein, dass die Leistung des Gesellschafters an die Gesellschaft an ihn zurückgewährt werden soll. Welchen Inhalt diese Vereinbarung zwischen der Gesellschaft und dem Gesellschafter im Einzelnen haben muss, wird im Gesetz nicht näher festgelegt. Es genügt, wenn die Vereinbarung im Ergebnis dazu führt, dass die der Gesellschaft geleistete Einlage wirtschaftlich betrachtet an ihn zurückfließt.

562 Nicht geklärt ist bislang die Frage, ob die Regelung des § 19 Abs. 5 GmbHG n.F. auch auf solche Fälle anwendbar ist, die in der umgekehrten Reihenfolge ablaufen, also sogenannte **Her- und Hinzahlungsfälle**. In diesen Fällen erfolgt die Zahlung der Gesellschaft an den Gesellschafter vor dessen Einlageleistung. Gegen dieses Verständnis des § 19 Abs. 5 GmbHG n.F. spricht sein Wortlaut, da dort von einer »Rückzahlung« der Einlage die Rede ist. Der Begriff der Rückzahlung setzt gedanklich eine im Vorhinein erfolgte Zahlung des Gesellschafters voraus. Dem wird zu Recht entgegengehalten, dass es für die Anwendbarkeit des § 19 Abs. 5 GmbHG n.F. wertungsmäßig – wie nach bisherigem Recht – nicht gerechtfertigt sei, zwischen dem »Hin- und Herzahlen« und dem »Her- und Hinzahlen« zu unterscheiden.[786] Dies kann m. E. jedoch nur dann gelten, wenn die entsprechende Abrede zwischen der Gesellschaft und dem Gesellschafter zeitlich vor der Einlageleistung getroffen worden ist. Für die Beratungspraxis kann dies bis zu einer höchstrichterlichen Klärung nur bedeuten, den Wortlaut des § 19 Abs. 5 GmbHG n.F. einzuhalten, ihn also nur auf das »Hin- und Herzahlen« anzuwenden.

563 Unklar ist auch, ob § 19 Abs. 5 GmbHG n.F. auch auf das Hin- und Herleisten von **Sacheinlagen** anwendbar ist. Gegen die Anwendbarkeit des § 19 Abs. 5 GmbHG n.F. auf das Hin- und Herleisten von Sacheinlagen spricht neben dem Wortlaut der Vorschrift, in dem von »Rückzahlung« die Rede ist auch die Gesetzgebungsgeschichte, die die Schuld tilgende Einlageleistung bei Bestehen eines sogenannten physischen Cash-Pools im Auge hatte sowie schließlich auch der Ausnahmecharakter dieser Regelung.[787]

564 Fehlt es an der Vereinbarung zwischen Gesellschaft und Gesellschafter, dass die an die Gesellschaft zu erbringende Einlageleistung von dieser an den Gesellschafter zurückfließen soll im **Zeitpunkt** der Einlageleistung, ist die Regelung des § 19 Abs. 5 GmbHG n.F. grundsätzlich nicht anwendbar. Wird eine solche Vereinbarung nach Erbringung der Einlageleistung des Gesellschafters an die Gesellschaft getroffen, fällt dieser Vorgang grundsätzlich unter die Regelungen zur Kapitalerhaltung gem. § 30 Abs. 1 GmbHG.[788]

565 Nicht geklärt ist bislang, ob die Gründungsgesellschafter aus dem Anwendungsbereich des § 19 Abs. 5 GmbHG n.F. in die Kapitalerhaltungsregelungen des § 30 GmbHG n.F. entfliehen können, indem sie das Bestehen einer **Rückzahlungsvereinbarung bestreiten**. Der Gesetzeswortlaut äußert

---

[786] In diese Richtung BGHZ 184, 158 Rn. 24 = NJW 2010, 1747; Scholz/*Veil*, § 19 Rn. 178; Lutter/Hommelhoff/*Bayer*, § 19 Rn. 102; dagegen, dass § 19 Abs. 5 GmbHG n.F. das Her- und Hinzahlen erfasst *Bormann/Urlichs*, GmbHR-Sonderheft Oktober 2008, 37, 43 f.
[787] *Heckschen*, Das MoMiG in der notariellen Praxis, Rn. 131 f.
[788] Baumbach/Hueck/*Fastrich*, § 19 Rn. 73 m.w.N.; *Heckschen*, Das MoMiG in der notariellen Praxis, Rn. 122; *Büchel*, GmbHR 2007, 1065 ff.

sich dazu nicht. Allerdings hat die Rechtsprechung zur alten Rechtslage bei Vorliegen eines engen zeitlichen Zusammenhangs zwischen Einlageleistung und Rückzahlung eine dem zugrunde liegende entsprechende Vereinbarung widerleglich vermutet.[789] Die Übertragung dieser Rechtsgrundsätze auf das neue Recht erscheint wegen der vergleichbaren Interessenlage nicht fernliegend, so dass sich in der Praxis ein entsprechender **Hinweis des Notars** an die Gründungsgesellschafter und den Geschäftsführer empfiehlt.

Die Anwendbarkeit des § 19 Abs. 5 GmbHG n.F. dürfte darüber hinaus voraussetzen, dass es bei der zwischen der Gesellschaft und dem Gesellschafter getroffenen Vereinbarung über die Rückzahlung der Einlage um eine zivilrechtlich **wirksame Vereinbarung** handelt. An der Vereinbarung beteiligt ist auf der einen Seite der Gesellschafter und auf der anderen Seite die Gesellschaft. Dementsprechend kann eine solche Vereinbarung im Gründungsstadium mit Wirkung für und gegen die spätere GmbH erst nach Entstehung der **Vor-GmbH**, also nach notarieller Beurkundung des Gründungsvorgangs getroffen werden. Eine Vereinbarung, die vor Abschluss des Gesellschaftsvertrages getroffen würde, würde allein die Vorgründungsgesellschaft betreffen und nicht von selbst auf die Vor-GmbH und spätere GmbH übergehen. Daraus ergibt sich, dass die von § 19 Abs. 5 GmbHG n.F. geforderte Vereinbarung in dem **Zeitraum** nach notarieller Beurkundung des Gründungsvorgangs bis zur Leistung der Einlage des Gesellschafters an die Gesellschaft getroffen werden muss. Nach einer verbreiteten Auffassung ist der Geschäftsführer der Vor-GmbH während dieses Zeitraums jedoch nur zum Abschluss gründungsnotwendiger Geschäfte berechtigt.[790] Da es sich bei einer Rückzahlungsvereinbarung im Sinne von § 19 Abs. 5 GmbHG n.F. nicht um ein gründungsnotwendiges Geschäft für die GmbH handelt, haben die Geschäftsführer unter Zugrundelegung dieser Auffassung keine Vertretungsbefugnis für deren Abschluss. Dazu bedarf es vielmehr einer ausdrücklichen Erweiterung ihrer **Vertretungsmacht** durch die Gründungsgesellschafter auch auf nicht gründungsnotwendige Geschäfte. 566

Weitere Voraussetzung für die Befreiung des Gesellschafters von seiner Einlagepflicht ist, dass der sich aus der Rückzahlungsvereinbarung ergebende **Rückgewähranspruch** der Gesellschaft **vollwertig** ist. Die Bewertung des Anspruchs hat dabei rein bilanziell zu erfolgen. Die Forderung der Gesellschaft gegen den Gesellschafter muss im Zeitpunkt der Einlagenrückgewähr realisierbar sein und die Kreditwürdigkeit des Gesellschafters darf für absehbare Zeit nicht in Frage stehen.[791] Gesetzlich nicht geregelt ist die Frage, ob die erforderliche Vollwertigkeit des Rückgewähranspruchs der Gesellschaft weiter voraussetzt, dass der Rückzahlungsanspruch verzinslich ausgestaltet und gesichert sein muss. Der BGH hat sich gegen die Erforderlichkeit einer Sicherheitsleistung ausgesprochen, wenn der Gesellschafter ausreichend solvent ist.[792] Da die Solvenz des Gesellschafters oft nicht ohne weiteres zutreffend beurteilt werden kann und für die Bewertung der Vollwertigkeit des Rückgewähranspruchs der Gesellschaft eine bilanzielle Betrachtung vorzunehmen ist, empfiehlt sich sowohl die Vereinbarung einer Verzinsung als auch die Stellung einer Sicherheit. Beide Gesichtspunkte sind bei der vom Gesetzgeber für den Rückgewähranspruch zugrunde gelegten bilanziellen Betrachtung zu berücksichtigen. Nur wenn eine **Verzinsung** des Rückgewähranspruchs vorgesehen wird, kann die Gesellschaft aus diesem einen Nutzen ziehen. Daher ist eine Vergleichbarkeit mit einer der Gesellschaft verbleibenden Einlage, mit der sie wirtschaften kann, nur dann gegeben, wenn der Rückgewähranspruch verzinslich gestellt wird.[793] Da nur Forderungen, deren Realisierung gesichert erscheint, 567

---

789 Vgl. BGH ZIP 2002, 2045, 2048; BGH, Urt. v. 18.03.2002, ZIP 2002, 799, 801.
790 Vgl. Baumbach/Hueck/*Fastrich*, § 11 Rn. 19, 20.
791 Ganz h.M. im Anschluss an BGHZ 179, 71 Rn. 13 = NJW 2009, 850, etwa Scholz/*Veil*, § 19 Rn. 68; Michalski/*Ebbing*, § 19 Rn. 177; *Wicke*, § 19 Rn. 32a; *Winter*, DStR 2007, 1484, 1486; *Heckschen*, Das MoMiG in der notariellen Praxis, Rn. 133; a.A. Baumbach/Hueck/*Fastrich*, § 19 Rn. 76.
792 BGHZ 179, 71 Rn. 12 = NJW 2009, 850.
793 *Heckschen*, Das MoMiG in der notariellen Praxis, Rn. 134; vgl. *Bormann/Urlichs*, GmbHR-Sonderheft Oktober 2008, 37, 44.

in der Bilanz zu ihrem Nennwert angesetzt werden dürfen[794] erscheint die **Besicherung des Rückgewähranspruchs** der Gesellschaft für den Regelfall erforderlich. Für die Praxis empfiehlt sich daher sowohl die Verzinsung als auch die Besicherung des Rückgewähranspruchs, da anderenfalls die Gefahr besteht, dass der Rückgewähranspruch als nicht vollwertig zu betrachten ist, so dass der Gesellschafter von seiner Leistungspflicht nicht gem. § 19 Abs. 5 GmbHG n.F. frei wird, sondern seine Einlageverpflichtung in vollem Umfange bestehen bleibt.

568 Maßgeblicher **Zeitpunkt** für die Beurteilung der Vollwertigkeit des Rückgewähranspruchs der Gesellschaft ist nach h.M. der Zeitpunkt der Rückgewähr der Einlage an den Gesellschafter, also der Zeitpunkt der Mittelausreichung.[795]

569 Weitere Voraussetzung für die in § 19 Abs. 5 GmbHG n.F. angeordnete Tilgungswirkung der Einzahlung trotz deren Rückfluss an den Gesellschafter ist, dass der **Rückgewähranspruch** jederzeit **fällig** ist oder durch fristlose Kündigung durch die Gesellschaft fällig gestellt werden kann. Teilweise wird darüber hinaus gefordert, dass der an die Stelle des Bareinlageanspruchs tretende Zahlungsanspruch der GmbH gegen ihren Gesellschafter nicht nur vollwertig, sondern auch gleichwertig sein müsse.[796] Von einer **Gleichwertigkeit** könne jedoch nur die Rede sein, wenn er wie ein als Einlage gesichertes Bankguthaben voll liquide sei. Die jederzeitige Liquidität und Fälligkeit des Rückgewähranspruchs der Gesellschaft trägt dem Umstand Rechnung, dass der Geschäftsführer der Gesellschaft jederzeit in der Lage sein muss, den vollwertigen Anspruch der Gesellschaft zu realisieren. Nur wenn die Forderung der Gesellschaft jederzeit fällig ist oder ihre Fälligkeit jederzeit herbei geführt werden kann, ist der Geschäftsführer der Gesellschaft in der Lage, auf etwa eintretende Veränderungen in der Vermögenssituation des Gesellschafters angemessen zu reagieren. Bei einer Verschlechterung der Vermögenslage des Gesellschafters ist die Geschäftsführung der GmbH berechtigt und verpflichtet, den Einlageersatzanspruch unverzüglich geltend zu machen. Die Geschäftsführer der Gesellschaft haben dementsprechend darauf zu achten, ob der ursprünglich vollwertige Gegenleistungsanspruch nach wie vor diese Einordnung verdient, und, wenn dies nicht mehr der Fall ist, unverzüglich zu reagieren, die fristlose Kündigung auszusprechen und für die Erfüllung des Anspruchs gegen den Gesellschafter zu sorgen. Vor diesem Hintergrund empfiehlt es sich, dem Geschäftsführer der Gesellschaft eine autonom, das heißt von Weisungen der GmbH-Gesellschafter unabhängig wahrzunehmende Möglichkeit einzuräumen, sich über die finanzielle Lage des Inferenten als Schuldner der GmbH zu informieren.[797]

570 Bei der **Anmeldung** der GmbH zum Handelsregister haben die Geschäftsführer der Gesellschaft auch bei Vorliegen eines Hin- und Herzahlungsvorgangs die Versicherung gem. § 8 Abs. 2 GmbHG abzugeben, wonach die bezeichneten Leistungen auf die Geschäftsanteile bewirkt sind und sich der Gegenstand der Leistungen endgültig in ihrer freien Verfügung befindet. Liegen die Voraussetzungen des § 19 Abs. 5 GmbHG n.F. nicht vor, hat die Erbringung der Einlage keine schuldtilgende Wirkung. Der Einzahlungsanspruch der Gesellschaft besteht in voller Höhe fort (»**Alles-oder-Nichts-Prinzip**«). Dementsprechend ist in diesem Fall die von den Geschäftsführern abzugebende Versicherung nach § 8 Abs. 2 GmbHG falsch. Der Geschäftsführer macht sich gem. § 82 Abs. 1 Nr. 1 GmbHG strafbar. Eine peinlich genaue Prüfung der Voraussetzungen des § 19 Abs. 5 GmbHG n.F. durch die Geschäftsführer ist daher zwingend erforderlich.

571 Gem. § 19 Abs. 5 Satz 2 GmbHG n.F. ist die erfolgte Rückzahlung oder die Vereinbarung einer solchen in der **Anmeldung zum Handelsregister** von den Geschäftsführern anzugeben. Nach dem Gesetzeswortlaut ist dem Handelsregister gegenüber also offenzulegen, dass vor der Einlage eine Leistung an den Gesellschafter vereinbart worden ist, die wirtschaftlich einer Rückzahlung der Einlage entspricht und die nicht als verdeckte Sacheinlage im Sinne von § 19 Abs. 4 GmbHG n.F. zu

---

[794] BGH, NJW 1998, 1559 = NZG 1998, 314 = BGHZ 137, 378, 389; *Baumbach/Hopt*, § 252 Rn. 20; *Drygala/Kremer*, ZIP 2007, 1289, 1293; Staub/*Kleindiek*, HGB, § 252 Rn. 28.
[795] Baumbach/Hueck/*Fastrich*, § 19 Rn. 79 m.w.N.; *Bormann*, GmbHR 2007, 902.
[796] Vgl. *Jung*, Expertenanhörung im Gesetzgebungsverfahren vom 23.01.2008, S. 12.
[797] *Goette*, Einführung in das neue GmbH-Recht, 2008, S. 11.

beurteilen ist. Weiter ist anzugeben, dass der Rückgewähranspruch vollwertig und jederzeit fällig ist oder durch fristlose Kündigung seitens der Gesellschaft fällig gestellt werden kann. Fraglich ist, ob der Geschäftsführer die Vollwertigkeit des Rückgewähranspruchs sowie seine jederzeitige Fälligkeit oder das Recht zur fristlosen Kündigung durch die Gesellschaft zu versichern hat. Der Wortlaut des § 19 Abs. 5 Satz 2 GmbHG n.F. sieht eine entsprechende Versicherung nicht vor. Danach ist vielmehr lediglich die **Offenlegung** der Hin- und Herzahlung oder die Vereinbarung einer solchen Leistung erforderlich. Die Offenlegung soll dem Handelsregister die Prüfung ermöglichen, ob die Voraussetzungen einer Erfüllungswirkung trotz Hin- und Herzahlen oder der Vereinbarung dessen gegeben sind. Liegen die Voraussetzungen des § 19 Abs. 5 Satz 1 GmbHG n.F. nicht vor, ist zwangsläufig die Versicherung des Geschäftsführers gem. § 8 Abs. 2 Satz 1 GmbHG unrichtig und somit der Straftatbestand des § 82 Abs. 1 Nr. 1 GmbHG erfüllt. Die Versicherung des Vorliegens der Voraussetzungen des § 19 Abs. 5 Satz 1 GmbHG n.F. kann vom Handelsregister daher richtigerweise nicht verlangt werden. Gleichwohl empfiehlt sich in der **Praxis** die Aufnahme einer entsprechenden Versicherung in die Anmeldung, um den Geschäftsführern die Tragweite ihrer Erklärung gem. § 8 Abs. 2 Satz 1 GmbHG vor Augen zu führen. Zudem erspart man sich gegebenenfalls (unberechtigte) Beanstandungen des Handelsregisters. Schließlich sieht das Registergericht bei einer entsprechenden Versicherung möglicherweise eher von der Anforderung konkreter Nachweise ab, wozu das Registergericht aufgrund der Parallele zur Sacheinlage für berechtigt erachtet wird.[798]

▶ Formulierungsbeispiel: Offenlegung einer Hin- und Herzahlung in Handelsregisterabmeldung   572

Weiter wird angemeldet, dass die vorbezeichnete, in bar erbrachte Stammeinlage des Gesellschafters G von der Gesellschaft dem Gesellschafter zurückgewährt wurde. Die Rückzahlung der Einlage erfolgte aufgrund eines Darlehensvertrages, den die Gesellschaft mit dem Gesellschafter nach notarieller Errichtung der Gesellschaft vor Einlage der Leistung geschlossen hat. Es wird versichert, dass der Rückgewähranspruch der Gesellschaft vollwertig und liquide ist und durch fristlose Kündigung seitens der Gesellschaft jederzeit fällig gestellt werden kann.

Für die Praxis geklärt ist, dass die **Offenlegung** gem. § 19 Abs. 5 Satz 2 GmbHG n.F. Voraussetzung   573
für eine nach § 19 Abs. 5 Satz 1 GmbHG n.F. ordnungsgemäße Einlagenrückzahlung und damit für die **Erfüllungswirkung** ist, und dass es sich hierbei nicht allein um eine formelle Verpflichtung handelt, deren Nichtbefolgung zwar gem. § 9a GmbHG schadensersatzpflichtig und gem. § 82 Abs. 1 Nr. 1 GmbHG strafbar machen kann, der Erfüllung der Einlagepflicht gem. § 19 Abs. 5 Satz 1 GmbHG n.F. jedoch nicht entgegen steht. Der BGH knüpft die Erfüllung der Einlageschuld ohne nähere Begründung an die Offenlegung der verdeckten Finanzierung der Einlagemittel durch die Gesellschaft.[799] Naheliegender wäre gewesen, bei Vorliegen der materiellen Voraussetzungen des § 19 Abs. 5 Satz 1 GmbHG n.F. Schuldbefreiung anzunehmen und an die mangelnde Offenlegung lediglich die Strafbarkeitsfolge des § 82 Abs. 1 Nr. 1 GmbHG wegen Verletzung des § 19 Abs. 5 Satz 2 GmbHG n.F. zu knüpfen. Dann hätte die gem. § 4 Abs. 4 EGGmbHG angeordnete Anwendung der Vorschrift des § 19 Abs. 5 GmbHG n.F. auf Altfälle auch praktisch werden können. Auf der Grundlage der Rechtsprechung des BGH läuft diese Rückwirkung für die Praxis leer, da dem Handelsregister vor Inkrafttreten des MoMiG ein Hin- und Herzahlen nicht angegeben wurde.

---

798 OLG München, MittBayNot 2011, 331, 332 = GmbHR 2011, 422, 423.
799 BGH II ZR 120/07 – »Qivive«, DNotZ 2009, 766, 769 = DNotI-Report 2009, 78 = NZG 2009, 463 = NJW 2009, 2375 = GmbHR 2009, 540 = ZIP 2009, 713 = WM 2009, 698 = DB 2009, 780 = DStR 2009, 809; BGH II ZR 273/07 – Cash-Pool II, DNotZ 2009, 941 = NZG 2009, 944 = NJW 2009, 3091 = ZIP 2009, 1561 = GmbHR 2009, 926 = DB 2009, 1755 = DStR 2009, 1858 = ZNotP 2009, 359 = NotBZ 2009, 356; ebenso für die AG OLG Stuttgart, DNotZ 2012, 224 = DNotI-Report 2012, 30 = RNotZ 2012, 183 = NZG 2012, 231: Nachholung der Offenlegung nur bis zur Eintragung im Handelsregister.

(2) Rechtsfolgen des ordnungsgemäßen Hin- und Herzahlens

574 Bei Beachtung der Voraussetzung des § 19 Abs. 5 GmbHG n.F. führt die bare Einlageleistung des Gesellschafters trotz Rückflusses zum Erlöschen seiner Einlageverpflichtung. Der Geschäftsführer gibt eine richtige Versicherung zur freien Verfügung über die Einlageleistung ab, macht sich nicht strafbar und haftet nicht. Es kommt zu einer **echten Erfüllung** der baren Einlageschuld und nicht nur wie bei der verdeckten Sacheinlage zu einer wertmäßigen Anrechnung. Fehlt es hingegen an einer nach dem Gesetz erforderlichen Voraussetzung für die schuldtilgende Wirkung der Einlageleistung trotz Rückzahlung, liegt eine wirksame Erfüllung der Einlageschuld nicht vor. Es erfolgt auch keine wertmäßige Anrechnung. Es bleibt bei den vorstehend dargestellten Rechtsprechungsgrundsätzen zum Hin- und Herzahlen, die bereits vor Inkrafttreten des MoMiG galten. Dementsprechend bleibt die Einlageschuld in voller Höhe offen bestehen, und der Geschäftsführer macht sich wegen falscher Angaben im Zusammenhang mit der Gründung strafbar gem. § 82 Abs. 1 Nr. 1 GmbHG.

4. Keine Befreiung von der Einlagepflicht gem. § 19 Abs. 2 Satz 1 GmbHG n.F.

575 Gem. § 19 Abs. 2 Satz 1 GmbHG n.F. können Gesellschafter von der Verpflichtung zur Leistung der Einlagen nicht befreit werden. Danach ist jede rechtsgeschäftliche Beeinträchtigung der Pflicht zur Einlageleistung unzulässig, insbesondere der Erlass gem. § 397 Abs. 1 BGB, das negative Schuldanerkenntnis gem. § 397 Abs. 2 BGB, die Ersetzung der Forderung (Novation) wie durch den Austausch der Einlageforderung gegen eine andersartige Forderung oder die Annahme einer anderen Leistung an Erfüllungs Statt.[800]

576 Aus § 19 Abs. 2 Satz 2 GmbHG n.F. wird ein **Aufrechnungsverbot** abgeleitet. Danach ist die Aufrechnung durch den Gesellschafter unabhängig von der Art seiner Forderung und unabhängig von dem Zeitpunkt ihrer Entstehung grundsätzlich unzulässig und befreit nicht von der Einlageschuld.[801] Eine Ausnahme vom Aufrechnungsverbot für den Gesellschafter besteht, für die Aufrechnung mit einer Forderung aus der Überlassung von Vermögensgegenständen, deren Anrechnung auf die Einlageverpflichtung nach § 5 Abs. 4 Satz 1 GmbHG in der Gründungssatzung vereinbart worden ist.[802]

577 Die **Aufrechnung seitens der Gesellschaft** mit der Einlageforderung wird durch § 19 Abs. 2 Satz 2 GmbHG n.F. nicht ausgeschlossen. Ungeachtet dessen unterliegt auch die GmbH im Interesse der realen Kapitalaufbringung erheblichen Einschränkungen und kann nur dann mit der Einlageforderung aufrechnen, wenn sie den vollen wirtschaftlichen Wert der geschuldeten Leistung tatsächlich erhält. Eine Aufrechnung gegenüber Altforderungen des Gesellschafters, die zum Zeitpunkt der Begründung der Einlageschuld bereits bestanden haben ist unzulässig, da solche Forderungen des Gesellschafters als Sacheinlage eingebracht werden müssen.[803] Die Aufrechnung der Gesellschaft gegen eine Neuforderung ist nur zulässig, wenn diese fällig, liquide und vollwertig ist.[804] Dies gilt jedoch nicht, wenn im Zeitpunkt der Fassung des Einlagebeschlusses eine Verrechnungsabrede zwischen den Beteiligten getroffen wurde. In diesem Falle ist auch die Aufrechnung durch die GmbH gegen eine Neuforderung ausgeschlossen.[805]

X. Besonderheiten bei Gründung der Unternehmergesellschaft haftungsbeschränkt

578 Bei der Unternehmergesellschaft (haftungsbeschränkt) handelt es sich nicht um eine neue Gesellschaftsform, sondern um eine **Sonderform der GmbH**, auf die das GmbH-Recht Anwendung findet. Besonderheiten für die Unternehmergesellschaft (haftungsbeschränkt) ergeben sich insoweit

---

800 Zur Ausnahme des Hin- und Herzahlens s.o. Rdn. 559 ff.
801 Baumbach/Hueck/*Fastrich*, § 19 Rn. 30; *Wicke*, § 19 Rn. 11 m.w.N.
802 S. dazu oben Rdn. 500 ff.
803 OLG Celle GmbHR 2006, 433; Baumbach/Hueck/*Fastrich*, § 19 Rn. 35; *Wicke*, § 19 Rn. 14.
804 OLG Hamburg GmbHR 2006, 934; Baumbach/Hueck/*Fastrich*, § 19 Rn. 37; *Wicke*, § 19 Rn. 14.
805 BGH NJW 2002, 3774, 3776; Baumbach/Hueck/*Fastrich*, § 19 Rn. 37; *Wicke*, § 19 Rn. 14.

A. Gründung der Gesellschaft mit beschränkter Haftung — Kapitel 2

lediglich aus § 5a GmbHG. Hinsichtlich des Gründungsverfahrens ergeben sich keine Abweichungen zur GmbH. Die Unternehmergesellschaft (haftungsbeschränkt) kann sowohl im »klassischen« Verfahren als auch im vereinfachten Verfahren unter Verwendung des Musterprotokolls gegründet werden.

Bei einer Gesellschaft, die mit einem Stammkapital gegründet wird, das den Betrag des Mindeststammkapitals von 25.000,00 € gem. § 5 Abs. 1 GmbHG unterschreitet, muss den **Rechtsformzusatz** »Unternehmergesellschaft (haftungsbeschränkt)« oder »UG (haftungsbeschränkt)« gem. § 5a Abs. 1 GmbHG führen. Andere Rechtsformzusätze wie beispielsweise »Mini-GmbH« oder »Ein-Euro-GmbH« sind unzulässig. Auch ist eine Änderung des gesetzlich vorgeschriebenen Rechtsformzusatzes wie beispielsweise »Gesellschaft (haftungsbeschränkt)« oder »haftungsbeschränkte Gesellschaft« oder »haftungsbeschränkte Unternehmergesellschaft« unzulässig. 579

Hat die Unternehmergesellschaft (haftungsbeschränkt) ihr Stammkapital förmlich auf 25.000,00 € oder mehr erhöht, verwandelt sie sich dadurch automatisch zu einer »normalen« GmbH. Sie kann nunmehr ihren bisherigen Rechtsformzusatz »Unternehmergesellschaft (haftungsbeschränkt)« oder »UG (haftungsbeschränkt)« durch eine Satzungsänderung in »GmbH« oder in »Gesellschaft mit beschränkter Haftung« ändern. Eine Pflicht zur Änderung des Rechtsformzusatzes besteht nicht.[806] 580

Hinsichtlich der Höhe des erforderlichen Stammkapitals enthält das Gesetz in § 5a GmbHG für die Unternehmergesellschaft (haftungsbeschränkt) erhebliche Abweichungen von der GmbH. Gem. § 5a GmbHG kann das Stammkapital einer UG (haftungsbeschränkt) den Betrag des Mindeststammkapitals gem. § 5 Abs. 1 GmbHG beliebig unterschreiten. Zu beachten ist allerdings, dass die Höhe eines einzelnen Geschäftsanteils sich auf mindestens 1,00 € belaufen muss. Dementsprechend beträgt das **Mindeststammkapital** der UG (haftungsbeschränkt) 1,00 €. Aus § 5a Abs. 1 GmbHG ergibt sich darüber hinaus, dass das Stammkapital einer UG (haftungsbeschränkt) sich auf höchstens 24.999,00 € belaufen kann. Die Gründung einer UG (haftungsbeschränkt) mit einem diese Summe übersteigenden statutarischen Stammkapital ist nicht möglich. 581

Gem. § 5a Abs. 2 GmbHG darf die **Anmeldung** der UG (haftungsbeschränkt) zur Eintragung in das Handelsregister erst erfolgen, wenn das Stammkapital in voller Höhe eingezahlt ist. 582

Die Vereinbarung von **Sacheinlagen** ist gem. § 5a Abs. 2 Satz 2 GmbHG ausgeschlossen. Sehr streitig ist, ob damit auch eine Anrechnung verdeckt erbrachter Sacheinlagen gemäß der Bestimmung des § 19 Abs. 4 GmbHG ausgeschlossen ist. Goette ist der Ansicht, dass die Anrechnungsbestimmung des § 19 Abs. 4 GmbHG auf verbotenerweise verdeckt erbrachte Sacheinlagen in Frage kommt, da auch die **verdeckte Sacheinlage** nach dem neuen Recht »verboten« sei, zumal es nach dem jetzt vollzogenen Paradigmenwechsel im Recht der verdeckten Sacheinlage von der Unwirksamkeit des schuldrechtlichen und des dinglichen Geschäfts hin zu deren Wirksamkeit aus der Sicht der Gesellschaftsgläubiger ausreiche, dass irgendwann in der Vergangenheit der Gesellschafter der Gesellschaft – wenn auch ohne Tilgungswirkung – einen Wert zugeführt habe.[807] Andere sind der Auffassung, dass das Sacheinlageverbot sowohl offene als auch verdeckte Sacheinlagen betreffe. Es könne daher weder durch verdeckte Sacheinlagen noch durch die Annahme von Sachwerten an Erfüllungs statt umgangen werden. Eine Anrechnung des Sachwerts auf die Einlageforderung gem. § 19 Abs. 4 GmbHG scheide damit aus. Anderenfalls wäre das Sacheinlageverbot bei der UG (haftungsbeschränkt) weitgehend wirkungslos.[808] Für diese Auffassung spricht, dass nur bei der GmbH die Möglichkeit zur Vornahme einer Sachgründung besteht und gesetzlich im Einzelnen geregelt ist. Bei der 583

---

806 Vgl. Begründung Regierungsentwurf zu § 5a GmbHG, abgedruckt bei *Goette*, Einführung in das neue GmbH-Recht, 2008, S. 176 f.; Lutter/Hommelhoff/*Lutter/Kleindiek*, § 5a Rn. 60 f.
807 *Goette*, Einführung in das neue GmbH-Recht, Einf. Rn. 44, S. 19 f.; Scholz/*Westermann*, § 5a Rn. 20 m.w.N.; *Wansleben/Niggemann*, NZG 2012, 1412 ff.
808 Baumbach/Hueck/*Fastrich*, § 5a Rn. 12; *Wicke*, § 5a Rn. 8; *Wachter*, GmbHR-Sonderheft Oktober 2008, 25, 33; *Freitag/Riemenschneider*, ZIP 2007, 1485, 1486; *Bormann*, GmbHR 2007, 897, 901; *Heckschen*, DStR 2009, 166, 171; *Ulmer*, ZGR 2010, 1298, 1302 f.; *Schall*, ZGR 2009, 126, 152.

UG (haftungsbeschränkt) ist eine offene Sachgründung hingegen ausgeschlossen, so dass auch die Anwendung der Regeln der verdeckten Sacheinlage insbesondere die Anrechnung des Werts der Sacheinlage auf die Bareinlageschuld ausscheidet. Die Existenz der Regelung des § 19 Abs. 4 GmbHG ist nur damit erklärbar, dass das GmbH-Recht für die GmbH eine offene Sacheinlage kennt. Wären Sacheinlagen auch für die GmbH generell unzulässig, wäre die Existenz der Vorschrift des § 19 Abs. 4 GmbHG nicht denkbar. So ist es aber für die UG (haftungsbeschränkt). Die Vorschrift des § 19 Abs. 4 GmbHG ist auf diese daher nicht anwendbar. In der **Praxis** empfiehlt es sich, darauf hinzuweisen, dass die Anwendbarkeit der Anrechnungsbestimmung des § 19 Abs. 4 GmbHG auf die UG (haftungsbeschränkt) bislang nicht geklärt und äußerst fraglich ist. Im Falle der Insolvenz der UG (haftungsbeschränkt) hätte der Inferent, der die verdeckte Sacheinlage geleistet hat, seine Einlage gegebenenfalls in voller Höhe (trotz verdeckter Sacheinlage noch einmal) zu leisten.

584 Schließlich hat das Sacheinlageverbot auch Bedeutung für die Gründung der UG (haftungsbeschränkt) im Rahmen von Umwandlungsvorgängen. Danach scheidet die Gründung einer UG (haftungsbeschränkt) durch einen **Umwandlungsvorgang** aus, wenn sich dieser aus der Sicht der entstehenden UG (haftungsbeschränkt) als Sachgründung darstellt.

585 Dementsprechend kommen für die Gründung der UG (haftungsbeschränkt) alle Umwandlungsformen, bei denen das Stammkapital der UG (haftungsbeschränkt) im Wege der Einbringung des Vermögens der umzuwandelnden Gesellschaft als Sacheinlage aufgebracht wird, nicht in Betracht. Es entfallen damit Verschmelzung wie auch Aufspaltung zur Neugründung einer UG (haftungsbeschränkt).[809] Der Formwechsel aus der GmbH in die UG (haftungsbeschränkt) scheitert bereits daran, dass es sich bei der UG (haftungsbeschränkt) nicht um eine andere Rechtsform i.S.d. §§ 190 ff. UmwG handelt. Der Formwechsel aus anderen Gesellschaftsformen kommt ebenfalls nicht in Betracht, da auch in diesem Falle vorhandenes Gesellschaftsvermögen zu Vermögen der UG (haftungsbeschränkt) würde, was einer Sacheinlage entspricht und daher unzulässig ist.[810]

586 Ebenfalls ungeklärt ist bislang, ob die Anwendung der Grundsätze zum **Hin- und Herzahlen** gem. § 19 Abs. 5 GmbHG auf die UG (haftungsbeschränkt) anwendbar sind. Gegen die Anwendbarkeit dieser Regelung auf die UG (haftungsbeschränkt) wird eingewandt, dass diese Regelung vom Gesetzgeber zur Beherrschung der Cash-Pool-Problematik bei Konzernen geschaffen worden ist. Dem ist jedoch entgegenzuhalten, dass die Vorschrift des § 19 Abs. 5 GmbHG keine Einschränkung in ihrer Anwendbarkeit für die UG (haftungsbeschränkt) beinhaltet und, dass es sich bei dem Hin- und Herzahlen i.S.d. § 19 Abs. 5 GmbHG gerade nicht um den Fall einer (verdeckten) Sacheinlage handelt. Die Regelung des § 19 Abs. 5 GmbHG dürfte daher auf die UG (haftungsbeschränkt) anwendbar sein. Falls die Voraussetzungen des § 19 Abs. 5 GmbHG vorliegen, steht der haftungsbefreienden Wirkung der geleisteten Bareinlage nichts entgegenstehen.[811] Für die **Praxis** ist gleichwohl von dieser Variante der Leistungserbringung abzuraten. Zum einen ist die Anwendbarkeit des § 19 Abs. 5 GmbHG auf die UG (haftungsbeschränkt) bislang nicht abschließend geklärt. Zum anderen stellt sich die wirtschaftliche Frage, wie eine UG (haftungsbeschränkt) erfolgreich einen Geschäftsbetrieb ins Leben rufen will, wenn ihre ohnehin bescheidenen finanziellen Mittel teilweise oder gar in Gänze an ihre Gesellschafter (darlehensweise) zurückfließen. Wird dies von den Gründern der UG (haftungsbeschränkt) gleichwohl gewünscht, so sollte der Berater in besonderer Deutlichkeit über die Voraussetzungen des § 19 Abs. 5 GmbHG belehren und insbesondere darauf hinweisen, dass der Rückzahlungsanspruch der UG (haftungsbeschränkt) gegenüber dem Inferenten vollwertig, fällig und liquide sein muss. Weiter ist darauf zu achten, dass der Gründer den Vorgang gem. § 19 Abs. 5 GmbHG dem Handelsregister gegenüber in der Anmeldung offenzulegen hat. Dies wird

---

809 BGH DNotZ 2012, 70 ff. = NZG 2011, 666 ff. = NJW 2011, 1883 (Abspaltung); OLG Frankfurt, NZG 2010, 1429; *Wicke*, § 5a Rn. 16 f.; Baumbach/Hueck/*Fastrich*, § 5a Rn. 17.
810 Vgl. Baumbach/Hueck/*Fastrich*, § 5a Rn. 17; *Wicke*, § 5a Rn. 16, 17; *Wachter*, GmbHR-Sonderheft Oktober 2008, 25, 26, *Miras*, Die neue Unternehmergesellschaft, 2008, Rn. 14, 20, 21, 22, 25.
811 Baumbach/Hueck/*Fastrich*, § 5a Rn. 12; Scholz/*Westermann*, § 5a Rn. 17; Lutter/Hommelhoff/*Lutter*/*Kleindiek*, § 5a Rn. 32; a.A. Scholz/*Wicke*, § 2 Rn. 107; *Wicke*, § 5a Rn. 7.

gerade bei der UG (haftungsbeschränkt) in der Praxis regelmäßig zur Folge haben, dass das Handelsregister die Werthaltigkeit des Rückzahlungsanspruchs der UG (haftungsbeschränkt) gegen den Inferenten durch ein Sachverständigengutachten nachgewiesen sehen will.

Darüber hinaus sind bei der UG (haftungsbeschränkt) die Bestimmungen des § 5a Abs. 3 bis 5 GmbHG zu beachten. Die Regelung des § 5a Abs. 3 GmbHG verpflichtet die UG (haftungsbeschränkt) in der Bilanz des nach den §§ 242, 264 des Handelsgesetzbuchs aufzustellenden Jahresabschlusses eine **gesetzliche Rücklage** zu bilden, in die ein Viertel des um einen Verlustvortrag aus dem Vorjahr geminderten Jahresüberschusses einzustellen ist. Vor diesem Hintergrund wurde die **Komplementärfähigkeit** der UG (haftungsbeschränkt) teilweise für den Fall bezweifelt, dass die UG (haftungsbeschränkt) als Komplementärin nicht am Vermögen der Gesellschaft beteiligt ist. Mangels Beteiligung der UG (haftungsbeschränkt) am Vermögen der Kommanditgesellschaft wird die UG (haftungsbeschränkt) faktisch kaum einen Überschuss erwirtschaften, von dem sodann ein Viertel in die gesetzliche Rücklage einzustellen wäre. Daher verstoße ein KG-Vertrag, der die UG (haftungsbeschränkt) als Komplementärin von der Teilnahme am Gewinn ausschließe gegen das Gebot des § 5a Abs. 3 GmbHG, der infolge dessen gem. § 134 BGB nichtig sei.[812] Gegen diese Auffassung spricht jedoch, dass die Regelung des § 5a Abs. 3 GmbHG für die UG (haftungsbeschränkt) kein Gewinnerzielungsgebot aufstellt. Auch beinhaltet diese Bestimmung kein Verbot abweichender Gesellschaftsverträge.[813] Der Gesetzgeber stellt in § 5a Abs. 3 GmbHG ein Thesaurierungsgebot nur für den Fall auf, dass die UG (haftungsbeschränkt) Gewinne erzielt hat. Der Gesetzgeber trifft weder in § 5a Abs. 3 GmbHG noch an anderer Stelle Regelungen, die die Erzielung von Gewinnen ermöglichen oder sicherstellen sollen. Insbesondere beinhaltet das Gesetz keine Bestimmungen, die Gestaltungen in der UG (haftungsbeschränkt), die ihrerseits der Vermeidung der Entstehung von Gewinnen dienen, verbietet. Zudem bleiben der UG (haftungsbeschränkt) auch wenn sie Komplementärin einer Kommanditgesellschaft ist, anderweitige Tätigkeiten, die der Erzielung von Gewinnen dienen können, nicht verwehrt. Ungeachtet dessen sollten die Gründer der Kommanditgesellschaft kritisch hinterfragen, ob die Aufnahme einer UG (haftungsbeschränkt) statt einer GmbH als Komplementärin ihren Zielen zuträglich oder doch eher abträglich ist.

587

XI. Gründung im vereinfachten Verfahren

1. Allgemeines

In § 2 Abs. 1a GmbHG sieht das Gesetz die Möglichkeit der Gründung einer GmbH und einer UG (haftungsbeschränkt) in einem sogenannten **vereinfachten Verfahren** vor. Voraussetzung dafür ist, dass die Gesellschaft höchstens drei Gesellschafter und nur einen Geschäftsführer hat. Für die Gründung im vereinfachten Verfahren ist das dem GmbH-Gesetz als Anlage beigefügte **Musterprotokoll** zwingend zu verwenden. Über die im Musterprotokoll hinaus vorgesehenen erforderlichen Ergänzungen dürfen keine vom Gesetz abweichenden Bestimmungen getroffen werden.

588

Eine gesonderte **Gesellschafterliste** ist nicht erforderlich, da das Musterprotokoll gem. § 2 Abs. 1a Satz 4 zugleich als Gesellschafterliste gilt. Zwar genügt das Musterprotokoll seit dem 26.06.2017[814] nicht mehr der geänderten Fassung des § 40 Abs. 1 GmbHG. Danach muss die GmbH-Gesellschafterliste nunmehr auch Angaben zur prozentualen Beteiligung am Stammkapital sowie der Gesellschafter von nicht eingetragenen Gesellschaften, die an der GmbH beteiligt sind, enthalten. Dies wird jedoch ganz überwiegend für unschädlich gehalten, und zwar sowohl im Hinblick auf § 40 Abs. 1 GmbHG als auch in Ansehung der neuen Bestimmungen zum Transparenzregister. Aus dem

589

---

812 *Wicke*, § 5a Rn. 19; *Veil*, GmbHR 2007, 1080, 1084; *Wachter*, GmbHR-Sonderheft Oktober 2008, 51, 58; *Katschinski/Rawert*, ZIP 2008, 1993, 1997 f.; differenzierend Baumbach/Hueck/*Fastrich*, § 5a Rn. 36.
813 *Stenzel*, NZG 2009, 168, 169 f.; *Römermann/Passarge*, ZIP 2009, 1497.
814 Am 26.06.2017 ist das Gesetz zur Umsetzung der Vierten EU-Geldwäscherichtlinie, zur Ausführung der EU-Geldtransferverordnung und zur Neuorganisation der Zentralstelle für Finanztransaktionsuntersuchungen in Kraft getreten (BGBl. 2017 I, S. 1822, vgl. Art. 24).

Zusammenspiel von § 20 Abs. 2 Satz 1 GwG und § 22 Abs. 1 Nr. 4 GwG lasse sich schließen, dass bei einem als Gesellschafterliste geltenden Musterprotokoll eine ergänzende Mitteilung an das Transparenzregister nicht erforderlich sei.[815] Auch die Einreichung einer zusätzlichen Gründungsliste wird man bei einer nach Musterprotokoll gegründeten GmbH nicht verlangen können.[816]

In Nr. 4 des Musterprotokolls ist die **Bestellung des Geschäftsführers** der Gesellschaft und seine Befreiung von den Beschränkungen des § 181 des Bürgerlichen Gesetzbuches vorgesehen.

590 Somit vereinigt das **Musterprotokoll** unterschiedliche Elemente der klassischen Gründung in einer einzigen Urkunde. Es beinhaltet
– die Gründungsurkunde,
– die Satzung,
– die Liste der Gesellschafter und
– die Bestellung des Geschäftsführers.

591 Der einzige **Vorteil** der Gründung der GmbH oder der UG (haftungsbeschränkt) unter Verwendung des Musterprotokolls besteht in der **kostenrechtlichen Privilegierung** dieser Gründungsvariante gem. §§ 107 Abs. 1 Satz 2, 105 Abs. 6 GNotKG. Abweichend von der Gründung im klassischen Verfahren, bei dem der Mindestgeschäftswert nunmehr nach dem GNotKG 30.000,00 € beträgt, richtet sich der bei der Gründung mittels des Musterprotokolls zugrunde zu legende Geschäftswert für die Notarkosten nach dem tatsächlichen Stammkapital. Der bei Inkraftsetzung der Regelungen zum Musterprotokoll oftmals festzustellende **Nachteil** der Verlangsamung der Eintragung der Gesellschaft, ist nunmehr weitgehend überwunden. Dies hat seinen Grund in der zwischenzeitlich erfolgten Klärung der mit dem teilweise missglückten Wortlaut des Musterprotokolls verbundenen materiell-rechtlichen Fragen. Es besteht ganz überwiegend eine eingespielte Registerpraxis, so dass eine Zwischenverfügung des Registergerichtes in der Regel nicht zu befürchten ist.

592 Das Gesetz hält **zwei Musterprotokolle** für die Gründung im vereinfachten Verfahren bereit. Ein Musterprotokoll befasst sich mit der Gründung einer Einpersonengesellschaft. Das zweite Musterprotokoll ist für die Gründung einer Mehrpersonengesellschaft mit bis zu drei Gesellschaftern gedacht. Da neben den im Musterprotokoll zu ergänzenden Punkten gem. § 2 Abs. 1a GmbHG keine vom Gesetz abweichenden Bestimmungen getroffen werden dürfen, eignet sich das Musterprotokoll allenfalls für die Gründung einer Ein-Personen-GmbH. Bei der Gründung einer Mehr-Personen-GmbH werden die Gründer bei entsprechender Beratung regelmäßig Regelungen zur Einschränkung der freien Übertragbarkeit der Geschäftsanteile, der Kündigung, des Ausscheidens durch Einziehung der Geschäftsanteile und der Abfindung wünschen.

593 Auch wenn der Gesetzgeber den Gründern mit einer geringfügigen Gebührenersparnis hinsichtlich der Notarkosten bei der Gründung einer UG (haftungsbeschränkt) einen Anreiz zum Abschluss eines regelmäßig nicht sachgerechten Gesellschaftsvertrages setzt, ist es Aufgabe des Notars in diesem Zusammenhang auf die Schwächen des Musterprotokolls und die sich daraus für die Gründer und auf später hinzukommende Gesellschafter ergebenden Folgen hinzuweisen und – sollten die Gründergesellschafter dem Lockruf des Gesetzgebers erliegen – diese Belehrungen beweiskräftig zu dokumentieren, da mit hoher Wahrscheinlichkeit davon ausgegangen werden kann, dass sich die mit dem Musterprotokoll verbundenen Regelungsdefizite während des Lebens der Gesellschaft nachteilig auswirken werden.

594 Da neben der geringfügigen Kostenersparnis keinerlei sachliche Gründe für das Musterprotokoll sprechen, sollte von seiner Verwendung in jedem Falle abgesehen werden, wenn das Stammkapital der gegründeten Gesellschaft mindestens 25.000,00 € beträgt. In diesem Falle ist mit der Verwendung des Musterprotokolls eine Kostenersparnis für die Beurkundung des Gesellschaftsvertrages

---

815 Zum Ganzen Gutachten v. 15.09.2017, Abruf-Nr. 158257, DNotI-Report 2017, 129 ff., m.w.N.
816 Gutachten v. 15.09.2017, Abruf-Nr. 158257, DNotI-Report 2017, 129 ff., m.w.N.

A. Gründung der Gesellschaft mit beschränkter Haftung

und die Beglaubigung der Handelsregisteranmeldung nicht mehr verbunden und damit der einzige Vorteil des Musterprotokolls entfallen.

2. Einzelfragen bei der Verwendung des Musterprotokolls

a) Vervollständigung des Musterprotokolls

Teilweise vertreten die Handelsregister, dass jedwede Abweichung vom Musterprotokoll im **Urkundseingang** unzulässig sei. Dies kann jedoch nicht so weit gehen, dass der Notar beurkundungsverfahrensrechtliche Regelungen missachten dürfte oder aber wegen ihrer Beachtung die Gründung im vereinfachten Verfahren nicht mehr möglich wäre. So ist der Notar berechtigt und verpflichtet festzuhalten, wie sich die Beteiligten identifiziert haben. Auch ist der Ort der Beurkundung festzuhalten. Das gleiche gilt für die Aufnahme des Vorbefassungsvermerks im Bereich des Anwaltsnotariats sowie die Hinweise des Notars bei der Beteiligung von der deutschen Sprache nicht mächtigen Gründern oder behinderten Personen.[817]

595

b) Eignung als Gesellschafter

Gesellschafter können nach dem Wortlaut des Musterprotokolls natürliche und juristische Personen sein (s. dazu Rubrum des Musterprotokolls sowie die Fußnote 1 zu den Musterprotokollen (Anlage zum GmbHG). Da **Personengesellschaften** in den Musterprotokollen nicht ausdrücklich als Gründer aufgeführt sind, wird teilweise vertreten, dass diese eine GmbH und eine UG (haftungsbeschränkt) nicht im vereinfachten Verfahren gründen können.[818] Dem ist entgegenzuhalten, dass die Fähigkeit von Personengesellschaften, einschließlich der Gesellschaft bürgerlichen Rechts, sich allgemein an der Gründung einer GmbH oder UG (haftungsbeschränkt) zu beteiligen, unbestritten ist.[819] Sachliche Gründe, diesen Gesellschaften die Gründung einer GmbH oder UG (haftungsbeschränkt) im vereinfachten Verfahren zu verweigern, sind nicht ersichtlich. Weder kann der Fußnote 1 zu den Musterprotokollen (Anlage zum GmbHG) eine entsprechende Regelungswirkung zuerkannt werden noch steht die Beschränkung der mittels Musterprotokoll gegründeten Gesellschaft auf höchstens drei Gesellschafter dem entgegen. Gesellschafter der im vereinfachten Verfahren gegründeten Gesellschaft sind die (teil-)rechtsfähigen Personengesellschaften selbst und nicht deren Gesellschafter.[820] Da die Gründung im vereinfachten Verfahren unter Beteiligung von Personengesellschaften derzeit indessen nicht abschließend geklärt ist, empfiehlt es sich diese Frage vorab mit dem zuständigen Handelsregister zu klären. Hält man eine Gründung im vereinfachten Verfahren unter Beteiligung von Personengesellschaften nicht für möglich, führt dies nicht zur Nichtigkeit der Gründung. Vielmehr handelt es sich dann um eine Gründung im herkömmlichen Verfahren. Da in diesem eine Gesellschafterliste erforderlich ist, müsste eine solche noch gesondert angefertigt und vom Geschäftsführer der Gesellschaft unterzeichnet werden.

596

c) Firmenbildung

Für die **Firmenbildung** und für die Angabe des Sitzes der Gesellschaft gelten bei der Verwendung des Musterprotokolls keine Besonderheiten. Anzugeben ist der **Satzungssitz**. Die Aufnahme eines etwa vom Satzungssitz abweichenden Verwaltungssitzes in das Musterprotokoll ist unzulässig.

597

d) Unternehmensgegenstand

Auch hinsichtlich des **Unternehmensgegenstandes** enthält das Musterprotokoll keine Besonderheiten. Insbesondere ist die Konkretisierung des Unternehmensgegenstandes wie schon vor Inkraft-

598

---

817 Zum Ganzen: OLG München DNotZ 2011, 69 = DNotI-Report 2010, 187 = NZG 2011, 29 (LS.).
818 *Noack*, DB 2007, 1395, 1398; *Heckschen*, DStR 2007, 1442, 1444; a.A. Baumbach/Hueck/*Fastrich*, § 2 Rn. 17; Scholz/*Wicke*, § 2 Rn. 99; Wicke, § 2 Rn. 16.
819 Baumbach/Hueck/*Fastrich*, § 1 Rn. 32, 33.
820 *Tebben*, RNotZ 2008, 441, 443.

treten des MoMiG bei der GmbH erforderlich. Dies gilt auch, wenn die UG (haftungsbeschränkt) aus Kosten- und Liquiditätsgründen von professionellen Anbietern von **Vorratsgesellschaften** als Vertriebsprodukt gewählt und im Rahmen des Musterprotokolls gegründet wird. Dabei ist darauf zu achten, dass eine sogenannte offene Vorratsgründung mit dem Unternehmensgegenstand (»Verwaltung eigenen Vermögens«) erfolgt.[821]

e) Stammkapital

aa) Allgemeines

599 Die Höhe des **Stammkapitals** kann auch bei der Gründung im vereinfachten Verfahren im Rahmen der allgemeinen Vorschriften frei gewählt werden. Es kann also auch 25.000,00 € oder mehr betragen. Allerdings kann jeder Gesellschafter bei der Gründung abweichend von der neuen Fassung nach § 5 Abs. 2 Satz 2 GmbHG **nur einen Geschäftsanteil** anlässlich der Gründung übernehmen.

600 Gem. Nr. 3 Satz 2 des Musterprotokolls kann im vereinfachten Verfahren nur eine **Bargründung** vorgenommen werden.

bb) Anwendbarkeit des § 19 Abs. 4 und 5 GmbHG

601 Ungeklärt ist bislang die Frage, ob die Regelung des § 19 Abs. 4 GmbHG zur Anrechnung von **verdeckt** eingebrachten **Sacheinlagen** und die nach § 19 Abs. 5 GmbHG bestehende Möglichkeit des **Hin- und Herzahlens** mit schuldbefreiender Wirkung bei der Gründung im vereinfachten Verfahren möglich ist.[822] Zutreffend erscheint es, auf die Gründung im vereinfachten Verfahren dieselben Regeln anzuwenden, wie auf die herkömmliche Gründung. Die Anwendung der **Anrechnungsregelung** des § 19 Abs. 4 GmbHG kommt bei Vorliegen einer verdeckten Sachgründung für die **UG (haftungsbeschränkt)** jedoch nicht in Betracht, da diese gem. § 5a Abs. 2 Satz 2 GmbHG auch im herkömmlichen Verfahren nicht im Wege einer offenen Sachgründung errichtet werden kann und folglich die Anrechnung verdeckter Sacheinlagen auf die Einlageschuld ausscheidet.[823] Anders stellt sich dies für die Gründung der **GmbH** dar. Hier sollte auch den Gesellschaftern der im vereinfachten Verfahren gegründeten GmbH die Anrechnungsregelung des § 19 Abs. 4 GmbHG zugute kommen. Weder Wortlaut noch Zweck der Regelung des § 19 Abs. 4 GmbHG noch die Vorschriften zum vereinfachten Verfahren in § 2 Abs. 1a GmbHG in Verbindung mit der Anlage zum GmbHG rechtfertigen hier eine Schlechterstellung der Gesellschafter einer auf diese Weise gegründeten GmbH. Für die Anwendbarkeit der Regelung des § 19 Abs. 5 GmbHG zum sogenannten **Hin- und Herzahlen** sowohl auf die im vereinfachten Verfahren gegründete UG (haftungsbeschränkt) als auch auf die im vereinfachten Verfahren gegründete GmbH spricht, dass es sich nicht um eine verdeckte Sachgründung handelt, sondern um einen Fall der Bargründung. Dass die Einhaltung der Voraussetzungen des § 19 Abs. 5 GmbHG im Rahmen des vereinfachten Verfahrens schwierig ist, steht dem nicht entgegen, da in das vereinfachte Verfahren selbst nicht eingegriffen wird, sondern lediglich zusätzlich die in § 19 Abs. 5 GmbHG geregelten Voraussetzungen zu beachten sind.

602 Da die vorstehenden Fragen in der **Praxis** bislang allesamt nicht abschließend geklärt sind, können die Gründer weder auf die Anrechnung gem. § 19 Abs. 4 GmbHG noch auf die Eintragung der Gesellschaft bei offengelegtem Hin- und Herzahlen gem. § 19 Abs. 5 GmbHG vertrauen. Bis zu einer abschließenden Klärung sollte daher von einem Hin- und Herzahlen i.S.d. § 19 Abs. 5 GmbHG bei einer Gründung im vereinfachten Verfahren abgesehen werden. Eine verdeckte Sachgründung verbietet sich ohnehin, da die Geschäftsführer sich gem. § 82 Abs. 1 Nr. 1 GmbHG ungeachtet der den Gesellschaftern zugute kommenden Anrechnung gem. § 19 Abs. 4 GmbHG strafbar macht.

---

821 Vgl. dazu BGH NJW 1992, 1824; Heckschen/Heidinger/*Heidinger/Knaier*, Kap. 2, Rn. 166.
822 Vgl. *Römermann*, GmbHR-Sonderheft Oktober 2008, 16 ff.; *Bormann/Urlichs*, GmbHR-Sonderheft Oktober 2008, 37 ff.
823 S. dazu oben Rdn. 552 ff.

A. Gründung der Gesellschaft mit beschränkter Haftung   Kapitel 2

cc) Mindesteinzahlung

Hinsichtlich der **Kapitalaufbringung** lassen die Musterprotokolle den Gesellschaftern die Wahl, ob diese die Bareinlagen in voller Höhe sofort oder lediglich zu 50 % und im Übrigen erst auf Beschluss der Gesellschafterversammlung einzahlen wollen. Zu beachten ist, dass dieses **Wahlrecht** bei der Gründung einer UG (haftungsbeschränkt) nicht besteht, da bei deren Gründung auch im vereinfachten Verfahren gem. § 5a Abs. 2 GmbHG das Stammkapital in voller Höhe sofort eingezahlt werden muss. Dies ist bei der Bearbeitung des Musterprotokolls durch eine entsprechende Streichung zu beachten.

603

f) Bestellung des Geschäftsführers

aa) Allgemeines

Die Bestellung des Geschäftsführers der Gesellschaft ist in Nr. 4 des Musterprotokolls geregelt. Danach kann **nur ein Geschäftsführer** für die Gesellschaft bestellt werden. Er ist **zwingend von § 181 BGB befreit**. Die Bestellung eines zweiten Geschäftsführers ist bei Verwendung des Musterprotokolls ebenso wenig möglich wie die Nichtbefreiung des Geschäftsführers von den Beschränkungen des § 181 BGB. Zulässig dürfte auch die Gründung einer GmbH unter Verwendung des Musterprotokolls mit einem **Fremdgeschäftsführer** sein.[824]

604

bb) Einordnung der Geschäftsführerbestellung im Musterprotokoll

Wie die Regelung zur Bestellung des Geschäftsführers in Nr. 4 der Musterprotokolle dogmatisch einzuordnen ist, lässt sich ihrem Wortlaut nicht entnehmen. Fraglich ist daher, ob sich bei der Gründung einer GmbH oder UG (haftungsbeschränkt) unter Verwendung des Musterprotokolls eine Abänderung der **abstrakten Vertretungsregelung** von der gesetzlichen Regelung in § 35 Abs. 1 Satz 1, Abs. 2 Satz 1 GmbHG ergibt. Dies hat Bedeutung einmal für die Anmeldung der Neugründung sowie zum anderen auch für die spätere Bestellung eines weiteren Geschäftsführers. Fraglich ist ferner, welchen Charakter die Geschäftsführerbestellung im Musterprotokoll hat. Bei der Bestellung des Geschäftsführers in der Satzung kann es sich handeln um einen unechten Satzungsbestandteil, (rein formeller Satzungsbestandteil), einen echten Satzungsbestandteil (materieller Satzungsbestandteil) sowie auch um die Einräumung eines Sonderrechtes auf Geschäftsführung. Dabei unterscheidet sich die Wirkung einer unechten Satzungsbestimmung nicht von der eines Gesellschafterbeschlusses.[825] Für die Änderung einer echten Satzungsbestimmung ist hingegen eine Satzungsänderung erforderlich.[826] Handelt es sich darüber hinausgehend nicht nur um eine echte Satzungsbestimmung, sondern um die Einräumung eines satzungsmäßigen Sonderrechtes, ist die spätere Änderung der Satzung in diesem Punkt nur mit Zustimmung des Betroffenen zulässig.[827] Abschließend stellt sich zu Nr. 4 der Musterprotokolle die Frage, welcher Rechtscharakter der **Befreiung von** den Beschränkungen des **§ 181 BGB** im Musterprotokoll zukommt. Auch insoweit lässt das Musterprotokoll offen, ob es sich um eine echte oder eine unechte Satzungsregelung handelt. Offen bleibt auch, ob es sich bei der Befreiung von den Beschränkungen des § 181 BGB im Musterprotokoll um eine Regelung der abstrakten oder der konkreten Vertretungsbefugnis handelt. Versteht man diese Bestimmung als eine abstrakte Vertretungsregelung, hätte dies zur Folge, dass die Befreiung von den Beschränkungen des § 181 BGB für jeden Geschäftsführer, also auch für erst später bestellte Geschäftsführer, gelten würde. Betrachtet man diese Regelung hingegen als konkrete Vertretungsregelung, hätte dies zur Konsequenz, dass sich die Befreiung von den Beschränkungen des § 181 BGB nur auf den namentlich bezeichneten anlässlich der Gründung der Gesellschaft bestellten

605

---

824 DNotI-Gutachten in DNotI-Report 2011, 149 f.
825 Michalski/*Tebben*, § 6 Rn. 49.
826 Michalski/*Tebben*, § 6 Rn. 52.
827 Michalski/*Tebben*, § 6 Rn. 52.

Geschäftsführer bezieht. Weiter wirkt sich diese Unterscheidung auf den Inhalt der Handelsregisteranmeldung aus.

606 Nachdem bei Inkrafttreten des MoMiG die Rechtslage zu den vorstehenden Fragen aufgrund einer Vielzahl widerstreitender Einzelmeinungen äußerst unübersichtlich war, hat sich zwischenzeitlich zu den einzelnen Fragestellungen jeweils eine h.M. herauskristallisiert, die eine zutreffende **Einordnung der** unter Nr. 4 der Musterprotokolle geregelten **Geschäftsführerbestellung** erlaubt. Diese lassen sich wie folgt zusammenfassen:

607 Die Nr. 4 der Musterprotokolle enthält keine Abweichung von der in § 35 Abs. 1, Abs. 2 GmbHG vorgesehenen gesetzlichen Vertretungsbefugnis. Die **abstrakte Vertretungsbefugnis** bei Gründung einer GmbH oder UG (haftungsbeschränkt) unter Verwendung des Musterprotokolls entspricht daher der gesetzlichen Vertretungsbefugnis. Dies bedeutet, dass der Geschäftsführer einzelvertretungsbefugt ist, solange er alleiniger Geschäftsführer ist. Diese Einzelvertretungsbefugnis weicht einer Gesamtvertretungsbefugnis, wenn ein weiterer Geschäftsführer bestellt wird.[828]

608 Schließlich ist die im Musterprotokoll vorgesehene Befreiung des Geschäftsführers von den Beschränkungen des § 181 BGB als **konkrete Vertretungsregelung** in Form eines unechten Satzungsbestandteils[829] zu begreifen, die ausschließlich Bedeutung für den im Rahmen der Gesellschaftsgründung bestellten Geschäftsführer hat. Sie bezieht sich nur auf den namentlich bezeichneten Gründungsgeschäftsführer.[830] Das OLG Stuttgart und ihm folgend das OLG Nürnberg nehmen entgegen der überwiegenden Auffassung in der Literatur[831] an, dass die Befreiung des Gründungsgeschäftsführers von den Beschränkungen des § 181 BGB für diesen nicht fortbestehe, wenn ein weiterer Geschäftsführer bestellt wird.[832] Es gelte dann die allgemeine Vertretungsregelung des § 35 GmbHG.

cc) Folgen für die Handelsregisteranmeldung

609 Für die **Handelsregisteranmeldung** der im vereinfachten Verfahren gegründeten Gesellschaft bedeutet dies, dass sowohl die abstrakte Vertretungsbefugnis angegeben werden kann und muss, die inhaltlich der gesetzlichen Regelung des § 35 Abs. 1, Abs. 2 GmbHG entspricht. Bei der konkreten Vertretungsbefugnis ist die Befreiung des Geschäftsführers von den Beschränkungen des § 181 BGB anzumelden.

g) Gründungskosten

610 In Nr. 5 der Musterprotokolle werden die **Gründungskosten** geregelt. Danach trägt die Gesellschaft die mit ihrer Gründung verbundenen Kosten bis zu einem Gesamtbetrag von 300,00 €, höchstens jedoch bis zum Betrag ihres Stammkapitals. Darüber hinausgehende Kosten tragen die Gesellschafter im Verhältnis der Nennbeträge ihrer Geschäftsanteile. Diese Regelung soll der Vermeidung der bilanziellen Überschuldung der gegründeten Gesellschaft durch ihre Belastung mit den Gründungskosten dienen. Auch die Gewährung von Gesellschafterdarlehen würde an der bilanziellen Überschuldung solange nichts ändern, wie die Gesellschafter nicht den Rangrücktritt gem. § 19 Abs. 2

---

828 H.M. OLG Hamm, I-15 Wx 208/09, NZG 2009, 1431 ohne Gründe = DNotI, Dokument Nr.: 10.898 mit Gründen; OLG Hamm, NZG 2011, 705; OLG Stuttgart 8 W 116/09, DNotZ 2010, 71 = NZG 2009, 754 = MittBayNot 2009, 390 = NotBZ 2009, 376, GmbHR 2009, 827 = DB 2009, 1121 = ZIP 2009, 1011; OLG Bremen 2 W 61/09, NZG 2009, 1193 = GmbHR 2009, 1210 = ZIP 2009, 1998; *Ries*, NZG 2009, 739; *Tebben*, RNotZ 2008, 441, 444; Baumbach/Hueck/*Fastrich*, § 2 Rn. 18, 58 m.w.N.
829 So die wohl h.M. Lutter/Hommelhoff/*Bayer*, § 2 Rn. 47 m.w.N.; a.A. für echten Satzungsbestandteil DNotI Gutachten Abruf-Nr. 126640.
830 OLG Hamm, NZG 2011, 705; OLG Bremen, NZG 2010, 542; OLG Stuttgart, NZG 2009, 754 f.; Baumbach/Hueck/*Fastrich*, § 2 Rn. 59 m.w.N.; *Tebben*, RNotZ 2008, 441, 444; *Weigl*, notar 2008, 378, 379; Gutachten des DNotI Fax-Abruf-Nr.: 90975, letzte Aktualisierung 03.03.2009, S. 7.
831 Scholz/*Wicke*, GmbHG, 11. Aufl., § 2 Rn. 102; BeckOK-GmbHG/*C. Jaeger*, Std.: 15.06.2015, § 2 Rn. 76.
832 OLG Stuttgart DNotZ 2010, 71 = NZG 2009, 754; OLG Nürnberg DNotI-Report 2015, 133 f.

Satz 3 InsO n.F. erklären. Auch für die **steuerliche Geltendmachung** der Gründungskosten bei der gegründeten Gesellschaft setzt Nr. 5 der Musterprotokolle die maßgebenden Grenzen. Zur Vermeidung der Zahlungsunfähigkeit und Überschuldung der gegründeten Gesellschaft sollte das Stammkapital für die Bezahlung der Gründungskosten ausreichend hoch bemessen sein. Vor diesem Hintergrund wird sich ein Stammkapital von weniger als 300,00 € selten empfehlen.

h) Steuerliche Mitteilungspflichten

Zur Wahrung der **steuerlichen Mitteilungspflichten** ist es entgegen Nr. 6 der Musterprotokolle erforderlich, dass das Finanzamt – Körperschaftsteuerstelle – eine beglaubigte Ablichtung der Urkunde und nicht nur wie in Nr. 6 der Musterprotokolle geregelt eine einfache Ablichtung der Gründungsurkunde erhält. 611

i) Belehrungshinweise des Notars

Die Regelung in Nr. 7 der Musterprotokolle eröffnet dem Notar die Möglichkeit die von ihm im Einzelfalle den Beteiligten erteilten Hinweise in der Gründungsurkunde beweiskräftig zu dokumentieren. Insbesondere sollte festgehalten werden, dass den Gründern das gesamte Haftungssystem bei der Vorgründungsgesellschaft, der Vor-GmbH und der GmbH sowie die Differenzhaftung nach Eintragung der Gesellschaft dargelegt worden ist und das vereinfachte Gründungsverfahren keine Haftungsprivilegierungen nach sich zieht. Nicht fehlen sollte schließlich auch eine Belehrung zu etwaigen Voreinzahlungen. 612

j) Änderungen des Musterprotokolls nach Beurkundung

Das Musterprotokoll kann auch nach seiner Beurkundung noch geändert werden. Solche **nachträglichen Änderungen des Musterprotokolls** in der Gründungsphase unterliegen denselben Regeln wie Änderungen des Gründungsprotokolls im klassischen Gründungsverfahren. Erforderlich ist die Mitwirkung sämtlicher Gründer. Eine Beschlussfassung gem. §§ 53 ff. GmbHG genügt nicht. Auch Änderungen des Musterprotokolls in der Gründungsphase unterliegen der Kostenprivilegierung des §§ 107 Abs. 1 Satz 2, 105 Abs. 6 Nr. 2 GNotKG, wenn die Gesellschaft auch mit dem geänderten Gesellschaftsvertrag gem. § 2 Abs. 1a GmbHG hätte gegründet werden können.[833] 613

3. Handelsregisteranmeldung bei der Gründung im vereinfachten Verfahren

Für den Inhalt der Handelsregisteranmeldung der im vereinfachten Verfahren gegründeten GmbH oder UG (haftungsbeschränkt) hat der Gesetzgeber keine besonderen Vorschriften getroffen. Insoweit gelten die allgemeinen Bestimmungen der §§ 8, 6 und 10 GmbHG. 614

XII. Notarkosten

1. Notarkosten bei Gründung im klassischen Verfahren

a) Gründung einer GmbH

Bei der **Gründung einer GmbH** durch mehrere Personen im klassischen Verfahren fällt für die Gründung der Gesellschaft eine 2,0-Gebühr gemäß Nr. 21100 KV GNotKG an. Bei der Gründung einer GmbH durch eine Person ist eine 1,0-Gebühr nach Nr. 21200 KV GNotKG anzusetzen. 615

Der **Geschäftswert** ist nach § 107 Abs. 1 GNotKG zu bestimmen und entspricht grundsätzlich der Höhe des Stammkapitals, mindestens jedoch 30.000,00 €, auch wenn das Stammkapital diesen Betrag unterschreiten sollte. Die anfallende **Gebühr** beträgt also mindestens 250,00 € bei einer 616

---

[833] §§ 107 Abs. 1 Satz 2, 105 Abs. 6 Nr. 2 GNotKG; zur früheren Rechtslage nach KostO Baumbach/Hueck/*Fastrich*, § 2 Rn. 61; *Tebben*, RNotZ 2008, 441, 445.

Mehrpersonen- und 125,00 € bei einer Einpersonengründung. Wird ein Aufgeld (Agio) für die Übernahme der Geschäftsanteile vorgesehen, ist der Übernahmebetrag der Geschäftsanteile maßgebend. Der Geschäftswert erhöht sich also um das Aufgeld. Der **Höchstwert** für die Gründungsurkunde beläuft sich gem. § 107 Abs. 1 GNotKG auf 10 Millionen €.

617 Erfolgt die **Bestellung des Geschäftsführers** in der **Satzung** der neu gegründeten GmbH löst sie nach dem GNotKG als Teil des Gründungsvorgangs keine gesonderten Gebühren aus. In der Praxis erfolgt die Bestellung des Geschäftsführers jedoch regelmäßig durch gesonderten **Beschluss** der Gesellschafterversammlung. Hierfür fällt keine gesonderte Gebühr an. Vielmehr ist der Wert des Beschlusses abweichend von der früheren Rechtslage nach der KostO zu dem Geschäftswert der Satzung hinzu zu addieren gem. § 35 Abs. 1 GNotKG. Bei Satzung und Beschluss handelt es sich stets um verschiedene also zu addierende Beurkundungsgegenstände (§ 110 Nr. 1 GNotKG). Für den **Geschäftswert** sind die Bestimmungen der §§ 108 Abs. 1 Satz 1, 105 Abs. 4 Nr. 1 GNotKG maßgebend. Danach beträgt der der Geschäftswert für die Geschäftsführerbestellung 1 % des einzutragenden Stammkapitals, mindestens jedoch 30.000,00 €. Werden mehrere Geschäftsführer durch einen Beschluss bestellt, gelten diese Bestellungen gem. § 109 Abs. 2 Satz 1 Nr. 4. Buchst. d) GNotKG als gegenstandgleich. Der nach §§ 108 Abs. 1 Satz 1, 105 Abs. 4 Nr. 1 GNotKG ermittelte Geschäftswert ist hierbei nur einfach zugrunde zu legen.

618 Für die **Handelsregistererstanmeldung** ist gem. §§ 105 Abs. 1 Nr. 1 GNotKG eine 0,5-Gebühr anzusetzen. Der Geschäftswert richtet sich gem. § 105 Abs. 1 GNotKG nach dem in das Handelsregister einzutragenden Geldbetrag, also nach der Höhe des statutarischen Stammkapitals. Der Höchstwert beläuft sich nach § 106 GNotKG auf 1 Million €. Der Mindestwert beläuft sich nach § 105 Abs. 1 Satz 2 GNotKG auf 30.000,00 €.

619 Bei der Erstellung der **Gesellschafterliste** durch den Notar handelt es sich um Vollzugstätigkeit zum Gründungsvorgang gemäß Vorbemerkung 2.2.1.1. Satz 2 Nr. 3 KV GNotKG. Bei einer Mehrpersonengründung ist eine 0,5-Gebühr gemäß Nr. 22110 KV GNotKG anzusetzen. Nach Auffassung des BGH wäre die Nr. 22111 KV GnotKG lediglich anwendbar, wenn die Gebühr für das zugrunde liegende Beurkundungsverfahren weniger als 2,0 beträgt.[834] Dies ist jedoch lediglich bei einer Einpersonengründung der Fall. Maßgeblich ist der volle Wert des Beurkundungsverfahrens (§ 112 GNotKG). Es gilt jedoch die Höchstgebühr von 250,00 € gemäß Nr. 22113 KV GNotKG. Eine Kostenerhebung nach Entwurfsgrundsätzen ist nicht zulässig (Vorbemerkung 2.2 Abs. 2 KV GNotKG).

620 Bei einer **Sachgründung** finden für die **Notarkosten** grundsätzlich die vorstehend dargestellten Regeln der Bargründung Anwendung. Es bestehen jedoch folgende Besonderheiten:

621 Für den Geschäftswert ist der tatsächliche Wert der Sacheinlagen maßgebend, soweit diese den Nennwert des dafür übernommenen Geschäftsanteils übersteigen.[835] Für den Geschäftswert maßgebend ist gem. § 97 Abs. 1 GNotKG der Gesamtwert aller Leistungen, welche die Gesellschafter aus Anlass der Gründung an die Gesellschaft zu leisten haben. Abzustellen ist dabei auf der der Aktivwert der Sacheinlagen, da nach § 38 GNotKG Verbindlichkeiten nicht abgezogen werden können. Bei der Einbringung eines Unternehmens bestimmt sich der Wert somit nach dem Aktivwert des Unternehmens.[836] Dabei ist die neuste Bilanz heranzuziehen. Grundbesitz, der eingebracht wird, ist mit dem Verkehrswert anzusetzen, der für den Grundbesitz bilanzierte Wert ist von diesem Betrag sodann abzuziehen, um eine zweimalige Berücksichtigung des Grundstücks durch seinen Buchwert in der Bilanz und seinen tatsächlichen Teilwert zu vermeiden.

---

834 BGH Beschl. v. 04.06.2019 – II ZB 16/18, NJW-RR 2019, 1002–1004.
835 So zur alten Rechtslage nach der KostO: Korintenberg/*Bengel/Tiedtke*, § 39 Rn. 56.
836 So zur alten Rechtslage nach der KostO: OLG Düsseldorf DNotZ 1980, 188; Korintenberg/*Bengel/Tiedtke*, § 39 Rn. 60.

A. Gründung der Gesellschaft mit beschränkter Haftung　　　　　　　　　　Kapitel 2

Der **Höchstwert** für die Gründungsurkunde beläuft sich wie bei der Bargründung gem. § 107 Abs. 1 GNotKG auf 10 Millionen € und der Mindestwert auf 30.000,00 €. 622

Hinzukommen können notarielle Gebühren für die **Vollzugsgeschäfte** (Einbringungsverträge), so etwa eine weitere 2,0 Gebühr bei der Einbringung von Grundstücken. Werden der Einbringungsverträge und die Errichtung der Gesellschaft in derselben notariellen Verhandlung protokolliert, wird die Gebühr gem. § 109 Abs. 1 Satz 4 Nr. 2 GNotKG jedoch nur einmal nach dem höchsten in Betracht kommenden Gebührensatz berechnet, da die Erklärungen denselben Gegenstand haben.[837] Der Höchstwert von 10 Millionen € für die Beurkundung von Gesellschaftsverträgen nach § 107 Abs. 1 GNotKG gilt in diesen Fällen für die gesamte notarielle Verhandlung. Die Höchstwertgrenze von 10 Millionen € soll selbst dann gelten, wenn die Auflassung des Grundbesitzes in Erfüllung der Einlagepflicht in einer späteren Urkunde erklärt wird.[838] 623

Nach dem GNotKG fällt für die Erzeugung strukturierter Daten in Form der Extensible Markup Language (XML) eine **Vollzugsgebühr** nach Nr. 22114 von 0,3 oder nach Nr. 22125 KV GNotKG von 0,6 an, höchstens jedoch 250,00 €. Die Gebühr fällt immer gesondert an, auch neben einer aus sonstigen Gründen geschuldeten Vollzugsgebühr. Der Geschäftswert der Vollzugsgebühr entspricht nach § 112 GNotKG dem vollen Wert des zugrunde liegenden Beurkundungsverfahrens vollzogenen Geschäfts. 624

b) Gründung einer UG (haftungsbeschränkt)

Die vorstehenden für die GmbH dargelegten Grundsätze finden hier uneingeschränkt Anwendung. Der der Kostenrechnung zugrunde zu legende Geschäftswert beläuft sich trotz Unterschreitung der Stammkapitalziffer von 25.000,00 € auf den Mindestwert von 30.000,00 € gem. § 107 Abs. 1 GNotKG. 625

2. Notarkosten bei Gründung im vereinfachten Verfahren

Bei Gründung der GmbH und der UG (haftungsbeschränkt) im vereinfachten Verfahren unter Verwendung des Musterprotokolls gelten die für die Bestimmung des Geschäftswerts in § 107 Abs. 1 GNotKG vorgesehenen Mindestwerte gem. §§ 107 Abs. 1 Satz 2, 105 Abs. 6 GNotKG nicht. Hier ist das vereinbarte Stammkapital maßgeblich.[839] 626

Für die Beurkundung des Musterprotokolls fällt eine 2,0-Gebühr bei einer Mehrpersonengründung, mindestens jedoch 120,00 € und eine 1,0-Gebühr bei einer Einpersonengründung, mindestens jedoch 60,00 € an. Die Geschäftsführerbestellung ist als unechter Satzungsbestandteil dabei ebenso wenig gesondert zu berücksichtigen wie die Gesellschafterliste. Für die Handelsregisteranmeldung gilt § 105 Abs. 6 Nr. 1 GNotKG. Der Geschäftswert richtet sich auch hier nach der Höhe des vereinbarten Stammkapitals. Die spezifische Mindestgebühr beträgt bei Nr. 21201 KV GNotKG 30,00 €. Bei den XML-Strukturdaten greift der Mindestbetrag einer Gebühr nach § 34 Abs. 5 GNotKG von 15,00 € ein. 627

XIII. Geldwäschegesetz (GWG) und Gesetz zur Abmilderung der Folgen der COVID-19-Pandemie im Zivil-, Insolvenz- und Strafverfahrensrecht

1. Geldwäschegesetz (GWG)

Auch für die Gründung der GmbH sind die die am 01.01.2020 in Kraft getretenen Änderungen des GWG von Bedeutung. Die Beurkundung des Gesellschaftsvertrags stellt eine Mitwirkung an 628

---

[837] So zur alten Rechtslage nach der KostO: Korintenberg/*Bengel*/*Tiedtke*, § 44 Rn. 61.
[838] So zur alten Rechtslage nach der KostO: BayObLG DNotZ 1964, 552, 556; dies hat sich durch das GNotKG nicht geändert.
[839] Gebührengegenüberstellung auf der Grundlage der KostO bei MünchHdb. GesR III/*Riemenschneider*/*Freitag*, § 8b Rn. 30.

der Gründung von Gesellschaften i.S.d. § 2 Abs. 1 Nr. 10 a) ee) GWG dar. Den Notar treffen die allgemeinen Sorgfaltspflichten und weiter unter engen Voraussetzungen ein Beurkundungsverbot und eine Meldepflicht. Derzeit kann ein Beurkundungsverbot (§ 10 Abs. 9 Satz 4 GWG) insbesondere bestehen, wenn im Zusammenhang mit der Gründung Immobilien betroffen sind. Ein praktischer Anwendungsfall dürfte insoweit die Sachgründung einer GmbH im Wege der Einbringung von Immobilien sein.[840]

2. COVID-19

629 Für die Gründung von Gesellschaften mit beschränkter Haftung von geringer Bedeutung sind die im Gesetz zur Abmilderung der Folgen der COVID-19-Pandemie im Zivil,- Insolvenz- und Strafverfahrensrecht getroffenen Regelungen. Diese betreffen in erster Linie einfache Gesellschafterbeschlüsse und die damit verbundenen Handelsregisteranmeldungen. Soweit beurkundungsbedürftige Beschlüsse in dem Gesetz angesprochen sind, geht es im Wesentlichen um solche, die zu Satzungsänderungen einer bestehenden GmbH erforderlich sind.[841]

B. Änderungen des Gesellschaftsvertrages

I. Überblick

630 Der Gesellschaftsvertrag einer GmbH wird geändert durch notariell beurkundeten Beschluss der Gesellschafter, § 53 GmbHG, und Eintragung der Änderung im Handelsregister, § 54 GmbHG.

631 Um eine Satzungsänderung i.S.d. § 53 GmbHG handelt es sich, wenn Regelungen im Gesellschaftsvertrag geändert werden sollen, die zum materiellen Satzungsinhalt gehören. Bestimmungen, die zwar formal in den Gesellschaftsvertrag aufgenommen wurden, materiell aber keine Satzungsregelung darstellen (sog. **unechte Satzungsbestandteile**), unterliegen nicht den §§ 53, 54 GmbHG. Beispiele sind die Bestellung eines Geschäftsführers im Gesellschaftsvertrag nach § 6 Abs. 3 Satz 2 GmbHG, im Gesellschaftsvertrag niedergelegte Stimmbindungsabreden der Gesellschafter oder Vereinbarungen über die Vergütung von Organmitgliedern im Gesellschaftsvertrag.[842] Dies gilt erst recht für Gesellschaftervereinbarungen außerhalb der Satzung, die lediglich schuldrechtliche Nebenabreden darstellen, insbesondere Konsortialvereinbarungen. Maßnahmen nach dem Umwandlungsgesetz (Verschmelzung, Spaltung, Formwechsel) und der Abschluss von Unternehmensverträgen sind ebenfalls keine Satzungsänderungen i.S.d. §§ 53 ff. GmbHG, auch wenn sie teilweise ähnlichen Vorschriften unterliegen (zu Umwandlungen s.u. Kapitel 8, zu Unternehmensverträgen unten Kap. 9 Rdn. 52 ff.).

632 Umstritten sind die Anforderungen an den Gesellschafterbeschluss, wenn dadurch lediglich inhaltlich überholte Bestandteile des Gesellschaftsvertrages berichtigt oder beseitigt werden sollen, etwa die Namen der (möglicherweise bereits ausgeschiedenen) Gründer,[843] überholte Angaben zu Anzahl und Nennbetrag der Geschäftsanteile,[844] die Festsetzung bereits erbrachter Sacheinlagen oder die Regelung zum Gründungsaufwand[845] (»**Satzungsbereinigung**«). Vereinzelt wird vertreten, dass dafür

---

840 Für die praktische Handhabung sehr hilfreich ist das Merkblatt der BNotK »Geldwäschegesetz – Wesentliche Pflichten im notariellen Bereich«, das im internen Bereich der Homepage der BNotK unter der Rubrik »Geldwäschebekämpfung« (http://www.bnotk.de/Intern/Geldwaeschebekaempfung) abrufbar ist; s.a. *Busch*, RNotZ 2020, 249, 280 ff.
841 Zum Ganzen eingehend *Wälzholz/Bayer*, Auswirkungen des »Corona-Gesetzes« auf die notarielle Praxis, DNotZ 2020, 285 ff.
842 Lutter/Hommelhoff/*Bayer*, § 3 Rn. 59, 62 unter Verweis auf BGHZ 18, 205.
843 Lutter/Hommelhoff/*Bayer*, § 3 Rn. 18: Streichung dieser Angaben nach Eintragung jederzeit durch Satzungsänderung möglich, auch bei nur teilweise eingezahlten Einlagen.
844 Vgl. BGH NJW 1989, 168; OLG Rostock v. 08.02.2011 – 1 W 81/10 = GmbHR 2011, 710.
845 Die Angaben zum Gründungsaufwand dürfen erst mit der Verjährung etwaiger Ersatzansprüche gem. § 31 Abs. 5 GmbHG (10 Jahre) aus der Satzung entfernt werden, OLG Celle v. 02.02.2018 – 9 W

B. Änderungen des Gesellschaftsvertrages | Kapitel 2

ein nicht beurkundeter und mit einfacher Mehrheit gefasster Gesellschafterbeschluss ausreicht.[846] Jedenfalls herrscht weitgehend Einigkeit, dass auch solche Änderungen zum Handelsregister angemeldet werden müssen.[847] Für die gestaltende Praxis empfiehlt es sich, solche Änderungen wie gewöhnliche Änderungen des Gesellschaftsvertrages zu behandeln.

Auch für die Umstellung des Satzungstextes auf die neue **Rechtschreibung** ist umstritten, ob es sich um eine förmliche Satzungsänderung handelt. Zum Teil wird vertreten, dass zur Umstellung ein satzungsändernder Beschluss nicht erforderlich sei.[848] Richtigerweise sind aus Gründen der Rechtssicherheit auch hierfür die Voraussetzungen einer Satzungsänderung einzuhalten.[849] 633

Umstritten ist, welche formalen Erfordernisse bestehen, wenn ein satzungsändernder Beschluss vor Eintragung im Handelsregister und damit vor Wirksamwerden der Satzungsänderung wieder **aufgehoben** werden soll. Nach herrschender Literaturmeinung genügt dafür ein mit einfacher Mehrheit gefasster Beschluss, der nicht notariell beurkundet werden muss.[850] Soll eine bereits im Handelsregister eingetragene Satzungsänderung rückgängig gemacht werden, ist dies nur auf dem Wege einer erneuten Änderung des Gesellschaftsvertrages unter Beachtung der dafür erforderlichen Voraussetzungen möglich. Das spricht dafür, für die Aufhebung satzungsändernder Beschlüsse auch bereits vor dem mehr oder minder zufälligen Zeitpunkt der Handelsregistereintragung einen mit satzungsändernder Mehrheit gefassten und notariell beurkundeten Beschluss zu verlangen.[851] Nur so erübrigt sich auch die schwierige Abgrenzung zwischen einer teilweisen Aufhebung des Beschlusses und einem Änderungsbeschluss, für den auch die h.M. die Form der Satzungsänderung verlangt. 634

Soll der Gesellschaftsvertrag geändert werden, noch bevor die Gesellschaft im Handelsregister eingetragen worden ist, ist dies nach h.M. nicht gem. §§ 53, 54 GmbHG möglich. Vielmehr ist dafür eine Vereinbarung aller Gesellschafter in der Form des § 2 Abs. 1 GmbHG erforderlich.[852] 635

II. Einberufung der Gesellschafterversammlung

Die Gesellschafterversammlung kann grundsätzlich nur dann wirksam Beschlüsse fassen, wenn alle Gesellschafter ordnungsgemäß, insbesondere vom zuständigen Organ sowie frist- und formgerecht, eingeladen worden sind. Eine Beschlussfassung außerhalb einer Gesellschafterversammlung im schriftlichen Beschlussverfahren nach § 48 Abs. 2 GmbHG ist auch bei beurkundungsbedürftigen Beschlussgegenständen zulässig[853] und mag in Sondersituationen praktisch werden (etwa wenn Reise- und Versammlungsbeschränkungen einer Versammlung entgegenstehen, vgl. § 2 des Gesetzes über 636

15/18, NZG 2018, 308; ähnlich OLG Oldenburg v. 22.08.2016 – 12 W 121/16; Baumbach/Hueck/ *Fastrich,* § 5 Rn. 57; a.A. (5 Jahre) OLG München, NZG 2010, 1302.
846 Lutter/Hommelhoff/*Bayer,* § 53 Rn. 35; anders die h.M.: OLG Brandenburg v. 20.09.2000 – 7 U 71/00 = GmbHR 2001, 624; Roth/Altmeppen/*Altmeppen,* § 53 Rn. 5; Baumbach/Hueck/*Zöllner/Noack,* § 53 Rn. 24 f.; Scholz/*Priester/Tebben,* § 53 Rn. 19.
847 Lutter/Hommelhoff/*Bayer,* § 53 Rn. 35; Roth/Altmeppen/*Altmeppen,* § 53 Rn. 5.
848 Heckschen/Heidinger/*Heckschen,* Die GmbH in der Gestaltungs- und Beratungspraxis, Kapitel 9 Rn. 5.
849 Scholz/*Priester/Tebben,* § 53 Rn. 19.
850 Baumbach/Hueck/*Zöllner/Noack,* § 53 Rn. 65; Lutter/Hommelhoff/*Bayer,* § 53 Rn. 45; Roth/Altmeppen/*Altmeppen,* § 53 Rn. 52 und § 47 Rn. 12; teilweise a.A. Michalski/*Hermanns,* § 55 Rn. 31 ff. (nach Anmeldung der Satzungsänderung zum Handelsregister notarielle Beurkundung nötig).
851 Scholz/*Priester/Tebben,* § 53 Rn. 188.
852 OLG Köln GmbHR 1995, 725; Lutter/Hommelhoff/*Bayer,* § 2 Rn. 48; a.A. (§ 53 GmbHG gilt) *Priester,* ZIP 1987, 280. Durch eine solche Vereinbarung soll es sogar möglich sein, vor Eintragung ohne weitere Erfordernisse die ursprünglich vorgesehene Stammkapitalziffer wieder herabzusetzen, auch unter die Schwelle von € 25.000,–, vgl. OLG Frankfurt am Main v. 20.12.2010 – 20 W 388/10 = GmbHR 2011, 984.
853 Scholz/*Priester/Tebben,* § 53 Rn. 66; Baumbach/Hueck/*Zöllner/Noack,* § 48 Rn. 28; Michalski/*Römermann,* § 48 Rn. 209; anders noch die ältere Rechtsprechung: BGHZ 15, 324 = GmbHR 1956, 28; KG NJW 1959, 1446; OLG Hamm NJW 1974, 91.

Maßnahmen im Gesellschafts-, Genossenschafts-, Vereins-, Stiftungs- und Wohnungseigentumsrecht zur Bekämpfung der Auswirkungen der COVID-19-Pandemie).

1. Zuständigkeit

637 Die Einladung zur Gesellschafterversammlung fällt in die **Zuständigkeit** der Geschäftsführung, sofern der Gesellschaftsvertrag nichts anderes bestimmt, § 49 Abs. 1 GmbHG. Dabei ist jeder einzelne Geschäftsführer zur Einberufung einer Gesellschafterversammlung befugt, selbst wenn er keine Einzelvertretungsbefugnis hat.[854]

638 Gesellschafter mit einer Beteiligung von zusammen mindestens 10 % des Stammkapitals können ebenfalls eine Gesellschafterversammlung einberufen, wenn kein Geschäftsführer vorhanden ist oder die Geschäftsführung ihrem Einberufungsverlangen nicht entsprochen hat, § 50 Abs. 1, Abs. 3 GmbHG.

2. Form

639 Die Einladung zur Gesellschafterversammlung erfolgt durch **Einschreiben** an alle Gesellschafter, § 51 Abs. 1 Satz 1 GmbHG, sofern der Gesellschaftsvertrag keine andere Form vorsieht.[855] Die lange umstrittene Frage, ob Einschreiben i.S.d. Gesetzes nur das Übergabe-Einschreiben oder auch das Einwurf-Einschreiben ist, ist durch den BGH im letzteren Sinne entschieden worden.[856]

640 Der von § 51 Abs. 1 GmbHG verlangte Einschreibe-Brief muss nach der Rechtsprechung des BGH **Schriftform** gem. § 126 BGB haben, also insbesondere von dem oder den Einladenden eigenhändig unterschrieben sein.[857]

641 Die Einladung ist an die zuletzt mitgeteilte **Adresse** jedes Gesellschafters zu richten.[858] Wenn die Einladung richtig adressiert ist, kommt es auf den tatsächlichen Zugang nicht an.[859] Ist die Einladung nicht richtig adressiert, kommt sie aber gleichwohl beim Gesellschafter an, ist dies ausreichend, jedenfalls wenn eine damit etwa verbundene Verzögerung des Zugangs dem betroffenen Gesellschafter nicht die ihm gesetzlich oder gesellschaftsvertraglich zustehende Einladungsfrist nimmt.[860]

642 Einzuladen sind auch Gesellschafter, die kein Stimmrecht haben, weil auch nicht stimmberechtigte Gesellschafter bei Gesellschafterversammlungen ein Teilnahme- und Rederecht haben.[861]

643 Gesellschafter, die (noch) nicht in der im Handelsregister aufgenommenen Gesellschafterliste eingetragen sind, sollen hingegen nicht einzuladen sein.[862] Im Hinblick darauf, dass neu in der Gesellschaft eingetretene Gesellschafter nach § 16 Abs. 1 Satz 2 GmbHG wirksam mit Beschluss fassen können, wenn im Anschluss daran die neue Gesellschafterliste unverzüglich in das Handelsregister aufgenommen wird, sollte man in der Praxis diese Gesellschafter gleichwohl einladen und mit abstimmen lassen.

---

854 OLG Düsseldorf v. 14.11.2003 – 16 U 95/98 = GmbHR 2004, 572 = NZG 2004, 916; Lutter/Hommelhoff/*Bayer*, § 49 Rn. 2.
855 Die Möglichkeit, durch Gesellschaftsvertrag von der Form des Einschreibens abzuweichen, ist anerkannt, vgl. Baumbach/Hueck/*Zöllner/Noack*, § 51 Rn. 39.
856 BGH v. 27.09.2016 – II ZR 299/15 = BGHZ 212, 104 = GmbHR 2017, 30. Zur Versendung der Einladung durch andere Briefdienstleister als die Deutsche Post AG vgl. *Kunz/Rubel*, GmbHR 2011, 849.
857 BGH v. 24.03.2016 – IX ZB 32/15 = GmbHR 2016, 587, 588; BGH v. 13.02.2006 – II ZR 200/04 = DNotZ 2006, 705; Roth/Altmeppen/*Altmeppen*, § 51 Rn. 2; großzügiger (Unterschrift empfehlenswert, aber nicht unverzichtbar) *Wicke*, § 51 Rn. 2.
858 Baumbach/Hueck/*Zöllner/Noack*, § 51 Rn. 4; Lutter/Hommelhoff/*Bayer*, § 51 Rn. 6.
859 OLG Düsseldorf NJW-RR 1990, 806; OLG München DB 1994, 320; Roth/Altmeppen/*Altmeppen*, § 51 Rn. 6; Lutter/Hommelhoff/*Bayer*, § 51 Rn. 6.
860 KG NJW 1965, 2157.
861 BGH v. 13.02.2006 – II ZR 200/04 = DNotZ 2006, 705.
862 MünchHdb. GesR III/*Wolff*, GmbH, § 39 Rn. 34a.

Ist ein Gesellschafter verstorben, dies der Gesellschaft aber nicht bekannt, reicht für eine ordnungsgemäße Einberufung die an den Verstorbenen adressierte und an seine letzte bekannte Adresse versandte Einladung. Wenn allerdings der Todesfall der Gesellschaft bekannt ist, müssen die Erben eingeladen werden. Sind diese nicht bekannt, kommt die Bestellung eines Nachlasspflegers nach § 1960 Abs. 1 BGB in Betracht.[863]   644

Bei nicht voll geschäftsfähigen Gesellschaftern, etwa Minderjährigen, muss die Einladung an den gesetzlichen Vertreter gerichtet sein.[864] Soll die Gesellschafterversammlung Beschlüsse fassen, bei denen die gesetzlichen Vertreter wegen § 181 BGB an der Vertretung gehindert sind, insbesondere weil sie selbst Gesellschafter sind und über eine Änderung des Gesellschaftsvertrages abzustimmen ist, ist statt ihrer der Ergänzungspfleger (§ 1909 BGB) einzuladen, der den nicht voll Geschäftsfähigen bei der Abstimmung vertritt.[865]   645

3. Frist

Das Gesetz sieht eine **Einberufungsfrist** von einer Woche vor, § 51 Abs. 1 Satz 2 GmbHG. Der Gesellschaftsvertrag kann die Frist verlängern, nach allgemeiner Meinung aber nicht verkürzen.[866] Wann der Fristlauf beginnt, ist streitig. Nach Auffassung des BGH beginnt die Frist spätestens mit dem bei normalem Verlauf zu erwartenden Zugang der Einladung bei allen Gesellschaftern.[867] Als übliche Zustellungsfrist sollen beim Versand im Inland sicherheitshalber 2 Tage anzusetzen sein, bei Zustellungen im Ausland mindestens 4 Tage.[868] Im Übrigen wird die Einberufungsfrist gem. §§ 187 Abs. 1, 188 Abs. 2 BGB berechnet.[869] Ob § 193 BGB entsprechend anzuwenden ist, wenn das Fristende auf einen Samstag, Sonntag oder Feiertag fällt, ist umstritten.[870] In der beratenden Praxis wird man es auf diese Streitfragen nicht ankommen lassen und zu großzügiger Terminierung raten.   646

4. Inhalt

Zum notwendigen **Inhalt** der Einladung gehören Ort und Zeit der Gesellschafterversammlung. Außerdem müssen in der Einladung oder durch gesondertes Schreiben die Beschlussgegenstände (nicht: Beratungsgegenstände)[871] hinreichend bestimmt angegeben werden, und zwar, wenn dies im Einladungsschreiben noch nicht geschehen ist, bis spätestens 3 Tage vor der Gesellschafterversammlung, § 51 Abs. 4 GmbHG. Werden Satzungsänderungen zur Abstimmung gestellt, ist dies anzukündigen und inhaltlich näher zu beschreiben.[872] Bei Kapitalerhöhungen beispielsweise ist deren Größenordnung anzugeben, ebenso ein beabsichtigter Bezugsrechtsausschluss und ob es sich um eine Bar- oder Sachkapitalerhöhung handelt.[873] Der genaue Wortlaut der beabsichtigten Satzungs-   647

---

863 LG Berlin NJW-RR 1986, 195; Baumbach/Hueck/*Zöllner/Noack*, § 51 Rn. 6. Nach Gehrlein/Born/Simon/*Teichmann*, § 51 Rn. 6, ist der Nachlasspfleger in die Gesellschafterliste aufzunehmen.
864 Baumbach/Hueck/*Zöllner/Noack*, § 51 Rn. 7.
865 *Bürger*, RNotZ 2006, 156, 170.
866 OLG Naumburg NZG 2000, 44; OLG Hamm GmbHR 1992, 466.
867 BGH DNotZ 1988, 40; aus der Lit. Roth/Altmeppen/*Altmeppen*, § 51 Rn. 3 und Lutter/Hommelhoff/*Bayer*, § 51 Rn. 14, dort auch Nachweise zu der Auffassung, wonach die Frist bereits mit der Aufgabe des Briefes beginnen soll, jedenfalls bei GmbH-Massengesellschaft.
868 OLG Hamm v. 26.02.2003 – 8 U 110/02 = GmbHR 2003, 843; Lutter/Hommelhoff/*Bayer*, § 51 Rn. 14 m.w.N.
869 Näher *Wicke*, § 51 Rn. 6.
870 Ausführlich *Tettinger*, GmbHR 2008, 346 m.w.N.
871 Lutter/Hommelhoff/*Bayer*, § 51 Rn. 22; Gehrlein/Born/Simon/*Teichmann*, § 51 Rn. 17; a.A. Baumbach/Hueck/*Zöllner/Noack*, § 51 Rn. 24.
872 OLG Düsseldorf v. 25.02.2000 – 16 U 59/99 = NZG 2000, 1180.
873 Lutter/Hommelhoff/*Bayer*, § 51 Rn. 25.

änderungen, ausformulierte Beschlussanträge oder Begründungen müssen jedoch nicht mitgeteilt werden.[874]

648 Die **Eventualeinberufung** einer Gesellschafterversammlung, etwa für den Fall, dass eine vorhergehende Gesellschafterversammlung nicht beschlussfähig sein sollte, ist nach der Rechtsprechung unzulässig.[875]

5. Rechtsfolgen fehlerhafter Einberufung

649 Beschlüsse sind **nichtig**, wenn einzelne Gesellschafter nicht eingeladen wurden.[876] Gleiches gilt, wenn ein dazu nicht Berechtigter die Gesellschafterversammlung einberufen hat[877] oder wenn derart schwere Form- und Fristmängel vorliegen, dass faktisch eine Nichteinladung vorliegt, insbesondere weil Ort oder Zeitpunkt der Versammlung nicht hinreichend bestimmt waren.[878] Weniger schwere Verstöße führen hingegen nur zur **Anfechtbarkeit** der Beschlussfassung, etwa eine geringfügige Unterschreitung der Ladungsfrist[879] oder der Versand der Einladung als einfacher Brief.[880]

650 Die Formen und Fristen einer Einladung zur Gesellschafterversammlung müssen nicht eingehalten werden, wenn in der Versammlung alle Gesellschafter (einschließlich etwaiger nicht stimmberechtigter Gesellschafter)[881] anwesend sind und sich rügelos an der Abstimmung beteiligen oder jedenfalls damit einverstanden sind, dass über den Beschlussgegenstand abgestimmt wird, § 51 Abs. 3 GmbHG (»**Vollversammlung**« oder »Universalversammlung«).[882] Ohne dieses Einverständnis hingegen reicht (entgegen dem Wortlaut des § 51 Abs. 3 GmbHG) die schlichte Anwesenheit aller Gesellschafter für eine ordnungsgemäße Beschlussfassung nicht aus.[883]

651 ▶ Formulierungsbeispiel Einberufung einer Gesellschafterversammlung:[884]

Per Einschreiben mit Rückschein!

An die Gesellschafter der Optimum Finanzservice GmbH

Die Gesellschafter werden zur ordentlichen Gesellschafterversammlung eingeladen. Die Gesellschafterversammlung findet statt am Mittwoch, den 9. April 20....., um 16.00 Uhr in den Räumlichkeiten der Niederlassung Köln der Gesellschaft, Burgmauer 54, 50667 Köln. Die Tagesordnung lautet wie folgt:

1. Feststellung des Jahresabschlusses für das Geschäftsjahr 20...
2. Beschluss über die Gewinnverwendung
3. Entlastung der Geschäftsführer
4. Beschluss über die Änderung der Firma und des Unternehmensgegenstands

Erläuterung zu Tagesordnungspunkt 4: Es ist beabsichtigt, dass die Gesellschaft zukünftig auch im Bereich der Beratung zu Versicherungsprodukten und der Vermittlung von Versicherungsverträgen tätig wird. Daher wird zur Abstimmung gestellt, den Unternehmensgegenstand entsprechend zu erweitern und die Firma zu ändern in »Optimum Finanzen und Versicherungen GmbH«.

Köln, den 10. März 20...

[eigenhändige Unterschrift], Geschäftsführer

---

874 OLG Düsseldorf v. 21.06.2007 – I-9 U 7/07 = GmbHR 2008, 262; Roth/Altmeppen/*Altmeppen*, § 51 Rn. 9 f.
875 BGH NJW 1998, 1317; OLG Düsseldorf v. 14.11.2003 – 16 U 95/98 = GmbHR 2004, 572.
876 BGH NJW 1962, 538 = DNotZ 1962, 415.
877 BGH DNotZ 1954, 87.
878 Lutter/Hommelhoff/*Bayer*, § 51 Rn. 28.
879 Lutter/Hommelhoff/*Bayer*, § 51 Rn. 30.
880 BGH DNotZ 1990, 116.
881 Gehrlein/Born/Simon/*Teichmann*, § 51 Rn. 24.
882 BGH DNotZ 1988, 40; OLG München GmbHR 1994, 125; Lutter/Hommelhoff/*Bayer*, § 51 Rn. 31 ff.
883 BGH DNotZ 1988, 40; OLG München GmbHR 2000, 486; Lutter/Hommelhoff/*Bayer*, § 51 Rn. 33.
884 Vgl. auch das allgemeine Muster von Meyer-Landrut/*Rupietta*, C. Rn. 2.

III. Beschlussfassung über die Änderung des Gesellschaftsvertrages

1. Zuständigkeit und Inhalt

Nach § 53 Abs. 1 GmbHG hat die **Gesellschafterversammlung** eine ausschließliche Zuständigkeit für Beschlüsse über Änderungen des Gesellschaftsvertrages (Grundsatz der Satzungsautonomie). Die Kompetenz zur Satzungsänderung kann weder anderen Gesellschaftsorganen noch einem einzelnen Gesellschafter noch einem Dritten übertragen werden.[885] Möglich ist es allerdings, einzelnen Gesellschaftern (nicht aber einem anderen Gesellschaftsorgan oder einem Dritten) ein Vetorecht gegen Satzungsänderungen einzuräumen.[886]

652

Das Gesetz regelt die Frage der **Beschlussfähigkeit** der Gesellschafterversammlung nicht. Sofern auch der Gesellschaftsvertrag kein Quorum vorsieht, reicht daher die Teilnahme nur eines einzigen stimmberechtigten Gesellschafters für eine wirksame Beschlussfassung.[887] Häufig ist die Frage der Beschlussfähigkeit jedoch im Gesellschaftsvertrag geregelt (s.o. Rdn. 344 ff.). Üblicherweise sehen die gesellschaftsvertraglichen Regelungen vor, dass bei Beschlussunfähigkeit erneut eine Gesellschafterversammlung mit derselben Tagesordnung einzuberufen ist, die in jedem Fall beschlussfähig ist, sofern auf diese Rechtsfolge in der Einladung hingewiesen worden ist. Zu dieser weiteren Gesellschafterversammlung kann aber wegen des Verbots der Eventualeinberufung erst nach der ersten, beschlussunfähigen Versammlung eingeladen werden.[888]

653

Zur Beschlussfassung berechtigt sind diejenigen Personen, die in der im Handelsregister aufgenommenen **Gesellschafterliste** nach § 40 GmbHG als Gesellschafter verzeichnet sind und deshalb gem. § 16 Abs. 1 Satz 1 GmbHG gegenüber der Gesellschaft als Gesellschafter gelten. Ist ein neu eingetretener Gesellschafter im Zeitpunkt der Beschlussfassung noch nicht in der Gesellschafterliste verzeichnet, wird die neue Liste aber unverzüglich danach in das Handelsregister aufgenommen, so wird die zunächst schwebend unwirksame Stimmabgabe rückwirkend wirksam, § 16 Abs. 1 Satz 2 GmbHG. Dies eröffnet dem Erwerber eines Geschäftsanteils die Möglichkeit, unmittelbar im Anschluss an den Anteilserwerb bereits als neuer Gesellschafter an Beschlussfassungen mitzuwirken, obwohl die neue Gesellschafterliste noch nicht in das Handelsregister aufgenommen werden konnte. Sicherheitshalber kann es sich aber empfehlen, auch den noch in der Gesellschafterliste als Gesellschafter ausgewiesenen Veräußerer an der Beschlussfassung mitwirken zu lassen. Soweit dem im Einzelfall nicht die Satzung entgegensteht, kann der Veräußerer den Erwerber auch zur Ausübung der Mitgliedschaftsrechte bevollmächtigen.[889] Wenn allerdings der Anteilserwerb unter einer aufschiebenden Bedingung erfolgt, insbesondere unter der Bedingung vollständiger Kaufpreiszahlung, kann der Erwerber erst ab Bedingungseintritt seine Rechte aus dem Anteil ausüben; § 16 Abs. 1 Satz 2 GmbHG ändert daran nichts und zur Erteilung einer Stimmrechtsvollmacht wird der Veräußerer vor Bedingungseintritt regelmäßig nicht bereit sein. Zu den Einzelheiten s.u. Rdn. 1049 f. (Übertragung von Geschäftsanteilen/Gesellschafterliste).

654

Die in § 47 Abs. 4 GmbHG geregelten **Stimmverbote** gelten bei der Beschlussfassung über Satzungsänderungen nicht.[890] Dies ergibt sich schon aus dem Wortlaut der Norm, aber auch daraus, dass keinem Gesellschafter von vornherein verwehrt werden kann, an diesem den Kernbereich seiner Mitgliedschaft betreffenden Sozialakt mitzuwirken. Grenzen der Stimmrechtsausübung können sich aber aus der mitgliedschaftlichen Treuepflicht des Gesellschafters ergeben, die eine missbräuchliche Ausnutzung des Stimmrechts im Eigeninteresse verbietet.

655

---

885 BGHZ 43, 261; OLG Köln MittRhNotK 1996, 138; Lutter/Hommelhoff/*Bayer*, § 53 Rn. 7.
886 Lutter/Hommelhoff/*Bayer*, § 53 Rn. 7.
887 OLG Köln v. 21.12.2001 – 2 Wx 59/01 = GmbHR 2002, 492.
888 BGH v. 08.12.1997 – II ZR 216/96 = GmbHR 1998, 287; OLG Düsseldorf v. 14.11.2003 – 16 U 95/98 = GmbHR 2004, 572.
889 Vgl. Heckschen/Heidinger/*Heidinger*, Kapitel 8 Rn. 24.
890 OLG Stuttgart NZG 1998, 601; Roth/Altmeppen/*Altmeppen*, § 47 Rn. 113; Lutter/Hommelhoff/ *Bayer*, § 47 Rn. 50.

656 Eine Satzungsänderung kann nicht unter einer **Bedingung** beschlossen werden.[891] Hinsichtlich der organisationsrechtlichen Grundlagen der Gesellschaft sollen nämlich Rechtssicherheit und Rechtsklarheit herrschen. Eine bedingte Änderung des Gesellschaftsvertrages lässt sich damit nicht vereinbaren. Eine Ausnahme gilt, wenn es sich lediglich um eine Rechtsbedingung handelt, etwa bei einer Kapitalerhöhung die Übernahme der neuen Geschäftsanteile. Vielfach lässt sich das mit einer unzulässigen Bedingung verfolgte Ziel auch durch eine Anweisung an den Geschäftsführer erreichen, die Handelsregisteranmeldung der unbedingt beschlossen Satzungsänderung erst dann zum Handelsregister anzumelden, wenn bestimmte Voraussetzungen vorliegen.

2. Form

657 Der Beschluss über die Änderung des Gesellschaftsvertrags bedarf der notariellen **Beurkundung**. Die Beschlussfassung in einer Gesellschafterversammlung, die als solche ein Sozialakt und keine Willenserklärung ist, kann, sofern der Inhalt der Beschlussfassung keine strengere Form verlangt, gem. §§ 36 ff. BeurkG in Form einer Niederschrift des Notars über seine Wahrnehmung von diesem Vorgang beurkundet werden (Beurkundung von Tatsachen).[892]

658 ▶ Formulierungsbeispiel Beurkundung einer Gesellschafterversammlung nach §§ 36 f. BeurkG:

Geschehen zu Köln, Burgmauer 54, in den Amtsräumen des Notars, am 15. September 20.....

Ich, der unterzeichnende Notar ..... mit dem Amtssitz in Köln, war um 11.00 Uhr in meinen Amtsräumen anwesend, um über die dorthin einberufene Gesellschafterversammlung der im Handelsregister des Amtsgerichts Köln unter HRB 11111 eingetragenen

Optimum Finanzservice GmbH

diese Niederschrift aufzunehmen.

In der Versammlung waren anwesend die Herren.....

Den Vorsitz der Versammlung übernahm Herr ...... Er eröffnete die Versammlung um 11.05 Uhr. Der Vorsitzende stellte fest, dass die Gesellschafter vollzählig erschienen bzw. vertreten sind.

Der Vorsitzende stellte im allseitigen Einvernehmen fest, dass alle Anwesenden unter Verzicht auf sämtliche Frist- und Formvorschriften mit der Abhaltung dieser Versammlung unter seinem Vorsitz einverstanden sind und die Ordnungsmäßigkeit und Beschlussfähigkeit der heutigen Versammlung anerkennen.

Der Vorsitzende gab bekannt, dass die Abstimmung durch Zuruf erfolgen sollte.

Der Vorsitzende stellte fest, dass die Gesellschafterversammlung folgende Tagesordnung habe:

– Beschlussfassung über die Neufassung des Gesellschaftsvertrages.

Die Versammlung beschloss sodann dem von dem Vorsitzenden vorgetragenen gleichlautenden Vorschlag der Gesellschafter entsprechend:

Der Gesellschaftsvertrag der Gesellschaft wird insgesamt neu gefasst und erhält die Fassung, die sich aus der Anlage zu dieser Niederschrift ergibt.

Die Beschlussfassung erfolgte einstimmig durch Zuruf.

Ergebnis und Inhalt der Beschlussfassung wurden von dem Vorsitzenden festgestellt[893] und verkündet.

---

891 Baumbach/Hueck/*Zöllner/Noack*, § 53 Rn. 53.
892 Formulierungsbeispiel für die Beurkundung einer Gesellschafterversammlung gem. §§ 36 ff. BeurkG: Kersten/Bühling/*Cziupka/M. Wachter*, § 144 Rn. 66 M.
893 Die Feststellung des gefassten Beschlusses dient nur der Klarstellung. Anders als bei Beschlüssen der Hauptversammlung der AG ist sie aber nicht notwendig, soweit nicht der Gesellschaftsvertrag eine Feststellung verlangt, Baumbach/Hueck/*Zöllner/Noack*, § 53 Rn. 66.

B. Änderungen des Gesellschaftsvertrages Kapitel 2

Der Vorsitzende stellte fest, dass damit die Tagesordnung erledigt sei. Er schloss die Versammlung um 11.30 Uhr.

Hierüber wurde diese Niederschrift aufgenommen und von dem Notar eigenhändig unterschrieben:

Da es sich bei der Abgabe der einzelnen Stimmen um Willenserklärungen[894] handelt, können die Stimmabgaben auch in der Form der §§ 8 ff. BeurkG beurkundet werden (Beurkundung von Willenserklärungen).[895] Praktisch kommt dies vor allem in Betracht, wenn sämtliche Gesellschafter an der Gesellschafterversammlung teilnehmen und die Beschlüsse einstimmig fassen.[896] Um eine Beurkundung von Willenserklärungen handelt es sich zwingend, wenn Gegenstand der Urkunde auch sonstige beurkundungspflichtige rechtsgeschäftliche Erklärungen sind, insbesondere die Übernahmeerklärung bei einer Kapitalerhöhung gegen Einlagen gem. § 55 Abs. 1 GmbHG[897] oder eine Verpflichtung zum Erwerb eines Grundstücks.[898] Mit Blick auf den möglicherweise anwendbaren § 15 Abs. 4 Satz 1 GmbHG sollte eine Beurkundung vorsorglich auch dann in der Form der §§ 8 ff. BeurkG erfolgen, wenn die Beschlussfassung Satzungsregelungen über die Verpflichtung zur Abtretung von Geschäftsanteilen betrifft, etwa im Rahmen von Einziehungsklauseln oder Andienungspflichten. Ob allerdings tatsächlich solche Klauseln in den Anwendungsbereich des § 15 Abs. 4 Satz 1 GmbH fallen oder nicht jedenfalls aufgrund teleologischer Reduktion der Formvorschrift davon auszunehmen sind, scheint offen.[899]

659

▶ Formulierungsbeispiel Beurkundung einer Gesellschafterversammlung nach §§ 8 ff. BeurkG:[900]

660

Verhandelt zu Köln am 11. November 20......

Vor mir, Notar ...... mit dem Amtssitz in Köln, erschien:

Herr ......, geboren am ......, wohnhaft ......

Der Erschienene ist dem Notar von Person bekannt.

Der Erschienene erklärte:

Ich bin der alleinige Gesellschafter der mit Sitz in Köln bestehenden, im Handelsregister des Amtsgerichts Köln unter HRB 11111 eingetragenen

Optimum Finanzservice GmbH.

Ich halte hiermit unter Verzicht auf alle Frist- und Formvorschriften für die Einberufung eine Gesellschafterversammlung der Optimum Finanzservice GmbH ab und beschließe mit allen Stimmen:

Der Sitz der Gesellschaft wird von Köln nach Düsseldorf verlegt. § 1 Abs. 2 des Gesellschaftsvertrages wird wie folgt neu gefasst: »Sitz der Gesellschaft ist Düsseldorf«.

Damit ist die Gesellschafterversammlung beendet.

Die mit dieser Urkunde verbundenen Kosten trägt die Gesellschaft.

Diese Niederschrift wurde dem Erschienenen vom Notar vorgelesen, von ihm genehmigt und von ihm und dem Notar eigenhändig wie folgt unterschrieben:

---

894 Roth/Altmeppen/*Altmeppen*, § 47 Rn. 48.
895 Scholz/*Priester*/*Tebben*, § 53 Rn. 70; Lutter/Hommelhoff/*Bayer*, § 53 Rn. 16. Vgl. auch OLG Köln GmbHR 1993, 164 (Neufassung der Satzung). A.A. allerdings Baumbach/Hueck/*Zöllner*/*Noack*, § 53 Rn. 70.
896 Formulierungsbeispiel für die Beurkundung einer Gesellschafterversammlung gem. §§ 8 ff. BeurkG: Kersten/Bühling/*Kanzleiter*/*Cziupka*/*M. Wachter*, § 144 Rn. 180 M.
897 MünchKommGmbHG/*Harbarth*, § 53 Rn. 68.
898 *Heinze*, ZNotP 2013, 43 (zum Personengesellschaftsrecht).
899 Vgl. *Grotheer*, RNotZ 2015, 4, und *Nordholtz*/*Hupka*, DNotZ 2018, 404.
900 Vgl. auch Meyer-Landrut/*G. Wenz*, F. Rn. 4.

661 Bei der Einmann-GmbH hat der Gesellschafter gem. § 48 Abs. 3 GmbHG unverzüglich nach Beschlussfassung eine Niederschrift darüber aufzunehmen und zu unterschreiben. Die Beurkundung eines satzungsändernden Beschlusses ersetzt diese Form,[901] und zwar auch bei Beurkundung in der Form der §§ 36 ff. BeurkG.[902] Zwar ist eine solchermaßen errichtete Urkunde nur von dem Notar, nicht auch von dem Gesellschafter zu unterschreiben (anders bei der Beurkundung von Willenserklärungen nach §§ 8 ff. BeurkG, vgl. § 13 Abs. 1 BeurkG). Der Zweck des § 48 Abs. 3 GmbHG, Rechtssicherheit bezüglich der Beschlusslage zu schaffen und nachträgliche Manipulationen auszuschließen,[903] wird durch die notarielle Beurkundung in der Form der §§ 36 ff. BeurkG jedoch noch besser erreicht als durch ein vom Gesellschafter selbst nach § 48 Abs. 3 GmbHG niedergelegtes Protokoll.

662 Die Beurkundung durch einen **ausländischen Notar** reicht nach einer älteren Entscheidung des BGH[904] dann aus, wenn dieser nach Vorbildung und Stellung im Rechtsleben eine der Tätigkeit des deutschen Notars entsprechende Funktion ausübt und für die Errichtung der Urkunde ein Verfahrensrecht zu beachten hat, das den tragenden Grundsätzen des deutschen Beurkundungsrechts entspricht. Dem wird zu Recht entgegen gehalten, dass Zweck des Formerfordernisses aus § 53 Abs. 2 GmbHG auch die Gewähr der materiellen Richtigkeit nach deutschem Recht sei,[905] die ein ausländischer Notar in der Regel nicht leisten könne.[906]

3. Vertretung

663 Gesellschafter können sich in der Gesellschafterversammlung aufgrund **Stimmrechtsvollmacht** durch einen beliebigen Dritten vertreten lassen, sofern nicht der Gesellschaftsvertrag – was praktisch häufig vorkommt – Grenzen zieht.[907] § 47 Abs. 3 GmbHG fordert für die Gültigkeit der Vollmacht die Textform (also Schriftform, Fax oder E-Mail, vgl. § 126b BGB)[908]. Umstritten ist, ob diese Form – wie der Wortlaut des § 47 Abs. 3 GmbHG nahe legt – Wirksamkeitsvoraussetzung ist oder bloßes »Legitimationserfordernis«, auf das im Einvernehmen der Gesellschafter verzichtet werden kann.[909] Der Streit verliert dadurch an Bedeutung, dass nach beiden Auffassungen auch bei nur mündlicher Bevollmächtigung eine wirksame Stimmabgabe vorliegt, wenn die Bevollmächtigung allen Gesellschaftern bekannt ist, insbesondere in der Gesellschafterversammlung erfolgt ist, und keiner der Stimmabgabe widerspricht.[910] Gleiches soll gelten, wenn es sich um eine Einmann-GmbH handelt.[911]

664 Die Vollmacht bedarf auch dann nicht der notariellen Form, wenn sie zur Abstimmung bei beurkundungsbedürftigen satzungsändernden Beschlüssen berechtigt. Wenn der Vertreter allerdings aufgrund der Vollmacht eine Übernahmeerklärung nach § 55 Abs. 1 GmbHG abgeben soll, muss

---

901 Lutter/Hommelhoff/*Bayer*, § 48 Rn. 34.
902 A.A. MünchHdb. GesR III/*Marquardt*, § 22 Rn. 24: zwingend Beurkundung in der Form der §§ 8 ff. BeurkG.
903 Vgl. BGH NJW 1995, 1750.
904 DNotZ 1981, 451; zustimmend etwa Michalski/*Hoffmann*, § 53 Rn. 77.
905 Zu diesem Formzweck BGH DNotZ 1989, 102.
906 *Goette,* DStR 1996, 709, 713; *Hermanns,* ZIP 2006, 2296, 2301; *Heckschen,* DB 1990, 161; Scholz/Priester/*Tebben*, § 53 Rn. 71 ff.; kritisch auch Lutter/Hommelhoff/*Bayer*, § 53 Rn. 17 und § 2 Rn. 28 ff.
907 Vgl. § 47 Abs. 3 GmbHG sowie Lutter/Hommelhoff/*Bayer*, § 47 Rn. 25 ff.
908 Palandt/*Ellenberger*, § 126b Rn. 3.
909 Wirksamkeitsvoraussetzung: Lutter/Hommelhoff/*Bayer*, § 47 Rn. 29; Baumbach/Hueck/*Zöllner/Noack*, § 47 Rn. 51; UHL/*Ulmer/Casper*, § 53 Rn. 55; nur Legitimationserfordernis: LG Berlin GmbHR 1996, 50; Scholz/*K. Schmidt*, § 47 Rn. 89.
910 So BGHZ 49, 183; KG v. 10.03.2000 – 14 U 2105/98 = NZG 2000, 787; BayObLG GmbHR 1989, 252; Lutter/Hommelhoff/*Bayer*, § 47 Rn. 29.
911 BGH v. 11.02.2008 – II ZR 291/06 = DNotZ 2008, 625; Lutter/Hommelhoff/*Bayer*, § 47 Rn. 25.

B. Änderungen des Gesellschaftsvertrages

die Vollmacht wegen des Schutzzwecks dieser Vorschrift nach allgemeiner Auffassung mindestens notariell beglaubigt sein.[912]

▶ **Formulierungsbeispiel Stimmrechtsvollmacht:** 665

Ich bevollmächtige hiermit Herrn ....., geboren am ....., wohnhaft ....., für mich an Gesellschafterversammlungen der Optimum Finanzservice GmbH mit Sitz in Köln (AG Köln HRB 11111) teilzunehmen und dort für mich das Auskunftsrecht, das Rederecht, das Stimmrecht und alle sonstigen mitgliedschaftliche Rechte aus meinen sämtlichen Geschäftsanteilen an dieser Gesellschaft auszuüben. Der Bevollmächtigte kann Untervollmacht erteilen.

Ort, Datum

Unterschrift

Auf die Stimmrechtsvertretung bei Beschlüssen, die eine Änderung des Gesellschaftsvertrages zum Gegenstand haben, findet **§ 181 BGB** Anwendung.[913] Daher muss ein Gesellschafter von § 181 BGB befreit sein, wenn er bei einer Abstimmung über eine Satzungsänderung das Stimmrecht sowohl im eigenen Namen als auch aufgrund Stimmrechtsvollmacht für einen Mitgesellschafter ausübt.[914] Wenn ein Gesellschafter einem Mitgesellschafter Stimmrechtsvollmacht erteilt, liegt darin regelmäßig eine konkludente Gestattung der Stimmabgabe aufgrund der Vollmacht und zugleich auch im eigenen Namen.[915] 666

Die **vollmachtslose Vertretung** bei der Stimmabgabe ist zulässig, wenn kein Gesellschafter widerspricht.[916] Dies gilt auch, wenn es sich um eine Einmann-GmbH handelt. § 180 Satz 1 BGB, der bei einseitigen Rechtsgeschäften die vollmachtslose Vertretung untersagt, steht dem nicht entgegen.[917] Die Stimmabgabe erfolgt nämlich gegenüber der Gesellschaft, so dass das Vertreterhandeln gem. §§ 180 Satz 2, 177 Abs. 1 BGB genehmigt werden kann. Die Genehmigung bedarf auch dann, wenn eine Satzungsänderung beschlossen wurde, keiner Form.[918] 667

Minderjährige Kinder werden bei der Beschlussfassung grundsätzlich von ihren Eltern als ihren **gesetzlichen Vertretern** vertreten, § 1629 Abs. 1 BGB. Sind die Eltern selbst ebenfalls an der Gesellschaft beteiligt und nehmen sie an der Abstimmung über eine Satzungsänderung teil, können sie ihr Kind wegen §§ 1629 Abs. 2 Satz 1, 1795 Abs. 2, 181 BGB nicht vertreten. Dann muss das Familiengericht einen Ergänzungspfleger bestellen, der an Stelle der Eltern das minderjährige Kind vertritt, § 1909 Abs. 1 Satz 1 BGB. Bei mehreren minderjährigen Kindern muss für jedes Kind ein eigener Ergänzungspfleger bestellt werden.[919] 668

Grundsätzlich bedarf die Ausübung des Stimmrechts für ein minderjähriges Kind bei der Beschlussfassung über eine Satzungsänderung keiner **familiengerichtlichen Genehmigung**.[920] Für die Kapitalerhöhung ist dies allerdings umstritten (s.u. Rdn. 729). 669

---

912 BayObLG v. 20.02.2002 – 3Z BR 30/02 = GmbHR 2002, 497; Michalski/*Hermanns*, § 55 Rn. 69; Lutter/Hommelhoff/*Bayer*, § 55 Rn. 34.
913 BGH NJW 1989, 168; ausführlich *Schindeldecker*, RNotZ 2015, 533.
914 Baumbach/Hueck/*Zöllner/Noack*, § 47 Rn. 60; *Baetzgen*, RNotZ 2005, 193, 223.
915 Vgl. BGH DNotZ 1977, 116.
916 Roth/Altmeppen/*Altmeppen*, § 47 Rn. 32; Lutter/Hommelhoff/*Bayer*, § 47 Rn. 25 f.; BayObLG GmbHR 1989, 252.
917 OLG München v. 05.10.2010 – 31 Wx 140/10 = GmbHR 2011, 91; OLG Frankfurt am Main v. 24.02.2003 – 20 W 447/02 = DNotZ 2003, 459; LG Hamburg GmbHR 1998, 987.
918 Lutter/Hommelhoff/*Bayer*, § 47 Rn. 26; Scholz/*K. Schmidt*, § 47 Rn. 87; Michalski/*Römermann*, § 47 Rn. 441.
919 Für die Gründung der Gesellschaft: Lutter/Hommelhoff/*Bayer*, § 2 Rn. 5.
920 Baumbach/Hueck/*Zöllner/Noack*, § 53 Rn. 81.

4. Mehrheits- und Zustimmungserfordernisse

670 Grundsätzlich verlangt der Beschluss eine **qualifizierte Mehrheit** von 75 % der abgegebenen Stimmen, § 53 Abs. 2 GmbHG. Es kommt nicht darauf an, dass diese Mehrheit einen bestimmten Anteil des insgesamt vorhandenen Stammkapitals oder der insgesamt nach dem Gesellschaftsvertrag vorhandenen Stimmen ausmacht. Enthaltungen zählen nicht als abgegebene Stimmen.[921] Der Gesellschaftsvertrag kann das Mehrheitserfordernis für die Änderung des Gesellschaftsvertrages verschärfen, § 53 Abs. 2 Satz 2 GmbHG, aber nicht abschwächen.[922]

671 Ausnahmsweise ist die **Zustimmung sämtlicher betroffener Gesellschafter** zu einer Änderung des Gesellschaftsvertrages erforderlich, insbesondere wenn
– der Gesellschaftsvertrag das für den Beschlussgegenstand verlangt,
– den Gesellschaftern neue Einlage-, Unterlassungs- oder Nebenleistungspflichten auferlegt oder bestehende erweitert werden (z.B. Wettbewerbsverbote oder Nachschusspflichten), § 53 Abs. 3 GmbHG, es sei denn, der Gesellschaftsvertrag lässt in hinreichend bestimmter Weise die Pflichtenvermehrung auch ohne Zustimmung jedes betroffenen Gesellschafters zu;
– eine Abtretungsbeschränkung eingeführt oder verschärft wird, denn dadurch wird in die freie Veräußerlichkeit des Geschäftsanteils und damit in ein nur mit Zustimmung des Gesellschafters entziehbares Mitgliedschaftsrecht eingegriffen,[923]
– die zwangsweise Einziehung von Geschäftsanteilen ermöglicht oder erleichtert oder für diesen Fall die Abfindung beschränkt wird,[924]
– eine Schiedsklausel eingeführt wird;[925]
– Gesellschafterrechte ungleich verkürzt oder einzelne Gesellschafter ungleich begünstigt werden (Abweichungen vom Gleichbehandlungsgebot),[926] z.B. Vorzugsrechte für einzelne Geschäftsanteile begründet oder entzogen werden, und/oder in den Kernbereich der Mitgliedschaft eines Gesellschafters eingegriffen wird;
– wenn der Gesellschaftsvertrag geändert wird, noch bevor die Gesellschaft im Handelsregister eingetragen worden ist, § 2 Abs. 1 GmbHG entsprechend (h.M.).[927]

672 Vereinzelt sieht das Gesetz vor, dass eine Änderung des Gesellschaftsvertrages mit **einfacher Mehrheit** beschlossen werden kann, nämlich
– die Umstellung des Stammkapitals, der Geschäftsanteile und der weiteren satzungsmäßigen Betragsangaben von DM auf Euro nach § 1 Abs. 3 EGGmbHG; ist eine Kapitalveränderung damit verbunden, unterliegt diese jedoch den allgemeinen Voraussetzungen einer Satzungsänderung;
– praktisch nur noch selten von Bedeutung: die erstmalige gesellschaftsvertragliche Regelung der Gewinnverwendung bei Gesellschaften, die bereits am 01.01.1986 im Handelsregister eingetragen waren und deren Gesellschaftsvertrag zum Stichtag keine Gewinnthesaurierung vorsah, Art. 12 § 7 Abs. 1 des GmbH-Änderungsgesetzes von 1980;[928]
– die gesellschaftsvertragliche Regelung des Aufsichtsrats nach §§ 6 Abs. 2, 37 Abs. 1 Satz 2 MitbestG bei einer nach dem MitbestG mitbestimmungspflichtig gewordenen GmbH.

---

921 OLG Celle GmbHR 1998, 140; Roth/Altmeppen/*Altmeppen*, § 47 Rn. 3.
922 Lutter/Hommelhoff/*Bayer*, § 53 Rn. 13.
923 OLG München v. 23.01.2008 – 7 U 3292/07 = GmbHR 2008, 541; Roth/Altmeppen/*Altmeppen*, § 15 Rn. 98, § 53 Rn. 13, 45; inwieweit dies auch bei der Aufhebung oder Erleichterung einer Abtretungsbeschränkung gilt, ist umstr., vgl. Lutter/Hommelhoff/*Bayer*, § 15 Rn. 74.
924 BGH DNotZ 1992, 526; Lutter/Hommelhoff/*Kleindieck*, § 34 Rn. 43; Roth/Altmeppen/*Altmeppen*, § 34 Rn. 9.
925 Roth/Altmeppen/*Altmeppen*, § 53 Rn. 14, 45 ff.
926 Roth/Altmeppen/*Altmeppen*, § 53 Rn. 33.
927 OLG Köln GmbHR 1995, 725; Lutter/Hommelhoff/*Bayer*, § 2 Rn. 26; a.A. (§ 53 GmbHG gilt) *Priester*, ZIP 1987, 280.
928 Eingefügt durch Art. 11 Abs. 2 BiRiLiG v. 19.12.1985, BGBl. I, S. 2355.

B. Änderungen des Gesellschaftsvertrages

Ein steuerrechtliches Zustimmungserfordernis besteht, wenn das **Geschäftsjahr** der Gesellschaft auf einen dem Kalenderjahr nicht entsprechenden Zeitraum umgestellt werden soll. Das ist nur im Einvernehmen mit dem Finanzamt möglich, § 7 Abs. 4 Satz 3 KStG. Die Vorschrift soll Missbräuchen bei der Änderung von Wirtschaftsjahren begegnen. Das Finanzamt kann sein Einverständnis verweigern, wenn keine ernsthaften betrieblichen Gründe, sondern nur steuerliche Gründe für die Umstellung vorliegen.[929] Wird von einem abweichenden Geschäftsjahr auf das Kalenderjahr als Geschäftsjahr umgestellt, ist eine Zustimmung des Finanzamtes nicht erforderlich. Das Zustimmungserfordernis entfaltet handelsrechtlich keine Wirkung, so dass auch ohne Zustimmung des Finanzamtes die zustimmungsbedürftige Änderung des Geschäftsjahres durch Eintragung im Handelsregister wirksam wird. Handelsrechtliches Geschäftsjahr und steuerliches Wirtschaftsjahr fallen dann auseinander.

IV. Anmeldung zum Handelsregister

Die Änderung des Gesellschaftsvertrages ist zur Eintragung in das Handelsregister anzumelden, § 54 Abs. 1 Satz 1 GmbHG. Erst mit **Eintragung** im Handelsregister wird die Änderung des Gesellschaftsvertrages wirksam, § 54 Abs. 3 GmbHG. Eine rückwirkende Satzungsänderung ist daher nicht möglich.[930] Im Innenverhältnis können sich die Gesellschafter allerdings stellen, als sei eine Änderung des Gesellschaftsvertrages bereits früher wirksam geworden.[931] Die Änderung des Geschäftsjahres kann erstmals Wirkung haben für das Geschäftsjahr, das bei Eintragung der Änderung im Handelsregister noch andauert.[932]

1. Zuständigkeit

Zuständig zur Entgegennahme der Handelsregisteranmeldung ist grundsätzlich das Amtsgericht am Sitz des Landgerichts, in dessen Bezirk sich der Satzungssitz der Gesellschaft befindet, §§ 376, 377 Abs. 1 FamFG. Im Falle einer Sitzänderung ist das Gericht des bisherigen Sitzes für die Entgegennahme der Handelsregisteranmeldung zuständig, § 13h Abs. 1 HGB. Es leitet die Anmeldung an das für den neuen Sitz zuständige Gericht weiter, das die Sitzverlegung zu prüfen und einzutragen hat, § 13h Abs. 2 HGB.

Die Anmeldung ist von **Geschäftsführern in vertretungsberechtigter Anzahl** zu unterzeichnen, sofern es sich bei der Satzungsänderung nicht um eine Kapitalmaßnahme handelt. Kapitalerhöhungen und Kapitalherabsetzungen müssen von sämtlichen Geschäftsführern angemeldet werden, § 78 GmbHG.[933]

Die Handelsregisteranmeldung kann wirksam nur abgegeben werden von demjenigen, der im Zeitpunkt der Abgabe der Handelsregisteranmeldung Geschäftsführer der Gesellschaft ist. Die Rechtsprechung stellt für die Abgabe der Handelsregisteranmeldung allerdings nicht auf den Zeitpunkt ab, an dem der Notar die Handelsregisteranmeldung dem Handelsregister übermittelt, sondern schon auf den Zeitpunkt der Unterzeichnung der Handelsregisteranmeldung.[934] Wirksam wird die Handelsregisteranmeldung erst mit ihrem Zugang beim Registergericht.[935]

---

929 BFH DB 1980, 2315.
930 OLG Frankfurt am Main GmbHR 1999, 484; Lutter/Hommelhoff/*Bayer*, § 53 Rn. 43 ff.; vgl. zum Vereinsrecht OLG Hamm v. 07.12.2006 – 15 W 279/06 = DNotZ 2007, 317.
931 Lutter/Hommelhoff/*Bayer*, § 53 Rn. 44.
932 OLG Frankfurt am Main GmbHR 1999, 484; OLG Schleswig v. 17.05.2000 – 2 W 69/00 = NJW-RR 2000, 1425 (zur AG).
933 Näher unten Rdn. 741.
934 OLG Düsseldorf v. 15.12.1999 – 3 Wx 354/99 = DNotZ 2000, 529; BayObLG v. 17.09.2003 – 3Z BR 183/03 = GmbHR 2003, 1356; LG München v. 19.02.2004 – 17 HK T 1615/04 = GmbHR 2004, 1580; a.A. (Abgabe erst mit Übermittlung an das Handelsregister durch den Notar) *Auer*, DNotZ 2000, 498; *Kallrath*, DNotZ 2000, 533; *Bärwaldt*, GmbHR 2000, 421.
935 *Krafka*, Registerrecht, Rn. 79; OLG Düsseldorf v. 15.12.1999 – 3 Wx 354/99 = DNotZ 2000, 529; BayObLG v. 17.09.2003 – 3Z BR 183/03 = GmbHR 2003, 1356.

Alternativ kann die Handelsregisteranmeldung auch von dem Notar vorgenommen werden, der den Beschluss über die Satzungsänderung beurkundet hat, § 378 Abs. 2 FamFG. Dies ist in der Praxis besonders dann hilfreich, wenn der eigentlich zur Anmeldung berufene Geschäftsführer sich im Ausland aufhält oder die Gesellschaft vorübergehend führungslos ist.[936] § 378 Abs. 2 FamFG erstreckt sich allerdings nicht auf die Abgabe höchstpersönlicher Erklärungen, wie sie der Geschäftsführer bei Kapitalmaßnahmen nach §§ 57 Abs. 2, 57i Abs. 1 Satz 2 oder 58 Abs. 1 Nr. 4 abgeben muss.

2. Form

678 Anmeldungen zum Handelsregister müssen elektronisch in öffentlich beglaubigter Form eingereicht werden, § 12 Abs. 1 Satz 1 HGB.

679 Der Anmeldung ist der Beschluss über die Satzungsänderung beizufügen,[937] und zwar gem. § 12 Abs. 2 HGB in elektronisch beglaubigter Abschrift. Außerdem muss der **vollständige Wortlaut** des Gesellschaftsvertrages in der künftig geltenden Fassung beigefügt werden, also eine redaktionelle Zusammenstellung des gesamten Satzungstextes mit dem geänderten Inhalt.[938] Dem Wortlaut des Gesellschaftsvertrages muss der Notar die Bestätigung gem. § 54 Abs. 1 Satz 2 Halbs. 2 GmbHG beifügen.

680 ▶ **Formulierungsbeispiel Satzungsbescheinigung gemäß § 54 Abs. 1 Satz 2 GmbHG:**

Die geänderten Bestimmungen des vorstehenden Gesellschaftsvertrages stimmen mit dem Beschluss über die Änderung des Gesellschaftsvertrages vom 15. August 20..... – meine UR. Nr. 1222 für 20..... – und die unveränderten Bestimmungen mit dem zuletzt zum Handelsregister eingereichten vollständigen Wortlaut des Gesellschaftsvertrages überein.

Köln, den 15. August 20.....

gez. ....., Notar [L.S.]

681 Nach verbreiteter Auffassung ist die Satzungsbescheinigung entbehrlich, wenn der vollständige Wortlaut der Satzung als Bestandteil des Änderungsbeschlusses in der Form der §§ 8 ff. BeurkG (Beurkundung von Willenserklärungen) mitbeurkundet worden ist.[939] Im Vordringen befindet sich hingegen die Gegenauffassung, wonach auch dann der Wortlaut der neu gefassten Satzung mit notarieller Satzungsbescheinigung gesondert zum Handelsregister einzureichen sei.[940] Die Publizitätsfunktion des Handelsregisters verlange, dass auch in Fällen einer vollständigen Neufassung der Satzung der Wortlaut der Satzung aus einem einzigen, im Registerordnung von jedermann elektronisch abrufbaren Dokument ersichtlich sei und nicht nur als Anlage zur anderwärts abzuspeichernden Beschlussurkunde.[941] In der Praxis empfiehlt sich daher auch dann die Erteilung einer Satzungsbescheinigung, die dann allerdings dem Umstand der vollständigen Neufassung Rechnung tragen muss.

682 ▶ **Formulierungsbeispiel Satzungsbescheinigung gemäß § 54 Abs. 1 S. 2 GmbHG bei vollständiger Satzungsneufassung:**

Die Bestimmungen des vorstehenden Gesellschaftsvertrages stimmen mit dem Beschluss über die vollständige Neufassung des Gesellschaftsvertrages vom 15. August 20..... – meine UR.Nr. 1222 für 20..... – überein und umfassen den vollständigen Wortlaut des Gesellschaftsvertrages.

Köln, den 15. August 20.....

gez. ....., Notar [L.S.]

---

936 Einzelheiten: Scholz/Priester/*Tebben*, § 54 Rn. 7a.
937 Lutter/Hommelhoff/*Bayer*, § 54 Rn. 4.
938 Zum Satzungswortlaut bei Verwendung des Musterprotokolls s.u. Rdn. 683.
939 OLG Zweibrücken v. 10.10.2001 – 3 W 200/01 = GmbHR 2001, 1117; OLG Celle DNotZ 1982, 493; Gehrlein/Born/Simon/*Leitzen*, § 54 Rn. 25.
940 OLG Jena v. 14.09.2015 – 2 W 375/15, NZG 2016, 152; OLG Schleswig DNotZ 1973, 482; Michalski/*Hoffmann*, § 54 Rn. 21 f.; Baumbach/Hueck/*Zöllner/Noack*, § 54 Rn. 10.
941 OLG Jena v. 14.09.2015 – 2 W 375/15, NZG 2016, 152.

B. Änderungen des Gesellschaftsvertrages

Bei Änderung des Gesellschaftsvertrages einer mit Musterprotokoll gegründeten Gesellschaft ist fraglich, wie der »vollständige **Wortlaut des Gesellschaftsvertrages**« aussieht, der gem. § 54 Abs. 1 Satz 2 GmbHG der Anmeldung der Satzungsänderung beizufügen ist.[942] Richtigerweise sind nur die Ziffern 1.–5. des Musterprotokolls als gesellschaftsvertragliche Regelungen anzusehen.[943] Es ist deshalb für Zwecke des § 54 Abs. 1 Satz 2 GmbHG eine redaktionelle Fassung des Gesellschaftsvertrages zu erstellen, die (nur) die Ziffern 1.–5. des Musterprotokolls umfasst, ergänzt um die beschlossenen Änderungen des Gesellschaftsvertrages. Ist eine vollständige Neufassung des Gesellschaftsvertrages beschlossen worden, stellt sich diese Frage nicht.

Wegen des ganz auf die Gründungssituation zugeschnittenen Wortlauts des Musterprotokolls ist allerdings bei Änderung des Sitzes oder der Firma Ziff. 1 des Musterprotokolls durch satzungsändernden Beschluss[944] so umzuformulieren, dass nicht der irreführende Eindruck erweckt wird, als sei die Gesellschaft am neuen Sitz bzw. mit der neuen Firma gegründet worden.[945] Dafür bietet sich beispielsweise folgende Formulierung an: »1. Die Gesellschaft mit beschränkter Haftung unter der Firma [*neue Firma*] hat den Sitz in [*neuer Ort*].«.[946]

Ist eine Änderung des Unternehmensgegenstandes der Gesellschaft beschlossen worden und bedarf die Gesellschaft für ihr neues Tätigkeitsfeld einer **öffentlich-rechtlichen Genehmigung**, so ist diese nicht dem Handelsregister vorzulegen. Anderes gilt dann, wenn rechtsformunabhängige Registervorschriften den Nachweis der Genehmigung verlangen, vgl. § 43 Abs. 1 KWG für den Nachweis der Erlaubnis nach § 32 KWG für das Betreiben von Bankgeschäften oder das Erbringen von Finanzdienstleistungen. Auch wenn das öffentliche Recht die Verfolgung eines bestimmten Unternehmenszwecks durch eine GmbH untersagt, darf und muss das Registergericht die Eintragung verweigern (etwa bei Versicherungsunternehmen, § 7 Abs. 1 VAG, Apotheken, § 8 ApothekenG oder der Übernahme von Insolvenzverwaltungen, § 56 Abs. 1 InsO).

Die Anmeldung kann inhaltlich, ebenso wie die Eintragung im Handelsregister, auf den ihr beigefügten Beschluss über die Änderung des Gesellschaftsvertrages Bezug nehmen (arg. e § 54 Abs. 2 GmbHG). Betreffen die Beschlussgegenstände allerdings die in § 10 GmbHG bezeichneten Angaben (Firma, Sitz, Unternehmensgegenstand, Stammkapital, allgemeine Vertretungsregelung; ggf. genehmigtes Kapital und Zeitdauer der Gesellschaft), müssen diese in der Handelsregisteranmeldung selbst **schlagwortartig**[947] bezeichnet werden, vgl. § 54 Abs. 2 GmbHG,[948] auch bei einer vollständigen Neufassung des Gesellschaftsvertrages.[949] Wurde die Regelung der Vertretung der Gesellschaft geändert, muss außerdem der Wortlaut der geänderten Vertretungsregelung vollständig wiedergegeben werden.[950]

---

942 § 54 Abs. 1 Satz 2 GmbHG gilt auch in diesem Fall, s. OLG München v. 29.10.2009 – 31 Wx 124/09, GmbHR 2010, 40; Gehrlein/Born/Simon/*Leitzen*, § 54 Rn. 23.
943 Wobei die Bestellung des Geschäftsführers in Ziff. 4 nur formeller, nicht aber materieller Satzungsbestandteil ist, vgl. *Tebben*, RNotZ 2008, 441, 444.
944 OLG Karlsruhe v. 30.08.2017 – 11 W 73/17 (Wx), GmbHR 2018, 642.
945 OLG Karlsruhe v. 30.08.2017 – 11 W 73/17 (Wx), GmbHR 2018, 642 (Sitzverlegung); OLG München v. 03.11.2009 – 31 Wx 131/09, GmbHR 2010, 312 (Sitzverlegung); allgemein Seebach, RNotZ 2013, 261, 280 f. Für die Kapitalerhöhung s.u. Rdn. 715.
946 Formulierungsvorschlag von *Herrler/König*, DStR 2010, 2138, 2144.
947 Eine Wiedergabe der Änderungen im Wortlaut ist nicht erforderlich, vgl. BGH NJW 1987, 3191; MünchKommGmbHG/*Harbarth*, § 54 Rn. 18 m.w.N. aus der Rechtsprechung.
948 BGH DNotZ 1988, 182; OLG Hamm v. 12.07.2001 – 15 W 136/01 = GmbHR 2002, 64; OLG Düsseldorf GmbHR 1998, 1229.
949 OLG Hamm v. 12.07.2001 – 15 W 136/01 = GmbHR 2002, 64; zustimmend MünchKommGmbHG/ *Harbarth*, § 54 Rn. 19.
950 DNotI-Gutachten DNotI-Report 2002, 172, 173.

686 ▶ **Formulierungsbeispiel Anmeldung einer Satzungsneufassung:**[951]

Als Geschäftsführer der Gesellschaft überreichen wir

1. eine Ausfertigung der Urkunde vom heutigen Tage – UR.Nr. 1222 für 20..... des beglaubigenden Notars –
2. den vollständigen Wortlaut des Gesellschaftsvertrages mit der Bescheinigung des Notars gemäß § 54 Abs. 1 GmbHG[952]

und melden an:

Der Gesellschaftsvertrag ist geändert worden und hat die Fassung erhalten, die sich aus der beigefügten Niederschrift ergibt. Insbesondere wurde der Gesellschaftsvertrag geändert in § 1 (Firma und Sitz), § 2 (Unternehmensgegenstand), § 4 (Stammkapital) und § 5 (Vertretung).

Die Gesellschaft wird nunmehr allgemein wie folgt vertreten: Ist nur ein Geschäftsführer vorhanden, vertritt dieser allein. Sind mehrere Geschäftsführer vorhanden, vertreten je zwei Geschäftsführer gemeinsam.

Die neue Geschäftsanschrift der Gesellschaft, an der sich auch die Geschäftsräume befinden, lautet: Klever Straße 17, 50477 Köln.

Köln, den 15. August 20.....

Unterschriften

Beglaubigungsvermerk

3. Registersperren

687 In bestimmten Fällen kann der Eintragung einer Satzungsänderung im Handelsregister eine Registersperre entgegenstehen.

688 Praktisch immer noch bedeutsam ist die Registersperre gem. § 1 Abs. 1 Satz 4 EGGmbHG. Danach darf eine Änderung des Stammkapitals nur eingetragen werden, wenn das Stammkapital auf **Euro** umgestellt wird. Die Übertragung oder Teilung von Geschäftsanteilen hingegen setzt keine Euroumstellung voraus,[953] auch nicht, wenn aus diesem Anlass die Geschäftsanteile erstmals mit einer laufenden Nummer versehen und eine entsprechend aktualisierte Gesellschafterliste zum Handelsregister eingereicht wird.

689 Weiter noch reicht die Registersperre aus Art. 12 § 7 Abs. 2 Satz 1 des GmbH-Änderungsgesetzes (GmbHÄndG) von 1980. Sie betrifft die – mittlerweile seltenen – GmbHs, die bereits am 01.01.1986 im Handelsregister eingetragen waren, deren Gesellschaftsvertrag zum Stichtag keine Gewinnthesaurierung vorsah und bei denen seither die **Gewinnverwendung** nicht durch Satzungsänderung geregelt worden ist. Bei solchen Gesellschaften, bei denen noch gem. Art. 12 § 7 GmbHÄndG das Vollausschüttungsgebot nach § 29 Abs. 1 GmbHG a.F. gilt, kann jegliche Satzungsänderung nur dann im Handelsregister eingetragen werden, wenn zugleich die Änderung der Regelung zur Gewinnverwendung eingetragen wird. Wurden seither versehentlich trotz Registersperre Satzungsänderungen im Handelsregister eingetragen, beendet dies die Registersperre für zukünftige Satzungsänderungen nicht.[954]

---

951 Vgl. auch das Muster von Meyer-Landrut/*G. Wenz*, F. Rn. 57.
952 Zur Frage, ob die Beifügung des vollständigen Satzungswortlauts bei einer vollständigen Neufassung des Gesellschaftsvertrages erforderlich ist, wenn dieser mitbeurkundet worden ist, s.o. Rdn. 681.
953 Roth/Altmeppen/*Altmeppen*, § 1 EGGmbHG Rn. 16.
954 OLG München NJW-RR 1994, 165.

4. Prüfungsumfang des Registergerichts

Das Registergericht hat die Wirksamkeit der angemeldeten Satzungsänderung zu prüfen, also ob ein Nichtigkeits- oder Unwirksamkeitsgrund vorliegt.[955] Inwieweit auch Anfechtungsgründe der Eintragung entgegenstehen, ist umstritten.[956] Jedenfalls wenn der anfechtbare Änderungsbeschluss Interessen der Öffentlichkeit oder der Gläubiger nicht berührt und die Anfechtungsfrist abgelaufen ist, muss die Satzungsänderung im Handelsregister eingetragen werden.[957] Wurde Anfechtungsklage erhoben, kann das Eintragungsverfahren nach § 21 Abs. 1 FamFG ausgesetzt werden. Fragen der Zweckmäßigkeit der Änderungen hat das Registergericht nicht zu prüfen. 690

Die Beschränkung des Prüfungsumfangs, die § 9c Abs. 2 GmbHG für die erstmalige Eintragung einer GmbH vorsieht, gilt nach h.M. für Änderungen des Gesellschaftsvertrages nicht.[958] 691

Wird eine komplette Neufassung des Gesellschaftsvertrages beschlossen und zum Handelsregister angemeldet, bezieht sich die Prüfung des Registergerichts auch auf jene Satzungsregelungen, die schon bisher galten und unverändert in die neugefasste Satzung übernommen wurden.[959] 692

Nachweise zur ordnungsgemäßen Vertretung der Gesellschafter bei der Beschlussfassung kann das Registergericht nur im Einzelfall aufgrund konkreter begründeter Zweifel verlangen, auch soweit es die Vertretung ausländischer Rechtsträger betrifft.[960] Allerdings kann die vorsorgliche Vorlage solcher Nachweise die Eintragung der Satzungsänderung beschleunigen.

V. Satzungsdurchbrechung

Als »satzungsdurchbrechende« Beschlüsse werden solche Beschlüsse bezeichnet, die eine vom Gesellschaftsvertrag abweichende Regelung treffen, ohne dass die Voraussetzungen einer förmlichen Satzungsänderung in §§ 53, 54 GmbHG eingehalten werden. Soll diese Regelung dauerhaft anstelle der in der Satzung getroffenen Regelung gelten, handelt es sich um eine formwidrige und damit unwirksame Satzungsänderung.[961] Es wird aber diskutiert, ob satzungsdurchbrechende Beschlüsse wirksam sein können, wenn sie nur für einen konkreten Einzelfall von der Satzung abweichen, die bestehende Satzungsregelung für die Zukunft jedoch unangetastet lassen. 693

Der BGH und die h.L. differenzieren im Anschluss an *Priester*[962] danach, ob der Beschluss eine »zustandsbegründende Dauerwirkung« hat oder sich nur punktuell auswirkt.[963] Beispiele für eine Dauerwirkung sind Beschlüsse, mit denen Aufsichtsratsmitglieder über die satzungsmäßige Amtszeit hinaus gewählt werden oder ein Geschäftsführer bestellt wird, der die statutarisch dafür vorgesehenen Anforderungen nicht erfüllt. Solche Beschlüsse sollen **nichtig** sein. Nur punktuelle Wirkung haben hingegen Beschlüsse, durch die beispielsweise im Hinblick auf ein konkretes Rechtsgeschäft Befreiung vom Wettbewerbsverbot erteilt wird, obwohl der Gesellschaftsvertrag eine Befreiungsmöglichkeit nicht vorsieht. Ein solcher Beschluss soll nicht nichtig sein, sondern nur **anfechtbar**, wobei bei Zustimmung aller Gesellschafter auch die Anfechtbarkeit entfällt.[964] 694

---

955 Lutter/Hommelhoff/*Bayer*, § 54 Rn. 9.
956 Differenzierend Lutter/Hommelhoff/*Bayer*, § 54 Rn. 11.
957 BayObLG DNotZ 1986, 50; OLG Köln GmbHR 1982, 211.
958 KG v. 18.10.2005 – 1 W 27/05 = DNotZ 2006, 304; Lutter/Hommelhoff/*Bayer*, § 54 Rn. 8 m.w.N.; a.A. Baumbach/Hueck/*Zöllner/Noack*, § 54 Rn. 21.
959 OLG München v. 10.10.2005 – 31 Wx 65/05 = DNotZ 2006, 222; KG v. 18.10.2005 – 1 W 27/05 = DNotZ 2006, 304; a.A. *Priester*, GmbHR 2007, 296.
960 *Krafka*, Registerrecht, Rn. 1030.
961 Beispiele aus der Rechtsprechung nachgewiesen bei Lutter/Hommelhoff/*Bayer*, § 53 Rn. 27.
962 *Priester*, ZHR 151 (1987), 40, 52.
963 BGH DNotZ 1994, 313; OLG Köln GmbHR 1996, 291; OLG Dresden v. 09.11.2011 – 12 W 1002/11 = GmbHR 2012, 213; Lutter/Hommelhoff/*Bayer*, § 53 Rn. 27 ff., m.w.N.
964 Lutter/Hommelhoff/*Bayer*, § 53 Rn. 30 f.

695 Eine Anfechtung ist hingegen ausgeschlossen, wenn die Anforderungen an eine **förmliche Satzungsdurchbrechung** beachtet werden:
- Ankündigung des Beschlussgegenstandes gem. § 51 Abs. 4 GmbHG,
- Beschlussfassung mit Dreiviertelmehrheit gem. § 53 Abs. 2 GmbHG,
- notarielle Beurkundung gem. § 53 Abs. 2 GmbHG,
- Anmeldung der Satzungsdurchbrechung zur Eintragung im Handelsregister gem. § 54 GmbHG.

696 In der Praxis empfiehlt es sich, diese Anforderungen stets einzuhalten und etwaige unwirksame Satzungsdurchbrechungen dadurch zu heilen. Die Differenzierung zwischen nichtigen Satzungsdurchbrechungen mit Dauerwirkung und nur anfechtbaren Satzungsdurchbrechungen mit punktueller Wirkung ist nämlich umstritten und kann im Einzelfall äußerst schwierig sein.[965] So wird ein Beschluss, wonach in einem Jahr Gewinn über die satzungsmäßigen Grenzen hinaus ausgeschüttet wird, teils als Beispiel für eine Satzungsdurchbrechung mit nur punktueller Wirkung angeführt,[966] teils als Beispiel einer zustandsbegründenden Satzungsdurchbrechung.[967]

697 ▶ Formulierungsbeispiel Anmeldung Satzungsdurchbrechung:

Als Geschäftsführer der Gesellschaft überreichen wir eine Ausfertigung der Urkunde vom heutigen Tage – UR.Nr. 1223 für 20..... des beglaubigenden Notars – und melden an:

Durch Gesellschafterbeschluss vom heutigen Tage wurde abweichend von § 5 des Gesellschaftsvertrages der gesamte Gewinn des Geschäftsjahres 20..... an die Gesellschafter ausgeschüttet. § 5 des Gesellschaftsvertrages wurde nicht geändert.

698 Keine Satzungsdurchbrechung liegt vor, wenn der Gesellschaftsvertrag zwar eine bestimmte Regelung vorsieht, jedoch durch eine **Öffnungsklausel**[968] ausdrücklich eine Abweichung durch Gesellschafterbeschluss ermöglicht. Ein solcher Beschluss bedarf im Zweifel nur der einfachen Mehrheit und muss weder notariell beurkundet noch im Handelsregister eingetragen werden.[969] Üblich sind solche Öffnungsklauseln etwa im Hinblick auf die Vertretungsbefugnis der Geschäftsführer, das Wettbewerbsverbot gegenüber der Gesellschaft oder die Gewinnverwendung. Auch die Einrichtung eines Aufsichtsrats kann per Öffnungsklausel einer späteren Bestimmung durch einfachen Gesellschafterbeschluss überantwortet werden.[970] Die Bestimmung des Geschäftsjahres kann der Gesellschaftsvertrag aber entgegen einer Entscheidung des OLG Stuttgart[971] nicht der Regelung durch einfachen Gesellschafterbeschluss überlassen.[972]

699 Eine Satzungsdurchbrechung liegt außerdem dann nicht vor, wenn die Gesellschafterversammlung abweichend von einer satzungsmäßigen Zuständigkeitsregelung den Geschäftsführer bestellt, weil das nach dem Gesellschaftsvertrag dafür zuständige Organ nicht besetzt ist.[973]

VI. Satzungsänderung bei wirtschaftlicher Neugründung

700 Besonderheiten gelten, wenn der Gesellschaftsvertrag für Zwecke einer **wirtschaftlichen Neugründung** geändert wird. Eine wirtschaftliche Neugründung liegt vor, wenn eine unternehmenslose Gesellschaft erstmals oder erneut unternehmerisch aktiv werden soll. War die Gesellschaft von Anfang auf Vorrat gegründet worden, handelt es sich um eine Vorratsgesellschaft.[974] Von einer Mantelgesell-

---

965 Vgl. Roth/Altmeppen/*Altmeppen*, § 53 Rn. 62.
966 *Priester*, ZHR 151 (1987), 40, 52.
967 Lutter/Hommelhoff/*Bayer*, § 53 Rn. 29; Baumbach/Hueck/*Zöllner/Noack*, § 53 Rn. 48; OLG Dresden v. 09.11.2011 – 12 W 1002/11 = GmbHR 2012, 213.
968 Lutter/Hommelhoff/*Bayer*, § 53 Rn. 34; kritisch dazu Baumbach/Hueck/*Zöllner/Noack*, § 53 Rn. 27.
969 BGH NJW 1981, 151; Lutter/Hommelhoff/*Bayer*, § 53 Rn. 33.
970 BGH v. 02.07.2019 – II ZR 406/17, GmbHR 2019, 988.
971 GmbHR 1992, 468.
972 *Priester*, GmbHR 1992, 584.
973 BGHZ 12, 337, 340; Baumbach/Hueck/*Zöllner/Noack*, § 46 Rn. 34a; Scholz/*K. Schmidt*, § 46 Rn. 72.
974 Vgl. BGH v. 09.12.2002 – II ZB 12/0 = DNotZ 2003, 443.

schaft spricht man, wenn der Betrieb des ursprünglich vorhandenen Unternehmens eingestellt und die Gesellschaft als »inhaltslose Hülle« weitergeführt worden war.[975] Ob tatsächlich eine wirtschaftliche Neugründung vorliegt oder nur eine grundlegende Umorganisation, etwa im Zuge einer Sanierung, kann im Einzelfall schwer zu beurteilen sein.[976]

Bei einer wirtschaftlichen Neugründung werden in der Regel nicht nur sämtliche Geschäftsanteile übertragen und die Geschäftsführung ausgetauscht, sondern auch der Gesellschaftsvertrag neu gefasst. Insbesondere Firma, Unternehmensgegenstand und Sitz sind aus Anlass der Aufnahme eines neuen Geschäftsbetriebs regelmäßig zu ändern. 701

Nach der Rechtsprechung des BGH sind auf die wirtschaftliche Neugründung die Vorschriften über die **Gründung** einer GmbH entsprechend anzuwenden.[977] Dies bedeutet, dass bei einer wirtschaftlichen Neugründung das satzungsmäßige Stammkapital der Gesellschaft vorhanden sein muss,[978] notfalls durch Auffüllung des durch Verluste verminderten Vermögens der Gesellschaft. Nach h.M. muss nicht das gesamte Stammkapital vorhanden sein, sondern nur der Mindesteinzahlungsbetrag gem. § 7 Abs. 2 GmbHG (sofern nicht die Satzung Volleinzahlung verlangt).[979] Ist das Stammkapital nicht gedeckt, trifft die Gesellschafter die Unterbilanzhaftung.[980] 702

Außerdem treffen die Geschäftsführer besondere Pflichten. Zum einen müssen sie den Umstand der wirtschaftlichen Neugründung gegenüber dem Registergericht **offenlegen**. Zum anderen haben sie entsprechend § 8 Abs. 2 GmbHG zu **versichern**, dass die Einlagen auf die Geschäftsanteile bewirkt sind und sich endgültig in ihrer freien Verfügung befinden.[981] Dafür reicht es aus, wenn die Einlagen durch das vorhandene Vermögen wertmäßig gedeckt sind; der Einlagegegenstand muss nicht mehr vorhanden sein.[982] Die Versicherung ist von sämtlichen Geschäftsführern abzugeben.[983] Ist fraglich, ob überhaupt eine wirtschaftliche Neugründung vorliegt, empfiehlt es sich, den Vorgang vorsorglich als wirtschaftliche Neugründung gegenüber dem Registergericht offenzulegen. 703

▶ **Formulierungsvorschlag für die Offenlegung und Versicherung gegenüber dem Handelsregister in der Handelsregisteranmeldung:** 704

Es wird offengelegt, dass die bisher unternehmenslose Gesellschaft nunmehr erstmalig eine Geschäftstätigkeit aufnehmen wird und damit eine wirtschaftliche Neugründung vorliegt.

Sämtliche Geschäftsführer versichern hiermit, dass das satzungsmäßige Stammkapital der Gesellschaft in Höhe von 50.000 EUR, abgesehen von dem Gründungsaufwand, in voller Höhe vorhanden ist und sich endgültig in ihrer freien Verfügung als Geschäftsführer befindet.

Die Offenlegung der wirtschaftlichen Neugründung gegenüber dem Handelsregister ist maßgeblich für den Zeitpunkt, zu dem das Vermögen der Gesellschaft das Stammkapital decken muss. Wird die Offenlegung versäumt, haften die Gesellschafter im Umfang einer Unterbilanz, die in dem Zeitpunkt besteht, zu dem die wirtschaftliche Neugründung entweder durch die Anmeldung der Satzungsänderungen oder durch die Aufnahme der wirtschaftlichen Tätigkeit erstmals nach außen in 705

---

975 BGH v. 07.07.2003 – II ZB 4/02 = DNotZ 2003, 951.
976 OLG Thüringen v. 01.09.2004 – 4 U 37/04 = GmbHR 2004, 1468. Einzelheiten zur Abgrenzung bei Heckschen/Heidinger/*Heckschen*, Kapitel 3 Rn. 192 ff.
977 BGH v. 09.12.2002 – II ZB 12/02 = DNotZ 2003, 443; BGH v. 07.07.2003 – II ZB 4/02 = DNotZ 2003, 951 (im Anschluss an die Entscheidung zur AG BGH DNotZ 1994, 107).
978 BGH v. 07.07.2003 – II ZB 4/02 = DNotZ 2003, 951.
979 Für Mindestbetrag OLG Hamburg v. 19.11.2004 – 11 U 45/04 = GmbHR 2005, 164; Lutter/Hommelhoff/*Bayer*, § 3 Rn. 86; Heckschen/Heidinger/*Heckschen*, Kapitel 3 Rn. 254 f.
980 BGH v. 07.07.2003 – II ZB 4/02 = DNotZ 2003, 951.
981 BGH v. 07.07.2003 – II ZB 4/02 = DNotZ 2003, 951.
982 OLG Thüringen v. 01.09.2004 – 4 U 37/04 = GmbHR 2004, 1468; Lutter/Hommelhoff/*Bayer*, § 3 Rn. 86.
983 Lutter/Hommelhoff/*Bayer*, § 3 Rn. 86.

Erscheinung tritt.[984] Die Offenlegung ist damit nicht mehr allein maßgeblich als haftungsrechtliche Zäsur.[985]

706 Fraglich ist, wie sich diese Rechtsprechung auf **Altfälle** aus der Zeit vor den Leitentscheidungen des BGH vom 09.12.2002 und 07.07.2003 auswirkt.[986] Bis dahin war es nicht erforderlich, gegenüber dem Handelsregister die wirtschaftliche Neugründung offen zu legen. Das OLG Thüringen hat in einem Altfall die Differenzhaftung bejaht.[987] Das OLG Köln will die Grundsätze der wirtschaftlichen Neugründung auf Altfälle dagegen nicht anwenden.[988]

C. Kapitalmaßnahmen

I. Kapitalerhöhung gegen Bareinlagen

707 Der Betrag des Stammkapitals ist unverzichtbarer Bestandteil eines jeden GmbH-Gesellschaftsvertrages, § 3 Abs. 1 Nr. 3 GmbHG. Wird eine Erhöhung des Stammkapitals beschlossen, so handelt es sich um eine Änderung des Gesellschaftsvertrages, für die die allgemeinen Regeln über Satzungsänderungen gelten, §§ 53 ff. GmbHG (oben Rdn. 630 ff.). Besondere Vorschriften für Kapitalerhöhungen finden sich in den §§ 55 ff. GmbHG.

708 Der Ablauf einer Kapitalerhöhung gegen Einlagen stellt sich im Überblick wie folgt dar:
(1) Beschluss der Gesellschafter über die Kapitalerhöhung (unten Rdn. 709),
(2) ggf.: Beschluss der Gesellschafter über die Zulassung zur Übernahme der neuen Einlagen (unten Rdn. 721),
(3) Abschluss des Übernahmevertrages durch Übernahmeerklärung des Übernehmers und Annahme durch die Gesellschaft (unten Rdn. 723),
(4) Aufbringung des Kapitals in der erforderlichen Höhe (unten Rdn. 732),
(5) Anmeldung der Kapitalerhöhung zum Handelsregister (unten Rdn. 741),
(6) Eintragung der Kapitalerhöhung im Handelsregister, d.h. Wirksamwerden der Kapitalerhöhung.

1. Beschluss der Gesellschafter

709 Über die Kapitalerhöhung ist gem. § 53 GmbHG Beschluss zu fassen, und zwar mit einer Mehrheit von 3/4 der abgegebenen Stimmen. Auch wenn die Kapitalerhöhung gem. §§ 24, 31 GmbHG zu einer Ausfallhaftung der Altgesellschafter führen kann, ist die Zustimmung sämtlicher Gesellschafter nach § 53 Abs. 3 GmbHG nicht erforderlich.[989]

710 Wenn für einen **Minderjährigen** über die Kapitalerhöhung abgestimmt wird, soll eine familiengerichtliche Genehmigung weder nach § 1822 Nr. 3 BGB noch § 1822 Nr. 10 BGB erforderlich sein.[990] Wenn ein Minderjähriger an der Gründung einer GmbH teilnimmt, wird allerdings mehrheitlich die Genehmigungsbedürftigkeit aus § 1822 Nr. 10 BGB abgeleitet, weil den Minderjährigen die bürgschaftsähnlichen Pflichten aus §§ 24, 31 Abs. 3 GmbHG träfen.[991] Entsprechend wird zum Teil auch bei einer Kapitalerhöhung die Zustimmung des Familiengerichts gefordert, wenn der

---

984 BGH v. 06.03.2012 – II ZR 56/10, DNotZ 2013, 43.
985 *Bachmann*, NZG 2012, 579, 580.
986 Vgl. Lutter/Hommelhoff/*Bayer*, § 3 Rn. 78 ff., mit Differenzierung zwischen Vorratsgesellschaften und gebrauchten Mänteln; *Bärwaldt/Balda*, GmbHR 2004, 50, 52.
987 OLG Thüringen v. 01.09.2004 – 4 U 37/04 = GmbHR 2004, 1468.
988 OLG Köln v. 20.12.2007 – 18 U 172/06 = ZIP 2008, 973.
989 Allg. M. vgl. Lutter/Hommelhoff/*Bayer*, § 55 Rn. 4 m.w.N.
990 Baumbach/Hueck/*Zöllner/Noack*, § 53 Rn. 81; *Ehlke*, GmbHR 1985, 284, 293; *Gustavus*, GmbHR 1982, 10, 16; MünchHdb. GesR III/*Wegmann*, GmbH, § 53 Rn. 15.
991 OLG Stuttgart GmbHR 1980, 102; Roth/Altmeppen/*Altmeppen*, § 1 Rn. 27 f., § 2 Rn. 33; *Winkler*, ZGR 1990, 131, 138; für den Fall der Übertragung eines bestehenden Geschäftsanteils s. BGH DNotZ 1990, 303, der u. a. nach dem Risiko der Inanspruchnahme aus §§ 24, 31 Abs. 3 GmbHG differenziert.

Minderjährige als Folge der Kapitalerhöhung nach §§ 24, 31 Abs. 3 GmbHG für Einlageverbindlichkeiten anderer Gesellschafter haftet.[992] Zur Frage der Abgabe einer Übernahmeerklärung für einen Minderjährigen s.u. Rdn. 729.

Der Beschluss über die Erhöhung des Stammkapitals muss in jedem Fall den Erhöhungsbetrag enthalten. Wenn der Erhöhungsbeschluss darüber hinaus nichts weiter regelt, sind die Einlagen als **Bareinlagen** zu erbringen. Die Einlageerbringung durch Sacheinlagen oder aus Gesellschaftsmitteln kommt nur in Betracht, wenn dies ausdrücklich beschlossen worden ist (dazu unten Rdn. 755 und Rdn. 769). 711

Regelmäßig wird der Erhöhungsbeschluss die Erhöhung des Stammkapitals um einen bestimmten Betrag vorsehen. Wird dieser Betrag nicht in voller Höhe durch Übernahmeerklärungen übernommen, ist die Kapitalerhöhung gescheitert. Es ist aber auch möglich, nur einen **Höchstbetrag** oder einen Betragsrahmen (z.B. »um mindestens EUR 10.000,– und höchstens EUR 50.000,–«) zu bestimmen und den tatsächlichen Erhöhungsbetrag davon abhängig zu machen, in welchem Umfang die neuen Einlagen durch Übernahmeerklärungen übernommen werden.[993] Der Beschluss muss in diesem Fall eine Frist vorsehen, innerhalb derer die neuen Einlagen übernommen werden können,[994] wobei zum Teil eine Frist von mehr als 6 Monaten für unzulässig gehalten wird.[995] So soll verhindert werden, dass jenseits des § 55a GmbHG ein faktisches genehmigtes Kapital geschaffen wird und Unklarheiten über die Höhe des Stammkapitals entstehen. Es obliegt der Geschäftsführung, nach Ablauf der Übernahmefrist den tatsächlichen Erhöhungsbetrag festzustellen und die Kapitalerhöhung in diesem Umfang zum Handelsregister anzumelden. Ein weiterer Beschluss der Gesellschafterversammlung ist dazu nicht erforderlich.[996] 712

Eine Regelung dazu, wann die Einlage in welcher Höhe zu erbringen ist, muss nicht zwingend beschlossen werden. Wenn der Gesellschafterbeschluss dazu keine Vorgaben macht, liegt es im Ermessen der Geschäftsführung, wann und in welcher Höhe die Einlageforderungen gegen die Übernehmer geltend gemacht werden. Allerdings kann die Kapitalerhöhung erst dann zum Handelsregister angemeldet werden, wenn mindestens ein Viertel des Nennbetrages auf jeden neuen Geschäftsanteil bzw. auf die Aufstockungsbeträge eingezahlt ist, §§ 56a, 7 Abs. 2 Satz 1 GmbHG. Bei einer Unternehmergesellschaft ist gem. § 5a Abs. 2 Satz 1 GmbHG der Erhöhungsbetrag zwingend in voller Höhe einzuzahlen.[997] Anders verhält es sich hingegen, wenn das Kapital der Unternehmergesellschaft auf € 25.000 oder mehr erhöht wird; dann gilt bereits für diese Kapitalerhöhung das Volleinzahlungsgebot des § 5a Abs. 2 Satz 1 GmbHG nicht mehr.[998]

Der Beschluss kann vorsehen, dass die Übernehmer über den Betrag hinaus, um den das Stammkapital erhöht wird, zusätzlich ein Ausgabeentgelt (**Agio**) an die Gesellschaft zu leisten haben.[999] Ist gegen den Willen einer Minderheit der Gesellschafter ein Bezugsrechtsausschluss vorgesehen (dazu unten Rdn. 722), muss der Ausgabebetrag mindestens dem wirtschaftlichen Wert der neu auszugebenden Anteile entsprechen, da sonst der Vermögenswert der Anteile der vom Bezugsrecht ausgeschlossenen Gesellschafter verwässert würde und diese den Beschluss deshalb anfechten könnten.[1000] 713

---

992 Lutter/Hommelhoff/*Bayer*, § 55 Rn. 37; Michalski/*Hermanns*, § 55 Rn. 78; *Bürger*, RNotZ 2006, 156, 168.
993 Lutter/Hommelhoff/*Bayer*, § 55 Rn. 9.
994 OLG Hamburg MittRhNotK 2000, 295 (zur AG); Lutter/Hommelhoff/*Bayer*, § 55 Rn. 9; Scholz/ *Priester*/*Tebben*, § 55 Rn. 19; a.A. (Frist nicht nötig) Baumbach/Hueck/*Servatius*, § 55 Rn. 11.
995 Lutter/Hommelhoff/*Bayer*, § 55 Rn. 9 m.w.N.
996 MünchHdb. GesR III/*Wegmann*, § 53 Rn. 5.
997 Baumbach/Hueck/*Servatius*, § 5a Rn. 13.
998 OLG Stuttgart v. 13.10.2011 – 8 W 341/11 = GmbHR 2011, 1275; OLG Hamm v. 05.05.2011 – 27 W 24/11 = GmbHR 2011, 655 = RNotZ 2011, 439; OLG München v. 07.11.2011 – 31 Wx 475/11 = GmbHR 2011, 1276.
999 BGH v. 15.10.2007 – II ZR 216/06 = DNotZ 2008, 46.
1000 Lutter/Hommelhoff/*Bayer*, § 55 Rn. 25 f.

714 Wenn im Erhöhungsbeschluss nichts dazu bestimmt wird, nehmen die neuen Geschäftsanteile bzw. Aufstockungsbeträge nach bestrittener Auffassung voll am **Gewinn** des Jahres teil, in dem die Kapitalerhöhung durch Eintragung im Handelsregister wirksam wird.[1001] Im Erhöhungsbeschluss kann jedoch auch ein späterer Beginn der Gewinnberechtigung bestimmt werden. Für die Bestimmung einer früheren Gewinnberechtigung wird zum Teil die Zustimmung aller dadurch benachteiligten Altgesellschafter gefordert.[1002]

715 Im **Gesellschaftsvertrag** ist nur die Höhe des Stammkapitals anzupassen, wobei ein ausdrücklicher Beschluss über die Änderung des Satzungswortlauts nicht erforderlich, aber empfehlenswert ist.[1003] Die neuen Geschäftsanteile, ihr Nennbetrag und ihre Übernehmer müssen, anders als bei der Gründung, § 3 Abs. 1 Nr. 4 GmbHG, nicht in den Gesellschaftsvertrag aufgenommen werden.[1004] Dies gilt auch dann, wenn die Einlagen zunächst nicht voll geleistet werden müssen. Enthält der Gesellschaftsvertrag noch die Angaben zu den Gründern und den von ihnen übernommenen Geschäftsanteilen, schadet das nicht. Die Kapitalerhöhung kann aber auch Anlass sein, diese Angaben aus dem Gesellschaftsvertrag zu streichen. Jedenfalls wenn die bei Gründung übernommenen Einlagen voll eingezahlt sind, ist dies unbestritten zulässig,[1005] nach h.M. aber auch dann, wenn dies nicht der Fall ist.[1006]

Geht es um eine Kapitalerhöhung bei einer im vereinfachten Verfahren nach § 2 Abs. 1a GmbHG unter Verwendung des Musterprotokolls gegründeten Gesellschaft, reicht allerdings der bloße Austausch der Stammkapitalziffer in Ziff. 3 (»Das Stammkapital der Gesellschaft beträgt ... € (i.W. ... Euro) und wird vollständig von [...] übernommen.«) nicht aus, weil dadurch der unzutreffende Eindruck hervorgerufen würde, die Gesellschaft sei bereits mit der erhöhten Stammkapitalziffer gegründet worden.[1007] Daher ist durch satzungsändernden Beschluss Ziff. 3 des Musterprotokolls insgesamt umzuformulieren, am einfachsten unter Streichung der dort enthaltenen obsoleten Übernahmeerklärung. Auch in Ziff. 5 des Musterprotokolls ist bei Gesellschaften mit einem Ausgangskapital von weniger als 300 € eine Textanpassung erforderlich, damit nicht nach Kapitalerhöhung auf über 300 € der Eindruck erweckt wird, der Gründungsaufwand sei bis zur Höhe von 300 € von der Gesellschaft getragen worden[1008].

716 Die Kapitalerhöhung führt grundsätzlich zur Ausgabe eines **neuen Geschäftsanteils** an jeden Übernehmer, auch wenn dieser der Gesellschaft bereits angehörte, § 55 Abs. 3 GmbHG. Es kann, auch wenn der Wortlaut des Gesetzes das nicht erkennen lässt, statt der Ausgabe neuer Geschäftsanteile die **Aufstockung** bestehender Geschäftsanteile vorgesehen werden.[1009] Dies setzt allerdings voraus, dass die ursprünglichen Einlagen voll eingezahlt sind oder diese Anteile noch von den Gründungsgesellschaftern (bzw. ihren Gesamtrechtsnachfolgern) gehalten werden.[1010] Anderenfalls würde die Aufstockung einen Rückerwerb des ursprünglichen Anteils durch einen Rechtsvorgänger, der wegen der noch ausstehenden Einlage in die Haftung genommen wurde, unmöglich machen, vgl. § 22 Abs. 4 GmbHG. Ist eine Aufstockung gewünscht, muss dies im Kapitalerhöhungsbeschluss festgelegt werden.

1001 Scholz/*Priester/Tebben*, § 55 Rn. 29; MünchHdb. GesR III/*Wegmann*, § 53 Rn. 11; Baumbach/Hueck/*Servatius*, § 55 Rn. 49; a.A. (zeitanteilig für das laufende Geschäftsjahr ab Eintragung der Erhöhung) Roth/Altmeppen/*Roth*, § 55 Rn. 14.
1002 Scholz/*Priester/Tebben*, § 55 Rn. 29.
1003 *Krafka*, Registerrecht, Rn. 1044, m.w.N.
1004 Lutter/Hommelhoff/*Bayer*, § 55 Rn. 14.
1005 Vgl. BayObLG DNotZ 1972, 307; OLG Hamm Rpfleger 1984, 274.
1006 BayObLG DNotZ 1997, 506; Lutter/Hommelhoff/*Bayer*, § 53 Rn. 36; Scholz/*Priester/Tebben*, § 53 Rn. 23.
1007 Vgl. OLG München v. 06.07.2010 – 31 Wx 112/10, GmbHR 2010, 922.
1008 *Krafka*, Registerrecht, Rn. 1012a.
1009 BGH NJW 1975, 118; OLG Celle NZG 2000, 148.
1010 BayObLG DNotZ 1990, 127; Roth/Altmeppen/*Roth*, § 55 Rn. 35.

Bei der Gründung kann ein Gründer nach § 5 Abs. 2 Satz 2 GmbHG **mehrere Geschäftsanteile** 717
übernehmen. § 55 Abs. 4 GmbHG verweist für die Kapitalerhöhung auf diese Vorschrift. Zwar
werden nach dem Wortlaut der Verweisungsnorm nur die Bestimmungen der § 5 Abs. 2 und Abs. 3
GmbHG »über die Nennbeträge der Geschäftsanteile« in Bezug genomen. Die h.M. versteht dies
aber so, dass auch die Bestimmung zur Übernahme mehrerer Anteile von der Verweisung erfasst
ist.[1011]

Die Nennbeträge der neu ausgegebenen Geschäftsanteile müssen auf volle Euro lauten; **Mindest-** 718
betrag ist 1 €, § 55 Abs. 4 i.V.m. § 5 Abs. 2 Satz 1 GmbHG. Wird aufgestockt, muss der Nennbetrag der aufgestockten Anteile ebenfalls auf volle Euro lauten.[1012] Nach einer Umstellung auf Euro
(unten Rdn. 822 ff.) sind auch Aufstockungsbeträge von weniger als 1 € möglich, solange nur der
Nennbetrag des Anteils nach Aufstockung auf volle Euro lautet.

Die **laufenden Nummern** neu auszugebender Geschäftsanteile können im Kapitalerhöhungsbeschluss 719
festgesetzt werden;[1013] die Nummerierung kann aber auch der Geschäftsführung überlassen werden.

▶ Formulierungsvorschlag Beschluss über eine Barkapitalerhöhung:[1014] 720

1. Das Stammkapital der Gesellschaft wird erhöht von 25.000 EUR um 25.000 EUR auf 50.000 EUR,
   und zwar durch Bildung von zwei neuen Geschäftsanteilen im Nennbetrag von jeweils 12.500 EUR
   mit den Nrn. 3 und 4 (*alternativ:* und zwar durch Aufstockung der voll eingezahlten Geschäftsanteile Nr. 1 und Nr. 2 um jeweils 12.500 EUR auf jeweils 25.000 EUR).
   Die neuen Einlagen sind zum Nennbetrag in bar zu erbringen, und zwar sofort in voller Höhe
   (*alternativ:* und zwar zur Hälfte sofort und mit dem Rest auf jederzeit zulässige Anforderung
   der Gesellschaft). Die neuen Geschäftsanteile nehmen am Gewinn der Gesellschaft teil vom
   Beginn des Geschäftsjahres an, in dem die Kapitalerhöhung wirksam wird.
2. Zur Übernahme werden zugelassen:
   a. Herr ....., geboren am ....., wohnhaft ....., hinsichtlich des Geschäftsanteils von 12.500 EUR
      mit der Nr. 3 (*alternativ:* eines Aufstockungsbetrages von 12.500 EUR),
   b. Herr ....., geboren am ....., wohnhaft ....., hinsichtlich des Geschäftsanteils von 12.500 EUR
      mit der Nr. 4 (*alternativ:* eines Aufstockungsbetrages von 12.500 EUR).
3. § 4 des Gesellschaftsvertrages wird wie folgt neu gefasst:
   »§ 4 Stammkapital
   Das Stammkapital der Gesellschaft beträgt 50.000 EUR (in Worten: fünfzigtausend Euro).«

2. Zulassungsbeschluss

Nach herrschender Auffassung muss der Erhöhungsbeschluss nicht zwingend bezeichnen, wer zur 721
Übernahme der neuen Geschäftsanteile berechtigt ist. Fehlt es an einem ausdrücklichen **Zulassungsbeschluss**, sind alle Gesellschafter im Verhältnis ihrer Beteiligung zur Übernahme berechtigt (Lehre
vom gesetzlichen Bezugsrecht).[1015] Weil dies jedoch bestritten wird,[1016] empfiehlt es sich, gem. § 55
Abs. 2 Satz 1 GmbHG im Erhöhungsbeschluss die Übernahmeberechtigten stets genau zu bestimmen.

Es ist zulässig, die Gesellschafter abweichend von ihrer bisherigen Beteiligungsquote zur Übernahme 722
der neuen Einlagen zuzulassen. Auch Dritten kann das Übernahmerecht eingeräumt werden. In
diesen Fällen werden Altgesellschafter teilweise oder vollständig von der Übernahme der neuen Einlagen ausgeschlossen. Ein solcher **Bezugsrechtsausschluss** kann nur mit satzungsändernder Mehrheit

---

1011 Lutter/Hommelhoff/*Bayer*, § 3 Rn. 16; Roth/Altmeppen/*Roth*, § 55 Rn. 34; *Wicke*, § 55 Rn. 9; a.A.
     Meister, NZG 2008, 767, 769.
1012 Vgl. BGHZ 63, 116.
1013 Lutter/Hommelhoff/*Bayer*, § 55 Rn. 15.
1014 Vgl. auch die Muster von Meyer-Landrut/*Habighorst*, F. Rn. 113 und 121.
1015 Scholz/*Priester/Tebben*, § 55 Rn. 41; Baumbach/Hueck/*Servatius*, § 55 Rn. 21; *Wicke*, § 55 Rn. 11;
     ähnlich Roth/Altmeppen/*Roth*, § 55 Rn. 28.
1016 Rowedder/Schmidt-Leithoff/*Schnorbus*, § 55 Rn. 35; UHL/*Ulmer/Casper*, § 55 Rn. 45, 51 ff.

beschlossen werden.[1017] Zum Teil wird verlangt, dass die Beschlussfassung über einen Bezugsrechtsausschluss nicht nur als Teil der Tagesordnung gem. § 51 Abs. 2 GmbHG angekündigt wird, sondern den Gesellschaftern analog § 186 Abs. 4 Satz 2 AktG auch eine schriftliche Begründung mit weiteren Informationen zum vorgesehenen Ausgabebetrag zugänglich gemacht wird.[1018] Inhaltlich setzt ein Bezugsrechtsausschluss voraus, dass er zur Erreichung eines berechtigten Interesses der Gesellschaft erforderlich und verhältnismäßig ist.[1019] Dies kann etwa dann der Fall sein, wenn die Gesellschaft ein besonderes Interesse an der Sacheinlage hat, die nur der zur Übernahme zugelassene Dritte der Gesellschaft verschaffen kann, oder wenn der Bezugsrechtsausschluss Voraussetzung ist für den Eintritt eines neuen Gesellschafters, der die Sanierung der Gesellschaft übernehmen soll oder eine wichtige Kooperation mit anderen Unternehmen eröffnen kann.

3. Übernahmeerklärung

723 Ein Kapitalerhöhungsbeschluss kann nur dann durchgeführt werden, wenn die neuen Geschäftsanteile auch von den dazu Zugelassenen übernommen werden. Dazu ist eine notariell beurkundete oder beglaubigte **Übernahmeerklärung** erforderlich, § 55 Abs. 1 GmbHG.

724 Die Übernahmeerklärung muss neben einer Verpflichtung des Übernehmers, eine Einlage und ein etwa festgesetztes Aufgeld zu leisten, den Nennbetrag des übernommenen Geschäftsanteils bezeichnen, § 55 Abs. 2 Satz 2 GmbHG, sinnvollerweise auch dessen laufende Nummer.[1020]

725 Sieht der Gesellschaftsvertrag **Nebenverpflichtungen**, insbesondere Nachschusspflichten, der Gesellschafter vor und tritt ein neuer Gesellschafter durch Übernahme eines neuen Geschäftsanteils aus einer Kapitalerhöhung in die Gesellschaft ein, muss die Übernahmeerklärung gem. § 55 Abs. 2 Satz 2 GmbHG auch diese Verpflichtungen bezeichnen.

726 ▶ Formulierungsbeispiel Übernahmeerklärung[1021]

Ich übernehme hiermit den gemäß Gesellschafterbeschluss vom ..... auszugebenden neuen Geschäftsanteil Nr. 3 im Nennbetrag von 12.500 EUR, zu dessen Übernahme ich zugelassen wurde, und verpflichte mich, die Einlage sofort in bar zu erbringen.

727 Wenn der Kapitalerhöhungsbeschluss im Wege einer Niederschrift über Willenserklärungen gem. §§ 8 ff. BeurkG beurkundet wird, kann die Übernahmeerklärung in der Niederschrift mitbeurkundet werden. Wird die Niederschrift über die Gesellschafterversammlung hingegen nach §§ 36 ff. BeurkG errichtet, ist die Übernahmeerklärung gesondert zu beurkunden bzw. zu beglaubigen.[1022]

728 Ein **Bevollmächtigter** kann wegen des Schutzzwecks des § 55 Abs. 1 GmbHG die Übernahmeerklärung nur aufgrund einer notariell beurkundeten oder beglaubigten Vollmacht abgeben.[1023]

729 Wenn für einen **Minderjährigen** ein Geschäftsanteil aus der Kapitalerhöhung übernommen werden soll, stellt sich die Frage, ob die Genehmigung des Familiengerichtes erforderlich ist.[1024] Für die Beteiligung an der Gründung einer GmbH wird vertreten, dass diese dem entgeltlichen Erwerb eines Erwerbsgeschäftes gleichstehe und deshalb nach § 1822 Nr. 3 BGB der Genehmigung des

---

1017 Lutter/Hommelhoff/*Bayer*, § 55 Rn. 22 f.; Scholz/*Priester/Tebben*, § 55 Rn. 61; weitergehend Baumbach/Hueck/*Servatius*, § 55 Rn. 25a: zusätzlich 3/4 Kapitalmehrheit erforderlich.
1018 So Baumbach/Hueck/*Servatius*, § 55 Rn. 25b; Heckschen/Heidinger/*Heidinger/Blath*, Kapitel 10 Rn. 60; Lutter/Hommelhoff/*Bayer*, § 55 Rn. 21; differenzierend Scholz/*Priester/Tebben*, § 55 Rn. 61a.
1019 Allg. M., vgl. nur Lutter/Hommelhoff/*Bayer*, § 55 Rn. 24 m.w.N.
1020 Lutter/Hommelhoff/*Bayer*, § 55 Rn. 39.
1021 Vgl. auch das Muster von Meyer-Landrut/*Habighorst*, F. Rn. 132.
1022 Lutter/Hommelhoff/*Bayer*, § 55 Rn. 34.
1023 BayObLG v. 20.02.2002 – 3Z BR 30/02 = GmbHR 2002, 497; Michalski/*Hermanns*, § 55 Rn. 69; Lutter/Hommelhoff/*Bayer*, § 55 Rn. 34.
1024 Zur Frage, ob die Stimmabgabe für den Minderjährigen als solche der familiengerichtlichen Genehmigung bedarf, s.o. Rdn. 669.

C. Kapitalmaßnahmen

Familiengerichtes bedürfe.[1025] Dies wird zum Teil auf den Eintritt eines Minderjährigen in eine GmbH durch Übernahme eines Geschäftsanteils aus einer Kapitalerhöhung übertragen.[1026] Eine andere Auffassung hält bei Eintritt in eine bestehende Gesellschaft § 1822 Nr. 3 BGB nur dann für anwendbar, wenn die Beteiligung nach Größe des Anteils, Art und Ausgestaltung der Gesellschaft und der Stellung des Gesellschafters wirtschaftlich einem Erwerbsgeschäft gleichkommt.[1027] Nach einer dritten Auffassung kommt § 1822 Nr. 3 BGB bei der Übernahme eines Geschäftsanteils aus einer Kapitalerhöhung von vornherein nicht in Betracht.[1028] Schließlich wird auch vertreten, die Genehmigung des Familiengerichts sei wegen § 1822 Nr. 10 BGB erforderlich.[1029] Für die Praxis ist die Unsicherheit in dieser Frage misslich. Durch die Eintragung der Kapitalerhöhung im Handelsregister würde eine mangels Genehmigung schwebend unwirksame Übernahme des Geschäftsanteils durch den Minderjährigen nicht geheilt. Zum Schutz des Minderjährigen sollen nicht einmal die Grundsätze des fehlerhaften Gesellschafterverhältnisses Anwendung finden.[1030] Selbst ein Negativattest des Familiengerichts, wonach eine familiengerichtliche Genehmigung nicht erforderlich sei, hilft im Fall des Falles nicht weiter, weil es nicht in Rechtskraft erwächst. Sicherheit wird nur erreicht, wenn das Familiengericht eine vorsorgliche Genehmigung erteilt.[1031]

Durch die Übernahmeerklärung und ihre Annahme kommt ein **Übernahmevertrag** zwischen Übernehmer und Gesellschaft zustande. Die Gesellschaft wird dabei nach allgemeiner Auffassung durch die Gesellschafter vertreten.[1032] Wenn der Übernehmer bereits Gesellschafter ist, stellt sich deshalb die Frage, ob **§ 181 BGB** dem Abschluss des Übernahmevertrages entgegensteht. Nach allgemeiner Meinung ist diese Frage zu verneinen, wenn kein Interessenkonflikt besteht, weil es sich bei dem Übernehmer um den Alleingesellschafter handelt[1033] oder weil sämtliche Gesellschafter im Verhältnis ihrer Beteiligungen an der Kapitalerhöhung teilnehmen.[1034] Auch § 35 Abs. 3 GmbHG steht in Fällen, in denen der Alleingesellschafter einziger Geschäftsführer ist, dem Abschluss des Übernahmevertrages nicht entgegen, weil dies kein Akt der Geschäftsführung ist.[1035] In anderen Fällen muss der Übernehmer durch Gesellschafterbeschluss für den Abschluss des Übernahmevertrages von den Beschränkungen des § 181 BGB befreit werden.[1036] Ebenfalls möglich ist es, dass die Gesellschafter durch Beschluss die Befugnis zur Annahme der Übernahmeerklärung der Geschäftsführung oder einem Gesellschafter zuweisen, der selbst nicht an der Kapitalerhöhung teilnimmt.[1037]

730

Probleme des § 181 BGB stellen sich auch im Hinblick auf die Vertretung eines minderjährigen Übernehmers, wenn dessen Eltern bereits Gesellschafter sind. Nach einer Auffassung ist in diesem Fall die Bestellung eines Ergänzungspflegers nach § 1909 BGB unumgänglich.[1038] Nach anderer

731

1025 Lutter/Hommelhoff/*Bayer,* § 2 Rn. 6; Baumbach/Hueck/*Fastrich,* § 2 Rn. 26 ff.
1026 So Lutter/Hommelhoff/*Bayer,* § 55 Rn. 36. Vgl. auch *Winkler,* ZGR 1990, 138 ff.
1027 *Reimann,* DNotZ 1999, 179, 191; *Bürger,* RNotZ 2006, 156, 167.
1028 Michalski/*Hermanns,* § 55 Rn. 78.
1029 Scholz/*Priester/Tebben,* § 55 Rn. 108.
1030 Vgl. *Bürger,* RNotZ 2006, 156, 168.
1031 Für die Zulässigkeit einer vorsorglichen Genehmigung OLG Düsseldorf JMBl. NRW 1960, 101; BayObLGZ 1963, 1.
1032 BGH DNotZ 1968, 567; Lutter/Hommelhoff/*Bayer,* § 55 Rn. 34.
1033 LG Berlin ZIP 1985, 1493.
1034 Lutter/Hommelhoff/*Bayer,* § 55 Rn. 38; Roth/Altmeppen/*Roth,* § 55 Rn. 17; *Baetzgen,* RNotZ 2005, 193, 196.
1035 LG Berlin ZIP 1985, 1493; Baumbach/Hueck/*Servatius,* § 55 Rn. 35; Roth/Altmeppen/*Roth,* § 55 Rn. 17.
1036 Lutter/Hommelhoff/*Bayer,* § 55 Rn. 38; a.A. *Baetzgen,* RNotZ 2005, 193, 196: § 181 BGB generell unanwendbar.
1037 BayObLG DNotZ 1978, 172; Scholz/*Priester/Tebben,* § 55 Rn. 75 ff. Vgl. zur Möglichkeit der Ermächtigung BGHZ 49, 117.
1038 Bestellung eines Ergänzungspflegers wird empfohlen von Baumbach/Hueck/*Servatius,* § 55 Rn. 36; Michalski/*Hermanns,* § 55 Rn. 77.

4. Kapitalaufbringung

732 Die Kapitalerhöhung kann erst dann zur Eintragung in das Handelsregister angemeldet werden, wenn sämtliche neuen Geschäftsanteile bzw. Aufstockungsbeträge übernommen und die Einlagen in der erforderlichen Höhe geleistet worden sind, § 57 Abs. 1 GmbHG. Mindestens müssen die Beträge gezahlt werden in der Höhe, wie sie nach § 7 Abs. 2 Satz 1 und Abs. 3 GmbHG auch bei der Gründung der Gesellschaft gezahlt sein müssen, also mindestens ein Viertel der jeweils übernommenen Einlage, § 56a GmbHG. Zum Volleinzahlungsgebot bei der Unternehmergesellschaft s.o. Rdn. 712. Nicht nötig ist, dass insgesamt mindestens die Hälfte des Erhöhungsbetrages eingezahlt worden ist, weil § 56a GmbHG nicht auf § 7 Abs. 2 Satz 2 GmbHG verweist.

733 Die Zahlung eines etwa vorgesehenen Agios ist keine Voraussetzung für die Anmeldung der Kapitalerhöhung.

a) Einzahlung zur freien Verfügung

734 Für die Kapitalaufbringung bei der Kapitalerhöhung gelten im Ausgangspunkt dieselben Grundsätze wie bei der Gründung der Gesellschaft (s.o. Rdn. 482 ff.). Ebenso wenig wie bei der Gründung der Gesellschaft muss die Einlage im Zeitpunkt der Anmeldung der Kapitalerhöhung noch gegenständlich im Vermögen der Gesellschaft vorhanden sein. Bei der Gründung muss allerdings die Einlage zu diesem Zeitpunkt[1040] wertmäßig noch vorhanden sein. Dieses sog. **Prinzip der wertgleichen Deckung** gilt bei der Kapitalerhöhung **nicht**. Der BGH ist im Jahr 2002 von seiner früheren Rechtsprechung[1041] abgerückt und hat festgestellt, dass bei einer Kapitalerhöhung die Bareinlage schon dann zur endgültig freien Verfügung der Geschäftsführung geleistet worden ist, wenn sie nach dem Kapitalerhöhungsbeschluss in ihren uneingeschränkten Verfügungsbereich gelangt und nicht an den Einleger zurückgeflossen ist.[1042] Es schadet also nicht, wenn die nach dem Erhöhungsbeschluss eingezahlte Einlage noch vor der Anmeldung der Kapitalerhöhung zum Handelsregister sowohl gegenständlich als auch wertmäßig (bilanziell) für Zwecke der Gesellschaft verbraucht worden ist (zur Versicherung der Geschäftsführer gegenüber dem Handelsregister in diesen Fällen s.u. Rdn. 745).

735 Hat der Übernehmer die Einlage auf ein **debitorisches Konto** der Gesellschaft gezahlt, so stellt sich die Frage, ob die Einzahlung überhaupt zur freien Verfügung der Geschäftsführer erfolgt ist. Der BGH lässt dafür genügen, dass trotz Verrechnung der Einlage mit dem Debetsaldo der Gesellschaft neue Liquidität in entsprechender Höhe zufließt, weil der Gesellschaft ein Rahmenkredit in entsprechender Höhe zusteht[1043] oder ihr zumindest (stillschweigend) in dieser Höhe Verfügungen über den vereinbarten Kreditrahmen hinaus gestattet werden.[1044]

736 Fragen des **Hin- und Herzahlens** sind bei der Kapitalerhöhung ebenso zu bewerten wie bei der Gründung der Gesellschaft (dazu oben Rdn. 555 ff.). Insbesondere gilt § 19 Abs. 5 GmbHG, der für die Gründung das »ordnungsgemäße« Hin- und Herzahlen regelt, gem. § 56a GmbHG bei der Kapitalerhöhung entsprechend.

1039 Michalski/*Hermanns*, § 55 Rn. 77; Scholz/*Priester*/*Tebben*, § 55 Rn. 76; Lutter/Hommelhoff/*Bayer*, § 55 Rn. 38.
1040 Nach verbreiteter Auffassung muss die wertgleiche Deckung auch im Zeitpunkt der Eintragung der neuen Gesellschaft noch gegeben sein, vgl. Roth/Altmeppen/*Altmeppen*, § 9c Rn. 12 f.
1041 BGH GmbHR 1993, 225.
1042 BGH v. 18.03.2002 – II ZR 363/00 = DNotZ 2002, 808.
1043 BGH DNotZ 1991, 824; DNotZ 1997, 495.
1044 BGH v. 08.11.2004 – II ZR 350/02 = DNotZ 2005, 312; strenger noch BGH v. 18.03.2002 – II ZR 363/00 = DNotZ 2002, 808.

C. Kapitalmaßnahmen

b) Voreinzahlung

Wie bei der Gründung der Gesellschaft[1045] ist es auch bei einer Kapitalerhöhung problematisch, wenn die Einlage schon vor Entstehen der Einlageverpflichtung gezahlt worden ist, also vor dem Kapitalerhöhungsbeschluss (**Voreinzahlung**). Immerhin besteht im Falle der Kapitalerhöhung, anders als bei der Gründung, die Gesellschaft zum Zeitpunkt der Voreinzahlung bereits. Nach allgemeiner Auffassung sind die vorab erbrachten Einlagen daher schuldtilgend geleistet, wenn sie zum Zeitpunkt des Kapitalerhöhungsbeschlusses noch als solche im Vermögen der Gesellschaft vorhanden sind.[1046] Wurde allerdings die Zahlung auf ein debitorisches Konto erbracht, kommt der Voreinzahlung nach Auffassung des BGH keine schuldtilgende Wirkung zu, und zwar unabhängig davon, ob die Bank der Gesellschaft im Gegenzug eine entsprechend erhöhte Kreditlinie einräumt oder nicht.[1047] Damit sind die Anforderungen an eine Voreinzahlung strenger als eine Einzahlung, die erst nach dem Kapitalerhöhungsbeschluss erfolgt. Bei einer Einzahlung erst nach dem Kapitalerhöhungsbeschluss muss die Einlage nämlich nicht gegenständlich zur Verfügung der Gesellschaft stehen, sondern es genügt, dass die Einlage das Vermögen der Gesellschaft wertmäßig erhöht hat und in Form von Liquidität der Gesellschaft zur Verfügung steht.[1048]

737

Lediglich in den sog. **Sanierungsfällen** kommt einer Voreinzahlung nach Auffassung des BGH auch dann schuldtilgende Wirkung zu, wenn sie zum Zeitpunkt des Kapitalerhöhungsbeschlusses bereits verbraucht ist.[1049] Die Anforderungen dafür sind aber sehr streng. Zusammengefasst ist dafür erforderlich, dass

738

– die Voreinzahlung eindeutig als solche gekennzeichnet ist,
– zum Zeitpunkt der Voreinzahlung die Beschlussfassung über die Kapitalerhöhung bereits in die Wege geleitet ist und alsdann mit aller gebotenen Beschleunigung nachgeholt wird,
– ein akuter Sanierungsfall vorliegt,
– andere Maßnahmen (insbesondere Einzahlung in die Kapitalrücklage) nicht in Betracht kommen und
– die Rettung der objektiv sanierungsfähigen Gesellschaft scheitern würde, falls die übliche Reihenfolge der Durchführung der Kapitalerhöhungsmaßnahme beachtet werden müsste.

Dabei lässt die Entscheidung des BGH deutlich erkennen, dass er an jedes dieser Kriterien hohe Anforderungen stellt. Insbesondere haben Voreinzahlungen keine Erfüllungswirkungen, wenn sie die drohende Zahlungsunfähigkeit oder drohende Überschuldung nicht beseitigen oder das im Zusammenhang mit der Sanierung entwickelte Unternehmenskonzept nicht auf Dauer tragfähig ist. Scheitert die Sanierung, so kommt der Voreinzahlung folglich keine schuldtilgende Wirkung zu. In der Praxis ist daher auch in Sanierungsfällen von Voreinzahlungen dringend abzuraten.

739

c) Verdeckte Sacheinlage

Ebenso wie bei der Bargründung kann sich auch bei einer Kapitalerhöhung gegen Bareinlagen die Problematik der verdeckten Sacheinlage stellen. Vgl. dazu oben Rdn. 532 ff.

740

5. Handelsregisteranmeldung

Die Kapitalerhöhung ist von sämtlichen Geschäftsführern zum Handelsregister anzumelden, § 78 GmbHG.[1050] Es reicht also nicht aus, wenn die Handelsregisteranmeldung nur von Geschäftsfüh-

741

1045 S.o. Rdn. 485.
1046 BGH v. 15.03.2004 – II ZR 210/01 = DNotZ 2004, 867; BGH v. 18.09.2000 – II ZR 365/98 = DNotZ 2001, 154 (bei der Sacheinlage).
1047 BGH v. 26.06.2006 – II ZR 43/05 = DNotZ 2007, 138; BGH v. 15.03.2004 – II ZR 210/01 = DNotZ 2004, 867.
1048 Vgl. oben Rdn. 734 ff.
1049 BGH v. 26.06.2006 – II ZR 43/05 = DNotZ 2007, 138.
1050 Gesamtmuster Meyer-Landrut/*Habighorst*, F. Rn. 145.

rern in vertretungsberechtigter Anzahl unterzeichnet ist, obwohl noch weitere Geschäftsführer vorhanden sind. Zur Mindesteinzahlung im Zeitpunkt der Handelsregisteranmeldung s.o. Rdn. 732. Mit anzumelden ist die Anpassung des Satzungstextes an die neue Stammkapitalziffer, wobei diese Änderung gem. §§ 54 Abs. 1, 10 GmbHG schlagwortartig zu bezeichnen ist.

742 Der Anmeldung der Barkapitalerhöhung sind als **Anlage** beizufügen:
- Ausfertigung oder beglaubigte Abschrift der Niederschrift über den Kapitalerhöhungsbeschluss;
- falls nicht in der Urkunde über den Kapitalerhöhungsbeschluss enthalten: die Übernahmeerklärungen in Urschrift oder beglaubigter Abschrift, § 57 Abs. 3 Nr. 1 GmbHG; dabei müssen die Übernahmeerklärungen nicht mit der Annahmeerklärung der Gesellschaft versehen sein;[1051]
- eine von allen Geschäftsführern unterschriebene **Liste der Übernehmer** (Name, Vorname, Geburtsdatum und Wohnort des jeweiligen Übernehmers, bei eingetragenen Gesellschaften deren Firma, Satzungssitz, zuständiges Register und Registernummer, bei nicht eingetragenen Gesellschaften deren jeweilige Gesellschafter unter einer zusammenfassenden Bezeichnung mit Name, Vorname, Geburtsdatum und Wohnort) sowie der Nennbeträge der von ihnen übernommenen Geschäftsanteile, § 57 Abs. 3 Nr. 2 GmbHG, im Falle der Aufstockung bestehender Geschäftsanteile der nominalen Aufstockungsbeträge;[1052] die Angabe der laufenden Nummern der übernommenen Geschäftsanteile ist sinnvoll, aber nicht zwingend, da in § 57 Abs. 3 Nr. 2 GmbHG nicht erwähnt;[1053]
- vollständiger Wortlaut der Satzung mit Notarbestätigung gem. § 54 Abs. 1 Satz 2 GmbHG.

743 Ein **Einzahlungsbeleg** ist grundsätzlich nicht beizufügen. Das Registergericht kann nur bei erheblichen Zweifeln an der Richtigkeit der Geschäftsführer über die Einlageleistung weitere Nachweise, insbesondere Einzahlungsbelege, verlangen, §§ 57 Abs. 2 Satz 2, 8 Abs. 2 Satz 2 GmbHG.

744 Zur Frage, ob der Handelsregisteranmeldung auch eine neue **Gesellschafterliste** beizufügen ist, s.u. Rdn. 750.

745 Gem. § 57 Abs. 2 GmbHG haben die Anmeldenden (also sämtliche Geschäftsführer, § 78 GmbHG) die **Versicherung** abzugeben, dass die Einlagen auf das neue Stammkapital nach § 7 Abs. 2 Satz 1 und Abs. 3 GmbHG bewirkt sind und dass der Gegenstand der Leistungen sich endgültig in der freien Verfügung der Geschäftsführer befindet. Der Gesetzeswortlaut spiegelt damit noch die frühere Rechtslage wider, nach der die eingezahlten Einlagen bis zur Eintragung der Kapitalerhöhung zumindest wertmäßig der Gesellschaft noch verbleiben mussten. Dieses Prinzip der wertgleichen Deckung hat der BGH aufgegeben.[1054] Der nach dem Kapitalerhöhungsbeschluss eingezahlte Erhöhungsbetrag darf schon im Zeitpunkt der Anmeldung der Kapitalerhöhung wieder verbraucht worden sein. Entscheidend ist nur, dass er nicht an den Einleger zurückgeflossen ist. Nach der Entscheidung des BGH aus dem Jahr 2002 ist daher auch nur dies zu versichern.[1055]

746 ▶ Formulierungsbeispiel Versicherung über Einlageleistung (Regelfall):

Ich versichere hiermit als alleiniger Geschäftsführer der Gesellschaft, dass die Einlagen auf das neue Stammkapital von den Übernehmern, Herrn ....., geboren am ....., wohnhaft ....., und Herrn ....., geboren am ....., wohnhaft ....., jeweils in voller Höhe von 12.500 EUR, insgesamt also in Höhe von 25.000 EUR, (*alternativ:* jeweils zur Hälfte in Höhe von 6.250 EUR, insgesamt also in Höhe von 12.500 EUR) in bar der Geschäftsführung für die Zwecke der Gesellschaft zur endgültig freien Verfügung eingezahlt und auch in der Folge nicht an die Übernehmer zurückgezahlt worden sind.

1051 Roth/Altmeppen/*Roth*, § 57 Rn. 8.
1052 BayObLG v. 20.02.2002 – 3Z BR 30/02 = GmbHR 2002, 497.
1053 Die Gesellschafterliste nach § 40 GmbHG muss allerdings die laufenden Nummern der Geschäftsanteile enthalten.
1054 Vgl. oben Rdn. 734.
1055 BGH v. 18.03.2002 – II ZR 363/00 = DNotZ 2002, 808.

Durch das MoMiG hat sich die Rechtslage nochmals geändert. Selbst wenn die Einlage an den Einleger zurückgeflossen ist, hindert dies nach neuem Recht die Erfüllung der Einlagenpflicht nicht, wenn der Gesellschaft ein vollwertiger Anspruch auf Rückzahlung der Einlage zusteht, der fällig ist oder von der Gesellschaft durch Kündigung fristlos fällig gestellt werden kann, § 19 Abs. 5 Satz 1 GmbHG (»ordnungsgemäßes« Hin- und Herzahlen). Liegt ein entsprechender Fall vor, muss der Geschäftsführer in seiner Versicherung gegenüber dem Handelsregister das Hin- und Herzahlen offenlegen, § 56a GmbHG i.V.m. § 19 Abs. 5 Satz 2 GmbHG. 747

▶ Formulierungsbeispiel Versicherung über Einlageleistung (Rückzahlung an Einleger): 748
.....in bar der Geschäftsführung für die Zwecke der Gesellschaft zur endgültig freien Verfügung eingezahlt worden sind. Es wurde sodann die Einlage wieder an den Übernehmer zurückgezahlt. Ich versichere, dass der Gesellschaft ein vollwertiger und jederzeit fälliger Anspruch auf Rückzahlung der Einlage gegen den Übernehmer zusteht.

Hat ein Inferent in der Kapitalerhöhung mehrere Geschäftsanteile zugleich übernommen und die Einlagen nicht in voller Höhe eingezahlt, muss die Versicherung erkennen lassen, welcher Betrag auf welchen Geschäftsanteil eingezahlt worden ist. Nur so kann das Registergericht prüfen, ob das Erfordernis aus §§ 56a, 7 Abs. 2 Satz 1 GmbHG erfüllt ist (mindestens ein Viertel des Nennbetrags jedes Geschäftsanteils).[1056] 749

6. Gesellschafterliste

Gem. § 40 Abs. 2 GmbHG hat der Notar, der an einer Veränderung in den Personen der Gesellschafter oder des Umfangs ihrer Beteiligung mitgewirkt hat, eine neue **Gesellschafterliste** zum Handelsregister einzureichen und der Gesellschaft eine Abschrift hiervon zu übersenden, § 40 Abs. 2 Satz 1 GmbHG.[1057] Er muss die Liste mit der Bescheinigung versehen, dass die geänderten Eintragungen den Veränderungen entsprechen, an denen er mitgewirkt hat, und die übrigen Eintragungen mit der zuletzt im Handelsregister aufgenommenen Liste übereinstimmen, § 40 Abs. 2 Satz 2 GmbHG. Eine solche Veränderung liegt auch im Falle einer Kapitalerhöhung vor, und zwar unabhängig davon, ob Altgesellschafter daran beteiligt sind oder ein neuer Gesellschafter durch Übernahme eines Geschäftsanteils aus der Kapitalerhöhung in die Gesellschaft eintritt.[1058] 750

Die Einreichungspflicht trifft den **Notar**, der den Kapitalerhöhungsbeschluss beurkundet sowie die Handelsregisteranmeldung beglaubigt und zum Handelsregister eingereicht hat. Hat ein Notar den Beschluss beurkundet und ein anderer Notar die Handelsregisteranmeldung beglaubigt und eingereicht, so wird man nur den die Anmeldung einreichenden Notar als verpflichtet ansehen können, weil erst die Anmeldung zur Eintragung und damit Wirksamkeit der Kapitalerhöhung führt.[1059] 751

Nach der gesetzlichen Regelung ist die neue Gesellschafterliste »**unverzüglich** nach dem Wirksamwerden« der Veränderung einzureichen. Damit steht fest, dass der Notar die Liste unverzüglich einzureichen hat, wenn er von der Eintragung der Kapitalerhöhung im Handelsregister erfährt. Umstritten ist, ob die Einreichung der geänderten Liste bereits zusammen mit der Handelsregisteranmeldung zulässig ist. Zum Teil wird dies verneint, weil zu diesem Zeitpunkt die Kapitalerhöhung noch nicht wirksam sei.[1060] Wenn aber zur Wirksamkeit der Kapitalerhöhung nur noch die Eintragung im Handelsregister fehlt, spricht nichts dagegen, die Gesellschafterliste bereits mit der Handelsregisteran- 752

1056 OLG Hamm v. 24.03.2011 – T-15 W 684/10 = GmbHR 2011, 652 (für die Gründung einer GmbH).
1057 Muster: Meyer-Landrut/*Habighorst*, F. Rn. 155.
1058 Lutter/Hommelhoff/*Bayer*, § 40 Rn. 34; OLG München v. 07.07.2010 – 31 Wx 073/10, GmbHR 2010, 921 = DNotZ 2011, 63.
1059 *Tebben*, RNotZ 2008, 441, 452.
1060 Lutter/Hommelhoff/*Kleindiek*, § 57i Rn. 7; *Wachter*, ZNotP 2008, 378, 388, Fn. 50; Heckschen/Heidinger/*Heidinger*, Kapitel 13 Rn. 436.

meldung einzureichen.[1061] Selbst wenn dies in der Handelsregisteranmeldung nicht ausdrücklich ausgesprochen wird, ergibt sich doch aus dem Zusammenhang, dass die neue Liste erst dann in das Handelsregister aufgenommen werden soll, wenn die Eintragung der Kapitalerhöhung erfolgt ist. Den Eintritt dieser Bedingung kann das Registergericht ohne Weiteres selbst feststellen. Wer ein »erhebliches Risiko« sieht, dass die Liste versehentlich verfrüht oder gar nicht im Register aufgenommen wird[1062], tut den Registergerichten unrecht.

753 An die Gesellschaft sollte die Abschrift der neuen Gesellschafterliste allerdings zur Vermeidung von Missverständnissen erst dann geschickt werden, wenn die Kapitalerhöhung durch Handelsregistereintragung wirksam geworden ist.

7. Anzeigepflicht gegenüber dem Finanzamt

754 § 54 EStDV verpflichtet die Notare, dem nach § 20 AO zuständigen Finanzamt (Körperschaftsteuerstelle) eine beglaubigte Abschrift aller Urkunden zu übersenden, die eine Kapitalerhöhung oder -herabsetzung zum Gegenstand haben. Die Abschrift ist spätestens 2 Wochen nach Beurkundung einzureichen. Den Beteiligten dürfen die Urschrift, eine Ausfertigung oder beglaubigte Abschrift der Urkunde erst ausgehändigt werden, wenn die Abschrift der Urkunde an das Finanzamt abgesandt ist.

II. Kapitalerhöhung gegen Sacheinlagen

1. Beschluss der Gesellschafterversammlung

755 Für die Kapitalerhöhung gegen Sacheinlagen gelten zunächst die allgemeinen Regelungen zur Kapitalerhöhung gegen Einlagen (s.o. Rdn. 707 ff.).

756 Sollen die Einlagen nicht in Geld erbracht werden, sondern durch Sachleistungen, muss im Kapitalerhöhungsbeschluss **festgesetzt** werden, was als Sacheinlage zu leisten ist und auf welchen Nennbetrag sich diese Einlage bezieht, § 56 Abs. 1 GmbHG. Nach Auffassung des BGH genügt es dabei, wenn sich die Festsetzung der Sacheinlage aus der Übernahmeerklärung ergibt, die mit dem Erhöhungsbeschluss in einer Urkunde zusammengefasst ist.[1063] Ferner muss festgesetzt werden, wer zur Übernahme des Erhöhungsbetrages und zur Leistung der Sacheinlage zugelassen wird.[1064] Häufig wird dabei auch ein Bezugsrechtsausschluss nötig sein (vgl. dazu oben Rdn. 722). Wegen der Frage, welche Vermögenswerte **sacheinlagefähig** sind und wie diese bewertet werden, s. die Ausführungen zur Sachgründung, Rdn. 505 ff.

757 Anders als bei Gründung der Gesellschaft mit Sacheinlagen ist es bei der Sachkapitalerhöhung nicht erforderlich, dass die Sacheinlage auch im Gesellschaftsvertrag festgesetzt wird (für die Sachgründung vgl. § 5 Abs. 4 Satz 1 GmbHG).[1065]

758 Unzulässig ist eine Sachkapitalerhöhung bei einer **Unternehmergesellschaft**, sofern ihr Stammkapital auf einen Betrag von weniger als 25.000 € erhöht wird, § 5a Abs. 2 Satz 2 GmbHG. Erreicht die Gesellschaft durch die Erhöhung hingegen das Mindeststammkapital einer regulären GmbH, kann dafür auch eine Sacheinlage festgesetzt werden, vgl. § 5a Abs. 5 GmbHG.[1066]

1061 Scholz/*Priester/Tebben*, § 57 Rn. 18a; Roth/Altmeppen/*Roth*, § 57 Rn. 8; *Wicke*, § 57 Rn. 5; Kersten/Bühling/*Kanzleiter/Cziupka/M. Wachter*, § 144 Rn. 103; *Herrler*, DNotZ 2008, 903, 910 f., 915; Krafka, Registerrecht, Rn. 1051a.
1062 So Lutter/Hommelhoff/*Kleindiek,* § 57i Rn. 7.
1063 BGH v. 05.11.2007 – II ZR 268/06 = GmbHR 2008, 207.
1064 Baumbach/Hueck/*Servatius*, § 56 Rn. 10.
1065 Roth/Altmeppen/*Roth*, § 56 Rn. 2; OLG Frankfurt am Main DNotZ 1964, 423.
1066 BGH v. 19.04.2011 – II ZB 25/10 = GmbHR 2011, 699, mit umfangreichen Nachweisen zum Streitstand.

C. Kapitalmaßnahmen

▶ **Formulierungsvorschlag Beschluss Sachkapitalerhöhung:**[1067]   759

1. Das Stammkapital der Gesellschaft wird erhöht von 25.000 EUR um 12.500 EUR auf 37.500 EUR, und zwar durch Bildung eines neuen Geschäftsanteils im Nennbetrag von 12.500 EUR mit der Nr. 3.
2. Zur Übernahme des neuen Geschäftsanteils Nr. 3 von 12.500 EUR wird zugelassen: Herr ....., geboren am ....., wohnhaft.....
3. Die Einlage auf den neuen Geschäftsanteil von 12.500 EUR ist nicht in bar zu erbringen, sondern als Sacheinlage sofort in voller Höhe. Gegenstand der Sacheinlage ist eine Darlehensforderung in Höhe von 12.500 EUR, die dem Übernehmer gegen die Gesellschaft zusteht. Diese Forderung ist in den Büchern der Gesellschaft ausgewiesen, fällig, unbestritten, liquide und vollwertig.
4. § 4 des Gesellschaftsvertrages wird wie folgt neu gefasst:
»§ 4 Stammkapital
Das Stammkapital der Gesellschaft beträgt 37.500 EUR.«

2. Übernahmeerklärung

Der Gegenstand der Sacheinlage und der Nennbetrag des Geschäftsanteils, auf den sich die Sach-   760
einlage bezieht, müssen auch in der **Übernahmeerklärung** nach § 55 Abs. 1 GmbHG angegeben werden, § 56 Abs. 1 Satz 2 GmbHG.[1068] Häufig enthält die Übernahmeerklärung auch die Erklärungen des Übernehmers, die zur Erfüllung der Einageverpflichtung, d.h. zur Leistung der Sacheinlage erforderlich sind, insbesondere zur Abtretung bzw. Übereignung des Gegenstands der Sacheinlage an die Gesellschaft.

▶ **Formulierungsbeispiel Übernahmeerklärung bei Sachkapitalerhöhung mit Einlageleis-**   761
tung:[1069]

Ich übernehme hiermit den gemäß Gesellschafterbeschluss vom ..... auszugebenden neuen Geschäftsanteil Nr. 3 von 12.500 EUR, zu dessen Übernahme ich zugelassen wurde. Als Sacheinlage ist eine Darlehensforderung in Höhe von 12.500 EUR, die mir gegen die Gesellschaft zusteht, festgesetzt. Ich verpflichte mich, die Einlage gemäß dem vorbezeichneten Erhöhungsbeschluss in voller Höhe als Sacheinlage zu erbringen.

Ich trete hiermit zur Erbringung der Sacheinlage meine Darlehensforderung von 12.500 EUR gegen die Gesellschaft an die Gesellschaft ab.

Falls die Übertragung des Sacheinlagegegenstandes besonderen Formvorschriften unterliegt, müssen   762
diese bei der Erbringung der Sacheinlage beachtet werden. Ist Grundbesitz als Sacheinlage festgesetzt, ist daher gem. §§ 311b Abs. 2, 925 BGB die notarielle Beurkundung des Einbringungsvertrages erforderlich.[1070] Gleiches gilt nach § 15 Abs. 3 und 4 GmbHG bei der Leistung von GmbH-Geschäftsanteilen als Sacheinlage.

3. Handelsregisteranmeldung

Die Sacheinlagen müssen vor Anmeldung der Gesellschaft **vollständig** erbracht worden sein, §§ 56a,   763
7 Abs. 2 Satz 1, Abs. 3 GmbHG. Dies haben die anmeldenden Geschäftsführer gem. § 57 Abs. 2 GmbHG gegenüber dem Handelsregister zu versichern (Einzelheiten zur Versicherung der Geschäftsführer oben Rdn. 745 ff.).

Ist als Sacheinlage ein Grundstück in die Gesellschaft einzubringen, so stellt sich die Frage, ob die   764
Sachkapitalerhöhung erst dann angemeldet werden kann, wenn die Gesellschaft als neuer Eigen-

---

1067 Vgl. auch das Muster von Meyer-Landrut/*Habighorst*, F. Rn. 158.
1068 Einzelheiten zur Übernahmeerklärung oben Rdn. 723 ff.
1069 Vgl. auch das Muster von Meyer-Landrut/*Habighorst*, F. Rn. 163.
1070 Muster für eine Übernahmeerklärung mit einem Grundstück als Sacheinlage: Kersten/Bühling/*Kanzleiter/Cziupka/M. Wachter*, § 144 Rn. 135 M.

tümer im Grundbuch eingetragen worden ist. Nach verbreiteter Auffassung reicht schon eine bindende Einigung (§§ 873 Abs. 2, 925 BGB) zusammen mit der Eintragungsbewilligung und dem rangwahrenden Eintragungsantrag der Gesellschaft.[1071]

765 Der Handelsregisteranmeldung müssen neben den oben Rdn. 742 bezeichneten Unterlagen auch die **Verträge** beigefügt werden, die den Festsetzungen zur Sacheinlage zugrunde liegen oder zu ihrer Ausführung geschlossen worden sind, § 57 Abs. 3 Nr. 3 GmbHG. Damit sind sämtliche Schriftstücke gemeint, die vertragliche Vereinbarungen über die Erbringung der Sacheinlagen betreffen, also sowohl das schuldrechtliche Grund- als auch das dingliche Erfüllungsgeschäft.[1072]

766 Zur Frage, wann eine neue **Gesellschafterliste** zum Handelsregister einzureichen ist, s.o. Rdn. 752.

767 Einen besonderen **Bericht über die Sachkapitalerhöhung**, vergleichbar dem bei einer Sachgründung gem. § 8 Abs. 1 Nr. 5 GmbHG erforderlichen Sachgründungsbericht, müssen die Gesellschafter nach herrschender Auffassung bei der Sachkapitalerhöhung nicht aufstellen.[1073] Allerdings ist es empfehlenswert, dem Handelsregister Unterlagen vorzulegen, aus denen sich die Werthaltigkeit der Sacheinlage ergibt. Das Registergericht muss nämlich gem. §§ 57a, 9c Abs. 1 Satz 2 GmbHG prüfen, ob wegen einer nicht unwesentlichen Überbewertung der Sacheinlage die Eintragung der Kapitalerhöhung abzulehnen ist. Es kann deshalb im Rahmen seiner Prüfung im Einzelfall auch einen Bericht über die Sachkapitalerhöhung verlangen.[1074] Im Falle der Einbringung eines Grundstücks wird der Wertnachweis regelmäßig durch ein Sachverständigengutachten geführt.[1075] Bei der Einbringung von Unternehmen kann der Wert durch eine geprüfte oder zumindest von einem Steuerberater oder Wirtschaftsprüfer bescheinigte Bilanz des Unternehmens belegt werden. In der Regel akzeptieren die Registergerichte auch Werthaltigkeitsbescheinigungen von Steuerberatern oder Wirtschaftsprüfern.[1076]

768 Falls Gegenstand einer Sachkapitalerhöhung ein Grundstück oder eine Beteiligung an einer grundbesitzhaltenden Gesellschaft ist, muss der Notar dies dem zuständigen **Finanzamt** (Grunderwerbsteuerstelle) gem. § 18 Abs. 2 GrEStG unter Übersendung einer einfachen Abschrift der Übernahmeerklärung und des Einbringungsvertrages anzeigen. Zur Anzeigepflicht des Notars gegenüber dem Finanzamt (Körperschaftsteuerstelle) nach § 54 Abs. 1 EStDV s.o. Rdn. 754.

III. Kapitalerhöhung aus Gesellschaftsmitteln

769 Eine Kapitalerhöhung ist auch in der Weise möglich, dass keine Einlagen erbracht, sondern **Rücklagen** in Stammkapital umgewandelt werden, § 57c GmbHG (Kapitalerhöhung aus Gesellschaftsmitteln). Dadurch wird der Gesellschaft kein neues Kapital zugeführt, sondern bereits in Form von Rücklagen vorhandenes, ausschüttungsfähiges Eigenkapital den Bindungen unterstellt, die die §§ 30, 31 GmbHG für Stammkapital vorsehen.

770 Für die Kapitalerhöhung gelten im Ausgangspunkt die allgemeinen Regelungen zur Kapitalerhöhung (s.o. Rdn. 707 ff.). Die §§ 57c bis 57o GmbHG enthalten darüber hinaus detaillierte Sonderregelungen für die Kapitalerhöhung aus Gesellschaftsmitteln.

1071 Lutter/Hommelhoff/*Bayer*, § 7 Rn. 17; Baumbach/Hueck/*Servatius*, § 7 Rn. 14; Michalski/*Tebben*, § 7 Rn. 42 ff.; *Priester*, DNotZ 1980, 523; a.A. (Eintragung im Grundbuch erforderlich) Scholz/*Veil*, § 7 Rn. 43 m.w.N.
1072 Roth/Altmeppen/*Altmeppen*, § 8 Rn. 6.
1073 OLG Köln GmbHR 1996, 682; Baumbach/Hueck/*Servatius*, § 56 Rn. 17; Roth/Altmeppen/*Roth*, § 57 Rn. 8; Michalski/*Hermanns*, § 56 Rn. 64; a.A. (Sachkapitalerhöhungsbericht obligatorisch) Scholz/*Priester/Tebben*, § 56 Rn. 39; offen BayObLG DNotZ 1995, 232. Muster eines Sachkapitalerhöhungsberichts: Meyer-Landrut/*Habighorst*, F. Rn. 170.
1074 OLG Stuttgart GmbHR 1982, 109; OLG Thüringen GmbHR 1994, 710; Michalski/*Hermanns*, § 56 Rn. 64.
1075 BayObLG DNotZ 1995, 232.
1076 Muster: Meyer-Landrut/*Habighorst*, F. Rn. 174.

C. Kapitalmaßnahmen

Es ist zulässig, eine Kapitalerhöhung gegen Einlagen mit einer Kapitalerhöhung aus Gesellschaftsmitteln zeitlich zu **verbinden**. Dazu können die Gesellschafter in einer Gesellschafterversammlung zwei getrennte Kapitalerhöhungsbeschlüsse fassen. Die Beschlüsse müssen eine zeitliche Reihenfolge der Maßnahmen angeben, die beim weiteren Vollzug auch eingehalten werden muss. Nicht möglich ist dagegen nach h.M. ein einheitlicher Kapitalerhöhungsbeschluss, der eine Erhöhung teils gegen Einlagen und teils aus Gesellschaftsmitteln vorsieht.[1077] Nach anderer Auffassung ist ein solcher gemischter Beschluss zulässig, wenn alle Gesellschafter zustimmen.[1078]

1. Beschluss der Gesellschafterversammlung

Der Beschluss über die Erhöhung des Kapitals aus Gesellschaftsmitteln muss regeln,
– um welchen Betrag das Stammkapital erhöht wird,
– inwieweit für den Erhöhungsbetrag neue Geschäftsanteile gebildet oder bestehende aufgestockt werden sollen (unten Rdn. 773),
– welche Rücklage zu diesem Zweck in Stammkapital umgewandelt werden soll (unten Rdn. 778),
– welche Bilanz dem Kapitalerhöhungsbeschluss zugrunde gelegt wird (unten Rdn. 777),
– ggf.: dass die neuen Geschäftsanteile nicht ab dem laufenden Geschäftsjahr, sondern bereits mit dem vorhergegangen oder erst mit dem nächsten Geschäftsjahr am Gewinn teilnehmen (unten Rdn. 782).

Wie bei der Kapitalerhöhung gegen Einlagen können für den Erhöhungsbetrag entweder neue Geschäftsanteile gebildet oder die Nennbeträge der bestehenden Geschäftsanteile im Wege der Aufstockung erhöht werden, § 57h Abs. 1 GmbHG. Geschäftsanteile, auf die die Einlagen nicht vollständig eingezahlt sind, sind allerdings zwingend aufzustocken, § 57l Abs. 2 Satz 2 GmbHG. Dadurch wird sichergestellt, dass bei einer etwa notwendigen Kaduzierung und Versteigerung des teileingezahlten Anteils nach §§ 21, 23 GmbHG der Wertzuwachs aus den in Stammkapital umgewandelten Rücklagen mit verwertet werden kann.[1079] Wäre dem säumigen Gesellschafter diese Beteiligung an den Rücklagen in Gestalt neuer, der Kaduzierung nicht unterliegender Geschäftsanteile zugewachsen, bestünde diese Möglichkeit nicht. Zulässig ist es, an einige Gesellschafter neue Geschäftsanteile auszugeben und die Geschäftsanteile anderer Gesellschafter aufzustocken.[1080]

Die neuen bzw. aufgestockten Geschäftsanteile müssen auf einen Betrag gestellt werden, der auf volle Euro lautet, § 57h Abs. 1 Satz 2 GmbHG. **Spitzenbeträge**, also rechnerisch noch zu verteilende Beträge von jeweils weniger als 1 €, dürfen im Falle der Aufstockung bestehender Geschäftsanteile, anders als im Falle der Bildung neuer Geschäftsanteile, nicht verbleiben, § 57h Abs. 2 Satz 2 GmbHG.[1081] Entstehen bei der Bildung neuer Geschäftsanteile Spitzenbeträge, sind insoweit Teilrechte zu bilden. Für diese Teilrechte gilt § 57k GmbHG. Sie sind selbständig veräußerlich und vererblich. Mitgliedschaftsrechte daraus können allerdings nur geltend gemacht werden, soweit Teilrechte, die zusammen einen vollen Geschäftsanteil ergeben, in einer Hand vereinigt sind, oder wenn sich mehrere Berechtigte, deren Teilrechte zusammen einen vollen Geschäftsanteil ergeben, zur Ausübung der Rechte zusammenschließen.

Die Kapitalerhöhung muss streng **verhältniswahrend** durchgeführt werden, § 57j GmbHG, d.h. der Erhöhungsbetrag muss im Verhältnis der bestehenden Beteiligungen auf die bisherigen Gesellschafter verteilt werden. Daher sind bei der Kapitalerhöhung aus Gesellschaftsmitteln sowohl Zulassungsbeschlüsse als auch Übernahmeerklärungen gem. § 55 Abs. 1 GmbHG entbehrlich.[1082] Das

---

[1077] Lutter/Hommelhoff/*Kleindiek*, § 57c Rn. 14; Baumbach/Hueck/*Servatius*, § 57c Rn. 8; MünchHdb. GesR III/*Wegmann*, § 53 Rn. 95.
[1078] Scholz/*Priester/Tebben*, vor § 57c Rn. 19 ff.; OLG Düsseldorf GmbHR 1986, 192 (bei personenbezogener Gesellschaft).
[1079] Lutter/Hommelhoff/*Kleindiek*, § 57l Rn. 2.
[1080] Lutter/Hommelhoff/*Kleindiek*, § 57c Rn. 10.
[1081] Roth/Altmeppen/*Roth*, § 57k Rn. 1 f.
[1082] Lutter/Hommelhoff/*Kleindiek*, § 57c Rn. 5.

erhöhte Stammkapital wächst jedem Gesellschafter im Verhältnis seiner bisherigen Beteiligung kraft Gesetzes zu, sogar gegen seinen erklärten Willen.[1083] Sieht der Beschluss eine Verteilung der Erhöhungsbeträge vor, die vom Verhältnis der bisherigen Geschäftsanteile abweicht, soll er nach herrschender Auffassung nichtig sein, selbst wenn alle Gesellschafter mit der abweichenden Verteilung einverstanden sind.[1084] Auch eigene Geschäftsanteile nehmen zwingend an der Erhöhung teil, § 57l Abs. 1 GmbHG. Teileingezahlte Geschäftsanteile nehmen an der Erhöhung teil entsprechend ihrem Nennbetrag, unabhängig vom Betrag der bereits eingezahlten Einlage, § 57l Abs. 2 Satz 1 GmbHG.

776 Der Grundsatz aus § 57j GmbHG, dass die Kapitalerhöhung aus Gesellschaftsmitteln die bisherigen Beteiligungsverhältnisse nicht verändern soll, findet sich wieder in § 57m GmbHG. Nach dieser Vorschrift sollen auch die Mitgliedschaftsrechte im Übrigen sowie etwaige vertragliche Beziehungen der Gesellschaft zu Dritten durch die Kapitalerhöhung nicht berührt werden. Damit die Mitgliedschaftsrechte durch die Kapitalerhöhung nicht verändert werden, ist unter Umständen eine förmliche Änderung der Satzung erforderlich, die etwaige Vorzugsrechte, Nebenleistungspflichten und Minderheitsrechte an die veränderten Beteiligungsverhältnisse anpasst.[1085] Die Gesellschafter sind einander aus dem Gesichtspunkt der mitgliedschaftlichen Treue verpflichtet, an den erforderlichen Satzungsänderungen mitzuwirken.

777 Dem Beschluss über die Kapitalerhöhung ist eine **Bilanz** zugrunde zu legen, § 57c Abs. 3 GmbHG. Dabei kann es sich entweder um die letzte Jahresbilanz oder um eine Zwischenbilanz handeln. Voraussetzung der Kapitalerhöhung aus Gesellschaftsmitteln ist aber in jedem Fall, dass der Jahresabschluss für das letzte vor der Beschlussfassung über die Kapitalerhöhung abgelaufene Geschäftsjahr festgestellt und über die Ergebnisverwendung Beschluss gefasst worden ist, § 57c Abs. 2 GmbHG. Der Stichtag der Zwischenbilanz darf also nicht vor dem Stichtag der letzten Jahresbilanz liegen, auch wenn diese noch nicht festgestellt ist.[1086]

778 Die zugrunde gelegte Bilanz muss **Kapitalrücklagen** oder **Gewinnrücklagen** mindestens in Höhe des Erhöhungsbetrages ausweisen; hinzuzuzählen sind etwaige Zuführungen zu diesen Rücklagen im letzten Gewinnverwendungsbeschluss, § 57d Abs. 1 GmbHG. Wird der Kapitalerhöhung eine Zwischenbilanz zugrunde gelegt, muss auch die letzte Jahresbilanz diesen Anforderungen entsprechen. Etwa in der Bilanz ausgewiesene Verluste (einschl. Verlustvorträge) sind von den umwandlungsfähigen Rücklagen abzuziehen, § 57d Abs. 2 GmbHG. Stille Reserven sind keine in der Bilanz ausgewiesenen Rücklagen und können deshalb auch nicht als solche in Stammkapital umgewandelt werden. Ist dies beabsichtigt, müssen die stillen Reserven zunächst entsprechend den bilanzrechtlichen Vorgaben aufgelöst und in Rücklagen umgewandelt werden.[1087] Bereits eingezahltes Nachschusskapital i.S.d. §§ 26 bis 28 GmbHG ist bilanziell als Kapitalrücklage auszuweisen, die in Stammkapital umgewandelt werden kann.

779 Gewinnrücklagen, die einem bestimmten **Zweck** dienen, können nur dann in Stammkapital umgewandelt werden, wenn dies dem Zweck nicht widerspricht, § 57d Abs. 3 GmbHG. Ein Beispiel ist die gesetzliche Rücklage in der Unternehmergesellschaft gem. § 5a Abs. 3 GmbHG. Diese Rücklage dient gerade dazu, die Unternehmergesellschaft an das Kapital einer »richtigen« GmbH heranzuführen. § 5a Abs. 3 Satz 2 Nr. 1 GmbHG sieht deshalb ausdrücklich vor, dass die Rücklage für eine Kapitalerhöhung aus Gesellschaftsmitteln verwendet werden darf. Wenn eine Umwandlung hingegen dem Zweck widerspricht, den die Satzung einer Rücklage beimisst (Beispiel: Gewinnrücklage zur Sicherung der gleichmäßigen Ausschüttung künftiger Dividenden), muss zunächst durch eine Satzungsänderung die Zweckbindung der Rücklage aufgehoben werden. Diese Satzungsänderung

---

1083 OLG Dresden DB 2001, 584 f. (für die AG).
1084 Baumbach/Hueck/*Servatius*, § 57j Rn. 1 und Rn. 3; Lutter/Hommelhoff/*Kleindiek*, § 57j Rn. 6; a.A. Scholz/*Priester/Tebben*, § 57j Rn. 3; kritisch auch Michalski/*Hermanns*, § 57j Rn. 7.
1085 Beispiele bei Lutter/Hommelhoff/*Kleindiek*, § 57m Rn. 5 ff.
1086 *Fett/Spiering*, NZG 2002, 358, 360.
1087 Baumbach/Hueck/*Servatius*, § 57d Rn. 1.

kann auch mit dem Beschluss über die Kapitalerhöhung aus Gesellschaftsmitteln verbunden werden.[1088]

Die Bilanz muss **geprüft** und mit dem uneingeschränkten Abschlussvermerk des Prüfers (Wirtschaftsprüfer oder, im Falle kleiner und mittelgroßer Gesellschaften, vereidigter Buchprüfer) versehen sein (Einzelheiten: §§ 57e, 57f, 57g GmbHG). Dadurch wird sichergestellt, dass die in Stammkapital umzuwandelnden Rücklagen tatsächlich den Erhöhungsbetrag decken. Fragen der Kapitalaufbringung, wie sie sich bei der Kapitalerhöhung gegen Einlagen stellen, spielen darüber hinaus keine Rolle. 780

Der **Stichtag** der Bilanz darf höchstens 8 Monate vor der Anmeldung der Kapitalerhöhung zur Eintragung in das Handelsregister liegen, §§ 57e Abs. 1, 57f Abs. 1 GmbHG. Soll also der Kapitalerhöhung die letzte Jahresbilanz zugrunde gelegt werden und entspricht das Geschäftsjahr der Gesellschaft dem Kalenderjahr, so muss die Handelsregisteranmeldung bis zum 31. August des Jahres beim Handelsregister eingegangen sein. Ist die letzte Jahresbilanz älter als 8 Monate, muss für die Kapitalerhöhung eine Zwischenbilanz aufgestellt werden. Nach überwiegender Auffassung schadet es nicht, wenn die fristgemäß eingereichte Handelsregisteranmeldung unvollständig ist und erst nach Fristablauf ergänzt wird.[1089] 781

Wenn nichts anderes beschlossen wird, nehmen die neuen Geschäftsanteile (bzw. Aufstockungsbeträge) am **Gewinn** des ganzen Geschäftsjahres teil, in dem die Erhöhung beschlossen wird, § 57n Abs. 1 GmbHG. Unter den in § 57n Abs. 2 GmbHG geregelten Voraussetzungen kann im Erhöhungsbeschluss auch bestimmt werden, dass die neuen Geschäftsanteile (bzw. Aufstockungsbeträge) bereits an dem Gewinn des letzten vor der Beschlussfassung abgelaufenen Geschäftsjahres teilnehmen. Wegen des in §§ 57j, 57m GmbHG geregelten Grundsatzes, dass sich die Beteiligungsverhältnisse und Mitgliedschaftsrechte durch die Kapitalerhöhung aus Gesellschaftsmitteln nicht ändern dürfen, macht es im wirtschaftlichen Ergebnis aber keinen Unterschied, ob die neuen Geschäftsanteile erst im laufenden oder bereits für das letzte Geschäftsjahr am Gewinn teilnehmen,[1090] vorausgesetzt natürlich, dass sich gegenüber dem letzten Geschäftsjahr die Beteiligungsverhältnisse nicht verändert haben. Der Erhöhungsbeschluss kann auch bestimmen, dass die neuen Geschäftsanteile nur eingeschränkt oder überhaupt nicht am Gewinn des laufenden Geschäftsjahres teilnehmen. Das ist von Bedeutung, wenn die neuen Geschäftsanteile veräußert werden sollen. 782

Übernahmeerklärungen sind nicht erforderlich, weil der Erhöhungsbetrag mit Wirksamwerden des Beschlusses den einzelnen Gesellschaftern kraft Gesetzes zuwächst, ohne dass diese die Übernahme erklärt haben müssen, ggf. also sogar gegen ihren Willen (oben Rdn. 775). 783

▶ Formulierungsvorschlag Beschluss Kapitalerhöhung aus Gesellschaftsmitteln:[1091] 784

1. Die Gesellschafterversammlung vom 11. April 20..... hat den Jahresabschluss für das Geschäftsjahr 20..... festgestellt und beschlossen, den gesamten Jahresüberschuss in die Gewinnrücklage einzustellen.
   Das Stammkapital der Gesellschaft wird erhöht von 100.000 EUR um 30.000 EUR auf 130.000 EUR, und zwar durch Umwandlung eines Teilbetrages von 30.000 EUR der Gewinnrücklage in Stammkapital. Dem Beschluss liegt die Bilanz der Gesellschaft zum Stichtag 31. Dezember 20..... zugrunde, die eine Gewinnrücklage in Höhe von 80.000 EUR ausweist.
2. Die Kapitalerhöhung erfolgt in der Weise, dass die Nennbeträge der Geschäftsanteile im Verhältnis der Beteiligung am bisherigen Stammkapital erhöht werden, nämlich der Nennbetrag
   a) des Geschäftsanteils lfd. Nr. 1 mit einem Nennbetrag von bisher 50.000 EUR auf 65.000 EUR,

---

1088 Scholz/*Priester*/*Tebben*, § 57d Rn. 14.
1089 Michalski/*Hermanns*, § 57e Rn. 9; Scholz/*Priester*/*Tebben*, § 57e-g Rn. 16; Baumbach/Hueck/*Servatius*, § 57e Rn. 4; a.A. Lutter/Hommelhoff/*Kleindiek*, § 57e-g Rn. 11.
1090 Lutter/Hommelhoff/*Kleindiek*, § 57n Rn. 2.
1091 Vgl. auch die Muster von Meyer-Landrut/*G. Wenz*, F. Rn. 260 und 276.

b) des Geschäftsanteils lfd. Nr. 2 mit einem Nennbetrag von bisher 30.000 EUR auf 39.000 EUR,
c) des Geschäftsanteils lfd. Nr. 3 mit einem Nennbetrag von bisher 20.000 EUR auf 26.000 EUR,
3. § 4 des Gesellschaftsvertrages wird wie folgt neu gefasst:
»§ 4 Stammkapital
Das Stammkapital der Gesellschaft beträgt 130.000 EUR.«

2. Handelsregisteranmeldung

785 Für die **Handelsregisteranmeldung** gelten die allgemeinen Regelungen zur Anmeldung einer Kapitalerhöhung (s.o. Rdn. 741 ff.).[1092] Der Anmeldung muss die Bilanz beigefügt sein, die der Kapitalerhöhung zugrunde liegt, und, falls es sich dabei um eine Zwischenbilanz handelt, zusätzlich die letzte Jahresbilanz, § 57i Abs. 1 Satz 1 GmbHG. Wurde die betreffende Bilanz bereits zuvor dem Handelsregister gem. § 325 Abs. 1 HGB eingereicht, muss sie der Handelsregisteranmeldung nicht nochmals beigefügt werden.

786 In der Handelsregisteranmeldung (oder in gesonderter, gem. § 12 HGB zu beglaubigender Erklärung) müssen die Geschäftsführer **versichern**, dass nach ihrer Kenntnis seit dem Stichtag der zugrunde gelegten Bilanz bis zum Tag der Anmeldung keine Vermögensminderung eingetreten ist, die der Kapitalerhöhung entgegenstünde, wenn sie am Tag der Anmeldung beschlossen worden wäre, § 57i Abs. 1 Satz 2 GmbHG.

787 Eine **Liste der Übernehmer** nach § 57 Abs. 3 Nr. 2 GmbHG ist der Handelsregisteranmeldung nicht beizufügen, weil die Erhöhungsbeträge bei der Kapitalerhöhung aus Gesellschaftsmitteln von den Gesellschaftern nicht übernommen werden, sondern ihnen kraft Gesetzes zuwachsen.[1093] Zur Einreichung einer neuen Gesellschafterliste nach Wirksamwerden der Kapitalerhöhung vgl. oben Rdn. 750 ff.

788 Die Gesellschaft hat die Kapitalerhöhung innerhalb von 2 Wochen nach der Eintragung in das Handelsregister dem **Finanzamt** mitzuteilen und eine Abschrift des Erhöhungsbeschlusses einzureichen, § 4 KapErhStG. Zur Anzeigepflicht des Notars nach § 54 Abs. 1 EStDV s.o. Rdn. 754.

IV. Genehmigtes Kapital

789 Das Aktienrecht kennt die Figur des genehmigten Kapitals schon lange (§§ 202 ff. AktG). Seit dem MoMiG kann auch bei der GmbH ein genehmigtes Kapital beschlossen werden, § 55a GmbHG. Die Geschäftsführer können durch Gesellschaftsvertrag ermächtigt werden, das Stammkapital bis zu einem bestimmten Betrag durch Ausgabe neuer Geschäftsanteile gegen Einlagen zu erhöhen, ohne dass die konkrete Kapitalerhöhung jeweils von der Gesellschafterversammlung beschlossen werden muss. Der zulässige Erhöhungsbetrag ist in der Ermächtigung anzugeben; er darf die Hälfte des Stammkapitals, das zum Zeitpunkt der Ermächtigung vorhanden ist, nicht überschreiten, § 55a Abs. 1 Satz 2 GmbHG. Zeitpunkt der Ermächtigung ist der Zeitpunkt, zu dem die Ermächtigung zur Ausgabe des genehmigten Kapitals durch Eintragung im Handelsregister wirksam wird.[1094] Wenn es die Ermächtigung vorsieht, ist auch eine Ausgabe gegen Sacheinlagen möglich, § 55a Abs. 3 GmbHG. Über den Wortlaut des § 55a GmbHG hinaus wird nicht nur eine Kapitalerhöhung durch Ausgabe neuer Geschäftsanteile für zulässig gehalten, sondern auch durch Aufstockung bestehender (und voll eingezahlter) Geschäftsanteile.[1095]

790 Die Geltungsdauer einer solchen Ermächtigung darf höchstens 5 Jahre ab Wirksamwerden durch Eintragung im Handelsregister betragen, § 55 Abs. 2 GmbHG. Innerhalb dieser Frist muss die Kapitalerhöhung durchgeführt und in das Handelsregister eingetragen worden sein.[1096]

1092 Muster: Meyer-Landrut/*G. Wenz*, Rn. 282.
1093 Lutter/Hommelhoff/*Kleindiek*, § 57i Rn. 6.
1094 So zu § 202 AktG MünchKommAktG/*Bayer*, § 202 AktG Rn. 66.
1095 *Wicke*, § 55a Rn. 11; Roth/Altmeppen/*Roth*, § 55a Rn. 26.
1096 Roth/Altmeppen/*Roth*, § 55a Rn. 11.

Der Gesellschafterversammlung steht es frei, im Ermächtigungsbeschluss weitere Bestimmungen über den Inhalt und die Bedingungen des genehmigten Kapitals zu treffen.[1097] Ein Bezugsrechtsausschluss ist nur möglich, wenn der Ermächtigungsbeschluss dies vorsieht.[1098] 791

Bei der Ausübung des genehmigten Kapitals gelten die allgemeinen Vorschriften über Kapitalerhöhungen, mit der Ausnahme, dass an die Stelle des Kapitalerhöhungsbeschlusses der Gesellschafterversammlung der Beschluss der Geschäftsführer über die Ausgabe der neuen Geschäftsanteile tritt.[1099] Falls im Gesellschaftsvertrag oder in einer Geschäftsordnung nichts anderes bestimmt ist, muss der Beschluss der Geschäftsführer einstimmig gefasst werden.[1100] 792

Unklar ist allerdings, wer für die Anpassung des Satzungstextes zuständig ist, nachdem durch die Ausübung des genehmigten Kapitals das Stammkapital der Gesellschaft erhöht wurde. Eine Vorschrift wie § 179 Abs. 1 Satz 2 GmbHG, nach der bei der AG hierzu der Aufsichtsrat ermächtigt werden kann, fehlt im Recht der GmbH. Der Zweck des § 55a GmbHG wäre jedoch verfehlt, wenn man für die Satzungsanpassung in jedem Fall einen satzungsändernden Gesellschafterbeschluss verlangen würde. Zutreffend erscheint daher die Auffassung, dass die Gesellschafterversammlung der GmbH die Geschäftsführung zur Anpassung der Satzung jedenfalls ermächtigen kann.[1101] Nach zutreffender Auffassung dürfen die Geschäftsführer auch ohne eine solche ausdrückliche Ermächtigung den Satzungstext anpassen.[1102] 793

▶ **Formulierungsbeispiel Genehmigtes Kapital:**[1103] 794

Die Geschäftsführer sind bis zum 1. Januar 20..... (*alt.:* für fünf Jahre ab der Eintragung dieses genehmigten Kapitals) ermächtigt, das Stammkapital um einen Nennbetrag von bis zu EUR 50.000 durch Ausgabe neuer Geschäftsanteile gegen Bareinlagen oder Sacheinlagen zu erhöhen, auch unter Ausschluss der Bezugsrechts der Gesellschafter, und die Fassung des Gesellschaftsvertrages an die Erhöhung des Kapitals anzupassen.

V. Ordentliche Kapitalherabsetzung

Das Stammkapital einer GmbH kann nach §§ 58 ff. GmbHG herabgesetzt werden. Die Herabsetzung des Kapitals kann verschiedenen Zwecken dienen. Ist das Kapital in Höhe des Herabsetzungsbetrages durch Gesellschaftsvermögen gedeckt, kann das bisher als Stammkapital gebundene Vermögen nach der Kapitalherabsetzung in entsprechender Höhe an die Gesellschafter ausgeschüttet oder einer Rücklage zugewiesen werden. Ist Vermögen in entsprechender Höhe nicht vorhanden, etwa weil es durch Verluste aufgezehrt wurde oder ein Gesellschafter seine Einlage nicht erbracht hat, ermöglicht die Kapitalherabsetzung eine Beseitigung der Unterbilanz bzw. einen Erlass der Einlageverpflichtung. Schließlich kann die Kapitalherabsetzung auch dazu dienen, eigene Anteile der Gesellschaft zu beseitigen. 795

Die »normale« Kapitalherabsetzung (effektive Kapitalherabsetzung) ist in § 58 GmbHG geregelt (zur nominellen Kapitalherabsetzung im vereinfachten Verfahren s.u. Rdn. 813 ff.). Anliegen der Vorschrift ist es, die Gläubiger davor zu schützen, dass ihre Interessen durch die Verringerung der Vermögensbindung in der Gesellschaft beeinträchtigt werden. Dient die Kapitalherabsetzung dem 796

1097 Roth/Altmeppen/*Roth*, § 55a Rn. 18.
1098 Roth/Altmeppen/*Roth*, § 55a Rn. 20; für die Zulässigkeit eines Bezugsrechtsausschlusses auch OLG München v. 23.01.2012 – 31 Wx 457/11 = GmbHR 2012, 329.
1099 Muster für den Beschluss der Geschäftsführung: Meyer-Landrut/*Habighorst*, F. Rn. 220.
1100 Roth/Altmeppen/*Roth*, § 55a Rn. 24 und § 37 Rn. 35.
1101 OLG München v. 23.01.2012 – 31 Wx 457/11 = GmbHR 2012, 329; *Wicke*, § 55a Rn. 11; Heckschen/Heidinger/*Heidinger/Blath*, Kapitel 10 Rn. 92; *Klett*, GmbHR 2008, 1314; *Priester*, GmbHR 2008, 1180.
1102 *Priester*, GmbHR 2008, 1180; Scholz/*Priester/Tebben*, § 55a Rn. 32; Roth/Altmeppen/*Roth*, § 55a Rn. 31.
1103 Vgl. auch das Muster von Meyer-Landrut/*Habighorst*, F. Rn. 189.

Verlustausgleich, kann sie im vereinfachten Verfahren nach §§ 58a ff. GmbHG erfolgen. In diesen Fällen ist das Vermögen in Höhe des Herabsetzungsbetrages bereits verloren, so dass Gläubigerinteressen durch die Herabsetzung weniger berührt sind und Verfahrenserleichterungen gerechtfertigt erscheinen.

797 Der Ablauf einer Kapitalherabsetzung nach § 58 GmbHG stellt sich wie folgt dar:
(1) Herabsetzungsbeschluss (unten Rdn. 798),
(2) Bekanntmachung des Herabsetzungsbeschlusses mit Gläubigeraufruf (unten Rdn. 804),
(3) Befriedigung oder Sicherstellung von Gläubigern (unten Rdn. 807),
(4) Ablauf des Sperrjahres (unten Rdn. 808),
(5) Anmeldung zum Handelsregister (unten Rdn. 809),
(6) Eintragung der Kapitalherabsetzung im Handelsregister.

1. Beschluss der Gesellschafterversammlung

798 Der **Herabsetzungsbeschluss** muss regeln, auf welchen Betrag das Stammkapital herabgesetzt werden soll.[1104] Dieser Betrag darf 25.000 € nicht unterschreiten.[1105] Eine Kapitalherabsetzung unter diesen Betrag mit der Folge, dass die Gesellschaft als Unternehmergesellschaft gem. § 5a GmbHG anzusehen wäre, wird zu Recht allgemein für unzulässig gehalten.[1106] Die Unternehmergesellschaft ist eine Sonderform der GmbH, die eine Unternehmensgründung ohne Kapital ermöglichen soll. Sie ist aber, wie die Pflicht zur Bildung einer gesetzlichen (höhenmäßig nicht begrenzten!) Rücklage belegt, nur als Durchgangsstadium zur GmbH gedacht. Der Weg aus der GmbH zurück in eine UG ist damit versperrt. Eine Herabsetzung auf einen Betrag unterhalb von 25.000 € ist auch dann nicht möglich, wenn im selben Zuge das Kapital wieder auf einen Betrag oberhalb dieser Schwelle erhöht wird. Dies ergibt sich im Umkehrschluss aus § 58a Abs. 4 GmbHG, der diese Möglichkeit gerade nur bei der vereinfachten Kapitalherabsetzung vorsieht.[1107]

799 Wie bei der Kapitalerhöhung ist es auch bei der Kapitalherabsetzung möglich, den Herabsetzungsbetrag nicht fix vorzugeben, sondern eine **variable Herabsetzung** bis auf einen bestimmten Mindestbetrag vorzusehen.[1108] Allerdings darf die Bestimmung des Herabsetzungsbetrages nicht den Geschäftsführern überlassen werden, sondern der Beschluss muss selbst vorgeben, wie der Betrag zu bestimmen ist. So kann beispielsweise beschlossen werden, dass der Herabsetzungsbetrag sich nach dem Verlust bestimmt, der in einem noch festzustellenden Jahresabschluss ausgewiesen ist.[1109] Möglich ist es auch, dass der konkrete Herabsetzungsbetrag einem gesonderten Gesellschafterbeschluss vorbehalten bleibt.

800 Der Kapitalherabsetzungsbeschluss muss analog § 222 Abs. 3 AktG den Zweck der Kapitalherabsetzung erkennen lassen.[1110]

801 Wenn der Beschluss nichts anderes vorsieht, erfolgt die Kapitalherabsetzung durch anteilige Verminderung des Nennbetrags aller Geschäftsanteile gem. § 58 Abs. 2 Satz 2 GmbHG. Sollen stattdessen einzelne Anteile eingezogen oder die Nennbeträge nur eines Teils der Geschäftsanteile vermindert werden, muss dies im Herabsetzungsbeschluss angeordnet werden.

802 Unklar ist, ob durch die Kapitalherabsetzung Geschäftsanteile entstehen dürfen, deren Nennbetrag entgegen § 5 Abs. 2 Satz 1 GmbHG nicht mehr auf volle Euro lautet. Diese Frage hat durch das MoMiG noch zusätzliche Bedeutung erlangt, weil seither vermehrt Gesellschaften auftreten, in

---

[1104] Vgl. die Muster von Meyer-Landrut/*Mulert*, F. Rn. 301 und 311.
[1105] Allg. M., vgl. nur Roth/Altmeppen/*Roth*, § 58 Rn. 3.
[1106] *Wicke*, § 58 Rn. 2; Roth/Altmeppen/*Roth*, § 5a Rn. 11; Lutter/Hommelhoff/*Kleindiek*, § 5a Rn. 13.
[1107] Lutter/Hommelhoff/*Kleindiek*, § 58 Rn. 6.
[1108] Lutter/Hommelhoff/*Kleindiek*, § 58 Rn. 7.
[1109] Roth/Altmeppen/*Roth*, § 58 Rn. 12.
[1110] OLG Hamm v. 11.11.2010 – I-15 W 191/10, GmbHR 2011, 256; BayObLG DNotZ 1979, 357; Lutter/Hommelhoff/*Kleindiek*, § 58 Rn. 8; a.A. Baumbach/Hueck/*Zöllner/Kersting*, § 58 Rn. 20.

denen das gesamte Kapital in Geschäftsanteile von jeweils 1 € eingeteilt ist. Eine verhältniswahrende Verteilung des Herabsetzungsbetrages auf alle Geschäftsanteile hätte bei solchen Gesellschaften zwingend Nennbeträge von weniger als 1 € zur Folge. § 58 Abs. 2 Satz 2 GmbHG verweist nur für jene Fälle auf § 5 Abs. 2 GmbHG, in denen die Herabsetzung der Zurückzahlung von Einlagen oder dem Erlass noch ausstehender Einlagen dient. In anderen Fällen, insbesondere bei einer Herabsetzung zur Beseitigung einer durch Verluste verursachten Unterbilanz, wären danach Nennbeträge zulässig, die nicht auf volle Euro lauten. Dagegen spricht allerdings, dass bei der vereinfachten Kapitalherabsetzung, die gerade dem Ausgleich von Verlusten dient, § 58a Abs. 3 GmbHG ausdrücklich die Teilbarkeit der herabgesetzten Nennbeträge durch volle Euro fordert. Aus diesem Grund wird vertreten, dass entgegen § 58 Abs. 2 Satz 2 GmbHG in allen Fällen einer Kapitalherabsetzung die Nennbeträge herabgesetzter Geschäftsanteile durch 1 € teilbar sein müssen.[1111]

Wenn der Herabsetzungsbetrag nicht verhältniswahrend auf die Geschäftsanteile verteilt wird, müssen die Inhaber der stärker betroffenen Anteile der Kapitalherabsetzung zustimmen,[1112] es sei denn, es geht um eine durch Gesetz oder Gesellschaftsvertrag zugelassene Einziehung eines Geschäftsanteils gegen den Willen des Betroffenen.

2. Sicherstellung der Gläubiger

Die Geschäftsführer müssen den Herabsetzungsbeschluss in den Gesellschaftsblättern (in der Regel: nur im Bundesanzeiger, § 12 GmbHG) **bekannt machen** und dabei die Gläubiger der Gesellschaft auffordern, sich bei der Gesellschaft zu melden, § 58 Abs. 1 Nr. 1 GmbHG. Nicht erforderlich ist es, die Gläubiger in der Bekanntmachung auf ihre Rechte hinzuweisen[1113] (anders § 225 Abs. 1 Satz 1 AktG). Auch der Zweck der Kapitalherabsetzung muss nicht angegeben werden.[1114]

▶ Formulierungsbeispiel Bekanntmachung Kapitalherabsetzungsbeschluss:[1115]

CENTURION GmbH

Köln

Die Gesellschafterversammlung der Gesellschaft hat am 15.08.20..... beschlossen, das Stammkapital der Gesellschaft von EUR 500.000 um EUR 450.000 auf EUR 50.000 herabzusetzen. Die Gläubiger der Gesellschaft werden aufgefordert, sich bei ihr zu melden.

Der Geschäftsführer

Gläubiger, die der Gesellschaft bekannt sind, insbesondere weil sie aus den Büchern der Gesellschaft ersichtlich sind, müssen gem. § 58 Abs. 1 Nr. 1 GmbHG durch **gesonderte Mitteilung** aufgefordert werden, sich zu melden.

Gläubiger, die der Kapitalherabsetzung widersprechen, sind wegen der von ihnen erhobenen Ansprüche **zu befriedigen oder sicherzustellen**, § 58 Abs. 1 Nr. 2 GmbHG. Die Sicherstellung erfolgt durch Leistung einer Sicherheit gem. §§ 232 ff. BGB. Ob der Anspruch erfüllt oder eine Sicherheit geleistet wird, entscheiden die Geschäftsführer der Gesellschaft nach ihrem Ermessen.[1116] Es reicht auch aus, wenn die Gesellschaft durch Verhandlungen mit den widersprechenden Gläubigern eine Rücknahme des Widerspruchs erreicht.[1117]

[1111] Roth/Altmeppen/*Roth*, § 58 Rn. 13; Lutter/Hommelhoff/*Kleindiek*, § 58 Rn. 12; MünchHdb. GesR III/*Wegmann*, § 54 Rn. 3.
[1112] Lutter/Hommelhoff/*Kleindiek*, § 58 Rn. 14.
[1113] Baumbach/Hueck/*Zöllner/Kersting*, § 58 Rn. 23a.
[1114] Lutter/Hommelhoff/*Kleindiek*, § 58 Rn. 19; Scholz/*Priester/Tebben*, § 58 Rn. 47; a.A. BayObLG DNotZ 1979, 357; Roth/Altmeppen/*Roth*, § 58 Rn. 16.
[1115] Vgl. auch das Muster von Meyer-Landrut/*Mulert*, F. Rn. 317.
[1116] Lutter/Hommelhoff/*Lutter*, § 58 Rn. 23; a.A. Baumbach/Hueck/*Zöllner/Kersting*, § 58 Rn. 32: vor Fälligkeit oder jedenfalls Erfüllbarkeit kann nur mit Einverständnis des Gläubigers erfüllt werden.
[1117] Scholz/*Priester/Tebben*, § 58 Rn. 54.

808 Die Kapitalherabsetzung kann erst dann zum Handelsregister angemeldet werden, wenn seit der Bekanntmachung der Herabsetzung in den Gesellschaftsblättern das sog. **Sperrjahr** abgelaufen ist, § 58 Abs. 1 Nr. 3 GmbHG. In der Literatur wird vertreten, dieses Erfordernis sei bereits dann verletzt, wenn die Anmeldung zwar nach Ablauf des Sperrjahres bei Gericht eingehe, aber vorher abgegeben worden sei.[1118] Jedenfalls kann es dabei aber nicht auf die Unterzeichnung der Handelsregisteranmeldung ankommen, denn diese ist noch nicht gleichzusetzen mit der Abgabe der Anmeldung.[1119] In der Praxis sollte die Handelsregisteranmeldung vorsichtshalber nicht vor dem Ablauf des Sperrjahres datiert und mit dem Beglaubigungsvermerk versehen werden.

3. Handelsregisteranmeldung

809 Die **Handelsregisteranmeldung** ist gem. § 78 GmbHG von Geschäftsführern nicht nur in vertretungsberechtigter Anzahl, sondern von sämtlichen Geschäftsführern zu unterzeichnen.[1120] In der Anmeldung haben die Geschäftsführer zu versichern, dass die Gläubiger, die sich bei der Gesellschaft gemeldet und der Herabsetzung nicht zugestimmt haben, befriedigt oder sichergestellt sind, § 58 Abs. 1 Nr. 4 GmbHG.

810 Der Anmeldung sind beizufügen:
– Ausfertigung oder beglaubigte Abschrift der Niederschrift über den Herabsetzungsbeschluss;
– Beleg für die Bekanntmachung im Bundesanzeiger (und etwaigen weiteren Gesellschaftsblättern),[1121] aus dem sich Inhalt und Veröffentlichungsdatum der Bekanntmachung ergeben;
– vollständiger Wortlaut der Satzung mit Notarbestätigung gem. § 54 Abs. 1 Satz 2 GmbHG.

811 Wenn die Kapitalherabsetzung wirksam geworden ist, muss eine neue **Gesellschafterliste** nach § 40 GmbHG zum Handelsregister eingereicht werden (s.a. oben Rdn. 750 ff.). Zum Teil wird vertreten, dies sei nur bei einer nicht verhältniswahrenden Herabsetzung erforderlich, weil sich nur dann der »Umfang der Beteiligung« i.S.d. § 40 GmbHG geändert habe.[1122] Versteht man darunter nur die relative Beteiligungshöhe der Gesellschafter untereinander, trifft dies zwar zu. In der Gesellschafterliste sind jedoch u. a. die Nennbeträge der Geschäftsanteile anzugeben, die sich auch durch eine verhältniswahrende Kapitalherabsetzung verändern. Aus diesem Grund kann auf die Einreichung einer neuen Gesellschafterliste nicht verzichtet werden.

812 Zur Anzeigepflicht des Notars gegenüber dem Finanzamt (Körperschaftsteuerstelle) nach § 54 Abs. 1 EStDV s.o. Rdn. 754.

VI. Vereinfachte Kapitalherabsetzung

813 Die Kapitalherabsetzung ist im vereinfachten Verfahren möglich, wenn sie dazu dient, Wertminderungen oder sonstige **Verluste auszugleichen**, § 58a Abs. 1 GmbHG (nominelle Kapitalherabsetzung). Diese Verluste müssen aber im Zeitpunkt des Herabsetzungsbeschlusses noch nicht entstanden sein. Es reicht aus, wenn sich für die Zukunft Verluste so abzeichnen, dass Rückstellungen geboten erscheinen.[1123]

814 Weitere Voraussetzung ist, dass etwaige Kapital- und Gewinnrücklagen zusammen 10 % des nach der Herabsetzung verbleibenden Stammkapitals nicht überschreiten, § 58a Abs. 2 Satz 1 GmbHG, und kein Gewinnvortrag mehr vorhanden ist, § 58a Abs. 2 Satz 2 GmbHG.

1118 Lutter/Hommelhoff/*Kleindiek*, § 58 Rn. 30.
1119 S.o. Rdn. 677.
1120 Muster: Meyer-Landrut/*Mulert*, F. Rn. 328.
1121 Ein Nachweis über die gesonderte Mitteilung an die bekannten Gläubiger ist nicht erforderlich, BayObLG GmbHR 1974, 287.
1122 Lutter/Hommelhoff/*Kleindiek*, § 58 Rn. 39.
1123 Roth/Altmeppen/*Roth*, § 58a Rn. 4 m.w.N.

Für den Beschluss über die vereinfachte Kapitalherabsetzung gilt im Übrigen dasselbe wie bei der ordentlichen Kapitalherabsetzung.[1124] Allerdings steht bei der vereinfachten Kapitalherabsetzung wegen § 58a Abs. 3 Satz 2 GmbHG außer Zweifel, dass der Nennbetrag des herabgesetzten Geschäftsanteils auf volle Euro lauten muss. Außerdem muss der Beschluss erkennen lassen, dass es sich um eine vereinfachte Kapitalherabsetzung handelt und der Zweck darin besteht, Verluste auszugleichen. Auch muss der Beschluss die Nennbeträge der Geschäftsanteile dem herabgesetzten Stammkapital anpassen, § 58a Abs. 3 GmbHG, darf dies also nicht offenlassen. 815

Beim sog. »**Kapitalschnitt**« wird eine vereinfachte Kapitalherabsetzung mit einer nachfolgenden Kapitalerhöhung gegen Einlagen kombiniert. Auf diese Weise kann bei einer GmbH, die neues Eigenkapital benötigt, vor der Erhöhung eine Unterbilanz beseitigt werden. Neue Investoren werden regelmäßig nur dann zu einer Beteiligung an der Gesellschaft bereit sein, wenn zuvor die Unterbilanz beseitigt wird. Eine Verbindung mit einer Kapitalerhöhung aus Gesellschaftsmitteln scheidet hingegen aus, soweit die Kapitalherabsetzung nach § 58a Abs. 2 GmbHG eine vorherige Auflösung der Rücklagen voraussetzt. Anders als bei der ordentlichen Kapitalherabsetzung ist es möglich, im Zuge des Kapitalschnitts das Stammkapital auf einen Betrag von weniger als 25.000 € und sogar bis auf Null herabzusetzen, wenn die Kapitalherabsetzung mit einer Kapitalerhöhung auf mindestens 25.000 € verbunden wird, § 58a Abs. 4 Satz 1 GmbHG. Sacheinlagen dürfen dann aber nicht festgesetzt werden. Außerdem müssen Kapitalherabsetzung und Kapitalerhöhung binnen **3 Monaten** nach der Beschlussfassung im Handelsregister eingetragen worden sein, sonst sind sie nichtig, § 58a Abs. 4 Satz 2 GmbHG. Allerdings ist der Lauf der Frist gehemmt, solange eine Anfechtungs- oder Nichtigkeitsklage rechtshängig ist, § 58a Abs. 4 Satz 3 GmbHG. Die bloße Einreichung der Handelsregisteranmeldung innerhalb der Frist ist nach dem Gesetzeswortlaut nicht ausreichend. Mit Ablauf der Frist würden die Beschlüsse endgültig ihre materielle Eintragungsfähigkeit verlieren und müssten neu gefasst werden[1125] In der Literatur wird zu Recht geltend gemacht, schon aus verfassungsrechtlichen Gründen dürfe eine Fristversäumnis dann nicht zur Nichtigkeit der Beschlüsse führen, wenn sie lediglich auf einer verzögerlichen Sachbearbeitung beim Registergericht beruhe.[1126] Bei rechtzeitiger Einreichung einer vollzugsfähigen Anmeldung müsse deshalb der Lauf der Frist für die Dauer der Bearbeitung durch Registergericht gehemmt sein. In der Praxis sollte man rechtzeitig vor Ablauf der Frist unmittelbar Kontakt mit dem Registergericht aufnehmen. 816

Liegen die Voraussetzungen für eine vereinfachte Kapitalherabsetzung vor, kann die Kapitalherabsetzung sofort zum Handelsregister **angemeldet** werden.[1127] Weder ist ein Gläubigeraufruf bekanntzumachen noch sind Gläubiger sicherzustellen noch muss ein Sperrjahr abgewartet werden. Ob wie bei der ordentlichen Kapitalherabsetzung die Anmeldung zum Handelsregister durch sämtliche Geschäftsführer erfolgen muss, obwohl § 78 Satz 2 GmbHG nicht auf § 58a GmbHG verweist und keinerlei Versicherungen gegenüber dem Handelsregister abzugeben sind, ist umstritten.[1128] 817

Allerdings werden die Gläubiger dadurch geschützt, dass die vereinfachte Kapitalherabsetzung **Verwendungs- und Ausschüttungsbeschränkungen** mit sich bringt, §§ 58b ff. GmbHG. Die Beträge aus der Kapitalherabsetzung dürfen nur 818
— zum Ausgleich von Verlusten verwandt werden, § 58b Abs. 1 GmbHG, oder
— bis zur Höhe von 10 % das Stammkapitals nach Herabsetzung in die Kapitalrücklage eingestellt werden, § 58b Abs. 2 GmbHG.

Soweit bei der Beschlussfassung erwartete Verluste tatsächlich nicht eintreten, ist der Herabsetzungsbetrag ebenfalls in die Kapitalrücklage einzustellen, § 58c GmbHG. Beträge, die nach §§ 58b 819

1124 Vgl. auch das Muster von Meyer-Landrut/*Mulert*, F. Rn. 337.
1125 *Fabis*, MittRhNotK 1999, 169, 193.
1126 *Fabis*, MittRhNotK 1999, 169, 193.
1127 Muster: Meyer-Landrut/*Mulert*, F. Rn. 353.
1128 Dafür; Baumbach/Hueck/*Zöllner/Kersting*, § 58a Rn. 30; Roth/Altmeppen/*Roth*, § 58a Rn. 15; a.A. (Geschäftsführer in vertretungsberechtigter Anzahl reichen) Scholz/*Priester/Tebben*, § 58a Rn. 32; Lutter/Hommelhoff/*Kleindiek*, § 58a Rn. 30; MünchHdb. GesR III/*Wegmann*, § 54 Rn. 41.

Abs. 2, 58c GmbHG der Kapitalrücklage zugeführt wurden, dürfen bis zum Ablauf des fünften nach dem Herabsetzungsbeschluss beginnenden Geschäftsjahres nur zum Ausgleich eines Jahresfehlbetrages, zum Ausgleich eines Verlustvortrages oder für eine Kapitalerhöhung aus Gesellschaftsmitteln verwandt werden, § 58b Abs. 3 GmbHG. Gewinne dürfen in diesem Zeitraum nur ausgeschüttet werden, wenn die Kapital- und Gewinnrücklagen 10 % des Stammkapitals erreichen, § 58d GmbHG. Auch wenn diese Voraussetzung erfüllt ist, darf im Jahr des Herabsetzungsbeschlusses und den beiden folgenden Geschäftsjahren die Gewinnausschüttung 4 % des Stammkapitals nicht überschreiten. Dies gilt nur dann nicht, wenn die Gläubiger nach Maßgabe des § 58d Abs. 2 Satz 2 – 4 GmbHG befriedigt bzw. sichergestellt werden.[1129]

820 § 58e GmbHG regelt, dass die Bilanz für das letzte Geschäftsjahr vor dem Herabsetzungsbeschluss das Stammkapital sowie die Kapital- und Gewinnrücklagen bereits so ausweisen dürfen, wie sie nach der Kapitalherabsetzung bestehen. Die Vorschrift erlaubt also einen **bilanziellen Rückbezug** der Kapitalherabsetzung. So soll der Gesellschaft erspart bleiben, eine Verlustbilanz offenlegen zu müssen. Voraussetzung ist allerdings, dass der Beschluss über die Kapitalherabsetzung binnen 3 Monaten in das Handelsregister eingetragen worden ist, § 58e Abs. 3 Satz 1 GmbHG; anderenfalls werden die Beschlüsse nichtig. Solange eine Klage gegen den Herabsetzungsbeschluss rechtshängig ist, ist diese Frist gehemmt, § 58e Abs. 3 Satz 2 GmbHG.

821 Gem. § 58f GmbHG kann auch eine zugleich mit der Herabsetzung beschlossene **Kapitalerhöhung** bereits in der Bilanz für das letzte Geschäftsjahr vor dem Herabsetzungsbeschluss berücksichtigt werden. Die Beschlussfassung ist nach § 58f Abs. 1 GmbHG nur zulässig, wenn es sich um eine Kapitalerhöhung gegen Bareinlagen handelt, alle neuen Geschäftsanteile übernommen und in der zur Anmeldung nötigen Höhe eingezahlt worden sind. Umstritten ist, ob diese Voraussetzungen bereits vor Beschlussfassung über die Kapitalmaßnahmen erfüllt sein müssen (also der normale zeitliche Ablauf der Kapitalerhöhung zwingend umzukehren ist)[1130] oder ob es reicht, wenn sie zum Zeitpunkt einer späteren Feststellung des betreffenden Jahresabschlusses vorliegen (also der normale zeitliche Ablauf der Kapitalerhöhung eingehalten werden kann).[1131] Es herrscht jedenfalls Einigkeit, dass die Einzahlung vor der Beschlussfassung über die Kapitalerhöhung in diesem Fall Erfüllungswirkung hat, die Grundsätze der Voreinzahlung (s.o. Rdn. 737) also nicht gelten.[1132] Die Übernahme und die Einzahlung müssen dem Notar, der den Kapitalerhöhungsbeschluss beurkundet, nachgewiesen werden, § 58f Abs. 1 Satz 3 GmbHG. Dabei ist die Übernahme nachgewiesen, wenn dem Notar die Übernahmeerklärung vorgelegt oder von diesem in der Niederschrift über den Kapitalerhöhungsbeschluss mitbeurkundet wird. Die Einzahlung wird etwa durch eine Einzahlungsquittung oder einen bestätigten Überweisungsbeleg mit entsprechender Zweckangabe nachgewiesen,[1133] nach zutreffender Ansicht auch durch einen Kontoauszug, der den Verwendungszweck der Einzahlung erkennen lässt.[1134] Wenn die entsprechenden Nachweise nicht beigebracht werden können, kann der Notar gleichwohl die Beurkundung nicht verweigern.[1135] Eine Verletzung des Nachweiserfordernisses führt nicht zur Fehlerhaftigkeit der Beschlüsse.[1136] Sowohl die Kapitalherabsetzung als auch die Kapitalerhöhung müssen innerhalb von 3 Monaten in das Handelsregister eingetragen werden, § 58f Abs. 2 GmbHG.[1137]

1129 Einzelheiten: Lutter/Hommelhoff/*Kleindiek*, § 58d Rn. 9.
1130 So Lutter/Hommelhoff/*Kleindiek*, § 58f Rn. 6 f., UHL/*Casper*, § 58f Rn. 9 und Roth/Altmeppen/ *Roth*, § 58f Rn. 6.
1131 So Baumbach/Hueck/*Zöllner/Kersting*, § 58f Rn. 9; Michalski/*Waldner*, § 58f Rn. 7.
1132 Allg. M., vgl. Scholz/*Priester/Tebben*, § 58f Rn. 9.
1133 *Fabis*, MittRhNotK 1999, 169, 190.
1134 UHL/*Casper*, § 58f Rn. 12; zweifelnd Baumbach/Hueck/*Zöllner/Kersting*, § 58f Rn. 11.
1135 *Fabis*, MittRhNotK 1999, 169, 190.
1136 Baumbach/Hueck/*Zöllner/Kersting*, § 58f Rn. 12.
1137 Zu diesem Erfordernis s.a. Rdn. 816.

VII. Umstellung des Stammkapitals auf Euro

Wenn bei einer Gesellschaft, deren Stammkapital noch auf einen DM-Betrag lautet, eine Kapitalerhöhung oder Kapitalherabsetzung beabsichtigt ist, muss zwingend das Kapital auf Euro umgestellt werden, § 1 Abs. 1 Satz 4 EGGmbHG. Ansonsten können diese Gesellschaften das auf DM lautende Kapital zeitlich unbegrenzt weiterführen, § 1 Abs. 1 Satz 1 EGGmbHG. Vielfach werden aber auch sonstige Satzungsänderungen zum Anlass genommen, das Stammkapital auf Euro umzustellen. Bei der Euroumstellung sollten etwa erforderliche Folgeänderungen des Gesellschaftsvertrages nicht vergessen werden, insbesondere betreffend die Regelung der Stimmkraft im Bezug zum Nennbetrag der Geschäftsanteile (»Je DM 50,– eines Geschäftsanteils gewähren eine Stimme«). 822

Für die Euroumstellung gibt es die folgenden Möglichkeiten: 823
– nur rechnerische Umstellung,
– Glättung durch normale oder vereinfachte Kapitalherabsetzung,
– Glättung durch erleichterte Kapitalherabsetzung mit gleichzeitiger Kapitalerhöhung,
– Glättung durch Kapitalerhöhung aus Gesellschaftsmitteln,
– Glättung durch Kapitalerhöhung gegen Einlagen im Wege der Aufstockung.

Bei den immer noch anzutreffenden Gesellschaften, deren Kapital noch auf DM lautet, gelten für den Mindestbetrag, die Teilbarkeit von Kapital, Einlagen und Geschäftsanteilen sowie für den Umfang des Stimmrechts die Beträge, wie sie bis zum Inkrafttreten des Euro-Einführungsgesetzes[1138] gegolten haben, § 1 Abs. 1 Satz 2 EGGmbHG. Gleiches gilt für Gesellschaften, die nur durch einfachen Umrechnungsbeschluss auf krumme Eurobeträge umgestellt haben.[1139] Die Erleichterungen, die das MoMiG für die Teilung von Geschäftsanteilen gebracht hat, bleiben diesen Altgesellschaften also vorenthalten. 824

1. Nur rechnerische Umstellung

Bei der rein rechnerischen Umstellung werden lediglich das Stammkapital und die Nennbeträge der Geschäftsanteile sowie etwaige DM-Beträge in der Satzung in Euro umgerechnet. Eine Änderung des Stammkapitals ist damit nicht verbunden. Der Beschluss bedarf, obwohl es sich um einen satzungsändernden Beschluss handelt, weder einer qualifizierten Mehrheit noch der Beurkundung, sondern kann gem. § 1 Abs. 3 Satz 1 EGGmbHG mit einfacher Mehrheit und ohne notarielle Beurkundung gefasst werden. Die Handelsregisteranmeldung muss nicht notariell beglaubigt werden, Art. 45 Abs. 1 Satz 1 EGHGB, und der vollständige Wortlaut des Gesellschaftsvertrages muss nicht beigefügt werden, § 1 Abs. 3 Satz 2 EGGmbHG. 825

Die Beträge, die sich durch die Umstellung auf Euro rechnerisch ergeben, sind auf zwei Stellen hinter dem Komma zu runden.[1140] 826

▶ Formulierungsvorschlag Beschluss Euro-Umstellung:[1141] 827

Das Stammkapital der Gesellschaft und die Nennbeträge der Geschäftsanteile werden zum amtlichen Umrechnungskurs von 1,95583 DM pro 1 Euro auf Euro umgestellt.

Das Stammkapital von 50.000 DM beträgt danach gerundet 25.564,59 Euro.

Der Nennbetrag des Geschäftsanteils von 30.000 DM (lfd. Nr. 1) beträgt danach gerundet 15.338,76 Euro, der Nennbetrag des Geschäftsanteils von 20.000 DM (lfd. Nr. 2) gerundet 10.225,84 Euro.

Die Betragsangaben des Gesellschaftsvertrages in § 2 Abs. 1 und Abs. 2 (Stammkapital und Geschäftsanteile) sowie § 6 Abs. 2 (Gesellschafterbeschlüsse)[1142] werden entsprechend auf Euro umgestellt.

1138 EuroEG v. 09.06.1998 (BGBl. I, S. 1242).
1139 DNotI-Gutachten, DNotI-Report 2015, 188.
1140 Ausführlich Heckschen/Heidinger/*Heidinger*, Kapitel 12 Rn. 11 ff.
1141 Vgl. auch das Muster von Meyer-Landrut/*G. Wenz*, F. Rn. 63.
1142 Regelmäßig findet sich in Gesellschaftsverträgen eine Regelung, nach der ein bestimmter Betrag des Stammkapitals eine Stimme gewährt. Dieser Betrag muss ebenfalls auf Euro umgestellt werden.

828 Die entstandenen Geschäftsanteile mit unglatten Euro-Beträgen können nicht nur abgetreten, sondern auch geteilt und zusammengelegt werden. Ebenso wie bei den Gesellschaften, deren Stammkapital noch auf DM lautet, sind dabei aber die Beträge maßgeblich, wie sie bis zum Inkrafttreten des Euro-Einführungsgesetzes gegolten haben, § 1 Abs. 1 Satz 3 EGGmbHG, wobei auch diese Beträge in Euro umzurechnen sind.[1143]

2. Umstellung und Glättung

829 Voraussetzung einer Glättung des Stammkapitals ist in einem ersten Schritt die rein rechnerische Umstellung der Kapitalbeträge auf Euro durch einen Beschluss der Gesellschafter[1144] (oben Rdn. 825).

830 Die anschließende Glättung des Betrages kann im Wege der **Kapitalherabsetzung** erfolgen. Dabei sind allerdings die allgemeinen Vorschriften über Kapitalherabsetzungen in §§ 58, 58a ff. GmbHG zu beachten, bei der ordentlichen Kapitalherabsetzung insbesondere das Sperrjahr. Erleichterungen sehen auch die Vorschriften zur Euroumstellung in § 1 EGGmbHG nicht vor. Aus diesem Grund ist die Glättung durch Kapitalherabsetzung wenig praktikabel, sofern nicht die Voraussetzungen einer vereinfachten Kapitalherabsetzung vorliegen oder ohnehin, unabhängig von der Glättung, eine ordentliche Kapitalherabsetzung beabsichtigt ist.

831 Erleichterungen für eine Kapitalherabsetzung sieht § 1 Abs. 3 Satz 3 EGGmbHG nur vor, wenn **zugleich** eine **Erhöhung** des Stammkapitals gegen Bareinlagen beschlossen wird und diese vor der Anmeldung zum Handelsregister voll eingezahlt werden. In diesem Fall findet § 58 Abs. 1 GmbHG keine Anwendung; insbesondere muss kein Sperrjahr abgewartet werden. Eine Herabsetzung des Kapitals auf einen Betrag von weniger als 25.000 € ist nicht zulässig. Eine § 58a Abs. 4 GmbHG entsprechende Regelung sieht § 1 Abs. 3 EGGmbHG nicht vor. Außerdem muss der Erhöhungsbetrag mindestens so hoch sein wie der Betrag, um den das Kapital zuvor herabgesetzt worden ist.[1145]

832 Soll die Glättung durch eine **Kapitalerhöhung** erreicht werden, setzt dies zwingend eine Aufstockung der bisherigen Geschäftsanteile voraus. Bei Bildung neuer Geschäftsanteile würden nicht nur diese, sondern auch die auf Euro umgestellten bisherigen Geschäftsanteile keine glatten Nennbeträge aufweisen.[1146] Im Wege einer Kapitalerhöhung gegen Einlagen ist die Aufstockung generell nur möglich, wenn alle Geschäftsanteile voll eingezahlt sind oder noch den Gründern (oder ihren Gesamtrechtsnachfolgern) zustehen, ansonsten ist sie unzulässig.[1147] Gleichwohl soll nach verbreiteter Ansicht das Aufstockungsverbot bei teileingezahlten Anteilen nicht gelten, wenn diese zum Zweck der Euro-Umstellung nur bis zum nächstzulässigen Betrag aufgestockt werden.[1148] Bei einer Kapitalerhöhung aus Gesellschaftsmitteln ist eine Aufstockung stets zulässig, bei teileingezahlten Anteilen sogar zwingend, § 57l Abs. 2 Satz 2 GmbHG. Verfahrenserleichterungen betreffend die Übernahmeerklärung und die Liste der Übernehmer bei der Aufstockung zum Zwecke der Glättung sieht das Gesetz nicht vor.[1149] Weil bei der Kapitalerhöhung gegen Einlagen jedenfalls mit Zustimmung aller Gesellschafter auch eine disproportionale Aufstockung der Geschäftsanteile möglich ist, kann eine Glättung durch schlichte Erhöhung eines jeden Geschäftsanteils auf den

---

1143 Lutter/Hommelhoff/*Bayer*, § 1 EGGmbHG Rn. 3. Der aufgehobene § 17 GmbHG gilt für die Teilung solcher DM-Geschäftsanteile jedoch nicht mehr, vgl. DNotI-Gutachten, DNotI-Report 2015, 188.
1144 OLG Frankfurt am Main v. 23.07.2003 – 20 W 46/03 = GmbHR 2003, 1273; OLG Hamm v. 07.04.2011 – I-15 W 271/10 = GmbHR 2011, 654.
1145 Lutter/Hommelhoff/*Bayer*, § 1 EGGmbHG Rn. 22.
1146 OLG Hamm v. 28.04.2003 – 15 W 39/03 = GmbHR 2003, 899 hält dies allerdings für zulässig, wenn die Geschäftsanteile unmittelbar darauf zusammengelegt werden und dadurch glatte Nennbeträge entstehen.
1147 S.o. Rdn. 716.
1148 Lutter/Hommelhoff/*Bayer*, § 1 EGGmbHG Rn. 20; Scholz/*U.H. Schneider*, § 1 EGGmbHG Rn. 53; *Ries*, GmbHR 2000, 264, 266; a.A. (Aufstockungsverbot gilt) *Waldner*, ZNotP 1998, 490, 491; *Steffan/Schmidt*, DB 1998, 709, 711.
1149 BayObLG v. 20.02.2002 – 3Z BR 30/02 = GmbHR 2002, 497.

nächsten vollen Euro erreicht werden. Bei der Kapitalerhöhung aus Gesellschaftsmitteln hingegen ist das Gebot verhältniswahrender Erhöhung aus § 57j GmbHG auch dann zu berücksichtigen, wenn mit der Erhöhung eine Glättung nach Euroumstellung bezweckt wird.[1150] Es muss daher rechnerisch ermittelt werden, durch welchen verhältniswahrenden Erhöhungsbetrag bei allen Geschäftsanteilen glatte Nennbeträge erreicht werden.

Bei den **Notarkosten** ist zu beachten, dass gem. Art. 45 Abs. 2 EGHGB nur die Hälfte des Geschäftswerts nach § 105 Abs. 1 Nr. 3 GNotKG zugrunde gelegt werden darf, wenn eine Kapitalveränderung auf den nächsthöheren oder nächstniedrigeren Betrag zum Handelsregister angemeldet wird, mit dem die Nennbeträge der Geschäftsanteile auf einen durch zehn teilbaren Betrag in Euro gestellt werden können. Nachdem seit Inkrafttreten des MoMiG die Teilbarkeit durch zehn nicht mehr erforderlich ist, sondern lediglich volle Eurobeträge erreicht werden müssen, gilt die Kostenprivilegierung auch für Kapitalveränderungen unterhalb des in Art. 45 Abs. 2 EGHGB bezeichneten Umfangs. 833

D. Beendigung der Gesellschaft

I. Auflösung der Gesellschaft

Die Beseitigung einer GmbH vollzieht sich im Normalfall[1151] in drei Schritten: 834
(1) Auflösung der Gesellschaft, häufig durch Auflösungsbeschluss der Gesellschafterversammlung (unten Rdn. 836),
(2) Liquidation des Gesellschaftsvermögens (unten Rdn. 848 ff.),
(3) Vollbeendigung der Gesellschaft (unten Rdn. 851).

Die Auflösung der Gesellschaft setzt einen **Auflösungsgrund** voraus. Das Gesetz sieht in § 60 Abs. 1 GmbHG verschiedene Gründe für die Auflösung einer GmbH vor, insbesondere die Auflösung durch Beschluss der Gesellschafter (Nr. 2), durch die Eröffnung des Insolvenzverfahrens (Nr. 4) und durch rechtskräftige Ablehnung der Eröffnung eines Insolvenzverfahrens mangels Masse (Nr. 5). Daneben kann der Gesellschaftsvertrag weitere Auflösungsgründe regeln, § 60 Abs. 2 GmbHG, etwa die Auflösung aufgrund der Kündigung eines Gesellschafters. Eine Auflösung kann auch durch eine Auflösungsklage gegen die Gesellschaft gem. § 61 GmbHG erreicht werden, wenn ein wichtiger Grund dafür vorliegt, insbesondere der Gesellschaftszweck nicht mehr erreicht werden kann. Schließlich ermöglicht § 62 GmbHG – praktisch bisher unbedeutend[1152] – die Auflösung gemeinwohlgefährdender Gesellschaften durch die Verwaltungsbehörde. 835

1. Auflösung durch Beschluss der Gesellschafterversammlung

In der Praxis am häufigsten ist die Auflösung durch **Beschluss** der Gesellschafter, § 60 Abs. 1 Nr. 2 GmbHG. Abweichend von § 47 Abs. 1 GmbHG, der für Beschlüsse grundsätzlich einfache Mehrheit genügen lässt, erfordert der Auflösungsbeschluss eine Mehrheit von dreiviertel der abgegebenen Stimmen. Der Gesellschaftsvertrag kann eine höhere Mehrheit bis hin zur Einstimmigkeit verlangen, aber – anders als bei Satzungsänderungen – auch eine geringere Mehrheit genügen lassen.[1153] Weil es sich bei der Auflösung der Gesellschaft grundsätzlich nicht um eine Satzungsänderung handelt, muss der Auflösungsbeschluss nicht notariell beurkundet werden. Er wird sofort wirksam. Die Eintragung in das Handelsregister ist lediglich deklaratorisch.[1154] In der Praxis stellt sich gelegentlich die Frage, ob es sinnvoller ist, die Auflösung der Gesellschaft mit sofortiger Wir- 836

1150 Lutter/Hommelhoff/*Bayer*, § 1 EGGmbHG Rn. 16.
1151 Andere Möglichkeiten der Beseitigung einer GmbH sind z.B. die Verschmelzung auf einen anderen Rechtsträger gem. §§ 2 ff. UmwG, die Aufspaltung auf andere Rechtsträger gem. §§ 126 ff. UmwG oder die Löschung wegen Vermögenslosigkeit gem. § 394 FamFG.
1152 Lutter/Hommelhoff/*Kleindiek*, § 62 Rn. 1.
1153 Lutter/Hommelhoff/*Kleindiek*, § 60 Rn. 6.
1154 Lutter/Hommelhoff/*Kleindiek*, § 60 Rn. 5.

kung zu beschließen oder besser aufschiebend befristet auf den 1. Januar des nächsten Kalenderjahres, also bei Gleichlauf von Geschäftsjahr und Kalenderjahr auf den ersten Tag des nächsten Geschäftsjahres.[1155] In diesem Zusammenhang kann eine Rolle spielen, dass mit dem Auflösungszeitpunkt das laufende Geschäftsjahr endet und ein für die Liquidationsjahresabschlüsse maßgebliches abweichendes Geschäftsjahr beginnt.[1156] Die unterjährige Auflösung der Gesellschaft zwingt also zur unterjährigen Bilanzierung, § 71 GmbHG, die nicht gewünscht sein mag, etwa wegen der Probleme einer unterjährigen Inventur. Auf der anderen Seite ist zu berücksichtigen, dass sich mit der Auflösung erst zum nächsten Jahresanfang der Ablauf des Sperrjahres und damit die endgültige Beendigung der Gesellschaft u.U. in ein späteres Kalenderjahr verschiebt, was mit Blick auf laufende Beitragspflichten (IHK) unerwünscht sein mag.

837 Mit dem Auflösungsbeschluss werden die Geschäftsführer ipso jure zu **Liquidatoren** der Gesellschaft, wenn nicht der Gesellschaftsvertrag eine abweichende Regelung enthält oder die Gesellschafter durch Beschluss andere Personen zu Liquidatoren bestellen, § 66 Abs. 1 GmbHG. Die **Vertretungsbefugnis** der Liquidatoren ergibt sich, etwas verklausuliert, aus § 68 Abs. 1 Satz 2 GmbHG: Ist bei Auflösung der Gesellschaft nur ein Liquidator vorhanden, vertritt er allein, sind mehrere Liquidatoren vorhanden, vertreten sie gemeinsam.[1157] Dies gilt auch dann, wenn die bisherigen Geschäftsführer als geborene Liquidatoren tätig werden und sie als Geschäftsführer eine abweichende Vertretungsbefugnis hatten.[1158] Fällt einer von mehreren gesamtvertretungsberechtigten Liquidatoren nachträglich weg, sind die verbliebenen Liquidatoren nicht mehr vertretungsbefugt, bis für den weggefallenen Liquidator ein Ersatz bestellt wurde.[1159] Der Gesellschaftsvertrag kann die Vertretungsbefugnis der Liquidatoren abweichend von § 68 Abs. 1 GmbHG regeln. Nach h.M. ist eine Abweichung auch durch einfachen Gesellschafterbeschluss möglich, selbst wenn der Gesellschaftsvertrag dies nicht ausdrücklich vorsieht.[1160] Darin liegt ein Unterschied zur Rechtslage bei den Vertretungsbefugnissen der Geschäftsführer: Von dem gesetzlichen Modell des § 35 GmbHG kann durch Gesellschafterbeschluss nur abgewichen werden, wenn der Gesellschaftsvertrag eine entsprechende Öffnungsklausel enthält.[1161] Diese abweichende Vertretungsbefugnis kann nicht nur konkret für die jeweils bestellten Liquidatoren geregelt werden, sondern auch als allgemeine Vertretungsregelung für zukünftige Liquidatoren. Wegen der Unsicherheit, ob § 68 Abs. 1 Satz 2 GmbHG überhaupt eine allgemeine Vertretungsregelung für einen Einzelliquidator entnommen werden kann und wie diese lautet[1162], wird empfohlen, stets im Auflösungsbeschluss zugleich eine allgemeine Vertretungsregelung für die Liquidatoren zu beschließen.[1163]

838 Von den **Beschränkungen des § 181 BGB** können die Liquidatoren hingegen durch Gesellschafterbeschluss nur befreit werden, wenn der Gesellschaftsvertrag diese Möglichkeit vorsieht.[1164] Waren die Geschäftsführer aufgrund Gesellschaftsvertrag oder Gesellschafterbeschluss von § 181 BGB befreit, setzt sich diese Befreiung nach einer Entscheidung des BGH nicht automatisch fort, wenn

---

1155 Eine Auflösung zum 31. Dezember ist häufig nicht gewünscht, weil dann die Schlussbilanz der werbenden Gesellschaft und die Liquidationsjahresabschlüsse auf den Stichtag 30. Dezember zu erstellen wären.
1156 Roth/Altmeppen/*Altmeppen*, § 71 Rn. 8 ff.
1157 Lutter/Hommelhoff/*Kleindiek*, § 68 Rn. 2.
1158 BGH v. 27.10.2008 – II ZR 255/07 = DNotZ 2009, 300; Lutter/Hommelhoff/*Kleindiek*, § 68 Rn. 2; a.A. Scholz/*K. Schmidt*, § 68 Rn. 5.
1159 BGHZ 121, 263, 264 f. = GmbHR 1993, 508; Baumbach/Hueck/*Haas*, § 68 Rn. 2; *Krafka*, GmbHR 2011, 146.
1160 Lutter/Hommelhoff/*Kleindiek*, § 68 Rn. 2.
1161 Lutter/Hommelhoff/*Kleindiek*, § 35 Rn. 37.
1162 Vgl. zu diesem Problem OLG München v. 12.05.2010 – 31 Wx 47/10 = GmbHR 2011, 144 m. Anm. *Krafka*.
1163 *Krafka*, GmbHR 2011, 145.
1164 OLG Frankfurt am Main v. 13.10.2011 – 20 W 95/11 = GmbHR 2012, 394, 397; *Wälzholz*, GmbHR 2002, 305, 306 f.; großzügiger (Befreiungsmöglichkeit auch ohne Satzungsregelung) Lutter/Hommelhoff/*Kleindiek*, § 68 Rn. 4.

sie nach Auflösung der Gesellschaft als Liquidatoren tätig werden.[1165] Aufgrund der unterschiedlichen Aufgaben von Geschäftsführer und Liquidator kann eine entsprechende Fortwirkung nicht ohne Weiteres angenommen werden. Allerdings ermöglicht eine satzungsmäßige Ermächtigung, die Geschäftsführer durch Gesellschafterbeschluss von den Beschränkungen des § 181 BGB zu befreien, nach bisher herrschender Auffassung im Zweifel auch eine entsprechende Befreiung der Liquidatoren.[1166] Jüngere Gerichtsentscheidungen widersprechen dem in vermeintlicher Fortführung der »Diskontinuitätsentscheidung« des BGH zur Befreiung von § 181 BGB.[1167] Für die Praxis empfiehlt es sich daher mehr noch als bisher, die Satzungsregeln zur Vertretungsbefugnis der Geschäftsführer und ihrer Befreiung von § 181 BGB ausdrücklich auch auf Liquidatoren zu erstrecken. Bei einer im vereinfachten Verfahren nach § 2 Abs. 1a GmbHG mit Musterprotokoll gegründeten Gesellschaft ist mangels entsprechender Satzungsregelung eine Befreiung der Liquidatoren von § 181 BGB nicht möglich, solange nicht durch Satzungsänderung eine entsprechende Ermächtigung geschaffen wird.[1168]

▶ Formulierungsvorschlag Auflösungsbeschluss:[1169] 839

Wir, die alleinigen Gesellschafter der CENTURION GmbH mit Sitz in Köln (Amtsgericht Köln HRB 11111), halten hiermit unter Verzicht auf alle Fristen und Formen eine

Gesellschafterversammlung

der Gesellschaft ab und beschließen mit allen Stimmen:

1. Die Gesellschaft wird aufgelöst.
2. Herr ..... ist nicht mehr Geschäftsführer der Gesellschaft.
3. Die Vertretung der Gesellschaft wird allgemein wie folgt geregelt:
   Ist nur ein Liquidator bestellt, ist dieser einzelvertretungsberechtigt. Sind mehrere Liquidatoren bestellt, so wird die Gesellschaft durch zwei Liquidatoren gemeinschaftlich oder durch einen Liquidator gemeinschaftlich mit einem Prokuristen vertreten.
4. Herr ..... wird zum Liquidator der Gesellschaft bestellt. Er ist als Liquidator stets alleinvertretungsberechtigt und befugt, im Namen der Gesellschaft mit sich im eigenen Namen oder als Vertreter eines Dritten Rechtsgeschäfte vorzunehmen.
5. Nach Beendigung der Liquidation werden die Bücher und Schriften der Gesellschaft von Herrn ..... verwahrt.

Damit ist die Tagesordnung erledigt und die Gesellschafterversammlung beendet.

Gelegentlich kommt es vor, dass eine neu gegründete GmbH, die noch nicht im Handelsregister eingetragen ist, im **Gründungsstadium** wieder aufgelöst werden soll. Ein entsprechender Auflösungsbeschluss bedarf analog § 60 Abs. 1 Nr. 2 GmbHG einer Dreiviertelmehrheit.[1170] Die notarielle Beurkundung des Auflösungsbeschlusses ist nicht erforderlich.[1171] Die Gesellschaft ist dann entsprechend §§ 60 ff. GmbHG zu liquidieren,[1172] wobei allerdings bei einer noch nicht im Handelsregister eingetragenen Gesellschaft eine Eintragung der Auflösung im Handelsregister gem. § 65 Abs. 1 840

1165 BGH v. 27.10.2008 – II ZR 255/07 = DNotZ 2009, 300; ebenso OLG Rostock v. 06.10.2003 – 3 U 188/03 = NZG 2004, 288; OLG Düsseldorf GmbHR 1989, 465; Lutter/Hommelhoff/*Kleindiek*, § 68 Rn. 4; a.A. Roth/Altmeppen/*Altmeppen*, § 68 Rn. 5.
1166 OLG Zweibrücken GmbHR 1999, 237 f.; OLG Zweibrücken RNotZ 2011, 502; BayObLG GmbHR 1996, 56 f.
1167 OLG Köln v. 21.09.2016 – 2 Wx 377/16, NZG 2016, 1314; der Sache nach auch OLG Düsseldorf v. 23.09.2016 – I-3 Wx 130/15, RNotZ 2017, 110; kritisch dazu *Terner* DStR 2017, 160.
1168 OLG Frankfurt am Main v. 13.10.2011 – 20 W 95/11 = GmbHR 2012, 394.
1169 Vgl. auch das Muster bei Meyer-Landrut/*Rupietta*, K Rn. 2.
1170 Lutter/Hommelhoff/*Bayer*, § 11 Rn. 23.
1171 Heckschen/Heidinger/*Heckschen/Strnad*, Kapitel 18 Rn. 4.
1172 BGH v. 23.10.2006 – II ZR 162/05 = DNotZ 2007, 142 (für die AG); Lutter/Hommelhoff/*Bayer*, § 11 Rn. 23; Roth/Altmeppen/*Altmeppen*, § 66 Rn. 2. Im Falle einer Einpersonen-Gesellschaft wird hingegen eine Liquidation nicht für erforderlich gehalten, weil die Gesellschaft automatisch erlösche und ihre Rechte und Pflichten automatisch auf den Gesellschafter übergingen: Gehrlein/Born/Simon/*Link*, § 11 Rn. 33.

GmbHG ausscheidet. Ob auch das Sperrjahr eingehalten und die Auflösung in den Gesellschaftsblättern bekannt gemacht werden muss, ist umstritten.[1173] Jedenfalls dann, wenn die Gründungskosten beglichen sind und keinerlei weitere Verbindlichkeiten bestehen, scheint es sachgerecht, auch ohne förmliche Liquidation von einer sofortigen Beendigung der Gesellschaft auszugehen.[1174]

841 Wurde allerdings die Gesellschaft nach Aufgabe der Eintragungsabsicht zunächst als Personengesellschaft fortgeführt, ist sie nach den Vorschriften des Personengesellschaftsrechts abzuwickeln.[1175]

2. Handelsregisteranmeldung

842 Die Auflösung der Gesellschaft aufgrund eines Gesellschafterbeschlusses ist zum **Handelsregister** anzumelden, § 65 Abs. 1 GmbHG. Auch die Liquidatoren und ihre Vertretungsbefugnis sind anzumelden, § 67 GmbHG, selbst wenn die bisherigen Geschäftsführer die Liquidatoren sind und sich die Art ihrer Vertretungsmacht nicht geändert hat. Wie bei der Anmeldung von Geschäftsführern ist auch bei der Anmeldung von Liquidatoren neben der konkreten Vertretungsbefugnis der Liquidatoren die abstrakte Vertretungsregelung des Gesellschaftsvertrages bzw. des Gesetzes mit anzumelden.[1176] Zur Formulierung der abstrakten Vertretungsregelung s.o. Rdn. 837.

843 Zur Anmeldung verpflichtet sind gem. § 78 GmbHG die Liquidatoren. Entgegen dem Wortlaut von § 67 Abs. 1 GmbHG gilt auch dann nichts anderes, wenn die bisherigen Geschäftsführer nicht die Liquidatoren sind.[1177] § 78 GmbHG legt nahe, dass die Liquidatoren die Anmeldung nur in vertretungsberechtigter Anzahl unterzeichnen müssen. Allerdings müssen in der Anmeldung sämtliche Liquidatoren versichern, dass keine Umstände vorliegen, die ihrer Bestellung nach §§ 66 Abs. 4, 6 Abs. 2 Satz 2 Nr. 2 und 3, Satz 3 GmbHG entgegenstehen, und dass sie über ihre unbeschränkte Auskunftspflicht gegenüber dem Gericht belehrt worden sind, § 67 Abs. 3 GmbHG. Aus diesem Grund ist in der Praxis die Unterzeichnung der Handelsregisteranmeldung, die üblicherweise auch die entsprechende Versicherung enthält, durch sämtliche Liquidatoren die Regel. Die Versicherung ist auch dann erforderlich, wenn die bisherigen Geschäftsführer die Liquidatoren sind.[1178] Zwar haben die Geschäftsführer bereits als Geschäftsführer gegenüber dem Registergericht ihre Amtsfähigkeit versichern müssen. Das Registergericht kann jedoch eine »Aktualisierung« verlangen.[1179] Im Hinblick auf die strafrechtlichen Verurteilungen reicht nach Auffassung des BGH entgegen der früher h.M. die Versicherung, noch nie »wegen einer Straftat« verurteilt worden zu sein, auch ohne die Straftatbestände nach § 6 Abs. 2 Satz 2 GmbHG im Einzelnen aufzuzählen.[1180] Ob hingegen auch die abstrakte Versicherung ausreicht, es stünden der Bestellung keine Umstände »nach §§ 66 Abs. 4 i.V.m. § 6 Abs. 2 S. 2 Nr. 2 und 3 sowie S. 3 GmbHG« entgegen, ist in der obergerichtlichen Rechtsprechung umstritten.[1181]

844 ▶ **Formulierungsbeispiel Handelsregisteranmeldung Auflösung und Liquidatoren:**[1182]

Ich, ..., überreiche als Anlage die Niederschrift über die Gesellschafterversammlung vom ..... und melde zur Eintragung in das Handelsregister an:

1. Die Gesellschaft ist aufgelöst.
2. Ich bin nicht mehr Geschäftsführer der Gesellschaft.

[1173] Dafür UHL/*Ulmer/Habersack*, § 11 Rn. 55 f.; dagegen wohl Rowedder/Schmidt-Leithoff/*Schmidt-Leithoff*, § 11 Rn. 69.
[1174] Heckschen/Heidinger/*Heckschen/Strnad*, § 18 Rn. 5.
[1175] Scholz/*K. Schmidt*, § 11 Rn. 65 m.w.N.
[1176] BGH v. 07.05.2007 – II ZB 21/06 = DNotZ 2008, 75.
[1177] OLG Oldenburg v. 03.01.2005 – 3 W 42/04 = GmbHR 2005, 367; Lutter/Hommelhoff/*Kleindiek*, § 67 Rn. 2.
[1178] Lutter/Hommelhoff/*Kleindiek*, § 67 Rn. 8.
[1179] BayObLG GmbHR 1982, 274.
[1180] BGH v. 17.05.2010 – II ZB 5/10, DNotZ 2010, 930, mit Verweis auf *Tebben*, RNotZ 2008, 441, 449.
[1181] Dafür OLG Stuttgart v. 10.10.2012 – 8 W 241/11, GmbHR 2013, 91; dagegen OLG Schleswig v. 03.06.2014 – 2 W 36/14, NZG 2015, 232.
[1182] Vgl. auch das Muster bei Meyer-Landrut/*Bremer*, K Rn. 33.

3. Die Vertretung der Gesellschaft ist allgemein wie folgt geregelt:[1183]
   Ist nur ein Liquidator bestellt, ist dieser einzelvertretungsberechtigt. Sind mehrere Liquidatoren bestellt, so wird die Gesellschaft durch zwei Liquidatoren gemeinschaftlich oder durch einen Liquidator gemeinschaftlich mit einem Prokuristen vertreten.
4. Ich bin zum Liquidator der Gesellschaft bestellt. Ich bin stets alleinvertretungsberechtigt und befugt, im Namen der Gesellschaft mit mir im eigenen Namen oder als Vertreter eines Dritten Rechtsgeschäfte vorzunehmen.

Ich versichere:

1. Es liegen keine Umstände vor, die meiner Bestellung als Liquidator nach § 66 Abs. 4 i.V.m. § 6 Abs. 2 Satz 2 Nr. 2 und 3 sowie Satz 3 GmbHG entgegenstehen:
   a) Mir ist weder durch gerichtliches Urteil noch durch vollziehbare Entscheidung einer Verwaltungsbehörde die Ausübung eines Berufes, Berufszweiges, Gewerbes oder Gewerbezweiges untersagt.
   b) Ich wurde nie wegen der vorsätzlichen Begehung einer oder mehrerer der folgenden Straftaten verurteilt:
      – Unterlassen der Stellung eines Antrages auf Eröffnung des Insolvenzverfahrens (Insolvenzverschleppung)
      – Insolvenzstraftaten (§§ 283 bis 283d StGB)
      – falsche Angaben nach § 82 GmbHG oder § 399 AktG
      – unrichtige Darstellung nach § 400 AktG, § 331 HGB, § 313 UmwG oder § 17 PublG
      – Betrug (§ 263 StGB), Computerbetrug (§ 263a StGB), Subventionsbetrug (§ 264 StGB), Kapitalanlagebetrug (§ 264a StGB), Kreditbetrug (§ 265b StGB), Sportwettbetrug (§ 265c StGB), Manipulation von berufssportlichen Wettbewerben (§ 265d), besonders schwere Fälle des Sportwettbetrugs und der Manipulation von berufssportlichen Wettbewerben (§ 265e), Untreue (§ 266 StGB), Vorenthalten oder Veruntreuen von Arbeitsentgelt (§ 266a StGB)
   c) Ich wurde nie im Ausland verurteilt wegen einer Tat, die mit den unter b) genannten Taten vergleichbar ist.
2. Der beglaubigende Notar hat mich über meine unbeschränkte Auskunftspflicht gegenüber dem Registergericht belehrt.

3. Bekanntmachung der Auflösung

Die Liquidatoren sind dazu verpflichtet, die Auflösung in den Gesellschaftsblättern **bekanntzumachen**, § 65 Abs. 2 Satz 1 GmbHG. Gem. § 12 GmbHG reicht die Bekanntmachung im Bundesanzeiger, wenn der Gesellschaftsvertrag keine weiteren Gesellschaftsblätter bestimmt. Anderenfalls muss die Bekanntmachung auch in den gesellschaftsvertraglich vorgesehenen Medien erfolgen.[1184] In der Bekanntmachung müssen die Gläubiger aufgefordert werden, sich bei der Gesellschaft zu melden, § 65 Abs. 2 Satz 2 GmbHG. Anders als bei einer Kapitalherabsetzung (§ 58 Abs. 1 Nr. 1 GmbHG, s.o. Rdn. 806) ist eine besondere Mitteilung an die der Gesellschaft bekannten Gläubiger nicht erforderlich.

845

▶ Formulierungsbeispiel Gläubigeraufruf:

846

CENTURION GmbH

Köln

Die Gesellschaft ist aufgelöst. Die Gläubiger der Gesellschaft werden aufgefordert, sich bei ihr zu melden.

Der Liquidator

1183 Die Musterformulierung unterstellt, dass der Gesellschaftsvertrag ausdrücklich nicht nur für die Geschäftsführer, sondern auch für die Liquidatoren eine entsprechende Vertretungsregelung vorsieht oder im Auflösungsbeschluss die allgemeine Vertretungsbefugnis der Liquidatoren entsprechend geregelt wurde, vgl. oben Rdn. 837 sowie den Formulierungsvorschlag in Rdn. 839 M.
1184 OLG Stuttgart v. 12.11.2010 – 8 W 444/10 = GmbHR 2011, 38.

847 Der Notar ist gem. § 54 EStDV verpflichtet, eine beglaubigte Abschrift der Handelsregisteranmeldung der Liquidation und des Erlöschens der Gesellschaft an das für die Gesellschaft zuständige Finanzamt (Körperschaftsteuerstelle) zu übersenden. Vorher dürfen den Beteiligten keine Abschriften erteilt werden.

II. Liquidation und Vollbeendigung der Gesellschaft

848 Die Aufgaben der Liquidatoren ergeben sich aus § 70 GmbHG: Danach haben sie die laufenden Geschäfte zu beenden, die Verbindlichkeiten der Gesellschaft zu erfüllen und ihre Forderungen einzuziehen sowie das Vermögen der Gesellschaft zu liquidieren. Ab der Auflösung der Gesellschaft muss die Firma mit einem Zusatz geführt werden, der die Liquidation erkennen lässt, § 68 Abs. 2 GmbHG.[1185] Üblich ist die Abkürzung »i.L.« für »in Liquidation«.

849 Erst wenn die bekannten Verbindlichkeiten der Gesellschaft vollständig getilgt oder sichergestellt sind und seit der Bekanntmachung der Liquidation in den Gesellschaftsblättern mindestens ein Jahr vergangen ist, dürfen die Liquidatoren ein etwaiges Restvermögen an die Gesellschafter auskehren, § 73 GmbHG. Voraussetzung der Beendigung der Liquidation ist, dass kein verteilbares Vermögen mehr vorhanden ist. Ein laufender Aktivprozess oder noch ausstehende Steuererstattungsansprüche stehen der Beendigung daher entgegen.[1186] Sind noch Steuernachforderungen zu erwarten und werden dafür Rücklagen gebildet, ist die Liquidation ebenfalls noch nicht beendet.[1187] Gleiches gilt, wenn dafür zwar weder Rücklagen gebildet sind noch sonst liquides Gesellschaftsvermögen zur Verfügung steht, aber die Gesellschaft wegen einer Verteilung des Gesellschaftsvermögens vor Ablauf des Sperrjahres oder vor Befriedigung aller bekannten Gläubiger Ersatzansprüche gegen den Liquidator aus § 73 Abs. 3 GmbHG oder gegen die Gesellschafter analog § 31 GmbHG[1188] hat. Wenn aber die Gesellschaft den Geschäftsbetrieb endgültig eingestellt hat, über kein Vermögen mehr verfügt und lediglich Steuernachforderungen im Raum stehen, kann die Gesellschaft gelöscht werden.[1189] Die Liquidation ist ferner nicht beendet, sofern noch weitere Liquidationsmaßnahmen zu erledigen sind, insbesondere für die Gesellschaft noch Erklärungen abzugeben sind, etwa weil sie auf Abgabe einer bestimmten Erklärung verklagt wurde oder für sie noch löschungsreife Rechte im Grundbuch eingetragen sind. Einer Beendigung der Liquidation steht es jedoch nicht entgegen, wenn nur noch Vermögen in Höhe der notariellen und gerichtlichen Löschungskosten vorhanden ist.[1190]

850 Auf das Sperrjahr kann nach einer Entscheidung des OLG Köln verzichtet werden, wenn kein verteilungsfähiges Vermögen der GmbH mehr vorhanden ist.[1191] Das Gesetz schreibe die Einhaltung der Sperrfrist nur für den Fall vor, dass ein Gesellschaftsvermögen an die Gesellschafter verteilt werden soll. Komme eine solche Verteilung nicht in Betracht, dann sei die Schutzvorschrift des § 73 Abs. 1 GmbHG gegenstandslos. Solange jedoch noch Ansprüche der Gesellschaft gegen ihre Gesellschafter bestehen, insbesondere wegen noch ausstehender Einlagen oder wegen der verbotswidrigen Auskehr eines Restvermögens vor Ablauf des Sperrjahres, ist verteilungsfähiges Vermögen noch vorhanden. Dem Handelsregister gegenüber muss daher erklärt werden, dass das Gesellschaftsvermögen durch Befriedigung der Gläubiger erschöpft ist und eine Verteilung von Gesellschaftsvermögen an die Gesellschafter nicht erfolgt ist. In der Praxis verlangen die Registergerichte jedoch darüber hin-

---

1185 Lutter/Hommelhoff/*Kleindiek*, § 68 Rn. 6 (»i.L.«, »in Liq« oder »i.A.«).
1186 Für den Fall eines noch nicht abgeschlossenes Steuerverfahrens OLG Hamm v. 01.07.2015 – 27 W 71/15, NZG 2015, 953.
1187 BayObLG GmbHR 1982, 274; Lutter/Hommelhoff/*Kleindiek*, § 74 Rn. 4.
1188 Für Anspruch aus § 31 GmbHG analog Lutter/Hommelhoff/*Kleindiek*, § 73 Rn. 15; Baumbach/Hueck/*Haas*, § 73 Rn. 17; a.A. (§ 812 Abs. 1 Satz 1 BGB) OLG Rostock GmbHR 1996, 621.
1189 OLG Düsseldorf v. 01.02.2017 – I-3 Wx 300/16, NZG 2017, 663 = RNotZ 2017, 183.
1190 Heckschen/Heidinger/*Heckschen/Strnad*, Kapitel 18 Rn. 42.
1191 OLG Köln v. 05.11.2004 – 2 Wx 33/04 = DNotZ 2005, 314; *Fietz/Fingerhuth*, GmbHR 2006, 961.

aus nicht selten noch weitere Angaben.[1192] Es empfiehlt sich daher zusätzlich die Versicherung, dass[1193]
- Verbindlichkeiten der Gesellschaft nicht vorhanden sind,
- keine Zahlungen auf Geschäftsanteile mehr ausstehen,
- keine Ausschüttungen oder Auszahlungen des Gesellschaftsvermögens an Gesellschafter über einen ordentlichen Gewinnverteilungsplan hinaus erfolgt sind,
- keine gerichtlichen Rechtsstreitigkeiten anhängig sind und
- keine Zahlungsunfähigkeit oder Überschuldung vorliegt.

Ist die Liquidation beendet, so ist dies zum Handelsregister anzumelden. Die Unterschriftsbeglaubigung kann auch schon vor Ablauf des Sperrjahres erfolgen,[1194] weil die Handelsregisteranmeldung erst bewirkt ist mit Abgabe an das Handelsregister. Mit der Eintragung ist die Gesellschaft erloschen.[1195] Das Erlöschen des Liquidatorenamtes versteht sich von selbst und bedarf keiner besonderen Anmeldung.[1196] Das Registergericht kann gem. § 26 FamFG verlangen, dass die Voraussetzungen des Erlöschens glaubhaft gemacht werden.[1197] In der Praxis wird dazu gelegentlich eine Bestätigung des Finanzamts verlangt, dass keine Steuerforderungen und keine Rückerstattungsansprüche mehr bestehen. 851

▶ **Formulierungsvorschlag Handelsregisteranmeldung Beendigung der Liquidation:** 852

Ich, der unterzeichnende ....., melde zur Eintragung in das Handelsregister an:

Die Liquidation der Gesellschaft ist beendet. Die Gesellschaft und ihre Firma sind erloschen. Ich verwahre die Bücher und Schriften der Gesellschaft.

III. Fortsetzung einer aufgelösten Gesellschaft

Solange die Vermögensverteilung unter der Gesellschaftern nach §§ 72, 73 GmbHG noch nicht begonnen hat und die Gesellschaft im Handelsregister noch nicht gelöscht wurde, kann die **Fortsetzung** der Gesellschaft beschlossen werden.[1198] Durch den Fortsetzungsbeschluss wird die Liquidationsgesellschaft wieder zur werbenden Gesellschaft, vorausgesetzt, der Auflösungsgrund liegt nicht mehr vor. Beruhte die Auflösung auf einem Auflösungsbeschluss nach § 60 Abs. 1 Nr. 2 GmbHG, reicht zur Fortsetzung der Fortsetzungsbeschluss. Für den Fortsetzungsbeschluss wird allgemein eine Dreiviertelmehrheit der abgegebenen Stimmen analog § 274 Abs. 1 Satz 2 AktG verlangt.[1199] 853

▶ **Formulierungsvorschlag Fortsetzungsbeschluss einer aufgelösten GmbH:**[1200] 854

Die Erschienenen erklärten:

Wir sind die alleinigen Gesellschafter der CENTURION GmbH mit Sitz in Köln (Amtsgericht Köln HRB 11111).

Mit Gesellschafterbeschluss vom 15. August 20..... haben wir die Auflösung der Gesellschaft beschlossen und Herrn ..... zum alleinigen Liquidator bestellt. Die Auflösung und die Bestellung von Herrn ..... als Liquidator wurde im Handelsregister eingetragen. Mit der Verteilung des Vermögens der Gesellschaft unter die Gesellschafter wurde noch nicht begonnen.

1192 Zusammenstellung bei *Fietz/Fingerhuth*, GmbHR 2006, 961.
1193 Angelehnt an *Krafka*, Rn. 1150.
1194 Heckschen/Heidinger/*Heckschen/Strnad*, Kapitel 18 Rn. 46.
1195 Lutter/Hommelhoff/*Kleindiek*, § 74 Rn. 7; Roth/Altmeppen/*Altmeppen*, § 65 Rn. 22.
1196 BayObLG DNotZ 1994, 654.
1197 *Fietz/Fingerhuth*, GmbHR 2006, 960, 963 ff.
1198 OLG Celle v. 03.01.2008 – 9 W 124/07 = GmbHR 2008, 211; BayObLG DNotZ 1999, 145; Lutter/Hommelhoff/*Kleindiek*, § 60 Rn. 28 f.; a.A. (Fortsetzung auch noch nach begonnener Vermögensverteilung) Roth/Altmeppen/*Altmeppen*, § 60 Rn. 41 ff.
1199 Lutter/Hommelhoff/*Kleindiek*, § 60 Rn. 29.
1200 Vgl. auch das Muster bei Meyer-Landrut/*Rupietta*, K Rn. 100.

Dies vorausgeschickt, halten wir hiermit unter Verzicht auf alle Fristen und Formen eine Gesellschafterversammlung

der Gesellschaft ab und beschließen mit allen Stimmen:

1. Die Gesellschaft wird fortgesetzt.
2. Herr ..... ist nicht mehr Liquidator der Gesellschaft.
3. Herr ..... wird zum Geschäftsführer der Gesellschaft bestellt. Er ist als Geschäftsführer stets alleinvertretungsberechtigt und befugt, im Namen der Gesellschaft mit sich im eigenen Namen oder als Vertreter eines Dritten Rechtsgeschäfte vorzunehmen.

Damit ist die Tagesordnung erledigt und die Gesellschafterversammlung beendet.

855 Der Fortsetzungsbeschluss ist von den Geschäftsführern zur Eintragung in das Handelsregister anzumelden.[1201] Angemeldet werden muss auch, dass das Amt der Liquidatoren beendet ist.[1202]

IV. Nachtragsliquidation

856 Stellt sich nach Eintragung des Erlöschens der Gesellschaft heraus, dass die Liquidation tatsächlich noch nicht beendet war, insbesondere der Gesellschaft noch Ansprüche zustehen oder für sie noch Erklärungen abzugeben sind, ist eine **Nachtragsliquidation** analog § 273 Abs. 4 Satz 1 AktG notwendig. Dies setzt nicht voraus, dass nachträglich verteilbares Vermögen bekannt geworden ist. Es genügt, dass Rechtsbeziehungen oder Tatsachen bekannt werden, die eine gesetzliche Vertretung der Gesellschaft verlangen, etwa weil die Gesellschaft noch an einem Hinterlegungsverfahren beteiligt ist, weil noch die Löschung im Grundbuch eingetragener Rechte der Gesellschaft bewilligt werden muss oder der Gesellschaft noch ein Steuerbescheid zuzustellen ist.[1203]

857 Für die Nachtragsliquidation ist die tatsächlich bisher nicht erloschene Gesellschaft grundsätzlich wieder im Handelsregister einzutragen. Jeder Gesellschafter, jeder frühere Liquidator und jeder Gläubiger der Gesellschaft kann einen entsprechenden Antrag stellen.[1204] Ist lediglich eine einzelne Abwicklungsmaßnahme zu erledigen, kann nach h.M. auch auf die Wiedereintragung der Gesellschaft verzichtet und statt dessen nur ein Liquidator bestellt werden.[1205] Dem Handelsregister gegenüber ist glaubhaft zu machen, dass eine Nachtragsliquidation erforderlich ist.[1206] Für die Bestellung des Nachtragsliquidators ist das Registergericht zuständig, das auch über die Person des Liquidators entscheidet.[1207] Der Nachtragsliquidator hat einen Anspruch auf Vergütung und Auslagenersatz, für dessen Deckung der Antragssteller u. U. einen Vorschuss zu leisten hat.[1208] Der vom Gericht bestellte Liquidator ist grundsätzlich nicht verpflichtet, das Amt anzunehmen.

858 Ob das Gericht bei der Bestellung die Befugnisse des Nachtragsliquidators inhaltlich beschränken kann, ist umstritten. Nach einer Auffassung ist die Beschränkung der Nachtragsliquidation auf die Vornahme bestimmter Maßnahmen mit dem Zweck der Herbeiführung der Vollbeendigung nicht vereinbar.[1209] Nach anderer Auffassung hingegen kommt dem Nachtragsliquidator regelmäßig nur ein auf die Vornahme bestimmter Einzelmaßnahmen beschränkter Aufgabenkreis zu; er sei daher

---

1201 Lutter/Hommelhoff/*Kleindiek*, § 60 Rn. 29.
1202 Lutter/Hommelhoff/*Kleindiek*, § 67 Rn. 4.
1203 OLG München v. 07.05.2008 – 31 Wx 28/08 = GmbHR 2008, 821.
1204 Lutter/Hommelhoff/*Kleindiek*, § 74 Rn. 20.
1205 OLG München v. 21.10.2010 – 31 Wx 127/10 = GmbHR 2011, 39; Lutter/Hommelhoff/*Kleindiek*, § 74 Rn. 20; Baumbach/Hueck/*Haas*, § 60 Rn. 108.
1206 OLG München v. 07.05.2008 – 31 Wx 28/08 = GmbHR 2008, 821; KG v. 13.02.2007 – 1 W 272/06 = GmbHR 2007, 542; OLG Frankfurt am Main v. 27.06.2005 – 20 W 458/04 = GmbHR 2005, 1137.
1207 OLG München v. 07.05.2008 – 31 Wx 28/08 = GmbHR 2008, 821.
1208 KG v. 09.01.2001 – 1 W 2002/00 = GmbHR 2001, 252; OLG Hamm v. 08.05.2001 – 15 W 43/01 = GmbHR 2001, 819.
1209 OLG Koblenz v. 09.03.2007 – 8 U 228/06 = RNotZ 2007, 290.

nur für diese Einzelmaßnahmen zu bestellen, auf die sich auch seine Vertretungsmacht beschränke.[1210]

Die Nachtragsliquidation ist die Fortsetzung der allgemeinen Liquidation. Die vom Gesetz für das Liquidationsverfahren vorgesehenen Maßnahmen sind daher, soweit sie schon erfüllt sind, in der Nachtragsliquidation nicht erneut vorzunehmen.[1211] Insbesondere ist nicht erneut ein Sperrjahr abzuwarten, sondern nach Abschluss der Nachtragsliquidation kann sofort die Beendigung der Liquidation zum Handelsregister angemeldet werden.[1212]

▶ **Formulierungsvorschlag Antrag auf Nachtragsliquidation:**[1213]

Am 15. August 20..... wurde aufgrund der Anmeldung des letzten Liquidators in das Handelsregister eingetragen, dass die Liquidation beendet und die Gesellschaft erloschen sei. Inzwischen hat sich herausgestellt, dass die Liquidation tatsächlich noch nicht beendet ist. Der Gesellschaft steht eine Forderung gegen das Finanzamt Köln-Altstadt auf Rückerstattung von Steuerzahlungen zu. Um namens der Gesellschaft die Forderung gegen das Finanzamt geltend machen zu können, beantrage ich, als letzter Liquidator und Mitgesellschafter, mich selbst zum Liquidator zu bestellen. Ich verzichte auf Auslagenerstattung und eine Vergütung.

Ich vertrete die Gesellschaft allein, solange kein weiterer Liquidator bestellt ist.

E. Die Übertragung von Geschäftsanteilen

I. Das Zustandekommen des Übertragungsvertrags

Das wirksame Zustandekommen eines Übertragungsvertrags über Geschäftsanteile setzt eine **ordnungsgemäße Mitwirkung der Vertragsbeteiligten** – entweder persönlich oder ordnungsgemäß vertreten – und die **Einhaltung der Form** des § 15 Abs. 4 GmbHG voraus.

1. Die ordnungsgemäße Mitwirkung der Vertragsbeteiligten

Welche Anforderungen an eine ordnungsgemäße Mitwirkung der Vertragsbeteiligten zu stellen sind, hängt maßgeblich davon ab, ob die Vertragsbeteiligten persönlich anwesend sind oder (organschaftlich oder rechtsgeschäftlich) vertreten werden.

a) Persönlich anwesende Beteiligte

Sind die Beteiligten des Geschäftsanteilsübertragungsvertrages als **natürliche Personen persönlich anwesend**, können sich für die Praxis relevante Besonderheiten nur dann ergeben, wenn eine beteiligte natürliche Person in ihrer Geschäftsfähigkeit oder Verfügungsbefugnis in der einen oder anderen Form beschränkt ist. Besondere gesellschaftsrechtliche Verfügungsbeschränkungen sind gesetzlich nicht geregelt und auch die Gesellschaftsverträge enthalten im Regelfall keine Bestimmungen, die die rechtsgeschäftliche Handlungsfreiheit eines Gesellschafters beschränken. Von praktischer Relevanz sind daher lediglich die allgemein bürgerlich-rechtlichen Beschränkungen der rechtsgeschäftlichen Handlungsfähigkeit einer Person.

Ist einer der Vertragsbeteiligten **minderjährig**, etwa weil der Veräußerer einen zu verkaufenden Geschäftsanteil im Wege der vorweggenommenen Erbfolge geschenkt erhalten hat, so wird dieser Vertragsbeteiligte bei der Abgabe seiner Willenserklärungen durch seinen gesetzlichen Vertreter – also im Regelfall gem. § 1629 Abs. 1 BGB durch seine Eltern – vertreten. Eine **familiengerichtliche Genehmigung** ist für das Handeln des gesetzlichen Vertreters gem. § 1822 Nr. 3 BGB nur dann erforderlich, wenn der Erwerb oder die Veräußerung der Geschäftsanteile durch den Minderjährigen

---
1210 OLG München v. 07.05.2008 – 31 Wx 28/08 = GmbHR 2008, 821.
1211 Lutter/Hommelhoff/*Kleindiek*, § 74 Rn. 22.
1212 OLG Naumburg v. 27.05.2002 – 7 Wx 1/02 = GmbHR 2002, 858; OLG Hamm DNotZ 1987, 249.
1213 Vgl. auch das Muster bei Meyer-Landrut/*Rupietta*, K Rn. 172.

dem Erwerb oder der Veräußerung eines Erwerbsgeschäfts gleichzustellen ist. Insoweit stellt der BGH darauf ab, dass die Genehmigungspflicht nur für die Fälle vorgesehen ist, in denen dem Minderjährigen aus der Beteiligung Verpflichtungen und wirtschaftliche Nachteile entstehen können, die über die Risiken einer reinen Kapitalbeteiligung hinausgehen.[1214] Nach dem Sinn und Zweck des § 1822 Nr. 3 ist deswegen die Genehmigung des Familiengerichts zum Erwerb aller Geschäftsanteile einer ein Erwerbsgeschäfts betreibenden GmbH zu verlangen; Entsprechendes hat bei der Veräußerung sämtlicher Geschäftsanteile durch den Minderjährigen zu gelten.[1215] Demgegenüber wird der Erwerb oder die Veräußerung von weniger als 75 % des Stammkapitals der Gesellschaft in der Regel keine familiengerichtliche Genehmigungspflicht auslösen, wenn den Minderjährigen über die Kapitalanlage hinaus nicht ein besonderes Unternehmerrisiko trifft. Darüber hinaus kann der Erwerb eines Geschäftsanteils an einer noch nicht eingetragenen Vor-GmbH eine familiengerichtliche Genehmigungspflicht auslösen, da der Anteilserwerb vor Eintragung zu einer persönlichen Haftung des Minderjährigen führen kann, insbesondere dann, wenn die GmbH mit Zustimmung aller Gesellschafter bereits vor ihrer Eintragung den Geschäftsbetrieb aufnimmt.[1216] Besteht ferner eine von der Höhe der Kapitalbeteiligung unabhängige Gefahr, dass der Minderjährige für rückständige Einlageverpflichtungen nach § 16 Abs. 2 GmbHG einzustehen hat oder ihm eine Ausfallhaftung droht (§§ 24, 31 Abs. 3 GmbHG), kann im Einzelfall auch das Erfordernis einer familiengerichtlichen Genehmigung nach § 1822 Nr. 10 BGB in Betracht kommen.[1217] Wenn hinreichende Rechtssicherheit über das Bestehen eines familiengerichtlichen Genehmigungserfordernisses nicht erzielt werden kann, sollte vorsorglich eine familiengerichtliche Genehmigung eingeholt werden. Ein familiengerichtliches Negativattest, etwas des Inhalts, dass der Vorgang einer familiengerichtlichen Genehmigung nicht bedarf, wird im Regelfall als nicht ausreichend angesehen werden können, da nicht auszuschließen ist, dass ein späteres Prozessgericht, welches über die Wirksamkeit des Erwerbs oder der Veräußerung durch den Minderjährigen zu entscheiden hat, zu einer anderen Auffassung als das Familiengericht gelangt und bei seiner Entscheidung selbstverständlich nicht an das Negativattest des Familiengerichts gebunden ist.

865 Nehmen neben dem Minderjährigen am Erwerbs- oder Veräußerungsvorgang auch dessen gesetzliche Vertreter teil und geben sie nicht lediglich mit den Erklärungen des Minderjährigen gleichgerichtete Erklärungen ab (sodass – wegen der Gleichrichtung – eine Interessenkollision ausgeschlossen ist), sind die gesetzlichen Vertreter an der Vertretung des Minderjährigen gem. §§ 1629 Abs. 2 Satz 1, 1795 Abs. 2, 181 BGB gehindert. In diesen Fällen ist für den Minderjährigen gem. § 1909 Abs. 1 BGB ein **Ergänzungspfleger** zu bestellen. Da der Ergänzungspfleger gem. §§ 1915 Abs. 1, 1795 Abs. 2 BGB seinerseits den Beschränkungen des § 181 BGB unterliegt, ist für jedes einzelne Kind (wiederum mit der Ausnahme, dass der Ergänzungspfleger für alle Kinder nur gleichgerichtete Erklärungen abgibt) ein separater Ergänzungspfleger zu bestellen.[1218] In der Praxis ist es nicht selten schwierig zu entscheiden, ob die Erklärungen, die der gesetzliche Vertreter im eigenen Namen abgibt, gleichgerichtet mit denen sind, die er im Namen des Minderjährigen abgibt, so dass – bejahendenfalls – ein Interessenkonflikt gem. § 181 BGB ausgeschlossen und die Bestellung eines Ergänzungspflegers nicht erforderlich ist. Entscheidet sich der Praktiker hier zu Unrecht für oder gegen die Bestellung eines Ergänzungspflegers, ist der Minderjährige bei Abschluss des Vertrages nicht ordnungsgemäß vertreten. In Zweifelsfällen empfiehlt es sich daher, vorsorglich einen Ergänzungspfleger bestellen zu lassen und sämtliche vom Ergänzungspfleger für den Minderjährigen abgegebenen Erklärungen durch die Eltern als gesetzliche Vertreter des Minderjährigen bestätigen zu lassen, um zugleich dem Fall Rechnung zu tragen, dass zu einem späteren Zeitpunkt die Rechtsansicht vorgetragen und begründet wird, die Voraussetzungen für die Bestellung eines Ergänzungspflegers hätten nicht vorgelegen. Zu beachten ist in diesem Zusammenhang darüber hinaus, dass auch eine steuer-

---

1214 BGH, DNotZ 1957, 503.
1215 Ebenso MünchKommBGB/*Wagenitz*, § 1822 Rn. 17.
1216 BGHZ 107, 24, 28.
1217 BGH, DB 1989, 918.
1218 Vgl. hierzu auch *Ivo*, ZEV 2005, 193 ff.

liche Anerkennung des Vorgangs, etwa im Falle der Schenkung eines den Eltern gehörenden Geschäftsanteils an ein minderjähriges Kind, dessen zivilrechtliche Wirksamkeit voraussetzt, so dass etwaige Mängel bei der Vertretung des Minderjährigen die Erzielung des gewünschten steuerlichen Effektes in Frage stellen könnten.[1219]

▶ Checkliste: Minderjährigenbeteiligung   866
☐ Wer kann den Minderjährigen vertreten?
☐ Im Regelfall die Eltern, im Falle der Anwendbarkeit des § 181 BGB jedoch nur der Ergänzungspfleger.
☐ Müssen für mehrere beteiligte Minderjährige mehrere Ergänzungspfleger bestellt werden?
☐ Bedarf der gesetzliche Vertreter des Minderjährigen (also Eltern oder der Ergänzungspfleger) der familiengerichtlichen Genehmigung nach § 1822 Nr. 3 oder § 1822 Nr. 10 BGB?
☐ Verbleibt eine Rechtsunsicherheit, ob die Voraussetzungen für die Anordnung einer Ergänzungspflegschaft bestehen, sollten die Erklärungen des vorsorglich bestellten Ergänzungspflegers von den Eltern bestätigt und erneut abgegeben werden.

▶ Formulierungsbeispiel für Bestätigungserklärung im Sinne vorstehender Rdn. 858:   867
Die Eltern, handelnd für ihr minderjähriges Kind, bestätigen vorsorglich sämtliche vom Ergänzungspfleger für das Kind abgegebenen Erklärungen und geben diese vorsorglich als gesetzliche Vertreter des Kindes erneut ab.

Kommt angesichts des **Güterstandes** eines veräußernden Vertragsbeteiligten die Anwendung von § 1365 BGB oder § 1419 BGB in Betracht oder erfordert ein möglicherweise anwendbarer ausländischer Ehegüterstand die Zustimmung des Ehegatten des Vertragsbeteiligten, sollte diese Zustimmung ebenfalls vorsorglich eingeholt werden. Gerade bei ausländischen Staatsangehörigen, die im eigenen Namen handelnd am Geschäftsanteilskaufvertrag beteiligt sind, wird der Notar nicht selten letzte Sicherheit über den anwendbaren Güterstand nicht erlangen können. In solchen Fällen dürfte es sich daher empfehlen, vorsorglich die Zustimmung des Ehepartners des Vertragsbeteiligten einzuholen, etwa dann, wenn nicht auszuschließen ist, dass der Vertragsbeteiligte im Güterstand einer ausländischen Errungenschaftsgemeinschaft oder Gütergemeinschaft verheiratet ist.   868

b) Rechtsgeschäftlich oder organschaftlich vertretene Vertragsbeteiligte

Wird einer der Vertragsbeteiligten rechtsgeschäftlich oder organschaftlich vertreten, sind insoweit – neben etwaigen gesellschaftsrechtlichen Besonderheiten – die Regeln des allgemeinen Vertretungsrechts zu beachten. In diesem Zusammenhang können sich immer wieder praktische Probleme bei der **Anwendung und Handhabung von § 181 BGB** auftun.[1220] Anwendungsvoraussetzung des § 181 BGB ist, dass der handelnde Vertreter entweder zugleich im eigenen Namen (Insichgeschäft, § 181, 1. Alt. BGB) oder zugleich im Namen eines Dritten (Mehrfachvertretung, § 181, 2. Alt. BGB) handelt. Nach teilweise vertretener Ansicht ist § 181 BGB auch dann anwendbar, wenn der handelnde Vertreter als Vertreter ohne Vertretungsmacht aufgetreten ist, also etwa in dem in der Praxis nicht selten vorkommenden Fall, dass eine Person – sich die Genehmigungen der Vertretenen vorbehaltend – als Vertreter ohne Vertretungsmacht für mehrere Vertragsbeteiligte auftritt.[1221] Nach der zitierten Entscheidung des OLG Düsseldorf bestehe die aus dem Interessenwiderspruch in den Fällen der Mehrfachvertretung resultierende Gefahr der Parteilichkeit unabhängig von der Frage der Berechtigung des Vertreters zum Handeln für den Geschäftsherrn, also unabhängig vom Bestehen von Vertretungsmacht. Eine andere Bewertung sei auch in den Fällen nicht gerechtfertigt, in denen der Vertreter im Innenverhältnis – wie in der Praxis häufig – nur einem Geschäftsherrn gegenüber   869

1219 Vgl. hierzu insgesamt *Bürger*, RNotZ 2006, 156.
1220 Vgl. hierzu bereits oben beim Handeln von Eltern oder Ergänzungspflegern für einen Minderjährigen Rdn. 864.
1221 OLG Düsseldorf, MittBayNot 1999, 470.

verpflichtet ist und daher die Interessen der anderen Partei rein tatsächlich ausblenden kann. Für eine solche Differenzierung ist im Rahmen des formalisierten § 181 BGB kein Raum.[1222] Sind die Anwendungsvoraussetzungen des § 181 BGB nach dem vorstehend Gesagten erfüllt, hängt die Wirksamkeit der vom Vertreter abgegebenen Erklärungen für den Vertretenen davon ab, ob der Vertretene eine besondere Gestattung i.S.d. § 181 BGB erteilt hat; fehlt diese Gestattung, ist das Rechtsgeschäft entsprechend § 177 BGB schwebend unwirksam.[1223] Die Gestattung kann im Vorfeld des Rechtsgeschäfts – und damit konstruktiv als eine Erweiterung der Vertretungsmacht – erteilt werden oder im Nachhinein als Genehmigung ausgesprochen werden. Fraglich ist, ob der Genehmigende selbst von § 181 BGB befreit sein muss, wenn er ein Rechtsgeschäft genehmigt, welches durch einen Vertreter ohne Vertretungsmacht unter Verstoß gegen § 181 BGB vorgenommen wurde. Dies ist zu bejahen, wenn der Vertretene bei Erteilung der Genehmigung seinerseits einen Fall des § 181 BGB verwirklicht, wenn er die Genehmigung also zugleich für mehrere Vertragsbeteiligte erteilt.[1224] Im Umkehrschluss bedeutet dies aber auch, dass auf der Grundlage der zitierten Rechtsansicht des OLG Zweibrücken, der zuzustimmen ist, die Genehmigung eines derartigen Rechtsgeschäfts auch durch ein nicht von den Beschränkungen des § 181 BGB befreites Organ oder einen entsprechenden Bevollmächtigten möglich ist, wenn die Genehmigungserteilung selbst nicht in den Anwendungsbereich des § 181 BGB fällt. Liegt jedoch ein solcher Fall vor, in dem der Genehmigende durch Erteilung der Genehmigung erneut einen Fall des § 181 BGB verwirklicht, setzt dies voraus, dass auch der Genehmigende selbst von den entsprechenden Beschränkungen des § 181 BGB, von denen er befreien möchte, befreit ist. Insoweit gilt der allgemeine Grundsatz des Vertretungsrechts, dass der Vollmachtgeber nicht mehr Befugnisse übertragen kann als er selbst innehat. Dies bedeutet konkret, dass eine Befreiung von den Beschränkungen des § 181 BGB – seine Anwendbarkeit vor dem Hintergrund der zitierten Entscheidung des OLG Zweibrücken vorausgesetzt – insgesamt nur erteilen kann, wer als Organ seinerseits von den Beschränkungen des § 181 BGB (insgesamt) befreit ist. Demzufolge kann der Vorstand einer Aktiengesellschaft, da er – wegen § 112 AktG – seinerseits nie von den Beschränkungen des § 181, 1. Alt. BGB befreit ist, auch eine Befreiung gegenüber dem Vertreter insoweit nicht aussprechen. Wenn vor diesem Hintergrund der organschaftliche Vertreter der juristischen Person nicht in der Lage ist, die Befreiung von den Beschränkungen des § 181 BGB zu erteilen, muss die Befreiung durch das Organ erfolgen, welches den organschaftlichen Vertreter befreien könnte, mithin durch das Bestellungsorgan.[1225] Dies ergibt sich daraus, dass es sich bei der Gestattung um eine Erweiterung der Vertretungsbefugnis handelt. Die Gestattung muss daher bei der GmbH in den genannten Fällen durch einen Beschluss der Gesellschafterversammlung – oder, wenn ein anderes Bestellungsorgan satzungsgemäß berufen ist, etwa ein Beirat, durch dieses – herbeigeführt werden. Bei der AG kommt dem Aufsichtsrat die Kompetenz zur Befreiung von den Beschränkungen des § 181, 2. Alt. BGB zu. Hat der Vertreter einer AG unter Verstoß gegen § 181, 1. Alt. BGB gehandelt, muss ebenfalls der Aufsichtsrat die erforderliche Gestattung aussprechen, da der Vorstand der AG – wegen § 112 AktG – seinerseits nie von § 181, 1. Alt. BGB befreit sein kann. Eine durch das Bestellungsorgan für den Einzelfall ausgesprochene Befreiung von den Beschränkungen des § 181 BGB setzt eine allgemeine Satzungsermächtigung insoweit nicht voraus.[1226] Da die nachträgliche Gestattung konstruktiv die Genehmigung eines schwebend unwirksamen Rechtsgeschäftes im Sinne von § 177 BGB ist, kann sie gem. § 177 Abs. 2 BGB bis zur Aufforderung durch den anderen Vertragsteil sowohl gegenüber dem Vertreter als auch gegenüber dem anderen Vertragsteil ausgesprochen werden; als empfangsbedürftige Willenserklärung muss die Genehmigung entweder diesem oder jenem zugehen. Nach einer Aufforderung im Sinne von § 177 Abs. 2 BGB kann die genehmigende Gestattung nur noch gegenüber dem anderen Vertragsteil erfolgen und muss diesem zugehen. Die Beschränkung der Vertretungsmacht des § 112 AktG muss auch dann beachtet werden, wenn ein Mitglied des Vorstands einer AG von dieser einen

---

1222 *Baetzgen*, RNotZ 2005, 193, 197; a.A. *Lichtenberger*, MittBayNot 1999, 470, 471.
1223 BGHZ 65, 125.
1224 OLG Zweibrücken, Beschl. v. 05.01.2012, MittBayNot 2012, 377 (m. Anm. *Autor*).
1225 BGHZ 33, 189, 192; *Baetzgen*, RNotZ 2005, 193, 199.
1226 *Baetzgen*, RNotZ 2005, 193, 205; *Tiedtke*, GmbHR 1993, 385, 388.

Geschäftsanteil erwirbt, und zwar auch dann, wenn die AG mehrere Vorstandsmitglieder hat und die AG durch ein anderes Vorstandsmitglied als den Erwerber vertreten werden soll. Gleiches gilt, wenn der Erwerb von der Aktiengesellschaft nicht durch eines ihrer Vorstandsmitglieder, sondern durch eine Gesellschaft erfolgt, deren alleiniger Gesellschafter ein Vorstandsmitglied ist.[1227] Offen gelassen wurde die Frage, ob die Vorschrift auch eingreift, wenn das Vorstandsmitglied nicht Alleingesellschafter der anderen Gesellschaft ist, sondern nur maßgeblichen Einfluss auf sie hat. Aus Gründen der Rechtssicherheit sollte in der Praxis auch in derartigen Fällen vorsorglich eine Genehmigung des Aufsichtsrats der AG eingeholt werden.

▶ **Checkliste: § 181 BGB** 870

☐ Liegt ein Anwendungsfall des § 181 BGB vor (Insichgeschäft oder Mehrfachvertretung), was auch beim Handeln durch Vertreter ohne Vertretungsmacht in dessen Person möglich ist?
☐ Wurde der Vertreter im Vorhinein von der einschlägigen Beschränkung des § 181 BGB befreit? Ist diese Befreiung wirksam, war also der die einschlägige Befreiung Aussprechende hierzu kompetent?
☐ Fehlt eine im Vorhinein ausgesprochene Befreiung, ist das Rechtsgeschäft schwebend unwirksam und muss im Nachhinein durch ein hierzu kompetentes Organ ausgesprochen genehmigt werden. Die genehmigende Gestattung muss gem. § 177 Abs. 2 BGB zugehen.

aa) Handeln eines bevollmächtigten Vertreters

Inhaltlich muss die vom Vertreter vorgelegte Vollmacht die von ihm abzugebenden Erklärungen decken. Da diese im Einzelfall sehr unterschiedlich sind, lassen sich insoweit nur wenige allgemein gültige Aussagen machen: Jedenfalls sollte die Vollmacht ausdrücklich dazu berechtigen, Geschäftsanteile an einer konkret, am besten mit den Registerdaten bezeichneten Gesellschaft, zu verkaufen oder zu kaufen, abzutreten oder zu erwerben und die Bedingungen des näher zu bezeichnenden schuldrechtlichen Rechtsgeschäfts zu vereinbaren. Werden mehrere Bevollmächtigte benannt, ist darauf zu achten, ob sie nur gemeinsam sollen handeln können, oder ob jeder allein zu handeln befugt ist. 871

Grundsätzlich bedarf eine Vollmacht gem. § 167 Abs. 2 BGB nicht der **Form**, welche für das Rechtsgeschäft bestimmt ist, auf das sich die Vollmacht bezieht. Aus der Beurkundungsbedürftigkeit etwa des Geschäftsanteilskauf- und -abtretungsvertrages kann daher nicht auf die Formbedürftigkeit einer entsprechenden Vollmacht gefolgert werden. Dies bedeutet konkret, dass eine Vollmacht, deren Inhalt alleine darin besteht, den Bevollmächtigten zu berechtigen, einen Geschäftsanteil zu verkaufen und/oder abzutreten, materiell-rechtlich formfrei erteilt werden kann, also die Vollmachterteilung insbesondere weder notarieller Beglaubigung noch notarieller Beurkundung bedarf.[1228] Bestritten ist, ob eine unwiderrufliche Vollmacht zur Veräußerung und Abtretung eines Geschäftsanteils der Form des § 15 GmbHG bedarf. Da die Formvorschrift des § 15 GmbHG – anders als etwa die Formvorschrift des § 311 BGB – nicht in erster Linie einen Übereilungsschutz bezweckt, sondern insbesondere der Rechtssicherheit dient, dürfte ein Formzwang für die Vollmacht auch in diesen Fällen zu verneinen sein.[1229] Aufgrund der erforderlichen Rechtssicherheit für die Urkundsbeteiligten wird der Notar jedoch üblicherweise jedenfalls eine schriftliche Vollmacht erbitten, obwohl dies materiell-rechtlich nicht erforderlich ist. Zu beachten ist in diesem Zusammenhang allerdings, dass – obwohl eine Formbedürftigkeit der Vollmacht nach dem vorstehend Gesagten nicht besteht – gleichwohl vom Notar die Wirksamkeit der Vollmachterteilung überprüft wird. Dies bedeutet, dass der Notar sich Gewissheit darüber verschaffen muss, ob die die Vollmacht unterzeichnenden Personen für den Vollmachtgeber vertretungsberechtigt sind. Nur bei wirksam erteilter Vollmacht ist nämlich das vom Notar beurkundete Rechtsgeschäft materiell-rechtlich seinerseits wirksam. Der Notar wird 872

1227 BGH v. 15.01.2019 – II ZR 392/17, NZG 2019, 420.
1228 BGHZ 13, 51; BGHZ 19, 72; BGHZ 75, 353; Scholz/*Winter*, § 15 Rn. 46.
1229 Ebenso RGZ 135, 70; Baumbach/Hueck/*Fastrich*, § 15 Rn. 22; Scholz/*Winter*, § 15 Rn. 47; a.A. *Fischer*, GmbHR 1952, 114.

sich also die Vertretungsberechtigung der die Vollmacht unterzeichnenden Personen entweder durch Handelsregisterauszüge oder Notarbescheinigung nachweisen lassen, sofern er die Vertretungsberechtigung aufgrund eigener Registereinsicht nicht bescheinigen kann. Kann der Notar sich keine Gewissheit über die Vertretungsberechtigung der die Vollmacht unterzeichnenden Personen verschaffen, wird er die Urkundsbeteiligten auf diesen Umstand hinweisen. Damit der Notar sich auch nach Vollzug des Geschäftsanteilskauf- und abtretungsvertrages in der Lage sieht, eine neue Gesellschafterliste zum Handelsregister einzureichen, sollten etwa zunächst noch bestehende Zweifel an der Vertretungsberechtigung der handelnden Personen spätestens zu diesem Zeitpunkt beseitigt sein, da der Notar gem. § 40 Abs. 2 GmbHG nur dann zur Einreichung einer neuen Gesellschafterliste befugt ist, wenn er hinreichende Überzeugung von der Wirksamkeit der Abtretung erlangt hat. **Ausnahmen vom Grundsatz der Formfreiheit** gelten, wenn die Vollmacht auch die Stimmabgabe in Gesellschafterversammlungen umfasst (in diesem Fall bedarf sie gem. § 47 Abs. 3 GmbHG der Textform) oder die Vollmacht den Bevollmächtigten auch dazu berechtigen soll, eine neue Gesellschaft zu gründen oder im Rahmen von Kapitalerhöhungen neue Stammeinlagen zu übernehmen (in diesem Fall bedarf die Vollmacht gem. § 2 Abs. 2 GmbHG der notariellen Beglaubigung). In beiden Fällen ist das Formerfordernis Wirksamkeitsvoraussetzung, so dass eine den Formerfordernissen nicht genügende Vollmacht jedenfalls insoweit unwirksam ist, als sie eigentlich der Form bedurft hätte.[1230] Nicht einheitlich beurteilt wird die Frage, ob ein Vertrag, in dem eine Verpflichtung zur Übernahme neuer Geschäftsanteile begründet wird, bereits den Formerfordernissen des § 55 GmbHG unterliegt.[1231] Wird beispielsweise in einer Beteiligungsvereinbarung für einen der Beteiligten eine Verpflichtung begründet, im Rahmen der im Folgenden zu beurkundenden Kapitalerhöhung einen neuen Geschäftsanteil zu übernehmen, sollte vor dem Hintergrund dieser umstrittenen Rechtslage auch die Vollmacht bzw. Genehmigung zu dieser Beteiligungsvereinbarung für den Beteiligten, der die neuen Geschäftsanteile übernehmen soll, in öffentlich beglaubigter Form des § 55 GmbHG eingeholt werden. Genügt eine formbedürftige Vollmacht nicht der gebotenen Form, wird sie in ihrem nicht formbedürftigen Teil in der Regel gem. § 139 BGB aufrechterhalten bleiben können. Kann eine Vollmacht materiell-rechtlich formfrei erteilt werden oder bedarf sie nur der Textform nach § 126b BGB, ist es auch ausreichend, wenn die Unterschrift unter der Vollmacht nicht vom Aussteller persönlich vollzogen wurde, sondern mit Hilfe des sogenannten DocuSign-Verfahrens gefertigt wurde. Bei diesem Verfahren wird die Unterschrift des Ausstellers nicht von diesem persönlich, sondern – nach Freigabe des zu unterzeichnenden Dokumentes durch den Aussteller – elektronisch-maschinell geleistet. Eine solche »Unterschriftsleistung« genügt, wenn die Erteilung der Vollmacht nach materiellem Recht keiner strengeren Form als der Textform nach § 126b BGB genügen muss.

873 Eine von den vorstehenden Formfragen zu unterscheidende Rechtsfrage ist, ob die in der gehörigen Form existierende **Vollmacht im Beurkundungstermin auch tatsächlich in dieser Form urschriftlich oder in Ausfertigung vorliegen** muss. Nicht selten gelingt es aus Zeitgründen nicht, die notariell beurkundete oder beglaubigte Vollmacht zum Beurkundungstermin in dieser Form vorzulegen, sondern im Termin liegt nur eine Ablichtung der beurkundeten oder beglaubigten Vollmacht vor. Durch die Vorlage der Ablichtung steht – von dem in der Praxis nicht eben häufig vorkommenden Fall der Fälschung abgesehen – fest, dass die Vollmacht in der gehörigen Form existiert und abgegeben ist. Fraglich ist also, ob sie für ihre Wirksamkeit auch in dieser Form dem Bevollmächtigten oder dem Dritten zugehen muss. Grundsätzlich müssen formbedürftige Erklärungen für ihre Wirksamkeit auch in der gehörigen Form zugehen.[1232] Dies bedeutet gem. § 167 Abs. 1 BGB für die Vollmacht, dass sie grundsätzlich entweder dem Bevollmächtigten oder dem Dritten, dem gegenüber die Vertretung stattfinden soll, in der gehörigen Form zugehen muss. Es ist allerdings ebenso

---

1230 Vgl. etwa BGHZ 49, 184, 194; Baumbach/Hueck/*Fastrich*, § 47 Rn. 37.
1231 Bejahend OK/*Ziemons*/*Jaeger*, § 55 GmbHG Rn. 100; *Wicke*, § 55 GmbHG Rn. 12; verneinend z.B. Lutter/Hommelhoff/*Lutter*/*Bayer*, § 55 GmbHG Rn. 31.
1232 BGHZ 130, 71, 73; MünchKommBGB/*Einsele*, § 130 Rn. 33; Staudinger/*Singer*, § 130 BGB Rn. 93.

anerkannt, dass auf dieses Zugangserfordernis auch verzichtet werden kann.[1233] Durch die Übersendung einer Ablichtung der Vollmacht an den Bevollmächtigten und durch die Verwendung der Vollmacht durch diesen sowie durch die Nichtzurückweisung der Vollmacht durch den Vertragspartner wird allseits ein entsprechender Verzicht auf den Zugang der Vollmachtsurkunde in der gehörigen Form erklärt, so dass keine Bedenken dagegen bestehen, wenn im Beurkundungstermin nur die Ablichtung einer in gehöriger Form existierenden Vollmacht vorgelegt werden kann. Allerdings kann sich der Vertragspartner des Vollmachtgebers, dem nicht die Urschrift oder eine Ausfertigung der Vollmacht vorgelegt wurde, nicht auf den Gutglaubensschutz der §§ 171 ff. BGB verlassen; hierauf sollten die Beteiligten hingewiesen werden.[1234] Das in der Praxis übliche Nachreichen der Vollmacht in Urschrift oder Ausfertigung ändert allerdings – sollte die Vollmacht im Moment ihres Gebrauchs widerrufen gewesen sein – nichts daran, dass die durch den Vertreter abgegeben Erklärungen nicht wirksam waren und durch das Nachreichen der Vollmacht auch nicht wirksam geworden sind. Rechtssicherheit kann insoweit nur erreicht werden, wenn nach Vorliegen des Originals der Vollmacht nochmals eine Genehmigung oder Vollmachtsbestätigung durch den Bevollmächtigten (oder das vollmachtgebende Organ unmittelbar) erklärt wird.[1235] Wenn eine im Ausland notariell beglaubigte Vollmacht noch nicht in der gebotenen Form apostilliert oder legalisiert wurde, gilt Folgendes: Die Einhaltung des Überbeglaubigungserfordernisses ist keine Wirksamkeitsvoraussetzung für die Vollmacht, so dass eine den materiell-rechtlichen Formvorschriften genügende, jedoch noch nicht überbeglaubigte Vollmacht wirksam ist und daher Grundlage der Beurkundung sein kann.

▶ **Checkliste: Formbedürftigkeit der Vollmacht** 874

☐ Grundsätzlich Formfreiheit der Vollmacht, Ausnahmen insbesondere nach § 47 Abs. 3 GmbHG oder § 2 Abs. 2 GmbHG.
☐ Muss die ausnahmsweise formbedürftige Vollmacht bei der Beurkundung in der gehörigen Form vorliegen?
☐ Grundsätzlich ja, es sei denn alle Beteiligten verzichten auf die Vorlage der Vollmacht in der gehörigen Form, was auch konkludent geschehen kann.

bb) Handeln eines organschaftlichen Vertreters

Der **organschaftliche Vertreter** ist **inhaltlich** befugt, die juristische Person, deren Organ er ist, umfassend zu vertreten, so dass sich insoweit besondere Prüfungserfordernisse im Regelfall nicht ergeben. Etwaige satzungsgemäße Beschränkungen, denen der organschaftliche Vertreter im Innenverhältnis zu anderen Gesellschaftsorganen, etwa der Gesellschafterversammlung oder dem Aufsichtsrat, unterliegt, lassen seine Vertretungsmacht im Außenverhältnis unberührt. § 179a AktG ist auf eine GmbH nicht – auch nicht entsprechend – anwendbar, so dass eine wirksame Vertretung durch die Geschäftsführung bei einem Gesamtvermögensgeschäft auch dann möglich ist, wenn die Gesellschafterversammlung diesem Geschäft nicht vorab zugestimmt hat; Abweichendes kann im Einzelfall nur gelten, wenn ein Fall des Missbrauchs der Vertretungsmacht vorliegt[1236] und der Vertragspartner diesen Missbrauch der Vertretungsmacht kennt oder er sich ihm geradezu aufdrängen musste. 875

Die organschaftlichen Vertreter der Gesellschaft müssen in **vertretungsberechtigter Zahl** handeln. Gem. § 78 Abs. 4 AktG, der rechtsformübergreifend auch auf andere Gesellschaftsformen anwendbar ist, können zur Gesamtvertretung befugte Organe einzelne von ihnen zur Vornahme bestimmter Rechtsgeschäfte oder bestimmter Arten von Rechtsgeschäften ermächtigen. Die Ermächtigung muss von Organmitgliedern in jeweils vertretungsberechtigter Zahl ausgesprochen werden, wobei der Adressat der Ermächtigung mitwirken darf.[1237] Eine besondere Form ist für die Ermächtigung 876

1233 BGHZ 130, 71, 74 f.
1234 *Thelen*, DNotZ 2019, 725.
1235 *Thelen*, DNotZ 2019, 725.
1236 BGH, 08.01.2019, II ZR 364/18, DNotZ 2020, 136.
1237 *Hüffer*, § 78 AktG Rn. 19.

nicht erforderlich, sie kann auch konkludent erteilt werden und sowohl gegenüber dem zu Ermächtigenden als auch gegenüber dem Geschäftspartner ausgesprochen werden. Inhaltlich muss sich die Ermächtigung auf bestimmte Geschäfte oder bestimmte Arten von Geschäften beschränken, da anderenfalls die Grundentscheidung zu Gunsten der in dieser Gesellschaft vorgesehenen Gesamtvertretung aufgegeben würde.[1238]

877 Liegt ein **Anwendungsfall des § 181 BGB** vor, handelt also entweder das Organ selbst zugleich im eigenen Namen oder als Vertreter eines Dritten oder liegt ein solcher Fall bei dem von dem Organ bevollmächtigten Vertreter vor, ist besonderes Augenmerk darauf zu richten, ob eine Befreiung von den einschlägigen Beschränkungen des § 181 BGB wirksam ausgesprochen werden kann.[1239]

2. Das Formerfordernis des § 15 GmbHG

878 Nach § 15 Abs. 4 Satz 1 GmbHG bedarf eine Vereinbarung, durch welche die Verpflichtung eines Gesellschafters zur Abtretung eines Geschäftsanteils begründet wird, der notariellen Form. Die Formvorschrift ist zwingend. Sie schränkt die Umlauffähigkeit der Geschäftsanteile ein, um die Lösung der Gesellschafter aus der Mitgliedschaft und den Handel mit Geschäftsanteilen zu erschweren.[1240] Daneben dient die Vorschrift der Beweiserleichterung, da die Mitgliedschaft in einer GmbH nicht wie einer Aktie verbrieft werden kann. Insbesondere die Beweisfunktion hat durch die durch das Inkrafttreten des MoMiG veranlassten Änderungen der §§ 16 und 40 GmbHG eine nochmals erhöhte Bedeutung erhalten, da die regelmäßige Mitwirkung des Notars bei der Übertragung von Geschäftsanteilen nach der zutreffenden Ansicht des Gesetzgebers sicherstellt, dass auch eine die tatsächlichen Anteilsverhältnisse wiedergebende Gesellschafterliste beim Handelsregister hinterlegt wird und somit das gesetzgeberische Ziel der Transparenz der Anteilseignerstruktur erreicht werden kann. Die vormals überwiegende **Funktion des § 15 Abs. 4 GmbHG**, die Übertragung von Geschäftsanteilen durch das Formerfordernis zu erschweren, dürfte nach Inkrafttreten des MoMiG durch die **Beweissicherungsfunktion** und das Bemühen des Gesetzgebers, **Transparenz in der Anteilseignerstruktur** zu schaffen, überlagert werden. Gemeinsam mit der notariell bescheinigten Gesellschafterliste dient der Formzwang schließlich dazu, die materielle Richtigkeit dieser Gesellschafterliste zu gewährleisten. Wenn nämlich das neue Recht in § 16 Abs. 1 und Abs. 3 GmbHG anordnet, dass nur Derjenige, der in der Gesellschafterliste ausgewiesen ist, auch Gesellschafterrechte ausüben kann und die Gesellschafterliste hinreichender Tatbestand für einen gutgläubigen Erwerb sein soll, hat sie für den wahren Anteilsinhaber, der als solcher jedoch nicht in der Liste ausgewiesen ist, enteignende Wirkung. Diese enteignende Wirkung ist gerechtfertigt, weil durch die Einschaltung des Notars als zuverlässiger Stelle sichergestellt ist, dass bei einer Änderung der Anteilseignerstruktur zugleich auch eine neue Gesellschafterliste eingereicht wird.[1241] Nur diese neue Zuverlässigkeit der Gesellschafterliste und die Regelmäßigkeit ihrer Einreichung durch die Notare rechtfertigt es, einen wahren Anteilsinhaber mit den negativen Legitimationswirkungen der Gesellschafterliste zu belasten.[1242] Mit anderen Worten: Nur das Zusammenspiel der notariellen Beurkundung und der Einreichung der neuen Gesellschafterliste durch den Notar erlaubt es, die vom Gesetzgeber mit der GmbH-Reform verfolgten Ziele der Rechtssicherheit und der Transparenz in der Anteilseignerstruktur nachhaltig zu erreichen.

a) Die Voraussetzungen der Beurkundungsbedürftigkeit

879 Beurkundungsbedürftig ist nach § 15 Abs. 3 GmbHG die Abtretung von Geschäftsanteilen durch Gesellschafter sowie nach § 15 Abs. 4 Satz 1 GmbHG jegliche Vereinbarung, durch welche die Verpflichtung eines Gesellschafters zur Abtretung eines Geschäftsanteils begründet wird.

1238 *Hüffer*, § 78 AktG Rn. 21.
1239 Vgl. hierzu oben Rdn. 869.
1240 St. Rsp., vgl. zuletzt BGHZ 127, 129, 135; Scholz/*Winter*, § 15 Rn. 37.
1241 Begr. RegE, BT-Drucks. 16/6140, S. 107.
1242 Teichmann/*Hermanns*, Aktuelle Entwicklungen im Gesellschaftsrecht, S. 28, 35.

E. Die Übertragung von Geschäftsanteilen   Kapitel 2

aa) Die Beurkundungsbedürftigkeit des Verpflichtungsgeschäfts nach § 15 Abs. 4 GmbHG

Jegliche **Vereinbarung**, d.h., jeglicher Vertrag, durch den eine Verpflichtung zur Abtretung begründet wird, bedarf der Form des § 15 Abs. 4 GmbHG. Dies bedeutet, dass eine Verpflichtung zur Übertragung eines Geschäftsanteils der notariellen Form bedarf, wenn sie durch eine Vereinbarung begründet wird; ein Formerfordernis kann demgegenüber aus § 15 Abs. 4 GmbHG nicht abgeleitet werden für Übertragungsverpflichtungen, die nicht auf einer Vereinbarung gründen, z.B. die Begründung der Pflicht zur Abtretung eines Geschäftsanteils durch Stiftungsgeschäft (§§ 81, 82 BGB), Auslobung (§ 657 BGB), Vermächtnis (§ 2174 BGB), Auflage (§ 1940 BGB) oder einer entsprechenden Teilungsanordnung des Erblassers (§ 2048 BGB).[1243] Dessen ungeachtet bedarf die Erfüllung der Verpflichtung durch Abtretung des Geschäftsanteils auch in diesen Fällen nach § 15 Abs. 3 GmbHG der notariellen Beurkundung.[1244] 880

Alle Verträge, die **unmittelbar** eine Abtretungspflicht begründen, unterliegen dem Formgebot. Hierbei kann es sich z.B. um Kaufverträge, Schenkungsverträge, Gesellschaftsverträge oder Vergleichsvereinbarungen handeln. Die Verpflichtung zur Abtretung muss selbst Gegenstand der vereinbarten Leistung sein. Dies bedeutet, dass der notariellen Form solche Verträge nicht bedürfen, die eine Pflicht zur Abtretung nur mittelbar oder als ihre gesetzliche Folge mit sich bringen.[1245] Zum Beispiel folgt aus dem formlos gültigen Auftrag zum Erwerb eines Geschäftsanteils auch ohne Einhaltung des Formerfordernisses nach § 15 Abs. 4 GmbHG die Verpflichtung des Beauftragten aus § 667 BGB, den in der Form des § 15 Abs. 3 GmbHG erworbenen Geschäftsanteil dem Auftraggeber in der Form des § 15 Abs. 3 GmbHG abzutreten.[1246] Nicht einfach zu beurteilen sind die in der Praxis häufig vorkommenden sog. **Gleichlaufklauseln im Gesellschaftsvertrag einer GmbH & Co. KG**: Enthält der Gesellschaftsvertrag einer GmbH & Co. KG die Verpflichtung, im Falle der Übertragung eines Kommanditanteils auch einen Anteil an der Komplementär-GmbH zu übertragen, um eine stetige Beteiligungsidentität zu gewährleisten, erfüllt diese Vereinbarung die Voraussetzungen des § 15 Abs. 4 GmbHG und führt zur Beurkundungsbedürftigkeit des KG-Vertrages insgesamt. Hiervon zu unterscheiden sein dürfte der Fall, dass der KG-Vertrag lediglich die Bestimmung enthält, dass die Übertragung eines Kommanditanteils dinglich nur wirksam ist, wenn zugleich ein GmbH-Geschäftsanteil an der Komplementär-GmbH übertragen wird. Hier dürfte keine Verpflichtung zur Abtretung eines GmbH-Geschäftsanteils begründet werden, sondern es werden lediglich besondere statutarische Voraussetzungen für die Abtretung des Kommanditanteils begründet. Ein **Beherrschungs- und Gewinnabführungsvertrag**, dessen beherrschter Teil eine GmbH ist, ist nach § 15 GmbHG beurkundungspflichtig, wenn er entsprechend § 305 Abs. 1 AktG die Verpflichtung enthält, auf Verlangen des außenstehenden Gesellschafters dessen Geschäftsanteile gegen eine im Vertrag bestimmte angemessene Abfindung zu erwerben.[1247] Eindeutig beurkundungspflichtig sind in diesem Zusammenhang auch Bestimmungen in Gesellschaftervereinbarungen, nach denen ein Gesellschafter bei Vorliegen bestimmter Voraussetzungen verpflichtet ist, seine Geschäftsanteile gemeinsam mit anderen Gesellschaftern zu veräußern (Drag-Along-Klauseln) oder von anderen Gesellschaftern unter bestimmten Voraussetzungen verlangen kann, dass diese im Falle der Veräußerung ihrer Geschäftsanteile verpflichtet sind, seine Geschäftsanteile mit zu veräußern (Tag-Along-Klauseln). Gleiches gilt für die Vereinbarung von Vorkaufsrechten, Andienungspflichten oder ähnlichen Vereinbarungen, die eine Verpflichtung zur Veräußerung oder zum Erwerb von Geschäftsanteilen begründen. 881

Da § 15 Abs. 4 GmbHG lediglich solche Vereinbarungen dem Formerfordernis unterstellt, durch die die Verpflichtung *eines Gesellschafters* zur Abtretung eines Geschäftsanteils begründet wird, kann 882

1243 Vgl. hierzu Scholz/*Winter*, § 15 Rn. 52.
1244 Eine Ausnahme gilt nur bei § 82 Satz 2 BGB in den dort genannten Fällen; vgl. zum Ganzen Scholz/*Winter*, § 15 Rn. 52.
1245 BGHZ 19, 70; Lutter/Hommelhoff, § 15 Rn. 16.
1246 Scholz/*Winter*, § 15 Rn. 57.
1247 BGHZ 105, 324, 342; *Hermanns*, ZIP 2006, 2296.

die **Verpflichtung zur Beschaffung** eines *fremden Geschäftsanteils* formlos begründet werden.[1248] Ebenso ist es formlos möglich, eine Verpflichtung zu vereinbaren, innerhalb einer bestimmten Zeit oder unter gewissen Bedingungen einen Geschäftsanteil *nicht* zu veräußern. Durch derartige Vereinbarungen wird keiner der Schutzzwecke des § 15 Abs. 4 GmbHG berührt.

883 Nach dem strikten Wortlaut von § 15 Abs. 4 GmbHG ist eine die **Verpflichtung zur Abnahme** eines Geschäftsanteils begründende Vereinbarung nicht formbedürftig. Gleichwohl nehmen die ständige Rechtsprechung und das Schrifttum zutreffend an, dass eine Erwerbsverpflichtung ohne Rücksicht darauf formbedürftig ist, ob damit zugleich eine (durch das Verlangen auf Abtretung) bedingte Abtretungsverpflichtung begründet wird. Dies gilt sowohl für Abnahmeverpflichtungen gegenüber Gesellschaftern als auch für Abnahmeverpflichtungen gegenüber der Gesellschaft oder Dritten. Auch derartige Verträge sind unmittelbar auf die Übertragung eines GmbH-Geschäftsanteils gerichtet und sind vor dem Hintergrund der Zwecke der Formvorschrift – Beweissicherungsfunktion, Gewährleistung der Transparenz der Anteilseignerstruktur und Verhinderung des Handels mit GmbH-Geschäftsanteilen[1249] – dem Formerfordernis zu unterwerfen.[1250]

884 Auch der **Abschluss eines Treuhandvertrages** ist unabhängig davon formbedürftig, ob der Treuhandvertrag eine unmittelbare Verpflichtung zur Übertragung von Geschäftsanteilen – etwa zur Übertragung des Geschäftsanteils auf den Treugeber im Falle der Beendigung des Treuhandverhältnisses – enthält. Die Rechtsprechung sieht solche Vereinbarungen als formbedürftig an, kraft dessen der Anteilsinhaber künftig nur noch die Stellung des Treuhänders einnehmen soll, da sich durch eine solche Vereinbarung die unbeschränkte Inhaberschaft in eine treuhänderisch Gebundene umwandelt und der Anteilsinhaber sich inzident zur Abtretung des Geschäftsanteils nach der Beendigung des Treuhandverhältnisses verpflichtet.[1251] Eine Ausnahme vom Formerfordernis gilt nur dann, wenn die Treuhandabrede im Vorgründungsstadium geschlossen wird, sich aber weder auf bestehende noch nach Abschluss des notariellen Gründungsvertrages künftig mit der Eintragung der GmbH entstehende Geschäftsanteile bezieht, die also lediglich für den Zeitraum bis zur Gründung der Gesellschaft gelten soll.[1252] Derartige Fälle dürften in der Praxis äußerst selten vorkommen, sodass von dem Grundsatz auszugehen ist, dass der Abschluss eines Treuhandvertrages in aller Regel formbedürftig ist.

885 **Änderungen des Geschäftsanteilskauf- und -abtretungsvertrages**, die vor Wirksamkeit der Abtretung des Geschäftsanteils erfolgen, sind formbedürftig, da der Zweck der Formvorschrift in diesem Zeitpunkt noch nicht erreicht ist. Eine Ausnahme gilt nur dann, wenn die Vertragsänderung lediglich klarstellende Funktion hat.[1253] Änderungen, die erst nach wirksam vollzogener Abtretung des Geschäftsanteils vorgenommen werden, bedürfen nicht der notariellen Form, da in diesem Zeitraum der Zweck des Formerfordernisses – Sicherstellung der Transparenz der Anteilseignerstruktur und Verhinderung des Handels in Geschäftsanteilen – nicht mehr berührt wird. Demgegenüber dürfte eine Bestätigungsvereinbarung im Sinne von § 141 BGB nur in der Form des § 15 Abs. 4 GmbHG wirksam sein, da die Bestätigung als Neuvornahme des Rechtsgeschäfts anzusehen ist und damit auch hinsichtlich der Formerfordernisse wie das erste Rechtsgeschäft zu behandeln sein dürfte.[1254] Wird einer wirksam vollzogenen Abtretung eine neue schuldrechtliche Vereinbarung zugrunde gelegt, ist diese Vereinbarung nicht beurkundungsbedürftig, da keine neue Verpflichtung zur Übertragung eines Geschäftsanteils begründet wird, sondern der bereits vollzogenen Abtretung lediglich eine geänderte Causa zugrunde gelegt wird.[1255] Wird demgegenüber nach der vollzogenen Abtretung eine

---

1248 Scholz/*Winter*, § 15 Rn. 54.
1249 Vgl. oben Rdn. 878.
1250 Vgl. hierzu etwa Scholz/*Winter*, § 15 Rn. 56 m.w.N.
1251 BGH, GmbHR 1999, 707, 709; zustimmend Scholz/*Winter*, § 15 Rn. 62.
1252 BGH, DNotZ 2006, 774.
1253 Michalski/*Ebbing*, systematische Darstellung 7, § 15 GmbHG Rn. 92.
1254 Abweichend Michalski/*Ebbing*, systematische Darstellung 7, § 15 GmbHG Rn. 92; Scholz/*Winter*, § 15 Rn. 69.
1255 Ebenso Michalski/*Ebbing*, systematische Darstellung 7, § 15 GmbHG Rn. 92.

Rück- oder Weiterübertragung vereinbart, muss dies zwingend in der Form des § 15 Abs. 4 GmbHG erfolgen.

▶ Checkliste zur Formbedürftigkeit von Änderungsverträgen: 886

☐ Wenn die Abtretung des Geschäftsanteils bereits dinglich wirksam erfolgt ist, also auch etwa vereinbarte aufschiebende Bedingungen eingetreten sind, können Änderungen formfrei vereinbart werden.
☐ Ist die Abtretung des Geschäftsanteils noch nicht wirksam geworden, müssen Änderungen des schuldrechtlichen Rechtsgeschäfts grundsätzlich in notariell beurkundeter Form erfolgen.
☐ Bestätigungsvereinbarungen im Sinne von § 141 BGB unterliegen der Form des § 15 Abs. 4 GmbHG, da sie als Neuvornahme des Rechtsgeschäfts anzusehen sind.

bb) Die Beurkundungsbedürftigkeit der Abtretung nach § 15 Abs. 3 GmbHG

§ 15 Abs. 3 GmbHG hat eigene praktische Relevanz nur, wenn die Abtretung des Geschäftsanteils 887 nicht bereits in der gleichen Urkunde wie das beurkundete schuldrechtliche Rechtsgeschäft enthalten ist. Die **Formbedürftigkeit des Abtretungsvertrages** besteht unabhängig davon, ob ein formwirksamer Verpflichtungsvertrag geschlossen wurde. Die Formbedürftigkeit des § 15 Abs. 3 GmbHG ist eine Eigenständige: Dies bedeutet, dass sie auch für solche Abtretungen gilt, die der Erfüllung einer nicht nach § 15 Abs. 4 GmbHG formbedürftigen Verpflichtung dienen.[1256] Geht ein Geschäftsanteil anders als durch Abtretung über, etwa kraft Gesetzes, Hoheitsakt oder Anwachsung, findet § 15 Abs. 3 GmbHG keine Anwendung. Formfrei erfolgt daher der Übergang im Wege der Gesamtrechtsnachfolge durch Erbfolge oder in Umwandlungsfällen. Nicht unter § 15 Abs. 3 GmbHG fällt auch die dingliche Surrogation, z.B. nach §§ 718 Abs. 3, 1418 Abs. 2 Nr. 3 oder 2111 Abs. 1 BGB. Die Anwachsung eines Geschäftsanteils, z.B. bei Eintritt oder Austritt eines Gesellschafters in oder aus einer Personengesellschaft, zu deren Vermögen ein GmbH-Geschäftsanteil gehört, wird nicht von § 15 Abs. 3 GmbHG erfasst, da es sich bei der Anwachsung um einen gesetzlichen Anteilsübergang handelt.[1257]

Ist die **Abtretung aufschiebend bedingt** vereinbart, wird sie mit Eintritt der aufschiebenden Bedingung automatisch wirksam. Wird anlässlich des Closing im Anschluss an den Abschluss eines Unternehmenskaufvertrages festgestellt, dass die für die Abtretung vereinbarten aufschiebenden Bedingungen eingetreten sind, löst diese Feststellung, da sie weder das schuldrechtliche Rechtsgeschäft ändert noch einen regelnden Inhalt auf dinglicher Ebene hat, keine Beurkundungspflicht nach § 15 Abs. 3 GmbHG oder § 15 Abs. 4 GmbHG aus. Gleiches dürfte gelten, wenn der aus einer Bedingung Begünstigte einseitig auf das Vorliegen der Bedingung verzichtet, ohne dass das schuldrechtliche Rechtsgeschäft durch Vereinbarung der Beteiligten geändert wird.[1258] Wiederum anders zu beurteilen ist der Fall, dass die Beteiligten des Geschäftsanteilsübertragungsvertrages diesen vor Wirksamwerden der Abtretung dahin ändern, dass einzelne oder alle Bedingungen für die Wirksamkeit der Abtretung einvernehmlich aufgehoben werden. Hierbei handelt es sich um eine Änderung des schuldrechtlichen Verpflichtungsvertrages vor Wirksamwerden der Abtretung, die nach den oben dargestellten allgemeinen Grundsätzen der Form des § 15 Abs. 4 Satz 1 GmbHG unterliegt.[1259] 888

b) Die Reichweite der Beurkundungspflicht

An die Entscheidung, dass eine Vereinbarung nach § 15 Abs. 3 GmbHG oder § 15 Abs. 4 GmbHG 889 beurkundungspflichtig ist, schließt sich die Folgefrage, **wie weit die Beurkundungspflicht im Ein-**

1256 Vgl. zu derartigen Fällen oben Rdn. 880.
1257 Vgl. hierzu Michalski/*Ebbing*, systematische Darstellung 7, § 15 GmbHG Rn. 121.
1258 Ebenso BGH, NJW 1994, 3227, 3228; Michalski/*Ebbing*, systematische Darstellung 7, § 15 GmbHG Rn. 118.
1259 Vgl. oben Rdn. 885.

zelfall reicht, insbesondere welche im Zusammenhang mit der beurkundungspflichtigen Vereinbarung stehenden weiteren Vereinbarungen ihrerseits beurkundet werden müssen. Hier können zwei Fallgruppen unterschieden werden: Sind die Vereinbarungen zwischen den Beteiligten in einem einheitlichen Vertragswerk niedergelegt, so ist es bereits aus praktischen Gründen unumgänglich, dass im Falle der Beurkundungsbedürftigkeit eines Teils dieses Vertragswerkes die gesamte Vereinbarung beurkundet werden muss. Es ist nicht denkbar, einen Teil eines einheitlichen Vertragswerkes zu beurkunden, während ein anderer beurkundungsfrei bleibt. Weniger eindeutig und rechtlich schwieriger gelagert sind die Fälle, in denen die wirtschaftliche Gesamteinigung der Beteiligten nicht in einen Vertrag mündet, sondern in einem sich aus vielen Verträgen zusammensetzenden *Vertragsbündel*. Die Aufspaltung der Gesamteinigung in einzelne Verträge kann ihren berechtigten und sachlichen Grund darin haben, dass eine Vielzahl von vertraglichen Verpflichtungen zu regeln ist, die allein im Interesse der Übersichtlichkeit in verschiedenen Verträgen niedergelegt werden, sie kann aber auch durch die (trügerische) Hoffnung motiviert sein, durch eine Aufspaltung des einheitlichen Vertragswerkes die Reichweite der Beurkundungspflicht zu verringern. Für die Ermittlung der Reichweite der Beurkundungspflicht ist das Motiv für die Aufspaltung unerheblich, zumal es im Einzelfall nicht zuverlässig wird ermittelt werden können. Im Zusammenhang mit der (beurkundungspflichtigen) Übertragung von Grundstücken hat der BGH mehrfach entschieden, dass formbedürftig all die Vereinbarungen sind, die mit dem Grundstücksübertragungsvertrag in einem rechtlichen Zusammenhang stehen, was von der Rechtsprechung dann bejaht wurde, wenn die Verträge zusammen »stehen und fallen« oder nur gemeinsam gelten oder in gegenseitiger Abhängigkeit stehen.[1260] Diese von der Rechtsprechung entwickelten Kriterien können bei der Ermittlung der Reichweite der Beurkundungspflicht Ausgangspunkt der Überlegungen sein, führen jedoch häufig nicht zu einem eindeutigen Ergebnis. Das beschreibende Kriterium des »Miteinanderstehen und -fallens« ermangelt in nicht wenigen Fällen der Präzision und damit der rechtspraktischen Handhabbarkeit. Richtigerweise richtet sich die Reichweite der Beurkundungspflicht nach dem *regelnden Inhalt des beurkundungsbedürftigen Rechtsgeschäfts*.[1261] Der Inhalt der Verabredungen zwischen den Beteiligten des beurkundungsbedürftigen Rechtsgeschäfts muss beurkundet werden, nicht mehr und nicht weniger.[1262] Die sachliche Richtigkeit dieses Abgrenzungskriteriums ergibt sich aus der Überlegung, dass Ausgangspunkt der Frage, welche Teile einer Gesamteinigung beurkundungsbedürftig sind, ausschließlich das Rechtsgeschäft ist, das von Gesetzes wegen für beurkundungsbedürftig erklärt wird, also etwa die Verpflichtung zur Veräußerung eines GmbH-Geschäftsanteils. Dieses – und nur dieses – Rechtsgeschäft ist beurkundungsbedürftig und es ist dies mit seinem gesamten Inhalt. Mit diesem Rechtsgeschäft in wirtschaftlichem Zusammenhang stehende Abreden müssen sich hinsichtlich ihrer Beurkundungsbedürftigkeit immer danach fragen lassen, inwieweit sie in das beurkundungsbedürftige Rechtsgeschäft selbst hineinwirken, inwieweit sie also Teil der Abreden der Beteiligten des beurkundungsbedürftigen Rechtsgeschäftes sind. Wenn beispielsweise im Rahmen eines Geschäftsanteilskaufvertrages der Verkäufer einen Teil der von ihm bislang gehaltenen Geschäftsanteile an den Käufer verkauft, jedoch weiter Gesellschafter bleibt und die Vertragsparteien einig sind, dass im Zusammenhang mit dem Geschäftsanteilskaufvertrag weitere Vereinbarungen über das künftige »Zusammenleben« in der Gesellschaft geschlossen werden sollen, die etwa die künftige Finanzausstattung der Gesellschaft durch Gesellschafterdarlehen oder die Wahrnehmung von Gesellschafterrechten betreffen, hängt die Beurkundungsbedürftigkeit dieser weiteren Abreden davon ab, inwieweit die Vertragsparteien bereits verbindlich den Inhalt der künftigen Verträge fixieren wollen: Verpflichten sie sich z.B., der Gesellschaft künftig Darlehen zu gewähren, sind zumindest die Höhe der zu gewährenden Darlehen und deren weitere wirtschaftliche Rahmendaten mit zu beurkunden. Wollen die Parteien des Geschäftsanteilskaufvertrages diese Verpflichtungen weiter inhaltlich fixieren, etwa durch Vereinbarung von Kündigungsterminen oder Kündigungsrechten, müssen auch

---

1260 Vgl. etwa BGH, DNotZ 1971, 410, 411; BGH, MDR 1979, 469.
1261 So schon *Korte*, Handbuch der Beurkundung von Grundstücksgeschäften, S. 87.
1262 Vgl. hierzu im Einzelnen auch *Hermanns*, DNotZ 2013, S. 14 ff.

E. Die Übertragung von Geschäftsanteilen   Kapitel 2

diese weiteren Fixierungen mit beurkundet werden.[1263] Werden z.B. im Rahmen eines nach § 15 Abs. 4 GmbHG beurkundungspflichtigen Rechtsgeschäfts auch Verpflichtungen begründet, im Rahmen einer Kapitalerhöhung neue Geschäftsanteile zu übernehmen, muss diese Verpflichtung als Teil der Gesamteinigung der Beteiligten beurkundet werden. Dies bedeutet jedoch nicht, dass auch die Übernahmeerklärung selbst, die in Erfüllung und in Vollzug dieser Verpflichtung abgegeben wird, beurkundungsbedürftig ist; hier bleibt es beim Beglaubigungserfordernis des § 55 GmbHG.[1264]

Es ist demnach ungenau, wenn gesagt wird, maßgebend sei, ob die vertraglichen Vereinbarungen *miteinander* stehen und fallen sollen, sondern bei genauer Betrachtung ist allein entscheidend, *ob das beurkundungsbedürftige Rechtsgeschäft*, z.B. der Anteilskaufvertrag, von einem anderen Vertrag abhängen soll. Ist diese Frage zu bejahen, wirkt der andere Vertrag in das beurkundungsbedürftige Rechtsgeschäft inhaltlich hinein und ist daher als dessen Teil zu beurkunden. Weiter einschränkend ist zu verlangen, dass die so beschriebene Abhängigkeit des beurkundungsbedürftigen Rechtsgeschäfts von einer weiteren Vereinbarung nicht nur (die nicht Vertragsinhalt gewordene) Vorstellung einer Partei ist, sondern es ist erforderlich, dass die Abhängigkeit des beurkundungsbedürftigen Rechtsgeschäfts von der weiteren Vereinbarung entweder
– gemeinsame Vorstellung der Parteien und damit Vertragsinhalt ist, oder
– eine zunächst einseitige Vorgabe einer Vertragspartei ist, die diese in den Vertrag aber hat hinein verhandeln können, mit anderen Worten, die andere Vertragspartei muss diese Bedingung akzeptiert haben.

Bei Anwendung der vorstehend dargestellten Grundsätze lässt sich der Umfang der Beurkundungsbedürftigkeit auch für die Fälle entscheiden, in denen bei einer GmbH & Co. KG die **GmbH-Geschäftsanteile und die Kommanditanteile übertragen** werden, jedoch aus Kostengründen der Wunsch der Beteiligten dahin geht, nur die Übertragung der GmbH-Geschäftsanteile zu beurkunden. Nach herrschender Meinung, insbesondere der Rechtsprechung des BGH, erstreckt sich in diesen Fällen das Formbedürfnis auf alle Abreden, die nach dem Willen der Parteien Bestandteil des beurkundungsbedürftigen Rechtsgeschäftes sind;[1265] der BGH legt damit das gleiche Kriterium an, das oben mit dem *regelnden Inhalt des beurkundungsbedürftigen Rechtsgeschäfts* bezeichnet wurde. Demzufolge muss auch die Übertragung der Kommanditanteile mit beurkundet werden, wenn das beurkundungsbedürftige Rechtsgeschäft – die Übertragung der GmbH-Geschäftsanteile – nach dem Willen der Parteien von der Übertragung der Kommanditanteile abhängig ist, was regelmäßig angesichts der größeren Werthaltigkeit der Kommanditanteile der Fall sein dürfte. Diese einseitige Abhängigkeit des beurkundungsbedürftigen Rechtsgeschäfts führt zur Beurkundungsbedürftigkeit des Vertragsbündels insgesamt.[1266] Steht damit fest, dass im vorstehend dargestellten Sachverhalt der gemeinsamen Abtretung von GmbH-Geschäftsanteilen der Komplementär-GmbH und Kommanditanteilen der GmbH & Co. KG beide Vereinbarungen im Regelfall beurkundungsbedürftig sind, kann sich im Einzelfall noch die Folgefrage stellen, ob eine getrennte Beurkundung in der Weise möglich ist, dass in der einen Urkunde die Übertragung der Kommanditanteile und in einer anderen Urkunde die Übertragung der Geschäftsanteile vereinbart wird. Nach der wohl überwiegenden Meinung und insbesondere der Auffassung des BGH ist eine derartige getrennte Beurkundung möglich, wenn die zwischen den Teilen des einheitlichen Geschäfts bestehende Abhängigkeit urkundlichen Ausdruck gefunden hat; der Verknüpfungswille der Beteiligten hinsichtlich beider Verträge muss also mit beurkundet werden.[1267] Nach der überwiegenden Auffassung reicht es insoweit aus, den Verknüpfungswillen und den rechtlichen Zusammenhang in der zweiten Urkunde zu verlautbaren.[1268] Zum Teil wird allerdings auch eine urkundliche Verlautbarung der Verknüpfung in beiden Urkunden gefordert.[1269] Im Inter-

890

1263 Vgl. zum Ganzen auch *Hermanns*, ZIP 2006, 2296.
1264 Im Ergebnis genauso OLG Frankfurt vom 12.05.2015 – 11 U 71/13.
1265 BGH, NJW 2002, 142, 143; vgl. ebenso BGH, Beschl. v. 20.10.2009 – Az VIII ZB 13/08.
1266 Vgl. hierzu BGH, NJW 2000, 951; BGH, NJW 2002, 2559.
1267 BGH, DNotZ 1979, 403; BGH, DNotZ 1988, 562; Palandt/*Heinrichs*, § 311b Rn. 32.
1268 BGH, DNotZ 1988, 562.
1269 OLG Hamm, DNotI-Report 1996, 164; OLG Stuttgart, DNotI-Report 2001, 100.

esse einer sicheren Gestaltung wird der Notar daher im Regelfall die Beurkundung des Verknüpfungswillens in beiden Fällen empfehlen. Der Verknüpfungswille der Beteiligten kann auf eine *Wirksamkeitsverknüpfung* oder auf eine *Vollzugsverknüpfung* gerichtet sein: Geht der Wille der Beteiligten dahin, dass das eine Rechtsgeschäft nur wirksam sein soll, wenn auch das andere Rechtsgeschäft wirksam ist und bleibt, ist dieser Wille zur Wirksamkeitsverknüpfung zu beurkunden, wünschen die Beteiligten, dass ein Vertrag – weitergehend – auch nur vollzogen werden soll, wenn der andere Vertrag vollzogen wird, ist der Wille zur Vollzugsverknüpfung zu formulieren und zu beurkunden. Es ist selbstverständlich auch möglich, dass der Wille der Beteiligten auf eine Wirksamkeitsverknüpfung und eine Vollzugsverknüpfung gerichtet ist.

891 ▶ Formulierungsbeispiel: Verknüpfungswille zur Wirksamkeitsverknüpfung

Die Beteiligten sind einig, dass der mit dieser Urkunde geschlossene Vertrag in rechtlichem und wirtschaftlichem Zusammenhang mit dem ebenfalls am heutigen Tag geschlossenen Vertrag über die Kommanditanteile an der ABC GmbH & Co. KG (URNr. ..... des amtierenden Notars) steht. Demzufolge ist jeder dieser beiden Verträge in seiner Wirksamkeit in der Weise aufschiebend bedingt, dass er erst wirksam wird, wenn der jeweils andere der beiden Verträge wirksam geworden ist. Erklärt einer der Vertragsbeteiligten wirksam den Rücktritt von einem der beiden vorbezeichneten Verträge, ist jeder Vertragsbeteiligte berechtigt, von dem jeweils anderen Vertrag innerhalb einer Frist von einem Monat durch schriftliche Erklärung gegenüber dem anderen Vertragsteil zurückzutreten.

892 Wendet man die vorstehend dargelegten Grundsätze auf die in der Literatur diskutierte Frage an, inwieweit ein sogenannter Equity Commitment Letter beurkundungspflichtig ist, ergibt sich folgendes:[1270] Mit einem Equity Commitment Letter erklärt ein hinter der erwerbenden Gesellschaft stehender Fonds, der finanzkräftiger ist als die erwerbende Gesellschaft selbst, üblicherweise, die erwerbende Gesellschaft direkt oder indirekt mit bestimmten Finanzmitteln auszustatten, um sie in die Lage zu versetzen, die Kaufpreiszahlungsverpflichtung zu erfüllen.[1271] Die Frage, ob diese Erklärung beurkundet werden muss, ist nicht selten Gegenstand der Diskussion unter den beratenden Rechtsanwälten und dem Notar. Es liegt auf der Hand, dass der Equity Commitment Letter als solcher, da er nur eine Finanzierungsverpflichtung enthält, nicht beurkundungsbedürftig ist. Es macht daher im Grundsatz keinen Sinn, den Equity Commitment Letter separat (und ohne Verbindung mit dem Anteilskaufvertrag) zu beurkunden. Ansatzpunkt der Beurkundungspflicht kann nämlich – wie oben dargestellt – immer nur das beurkundungsbedürftige Rechtsgeschäft selbst, also hier der Anteilskaufvertrag, sein. Es ist daher die Frage zu stellen, ob es *Teil der Vereinbarungen zwischen den Beteiligten des Anteilskaufvertrages* ist, dass ein solcher Equity Commitment Letter gestellt wird. Wenn sich demzufolge der Käufer gegenüber dem Verkäufer im Anteilskaufvertrag verpflichtet, einen Equity Commitment Letter etwa seiner Muttergesellschaft beizubringen und diese Abrede *Teil der anteilskaufvertraglichen Vereinbarungen* ist, muss der Equity Commitment Letter als Teil des beurkundungsbedürftigen Rechtsgeschäfts – ggf. als dessen Anlage – mit beurkundet werden. Verpflichtet sich der Käufer demgegenüber lediglich, für eine bestimmte Finanzausstattung durch seine Muttergesellschaft zu sorgen (ohne weitere Einzelheiten zu konkretisieren), muss lediglich diese Zusage des Käufers als Teil der anteilskaufvertraglichen Vereinbarung beurkundet werden. Eine Beurkundungsbedürftigkeit des Equity Commitment Letter wird vor diesem Hintergrund nicht selten zu bejahen sein, weil der Verkäufer ja gerade ein besonderes Interesse daran hat, dass die zunächst nur schwach kapitalisierte Akquisitionsgesellschaft mit hinreichendem Kapital ausgestattet wird und die Verpflichtung zur Beibringung eines Equity Commitment Letter daher häufig zum Inhalt der geschäftsanteilskaufvertraglichen Abreden machen wird. Ist dies der Fall, ist ein Equity Commitment Letter zweifelsfrei beurkundungspflichtig. Zur Vermeidung von Missverständnissen sei nochmals klargestellt, dass sich die Beurkundungsbedürftigkeit eines derartigen Equity Commitment Letter ausschließlich daraus ergeben kann, dass die Beibringung einer solchen Erklärung Teil

---

1270 Zu diesem Thema vgl. zuletzt *Leyendecker/Mackensen*, NZG 2012, 129.
1271 Vgl. hierzu im Einzelnen *Leyendecker/Mackensen*, NZG 2012, 129.

der Vereinbarungen zwischen den Parteien des beurkundungsbedürftigen Rechtsgeschäfts ist; aus sich heraus und isoliert ist der Equity Commitment Letter selbstverständlich nicht beurkundungsbedürftig. Aus der grundstückskaufvertraglichen Praxis lässt sich der hier diskutierte Fall am ehesten mit der Verpflichtung des Käufers, eine Finanzierungsbestätigung beizubringen, vergleichen: Wenn sich der Käufer gegenüber dem Verkäufer verpflichtet, eine Finanzierungsbestätigung beizubringen (und der Verkäufer etwa ein Rücktrittsrecht eingeräumt erhält, sofern diese Verpflichtung nicht bis zu einem bestimmten Datum erfüllt ist), ist diese Abrede der Beteiligten zweifelsfrei beurkundungspflichtig, was selbstverständlich nicht bedeutet, dass die Finanzierungszusage der Bank selbst beurkundungspflichtig wäre. Auch hier hängt der Grad der Beurkundungsbedürftigkeit vom Grad der Konkretisierung der Abreden der Vertragsbeteiligten ab: Verpflichtet sich der Käufer gegenüber dem Verkäufer nur ganz allgemein, eine Finanzierungsbestätigung einer deutschen Bank oder Sparkasse beizubringen, ist diese Abrede beurkundungspflichtig. Verpflichtet sich der Käufer darüber hinaus, die Finanzierung durch eine bestimmte Bank nachzuweisen, muss diese konkrete Verpflichtung beurkundet werden. Sollten die Vertragsbeteiligten – aus welchen Gründen auch immer – verabredet haben, dass der Käufer verpflichtet ist, einen Darlehensvertrag mit bestimmten Konditionen bei einer bestimmten Bank zu schließen, muss diese konkrete Abrede beurkundet werden, was in allen Fällen – wie gesagt – nichts daran ändert, dass die Darlehensvereinbarungen selbst, die vom Käufer in Erfüllung dieser Verpflichtungen geschlossen werden, nicht beurkundungsbedürftig sind.[1272]

Einen weniger weiten Anwendungsbereich hat das Beurkundungserfordernis bei der Beurkundung einer reinen Abtretung eines Geschäftsanteils im Sinne von § 15 Abs. 3 GmbHG. Hier erfasst das Beurkundungserfordernis nur solche Nebenabreden, die ins dingliche Rechtsgeschäft, die Abtretung, hineinwirken, also nicht solche Vereinbarungen, die nur schuldrechtliche Relevanz haben.[1273] Beispiele für mit zu beurkundende dinglich wirkende Nebenabreden sind etwa dinglich wirkende Abtretungsbedingungen oder -befristungen.

c) Das Beurkundungsverfahren

Gerade bei der Beurkundung von Geschäftsanteilskaufverträgen besteht nicht selten die Notwendigkeit, von den **Beurkundungserleichterungen**, die **§§ 13a, 14 BeurkG** zur Verfügung stellen, Gebrauch zu machen. Nicht selten ist es nämlich Wunsch der Beteiligten und ihrer Berater, dem Geschäftsanteilskaufvertrag umfangreiche Anlagen beizufügen, deren vollständige Verlesung im Rahmen der mit den Beteiligten geführten Verhandlung die Aufmerksamkeit der Urkundsbeteiligten nicht selten überfordern und der Sinn des Beurkundungsverfahrens unterlaufen wird. 893

Häufig wird zur Vorbereitung einer Beurkundung eine sog. **Bezugsurkunde nach § 13a BeurkG** errichtet. § 13a BeurkG ermöglicht es, eine bereits existierende notarielle Urkunde zum Inhalt einer späteren Urkunde zu machen, wenn auf die erste Urkunde im Sinne von § 13a BeurkG verwiesen wird. Wichtig und in der Praxis mitunter übersehen wird der Umstand, dass ein Verweis nur auf die Urkunden eines deutschen Notars möglich ist, nicht jedoch auf eine im Ausland, etwa in der Schweiz, aufgenommene Urkunde.[1274] Verweisungsfähig ist darüber hinaus nur eine notarielle Niederschrift im Sinne von §§ 8 ff. BeurkG, insbesondere sind Niederschriften in der Form der §§ 36 ff. BeurkG (Tatsachenbeurkundung) nicht verweisungsfähig.[1275] Kein Fall der Verweisung nach § 13a BeurkG liegt vor, wenn ein Dokument, das seinerseits nicht beurkundungspflichtig ist, der Urkunde gleichwohl zu Dokumentationszwecken beigefügt werden soll. Eine solche Beifügung zu Beweis- und Identifizierungszwecken ist möglich, führt aber nicht zur Beurkundungsbedürftigkeit, insbesondere nicht zur Verlesungspflichtigkeit des zu diesen Zwecken beigefügten Dokuments. Ohne weiteres möglich ist es auch, ein solches lediglich zu Dokumentationszwecken beizufügendes Dokument bereits der Bezugsurkunde zu Dokumentationszwecken beizufügen und nicht zu verlesen. 894

1272 Vgl. zum Ganzen *Hermanns*, DNotZ 2013, S. 14 ff.
1273 OLG Frankfurt, MittBayNot 2012, 401.
1274 Eylmann/Vaasen/*Limmer*, § 13a BNotO Rn. 6; *Winkler*, § 13a Rn. 35.
1275 *Brambring*, DNotZ 1980, 296; *Stauf*, RNotZ 2001, 129, 139 f.

Zwar ist dieses Dokument dann ein nicht beurkundeter Teil der Bezugsurkunde, so dass insoweit die Verweisung in der Haupturkunde ins Leere geht, was aber nicht schädlich ist, da das Dokument ja gerade nicht beurkundungsbedürftig ist.

895 Die **Beurkundungserleichterung des § 14 BeurkG** enthebt den Notar von der Verpflichtung, die dort genannten Bestandsverzeichnisse verlesen zu müssen. Sollen etwa im Rahmen eines Unternehmenskaufvertrages der Mitarbeiterbestand des Unternehmens, die bestehenden Vertragsbeziehungen oder Patente dokumentiert werden, können die dies ausweisenden Listen im erleichterten Verfahren nach § 14 BeurkG beurkundet werden, müssen mithin nicht verlesen werden. Für die Auslegung von § 14 BeurkG wichtig ist die Erkenntnis, dass nur solche Zahlenwerke und Aufzählungen aus der Vorlesungspflicht ausgeklammert werden, die sich in rein tatsächlicher Bedeutung auf einen real existierenden Bestand beziehen.[1276] Nicht unter § 14 BeurkG fallen Beschreibungen oder Auflistungen von Gegenständen, die erst noch beschafft oder hergestellt werden müssen. Auch Kaufpreislisten, in denen die Kaufpreise für verschiedene Vertragsgegenstände ausgewiesen sind, dürften sich nicht in rein tatsächlicher Bedeutung auf einen real existierenden Bestand beziehen, so dass insoweit die Beurkundungserleichterung von § 14 BeurkG nicht eingreifen dürfte. Kein Anwendungsfall des § 14 BeurkG ist der mitunter von den Vertragsparteien geäußerte Wunsch, eine möglichst vollständige Dokumentation der vom Verkäufer im Rahmen einer Due Diligence offen gelegten Umstände und Verhältnisse zu erlangen. Da es rechtspraktisch im Regelfall nicht möglich ist, den gesamten Inhalt der in einem Datenraum offen gelegten Verhältnisse zum Inhalt der notariellen Urkunde zu machen, wird zum Teil erwogen, diesen Inhalt auf einem Datenträger, etwa einer CD oder DVD, zu speichern und diesen **Datenträger als Anlage zur notariellen Urkunde** zu nehmen. Zwingende beurkundungsrechtliche Vorschriften dürften der Umsetzung dieses Wunsches nicht entgegenstehen, wenn folgendes beachtet wird: Die Willenserklärungen der Beteiligten müssen gem. § 8 BeurkG in einer Niederschrift aufgenommen werden, was die Verwendung von Schriftzeichen auf papierenen Dokumenten voraussetzt.[1277] Beurkundungsbedürftig und damit verlesungspflichtig sind die gesamten rechtsgeschäftlichen Erklärungen der Beteiligten, einschließlich der durch Verweisung auf anderweitige Urkunden erfolgenden Erklärung. Davon abzugrenzen sind die Fälle, in denen die bloße Verweisung keine eigene Erklärung der Beteiligten enthält, sondern einen bloßen Hinweis auf dem Rechtsgeschäft zugrunde liegende Tatsachen oder Rechtsverhältnisse oder auf anderweitig bereits abgegebene und als solche bereits wirksame Erklärungen, wobei die Verweisung nur der näheren Identifizierung oder der Auslegung dessen dient, was bereits zum Inhalt der Erklärung (und im Fall der Beurkundung auch der notariellen Niederschrift) gemacht wurde. Solche reinen **Wissenserklärungen** sind demzufolge nicht vom gesetzlichen Beurkundungserfordernis nach § 15 Abs. 4 GmbHG erfasst.[1278] Hinsichtlich der in einem Datenraum enthaltenen Angaben ergibt sich folgendes: Erklären die Vertragsbeteiligten übereinstimmend, dass der Verkäufer dem Käufer den gesamten Inhalt des Datenraumes, der auf dem der Urkunde beigefügten Datenträger nochmals gespeichert ist, offen gelegt hat, so ist dies die Willenserklärung der Beteiligten und muss in einer Niederschrift aufgenommen werden.[1279] Nicht jedoch muss der offen gelegte Inhalt Teil der Niederschrift sein, da die Beteiligten insoweit nur erklären, dieser Inhalt sei auf dem der Urkunde beigefügten Datenträger korrekt wiedergegeben.

896 ▶ **Formulierungsbeispiel: Beifügung Datenträger**

Die Beteiligten erklären, dass der Käufer selbst und durch Dritte eine Due Diligence des Kaufgegenstandes durchgeführt hat. Hierbei wurde ihm vom Verkäufer Zugang in einen virtuellen Datenraum gewährt. Die Beteiligten bestätigen, dass der Inhalt des virtuellen Datenraums auf der der Niederschrift beigefügten DVD in Dateiform vollständig wiedergegeben ist. Der Käufer

---

1276 Eylmann/Vaasen/*Limmer*, § 14 BNotO Rn. 4.
1277 Keidel/Kunze/*Winkler*, § 8 Rn. 8.
1278 BGH, DNotZ 1986, 78; Würzburger Notarhandbuch/*Hertel*, Teil 2 Rn. 375; Staudinger/*Wufka*, § 311b Abs. 1 Rn. 157.
1279 Vgl. dazu auch *Hermanns*, ZIP 2006, 2296, 2301.

muss sich die Kenntnis aller aus den Unterlagen im Datenraum hervorgehenden Daten und Fakten zurechnen lassen.

897 Nicht in der vorstehenden Weise dürfte verfahren werden können, wenn **die auf der DVD enthaltenen Daten Gegenstand einer Beschaffenheitsvereinbarung** oder einer Garantievereinbarung der Beteiligten sind oder wenn der Verkäufer eine Einstandspflicht für einzelne Angaben in den Dokumenten übernimmt. Garantiert also etwa der Verkäufer, dass die auf der DVD enthaltenen Arbeitsverhältnisse sämtliche von der Gesellschaft geschlossenen Beschäftigungsverhältnisse sind oder garantiert der Verkäufer, dass die auf der DVD gespeicherten Arbeitsverträge inhaltlich vollständig wiedergegeben sind, werden diese Inhalte der DVD Teil der rechtsgeschäftlichen Erklärungen der Beteiligten und müssen daher mit beurkundet werden, sodass sich eine bloße Beifügung auf einem Datenträger verbietet.

898 Selbstverständlich ist es möglich, die **Beurkundungserleichterungen der §§ 13a und 14 BeurkG** auch in der Weise miteinander zu verknüpfen, dass zur Vorbereitung eines abzuschließenden Geschäftsanteilskaufvertrages eine Bezugsurkunde errichtet wird, in der Listen, die im Verfahren nach § 14 BeurkG beurkundet werden können, vorab beurkundet werden. Bei der Errichtung einer solchen Bezugsurkunde mag hilfreich sein das Folgende:

899 ▶ Formulierungsbeispiel: Bezugsurkunde

Die Erschienene (regelmäßig Notarangestellte/r) erklärte:

1. Vor Notar Dr. ..... in ..... soll ein Kauf- und Abtretungsvertrag über Geschäftsanteile an der im Handelsregister des Amtsgerichts Köln unter HRB ..... eingetragenen ..... GmbH mit dem Sitz in Köln beurkundet werden.
2. Zur Vorbereitung der vorbezeichneten Beurkundung gebe ich die in der heutigen Niederschrift mit Anlagen enthaltenen Erklärungen ab.
3. Auf die dieser Niederschrift beigefügten Anlagen wird verwiesen. Die Erschienene verzichtete auf das Vorlesen der Anlagen III, V, VII und VIII. Diese Schriftstücke wurden der Erschienenen zur Kenntnisnahme vorgelegt und jede Seite von ihr unterschrieben. Alle anderen Anlagen wurden verlesen.

Diese Niederschrift wurde der Erschienenen von dem Notar vorgelesen, von ihr genehmigt und von ihr und dem Notar wie folgt eigenhändig unterschrieben:

900 Unsicherheit besteht auch nicht selten in der Beantwortung der Frage, wenn in der Urkunde auf Dokumente und Umstände verwiesen wird, die außerhalb der Urkunde selbst liegen und dort etwa definiert sind. In Verpfändungsurkunden, die GmbH-Geschäftsanteile betreffen, wird z.B. gelegentlich auf den zugrunde liegenden Kreditvertrag Bezug genommen, etwa mit folgendem Wortlaut:

> Soweit in dieser Urkunde nichts anderes bestimmt ist, haben die hier verwendeten Begriffe die gleiche Bedeutung wie im Kreditvertrag vom 1. Juli 2012 definiert.

Eine derartige Bezugnahme auf andere Schriftstücke und Dokumente und auf dort verwendete Begriffe und ihre Definitionen kann sich ohne weiteres auch in einem Anteilskaufvertrag finden. Hier stellt sich die Rechtsfrage, ob eine solche Bezugnahme dazu führt, dass das Dokument, welches die Definition enthält, mit beurkundet werden muss. Allgemeiner gestellt lautet die Rechtsfrage dahin, ob die Beteiligten eines beurkundungsbedürftigen Rechtsgeschäfts übereinstimmend angenommene tatsächliche Umstände oder ein übereinstimmendes Verständnis von Begriffen *voraussetzen dürfen und dieses übereinstimmende Verständnis nicht nochmals in der Urkunde niederlegen müssen*.

Grundsätzlich sind auch formbedürftige Rechtsgeschäfte nach den allgemeinen Regeln der §§ 133, 157 BGB auszulegen.[1280] Auch außerhalb der Urkunde liegende Umstände und Tatsachen können in diesem Zusammenhang zur Auslegung herangezogen werden, es sei denn die außerhalb

---

1280 BGH, NJW 1996, 2792 f.; *Hauschild/Zimmermann*, in: FS Brambring, 113, 124.

der Urkunde liegenden Umstände widersprechen dem Inhalt der Urkunde oder der Abstraktionsgrad der beurkundeten Formulierung ist so hoch, dass sich das tatsächlich Vereinbarte in der Urkunde auch nicht andeutungsweise wieder findet.[1281] Auf den oben beschriebenen Fall angewendet bedeutet dies, dass die Beteiligten des beurkundungsbedürftigen Rechtsgeschäfts durchaus auf ein gemeinsames Begriffsverständnis – welches auch in einem anderen Schriftstück dokumentiert sein kann – verweisen können, ohne dass dieses andere Schriftstück erneut vollständig mit beurkundet werden muss. Hiervon abzugrenzen und zu unterscheiden sind solche Erklärungen, die sich nicht auf die Beschreibung eines gemeinsamen Verständnisses beschränken, sondern eigene Rechtsfolgen setzen sollen. Solche Erklärungen müssen selbstverständlich beurkundet werden und damit Teil des beurkundungsbedürftigen Rechtsgeschäftes sein.

Die Richtigkeit der hier vertretenen Auffassung ergibt sich auch – in anderem Zusammenhang – aus dem folgenden Beispiel:

> Die Beteiligten eines Bauträgerkaufvertrages verweisen zur Definition der Pflichten des Bauträgers in einem bestimmten Bereich auf eine DIN-Norm, etwa auf DIN 277.

Wäre es den Beteiligten beurkundungsrechtlich verwehrt, den Inhalt der genannten DIN-Norm als ihr gemeinsames Verständnis vorauszusetzen, müsste diese DIN-Norm mit beurkundet werden. Gleiches gälte, wenn etwa in einem Unternehmenskaufvertrag garantiert wird, dass die Immissionen des betroffenen Unternehmens mit der TA-Luft in der aktuellen Fassung vereinbar sind. Die genannten Normenkomplexe haben keine Gesetzeskraft und wirken daher nicht eo ipso zwischen den Beteiligten, sondern nur durch die Bezugnahme in den vertraglichen Vereinbarungen. Diese Bezugnahme und das gemeinsame Verständnis der Beteiligten über deren Inhalt genügt dem Beurkundungserfordernis indes, so dass es nicht etwa einer Mitbeurkundung des Inhalts der genannten Normen bedarf. Allgemeiner ausgedrückt gilt folgender Satz:

> Es ist auch im Rahmen eines formbedürftigen Rechtsgeschäfts möglich, auf von den Beteiligten übereinstimmend angenommene Umstände und Begriffsbedeutungen Bezug zu nehmen und zu verweisen, ohne dass der Inhalt dieser gemeinsamen Annahme oder dieses gemeinsamen Verständnisses Inhalt der notariellen Urkunde werden muss.

Beurkundungsrechtlich wieder anders liegt der Fall, über den das OLG München zu entscheiden hatte:[1282] Hier wurde in einer beurkundungspflichtigen Vereinbarung eine Schiedsabrede getroffen, die maßgebliche Schiedsgerichtsordnung (hier: die der DIS) jedoch nicht mit beurkundet. Das OLG München weist zu Recht darauf hin, dass es sich bei derartigen Verweisungen auf Schiedsgerichtsordnungen um dynamische Verweisungen in dem Sinne handelt, dass auf die Schiedsgerichtsordnung in der jeweils gültigen Fassung verwiesen wird, und daher die derzeitige Fassung nicht mit beurkundet werden muss.

d) Beurkundungsmängel und deren Heilung

901 Gem. § 15 Abs. 4 Satz 2 GmbHG wird eine formnichtig getroffene Vereinbarung, welche die Verpflichtung eines Gesellschafters zur Abtretung eines Geschäftsanteils begründen sollte, **gültig, wenn ein formgültiger Abtretungsvertrag** geschlossen wird. Der Sinn und Zweck der Heilungsvorschrift besteht darin, den Bestand der formgerecht vollzogenen Abtretung zu bewirken und eine Rückforderung aus Gründen der Rechtssicherheit auszuschließen.[1283] Der Abtretungsvertrag kann zeitlich vor, mit oder nach dem Verpflichtungsvertrag geschlossen werden.[1284] Wenn der Abtretungsvertrag dem (formnichtigen) schuldrechtlichen Vertrag vorgeht, muss dieser sich jedoch auf die bereits erfolgte Abtretung beziehen. Dies bedeutet, dass eine inhaltliche Entsprechung von zeitlich vorge-

---

1281 BGH, NJW 1996, 2792 f.; zum Ganzen auch grds. *Hauschild/Zimmermann*, in: FS Brambring, 113, 124 ff.
1282 OLG München, RNotZ 2013, 639.
1283 BGHZ 127, 129.
1284 BGH, NJW 1993, 1843; Scholz/*Winter*, § 15 Rn. 74.

hender Abtretung und nachfolgender Verpflichtung bestehen muss: Wird etwa nach einer erfolgten Abtretung eine Verpflichtung des Zessionars zur Weiterübertragung begründet, wird diese Verpflichtung – so sie formnichtig begründet wurde – selbstverständlich durch die vorgehende Abtretung nicht geheilt, da die Weiterübertragungsverpflichtung zu einer anderen Abtretung verpflichtet als zu der, die bereits erfolgt ist.[1285] Das Verfügungsgeschäft entfaltet seine heilende Wirkung auch dann, wenn es gemeinsam mit dem Verpflichtungsgeschäft, das an einem Beurkundungsmangel leidet, in einer Urkunde beurkundet wird.[1286] Hierbei ist allerdings zu beachten, dass diese Heilungswirkung der Abtretung nur dann eintritt, wenn – was in der Praxis jedenfalls nicht der Regelfall sein wird – die Abtretung mit sofortiger dinglicher Wirkung vereinbart wurde. Ist die Abtretung aufschiebend bedingt vereinbart, kann auch die Heilungswirkung erst mit Eintritt der aufschiebenden Bedingung (ex nunc) eintreten.

aa) Die Heilungsvoraussetzungen des § 15 Abs. 4 Satz 2 GmbHG

Erste Voraussetzung für eine Heilung eines formnichtigen schuldrechtlichen Rechtsgeschäfts nach § 15 Abs. 4 Satz 2 GmbHG ist ein **formgültiger dinglicher Abtretungsvertrag** nach § 15 Abs. 3 GmbHG. Die Abtretung muss dinglich wirksam sein, insbesondere ist auch die Erfüllung etwaiger weiterer Abtretungsvoraussetzungen i.S.d. § 15 Abs. 5 GmbHG erforderlich. Auch aufschiebende Bedingungen, die mit der Abtretung verbunden sind, müssen eingetreten sein oder, soweit möglich, durch Verzicht des Begünstigten gegenstandslos geworden sein, damit die heilende Wirkung des § 15 Abs. 4 Satz 2 GmbHG sich entfalten kann.[1287] Die dem Verpflichtungsvertrag folgende Abtretung muss aufgrund des oben angesprochenen Entsprechenserfordernisses in Erfüllung der (formnichtigen) schuldrechtlichen Vereinbarung erfolgen, d.h. die Abtretung muss grundsätzlich an den Gläubiger des Anspruchs auf Übertragung des Geschäftsanteils gerichtet sein. Sie kann indes auch an einen Dritten erfolgen, wenn der Verpflichtete nach dem Inhalt des (formnichtigen) schuldrechtlichen Vertrages auch an ihn leisten durfte und zwecks Vertragserfüllung geleistet hat, z.B. im Falle des Weiterverkaufs des Erstkäufers an einen Dritten.[1288] In diesem Fall sind dann beide Verpflichtungsgeschäfte, also sowohl der Erstübertragungsvertrag als auch der Weiterübertragungsvertrag, geheilt.[1289] Diese Grundsätze gelten auch bei mehreren formnichtigen Zwischengeschäften, die alle dadurch wirksam werden können, dass bei Einverständnis aller Beteiligten der erste Verkäufer an den letzten Käufer wirksam abtritt.[1290] Wurden mehrere Geschäftsanteile formungültig verkauft und wird nur einer formgültig abgetreten, so wird nur der hierauf bezügliche Teil des obligatorischen Vertrages geheilt und die Wirksamkeit des schuldrechtlichen Geschäfts im Übrigen bestimmt sich nach § 139 BGB. Führt dessen Anwendung zu dem Ergebnis, dass es sich nach dem Willen der Beteiligten um ein einheitliches Rechtsgeschäft handelte, das nur im Ganzen wirksam sein sollte, ist die Abtretung nur einzelner Geschäftsanteile zwar dinglich wirksam erfolgt und das schuldrechtliche Rechtsgeschäft insoweit auch geheilt, wegen der sich aus § 139 BGB ergebenden Gesamtnichtigkeit jedoch nach § 812 BGB kondizierbar.[1291]

Zu nicht wenigen Missverständnissen führt das im Übrigen allgemein anerkannte Erfordernis, dass die **Willensübereinstimmung** der Parteien hinsichtlich des Verpflichtungsgeschäfts noch in dem Zeitpunkt fortbestehen muss, ab dem sie an das Verfügungsgeschäft gebunden sind.[1292] Dieses Erfordernis bedeutet zum Einen, dass eine Heilung nur dann eintritt, wenn beide Parteien im Moment des Wirksamwerdens des dinglichen Geschäfts die Anteilsübertragung überhaupt noch wollen.[1293]

1285 Michalski/*Ebbing*, systematische Darstellung 7, § 15 GmbHG Rn. 103.
1286 BGHZ 127, 129, 133.
1287 BGH, GmbHR 1989, 194, 195; BGHZ 127, 129, 135; a.A. *Moll*, MDR 1998, 1042.
1288 RGZ 71, 402 f.; Scholz/*Winter*, § 15 Rn. 72a.
1289 Michalski/*Ebbing*, systematische Darstellung 7, § 15 GmbHG Rn. 104.
1290 Baumbach/Hueck/*Fastrich*, § 15 Rn. 35.
1291 Scholz/*Winter*, § 15 Rn. 72a.
1292 BGHZ 127, 129, 133; Hanseatisches OLG, BB 2007, 398.
1293 Vgl. zu diesem Fall BGH, GmbHR 1994, 869.

Zum Anderen wird gefordert, dass sich die formnichtige und die mit der Abtretung vereinbarte formgültige Regelung inhaltlich decken müssen. Sind die formnichtige und die formgültige Vereinbarung demgegenüber inhaltlich unvereinbar – enthält also die formnichtige Vereinbarung zum Beispiel garantierende Erklärungen, während die Abtretungsvereinbarung einen Garantieausschluss enthält,[1294] – scheidet eine Heilung aus. Bei befristeten und aufschiebend bedingten Abtretungen ist nicht der Zeitpunkt des Termin- bzw. Bedingungseintritts, sondern der des bindenden Abschlusses des Verfügungsgeschäftes zur Feststellung dieser Willensübereinstimmung maßgebend.[1295] Etwas Anderes wird allerdings dann zu gelten haben, wenn der Eintritt der Bedingung gerade vom Willen einer Partei abhängt, da in diesem Fall eine Bindung desjenigen, von dessen Willen der Bedingungseintritt abhängt, gerade nicht eingetreten ist. Das Fortbestehen der Willensübereinstimmung wird unwiderleglich vermutet, wenn keine Partei des Verpflichtungsgeschäftes erkennbar einen abweichenden Willen geäußert hat. Fehlt es demgegenüber an der Willensübereinstimmung der Beteiligten hinsichtlich des Verpflichtungsgeschäftes bei bindender Vornahme der Abtretung, ist zu prüfen, ob die Beteiligten eine (formunwirksame) Änderung des schuldrechtlichen Rechtsgeschäfts vereinbart haben, in dessen (gesamt heilender) Erfüllung nun die abweichende Abtretung erfolgt. Der Vorrang einer solchen nachträglichen Änderungsvereinbarung ergibt sich bereits aus dem Lex-posterior-Grundsatz.[1296] Eine derartige Änderung des Verpflichtungsgeschäfts kann selbstverständlich auch im heilenden Abtretungsvertrag selbst enthalten sein mit der Folge, dass das Verpflichtungsgeschäft mit dem Inhalt der im Abtretungsvertrag vereinbarten Änderungen wirksam geworden ist.

Ist ein Geschäftsanteilskaufvertrag mit -abtretung im schuldrechtlichen, also kaufvertraglichen Teil, nicht vollständig beurkundet (etwa weil eine Anlage nicht verlesen wurde), hat die Unwirksamkeit des einen Teils der Urkunde (Geschäftsanteilskaufvertrag) nicht notwendig die Unwirksamkeit auch des anderen Teils der Urkunde (Geschäftsanteilsabtretungsvertrag) zur Folge. Unter Verweis auf § 139 BGB stellt das OLG Frankfurt zu einem derartigen Fall fest, dass ein entsprechender Gesamtunwirksamkeitswille der Beteiligten regelmäßig insbesondere auch deswegen nicht gegeben ist, weil die wirksame Abtretung der Geschäftsanteile die formwirksame schuldrechtliche Abrede nach § 15 Abs. 4 Satz 2 GmbHG heilt.[1297]

bb) Die Heilungswirkungen des § 15 Abs. 4 Satz 2 GmbHG

904   Durch die formgültige Abtretung wird der Formmangel des Abtretungsvertrages – unter Einschluss etwa zwischenzeitlich vereinbarter Änderungen – geheilt. Die **Heilungswirkung bezieht sich nur auf Formmängel**, und zwar nur auf einen sich aus § 15 Abs. 4 GmbHG ergebenden Formmangel, nicht auch auf sonstige Mängel des Verpflichtungsgeschäfts. Beinhaltet der formnichtige Vertrag etwa auch die Verpflichtung zum Erwerb oder zur Übertragung eines Grundstücks, so heilt die wirksame Abtretung des Geschäftsanteils nicht auch den Formmangel nach § 311b Abs. 1 Satz 1 BGB hinsichtlich des Grundstücks. Insoweit verbleibt es bei den Heilungsvoraussetzungen des § 311b Abs. 1 Satz 2 BGB.[1298] Inwieweit zunächst formunwirksam vereinbarte Vertragsbestandteile mit geringeren Formanforderungen (also etwa nur dem Schriftformerfordernis unterliegende Bürgschaftsverpflichtungen) durch die Beurkundung des Abtretungsvertrages geheilt werden, ist umstritten. Richtigerweise dürfte hier die Beurkundung bloß des Abtretungsvertrages den Zweck des sonstigen Formerfordernisses nicht erfüllen, so dass etwa eine nicht dem Schriftformerfordernis des § 766 Satz 1 BGB genügende Bürgschaftserklärung durch eine formwirksam erklärte Abtretung des Geschäftsanteils nicht geheilt werden dürfte.[1299]

1294 So der Fall des Hanseatischen OLG, BB 2007, 398.
1295 BGHZ 127, 129, 135; Michalski/*Ebbing*, systematische Darstellung 7, § 15 GmbHG Rn. 107; Scholz/*Winter*, § 15 Rn. 73.
1296 Hanseatisches OLG, BB 2007, 398.
1297 OLG Frankfurt, MittBayNot 2012, 401; vgl. hierzu auch *Hermanns*, DNotZ 2013, S. 9, 20; *Winkler*, MittBayNot 2012, 404.
1298 Michalski/*Ebbing*, systematische Darstellung 7, § 15 GmbHG Rn. 109; Scholz/*Winter*, § 15 Rn. 76.
1299 Vgl. dazu Michalski/*Ebbing*, systematische Darstellung 7, § 15 GmbHG Rn. 109.

Geheilt wird der **gesamte Verpflichtungsvertrag**, einschließlich etwaiger Nebenabreden oder zwischenzeitlich vereinbarter Vertragsänderungen. Bei der Übertragung von Kommanditanteilen einer GmbH & Co. KG im Rahmen eines Beteiligungskaufs wird auch die (formnichtige) Abrede über die Veräußerung der Kommanditanteile geheilt, wenn die Anteile an der Komplementär-GmbH formwirksam abgetreten wurden.[1300] Haben die Beteiligten im Verpflichtungsvertrag einen tatsächlich nicht vereinbarten Kaufpreis beurkundet, ist diese beurkundete Abrede gem. § 117 Abs. 1 nichtig. Der formnichtig verabredete tatsächliche Kaufpreis wird dann mit der formgerechten Abtretung wirksam vereinbart.

905

§ 15 Abs. 4 Satz 2 GmbHG spricht davon, dass eine formnichtige Vereinbarung durch einen formgültigen Abtretungsvertrag gültig *wird*. Dies bedeutet, dass die **Heilung** mit Wirksamkeit der Abtretung und mit Wirkung *ex nunc* eintritt. Dies gilt auch dann, wenn die Abtretung unter einer aufschiebenden Bedingung vorgenommen wurde. Eine rückwirkende Heilung erfolgt demzufolge nicht.[1301] Gleiches gilt, wenn einer oder beide Vertragsbeteiligten auf aufschiebende Bedingungen verzichten. Auch hier führt der Verzicht auf die aufschiebende Bedingung nicht zu einer rückwirkenden Heilung des formnichtigen Rechtsgeschäftes, sondern dieses wird erst in dem Moment wirksam, in dem auch der Verzicht auf die Bedingung wirksam wird.[1302] Die Rechtsfolgen eines einseitigen Verzichts auf die einem Verfügungsgeschäft beigefügte aufschiebende Bedingung durch den Begünstigten können nämlich nicht anders beurteilt werden als diejenigen des Eintritts der Bedingung. Durch die Vereinbarung der aufschiebenden Bedingung haben die Parteien die Wirksamkeit des Rechtsgeschäfts zunächst vom Eintritt eines künftigen ungewissen Ereignisses abhängig gemacht. Diese zusätzliche Vereinbarung hemmt also zunächst die sofortige Wirksamkeit des Rechtsgeschäfts. Mit Blick auf das Wirksamwerden eines derartigen Rechtsgeschäftes besteht demzufolge zwischen dem Eintritt der vereinbarten zusätzlichen Wirksamkeitsvoraussetzung und der nachträglichen Beseitigung derselben kein entscheidender Unterschied.[1303]

906

▶ **Checkliste: Heilung formnichtiger Vereinbarungen**

907

- ☐ Liegt ein formgültiger Abtretungsvertrag vor?
- ☐ Ist die Abtretung dinglich wirksam geworden?
- ☐ Bestand bei Eintritt der Bindungswirkung an das Verfügungsgeschäft noch Willensübereinstimmung der Beteiligten?
- ☐ Rechtsfolge: Heilung des sich aus § 15 Abs. 4 GmbHG ergebenden Formmangels ex nunc.

e) Auslandsbeurkundungen

Während der BGH vor Inkrafttreten des MoMiG die Beurkundung einer Anteilsübertragung durch einen Schweizer Notar unbeanstandet gelassen hat,[1304] mehren sich nach Inkrafttreten des MoMiG die Stimmen, die die Gleichwertigkeit einer im Ausland vorgenommenen Beurkundung verneinen[1305] oder zumindest dazu raten, bis zur Klärung der Rechtsfrage durch den BGH Auslandsbeurkundungen nicht durchzuführen.[1306] In der Tat spricht vieles dafür, dass die nach Inkrafttreten des MoMiG vorrangigen Zwecke des Beurkundungserfordernisses – Transparenz in der Anteilseignerstruktur und materielle Richtigkeit der Gesellschafterliste – nur im Falle der Beurkundung durch einen deutschen Notar erreicht werden können. Der ausländische Notar, der aufgrund seiner Vorbildung und täg-

908

[1300] Michalski/*Ebbing*, systematische Darstellung 7, § 15 GmbHG Rn. 110; Scholz/*Winter*, § 15 Rn. 76; a.A. *Kempermann*, NJW 1991, 684; *Witt*, ZIP 2000, 1033 ff.
[1301] BGH, NJW 1998, 2360.
[1302] BGH, NJW 1998, 2360.
[1303] BGH, NJW 1998, 2360.
[1304] BGH, NJW RR 2000, 273.
[1305] Vgl. etwa *Braun*, DNotZ 2009, 585 ff.; Heckschen/Heidinger/*Heidinger/Bloth*, Kapitel 13 Rn. 34 f.; *Hermanns*, RNotZ 2010, 38; *Kindler*, Geschäftsanteilsabtretungen im Ausland, 2010, S. 31 ff.; *König/Götte/Bormann*, NZG 2009, 881, 882; *Krause*, BB 2009, 2501.
[1306] Vgl. etwa *Trendelenburg*, GmbHR 2008, 644, 649.

lichen Praxis notwendigerweise keine vertieften Kenntnisse des deutschen Gesellschaftsrechts haben kann – und der infolgedessen regelmäßig auch seine Haftung begrenzt bzw. vollständig ausschließt[1307]–, kann nicht die gleiche Gewähr für die Richtigkeit der von ihm beurkundeten Abtretung und der von ihm eingereichten Gesellschafterliste geben wie ein deutscher Notar. Von einer Funktionsäquivalenz der ausländischen mit der deutschen Beurkundung kann demzufolge keine Rede sein.

909 Zu unterscheiden sind in diesem Zusammenhang zwei Rechtsfragen: Zum Einen ist zu klären, ob die Einhaltung der Ortsform im Sinne von Art. 11 Abs. 1, 2. Alt. EGBGB – also die Schriftform der Schweiz – für eine wirksame Anteilsabtretung ausreicht, und zum Anderen – sofern die erste Frage verneint wird – ist zu klären, ob die in der Schweiz gewahrten Förmlichkeiten einem deutschen Beurkundungsverfahren gleichwertig sind.[1308] Nach Art. 11 Abs. 1, 2. Alt. EGBGB ist ein Rechtsgeschäft dann formgültig, wenn es die Formerfordernisse des Rechts des Staates erfüllt, in dem es vorgenommen wird (Ortsform). Besteht nach Inkrafttreten des MoMiG der überwiegende Zweck von § 15 Abs. 3 und 4 nicht mehr nur darin, den »leichten« und spekulativen Handel mit GmbH-Anteilen zu unterbinden oder doch zu erschweren,[1309] sondern ist es nunmehr das vorliegende Anliegen des Gesetzgebers, Transparenz über die Anteilseignerstrukturen der GmbH zu schaffen und Geldwäsche zu verhindern sowie der im Handelsregister aufgenommenen Gesellschafterliste eine erhöhte Richtigkeitsgewähr zukommen zu lassen,[1310] steht fest, dass der Gesetzgeber mit der Anordnung des Formgebotes weitergehende wirtschaftliche und rechtspolitische Erwägungen verfolgt. Da die vom Gesetzgeber angestrebten Ziele mit hoher Wahrscheinlichkeit bei bloßer Wahrung der Ortsform verfehlt werden und nicht anzunehmen ist, dass der Gesetzgeber die Erreichung dieser Ziele zur Disposition der Vertragsbeteiligten stellen will, liegt die Schlussfolgerung nahe, dass es sich bei den vom Gesetzgeber mit § 15 Abs. 3 und Abs. 4 nunmehr verfolgten Zielen um solche handelt, die das Verkehrsinteresse der Parteien überwiegen und damit die Wahrung der Ortsform für eine wirksame Anteilsabtretung nicht ausreicht.[1311] Sprechen demzufolge die besseren Argumente gegen eine Anwendung von Art. 11 Abs. 1, 2. Alt. EGBGB auf nach § 15 beurkundungsbedürftige Kauf- und Abtretungsverträge über GmbH-Geschäftsanteile, stellt sich die Folgefrage, ob der Abschluss des Vertrages in der Schweiz deswegen formgültig ist, weil er den Formerfordernissen des Rechts genügt, das auf das seinen Gegenstand bildende Rechtsverhältnis anzuwenden ist (Geschäftsform). Welches Gesetz für das den Gegenstand des Rechtsgeschäfts bildende Rechtsverhältnis maßgeblich ist, ist nach den hierfür geltenden Regeln des Kollisionsrechts zu bestimmen. Es ergibt sich teils unmittelbar oder mittelbar aus dem Gesetz, teils aus allgemeinen Grundsätzen des IPR.[1312] Dies bedeutet, dass das der Abtretung zugrunde liegende Verpflichtungsgeschäft dem Schuldvertragsstatut der Art. 27 f. EGBGB unterliegt, das grundsätzlich freie Rechtswahl gestattet.[1313] Da die Kaufverträge über GmbH-Geschäftsanteile regelmäßig eine Rechtswahl zu Gunsten deutschen Rechts enthalten, führt diese Anknüpfung zur Anwendbarkeit deutschen Rechts. Das dingliche Geschäft – also die Abtretung der GmbH-Geschäftsanteile – richtet sich zwingend nach dem Gesellschaftsstatut der GmbH, deren Geschäftsanteile abgetreten werden, das heißt unter Geltung der von der Rechtsprechung entwickelten Sitztheorie im Falle einer deutschen GmbH mit effektivem Verwaltungssitz im Inland nach deutschem materiellen Recht.[1314] Damit steht fest, dass die nach Art. 11 Abs. 1, 1. Alt. EGBGB vorzunehmende Bestimmung des Wirkungsstatuts für den Kaufvertrag über die GmbH-Geschäftsanteile zumeist und für die Abtretung der GmbH-Geschäftsanteile stets zur Anwendung

---

1307 *Braun*, DNotZ 2009, 585, 591.
1308 *Hermanns*, RNotZ 2010, 38, 39.
1309 So der BGH zum früheren Recht, BGHZ 13, 49, 51; BGHZ 75, 352; BGHZ 127, 129, 135.
1310 Vgl. oben Kapitel 2 Rn. 878.
1311 Ebenso *Kindler*, Geschäftsanteilsabtretungen im Ausland, 2010, S. 36; *König/Götte/Bormann*, NZG 2009, 881, 883.
1312 Staudinger/*von Mohrenfels*, Art. 11 EGBGB Rn. 153.
1313 *Braun*, DNotZ 2009, 585.
1314 *Braun*, DNotZ 2009, 585.

deutschen Rechts und damit zur Geltung von § 15 GmbHG mit der dort angeordneten Beurkundungspflicht führt. Vor diesem Hintergrund stellt sich nunmehr die Frage, ob die vom deutschen Recht vorgegebene Form – nämlich Beurkundung durch einen Notar – durch einen Vertragsschluss in der Schweiz gewahrt ist. Hier sind gedanklich zwei Fälle zu unterscheiden: Wird der Kauf- und Abtretungsvertrag über GmbH-Geschäftsanteile in der Schweiz so geschlossen wie es das schweizerische Recht vorsieht, nämlich – gem. Art. 785 OR – durch einen einfach-schriftlichen Abtretungsvertrag, ist offenkundig, dass diese einfache Schriftform den Formgeboten des deutschen Rechts – nämlich notarielle Beurkundung – nicht genügt. Eine andere, hiervon unabhängige Frage ist, ob die vom deutschen Recht geforderte Form der notariellen Beurkundung dann gewahrt ist, wenn die Vertragsbeteiligten mit dem schweizerischen Notar vereinbaren, dass dieser – über die nach seinem Heimatrecht geltenden Verpflichtungen hinausgehend – gleichsam freiwillig mehr tut als er nach seinem Heimatrecht müsste und ein Verfahren wählt, das dem der deutschen notariellen Beurkundung ähnelt, also den Beteiligten die Urkunde vorliest. Auf den Punkt gebracht lautet die Frage also, ob ein in dieser Weise *gewillkürtes* Beurkundungsverfahren vor einem ausländischen Notar einem Beurkundungsverfahren vor einem deutschen Notar, das durch die Vorgaben des Beurkundungsgesetzes geregelt ist, gleichzusetzen ist. Zur Frage der Gleichwertigkeit hat der BGH in seiner Entscheidung vom 16.02.1981[1315] wie folgt Stellung genommen: Gleichwertigkeit ist gegeben, wenn die ausländische Urkundsperson nach Vorbildung und Stellung im Rechtsleben eine der Tätigkeit des deutschen Notars entsprechende Funktion ausübt *und* für die Errichtung der Urkunde ein Verfahren *zu beachten hat*, das den tragenden Grundsätzen des deutschen Beurkundungsrechts entspricht. Der BGH verlangt also für die Frage der Gleichwertigkeit einer ausländischen Beurkundung zwingende Verfahrensgrundsätze des ausländischen Rechts, so dass ein gewillkürtes Beurkundungsverfahren im vorstehend beschriebenen Sinne den Anforderungen des BGH in seiner Entscheidung vom 16.02.1981 nicht genügen dürfte. Dieser Befund wird durch folgende weitere Erkenntnis erhärtet: Das Beurkundungsverfahren ist nach § 1 BNotO ein Verfahren der vorsorgenden Rechtspflege.[1316] In Ausübung seiner Befugnisse handelt der Notar öffentlich-rechtlich.[1317] Gerade an einem derartigen öffentlich-rechtlichen Verhältnis zwischen Urkundsperson und Urkundsbeteiligten fehlt es im Rahmen des gewillkürten Beurkundungsverfahrens. Die Beteiligten und der Notar vereinbaren hier bestimmte Verfahrensanforderungen, die ohne weiteres auch durch Vereinbarung wieder geändert oder aufgehoben werden können. Es wird berichtet, dass bereits unter der alten Rechtslage – also vor Änderung des Obligationenrechts – die nach deutschem Recht zwingende Verlesung einer Urkunde durch den Schweizer Notar in der Praxis nur stattfand, wenn die Parteien dies ausdrücklich wünschten.[1318] Es ist demgegenüber gerade die zwingende Geltung verfahrensrechtlicher Vorgaben, die nicht zur Disposition der Beteiligten stehen, die das notarielle Beurkundungsverfahren in Deutschland ausmachen und die es rechtfertigen, der von einem Notar im Rahmen seiner Zuständigkeit errichteten Urkunde besondere Wirkungen im Rechtsverkehr beizumessen.[1319] Abweichendes ergibt sich auch nicht aus der Entscheidung des BGH vom 17.12.2013:[1320] In dieser Entscheidung stellt der BGH fest, dass ein Schweizer Notar nicht offenkundig unzuständig sei, eine Gesellschafterliste für eine von ihm beurkundete Geschäftsanteilsabtretung einzureichen. Insbesondere sei das Registergericht, das bei Überprüfung der ihm eingereichten Gesellschafterliste lediglich eine formale Prüfungskompetenz besitze, nicht befugt, eine derart von einem Schweizer Notar eingereichte Liste zurückzuweisen. Bei einer Beurkundung einer Geschäftsanteilsabtretung in der Schweiz könne nämlich nicht ohne Weiteres und offenkundig von einer fehlenden Gleichwertigkeit der Beurkundung und damit von einer Unwirksamkeit der beurkundeten Anteilsabtretung ausgegangen werden.[1321] Der BGH hat in dieser Entscheidung also lediglich festgestellt, dass die Beurkundung

---

[1315] BGHZ 80, 76, 78.
[1316] Armbrüster/Preuss/Renner, Beurkundungsgesetz, § 1 BeurkG Rn. 2.
[1317] *Bohrer*, Das Berufsrecht der Notare, Rn. 9; Eylmann/Vaasen/*Frenz*, § 1 BNotO Rn. 27.
[1318] *Braun*, DNotZ 2009, 585, 588.
[1319] Vgl. zum Ganzen auch *Hermanns*, RhNotZ 2011, 224.
[1320] BGH, NZG 2014, 219.
[1321] Vgl. dazu *Hermanns*, RNotZ 2014, 229, 230.

einer Geschäftsanteilsabtretung in der Schweiz nicht offenkundig unwirksam ist. Das Gegenteil – nämlich die Wirksamkeit einer derartigen Beurkundung in der Schweiz – hat der BGH ausdrücklich *nicht* festgestellt. Für die Praxis dürfte es daher weiterhin dabei bleiben, dass die Beurkundung von Geschäftsanteilsabtretungen in der Schweiz ausscheidet. Wird nämlich der Erwerber den von ihm erworbenen Geschäftsanteil später weiter veräußern wollen, werden die Kaufinteressenten – vorhersehbar – im Rahmen ihrer Due-Diligence vortragen, dass die Anteilsinhaberschaft zweifelhaft sei und diese Gesichtspunkte im Rahmen der Verhandlungen einbringen.[1322]

910 Von den vorstehenden Erwägungen unabhängig ist von einer **Beurkundung im Ausland** immer dann dringend **abzuraten**, wenn die Geschäftsanteilsabtretung mit **Strukturmaßnahmen**, also etwa **Satzungsänderungen oder Umwandlungsmaßnahmen**, im Zusammenhang steht. Bei derartigen Strukturmaßnahmen wird seit je her die Auslandsbeurkundung von der ganz überwiegenden Meinung abgelehnt, da derartige Strukturmaßnahmen Wirkung nicht nur unter den Parteien des konkreten Rechtsgeschäfts haben, sondern sich auch auf Dritte auswirken können und daher im Besonderen auf eine materielle Richtigkeitsgewähr durch Einschaltung eines deutschen Notars Wert gelegt werden muss.[1323]

911 ▶ **Checkliste: Auslandsbeurkundungen**

☐ Zulässigkeit für reine Anteilsabtretungen zweifelhaft nach Inkrafttreten des MoMiG und (bei Beurkundungen in der Schweiz) nach Änderungen im Schweizer Obligationenrecht.

☐ Nach ganz überwiegender Meinung unzulässig, wenn im Zusammenhang mit der Abtretung Strukturmaßnahmen verabredet oder Verpflichtungen hierzu vereinbart werden.

II. Der Inhalt des schuldrechtlichen Verpflichtungsgeschäfts

912 Die schuldrechtlichen Aspekte des Verpflichtungsgeschäfts werden im GmbH-Gesetz natürlich nicht geregelt. Sie richten sich nach dem allgemeinen und dem besonderen Schuldrecht, sind also **abhängig von der Rechtsnatur des Verpflichtungsgeschäfts** (vgl. dazu unten Ziff. 2). Wird ein Geschäftsanteil etwa kaufweise veräußert, sind die §§ 433 ff. BGB zu beachten, während das Regime der §§ 518 ff. BGB Berücksichtigung finden muss, wenn ein Geschäftsanteil verschenkt wird. Gleichwohl lassen sich hinsichtlich des Inhalts des schuldrechtlichen Rechtsgeschäfts einige allgemeine Bemerkungen »vor die Klammer ziehen«.

1. Der Gegenstand des Verpflichtungsgeschäfts

913 Gegenstand eines Rechtsgeschäfts im Sinne von § 15 Abs. 4 GmbHG ist immer ein **Geschäftsanteil an einer GmbH**. Handelt es sich um einen bereits bestehenden Geschäftsanteil, der auch im bestehenden Umfang abgetreten werden soll, also keiner Teilung bedarf, sind insoweit Besonderheiten nicht zu beachten. Entstanden ist der Geschäftsanteil mit der Eintragung derjenigen Stammkapitalziffer in das Handelsregister, bei deren Errechnung der Geschäftsanteil berücksichtigt wurde, bei einem im Rahmen der Gründung gebildeten Geschäftsanteil also mit Eintragung der Gesellschaft und bei einem im Rahmen einer Kapitalerhöhung gebildeten Geschäftsanteil mit Eintragung dieser Kapitalerhöhung in das Handelsregister. Gesellschaftsanteile an der Vor-GmbH werden nach herrschender Meinung nicht nach § 15 GmbHG abgetreten, sondern Abtretungen können sich insoweit nur durch eine Änderung des Gesellschaftsvertrags in der Form des § 2 GmbHG vollziehen.[1324] Die Angabe der Gründungsgesellschafter sei ein wesentlicher Bestandteil des Gesellschaftsvertrages, der die Grundlage für die Eintragung der Gesellschaft in das Handelsregister bilde. Ein Gesellschafterwechsel durch Abtretung und ohne die gründungsrechtlichen Sicherungen sei hiermit nicht vereinbar. Diese ganz überwiegende Meinung sollte den praktischen Gestaltungen zugrunde gelegt werden,

---

1322 Hermanns, RNotZ 2014, 229, 233 f.
1323 Götte, DStR 1996, 709; Widmann/Mayer/*Heckschen*, § 6 UmwG Rn. 56; Heckschen/Heidinger/Heidinger/Bloth, Kapitel 13 Rn. 38.
1324 BGHZ 21, 242, 246, OLG Frankfurt am Main, GmbHR 1997, 896; Scholz/*Winter*, § 15 Rn. 3.

obgleich sie vollauf nicht zu überzeugen vermag: Die die Kapitalaufbringung sichernden Gründungsvorschriften würden nicht umgangen, wenn sie im Falle der Abtretung eines Gesellschaftsanteils an einer Vor-GmbH sowohl auf den Gründungsgesellschafter als auch auf den Zessionar angewendet würden und auch der Verweis auf die notwendige Publizität des Handelsregisters durch Aufnahme der Gründungsgesellschafter in die Satzung ist letztlich nicht zwingend, da ein Gesellschafterwechsel unmittelbar nach der Eintragung der Gesellschaft in das Handelsregister sich ohne Weiteres nach § 15 GmbHG vollziehen kann, ohne dass die entsprechende Satzungsbestimmung angepasst werden muss.[1325]

Wird nicht der Gesellschaftsanteil an der Vor-GmbH, sondern der **künftige Geschäftsanteil** abgetreten, gilt anderes: Hier ist Gegenstand der nach Eintragung in das Handelsregister entstehende Geschäftsanteil und der dingliche Rechtsübergang vollzieht sich in diesem Fall mit der Entstehung des Geschäftsanteils. Hier unterliegen das Verpflichtungsgeschäft und der Abtretungsvertrag unstreitig § 15 GmbHG. Nach herrschender Meinung entfaltet die Abtretung erst mit der Eintragung der Kapitalmaßnahme bzw. der Gründung im Handelsregister ihre Zessionswirkung, da Abtretungsgegenstand der künftige Geschäftsanteil ist. Demzufolge wachse der Geschäftsanteil zunächst dem ursprünglichen Übernehmer zu und geht von ihm im Wege des Durchgangserwerbs auf den Zessionar über.[1326] Die These vom notwendigen Durchgangserwerb des ursprünglichen Übernehmers überzeugt nicht: Die Übertragung künftiger Rechte hat allgemein einen Direkterwerb des Zessionars – ohne Durchgangserwerb des Zedenten – zur Folge, wenn der Rechtsgrund für die Entstehung des abgetretenen Rechts bereits gelegt ist.[1327] In diesem Fall wird dem Zessionar nämlich die schon bestehende Rechtsposition des Zedenten in toto übertragen. Der Zedent scheidet aus dem Rechtsverhältnis – abgesehen von seinen Pflichten gegenüber der Gesellschaft – aus. Nach Abschluss des Übernahmevertrages ist der Rechtsgrund für die Entstehung des Geschäftsanteils bereits gelegt. Nach allgemeinem Zessionsrecht muss der Geschäftsanteil daher jedenfalls dann unmittelbar in der Person des Zessionars entstehen, wenn der künftige Geschäftsanteil nach Abschluss des Übernahmevertrages abgetreten wird.[1328] Von der vorstehend beschriebenen Abtretung des künftigen Geschäftsanteils zu unterscheiden ist die Abtretung der Rechte, die dem Gesellschafter aus dem ihm zur Übernahme zulassenden Kapitalerhöhungsbeschluss und aus dem Übernahmevertrag zustehen. In diesem Fall geht es nicht um die Abtretung des noch zur Entstehung gelangenden Geschäftsanteils, sondern um die Abtretung der Rechtspositionen, die dem Gesellschafter und Übernehmer vor Entstehung des Geschäftsanteils zustehen. Da in dieser Fallkonstellation das Verfügungsobjekt nicht die grundsätzlich verkehrsfähige Mitgliedschaft, sondern eine aus einem Kollektivakt (Gesellschafterbeschluss) und einem zweiseitigen Vertrag (Übernahmevertrag) vermittelte Rechtsposition ist, kann diese Rechtsposition nur mit Zustimmung der Gesellschafter (mit der für einen Kapitalerhöhungsbeschluss erforderlichen Mehrheit) und mit Zustimmung der Gesellschaft (zur Änderung des Übernahmevertrages) übertragen werden.[1329]

914

Die Abtretung von **Teilgeschäftsanteilen** ist nach der GmbH-Reform des Jahres 2008 deutlich einfacher geworden. Sowohl das Verbot der Vorratsteilung (§ 17 Abs. 6 Satz 1 GmbHG a.F.) als auch das Verbot gleichzeitiger Übertragung mehrerer Teile von Geschäftsanteilen eines Gesellschafters an denselben Erwerber (§ 17 Abs. 5 GmbHG a.F.) sind gefallen. Auch das gesetzliche Genehmigungserfordernis der Gesellschaft (§ 17 Abs. 1 GmbHG a.F.) existiert als solches nicht mehr. Es war Ziel des Reformgesetzgebers, die Teilung und Zusammenlegung von Geschäftsanteilen gegenüber dem früheren Recht wesentlich zu erleichtern. Nunmehr wird in § 46 Ziff. 4 GmbHG die Zuständigkeit der Gesellschafterversammlung für die Teilung von Geschäftsanteilen bestätigt bzw. für die Vereinigung von Geschäftsanteilen neu begründet. Nicht vollständig klar ist derzeit, ob ein Fehlen eines

915

1325 In diesem Sinne etwa auch *K. Schmidt*, GmbHR 1987, 77, 82.
1326 BGHZ 21, 242, 245; Baumbach/Hueck/*Zöllner*, § 55 Rn. 26; Michalski/*Hermanns*, systematische Darstellung 7, § 55 GmbHG Rn. 102.
1327 BGHZ 49, 197, 205; Staudinger/*Busche*, § 398 BGB Rn. 71 ff.
1328 Vgl. zum Ganzen auch Michalski/*Hermanns*, systematische Darstellung 7, § 55 GmbHG Rn. 102.
1329 Vgl. hierzu Michalski/*Hermanns*, systematische Darstellung 7, § 55 GmbHG Rn. 104a.

nach § 46 Nr. 4 GmbHG eigentlich erforderlichen Gesellschafterbeschlusses zur Teilung – wie nach früherem Recht – nur im Innenverhältnis wirkt, die Wirksamkeit der Teilung durch den Eigentümer also nicht berührt, oder ob das Fehlen des Gesellschafterbeschlusses zur Unwirksamkeit der Teilung führt. Richtigerweise wird man im Fehlen des Gesellschafterbeschlusses lediglich einen im Innenverhältnis der Gesellschafter liegenden Mangels zu sehen haben. Zum Einen erfolgt die Teilung selbst nicht durch die Gesellschaftergesamtheit (anderenfalls könnte sie auch gegen den Willen des Inhabers des Geschäftsanteils erfolgen), sondern durch den jeweiligen Inhaber des Geschäftsanteils selbst. Zum Anderen war es gerade Ziel des Reformgesetzgebers, die Bildung und Veräußerung von Teilgeschäftsanteilen zu erleichtern. Dieses Ziel würde konterkariert, wenn der nach bisheriger herrschender Meinung lediglich im Innenverhältnis sich auswirkende Mangel nunmehr ins Außenverhältnis durchschlagen würde.[1330] Angesichts der ungeklärten Rechtslage sollte indes vorsorglich die Teilung sowohl von der Gesellschafterversammlung als auch vom Inhaber des Geschäftsanteils vorgenommen werden. Eine Mitwirkung dinglich Berechtigter am Geschäftsanteil ist für die Teilung nicht erforderlich, da sich deren Rechte nach der Teilung an den neuen Geschäftsanteilen unverändert fortsetzen. Für die Praxis wichtig und unabdingbar ist es, vor Teilung eines Geschäftsanteils die Satzung der Gesellschaft daraufhin zu kontrollieren, ob sie Erleichterungen oder Erschwerungen gegenüber dem gesetzlich vorgesehenen Verfahren vorsieht. So kann die Satzung z.B. ausdrücklich auf die Notwendigkeit eines Gesellschafterbeschlusses verzichten oder könnte eine Teilung auch – wie nach altem Recht – von der Genehmigung der Gesellschaft abhängig machen. Wird in Satzungen, die vor Inkrafttreten des MoMiG beurkundet wurden, noch auf § 17 Abs. 1 GmbHG a.F. (der die Notwendigkeit einer Zustimmung der Gesellschaft vorsah) verwiesen, dürfte dieser Verweis nicht dahin zu verstehen sein, dass auch nach neuem Recht – also nach Inkrafttreten des MoMiG – eine Zustimmung der Gesellschaft zur Teilung erforderlich ist. Derartige Verweise dienten nur – gleichsam als Erinnerungsposten – dem Hinweis auf die gesetzliche Rechtslage vor Inkrafttreten des MoMiG.

916 ▶ **Checkliste: Teilung eines Geschäftsanteils**

☐ Teilungserklärung des Inhabers des Geschäftsanteils.
☐ Zustimmender Beschluss der Gesellschafter im Sinne von § 46 Ziff. 4 GmbHG (streitig, sollte aber aus Vorsichtsgründen eingeholt werden).
☐ Eine Mitwirkung dinglich Berechtigter am Geschäftsanteil ist nicht erforderlich.

917 Hat der **Veräußerer eines Geschäftsanteils der Gesellschaft ein Darlehen** gewährt, ist dieses mit der Veräußerung des Geschäftsanteils des Veräußerers nicht automatisch ebenfalls Kaufgegenstand. Soll das Darlehen mit veräußert werden, so bedarf es einer Abtretung der Darlehensforderung an den Erwerber, soll eine Vertragsübernahme durch den Erwerber vereinbart werden, ist hierfür die Zustimmung der Gesellschaft gem. § 415 Abs. 1 Satz 1 BGB erforderlich.[1331] In diesem Zusammenhang ist die durch das MoMiG neu gefasste Vorschrift des § 135 Abs. 1 InsO zu beachten. Nach dieser Vorschrift sind künftig Rechtshandlungen anfechtbar, die für eine Forderung eines Gesellschafters auf Rückgewähr eines Gesellschafterdarlehens Sicherung gewährt hat, wenn die Handlung in den letzten 10 Jahren vor dem Antrag auf Eröffnung des Insolvenzverfahrens oder nach diesem Antrag vorgenommen worden ist (§ 135 Abs. 1 Ziff. 1 InsO) oder Befriedigung gewährt hat, wenn die Handlung im letzten Jahr vor dem Eröffnungsantrag oder nach diesem Antrag vorgenommen worden ist (§ 135 Abs. 1 Ziff. 2 InsO). Auf den Eigenkapital ersetzenden Charakter des Gesellschafterdarlehens wird insoweit nicht mehr abgestellt; ebenso wenig ist eine Krise der Gesellschaft zum Zeitpunkt der Darlehensrückgewähr erforderlich.[1332] Jegliche Sicherheitengewährung für ein Gesellschafterdarlehen innerhalb der 10-Jahres-Frist und jegliche Erfüllungshandlung innerhalb der Jahresfrist sind damit insolvenzrechtlich anfechtbar. Ausgenommen sind lediglich Sanierungsdarlehen

---

1330 A.A. *Mayer*, DNotZ 2008, 403, 425.
1331 *Büchel/von Rechenberg*, Handels- und Gesellschaftsrecht, 19. Kapitel, Rn. 233.
1332 BGH, NZG 2015, 924.

und Darlehen, die unter das Kleinbeteiligungsprivileg fallen.[1333] Für die Gestaltungspraxis ist hier zu beachten, dass der Verzicht auf den Eigenkapital ersetzenden Charakter des Darlehens eine Ausweitung der Anfechtungsmöglichkeiten des Insolvenzverwalters bzw. der Gläubiger zur Folge hat.[1334] Wenn etwa der Verkäufer eines GmbH-Geschäftsanteils sich vor dem Verkauf das der Gesellschaft gewährte Darlehen zurückzahlen lässt und die Gesellschaft anschließend – innerhalb eines Jahres – in Insolvenz fällt, ist diese Rechtshandlung durch den Insolvenzverwalter anfechtbar. Der Verkäufer wird in diesen Fällen künftig daher gut daran tun, seine Darlehensforderung gegen die Gesellschaft mit dem Geschäftsanteil an den Käufer zu verkaufen und sich keine Leistungen von der Gesellschaft zurückgewähren lassen.

▶ Checkliste: Mitverkauf von Gesellschafterdarlehen 918
- ☐ Hat der Veräußerer der Gesellschaft ein Darlehen gewährt?
- ☐ Soll die Darlehensforderung an den Erwerber mitverkauft und mit abgetreten werden?
- ☐ Abzuraten ist regelmäßig von einer Auszahlung des Gesellschafterdarlehens an den Veräußerer vor der Anteilsabtretung (Anfechtungsrisiko aus § 135 Abs. 1 InsO).

Nutzt die Gesellschaft, deren Geschäftsanteile verkauft werden, in fremdem Eigentum stehende 919 Wirtschaftsgüter, die für den Betrieb des Unternehmens notwendig sind, kann es sinnvoll sein, auch diese **betriebsnotwendigen Gegenstände mitzuveräußern**. In diesem Fall erstreckt sich das Beurkundungserfordernis auch auf die Mitveräußerung dieser betriebsnotwendigen Gegenstände. Existieren derartige Gegenstände nicht, sollte sich der Käufer vom Verkäufer garantieren lassen, dass dieser keine Rechte an materiellen oder immateriellen Vermögensgegenständen innehat, die bisher im Geschäftsbetrieb der Gesellschaft verwendet wurden oder für die Führung dieser Geschäftsbetriebe benötigt werden.[1335]

2. Die Causa der Anteilsabtretung

Der der Anteilsabtretung zugrunde liegende **Rechtsgrund** kann unterschiedlicher Natur sein, es 920 kann sich um eine auf der Grundlage eines Kaufvertrages zu vollziehende Abtretung handeln, der Geschäftsanteil kann geschenkt worden sein, er kann in eine andere Gesellschaft einzubringen sein oder einem Treuhandverhältnis unterworfen werden. Aus den möglichen Schuldvertragstypen ist die kaufweise Abtretung eines Geschäftsanteils sicher die in der Praxis am häufigsten vorkommende Variante (vgl. dazu unten Buchst. d)). Im Übrigen kommen in der notariellen Praxis die nachgenannten Vertragstypen am häufigsten vor:

a) Die Schenkung von Geschäftsanteilen

Bei der **schenkweisen Zuwendung** eines Geschäftsanteils sind neben den allgemeinen gesellschafts- 921 rechtlichen Erfordernissen die besonderen schenkungsrechtlichen Notwendigkeiten zu berücksichtigen. In der notariellen Praxis sind diese im Zusammenhang mit Grundstücksübertragungen bekannt und insoweit auch hinlänglich aufbereitet. Im Zusammenhang mit der Schenkung von Geschäftsanteilen finden sich demgegenüber vergleichsweise wenige praktische Hinweise. Neben den erbschaftsteuerlichen Implikationen können sich Schenkungen von Geschäftsanteilen in besonderer Weise vor Allem im Erbrecht auswirken:

Zum Einen ist – wie bei Grundstücksübertragungsverträgen – zu entscheiden, ob der Wert des 922 geschenkten Geschäftsanteils nach **§ 2315 BGB** auf den Pflichtteil des Beschenkten angerechnet werden soll, wenn der Beschenkte zu den Pflichtteilsberechtigten gehört. Wenn eine Anrechnung gewünscht ist, ist dies gem. § 2315 Abs. 1 BGB entsprechend ausdrücklich zu bestimmen. Der Wert der Zuwendung bestimmt sich nach § 2315 Abs. 2 Satz 2 BGB nach der Zeit, zu welcher die Zuwen-

---

1333 *Wälzholz*, DStR 2007, 1914, 1920.
1334 *Heckschen*, DStR 2007, 1442, 1448.
1335 *Büchel/von Rechenberg*, Handels- und Gesellschaftsrecht, 19. Kapitel Rn. 234.

dung erfolgt ist, bei Abtretung des Geschäftsanteils also nach dem Zeitpunkt, zu dem die Abtretung wirksam geworden ist. Eine Anrechnungsbestimmung im Sinne von § 2315 BGB könnte bei der Schenkung von Geschäftsanteilen etwa folgenden Wortlaut haben:

923 ▶ **Formulierungsbeispiel: Anrechnungsbestimmung bei Schenkung eines Geschäftsanteils**

Der Erwerber hat sich die Zuwendung des vorbezeichneten Geschäftsanteils (nicht) auf seinen Pflichtteil nach dem Veräußerer anrechnen zu lassen. Die Anrechnung hat in Höhe von ..... € zu erfolgen.

924 Neben der Pflichtteilsanrechnung sollte der Schenker sich auch bei der unentgeltlichen Übertragung von Geschäftsanteilen dazu äußern, ob die Schenkung des Geschäftsanteils, sofern sie an einen von mehreren Abkömmlingen erfolgt, nach **§ 2050 Abs. 1 BGB** auszugleichen ist. Die Ausgleichung erfolgt bei Schenkungen nur dann, wenn sie vom Veräußerer bei der Zuwendung ausdrücklich angeordnet wurde (§ 2050 Abs. 3 BGB). Um Zweifel über eine Ausgleichungsverpflichtung zu vermeiden, sollte bei jedem Übertragungsvertrag an einen oder mehrere Abkömmlinge eine positive (oder negative) Aussage hierzu getroffen werden.[1336] Hierzu könnte etwa folgendes Formulierungsbeispiel dienen:

925 ▶ **Formulierungsbeispiel: Erbausgleichungsanordnung**

Der Erwerber hat den Wert des Geschäftsanteils im Verhältnis zu den übrigen Abkömmlingen des Veräußerers (nicht) auszugleichen.

926 Bei der Übertragung von Gesellschaftsanteilen im Wege der **vorweggenommenen Erbfolge** wird nicht selten auch der Wunsch geäußert, dem Veräußerer ein **Widerrufsrecht** für den Fall vorzubehalten, dass er an der Schenkung nicht mehr festhalten möchte. Es war lange Zeit streitig, ob ein freies Widerrufsrecht zu Gunsten des Schenkers gegenüber dem Beschenkten vor dem Hintergrund der Hinauskündigungsrechtsprechung des BGH zulässig sei. Ausgangspunkt dieser Erwägungen war die sog. Damoklesschwert-Rechtsprechung des BGH,[1337] mittels derer der BGH gesellschaftsvertragliche Regelungen, mit denen freie Hinauskündigungsrechte begründet wurden, für unzulässig erklärt hat. Das freie Kündigungsrecht des anderen Teils könne vom betroffenen Gesellschafter als Disziplinierungsmittel empfunden werden, so dass er aus Sorge, der Willkür des ausschließungsberechtigten Gesellschafters ausgeliefert zu sein, nicht frei von seinen Mitgliedschaftsrechten Gebrauch mache oder seinen Gesellschafterpflichten nicht nachkomme, sondern sich den Vorstellungen der anderen Seite beuge. Auf der anderen Seite hatte der BGH bereits im Jahre 1990 in der sog. Benteler-Entscheidung festgestellt, dass die gesellschaftsrechtliche Unzulässigkeit freier Hinauskündigungsrechte der Anwendung der §§ 530 ff. BGB – also der Anwendung und Durchsetzbarkeit *schenkungsrechtlicher* Widerrufsrechte – nicht entgegenstehe.[1338] Das gesellschaftsrechtliche Rechtsverhältnis und die schenkungsrechtlichen Beziehungen bestünden nebeneinander. Nur innerhalb des Gesellschaftsverhältnisses richteten sich die Rechtsbeziehungen der Gesellschafter nach Gesellschaftsrecht, das etwa der Rückforderung eines geschenkten Gesellschaftsanteils entgegen stehen könne, wenn die Zustimmung etwa vorhandener weiterer Gesellschafter zur Rückübertragung erforderlich und nicht zu erlangen sei. Neben diese gesellschaftsrechtlichen Rechtsbeziehungen – und grundsätzlich unabhängig von diesen – trete das schenkungsrechtliche Verhältnis der Beteiligten untereinander. Zwingende gesellschaftsrechtliche Gründe, ein derartiges Nebeneinander beider Rechtsinstitute für ausgeschlossen zu halten, seien nicht ersichtlich. Insbesondere führe der Umstand, dass für den beschenkten Gesellschafter die Gefahr bestehe, die Beteiligung in Folge eines Widerrufs wieder zu verlieren, nicht dazu, dass er zum Gesellschafter minderen Rechts degeneriere. Diese höchstrichterliche Klärung des Konkurrenzverhältnisses von Schenkungs- und Gesellschaftsrecht im Sinne des beschriebenen *Trennungsdogmas* hat in der Literatur überwiegende Zustimmung gefun-

---

1336 Beck'sches Notarhandbuch/*Jerschke*, Teil A V Rn. 89.
1337 Grundlegend BGHZ 68, 212.
1338 BGH, NJW 1990, 2616.

den.¹³³⁹ Es sei überzeugend, zwischen dem rein schenkungsrechtlichen Rückforderungstatbestand und der gesellschaftsrechtlichen Ebene zu unterscheiden: Das Gesellschaftsrecht bestimme die Voraussetzungen, unter denen der Schenker den Beschenkten hinauskündigen könne, während das Schenkungsrecht die Frage regele, ob der Beschenkte den Anteil im Verhältnis zum Schenker behalten dürfe. Gleichwohl ist die vordergründig gedanklich klare Trennung zwischen der schenkungsrechtlichen und der gesellschaftsrechtlichen Ebene nicht überzeugend: Wenn man es – wie der BGH – als mit den Grundprinzipien des Gesellschaftsrechts unvereinbar ansieht, dass ein Gesellschafter seine Mitgliedschaftsrechte nicht frei ausüben könne, wenn er dem freien Kündigungsrecht eines anderen Gesellschafters ausgesetzt sei, so verlangt diese – normative – Erwägung Beachtung auch unabhängig davon, ob das Kündigungs- bzw. Widerrufsrecht seinen Grund in einer schenkungsrechtlichen oder gesellschaftsvertraglichen Abrede hat. Liegt der Grund für die Unzulässigkeit in der *normativen* Erwägung, dass das freie Widerrufsrecht vom widerrufsberechtigten Teil als Disziplinierungsmittel eingesetzt werden kann, so muss der *konstruktive* Unterschied, ob das Widerrufsrecht seinen Grund auf schenkungs- oder gesellschaftsvertraglicher Ebene hat, in den Hintergrund treten. Konsequent zu Ende gedacht ließe sich das Trennungsdogma zwischen schuldrechtlicher Ebene einerseits und gesellschaftsvertraglicher Ebene andererseits auch nicht auf das Verhältnis von Schenkungs- und Gesellschaftsrecht beschränken, sondern müsste in gleicher Weise das Verhältnis von anderen schuldrechtlichen Vertragstypen zum Gesellschaftsrecht bestimmen. Das Trennungsdogma würde in weiten Bereichen eine Umgehung der Gedanken und Wertungen zur Unzulässigkeit gesellschaftsvertraglicher Hinauskündigungsklauseln ermöglichen, da es in einer Vielzahl der Fälle möglich sein dürfte, die gesellschaftsrechtlichen Beziehungen der Beteiligten durch schuldrechtliche Abreden zu ergänzen, und in diese schuldrechtlichen Abreden Widerrufs- und Rückforderungsrechte aufzunehmen. In verschiedenen Entscheidungen der Jahre 2004 bis 2007¹³⁴⁰ hat der BGH nunmehr auch den Begründungsansatz für die Zulässigkeit von gesellschaftsvertraglichen Hinauskündigungsklauseln geändert: Ohne diese Rechtsprechung an dieser Stelle im Einzelnen nachvollziehen zu wollen,¹³⁴¹ ist festzuhalten, dass der BGH anerkannt hat, dass es auch außerhalb schuldrechtlich vorbehaltener Rückforderungsrechte gesellschaftsrechtliche Notwendigkeiten geben kann, die die Vereinbarung von Rückforderungs- und Ausschlussrechten rechtfertigen können. Mit dem Verzicht auf den im Trennungsdogma wurzelnden Begründungsansatz hat der BGH darüber hinaus den Schritt zur rein gesellschaftsrechtlichen Begründung der Zulässigkeit von Rückforderungsrechten getan. Insbesondere in der Laborarztentscheidung sieht der BGH den entscheidenden Umstand, der die ausnahmsweise Zulässigkeit eines Rückforderungsrechts gebietet, in dem besonderen Vertrauensverhältnis, das bei einer partnerschaftlichen Zusammenarbeit von Freiberuflern unabdingbar sei und einer Probe unterworfen werden müsse. Dieses Argument ist auf die hier in Rede stehenden Fälle der vorweggenommenen Erbfolge in Gesellschaftsanteile übertragbar: Denkt man etwa an Familiengesellschaften, so mag man auch hier das zwischen den Generationen fortbestehende Vertrauen als für die partnerschaftliche Zusammenarbeit der Gesellschafter unabdingbar ansehen. Auch hier erscheint es daher folgerichtig, wenn ein Gesellschafter, der aufgrund familiärer Verbundenheit in eine Gesellschaft aufgenommen wurde, seine Gesellschaftsbeteiligung wieder rückübertragen muss, wenn das gegenseitige familiäre Vertrauen als Ausdruck der familiären Verbundenheit nicht mehr besteht. Zusammenfassend bleibt daher festzuhalten, dass die Vereinbarung von Rückforderungsrechten in Verträgen über die unentgeltliche Zuwendung von Geschäftsanteilen an nahe Angehörige sowohl nach der früheren, auf dem Trennungsdogma aufbauenden Rechtsprechung als auch auf der Grundlage der Rechtsprechung der Jahre 2004 bis 2007 zulässig ist. Dieser Gedanke und diese Wertung sind auch bei der Beurteilung sogenannter Vesting-Klauseln, welche sich häufig in Gesellschaftervereinbarungen finden, zu berücksichtigen: Nach solchen Klauseln kann ein Gesellschafter, dessen persönliche aktive Mitarbeit in der Gesellschaft für

---

1339 Vgl. nur *Mayer*, ZGR 1995, 93, 101; *K. Schmidt*, BB 1990, 1992, 1994; *ders.*, Gesellschaftsrecht, § 50 III 3a).
1340 Laborarztentscheidung, BGH, NJW 2004, 2013; Paketdienstentscheidung, BGH, ZIP 2005, 706; Mediamarktentscheidung, BGH, RNotZ 2005, 610 sowie BGH, ZIP 2007, 862.
1341 Vgl. dazu *Hermanns*, in: FS Lüer, 2008, S. 21 ff.

deren Erfolg unabdingbar erscheint, von der Gesellschaft ausgeschlossen werden, wenn er – verschuldet oder unverschuldet – seine aktive Mitarbeit in der Gesellschaft einstellt. Die besondere Bedeutung, die diese Person und ihre aktive Mitarbeit für die Gesellschaft haben, rechtfertigen es, seine Beteiligung als Gesellschafter von der Erbringung dieser persönlichen Leistung abhängig zu machen. Für den in eine solche Gesellschaft investierenden Kapitalgeber rechnet sich sein Engagement nämlich häufig nur, wenn der weitere Erfolg der Gesellschaft durch die weitere persönliche Mitarbeit dieser für die Gesellschaft wichtigen Person gesichert werden kann.

927 ▶ **Checkliste zur Zulässigkeit schenkungsvertraglich vereinbarter Widerrufsrechte:**

☐ Nach früherer Rechtsprechung Trennungsdogma: Widerrufsrechte konnten schenkungsvertraglich vereinbart werden. Für die Umsetzung auf gesellschaftsrechtlicher Ebene mussten die gesetzlichen und satzungsgemäßen gesellschaftsrechtlichen Voraussetzungen – etwa Zustimmungsvorbehalte – beachtet werden.

☐ Nach neuerer Rechtsprechung können freie Rückübertragungsrechte auch auf gesellschaftsrechtlicher Ebene – etwa in der Satzung – vereinbart werden, wenn für die Vereinbarung derartiger freier Widerrufsrechte ein sachlicher Grund vorliegt. Ein solcher rechtfertigender Grund kann z.B. auch das Vertrauen in eine generationenübergreifende partnerschaftliche Zusammenarbeit in der Gesellschaft sein.

b) Die treuhänderische Übertragung von Geschäftsanteilen

928 Der Übertragung von Geschäftsanteilen kann als Causa auch eine **Treuhandvereinbarung** zwischen den Beteiligten zugrunde liegen. Aufgrund der zwischen Treuhänder und Treugeber getroffenen Abreden ist der Treuhänder formeller Inhaber des Geschäftsanteils, hält diesen jedoch wirtschaftlich für Rechnung des Treugebers und hat dessen Interessen zu wahren. Wesenstypisches Merkmal jeder Treuhand an Gesellschaftsanteilen ist die Verpflichtung des Treuhänders, bei Beendigung des Treuhandverhältnisses den Geschäftsanteil auf den Treugeber zu übertragen.

aa) Die verschiedenen Arten von Treuhandverhältnissen

929 Kategorisierend werden im Wesentlichen drei Grundarten von Treuhandverhältnissen unterschieden, wobei Differenzierungskriterium die Art und Weise des Zustandekommens des Treuhandverhältnisses ist.

930 Bei der **Übertragungstreuhand** ist ursprünglich der Treugeber Inhaber des Geschäftsanteils und überträgt im Rahmen des Treuhandvertrages seinen Geschäftsanteil auf den Treuhänder. Allein wegen dieser Übertragung ist der Übertragungstreuhandvertrag formbedürftig.[1342]

931 Bei der **Vereinbarungstreuhand** vollzieht sich im Außenverhältnis kein Gesellschafterwechsel, sondern der bisherige Inhaber des Geschäftsanteils vereinbart mit einem Dritten, dass der bisherige Inhaber des Geschäftsanteils diesen künftig als Treuhänder für den Dritten hält. Auch hier entspricht es ganz allgemeiner Auffassung, dass der Vertrag, mit dem eine Vereinbarungstreuhand begründet wird, formbedürftig ist.[1343]

932 Bei der **Erwerbstreuhand** erwirbt der Treuhänder den Geschäftsanteil im Auftrag des Treugebers von einem Dritten und hält diesen für den Treugeber bzw. übernimmt einen Geschäftsanteil bereits bei der Gründung für Rechnung des Treugebers (sog. Gründungstreuhand). Auch derartige Treuhandabreden sind nach der Rechtsprechung formbedürftig, wenn sie die Abrede enthalten, dass der

---

[1342] Scholz/*Winter*, § 15 Rn. 15; abweichend – soweit ersichtlich – nur *Armbrüster*, DNotZ 1997, 762, 778; *ders.*, GmbHR 2001, 941, 946.
[1343] BGH, DStR 1999, 861; Michalski/*Ebbing*, systematische Darstellung 7, § 15 GmbHG Rn. 210; Scholz/*Winter*, § 15 Rn. 62.

Geschäftsanteil bei Beendigung des Treuhandverhältnisses vom Treuhänder an den Treugeber herauszugeben ist.[1344]

Demzufolge sind alle Arten von Treuhandabreden nach § 15 Abs. 4 GmbHG formbedürftig, sofern sie sich zumindest auch auf bestehende oder noch nach Abschluss des notariellen Gründungsvertrages künftig entstehende Geschäftsanteile beziehen. Eine Treuhandabrede ist demzufolge nur dann formfrei, wenn die Treuhandabrede im Vorgründungsstadium geschlossen wird, sich aber weder auf bestehende noch nach Abschluss des notariellen Gründungsvertrages künftig mit der Eintragung der GmbH entstehende Geschäftsanteile bezieht.[1345] In der Praxis empfiehlt sich daher – unabhängig davon, ob ein Fall der Übertragungs-, Vereinbarungs- oder Erwerbstreuhand vorliegt – eine notarielle Beurkundung des Treuhandvertrages betreffend die GmbH-Geschäftsanteile, da in aller Regel nicht der zuvor beschriebene Fall vorliegen dürfte, dass sich die Treuhandabrede ausschließlich auf die Rechtsstellung des Treuhänders vor Entstehung des Geschäftsanteils bezieht.[1346]

933

bb) Die wirksame Begründung des Treuhandverhältnisses

Neben den beschriebenen Formerfordernissen erfordert die wirksame Begründung eines Treuhandverhältnisses, dass etwaige **satzungsgemäße Voraussetzungen für das Eingehen derartiger Treuhandverhältnisse** beachtet werden. Nach § 15 Abs. 5 GmbHG kann die Abtretung eines Geschäftsanteils an weitere Voraussetzungen geknüpft werden. Üblich ist insofern die Aufnahme von Vinkulierungsklauseln in den Gesellschaftsvertrag, wonach die Verfügung über einen Geschäftsanteil der Zustimmung der Gesellschaft oder der Gesellschafter bedarf oder einen zustimmenden Gesellschafterbeschluss erfordert.[1347] Vinkulierungsklauseln sollen den Gesellschaftern regelmäßig ermöglichen, das Eindringen unerwünschter Personen in ihren Kreis zu verhindern.[1348] Steht die Begründung des Treuhandverhältnisses mit einer Übertragung des Geschäftsanteils im Zusammenhang, erfassen Vinkulierungsklauseln dieser Art ohne weiteres auch die anlässlich der Begründung auf den Treuhänder erfolgende Abtretung. Damit ist indes noch nicht die Frage beantwortet, ob Vinkulierungsklauseln der beschriebenen Art auch dann eingreifen, wenn – wie bei der Vereinbarungstreuhand – die Begründung des Treuhandverhältnisses nicht mit einer Abtretung eines Geschäftsanteils einhergeht, sondern die Person des Gesellschafters unverändert bleibt. Insoweit wird teilweise aus dem Umstand, dass bei der Vereinbarungstreuhand kein Gesellschafterwechsel stattfindet und ein Fremdeinfluss auf den Gesellschafter ohnedies nicht sicher verhindert werden kann, gefolgert, dass die Treuhandabrede als solche nicht einem an die Verfügung über den Geschäftsanteil geknüpften Zustimmungserfordernis unterliege.[1349] Demgegenüber unterwirft die Gegenansicht auch die Begründung eines Treuhandverhältnisses ohne Gesellschafterwechsel einem gesellschaftsvertraglichen Zustimmungserfordernis, da das Ziel derartiger Vinkulierungsklauseln in der Vermeidung von Fremdeinflüssen liege und dieses Ziel nicht erreicht werden könne, wenn eine Vereinbarungstreuhand unter Umgehung der Vinkulierung eingegangen werden könne.[1350] Auch der BGH ist in einer Entscheidung[1351] ohne weiteres davon ausgegangen, dass der Gesellschaftsvertrag den wirksamen Abschluss eines bloßen Treuhandvertrags über einen Geschäftsanteil von der Zustimmung der Gesellschafterversammlung abhängig machen kann. Gegen diese Ansicht ist dogmatisch zutreffend eingewendet worden, dass sie im Widerspruch zu dem Rechtsprinzip stehe, dass die Fähigkeit, *schuldrechtliche* Verträge abzuschließen, durch Rechtsgeschäfte nicht beschränkt werden kann. Richtigerweise könne ein gesellschaftsvertragliches Zustimmungserfordernis die Gesellschafter nur zur Einholung der Zustimmung verpflichten, nicht aber unmittelbar die Unwirk-

934

1344 BGH, DNotZ 2006, 774.
1345 BGH, DNotZ 2006, 774.
1346 Ebenso *Grage*, RNotZ 2005, 251, 255.
1347 Vgl. dazu unten Rdn. 996 ff.
1348 *Grage*, RNotZ 2005, 251, 255.
1349 OLG Hamm, GmbHR 1993, 656, 658; *Beuthien*, ZGR 1974, 26, 78.
1350 OLG Hamburg, DB 1993, 1081, 1082; Scholz/*Winter*, § 15 Rn. 83; *Grage*, RNotZ 2005, 251, 256.
1351 BGH, NZG 2006, 627.

samkeit des ohne Zustimmung abgeschlossenen Treuhandvertrags bewirken.[1352] Dieser Einwand ist dogmatisch zutreffend, verfängt in der Praxis jedoch nur dann, wenn der Treuhandvertrag eine Abtretung des Geschäftsanteils (also auch eine aufschiebend bedingte Rückabtretung des Geschäftsanteils an den Treugeber bei Beendigung des Treuhandverhältnisses) nicht enthält. Da dies in der Praxis in aller Regel der Fall ist, ist bereits die Vereinbarung dieser aufschiebend bedingten Rückabtretung geeignet, den Anwendungsbereich der Vinkulierungsklausel zu eröffnen.

cc) Der typische Inhalt von Treuhandverträgen

935 Treuhandbeteiligungen können vielfältigen Zwecken dienen, zeichnen sich jedoch alle dadurch aus, dass der Treuhänder den Geschäftsanteil für den wirtschaftlich aus diesem berechtigten Treugeber hält. Diese Gemeinsamkeit erlaubt es, bestimmte typische Regelungsinhalte des Treuhandvertrages zu beschreiben:

936 Da der Treuhänder als Berechtigter im Außenverhältnis wirksam über den Geschäftsanteil verfügen kann, birgt dies für den Treugeber die Gefahr, dass der **Treuhänder abredewidrig über den Geschäftsanteil verfügt** und somit die wirtschaftliche Position des Treugebers an dem Geschäftsanteil aufhebt.[1353] Der im Ergebnis effektivste Schutz des Treugebers wird hier erreicht, wenn der Treuhänder bereits im Treuhandvertrag den Geschäftsanteil aufschiebend bedingt durch eine spätere treuwidrige Verfügung an den Treugeber abtritt. Der Treugeber ist in diesen Fällen durch § 161 Abs. 1 BGB vor späteren Verfügungen des Treuhänders geschützt. Das sich aus der aufschiebend bedingten Abtretung ergebende Anwartschaftsrecht des Treugebers kann auch im Wege des gutgläubigen Erwerbs eines Dritten nicht beeinträchtigt werden. Um diese aufschiebend bedingte (Rück-) Abtretung an den Treugeber nicht an gesellschaftsvertraglichen Vinkulierungsklauseln scheitern zu lassen, sollte – sofern die Satzung der Gesellschaft eine entsprechende Vinkulierungsklausel enthält – in jedem Fall die Zustimmung der Gesellschafter zu dieser Rückabtretung eingeholt werden. Kommt es im Zeitraum zwischen der Begründung des Treuhandverhältnisses und der Rückabtretung des Geschäftsanteils durch Beendigung des Treuhandverhältnisses zu einem Gesellschafterwechsel, ist es fraglich, ob auch der neu hinzugetretene Gesellschafter der Rückabtretung an den Treugeber zustimmen muss, oder ob es ausreicht, dass sämtliche Gesellschafter, die bei Vereinbarung der aufschiebend bedingten Abtretung Gesellschafter waren, zugestimmt haben. Anders gewendet: Müssen die Gesellschafter zustimmen, die der Gesellschaft zum Zeitpunkt der Vereinbarung der Abtretung angehörten oder die Gesellschafter, die bei Wirksamwerden des Abtretungsvertrages Gesellschafter sind? Höchstrichterliche oder obergerichtliche Rechtsprechung oder vertiefte Auseinandersetzung in der Literatur sind zu dieser Frage nicht zu finden. Da der Erwerber des aufschiebend bedingt abgetretenen Geschäftsanteils jedoch bereits ein Anwartschaftsrecht auf dessen Erwerb innehat, spricht vieles dafür, dass dieses Anwartschaftsrecht nicht durch das Hinzutreten eines neuen Gesellschafters in die Gesellschaft wieder zerstört werden kann. In der Praxis sollte auf die ungeklärte Rechtslage allerdings hingewiesen werden und der Neueintritt eines Gesellschafters ggf. von der vorherigen Erteilung der Zustimmung zur Rückabtretung abhängig gemacht werden.

937 ▶ **Formulierungsbeispiel: aufschiebend bedingte Rückabtretung**

Der Treuhänder tritt den treuhänderisch gehaltenen Geschäftsanteil an den Treugeber ab. Die Abtretung ist aufschiebend bedingt und wird erst wirksam, wenn der Treuhänder über den Geschäftsanteil ohne vorherige schriftliche Zustimmung des Treugebers verfügt. Die Zustimmung der Gesellschafterversammlung zur vorstehend vereinbarten Abtretung ist der Niederschrift in Ablichtung beigefügt. Der Notar hat darauf hingewiesen, dass im Falle des Neueintritts eines Gesellschafters vorsorglich dessen Zustimmung zu der hier vereinbarten Abtretung eingeholt werden sollte.

938 Da der Treuhänder im Außenverhältnis und gegenüber der Gesellschaft Inhaber sämtlicher Gesellschafterrechte ist und diese ausüben kann, hat der Treugeber häufig den Wunsch, diese im Außen-

---

[1352] *Tebben*, GmbHR 2007, 67.
[1353] *Grage*, RNotZ 2005, 251, 259.

verhältnis bestehende **Rechtsmacht des Treuhänders zu begrenzen.** Da eine Abtrennung des Stimmrechts vom Gesellschaftsanteil und eine isolierte Übertragung des Stimmrechts auf den Treugeber am Abspaltungsverbot scheitern dürfte,[1354] ist es insoweit nur möglich, den Treuhänder im Innenverhältnis an Bestimmungen und Weisungen des Treugebers zu binden oder diesem eine Vollmacht zur Stimmrechtsausübung zu erteilen. Gleiches gilt für weitere Gesellschafterrechte, wie etwa das Informationsrecht des Gesellschafters.[1355]

Schließlich besteht eine typische Gefahr von Treuhandverhältnissen darin, dass der treuhänderisch gehaltene Geschäftsanteil auf Grund der Inhaberschaft des Treuhänders dem **Zugriff seiner Gläubiger** ausgesetzt ist. Auch hier kann als vertragliches Sicherungsmittel eine aufschiebend bedingte Abtretung des Geschäftsanteils für den Fall der Eröffnung des Insolvenzverfahrens über das Vermögen des Treuhänders, die Ablehnung desselben mangels Masse oder das Ausbringen von Einzelzwangsvollstreckungsmaßnahmen in den Geschäftsanteil vorgesehen werden.[1356] Eine entsprechende Gestaltung könnte wie folgt lauten: 939

▶ Formulierungsbeispiel: aufschiebend bedingte Rückabtretung 940

Der Treuhänder tritt den treuhänderisch gehaltenen Geschäftsanteil an den Treugeber ab. Die Abtretung ist aufschiebend bedingt und wird erst wirksam, wenn die folgenden Voraussetzungen erfüllt sind:

a) Eröffnung des Insolvenzverfahrens über das Vermögen des Treuhänders oder die Ablehnung desselben mangels Masse oder
b) das Ausbringen von Einzelzwangsvollstreckungsmaßnahmen in den Geschäftsanteil, wenn diese nicht spätestens innerhalb von drei Monaten wieder aufgehoben werden.

Wenn der Treuhänder den von ihm bereits an den Treugeber aufschiebend bedingt abgetretenen Geschäftsanteil vor Eintritt der aufschiebenden Bedingung abredewidrig an einen gutgläubigen Dritten abtritt, stellt sich die Frage, ob sich bei Eintritt der aufschiebenden Bedingung der Erwerb durch den Treugeber oder durch den gutgläubigen Dritten durchsetzt. Da das Anwartschaftsrecht des durch die aufschiebend bedingte Abtretung begünstigten Treugebers nicht in die Gesellschafterliste eingetragen werden kann, kommt insoweit auch ein gutgläubiger lastenfreier Erwerb eines Dritten nicht in Betracht, so dass im Ergebnis das Anwartschaftsrecht des Treugebers bei Eintritt der aufschiebenden Bedingung zum Vollrecht erstarkt.[1357] 941

c) Die Einbringung von Geschäftsanteilen in andere Gesellschaften

Der Rechtsgrund für eine Abtretung von Geschäftsanteilen kann auch darin liegen, dass diese aufgrund eines **Einbringungsvertrages** an eine andere Gesellschaft übertragen werden müssen. Der Begriff des Einbringungsvertrages wird gesetzlich nicht definiert. Er wird i.d.R. im Zusammenhang mit einer Sachgründung oder einer Sachkapitalerhöhung zwischen dem Sacheinleger und der Gesellschaft geschlossen und hat den Inhalt, die Einzelheiten der Übertragung und die Übertragung selbst des vom Einleger an die Gesellschaft zu leistenden Sachgegenstandes zu regeln. Ein Einbringungsvertrag muss nicht zwingend im Zusammenhang mit jeder Sachgründung oder Sachkapitalerhöhung geschlossen werden, sondern in einfach gelagerten Fällen bedarf es neben der Festsetzung der Sacheinlageverpflichtung im Kapitalerhöhungsbeschluss und der Übernahmeerklärung nur des dinglichen Vollzuges; ein die Sacheinlageverpflichtung konkretisierender Einbringungsvertrag ist in solchen Fällen nicht erforderlich. Wenn ein Einbringungsvertrag geschlossen wird, nimmt er regelmäßig auf eine zuvor erfolgte Sachgründung oder einen zuvor gefassten Kapitalerhöhungsbeschluss Bezug und erfüllt die entsprechende Übernahmeverpflichtung des Sacheinlegers. Vertragspartner des Einbrin- 942

1354 Vgl. dazu eingehend unten Rdn. 1068.
1355 Vgl. dazu etwa *Grage*, RNotZ 2005, 251, 262 f.
1356 *Grage*, RNotZ 2005, 251, 265; *Schaub*, DStR 1996, 65, 69; zustimmend auch OLG Hamm, Mitt-RhNotK 1998, 64 ff.
1357 Vgl. hierzu im Einzelnen und eingehend unten Rdn. 1021 ff.

gungsvertrages sind die Gesellschaft und der zur Erbringung der Sacheinlage verpflichtete Übernehmer. Sofern der Kapitalerhöhungsbeschluss insoweit keine Vorgaben enthält, kann im Einbringungsvertrag auch geregelt sein, wie ein den Betrag der Stammeinlage übersteigender Wert des einzulegenden Gegenstandes behandelt werden soll. Insoweit sind prinzipiell drei Gestaltungsvarianten denkbar: Zum einen kann die Gesellschaft verpflichtet sein, den Mehrwert des Einlagegegenstandes gegen den Betrag der übernommenen Stammeinlage zu vergüten (sog. »gemischte Sacheinlage«), wobei die Vergütung wieder auf verschiedene Arten erfolgen kann, nämlich entweder in Geld oder dadurch, dass dem Gesellschafter eine Forderung, häufig als Darlehen, gutgeschrieben wird.[1358] Zweitens kann der Mehrwert des Sacheinlagegegenstandes in der Weise berücksichtigt werden, dass er als Agio qualifiziert und in die Kapitalrücklage nach § 272 Abs. 2 Nr. 1 HGB eingestellt wird. Schließlich steht es den Gesellschaftern frei, die einzubringenden Gegenstände unterzubewerten, ohne dass der tatsächliche Mehrwert in die Kapitalrücklage nach § 272 Abs. 2 Nr. 1 HGB eingestellt werden muss. Demnach können die Sacheinlagegegenstände gesellschaftsrechtlich zum Nennwert, etwa zum bisherigen Buchwert, eingebracht werden.[1359]

943 **Beschaffenheitsvereinbarungen** betreffend den Geschäftsanteil oder **Garantien** diesen betreffend sind in Einbringungsverträgen eher selten, da die Beteiligten über die näheren Verhältnisse des einzubringenden Geschäftsanteils regelmäßig gut informiert sind und insoweit keiner besonderen Vereinbarungen oder Garantien bedürfen. Selbstverständlich ist es ohne weiteres möglich, auch hier umfassende Beschaffenheitsvereinbarungen aufzunehmen oder Garantien zu erklären, wenn dies vom Erwerber gewünscht wird. Dies kann insbesondere dann in Betracht kommen, wenn alle oder nahezu alle Geschäftsanteile an einer GmbH eingebracht werden und diese ein operatives Geschäft betreibt, dessen Einzelheiten dem Erwerber nicht bekannt sind. Hier kann es sich empfehlen, sowohl Beschaffenheitsvereinbarungen und Garantien betreffend den Geschäftsanteil als solchen als auch hinsichtlich des von der Gesellschaft betriebenen Unternehmens wie bei einem Geschäftsanteilskaufvertrag zu vereinbaren (vgl. dazu unten Rdn. 968 ff.).

d) Der Kauf von Geschäftsanteilen

944 Unter den schuldrechtlichen Verträgen hat der **Kaufvertrag über einen Geschäftsanteil in der Praxis überragende Bedeutung.** Rechtsdogmatisch ist der Kauf eines Geschäftsanteils ein Rechtskauf im Sinne von § 453 BGB.[1360] Durch den Kaufvertrag wird der Veräußerer verpflichtet, den Geschäftsanteil formgerecht an den Erwerber abzutreten und der Erwerber wird verpflichtet, den Kaufpreis an den Veräußerer zu zahlen. Aufgrund seiner Abnahmeverpflichtung muss der Käufer auch an der Abtretung mitwirken und diese annehmen. Der Verkäufer muss alles tun, damit der Geschäftsanteil auf den Erwerber übergeht. Er muss sich insbesondere bemühen, alle etwa satzungsgemäßen Zustimmungserfordernisse zu erfüllen. Gem. § 433 Abs. 1 Satz 2 BGB ist der Verkäufer verpflichtet, dem Käufer die Sache frei von Sach- und Rechtsmängeln zu verschaffen. Ist über den Geschäftsanteil ein Anteilsschein ausgestellt, muss der Verkäufer diesen Anteilsschein dem Käufer übergeben (§§ 413, 402 BGB). Je nach wirtschaftlicher Bedeutung enthält der Geschäftsanteilskaufvertrag mehr oder weniger eingehende Regelungen über die Verpflichtungen der Vertragsbeteiligten. Die folgenden Regelungskomplexe können im Einzelfall Gegenstand der kaufvertraglichen Abreden der Beteiligten sein.

aa) Die Kaufvereinbarung

945 Zunächst ist klarzustellen, genau welcher Geschäftsanteil, bezeichnet nach Gesellschaft und (soweit möglich) mit laufender Nummer, vom Verkäufer an den Käufer verkauft werden soll.[1361] Bei der

---

1358 Vgl. hierzu etwa Michalski/*Hermanns*, systematische Darstellung 7, § 56 GmbHG Rn. 52 f.
1359 OLG Stuttgart, GmbHR 1982, 109 f.; Michalski/*Hermanns*, systematische Darstellung 7, § 56 GmbHG Rn. 54.
1360 BGH, NJW 1980, 2408.
1361 Zu den Besonderheiten beim Verkauf von Teilgeschäftsanteilen vgl. oben Rdn. 915.

E. Die Übertragung von Geschäftsanteilen　　　　　　　　　　　Kapitel 2

Bestimmung des Kaufgegenstandes können sich Schwierigkeiten dann ergeben, wenn die aktuelle Anteilsstückelung dem Verkäufer nicht vollständig präsent ist. So kann etwa Unsicherheit darüber bestehen, ob mehrere vom Verkäufer erworbene Geschäftsanteile zwischenzeitlich vereinigt wurden. Insoweit bestehen zwei denkbare Lösungsmöglichkeiten: Entweder der Verkäufer vereinigt vorsorglich sämtliche von ihm gehaltenen Geschäftsanteile (mit Zustimmung der Gesellschafterversammlung gem. § 46 Ziff. 4 GmbHG und unter der Voraussetzung ihrer Volleinzahlung) oder die Beteiligten lassen die Frage der aktuellen Anteilsstückelung unbeantwortet und der Verkäufer verkauft dem Käufer sämtliche von ihm gehaltenen Geschäftsanteile unabhängig von ihrer konkreten Stückelung; dieser Weg ist selbstverständlich nur gangbar, wenn der Verkäufer tatsächlich alle von ihm gehaltenen Geschäftsanteile verkaufen möchte. Von einer routinemäßigen Vereinigung der von einem Gesellschafter gehaltenen Geschäftsanteile kann allerdings nur abgeraten werden, da die einzelnen Geschäftsanteile eines Gesellschafters durchaus eine jeweils unterschiedliche steuerliche Historie haben können – etwa unterschiedliche Anschaffungskosten oder unterschiedliche Erwerbsgründe –, die durch eine Vereinigung beeinträchtigt werden könnten.

Sofern bereits die kaufvertragliche Abrede unter eine **Bedingung** gestellt werden soll, sollte dies ebenfalls im Interesse der Übersichtlichkeit an dieser Stelle geregelt werden. Regelmäßig wird es allerdings nicht im Sinne der Beteiligten sein, alle schuldrechtlichen Abreden unter eine Bedingung zu stellen, sondern üblicherweise wird ihr Interesse lediglich dahin gehen, die dingliche Abtretung oder den Vollzug der schuldrechtlichen Vereinbarungen von Bedingungen abhängig zu machen. Werden nämlich sämtliche schuldrechtlichen Verabredungen bedingt, bestehen vor Eintritt der aufschiebenden Bedingungen oder jedenfalls nach deren Ausfall keinerlei wirksame schuldrechtliche Vereinbarungen der Beteiligten untereinander, zum Beispiel keine Verschwiegenheitsverpflichtungen oder ähnliche Vereinbarungen, die nach dem Willen der Parteien üblicherweise auch in dem Fall gelten sollen, dass das schuldrechtliche Rechtsgeschäft nicht vollzogen werden kann. Wenn gesonderte Zustimmungen, etwa zur Teilung von Geschäftsanteilen, erforderlich sind, können auch diese in diesem Teil der Urkunde erteilt werden bzw. kann auf etwa bereits erteilte Zustimmungen verwiesen werden. 946

bb) Die Regelungen zur Gegenleistung des Käufers

Die Regelungen über den Kaufpreis spielen bei Anteilskaufverträgen, zumal bei solchen von wirtschaftlicher Relevanz, eine besondere Rolle. Die Pflicht zur Erbringung der Gegenleistung ist eine **Hauptleistungspflicht des Käufers gem. § 433 Abs. 2 BGB**. Im Rahmen einfach strukturierter Anteilskaufverträge sind die Regelungen zum Kaufpreis meist eher knapp: Der Kaufpreis wird fix definiert, es wird ein Fälligkeitsdatum vereinbart und ggf. werden Fragen des Verzugs geregelt und der Käufer unterwirft sich schließlich wegen seiner Verpflichtung zur Zahlung gegenüber dem Verkäufer der sofortigen Zwangsvollstreckung aus der Urkunde. Wenn der Kaufvertrag eine solche Zwangsvollstreckungsunterwerfung enthält, ist zu beachten, dass die Vollmacht eines vertretenen Käufers bzw. die Genehmigung eines vollmachtlos vertretenen Käufers wegen § 726 ZPO der notariellen Beglaubigung bedarf, da andernfalls eine Vollstreckungsklausel nicht erteilt werden könnte. Bei Anteilskaufverträgen von größerer wirtschaftlicher Relevanz enthalten diese demgegenüber häufig umfangreiche Klauseln über die Ermittlung bzw. Anpassung von Kaufpreisen. Ferner kann auch die Art der beabsichtigten Erbringung der Gegenleistung Anlass für vielfältige Regelungen sein. 947

(1) Die Methoden zur Bestimmung des Kaufpreises

Zur Bestimmung des Kaufpreises führen die Vertragsbeteiligten regelmäßig eine Unternehmensbewertung durch. Häufig wird der Wert eines Unternehmens nach der sog. **Discounted-Cash-Flow-Methode** ermittelt. Hierzu wird der Einnahmeüberschuss, den ein Unternehmen nach Abzug der Ausgaben und nach Abzug zu erwartender Erhaltungs- und Zukunftsinvestitionen erwirtschaftet, festgestellt und dieser Ertragswert des Unternehmens wird zum Ausgang der Unternehmensbewer- 948 tung gemacht.[1362] Dieser freie Cash-Flow ist der Betrag, den das Unternehmen nachhaltig in einer definierten Periode zu erwirtschaften in der Lage ist und entspricht demzufolge dem finanziellen Nutzen, den ein Eigentümer künftig aus dem Unternehmen erzielen kann.[1363]

949 Nicht selten werden bei der Unternehmensbewertung auch sog. Multiplikatorverfahren verwendet. Hier wird zunächst eine **Ertragskennzahl des Unternehmens ermittelt und diese mit einem Faktor multipliziert**, der sich an der Marktlage und dem zugrunde gelegten Kapitalisierungszins orientiert. Derartige Bezugsgrößen können etwa sein das EBIT (Earnings Before Interest and Taxes) oder das EBITDA (Earnings Before Interest, Taxes, Depreciations and Amortizations). Bei der Ermittlung des Multiplikationsfaktors orientieren sich die Beteiligten an Faktoren, welche, soweit ermittelbar, für vergleichbare Unternehmen am Markt gezahlt wurden.[1364] Eine EBITDA-Klausel könnte etwa folgenden Wortlaut haben:

▶ Formulierungsbeispiel: EBITDA-Klausel

Der Verkehrswert ist unter Zugrundelegung der von der Gesellschaft in den letzten zwei (2) vor dem Stichtag abgelaufenen Geschäftsjahren durchschnittlich erzielten EBITDA, multipliziert mit dem nachstehend genannten Multiplikator, abzüglich der Netto-Finanzschulden (d. h. der zinstragenden Verbindlichkeiten einschließlich der Gesellschafterdarlehen (inkl. thesaurierter Zinsen) abzüglich der Kassenpositionen gemäß § 266 Abs. (2) B IV HGB zu ermitteln. Der derart ermittelte und anteilig auf die betroffenen Geschäftsanteile entfallende Wert ergibt den Verkehrswert. Der Multiplikator hat den Wert 8.

»EBITDA« meint die Ergebnisse vor Abschreibungen, Zinsen und Steuern der Gesellschaft, errechnet gemäß den Rechnungslegungsvorschriften des Handelsgesetzbuchs (HGB) unter Anwendung der in Deutschland allgemein anerkannten Grundsätze ordnungsgemäßer Bilanzierung und Buchführung, unter Wahrung der Bilanzierungs- und Bewertungskontinuität sowie der in der nachstehenden Definition niedergelegten Grundsätze.

Definiton EBITDA

EBITDA meint die konsolidierten Ergebnisse vor Abschreibungen, Zinsen und Steuern der, errechnet gemäß den Rechnungslegungsvorschriften des Handelsgesetzbuchs (»HGB«) unter Anwendung der in Deutschland allgemein anerkannten Grundsätze ordnungsgemäßer Bilanzierung und Buchführung unter Wahrung der Bilanzierungs- und Bewertungskontinuität.

Das EBITDA im Sinne dieses Vertrags wird basierend auf den Positionen des konsolidierten Jahresabschlusses der Gesellschaft wie folgt berechnet:

Ausgangspunkt sind die Umsatzerlöse gem. § 275 Abs. 2 Nr. 1 HGB. Diese verringern bzw. erhöhen sich wie folgt:

+/- Erhöhung oder Verminderung des Bestands an fertigen und unfertigen Erzeugnissen i.S.d. § 275 Abs. 2 Nr. 2 HGB

+ andere aktivierte Eigenleistungen i.S.d. § 275 Abs. 2 Nr. 3 HGB

+ sonstige betriebliche Erträge i.S.d. § 275 Abs. 2 Nr. 4 HGB

- Materialaufwand i.S.d. § 275 Abs. 2 Nr. 5 HGB

- Personalaufwand i.S.d. § 275 Abs. 2 Nr. 6 HGB

- Sonstige betriebliche Aufwendungen i.S.d. § 275 Abs. 2 Nr. 8 HGB

- Wertberichtigungen auf Forderungen

1362 *Johansson*, in: FS Lüer, 2008, S. 561, 562.
1363 Eingehend *Johansson*, in: FS Lüer, 2008, S. 561, 562.
1364 *Bruski*, BB 2005, Sonderbeilage 7, 21; *Johansson*, in: FS Lüer, 2008, S. 561, 563 f.

E. Die Übertragung von Geschäftsanteilen

Die außergewöhnlichen nicht operativen Aufwendungen und Erträge (§ 285 Nr. 31, 1. Halbsatz HGB) und Steuern (§ 275 Abs. 2 Nr. 14 und 15 HGB) sind im EBITDA im Sinne dieses Vertrages nicht enthalten und aus den vorgenannten Posten zu eliminieren.

Als außergewöhnliche nicht operative Erträge bzw. außergewöhnliche nicht operative Aufwendungen im Sinne vorstehender Berechnung sind insbesondere (i) Transaktionskosten betreffend den heutigen Kaufvertrag (einschließlich Kosten für die Due Diligence) und die Gesellschaftervereinbarung und (ii) Erträge bzw. Aufwendungen aus Umstrukturierungsmaßnahmen und / oder Akquisitionen nach dem Closing zu berücksichtigen (z.B. etwaige Verschmelzungsgewinne / -verluste).

(2) Feste oder variable Kaufpreisklauseln

In der großen Mehrzahl der in der notariellen Praxis zu beurkundenden Anteilskaufverträge wird der **Kaufpreis fest als Zahl definiert.** Die Bewertung des Unternehmens ist dieser Kaufpreisbestimmung vorgelagert und hat im Anschluss an die Kaufpreisbestimmung grundsätzlich – mit Ausnahme von Gewährleistungs- oder Garantiefällen – keine Bedeutung mehr. Fehlt demzufolge ein automatisch arbeitender Mechanismus, den Kaufpreis an künftige Entwicklungen des Unternehmens anzupassen, ist es für den Käufer umso bedeutsamer, dass sich seine Erwartungen über das gekaufte Unternehmen in sorgfältig definierten Beschaffenheits- und/oder Garantievereinbarungen wieder finden. Nur diese geben ihm nämlich bei Fehlen einer Kaufpreisanpassungsmöglichkeit eine vertragliche Handhabe, seine möglicherweise enttäuschten Erwartungen finanziell berücksichtigt zu finden. Eine Spielart des Fixkaufpreises ist die Vereinbarung eines zu einem bestimmten Zeitpunkt bestimmbaren Kaufpreises, welcher sich etwa am Eigenkapital zum Übertragungsstichtag orientiert.[1365] Ein Fixkaufpreis muss auch nicht zwangsläufig positiv sein. Bei ertragsschwachen Unternehmen kann auch die Zahlung eines negativen Kaufpreises vorkommen, das heißt der Verkäufer zahlt an den Käufer einen Betrag in Höhe des negativen Saldos zwischen positiven Werten des Unternehmens und dessen Verbindlichkeiten.[1366]

Bei **variablen Kaufpreisen** vereinbaren die Beteiligten, dass der Kaufpreis, der zunächst vorläufig definiert wird, zum Zeitpunkt des Closing anzupassen ist. Hier ist es häufig so, dass der Verkäufer zunächst die maßgeblichen Faktoren der Unternehmensbewertung zum Zeitpunkt des Closing schätzt und der Käufer die Möglichkeit hat, diese Schätzung zu überprüfen bzw. im Streitfall einen Schiedsgutachter anzurufen.[1367] Da sich das Unternehmen bis zum Closing noch in der Hand des Verkäufers befindet, ist dieser auch in der Lage, die im Rahmen einer zum Closing erforderlichen Anpassung relevanten Bilanzpositionen zu beeinflussen.[1368] Die verzögerte Begleichung von Verbindlichkeiten des Unternehmens oder die Erzielung außerordentlicher Erträge sind Maßnahmen, die die Liquidität des Unternehmens erhöhen und – wenn hiergegen keine vertraglichen Vorkehrungen getroffen worden sind – kaufpreisbestimmend wirken können. Nicht selten wird versucht, derartigen Einflussnahmen in der Weise zu begegnen, dass der Verkäufer sich im Anteilskaufvertrag verpflichtet, sein Unternehmen bis zum Zeitpunkt des Closing in Übereinstimmung mit der bisherigen Praxis fortzuführen.

Schließlich kann eine Kaufpreisanpassung auch an **Umstände anknüpfen, die erst nach dem Closing** eintreten. Hat z.B. der Käufer Zweifel, ob die vom Verkäufer in der Vergangenheit erzielten und für die Zukunft prognostizierten Erträge nachhaltig erzielbar sind, wird er versuchen, einen Teil des Kaufpreises erst zu zahlen, wenn diese Erträge sich über einen gewissen Zeitraum stabilisiert haben. Für den Verkäufer, der als Manager im Unternehmen verbleibt, bietet eine entsprechende Klausel Anreiz, sich auch künftig mit voller Kraft und Erfolg für sein Unternehmen einzusetzen.

1365 *Büchel/von Rechenberg*, Handels- und Gesellschaftsrecht, 19. Kapitel, Rn. 182 beschreiben dies als häufige Kaufpreisfindungsmethode bei ertragsschwachen Unternehmen.
1366 *Büchel/von Rechenberg*, Handels- und Gesellschaftsrecht, 19. Kapitel, Rn. 182.
1367 *Johansson*, in: FS Lüer, 2008, S. 561, 567.
1368 *Hilgard*, DB 2007, 559; *Johansson*, in: FS Lüer, 2008, S. 561, 567.

Knüpfen die Parteien den zusätzlichen Kaufpreis an den künftigen Gewinn des Unternehmens an, handelt es sich um sog. Earn-Out-Klauseln, die etwa auf den Jahresüberschuss, das EBIT oder das EBITDA bezogen sein können. Es liegt auf der Hand, dass die Gestaltung derartiger Klauseln auf besondere Schwierigkeiten stößt, wenn der Käufer nach dem Erwerb des Unternehmens in dessen Struktur eingreift. In derartigen Fällen sind die vereinbarten Bezugsgrößen um außerordentliche Erträge und Aufwendungen zu bereinigen, die durch diese Strukturmaßnahmen des Käufers begründet sind.[1369]

953 Auch die Vereinbarung eines **Basiskaufpreises und eines (zusätzlichen) variablen Kaufpreises** kommt in der Praxis vor. Bei derartigen Gestaltungen hat die Vereinbarung des Basiskaufpreises regelmäßig den Zweck, dem Verkäufer einen Mindestkaufpreis zu sichern und dem Käufer Gewähr zu bieten, einen über diesen Mindestkaufpreis hinausgehenden variablen Kaufpreis nur erbringen zu müssen, wenn die erwarteten Kennzahlen erreicht werden.

954 Schließlich knüpft auch die Vereinbarung eines **Besserungsscheins** an ein künftiges, nach dem Closing liegendes Ereignis an, jedoch nicht an die Gewinnentwicklung des Unternehmens, sondern daran, dass der Käufer das Unternehmen innerhalb eines bestimmten Zeitraums an einen Dritten weiter veräußert. Hier ist es im Interesse des Verkäufers wichtig, dass er im Falle der Weiterveräußerung die nötigen Informationen durch den Käufer erhält und Gelegenheit hat, die Informationen zu erhalten, die für die Berechnung des an ihn zu zahlenden weiteren Kaufpreises relevant sind.[1370]

(3) Die Art der Erbringung des Kaufpreises

955 Wenn der Käufer sich nicht bereitfindet, den vereinbarten Kaufpreis zum Zeitpunkt des Closing in Geldmitteln zu begleichen, erlangen **alternative Formen zur Erbringung der Gegenleistung** Bedeutung. So wird gelegentlich vereinbart, dass ein Teil des Kaufpreises in Gesellschaftsanteilen vom Käufer zu erbringen ist oder ein Teil des vom Verkäufer erhaltenen Kaufpreises in eine zusammen mit dem Erwerber neu gegründete Gesellschaft wieder einzulegen ist.

956 Erhält der Verkäufer **Gesellschaftsanteile des Käufers**, muss er sich häufig gegenüber dem Käufer für eine gewisse Frist verpflichten, diese Gesellschaftsanteile nicht zu verkaufen (sog. »Lock-up-Periode«). Hier muss der Verkäufer darauf achten, dass die ihm übertragenen Anteile nach Ablauf der Lock-up-Periode auch ohne weiteres veräußerbar sind. Schließlich muss der Verkäufer gewärtigen, dass er durch den Erwerb der Gesellschaftsanteile am Käuferunternehmen selbst zum Erwerber dieser Anteile wird, so dass Anlass bestehen kann, auch das Erwerberunternehmen einer (ggf. eingeschränkten) Due-Diligence zu unterziehen und sich hinsichtlich dieses Unternehmens seinerseits Garantien gewähren zu lassen. Der Verkäufer sollte die von ihm zu erbringende Leistung, nämlich die Abtretung seiner Geschäftsanteile, mit dinglicher Wirkung regelmäßig erst erbringen, wenn er auch sicher sein kann, die Gesellschaftsanteile des Käufers zu erhalten. Müssen diese Gesellschaftsanteile erst etwa im Rahmen einer Kapitalerhöhung geschaffen werden, sollte regelmäßig die Kapitalerhöhung bereits vollzogen sein, bevor die Abtretung der GmbH-Geschäftsanteile vom Verkäufer an den Käufer wirksam wird, damit auch der Verkäufer gewiss sein kann, die ihm zu übertragenden Anteile zu erhalten. Selbstverständlich ist es im Einzelfall auch möglich, wenn der Verkäufer sollte eine Übertragung von Gesellschaftsanteilen des Käufers an ihn nicht möglich sein, alternativ eine Geldleistung des Käufers verlangen kann. Ist die erwerbende Gesellschaft, an der der Verkäufer Gesellschaftsanteile erhalten soll, eine Aktiengesellschaft, ist in diesem Zusammenhang § 57 AktG im Auge zu behalten: Zuwendungen an einen künftigen Aktionär, auch solche, die im Rahmen eines Anteilskaufvertrages erfolgen, dürfen nicht gegen das Verbot der Einlagenrückgewähr im Sinne von § 57 AktG verstoßen. Entscheidend für die Anwendbarkeit von § 57 Abs. 1 Satz 1 AktG ist in der-

---

1369 Hölters/*Semler*, Handbuch des Unternehmens- und Beteiligungskaufs, Abschnitt VI Rn. 107.
1370 Zu den Schwierigkeiten der Formulierung von Mehrerlösklauseln vgl. eingehend *Schmidt-Hern/Dehme*, NZG 2012, 81.

artigen Fällen, ob das Leistungsversprechen oder die Zuwendung gerade im Hinblick auf die zukünftige Aktionärsstellung und damit societatis causa erfolgen.[1371]

Wird der Verkäufer verpflichtet, einen Teil des Kaufpreises wieder in eine neue Gesellschaft zu investieren, die ihrerseits die Geschäftsanteile an der verkauften Gesellschaft erwirbt, partizipiert der **Verkäufer** über seine **Beteiligung an der neuen Gesellschaft** an den künftigen Wertsteigerungen seines Unternehmens.[1372]

957

Schließlich sollte sich der Geschäftsanteilskaufvertrag darüber verhalten, an genau welchem **Tag** und auf genau welches **Zielkonto** ein in Geldmitteln zu begleichender Kaufpreis zu überweisen ist. Es sollte klargestellt werden, ob zur rechtzeitigen Erfüllung der Kaufpreisforderung der Eingang des Geldes auf dem Verkäuferkonto erforderlich ist oder ob die rechtzeitige Absendung ausreicht. Für den Fall nicht rechtzeitiger Zahlung können die gesetzlichen oder vertraglich hiervon abweichende Verzugszinsen vereinbart werden.

958

cc) Gewinnabgrenzung und wirtschaftlicher Übergang

Bei einfach gelagerten Sachverhalten, bei denen auch die vom Käufer zu erbringende Gegenleistung gering ist (etwa Verkauf der Geschäftsanteile zu einem geringen Nominalbetrag), findet der wirtschaftliche und dingliche Übergang der Geschäftsanteile am Tag der Beurkundung des Geschäftsanteilskauf- und abtretungsvertrages statt. Bei komplexer gelegenen Sachverhalten ist eine solche Gestaltung demgegenüber nicht sinnvoll. Hier differieren **wirtschaftlicher** und dinglicher[1373] **Übertragungsstichtag** regelmäßig vom Tag der Beurkundung. Hinsichtlich des wirtschaftlichen Übertragungsstichtags sind insoweit zwei Fragenkreise zu unterscheiden: Zum einen ist zu regeln, welcher Vertragspartei noch auszuschüttende Gewinne oder bereits erlittene oder noch eintretende Verluste zuzuordnen sind. Zum anderen muss entschieden werden, ab welchem Zeitpunkt der Käufer die unternehmerische Leitung des Unternehmens übernimmt und infolgedessen Chancen und Risiken des Unternehmens wirtschaftlich dem Käufer zugeordnet werden.

959

(1) Zuordnung noch nicht ausgeschütteter Gewinne

Gem. §§ 29 Abs. 1, 46 Nr. 1 GmbHG entsteht der Gewinnanspruch eines GmbH-Gesellschafters mit der Beschlussfassung der Gesellschafterversammlung über die Ergebnisverwendung. Sind die Gesellschaftsanteile demzufolge dinglich im Moment der Beschlussfassung über die Ergebnisverwendung bereits auf den Käufer übergegangen, ist *gesellschaftsrechtlich* allein dieser im Außenverhältnis zur Gesellschaft gewinnanspruchsberechtigt. Allerdings gewähren §§ 99 Abs. 2, 101 Nr. 2 Halbs. 2 BGB dem Verkäufer ggf. einen Ausgleichsanspruch, da schuldrechtlich ein aufgrund Beschlussfassung über die Ergebnisverwendung auszuschüttender Gewinn zwischen Verkäufer und Käufer zeitanteilig aufzuteilen ist. Die gesetzliche Regelung birgt insbesondere für den auf eine **zeitanteilige Gewinnverteilung** vertrauenden Verkäufer nicht unerhebliche Risiken: Er kann nämlich nach dem dinglichen Übergang der Geschäftsanteile keinen Einfluss mehr auf die Beschlussfassung über die Ergebnisverwendung nehmen. Es liegt allein in der Hand des Käufers, darüber zu beschließen, ob und ggf. in welcher Höhe Gewinne ausgeschüttet, in Rücklagen eingestellt oder auf neue Rechnung vorgetragen werden. Eine (zeitanteilige) Ausgleichsverpflichtung des Käufers nach §§ 99 Abs. 2, 101 Nr. 2 Halbs. 2 BGB setzt eine tatsächliche Ausschüttung des Gewinns voraus,[1374] so dass bei Bildung einer Gewinnrücklage oder eines Gewinnvortrags keine finanzielle Ausgleichsverpflichtung des Käufers entsteht.

960

Vor diesem Hintergrund treffen die Vertragsparteien häufig **abweichende Regelungen von der dispositiven Verteilungsregel** der §§ 99 Abs. 2, 101 Nr. 2 Halbs. 2 BGB. Denkbar ist einerseits, auf

961

1371 GroßkommAktG/*Henze*, § 57 Rn. 80; *Hüffer*, § 57 AktG Rn. 4.
1372 Zum Ganzen eingehend *Hennerkes/Kirchdörfer*, in: FS Lüer, 2008, S. 535, 548 ff.
1373 Zur dinglichen Übertragung vgl. unten Rdn. 995 ff.
1374 BGH, NJW 1995, 1027, 1029.

einen zu definierenden Stichtag eine Zwischenbilanz aufzustellen und die bis dahin angefallenen Gewinne dem Verkäufer und die ab diesem Zeitpunkt anfallenden Gewinne dem Käufer zuzuordnen. Zu beachten ist in diesem Zusammenhang in steuerlicher Hinsicht die einkommensteuerliche Regelung des § 20 Abs. 2a EStG, wonach u. a. Gewinnanteile aus Anteilen an GmbHs steuerlich dem Anteilseigner zugeordnet werden. Anteilseigner ist gem. § 20 Abs. 2a Satz 2 EStG derjenige, dem nach § 39 AO die Anteile an dem Kapitalvermögen zuzurechnen sind. Wenn also Anteilsinhaber eine andere Person ist als die Person, die nach den vertraglichen Vereinbarungen gewinnbezugsberechtigt ist, muss nach § 20 Abs. 2a EStG der Anteilsinhaber die Gewinne versteuern, obwohl er sie im Ergebnis nicht behält. Will sich im Einzelfall der Verkäufer die gesamten Gewinne für das laufende Geschäftsjahr vorbehalten, stellt dies rechtstechnisch eine Rückabtretung des Anspruchs des Erwerbers auf Ausschüttung des Gewinnanteils dar. Der Ausschüttungsanspruch entsteht nämlich erst mit Feststellung des Jahresabschlusses und Fassung des Gewinnverwendungsbeschlusses, also in der Person des Erwerbers, er kann jedoch bereits im Voraus abgetreten werden. Dem Verkäufer stehen bei vertragswidriger Abstimmung dann Schadenersatzansprüche zu.[1375]

962 Um eine Zwischenbilanzierung zu vermeiden, ist es möglich, eine **pauschalierte Vorabausschüttung** des anteiligen Jahresgewinns an den Verkäufer vorzusehen. Derartige Vorabausschüttungen sind möglich, und zwar auch vor Feststellung des Jahresabschlusses zu Lasten des Ergebnisses des Geschäftsjahres, dessen Jahresabschluss noch nicht festgestellt wurde. Eine Ausschüttung ist auch schon vor Ablauf des Geschäftsjahres möglich. Derartige Vorabausschüttungen sind von den Gesellschaftern als Maßnahme der Ergebnisverwendung zu beschließen. Erweist sich die Prognose der späteren Gewinne als unzutreffend, müssten entweder vorhandene Rücklagen aufgelöst oder die Vorabausschüttung zurückgezahlt werden.[1376] Ebenso ist es möglich, nachträglich den Kaufpreis um den dem Verkäufer zustehenden Gewinnanteil zu erhöhen. Beide Verfahren weisen jedoch – wenn sie nicht auf einer Zwischenbilanz basieren – nicht unerhebliche Unsicherheiten auf.[1377] Möglich ist auch eine vollständige Zuweisung der noch nicht ausgeschütteten Gewinne an den Käufer; der Verkäufer wird hierfür im Regelfall eine entsprechende Erhöhung des Kaufpreises in Höhe der bis zum wirtschaftlichen Übergang erwartbar entstehenden Gewinne vereinbaren wollen. Eine entsprechende vertragliche Gestaltung könnte wie folgt lauten:

963 ▶ Formulierungsbeispiel: Gewinnabgrenzung

Sämtliche noch nicht ausgeschütteten Gewinne der Gesellschaft, die auf die verkauften Geschäftsanteile entfallen, stehen dem Käufer zu. Dies gilt auch, soweit die Gewinne in der Zeit vor dem wirtschaftlichen Übertragungsstichtag entstanden sind.

(2) Vereinbarungen zum wirtschaftlichen Übertragungsstichtag

964 Regelmäßig wird der **wirtschaftliche Übergang der Geschäftsanteile** auf ein fixiertes, in der Zukunft liegendes Datum vereinbart, da der wirtschaftliche Übergang zum Einen – jedenfalls bei komplexeren Sachverhalten – eine gewisse Vorbereitungszeit erfordert und zum Anderen auf diesen Tag die erforderlichen steuerlichen und bilanziellen Vorkehrungen getroffen werden können. Ein Hinausschieben des wirtschaftlichen Übergangs des Unternehmens ist zwingend erforderlich, wenn der Unternehmenskauf der deutschen oder europäischen Fusionskontrolle unterliegt, da das kartellrechtliche Vollzugsverbot Regelungen, durch die der Käufer bereits Einfluss auf die Geschäftsführung des verkauften Unternehmens erhält, enge Grenzen setzt. In steuerlicher Hinsicht ist zu beachten, dass auch die steuerlichen Risiken der veräußerten Gesellschaft, welche die Zeit bis zum wirtschaftlichen Übertragungsstichtag betreffen, dem Veräußerer zugewiesen werden. Ferner kann für den Erwerber ein Interesse daran bestehen, dass der Veräußerer, in dem Zeitraum, in dem er formal noch

---

1375 BGH, ZIP 2004, 1551.
1376 Heckschen/Heidinger/*Heckschen/Kreußlein*, Kapitel 7 Rn. 30 ff.
1377 *Büchel/von Rechenberg*, Handels- und Gesellschaftsrecht, 19. Kapitel, Rn. 135.

Inhaber der Gesellschaftsanteile ist, bestimmte Verhaltenspflichten zu erfüllen hat, z.B. alle in diesem Zeitraum erforderlichen Steuererklärungen rechtzeitig abzugeben hat.[1378]

Wurde ein in der **Zukunft liegender wirtschaftlicher Übertragungsstichtag** definiert, hat der Käufer ein Interesse daran, dass der Verkäufer keine Möglichkeit hat, das Unternehmen im zeitlichen Zwischenraum zwischen Abschluss des Kaufvertrags und wirtschaftlicher Übertragung nachteilig zu verändern. Diesem Interesse kann durch Regelungen begegnet werden, dass im Einzelnen zu bezeichnende, besonders wichtige Geschäftsführungsmaßnahmen im Innenverhältnis zum Käufer nur mit dessen Zustimmung vorgenommen werden dürfen.[1379]

▶ Formulierungsbeispiel: Beibehaltung des bisherigen Geschäftsbetriebs bei künftigem wirtschaftlichen Übertragungsstichtag

Der Verkäufer verpflichtet sich, für den Zeitraum ab der Beurkundung dieses Vertrages bis zum Closing-Datum sicherzustellen, dass die Gesellschaft ihren Geschäftsbetrieb im gewöhnlichen Geschäftsbetrieb und im Einklang mit der bisherigen Geschäftspraxis fortführt. Die folgenden Maßnahmen bedürfen der vorherigen Zustimmung des Käufers, sofern sie nicht zum gewöhnlichen Geschäftsbetrieb gehören und im Einklang mit der bisherigen Geschäftspraxis der Gesellschaft stehen:

1. Begründung von Zahlungsverpflichtungen oder Leistung von Zahlungen, die jeweils im Einzelfall einen Betrag von 100.000,00 € übersteigen,
2. Erhöhung der Vergütung (Lohn, Gehalt, Bonus oder sonstige Ansprüche) eines Arbeitnehmers der Gesellschaft oder einer Tochtergesellschaft, es sei denn die Erhöhung ist gesetzlich vorgeschrieben oder findet im Rahmen einer regulären jährlichen Erhöhung der Bezüge zum 1. Januar 2020 statt, sofern die Gesamtsumme der Erhöhung nicht den Betrag von 150.000,00 € übersteigt,
3. Verzicht auf ein Recht oder Erlass einer Forderung von substanziellem Wert,
4. Erwerb einer Beteiligung an einem Unternehmen oder einer Gesellschaft oder Erwerb von Grundstücken oder grundstücksgleichen Rechten,
5. Kündigung eines Anstellungsvertrages oder Abschluss eines Aufhebungsvertrags mit einem Organ der Gesellschaft oder einer Tochtergesellschaft,
6. Abschluss eines Vertrages mit dem Verkäufer oder Übertragung eines Vermögensgegenstandes durch die Gesellschaft an den Verkäufer, sofern dies nicht im gewöhnlichen Geschäftsgang geschieht.

Geläufig sind auch sog. **MAC-Klauseln**,[1380] die den Inhalt haben, dass bei Eintritt bestimmter wesentlicher Veränderungen des von der Gesellschaft betriebenen Unternehmens der Käufer ein Recht zum Rücktritt vom Vertrag oder auf Vertragsanpassung hat. Mit Hilfe von MAC-Klauseln versuchen die Vertragsparteien, die Folgen von Verschlechterungen des Zustands der Zielgesellschaft zu regeln. MAC-Klauseln können auch dazu dienen, dass der Käufer sich für den Fall des Scheiterns der Finanzierung absichert, in dem Bedingungen aus den Finanzierungsverträgen zwischen Banken und Käufer im Unternehmenskaufvertrag reflektiert werden. Insbesondere bei Transaktionen mit einem hohen Fremdkapitalanteil enthalten die Finanzierungsverträge mit den Konsortialbanken häufig eine MAC-Klausel, die der Käufer auch auf die Kaufvertragsebene transportiert sehen möchte, um nicht bei Scheitern der Finanzierung den gesamten Kaufpreis aus eigenem Vermögen aufbringen zu müssen. Rechtstechnisch stellen MAC-Klauseln Modifizierungen der gesetzlichen Risikoverteilung gem. §§ 446 Satz 1, 447 Abs. 1 BGB dar. Nach diesen gesetzlichen Regeln hat der Verkäufer für jegliche Verschlechterung des Kaufgegenstandes bis zum Zeitpunkt des wirtschaftlichen Übergangs einzustehen. Wenn die Parteien eine hiervon abweichende Risikoverteilung vornehmen möchten, müssen sie dies mit entsprechenden ausdrücklichen Abreden tun. Aus den Umständen des Einzelfalles kann sich allerdings ggf. Anlass für eine teleologische Reduktion des Geltungsbereich

---

1378 Vgl. hierzu etwa Beck'sches Handbuch Unternehmenskauf im Mittelstand Teil D, Rn. 395 f.; vgl. hierzu auch Rdn. 971 f.
1379 Beispiele etwa bei *Büchel/von Rechenberg*, Handels- und Gesellschaftsrecht, 19. Kapitel, Rn. 127.
1380 MAC = material adverse change.

der Vereinbarung ergeben, etwa des Inhalts, dass nicht jede Verschlechterung des von der Gesellschaft betriebenen Unternehmens vor dem Zeitpunkt des Besitzübergangs die in der MAC-Klausel vorgesehenen Rechtsfolgen auslösen darf. Liegt dem Käufer etwa weniger daran, mittels der Zielgesellschaft gute Gewinnaussichten zu erwerben, sondern zielt er vielmehr auf den Erhalt bestimmter Vermögensgegenstände ab, ist aus einem Gewinneinbruch nicht in jedem Fall ein material adverse change herzuleiten.[1381] Gleiches gilt für die Üblichkeit von Umsatz- und Ertragsschwankungen. Stellt etwa ein Unternehmen ausschließlich Winterkleidung her, wäre es widersinnig, aus Umsatzminderungen im Zeitraum von Juni bis August auf eine negative Veränderung zu schließen.[1382] Vor diesem Hintergrund wird deutlich, dass MAC-Klauseln regelmäßig Präzisierungen aufweisen sollten, in denen die Parteien bestimmte Ereignisse ausdrücklich als wesentliche Veränderungen definieren (includens) oder ausschließen (carve-outs). Bei derartigen präzisierten MAC-Klauseln ist erkennbar, welche Partei mit welchem Risiko belastet sein soll. Um dem Käufer durch MAC-Klauseln nicht de facto ein freies Rücktrittsrecht einzuräumen, muss der Anwendungsbereich derartiger Klauseln in besonderer Weise eindeutig und klar bestimmt sein. Der Eintritt der tatbestandlichen Voraussetzungen der MAC-Klausel darf nicht durch den Käufer beeinflussbar sein. Als wesentliche nachteilige Ereignisse können beispielsweise solche Ereignisse (mit Ausnahme allgemeiner wirtschaftlicher, politischer und branchentypischer Entwicklungen, von denen nicht nur der Kaufgegenstand betroffen ist) vereinbart werden, die zu einer genau definierten Verringerung des Eigenkapitals oder zu einer genau definierten Negativabweichung des Umsatzes oder des Betriebsergebnisses führen.[1383]

dd) Gewährleistungs- und Garantieregelungen

968 Da die im BGB geregelten kaufrechtlichen Gewährleistungsvorschriften den Besonderheiten beim Kauf von Geschäftsanteilen einer Gesellschaft, die ein Unternehmen betreibt, in wesentlichen Teilen nicht gerecht werden, wird in der Praxis regelmäßig der **vollständige Ausschluss der gesetzlichen Gewährleistungsbestimmungen** vereinbart und diese durch ein eigenes vertragliches Regime ersetzt. Konkret werden in Form selbständiger Garantieversprechen im Sinne von § 311 Abs. 1 BGB die für maßgeblich erachteten Umstände garantiert und es wird im Einzelnen geregelt, welche Rechtsfolgen im Garantiefall eintreten sollen. Klarstellend wird vereinbart, dass diese selbständigen Garantieversprechen im Sinne von § 311 Abs. 1 BGB keine Garantien für die Beschaffenheit der Sache i.S.d. §§ 443, 444 BGB sind, mithin im Garantiefall keine kaufrechtlichen Sanktionen eingreifen, sondern der Käufer nur die im Geschäftsanteilskaufvertrag selbst ausdrücklich geregelten Rechtsfolgen geltend machen kann. Zeitlich werden die Garantieerklärungen entweder auf den Tag des wirtschaftlichen Übergangs des Unternehmens oder den Beurkundungstag bezogen, wobei die erstgenannte Gestaltung den Erklärungsempfänger und die zweitgenannte Lösung den Erklärenden begünstigt. Üblicherweise geben in einem Geschäftsanteilskaufvertrag sowohl Verkäufer als auch Käufer Garantieerklärungen ab. Garantien können jeweils als subjektive Garantien, die auf die Kenntnis des Garanten abstellen, oder objektive Garantien, die unabhängig von einer Kenntnis des Garanten eingreifen, formuliert sein. Eine auf die Kenntnis des Garanten abstellende Garantieerklärung wird den Garantieempfänger nicht selten in Beweisnot bringen, da eine positive Kenntnis des Vertragspartners oder der maßgeblichen Person jedenfalls in der Regel nicht zugestanden wird und im Einzelfall nicht ohne weiteres bewiesen werden kann.

(1) Garantien des Verkäufers

969 In nahezu jedem Geschäftsanteilskaufvertrag finden sich Garantien des Verkäufers zur **Existenz der verkauften Geschäftsanteile sowie zu deren Belastungsfreiheit**. Im Rahmen der gesellschaftsrechtlichen Verhältnisse werden darüber hinaus regelmäßig Garantien betreffend den Inhalt der Satzung der Gesellschaft, zur Vollständigkeit der im Handelsregister ausgewiesenen Eintragungen sowie zum

---

1381 *Kuntz*, DStR 2009, 377, 380.
1382 Beispiel nach *Kuntz*, DStR 2009, 377, 380.
1383 *Büchel/von Rechenberg*, Handels- und Gesellschaftsrecht, 19. Kapitel, Rn. 181.

Bestehen oder Nichtbestehen von Unternehmensverträgen abgegeben. Ob und ggf. inwieweit weitere Garantien, insbesondere solche hinsichtlich des von der Gesellschaft betriebenen Unternehmens abgegeben werden, hängt sehr von der vom Verkäufer durchgeführten Unternehmensprüfung (Due Diligence) und von der jeweiligen Verhandlungsstärke der Vertragsparteien ab. Nicht selten finden sich im Rahmen größerer Unternehmenstransaktionen Garantieerklärungen betreffend die (die letzten 2 oder 3 Geschäftsjahre betreffenden) Jahresabschlüsse der Gesellschaft und deren betriebswirtschaftliche Auswertungen, zu Eigentumsverhältnissen betreffend den von der Gesellschaft genutzten Grundbesitz, zu gewerblichen Schutzrechten, zur Zahl von Arbeitnehmern und deren Arbeitsverhältnissen, zur bisherigen Inanspruchnahme von Subventionen sowie zu anhängigen oder zu besorgenden Rechtsstreitigkeiten.

▶ Formulierungsbeispiel: Verkäufergarantien für gesellschaftsrechtliche Umstände   970

1. Der Verkäufer hat das unbedingte und uneingeschränkte Recht und die Befugnis, diesen Vertrag abzuschließen, zu vollziehen und seine unter diesem Vertrag übernommenen Verpflichtungen zu erfüllen. Der Vollzug und die Erfüllung dieses Vertrages verstoßen nicht gegen rechtliche Verpflichtungen des Verkäufers und können aus keinem Rechtsgrund von Dritten angefochten werden, auch nicht auf der Grundlage von Vorschriften zur Sicherung von Gläubigerrechten.
2. Die Gesellschaft ist nach den auf sie anwendbaren Gesetzen ordnungsgemäß errichtet und besteht wirksam. Die dem Käufer übergebene Satzung mit Notarbescheinigung gemäß § 54 GmbHG vom 30. Juni 2016 ist die derzeit gültige Satzung. Es gibt keine satzungsändernden Gesellschafterbeschlüsse, die nicht im Handelsregister eingetragen sind.
3. Der Verkäufer ist der alleinige rechtliche und wirtschaftliche Inhaber der verkauften Geschäftsanteile. Der Geschäftsanteil ist nicht mit einem Recht Dritter belastet. Die Geschäftsanteile sind voll eingezahlt. Rückzahlungen aus dem zur Erhaltung des Stammkapitals erforderlichen Vermögen sind weder verdeckt noch offen erfolgt und es bestehen keine Nachschusspflichten.
4. Es wurde kein Insolvenzverfahren gegen den Verkäufer oder die Gesellschaft eingeleitet. Es bestehen keine Umstände, nach denen der Verkäufer oder die Gesellschaft dazu berechtigt oder verpflichtet ist, solche Verfahren einzuleiten.
5. Die Jahresabschlüsse (einschließlich der jeweiligen Bilanzen, Gewinn- und Verlustrechnungen und – soweit es nach Handelsgesetzbuch erforderlich ist – der Anhang) der Gesellschaft zum ....., die der Niederschrift als Anlage beigefügt sind, sind zum jeweiligen Bilanzstichtag nach den anerkannten Grundsätzen ordnungsgemäßer Buchführung und Bilanzierung unter Wahrung der Bilanzierungs- und Bewertungskontinuität erstellt worden. Die Jahresabschlüsse geben die Vermögens-, Finanz- und Ertragslage der Gesellschaft vollständig und richtig wieder.

Ein besonderer den Garantieklauseln zuzurechnender Abschnitt wird den **Steuerrisiken** der verkauften Gesellschaft gewidmet. So werden vom Verkäufer regelmäßig Garantien darüber verlangt, dass bis zur Unterzeichnung des Geschäftsanteilskaufvertrags alle notwendigen Steuererklärungen, Anmeldungen und sonstige Erklärungen über Steuern und öffentliche und soziale Abgaben vollständig, zutreffend und fristgerecht abgegeben worden sind, ferner dass alle Steuern einschließlich Verzugszinsen sowie Säumnis- und Verspätungszuschläge bei Fälligkeit bezahlt worden sind und dass diese Umstände bis zum wirtschaftlichen Übergang des Unternehmens unverändert bleiben. In besonderer Weise garantiert wird mitunter auch, dass keine behördlichen oder gerichtlichen Verfahren mit Steuerbehörden anhängig sind oder drohen und keine verdeckten Gewinnausschüttungen vorgenommen wurden und auch nicht bis zum wirtschaftlichen Übergang des Unternehmens werden. Im Hinblick auf den vereinbarten wirtschaftlichen Übertragungszeitpunkt wird häufig vereinbart, dass Steuererstattungen oder -nachzahlungen, die auf Sachverhalten beruhen, die vor dem wirtschaftlichen Übergang des Unternehmens liegen, dem Verkäufer zustehen bzw. von diesem zu tragen sind.   971

972 ▶ Formulierungsbeispiel für eine umfassende Steuerklausel:
1. Steuern im Sinne dieses Vertrages sind
   a) Steuern, Zölle, Gebühren, Beiträge oder sonstige Abgaben im Sinne des § 3 AO, einschließlich Umsatzsteuer, nicht abziehbare Vorsteuern, Grund- und Grunderwerbsteuer, Solidaritätszuschlag, Lohn- und Kapitalertragsteuer,
   b) steuerliche Nebenleistungen im Sinne des § 3 Abs. 4 AO (einschließlich Zinsen und Zuschläge) sowie
   c) Straf- und Bußgelder sowie
   d) Sozialversicherungsabgaben.
2. Der Verkäufer garantiert im Sinne eines selbständigen Garantievertrags nach § 311 Abs. 1 BGB, dass die Gesellschaft bis zum Closing-Datum alle Jahressteuererklärungen und Steueranmeldungen sowie alle sonstigen rechtlich erforderlichen Erklärungen gegenüber den Steuer- und Zollbehörden fristgerecht abgegeben hat bzw. diese bis zum Closing-Datum abgeben wird.
3. Der Verkäufer verpflichtet sich, den Käufer von jeglichen Steuern freizustellen, die sich auf Zeitabschnitte, Handlungen, Ereignisse, Eigentumsverhältnisse oder andere Umstände bis zum Stichtag beziehen und die von der Gesellschaft zu leisten sind (»Vor-Stichtags-Steuern«). Insbesondere verpflichtet sich der Verkäufer, beschränkt auf die vom Käufer empfangenen Leistungen, den Käufer von jeglichen Steuern freizustellen, die daraus resultieren, dass eine Handlung, ein Unterlassen oder eine Vermögensminderung der Gesellschaft bis zum Stichtag steuerlich als im Gesellschaftsverhältnis veranlasst gilt oder steuerlich so behandelt wird, als ob es im Gesellschaftsverhältnis veranlasst wäre, und dieses Gesellschaftsverhältnis direkt oder mittelbar zum Verkäufer besteht (verdeckte Gewinnausschüttung).
4. Eine Freistellungsverpflichtung des Verkäufers besteht nicht, soweit
   a) Vor-Stichtags-Steuern bis zum Stichtag gezahlt sind;
   b) in dem Jahresabschluss der Gesellschaft zum 31. Dezember 2015 für Vor-Stichtags-Steuern Verbindlichkeiten oder Rückstellungen ausgewiesen sind;
   c) Verspätungszuschläge, Säumniszuschläge oder Zinsen durch nicht fristgerechte Abgabe von Steuererklärungen oder nicht fristgerechte Zahlung von Steuern nach dem Closing-Datum entstehen.
5. Erhält der Käufer oder die Gesellschaft eine Steuererstattung/-gutschrift für einen Zeitraum bis zum Stichtag, hat der Käufer den Betrag der Steuererstattung an den Verkäufer zu zahlen, soweit diese nicht im Jahresabschluss der Gesellschaft bis zum Stichtag aktiviert ist. Der Käufer ist verpflichtet, dem Verkäufer binnen zehn Bankarbeitstagen nach Kenntnis über erhaltene derartige Steuererstattungen Mitteilung zu machen.
6. Im Zeitraum nach dem Übertragungsstichtag wird der Käufer sicherstellen und dafür Sorge tragen, dass die Gesellschaft für die Zeiträume bis zum Stichtag alle Steuererklärungen und Steueranmeldungen, aus denen sich ein Freistellungsanspruch des Käufers oder ein Erstattungsanspruch des Verkäufers ergeben kann (»relevante Steuererklärung«), abgibt. Der Käufer hat sicherzustellen und dafür Sorge zu tragen, dass
   a) der Verkäufer mindestens 30 Tage vor Abgabe relevanter Steuererklärungen Gelegenheit erhält, die jeweilige relevante Steuererklärung inhaltlich zu prüfen und
   b) hierzu Stellung zu nehmen.
   Der Verkäufer ist berechtigt, auf eigene Kosten an allen Betriebsprüfungen, insbesondere Abschlussbesprechungen, teilzunehmen. Nach dem Übertragungsstichtag hat der Käufer und die Gesellschaft sicherzustellen und dafür Sorge zu tragen, dass
   a) der Verkäufer über die schriftliche Einleitung von Außenprüfungen, wesentliche schriftliche Anfragen der Finanzbehörden im Rahmen des Erhebungsverfahrens und schriftliche Ankündigungen möglicher Steuernachforderungen, jeweils in Bezug auf Steuern der Gesellschaft bis zum Stichtag, unverzüglich nach Zugang des Schriftstücks der Finanzbehörde informiert und dem Verkäufer Kopien von Schreiben der Finanzbehörden überlassen werden und dass dem Verkäufer oder deren beruflich zur Verschwiegenheit verpflichteten Beratern Gelegenheit gegeben wird, sich an solchen Prüfungen oder Verfahren zu beteiligen,
   b) der Verkäufer über Verwaltungs- und Gerichtsverfahren der Gesellschaft in Bezug auf Steuern bis zum Stichtag informiert wird.

E. Die Übertragung von Geschäftsanteilen   Kapitel 2

7. Weitere steuerliche Garantieversprechen oder steuerliche Freistellungen werden ausdrücklich nicht gegeben. Eine Haftung des Verkäufers gemäß dieser Bestimmung ist insoweit ausgeschlossen, als der Käufer die Unrichtigkeit der Garantie oder eines zur Freistellung berechtigenden Sachverhalts beim Abschluss dieses Vertrages positiv kennt. Fahrlässige oder grob fahrlässige Unkenntnis der Unrichtigkeit einer Garantie bzw. eines zur Freistellung berechtigenden Sachverhalts schließt eine Haftung des Verkäufers demgegenüber nicht aus.

Ist die Gesellschaft, an der Geschäftsanteile verkauft werden, Eigentümerin von **Grundbesitz**, kann es sich empfehlen, besondere Regelungen hinsichtlich möglicher Umweltrisiken zu treffen. Als Eigentümerin des Grundbesitzes ist die Gesellschaft als solche sanierungsverantwortlich, was sich im wirtschaftlichen Ergebnis zu Lasten des Käufers auswirkt, wenn der wirtschaftliche Übergang des Unternehmens auf den Käufer stattgefunden hat. Hier wird der Käufer nicht selten ein Interesse daran haben, dass der Verkäufer mehr oder weniger umfangreiche Garantien über den Zustand des der Gesellschaft gehörenden Grundbesitzes abgibt. Soweit Umweltgutachten existieren, wird der Inhalt dieser Gutachten und dessen Richtigkeit häufig zum Inhalt der Verkäufergarantien gemacht. Je nach Formulierung im Anteilskaufvertrag kann dies dazu führen, dass das Umweltgutachten, dessen Inhalt Gegenstand der Garantie ist, beurkundungspflichtig wird, mithin als Anlage zum Geschäftsanteilskaufvertrag (oder ggf. in einer Bezugsurkunde) zu verlesen ist. Insoweit sind – wie generell bei der Bezugnahme auf gutachtliche Stellungnahmen – verschiedene Konstellationen zu unterscheiden: 973

– Wird lediglich auf ein bestimmt bezeichnetes Gutachten Bezug genommen und ausgeführt, dass dieses dem Käufer übergeben wurde, ohne dass die Richtigkeit von dessen Inhalt garantiert wird, sind lediglich die Bezugnahmeerklärung und die Erklärung zur Übergabe Teil der rechtsgeschäftlichen Vereinbarungen der Vertragsparteien. Dies bedeutet, dass das Gutachten selbst, mag es der Niederschrift zu Identifizierungszwecken auch beigefügt sein, nicht Teil der zu beurkundenden Erklärungen ist und damit nicht verlesen werden muss.
– Wird der Inhalt des Gutachtens in Gänze als zutreffend vom Verkäufer garantiert, ist der Inhalt des Gutachtens Teil der rechtsgeschäftlichen Erklärung des Verkäufers und das Gutachten muss mit beurkundet werden.
– Schwieriger sind die Fälle zu beurteilen, in denen der Verkäufer lediglich die Richtigkeit einzelner Teile des Gutachtens, etwa mit folgender Formulierung, garantiert:

▶ Formulierungsbeispiel: Verweis auf Umweltgutachten 974

Der Verkäufer garantiert, dass die Angaben in Abschnitt III Ziff. 1 des Umweltgutachtens vom 30. Juni 2010, welches dem Käufer in Ablichtung übergeben wurde und der Niederschrift als Anlage beigefügt ist, zutreffend sind.

Hier besteht die rechtsgeschäftliche Erklärung des Verkäufers lediglich in der Bezugnahme und (im garantierenden Teil) nur darin, die Richtigkeit der genannten Bestimmung zu gewährleisten. Gleichwohl ist nicht unzweifelhaft, ob es hier beurkundungsrechtlich zulässig wäre, nur den inhaltlich garantierten Teil des Gutachtens zu verlesen, da dieser Teil Bestandteil einer Gesamtanlage ist, die jedenfalls einen verlesungspflichtigen Teil enthält. § 13 BeurkG sieht eine nur teilweise Verlesung von Dokumenten ausdrücklich nicht vor. Im Gegenteil wird in der beurkundungsrechtlichen Literatur übereinstimmend formuliert, dass die *gesamte Niederschrift*, die aus der Urkunde mit den notwendigen Anlagen besteht, zu verlesen ist.[1384] Aus Gründen äußerster Vorsicht und zur Vermeidung eines anderenfalls möglicherweise bestehenden Unwirksamkeitsrisikos wird der Notar hier in der Regel eine Gesamtverlesung der Anlage vornehmen. 975

▶ Formulierungsbeispiel für eine kurze Grundstücksgewährleistungsklausel: 976

Die Grundstücke und Gebäude sowie sonstige betriebliche Einrichtungen, die von der Gesellschaft benutzt werden oder in ihrem Eigentum stehen, sind nach Wissen des Verkäufers frei von jeglicher Verunreinigung des Bodens, des Grundwassers oder jeder anderen Umweltver-

---

1384 Eylmann/Vaasen/*Limmer*, § 13 BNotO Rn. 11; Keidel/Kunze/*Winkler*, § 13 Rn. 14.

schmutzung, für deren Beseitigung die Gesellschaft zur Verantwortung gezogen werden könnte. Die Gesellschaft hat zu jedem Zeitpunkt und in jeglicher Hinsicht den einschlägigen Gesetzen zum Schutz der Umwelt Folge geleistet. Es liegen hinsichtlich und in Bezug auf die Geschäftstätigkeit der Gesellschaft nach Wissen des Verkäufers keine umweltrechtlichen Sachverhalte vor, aus denen Verluste, Schäden, Ausgaben oder Verbindlichkeiten entstehen könnten.

(2) Garantien des Käufers

977 Der Verkäufer hat ein Interesse daran, vom **Käufer Garantien** zu erhalten, die im wirtschaftlichen Ergebnis darauf hinauslaufen, dass der Verkäufer sicher sein kann, vom Käufer den vereinbarten Kaufpreis zu erhalten. Zu diesem Zweck können vom Verkäufer Garantien des Inhalts verlangt werden, dass der Käufer – sofern es sich bei dem Käufer um eine Gesellschaft handelt – ordnungsgemäß gegründet und als Gesellschaft wirksam bestehend ist, über das Vermögen des Käufers das Insolvenzverfahren weder eröffnet noch beantragt ist und dass der Käufer die erforderlichen Mittel zur Verfügung hat oder erhalten wird, um den Kaufpreis zu zahlen. Gelegentlich garantiert der Käufer ferner, dass sämtliche gesellschaftsintern zu beachtenden Vorbehalte, etwa Gremienvorbehalte, beachtet worden und erfüllt sind.

978 ▶ Formulierungsbeispiel: Garantien des Käufers

Der Käufer garantiert im Sinne eines selbständigen Garantieversprechens, dass die nachstehenden Aussagen mit Wirkung zum Tag des Abschlusses dieses Vertrages und zum Closing-Datum zutreffend sind:

1. Der Käufer ist eine nach deutschem Recht ordnungsgemäß errichtete und bestehende Gesellschaft mit beschränkter Haftung. Die für den Käufer nach Abschluss dieses Vertrages handelnden Personen sind zur Vertretung des Käufers befugt.
2. Der Käufer verfügt über sämtliche für den Abschluss dieses Vertrages und die Durchführung der in diesem Vertrag vereinbarten Maßnahmen gesellschaftsrechtlich erforderlichen Zustimmungen und Beschlüsse. Der Käufer benötigt zum Abschluss dieses Vertrages und zur Durchführung des Closing bis auf etwa erforderliche kartellrechtliche Freigaben keine sonstige behördliche Zustimmung oder die Zustimmung einer anderen Partei.
3. Der Käufer verfügt über ausreichende finanzielle Mittel, um sämtliche Zahlungsverpflichtungen aus diesem Vertrag zu erfüllen. Die Erfüllung der Zahlungsverpflichtungen durch den Käufer berechtigt keinen Dritten, die Wirksamkeit der in diesem Vertrag vereinbarten Transaktion anzugreifen.

(3) Allgemeine Garantiebedingungen

979 Da das im Gesetz geregelte kaufrechtliche Gewährleistungsregime aus den oben angeführten Gründen regelmäßig als nicht sachgerecht angesehen wird, werden zunächst **alle gesetzlichen Ansprüche** des Garantienehmers aus §§ 437 BGB, 313 BGB, 280 Abs. 1, 311 Abs. 2 oder 3 i.V.m. § 241 BGB **ausgeschlossen.** Bei vorsätzlichem Handeln des Garanten ist ein Ausschluss gem. § 276 Abs. 3 BGB nicht möglich und nicht wirksam. Nachdem in diesem Sinne das Feld bereitet wurde, wird nunmehr ein vertragliches Rechtsfolgensystem vereinbart, das ausschließliche Geltung beansprucht. Zunächst wird häufig vorgesehen, dass der Garantienehmer, der einen Garantieanspruch gegen den Garanten zu haben glaubt, den Garanten hiervon in Kenntnis setzen und ihm Gelegenheit geben muss, binnen einer im Vertrag geregelten Frist den vertragsgemäßen Zustand im Wege der Naturalrestitution herzustellen. Ist dies dem Garanten nicht möglich oder kommt er seiner Verpflichtung nicht fristgerecht nach, kann der Garantienehmer Schadensersatz verlangen, wobei der Ersatz von Folgeschäden, insbesondere von entgangenem Gewinn, regelmäßig ausgeschlossen wird. Grundsätzliche Haftungsausschlüsse finden sich häufig für Schäden, für deren Eintritt in zurückliegenden Bilanzen bereits Rückstellungen gebildet worden sind oder für die Versicherungsschutz beansprucht werden konnte und auch gewährt wurde. Inwieweit der Rechtsgedanke des § 442 BGB, wonach die Rechte des Garantienehmers ausgeschlossen sind, wenn er einen nun zum Garantiefall gewordenen Umstand kannte, anzuwenden ist, ist eine Gestaltungsfrage des Einzelfalls. Der Verkäufer hat

natürlich regelmäßig ein Interesse daran, dass seine Haftung für alle offen gelegten Umstände ausgeschlossen ist. Der Käufer wird sich demgegenüber nicht selten auf den Standpunkt stellen, dass nicht sämtliche, ihm im Datenraum offen gelegten Dokumente und Sachverhalte nicht mehr garantiefähig sein sollen. Häufig finden sich differenzierende Regelungen etwa des Inhalts, dass eine von der Kenntnis des Garantienehmers unabhängige Haftung des Garanten hinsichtlich der gesellschaftsrechtlichen Garantien besteht, während im Übrigen, insbesondere hinsichtlich der unternehmensbezogenen Garantien, eine Haftung des Garanten insoweit ausgeschlossen ist, als der Garantienehmer die Unrichtigkeit der Garantie beim Abschluss des Vertrags positiv kannte oder – je nach Verhandlungsstärke des Garantienehmers – grob fahrlässig oder fahrlässig nicht kannte.

Um eine Auseinandersetzung über **Bagatellschäden** zu vermeiden, wird häufig vorgesehen, dass der Garantienehmer nur berechtigt ist, Schadenersatzansprüche geltend zu machen, soweit der geltend gemachte Schaden einen definierten Betrag übersteigt (*Freibetrag*) oder – im Falle des Übersteigens eines definierten Betrages – der Schaden in voller Höhe zu ersetzen ist (*Freigrenze*). Nach oben wird die Schadenersatzpflicht des Garanten häufig auf den Kaufpreisbetrag oder einen Prozentsatz desselben begrenzt. Sind mehrere Verkäufer aufgetreten, kann auch vereinbart werden, dass jeder Verkäufer wiederum nur anteilig für diesen Höchstbetrag in Anspruch genommen werden kann. 980

Schließlich werden die Ansprüche des Garantienehmers einem besonderen **Verjährungsregime** unterworfen. Nicht selten werden hier differenzierende Lösungen des Inhalts gewählt, dass die Garantieansprüche im Allgemeinen nach zum Beispiel 24 Monaten ab dem Closing-Datum verjähren, während Ansprüche aus den gesellschaftsrechtlichen Garantien des Garanten in einer längeren Frist, etwa in 10 Jahren, verjähren. Es sollte ferner klargestellt werden, ob die Regelungen über die Hemmung der Verjährung nach § 203 BGB gelten oder ausgeschlossen werden. 981

▶ Formulierungsbeispiel: Allgemeine Garantiebedingungen 982

1. Soweit in diesem Vertrag nicht ausdrücklich aufgeführt, ist die Haftung des Verkäufers für sämtliche weitergehenden vertraglichen oder gesetzlichen Ansprüche (insbesondere Ansprüche aus unerlaubter Handlung) ausgeschlossen, es sei denn, der Verkäufer hat vorsätzlich gehandelt. Über die in diesem Vertrag ausdrücklich genannten Ansprüche und Verpflichtungen hinaus schließen die Parteien weitere Ansprüche im Zusammenhang mit diesem Vertrag, der Due Diligence oder dem Verkaufsprozess hiermit ausdrücklich aus. Der Käufer kann im Zusammenhang mit der Nichteinhaltung der Garantien keine Ansprüche aus Nacherfüllung, Verzug, Rücktritt, Minderung, Schadenersatz, culpa in contrahendum, positiver Forderungsverletzung oder Anpassung dieses Vertrages auf Grundlage der Störung der Geschäftsgrundlage nach § 313 BGB geltend machen, es sei denn, der Verkäufer handelt vorsätzlich.
2. § 442 BGB findet auf die in diesem Vertrag erklärten Garantien keine entsprechende Anwendung; die Verkäufer haften dementsprechend für die Richtigkeit dieser Garantien, insbesondere hinsichtlich der Inhaberschaft an den verkauften Geschäftsanteilen, trotz etwaiger Kenntnis oder fahrlässiger Unkenntnis des Käufers von derartigen Tatsachen.
3. Garantieansprüche nach diesem Vertrag gegen die Verkäufer verjähren im Allgemeinen nach Ablauf von 36 Monaten. Ansprüche aus Garantien, die sich auf die Rechtsmangelfreiheit der verkauften Geschäftsanteile beziehen, verjähren in fünf Jahren. Der Lauf sämtlicher im Vertrag geregelten Verjährungsfristen beginnt am Closing-Datum. Die Geltung der Regelungen über die Hemmung der Verjährung nach § 203 BGB ist ausgeschlossen.
4. Der Käufer ist nur berechtigt, Garantieansprüche geltend zu machen, soweit 1) der wirtschaftliche Schaden eines einzelnen Anspruchs 50.000,00 € übersteigt oder 2) der gesamte wirtschaftliche Schaden 500.000,00 € übersteigt; in diesen Fällen ist der gesamte Schaden zu ersetzen (»Freigrenze«). Diese Vorschriften gelten nicht für Ansprüche der Käufer wegen Rechtsmängeln der verkauften Geschäftsanteile.

ee) Regelungen zum Closing

Der aus dem angloamerikanischen Rechtskreis stammende Begriff des Closing bezeichnet i.d.R. einen nach dem schuldrechtlichen Abschluss des Kaufvertrags liegenden Zeitpunkt, zu dem bestimmte 983

Handlungen zum Vollzug des schuldrechtlichen Vertrags durch die Parteien vorgenommen werden sollen.[1385] Stellt der Anteilskauf ein anmeldepflichtiges Zusammenschlussvorhaben im Sinne der deutschen oder europäischen Fusionskontrollbestimmungen dar, darf der Vollzug des Vertrags erst erfolgen, nachdem das Zusammenschlussvorhaben von den zuständigen Kartellbehörden freigegeben worden ist oder die maßgeblichen Untersagungsfristen abgelaufen sind, ohne dass eine Untersagung erfolgt ist. Allen Maßnahmen, die den Vollzug des Anteilskaufvertrages vorbereiten sollen, werden durch dieses kartellrechtliche Vollzugsverbot enge Grenzen gesetzt. Zulässig dürften demgegenüber solche Vorbereitungsmaßnahmen sein, die noch nicht zu einer Verlagerung des Unternehmens in die Sphäre des Käufers führen, also etwa Vorbereitungsmaßnahmen, die sich rein in der Verkäufersphäre abspielen, wenn also zum Beispiel der Verkäufer sich verpflichtet, vor dem Closing bestimmte, ihm gehörende, für den Geschäftsbetrieb der Gesellschaft wesentliche Vermögensgegenstände auf die Gesellschaft zu übertragen oder etwaige ihm von der Gesellschaft gewährte Darlehen zurückzuzahlen.[1386] Die umgekehrte Gestaltung, dass die Gesellschaft dem Verkäufer ein von diesem gewährtes Darlehen zurückzahlt, sollte aus den oben dargestellten anfechtungsrechtlichen Gründen regelmäßig nicht gewählt werden.[1387]

984 Regelmäßig sind die in einem Geschäftsanteilskaufvertrag enthaltenen Bestimmungen für das **Closing in zwei Großteile** gegliedert: In einem ersten Teil werden die Bedingungen, unter denen das Closing stattfinden kann, definiert: Hierzu gehört etwa die Vollzugsmöglichkeit nach den anwendbaren kartellrechtlichen Bestimmungen oder das Vorliegen der Akquisitionsfinanzierung durch den Käufer. Für den Fall, dass diese **Closing-Bedingungen** nicht bis zu einem bestimmten Zeitpunkt eingetreten sind, hat jeder Vertragsbeteiligte ein Recht zum Rücktritt vom Geschäftsanteilskaufvertrag.

Wichtig ist, dass der Eintritt der Closing-Bedingungen nicht zur Bedingung für die dingliche Abtretung der verkauften Geschäftsanteile gemacht wird, da der die Abtretung durch Einreichung einer neuen Gesellschafterliste vollziehende Notar regelmäßig nicht in der Lage sein wird, zu überprüfen, ob die Closing-Bedingungen eingetreten sind (z.B., ob eine kartellrechtliche Genehmigung wirksam erteilt wurde). Die Abtretung der Geschäftsanteile wird daher regelmäßig nur unter die aufschiebende Bedingung der vollständigen Kaufpreiszahlung gestellt, die ihrerseits erst nach Eintritt der Closing-Bedingungen zu erfolgen hat.

985 ▶ Formulierungsbeispiel: Closing-Bedingungen

Der Vollzug der in diesem Vertrag vorgesehenen Vereinbarungen (Closing), der am Closing-Datum stattfinden soll, steht unter den folgenden aufschiebenden Bedingungen, auf deren Eintritt die Parteien einvernehmlich verzichten können:

1. Der Verkauf und die Abtretung der verkauften Geschäftsanteile können nach den anwendbaren kartellrechtlichen Bestimmungen des GWB vollzogen werden.
2. Der Vertrag zwischen dem Käufer und der den Käufer bei dieser Transaktion finanzierenden Bank über die Akquisitionsfinanzierung ist rechtswirksam abgeschlossen und die Auszahlungsvoraussetzungen gemäß diesem Vertrag sind erfüllt.
3. Jede Partei hat das Recht, von diesem Vertrag zurückzutreten, wenn die in vorstehendem Absatz genannten Bedingungen nicht bis spätestens zum 30. Juni 2020 erfüllt sind.

986 In einem zweiten Teil wird dann geregelt, welche konkreten **Handlungen beim Closing** vorzunehmen und welche Erklärungen abzugeben sind: An zumeist erster Stelle wird vereinbart, dass der Käufer verpflichtet ist, den Kaufpreis an den Verkäufer zu zahlen und dass der Verkäufer verpflichtet ist, die verkauften Geschäftsanteile an den Käufer abzutreten (sofern dies nicht bereits im Geschäftsanteilskaufvertrag aufschiebend bedingt auf die Kaufpreiszahlung erfolgt ist). Der Notar wird angewiesen, unverzüglich nach Wirksamwerden der Abtretung eine neue Gesellschafterliste

---

1385 *Hommelhoff*, ZHR 150 (1986), 254, 266.
1386 Beispiel nach *Büchel/von Rechenberg*, Handels- und Gesellschaftsrecht, 19. Kapitel, Rn. 239.
1387 Vgl. dazu oben Rdn. 917.

gem. § 40 Abs. 2 GmbHG zum Handelsregister einzureichen. Zu Beweiszwecken wird häufig ein sog. Closing-Memorandum unterzeichnet, welches den Inhalt hat zu bestätigen, dass sämtliche Vollzugsvoraussetzungen eingetreten sind und die Vollzugshandlungen vorgenommen wurden. Dieses Closing-Memorandum bedarf – soweit es nur bestätigenden oder quittierenden Inhalt hat – nicht der notariellen Beurkundung; gleichwohl legen die Parteien häufig auf eine notarielle Beglaubigung der Unterschriften im Interesse einer besseren späteren Dokumentation Wert. Werden die verkauften Geschäftsanteile im Rahmen des Closing erst dinglich abgetreten oder werden vor Abtretung der Geschäftsanteile noch Änderungen des Geschäftsanteilskaufvertrages vereinbart, muss hierfür selbstverständlich die Beurkundungsform eingehalten werden.

▶ Formulierungsbeispiel: Closing-Handlungen   987

Beim Closing werden die Parteien die folgenden Erklärungen abgeben und Handlungen vornehmen:

1. Der Käufer zahlt den Kaufpreis an den Verkäufer.
2. Die Parteien weisen den amtierenden Notar an, eine neue Gesellschafterliste gemäß § 40 Abs. 2 GmbHG zum Handelsregister einzureichen.
3. Die Parteien werden ein Closing-Memorandum unterzeichnen, durch welches der Eintritt der aufschiebenden Bedingungen für die Wirksamkeit der Abtretungen der Geschäftsanteile durch die Zahlung des Kaufpreises bestätigt wird. Mit Erhalt des Closing-Memorandums durch den Notar gelten sämtliche aufschiebenden Bedingungen für die Abtretung der verkauften Geschäftsanteile in jedem Fall als eingetreten.

ff) Sonstige Regelungen

Neben Vertraulichkeits-, Kosten- und salvatorischen Klauseln, deren Formulierung im Regelfall   988
keine größeren Schwierigkeiten stellen, enthalten Geschäftsanteilskaufverträge nicht selten auch **Schiedsklauseln.** Sofern insoweit die Regeln des Deutschen Instituts für Schiedsgerichtsbarkeit (D.I.S.) als maßgeblich vereinbart werden, stellt sich die beurkundungsrechtliche Frage, inwieweit diese Regeln zum zu beurkundenden (und mithin zum zu verlesenden) Teil des Rechtsgeschäftes gehören. Richtigerweise sollte man insoweit auf die *zum Zeitpunkt der Entstehung der Streitigkeit jeweils gültigen* Regeln des Deutschen Instituts für Schiedsgerichtsbarkeit abstellen, da mit dieser Formulierung eine Beurkundungspflicht der gegenwärtigen Regelungen unzweifelhaft vermieden wird.[1388] Wird demgegenüber im Einzelfall starr auf die derzeit geltende Schiedsgerichtsordnung verwiesen, sollte diese vorsorglich – ggf. in einer Bezugsurkunde – mit beurkundet werden.[1389]

Sofern der Geschäftsanteilskaufvertrag – wie häufig – eine Verpflichtung der Parteien enthält, Rechte   989
und Forderungen aus dem Vertrag nicht ohne vorherige schriftliche Zustimmung der jeweils anderen Partei zu übertragen, sollten Übertragungen an verbundene Unternehmen der jeweiligen Partei bzw. den Kaufpreis finanzierende Banken von diesem Vorbehalt ausgenommen sein.

gg) Besonderheiten bei Management-Buy-Outs

Als Management-Buy-Out (MBO) werden Investitionen durch einen (Private-Equity) Investor   990
bezeichnet, bei denen sich das vorhandene Management des Unternehmens selbst gemeinsam mit dem Investor an dem erworbenen Unternehmen beteiligt. Der Investor ist häufig ein Private-Equity-Investor, welcher den Erwerb von Unternehmen mit außerbörslich beschafftem Beteiligungskapital durch hierauf spezialisierte Beteiligungsgesellschaften realisiert. Wird die Übernahme hauptsächlich fremd finanziert, spricht man von einem Leveraged-Management-Buy-Out (LBO). Der Begriff LBO kennzeichnet mithin einen Unternehmenskauf unter Einbeziehung eines hohen Anteils an Fremdkapital zur Begleichung des Kaufpreises. Die Sicherung der Finanzierung durch den Fremdkapitalgeber erfolgt durch die erworbene Gesellschaft selbst oder deren Vermögensgegenstände. Die

---

1388 Ebenso OLG München, DNotZ 2014, 206, 211.
1389 Ebenso DNotI-Report 2014, 169, 170; a.A. *Wachter*, EWiR 2014, 267, 268.

Tilgung der Fremdfinanzierung soll durch Weiterleitung der Gewinnausschüttungen der Zielgesellschaft erfolgen. Die Gewinnerwartung des Investors basiert hier auf dem sogenannten Leverage-Effekt. Dieser setzt voraus, dass der Investor Fremdkapital zur Finanzierung der Investitionen zu günstigeren Konditionen aufnehmen kann als die erworbene Gesellschaft Rendite erzielt. Je höher dann die Aufnahme von Fremdkapital im Verhältnis zum Einsatz von Eigenkapital ist, desto höher ist die Eigenkapitalrentabilität des Investors (Leverage-Effekt).[1390] Allerdings erwerben der Finanzinvestor und die Manager die Zielgesellschaft in der Regel nicht unmittelbar, sondern über eine Beteiligungsgesellschaft (häufig auch »NewCo« genannt), mit deren Zwischenschaltung – neben ggf. angestrebten steuerlichen Effekten – der Hauptzweck verfolgt wird, die Ausübung von Gesellschafterrechten durch den Finanzinvestor einerseits und die Manager andererseits durch Satzungsgestaltungen und Gesellschaftervereinbarungen regeln zu können, ohne derartige Regelungen auf Ebene der Zielgesellschaft treffen zu müssen, was zum Beispiel deswegen unerwünscht sein kann, weil eine einheitliche Führung der Zielgesellschaft durch die NewCo als weniger schwerfällig angesehen wird.

991 Im Bereich des Anteilskaufvertrages weisen ein LBO oder ein MBO keine grundsätzlichen **Besonderheiten gegenüber einem sonstigen Unternehmenskaufvertrag** im Wege des Share Deals auf. Es können die Gewährleistungsregelungen bei einem MBO allerdings den Umstand zu berücksichtigen haben, dass jedenfalls ein Teil der Erwerber, nämlich das Management, genaue Kenntnis über die wirtschaftliche Situation des Unternehmens und die Werthaltigkeit der einzelnen Bilanzpositionen hat. Dies kann zur Folge haben, dass der Verkäufer nicht bereit ist, insoweit irgendwelche Gewährleistungen oder Garantien abzugeben. Häufig beschränkt sich die Gewährleistung des Verkäufers in diesen Fällen darauf, dass er Inhaber der verkauften Gesellschaftsanteile ist und frei über diese verfügen kann. Sollen darüber hinaus gehende Gewährleistungen abgegeben werden, muss berücksichtigt werden, ob eine mögliche Kenntnis der Manager von einzelnen Umständen auch der die Zielgesellschaft erwerbenden NewCo zugerechnet werden soll.[1391] Neben diesen anteilskaufspezifischen Besonderheiten zeichnet sich ein LBO/MBO häufig dadurch aus, dass neben dem Anteilskaufvertrag Gesellschaftervereinbarungen geschlossen werden, welche im Einzelnen regeln, wie die Gesellschafterrechte auf Ebene der NewCo ausgeübt werden sollen.

992 Von besonderer Bedeutung sowohl für den Finanzinvestor als auch für die Manager sind beim MBO Regelungen über das Ausscheiden der Manager aus ihrem Amt oder Anstellungsverhältnis und die Folgen dieses Ausscheidens für die Beteiligung. Solche, meist auf Ebene der NewCo in einer Beteiligungsvereinbarung getroffenen Regelungen haben den Zweck, die gesellschaftsrechtliche Beteiligung des Managers an die Fortdauer seiner Organstellung zu binden. Die diese Abhängigkeit definierenden vertraglichen Bestimmungen werden regelmäßig als **Leaver-Klauseln** bezeichnet. Auf der Tatbestandsseite differenzieren Leaver-Klauseln regelmäßig nach den Gründen des Ausscheidens und der bisherigen Dauer der Beteiligung. Hinsichtlich der Gründe des Ausscheidens wird unterschieden zwischen dem good Leaver und dem bad Leaver. Der ausscheidende Manager ist *good Leaver*, wenn sein Ausscheiden auf unverschuldeten persönlichen Umständen, wie Tod, Alter oder Berufsunfähigkeit beruht oder wenn das Ausscheiden von der Gesellschaft veranlasst ist, ohne dass er hierfür einen wichtigen Grund gesetzt hat. Der Manager ist ein *bad Leaver*, wenn sein Ausscheiden durch einen in seinem Verhalten liegenden Grund veranlasst ist.[1392] Möglich ist es auch, dass ein Manager sich aufgrund seines Verhaltens nach dem Ausscheiden als bad Leaver qualifiziert, wenn er etwa sich nach dem Ausscheiden vertragswidrig verhält (z.B. durch vertragswidrigen Wettbewerb oder durch das verbotene Abwerben von Mitarbeitern). Auf der Rechtsfolgenseite wird alsdann geregelt, welchen Teil der Beteiligung der Manager beim Ausscheiden zurückgeben muss und welche Abfindung er hierfür erhält. Die möglichen Gestaltungen reichen von einer Abfindung lediglich in Höhe des vom Manager investierten Kapitals über die Gewährung einer Mindestverzinsung bis zur

---

1390 Vgl. dazu im Einzelnen *Büchel/von Rechenberg*, Handels- und Gesellschaftsrecht, 19. Kapitel, Rn. 356 ff.
1391 *Büchel/von Rechenberg*, Handels- und Gesellschaftsrecht, 19. Kapitel, Rn. 368 ff.
1392 Vgl. im Einzelnen *Kestle/Heuterkes*, NZG 2009.

Abfindung zum Verkehrswert. Good Leaver wachsen üblicherweise über einen Zeitraum von 5 Jahren mit steigenden Prozentsätzen in Richtung zum Verkehrswert. Bad Leaver erhalten meist lediglich den niedrigeren Betrag aus ihrem investierten Kapital und einem etwaigen niedrigeren Verkehrswert.[1393] Nachdem die Zulässigkeit derartiger Leaver-Klauseln durch zwei Entscheidungen des OLG Düsseldorf[1394] und des OLG Frankfurt am Main[1395] ins Wanken geraten war, war nach den bereits zitierten Entscheidungen des BGH aus den Jahren 2004 – 2007[1396] wieder Rechtssicherheit eingekehrt, da der BGH in diesen Entscheidungen anerkannt hat, dass es auch außerhalb schenkungsrechtlich vorbehaltener Rückforderungsrechte gesellschaftsrechtliche Notwendigkeiten geben kann, die die Vereinbarung von Rückforderungs- und Ausschlussrechten – und damit auch von Leaver-Klauseln – rechtfertigen können. Der BGH hat konkret anerkannt, dass bei Vorliegen eines sachlichen Grundes sogar freie Ausschlussrechte, die auf eine angemessene Zeit befristet sind, zulässig sein können, dann muss es umso mehr zulässig sein, wenn der wirtschaftlich nachvollziehbare und sachgerechte Ansatz, die Beteiligung des Managers an seine Organstellung zu binden, gesellschaftsrechtlich umgesetzt werden soll.[1397] Anknüpfend an die Rechtsprechung des BGH setzt sich auch das OLG München[1398] mit der Zulässigkeit von Ausschlussklauseln auseinander und führt aus, dass gesellschaftsvertragliche Regelungen, die einem Gesellschafter oder einer Gruppe von Gesellschaftern oder der Gesellschaftsmehrheit in einer GmbH das Recht einräumen, einen Mitgesellschafter ohne sachlichen Grund aus der Gesellschaft auszuschließen, grundsätzlich nach § 138 Abs. 1 BGB nichtig seien. Gleiches gelte für neben dem Gesellschaftsvertrag getroffene schuldrechtliche Regelungen, soweit nicht wegen besonderer Umstände ein sachlicher Grund für die freie Ausschließungsmöglichkeit gegeben sei. Im konkreten vom OLG München zu beurteilenden Fall wurde die Sittenwidrigkeit der Regelung angenommen, weil der Ausschluss eines Gesellschafters in Rede stand, der mit 25 % am Stammkapital der Gesellschaft beteiligt war, daher erhebliche Einflussmöglichkeiten in der Gesellschaft hatte und ein erhebliches wirtschaftliches Risiko trug, weshalb die Beteiligung nicht nur als Annex zu seiner Stellung als Geschäftsführer anzusehen sei. Eine solche bloße Annexfunktion der Gesellschaftsbeteiligung sei allenfalls dann anzunehmen, wenn es in Anbetracht der Beteiligung des Gesellschafters an der Gesellschaft und unter Berücksichtigung der Gesellschaftsstruktur praktisch ausgeschlossen sei, dass der Gesellschafter durch sein Stimmverhalten Entscheidungen der Gesellschafterversammlung beeinflussen könne und wenn er kein über das bloße Insolvenzrisiko hinausgehendes wirtschaftliches Risiko übernehme. In der notariellen Praxis wird es zukünftig darum gehen, zu ermitteln und ggf. zu dokumentieren, aus welchen Gründen die im konkreten Fall gewählte Leaver-Regelung angemessen und nicht sittenwidrig ist. Maßgebliche Gesichtspunkte können insoweit z.B. die besondere Bedeutung der Geschäftsführertätigkeit des Gesellschafters für die Gesellschaft und deren Erfolg sein sowie das gemeinsame Verständnis der Beteiligten, dass der Investor mit seinem Investment ein Risikogeschäft eingeht, dessen Erfolg zu einem sehr erheblichen Teil von einer weiteren erfolgreichen Geschäftsführertätigkeit des Gründers abhängig ist. Bei der Formulierung von Leaver-Klauseln sollte zudem darauf geachtet werden, dass ein möglicher Streit über das Vorliegen der tatbestandlichen Voraussetzungen der Leaver-Klausel nach Möglichkeit nicht zu einem Streit über die Wirksamkeit des Ausscheidens des Gesellschafters – und damit zu einem die Gesellschaft möglicherweise lähmenden Streit über die Gesellschaftszugehörigkeit einzelner Personen – führen sollte. Dies bedeutet konkret, dass bei einer Leaver-Klausel – wenn sie als Angebot des Managers an den Finanzinvestor auf Abtretung der Beteiligung des Managers an den Finanzinvestor gerichtet ist – die Annahmebefugnis des Finanzinvestors unabhängig vom tatsächlichen Vorliegen der tatbestandlichen Voraussetzungen der Leaver-Klausel besteht. Dieses Ziel wird etwa verfehlt, wenn es in der Leaver-Klausel heißt, dass der Finanzinvestor das

---

1393 Vgl. im Einzelnen *Kestle/Heuterkes*; NZG 2005, 289, 291.
1394 OLG Düsseldorf, ZIP 2004, 1804.
1395 OLG Frankfurt am Main, NZG 2004, 914.
1396 BGH, NJW 2004, 2013 (Laborarztentscheidung); BGH, ZIP 2005, 706 (Paketdienstentscheidung); BGH, RNotZ 2005, 610 (Media-Markt-Entscheidung).
1397 Im Ergebnis ebenso *Kestle/Heuterkes*, NZG 2005, 289, 292 f.
1398 OLG München, Urt. v. 13.05.2020 – 7 U 1844/19, NZG 2020, 903.

entsprechende Angebot des Managers annehmen *kann*, wenn die Voraussetzungen der Leaver-Klausel vorliegen. Richtigerweise wird man in der Weise zu formulieren haben, dass der Finanzinvestor dieses Angebot nur annehmen *darf*, wenn die Voraussetzungen der Leaver-Klausel vorliegen und dass ein möglicher Streit über das Vorliegen der Annahmebefugnis lediglich das Innenverhältnis zwischen Manager und Finanzinvestor betrifft, die Wirksamkeit der Annahme der Abtretung im Außenverhältnis jedoch unberührt lässt. Enthält die Leaver-Klausel zugleich das Angebot auf eine (dingliche) Abtretung von Geschäftsanteilen, muss in einer dem dinglichen Bestimmtheitsgrundsatz genügenden Weise bestimmt sein, auf welche Geschäftsanteile des Managers sich die Abtretung genau bezieht. Diese Forderung ist einfach zu erfüllen, wenn sich die Abtretung auf sämtliche vom Manager gehaltenen Geschäftsanteile bezieht. Darf der Manager jedoch einen Teil seiner Geschäftsanteile behalten (z.B. weil er seine Tätigkeit über einen längeren Zeitraum beanstandungsfrei ausgeübt hat), muss eindeutig geregelt sein, welche Geschäftsanteile der Abtretung unterliegen. Diese Geschäftsanteile können entweder mit ihren laufenden Nummern bezeichnet oder so beschrieben werden, dass bei Vorliegen der Annahmevoraussetzungen klar ist, auf welche Geschäftsanteile sich das Angebot bezieht. Eine diesen Gesichtspunkten Rechnung tragende Leaver-Klausel könnte etwa folgenden Wortlaut haben:

993 ▶ **Formulierungsbeispiel: Leaver-Klausel**

Bad Leaver Klausel

1. Der Manager bietet dem Finanzinvestor den Erwerb des vorbezeichneten von dem Manager gehaltenen Geschäftsanteils mit der laufenden Nummer 1 an. Dieses Angebot darf von dem Finanzinvestor nur angenommen werden, wenn einer der folgenden Fälle vorliegt:
   - jegliche Beendigung des Anstellungsverhältnisses oder der Organstellung des Managers zur Gesellschaft oder
   - Stellung eines Antrags auf Eröffnung des Insolvenzverfahrens über das Vermögen des Managers oder
   - der Manager ist einer Maßnahme der Zwangsvollstreckung in den Geschäftsanteil unterworfen und eine etwaige Zwangsmaßnahme wird nicht binnen zwei Monaten nach Eintritt wieder aufgehoben oder
   - der Manager hat eine wesentliche Verpflichtung gegenüber der Gesellschaft oder dem Finanzinvestor schuldhaft verletzt.
2. Die Beteiligten sind einig, dass die vorstehend beschriebenen Voraussetzungen für die Annahme des Angebots des Managers nur das Innenverhältnis zwischen dem Manager und dem Finanzinvestor betreffen und die Wirksamkeit der Annahme des Angebots im Außenverhältnis unberührt lassen, mithin die Annahme des Angebots durch den Finanzinvestor auch dann wirksam ist, wenn die Voraussetzungen zur Annahme nicht vorliegen oder streitig sind.

Good Leaver Klausel

1. Der Manager bietet dem Finanzinvestor den Erwerb des vorbezeichneten von dem Manager gehaltenen Geschäftsanteils mit der laufenden Nr. 1 an. Dieses Angebot darf von dem Finanzinvestor nur angenommen werden, wenn einer der folgenden Fälle vorliegt:
   - der Manager verstirbt oder
   - die Erwerbsfähigkeit des Managers gemäß § 43 SGB VI in vollem Umfang gemindert ist oder
   - wenn eine Mitverkaufsverpflichtung gegenüber dem Finanzinvestor besteht oder
   - der Manager sein Mitverkaufsrecht gegenüber dem Finanzinvestor ausgeübt hat.
2. Die Beteiligten sind einig, dass die vorstehend beschriebenen Voraussetzungen für die Annahme des Angebots des Managers nur das Innenverhältnis zwischen dem Manager und dem Finanzinvestor betreffen und die Wirksamkeit der Annahme des Angebots im Außenverhältnis unberührt lassen, mithin die Annahme des Angebots durch den Finanzinvestor auch dann wirksam ist, wenn die Voraussetzungen zur Annahme nicht vorliegen oder streitig sind.

(Zu ergänzen sind weitere Bestimmungen über Annahmefristen und über das an den Manager jeweils zu zahlende Entgelt).

E. Die Übertragung von Geschäftsanteilen

Die wirklichen **gesellschaftsrechtlichen Schwierigkeiten bei einem LBO**, bei dem also die erworbene Gesellschaft aus ihrem Cash-Flow die vom Erwerber zur Aquisition aufgenommenen Schulden tilgt und auch Sicherheit für dessen aufgenommenes Darlehen stellt, bestehen indes weniger in einer angemessenen Gestaltung des Geschäftsanteilskaufvertrages, sondern vielmehr in der gebotenen Vermeidung einer Gesellschafterhaftung. Die in der Entscheidungspraxis des BGH entwickelte Rechtsfigur des existenzvernichtenden Eingriffs als Grundlage einer besonderen Gesellschafterhaftung, die der BGH erstmals in der Entscheidung *Bremer Vulkan*[1399] entwickelt und dann in der Angelegenheit *KBV*[1400] konkretisiert hat, hat auch die Frage aufgeworfen, ob und ggf. inwieweit eine Haftung aus existenzvernichtendem Eingriff auch LBO-Finanzierungen bedrohen könnte.[1401] In derartigen Fällen ist in ganz besonderer Weise darauf zu achten, dass es nicht zu Eingriffen in die Existenz der Gesellschaft kommt und in steuerlicher Hinsicht von der Gesellschaft keine verdeckte Gewinnausschüttung an den Gesellschafter erfolgt.[1402]

III. Die dingliche Abtretung des Geschäftsanteils

Die **Abtretung des Geschäftsanteils** erfolgt in Erfüllung der vereinbarten schuldrechtlichen Verpflichtungen und bedarf gem. § 15 Abs. 3 GmbHG der notariellen Beurkundung.[1403] Je nach Sicherungsbedürfnis des Verkäufers wird die Abtretung bereits im Geschäftsanteilskauf- und -übertragungsvertrag, und zwar aufschiebend bedingt durch die vollständige Kaufpreiszahlung durch den Käufer, vereinbart oder einer selbständigen, am Closing-Datum zu errichtenden Abtretungsurkunde vorbehalten. Wählen die Beteiligten den Weg einer bereits im Anteilskaufvertrag vereinbarten aufschiebend bedingten Abtretung, müssen die aufschiebenden Bedingungen so formuliert und ihr Eintritt so dokumentierbar sein, dass auch zu einem späteren Zeitpunkt jederzeit nachvollziehbar ist, dass alle aufschiebenden Bedingungen eingetreten waren. Gelegentlich werden in Geschäftsanteilskauf- und -abtretungsverträgen allerdings eine Vielzahl von Bedingungen für die Abtretung aufgenommen, bei denen im Nachhinein nicht immer mit letzter Sicherheit wird festgestellt werden können, ob die Bedingung tatsächlich eingetreten war. Wird z.B. der Abschluss eines weiteren Vertrages, z.B. eines Mietvertrages, als Vollzugsbedingung (und zugleich als aufschiebende Bedingung für die Abtretung des Geschäftsanteils) vereinbart, so führt eine Unwirksamkeit dieses Vertrages (z.B. ein Formfehler bei dem Abschluss des Mietvertrages) dazu, dass auch die Abtretung des Geschäftsanteils nicht wirksam geworden ist. In derartigen Fällen spricht vieles dafür, dass eine ergänzende Bestimmung aufgenommen wird, nach der die Beteiligten sich verpflichten, dem Notar den Eintritt der aufschiebenden Bedingungen schriftlich zu bestätigen und der Notar angewiesen wird, nach Erhalt dieser Bestätigung eine neue Gesellschafterliste einzureichen sowie ferner zu vereinbaren, dass sämtliche aufschiebenden Bedingungen auch dann als eingetreten gelten, wenn die von dem amtierenden Notar eingereichte neue Gesellschafterliste im Handelsregister aufgenommen wurde. Mit einer derartigen Regelung werden spätere Unsicherheiten darüber, ob jede einzelne Bedingung wirklich eingetreten war, vermieden. Der sicherste Weg aus Sicht des Verkäufers ist selbstverständlich der einer separaten und selbständigen Abtretung der Geschäftsanteile Zug um Zug gegen Kaufpreiszahlung am Closing-Datum; der für die Beteiligten hiermit verbundene Wermutstropfen liegt im Anfall einer weiteren (0,5) Notargebühr für die Beurkundung der isolierten Abtretung.

1399 BGHZ 149, 10; dazu *Altmeppen*, NJW 2001, 3622; NJW 2001, 3577; *Ulmer*, ZIP 2001, 2021.
1400 BGHZ 151, 181.
1401 Vgl. etwa *Diem*, ZIP 2003, 1283; *Schrell/Kirchner*, BB 2003, 1151.
1402 Vgl. dazu *Weisel/Klumpp*, Der Unternehmenskauf, 13. Kapitel, Rn. 19.
1403 Vgl. dazu oben Rdn. 878 ff.

1. Abtretungsbeschränkungen

996 Ist in der Satzung der GmbH bestimmt, dass die Abtretung des Geschäftsanteils einer Zustimmung bedarf, handelt es sich hierbei um eine **Vinkulierung im Sinne von § 15 Abs. 5 GmbHG**.[1404] Derartige Vinkulierungen oder Zustimmungsvorbehalte können mit dinglicher Wirkung **nur in der Satzung der Gesellschaft** vereinbart werden, **nicht** jedoch in satzungsbegleitenden **Gesellschaftervereinbarungen**. Abtretungsvereinbarungen im Sinne von § 15 Abs. 5 GmbHG sind nämlich eine Ausnahme von der freien Übertragbarkeit von Geschäftsanteilen – und damit letztlich eine Ausnahme von § 137 BGB –, die ihre Grundlage nach dem eindeutigen Wortlaut von § 15 Abs. 5 GmbHG in der Satzung haben muss. Zustimmungsvorbehalte, die in satzungsbegleitenden Gesellschaftervereinbarungen enthalten sind, haben demzufolge keine dingliche Wirkung, hindern also einen Übergang des Geschäftsanteils auf den Erwerber im Falle ihrer Nichtbeachtung nicht, sondern begründen lediglich eine Schadenersatzpflicht desjenigen, der den in der Gesellschaftervereinbarung enthaltenen Zustimmungsvorbehalt nicht beachtet hat. Wird eine Vinkulierung also zunächst lediglich in einer satzungsbegleitenden Gesellschaftervereinbarung begründet, sollte ergänzend die Verpflichtung der Parteien der Gesellschaftervereinbarung aufgenommen werden, die Vinkulierung in die Satzung der Gesellschaft aufzunehmen.

997 Liegt eine nach dem vorstehend Gesagten dinglich erforderliche Zustimmung nicht vor, ist die **Abtretung schwebend unwirksam.** Die Beteiligten sind für eine angemessene Frist an den Abtretungsvertrag gebunden. Schuldrechtlich trifft den Veräußerer in der Regel die Pflicht, alles ihm Mögliche und Zumutbare zu unternehmen, um die erforderliche Zustimmung herbeizuführen. Zur Erfüllung dieser Pflicht kann der Erwerber ihm eine angemessene Frist setzen.[1405] Wird die Zustimmung versagt, ist der Abtretungsvertrag endgültig unwirksam. Die Unwirksamkeit bezieht sich indes nur auf den dinglichen Abtretungsvertrag, nicht auf die schuldrechtlichen Vereinbarungen. Wegen der rechtsgestaltenden Wirkung der Versagung der Zustimmung kann der bereits geschlossene Abtretungsvertrag auch nicht nachfolgend noch durch eine spätere Zustimmung Wirksamkeit erlangen. Es bedarf vielmehr einer Neuvornahme der Abtretung oder deren Bestätigung nach § 141 BGB.[1406] Wird die Zustimmung erteilt, wird die Abtretung wirksam; die Wirksamkeit tritt ex tunc auf den Zeitpunkt der Abtretung ein.[1407] Zwischenverfügungen des Veräußerers sind dem Erwerber gegenüber unwirksam (§ 184 Abs. 2 BGB), solche des Erwerbers werden mit Rechtserwerb durch diesen wirksam (§ 185 Abs. 2 BGB). Die Nichtbeachtung eines satzungsgemäßen Vinkulierungsvorbehaltes kann auch nicht im Wege des gutgläubigen Erwerbs gem. § 16 Abs. 3 GmbHG überwunden werden, da sich der Gutglaubensschutz dieser Vorschrift nur auf die Anteilsinhaberschaft Desjenigen bezieht, der in der zuletzt im Handelsregister aufgenommenen Gesellschafterliste als Gesellschafter ausgewiesen ist, nicht jedoch auf die Vinkulierungsfreiheit der Geschäftsanteile.[1408]

998 Es ist selbstverständlich auch möglich, dass die Satzung die Abtretbarkeit eines Geschäftsanteils vollkommen ausschließen kann. Den Gesellschaftern verbleibt in diesem Fall ein Austritts- oder Kündigungsrecht aus wichtigem Grund (§ 34 GmbHG).[1409] Die folgenden Zustimmungserfordernisse sind zu unterscheiden:

a) Genehmigung der Gesellschaft

999 Gem. § 15 Abs. 5 GmbHG kann der Gesellschaftsvertrag die Abtretung der Geschäftsanteile insbesondere von der **Genehmigung der *Gesellschaft*** abhängig machen. Der Begriff der Genehmigung

---

1404 Zur Frage, inwieweit der Abschluss von Treuhandverträgen derartigen Vinkulierungsklauseln unterfällt, vgl. oben Rdn. 934.
1405 Michalski/*Ebbing*, systematische Darstellung 7, § 15 GmbHG Rn. 158.
1406 Michalski/*Ebbing*, systematische Darstellung 7, § 15 GmbHG Rn. 156.
1407 Scholz/*Winter*, § 15 Rn. 100.
1408 Vgl. nur *Hamann*, NZG 2007, 492, 494; Heckschen/Heidinger/*Heidinger/Bloth*, Kapitel 13 Rn. 201; Schockenhoff/*Höder*, ZIP 2006, 1841, 1844.
1409 Michalski/*Ebbing*, systematische Darstellung 7, § 15 GmbHG Rn. 138.

entspricht dem der Zustimmung im Sinne von §§ 182 ff. BGB und umfasst sowohl die zeitlich vor der Abtretung erteilte Einwilligung als auch die nach der Abtretung erteilte Genehmigung.[1410] Die Zustimmung der Gesellschaft wird im Außenverhältnis von deren Geschäftsführer, bei mehreren in vertretungsberechtigter Zahl, erteilt. Inwieweit die Geschäftsführer vor Erteilung der Zustimmung im Außenverhältnis einen Gesellschafterbeschluss einholen müssen, hängt von der konkreten Ausgestaltung der Satzung ab, wird aber nicht selten der Fall sein.[1411]

Eine die Notwendigkeit eines vorherigen Gesellschafterbeschlusses missachtende Erteilung der Zustimmung durch die Geschäftsführer ist im Außenverhältnis grundsätzlich wirksam. Außenwirkung kann diese **Missachtung der gesellschaftsinternen Zuständigkeitsregelungen** nur nach Maßgabe der Regelungen über den Missbrauch der Vertretungsmacht erlangen. Ein solcher wird regelmäßig nur vorliegen, wenn dem Erwerber das Fehlen einer Zustimmung der Gesellschafter im Innenverhältnis evident ist.[1412] 1000

b) Zustimmung der Gesellschafter

Die Satzung kann auch vorsehen, dass eine Zustimmung **aller oder einzelner Gesellschafter** für die Wirksamkeit der Abtretung erforderlich ist. In diesen Fällen ist nicht der Geschäftsführer für die Erteilung der Zustimmung zuständig, sondern diese kann allein durch den oder die Zustimmungsberechtigten erklärt werden, die hierfür allerdings auch den Geschäftsführer bevollmächtigen können.[1413] Formuliert die Satzung, dass die Zustimmung »der Gesellschafter« erforderlich ist, wird man hierunter nicht nur eine Zustimmung durch Beschluss der Gesellschafterversammlung mit einfacher oder qualifizierter Mehrheit zu verstehen haben, sondern eine Zustimmung *aller Gesellschafter* verlangen müssen. Wirksamkeitsvoraussetzung für die Abtretung ist dann ein von sämtlichen Gesellschaftern gefasster einstimmiger Beschluss oder die Erklärung der Zustimmung durch jeden einzelnen Gesellschafter bzw. durch die Gesellschafter, die an der einstimmigen Beschlussfassung nicht teilgenommen haben.[1414] Hat die Gesellschafterversammlung allerdings einstimmig unter Mitwirkung sämtlicher Gesellschafter zugestimmt, so ist eine zusätzliche Zustimmung jedes einzelnen Gesellschafters durch separate Erklärung nicht mehr erforderlich. Selbst wenn eine derartige Satzungsbestimmung den Sinn hat, allen Gesellschaftern ein individuelles Mitgliedschaftsrecht einzuräumen, wurde dieses Mitgliedschaftsrecht im Rahmen des von allen Gesellschaftern einstimmig gefassten Gesellschafterbeschlusses beachtet und ausgeübt. 1001

c) Zustimmung der Gesellschafterversammlung

Die Satzung kann auch die **Zustimmung der Gesellschafterversammlung** als Abtretungsvoraussetzung vorsehen. Dieses Zustimmungserfordernis kann auch neben die Notwendigkeit der Zustimmung der Gesellschaft treten. Bei der Zustimmung der Gesellschafterversammlung muss die Erteilung der Zustimmung durch die Gesellschafterversammlung selbst erfolgen oder durch eine von dieser bevollmächtigte Person, etwa den Geschäftsführer. Ohne eine derartige Bevollmächtigung kann der Geschäftsführer die Zustimmung nicht erteilen.[1415] Der Beschluss der Gesellschafterversammlung ist mangels abweichender Satzungsregelung mit einfacher Mehrheit zu fassen (§ 47 Abs. 1 GmbHG), wobei die Beteiligten des Geschäftsanteilskaufvertrages nicht nach § 47 Abs. 4 GmbHG von der Abstimmung ausgeschlossen sind.[1416] Da die Zustimmung eine empfangsbedürftige Willenserklärung ist, ist weitere Voraussetzung für eine wirksame Zustimmung auch, dass die Zustimmungsentscheidung entweder dem Veräußerer oder dem Erwerber des Geschäftsanteils mitgeteilt 1002

1410 Michalski/*Ebbing*, systematische Darstellung 7, § 15 GmbHG Rn. 140.
1411 Heckschen/Heidinger/*Heidinger/Bloth*, Kapitel 13 Rn. 61.
1412 Roth/Altmeppen/*Altmeppen*, § 15 Rn. 59.
1413 Michalski/*Ebbing*, systematische Darstellung 7, § 15 GmbHG Rn. 150.
1414 Michalski/*Ebbing*, systematische Darstellung 7, § 15 GmbHG Rn. 151.
1415 Michalski/*Ebbing*, systematische Darstellung 7, § 15 GmbHG Rn. 148.
1416 Roth/Altmeppen/*Altmeppen*, § 15 Rn. 63.

wurde. Die Zustimmung kann auch konkludent erteilt werden, zum Beispiel indem die Gesellschafter den Erwerber in einer Gesellschafterversammlung vorbehaltlos als neuen Gesellschafter akzeptieren[1417] (vorausgesetzt allerdings, dass der neue Gesellschafter auch schon in die aktuelle Gesellschafterliste eingetragen ist).

d) Die Zustimmung sonstiger Gesellschaftsorgane oder gesellschaftsfremder Dritter

1003 Die Wirksamkeit der Abtretung des Geschäftsanteils kann auch von der **Zustimmung eines sonstigen Gesellschaftsorgans**, etwa eines Beirats, abhängig gemacht werden. In diesem Fall muss der Beiratsvorsitzende (oder im Falle des Aufsichtsrats der Aufsichtsratsvorsitzende) die Zustimmung im Außenverhältnis aufgrund eines im Innenverhältnis gefassten Beschlusses erklären.

1004 Inwieweit die Wirksamkeit der Abtretung auch von der **Zustimmung eines gesellschaftsfremden Dritten** abhängig gemacht werden kann, ist umstritten. Während die herrschende Meinung auch einen Zustimmungsvorbehalt zu Gunsten eines gesellschaftsfremden Dritten als wirksame Abtretungsbeschränkung ansieht,[1418] ist es nach anderer Ansicht nicht zulässig, einem gesellschaftsfremden Dritten ein derartiges Recht einzuräumen. Es sei lediglich zulässig, dass sich die Gesellschaft gegenüber dem Dritten schuldrechtlich verpflichtet, eine ihr satzungsgemäß zustehende Genehmigungsbefugnis nicht ohne Befragen oder ohne Zustimmung des Dritten auszuüben.[1419]

1005 ▶ Checkliste: Vinkulierungen
  ☐ Enthält die Satzung der Gesellschaft eine Vinkulierungsklausel?
  ☐ Wer muss nach der Anteilsabtretung nach dem Inhalt der Vinkulierungsklausel exakt zustimmen?
  ☐ Ist die erteilte Zustimmung durch Zugang wirksam geworden?

2. Der gutgläubige Erwerb durch den Käufer

1006 § 16 Abs. 3 GmbHG erlaubt nunmehr den gutgläubigen Erwerb von Geschäftsanteilen. Der Gesetzgeber beschreibt in der Gesetzesbegründung zutreffend, dass der **Erwerber eines Geschäftsanteils nach früherem Recht das Risiko** eingehe, dass der Anteil einem anderen als dem Veräußerer zustehe. In der Praxis hatte der Erwerber zwei Möglichkeiten, dieses Risiko zu minimieren. Entweder er überprüft die dem Anteilserwerb des Veräußerers vorangehenden Abtretungsvorgänge im Einzelnen oder er lässt sich die Anteilsinhaberschaft des Veräußerers von diesem garantieren. Im Ergebnis konnte der Erwerber in beiden Fällen, wenn der Veräußerer nicht Inhaber des Geschäftsanteils gewesen ist, den Geschäftsanteil nicht wirksam erwerben. Hat der Erwerber das von der Gesellschaft betriebene Unternehmen bereits nach seinen Vorstellungen umgestaltet, kann die Rückabwicklung des Anteilskaufvertrages oft mit erheblichen Schwierigkeiten verbunden sein. Das MoMiG möchte diesen Schwierigkeiten nun dadurch begegnen, dass der Gesellschafter, der über eine gewisse Zeit unbestritten in der im Handelsregister aufgenommenen Gesellschafterliste ausgewiesen ist, nicht nur gegenüber der Gesellschaft legitimiert ist, sondern auch gegenüber Dritten Vertrauensschutz genießt. Ziel ist es, den am Abtretungsvorgang Beteiligten die Mühen, Kosten und Unsicherheiten der mitunter sehr aufwendigen Prüfung einer langen Abtretungskette zu ersparen und ihnen Rechtssicherheit über längere Zeiträume zu gewähren. Demzufolge sieht die Neuregelung vor, dass der **gute Glaube an die *Verfügungsberechtigung*** auf der Basis der Eintragung in der im Handelsregister aufgenommenen Liste geschützt ist. Im Einzelnen hat die Möglichkeit des gutgläubigen Erwerbs nach § 16 Abs. 3 folgende Voraussetzungen:

1417 Vgl. zu einen ähnlichen Fall BGH, ZIP 2006, 1343.
1418 Baumbach/Hueck/*Fastrich*, § 15 Rn. 37; Lutter/Hommelhoff, § 15 Rn. 23; Michalski/*Ebbing*, § 15 Rn. 152.
1419 Scholz/*Winter*, § 15 Rn. 91.

E. Die Übertragung von Geschäftsanteilen

a) Eintragung des Veräußerers in die Gesellschafterliste

Der **Veräußerer muss als Inhaber** des Geschäftsanteils in der im Handelsregister aufgenommenen Gesellschafterliste eingetragen sein, obwohl er materiell-rechtlich nicht Inhaber des Geschäftsanteils ist (Rechtsscheinstatbestand). Die Gesellschafterliste muss entweder vom Geschäftsführer der Gesellschaft (im Fall des § 40 Abs. 1 Satz 1) oder von einem Notar (im Fall des § 40 Abs. 2 Satz 1) unterschrieben worden sein. Inwieweit eine fehlende Authentizität der Unterschrift einem gutgläubigen Erwerb entgegensteht, ist nicht leicht zu beantworten. Jedenfalls wird das Handelsregister eine Überprüfung der Identität des Unterzeichners und der Authentizität der Unterschrift im Regelfall nicht vornehmen.[1420] Auch eine gefälschte Liste wird als geeigneter Rechtsscheinsträger angesehen.[1421] Nicht unzweifelhaft ist auch, in welche der beiden genannten Kategorien eine Gesellschafterliste einzuordnen ist, die weder vom Geschäftsführer der Gesellschaft noch von einem deutschen Notar unterzeichnet worden ist, sondern – im Falle der Auslandsbeurkundung der Abtretung von Geschäftsanteilen – von einem ausländischen Notar. Zum Einen ist nicht unzweifelhaft, ob ein ausländischer Notar befugt ist, die nach § 40 Abs. 2 Satz 2 geforderte Bescheinigung zu erteilen; der BGH hat in diesem Zusammenhang nur entschieden, dass ein Schweizer Notar, der eine Abtretung beurkundet hat, für die Einreichung einer entsprechenden Gesellschafterliste nicht offenkundig unzuständig sei. Die Bescheinigung nach § 40 Abs. 2 Satz 2 GmbHG ähnelt in ihrem Rechtscharakter der Satzungsbescheinigung nach § 54 oder § 181 AktG; die Bescheinigung dient dazu, *im Interesse der Öffentlichkeit* Transparenz über die Anteilseignerstruktur zu schaffen. Es spricht vieles dafür, dass dieses öffentliche Interesse nur durch Einschaltung einer deutschen Hoheitsperson, die mit der Wahrnehmung dieser Aufgabe vertraut ist, hinreichend gewahrt ist. Demzufolge dürfte es konsequent sein, wenn auch die einen gutgläubigen Erwerb ermöglichende **Bescheinigung des § 40 Abs. 2 Satz 2 nur von einem deutschen Notar** erstellt werden kann. Hier bleibt die weitere Entwicklung abzuwarten. Grundsätzlich dürfte es – da § 16 Abs. 3 GmbHG eine Vorschrift im Interesse schutzwürdiger Dritter ist – für die Rechtsscheinswirkung einer fehlerhaften Liste darauf abzustellen sein, ob ein Dritter die Fehlerhaftigkeit ohne weiteres erkennen konnte. Mit dem Schutzgedanken des § 16 Abs. 3 GmbHG nicht vereinbar wäre es, einem Dritten irgendwelche Nachforschungspflichten aufzuerlegen. Demzufolge ist geeigneter Rechtsscheinsträger jede Liste, die die formellen Anforderungen des § 40 Abs. 1 oder Abs. 2 GmbHG erfüllt. Ob eine von einem Geschäftsführer unterzeichnete Liste auch tatsächlich gem. § 40 Abs. 1 GmbHG vom Geschäftsführer unterzeichnet werden durfte, ist für einen fremden Dritten regelmäßig nicht erkennbar, so dass auch eine Liste, die fälschlicherweise von einem Geschäftsführer unterzeichnet wurde, obwohl gem. § 40 Abs. 2 GmbHG eine Zuständigkeit des Notars bestanden hätte, geeigneter Rechtsscheinsträger sein kann. Gleichermaßen wird der Fall beurteilt werden können, in dem ein eigentlich nicht zuständiger deutscher Notar, der nicht an einer Veränderung *mitgewirkt* hat, eine Gesellschafterliste eingereicht und unterzeichnet hat. Auch hier ist für einen Dritten aus der Liste selbst deren Fehlerhaftigkeit nicht erkennbar, so dass er auf den Inhalt der Liste vertrauen kann. Anders wiederum dürfte der Fall liegen, wenn eine als solche erkennbare Notarliste ohne Bescheinigung nach § 40 Abs. 2 Satz 2 GmbHG eingereicht wurde. Hier erfüllt die Liste erkennbar nicht die formellen Anforderungen des Gesetzes, so dass ein auf eine in dieser Art fehlerhafte Liste vertrauender Dritter nicht schutzwürdig sein dürfte.

1007

b) Der Ausschluss des gutgläubigen Erwerbs gem. § 16 Abs. 3 Satz 2 GmbHG

Ein **gutgläubiger Erwerb vom Nichtberechtigten findet nicht statt**, wenn die Gesellschafterliste zum Zeitpunkt des Erwerbs hinsichtlich des in Rede stehenden Geschäftsanteils weniger als 3 Jahre unrichtig und die Unrichtigkeit dem Berechtigten nicht zuzurechnen ist. Um einen gutgläubigen Erwerb hiernach zu verneinen, müssen *kumulativ* beide Merkmale der Ausnahmebestimmung des § 16 Abs. 3 Satz 2 GmbHG vorliegen, nämlich zum Einen die Unrichtigkeit der Liste für weniger als 3 Jahre und die fehlende Zurechenbarkeit der Unrichtigkeit an den Berechtigten. Fehlt eines der

1008

1420 Ebenso *Bohrer*, DStR 2007, 995, 998.
1421 *Vossius*, DB 2007, 2299, 2301; ebenso *Bednarz*, BB 2008, 1854, 1856.

beiden Merkmale, greift die Ausnahme vom Grundsatz des § 16 Abs. 3 Satz 1 GmbHG nicht ein, d.h. ein gutgläubiger Erwerb kann stattfinden. War also die Liste zum Zeitpunkt des Erwerbs 3 Jahre oder mehr unrichtig, ist die Möglichkeit des gutgläubigen Erwerbs gegeben, und zwar unabhängig davon, ob diese Unrichtigkeit dem Berechtigten zuzurechnen ist, da nicht beide tatbestandlichen Merkmale der Ausnahmebestimmung, die kumulativ vorliegen müssen, erfüllt sind. War zwar die Liste zum Zeitpunkt des Erwerbs weniger als 3 Jahre unrichtig, ist die Unrichtigkeit dem Berechtigten aber zuzurechnen, kann auch hier ein gutgläubiger Erwerb stattfinden, da wiederum nicht beide Tatbestandsmerkmale der Ausnahmebestimmung erfüllt sind.

1009 In Tabellenform lässt sich die **Systematik von § 16 Abs. 3 Satz 1 und 2 GmbHG** wie folgt darstellen:

Dauer der Unrichtigkeit	Zurechenbarkeit an den Berechtigten	Möglichkeit des gutgläubigen Erwerbs
3 Jahre oder mehr	–	+
3 Jahre oder mehr	+	+
weniger als 3 Jahre	+	+
weniger als 3 Jahre	–	–

1010 Eine Liste ist **3 Jahre unrichtig**, im Sinne von § 16 Abs. 3 Satz 2 GmbHG, wenn zwischen dem Zeitpunkt, zu dem die Liste vor dem Erwerb vom Nichtberechtigten letztmalig durchgehend bis zum Erwerb vom Nichtberechtigten einerseits und der *Vollendung des Erwerbs* durch den gutgläubigen Erwerber andererseits ein Zeitraum von 3 Jahren liegt. Ist der Veräußerer also zunächst in Übereinstimmung mit dem materiellen Recht in die Liste eingetragen, wird diese aber nachträglich unrichtig (zum Beispiel weil eine aufschiebende Bedingung, die eine Abtretung durch den Veräußerer wirksam werden lässt, eintritt, die Liste aber nicht geändert wird), beginnt der Lauf der Dreijahresfrist mit Beginn der Unrichtigkeit der Liste.[1422] Wird die Liste vor Ablauf von 3 Jahren wieder richtig (etwa weil eine auflösende Bedingung für die Abtretung durch den Veräußerer, die zu Unrecht nicht in der Liste vermerkt worden war, eingetreten ist), fehlt es an einer durchgehenden dreijährigen Unrichtigkeit, so dass in diesem Fall der gutgläubige Erwerb gem. § 16 Abs. 3 Satz 2 GmbHG nicht stattfinden kann, es sei denn die Unrichtigkeit ist dem Berechtigten zuzurechnen. Nicht erforderlich ist es demgegenüber, dass der Veräußerer selbst 3 Jahre lang unrichtig in der Liste eingetragen war. Weist eine Gesellschafterliste 3 Jahre lang unterschiedliche Personen zu Unrecht als Gesellschafter aus, ist sie 3 Jahre lang unrichtig, wenn diese Personen durchgehend nicht die wahren Berechtigten waren.

1011 Der **Endzeitpunkt zur Bestimmung der Dreijahresfrist** ist die Vollendung des Erwerbs durch den Dritten. Dies bedeutet, dass zur Bestimmung des Fristendes auf den Zeitpunkt des Wirksamwerdens des dinglichen Erwerbs durch den Dritten abzustellen ist. Ist der Erwerb durch den Dritten aufschiebend bedingt, ist maßgeblicher Zeitpunkt demnach der Eintritt sämtlicher aufschiebender Bedingungen, da erst zu diesem Zeitpunkt der Erwerb wirksam geworden ist. Zu diesem Zeitpunkt muss die Dreijahresfrist abgelaufen sein und müssen die weiteren Voraussetzungen des gutgläubigen Erwerbs vorliegen.

1012 Ein gutgläubiger Erwerb findet indes auch bei einer weniger als 3 Jahre lang unrichtigen Liste statt, wenn die **Unrichtigkeit dem Berechtigten zuzurechnen** ist. Bei zurechenbarer Unrichtigkeit kann ein Geschäftsanteil also auch dann gutgläubig erworben werden, wenn die Liste weniger als 3 Jahre den falschen Gesellschafter ausweist. Entscheidend für die Frage der Zurechenbarkeit dürfte sein, ob der wahre Berechtigte die Unrichtigkeit mit zu verantworten hat. Dies dürfte zu verneinen sein, wenn eine andere Person – etwa der Geschäftsführer – eine unrichtige Liste einreicht, diese dem wahren Berechtigten jedoch nicht zur Kenntnis bringt, und der wahre Berechtigte eine Berichtigung

---

1422 Ebenso *Götze/Bressler*, NZG 2007, 894, 897.

der Liste 3 Jahre lang versäumt. Der bloße Umstand, dass der wahre Berechtigte den Inhalt der in das Handelsregister aufgenommenen Gesellschafterliste nicht kontrolliert, ist kein Grund für eine Zurechenbarkeit dieser Unrichtigkeit an den wahren Berechtigten.[1423] Zurechenbarkeit dürfte demgegenüber zu bejahen sein, wenn der wahre Berechtigte die Unrichtigkeit mit zu verantworten hat.[1424] Eine solche Mitverantwortung wird etwa angenommen, wenn der wahre Berechtigte an der Veränderung i.S.d. § 40 Abs. 1 GmbHG mitgewirkt hat, es anschließend indes versäumt hat, dafür Sorge zu tragen, dass eine neue Liste zum Handelsregister eingereicht wird. Kümmert sich also der Erwerber eines Geschäftsanteils nicht darum, ob nach Wirksamwerden seines Erwerbs eine neue Liste zum Handelsregister eingereicht wird, kann ihm die hieraus sich ergebende Unrichtigkeit der Gesellschafterliste im Einzelfall zugerechnet werden.[1425]

c) Ausschluss des gutgläubigen Erwerbs nach § 16 Abs. 3 Satz 3 GmbHG

Dem Erwerber darf die **mangelnde Berechtigung weder bekannt noch infolge grober Fahrlässigkeit unbekannt sein** und der Gesellschafterliste darf ein Widerspruch nicht zugeordnet sein (Gutgläubigkeit des Erwerbers). Hat der Erwerber weder positive Kenntnis noch grob fahrlässige Unkenntnis von der mangelnden Berechtigung des Veräußerers und ist der Gesellschafterliste auch kein Widerspruch zugeordnet, kann er den Geschäftsanteil vom Nichtberechtigten erwerben, ohne dass er zuvor die Gesellschafterliste zur Kenntnis genommen oder geprüft haben muss.[1426] Der gute Glaube wird hier vom Gesetzgeber abstrakt vermutet. Maßgeblicher Zeitpunkt für die Gutgläubigkeit des Erwerbers ist der Zeitpunkt der Vollendung des Rechtserwerbs.[1427] Dies bedeutet, dass der gute Glaube des Erwerbers bei aufschiebend bedingt vereinbarten Abtretungen auch noch zum Zeitpunkt des Bedingungseintritts fortbestehen muss. Eine Ausnahme wird allenfalls dann gelten, wenn der Bedingungseintritt außerhalb des Einflussbereichs der Parteien liegt. Hier wird gemeinhin auf den Zeitpunkt abgestellt, zu dem die Beteiligten alles in ihren Händen Liegende getan haben, um den Bedingungseintritt herbeizuführen. Hängt die Wirksamkeit der Abtretung also etwa ab von einer kartellrechtlichen Genehmigung, muss die Gutgläubigkeit bis zu dem Zeitpunkt fortbestehen, in dem diese Genehmigung beantragt und alle zur Bescheidung des Antrags erforderlichen Unterlagen eingereicht wurden.[1428]

1013

Der Liste darf nach § 16 Abs. 3 Satz 3 GmbHG ein **Widerspruch nicht zugeordnet** sein. Eine Zuordnung liegt vor, wenn ein elektronisch eingereichter Widerspruch mit der Gesellschafterliste im Registerordner nach § 9 HRVO verbunden ist. Die Registergerichte haben sicher zu stellen, dass die Gesellschafterliste nicht ohne Hinweis auf den Widerspruch abrufbar ist.[1429] Die Zuordnung des Widerspruchs erfolgt gem. § 16 Abs. 3 Satz 4 GmbHG aufgrund einer einstweiligen Verfügung oder aufgrund einer Bewilligung Desjenigen, gegen dessen Berechtigung sich der Widerspruch richtet.[1430] Eine derartige Bewilligung könnte etwa folgenden Wortlaut haben:

1014

▶ Formulierungsbeispiel: Bewilligung eines Widerspruchs

1015

Der Unterzeichnete ist nach der Gesellschafterliste vom 30. Juni 2010 Gesellschafter der im Handelsregister des Amtsgerichts Köln unter HRB 50000 eingetragenen ABC-GmbH. Der Unterzeichnete ist nach dieser Liste Inhaber des Geschäftsanteils mit der lfd. Nr. 4 im Nennbetrag

---

1423 Ebenso Heckschen/Heidinger/*Heidinger,* Kapitel 13 Rn. 149.
1424 *Götze/Bressler,* NZG 2007, 894, 897; Heckschen/Heidinger/*Heidinger,* Kapitel 13 Rn. 149; *Mayer,* DNotZ 2008, 403, 442; *Vossius,* DB 2007, 2299, 2302; *Wachter,* ZNotP 2008, 378, 395.
1425 Ebenso Heckschen/Heidinger/*Heidinger,* Kapitel 13 Rn. 149.
1426 Ebenso *Bohrer,* DStR 2007, 995, 999.
1427 BGH, NJW 2001, 359 (zu § 892 BGB); Heckschen/Heidinger/*Heidinger,* Kapitel 13 Rn. 153.
1428 Ebenso *Götze/Bressler,* NZG 2007, 894, 899; Heckschen/Heidinger/*Heidinger,* Kapitel 13 Rn. 153; *Mayer,* DNotZ 2008, 403, 421; *Wachter,* ZNotP 2008, 378, 396.
1429 Heckschen/Heidinger/*Heidinger,* Kapitel 13 Rn. 162 ff.
1430 Zu den Voraussetzungen der Zuordnung eines Widerspruchs vor Ablauf der Drei-Jahres-Frist des § 16 Abs. 3 Satz 2 GmbHG vgl. OLG Nürnberg vom 19.08.2014 – 12 W 1568/14.

von 5.000,00 €. Der Unterzeichnete bewilligt hiermit die Zuordnung eines Widerspruchs gegen seine Berechtigung.

Köln, den 31. Juli 2016

1016 Ist der Gesellschafterliste ein **Widerspruch** zugeordnet, ist die **Gutglaubenswirkung der Gesellschafterliste vollständig zerstört.** Ein jeglicher sich auf diese Gesellschafterliste stützender gutgläubiger Erwerb ist künftig ausgeschlossen. Dies bedeutet, dass auch ein gutgläubiger Erwerb von den Gesellschaftern, gegen deren Berechtigung sich der Widerspruch nicht richtet, ausgeschlossen ist. Das Gesetz sieht die Gutglaubenswirkung der Gesellschafterliste nämlich insgesamt als erschüttert an, wenn der Liste überhaupt irgendein Widerspruch zugeordnet ist. Diese Wertung des Gesetzes ist auch zutreffend, da eine mit einem Widerspruch versehene Liste insgesamt nicht mehr als vertrauenswürdig angesehen werden kann. Der in der Liste vermerkte Widerspruch weist auf mögliche Unregelmäßigkeiten der Liste hin, die sich ein Dritter entgegenhalten lassen muss.

1017 Eine **Löschung des Widerspruchs** erfolgt durch Bewilligung des Widersprechenden,[1431] die in einfach schriftlicher Form erteilt werden kann. Einer öffentlichen Beglaubigung der Löschungsbewilligung bedarf es nicht. Im Rahmen des Amtsermittlungsgrundsatzes kann das Gericht einen Widerspruch aber auch dann löschen, wenn es die Unrichtigkeit des Widerspruchs aufgrund anderer Tatsachen als nachgewiesen erachtet.

d) Das Vorliegen eines rechtsgeschäftlichen Erwerbs

1018 Als Vorschrift im Interesse des Schutzes gutgläubiger Dritter setzt § 16 Abs. 3 GmbHG einen **rechtsgeschäftlichen Erwerb** voraus. An einem solchen fehlt es in allen Fällen des Übergangs eines Geschäftsanteils im Wege der Gesamtrechtsnachfolge, also etwa im Erbgang oder auch bei Umwandlungsvorgängen. Vertraut also eine im Rahmen eines Verschmelzungsvorgangs übernehmende Gesellschaft darauf, dass zum Vermögen der übertragenden Gesellschaft ein Geschäftsanteil an einer GmbH gehört, der nach der Gesellschafterliste der betroffenen Gesellschaft auf die übertragende Gesellschaft eingetragen ist, wird dieses Vertrauen nicht geschützt, da hier der Geschäftsanteil als solcher nicht durch Verkehrsgeschäft, sondern im Wege der Gesamtrechtsnachfolge erworben worden wäre.

e) Die Reichweite des Gutglaubensschutzes

1019 Sind die Voraussetzungen des gutgläubigen Erwerbs erfüllt, wird der gute **Glaube des Erwerbers an die Gesellschaftereigenschaft** der in der Liste ausgewiesenen Person geschützt. Dies bedeutet auf der anderen Seite, dass nicht geschützt werden
– der gute Glaube an die Existenz eines Geschäftsanteils, so dass nicht existente Geschäftsanteile nicht gutgläubig erworben werden können,
– der gute Glaube an die Vinkulierungsfreiheit eines Geschäftsanteils,
– der gute Glaube an die Belastungsfreiheit eines Geschäftsanteils.

1020 Der fehlende Schutz des guten Glaubens an die Belastungsfreiheit eines Geschäftsanteils korrespondiert mit der hier[1432] vertretenen Auffassung, dass dingliche Belastungen eines Geschäftsanteils nicht in der Gesellschafterliste vermerkt werden können. Ist man hier anderer Auffassung, sieht also das Bestehen dinglicher Belastungen als in die Gesellschafterliste eintragungsfähig an, wird man konsequenterweise auch das Vertrauen auf das Fehlen einer derartigen Eintragung schützen müssen. Hiervon zu unterscheiden ist die Frage, ob auch ein *Recht an einem Geschäftsanteil* nach § 16 Abs. 3 GmbHG gutgläubig erworben werden kann. Die Frage ist nach dem eindeutigen Wortlaut des Gesetzes zu bejahen und führt dazu, dass dingliche Rechte an einem Geschäftsanteil im Vertrauen auf die Gesellschafterliste auch von einem Nichtberechtigten erworben werden können. Der Erwerb rein schuldrechtlicher Rechtsstellungen, wie etwa einer Treuhandschaft, einer Unterbeteiligung oder

---

1431 Heckschen/Heidinger/*Heidinger*, Kapitel 13 Rn. 171 ff.
1432 Vgl. dazu unten Rdn. 1048.

E. Die Übertragung von Geschäftsanteilen

der Erwerb im Sinne von § 717 Satz 2 BGB selbständig abspaltbarer Gesellschafterrechte, wird von § 16 Abs. 3 GmbHG demgegenüber nicht geschützt.

f) Sicherungsmaßnahmen bei aufschiebend bedingter Abtretung eines Geschäftsanteils

Der Veräußerer hat regelmäßig ein Interesse daran, dass der Geschäftsanteil erst dann mit dinglicher Wirkung auf den Erwerber übergeht, wenn eine vom **Erwerber geschuldete Gegenleistung vollständig erbracht** ist. Zu diesem Zweck wird entweder die Abtretung der Geschäftsanteile vollständig ausgesetzt, bis der Erwerber die ihm obliegende Gegenleistung erbracht hat, oder die Abtretung wird aufschiebend bedingt auf die vollständige Erbringung der Gegenleistung bereits im Anteilskauf- und übertragungsvertrag erklärt. Im erstgenannten Fall ist das Sicherungsbedürfnis des Verkäufers vollständig erfüllt. Allerdings ist der Erwerber nicht dagegen geschützt, dass der Veräußerer vor Vereinbarung der Abtretung mit dem Erwerber den Geschäftsanteil erneut an einen Dritten mit sofortiger Wirkung abtritt und der Erwerber den Geschäftsanteil in diesem Fall nur unter den Voraussetzungen des § 16 Abs. 3 GmbHG gutgläubig vom Veräußerer erwerben kann. Wird eine solche Gestaltung gewählt, ist der Erwerber also zwingend darauf angewiesen, dass bei Vornahme der Abtretung nochmals aktuell die im Handelsregister aufgenommene Gesellschafterliste daraufhin kontrolliert wird, ob der Veräußerer noch als Anteilsinhaber in dieser Liste eingetragen ist.

1021

Wird demgegenüber die Gestaltung gewählt, dass der Geschäftsanteil aufschiebend bedingt auf die vollständige Kaufpreiszahlung durch den Erwerber an diesen abgetreten wird, stellt sich ebenfalls die Frage, inwieweit der Erwerber hier gegen weitere Verfügungen des Veräußerers geschützt ist. Gem. **§ 161 Abs. 1 BGB** geht die vom Veräußerer zeitlich zuerst vorgenommene aufschiebend bedingte Verfügung späteren Verfügungen über den gleichen Gegenstand vor; § 161 Abs. 1 Satz 1 BGB ordnet insoweit eine relative Unwirksamkeit zu Gunsten des Begünstigten der ersten Verfügung an. Allerdings ist der gutgläubige Zweiterwerber gem. § 161 Abs. 3 BGB, der nun auch – anders als vor Inkrafttreten des MoMiG – bei GmbH-Geschäftsanteilen eingreift, über die Gutglaubensvorschriften geschützt. Dies bedeutet, dass der Zweiterwerber die bereits aufschiebend bedingt abgetretenen Geschäftsanteile möglicherweise erwirbt, wenn er gutgläubig ist. Hierzu hat nunmehr der BGH entschieden[1433], dass ein gutgläubiger Zwischenerwerb eines bereits zuvor aufschiebend bedingt abgetretenen Geschäftsanteils nicht möglich ist, so dass sich im Ergebnis der Ersterwerb des Geschäftsanteils durchsetzt. Der Entscheidung des BGH ist uneingeschränkt zuzustimmen, da ein schützenswerter guter Glaube des Zweiterwerbers, der Geschäftsanteil sei noch nicht aufschiebend bedingt an einen Ersterwerber abgetreten, keine Stütze im Gesetz findet: Da es nämlich keinerlei Möglichkeit gibt, den aufschiebend bedingten Erwerb in der Gesellschafterliste zu vermerken, kann dem Ersterwerber das Nichtvermerken auch nicht mit der Folge zugerechnet werden, dass der hierdurch gesetzte Rechtsschein zu seinen Lasten wirkt.

1022

IV. Der Vollzug der dinglichen Übertragung

Im Anschluss an das dingliche Wirksamwerden der Abtretung des Geschäftsanteils sind verschiedene Vollzugsmaßnahmen zu veranlassen, um den Wechsel des Gesellschafters im Außenverhältnis zu dokumentieren.

1023

1. Einreichung einer neuen Gesellschafterliste

a) Die Pflicht zur Einreichung der Gesellschafterliste

Nach früherem Recht waren alleine **die Geschäftsführer** verpflichtet, nach Veränderungen im Gesellschafterbestand der Gesellschaft eine aktuelle Gesellschafterliste dem Handelsregister einzureichen. Der Notar, der einen Vertrag über die Abtretung eines Geschäftsanteils beurkundet hat, hatte diese Abtretung unverzüglich dem Handelsregister anzuzeigen. Nach nunmehrigem § 40 GmbHG bleibt

1024

1433 BGH, DNotZ 2011, 943 (im Anschluss an OLG München, DNotZ 2011, 453).

zunächst die Pflicht der Geschäftsführer, unverzüglich nach Wirksamwerden jeder Veränderung in den Personen der Gesellschafter oder des Umfangs ihrer Beteiligung eine von ihnen unterschriebene Liste der Gesellschafter zum Handelsregister einzureichen, bestehen. Durch die Neufassung von § 40 Abs. 2 GmbHG soll nun auch der Notar verstärkt in die Aktualisierung der Gesellschafterliste einbezogen werden. Hat nämlich **ein Notar an Veränderungen** der in § 40 Abs. 1 Satz 1 GmbHG beschriebenen Art mitgewirkt, hat *er* unverzüglich nach deren Wirksamwerden ohne Rücksicht auf etwa später eintretende Unwirksamkeitsgründe die Liste *anstelle der Geschäftsführer* zu unterschreiben, zum Handelsregister einzureichen und eine Abschrift der geänderten Liste an die Gesellschaft zu übermitteln. Die Gesetzesbegründung führt insoweit zutreffend aus, dass in den meisten Fällen der Veränderungen der Personen oder der Beteiligungshöhe ohnedies ein Notar in amtlicher Eigenschaft mitwirke. Vor diesem Hintergrund biete es sich an, dass der mitwirkende Notar zugleich Sorge dafür trage, dass die Einreichung der neuen Liste vollzogen werde. Dadurch werde das Verfahren besonders einfach und unbürokratisch und die Änderung der Gesellschafterliste könne gelegentlich der Abtretungsbeurkundung gleich mit erledigt werden.

1025 Die nunmehrige **Bedeutung der Gesellschafterliste** liegt darin, dass nach § 16 Abs. 1 GmbHG nicht mehr der bei der Gesellschaft Angemeldete, sondern nur Derjenige als Gesellschafter gilt, der in der im Handelsregister aufgenommenen Gesellschafterliste eingetragen ist. Die Gesellschafterliste ist damit die alleinige Legitimationsbasis für die Ausübung von Gesellschafterrechten, und zwar – anders als nach früherem Recht – nicht nur in Fällen des rechtsgeschäftlichen Erwerbs, sondern auch bei jeder sonstigen Veränderung im Gesellschafterbestand und Beteiligungsumfang.[1434] Dies bedeutet allerdings nicht, dass die Eintragung in die Liste und die Aufnahme der Liste in das Handelsregister für den Erwerb eines GmbH-Geschäftsanteils Wirksamkeitsvoraussetzung ist. Die Eintragung in die Gesellschafterliste begründet vielmehr die unwiderlegliche Vermutung, dass der in die Gesellschafterliste Eingetragene in dem eingetragenen Umfang tatsächlich Gesellschafter und somit materiell berechtigt ist, die Gesellschafterrechte auszuüben.[1435] Schließlich ist die Gesellschafterliste künftig Rechtsscheinstatbestand, an den die Möglichkeit des gutgläubigen Erwerbs nach § 16 Abs. 3 anknüpft.

b) Der Inhalt der Gesellschafterliste

1026 Zum **Inhalt der Gesellschafterliste** bestimmt § 40 Abs. 1 GmbHG, dass diese Namen, Vornamen, Geburtsdatum und Wohnort der Gesellschafter »sowie die Nennbeträge und die laufenden Nummern der von einem jeden derselben übernommenen Geschäftsanteile« und die durch den jeweiligen Nennbetrag eines Geschäftsanteils vermittelte jeweilige prozentuale Beteiligung am Stammkapital enthalten muss. Die Details sind ergänzend in der Gesellschafterlistenverordnung (GesLV) geregelt:
– Die Geschäftsanteile sind fortlaufend und mit ganzen arabischen Zahlen (Einzelnummern) oder mit ganzen arabischen Zahlen in dezimaler Gliederung (Abschnittsnummern) zu nummerieren; eine für einen Geschäftsanteil einmal vergebene Nummer darf nicht für einen anderen Geschäftsanteil verwendet werden (Nummerierungskontinuität). Die laufende Nummerierung soll gewährleisten, dass sich sämtliche materiell-rechtlichen Veränderungen an Hand der aufeinander aufbauenden Gesellschafterlisten nachvollziehen lassen.
– In den in § 2 GesLV muss bzw. kann eine Veränderungsspalte, in welcher die Veränderungen gegenüber der zuletzt zum Handelsregister eingereichten Gesellschafterliste erläutert werden, aufgenommen werden. § 2 Abs. 3 GesLV bestimmt, welche Angaben in der Veränderungsspalte eingetragen werden sollten. Eine Veränderungsspalte muss nur in den in § 2 Abs. 2 GesLV genannten Fällen aufgenommen werden, im Übrigen liegt die Aufnahme einer solchen Veränderungsspalte im sachgemäßen Ermessen des Listenerstellers.[1436]

1434 *Heckschen*, DStR 2007, 1442, 1450; *Mayer*, DNotZ 2008, 403, 404.
1435 *Mayer*, DNotZ 2008, 403, 404.
1436 KG, Beschl. v. 26.03.2019 – 22 W 81/18.

– Schließlich bestimmt § 4 GesLV die Einzelheiten zur Angabe der in die Gesellschafterliste aufzunehmenden Prozentangaben und deren Rundung: Wichtig ist, dass jeweils anzugeben ist, welchen prozentualen Teil am Stammkapital jeder einzelne Geschäftsanteil ausmacht und welchen Prozentanteil die Summe aller von einem Gesellschafter gehaltenen Geschäftsanteile vermittelt.

Ferner gilt Folgendes:

Bei **natürlichen Personen** sind Vor- und Zuname, Geburtsdatum und Wohnort in der Gesellschafterliste anzugeben. Bei **juristischen Personen** oder Personenhandelsgesellschaften ist deren vollständige, im Handelsregister eingetragene Firma anzugeben sowie deren Satzungssitz, zuständiges Register und Registernummer, bei nicht eingetragenen Gesellschaften sind deren jeweilige Gesellschafter unter einer zusammenfassenden Bezeichnung mit Name, Vorname, Geburtsdatum und Wohnort anzugeben. Letzteres Erfordernis, alle Gesellschafter der anteilseignenden (nicht eingetragenen) Gesellschaft in die Gesellschafterliste aufzunehmen, spielt im deutschen Recht eine Rolle für Gesellschaften bürgerlichen Rechts (solange für diese noch kein Register existiert) und für Gesellschaften ausländischen Rechts, die zwar die Fähigkeit besitzen, Geschäftsanteile an einer deutschen GmbH zu erwerben, jedoch nicht in einem ausländischen Register verzeichnet sind. In derartigen Fällen müssen nach § 40 Abs. 1 GmbHG die Gesellschafter der anteilseignenden Gesellschaft in die Gesellschafterliste eingetragen werden. Schließlich sind in Übereinstimmung mit dem bisherigen Recht die Nennbeträge der von jedem Gesellschafter gehaltenen Geschäftsanteile sowie die hierdurch vermittelte jeweilige prozentuale Beteiligung am Stammkapital und die Gesamtsumme der Geschäftsanteile sowie die hierdurch vermittelte prozentuale Beteiligung am Stammkapital anzugeben. Dies bedeutet, dass der Nennbetrag jedes einzelnen von einem Gesellschafter gehaltenen Geschäftsanteils separat anzugeben ist; eine Addition der Nennbeträge der von einem Gesellschafter gehaltenen Geschäftsanteile ist nicht zulässig, wenn diese Anteile nicht zuvor wirksam vereinigt worden sind.

1027

Als Neuerung gegenüber dem früheren Recht schreibt § 40 Abs. 1 GmbHG vor, dass der Liste die **laufenden Nummern** der von einem jeden Gesellschafter übernommenen Geschäftsanteile zu entnehmen sein müssen. Der eindeutige Wortlaut des Gesetzes verbietet damit eine Bezeichnung der Geschäftsanteile durch Buchstabierung. Die Nummerierung wird bei Gründung der Gesellschaft sinnvollerweise in der Weise vorzunehmen sein, dass die übernommenen Geschäftsanteile mit jeweils einer Nummer versehen werden und die Nummern aufsteigend fortlaufend vergeben werden. Wird ein Geschäftsanteil in mehrere Teilgeschäftsanteile aufgeteilt, empfiehlt es sich im Interesse der Übersichtlichkeit und Nachvollziehbarkeit des Teilungsvorgangs, die nach Teilung neu entstandenen Geschäftsanteile an erster Stelle mit der Ziffer des Geschäftsanteils zu bezeichnen, aus dem sie durch Teilung hervorgegangen sind und an zweiter Stelle fortlaufend zu nummerieren. Wird also der bisherige Geschäftsanteil Nr. 3 im Nennbetrag von € 5.000,00 in zwei Geschäftsanteile in Nennbeträgen von je € 2.500,00 geteilt, sollten die beiden neuen Geschäftsanteile die Nummern 3.1 und 3.2 erhalten. Wird der Geschäftsanteil 3.1 im Nennbetrag von € 2.500,00 alsdann erneut in zwei Geschäftsanteile in Nennbeträgen von € 2.000,00 und € 500,00 geteilt, sollten diese Geschäftsanteile die Nummern 3.1.1 und 3.1.2 erhalten. Auf diese Weise ist stets nachvollziehbar dargestellt, aus welchen ursprünglichen Geschäftsanteilen die neuen Geschäftsanteile entstanden sind. Im Falle der Teilung eines Geschäftsanteils und der anschließenden Veräußerung eines Teilgeschäftsanteils müssen zwei separate Gesellschafterlisten eingereicht werden, da die Veräußerung die vorherige Teilung voraussetzt und damit beide Rechtsgeschäfte nicht gleichzeitig wirksam werden.[1437] Eine für einen Geschäftsanteil einmal vergebene Nummer darf nicht für einen anderen Geschäftsanteil verwendet werden (Nummerierungskontinuität, § 1 Abs. 2 GesLV). Ferner ist eine Änderung der Nummer eines Geschäftsanteils nur in den durch die GesLV bestimmten Fällen zulässig (§ 1 Abs. 2 Satz 2 GesLV). Das Muster einer § 40 Abs. 1 genügenden Gesellschafterliste könnte etwa wie folgt aussehen:

1028

1437 OLG Köln, DNotZ 2014, 387, 388.

1029 ▶ Formulierungsbeispiel: Gesellschafterliste

Gesellschafter (Firma/Sitz bzw. Amtsgericht/HR-Nr.)	Nennbetrag des Geschäftsanteils in EUR	Prozentanteil des Geschäftsanteils am Stammkapital	Anzahl der Geschäftsanteile	Summe der Nennbeträge der Geschäftsanteile in EUR	Prozentanteil aller vom Gesellschafter gehaltenen Geschäftsanteile am Stammkapital	Lfd. Nrn. der Geschäftsanteile	Veränderungen
ABC Beteiligungs GmbH, Köln (Amtsgericht Köln, HRB 97800)	je 1,00	0,004	25.000	25.000,00	100	1-25.000	Erworben durch Abtretung gemäß Urkunde 202/2020 H des Notars Dr. Hermanns in Köln
			25.000	25.000,00	100	Summe	

1030 Ist die Liste gem. § 40 Abs. 2 von einem Notar einzureichen, muss sie darüber hinaus mit der **Bescheinigung des Notars** versehen sein, dass die geänderten Eintragungen den Veränderungen entsprechen, an denen der Notar mitgewirkt hat, und die übrigen Eintragungen mit dem Inhalt der zuletzt im Handelsregister aufgenommenen Liste übereinstimmen. Die vom Gesetz geforderte Notarbescheinigung lehnt sich an die bekannten Satzungsbescheinigungen nach § 54 GmbHG und § 181 AktG an und soll die Richtigkeitsgewähr der Liste erhöhen. Der zur Einreichung der geänderten Gesellschafterliste nach § 40 Abs. 2 Satz 2 GmbHG verpflichtete Notar hat bei der Erstellung der Liste als Grundlage von der zuletzt zum Handelsregister eingereichten Gesellschafterliste auszugehen und in diese die Veränderungen aufzunehmen, an denen er mitgewirkt hat. Stellt sich hierbei heraus, dass bereits die letzte zum Handelsregister eingereichte Liste den Gesellschafterbestand nicht zutreffend wiedergab, muss zunächst eine den zutreffenden Anteilsbestand ausweisende Gesellschafterliste eingereicht werden, auf deren Grundlage der nach § 40 Abs. 2 Satz 2 verpflichtete Notar alsdann seine neue Liste mit den Veränderungen erstellen kann. Eine Bescheinigung nach § 40 Abs. 2 Satz 2 GmbHG ist vom Notar auch dann zu erteilen, wenn die vorhergehende Liste vor dem 01.11.2008 eingereicht worden ist; irgendwelche Distanzierungsvermerke des Inhalts, dass der Notar die Richtigkeit der vorgehenden Liste nicht habe überprüfen können, sind unzulässig.[1438] Der Wortlaut einer Bescheinigung nach § 40 Abs. 2 Satz 2 GmbHG könnte etwa wie folgt lauten:

1031 ▶ Formulierungsbeispiel: Richtigkeitsbescheinigung

Hiermit bescheinige ich, dass die geänderten Eintragungen in der vorstehenden Liste der Gesellschafter den Veränderungen entsprechen, an denen ich mitgewirkt habe, und dass die übrigen Eintragungen mit dem Inhalt der zuletzt im Handelsregister aufgenommenen Liste übereinstimmen.

[1438] OLG München, ZIP 2009, 1421.

c) Der Adressat der Verpflichtung zur Einreichung einer Gesellschafterliste

Der **Adressat der Verpflichtung**, eine Gesellschafterliste einzureichen, kann entweder die Geschäftsführung der Gesellschaft oder ein Notar sein. 1032

Gem. § 40 Abs. 1 Satz 1 GmbHG richtet sich die Pflicht zur Einreichung einer Gesellschafterliste mit dem beschriebenen Inhalt an die **Geschäftsführer der Gesellschaft**. Die Liste ist von ihnen zu unterschreiben, nachdem die Geschäftsführer gem. § 40 Abs. 1 Satz 2 GmbHG ihnen sachgerecht erscheinende Mitteilung und Nachweis über eine Veränderung im Sinne von § 40 Abs. 1 Satz 1 GmbHG erhalten haben. Da bei Veränderungen nach Gesellschaftsgründung im Regelfall ein Notar mitgewirkt haben wird, so dass dieser gem. § 40 Abs. 2 GmbHG einreichungspflichtig ist, hat die Einreichungspflicht der Geschäftsführer gem. § 40 Abs. 1 Satz 1 GmbHG praktische Relevanz vor Allem für die bei Gründung der Gesellschaft gem. § 8 Abs. 1 Nr. 3 GmbHG einzureichende Gesellschafterliste. Darüber hinaus kann es zu Veränderungen der in § 40 Abs. 1 Satz 1 GmbHG beschriebenen Art ohne notarielle Mitwirkung vor Allem in den Fällen der Gesamtrechtsnachfolge durch Erbgang, durch Zusammenlegung oder Teilung von Geschäftsanteilen oder durch Einziehung von Geschäftsanteilen auf der Grundlage nicht notariell beurkundeter Beschlüsse kommen.[1439] 1033

Eine Einreichungspflicht der Geschäftsführer besteht, wenn diesen die **Veränderung** gem. § 40 Abs. 1 Satz 1 GmbHG **mitgeteilt und nachgewiesen wurde** (§ 40 Abs. 1 Satz 2 GmbHG). Angesichts der erheblichen, wegen der hieran anknüpfenden Möglichkeit des gutgläubigen Erwerbs auch materiell-rechtlichen Bedeutung der Gesellschafterliste ist der Geschäftsführer nur befugt, eine neue Liste einzureichen, wenn er eine entsprechende Mitteilung von einem an den Veränderungen des § 40 Abs. 1 Satz 1 GmbHG beteiligten Gesellschafter erhalten hat. Glaubt der Geschäftsführer, auf andere Weise von einer Veränderung des § 40 Abs. 1 Satz 1 GmbHG Kenntnis erhalten zu haben, ist er nicht befugt, eine neue Gesellschafterliste einzureichen. Hält sich der Geschäftsführer hieran nicht und reicht gleichwohl – also ohne Mitteilung und Nachweis – eine neue Gesellschafterliste zum Handelsregister ein, ist diese unter Verstoß gegen § 40 Abs. 1 Satz 2 GmbHG eingereichte Liste gleichwohl wirksam und geeigneter Anknüpfungspunkt der maßgeblichen gesetzlichen Vorschriften, etwa § 16 GmbHG. Welchen Nachweis der Geschäftsführer gem. § 40 Abs. 1 Satz 2 GmbHG verlangt, unterliegt seiner pflichtgemäßen Einschätzung. Im Hinblick auf die sich an die Gesellschafterliste knüpfenden materiell-rechtlichen Rechtsfolgen und die Schadenersatzpflicht des § 40 Abs. 3 GmbHG wird man den Geschäftsführer ohne weiteres für befugt halten, hier einen strengen Maßstab anzulegen. 1034

▶ Praxistipp: 1035

Geschäftsführern ist zur Vermeidung einer Haftung gegenüber dem wahren Berechtigten anzuraten, formlose Mitteilungen und Nachweise einer sorgsamen Prüfung zu unterziehen und sich in erster Linie – soweit möglich – auf qualifizierte Nachweise wie auf öffentliche oder öffentlich beglaubigte Urkunden (Erbscheine oder beglaubigte Handelsregisterauszüge) zu verlassen oder deren Vorlage zu verlangen.[1440]

▶ Praxistipp: 1036

Zur Vermeidung einer eigenen Haftung sollten Geschäftsführer, die von den Änderungen in der Gesellschafterliste betroffenen Personen von sich aus von den Änderungen unterrichten und diesen damit die Möglichkeit zu einem etwaigen Widerspruch nach § 16 Abs. 3 Satz 3 GmbHG geben. Die Gesellschafter selbst sollten jeweils vor Ablauf von 3 Jahren Einsicht in die Gesellschafterliste nehmen, um einen gutgläubigen Erwerb ihres Anteils infolge einer unrichtigen Eintragung eines Nichtberechtigten zu vermeiden.[1441]

1439 *Mayer*, DNotZ 2008, 403, 412.
1440 *Bednarz*, BB 2008, 1854, 1858.
1441 *Bednarz*, BB 2008, 1854, 1858.

1037 Die bei Gründung der Gesellschaft gem. § 8 Abs. 1 Nr. 3 einzureichende Gesellschafterliste muss von sämtlichen Geschäftsführern der Gesellschaft unterzeichnet werden, bei Veränderungslisten nach § 40 Abs. 1 Satz 1 reicht die **Unterzeichnung durch die Geschäftsführer** in *vertretungsberechtigter Zahl* aus.[1442] Eine Vertretung ist bei Unterzeichnung der Liste nach herrschender Meinung nicht zulässig.[1443]

1038 Wenn ein **Notar an Veränderungen** nach § 40 Abs. 1 Satz 1 GmbHG mitgewirkt hat, ist er gem. § 40 Abs. 2 Satz 1 GmbHG verpflichtet, *anstelle der Geschäftsführer* eine von ihm unterschriebene Liste zum Handelsregister einzureichen. Der Begriff der *Mitwirkung* ist in § 40 Abs. 2 Satz 1 GmbHG weder legal definiert noch beispielhaft erläutert. Eine Mitwirkung des Notars im Sinne von § 40 Abs. 2 Satz 1 GmbHG hat ohne Zweifel stattgefunden, wenn die Veränderung des § 40 Abs. 1 Satz 1 GmbHG sich unmittelbar aus der von dem Notar aufgenommenen Urkunde ergibt. Dies ist etwa der Fall, wenn der Notar eine Geschäftsanteilsabtretung gem. § 15 GmbHG oder eine Kapitalerhöhung oder -herabsetzung beurkundet hat. Wurde die Anteilsabtretung in Angebot und Annahme aufgespalten, wird der Abtretungsvertrag erst mit der Annahme wirksam, so dass den Annahmenotar die Verpflichtung nach § 40 Abs. 2 Satz 1 GmbHG trifft. Allerdings kann auch der Notar, der nur das Angebot und nicht auch die Annahme der Abtretung des Geschäftsanteils beurkundet hat, eine neue Gesellschafterliste einreichen, da auch er an der Abtretung mitgewirkt hat.[1444]

1039 Fraglich ist, ob eine **Mitwirkung im Sinne von § 40 Abs. 2 Satz 1 GmbHG** auch dann anzunehmen ist, wenn die Veränderung im Sinne von § 40 Abs. 1 Satz 1 GmbHG nicht unmittelbar Gegenstand der von dem Notar aufgenommenen Urkunde ist, sondern deren weitere, sich aus dem Gesetz ergebende Rechtsfolge. Zu denken ist hier etwa an Verschmelzungsfälle, etwa wenn zum Vermögen der übertragenden Gesellschaft auch GmbH-Geschäftsanteile gehören, die infolge der Verschmelzung auf die übernehmende Gesellschaft übergehen. Da der Wortlaut des § 40 Abs. 2 Satz 1 GmbHG objektiv formuliert ist und nicht auf eine Kenntnis des Notars vom Eintreten von Veränderungen nach § 40 Abs. 1 Satz 1 GmbHG abstellt, überzeugt es nicht, danach zu differenzieren, ob der beurkundende Notar aus der ihm von den Beteiligten vorgelegten Dokumentation die Veränderung erkennen kann.[1445] Es ist auch kein überzeugender Grund ersichtlich, bei einer Gesamtrechtsnachfolge von Todes wegen generell eine Verpflichtung des Notars nach § 40 Abs. 2 Satz 1 GmbHG abzulehnen, diese aber bei einer Gesamtrechtsnachfolge nach UmwG anzunehmen.[1446] Hat der Notar etwa die letztwillige Verfügung eines Erblassers beurkundet und gehören zu dem – wie der Notar weiß – Vermögen des zwischenzeitlich verstorbenen Erblassers auch GmbH-Geschäftsanteile, unterscheidet sich dieser Fall normativ nicht von der Beurkundung eines Verschmelzungsvertrages durch den Notar, als deren Rechtsfolge GmbH-Geschäftsanteile der übertragenden Gesellschaft auf die übernehmende Gesellschaft übergehen. Richtigerweise wird man demzufolge die Anwendung des § 40 Abs. 2 Satz 1 GmbHG weder von der Kenntnis des Notars von einer Veränderung nach § 40 Abs. 1 Satz 1 GmbHG noch davon abhängig machen können, ob die Veränderung im Wege der Einzelrechtsnachfolge oder der Gesamtrechtsnachfolge eintritt. Maßgeblich kann alleine sein, ob die Veränderung nach § 40 Abs. 1 Satz 1 GmbHG unmittelbar Gegenstand der vom Notar errichteten Urkunde ist. In allen anderen Fällen, in denen die Veränderung nach § 40 Abs. 1 Satz 1 GmbHG gesetzliche Folge der im Übrigen einen anderen Inhalt habenden Willenserklärungen ist, ist eine Mitwirkung i.S.d. § 40 Abs. 2 Satz 1 GmbHG zu verneinen, so dass nicht der Notar, sondern gem. § 40 Abs. 1 Satz 1 GmbHG der Geschäftsführer verpflichtet ist, eine die Veränderungen ausweisende Liste einzureichen. Nach der Entscheidung des OLG Hamm vom 01.12.2009 ist der Notar allerdings auch bei einer nur mittelbaren Mitwirkung verpflichtet, eine Gesellschafterliste nach § 40 Abs. 2 einzureichen.[1447] Der mitwirkende Notar solle grundsätzlich zur Vereinfachung

---

[1442] Baumbach/Hueck, § 40 Rn. 12; *Mayer*, DNotZ 2008, 403, 413.
[1443] Vgl. *Mayer*, DNotZ 2008, 403, 413 m.w.N.
[1444] OLG München, Beschl. v. 24.10.2012 – 31 Wx 400/12, Beck RF 2012, 22006.
[1445] So aber *Mayer*, DNotZ 2008, 403, 408.
[1446] Vgl. dazu etwa *Mayer*, DNotZ 2008, 403, 408.
[1447] OLG Hamm, Beschl. v. 01.12.2009 – 15 W 304/09.

der Verfahrensabläufe, wenn es infolge seiner Beurkundungstätigkeit zu einer Änderung der Gesellschafter kommt, die Änderung der Gesellschafterliste erledigen. Damit dieser Gesetzeszweck erreicht werde, sei eine Pflicht des Notars zur Einreichung der Liste auch bei nur mittelbarer Mitwirkung an der Veränderung anzunehmen.[1448] In der Praxis bewährt es sich in derartigen Fällen, die Gesellschafterliste sowohl vom Notar als auch vom Geschäftsführer der betroffenen Gesellschaft unterzeichnen zu lassen, da dann jedenfalls auch die zuständige Person unterschrieben hat.[1449]

Hat ein **ausländischer Notar** an den Veränderungen des § 40 Abs. 1 Satz 1 GmbHG mitgewirkt, kommt eine Einreichung der Liste durch einen deutschen Notar nicht in Betracht.[1450] Ebenso ist unstreitig, dass eine Verpflichtung des ausländischen Notars zur Einreichung einer Gesellschafterliste von Gesetzes wegen nicht besteht.[1451] Allerdings darf das Registergericht eine zum Handelsregister eingereichte Gesellschafterliste nicht schon deshalb zurückweisen, weil sie von einem Notar in Basel/Schweiz eingereicht wurde.[1452] 1040

d) Der Zeitpunkt der Einreichung der Gesellschafterliste

Die neue Gesellschafterliste ist sowohl von der Geschäftsführung als auch – im Falle des § 40 Abs. 2 Satz 1 GmbHG – vom Notar *unverzüglich* **nach Wirksamwerden der Veränderung** i.S.d. § 40 Abs. 1 Satz 1 GmbHG zum Handelsregister einzureichen. Dies bedeutet, dass der Einreichungspflichtige prüfen muss, wann die Veränderung nach § 40 Abs. 1 Satz 1 GmbHG dinglich wirksam geworden ist. Da – etwa bei Anteilsabtretungen – der Zeitpunkt der dinglichen Wirksamkeit vom Notar nicht ohne weiteres zu erkennen sein wird, empfiehlt es sich, künftig in Urkunden, die Veränderungen im Sinne von § 40 Abs. 1 Satz 1 GmbHG zum Gegenstand haben, diese Veränderungen jedoch noch nicht dinglich wirksam herbeiführen, eine Verpflichtung der Vertragsbeteiligten aufzunehmen, den Notar nach Wirksamwerden der Veränderung entsprechend zu unterrichten, damit dieser alsdann gem. § 40 Abs. 2 Satz 1 GmbHG die Liste einreichen kann. Bei komplex gestalteten aufschiebenden Bedingungen, bei denen im Nachhinein möglicherweise Streit darüber entstehen kann, ob die Bedingung tatsächlich eingetreten war, kann sich im Einzelfall empfehlen, diese Anzeigepflicht der Beteiligten mit einer Bestimmung zu verbinden, dass die aufschiebende Bedingung in jedem Fall als eingetreten gilt, wenn der Notar eine die Abtretung berücksichtigende Gesellschafterliste zum Handelsregister eingereicht hat. Durch eine solche Bestimmung wird vermieden, dass ein späterer Streit über das Vorliegen einzelner Bedingungen Auswirkungen auf die Zusammensetzung der Gesellschafter haben kann. Es ist demgegenüber nicht möglich, eine Gesellschafterliste bei einer aufschiebend bedingten Abtretung vor Eintritt der Bedingung einzureichen.[1453] Die Einreichung einer Gesellschafterliste, in der eine Veränderung erst angekündigt wird, sieht das Gesetz nämlich nicht vor.[1454] 1041

▶ Praxistipp: 1042

Der Notar sollte die Parteien im Rahmen der Beurkundung dazu anhalten, ihn unverzüglich vom Eintritt einer etwa vereinbarten aufschiebenden Bedingung für die dingliche Anteilsabtretung in Kenntnis zu setzen. Zusätzlich bietet es sich an, dass sich die Parteien im Anteilskaufvertrag ausdrücklich verpflichten, den Notar über den Eintritt von aufschiebenden Bedingungen zu unterrichten und den Eintritt solcher Bedingungen im Closing Memorandum explizit festzuhalten.[1455]

1448 Im Ergebnis ebenso MünchKomm/*Heidinger*, § 40 GmbHG Rn. 143 ff.
1449 Ebenso *Roth*, RNotZ 2014, 470, 482.
1450 *Mayer*, DNotZ 2008, 403, 411.
1451 *Grunewald*, ZIP 2006, 685, 688; *Mayer*, DNotZ 2008, 403, 411.
1452 BGH, 17.12.2013 – II ZB 6/13, NJW 2014, 2026.
1453 BGH, DNotZ 2011, 943.
1454 BGH, NJW 2011, 943, 944; ebenso OLG München, ZIP 2009, 1911, 1912; *Osterloh*, NZG 2011, 495, 496; *Wachter*, BB 2009, 2168, 2169.
1455 *Bednarz*, BB 2008, 1854, 1860.

1043 Die **Vereinbarung einer auflösenden Bedingung**, die möglicherweise später zu einer Unwirksamkeit der Abtretung führt, hindert die Pflicht zur unverzüglichen Einreichung der Gesellschafterliste nicht, da die Liste gem. § 40 Abs. 2 Satz 1 GmbHG »nach deren Wirksamwerden ohne Rücksicht auf etwaige später eintretende Unwirksamkeitsgründe« einzureichen ist. Im eigenen Interesse sollte der Notar die Beteiligten künftig auf die Bedeutung der Gesellschafterliste und auf die möglichen Folgen einer materiell unrichtigen Liste hinweisen.[1456]

1044 ▶ Praxistipp:

Die Parteien sollten sich – wenn sie eine auflösende Bedingung für eine Anteilsabtretung vereinbart haben – verpflichten, die Geschäftsführer und den Notar über den Eintritt von auflösenden Bedingungen zu unterrichten und diesen hierzu möglichst qualifizierte Nachweise vorlegen. Damit ist gewährleistet, dass die Geschäftsführer bzw. der Notar über den Eintritt von auflösenden Bedingungen in Kenntnis gesetzt werden und diese daraufhin überprüfen können, ob eine neue Gesellschafterliste einzureichen ist.[1457]

1045 Der Begriff unverzüglich wird allgemein i.S.d. § 121 Abs. 1 Satz 1 BGB als (ohne schuldhaftes Zögern) verstanden. Die entsprechende Handlung muss demzufolge innerhalb einer nach den Umständen des Einzelfalls zu bemessenden Prüfungs- und Überlegungsfrist vorgenommen werden.[1458] Letztlich ist die Frage, ob die Aufnahme der Gesellschafterliste im Handelsregister unverzüglich erfolgte, jedes Mal eine Einzelfallentscheidung. Wegen der daraus resultierenden Unsicherheit war im Gesetzgebungsverfahren eine Präzisierung der Frist auf 4 Wochen vorgeschlagen worden, was jedoch nicht übernommen wurde. In der Literatur wird demzufolge nunmehr eine Frist von 1 Monat »regelmäßig« für zu lang erachtet.[1459]

1046 Die Gesellschafterliste wird vom **Handelsregister in den Registerordner der Gesellschaft aufgenommen**, der gem. § 9 HRV neben dem Registerblatt der Gesellschaft geführt wird. Die Gesellschafterliste ist gem. § 12 Abs. 2 Satz 2 Halbs. 1 HGB als einfache elektronische Aufzeichnung, d.h. ohne qualifizierte elektronische Signatur, dem Gericht zu übermitteln; selbstverständlich schadet die Beifügung einer Signatur nicht. Reicht ein Notar mehrere Gesellschafterlisten, auch an einem Tag, ein, ist das Registergericht gehalten, diese Listen in der vom Notar bestimmten chronologischen Reihenfolge in den Registerordner aufzunehmen.[1460]

1047 § 40 Abs. 3 sieht eine **Schadenersatzpflicht** der Geschäftsführer gegenüber den Gesellschaftsgläubigern und gegenüber den an der Veränderung Beteiligten vor. Dies sind bei der Anteilsabtretung Veräußerer und Erwerber, bei Kapitalerhöhungen der Übernehmer der neuen Geschäftsanteile, aber auch die Gesellschaft. Zu ersetzen ist der durch die unterlassene oder verspätete Einreichung oder der durch die Einreichung einer unrichtigen Liste verursachte Schaden, der infolge des nunmehr möglichen gutgläubigen Erwerbs eines materiell dem Veräußerer nicht zustehenden Geschäftsanteils, beispielsweise im Verkehrswert des dem wahren Berechtigten gehörenden Geschäftsanteils bestehen kann.

e) Die Aufnahme dinglicher Belastungen in die Gesellschafterliste

1048 Die ganz überwiegende Auffassung lehnt eine **Eintragung dinglicher Belastungen in die Gesellschafterliste**, wie etwa Pfandrecht oder Nießbrauchsbestellungen, ab.[1461] Die Gesellschafterliste ist

---

1456 *Mayer*, DNotZ 2008, 403, 410.
1457 *Bednarz*, BB 2008, 1854, 1860.
1458 BGH, NJW 2005, 1869.
1459 *Gasteyer/Goldschmidt*, ZIP 2008, 1906, 1909.
1460 OLG Düsseldorf, Beschl. v. 18.03.2019 – I-3 Wx 53/18, RNotZ 2019, 345.
1461 Vgl. nur *Wachter*, ZNotP 2008, 378, 397; *Bohrer*, DStR 2007, 995 ff.; ebenso jetzt auch BGH, NZG 2011, 1268.

damit auch in Zukunft kein »kleines Grundbuch«.¹⁴⁶² Übereinstimmend hiermit hat der BGH entschieden, dass auch die Aufnahme eines Testamentsvollstreckervermerks in eine neu einzureichende Gesellschafterliste nicht zulässig, weil gesetzlich nicht vorgesehen, ist. Es stehe nicht im Belieben der Beteiligten, den Inhalt der von ihnen eingereichten Gesellschafterliste abweichend von den gesetzlichen Vorgaben um weitere, ihnen sinnvoll erscheinende Bestandteile freiwillig zu ergänzen. Dem stehe der Grundsatz der Registerklarheit entgegen, der auch für die Gesellschafterliste gelte.¹⁴⁶³

f) Die rechtliche Bedeutung der Gesellschafterliste nach § 16 Abs. 1 GmbHG

Die **rechtliche Bedeutung der Gesellschafterliste** besteht nach dem MoMiG gem. § 16 Abs. 1 GmbHG darin, dass im Verhältnis zur Gesellschaft nur derjenige als Inhaber eines Geschäftsanteils gilt, wer als solcher in der im Handelsregister aufgenommenen Gesellschafterliste eingetragen ist. Die Aufnahme der Liste in das Handelsregister entspricht damit der früheren Anmeldung bei der Gesellschaft nach § 16 Abs. 1 GmbHG. Die Vorschrift bedeutet also nicht, dass die Eintragung und die Aufnahme der Liste in das Handelsregister für den Erwerb des Geschäftsanteils Wirksamkeitsvoraussetzung wären. Die Wirksamkeit der Übertragung ist – abgesehen von dem bereits erörtertem Fall des gutgläubigen Erwerbs – auch weiterhin unabhängig von der Eintragung in die Gesellschafterliste.¹⁴⁶⁴ Ohne die Eintragung und die Aufnahme der Liste in das Handelsregister bleibt dem Neugesellschafter allerdings die Ausübung seiner Mitgliedschaftsrechte verwehrt, da ihm gegenüber der Gesellschaft erst mit Aufnahme der entsprechend geänderten Gesellschafterliste in das Handelsregister die Gesellschafterstellung zukommt. Die Gesellschafterliste wird damit nach dem ausdrücklichen Bekunden des Gesetzgebers dogmatisch an das Aktienregister bei der Namensaktie angenähert. In § 9 Abs. 1 HRV wird künftig klargestellt, dass eine Gesellschafterliste erst dann im Handelsregister *aufgenommen* ist, wenn sie in dem für das entsprechende Registerblatt bestimmten Registerordner gespeichert ist.

1049

Dogmatisch wird über die neue Gesellschafterliste das bereits aus dem bisherigen GmbH-Recht bekannte **Institut der relativen Rechtstellung des Anteilserwerbers** fortgeführt. Wer – nach bisherigem Recht – den Geschäftsanteil dinglich wirksam erworben hatte, jedoch keine Anmeldung nach § 16 Abs. 1 GmbHG vorgenommen hatte, war zwar materiell-rechtlich Inhaber des Geschäftsanteils geworden, konnte aber gegenüber der Gesellschaft keine Gesellschafterrechte wahrnehmen, also insbesondere nicht an Beschlussfassungen mitwirken oder Informationsrechte ausüben. Diese Spaltung der Rechtszuständigkeit wird bei nicht ordnungsgemäßer Einreichung einer Gesellschafterliste fortgeführt: Der Anteilserwerber ist – unabhängig von der Aufnahme einer aktuellen Gesellschafterliste in das Handelsregister – materiell-rechtlich Inhaber des Geschäftsanteils geworden, kann aber im Verhältnis zur Gesellschaft keine Gesellschafterrechte ausüben. Jede Ausübung von Gesellschafterrechten würde demgemäß also die *vorherige* Aufnahme einer Gesellschafterliste in das Handelsregister voraussetzen, die den Erwerber als Inhaber des Geschäftsanteils ausweist. Da der Gesellschafter aber nicht selten unmittelbar im Anschluss an einen Anteilserwerb Gesellschafterrechte ausüben möchte, etwa bei unverzüglich vorzunehmenden Beschlussfassungen, bestimmt der Gesetzgeber in § 16 Abs. 1 Satz 2 GmbHG, dass eine vom Erwerber in Bezug auf das Gesellschaftsverhältnis vorgenommene Rechtshandlung als von Anfang an wirksam gilt, wenn die Liste unverzüglich nach Vornahme der Rechtshandlung in das Handelsregister aufgenommen wird. Nach der Konzeption des Gesetzgebers sind die vom Erwerber vorgenommenen Rechtshandlungen zunächst schwebend unwirksam. Sie werden wirksam, wenn die Liste unverzüglich nach Vornahme der Rechtshandlung in das Handelsregister aufgenommen wird. Erfolgt die Aufnahme nicht unverzüglich, so sind die Rechtshandlungen endgültig unwirksam. Vor diesem Hintergrund sollte im Einzelfall erwogen werden, ob diesem Unwirksamkeitsrisiko nicht in der Weise begegnet werden kann, dass die Gesellschafterbeschlüsse, die der Erwerber unmittelbar nach Wirksamwerden seines Anteils-

1050

1462 *Vossius*, DB 2007, 2299.
1463 BGH, vom 24.02.2015 – II ZB 17/14; im Ergebnis ebenso *Bayer*, GmbHR 2012, 1, 6 f.
1464 Ebenso *Heckschen*, DStR 2007, 1442, 1450.

erwerbs fassen möchte, noch von dem in der Gesellschafterliste ausgewiesenen Veräußerer oder jedenfalls von diesem gemeinsam mit dem Erwerber gefasst werden können. Wird dieser Weg gegangen, hat jedenfalls auch der in der Gesellschafterliste eingetragene Veräußerer bei dem Gesellschafterbeschluss mitgewirkt, so dass die Voraussetzungen des § 16 Abs. 1 Satz 2 GmbHG nicht bemüht werden müssen.

2. Steuerliche Anzeigepflichten

1051 In steuerlicher Hinsicht kann die Abtretung eines GmbH-Geschäftsanteils Anzeigepflichten sowohl in ertragsteuerlicher als auch in grunderwerbsteuerlicher Hinsicht auslosen.

a) Anzeigepflicht nach § 54 EStDV

1052 Die ertragsteuerlichen Anzeigepflichten der Notare ergeben sich aus § 54 **Einkommensteuer-Durchführungsverordnung (EStDV)**. Demnach ist dem zuständigen Finanzamt gem. § 20 AO Anzeige zu erstatten über alle aufgrund gesetzlicher Vorschrift aufgenommenen oder beglaubigten Urkunden, die die Gründung, Kapitalerhöhung oder -herabsetzung, Umwandlung oder Auflösung von Kapitalgesellschaften oder die Verfügung über Anteile an Kapitalgesellschaften zum Gegenstand haben. Die Urkunden sind dem Finanzamt zu übersenden, in dessen Bezirk sich die Geschäftsleitung oder der Sitz der Kapitalgesellschaft befindet, an der die betreffenden Anteile bestehen. Zu versenden ist eine beglaubigte Abschrift der Urkunde. Die Steuernummer, unter der die Kapitalgesellschaft bei dem Finanzamt geführt wird, soll auf der Abschrift vermerkt werden. Die Anzeige ist innerhalb von 2 Wochen ab Aufnahme der Urkunde zu erstatten und den Beteiligten dürfen die Urschrift, eine Ausfertigung oder beglaubigte Abschrift der Urkunde erst ausgehändigt werden, wenn die Abschrift der Urkunde an das Finanzamt abgesandt ist (§ 54 Abs. 3 EStDV). Die Absendung der Anzeige ist auf der Urschrift der Urkunde zu vermerken (§ 54 Abs. 2 Satz 3 EStDV).

1053 Konkretisiert werden die notariellen Pflichten insoweit durch das Schreiben des BMF vom 14.03.1997 (IV B 2 – Satz 2242 – 3/97). Nach dessen Nr. 1 erfasst § 54 EStDV nicht nur Verfügungsgeschäfte, sondern **auch Verpflichtungsgeschäfte**, soweit die Verpflichtung eine Verfügung über Anteile an Kapitalgesellschaften zum Gegenstand hat. Auch aufschiebend bedingte Verfügungen über Anteile an Kapitalgesellschaften unterliegen der Mitteilungspflicht nach § 54 EStDV (Ziff. 2). **Treuhandverträge** unterliegen der Meldepflicht nach § 54 EStDV, soweit sie eine Verfügung über Anteile an Kapitalgesellschaften zum Gegenstand haben (Ziff. 3). Dies ist der Fall, wenn ein Gesellschafter seinen Gesellschaftsanteil treuhänderisch auf einen anderen überträgt. Rein schuldrechtliche Treuhandvereinbarungen unterliegen grundsätzlich nicht der Mitteilungspflicht nach § 54 EStDV, was insbesondere bei der sog. Vereinbarungstreuhand gilt. Hier bleibt der bisherige Vollrechtsinhaber auch künftig zivilrechtlicher Eigentümer, verpflichtet sich jedoch auf der obligatorischen Ebene gegenüber einem Dritten, dem künftigen Treugeber, die Anteilsrechte im Interesse dieses Dritten nach Maßgabe des Inhalts der Treuhandabrede auszuüben. Allerdings ist auch in diesem Fall eine Mitteilungspflicht nach § 54 EStDV gegeben, wenn die getroffene Abrede es dem Treugeber erlaubt, bei Auflösung des Treuhandverhältnisses die dingliche Übertragung der Anteile auf sich zu verlangen oder eine aufschiebend bedingte Übertragung der Anteile auf den Treugeber für den Fall der Auflösung des Treuhandverhältnisses bereits vereinbart ist. Nach Ziff. 4 des BMF-Schreibens soll eine Verpfändung von Anteilen an Kapitalgesellschaften nicht unter § 54 EStDV fallen. Zwar sei auch eine Verpfändung eine Verfügung in zivilrechtlichem Sinne. Diese Verfügung sei aber nicht auf einen Wechsel in der Rechtsinhaberschaft gerichtet. Der bisherige Rechtsinhaber bleibe trotz der Verpfändung anders als bei Abtretung von Anteilen an Kapitalgesellschaften weiterhin Anteilseigner. Werden Angebot und Annahme getrennt beurkundet, fällt die Beurkundung nur des Angebots auf Übertragung eines Anteils an einer Kapitalgesellschaft nicht unter § 54 EStDV (Ziff. 6). Das Angebot allein enthalte nämlich noch keine Verfügung über den Anteil. Demgegenüber falle die Annahme des Angebots auf Übertragung eines Anteils an einer Kapitalgesellschaft zweifelsfrei unter § 54 EStDV, weil durch die Annahme des Angebots das Verpflichtungsgeschäft zustande komme.

Hat der Notar eine der Anzeigepflicht nach § 54 EStDV unterfallende Urkunde in einer fremden Sprache aufgenommen, wird ihm nicht selten vom Finanzamt angesonnen, in Erfüllung seiner Anzeigepflicht auch eine **beglaubigte Übersetzung der Urkunde** einzureichen, da – so die finanzamtliche Argumentation – Gerichts- und Verwaltungssprache deutsch sei. Diese Argumentation ist nicht überzeugend, da § 54 EStDV den Notar lediglich zur Übersendung einer beglaubigten Abschrift der Urkunde verpflichtet, nicht jedoch zu einer Übersetzung derselben. Eine solche kann das Finanzamt demzufolge nur von der betroffenen Gesellschaft oder den Beteiligten selbst verlangen, nicht jedoch vom Notar. 1054

b) Grunderwerbsteuerliche Anzeigepflichten

Die im Zusammenhang mit einer Abtretung von GmbH-Geschäftsanteilen maßgeblichen **grunderwerbsteuerlichen Anzeigepflichten** ergeben sich auf § 18 Abs. 2 Satz 2 GrEStG. Demnach besteht eine Anzeigepflicht der Notare für Vorgänge, die unter anderem die Übertragung von Anteilen an einer Kapitalgesellschaft betreffen, **wenn zum Vermögen der Gesellschaft ein** im Geltungsbereich des Grunderwerbsteuergesetzes liegendes **Grundstück gehört.** Von der Finanzverwaltung wird diese Vorschrift dahin verstanden, dass die Anzeigepflicht alle Rechtsvorgänge betrifft, die unmittelbar *oder mittelbar* das Eigentum an einem inländischen Grundstück betreffen. Demzufolge besteht eine Anzeigepflicht auch dann, wenn nicht die Gesellschaft selbst, sondern eine ihrer Tochtergesellschaften Eigentümerin von Grundbesitz ist. Der Notar sollte, wenn ihm dieser Umstand bekannt ist, vorsorglich auch in diesen Fällen eine grunderwerbsteuerliche Anzeige vornehmen. Der Notar hat die vertragsschließenden Parteien unter Hinweis auf seine steuerliche Anzeigepflicht ausdrücklich zu befragen, ob ein Grundstück zum Vermögen der Gesellschaft gehört, damit er seiner Anzeigepflicht genügen kann. Die Antwort auf die Frage nach dem Grundbesitz sollte im Vertrag dokumentiert werden, um ggf. erforderliche Rückfragen der Finanzämter zu vermeiden.[1465] Von der Richtigkeit der Erklärungen der Beteiligten darf der Notar ausgehen.[1466] Es besteht demnach nur eine Erkundigungspflicht, nicht jedoch eine Nachforschungs- oder Ermittlungspflicht.[1467] Unerheblich ist, ob der jeweilige Vorgang den Tatbestand des § 1 Abs. 2a GrEStG oder des § 1 Abs. 3 GrEStG erfüllt. Die Entscheidung hierüber soll nicht der Notar, sondern sollen die Finanzbehörden treffen. 1055

Die Anzeige ist an das für die Besteuerung nach § 17 GrEStG zuständige Finanzamt zu richten (§ 18 Abs. 5 GrEStG). Da sich die mögliche Steuerpflichtigkeit des Vorgangs aus § 1 Abs. 3 GrEStG ergibt, werden die Besteuerungsgrundlagen gem. § 17 Abs. 3 Ziff. 2 GrEStG durch das **Finanzamt** gesondert festgestellt, in dessen **Bezirk sich die Geschäftsleitung** der Gesellschaft befindet. Nur an dieses Finanzamt erfolgt eine Anzeige.[1468] 1056

Der **Inhalt der Anzeige** ergibt sich aus § 20 GrEStG. Bei gesellschaftsrechtlichen Vorgängen taucht häufig das Problem auf, dass der Notar die von § 20 GrEStG vorausgesetzten Tatsachen nicht kennt, insbesondere dass ihm die genauen Grundstücksbezeichnungen nicht bekannt sind. Zwar hat der Notar im Rahmen seiner Beistandspflicht darauf hinzuwirken, dass die Beteiligten ihm die erforderlichen Angaben machen, ein Zwangsmittel steht dem Notar indes nicht zur Seite. Lediglich das Finanzamt kann gegenüber den Beteiligten mit den Zwangsmitteln der §§ 328 ff. AO vorgehen. Der Notar genügt insoweit seiner Beistandspflicht, wenn er die Angaben nach seinem Kenntnisstand macht und ggf. die Veräußerungsanzeige nach seinem Kenntnisstand ausfüllt und das Finanzamt ggf. auf seine fehlende Kenntnis hinweist. Durch eine derartige Anzeige und durch eine Übersen- 1057

1465 Ziff. 2.3.1.7 des Merkblatts der Obersten Finanzbehörden über die Beistandspflichten der Notare, zitiert nach *Pahlke/Franz*, § 18 GrEStG Rn. 22.
1466 BGH, DNotZ 1981, 515, 518.
1467 *Küperkoch*, RNotZ 2002, 297, 302.
1468 *Boruttau/Viskorf*, § 18 GrEStG Rn. 32; *Küperkoch*, RNotZ 2002, 297, 304; a.A. Beck'sches Notarhandbuch/*Spiegelberger*, Abschnitt E Rn. 39, der eine Anzeigepflicht gegenüber allen Belegenheitsfinanzämtern annimmt, was indes mit dem Wortlaut des § 18 Abs. 5 GrEStG nicht vereinbar sein dürfte.

dung einer Abschrift der Urkunde (§ 18 Abs. 1 Satz 2 GrEStG) hat das Finanzamt ausreichende Kenntnis von dem Vorgang, um eine entsprechende Sachverhaltsaufklärung mit den ihm zur Verfügung stehenden Mitteln betreiben zu können.

1058 Die Anzeige ist **innerhalb von 2 Wochen** nach der Urkundstätigkeit zu erstatten. Die Frist beginnt, unabhängig von der Wirksamkeit des Vorgangs und damit vom Entstehen einer Steuerschuld zu laufen. Die Anzeigepflicht besteht auch, wenn eine Besteuerung ausgeschlossen ist (§ 18 Abs. 3 Satz 2 GrEStG). Beizufügen ist eine Abschrift der Urkunde über den Rechtsvorgang. Eine Beglaubigung der Abschrift ist nicht erforderlich.[1469]

3. Gesellschaftsrechtliche Anzeige- und Mitteilungsobliegenheiten

1059 Nachdem die vor Inkrafttreten des MoMiG bestehende Verpflichtung, den Erwerb eines GmbH-Geschäftsanteils gem. § 16 GmbHG bei der Gesellschaft anzumelden, nicht mehr existiert, ergibt sich eine **gesellschaftsrechtliche Anzeigeobliegenheit** nur noch aus **§ 21 Abs. 1 AktG**. Demnach muss eine Aktiengesellschaft, der mehr als der vierte Teil der Anteile einer anderen Kapitalgesellschaft mit Sitz im Inland gehört, dem Unternehmen, an dem die Beteiligung besteht, unverzüglich schriftliche Mitteilung machen. Sobald der Aktiengesellschaft eine Mehrheitsbeteiligung im Sinne von § 16 Abs. 1 AktG an einem anderen Unternehmen gehört, hat die Aktiengesellschaft dies ebenfalls dem Unternehmen, an dem die Mehrheitsbeteiligung besteht, unverzüglich schriftlich mitzuteilen (§ 21 Abs. 2 AktG). Wird eine Mitteilungspflicht nach § 21 Abs. 1 oder Abs. 2 AktG durch die Aktiengesellschaft nicht erfüllt, können Rechte aus den Gesellschaftsanteilen gem. § 21 Abs. 4 AktG insgesamt nicht geltend gemacht werden. Der Rechtsverlust betrifft sowohl die eigenen Aktien des Mitteilungspflichtigen als auch die ihm gem. § 16 Abs. 4 AktG zugerechneten Aktien.[1470] Wenn also eine Aktiengesellschaft Geschäftsanteile an einer GmbH erworben hat und in der gleichen notariellen Urkunde Gesellschafterbeschlüsse bei der GmbH fassen möchte, ist es erforderlich, dass eine Mitteilung nach § 21 Abs. 1 oder Abs. 2 AktG gegenüber der GmbH zwingend vor Abhaltung der Gesellschafterversammlung und Beschlussfassung erfolgt. Hierbei ist selbstverständlich sicherzustellen, dass die GmbH bei Entgegennahme der Mitteilung wirksam passiv vertreten ist. Die GmbH ist also ggf. an der notariellen Urkunde zu beteiligen und die Mitteilung gem. § 21 Abs. 1 oder Abs. 2 AktG gem. § 35 Abs. 2 Satz 2 GmbHG hat jedenfalls gegenüber einem Geschäftsführer der Gesellschaft zu erfolgen.

1060 **Besteht die Beteiligung** in der nach § 21 Abs. 1 oder Abs. 2 AktG mitteilungspflichtigen Höhe **nicht mehr**, hat die Gesellschaft dies dem anderen Unternehmen gem. § 21 Abs. 3 AktG ebenfalls unverzüglich schriftlich mitzuteilen. Diese Mitteilungspflicht besteht unabhängig davon, ob zuvor eine pflichtgemäße Mitteilung gem. § 21 Abs. 1 oder Abs. 2 AktG erfolgte. Sofern eine Mitteilung über den Erwerb einer Minderheits- oder Mehrheitsbeteiligung pflichtwidrig unterlassen wurde, ist es ebenfalls erforderlich, der Gesellschaft mitzuteilen, dass die Beteiligung in der betreffenden Höhe nicht mehr besteht. Auch in diesem Fall besteht ein Interesse der Aktionäre, der Gläubiger und der Öffentlichkeit daran, von den vormaligen Beteiligungsverhältnissen und den nunmehr erfolgten Veränderungen zu erfahren.[1471]

V. Besonderheiten beim Erwerb einer Vorrats-GmbH

1061 Obschon durch die Elektronisierung des handelsregisterlichen Verfahrens und durch die verfahrensbeschleunigende Novelle durch das MoMiG die Eintragungszeiten für die Neueintragung einer GmbH erheblich verkürzt worden sind, besteht immer noch im Einzelfall die Notwendigkeit, innerhalb deutlich kürzerer Zeit einen bestehenden Rechtsträger zur Verfügung zu haben. In diesen Fällen wird auch in Zukunft auf den **Erwerb von Vorratsgesellschaften** zurückgegriffen werden. Vor-

---

1469 *Küperkoch*, RNotZ 2002, 297, 303.
1470 K. Schmidt/Lutter, § 21 Rn. 7.
1471 K. Schmidt/Lutter, § 20 Rn. 31.

E. Die Übertragung von Geschäftsanteilen

ratsgesellschaften werden i.d.R. von professionellen Anbietern mit dem Unternehmenszweck der Verwaltung eigenen Vermögens gegründet und auf Vorrat in das Handelsregister mit dem Zweck eingetragen, die Geschäftsanteile an der Gesellschaft bei Bedarf – etwa im Fall einer Unternehmenstransaktion – an einen Erwerber zu veräußern. Im Rahmen einer derartigen Veräußerung der Geschäftsanteile an einer Vorrats-GmbH sollte der Veräußerer seine unbelastete Rechtsinhaberschaft an den Geschäftsanteilen, die bisherige geschäftliche Inaktivität der Gesellschaft, das vollständige Vorhandensein des Stammkapitals (abzüglich nur der Gründungskosten), das Nichtbestehen von Verbindlichkeiten der Gesellschaft (ggf. ausgenommen Bankgebühren und IHK-Beiträge) und die Tatsache versichern, dass keine Gesellschafterbeschlüsse gefasst wurden, die noch nicht in das Handelsregister eingetragen sind.[1472]

Wenn der Erwerber im Anschluss an den Erwerb der Geschäftsanteile die **Satzung der Gesellschaft ändern** oder neu fassen möchte, ist § 16 Abs. 1 GmbHG zu beachten. Da der Erwerber in dem Moment, in dem er die Gesellschafterbeschlüsse fasst (also am Tag seines Anteilserwerbs), noch nicht in der im Handelsregister aufgenommenen Gesellschafterliste eingetragen ist, kann er eigentlich gem. § 16 Abs. 1 Satz 1 GmbHG noch keine Gesellschafterrechte, mithin auch kein Stimmrecht aus seinen Geschäftsanteilen, ausüben. Von diesem Grundsatz sieht § 16 Abs. 1 Satz 2 GmbHG zwar eine Ausnahme insoweit vor, als eine vom Erwerber in Bezug auf das Gesellschaftsverhältnis vorgenommene Rechtshandlung als von Anfang an wirksam gilt, wenn die Liste unverzüglich nach Vornahme der Rechtshandlung in das Handelsregister aufgenommen wird. Allerdings ist bis zur Aufnahme der Gesellschafterliste in das Handelsregister die Rechtshandlung schwebend unwirksam und wird endgültig unwirksam, wenn die Aufnahme nicht unverzüglich erfolgt.[1473] Dies bedeutet etwa, dass ein vom Erwerber beschlossener Geschäftsführerwechsel sowie von ihm beschlossene Satzungsänderungen endgültig fehlgeschlagen wären, wenn die Aufnahme der Gesellschafterliste in das Handelsregister nicht unverzüglich erfolgen sollte.[1474] Da Rechtsprechung zu der Frage, wann die Aufnahme der Liste in das Handelsregister unverzüglich erfolgt ist, bislang noch nicht vorliegt, kann sich insoweit eine nicht unerhebliche rechtliche Unsicherheit ergeben, die gerade bei Unternehmenstransaktionen von namhafter wirtschaftlicher Relevanz nicht akzeptabel ist. Demzufolge ist es sachgerecht, wenn der Gesellschafterbeschluss betreffend den Geschäftsführerwechsel und die erforderlichen Satzungsänderungen entweder zeitlich vor der Übertragung der Geschäftsanteile durch den Veräußerer gefasst wird[1475] oder der Veräußerer als noch in der Gesellschafterliste eingetragener Gesellschafter nach Erwerb der Geschäftsanteile durch den Erwerber gemeinsam mit diesem die erforderlichen Gesellschafterbeschlüsse fasst.[1476]

1062

Nur der Vollständigkeit halber sei darauf hingewiesen, dass die neu bestellten Geschäftsführer zur Vermeidung einer Haftung nach Gründungsrecht gegenüber dem Registergericht die **Tatsache der wirtschaftlichen Neugründung** offen legen und versichern müssen, dass die Leistungen auf die Geschäftsanteile bewirkt sind und sich der Gegenstand der Leistungen endgültig in der freien Verfügung der Geschäftsführung befindet. Diese Versicherung muss entsprechend § 78 GmbHG durch sämtliche Geschäftsführer höchstpersönlich erfolgen. Unterbleibt die Offenlegung der wirtschaftlichen Neugründung haften die Gesellschafter nach den Grundsätzen der Verlustdeckungshaftung bzw. der Vorbelastungs- oder Unterbilanzhaftung die Geschäftsführer entsprechend § 11 Abs. 2 GmbHG als Handelnde,[1477] jedoch nur für die Unterbilanz, die in dem Zeitpunkt besteht, zu dem die wirtschaftliche Neugründung entweder durch die Anmeldung der Satzungsänderungen oder durch die Aufnahme der wirtschaftlichen Tätigkeit erstmals nach außen in Erscheinung tritt.[1478] Vor diesem Hintergrund sollte sich der Notar, der die Veräußerung der Geschäftsanteile an einer Vor-

1063

1472 *Müller/Federmann*, BB 2009, 1375, 1376.
1473 *Mayer*, DNotZ 2008, 405.
1474 *Müller/Federmann*, BB 2009, 1375, 1376.
1475 So *Müller/Federmann*, BB 2009, 1375, 1377.
1476 Zum Ganzen, auch bei Beteiligung ausländischer Gesellschaften s. *Schmitz*, notar 2018, 203 ff.
1477 *Müller/Federmann*, BB 2009, 1375, 1379.
1478 So jetzt BGH, DNotZ 2013, 43.

ratsgesellschaft beurkundet, bei den Beteiligten stets danach erkundigen, wann die aktive Geschäftsaufnahme durch die erworbene GmbH erfolgen soll, damit der Notar dafür Sorge tragen kann, dass die Anzeige der wirtschaftlichen Neugründung rechtzeitig vorher zum Handelsregister eingereicht wird. Durch die klarstellende Entscheidung des BGH vom 06.03.2012[1479] sind die Haftungsrisiken für die Handelnden bei Verwendung einer noch nicht wirtschaftlich tätig gewesenen Vorratsgesellschaft nunmehr allerdings begrenzt, da die bilanzielle Situation der Gesellschaft für die Frage einer Unterbilanzhaftung auf den Zeitpunkt »eingefroren« wird, zu dem die wirtschaftliche Neugründung entweder durch die Anmeldung der Satzungsänderung oder durch die Aufnahme der wirtschaftlichen Tätigkeit in Erscheinung tritt. Dies bedeutet, dass auch die rein tatsächliche Aufnahme der wirtschaftlichen Tätigkeit – wenn die Offenlegung gegenüber dem Handelsregister versehentlich unterblieben sein sollte – dazu führt, dass spätere bilanzielle Veränderungen die Haftung der Gesellschafter nicht mehr vertiefen können.

1064 ▶ **Checkliste: Erwerb einer Vorratsgesellschaft**

☐ Wurde vom Veräußerer garantiert, dass es sich bei der verkauften Gesellschaft um eine bislang geschäftlich inaktive Gesellschaft handelt, deren unbelastete Geschäftsanteile sämtlich der Veräußerer hält? Steht das Stammkapital der Vorratsgesellschaft – nur gemindert um Gründungskosten und ggf. Bankspesen und IHK-Beiträge – unverändert zur freien Verfügung der Geschäftsführung?

☐ Werden die Geschäftsanteile an der Vorratsgesellschaft mit sofortiger dinglicher Wirkung auf den Erwerber übertragen?

☐ Kann der Erwerber bereits wirksam Gesellschafterbeschlüsse – etwa zur Anpassung der Satzung oder zur Bestellung eines neuen Geschäftsführers – fassen? Ggf. sollten diese Gesellschafterbeschlüsse unter Mitwirkung des Veräußerers gefasst werden?

☐ Ist sichergestellt, dass vor Aufnahme der vom Erwerber mit der Vorratsgesellschaft geplanten wirtschaftlichen Aktivität die Anzeige der wirtschaftlichen Neugründung zum Handelsregister erfolgt?

VI. Besonderheiten des Mantelkaufs

1065 Als Mantelkauf wird der Erwerb von Geschäftsanteilen an einer GmbH bezeichnet, die sich ursprünglich im Rahmen eines bestimmten Unternehmensgegenstandes betätigte, alsdann vorübergehend inaktiv wurde und nunmehr – nach dem Erwerb der Geschäftsanteile durch den Erwerber – eine andere wirtschaftliche Tätigkeit ausübt. In der Praxis stellte sich bei der Beurkundung der hiermit verbundenen Satzungsänderungen, die möglicherweise von einem Gesellschafterwechsel und einem Wechsel in der Geschäftsführung der Gesellschaft begleitet werden die Frage, ob auch diese Vorgänge eine wirtschaftliche Neugründung im Sinne der Rechtsprechung des BGH darstellten. Die Abgrenzung der wirtschaftlichen Neugründung von der Umorganisation oder Sanierung einer noch aktiven GmbH nahm der BGH nach überkommener Rechtsprechung danach vor, ob

– entweder die Gesellschaft noch ein aktives Unternehmen betreibt, an das die Fortführung des Geschäftsbetriebs – sei es auch unter wesentlicher Umgestaltung, Einschränkung oder Erweiterung seines Geschäftsbereichs – in irgendeiner wirtschaftlich noch gewichtbaren Weise anknüpft (dann keine wirtschaftliche Neugründung) oder

– ob es sich alternativ um einen leer gewordenen Gesellschaftsmantel ohne Geschäftsbetrieb handelte, der seinen Gesellschaftern nur dazu dient, unter Vermeidung der rechtlichen Neugründung einer die beschränkte Haftung gewährleistenden Kapitalgesellschaft eine gänzlich neue Geschäftstätigkeit aufzunehmen (dann wirtschaftliche Neugründung).

1066 Es gab allerdings durchaus nicht wenige Fallkonstellationen, die weder eindeutig der ersten noch eindeutig der zweiten Fallgruppe zugewiesen werden konnten.[1480] Diese Klassifizierungsschwierig-

---

1479 DNotZ 2013, 43.
1480 Ebenso *K. Schmidt*, ZIP 2010, 857, 861.

E. Die Übertragung von Geschäftsanteilen

keiten resultierten daraus, dass die vom BGH beschriebenen Sachverhaltsalternativen nicht abschließend sind: Es gab nämlich durchaus nicht wenige Fälle, die sich dadurch auszeichneten, dass die umzustrukturierende Gesellschaft noch ein aktives Unternehmen betrieb – was eigentlich zu einer Einordnung in die erste Fallgruppe (keine wirtschaftliche Neugründung) hätte führen müssen –, dieser Gesellschaft jedoch ein neuer Unternehmensgegenstand implantiert wurde, der mit der bisherigen Tätigkeit der Gesellschaft nichts zu tun hatte –, was zu einem Ausschluss aus der ersten Fallgruppe führen könnte.

▶ Beispiel:
Da der Gebrauchtwagenhandel nach Einführung der Abwrackprämie nahezu zum Erliegen gekommen ist, entschließt sich der Gesellschafter, den Unternehmensgegenstand seiner GmbH dahin zu ändern, dass Gegenstand des Unternehmens nunmehr die Erbringung von Beratungsleistungen zur Erlangung staatlicher Subventionen ist.

Der beschriebene Fall lässt sich nicht eindeutig der ersten Fallgruppe, in der die Offenlegung einer wirtschaftlichen Neugründung nicht notwendig wäre, zuordnen, da das von der Gesellschaft nunmehr betriebene Unternehmen nicht in wirtschaftlich gewichtbarer Weise an die bisherige Tätigkeit anknüpft. Allerdings lässt sich der Sachverhalt ebenso wenig eindeutig in die zweite Fallgruppe einordnen, in der eine wirtschaftliche Neugründung vorläge, da die Gesellschaft ihren bisherigen Geschäftsbetrieb vor Umstrukturierung jedenfalls nicht vollständig eingestellt hat. Die Rechtslage war also immer in den Fällen unklar, in denen die Gesellschaft zwar noch eine (geringe) Geschäftstätigkeit entfaltete, aber die neue Geschäftstätigkeit mit dieser bisherigen Geschäftstätigkeit wirtschaftlich nichts zu tun hatte.[1481] Mit Entscheidung vom 18.01.2010[1482] hat der BGH klargestellt, dass eine Mantelverwendung, auf die die Regeln der sogenannten wirtschaftlichen Neugründung anwendbar sind, nur in Betracht kommt, wenn die Gesellschaft eine leere Hülse ist, also kein aktives Unternehmen betreibt, an das die Fortführung des Geschäftsbetriebs in irgendeiner wirtschaftlich noch gewichtbaren Weise anknüpfen kann. Durch diese Klarstellung konkretisiert der BGH nunmehr, dass der Tatbestand einer wirtschaftlichen Neugründung zunächst das Vorhandensein einer inaktiven Gesellschaft erfordert. Demzufolge kommt es für die Abgrenzung zwischen einer die Offenlegung gegenüber dem Handelsregister erfordernden wirtschaftlichen Neugründung einerseits und einer offenlegungsfreien Umorganisation andererseits künftig alleine darauf an, ob die Gesellschaft bislang noch irgendeine Geschäftstätigkeit entfaltet. Auch wenn diese Geschäftstätigkeit mit der neuen Geschäftstätigkeit wirtschaftlich nicht verwandt ist, sondern in einem ganz anderen Geschäftsfeld erfolgt, ist die noch aktive Gesellschaft keine »leere Hülse« und daher als solche nicht geeignet, Gegenstand einer wirtschaftlichen Neugründung zu sein.[1483] Die Rechtsprechung des BGH zur Haftungssituation bei fehlender Offenlegung der wirtschaftlichen Neugründung gegenüber dem Handelsregister[1484] hat ihre eigentliche Bedeutung nach der klarstellenden Entscheidung vom 06.03.2012[1485] im Wesentlichen nur noch im Bereich des Mantelkaufs behalten. Wird eine Mantelgesellschaft, die eine Unterbilanz ausweist, in einer Weise wirtschaftlich aktiviert, die eine wirtschaftliche Neugründung im Sinne der Rechtsprechung des BGH darstellt, und die wirtschaftliche Neugründung nicht gegenüber dem Handelsregister offen gelegt, dann haften die Handelnden und die Gründer für die Unterbilanz bis zu dem Zeitpunkt, zu dem die (vormals unternehmenslose) Mantelgesellschaft wieder aktiviert wird.

1481 *Peetz*, GmbHR 2003, 1128, 1129.
1482 BGH, DStR 2010, 815.
1483 *Hermanns*, ZNotP 2010, 242, 243.
1484 Vgl. oben Rdn. 1063.
1485 DNotZ 2013, 43.

F. Sonstige Verfügungen über Geschäftsanteile

I. Vorbemerkung

1068 Die in der Praxis am häufigsten vorkommenden Bestellungen von beschränkt dinglichen Rechten an GmbH-Geschäftsanteilen sind die **Pfandrechtsbestellung und die Nießbrauchsbestellung.** Bei beiden Belastungen eines Geschäftsanteils stellt sich die Frage, inwieweit es möglich ist, die Rechtsstellung des dinglich Berechtigten in der Weise zu verstärken, dass ihm unmittelbar Gesellschafterrechte, etwa das Stimmrecht aus dem Geschäftsanteil, zugewiesen werden. Eine derartige Trennung eines Mitgliedschaftsrechts vom Gesellschafter und Zuweisung des Mitgliedschaftsrechts an einen gesellschaftsfremden Dritten führt in den Fragenkreis des in § 717 Satz 1 BGB wurzelnden Abspaltungsverbotes. Es besagt, dass die Mitgliedschaftsrechte – im Gegensatz zu einzelnen aus ihnen erwachsenden Ansprüchen – von der Mitgliedschaft nicht trennbar sind, also insbesondere nicht selbständig übertragen werden können. Der die gesetzgeberische Anordnung rechtfertigende Grund ist darin zu sehen, dass die Ausübung von Gesellschafterrechten Ausdruck der autonomen Willensbildung der Gesellschafter sein soll.[1486] Das Abspaltungsverbot hindert eine isolierte Übertragung von Gesellschafterrechten und steht Gestaltungen entgegen, die einer Übertragung im wirtschaftlichen Ergebnis gleichkommen. Demgegenüber sind schuldrechtliche Vereinbarungen zwischen Gesellschaftern oder zwischen Gesellschaftern und Dritten über die Ausübung von Mitgliedschaftsrechten grundsätzlich zulässig.[1487] Ebenso ist es hinsichtlich der Ausübung von Verwaltungsrechten durch den Pfandgläubiger unbedenklich, wenn der Verpfänder ihm Vollmacht zur Ausübung des Stimmrechts (§ 47 Abs. 3 GmbHG) oder anderer nicht ausnahmsweise höchstpersönlich wahrzunehmender Rechte erteilt. Umstritten ist, ob die Vollmacht für die Dauer des Pfandrechts auch als eine unwiderrufliche erteilt werden kann.[1488] Zu beachten ist in diesem Zusammenhang allerdings jedenfalls, dass auch eine unwiderrufliche Vollmacht stets aus wichtigem Grund widerrufen werden kann.

1069 Auch bei der Verpfändung eines Geschäftsanteils und der Bestellung eines Nießbrauchs an einem Geschäftsanteil kann darüber hinaus ein **Interesse des Gläubigers** daran bestehen, dass ihm **selbst die Gesellschafterrechte unmittelbar zugewiesen** werden, da er sich möglicherweise nicht mit schuldrechtlichen Vereinbarungen mit dem Gesellschafter begnügen möchte. Eine derartige Gestaltung wird von einem Teil der Lehre als zulässig erachtet: in den Fällen, in denen der Dritte dinglich am Gesellschaftsanteil berechtigt sei, also etwa beim Nießbrauch oder als Pfandgläubiger, sei eine *dingliche Rechtsgemeinschaft* zwischen Gesellschafter und dinglich am Gesellschaftsanteil Berechtigten anzunehmen, in deren Folge der Dritte nicht als gesellschaftsfremder Dritter anzusehen und damit tauglicher Zessionar von Mitgliedschaftsrechten sei.[1489] Hiernach sei eine isolierte Zuordnung von Mitgliedschaftsrechten an einen nicht an der Gesellschaft beteiligten Dritten konstruktiv möglich, wenn der Dritte dinglich Berechtigter am Gesellschaftsanteil ist. Dem wird von anderer Seite entgegen gehalten, dass durch derartige Gestaltungen ein unselbständiger Bestandteil des Geschäftsanteils von diesem getrennt werde, was unzulässig sei. Der sich für die GmbH aus derartigen Gestaltungen ergebende Nachteil, dass ihr nämlich zugemutet werde, die Mitwirkung eines Nichtgesellschafters mit gesellschaftsrechtlich nicht legitimierter eigener Kompetenz zu dulden, obgleich er kein anderes Interesse am Gedeihen der Gesellschaft habe, als aus seinem Pfand sich befriedigen zu können, sei der Gesellschaft und den übrigen Gesellschaftern nicht zuzumuten. Demzufolge sei die Möglichkeit einer derartigen Abtrennung der Verwaltungsrechte auch zu Gunsten von dinglich am Geschäftsanteil Berechtigten nicht anzuerkennen.[1490] Auch die Praxis scheint aus den beschriebenen Gründen einer Übertragung von Mitverwaltungsrechten an den Pfandgläubiger

---

1486 *Wiedemann*, Gesellschaftsrecht I, § 7 Abschnitt I Ziff. 1 b.
1487 *K. Schmidt*, Gesellschaftsrecht, § 21 Abschnitt II Ziff. 4.
1488 Vgl. hierzu Scholz/*Winter*, § 15 Rn. 159 a.
1489 *Wiedemann*, Gesellschaftsrecht II, § 3 Abschnitt III Ziff. 2 c.
1490 Vgl. etwa Baumbach/Hueck, § 15 Rn. 49; Lutter/Hommelhoff, § 15 Rn. 48; Roth/Altmeppen, § 15 Rn. 17, 39; Scholz/*Winter*, § 15 Rn. 159 a.

oder Nießbrauchsberechtigten nicht zu trauen. Verpfändungsverträge, die etwa von Banken mit der Bitte um Beurkundung vorgelegt werden, enthalten regelmäßig keine Übertragung von Gesellschafterrechten selbst an den Pfandgläubiger, sondern beschränken sich auf schuldrechtliche Vereinbarungen zwischen Sicherungsgeber und Pfandgläubiger über die Ausübung dieser Gesellschafterrechte. Die Zurückhaltung in der Praxis ist verständlich, da die beschriebene Figur der *dinglichen Rechtsgemeinschaft* zwar für die Praxis geeignet, jedoch rechtstheoretisch nicht letztlich überzeugend ist. Der dinglich Berechtigte am Gesellschaftsanteil ist nämlich nach wie vor ein nicht der Gesellschaft angehörender Dritter, so dass der Geltungsgrund des Abspaltungsverbots – Schutz einer autonomen Willensbildung durch die Gesellschafter – auch bei einer Übertragung von Gesellschafterrechten an ihn durchaus berührt ist.

II. Die Verpfändung von Geschäftsanteilen

1. Die Bestellung des Pfandrechts

Geschäftsanteile können Gegenstand eines vertraglichen Pfandrechts sein. Maßgeblich für die Bestellung des Pfandrechts sind §§ 1273 Abs. 2, 1274 BGB. Hiernach erfolgt die Bestellung des Pfandrechts nach den für die Übertragung des den Pfandgegenstand bildenden Rechts geltenden Vorschriften. Demzufolge bedarf die Bestellung des Pfandrechts an einem GmbH-Geschäftsanteil gem. § 15 Abs. 3 GmbHG der **notariellen Beurkundung**. Da auch § 15 Abs. 5 GmbHG Regelungen zur Übertragung von GmbH-Geschäftsanteilen enthält, sind auch ggf. in der Satzung enthaltene Voraussetzungen für eine Abtretung bei der Pfandrechtsbestellung zu beachten.[1491] Selbstverständlich kann die Satzung unterschiedliche Bestimmungen für die Übertragung eines Geschäftsanteils einerseits und die Verpfändung eines Geschäftsanteils andererseits vorsehen oder Voraussetzungen i.S.d. § 15 Abs. 5 GmbHG nur für die Abtretung, nicht jedoch für die dingliche Belastung eines Geschäftsanteils bestimmen.[1492] Uneinigkeit besteht über den Umfang der nach § 15 Abs. 3 GmbHG i.V.m. §§ 1273 Abs. 2, 1274 BGB erforderlichen notariellen Beurkundung. Zunächst besteht noch weitgehende Einigkeit darüber, dass die obligatorische Verpflichtung zur Bestellung eines Pfandrechts von § 1274 BGB nicht erfasst wird und daher auch nicht gem. § 15 Abs. 4 GmbHG beurkundungsbedürftig ist. Diese Auffassung trifft zu, da der die Anwendbarkeit von § 15 GmbHG eröffnende § 1274 BGB lediglich die *dingliche* Bestellung des Pfandrechts regelt und insoweit auf die für die Übertragung des Rechts geltenden Vorschriften, also § 15 GmbHG, verweist. Die lediglich verpflichtende Vereinbarung zur Bestellung eines Pfandrechts kann daher formlos erfolgen. Eine formunwirksame Bestellung eines Pfandrechts kann häufig in eine – dann formwirksame – Verpflichtung zur Bestellung eines Pfandrechts umgedeutet werden.[1493]

1070

Geht man vor diesem Hintergrund davon aus, dass **beurkundungspflichtig die Regelungen sind, die die dingliche Bestellung des Pfandrechts betreffen**, dann ist notwendiger Inhalt der notariellen Urkunde jedenfalls die Nennung des verpfändeten Geschäftsanteils, die Bestellung des Pfandrechts hieran sowie die Bezeichnung der gesicherten Forderung.[1494] Hinsichtlich der Konkretisierung der zu sichernden Forderung wird darüber hinaus diskutiert, ob eine Mitbeurkundung des (Darlehens)Vertrages erforderlich ist, aus dem sich diese Forderung ergibt. Insoweit besteht zunächst Einigkeit darüber, dass der Darlehensvertrag der Pfandrechtsbestellungsurkunde nicht als Anlage beigefügt werden muss, wenn eine Identifizierung der zu sichernden Forderung auch auf andere Weise, etwa durch eindeutige Beschreibung, möglich ist.[1495] Enthält die Pfandrechtsbestellungsurkunde demgegenüber Bezugnahmen auf den Darlehensvertrag, wird zum Teil vertreten, dass es erforderlich sei, den Darlehensvertrag ganz oder teilweise als Anlage zum Verpfändungsvertrag mit zu beurkunden.[1496]

1071

1491 Michalski/*Ebbing*, § 15 Rn. 220.
1492 Scholz/*Winter*, § 15 Rn. 154.
1493 Scholz/*Winter*, § 15 Rn. 156.
1494 Heckschen/Heidinger/*Heidinger/Bloth*, Kapitel 13 Rn. 97.
1495 Heckschen/Heidinger/*Heidinger/Bloth*, Kapitel 13 Rn. 97.
1496 *Mertens*, ZIP 1998, 1787, 1788.

Richtigerweise wird man zu differenzieren haben: Wenn die Beteiligten den Inhalt des Darlehensvertrages auch zum Inhalt der notariellen Urkunde über die Pfandrechtsbestellung machen wollen, zum Beispiel weil im Darlehensvertrag oder der Sicherungsabrede auch Regelungen über die Zulässigkeit der Pfandverwertung getroffen wurden, die im Übrigen in der dinglichen Pfandrechtsbestellungsurkunde nicht enthalten sind, muss der Darlehensvertrag insoweit mit beurkundet werden. Eine Mitbeurkundungspflicht des Darlehensvertrages besteht ferner, wenn die dingliche Pfandrechtsbestellungsurkunde ansonsten keine eindeutige Identifizierung der zu sichernden Forderung erlaubt.[1497] In allen anderen Fällen kann zur Identifizierung oder Beschreibung der zu sichernden Forderung auf einen bereits geschlossenen Darlehensvertrag zwischen den Beteiligten Bezug genommen werden. Es handelt sich hierbei jedoch um eine sog. *unechte Verweisung*, die das Rechtsgeschäft, auf das unecht verwiesen wird, nicht zum beurkundungsbedürftigen Inhalt des zu beurkundenden Rechtsgeschäfts macht.[1498]

2. Die Person des Pfandgläubigers

1072 Aufgrund der **Akzessorietät des Pfandrechts** ist dieses in seiner Entstehung, in seinem Fortbestand, in der Zuständigkeit und dem Untergang von dem Entstehen, der Existenz und der Zuständigkeit der Forderung abhängig. Dies bedeutet, dass der Inhaber des Pfandrechts auch immer Inhaber der Forderung sein muss. Das Pfandrecht geht unter, wenn die gesicherte Forderung erlischt. Im Übrigen ist eine vertragliche Aufhebung des Pfandrechts formfrei möglich.[1499] Durch die Aufhebung des die Teilung von Geschäftsanteilen vormals beschränkenden § 17 GmbHG a.F. ist die Verpfändung von Geschäftsanteilen zu Gunsten mehrerer Pfandgläubiger wesentlich erleichtert worden. Durch die nunmehr bestehende Möglichkeit der Vorratsteilung von Geschäftsanteilen können diese zum Zwecke der Verpfändung an verschiedene Gläubiger ohne weiteres in der Hand des Gesellschafters geteilt und zu Gunsten der unterschiedlichen Gläubiger verpfändet werden.[1500] Rechtskonstruktiv nicht einfach zu gestalten sind die Fälle, in denen bei Konsortialkrediten der Kreis der Kreditkonsorten anfangs noch nicht feststeht, sondern auch nach Pfandrechtsbestellung ein Wechsel der Kreditkonsorten und damit der Pfandgläubiger möglich sein soll.[1501] Eine denkbare Lösung kann hier darin bestehen, unter den bereits anfangs feststehenden Kreditkonsorten eine Gesellschaft bürgerlichen Rechts zu begründen und das Pfandrecht zu Gunsten dieser Gesellschaft bürgerlichen Rechts zu bestellen. In diesem Fall kann durch Beitritt oder Austritt aus der Gesellschaft bürgerlichen Rechts ohne weiteres die Möglichkeit eines einfachen und flexiblen Wechsels in der Person der Kreditkonsorten und Pfandgläubiger geschaffen werden. Die im Übrigen in der Praxis verwendeten Future-Pledgee-Klauseln gehen häufig von einem Angebot an einen noch unbekannten Adressaten aus oder lassen die bereits bekannten Konsorten zugleich als Vertreter ohne Vertretungsmacht für die noch später beitretenden Konsorten auftreten. Die sich hieraus ergebenden zivil-, gesellschafts- und beurkundungsrechtlichen Probleme sind in der Literatur bislang nur vereinzelt[1502] und in der Rechtsprechung – soweit ersichtlich – überhaupt nicht aufgearbeitet. In der Praxis jedenfalls wird vom beurkundenden Notar nicht erwartet werden können, dass er die ihm seitens der Banken zur Beurkundung vorgelegten Entwürfe eingehend daraufhin überprüft, ob die für den Einzelfall sachgerechte Gestaltung gewählt wurde. Insoweit obliegt es dem Notar allenfalls, auf die beurkundungsrechtlichen Erfordernisse und die verschiedenen Möglichkeiten der Gestaltung hinzuweisen.[1503]

1497 Heckschen/Heidinger/*Heidinger/Bloth,* Kapitel 13 Rn. 99.
1498 Vgl. im Einzelnen hierzu *Hermanns,* RhNotZ 2012, 420 mit weiteren Hinweisen zum Umfang der Beurkundungsbedürftigkeit.
1499 Michalski/*Ebbing,* § 15 Rn. 222.
1500 Heckschen/Heidinger/*Heidinger/Bloth,* Kapitel 13 Rn. 102.
1501 Vgl. dazu *Förl,* RNotZ 2007, 433 ff.
1502 *Förl,* RNotZ 2007, 433 ff.
1503 Ebenso *Förl,* RNotZ 2007, 433, 455.

3. Inhalt und Umfang des Pfandrechts

Das Pfandrecht gewährt dem Pfandgläubiger ein **Recht auf Befriedigung aus dem Pfand**. Das Pfandrecht erstreckt sich nicht ohne weiteres auf die Nutzungen aus dem Geschäftsanteil, also die Gewinnansprüche.[1504] Allerdings kann das Pfand auch als Nutzungspfand bestellt werden. In diesem Fall ist der Pfandgläubiger der Gesellschaft gegenüber unmittelbar zum Gewinnbezug berechtigt. Die Frage, ob dem Pfandgläubiger selbst Gesellschafterrechte unmittelbar übertragen werden können, etwa das Stimmrecht, ist umstritten. Die überwiegende Ansicht lehnt derartige Übertragungen unter Hinweis auf das Abspaltungsverbot ab.[1505]

1073

Wird bei der Gesellschaft, deren Geschäftsanteile verpfändet wurden, eine **Kapitalerhöhung** durchgeführt, gilt folgendes: Bei einer Kapitalerhöhung aus Gesellschaftsmitteln erstreckt sich das Pfandrecht ohne weiteren besonderen Bestellungsakt auch auf das erhöhte oder neu gebildete Anteilsrecht.[1506] Bei einer Kapitalerhöhung gegen Einlagen erstreckt sich das dingliche Recht demgegenüber nicht ohne weiteres auch auf die aus der Kapitalerhöhung neu entstehenden Geschäftsanteile.[1507] Wenn die Erhöhung des Stammkapitals nicht mit einer Verwässerung des Pfandrechts einhergehen soll, muss das Pfandrecht daher von vornherein auch auf die künftigen aus einer Kapitalerhöhung entstehenden Geschäftsanteile erstreckt werden. Eine wirtschaftliche Benachteiligung kann sich für den Pfandgläubiger aus einer Kapitalerhöhung auch dann ergeben, wenn die neuen Geschäftsanteile unterwertig, das heißt ohne ein den inneren Wert der Anteile entsprechendes Agio, ausgegeben werden. In diesen Fällen wird der Pfandgläubiger auch ohne ausdrückliche vertragliche Regelung einen Anspruch gegen den Gesellschafter haben, das Pfandrecht auf die neuen Geschäftsanteile zu erstrecken.[1508] Bei Umwandlungsmaßnahmen, bei denen die pfandrechtsbelasteten Geschäftsanteile im Wege der dinglichen Surrogation durch Anteile an einem neuen Rechtsträger ersetzt werden, erfasst das Pfandrecht ohne weiteres auch die an die Stelle des bisherigen Geschäftsanteils tretenden Anteile an dem übernehmenden bzw. neuen Rechtsträger (§§ 20 Abs. 1 Nr. 3 Satz 2, 36 Abs. 1, 131 Abs. 1 Nr. 3 Satz 2, 135 Abs. 1 UmwG). Soweit durch eine Umwandlung Geschäftsanteile ersatzlos wegfallen (§§ 20 Abs. 1 Nr. 3 Satz 1 Halbs. 2, 131 Abs. 1 Nr. 3 Satz 1 Halbs. 2 UmwG), erlischt das Pfandrecht; ggf. hat der Pfandgläubiger hier Ansprüche aus dem zugrunde liegenden Rechtsverhältnis.[1509] Im Falle einer Änderung der Rechtsform (Formwechsel) besteht das Pfandrecht an dem an die Stelle des belasteten Geschäftsanteils tretenden Anteil am Rechtsträger neuer Rechtsform weiter (§ 202 Abs. 1 Nr. 2 Satz 2 UmwG). Tritt ein Gesellschafter umwandlungsbedingt aus der Gesellschaft aus, wird stattdessen entsprechend § 1287 BGB der Abfindungsanspruch – etwa aus §§ 207 ff. UmwG – erfasst.

1074

Nach ganz überwiegender Auffassung kann die Bestellung eines Pfandrechts nicht in der Gesellschafterliste gem. § 40 GmbHG vermerkt werden, da generell dingliche Belastungen eines Geschäftsanteils keinen Eingang in die Gesellschafterliste finden.[1510]

1075

▸ **Checkliste: Pfandrechtsbestellung**

1076

☐ Wurde die erforderliche Beurkundungsform eingehalten? Wurden alle zur dinglichen Pfandrechtsbestellung gehörenden Abreden beurkundet?

☐ Wurden etwaige für die Pfandrechtsbestellung geltende Beschränkungen im Sinne von § 15 Abs. 5 GmbHG beachtet?

☐ Wurden die Grenzen des Abspaltungsverbotes berücksichtigt?

1504 Scholz/*Winter*, § 15 Rn. 160.
1505 Vgl. dazu eingehend oben Rdn. 1069.
1506 Scholz/*Winter*, § 15 Rn. 164 a.
1507 BGH, WM 1982, 1433, 1434.
1508 *Reichert/Schlitt/Düll*, GmbHR 1998, 569.
1509 Scholz/*Winter*, § 15 Rn. 164 a.
1510 Vgl. hierzu schon oben Rdn. 1048.

III. Die Bestellung von Nießbrauchsrechten an Geschäftsanteilen

1. Zulässigkeit und Bestellung des Nießbrauchs

1077 Ein **Geschäftsanteil kann auch Gegenstand eines Nießbrauchs** sein. Der Zweck einer derartigen Nießbrauchsbestellung besteht darin, die Gesellschafterstellung und die Vermögenssubstanz des Geschäftsanteils einerseits und die Nutzungen aus dem Geschäftsanteil andererseits verschiedenen Personen zuzuordnen. Häufige Anwendungsfälle sind etwa Nießbrauchsvorbehalte bei Geschäftsanteilsübertragungen im Wege der vorweggenommenen Erbfolge (Vorbehaltsnießbrauch). Ebenso ist es denkbar, dass ein Gesellschafter seine Gesellschafterstellung zwar behalten will, die Erträge aber aus steuerlichen Gründen einem Dritten zuweisen will (sog. Zuwendungsnießbrauch).[1511] Auch kann die Bestellung des Nießbrauchs auf einen Teil des Geschäftsanteils als Quotennießbrauch beschränkt werden. Voraussetzung für eine wirksame Nießbrauchsbestellung ist gem. § 1069 BGB, dass das Recht, an dem der Nießbrauch bestellt wird, selbst übertragbar ist. Schließt also der Gesellschaftsvertrag die Übertragbarkeit des Geschäftsanteils aus, ist auch die Bestellung eines Nießbrauchs unzulässig.[1512] Für die Begründung des Nießbrauchs gelten aus diesem Grund auch etwa bestehende statutarische Abtretungsbeschränkungen oder in der Satzung für die Nießbrauchsbestellung gesondert vorgesehene Regelungen.

1078 Die **Form der Nießbrauchsbestellung** folgt aus § 1069 BGB, welcher bestimmt, dass die Bestellung des Nießbrauchs an einem Recht (hier dem Geschäftsanteil) nach den für die Übertragung des Rechts geltenden Vorschriften erfolgt. Dies bedeutet für die Nießbrauchsbestellung an einem GmbH-Geschäftsanteil, dass die Form des § 15 Abs. 3 GmbHG zu wahren ist. Auch hier gilt, dass die lediglich schuldrechtliche Verpflichtung des Gesellschafters, einen Nießbrauch zu bestellen, formfrei möglich geschlossen werden kann, da sich § 1069 BGB, der auf § 15 Abs. 3 GmbHG verweist, lediglich über die sachenrechtliche Bestellung des dinglichen Rechts verhält. Auch die Aufhebung eines Nießbrauchsrechts kann formfrei erfolgen.

2. Inhalt und Umfang des Nießbrauchs

1079 Der Nießbraucher ist nach §§ 1068 Abs. 2, 1030 BGB berechtigt, die Nutzungen des Geschäftsanteils zu ziehen. Dies sind die auf den Zeitraum des Nießbrauchs entfallenden Ansprüche auf Anteil am ausschüttungsfähigen Gewinn. Während der Zeit, in der der Nießbrauch besteht, entsteht der Gewinnanspruch unmittelbar in der Person des Nießbrauchers.[1513] Entfallen auf den Geschäftsanteil besondere Vergütungen, etwa für Nebenleistungen nach § 3 Abs. 2 GmbHG oder für eine Geschäftsführertätigkeit des Gesellschafters, unterliegen diese Bezüge selbstverständlich – sofern nichts Abweichendes vereinbart ist – nicht dem Nießbrauch. Auch das Recht, im Rahmen einer Kapitalerhöhung neue Geschäftsanteile zu übernehmen, stellt keine Nutzung des Geschäftsanteils dar, so dass auch dieses Recht dem Gesellschafter selbst zusteht. Er alleine kann darüber entscheiden, ob er an der Kapitalerhöhung teilnehmen möchte. Selbstverständlich kann der Gesellschafter sich bei dieser Entscheidung an eine Zustimmung oder eine Weisung des Nießbrauchsberechtigten binden.

G. Gesellschaftervereinbarungen

I. Arten und wirtschaftliche Bedeutung

1080 Gesellschaftervereinbarungen zwischen Gesellschaftern einer Personen- oder Kapitalgesellschaft werden häufig geschlossen, um in Ergänzung der Gesellschaftssatzung Rechte und Pflichten der Beteiligten untereinander zu regeln. Die Verortung außerhalb der Satzung der Gesellschaft hat ihren Grund i.d.R. darin, dass neben der Satzung bestehende Vereinbarungen mit nur schuldrechtlichem

---

1511 Michalski/*Ebbing*, § 15 Rn. 192.
1512 OLG Koblenz, GmbHR 1992, 464, 465.
1513 Michalski/*Ebbing*, § 15 Rn. 194.

G. Gesellschaftervereinbarungen

Inhalt nicht zum Handelsregister eingereicht werden müssen und dort veröffentlicht werden, sondern in der Öffentlichkeit i.d.R. nicht bekannt werden sollen.[1514] Da eine **Handelsregisterpublizität** bei den Personengesellschaften betreffenden Dokumenten nicht vorgeschrieben ist, entfällt bei diesen i.d.R. auch die Notwendigkeit, neben dem Gesellschaftsvertrag weitere diesen ergänzende Vereinbarungen zu schließen, da alle relevanten Regelungen in den (nicht zu publizierenden) Gesellschaftsvertrag aufgenommen werden können. Bei Kapitalgesellschaften demgegenüber ist die jeweils aktuelle Satzung der Gesellschaft mit der Aktualitätsbescheinigung des Notars nach § 54 GmbHG bzw. § 181 AktG jeweils zum Handelsregister einzureichen und wird dort im Registerordner der Gesellschaft – für jedermann einsehbar – veröffentlicht. Diese Form der Registerpublizität erscheint den Gesellschaftern einer Kapitalgesellschaft mitunter nicht für alle Teile ihrer Abreden tunlich und daher werden neben der Satzung schuldrechtliche Abreden zwischen den Gesellschaftern – ggf. auch unter Beteiligung der Gesellschaft – geschlossen. Es trifft zu und ist unstrittig, dass derartige Abreden, da sie gerade **keinen Satzungscharakter** haben, nicht zum Handelsregister einzureichen und nicht dort zu publizieren sind; hiervon unberührt sind etwaige Anzeigepflichten gegenüber dem Finanzamt, die von dem ggf. beurkundenden Notar zu beachten sind, wenn die Gesellschaftervereinbarung auch Verfügungen über Kapitalgesellschaftsanteile oder ähnliche anzeigepflichtige Vorgänge (vgl. § 54 EStDV) zum Gegenstand hat.

Die Häufigkeit und **wirtschaftliche Bedeutung** satzungsbegleitender und -ergänzender Gesellschaftervereinbarungen ist hoch: Sie kommen besonders häufig vor im Gesellschafterkreis von Familiengesellschaften oder bei Beteiligung von Venture-Capital-Gesellschaften an Start-up-Unternehmen. Sie können sich über die gemeinsame Ausübung von Gesellschafterrechten verhalten oder Einzelheiten der gegenwärtigen und künftigen Finanzierung der Gesellschaft regeln. Sie können unter allen Gesellschaftern geschlossen oder auch nur zwischen einem Teil der Gesellschafter mit oder ohne Beteiligung der Gesellschaft selbst vereinbart werden. Da die Gesellschaftervereinbarung – wie sogleich darzulegen sein wird – eine schuldrechtliche Abrede zwischen den Vertragsbeteiligten darstellt, gilt der Grundsatz der Vertragsfreiheit, der nur durch die allgemeinen Grenzen beschränkt wird.

II. Rechtliche Einordnung von Gesellschaftervereinbarungen und deren praktische Konsequenzen

1. Grundlagen

Gesellschaftervereinbarungen sind **schuldrechtliche Verträge**, die zwischen allen Gesellschaftern einer Gesellschaft oder zwischen einer Teilmenge der Gesellschafter, jeweils mit oder ohne Beteiligung der Gesellschaft selbst, geschlossen werden. Als schuldrechtliche Vereinbarungen wirken sie naturgemäß nur zwischen den am Vertragsschluss beteiligten Personen.[1515] Aus den Vereinbarungen berechtigt kann gem. § 328 BGB natürlich auch ein Dritter werden, also z.B. die Gesellschaft, obwohl sie nicht an der Gesellschaftervereinbarung beteiligt sein muss. Aus dem schuldrechtlichen Charakter der Gesellschaft folgt auch, dass sie auch dann nicht ohne Weiteres gegenüber **später der Gesellschaft beitretenden Gesellschaftern** wirkt, wenn am ursprünglichen Vertragsschluss alle Gesellschafter beteiligt waren und die Gesellschaftervereinbarung gegenüber allen Gesellschaftern der Gesellschaft wirken soll. Soll dieses Ziel gegenüber später Beitretenden erreicht werden, muss der Gesellschaftsbeitritt – sei es durch Geschäftsanteilsabtretung oder im Wege der Kapitalerhöhung – von dem vorherigen Abschluss eines Beitrittsvertrages zur Gesellschaftervereinbarung abhängig gemacht werden. Der (nur) schuldrechtliche Charakter von Gesellschaftervereinbarungen hat weitere praktische Konsequenzen:

1514 Hauschild/Kallrath/Wachter/*Gores*, § 17 Rn. 1.
1515 BeckOK GmbHG/*Trölitzsch*, Gesellschaftervereinbarungen, Rn. 1.

2. Rechtsfolgen im Falle vereinbarungswidrigen Verhaltens

1083 Verstößt ein Vertragspartner gegen die von ihm in der Gesellschaftervereinbarung übernommenen Verpflichtungen muss er den anderen Vertragsbeteiligten einen ggf. entstandenen Schaden ersetzen und vereinbarte Vertragsstrafen zahlen. Auch die gerichtliche Durchsetzung wechselseitiger Ansprüche richtet sich nach den allgemeinen **zivilrechtlichen Grundsätzen**.[1516] In jedem Fall bleiben die Konsequenzen vertragswidrigen Verhaltens auf die vertragsschließenden Beteiligten beschränkt. Umstritten ist, ob von diesem Grundsatz eine **Ausnahme** dann geboten ist, wenn ein Gesellschafter oder eine Gesellschaftermehrheit unter Verletzung von ihr in der Gesellschaftervereinbarung übernommener Stimmpflichten in der Gesellschafterversammlung abstimmt. Der BGH[1517] hatte zunächst eine Möglichkeit zur Anfechtung derartiger abredewidriger Beschlüsse angenommen, wenn sich sämtliche Gesellschafter zuvor schuldrechtlich zu einer anderslautenden Stimmabgabe verpflichtet hatten. Zwar könne im Grundsatz die Verletzung schuldrechtlicher Abkommen eine Anfechtungsmöglichkeit eines abredewidrig zustande gekommenen Beschlusses nicht begründen, da der Streit über die Folgen einer Vertragsverletzung ausschließlich unter den an der Vereinbarung Beteiligten auszutragen sei. Etwas anderes gelte aber dann, wenn alle Gesellschafter einer Gesellschaft entsprechende Verpflichtungen eingegangen seien, jedenfalls solange, wie der Gesellschaft nur an die Gesellschaftervereinbarung gebundene Personen angehören. Das OLG Stuttgart[1518] hatte der Rechtsprechung des BGH in einem Urteil aus dem Jahr 2001 unter Hinweis auf den ausschließlich schuldrechtlichen Charakter der Vereinbarung widersprochen. Ein Verstoß gegen eine schuldrechtliche Nebenabrede stelle keine Verletzung eines Gesetzes oder der Satzung dar, was für eine Anfechtbarkeit des Beschlusses entsprechend § 243 AktG erforderlich sei. Die schuldrechtliche Vereinbarung unter den Gesellschaftern könne nicht in die Sphäre der Gesellschaft übertragen werden. Auch in der Literatur ist die Rechtsfrage umstritten:[1519] Während zum Teil bei omnilateralen Gesellschaftervereinbarungen – also solchen, bei denen alle Gesellschafter der Gesellschaft beteiligt sind – aus prozessökonomischen Erwägungen befürwortet wird, dass ein abredewidriger Gesellschafterbeschluss anfechtbar sei, wird anderenorts an der klaren Trennung zwischen der Gesellschafterebene und der Gesellschaftsebene festgehalten. Rechtsdogmatisch interessant ist die Frage, ob die Gesellschafter in einer omnilateralen Gesellschaftervereinbarung, an der zusätzlich auch die Gesellschaft beteiligt ist, vereinbaren könnten, dass ein abredewidrig zustande gekommener Gesellschafterbeschluss anfechtbar ist. Hieran könnte die Gesamtheit der Gesellschafter ein Interesse haben, da eine solche Abrede die Durchsetzbarkeit der in der Gesellschaftervereinbarung übernommenen Pflichten erhöhen würde und ein abredewidrig zustande gekommener Gesellschafterbeschluss ohne weiteres aus der Welt geschafft werden könnte. Im Ergebnis dürfte die Frage indes zu verneinen sein, da der nach ganz überwiegender Meinung auf die GmbH entsprechend anwendbare § 243 AktG bestimmt, dass ein Gesellschafterbeschluss nur bei Verletzung von Gesetz oder Satzung angefochten werden kann, nicht jedoch bei Verletzung sonstiger Vereinbarungen. Indem die Gesellschafter bewusst davon absehen, die in Rede stehenden Pflichten zum Satzungsinhalt zu machen, verzichten sie damit gleichzeitig darauf, dass per Gestaltungsurteil mit Wirkung gegenüber jedermann die Unwirksamkeit des abredewidrigen Gesellschafterbeschlusses herbeigeführt werden kann. Richtigerweise ist ein abredewidrig zustande gekommener Gesellschafterbeschluss nämlich gar nicht jedermann gegenüber rechtsfehlerhaft, sondern nur relativ rechtsfehlerhaft im Verhältnis der Vertragsschließenden zueinander. Eine derartige relative Rechtsfehlerhaftigkeit kann im Rahmen eines gerichtlichen Beschlussmangelverfahrens indes nicht festgestellt werden.

1516 MünchKomm GmbHG/*Wicke*, § 3 Rn. 138.
1517 BGH NJW 1983, 1910; in diesem Sinne ebenso BGH, NJW 1987, 1890.
1518 OLG Stuttgart DB 2001, 854.
1519 Vgl. zum Meinungsstand etwa MünchKomm GmbHG/*Wicke*, § 3 Rn. 143 ff.

3. Veräußerungsbeschränkungen in Gesellschaftervereinbarungen

Es ist allseits bekannt, dass GmbH-Satzungen nicht selten **Vinkulierungen** im Sinne von § 15 Abs. 5 GmbHG enthalten, Regelungen also, die die Abtretung von Geschäftsanteilen von bestimmten Voraussetzungen abhängig machen, z.B. von der Zustimmung einzelner oder aller anderer Gesellschafter oder vom Vorliegen eines zustimmenden Gesellschafterbeschlusses. Derartige in der Satzung niedergelegte Vinkulierungen im Sinne von § 15 Abs. 5 GmbHG entfalten **dingliche Wirkung** in dem Sinne, dass eine vinkulierungswidrige Abtretung zunächst schwebend unwirksam ist und erst nach Vorliegen der in der Vinkulierungsklausel vereinbarten Voraussetzungen mit Wirkung ex tunc wirksam wird.[1520]

1084

Auch in Gesellschaftervereinbarungen finden sich mitunter **Regelungen darüber, dass Gesellschaftsanteile nur unter bestimmten Voraussetzungen abgetreten werden sollen**, also z.B. nach Vorliegen eines zustimmenden Gesellschafterbeschlusses. Aufgrund des bereits mehrfach erwähnten schuldrechtlichen Charakters der Gesellschaftervereinbarung haben diese Regelungen indes keine dingliche Wirkung, sondern nur die in § 137 Satz 2 BGB vorgesehene **schuldrechtliche Wirkung** unter den Vertragsparteien. Die dingliche Wirkung einer Vinkulierungsklausel kann nur erreicht werden, wenn die Vinkulierungsklausel gem. § 15 Abs. 5 GmbHG in der Satzung der Gesellschaft vorgesehen ist. Auch hier ist es den Beteiligten der Gesellschaftervereinbarung nicht möglich, eine von ihnen möglicherweise gewollte dingliche Wirkung der in einer Gesellschaftervereinbarung enthaltenen Abtretungsbeschränkung zu vereinbaren, da der Ausschluss der Abtretbarkeit eine sachenrechtliche Regelung wäre, für die der Grundsatz der Vertragsfreiheit nicht gilt und die lediglich in der Form des § 15 Abs. 5 GmbHG – und damit in der Satzung der Gesellschaft – für zulässig erklärt wird.[1521]

1085

III. Zustandekommen von Gesellschaftervereinbarungen

1. Voraussetzungen

Das wirksame Zustandekommen einer Gesellschaftervereinbarung setzt voraus, dass
– die Beteiligten entweder persönlich anwesend oder ordnungsgemäß vertreten sind,
– eine ggf. zu beachtende Form eingehalten wurde,
– etwa bestehende inhaltliche Grenzen beachtet wurden.

1086

Auf die genannten **Wirksamkeitsvoraussetzungen** muss in der Praxis, auch wenn Gesellschaftervereinbarungen jedenfalls in der Verhandlungsschlussphase oft unter großem Zeitdruck finalisiert werden, besonders genau geachtet werden, da diese Vereinbarungen zum einen das Zusammenleben und -wirken in der Gesellschaft auf lange Zeit regeln sollen und zum anderen eine stabile Basis darstellen müssen, wenn es zu ungewollten (z.B. vertragswidriges Verhalten eines Beteiligten) oder gewollten (z.B. im Falle eines Exit) Veränderungen kommt. In diesen Fällen werden die Gesellschaftervereinbarungen häufig erneut von externen Beratern, z.B. den Rechtsanwälten eines Investors, einer intensiven Prüfung unterzogen, die nicht zu Wirksamkeitszweifeln führen darf. Für den Notar ist ein besonderes Augenmerk vor allem auf die nachgenannten Punkte der ordnungsgemäßen Vertretung der Beteiligten, der Wahrung der gebotenen Form und der Beachtung inhaltlicher Grenzen wichtig.

1087

2. Ordnungsgemäße Vertretung der Vertragsbeteiligten

a) Praxis

Es kommt häufig vor, dass die Vertragsbeteiligten zur Beurkundungsverhandlung nicht persönlich erscheinen möchten, da sie z.B. weitab vom Beurkundungsort leben. An Gesellschaftervereinbarun-

1088

[1520] Michalski/*Ebbing*, § 15 GmbHG Rn. 131.
[1521] Ebenso für die Übertragung von Inhaberaktien Hauschild/Kallrath/Wachter/*Gores*, § 17 Rn. 17; ebenso *Thelen*, RNotZ 2020, 121, 124.

gen beteiligte juristische Personen werden durch ihre Organe oder durch deren Bevollmächtigte vertreten. In jedem Fall der **Stellvertretung** ist peinlich genau darauf zu achten, dass die Vertretungsmacht der handelnden Person formell und materiell den beabsichtigten Abschluss der Gesellschaftervereinbarung deckt.

b) Vertretung durch organschaftliche Vertreter

1089 Treten beim Abschluss der Gesellschaftervereinbarung für hieran beteiligte juristische Personen deren Organe auf, deckt deren organschaftliche Vertretungsmacht regelmäßig auch den Abschluss einer Gesellschaftervereinbarung, ohne dass es hierzu weiterer Darlegungen bedarf. Die Geschäftsführung einer Gesellschaft ist im Außenverhältnis selbstverständlich ohne Weiteres berechtigt, für die Gesellschaft eine Gesellschaftervereinbarung abzuschließen. Etwaige satzungsgemäße **Zustimmungsvorbehalte** anderer Gremien, wie etwa eines Beirates, der Gesellschafterversammlung oder eines Gesellschafterausschusses, haben lediglich interne Relevanz und beschränken die Vertretungsmacht der Geschäftsführung im Außenverhältnis nicht. Soweit eine Gesellschaftervereinbarung das gesamte oder nahezu gesamte Vermögen einer natürlichen Person betrifft, etwa weil diese sich in bestimmten Fällen zur Übertragung ihrer Geschäftsanteile verpflichtet (z.B. in Drag-Along-Klauseln oder in Vesting-Regeln), ist ggf. die Zustimmungspflicht des § 1365 BGB zu beachten und sollte ggf. vorsorglich die Zustimmung des Ehepartners eingeholt werden. Verfügt eine GmbH in einer Gesellschaftervereinbarung über ihr gesamtes oder nahezu gesamtes Vermögen, ist die Wirksamkeit dieser Verfügung nicht entsprechend § 179a BGB von einer Zustimmung der Gesellschafterversammlung der GmbH abhängig, es sei denn, der Vertragspartner kannte den Missbrauch der Vertretungsmacht oder dieser musste sich ihm geradezu aufdrängen.[1522]

1090 Wird eine juristische Person nicht durch ihre Organe, sondern ausschließlich durch **Prokuristen** vertreten, ist im Einzelfall zu prüfen, ob der Inhalt der abzuschließenden Gesellschaftervereinbarung von der **Vertretungsmacht des Prokuristen** gedeckt ist. Diese deckt nach §§ 48, 49 HGB bekanntlich alle Rechtsgeschäfte, die der Betrieb (irgend-) eines Handelsgewerbes mitbringt. Der Abschluss von Grundlagengeschäften ist vom Umfang der Prokura nicht gedeckt. Wenn insoweit Zweifel bestehen, sollte vorsorglich jedenfalls eine unechte Gesamtvertretung, das heißt eine Vertretung durch einen Geschäftsführer und einen Prokuristen, vorgesehen werden, da in diesem Falle die Beschränkungen der Vertretungsmacht des Prokuristen nicht gelten.

1091 Es kommt darüber hinaus nicht selten vor, dass bei Abschluss einer Gesellschaftervereinbarung sowohl eine Gesellschaft, etwa das Investitionsvehikel des Gründers, als auch der Gründer im eigenen Namen beteiligt ist. In diesem Fall ist der Anwendungsbereich des **§ 181 BGB** berührt, so dass eine wirksame Stellvertretung einer juristischen Person nur dann vorliegt, wenn das jeweils handelnde Organ von der jeweils einschlägigen Beschränkung des § 181 BGB befreit ist. Fehlt eine Befreiung ist die namens der juristischen Person abgegebene Erklärung schwebend unwirksam. Sieht die Satzung der juristischen Person eine Befreiungsmöglichkeit vor, kann (auch nachträglich) die Gesellschafterversammlung eine Befreiung von den Beschränkungen des § 181 BGB für den Einzelfall beschließen. Sieht die Satzung eine derartige Befreiungsmöglichkeit nicht vor, ist umstritten, ob eine Befreiung von den Beschränkungen des § 181 BGB im Einzelfall erteilt werden kann. Will man hier letzte Sicherheit haben, muss zunächst die Satzung der juristischen Person durch Aufnahme einer Befreiungsmöglichkeit ergänzt werden und nach deren Eintragung die Befreiung selbst ausgesprochen werden. Nimmt an einer Gesellschaftervereinbarung sowohl eine **Aktiengesellschaft**, vertreten durch ihren Vorstand, als auch der Vorstand selbst (im eigenen Namen) teil, liegt ein Fall des **§ 112 AktG** vor, so dass die Gesellschaft in diesem Fall nicht durch ihren Vorstand, sondern den Aufsichtsrat vertreten wird. Die Zustimmung des Aufsichtsrats kann auch nachträglich als Genehmigung erteilt werden; in diesem Fall ist die abgeschlossene Vereinbarung bis zur Erteilung der Genehmigung schwebend unwirksam.

1522 BGH, 08.01.2019 – II ZR 364/18, NZG 2019, 505.

G. Gesellschaftervereinbarungen

c) Vertretung durch bevollmächtigte Vertreter

Auch bei der Vertretung eines oder mehrerer Vertragsbeteiligter durch einen bevollmächtigten Vertreter müssen die oben angesprochenen Fragen zu § 181 BGB untersucht werden. Handelt ein Bevollmächtigter für mehrere Vertragsbeteiligte oder handelt er zugleich für sich im eigenen Namen, muss die jeweils einschlägige Befreiung von den Beschränkungen des § 181 BGB in der Vollmacht wirksam erteilt sein. Sie ist wirksam nur dann erteilt, wenn auch der Vollmachtgeber, das heißt bei juristischen Personen deren Organe, von der entsprechenden Beschränkung des § 181 BGB befreit ist. Ist das die Vollmacht zeichnende Organ nicht von den Beschränkungen des § 181 BGB befreit, kann es seinerseits in einer Vollmacht den Bevollmächtigten nicht von den Beschränkungen des § 181 BGB befreien. Faktisch heißt dies, dass die komplette Kette der Befreiungen von § 181 BGB vom Vollmachtgeber bis zum Bevollmächtigten überprüft werden muss.

1092

Einer besonderen Form bedarf die Vollmacht zum Abschluss einer Gesellschaftervereinbarung i.d.R. nicht; dies gilt auch dann, wenn die Gesellschaftervereinbarung als solche beurkundungsbedürftig sein sollte (§ 167 Abs. 2 BGB). Eine Ausnahme von diesem Grundsatz gilt für diejenigen Vertragsbeteiligten, die sich in der Gesellschaftervereinbarung entweder zur Gründung einer neuen Gesellschaft verpflichten (§ 2 GmbHG) oder zur Übernahme neuer im Rahmen einer Kapitalerhöhung geschaffenen Geschäftsanteile (§ 55 GmbHG).[1523] Die Beteiligten, die in der Gesellschaftervereinbarung derartige Verpflichtungen übernehmen, müssen ihre Vollmachten in notariell beglaubigter Form erteilen. In der Praxis hat es sich bewährt, die Vollmachten der Vertragsbeteiligten bereits im Vorfeld der Beurkundung durch den Notar überprüfen zu lassen, da der Notar in diesem Stadium noch entsprechende Hinweise geben kann, die von den Beteiligten vor der Beurkundung umgesetzt werden können. Im Rahmen dieser Überprüfung wird der Notar natürlich zum einen untersuchen, ob der Text der Vollmacht den Inhalt der beabsichtigten Gesellschaftervereinbarung deckt, und die Vollmacht ferner daraufhin durchsehen, ob etwa in ihr enthaltene Befristungen oder sonstige Wirksamkeitsbedingungen einer Verwendung entgegenstehen.

1093

In der Praxis häufig sind auch **ausländische Gesellschaften** am Abschluss von Gesellschaftervereinbarungen beteiligt. Der Notar wird bei diesen Gesellschaften nicht immer sicher und belastbar überprüfen können, ob die von diesen Gesellschaften abgegebenen Erklärungen, z.B. Vollmachten, wirksam sind. In diesen Fällen kann und muss der Notar sich auf Bescheinigungen von im ausländischen Recht kundigen Personen verlassen, die die Vertretungsberechtigung der erklärenden Person belegen. Ist die ausländische Gesellschaft an der Gesellschaftervereinbarung in einer Weise beteiligt, die nach deutschem Recht einen Anwendungsfall des § 181 BGB darstellen würde, sollte die Bescheinigung auch die Bestätigung umfassen, dass ein solcher Fall der Mehrfachvertretung bzw. des Insichgeschäfts nach ausländischem Recht die Wirksamkeit der Vertretung nicht beeinträchtigt. Schließlich sollte der Notar einen entsprechenden Hinweis in die Urkunde aufnehmen, dass er die Ordnungsgemäßheit der Vertretung nach ausländischem Recht nicht überprüfen kann.

1094

▶ Formulierungsbeispiel:

1095

Der Notar hat die Beteiligten darauf hingewiesen, dass sich die Ordnungsgemäßheit der Vertretung der beteiligten US-Gesellschaften nach dem entsprechend anwendbaren ausländischen Recht richtet, über dessen Inhalt der Notar nicht belehren kann. Die Beteiligten erklärten, dass ihnen dieser Umstand bewusst sei und dass alle nach ausländischem Recht für eine wirksame Stellvertretung erforderlichen Voraussetzungen erfüllt sind. Die Beteiligten erklärten ferner, dass die Organe der Gesellschaft nach dem auf die Gesellschaft anwendbaren Recht keinem Verbot der Mehrfachvertretung oder des Insichgeschäfts (entsprechend § 181 BGB) unterliegen.

1523 Vgl. hierzu *Krampen-Lietzke*, RNotZ 2016, 20 ff.

3. Form von Gesellschaftervereinbarungen

1096 Gesellschaftervereinbarungen bedürfen im Ausgangspunkt keiner besonderen Form. Da sie gerade keinen korporativen oder satzungsgleichen Charakter haben, sondern nur schuldrechtlich unter den Beteiligten wirken, sind die Beurkundungserfordernisse des § 53 GmbHG oder des § 179 AktG nicht anwendbar.[1524] In der Praxis treten die **Ausnahmen** von dem Grundsatz der Formfreiheit allerdings so häufig auf, dass die rechtliche Ausnahme – notarielle Beurkundungspflicht für Gesellschaftervereinbarungen – in der Praxis fast **die Regel** sein wird. Eine Gesellschaftervereinbarung ist nämlich in den nachgenannten Fällen beurkundungsbedürftig oder sollte – um spätere Wirksamkeitszweifel von vorneherein zu vereiteln – vorsorglich beurkundet werden:

1097 a) Zweifelsfrei beurkundungsbedürftig ist eine Gesellschaftervereinbarung dann, wenn sie – wie in der Praxis häufig – Vereinbarungen über die **Übertragung von GmbH-Geschäftsanteilen** enthält (§ 15 Abs. 4 GmbHG). Verpflichtet sich also z.B. der ursprüngliche Gesellschaftsgründer und Manager im Falle einer Aufgabe oder Einschränkung seiner Geschäftsführertätigkeit, die von ihm gehaltenen Geschäftsanteile an der Gesellschaft an eine andere Person zu übertragen, löst diese Vereinbarung eine Beurkundungspflicht nach § 15 Abs. 4 GmbHG für die gesamte Gesellschaftervereinbarung aus.[1525] Auch andere in Gesellschaftervereinbarungen häufig anzutreffende Call- oder Put-Optionen oder Drag-Along- oder Tag-Along-Vereinbarungen lösen die Pflicht zur notariellen Beurkundung nach der genannten Vorschrift aus.

1098 b) Zweifelsfrei beurkundungsbedürftig ist eine Gesellschaftervereinbarung auch dann, wenn sich einer der Vertragsbeteiligten verpflichtet, das **Eigentum an einem Grundstück** zu übertragen oder zu erwerben (§ 311b Abs. 1 BGB).[1526]

1099 c) Bereits angesprochen wurde eine mögliche Beurkundungsbedürftigkeit nach § 311b Abs. 3 BGB, wenn sich ein Vertragsbeteiligter – und sei es eine juristische Person – verpflichtet, ihr **gesamtes Vermögen** oder nahezu gesamtes Vermögen zu übertragen. Zu denken ist hier an den bereits oben angesprochenen Fall, dass eine am Vertragsschluss beteiligte Gesellschaft sich verpflichtet, das von ihr als im wesentlichen einziger Vermögensgegenstand gehaltene Patent, ein Software-Recht oder eine Lizenz im Rahmen der Gesellschaftervereinbarung zu übertragen. Dieses Gesamtvermögensgeschäft kann die Beurkundungspflicht nach § 311b Abs. 3 BGB auslösen[1527] und – bei einer AG (nicht jedoch bei einer GmbH) – die Notwendigkeit eines vorherigen Gesellschafterbeschlusses nach § 179a AktG begründen.

1100 d) Eine Beurkundungspflicht kann für eine Gesellschaftervereinbarung auch dann bestehen, wenn eine verbindliche Verpflichtung vereinbart werden soll, konkret bezeichnete **Maßnahmen nach Umwandlungsgesetz** durchzuführen. Vereinbaren die Parteien also z.B., dass eine Tochtergesellschaft verschmolzen werden soll oder soll bereits jetzt verbindlich verabredet werden, dass die an der Gesellschaftervereinbarung beteiligte GmbH zur Vorbereitung eines Börsengangs in eine Aktiengesellschaft formgewechselt werden soll, lösen diese Abreden eine Beurkundungspflicht für die Gesellschaftervereinbarung aus.[1528]

1101 e) Nicht vollständig und abschließend geklärt ist die Frage, ob sich die Notwendigkeit zur Beurkundung einer Gesellschaftervereinbarung auch daraus ergeben kann, dass in der Gesellschaftervereinbarung verbindlich verabredet wird, **Satzungsänderungen**, z.B. eine Änderung des Unternehmensgegenstandes oder eine Kapitalerhöhung, zu beschließen. Der Meinungsstand ist hier uneinheitlich: Während die eine Auffassung lediglich den späteren Satzungsänderungsbeschluss für beurkundungsbedürftig ansieht, ist nach anderer Auffassung bereits die Begründung entsprechender Verpflichtungen der notariellen Form zu unterwerfen, da bereits in diesem Stadium das entsprechende Schutzbedürfnis der Beteiligten bestehe.[1529] Da die Rechtslage unklar

---

1524 Hauschild/Kallrath/Wachter/*Gores*, § 17 Rn. 12.
1525 Ebenso BeckOKGmbHG/*Trölitzsch*, Gesellschaftervereinbarungen, Rn. 8.
1526 Ebenso BeckOKGmbHG/*Trölitzsch*, Gesellschaftervereinbarungen, Rn. 8.
1527 Ebenso BeckOKGmbHG/*Trölitzsch*, Gesellschaftervereinbarungen, Rn. 8.
1528 *Hermanns*, DNotZ 2013, 9, 12 f.
1529 Vgl. zu dieser Frage *Hermanns*, DNotZ 2013, 9, 13.

4. Inhaltliche Grenzen für Gesellschaftervereinbarungen unter Aktionären

Da das Aktienrecht weit mehr zwingende gesellschaftsrechtliche Vorgaben enthält als das GmbH-Recht, ergeben sich spezifische gesellschaftsrechtliche Inhaltsschranken für Gesellschaftervereinbarungen vor allem für Gesellschaftervereinbarungen von Aktionären. Zwar unterliegen Gesellschaftervereinbarungen als schuldrechtliche Regelungen nicht unmittelbar dem Gebot der Satzungsstrenge in § 23 Abs. 5 AktG, gleichwohl gibt es bestimmte aktienrechtliche Grundprinzipien und -regelungen, die sich auch gegenüber schuldrechtlichen Vereinbarungen durchsetzen.[1530] Bei der Abfassung von Aktionärsvereinbarungen ist ein Augenmerk insbesondere auf die folgenden Gesichtspunkte zu richten:

a) Verfügungsbeschränkungen

Während es § 15 Abs. 5 GmbHG GmbH-rechtlich erlaubt, Verfügungen über GmbH-Geschäftsanteile von weiteren Kautelen, insbesondere von der Zustimmung der übrigen Gesellschafter oder der Gesellschaft abhängig zu machen, können bei der Aktiengesellschaft nur **Namensaktien**, nicht also Inhaberaktien, vinkuliert werden (§ 68 Abs. 2 Satz 1 AktG).[1531] Eine derartige Vinkulierung muss – wie schon oben zur GmbH festgestellt – zwingend in der Satzung der Aktiengesellschaft enthalten sein[1532] und muss die in § 68 Abs. 2 AktG genannten Grenzen einhalten. Neben den Beschränkungsmöglichkeiten des § 68 AktG und darüber hinaus gehend ist es möglich, in Aktionärsvereinbarungen schuldrechtliche Veräußerungsverbote zu vereinbaren; derartige Verbote bilden ein rein **schuldrechtlich wirkendes Abtretungshindernis** im Sinne von § 137 BGB.[1533] Durch schuldrechtliche Veräußerungsverbote kann vereinbart werden, dass die Veräußerung einer Aktie die vorherige Zustimmung eines anderen Aktionärs oder auch eines außenstehenden Dritten voraussetzt. Es bleibt festzuhalten, dass auch eine Veräußerung unter Verstoß gegen eine derartige Bestimmung dinglich wirksam ist, da – wie gesagt – derartige in Aktionärsvereinbarungen enthaltene Veräußerungsverbote nur schuldrechtlich im Sinne von § 137 BGB wirken. Will man eine darüber hinaus gehende dingliche Wirkung erzielen, muss in der Satzung der Aktiengesellschaft eine Vinkulierung im Sinne von § 68 Abs. 2 AktG aufgenommen werden, etwa in dem Sinne, dass die Satzung die Zustimmung zur Übertragung der Namensaktien an eine Entscheidung der Hauptversammlung bindet und sich die Beteiligten in der Aktionärsvereinbarung wiederum verpflichten, ihr Stimmrecht nur entsprechend auszuüben.

b) Erwerbsvorrechte

Da Aktien frei handelbar und verfügbar sein sollen, ist es in der Satzung von Aktiengesellschaften nicht möglich, **Vorkaufs-, Ankaufs- oder sonstige Erwerbsrechte** zu vereinbaren.[1534] Möglich sind derartige Regelungen allerdings wiederum in schuldrechtlichen Aktionärsvereinbarungen. Hier können Andienungspflichten, Ankaufsrechte oder auch Vorkaufsrechte wirksam vereinbart werden.[1535] Ebenso ist es möglich, in Aktionärsvereinbarungen Mitveräußerungsregelungen in Form von Mitveräußerungsrechten oder Mitveräußerungspflichten aufzunehmen.

1530 Hauschild/Kallrath/Wachter/*Gores*, § 17 Rn. 37.
1531 Vgl. hierzu *Mayer*, MittBayNot 2006, 281, 284; *Hüffer*, § 68 AktG Rn. 10.
1532 *Mayer*, MittBayNot 2006, 281, 284; *Hüffer*, § 68 AktG Rn. 10.
1533 Ebenso *Mayer*, MittBayNot 2006, 285; *Hüffer*, § 68 AktG Rn. 10.
1534 *Mayer*, MittBayNot 2006, 281, 285.
1535 *Mayer*, MittBayNot 2006, 281, 285.

1105 ▶ **Formulierungsbeispiel Mitveräußerungsrecht:**[1536]

(1) Jedem Aktionär (im Folgenden »mitveräußerungswilliger Aktionär« genannt) steht das Recht zu, binnen einer Frist von zwei Wochen nach Zugang der schriftlichen Mitteilung eines veräußerungswilligen Aktionärs über einen beabsichtigten Aktienverkauf den veräußerungswilligen Aktionär zu verpflichten, neben dessen eigenen Aktien auch sämtliche oder einen Teil der von dem mitveräußerungswilligen Aktionär gehaltenen Aktien dem potentiellen Erwerber zum Mitverkauf zu den gleichen Konditionen anzudienen (Mitveräußerungsrecht).

(2) Ist der Dritte nicht bereit, über die vom veräußerungswilligen Aktionär angebotenen Aktien hinaus sämtliche ihm gemäß Abs. 1 vom mitveräußerungswilligen Aktionär angebotenen Aktien zu erwerben, hat der Verkauf der Aktien so zu erfolgen, dass an den Erwerber Aktien des veräußerungswilligen Aktionärs und des mitveräußerungswilligen Aktionärs in dem Verhältnis zueinander verkauft und übertragen werden, das dem Verhältnis der vom veräußerungswilligen Aktionär und vom mitveräußerungswilligen Aktionär insgesamt zum Kauf angebotenen Aktien entspricht.

1106 ▶ **Formulierungsbeispiel Mitveräußerungspflicht:**[1537]

Sämtliche Beteiligten dieser Aktionärsvereinbarung sind verpflichtet, auf Antrag eines Beteiligten sämtliche von ihnen gehaltenen Aktien an einen von diesem Beteiligten benannten Dritten zu gleichen Bedingungen zu übertragen, sofern eine solche Veräußerung aller Aktien der Gesellschaft von der Hauptversammlung mit einer Mehrheit von mindestens 80 % aller abgegebenen Stimmen beschlossen wird und der Dritte bereit ist, alle Aktien zu erwerben.

c) Stimmbindungsvereinbarungen

1107 Durch den Abschluss einer Stimmbindungsvereinbarung verpflichten sich die Aktionäre untereinander, ihr Stimmrecht in einem bestimmten Sinne auszuüben oder auch nicht auszuüben. Derartige Vereinbarungen sind grundsätzlich zulässig. Umstritten ist, ob Stimmbindungsvereinbarungen auch zu **Bindungen gegenüber Nichtaktionären** führen dürfen.[1538] Nach § 136 Abs. 2 AktG ist es unzulässig, wenn sich ein Aktionär in einer Vereinbarung verpflichtet, nach Weisung des Vorstands oder des Aufsichtsrats oder eines abhängigen Unternehmens sein Stimmrecht auszuüben.

d) Einflussnahme auf die Bestellung von Gesellschaftsorganen

1108 Die **Mitglieder des Vorstands** der Aktiengesellschaft werden von deren Aufsichtsrat bestellt und abberufen. Hiervon kann durch Aktionärsvereinbarung nicht abgewichen werden, da die Bestellungskompetenz des Aufsichtsrats ausschließlich und zwingend ist.[1539]

1109 Die **Mitglieder des Aufsichtsrats** der Gesellschaft werden gem. § 101 Abs. 1 AktG entweder durch Beschluss der Hauptversammlung, mittels eines Entsenderechtes oder aufgrund zwingender Regelung der Unternehmensmitbestimmung bestellt. Werden sogenannte Benennungsrechte in Aktionärsvereinbarungen vereinbart, sind diese dahin zu verstehen, dass eine Verpflichtung der Vertragsschließenden besteht, nach Ausübung des Benennungsrechts ihr Stimmrecht in der Hauptversammlung so auszuüben, dass der Benannte durch Beschluss der Hauptversammlung bestellt werden kann. Derartige in Aktionärsvereinbarungen niedergelegte Benennungsrechte sind damit keine Entsenderechte im Sinne von § 101 Abs. 1 AktG, die unmittelbar und ohne vorherigen Beschluss der Hauptversammlung wirken.[1540]

1536 Formulierungsvorschlag in Anlehnung an *Mayer*, MittBayNot 2006, 281, 286.
1537 Formulierungsvorschlag in Anlehnung an *Mayer*, MittBayNot 2006, 281, 286.
1538 Zum Meinungsstand vgl. *Mayer*, MittBayNot 2006, 281, 286.
1539 *Mayer*, MittBayNot 2006, 281, 288.
1540 Vgl. hierzu auch *Mayer*, MittBayNot 2006, 281, 287 f.

IV. Typischer Inhalt von Gesellschaftervereinbarungen

1. Anwendungsbereich

Schwierig zu beantworten ist die Frage, ob sich inhaltliche Grenzen für die Zulässigkeit von Gesellschaftervereinbarungen aus deren möglichem Charakter als Allgemeine Geschäftsbedingungen ergeben können. Jedenfalls bei professionellen Investoren kommt es vor, dass Teile der Gesellschaftervereinbarung vom Investor vorgegeben werden und daher grundsätzlich Allgemeine Geschäftsbedingungen darstellen könnten.[1541] Insbesondere bei Vorliegen eines Verbrauchervertrages gelten nach § 310 Abs. 3 Nr. 1 BGB Allgemeine Geschäftsbedingungen als vom Unternehmer gestellt, es sei denn, sie wurden durch den Verbraucher in den Vertrag eingeführt. Es wird nicht selten vorkommen, dass Gesellschaftervereinbarungen Verbraucherverträge sind, da sich an ihnen auch natürliche Personen, z.B. die Gründer, die als Verbraucher einzuordnen sein dürften, beteiligen.[1542] Es spricht indes viel dafür, dass die Gesellschaftervereinbarung ein Vertrag »auf dem Gebiet des Gesellschaftsrechts« im Sinne von § 310 Abs. 4 Satz 1 BGB ist und damit nicht der Inhaltskontrolle unterliegt.[1543] Die Gesellschaftervereinbarung enthält nämlich in ihren wesentlichen Teilen Regelungen zur Ausübung von Gesellschafterrechten, zur Übertragung von Gesellschaftsanteilen, zur Schaffung neuer Gesellschaftsanteile im Wege der Kapitalerhöhung und zur Erbringung von Leistungen auf diese Kapitalerhöhungen. All diese Regelungsgegenstände sind solche *auf dem Gebiet des Gesellschaftsrechts*, so dass die Bereichsausnahme des § 310 Abs. 4 Satz 1 BGB eingreift und eine Inhaltskontrolle als Allgemeine Geschäftsbedingung ausscheidet. Wollte man vor dem Hintergrund des uneinheitlichen Meinungsbildes zu einer möglichen Inhaltskontrolle den ganz sicheren Weg gehen, müsste man in der Gesellschaftervereinbarung eindeutig klarstellen, dass hierdurch eine GbR begründet wird, weil in diesem Fall die Gesellschaftervereinbarung unter die Bereichsausnahme des § 310 Abs. 4 Satz 1 BGB fiele.[1544] Auch wenn Gesellschaftervereinbarungen für unterschiedlichste Fallkonstellationen mit sehr unterschiedlichem Inhalt geschlossen werden können, weisen viele Gesellschaftervereinbarungen doch bestimmte **Standardregelungsbereiche** auf, die immer wieder als regelungsbedürftig angesehen werden. Es sind dies häufig Regelungen zur künftigen Finanzierung der Gesellschaft, zur Ausübung von Gesellschafterrechten, zur Zulässigkeit von Anteilsabtretungen und Vereinbarungen, welche die Ausübung der unternehmerischen Tätigkeit der Gesellschaft regeln und betreffen.

2. Abreden zur Finanzierung der Gesellschaft

Es kommt nicht selten vor, dass Gesellschaftervereinbarungen solche Gesellschaften betreffen, die sich noch im Aufbau befinden und an denen sich zur Förderung und Ermöglichung des Aufbaus ein finanzstärkerer Investor beteiligt. Es nimmt daher nicht wunder, dass sich viele Gesellschaftervereinbarungen jedenfalls auch mit **Fragen der Finanzierung der Gesellschaft** durch deren eigenes Geschäft oder durch hinzutretende Kapitalgeber befassen.[1545] Während die ursprünglichen Gesellschaftsgründer i.d.R. ein vorrangiges Interesse daran haben, dass der Gesellschaft zeitnah finanzielle Mittel zur Förderung des Geschäftsaufbaus zufließen, möchte der Investor seinen finanziellen Beitrag in verschiedener Hinsicht abgesichert sehen. So möchte er z.B. sicherstellen, dass er auch an künftigen Kapitalerhöhungen teilnehmen kann (Schutz vor Verwässerung) oder dass seine finanziellen Leistungen vom Erreichen bestimmter geschäftlicher Erfolge (sog. Mile-Stones) abhängig sind. Diese Interessen können in einer Gesellschaftervereinbarung häufig sachgerecht austariert werden.

In einem ersten Schritt verpflichten sich die Beteiligten der Gesellschaftervereinbarung zunächst, im unmittelbaren Anschluss an die Beurkundung der Gesellschaftervereinbarung einen **Kapital-**

1541 Kritisch hierzu *Weitnauer*, Teil F. Rn. 109 ff.
1542 *Thelen*, RNotZ 2020, 121, 125.
1543 Vgl. hierzu Hauschild/Kallrath/Wachter/*Gores*, § 20 Rn. 22, *Weitnauer*, Teil F. Rn. 112 ff.
1544 *Thelen*, RNotZ 2020, 121, 126.
1545 Hauschild/Kallrath/Wachter/*Gores*, § 17 Rn. 89.

erhöhungsbeschluss zu fassen, mit dem ein Neuinvestor zur Zeichnung der neuen Geschäftsanteile zugelassen wird und dieser auf diesem Weg der Gesellschaft beitritt. In diesem Fall müssen an der Gesellschaftervereinbarung sowohl die Altgesellschafter (als diejenigen, die später den Gesellschafterbeschluss zu fassen haben) als auch der Neuinvestor (als derjenige, der den neuen Geschäftsanteil zu übernehmen hat) beteiligt werden. Ist die Satzung der Gesellschaft noch nicht hinreichend auf die Belange des Investors abgestimmt, wird sehr häufig zugleich mit dem Kapitalerhöhungsbeschluss auch ein Beschluss zur Neufassung der Satzung der Gesellschaft, zum Erlass einer Geschäftsordnung für die Geschäftsführung oder – sofern ein Beirat vorhanden ist – für eine Beiratsordnung gefasst.

1113 ▶ **Formulierungsbeispiel Verpflichtung Satzungsneufassung:**

Die Gesellschafter verpflichten sich, in einer unverzüglich nach Abschluss dieser Beteiligungsvereinbarung abzuhaltenden außerordentlichen Gesellschaftervereinbarung den Gesellschaftsvertrag der Gesellschaft gemäß Anlage 1 insgesamt neu zu fassen, und die dieser Niederschrift als Anlage 2 beigefügte Geschäftsordnung für die Geschäftsführung inkraft zu setzen.

1114 a) In der Gesellschaftervereinbarung wird regelmäßig vereinbart, dass die **Kapitalerhöhung zum Nominalbetrag** – und damit ohne korporatives Agio – durchgeführt wird. Da der Unternehmenswert der Gesellschaft von den Beteiligten (einschließlich des Investors) aber i.d.R. höher eingeschätzt wird als es die Nominalbeträge der Geschäftsanteile angeben, verpflichtet sich der Investor in der Gesellschaftervereinbarung, und zwar nur gegenüber den übrigen Gesellschaftern, nicht jedoch gegenüber der Gesellschaft, zu weiteren Geldzahlungen an die Gesellschaft. Regelmäßig wird klargestellt, dass eine Leistungspflicht des Investors insoweit nur gegenüber den übrigen Gesellschaftern besteht und die Gesellschaft aus diesen Abreden – auch nicht im Wege des Vertrags zu Gunsten Dritter – berechtigt wird. Geregelt werden sollte auch, ob die Einzahlung des Agios in die Gesellschaft von jedem einzelnem Gesellschafter (Gesamtgläubigerschaft gem. § 428 BGB) oder nur von der Gesamtheit der Gesellschafter (Mitgläubigerschaft gem. § 432 BGB) verlangt werden kann. Insbesondere wenn die Gesellschaft in Zahlungsschwierigkeiten oder gar in eine Insolvenzlage gerät, muss klar geregelt sein, wer die Pflicht des Investors zur Erbringung des Agios auslösen kann.[1546] Dieses Agio wird regelmäßig fällig, nachdem die Kapitalerhöhung in das Handelsregister eingetragen wurde und der Investor damit Gesellschafter der Gesellschaft geworden ist. Es können aber auch andere **Fälligkeitstermine**, wie etwa die Anmeldung der Kapitalerhöhung zum Handelsregister, vereinbart werden. Für die Gesellschaft und die übrigen Gesellschafter ergibt sich aus diesen Fälligkeitsregelungen das Risiko, dass der Investor nach Wirksamwerden der Kapitalerhöhung und nach Erwerb des von ihm übernommenen Geschäftsanteils die weiteren Leistungen, zu denen er sich verpflichtet hat, nicht erbringt. Zu diesem Zweck wird in der Gesellschaftervereinbarung vom Investor bereits die Zustimmung zu einer Einziehung des von ihm übernommenen Geschäftsanteils für den Fall erklärt, dass er seinen im Übrigen übernommenen Leistungspflichten nicht nachkommt. Häufig wird auch vereinbart, dass die weiteren **Zahlungspflichten** des Investors von diesem nicht in einer Summe erfüllt werden müssen, sondern **sukzessive**, jeweils nach Erreichen bestimmter geschäftlicher Kennzahlen (sogenannter Mile-Stones) fällig werden. Sollen die Zuzahlungen stufenweise, also nach Erreichen bestimmter Mile-Stones erbracht werden, ist es zwingend erforderlich, dass die einzelnen Stufen und Mile-Stones hinreichend präzise definiert werden, damit jeweils zweifelsfrei feststeht, ob ein Mile-Stone erreicht wurde und damit eine Zahlungspflicht fällig ist. In der Praxis hilfreich kann es auch sein, wenn bereits in der Gesellschaftervereinbarung ein Verfahren vorgesehen wird, wie etwaige Meinungsverschiedenheiten über das Erreichen der Mile-Stones geregelt werden.[1547] Die Entscheidung hierüber kann z.B. an einen Beirat der Gesellschaft delegiert werden, wenn in diesem alle Beteiligten angemessen vertreten sind. Denkbar sind auch **Schiedsgutachterklauseln**, bei denen z.B. ein Wirtschaftsprüfer als eine unabhängige Instanz mit der Beurteilung der Erreichung oder Verfehlung von Meilensteinen beauftragt wird.

1546 Vgl. hierzu auch *Thelen*, RNotZ 2020, 121, 127.
1547 Hauschild/Kallrath/Wachter/*Gores*, § 17 Rn. 97.

G. Gesellschafterverinbarungen   Kapitel 2

▶ Formulierungsbeispiel freiwillige Zuzahlung: 1115

Der Investor verpflichtet sich gegenüber den Gesellschaftern und ausdrücklich nicht gegenüber der Gesellschaft (auch nicht im Wege eines Vertrages zugunsten Dritter im Sinne des § 328 BGB) zu einer weiteren Zahlung, welche in die Kapitalrücklage der Gesellschaft (§ 272 Abs. 2 Nr. 4 HGB) zu buchen ist in Höhe von € 500.000,00, die wie folgt fällig ist:

a) Der 1. Teil der Zuzahlung in Höhe von € 250.000,00 ist fällig binnen zwei Wochen, nachdem dem Investor die Bestätigung des Notars zugegangen ist, dass er die Anmeldung der Kapitalerhöhung zum Handelsregister eingereicht hat.
b) Der 2. Teil der Zuzahlung ist fällig binnen zwei Wochen, nachdem dem Investor ein Beschluss des Beirats der Gesellschaft zugegangen ist, der feststellt, dass die Auszahlungsbedingungen, die in dem dieser Niederschrift als Anlage 1 beigefügten Auszahlungsplan bezeichnet sind, erfüllt sind.

Es wird klargestellt, dass die vorbezeichneten Zuzahlungen als freiwillige Zuzahlungen in die Kapitalrücklage der Gesellschaft gemäß § 272 Abs. 2 Nr. 4 HGB erfolgen. Die Verpflichtung zur Leistung der Zuzahlungen besteht nur gegenüber den Gesellschaftern und stellt nach dem Willen der Vertragsbeteiligten keine Nebenleistungspflicht im Sinne von § 3 Abs. 2 GmbHG dar.

Bei einer derartigen Regelung kann die Gesellschaft selbstverständlich nicht sogleich über das ihr   1116
versprochene Kapital verfügen, während sie dem Investor die Sicherheit bietet, dass die Altgesellschafter und die Geschäftsführung nach wie vor engagiert an der Erreichung der Mile-Stones arbeiten und er weiteres Kapital erst zuführen muss, wenn sich die in Aussicht genommene geschäftliche Entwicklung der Gesellschaft Schritt für Schritt auch wirklich realisiert.

Bilanziell werden die vereinbarten Zuzahlungen regelmäßig in die **Kapitalrücklage** gem. § 272   1117
Abs. 2 Nr. 4 HGB eingestellt. Ob auch eine Buchung in die Rücklage nach § 272 Abs. 2 Nr. 1 HGB möglich ist, ist umstritten.[1548] Da die Gesellschaft selbst aus den genannten Abreden nicht berechtigt wird, kann der Investor im Falle einer Insolvenz der Gesellschaft auch von deren Insolvenzverwalter nicht auf Leistung noch nicht erbrachter oder nicht ordnungsgemäß erbrachter Zuzahlungen in Anspruch genommen werden. Anspruchsberechtigt sind – wie gesagt – nur die übrigen Gesellschafter auf Leistung an die Gesellschaft.

b) Häufig erweist es sich im weiteren Leben der Gesellschaft als erforderlich, dass nach der ersten   1118
Kapitalerhöhung **weitere Kapitalzuführungen** im Wege weiterer Kapitalerhöhungen notwendig sind. Der Investor der ersten Kapitalerhöhung möchte insoweit regelmäßig sichergestellt wissen, dass die weiteren Kapitalerhöhungen für mögliche **dritte Investoren** nicht zu günstigeren Bedingungen durchgeführt werden als die dem ersten Investor angebotenen. Diesem Interesse wird durch Verwässerungsschutzklauseln (sog. Anti-Dilution-Klauseln) Rechnung getragen. Derartige, mathematisch häufig nicht anspruchslose Klauseln, dienen dazu, den Investor so zu stellen, als wäre er bei der ersten Finanzierungsrunde auf Grundlage der späteren, günstigeren Finanzierungsrunde eingestiegen.

▶ Formulierungsbeispiel Verwässerungsschutzklausel: 1119

a) Dem Investor steht das Recht zu, an künftigen Kapitalerhöhungen im Verhältnis des vom Investor zu diesem Zeitpunkt gehaltenen Anteilsbesitzes teilzunehmen.
b) Der Investor ist wie folgt gegen eine Anteilsverwässerung geschützt: Für den Fall, dass der Ausgabepreis der neuen Geschäftsanteile in einer folgenden Finanzierungsrunde den Ausgabepreis der vom Investor übernommenen Geschäftsanteile unterschreitet, hat der Investor das Recht, so viele neue Geschäftsanteile zum Nominalwert zu übernehmen (ohne Zahlung eines Aufgeldes), die notwendig sind, um sicherzustellen, dass der Durchschnittspreis pro EUR 1,00 Nominalwert, zu dem der Investor seine Geschäftsanteile gezeichnet hat, dem gewichteten Durchschnitt aus dem Ausgabepreis und dem Preis je Geschäftsanteil der folgenden Finanzierungsrunde entspricht.

1548 Vgl. hierzu auch Hauschild/Kallrath/Wachter/*Gores*, § 17 Rn. 95 ff.

3. Abreden zur Ausübung von Gesellschafterrechten, insbesondere des Stimmrechts – Poolvereinbarungen

1120 Gegenstand einer Gesellschaftervereinbarung sind häufig auch Abreden über die künftige Ausübung des Stimmrechts in der Gesellschafterversammlung. Die Beteiligten wollen damit bereits bei Abschluss der Gesellschaftervereinbarung verbindlich regeln, wie sie sich bei künftigen Abstimmungen in der Gesellschafterversammlung verhalten werden. Möglich ist etwa die Regelung der Stimmabgabe bei der Aufnahme künftiger Gesellschafter, bei der Zulassung weiterer Investoren oder hinsichtlich der Frage, ob einer oder mehrere Gesellschafter von einem Wettbewerbsverbot befreit werden sollen. Es ist natürlich ebenso gut denkbar, dass derartige Abreden nicht unter allen Gesellschaftern geschlossen werden, sondern sich hieran nur ein Teil der Gesellschafter beteiligt und dieser Teil sich zu einem sog. Gesellschafterpool zusammenschließt. Derartige Stimmbindungsvereinbarungen sind grundsätzlich zulässig.[1549] Unzulässig – weil gegen § 136 Abs. 2 AktG verstoßend – wären allerdings Abreden, bei denen sich die Beteiligten verpflichten, ihr **Stimmrecht nach Weisung der Gesellschaft** oder ihrer Organe auszuüben.[1550] Anderenfalls wäre eine Umgehung des Grundsatzes möglich, dass das Stimmrecht aus eigenen Anteilen ruht. Auch darf eine Stimmbindung nicht dazu dienen und dazu führen, dass eine **Vinkulierung** der Geschäftsanteile umgangen wird. Bindet sich also der Inhaber eines vinkulierten Geschäftsanteils gegenüber einem Dritten bei der Stimmrechtsausübung, kann diese Stimmrechtsbindung unwirksam sein, wenn sie im wirtschaftlichen und rechtlichen Ergebnis darauf hinausläuft, dass dem Dritten qua Stimmrechtsbindung ein Einfluss eingeräumt wird, der durch die Vinkulierung gerade verhindert werden sollte.[1551] Schließlich sind bei Stimmbindungen innerhalb einer Aktiengesellschaft die gesetzlichen Verbote des § 405 Abs. 3 Nr. 4 bis 7 AktG zu beachten. Außerhalb dieser Vorgaben sind **Stimmbindungen gegenüber Dritten** zulässig, und zwar auch dann, wenn sie sich auf strukturändernde Maßnahmen der Gesellschaft beziehen. Wird also in einer Gesellschaftervereinbarung, an der auch ein (Noch-) Nichtgesellschafter beteiligt ist, eine Regelung aufgenommen, mit der sich die Gesellschafter verpflichten, z.B. eine Umwandlung der GmbH in eine Aktiengesellschaft zur Vorbereitung des Börsengangs vorzunehmen, ist diese Bestimmung zulässig. Die Grenzen zulässiger Gestaltung sind hier erst dann erreicht, wenn die Gesellschafter sich in unzulässiger Weise ihres Selbstbestimmungsrechts begeben oder wenn die Maßnahmen, auf die sich die Stimmbindungsvereinbarung bezieht, unzulässigerweise in den Kernbereich der Mitgliedschaft eingreifen.

1121 Eine besondere Form von Stimmbindungs-Gesellschaftervereinbarungen sind **Pool-Vereinbarungen**, mit denen Gesellschafter, die einzeln eine Beteiligung von 25 % oder weniger an einer Kapitalgesellschaft vermitteln, sich mit anderen Gesellschaftern zusammenschließen und einer einheitlichen Verfügungsbeschränkung und Stimmbindung unterwerfen und auf diese Weise die gebundenen Anteilseigner insgesamt mehr als 25 % der Anteile an einer Gesellschaft halten.[1552] Die Gesellschafter müssen sich untereinander verpflichten, über die Anteile nur einheitlich zu verfügen oder ausschließlich auf andere, derselben Verpflichtung unterliegende Anteilseigner zu übertragen und das Stimmrecht gegenüber nicht gebundenen Gesellschaftern einheitlich auszuüben. Sind diese Voraussetzungen erfüllt, gehören die im Pool gebündelten Gesellschaftsanteile zum begünstigten Vermögen im Sinne von § 13b ErbStG. In der Poolvereinbarung wird regelmäßig bestimmt, zu welcher Zeit und zu welchen Gelegenheiten die Poolmitglieder zur Vorbereitung der Gesellschafterversammlung zusammentreten, wer den Pool in der Gesellschafterversammlung vertritt und wie sich Poolmitglieder gegenseitig bevollmächtigen können. In besonderer Weise praktisch wichtig sind auch Regelungen darüber, mit welchen Mehrheiten Beschlüsse gefasst werden müssen, damit sie für die Mitglieder verbindlich sind. Hier sollte im Einzelnen geregelt werden, bei welchen Beschlussgegenständen einfache oder qualifizierte Mehrheiten ausreichend sind, um die Poolmitglieder zu einer entsprechenden Stimmabgabe in der Gesellschafterversammlung zu verpflichten. In der Poolversammlung

---

1549 Vgl. hierzu auch Hauschild/Kallrath/Wachter/*Gores*, § 17 Rn. 64 ff.
1550 Vgl. hierzu auch Hauschild/Kallrath/Wachter/*Gores*, § 17 Rn. 67.
1551 Vgl. hierzu auch Hauschild/Kallrath/Wachter/*Gores*, § 17 Rn. 68.
1552 Vgl. hierzu auch BeckOK GmbHG/*Trölitzsch*, Gesellschaftervereinbarungen, Rn. 6 ff.

kann ein Mehrheitserfordernis für einen Beschlussgegenstand auch dann wirksam vereinbart werden, wenn der Beschlussgegenstand in der Kapitalgesellschaft nach der dortigen Satzung oder den gesetzlichen Bestimmungen einer qualifizierten Mehrheit bedarf.[1553]

4. Abreden betreffend Anteilsabtretungen

Zahlreiche Gesellschaftervereinbarungen enthalten Regelungen, mit denen die Beteiligten sich über künftige **Anteilsabtretungen** verständigen. Im Wesentlichen lassen sich derartige Regelungen in **zwei Gruppen** unterteilen:

– Regelungen, mit denen sich die Gründer und Geschäftsführer der Gesellschaft verpflichten, für den Fall ihres **Ausscheidens aus der Geschäftsführung** die von ihnen gehaltenen Geschäftsanteile ganz oder teilweise zu übertragen.
– Regelungen, mit denen die praktische Handhabung eines **Exits** erleichtert werden soll (sog. Drag-Along- oder Tag-Along-Klauseln).

a) Die Investoren und Gesellschafter erkennen i.d.R., dass ein wirtschaftlicher Erfolg der Gesellschaft davon abhängt, dass die **Gründer**, die regelmäßig über das für das Unternehmen erforderliche **Know-how** verfügen, dauerhaft in der Gesellschaft gebunden bleiben. Diese werden daher einerseits verpflichtet, für eine bestimmte Dauer der Gesellschaft als Geschäftsführer zur Verfügung zu stehen und andererseits soll sichergestellt werden, dass im Falle einer Beendigung der Geschäftsführertätigkeit auch die von den Geschäftsführern gehaltenen Geschäftsanteile an der Gesellschaft an andere Gesellschafter oder dritte Personen übertragen werden müssen. Bei der konkreten Ausgestaltung dieser Übertragungsverpflichtung wird häufig danach differenziert, aus welchen Gründen die Beendigung der Geschäftsführertätigkeit erfolgt ist. Endet die Geschäftsführertätigkeit aus einem von dem Geschäftsführer zu vertretenden oder in seine Sphäre fallenden Grund (**Bad-Leaver-Fall**), wird der Geschäftsführer i.d.R. verpflichtet, die von ihm gehaltenen Geschäftsanteile ganz oder teilweise zu einer unter dem Verkehrswert der Geschäftsanteile liegenden Gegenleistung an eine andere Person zu übertragen. Endet die Geschäftsführertätigkeit demgegenüber aus einem anderen Grunde (**Good-Leaver-Fall**), ist der Geschäftsführer zwar ebenfalls verpflichtet, die von ihm gehaltenen Geschäftsanteile an der Gesellschaft an eine andere Person zu übertragen, erhält hierfür aber häufig eine den Verkehrswert der Geschäftsanteile erreichende (oder nahezu erreichende) Gegenleistung. Zur späteren Durchsetzbarkeit der Übertragungsverpflichtung des Geschäftsführers werden von diesem i.d.R. Angebote an den Investor (oder an eine von diesem zu benennende Person) erklärt, die der Investor nur noch annehmen muss, um den Übergang der Geschäftsanteile sicherzustellen. Bei der Ausgestaltung und Formulierung dieser Angebote ist strikt darauf zu achten, dass sich ein etwaiger Streit über die wirksame Beendigung der Geschäftsführerstellung, z.B. also ein Streit über die Wirksamkeit einer Kündigung des Geschäftsführeranstellungsvertrages, nicht auf die Frage auswirkt, ob das vom Geschäftsführer für diesen Fall abgegebene Angebot zur Abtretung seiner Geschäftsanteile auswirkt, damit sich der ggf. lang hinziehende arbeitsrechtliche Rechtsstreit nicht in einer entsprechend lang hinziehenden Unsicherheit über den Gesellschafterbestand der Gesellschaft auswirkt. Soll diese Unsicherheit vermieden werden, müssen die entsprechenden Abtretungsangebote so formuliert werden, dass sie angenommen werden können, wenn der Geschäftsführer als Organ der Gesellschaft wirksam abberufen wurde oder – um auf ein noch formalisierteres Verfahren abzustellen – wenn der Geschäftsführer als solcher im Handelsregister der Gesellschaft gelöscht wurde. Derartige Klauseln, seien sie als Angebote auf Übertragung von Geschäftsanteilen oder als Grund für eine Einziehung von Geschäftsanteilen konzipiert – müssen sich an der Rechtsprechung des BGH zu Hinauskündigungsklauseln[1554] messen lassen. Nach dieser Rechtsprechung sind Bestimmungen, die freie Ausschlussrechte einräumen, unwirksam. Solche freien Ausschlussrechte liegen in den hier interessierenden Konstellationen allerdings nicht vor. Zum einen können die vom Gründer erklärten Angebote nur bei Vorliegen bestimmter Voraussetzungen angenommen werden und zum anderen gibt es durchaus sachliche

---

1553 Vgl. hierzu auch BeckOK GmbHG/*Trölitzsch*, Gesellschaftervereinbarungen, Rn. 6 ff.
1554 Vgl. etwa BGH, NJW 1989, 2681; BGH, NJW 2005, 3641; BGH, NJW 2005, 3664.

Gründe für die Vereinbarung derartiger Lösungsmöglichkeiten, da die fortdauernde aktive Mitarbeit des Gründers für den finanziellen Beitrag der Investoren essentiell ist und dieser wirtschaftlich jedenfalls teilweise seinen Sinn verliert, wenn der Gründer mit seinem Know-How nicht mehr aktiv in der Gesellschaft mitarbeitet. Hiervon unabhängig sind die Regelungen zur Abfindungshöhe zu beurteilen: Hier sind das Interesse der verbleibenden Gesellschafter am Fortbestand des Gesellschaftsunternehmens und das Interesse des ausscheidenden Gesellschafters an einer angemessenen wirtschaftlichen Verwertung seiner Beteiligung gegeneinander abzuwägen.[1555] Schließlich muss ein Angebot auf Abtretung von Geschäftsanteilen so bestimmt formuliert sein, dass der Abtretungsgegenstand nach Annahme des Angebotes in einer dem sachenrechtlichen Bestimmtheitsgrundsatz genügenden Weise definiert ist. Dies bedeutet, dass entweder die abzutretenden Geschäftsanteile bereits genau, am besten mit ihren laufenden Nummern, bezeichnet werden, oder eindeutig und klar geregelt ist, welche Geschäftsanteile dem Angebot auf Abtretung unterliegen.

1124 ▶ Formulierungsbeispiel Bad-Leaver-Klausel:

Für den Fall, dass der Geschäftsführeranstellungsvertrag aus einem von dem Geschäftsführer zu vertretenden wichtigen Grund durch die Gesellschaft oder nach Vorliegen eines solchen Grundes durch den Geschäftsführer gekündigt oder durch den Geschäftsführer ordentlich gekündigt wird (»Bad-Leaver«), entspricht der Kaufpreis für die vom Geschäftsführer zu übertragenden Geschäftsanteile – unabhängig von der Höhe des Verkehrswertes dieser Geschäftsanteile – dem Buchwert, höchstens jedoch dem Verkehrswert, wenn der Verkehrswert niedriger ist als der Buchwert, mindestens jedoch dem Nennwert der Geschäftsanteile.

1125 ▶ Formulierungsbeispiel Good-Leaver-Klausel:

Wird der Geschäftsführeranstellungsvertrag des Geschäftsführers von diesem aus wichtigem Grund gekündigt oder wird dieser Vertrag durch die Gesellschaft ordentlich gekündigt oder endet er durch Zeitablauf gemäß den Bestimmungen des Geschäftsführeranstellungsvertrags, wird der Geschäftsführer im Folgenden als »Good-Leaver« bezeichnet.

1126 Weiter flankiert und unterstützt werden die vom Geschäftsführer erklärten Angebote durch entsprechende in der Satzung der Gesellschaft vorgesehene **Einziehungsklauseln**, welche z.B. im Einzelfall bestimmen können, dass die von dem namentlich bestimmten Geschäftsführer gehaltenen Geschäftsanteile eingezogen werden können, wenn dieser nicht mehr als Organ der Gesellschaft tätig ist. Zu dieser Einziehungsmöglichkeit kann der Geschäftsführer dann bereits in der Satzung oder außerhalb derselben seine Zustimmung erklären.

1127 b) Das langfristige Ziel des Investors ist darauf gerichtet, die von ihm gehaltenen Geschäftsanteile und das Unternehmen der Gesellschaft im Ganzen mit entsprechendem **Veräußerungsgewinn** zu verkaufen (sog. Exit). Ein potenzieller Unternehmenserwerber hat i.d.R. oder jedenfalls häufig kein Interesse daran, nur eine bestimmte Quote an dem Unternehmen zu erwerben, sondern wird häufig daran interessiert sein, 100 % der Geschäftsanteile an der Gesellschaft kaufen zu können. Dieser Erwartung kann der Investor, der selbst nicht alle Geschäftsanteile an der Gesellschaft hält, nur gerecht werden, wenn er über eine durchsetzbare Möglichkeit verfügt, auch die anderen Gesellschafter verpflichtend zu einem Mitverkauf ihrer Geschäftsanteile zu veranlassen, er sie also bei seinem Mitverkauf mitziehen kann (sog. **Drag-Along-Klausel**). Auf der anderen Seite wollen die Mitgesellschafter des Investors sichergestellt wissen, dass der Investor nicht allein seine Geschäftsanteile gewinnbringend veräußert, sondern sie mit dem Investor in einem Boot sitzen und sie die Möglichkeit haben, darauf hinzuwirken, dass sie die von ihnen gehaltenen Geschäftsanteile zu den gleichen wirtschaftlichen Bedingungen wie der Investor mitveräußern können (sog. **Tag-Along-Klauseln**).[1556]

1555 BGH, NJW 2005, 3644, 3646.
1556 Vgl. entsprechende Formulierungsbeispiele Rdn. 1105 f.

5. Die Geschäftätigkeit der Gesellschaft betreffende Abreden, insbesondere Wettbewerbsverbote

In Gesellschaftervereinbarungen finden sich häufig auch Regelungen, mit denen einzelne oder auch alle Gesellschafter der Gesellschaft einem Wettbewerbsverbot unterworfen werden. Regelmäßig ist es so, dass – vor allem bei einer Investition in junge Start-up-Unternehmen – die Investoren und Geldgeber darauf dringen und ein Interesse daran haben, dass sich die Gesellschaftsgründer, die über das für die Unternehmenstätigkeit essenzielle Know-how verfügen, verpflichten, während der Dauer ihrer Gesellschaftszugehörigkeit und danach nicht in Wettbewerb zur Gesellschaft zu treten. Insoweit sind i.d.R. drei Regelungskomplexe zu unterscheiden: 1128

a) Wettbewerbsverbot während Gesellschaftszugehörigkeit

Die Vereinbarung eines Wettbewerbsverbotes während der Dauer der Gesellschaftszugehörigkeit eines Gesellschafters ist im Grundsatz unproblematisch, wenn die allgemeinen zivil- und kartellrechtlichen Schranken derartiger Wettbewerbsverbote eingehalten werden. Diese bestehen darin, dass das Wettbewerbsverbot zeitlich, räumlich und gegenständlich beschränkt sein muss, um wirksam zu sein. Bei Wettbewerbsverboten, die sich auf die Dauer der Gesellschaftszugehörigkeit beziehen, bedeutet dies

— dass das Wettbewerbsverbot ausdrücklich auf die **Dauer** der Gesellschaftszugehörigkeit beschränkt sein muss, 1129
— dass das Wettbewerbsverbot **räumlich** auf die Märkte beschränkt sein muss, in denen die Gesellschaft auch tätig ist. Ist die Gesellschaft also bislang und auch auf absehbare Zeit nur auf dem deutschen Markt tätig, wäre ein europaweites oder gar weltweites Wettbewerbsverbot unverhältnismäßig und nicht wirksam. Hat die Gesellschaft allerdings die konkrete Absicht, ihren bislang auf Deutschland begrenzten Tätigkeitsbereich z.B. nach Österreich oder in die Schweiz auszudehnen, können auch diese Gebiete in das Wettbewerbsverbot einbezogen werden, so lange diese Absicht der Gesellschaft nicht bloß auf dem Papier steht, sondern auch konkrete Schritte unternommen werden, um diese in die Tat umzusetzen.
— dass das Wettbewerbsverbot **inhaltlich** nur die Tätigkeiten erfasst, die von der Gesellschaft auch tatsächlich ausgeübt werden oder hinsichtlich derer eine konkrete Absicht zur Ausübung der Geschäftätigkeiten besteht.

▶ **Musterformulierung Wettbewerbsverbot:** 1130

1. Die Gründungsgesellschafter unterliegen für die Dauer ihrer Beteiligung am Stammkapital der Gesellschaft im Tätigkeitsbereich der Gesellschaft[1557] europaweit einem Wettbewerbsverbot. Sie dürfen weder mittelbar noch unmittelbar, weder für eigene noch für fremde Rechnung im Wettbewerbsgebiet irgendeine Tätigkeit entfalten oder Rechtsbeziehungen eingehen, die im Wettbewerb zu den von der Gesellschaft oder ihren Tochtergesellschaften betriebenen Geschäften steht oder die einen solchen Wettbewerb fördert. Vom Wettbewerbsverbot erfasst ist auch die Beteiligung an einem Unternehmen, das in irgendeiner Weise mit dem von der Gesellschaft und/oder ihren Tochtergesellschaften betriebenen Unternehmen konkurriert. Von den vorstehend geregelten Beschränkungen ausgenommen sind Beteiligungen an börsennotierten Aktiengesellschaften bis zu einer Höhe von 5 % des Grundkapitals.
2. Jedem Gründungsgesellschafter kann Befreiung von dem in dieser Bestimmung geregelten Wettbewerbsverbot erteilt werden. Über Art und Umfang der Befreiung beschließen die Gesellschafter unter Ausschluss des betroffenen Gründungsgesellschafters und mit Zustimmung des Investors.

1557 Dieser Tätigkeitsbereich sollte näher konkretisiert und beschrieben werden.

b) Nachvertragliches Wettbewerbsverbot

1131 Nachvertragliche Wettbewerbsverbote unterliegen deutlich **engeren Wirksamkeitsschranken** als Wettbewerbsverbote, die für die Dauer der Gesellschaftszugehörigkeit vereinbart werden. Auch hier gilt der allgemeine Grundsatz, dass sie räumlich, zeitlich und gegenständlich begrenzt sein müssen.[1558] Hinsichtlich der räumlichen und gegenständlichen Begrenzung ergeben sich keine Besonderheiten und Unterschiede zu den unter vorstehend Buchst. a) behandelten Wettbewerbsverboten für die Dauer der Gesellschaftszugehörigkeit. In zeitlicher Hinsicht stellt die Rechtsprechung vor dem Hintergrund der mit dem Wettbewerbsverbot verbundenen Einschränkung der Berufsfreiheit des Verpflichteten (Art. 12 GG) die Anforderung, dass die Wettbewerbsklausel das notwendige Maß nicht übersteigen darf, das i.d.R. 2 Jahre beträgt. Nach ständiger Rechtsprechung des Bundesgerichtshofs sind nachvertragliche Wettbewerbsverbote mit Rücksicht auf die grundgesetzlich geschützte Berufsausübungsfreiheit nur dann gerechtfertigt und nicht nach § 138 BGB sittenwidrig, wenn und soweit sie notwendig sind, um einen Vertragspartner vor einer illoyalen Verwertung der Erfolge seiner Arbeit durch den anderen Vertragspartner zu schützen. Sie dürfen in räumlicher, gegenständlicher und zeitlicher Hinsicht das notwendige Maß nicht überschreiten. Eine zeitliche Grenze von 2 Jahren für die Dauer des Wettbewerbsverbots wird insoweit für Regelfälle als Höchstgrenze angesehen, die sowohl für Wettbewerbsklauseln im engeren Sinne als auch für Kundenschutzklauseln gilt. Im Einzelfall ist es allerdings nicht ausgeschlossen, dass auch ein schutzwürdiges Interesse des Vertragspartners an einem längerdauernden Wettbewerbs- oder Abwerbeverbot bestehen kann.[1559] Besonders strenge Anforderungen an die zielgenaue Formulierung eines nachvertraglichen Wettbewerbsverbotes stellt das OLG München:[1560] Die allgemeine Formulierung eines Wettbewerbsverbotes in einem Geschäftsführeranstellungsvertrag, nach der es dem Geschäftsführer untersagt ist, bei einem Konkurrenzunternehmen tätig zu werden, spiegele die genaue Reichweite des Verbotes nicht hinreichend wider, weil nach dieser Klausel dem Geschäftsführer jegliche Tätigkeit für ein Konkurrenzunternehmen, auch eine unselbständige, etwa als Hausmeister, verboten sei. Diese Entscheidung macht es noch dringlicher, Wettbewerbsverbote zielgenau zu formulieren und unproblematisch nicht vom Wettbewerbsverbot erfasste Teilbereiche, z.B. eine unselbständige Tätigkeit in nicht leitender Funktion, vom Wettbewerbsverbot auszunehmen.

c) Rechtsfolgen bei Verletzung eines Wettbewerbsverbots

1132 An die Verletzung von Wettbewerbsverboten werden regelmäßig zwei unterschiedliche Rechtsfolgen geknüpft:

1133 Neben den bereits von Gesetzes wegen bestehenden **Schadenersatzpflichten** des die Wettbewerbsklausel verletzenden Gesellschafters wird dieser i.d.R. zur Zahlung einer **Vertragsstrafe** für den Fall der Verletzung des Wettbewerbsverbots verpflichtet. Die Vereinbarung der Vertragsstrafe muss insoweit den allgemeinen Grenzen, die an derartige Vertragsstrafen zu stellen sind, genügen. Für den Fall einer dauerhaften Verletzung des Wettbewerbsverbotes wird häufig vereinbart, dass jeder angefangene Monat der Verletzung als ein selbstständiger Verstoß gegen die Wettbewerbsklausel zu werten ist, der erneut zur Zahlung einer Vertragsstrafe verpflichtet.

1134 Bei Wettbewerbsverboten, die für die Dauer der Gesellschaftszugehörigkeit vereinbart werden, haben die übrigen Gesellschafter häufig auch das Ziel, den vertragsbrüchigen Wettbewerber nunmehr aus der Gesellschaft ausschließen zu können. Dies soll häufig durch **eine Einziehung des Geschäftsanteils** geschehen. Bei der Gestaltung derartiger Einziehungsklauseln ist folgendes zu beachten: Nach § 34 Abs. 1 GmbHG muss die Einziehung im Gesellschaftsvertrag selbst zugelassen sein. Nach § 34 Abs. 2 GmbHG müssen auch die Voraussetzungen der zwangsweisen Einziehung im Zeitpunkt des Erwerbs des Geschäftsanteils durch den betreffenden Gesellschafter satzungsmäßig festgelegt sein.

1558 Vgl. hierzu umfassend *Miras*, notar 2015, 204 ff.
1559 Vgl. in diesem Zusammenhang auch BGH, NJW 2015, 1012 zu zeitlichen Grenzen für Kundenschutzklauseln zwischen einer GmbH und den Gesellschaftern.
1560 Beschluss vom 02.08.2018 – 7U 2107/18, NZA-RR 2019, 82.

Dies bedeutet, dass die Einziehungsvoraussetzungen nicht ohne weiteres außerhalb der Satzung geregelt werden können, da der Gesellschafter aus der Satzung selbst erkennen können soll, unter welchen Voraussetzungen er gegen seinen Willen aus der Gesellschaft ausgeschlossen werden kann. Hieraus folgt, dass die Einziehungsgründe so präzise bezeichnet sein müssen, dass ihre Anwendung auf einen konkreten Sachverhalt dem betreffenden Gesellschafter möglich und damit ihr Vorliegen in einem gerichtlichen Prozess ohne weiteres überprüfbar ist. Auf der anderen Seite gilt das Erfordernis der Zulassung der Zwangseinziehung in der Satzung nur, soweit der Anlass der Einziehung nicht die Qualität eines wichtigen Grundes erreicht. Soll ein Gesellschafter nach allgemeinen Grundsätzen wegen Vorliegens eines wichtigen Grundes ausgeschlossen werden, kann die Einziehung des Geschäftsanteils zur Durchsetzung der Ausschließung auch dann erfolgen, wenn dies nicht ausdrücklich in der Satzung vorgesehen ist. Ob ein Verstoß gegen ein Wettbewerbsverbot immer die Qualität eines wichtigen Grundes erreicht, dürfte eine Frage des Einzelfalls sein. Richtig und sinnvoll ist es daher, den Verstoß gegen das Wettbewerbsverbot als ausdrücklichen und separaten Einziehungsgrund in die Satzung der Gesellschaft aufzunehmen. Nicht erforderlich dürfte es demgegenüber sein, das Wettbewerbsverbot als solches in die Satzung der Gesellschaft zu integrieren, da der Schutzzweck des § 34 Abs. 2 GmbHG – Erkennbarkeit der Einziehungsmöglichkeit für den Gesellschafter – auch dann gewahrt ist, wenn der Gesellschafter auf die möglichen Folgen eines Wettbewerbsverstoßes in der Satzung hingewiesen wird, auch wenn die Einzelheiten des Wettbewerbsverbotes außerhalb der Satzung – etwa in einer Gesellschaftervereinbarung – geregelt sind.

▶ **Musterformulierung Verstoß gegen ein Wettbewerbsverbot:** 1135

Für den Fall eines Verstoßes eines Gründungsgesellschafters gegen das in dieser Bestimmung geregelte Wettbewerbsverbot trotz schriftlicher Abmahnung ist der gegen das Wettbewerbsverbot verstoßende Gründungsgesellschafter nach Wahl der übrigen Gesellschafter mit einfacher Stimmenmehrheit und Zustimmung des Investors verpflichtet, entweder

a) sämtliche der von ihm an der Gesellschaft gehaltenen Geschäftsanteile an die übrigen Gesellschafter pro rata im Verhältnis der von den übrigen Gesellschaftern gehaltenen Geschäftsanteile am Stammkapital untereinander zum anteiligen Buchwert abzutreten und an den dazu erforderlichen gesellschaftsrechtlichen Maßnahmen mitzuwirken und die dafür erforderlichen Erklärungen abzugeben, oder

b) eine Vertragsstrafe in Höhe von € 50.000,00 an die Gesellschaft zu zahlen, wobei im Falle von dauerhaften Verstößen für jeden angefangenen Monat des andauernden Verstoßes die Vertragsstrafe neu verwirkt wird.

V. Änderungen von Gesellschaftervereinbarungen

1. Praxis

Gesellschaftervereinbarungen werden häufig aus Anlass einer bestimmten Finanzierungsmaßnahme 1136
oder aus Anlass der Aufnahme eines neuen Gesellschafters geschlossen und sind auf diese Veränderungen maßgerecht zugeschnitten. Es liegt auf der Hand, dass weitere Veränderungen auf Gesellschafterebene oder in der Finanzierungsstruktur der Gesellschaft häufig auch Änderungen der Gesellschaftervereinbarung veranlassen. Nicht selten wird die bestehende Gesellschaftervereinbarung aus Anlass derartiger Veränderungen auch vollständig aufgehoben und neu abgeschlossen.

2. Die notwendige Form für Änderungsvereinbarungen

Wird eine **Gesellschaftervereinbarung aufgehoben und vollständig neu abgeschlossen**, ist die Frage 1137
nach der einzuhaltenden Form, insbesondere nach der Notwendigkeit der notariellen Beurkundung, in gleicher Weise zu beantworten wie beim erstmaligen Abschluss einer derartigen Vereinbarung. Eine Beurkundungspflicht kann sich also insbesondere daraus ergeben, dass die neu abgeschlossene

Gesellschaftervereinbarung Abtretungspflichten betreffend GmbH-Geschäftsanteile enthält oder in den Anwendungsbereich des § 311b Abs. 2 BGB fällt.[1561]

1138 Eine reine Änderungsvereinbarung, mit der eine bestehende Gesellschaftervereinbarung in Teilbereichen modifiziert wird, kann ebenfalls dem Gebot der **notariellen Beurkundung** unterliegen. Ob dies der Fall ist, hängt im Einzelfall vom Inhalt der beabsichtigten Änderung sowie davon ab, aus welcher gesetzlichen Bestimmung sich die Formbedürftigkeit der Ursprungsvereinbarung, die nunmehr geändert werden soll, ergab. Ergab sich die Beurkundungspflicht der Ursprungsvereinbarung z.B. aus § 15 Abs. 4 GmbHG, weil die Ursprungsvereinbarung eine Verpflichtung zur Abtretung von Geschäftsanteilen enthielt, ist eine Änderung dieser Vereinbarung nach den allgemeinen Grundsätzen dann formbedürftig, wenn die vereinbarte Abtretung von Geschäftsanteilen noch nicht wirksam geworden ist.[1562] Sind sämtliche vereinbarten Abtretungen bereits dinglich wirksam geworden und ergab sich die Formbedürftigkeit der Ursprungsvereinbarung nicht aus einem weiteren Umstand, kann die Änderungsvereinbarung formfrei abgeschlossen werden, wenn sie nicht ihrerseits – gleichsam aus sich heraus – beurkundungspflichtig ist. Eine solche eigenständige Beurkundungsbedürftigkeit der Änderungsvereinbarung kann sich z.B. daraus ergeben, dass diese selbst wieder Verpflichtungen zur Abtretung von Geschäftsanteilen oder zur Übertragung von Grundbesitz oder andere beurkundungspflichtige Gegenstände enthält.

1139 An der Änderungsvereinbarung zu beteiligen sind **sämtliche** vertragschließenden **Parteien der Ursprungsvereinbarung**, auch dann, wenn der Änderungsgegenstand inhaltlich oder wirtschaftlich nur einzelne Vertragsparteien der Ursprungsvereinbarung betrifft. Haben die Beteiligten der Ursprungsvereinbarung in dieser Vollmachten zum Abschluss von Änderungsvereinbarungen einem Beteiligten erteilt oder bereits Angebote zum Abschluss von Änderungsvereinbarungen erklärt (wie es häufig z.B. beim bereits absehbaren Beitritt weiterer Gesellschafter geschieht), kann von diesen Vollmachten selbstverständlich Gebrauch gemacht bzw. kann dieses Angebot, wenn die Annahmevoraussetzungen erfüllt sind, angenommen werden.

3. Gegenstand von Änderungsvereinbarungen

1140 Inhaltlich können Änderungsvereinbarungen die unterschiedlichsten Gegenstände haben. Häufig werden Änderungsvereinbarungen geschlossen aus Anlass des **Beitritts weiterer Investoren** in die Gesellschaft, denen als Gegenleistung oder als Absicherung ihres Investments Gesellschaftersonderrechte eingeräumt werden oder die mit bereits an der Gesellschaft beteiligten Investoren gleichgestellt werden. Aber auch ohne Beitritt neuer Gesellschafter kann der Abschluss von Änderungsvereinbarungen notwendig sein, z.B. weil sich die bei Abschluss der Gesellschaftervereinbarung angenommenen Zustände verändert oder in einer anderen Weise entwickelt haben als die Vertragschließenden dies ursprünglich annahmen. So kann es z.B. erforderlich sein, die Meilensteine, deren Erreichung den Abruf von Gesellschafterdarlehen ermöglichen, anzupassen, wenn die **geschäftliche Entwicklung der Gesellschaft** hinter den ursprünglichen Erwartungen zurückbleibt oder diese übersteigt. Der in der Praxis am häufigsten anzutreffende Fall ist allerdings der des Neubeitritts eines weiteren Investors oder eine Ausweitung des finanziellen Engagements der bisherigen Investoren, die auch mit einer inhaltlichen Veränderung der diesen in der Ursprungsvereinbarung zugesagten Rechte einher gehen soll.

VI. Vollzug der Gesellschaftervereinbarung

1141 Da Gesellschaftervereinbarungen keine **reinen Austauschverträge** sind, sich also nicht im Austausch von Leistung und Gegenleistung erschöpfen, sondern die Rechte und Pflichten der vertragschließenden Parteien auf Dauer und grundlegend regeln und gestalten sollen, findet nach dem Abschluss von Gesellschaftervereinbarungen in der Regel kein Closing- oder Vollzugstermin statt, in dem eben

---

1561 Vgl. dazu Rdn. 1096 ff.
1562 Vgl. dazu Rdn. 885.

dieser Austausch von Leistung und Gegenleistung durchgeführt wird. Gesellschaftervereinbarungen sind **statusregelnde Verträge**, die die vertraglichen Beziehungen der Beteiligten während der Laufzeit der Vereinbarung auf Dauer regeln sollen und allenfalls punktuell, nicht jedoch im Übrigen, durch einzelne Vollzugshandlungen, z.B. die Auszahlung eines zugesagten Gesellschafterdarlehens im Ganzen oder in Teilbeträgen, erfüllt werden.

Ein für die notarielle Praxis besonders wichtiger Aspekt eines möglichen **Teilvollzugs** ist das Wirksamwerden von Verpflichtungen zur Abtretung von Geschäftsanteilen oder das Wirksamwerden von (aufschiebend bedingten) Abtretungen, die in der Gesellschaftervereinbarung erklärt wurden. Verpflichtungen zur Abtretung von Geschäftsanteilen oder unmittelbare **Abtretungen von Geschäftsanteilen** enthalten Gesellschaftervereinbarungen sehr häufig für den Fall, dass die Gründer und regelmäßig Geschäftsführer der Gesellschaft ihre Tätigkeit für die Gesellschaft einstellen und in diesen Fällen auch als Gesellschafter der Gesellschaft aus dieser ausscheiden sollen. Wenn derartige Umstände, die eine Abtretungsverpflichtung auslösen oder eine bereits vereinbarte Abtretung wirksam werden lassen, eintreten, erweist sich, ob die entsprechende Bestimmung in der Gesellschaftervereinbarung so sorgfältig formuliert wurde, dass nunmehr kein Streit darüber entstehen kann, ob und ggf. welche Geschäftsanteile abgetreten werden müssen bzw. abgetreten wurden. Dies bedeutet, dass sowohl die Abtretungsvoraussetzungen als auch der Abtretungsgegenstand in der Gesellschaftervereinbarung so zweifelsfrei und für den Notar umsetzbar gestaltet sein müssen, dass der Notar, der ja an der Abtretung mitgewirkt hat, nunmehr eindeutig – und ohne in einen etwaigen Streit zwischen den Beteiligten hineingezogen werden zu können – erkennen kann, ob er eine neue Gesellschafterliste einzureichen hat oder nicht. Konkret bedeutet dies, dass die **Abtretungsvoraussetzungen** dem Notar in einem **objektivierbaren Verfahren** müssen nachgewiesen werden können und – wenn die dingliche Abtretung bereits in der Gesellschaftervereinbarung enthalten ist – entsprechend dem sachenrechtlichen Spezialitätsgrundsatz eindeutig feststeht, welche Geschäftsanteile im Einzelnen von der Abtretung betroffen sind. Der Notar, der mit der Beurkundung einer Gesellschaftervereinbarung betraut wird, sollte diese Bestimmungen der Gesellschaftervereinbarung mit besonderer Genauigkeit und Sorgfalt überprüfen und sich bereits bei Abschluss der Vereinbarung die Frage stellen, ob er die Abtretungsvoraussetzungen und die Abtretungsgegenstände so eindeutig bezeichnet hat, dass bei einem späteren Vollzug der Abtretung eine neue Gesellschafterliste eingereicht werden kann.

1142

Vereinbarungen betreffend die Abtretung von Geschäftsanteilen werden häufig auch für den Fall des Exits eines oder mehrerer Investoren in Form von **Drag-Along-Klauseln** oder **Tag-Along-Klauseln** vereinbart.[1563] Auch hier muss sorgfältig darauf geachtet und formuliert werden, welche Geschäftsanteile welches Gesellschafters unter welchen Voraussetzungen einer Abtretungsverpflichtung unterliegen. Unklare Formulierungen können – gerade im Fall des Exits – zu vermeidbaren Streitigkeiten unter den Gesellschaftern führen, die im schlimmsten Fall sogar den gesamten Verkaufsprozess erschweren oder gar vereiteln können.

1143

VII. Notarkosten

Gesellschaftervereinbarungen sind als Verträge gemäß Nr. 21100 KV GNotKG mit einer **2,0-Gebühr** anzusetzen. Im Einzelfall schwierig kann es sein, den **maßgeblichen Geschäftswert** der Vereinbarung zu bestimmen. Klar ist, dass, wenn ein Investor einen neuen Geschäftsanteil gegen ein finanzielles Engagement von z.B. 1,5 Mio. € übernimmt, dieser Wert im Rahmen der Geschäftswertbestimmung anzusetzen ist. Fraglich ist, ob darüber hinaus auch die in den Gesellschaftervereinbarungen regelmäßig enthaltenen Vorkaufsrechte, Mitverkaufsrechte oder ähnliche Gegenstände gesondert anzusetzen sind.[1564]

1144

1563 Vgl. dazu bereits Rdn. 1127.
1564 Bejahend Streifzug durch das GNotKG, Rn. 1281.

Hierbei ist von Folgendem auszugehen:

Gesellschaftsvereinbarungen sind nach überwiegender Auffassung in der Regel Austauschverträge i.S.v. § 97 Abs. 3 GNotKG.[1565] Damit stellt sich gemäß § 97 Abs. 3 Halbs. 2 GNotKG die Frage, ob die Leistungen der Gesellschaftergesamtheit an den Investor einen höheren Wert haben als das Investment des Investors selbst; nur in diesem Fall wären sie gesondert anzusetzen. Hiergegen spricht prima facie, dass im Wirtschaftsverkehr unter fremden Dritten die einander versprochenen oder gewährten Leistungen von den Vertragspartnern als gleichwertig angesehen werden, da kein Vertragsbeteiligter die Absicht hat, dem jeweils anderen etwas ganz oder teilweise unentgeltlich zuzuwenden. Dieser Vermutungssatz greift auch im Falle von Gesellschaftervereinbarungen ein: Der Investor verpflichtet sich gegenüber den Gesellschaftern zu einem Investment in einer bestimmten Höhe, weil er als Gegenleistung hierfür einen Geschäftsanteil mit bestimmten Rechten und Vorzügen erhält (zum Beispiel mit Liquidationspräferenzen, Vorkaufsrechten o.ä.); mit anderen Worten: Diese Investorenrechte sind insgesamt in die Investitionssumme »eingepreist«. Ohne die ihm gewährten Investorenrechte wäre der Investor niemals bereit, für die von ihm gewährten Geschäftsanteile ein Investment in dieser Höhe zu erbringen. Eine kostenrechtliche Handhabung derart, dass das Barinvestment des Investors und jedes einzelne Investorenrecht gesondert angesetzt wird, führt demgegenüber zu einer »Doppelbewertung« der Investorenrechte: Die Investorenrechte werden nämlich zum einen bei der Bewertung des dem Investor gewährten Geschäftsanteils angesetzt und zum anderen nochmals jeweils einzeln werterhöhend berücksichtigt. Würde man – und dies verkennt die beschriebene kostenrechtliche Handhabung – die Investorenrechte gesondert ansetzen wollen, müsste in einem ersten Schritt eine Bewertung des dem Investor gewährten Geschäftsanteils **ohne** Berücksichtigung der Investorenrechte erfolgen (ein erkennbar aussichtsloses Unterfangen, weil es für einen solchen Geschäftsanteil keinen Markt gäbe und sich kein Investor fände, der einen solchen Geschäftsanteil mit der angenommenen Bewertung **ohne** die Investorenrechte erwerben würde) und anschließend müssten die Investorenrechte gesondert bewertet und addiert werden. Das Ergebnis dieser Addition dürfte exakt die Investitionssumme des Investors sein, da der Investor exakt diese Summe bereit ist, zu investieren, um als Gegenleistung einen Geschäftsanteil mit Investorenrechten zu erhalten. Richtigerweise müssen daher – den Vorstellungen der Vertragsparteien entsprechend – die dem Investor gewährten Rechte (Gesellschaftsanteil **mit** Sonderrechten) als Gesamtpaket begriffen werden, für das der Investor eine bezifferte und im Einzelnen ausgehandelte und nach Ansicht der Parteien wertäquivalente Gegenleistung erbringt. Die Richtigkeit des vorstehenden Ansatzes ergibt sich im Übrigen aus der folgenden Überlegung: Wenn die genannten Investorenrechte nicht in einer Gesellschaftervereinbarung begründet, sondern in der Satzung der Gesellschaft verankert werden, besteht Einigkeit darüber, dass die Investorenrechte nicht gesondert anzusetzen sind. Kostenrechtlich kann es indes keinen Unterschied machen, auf welcher vertraglichen Grundlage die Investorenrechte begründet werden, so dass es richtig ist, die Investorenrechte nicht je einzeln und gesondert anzusetzen.

1565 Vgl. z.B. *Thelen*, RNotZ 2020, 121, 142; NK-GK/*Fackelmann*, § 97 Rn. 37.

Kapitel 3 Aktiengesellschaftsrecht

Übersicht

	Rdn.
A. **Gründung**	1
I. Allgemeines	1
II. Bargründung	4
1. Übersicht: Ablauf einer Bargründung	4
2. Gründungsprotokoll	5
a) Form	7
b) Vertretung	13
c) Inhalt des Gründungsprotokolls	17
aa) Erklärung der Aktienübernahme	18
(1) Gründer	19
(2) Angaben zu den Aktien	22
(3) Einzahlungsbetrag auf das Grundkapital	25
bb) Aufgeld/Agio	26
cc) Fälligkeit und Einforderung der Einlage	28
dd) Feststellung der Satzung	30
(1) Satzungsstrenge	31
(2) Notwendiger Inhalt der Satzung	32
(3) Bedingt notwendige Satzungsbestandteile	33
ee) Änderung der Gründungssatzung/Mitarbeitervollmacht	36
3. Einzelne Satzungsbestimmungen	38
a) Firma	40
b) Sitz	45
c) Geschäftsjahr	49
d) Gegenstand des Unternehmens	50
e) Bekanntmachungen	53
f) Höhe des Grundkapitals	54
g) Zerlegung des Grundkapitals	55
h) Namens- und/oder Inhaberaktien	59
i) Vinkulierung	70
j) Genehmigtes Kapital/Bedingtes Kapital	75
k) Verbriefungsanspruch	77
l) Aktiengattungen	80
m) Vorstand	85
n) Vertretung	90
o) Aufsichtsrat	93
aa) Anzahl der Aufsichtsratsmitglieder, Mitbestimmungsrecht	94
bb) Entsenderechte	96
cc) Besondere Qualifikationen	98
dd) Amtszeit der Aufsichtsratsmitglieder/Ersatzmitglieder	99
ee) Niederlegung und Abberufung	105

	Rdn.
ff) Ausschüsse	109
gg) Wahl des Vorsitzenden und des Stellvertreters	110
hh) Anzahl und Form der Aufsichtsratssitzungen	112
ii) Formen und Fristen der Einberufung sowie Bekanntgabe der Tagesordnung	116
jj) Teilnahmerecht	119
kk) Beschlussfähigkeit des Aufsichtsrates	120
ll) Mehrheiten	121
mm) Vergütung	124
nn) Geschäftsordnung	130
oo) Änderungen der Satzungsfassung	131
pp) Vertretung bei Willenserklärungen	133
p) Hauptversammlung	135
aa) Ort der Hauptversammlung	136
bb) Einberufungsfrist/Einberufungsberechtigung/Art der Einberufung	138
cc) Mehrheiten	142
dd) Teilnahmerecht der Aktionäre/Stimmrecht der Aktionäre	143
(1) Anmeldung gem. § 123 Abs. 2 Satz 1 AktG	143
(2) Legitimationsregeln bei Inhaberaktien	145
(3) Legitimationsregeln bei Namensaktien	149
(4) Bevollmächtigung	152
ee) Bestimmung des Versammlungsleiters	155
ff) Online-Hauptversammlung, Briefwahl	157
gg) Mitteilungen nach § 125 AktG	163
hh) Bild- und Tonübertragungen	169
ii) Rede- und Fragerecht	171
q) Rechnungslegung, Gewinnverwendung, Dividendenabschlag, Fälligkeit der Dividende	175
r) Einziehung von Aktien	181
s) Angabe von Sondervorteilen gem. § 26 Abs. 1 AktG	186
t) Gründungsaufwand	187
4. Satzungsergänzende Nebenabreden	189
5. Bestellung des Abschlussprüfers	191

Kapitel 3

Aktiengesellschaftsrecht

	Rdn.
6. Bestellung des ersten Aufsichtsrates	192
7. Erste Sitzung des Aufsichtsrates/ Bestellung des ersten Vorstands ...	194
a) Wahlen innerhalb des ersten Aufsichtsrates................	194
b) Bestellung des ersten Vorstands.	195
aa) Eignungsvoraussetzungen..	196
bb) Ausländer als Vorstände ...	198
cc) Amtszeit................	199
dd) Vertretungsbefugnis	200
ee) Vorsitzender des Vorstands.	201
c) Form....................	202
8. Einlageleistung	203
a) Form der Einlageleistung	204
b) Fälligkeit	205
c) Freie Verfügung des Vorstands .	206
d) Mindesteinlage.............	209
e) Einlageleistung an die Vorgründergesellschaft	211
f) Verdeckte Sachgründung	212
aa) Tatbestand.............	212
bb) Rechtsfolgen nach früherem Recht	220
cc) Jetzige Rechtslage........	221
g) Hin- und Herzahlen..........	224
aa) Frühere Rechtslage.......	224
bb) Neuregelung des § 27 Abs. 4 AktG............	225
9. Gründungsbericht der Gründer ...	228
10. Gründungsprüfungsbericht des Vorstands und des Aufsichtsrates ..	230
11. Gründungsprüfungsbericht des externen Gründungsprüfers......	233
a) Erforderlichkeit der externen Gründungsprüfung............	233
b) Person des Gründungsprüfers..	234
c) Bestellung des Gründungsprüfers......................	237
d) Inhalt des Gründungsprüfungsberichtes................	238
12. Bestätigung des Kreditinstitutes...	239
13. Berechnung Gründungsaufwand ..	240
14. Liste der Aufsichtsratsmitglieder ..	241
15. Handelsregisteranmeldung........	242
a) Vertretung	243
b) Inhalt der Anmeldung	244
aa) Erklärung zur Leistung der Einlage.................	244
bb) Versicherungen der Vorstandsmitglieder.........	247
cc) Angaben zur Vertretungsbefugnis.................	248
dd) Inländische Geschäftsanschrift	250
ee) Angaben bei Vorliegen eines genehmigten Kapitals	251
ff) Angaben nach § 24 HRV..	252

	Rdn.
gg) Externer Gründungsprüfer .	254
hh) Vollmacht	255
ii) Zeitpunkt für die Richtigkeit der Angaben	256
c) Anlagen	258
16. Übermittlung der Handelsregisteranmeldung an das Handelsregister.	259
17. Eintragung in das Handelsregister .	262
18. Mitteilung nach § 20 AktG	263
19. Mitteilung nach § 42 AktG	264
20. Steuerliche Mitteilungspflichten...	265
21. Notarkosten	266
a) Übersicht	266
b) Gründungsvollmacht	267
c) Feststellung der Satzung......	268
d) Bestellung des Aufsichtsrates und des Abschlussprüfers	269
e) Erste Sitzung des Aufsichtsrates mit Bestellung des Vorstands ..	271
f) Entwurf der Liste der Aufsichtsratsmitglieder.............	272
g) Gründungsprüfung durch den Notar....................	273
h) Anmeldung zum Handelsregister	274
III. Sachgründung	275
1. Sachgründung und Sachübernahme, Alternative Gestaltung....	275
2. Gegenstand der Sacheinlage bzw. Sachübernahme................	278
3. Bewertung/Bewertungsstichtag ...	280
4. Besonderheiten des Sachgründungsprotokolls................	282
a) Festsetzungen Satzung	282
b) Ausgabebetrag	286
c) Aufgeld/Agio	287
d) Unterbewertung der Sacheinlage	289
e) Nichterbringung der Sacheinlage	292
f) Ermächtigung zur Erfüllung der Sacheinlageverpflichtung	293
g) Aufsichtsrat	294
5. Einbringungsvertrag	295
a) Begriffsbestimmung	295
b) Notwendigkeit eines Einbringungsvertrages	296
c) Form	298
d) Zeitpunkt des Abschluss des Einbringungsvertrages	299
e) Inhalt....................	300
6. Leistungszeitpunkt der Sacheinlagen	302
7. Gründungsbericht der Gründer ...	304
a) Vorausgegangen Rechtsgeschäfte (§ 32 Abs. 2 Satz 2 Nr. 1 AktG)	308

	Rdn.
b) Anschaffungs- und Herstellungskosten (§ 32 Abs. 2 Satz 2 Nr. 2 AktG)	309
c) Betriebserträge (§ 32 Abs. 2 Satz 2 Nr. 3 AktG)	310
8. Gründungsprüfungsbericht des Vorstands und des Aufsichtsrates	311
9. Gründungsprüfungsbericht des externen Gründungsprüfers	315
a) Sachgründung ohne externe Gründungsprüfung nach § 33a AktG	316
aa) Bewertung zum Börsenkurs	317
bb) Rückgriff auf vorhandene Bewertung	319
b) Person des Gründungsprüfers	321
c) Umfang der Prüfung, Erstreckung auf ein etwaiges Aufgeld	322
10. Handelsregisteranmeldung	324
a) Erklärung zur Leistung der Einlagen	324
b) Erklärungen bei Sachgründung ohne externe Gründungsprüfung	328
c) Anlagen	330
11. Prüfungspflicht des Registerrechts bei Sachgründungen ohne Gründungsprüfer	332
12. Bekanntmachung des Vorstands über die Zusammensetzung des Aufsichtsrates	333
13. Notarkosten	334
IV. Mischeinlage	336
V. Wirtschaftliche Neugründung	337
1. Grundlagen	337
2. Vorliegen einer wirtschaftlichen Neugründung	342
3. Anwendung der Gründungsvorschriften	345
a) Erbringung der Einlagen (§§ 7, 36a AktG)	345
b) Gründungsberichte der Gründer, des Vorstands und des Aufsichtsrats	346
c) Gründungsprüfung	347
d) Bankbestätigung/Nachweis der Kapitalaufbringung	348
e) Berechnung des Gründungsaufwandes	349
f) Offenlegung/Handelsregisteranmeldung	350
g) Haftung	353
VI. Haftung und Vertretung im Gründungsstadium	354
1. Vorgründergesellschaft	354
2. Vor-AG	355
a) Rechtsnatur	355

	Rdn.
b) Vertretung	357
3. Haftung der Gründer	360
a) Verlustdeckungshaftung	360
b) Unterbilanzhaftung (Vorbelastungshaftung)	361
c) Haftung gem. § 46 AktG	363
d) Differenzhaftung des Sacheinlegers	367
4. Haftung des Vorstands und des Aufsichtsrats	368
5. Haftung des Gründungsprüfers	370
6. Haftung der Bank	371
VII. Nachgründung	372
1. Grundlagen	372
2. Voraussetzungen	373
a) Vertragsgegenstand	373
b) Vertragspartner	375
c) Gegenleistung	376
d) Zweijahresfrist	377
e) Vorratsgesellschaften	378
f) Ausschluss gem. § 52 Abs. 9 AktG	379
3. Wirksamkeitsvoraussetzungen	380
a) Form	381
b) Publizität	382
c) Prüfung durch den Aufsichtsrat/Gründungsprüfung	384
d) Zustimmung der Hauptversammlung	386
e) Registerverfahren	388
4. Rechtslage vor und nach der Eintragung im Handelsregister	390
B. Hauptversammlung	**391**
I. Einberufung der Hauptversammlung	391
1. Einberufungsfrist	393
2. Einberufungsmedium	394
3. Angaben zu Firma und Sitz	398
4. Angaben zu Zeit und Ort der Hauptversammlung	399
5. Tagesordnung	406
6. Angabe der Teilnahmebedingungen usw.	416
7. Angabe der Einberufenden	420
II. Notar und Hauptversammlung	422
1. Einberufung der Hauptversammlung	426
2. Durchführung der Hauptversammlung	430
3. Erstellung des notariellen Hauptversammlungsprotokolls	432
4. Einzuhaltende Formalien des notariellen Hauptversammlungsprotokolls	434
a) Rubrum	440
b) Beschlüsse pp.	446
c) Art der Abstimmung	451
d) Ergebnis der Abstimmung pp.	456

		Rdn.
	e) Minderheitsverlangen	463
	f) Widersprüche	464
	g) Unbeantwortete Fragen	470
	h) Hilfspersonen bei der Protokollierung	480
	i) Ordnungsentscheidungen, besondere Vorkommnisse	485
	j) Anlagen	488
	5. Änderungen des Protokolls	493
	6. Registervollzug	497
III.	Hauptversammlung ohne Notar	498
IV.	Hauptversammlung bei der Einpersonengesellschaft	502
V.	Einzelne Beschlussgegenstände	505
	1. Feststellung des Jahresabschlusses	505
	2. Gewinnverwendung	508
	3. Bestellung des Abschlussprüfers	511
	4. Entlastung von Vorstand und Aufsichtsrat	515
	a) Entlastungszeitraum	519
	b) Gesamt- und Einzelentlastung	524
	c) Stimmverbote	528
	5. Wahlen zum Aufsichtsrat	531
	6. Reguläre Kapitalerhöhung	536
	a) Obligatorischer Inhalt des Hauptversammlungsbeschlusses	537
	b) Fakultativer Inhalt des Hauptversammlungsbeschlusses	538
	c) Beschlussmehrheiten	539
	d) Bezugsrechte	542
	e) Bar-/Sachkapitalerhöhung	545
	f) Anmeldung und Wirksamwerden der Kapitalerhöhung	548
	7. Genehmigtes Kapital	552
	a) Obligatorischer Inhalt des Hauptversammlungsbeschlusses	554
	b) Fakultativer Inhalt des Hauptversammlungsbeschlusses	555
	c) Beschlussmehrheiten	561
	d) Anmeldung und Wirksamwerden des genehmigten Kapitals	563
	8. Bedingte Kapitalerhöhung	567
	a) Obligatorischer Inhalt des Hauptversammlungsbeschlusses	572
	b) Fakultativer Inhalt des Hauptversammlungsbeschlusses	574
	c) Beschlussmehrheiten	575
	d) Anmeldung und Wirksamwerden des bedingten Kapitals	577
	9. Kapitalerhöhung aus Gesellschaftsmitteln	584
	a) Obligatorischer Inhalt des Hauptversammlungsbeschlusses	590
	b) Fakultativer Inhalt des Hauptversammlungsbeschlusses	602
	c) Beschlussmehrheiten	603

		Rdn.
	d) Anmeldung und Wirksamwerden der Kapitalerhöhung aus Gesellschaftsmitteln	605
	10. Kapitalherabsetzung	609
	a) Ordentliche Kapitalherabsetzung	613
	aa) Obligatorischer Inhalt des Hauptversammlungsbeschlusses	615
	bb) Sonderbeschlüsse	620
	cc) Beschlussmehrheiten	623
	dd) Anmeldung und Wirksamwerden der ordentlichen Kapitalherabsetzung	625
	ee) Gläubigerschutz	628
	b) Vereinfachte Kapitalherabsetzung	631
	aa) Obligatorischer Inhalt des Hauptversammlungsbeschlusses	634
	bb) Sonderbeschlüsse	638
	cc) Beschlussmehrheiten	641
	dd) Anmeldung und Wirksamwerden der vereinfachten Kapitalherabsetzung	643
	ee) Gläubigerschutz	646
	ff) Rückwirkungsmöglichkeiten	648
	c) Kapitalherabsetzung durch Einziehung von Aktien	649
	d) Amortisation	655
	11. Unternehmensverträge	657
	a) Obligatorischer Inhalt des Hauptversammlungsbeschlusses	663
	b) Beschlussmehrheiten	666
	c) Anmeldung und Wirksamwerden des Unternehmensvertrages	668
	12. Squeeze Out	675
	a) Obligatorischer Inhalt des Hauptversammlungsbeschlusses	682
	b) Sonderbeschlüsse	685
	c) Beschlussmehrheiten	686
	d) Anmeldung und Wirksamwerden des Squeeze-Out	688
	13. Delisting	693
VI.	COVID-19 Pandemie und Hauptversammlung	698
	1. Zeitlicher Geltungsbereich	701
	2. Entgegenstehende Satzungsregelungen	705
	3. Vorbereitung der Hauptversammlung	706
	4. Durchführung der Hauptversammlung	710
	5. Mitwirkung des Aufsichtsrates	721
	6. Mitwirkung des Notars	722

A. Gründung

I. Allgemeines

Die Aktiengesellschaft besitzt als juristische Person eine eigene Rechtspersönlichkeit und ist als solches gem. § 3 Abs. 1 AktG immer eine Handelsgesellschaft. Für bestimmte Unternehmen schreibt das Gesetz die Rechtsform einer Aktiengesellschaft vor. Bausparkassen können nach § 2 Abs. 1 nur als Aktiengesellschaften betrieben werden. Neben dem Versicherungsverein auf Gegenseitigkeit ist die Aktiengesellschaft als Rechtsform gem. § 7 Abs. 1 VAG für Versicherungsunternehmen und neben der GmbH nach § 6 Abs. 1 InvG für Kapitalanlagegesellschaften die zwingende Rechtsform. Eine Unternehmensbeteiligungsgesellschaft muss gem. § 2 Abs. 1 UBGG als Aktiengesellschaft, eine Kommanditgesellschaft auf Aktien, eine GmbH oder eine nach dem Recht eines anderen Mitgliedsstaates der Europäischen Union oder eines anderen Vertragsstaates des Abkommens über den europäischen Wirtschaftsraum vergleichbare Rechtsform betrieben werden

Aktiengesellschaften können auf unterschiedliche Weise entstehen. Die gesetzliche Regelform ist die Bargründung, bei der die Gründer der Aktiengesellschaft ihre Einlagen durch Geld zu erbringen haben. Sollen die Einlagen hingegen nicht durch Geld erbracht werden, liegt eine Sachgründung vor. Möglich ist auch eine gemischte Bar- und Sachgründung, bei der ein Teil der Aktien gegen Bareinlagen und der anderen Teil gegen Sacheinlagen übernommen wird.

In der Praxis werden Aktiengesellschaften zumeist nach den Vorschriften des Umwandlungsgesetzes errichtet. Möglich ist der Formwechsel einer Kapital- oder Personengesellschaft in die Rechtsform der Aktiengesellschaft. Daneben kann eine Aktiengesellschaft im Wege der Verschmelzung durch Neugründung oder Spaltung zur Neugründung entstehen.

In der Beratungspraxis sind bei der Gründung einer Aktiengesellschaft häufig die Vor- und Nachteile gegenüber einer Gesellschaft mit beschränkter Haftung (GmbH) abzuwägen. Wesentlich ist, dass bei einer Aktiengesellschaft eine strenge Funktionstrennung zwischen den Gesellschaftern und dem Vorstand besteht, da der Aufsichtsrat zwischengeschaltet ist. Eine direkte Einflussnahme der Aktionäre auf den Vorstand ist daher rechtlich nicht möglich. Die Hauptversammlung wird nur in Ausnahmefällen zu Maßnahmen befragt. Demgegenüber können die Gesellschafter einer GmbH den Geschäftsführern direkt Weisungen erteilen. Als ein Nachteil der Aktiengesellschaft erweist sich zudem die Satzungsstrenge. Nach § 23 Abs. 5 AktG kann die Satzung der Gesellschaft nur dort von den gesetzlichen Bestimmungen abweichen, wo dies im Gesetz ausdrücklich zugelassen ist oder wo keine abschließende Regelung getroffen wurde. Dem steht die hohe Flexibilität der Satzung einer GmbH gegenüber. Die rechtliche »Handhabung« einer Aktiengesellschaft verursacht bei juristischen Laien größere Schwierigkeiten als bei einer GmbH. In der Praxis sind regelmäßig falsche privatschriftliche Hauptversammlungsprotokolle zu beobachten. Ferner wird bei kleineren Aktiengesellschaften häufig der Ablauf der Amtszeit der Aufsichtsratsmitglieder übersehen und eine Neubestellung versäumt, was zu erheblichen Problemen führen kann.[1] Zudem sind die Kosten der Gründung einer Aktiengesellschaft höher als bei einer GmbH.

Vorteile einer Aktiengesellschaft sind hingegen die leichtere (weil formfreie) Übertragung der Aktien gegenüber den Geschäftsanteilen der GmbH sowie der erleichterte Zugang zu Kapitalmarkt. Obwohl rechtlich ohne Bedeutung empfinden zudem viele Beteiligte des Stellung eines Vorstands einer Aktiengesellschaft als erheblich attraktiver als die eines Geschäftsführers.

---

1 Vgl. hierzu: *Macht*, MittBayNot 2004, 81.

II. Bargründung

1. Übersicht: Ablauf einer Bargründung

4
- Abfassung des Gründungsprotokoll und Feststellung der Satzung
- Wahl des Aufsichtsrates (kann Teil des Gründungsprotokolls sein)
- Bestellung des Abschlussprüfers (kann Teil des Gründungsprotokolls sein)
- Protokoll der ersten Aufsichtsratssitzung mit Wahl des Vorsitzenden und Stellvertreters des Aufsichtsrates sowie Bestellung des Vorstands
- Leistung der Einlage
- Gründungsbericht der Gründer
- Gründungsprüfungsbericht des Vorstands und des Aufsichtsrates
- Gründungsprüfungsbericht des Gründungsprüfers
- Bestätigung des Kreditinstitutes
- Berechnung Gründungsaufwand
- Liste der Aufsichtsratsmitglieder
- Handelsregisteranmeldung
- Eintragung im Handelsregister
- Bekanntmachung der Eintragung

2. Gründungsprotokoll

5 Die rechtsgeschäftliche Errichtung einer Aktiengesellschaft erfolgt durch die Feststellung der Satzung und die Übernahme der Aktien durch die Gründer (vgl. § 29 AktG). Wie aus § 23 Abs. 1 und Abs. 2 AktG folgt, hat dies in einer Urkunde zu geschehen[2] Diese Urkunde wird als Gründungs- oder Errichtungsprotokoll bezeichnet.[3] Inhaltlich hat das Gründungsprotokoll die Angaben nach § 23 Abs. 2 AktG sowie die Satzung zu enthalten.

6 ▶ Checkliste: Gründungsprotokoll
- ☐ Namen und Anschriften bzw. Firma und Sitz der Gründer
- ☐ Soll ein Gründer vertreten werden?
- ☐ Nennbetrags- oder Stückaktien; ggf. Höhe der Nennbeträge
- ☐ Inhaber- und/oder Namensaktien? (s. hierzu Rdn. 59)
- ☐ Ausgabebetrag
- ☐ Fälligkeit der Einlage (Einforderung kann jedoch dem Vorstand überlassen werden)
- ☐ Verschiedene Aktiengattungen?
- ☐ Besondere Rechte für bestimmte Aktien?
- ☐ Verteilung der Aktien auf die Gründer
- ☐ Firma
- ☐ Sitz
- ☐ Gegenstand des Unternehmens
- ☐ Wo sollen Bekanntmachungen erfolgen?
- ☐ Wird ein Sondervorteil i.S.d. § 26 Abs. 1 AktG gewährt?
- ☐ Höhe des Gründungsaufwands, der von der Gesellschaft getragen werden soll (vgl. § 26 Abs. 2 AktG)

---

[2] MünchKommAktG/*Pentz*, § 23 Rn. 28; K. Schmidt/Lutter/*Seibt*, § 23 Rn. 15; KK-AktG/*Kraft*, § 23 Rn. 9; Würzburger Notarhandbuch/*Reul*, Teil 5, Kapitel 4 Rn. 76.

[3] Muster bei: Happ/*Mulert*, Aktienrecht, 2.01; Kersten/Bühling/*Krauß*, § 147; Münchener Vertragshandbuch GesR/*Hölters*, V 1; Würzburger Notarhandbuch/*Reul*, Teil 5, Kapitel 4, Rn. 146; Beck'sches Formularbuch/*Hoffmann-Becking*, X.1.

A. Gründung

a) Form

Die Feststellung der Satzung hat gem. § 23 Abs. 1 Satz 1 AktG durch notarielle Beurkundung zu erfolgen. Dem Formzwang unterliegt dabei der gesamte Satzungsinhalt. Da die Feststellung der Satzung und die Übernahme der Aktien in einer Urkunde zu erfolgen haben, ist auch die Übernahme zu beurkunden. Für die Niederschrift gelten die §§ 8 ff. BeurkG, eine Tatsachenbeurkundung nach § 36 BeurkG genügt nicht.[4] Nicht beurkundungsbedürftig sind hingegen grundsätzlich **schuldrechtliche Nebenabreden**[5] unter den Gründern, die unmittelbar nur die an der Vereinbarung Beteiligten, nicht aber alle gegenwärtigen und zukünftigen Aktionäre binden.[6]

Um vermeintliche Kostenvorteile herbeizuführen, wird gelegentliche vorgeschlagen, die Beurkundung des Gründungsprotokolls im Ausland vorzunehmen. Die Zulässigkeit einer **Auslandsbeurkundung** bei gesellschaftsrechtlichen Vorgängen ist jedoch umstritten.[7] Dabei sind zwei Fragen voneinander abzugrenzen. Zum einen ist abzuklären, ob die in § 23 Abs. 1 AktG vorgeschriebene notarielle Beurkundung auch im Ausland erforderlich ist oder die jeweilige Ortsform ausreichend ist. Geht man davon aus, dass die Formvorschrift des § 23 Abs. 1 AktG im Ausland einzuhalten ist, muss bestimmt werden, ob sie durch einen **ausländischen Notar** erfüllt werden kann.

Ausgangspunkt für die Beantwortung der ersten Frage ist Art. 11 Abs. 1 EGBGB, wonach ein Rechtsgeschäft gültig ist, wenn es das Recht des Staates erfüllt, in dem es vorgenommen wird. Teile der Literatur wenden Art. 11 Abs. 1 auf gesellschaftsrechtliche Vorgänge an, auch wenn sie organisatorische Vorgänge wie Gründung oder Verschmelzung betreffen. Die Ortsform sei ausreichend.[8] Dem ist entgegenzuhalten, dass nach den Gesetzesmaterialien der auf das EG-Schuldrechtsübereinkommen zurückzuführende Art. 11 EGBGB auf Fragen der Verfassung juristischer Personen keine Anwendung finden soll.[9] Dementsprechend sind die deutschen Formvorschriften bei der Gründung einer deutschen Aktiengesellschaft immer einzuhalten.[10]

Hiervon zu unterscheiden ist die Frage, ob die deutsche Form auch bei der Beurkundung durch einen ausländischen Notar erfüllt werden kann. Die überwiegende Meinung in der Literatur[11] sowie der BGH[12] in einem Urteil aus dem Jahre 1981 bejahen dies, wenn eine sog. Gleichwertigkeit besteht. Eine **Gleichwertigkeit des ausländischen Notars** sei gegeben, wenn dieser aufgrund seiner Vorbildung und seiner Stellung im Rechtsleben eine der Tätigkeit des deutschen Notars entsprechende Funktion ausübe und ein Verfahrensrecht beachte, das den tragenden Grundsätzen des deutschen Rechts entspreche.[13] **Gleichwertigkeit** im Rahmen dieser Meinung wird zumeist für **Österreich**,[14] die

---

4 *Hüffer/Koch*, § 23 Rn. 9; Würzburger Notarhandbuch/*Reul*, Teil 5 Rn. 5; Kersten/Bühling/*Krauß*, § 147 Rn. 1.
5 In der Lit. wird auch von satzungsändernden Nebenabreden gesprochen, so etwa: *Hüffer/Koch*, § 23 Rn. 45.
6 K. Schmidt/Lutter/*Seibt*, § 23 Rn. 13; GroßkommAktG/*Röhricht*, § 23 Rn. 43; *Hüffer/Koch*, § 23 Rn. 45 ff., s.a. Rdn. 189.
7 Vgl. zum Streitstand: Palandt/*Thorn*, Art. 11 EGBGB Rn. 11 ff.; Kersten/Bühling/*Bischoff*, § 26 Rn. 39 ff.; Würzburger Notarhandbuch/*Reul*, Teil 5 Rn. 7; *Hüffer/Koch*, § 23 Rn. 10; *Goette*, DStR 1996, 709; *Knoche*, FS Rheinisches Notariat, S. 297 ff.
8 Palandt/*Thorn*, Art. 11 EGBGB Rn. 11 ff.; MünchKommBGB/*Spellenberg*, Art. 11 EGBGB Rn. 9.
9 Begr. RegE BT-Drucks. 10/504, S. 49.
10 *Hüffer/Koch*, § 23 Rn. 10; MünchKommAktG/*Pentz*, § 23 Rn. 30; GroßkommAktG/*Röhricht*, § 23 Rn. 48; K. Schmidt/Lutter/*Seibt*, § 23 Rn. 17.
11 *Hüffer/Koch*, § 23 Rn. 11; MünchKommAktG/*Pentz*, § 23 Rn. 33; K. Schmidt/Lutter/*Seibt*, § 23 Rn. 18.
12 BGH v. 16.02.1981 – II ZB 8/80 = DNotZ 1981, 451; bestätigt durch BGH GmbHR 1990, 25, 28.
13 *Hüffer/Koch*, § 23 Rn. 11; MünchKommAktG/*Pentz*, § 23 Rn. 33; K. Schmidt/Lutter/*Seibt*, § 23 Rn. 18; *Wagner*, DNotZ 1982, 205 ff.; a.A. AnwKomm-AktienR/*Braunfels*, § 23 AktG Rn. 5.
14 BayObLG v. 18.10.1977 = NJW 1978, 500; MünchKommAktG/*Pentz*, § 23 Rn. 35; K. Schmidt/Lutter/*Seibt*, § 23 Rn. 18.

Niederlande[15] sowie in der **Schweiz** für **Basel**,[16] **Basel-Stadt**,[17] **Luzern**,[18] **Zürich**[19] und **Zug**[20] und zuletzt **Bern**[21] bejaht. Darüber hinaus werden teilweise werden sogar Beurkundungen durch einen **englischen Notar**[22] bzw. sämtliche Beurkundungen auf der Grundlage des lateinischen Notariats des romanischen Rechtskreises als gleichwertig angesehen.[23]

11 Wäre die vorstehende Auffassung zutreffend, so würde es im Belieben der Beteiligten stehen, durch eine Verlagerung der Beurkundung in das Ausland diese zu einem reinen Formalakt zu machen. Dabei wird übersehen, dass der Zweck der Beurkundung nicht nur im Interesse der Beteiligten, sondern auch im öffentlichen Interesse liegt. Durch die materielle Richtigkeitskontrolle des Notars, für die dieser unbeschränkt haftet, soll das Vertrauen des Rechtsverkehrs in den rechtswirksamen Bestand der Aktiengesellschaft mit dem Satzungsinhalt geschützt werden. Daher muss der Notar die Beurkundung auch gem. § 4 BeurkG ablehnen, wenn das Gründungsprotokoll einen eindeutig unzulässigen Inhalt hat. Diese materielle Kontrolle kann durch einen ausländischen Notar typischerweise nicht erbracht werden.[24] Zudem zweifelt mittlerweile auch der Vorsitzende des für Gesellschaftsrechts zuständigen zweiten Senats an der Auffassung der herrschenden Meinung.[25] Bedenkt man weiterhin, dass Registergerichte häufig die Eintragungen von Gesellschaftsgründungen, die durch einen ausländischen Notar beurkundet wurden, ablehnen,[26] ist eine Beurkundung in Deutschland in jedem Fall vorzuziehen.

12 Verpflichten sich die Beteiligten in einem Vorvertrag, eine GmbH zu gründen, bedarf dieser der notariellen Beurkundung.[27]

b) Vertretung

13 Für die **rechtsgeschäftliche Vertretung** bei der Erstellung des Gründungsprotokolls gelten die gesetzlichen Bestimmungen. Abweichend von § 167 Abs. 2 BGB bedarf die Vollmacht jedoch gem. § 23 Abs. 1 Satz 2 AktG der notariellen Beglaubigung.[28]

14 Handelt eine Person als **Vertreter ohne Vertretungsmacht**, so kann die Erklärung vom Gründer nachgenehmigt werden, wobei diese Genehmigung abweichend von § 182 Abs. 2 BGB ebenfalls der notariellen Beglaubigung bedarf.[29] Zu beachten ist aber, dass nach h.M. in der Literatur die Gründung einer Einmann-GmbH durch einen vollmachtlosen Vertreter wegen Verstoßes gegen § 180 BGB unzulässig und nicht genehmigungsfähig ist.[30] Gleiches gilt für die Aktiengesellschaft.

---

15 OLG Düsseldorf v. 25.01.1989 = NJW 1989, 2200; MünchKommAktG/*Pentz*, § 23 Rn. 35; K. Schmidt/Lutter/*Seibt*, § 23 Rn. 18.
16 LG Nürnberg-Fürth v. 20.08.1991 = NJW 1992, 633.
17 OLG Frankfurt am Main v. 25.01.2005 = GmbHR 2005, 764.
18 K. Schmidt/Lutter/*Seibt*, § 23 Rn. 18.
19 BGH v. 16.02.1981 – II ZB 8/80 = DNotZ 1981, 451; LG Köln v. 13.10.1989 = DB 1989, 2214; a.A. AG Fürth GmbHR 1991, 24; *Geimer*, DNotZ 1981, 406.
20 K. Schmidt/Lutter/*Seibt*, § 23 Rn. 18.
21 KG, Beschl. v. 24.01.2018 – 22 W 25/16 = DNotZ 2019, 134.
22 MünchKommAktG/*Pentz*, § 23 Rn. 35; K. Schmidt/Lutter/*Seibt*, § 23 Rn. 18.
23 MünchKommAktG/*Pentz*, § 23 Rn. 35; K. Schmidt/Lutter/*Seibt*, § 23 Rn. 18.
24 So zutreffend auch AnwKomm-AktienR/*Braunfels*, § 23 Rn. 5; *Knoche*, FS Rheinisches Notariat, S. 297 ff.; Beck'sches Notarhandbuch/*Zimmermann*, Abschn. H Rn. 192.
25 *Goette*, FS Boujong, S. 131, 140 ff.; *ders.*, MittRhNotK 1997, 1, 5.
26 So etwa das AG Hamburg.
27 *Hüffer/Koch*, § 23 Rn. 14; K. Schmidt/Lutter/*Seibt*, § 23 Rn. 21.
28 S. hierzu auch ausführlich Kap. 2 Rdn. 87 ff.
29 *Hüffer/Koch*, § 23 Rn. 12; K. Schmidt/Lutter/*Seibt*, § 23 Rn. 20.
30 OLG Frankfurt am Main GmbHR 2003, 415; OLG Stuttgart GmbHR 2015, 487; LG Berlin GmbHR 1996, 123; Baumbach/Hueck/*Fastrich*, § 2 Rn. 18; Michalski, § 2 Rn. 34; a.A. *Dürr*, GmbHR 2008, 408; *Tonikidis*, MittBayNot 2014, 514; ausführlich zur Problematik: *Grooterhorst*, NZG 2007, 605 ff.

Eine **Einmann-AG** kann somit durch einen Vertreter ohne Vertretungsmacht nicht wirksam gegründet werden.[31]

Gesetzliche Vertreter bedürfen keiner Vollmacht, die notariell beglaubigt ist. Umstritten ist, ob bei einem **Prokuristen** die Vorlage eines Registerauszugs ausreichend ist. Da es sich bei der Prokura um eine rechtsgeschäftliche Vollmacht handelt, ist dies nicht der Fall. Ein Prokurist muss also eine gesonderte notariell beglaubigte Vollmacht vorlegen.[32]

Wird die Vollmacht (oder Genehmigung) im Ausland erteilt, ist das für die Vollmacht maßgebliche Recht das Recht desjenigen Landes, in dem die Vollmacht ihre Wirkung entfalten soll, also das deutsche Recht.[33]

Wird ein Gründer von einem anderen Gründer vertreten oder vertritt eine Person mehrere Gründer, ist zudem § 181 BGB anwendbar.[34] Die Vollmacht muss also von den Beschränkungen des § 181 BGB befreien.

c) Inhalt des Gründungsprotokolls

Das Gründungsprotokoll umfasst inhaltlich die Feststellung der Satzung (§ 23 Abs. 1 AktG) und die Erklärung der Aktienübernahme mit dem Inhalt des § 23 Abs. 2 AktG. Daneben kann das Gründungsprotokoll Angaben zu einem Aufgeld bzw. Agio sowie zur Fälligkeit der Einlagen enthalten.

aa) Erklärung der Aktienübernahme

Mit der Aktienübernahmeerklärung verpflichten sich die Gründer zur Leistung der Einlage.[35] Die **Übernahmeerklärung** muss ohne Vorbehalt, Bedingung oder Beschränkung abgegeben werden. Die weiteren Einzelangaben ergeben sich aus § 23 Abs. 2 AktG.

(1) Gründer

Gemäß § 23 Abs. 2 Nr. 1 AktG sind in der Gründungsurkunde die Gründer anzugeben. Die Angaben müssen eine Individualisierung der Gründer zulassen. Bei natürlichen Personen sind Vor- und Nachname sowie die Anschrift zu nennen. Bei juristischen Personen, Personen- und Personenhandelsgesellschaften, die Firma und der Sitz sowie nach Möglichkeit die Handelsregisternummer.[36]

Gründer einer Aktiengesellschaft kann jede natürliche oder juristische Person sein. Bejaht wird die Gründungsfähigkeit zudem für die Gesellschaft bürgerlichen Rechts. Umstritten ist die Gründerfähigkeit bei der Erbengemeinschaft und dem nichtrechtsfähigen Verein.[37] Ein Einzelkaufmann kann sowohl unter seinem bürgerlichen Namen als auch seiner Firma auftreten.[38]

Gemäß § 41 Abs. 4 Satz 1 AktG können Anteilscheine vor der Eintragung der Gesellschaft in das Handelsregister nicht übernommen werden. Ist ein Wechsel vor der Eintragung in das Handelsregister gewünscht, kann dies nur durch eine Änderung der Gründungsurkunde mittels notarieller

---

31 S. hierzu auch Kap. 2 Rdn. 99.
32 MünchKommAktG/*Pentz*, § 23 Rn. 18; KK-AktG/*Kraft*, § 23 Rn. 27; Hüffer/Koch/*Koch*, § 23 Rn. 12; a.A. K. Schmidt/Lutter/*Seibt*, § 23 Rn. 20.
33 BGH v. 27.05.1993 – IX ZR 66/92 = DNotZ 1994, 485, 487; Beck'sches Notarhandbuch/*Zimmermann*, Abschnitt H Rn. 67; vgl. zu den Einzelheiten Kap. 2 Rdn. 91 ff.
34 S. hierzu Kap. 2 Rdn. 96.
35 *Hüffer/Koch*, § 23 Rn. 16; K. Schmidt/Lutter/*Seibt*, § 23 Rn. 23.
36 *Hüffer/Koch*, § 23 Rn. 17; MünchKommAktG/*Pentz*, § 23 Rn. 58; Würzburger Notarhandbuch/*Reul*, Teil 5 Rn. 10.
37 S. hierzu ausführlich Kap. 2 Rdn. 81 ff.; *Hüffer/Koch* § 2 Rn. 11; *Krafka/Kühn*, Registerrecht, Rn. 1273.
38 Happ/*Mulert*, Aktienrecht, 2.1; Hüffer/*Koch*, § 2 Rn. 6.

Beurkundung erfolgen, bei welcher sämtliche Gesellschafter teilnehmen müssen.[39] Als Alternative können die (zukünftigen) Aktien aufschiebend bedingt auf die Eintragung der Gesellschaft in das Handelsregister übertragen werden. Dies wird durch § 41 Abs. 4 Satz 1 AktG nicht untersagt.

(2) Angaben zu den Aktien

22 Ausgegeben werden können entweder Nennbetragsaktien oder Stückaktien. Werden **Nennbetragsaktien** übernommen, sind in der Übernahmeerklärung der **Nennbetrag** und der **Ausgabebetrag** der Aktien anzugeben, die jeder Gründer übernimmt.[40] Sofern die Aktien mit unterschiedlichen Nenn- und/oder Ausgabebeträgen übernommen werden, ist in der Literatur umstritten, ob die Summen der Nenn- bzw. Ausgabebeträge für jeden einzelnen Gründer anzugeben sind. Der Wortlaut des § 23 Abs. 2 Nr. 2 AktG verlangt dies nicht. Um aber Klarheit darüber zu erlangen, welche Aktien von welchem Gründer übernommen worden sind, sind die entsprechenden Angaben im Gründungsprotokoll aufzuführen.[41]

23 Bei **Stückaktien** sind nach § 23 Abs. 2 Nr. 2 AktG die **Anzahl** sowie der **Ausgabebetrag** der Aktien mitzuteilen, die jeder Gründer übernimmt. Nicht erforderlich ist die Angabe des auf die einzelnen Stückaktien entfallenden anteiligen Betrags des Grundkapitals.[42] Werden Stückaktien mit verschiedenen Ausgabebeträgen ausgegeben, ist auch hier anzugeben, wie viele Aktien der jeweiligen Art die Gründer übernehmen.[43] Sowohl bei Nennbetrags- als auch bei Stückaktien ist die Angabe des Ausgabebetrages auch erforderlich, wenn kein Aufgeld vereinbart worden ist.[44]

24 Wenn mehrere **Aktiengattungen** bestehen, d.h. die Aktien verschiedene Rechte gewähren, muss der Übernahmeerklärung entnommen werden können, welche Anzahl welcher Gattung von welchem Gründer übernommen wird. Gleiches gilt, wenn Namens- und Stückaktien ausgegeben werden.[45] Nicht zu verwechseln ist dies mit dem Verbot des § 8 Abs. 1 AktG, wonach Nennbetrags- und Stückaktien nicht nebeneinander bestehen können.

(3) Einzahlungsbetrag auf das Grundkapital

25 Gemäß § 23 Abs. 2 Nr. 3 AktG ist der eingezahlte Betrag des Grundkapitals anzugeben. Zum Zeitpunkt der Errichtung der Gesellschaft kann jedoch noch kein Betrag an die Gesellschaft geleistet werden, weil diese erst mit der Feststellung der Satzung entsteht.[46] Im Gründungsprotokoll kann und sollte aber festgelegt werden, wann und in welchem Umfang die Einlagen zu zahlen sind.[47] Anzugeben ist dabei der Gesamtbetrag der Gründer, eine Aufgliederung der Summe für jeden Gründer ist nicht erforderlich.[48]

---

39 *Hüffer/Koch*, § 41 Rn. 13.
40 *Hüffer/Koch*, 23 Rn. 18; MünchKommAktG/*Pentz*, § 23 Rn. 116; K. Schmidt/Lutter/*Seibt*, § 23 Rn. 26.
41 *Hüffer/Koch*, § 23 Rn. 18; MünchKommAktG/*Pentz*, § 23 Rn. 59; K. Schmidt/Lutter/*Seibt*, § 23 Rn. 26; a.A. GroßkommAktG/*Röhricht*, § 23 Rn. 75.
42 *Hüffer/Koch*, § 23 Rn. 18; MünchKommAktG/*Pentz*, § 23 Rn. 122.
43 K. Schmidt/Lutter/*Seibt*, § 23 Rn. 27.
44 Würzburger Notarhandbuch/*Reul*, Teil 5, Kapitel 4, Rn. 11.
45 *Hüffer/Koch*, § 23 Rn. 18; MünchKommAktG/*Pentz*, § 23 Rn. 61; K. Schmidt/Lutter/*Seibt*, § 23 Rn. 28; a.A. GroßkommAktG/*Röhricht*, § 23 Rn. 75.
46 MünchHdb. AG/*Hoffmann-Becking*, § 3 Rn. 11; Würzburger Notarhandbuch/*Reul*, Teil 5 Kapitel 4, Rn. 12.
47 MünchHdb. AG/*Hoffmann-Becking*, § 3 Rn. 11; Würzburger Notarhandbuch/*Reul*, Teil 5, Kapitel 4, Rn. 12; MünchKommAktG/*Pentz*, § 23 Rn. 62.
48 Würzburger Notarhandbuch/*Reul*, Teil 5, Kapitel 4, Rn. 15.

A. Gründung

bb) Aufgeld/Agio

Werden die Aktien zu einem höheren als dem geringsten Ausgabebetrag[49] ausgegeben, wird diese Differenz als Aufgeld oder Agio bezeichnet. Dieses Agio kann in die Gründungsurkunde aufgenommen werden. In diesem Fall umfasst die Differenzhaftung des Gründers nach wohl überwiegender Meinung in der Literatur auch das Aufgeld (vgl. hierzu noch Rdn. 210).[50] Zudem muss ein derartiges satzungsgemäßes Aufgeld vor Anmeldung der Gesellschaft zum Handelsregister eingezahlt und in der Satzung angegeben werden.

Will man diese Folgen vermeiden, sollte auf die Festsetzung des Aufgeldes in der Gründungsurkunde verzichtet werden. Soll eine Haftung der Gründer erreicht, eine Prüfung durch das Registergericht aber vermieden werden, bietet sich an, eine Haftung der Gründer schuldrechtlich in einer gesonderten Gesellschaftervereinbarung zu regeln.

cc) Fälligkeit und Einforderung der Einlage

Vor der Anmeldung zum Handelsregister muss von den zu leistenden Bareinlagen mindestens ein Viertel des geringsten Ausgabebetrages[51] und der Gesamtbetrag eines etwaigen satzungsgemäßen Aufgeldes eingefordert werden.[52] Zuständig für die Einforderung ist der Vorstand. Sollen weitere Beträge vom Vorstand angefordert werden, empfiehlt sich eine entsprechende Regelung im Gründungsprotokoll. Eine rechtliche Verpflichtung hierzu besteht aber nicht.

▶ Formulierungsbeispiel: Einforderung der Einlagen

> Die Bareinlagen sind zu 75 % bis zum ..... auf das vom Vorstand noch anzugebende Konto der Gesellschaft einzubezahlen. Der Restbetrag wird zehn Bankarbeitstage (Bankenort Düsseldorf) nach schriftlicher Aufforderung durch den Vorstand fällig.

dd) Feststellung der Satzung

Die Feststellung der Satzung erfolgt regelmäßig, indem der Satzungstext dem Gründungsprotokoll als Anlage beigefügt und im Gründungsprotokoll auf die Anlage verwiesen wird (vgl. § 9 Abs. 1 Satz 2 BeurkG).[53]

(1) Satzungsstrenge

Bei der Abfassung der Satzung ist zunächst zu beachten, dass das Aktienrecht gem. § 23 Abs. 5 AktG vom Grundsatz der **Satzungsstrenge** ausgeht. Die Satzung kann von den Vorschriften des Gesetzes nur abweichen, wenn dies ausdrücklich zugelassen ist, wobei bei einem Schweigen des Gesetzes eine Abweichung nicht möglich ist.[54] Ergänzende Bestimmungen sind nur zulässig, wenn das Gesetz keine abschließende Regelung enthält. Eine Abweichung im obigen Sinne liegt vor, wenn eine gesetzliche Regelung durch eine andere ersetzt wird. Eine Ergänzung ist gegeben, wenn eine gesetzliche Bestimmung fehlt oder die gesetzliche Regelung weitergeführt wird, ihrem Grundsatz nach also unberührt bleibt.[55]

---

49 S. § 9 AktG.
50 OLG Jena WM 2006, 2258, 2266; MünchHdb. AG/*Krieger*, § 56 Rn. 49; a.A. *Hüffer/Koch*, § 183 Rn. 21.
51 Vgl. hierzu Rdn. 209.
52 Eine Sonderregelung hierzu findet sich allerdings in § 28 Abs. 6 Satz 2 WPO für Wirtschaftsprüfungsgesellschaften.
53 Mustersatzungen bei Happ/*Pühler*, Aktienrecht, 1.01 bis 1.05.
54 *Hüffer/Koch*, § 23 Rn. 35; K. Schmidt/Lutter/*Seibt*, § 23 Rn. 54; a.A. KK-AktG/*Mertens*, § 76 Rn. 11.
55 *Hüffer/Koch*, § 23 Rn. 37; K. Schmidt/Lutter/*Seibt*, § 23 Rn. 54; Aufstellung der zulässigen Abweichungen bei: K. Schmidt/Lutter/*Seibt*, § 23 Rn. 56.

(2) Notwendiger Inhalt der Satzung

32 Der notwendige Mindestinhalt der Satzung ergibt sich aus § 23 Abs. 3 und Abs. 4 AktG.[56] Anzugeben sind:
- Firma und Sitz (§ 23 Abs. 3 Nr. 1 AktG),
- Gegenstand des Unternehmens (§ 23 Abs. 3 Nr. 2 AktG),
- Höhe des Grundkapitals (§ 23 Abs. 3 Nr. 3 AktG),
- Angaben zur Zerlegung des Grundkapitals (§ 23 Abs. 3 Nr. 4 AktG),
- ob Inhaber- oder Namensaktien oder beide Aktiengattungen ausgeben werden (§ 23 Abs. 3 Nr. 5 AktG),
- die Zahl der Vorstandsmitglieder (§ 23 Abs. 3 Nr. 6 AktG),
- Form der Bekanntmachungen der Gesellschaft (§ 23 Abs. 4 AktG).

Weitere notwendige Satzungsbestandteile gibt es bei Verwertungsgesellschaften, Investmentaktiengesellschaften sowie deutschen Immobilienaktiengesellschaften mit börsennotierten Anteilen (Reit-AG).

(3) Bedingt notwendige Satzungsbestandteile

33 Die nach § 23 Abs. 3 und Abs. 4 AktG notwendigen Satzungsbestandteile sind nicht abschließend. Nach § 26 Abs. 1 AktG ist in der Satzung anzugeben, wenn einzelnen Aktionären oder Dritten **besondere Vorteile** eingeräumt werden. Darunter sind alle Vorteile zu verstehen, die einzelnen oder auch allen Aktionären oder Dritten aus Anlass der Gründung eingeräumt werden.[57]

34 Anzugeben ist zudem gem. § 26 Abs. 2 AktG der von der Gesellschaft zu tragende **Gründungsaufwand**, der zu Lasten der Gesellschaft an Aktionäre oder an andere Personen als Entschädigung oder als Belohnung für die Gründung oder ihre Vorbereitung gewährt wird. Üblicherweise sind hier Notar- und Gerichtskosten, Kosten der Bekanntmachung sowie sonstige Beratungskosten zu nennen.[58]

35 Weitere zwingende Vorschriften können sich ferner aus anderen Gesetzen ergeben. Zu nennen sind etwa das Gesetz über die Wahrnehmung von Urheberrechten und verwandten Schutzrechte[59] oder das Gesetz zur Schaffung deutscher Immobilien-Aktiengesellschaften mit börsennotierten Anteilen (REITG).[60]

ee) Änderung der Gründungssatzung/Mitarbeitervollmacht

36 Die Änderung der Satzung nach der notariellen Errichtung ist nach herrschender Meinung bis zur Eintragung nur bei Mitwirkung sämtlicher Gründer möglich,[61] da es sich nicht um eine normale Satzungsänderung i.S.d. §§ 179 ff. AktG handelt, sondern um eine Änderung des Gründungsstatuts.

37 Vor diesem Hintergrund und um auf etwaige Zwischenverfügungen des Registergerichts schnell reagieren zu können oder spätere Änderungswünsche der Gründer einzufügen, sollte immer eine entsprechende Vollmacht für die Mitarbeiter des Notars in der Gründungsurkunde enthalten sein.

---

56 Besonderheiten bestehen nach § 9 VAG bei Versicherungsgesellschaften sowie bei Investmentaktiengesellschaften.
57 *Hüffer/Koch*, § 26 Rn. 2; MünchKommAktG/*Pentz*, § 26 Rn. 8; K. Schmidt/Lutter/*Seibt*, § 26 Rn. 4; ausführlich hierzu: *Junker*, ZHR 1959 (1995) 207 ff.; vgl. auch noch Rdn. 186.
58 Vgl. hierzu noch Rdn. 187.
59 Vgl. hierzu: *Hüffer/Koch*, § 23 Rn. 33.
60 Vgl. hierzu: *Frank*, MittBayNot 2007, 173 ff.; *Klühs*, RNotZ 2008, 509 ff.
61 *Hüffer/Koch*, AktG, § 41 Rn. 7; *Happ/Mulert*, 2.01 Rn. 15.

A. Gründung

3. Einzelne Satzungsbestimmungen

Nachfolgend soll der Inhalt der notwendigen sowie weiterer zweckmäßiger Satzungsbestimmungen 38
näher erläutert werden.[62]

▶ **Checkliste: Satzung** 39

☐ Firma der Gesellschaft
☐ Sitz der Gesellschaft
☐ Gegenstand des Unternehmens
☐ Geschäftsjahr
☐ Höhe des Grundkapitals
☐ Zerlegung des Grundkapitals
☐ Namens- und/oder Inhaberaktien?
☐ Vinkulierung?
☐ Genehmigtes Kapital?
☐ Ausgestaltung des Verbriefungsanspruchs
☐ Aktiengattungen
☐ Vertretungsregelungen
☐ Bestimmungen zum Aufsichtsrat
☐ Bestimmungen zur Hauptversammlung
☐ Einziehung der Aktien?
☐ Besondere Vorteile i.S.v. § 26 Abs. 1 AktG?
☐ Gründungsaufwand

a) Firma

Die Satzung der Aktiengesellschaft muss die Firma bestimmen. Die Gesellschaft kann eine **Perso-** 40
nenfirma wählen, die den Namen eines oder mehrerer Gesellschafter enthält. Daneben kann auch
eine **Sachfirma**, eine Kombination zwischen Personen- und Sachfirma sowie eine **Fantasiefirma**
gebildet werden.

Die Bildung der Firma einer Aktiengesellschaft muss jedoch die allgemeinen **Grundsätze des Fir-** 41
menrechts der §§ 18 ff. HGB berücksichtigen, insbesondere § 18 Abs. 1 HGB (Unterscheidungs-
und Kennzeichnungskraft), § 18 Abs. 2 HGB (Irreführungsverbot) und § 30 HGB (örtliche Unterscheidbarkeit). Besonderheiten zum allgemeinen Firmenrecht bestehen insoweit nicht.[63]

Nach § 4 AktG muss die Firma der Aktiengesellschaft die Bezeichnung Aktiengesellschaft oder eine 42
allgemein verständliche Abkürzung dieses Begriffes enthalten. Als allgemein verständliche Abkürzung ist nur »AG« anerkannt.[64] Nicht zulässig ist insbesondere die Bezeichnung gAG für eine gemeinnützige AG. Freigestellt ist der Standort des Rechtsformzusatzes.[65] Besteht eine Zweigniederlassung
und weicht die Firma der Zweigniederlassung von der Hauptfirma ab, so ist auch dies in die Satzung
nach h.M. aufzunehmen.[66]

---

62 Mustersatzungen finden sich bei Happ/*Pühler*, Aktienrecht, 1.01 bis 1.05; Münchener Vertragshand-
buch/*Hölters*, Gesellschaftsrecht, V.35 bis V.38; Kersten/Bühling/*Krauß*, § 147 Rn. 5 M; Beck'sches
Formularbuch/*Hoffmann-Becking*, X.10 und X.11; Würzburger Notarhandbuch/*Reul*, Teil 5, Kapitel 4 Rn. 146.
63 Ausführlich zum Firmenrecht der AG: *Hüffer/Koch*, § 4 Rn. 6; MünchKommHGB/*Heidinger*, § 18
Rn. 9 f.; K. Schmidt/Lutter/*Langhein*, § 4 Rn. 3 ff. S.a. Kap. 2 Rdn. 168 ff. zu verschiedenen Einzelfragen.
64 *Hüffer/Koch*, § 4 Rn. 17; Happ/*Pühler*, Aktienrecht, 1.01, Rn. 4.
65 *Hüffer/Koch*, § 4 Rn. 17; Happ/*Pühler*, Aktienrecht, 1.01, Rn. 4.
66 *Hüffer/Koch*, § 4 Rn. 20; MünchKommAktG/*Pentz*, § 23 Rn. 65; K. Schmidt/Lutter/*Seibt*, § 23 Rn. 31;
a.A. KK-AktG/*Kraft*, § 4 Rn. 13.

43 Zu beachten ist weiterhin, dass eine Firma in die Rechte Dritter eingreifen kann, wenn es ältere identische oder verwechselbare Kennzeichen gibt. In der Praxis wird häufig nicht geprüft, ob die gefundene Firma zur Kollision mit älteren Bezeichnungen führt. Eine vom »besseren Berechtigten« erzwungene sofortige Aufgabe der Firma aufgrund Verletzung älterer Kennzeichnung kann zu einem erheblichen Schaden führen. Bei der Gründung einer Aktiengesellschaft sollte daher frühzeitig eine marken- und firmenrechtliche Beratung in Anspruch genommen werden.[67] In der Praxis empfiehlt es sich, Zweifelsfragen mit der IHK und dem Registergericht abzuklären.

44 Aus Spezialgesetzen ergeben sich schließlich Besonderheiten für die Firmierung, so bei der Investmentaktiengesellschaft mit veränderlichen oder fixem Kapital aus § 118 bzw. § 146 KAGB, bei der Reit-Aktiengesellschaft aus § 6 REITG und bei der Rechtsanwaltsaktiengesellschaft aus § 59k BRAO.

b) Sitz

45 Der Sitz der Gesellschaft muss sich nach § 5 AktG im Inland befinden. Im Unterschied zum früheren Recht muss die Gesellschaft am Satzungssitz nicht mehr einen Betrieb haben oder sich die Geschäftsleitung oder Verwaltung am Sitz der Gesellschaft befinden. Der Satzungssitz ist vielmehr innerhalb Deutschlands frei wählbar. Umstritten ist, welche Bestimmtheitserfordernisse an den Satzungssitz zu stellen sind. Teilweise wird es als ausreichend erachtet, eine bestimmte Gemeinde zu benennen.[68] Mit der Gegenmeinung ist aber zu verlangen, dass es aufgrund der Satzung möglich sein muss, das zuständige Gericht zweifelsfrei zu bestimmen.[69] Bei Großgemeinden ist daher eine Zusatzangabe erforderlich (Berlin-Schöneberg). Bei der Wahl des Satzungssitzes ist zu beachten, dass dieser maßgebend ist für
– die örtliche Zuständigkeit des Registergerichts (§ 14 AktG),
– den allgemeinen Gerichtsstand der Aktiengesellschaft (§ 17 ZPO),
– die Zuständigkeit des Insolvenzgerichts (§ 3 Abs. 1 Satz 1 InsO),
– die Abhaltung von Gesellschafterversammlungen gem. § 121 Abs. 5 AktG, wenn die Satzung keine abweichende Bestimmung trifft.

46 Ein vom Verwaltungssitz abweichender Satzungssitz kann vor diesem Hintergrund insbesondere von Bedeutung sein, wenn
– im Rahmen eines Konzerns für sämtliche Konzerngesellschaften eine einheitliche gerichtliche Zuständigkeit (Handelsregister, allgemeiner Gerichtsstand) herbeigeführt werden soll, oder
– man sich der Zuständigkeit eines langsamen oder komplizierten Handelsregisters entziehen will.

47 Ein **Doppelsitz** wird von der h.M. in Rechtsprechung und Literatur grundsätzlich abgelehnt. Nur bei Bestehen eines besonderen schutzwürdigen Interesses sei ein Doppelsitz zulässig.[70] In der Vergangenheit ergab sich die Notwendigkeit von Doppelsitzen insbesondere aus der Teilung Deutschlands.[71] In neuerer Zeit wurde im Rahmen von Verschmelzungen auch die Tradition als ein schutzwürdiges Interesse angesehen.[72] Die h.M. führt dabei aus, dass gegen einen Doppelsitz registerrechtliche Schwierigkeiten sprechen würden, so etwa die Gefahr divergierender Registereintragungen. Dem ist aber entgegenzuhalten, dass in der Praxis sich diese Probleme nicht verwirklicht

---

67 Vgl. hierzu ausführlich: *Bülow/Baronikians*, MittBayNot 2002, 137 ff. Markenrecherchen können über die Datenbanken des Deutschen Patent- und Markenamts (www.dpma.de) sowie des Amtes der EU für die Eintragung von Marken und Geschmacksmustern (www.oami.europa.eu/ohimportal/en) durchgeführt werden.
68 Happ/*Pühler*, Aktienrecht 1.01 Rn. 4.1.
69 MünchKommAktG/*Heider*, § 5 Rn. 26; Hüffer/Koch/*Koch*, § 5 AktG Rn. 6.
70 BayObLG v. 29.03.1985 – 3 Z 22/85 = DNotZ 1986, 165; *Hüffer/Koch*, § 5 Rn. 10; MünchKommAktG/*Heider*, § 5 Rn. 46; K. Schmidt/Lutter/*Zimmer*, § 5 Rn. 17; a.A. *Borsch*, GmbHR 2003, 258, 26 0 ff.; *Pluskat*, WM 2004, 601 ff.
71 Vgl. zur historischen Entwicklung: *Pluskat*, WM 2004, 601 ff.; MünchKommAktG/*Heider*, § 5 Rn. 45; KK-AktG/*Kraft*, § 5 Rn. 20.
72 LG Essen, Beschl. v. 23.03.2001 – 45 T 1/01 = AG 2001, 429 ff.

haben und zudem alle sich aus dem Doppelsitz ergebenden Nachteile zu Lasten der Gesellschaft gehen.[73] Daher ist entgegen der h.M. ein Doppelsitz zulässig.

Vom Satzungssitz ist der **Verwaltungssitz** zu unterscheiden. Dabei handelt es sich um den Sitz der Verwaltung, der sich auch im Ausland befinden kann (s. hierzu Kap. 2 Rdn. 197). In der Satzung muss der Verwaltungssitz aber nicht aufgenommen werden. Weichen Satzungssitz und Verwaltungssitz voneinander ab, wird jedoch teilweise verlangt, dass für den Betrieb eine Zweigniederlassung bei dem Gericht des Satzungssitzes anzumelden ist (s. hierzu Kap. 2 Rdn. 196).[74]

c) Geschäftsjahr

Das Geschäftsjahr ist keine notwendige Satzungsbestimmung, sondern lediglich eine ergänzende Bestimmung i.S.d. § 23 Abs. 5 Satz 2 AktG.[75] Fehlt es in der Satzung an einer Regelung, ist Geschäftsjahr das Kalenderjahr. Die Satzung kann aber eine abweichende Bestimmung treffen, das Geschäftsjahr muss also nicht mit dem Kalenderjahr übereinstimmen. Aus § 240 Abs. 2 Satz 2 HGB folgt, dass das Geschäftsjahr 12 Monate nicht überschreiten darf.

d) Gegenstand des Unternehmens

Der Gegenstand des Unternehmens beschreibt den Bereich und die Art der Tätigkeit. Die Angabe bezweckt, die Grenze der Geschäftsführungsbefugnis des Vorstands zu bestimmen sowie unter den Aktionären den zulässigen Tätigkeitsbereich festzulegen. Ferner sollen interessierte Verkehrskreise über die Tätigkeit der Gesellschaft in groben Zügen informieren werden.[76] Daneben kann der Satzungsgegenstand – wenn die Tätigkeitsfelder in der Satzung verbindlich und abschließend gefasst sind – den Vorstand auch zur Ausfüllung des Unternehmensgegenstandes verpflichten bzw. ihm die dauerhafte Aufgabe der dort festgesetzten Tätigkeit untersagen.[77]

Der Gegenstand muss hinreichend aussagekräftig und informativ sein. Farblose und nichtssagende Umschreibungen genügen nicht. Es ist demnach erforderlich, dass der Schwerpunkt der Tätigkeit erkennbar ist und ersichtlich wird, in welchem Geschäftszweig (z.B.: Computertechnik, Immobilien) und in welcher Art die Gesellschaft aktiv werden soll (z.B.: Beratung Verkauf, Vermittlung).[78] Allgemeine Angaben wie »Handel mit Waren aller Art« oder »Erbringung von Dienstleistungen aller Art« sind daher nicht zulässig.

Das Eintragungsverfahren ist von der **verwaltungsrechtlichen Genehmigung** abgekoppelt, d.h. das Registergericht muss nicht prüfen, ob eine Genehmigung vorliegt und kann die Eintragung beim Fehlen der Genehmigung nicht ablehnen. Trotzdem ist der Vorstand weiterhin verpflichtet, entsprechende Genehmigungen einzuholen. Im Zweifelsfall kann es sich daher bei Eilbedürftigkeit der Gründung empfehlen, zunächst den Gegenstand mit dem folgenden Zusatz zu versehen: »soweit hierfür keine Genehmigung erforderlich ist«. Zu beachten ist zudem, dass die Einholung einer Genehmigung ausnahmsweise vor dem Antrag auf Eintragung notwendig ist, wenn Spezialgesetze eine Registersperre für Eintragungen ohne erforderliche Genehmigung vorsehen (so etwa bei § 43 KWG). In der Praxis verlangen Registergerichte außerdem teilweise die Vorlage einer Genehmigung, wenn sich die Genehmigungsbedürftigkeit aus der Firma der Gesellschaft ergibt. So ist insbesondere bei freien Berufen, wie Steuerberatern oder Rechtsanwälten der Gegenstand durch berufsrechtliche

---

[73] LG Essen, Beschl. v. 23.03.2001 – 45 T 1/01 = AG 2001, 429 ff.; *Pluskat*, WM 2004, 601, 603; *Katschinsky*, ZIP 1997, 620; 622 ff.
[74] Vgl. hierzu *Wicke*, § 4a Rn. 7.
[75] Happ/*Happ*, Aktienrecht, 11.01, Rn. 3; MünchHdb. AG/*Kraft*, § 5 Rn. 9; a.A. Happ/*Pühler*, Aktienrecht, 1.01, Rn. 5.
[76] *Hüffer/Koch*, § 23 Rn. 21; MünchKommAktG/*Pentz*, § 23 Rn. 78; MünchKommAktG/*Seibt*, § 23 Rn. 32.
[77] OLG Köln v. 15.01.2009 – 18 U 205/07 = RNotZ 2009, 548; hierzu ausführlich: *Feldhaus*, BB 2009, 562 ff.
[78] *Hüffer/Koch*, § 23 Rn. 24; Happ/*Pühler*, Aktienrecht 1.01 Rn. 7.

e) Bekanntmachungen

53 Gemäß § 23 Abs. 4 AktG muss die Satzung Bestimmungen über die Form der Bekanntmachungen der Gesellschaft enthalten. Besondere Regelungen zur Vornahme der Pflichtveröffentlichungen, die nach § 25 AktG im Bundesanzeiger erfolgen, müssen in der Satzung hingegen nicht enthalten sein.

f) Höhe des Grundkapitals

54 Die Satzung muss die Höhe des Grundkapitals nennen. Das Grundkapital muss gem. § 7 AktG mindestens 50.000 € betragen und gem. § 6 AktG auf Euro lauten. Bei Kapitalverwaltungsgesellschaften (vgl. § 25 Abs. 1 KAGB), Unternehmensbeteiligungsgesellschaften (vgl. § 2 Abs. 4 UBBG) und REIT-Aktiengesellschaften (vgl. § 4 REITG) ist ein höheres Grundkapital vorgeschrieben. Die Schaffung eines beweglichen Kapitals durch Angabe eines Mindest- und Höchstbetrages ist nicht zulässig.[81]

g) Zerlegung des Grundkapitals

55 Die Satzung muss nach § 8 Abs. 1 AktG bestimmen, ob die Aktien in Nennbetragsaktien oder in Stückaktien zerlegt sind. Beide Aktienformen können nicht nebeneinander bestehen.[82]

56 Bei **Nennbetragsaktien** sind die Nennbeträge der einzelnen Aktien sowie die Zahl der Nennbetragsaktien wiederzugeben. Dabei muss die Summe der Nennbeträge dem Grundkapital entsprechen. Der Mindestnennbetrag einer Aktie muss gem. § 8 Abs. 3 AktG 1 € lauten. Höhere Nennbeträge müssen gem. § 8 Abs. 2 AktG auf volle Euro lauten.

57 **Stückaktien** lauten auf keinen Nennbetrag. Alle Stückaktien sind am Grundkapital im gleichen Umfang beteiligt. Der rechnerisch ermittelbare Betrag am Grundkapital darf gem. § 8 Abs. 3 AktG 1 € nicht unterschreiten. Über diesen Betrag hinaus ist aber jeder Betrag möglich, auch wenn dieser »krumm« ist, also nicht auf volle Euro lautet. Im Übrigen genügt die Angabe der Anzahl der Stückaktien.

58 Wenn mehrere **Aktiengattungen**[83] bestehen, d.h. die Aktien verschiedene Rechte gewähren, muss der Satzung die Anzahl der jeweiligen Gattung entnommen werden können. Bei Ausgabe von Aktiengattungen zu unterschiedlichen Nennbeträgen, ist zudem die Angabe der jeweiligen Zahl der Aktien pro Gattung und Nennbetrag erforderlich.[84]

h) Namens- und/oder Inhaberaktien

59 Nach § 23 Abs. 3 Nr. 5 AktG muss die Satzung bestimmen, ob die Aktien auf den Inhaber oder den Namen ausgestellt werden. Namens- und Inhaberaktien können nebeneinander zugelassen werden. Durch die Aktienrechtsnovelle 2016 wird diese Wahl jedoch eingeschränkt. Sofern die Aktien

---

79 Vgl. hierzu Kap. 2 Rdn. 213 ff.
80 S. *Weigl* DNotZ 2011, 169 ff., der diese Frage letztlich verneint. Aus einer Entscheidung der OLG Düsseldorf könnte aber möglicherweise eine abweichende Auffassung entnommen werden (OLG Düsseldorf, Urt. v. 14.04.2010 = DNotZ 2011, 188).
81 *Hüffer/Koch*, § 23 Rn. 28; MünchKommAktG/*Pentz*, § 23 Rn. 28; MünchKommAktG/*Seibt*, § 23 Rn. 46; Besonderheiten bestehen aber bei der Investmentaktiengesellschaft (vgl. §§ 104 bis 106 InvG). Hier kann das Grundkapital mit einem Mindest- und Höchstbetrag ausgewiesen werden.
82 *Hüffer/Koch*, AktG, § 8 Rn. 4; MünchHdb. AG/*Wiesner*, § 11 Rn. 8; MünchKommAktG/*Seibt*, § 23 Rn. 47.
83 Vgl. hierzu noch Rdn. 80 ff.
84 *Hüffer/Koch*, § 23 Rn. 29; MünchKommAktG/*Pentz*, § 23 Rn. 124; MünchKommAktG/*Seibt*, § 23 Rn. 48.

nicht zum Handel im Regulierten Markt zugelassen sind, müssen Namensaktien ausgegeben werden. Andere Gesellschaften können Inhaberaktien nur noch ausgeben, wenn der Anspruch auf Einzelverbriefung ausgeschlossen ist und die Sammelurkunde bei einer Wertpapiersammelbank im Sinne von § 1 Abs. 3 Satz 1 DepotG (in Deutschland also nur bei der Clearstream Banking AG), einem zugelassenen Zentralverwahrer oder einem anerkannten Drittland-Zentralverwahrer gemäß der Verordnung (EU) Nr. 909/2014) oder einem sonstigen die Voraussetzungen des § 5 Abs. 4 Satz 1 DepotG erfüllenden ausländischen Verwahrer hinterlegt wird. Bis zur Hinterlegung der Sammelurkunde ist auch bei Inhaberaktien gem. § 10 Abs. 1 Satz 3 AktG ein Aktienregister zu führen.

In der Praxis bedeutet dies, dass bei der Gründung im Regelfall nur Namensaktien ausgegeben werden dürften, weil die Hinterlegung einer Sammelurkunde mit Kosten verbunden ist, welche die Kosten für die Führung eines Aktienregisters zumeist übersteigen.[85]

Die Aktien müssen gem. § 10 Abs. 2 Satz 1 AktG zudem auf den Namen lauten. Sie können gem. § 10 Abs. 2 Satz 2 AktG auf den Inhaber lauten, wenn die Gesellschaft börsennotiert ist oder der Anspruch auf Einzelverbriefung ausgeschlossen ist und die Sammelurkunde hinterlegt wird. 60

Die Ausgabe von Namensaktien bietet gegenüber Inhaberaktien verschiedene Vorteile. So kann die Gesellschaft bei Namensaktien den persönlichen Kontakt zum Aktionär besser herstellen. Zudem besteht die Möglichkeit einer Vinkulierung, was insbesondere bei Familiengesellschaften gewünscht sein kann.[86] 61

Bei einer **Kapitalerhöhung** hat der Beschluss zu bestimmen, ob Inhaber- und/oder Namensaktien ausgegeben werden. Die Form der neuen Aktien kann aber bereits in der Satzung festgelegt werden.[87] 62

▶ Formulierungsbeispiel: Namensaktien[88] 63

Die Aktien lauten auf den Namen. Dies gilt auch für Kapitalerhöhungen, sofern nichts anderes beschlossen wird.

Namensaktien sind nach § 67 Abs. 1 AktG in das **Aktienregister** einzutragen. Gemäß § 67 Abs. 2 AktG gilt im Verhältnis zur Gesellschaft nur derjenige als Aktionär, der im Aktienregister eingetragen ist. Der Eingetragenen hat somit gegenüber der Gesellschaft sämtliche Mitgliedschaftsrechte. Eine konstitutive Wirkung kommt der Eintragung im Aktienregister aber nicht zu.[89] § 67 Abs. 1 Satz 1 AktG stellt nunmehr auch klar, dass ein Aktienregister auch dann angelegt werden, wenn keine Aktienurkunden ausgegeben wurden. Es ist bei Namensaktien somit stets ein Aktienregister zu führen. 64

In der Satzung kann bestimmt werden, dass die Eintragung in das Aktienregister nur bei einem förmlichen Nachweis des Rechtsübergangs erfolgt.[90] So kann zum Beispiel die Vorlage der Aktie mit Indossantenkette oder einer schriftlichen Abtretungserklärung verlangt werden. 65

Der zwingende Inhalt des Aktienregisters wird durch § 67 Abs. 1 AktG festgelegt. Anzugeben sind der Name, das Geburtsdatum und die Adresse des Aktionärs sowie die Stückzahl und die Aktiennummer sowie bei Nennbetragsaktien der Betrag. Die Satzung kann aber weitere Angaben festlegen, wie Nationalität, Eigen- oder Fremdbesitz.[91] 66

---

85 *Paschos/Goslar*, NJW 2016, 359, 360; *Götze/Nartowska*, NZG 2015, 298, 300.
86 Vgl. hierzu noch Rdn. 70.
87 *Hüffer/Koch*, § 182 Rn. 13; MünchHdb. AG/*Krieger*, § 56 Rn. 24; Happ/*Pühler*, Aktienrecht, 1.01 Rn. 14.
88 Happ/*Pühler*, Aktienrecht, 1.01 Rn. 14.
89 *Hüffer/Koch*, § 67 Rn. 7; K. Schmidt/Lutter/*Bezzenberger*, § 67 Rn. 12; Würzburger Notarhandbuch/*Reul*, Teil 5, Kapitel 4, Rn. 156.
90 BGH DNotI-Report 2004, 203; Würzburger Notarhandbuch/*Reul*, Teil 5, Kapitel 4, Rn. 164.
91 Happ/*Gätsch*, Aktienrecht, 4.08 Rn. 1; MünchKommAktG/*Bayer*, § 67 Rn. 29.

67 ▶ **Formulierungsbeispiel: Aktienregister**

Die Aktionäre haben der Gesellschaft zur Eintragung in das Aktienregister ihren Namen, ihre Anschrift und ihr Geburtsdatum oder, soweit es sich um eine juristische Person handelt, die Firma, den Sitz und die Geschäftsadresse anzugeben. In jedem Fall ist die Zahl der gehaltenen Aktien anzugeben. Elektronische Postadressen und ihre etwaigen Änderungen sollen zur Erleichterung der Kommunikation mit angegeben werden. Die Übertragung der Aktien ist im Regelfall mittels einer schriftlichen Abtretungserklärung oder durch Vorlage der Aktie mit entsprechender Indossantenkette nachzuweisen. Bei einer Rechtsnachfolge von Todes wegen ist die Ausfertigung eines Erbscheins oder ein notarielles Testament oder ein Erbvertrag mit gerichtlichem Eröffnungsprotokoll vorzulegen.

68 Nach § 67 Abs. 1 Satz 3 AktG kann die Satzung zudem regeln, unter welchen Voraussetzungen Eintragungen im eigenen Namen zulässig sind für Aktien, die einem anderen gehören. Damit soll für die Gesellschaft die Möglichkeit geschaffen werden, die Eintragung von Legitimationsaktionären einzuschränken oder generell auszuschließen. Die Satzung kann also vorsehen, dass **Aktien im Fremdbesitz** nur bis zu einer bestimmten Höchstgrenze gehalten werden dürfen. Besteht eine derartige Bestimmung in der Satzung hat der Eingetragene nach § 67 Abs. 4 Satz 2 AktG die Pflicht offenzulegen, dass die Aktien einem anderen gehören, wenn die Gesellschaft dies verlangt. Er hat dabei die in § 67 Abs. 1 Satz 1 AktG verlangten Angaben auch für denjenigen zu machen, für den er die Aktien hält. Wird dies gewünscht, könnte eine folgende Regelung in die Satzung aufgenommen werden[92]:

69 ▶ **Formulierungsbeispiel: Legitimationsaktionäre**

Eine Eintragung in das Aktienregister der Gesellschaft darf nur erfolgen, wenn die betreffenden Aktien dem Aktionär gehören. Vor der Eintragung hat jeder Aktionär daher die Erklärung gegenüber der Gesellschaft abzugeben, dass ihm die Aktien gehören.

Variante:

Vorstehende Beschränkung gilt nicht, wenn die Stimmrechte weniger als der Stimmrechte an der Gesellschaft ausmachen oder entsprechend §§ 21, 22 WpHG zuzurechnen sind.

i) Vinkulierung

70 Aktien sind grundsätzlich frei übertragbar.[93] Die Satzung kann gem. § 68 Abs. 2 AktG vorsehen, dass Namensaktien nur mit Zustimmung der Gesellschaft übertragen werden können, was insbesondere bei »**Familienaktiengesellschaften**« oder Aktiengesellschaften, die auf eine enge Zusammenarbeit der Aktionäre angelegt sind, zu empfehlen ist. Gleichgestellt werden können Verpfändungen und Nießbrauchsbestellung sowie Treuhandverhältnisse. Bei Inhaberaktien ist eine Vinkulierung hingegen nicht zulässig. Soll die Vinkulierung auch **nicht verbriefte Mitgliedschaftsrechte** erfassen, bedarf es einer ausdrücklichen Satzungsbestimmung.[94]

71 Dabei ist freilich zu beachten, dass in der Praxis die Vinkulierung umgangen werden kann, etwa durch Stimmrechtsvollmachten oder Maßnahmen nach dem UmwG.[95] Vor schuldrechtlichen Treuhandverträgen sollen Veräußerungsbeschränkungen hingegen schützen.[96]

72 Ist der Aktionär eine Gesellschaft, so stellt der Wechsel des Gesellschafters des Aktionärs keine Umgehung der Vinkulierung dar. In der Literatur wird vorgeschlagen, diesen Fall in der Satzung durch eine sog. **Change of Control Klausel** zu regeln.[97] Eine Übertragung der Aktien ist bei einem

---

92 S. *Mutter/Pernfuß*, AG-Report, R448.
93 S. zur Übertragung von Aktien: *Hüffer/Koch*, § 68 Rn. 4 ff.; *Mentz/Fröhling*, NZG 2002, 201 ff.
94 Schüppen, in: *Seibert/Kiem*, Handbuch der kleinen AG, Rn. 716; Würzburger Notarhandbuch/*Reul*, Teil 5, Kapitel 4, Rn. 171.
95 *Heckschen/Weitbrecht*, NZG 2019, 721 ff.; Würzburger Notarhandbuch/*Reul*, Teil 5, Kapitel 4, Rn. 171.
96 Beck'sches Notarhandbuch/*Heckschen*, § 23 Rn. 109a.
97 MünchHdb. AG/*Wiesner*, § 14 Rn. 31; *Lutter/Grunewald*, AG 1989, 109 ff.

Wechsel des Gesellschafters eines Aktionärs aber nicht geschehen. Folglich kann ein unerwünschter »Change of Control« nur sanktioniert werden, indem eine Zwangseinziehung nach § 237 AktG in der Satzung vorgesehen wird. Dies ist angesichts des Schutzzwecks des § 68 Abs. 2 Satz 3 AktG zulässig.[98]

Die Zustimmung zur Übertragung erteilt nach dem Gesetz der Vorstand. Die Satzung kann aber regeln, dass der Aufsichtsrat oder die Hauptversammlung über die Erteilung der Zustimmung beschließen, wobei eine kumulative Zustimmung durch mehrere Organe (etwa Hauptversammlung und Vorstand) nicht zulässig ist.[99] Gemäß § 68 Abs. 2 Satz 4 AktG kann die Satzung Gründe bestimmen, aus denen die Zustimmung verweigert wird. Weitere Beschränkungen sind jedoch nicht zulässig. So kann die Übertragung nicht gänzlich ausgeschlossen werden. Auch Regelungen über Vorkaufsrechte, Andienungspflichten u. ä. sind in der Satzung nicht möglich.[100] Insoweit können ggf. Aktionärsvereinbarungen helfen.[101] 73

▶ **Formulierungsbeispiel: Vinkulierung** 74

Die Aktien lauten auf den Namen und sind nur mit Zustimmung der Gesellschaft übertragbar, die der Vorstand aufgrund eines Hauptversammlungsbeschlusses erklärt. Der Beschluss bedarf einer Mehrheit von mindestens 75 % des Grundkapitals. Vorstehende Bestimmungen gelten auch für nicht verbriefte Mitgliedschaftsrechte.

j) Genehmigtes Kapital/Bedingtes Kapital

Gemäß § 202 Abs. 1 und Abs. 2 AktG kann der Vorstand in der Gründungssatzung für höchstens 5 Jahre ermächtigt werden, das Grundkapital durch Ausgabe neuer Aktien zu erhöhen. Der Nennbetrag des genehmigten Kapitals darf nach § 202 Abs. 3 Satz 1 AktG die Hälfte des zur Zeit der Ermächtigung vorhandenen Kapitals nicht übersteigen. 75

Umstritten ist hingegen, ob in der Gründungssatzung bereits ein bedingtes Kapital aufgenommen werden kann.[102] Der Wortlaut des Gesetzes spricht gegen diese Möglichkeit. 76

k) Verbriefungsanspruch

Jedem Aktionär steht ein Anspruch auf Verbriefung seiner Aktien zu, wobei das Recht zur Einzelverbriefung in den Fällen des § 10 Abs. 1 AktG ausgeschlossen ist.[103] Das Recht auf **Einzelverbriefung** kann – außerhalb des Anwendungsbereiches des § 10 Abs. 1 AktG – zudem durch die Satzung eingeschränkt oder ausgeschlossen werden.[104] Neben dem vollständigen Ausschluss des Verbriefungsanspruches ist es in diesen Fällen möglich, dass die Aktien eines jeden Aktionärs nur in einer Sammelurkunde verbrieft werden oder der Verbriefungsanspruch nur gegen Kostenübernahme besteht.[105] Umstritten ist, ob in der Satzung der Anspruch auf Erstellung einer Globalurkunde sowie deren Hinterlegung nach Maßgabe des Depotgesetzes entzogen werden kann. Obgleich eine wertpapiermäßige Übertragung von Aktien von der Globalverbriefung abhängt, lässt sich dem Gesetz nicht 77

---

98 Vgl. OLG Naumburg v. 22.01.2004 = NZG 2004, 775, 778; MünchHdb. AG/*Wiesner*, § 14 Rn. 31; *Lutter/Grunewald*, AG 1989, 109 ff.
99 LG München v. 27.02.2017 – 5 HK O 14748/16, ZIP 2017, 1326.
100 BayObLG v. 24.11.1988 – BReg. 3 Z 111/88 = ZIP 1989, 638, 641; *Hüffer/Koch*, § 68 Rn. 14; Würzburger Notarhandbuch/*Reul*, Teil 5, Kapitel 4, Rn. 170.
101 *Mayer*, MittBayNot 2006, 281.
102 Bejahend: Happ/*Pühler*, Aktienrecht, 1.01 Rn. 13.2; verneinend: MünchKommAktG/*Fuchs*, § 192 Rn. 22; *Krieger*, in: MünchHdb-AG, § 57 Rn. 11; K. Schmidt/Lutter/*Veil*, AktG, § 192 Rn. 6.
103 *Hüffer/Koch*, § 10 Rn. 3; K. Schmidt/Lutter/*Ziemons*, § 10 Rn. 31; Würzburger Notarhandbuch/*Reul*, Teil 5, Kapitel 4, Rn. 151.
104 *Hüffer/Koch*, § 10 Rn. 3; K. Schmidt/Lutter/*Ziemons*, § 11 Rn. 32; Würzburger Notarhandbuch/*Reul*, Teil 5, Kapitel 4, Rn. 151.
105 *Hüffer/Koch*, § 10 Rn. 12; K. Schmidt/Lutter/*Ziemons*.

entnehmen, dass der Anspruch auf Globalverbriefung nicht ausgeschlossen werden kann.[106] Trotzdem sollte in der Praxis die Verbriefung nicht ausgeschlossen werden, sofern ein börsenmäßigen Handel der Aktien geplant ist.

78 ▶ **Formulierungsbeispiel: Ausschluss Verbriefungsrecht**

Ein Anspruch der Aktionäre auf Verbriefung ihrer Aktien und Gewinnanteile ist ausgeschlossen.

79 ▶ **Formulierungsbeispiel: Ausschluss Verbriefungsrecht (Alternative: beabsichtigte Börsennotierung)**

[Alternative bei Gesellschaften, bei denen eine Börsennotierung beabsichtigt ist:]

Ein Anspruch der Aktionäre auf Verbriefung ihrer Aktien und Gewinnanteile ist ausgeschlossen, soweit eine Verbriefung nicht nach den Regeln einer Börse erforderlich ist, an der die Aktien zugelassen sind.

l) Aktiengattungen

80 Nach § 11 AktG können Aktien verschiedene Rechte und über den Wortlaut des § 11 AktG hinaus auch verschiedene Pflichten[107] gewähren, insbesondere bei der Verteilung des Gewinns. Aktien mit gleichen Rechten bzw. Pflichten bilden dabei eine Gattung. Soweit mehrere Gattungen bestehen muss die Satzung – wie vorstehend bereits ausgeführt[108] – gem. § 23 Abs. 3 Nr. 4 AktG Angaben hierzu enthalten. Dabei muss der Inhalt der unterschiedlichen Rechte oder Pflichten in der Satzung festgelegt werden.[109]

81 Besonderheiten bestehen gem. § 12 AktG bei den **Stimmrechten.** Ein Ausschluss ist nur unter den Voraussetzungen des § 139 AktG bei Vorzugsaktien möglich. Nicht zulässig ist ein Teilausschluss des Stimmrechts bei bestimmten Beschlussgegenständen.[110] Mehrstimmrechtsaktien sind gem. § 12 Abs. 2 AktG ebenfalls unzulässig.[111] Möglich ist es allerdings, bestimmte Maßnahmen (etwa Kapitalerhöhungen) neben dem nach Gesetz oder Rechtsprechung erforderlichen Beschluss einem Sonderbeschluss bestimmter Aktionäre zu unterwerfen,[112] was ebenfalls gattungsbegründend ist.

82 Praxisrelevant sind insbesondere **Vorzugsaktien.** Das in den Vorzugsaktien verbriefte Vorrecht besteht dabei überwiegend in Vorzügen bei der Verteilung des Bilanzgewinns. Der Vorzug kann beispielsweise eine Vorwegauszahlung der Dividende sein, in einem festen Dividendensatz oder festen Dividendenbetrag sowie aus einer erhöhten Dividende bestehen. Durch die Aktienrechtsnovelle hat sich hier eine Veränderung ergeben, weil bislang eine erhöhte Dividende nur als weitergehender Vorzug zur Vorabdividende vorgesehen werden konnte, aber nicht als Alternative.[113] Denkbar sind auch

---

106 K. Schmidt/Lutter/*Ziemons*, § 10 Rn. 33; MünchKommAktG/*Heider*, § 10 Rn. 57; a.A. *Hüffer/Koch*, § 10 Rn. 3; Würzburger Notarhandbuch/*Reul*, Teil 5, Kapitel 4, Rn. 151.
107 MünchKommAktG/*Heider*, § 11 Rn. 3; K. Schmidt/Lutter/*Ziemons*, § 11 Rn. 3; KK-AktG/*Kraft*, § 11 Rn. 19.
108 Vgl. Rdn. 24.
109 Happ/*F.Schäfer*, Aktienrecht, 4.04 Rn. 1; MünchKommAktG/*Heider*, § 11 Rn. 34 ff.; K. Schmidt/Lutter/*Ziemons*, § 11 Rn. 4.
110 MünchKommAktG/*Volhard*, § 139 Rn. 6; K. Schmidt/Lutter/*Ziemons*, § 12 Rn. 11.
111 Besonderheiten bestehen insoweit für Aktiengesellschaften, die vor dem 01.05.1998 gegründet wurden. Bei diesem können bereits existierende Mehrstimmrechte weiter ausgeübt werden, sofern die Hauptversammlung bis zum 01.06.2003 mit einer Mehrheit von 3/4 des bei der Beschlussfassung vertretenen Grundkapitals für die Fortgeltung gestimmt hat. Die Mehrstimmrechte dürfen bei dieser Abstimmung nicht ausgeübt worden sein.
112 K. Schmidt/Lutter/*Ziemons*, § 11 Rn. 5.
113 S. hierzu: *Walzhölz/von Reichnberg*, MittBayNot 2016, 197, 201 ff.

A. Gründung

»Spartenaktien« (sog. **Tracking Stocks**), bei denen die Rechte der Aktien sich auf ein bestimmtes Segment der Gesellschaft beschränken.[114]

Vorzugsaktien können mit oder ohne Stimmrecht ausgegeben werden, wobei Vorzugsaktien ohne Stimmrecht nach § 139 Abs. 2 AktG nur bis zur Hälfte des Grundkapitals ausgegeben werden dürfen. Die nicht bevorrechtigten Aktien werden im Vergleich zu den Vorzugsaktien als Stammaktien bezeichnet. Zulässig war ein Ausschluss des Stimmrechts gem. § 139 Abs. 1 AktG bislang allerdings nur, wenn die Aktien mit einem nachzuzahlenden Vorzug bei der Verteilung des Gewinns ausgestattet waren. Wurde also der Vorzug nicht gewährt, musste er im folgendem oder einem der darauffolgenden Geschäftsjahre nachgezahlt werden. Nach der Aktienrechtsnovelle 2016 kann (muss jedoch nicht) gem. § 139 Abs. 1 Satz 1 AktG die Nachzahlung zukünftig vorgesehen werden. Es steht der Gesellschaft also frei, ob sie Vorzugsaktien mit oder ohne Nachzahlungspflicht schafft. Möglich ist es auch, beide Aktiengattungen (also stimmrechtslose Aktien mit oder ohne Nachzahlungspflicht) nebeneinander auszugeben.

Werden Vorzugsaktien mit Nachzahlungspflicht geschaffen, sah § 140 Abs. 2 Satz AktG bislang vor, dass wenn der Vorzugsbetrag in einem Jahr nicht oder nicht vollständig gezahlt und der Rückstand im nächsten Jahr nicht neben dem vollen Vorzug dieses Jahres nachgezahlt wurde, die Vorzugsaktionäre das Stimmrecht bis die Rückzahlung innehatten. Diese Bestimmung war durch die Satzung nicht abänderbar. Auch hier ist durch die Aktienrechtsnovelle 2016 eine Anpassung erfolgt. § 140 Abs. 2 AktG differenziert nunmehr bzgl. des Auflebens des Stimmrechts bei Vorzugsaktien zwischen solchen mit und solchen ohne Nachzahlungsanspruch. Gemäß § 140 Abs. 2 Satz 2 AktG lebt das Stimmrecht der Vorzugsaktionäre ohne Recht auf Nachzahlung auf, wenn in einem Geschäftsjahr der Vorzug nicht vollständig gezahlt wurde. Es besteht fort, bis der Vorzug in einem Jahr vollständig, jedoch ohne etwaige Rückstände aus den Vorjahren, gezahlt wird. Bei Vorzugsaktien mit Nachzahlungspflicht bleibt es hingegen gem. § 140 Abs. 2 Satz 1 AktG bei der bisherigen Regelung, dass das Stimmrecht erst dann auflebt, wenn im darauffolgenden Jahr nicht neben dem vollen Vorzug auch noch ausstehende Vorzugsbeträge gezahlt wurden. Dementsprechend erlischt das Stimmrecht auch erst mit vollständiger Zahlung aller Rückstände.[115]

m) Vorstand

Die Satzung muss nach § 23 Abs. 3 Nr. 6 AktG die Regeln bestimmen, nach denen die Zahl der Vorstandsmitglieder festgelegt wird. Ausreichend ist die Vorgabe einer Mindest- oder Höchstzahl[116] oder eine Satzungsbestimmung, wonach die konkrete Zahl der Vorstandsmitglieder vom Aufsichtsrat oder der Hauptversammlung festgelegt wird.[117] Die Bestimmung einer festen Zahl von Vorstandsmitgliedern empfiehlt sich in der Praxis zumeist nicht, weil jede Änderung der Anzahl der Vorstandsmitglieder eine Satzungsänderung erforderlich machen würde. Der Vorstand einer paritätisch mitbestimmten Gesellschaft muss gem. § 33 MitbestG aus mindestens zwei Mitgliedern, darunter dem sog. Arbeitsdirektor bestehen.

▶ **Formulierungsbeispiel: Flexible Festlegung der Anzahl der Vorstandsmitglieder**

Die Zahl der Vorstandsmitglieder sowie etwaiger Stellvertreter bestimmt der Aufsichtsrat.

---

114 *Sieger/Hasselbach*, AG 2001, 391 ff.; *Hüffer/Koch*, § 11 Rn. 4.
115 *Paschos/Goslar*, NJW 2016, 359, 361.
116 *Hüffer/Koch*, § 31 Rn. 31; Happ/*F. Schäfer*, Aktienrecht, 4.04 Rn. 1; a.A. MünchKommAktG/*Pentz*, § 23 Rn. 136; KK-AktG/*Kraft*, § 23 Rn. 74, wonach sich aus der Satzung in diesem Fall ergeben muss, nach welchen Regeln die Zahl der Vorstände genau festgelegt wird.
117 BGH v. 17.12.2001 = AG 2002, 289; *Hüffer/Koch*, § 31 Rn. 31; Happ/*Pühler*, Aktienrecht, 1.01 Rn. 19; K. Schmidt/Lutter/*Seibt*, § 23 Rn. 50.

87 Die Satzung kann **Qualifikationsvoraussetzungen für Vorstandsmitglieder** (etwa eine bestimmte berufliche Qualifikation oder Zugehörigkeit zu einer bestimmten Familie) festlegen.[118] Nicht möglich ist es jedoch grundsätzlich, einem Vorstandsvorsitzenden besondere Rechte gegenüber den anderen Vorstandsmitgliedern (vergleichbar einem **CEO** nach amerikanischem Recht) einzuräumen. So ist es insbesondere nicht zulässig, einem Vorstandsmitglied ein Alleinentscheidungsrecht oder ein Weisungsrecht gegenüber anderen Vorstandsmitgliedern einzuräumen, weil dies dem Prinzip der Gesamtleitung der Gesellschaft durch den Vorstand nach § 76 Abs. 1 AktG widerspricht.[119] Die Satzung kann allerdings bestimmen, dass bei Stimmengleichheit im Vorstand die Stimme des Vorstandsvorsitzenden entscheidend ist, soweit es sich nicht um einen zweigliedrigen Vorstand handelt. Daneben kann dem Vorstandsvorsitzenden ein Vetorecht eingeräumt werden.

88 Bei Regelungen über die **Geschäftsordnung** des Vorstands ist zu beachten, dass diese Kompetenz grundsätzlich dem Aufsichtsrat zusteht und ihm nicht entzogen werden kann.[120] Die Satzung kann daher nicht bestimmen, dass dem Vorstand die Kompetenz zusteht, sich eine Geschäftsordnung zu geben. Zulässig ist lediglich eine Regelung, wonach der Vorstand für eine Geschäftsordnung der Zustimmung des Aufsichtsrates bedarf. Sinnvoller erscheint aber eine Bestimmung, wonach der Aufsichtsrat dem Vorstand eine Geschäftsordnung gibt.

89 Gemäß § 111 Abs. 4 Satz 2 AktG hat die Satzung oder der Aufsichtsrat zu bestimmen, dass bestimmte Arten von Geschäften nur mit der Zustimmung des Aufsichtsrates vorgenommen werden dürfen. Die Satzung kann folglich einen Katalog von Geschäften festlegen, die der **vorherigen Zustimmung** des Aufsichtsrates bedürfen. Aus Praktikabilitätsgründen ist hiervon jedoch abzuraten,[121] weil andernfalls bei einer Änderung dieses Kataloges (insbesondere etwaiger Wertgrenzen bei Geschäften) jedes Mal eine Satzungsänderung erforderlich wäre. Die Zustimmungsvorbehalte sollten daher in die Geschäftsordnung des Vorstands oder des Aufsichtsrates aufgenommen werden. In der Satzung sollte lediglich auf die Möglichkeit hingewiesen werden, dass in der Geschäftsordnung ein Zustimmungskatalog beschlossen werden kann.

n) Vertretung

90 Gemäß § 78 Abs. 2 Satz 1 AktG vertreten sämtliche Vorstandsmitglieder, sofern die Satzung nichts anderes bestimmt, die Gesellschaft gemeinschaftlich. In Satzungen wird üblicherweise geregelt, dass die Gesellschaft durch zwei Vorstandsmitglieder gemeinsam oder einen Vorstand in Gemeinschaft mit einem Prokuristen vertreten wird. Dem Aufsichtsrat wird dabei zumeist die Kompetenz eingeräumt, bestimmte oder sämtlichen Vorstandsmitgliedern Einzelvertretungsbefugnis einzuräumen. Teilweise finden sich in Satzungen Bestimmungen, wonach die Gesellschaft »im übrigen durch Prokuristen« vertreten wird. Da es sich bei der Prokura aber um eine rechtsgeschäftliche Vollmacht handelt, die vom Vorstand erteilt wird, ist dies überflüssig. Die Satzung kann daher auch nicht vorsehen, dass nur eine **Gesamtprokura** erteilt werden kann.[122]

91 Im Hinblick auf § 181 BGB ist § 112 AktG zu beachten. Die Satzung kann nur eine Befreiung vom Verbot der **Mehrfachvertretung**, nicht aber vom Verbot der **Selbstkontrahierung** vorsehen. Umstritten ist, ob der Aufsichtsrat für eine entsprechende Gestattung wiederum selbst analog § 78 Abs. 3 Satz 2 AktG einer Satzungsermächtigung bedarf.[123] Sicherheitshalber sollte dies in der Satzung vorgesehen werden.

---

118 *Hüffer/Koch*, § 23 Rn. 38; Happ/*F. Schäfer*, Aktienrecht, 1.01 Rn. 21.
119 *Hüffer/Koch*, § 84 Rn. 21; Happ/*Pühler*, Aktienrecht, 1.01 Rn. 22.
120 *Hüffer/Koch*, § 77 Rn. 19; Happ/*Pühler*, Aktienrecht, 1.01 Rn. 25.
121 MünchHdb. AG/*Hoffmann-Becking*, § 29 Rn. 38.
122 MünchKommAktG/*Hefermehl/Spindler*, § 78, Rn. 37; KK-AktG/*Mertens*, § 78 Rn. 38.
123 Für Satzungsermächtigung: *Hüffer/Koch*, § 78, Rn. 7; MünchKommAktG/*Hefermehl/Spindler*, § 78 Rn. 109; dagegen: GroßkommAktG/*Habersack*, § 78 Rn. 17; differenzierend: Würzburger Notarhandbuch/*Reul*, Teil 5 Kapitel 4, Rn. 175, wonach für eine Befreiung im Einzelfall keine Satzungsermächtigung erforderlich ist, sondern nur für eine generelle Ermächtigung.

A. Gründung

▶ **Formulierungsbeispiel: Vertretung der Gesellschaft**

Die Gesellschaft wird gesetzlich durch zwei Vorstandsmitglieder oder durch ein Vorstandsmitglied mit einem Prokuristen vertreten. Der Aufsichtsrat kann alle oder einzelne Vorstandsmitglieder generell oder für den Einzelfall von dem Verbot der Mehrfachvertretung gemäß § 181 2. Alt. 2 BGB befreien. Im Übrigen wird die Gesellschaft durch Prokuristen oder anderen Zeichnungsberechtigten nach näherer Bestimmung des Vorstands vertreten.

o) Aufsichtsrat

In der Satzung einer Aktiengesellschaft sollten hinsichtlich des Aufsichtsrates folgende Punkte geregelt werden:
– Anzahl der Aufsichtsratmitglieder,
– Entsenderechte (sofern von den Beteiligten gewünscht),
– Besondere Qualifikationen der Aufsichtsratsmitglieder (sofern von den Beteiligten gewünscht),
– Amtszeit der Aufsichtsratsmitglieder/Ersatzmitglieder,
– Niederlegung des Aufsichtsratsamtes,
– Abberufung von Aufsichtsratsmitgliedern,
– Wahl des Vorsitzenden und des Stellvertreters,
– Anzahl und Form der Aufsichtsratssitzungen,
– Formen und Fristen der Einberufung sowie zur Bekanntgabe der Tagesordnung,
– Teilnahmerecht Dritter,
– Beschlussfähigkeit und Beschlussfassungen des Aufsichtsrates,
– Mehrheiten,
– Vergütung,
– Änderungen der Satzungsfassung,
– Vertretung des Aufsichtsrats bei der Abgabe von Willenserklärungen.

aa) Anzahl der Aufsichtsratsmitglieder, Mitbestimmungsrecht

Gemäß § 95 Satz 1 AktG besteht der Aufsichtsrat mindestens aus drei Mitgliedern. Die Satzung kann nach § 95 Satz 2 AktG eine höhere Zahl von Aufsichtsratsmitgliedern festlegen. Dabei ist durch die Aktienrechtsnovelle 2016 der Dreiteilungsgrundsatz aufgehoben worden. Sofern mitbestimmungsrechtliche Regelungen es zulassen, ist es zukünftig also auch möglich, Vierer-, Fünferoder Siebener-Aufsichtsräte zu bilden.[124] Nicht zulässig ist eine Satzungsklausel, welche die Anzahl der Aufsichtsratsmitglieder nicht abschließend bestimmt (»Der Aufsichtsrat besteht aus drei oder mehr Mitgliedern«).[125] Die Höchstzahl der Aufsichtsratsmitglieder beträgt bei einem Grundkapital bis zu 1.500.000 € neun, bei einem Grundkapital von mehr als 1.500.000 € fünfzehn und bei einem Grundkapital von mehr als 10.000.000 € einundzwanzig.

Die **mitbestimmungsrechtlichen Vorschriften** werden nach § 95 Satz 5 AktG durch die vorstehenden Bestimmungen nicht berührt. Abweichende Aufsichtsratssysteme können sich daher aus dem MitbestG 1976, dem MontanMitbestG, dem MontanMitbestErgG und dem DrittelbG ergeben. Es ist daher möglich, dass die Zahl der Aufsichtsratsmitglieder nicht durch drei teilbar sein muss (vgl. § 7 Abs. 1 Satz 1 MitbestG) oder die Anzahl der Aufsichtsratsmitglieder abweichend von § 95 AktG bestimmt wird (vgl. § 4 MontanMibestG).[126] Unterliegt eine Aktiengesellschaft einer der vorgenannten mitbestimmungsrechtlichen Regelungen, müssen dem Aufsichtsrat zudem eine bestimmte

---

124 *Götze*, NZG 2016, 48, 49.
125 LG München v. 27.02.2017 – 5 HKO 14748/16, AG 2017, 591.
126 Vgl. zu den Einzelheiten: *Hüffer/Koch*, § 96 Rn. 4 ff.; K. Schmidt/Lutter/*Drygala*, § 96 Rn. 2 ff.

Anzahl von Arbeitnehmern bzw. Gewerkschaftsvertretern angehören.[127] Zumeist wird in der Satzung das anwendbare Mitbestimmungsrecht genannt. Zwingend ist dies aber nicht.[128]

bb) Entsenderechte

96 Gemäß § 101 Abs. 2 Satz 1 AktG kann die Satzung das Recht begründen, dass bestimmte Aktionäre, die in der Satzung namentliche genannt werden müssen, oder die jeweiligen Inhaber bestimmter Aktien Aufsichtsratsmitglieder entsenden. Inhabern bestimmter Aktien kann nach § 101 Abs. 2 Satz 2 AktG das Entsenderecht nur eingeräumt werden, wenn die Aktien auf den Namen lauten und ihre Übertragung an die Zustimmung der Gesellschaft gebunden ist. Die Satzung muss die Aktien nach Gattung, Nummer, und ggf. Serie genau kennzeichnen.[129] Die Zahl der durch Entsendung bestimmten Mitglieder des Aufsichtsrates darf dabei gem. § 101 Abs. 2 Satz 4 AktG ein Drittel der Aufsichtsratsmitglieder der Aktionäre nicht überschreiten. Das Entsendungsrecht wird durch Erklärung gegenüber dem Vorstand ausgeübt.

97 ▶ Formulierungsbeispiel: Entsenderecht[130]

Der jeweilige Inhaber der Aktie der Gattung .... ist berechtigt, ein Mitglied in den Aufsichtsrat zu entsenden. Steht die Aktie einer Mehrheit von Personen zu, so kann das Entsenderecht nur einheitlich ausgeübt werden. Wird das Entsendrecht nicht spätestens sechs Monate nach der ordentlichen Hauptversammlung ausgeübt, die der Hauptversammlung vorausgeht, in der turnusgemäß die Wahl des Aufsichtsrates erfolgt, so ruht es für die Dauer der anstehenden Wahlperiode.

cc) Besondere Qualifikationen

98 Die Satzung kann nach § 100 Abs. 4, 1. Alt. AktG weitergehende Qualifikationen für die von der Hauptversammlung ohne Bindung an Wahlvorschläge gewählten Aufsichtsratsmitglieder der Aktionäre festlegen.[131] Für die Aufsichtsräte der Arbeitnehmer ist dies nicht zulässig. Die satzungsgemäßen Qualifikationsvoraussetzungen dürfen aber nicht zu eng gezogen werden und dadurch die freie Auswahl der Hauptversammlung beeinträchtigen.[132] Zulässig ist etwa die Bestimmung eines Höchst- oder Mindestalters, der Aktionärseigenschaft, Vorstrafenfreiheit oder einer beruflichen Qualifikation. Ob eine Beschränkung auf Mitglieder einer bestimmten Familie zulässig ist, ist umstritten.[133]

dd) Amtszeit der Aufsichtsratsmitglieder/Ersatzmitglieder

99 Gemäß § 102 Abs. 1 AktG können Aufsichtsratsmitglieder nicht für längere Zeit als bis zur Beendigung der Hauptversammlung bestellt werden, die über die Entlastung für das vierte Geschäftsjahr nach dem Beginn der Amtszeit beschließt. Das Geschäftsjahr, in dem die Amtszeit beginnt, wird nach § 102 Abs. 1 Satz 2 AktG nicht mitgerechnet. Die Satzung kann kürzere (aber nicht längere) Amtszeiten festlegen. Möglich ist es auch, die Festlegung der Amtszeit der Hauptversammlung zu überlassen:

---

127 Vgl. auch hier zu den Einzelheiten: *Hüffer/Koch*, § 96 Rn. 4 ff.; K. Schmidt/Lutter/*Drygala*, § 96 Rn. 2 ff.
128 Happ/*Pühler*, Aktienrecht, 1.01 Rn. 39.
129 K. Schmidt/Lutter/*Drygala*, § 101 Rn. 16.
130 Happ/*Pühler*, Aktienrecht, 1.04 (dort § 9).
131 Vgl. hierzu *Hüffer/Koch*, § 100 Rn. 9; Happ/*Pühler*, Aktienrecht, 1.01 Rn. 36.
132 Hierzu *Hüffer/Koch*, § 100 Rn. 9; Happ/*Pühler*, Aktienrecht, 1.01 Rn. 36; K. Schmidt/Lutter/*Drygala*, § 100 Rn. 21.
133 Für die Zulässigkeit: Lutter/*Krieger*, Aufsichtsrat, § 1 Rn. 23; GroßkommAktG/*Röhricht*, § 23 Rn. 190; dagegen: MünchKommAktG/*Semler*, § 100 Rn. 63; K. Schmidt/Lutter/*Drygala*, § 100 Rn. 21; Aufstellung zulässiger Kriterien bei Happ/*Pühler*, Aktienrecht, 1.01. Rn. 36.5.

▶ **Formulierungsbeispiel: Amtszeit des Aufsichtsrats** 100

Die Mitglieder des Aufsichtsrats werden vorbehaltlich einer anderweitigen Festlegung der Amtszeit bei der Wahl bis zu Beendigung der Hauptversammlung bestellt, die über die Entlastung des für das vierte Geschäftsjahr nach dem Beginn der Amtszeit beschließt.

Die Amtszeiten müssen nicht für alle Aufsichtsratsmitglieder gleich sein.[134] Aus Praktikabilitätsgründen sollten die Amtszeiten der Aufsichtsratsmitglieder aber zeitgleich enden. In diesem Fall sollte in die Satzung eine Bestimmung aufgenommen werden, dass Aufsichtsratsmitglieder, die anstelle eines amtierenden Aufsichtsratsmitglieds in den Aufsichtsrat einrücken, nur für den verbleibenden Zeitraum bestellt werden.[135] 101

▶ **Formulierungsbeispiel: Amtszeiten der Aufsichtsratsmitglieder** 102

Die Bestellung eines Nachfolgers eines vor Ablauf seiner Amtszeit ausgeschiedenen Aufsichtsratsmitgliedes erfolgt für den Rest der Amtszeit des ausgeschiedenen Mitglieds, soweit die Hauptversammlung nichts Abweichendes bestimmt.

Bei einer Gesellschaft mit einem **mitbestimmten Aufsichtsrat** sollten für die Aufsichtsräte der Anteilseigner Ersatzmitglieder bestellt werden, um sicherzustellen, dass die Parität im Aufsichtsrat gewahrt bleibt. 103

▶ **Formulierungsbeispiel: Ersatzmitglieder** 104

Die Hauptversammlung kann für die von ihr zu wählenden Mitglieder des Aufsichtsrates gleichzeitig Ersatzmitglieder bestellen, die in einer bei der Wahl festzulegenden Reihenfolge an die Stelle von vorzeitig aus dem Aufsichtsrat ausscheidenden oder aufgrund Wahlanfechtung fortgefallener Aufsichtsratsmitglieder treten. Tritt ein Ersatzmitglied an die Stelle des ausgeschiedenen Mitglieds, so erlischt sein Amt mit Ende der Hauptversammlung, in der eine Ersatzwahl stattfindet, spätestens jedoch mit Ablauf der Amtszeit des ausgeschiedenen Aufsichtsratsmitgliedes. War das infolge einer Ersatzwahl ausgeschiedene Ersatzmitglied für mehrere Aufsichtsratsmitglieder bestellt worden, lebt seine Stellung als Ersatzmitglied wieder auf.

ee) Niederlegung und Abberufung

Die Amtszeit eines Aufsichtsratsmitglieds kann auch durch Niederlegung oder Abberufung beendet werden. Für den Fall der **Niederlegung** sollte die Satzung die Form der Niederlegungserklärung (am besten Textform des § 126b BGB), eine Frist und den Adressaten festlegen, da letzterer umstritten ist.[136] Adressat sollte hilfsweise der Vorstand sein, um auch im Falle einer Niederlegung durch den Aufsichtsratsvorsitzenden und seines Stellvertreters eine klare Regelung zu haben. 105

▶ **Formulierungsbeispiel: Niederlegung Aufsichtsrat** 106

Jedes Mitglied des Aufsichtsrats kann sein Amt unter Einhaltung einer vierwöchigen Frist auch ohne wichtigen Grund durch schriftliche Mitteilung gegenüber dem Vorsitzenden des Aufsichtsrates oder, im Falle der Niederlegung durch den Aufsichtsratsvorsitzenden, seinem Stellvertreter oder, im Falle einer Niederlegung durch den Vorsitzenden und den Stellvertreter des Aufsichtsrates, gegenüber Vorsitzenden des Vorstands niederlegen. Der Aufsichtsratsvorsitzende oder, im Falle der Niederlegung durch den Aufsichtsratsvorsitzenden, sein Stellvertreter, können die Frist abkürzen oder auf die Einhaltung einer Frist verzichten.

---

134 *Hüffer/Koch*, § 103 Rn. 4; Happ/*Pühler*, Aktienrecht, 1.01 Rn. 40; MünchKommAktG/*Semler*, § 103 Rn. 13.
135 Happ/*Pühler*, Aktienrecht, 1.01 Rn. 40.
136 Vgl. hierzu: MünchHdb. AG/*Hoffmann-Becking*, § 30 Rn. 49; MünchKommAktG/*Semler*, § 103 Rn. 113; Happ/*Pühler*, Aktienrecht, 1.01 Rn. 45 ff.

107 Die **Abberufung von Aufsichtsratsmitgliedern** wird in § 103 AktG geregelt. § 103 Abs. 1 AktG bestimmt, dass die von der Hauptversammlung ohne Bindung an einen Wahlvorschlag gewählten Aufsichtsratsmitglieder mit einer Mehrheit von drei Vierteln der abgegebenen Stimmen ohne wichtigen Grund abberufen werden können. Nach § 103 Abs. 1 Satz 3 AktG kann die Satzung andere Mehrheiten und weitere Erfordernisse bestimmen. Die Satzung kann das Mehrheitserfordernis aber nur einheitlich für alle Aufsichtsratsmitglieder feststellen.[137] Da das Gesetz ausdrücklich von einer »Mehrheit« spricht, kann das Recht zur Abberufung keiner Minderheit zugestanden werden.[138] Mit den »weiteren Erfordernissen« meint § 103 Abs. 1 AktG zudem nur formelle Kriterien (etwa Fristen bis zur Wirksamkeit der Abberufung) und keine materiellen Kriterien. Inhaltlich darf die Abberufung nicht eingeschränkt werden, also etwa von dem Vorliegen eines wichtigen Grundes abhängig gemacht werden.[139]

108 § 103 Abs. 2 Satz 2 AktG sieht zudem vor, dass entsandte Aufsichtsratsmitglieder mit einfacher Mehrheit der Stimmen abberufen werden können, wenn die Voraussetzungen des Entsendungsrechts weggefallen sind. Hier kann die Satzung weitergehende Abberufungsmöglichkeiten vorsehen.[140]

ff) Ausschüsse

109 Nach § 107 Abs. 3 Satz 1 AktG kann der Aufsichtsrat Ausschüsse bilden. Allein der Aufsichtsrat kann bestimme, ob er von dieser Möglichkeit Gebrauch macht. Durch Satzungsregelungen kann diese Kompetenz nicht beschränkt werden. Insbesondere ist es nicht zulässig, dem Aufsichtsrat zu verbieten oder vorzuschreiben, bestimmte Ausschüsse mit festgelegten Kompetenzen zu bilden.[141]

gg) Wahl des Vorsitzenden und des Stellvertreters

110 Die Satzung sollte vorsehen, dass der Aufsichtsrat auf seiner ersten Sitzung einen Vorsitzenden und seinen Stellvertreter wählt.

111 ▶ **Formulierungsbeispiel: Wahl des Vorsitzenden und seines Stellvertreters**

Der Aufsichtsrat wählt aus seiner Mitte einen Vorsitzenden und einen Stellvertreter. Der Aufsichtsrat kann einen oder mehrere weitere Stellvertreter wählen. Die Wahl soll im Anschluss an die Hauptversammlung, in der die von der Hauptversammlung zu wählenden Aufsichtsratsmitglieder neu gewählt worden sind, erfolgen. Zu dieser Sitzung bedarf es keiner besonderen Einladung. Die Amtszeit des Vorsitzenden und seines Stellvertreters entspricht, soweit nicht bei der Wahl eine kürzere Amtszeit bestimmt wird, ihrer Amtszeit als Mitglieder des Aufsichtsrates. Scheidet der Vorsitzende oder sein Stellvertreter vorzeitig aus diesem Amt aus, ist unverzüglich eine Neuwahl für ihn vorzunehmen. Ein Widerruf der Wahl des Vorsitzenden oder seines Stellvertreters ist nur aus wichtigem Grund zulässig.

hh) Anzahl und Form der Aufsichtsratssitzungen

112 Gemäß § 110 Abs. 3 Satz 1 AktG muss der Aufsichtsrat zwei Sitzungen im Kalenderhalbjahr abhalten. Bei nichtbörsennotierten Gesellschaften kann der Aufsichtsrat gem. § 110 Abs. 3 Satz 2 AktG

---

137 MünchHdb. AG/*Hoffmann-Becking*, § 30 Rn. 54; MünchKommAktG/*Semler*, § 103 Rn. 24; K. Schmidt/Lutter/*Drygala*, § 103 Rn. 5.
138 K. Schmidt/Lutter/*Drygala*, § 103 Rn. 11; Happ/*Pühler*, Aktienrecht, 1.01 Rn. 44.
139 K. Schmidt/Lutter/*Drygala*, § 103 Rn. 5; Happ/*Pühler*, Aktienrecht, 1.01 Rn. 44.
140 K. Schmidt/Lutter/*Drygala*, § 103 Rn. 11; MünchKommAktG/*Semler*, § 103 Rn. 34; MünchHdb. AG/*Hoffmann-Becking*, § 30 Rn. 57.
141 MünchKommAktG/*Semler*, § 107 Rn. 234; KK-AktG/*Mertens*, § 107 Rn. 90; umstritten ist dies allerdings für Kompetenzen, die dem Aufsichtsrat durch die Satzung übertragen werden, vgl.: Lutter/*Krieger*, Aufsichtsrat, Rn. 629; MünchKommAktG/*Semler*, § 107 Rn. 235; Happ/*Pühler*, Aktienrecht, 1.01 Rn. 65.

A. Gründung   Kapitel 3

beschließen, dass nur eine Sitzung im Kalenderhalbjahr abzuhalten ist. Durch die Satzung kann eine höhere Sitzungsfrequenz vorgeschrieben werden.[142]

Nach § 110 Abs. 3 AktG sind Aufsichtsratssitzungen abzuhalten. Der Wortlaut des § 110 Abs. 3 AktG hat insoweit durch das TransPuG eine Änderung erfahren, wonach der Aufsichtsrat nicht mehr »zusammentreten« muss. Nach den Gesetzesmaterialien soll damit klargestellt werden, dass eine **physische Zusammenkunft** der Aufsichtsratsmitglieder bei den Pflichtsitzungen des § 110 AktG nicht notwendig ist.[143] In der Literatur sind die Folgen dieser neuen Regelung umstritten. Zum Teil wird davon ausgegangen, dass nur in begründeten Ausnahmefällen Pflichtsitzungen in Form einer reinen **Telefon- oder Videokonferenz** abgehalten werden können.[144] Andere halten nur eine Videokonferenz für zulässig.[145] Vereinzelt wird bei Pflichtsitzungen eine physische Anwesenheit trotz der Änderung des § 110 Abs. 3 AktG weiterhin verlangt.[146] Angesichts des klaren Wortlauts des § 110 Abs. 3 AktG ist es aber nicht mehr notwendig, dass der Aufsichtsrat körperlich zusammentrifft.[147] Der Aufsichtsrat kann also eine Telefon- oder Videokonferenz abhalten. Zulässig ist auch, wenn nur einige Mitglieder mittels Telefon oder Video teilnehmen. **113**

Andere Formen der Beschlussfassung des Aufsichtsrates (etwa schriftlich, per Telefax oder per Email) sind nach § 108 Abs. 4 AktG hingegen vorbehaltlich einer näheren Bestimmung der Satzung nur zulässig, wenn kein Mitglied des Aufsichtsrats dem widerspricht. Der in § 108 Abs. 4 AktG enthaltene Vorbehalt hat zu verschiedenen Formulierungen in der Praxis geführt. Satzungen können das Widerspruchsrecht einschränken oder modifizieren (etwa Unbeachtlichkeit des Widerspruchs, wenn alle Aufsichtsratsmitglieder den Beschlussgegenstand erörtert haben oder nicht mehr als ein Mitglied des Aufsichtsrates widerspricht), Beschlussfassungen ohne Sitzung an besondere Voraussetzungen knüpfen (Anordnung des Vorsitzenden oder nur Videokonferenzen) oder gänzlich ausschließen.[148] **114**

▶ Formulierungsbeispiel: Beschlussfassung   **115**

Beschlussfassungen können auch außerhalb von Sitzungen schriftlich, mündlich, fernmündlich, per Telefax, per E-Mail oder mittels sonstiger gebräuchlicher Kommunikationsmittel, in Kombination der vorgenannten Formen sowie in Kombination von Sitzung und Beschlussfassung außerhalb einer Sitzung erfolgen, wenn der Vorsitzende des Aufsichtsrates oder im Verhinderungsfall ein Stellvertreter dies unter Beachtung einer angemessenen Frist anordnet oder sich alle Aufsichtsratsmitglieder an einer Beschlussfassung beteiligen. Mitglieder, die sich bei der Beschlussfassung der Stimmen enthalten, nehmen in diesem Sinne an der Beschlussfassung teil.

ii) Formen und Fristen der Einberufung sowie Bekanntgabe der Tagesordnung

Das Aktiengesetz enthält weder für die Form noch für die Fristen der Einberufung der Sitzungen des Aufsichtsrates Bestimmungen. § 110 Abs. 1 Satz 2 AktG legt lediglich fest, dass die Sitzung binnen 2 Wochen nach der Einberufung stattfinden muss. **116**

Folglich sollte die Satzung die **Form der Einberufung** (etwa per Email, schriftlich oder per Einschreiben mit Rückschein) und die **Frist der Einberufung** regeln. Dabei ist zu beachten, dass die Zeitspanne zwischen Einladung und Sitzung angemessen sein muss.[149] In der Literatur wird eine

---

142 MünchHdb. AG/*Hoffmann-Becking*, § 31 Rn. 11; MünchKommAktG/*Semler*, § 107 Rn. 39; Happ/*Pühler*, Aktienrecht, 1.01 Rn. 51.
143 Begr. RegE, BT-Drucks. 14/8769, S. 17.
144 *Hüffer/Koch*, AktG, § 110 Rn. 11; MünchKommAktG/*Semler*, § 110 Rn. 113.
145 GroßkommAktG/*Hopt/Roth*, § 110 Rn. 70.
146 K. Schmidt/Lutter/*Drygala*, § 110 Rn. 20.
147 *Hüffer/Koch*, § 110 Rn. 11; Happ/*Happ*, Aktienrecht, 9.01 Rn. 12.
148 Vgl. Happ/*Pühler*, Aktienrecht, 1.01 Rn. 55.
149 Happ/*Pühler*, Aktienrecht, 1.01 Rn. 52.

Woche als ausreichend angesehen.[150] Ferner sollte bestimmt werden, dass in dringenden Fällen die Einberufungsfrist angemessen verkürzt werden kann.[151]

Inhaltlich muss aus der Einladung ersichtlich sein, wer für welche Aktiengesellschaft den Aufsichtsrat einberuft, ferner Zeit und Ort der Sitzung.[152] Auch diese Punkte sollten in der Satzung – obgleich in der Literatur unstreitig – wiederholt werden.

117 Umstritten ist, ob die Einberufung die **Tagesordnung** enthalten bzw. die Beschlussgegenstände genannt werden müssen.[153] Die Satzung sollte daher auch zu dieser Frage Bestimmungen enthalten und insbesondere festlegen, wann auch ohne Mitteilung der Tagesordnung bzw. der Beschlussgegenstände Beschlüsse des Aufsichtsrates gefasst werden können. Freilich sind der Satzungsfreiheit Grenzen gesetzt. So ist es nicht zulässig, dass in solchen Fällen die Zustimmung einer qualifizierten Mehrheit der anwesenden Mitglieder ausreichend ist.[154] Vielmehr darf kein Aufsichtsratsmitglied widersprechen.[155]

118 ▶ Formulierungsbeispiel: Formen und Fristen der Einberufung des Aufsichtsrates

Die Sitzungen des Aufsichtsrats werden vom Vorsitzenden des Aufsichtsrates einberufen. Die Einberufung hat schriftlich, durch Telefax oder durch E-Mail mit einer Frist von mindestens zwei Wochen unter Mitteilung des Ortes und der Zeit der Sitzung zu erfolgen. Dabei werden der Tag der Absendung der Einberufung und der Tag der Sitzung nicht mitgerechnet. In dringenden Fällen kann der Vorsitzende die Frist bis auf drei Tage abkürzen und die Sitzung auch mündlich oder fernmündlich einberufen. Die Vorschriften des § 110 Abs. 1 und 2 des Aktiengesetzes bleiben unberührt.

Mit der Einberufung sind die Gegenstände der Tagesordnung mit Beschlussvorschlägen mitzuteilen. Die zu den einzelnen Punkten der Tagesordnung erforderlichen Unterlagen sind den Mitgliedern des Aufsichtsrats möglichst frühzeitig zu übersenden. Wurde ein Tagesordnungspunkt nicht ordnungsgemäß angekündigt, so ist ein Beschluss nur zulässig, wenn kein Aufsichtsratsmitglied der Beschlussfassung widerspricht und den abwesenden Aufsichtsratsmitgliedern Gelegenheit gegeben wird, binnen drei Bankarbeitstagen am Sitz der Gesellschaft der Beschlussfassung zu widersprechen oder ihre Stimme schriftlich abzugeben. Dabei werden der Tag der Absendung der Einberufung und der Tag der Sitzung nicht mitgerechnet. Der Beschluss wird wirksam, wenn kein abwesendes Aufsichtsratsmitglied innerhalb der Frist widersprochen hat.

jj) Teilnahmerecht

119 Gemäß § 109 Abs. 1 Satz 1 AktG dürfen Personen, die nicht dem Vorstand oder dem Aufsichtsrat angehören nicht an Sitzungen des Aufsichtsrates teilnehmen. Die Satzung kann aber nach § 109 Abs. 3 AktG bestimmen, dass an der Sitzung des Aufsichtsrates Personen, die dem Aufsichtsrat nicht angehören, an Stelle eines verhinderten Aufsichtsratsmitglieds teilnehmen können, wenn sie hierzu in Textform ermächtigt worden sind.

kk) Beschlussfähigkeit des Aufsichtsrates

120 Ist in der Satzung keine abweichende Bestimmung enthalten, ist der Aufsichtsrat nach § 108 Abs. 2 Satz 2 AktG nur beschlussfähig, wenn mindestens die Hälfte der Mitglieder an der Sitzung teil-

---

150 MünchKommAktG/*Semler*, § 110 Rn. 52; K. Schmidt/Lutter/*Drygala*, § 110 Rn. 9.
151 Happ/*Pühler*, Aktienrecht, 1.01 Rn. 52.
152 *Hüffer/Koch*, § 110 Rn. 4; K. Schmidt/Lutter/*Drygala*, § 110 Rn. 10.
153 Happ/*Pühler*, Aktienrecht, 1.01 Rn. 53; MünchKommAktG/*Semler*, § 110 Rn. 42; *Hüffer/Koch*, § 110 Rn. 4.
154 Happ/*Pühler*, Aktienrecht, 1.01 Rn. 53; a.A. *Werner*, ZGR 1977, 236, 342.
155 Happ/*Pühler*, Aktienrecht, 1.01 Rn. 53; MünchKommAktG/*Semler*, § 110 Rn. 51; MünchHdb. AG/*Hoffmann-Becking*, § 31 Rn. 35.

A. Gründung

ll) Mehrheiten

Beschlüsse des Aufsichtsrates werden grundsätzlich mit der einfachen Mehrheit der abgegebenen Stimmen gefasst.[156] Die Satzung kann nach h.M. eine höhere Mehrheit als die einfache Mehrheit nicht verlangen.[157] In paritätisch mitbestimmten Unternehmen kann die Satzung keine qualifizierte Mehrheit vorschreiben.[158]

121

Möglich ist es zudem, dem Vorsitzenden des Aufsichtsrates ein **Stichentscheidsrecht** einzuräumen.[159] Die Einräumung eines **Vetorechts** ist hingegen nicht zulässig.[160]

122

Nach der h.M. können **Stimmenthaltungen** aufgrund von Satzungsregelungen als »Nein« gewertet werden.[161]

123

mm) Vergütung

Gemäß § 113 Abs. 1 Satz 1 AktG steht den Aufsichtsratsmitgliedern für ihre Tätigkeit eine Vergütung zu, die der Höhe nach in einem angemessenen Verhältnis zu den Aufgaben der Aufsichtsratsmitglieder und zur Lage der Gesellschaft steht. Ohne eine entsprechende Satzungsregelung oder einen Hauptversammlungsbeschluss haben die Aufsichtsratsmitglieder keinen Anspruch auf eine Vergütung.[162]

124

Bei der Frage, ob eine Vergütung gewährt wird und in welcher Höhe sind die Aufsichtsratsmitglieder grundsätzlich gleich zu behandeln.[163] Zulässig sind Differenzierungen aus sachlichen Gründen, etwa hinsichtlich der Funktion und der Aufgaben. So ist es üblich und zulässig, dem Aufsichtsratsvorsitzenden eine höhere Vergütung zu gewähren.[164]

125

Bei der Höhe der Vergütung kann zwischen festen und variablen Vergütungsformen unterschieden werden. Bei einer festen Vergütung wird den Mitgliedern des Aufsichtsrates pro Jahr eine bestimmte Summe zugestanden. Ergänzt werden kann dies durch Sitzungsgelder für jede Teilnahme an einer Sitzung des Aufsichtsrates. Variable Vergütungen können sich u. a. an der ausgeschütteten Dividende, dem Jahres- oder Bilanzgewinn, an Ergebniskennzahlen (Ergebnis vor Steuern, Ergebnis vor Zinsen und Steuern, Ergebnis vor Zinsen, Steuern und Abschreibungen etc.) oder Umsatz orientieren.[165] Bei einer Umsatzvergütung ist freilich zu bedenken, dass sie einen Fehlanreiz bietet, weil die Rentabilität zu Lasten des Umsatzes vernachlässigt werden könnte.

126

Unzulässig ist die Gewährung von **Aktienoptionen** als Vergütung. Nach dem BGH sind Aktienoptionsprogramme zugunsten von Aufsichtsratsmitgliedern bei Verwendung von zurückgekauften

127

---

[156] *Hüffer/Koch*, § 108 Rn. 6; MünchKommAktG/*Semler*, § 108 Rn. 120; K. Schmidt/Lutter/*Drygala*, § 108 Rn. 24.
[157] *Hüffer/Koch*, § 108 Rn. 8; MünchKommAktG/*Semler*, § 108 Rn. 132; K. Schmidt/Lutter/*Drygala*, § 108 Rn. 25; a.A. *Jürgensmeyer* ZGR 2007, 112, 122.
[158] *Hüffer/Koch*, § 108 Rn. 8; MünchKommAktG/*Semler*, § 108 Rn. 132; Happ/*Pühler*, Aktienrecht, 1.01, Rn. 59.
[159] *Hüffer/Koch*, § 108 Rn. 8; MünchKommAktG/*Semler*, § 108 Rn. 132; Happ/*Pühler*, Aktienrecht, 1.01, Rn. 60.
[160] *Hüffer/Koch*, § 108 Rn. 8; K. Schmidt/Lutter/*Drygala*, § 108 Rn. 25.
[161] So Lutter/*Krieger*, Aufsichtsrat, Rn. 607; KK-AktG/*Mertens*, § 108 Rn. 444; a.A. K. Schmidt/Lutter/*Drygala*, § 108 Rn. 26.
[162] Happ/*Pühler*, Aktienrecht, 1.01, Rn. 68; MünchKommAktG/*Semler*, § 113 Rn. 1, 7; Lutter/*Krieger*, AR, Rn. 712.
[163] K. Schmidt/Lutter/*Drygala*, § 113 Rn. 14; GroßKommAktG/*Hopt/Roth*, § 113 Rn. 67 ff.
[164] K. Schmidt/Lutter/*Drygala*, § 113 Rn. 14; GroßKommAktG/*Hopt/Roth*, § 113 Rn. 67 ff.
[165] Vgl. hierzu: Happ/*Pühler*, Aktienrecht, 1.01, Rn. 68.

eigenen Aktien der Gesellschaft ebenso unzulässig wie bei Verwendung eines bedingten Kapitals.[166] Zudem ordnet § 221 Abs. 4 Satz 2 AktG die sinngemäße Anwendung u.a. von § 193 Abs. 2 Nr. 4 AktG an, der seinerseits auf den Aufsichtsratsmitglieder ausschließendenden § 192 Abs. 2 Nr. 3 AktG verweist.[167] Zweifelhaft ist, ob eine Vergütung, die sich an dem Börsenkurs orientiert, zulässig ist (**phantom stocks** und **stock appreciation rights**).[168]

128 Umstritten ist schließlich, ob sogenannte **D & O – Versicherungen**, also Vermögensschadenshaftpflichtversicherungen zugunsten der Aufsichtsratsmitglieder eine Vergütung darstellen, die gem. § 113 Abs. 1 AktG einer Satzungsregelung oder eines Hauptversammlungsbeschlusses bedürfen.[169] Hier gilt wiederum, dass bis zur abschließenden Klärung dieser Rechtsfrage durch den BGH von der Anwendbarkeit des § 113 Abs. 1 AktG ausgegangen werden sollte. Die Satzung sollte daher eine entsprechende Formulierung enthalten.

129 ▶ Formulierungsbeispiel: D & O Versicherung für Aufsichtsratsmitglieder[170]

Die Gesellschaft bezieht die Aufgabenwahrnehmung der Mitglieder des Aufsichtsrates in die Deckung einer von ihr als Versicherungsnehmerin im eigenen Namen und angemessener Höhe abgeschlossenen Vermögensschadenshaftpflichtversicherung mit ein.

nn) Geschäftsordnung

130 Der Aufsichtsrat kann sich auch ohne Ermächtigung der Satzung eine Geschäftsordnung geben.[171] Die Satzung kann allenfalls Einzelfragen regeln, die zwingend dem Aufsichtsrat zugewiesenen Bestimmungen kann er selbst regeln.[172] Es erscheint daher überflüssig Satzungsregelungen zur Geschäftsordnung des Aufsichtsrates in die Satzung einzufügen, obgleich dies in der Praxis häufig anzutreffen ist.

oo) Änderungen der Satzungsfassung

131 Schließlich sollte die Satzung auch die Ermächtigung enthalten, dass der Aufsichtsrat die sprachliche Formulierung von Satzungsbestimmungen ändert, wenn diese durch Zeitablauf oder satzungsändernden Beschluss obsolet geworden sind.[173]

132 ▶ Formulierungsbeispiel: Ermächtigung zur Änderung der Satzung

Der Aufsichtsrat ist befugt, Änderungen der Satzung, die nur die Fassung betreffen, zu beschließen.

---

166 BGH, Urt. v. 16.02.2004 – ZR 316/02 = DNotZ 2004, 862 ff.
167 So zutreffend: Happ/*Pühler*, Aktienrecht, 1.01, Rn. 68. Aktienoptionen als Vergütung ablehnend zudem K. Schmidt/Lutter/*Drygala*, § 113 Rn. 29 ff.; *Habersack*, ZGR 2004, 721, 729; *Paefgen*, WM 2004, 1169, 1172; a.A. *Gehling*, ZIP 2005, 549, 557; *Vetter*, AG 2004, 234, 237 f.; MünchKommAktG/ *Fuchs*, § 192 Rn. 98.
168 Für die Zulässigkeit: *Gehling*, ZIP 2005, 549, 557; *Vetter*, AG 2004, 234, 237 f.; MünchKommAktG/ *Fuchs*, § 192 Rn. 98; dagegen: K. Schmidt/Lutter/*Drygala*, § 113 Rn. 29 ff.; *Habersack*, ZGR 2004, 721, 729; *Paefgen*, WM 2004, 1169, 1172.
169 Für den Vergütungscharakter: *Hüffer/Koch*, § 113 Rn. 2a; MünchHdb. AG/*Wiesner*, § 21 Rn. 29; *Feddersen*, AG 2000, 3895, 394; a.A. MünchKommAktG/*Semler*, § 113 Rn. 82; *Vetter*, AG 2000, 456 ff.
170 Aus: Happ/*Pühler*, Aktienrecht, 1.01, Rn. 69.
171 *Hüffer/Koch*, § 107 Rn. 23; MünchKommAktG/*Semler*, § 107 Rn. 409; Happ/*Pühler*, Aktienrecht, 1.01, Rn. 69.
172 *Hüffer/Koch*, AktG, § 107 Rn. 23; MünchKommAktG/*Semler*, § 107 Rn. 409; Happ/*Pühler*, Aktienrecht, 1.01, Rn. 69.
173 *Hüffer/Koch*, § 179 Rn. 11.

A. Gründung

pp) Vertretung bei Willenserklärungen

Schließlich sollte noch bestimmt werden, wer den Aufsichtsrat bei der Abgabe von Willenserklärungen vertritt bzw. Erklärungen für den Aufsichtsrat entgegennehmen kann.

▶ **Formulierungsbeispiel: Vertretung des Aufsichtsrats bei Willenserklärungen**

Willenserklärungen des Aufsichtsrates werden namens des Aufsichtsrates durch den Vorsitzenden, bei dessen Verhinderung durch seinen Stellvertreter, abgegeben. Der Vorsitzende und bei dessen Verhinderung sein Stellvertreter sind ermächtigt, Erklärungen für den Aufsichtsrat entgegenzunehmen.

p) Hauptversammlung

In der Satzung einer Aktiengesellschaft sollten bzgl. der Hauptversammlung der Gesellschaft folgende Punkte geregelt werden:
– Ort der Hauptversammlung,
– Einberufungsfrist/Einberufungsberechtigung/Art der Einberufung
– Mehrheiten
– Teilnahmerecht/Stimmrecht der Aktionäre,
– Bestimmung des Versammlungsleiters,
– Mitteilungen nach § 125 AktG.

aa) Ort der Hauptversammlung

Aus § 121 Abs. 5 AktG folgt, dass die Satzung den Ort der Hauptversammlung bestimmen kann. Möglich ist zu einem das Benennen einer konkreten politischen Gemeinde (Düsseldorf, München etc.). Die Satzung kann den Ort der Hauptversammlung aber auch nur in bestimmbarer Weise umschreiben (Stadt mit mehr als 250.000 Einwohnern; Ort, der nicht weiter als 25 km vom Satzungssitz der Gesellschaft entfernt ist etc.).[174]

Nicht zulässig ist es, wenn die Satzung die Bestimmung des Ortes in das freie Ermessen des Einberufenden stellt.[175] Umstritten war bislang, ob eine Hauptversammlung auch im Ausland abgehalten werden kann.[176] Der BGH hat klargestellt, dass die Satzung auch einen Hauptversammlungsort im Ausland zulassen kann, sofern der Ort dem Teilnehmerinteresse der Aktionäre in sachgerechter Weise Rechnung trägt.[177] Eine Satzungsbestimmung, welche es dem Vorstand überlässt unter einer großen Zahl geographisch weit auseinander liegender Orte auszuwählen, erfüllt diese Voraussetzung nicht.

bb) Einberufungsfrist/Einberufungsberechtigung/Art der Einberufung

Die Einberufungsfrist wird in § 123 Abs. 1 bzw. Abs. 2 AktG geregelt. Die Einberufung muss danach mindestens dreißig Tage betragen, soweit nicht ein Fall des § 16 Abs. 4 WpÜG vorliegt. Die Satzung kann diese Frist verlängern, jedoch nicht verkürzen.[178] Eine Verlängerung der Frist dürfte jedoch nicht zweckmäßig sein.[179]

---

174 *Hüffer/Koch*, § 121 Rn. 13; MünchKommAktG/*Kubis*, § 121 Rn. 58; K. Schmidt/Lutter/*Ziemons*, § 121 Rn. 53.
175 BGH DNotZ 1994, 615; *Hüffer/Koch*, § 121 Rn. 13; Würzburger Notarhandbuch/*Reul*, Teil 5, Kapitel 4, Rn. 226.
176 Dafür: *Hüffer/Koch*, AktG, § 121 Rn. 15; MünchHdb. AG/*Semler*, § 121 Rn. 60; dagegen: OLG Hamm NJW 1974, 1057 ff.; OLG Hamburg OLGZ 1994, 42, 43; differenzierend: K. Schmidt/Lutter/*Ziemons*, § 121 Rn. 54 ff.
177 BGH NJW 2015, 236.
178 Happ/*Pühler*, Aktienrecht, 1.01 Rn. 74; *Hüffer/Koch*, AktG, § 123 Rn. 2.
179 *Hüffer/Koch*, AktG, § 123 Rn. 2.

139 Die Fristberechnung erfolgt gem. § 121 Abs. 7 AktG, wobei nach § 121 Abs. 7 Satz 4 AktG bei nichtbörsennotierten Gesellschaften die Satzung eine andere Berechnung der Frist bestimmen kann.[180] Auch dies erscheint aber nicht sinnvoll.

140 Abzuraten ist von Regelungen, welche neben dem Vorstand noch weitere Personen die Einberufung gestatten, weil hiermit zumeist nur unnötige Kosten verursacht werden.[181]

141 Empfehlenswert ist es zudem, in der Satzung alternative Einberufungsmöglichkeiten vorzusehen, wenn die Aktionäre namentlich bekannt sind. Insbesondere eine Einberufung per E-Mail kann sinnvoll sein.[182]

cc) Mehrheiten

142 Gemäß § 133 Abs. 1 AktG kann die Satzung größere Stimmenmehrheiten als die einfache Mehrheit vorsehen, sofern nicht das AktG ausdrücklich eine einfache Stimmenmehrheit genügen lässt.[183] Auch Einstimmigkeit kann vorgesehen werden und zwar sowohl der anwesenden als auch sämtlicher Aktionäre.[184] Zulässig ist zudem die Anordnung eines bestimmten Quorums in Form einer Mindestpräsenz, wobei dann vorgesehen werden sollte, dass eine zweite Hauptversammlung stattzufinden hat, bei welcher dieses Quorum nicht erforderlich ist.[185]

dd) Teilnahmerecht der Aktionäre/Stimmrecht der Aktionäre

(1) Anmeldung gem. § 123 Abs. 2 Satz 1 AktG

143 Die Satzung kann nach § 123 Abs. 2 Satz 1 AktG die Teilnahme an der Hauptversammlung oder die Ausübung des Stimmrechts davon abhängig machen, dass die Aktionäre sich vor der Versammlung anmelden. Die Anmeldung muss gem. § 123 Abs. 2 Satz 2 AktG der Gesellschaft unter der hierfür in der Einberufung mitgeteilten Anschrift bis zum sechsten Tag vor der Versammlung zugehen. In der Satzung oder in der Einberufung aufgrund einer Ermächtigung durch die Satzung kann nach § 123 Abs. 2 Satz 3 AktG eine kürzere Frist vorgesehen werden. Zulässig ist auch ein Bestimmungsrecht für den Vorstand festzulegen. Eine Verlängerung durch die Satzung ist unzulässig. Die Frist muss dabei in Kalendertagen (nicht Werktagen) berechnet werden.[186] Das Anmeldeerfordernis kann sowohl für Inhaberaktien als auch für Namensaktien eingeführt werden. Die Anmeldung ist grundsätzlich formfrei, kann daher auch mündlich oder fernmündlich erfolgen. Aus Beweissicherungsgründen ist jedoch zu empfehlen, in der Satzung eine strengere Form vorzuschreiben.[187]

144 ▶ Formulierungsbeispiel: Anmeldung nach § 123 Abs. 2 S. 1 AktG

Zur Teilnahme an der Hauptversammlung und zur Ausübung des Stimmrechts sind nur diejenigen Aktionäre berechtigt, die sich vor der Hauptversammlung anmelden. Die Anmeldung muss der Gesellschaft unter der in der Einberufung mitgeteilten Adresse in Textform (§ 126 b BGB) in deutscher oder englischer Sprache bis zum Ablauf des sechsten Kalendertages vor der Haupt-

---

180 Unklar ist bei der Vorschrift des § 121 Abs. 7 AktG, ob diese nur für die §§ 121 bis 129 AktG oder auch für andere Fristberechnungen bei Aktiengesellschaften (etwa im Umwandlungsrecht) gilt, s. zur Einberufungsfrist ferner Rdn. 393.
181 Beck'sches Notarhandbuch/*Heckschen*, § 21 Rn. 138.
182 Beck'sches Notarhandbuch/*Heckschen*, § 21 Rn. 137.
183 Auflistung dieser Fälle bei Hüffer/*Koch*, AktG, § 133 Rn. 15.
184 Happ/*Pühler*, Aktienrecht, 1.04 Rn. 20.3; Hüffer/*Koch*, AktG, § 133 Rn. 15.
185 Happ/*Pühler*, Aktienrecht, 1.04 Rn. 20.3; Hüffer/*Koch*, AktG, § 133 Rn. 8.
186 Begr. RegE. ARUG, BT-Drucks. 16/11624; *Mimberg/Gätsch*, Die Hauptversammlung der Aktiengesellschaft nach dem ARUG, Rn. 87 ff. Für nicht börsennotierte Gesellschaften ist dies nicht zweifelsfrei. Angesichts des Wortlauts des § 123 Abs. 2 Satz 3 AktG sollte jedoch hiervon bis zu einer höchstrichterlichen Klärung ausgegangen werden.
187 MünchKommAktG/*Kubis*, § 123 Rn. 37.

versammlung zugehen. Der Tag des Zugangs und der Hauptversammlung sind nicht mitzurechnen. In der Einberufung kann eine kürzere nach Kalendertagen zu bemessende Frist vorgesehen werden.

(2) Legitimationsregeln bei Inhaberaktien

Bei Inhaberaktien kann die Satzung gem. § 123 Abs. 3 Satz 1 AktG zusätzlich bestimmen, wie die Berechtigung zur Teilnahme an der Hauptversammlung oder zur Ausübung des Stimmrechts nachzuweisen ist. 145

Bei **börsennotierten Gesellschaften** reicht jedoch nach § 123 Abs. 3 Satz 2 AktG in jedem Fall ein in Textform erstellter besonderer Nachweis des Anteilsbesitzes durch das depotführende Institut aus. Der Nachweis hat sich gem. § 123 Abs. 3 Satz 3 AktG auf den Beginn des 21. Tages vor der Versammlung zu beziehen und muss der Gesellschaft mindestens 6 Tage vor der Versammlung zugehen (record date). § 123 Abs. 3 Satz 4 AktG bestimmt auch hier, dass in der Satzung oder in der Einberufung aufgrund einer Ermächtigung durch Satzung eine kürzere, in Tagen zu bemessende Frist vorgesehen werden kann. Eine Verlängerung der Frist ist nicht zulässig. 146

Sofern die börsennotierte Gesellschaft statt einer Globalurkunde **Einzel- oder Sammelurkunden** ausgegeben hat, sollte die Satzung Bestimmungen enthalten, wie sich die Inhaber solchen Urkunden legitimieren können. Würde die Satzung auch für effektive Stücke stets den Bestandsnachweis durch eine depotführende Stelle verlangen, müssten Aktionäre, die ihre Aktien privat verwahren, andernfalls nur zu diesem Zweck ein Depot eröffnen.[188] 147

In der Satzung einer **nicht börsennotierten Gesellschaft** können jedoch abweichende Bestimmungen zur Teilnahmeberechtigung vorgesehen werden, wie die Hinterlegung bei einem Notar oder Kreditinstitut bis zum Ende der Hauptversammlung.[189] Sind oder sollen Aktien nicht verbrieft werden, empfiehlt sich eine Regelung, wie die Aktionäre ihre Aktionärseigenschaft zur Teilnahem nachzuweisen haben. Denkbar ist etwa, dass Anteilsübertragungen in notariell beglaubigter Form vorgelegt werden müssen. 148

(3) Legitimationsregeln bei Namensaktien

Für Namensaktien gilt hingegen § 67 Abs. 2 AktG. Die Eintragung im **Aktienregister** begründet die unwiderlegbare Vermutung der Aktionärseigenschaft. Ein gesonderter Nachweis der Berechtigung ist nicht zu erbringen[190] und darf nicht verlangt werden.[191] Die Satzung kann aber vorsehen, dass im Aktienregister eine Veränderungssperre in Form eines **Umschreibungsstopps** vor der Hauptversammlung erfolgt. Die Länge der Veränderungssperre ist dabei umstritten. Die Angaben schwanken zwischen 3 Tagen[192] und 7 Tagen.[193] Angesichts der Bestimmung des § 123 Abs. 3 Satz 3 AktG dürften 6 Tage als zulässig anzusehen sein. 149

▶ Formulierungsbeispiel: Umschreibungsstopp 150

Innerhalb eines Zeitraums vom Beginn des sechsten Tages vor der Hauptversammlung bis zum Schluss der Hauptversammlung werden keine Eintragungen im Aktienregister vorgenommen.

---

188 K. Schmidt/Lutter/*Ziemons*, § 123 Rn. 20; *Spindler*, NZG 2005, 825, 827; kritisch gegenüber derartigen Satzungsbestimmungen: *Heidinger/Blath*, DB 2006, 2275, 2276.
189 K. Schmidt/Lutter/*Ziemons*, § 123 Rn. 18; *Gätsch/Mimberg*, AG 2006, 746, 749.
190 *Hüffer/Koch*, § 123 Rn. 4; *Heidinger/Blath*, DB 2006, 2275, 2276. Die Bestimmung des § 123 Abs. 3 Satz 3 AktG (record date) ist nicht auf Namensaktien anzuwenden (vgl. *Wicke*, Einführung in das Recht der Hauptversammlung, S. 21).
191 K. Schmidt/Lutter/*Ziemons*, § 123 Rn. 16; *Heidinger/Blath*, DB 2006, 2275, 2276.
192 *Noack*, ZIP 1999, 1993, 1997.
193 K. Schmidt/Lutter/*Ziemons*, § 123 Rn. 16; *Hüffer/Koch*, § 67 Rn. 20.

151 Sind die Namensaktien nicht verbrieft, stellt sich die Frage, ob ein Legitimationsnachweis – angesichts der Nichtanwendbarkeit des § 123 Abs. 3 Satz 1 AktG auf Namensaktien – in die Satzung eingefügt werden kann. Angesichts der Satzungsstrenge wird dies in der Literatur aber verneint.[194]

(4) Bevollmächtigung

152 Im Unterschied zur früheren Rechtslage ist nunmehr gem. § 134 Abs. 3 Satz 3 AktG die Textform für die Erteilung einer Stimmrechtsvollmacht in der Hauptversammlung ausreichend, wenn in der Satzung oder in der Einberufung aufgrund einer Ermächtigung in der Satzung nichts Abweichendes und bei einer börsennotierten Gesellschaft nicht eine Erleichterung bestimmt wird. Es genügt folglich grundsätzlich auch eine per Email erteilte Vollmacht, wobei bei einer nicht börsennotierten Gesellschaft in der Satzung auch strengere Formerfordernisse vorgesehen werden können. Werden mehrere Personen bevollmächtigt, so kann nach § 134 Abs. 3 Satz 2 AktG die Gesellschaft eine oder mehrere der Bevollmächtigten zurückweisen. Ungeklärt ist gegenwärtig, ob dies auch gilt, wenn ein Aktionär mehrere Aktien besitzt.[195] Eine Klarstellung in der Satzung kann sich insoweit empfehlen.

153 ▶ Formulierungsbeispiel: Bevollmächtigung Hauptversammlung

Das Stimmrecht kann durch Bevollmächtigte ausgeübt werden. Die Erteilung, der Widerruf und der Nachweis der Vollmacht bedürfen der Textform (§ 126 b BGB), sofern nicht gesetzlich etwas Abweichendes bestimmt ist. Der Nachweis der Vollmacht kann der Gesellschaft auf einem vom Vorstand zu bestimmenden Weg der elektronischen Kommunikation übermittelt werden. Die Einzelheiten werden in der Einberufung zur Hauptversammlung mitgeteilt.

Bevollmächtigt ein Aktionär mehr als eine Person zur Teilnahme an der Hauptversammlung, so kann die Gesellschaft eine oder mehrere von diesen zurückweisen. Dies gilt auch, wenn der Aktionär mehrere Aktien hält.

154 Im Unterschied zum Recht der GmbH kann die Auswahlmöglichkeit bei der Person des Bevollmächtigten nicht beschränkt werden.[196]

ee) Bestimmung des Versammlungsleiters

155 Das Aktiengesetz enthält keine Bestimmung, wer die Hauptversammlung leiten soll, so dass eine entsprechende Bestimmung in die Satzung aufgenommen werden sollte. Nicht zulässig ist allerdings die Bestellung von Vorstandsmitgliedern oder des die Hauptversammlung protokollierenden Notars.[197]

156 ▶ Formulierungsbeispiel: Bestimmung des Versammlungsleiters

Die Leitung der Hauptversammlung übernimmt der Versammlungsleiter, im Falle seiner Verhinderung sein Stellvertreter. Andernfalls wird der Versammlung von den zu Beginn der Hauptversammlung anwesenden Aufsichtsratsmitgliedern der Aktionäre gewählt.

ff) Online-Hauptversammlung, Briefwahl

157 Möglich ist eine sog. **Online-Hauptversammlung**.

158 Nach § 118 Abs. 1 Satz 2 AktG kann die Satzung vorsehen oder den Vorstand ermächtigen, dass die Aktionäre an der Hauptversammlung auch ohne Anwesenheit an deren Ort und ohne einen Bevollmächtigten teilnehmen und sämtliche oder einzelne ihrer Rechte ganz oder teilweise im Wege

---

194 K. Schmidt/Lutter/*Ziemons*, § 123 Rn. 17; *Butzke*, WM 2005, 1981, 1983; es ist somit § 410 BGB entsprechend anzuwenden.
195 *Wicke*, Einführung in das Recht der Hauptversammlung, S. 33.
196 Happ/*Pühler*, Aktienrecht, 1.04 Rn. 22.2; Hüffer/*Koch*, § 134 Rn. 25.
197 *Hüffer/Koch*, § 129 Rn. 18; MünchKommAktG/*Kubis*, § 119 Rn. 101; Happ/*Pühler*, Aktienrecht, 1.01 Rn. 85.

der elektronischen Kommunikation ausüben können. Es kann also eine Zweiweg-Direktverbindung eingerichtet werden, die dem Aktionär die Möglichkeit gibt, seine Rechte (Rederecht, Auskunftsrecht etc.) auszuüben, obgleich er nicht vor Ort anwesend ist. Die Möglichkeiten, die § 118 Abs. 1 AktG für Satzungsreglungen eröffnet sind dabei beträchtlich. Die Satzung kann sämtliche versammlungsgebundenen Rechte, das Stimmrecht, das Teilnahmerecht, das Rede-, Frage- und Widerspruchsrecht regeln. Möglich ist es, dass die Satzung den »Internet-Aktionären« in jeder Hinsicht dieselben Rechte einräumt, wie den physisch abwesenden Aktionären. Es können aber auch nur einzelne Rechte für Online-Teilnehmer eröffnet werden, beispielsweise nur das Stimmrecht, nicht aber das Frage- und Rederecht. Eine solche Differenzierung dürfte nicht ein Verstoß gegen das Gleichbehandlungsgebot des § 53a AktG darstellen, da das Gesetz derartige Differenzierungen ausdrücklich gestattet.[198] Nicht zulässig ist es hingegen eine virtuelle Hauptversammlung abzuhalten, die ohne physische Versammlung im Cyberspace stattfindet.

Zudem kann die Satzung gem. § 118 Abs. 2 AktG vorsehen oder den Vorstand ermächtigen, dass Aktionäre ihre Stimmen, auch ohne an der Versammlung teilzunehmen, schriftlich oder im Wege elektronischer Kommunikation abgeben dürfen (**Briefwahl**). 159

Möglich ist auch Einzelheiten hinsichtlich der Verfahrensregelungen zu treffen, wie etwa die Nutzung bestimmter Formulare, Adressen und Fristen für den Zugang sowie Bestimmungen über die Identifizierung des Briefwählers.[199]

Die vorstehenden Möglichkeiten bieten sich insbesondere für Gesellschaften mit einem geschlossenen und internationalen Aktionärskreis an. Angesichts der möglicherweise nicht unerheblichen Kosten und praktischer Schwierigkeiten bei großen Aktionärskreisen sowie der schnellen technischen Entwicklung, sollte aber in jedem Fall nur eine Ermächtigung des Vorstands in die Satzung aufgenommen werden. 160

▶ Formulierungsbeispiel: Online-Hauptversammlung 161

Der Vorstand ist ermächtigt vorzusehen, dass Aktionäre an der Hauptversammlung auch ohne Anwesenheit an deren Ort und ohne einen Bevollmächtigten teilnehmen und sämtliche oder einzelne ihrer Rechte ganz oder teilweise im Wege elektronischer Kommunikation ausüben können. Der Vorstand ist dabei auch ermächtigt, Bestimmungen zum Umfang und zum Verfahren der Teilnahme und Rechtsausübung zu treffen. Eine etwaige Nutzung dieses Verfahrens und die dazu getroffenen Bestimmungen sind mit der Einberufung der Hauptversammlung bekannt zu machen.

▶ Formulierungsbeispiel: Briefwahl 162

Der Vorstand ist ermächtigt vorzusehen, dass Aktionäre ihre Stimmen, ohne an der Hauptversammlung teilzunehmen, schriftlich oder im Wege elektronischer Kommunikation abgeben dürfen (Briefwahl). Der Vorstand ist dabei auch ermächtigt, Bestimmungen zum Verfahren zu treffen. Eine etwaige Nutzung dieses Verfahrens und die dazu getroffenen Bestimmungen sind mit der Einberufung der Hauptversammlung bekannt zu machen

gg) Mitteilungen nach § 125 AktG

Der Vorstand muss den Kreditinstituten und den Vereinigungen von Aktionären, die in der letzten Hauptversammlung Stimmrechte für die Aktionäre ausgeübt oder eine Mitteilung verlangt haben, die Einberufung der Hauptversammlung gem. § 125 Abs. 1 Satz 1 AktG mitteilen. 163

Mittels Satzungsregelung kann bestimmt werden, dass diese Mitteilungen nicht mehr in Papierform, sondern ausschließlich elektronisch über die Kreditinstitute an die Aktionäre übermittelt werden. 164

---

198 *Wicke*, Einführung in das Recht der Hauptverhandlung, S. 24; vgl. auch *Noack*, NZG 2008, 441, 444.
199 *Wicke*, Einführung in das Recht der Hauptversammlung, S. 29.

165 Die Ausgestaltungsmöglichkeiten sind dabei vielfältig. So kann die Übermittlung nur teilweise auf die elektronische Kommunikation umgestellt werden, etwa für Aktionäre, deren Email-Adresse der Gesellschaft bekannt ist. Ferner könnte der Wege der elektronischen Kommunikation genau beschrieben werden, indem die Satzung vorsieht, dass Mitteilungen nur noch per Email erfolgen.[200]

166 Nach § 128 Abs. 1 Satz 1 AktG hat ein Kreditinstitut, wenn es zu Beginn des 21. Tages vor der Versammlung für die Aktionäre Inhaberaktien in Verwahrung hat oder es für Namensaktien, die ihm nicht gehören, im Aktienregister eingetragen wird, die nach § 125 Abs. 1 Satz 1 AktG zugehenden Mitteilungen unverzüglich an die Aktionäre zu übermitteln. Auch hier kann die Satzung es gem. § 128 Abs. 1 Satz 1 AktG gestatten, mittels Satzungsbestimmung die Art und Weise der Übermittlung auf die elektronische Kommunikation zu beschränken. Besteht eines solche Satzungsbestimmung, ist das Kreditinstitut nicht verpflichtet, aufgrund etwaiger vertraglicher Bestimmungen mit ihren Kunden, die sich aus allgemeinen Geschäftsbestimmungen ergeben (anders bei individualvertraglichen Regelungen) einen Papierversand vorzunehmen.[201]

167 Zu beachten ist in jedem Fall allerdings § 30b Abs. 3 Buchst. d) WpHG, wonach Informationen an Aktionäre börsennotierter Gesellschaften nur dann elektronisch übermittelt werden dürfen, wenn der Aktionär nicht widerspricht.[202]

168 ▶ Formulierungsbeispiel: Mitteilungen nach § 125 AktG

Der Anspruch des Aktionärs nach § 128 Abs. 1 S. 1 AktG auf Übermittlung der Mitteilung nach § 125 Abs. 1 AktG ist auf den Weg der elektronischen Kommunikation beschränkt. Gleiches gilt, soweit die Voraussetzungen des § 30 b Abs. 3 lit. d WpHG erfüllt sind, für die Übermittlung von Mitteilungen durch die Gesellschaft nach § 125 Abs. 2 AktG. Der Vorstand ist ermächtigt, Mitteilungen in Papierform zu übermitteln und kann auch die Kreditinstitute zu einer Übermittlung in Papierform ermächtigen. Soweit der Vorstand eine Übermittlung in Papierform zulässt, ist dies mit der Einberufung zur Hauptversammlung bekannt zu machen.

hh) Bild- und Tonübertragungen

169 Die Satzung kann gem. § 118 Abs. 3 AktG in bestimmten Fällen vorsehen, dass Aufsichtsratsmitglieder an der Hauptversammlung im Wege der Ton- oder Bildübertragung teilnehmen. Gemäß § 118 Abs. 4 AktG ist kann die Satzung zudem gestatten, dass die Hauptversammlung in Bild und Ton übertragen wird oder eine entsprechende Ermächtigung dem Vorstand oder dem Versammlungsleiter erteilen.

170 ▶ Formulierungsbeispiel: Bild- und Tonübertragung

Der Vorstand kann bestimmen, dass die Hauptversammlung oder Teile der Hauptversammlung in Bild und Ton übertragen werden.

ii) Rede- und Fragerecht

171 Gemäß § 131 Abs. 2 Satz 2 AktG kann die Satzung den Versammlungsleiter ermächtigen, das Frage- und Rederecht des Aktionärs zeitlich angemessen zu beschränken, und Näheres zu bestimmen. Dabei ist mittlerweile anerkannt, dass die Satzung dem Versammlungsleiter konkrete inhaltliche Vorgaben für eine generelle Beschränkung des Rede- und Fragerechts einräumen kann.[203] Umstritten ist in der Literatur, ob konkrete Bestimmungen sinnvoll sind. Teilweise wird davon ausgegangen, dass je

---

200 Vgl. hierzu: *Drinhausen/Keinath*, BB 2009, 64, 66.
201 Begr. RegE ARUG, BT-Drucks. 18/11642, S. 31; nicht geklärt ist, ob dies bei börsennotierten Gesellschaften angesichts der Bestimmung des § 30b Abs. 3 Nr. 1 WpHG praktische Bedeutung erlangt.
202 Vgl. hierzu *Paschos/Goslar*, AG 2009, 14, 17.
203 Vgl. hierzu BGH v. 08.02.2010 – II ZR 94/08 = DNotZ 2010, 389; *Herrler*, DNotZ 2010, 331 ff.; nach der Vorinstanz OLG Frankfurt am Main (Urt. v. 12.02.2008 – 5 U 8/07 = MittBayNot 2008, 399 = RNotZ 2008, 432) sollte nur eine abstrakte Beschränkung durch die Satzung möglich sein.

A. Gründung

stärker in der Satzung die Eingriffsschwelle definiert wird, desto geringer im Einzelfall die Eingriffsschwelle für den Versammlungsleiter sei, was wiederum das Risiko erfolgreicher Anfechtungsklagen beschränkt.[204] Nach dieser Auffassung sollte daher eine Bestimmung in die Satzung aufgenommen werden, in welcher die Gesamtdauer der Hauptversammlung, der späteste Schluss der Debatte sowie die den einzelnen Aktionären pro Wortmeldung und insgesamt entfallende Frage- und Redezeit angeben werden. Um den Umständen des Einzelfalls Rechnung zu tragen, muss dem Versammlungsleiter hierbei allerdings ein Ermessen eingeräumt werden.[205]

▶ Formulierungsbeispiel: Frage- und Rederecht (Alternative 1)[206]   172

1. Der Versammlungsleiter hat das Recht, dass Rede- und Fragerecht der Aktionäre zeitlich nach Maßgabe der folgenden Bestimmungen zu beschränken:
    a) Ist nach der Tagesordnung (einschließlich etwaiger Minderheitsverlangen nach § 122 AktG) nur über die Gegenstände Verwendung des Bilanzgewinnes, Entlastung der Mitglieder des Vorstandes, Entlastung der Mitglieder des Aufsichtsrates, Wahl des Abschlussprüfers und Ermächtigung zum Erwerb eigener Aktien oder einzelner dieser Gegenstände Beschluss zu fassen, kann der Versammlungsleiter nach seinem Ermessen das Rede- und Fragerecht der Aktionäre in solcher Weise zeitlich beschränken, dass die Hauptversammlung insgesamt nicht länger als 6 Stunden dauert. Bei der Berechnung der Dauer der Hauptversammlung bleiben die Zeiträume außer Betracht, die auf Unterbrechungen der Hauptversammlung und die Rede des Vorstandes sowie aus Ausführungen des Versammlungsleiters vor Beginn in der Generaldebatte entfallen.
    b) Ist nach der Tagesordnung (einschließlich etwaiger Minderheitsverlangen nach § 122 AktG) auch über andere Gegenstände als nach Buchstabe a) Beschluss zu fassen, kann der Versammlungsleiter nach seinem Ermessen das Rede- und Fragerecht der Aktionäre in solcher Weise zeitlich beschränken, dass die Hauptversammlung insgesamt nicht länger als 10 Stunden dauert. Buchstabe a) Satz 2 gilt entsprechend.
    c) Der Versammlungsleiter kann die Rede- und Fragezeit eines Aktionärs je Wortmeldung auf 15 Minuten beschränken und, wenn sich im Zeitpunkt der Worterteilung an den Aktionär mindestens drei weitere Redner angemeldet haben, auf 10 Minuten. Der Versammlungsleiter kann die Rede- und Fragezeit, die einem Aktionär während der Versammlung insgesamt zusteht, auf 45 Minuten beschränken.
    d) Die Beschränkungen nach Buchstaben a) bis c) können vom Versammlungsleiter jederzeit, auch zu Beginn der Versammlung nach seinem Ermessen angeordnet werden.
    e) Beschränkungen nach Maßgabe der vorstehenden a) bis d) gelten als angemessen im Sinne des § 131 Abs. 2 Satz 2 AktG.
2. Unabhängig von dem Recht des Versammlungsleiters, dass Frage- und Rederecht der Aktionäre nach Maßgabe von Absatz 1 zu beschränken, kann der Versammlungsleiter um 22.30 Uhr des Versammlungstages den Debattenschluss anordnen und mit der Abstimmung zu den Tagesordnungspunkten beginnen. Nach Anordnung des Debattenschlusses sind in den Fällen des Satzes 1 weitere Fragen nicht mehr zulässig.
3. Das Recht des Versammlungsleiters das Rede- und Fragerecht der Aktionäre über die Bestimmungen in Absatz 1 und 2 hinaus nach Maßgabe der gesetzlichen Bestimmungen oder nach Maßgabe sonstiger in der Rechtsprechung anerkannte Grundsätze einzuschränken, bleibt von den Regelungen in Absatz 1 und 2 unberührt.

Nach der Gegenmeinung sollte hingegen auf allzu detaillierte Regelungen verzichtet werden.[207]   173
Andernfalls bestehe bei Maßnahmen, welche nicht in der Satzung genannt werden ein erhöhter Rechtfertigungsbedarf. Es sollten daher nur allgemein die Befugnisse des Versammlungsleiters beschrieben werden. Folgt man dieser Meinung, empfiehlt sich die folgende Regelung:

---

204 *Herrler*, DNotZ 2010, 331 ff.
205 *Herrler*, DNotZ 2010, 331 ff.
206 Nach BGH v. 08.02.2010 – II ZR 94/08 = DNotI 2010, 78 ff.
207 *Arnold/Geistner* GWR 2010, 288 ff.

174 ▶ **Formulierungsbeispiel: Frage- und Rederecht (Alternative 2)**

Der Versammlungsleiter ist berechtigt, das Frage- und Rederecht zeitlich angemessen zu beschränken. Er kann dabei insbesondere Beschränkungen der Redezeit, der Fragezeit oder der zusammengenommenen Rede- und Fragezeit sowie den angemessenen zeitlichen Rahmen für den ganzen Hauptversammlungsverlauf, für einzelne Gegenstände der Tagesordnung und für einzelne Redner zu Beginn oder während des Verlaufs der Hauptversammlung angemessen festlegen. Dies schließt auch die Befugnis ein, erforderlichenfalls die Wortmeldungen vorzeitig zu schließen und den Schluss der Debatte anzuordnen.

q) Rechnungslegung, Gewinnverwendung, Dividendenabschlag, Fälligkeit der Dividende

175 Die gesetzliche Frist für die Aufstellung der Bilanz- der Gewinn- und Verlustrechnung, des Anhangs und des Lageberichts kann für kleine Kapitalgesellschaften gem. § 264 Abs. 1 Satz 3 HGB auf 6 Monate verlängert werden, wobei es jedoch nicht zulässig ist, diese 6-Monatsfrist Frist als Regelfall zuzulassen.[208]

176 Stellen Aufsichtsrat und Vorstand den Jahresabschluss fest, können sie gem. § 58 Abs. 2 Satz 1 AktG einen Teil des Jahresüberschusses, höchstens jedoch die Hälfte, in andere **Gewinnrücklagen** einstellen. Nach § 58 Abs. 2 Satz 2 bis 4 AktG kann aber auch eine abweichende Bestimmung in der Satzung getroffen werden. So kann die Satzung bestimmen, dass die Hauptversammlung bei der Beschlussfassung über die Verwendung des Bilanzgewinns einen bestimmten Teil oder auch den gesamten Bilanzgewinn verteilen muss.[209] Umstritten ist, ob umgekehrt in der Satzung vorgesehen werden kann, einen bestimmten Teil des Bilanzgewinns in die Gewinnrücklagen oder den Gewinnvortrag einzustellen.[210]

177 Nach § 58 Abs. 5 AktG besteht zudem die Möglichkeit, dass die Hauptversammlung eine **Sachdividende** beschließt. Hierfür ist jedoch eine entsprechende Satzungsregelung erforderlich.

178 ▶ **Formulierungsbeispiel: Sachdividende**

Die Hauptversammlung kann anstelle oder neben der Barausschüttung eine Verwendung des Bilanzgewinns im Wege einer Sachausschüttung beschließen.

179 Der Vorstand kann ferner im Rahmen des § 59 AktG mit Zustimmung des Aufsichtsrates nach Ablauf eines Geschäftsjahres einen Abschlag auf den voraussichtlichen Bilanzgewinn an die Aktionäre auszahlen, sofern die Satzung eine entsprechende Ermächtigung enthält. Eine derartige Regelung kann sich bei einem beschränkten Aktionärskreis, bei Konzerngesellschaften oder bei Gesellschaften, die von Finanzinvestoren gehalten werden, empfehlen.

180 ▶ **Formulierungsbeispiel: Abschlagdividende**[211]

Der Vorstand kann mit Zustimmung des Aufsichtsrates im Rahmen des § 59 AktG eine Abschlagdividende an die Aktionäre ausschütten.

r) Einziehung von Aktien

181 Gemäß § 237 Abs. 1 Satz 1 AktG können Aktien zwangsweise durch die Gesellschaft eingezogen werden. Satzungsbestimmungen zur Zwangseinziehung von Aktien sind insbesondere bei Familien-

---

208 Happ/*Pühler*, Aktienrecht, 1.01 Rn. 91. Formulierungsvorschlag für die Aufstellung des Jahresabschlusses bei kleinen Kapitalgesellschaften: Kap. 2 Rdn. 375.
209 Happ/*Pühler*, Aktienrecht, 1.01 Rn. 95; MünchKommAktG/*Bayer*, § 58 Rn. 92; MünchHdb. AG/*Hoffmann-Becking*, § 46 Rn. 18.
210 Dafür: Happ/*Pühler*, Aktienrecht, 1.01 Rn. 95; MünchKommAktG/*Kropff*, § 174 Rn. 14; Dagegen: MünchHdb. AG/*Hoffmann-Becking*, § 46 Rn. 16; KK-AktG/*Lutter*, § 58 Rn. 69.
211 Happ/*Pühler*, Aktienrecht, Muster 1.01, § 27 Abs. (4).

gesellschaften und Gesellschaften, die auf eine enge persönliche Zusammenarbeit der Aktionäre basieren, zu empfehlen, um den Kreis der Aktionäre abzusichern (Überfremdungsschutz).[212]

Das Gesetz unterscheidet zwischen der **angeordneten Zwangseinziehung** und der **gestatteten Zwangseinziehung**. Eine angeordnete Zwangseinziehung ist gegeben, wenn die Satzung festlegt, dass unter bestimmten Voraussetzungen Aktien eingezogen werden müssen. Die Einziehung wird in diesem Fall vom Vorstand erklärt. Die Satzung muss die Gründe für die Zwangseinziehung festlegen, so dass im konkreten Einziehungsverfahren kein weiterer Entscheidungsspielraum verbleibt.[213] Ferner muss das zu zahlende Einziehungsentgelt und der Einziehungszeitpunkt durch die Satzung bestimmt werden.[214] Zulässige Einziehungsgründe sind u. a. die Pfändung der Aktien, der Tod oder die Insolvenz eines Aktionärs, die Gesamtrechtsnachfolge bei vinkulierten Aktien, die Zugehörigkeit zu einer bestimmten Familie oder ein »Change of Control«.[215]

182

Die strengen Anforderungen an die angeordnete Zwangseinziehung machen diese zu einem recht unflexiblen Instrument. Anderseits muss die angeordnete Zwangseinziehung im Unterschied zur gestatteten Zwangseinziehung nicht gerechtfertigt werden.

183

Bei einer gestatteten Zwangseinziehung müssen Gründe für die Einziehung oder die Frage des Einziehungsentgeltes in der Satzung nicht angegeben werden, obgleich die Angabe von Gründen oder eine Entgeltregelung zulässig sind. Die Entscheidung über die Zwangseinziehung obliegt in diesem Fall der Hauptversammlung.[216]

184

▶ Formulierungsbeispiel: Gestattete Einziehung von Aktien[217]

185

(1) Die Hauptversammlung kann die Einziehung von Aktien gegen den Willen des betroffenen Aktionärs beschließen,
  – wenn über das Vermögen des Aktionärs das Insolvenzverfahren eröffnet oder die Eröffnung eines solchen Verfahrens mangels Masse abgelehnt wird oder wenn der Aktionär die Richtigkeit seines Vermögensverzeichnisses an Eides statt zu versichern hat,
  – wenn die Zwangsvollstreckung in die Gesellschaftsbeteiligung des Aktionärs betrieben und die Vollstreckungsmaßnahme nicht binnen einer Frist von zwei Monaten aufgehoben wird,
  – wenn in der Person des Aktionärs ein wichtiger Grund, insbesondere in Form schweren gesellschaftsschädigenden Verhaltens, besteht,
  – wenn die Aktien durch Erbfolge auf andere Personen als Ehegatten oder Abkömmlinge des Aktionärs übergehen und nicht innerhalb von sechs Monaten nach dem Tod des Aktionärs auf diesen Personenkreis oder einen anderen Aktionär übertragen werden,
  – wenn die Aktien von einem Aktionär im Wege der Gesamtrechtsnachfolge auf ein Unternehmen übergehen, das im Übergangszeitpunkt den Aktionär weder kontrolliert hat noch von diesem kontrolliert worden ist noch von demselben Unternehmen wie dieser kontrolliert worden ist oder wenn ein Aktionär unter die Kontrolle eines anderen Unternehmens gerät. Als Kontrolltatbestand gelten die Sachverhalte, die i.S.v. § 290 HGB in seiner jeweiligen Fassung zur Aufstellung eines Konzernabschlusses verpflichten.
(2) Stehen Aktien mehreren Mitberechtigten ungeteilt zu, ist die Einziehung zulässig, wenn deren Voraussetzungen nur in der Person eines Mitberechtigten vorliegen.
(3) Der Vorstand hat die Einziehung dem betroffenen Aktionär gegenüber durch Einschreiben zu erklären. Ab dem Zugang der Erklärung des Vorstands ruht das Stimmrecht des betroffenen Aktionärs.
(4) Die Gesellschaft hat dem betroffenen Aktionär dem den Verkehrswert der Anteils in fünf gleichen Raten zu vergüten, von denen die erste Rate sofort und jede weitere Rate sechs

---

212 Happ/*Pühler*, Aktienrecht, 1.04 Rn. 22; KK-AktG/*Lutter*, § 237 Rn. 13.
213 *Hüffer/Koch*, § 237 Rn. 2; KK-AktG/*Lutter*, § 237 Rn. 34; *Terbrack*, RNotZ 2003, 89, 110.
214 *Hüffer/Koch*, § 237 Rn. 2; KK-AktG/*Lutter*, § 237 Rn. 34; *Terbrack*, RNotZ 2003, 89, 110.
215 Vgl. K. Schmidt/Lutter/*Veil*, AktG, § 237 Rn. 12; *Hüffer/Koch*, § 237 Rn. 12; Happ/*Pühler*, Aktienrecht, 1.04 Rn. 22; *Terbrack*, RNotZ 2003, 89, 108 ff.
216 K. Schmidt/Lutter/*Veil*, § 237 Rn. 14; *Hüffer/Koch*, § 237 Rn. 16; *Terbrack*, RNotZ 2003, 89, 109.
217 Vgl. *Terbrack* RNotZ 2003, 89, 110 ff.; Happ/*Pühler*, Aktienrecht, 1.04.

Monate später fällig wird; die Vergütung ist vom Tage der Einziehung ab mit dem Basiszinssatz zu verzinsen. Der Verkehrswert der Aktien ist nach den jeweiligen Richtlinien des Instituts der Wirtschaftsprüfer in Deutschland e. V. (IDW) in Düsseldorf am Tag des Ausscheidens zu ermitteln. Erfolgt über die Höhe der Vergütung keine Einigung, so wird diese rechtsverbindlich durch einen vom Präsidenten der Industrie- und Handelskammer in Düsseldorf zu benennenden Sachverständigen festgesetzt.

(5) Sofern und soweit die Zahlung einer Einziehungsvergütung gegen § 62 AktG verstoßen würde, gelten Zahlungen auf den Hauptbetrag als zum gem. Abs. 4 bestimmten Satz verzinslich, Zinszahlungen als unverzinslich

s) Angabe von Sondervorteilen gem. § 26 Abs. 1 AktG

186 Nach § 26 Abs. 1 AktG ist in der Satzung anzugeben, wenn einzelnen Aktionären oder Dritten besondere Vorteile eingeräumt werden. Unter einem besonderen Vorteil oder Sondervorteil im Sinne dieser Norm, sind Gläubigerrechte gemeint, die einzelnen oder auch allen Aktionären oder Dritten aus Anlass der Gründung der Gesellschaft persönlich gewährt werden.[218] Gläubigerrecht bedeutet, dass das Recht nicht aus der Mitgliedschaft folgt, sondern neben ihr besteht, also vorbehaltlich seiner Verkehrsfähigkeit unabhängig von der Mitgliedschaft übertragen werden kann.[219] Aus Anlass der Gründung bedeutet, dass der Sondervorteil und die Gründung in einem sachlichen Zusammenhang stehen.[220] Hieraus wird geschlossen, dass der Sondervorteil dem Berechtigten gegenleistungsfrei zukommen muss, also seinen Grund nicht in einem gegenseitigen Vertrag haben darf.[221] Wird jedoch der Vertragspartner unangemessen bevorzugt, so kann auch ein Anspruch aus einem gegenseitigen Vertrag einen Sondervorteil darstellen.[222] Beispiele für Sondervorteile sind: Ansprüche auf Umsatzprovision,[223] Recht zum Wiederkauf eingebrachter Sachen,[224] Recht zur Entsendung von Aufsichtsratsmitgliedern[225] sowie über § 131 AktG hinausgehende Informationsrechte.[226] Ein Verstoß gegen § 26 Abs. 1 AktG führt gem. § 26 Abs. 3 AktG zur Nichtigkeit der Vereinbarung.

t) Gründungsaufwand

187 Soll der Gründungsaufwand von der Gesellschaft getragen werden (Notar- und Gerichtsgebühren, Honorare der Gründungsprüfer, Kosten der Bekanntmachung im Bundesanzeiger, Druckkosten für die Aktienurkunden), so ist dieser gem. § 26 Abs. 2 AktG in der Satzung festzusetzen.

188 Der noch nicht angefallene Gründungsaufwand ist zu schätzen. Eine gesetzliche Obergrenze für den Gründungsaufwand besteht nicht. Teilweise sind Registergerichte jedoch – in Anlehnung an die Rechtsprechung des OLG Celle zur GmbH-Gründung –[227] der Auffassung, dass der Aufwand sich in einem angemessenen Verhältnis zum Grundkapital der Gesellschaft bewegen muss.[228] Beim häufigen Fall der Gründung einer Aktiengesellschaft mit dem gesetzlich vorgeschriebenen Mindestkapital wird ein Gründungsaufwand von 10 % des Grundkapitals von den Registergerichten nicht beanstandet. Bei höherem Grundkapital sollte der Gründungsaufwand jedoch (deutlich) unter 10 % bleiben. Ob diese Rechtsansicht zutreffend ist, erscheint zweifelhaft. Vielmehr dürfte bei einem höheren Aufwand allenfalls verlangt werden dürfen, dass dieser gegenüber dem Registergericht nach-

---

218 *Hüffer/Koch*, § 26 Rn. 2; MünchKommAktG/*Pentz*, § 26 Rn. 8; K. Schmidt/Lutter/*Seibt*, § 26 Rn. 4.
219 *Hüffer/Koch*, § 26 Rn. 2; MünchKommAktG/*Pentz*, § 26 Rn. 8; GroßkommAktG/*Röhricht*, § 26 Rn. 7.
220 *Hüffer/Koch*, § 26 Rn. 2.
221 GroßkommAktG/*Röhricht*, § 26 Rn. 4 ff.; Schmidt/Lutter, § 26 Rn. 5.
222 GroßkommAktG/*Röhricht*, § 26 Rn. 4 ff.; Schmidt/Lutter, § 26 Rn. 5.
223 *Hüffer/Koch*, § 26 Rn. 3.
224 *Hüffer/Koch*, § 26 Rn. 3.
225 *Hüffer/Koch*, § 26 Rn. 3.
226 *Hüffer/Koch*, § 26 Rn. 3; GroßkommAktG/*Röhricht*, § 26 Rn. 17; MünchKommAktG/*Pentz*, § 26 Rn. 12; a.A. KK-AktG/*Kraft*, § 26 Rn. 9.
227 OLG Celle, Beschl. v. 22.10.2014 – 9 W 124/14 = DNotI-Report 2015, 23.
228 MünchKommAktG/*Pentz*, § 26 Rn. 34.

gewiesen wird. Die Satzungsbestimmung über den Gründungsaufwand sollte am Ende der Satzung aufgeführt werden, weil sie nach § 26 Abs. 5 AktG frühestens nach 30 Jahren entfernt werden kann.

4. Satzungsergänzende Nebenabreden

Satzungsergänzende Nebenabreden bzw. schuldrechtliche Aktionärsvereinbarungen sind Vereinbarungen, die Aktionäre vor, bei oder nach der Gründung der Aktiengesellschaft zur Regelung ihrer Rechtsverhältnisse untereinander oder zur Gesellschaft außerhalb der Satzungsurkunde treffen.[229] Der Inhalt derartiger Vereinbarungen ist vielfältig. In der Praxis werden mittels derartiger Verträge insbesondere Personalien (Besetzung des Aufsichtsrates bzw. des Vorstandes), die Steuerung des Gesellschafterbestandes oder Finanzierungs- oder Förderpflichten geregelt. Rechtstechnisch werden diese Ziele durch Stimmbindungsvereinbarungen[230] oder bezüglich der Steuerung des Gesellschafterbestandes über Andienungspflichten, Vorerwerbs- und Vorkaufsrechte, Mitverkaufsrechte und Mitverkaufspflichten (sog. Tag Along- und Drag Along-Rechte) umgesetzt.[231]

189

Derartige Bestimmungen haben zum einen den Vorteil, dass sie im Unterschied zur Satzung nicht publiziert werden müssen, sie können also vertraulich bleiben.[232] Außerdem sind sie vor dem Hintergrund der Satzungsstrenge des Aktienrechts flexibler, können also Regelungen enthalten, die in eine Satzung nicht eingefügt werden könnten.[233]

190

5. Bestellung des Abschlussprüfers

Gemäß § 30 Abs. 1 Satz 1 AktG haben die Gründer für das erste Voll- oder Rumpfgeschäftsjahr einen Abschlussprüfer zu bestellen. Die Bestellung ist nicht Voraussetzung für die Eintragung der Gesellschaft im Handelsregister.[234] Gemäß § 30 Abs. 1 Satz 2 AktG bedarf sie jedoch der notariellen Beurkundung, so dass sie zweckmäßig im Gründungsprotokoll erfolgt. Die Bestellung kann unterbleiben, wenn davon ausgegangen werden kann, dass die Gesellschaft als **kleine Kapitalgesellschaft** i.S.d. § 267 Abs. 1 HGB nicht prüfungspflichtig sein wird.[235] In diesem Fall sollte ein entsprechender Hinweis im Gründungsprotokoll aufgenommen werden. Vereinzelt wird jedoch empfohlen, einen Abschlussprüfer immer zu bestellen, weil die Frage der Prüfungspflicht von den erst künftig am Bilanzstichtag gegebenen Verhältnissen abhänge.[236] In der Praxis steht zum Zeitpunkt der Beurkundung aber zumeist fest, ob es sich bei der Aktiengesellschaft um eine kleine Kapitalgesellschaft i.S. § 267 Abs. 1 HGB handeln wird.

191

6. Bestellung des ersten Aufsichtsrates

Gemäß § 30 Abs. 1 AktG haben die Gründer den ersten Aufsichtsrat der Gesellschaft zu bestellen. Die Bestellung bedarf gem. § 30 Abs. 1 Satz 2 AktG der notariellen Beurkundung, so dass es zweckmäßig ist, die Aufsichtsratsbestellung im Gründungsprotokoll vorzunehmen. Die Mitglieder des ersten Aufsichtsrates können nach § 30 Abs. 3 Satz 1 AktG nicht für längere Zeit als bis zur Beendigung der Hauptversammlung bestellt werden, die über die Entlastung für das erste Voll- oder Rumpfgeschäftsjahr beschließt. Da die erste Hauptversammlung häufig ohne notarielle Begleitung

192

---

[229] Hüffer/Koch, AktG, § 23 Rn. 45; MünchKommAktG/Pentz, § 23 Rn. 187; K. Schmidt/Lutter/Seibt, § 23 Rn. 64.
[230] K. Schmidt/Lutter/Seibt, § 23 Rn. 64; Hüffer/Koch, § 23 Rn. 45; MünchKommAktG/Pentz, § 23 Rn. 195.
[231] K. Schmidt/Lutter/Seibt, § 23 Rn. 64; Hüffer/Koch, § 23 Rn. 45; MünchKommAktG/Pentz, § 23 Rn. 188.
[232] K. Schmidt/Lutter/Seibt, § 23 Rn. 65.
[233] K. Schmidt/Lutter/Seibt, § 23 Rn. 64; MünchKommAktG/Pentz, § 23 Rn. 188.
[234] Hüffer/Koch, § 30 Rn. 10; MünchKommAktG/Pentz, § 30 Rn. 47; K. Schmidt/Lutter/Bayer, § 30 Rn. 26.
[235] Happ/Mulert, Aktienrecht, 2.01 Rn. 14.
[236] MünchHdb. AG/Hoffmann-Becking, § 3 Rn. 18.

stattfindet, wird in der Praxis jedoch häufig vergessen, den Aufsichtsrat neu zu bestellen. Daher sollte im Gründungsprotokoll ausdrücklich nochmals hierauf hingewiesen werden.

193 Die Anzahl der Mitglieder des ersten Aufsichtsrates richtet sich nach der Satzung, die wiederum § 95 AktG beachten muss. Gemäß § 30 Abs. 2 AktG sind auf die Zusammensetzung und Bestellung des ersten Aufsichtsrates die Vorschriften über die Bestellung von Aufsichtsratsmitgliedern der Arbeitnehmer nicht anzuwenden, d.h. der erste Aufsichtsrat besteht nur aus Mitgliedern der Aktionäre. Wenn also zukünftig Teile des Aufsichtsrates durch Arbeitnehmer besetzt werden, müssen die Gründer auch diese Positionen (zunächst) besetzen. Will man dies verhindern, kann die Satzung bestimmen, dass der erste Aufsichtsrat aus einer geringeren Anzahl von Mitgliedern als der zweite besteht.[237] Besonderheiten bestehen jedoch insoweit gem. § 31 Abs. 1 AktG bei einer Sachgründung, sofern ein Unternehmen oder Unternehmensteil eingebracht wird.

7. Erste Sitzung des Aufsichtsrates/Bestellung des ersten Vorstands

a) Wahlen innerhalb des ersten Aufsichtsrates

194 Nach seiner Bestellung erfolgen in der ersten Sitzung des Aufsichtsrates zunächst die Wahlen des Vorsitzenden und seines Stellvertreters. Für die Wahl genügt jeweils die einfache Mehrheit der Stimmen, sofern die Satzung keine abweichende Bestimmung getroffen hat. Bei einer Gesellschaft, die dem MitbestG unterliegt, finden jedoch für die Wahl des Vorsitzenden und seines Stellvertreters § 27 Abs. 1 und Abs. 2 MitbestG Anwendung.

b) Bestellung des ersten Vorstands

195 Der erste Vorstand wird nach § 30 Abs. 4 AktG durch den Aufsichtsrat bestellt. Sieht die Satzung einen mehrgliedrigen Vorstand vor, so muss dieser vollzählig besetzt werden.[238] Wirksam wird die Bestellung des Vorstands erst, wenn dieser seine Bestellung angenommen hat. Spätestens in der Unterzeichnung des Gründungsprüfungsberichtes dürfte aber eine konkludente Annahme des Amtes zu sehen sein.

aa) Eignungsvoraussetzungen

196 Mitglied des Vorstands kann gem. § 76 Abs. 3 AktG nicht sein, wer
– als Betreuter bei der Besorgung seiner Vermögensangelegenheiten ganz oder teilweise einem Einwilligungsvorbehalt (§ 1903 BGB) unterliegt;
– aufgrund eines gerichtlichen Urteils oder einer vollziehbare Entscheidung einer Verwaltungsbehörde einen Beruf, Berufszweig, Gewerbes oder Gewerbezweiges nicht ausüben darf, soweit der Unternehmensgegenstand ganz oder teilweise mit dem Gegenstand des Verbots übereinstimmt;
– Wegen des Unterlassens der Stellung des Antrags auf Eröffnung des Insolvenzverfahrens (Insolvenzverschleppung), nach den §§ 283 bis 283d StGB, der falschen Angaben nach § 82 GmbHG oder § 399 AktG, der unrichtigen Darstellung nach § 400 AktG, § 331 HGB, § 313 UmwG oder § 17 PublG oder nach den §§ 263 bis 264a oder den §§ 265b bis 266a StGB;
– zu einer Freiheitsstrafe von mindestens einem Jahr verurteilt wurde; dieser Ausschluss gilt für die Dauer von 5 Jahren seit der Rechtskraft der Urteils, wobei die Zeit nicht angerechnet wird, in welcher der Täter aufgrund behördlicher Anordnung in einer Anstalt verwahrt worden ist. Auch im Ausland darf keine Verurteilung wegen einer vergleichbaren Tat erfolgt sein.

197 Im Übrigen sind etwaige Vorgaben der Satzung bei der Bestellung der Vorstände zu beachten.

---

237 *Hüffer/Koch*, § 30 Rn. 5; MünchHdb. AG/*Hoffmann-Becking*, § 3 Rn. 15.
238 *Krafka/Kühn*, Registerrecht, Rn. 1300.

A. Gründung

bb) Ausländer als Vorstände

Auch Ausländer können Vorstand sein, wobei es nicht darauf ankommt, ob sie ihren Wohnsitz in der Bundesrepublik Deutschland haben.[239] Der Vorstand muss nicht berechtigt sein, jederzeit in die Bundesrepublik Deutschland einzureisen.[240]

cc) Amtszeit

Ein Vorstandsmitglied kann gem. § 84 Abs. 1 Satz 1 AktG höchstens für die Dauer von 5 Jahren bestellt werden. Ist bei der Bestellung eine Befristung versäumt worden, führt die Auslegung gem. § 157 BGB i.d.R. zu einer fünfjährigen Amtszeit.[241]

dd) Vertretungsbefugnis

Der Aufsichtsrat kann – sofern die Satzung eine entsprechende Ermächtigung enthält – die Vertretungsberechtigung des Vorstands bestimmen. Zu beachten ist § 112 AktG, wonach nur eine Befreiung vom Mehrfachvertretungsverbot des § 181, 2. Alt. BGB zulässig ist. Eine Befreiung vom Verbot des Insichgeschäftes (§ 181, 1. Alt. BGB) ist hingegen nicht möglich.

ee) Vorsitzender des Vorstands

Besteht der Vorstand aus mehreren Personen, so kann der Aufsichtsrat gem. § 84 Abs. 2 AktG ein Mitglied zum Vorsitzenden des Vorstands ernennen. Auch die Bestellung eines stellvertretenden Vorstandsvorsitzenden wird zumeist für zulässig erachtet.[242]

c) Form

Die Niederschrift über die Aufsichtsratssitzung ist gem. § 107 Abs. 2 AktG vom Aufsichtsratsvorsitzenden zu unterzeichnen. Nicht erforderlich ist die Unterzeichnung durch sämtliche Mitglieder des Aufsichtsrates, obgleich dies in der Praxis üblich ist.

8. Einlageleistung

Die Anmeldung der Gesellschaft zum Handelsregister kann gem. § 36 Abs. 2 Satz 1 AktG erst erfolgen, wenn auf jede Aktie der eingeforderte Betrag ordnungsgemäß eingezahlt worden ist und, soweit er nicht bereits zur Bezahlung der bei der Gründung angefallenen Steuern und Gebühren verwandt wurde, endgültig zu freien Verfügung des Vorstand steht. Die Gesellschafter müssen also nach der Bestellung des Vorstands zunächst entsprechend den Bestimmungen des Aktiengesetzes ihre Einlageleistungen erbringen. Später kann eine Einzahlung nicht erfolgen, weil schon im Gründungsbericht festgestellt werden muss, dass der eingeforderte Betrag endgültig zur freien Verfügung des Vorstands steht.

a) Form der Einlageleistung

Die Form der Einlageleistung wird dabei durch § 54 Abs. 3 AktG konkretisiert. Zugelassen ist demnach nur die Barzahlung oder die Kontogutschrift. Auf andere Weise kann die Einlagepflicht bei einer Bargründung nicht erfüllt werden, insbesondere nicht durch Zahlung an die Gesellschafts-

---

239 *Hüffer/Koch*, § 76 Rn. 25; K. Schmidt/Lutter/*Seibt*, § 76 Rn. 24.
240 So Zur GmbH: OLG Frankfurt am Main v. 22.02.2001 – 20 W 376/2000 = FGPrax 2001, 124 ff.; OLG Hamm v. 09.08.1999 – 15 W 181/99 = DNotZ 2000. 235; OLG Köln v. 30.09.1998 – 2 Wx 22/98 = GmbHR 1999, 182, 183; *Hüffer/Koch*, § 76 Rn. 25; K. Schmidt/Lutter/*Seibt*, § 76 Rn. 24; a.A. OLG Dresden – 2 U 1433/02 = NZG 2003, 628, 629; KK-AktG/*Mertens*, § 76 Rn. 101.
241 *Hüffer/Koch*, § 84 Rn. 7; MünchKommAktG/*Hefermehl/Spindler*, § 84 Rn. 30.
242 MünchKommAktG/*Hefermehl/Spindler*, § 84 Rn. 30.

gläubiger.²⁴³ Die Barzahlung kann dabei nur mit gesetzlichen Zahlungsmitteln erfolgen, d.h. in Euroscheinen oder Euromünzen. Scheckzahlung reicht nicht aus,²⁴⁴ wobei die Gutschrift des Schecks auf einem Konto der Gesellschaft zur Erfüllung führen kann. Die Kontogutschrift genügt zur Erfüllung der Einlageforderung, wenn sie bei einem inländischen Kreditinstitut, der Zweigstelle eines deutschen Kreditinstitutes oder bei einem ausländischen Kreditinstitut erfolgt, das seinen Sitz in einem Mitgliedsstaat des EWR hat.²⁴⁵

b) Fälligkeit

205 Die Fälligkeit der Einlage kann im notariellen Errichtungsprotokoll geregelt werden. Andernfalls obliegt die Einforderung dem Vorstand der Gesellschaft.

c) Freie Verfügung des Vorstands

206 Die Einlageleistung muss endgültig zur freien Verfügung des Vorstands stehen, d.h. der Vorstand darf rechtlich und tatsächlich nicht gehindert sein, über den Betrag zu verfügen.²⁴⁶ Vor diesem Hintergrund sind eine Reihe von Rechtsfragen streitig (vgl. zu Einzelheiten Kap. 2 Rdn. 485).

207 So ist ungeklärt, ob die Zahlung an einen **Treuhänder** (etwa auf das Anderkonto eines Notars) die Einlageforderung zum Erlöschen bringt.²⁴⁷ Die Zahlung auf ein Notaranderkonto dürfte aber genügen, sofern der Vorstand nach Anmeldung der Gesellschaft zum Handelsregister Zugriff auf die Gelder hat.²⁴⁸ Absprachen über die Verwendung der einbezahlten Gelder sind zumindest unzulässig, wenn diese dazu führen, dass die eingezahlten Beträge unmittelbar oder mittelbar an den Einleger zurückfließen.²⁴⁹ Demgegenüber soll es einer freien Verfügbarkeit nicht fehlen, wenn die eingezahlten Mittel in bestimmter Weise aufgrund einer Vereinbarung zwischen den Gründern und der Gesellschaft Dritten gegenüber verwendet werden sollen (etwa zum Erwerb einer Immobilie oder einer Beteiligung).²⁵⁰ Da Abgrenzungen zu verdeckten Sacheinlagen aber häufig schwierig sind, wird in der Literatur zu Recht empfohlen, nach Möglichkeit ganz auf **Verwendungsabsprachen** zu verzichten.²⁵¹

208 Die Zahlung auf ein **debitorisches** Konto ist hingegen zulässig, soweit die Kreditlinie noch nicht überschritten ist.²⁵² Von der Problematik der freien Verfügung des Vorstands über die Einlageleistung ist schließlich die Frage zu unterscheiden, in welchem Umfang der Vorstand vor der Eintragung der Gesellschaft berechtigt ist, über die Einlagen zu verfügen (vgl. hierzu Rdn. 357 ff.).

d) Mindesteinlage

209 Bei einer Bareinlage ist nach § 36a Abs. 1 AktG mindestens 25 % des geringsten Ausgabebetrages zuzüglich eines etwaigen satzungsgemäßen **Aufgeldes in voller Höhe** zu zahlen.²⁵³ Legt die Satzung

---

243 *Hüffer/Koch*, § 54 Rn. 12; MünchKommAktG/*Bungeroth*, § 54 Rn. 49; K. Schmidt/Lutter/*Fleischer*, § 54 Rn. 27.
244 *Hüffer/Koch*, § 54 Rn. 13; K. Schmidt/Lutter/*Fleischer*, § 54 Rn. 28.
245 *Hüffer/Koch*, § 54 Rn. 15; K. Schmidt/Lutter/*Fleischer*, § 54 Rn. 30.
246 Vgl. *Hüffer/Koch*, § 36 Rn. 7; Happ/*Mulert*, Aktienrecht, 2.01 Rn. 27.
247 Dafür: *Hüffer/Koch*, § 36 Rn. 7; dagegen: MünchKommAktG/*Pentz*, § 6 Rn. 50.
248 *Hüffer/Koch*, § 36 Rn. 7; K. Schmidt/Lutter/*Kleindiek*, § 36 Rn. 22; Würzburger Notarhandbuch/*Reul*, Teil 5, Kapitel 4, Rn. 37.
249 BGH v. 18.02.1991 – II ZR 104/90 = DNotZ 1991, 843; BGH v. 09.01.2006- II ZR 72/05 = DNotZ 2006, 536; *Hüffer/Koch*, § 36 Rn. 9; MünchKommAktG/*Pentz*, § 6 Rn. 53; K. Schmidt/Lutter/*Kleindiek*, § 36 Rn. 25.
250 BGH v. 24.09.1990 – ZR II 203/89 = DNotZ 1991, 824; BGH v. 12.02.2007 – II ZR 272/05 = DNotZ 2007, 708; MünchKommAktG/*Pentz*, § 36 Rn. 53; KK-AktG/*Lutter*, § 54 Rn. 53.
251 *Hüffer/Koch*, AktG, § 36 Rn. 9; Würzburger Notarhandbuch/*Reul*, Teil 5, Kapitel 4, Rn. 37.
252 BGH v. 10.06.1996 – II ZR 98/95 = DNotZ 1997, 495; *Hüffer/Koch*, AktG, § 36 Rn. 8; K. Schmidt/Lutter/*Kleindiek*, § 36 Rn. 22.
253 *Hüffer/Koch*, § 36a Rn. 2; K. Schmidt/Lutter/*Kleindiek*, § 36a Rn. 2.

eine höhere Quote als die vorgenannten 25 % fest, kann die Eintragung zum Handelsregister im Übrigen nur abgelehnt werden, wenn der entsprechende Betrag tatsächlich vom Vorstand angefordert wurde.[254]

Mit dem Aufgeld i.S.d. § 36a AktG ist im Übrigen kein **schuldrechtliches Aufgeld** gemeint, bei dem die Zahlungsverpflichtung aus einer entsprechenden Gesellschaftervereinbarung und nicht aus der Satzung erfolgt. Soll die Frage der Eintragung der Gesellschaft im Handelsregister also von der Zahlung eines Aufgeldes entkoppelt werden, empfiehlt sich ein schuldrechtliches Aufgeld. Weiterer Vorteil eines schuldrechtlichen Agios ist im Übrigen, dass sich die Versicherung der Geschäftsführer nicht auf ein schuldrechtliches Agio beziehen muss. 210

e) Einlageleistung an die Vorgründergesellschaft

Wenn die Gründer bereits vor der Errichtung der Gesellschaft Leistungen an die Vorgründergesellschaft erbringen, stellt sich die Frage, ob damit die Einlageverpflichtung erlischt. Die Pflicht zur Leistung der Einlage beginnt erst mit Errichtung der Aktiengesellschaft. Zudem sind die Vorgründergesellschaft und die Vor-AG nicht identisch. Vor diesem Hintergrund sollte eine Zahlung vor Errichtung des Gründungsprotokolls vermieden werden. Andernfalls kann eine Erfüllungswirkung nur angenommen werden, wenn die Zahlung mit einer klaren Zweckbestimmung erfolgt ist und die Gelder unterscheidbar vom sonstigen Vermögen der Gesellschaft und ungeschmälert noch vorhanden sind.[255] Ist eine Voreinzahlung erfolgt, sollte zudem im Gründungsprotokoll darauf hingewiesen werden. Nach der Rechtsprechung muss der Notar sich darüber vergewissern, ob eine Vorauszahlung an die Gesellschaft erfolgt ist und ggf. über die Voraussetzungen einer Zahlung auf die künftige Einlageschuld belehren.[256] 211

f) Verdeckte Sachgründung

aa) Tatbestand

Von einer verdeckten Sachgründung spricht man, wenn die gesetzlichen Regelungen für die Sachgründung unterlaufen werden. Obgleich zahlreiche Einzelheiten bis heute umstritten sind,[257] lässt sich festhalten, dass der Tatbestand einer verdeckten Sachgründung gegeben ist, wenn die folgenden Voraussetzungen erfüllt sind (s. zur verdeckten Sachgründung auch Kap. 2 Rdn. 531 ff.):[258] 212
– Begründung einer Bareinlageverpflichtung durch Bargründung,
– die Gesellschaft erhält bei wirtschaftlicher Betrachtung statt der Bareinlage eine Sacheinlage,
– Umgehungsabrede.

§ 19 Abs. 4 AktG enthält eine Legaldefinition der verdeckten Sacheinlage. Eine verdeckte Sacheinlage ist demnach gegeben, wenn die Geldeinlage eines Gesellschafters bei wirtschaftlicher Betrachtung und aufgrund einer im Zusammenhang mit der Übernahme der Geldeinlage getroffenen Abrede vollständig oder teilweise als Sacheinlage zu bewerten ist. 213

Klassische Beispiele für verdeckte Sachgründungen sind, wenn der Gründer der Gesellschaft Waren oder andere Gegenstände liefert, deren Kaufpreis mit der Bareinlageverpflichtung verrechnet wird[259] oder wenn statt der Verrechnung Kaufpreis und Bareinlage hin- und hergezahlt werden, wobei die 214

---

254 *Hüffer/Koch*, § 36a Rn. 2; AnwKomm-AktienR/*Terbrack*, § 36a Rn. 4.
255 MünchKommAktG/*Pentz*, § 36 Rn. 71; Happ/*Mulert*, Aktienrecht, 2.01 Rn. 29.
256 BGH v. 24.04.2008 – V ZB 146/07 = DNotZ 2008, 840.
257 Vgl. MünchHdb. AG/*Wiesner*, § 16 Rn. 32 ff.; K. Schmidt/Lutter/*Bayer*, § 27 Rn. 51 ff.; *Hüffer/Koch*, § 27 Rn. 9 ff.
258 Vgl. BGH v. 16.01.2006 – II ZR 76/04 = DNotZ 2006, 543; BGH v. 20.11.2006 – ZR 176/05 = DNotZ 2007, 230; K. Schmidt/Lutter/*Bayer*, § 27 Rn. 51 ff.; MünchKommAktG/*Pentz*, § 27 Rn. 94 ff.
259 BGH v. 04.03.1996 – II ZB 8/95 = BGHZ 132, 141, 143 ff.; BGH v. 16.09.2002 – ZR 1/00 = DNotZ 2003, 207.

Reihenfolge ohne Bedeutung ist.[260] Auch die Verrechnung mit anderen Ansprüchen des Aktionärs gegen die Gesellschaft mit der Bareinlageforderung genügt.[261]

215 Die Umgehungsabrede (bei einer Ein-Personen-AG ist ein entsprechendes Vorhaben des Gesellschafters ausreichend)[262] wird dabei vermutet, wenn ein enger **sachliche und zeitlicher Zusammenhang** zwischen der Begründung der Bareinlageverpflichtung und dem Gegengeschäft besteht.[263]

216 Ein **zeitlicher Zusammenhang** wird regelmäßig angenommen, wenn zwischen Erbringung der Einlageleistung und dem Gegengeschäft ein Zeitraum von **weniger als 6 Monaten** liegt.[264] Die Rechtsprechung hat aber auch **8 Monate** ausreichen lassen.[265] In der Literatur werden teilweise auch **12 Monate** genannt.[266]

217 Ein **sachlicher Zusammenhang** ist stets gegeben, wenn die Leistung des Aktionärs bereits zum Zeitpunkt der Begründung der Einlageforderung zum Gegenstand der Sacheinlage hätte gemacht werden können.[267]

Will der Aktionär bei einem zeitlichen und sachlichen Zusammenhang die Regelvermutung widerlegen, muss er beweispflichtig nachweisen, dass es sich bei dem Gegengeschäft um ein gewöhnliches Umsatzgeschäft handelt.[268] Ist die **Abrede umgekehrt erwiesen**, ist ein enger zeitlicher und sachlicher Zusammenhang nicht erforderlich.[269]

218 Zu beachten ist schließlich, dass eine verdeckte Sachgründung auch vorliegen kann, wenn der Rückfluss der Einlage an eine **dritte Person** erfolgt. Die Rechtslage ist insoweit noch nicht abschließend geklärt. Nach Auffassung des BGH muss sich der Einlageschuldner die Leistung an den Dritten zurechnen lassen, wenn er hierdurch in gleicher Weise wie im Falle einer Leistung an ihn selbst begünstigt wird.[270] Dies wird im Regelfall angenommen, wenn eine konzernrechtliche Verbindung oder ein persönliches Näheverhältnis zwischen dem Dritten und dem Gründer gegeben ist (vgl. hierzu auch Kap. 2 Rdn. 542).[271]

219 Keine verdeckte Sachgründung liegt nach dem BGH hingegen vor, wenn die Einlagen an den Gründer zurückfließen, weil dieser Dienstleistungen aufgrund einer Abrede bei der Gründung für die Gesellschaft erbringt. Da Dienstleistungen des Gründers keine Sacheinlage sein könnten, könnten auf sie auch nicht die Vorschriften der verdeckten Sacheinlage angewendet werden.[272]

bb) Rechtsfolgen nach früherem Recht

220 Nach früherem Recht war sowohl das schuldrechtliche als auch das dingliche Einlagegeschäft in einem derartigen Fall nichtig. Der betroffene Aktionär musste daher die Bareinlage erneut einzahlen. Im Gegenzug stand ihm ein Anspruch auf Rückgewähr der erbrachten Leistungen zu, der bei einer Insolvenz der Gesellschaft weitgehend wertlos war. Im Ergebnis musste er somit seine Einlage doppelt erbringen.

---

260 BGH v. 20.11.2006 – II ZR 176/05 = DNotZ 2007, 230.
261 Vgl. K. Schmidt/Lutter/*Bayer*, § 27 Rn. 59.
262 BGH v. 11.02.2008 – II ZR 171/06 = DNotZ 2008, 547.
263 *Hüffer/Koch*, § 27 Rn. 14; K. Schmidt/Lutter/*Bayer*, § 27 Rn. 52.
264 MünchHdb. AG/*Wiesner*, § 16 Rn. 34; MünchKommAktG/*Pentz*, § 27 Rn. 96; K. Schmidt/Lutter/*Bayer*, § 27 Rn. 52.
265 BGH GmbHR 2002, 1193.
266 Lutter/Hommelhoff, GmbHG, § 5 Rn. 41; Würzburger Notarhandbuch/*Reul*, Teil 5, Kapitel 4, Rn. 73.
267 MünchHdb. AG/*Wiesner*, § 16 Rn. 34; GroßkommAktG/*Röhricht*, § 27 Rn. 195.
268 K. Schmidt/Lutter/*Bayer*, § 27 Rn. 52; GroßkommAktG/*Röhricht*, § 27 Rn. 205.
269 BGH v. 04.03.1996 – II ZB 8/95; = BHGZ 132, 141, 148; K. Schmidt/Lutter/*Bayer*, § 27 Rn. 52; GroßkommAktG/*Röhricht*, § 27 Rn. 201.
270 BGH v. 21.02.1994 – II ZR 60/93 = NJW 1994, 1477; K. Schmidt/Lutter/*Bayer*, § 27 Rn. 62.
271 BGH ZIP 2003, 1440; MünchKommAktG/*Pentz*, § 27 Rn. 121.
272 BGH v. 16.02.2009 – II ZR 120/07 = DNotI-Report 2009, 78.

cc) Jetzige Rechtslage

221 Mittlerweile sind die Rechtsfolgen einer verdeckten Sacheinlage entschärft. Zwar ist nach § 27 Abs. 3 AktG die verdeckte Sacheinlage grundsätzlich weiterhin unzulässig. Die Bareinlagepflicht des Gründers ist nicht erfüllt. Im Unterschied zur früheren Rechtslage sind aber gem. § 27 Abs. 3 Satz 2 AktG die Verträge über die Sacheinlage und die Rechtshandlungen zu ihrer Ausführung nicht mehr nichtig. Auf die Geldeinlageverpflichtung des Aktionärs wird der Wert des Vermögensgegenstandes im Zeitpunkt der Anmeldung der Gesellschaft angerechnet, wobei Einzelheiten bei Fällen der verdeckten gemischten Sacheinlage und der teilwiesen verdeckten Sacheinlage umstritten sind.[273] Die Beweislast für die Werthaltigkeit trägt dabei der Aktionär. Nach § 20 Abs. 7 EGAktG ist diese Neuregelung auch auf Altfälle anwendbar, die noch nicht durch rechtsgültiges Urteil oder Vereinbarung abgeschlossen wurden.

222 Trotz der Entschärfung der Rechtsfolgen einer verdeckten Sacheinlage ist weiterhin davon abzuraten, sich über das Verbot der verdeckten Sacheinlage hinweg zu setzen. Vorstände und Aufsichtsräte versichern in der Handelsregisteranmeldung, dass die Bareinlagen ordnungsgemäß erbracht wurden. Liegt tatsächlich eine Sacheinlage vor, besteht für die betreffenden Organmitglieder die Gefahr, dass sie sich aufgrund der unrichtigen Erklärung strafbar machen. Die betreffenden Organmitglieder machen sich zudem gegenüber der Gesellschaft im Hinblick auf etwaige Rechtsverfolgungskosten schadensersatzpflichtig. Darüber hinaus kann ein derartiger Sachverhalt zu einer Kündigung des Anstellungsvertrages aus wichtigem Grund und Abberufung des Vorstands führen.[274]

223 Für den betroffenen Aktionär besteht bei einer verdeckten Sachgründung die Schwierigkeit, dass er unter Umständen den Wert der Sacheinlage nicht mehr beweisen kann. Insbesondere ein zunächst unter Verschluss gehaltenes Schubladengutachten soll nach der Literatur nicht ausreichen und soll sogar den Verdacht der vorsätzlichen Vorgehensweise begründen.[275] Es bleibt somit für den Aktionär bei der Gefahr, dass er die Einlage eventuell doppelt erbringen muss. Vor diesem Hintergrund kann sich auch nach neuem Recht die Frage einer Heilung der verdeckten Sacheinlage stellen, die nach bisherigem Recht wegen § 27 Abs. 4 AktG a.F. weitgehend ausgeschlossen war. Durch die Streichung dieser Bestimmung soll es nunmehr möglich sein, die Bareinlage durch satzungsändernden Beschluss und Nachholung der Werthaltigkeitsprüfung in eine offene Sachgründung umzuwandeln. In Anbetracht der bereits erfolgten Anrechnung nach § 27 Abs. 3 Satz 3 und Satz 4 AktG ist für die Werthaltigkeitsprüfung auf den für die Anrechnung maßgeblichen Zeitpunkt abzustellen.[276]

g) Hin- und Herzahlen

aa) Frühere Rechtslage

224 Wurde im Zusammenhang mit der Gründung der Gesellschaft die Einlage auf andere Weise als durch eine verdeckte Sachgründung an den Gründer zurückgewährt, galt nach bisheriger Rechtsprechung die Einlage als nicht erbracht. Klassisches Beispiel für diesen Fall ist, dass bei der Gründung vereinbart wird, die Geldeinlage dem Aktionär im Wege eines Darlehens direkt wieder auszuzahlen (sog. Hin- und Herzahlen). Dies kann insbesondere bei der Kapitalaufbringung im **Cash-Pool** auftreten, wenn die Einlage infolge der Einzahlung auf das in den Cash-Pool einbezogene Konzernkonto im Ergebnis an den Gesellschafter zurückfließt (vgl. ausführlich zum Cash-Pool: Kap. 2 Rdn. 544).

---

273 S. hierzu BGH v. 22.03.2010 = DNotZ 2010, 922; *Müller*, NZG 2011, 761 ff.
274 *Veil*, ZIP 2007, 1241, 1244.
275 *Wicke*, § 19 Rn. 28.
276 *Herrler/Reymann*, DNotZ 2009, 914, 922.

bb) Neuregelung des § 27 Abs. 4 AktG

225 Nach § 27 Abs. 4 AktG ist der Gründer nunmehr von der Einlageverpflichtung befreit, wenn die folgenden Voraussetzungen erfüllt sind:
- Leistung ist durch einen vollwertigen Rückgewähranspruch gedeckt, der zum jederzeit fällig ist oder durch fristlose Kündigung fällig gestellt werden kann;
- die entsprechende Vereinbarung über das Hin- und Herzahlen ist vor der Einlageleistung vereinbart worden;
- Offenlegung des Hin- und Herzahlen gegenüber dem Registergericht, wobei ein Nachholen der Offenlegung nicht möglich sein soll.[277]

Werden die vorgenannten Voraussetzungen nicht erfüllt, ist die bisherige Rechtsprechung zum Hin- und Herzahlen anzuwenden.[278] Umstritten ist, wie der Rückgewähranspruch gegen den Aktionär beim zulässigen Hin- und Herzahlen einzuordnen ist. Überwiegend wird von einem rein schuldrechtlichen Anspruch ausgegangen.[279] Zutreffend dürfte hingegen sein, das Aufrechnungsverbot des § 66 Abs. 1 Satz 2 AktG sowie die Haftung gem. § 65 AktG auf diesen Anspruch anzuwenden.[280]

226 Hinsichtlich der Beurteilung der Vollwertigkeit und der vollen Liquidität des Rückgewähranspruches und der Offenlegung des Hin- und Herzahlens gegenüber dem Registergericht gelten die Ausführungen zu § 19 Abs. 5 GmbHG entsprechend, so dass auf die dortigen Erläuterungen verwiesen wird.[281] Nach der Übergangsvorschrift des § 20 Abs. 7 EGAktG gilt die Neuregelung des § 27 Abs. 4 AktG auch für Einlageleistungen, die vor dem Inkrafttreten des ARUG am 01.09.2009 bewirkt wurden.

227 Schwierigkeiten ergeben sich bei der Abgrenzung des Hin- und Herzahlens zum Verbot der finanziellen Unterstützung der Gesellschaft zum Erwerb eigener Aktien gem. § 71a Abs. 1 AktG (sog. financial assistance). Zumindest bei einer Bargründung (anders wohl bei einer Barkapitalerhöhung) dürfte § 71a AktG aber nicht anwendbar sein.[282]

9. Gründungsbericht der Gründer

228 Gemäß § 32 Abs. 1 AktG haben die Gründer einen Gründungsbericht zu erstatten.[283] Damit ist ein schriftlicher Bericht über den Hergang der Gründung gemeint. Der Bericht ist von den Gründern persönlich zu unterzeichnen. Stellvertretung ist also ausgeschlossen. Eine Beglaubigung der Unterschriften ist nicht erforderlich.

229 Zum Hergang der Gründung gehören alle für die Entstehung der Aktiengesellschaft wesentlichen Umstände.[284] Der Gründungsbericht muss daher folgende Angaben enthalten:[285]
- Feststellung, dass die Gründung den gesetzlichen Vorschriften entspricht,
- Tag der Feststellung der Satzung,
- Grundkapital, dessen Zerlegung in Nennbetrags- oder Stückaktien,
- Zahl der von jedem Gründer übernommenen Aktien,
- Höhe der geleisteten Bareinlagen sowie Erklärung darüber, dass der Vorstand uneingeschränkt hierüber verfügen kann,
- Tag der Wahl der ersten Organe,

---

277 BGH NJW 2009, 2375, 2377 (zu § 19 Abs. 5 Satz 2 GmbHG); OLG Stuttgart NZG 2012, 231; a.A. Spindler/Stitz/*Hefendiehl* § 99 Rn. 115.
278 *Wicke*, § 19 Rn. 35.
279 *Gehrlein*, Der Konzern 2007, 782; *Goette*, Einführung in das neue GmbH-Recht, S. 12.
280 *Wicke*, Einführung in das Recht der Hauptversammlung, S. 60.
281 Kap. 2 Rdn. 559 ff.
282 *Wicke*, Einführung in das Recht der Hauptversammlung, S. 55 ff.
283 Muster bei: Happ/*Mulert*, Aktienrecht, 2.01.
284 *Hüffer/Koch*, § 32 Rn. 3; MünchKommAktG/*Pentz*, § 32 Rn. 12.
285 Vgl. *Krafka/Kühn*, Registerrecht, Rn. 1306; K. Schmidt/Lutter/*Bayer*, § 32 Rn. 4.

A. Gründung

– Mitglieder des Aufsichtsrates und des Vorstands,
– ob und gegebenenfalls welche Sondervorteile i.S.d. § 26 AktG gewährt wurden,
– ob und gegebenenfalls in welcher Höhe ein Gründerlohn i.S.d. § 26 AktG gewährt wurde,
– ob und in welchem Umfang bei der Gründung für Rechnung eines Mitglieds des Vorstands oder Aufsichtsrates Aktien übernommen worden sind (Strohmanngründung),
– ob und in welcher Weise ein Mitglied des Vorstands oder des Aufsichtsrates sich einen besonderen Vorteil oder für die Gründung oder ihre Vorbereitung eine Entschädigung oder Belohnung ausbedungen hat.

10. Gründungsprüfungsbericht des Vorstands und des Aufsichtsrates

Gemäß § 33 Abs. 1 AktG haben die Mitglieder des Vorstand und des Aufsichtsrates den Hergang der Gründung zu prüfen.[286] Die Berichte können (müssen aber nicht) gemeinsam erstattet werden. Der Bericht muss von sämtlichen Mitgliedern des Vorstands und den Aufsichtsrates persönlich unterzeichnet werden, eine Stellvertretung ist nicht zulässig.[287] Der Bericht bedarf zudem der Schriftform.[288]

Der Umfang der Gründungsprüfung ergibt sich aus § 34 AktG. In dem Bericht ist also auszuführen, ob die Angaben der Gründer über die Übernahme der Aktien und über die Einlagen auf das Grundkapital richtig und vollständig sind. Ferner ist zu prüfen, ob die Einzahlungsbestätigung des Kreditinstitutes nach § 37 Abs. 1 Satz 3 AktG ordnungsgemäß ist.[289] § 34 Abs. 1 AktG ist jedoch nicht abschließend. Vielmehr ist der Zweck des Gründungsprüfungsberichtes zu beachten, der die ordnungsgemäße Errichtung der Aktiengesellschaft im Sinne der Aktionäre und Gläubiger sicherstellen soll.[290] Es sind daher zusätzlich zu prüfen die Feststellung und der Inhalt der Satzung sowie ihre Vollständigkeit und Vereinbarkeit mit gesetzlichen Bestimmungen, die Bestellung der Organe und des Abschlussprüfers, der Gründungsbericht und die Genehmigungserfordernisse.[291]

Bei einer Bargründung werden im Gründungsbericht zudem regelmäßig die Unterlagen angegeben, auf denen der Bericht basiert (Gründungsprotokoll, Unterlagen über die Bestellung des Aufsichtsrates, Niederschrift über die Wahlen des ersten Aufsichtsrats und der Bestellung des Vorstands, Bankbestätigung nach § 37 Abs. 1 Satz 3 AktG, Gründungsbericht der Gründer). Besonderheiten bestehen bei der Sachgründung.[292]

11. Gründungsprüfungsbericht des externen Gründungsprüfers

a) Erforderlichkeit der externen Gründungsprüfung

Eine weitere Prüfung durch einen vom Gericht bestellten Gründungsprüfers ist in den in § 33 Abs. 2 AktG genannten Fällen erforderlich.[293] Dies ist insbesondere der Fall, wenn ein Mitglied des Aufsichtsrates oder des Vorstands zu den Gründern der Gesellschaft gehört (§ 33 Abs. 2 Nr. 1 AktG) oder bei der Gründung für Rechnung eines Mitglied des Vorstands oder Aufsichtsrats Aktien übernommen worden sind (§ 33 Abs. 1 Nr. 2 AktG). Dabei ist zu beachten, dass ein Fall nach § 33 Abs. 2 Nr. 1 und Nr. 2 AktG auch vorliegt, wenn der Gründer ein Rechtsträger ist, der zwar nicht selbst Vorstand oderx Aufsichtsrat wird, dessen vertretungsberechtigte Organe aber hierzu bestellt

---

[286] Muster bei: *Happ/Mulert*, Aktienrecht, 2.01.
[287] MünchHdb. AG/*Hoffmann-Becking*, § 3 Rn. 17.
[288] MünchHdb. AG/*Hoffmann-Becking*, § 3 Rn. 17; MünchKommAktG/*Pentz*, § 32 Rn. 6.
[289] *Happ/Mulert*, Aktienrecht, 2.01 Rn. 48.
[290] Vgl. *Hüffer/Koch*, § 33 Rn. 1.
[291] *Hüffer/Koch*, § 34 Rn. 2; K. Schmidt/Lutter/*Bayer*, § 34 Rn. 2.
[292] S. Rdn. 311.
[293] Muster bei Beck'sches Formularbuch Aktienrecht/*Lorz/Gerber*, B I.7.

b) Person des Gründungsprüfers

234 Gemäß § 33 Abs. 4 AktG sollen als Gründungsprüfer, wenn die Prüfung keine anderen Kenntnisse erfordert, nur Personen bestellt werden, die in der Buchführung ausreichend vorgebildet und erfahren sind oder Prüfungsgesellschaften, von deren gesetzlichen Vertretern mindestens einer in der Buchführung ausreichend vorgebildet und erfahren ist. Wirtschaftsprüfer und Wirtschaftsprüfungsgesellschaften sind vor diesem Hintergrund immer ausreichend qualifiziert.

235 Bei einer Bargründung kann die Prüfung aber auch durch einen Steuerberater vorgenommen werden.[296] Der Prüfer kann zudem mit dem im Gründungsprotokoll bestellten Abschlussprüfer identisch sein.[297] Im Interesse einer unparteilichen Prüfung verbietet § 33 Abs. 5 Satz 1 AktG aber die Bestellung solcher Personen zum Gründungsprüfer, die nicht Sonderprüfer sein können. § 33 Abs. 5 Satz 1 AktG verweist dabei über § 143 Abs. 2 AktG auf die §§ 319 Abs. 2, Abs. 3 und § 319a HGB.

236 Ist die Gründungsprüfung ausschließlich (!) dadurch veranlasst, dass gem. § 33 Abs. 2 Nr. 1 und Nr. 2 AktG ein Mitglied der Verwaltung zu den Gründern gehört oder bei der Gründung für Rechnung eines Verwaltungsmitglieds Aktien übernommen worden sind, kann auch der **beurkundende Notar** anstelle des Gründungsprüfers die Prüfung vornehmen. Der entsprechende Aufwand sollte vom Notar aber nicht unterschätzt werden. Daneben sollte geprüft werden, ob die Berufshaftpflichtversicherung diese Tätigkeit abdeckt. Eine Pflicht zur Übernahme der Tätigkeit durch den Notar besteht nicht.[298] Die Beauftragung erfolgt durch die Gründer. Vorteil einer Gründungsprüfung durch den Notar ist, dass das Bestellungsverfahren des Gerichts entfällt und somit der Gründungsvorgang beschleunigt werden kann.

c) Bestellung des Gründungsprüfers

237 Nimmt nicht der Notar die Gründungsprüfung vor, so ist nach § 33 Abs. 3 Satz 2 AktG der Gründungsprüfer vom Gericht zu bestellen. Das Gericht wird nur auf Antrag tätig, dem in der Praxis erst nach der Errichtung der Gesellschaft stattgegeben wird. Zuständig ist das Amtsgericht am Gesellschaftssitz. Eine Anhörung der IHK, die früher zwingend vorgeschrieben war, ist mittlerweile nicht mehr notwendig. Das Gericht kann jedoch eine Anhörung der IHK durchführen. Sie wird im Regelfall nur erfolgen, wenn der Gründungsprüfer dem Gericht nicht als zuverlässig bekannt ist. Das Gericht wird jedoch den Gründungsprüfer anhören, um festzustellen, ob er mit der Bestellung einverstanden ist und keine Hinderungsgründe nach § 33 Abs. 5 AktG vorliegen.[299] Um eine zeitliche Verzögerung zu vermeiden, ist daher zu empfehlen, eine entsprechende Einverständniserklärung des Gründungsprüfers dem Antrag beizufügen.

d) Inhalt des Gründungsprüfungsberichtes

238 Inhaltlich entspricht der Gründungsbericht des Gründungsprüfers bei einer Bargründung dem Gründungsbericht des Vorstands und des Aufsichtsrats.

---

294 *Hüffer/Koch*, § 33 Rn. 4; MünchHdb. AG/*Hoffmann-Becking*, § 3 Rn. 18; MünchKommAktG/*Pentz*, § 32 Rn. 21.
295 *Hüffer/Koch*, § 33 Rn. 4; Happ/*Mulert*, Aktienrecht, 2.01 Rn. 39; a.A. MünchKommAktG/*Pentz*, § 32 Rn. 21.
296 *Krafka/Kühn*, Registerrecht, Rn. 1310; K. Schmidt/Lutter/*Bayer*, § 33 Rn. 11.
297 MünchHdb. AG/*Hoffmann-Becking*, § 4 Rn. 33.
298 *Grage*, RNotZ 2002, 326, 333.
299 *Krafka/Kühn*, Registerrecht, Rn. 1312.

12. Bestätigung des Kreditinstitutes

Ist die Einlage gem. § 54 Abs. 3 AktG durch Gutschrift auf ein Konto der Gesellschaft eingezahlt worden, so ist nach § 37 Abs. 1 Satz 3 AktG der Nachweis durch eine Bestätigung des Kreditinstitutes zu führen. Noch nicht abschließend geklärt ist, welchen Inhalt die Bestätigung des Kreditinstitutes haben muss. Teilweise wird verlangt, dass die Bestätigung denselben Inhalt wie die Bestätigung der Anmelder zum Handelsregister haben müsse.[300] Nach der zutreffenden Gegenmeinung genügt hingegen eine Bestätigung, dass der Vorstand frei über das Konto verfügen kann, also keine Rechte der Bank oder bekannten Rechte Dritter bestehen.[301]

239

13. Berechnung Gründungsaufwand

Der Handelsregisteranmeldung ist nach § 37 Abs. 4 Nr. 2 AktG eine Berechnung des Gründungsaufwand beizufügen, in der Vergütungen nach Art, Höhe und dem Empfänger einzeln aufzuführen sind. Hierzu gehören die Notarkosten sowie die Honorare weiterer Berater (insb. Rechtsanwälte), die Gerichtskosten, das Honorar des Gründungsprüfers, Kosten des Drucks der Aktienurkunden und Bekanntmachungskosten. Die Liste sollte vom (gesamten) Vorstand unterzeichnet werden. Kosten, die noch nicht feststehen, sind zu schätzen.

240

14. Liste der Aufsichtsratsmitglieder

Anzufertigen ist schließlich gem. § 37 Abs. 4 Nr. 3a AktG eine Liste der Aufsichtsratsmitglieder. Anzugeben sind Name, Vorname, ausgeübter Beruf und Wohnort. Unter Wohnort ist die Gemeinde und nicht die konkrete Adresse zu verstehen.[302]

241

15. Handelsregisteranmeldung

Gemäß § 36 Abs. 1 AktG ist die Gesellschaft bei dem Gericht, in dessen Bezirk sie ihren Sitz hat (vgl. § 14 AktG) von allen Gründern, den Mitgliedern des Vorstandes und sämtlichen Aufsichtsratsmitgliedern anzumelden. Die Unterschriften sind nach § 12 Abs. 1 HGB zu beglaubigen.

242

a) Vertretung

Nach h.M. soll eine rechtsgeschäftliche Vertretung bei der Anmeldung nicht zulässig sein.[303] Daher soll auch eine Bevollmächtigung des Notars (sog. Reparaturvollmacht) – wie in Handelsregisteranmeldungen in der Praxis üblich – nicht zulässig sein.[304] Dem ist nicht zu folgen. Eine rechtsgeschäftliche Vertretungsmacht scheidet nur bei höchstpersönlichen Erklärungen aus. Höchstpersönlich ist eine Erklärung aber nur, sofern der Inhalt der Erklärung strafrechtlich gegen unrichtige Angaben geschützt ist.[305] Nicht umfasst sind hiervon jedoch die Anmeldung der Aktiengesellschaft als solches, weil die strafrechtlich relevanten Versicherungserklärungen zwar »in« der Handelsregisteranmeldung abzugeben sind, dies aber nicht bedeutet, dass bei der gesamten Anmeldung eine Vertretung ausgeschlossen ist. Eine Vertretung ist daher bei dem nicht höchstpersönlichen Teil der Anmeldung möglich.[306]

243

---

300 In diesem Sinne BGH v. 18.02.1991, II ZR 104/90 = DNotZ 1991, 843; *Henze*, DB 2001, 1469, 1472.
301 *Hüffer/Koch*, § 37 Rn. 3a; *Happ/Mulert*, Aktienrecht, 2.01 Rn. 28.
302 *Hüffer/Koch*, § 37 Rn. 11 a.
303 *Hüffer/Koch*, § 36 Rn. 4; MünchKommAktG/*Pentz*, § 36 Rn. 26; K. Schmidt/Lutter/*Kleindiek*, § 36 Rn. 10.
304 MünchKommAktG/*Pentz*, § 36 Rn. 26; K. Schmidt/Lutter/*Kleindiek*, § 36 Rn. 10.
305 BayObLG, NJW 1987, 136; *Krafka/Kühn*, Registerrecht, Rn. 115.
306 So zutreffend auch: *Krafka/Kühn*, Registerrecht, Rn. 115.

b) Inhalt der Anmeldung

aa) Erklärung zur Leistung der Einlage

244 Gemäß § 37 Abs. 1 Satz 1 AktG ist in der Anmeldung zu erklären, dass die Voraussetzungen der §§ 36 Abs. 2 und 36a AktG erfüllt sind. Dies bedeutet, dass der eingeforderte Betrag (also mindestens ein Viertel des geringsten Ausgabebetrages sowie ein darüber hinaus eingeforderter höherer Betrag sowie ein etwaiges Aufgeld) auf jede Aktie ordnungsgemäß eingezahlt worden ist und endgültig zur freien Verfügung des Vorstandes steht. Dabei ist der Betrag anzugeben, zu dem die Aktien ausgegeben werden, sowie – für jeden Gründer getrennt- der darauf eingezahlte Betrag.[307]

245 Sind die Geldeinlagen nicht mehr in der ursprünglichen Form vorhanden, weil der Vorstand über sie verfügt hat, kann der Vorstand die Erklärung nach § 37 Abs. 1 Satz 1 AktG trotzdem abgeben, sofern eine **wertgleiche Deckung** gegeben ist.[308] Damit ist gemeint, dass an die Stelle der eingeforderten und bezahlten Bareinlage aktivierungsfähige Vermögensgegenstände vom gleichen Wert getreten sind, der Gesellschaft also Werte zugeflossen sind, die zum Zeitpunkt der Anmeldung noch vorhanden sind. Hierzu zählt auch die Tilgung von Verbindlichkeiten der Gesellschaft, während nicht aktivierungsfähige Ausgaben wie Miet- oder Lohnzahlungen nicht zulässig sind.[309] Ist vor der Anmeldung bereits über die Einlageleistung verfügt worden, ist dies in der Handelsregisteranmeldung ist anzugeben und darzulegen (sowie mittels Vorlage von Verträge und Rechnungen etc. zu beweisen), dass anstelle der eingeforderten Barbeträge aktivierungsfähige Vermögensgegenstände wertgleicher Deckung vorhanden sind.[310]

246 Der BGH hat das Postulat der wertgleichen Deckung für die Kapitalerhöhung freilich aufgegeben,[311] woraus die Literatur teilweise schließt, dass dies auch bei der Gründung einer Gesellschaft nicht mehr erforderlich sei.[312] Ob der BGH seine Rechtsprechung zur Kapitalerhöhung aber auf die Gründung erweitert ist ungewiss. In der Praxis sollte daher zunächst weiterhin vom Gebot der wertgleichen Deckung ausgegangen werden.

bb) Versicherungen der Vorstandsmitglieder

247 Gemäß § 37 Abs. 2 AktG haben die Vorstandsmitglieder in der Anmeldung zudem zu versichern, dass keine Umstände vorliegen, die ihrer Bestellung nach § 76 Abs. 3 Satz 2 Nr. 2 und 3 sowie Satz 3 AktG entgegenstehen und dass sie über ihre unbeschränkte Auskunftspflicht gegenüber dem Gericht belehrt worden sind. In der Praxis wird dabei die allgemeine Erklärung der Vorstandsmitglieder, dass keine Ausschlussgründe vorliegen, für nicht ausreichend erachtet,[313] so dass es empfiehlt, die Erklärung inhaltlich an § 76 Abs. 3 Satz 2 Nr. 2 und Nr. 3 sowie Satz 3 AktG anzupassen oder einfach zu versichern, dass die Vorstände überhaupt nicht (im In- und Ausland) vorbestraft sind.[314] Die Belehrung nach § 53 Abs. 2 des Bundeszentralregistergesetzes (BZRG) kann dabei schriftlich vorgenommen werden. Sie kann durch einen Notar oder einen im Ausland bestellten Notar durch einen Vertreter eines vergleichbaren rechtsberatenden Berufs oder einen Konsularbeamten erfolgen (vgl. § 37 Abs. 2 Satz 2 AktG). Damit erübrigt sich die bisherige Praxis, den im Ausland ansässigen Vorstand schriftlich zu belehren.

---

307 *Hüffer/Koch*, § 37 Rn. 3; Heidel/*Terbrack*, Aktienrecht, § 37 Rn. 7 ff.
308 BGH v. 13.07.1992 – II ZR 263/91 = NJW 1992, 3300; *Hüffer/Koch*, § 36 Rn. 11a; MünchKommAktG/*Pentz*, § 36 Rn. 79 ff.; GroßkommAktG/*Röhricht*, § 36 Rn. 85 ff.; *Müller*, FS Beusch, S. 631, 639.
309 Würzburger Notarhandbuch/*Reul*, Teil 5, Kapitel 4, Rn. 40; a.A. *Priester* ZIP 1994, 599 ff.
310 *Hüffer/Koch*, § 37 Rn. 3; *Bayer*, FS Horn, 2006, S. 271, 279 ff.; Würzburger Notarhandbuch/*Reul*, Teil 5, Kapitel 4, Rn. 40; a.A. K. Schmidt/Lutter/*Kleindiek*, § 37 Rn. 8 ff., wonach eine Versicherung genügt, dass keine Unterbilanz entstanden oder eine solche bereits ausgeglichen ist.
311 BGH v. 18.03.2002 – II ZR 363/00 = DNotZ 2002, 808.
312 K. Schmidt/Lutter/*Kleindiek*, § 36 Rn. 33; *Priester*, ZIP 1994, 599, 602; *K. Schmidt*, AG 1986, 106, 114 ff.
313 Vgl. BayObLG DNotZ 1982, 177.
314 BGH v. 17.05.2010 – II ZB 5/10, DNotZ 2010, 930.

cc) Angaben zur Vertretungsbefugnis

Gemäß § 37 Abs. 3 AktG ist in der Anmeldung wiederzugeben, welche allgemeine Vertretungsbefugnis die Vorstandsmitglieder nach der Satzung oder, falls dort keine abschließende Regelung enthalten ist, nach dem Gesetz haben (sog. **Abstrakte Vertretungsbefugnis**).[315] Hierzu gehört auch die durch das Registergericht einzutragende Ermächtigung des Aufsichtsrates, Einzelvertretung oder gemischte Gesamtvertretung anzuordnen sowie die Möglichkeit einzelne Vorstandsmitglieder von den Beschränkungen des § 181 BGB zweite Alternative zu befreien.

248

Die besondere Vertretungsbefugnis von Vorstandsmitgliedern (sog. **konkrete Vertretungsbefugnis**) ist hingegen nur anzugeben, wenn diese von der allgemeinen Vertretungsregelung abweicht.[316] Manche Registergerichte verlangen aber auch in diesem Fall die Angabe der Vertretungsbefugnis für sämtliche Vorstandsmitglieder. Es empfiehlt sich daher in der Praxis die konkrete Vertretungsbefugnis in jedem Fall anzumelden.[317]

249

dd) Inländische Geschäftsanschrift

Gemäß § 37 Abs. 3 Nr. 1 AktG ist in der Anmeldung ferner eine inländische Geschäftsanschrift anzugeben. Unter dieser Anschrift kann an den oder die Vertreter der Gesellschaft wirksam zugestellt werden. Die Angabe muss Straße, Hausnummer, Ort und auch die Postleitzahl enthalten. Die Geschäftsanschrift wird zumeist mit dem Sitz der Hauptverwaltung oder des maßgeblichen Geschäftsbetriebes übereinstimmen. Zwingend ist dies aber nicht. Möglich ist auch die Wohnanschrift eines Vorstands, eines Gesellschafters oder eines als Zustellungsbevollmächtigten eingesetzten Vertreters (Steuerberater, Rechtsanwalt etc.).[318]

250

ee) Angaben bei Vorliegen eines genehmigten Kapitals

Enthält die Satzung ein genehmigtes Kapital, ist auch dieses anzumelden, da der Antrag den Eintragungsinhalt grundsätzlich spiegelbildlich wiedergeben soll.[319]

251

ff) Angaben nach § 24 HRV

Nach § 24 Handelsregisterverordnung (HRV) sind schließlich die Geburtsdaten der Vorstandsmitglieder anzugeben. Des Weiteren ist bei der Anmeldung der Gesellschaft die genaue Anschrift der Geschäftsräume anzugeben. Diese ist zumeist mit der inländischen Geschäftsanschrift, die in der Anmeldung ebenfalls aufzunehmen ist, identisch.

252

Weiter ist anzumelden, wer zum Vorsitzenden und Stellvertreter im Aufsichtsrat gewählt worden ist (vgl. § 107 Abs. 1 Satz 2 AktG).

253

gg) Externer Gründungsprüfer

Soll von einer externen Gründungsprüfung abgesehen werden, so ist dies gem. § 37a Abs. 1 Satz 1 AktG ausdrücklich zu erklären.

254

hh) Vollmacht

Wie oben bereits ausgeführt (vgl. Rdn. 243) ist entgegen der herrschenden Meinung in der aktienrechtlichen Literatur eine rechtsgeschäftliche Vertretung bei der Handelsregisteranmeldung zumin-

255

---

315 MünchKommAktG/*Pentz*, § 37 Rn. 60; K. Schmidt/Lutter/*Kleindiek*, § 37 Rn. 20; Happ/*Mulert*, Aktienrecht, 2.01, Rn. 60.
316 BayObLG FGPrax 1997, 158; *Krafka/Kühn*, Registerrecht, Rn. 949; Happ/*Mulert*, Aktienrecht, 2.01, Rn. 60.
317 Happ/*Mulert*, Aktienrecht, 2.01 Rn. 60.1.
318 RegE MoMiG, S. 81; *Wicke*, § 8 Rn. 17.
319 *Krafka/Kühn*, Registerrecht, Rn. 1315.

dest teilweise zulässig. Dementsprechend sollte in die Anmeldung eine Vollmacht aufgenommen werden, wonach der beurkundende Notar berechtigt ist, Änderungen und Ergänzungen der Registeranmeldung vorzunehmen, soweit sie vom Registergericht erfordert werden. Folgt man der Gegenmeinung, wonach eine Bevollmächtigung nicht zulässig ist, ist zu beachten, dass im Regelfall eine Zwischenverfügung sich auf eine Änderung der Gründungssatzung bezieht. Änderungen der Gründungssatzungen können aber auch formlos angemeldet werden, sofern zusätzliche eine Notarbescheinigung über die vollständige Fassung der Satzung vorgelegt wird. Derartige Änderungen sind von der bereits erfolgten und weiter aufrecht erhaltenen Anmeldung gedeckt.[320]

ii) Zeitpunkt für die Richtigkeit der Angaben

256 Maßgeblicher Zeitpunkt für die Richtigkeit der Angaben in der Handelsregisteranmeldung ist der Zeitpunkt des Eingangs der Erklärung beim Handelsregister.[321] Die Anmeldung kann somit unterzeichnet werden, obgleich die Gesellschafter ihre Einlagen noch nicht erbracht haben. Dem Notar ist in diesem Fall der (stillschweigende) Treuhandauftrag erteilt worden, die Anmeldung erst einzureichen, wenn ihm die Einzahlung bestätigt worden ist. Es empfiehlt sich jedoch, diesen Treuhandauftrag ausdrücklich in die Handelsregisteranmeldung aufzunehmen:

257 ▶ **Formulierungsbeispiel: Treuhandauftrag Handelsregisteranmeldung**

Dem Notar wird der Treuhandauftrag erteilt, die heute unterzeichnete Registeranmeldung erst dann dem Registergericht vorzulegen, wenn entweder ihm ein Einzahlungsbeleg über die notwendige Einzahlung, dessen Kopie oder eine entsprechende Bankbestätigung vorgelegt wurde oder er vom Vorstand schriftlich zur Vorlage aufgefordert wird.

c) Anlagen

258 Der Anmeldung sind nach § 37 Abs. 4 die folgenden Unterlagen beizufügen:
– Notarielle Niederschrift über die Errichtung der Gesellschaft, in welcher die Satzung festgestellt, die Aktien von den Gründern übernommen sind und der Aufsichtsrat bestellt worden ist;
– Niederschrift über die Sitzung des Aufsichtsrates, worin die Vorstandsmitglieder bestellt worden sind;
– eine Liste der Mitglieder des Aufsichtsrates, aus welcher Name, Vorname, ausgeübter Beruf und Wohnort der Mitglieder ersichtlich sind;
– der Gründungsbericht der Gründer und die Prüfungsberichte der Mitglieder des Vorstandes und der Aufsichtsrates sowie der Gründungsprüfer nebst ihren urkundlichen Unterlagen;
– Bescheinigung der Bank gem. § 54 Abs. 3 AktG;
– Aufstellung des Gründungsaufwands;
– im Falle des § 26 AktG (Sondervorteile Gründungsaufwand) sämtliche Verträge, die den Festsetzungen zugrunde liegen oder zu ihrer Ausführung geschlossen worden sind.

16. Übermittlung der Handelsregisteranmeldung an das Handelsregister

259 Von der oben beschriebenen Form der Anmeldung ist die Übermittlung zum Handelsregister zu unterscheiden. Die Anmeldung ist gem. § 12 Abs. 1 HGB elektronisch in öffentlich beglaubigter Form einzureichen. Die elektronische öffentliche Beglaubigung kann nur von einem Notar vorgenommen werden, der dabei eine elektronische Signatur nach dem Signaturgesetz verwenden muss. Mit der Beglaubigung muss die Bestätigung der Notareigenschaft durch eine zuständige Stelle verbunden sein.

---

320 Würzburger Notarhandbuch/*Reul*, Teil 5, Kapitel 4, Rn. 26; OLG Zweibrücken MittBayNot 2001, 230; BayObLG 1978, 22.
321 K. Schmidt/Lutter/*Kleindiek*, § 37 Rn. 3; GroßkommAktG/*Röhricht*, § 37 Rn. 9; s.a. *Heidinger*, FS Deutsches Notarinstitut, S. 235 ff.

Gemäß § 12 Abs. 2 HGB sind die Anlagen elektronisch einzureichen. Ist eine Urschrift oder eine einfache Abschrift einzureichen oder ist für das Dokument die Schriftform bestimmt, genügt die Übermittlung einer elektronischen Aufzeichnung; ist ein notariell beurkundetes Dokument oder eine öffentlich beglaubigte Abschrift einzureichen, so ist ein mit einem einfachen Zeugnis (§ 39a BeurkG) versehenes Dokument zu übermitteln. Dabei ist der Notar nicht verpflichtet, die Originalurkunde einzuscannen. Es genügt das elektronische Abbild einer bloßen Leseabschrift mit dem Buchstaben »L.S.« (für Loco Sigili) anstelle des Siegels und der Vermerk »gez.« anstelle der Unterschrift.[322]

260

Die Übermittlung der Handelsregisteranmeldung und ihrer Anlagen sowie der begleitenden strukturierten Daten an das Gericht erfolgt nicht per Email. Vielmehr erfolgt die Übermittlung durch das von der Justiz angebotenen Übermittlungsprogramm (EGVP-Client). Die Daten sind dabei in strukturierter Form zu versenden, die Strukturierung erfolgt durch das Programm XNotar.

261

17. Eintragung in das Handelsregister

Das Gericht hat nach § 38 AktG zu prüfen, ob die Gesellschaft ordnungsgemäß errichtet wurde. Hinsichtlich der Frage, ob das Grundkapital noch vorhanden ist, ist dabei der maßgebliche Zeitpunkt umstritten. Die Literatur geht davon aus, dass das Grundkapital zum Zeitpunkt der Anmeldung vorhanden sein muss. Ist zum Zeitpunkt der Eintragung das Grundkapital weder gegenständlich noch wertmäßig vorhanden, sei die Eintragung trotzdem vorzunehmen. Es bestehe lediglich eine Differenz- bzw. Unterbilanzhaftung der Gründer.[323] Die Rechtsprechung stellt hingegen auf den Zeitpunkt der Eintragung ab. Ist also das Grundkapital zu diesem Zeitpunkt weder gegenständlich noch wertmäßig vorhanden, ist die Eintragung abzulehnen.[324] Mit der Eintragung im Handelsregister entsteht die Gesellschaft. Der Inhalt der Eintragung wird durch § 39 AktG festgelegt.

262

18. Mitteilung nach § 20 AktG

Sofern ein Gründer mindestens 25 % der Aktien übernimmt, muss er dies nach § 20 Abs. 1 AktG der Gesellschaft mitteilen. Mitteilungspflichtig sind jedoch nur Unternehmen i.S.d. §§ 15 ff. AktG. Erfolgt keine Mitteilung, so sind die Rechte aus den Aktien nach § 20 Abs. 7 AktG suspendiert. Die Mitteilungspflicht entfällt nicht, weil der Gesellschaft die Beteiligung bekannt ist. Die Gesellschaft hat nach § 20 Abs. 6 AktG das Bestehen der Beteiligung unverzüglich in den Gesellschaftsblättern bekannt zu machen.

263

19. Mitteilung nach § 42 AktG

Soweit sich alle Aktien in der Hand eines Aktionärs vereinigen, hat der Vorstand dem Handelsregister gem. § 42 AktG eine entsprechende Mitteilung an das Handelsregister zu richten unter Angabe von Name, Vorname, Geburtsdatum und Wohnort des alleinigen Aktionärs. Dies gilt nach der Literatur auch bei der Einpersonengründung.[325]

264

20. Steuerliche Mitteilungspflichten

Nach § 54 EStDV sind alle Vorgänge, die die Gründung einer Kapitalgesellschaft zum Gegenstand haben, anzuzeigen. Der Notar, der das Gründungsprotokoll beurkundet hat, hat daher gem. § 54 Abs. 2 Satz 1 EStDV binnen 2 Wochen eine beglaubigte Abschrift der Urkunde beim Finanzamt einzureichen. Die Mitteilung ist an das in § 20 AO bezeichnete Finanzamt zu richten, also primär an das Finanzamt, in dessen Bezirk sich die Geschäftsleitung befindet. Ausfertigungen oder beglau-

265

---

322 LG Hagen RNotZ 2007, 491; LG Chemnitz NotBZ 2007, 146.
323 *Hüffer/Koch*, § 38 Rn. 10; K. Schmidt/Lutter/*Kleindiek*, § 38 Rn. 7; Würzburger Notarhandbuch/*Reul* Teil 5, Kapitel 4, Rn. 43.
324 So zur GmbH: BayObLG GmbHR 1998, 1225; OLG Düsseldorf ZIP 1996, 1705.
325 *Hüffer/Koch*, § 42 Rn. 3; MünchKommAktG/*Pentz*, § 42 Rn. 5.

bigte Abschriften dürfen gem. § 54 Abs. 3 EStDV erst an die Beteiligten ausgehändigt werden, wenn die Mitteilung an das Finanzamt versandt ist.

21. Notarkosten

a) Übersicht

266 Bei der Bargründung einer Aktiengesellschaft können für folgende Tätigkeiten des Notars Gebühren anfallen:
- Gründungsvollmacht
- Feststellung der Satzung
- Bestellung des Aufsichtsratsrates und des Abschlussprüfers
- Erste Sitzung des Aufsichtsrates mit Bestellung des ersten Vorstandes
- Fertigung der Liste der Aufsichtsratsmitglieder
- Gründungsprüfung
- Anmeldung zur Eintragung im Handelsregister

b) Gründungsvollmacht

267 Beglaubigt der Notar lediglich eine von ihm nicht entworfene Vollmacht, entsteht eine 0,2 Gebühr. Der Mindestwert beträgt nach Nr. 25100 KV GNotKG 20 €, der Höchstwert 70 €. Hat der Notar die Vollmacht entworfen, erhält er gemäß Nr. 24101 KV GNotKG eine Entwurfsgebühr in Höhe von 1,0. Für die Beglaubigung der Unterschrift unter diesem vom Notar gefertigten Entwurf entsteht unter den Voraussetzungen der Vorbem. 2.4.1 Abs. 2 KV keine gesonderte Gebühr.[326] Der Geschäftswert richtet sich in beiden Fällen nach § 98 Abs. 1 GNotKG, also der Hälfte des Geschäftswerts für die Beurkundung.

c) Feststellung der Satzung

268 Wird die Gesellschaft durch eine Person errichtet, entsteht eine 1,0 Gebühr nach Nr. 21200 KV GNotKG. Wird die Gesellschaft von zwei oder mehr Gründern errichtet, handelt es sich um den Abschluss eines Gesellschaftsvertrages, für welchen der Notar eine 2,0 Gebühr nach Nr. 21100 KV GNotKG erhält.[327] Der Geschäftswert bestimmt sich nach § 107 Abs. 1 Satz 1 GNotKG. Es sind somit die Summen sämtlicher Einlagen zusammen zu rechnen. Deren Wert kann höher sein als der Nennwert des Grundkapitals, wenn etwa ein Aufgeld zu leisten ist. Der Betrag eines etwaigen genehmigten Kapitals ist zuzurechnen.[328] Der Höchstwert beträgt nach § 107 Abs. 1 GNotKG 10.000.000 €. Die Übernahmeerklärungen der Gründer sind von den Gebühren für die Feststellung der Satzung mit erfasst.[329]

d) Bestellung des Aufsichtsrates und des Abschlussprüfers

269 Für den Beschluss über die Bestellung des Aufsichtsrates und des Abschlussprüfers fällt eine 2,0 Gebühr nach Nr. 21100 KV GNotKG an. Der Geschäftswert des Beschlusses bestimmt sich gem. § 108 Abs. 1 i.V.m. § 105 Abs. 4 Nr. 1 GNotKG. Er beträgt demnach 1 % des Grundkapitals, mindestens jedoch 30.000 €. Der Höchstwert beträgt gem. § 108 Abs. 5 GNotKG 5.000.000 €.[330] Bei gleichzeitiger Bestellung von Aufsichtsrat und Abschlussprüfung liegt nach § 109 Abs. 2 Nr. 4 Buchst. b) GNotKG ein einheitlicher Beschluss vor, sodass eine gesonderte Bewertung nicht erfolgt.[331]

---

326 Leipziger-GNotKG/*Bauer*, Vorbem. 2.4.1 Rn. 14 ff.
327 Happ/*P. Schmitz*, Aktienrecht, 2.01 Rn. 77.1.
328 Happ/*P. Schmitz*, Aktienrecht, 2.01 Rn. 77.2; *Diehn*, Notarkostenberechnungen, Rn. 954.
329 Happ/*P. Schmitz*, Aktienrecht, 2.01 Rn. 77.3.
330 Happ/*P. Schmitz*, Aktienrecht, 2.01 Rn. 77.5.
331 Happ/*P. Schmitz*, Aktienrecht, 2.01 Rn. 77.5; *Diehn*, Notarkostenberechnungen, Rn. 955.

A. Gründung Kapitel 3

Die Geschäftswerte zur Satzungsfeststellung und den Beschluss über die Bestellung des Aufsichts- 270
rates und des Abschlussprüfers sind bei einer Mehrpersonengründung gem. § 35 Abs. 1 GNotKG
zusammen zu rechnen und einer 2,0 Gebühr zu unterwerfen, da es sich um verschiedene Gegenstände handelt. Bei einer Einpersonen-Gründung liegen hingegen unterschiedliche Gebührensätze
vor, nämlich 1,0 für die Gründung und 2,0 für den Beschluss über die Bestellung des Aufsichtsrates
und des Abschlussprüfers. In diesem Falle erfolgt die Berechnung auf der Grundlage des § 94 Abs. 1
GNotKG.[332]

e) Erste Sitzung des Aufsichtsrates mit Bestellung des Vorstands

Entwirft der Notar den Beschluss zur ersten Sitzung des Aufsichtsrates, welcher die Bestellung des 271
ersten Vorstandes enthält, erhält er eine Entwurfsgebühr. Der Gebührensatz beträgt 2,0. Der
Geschäftswert bestimmt sich gem. §§ 108 Abs. 1 Satz 1, 105 Abs. 4 Nr. GNotKG.

f) Entwurf der Liste der Aufsichtsratsmitglieder

Für die Erstellung der Liste der Aufsichtsratsmitglieder erhält der Notar ebenfalls eine Entwurfsge- 272
bühr.[333] Der Geschäftswert bestimmt sich nach § 36 GNotKG. Dabei kann ein Teilwert von 20 %
aus dem Wert einer fiktiven Handelsregisteranmeldung angesetzt werden.[334]

g) Gründungsprüfung durch den Notar

Nimmt der Notar die Gründungsprüfung nach § 33 Abs. 3 AktG vor, so erhält er eine 1,0 Gebühr, 273
mindestens jedoch 1.000 € gemäß Nr. 25206 KV GNotKG. Der Geschäftswert entspricht gem.
§ 123 GNotKG der Summe aller Einlagen. Der Höchstwert beträgt 10.000.000 €.[335]

h) Anmeldung zum Handelsregister

Bei der Anmeldung zum Handelsregister ist zu unterscheiden, ob der Notar die Anmeldung selbst 274
entworfen hat. Ist dies nicht der Fall, erhält er für die Beglaubigung der Unterschriften nach
Nr. 25100 KV GNotKG eine 0,2 Gebühr, mindestens 20 € und höchstens 70 €. Die Belehrung des
Vorstandes nach § 37 Abs. 2 AktG löst zusätzlich eine 0,3 bis 0,5 Gebühr nach Nr. 24102 KV
GNotKG aus. Entwirft der Notar die Handelsregisteranmeldung, so erhält er gemäß Nr. 24102 KV
i.V.m. Nr. 21201 Nr. 5 KV GNotKG eine 0,5 Gebühr, mindestens 30 €. Hier sind für die Belehrung keine gesonderten Gebühren anzusetzen. Der Geschäftswert für die Anmeldung entspricht
dem des einzutragenden Grundkapitals gem. § 105 Abs. 1 Nr. 1 GNotKG, wobei auch hier ein
etwaiges genehmigtes Kapital hinzuzurechnen ist. Der Höchstwert beträgt gem. § 106
GNotKG 1.000.000 €.[336]

III. Sachgründung

1. Sachgründung und Sachübernahme, Alternative Gestaltung

Aus § 27 AktG ergibt sich, dass auch eine Sachgründung, bei der die Einlagen der Aktionäre nicht 275
in bar erbracht werden, zulässig ist. Das Gesetz unterscheidet dabei zwischen zwei Formen der Sachgründung, und zwar der Gründung durch Sacheinlagen und Sachübernahme.

Bei der Sacheinlage hat der Gründer einen Vermögensgegenstand als Gegenleistung für die Aktien 276
einzubringen. Bei der Sachübernahme erhält der Einbringende hingegen eine andere Gegenleistung
als Aktien, er muss also nicht notwendigerweise zu den Gründern gehören. Dies bedeutet jedoch

---

332 Happ/P. Schmitz, Aktienrecht, 2.01 Rn. 77.5; *Diehn*, Notarkostenberechnungen, Rn. 955.
333 *Diehn*, Notarkostenberechnungen, Rn. 956.
334 *Diehn*, Notarkostenberechnungen, Rn. 956.
335 Happ/P. Schmitz, Aktienrecht, 2.01 Rn. 78.1.
336 Happ/P. Schmitz, Aktienrecht, 2.01 Rn. 79.1; *Diehn*, Notarkostenberechnungen, Rn. 956.

nicht, dass jeder, der mit der Vor-AG Geschäfte abschließt, als Sachübernehmer anzusehen ist. Entscheidend ist vielmehr, ob bereits vor dem Zeitpunkt der notariellen Gründung eine entsprechende Verabredung unter den Gründern bzw. mit dem Dritten über die Sachübernahme bestanden hat.[337] Keine Sachübernahme liegt somit vor, wenn die Vor-AG mit Dritten Geschäfte eingeht und keine entsprechende Abrede vor der Beurkundung des Gründungsprotokolls bestanden hat.[338]

277 Soll aus Zeitgründen zunächst von einer Sachgründung abgesehen werden, kann sich eine Bargründung empfehlen. Nach Eintragung der Gesellschaft im Handelsregister können die Sachwerte im Wege der Sachkapitalerhöhung in die Gesellschaft eingebracht werden. Dabei sind die Regeln der Nachgründung zu beachten.[339]

2. Gegenstand der Sacheinlage bzw. Sachübernahme

278 Gemäß § 27 Abs. 2 Halbs. 1 können Sacheinlagen oder Sachübernahmen nur Vermögensgegenstände sein, deren wirtschaftlicher Wert feststellbar ist (vgl. zur Sacheinlagenfähigkeit auch Kap. 2 Rdn. 505 ff.). Es ist also nicht erforderlich, dass der Einlagegegenstand **bilanzrechtlich aktiviert** werden kann.[340] Entscheidend ist vielmehr, dass der Vermögensgegenstand an Gesellschaft übertragen wird, so dass er zur Befriedigung der Gläubiger verwendet werden kann.[341] Ist eine Übertragung gesetzlich nicht möglich, reicht die Überlassung zu Ausübung.[342]

279 **Obligatorische Nutzungsrechte** sind nach h.M. folglich einlagefähig, sofern die Nutzungsdauer feststeht und der Gegenstand nicht nach Belieben (etwa durch Kündigung oder bei Insolvenz der Gesellschaft) entzogen werden kann.[343] Verpflichtungen zu **Dienstleistungen** können hingegen nach § 27 Abs. 2 Halbs. 2 AktG nicht Gegenstand einer Sacheinlage oder Sachübernahme sein.[344] Schuldrechtliche Ansprüche gegen den Gründer sind – im Gegensatz zu Ansprüchen gegen Dritte – ebenfalls nicht einlagefähig.[345]

3. Bewertung/Bewertungsstichtag

280 Aus den §§ 9 Abs. 1, 34 Abs. 1 Nr. 2, 36a Abs. 2 Satz 3, 38 Abs. 2 Satz 2 AktG folgt, dass eine Unterpariemission nicht zulässig ist. Die Bewertung hat nach objektiven Kriterien zu erfolgen, wobei der Zeitwert der Höchstwert des einzulegenden Gegenstandes ist (s. zur Bewertung von Sacheinlagen Kap. 2 Rdn. 509 ff.).[346]

281 Der **Bewertungsstichtag** (also der Zeitpunkt auf welchen das Registergericht bei der Werthaltigkeitsprüfung abzustellen hat) ist dabei umstritten. Teilweise wird analog § 9 Abs. 1 GmbHG der Zeitpunkt der Anmeldung der Gründung beim Handelsregister genannt.[347] Andere stellen auf die

---

337 Happ/*Mulert*, Aktienrecht, 2.04 Rn. 2; MünchHdb. AG/*Hoffmann-Becking*, § 4 Rn. 1.
338 Happ/*Mulert*, Aktienrecht, 2.04 Rn. 2; MünchKommAktG/*Pentz*, § 27 Rn. 61.
339 Happ/*Mulert*, Aktienrecht, 2.02 Rn. 1.1; *Hüffer/Koch* § 52 Rn. 8.
340 *Hüffer/Koch*, § 27 Rn. 22; MünchKommAktG/*Pentz*, § 27 Rn. 22; K. Schmidt/Lutter/*Bayer*, § 27 Rn. 11.
341 Happ/*Mulert*, Aktienrecht, 2.04 Rn. 18; MünchHdb. AG/*Hoffmann-Becking*, § 4 Rn. 3; K. Schmidt/Lutter/*Bayer*, § 27 Rn. 12.
342 Happ/*Mulert*, Aktienrecht, 2.04 Rn. 18; GroßkommAktG/*Röhricht*, § 27 Rn. 39.
343 *Hüffer/Koch*, § 27 Rn. 26; BGH NJW 2000, 2356; OLG Nürnberg AG 1999, 381, 382; a.A. BeckBilKomm/*Förschle/Taetzner*, § 272 HGB Rn. 203.
344 BGH vom 16.02.2009 – II ZR 120/07 = DNotZ 2009, 766; *Hüffer/Koch*, § 27 Rn. 29; MünchKommAktG/*Pentz*, § 27 Rn. 33; K. Schmidt/Lutter/*Bayer*, § 27 Rn. 16.
345 BGH v. 16.02.2009 – II ZR 120/07 = DNotZ 2009, 766; MünchKommAktG/*Pentz*, § 27 Rn. 26; Würzburger Notarhandbuch/*Reul*, Teil 5, Kapitel 4, Rn. 56.
346 OLG Köln v. 25.04.1997 – 19 U 167/96 = GmbHR 1998, 42, 43; MünchKommAktG/*Pentz*, § 27 Rn. 37; K. Schmidt/Lutter/*Bayer*, § 27 Rn. 17.
347 *Hüffer/Koch*, § 27 Rn. 27; MünchKommAktG/*Pentz*, § 27 Rn. 38; K. Schmidt/Lutter/*Bayer*, § 27 Rn. 19.

A. Gründung

Eintragung der Gesellschaft im Handelsregister ab.[348] Entscheidend ist aber der zwischen den vorgenannten Anknüpfungspunkten liegende Zeitpunkt der Prüfung durch das Gericht,[349] weil das Gericht aus Gründen des Gläubigerschutzes Verringerungen des Wertes nach der Anmeldung berücksichtigen muss und spätere Veränderungen bis zur Eintragung nur schwer vorhersagen kann.

4. Besonderheiten des Sachgründungsprotokolls

a) Festsetzungen Satzung

282 Das Gründungsprotokoll einer Sachgründung ist im Wesentlichen mit dem einer Bargründung identisch. Gemäß § 27 Abs. 1 AktG bedarf jedoch die Satzung über die Erfordernisse des § 23 AktG hinaus zusätzliche Feststellungen. In der Satzung müssen gesondert festgesetzt werden:
– Gegenstand der Sacheinlage oder Sachübernahme,
– Person, von der die Gesellschaft den Gegenstand erwirbt (bei natürlichen Personen: Name, Vorname und Anschrift; bei juristischen Personen: Firma und Sitz),[350]
– Nennbetrag bei Nennbetragsaktien oder bei Stückaktien die Zahl der bei der Sacheinlage zu gewährenden Aktien oder die bei einer Sachübernahme zu gewährende Vergütung.

283 Die vorstehenden Angaben müssen Inhalt der Satzung sein. Eine Aufnahme an einer anderen Stelle des Gründungsprotokolls genügt nicht.[351]

284 Der Gegenstand der Sacheinlage oder Sachübernahme muss so konkret bezeichnet werden, dass er objektiv bestimmbar ist und sich etwaige Belastungen erkennen lassen.[352] Bei der Einbringung von Sachgesamtheiten genügt aber ein Verweis auf die der Einbringung zugrunde liegenden Verträge.[353] Sind die Angaben nicht hinreichend bestimmt, darf das Registergericht die Gesellschaft nicht eintragen. Erfolgt trotzdem die Eintragung, sind die entsprechenden Sacheinlage- und Sachübernahmevereinbarung im Unterschied zur früheren Rechtslage[354] aber nicht unwirksam. Sie bleiben vielmehr wirksam.

285 Die Festsetzungen dürfen gem. §§ 27 Abs. 5 i.V.m. § 26 Abs. 4 AktG erst nach **30 Jahren** aus der Satzung entfernt werden. Vor diesem Hintergrund empfiehlt es sich, die Festsetzungen aus Gründen der Übersichtlichkeit an das Ende der Satzung zu setzen.

b) Ausgabebetrag

286 Nach § 23 Abs. 2 Nr. 2 AktG ist im Gründungsprotokoll der Ausgabebetrag anzugeben. In der Literatur wird jedoch vertreten, dass die Angabe bei einer Sachgründung entbehrlich sei, weil das Gesetz in § 27 Abs. 1 AktG hierauf verzichte.[355] § 27 Abs. 1 Satz 1 AktG enthält aber nur Sonderregelungen für die Satzung und nicht für das Gründungsprotokoll. Daher ist der Ausgabebetrag im Gründungsprotokoll zu nennen.[356]

---

348 Hachenburg/*Ulmer*, § 9c Rn. 18 (für die GmbH).
349 Happ/*Mulert*, Aktienrecht, Rn. 27.
350 *Hüffer/Koch*, § 27 Rn. 16; MünchKommAktG/*Pentz*, § 27 Rn. 71; K. Schmidt/Lutter/*Bayer*, § 27 Rn. 31.
351 MünchHdb. AG/*Hoffmann-Becking*, § 4 Rn. 2; MünchKommAktG/*Pentz*, § 27 Rn. 136.
352 *Hüffer/Koch*, § 27 Rn. 17; MünchKommAktG/*Pentz*, § 27 Rn. 32; K. Schmidt/Lutter/*Bayer*, § 27 Rn. 32.
353 Happ/*Mulert*, Aktienrecht, 2.04 Rn. 19.
354 Vgl. hierzu: K. Schmidt/Lutter/*Bayer*, § 27 Rn. 34.
355 *Maier-Reimer*, FS Bezenberger, 2000, S. 253 ff.
356 Happ/*Mulert*, Aktienrecht, 2.04 Rn. 6; MünchKommAktG/*Pentz*, § 27 Rn. 72.

c) Aufgeld/Agio

287 Die Aktien dürfen bei der Gründung einer Aktiengesellschaft nicht für einen geringeren Betrag als ihren Nennbetrag oder ihren anteiligen Betrag am Grundkapital ausgegeben werden. Es ist aber zulässig, die Aktien zu einem höheren Betrag auszugeben. Die Differenz zum geringsten Ausgabebetrag wird als Aufgeld oder **Agio** bezeichnet. Ist der Wert der Sacheinlage höher als der geringste Ausgabebetrag besteht nach ganz herrschender Meinung aber keine Verpflichtung, einen entsprechend höheren Ausgabebetrag in der Gründungsurkunde zu nennen.[357]

288 Wird jedoch das Agio in der Gründungsurkunde aufgenommen, umfasst die Differenzhaftung des Gründers nach dem BGH auch dieses Agio.[358] Dementsprechend wird teilweise auch verlangt, dass die Prüfungspflicht des Vorstands, des Aufsichtsrates und des Registergerichts sich auf das Agio bezieht (vgl. hierzu noch Rdn. 367).[359] Will man diese Folgen sicher vermeiden, sollte auf die Festsetzung des Aufgeldes in der Gründungsurkunde verzichtet werden. Soll eine Haftung der Gründer erreicht werden, eine Prüfung durch das Registergericht aber vermieden werden, bietet sich an, eine Haftung der Gründer schuldrechtlich im Einbringungsvertrag zu vereinbaren (vgl. hierzu noch Rdn. 300).

d) Unterbewertung der Sacheinlage

289 Ist eine Sacheinlage unterbewertet worden, d.h. ihr Wert ist höher als der Wert des geringsten Ausgabebetrages bzw. eines etwaigen satzungsgemäßen Aufgeldes, sollte geregelt werden, was mit diesem »Mehrwert« geschieht, da die Bildung von Willkürreserven nach dem Rechtsgedanken des § 279 Abs. 1 Satz 1 HGB nicht zulässig ist.[360] Der Betrag kann – sofern er bei der Gesellschaft verbleiben soll – nach § 272 Abs. 2 Nr. 1 HGB in die **Kapitalrücklage** eingestellt werden. Dies gilt auch, wenn das Gründungsprotokoll zu dieser Frage schweigt, also keine Angaben zum Mehrwert enthält.[361]

290 Möglich ist aber auch, den überschießenden Betrag als **Darlehen** bei der Gesellschaft zu belassen, wobei Rückzahlung und Verzinsung geregelt werden sollten.

291 Alternativ kann ein entsprechender Barausgleich zugunsten des Gründers festgelegt werden. Da es sich bei einem Barausgleich im Ergebnis um eine Kombination einer Sacheinlage mit einer Sachübernahme handelt, spricht man von einer **gemischten Sacheinlage**. Wegen ihrer Relevanz für die Aufbringung des Grundkapitals ist bei einer gemischten Sacheinlage die gesamte Vereinbarung in die Satzung aufzunehmen.[362] Der Satzung muss also entnommen werden können, in welcher Form und welchem Umfang der Mehrwert zu ersetzen ist. Die Höhe der Vergütung muss dabei nicht ausdrücklich genannt werden. Ausreichend ist vielmehr, wenn sich die Höhe der Vergütung durch Auslegung der zum Handelsregister eingereichten Unterlagen ergibt und einer Nachprüfung durch das Registergericht zugänglich ist.[363]

e) Nichterbringung der Sacheinlage

292 Wird die Sacheinlage nicht erbracht, kann eine Kaduzierung der Aktien nur erfolgen, wenn eine entsprechende Satzungsbestimmung vorhanden ist. Es kann sich daher empfehlen, in der Satzung

---

357 Happ/*Mulert*, Aktienrecht, 2.04 Rn. 6; MünchHdb. AG/*Hoffmann-Becking*, § 4 Rn. 13.
358 BGH v. 06.12.2011 = II ZR 149/10 = DNotZ 2012, 623; OLG Jena WM 2006, 2258, 2266; MünchHdb. AG/*Krieger* § 56 Rn. 49; a.A. *Hüffer/Koch*, § 183 Rn. 21.
359 Happ/*Mulert*, Aktienrecht, 2.04 Rn. 7; MünchKommAktG/*Pentz*, § 41 Rn. 18; a.A. MünchHdb. AG/ *Hoffmann-Becking* § 4 Rn. 25.
360 *Hüffer/Koch*, § 27 Rn. 27; MünchKommAktG/*Pentz*, § 27 Rn. 29; Würzburger Notarhandbuch/*Reul*, Teil 5, Kapitel 4, Rn. 54.
361 MünchKommAktG/*Pentz*, § 27 Rn. 38; Happ/*Mulert*, Aktienrecht, 2.04 Rn. 9.
362 Happ/*Mulert*, Aktienrecht, 2.04 Rn. 9; MünchKommAktG/*Pentz*, § 27 Rn. 38.
363 OLG Stuttgart GmbHR 1982, 110; MünchKommAktG/*Pentz*, § 27 Rn. 68.

die Kaduzierung entsprechend den §§ 63 ff. AktG zuzulassen, wenn nicht ausgeschlossen ist, dass es bei der Erbringung der Sacheinlage Schwierigkeiten gibt.[364]

f) Ermächtigung zur Erfüllung der Sacheinlageverpflichtung

Der Vorstand der Gesellschaft als Organ der Vor-AG ist nach ganz h.M. befugt, sämtliche Rechtsgeschäfte hinsichtlich der Erfüllung der Sacheinlageverpflichtungen vorzunehmen.[365] Sicherheitshalber sollte aber trotzdem eine entsprechende Ermächtigung für den Vorstand in das Gründungsprotokoll aufgenommen werden.[366] Ist der Sacheinleger zugleich Vorstand der Gesellschaft ist zudem zu beachten, dass die Aktiengesellschaft gem. § 112 AktG vom Aufsichtsrat vertreten wird. Dabei handelt der gesamte Aufsichtsrat, der sich jedoch von seinem Vorsitzenden vertreten lassen kann.

g) Aufsichtsrat

Für die Bestellung des ersten Aufsichtsrates enthält § 31 AktG Sonderregeln, wenn ein Unternehmen oder ein Teil eines Unternehmens eingebracht wird. Gemäß § 31 Abs. 1 Satz 1 AktG haben die Gründer nur so viele Mitglieder für den Aufsichtsrat zu stellen, wie nach ihrer Ansicht künftig unter Beachtung der Mitbestimmungsgesetze erforderlich sein werden, mindestens aber drei.

5. Einbringungsvertrag

a) Begriffsbestimmung

Durch die nach § 27 Abs. 1 AktG erforderliche Festsetzung in der Satzung und die Übernahmeerklärung im Errichtungsprotokoll entsteht die Einlageverpflichtung des Gründers. Diese Kombination von Satzungsfeststellung und Übernahmeerklärung wird teilweise als **Sacheinlagevereinbarung** bezeichnet.[367] Hiervon zu unterscheiden ist der Einbringungsvertrag. Hierbei handelt es sich um eine Vereinbarung zwischen der Gesellschaft und dem betreffenden Gründer, die sich darauf beschränken kann, die dingliche Erfüllung der in der Sacheinlagevereinbarung begründeten Verpflichtung zu regeln. Zusätzlich können auch Modalitäten der Übertragung näher bestimmt werden.[368]

b) Notwendigkeit eines Einbringungsvertrages

In der Literatur wird teilweise vertreten, dass der Einbringungsvertrag mit den Festsetzungen des § 27 Abs. 1 AktG identisch sein könne. Insoweit handele es sich dann um eine fakultativen Bestandteil der Satzung. Der Einbringungsvertrag könne aber auch außerhalb der Satzung geschlossen werden.[369] Danach ist also ein Einbringungsvertrag entbehrlich, sofern nicht (in der Satzung nicht enthaltene) weitere Modalitäten geregelt werden müssen. Demgegenüber betonen andere Autoren die Selbstständigkeit des Einbringungsvertrages, der stets neben den Festsetzungen in der Satzung zustande kommen müsse.[370]

Zu dieser Diskussion ist zunächst anzumerken, dass es in jedem Fall möglich ist, das Vollzugsgeschäft zur Erfüllung der Sacheinlageverpflichtung in einer notariellen Urkunde zusammen mit der Fest-

---

364 So zutreffend: Würzburger Notarhandbuch/*Reul*, Teil 5, Kapitel 4, Rn. 53.
365 BGHZ 80, 129, 139; *Hüffer/Koch*, § 41 Rn. 11; a.A. aber noch BGH AG 1961, 355.
366 Happ/*Mulert*, Aktienrecht, 2.04 Rn. 13.
367 MünchHdb. AG/*Hoffmann-Becking*, § 4 Rn. 5; *Hüffer/Koch*, § 27 Rn. 4; MünchKommAktG/*Pentz*, § 27 Rn. 16.
368 MünchHdb. AG/*Hoffmann-Becking*, § 4 Rn. 5; *Hüffer/Koch*, § 27 Rn. 4; die genaue dogmatische Einordnung der Sacheinlagevereinbarung und des Einbringungsvertrage sind zusammen mit den Begrifflichkeiten allerdings umstritten (vgl. *Kley*, RNotZ 2003, 17 ff.; *Hoffmann-Becking*, FS Lutter, S. 453, 459 ff.; *Hüffer/Koch*, § 27 Rn. 4).
369 *Hoffmann-Becking*, FS Lutter, S. 453, 459 ff., im Ergebnis wohl auch BGHZ 45, 338 ff.
370 GroßkommAktG/*Wiedemann*, § 183 Rn. 73; *Kley*, RNotZ 2003, 17, 20; wohl auch *Hüffer/Koch*, § 27 Rn. 4.

stellung der Satzung zu verbinden.³⁷¹ Im Übrigen sollte der Notar den sichersten Weg beschreiten und daher immer auf den Abschluss eines Einbringungsvertrages bestehen, obgleich im Wortlaut des Gesetzes kein Anhaltspunkt für einen selbstständigen Einbringungsvertrag gefunden werden kann.³⁷² In der Praxis wird sich die vorstehende Frage aber häufig nicht stellen, weil ein Bedürfnis besteht, weitere Einzelheiten der Einbringung zu regeln.

c) Form

298 Eine besondere gesetzliche Formvorschrift für den Einbringungsvertrag kennt das Gesetz nicht. Der Einbringungsvertrag bedarf jedoch der notariellen Beurkundung, wenn entsprechende Vorschriften für die Übertragung des Gegenstands der Einlage bestehen, also bei GmbH-Geschäftsanteilen (§ 15 GmbHG) sowie Grundstücken (§ 311b BGB). Da der Einbringungsvertrag zum Handelsregister eingereicht werden muss, ist im Übrigen zumindest die einfache Schriftform erforderlich.³⁷³

d) Zeitpunkt des Abschluss des Einbringungsvertrages

299 Das Gesetz legt keinen Zeitpunkt für den Abschluss des Einbringungsvertrages fest. Zumeist wird der Einbringungsvertrag zusammen mit der Satzungsfeststellung oder danach abgeschlossen. Er kann aber auch bereits zuvor unter der aufschiebenden Bedingung der Feststellung der Satzung vereinbart werden.³⁷⁴

e) Inhalt

300 Der genaue Inhalt des Einbringungsvertrages bestimmt sich letztlich nach dem Gegenstand der Einbringung. Folgende Punkte sollten im Einbringungsvertrag aber geregelt werden:³⁷⁵
– Genaue Beschreibung des Einlagegegenstandes: Es muss eindeutig sein, welche Gegenstände übertragen werden und welche nicht. Bei der Einbringung von Sachgesamtheiten sind daher entsprechende Inventarlisten bzw. Verzeichnisse zu verwenden. Sofern auf eine Bilanz Bezug genommen wird, ist zu regeln, was mit den nicht bilanzierungsfähigen Vermögensgegenständen geschehen soll.
– Gewährleistungsregelungen;
– Fälligkeit der Einbringungsverpflichtung;
– dingliches Erfüllungsgeschäft, wenn die Sacheinlage sofort bewirkt werden soll;
– der Wert für die Einbringung sollte vereinbart werden. Dabei kann ein höherer Wert als der geringste Ausgabebetrag vereinbart werden und insoweit ein »Aufgeld« vereinbart werden, welches nicht der erhöhten Kontrolle durch das Registergericht unterliegt;
– Wirtschaftlicher Stichtag zur Abgrenzung der Erträge und Verluste aus den einzubringenden Gegenständen bzw. Besitzübergang;
– Kostentragung.

301 Sofern ein Teilbetrieb eingebracht wird, sollten zudem noch folgende Bestimmungen in den Einbringungsvertrag aufgenommen werden:
– Regelungen zur Einbringung der immateriellen Wirtschaftsgüter (Gewerbliche Schutzrechte, Know-how, Geschäfts- und Betriebsgeheimnisse Software einschließlich Source-Code);
– Regelungen zur Übernahme der Arbeitsverhältnisse;
– Regelungen zur Übertragung von Verbindlichkeiten;
– Regelungen zur Übernahme laufender Verträge;
– Bestimmung des Einbringungsstichtags;

---

371 *Hüffer/Koch*, § 27 Rn. 4.
372 So zutreffend *Kley*, RNotZ 17, 20.
373 MünchHdb. AG/*Hoffmann-Becking*, § 4 Rn. 8; *Hüffer/Koch*, § 183 Rn. 6.
374 MünchHdb. AG/*Hoffmann-Becking*, § 4 Rn. 10; *Hüffer/Koch*, § 183 Rn. 6.
375 Vgl. Happ/*Mulert*, Aktienrecht, 2.04 Rn. 21.

A. Gründung

Zu beachten ist jedoch, dass die Sacheinlage zur freien Verfügung des Vorstands stehen muss. Vorbehalte wie Kündigungen, Bedingungen oder Rücktrittsrechte sind daher nicht zulässig.[376]

6. Leistungszeitpunkt der Sacheinlagen

Gemäß § 36a Abs. 2 Satz 1 AktG sind Sacheinlagen vollständig zu leisten. Nach § 36a Abs. 2 Satz 2 AktG muss hingegen die Sacheinlage, die in der Verpflichtung besteht, einen Vermögensgegenstand auf eine Gesellschaft zu übertragen, innerhalb von 5 Jahren nach Eintragung der Gesellschaft in das Handelsregister bewirkt sein. Die beiden Bestimmungen sind widersprüchlich und die Auslegung daher streitig.

Teilweise wird vertreten, Sacheinlagen seien immer vor der Anmeldung zu leisten. Nur Sacheinlagen, bei denen ein Anspruch gegen einen Dritten übertragen werden solle, würden von § 36a Abs. 2 Satz 2 AktG erfasst werden.[377] Die h.M. geht hingegen davon aus, dass § 36a Abs. 2 Satz 2 AktG den Grundsatz darstelle, so dass die dingliche Rechtsübertragung erst 5 Jahre nach der Eintragung erfolgen müsse. Dem Gründer kann also entweder im Gründungsprotokoll oder im Einbringungsvertrag für die dingliche Übertragung eine Frist von 5 Jahren eingeräumt werden. § 36 Abs. 2 Satz 1 AktG umfasse nur Fälle der Gebrauchs- oder Nutzungsüberlassung, die bereits vor der Anmeldung zu erfolgen hätten.[378] Die Entstehungsgeschichte des § 36a AktG[379] spricht für die Auslegung der herrschenden Meinung.[380]

7. Gründungsbericht der Gründer

Genau wie bei einer Bargründung haben die Gründer auch bei einer Sachgründung einen Gründungsbericht zu erstellen. Der Gründungsbericht bei einer Sachgründung entspricht daher zunächst dem Gründungsbericht einer Bargründung. Auf die obigen Ausführungen zum Gründungsbericht (vgl. Rdn. 228) wird daher verwiesen.

Im Gründungsbericht einer Sachgründung haben die Gründer aber zusätzlich gem. § 32 Abs. 2 AktG die wesentlichen Umstände darzulegen, von denen die Angemessenheit der Leistungen für Sacheinlagen oder Sachübernahmen abhängt. Die Angaben sollten möglichst detailliert sein, um eine Prüfung für das Registergericht zu erleichtern und Verzögerungen bei der Eintragung zu verhindern. Anzugeben sind etwa die Beschaffenheit der Gegenstände, wie bei einem Grundstück, dessen Größe und Lage sowie etwaige Mieterträge. In der Praxis wird häufig auf ein beigefügtes Gutachten verwiesen, um die Angemessenheit zu begründen. Nicht möglich ist ein Verweis auf den Bericht des Gründungsprüfers, weil der Gründungsbericht der Gründungsprüfer Gegenstand des Gründungsberichtes des Gründungsprüfers ist.[381]

Die allgemeine Verpflichtung nach § 32 Abs. 2 Satz 1 AktG wird durch die Angaben nach § 32 Abs. 2 Satz 2 AktG konkretisiert. Die Angaben sind zwingend und ggf. ausdrücklich zu verneinen.[382] Ihre Aufzählung ist aber nicht abschließend. So sind weitere Angaben notwendig, wenn sie die Angemessenheit der Leistung beeinflussen.[383]

Im Einzelnen sind gem. § 32 Abs. 2 AktG folgende Angaben bei einer Sachgründung zusätzlich erforderlich:

---

376 Hausschild/Kallrath/Wachter/*Schaub*, § 14 Rn. 183.
377 KK-AktG/*Lutter*, § 188 Rn. 27; *Mayer*, ZHR 154 (1990) 535, 542 ff.
378 *Hüffer/Koch*, § 37 Rn. 4; MünchHdb. AG/*Hoffmann-Becking*, § 4 Rn. 37; MünchKommAktG/*Pentz*, § 37 Rn. 12.
379 Vgl. dazu Reg.Begr., BT-Drucks. 8/1678, S. 12.
380 So zutreffend: *Hüffer/Koch*, § 37 Rn. 4.
381 MünchHdb. AG/*Hoffmann-Becking*, § 4 Rn. 29.
382 *Hüffer/Koch*, § 32 Rn. 5; MünchKommAktG/*Pentz*, § 32 Rn. 18; K. Schmidt/Lutter/*Bayer*, § 32 Rn. 6.
383 *Hüffer/Koch*, § 32 Rn. 54; MünchKommAktG/*Pentz*, § 32 Rn. 18; K. Schmidt/Lutter/*Bayer*, § 32 Rn. 6.

a) Vorausgegangen Rechtsgeschäfte (§ 32 Abs. 2 Satz 2 Nr. 1 AktG)

308 Die vorausgegangen Rechtsgeschäfte, die auf den Erwerb durch die Gesellschaft hingezielt haben (§ 32 Abs. 2 Satz 2 Nr. 1 AktG). Es sind also diejenigen Rechtsgeschäfte anzugeben, mit denen ein Gründer den Sacheinlagegegenstand erworben hat, um ihn die Gesellschaft einzubringen, wobei es ohne Bedeutung ist, wie lange der Erwerb zurückliegt.[384] Entscheidend ist allein, dass der Gegenstand von einem Dritten erworben wurde, um ihn der Aktiengesellschaft als Sacheinlage oder Sachübernahme zu überlassen.[385]

b) Anschaffungs- und Herstellungskosten (§ 32 Abs. 2 Satz 2 Nr. 2 AktG)

309 Die Anschaffungs- und Herstellungskosten aus den letzten beiden Jahren der im Wege der Sacheinlage oder Sachübernahme von der Gesellschaft übernommenen Gegenstände (§ 32 Abs. 2 Satz 2 Nr. 2 AktG). Im Unterschied zu § 32 Abs. 2 Satz 2 Nr. 1 AktG kommt es nicht darauf an, ob das Anschaffungsgeschäft schon im Hinblick auf die spätere Einbringung in die Gesellschaft erfolgt ist.[386] Die Zwei-Jahresfrist beginnt mit dem Tage der Satzungsfeststellung.[387]

c) Betriebserträge (§ 32 Abs. 2 Satz 2 Nr. 3 AktG)

310 Beim Übergang eines Unternehmens auf die Gesellschaft die Betriebserträge der letzten beiden Jahre. Dies gilt auch beim Übergang von Unternehmensteilen. Die Angaben sind für jedes Geschäftsjahr gesondert zu machen.[388] Besteht das Unternehmen noch keine vollen 2 Jahre, so ist der bisherige Ertrag anzugeben.[389] Der Begriff des Betriebsertrags ist dabei nicht eindeutig. Teilweise wird darunter der um die außerordentlichen Aufwendungen bzw. Erträge bereinigte Jahresüberschuss/Jahresfehlbetrag gem. §§ 266 Abs. 3 A.V, 275 Abs. 2 Nr. 20 bzw. Abs. 3 Nr. 19 HGB verstanden.[390] Die Gegenmeinung lehnt sich an die Parallelbestimmung des § 5 Abs. 4 Satz 2 GmbHG an, welche vom »Jahresergebnis« spricht und damit Jahresüberschuss bzw. Jahresfehlbeträge i.S.v. §§ 266 Abs. 3, 275 HGB meint.[391] Sicherheitshalber sollten beide Zahlen angegeben werden.

8. Gründungsprüfungsbericht des Vorstands und des Aufsichtsrates

311 Der Prüfungsbericht des Vorstands und des Aufsichtsrates hat neben den oben bei der Bargründung beschriebenen Inhalt (vgl. Rdn. 230) gem. § 34 Abs. 1 Nr. 2 AktG anzugeben, ob der Wert der Sacheinlagen oder Sachübernahmen den geringsten Ausgabewert der dafür gewährten Aktien oder den Wert der dafür gewährten Aktien erreicht.

312 Nach § 34 Abs. 2 Satz 2 AktG ist in dem Bericht der Gegenstand jeder Sacheinlage sowie Sachübernahme zu beschreiben. Zudem ist die Bewertungsmethode mitzuteilen, die bei der Ermittlung des Wertes angewandt worden ist. Dabei ist zu bedenken, dass die Gründer, wenn die Sacheinlage den geringsten Ausgabebetrag nicht erreicht, eine Differenzhaftung trifft. In der Verpflichtung zur Sacheinlage ist also letztlich subsidiär eine Verpflichtung zur Bareinlage enthalten. Folglich kommt es bei der Bewertung der Sacheinlage entscheidend darauf an, welchen Verkehrswert die Sacheinlage aufweist. Bei einem Unternehmen als Sacheinlage dementsprechend auf den Ertragswert.[392]

---

384 MünchKommAktG/*Pentz*, § 32 Rn. 18; Happ/*Mulert*, 2.04 Rn. 38.
385 *Hüffer/Koch*, § 32 Rn. 5; K. Schmidt/Lutter/*Bayer*, § 32 Rn. 7.
386 MünchKommAktG/*Pentz*, § 32 Rn. 20; K. Schmidt/Lutter/*Bayer*, § 32 Rn. 9.
387 *Hüffer/Koch*, § 32 Rn. 5; MünchKommAktG/*Pentz*, § 32 Rn. 14; K. Schmidt/Lutter/*Bayer*, § 32 Rn. 11.
388 MünchKommAktG/*Pentz*, § 32 Rn. 18; Happ/*Mulert*, 2.04 Rn. 38.
389 *Hüffer/Koch*, § 32 Rn. 5; MünchKommAktG/*Pentz*, § 32 Rn. 26; K. Schmidt/Lutter/*Bayer*, § 32 Rn. 12.
390 MünchKommAktG/*Pentz*, § 32 Rn. 25; Happ/*Mulert*, Aktienrecht, 2.04, Rn. 38; K. Schmidt/Lutter/*Bayer*, § 32 Rn. 12.
391 *Hüffer/Koch*, § 32 Rn. 5; GroßkommAktG/*Röhricht*, § 32 Rn. 16.
392 MünchHdb. AG/*Hoffmann-Becking*, § 4 Rn. 35; *Hüffer/Koch*, § 27 Rn. 27; KK-AktG/*Lutter*, § 183 Rn. 48.

A. Gründung

Umstritten ist die Frage, ob der Prüfungsbericht des Vorstands und des Aufsichtsrates sich auch auf ein in der Satzung festgesetzten höheren Ausgabebetrag (also ein **Agio**) erstreckt (vgl. hierzu noch Rdn. 323). 313

Besonderheiten bestehen, wenn gem. § 33a AktG von einer Gründungsprüfung abgesehen wird (vgl. hierzu noch Rdn. 316). In diesem Fall kann der Gründungsprüfungsbericht des Aufsichtsrates sowohl von den Ausführungen nach § 34 Abs. 1 Nr. 2 AktG als auch den Angaben nach § 34 Abs. 2 AktG absehen, soweit nach § 33a AktG von einer externen Gründungsprüfung abgesehen wurde. Im Ergebnis entspricht der Gründungsbericht des Vorstands und des Aufsichtsrates im Falle des § 33a AktG somit dem Gründungsbericht bei einer Bargründung. 314

9. Gründungsprüfungsbericht des externen Gründungsprüfers

Im Unterschied zur Bargründung ist aufgrund der Bestimmung des § 33 Abs. 2 Nr. 4 AktG bei einer Sachgründung grundsätzlich ein Bericht eines externen Gründungsprüfers zu erstellen, sofern nicht ein Fall des § 33a AktG vorliegt. 315

a) Sachgründung ohne externe Gründungsprüfung nach § 33a AktG

Durch das ARUG ist eine Gründungsprüfung nicht mehr in jedem Fall notwendig. Gemäß § 33a Abs. 1 AktG kann bei einer Gründung mit Sacheinlagen oder Sachübernahmen von einer Gründungsprüfung in zwei Fällen abgesehen werden. Die Norm verlangt dabei nicht, dass bereits in der Gründungsurkunde eine Festlegung auf das Verfahren ohne externen Gründungsprüfer erfolgt. Die Entscheidung kann somit auch später getroffen werden.[393] 316

aa) Bewertung zum Börsenkurs

Eine externe Gründungsprüfung ist zum einen nach § 33a Abs. 1 Nr. 1 AktG entbehrlich, wenn **übertragbare Wertpapiere oder Geldmarktinstrumente** i.S.d. § 2 Abs. 1 Satz 1 und Abs. 1a des Wertpapierhandelsgesetzes eingebracht werden, sofern sie mit dem gewichteten Durchschnittspreis bewertet werden, zu dem sie während der letzten 3 Monate vor dem Tag ihrer tatsächlichen Einbringung auf einem oder mehreren geregelten Märkten i.S.v. § 2 Abs. 5 des Wertpapierhandelsgesetzes gehandelt worden sind. Dieser Wert wird laufend von der Bundesanstalt für Finanzdienstleistungsaufsicht (BAFin) ermittelt. Umfasst werden von dieser Variante vor allem **börsennotierte Aktien** und **Rentenpapiere.** Der Handel im Freiverkehr oder in einem anderen multilateralen Handelssystem reicht nicht aus. 317

Auf eine externe Gründungsprüfung kann nach § 33a Abs. 2 AktG aber nicht verzichtet werden, wenn der gewichtete Durchschnittspreis der Wertpapiere oder Geldmarktinstrumente durch außergewöhnliche Umstände erheblich beeinflusst worden ist. Dies ist etwa bei illiquiden Wertpapieren oder Geldmarktinstrumenten der Fall oder wenn der Handel mit den entsprechenden Papieren über einen längeren Zeitraum zum Erliegen gekommen ist bzw. ausgesetzt worden ist.[394] Letztlich sollte von dieser Möglichkeit des Verzichts nur in eindeutigen Fällen Gebrauch gemacht werden, weil eine Fehleinschätzung eine Differenzhaftung der Gründer zur Folge haben kann. 318

bb) Rückgriff auf vorhandene Bewertung

Daneben kann auf eine externe Gründungsprüfung gem. § 33a Abs. 1 Nr. 2 AktG verzichtet werden, wenn Vermögensgenstände eingebracht werden, bei denen eine Bewertung zugrunde gelegt wird, die ein unabhängiger, ausreichend vorgebildeter und erfahrener Sachverständiger nach den allgemein anerkannten Bewertungsgrundsätzen mit dem beizulegenden Zeitwert ermittelt hat und 319

---

393 *Wicke*, Einführung in das Recht der Hauptversammlung, S. 41.
394 Gesetzesentwurf der Bundesregierung zur Umsetzung der Aktionärsrichtlinie (ARUG) vom 21.01.2009, BT-Drucks. 16/11642, S. 22.

wenn der Bewertungsstichtag nicht mehr als 6 Monate vor dem Tag der tatsächlichen Einbringung liegt. Was unter einem unabhängigen, ausreichend vorgebildeten und erfahrenden Sachverständigen zu verstehen ist, sagt das Gesetz nicht. Nach dem Regierungsentwurf soll sich der Begriff mit Hilfe der §§ 33 Abs. 4 Nr. 1 und 143 Abs. 1 Nr. 1 AktG konkretisieren lassen.[395] Damit unterscheiden sich die Anforderungen an den Sachverständigen aber nicht von denen eines externen Gründungsprüfers gem. § 33 Abs. 4 AktG.[396] Bei der Unabhängigkeit dürfte verlangt werden, dass der Prüfer keine geschäftlichen, familiären oder sonstigen Beziehung zu der Gesellschaft, einem Aktionär oder dem Vorstand steht. Dem Registergericht steht grundsätzlich nicht die Kompetenz zu, die vorgelegte Bewertung eines Sachverständigen in materieller Hinsicht zu prüfen und die eingebrachten Vermögensgegenstände einer eigenen Bewertung zu unterziehen.[397]

320 Gemäß § 33a Abs. 2 AktG kann auf einen Gründungsprüfer jedoch nicht verzichtet werden, wenn anzunehmen ist, dass der Zeitwert der Vermögensgegenstände am Tag ihrer tatsächlichen Einbringung auf Grund neuer oder neu bekannt gewordener Umstände erheblich niedriger ist als der vom Sachverständigen angenommene Wert. Auch hier sollte – wie bei § 33a Abs. 1 Nr. 1 AktG – von dieser Möglichkeit des Verzichts aber nur in eindeutigen Fällen Gebrauch gemacht werden, weil eine Fehleinschätzung eine Differenzhaftung der Gründer zur Folge haben kann.

b) Person des Gründungsprüfers

321 Der beurkundende Notar kann die Gründungsprüfung bei einer Sachgründung nicht übernehmen, weil § 33 Abs. 2 AktG ihn nur in den Fällen des § 33 Abs. 1 Nr. 1 und Nr. 2 AktG als Gründungsprüfer vorsieht. Der Prüfer kann aber mit dem im Gründungsprotokoll bestellten Abschlussprüfer identisch sein.[398] In der Literatur wird allerdings empfohlen, dass bei der Erstellung eines freiwilligen Gutachtens der betreffende Gutachter nicht zum Gründungsprüfer bestellt werden sollte. Der bestellte Prüfer könne sich in diesem Fall allerdings darauf beschränken, das bereits erstellte Gutachten zu überprüfen.[399] Sofern eine Unternehmensbewertung erforderlich ist, reicht zudem ein Steuerberater als Gründungsprüfer nicht aus. Hier ist die Beauftragung eines Wirtschaftsprüfers notwendig.

c) Umfang der Prüfung, Erstreckung auf ein etwaiges Aufgeld

322 Zusätzlich zum Umfang der Prüfung bei einer Bargründung hat der Gründungsprüfer – entsprechend dem Bericht des Vorstands und des Aufsichtsrates – zu ermitteln, ob der Wert der Sacheinlagen oder Sachübernahmen den geringsten Ausgabewert der dafür gewährten Aktien oder den Wert der dafür gewährten Aktien erreicht. Dabei ist ebenfalls die Bewertungsmethode anzugeben. Bezüglich dieser Bewertung gelten die obigen Ausführungen zum Gründungsprüfungsbericht des Vorstands und des Aufsichtsrates entsprechend.

323 Umstritten ist, ob der externe Gründungsprüfer (und somit auch der Vorstand und der Aufsichtsrat in ihrem Prüfungsbericht) feststellen müssen, ob der Wert der Sacheinlagen ein etwaiges **Aufgeld** erfasst.[400] Der Wortlaut des § 34 Abs. 1 AktG spricht gegen diese Annahme. Für die Erstreckung spricht aber Art. 10 Abs. 2 der 2. EG-Richtlinie für Sachgründungen und Sachkapitalerhöhungen. Danach ist eine Prüfung erforderlich, wonach der Wert der Sacheinlage dem Nennbetrag und »gegebenenfalls dem Mehrbetrag« der dafür ausgegebenen Aktien entspricht. Eine richtlinienkonforme

---

395 RegE, S. 278.
396 *Wicke*, Einführung in das Recht der Hauptversammlung, S. 42; *Drinhausen/Keinath*, BB 2009, 64, 65; in der Praxis dürfte diese Vorschrift daher wohl nur eine geringe Bedeutung erlangen.
397 KG, Beschl. v. 12.10.2015 – 22 W 77/15, GWR 2016, 31 m. Anm. *Rothley*.
398 MünchHdb. AG/*Hoffmann-Becking*, § 4 Rn. 33.
399 MünchHdb. AG/*Hoffmann-Becking*, § 4 Rn. 33.
400 Dafür: MünchHdb. AG/*Hoffmann-Becking*, § 4 Rn. 34; *Happ/Mulert*, Aktienrecht, 2.04 Rn. 7; *Priester*, FS Lutter, 2000, S. 617, 623 ff.; dagegen: *Hüffer/Koch*, § 34 Rn. 3; MünchKommAktG/*Pentz*, § 32 Rn. 15.

Auslegung führt somit zutreffend zu einer Prüfungspflicht auch bzgl. des Agio.[401] Will man eine Prüfung des Agio vermeiden, sollte auf die Festsetzung des Aufgeldes in der Gründungsurkunde verzichtet werden. Soll eine Haftung der Gründer erreicht werden, eine Prüfung durch das Registergericht aber vermieden werden, bietet sich an, eine Haftung der Gründer schuldrechtlich im Einbringungsvertrag zu vereinbaren.

10. Handelsregisteranmeldung

a) Erklärung zur Leistung der Einlagen

Neben den oben bereits beschriebenen Angaben (Versicherungen der Vorstandsmitglieder, Vertretungsbefugnis, Inländische Geschäftsadresse, Angaben nach § 24 HRV, vgl. Rdn. 244) ist bei einer Sacheinlage gem. § 37 Abs. 1 Satz 1 i.V.m. § 36a Abs. 2 Satz 3 AktG zu erklären, dass der Wert der Sacheinlagen dem geringsten zulässigen Ausgabebetrag und bei der Ausgabe der Aktien für einen höheren als den geringsten zulässigen Ausgabewert (Agio) auch den Mehrwert der dafür gewährten Aktien entspricht.

324

§ 38 Abs. 2 Satz 2 AktG führt insoweit allerdings aus, dass das Gericht die Eintragung ablehnen kann, wenn die Gründungsprüfer erklären oder das Gericht der Meinung ist, dass der Wert der Sacheinlage oder Sachübernahme nicht unwesentlich hinter dem geringsten Ausgabebetrag zurückbleibt. Damit soll aber nicht der Grundsatz der Unterpari-Emission ausgehebelt werden. Es wird nur berücksichtigt, dass Sacheinlagen und Sachübernahmen häufig schwer zu bewerten sind.

325

Ist die Einlage sofort fällig, hat die Anmeldung zudem die Erklärung zu enthalten, dass die Sacheinlage vollständig geleistet wurde.[402] Teilweise wird in der Literatur eine Erklärung des Inhalts verlangt, dass die Sacheinlage zur freien Verfügung des Vorstands steht,[403] was nichts anderes zum Ausdruck bringt als die vollständige Erbringung der Leistung.[404]

326

Sofern der Sacheinlagegegenstand noch nicht eingebracht worden ist, kann die betreffende Erklärung des Vorstands nicht abgegeben werden. In diesem Fall ist es ausreichend, wenn der Vorstand erklärt, dass die Gründer sich verpflichtet haben, die Leistungen innerhalb von 5 Jahren zu erbringen.[405]

327

b) Erklärungen bei Sachgründung ohne externe Gründungsprüfung

Wird nach § 33a AktG von einer externen Gründungsprüfung abgesehen, ist dies in der Anmeldung gem. § 37a Abs. 1 Satz 1 AktG zu erklären. Der Gegenstand jeder Sacheinlage oder Sachübernahme ist zu beschreiben. Die Anmeldung muss ferner die Erklärung enthalten, dass der Wert der Sacheinlagen oder Sachübernahmen den geringsten Ausgabebetrag der dafür zu gewährenden Aktien oder den Wert der dafür zu gewährenden Leistungen erreicht. Schließlich ist der Wert, die Quelle der Bewertung sowie die angewandte Bewertungsmethode anzugeben. Es sind also die Angaben zu machen, die anderenfalls im Gründungsbericht enthalten wären.

328

Gemäß § 37a Abs. 2 AktG haben die Anmeldenden außerdem zu versichern, dass ihnen außergewöhnliche Umstände, die den gewichteten Durchschnittspreis der einzubringenden Wertpapiere oder Geldmarktinstrumente im Sinne von § 33a Abs. 1 Nr. 1 AktG während der letzten 3 Monate vor dem Tag ihrer tatsächlichen Einbringung erheblich beeinflusst haben könnten, oder Umstände, die darauf hindeuten, dass der beizulegende Zeitwert der Vermögensgegenstände im Sinne von § 33a Abs. 1 Nr. 2 AktG am Tag ihrer tatsächlichen Einbringung auf Grund neuer oder neu bekannt

329

---

401 MünchHdb. AG/*Hoffmann-Becking*, § 4 Rn. 34.
402 AnwKomm-AktienR/*Terbrack*, § 37 Rn. 11; GroßkommAktG/*Röhricht*, § 37 Rn. 34.
403 *Hüffer/Koch*, § 37 Rn. 4; MünchKommAktG/*Pentz*, § 37 Rn. 45.
404 So zutreffend: AnwKomm-AktienR/*Terbrack*, § 37 Rn. 11.
405 *Hüffer/Koch*, § 37 Rn. 4; MünchKommAktG/*Pentz*, § 37 Rn. 45.

gewordener Umstände erheblich niedriger ist als der von dem Sachverständigen angenommene Wert, nicht bekannt geworden sind.

c) Anlagen

330 Der Anmeldung beizufügen sind neben den oben bei der Bareinlage bereits beschriebenen Anlagen (vgl. Rdn. 258) gem. § 37 Abs. 4 Nr. 2 AktG die Verträge, die den Festsetzungen der Sacheinlage zugrunde liegen oder zu ihrer Ausführung geschlossen wurden

331 Liegt ein Fall des § 33a AktG vor, so sind der Anmeldung beizufügen:
– Unterlagen über die Ermittlung des gewichteten Durchschnittspreises, zu dem die einzubringenden Wertpapiere oder Geldmarktinstrumente während der letzten 3 Monate vor dem Tag ihrer tatsächlichen Einbringung auf dem organisierten Markt gehandelt worden sind (§ 37a Abs. 3 Nr. 1 AktG), oder
– das Sachverständigengutachten, auf das sich die Bewertung in den Fällen des § 33a Abs. 1 Nr. 2 AktG stützt (§ 37a Abs. 3 Nr. 3 AktG).

11. Prüfungspflicht des Registerrechts bei Sachgründungen ohne Gründungsprüfer

332 Der Prüfungsumfang des Gerichts ergibt sich auch bei einer Sachgründung aus § 38 AktG. Sofern ein externer Gründungsprüfer nicht erforderlich war und die Anmeldung die nach § 37a Abs. 1 Satz 1 AktG entsprechende Erklärung enthält, ist die Prüfung bzgl. der Werthaltigkeit der Sacheinlagen oder Sachübernahmen beschränkt. Das Gericht hat in diesen Fällen nur zu prüfen, ob die Voraussetzungen des § 37a AktG erfüllt sind und kann nur bei einer offenkundigen und erheblichen Überbewertung die Eintragung ablehnen.

12. Bekanntmachung des Vorstands über die Zusammensetzung des Aufsichtsrates

333 Ist Gegenstand der Sacheinlage oder Sachübernahme ein Unternehmen oder ein Unternehmensteil, so hat der Vorstand nach § 31 Abs. 3 Satz 1 AktG unverzüglich nach der Erbringung oder Übernahme bekannt zu machen, nach welchen gesetzlichen Vorschriften nach seiner Ansicht der Aufsichtsrat zusammengesetzt sein muss.

13. Notarkosten

334 Hinsichtlich der Notarkosten gelten die Ausführungen zur Bargründung. Es bestehen folgende Besonderheiten:

Der Geschäftswert der Errichtung richtet sich nach dem Wert der Sacheinlagen, soweit diese den Nennbetrag oder den Ausgabebetrag der Aktien übersteigen. Insoweit gelten die allgemeinen Wertvorschriften, also bei eingebrachten Gesellschaftsbeteiligungen der § 54 GNotKG und bei sonstigen Sachen § 46 GNotKG. Verbindlichkeiten sind gem. § 38 GNotKG grundsätzlich nicht zum Abzug zu bringen.

335 Sofern die Verträge, mit welchen die Sachgründungsgegenstände in die Gesellschaft eingebracht werden, der Beurkundung bedürfen, wird die dabei entstehende 2,0 Gebühr nur einmal berechnet, sofern die Errichtung der Gesellschaft und der betreffende Vertrag sich in derselben Urkunde befinden. In diesem Fall handelt es sich um denselben Gegenstand i.S.d. § 109 GNotKG. Der Höchstwert des § 107 Abs. 1 GNotKG von 10.000.000 € dürfte in diesem Fall für die gesamte notarielle Verhandlung gelten.[406]

---

406 Happ/*P. Schmitz*, Aktienrecht, 2.0.2 Rd. 55.2.

IV. Mischeinlage

Eine sogenannte Mischeinlage liegt vor, wenn dem Gründer für seine Einlageleistung ausschließlich Aktien gewährt werden, dieser seine Einlageleistung jedoch sowohl als Sacheinlage als auch durch Geldzahlung erbringt.[407] Jede der Einlagen ist in diesem Fall nach dem jeweils maßgeblich oben dargestellten Regeln zu behandeln. Von der Mischeinlage zu unterscheiden ist die oben bereits beschriebene gemischte Sacheinlage, bei der einem Gründer den eingelegten Gegenstand nur bis zum einen bestimmten Teil als Einlage gegen Gewähr der Aktien erbringt, während der darüber hinausgehende Wert des Gegenstandes in anderer Form vergütet wird.

336

V. Wirtschaftliche Neugründung

1. Grundlagen

Um eine schnelle Verfügbarkeit der Aktiengesellschaft zu gewährleisten und ein möglicherweise mehrwöchiges Eintragungsverfahren zu vermeiden, haben sich in der Praxis Vorratsgründungen und (erheblich seltener) der Kauf von Mantelgesellschaften etabliert.

337

Unter einer **Vorratsgründung** ist die Errichtung einer Aktiengesellschaft zu verstehen, die vorerst nicht am wirtschaftlichen Verkehr werbend teilnehmen soll, sondern die sich auf die Verwaltung und Erhaltung des eigenen, vor allem durch Einlagen gebildeten Vermögens beschränkt.[408] Derartige Vorratsgründungen sind, sofern sie gegenüber dem Registergericht durch Bezeichnung eines entsprechenden Unternehmensgegenstandes offen gelegt werden (etwa Verwaltung eigenen Vermögens) zulässig.[409] Unzulässig ist hingegen eine sog. »verdeckte Vorratsgründung«, bei der ein zumindest gegenwärtig nicht gewollter Unternehmensgegenstand angegeben wird. Dies führt zur Nichtigkeit der Satzung uns somit der Gesellschaft als solches.[410]

338

Als **Mantelkauf oder Mantelverwendung** wird hingegen der Erwerb einer früher aktiven, jetzt aber unternehmenslosen Gesellschaft verstanden, bei der ein neues Unternehmen eingebracht oder aufgebaut werden soll.[411]

339

Der BGH hat zur GmbH entschieden, dass bei Vorliegen einer wirtschaftlichen Neugründung, also bei der im Zuge der Übertragung sämtlicher Anteile an einer GmbH vorgenommenen Änderung des Gesellschaftsvertrages (z.B.: Firma, Sitz und Gegenstand), die Gründungsvorschriften entsprechend anzuwenden sind.[412] Bei der Verwendung eines GmbH-Mantels oder dem Erwerb einer Vorrats-GmbH hat die Geschäftsführung daher die Tatsche der wirtschaftlichen Neugründung offen zu legen und die in § 8 Abs. 2 und § 7 Abs. 2 und Abs. 3 GmbHG vorgesehenen Versicherungserklärungen abzugeben.

340

Die Rechtsprechung ist in der Literatur teilweise heftig kritisiert worden.[413] In der Praxis muss sie jedoch berücksichtigt werden. Die Literatur geht dann auch ganz überwiegend davon aus, dass diese Grundsätze auch auf die Aktiengesellschaft anzuwenden sind.[414] Sofern eine wirtschaftliche Neugründung im vorgenannten Sinne vorliegt, sind also auch bei einer Aktiengesellschaft die Gründungsvorschriften anzuwenden. Noch nicht abschließend geklärt ist jedoch, wann eine wirtschaftliche Neugründung genau vorliegt und in welchem Umfang die Gründungsvorschriften Anwendung finden.

341

---

407 MünchKommAktG/*Pentz*, § 27 Rn. 67; K. Schmidt/Lutter/*Bayer*, § 27 Rn. 30.
408 *Hüffer/Koch*, § 23 Rn. 25; MünchKommAktG/*Pentz*, § 23 Rn. 88; K. Schmidt/Lutter/*Seibt*, § 23 Rn. 40.
409 BGH v. 16.03.1992 – II ZB 17/91 = BGHZ 117, 323, 325 ff.; *Hüffer/Koch*, § 23 Rn. 26; MünchKommAktG/*Pentz*, § 23 Rn. 91; K. Schmidt/Lutter/*Seibt*, § 23 Rn. 40.
410 MünchKommAktG/*Pentz*, § 23 Rn. 91; K. Schmidt/Lutter/*Seibt*, § 23 Rn. 40; KK-AktG/*Kraft*, 23 Rn. 56.
411 *Hüffer/Koch*, § 23 Rn. 27; MünchKommAktG/*Pentz*, § 23 Rn. 93; K. Schmidt/Lutter/*Seibt*, § 23 Rn. 41; ausführlich hierzu *Schaefer/Steiner/Link*, DStR 2016, 1166 ff.
412 BGH, Beschl. v. 09.12.2002 – Az. II ZB 12/02 = DNotZ 2003, 443.
413 *Altmeppen*, DB 2003, 2050, 2052; *Werner*, NZG 2001, 397, 399 ff.
414 *Gerber*, Rpfleger 2004, 469, 470; *Hüffer/Koch*, § 23 Rn. 27.

2. Vorliegen einer wirtschaftlichen Neugründung

342 Von einer wirtschaftlichen Neugründung geht man im Allgemeinen zunächst aus, wenn die Unternehmenstätigkeit erstmals aufgenommen wird.[415] Damit ist der vorstehend beschriebene Fall der Vorratsgründung gemeint, bei der eine Aktiengesellschaft bei ihrer Gründung abgesehen von der Verwaltung ihres Vermögens eine unternehmerische Tätigkeit nicht ausübt. Erst mit dem Verkauf bzw. der Weiterverwendung dieser Gesellschaft wird ihr Gegenstand geändert und die wirtschaftliche Tätigkeit aufgenommen.

343 Daneben wird aber als wirtschaftliche Neugründung auch angesehen, wenn eine unternehmerische Tätigkeit nach vorheriger Volleinstellung wieder erneut aufgenommen wird.[416] Damit ist der oben beschriebene Fall der Mantelverwendung gemeint. Dieser Fall ist schwieriger zu beurteilen, weil er von der bloßen Umorganisation abzugrenzen ist. Die Registergerichte gehen häufig von einer wirtschaftlichen Neugründung aus, wenn Unternehmensgegenstand, Firma und Sitz geändert wurden. Freilich handelt es sich hierbei nur um Indizien, die zwar eine Prüfung des Gerichts (insbesondere wenn zugleich sämtliche Aktien übertragen werden) rechtfertigen, nicht aber eine wirtschaftliche Neugründung begründen.

344 Entscheidend ist vielmehr nach der Rechtsprechung des BGH, ob die Gesellschaft noch ein aktives Unternehmen betrieb, an das die Fortführung des Geschäftsbetriebs – sei es auch unter wesentlicher Umgestaltung, Einschränkung oder Erweiterung seines Tätigkeitsgebietes – in irgendeiner wirtschaftlich noch gewichtbaren Weise anknüpft oder ob es sich tatsächlich um einen leer gewordenen Geschäftsmantel handelt, der seinen neuen (oder alten!) Gesellschaftern dazu dient, eine gänzlich neue Geschäftstätigkeit aufzunehmen. Daher ist es auch ohne Vorliegen der vorstehenden Indizien möglich, dass eine wirtschaftliche Neugründung gegeben ist. Freilich muss der Notar sich hierbei häufig auf die Angaben der Beteiligten verlassen, eine eigene Prüfung ist kaum möglich.

3. Anwendung der Gründungsvorschriften

a) Erbringung der Einlagen (§§ 7, 36a AktG)

345 Bei einer wirtschaftlichen Neugründung sind unstreitig § 7 und § 36a AktG zu beachten.[417] Das bedeutet bei einer Gesellschaft, die ursprünglich im Wege einer Bargründung errichtet wurde, dass entsprechend § 36a AktG mindestens 25 % des geringsten Ausgabebetrages wertmäßig im Vermögen der Gesellschaft (abzüglich der ursprünglichen Gründungskosten) vorhanden ist. Hatte der Vorstand einen höheren Betrag angefordert, muss dieser wertmäßig vorhanden sein muss. Ein etwa vereinbartes Aufgeld soll jedoch nicht zu berücksichtigen sein.[418] Die Kosten der wirtschaftlichen Neugründung und der ursprünglichen Gründung können dabei nicht kumulativ angesetzt werden.[419] Ist das erforderliche Vermögen nicht vorhanden, muss entsprechendes Vermögen der Gesellschaft zugeführt werden.

b) Gründungsberichte der Gründer, des Vorstands und des Aufsichtsrats

346 Umstritten ist, ob auf die Gründungsberichte der Gründer, des Vorstands und des Aufsichtsrats verzichtet werden kann.[420] Letztlich soll aber bei einer wirtschaftlichen Neugründung nur die reale

---

415 BGH, Beschl. v. 09.12.2002 – Az. II ZB 12/02 = DNotZ 2003, 443; *Hüffer/Koch*, § 23 Rn. 27b; *Heidinger/Mayding*, NZG 2003, 1129; 1133 ff.
416 BGH, Beschl. v. 09.12.2002 – Az. II ZB 12/02 = DNotZ 2003, 443; *Hüffer/Koch*, § 27 b.
417 *Hüffer/Koch*, § 23 Rn. 27a; GroßkommAktG/*Röhricht*, § 23 Rn. 136; K. Schmidt/Lutter/*Seibt*, § 23 Rn. 43.
418 MünchKommAktG/*Pentz*, § 23 Rn. 101; K. Schmidt/Lutter/*Seibt*, § 23 Rn. 43.
419 Thüringer OLG. Urt. v. 01.04.2004 – 4 U 37/04, DZWIR 2005, 165, 167, Happ/*Mulert*, 2.06 Rn. 5.1.
420 Dafür: GroßkommAktG/*Röhricht*, Anh. § 23 Rn. 142; dagegen: Würzburger Notarhandbuch/*Reul*, Teil 5, Kapitel 4, Rn. 93; *Gerber*, Rpfleger 2004, 469, 470; *Schaefer/Steiner/Link*, DStR 2016, 1166, 1168.

A. Gründung

Kapitalaufbringung sichergestellt werden, so dass auf die Gründungsberichte verzichtet werden kann.[421] Um Zwischenverfügungen zu vermeiden, sollte diese Frage mit dem Registergericht vorab geklärt werden.

c) Gründungsprüfung

Streitig ist zudem, ob im Fall des § 33 Abs. 2 AktG ein Gründungsprüfungsbericht erforderlich ist.[422] Aus den vorgenannten Gründen dürfte auch hierauf verzichtet werden können. Geht man von einer Erforderlichkeit des Gründungsprüfungsberichtes aus, kann sich dieser allerdings darauf beschränken, die reale Kapitalaufbringung zu prüfen.[423] Dementsprechend müsste in dem Bericht nur bestätigt werden, dass das erforderliche Kapital bzw. Vermögen bei der Gesellschaft vorhanden ist.

347

d) Bankbestätigung/Nachweis der Kapitalaufbringung

Die Bankbestätigung nach § 37 Abs. 1 Satz 3 AktG dient ebenfalls der Kapitalaufbringung. Folglich wird bei einer ursprünglichen Bargründung der Gesellschaft verlangt, auch diese erneut zu erstellen und dem Handelsregister zu übergeben. Dies erscheint allerdings zweifelhaft, weil das Kreditinstitut allenfalls bestätigen könnte, dass dies bei der ursprünglichen Gründung der Fall war. Eine derartige Bestätigung ist aber überflüssig, weil sie bereits erfolgt und dem Gericht übermittelt wurde.[424] In der Praxis sind Banken zudem zumeist nicht bereit, eine neue Bestätigung abzugeben. Dies bedeutet freilich nicht, dass auf den Nachweis der Kapitalaufbringung komplett verzichtet werden kann. Dieser kann mittels einer geprüften Stichtagsbilanz erfolgen.[425] Sind im Rahmen der Neugründung weitere Einlageleistungen erbracht worden, sind diese ebenfalls nachzuweisen, etwa bei der Bareinzahlung durch den Gutschriftennachweis und bei einer Bareinlage mittels Vorlage der Einbringungsverträge.[426]

348

e) Berechnung des Gründungsaufwandes

Unklar ist auch, ob im Rahmen einer wirtschaftlichen Neugründung eine Berechnung des Gründungsaufwandes vorzulegen ist. Aus praktischer Sicht sollten hier die Aktionäre erklären, die »Gründungskosten« zu übernehmen, um Schwierigkeiten zu vermeiden.[427]

349

f) Offenlegung/Handelsregisteranmeldung

Die wirtschaftliche Neugründung ist gegenüber dem Handelsregister offen zu legen. Die Offenlegung hat jedenfalls durch sämtliche Mitglieder des Vorstands, des Aufsichtsrats und die Gründer zu erfolgen.[428] Teilweise wird in der Literatur zusätzlich auch die Abgabe der Erklärung durch sämtliche Gründer gefordert.[429] Letztlich kommt es aber nur darauf an, dass der Rechtsverkehr über den Umstand der wirtschaftlichen Neugründung informiert wird, so dass eine Beteiligung der Gründer bei der Anmeldung (genau wir bei der GmbH) nicht erforderlich ist.[430]

350

Zusätzlich hat der Vorstand eine (erneute) Erklärung über die Einzahlung der eingeforderten Einlagen nach §§ 36 Abs. 2, 37 Abs. 1 Satz 1 AktG in öffentlich beglaubigter Form abzugeben.

351

---

421 *Schaefer/Steiner/Link,* DStR 2016, 1166.
422 **Dafür:** *Hüffer/Koch,* § 23 Rn. 27a; Würzburger Notarhandbuch/*Reul,* Teil 5, Kapitel 4, Rn. 93; **dagegen:** *Schaefer/Steiner/Link,* DStR 2016, 1166, 1168.
423 *Hüffer/Koch,* § 23 Rn. 27a; Würzburger Notarhandbuch/*Reul,* Teil 5, Kapitel 4, Rn. 93.
424 So im Ergebnis auch: *Schaefer/Steiner/Link,* DStR 2016, 1166, 1169.
425 *Schaefer/Steiner/Link,* DStR 2016, 1166, 1169.
426 *Schaefer/Steiner/Link,* DStR 2016, 1166, 1169.
427 *Schaefer/Steiner/Link,* DStR 2016, 1166, 1169.
428 Happ/*Mulert,* Aktienrecht 2.04 Rn. 3.1.
429 *Winnen,* RNotZ 2013, 389, 401; Heidel/*Braunfels,* Aktienrecht und Kapitalmarktrecht, § 23 Rn. 31.
430 *Schaefer/Steiner/Link,* DStR 2016, 1166, 1166, 1168.

352 Während die letztgenannte Versicherung in elektronisch beglaubigter Form zu erfolgen hat, genügt für die Offenlegung eine einfache elektronische Aufzeichnung i.S.d. § 12 Abs. 2 HGB, da eine Eintragung der wirtschaftlichen Neugründung nicht erfolgt. In der Praxis sollte diese Frage aber zuvor mit dem Registergericht abgeklärt werden.

g) Haftung

353 Die Grundsätze der Unterbilanzhaftung (Vorbelastungs- und Verlustdeckungshaftung) gelten auch bei einer wirtschaftlichen Neugründung, wenn die Gesellschaft ihre operative Tätigkeit vor Anzeige der wirtschaftlichen Tätigkeit im Handelsregister aufnimmt.[431] Ferner besteht eine Handelndenhaftung nach § 41 AktG.[432] Die Haftung ist hierbei begrenzt auf den Zeitpunkt, zu dem die wirtschaftliche Neugründung entweder durch die Anmeldung der Satzungsänderung oder durch die Aufnahme der wirtschaftlichen Tätigkeit erstmals nach außen in Erscheinung getreten ist.[433]

VI. Haftung und Vertretung im Gründungsstadium

1. Vorgründergesellschaft

354 Die sog. Vorgründergesellschaft entsteht, wenn sich mehrere Personen mittels Vertrages verpflichten, eine Aktiengesellschaft zu gründen. Der Vertrag bedarf der notariellen Form.[434] Der Vertrag muss derartig bestimmt sein, dass der wesentliche Inhalt der Satzung feststellbar ist.[435] Bei der Vorgründergesellschaft handelt es sich um eine BGB-Gesellschaft,[436] betreibt sie ein Handelsgeschäft, liegt eine oHG vor.[437] Wenn die Vorgründergesellschaft Vermögen erworben hat, so geht dieses nicht automatisch auf die Vor-AG über.[438]

2. Vor-AG

a) Rechtsnatur

355 Mit der Feststellung der Satzung und der Übernahme aller Aktien ist die Aktiengesellschaft errichtet. Gemäß § 41 Abs. 1 Satz 1 AktG besteht sie als solches aber noch nicht. Die Aktiengesellschaft entsteht erst mit ihrer Eintragung im Handelsregister. Diese Formulierung darf aber nicht dahin verstanden werden, dass bis zur Eintragung im Handelsregister keine Gesellschaft bestehen würde. Vielmehr besteht eine rechtsfähige Gesellschaft, die aber bis zur Eintragung noch keine Aktiengesellschaft ist. In dem Zwischenstadium zwischen Errichtung und Eintragung spricht man im Allgemeinen von einer Vor-AG oder Vorgesellschaft.[439]

---

431 OLG München vom 11.03.2010 = MittBayNot 2010, 326 ff. *Gerber*, Rpfleger 2004, 469, 472; Würzburger Notarhandbuch/*Reul*, Teil 5, Kapitel 4, Rn. 93.
432 *Gerber*, Rpfleger 2004, 469, 472; Würzburger Notarhandbuch/*Reul*, Teil 5, Kapitel 4, Rn. 93; a.A. GroßkommAktG/*Henze*, § 54 Rn. 36.
433 BGH v. 06.03.2012 – II ZR 56/10, MittBayNot 2012, 484.
434 BGH v. 21.09.1987 – II ZR 16/87 = DNotZ 1988, 504; *Hüffer/Koch*, § 23 Rn. 14; K. Schmidt/Lutter/ *Seibt*, § 23 Rn. 21; KK-AktG/*Kraft*, § 23 136; a.A. *Flume*, FS Geßler, 1971, S. 3, 18.
435 *Hüffer/Koch*, § 23 Rn. 14; K. Schmidt/Lutter/*Seibt*, § 23 Rn. 22; KK-AktG/*Kraft*, § 23 Rn. 136.
436 BGH v. 07.05.1984 – II ZR 276/83 = DNotZ 1984, 585; *Hüffer/Koch*, § 23 Rn. 15; K. Schmidt/ Lutter/*Seibt*, § 23 Rn. 22.
437 BGH v. 07.05.1984 – II ZR 276/83 = DNotZ 1984, 585; *Hüffer/Koch*, § 23 Rn. 15; K. Schmidt/ Lutter/*Seibt*, § 23 Rn. 22.
438 BGH v. 07.05.1984 – II ZR 276/83 = DNotZ 1984, 585; *Hüffer/Koch*, § 23 Rn. 15; K. Schmidt/ Lutter/*Seibt*, § 23 Rn. 22.
439 Vgl. *Hüffer/Koch*, § 41 Rn. 2; MünchKommAktG/*Pentz*, § 41 Rn. 23; K. Schmidt/Lutter/*Drygala*, § 41 Rn. 3.

A. Gründung

356 Nimmt die Vor-AG bereits Geschäftstätigkeit auf, so gehen die Rechte und Pflichten aus den betreffenden Geschäften mit der Eintragung der AG automatisch auf diese über. Zwischen der Vor-AG und der Aktiengesellschaft besteht also rechtliche Identität.

b) Vertretung

357 Die Vor-AG wird durch ihren Vorstand vertreten. Allerdings ist die Vertretungsmacht des Vorstands nach h.M. beschränkt. Sie richtet sich nach Zweck der Vor-AG. Bei einer Bargründung bedeutet dies, dass die Vorstandsmitglieder nur solche Geschäfte vornehmen können, die zur Herbeiführung der Eintragung erforderlich sind.[440] Bei der Sachgründung im Wege der Einbringung eines Unternehmens erstreckt sich die Vertretungsmacht hingegen auf die Fortführung des Unternehmens.[441] Entsprechendes gilt, wenn sonstige Sacheinlagen eingebracht werden, die ihrer Art nach alsbaldige Nutzungs- oder Erhaltungsmaßnahmen erfordern.[442]

358 Nach andere Ansicht entspricht die Vertretungsmacht des Vorstands bei der Vor-AG analog § 82 Abs. 1 AktG bereits der des Vorstands der AG.[443] Hiergegen spricht jedoch, dass die unbeschränkte Haftung der Gründer für Verluste der Vor-AG im Gründungsstadium von ihrem Einverständnis mit dem Geschäftsbeginn vor Eintragung abhängig gemacht wird. Dies passt aber nicht zu einer unbeschränkten Vertretungsmacht des Vorstands kraft Gesetzes.[444]

359 Die Vertretungsmacht des Vorstands kann durch die Gründer erweitert werden, wobei nach h.M. die Erweiterung auf bestimmte Geschäfte beschränkt werden kann.[445] Umstritten ist, ob diese Erweiterung formlos mittels Beschluss sämtlicher Aktionäre möglich ist[446] oder der in der Satzung festgelegt werden muss.[447]

3. Haftung der Gründer

a) Verlustdeckungshaftung

360 Wird die Aktiengesellschaft nicht im Handelsregister eingetragen, haften die Gründungsgesellschafter für die Verluste der Vor-AG.[448] Die Haftung ist dabei nicht auf die Einlage beschränkt. Vielmehr haften die Gründer unbeschränkt.[449] Bei dieser sog. Verlustdeckungshaftung oder Verlustdeckungspflicht handelt es sich um eine Innenhaftung gegenüber der abzuwickelnden Gesellschaft und nicht um eine Außenhaftung gegenüber den Gläubigern.[450] Eine Außenhaftung in Gestalt einer gesamtschuldnerischen Haftung gegenüber den Gläubigern der Gesellschaft besteht nur, wenn die Gründer von Anfang an nicht beabsichtigen, eine Aktiengesellschaft zu errichten oder nach dem Scheitern der Eintragung die Geschäftstätigkeit fortführen, weil sich dann die Vor-AG in eine BGB-Gesell-

---

[440] MünchHdb. AG/*Wiesner*, § 19 Rn. 25; Würzburger Notarhandbuch/*Reul*, Teil 5, Kapitel 4, Rn. 99.
[441] *Hüffer/Koch*, § 41 Rn. 6.
[442] *Hüffer/Koch*, § 41 Rn. 6; MünchKommAktG/*Pentz*, § 41 Rn. 34.
[443] MünchKommAktG/*Pentz*, § 41 Rn. 34; *Priester*, ZHR 2001, 383, 398.
[444] K. Schmidt/Lutter/*Drygala*, § 41 Rn. 6 ff.; Würzburger Notarhandbuch/*Reul*, Teil 5, Kapitel 4, Rn. 99.
[445] BGH v. 09.03.1981 – II ZR 54/80 = BGHZ 80, 129, 139; *Ulmer*, § 11 Rn. 64 (zur vergleichbaren Rechtslage bei der GmbH); a.A. K. Schmidt/Lutter/*Drygala*, § 41 Rn. 7, wonach nur eine generelle Zustimmung zu sämtlichen Geschäften gegeben werden kann.
[446] BGH v. 09.03.1981 – II ZR 54/80 = BGHZ 80, 129, 139 = NJW 1981, 1373.
[447] *Hüffer/Koch*, § 41 Rn. 6; *Ulmer*, ZGR 1981, 593, 597 ff.
[448] BGH v. 27.01.1997 – II ZR 123/94 = BGHZ 134, 333, 338 ff.; MünchHdb. AG/*Hoffmann-Becking*, § 3 Rn. 39; K. Schmidt/Lutter/*Drygala*, § 41 Rn. 14.
[449] BGH v. 27.01.1997 – II ZR 123/94 = BGHZ 134, 333, 338 ff.; MünchHdb. AG/*Hoffmann-Becking*, § 3 Rn. 39; K. Schmidt/Lutter/*Drygala*, § 41 Rn. 14.
[450] OLG Karlsruhe ZIP 1998, 1961, 1963; MünchHdb. AG/*Hoffmann-Becking*, § 3 Rn. 39.

schaft oder oHG umwandelt.[451] Gleiches gilt, wenn die Vorgesellschaft in Insolvenz gerät, sie vermögenslos ist und keinen Vorstand mehr hat.[452]

b) Unterbilanzhaftung (Vorbelastungshaftung)

361 Zum Zeitpunkt der Eintragung der Aktiengesellschaft muss der Wert ihres Vermögens (abzüglich des in der Satzung festgelegten Gründungsaufwand) dem festgesetzten Grundkapital entsprechen. Ist dies nicht der Fall, besteht die sog. Unterbilanzhaftung (auch Vorbelastungshaftung genannt). Etwa entstandene Verluste müssen durch die Gesellschafter ausgeglichen werden.[453] Dabei ist freilich zu beachten, dass der Vorstand die Gesellschaft in der Gründungsphase nur mit Zustimmung der Aktionäre wirksam vertreten kann (vgl. oben Rdn. 357). Hat der betreffende Gesellschafter also seine Zustimmung nicht erteilt, kann er auch nicht haften. Der Umfang der Haftung wird im Übrigen durch eine auf den Tag der Eintragung festgestellte Vermögensbilanz ermittelt.[454]

362 Bei der Unterbilanzhaftung handelt es sich im Übrigen um eine Innenhaftung gegenüber der Gesellschaft.[455] Eine Außenhaftung gegenüber den Gläubigern der Gesellschaft besteht – genau wie bei der Verlustdeckungshaftung – nicht. Die Gründungsgesellschafter haften zudem anteilig entsprechend ihrer Beteiligung am Grundkapital der Gesellschaft.[456] Umstritten ist, ob eine Ausfallhaftung entsprechend § 24 GmbH gegeben ist.[457]

c) Haftung gem. § 46 AktG

363 Gemäß § 46 Abs. 1 AktG haften die Gründer gegenüber der Gesellschaft als Gesamtschuldner für die Richtigkeit und Vollständigkeit der Angaben, die zum Zwecke der Gründung der Gesellschaft über Übernahme der Aktien, Einzahlung auf die Aktien, Verwendung eingezahlter Beträge, Sondervorteile, Gründungsaufwand, Sacheinlagen und Sachübernahmen gemacht worden sind. Nach § 46 Abs. 1 Satz 2 AktG sind sie ferner dafür verantwortlich, dass eine zur Annahme von Einzahlungen auf das Grundkapital bestimmte Stelle (vgl. § 54 Abs. 3 AktG) hierzu geeignet ist und dass die eingezahlten Beträge zur freien Verfügung des Vorstands stehen.

364 Nach § 46 Abs. 2 AktG sind die Gründer zum Schadensersatz verpflichtet, wenn die Aktiengesellschaft durch Einlagen, Sachübernahmen oder Gründungsaufwand geschädigt wird. Eine Schädigung durch eine Einlage kann etwa erfolgen, wenn eine Überbewertung der Sacheinlage erfolgt. Schädigungen durch den Gründungsaufwand sind gegeben, wenn überhöhte Gründungshonorare gewährt werden.[458]

365 Von der vorstehenden Haftung gem. § 46 Abs. 1 und Abs. 2 AktG wird der Gründer befreit, wenn er die die Ersatzpflicht begründenden Tatsachen weder kannte noch bei Anwendung der Sorgfalt eines ordentlichen Kaufmanns kennen musste.[459]

366 Als Gesamtschuldner haften die Gründer gem. § 46 Abs. 4 AktG schließlich, wenn die Aktiengesellschaft einen Ausfall erleidet, der auf der Zahlungs- oder Leistungsunfähigkeit eines Gründers im

---

451 MünchHdb. AG/*Hoffmann-Becking*, § 3 Rn. 39; Würzburger Notarhandbuch/*Reul*, Teil 5, Kapitel 4, Rn. 99; a.A. *Altmeppen*, ZIP 2005, 117; *K. Schmidt*, ZIP 1997, 671, wonach eine Außenhaftung analog § 128 HGB anzunehmen sei.
452 BGH v. 27.01.1997 – II ZR 123/94 = BHGZ 134, 333, 341.
453 MünchKommAktG/*Pentz*, § 41 Rn. 113; MünchHdb. AG/*Hoffmann-Becking*, § 3 Rn. 31; *K. Schmidt*/ Lutter/*Drygala*, § 41 Rn. 11.
454 *Hüffer*/*Koch*, § 41 Rn. 9.; Würzburger Notarhandbuch/*Reul*, Teil 5, Kapitel 4, Rn. 97.
455 K. Schmidt/Lutter/*Drygala*, § 41 Rn. 11; Würzburger Notarhandbuch/*Reul*, Teil 5, Kapitel 4, Rn. 98.
456 *Hüffer*/*Koch*, § 41 Rn. 96; K. Schmidt/Lutter/*Drygala*, § 41 Rn. 11; *Wiedemann*, ZIP 1997, 2920.
457 Hierzu: *Hüffer*/*Koch*, § 41 Rn. 9 b.
458 *Hüffer*/*Koch*, AktG, § 46 Rn. 11; K. Schmidt/Lutter/*Bayer*, AktG, § 46 Rn. 13.
459 Vgl. hierzu K. Schmidt/Lutter/*Bayer*, § 46 Rn. 19 ff.; MünchKommAktG/*Pentz*, § 46 Rn. 66.

Zeitpunkt der Satzungsfeststellung zurückzuführen ist. Subjektiv ist hier Kenntnis der Gründer erforderlich.

d) Differenzhaftung des Sacheinlegers

Liegt eine Sacheinlage vor und bleibt der Wert des Einlagegegenstandes hinter dem Nennwert oder bei Stückaktien hinter dem anteiligen Betrag des Grundkapitals der dafür gewährten Aktien zurück, hat der Gründer die Differenz in bar nachzuzahlen.[460] Umstritten ist, ob diese Haftung auch ein etwaiges Aufgeld erfasst.[461] Hiergegen spricht, dass das Agio nicht zum Grundkapital gehört. 367

4. Haftung des Vorstands und des Aufsichtsrats

Die Mitglieder des Vorstand und des Aufsichtsrates haften zunächst bereits im Gründungsstadium nach §§ 93, 116 AktG. Dies bedeutet, dass sie für schuldhafte Pflichtverstöße bei der Gründung haften, etwa wenn die Bareinlagen nicht in der freien Verfügung des Vorstands stehen oder wenn die Gründungsprüfung nicht ordnungsgemäß durchgeführt wurde. 368

Hat der Vorstand zudem bereits im Gründungsstadium Geschäfte für die Vor-AG getätigt, kann ihn die sog. **Handelndenhaftung** gem. § 41 Abs. 1 Satz 2 AktG treffen. Die Vorstände haften insoweit für die Verbindlichkeiten der Gesellschaft gesamtschuldnerisch, sofern sie vor der Eintragung der Gesellschaft in deren Namen handeln. Diese Haftung gilt sogar, wenn der Vorstand mit Zustimmung der Gründer handelt. Er kann in diesem Fall lediglich die Gründer in Regress nehmen.[462] Der Vorstand kann die Haftung aber ausschließen, indem er eine entsprechende Vereinbarung mit dem anderen Vertragspartner trifft. Die Haftung erlischt zudem mit Eintragung der Gesellschaft in das Handelsregister, wenn es zur Eintragung der Gesellschaft kommt und die mit Einverständnis der Gründer für die Vor-AG begründeten Verbindlichkeiten zu solchen der eingetragenen Aktiengesellschaft werden.[463] Die praktische Bedeutung der Haftung ist daher gering. Sie beschränkt sich im Wesentlichen auf die Fälle, in denen der Vorstand ohne Zustimmung der Gründer die Geschäftstätigkeit aufgenommen hat.[464] 369

5. Haftung des Gründungsprüfers

Der Gründungsprüfer haftet nach § 49 AktG entsprechend den Bestimmungen der § 323 Abs. 1 bis Abs. 4 HGB zum Abschlussprüfer. Die Prüfer müssen also gewissenhaft und unparteilich prüfen. Zu beachten ist in diesem Zusammenhang insbesondere die Einhaltung der sich aus § 34 AktG ergebenen Pflichten. Gläubiger des Anspruchs nach § 49 AktG ist die durch die Eintragung entstandene Aktiengesellschaft.[465] 370

6. Haftung der Bank

Gemäß § 37 Abs. 1 Satz 3 AktG ist der Anmeldung eine Bankbestätigung beizufügen (vgl. oben Rdn. 239). Ist der Inhalt dieser Bestätigung unzutreffend, so haftet gem. § 37 Abs. 1 Satz 4 AktG das Kreditinstitut für den darauf entstehenden Schaden gegenüber der Gesellschaft, es handelt sich also um eine Innenhaftung. Auf ein Verschulden der Bank kommt es dabei nicht an.[466] 371

---

460 Würzburger Notarhandbuch/*Reul*, Teil 5, Kapitel 4, Rn. 101.
461 Dafür: GroßkommAktG/*Wiedemann*, § 185 Rn. 70; dagegen: *Hoffmann-Becking*, FS Lutter, S. 453, 465 ff.; *Hüffer/Koch*, § 183 Rn. 21.
462 OLG Karlsruhe ZIP 1998, 1961, 1964; Würzburger Notarhandbuch/*Reul*, Teil 5, Kapitel 4, Rn. 103.
463 BAG ZIP 2005, 350; BAG ZIP 2006, 1672; *Hüffer/Koch*, § 41 Rn. 25; MünchHdb. AG/*Hoffmann-Becking* § 3 Rn. 40.
464 MünchHdb. AG/*Hoffmann-Becking* § 3 Rn. 40; KK-AktG/*Kraft*, § 41 Rn. 111.
465 *Hüffer/Koch*, AktG, § 49 Rn. 4; K. Schmidt/Lutter/*Bayer*, § 49 Rn. 4.
466 BGH v. 18.02.1991, II ZR 104/90 = DNotZ 1991, 843; OLG München ZIP 1990, 785, 788; *Hüffer/Koch*, § 37 Rn. 5a; a.A. *Butzke*, ZGR 1994, 94, 107 ff.

VII. Nachgründung

1. Grundlagen

372 Mit den Vorschriften über die Nachgründung in § 52 AktG soll verhindert werden, dass die bei einer Sachgründung geltenden Kapitalaufbringungsregelungen dadurch umgangen werden, dass die Gesellschaft im Wege der Bargründung errichtet wird und eine von Anfang an geplante Übernahme von Gegenständen erst nach der Eintragung der Gesellschaft im Handelsregister vereinbart wird.[467]

2. Voraussetzungen

a) Vertragsgegenstand

373 Vertragsgegenstand eines Vertrages, der unter die Nachgründungsvorschriften fällt, muss nach § 52 Abs. 1 Satz 1 AktG sein, dass »vorhandene oder herzustellende Anlagen oder andere Vermögensgegenstände für einen den zehnten Teil des Grundkapitals übersteigende Vergütung erworben werden sollen«. Damit sind in den Anwendungsbereich des § 52 AktG sämtliche Vermögensgegenstände einbezogen, wobei auch Verträge über Dienstleistungen der Vorschrift unterfallen können.[468] Gegenstand eines Nachgründungsvertrages kann auch ein Beteiligungserwerb sein. Bei Errichtung einer 100 %-igen Tochtergesellschaft findet § 52 AktG hingegen keine Anwendung.[469]

374 Der Wortlaut des § 52 Abs. 1 Satz 1 AktG könnte darauf hindeuten, dass nur der Fall der nachträglichen Sachübernahme erfasst wird, bei der die Gegenleistung der Gesellschaft nicht in der Gewährung von Aktien, sondern einer sonstigen Vergütung (sprich Geldzahlung) geleistet wird. Nach h.M. ist § 52 AktG aber auch für den Fall der **Kapitalerhöhung mit Sacheinlagen** innerhalb der Zweijahresfrist analog anwendbar.[470]

b) Vertragspartner

375 Vertragspartner der Aktiengesellschaft müssen Gründer oder mit mehr als 10 % am Grundkapital der Aktiengesellschaft beteiligten Aktionäre sein. Umstritten ist, ob ein Geschäft mit einer Person, die mit einem Gründer oder 10 %-igen Aktionär verbunden ist oder diesem sonst nahe steht, erfasst wird. Teilweise wird davon ausgegangen, dass die Zurechnungsregelungen des § 32a Abs. 3 Satz 2 GmbHG hier entsprechend anzuwenden sind.[471] Nach der Gegenmeinung sind diese Zurechnungsregelungen bei einer Nachgründung hingegen nicht anzuwenden.[472]

c) Gegenleistung

376 Gemäß § 52 Abs. 1 AktG muss die Vergütung **10 % des Grundkapitals** übersteigen. Bezüglich dieser 10 %-Grenze wird auf dem Betrag der satzungsgemäßen und im Handelsregister eingetragenen Grundkapitals zum Zeitpunkt des Vertragsschlusses abgestellt.[473] Nach herrschender Meinung liegt eine Nachgründung zudem nur vor bei einer Leistung aus dem Vermögen, welches zur Deckung des Grundkapitals und der nach § 272 Abs. 2 Nr. 1 bis 3 HGB gebildeten oder zu bildenden Kapitalrücklagen benötigt wird.[474] Dieser herrschenden Meinung ist zu folgen, da eine Gefährdung des

---

[467] Vgl. MünchHdb. AG/*Hoffmann-Becking*, § 4 Rn. 41; MünchKommAktG/*Pentz*, § 52 Rn. 5.
[468] *Hüffer/Koch*, § 52 Rn. 4; MünchKommAktG/*Pentz*, § 52 Rn. 17; K. Schmidt/Lutter/*Bayer*, § 52 Rn. 19; a.A. KK-AktG/*Kraft*, § 52 Rn. 7; *Diekmann*, ZIP 1996, 2149.
[469] *Hüffer/Koch*, § 52 Rn. 12; K. Schmidt/Lutter/*Bayer*, § 52 Rn. 20.
[470] OLG Oldenburg AG 2002, 620; *Hüffer/Koch*, § 52 Rn. 8; MünchHdb. AG/*Hoffmann-Becking*, § 4 Rn. 46; a.A. MünchKommAktG/*Pentz*, § 52 Rn. 9.
[471] *Hüffer/Koch*, § 52 Rn. 3; *Dormann/Fromholzer*, AG 2001, 242, 243; *Pentz*, NZG 2001, 346, 351.
[472] MünchHdb. AG/*Hoffmann-Becking*, § 4 Rn. 43.
[473] *Hüffer/Koch*, § 52 Rn. 5; K. Schmidt/Lutter/*Bayer*, § 52 Rn. 24; MünchKommAktG/*Pentz*, § 52 Rn. 20.
[474] MünchHdb. AG/*Hoffmann-Becking*, § 4 Rn. 47; *Hüffer/Koch*, § 52 Rn. 5a; a.A. MünchKommAktG/*Pentz*, § 52 Rn. 32.

A. Gründung

d) Zweijahresfrist

Rechtsgeschäfte werden von § 52 AktG nur erfasst, wenn sie innerhalb von 2 Jahren nach Eintragung der Gesellschaft in das Handelsregister vorgenommen werden. Die Fristberechnung erfolgt nach § 188 Abs. 2 AktG.

e) Vorratsgesellschaften

Nach überwiegender Meinung im Schrifttum finden die Regelungen der Nachgründung zudem auch bei einer Vorratsgesellschaft Anwendung, so dass auch Geschäfte, welche innerhalb von 2 Jahren nach der wirtschaftlichen Neugründung erfolgt sind, den Regelungen des § 52 AktG unterfallen.[476] Eine Nachgründung nach § 52 AktG liegt schließlich auch dann vor, wenn die AG durch einen Formwechsel entstanden ist und die entsprechenden Verträge innerhalb der folgenden 2 Jahre seit Wirksamwerden des Formwechsels abgeschlossen werden.[477] Die Zweijahresfrist wird in diesem Fall von der Eintragung des Formwechsels an gerechnet.

f) Ausschluss gem. § 52 Abs. 9 AktG

Die Nachgründungsvorschriften sind schließlich gem. § 52 Abs. 9 AktG nicht anwendbar bei dem Erwerb von Vermögensgegenständen im Rahmen der laufenden Geschäfte der Gesellschaft, in der Zwangsvollstreckung oder an der Börse. Der Rahmen der »laufenden Geschäfte« deckt sich weitgehend mit dem Kreis der »gewöhnlichen Geschäfte« im Sinne von § 116 HGB[478]

3. Wirksamkeitsvoraussetzungen

Liegen die vorstehenden Voraussetzungen vor, ist das Verfahren der Nachgründung einzuhalten, um die Wirksamkeit des Nachgründungsvertrages herbeizufügen:

a) Form

Der Nachgründungsvertrag bedarf gem. § 52 Abs. 2 Satz 1 AktG zumindest der Schriftform. Schreibt das Gesetz eine strengere Form vor (wie etwa beim Erwerb eines Grundstücks gem. § 311b Abs. 1 BGB), so ist diese zu beachten. Wird die Formvorschrift nicht eingehalten, führt dies gem. § 125 BGB zur Nichtigkeit des Vertrages.[479] Diese Nichtigkeit lässt sich nur durch die formgerechte Nachholung des Vertrages heilen. Eine spätere Eintragung der Nachgründung in das Handelsregister oder der Zustimmungsbeschluss der Hauptversammlung genügt hingegen nicht,[480] es bedarf vielmehr einer vollständigen Wiederholung des gesamten Nachgründungsverfahrens.[481]

b) Publizität

Die Nachgründungsverträge sind von der Einberufung der Hauptversammlung an, die über die Nachgründung beschließen soll, in den Geschäftsräumen der Gesellschaft für die Aktionäre auszulegen. Zudem sind die Verträge später in der Hauptversammlung auszulegen. Gemäß § 52 Abs. 2

---

475 *Hüffer/Koch*, § 52 Rn. 5 a.
476 *Hüffer/Koch*, § 23 Rn. 27a; *Grooterhorst*, NZG 2001, 145, 148; MünchHdb. AG/*Hoffmann-Becking*, § 4 Rn. 44; a.A. *Werner*, ZIP 2001, 1403, 1404.
477 MünchHdb. AG/*Hoffmann-Becking*, § 4 Rn. 45.
478 MünchHdb. AG/*Hoffmann-Becking*, § 4 Rn. 45; *Lutter/Ziemons*, ZGR 1999, 479, 492 ff.
479 *Hüffer/Koch*, § 52 Rn. 7; MünchKommAktG/*Pentz*, § 52 Rn. 63; K. Schmidt/Lutter/*Bayer*, § 52 Rn. 27.
480 MünchKommAktG/*Pentz*, § 52 Rn. 63; K. Schmidt/Lutter/*Bayer*, § 52 Rn. 27.
481 MünchKommAktG/*Pentz*, § 52 Rn. 63; K. Schmidt/Lutter/*Bayer*, § 52 Rn. 27.

Satz 3 AktG ist jedem Aktionär auf sein Verlangen eine Abschrift von dem jeweils betroffenen Vertrag zu erteilen.

383 Werden die Informationspflichten nicht eingehalten, kommt eine Anfechtung der gefassten Beschlüsse in Betracht, wobei nach § 126 Abs. 6 AktG auf die Einhaltung der Vorschriften in einer Vollversammlung verzichtet werden kann. Auf die Auslage und den Versand kann gem. § 52 Abs. 2 Satz 4 AktG jedoch verzichtet werden, wenn die entsprechenden Unterlagen über die Internetseite der Gesellschaft zugänglich sind. Freilich besteht hier die Gefahr der Anfechtung des Hauptversammlungsbeschlusses, wenn die Unterlagen nicht während des gesamten Zeitraumes zwischen der Einberufung und der Hauptversammlung zugänglich sind. Eine technische Störung könnte also erhebliche Nachteile für die Gesellschaft mit sich bringen, so dass von dieser Möglichkeit wohl nur zurückhaltend Gebrach gemacht werden sollte.

c) Prüfung durch den Aufsichtsrat/Gründungsprüfung

384 Der Aufsichtsrat hat vor dem Beschluss der Hauptversammlung gem. § 52 Abs. 3 AktG den Vertrag zu prüfen und darüber einen schriftlichen Bericht zu verfassen. Der Bericht ist von allen Aufsichtsratsmitgliedern zu unterzeichnen.

385 Außerdem hat eine Gründungsprüfung stattzufinden, auf welche die Bestimmungen der § 33 Abs. 3 bis 5, §§ 34 und 35 AktG für die Gründungprüfung entsprechend anzuwenden sind. Unterbleibt der Bericht des Aufsichtsrates oder der Gründungsprüfungsbericht, so ist der Zustimmungsbeschluss der Hauptversammlung zwar nicht nichtig, jedoch anfechtbar.[482] Das Fehlen einer der Prüfungen stellt aber ein Eintragungshindernis dar.[483] Unter den Voraussetzungen des § 33a AktG kann von der Prüfung aber abgesehen werden.

d) Zustimmung der Hauptversammlung

386 Zur Wirksamkeit des Nachgründungsvertrages ist weiterhin ein Zustimmungsbeschluss der Hauptversammlung notwendig. In der Einladung zu der Hauptversammlung ist der wesentliche Inhalt des Vertrages mitzuteilen. Der Niederschrift über die Hauptversammlung sind die Nachgründungsverträge gem. § 52 Abs. 2 Satz 6 AktG als Anlage beizufügen.

387 Die Hauptversammlung muss dem Vertrag nach § 52 Abs. 2 Satz 4 AktG mit einer 3/4 Mehrheit des in der Versammlung vertretenen Kapitals zustimmen. Bei einem Vertragsschluss im ersten Jahr muss die Mehrheit zumindest 1/4 des gesamten Grundkapitals entsprechen. Die Satzung kann nach § 52 Abs. 5 Satz 3 AktG größere Kapitalmehrheiten und weitere Erfordernisse bestimmen.

e) Registerverfahren

388 Der Vorstand der Gesellschaft hat gem. § 52 Abs. 6 Satz 1 AktG nach der Zustimmung durch die Hauptversammlung die Nachgründung zum Handelsregister in vertretungsberechtigter Anzahl anzumelden. Der Anmeldung sind die folgenden Unterlagen beizufügen:
– der Nachgründungsvertrag,
– das Hauptversammlungsprotokoll mit dem Vertrag als Anlage,
– der Nachgründungsbericht,
– der Prüfungsbericht des Gründungsprüfers.

389 Wird von einer externen Gründungsprüfung abgesehen, gilt § 37a AktG entsprechend.

---

482 *Hüffer/Koch*, § 52 Rn. 14; MünchKommAktG/*Pentz*, § 52 Rn. 65 ff.
483 *Hüffer/Koch*, § 52 Rn. 14; K. Schmidt/Lutter/*Bayer*, § 52 Rn. 31.

4. Rechtslage vor und nach der Eintragung im Handelsregister

Solange der Zustimmungsbeschluss oder die Eintragung des Nachgründungsvertrages im Handelsregister nicht erfolgt ist, ist der Nachgründungsvertrag schwebend unwirksam.[484] Gemäß § 52 Abs. 1 Satz 2 AktG erstreckt sich diese schwebende Unwirksamkeit auch auf die dinglichen Vollzugsgeschäfte. Ist die Eintragung im Handelsregister erfolgt, wird der Nachgründungsvertrag mit der Eintragung wirksam, es sei denn, es fehlt an der Schriftform oder an dem Zustimmungsbeschluss.[485]

B. Hauptversammlung

I. Einberufung der Hauptversammlung

Die gesetzlichen Regelungen zur Einberufung der Hauptversammlung sind in den §§ 121 ff. AktG enthalten.

In der Einberufung sind folgende **Mindestangaben** zu machen:
- Firma und Sitz der Gesellschaft
- Zeit und Ort der Hauptversammlung
- Tagesordnung
- Nur bei börsennotierten Gesellschaften: Bedingungen der Teilnahme an der Hauptversammlung

1. Einberufungsfrist

Die Einberufung hat **mindestens 30 Tage** vor dem Tage der Hauptversammlung zu erfolgen, wobei der Tag der Einberufung nicht mitgerechnet wird (§ 123 Abs. 1 AktG).[486] Ebenfalls ausdrücklich bei der Fristberechnung nicht mitzurechnen ist der Tag der Hauptversammlung selbst (§ 121 Abs. 7 Satz 1 AktG). Bei der Fristberechnung sind die Regelungen der §§ 187 bis 193 BGB nicht anzuwenden (vgl. § 121 Abs. 7 Satz 3 AktG). Damit hat das ARUG für die Berechnung von Fristen und Terminen den Sonn- und Feiertagsschutz abgeschafft. Bei **börsennotierten Gesellschaften** sind diese gesetzlichen Regelungen unabdingbar. Bei **nicht börsennotierten Gesellschaften** kann die Satzung hingegen eine andere Fristberechnung bestimmen (§ 121 Abs. 7 Satz 4 AktG).[487]

2. Einberufungsmedium

Die Einberufung erfolgt im **Bundesanzeiger** (§ 121 Abs. 4 Satz 1 AktG i.V.m. § 25 AktG); sieht die Satzung der Gesellschaft daneben **weitere Blätter** oder elektronische Informationsmedien vor, so hat die Einberufung auch in ihnen zu erscheinen (§ 26h Abs. 3 Satz 1 EGAktG). Die Einberufung ist bewirkt mit dem tatsächlichen Erscheinen auf der Internetseite des Bundesanzeigers;[488] bei weiteren Bekanntmachungsblättern ist das Erscheinen in ihnen irrelevant (§ 26h Abs. 3 Satz 2 EGAktG).[489]

Die Einberufung kann bei **namentlich bekannten Aktionären** statt durch Bekanntmachung im Bundesanzeiger durch eingeschriebenen Brief an die Aktionäre erfolgen (§ 121 Abs. 4 Satz 2 AktG).[490] In der Praxis wird eine derartige Vorgehensweise nur bei Gesellschaften mit überschaubarem Aktionärskreis, die eine Einberufung im Bundesanzeiger als zu umständlich oder anonym ansehen, gewählt.

---

484 *Hüffer/Koch*, § 52 Rn. 8; MünchKommAktG/*Pentz*, § 52 Rn. 43; K. Schmidt/Lutter/*Bayer*, § 52 Rn. 38.
485 MünchKommAktG/*Pentz*, § 52 Rn. 50; K. Schmidt/Lutter/*Bayer*, § 52 Rn. 43.
486 § 123 Abs. 1 Satz 2 AktG (»Der Tag der Einberufung ist nicht mitzurechnen.«) wurde durch das ARUG (Gesetz zur Umsetzung der Aktionärsrichtlinie) vom 30.07.2009, BGBl. I S. 2479 ff. klarstellend eingefügt; zu den zuvor vorhandenen Streitfragen vgl. Heidel/*Pluta*, § 123 Rn. 34.
487 Vgl. dazu *Schüppen/Tretter*, AG 2009, 493, 496.
488 Die Internetseite lautet: www.bundesanzeiger.de.
489 Zur Problematik eines Satzungstextes, der noch die Druckausgabe des Bundesanzeigers als Veröffentlichungsmediums nennt, vgl. *Terbrack*, DStR 2005, 2045.
490 Zu den hiermit verbundenen Problemen vgl. Beck'sches Notarhandbuch/*Heckschen*, Teil D III Rn. 51c f.

Theoretisch ist zwar eine Einladung mittels Einschreiben sogar bei börsennotierten Gesellschaften möglich; praktiziert wird diese Vorgehensweise aber allein schon wegen der damit verbundenen Kosten nicht.[491]

396 Bei **börsennotierten Gesellschaften**, die nicht ausschließlich Namensaktien ausgegeben und ihre Aktionäre mittels eingeschriebenen Briefs oder einem von der Satzung zugelassenen anderen Medium individuell informiert haben, muss die Einberufung außerdem seit dem ARUG[492] Medien zur Verbreitung der Information in der gesamten EU zugeleitet werden (§ 121 Abs. 4a AktG). Die Einberufung muss somit dem gleichen Medienbündel zugeleitet werden, wie dies auch bei ad hoc Mitteilungen und anderen Mitteilungen nach dem WpHG der Fall ist. Verstöße hiergegen führen aber nicht zur **Anfechtbarkeit** der Beschlüsse (§ 243 Abs. 3 Nr. 2 AktG), sondern werden mit einem **Bußgeld** geahndet (§ 405 Abs. 3a Nr. 1 AktG).

397 Bei **börsennotierten Gesellschaften** müssen zudem alsbald nach der Einberufung die in § 124a AktG genannten Informationen zugänglich sein.[493]

3. Angaben zu Firma und Sitz

398 In der Einberufung sind die Firma und der Sitz der Gesellschaft anzugeben. Solange die Gesellschaft eindeutig zu identifizieren ist, sind **Schreibfehler** oder sonstige **Unrichtigkeiten** bei der Firmenbezeichnung irrelevant.[494] Auch eine **Abkürzung** des Rechtsformzusatzes (z.B. »AG« statt »Aktiengesellschaft«) ist nicht von Bedeutung.[495]

4. Angaben zu Zeit und Ort der Hauptversammlung

399 In der Einberufung enthalten sein müssen die Angaben zum Termin und Ort der Hauptversammlung.

400 Die **Festlegung** des Hauptversammlungstermins steht – in Ermangelung gesetzlicher und regelmäßig auch statutarischer Bestimmungen – im Ermessen des Einberufenden. Die Festlegung darf allerdings die Aktionäre nicht in unzumutbarer Weise an der Teilnahme hindern (bspw. bei einer Terminierung auf den 24.12.). Bei Publikumsgesellschaften wird allgemein die Ansicht vertreten, dass eine Einberufung auf einen **Sonn- oder Feiertag** am Versammlungsort unzulässig sei.[496]

401 Auch die **Versammlungszeit** muss üblich und zumutbar sein. Regelmäßig wird bei Publikumsgesellschaften auf 10.00 Uhr einberufen. Eine wesentlich frühere Einberufung, etwa auf 8.00 Uhr, dürfte bei Publikumsgesellschaften unzumutbar sein, da nicht von den Aktionären erwartet werden kann, derart früh anzureisen.

402 Üblicherweise wird die Hauptversammlung an **einem Tage**, d.h. bis 24.00 Uhr, abgeschlossen sein. Gerade bei Publikumsgesellschaften, bei denen komplexe Tagesordnungspunkte zur Abstimmung stehen (etwa ein Delisting oder ein Squeeze Out), kann sich die Hauptversammlung aber über Mitternacht hinausziehen. Nach überwiegender Ansicht sind die dann gefassten Beschlüsse nichtig (§ 241 Abs. 1 AktG).[497] Zur Vermeidung jeglicher Diskussion über eine etwaige Nichtigkeit der

---

491 Zur (theoretischen) Möglichkeit der Einberufung bei börsennotierten Gesellschaften und den damit verbundenen Problemen vgl. Semler/Volhard/*Reichert*, § 4 Rn. 118 sowie Beck'sches Notarhandbuch/*Heckschen*, Teil D III Rn. 51c f.
492 ARUG (Gesetz zur Umsetzung der Aktionärsrichtlinie) vom 30.07.2009, BGBl. I S. 2479 ff.
493 Dies ist ebenfalls eine Neuerung, die das ARUG (Gesetz zur Umsetzung der Aktionärsrichtlinie) vom 30.07.2009, BGBl. I S. 2479 ff. mit sich gebracht hat.
494 OLG Hamburg, AG 1981, 193, 195.
495 *Hüffer/Koch*, § 121 Rn. 9.
496 KK-AktG/*Zöllner*, § 121 Rn. 38; Semler/Volhard/Reichert/*Reichert*, § 4 Rn. 101.
497 So etwa LG Mainz, NZG 2005, 819; *Linnerz*, NZG 2006, 208, 210; zweifelnd *Hüffer/Koch*, § 121 Rn. 17.

gefassten Beschlüsse sollte daher bei voraussichtlich länger dauernden Hauptversammlungen die **Einberufung für 2 Tage** erfolgen. Dies ist zulässig und wird so auch häufig praktiziert.

Der in der Einladung anzugebende **Ort** der Hauptversammlung ist – sofern die Satzung der Gesellschaft hierzu keine Aussage trifft – am **Sitz der Gesellschaft** zu bestimmen (§ 121 Abs. 5 Satz 1 AktG). Handelt es sich bei der Gesellschaft um eine solche, deren Aktien zum amtlichen Handel zugelassen sind, kann die Hauptversammlung auch am **Sitz der Börse** stattfinden (§ 121 Abs. 5 Satz 2 AktG). 403

Der **Ort** der Hauptversammlung muss in der Einberufung so **exakt beschrieben sein**, dass es jedem Aktionär ohne weiteres möglich ist, ihn ausfindig zu machen. Dazu wird in der Regel der Ort, die Straße und die Hausnummer des Versammlungsortes anzugeben sein. 404

Die Einberufung einer Hauptversammlung an einen Ort, der im **Ausland** liegt, ist nach zutreffender Ansicht **unwirksam**.[498] 405

5. Tagesordnung

Bis zur Neuerung durch das ARUG[499] war die Tagesordnung bei der Einberufung in den Gesellschaftsblättern bekanntzumachen (§ 124 Abs. 1 Satz 1 AktG). Dies bedeutete, dass die Tagesordnung theoretisch auch separat von der Einladung bekanntgemacht werden konnte (allerdings nur, wenn durch entsprechende Verweise der Zusammenhang zwischen Einladung einerseits und Tagesordnung andererseits klar ersichtlich war).[500] In der Praxis wurde die Tagesordnung nahezu durchweg als ein Teil der Einberufung behandelt und gemeinsam mit ihr bekannt gemacht. Seit dem ARUG ist nunmehr die Tagesordnung **zwingender Bestandteil der Einberufung** (§ 121 Abs. 3 Satz 2 AktG). 406

Die Tagesordnung muss die vorgesehenen **Versammlungs-** bzw. **Beschlussgegenstände** in entsprechender Reihenfolge kurz darstellen. Die Angaben müssen dabei so konkret sein, dass sich jeder Aktionär ohne Rückfragen vor Augen führen kann, worüber verhandelt und beschlossen werden soll.[501] 407

Für die **typischen Gegenstände** einer ordentlichen Hauptversammlung, wie 408
– Entgegennahme des Jahresabschlusses
– Gewinnverwendung
– Entlastung von Vorstand und Aufsichtsrat
– Wahl des Abschlussprüfers
sind keine weiteren Konkretisierungen erforderlich. Hier reicht die entsprechende **schlagwortartige** Bezeichnung in der Bekanntmachung aus.

Bei **Satzungsänderungen** muss der konkret zu beschließende neue Satzungstext bekanntgemacht werden (vgl. § 124 Abs. 2 Satz 2 AktG), sodass für den Aktionär klar ersichtlich ist, welche Bestimmung in welchem Sinne geändert werden soll. 409

Bei **Kapitalerhöhungen** ist deren Art und Höhe sowie ein etwaiger Bezugsrechtsausschluss (vgl. § 186 Abs. 4 AktG) anzugeben. 410

Soweit eine Zustimmung zu **Unternehmensverträgen** erteilt werden soll, sind deren wesentliche Inhalte anzugeben (§ 124 Abs. 2 Satz 2 AktG); entsprechendes gilt für **Grundlagenbeschlüsse**.[502] Dazu gehört in jedem Fall die Angabe der Vertragsart und der Vertragspartner. Da derartige Verträge ab Einberufung der Hauptversammlung auszulegen und auf Anforderung der Aktionäre diesen 411

---

498 OLG Hamburg, OLGZ 1994, 42, 43; OLG Hamm, OLGZ 1974, 149 = NJW 1974, 1054; vgl. zudem die Nachweise bei *Hüffer/Koch*, § 121 Rn. 14 ff.
499 ARUG (Gesetz zur Umsetzung der Aktionärsrichtlinie) vom 30.07.2009, BGBl. I S. 2479 ff.
500 *Hüffer/Koch*, § 124 Rn. 5.
501 *Hüffer/Koch*, § 121 Rn. 9.
502 *Hüffer/Koch*, § 124 Rn. 10.

zuzusenden sind (vgl. §§ 293f, 293g AktG, § 63 UmwG), dürfen die Anforderungen an die Bekanntmachung des Inhaltes nicht zu hoch gesteckt werden. Hinreichend ist die Bekanntmachung des wesentlichen Inhaltes, der es einem »Durchschnittsaktionär« ermöglicht seine Rechte (bspw. durch Einsicht in die auszulegenden Verträge) hinreichend geltend zu machen.[503] Die Bekanntmachung des wesentlichen Vertragsinhaltes muss – ebenso wie die Auslage der Unterlagen ab Einberufung der Hauptversammlung – in **deutscher Sprache** erfolgen.[504]

412 Bei Wahlen zum **Aufsichtsrat** sind Name, ausgeübter Beruf und Wohnort des Vorgeschlagenen anzugeben (§ 124 Abs. 3 Satz 3 AktG). Desweiteren ist zwingend anzugeben, nach welchen Vorschriften sich der Aufsichtsrat zusammensetzt und ob die Hauptversammlung an Wahlvorschläge gebunden ist (§ 124 Abs. 2 Satz 2 AktG).

413 Bei der Wahl von **Prüfern**, d.h. bei der Wahl des **Abschlussprüfers** oder eines **Sonderprüfers**, ist ebenfalls die Angabe von Namen, ausgeübtem Beruf und Wohnort des Vorgeschlagenen vorzunehmen (§ 124 Abs. 3 Satz 3 AktG). Soll eine **Gesellschaft** zum Prüfer bestellt werden, ist deren Firma und Sitz anzugeben.

414 Das **Muster** der **Tagesordnung** einer ordentlichen Hauptversammlung (die zuvor eine Umstellung des Geschäftsjahres beschlossen hatte) lautet wie folgt:

415 ▶ Formulierungsbeispiel: Tagesordnung

TAGESORDNUNG

1. Vorlage des festgestellten Jahresabschlusses für das Rumpfgeschäftsjahr zum 30. September 2020 und des gebilligten Rumpfgeschäfts-Konzernabschlusses zum 30. September 2020 (HGB), des Konzernlageberichts sowie des Berichts des Aufsichtsrates für das zum 30. September 2020 abgeschlossene Rumpfgeschäftsjahr (Rumpfgeschäftsjahr 2020)
2. Beschlussfassung über die Verwendung des Bilanzgewinns für das Rumpfgeschäftsjahr 2020
Vorstand und Aufsichtsrat schlagen vor, den im Jahresabschluss für das Rumpfgeschäftsjahr 2020 ausgewiesenen Bilanzgewinn in Höhe von Euro 2.367.605,80 auf neue Rechnung vorzutragen.
3. Beschlussfassung über die Entlastung des Vorstands für das Rumpfgeschäftsjahr 2020
Vorstand und Aufsichtsrat schlagen vor, den Mitgliedern des Vorstands für das Rumpfgeschäftsjahr 2020 Entlastung zu erteilen.
4. Beschlussfassung über die Entlastung des Aufsichtsrates für das Rumpfgeschäftsjahr 2020
Vorstand und Aufsichtsrat schlagen vor, den Mitgliedern des Aufsichtsrates für das Rumpfgeschäftsjahr 2020 Entlastung zu erteilen.
5. Wahl des Abschlussprüfers und des Konzernabschlussprüfers für das Geschäftsjahr 2020/2021
Der Aufsichtsrat schlägt vor, die ABC Wirtschaftsprüfungsgesellschaft mbH, Frankfurt, zum Abschlussprüfer und Konzernabschlussprüfer für das Geschäftsjahr 2020/2021 zu bestellen.

6. Angabe der Teilnahmebedingungen usw.

416 Die Einberufung hatte bislang immer die Voraussetzungen anzugeben, von denen die **Teilnahme** an der Hauptversammlung und die **Stimmrechtsausübung** abhingen (§ 121 Abs. 3 AktG a.F.). Diese Regelung ist durch das ARUG[505] zum 01.09.2009 modifiziert worden: Nunmehr müssen nur noch **börsennotierte Gesellschaften** diese sowie weitere Angaben in der Einberufung machen (§ 121 Abs. 3 Satz 3 AktG).

417 Etwa in der Satzung geregelte **Teilnahmebedingungen** müssen dabei von börsennotierten Gesellschaften nicht wörtlich, aber vollinhaltlich zutreffend wiedergegeben werden. Zur Vermeidung von Einberufungsfehlern sollte in der Praxis eine wörtliche Wiedergabe der entsprechenden Satzungs-

---

503 OLG Stuttgart, AG 1997, 138, 139; *Hüffer/Koch*, § 124 Rn. 10; MünchKommAktG/*Kubis*, § 124 Rn. 36.
504 LG München, ZIP 2001, 1148 ff.; MünchKommAktG/*Kubis*, § 124 Rn. 36.
505 ARUG (Gesetz zur Umsetzung der Aktionärsrichtlinie) vom 30.07.2009, BGBl. I S. 2479 ff.

bestimmungen vorgenommen werden. Darüberhinaus steht es allen anderen, nicht börsennotierten Gesellschaften frei, weiterhin freiwillig die Teilnahmebedingungen in der Einberufung anzugeben. Dies erscheint sogar sinnvoll, kann es doch ansonsten dazu führen, dass einer Reihe von Aktionären, denen die Teilnahmebedingungen nicht präsent sind, die Teilnahme an der Hauptversammlung zu versagen ist.

Desweiteren sind in der Einberufung bei **börsennotierten Gesellschaften** die in § 121 Abs. 3 Nrn. 1 bis 4 AktG genannten Angaben zu machen. Sie beziehen sich auf: 418
– den **Nachweisstichtag** sowie dessen Bedeutung bei Inhaberaktien (sog. record date, vgl. § 123 Abs. 4 Satz 2 AktG), bei Namensaktien auch den Tag des **Umschreibungsstops** im Aktienregister, was so aber im Gesetz nicht ausdrücklich erwähnt wird (§ 121 Abs. 3 Satz 3 Nr. 1 AktG),
– die Modalitäten der **Vollmachtserteilung** (§ 121 Abs. 3 Satz 3 Nr. 2 AktG),
– die Fristen für den Zugang von **Ergänzungs-** bzw. **Gegenanträgen** sowie **Wahlvorschlägen** unter Angabe der konkreten Daten und den Zeitpunkt, in dem das Auskunftsrecht ausgeübt werden kann sowie eine Darstellung und Erläuterung dieser Rechte, die allerdings – bei entsprechendem Hinweis in der Einberufung – auch auf der Internetseite der Gesellschaft erfolgen kann (§ 121 Abs. 3 Satz 3 Nr. 3 AktG),
– diejenige Internetseite der Gesellschaft, auf welcher die **Informationen nach § 124a AktG** zugänglich sind (§ 121 Abs. 3 Satz 3 Nr. 4 AktG).

Entgegen früherem Recht führen **Verstöße** gegen die vorstehend dargestellten Einberufungspflichten börsennotierter Gesellschaften nach § 121 Abs. 3 Satz 3 Nrn. 1 bis 4 AktG nicht zur Nichtigkeit der später gefassten Beschlüsse, sondern machen diese nur **anfechtbar** (vgl. § 241 Nr. 1 AktG n.F.) 419

7. Angabe der Einberufenden

Obwohl keine gesetzliche Regelung existiert, ist nach h.M. eine Angabe des **Einberufenden** in der Einberufung ein zwingendes Erfordernis. Dies soll eine Prüfung der Aktionäre ermöglichen, ob die Einberufung durch einen entsprechend Berechtigten stattgefunden hat.[506] Dabei soll es ausreichend sein, wenn das einberufende **Organ** (»Der Vorstand« oder »Der Aufsichtsrat«) und nicht die Namen der handelnden Personen angegeben werden.[507] Nimmt man die Prüfungsmöglichkeiten der Aktionäre ernst, wird man jedoch auf eine Angabe auch der Namen der handelnden Organmitglieder nicht umhinkommen, denn ansonsten ist eine Prüfung, ob das betreffende Organ wirksam vertreten wurde, nicht möglich. 420

Erfolgt die Einberufung ausnahmsweise durch gesetzlich, statutarisch befugte oder gerichtlich ermächtigte **Aktionäre**, ist hierauf hinzuweisen.[508] 421

II. Notar und Hauptversammlung

Der **Notar** wirkt grundsätzlich an jedem Beschluss der Hauptversammlung einer Aktiengesellschaft mit (§ 130 Abs. 1 Satz 3 AktG). Bei **nicht börsennotierten Gesellschaften** (zum Begriff der Börsennotierung vgl. § 3 Abs. 2 AktG) reicht allerdings anstelle der notariellen Urkunde eine von dem Vorsitzenden des Aufsichtsrates zu unterzeichnende Niederschrift aus, soweit keine Beschlüsse gefasst werden, für welche das Gesetz eine 3/4 **Mehrheit des vertretenen Grundkapitals**[509] oder eine größere Mehrheit bestimmt (§ 130 Abs. 1 Satz 3 AktG). 422

Treffen in einer Hauptversammlung beurkundungsbedürftige Beschlüsse mit nicht beurkundungsbedürftigen Beschlüssen zusammen (sogenannte **gemischte Hauptversammlung**), so sind nach neuer 423

---

506 Semler/Volhard/Reichert/*Reichert*, § 4 Rn. 99.
507 KK-AktG/*Zöllner* § 121 Rn. 18; Semler/Volhard/Reichert/*Reichert*, § 4 Rn. 99.
508 Semler/Volhard/Reichert/*Reichert*, § 4 Rn. 99.
509 Zur Frage, ob sich die 3/4 Mehrheit auf das vertretene Grundkapital (h.M.) oder die vertretenen Stimmen beziehen muss vgl. *Hüffer/Koch*, § 130 AktG Rn. 14b; Heidel/*Terbrack/Lohr*, Aktienrecht, § 130 AktG Rn. 7; MünchKommAktG/*Kubis*, § 130 Rn. 24.

Auffassung des BGH nur die beurkundungsbedürftigen Beschlüsse notariell zu protokollieren; die nicht beurkundungsbedürftigen Beschlüsse können in einem von dem Vorsitzenden des Aufsichtsrates privatschriftlich aufzunehmenden Protokoll festgehalten werden.[510] Damit ist der frühere Meinungsstreit, ob die gesamte Hauptversammlung notariell zu beurkunden ist, entschieden.[511] Das Problem, dass bspw. Widersprüche während der gesamten Dauer der Hauptversammlung erklärt werden können, und somit auf zwei Protokolle verteilt sind, oder sich Widersprüchlichkeiten aus den beiden Protokollen ergeben, nimmt der BGH sehend in Kauf. Wie die Praxis darauf reagieren wird, ist derzeit noch nicht absehbar. Im Sinne der Begehung des sichersten Weges und in Anbetracht der oftmals gegenüber der entstehenden Rechtsunsicherheit nicht ins Gewicht fallenden Mehrkosten der vollständigen notariellen Beurkundung der gesamten Hauptversammlung, ist zu einer vollständigen notariellen Protokollierung der Hauptversammlung zu raten.

424 Der die Hauptversammlung beurkundende Notar muss ein **deutscher Notar** sein.[512]

425 Sofern und soweit der Notar eine Hauptversammlung begleiten soll, sind verschiedene Stadien und Aufgaben zu unterscheiden:

1. Einberufung der Hauptversammlung

426 Grundsätzlich trifft den Notar nicht die Pflicht, die **Ordnungsgemäßheit der Einberufung** zu prüfen. Wird dem Notar aber – beispielsweise weil er regelmäßig die Hauptversammlung dieser Aktiengesellschaft betreut – der Entwurf der Einladungsbekanntmachung zur Prüfung übergeben, ist er dazu verpflichtet. Stellt er dabei **Einberufungsmängel** fest, muss er das Einberufungsorgan über seine Bedenken unterrichten.

427 Fehlt es an einem ausdrücklichen Auftrag, den Entwurf der Einladungsbekanntmachung zu prüfen, wird dieser aber gleichwohl dem Notar »informationshalber« übersandt, ist der Notar nicht völlig von einer Prüfungspflicht befreit. Sie beschränkt sich jedoch in diesem Fall auf die Feststellung **offensichtlicher Mängel** (zum Beispiel fehlende Angaben zum Versammlungsort oder fehlende Angaben zu vorgeschriebenen Vorschlägen zur Beschlussfassung nach § 124 Abs. 3 Satz 1 AktG).

428 Auch wenn die dem Einberufungsorgan mitgeteilten Mängel nicht mehr behoben werden können, ist dies kein Grund für den Notar, die Beurkundung der Hauptversammlung **abzulehnen**, denn die in einer so einberufenen Hauptversammlung gefassten Beschlüsse sind in aller Regel nicht nichtig, sondern lediglich anfechtbar (§ 243 AktG).

429 Eine **Ablehnung** der Beurkundung kommt allenfalls dann in Betracht bzw. muss allenfalls dann vom Notar erklärt werden, wenn die Hauptversammlung nicht nach § 121 Abs. 2 und 3 AktG von den dazu Befugten oder ohne die zwingenden Angaben des § 121 Abs. 3 AktG einberufen worden ist. Denn offensichtlich nichtige Beschlüsse darf der Notar nicht beurkunden.[513]

2. Durchführung der Hauptversammlung

430 Auch wenn § 17 Beurkundungsgesetz, der dem Notar eine umfassende Prüfungs-, Belehrungs- und Einwirkungspflicht bei Beurkundungen auferlegt, für die notarielle Niederschrift von Hauptversammlungsbeschlüssen nicht gilt, so ist doch anerkannt, dass der Notar sein Hauptversammlungsprotokoll nicht »mit geschlossenen Augen« aufnehmen darf.[514]

---

510 BGH v. 19.05.2015 – II ZR 176/14 = DNotI-Report 2015, 126 = WM 2015, 1417 = DB 2015, 1708 = BB 2015, 1807.
511 Gegen die Ansicht des BGH: *Hüffer/Koch*, § 130 Rn. 14c; Heidel/*Terbrack/Lohr*, Aktienrecht, § 130 Rn. 8; Beck'sches Formularbuch AG/*Hoffmann-Becking*, X.23 Anm. 1; ZIP 1995, 1, 7; Happ/*Zimmermann*, Aktienrecht, 10.19 Rn. 2, jeweils m.w.N.
512 Vgl. zu dieser umstrittenen Frage: Heidel/*Terbrack/Lohr*, Aktienrecht, § 130 Rn. 12.
513 Heidel/*Terbrack/Lohr*, Aktienrecht, § 130 Rn. 22.
514 *Hüffer/Koch*, § 130 Rn. 12; Heidel/*Terbrack/Lohr*, Aktienrecht, § 130 Rn. 19.

Der Notar hat deswegen – dies ist Sinn und Zweck der notariellen Protokollierung der Hauptversammlung – auf **offensichtliche Rechtsverstöße** gegen Gesetz oder Satzung bei Einberufung und Durchführung der Hauptversammlung hinzuweisen. Der Notar sollte deshalb bei Durchführung der Hauptversammlung neben dem Leiter der Hauptversammlung oder in dessen Nähe sitzen, um möglichst schnell eingreifen zu können, wenn Fehler drohen.[515]

3. Erstellung des notariellen Hauptversammlungsprotokolls

Das notarielle Hauptversammlungsprotokoll wird im **Entwurf** regelmäßig bereits vor der Hauptversammlung auf der Grundlage der überlassenen Tagesordnung verfasst. Dieses Dokument dient dem Notar dann als gedankliches Gerüst für die Protokollierung der Hauptversammlung.

Regelmäßig wird der Notar in diesen Entwurf während der Hauptversammlung die noch offen Punkte gemäß seiner Wahrnehmung eintragen bzw. abändern und ergänzen. Im Anschluss an die Hauptversammlung erstellt er dann auf dieser Basis das endgültige Versammlungsprotokoll. Dies ist unbedenklich.[516] Zu der Frage der **Abänderung** des so erstellten Protokolls nach Unterzeichnung durch den Notar vgl. die Ausführungen bei Rdn. 493 ff.

4. Einzuhaltende Formalien des notariellen Hauptversammlungsprotokolls

Die einzuhaltenden Förmlichkeiten sind im § 130 AktG **abschließend** geregelt. § 130 AktG geht als spezielleres Gesetz insbesondere den Regelungen des Beurkundungsgesetzes (vergleiche §§ 6 bis 35 Beurkundungsgesetz) vor, und zwar deswegen, weil die notarielle Niederschrift keine Willenserklärungen aufnimmt. Die Beurkundung der Hauptversammlungsbeschlüsse stellt nämlich nicht die Beurkundung von Stimmabgaben, die man noch als Willenserklärung ansehen könnte, dar, sondern lediglich die Festhaltung des rechnerischen Ergebnisses der Abstimmung zu bestimmten Beschlüssen. Die notarielle Niederschrift über den Hergang der Hauptversammlung ist somit ein reines **Tatsachenprotokoll**.[517]

Als Tatsachenprotokoll wird die notarielle Niederschrift weder **vorgelesen**, noch von den Teilnehmern der Versammlung genehmigt und mitunterschrieben. Der Notar prüft auch nicht die **Identität** der Teilnehmer, ihre **Geschäftsfähigkeit** oder **Vertretungsbefugnis**.[518]

Schwierigkeiten können in der Praxis dann auftreten, wenn in der Hauptversammlung **notariell zu beurkundende Willenserklärungen** abgegeben werden (zum Beispiel Verzichte gem. §§ 8 Abs. 3, 9 Abs. 3 Umwandlungsgesetz). Hier ist insoweit Vorsicht geboten, als die Aufnahme der Tatsachen in das Hauptversammlungsprotokoll die einzuhaltenden Formerfordernisse nicht erfüllt. Vielmehr ist die entspreche Zustimmung als Willenserklärung gesondert nach den Regeln der §§ 8 ff. Beurkundungsgesetz zu beurkunden. Dennoch sind hier nicht zwingend zwei notarielle Urkunden zu fertigen: auch die Niederschrift über die Hauptversammlung kann nach den §§ 8 ff. Beurkundungsgesetz aufgenommen werden, da es sich bei der Beurkundung von Willenserklärungen im Verhältnis zur Tatsachenbeurkundung nach § 130 AktG um die strengere Form handelt.[519]

Das **Muster** eines notariellen Hauptversammlungsprotokolls in Form der Beurkundung von Willenserklärungen (§§ 8 ff. BeurkG) lautet beispielsweise:

---

515 Dazu Heidel/*Terbrack/Lohr*, Aktienrecht, § 130 Rn. 21.
516 *Huhn/v. Schuckmann*, § 37 BeurkG Rn. 12.
517 Vgl. dazu instruktiv OLG Düsseldorf, RNotZ 2003, 329 m. Anm. *Fleischhauer*.
518 Heidel/*Terbrack/Lohr*, Aktienrecht, § 130 Rn. 33.
519 *Röll*, DNotZ 1979, 644.

438 ▶ Formulierungsbeispiel: notarielles Hauptversammlungsprotokoll

UR. Nr. 3731 für 2016

Verhandelt zu Aachen am Freitag, den 09. August 2020, um 10.00 Uhr in dem Verwaltungsgebäude der IPO AG, Wilhelmstraße 31, zu 52070 Aachen.

Vor mir, dem unterzeichneten

PROF. DR. CHRISTOPH TERBRACK

– NOTAR ZU AACHEN –

erschienen, mir zur Person ausgewiesen durch ihre Bundespersonalausweise:

1. Herr Sven Müller, geboren am 9. 9. 1969, wohnhaft in 52074 Aachen, Kaiser-Friedrich-Allee 40,
2. Herr Oliver Carowski, geboren am 10. 11. 1970, wohnhaft in 52070 Aachen, Brabantstraße 45,
3. Herr Dr. Kai Eck, geboren am 11. 1. 1954, wohnhaft in 52074 Aachen, Otto-Kern-Straße 3,
   - hier handelnd als alleinige Aktionäre der IPO AG zu Aachen –
4. Frau Katja Burghardt, geboren am 19. 6. 1974, wohnhaft in 52074 Aachen, Kaiser-Friedrich-Allee 62,
5. Herr Christof Carl, geboren am 1. 10. 1960, wohnhaft in 52070 Aachen, Lothringerstraße 4,
6. Herr Prof. Dr. Karsten Schmitz, geboren am 11. 7. 1951, wohnhaft in 52074 Aachen, Colynshofstraße 38,
   - hier handelnd als Aufsichtsratsmitglieder der IPO AG zu Aachen –
7. Frau Dr. Verena Kleinert, geboren am 10. 10. 1965, wohnhaft in 52070 Aachen, Karststraße 10,
   – hier handelnd als alleiniges Vorstandsmitglied der IPO AG zu Aachen –.

Die Erschienenen erklärten zu notariellem Protokoll die folgende

ORDENTLICHEN HAUPTVERSAMMLUNG DER IPO AG ZU AACHEN

VOM 09. AUGUST 2020

NEBST VERZICHTERKLÄRUNGEN

Teil A. – Hauptversammlung

(Es folgt der Text der Hauptversammlungsniederschrift)

Teil B. – Verzichtserklärungen

Die Erschienenen zu 1.bis mit 3. als alleinige Aktionäre der IPO AG zu Aachen verzichten hiermit unter Bezug auf die Verschmelzung vom 10. 5. 2020 – URNr. 2391/2020 T des beurkundenden Notars – gem. § 8 Abs. 3 UmwG auf die Erstellung eines Verschmelzungsberichtes und gem. § 9 Abs. 2 und 3 UmwG i.V.m. § 8 Abs. 3 UmwG auf die Prüfung der Verschmelzung und entsprechende Berichterstattung sowie auf eine Klage gegen den Zustimmungsbeschluss zur vorgenannten Verschmelzung der IFO-GmbH zu Aachen auf die IPO AG zu Aachen.

Die aufnehmende Gesellschaft, die IPO AG zu Aachen, nimmt hiermit Kenntnis von diesen Verzichtserklärungen.

Teil C. – Schlussbestimmungen, Hinweise, Kosten

(Es folgen Belehrungen des Notars sowie besondere Hinweise)

Diese Niederschrift wurde den Erschienenen von dem Notar vorgelesen, von ihnen genehmigt und sodann eigenhändig von ihnen und dem Notar wie folgt unterschrieben:

439 Das notarielle Hauptversammlungsprotokoll ist ein Ergebnis – und kein Verlaufsprotokoll. Eine chronologische Wiedergabe des Ablaufs der Hauptversammlung wird daher nicht verlangt, ist aber häufig sinnvoll.

Die notarielle Hauptversammlungsniederschrift muss folgende zwingende Angaben enthalten (vergleiche § 130 Abs. 1, 2 und 4 AktG):

a) Rubrum

In der Niederschrift sind der **Ort**, der **Tag** der Verhandlung und der **Name** des die Niederschrift aufnehmenden Notars (§ 130 Abs. 2 AktG) aufzunehmen. 440

Ob zur korrekten Namensbezeichnung **allein der Nachname** des Notars ausreicht ist **umstritten**.[520] 441

Hinsichtlich des **Ortes** genügt die Angabe der Stadt oder der Gemeinde, üblicherweise wird aber auch die Straße und der genaue Verhandlungsraum angegeben. 442

Der **Tag** der Versammlung bezeichnet das Datum; bei einer Hauptversammlung über mehrere Tage sind alle Daten anzugeben. Auch die Angabe des Beginns und des Endes der Hauptversammlung (Uhrzeit) ist sinnvoll.[521] 443

Das **Muster** eines **Urkundseinganges** eines notariellen Hauptversammlungsprotokolls lautet beispielsweise: 444

▶ Formulierungsbeispiel: Urkundseingang eines notariellen Hauptversammlungsprotokolls 445

UR. Nr. 2334 für 2020

Verhandelt zu Aachen am Freitag, den 03. Juli 2020, um 10.30 Uhr in dem Verwaltungsgebäude der IFP AG, Auf der Hüls 163, zu 52068 Aachen.

Der unterzeichnete

PROF. DR. CHRISTOPH TERBRACK

– NOTAR ZU AACHEN –

hat sich auf Ersuchen des Vorstandes der im Handelsregister des Amtsgerichts Aachen unter HR B 746 eingetragenen

IFP AG

mit dem Sitz zu Aachen

zur vorangegebenen Stelle und Zeit eingefunden, um über die Verhandlungen und Beschlüsse der heute hier stattfindenden

ORDENTLICHEN HAUPTVERSAMMLUNG

VOM 03. JULI 2020

der vorgenannten Aktiengesellschaft eine notarielle Niederschrift aufzunehmen.

b) Beschlüsse pp.

Zu protokollieren ist jeder **Beschluss** der Hauptversammlung (§ 130 Abs. 1 AktG), und zwar sowohl der Beschluss durch den ein Antrag angenommen worden ist (sogenannter positiver Beschluss), als auch der einen Antrag ablehnende Beschluss (sogenannter negativer Beschluss). 446

Zu beurkunden sind neben Sachbeschlüssen auch **Wahlbeschlüsse** und **Verfahrensbeschlüsse** (zum Beispiel die Wahl des Versammlungsleiters, die Einzelabstimmung bei Entlastung). 447

Nicht zwingend zu beurkunden sind **verfahrensleitende Maßnahmen** des Versammlungsleiters; es kann aber häufig zweckmäßig sein, diese zu beurkunden, da sich hieran Anfechtungsrechte knüpfen können. 448

---

520 Heidel/*Terbrack/Lohr*, Aktienrecht, § 130 Rn. 26.
521 Heidel/*Terbrack/Lohr*, Aktienrecht, § 130 Rn. 25.

449 Das **Muster** der Protokollierung **verfahrensleitender Maßnahmen (hier: Festlegung des Abstimmungsverfahrens)** lautet beispielsweise:

450 ▶ Formulierungsbeispiel: Protokollierung der Festlegung des Abstimmungsverfahrens

Der Vorsitzende legte das Abstimmungsverfahren wie folgt fest: Abgestimmt wird mit den Stimmabschnitten auf den ausgehändigten Stimmbögen. Es wird das sogenannte Additionsverfahren angewendet, d. h. es werden die JA-Stimmen und die NEIN-Stimmen gezählt. Die Zahl der abgegebenen Stimmen ermittelt sich aus der Addition der JA-Stimmen und NEIN-Stimmen. STIMMENTHALTUNGEN werden nicht erfasst, da sie als nicht abgegebene Stimmen gelten. Die Abstimmungen werden elektronisch ausgezählt. Dabei werden die im Austausch gegen die Eintrittskarten zur Hauptversammlung ausgehändigten Stimmbögen verwendet. Nach Aufruf der einzelnen Tagesordnungspunkte wird der Vorsitzende den jeweils zu verwendenden Stimmabschnitt benennen. Wer mit JA oder NEIN stimmen will, hat den Stimmabschnitt mit der aufgerufenen Nummer in die für die Abstimmung zu diesem Tagesordnungspunkt vorgesehenen Stimmurnen einzuwerfen. Die JA-Stimmen und die NEIN-Stimmen werden eingesammelt.

Um einen zügigen Ablauf der Hauptversammlung zu gewährleisten, werden die Stimmen nicht für jede Abstimmung gesondert, sondern en bloc nach Aufruf des letzten Tagesordnungspunktes eingesammelt.

Nochmals wies der Vorsitzende darauf hin, dass nur im bestuhlten und mit Trennwänden begrenzten Versammlungsbereich die Stimmbogenabschnitte eingesammelt werden, nicht im sonstigen Präsenzbereich und er bat alle stimmberechtigten Aktionäre und Aktionärsvertreter, die für oder gegen den zur Abstimmung gestellten Beschlussvorschlag sind, sich zur Stimmabgabe in den Versammlungssaal zu begeben und bei Aufruf des betreffenden Tagesordnungspunktes den entsprechenden Stimmbogenabschnitt zum Einwurf in die Stimmurnen bereitzuhalten. Für jeden Tagesordnungspunkt würden JA-Stimmen und NEIN-Stimmen in gemeinsamen Stimmurnen eingesammelt. Die EDV ist mittels Barcode zuverlässig in der Lage, eine entsprechende Zuordnung vorzunehmen.

c) Art der Abstimmung

451 In der Niederschrift anzugeben sind u. a. die **Art** der Abstimmung (§ 130 Abs. 2 Satz 1 AktG). Unter der **Art der Abstimmung** ist diejenige Form zu verstehen, in der das Stimmrecht ausgeübt wird, also beispielsweise ob geheim, schriftlich oder elektronisch, durch Aufstehen, Handaufheben, Zuruf oder Abgabe von Stimmkarten abgestimmt wird.

452 Anzugeben ist auch, ob nur die Ja- und Neinstimmen (sogenannte Additionsmethode), oder nur die Neinstimmen und Enthaltungen (sogenannte Subtraktionsmethode) gezählt worden sind und wie die Auszählung der Stimmen erfolgt ist.

453 Die Überwachung und Protokollierung der Stimmenauszählung fällt nicht unter den Begriff »Art der Abstimmung« i.S.v. § 130 Abs. 2 AktG; diesbezüglich ergeben sich daher auch keine Überwachungspflichten des Notars.[522] Gleichwohl kann der Notar natürlich hierzu Feststellungen nach seiner eigenen Wahrnehmung treffen, um für den Fall der Erhebung entsprechender Anfechtungsklagen eine klare Beweislage zu schaffen.

454 Das **Muster** entsprechender Feststellungen in einem notariellen Protokoll lautet wie folgt:

455 ▶ Formulierungsbeispiel: Feststellungen nach eigener Wahrnehmung des Notars

Abstimmverfahren

Das Erfassen der Stimmkarten erfolgte jeweils in der von dem Vorsitzenden angeordneten Art und Weise in dem Sitzungssaal »Berlin I« und »Berlin II«. Abgestimmt wurde nach dem sogenannten ADDITIONSVERFAHREN. Bei dem ADDITIONSVERFAHREN wurden die abgegebenen JA-Stimmen und NEIN-Stimmen gezählt. Die Zahl der insgesamt abgegebenen Stimmen ergab

---

522 BGH, AG 2009, 285, 286.

sich aus der Addition der JA-Stimmen und der NEIN-Stimmen. STIMMENTHALTUNGEN wurden nicht gezählt, da sie keine Stimmabgabe bedeuteten.

Abstimmvorgang und Stimmenauszählung

Der Vorsitzende kündigte den Beginn und das Ende des Abstimmvorganges mehrfach deutlich an. Alle Aktionäre und Aktionärsvertreter hatten somit hinreichend Gelegenheit, ihre Stimme abzugeben. Bei der Abstimmung wurden die Aktionäre, die mit JA oder NEIN stimmen wollten, um Handzeichen gebeten. Sodann gingen mehrere Stimmzähler durch die Reihen und fragten die betreffenden Aktionäre bzw. Aktionärsvertreter, ob sie mit JA oder NEIN stimmen wollten. Entsprechend dieser Aussage wurde der Handscanner auf das Erfassen von JA-Stimmen oder NEIN-Stimmen geschaltet und die vorcodierte Stimmkarte erfasst.

Über den Strichcode auf der Stimmkarte wurden die Stimmkarten-Nummern und die dazugehörige Anzahl der Stimmen in das Gerät eingelesen. Auf dem Anzeigefeld des mobilen Datenerfassungsgerätes konnten sich die Aktionäre selbst davon überzeugen, dass die Angaben korrekt erfasst worden sind. Gleichzeitig erhielten sie über das mobile Datenerfassungsgerät zu Kontrollzwecken als Quittung einen Ausdruck.

Die so erfassten Daten wurden dann in die zentrale Datenverarbeitungsanlage übernommen. Sofern ein Aktionär und Aktionärsvertreter mehrere Stimmkarten hat, musste jede dieser Stimmkarten über das mobile Datenerfassungsgerät eingelesen werden und es musste zu jeder Stimmkarte zuvor erklärt werden, ob jeweils mit JA oder NEIN gestimmt werden soll. Es war sichergestellt, dass Aktien, bei denen Stimmverbote vorliegen, nicht an der Abstimmung teilnehmen konnten.

Die erfassten Daten wurden per WLAN an einen zentralen Rechner übermittelt, der von Mitarbeitern der Hauptversammlungs Event-Service GmbH, Aachen, Herrn Müller sowie Herrn Fritz, bedient wurde.

Die so übermittelten Daten wurden auf diesem Rechner ausgewertet und ausgedruckt. Dieser zentrale Rechner befand sich im Sitzungssaal »Berlin I« und »Berlin II« und war für die Aktionäre frei einsehbar. Die Erfassung erfolgte an einem vernetzten, mit Backup-Systemen und unterbrechungsfreier Stromversorgung ausgestatteten Computer.

Zum Einsatz kam eine von der Hauptversammlungs Event-Service GmbH, Aachen, entwickelte Software. Bei der Erfassung der Stimmkarten war die jeweils aktuelle Präsenz-Datenbank hinterlegt. Anhand der in das Programm eingelesenen Daten wurde automatisch geprüft, ob die genannte Stimmkarte präsent und stimmberechtigt ist. Die so ermittelten Abstimmungsergebnisse wurden auf einem Drucker ausgedruckt. Bei den Abstimmungsergebnissen wurden die JA-Stimmen und die NEIN-Stimmen als absolute Zahlen sowie die JA-Stimmen bzw. NEIN-Stimmen zusätzlich als Prozentsätze angegeben. Anschließend wurden die Ergebnisblätter zu jedem Tagesordnungspunkt dem Vorsitzenden zur Feststellung übergeben und von dem Vorsitzenden verkündet.

d) Ergebnis der Abstimmung pp.

In der Niederschrift anzugeben ist u.a. das **Ergebnis** der Abstimmung (§ 130 Abs. 2 Satz 1 AktG). Unter dem **Ergebnis der Abstimmung** ist das vom Versammlungsleiter verkündete ziffernmäßige Ergebnis der Abstimmung zu verstehen. Hierbei sind nach allgemeiner Auffassung die **Anzahl** der Ja- und Neinstimmen (sowie beim Subtraktionsverfahren die Zahl der Enthaltungen) zu protokollieren. 456

Kapitalanteile, d.h. Prozentangaben zu den Abstimmungsergebnissen müssen nur dann protokolliert werden, wenn für den Beschluss vom Gesetz eine Kapitalmehrheit verlangt wird und das Stimmgewicht der Aktien nicht proportional zum Kapitalanteil ist, etwa bei Höchststimmrechten. 457

Bei **börsennotierten Gesellschaften** sind auch die Feststellungen des Versammlungsleiters über die **Zahl der Aktien, für die gültige Stimmen abgegeben wurden** (§ 130 Abs. 2 Satz 2 Nr. 1 AktG), 458 den Anteil des durch die gültigen Stimmen vertretenen Grundkapitals am eingetragenen Kapital[523] (§ 130 Abs. 2 Satz 2 Nr. 2 AktG) **sowie die Zahl der für einen Beschluss abgegebenen Stimmen, Gegenstimmen und ggf. der Enthaltungen** notariell zu protokollieren (§ 130 Abs. 2 Satz 2 Nr. 3 AktG). Sofern kein Aktionär widerspricht, kann der Versammlungsleiter seine Feststellungen darauf beschränken, dass die für den Beschluss erforderliche Mehrheit erreicht wurde (§ 130 Abs. 2 Satz 3 AktG). Entsprechend reduziert sich die Protokollierungspflicht des Notars. Da jedoch nach § 130 Abs. 6 AktG börsennotierte Gesellschaften seit dem ARUG[524] alle in § 130 Abs. 2 AktG geforderten Angaben innerhalb von 7 Tagen nach der Hauptversammlung auf ihrer Internetseite veröffentlichen müssen, wird aller Wahrscheinlichkeit nach in der Praxis von den verkürzten Feststellungsmöglichkeiten des Versammlungsleiters nur selten Gebrauch gemacht werden.

459 Aus der Niederschrift muss ferner klar ersichtlich sein, auf welchen **Antrag** sich das Abstimmungsergebnis bezieht. Da die Beschlussvorschläge der Verwaltung regelmäßig aus der Niederschrift hervorgehen, reicht eine Bezugnahme aus. Änderungen dieser Vorschläge oder Gegenanträge von Aktionären sollten hingegen im Wortlaut widergegeben werden.

460 Auch die Angabe der **Feststellung des Vorsitzenden** über die Beschlussfassung ist zwingender Inhalt der Niederschrift (§ 130 Abs. 2 Satz 1 AktG). Allgemein versteht man hierunter die Verkündung des Vorsitzenden, dass ein Beschluss eines bestimmten Inhaltes mit der dafür notwendigen Mehrheit gefasst bzw. nicht gefasst worden ist. Die Feststellungen des Vorsitzenden zu den einzelnen Beschlüssen können auch am Ende der Niederschrift zusammenfassend widergegeben werden. Dabei reicht es aber wohl nicht aus, lediglich zu protokollieren, dass der Beschluss festgestellt wurde. Anzugeben ist vielmehr, ob er als angenommen oder als abgelehnt festgestellt wurde.[525]

461 Das **Muster** der **Protokollierung der Feststellungen** des Vorsitzenden bei einer börsennotierten Gesellschaft lautet:

462 ▶ Formulierungsbeispiel: Protokollierung der Feststellung des Vorsitzenden

Der Vorsitzende gab die von ihm festgestellten Abstimmungsergebnisse zu den einzelnen Tagesordnungspunkten bekannt und verkündete die folgenden Beschlüsse:

a) »Zu Punkt 2. der Tagesordnung ergab die Abstimmung:
An gültigen Stimmen wurden abgegeben: 5.816.140, dies entspricht 97,30 % des Grundkapitals der Gesellschaft

Davon entfielen auf:

NEIN-Stimmen: 25

JA-Stimmen: 5.816.115

ENTHALTUNGEN: keine

Dementsprechend haben 99,999 % des vertretenen stimmberechtigten Grundkapitals für den Beschlussvorschlag der Verwaltung gestimmt, womit dieser angenommen ist.

Ich stelle fest und verkünde, dass die Hauptversammlung mit der erforderlichen Mehrheit der abgegebenen Stimmen dem unter Punkt 2 der Tagesordnung in der Einladung zu dieser Hauptversammlung wiedergegebenen Vorschlag von Vorstand und Aufsichtsrat zugestimmt hat, den im Jahresabschluss für das Rumpfgeschäftsjahr 2020 ausgewiesenen Bilanzgewinn in Höhe von Euro 376.605,58 auf neue Rechnung vorzutragen.«

---

523 Die letzten drei Worte (»am eingetragenen Grundkapital«) wurden durch die Aktienrechtsnovelle 2016, BGBl. I 2265, eingefügt, um klarzustellen, dass es auf das eingetragene Grundkapital als Bezugsgröße, und nicht auf das in der Versammlung vertretene Kapital ankommt. Dies war bis dahin streitig, vgl. RegBegr. BT-Drucks. 18/4349 S. 24 f.
524 ARUG (Gesetz zur Umsetzung der Aktionärsrichtlinie) vom 30.07.2009, BGBl. I S. 2479 ff.
525 So Happ/*Zimmermann*, Aktienrecht, 10.17 Rn. 37; Heidel/*Terbrack/Lohr*, Aktienrecht, § 130 Rn. 33.

e) Minderheitsverlangen

Beurkundet werden muss ferner jedes **Verlangen einer Minderheit der Aktionäre** (§ 130 Abs. 1 Satz 2 AktG) nach einer getrennten Abstimmung über die Entlastung eines Verwaltungsmitglieds (§ 120 Abs. 1 Satz 2 AktG) sowie nach einer bevorzugten Abstimmung über Wahlvorschläge von Aktionären nach § 137 AktG.[526]   463

f) Widersprüche

Zudem sind **Widersprüche** von Aktionären gegen einen Beschluss aufzunehmen. Dies sichert dem Aktionär das Recht, den Beschluss im Nachgang der Hauptversammlung mit der Anfechtungsklage anzugreifen (§ 245 Nr. 1 AktG). Wer für einen Aktionär stimmberechtigt ist, kann auch ohne besondere **Vollmacht** in dessen Namen einen Widerspruch erklären.[527]   464

Der Widerspruch ist die **Erklärung** des Aktionärs, dass er gegen die **Rechtmäßigkeit** des Beschlusses Bedenken erhebt und insoweit rechtliche Schritte erwägt. Eine Begründung ist nicht notwendig. Der Widerspruch muss für den Notar **eindeutig** erkennbar sein. Bei Unklarheiten hat der Notar auf eine eindeutige Erklärung des Aktionärs hinzuwirken.   465

Der Widerspruch kann **während** der gesamten Hauptversammlung abgegeben werden, und zwar auch schon in Bezug auf **Beschlüsse**, die noch gar **nicht gefasst** wurden.[528] Der Widerspruch kann sich pauschal auf **alle Beschlüsse** erstrecken oder nur gegen einzelne Beschlüsse gerichtet sein. Eine **Begründung** ist nicht erforderlich.   466

Der Widerspruch muss während der Hauptversammlung erklärt werden, danach ist er grundsätzlich unbeachtlich.[529] Wurde der Aktionär durch die Schließung der Hauptversammlung überrascht, kann der Notar dies in der Niederschrift unter Angabe dieser Umstände vermerken.   467

Das **Muster** der Protokollierung eines **Widerspruchs** lautet: 468

▶ Formulierungsbeispiel: Protokollierung eines Widerspruchs   469

»Sodann legte Frau Bettina Hermes Widerspruch zu notariellem Protokoll gegen die Beschlüsse zu allen Tagesordnungspunkten für die Stimmkarten mit den Nrn. 277, 237, 236, 235, 275, 238 und 366 ein.«

g) Unbeantwortete Fragen

In die Niederschrift aufzunehmen sind **Verlangen von Aktionären**, so insbesondere bei der **Auskunftsverweigerung** (§ 131 Abs. 5 AktG). Die Protokollierung soll es dem Aktionär ermöglichen, im anschließenden Auskunftserzwingungsverfahren (§ 132 AktG) einen Nachweis darüber zu führen, dass ihm bislang die Auskunft auf seine Frage durch die Gesellschaft verweigert wurde.   470

Es empfiehlt sich daher, den Namen des Aktionärs (und gegebenenfalls seine Stimmkartennummer) sowie die unbeantwortete Frage zu protokollieren. Sofern der Vorstand **Gründe** für die Auskunftsverweigerung angibt, sollten auch diese angegeben werden.   471

Antworten des Vorstands, die nach Ansicht des Aktionärs nicht erschöpfend sind, muss der Notar nicht protokollieren. **Auf Wunsch** der Gesellschaft kann er dies aber tun.   472

Ein **Protokollierungsanspruch** des Aktionärs besteht erst dann, wenn seine Frage nicht beantwortet ist. In der Praxis verlangen Aktionäre häufig die Protokollierung unmittelbar nach Fragestellung oder aber dann, wenn der Vorstand nach einer gewissen Zeit der Debatte nicht geantwortet hat.   473

---

526 Heidel/*Terbrack/Lohr*, Aktienrecht, § 130 Rn. 11.
527 OLG Stuttgart, NZG 2004, 966, 967.
528 BGH, AG 2007, 863; OLG Jena, AG 2006, 417; OLG München, AG 2007, 37.
529 LG Köln, AG 1996, 37; *Hüffer/Koch*, § 245 Rn. 14.

Derartige Protokollierungsverlangen sind **unbegründet**, solange die **Debatte noch läuft** und der Vorstand nicht erklärt hat, dass er auf diese Frage nicht antworten werde. Der Notar sollte in derartigen Situationen durch Rückfrage mit dem Vorstand klären, ob auf die Frage noch geantwortet werden wird; ist dies nach Auskunft des Vorstands der Fall, besteht (zunächst) keine Pflicht zur Protokollierung. Vor Beendigung der Debatte sollte der Notar den Vorsitzenden dazu veranlassen, bei den Aktionären nachzufragen, ob noch Fragen unbeantwortet sind. Ist dies nach Angaben eines Aktionärs der Fall, so soll der Notar durch Rückfrage klären, ob diese Fragen noch von der Verwaltung beantwortet werden, ansonsten hat er diese Fragen auf Antrag des Aktionärs als unbeantwortet in das Protokoll aufzunehmen. Bei einer Vielzahl von unbeantworteten Fragen gelten die Ausführungen zu Rdn. 482 ff.[530]

474 Wird eine Frage nach Ansicht des Aktionärs **unzureichend beantwortet**, d.h. inhaltlich nicht zutreffend oder nicht erschöpfend beantwortet, besteht ebenfalls ein Anspruch auf Protokollierung dieser Frage. Einen Anspruch auf Protokollierung der – aus Sicht des Aktionärs – unzureichenden **Antwort des Vorstands** besteht hingegen nicht. Allerdings steht es dem Vorstand frei, den Notar um Protokollierung auch der Antwort zu bitten.[531]

475 Das **Muster** der Protokollierung einer vorgeblich **unzureichend beantworteten Frage sowie der Antwort** lautet wie folgt:

476 ▶ Formulierungsbeispiel: Protokollierung der Antwort

Auf Bitten des Herrn Groß wurde die nachfolgende Frage des Herrn Münster als ungenügend beantwortet gerügt und wie folgt zu Protokoll genommen; ebenfalls zu Protokoll genommen wurde auf Bitten des Vorstands die auf diese Frage gegebene Antwort:

»Frage: Wurden die Tätigkeiten der XY-Prüfungsgesellschaft im Vorfeld offengelegt, sprich: welche sonstigen Tätigkeiten wurden dem Gericht bei der Beantragung, dass XY prüfen solle, offengelegt? Oder hat man dies dem Gericht arglistig verschwiegen, um nicht deutlich zu machen, dass dieser Prüfer befangen ist?

Antwort: XY Prüfungsgesellschaft hat geprüft, ob Ausschlussgründe gegen eine Bestellung als Vertragsprüfer gemäß §§ 327c, 293d AktG und §§ 319, 319a HGB vorliegen. XY hat gegenüber dem Landgericht Düsseldorf mit Schreiben vom 10. November 2009 erklärt, dass solche Ausschlussgründe nicht vorliegen. Eine konkrete Angabe einzelner Tätigkeiten war und ist nicht erforderlich und erfolgte daher nicht.«

477 Das **Muster** der Protokollierung einer **Auskunftsverweigerung** lautet:

478 ▶ Formulierungsbeispiel: Protokollierung einer Auskunftsverweigerung

Der Vorstand Dr. Thelen beantwortete weitere Fragen. Die nachfolgende Frage des Aktionärs Kirchner wurde als unbeantwortet gerügt und wie folgt zu notariellem Protokoll diktiert:

»Frage: Mir ist zu wenig über die jeweiligen Mieterträge gesagt worden, besonders in den 1a-Lagen, auch wie diese quantitativ jeweils ausfallen, wie sich deren Planungsrechnungen bis 2010 aufbereiten, so wie Sie das bei der Holding grob summiert ohnehin machen.«

479 Sofern Aktionäre **umfangreiche Fragenkataloge** als unbeantwortet protokolliert wissen wollen, ist der Notar berechtigt, eine **schriftliche Fassung** der unbeantworteten Fragen vom Aktionär zu verlangen, die er dann dem Protokoll beifügt. Es ist dem Notar nicht zuzumuten, einen umfangreichen Fragenkatalog aufzuschreiben o.ä., da er ansonsten seiner Pflicht zur Protokollierung der Hauptversammlung nicht nachkommen kann. Bei Absehbarkeit eines solchen Sachverhalts ist die Gesellschaft

---

530 Zur Protokollierungspflicht des Notars bei unbeantworteten Fragen vgl. OLG Frankfurt, NZG 2013, 23 ff.; dazu *Reger*, NZG 2013, 48 ff.
531 *Krieger*, FS Priester 2007, S. 387, 392 f.

gut beraten, **Schreibkräfte** vorzuhalten, die Aktionäre bei der schriftlichen Fixierung ihrer Fragen unterstützen (vgl. dazu sogleich Rdn. 480 ff.). Eine **Pflicht** hierzu besteht aber nicht.

h) Hilfspersonen bei der Protokollierung

Für den beurkundenden Notar stellt sich – gerade bei der Beurkundung der Hauptversammlung einer börsennotierten Gesellschaft – häufig das Problem, dass er der weiteren Verhandlung nur schwer folgen kann, wenn er laufend unbeantwortete Fragen und Widersprüche aufzunehmen hat. Er darf sich daher bei der Aufnahme von unbeantworteten Fragen und Widersprüchen auch der Hilfe einer **Schreibkraft** bedienen, muss aber immer beachten, dass es sich in diesem Fall bei allen protokollierten Vorgängen um seine **eigene Wahrnehmung** (und nicht nur die seiner Schreibkraft) handeln muss.[532]

480

Der Notar muss daher beispielsweise bei der Aufnahme unbeantworteter Fragen dem Diktat, welches der Aktionär ggf. der Schreibkraft aufgibt, zugegen sein. Der Notar kann die Frageaufnahme aber auch in jeder sonstigen Art und Weise vornehmen, etwa durch schlagwortartige **Notizen** oder **Aufsprechen auf ein Tonband** o.ä., um sie dann später in Schriftform dem Protokoll beizufügen.

481

Gerade bei großen Hauptversammlungen ist immer wieder zu beobachten, dass Aktionäre **umfangreiche Fragenkataloge** als unbeantwortet protokolliert wissen wollen. Der Notar ist in derartigen Fällen berechtigt, eine **schriftliche Fassung** der unbeantworteten Fragen vom Aktionär zu verlangen, die er dann seinem notariellen Hauptversammlungsprotokoll beifügt. Es ist dem Notar nicht zuzumuten, einen umfangreichen Fragenkatalog aufzuschreiben o.ä., da er ansonsten seiner Pflicht zur Protokollierung der Hauptversammlung in diesem Zeitraum nicht nachkommen könnte.

482

Sofern ein solcher Sachverhalt im Vorfeld der Hauptversammlung absehbar ist, gerade bei kritischen Hauptversammlungen, ist die Gesellschaft gut beraten, **Schreibkräfte** vorzuhalten, die Aktionäre bei der schriftlichen Fixierung ihrer Fragen unterstützen. Eine **Pflicht** hierzu besteht aber nicht. Diese Aufzeichnungen der Schreibkräfte sind im Ergebnis die dem Notar von dem Aktionär schriftlich überreichten Fragen; es handelt sich bei diesen Aufzeichnungen somit nicht um eigene Wahrnehmungen des Notars. Daher muss der Notar auch nicht bei deren Aufnahme unmittelbar zugegen sein.[533]

483

Häufiger diskutiert und in der Praxis zum Teil erprobt ist die Frage der Hinzuziehung eines **zweiten Notars** zur Beurkundung der Hauptversammlung. Dies ist zum einen in der Form denkbar, dass ein zweiter Notar parallel zur Tätigkeit seines Kollegen ebenfalls die Hauptversammlung beurkundet, um somit in allen Zweifelsfällen oder den Fall des Nichtabschlusses der Protokollierung durch den »Hauptnotar« ein ordnungsgemäßes Hauptversammlungsprotokoll zu haben. Zum anderen kann der zweite Notar aber auch den ersten Notar bei der Entgegennahme von Widersprüchen etc. unterstützen. In diesem Falle ist er als Hilfsperson des Hauptnotars zu sehen; es gelten die vorstehend dargelegten Grundsätze zu Hilfspersonen. Diskutiert wird zudem eine Trennung der Aufgabenbereiche der beiden Notare, wonach etwa ein Notar die gesamte Versammlung ausgenommen bspw. die Widersprüche protokolliert, die allein der zweite Notar beurkundet.[534] Dies setzt aber zwingend voraus, dass die beiden Protokolle gemeinsam, also in der Gesamtschau, als »Niederschrift« i.S.d. § 130 AktG verstanden werden, denn jedes Protokoll für sich enthält dann ja nicht alle pflichtweisen Angaben. Hier scheint in Anbetracht der ungeklärten Rechtslage und der weitreichenden Folgen Zurückhaltung geboten.[535]

484

---

532 Dazu auch OLG Frankfurt am Main v. 16.12.2014 – 5 U 24/14 = AG 272, 2015.
533 Vgl. dazu *Krieger*, FS Priester 2007, S. 387, 401 ff.
534 Dazu: *Reul/Zetsche*, AG 2007, 561 ff.
535 Heidel/*Terbrack/Lohr*, Aktienrecht, § 130 Rn. 12a.

i) Ordnungsentscheidungen, besondere Vorkommnisse

485 Zusätzlich sind alle unmittelbar für das wirksame Zustandekommen der Beschlüsse relevanten **Vorkommnisse** vom Notar zu protokollieren, so beispielsweise **Ordnungsentscheidungen** des Vorsitzenden (zu denken ist hier an eine Beschränkung der Redezeit, den Entzug des Wortes, die Verweisung aus dem Saal oder die Vertagung der auf 2 Tage einberufenen Hauptversammlung auf den nächsten Tag).

486 Das **Muster** der Protokollierung **besonderer Vorkommnisse** sowie der **Vertagung einer Hauptversammlung** lautet wie folgt:

487 ▶ Formulierungsbeispiel: Protokollierung besonderer Vorkommnisse

Der Aktionär Groß beanstandete in seiner längeren Rede u. a. die angeblich nicht ausreichende Beleuchtung im Versammlungssaal. Der Versammlungsleiter bat ihn daraufhin, in Anbetracht seines hohen Redeanteils im Verlaufe der heutigen Debatte zum Ende seiner Ausführungen zu kommen. Herr Groß erklärte daraufhin, dass er nach etwa 11 ½ Stunden Hauptversammlung nicht mehr in der Lage sei, den Fragen und Antworten zu folgen. Herr Groß bat darum, dass der Versammlungsleiter entscheiden möge, die Hauptversammlung zu unterbrechen. Der Aktionär Groß verlangte, dass den nicht anwesenden Aktionären in geeigneter Weise die morgige Fortsetzung der Hauptversammlung durch eine ad hoc Mitteilung bekanntgegeben würde. Der Versammlungsleiter erwiderte, dass eine ad hoc Mitteilungspflicht nicht bestehe, da die Versammlung ohnehin auf zwei Tage einberufen sei.

Der Versammlungsleiter erklärte, dass noch eine Vielzahl von Wortmeldungen vorlägen und somit abzusehen sei, dass die Hauptversammlung heute nicht mehr zum Abschluss gebracht werden könne. Er bat die Anwesenden vor der Unterbrechung um deren Aufmerksamkeit und teilte mit, dass die heute ausgegebenen Stimmkarten am morgigen Tage bei der Fortsetzung der Hauptversammlung als Zugangsnachweis dienten und dann gegen neue, gelbe Stimmkarten bei der Registrierung ausgetauscht werden würden. Eine Abmeldung am Registrierungsschalter sei nicht notwendig.

Der Vorsitzende gab die Präsenz wie folgt bekannt:

Das Grundkapital der Gesellschaft beträgt aktuell 48.750.000 Euro und ist eingeteilt in 6.500.000 nennwertlose Stückaktien. Von dem Grundkapital der Gesellschaft in Höhe von 48.750.000,00 Euro sind vertreten: 6.447.691 Aktien. Dies entspricht 99,20 % des Grundkapitals der Gesellschaft.

Er unterbrach sodann die Hauptversammlung um 21.50 Uhr und teilte mit, dass diese morgen, am 11. Oktober 2020, um 10.30 Uhr an gleicher Stelle vorgesetzt werde.

j) Anlagen

488 Zur Niederschrift zu nehmen sind die **Belege über die Einberufung** der Hauptversammlung, wenn sie nicht unter Angabe ihres Inhalts in der Niederschrift aufgeführt sind (§ 130 Abs. 3 AktG). **Weitere Anlagen** zur Niederschrift schreibt das Gesetz an anderen Stellen vor, so etwa für den Unternehmensvertrag (§ 293g Abs. 2 AktG).[536]

489 Die frühere Pflicht, auch das **Teilnehmerverzeichnis** als Anlage zur Niederschrift zu nehmen, wurde durch das NaStraG[537] aufgehoben.

490 Das **Teilnehmerverzeichnis** wird allein durch die **Gesellschaft** erstellt. Der **Notar** hat dabei allein zu prüfen, ob die Hauptversammlung so organisiert ist, dass die Gesellschaft ein zutreffendes Teilnehmerverzeichnis erstellen kann; denn nur in diesem Fall ist insbesondere bei der Abstimmung im Wege des Subtraktionsverfahren ein richtiges Abstimmungsergebnis zu erzielen. Hier hat das Augenmerk des Notars vor allem den Ein- und Ausgangskontrollen zu gelten, denn nur wenn an diesen

---

536 Zu Einzelheiten vergleiche Heidel/*Terbrack*/*Lohr*, Aktienrecht, § 130 Rn. 35 f.
537 Gesetz zur Namensaktie und zur erleichterten Stimmrechtsausübung (Namensaktiengesetz) vom 18.01.2001, BGBl. I S. 123.

Stellen Zu- bzw. Abgänge von der Hauptversammlung zutreffend erfasst werden, kann das Abstimmungsergebnis richtig ermittelt werden. Auch hier bietet es sich bei kritischen Hauptversammlungen an, derartige Feststellungen des Notars zur Beweissicherung vorsorglich in die Niederschrift aufzunehmen.

Das **Muster** der Protokollierung der organisatorischen Durchführung der **Zugangskontrollen** lautet wie folgt: 491

▶ Formulierungsbeispiel: Protokollierung der Zugangskontrolle 492

Ich, der unterzeichnete Notar, stelle hiermit aufgrund meiner Teilnahme an einer Probe der Hauptversammlung am 20. Juli 2020 in der Zeit von 17.00 Uhr bis ca. 19.00 Uhr, meiner Anwesenheit vor der Hauptversammlung am 21. Juli 2016 in den Versammlungsräumen von etwa 9.15 Uhr an sowie meiner Anwesenheit während der gesamten Hauptversammlung fest:

Der Präsenzbereich umfasste die gesamte vierte Etage des Gebäudes, soweit sie nach Passieren der Eingangskontrolle für die Aktionäre zugänglich ist, also inklusive der sanitären Einrichtungen, mit Ausnahme der Treppenhäuser, des als »Back-Office« gekennzeichneten Bereiches sowie der für die Aktionäre nicht zugänglichen (da fest verschlossenen) Nebenräume.

Die Hauptversammlung wurde erst verlassen, wenn die Ausgangskontrolle passiert wurde und eine Registrierung erfolgte. Die Ein- und Ausgangskontrolle befand sich (vom Vorsitzenden aus gesehen) auf der linken hinteren Seite am hinteren Ende der Etage. Die anderen Zugänge blieben während der Hauptversammlung verschlossen und dienten lediglich als Notausgänge. Vor jedem Notausgang war ein Mitarbeiter der Gesellschaft bzw. eines Wachdienstes postiert, der überwachte, dass über den betreffenden Notausgang, der nur von innen zu öffnen war, kein Zugang zu bzw. Abgang aus der Hauptversammlung erfolgen konnte.

An der Ein- bzw. Ausgangskontrolle wurden die Zugangsberechtigung und der Zugang der Aktionäre und Aktionärsvertreter durch Vorlage und Abgabe der Eintrittskarte gegen Aushändigung ihrer Präsenz- und Stimmbögen erfasst.

Jeder Stimmbogen bestand aus mehreren vorgestanzten, fortlaufend nummerierten Abschnitten, die für die Abstimmungen zu den jeweiligen Tagesordnungspunkten benutzt wurden. Diese Abschnitte enthielten jeweils einen individuellen Barcode sowie die Angabe der Stimmbogen-Nummer und einen Aufdruck JA bzw. NEIN. Die auf den Abschnitten aufgedruckten Nummern entsprachen den jeweiligen Tagesordnungspunkten.

Diejenigen Aktionäre, die die Versammlung nur vorübergehend verlassen wollten, wurden gebeten, ihren Stimmbogen ohne die mit dem Stimmbogen ausgehändigte Präsenzkontrollkarte an der Ausgangskontrolle abzugeben. Die Präsenzkontrollkarte diente somit als Ausweis bei einem vorzeitigen oder zeitweiligen Verlassen der und anschließender Rückkehr in die Hauptversammlung; sie verblieb daher bei dem Aktionär bzw. Aktionärsvertreter. Bei Rückkehr in die Versammlung wurde der Stimmbogen unter Vorlage der Präsenzkontrollkarte an der Eingangskontrolle wieder zurückgegeben. Sofern ein Aktionär bzw. Aktionärsvertreter die Hauptversammlung endgültig verlassen wollte und nicht daran interessiert war, dass sein Stimmrecht nach Verlassen der Hauptversammlung weiter vertreten wurde, waren alle Stimmbögen und die Präsenzkontrollkarte an der Ausgangskontrolle abzugeben.

Die vorcodierten Eintrittskarten wurden in den EDV-Arbeitsraum gebracht und dort unter Aufsicht von Frau Bettina Mohn und von zwei weiteren Mitarbeiterinnen mit einem Barcodeleser eingelesen. Das Teilnehmerverzeichnis wurde sodann auf einem PC-Rechnersystem der Siemens AG an einem Computer erstellt.

Durch Probeläufe vor Beginn der Hauptversammlung hat sich der unterzeichnete Notar von der Funktionsfähigkeit der EDV-Anlage überzeugt.

5. Änderungen des Protokolls

493 Lebhaft **umstritten** ist die Frage, ob der Notar und wenn ja, in welchem Umfang und bis wann er die Niederschrift berichtigen darf.[538]

494 **Vor Unterzeichnung** kann der Notar Änderungen und Berichtigungen des Protokolls unproblematisch vornehmen.[539]

495 **Nach Unterzeichnung** des Protokolls ist es unbedenklich, **bis zur Erteilung von Abschriften und Ausfertigungen** Veränderungen und Berichtigungen vorzunehmen.[540]

496 **Nach Weitergabe in den Rechtsverkehr** ist eine Korrektur nur noch nach den Regelungen in § 44a Abs. 2 Beurkundungsgesetz möglich.[541]

6. Registervollzug

497 Der Vorstand hat **unverzüglich** nach der Hauptversammlung das Hauptversammlungsprotokoll zum Handelsregister der Gesellschaft einzureichen (§ 130 Abs. 5 AktG). Seit der Neufassung des § 12 Abs. 2 HGB zum 01.01.2007 durch das EHUG[542] ist das Protokoll **elektronisch** zu übermitteln. Dies erfolgt regelmäßig über den das Hauptversammlungsprotokoll erstellenden Notar.

III. Hauptversammlung ohne Notar

498 Grundsätzlich gilt, dass Beschlüsse einer Hauptversammlung wirksam nur dann gefasst werden können, wenn sie notariell **beurkundet** werden (§ 130 Abs. 1 Satz 1 AktG). Bei **nichtbörsennotierten** Gesellschaften kann **ausnahmsweise** von der notariellen Beurkundung von Hauptversammlungsbeschlüssen abgesehen werden, soweit keine Beschlüsse gefasst werden, für die das **Gesetz** eine 3/4 Mehrheit oder eine größere Mehrheit bestimmt (§ 130 Abs. 1 Satz 3 AktG). Beschlüsse, für die allein die **Satzung** eine 3/4 Mehrheit vorsieht, lösen keine notarielle Beurkundungspflicht aus. Zur Teilbarkeit der Protokollierungspflichten zwischen Notar und Aufsichtsratsvorsitzendem vgl. Rdn. 423.

499 Auch Beschlüsse nach den Grundsätzen der »**Holzmüller-Entscheidung**«[543] sind stets notariell zu beurkunden. Hierunter versteht man Geschäftsführungsmaßnahmen des Vorstands, die mit einem wesentlichen Eingriff in die Mitgliedsrechte und die Vermögensinteressen der Aktionäre verbunden sind, auch ohne dass das Gesetz oder die Satzung eine Zustimmung durch die Hauptversammlung vorsieht.

500 Sofern eine notarielle Beurkundung nach den vorstehenden Grundsätzen nicht erforderlich ist, reicht eine vom Vorsitzenden des Aufsichtsrates persönlich zu unterzeichnende Niederschrift der Hauptversammlung aus. Hierbei ist zu beachten, dass ihn hinsichtlich der Erstellung des Protokolls die gleichen Pflichten treffen, wie den Notar. Da der BGH die formalen Anforderungen an ein Hauptversammlungsprotokoll als äußerst wichtig erachtet,[544] besteht hier sicherlich erheblicher juristischer Beratungsbedarf bei dem Vorsitzenden des Aufsichtsrates.

---

538 Dazu Happ/*Zimmermann*, Aktienrecht, 10.17 Rn. 48; Heidel/*Terbrack/Lohr,* Aktienrecht, § 130 Rn. 16; *Hüffer/Koch*, § 130 Rn. 11a; Spindler/Stilz/*Wicke*, § 130 Rn. 26; K. Schmidt/Lutter/*Ziemons*, § 130 Rn. 42; *Eylmann*, ZNotP 2005, 300; *Eylmann*, ZNotP 2005, 377; *Wolfsteiner*, ZNotP 2005, 376; *Görg*, MittBayNot 2007, 382; *Kanzleiter*, DNotZ 2007, 804; OLG Frankfurt am Main, RNotZ 2006, 196.
539 Vgl. BGH, AG 2009, 285, 286.
540 Vgl. BGH, AG 2009, 285, 286.
541 BGH, AG 2009, 285, 286; *Görg*, MittBayNot 2007, 382, 383; *Kanzleiter*, DNotZ 2007, 804, 809.
542 Gesetz über elektronische Handelsregister und Genossenschaftsregister sowie das Unternehmensregister (EHUG) vom 10.11.2006, BGBl. I S. 255.
543 BGH, NJW 1982, 1703.
544 BGH, NJW-RR 1994, 1250, 1251.

B. Hauptversammlung

Findet eine sogenannte »**beschlusslose Hauptversammlung**« statt, beispielsweise weil der Vorstand den Verlust der Hälfte des Grundkapitals anzeigt (§ 92 Abs. 1 AktG) oder die Hauptversammlung den Bericht des Aufsichtsrates über die Prüfung des Jahresabschlusses entgegennehmen soll (§ 171 Abs. 2 AktG), bedarf es weder einer notariellen Beurkundung noch einer privatschriftlichen Niederschrift durch den Aufsichtsratsvorsitzenden. Gleichwohl ist auch in diesen Fällen die vorsorgliche Hinzuziehung eines Notars ratsam, denn es ist oftmals nicht vorhersehbar, ob Aktionäre eine Beschlussfassung über eine Sonderprüfung verlangen o. ä.[545] 501

IV. Hauptversammlung bei der Einpersonengesellschaft

In Bezug auf die Hauptversammlung einer Aktiengesellschaft, die nur **einen Aktionär** hat, ergeben sich Besonderheiten.[546] So sind – ebenso wie bei einer **Voll-** oder **Universalversammlung** – sämtliche **Form-** und **Fristvorschriften** betreffend die **Einberufung** unbeachtlich. Es bedarf nach überwiegender Ansicht keines **Teilnehmerverzeichnisses**.[547] Feststellungen im Protokoll zur **Art und zum Ergebnis der Abstimmung** sind dann entbehrlich, wenn der Alleinaktionär seinen Willen in eindeutiger Weise zu Protokoll gibt.[548] 502

Unklar ist, ob die Versammlung einer Aktiengesellschaft mit nur einem einzigen Aktionär zwingend durch einen **Versammlungsleiter** geführt werden muss. Grundsätzlich wird man konstatieren müssen, dass der alleinige Aktionär selbst – notfalls durch schlüssiges Handeln – auf einen Versammlungsleiter verzichten kann.[549] Das OLG Köln hält jedoch in einem derartigen Fall eine Versammlungsleitung dann für unentbehrlich, wenn – wie dies in der Praxis nahezu immer anzutreffen sein dürfte – die Satzung der Aktiengesellschaft die Leitung der Hauptversammlung durch einen Versammlungsleiter vorsieht.[550] Dies erscheint verfehlt, denn bei einer Gesellschaft mit nur einem Aktionär ist in Zweifel zu ziehen, ob die entsprechende Satzungsregelung zur Versammlungsleitung überhaupt Geltung beansprucht, weil in derartigen Fällen eine Versammlungsleitung in der Regel nicht notwendig ist.[551] 503

Ob die Hauptversammlung **notariell zu beurkunden** ist oder nicht, entscheidet sich nach den allgemeinen Grundsätzen des § 130 Abs. 1 AktG (vgl. oben Rdn. 422 ff. sowie Rdn. 498 ff.). 504

V. Einzelne Beschlussgegenstände

1. Feststellung des Jahresabschlusses

Der praktische Regelfall ist derjenige, dass die **Hauptversammlung** den von Vorstand und Aufsichtsrat bereits festgestellten Jahresabschluss zur **Kenntnis** nimmt (§ 172 AktG). 505

Die Hauptversammlung hat den Jahresabschluss nur in bestimmten Fällen selbst festzustellen: 506
- Wenn Vorstand und Aufsichtsrat dies beschlossen haben (§§ 172 Satz 1, 173 Abs. 1 Satz 1 AktG).
- Wenn der Aufsichtsrat den Jahresabschluss nicht gebilligt hat (§ 173 Abs. 1 Satz 1 AktG).
- Wenn eine rückwirkende Kapitalherabsetzung vorgenommen wird (§ 234 Abs. 2 Satz 1 AktG).

---

545 Semler/Volhard/Reichert/*Volhard*, § 15 Rn. 10.
546 Vgl. dazu *Terbrack*, RNotZ 2012, 221 ff.
547 *Terbrack*, RNotZ 2012, 221, 223; Heidel/*Terbrack/Lohr*, Aktienrecht, § 129 Rn. 5; *Hüffer/Koch*, § 129 Rn. 5; a.A. Schmidt/Lutter/*Ziemons*, § 129 Rn. 17.
548 Zum Ganzen: DNotI-Report 2003, 27; Semler/Volhard/Reichert/*Volhard*, § 15 Rn. 10.
549 MünchKommAktG/*Kubis*, § 119 Rn. 100; GroßkommAktG/*Mülbert*, Vor §§ 118 bis 147 Rn. 73; *Obermüller/Werner/Winden*, Die Hauptversammlung der AG, Teil D Rn. 12; MünchHdb. AG/*Semler*, § 36 Rn. 37.
550 OLG Köln, NZG 2008, 635, 636 f.
551 So *Terbrack*, RNotZ 2012, 221, 222; der zitierten Entscheidung des OLG Köln (NZG 2008, 635) lag ein besonderer Sachverhalt zugrunde, in welchem dem satzungsgemäß vorgeschriebenen Versammlungsleiter Sonderrechte in der Hauptversammlung zustanden.

- Wenn die Gesellschaft sich in Abwicklung befindet (§ 270 Abs. 2 Satz 1 AktG)
- Wenn es sich bei der Gesellschaft um eine KGaA handelt (§ 286 Abs. 1 Satz 1 AktG).

507 Sofern die Hauptversammlung ausnahmsweise den Jahresabschluss feststellt, bedarf der Beschluss der **einfachen Mehrheit**, sofern die Satzung nicht eine größere Mehrheit oder weitere Erfordernisse vorschreibt (§ 133 Abs. 1 AktG). Der **Abschlussprüfer** hat gem. § 176 Abs. 2 Satz 1 AktG an der Hauptversammlung teilzunehmen.

2. Gewinnverwendung

508 Die Gewinnverwendung wird von der **Hauptversammlung** beschlossen (§ 119 Abs. 1 Nr. 2 AktG). Soll vor der Gewinnverwendung (ausnahmsweise, vgl. oben Rdn. 505 ff.) auch der **Jahresabschluss** durch die Hauptversammlung beschlossen werden, sind zwei eigenständige Beschlüsse zu fassen.

509 Der **Gewinnverwendungsbeschluss** kommt mit **einfacher Mehrheit** zustande, sofern die Satzung nicht eine größere Mehrheit oder weitere Erfordernisse vorschreibt (§ 133 Abs. 1 AktG).

510 Der Hauptversammlungsbeschluss muss den **Bilanzgewinn** erschöpfend durch **Ausschüttung**, **Rücklagenbildung** und/oder **Gewinnvortrag** behandeln. Weist der Jahresabschluss **keinen Gewinn** aus, entfällt die Notwendigkeit zur Beschlussfassung; das gleiche gilt bei einem **Bilanzverlust** oder einem erschöpfenden **Gewinnabführungsvertrag**.

3. Bestellung des Abschlussprüfers

511 Die Hauptversammlung beschließt **alljährlich** über die Bestellung des Abschlussprüfers (§ 119 Abs. 1 Nr. 4 AktG).[552] Das entsprechende **Vorschlagsrecht** liegt allein bei dem Aufsichtsrat (§ 124 Abs. 3 Satz 1 AktG). Die **Wahl** soll vor Ablauf des zu prüfenden Geschäftsjahres erfolgen; regelmäßig wird sie daher in der ordentlichen Hauptversammlung für das zu diesem Zeitpunkt laufende Geschäftsjahr vorgenommen.

512 Eine **Bestellung** für mehrere Jahre **im Voraus** ist unzulässig. Es kann aber grundsätzlich **ein und derselbe Prüfer** stets wiederbestellt werden; Besonderheiten gelten für **börsennotierte Gesellschaften** (vgl. § 319a Abs. 1 Nr. 4 HGB).

513 Der **Beschluss** bedarf der **einfachen Mehrheit**, soweit die Satzung keine anderweitigen Regelungen trifft (§ 133 AktG).

514 Der Beschlussvorschlag muss (§ 124 Abs. 3 Satz 3 AktG) bei der Bestellung eines **Einzelprüfers** dessen Namen, Vornamen, ausgeübten Beruf und Wohnort angeben. Bei **Gesellschaften** muss die Firma und der Sitz benannt werden.

4. Entlastung von Vorstand und Aufsichtsrat

515 Die Hauptversammlung beschließt **alljährlich** innerhalb der ersten 8 Monate des Geschäftsjahres über die Entlastung der Mitglieder des Vorstands und des Aufsichtsrats (§§ 119 Abs. 1 Nr. 3, 120 Abs. 1 Satz 3 AktG). Die Verhandlung über die Entlastung soll nach der Idealvorstellung des Gesetzgebers regelmäßig mit der Verhandlung über die Verwendung des Bilanzgewinns verbunden werden (§ 120 Abs. 3 Satz 1 AktG).

516 Die Bedeutung der Entlastung liegt in der **Billigung** der Verwaltungsmaßnahmen der betreffenden Organmitglieder als im »Großen und Ganzen gesetz- und satzungsmäßig«.[553] Die Entlastung enthält jedoch – anders als insbesondere bei der GmbH – keinen Verzicht auf etwaige **Ersatzansprüche** (§ 120 Abs. 2 Satz 2 AktG). In ihr ist vielmehr allein eine Kundgabe des Vertrauens für die zukünftige Arbeit zu sehen.

---

552 Ausnahmen gelten z.B. bei Gründung (§ 30 Abs. 1 Satz 1 AktG) oder für Versicherungsunternehmen (§ 341k Abs. 2 Satz 1 HGB).
553 Semler/Volhard/Reichert/*Semler/Volhard*, § 18 Rn. 2.

517 Der Beschluss bedarf der **einfachen Mehrheit** der Stimmen, sofern die Satzung nicht eine größere Mehrheit oder weitere Erfordernisse vorschreibt (§ 133 Abs. 1 AktG).

518 Über die **Entlastung** von **Vorstand** einerseits und **Aufsichtsrat** andererseits ist zwingend **getrennt** abzustimmen.[554]

a) Entlastungszeitraum

519 Die Entlastung bezieht sich typischer Weise auf das **abgelaufene Geschäftsjahr**, über dessen Gewinn beschlossen werden soll; sie ist jedenfalls und zwingend auf die **Vergangenheit** zu beziehen.

520 Möglich und in besonderen Konstellation denkbar ist es, Teile des bereits **laufenden Geschäftsjahres** in den Entlastungsbeschluss einzubeziehen.[555] Dies kann beispielsweise dann praktisch werden, wenn ein Vorstand kurz vor der ordentlichen Hauptversammlung ausscheidet und die Hauptversammlung ihm auch für das noch laufende Geschäftsjahr, in dem er operativ tätig war, schon Entlastung erteilen will.

521 Das **Muster** einer **Entlastung für einen bestimmten Zeitraum** lautet wie folgt:

522 ▶ Formulierungsbeispiel: Entlastung

Die Versammlung beschloss einstimmig auf Antrag des Aktionärs Zimmermann:
Dem Vorstandsmitglied Günther Schemann wird für den Zeitraum 1. 8. 2015 bis 25. 1. 2016 Entlastung erteilt.

523 Möglich ist auch, dass ein bereits gefasster Entlastungsbeschluss nichtig ist oder durch Anfechtungsklage für nichtig erklärt wird. Hier besteht wohl keine Pflicht, erneut eine Entlastung zu beschließen.[556]

b) Gesamt- und Einzelentlastung

524 Über die Entlastung von Vorstand einerseits und Aufsichtsrat andererseits ist zwingend **getrennt** abzustimmen.[557] Üblicherweise wird über die jeweilige (getrennte) Entlastung der Organe Vorstand und Aufsichtsrat insgesamt (»**en bloc**«) abgestimmt, d.h. es wird dem gesamten Vorstand sowie dem gesamten Aufsichtsrat Entlastung erteilt.

525 Eine **gesonderte Abstimmung** für jedes einzelne Organmitglied ist gesetzlich nur in bestimmten Fällen vorgeschrieben, nämlich
– wenn die Hauptversammlung es beschließt (§ 120 Abs. 1 Satz 2 Fall 1 AktG) oder
– wenn eine Minderheit dies verlangt, deren Anteil 10 % des Grundkapitals oder den anteiligen Betrag von 1 Mio. € erreicht (§ 120 Abs. 1 Satz 2 Fall 2 AktG).

526 Sofern in der Hauptversammlung auch nur **ein Aktionär** Einzelentlastung beantragt, liegt nach den oben dargelegten Grundsätzen kein zulässiges Minderheitsverlangen nach § 120 Abs. 1 Satz 2 Fall 1 AktG vor, dass eine Einzelentlastung herbeiführt. Es kann aber sein, dass sich daraufhin eine entsprechende Mehrheit findet. Deshalb ist bei dem **Antrag auch nur eines Aktionärs auf Einzelentlastung** eine Abstimmung darüber durchzuführen, ob eine Einzelentlastung durchgeführt werden soll.[558]

---

554 OLG München, AG 1995, 381; *Hüffer/Koch*, § 120 Rn. 8; Heidel/*Pluta*, Aktienrecht, § 120 Rn. 14.
555 Semler/Volhard/Reichert/*Semler/Volhard*, § 18 Rn. 18; abweichend aber nicht überzeugend Münch-KommAktG/*Kubis*, § 120 Rn. 18.
556 Semler/Volhard/Reichert/*Semler/Volhard*, § 18 Rn. 23.
557 OLG München, AG 1995, 381; *Hüffer/Koch*, § 120 Rn. 8; Heidel/*Pluta*, Aktienrecht, § 120 Rn. 14.
558 OLG Frankfurt am Main, AG 2007, 672; Semler/Volhard/Reichert/*Semler/Volhard*, § 18 Rn. 18; Heidel/*Pluta*, Aktienrecht, § 120 Rn. 18 f.

527 Ob der **Versammlungsleiter** vor diesem Hintergrund von sich aus – d.h. ohne entsprechenden Antrag oder Hauptversammlungsbeschluss – eine Einzelabstimmung über die Entlastung **anordnen** kann, ist streitig.[559] Der Notar sollte in derartigen Fällen sicherheitshalber auf eine Abstimmung über die Frage der Einzelentlastung durch die Hauptversammlung hinwirken.

c) Stimmverbote

528 Das Stimmrecht eines Aktionärs oder seines Vertreters ist in der Hauptversammlung ausgeschlossen, wenn es um die **eigene Entlastung**, die **Befreiung von einer Verbindlichkeit** oder um die **Geltendmachung eines Anspruchs** der Gesellschaft gegen ihn geht (§ 136 Abs. 1 AktG).

529 Derartige Stimmverbote greifen bei der **Einpersonen-AG** – sofern derartige Beschlüsse hier überhaupt notwendig sind[560] – nicht.[561]

530 In der Praxis mit Fragen behaftet sind regelmäßig Sachverhalte bei **Konzerngesellschaften**, etwa die Fälle, in denen die Aktien an der Gesellschaft, bei welcher der Entlastungsbeschluss zu fassen ist, einer Drittgesellschaft gehören und sich das Stimmverbot gegen einzelne Mitglieder dieser Drittgesellschaft richtet. Soll beispielsweise das Vorstandsmitglied entlastet werden, das zugleich Vorstandsmitglied der einzigen Aktionärin ist, erstreckt sich das Stimmverbot des zu entlastenden Vorstandsmitgliedes nicht automatisch auf die alleinige Aktionärin, bei welcher diese Person ebenfalls im Vorstand tätig ist. Dies ist nur dann der Fall, wenn das zu entlastende Vorstandsmitglied als Organ der die Aktien haltenden Gesellschaft **maßgeblichen Einfluss** auf das **Stimmverhalten** hat, etwa dann, wenn es sich um das **alleinige Vorstandsmitglied** der Aktionärin handelt;[562] für ein bloßes **Aufsichtsratsmitglied** wird dies hingegen nicht anzunehmen sein.

5. Wahlen zum Aufsichtsrat

531 Die **Hauptversammlung** wählt die Aufsichtsratsmitglieder, soweit keine Entsendungsrechte bestehen oder Mitbestimmungsregelungen greifen (§§ 101 Abs. 1 Satz 1, 119 Abs. 1 Nr. 1 AktG). Der Aufsichtsrat hat entsprechende Wahlvorschläge zu unterbreiten (§ 124 Abs. 3 Satz 1 AktG). Der **Beschlussvorschlag** muss (§ 124 Abs. 3 Satz 3 AktG) den Namen, Vornamen, ausgeübten Beruf und Wohnort des Vorgeschlagenen angeben.

532 Der **Beschluss** bedarf der **einfachen Mehrheit**, soweit die Satzung keine anderweitigen Regelungen trifft (§ 133 AktG).

533 Nach welchem Verfahren die Wahl zu erfolgen hat, regelt das Gesetz nicht. In Betracht kommen:
– **Einzelwahl**; bei ihr wird einzeln über jeden Kandidaten abgestimmt. Dieses Verfahren wird vom Deutschen Corporate Governance Kodex gefordert,[563] ist allerdings in der Praxis zeitraubend.
– **Blockwahl** (auch **Listenwahl** oder **Globalwahl** genannt); bei ihr findet eine Gesamtabstimmung über alle Kandidaten statt. Dieses Verfahren hat den Vorteil, dass es Zeit spart. Allerdings werden hierdurch die Aktionäre genötigt, gegen alle Kandidaten zustimmen, wenn sie auch nur mit einem nicht einverstanden sind.

---

559 Vgl. Heidel/*Pluta*, Aktienrecht, § 120 Rn. 21; Semler/Volhard/Reichert/*Semler/Volhard*, § 18 Rn. 16; das OLG München bejaht die Kompetenz des Versammlungsleiters zur Anordnung der Einzelabstimmung, vgl. OLG München, NZG 2008, 337 f.
560 Die Entlastung des einzigen Vorstandes durch den personenidentischen alleinigen Aktionär der AG ist beispielsweise nicht notwendig, vgl. *Hüffer/Koch*, § 136 Rn. 5; MünchKommAktG/*Schröer*, § 136 Rn. 6.
561 BGHZ 105, 324, 333 = DNotZ 1989, 102; *Hüffer/Koch*, § 136 Rn. 5; MünchKommAktG/*Schröer*, § 136 Rn. 16; Schmidt/Lutter/*Spindler*, § 136 Rn. 6.
562 Vgl. zum Ganzen DNotI-Report 2008, 177.
563 Nr. 5.4.3 Satz 1 des DCGK i.d.F. vom 02.06.2005 lautet: »Wahlen zum Aufsichtsrat sollen als Einzelwahl durchgeführt werden.«

– **Simultanwahl**; bei ihr werden die Einzelabstimmungen über die Kandidaten organisatorisch verbunden, regelmäßig dergestalt, dass durch Ankreuzen der auf einem Stimmzettel vermerkten Kandidaten gewählt wird. Übersteigt die Anzahl der Kandidaten die Zahl der zu besetzenden Aufsichtsratsposten, stehen jedem Aktionär nur so viele Ja-Stimmen zu, wie es zu besetzende Posten gibt. Gewählt sind die Kandidaten, welche die meisten Stimmen auf sich vereinigen.

Unstreitig ist, dass der **Versammlungsleiter** ohne entgegenstehenden Hauptversammlungsbeschluss die Einzelwahl oder die Simultanwahl als **Abstimmungsart** festlegen kann. 534

Für die Festlegung der **Blockwahl** als Abstimmungsart durch den Versammlungsleiter ist dies hingegen streitig. Voraussetzung ist hier in jedem Fall, dass der Versammlungsleiter vor der Abstimmung darauf **hinweist**, dass durch die mehrheitliche Ablehnung der Beschlussvorlage eine Einzelabstimmung herbeigeführt werden kann und dass derjenige, der auch nur gegen einen Kandidaten stimmen möchte, den gesamten vorgeschlagenen Block ablehnen muss.[564] Stellt hier auch nur ein Aktionär den **Antrag auf Einzelwahl**, ist zunächst über diesen **Verfahrensantrag** gesondert abzustimmen. Ob es in diesem Falle auch zulässig ist, wenn der Versammlungsleiter sogleich die Blockwahl durchführen lässt, allerdings unter Hinweis darauf, dass bei Annahme des Blocks durch die Hauptversammlung inzident der Verfahrensantrag auf Einzelabstimmung abgelehnt ist, ist umstritten.[565] Der Notar sollte hier darauf hinwirken, dass aus Gründen der Rechtssicherheit zunächst gesondert über den Verfahrensantrag abgestimmt wird. 535

6. Reguläre Kapitalerhöhung

Die reguläre Kapitalerhöhung ist der gesetzliche Grundfall der Kapitalerhöhung, auch wenn er in der Praxis – insbesondere bei Gesellschaften mit größerem Aktionärskreis – seltener vorkommt als eine bedingte Kapitalerhöhung oder die Schaffung genehmigten Kapitals. Sie wird in zwei Schritten durchgeführt: Zunächst beschließt die Hauptversammlung die Kapitalerhöhung (§ 182 AktG) und daran anschließend erfolgt – nach Zuführung der Mittel – der Antrag auf Eintragung der Durchführung der Kapitalerhöhung (§ 188 AktG). Die rechtlich getrennten **Handelsregisteranmeldungen** auf Eintragung der Beschlussfassung der Kapitalerhöhung einerseits (§ 184 AktG) sowie der Durchführung der Kapitalerhöhung andererseits (§ 188 AktG) erfolgen in der Praxis oftmals in einem Akt. 536

a) Obligatorischer Inhalt des Hauptversammlungsbeschlusses

Der **wesentliche Inhalt** der Kapitalmaßnahme muss durch die **Hauptversammlung** bestimmt werden. Einzelheiten können der Verwaltung der Gesellschaft überlassen werden. Zum wesentlichen Inhalt gehören: 537
– Der **Erhöhungsbetrag**. Er kann als **fester Betrag**, als **Höchstwert**, oder als eine Kombination aus **Mindest-** und **Höchstwert** festgelegt werden. Dabei darf dem Vorstand keinerlei Beeinflussung der Kapitalerhöhung möglich sein, was dazu führt, dass bei einer Kombination aus Mindest- und Höchstwert auch ein eng begrenzter **Zeitraum zur Zeichnung** durch die Hauptversammlung vorzugeben ist. Diese Frist darf maximal 6 Monate betragen.[566] Es ist zudem anzugeben, ob eine Bar- oder Sachkapitalerhöhung vorgenommen werden soll (vgl. dazu nachstehend Rdn. 545 ff.).
– Die **Aktienart**. Die Hauptversammlung hat vorzugeben, ob die neuen Aktien auf den Namen oder den Inhaber lauten (§ 23 Abs. 3 Nr. 4 AktG). Gibt die Satzung dies allgemein schon vor, was nicht selten der Fall ist, kann diese Angabe entfallen.

---

564 BGH, AG 2003, 625; LG München I, NZG 2004, 626; dazu auch MünchHdb. AG/*Hoffmann-Becking*, § 30 Rn. 19 f.
565 Für eine solche Vorgehensweise: MünchHdb. AG/*Hoffmann-Becking*, § 30 Rn. 20; ablehnend: LG München I, NZG 2004, 626; Spindler/Stilz/*Spindler*, § 101 Rn. 36.
566 KK-AktG/*Lutter*, § 182 Rn. 17.

- Die **Nennbeträge**. Die Nennbeträge der auszugebenden Nennwertaktien sind dann anzugeben, wenn sie von denen der bisherigen Aktien abweichen sollen. Bei Stückaktien ist deren Anzahl anzugeben; es ist zwingend darauf zu achten, dass ihre rechnerische Beteiligung identisch ist mit derjenigen der bisherigen Aktien (§ 182 Abs. 1 Satz 5 AktG).

b) Fakultativer Inhalt des Hauptversammlungsbeschlusses

538 Weitere Angaben im Erhöhungsbeschluss sind nicht zwingend, aber sinnvoll. So ist es üblich, dem **Vorstand** die **Ermächtigung** zur **Bestimmung von Einzelheiten** sowie dem **Aufsichtsrat** die **Ermächtigung** zur **Fassungsänderung der Satzung** einzuräumen. Angegeben werden können ferner beispielsweise der **Zeitpunkt der Gewinnberechtigung, zeichnungsberechtigte Personen** sowie **Durchführungsfristen**.

c) Beschlussmehrheiten

539 Der Hauptversammlungsbeschluss bedarf neben der allgemeinen einfachen Stimmenmehrheit einer **Kapitalmehrheit** von drei Viertel des bei der Beschlussfassung vertretenen Grundkapitals (§§ 133 Abs. 1 Halbs. 2, 182 Abs. 1 Satz 1 AktG). Die **Satzung** kann größere Stimmenmehrheiten festlegen.

540 Bei verschiedenen **stimmberechtigten Aktiengattungen** muss jede Aktiengattung einen zustimmenden **Sonderbeschluss** fassen (§ 182 Abs. 2 AktG).[567] Unterbleibt dies, ist die Kapitalmaßnahme schwebend unwirksam. Jeder Sonderbeschluss bedarf – bezogen auf die betreffende Aktiengattung – einer Mehrheit von drei Vierteln des bei der Beschlussfassung vertretenen Grundkapitals sowie der einfachen Mehrheit der an der Abstimmung teilnehmenden Aktionäre.[568]

541 **Stimmrechtslose Vorzugsaktien** müssen keinen zustimmenden Sonderbeschluss fassen, es sei denn, sie sollen vom Bezugsrecht für die neuen Aktien ausgeschlossen werden.[569]

d) Bezugsrechte

542 Grundsätzlich steht jedem Aktionär ein **Anspruch auf Teilnahme** an einer Kapitalerhöhung zu (§ 186 Abs. 1 Satz 1 AktG), um somit der Verwässerung seiner Beteiligung entgegenzuwirken.

543 Dieses Bezugsrecht kann im Kapitalerhöhungsbeschluss durch die Hauptversammlung **ausgeschlossen** werden (§ 186 Abs. 3 Satz 1 AktG), allerdings nur dann, wenn dies durch sachliche Gründe im Interesse der Gesellschaft gerechtfertigt ist.[570]

544 Eine **gesetzliche Vermutung** der Zulässigkeit eines Bezugsrechtsausschlusses enthält das Gesetz in § 186 Abs. 3 Satz 4 AktG. In der Praxis werden Bezugsrechte beispielsweise zur Ausgabe von **Belegschaftsaktien** oder zur Bedienung von **Wandel-** und **Optionsanleihen** ausgeschlossen.

e) Bar-/Sachkapitalerhöhung

545 Legt der Kapitalerhöhungsbeschluss fest, dass als Einlage **Bargeld** zu leisten ist, so muss die Bareinlage effektiv auch in bar eingezahlt werden und nicht etwa durch **Verrechnung** mit einer Forderung erbracht werden. Hierauf muss der beurkundende Notar hinweisen.[571] **Voreinzahlungen**, d.h. Leistungen der Bareinlage vor Beschlussfassung durch die Hauptversammlung, sind grundsätzlich nur dann schuldbefreiend, wenn sie im Zeitpunkt der Beschlussfassung noch im Gesellschaftsvermögen vorhanden sind.[572]

---

567 Dieses Erfordernis entfällt bei der Einpersonengesellschaft.
568 Semler/Volhard/Reichert/*Schröer*, § 22 Rn. 20.
569 *Harrer/Grabowski*, DZWIR 1995, 10, 15; Beck'sches Notarhandbuch/*Heckschen*, Teil D III Rn. 74.
570 BGHZ 71, 40, 46 (»Kali & Salz«).
571 Beck'sches Notarhandbuch/*Heckschen*, Teil D III Rn. 78; für die GmbH: BGH, NJW 1996, 524, 525.
572 BGH, GmbHR 2006, 1328; Beck'sches Notarhandbuch/*Heckschen*, Teil D III Rn. 78.

Ist der Erhöhungsbetrag nicht in Geld, sondern durch **Übereignung von Sachen** zu erbringen, muss der Erhöhungsbeschluss dies ausdrücklich festlegen. Einlagefähig ist hier grundsätzlich **jeder Vermögensgegenstand** außer Geld, der einen wirtschaftlich feststellbaren Wert hat. 546

Für die Sachkapitalerhöhung gelten im übrigen diejenigen Grundsätze, die für die Sachgründung bestehen. 547

f) Anmeldung und Wirksamwerden der Kapitalerhöhung

Von der Anmeldung und Eintragung der Durchführung der Kapitalerhöhung (§§ 188, 189 AktG) ist die Anmeldung und Eintragung der beschlossenen Kapitalerhöhung zu unterscheiden (§ 184 AktG). In der Praxis werden beide Anmeldung häufig miteinander verbunden und gleichzeitig vorgenommen (§ 188 Abs. 4 AktG). 548

Zur **Eintragung** der Durchführung der Kapitalerhöhung kann es erst kommen, wenn zum einen der entsprechende Erhöhungsbetrag geleistet wurde und zum anderen alle Einlagen auf das bisherige Grundkapital vollständig oder nahezu vollständig geleistet worden sind (§ 182 Abs. 4 AktG). 549

Die **Einlagen** auf das **bisherige Grundkapital** müssen vollständig oder nahezu vollständig geleistet worden sein. Die Literatur geht davon aus, dass bei einem Grundkapital von bis zu 250.000,00 € ein Betrag nicht geleisteter Einlagen von etwa 5 % unschädlich ist, bei einem höheren Grundkapital ein Betrag von ca. 1 %.[573] Ein gleichwohl vorher gefasster Kapitalerhöhungsbeschluss ist weder nichtig noch anfechtbar. Er ist jedoch erst nach Leistung der Einlagen in der genannten Höhe eintragungsfähig, was das Handelsregister zu prüfen hat (vgl. § 184 Abs. 2 AktG).[574] 550

Die **Handelsregisteranmeldung** der durchgeführten Kapitalerhöhung ist durch den **Vorstand** in vertretungsberechtigter Anzahl sowie den **Vorsitzenden des Aufsichtsrates** vorzunehmen (§ 188 Abs. 1 AktG). Die Kapitalerhöhung wird wirksam mit Eintragung des erhöhten Grundkapitals im Handelsregister (§ 189 AktG). 551

7. Genehmigtes Kapital

Das genehmigte Kapital ist faktisch nichts anderes als ein gesetzlicher erlaubter und geregelter **Vorratsbeschluss** zur Kapitalerhöhung. Mit der Schaffung genehmigten Kapitals erlaubt die Hauptversammlung es dem Vorstand, über Zeitpunkt, Volumen und Konditionen einer Kapitalerhöhung weitgehend frei zu bestimmen. Damit kann der Vorstand auf akuten **Finanzbedarf** der Gesellschaft oder günstige **Börsensituationen** reagieren. In der Praxis ist das genehmigte Kapital von großer Bedeutung. 552

Voraussetzung für die Ermächtigung des Vorstands zu Kapitalerhöhung ist eine entsprechende **Grundlage in der Satzung** der Gesellschaft, welche von der Hauptversammlung zu beschließen ist. Auf dieser Grundlage kann der Vorstand dann die Kapitalerhöhung beschließen und neue Aktien ausgeben. Dabei ist der **Aufsichtsrat** einzubeziehen: Bei der Entscheidung, das Kapital zu erhöhen und neue Aktien auszugeben, soll der Vorstand die Zustimmung des Aufsichtsrates einholen (§ 202 Abs. 3 Satz 2 AktG), bei der Festlegung der Bedingungen der Kapitalerhöhung muss der Vorstand die Zustimmung des Aufsichtsrates einholen (§ 204 Abs. 1 Satz 2 AktG). Im übrigen vollzieht sich die Kapitalerhöhung nach den allgemeinen Regelungen. 553

a) Obligatorischer Inhalt des Hauptversammlungsbeschlusses

Der Beschluss der Hauptversammlung ist auf die Änderung der Satzung gerichtet. Er muss folgenden Mindestinhalt haben: 554

---

573 *Hüffer/Koch*, § 182 Rn. 28.
574 Abweichend in Bezug auf die Anfechtbarkeit: *Hüffer/Koch*, § 182 Rn. 29.

- Die **Dauer** der Ermächtigung. Sie darf nicht länger als **5 Jahre**, gerechnet von der Eintragung der Satzungsänderung an, bemessen sein (§ 202 Abs. 1, Abs. 2 Satz 1 AktG). Der Beschluss der Hauptversammlung kann ein konkretes Datum benennen (z.B.: »Bis zum 15. April 2012.«); es reicht aber auch aus, wenn das Fristende allein berechenbar ist (z.B.: »Von der Eintragung an für die Dauer von 4 Jahren.«). **Fehlt** eine Befristung, kann nicht auf die Maximalfrist des Gesetzes von 5 Jahren zurückgegriffen werden; der Beschluss ist vielmehr unwirksam.[575] Bis zum **Ablauf** dieser Frist muss die Durchführung der Kapitalerhöhung im Handelsregister eingetragen worden sein.
- Das **Volumen** der Kapitalerhöhung. Der Nennbetrag des genehmigten Kapitals darf die **Hälfte des Grundkapitals**, das zur Zeit der Ermächtigung vorhanden ist, nicht übersteigen (§ 202 Abs. 3 Satz 1 AktG). Sind bereits genehmigte Kapitalia durch Satzungsänderung geschaffen worden, sind diese bei der Berechnung des Nennbetrages des neu zu schaffenden genehmigten Kapitals insoweit hinzuzurechnen, als sie noch nicht zur Erhöhung des Grundkapitals ausgenutzt worden sind. Bei dem Grundkapital ist neben dem im Handelsregister am Tage der Fassung des Hauptversammlungsbeschlusses eingetragenen Kapitals ein etwaiges durch Ausgabe von Aktien ausgenutztes **bedingtes Kapital** (§ 200 AktG) hinzuzurechnen. Wird eine Ermächtigung zur Ausgabe von **Vorzugsaktien** geschaffen, ist zusätzlich die Höchstgrenze des § 139 Abs. 2 AktG zu beachten: Die bisher bestehenden Vorzugsaktien dürfen zusammen mit den aufgrund des genehmigten Kapitals auszugebenden Aktien nicht mehr als die Hälfte des gesamten Grundkapitals ausmachen.
- Die **Art** der Aktien. Die Hauptversammlung hat vorzugeben, ob die neuen Aktien auf den Namen oder den Inhaber lauten (§ 23 Abs. 3 Nr. 4 AktG). Gibt die Satzung dies allgemein schon vor, was nicht selten der Fall ist, kann diese Angabe entfallen.
- Eine Ausgabe von Aktien gegen **Sacheinlage**. Der Vorstand kann auch zur Erhöhung des Kapitals gegen Sacheinlage ermächtigt werden; dies muss allerdings ausdrücklich Bestandteil des Hauptversammlungsbeschlusses sein (§ 205 Abs. 1 AktG). Es müssen keine genauen Beschreibungen der einlagefähigen Gegenstände vorgenommen werden; wenn die Hauptversammlung dies wünscht, können derartige Angaben aber den Spielraum des Vorstands entsprechend einschränken.
- Die Ausgabe **stimmrechtsloser Vorzugsaktien**. Soll der Vorstand die Möglichkeit erhalten, mit der Ausnutzung des genehmigten Kapitals stimmrechtslose Vorzugsaktien auszugeben, die bei der Gewinnverteilung anderen, bereits bestehenden Vorzugsaktien gleichstehen oder gar vorgehen, muss dies von der Hauptversammlung festgelegt werden (§ 204 Abs. 2 AktG).

b) Fakultativer Inhalt des Hauptversammlungsbeschlusses

555 Der Ermächtigungsbeschluss kann verschiedene fakultative Angaben enthalten, etwa die Höhe des **Ausgabebetrages** oder die Verteilung der Aktien bei einem **Bezugsrechtsausschluss**. Ebenfalls fakultativ, in der Praxis aber durchweg üblich, ist die Ermächtigung an den Aufsichtsrat, die **Fassung der Satzung** anzupassen.[576] Die Hauptversammlung kann auch vorgeben, dass eine Ausnutzung des genehmigten Kapitals nur einmalig möglich ist. Enthält der Hauptversammlungsbeschluss hierzu keine Angaben, kann der Vorstand den genehmigten Betrag auch in verschiedenen **Tranchen** ausnutzen.[577]

556 Ein **Bezugsrechtsausschluss** kann bereits von der **Hauptversammlung** beschlossen werden (§ 203 Abs. 1 Satz 1 AktG). Ist dies der Fall, muss dieser Ausschluss abstrakt im **Interesse** der Gesellschaft liegen. Die Ausnutzung des genehmigten Kapitals muss also lediglich einem **allgemeinen Finanzie-**

---

575 LG Mannheim, BB 1957, 689; *Hüffer/Koch*, § 202 Rn. 11.
576 Die Notwendigkeit der Fassung eines entsprechenden Beschlusses entfällt dann, wenn in der Satzung – wie dies in der Praxis oft zu finden ist – eine allgemeine Ermächtigung des Aufsichtsrates enthalten ist, die Fassung der Satzung den tatsächlichen Gegebenheiten anzupassen.
577 *Hüffer/Koch*, § 202 Rn. 20.

rungsinteresse der Gesellschaft dienen, das sich nur im Wege einer Kapitalerhöhung unter Ausschluss des Bezugsrechts befriedigen lässt.[578]

Ein **Bezugsrechtsausschluss** kann allerdings auch – auf Grundlage entsprechender Vorgaben der Hauptversammlung bei der Schaffung des genehmigten Kapitals – dem **Vorstand** vorbehalten werden. Der Ausschluss des Bezugsrechtes bedarf dann der **Zustimmung** des Aufsichtsrates (§ 204 Abs. 1 Satz 2 AktG). Der Vorstand hat im konkreten Fall eigenverantwortlich zu entscheiden, ob der Sachverhalt die Durchführung der Kapitalerhöhung unter Ausschluss des Bezugsrechtes der Aktionäre im Interesse der Gesellschaft rechtfertigt. 557

Eine **gesetzliche Vermutung** der Zulässigkeit eines Bezugsrechtsausschlusses enthält das Gesetz in §§ 203 Abs. 1 Satz 1, 186 Abs. 3 Satz 4 AktG. 558

Das Muster eines **Beschlusses einer genehmigten Kapitalerhöhung** lautet wie folgt: 559

▶ Formulierungsbeispiel: Beschluss einer genehmigten Kapitalerhöhung 560

Der Vorstand wird ermächtigt, das Grundkapital der Gesellschaft mit Zustimmung des Aufsichtsrates bis zum 31. 12. 2020 einmalig oder mehrmalig um bis zu insgesamt 40.000,00 EUR gegen Bareinlage durch Ausgabe von neuen, bis zu 40.000 Stück nennwertlosen, auf den Namen lautenden stimmrechtslosen Vorzugsaktien zu je 1,00 EUR das Stück zzgl. 14,00 EUR Agio je Vorzugsaktie zu erhöhen (Genehmigtes Kapital 1). Ein Beschluss über die Ausgabe von weiteren – stimmberechtigten oder stimmrechtslosen – Vorzugsaktien, die bei der Verteilung des Gewinns oder des Gesellschaftsvermögens den dann bestehenden Vorzugsaktien ohne Stimmrecht gleichstehen, bleibt vorbehalten. Die neuen Aktien werden den bisherigen Aktionären angeboten. Der Vorstand ist ermächtigt, mit Zustimmung des Aufsichtsrates weitere Einzelheiten der Kapitalerhöhung und ihrer Durchführung festzusetzen.

§ 4 der Satzung (Höhe und Einteilung des Grundkapitals, Aktienurkunden) wird entsprechend wie folgt um einen neuen Absatz (6) ergänzt:

»(6) Der Vorstand ist ermächtigt, das Grundkapital der Gesellschaft mit Zustimmung des Aufsichtsrates bis zum 31. 12. 2020 einmalig oder mehrmalig um bis zu insgesamt 40.000,00 EUR gegen Bareinlage durch Ausgabe von neuen, bis zu 40.000 Stück nennwertlosen, auf den Namen lautenden stimmrechtslosen Vorzugsaktien zu je 1,00 EUR das Stück zzgl. 14,00 EUR Agio je Vorzugsaktie zu erhöhen (Genehmigtes Kapital 1). Ein Beschluss über die Ausgabe von weiteren – stimmberechtigten oder stimmrechtslosen – Vorzugsaktien, die bei der Verteilung des Gewinns oder des Gesellschaftsvermögens den dann bestehenden Vorzugsaktien ohne Stimmrecht gleichstehen, bleibt vorbehalten. Die neuen Aktien werden den bisherigen Aktionären angeboten. Der Vorstand ist ermächtigt, mit Zustimmung des Aufsichtsrates weitere Einzelheiten der Kapitalerhöhung und ihrer Durchführung festzusetzen.«

c) Beschlussmehrheiten

Der Hauptversammlungsbeschluss bedarf neben der allgemeinen einfachen Stimmenmehrheit einer **Kapitalmehrheit** von drei Viertel des bei der Beschlussfassung vertretenen Grundkapitals (§§ 133 Abs. 1 Halbs. 2, 202 Abs. 2 Satz 2, 3 AktG). Die **Satzung** kann größere, nicht aber geringere Stimmenmehrheiten festlegen. 561

Bei verschiedenen **stimmberechtigten Aktiengattungen** muss jede Aktiengattung einen zustimmenden **Sonderbeschluss** fassen (§ 182 Abs. 2 AktG).[579] Unterbleibt dies, ist die Kapitalmaßnahme **schwebend unwirksam**. Jeder **Sonderbeschluss** bedarf – bezogen auf die betreffende Aktiengattung – einer Mehrheit von drei Vierteln des bei der Beschlussfassung vertretenen Grundkapitals sowie der einfachen Mehrheit der an der Abstimmung teilnehmenden Aktionäre.[580] 562

---

578 Happ/*Ihring*, Aktienrecht, 12.06 Rn. 13.
579 Dieses Erfordernis entfällt bei der Einpersonengesellschaft.
580 Semler/Volhard/Reichert/*Schröer*, § 22 Rn. 20.

d) Anmeldung und Wirksamwerden des genehmigten Kapitals

563 Die Anmeldung der **Änderung der Satzung** zur Schaffung des genehmigten Kapitals ist – wie jede sonstige Satzungsänderung – durch den Vorstand in vertretungsberechtigter Anzahl zur Eintragung in das Handelsregister anzumelden.

564 Die **Ermächtigung** des Vorstands wird – da sie eine Satzungsänderung ist – erst mit Eintragung der Satzungsänderung im Handelsregister **wirksam** (§ 181 Abs. 3 AktG). Aus diesem Grunde ist es auch hier – anders als bei einer regulären Kapitalerhöhung (§ 188 Abs. 4 AktG, vgl. dazu Rdn. 548) – nicht möglich, den Beschluss über die Schaffung des genehmigten Kapitals **gemeinsam** mit der Durchführung der Kapitalerhöhung zur Eintragung in das Handelsregister **anzumelden**.[581]

565 Ist das genehmigte Kapital ausgenutzt worden, so ist die Erhöhung des Grundkapitals zur **Eintragung in das Handelsregister** anzumelden, und zwar durch den Vorstand in vertretungsberechtigter Anzahl sowie den Vorsitzenden des Aufsichtsrates. Dabei ist bei einer tranchenmäßigen Ausnutzung des genehmigten Kapitals allein bei der ersten Anmeldung der (teilweisen) Durchführung der Kapitalerhöhung eine **Versicherung** abzugeben, ob und wenn ja welche Einlagen auf das bisherige Grundkapital ausstehen (§ 203 Abs. 3 Satz 4 AktG).

566 Die Kapitalerhöhung aus genehmigtem Kapital wird **wirksam** mit Eintragung des erhöhten Grundkapitals im Handelsregister (§§ 203 Abs. 1, 189 AktG).

8. Bedingte Kapitalerhöhung

567 Bei der bedingten Kapitalerhöhung (§§ 192 ff. AktG) wird eine von der Hauptversammlung beschlossene Erhöhung des Grundkapitals nur insoweit durchgeführt, wie Inhaber der von der Aktiengesellschaft eingeräumten **Umtausch-** oder **Bezugsrechte** hiervon Gebrauch machen. Diese Form der Kapitalerhöhung ermöglicht somit eine **bedarfsgerechte Kapitalbeschaffung.**

568 Vorgenommen werden kann sie nur zu **bestimmten Zwecken:**
 – Zur Einräumung von Umtausch- oder Bezugsrechten für Gläubiger von Wandelschuldverschreibungen (§ 192 Abs. 2 Nr. 1 AktG).
 – Zur Vorbereitung von Unternehmenszusammenschlüssen (§ 192 Abs. 2 Nr. 2 AktG).
 – Zur Gewährung von Bezugsrechten an Arbeitnehmer und Mitglieder der Geschäftsführung der Aktiengesellschaft oder eines verbundenen Unternehmens (§ 192 Abs. 2 Nr. 3 AktG).
 – In den vorgenannten Fällen vergleichbaren Sachverhalten, so etwa bei Wandelgenussrechten oder Genussscheinen mit nachgelagerten Optionsrechten.

569 Eine praktisch hohe Bedeutung hat das Instrumentarium der bedingten Kapitalerhöhung bei sogenannten **Stock-Options** und bei der Ausgabe von **Wandel-** und **Optionsschuldverschreibungen** i.S.v. § 221 Abs. 1 Satz 1 AktG.

570 Grundsätzlich sieht der Ablauf einer derartigen Kapitalmaßnahme wie folgt aus:
 – Die Hauptversammlung fasst den Beschluss zur bedingten Kapitalerhöhung.
 – Die Kapitalmaßnahme wird in das Handelsregister eingetragen.
 – Die Gesellschaft räumt Bezugsberechtigten Umtausch-/Bezugsrechte ein.
 – Die Bezugsberechtigten üben ihre Rechte aus und leisten den vollen Gegenwert für die Bezugsaktien.
 – Die Gesellschaft gibt die Aktien aus und meldet die hieraus resultierende Satzungsänderung (d.h. die Erhöhung des Grundkapitals) zur Eintragung in das Handelsregister an.

571 Die Schaffung bedingten Kapitals ist der **Höhe** nach gesetzlich begrenzt. Der Nennbetrag des bedingten Kapitals darf die **Hälfte des Grundkapitals**, das zur Zeit der Beschlussfassung über die bedingte Kapitalerhöhung vorhanden ist, nicht übersteigen (§ 192 Abs. 3 AktG). Dabei sind auch Nennbeträge aus früheren bedingten Kapitalerhöhungen zu berücksichtigen, soweit diese noch nicht aus-

---

581 GroßkommAktG/*Hirte*, § 203 Rn. 35; *Hüffer/Koch*, § 203 Rn. 15.

geschöpft sind. Bei einer bedingten Kapitalerhöhung nach § 192 Abs. 2 Nr. 3 AktG (d.h. zur Gewährung von Bezugsrechten) ist neben dieser 50 %-Grenze auch noch eine **10 %-Grenze** zu berücksichtigen: Der Nennbetrag des bedingten Kapitals darf den 10. Teil des bei der Beschlussfassung vorhandenen Grundkapitals nicht übersteigen. Beide Grenzen gelten unabhängig von- und nebeneinander. Verstöße führen zur Nichtigkeit (§ 241 Nr. 3 AktG).

a) Obligatorischer Inhalt des Hauptversammlungsbeschlusses

Der Beschluss der Hauptversammlung muss zwingend den Zweck der Kapitalmaßnahme, den Kreis der Bezugsberechtigten, den Ausgabebetrag oder die entsprechende Ermittlungsmethode sowie die Aufteilung der Bezugsrechte auf die Mitglieder der Geschäftsführung und Arbeitnehmer, die Erfolgsziele, die Erwerbs- und Ausübungszeiträume sowie Wartezeiten für eine erstmalige Ausübung zu nennen (§ 193 Abs. 2 Nr. bis 4 AktG). 572

Daneben muss der Hauptversammlungsbeschluss den allgemeinen Anforderungen an Kapitalerhöhungsbeschlüsse gerecht werden. Dazu muss er den Nennbetrag des bedingten Kapitals, die Nennbeträge der auszugebenden Aktien bzw. bei Stückaktien deren Anzahl sowie die Art der auszugebenden Aktien[582] beinhalten. 573

b) Fakultativer Inhalt des Hauptversammlungsbeschlusses

Neben den vorstehenden Pflichtangaben kann der Beschluss zur Schaffung bedingten Kapitals weitere Angaben enthalten.[583] So ist es etwa in der Praxis üblich, Kreditinstituten eine Übernahme von Aktienoptionen zu ermöglichen, und zwar mit der Auflage, sie wie bei einem mittelbaren Bezugsrecht gem. § 186 Abs. 5 AktG auf Weisung der Gesellschaft an die Berechtigten zu übertragen. 574

c) Beschlussmehrheiten

Der Hauptversammlungsbeschluss zur Schaffung eines bedingten Kapitals bedarf neben der Mehrheit der abgegebenen Stimmen (einfache Mehrheit nach § 133 Abs. 1 AktG) der Mehrheit von **drei Viertel** des bei der Beschlussfassung vertretenen Grundkapitals (§ 193 Abs. 1 Satz 1 AktG). Die Satzung kann höhere Quoren, nicht aber niedrigere festlegen (§ 193 Abs. 1 Satz 2 AktG). 575

Der Beschluss über die Ermächtigung zur Gewährung von **Aktienoptionen** bedarf grundsätzlich nur der Mehrheit der abgegebenen Stimmen (sofern die Satzung nichts anderes vorschreibt). § 221 Abs. 1 Satz 2 AktG mit dem Erfordernis der Zustimmung von drei Viertel des bei der Beschlussfassung vertretenen Grundkapitals gilt bei der Gewährung derartiger isolierter Bezugsrechte nämlich nicht. Da aber eine reine Ermächtigung ohne zusätzliche bedingte Kapitalerhöhung ins Leere liefe und für die bedingte Kapitalerhöhung wiederum die Zustimmung von drei Viertel des bei der Beschlussfassung vertretenen Grundkapitals gilt, greift auch hier faktisch das qualifizierte Mehrheitserfordernis. 576

d) Anmeldung und Wirksamwerden des bedingten Kapitals

Der Hauptversammlungsbeschluss über die Schaffung bedingten Kapitals ist zur Eintragung in das Handelsregister anzumelden. Vor dessen Eintragung im Handelsregister können keine Bezugsaktien ausgegeben werden (§ 197 Abs. 1 Satz 1 AktG). Gleichwohl von der Gesellschaft ausgegebene Aktien sind **nichtig** (§ 197 Abs. 1 Satz 3 AktG). Die Eintragung des Hauptversammlungsbeschlusses im Handelsregister ist somit eine **unverzichtbare Voraussetzung** für die Durchführung der Kapitalmaßnahme. 577

---

582 Sofern die Satzung allgemein für künftig auszugebende Aktien entsprechende Angaben enthält, kann im Kapitalerhöhungsbeschluss hierauf verzichtet werden.
583 *Hüffer/Koch*, § 193 Rn. 8 m.w.N.

578 Geben die Gesellschaft und der Bezugsberechtigte die das Bezugsrecht begründenden rechtsgeschäftlichen Erklärungen vor dem Registereintrag der bedingten Kapitalerhöhung ab, so steht das Rechtsgeschäft unter der aufschiebenden Bedingung der entsprechenden Registereintragung.[584] Wird das Rechtsgeschäft sogar noch vor der Fassung des entsprechenden Hauptversammlungsbeschlusses geschlossen, so soll es nach **streitiger Ansicht** zusätzlich unter der aufschiebenden Bedingung der Fassung des Hauptversammlungsbeschlusses entstehen können.[585]

579 Zur Eintragung in das Handelsregister anzumelden ist der Hauptversammlungsbeschluss durch den **Vorstand** der Gesellschaft in vertretungsberechtigter Anzahl und den **Vorsitzenden des Aufsichtsrates**.

580 Die **Kapitalerhöhung** selber wird wirksam mit **Ausgabe** der Aktien (§ 200 AktG). Dies bedeutet, dass sich das Grundkapital im Falle einer bedingten Kapitalerhöhung ausnahmsweise ohne einen entsprechenden Registereintrag in der Spalte »Grundkapital« verändert. Die Eintragung des erhöhten Grundkapitals hat hier – anders als bei anderen Kapitalmaßnahmen (vgl. bspw. § 189 AktG) – eine rein **deklaratorische** Wirkung.

581 Der **Vorstand** (in vertretungsberechtigter Anzahl) ist **innerhalb eines Monats nach Ablauf des Geschäftsjahres** verpflichtet, die tatsächliche Ausgabe von Aktien auf der Grundlage des bedingten Kapitals in Form einer Satzungsänderung anzumelden (§ 201 Abs. 1 AktG).

582 Eine **vorzeitige Anmeldung** ist in begründeten Einzelfällen zulässig, insbesondere dann, wenn im laufenden Geschäftsjahr weitere Kapitalmaßnahmen beschlossen werden, die auf der (durch Ausgabe der Aktien) durchgeführten bedingten Kapitalerhöhung aufbauen.[586] Zum Zwecke der Vermeidung einer Zwischenverfügung sollte bei einer vorzeitigen Anmeldung der Vorstand dem Registergericht unaufgefordert eine Begründung dafür mitteilen.

583 Die anzumeldende Satzungsänderung bezieht sich zum einen auf die bereits eingetretene Erhöhung des Grundkapitals sowie zum andern auf die Anzahl der Aktien.

9. Kapitalerhöhung aus Gesellschaftsmitteln

584 Die Hauptversammlung kann eine Erhöhung des Grundkapitals durch Umwandlung der **Kapitalrücklage** und von **Gewinnrücklagen** beschließen (§§ 207 bis 220 AktG). Naturgemäß wird bei einer solchen Maßnahme der Gesellschaft kein frisches Kapital zugeführt, sondern vielmehr bereits in der Gesellschaft vorhandenes Kapital einer stärkeren rechtlichen Bindung unterworfen.

585 Die Beweggründe zur Erhöhung des Grundkapitals aus Gesellschaftsmitteln sind vielfältig.[587] So kann mit einer derartigen Maßnahme die Gesellschaft wirtschaftlich gestärkt werden, indem das entsprechende Kapital einer weitergehenden Bindung unterworfen wird. Zum anderen kann auch statt einer Bardividende eine von den Aktionären erwünschte sogenannte »stock dividend« gewährt werden, indem bei der Kapitalerhöhung keine neuen Aktien gewährt werden und damit die bisherigen Aktionäre am größeren Unternehmenswert beteiligt sind. Die Kapitalerhöhung aus Gesellschaftsmitteln kann schließlich auch ein Instrumentarium zur Umstellung des Grundkapitals von DM auf Euro sein.[588]

586 Der Kapitalerhöhung aus Gesellschaftsmitteln ist stets eine Bilanz zugrunde zu legen. Hier kann es sich entweder um die **Jahresbilanz** oder eine besondere **Erhöhungsbilanz** handeln (§ 209 Abs. 1, 2 AktG).

---

584 KK-AktG/*Lutter*, § 197 Rn. 3 f.; MünchHdb. AG/*Krieger*, § 57 Rn. 27.
585 Dafür: KK-AktG/*Lutter*, § 197 Rn. 10; MünchHdb. AG/*Krieger*, § 57 Rn. 27, jeweils m.w.N.
586 Streitig, dafür: Krafka/Kühn, Registerrecht, Rn. 1516; v. *Godin/Wilhelmi*, § 201 Rn. 2; dagegen, weil ansonsten die Registergerichte übermäßig beansprucht würden: MünchKommAktG/*Fuchs*, § 201 Rn. 3; Spindler/Stilz/*Rieckers*, § 201 Rn. 4; *Hüffer/Koch*, § 201 Rn. 3.
587 Vgl. GroßkommAktG/*Hirte*, § 207 Rn. 31 ff.
588 Dazu Heidel/*Terbrack*, Aktienrecht, § 4 EGAktG Rn. 49.

Der **Stichtag** der Bilanz darf in beiden Fällen höchstens **8 Monate** vor der Anmeldung der Kapitalerhöhung zum Handelsregister liegen. Die Jahresbilanz muss nach §§ 316 ff. AktG **geprüft** und mit dem uneingeschränkten **Bestätigungsvermerk** des Abschlussprüfers versehen sein. Das gleiche gilt für eine etwaige Erhöhungsbilanz, wobei hier eine Prüfung und Bestätigung durch den letzten Abschlussprüfer zu erfolgen hat, sofern die Hauptversammlung nicht einen anderen Prüfer bestimmt. 587

Wird dem Beschluss zur Kapitalerhöhung aus Gesellschaftsmitteln eine Bilanz zugrunde gelegt, die den vorstehenden Anforderungen nicht genügt, ist der Kapitalerhöhungsbeschluss **nichtig**. Ist die Bilanz bei Anmeldung zum Handelsregister älter als 8 Monate und nimmt das Gericht gleichwohl die beantragte Eintragung vor, ist das Grundkapital wirksam erhöht.[589] 588

Die Bilanz ist ab Einberufung der Hauptversammlung in den Geschäftsräumen der Gesellschaft **auszulegen** (§ 175 Abs. 2 AktG). 589

a) Obligatorischer Inhalt des Hauptversammlungsbeschlusses

Der Kapitalerhöhungsbeschluss muss zwingend angeben, dass es sich um eine Kapitalerhöhung durch Umwandlung von Rücklagen handelt und benennen, welche Rücklagen genau hierzu verwandt werden sollen. 590

Es können nur solche Rücklagen verwendet werden, die in der Jahresbilanz entweder unter **Kapitalrücklage** nach § 266 Abs. 3 A. II HGB oder **Gewinnrücklage** nach § 266 Abs. 3 A. III Nr. 1, 2 und 4 HGB oder im letzten Beschluss über die Verwendung des Jahresüberschusses oder des Bilanzgewinns als **Zuführung** zu diesen Rücklagen ausgewiesen sind (§ 208 Abs. 1 Satz 1 AktG). 591

Die **Kapitalrücklage** und die **Gewinnrücklagen** sowie deren **Zuführungen** können nicht umgewandelt werden, soweit in der zu Grunde gelegten Bilanz ein **Verlust** einschließlich eines **Verlustvortrags** ausgewiesen ist (§ 208 Abs. 2 Satz 1 AktG). 592

Gewinnrücklagen und deren Zuführungen, die für einen bestimmten Zweck bestimmt sind, dürfen nur umgewandelt werden, soweit dies mit ihrer **Zweckbestimmung** vereinbar ist (§ 208 Abs. 2 Satz 2 AktG). 593

Nicht umwandlungsfähig in Grundkapital sind **Rücklagen für eigene Anteile, stille Reserven, Sonderposten mit Rücklagenanteil** und eine **Sonderrücklage** nach § 218 Abs. 2 AktG. 594

Die **Kapitalrücklage** kann nur insoweit umgewandelt werden, als sie zusammen mit der gesetzlichen Rücklage 10 % des Grundkapitals bzw. einen gegebenenfalls in der Satzung festgelegten höheren Anteil am bisherigen Kapital übersteigt (§ 208 Abs. 1 Satz 2 AktG). Diesbezüglich besteht bei der Kapitalerhöhung aus Gesellschaftsmitteln zur **Euroumstellung** eine Ausnahme (§ 4 Abs. 5 EGAktG). 595

Der **Kapitalerhöhungsbetrag** ist ausdrücklich zu beziffern; eine »bis zu Erhöhung« ist nicht zulässig.[590] 596

Der Kapitalerhöhungsbetrag kann aus **mehreren Rücklagenarten** dargestellt werden. Es ist im Beschluss anzugeben, welche Bilanz der Kapitalerhöhung zugrunde gelegt wird (§ 207 Abs. 3 AktG). Zu den Anforderungen an die Bilanz vgl. vorstehend Rdn. 586 f. 597

Hat die Gesellschaft **Nennbetragsaktien** (§ 8 Abs. 2 AktG), müssen grundsätzlich **neue Aktien** ausgegeben werden (§§ 207 Abs. 2, 182 Abs. 1 Satz 4 AktG). Ausnahmen hiervon bestehen da, wo 598
– entweder nur teilweise eingezahlte Aktien bestehen; in diesem Falle ist dann die Kapitalmaßnahme durch eine **Nennbetragserhöhung** bei den vorhandenen Aktien durchzuführen (§ 215 Abs. 2 Satz 2 AktG);
– oder neben teilweise eingezahlten Aktien auch voll eingezahlte Aktien bestehen; hier hat die Hauptversammlung das **Wahlrecht** zwischen der Ausgabe neuer Aktien oder der vorbeschriebe-

---

589 *Hüffer/Koch*, § 209 Rn. 14.
590 *Hüffer/Koch*, § 207 Rn. 12.

nen Nennbetragserhöhung bei den vorhandenen Aktien (§ 215 Abs. 2 Satz 3 AktG). Sofern ein solches Wahlrecht besteht, hat der Beschluss zwingend zu der gewählten Durchführungsart eine Aussage zu treffen (§ 215 Abs. 2 Satz 3 Halbs. 2 AktG). Fehlt sie, ist der Beschluss anfechtbar.[591]

599 Hat die Gesellschaft **Stückaktien**, besteht ein Wahlrecht zwischen der Ausgabe neuer Aktien oder dem bloßen rechnerischen Aufstocken der vorhandenen Aktien durch Verzicht auf die Ausgabe neuer Aktien im Rahmen der Kapitalerhöhung (§ 207 Abs. 2 Satz 2 Halbs. 1 AktG). Hier ist im Beschluss zwingend anzugeben, welches der beiden Verfahren gewählt wird (§ 207 Abs. 2 Satz 2 Halbs. 2 AktG).

600 Das **Muster** eines **Kapitalerhöhungsbeschlusses aus Gesellschaftsmitteln** lautet wie folgt:

601 ▶ Formulierungsbeispiel: Kapitalerhöhung aus Gesellschaftsmitteln

Das Grundkapital der Gesellschaft wird aus Gesellschaftsmitteln von 150.000,00 EUR um 10.000,00 EUR auf 160.000,00 EUR erhöht durch Umwandlung von 10.000,00 EUR der in der Bilanz zum 31. 12. 2019 ausgewiesenen Gewinnrücklage in Grundkapital. Die Kapitalerhöhung erfolgt ohne Ausgabe neuer Aktien. Dem Beschluss wird die von Vorstand und Aufsichtsrat festgestellte, vom Wirtschaftsprüfer Dr. Burkhart Müller in Aachen geprüfte und mit dem uneingeschränkten Bestätigungsvermerk versehene Jahresbilanz der Gesellschaft zum 31.12. 2019 zugrunde gelegt. § 4 der Satzung (Grundkapital) wird wie folgt geändert: Das Grundkapital der Gesellschaft beträgt 160.000,00 EUR (in Worten: einhundertsechzigtausend Euro).

b) Fakultativer Inhalt des Hauptversammlungsbeschlusses

602 Neben den vorstehenden Pflichtangaben kann der Beschluss Angaben zum Beginn der **Gewinnberechtigung** etwaiger neu ausgegebener Aktien (vgl. § 217 Abs. 1 Satz 2 AktG) enthalten.

c) Beschlussmehrheiten

603 Der Hauptversammlungsbeschluss zur Erhöhung des Grundkapitals aus Gesellschaftsmitteln bedarf neben der Mehrheit der abgegebenen Stimmen (einfache Mehrheit nach § 133 Abs. 1 AktG) der Mehrheit von **drei Viertel** des bei der Beschlussfassung vertretenen Grundkapitals (§§ 207 Abs. 2 Satz 1, 182 Abs. 1 AktG).

604 Die Satzung kann höhere, aber auch niedrigere Quoren festlegen (§§ 207 Abs. 2 Satz 1, 182 Abs. 1 Satz 1 AktG).

d) Anmeldung und Wirksamwerden der Kapitalerhöhung aus Gesellschaftsmitteln

605 Der Hauptversammlungsbeschluss über die Erhöhung des Grundkapitals aus Gesellschaftsmitteln ist zur Eintragung in das Handelsregister anzumelden. Anmeldepflichtig sind der **Vorstand** der Gesellschaft in vertretungsberechtigter Anzahl und der **Vorsitzende des Aufsichtsrates** (§§ 207 Abs. 2 Satz 1, 184 Abs. 1 AktG).

606 Anzumelden ist zum einen die Erhöhung des Grundkapitals aus Gesellschaftsmitteln sowie zum anderen die damit einhergehenden Satzungsänderungen.

607 Die Anmeldenden haben zu **versichern**, dass nach ihrer Kenntnis seit dem Stichtag der zugrunde gelegten Bilanz bis zum Tage der Anmeldung zum Handelsregister keine Vermögensminderungen eingetreten sind, die der Kapitalmaßnahme entgegenstehen (§ 210 Abs. 1 Satz 2 AktG). Eine Erklärung in Bezug auf noch ausstehende Einlagen ist nicht notwendig.[592]

---

591 GroßkommAktG/*Hirte*, § 215 Rn. 53; KK-AktG/*Lutter*, § 215 Rn. 12; **abweichend** (für Nichtigkeit des Beschlusses): MünchHdb. AG/*Krieger*, § 59 Rn. 49 sowie *Schippel*, DNotZ 1960, 353, 368.
592 § 207 Abs. 1 AktG verweist insoweit nicht auf § 184 Abs. 2 AktG.

Die Kapitalerhöhung aus Gesellschaftsmitteln wird wirksam mit Eintragung im Handelsregister (§ 211 AktG). 608

10. Kapitalherabsetzung

Bei dem Begriff der Kapitalherabsetzung wird – in Ermangelung einer gesetzlichen Definition – regelmäßig zwischen der **effektiven** und der **nominellen** Kapitalherabsetzung unterschieden. Bei der effektiven Kapitalherabsetzung wird bilanziell gebundenes Kapital freigesetzt, um es an die Aktionäre auszuschütten; bei der nominellen Kapitalherabsetzung hingegen wird eine bilanzielle Angleichung an das durch Verluste geschrumpfte tatsächliche Vermögen der Gesellschaft vorgenommen.[593] 609

In beiden Fällen wird die als Passiva in der Bilanz zu buchende Grundkapitalziffer vermindert und dadurch auf der Aktivseite der Bilanz entweder ein ausschüttungsfähiger Gewinn erzielt (dies wäre der Fall der effektiven Kapitalherabsetzung) oder aber eine Ausgleichung der Passiva an die gesunkenen Passiva vorgenommen (dies wäre der Fall der nominellen Kapitalherabsetzung). 610

Das Gesetz gibt drei Formen der Kapitalherabsetzung vor: 611
– Die **ordentliche Kapitalherabsetzung** (§§ 222 bis 228 AktG); mit ihr kann grundsätzlich jeder Zweck, also etwa die Einstellung des Ertrages in eine Gewinnrücklage, die Rückgabe von Sacheinlagen, die Ausschüttung des Ertrages an die Aktionäre oder etwa eine Sanierung verfolgt werden.
– Die **vereinfachte Kapitalherabsetzung** (§§ 229 bis 236 AktG); sie dient allein dem Zwecke der Sanierung.
– die **Kapitalherabsetzung durch Einziehung von Aktien** (§§ 237 bis 239 AktG); sie zielt auf die Vernichtung der Mitgliedschaftsrechte aus bestimmten Aktien ab und ist somit ein Instrument zur Gestaltung der Aktionärsstruktur.

Da die Kapitalherabsetzung auf eine Herabsetzung des Grundkapitals abzielt und mit ihr die Verringerung der Haftungsgrundlagen der Gesellschaft verbunden ist, spielt der **Gläubigerschutz** eine besondere Rolle (vgl. §§ 225, 230, 233 und 237 Abs. 2 AktG). Bei der bilanziellen Freisetzung effektiv vorhandenen Vermögens haben die Gläubiger der Gesellschaft einen Anspruch auf Sicherheitsleistung (§ 225 AktG). Im Sanierungsfall besteht ein solcher Anspruch nicht, da hier kein effektiv vorhandenes Vermögen freigesetzt wird; hier ist allein zu gewährleisten, dass der Sanierungsfall nicht konstruiert wurde (§ 229 Abs. 2 AktG). 612

a) Ordentliche Kapitalherabsetzung

Die Bedeutung der ordentlichen Kapitalherabsetzung in der Praxis ist eher gering. Sie wird dort verwendet, wo entweder das Geschäftsvolumen der Gesellschaft dauerhaft zurückgegangen ist und insoweit das Haftkapital in der ursprünglichen Höhe nicht mehr notwendig erscheint oder wo Realteilungen von Gesellschaften außerhalb des Umwandlungsgesetzes vorgenommen werden sollen.[594] 613

Der idealtypische **Ablauf** einer ordentlichen Kapitalherabsetzung stellt sich wie folgt dar: 614
– Beschlussfassung über die Herabsetzung des Grundkapitals nebst Fassung gegebenenfalls notwendiger Sonderbeschlüsse (§ 222 Abs. 2 AktG).
– Anmeldung der Kapitalherabsetzung zur Eintragung in das Handelsregister (§ 223 AktG).
– Eintragung und damit Wirksamwerden der Kapitalherabsetzung (§ 224 AktG). Bekanntmachung der Kapitalherabsetzung und damit Entstehung der Möglichkeit der Gläubiger, Sicherheit zu verlangen (§ 225 Abs. 1 Satz 1 AktG).
– Vornahme gegebenenfalls notwendiger Durchführungsmaßnahmen (Zusammenlegung von Aktien nach § 222 Abs. 4 AktG) seitens des Vorstandes und Anmeldung der Durchführung der Kapitalherabsetzung zum Handelsregister (§ 227 Abs. 1 AktG). Dabei ist es möglich, die Ein-

---

593 Vgl. zum Ganzen: Heidel/*Terbrack*, Aktienrecht, Vor §§ 222 ff. Rn. 1 ff.; *Terbrack*, RNotZ 2003, 89 ff.
594 Vgl. dazu *Terbrack*, RNotZ 2003, 89, 91 f.

tragung des Herabsetzungsbeschlusses zeitgleich mit der Anmeldung der Durchführung der Kapitalherabsetzung zum Handelsregister anzumelden (§ 227 Abs. 2 AktG).

aa) Obligatorischer Inhalt des Hauptversammlungsbeschlusses

615 Aus dem Kapitalherabsetzungsbeschluss muss zwingend der Herabsetzungsbetrag erkennbar sein. In der Praxis wird dazu regelmäßig der ursprüngliche und der künftige Betrag des Grundkapitals sowie zusätzlich der Herabsetzungsbetrag genannt.[595]

616 Das **Muster** eines **Kapitalherabsetzungsbeschlusses** insoweit lautet wie folgt:

617 ▶ Formulierungsbeispiel: Kapitalherabsetzungsbeschluss

Das Grundkapital der Gesellschaft wird von 150.000,00 EUR um 10.000,00 EUR auf 140.000,00 EUR herabgesetzt.

618 Neben dem Herabsetzungsbetrag ist der Zweck der Kapitalherabsetzung anzugeben, etwa mit »Rückzahlung an die Aktionäre«, »Bildung von Rücklagen« usw. Werden mehrere Zwecke nebeneinander verfolgt, sind alle Zwecke anzugeben; es muss dann jedem Zweck ein genauer Betrag der gesamten Kapitalmaßnahme zugeordnet werden.[596]

619 Zwingend anzugeben ist des weiteren die **Art der Durchführung**. Hier stehen folgende vier Durchführungsarten zur Verfügung:
- Bei **Stückaktien** die bloße Herabsetzung der **Grundkapitalziffer**. Hierbei ist darauf zu achten, dass die Kapitalherabsetzung nicht zu einer Unterschreitung des Mindestanteils von 1,00 € je Stückaktie am Grundkapital (vgl. § 8 Abs. 3 Satz 3 AktG) führt. In diesem Fall ist eine Zusammenlegung notwendig.
- Bei **Nennbetragsaktien** die Herabsetzung der **Nennbeträge** (§ 222 Abs. 4 Satz 1 AktG). Auch hier ist darauf zu achten, dass die nach der Kapitalmaßnahme bestehenden Nennbeträge nicht unter 1,00 € liegen (vgl. § 8 Abs. 2 Satz 1 AktG) und dass höhere Nennbeträge auf volle Euro lauten müssen (vgl. § 8 Abs. 2 Satz 4 AktG). Ist dies nicht möglich, muss auch hier eine Zusammenlegung erfolgen.
- Die **Zusammenlegung** von Aktien (§ 222 Abs. 4 Satz 2 AktG). Sie kommt nur bei einer Unterschreitung der in § 8 Abs. 3 Satz 3 AktG (bei Stückaktien, s.o.) bzw. in § 8 Abs. 2 Satz 1, 3 AktG) (bei Nennbetragsaktien, s.o.) in Betracht. Sie ist die »ultima ratio«, da durch sie – anders als bei den anderen Durchführungsarten – die Beteiligungsquote der Aktionäre an der Gesellschaft verändert wird.[597]
- Die **Einziehung** von Aktien (§§ 237 ff. AktG). Da durch sie die Mitgliedschaftsrechte der nicht betroffenen Aktionäre unberührt bleiben, steht sie gleichberechtigt neben den beiden erstgenannten Durchführungsarten. Sie ist nur nach vorherigem Erwerb der einzuziehenden Aktien durch die Gesellschaft oder bei Anordnung bzw. Gestattung in der Satzung zulässig.[598]

bb) Sonderbeschlüsse

620 Hat die Gesellschaft mehr als eine Aktiengattung (vgl. § 11 AktG), so müssen die Aktionäre **jeder Gattung** der Kapitalherabsetzung durch Sonderbeschluss (§ 138 AktG) zustimmen (§ 222 Abs. 2

---

[595] MünchKommAktG/*Oechsler*, § 222 Rn. 19; Heidel/*Terbrack*, Aktienrecht, § 222 Rn. 19; *Terbrack*, RNotZ 2003, 89, 92 f.; zur Ausnahme der Angabe eines Höchstbetrages der Herabsetzung vgl. GroßkommAktG/*Schilling*, § 222 Rn. 8; KK-AktG/*Lutter*, § 222 Rn. 14; Heidel/*Terbrack*, Aktienrecht, § 222 Rn. 19; *Terbrack*, RNotZ 2003, 89, 92 f.
[596] Einzelheiten bei Heidel/*Terbrack*, Aktienrecht, § 222 AktG Rn. 19; *Terbrack*, RNotZ 2003, 89, 93.
[597] Heidel/*Terbrack*, Aktienrecht, § 222 AktG Rn. 50 ff.; *Terbrack*, RNotZ 2003, 89, 93 f.; zur Satzungsgestaltung, die derartige Zusammenlegungen weitgehend vermeidet, vgl. *Terbrack*, RNotZ 2003, 89, 94.
[598] Hüffer/Koch, § 237 Rn. 5 f.; MünchKommAktG/*Oechsler*, § 222 Rn. 46; Heidel/*Terbrack*, Aktienrecht, § 222 Rn. 58 f.

Satz 1, 2 AktG).[599] Bilden stimmrechtslose Vorzugsaktien (§ 139 Abs. 1 AktG) eine Gattung, ist ein Sonderbeschluss allerdings entbehrlich.[600]

Der Sonderbeschluss bedarf neben der Mehrheit der abgegebenen Stimmen (einfache Mehrheit nach § 133 Abs. 1 AktG) der Mehrheit von **drei Viertel** des bei der Beschlussfassung vertretenen Grundkapitals (§§ 222 Abs. 2 Satz 3, 222 Abs. 1 AktG). 621

Die Satzung kann höhere, aber keine niedrigere Quoren festlegen; sie kann weitere Erfordernisse bestimmen (§§ 222 Abs. 2 Satz 3, 222 Abs. 1 Satz 2 AktG). 622

cc) Beschlussmehrheiten

Der Beschluss zur ordentlichen Herabsetzung des Grundkapitals bedarf neben der Mehrheit der abgegebenen Stimmen (einfache Mehrheit nach § 133 Abs. 1 AktG) der Mehrheit von **drei Viertel** des bei der Beschlussfassung vertretenen Grundkapitals (§ 222 Abs. 1 AktG). 623

Die Satzung kann höhere, aber keine niedrigere Quoren festlegen; sie kann weitere Erfordernisse bestimmen (§ 222 Abs. 1 Satz 2 AktG). 624

dd) Anmeldung und Wirksamwerden der ordentlichen Kapitalherabsetzung

Die ordentliche Kapitalherabsetzung ist zur Eintragung in das Handelsregister anzumelden (§ 223 AktG). Anmeldepflichtig sind der **Vorstand** der Gesellschaft in vertretungsberechtigter Anzahl und der **Vorsitzende des Aufsichtsrates** (§ 223 AktG). 625

Mit **Eintragung** der ordentlichen Kapitalherabsetzung im Handelsregister wird die Kapitalmaßnahme **wirksam** (§ 224 AktG), somit wirkt die Eintragung **konstitutiv**. Abzugrenzen hiervon ist die Anmeldung und Eintragung der erfolgten **Durchführung** der ordentlichen Kapitalherabsetzung (§ 227 AktG), die eine rein **deklaratorische** Wirkung hat.[601] Dies ist genau umgekehrt zur Kapitalerhöhung: Bei ihr hat die Eintragung des Erhöhungsbeschlusses rein deklaratorischen Charakter, erst die Eintragung der Durchführung wirkt konstitutiv und lässt die Kapitalerhöhung wirksam werden. 626

Die Anmeldung der Durchführung der ordentlichen Kapitalherabsetzung erfolgt durch den Vorstand (§ 227 Abs. 1 AktG). Diese Anmeldung kann mit der Anmeldung der Herabsetzung des Grundkapitals verbunden werden (§ 227 Abs. 2 AktG).[602] 627

ee) Gläubigerschutz

Der Gläubigerschutz bei einer ordentlichen Kapitalherabsetzung wird über § 225 AktG gewährleistet. Diese Norm gibt zum einen den Gläubigern unter den genannten Voraussetzungen einen Anspruch auf **Sicherheitsleistung** (§ 225 Abs. 1 AktG), zum anderen verbietet sie **Rückzahlungen** an Aktionäre vor Ablauf einer Sperrfrist und Besicherung bzw. Befriedigung der Gläubiger (§ 225 Abs. 2 AktG). 628

---

599 Dieses Erfordernis besteht selbst dann, wenn die zustimmungspflichtigen Aktiengattungen von der Kapitalmaßnahme unmittelbar gar nicht betroffen sind bzw. der Beschluss einstimmig gefasst wird, vgl. RGZ 148, 175 ff.; *Hüffer/Koch*, § 222 Rn. 18; differenzierend: Heidel/*Terbrack*, Aktienrecht, § 222 Rn. 41, sowie *Terbrack*, RNotZ 2003, 89, 94, der eine Sonderbeschlussfassung dann für entbehrlich hält, wenn sämtliche Aktien einem Aktionär gehören (bloßer Formalismus).

600 KK-AktG/*Lutter*, § 222 Rn. 7; MünchKommAktG/*Oechsler*, § 222 Rn. 32; *Hüffer/Koch*, § 222 Rn. 18; Heidel/*Terbrack*, Aktienrecht, § 222 Rn. 42; *Terbrack*, RNotZ 2003, 89, 94.

601 KK-AktG/Lutter, § 224 Rn. 2; *Hüffer/Koch*, § 224 Rn. 1; Heidel/*Terbrack*, Aktienrecht, § 224 Rn. 2, sowie *Terbrack*, RNotZ 2003, 89, 95 f.

602 Zum Ganzen vgl. *Terbrack*, RNotZ 2003, 89, 98 ff.

629 Starre **Sperrfristen**, vor deren Ablauf die Kapitalherabsetzung nicht in das Handelsregister eingetragen werden kann, kennt das AktG – anders als das GmbHG (vgl. dort § 58 Abs. 1 Nr. 3 GmbHG) – nicht.

630 Vorstand, Aufsichtsrat und Gesellschaft haften gegenüber Gläubigern bei **Verstößen** gegen die Gläubigerschutzvorschriften.[603]

b) Vereinfachte Kapitalherabsetzung

631 Die vereinfachte Kapitalherabsetzung (§§ 229 ff. AktG) kann nur zum Zwecke der **Sanierung** genutzt werden. Sie ist die in der Praxis wohl am häufigsten anzutreffende Form der Kapitalherabsetzung. Die vereinfachte Kapitalherabsetzung wird oftmals mit einer Kapitalerhöhung verbunden, sog. **Kapitalschnitt**.

632 Die mit einer vereinfachten Kapitalherabsetzung verfolgten Ziele können nur eine **Verlustdeckung** (die im Gesetzestext genannten Begriffe »sonstige Verluste« bzw. »Wertminderung« sind untechnisch zu verstehen) oder eine (vorsorgliche) **Einstellung in die Kapitalrücklage** sein (vgl. § 229 Abs. 1 Satz 1 AktG).[604]

633 Der idealtypische **Ablauf** einer vereinfachten Kapitalherabsetzung stellt sich wie folgt dar:
– Auflösung der gesetzlichen Rücklagen und Kapitalrücklagen, der Gewinnrücklagen und -vorträge (§ 229 Abs. 2 AktG).
– Beschlussfassung über die Herabsetzung des Grundkapitals nebst Fassung gegebenenfalls notwendiger Sonderbeschlüsse (§§ 229 Abs. 1, 3, 222 AktG).
– Anmeldung der Kapitalherabsetzung zur Eintragung in das Handelsregister (§§ 229 Abs. 3, 223 AktG).
– Eintragung und damit Wirksamwerden der Kapitalherabsetzung (§§ 229 Abs. 3, 224 AktG). Bekanntmachung der Kapitalherabsetzung und damit Entstehung der Möglichkeit der Gläubiger, Sicherheit zu verlangen (§ 225 Abs. 1 Satz 1 AktG).
– Vornahme gegebenenfalls notwendiger Durchführungsmaßnahmen seitens des Vorstandes und Anmeldung der Durchführung der Kapitalherabsetzung zum Handelsregister (§§ 229 Abs. 3, 227 Abs. 1 AktG). Dabei ist es möglich, die Eintragung des Herabsetzungsbeschlusses zeitgleich mit der Anmeldung der Durchführung der Kapitalherabsetzung zum Handelsregister anzumelden (§§ 229 Abs. 3, 227 Abs. 2 AktG).

aa) Obligatorischer Inhalt des Hauptversammlungsbeschlusses

634 Grundsätzlich gelten für den Beschluss über die vereinfachte Herabsetzung des Grundkapitals diejenigen Bestimmungen, die auch für den Beschluss über die ordentliche Kapitalherabsetzung gelten (§§ 229 Abs. 3, 222 Abs. 1, 2 und 4 AktG).

635 Ergänzend hierzu muss der Beschluss eindeutig erkennen lassen, dass die beschlossene Kapitalherabsetzung eine vereinfachte sein soll und den verfolgten Zweck bezeichnen (§ 229 Abs. 1 Satz 1 AktG).

636 Da im Falle einer Verlustdeckung die genaue Höhe des Verlustes oftmals bei Beschlussfassung nicht genau feststeht, ist es ausnahmsweise möglich, eine **Höchstgrenze** der Herabsetzung zu beschließen. Es müssen dann aber im Beschluss genaue **Kriterien** für die spätere Festlegung des Herabsetzungsbetrages innerhalb der Höchstgrenze getroffen und **Durchführungsfristen** bestimmt werden.[605]

637 Der Nennbetrag des neuen Grundkapitals muss bei mindestens 50.000,00 € liegen (§ 7 AktG), wobei die Ausnahmeregelung des § 228 Abs. 1 AktG beansprucht werden kann (§ 229 Abs. 3).

---

603 *Terbrack*, RNotZ 2003, 89, 97 f.
604 *Terbrack*, RNotZ 2003, 89, 100 f.
605 KK-AktG/*Lutter*, § 222 Rn. 14 f.; MünchKommAktG/*Oechsler*, § 222 Rn. 20; *Hüffer/Koch*, § 222 Rn. 12; Heidel/*Terbrack*, Aktienrecht, § 222 Rn. 20 sowie § 229 Rn. 31; *Terbrack*, RNotZ 2003, 89, 102 f.

bb) Sonderbeschlüsse

Hat die Gesellschaft mehr als eine Aktiengattung (vgl. § 11 AktG), so müssen die Aktionäre **jeder Gattung** der vereinfachten Kapitalherabsetzung durch Sonderbeschluss (§ 138 AktG) zustimmen (§§ 229 Abs. 3, 222 Abs. 2 Satz 1, 2 AktG).[606] Bilden stimmrechtslose Vorzugsaktien (§ 139 Abs. 1 AktG) eine Gattung, ist ein Sonderbeschluss allerdings entbehrlich.[607]

Der Sonderbeschluss bedarf neben der Mehrheit der abgegebenen Stimmen (einfache Mehrheit nach § 133 Abs. 1 AktG) der Mehrheit von **drei Viertel** des bei der Beschlussfassung vertretenen Grundkapitals (§§ 229 Abs. 3, 222 Abs. 2 Satz 3, 222 Abs. 1 AktG).

Die Satzung kann höhere, aber keine niedrigere Quoren festlegen; sie kann weitere Erfordernisse bestimmen (§§ 229 Abs. 3, 222 Abs. 2 Satz 3, 222 Abs. 1 Satz 2 AktG).

cc) Beschlussmehrheiten

Der Beschluss zur ordentlichen Herabsetzung des Grundkapitals bedarf neben der Mehrheit der abgegebenen Stimmen (einfache Mehrheit nach § 133 Abs. 1 AktG) der Mehrheit von **drei Viertel** des bei der Beschlussfassung vertretenen Grundkapitals (§§ 229 Abs. 3, 222 Abs. 1 AktG).

Die Satzung kann höhere, aber keine niedrigere Quoren festlegen; sie kann weitere Erfordernisse bestimmen (§§ 229 Abs. 3, 222 Abs. 1 Satz 2 AktG).

dd) Anmeldung und Wirksamwerden der vereinfachten Kapitalherabsetzung

Die vereinfachte Kapitalherabsetzung ist zur Eintragung in das Handelsregister anzumelden (§§ 229 Abs. 3, 223 AktG). Anmeldepflichtig sind der **Vorstand** der Gesellschaft in vertretungsberechtigter Anzahl und der **Vorsitzende des Aufsichtsrates** (§§ 229 Abs. 3, 223 AktG).

Mit **Eintragung** der vereinfachten Kapitalherabsetzung im Handelsregister wird die Kapitalmaßnahme **wirksam** (§§ 229 Abs. 3, 224 AktG), somit wirkt die Eintragung **konstitutiv**. Abzugrenzen hiervon ist die Anmeldung und Eintragung der erfolgten **Durchführung** der vereinfachten Kapitalherabsetzung (§§ 229 Abs. 3, 227 AktG), die eine rein **deklaratorische** Wirkung hat.[608] Dies ist genau umgekehrt zur Kapitalerhöhung: Bei ihr hat die Eintragung des Erhöhungsbeschlusses rein deklaratorischen Charakter, erst die Eintragung der Durchführung wirkt konstitutiv und lässt die Kapitalerhöhung wirksam werden.

Die Anmeldung der Durchführung der vereinfachten Kapitalherabsetzung erfolgt durch den Vorstand (§§ 229 Abs. 3, 227 Abs. 1 AktG). Diese Anmeldung kann mit der Anmeldung der Herabsetzung des Grundkapitals verbunden werden (§§ 229 Abs. 3, 227 Abs. 2 AktG).[609]

ee) Gläubigerschutz

Der Gläubigerschutz bezieht sich bei einer vereinfachten Kapitalherabsetzung zum einen auf die **Verwendung** der aus der Kapitalmaßnahme gewonnenen **Beträge** (§ 230 AktG) sowie zum anderen auf die **Beschränkung** künftiger **Gewinnausschüttungen** (§ 233 AktG).

---

606 Dieses Erfordernis besteht selbst dann, wenn die zustimmungspflichtigen Aktiengattungen von der Kapitalmaßnahme unmittelbar gar nicht betroffen sind bzw. der Beschluss einstimmig gefasst wird, vgl. RGZ 148, 175 ff.; *Hüffer/Koch*, § 222 Rn. 18; differenzierend: Heidel/*Terbrack*, Aktienrecht, § 222 Rn. 41, sowie *Terbrack*, RNotZ 2003, 89, 94, der eine Sonderbeschlussfassung dann für entbehrlich hält, wenn sämtliche Aktien einem Aktionär gehören (bloßer Formalismus).

607 KK-AktG/*Lutter*, § 222 Rn. 7; MünchKommAktG/*Oechsler*, § 222 Rn. 32; *Hüffer/Koch*, § 222 Rn. 18; Heidel/*Terbrack*, Aktienrecht, § 222 Rn. 42; *Terbrack*, RNotZ 2003, 89, 94.

608 KK-AktG/*Lutter*, § 224 Rn. 2; *Hüffer/Koch*, § 224 Rn. 1; Heidel/*Terbrack*, Aktienrecht, § 224 Rn. 2, sowie *Terbrack*, RNotZ 2003, 89, 95 f.

609 Zum Ganzen vgl. *Terbrack*, RNotZ 2003, 89, 98 ff.

647 Starre **Sperrfristen**, vor deren Ablauf die Kapitalherabsetzung nicht in das Handelsregister eingetragen werden kann, kennt das AktG – anders als das GmbHG (vgl. dort § 58 Abs. 1 Nr. 3 GmbHG) – nicht.

ff) Rückwirkungsmöglichkeiten

648 Das Gesetz erlaubt die **Rückbeziehung** einer vereinfachten Kapitalherabsetzung auf den Jahresabschluss des vorangegangenen Geschäftsjahres (§ 234 AktG). Dies soll die Kreditwürdigkeit der Gesellschaft stärken und Sanierungsbemühungen erleichtern. Gleiches gilt für Rückbeziehungen mitbeschlossener Kapitalerhöhungen (§ 235 AktG).[610]

c) Kapitalherabsetzung durch Einziehung von Aktien

649 Die Kapitalherabsetzung durch Einziehung von Aktien (§§ 237 ff. AktG) führt zum Untergang einzelner Aktien, d.h. anders als bei den anderen Formen der Kapitalherabsetzung werden nicht alle Aktien gleich getroffen. Damit bietet diese Form der Kapitalherabsetzung ein Instrument zur Veränderung der Struktur der Aktionäre oder der Aktienarten an.

650 Das Gesetz unterscheidet zwischen zwei **Einziehungsarten**:
 – die Zwangseinziehung (§ 237 Abs. 1 Satz 1, 1. Alt. AktG) und
 – die Einziehung nach Erwerb durch die Gesellschaft (§ 237 Abs. 1 Satz 1, 2. Alt. AktG).

651 Für diese beiden Arten der Einziehung stehen wiederum zwei **Einziehungsverfahren** zur Verfügung:
 – das ordentliche Einziehungsverfahren (§ 237 Abs. 1 Satz 2 AktG) und
 – das vereinfachte Einziehungsverfahren (§ 237 Abs. 3 bis 5 AktG).

652 Der besonders ausgestaltete **Aktionärsschutz** erlaubt zwangsweise Einziehungen von Aktien nur, wenn diese auf der Grundlage einer Satzungsbestimmung erfolgt, die bereits in der Ursprungssatzung enthalten oder vor Übernahme bzw. Zeichnung der durch die Einziehung betroffenen Aktien eingefügt war (§ 237 Abs. 1 Satz 2 AktG). Zieht die Gesellschaft eigene Aktien ein, entfällt dieses Schutzbedürfnis (§ 237 Abs. 1 Satz 1, 2. Alt. AktG).

653 Der idealtypische **Ablauf** einer Kapitalherabsetzung durch Einziehung von Aktien stellt sich wie folgt dar:
 – Beschlussfassung über die Herabsetzung des Grundkapitals durch Einziehung von Aktien.
 – Anmeldung der Kapitalherabsetzung zur Eintragung in das Handelsregister (§§ 237 Abs. 2 Satz 1, 223 AktG).
 – Eintragung der Kapitalherabsetzung (§ 238 AktG). Anders als bei der ordentlichen oder der vereinfachten Kapitalherabsetzung, die mit Eintragung des Herabsetzungsbeschlusses wirksam werden (vgl. vorstehende Rdn. 626 und 638) müssen zusätzlich zur erfolgten Eintragung die Einziehungshandlungen abgeschlossen sind (§ 238 Satz 1 AktG).[611]

654 Die Einziehung ist zu jedem denkbaren Zweck möglich, sie kann also der Sanierung, der Bildung von Rücklagen usw. dienen. In der Praxis vorherrschend dürfte die Beseitigung bestimmter Mitgliedschaftsrechte sowie die Einziehung eigener Aktien sein.

d) Amortisation

655 Neben der Möglichkeit, im Rahmen einer Kapitalherabsetzung Aktien einzuziehen, erlaubt das Gesetz auch die Einziehung von Aktien ohne eine damit verbundene Herabsetzung der Grundkapitalziffer (§ 237 Abs. 3 Nr. 3 AktG). Dieser Vorgang wird auch als **Amortisation** bezeichnet.[612]

---

610 Einzelheiten bei *Terbrack*, RNotZ 2003, 89, 105 ff.
611 *Terbrack*, RNotZ 2003, 89, 116 f.
612 Einzelheiten hierzu bei *Terbrack*, DNotZ 2003, 734 ff.

Gesetzlich verankert ist dieses Instrumentarium im dritten Abschnitt des AktG zu Maßnahmen der Kapitalherabsetzung; systematisch ist es dort ein Fremdkörper.[613]

11. Unternehmensverträge

Das Aktiengesetz nennt in den §§ 291, 292 AktG Unternehmensverträge, namentlich **Beherrschungsverträge**, **Gewinnabführungsverträge**, **Gewinngemeinschafts-**, **Teilgewinnabführungsverträge**, **Betriebspacht-** und **Betriebsüberlassungsverträge**.

Insbesondere vor dem Hintergrund steuerlicher Überlegungen spielen **Gewinn-** oder auch **Ergebnisabführungsverträge** eine erhebliche Rolle. Mit einem Ergebnisabführungsvertrag verpflichtet sich ein Unternehmen, sein Ergebnis (also Gewinne wie auch Verluste) an ein anderes Unternehmen weiterzugeben. Auf diesem Wege wird im sogenannten Vertragskonzern die Möglichkeit einer steuermindernden Verrechnung geschaffen.

Ein Unternehmensvertrag wird durch die vertretungsberechtigten Organe der beiden am Vertrag beteiligten Unternehmen geschlossen. Ein Unternehmensvertrag bedarf (allein) der **Schriftform** (§ 293 Abs. 3 AktG).

Wirksam wird ein Unternehmensvertrag nur dann, wenn die Hauptversammlungen beider Vertragsteile **zugestimmt** haben. Hier bestehen im Vorfeld erweiterte **Bekanntmachungs-** (§ 124 Abs. 2 Satz 2 AktG) und **Informationspflichten** (§ 293 f. AktG). Zudem bestehen **Berichts-** (§ 293a AktG) und **Prüfungspflichten** (§ 293b AktG), auf welche durch **öffentlich beglaubigte Erklärungen** aller Anteilsinhaber aller beteiligten Unternehmen verzichtet werden kann (vgl. § 293a Abs. 3 AktG bzw. § 293b Abs. 2 AktG).[614]

Das Muster eines **Gewinnabführungsvertrages** lautet wie folgt:

▶ Formulierungsbeispiel: Gewinnabführungsvertrag

§ 1 Gewinnabführung

(1) Gesellschaft verpflichtet sich, ihren ganzen Gewinn an Muttergesellschaft abzuführen. Abzuführen ist – vorbehaltlich der Bildung oder Auflösung von Rücklagen nach Abs. 2 – der ohne die Gewinnabführung entstehende Jahresüberschuss, vermindert um einen etwaigen Verlustvortrag aus dem Vorjahr.

(2) Gesellschaft kann mit Zustimmung von Muttergesellschaft Beträge aus dem Jahresüberschuss insoweit in andere Gewinnrücklagen einstellen, als dies handelsrechtlich zulässig und bei vernünftiger kaufmännischer Beurteilung wirtschaftlich begründet ist. Während der Dauer dieses Vertrages gebildete freie Rücklagen (andere Gewinnrücklagen gem. § 272 Abs. 3 HGB) sind auf Verlangen von Muttergesellschaft aufzulösen und zum Ausgleich eines Jahresfehlbetrags zu verwenden oder als Gewinn abzuführen. Die Abführung von Beträgen aus der Auflösung von freien Rücklagen nach Satz 1, die vor Beginn dieses Vertrages gebildet wurden, sowie von Kapitalrücklagen ist ausgeschlossen.

§ 2 Verlustübernahme

Muttergesellschaft ist in analoger Anwendung der Vorschriften des § 302 AktG verpflichtet, jeden während der Vertragsdauer sonst entstehenden Jahresfehlbetrag auszugleichen, soweit dieser nicht dadurch ausgeglichen wird, dass den anderen Gewinnrücklagen gem. § 272 Abs. 3 HGB Beträge entnommen werden, die während der Vertragsdauer in sie eingestellt worden sind. § 302 Abs. 3 AktG gilt entsprechend.

---

613 Heidel/*Terbrack*, Aktienrecht, § 237 Rn. 72a.
614 Hier reicht sogar die notarielle Beurkundung des Verzichtsbeschlusses aus, vgl. *Altmeppen*, ZIP 1998, 1853, 1862 f.; Spindler/Stilz/*Veil*, § 293a Rn. 23 m.w.N.

§ 3 Wirksamwerden und Vertragsdauer

(1) Der Vertrag wird unter dem Vorbehalt der Zustimmung der Gesellschafterversammlung von Muttergesellschaft und Gesellschaft geschlossen. Der Vertrag wird wirksam mit der Eintragung in das Handelsregister der Gesellschaft und gilt für die Zeit ab 1. Januar 2020.

(2) Der Vertrag kann erstmals zum Ablauf des 31. Dezember 2020 unter Einhaltung einer Kündigungsfrist von sechs Monaten gekündigt werden. Wird er nicht gekündigt, so verlängert er sich bei gleicher Kündigungsfrist um jeweils ein Kalenderjahr.

(3) Das Recht zur Kündigung des Vertrages aus wichtigem Grund ohne Einhaltung einer Kündigungsfrist bleibt unberührt. Muttergesellschaft ist insbesondere zur Kündigung aus wichtigem Grund berechtigt, wenn Muttergesellschaft nicht mehr mit der Mehrheit der Stimmen an der Gesellschaft beteiligt ist.

(4) Wenn der Vertrag endet, hat Muttergesellschaft den Gläubigern der Gesellschaft entsprechend § 303 AktG Sicherheit zu leisten.

a) Obligatorischer Inhalt des Hauptversammlungsbeschlusses

663 Der Hauptversammlungsbeschluss muss klar und eindeutig die **Zustimmung** zum Abschluss des Unternehmensvertrages zum Ausdruck bringen.

664 Dabei kann die Zustimmung in **zeitlicher Hinsicht** sowohl vor (Einwilligung oder auch Ermächtigung, § 183 BGB) als auch nach Vertragsabschluss (Genehmigung, § 184 BGB) erklärt werden.[615]

665 Wird sie zuvor in der Form der Ermächtigung des Vorstandes zum Abschluss des Vertrages erteilt, muss der Unternehmensvertrag als **vollständiger Entwurf** vorliegen, der auch genau so abzuschließen ist. Wird die Zustimmung zu einem bereits abgeschlossenen Vertrag erklärt, darf die Genehmigung **keine Änderungen** o. ä. zum Inhalt haben.

b) Beschlussmehrheiten

666 Der Zustimmungsbeschluss zu einem Unternehmensvertrag bedarf neben der Mehrheit der abgegebenen Stimmen (einfache Mehrheit nach § 133 Abs. 1 AktG) der Mehrheit von **drei Viertel** des bei der Beschlussfassung vertretenen Grundkapitals (§ 293 Abs. 1 Satz 2 AktG). Damit ist er zwingend **beurkundungspflichtig** (§ 130 Abs. 1 Satz 1, 3 AktG). Der notariellen Niederschrift über den Zustimmungsbeschluss ist der Unternehmensvertrag beizufügen (§ 293g Abs. 2 Satz 2 AktG).

667 Die Satzung kann höhere, aber keine niedrigere Quoren festlegen; sie kann weitere Erfordernisse bestimmen (§ 293 Abs. 1 Satz 3 AktG).

c) Anmeldung und Wirksamwerden des Unternehmensvertrages

668 Der Abschluss des Unternehmensvertrages ist zur Eintragung in das Handelsregister der beherrschten Gesellschaft anzumelden (§ 294 Abs. 1 Satz 1 AktG). Anmeldepflichtig ist der **Vorstand** der Gesellschaft in vertretungsberechtigter Anzahl (§ 327e Abs. 1 Satz 1 AktG).

669 Anzumelden ist der **Abschluss** und die **Art** des Unternehmensvertrages sowie der Name der anderen **Vertragspartei**. Fällt ein Unternehmensvertrag unter verschiedene **Kategorien** der §§ 291, 292 AktG (beispielsweise ein kombinierter Beherrschungs- und Gewinnabführungsvertrag), so sind diese allesamt zu benennen. Der Notar hat sich dabei an die **Terminologie** der §§ 291, 292 AktG zu halten.

670 Mit Eintragung im Handelsregister der beherrschten Gesellschaft wird der Unternehmensvertrag **wirksam** (§ 294 Abs. 2 AktG).

---

[615] *Hüffer/Koch*, § 293 Rn. 4.

Bei Beherrschungsverträgen ist keine **Rückwirkung** möglich, bei allen anderen Unternehmensverträgen ist sie in handels- und steuerrechtlicher Hinsicht möglich.[616] 671

Eine **Änderung** des wirksam abgeschlossenen Unternehmensvertrages ist nur nach § 295 AktG zulässig. Danach bedürfen auch Änderungen grundsätzlich der Zustimmung der Hauptversammlungen beider Vertragsteile und der Eintragung der Änderung im Handelsregister der beherrschten Gesellschaft. 672

Das Muster einer **Registeranmeldung** eines Gewinnabführungsvertrages lautet wie folgt: 673

▶ Formulierungsbeispiel: Registeranmeldung eines Gewinnabführungsvertrags 674

Wir, die unterzeichneten Vorstände der vorgenannten Aktiengesellschaft, überreichen in der ANLAGE:

1. eine beglaubigte Abschrift des Gewinnabführungsvertrages,
2. eine beglaubigte Abschrift des Zustimmungsbeschlusses vom 15. 12. 2020 (URNr.: 2345/2020) der beherrschten Aktiengesellschaft zu dem vorgenannten Gewinnabführungsvertrag,
3. eine beglaubigte Abschrift der privatschriftlichen Niederschrift über die Gesellschafterversammlung der herrschenden Gesellschaft vom 29. 11. 2016 mit dem Zustimmungs- bzw. Ermächtigungsbeschluss zu dem vorgenannten Gewinnabführungsvertrag,

und melden zur Eintragung in das Handelsregister an:

Zwischen der Mustermann Aktiengesellschaft mit dem Sitz zu Aachen als beherrschter Gesellschaft und der Muster GmbH & Co. KG mit dem Sitz zu Aachen (HR A 111) als herrschender Gesellschaft wurde ein Gewinnabführungsvertrag am 15. 12. 2020 abgeschlossen.

12. Squeeze Out

Mit dem Rechtsinstitut des »**Ausschlusses von Minderheitsaktionären**« (§§ 327a bis 327 f. AktG),[617] welches auf neudeutsch auch als »**Squeeze-Out**« bezeichnet wird, ist es dem Mehrheitsaktionär, der mit mindestens 95 % am Grundkapital einer Aktiengesellschaft beteiligt ist, möglich, die Minderheitsaktionäre auch ohne deren Zustimmung aus der Gesellschaft auszuschließen, indem er deren Aktien gegen eine Barabfindung erwirbt. Es handelt sich hierbei also faktisch um einen **Zwangsverkauf**.[618] 675

In der Praxis wird von diesem Instrument vielfach Gebrauch gemacht, da eine kleine Zahl von Minderheitsaktionären häufig reicht, um einen finanziell kaum vertretbaren Aufwand bei der Vorbereitung und Durchführung von Hauptversammlungen betreiben zu müssen. Zudem sind fachkundige Aktionäre in der Lage, ganze Unternehmenszusammenschlüsse oder sonstige für das Unternehmen bedeutende Maßnahmen schmerzhaft zu verzögern oder gar ganz zu verhindern. 676

Der Squeeze-Out ist neben dem sogenannten **Delisting** (vgl. dazu nachfolgend Rdn. 693 ff.) eine Möglichkeit, einen Rückzug von der Börse einzuleiten (sog. **Going Private**). Der Squeeze-Out führt nämlich zur Einstellung der **Börsennotierung** der Gesellschaft durch die Zulassungsstelle, da nach seiner Wirksamkeit die Durchführung eines ordnungsgemäßen Börsenhandels nicht mehr gewährleistet ist (§ 38 BörsG). 677

Der Erwerb der Aktien der Minderheitsaktionäre erfolgt auf der Grundlage eines entsprechenden **Hauptversammlungsbeschlusses** der betroffenen Gesellschaft (§ 327a Abs. 1 Satz 1 AktG). Mit dessen **Eintragung** in das Handelsregister gehen die Aktien der Minderheitsaktionäre auf den Mehrheitsaktionär über (§ 327e Abs. 3 Satz 1 AktG). 678

---

616 Zu den zeitlichen Grenzen der Rückwirkung (handelsrechtlich unbeschränkt, steuerrechtlich nur rückwirkend bis zum Beginn des Eintragungsjahres) vgl. *Hüffer/Koch*, § 294 Rn. 20 m.w.N.
617 In das AktG eingefügt durch das Gesetz zur Regelung von öffentlichen Angeboten zum Erwerb von Wertpapieren und von Unternehmensübernahmen (WpÜG) vom 20.12.2001, BGBl. I S. 3089 ff.
618 Vgl. zum Ganzen nur Heidel/*Heidel/Lochner*, Aktienrecht, Vor § 327a Rn. 1 ff.

Kapitel 3 Aktiengesellschaftsrecht

679 Die Höhe der den Minderheitsaktionären zu zahlenden **Barabfindung** wird von dem Mehrheitsaktionär auf der Grundlage des Wertes der Aktien am Tage der Beschlussfassung festgelegt (§ 327b Abs. 1 Satz 1 AktG). Sie ist von einem oder mehreren gerichtlich zu bestellenden **Sachverständigen** zu überprüfen (§ 327c Abs. 2 Satz 2 AktG) und durch eine **Bankgarantie** (§ 327b Abs. 3 AktG) vor der Fassung des Hauptversammlungsbeschlusses sicherzustellen. Begleitend hierzu muss der Hauptaktionär in einem schriftlichen **Bericht** der Hauptversammlung die Angemessenheit der Barabfindung sowie die Voraussetzungen für die Übertragung zu erläutern und zu begründen (§ 327c Abs. 2 Satz 1 AktG).

680 Trotz der Tatsache, dass der auf einen Squeeze-Out gerichtete Hauptversammlungsbeschluss nach der h.M. nur der Mehrheit der abgegebenen Stimmen (einfache Mehrheit nach § 133 Abs. 1 AktG, vgl. nachstehend Rdn. 686) bedarf,[619] ist er wohl als Grundlagenbeschluss nach § 130 Abs. 1 Satz 3 AktG zu werten und unterliegt somit stets – d.h. auch bei nicht-börsennotierten Gesellschaften – der notariellen **Beurkundungspflicht**.[620]

681 Der idealtypische **Ablauf** eines Squeeze-Out stellt sich wie folgt dar:
– Verlangen des Hauptaktionärs gegenüber der betroffenen Gesellschaft auf Durchführung des Squeeze-Out und Einleitung der Unternehmensbewertung.
– Antrag des Hauptaktionärs beim zuständigen Landgericht auf Bestellung des Prüfers (§ 327c Abs. 2 Satz 2 AktG) und Beschaffung der notwendigen Bankgarantie (§ 327b Abs. 3 AktG).
– Beschlussfassung in der Hauptversammlung über den Squeeze-Out.
– Anmeldung des Squeeze-Out zur Eintragung in das Handelsregister (§ 327e Abs. 1 Satz 1 AktG).
– Eintragung im Handelsregister und damit Wirksamwerden der Aktienübertragung (§ 327e Abs. 3 Satz 1 AktG). Sofern – wie in der Praxis nahezu immer zu beobachten ist – die Minderheitsaktionäre die Angemessenheit der Barabfindung bezweifeln, schließt sich eine Nachprüfung der Angemessenheit der Barabfindung im Spruchverfahren an (§ 327 f. AktG).

a) Obligatorischer Inhalt des Hauptversammlungsbeschlusses

682 Der Beschluss über den Ausschluss von Minderheitsaktionären muss neben der **Übertragung der Aktien** der Minderheitsaktionäre auf den Mehrheitsaktionär die **Gewährung** der dafür angemessenen **Barabfindung** beinhalten.

683 Das **Muster** eines **Squeeze-Out-Beschlusses** lautet wie folgt:

684 ▶ Formulierungsbeispiel: Squeeze-Out-Beschluss

Der Vorsitzende gab das von ihm festgestellte Abstimmungsergebnis zu dem einzigen Tagesordnungspunkt bekannt und verkündete den folgenden Beschluss:

»Ich stelle hiermit zu dem einzigen Tagesordnungspunkt fest und verkünde, dass die Hauptversammlung bei insgesamt 6.447.633 abgegebenen Stimmen bei 99.880 NEIN-Stimmen mit insgesamt 6.347.753 JA-Stimmen den folgenden Beschluss gefasst hat:

Die Aktien der übrigen Aktionäre (Minderheitsaktionäre) der CORONAR Aktiengesellschaft, Aachen, werden gemäß dem Verfahren zum Ausschluss von Minderheitsaktionären nach §§ 327a ff. AktG auf die ACROMPA AG, Aachen, übertragen. Die ACROMPA AG zahlt dafür eine Barabfindung in Höhe von EUR 39,00 je Stückaktie der CORONAR Aktiengesellschaft.«

---

619 Heidel/*Heidel/Lochner*, Aktienrecht, § 327a Rn. 22; *Hüffer/Koch*, § 327a Rn. 14.
620 **Abweichend:** *Hüffer/Koch*, § 327e Rn. 2, der bei nicht-börsennotierten Gesellschaften ein privatschriftliches Hauptversammlungsprotokoll nach § 130 Abs. 1 Satz 3 AktG genügen lassen will.

b) Sonderbeschlüsse

Hat die Gesellschaft mehr als eine Aktiengattung (vgl. § 11 AktG), so müssen gleichwohl **keine** **Sonderbeschlüsse** der Aktionäre jeder Gattung gefasst werden.[621]

685

c) Beschlussmehrheiten

Der Beschluss über den Ausschluss von Minderheitsaktionären bedarf nach **h.M.** allein der Mehrheit der abgegebenen Stimmen (**einfache Mehrheit** nach § 133 Abs. 1 AktG).[622]

686

Der Hauptaktionär ist **nicht** nach § 136 Abs. 1 AktG vom **Stimmrecht** ausgeschlossen.[623]

687

d) Anmeldung und Wirksamwerden des Squeeze-Out

Der Hauptversammlungsbeschluss auf Ausschluss von Minderheitsaktionären ist zur Eintragung in das Handelsregister anzumelden (§ 327e Abs. 1 Satz 1 AktG). Anmeldepflichtig ist der **Vorstand** der Gesellschaft in vertretungsberechtigter Anzahl (§ 327e Abs. 1 Satz 1 AktG).

688

Mit **Eintragung** des Beschlusses wird der Ausschluss der Minderheitsaktionäre **wirksam** (§ 327e Abs. 3 Satz 1 AktG); die Aktien gehen auf den Mehrheitsaktionär über.

689

Der Squeeze-Out führt zur Einstellung der **Börsennotierung** der Gesellschaft durch die Zulassungsstelle, da die Durchführung eines ordnungsgemäßen Börsenhandels nicht mehr gewährleistet ist (§ 38 BörsG).

690

Das **Muster** einer **Handelsregisteranmeldung** lautet wie folgt:

691

▶ Formulierungsbeispiel: Handelsregisteranmeldung des Squeeze-Out

692

Wir, die gemeinsam vertretungsberechtigten Vorstandsmitglieder, melden zur Eintragung in das Handelsregister an:

Die Hauptversammlung der Gesellschaft hat am 20. 5. 2020 gemäß § 327a AktG auf Verlangen des Hauptaktionärs BECCOR Hotels AG mit dem Sitz zu Aachen die Übertragung der Aktien der übrigen Aktionäre (Minderheitsaktionäre) auf den Hauptaktionär gegen Gewährung einer angemessenen Barabfindung beschlossen.

Wir erklären gemäß §§ 327e Abs. 2, 319 Abs. 5 AktG, dass Klagen gegen die Wirksamkeit des Übertragungsbeschlusses nicht fristgerecht erhoben wurden.

13. Delisting

Unter dem sogenannten **Delisting** versteht man den Rückzug einer börsennotierten Gesellschaft vom amtlichen Handel oder geregelten Markt. Es ist somit neben dem Squeeze-Out (vgl. oben Rdn. 675 ff.) eine Möglichkeit zum Rückzug von der Börse. Gerade durch die Vielzahl der Börsenrückzüge in der letzten Zeit hatte das Delisting in der Praxis eine erhebliche Bedeutung gewonnen.

693

Im Unterschied zum Squeeze-Out, bei dem die Aktien der Minderheitsaktionäre zwangsweise auf den Mehrheitsaktionär übertragen werden (§ 327e Abs. 3 Satz 1 AktG), wird beim Delisting die **Börsenzulassung** auf Antrag des Emittenten nach § 38 Abs. 4 BörsG beendet. Diese Form des Rückzugs von der Börse wird auch als **reguläres** oder **echtes Delisting** bezeichnet.

694

---

621 OLG Düsseldorf, WM 2005, 650 = NZG 2005, 347 = AG 2005, 293; Heidel/*Heidel/Lochner*, Aktienrecht, § 327a Rn. 23; *Hüffer/Koch*, § 327a Rn. 11.
622 Heidel/*Heidel/Lochner*, Aktienrecht, § 327a Rn. 22; *Hüffer/Koch*, § 327a Rn. 14.
623 Heidel/*Heidel/Lochner*, Aktienrecht, § 327a Rn. 23; *Hüffer/Koch*, § 327a Rn. 14.

695 Abzugrenzen hiervon ist das sogenannte **unechte** oder **kalte Delisting**, bei dem die Börsenzulassung auf andere Weise als durch Antrag des Emittenten endet, beispielsweise bei der Verschmelzung durch Übertragung auf eine nicht börsennotierte Gesellschaft.[624]

696 Die gesellschaftsrechtlichen Voraussetzungen für ein echtes Delisting waren lange umstritten, schienen aber durch den BGH[625] geklärt.[626]

697 Neben dem Hauptversammlungsbeschluss verlangte der BGH, dass der Mehrheitsaktionär oder die Gesellschaft den Minderheitsaktionären ein **Pflichtangebot** über den Kauf ihrer Aktien unterbreitet.[627] Dieser Rechtsprechung wurde aber durch das Bundesverfassungsgericht der Boden entzogen, da es urteilte, dass Art. 14 GG durch eine solche Maßnahme nicht berührt sei.[628] Der BGH reagierte hierauf und verwarf die vorgenannten Anforderungen ausdrücklich.[629]

VI. COVID-19 Pandemie und Hauptversammlung

698 Zur Abmilderung der mit der COVID-19-Pandemie einhergehenden praktischen Schwierigkeiten der Abhaltung einer – nach dem derzeit geltenden Aktienrecht stets notwendigen – Hauptversammlung in der Form einer Präsenzveranstaltung, hat der Gesetzgeber eine ganze Reihe von Neuregelungen verabschiedet.[630] Die für Aktiengesellschaften relevanten Vorschriften enthält Art. 2 in der Form des Gesetzes über Maßnahmen im Gesellschafts-, Genossenschafts-, Vereins-, Stiftungs- und Wohnungseigentumsgesetz zur Bekämpfung der Auswirkungen der COVID-19-Pandemie (GesRuaCOVBekG). Diese ermöglichen das Abhalten einer rein **virtuellen Hauptversammlung** ohne physische Präsenz der Aktionäre oder ihrer Bevollmächtigten. Nach dem bisherigen Aktienrecht ist zwar schon die Möglichkeit einer **rein virtuellen Teilnahme** eines Aktionärs an der Hauptversammlung möglich, aber immer nur als **Ergänzung** zu einer grundsätzlich als Präsenzveranstaltung abzuhaltenden Hauptversammlung (vgl. § 118 AktG).

699 Die Hauptversammlung kann nur dann als virtuelle Hauptversammlung abgehalten werden, wenn
a) die Bild- und Tonübertragung der gesamten Versammlung erfolgt, und
b) die Stimmrechtsausübung der Aktionäre über elektronische Kommunikation (Briefwahl oder elektronische Teilnahme) sowie Vollmachtserteilung möglich ist, und
c) den Aktionären eine Fragemöglichkeit im Wege der elektronischen Kommunikation eingeräumt wird, und
d) den Aktionären, die ihr Stimmrecht nach Buchst. b) ausgeübt haben, in Abweichung von § 245 Nr. 1 AktG unter Verzicht auf das Erfordernis des Erscheinens in der Hauptversammlung eine Möglichkeit zum Widerspruch gegen einen Beschluss der Hauptversammlung eingeräumt wird.

700 Die Neuregelungen enthalten eine Vielzahl von massiven Einschränkungen der verfassungsrechtlich geschützten Rechte der Aktionäre. Inwieweit diese zulässig sind, soll bei der nachstehenden Betrachtung außer Acht bleiben. Gerade die Tatsache, dass die Neuregelungen auf jegliche Hauptversammlungen anzuwenden sind, also sowohl auf ordentliche wie außerordentliche,[631] wird wahrscheinlich in nicht allzu ferner Zukunft noch das Bundesverfassungsgericht beschäftigen.

---

624 Weitere Beispiele für ein kaltes Delisting finden sich bei Heidel/*Heidel/Lochner*, Aktienrecht, Vor § 327a Rn. 16.
625 BGHZ 153, 47 (Macrotron) = NZG 2003, 280 = DB 2003, 544 = ZIP 2003, 387 = NJW 2003, 1032.
626 Zur Diskussion vgl. *Hüffer/Koch*, § 119 Rn. 23 f.
627 BGH, NZG 2003, 280, 283; Heidel/*Heidel/Lochner*, Aktienrecht, Vor § 327a Rn. 21.
628 BVerfGE 132, 99 Rn. 68 = NJW 2012, 3081.
629 BGH NJW 2014, 146; dem folgend OLG Jena, AG 2015, 450 und OLG Karlsruhe, NZG 2015, 516.
630 Gesetz zur Abmilderung der Folgen der COVID-19-Pandemie im Zivil-, Insolvenz- und Strafverfahrensrecht, BGBl. I 2020, 569.
631 BT-Drucks. 19/18110, 26.

B. Hauptversammlung

1. Zeitlicher Geltungsbereich

Die nachstehend dargestellten Ausnahmeregelungen sind in zeitlicher Hinsicht beschränkt auf Hauptversammlungen, die **im Jahr 2020** stattfinden (vgl. § 7 Abs. 1 GesRuaCOVBekG). Danach tritt das Gesetz **automatisch außer Kraft** (vgl. Art. 6 Abs. 2 des Gesetzes zur Abmilderung der Folgen der COVID-19-Pandemie im Zivil-, Insolvenz- und Strafverfahrensrecht). 701

Um großzügigere Spielräume für die Gesellschaften zu eröffnen, können Hauptversammlungen innerhalb **des gesamten Geschäftsjahres** (vgl. § 1 Abs. 5 GesRuaCOVBekG) abgehalten werden; die Acht-Monats-Frist des § 175 Abs. 1 Satz 2 AktG wird außer Kraft gesetzt. Für Gesellschaften mit einem **vom Kalenderjahr abweichenden Geschäftsjahr** bedeutet dies, dass die Hauptversammlung bis spätestens 31.12.2020, aber innerhalb des Geschäftsjahres stattfinden muss, also bei einem am 30.06.2020 endenden Geschäftsjahr bis zu diesem Tag. Bei Gesellschaften mit **kalendergleichem Geschäftsjahr** hat die Hauptversammlung spätestens am 31.12.2020 stattzufinden. 702

Eine **Verlängerung** des zeitlichen Anwendungsbereichs der Ausnahmeregelungen ist durch Rechtsverordnung bis zum 31.12.2021 möglich, wenn dies aufgrund fortbestehender Auswirkungen der Pandemie geboten erscheint (vgl. § 8 GesRuaCOVBekG). 703

Für **Europäische Aktiengesellschaften** (SE) gelten diese Erleichterungen mangels gesetzgeberischer Zuständigkeit nicht;[632] bei diesen verbleibt es bei der Pflicht, die Hauptversammlung innerhalb der ersten sechs Monate des Geschäftsjahres abzuhalten (vgl. Art. 54 Abs. 1 SE-VO). 704

2. Entgegenstehende Satzungsregelungen

In Anbetracht des klaren Willens[633] des Gesetzgebers, umfassende Erleichterungen zu verschaffen, hindern auch ausdrücklich **entgegenstehende Satzungsregelungen** die Gesetzesanwendung nicht.[634] 705

3. Vorbereitung der Hauptversammlung

Die Entscheidung, ob die verlängerten Durchführungsfristen für die Abhaltung einer Hauptversammlung ausgenutzt und ob eine rein virtuelle Hauptversammlung abgehalten werden soll, trifft der **Vorstand** nach pflichtgemäßem Ermessen und **mit Zustimmung des Aufsichtsrates** (§ 1 Abs. 6 GesRuaCOVBekG). 706

Wird entschieden, die Hauptversammlung allein virtuell durchzuführen, sind die entsprechende Einberufung und die nach § 125 AktG zu machenden Mitteilungen sowie ggf. weitere Dokumente (Erläuterungen zu den Rechten der Aktionäre nach § 121 Abs. 3 Nr. 3 AktG, Datenschutzerklärungen, Vollmachts- und Weisungsformulare, organisatorische Hinweise usw.) entsprechend anzupassen.[635] Insbesondere die dann wichtigen Angaben zu den Kommunikationswegen, also zur Bild- und Tonübertragung, der elektronischen Vollmachtserteilung bzw. Stimmrechtsausübung und zu elektronischen Frage- und Widerspruchsmöglichkeiten, sind unbedingt zu beachten. Da hier gar keine bis wenig praktische Erfahrung bei den Gesellschaften und ihren Beratern besteht, ist hierauf besondere Sorgfalt zu verwenden. 707

Zu Beschleunigungszwecken eröffnet das Gesetz **verkürzte Einberufungsfristen**. Inwieweit diese praktisch notwendig sind, ist sicherlich fraglich. Jedenfalls sind diese mit einigen Ungereimtheiten versehen.[636] Insofern ist die Praxis gut beraten, von dem übergangsweise eingeräumten Fristenregime nur bei wirklichem Bedarf Gebrauch zu machen. 708

---

632 BT-Drucks. 19/18110, 28.
633 So wird etwa klargestellt, dass abweichende Regelungen in der Satzung beim Anteilsbesitz oder bei der Einberufungsfrist unbeachtlich sind, vgl. § 1 Abs. 2 Satz 2 GesRuaCOVBekG bzw. BT-Drucks. 19/18110, 26.
634 *Wälzholz/Bayer*, DNotZ 2020, 285, 288; *Herb/Merkelbach*, DStR 2020, 811, 817.
635 *Herb/Merkelbach*, DStR 2020, 811, 815.
636 So enthält bspw. § 1 Abs. 3 Satz 1 GesRuaCOVBekG keine ausdrückliche Abweichung von § 123 Abs. 1 Satz 2 AktG, nach welchem der Tag der Einberufung nicht mitzurechnen ist, vgl. dazu *Herb/Merkelbach*, DStR 2020, 811, 815.

709 Die virtuelle Hauptversammlung kann für **jede Art von Beschlüssen** genutzt werden; inhaltliche Einschränkungen existieren nicht. In Anbetracht der großen Einschränkungen von Aktionärsrechten (vgl. dazu nachstehend Rdn. 710 ff.) ist zu erwarten, dass eine ganze Reihe von Gesellschaften streitige Hauptversammlungen unter den erleichterten Voraussetzungen abhalten.

4. Durchführung der Hauptversammlung

710 Die »rein virtuelle« Hauptversammlung muss natürlich tatsächlich physisch stattfinden. Das »rein virtuelle« bezieht sich auf das **Fehlen der physischen Anwesenheit der Aktionäre und ihrer Vertreter** bei der Hauptversammlung. Diesen muss als Ausgleich die Möglichkeit eingeräumt werden, der Versammlung im Wege einer Bild- und Tonübertragung beiwohnen zu können.

711 Physisch anwesend am Ort der Versammlung muss auf jeden Fall der **Versammlungsleiter** sein; in aller Regel ist dies der Vorsitzende des Aufsichtsrates. Der Ort der Versammlung ist nach allgemeinem Aktienrecht der Sitz der Gesellschaft, soweit die Satzung nicht etwas Abweichendes festlegt oder die Aktien der Gesellschaft börsennotiert sind (vgl. § 121 Abs. 5 AktG). In Anbetracht des erkennbaren Willens des Gesetzgebers, Erleichterungen in der Pandemiezeit zu schaffen, wird hiervon abweichend derjenige Ort zulässiger Weise gewählt werden können, der der Versammlungsleiter bestimmt und an den er sich dann zu begeben hat. In Anbetracht der Tatsache, dass bei einer solchen Veranstaltung keine Aktionäre oder deren Vertreter physisch anwesend sind bzw. sein müssen, erscheint dies vertretbar.

712 Zur Frage, ob der **Notar** anwesend sein muss, vgl. nachstehend Rdn. 722 ff.

713 Sicherlich sinnvoll ist es, wenn neben Vorsitzenden des Aufsichtsrates auch die weiteren **Aufsichtsrats-** und die **Vorstandsmitglieder** physisch anwesend sind, denn ansonsten kann die Beantwortung von Fragen der Aktionäre erschwert sein. Für die **weiteren Aufsichtsratsmitglieder** sieht § 1 Abs. 1 GesRuaCOVBekG hier jedoch ausdrücklich die Möglichkeit der Teilnahme allein in der Form der Bild- und Tonübertragung vor. Eine entsprechende Erleichterung für die **Vorstandsmitglieder** enthält das Gesetz nicht. Sie können sich aber in Pandemiezeiten regelmäßig auf eine Suspendierung ihrer Anwesenheitspflicht berufen und – wie die normalen Aufsichtsratsmitglieder auch – allein im Wege der Bild- und Tonübertragung teilnehmen.[637]

714 Die Hauptversammlung ist von Anfang bis Ende in **Bild- und Ton** so **zu übertragen**, dass die Aktionäre oder ihre Vertreter ihr folgen können (§ 1 Abs. 2 Nr. 1 GesRuaCOVBekG). Die Rechtsfolgen von **technischen Störungen** bei der Durchführung der Hauptversammlung sind unklar. Die Regierungsbegründung hält technische Probleme bei der Durchführung der Hauptversammlung für unschädlich. In Anbetracht der Reichweite der Entscheidungen, die auf einer Hauptversammlung getroffen werden können, und in Ansehung der technischen Herausforderung einer Übertragung mit einer unübersehbaren Anzahl von Teilnehmern, verwundert das. Irrelevant für die Zulässigkeit der virtuellen Hauptversammlung ist es auch, wenn Aktionäre nicht über die **technischen Voraussetzungen** verfügen, um der Hauptversammlung beiwohnen zu können.

715 Die **Stimmrechtsausübung** der Aktionäre ist über elektronische Kommunikation (Briefwahl oder elektronische Teilnahme) sicherzustellen, wobei die Erteilung von Vollmachten möglich sein muss (§ 1 Abs. 2 Nr. 2 GesRuaCOVBekG). Der Vorstand kann eine der beiden Möglichkeiten, also Briefwahl oder elektronische Teilnahme, anordnen, oder aber beide Möglichkeiten parallel erlauben.[638]

716 Den Aktionären sind **Fragemöglichkeiten** im Wege der elektronischen Kommunikation einzuräumen (§ 1 Abs. 2 Nr. 3 GesRuaCOVBekG). Liest man die Regierungsbegründung zu den Möglichkeiten der angedachten Beschränkung der sonst üblichen Rede- und Fragerechten von Aktionären auf Hauptversammlungen, so kann man sicherlich zweifeln, ob diese massiven Einschränkungen

---

637 *Herbl/Merkelbach*, DStR 2020, 811, 816.
638 BT-Drucks. 19/18110, 26.

noch pandemiebedingt notwendig und zulässig sind.⁶³⁹ Den Ablauf der Versammlung straffen sie aber sicherlich. Sie führen möglicher Weise zum Abhalten einer Vielzahl von Hauptversammlungen, denn bei den Gesellschaften entfällt ein großer Teil der sonst häufig auftretenden Debatten um streitige Beschlusspunkte.

Antragsrechte in der Hauptversammlung sind den Aktionären nicht zwingend zu ermöglichen; dies folgt daraus, dass § 1 Abs. 2 GesRuaCOVBekG diese Voraussetzung nicht ausdrücklich statuiert. Gleichwohl kann der Vorstand die Stellung von Anträgen vor oder in der Hauptversammlung ermöglichen.⁶⁴⁰   717

Aktionären, die ihr Stimmrecht nach § 1 Abs. 2 Nr. 2 GesRuaCOVBekG ausgeübt haben, ist in Abweichung von § 245 Nr. 1 AktG unter Verzicht auf das Erfordernis des Erscheinens in der Hauptversammlung eine **Möglichkeit zum Widerspruch** gegen einen Beschluss der Hauptversammlung einzuräumen.(§ 1 Abs. 2 Nr. 4 GesRuaCOVBekG). Diese Regelung erklärt sich vor dem Hintergrund, dass nach dem allgemeinen Aktienrecht ein Widerspruch grundsätzlich die **Teilnahme** an der Hauptversammlung voraussetzt, diese aber in Pandemiezeiten nicht möglich ist. Um aber nicht unisono allen Aktionären ein Widerspruchsrecht einzuräumen, steht es nur denjenigen Aktionären zu, die ihr Stimmrecht nach § 1 Abs. 2 Nr. 2 GesRuaCOVBekG ausgeübt haben. Bei diesen Aktionären ist es aber gleichgültig, wie sie ihr Stimmrecht konkret – also per elektronischer Kommunikation mittels **Briefwahl** oder kraft **elektronischer Teilnahme** – ausgeübt haben.   718

Der Widerspruch ist **bis zum Ende der Hauptversammlung** im Wege der **elektronischen Kommunikation** zu erklären. Dazu hat der Vorstand – so denn die Hauptversammlung notariell beurkundet wird – eine Möglichkeit zum elektronischen Widerspruch beim Notar vorzuhalten. Technisch denkbar ist hier eine vorgegebene **E-Mail-Adresse** oder ein **Online-Portal**.   719

Das sich an einen Widerspruch anknüpfende Recht, **Anfechtungsklage** zu erheben, ist in erheblichem Maße eingeschränkt (vgl. dazu § 1 Abs. 7 GesRuaCOVBekG). Damit soll den Gesellschaften die Sorge genommen werden, die gesetzlichen Erleichterungen in Anspruch zu nehmen und sich alsdann einer Klagewelle ausgesetzt zu sehen.   720

5. Mitwirkung des Aufsichtsrates

Zu allen vorstehenden, vom Vorstand anzuordnenden Maßnahmen bedarf dieser der **Zustimmung des Aufsichtsrates** (§ 1 Abs. 6 Satz 1 GesRuaCOVBekG). Auch diese Beschlüsse des Aufsichtsrates können unter erleichterten formellen Voraussetzungen zustande kommen (vgl. § 1 Abs. 6 Satz 2 GesRuaCOVBekG).   721

---

639 Zitat BT-Drucks. 19/18110, 26: »Bei Ausschluss der physischen Präsenz kann das Fragerecht nicht ebenfalls völlig beseitigt werden. Den Aktionären ist zwar kein Auskunftsrecht, aber immerhin die ›Möglichkeit‹ einzuräumen, Fragen zu stellen. Ein Recht auf Antwort ist das nicht. Über die Beantwortung entscheidet der Vorstand gemäß Satz 2 abweichend von § 131 AktG nur nach pflichtgemäßem, freiem Ermessen. Es ist nicht vorherzusehen, in welchem Umfang und auf welche Weise von der Fragemöglichkeit Gebrauch gemacht werden wird. Denkbar ist eine Flut von Fragen und auch – wie bei sozialen Medien nicht unüblich – inhaltlich inakzeptablen Einwürfen. Die Verwaltung beantwortet die Fragen nach pflichtgemäßem Ermessen. Sie hat also keinesfalls alle Fragen zu beantworten, sie kann zusammenfassen und im Interesse der anderen Aktionäre sinnvolle Fragen auswählen. Sie kann dabei Aktionärsvereinigungen und Institutionelle Investoren mit bedeutenden Stimmanteilen bevorzugen. Der Vorstand kann auch entscheiden, dass Fragen bis spätestens zwei Tage vor der Versammlung elektronisch (z.B. unter einer dafür angegebenen E-Mail-Adresse) einzureichen sind. Er kann die Fragemöglichkeit auf angemeldete Aktionäre beschränken, kann die Fragemöglichkeit aber auch ganz offen anbieten, wenn das organisatorisch einfacher ist. Fragen in Fremdsprachen braucht er nicht zu berücksichtigen. Die Beantwortung erfolgt ›in‹ der Versammlung – sofern nicht FAQ schon vorab auf der Website beantwortet sind. Wird die Versammlung nur mit Briefwahl und Vollmachtsstimmrecht durchgeführt, fallen natürlich alle Antragsrechte ›in‹ der Versammlung weg, diese kann es nur bei elektronischer Teilnahme von Aktionären geben.«.

640 *Herb/Merkelbach*, DStR 2020, 811, 813 f.

6. Mitwirkung des Notars

722 Die gesetzlichen Erleichterungen betreffen nicht die Frage, wann eine Hauptversammlung notariell zu beurkunden ist; diesbezüglich verbleibt es bei den allgemeinen gesetzlichen Regelungen in § 130 Abs. 1 AktG.

723 Der Notar hat zur Aufnahme des Hauptversammlungsprotokolls am Aufenthaltsort des Versammlungsleiters zugegen sein. Er muss sich vergewissern, dass die Voraussetzungen für die Abhaltung einer virtuellen Versammlung eingehalten werden und dies in seinem Protokoll vermerken. Dazu hat er sich stichprobenartig von der Funktionsfähigkeit der digitalen Übertragung und der Möglichkeit zur online-Abgabe von Stimmen zu überzeugen.

724 Der Notar hat **Widersprüche** gegen Hauptversammlungsbeschlüsse in seinem Protokoll zu vermerken. Abweichend von den allgemeinen Grundsätzen gilt hier zum einen, dass mangels physischer Präsenz der Widerspruch von dem betreffenden Aktionär elektronisch einzureichen ist. Dies hat der Vorstand zu ermöglichen, bspw. durch eine vorgegebene **E-Mail-Adresse** oder ein **Online-Portal**, auf welche(s) der Notar Zugriff hat. **Widerspruchsberechtigt** sind alle Aktionäre, die ihr Stimmrecht nach § 1 Abs. 2 Nr. 2 GesRuaCOVBekG ausgeübt haben. Dies sind nicht nur online-Teilnehmende, sondern auch diejenigen Aktionäre, die per elektronischer Kommunikation mittels **Briefwahl** abgestimmt haben.

725 Online-teilnehmende Aktionäre gelten als präsent bei der Hauptversammlung. Sie sind daher im **Teilnehmerverzeichnis** aufzunehmen. Dieses zu erstellen ist nicht Aufgabe des Notars, sondern der Gesellschaft.[641] Den Notar treffen diesbezüglich keinerlei Pflichten, auch nicht zur stichprobenartigen Überprüfung, ob die Gesellschaft dies ordnungsgemäß aufstellt; nimmt er jedoch Mängel wahr, hat er diese in der Niederschrift zu vermerken.[642]

---

[641] *Terbrack/Lohr* in Heidel, § 129 Rn. 23; *Ziemons* in K. Schmidt/Lutter, § 129 Rn. 19; speziell zum Teilnehmerverzeichnis in der virtuellen Hauptversammlung vgl. *Danwerth*, NZG 2020, 586 ff.
[642] *Terbrack/Lohr* in Heidel, § 129 Rn. 25; *Ziemons* in K. Schmidt/Lutter, § 129 Rn. 21.

Kapitel 4 Recht der Kommanditgesellschaft auf Aktien

Übersicht	Rdn.			Rdn.
A.	Vorbemerkung	1	D. Die Beurkundung von Hauptversammlungsbeschlüssen der KGaA	12
B.	Die Struktur der KGaA	2		
C.	Die Gründung der KGaA	8	E. Die Auflösung der KGaA	15

A. Vorbemerkung

Die in den §§ 278 ff. AktG geregelte KGaA spielt in der Praxis (und damit auch in der notariellen Praxis) allenfalls eine untergeordnete Rolle. Daher ist auch der im Notariat regelmäßig vorhandene Erfahrungsschatz eher gering, so dass die Grundzüge der gesetzlichen Struktur, soweit sie für den Notar relevant sind, hier kurz dargestellt werden sollen. Gem. § 278 Abs. 3 AktG finden auf die KGaA grundsätzlich die Vorschriften des ersten Buches über die AG sinngemäße Anwendung. Die Besonderheit der KGaA besteht darin, dass sie gem. § 278 Abs. 1 AktG mindestens einen persönlich haftenden Gesellschafter haben muss und die übrigen Gesellschafter, die Kommanditaktionäre genannt werden, an dem in Aktien zerlegten Grundkapital beteiligt sind, ohne persönlich für die Verbindlichkeiten der Gesellschaft zu haften. In der notariellen Praxis spielt die KGaA insbesondere im Gründungsstadium und bei der Beurkundung von Hauptversammlungen eine Rolle. 1

B. Die Struktur der KGaA

Die KGaA hat zwei Arten von Gesellschaftern, nämlich mindestens einen persönlich haftenden Gesellschafter (Komplementär) und einen oder mehrere Kommanditaktionäre. Anders als Kommanditisten, bei denen eine persönliche Haftung möglich ist (§§ 171, 172, 176 HGB), haften die Kommanditaktionäre für die Gesellschaftsverbindlichkeiten nicht persönlich. Eine dritte Art von Gesellschaftern neben Komplementären oder Kommanditaktionären gibt es nicht.[1] Anders als bei der Kommanditgesellschaft kann ein Gesellschafter zugleich Komplementär und Kommanditaktionär sein,[2] der personengesellschaftsrechtliche Grundsatz der Einheitlichkeit der Beteiligung gilt insoweit also nicht. In Übereinstimmung hiermit wird die KGaA auch als Einmann-Gesellschaft anerkannt, bei der also Komplementär und Kommanditaktionär ein und dieselbe Person sind.[3] Die Aufnahme bzw. das Ausscheiden eines Komplementärs kann in der KGaA als Satzungsänderung im hierfür vorgesehenen Verfahren beschlossen werden. Enthält die Satzung allerdings eine Bestimmung zum Beispiel über die Neuaufnahme von Komplementären, so ist allein diese Bestimmung für das Verfahren und die Voraussetzungen maßgeblich, so dass es in diesen Fällen nicht stets einer Satzungsänderung bedarf; derartige Regelungen in einer Satzung einer KGaA sind zulässig.[4] Der Wechsel in der Person des Komplementärs geschieht in diesen Fällen außerhalb der Satzung. Der Beschluss über die Satzungsneufassung kann in der Satzung der KGaA dem Aufsichtsrat übertragen werden.[5] Hiervon unberührt bleibt die Notwendigkeit der Zustimmung der Komplementäre zur Änderung der Satzungsfassung.[6] 2

Von besonderer Bedeutung für die innere Struktur der KGaA ist der Verweis in § 278 Abs. 2 AktG auf die Bestimmungen des Kommanditgesellschaftsrechts der §§ 161 ff. HGB. Hierdurch finden auf die KGaA die Regelungen der Kommanditgesellschaft grundsätzlich Anwendung. Die Organisationsstruktur der KGaA unterliegt demzufolge auch weitergehender Satzungsdisposition als die AG.[7] **Komplementärfähigkeit** für die KGaA besitzen jedenfalls: 3

---

1 *Hüffer*, § 278 AktG Rn. 5.
2 *Hüffer*, § 278 AktG Rn. 5.
3 MünchKomm-AktG/*Semler/Perlitt*, § 280 Rn. 30 ff.
4 GroßKomm-AktG, § 278 Rn. 44 ff.; *Hüffer*, § 278 AktG Rn. 19.
5 GroßKomm-AktG, § 281 Rn. 9; MünchKomm-AktG, § 281 Rn. 16.
6 GroßKomm-AktG, § 281 Rn. 9; MünchKomm-AktG, § 281 Rn. 16.
7 *Hüffer*, § 278 AktG Rn. 6.

- unbeschränkt geschäftsfähige natürliche Personen,[8]
- juristische Personen,[9] zum Beispiel die GmbH oder die AG (und zwar auch dann, wenn es keine natürlichen Personen als Komplementäre gibt),
- teilrechtsfähige Personenvereinigungen, wie etwa die GmbH & Co. KG[10] oder auch die Außengesellschaft bürgerlichen Rechts.[11]

4 In allen Fällen erforderlich und unverzichtbar ist es allerdings, dass sich die aus der Gesellschaftsstruktur ergebende Haftungsverfassung der KGaA, insbesondere also der Umstand, dass keine natürliche Person persönlich haftet, aus der Firmierung derselben ergeben müssen.[12]

5 Die **Geschäftsführung und Vertretung** der KGaA erfolgt durch deren Komplementär. Die Kommanditaktionäre nehmen an der Geschäftsführung nicht teil, haben jedoch nach § 164 HGB ein (dispositives) Widerspruchsrecht und Maßnahmen im Sinne von § 116 Abs. 2 HGB bedürfen der Zustimmung der Gesellschafterversammlung. Die genannten Rechte und Vorbehalte zu Gunsten der Kommanditisten sind sämtlich satzungsdispositiv und betreffen sämtlich die Fragen der **Geschäftsführungsbefugnis**, also des rechtlichen *Dürfens* im Innenverhältnis, nicht jedoch die Frage der Vertretung, also die Frage des rechtlichen *Könnens* im Außenverhältnis.

6 Die **Vertretung** der KGaA erfolgt durch den oder die Komplementäre, nach Maßgabe von § 125 HGB. Diese vertreten die KGaA im Grundsatz unbeschränkt nach außen ohne Mitwirkungserfordernisse der Kommanditaktionäre. Eine Ausnahme gilt für Rechtsgeschäfte über das gesamte Vermögen der KGaA: Hier ist nach § 179a AktG ein zustimmender Beschluss der Hauptversammlung erforderlich, dessen Fehlen zu einem Vertretungsmangel im Außenverhältnis führt. Aufgrund des in der KGaA geltenden Grundsatzes der Selbstorganschaft kann Dritten eine Vertretungsbefugnis nicht eingeräumt werden.[13] Gegenüber ihren Komplementären wird die KGaA allerdings durch den Aufsichtsrat vertreten (§ 112 AktG). Dies gilt auch gegenüber ehemaligen Komplementären, und zwar unabhängig davon, ob sie zwischenzeitlich eine andere Funktion in der Gesellschaft übernommen haben, etwa diejenige eines Aufsichtsratsmitglieds.[14]

7 Ein weiteres Organ der KGaA ist neben der Hauptversammlung[15] der **Aufsichtsrat**, den die KGaA nach § 278 Abs. 3 AktG haben muss. Komplementäre können, da sie vom Aufsichtsrat überwacht werden sollen, nicht zugleich Aufsichtsratsmitglieder sein. Dieses Verbot ist auf Geschäftsführer oder andere gesetzliche Vertreter einer Komplementärgesellschaft zu erstrecken.[16] Die wesentliche Funktion des Aufsichtsrates besteht darin, die Geschäftsführung der KGaA durch die Komplementäre zu überwachen und die KGaA bei Rechtsgeschäften mit den Komplementären zu vertreten sowie schließlich nach § 287 AktG die Beschlüsse der Kommanditaktionäre auszuführen. Gemeint ist hiermit, dass der Aufsichtsrat solche Beschlüsse auszuführen hat, mit denen die Versammlung der Kommanditaktionäre Rechte geltend macht, die in der KG den Kommanditisten gegen die Gesellschaft oder gegen deren Komplementäre zustehen.[17] Sonstige Beschlüsse werden nicht vom Aufsichtsrat, sondern von den Komplementären ausgeführt.[18] Aufgrund der Satzungsdispositivität der Bestimmung können die Kompetenzen des Aufsichtsrats auch zum Beispiel einem Beirat überantwortet werden.[19]

---

8 *Hüffer*, § 278 AktG Rn. 7.
9 BGHZ 134, 392; ebenso *Hüffer*, § 278 AktG Rn. 8.
10 *Hüffer*, § 278 AktG Rn. 9a.
11 Schmidt/Lutter/*Schmidt*, § 278 AktG Rn. 20.
12 *Hüffer*, § 278 AktG Rn. 9a.
13 *Hüffer*, § 278 AktG Rn. 19.
14 BGH, NJW-RR 2005, 682.
15 Zu dieser vgl. unten Rdn. 12.
16 Schmidt/Lutter/*Schmidt*, § 287 Rn. 9; Spindler/Stilz/*Bachmann*, § 287 Rn. 5.
17 *Hüffer*, § 287 AktG Rn. 1.
18 *Hüffer*, § 287 AktG Rn. 1.
19 *Martens*, AG 1982, 113; ebenso *Hüffer*, § 287 AktG Rn. 1.

C. Die Gründung der KGaA

Die Gründung der KGaA ist in § 280 AktG geregelt. Die gem. § 280 Abs. 1 Satz 1 AktG durch notarielle Beurkundung festzustellende Satzung muss zwingend die in § 280 Abs. 1 Satz 2 AktG enthaltenen Angaben beinhalten. Eine Vertretung kann im Rahmen der Gründung gem. § 280 Abs. 1 Satz 3 AktG nur aufgrund einer notariell beglaubigten Vollmacht erfolgen. Ferner muss die Satzung gem. § 281 AktG die Festsetzungen des § 23 Abs. 3 und Abs. 4 AktG enthalten sowie Namen, Vornamen und Wohnort jedes persönlich haftenden Gesellschafters angeben. Nicht in das Grundkapital geleistete Vermögenseinlagen der persönlich haftenden Gesellschafter müssen nach Maßgabe von § 281 Abs. 2 AktG festgesetzt werden.

Das **Muster eines Gründungsprotokolls** einer KGaA könnte etwa wie folgt lauten:

▶ Muster: Gründungsprotokoll

Urkundenrolle Nummer ...../2020

V e r h a n d e l t

zu ..... am ..... 2020.

Vor mir,

.....

Notar in .....,

erschienen:

1. Herr ....., geboren am .....,
   wohnhaft .....,
   im Folgenden auch »Kommanditaktionär« genannt,
2. Herr ....., geboren am .....,
   geschäftsansässig .....,

handelnd nicht im eigenen Namen, sondern als alleinvertretungsberechtigter Geschäftsführer für die im Handelsregister des Amtsgerichts ..... unter HRB ..... eingetragene

..... GmbH

mit dem Sitz in .....,

im Folgenden auch »Komplementär« genannt,

ausgewiesen durch Vorlage ihrer Personalausweise.

Die Erschienenen erklärten:

I.

Wir stellen zur

Gründung einer Kommanditgesellschaft auf Aktien

die dieser Niederschrift als Anlage beigefügte Satzung fest.

II.

1. Vom Grundkapital der Gesellschaft in Höhe von 50.000,– Euro übernimmt der Kommanditaktionär 50.000 Stückaktien mit einem rechnerischen Anteil am Grundkapital der Gesellschaft von jeweils 1,– Euro.
2. Die Aktien lauten auf den Namen.
3. Die Ausgabe der Aktien erfolgt zu dem Betrag, der ihrem rechnerischen Anteil am Grundkapital der Gesellschaft entspricht.
   Die Einlagen sind in bar zu leisten. Sie sind in voller Höhe sofort zur Zahlung fällig.

III.

Zu Mitgliedern des ersten Aufsichtsrats der Gesellschaft werden für die Zeit bis zur Beendigung der Hauptversammlung, die über die Entlastung des Aufsichtsrates für das am ..... endende Rumpfgeschäftsjahr beschließt,

1. Herr ....., geboren am .....,
2. Herr ....., geboren am .....,
3. Herr ....., geboren am .....,

bestellt.

IV.

Die ..... Wirtschaftsprüfungsgesellschaft wird für das am 31.12..... endende Rumpfgeschäftsjahr zum Abschlussprüfer bestellt.

V.

Wir bevollmächtigen uns hiermit gegenseitig, und zwar jeden einzeln, etwa erforderliche Änderungen oder Ergänzungen dieser Urkunde, insbesondere der Satzung, vorzunehmen, sofern das Registergericht dies zur Eintragung in das Handelsregister verlangt. Der Bevollmächtigte ist von den Beschränkungen des § 181 BGB befreit.

Im gleichen Umfange bevollmächtigen wir ....., alle Notargehilfen bei dem amtierenden Notar, und zwar jeden einzeln. Von der Vollmacht darf nur vor dem amtierenden Notar Gebrauch gemacht werden.

Diese Niederschrift wurde den Erschienenen von dem Notar vorgelesen, von den Erschienenen genehmigt und von ihnen und dem Notar wie folgt eigenhändig unterschrieben:

10 Bei der **Anmeldung zum Handelsregister** der KGaA ist § 282 AktG zu beachten: Bei der Eintragung der Gesellschaft in das Handelsregister sind statt der Vorstandsmitglieder die persönlich haftenden Gesellschafter anzugeben (und damit auch anzumelden). Ferner ist einzutragen (und damit anzumelden), welche Vertretungsbefugnis die persönlich haftenden Gesellschafter haben. Letzteres gilt in jedem Fall, also auch dann, wenn die Satzung keine besondere Regelung trifft.[20] In der Literatur ist umstritten, ob auch die persönlich haftenden Gesellschafter der KGaA eine Versicherung im Sinne von § 76 Abs. 3 AktG abgeben müssen. Im Interesse eines reibungslosen registerlichen Vollzugs ist im folgenden Muster eine entsprechende Versicherung enthalten.[21]

11 Das Muster einer Anmeldung einer KGaA zum Handelsregister könnte vor diesem Hintergrund etwa wie folgt lauten:

▶ Muster: Anmeldung einer KGaA zum Handelsregister

Amtsgericht

– Handelsregister –

Neueintragung der ..... KGaA

I.

Wir, die Gründer, der Komplementär und sämtliche Mitglieder des ersten Aufsichtsrats der Gesellschaft, überreichen:

1. Ausfertigung des Gründungsprotokolls vom ..... 2020 (URNr. ...../2020 des beglaubigenden Notars) mit der Feststellung der Satzung, der Übernahme der Aktien durch die Kommanditaktionäre, der Errichtung der Gesellschaft und der Bestellung der Mitglieder des ersten Aufsichtsrats,
2. Gründungsbericht der Gründer,
3. Prüfungsbericht des Komplementärs und des Aufsichtsrats,

---

20 *Hüffer*, § 282 AktG Rn. 1.
21 Zum Meinungsstand s. MünchKommAktG/*Semler/Perlitt*, § 278 Rn. 267.

C. Die Gründung der KGaA

4. Prüfungsbericht des Gründungsprüfers,
5. Berechnung des der Gesellschaft zur Last fallenden Gründungsaufwands,
6. Bestätigung der ..... Bank in ..... über die Einzahlung des Betrages von 50.000,– Euro auf ein Konto der Gesellschaft sowie Bestätigung, dass dieser Betrag endgültig zur freien Verfügung des Vorstands steht,
7. Liste der Aufsichtsratsmitglieder.

II.

Wir melden die Kommanditgesellschaft auf Aktien mit dem Sitz in ..... zur Eintragung in das Handelsregister an.

Gründer der Gesellschaft sind

1. .....
2. .....

Mitglieder des ersten Aufsichtsrates sind:

1. .....
2. .....
3. .....

Komplementär der Gesellschaft ist: .....

III.

Das Grundkapital der Gesellschaft beträgt 50.000,– Euro und ist eingeteilt in 50.000 nennwertlose Stückaktien. Die Aktien wurden gegen Bareinlage in Höhe von jeweils 1,– Euro ausgegeben. Auf jede Aktie ist der Ausgabebetrag in voller Höhe auf das Konto der Gesellschaft bei der in Abschnitt I. Ziff. 7. dieser Anmeldung bezeichneten Bank eingezahlt. Der eingezahlte Betrag von insgesamt 50.000,– Euro steht endgültig zur freien Verfügung des Komplementärs.
Damit sind die Voraussetzungen des § 36 Abs. 2 AktG erfüllt.

IV.

Jeder Komplementär der Gesellschaft ist stets einzelvertretungsberechtigt. Jeder persönlich haftende Gesellschafter versichert:

Ich versichere, dass

– ich als Betreuter bei der Besorgung meiner Vermögensangelegenheiten nicht ganz oder teilweise einem Einwilligungsvorbehalt (§ 1903 BGB) unterliege,
– mir nicht aufgrund eines gerichtlichen Urteils oder einer vollziehbaren Entscheidung einer Verwaltungsbehörde die Ausübung eines Berufs, eines Berufszweiges, eines Gewerbes oder eines Gewerbezweiges untersagt worden ist,
– ich nicht wegen einer oder mehrerer vorsätzlich begangener Straftaten
   a) des Unterlassens der Stellung des Antrags auf Eröffnung des Insolvenzverfahrens (Insolvenzverschleppung),
   b) nach den §§ 283 – 283d des Strafgesetzbuchs (Insolvenzstraftaten),
   c) der falschen Angaben nach § 82 GmbHG oder § 399 AktG,
   d) der unrichtigen Darstellung nach § 400 AktG, § 331 HGB, § 313 UmwG oder § 17 PublG oder
   e) nach den §§ 263 – 264a oder den §§ 265b – 266a des Strafgesetzbuchs zu einer Freiheitsstrafe von mindestens 1 Jahr
   verurteilt worden bin und auch keine Verurteilung im Ausland wegen einer Tat, die mit den vorbezeichneten Taten vergleichbar ist, erfolgt ist.

Ich bin von dem beglaubigenden Notar über meine unbeschränkte Auskunftspflicht gegenüber dem Registergericht, über die Strafbarkeit falscher Angaben im Rahmen dieser Handelsregisteranmeldung und darüber belehrt worden, dass das Registergericht zur Überprüfung meiner Angaben einen Auszug aus dem Bundeszentralregister über strafrechtliche Verurteilung und andere Eintragungen (z. B. Untersagung der Ausübung eines Berufes oder Gewerbes) einholen kann.

V.

Die inländische Geschäftsanschrift der Gesellschaft lautet: .....

....., den

Änderungen bei den persönlich haftenden Gesellschaftern erfolgen entweder durch Satzungsänderung oder, wenn die Änderung in der Satzung bereits zugelassen ist, in der satzungsgemäß bestimmten Weise[22] und sind zur Eintragung in das Handelsregister anzumelden. Auch der ausgeschiedene Komplementär muss diese Anmeldung mit unterzeichnen.[23]

D. Die Beurkundung von Hauptversammlungsbeschlüssen der KGaA

12   Die Besonderheiten, die für Hauptversammlungsbeschlüsse bei der KGaA gelten, sind in § 285 AktG geregelt. Stimmberechtigt sind die Kommanditaktionäre und die Komplementäre, diese jedoch nur, wenn sie zugleich Kommanditaktionäre sind (§ 285 Abs. 1 Satz 1 AktG). In den in § 285 Abs. 1 Satz 2 genannten Fällen sind die Komplementäre auch mit den von ihnen (als Kommanditaktionären) gehaltenen Aktien vom Stimmrecht ausgeschlossen, da der Gesetzgeber in diesen Fällen potenzielle Interessenkonflikte vermutet.[24]

13   Von besonderer Bedeutung ist das Zustimmungserfordernis zu Gunsten der Komplementäre gem. § 285 Abs. 2 AktG. Hiernach bedürfen Beschlüsse der Hauptversammlung der Zustimmung der Komplementäre, soweit sie Angelegenheit betreffen, für die bei einer Kommanditgesellschaft das Einverständnis der persönlich haftenden Gesellschafter und der Kommanditisten erforderlich ist. Das Zustimmungserfordernis gilt zu Gunsten aller Komplementäre, und damit auch zu Gunsten derjenigen, die von der Geschäftsführung ausgeschlossen sind,[25] was insbesondere bei Satzungsänderungen und Grundlagenbeschlüssen (zum Beispiel Zustimmungen zu Umwandlungsmaßnahmen) praktische Relevanz hat. Die Zustimmung ist eine neben dem Hauptversammlungsbeschluss stehende rechtsgeschäftliche Erklärung, kann jedoch zugleich auch im Beschluss (konkludent) enthalten sein, wenn der Komplementär der Maßnahme im Gesellschafterbeschluss zugestimmt hat. Zum Handelsregister sind derartige Beschlüsse gem. § 285 Abs. 3 AktG erst dann einzureichen, wenn die Zustimmung der Komplementäre vorliegt. Bei (beurkundungsbedürftigen) Beschlüssen, die in das Handelsregister einzutragen sind, muss die Zustimmung der Komplementäre gem. § 285 Abs. 3 Satz 2 AktG entweder in der Verhandlungsniederschrift oder in einem Anhang zur Niederschrift beurkundet werden. Dies hindert nicht, dass die Zustimmung auch nachträglich eingeholt werden kann.[26] Die besondere Beurkundungsform, die durch § 285 Abs. 3 Satz 2 AktG aufgegeben wird, dürfte allerdings im Regelfall der Annahme einer konkludent erteilten Zustimmung entgegenstehen.[27] Da die Zustimmungserklärung eine rechtsgeschäftliche Erklärung ist, muss sie in jedem Fall im Beurkundungsverfahren nach §§ 8 ff. BeurkG beurkundet werden, während die Hauptversammlungsniederschrift auch im Verfahren nach §§ 36 ff. BeurkG beurkundet werden kann. Wird die Zustimmung erst nach Durchführung der Hauptversammlung erteilt, muss sie der Hauptversammlungsniederschrift gleichwohl als Anlage beigefügt werden, was beurkundungstechnisch nur möglich ist, solange die Niederschrift über die Hauptversammlung selbst noch nicht abgeschlossen ist.

Das Muster einer zeitlich vor der Hauptversammlung abgegebenen Zustimmungserklärung im Sinne von § 285 Abs. 3 AktG könnte wie folgt lauten:

---

22   *Hüffer*, § 278 AktG Rn. 19; KK-AktG/*Mertens*, § 281 Rn. 2; MünchKommAktG/*Semler/Perlitt*, § 281 Rn. 15 f.
23   *Krafka/Kühn*, Registerrecht, Rn. 1782.
24   *Hüffer*, § 285 AktG Rn. 1.
25   RGZ 82, 360, 362 f.; *Hüffer*, § 285 AktG Rn. 2.
26   *Hüffer*, § 285 AktG Rn. 4.
27   *Hüffer*, § 285 AktG Rn. 4.

E. Die Auflösung der KGaA

▶ **Muster: Zustimmungserklärung** 14

Urkundenrolle Nummer ...../2020

V e r h a n d e l t

zu ..... am ..... 2020.

Vor mir,

.....

Notar in .....,

erschien:

....., geboren am .....,

geschäftsansässig .....,

hier handelnd nicht im eigenen Namen, sondern als ..... für die im Handelsregister des Amtsgerichts ..... unter HRB ..... eingetragene

.....

mit dem Sitz in ..... (Geschäftsanschrift: wie vor),

mir von Person bekannt.

Der Erschienene, handelnd wie angegeben, erklärte folgende

Zustimmung zu Hauptversammlungsbeschlüssen

1. Die ..... GmbH ist alleinige persönlich haftende Gesellschafterin der im Handelsregister des Amtsgerichts ..... unter HRB ..... eingetragenen
..... GmbH & Co. KGaA
mit dem Sitz in ..... (die vorbezeichnete KGaA im Folgenden auch »Gesellschaft« genannt).
2. In einer Hauptversammlung der Gesellschaft sollen am ..... Beschlüsse gefasst werden, die zum Teil der Eintragung in das Handelsregister bedürfen.
3. Als alleinige persönlich haftende Gesellschafterin der Gesellschaft stimmt die ..... GmbH sämtlichen in der Hauptversammlung vom ..... ggf. zu fassenden Beschlüssen der Aktionäre in der Fassung der Einladung im Bundesanzeiger vom ..... zu und weist den amtierenden Notar an, diese Zustimmung in beglaubigter Abschrift als Anlage zur Hauptversammlungsniederschrift zu nehmen.
4. ....., alle dienstansässig bei Notar ..... in ....., sind je einzeln bevollmächtigt, alle Erklärungen zum Vollzug dieser Urkunde abzugeben.

Diese Niederschrift wurde dem Erschienenen von dem Notar vorgelesen, von ihm genehmigt und von ihm und dem Notar wie folgt eigenhändig unterschrieben:

E. Die Auflösung der KGaA

Auch für die Auflösung der KGaA sind in Ergänzung des § 289 AktG die Bestimmungen des HGB maßgeblich (§ 289 Abs. 1 AktG). Die Auflösungsgründe ergeben sich aus § 289 Abs. 2 AktG. Die Auflösung (und das Ausscheiden des persönlich haftenden Gesellschafters) ist von allen persönlich haftenden Gesellschaftern (und damit nicht von den Kommanditaktionären) gem. § 289 Abs. 6 AktG in das Handelsregister anzumelden. Auch eine Mitwirkung des Aufsichtsrats oder dessen Vorsitzenden ist nicht vorgeschrieben.[28] 15

Die Auflösung der KGaA könnte etwa wie folgt zum Register angemeldet werden:

---

28 *Hüffer*, § 290 AktG Rn. 10.

16 ▶ Muster: Auflösung

Amtsgericht .....

– Handelsregister B –

.....

HRB .....

..... Kommanditgesellschaft auf Aktien

Als die sämtlichen Komplementäre der Gesellschaft überreichen wir eine Ausfertigung der Niederschrift über die Hauptversammlung der Gesellschaft vom ..... und melden zur Eintragung in das Handelsregister an:

1. Die Gesellschaft ist durch Beschluss der Hauptversammlung vom ..... mit Wirkung zum ..... aufgelöst.
2. Die Herren ..... sind nicht mehr Mitglieder des .....
3. Ich, ..., bin zum Abwickler bestellt.

Ist nur ein Abwickler bestellt, so vertritt er die Gesellschaft allein. Sind mehrere Abwickler bestellt, so wird die Gesellschaft durch die Abwickler gemeinschaftlich vertreten.

Herr ..... als Abwickler erklärte:

Ich versichere, dass

– ich als Betreuter bei der Besorgung meiner Vermögensangelegenheiten nicht ganz oder teilweise einem Einwilligungsvorbehalt (§ 1903 BGB) unterliege,
– mir nicht aufgrund eines gerichtlichen Urteils oder einer vollziehbaren Entscheidung einer Verwaltungsbehörde die Ausübung eines Berufs, eines Berufszweiges, eines Gewerbes oder eines Gewerbezweiges untersagt worden ist,
– ich nicht wegen einer oder mehrerer vorsätzlich begangener Straftaten
   a) des Unterlassens der Stellung des Antrags auf Eröffnung des Insolvenzverfahrens (Insolvenzverschleppung),
   b) nach den §§ 283 – 283d des Strafgesetzbuchs (Insolvenzstraftaten),
   c) der falschen Angaben nach § 82 GmbHG oder § 399 AktG,
   d) der unrichtigen Darstellung nach § 400 AktG, § 331 HGB, § 313 UmwG oder § 17 PublG oder
   e) nach den §§ 263 – 264 oder den §§ 265b – 266 StGB zu einer Freiheitsstrafe von mindestens 1 Jahr
   verurteilt worden bin und auch keine Verurteilung im Ausland wegen einer Tat, die mit den vorbezeichneten Taten vergleichbar ist, erfolgt ist.

Ich bin von dem beglaubigenden Notar über meine unbeschränkte Auskunftspflicht gegenüber dem Registergericht, über die Strafbarkeit falscher Angaben im Rahmen dieser Handelsregisteranmeldung und darüber belehrt worden, dass das Registergericht zur Überprüfung meiner Angaben einen Auszug aus dem Bundeszentralregister über strafrechtliche Verurteilung und andere Eintragungen (z. B. Untersagung der Ausübung eines Berufes oder Gewerbes) einholen kann.

Die inländische Geschäftsanschrift der Gesellschaft ist unverändert.

....., den .....

(Unterschriften der Komplementäre
und der Abwickler in vertretungsberechtigter Zahl)

Öffentliche Beglaubigung

Kapitel 5 Recht der Societas Europaea (SE)

Übersicht

	Rdn.
A. **Einführung**	1
B. **Aufbau der SE**	3
I. Die Verwaltung der SE	4
1. Die Verwaltung im dualistischen Leitungssystem	4
a) Leitungsorgan	5
b) Aufsichtsorgan	6
2. Die Verwaltung im monistischen Leitungssystem	7
a) Verwaltungsrat	8
aa) Bestellung der Mitglieder des Verwaltungsrats	9
bb) Ausschüsse des Verwaltungsrats	10
cc) Vergütung der Mitglieder des Verwaltungsrats	11
b) Geschäftsführende Direktoren	12
aa) Organqualität der geschäftsführenden Direktoren	13
bb) Amtszeit der geschäftsführenden Direktoren	15
cc) Aufgaben der geschäftsführenden Direktoren	16
II. Hauptversammlung der SE	19
1. Zuständigkeiten	19
a) Satzungsänderungen	20
b) Bestellung der Arbeitnehmervertreter	21
c) Sonstige Kompetenzen der Hauptversammlung	22
2. Einberufung und Ablauf	23
a) Zeitpunkt der Hauptversammlung	24
b) Ort und Sprache der Hauptversammlung	25
c) Niederschrift der Hauptversammlung	26
C. **Gestaltung der Satzung der SE**	27
I. Allgemeines	27
II. Firma	28
III. Grundkapital	29
IV. Organe	30
1. Dualistisches System	30
a) Amtszeiten des Leitungsorgans	30
b) Zustimmungsvorbehalte	31
c) Anzahl der Aufsichtsorganmitglieder	32
2. Monistisches Leitungssystem	33
a) Allgemeine Formulierungsbeispiele	33
b) Amtszeiten der Verwaltungsratsmitglieder	36

	Rdn.
c) Anzahl der Verwaltungsratsmitglieder	38
d) Vertretung durch die geschäftsführenden Direktoren	40
e) Zustimmungsvorbehalte geschäftsführenden Direktoren	42
f) Beschränkung der Abberufungsmöglichkeit geschäftsführender Direktoren	43
V. Hauptversammlung	45
1. Hauptversammlungsort im Ausland	45
2. Mehrheitserfordernis	47
VI. Gründung durch Verschmelzung	49
D. **Mitbestimmung**	50
I. Allgemeines	50
II. Verfahren zur Beteiligung der Arbeitnehmer	51
III. Auffangregelungen	56
E. **Gründung**	59
I. Allgemeines	59
II. Gründung mittels Verschmelzung	63
1. Allgemeine Voraussetzungen	63
a) Mehrstaatlichkeit	64
b) Beteiligte Rechtsträger	65
2. Ablauf der Verschmelzung	66
a) Aufstellung des Verschmelzungsplans	67
aa) Aufstellung	67
(1) Zuständigkeit zur Aufstellung	67
(2) Business Combination Agreement?	68
(3) Form	69
(4) Sprache	70
bb) Inhalt des Verschmelzungsplanes	71
(1) Firma der SE	73
(2) Sitz der SE	74
(3) Umtauschverhältnis der Aktien	75
(4) Einzelheiten der Übertragung der Aktien	79
(5) Verschmelzungsstichtag	80
(6) Zeitpunkt der Gewinnberechtigung	81
(7) Besondere Vorteile	82
(8) Rechte der Inhaber von Sonderrechten	83
(9) Angaben zum Verfahren zur Arbeitnehmerbeteiligung	84
(10) Satzung	85
(11) Barabfindung	86

	Rdn.			Rdn.
b) Einreichung des Verschmelzungsplanes oder seines Entwurfes zum Handelsregister zum Zwecke der Bekanntmachung	89		8. Umwandlungsbeschluss/Kapitalerhöhungsbeschluss	135
			9. Bestellung der Aufsichtsratsmitglieder bzw. Verwaltungsorgane	138
c) Verfahren zur Beteiligung der Arbeitnehmer	90		10. Konstituierende Sitzung des Aufsichtsrats/Verwaltungsrats mit der Bestellung des Vorstands bzw. der geschäftsführenden Direktoren	141
d) Verschmelzungsbericht	91			
e) Verschmelzungsprüfung/Nachprüfungsbericht	93		11. Gründungsprüfung	142
f) Offenlegung	95		12. Anmeldung zum Handelsregister	143
g) Zustimmungsbeschlüsse	96		a) Anmeldepflichtige Personen	143
h) Bestellung des ersten Aufsichtsrater/Verwaltungsrates	98		b) Inhalt der Anmeldung	144
			c) Anlagen	147
i) Bestellung des Abschlussprüfers	103		13. Rechtsfolgen der Eintragung	148
j) Bestellung des Vorstands/der geschäftsführenden Direktoren	104	IV.	Gründung einer Holding-SE	149
			1. Einführung	149
k) Gründungsprüfung	105		2. Ablauf	152
l) Anmeldung der Verschmelzung zum Handelsregister	106		3. Erstellung des Gründungsplanes	153
			a) Firma und Sitz der Gründungsgesellschaften	155
aa) Erste Prüfungsphase	107		b) Firma und Sitz der Holding SE	156
(1) Umfang der Prüfung durch das Registergericht/Rechtmäßigkeitsbescheinigung	107		c) Prozentsatz der einzubringenden Anteile, der von den die Gründung der SE anstrebenden Gesellschaften mindestens eingebracht werden muss	157
(2) Anmeldepflichtige Personen	110			
(3) Inhalt der Anmeldung	111		d) Umtauschverhältnis für die SE-Aktien sowie ggf. die Höhe der Ausgleichsleistung	158
(4) Anlagen	112			
bb) Zweite Prüfungsphase	113		e) Einzelheiten hinsichtlich der Übertragung der Aktien der SE	159
(1) Umfang der Prüfung durch das Registergericht	113		f) Satzung der SE	160
			aa) Beschreibung des Einlagegegenstandes	161
(2) Anmeldepflichtige Personen	116		bb) Bestimmung der Höhe des Grundkapitals	162
(3) Inhalt der Anmeldung	117		g) Barabfindungsangebot	163
(4) Anlagen	119		h) (Holding-) Gründungsbericht	164
3. Rechtsfolgen der Eintragung	120		4. (Holding-) Gründungsprüfung	165
4. Vereinfachungen bei einer Mutter/Tochter Verschmelzung	121		5. Einreichung des Gründungsplans oder seines Entwurfs beim Handelsregister	166
III. Gründung mittels Formwechsel	122			
1. Einführung	122		6. Verfahren zur Beteiligung der Arbeitnehmer	167
2. Aufstellung des Umwandlungsplans	125		7. Zustimmungsbeschluss	168
a) Zuständigkeit zur Aufstellung	126		8. Bestellung der Organmitglieder und des Abschlussprüfers	170
b) Inhalt	127			
c) Form	129		9. Einbringung/Übernahme der Aktien	172
3. Umwandlungsbericht	130		10. Treuhänder	175
4. Einreichung des Umwandlungsplans oder seines Entwurfs beim Handelsregister	131		11. Gründungsrecht der AG	176
			12. Handelsregisteranmeldung	177
5. Zuleitung an den Betriebsrat	132		a) Anmeldepflichtige Personen	177
6. Verfahren zur Beteiligung der Arbeitnehmer	133		b) Inhalt der Anmeldung	178
			c) Anlagen	180
7. Reinvermögensprüfung	134		13. Eintragung der SE	181

Kapitel 5

		Rdn.			Rdn.
V.	Gründung einer gemeinsamen Tochter-SE.	182	I.	Rückumwandlung der SE in eine Aktiengesellschaft.	195
	1. Einführung/Gründer/Mehrstaatlichkeitserfordernis	182		1. Allgemeines	195
	2. Keine Notwendigkeit eines Gründungsplans	185		2. Durchführung	196
	3. Beteiligung der Arbeitnehmer	186	II.	Beteiligung der SE an Umwandlungsmaßnahmen nach dem Umwandlungsgesetz	202
	4. Ablauf der Gründung	187	III.	Sitzverlegung ins EU-Ausland	206
	5. Gründungsurkunde	188		1. Allgemeines	206
	6. Anmeldung zum Handelsregister	189		2. Durchführung	209
	7. Zustimmungsbeschlüsse der beteiligten Gesellschaften	190		a) Verlegungsplan	212
VI.	Gründung einer Tochter SE der SE	191		b) Verlegungsbericht	215
F.	Besondere Strukturmaßnahmen bei der SE	195		c) Verlegungsbeschluss	217
				d) Minderheitenschutz	218
				e) Gläubigerschutz	219
				f) Registerverfahren	221

A. Einführung

Handelsgesellschaften können gem. Art. 1 Abs. 1 SE-VO in der Form Europäischer Aktiengesellschaften (Societas Europaea, nachfolgend SE genannt) gegründet werden. Die SE besitzt dabei gem. Art. 1 Abs. 3 SE-VO eine eigene Rechtspersönlichkeit. Gem. Art. 1 Abs. 2 SE-VO ist ihr Kapital in Aktien zerlegt. Jeder Aktionär haftet nur bis zur Höhe des von ihm gezeichneten Kapitals. Es handelt sich somit um eine eigenständige supranationale Rechtsform und nicht bloß um eine Modifikation einer deutschen AG, auch wenn das SE-Recht häufig auf das Aktienrecht verweist.[1]

Das Recht der SE ist zum einen in der SE-Verordnung (SE-VO)[2] verankert, welche unmittelbar in sämtlichen Mitgliedstaaten der Europäischen Union anwendbar ist. Zum anderen wird es im SE-Ausführungsgesetz (SEAG) geregelt. Dabei verzichtet die SE-VO darauf, das Recht der SE umfassend zu regeln, sondern beschränkt sich nur auf ausgewählte Aspekte. Die SE-VO verweist hinsichtlich derjenigen Bereiche, die in ihr nicht oder nicht abschließend geregelt sind, auf das nationale Recht. Die Bestimmungen der SE-VO sind dabei gem. Art. 9 Abs. 1b SE-VO zwingend, soweit sie nicht ausdrücklich zur Disposition der Satzung gestellt werden. Satzungsbestimmungen, welche auf satzungsdispositivem Recht der SE-VO beruhen, gehen wiederum dem nationalen Recht der Mitgliedstaaten vor.[3] Hieraus ergibt sich folgende **Normenhierarchie:**[4]

– zwingende Bestimmungen der SE-VO;
– Satzungsregelungen, soweit diese auf satzungsdispositivem europäischem Recht beruhen;
– dispositive Bestimmungen der SE-VO;
– spezielle Ausführungsgesetze des Sitzstaates, die auf der Grundlage der SE-VO erlassen wurden (in Deutschland also das SEAG);
– zwingende Bestimmungen des nationalen Rechts des Sitzstaates;
– Satzungsregelungen, soweit diese auf satzungsdispositivem nationalem Recht beruhen;
– dispositives nationales Recht des Sitzstaates.

---

1 Jannott/Frodermann/*Kuhn*, Kap. 2 Rn. 39.
2 Verordnung (EG) Nr. 2157/2001 des Rates vom 8. Oktober 2001 über das Statut der Europäischen Gesellschaft (SE).
3 Jannott/Frodermann/*Kuhn*, Kap. 2 Rn. 11.
4 Jannott/Frodermann/*Kuhn*, Kap. 2 Rn. 12.

In der Praxis bestehen für die Entscheidung der SE als Rechtsform unterschiedliche Motive. Zu nennen sind u.a. flexible Gestaltung der Mitbestimmung,[5] Mobilität der SE innerhalb der EU[6] oder das Wahlrecht zwischen den unterschiedlichen Organisationsverfassungen.

B. Aufbau der SE

3 Wie die deutsche Aktiengesellschaft verfügt jede SE gem. Art. 38 Nr. 1 SE-VO über eine Hauptversammlung als zwingendes Organ. Darüber hinaus hat der Satzungsgeber bei der SE gem. Art. 38 Nr. 2 SE-VO die Wahl zwischen einem zweistufigen (dualistischen) System mit einem Aufsichtsorgan und einem Leitungsorgan sowie einem einstufigen (monistischen) System mit nur einem Verwaltungsorgan. Die SE mit einem dualistischen Leistungssystem entspricht im Wesentlichen dem System der deutschen AG, während das monistische System das anglo-amerikanische Board-Modell zum Vorbild hat.[7] Die entsprechenden Regelungen zum organisatorischen Aufbau der SE finden sich in Art. 38 – 60 SE-VO ergänzt durch §§ 15 – 51 SEAG sowie im AktG.

I. Die Verwaltung der SE

1. Die Verwaltung im dualistischen Leitungssystem

4 Für die deutsche dualistische SE enthalten Art. 39 – 42 und Art. 46 – 51 SE-VO sowie §§ 15 – 19 SEAG überwiegend solche Normen, die das Leitungssystem im dualistischen System dem der deutschen AG annähern.[8] Dementsprechend verfügt die dualistische SE gem. Art. 40 SE-VO über ein **Aufsichtsorgan** sowie gem. Art. 39 SE-VO über ein **Leitungsorgan**. Im Allgemeinen sind die Funktionen von Leitungsorgan und Aufsichtsorgan der deutschen SE mit denjenigen von Vorstand und Aufsichtsrat der deutschen AG vergleichbar.

a) Leitungsorgan

5 Das Leitungsorgan führt demnach gem. Art. 39 Abs. 1 Satz 1 SE-VO die Geschäfte der SE und vertritt diese nach außen. Ihm kommen die gleichen Funktionen zu wie dem Vorstand einer Aktiengesellschaft. Aufgrund der Tatsache, dass Art. 39 SE-VO die Vertretungsmacht des Leitungsorgans bewusst nicht regelt, kommen gem. Art. 9 Abs. 1 Buchst. c) die §§ 78, 82 AktG zur Anwendung.[9] Daher hat das Leitungsorgan im Außenverhältnis **unbegrenzte Vertretungsmacht**. Die Mitglieder des Leitungsorgans werden gem. Art. 39 Abs. 2 SE-VO vom Aufsichtsorgan bestellt und abberufen.

b) Aufsichtsorgan

6 Dem Aufsichtsorgan obliegt gem. Art. 40 Abs. 1 Satz 1 SE-VO die Überwachung der Geschäftsführung. Das Aufsichtsorgan hat gegenüber dem Leitungsorgan – wie auch bei der deutschen AG – **kein Weisungsrecht** und ist von der Geschäftsführung ausgeschlossen.[10] Allerdings stehen dem Aufsichtsorgan gem. Art. 41 SE-VO **Informationsrechte** zu. Darüber hinaus werden Zustimmungsvorbehalte zugunsten des Aufsichtsorgans gem. Art. 48 SE-VO entweder in der Satzung festgelegt oder das Aufsichtsorgan erlässt diese gem. § 19 SEAG selbst. Die Mitglieder des Aufsichtsorgans werden gem. Art. 40 Abs. 2 SE-VO von der Hauptversammlung bestellt, wobei gem. Art. 47 Abs. 4 SE-VO satzungsmäßige Entsenderechte zulässig sind.

---

5 Jannott/Frodermann/*Kuhn*, Kap. 2 Rn. 22. ff.; Böttcher/Habighorst/Schulte/*Jaspers*, Anhang 1 Rn. 6.
6 Böttcher/Habighorst/Schulte/*Jaspers*, Anhang 1 Rn. 12.
7 KK-AktG/*Paefgen*, SE-VO, Art. 38 Rn. 1; MünchKommAktG/*Reichert/Brandes*, SE-VO, Art. 38 Rn. 3.
8 Jannott/Frodermann/*Frodermann*, Kap. 5 Rn. 15; zu den Unterschieden zwischen der AG und der dualistischen SE, s. *Rahlmeyer/Klose*, NZG 2019, 854 ff.
9 Lutter/Hommelhoff/Teichmann/*Drygala*, Art. 39 Rn. 16 ff.; MünchKommAktG/*Reichert/Brandes*, SE-VO, Art. 39 Rn. 8.
10 Jannott/Frodermann/*Frodermann*, Kap. 5 Rn. 84.

2. Die Verwaltung im monistischen Leitungssystem

Die Regelungen zum monistischen System finden sich in den Art. 43 – 45 SE-VO und Art. 46 – 51 SE-VO sowie in §§ 20 – 49 SEAG. § 20 SEAG stellt dabei ausdrücklich klar, dass die §§ 76 – 116 AktG bei Wahl des monistischen Systems keine Anwendung finden. Da das monistische System dem deutschen Aktienrecht fremd ist, hat der deutsche Gesetzgeber von seiner Befugnis gem. Art. 43 Abs. 4 SE-VO Gebrauch gemacht und entsprechende Sonderregelungen in Bezug auf die SE erlassen. In diesem Rahmen sieht z.B. § 40 SEAG die Bestellung von **geschäftsführenden Direktoren** vor.

a) Verwaltungsrat

Gem. Art. 43 Abs. 1 Satz 1 SE-VO sowie § 22 Abs. 1 SEAG leitet der Verwaltungsrat die Gesellschaft, bestimmt die Grundlinien ihrer Tätigkeit und überwacht deren Umsetzung. Ihm obliegen damit sowohl Leitungsverantwortung als auch Richtlinienkompetenz und Überwachungspflicht.[11] Der Verwaltungsrat verfügt im Unterschied zum Aufsichtsorgan des dualistischen Systems sowohl über entsprechende **Weisungsbefugnis** als auch über die Berechtigung, Geschäftsführungsmaßnahmen ohne oder gegen den Willen der geschäftsführenden Direktoren selbst durchzuführen.[12]

aa) Bestellung der Mitglieder des Verwaltungsrats

Die Bestellung der Mitglieder des Verwaltungsrats obliegt gem. Art. 43 Abs. 3 Satz 1 SE-VO der Hauptversammlung. Gem. Art. 43 Abs. 3 Satz 2 SE-VO können die Mitglieder des ersten Verwaltungsrats jedoch auch durch die Satzung bestimmt werden.

bb) Ausschüsse des Verwaltungsrats

Der Verwaltungsrat kann gem. § 34 Abs. 4 SEAG aus seiner Mitte Ausschüsse bilden. Aufgrund der Tatsache, dass der Verwaltungsrat im Vergleich zum Aufsichtsorgan nicht lediglich Überwachungs- sondern auch Leitungsaufgaben wahrnimmt, ist bei größeren Verwaltungsräten die Bildung von Ausschüssen zur Steigerung der Effizienz **nachdrücklich zu empfehlen**.[13] Bei der Besetzung der Ausschüsse ist der Rechtsgedanke des § 40 Abs. 1 Satz 2 SEAG zu beachten, so dass zumindest in beschließenden Ausschüssen die Mehrheit der Mitglieder stets aus nicht geschäftsführenden Mitgliedern bestehen muss.[14]

▶ Praxistipp:

Der Verwaltungsrat sollte zweckmäßigerweise folgende Ausschüsse bilden:
- Exekutivausschuss (Wahrnehmung der leitenden Funktionen des Verwaltungsrats, die nicht zwingend dem Gesamtausschuss übertragen sind, insbesondere Vorbereitung unternehmerischer Strategien für den Gesamtverwaltungsrat)
- Personalausschuss
- Finanzausschuss

cc) Vergütung der Mitglieder des Verwaltungsrats

Bezüglich der Vergütung der Verwaltungsratsmitglieder gelten die Regelungen des § 113 AktG zur Vergütung von Aufsichtsratsmitgliedern gem. § 38 Abs. 1 SEAG entsprechend, so dass die Vergü-

---

[11] Lutter/Hommelhoff/Teichmann/*Teichmann*, Anh. Art. 43, § 22 SEAG Rn. 2 ff.; KK-AktG/*Siems*, SE-VO, Anh. Art. 51, § 22 SEAG Rn. 11 ff.
[12] Lutter/Hommelhoff/Teichmann/*Teichmann*, Anh. Art. 43, § 22 SEAG Rn. 2 ff.; MünchKommAktG/ *Reichert/Brandes*, SE-VO, Art. 43 Rn. 13 ff.
[13] So auch KK-AktG/*Siems*, SE-VO, Anh. Art. 51, § 34 SEAG Rn. 21.
[14] Lutter/Hommelhoff/Teichmann/*Teichmann*, Anh. Art. 43, § 34, 54 SEAG Rn. 22; KK-AktG/*Siems*, SE-VO, Anh. Art. 51, § 34 SEAG Rn. 26; MünchKommAktG/*Reichert/Brandes*, SE-VO, Art. 44 Rn. 51.

tung entweder in der Satzung beziffert oder von der Hauptversammlung bewilligt werden muss. Nicht geschäftsführende Verwaltungsratsmitglieder werden lediglich organschaftlich bestellt; mit ihnen werden hingegen keine Anstellungsverträge geschlossen.[15] Für die Haftung der Verwaltungsratsmitglieder gilt gem. § 39 SEAG die Vorschrift des § 93 AktG entsprechend.

b) Geschäftsführende Direktoren

12 Der Verwaltungsrat einer deutschen SE bestellt gem. § 40 Abs. 1 Satz 1 SEAG einen oder mehrere geschäftsführende Direktoren. Auch Verwaltungsratsmitglieder können gem. § 40 Abs. 1 Satz 2 SEAG als geschäftsführende Direktoren bestellt werden, soweit die Mehrheit des Verwaltungsrats weiterhin aus nicht geschäftsführenden Mitgliedern besteht. Der Verwaltungsrat kann gem. § 40 Abs. 9 SEAG zudem stellvertretende Direktoren bestellen, die dann gem. § 46 Abs. 1 Satz 2 SEAG ebenfalls in das Handelsregister einzutragen sind.

aa) Organqualität der geschäftsführenden Direktoren

13 Umstritten ist, ob den geschäftsführenden Direktoren Organqualität zukommt. Nach einer Auffassung soll den geschäftsführenden Direktoren keine Organqualität zukommen, was mit der gegenüber dem Verwaltungsrat abhängigen Stellung begründet wird.[16] Die überwiegende Ansicht bejaht jedoch eine Organstellung der geschäftsführenden Direktoren.[17] Gegen die erstgenannte Ansicht spricht vor allem, dass auch Geschäftsführer einer GmbH, denen nach allgemeiner Ansicht Organqualität zukommt, weisungsabhängig sind; die Weisungsgebundenheit steht einer Organstellung folglich nicht entgegen. Für die Organstellung der geschäftsführenden Direktoren streitet zudem, dass es sich bei ihnen gem. § 40 Abs. 1 Satz 1 SEAG um ein **zwingendes Gremium** handelt und sie gem. § 41 Abs. 1 Satz 1 SEAG über alleinige Vertretungsmacht verfügen. Mithin ist die monistische SE ohne geschäftsführende Direktoren nach außen nicht handlungsfähig. Bei den geschäftsführenden Direktoren handelt es sich somit um eine organisatorisch verselbstständigte Handlungseinheit innerhalb einer juristischen Person, durch die diese handlungsfähig wird, womit diese Voraussetzung für die Organqualität ebenfalls erfüllt ist.[18] Zudem werden sie gem. § 40 Abs. 1 SEAG **formell bestellt**. Gem. § 40 Abs. 8 SEAG haften die geschäftsführenden Direktoren überdies wie Vorstands- und Aufsichtsratsmitglieder einer deutschen AG.

14 Im Ergebnis lässt sich festhalten, dass die geschäftsführenden Direktoren jedenfalls auf der Ebene des SEAG als Organ der deutschen monistischen SE ausgestaltet sind. Dies steht auch im Einklang mit Art. 54 Abs. 2 SE-VO, der explizit von weiteren Organen neben Leitungs-, Aufsichts- oder Verwaltungsorgan spricht.

bb) Amtszeit der geschäftsführenden Direktoren

15 Obwohl die geschäftsführenden Direktoren als Organ der deutschen SE anzusehen sind, findet Art. 46 SE-VO zur Amtszeit von Organmitgliedern auf die geschäftsführenden Direktoren keine Anwendung, da diese nach der SE-VO kein zwingendes Organ sind.[19] Der deutsche Gesetzgeber hat im SEAG keine Regelungen zur Amtszeit der geschäftsführenden Direktoren erlassen, so dass eine zeitlich **unbegrenzte Bestelldauer zulässig** ist. Dies ist dem Grunde nach unbedenklich, da geschäftsführende Direktoren gem. § 40 Abs. 5 Satz 1 SEAG wie GmbH-Geschäftsführer ohne

---

15 Lutter/Hommelhoff/Teichmann/*Teichmann*, Anh. Art. 43, § 28 SEAG Rn. 5; Jannott/Frodermann/*Frodermann*, Kap. 5 Rn. 152; MünchHdb GesR IV/*Austmann*, § 86 Rn. 14.
16 KK-AktG/*Siems*, SE-VO, Anh. Art. 51, § 40 SEAG Rn. 7; *Kallmeyer*, ZIP 2003, 1531.
17 MünchKommAktG/*Reichert/Brandes*, SE-VO, Art. 43 Rn. 15; Jannott/Frodermann/*Frodermann*, Kap. 5 Rn. 240; MünchHdb GesR IV/*Austmann*, § 86 Rn. 9.
18 Jannott/Frodermann/*Frodermann*, Kap. 5 Rn. 240.
19 KK-AktG/*Siems*, SE-VO, Vorb. Art. 46 Rn. 3; MünchKommAktG/*Reichert/Brandes*, SE-VO, Art. 43 Rn. 115; Spindler/Stilz/*Eberspächer*, SE-VO, Art. 46 Rn. 1; Jannott/Frodermann/*Frodermann*, Kap. 5 Rn. 242.

wichtigen Grund abberufen werden können und insofern kein Bedarf besteht, dem Verwaltungsrat analog zum Aufsichtsrat einer AG das Pflichtrecht aufzuerlegen, über die Bestellung regelmäßig neu zu beschließen.[20] Soweit jedoch in der Satzung die Abberufung der geschäftsführenden Direktoren vom Vorliegen eines wichtigen Grundes abhängig gemacht wurde,[21] verfängt diese Argumentation nicht, weshalb die Gestaltungsfreiheit der deutschen SE in dieser Konstellation zu Recht für bedenklich gehalten wird.[22]

▶ Praxistipp:
Existiert eine Satzungsklausel, die eine Abberufung der geschäftsführenden Direktoren nur aus wichtigem Grund zulässt, oder soll eine solche eingeführt werden, ist zu empfehlen, die Amtszeit der geschäftsführenden Direktoren in der Satzung zu begrenzen. In Anlehnung an die Bestelldauer von Vorstandsmitgliedern der AG und anderen Organen der SE gem. Art. 46 SE-VO empfiehlt sich hierfür eine mögliche Dauer von nicht mehr als 5–6 Jahren.

cc) Aufgaben der geschäftsführenden Direktoren

Den geschäftsführenden Direktoren obliegt gem. § 40 Abs. 2 Satz 1 SEAG die Geschäftsführung sowie gem. § 40 Abs. 2 Satz 1 und § 41 SEAG die gerichtliche und außergerichtliche Vertretung der SE. Sofern die Satzung nichts anderes bestimmt, sind die geschäftsführenden Direktoren gem. § 41 Abs. 2 SEAG nur **gemeinschaftlich zur Vertretung** der Gesellschaft befugt.

Die oberste Leitungsbefugnis auch in Bezug auf das Tagesgeschäft verbleibt beim Verwaltungsrat.[23] Sofern der Verwaltungsrat von dieser Kompetenz keinen Gebrauch macht, obliegt den geschäftsführenden Direktoren die Pflicht der **eigenverantwortlichen Geschäftsführung.**[24] Gesetzlich zuständig sind die geschäftsführenden Direktoren gem. § 40 Abs. 2 Satz 4 SEAG für Anmeldungen zum Handelsregister, gem. § 47 Abs. 1 Satz 1 SEAG für die Aufstellung des Jahresabschlusses sowie gem. § 49 Abs. 1 SEAG für die Erstellung des Abhängigkeitsberichtes. Weitere Aufgabenbereiche der geschäftsführenden Direktoren sind abhängig von der Aufgabendelegation seitens des Verwaltungsrats, wobei ihnen gem. § 40 Abs. 2 Satz 3 SEAG keine Aufgaben übertragen werden dürfen, die gesetzlich dem Verwaltungsrat zugewiesen sind.

In der Satzung können gem. Art. 48 Abs. 1 Satz 1 SE-VO Geschäfte festgelegt werden, die die geschäftsführenden Direktoren nur mit Zustimmung des Verwaltungsrats durchführen dürfen. Aufgrund der Weisungskompetenz des Verwaltungsrats gegenüber den geschäftsführenden Direktoren handelt es sich bei den Zustimmungsvorbehalten im Kern eher um Informations- als um Überwachungsrechte. Jedenfalls kommt den Zustimmungsvorbehalten in dieser Konstellation nur eine eingeschränkte verhaltenssteuernde Wirkung zu, weil eine Überarbeitung und Wiedervorlage eines zustimmungsbedürftigen Geschäfts seitens der geschäftsführenden Direktoren in der Praxis regelmäßig ausscheiden dürfte, da der Verwaltungsrat, sobald er Kenntnis von einer geplanten Maßnahme erhält, den geschäftsführenden Direktoren uneingeschränkt Weisung zum Ob und Wie dieser Maßnahme erteilen kann. Zentraler Unterschied zum Leitungsorgan des dualistischen Systems ist damit die uneingeschränkte **Weisungsabhängigkeit** der geschäftsführenden Direktoren gegenüber dem

---

20 So die Begründung für die Existenz der Beschränkung der Amtsdauer von Vorstandsmitgliedern einer AG gem. § 84 Abs. 1 Satz 3 AktG in BGH NZG 2012, 1027, 1029.
21 Gem. § 40 Abs. 5 Satz 1 SEAG ist eine solche Satzungsklausel möglich, so z.B. Lutter/Hommelhoff/Teichmann/*Teichmann*, Anh. Art. 43, § 40 SEAG Rn. 7; MünchKommAktG/*Reichert/Brandes*, SE-VO, Art. 43 Rn. 114; Spindler/Stilz/*Eberspächer*, SE-VO, Art. 43 Rn. 38.
22 Jannott/Frodermann/*Frodermann*, Kap. 5 Rn. 242; Spindler/Stilz/*Eberspächer*, SE-VO, Art. 43 Rn. 39.
23 MünchKommAktG/*Reichert/Brandes*, SE-VO, Art. 43 Rn. 172.
24 MünchKommAktG/*Reichert/Brandes*, SE-VO, Art. 43 Rn. 174.

Verwaltungsrat.[25] In Bezug auf die **Haftung** der geschäftsführenden Direktoren gilt gem. § 40 Abs. 8 SEAG die Regelung des § 93 AktG entsprechend.

II. Hauptversammlung der SE

1. Zuständigkeiten

19 Die Hauptversammlung der SE ist in Art. 52 – 60 SE-VO geregelt. Die Zuständigkeit der Hauptversammlung umfasst sämtliche Angelegenheiten, die ihr durch die SE-VO selbst zugewiesen sind sowie solche, die ihr nach dem Recht des Sitzstaates (in Deutschland sind dies SEAG, SEBG und das AktG) oder der Satzung obliegen. Gem. der SE-VO ist die Hauptversammlung der SE zuständig für
- die Wahl der Mitglieder des Aufsichtsorgans (Art. 40 Abs. 2 Satz 1 SE-VO) oder des Verwaltungsorgans (Art. 43 Abs. 3 Satz 1 SE-VO),
- Satzungsänderungen (Art. 59 Abs. 1 SE-VO),
- die Sitzverlegung (Art. 8 Abs. 4 SE-VO),
- die Zustimmung zur Teilnahme der SE an SE-Gründungen (Art. 23 Abs. 1 SE-VO),
- Rückumwandlungen der SE in eine AG (Art. 66 Abs. 6 SE-VO) und
- die Auflösung der SE (vgl. Art. 63 SE-VO).

a) Satzungsänderungen

20 Satzungsänderungen bedürfen gem. Art. 59 Abs. 1 SE-VO grundsätzlich einer **2/3-Mehrheit der abgegebenen Stimmen**. Allerdings ist umstritten, ob auf eine SE mit Sitz in Deutschland § 179 Abs. 2 AktG i.V.m. Art. 59 Abs. 1 Halbs. 2 SE-VO anwendbar ist, mit der Folge, dass in diesem Fall eine **3/4-Mehrheit des vertretenen Grundkapitals** erforderlich ist. Die Anwendung des § 179 Abs. 2 AktG ist deshalb fraglich, weil Art. 59 Abs. 1 SE-VO eine Stimmenmehrheit verlangt, § 179 Abs. 2 AktG hingegen eine Kapitalmehrheit voraussetzt. Nach einer Ansicht soll dies zur Folge haben, dass § 179 Abs. 2 AktG in Bezug auf Art. 59 Abs. 1 SE-VO gerade keine größere Mehrheit vorsehe, da er sich auf einen anderen Gegenstand beziehe. Jedoch sollen im AktG angeordnete Kapitalmehrheiten europarechtskonform als Stimmenmehrheiten ausgelegt werden, mit der Folge, dass die Anwendung des § 179 Abs. 2 AktG zum Erfordernis einer 3/4-Stimmenmehrheit führt.[26] Nach einer anderen Auffassung soll die 3/4-Kapitalmehrheit des § 179 Abs. 2 AktG kumulativ zur 2/3-Stimmenmehrheit des Art. 59 Abs. 1 SE-VO zur Anwendung kommen.[27] Die letztgenannte Ansicht überzeugt vor allem aufgrund der Tatsache, dass der Wortlaut des Art. 59 Abs. 1 SE-VO die 2/3-Stimmenmehrheit für den Fall anordnet, dass das nationale Aktienrecht keine »größere Mehrheit« vorsehe, was auch bei einer Kapitalmehrheit erfüllt ist. Diese vorzugswürdige Ansicht führt dazu, dass aufgrund des Erfordernisses einer 3/4-Kapitalmehrheit der Stimmenmehrheit in der Praxis kaum noch eine eigenständige Bedeutung zukommt, da im Regelfall Kapital- und Stimmrechtsverhältnisse identisch sind.[28] Relevant wird die Stimmenmehrheit nur dann, wenn in einer nicht börsennotierten Gesellschaft gem. § 134 Abs. 1 Satz 2 AktG Höchststimmrechte bestehen.

▶ **Praxistipp:**

Aufgrund der erheblichen Rechtsunsicherheit ist in der Praxis vorerst zu raten, bei Satzungsänderungen sowohl eine 3/4-Stimmmehrheit als auch eine 3/4-Kapitalmehrheit zu beachten.

---

25 Lutter/Hommelhoff/Teichmann/*Teichmann*, Anh. Art. 43 SE-VO, § 44 SEAG Rn. 8 f.; Jannott/Frodermann/*Frodermann*, Kap. 5 Rn. 228; *Seyfarth*, § 27 Rn. 53.
26 Lutter/Hommelhoff/Teichmann/*Spindler*, Art. 57 Rn. 13; MünchKommAktG/*Kubis*, SE-VO, Art. 59 Rn. 6; Spindler/Stilz/*Eberspächer*, SE-VO, Art. 59 Rn. 4; MünchHdb GesR IV/*Austmann*, § 86 Rn. 27.
27 Lutter/Hommelhoff/Teichmann/*Bayer*, Art. 59 Rn. 16; KK-AktG/*Kiem*, SE-VO, Art. 59 Rn. 16; MünchKommAktG/*Oechsler*, SE-VO, Art. 8 Rn. 26; Sagasser/Bula/Brünger/*Sagasser/Link*, § 32 Rn. 39.
28 Henssler/Strohn/*Lange*, AktG, § 12 Rn. 7.

B. Aufbau der SE

b) Bestellung der Arbeitnehmervertreter

Gem. § 36 Abs. 4 Satz 1 SEBG ist die Hauptversammlung grundsätzlich zuständig für die Bestellung der Arbeitnehmervertreter im Aufsichts- oder Verwaltungsorgan sowie für deren Abberufung. Dabei ist sie gem. § 36 Abs. 4 Satz 2 SEBG allerdings an Wahlvorschläge gebunden. Da diese Zuständigkeit dispositiv ist, hat sich die Praxis überwiegend dazu entschieden, in die Beteiligungsvereinbarungen entsprechende Regelungen aufzunehmen, gemäß derer die Arbeitnehmervertreter bestellt werden.[29]

c) Sonstige Kompetenzen der Hauptversammlung

Im Übrigen hat die Hauptversammlung gem. Art. 52 Satz 2 SE-VO die üblichen Kompetenzen einer dem Recht des Sitzstaates der SE unterliegenden Aktiengesellschaft. In Deutschland kommen daher insbesondere die §§ 119 ff. AktG zur Anwendung; darüber hinaus können in der Satzung bestimmte Hauptversammlungskompetenzen festgelegt werden.[30]

2. Einberufung und Ablauf

Gem. Art. 53 SE-VO gelten für Einberufung und Ablauf der Hauptversammlung vorbehaltlich spezieller Regelungen der SE-VO die nationalen aktienrechtlichen Regelungen des Sitzstaates. Bei der SE sind sämtliche Organe jederzeit zur Einberufung einer Hauptversammlung berechtigt, anders als bei der deutschen AG ist der Aufsichtsrat bei seiner Einberufung nicht an das »Wohl der Gesellschaft« gebunden.[31]

a) Zeitpunkt der Hauptversammlung

Abweichend von § 175 Abs. 1 Satz 2 AktG hat die Hauptversammlung einer SE gem. Art. 54 Abs. 1 Satz 1 SE-VO **binnen 6 Monaten** nach Abschluss des Geschäftsjahres stattzufinden. In Bezug auf die Quoren sowohl bezüglich der Beantragung der Einberufung der Hauptversammlung durch Aktionäre gem. Art. 55 SE-VO als auch bezüglich der Beantragung der Ergänzung der Tagesordnung durch Aktionäre gem. Art. 56 SE-VO ergeben sich mit Blick auf die Regelung in § 50 SEAG kleine Unterschiede zur deutschen AG.[32] Insbesondere setzt ein Einberufungs- und Tagesordnungsergänzungsverlangen für Aktionäre einer SE keine Mindesthaltedauer von Aktien (»Vorbesitzzeit«) voraus.[33]

▶ **Praxistipp:**

Im Unterschied zur deutschen AG muss die Hauptversammlung der SE gem. Art. 54 Abs. 1 Satz 1 SE-VO bereits binnen 6 Monaten nach Abschluss des Geschäftsjahres stattfinden.

Bei der Vorbereitung einer (kritischen) Hauptversammlung einer SE sollte berücksichtigt werden, dass bei der SE auch jene Aktionäre Tagesordnungsergänzungs- oder Einberufungsverlangen stellen können, die ihre Aktien erst kurz zuvor erworben haben, weil – anders als bei der deutschen AG – das Erfordernis einer Vorbesitzzeit nicht existiert.

b) Ort und Sprache der Hauptversammlung

Gem. Art. 53 SE-VO kommt für den Ort der Hauptversammlung § 121 Abs. 5 AktG zur Anwendung.[34] Dazu hat der BGH im Einklang mit der herrschenden Meinung in der Literatur klargestellt,

---

[29] Vgl. z.B. BASF SE, E.ON SE, SAP SE.
[30] Lutter/Hommelhoff/Teichmann/*Spindler*, Art. 52 Rn. 24; KK-AktG/*Kiem*, SE-VO, Art. 52 Rn. 27.
[31] *Rahlmeyer/Klose*, NZG 2019, 854, 855.
[32] Lutter/Hommelhoff/Teichmann/*Spindler*, Art. 55 Rn. 6; MünchKommAktG/*Kubis*, SE-VO, Art. 56 Rn. 3.
[33] *Rahlmeyer/Klose*, NZG 2019, 854, 855.
[34] BGH NZG 2015, 18 (IMW Immobilien SE).

dass in der Satzung der SE ein Hauptversammlungsort auch im Ausland bestimmt werden kann.[35] In diesem Fall genügt die Beurkundung durch einen ausländischen Notar, wenn sie einer deutschen Beurkundung gleichwertig ist.[36]

In Bezug auf die SE wird unter Hinweis auf den »supranationalen Charakter« dieser Rechtsform teilweise dafür plädiert, dass die Durchführung der Hauptversammlung zumindest in englischer Sprache zulässig sei.[37] Allerdings muss bei der SE mit Sitzstaat Deutschland im Grundsatz wie auch bei der AG gelten, dass die Hauptversammlung in deutscher Sprache durchzuführen ist. Ausnahmen mögen sich in besonders gelagerten Einzelfällen aus Treuegesichtspunkten ergeben. Andernfalls könnte es insbesondere in Umwandlungsfällen zu einem faktischen Entzug von Mitgliedschaftsrechten nicht englischsprachiger Kleinaktionäre kommen. Zu diesem faktischen Entzug käme es auch, wenn die Satzung der SE die Durchführung der Hauptversammlung in ausschließlich englischer Sprache zuließe, weshalb auch entsprechende Satzungsregelungen unzulässig sind. Dem internationalen Charakter der SE kann vielmehr durch die freiwillige Zurverfügungstellung von Übersetzungsmöglichkeiten anderer EU-Amtssprachen, die sich im Einzelfall (beispielsweise bei einem Hauptaktionär aus dem EU-Ausland) aus Treuegesichtspunkten auch zu einer Pflicht verdichten mag, Rechnung getragen werden.[38]

▶ **Praxistipp:**

Zu beachten ist, dass angesichts der Formulierung »gleichwertige Beurkundung« auch nach dem Urteil des BGH nicht abschließend geklärt ist, welche genauen Anforderungen an eine notarielle Beurkundung von Hauptversammlungsbeschlüssen im Ausland zu stellen sind. Angesichts der drohenden Nichtigkeit von Hauptversammlungsbeschlüssen im Falle einer nicht ordnungsgemäßen Protokollierung sollte die Wahl des Ortes der Hauptversammlung einer deutschen SE daher im Einzelfall sorgfältig geprüft werden.

c) Niederschrift der Hauptversammlung

26 Die Niederschrift der Hauptversammlung der SE richtet sich nach dem **Recht des Sitzstaates**, so dass bei einer deutschen SE die Hauptversammlung notariell zu beurkunden ist, falls die SE börsennotiert ist oder Beschlüsse gefasst werden, für die das AktG eine 3/4- oder größere Mehrheit bestimmt.[39] Der BGH hat zwischenzeitlich entschieden, dass bei nicht börsennotierten Gesellschaften getrennte Niederschriften über eine Hauptversammlung möglich sind.[40] Demnach ist eine Aufteilung in notariell beurkundungsbedürftige Beschlüsse und Beschlüsse, bei denen die Niederschrift durch Versammlungsleiter ausreichend ist, möglich. In Anbetracht der bei einer doppelten Protokollierung auftretenden praktischen Probleme sollten Gesellschaften auch zukünftig eine einheitliche Beurkundung anstreben, da ein einheitliches, vollständiges und widerspruchsfreies Protokoll die Anfechtungsrisiken in Hinblick auf die gefassten Beschlüsse erheblich reduziert.[41]

---

35 BGH NZG 2015, 18 (IMW Immobilien SE); s.a. Rdn. 45.
36 BGH NZG 2015, 18 (IMW Immobilien SE).
37 KK-AktG/*Kiem*, SE-VO, Art. 53 Rn. 19; Spindler/Stilz/*Eberspächer*, SE-VO, Art. 53 Rn. 6; Lutter/Hommelhoff/Teichmann/*Spindler*, Art. 53 Rn. 21; *Knapp*, DStR 2012, 2392, 2395.
38 *Rahlmeyer/Klose*, NZG 2019, 854, 856.
39 Lutter/Hommelhoff/Teichmann/*Spindler*, Art. 53 Rn. 30; MünchKommAktG/*Kubis*, SE-VO, Art. 53 Rn. 20.
40 BGH NZG 2015, 867.
41 In diese Richtung auch: *Wettich*, AG 2015, 681, 686.

C. Gestaltung der Satzung der SE

I. Allgemeines

Der Inhalt der Satzung einer SE bestimmt sich einerseits nach europäischem und andererseits nach dem nationalem Recht am Sitz der SE. Grundsätzlich kann auf die Ausführungen zur Gestaltung der Satzung einer Aktiengesellschaft verwiesen werden (vgl. Kap. 3 Rdn. 30 ff.). Bei folgenden Punkten bestehen **Besonderheiten**: 27

– Firma,
– Grundkapital,
– Leitungsorgane,
– Hauptversammlung,
– Gründung der SE mittels Verschmelzung.

II. Firma

Nach Art. 11 Abs. 1 SE-VO muss die SE in ihrer Firma den Rechtsformzusatz SE voran oder nachstellen. Dabei ist die Verwendung der Kurzform – im Unterschied zum Aktienrecht – vorgeschrieben.[42] Im Übrigen gelten für die Bildung der Firma die Grundsätze des handelsrechtlichen Firmenrechtes gem. §§ 17 ff. HGB, Art. 9 Abs. 1c ii SE-VO i.V.m. §§ 3 Abs. 1 AktG, 6 Abs. 2 HGB.[43] 28

III. Grundkapital

Gem. Art. 4 Abs. 2 SE-VO muss das Grundkapital einer SE mindestens 120.000,00 € betragen. Hier besteht also ein Unterschied zum AktG. Im Übrigen gelten auch hier die Bestimmungen des AktG (vgl. Kap. 3 Rdn. 54 ff.). 29

IV. Organe

1. Dualistisches System

a) Amtszeiten des Leitungsorgans

Die Amtszeiten der Mitglieder des Leitungsorgans müssen in der Satzung niedergelegt werden, wobei die Dauer der Amtszeit gem. Art. 46 Abs. 1 SE-VO **6 Jahre nicht überschreiten** darf. Umstritten ist, ob die in der Satzung festgelegte Amtszeit eindeutig definiert sein muss oder ob auch die Festlegung einer Höchstgrenze, die dann vom Aufsichtsrat im Bestellbeschluss konkretisiert wird, ausreichend ist. Für das Erfordernis einer klaren Bestimmung der Amtszeit mit der Folge, dass die Personalkompetenz des Aufsichtsorgans zugunsten der satzungsgebenden Hauptversammlung eingeschränkt würde, streitet zwar der Wortlaut (»festgelegt«) des Art. 46 Abs. 1 SE-VO.[44] Für die Zulässigkeit einer bloßen Höchstgrenze spricht jedoch – neben wirtschaftlichen und praktischen Gründen – vor allem die Tatsache, dass das dualistische System der SE dem der deutschen AG nachgebildet ist, in dem der Aufsichtsrat nach pflichtgemäßem Ermessen über die Dauer der Bestellung der Vorstandsmitglieder entscheidet.[45] Die Praxis hat sich jedenfalls vorerst für Satzungsregelungen 30

---

42 Happ/*Reichert*, Konzernrecht, 8.01 Rn. 8.3; KK-AktG/*Kiem*, SE-VO, Art. 11 Rn. 11.
43 Happ/*Reichert*, Konzernrecht, 8.01 Rn. 8.3; KK-AktG/*Kiem*, SE-VO, Art. 11 Rn. 3.
44 Lutter/Hommelhoff/Teichmann/*Teichmann*, Art. 46 Rn. 4; KK-AktG/*Paefgen*, SE-VO, Art. 39 Rn. 51; KK-AktG/*Siems*, SE-VO, Art. 46 Rn. 12; *Seyfarth*, § 27 Rn. 27; MünchHdb GesR IV/*Austmann*, § 86 Rn. 4.
45 Jannott/Frodermann/*Frodermann*, Kap. 5 Rn. 20; MünchKommAktG/*Reichert/Brandes*, SE-VO, Art. 46 Rn. 3; Spindler/Stilz/*Eberspächer*, SE-VO, Art. 46 Rn. 5; *Drinhausen/Nohlen* ZIP 2009, 1890 ff.; *Frodermann/Jannott*, ZIP 2005, 2251; *Hoffmann-Becking*, ZGR 2004, 355, 364.

entschieden, in denen – analog zu den Bestimmungen der deutschen AG – lediglich eine Höchstdauer von 5 Jahren festgelegt wird.[46]

▶ **Formulierungsbeispiel: Amtszeiten von Mitgliedern des Leitungsorgans**

Die Mitglieder des Leitungsorgans (Vorstand) werden vom Aufsichtsrat für einen Zeitraum von höchstens fünf Jahren bestellt. Wiederbestellungen, jeweils für höchstens fünf Jahre, sind zulässig.

b) Zustimmungsvorbehalte

31 In der Satzung müssen gem. Art. 48 SE-VO Zustimmungsvorbehalte zugunsten des Aufsichtsorgans festgelegt werden. Gem. § 19 SEAG kann der Aufsichtsrat der SE weitere Geschäfte von seiner Zustimmung abhängig machen.

c) Anzahl der Aufsichtsorganmitglieder

32 Die Zahl der Mitglieder der jeweiligen Organe muss gem. Art. 39 Abs. 4 SE-VO in der Satzung bestimmt sein oder es muss dort jedenfalls festgelegt sein, wie die Zahl zu bestimmen ist. Bei der Bestimmung der Anzahl der Mitglieder des Aufsichtsorgans hat eine etwaige Vereinbarung über die Mitbestimmung der Arbeitnehmer gem. Art. 40 Abs. 2 SE-VO Vorrang vor den Regelungen des SEAG und des SEBG. Gem. § 17 Abs. 1 SEAG muss das Aufsichtsorgan mindestens drei Mitglieder umfassen, eine Dreiteilbarkeit der Anzahl der Mitglieder ist nur noch erforderlich, wenn dies für die Beteiligung der Arbeitnehmer auf Grund des SEBG erforderlich ist. Besteht bei einer börsennotierten SE das Aufsichtsorgan aus derselben Zahl von Anteilseigner- und Arbeitnehmervertretern, müssen in dem Aufsichtsorgan gem. § 17 Abs. 2 SEAG Frauen und Männer jeweils mit einem Anteil von mindestens 30 % vertreten sein. Eine Möglichkeit zur Getrennterfüllung der Geschlechterquote durch die jeweiligen Bänke sieht das Gesetz nicht vor, sie kann jedoch in der SE-Beteiligungsvereinbarung festgelegt werden.[47] Da der Satzungsgeber die Anzahl der Mitglieder des Aufsichtsorgans im Übrigen nach freiem Ermessen festlegen kann, ist in mitbestimmten SEs – im Unterschied zur deutschen AG – somit eine deutliche Verschlankung des Aufsichtsorgans möglich, die sich insbesondere im Hinblick auf die Effizienz des Gremiums positiv auswirken kann.

▶ **Praxistipp**

In Bezug auf die Erfüllung der Geschlechterquote ist die Aufnahme der Möglichkeit der Getrennterfüllung in die SE-Beteiligungsvereinbarung zu empfehlen, andernfalls besteht für die Anteilseignerseite das Risiko, für die Gesamterfüllung der Mindestquote allein Sorge tragen zu müssen.

2. Monistisches Leitungssystem

a) Allgemeine Formulierungsbeispiele

33 ▶ **Formulierungsbeispiel: Monistisches Leitungssystem**

1. Die Gesellschaft hat eine monistische Leitungs- und Kontrollstruktur.
2. Die Gesellschaft verfügt über einen Verwaltungsrat und eine Hauptversammlung.
3. Die geschäftsführenden Direktoren führen die Geschäfte im Rahmen der vom Verwaltungsrat aufgestellten Vorgaben.

---

46 So z.B. Allianz SE, BASF SE, Bilfinger SE, E.ON SE, GfK SE, SAP SE, Zalando SE.
47 *Rahlmeyer/Klose*, NZG 2019, 854, 857.

C. Gestaltung der Satzung der SE

▶ **Formulierungsbeispiel: Kompetenzen des Verwaltungsrats**   34

1. Der Verwaltungsrat leitet die Gesellschaft, bestimmt die Grundlinien ihrer Tätigkeit und überwacht deren Umsetzung. Der Verwaltungsrat handelt hierbei im Rahmen des geltenden Rechts, dieser Satzung sowie seiner Geschäftsordnung.
2. Der Verwaltungsrat gibt sich eine Geschäftsordnung.
3. Der Verwaltungsrat überwacht die geschäftsführenden Direktoren [und erlässt eine Geschäftsordnung für sie].
4. Der Verwaltungsrat ist zur Vornahme von Satzungsänderungen befugt, die nur die Fassung betreffen.

▶ **Formulierungsbeispiel: Geschäftsführende Direktoren**   35

1. Der Verwaltungsrat bestellt einen oder mehrere geschäftsführende Direktoren.
2. Der Verwaltungsrat kann stellvertretende geschäftsführende Direktoren bestellen.
3. Die geschäftsführenden Direktoren führen die Geschäfte der Gesellschaft im Rahmen des geltenden Rechts, dieser Satzung, ihrer Geschäftsordnung sowie den Weisungen des Verwaltungsrats.

b) Amtszeiten der Verwaltungsratsmitglieder

Im Hinblick auf die Bestelldauer der Mitglieder des Verwaltungsrats ist wie auch beim Leitungsorgan im dualistischen System umstritten, ob Art. 46 Abs. 1 SE-VO lediglich die Festlegung einer Höchstgrenze oder aber einer festen Amtszeit erfordert.[48] Allerdings ist aufgrund der monistischen Struktur das Argument, die Bestimmung der Bestelldauer müsse beim Aufsichtsorgan verbleiben, hinfällig, so dass mit dem Wortlaut des Art. 46 Abs. 1 SE-VO eine fixe, in der Satzung definierte Bestelldauer zu fordern ist.   36

▶ **Formulierungsbeispiel: Amtszeit der Verwaltungsratsmitglieder**   37

Die Bestellung eines Verwaltungsratsmitglieds endet mit der Beendigung der Hauptversammlung, die über die Entlastung für das vierte Geschäftsjahr nach Beginn der Amtszeit beschließt und spätestens sechs Jahre nach der Bestellung des jeweiligen Mitglieds. Verwaltungsratsmitglieder können für einen entsprechenden Zeitraum wiederbestellt werden.

c) Anzahl der Verwaltungsratsmitglieder

Gem. § 23 Abs. 1 Satz 1 SEAG besteht der Verwaltungsrat aus drei Mitgliedern, wenn nicht die Satzung etwas anderes bestimmt. Bei Gesellschaften mit einem Grundkapital von mehr als 3. Mio. € darf die Anzahl von drei Verwaltungsratsmitgliedern gem. § 23 Abs. 1 Satz 2 SEAG nicht unterschritten werden. Demnach ist bei Gesellschaften mit einem geringeren Grundkapital bei entsprechender Satzungsregelung auch die Bildung eines Ein-Personen-Verwaltungsrates möglich. Dies gilt gem. Art. 43 Abs. 2 SE-VO jedoch nicht für die mitbestimmte SE, deren Verwaltungsrat aus mindestens drei Mitgliedern bestehen muss. Die Höchstzahl der Mitglieder des Verwaltungsrats beträgt bei Gesellschaften mit einem Grundkapital von bis zu 1,5 Mio. € neun, von mehr als 1,5 Mio. € fünfzehn und von mehr als 10 Mio. € einundzwanzig Mitglieder. Gem. § 23 Abs. 2 SEAG bleibt die Beteiligung der Arbeitnehmer nach dem SEBG hierbei unberührt.   38

▶ **Praxistipp:**

Besteht der Verwaltungsrat aus lediglich einer Person, darf diese nicht zugleich geschäftsführender Direktor sein.

---

48 S.o. Rdn. 30.

39 ▶ **Formulierungsbeispiel: Besetzung des Verwaltungsrats**

Der Verwaltungsrat muss mehrheitlich aus Mitgliedern, die nicht zugleich geschäftsführende Direktoren der Gesellschaft sind, bestehen.

d) Vertretung durch die geschäftsführenden Direktoren

40 Insbesondere bei einer größeren Anzahl von geschäftsführenden Direktoren sollte die Satzung eine vom Grundsatz der Gesamtvertretung abweichende Regelung treffen.

41 ▶ **Formulierungsbeispiel: Vertretung durch geschäftsführende Direktoren**

Die Gesellschaft wird durch zwei geschäftsführende Direktoren oder durch einen geschäftsführenden Direktor in Gemeinschaft mit einem Prokuristen vertreten. Ist nur ein geschäftsführender Direktor bestellt, so vertritt er die Gesellschaft allein. Der Verwaltungsrat kann einzelnen geschäftsführenden Direktoren Einzelvertretungsmacht erteilen.

e) Zustimmungsvorbehalte geschäftsführenden Direktoren

42 In der Satzung können gem. Art. 48 Abs. 1 Satz 1 – analog zum Vorstand einer AG – Geschäfte festgelegt werden, die die geschäftsführenden Direktoren nur mit Zustimmung des Verwaltungsrats durchführen dürfen.

f) Beschränkung der Abberufungsmöglichkeit geschäftsführender Direktoren

43 Abweichend von § 40 Abs. 1 Satz 5 SEAG kann in der Satzung die die Möglichkeit der Abberufung der geschäftsführenden Direktoren auf das Vorliegen eines wichtigen Grundes beschränkt werden.

44 ▶ **Formulierungsbeispiel: Beschränkung der Abberufungsmöglichkeit geschäftsführender Direktoren**

Geschäftsführende Direktoren können nur aus wichtigem Grund im Sinne des § 84 Abs. 3 AktG oder im Falle der Beendigung des Anstellungsvertrages abberufen werden. Hierfür ist ein entsprechender Verwaltungsratsbeschluss erforderlich, der mit einfacher Mehrheit der abgegebenen Stimmen gefasst werden kann.

V. Hauptversammlung

1. Hauptversammlungsort im Ausland

45 In der Satzung kann, wie dargelegt[49], auch ein Hauptversammlungsort im Ausland bestimmt werden. Allerdings muss die Satzungsbestimmung, sofern sie dem Einberufenden ein Auswahlermessen hinsichtlich des Versammlungsortes einräumt, dieses Ermessen ausreichend beschränken und zudem das **Teilnahmeinteresse der Aktionäre** berücksichtigen. Den Aktionären einer deutschen SE darf ohne Bezug zur geschäftlichen Tätigkeit der Gesellschaft grundsätzlich keine Anreise »bis an die Ränder der Europäischen Union«[50] zugemutet werden. Welche Bedeutung dies für die genaue Distanz des Hauptversammlungsortes zum Satzungssitz hat, ist umstritten. Während eine überzeugende Ansicht auf eine maximale Nord-Süd-Reiseentfernung innerhalb Deutschlands aufbauend eine Distanz von bis zu 1.000 km für ausreichend hält[51], hält eine restriktivere Ansicht bereits eine Entfernung ab 500 km für problematisch.[52] Zudem muss die Anzahl der in Betracht kommenden Versammlungsorte hinreichend beschränkt sein. Eine Satzungsbestimmung, nach der die Hauptversammlung der SE ent-

---

49 S.o. Rdn. 25.
50 BGH NZG 2015, 18 (IMW Immobilien SE).
51 MünchKommAktG/*Kubis*, § 121 Rn. 92.
52 *Herrler*, ZGR 2015, 918, 926.

weder am Sitz der Gesellschaft oder aber am »Sitz einer Wertpapierbörse in der Europäischen Union oder einer Großstadt in der Europäischen Union mit mehr als 500.000 Einwohnern« stattfindet, ist unzulässig.[53]

▶ Formulierungsbeispiel: Satzungsregelung zum Hauptversammlungsort   46

Die Hauptversammlung findet am Sitz der Gesellschaft, in Berlin oder in der Hauptstadt eines an Deutschland angrenzenden Staates statt.[54]

2. Mehrheitserfordernis

§ 51 Satz 1 SEAG eröffnet zudem die Möglichkeit, in der Satzung festzulegen, dass auch die einfache Mehrheit der abgegebenen Stimmen ausreicht, sofern mindestens die Hälfte des Grundkapitals vertreten ist. Dies gilt allerdings nicht in den Fällen des § 51 Satz 2 SEAG.   47

▶ Formulierungsbeispiel: Satzungsklausel zu Stimm- und Kapitalmehrheit bei Satzungsänderungen   48

[Die Beschlüsse der Hauptversammlung werden, soweit nicht zwingende gesetzliche Vorschriften entgegenstehen, mit einfacher Mehrheit der abgegebenen gültigen Stimmen gefasst.] Soweit nicht zwingende gesetzliche Vorschriften entgegenstehen, bedarf es für Satzungsänderungen einer Mehrheit von zwei Dritteln der abgegebenen Stimmen bzw., sofern mindestens die Hälfte des Grundkapitals vertreten ist, der einfachen Mehrheit der abgegebenen Stimmen. Sofern das Gesetz für Beschlüsse der Hauptversammlung außer der Stimmenmehrheit eine Kapitalmehrheit vorschreibt, genügt, soweit gesetzlich zulässig, die einfache Mehrheit des bei der Beschlussfassung vertretenen Grundkapitals.

VI. Gründung durch Verschmelzung

Sofern die SE im Wege der Verschmelzung errichtet wird, muss in der Satzung festgehalten werden, dass eine Sacheinlage durch den Formwechsel der bisherigen AG erbracht wurde.[55] Ferner sind auch Festsetzungen in den Satzungen der Gründungsgesellschaften über Sacheinlagen in die Satzung der SE zu überführen.[56]   49

D. Mitbestimmung

I. Allgemeines

Die Mitbestimmung einer deutschen SE richtet sich – anders als bei der deutschen AG – grundsätzlich nach einem Verfahren zur Beteiligung der Arbeitnehmer. Eine auf Grundlage dieses Beteiligungsverfahrens abgeschlossene Vereinbarung hat Vorrang vor den gesetzlich festgelegten Auffangregelungen, die nur bei einem Scheitern der Verhandlungen mit den Mitarbeitern Anwendung finden.[57] Dies wurde in Deutschland auf Grundlage der SE-RL im SEBG geregelt. Zweck der SE-RL und des SEBG besteht darin, auch bei grenzüberschreitenden Unternehmen das bestehende mitbestimmungsrechtliche Niveau zu wahren.[58] Die Mitbestimmung der SE ist im SEBG abschließend geregelt, so dass die **deutschen Mitbestimmungsgesetze** (MitbestG, DrittelbG, MontanMitbestG, MontanMitbestErgG) auf die SE **nicht anwendbar** sind. In diesem Zusammenhang ist auch die   50

---

53 BGH NZG 2015, 18 (IMW Immobilien SE).
54 Vgl. auch: *Görtz*, BB 2015, 142, 144.
55 Happ/*Reichert*, Konzernrecht, 8.01 Rn. 32.1 ff.
56 Happ/*Reichert*, Konzernrecht, 8.01 Rn. 32.
57 Lutter/Hommelhoff/Teichmann/*Oetker*, SEBG, § 1 Rn. 26 ff.; KK-AktG/*Feuerborn*, SEBG, § 1 Rn. 11; Ulmer/Habersack/Henssler/*Henssler*, SEBG, § 1 Rn. 3.
58 Lutter/Hommelhoff/Teichmann/*Oetker*, SEBG, § 1 Rn. 6; KK-AktG/*Feuerborn*, SEBG, § 1 Rn. 10.

Verwendung einer SE als Komplementärin einer KGaA oder einer KG zu sehen.[59] Da die Mitbestimmungsgesetze für die SE nicht gelten, kann auf diese Weise eine bestehende Mitbestimmungsfreiheit sowohl bei der KG als auch bei der KGaA gewahrt werden.[60] Prominente Beispiele sind die börsennotierte Fresenius SE & Co. KGaA sowie die Bertelsmann SE & Co. KGaA.

II. Verfahren zur Beteiligung der Arbeitnehmer

51 Das Verfahren zur Beteiligung der Arbeitnehmer ist gem. Art. 12 Abs. 2 SE-VO **Eintragungsvoraussetzung** einer SE und mithin vor jeder Gründung einer SE durchzuführen. Hierfür ist zunächst das sogenannte »besondere Verhandlungsgremium« aus Arbeitnehmervertretern zu gründen (§§ 4 ff. SEBG). Die anschließenden Verhandlungen zwischen dem Gremium und den Gründungsgesellschaften dauern gem. § 20 SEBG bis zu 6 Monate und können einvernehmlich bis zu einem Jahr verlängert werden. Ein vorzeitiger Abbruch der Verhandlungen oder deren Nichtaufnahme ist lediglich seitens des Verhandlungsgremiums, nicht aber seitens der Gründungsgesellschaften möglich, § 16 SEBG. Sind die Verhandlungen erfolgreich, wird eine Vereinbarung getroffen, deren Inhalt in § 21 SEBG festgelegt ist.

52 Hat die SE zu Beginn keine Arbeitnehmer, verfügen jedoch die Gründungsgesellschaften über eine zur Bildung eines besonderen Verhandlungsgremiums gem. § 5 SEBG erforderliche Zahl von insgesamt mindestens zehn Arbeitnehmern, ist das Verhandlungsverfahren ebenfalls durchzuführen.[61] Sollten auch die Gründungsgesellschaften nicht über die erforderliche Anzahl von Arbeitnehmern verfügen, ist das Verfahren entbehrlich und die Eintragung der SE kann unter Abgabe einer Negativerklärung gegenüber dem Registergericht erfolgen.[62]

53 Ein möglicher **Vorteil der Verhandlungslösung** aus Sicht der Gesellschaft ist die Möglichkeit der Konservierung des mitbestimmungsrechtlichen Status quo für die Zukunft.[63] Dies führt dazu, dass sich – anders als im Aktienrecht – auch bei einer Zu- oder Abnahme der Mitarbeiterzahlen keine Änderungen der Mitbestimmung ergeben. Eine Wiederaufnahme von Verhandlungen zur Beteiligung der Arbeitnehmer ist gesetzlich nur für den Fall struktureller Änderungen, die geeignet sind, Beteiligungsrechte der Arbeitnehmer zu mindern (§ 18 Abs. 3 SEBG), vorgesehen. Hierbei ist im Einzelnen streitig, welche Anforderungen an eine strukturelle Änderung zu stellen sind. Eine bloße Zunahme der Arbeitnehmer einer SE soll nach h.M. keine strukturelle Änderung darstellen.[64] Sofern innerhalb eines Jahres nach Gründung einer SE ohne Durchführung von Verhandlungen gem. § 18 Abs. 3 SEBG strukturelle Änderungen stattfinden, die bewirken, dass den Arbeitnehmern Beteiligungsrechte entzogen oder vorenthalten werden, wird gem. § 43 SEBG ein Missbrauch vermutet, der gem. § 45 Abs. 1 Nr. 1 SEBG strafrechtlich mit Geld- oder Freiheitsstrafe bis zu 2 Jahren sanktioniert werden kann.

54 Da gem. § 21 Abs. 1 Nr. 6 SEBG in der Vereinbarung zwingend die Fälle zu regeln sind, in denen die Vereinbarung neu ausgehandelt werden soll, ist es möglich, über die gesetzlichen Regelungen hinaus weitere **Szenarien für Neuverhandlungen** zu implementieren.

55 Zudem ist gem. § 21 Abs. 1 Nr. 6 SEBG die **Laufzeit** der Vereinbarung zu regeln. Nach deren Ablauf finden neue Verhandlungen statt. Allerdings ist es auch möglich, eine Vereinbarung mit unbegrenz-

---

59 Instruktiv: *Wicke*, RNotZ 2020, 25, 37.
60 *Wicke*, RNotZ 2020, 25, 37 m.w.N.
61 Lutter/Hommelhoff/Teichmann/*Oetker*, SEBG, § 1 Rn. 14; KK-AktG/*Feuerborn*, SEBG, § 1 Rn. 7 f.; Ulmer/Habersack/Henssler/*Henssler*, Einleitung SEBG Rn. 78; zum Streit in Bezug auf die Vorrats-SE vgl. Lutter/Hommelhoff/Teichmann/*Oetker*, SEBG, § 1 Rn. 17 ff. m.w.N.
62 Lutter/Hommelhoff/Teichmann/*Oetker*, SEBG, § 1 Rn. 15 f.; KK-AktG/*Feuerborn*, SEBG, § 1 Rn. 7 f.; Ulmer/Habersack/Henssler/*Henssler*, Einleitung SEBG Rn. 79.
63 KK-AktG/*Siems*, SE-VO, Vorb. Art. 1 Rn. 86; Spindler/Stilz/*Casper*, SE-VO, Vor Art. 1 Rn. 20.
64 Lutter/Hommelhoff/Teichmann/*Oetker*, SEBG, § 18 Rn. 23; KK-AktG/*Feuerborn*, SEBG, § 18 Rn. 23.; MünchKommAktG/*Jacobs*, SEBG, § 18 Rn. 18; Ulmer/Habersack/Henssler/*Henssler*, SEBG, § 18 Rn. 13.

ter Dauer zu treffen oder eine Kündigungsregelung zu vereinbaren.[65] Für den Fall der Befristung einer Vereinbarung ist es regelmäßig zweckmäßig, wenn auch nicht zwingend vorgeschrieben, Übergangslösungen zu treffen, die beispielsweise Verfahren und Dauer der Verhandlungen für eine neue Vereinbarung betreffen. Im Falle gescheiterter Verhandlungen finden die gesetzlichen Auffangtatbestände der §§ 22 ff. sowie 34 ff. SEBG Anwendung.

III. Auffangregelungen

In den §§ 22 ff. SEBG finden sich Regelungen zur betrieblichen Mitbestimmung, namentlich zum SE-Betriebsrat. Dieser setzt sich aus Arbeitnehmern der SE, ihrer Tochtergesellschaften und Betriebe zusammen und hat einen geschäftsführenden Ausschuss zu bilden. Eine **Besonderheit** ist, dass der SE-Betriebsrat gem. § 26 Abs. 1 SEBG 4 Jahre nach seiner Einsetzung mit der Mehrheit seiner Mitglieder einen Beschluss darüber zu fassen hat, ob über eine Vereinbarung gem. § 21 SEBG erneut verhandelt werden oder ob die bisherige Regelung weiter gelten soll. 56

In den §§ 34 ff. SEBG finden sich gesetzliche Auffangregelungen zur unternehmerischen Mitbestimmung. Gem. § 35 Abs. 1 SEBG bleiben bei der Gründung einer SE durch Umwandlung die Regelungen zur Mitbestimmung erhalten, die in der Gesellschaft vor der Umwandlung bestanden haben. Bei der Gründung einer SE durch Verschmelzung oder der Gründung einer Holding-SE oder Tochter-SE haben die Arbeitnehmer der SE, ihrer Tochtergesellschaften und Betriebe oder ihr Vertretungsorgan das Recht, einen Teil der Mitglieder des Aufsichts- oder Verwaltungsorgans zu wählen oder zu bestellen oder deren Bestellung zu empfehlen oder abzulehnen. Die Zahl der Arbeitnehmervertreter im Aufsichts- oder Verwaltungsorgan der SE bestimmt sich nach dem höchsten Anteil an Arbeitnehmervertretern der in den Organen der beteiligten Gesellschaften vor der Eintragung der SE bestanden hat. Das bedeutet nach herrschender Auffassung in der Literatur und ausweislich der Gesetzesbegründung jedoch lediglich, dass der Anteil der Arbeitnehmervertreter im Aufsichtsorgan bestehen bleibt, nicht jedoch, dass die Anzahl der Aufsichtsratsmitglieder der Kompetenz des Satzungsgebers entzogen wird.[66] 57

▶ **Praxistipp:**
In Bezug auf das Aufsichtsorgan sieht § 35 Abs. 1 SEBG lediglich eine Beibehaltung des bislang höchsten Anteils an Arbeitnehmervertretern, nicht aber die Beibehaltung der bisherigen Mitgliederzahl des jeweiligen Organs vor.

Das **Wahlverfahren** der Arbeitnehmervertreter im Aufsichtsorgan oder Verwaltungsorgan richtet sich entweder nach der gesetzlichen Auffangregelung des § 36 SEBG oder gem. § 21 Abs. 3 Nr. 2 SEBG nach dem in der Mitbestimmungsvereinbarung festgelegten Verfahren. Von dem in § 36 Abs. 1 SEBG festgelegten Prinzip der Repräsentation der Mitgliedstaaten im Aufsichts- oder Verwaltungsorgan kann in der Mitbestimmungsvereinbarung zugunsten anderer sachlicher Kriterien abgewichen werden.[67] 58

---

[65] Lutter/Hommelhoff/Teichmann/*Oetker*, SEBG, § 21 Rn. 34 ff.; KK-AktG/*Feuerborn*, SEBG, § 21 Rn. 36; MünchKommAktG/*Jacobs*, SEBG, § 21 Rn. 16 f.; Ulmer/Habersack/Henssler/*Henssler*, SEBG, § 21 Rn. 22 ff.

[66] KK-AktG/*Paefgen*, SE-VO, Art. 40 Rn. 99, MünchKommAktG/*Reichert/Brandes*, SE-VO, Art. 40 Rn. 69; Spindler/Stilz/*Eberspächer*, SE-VO, Art. 40 Rn. 10.

[67] MünchKommAktG/*Jacobs*, SEBG, § 21 Rn. 19a.

E. Gründung

I. Allgemeines

59 Art. 2 und 3 SE-VO enthalten einen Numerus Clausus für die Gründung einer SE. Eine SE kann ausschließlich in den folgenden fünf Gründungsformen errichtet werden:[68]
- Gründung durch Verschmelzung gem. Art. 2 Abs. 1 SE-VO;
- Gründung einer Holding-SE gem. Art. 2 Abs. 2 SE-VO;
- Gründung einer gemeinsamen Tochter-SE gem. Art. 2 Abs. 3 SE-VO;
- Gründung durch Formwechsel in eine SE gem. Art. 2 Abs. 4 SE-VO;
- Gründung einer SE-Tochter der SE gem. Art. 3 Abs. 2 SE-VO.

60 Gründer einer SE können bei allen Alternativen nur bestimmte juristische Personen oder Personengesellschaften sein. Eine natürliche Person kann eine SE nicht gründen.[69] Sie können jedoch später durch Anteilserwerb Aktionäre der SE werden. Die an der Gründung beteiligten juristischen Personen bzw. Personengesellschaften müssen nach dem Recht eines der Mitgliedstaaten der EU und des EWR gegründet worden sein und dort auch ihren Sitz sowie ihre Hauptverwaltung haben. Zudem wird bei der Gründung einer SE – in unterschiedlichem Umfang – eine Mehrstaatlichkeit verlangt.[70]

61 Die vorstehenden Gründungsmöglichkeiten können miteinander kombiniert werden. Auf diese Weise ist es letztlich möglich, den Numerus Clausus bzw. das Mehrstaatlichkeitserfordernis »zu umgehen«.[71] Denkbar ist beispielsweise, dass eine deutsche Aktiengesellschaft zunächst eine Tochtergesellschaft im Ausland gründet, anschließend ein Formwechsel in eine SE vorgenommen wird und schließlich eine weitere Aktiengesellschaft auf diese SE verschmolzen wird.[72]

62 Zulässig und in der Praxis häufig zu beobachten ist schließlich der Erwerb einer **Vorrats-SE**. Diese Vorrats-SE werden als Tochter-SE durch eine vorhandene Mutter-SE gegründet und anschließend veräußert. Die im deutschen Recht geltenden Regeln bei der Aktivierung einer Vorratsgesellschaft finden hierbei Anwendung.[73] Wegen der Einzelheiten wird auf die entsprechenden Ausführungen bei der Aktiengesellschaft verwiesen. Auf diese Weise kann eine SE auch ohne Auslandsbezug genutzt und von natürlichen Personen erworben werden. Bestehende Unternehmen können anschließend auf die SE verschmolzen oder ihre Aktiva und Passiva auf die SE verschmolzen werden.[74]

II. Gründung mittels Verschmelzung

1. Allgemeine Voraussetzungen

63 Nach der SE-VO kann die Gründung einer SE gem. Art. 17 Abs. 2a SE-VO sowohl als Verschmelzung durch Aufnahme als auch gem. Art. 17 Abs. 2b SE-VO als Verschmelzung zur Neugründung erfolgen. Im letzteren Fall muss keine der beteiligten Aktiengesellschaften ihren Sitz in Deutschland haben. Vielmehr ist es bei einer Verschmelzung durch Neugründung auch möglich, dass die neue SE ihren Sitz in einem dritten Mitgliedstaat hat.[75]

---

[68] Happ/*Reichert*, Konzernrecht, 8.01 Rn. 1.1; KK-AktG/*Veil*, SE-VO, Art. 2 Rn. 2; MünchHdb GesR IV/*Austmann*, § 84 Rn. 1; Widmann/Mayer/*Heckschen*, Anhang 14 Rn. 55; *Wicke*, RNotZ 2020, 27.
[69] MünchHdb GesR IV/*Austmann*, § 84 Rn. 1; Widmann/Mayer/*Heckschen*, Anhang 14 Rn. 60.
[70] MünchHdb GesR IV/*Austmann*, § 84 Rn. 1; Widmann/Mayer/*Heckschen*, Anhang 14 Rn. 75.
[71] KK-AktG/*Veil*, SE-VO, Art. 2 Rn. 7; MünchHdb GesR IV/*Austmann*, § 84 Rn. 3; Widmann/Mayer/*Heckschen*, Anhang 14 Rn. 128 ff.
[72] MünchHdb GesR IV/*Austmann*, § 84 Rn. 3.
[73] Jannott/Frodermann/*Jannott*, Kapitel 3 Rn. 307; *Wicke*, RNotZ 2020, 27, 28.
[74] *Wicke*, RNotZ 2020, 25, 30.
[75] Happ/*Reichert*, Konzernrecht, 8.01 Rn. 2.2; MünchHdb GesR IV/*Austmann*, § 84 Rn. 1.

E. Gründung   Kapitel 5

a) Mehrstaatlichkeit

Die Gründung einer SE mittels Verschmelzung setzt nach Art. 2 Abs. 1 SE-VO voraus, dass die 64
beteiligten Gesellschaften ihren Sitz und ihre Hauptverwaltung in einem der Mitgliedstaaten haben.
Mit Mitgliedstaaten in diesem Sinne sind die Mitglieder der EU sowie die gleichgestellten EWR-Staaten gemeint, also Island, Liechtenstein und Norwegen.[76] Die Mehrstaatlichkeit kann erreicht werden, indem zunächst eine ausländische Vorratsgesellschaft erworben oder gegründet wird und diese anschließend auf die Muttergesellschaft verschmolzen wird.[77]

b) Beteiligte Rechtsträger

Die Rechtsträger, welche an der Gründung der SE beteiligt sind, müssen Aktiengesellschaften i.S.d. 65
Anhangs I der SE-VO sein.[78] Dazu gehört neben der Aktiengesellschaft nach umstrittener Ansicht
nicht die **Kommanditgesellschaft auf Aktien**, weil diese im Anhang I nicht erwähnt wird.[79] Gem.
Art. 18 SE-VO i.V.m. § 76 Abs. 1 UmwG kann eine deutsche Aktiengesellschaft, welche zum Zeitpunkt des Beschlusses über die Zustimmung zum Verschmelzungsplan noch keine 2 Jahre im Handelsregister eingetragen ist, nicht als übertragender Rechtsträger an der Verschmelzung beteiligt ein.[80]
Zulässig ist es nach herrschender Meinung, wenn die übertragende Aktiengesellschaft unmittelbar
oder mittelbar im vollständigen Anteilsbesitz der übernehmenden Aktiengesellschaft steht, und zwar
auch dann, wenn dieses Verhältnis seit weniger als 2 Jahren existiert.[81] Die Gegenmeinung verweist
hingegen darauf, dass hiermit die 2-Jahres-Grenze für eine Formwechselgründung gem. Art. 2 Abs. 4
SE-VO umgangen werde.[82]

2. Ablauf der Verschmelzung

Der Ablauf der Gründung einer SE durch Verschmelzung mit Sitz in Deutschland ähnelt denjenigen einer Verschmelzung nach dem UmwG:[83] 66
– Beschluss der Leitungsorgane über die Verschmelzung;
– ggf. Erwerb oder Gründung einer Tochtergesellschaft bei einer »Upstream-Verschmelzung«;
– Aufstellung eines Verschmelzungsplanes sowie – soweit erforderlich – des Verschmelzungsberichts;
– Schlussbilanz gem. § 17 Abs. 2 UmwG, soweit deutsche AG als übertragender Rechtsträger beteiligt;
– ggf. Nachgründungsprüfung bei Verschmelzung zur Aufnahme durch deutsche AG;
– Verfahren zur Beteiligung der Arbeitnehmer;
– Einreichen des Verschmelzungsplans bei Gericht;
– Durchführung der Verschmelzungsprüfung;
– Einberufung der Hauptversammlung/Offenlegung bestimmter Dokumente;
– Zustimmungsbeschlüsse der beteiligten Aktiengesellschaften;
– ggf. Kapitalerhöhung;
– Bestellung der ersten Aufsichtsratsmitglieder bzw. Verwaltungsorgane, soweit dies nicht in der Satzung geschieht;
– Bestellung des Abschlussprüfers für das erste Rumpfgeschäftsjahr;

---

76 Happ/*Reichert*, Konzernrecht, 8.01 Rn. 2.1.
77 *Oechsler*, NZG 2005, 679, 700; Böttcher/Habighorst/Schulte/*Jaspers*, Anhang 1 Rn. 42.
78 KK-AktG/*Veil*, SE-VO, Art. 2 Rn. 14; Widmann/Mayer/*Heckschen*, Anhang 14 Rn. 61.
79 KK-AktG/*Veil*, SE-VO, Art. 2 Rn. 14; Lutter/Hommelhoff/*Bayer*, Art. 2 SE-VO Rn. 8; a.A. MünchKommAktG/*Oechsler*, Art. 2 SE-VO Rn. 24.
80 Böttcher/Habighorst/Schulte/*Jaspers*, Anhang 1 Rn. 42.
81 MünchHdb GesR IV/*Austmann*, § 84 Rn. 1; Widmann/Mayer/*Heckschen*, Anhang 14 Rn. 132.
82 *Hirte*, NZG 2002, 1, 3.
83 Übersicht entsprechend Böttcher/Habighorst/Schulte/*Jaspers*, Anhang 1 Rn. 43; Widmann/Mayer/*Heckschen*, Anhang 14 Rn. 140 ff.

- konstituierende Sitzung des Aufsichtsrats/Verwaltungsrats mit der Bestellung des Vorstands bzw. der geschäftsführenden Direktoren;
- bei Verschmelzung zur Neugründung interne Gründungsberichte;
- Rechtmäßigkeitsprüfung durch die beteiligten Register;
- Anmeldung der Verschmelzung zum Handelsregister;
- Eintragung der SE Gründung im Handelsregister.

a) Aufstellung des Verschmelzungsplans

aa) Aufstellung

(1) Zuständigkeit zur Aufstellung

67 Der Verschmelzungsplan wird durch die Leitungsorgane der beteiligten Gesellschaften erstellt.[84] Umstritten ist, ob die beteiligten Gesellschaften zwei inhaltlich identische Verschmelzungspläne erstellen dürfen oder nur ein gemeinsamer Verschmelzungsplan zulässig ist.[85] In der Praxis sollte aus Gründen der Vorsicht ein gemeinsamer Verschmelzungsplan erstellt werden.[86]

(2) Business Combination Agreement?

68 Im Unterschied zum Verschmelzungsvertrag erzeugt ein Verschmelzungsplan keine rechtliche Bindungswirkung der beteiligten Gesellschaften. In der Praxis wird daher zusätzlich ein sogenanntes Business Combination Agreement abgeschlossen, welches die Verpflichtung zur Durchführung der Verschmelzung beinhaltet.[87] In der Literatur wird empfohlen, das Business Combination Agreement und den Verschmelzungsplan zu trennen und nicht miteinander zu vermischen.[88]

(3) Form

69 Obgleich es sich beim Verschmelzungsplan nicht um einen Vertrag handelt, ist er gem. Art. 18 SE-VO i.V.m. § 6 UmwG bei der deutschen Gründungsgesellschaft notariell zu beurkunden.[89] Gleiches gilt für das Business Combination Agreement, welches aufgrund seiner Verpflichtung zur Durchführung der Verschmelzung, ebenfalls beurkundungspflichtig ist.[90] Denkbar ist es jedoch, den Verschmelzungsplan »nachzubeurkunden«, nachdem zuvor die Hauptversammlung über den Planentwurf abgestimmt hat.[91] Es besteht also **keine vorgeschriebene Reihenfolge** zwischen der Beurkundung des Verschmelzungsplanes und dem Abhalten der Hauptversammlung. Ob die Beurkundung auch im Ausland stattfinden kann, ist äußerst umstritten.[92]

---

84 KK-AktG/*Maul*, SE-VO, Art. 20 Rn. 14; MünchHdb GesR IV/*Austmann*, § 84 Rn. 7; Beck'sches Formularbuch Mergers & Acquisitions/*Seibt*, L.II.27 Rn. 2; Böttcher/Habighorst/Schulte/*Jaspers*, Anhang 1 Rn. 44.
85 KK-AktG/*Maul*, SE-VO, Art. 2 Rn. 13; MünchHdb GesR IV/*Austmann*, § 84 Rn. 7; Widmann/Mayer/*Heckschen*, Anhang 14 Rn. 151.
86 MünchHdb GesR IV/*Austmann*, § 84 Rn. 7; Beck'sches Formularbuch Mergers & Acquisitions/*Seibt*, L.II.27 Rn. 2; Böttcher/Habighorst/Schulte/*Jaspers*, Anhang 1 Rn. 42.
87 KK-AktG/*Maul*, SE-VO, Art. 20 Rn. 12; MünchHdb GesR IV/*Austmann*, § 84 Rn. 9.
88 MünchHdb GesR IV/*Austmann*, § 84 Rn. 9.
89 Happ/*Reichert*, Konzernrecht, 8.01 Rn. 6.1; KK-AktG/*Veil*, SE-VO, Art. 2 Rn. 15; MünchHdb GesR IV/*Austmann*, § 84 Rn. 9; Widmann/Mayer/*Heckschen*, Anhang 14 Rn. 198 ff.
90 MünchHdb GesR IV/*Austmann*, § 84 Rn. 1.
91 Happ/*Reichert*, Konzernrecht, 8.01 Rn. 6.3.
92 KK-AktG/*Maul*, SE-VO, Art. 20 Rn. 19; Widmann/Mayer/*Heckschen*, Anhang 14 Rn. 202.

E. Gründung

(4) Sprache

Die Gründungsgesellschafter können sich im Verschmelzungsplan auf eine gemeinsame Sprache 70
einigen. Geschieht dies nicht, ist es möglich, den Verschmelzungsplan in mehreren gleichermaßen
verbindlichen Sprachen ausfertigen zu lassen.[93] Den Aktionären der deutschen Gründungsgesellschaften und den deutschen Handelsregistern sind die deutsche Fassung oder die fremdsprachige Fassung mit beglaubigter Übersetzung vorzulegen.[94]

bb) Inhalt des Verschmelzungsplanes

Der Mindestinhalt des Verschmelzungsplans wird in Art. 20 Abs. 1 SE-VO festgelegt. Dieser muss 71
folglich die folgenden Punkte enthalten:
– die Firma und den Sitz der sich verschmelzenden Gesellschaften sowie die für die SE vorgesehene Firma und ihren geplanten Sitz;
– das Umtauschverhältnis der Aktien und gegebenenfalls die Höhe der Ausgleichsleistung;
– die Einzelheiten hinsichtlich der Übertragung der Aktien der SE;
– den Zeitpunkt, von dem an diese Aktien das Recht auf Beteiligung am Gewinn gewähren, sowie alle Besonderheiten in Bezug auf dieses Recht;
– den Zeitpunkt, von dem an die Handlungen der sich verschmelzenden Gesellschaften unter dem Gesichtspunkt der Rechnungslegung als für Rechnung der SE vorgenommen gelten;
– die Rechte, welche die SE den mit Sonderrechten ausgestatteten Aktionären der Gründungsgesellschaften und den Inhabern anderer Wertpapiere als Aktien gewährt, oder die für diese Personen vorgeschlagenen Maßnahmen;
– jeder besondere Vorteil, der den Sachverständigen, die den Verschmelzungsplan prüfen, oder den Mitgliedern der Verwaltungs-, Leitungs-, Aufsichts- oder Kontrollorgane der sich verschmelzenden Gesellschaften gewährt wird;
– die Satzung der SE;
– Angaben zu dem Verfahren, nach dem die Vereinbarung über die Beteiligung der Arbeitnehmer gemäß der Richtlinie 2001/86/EG geschlossen wird;
– ggf. Barabfindungsangebot.

Weitere Pflichtangaben sind nicht erforderlich. Insbesondere scheidet ein Rückgriff auf § 5 UmwG 72
aus.[95] Weitere fakultative Bestimmungen für einen Verschmelzungsplan können sein:[96]
– Bestellung der Mitglieder des Aufsichtsrates/Verwaltungsrates;
– Bestimmung des Abschlussprüfers für das erste Rumpfgeschäftsjahr;
– Kostenregelungen.

(1) Firma der SE

Der Verschmelzungsplan muss die Firma der neu zu gründenden SE enthalten. Nach Art. 11 Abs. 1 73
SE-VO muss die SE in ihrer Firma den Rechtsformzusatz SE voran oder nachstellen.[97] Dabei ist die
Verwendung der Kurzform – im Unterschied zum Aktienrecht – vorgeschrieben.[98] Im Übrigen gel-

---

93 Happ/*Reichert*, Konzernrecht, 8.01 Rn. 6.4; KK-AktG/*Maul*, SE-VO, Art. 2 Rn. 20; Beck'sches Formularbuch Mergers & Acquisitions/*Seibt*, L.II.27 Rn. 2.
94 Happ/*Reichert*, Konzernrecht, 8.01 Rn. 6.4; KK-AktG/*Maul*, SE-VO, Art. 2 Rn. 20; Beck'sches Formularbuch Mergers & Acquisitions/*Seibt*, L.II.27 Rn. 2.
95 Böttcher/Habighorst/Schulte/*Jaspers*, Anhang 1 Rn. 57.
96 Böttcher/Habighorst/Schulte/*Jaspers*, Anhang 1 Rn. 58.
97 Happ/*Reichert*, Konzernrecht, 8.01 Rn. 8.3; KK-AktG/*Kiem*, SE-VO, Art. 11 Rn. 12; Beck'sches Formularbuch Mergers & Acquisitions/*Seibt*, L.II.27 Rn. 14; Widmann/Mayer/*Heckschen*, Anhang 14 Rn. 156.
98 Happ/*Reichert*, Konzernrecht, 8.01 Rn. 8.3; KK-AktG/*Kiem*, SE-VO, Art. 11 Rn. 12; Beck'sches Formularbuch Mergers & Acquisitions/*Seibt*, L.II.27 Rn. 14; Widmann/Mayer/*Heckschen*, Anhang 14 Rn. 156.

ten für die Bildung der Firma die Grundsätze des handelsrechtlichen Firmenrechtes gem. §§ 17 ff. HGB, Art. 9 Abs. 1c ii SE-VO i.V.m. §§ 3 Abs. 1 AktG, 6 Abs. 2 HGB.[99]

(2) Sitz der SE

74 Gem. Art. 20 Abs. 1a SE-VO muss der Verschmelzungsplan den Sitz der Gesellschaft aufführen.[100] Dieser muss gem. Art. 7 Satz 1 Se-VO in der EU/EWR liegen. Gem. § 2 SEAG muss dies derjenige Ort sein, an welchem die SE ihre Hauptverwaltung hat.

(3) Umtauschverhältnis der Aktien

75 Gem. Art. 20 Abs. 1 Buchst. b) SE-VO muss der Verschmelzungsplan auch das Umtauschverhältnis der Aktien enthalten. Es muss also angegeben werden, wie viele Aktien der SE die Aktionäre der Gründungsgesellschaften für ihre Aktien erhalten sollen.[101] Spitzenbeträgen, welche durch ganze Aktien nicht abgegolten werden können, können mittels eines **baren Ausgleichs** geleistet werden.[102] Dieser darf bei einer deutschen SE insgesamt 10 % des anteiligen Betrages des Grundkapitals der von der SE gewährten Aktien gem. Art. 8 SE-VO i.V.m. § 68 Abs. 3 UmwG nicht übersteigen.[103]

76 Einzelheiten zum Umtauschverfahren muss der Verschmelzungsplan nicht enthalten (etwa über Einreichung der alten Aktien sowie deren Zusammenlegung und Kraftloserklärung). In der Literatur wird trotzdem empfohlen, derartige Regelungen in den Verschmelzungsplan aufzunehmen.[104]

77 Die für die Bestimmung des Umtauschverhältnisses zugrunde liegende **Unternehmensbewertung** richtet sich gem. Art. 18 SE-VO für die beteiligten Rechtsträger nach ihrem jeweiligen nationalen Recht. Insoweit ist für jede Gesellschaft eine Unternehmensbewertung vorzunehmen. Dabei muss nach h.M. jedoch für die beteiligten Gesellschaften nach derselben Methode bewertet werden (Grundsatz der Methodengleichheit).[105] Sofern die ausländische Rechtsordnung daher deutsche Bewertungsmethoden ablehnt, führt dies nach überwiegender Meinung dazu, dass eine Verschmelzung nicht möglich ist.[106]

78 Um eine vergleichende Unternehmensbewertung zu ermöglichen, ist es schließlich notwendig, einen einheitlichen **Bewertungsstichtag** zu haben. Dies ist nach h.M. der Tag, an dem die Hauptversammlung der übertragenden Gesellschaft ihren Gesellschafterbeschluss fasst.[107]

(4) Einzelheiten der Übertragung der Aktien

79 Gem. Art. 20 Abs. 1c SE-VO muss der Verschmelzungsplan die Einzelheiten der Übertragung der Aktien der SE enthalten. Die Regelung entspricht inhaltlich § 5 Abs. 1 Nr. 4 UmwG. Es ist also insbesondere anzugeben, woher die zu gewährenden Aktien der übernehmenden Gesellschaft stammen, insbesondere ob hierfür eine Kapitalerhöhung erforderlich ist.[108] Für die Aktionäre einer deut-

---

99 Happ/*Reichert*, Konzernrecht, 8.01 Rn. 8.3; KK-AktG/*Kiem*, SE-VO, Art. 11 Rn. 3.
100 Happ/*Reichert*, Konzernrecht, 8.01 Rn. 8.2; KK-AktG/*Maul*, SE-VO, Art. 20 Rn. 25; Beck'sches Formularbuch Mergers & Acquisitions/*Seibt*, L.II.27 Rn. 14; Widmann/Mayer/*Heckschen*, Anhang 14 Rn. 154.
101 Happ/*Reichert*, Konzernrecht, 8.01 Rn. 11.1; KK-AktG/*Maul*, SE-VO, Art. 20 Rn. 29; Widmann/Mayer/*Heckschen*, Anhang 14 Rn. 154; 158; MünchHdb GesR IV/*Austmann*, § 84 Rn. 10.
102 Happ/*Reichert*, Konzernrecht, 8.01 Rn. 11.3; KK-AktG/*Maul*, SE-VO, Art. 20 Rn. 35; MünchHdb GesR IV/*Austmann*, § 84 Rn. 10; Beck'sches Formularbuch Mergers & Acquisitions/*Seibt*, L.II.27 Rn. 9.
103 Happ/*Reichert*, Konzernrecht, 8.01 Rn. 11.3; KK-AktG/*Maul*, SE-VO, Art. 20 Rn. 35; MünchHdb GesR IV/*Austmann*, § 84 Rn. 10; Beck'sches Formularbuch Mergers & Acquisitions/*Seibt*, L.II.27 Rn. 9.
104 Happ/*Reichert*, Konzernrecht, 8.01 Rn. 11.2.
105 Happ/*Reichert*, Konzernrecht, 8.01 Rn. 11.1; KK-AktG/*Maul*, SE-VO, Art. 20 Rn. 31 ff.; MünchHdb GesR IV/*Austmann*, § 84 Rn. 10.
106 MünchHdb GesR IV/*Austmann*, § 84 Rn. 11; a.A. *Adolff* ZHR 173 (2009), 67, 84 ff.
107 MünchHdb GesR IV/*Austmann*, § 84 Rn. 12.
108 KK-AktG/*Maul*, SE-VO, Art. 20 Rn. 37.

E. Gründung

schen Gründungsgesellschaft ist ein **Treuhänder** gem. Art. 18 SE-VO i.V.m. §§ 71 Abs. 1, 73 UmwG zu bestellen, der die Anteile nebst etwaigen baren Zuzahlungen in Empfang nimmt.[109] Der Bestellung eines Treuhänders bedarf es nicht, wenn die Aktien der SE nicht verbrieft sind und auch keine baren Zuzahlungen vorgesehen sind.[110]

(5) Verschmelzungsstichtag

Der Verschmelzungsstichtag nach Art. 20 Abs. 1e SE-VO ist der Zeitpunkt, von dem an die Handlungen der sich verschmelzenden Gesellschaften als auf Rechnung der SE vorgenommen gelten. Dieser Stichtag darf nicht vor dem Tag liegen, zu dem die Gewinnberechtigung der Anteilseigner der übertragenden Rechtsträger an diesen endet.[111] Ferner muss der Stichtag mit dem Stichtag der Schlussbilanzen der übertragenden Rechtsträger zusammen fallen, da zu diesem Zeitpunkt die Rechnungslegung auf die übernehmende SE übergeleitet wird.[112] Möglich und empfehlenswert ist es, einen **variablen Stichtag** festzulegen, wenn Eintragungsverzögerungen zu befürchten sind (etwa aufgrund der Arbeitnehmerbeteiligung). Andernfalls müsste der Verschmelzungsplan nochmals geändert werden.[113]

(6) Zeitpunkt der Gewinnberechtigung

Gem. Art. 20 Abs. 1d SE-VO muss der Verschmelzungsplan den Zeitpunkt der Gewinnberechtigung der an die SE übertragenen Aktien enthalten. Am einfachsten dürfte in der Praxis sein, diesen mit dem Verschmelzungsstichtag beginnen zu lassen, um eine Dividendenkontinuität zu schaffen.[114] Bis zum Verschmelzungsstichtag fließen die Ergebnisse der Gesellschaft noch den übertragenden Gesellschaften zu und dementsprechend sind ihre Aktionäre noch bei dieser dividendenberechtigt. Nach diesem Zeitpunkt werden die Geschäfte auf Rechnung der übernehmenden SE geführt und ihre Aktionäre sind von diesem Zeitpunkt an bei der SE dividendenberechtigt. Sofern – wegen etwa erwarteter Verzögerungen – ein variabler Verschmelzungsstichtag gewählt wird, muss der Zeitpunkt der Gewinnberechtigung entsprechend variabel sein.[115]

(7) Besondere Vorteile

Ferner sind besondere Vorteile, die einem Mitglied der Verwaltungs-, Leitungs-, Aufsichts- oder Kontrollorgane der verschmelzenden Gesellschaften oder den Sachverständigen, die den Verschmelzungsplan prüfen, gewährt werden, gem. Art. 20 Abs. 1g SE-VO aufzuführen.[116]

(8) Rechte der Inhaber von Sonderrechten

Gem. Art. 20 Abs. 1 f. SE-VO muss der Verschmelzungsplan die Rechte der Inhaber von Sonderrechten enthalten. Inhaltlich entspricht dies weitestgehend den Regelungen zu § 5 Abs. 1 Nr. 7 UmwG. Sonderrechte der Anteilseigner können sich also auf die Stimmberechtigung, Geschäftsführungs-

---

109 Happ/*Reichert*, Konzernrecht, 8.01 Rn. 14.1; Widmann/Mayer/*Heckschen*, Anhang 14 Rn. 160.
110 Böttcher/Habighorst/Schulte/*Jaspers*, Anhang 1 Rn. 49.
111 Happ/*Reichert*, Konzernrecht, 8.01 Rn. 7.1; KK-AktG/*Maul*, SE-VO, Art. 20 Rn. 39; Widmann/Mayer/*Heckschen*, Anhang 14 Rn. 165; MünchHdb GesR IV/*Austmann*, § 84 Rn. 13.
112 Happ/*Reichert*, Konzernrecht, 8.01 Rn. 7.1; KK-AktG/*Maul*, SE-VO, Art. 20 Rn. 39; Widmann/Mayer/*Heckschen*, Anhang 14 Rn. 165; MünchHdb GesR IV/*Austmann*, § 84 Rn. 13.
113 Happ/*Reichert*, Konzernrecht, 8.01 Rn. 7.2; MünchHdb GesR IV/*Austmann*, § 84 Rn. 14.
114 Happ/*Reichert*, Konzernrecht, 8.01 Rn. 12.2; KK-AktG/*Maul*, SE-VO, Art. 20 Rn. 38; Widmann/Mayer/*Heckschen*, Anhang 14 Rn. 162; MünchHdb GesR IV/*Austmann*, § 84 Rn. 14.
115 Happ/*Reichert*, Konzernrecht, 8.01 Rn. 12.2; KK-AktG/*Maul*, SE-VO, Art. 20 Rn. 38; Widmann/Mayer/*Heckschen*, Anhang 14 Rn. 162; MünchHdb GesR IV/*Austmann*, § 84 Rn. 14.
116 Happ/*Reichert*, Konzernrecht, 8.01 Rn. 15.1; KK-AktG/*Maul*, SE-VO, Art. 20 Rn. 42; Widmann/Mayer/*Heckschen*, Anhang 14 Rn. 168.

befugnisse oder Gewinnverteilung beziehen, wenn sie über die gesetzlich angeordneten Rechtsfolgen hinausgehen.[117]

(9) Angaben zum Verfahren zur Arbeitnehmerbeteiligung

84 Gem. Art. 20 Abs. 1i SE-VO müssen auch Angaben zur Arbeitnehmerbeteiligung im Verschmelzungsplan enthalten sein. Es ist daher das gesetzliche Verfahren, einschließlich der Vorschriften über die Auffangregelungen, in allgemeiner Form darzustellen. Eine dem § 5 Abs. 1 Nr. 5 UmwG entsprechende Vorschrift existiert jedoch nicht. Weitere Angaben zu den Auswirkungen der Verschmelzung auf die Arbeitnehmer und ihre Vertretungen sind daher nicht erforderlich.

(10) Satzung

85 Die Satzung der SE ist ein notwendiger Bestandteil des Verschmelzungsplans und wird in der Praxis diesem als Anlage beigefügt. Sinnvollerweise wird in der Satzung bereits der erste Aufsichtsrats bzw. Verwaltungsrat bestellt (vgl. hierzu nachfolgend Rdn. 98 ff.). Wegen der weiteren Einzelheiten zur Satzungsgestaltung wird auf die Ausführungen gemäß Abschnitt C (Rdn. 27 ff.) verwiesen.

(11) Barabfindung

86 Gem. § 7 Abs. 1 Satz 1 SEAG hat der Verschmelzungsplan jedem Aktionär, der gegen den Verschmelzungsbeschluss Widerspruch zur Niederschrift erklärt, den Erwerb seiner Aktien gegen eine angemessene Barabfindung anzubieten. Dies geht jedoch nur, wenn es sich bei der übertragenden Gesellschaft um eine deutsche Aktiengesellschaft handelt, die neue SE ihren Sitz also im Ausland hat.[118] Für den Fall, dass eine deutsche Aktiengesellschaft die aufnehmende Gesellschaft ist, muss ein Barabfindungsangebot in dem Verschmelzungsplan nicht aufgenommen werden. Möglich ist jedoch ein Barabfindungsangebot auf freiwilliger Basis.[119]

87 Gem. § 7 Abs. 2 Satz 1 SEAG muss die Barabfindung die Verhältnisse der Gesellschaft zum Zeitpunkt der Beschlussfassung über die Verschmelzung berücksichtigen. Damit entspricht diese Norm wörtlich den §§ 29 Abs. 1 Satz 1, 30 Abs. 1 Satz 1 UmwG zur Bemessung der »angemessenen Barabfindung« unter Berücksichtigung der »Verhältnisse des übertragenden Rechtsträgers zum Zeitpunkt der Beschlussfassung über die Verschmelzung«. Es kann somit auf die entsprechenden **Rechtsprechungsgrundsätze im Umwandlungsrecht** zurückgegriffen werden.[120]

88 § 6 Abs. 1 SEAG schließt die Möglichkeit einer Klage der Aktionäre einer übertragenden deutschen Gesellschaft wegen eines nicht angemessenen Umtauschverhältnisses aus. Gem. § 6 Abs. 2 SEAG ist ihnen lediglich die Möglichkeit eröffnet, von der SE Ausgleich durch bare Zuzahlung zu verlangen. Gem. § 6 Abs. 4 SEAG können die Aktionäre der übertragenden Gesellschaft insoweit die **Einleitung eines Spruchverfahrens** verlangen. Allerdings müssen die Aktionäre aus Mitgliedstaaten, die ein solches Spruchverfahren nicht kennen, die Durchführung eines solchen Spruchverfahrens ausdrücklich akzeptieren, wenn ihre Rechtsordnung ein solches Verfahren nicht kennt.[121] Hieraus ergeben sich erhebliche Unsicherheiten im Hinblick auf die Transaktion bei einer SE-Verschmelzung, weil Bewertungsrügen daher im Anfechtungsprozess vorzutragen sind, welche im Freigabeverfahren gem. Art. 18 SE-VO i.V.m. § 16 Abs. 3 UmwG in der Praxis nicht entkräftet werden können.[122]

---

117 Happ/*Reichert*, Konzernrecht, 8.01 Rn. 16.1; KK-AktG/*Maul*, SE-VO, Art. 20 Rn. 45; Widmann/Mayer/*Heckschen*, Anhang 14 Rn. 169.
118 Happ/*Reichert*, Konzernrecht, 8.01 Rn. 10.1; MünchHdb GesR IV/*Austmann*, § 84 Rn. 41; Beck'sches Formularbuch Mergers & Acquisitions/*Seibt*, L.II.27 Rn. 16.
119 Happ/*Reichert*, Konzernrecht, 8.01 Rn. 10.1.
120 Happ/*Reichert*, Konzernrecht, 8.01 Rn. 10.4.
121 MünchHdb GesR IV/*Austmann*, § 84 Rn. 43.
122 MünchHdb GesR IV/*Austmann*, § 84 Rn. 43.

E. Gründung

b) Einreichung des Verschmelzungsplanes oder seines Entwurfes zum Handelsregister zum Zwecke der Bekanntmachung

Gem. Art. 18 SE-VO i.V.m. § 61 UmwG ist der Verschmelzungsplan bzw. sein Entwurf zur Bekanntmachung beim Handelsregister einzureichen. Gem. Art. 21 Abs. 1a SE-VO sind die Rechtsformen, die Firmen und die Sitze der Gründungsgesellschaften bekannt zu geben. Gem. Art. 21 Abs. 1e SE-VO sind zudem Firma und Sitz der zukünftigen SE bekannt zu machen. **89**

c) Verfahren zur Beteiligung der Arbeitnehmer

Nach der Offenlegung des Verschmelzungsplanes haben die jeweiligen Leitungsorgane der beteiligten Gesellschaften gem. Art. 3 Abs. 1 SE-RL, § 4 Abs. 2 SEBG das Arbeitnehmerbeteiligungsverfahren einzuleiten. Bei einer deutschen AG als Gründungsgesellschaft ist es zudem nach h.M. gem. § 17 Abs. 1 UmwG erforderlich, den Verschmelzungsplan mindestens einen Monat vor dem Tag der Zustimmung der Hauptversammlung dem Betriebsrat zuzuleiten.[123] Zu den weiteren Einzelheiten vgl. oben Rdn. 51 ff. **90**

d) Verschmelzungsbericht

Gem. Art. 18 SE-VO, § 8 UmwG haben die Vorstände der deutschen Gründungsgesellschaften zur Information ihrer Aktionäre einen Verschmelzungsbericht zu erstellen. Dementsprechend müssen bei einer SE-Gründung durch Verschmelzung die Verschmelzung als solche, der Verschmelzungsplan, das Umtauschverhältnis der Anteile und die Höhe der anzubietenden Barabfindung ausführlich rechtlich und wirtschaftlich im Bericht erläutert und begründet werden. Nach h.M. ist der Bericht von sämtlichen Vorständen zu unterzeichnen.[124] Sofern nun die ausländische Rechtsordnung die Möglichkeit eines gemeinsamen Verschmelzungsberichtes eröffnet, sollte gem. § 8 Abs. 1 Satz 1 UmwG ein solcher gemeinsamer Bericht erstattet werden.[125] Dies verringert die Gefahr, dass Aktionäre einer Gründungsgesellschaft gegen den Verschmelzungsbeschluss mit der Argumentation vorgehen, dass der ausführlichere Verschmelzungsbericht des anderen Rechtsträgers bereits zeige, dass die Informationen unvollständig seien.[126] Freilich kommt es in diesem Fall hinsichtlich der inhaltlichen Anforderungen zu einer kumulativen Anwendung der verschiedenen Rechtsordnungen.[127] **91**

Der Verschmelzungsbericht ist für die Aktionäre der deutschen Gesellschaft nicht erforderlich, sofern alle Anteilsinhaber des deutschen Rechtsträgers hierauf verzichten. Diese Erklärung ist gem. Art. 18 SE-VO i.V.m. § 8 Abs. 3 Satz 2 UmwG notariell zu beurkunden.[128] Ihre Wirkung ist auf die deutsche Aktiengesellschaft beschränkt.[129] Die Berichtspflichten der ausländischen Rechtsträger bleiben hiervon unberührt. **92**

e) Verschmelzungsprüfung/Nachprüfungsbericht

Gem. Art. 18 SE-VO i.V.m. §§ 9 bis 12 UmwG ist eine Verschmelzungsprüfung erforderlich. Insoweit kann auf die Regelung zum Umwandlungsrecht verwiesen werden. Gem. § 10 Abs. 1 Satz 2 UmwG ist auch eine gemeinsame Verschmelzungsprüfung mit dem ausländischen Rechtsträger möglich.[130] Über Art. 22 Abs. 1 SE-VO ist es den Gründungsgesellschaften dabei möglich, ihren Antrag auf **gemeinsame Bestellung eines Prüfers** auch bei dem zuständigen Gericht oder der zustän- **93**

---

123 Böttcher/Habighorst/Schulte/*Jaspers*, Anhang 1 Rn. 63; MünchHdb GesR IV/*Austmann*, § 84 Rn. 41; a.A. *Brandes* AG 2005, 177, 181.
124 Jannott/Frodermann/*Jannott*; Kapitel 3 Rn. 56 a.A. Böttcher/Habighorst/Schulte/*Jaspers*, Anhang 1 Rn. 59.
125 Happ/*Reichert*, Konzernrecht, 8.01 Rn. 88.1 ff.; MünchHdb GesR IV/*Austmann*, § 84 Rn. 16.
126 Happ/*Reichert*, Konzernrecht, 8.01 Rn. 88.1 ff.; MünchHdb GesR IV/*Austmann*, § 84 Rn. 16.
127 Happ/*Reichert*, Konzernrecht, 8.01 Rn. 88.1 ff.; MünchHdb GesR IV/*Austmann*, § 84 Rn. 16.
128 Happ/*Reichert*, Konzernrecht, 8.01 Rn. 88.1 ff.; MünchHdb GesR IV/*Austmann*, § 84 Rn. 16.
129 Happ/*Reichert*, Konzernrecht, 8.01 Rn. 88.1 ff.; MünchHdb GesR IV/*Austmann*, § 84 Rn. 17.
130 KK-AktG/*Maul*, SE-VO, Art. 22 Rn. 6; MünchHdb GesR IV/*Austmann*, § 84 Rn. 18 ff.

digen Verwaltungsbehörde der anderen Mitgliedstaaten zu stellen, deren Recht einer der Gründungsgesellschafter oder die zukünftig SE unterliegt.[131] Dabei genügt es, wenn der gemeinsame Prüfer nach dem Recht eines der beteiligten Mitgliedstaaten die entsprechende Qualifikation aufweist.[132] Eine Verschmelzungsprüfung ist nicht notwendig, wenn gem. §§ 9 Abs. 3, 12 Abs. 3 UmwG mittels notarieller Erklärung auf sie verzichtet wird.[133]

94 Ist die aufnehmende Gesellschaft eine deutsche AG und besteht diese weniger als 2 Jahre, sind zudem über Art. 18 SE-VO i.V.m. § 67 UmwG die Nachgründungsvorschriften zu beachten.[134]

f) Offenlegung

95 Gem. Art. 18 SE-VO i.V.m. § 63 UmwG müssen ab Einberufung der Hauptversammlung bestimmte Unterlagen entweder in den Geschäftsräumen der Gesellschaft zur Einsicht der Aktionäre ausliegen und ihnen auf Verlangen unverzüglich und kostenlos zugesendet werden oder über die Internetseite der Gesellschaft zugänglich sein. Zu den Unterlagen gehören der Verschmelzungsplan bzw. sein Entwurf, der Verschmelzungsbericht und der Verschmelzungsprüfungsbericht. Gem. § 7 Abs. 1 Satz 3 SEAG muss bei einer Verschmelzung ins Ausland das **Austrittsrecht der Aktionäre** gegen Barabfindung in der Einladung zur Hauptversammlung mit seinem gesamten Inhalt bekannt gemacht werden.

g) Zustimmungsbeschlüsse

96 In der Hauptversammlung muss gem. Art. 18 SE-VO, § 65 Abs. 1 UmwG mit einer Mehrheit von 3/4 des bei der Beschlussfassung vertretenen Grundkapitals der Verschmelzung zugestimmt werden, sofern die Satzung keine größere Kapitalmehrheit bestimmt.

97 Bei der Beschlussfassung der Hauptversammlung muss das Verfahren zur Arbeitnehmerbeteiligung noch nicht abgeschlossen sein.[135] Die Hauptversammlung kann sich daher gem. Art. 23 Abs. 2 SE-VO vorbehalten, die Vereinbarung über die Arbeitnehmerbeteiligung vor Eintragung der SE in das Handelsregister zu genehmigen.[136] Diese Befugnis kann nicht an andere Organe (etwa an den Vorstand oder den Aufsichtsrat) delegiert werden.[137] Da die Abhaltung einer erneuten Hauptversammlung – zumindest bei Publikumsgesellschaften – jedoch äußerst aufwendig ist, hat dieser Genehmigungsvorbehalt in der Praxis häufig keine Relevanz.[138] Zu beachten ist schließlich noch, dass es in diesem Fall zu einem Widerspruch zwischen dem ausgehandelten Mitbestimmungsmodell und der im Verschmelzungsplan enthaltenen Satzung kommen kann.[139] In diesem Fall müssten die Aktionäre in einer neuen Hauptversammlung ihre Satzung dem neuen Mitbestimmungsmodell anpassen.[140] Eine Verpflichtung hierzu soll trotz des eindeutigen Wortlautes des Art. 12 Abs. 4 Unterabs. 1 Satz 1 SE-VO nicht bestehen.[141] Vor diesem Hintergrund bietet es sich an, möglichst keine mitbestimmungsrelevanten Vorschriften über den Aufsichtsrat in die Gründungssatzung der SE aufzunehmen.[142]

---

131 KK-AktG/*Maul*, SE-VO, Art. 22 Rn. 9; MünchHdb GesR IV/*Austmann*, § 84 Rn. 18 ff.
132 KK-AktG/*Maul*, SE-VO, Art. 22 Rn. 11; MünchHdb GesR IV/*Austmann*, § 84 Rn. 18 ff.
133 KK-AktG/*Maul*, SE-VO, Art. 22 Rn. 18; MünchHdb GesR IV/*Austmann*, § 84 Rn. 18 ff.
134 Böttcher/Habighorst/Schulte/*Jaspers*, Anhang 1 Rn. 67.
135 KK-AktG/*Maul*, SE-VO, Art. 23 Rn. 14; Widmann/Mayer/*Heckschen*, Anhang 14 Rn. 241; MünchHdb GesR IV/*Austmann*, § 84 Rn. 24 ff.
136 KK-AktG/*Maul*, SE-VO, Art. 23 Rn. 14; Widmann/Mayer/*Heckschen*, Anhang 14 Rn. 241; MünchHdb GesR IV/*Austmann*, § 84 Rn. 24 ff.
137 KK-AktG/*Maul*, SE-VO, Art. 23 Rn. 21; Widmann/Mayer/*Heckschen*, Anhang 14 Rn. 242; MünchHdb GesR IV/*Austmann*, § 84 Rn. 24 ff.
138 MünchHdb GesR IV/*Austmann*, § 84 Rn. 24 ff.
139 MünchHdb GesR IV/*Austmann*, § 84 Rn. 24 ff.
140 MünchHdb GesR IV/*Austmann*, § 84 Rn. 24 ff.
141 MünchHdb GesR IV/*Austmann*, § 84 Rn. 24 ff.
142 MünchHdb GesR IV/*Austmann*, § 84 Rn. 24 ff.

h) Bestellung des ersten Aufsichtsrater/Verwaltungsrates

Bei der Bestellung des ersten Aufsichtsrates bzw. des Verwaltungsrates sind die **Details äußerst umstritten**. Bei einer dualistischen Struktur muss der Aufsichtsrat bei der Errichtung einer deutschen SE im Wege der Verschmelzung zur Neugründung in jedem Fall neu bestellt werden.[143] Die Bestellung kann hier direkt in der Satzung oder in der ersten Hauptversammlung erfolgen.[144] Dieser bestellt in seiner konstituierenden ersten Sitzung den Vorstand. 98

Bei einer Verschmelzung zur Aufnahme mit **dualistischem System** ist dies trotz des Grundsatzes der Organkontinuität gem. § 203 UmwG umstritten. Nach h.M. gilt dies jedenfalls dann, wenn die aufnehmende Gesellschaft der Arbeitnehmermitbestimmung unterliegt.[145] Andere wollen dies nur bei der Änderung der Größe des Aufsichtsrates für erforderlich halten.[146] Aus Sicht der Praxis sollte daher vorsichtshalber immer der Aufsichtsrat neu bestellt werden. 99

Auch beim **monistischen System** muss schließlich der Verwaltungsrat in der Satzung oder durch die erste Hauptversammlung bestellt werden. Dieser bestellt dann in der konstituierenden Sitzung die geschäftsführenden Direktoren. 100

In der Praxis wird zumeist der Aufsichtsrat/Verwaltungsrat in der Satzung bestellt. Ist zum Zeitpunkt der Hauptversammlung noch unklar, ob es zu einer Beteiligungsvereinbarung mit den Arbeitnehmern kommt, wird in der Satzung klargestellt, dass die Arbeitnehmer entweder nach den Bestimmungen der Beteiligungsvereinbarung oder aber durch die Hauptversammlung unter Berücksichtigung des § 36 Abs. 4 SEAG bestellt werden.[147] 101

Umstritten ist schließlich die **Amtsdauer** des ersten Aufsichtsrates/Verwaltungsrates.[148] In der Praxis sollte eine Bestellung nur bis zur Hauptversammlung erfolgen, welche über die Entlastung zum Ablauf des ersten Geschäftsjahres beschließt.[149] 102

i) Bestellung des Abschlussprüfers

Sofern der erste Abschlussprüfer nicht im Verschmelzungsplan bestellt wurde, ist er in der ersten Hauptversammlung zu bestellen.[150] 103

j) Bestellung des Vorstands/der geschäftsführenden Direktoren

In seiner konstituierenden Sitzung bestellt der Aufsichtsrat/Verwaltungsrat den Vorstand bzw. die geschäftsführenden Direktoren. 104

k) Gründungsprüfung

Bei einer Verschmelzung zur Neugründung ist ein interner Gründungsbericht durch den Vorstand bzw. Verwaltungsrat zu erstellen, über den gem. § 34 Abs. 2 AktG schriftlich Bericht zu erstatten ist.[151] Im Übrigen ist zumindest nach h.M. keine externe Gründungsprüfung und (bei einer Verschmelzung zur Aufnahme) auch kein interner Gründungsbericht zu erstellen.[152] 105

---

143 KK-AktG/*Paefgen*, SE-VO, Art. 40 Rn. 67.
144 Beck'sches Formularbuch Mergers & Acquisitions/*Seibt*, L.II.32 Rn. 11.
145 Beck'sches Formularbuch Mergers & Acquisitions/*Seibt*, L.II.32 Rn. 11; MünchKommAktG/Reichert/ *Brandes*, Art. 40 SE-VO Rn. 45.
146 KK-AktG/*Paefgen*, SE-VO, Art. 40 Rn. 68.
147 Böttcher/Habighorst/Schulte/*Jaspers*, Anhang 1 Rn. 77.
148 Hierzu: Böttcher/Habighorst/Schulte/*Jaspers*, Anhang 1 Rn. 75.
149 Böttcher/Habighorst/Schulte/*Jaspers*, Anhang 1 Rn. 75.
150 Böttcher/Habighorst/Schulte/*Jaspers*, Anhang 1 Rn. 78.
151 Böttcher/Habighorst/Schulte/*Jaspers*, Anhang 1 Rn. 83.
152 Böttcher/Habighorst/Schulte/*Jaspers*, Anhang 1 Rn. 83; a.A. MünchKommAktG/*Schäfer* Art. 26 SE-VO Rn. 9.

l) Anmeldung der Verschmelzung zum Handelsregister

106 Die SE-Verordnung sieht eine **zweiphasige Rechtmäßigkeitskontrolle** bei der Gründung einer SE mittels Verschmelzung vor. In der ersten Phase wird die Rechtmäßigkeit derjenigen Verfahrensabschnitte geprüft, welche die Gründungsgesellschaften betreffen.[153] Diese Prüfung erfolgt für jede Gründungsgesellschaft getrennt auf der Grundlage der für sie anwendbaren nationalen Vorschriften über die Verschmelzung von Aktiengesellschaften gem. Art. 25 Abs. 1 SE-VO. In der zweiten Phase überprüft das Handelsregister am Sitz der SE die Rechtmäßigkeit des Verfahrensabschnittes, in welchem die Durchführung der Verschmelzung und die Gründung der SE fallen gem. Art. 26 Abs. 1 SE-VO.[154]

aa) Erste Prüfungsphase

(1) Umfang der Prüfung durch das Registergericht/Rechtmäßigkeitsbescheinigung

107 Gem. § 4 SEAG ist für die Prüfung der ersten Phase bei einer deutschen Aktiengesellschaft nach §§ 374 Nr. 1, 376 FamFG das Gericht zuständig, in dessen Bezirk die Gesellschaft ihren Sitz hat. Der Umfang der gerichtlichen Prüfung richtet sich nach Art. 25 Abs. 1 SE-VO i.V.m. §§ 16, 17 UmwG. Für den Fall, dass eine Kapitalerhöhung erfolgen soll, finden zudem die §§ 66 ff. UmwG Anwendung. Das Registergericht prüft mithin
– die Gründungsberechtigung der Gründungsgesellschaft;
– das Vorliegen eines Verschmelzungsplanes;
– das Vorliegen eines Verschmelzungsberichtes;
– die Durchführung der Verschmelzungsprüfung;
– das Vorliegen eines Prüfungsberichtes;
– die Erfüllung der Einhaltungspflichten gem. § 5 Abs. 1 SEAG;
– das Vorliegen eines Verschmelzungsbeschlusses, welcher in ordnungsgemäß einberufener und durchgeführter Hauptversammlung mit der erforderlichen Mehrheit gefasst worden ist;
– das Vorliegen einer Versicherung der Vorstandsmitglieder jeder übertragenden Gesellschaft, dass den berechtigten Gläubigern gem. § 8 Satz 2 SEAG Sicherheit geleistet wurde;
– ggf. die Eintragung der Kapitalerhöhung bei der übernehmenden Gesellschaft, aus der die zukünftige SE die Aktionäre der übertragenden Gesellschaft Aktien gewähren soll gem. Art. 18 SE-VO i.V.m. § 66 UmwG;
– die Anzeige des Treuhänders an das Registergericht der übernehmenden Gesellschaft, das er gem. Art. 18 SE-VO i.V.m. § 71 Abs. 1 Satz 2 UmwG im Besitz der bei der Verschmelzung zu gewährenden Aktien ist.

108 Erfüllt die SE sämtliche Eintragungsvoraussetzungen, stellt das Gericht eine **Rechtmäßigkeitsbescheinigung** aus. Der genaue Inhalt dieser Bescheinigung ist umstritten.[155] Zumeist trägt das Registergericht die Verschmelzung in das Handelsregister der übertragenden Gesellschaft ein und vermerkt dazu, dass die Verschmelzung erst mit der Eintragung im Register der SE wirksam wird (vgl. Art. 18 SE-VO i.V.m. § 19 Abs. 1 UmwG).[156] Teilweise wird aber auch eine bloße Bescheinigung als ausreichend erachtet.[157]

---

153 KK-AktG/*Maul*, SE-VO, Art. 20 Rn. 35; MünchHdb GesR IV/*Austmann*, § 84 Rn. 29 ff.; Beck'sches Formularbuch Mergers & Acquisitions/*Seibt*, L.II.31 Rn. 1.
154 KK-AktG/*Maul*, SE-VO, Art. 25 Rn. 3; MünchHdb GesR IV/*Austmann*, § 84 Rn. 29 ff.; Beck'sches Formularbuch Mergers & Acquisitions/*Seibt*, L.II.31 Rn. 1.
155 KK-AktG/*Maul*, SE-VO, Art. 25 Rn. 316 ff.; MünchHdb GesR IV/*Austmann*, § 84 Rn. 30; Habersack/Drinhausen/*Marsch-Barner* Art. 25 SE-VO Rn. 25–26.
156 MünchHdb GesR IV/*Austmann*, § 84 Rn. 30; Beck'sches Formularbuch Mergers & Acquisitions/*Seibt*, L.II.31 Rn. 3.
157 Böttcher/Habighorst/Schulte/*Jaspers*, Anhang 1 Rn. 89.

Fraglich ist, ob eine solche Bescheinigung erforderlich ist, wenn das deutsche Register zugleich das Register ist, in welchem die spätere SE eingetragen wird. Vereinzelt tragen dann Registergerichte die SE direkt ein, erteilen also keine gesonderte Bescheinigung. In der Praxis sollte dies freilich vorab mit dem Registergericht abgeklärt werden.

(2) Anmeldepflichtige Personen

Zur Anmeldung ist bei einer deutschen Aktiengesellschaft der Vorstand in vertretungsberechtigter Zahl verpflichtet. Erfolgt eine Kapitalerhöhung, so ist die Handelsregisteranmeldung zusätzlich vom Vorsitzenden des Aufsichtsrates zu unterzeichnen. Die Anmeldung hat gem. § 12 HGB in öffentlich beglaubigter Form zu erfolgen.

(3) Inhalt der Anmeldung

Inhaltlich wird die Erteilung der Rechtmäßigkeitsbescheinigung gem. Art. 25 Abs. 2 SE-VO beantragt. Ferner muss die Anmeldung die folgenden Versicherungen enthalten:
– Innerhalb der Frist des Art. 18 SE-VO i.V.m. § 14 Abs. 1 UmwG ist keine Klage gegen die Wirksamkeit des Verschmelzungsbeschlusses erhoben worden oder – sofern eine solche Klage erhoben wurde – dass diese Klage rechtskräftig abgewiesen oder zurückgenommen wurde. Gibt der Vorstand diese Erklärung innerhalb der Frist des § 14 Abs. 1 UmwG ab, muss er gem. § 16 Abs. 2 Satz 1 UmwG später erhobene Anfechtungsklagen nachmelden.
– Sofern der zukünftige Sitz der SE in einem anderen Land liegt, wurde den anspruchsberechtigten Gläubigern i.S.d. § 8 i.V.m. § 13 Abs. 1 und 2 SEAG Sicherheit geleistet. Besteht ein laufendes Spruchverfahren, so ist auf dieses gem. Art. 25 Abs. 3 Satz 3 SE-VO hinzuweisen, obgleich die Erteilung der Rechtmäßigkeitsbescheinigung durch dieses nicht behindert wird.

(4) Anlagen

Gem. Art. 25 Abs. 2 SE-VO i.V.m. §§ 16, 17 UmwG sind die folgenden Unterlagen beizufügen:
– beglaubigte Abschrift des Verschmelzungsplans;
– beglaubigte Abschrift des Zustimmungsbeschlusses der Aktiengesellschaft zu dem Verschmelzungsplan und der Satzung der künftigen SE;
– ggf. beglaubigte Abschrift des Bestellungsbeschlusses der Mitglieder des Aufsichtsrates/Verwaltungsrates, sofern dies nicht bereits in der Satzung geschehen ist;
– ggf. notwendige Zustimmungserklärungen einzelner Anteilseigner;
– ggf. abgegebene Verzichtserklärungen;
– Verschmelzungsbericht des Vorstands;
– Prüfungsbericht des Prüfers;
– Nachweis der rechtzeitigen Zuleitung des Entwurfs des Verschmelzungsplans an den Betriebsrat;
– Schlussbilanz der Gesellschaft;
– ggf. Zustimmungserklärung der Aktionäre der ausländischen Gründungsgesellschaft zur Anwendung des Spruchverfahrens;
– ggf. Nachweis der Erbringung der Sicherheitsleistung an die Gläubiger;
– ggf. Anzeige des Treuhänders, dass er im Besitz der Aktien und der im Verschmelzungsplan festgelegten baren Zuzahlung ist;
– bei einer Verschmelzung zur Neugründung der interne Gründungsbericht.

bb) Zweite Prüfungsphase

(1) Umfang der Prüfung durch das Registergericht

Zuständig für die zweite Prüfungsphase ist die für die neue SE am künftigen Satzungssitz zuständige Stelle (Art. 12 Abs. 1 SE-VO). Bei einer SE, welche ihren Sitz in Deutschland hat, ist somit gem.

§§ 3, 4 SEAG i.V.m. §§ 376, 377 FamFG und § 14 AktG das Handelsregister am Sitz der Gesellschaft zuständig.

114 Das Gericht prüft hierbei die folgenden Punkte:
- Voraussetzungen der Mehrstaatlichkeit;
- Vorliegen der Rechtmäßigkeitsbescheinigungen der Gründungsgesellschaften, welche gem. Art. 26 Abs. 2 SE-VO nicht älter als 6 Monate sein dürfen;
- Vorliegen von inhaltlich identischen Verschmelzungsplänen gem. Art. 26 Abs. 3 SE-VO;
- ordnungsgemäße Durchführung des Verfahrens zur Arbeitnehmerbeteiligung;
- Übereinstimmung des Ergebnisses der Arbeitnehmerbeteiligung mit den Bestimmungen der Satzung;
- Beachtung der für die SE anwendbaren Gründungsvorschriften des Sitzungsstaates gem. Art. 15 i.V.m. Art. 26 Abs. 4 SE-VO.

115 Das Registergericht darf Aspekte der ersten Prüfungsphase nicht mehr prüfen, es sei denn, sie sind evident unrichtig. Sofern es sich um eine Verschmelzung zur Aufnahme handelt, bei welcher bei der übernehmenden Gesellschaft eine Kapitalerhöhung vorgenommen wird, sind auch die Voraussetzungen der Kapitalerhöhung durch das Gericht zu prüfen.[158]

(2) Anmeldepflichtige Personen

116 Umstritten ist, wer zur Anmeldung verpflichtet ist. Teilweise wird davon ausgegangen, dass Art. 26 Abs. 2 SE-VO abschließend ist, so dass zur Anmeldung die Organe der beteiligten Gesellschaften verpflichtet sind.[159] Mit der h.M. ist aber davon auszugehen, dass über Art. 15 SE-VO das **Recht des jeweiligen Sitzstaates** maßgebend ist. Es ist daher zu unterscheiden, ob es sich um eine SE mit monistischen Leitungssystem oder eine SE mit dualistischem Leitungssystem handelt. Bei einer SE mit einem monistischen Leitungssystem haben die Mitglieder des ersten Verwaltungsrates, die geschäftsführenden Direktoren sowie alle Gründer (also die Organe der Gründungsgesellschaften) gem. § 21 Abs. 1 SEAG an der Anmeldung teilzunehmen.[160] Bei einer SE mit dualistischem Leitungssystem erfolgt die Anmeldung hingegen durch den Vorstand. Sofern eine Kapitalerhöhung beschlossen worden ist, muss insoweit freilich auch der Vorsitzende des Aufsichtsrates die Anmeldung unterzeichnen.[161]

(3) Inhalt der Anmeldung

117 Anzumelden ist Folgendes:
- die Verschmelzung als solches;
- Sitz der Gesellschaft;
- Geschäftsadresse der Gesellschaft;
- ggf. Mitglieder des Verwaltungsrates;
- Vertretungsbefugnisse der Vorstände/geschäftsführenden Direktoren;
- ggf. Kapitalerhöhung.

118 Ferner muss die Anmeldung die folgenden Versicherungen enthalten:
- Klage gegen die Wirksamkeit des Verschmelzungsbeschlusses ist nicht erhoben worden bzw. hierauf wurde mittels notariell beurkundeter Erklärung verzichtet;
- Versicherung gem. §§ 37 Abs. 2, 81 Abs. 3 AktG durch die Vorstände bzw. geschäftsführenden Direktoren.

---

158 MünchHdb GesR IV/*Austmann*, § 84 Rn. 32.
159 MünchKommAktG/*Schäfer*, Art. 26 SE-VO Rn. 7.
160 Beck'sches Formularbuch Mergers & Acquisitions/*Seibt*, L.II.32 Rn. 4, 5; *Krafka/Kühn*, Rn. 1757.
161 Beck'sches Formularbuch Mergers & Acquisitions/*Seibt*, L.II.32 Rn. 4, 5; *Krafka/Kühn*, Rn. 1757.

E. Gründung

(4) Anlagen

Folgende Anlagen sind beizufügen: 119
- Rechtmäßigkeitsbescheinigungen gem. Art. 25 Abs. 2 SE-VO;
- Ausfertigungen der Verschmelzungspläne;
- Niederschriften über die Zustimmungsbeschlüsse zum Verschmelzungsplan;
- ggf. Vereinbarung über die Arbeitnehmerbeteiligung bzw. Nachweise über die Verfahren zur Arbeitnehmerbeteiligung für die Prüfung nach Art. 26 Abs. 3 SE-VO, alternativ Erklärungen darüber, dass ein Verfahren über die Arbeitnehmerbeteiligung nicht erforderlich ist, weil keine bzw. weniger als zehn Arbeitnehmer vorhanden oder die Gründungsgesellschaften nur Arbeitnehmer in einem Mitgliedstaat beschäftigen;
- ggf. beglaubigte Abschrift des Bestellungsbeschlusses der Mitglieder des Aufsichtsrates/Verwaltungsrates, sofern dies nicht bereits in der Satzung geschehen;
- beglaubigte Abschrift des Bestellungsbeschlusses der Mitglieder des Vorstands/geschäftsführenden Direktoren.

3. Rechtsfolgen der Eintragung

Nach positiver Prüfung durch das Gericht trägt dieses die SE ein. Damit ist die Verschmelzung und Gründung der SE vollzogen. Bei einer Verschmelzung zur Neugründung entsteht also die SE in diesem Zeitpunkt als juristische Person gem. Art. 16 Abs. 1 SE-VO. Handelt es sich um eine Verschmelzung zur Aufnahme, nimmt die bisherige Aktiengesellschaft in diesem Augenblick die Rechtsform der SE gem. Art. 17 Abs. 2 Satz 2 SE-VO an. Im Übrigen richten sich die Wirkungen der Verschmelzung nach Art. 29 SE-VO. Mit Eintragung der Verschmelzung geht also das gesamte Aktiv- und Passivvermögen der übertragenden Gesellschaft(en) auf die SE über. 120

4. Vereinfachungen bei einer Mutter/Tochter Verschmelzung

Im Falle einer Mutter/Tochter-Verschmelzung enthält Art. 31 SE-VO verschiedene Erleichterungen. Gemeint ist der Fall, dass die übernehmende Gesellschaft unmittelbar sämtliche das Stimmrecht gewährende Aktien der übertragenden Gesellschaft besitzt.[162] In diesem Fall müssen der übernehmenden Gesellschaft keine Aktien gewährt werden.[163] Dementsprechend bedarf es im Verschmelzungsplan keiner Angaben zum Umtauschverhältnis.[164] Der Verschmelzungsbericht und die Verschmelzungsprüfung können entfallen. Ein Verschmelzungsbeschluss ist jedoch in jedem Fall erforderlich. § 62 UmwG findet also keine Anwendung.[165] 121

III. Gründung mittels Formwechsel

1. Einführung

Die Gründung einer SE durch Formwechsel wird in Art. 37 SE-VO beschrieben. Die Regelung ist recht lückenhaft. Gem. Art. 15 Abs. 1 SE-VO gilt daher bei dem Formwechsel einer deutschen Aktiengesellschaft in eine SE das deutsche Recht für einen Formwechsel.[166] Umwandlungsfähiger Rechtsträger ist nur eine Aktiengesellschaft. Soll eine andere Rechtsform in eine SE formgewechselt werden, müsste diese zunächst in eine deutsche AG formgewechselt werden.[167] In der Praxis ist der Formwechsel im Vergleich zu den anderen Gründungsvarianten recht beliebt, weil er eine erheblich 122

---

162 MünchHdb GesR IV/*Austmann*, § 84 Rn. 26 ff.
163 MünchHdb GesR IV/*Austmann*, § 84 Rn. 26 ff.
164 MünchHdb GesR IV/*Austmann*, § 84 Rn. 26 ff.
165 MünchHdb GesR IV/*Austmann*, § 84 Rn. 26 ff.
166 MünchHdb GesR IV/*Austmann*, § 84 Rn. 62; KK-AktG/*Paefgen*, SE-VO, Art. 37 Rn. 13.
167 Widmann/Mayer/*Heckschen*, Anhang 14 Rn. 371.

geringere Komplexität aufweist.[168] Allerdings scheidet bei einem Formwechsel gem. § 21 Abs. 6 Satz 1 SEAG die Möglichkeit aus, das bestehende Mitbestimmungsniveau »abzusenken«.[169]

123 Das **Mehrstaatlichkeitserfordernis** ist gem. Art. 2 Abs. 4 SE-VO erfüllt, wenn die Aktiengesellschaft seit mehr als 2 Jahren eine Tochtergesellschaft hat, die dem Recht eines anderen Mitgliedstaates untersteht.[170] Besteht das Mutter-Tochter-Verhältnis seit weniger als 2 Jahren, bietet sich eine Mutter/Tochter-Verschmelzung als Alternative an.[171]

124 Dem Formwechsel einer deutschen Aktiengesellschaft in eine SE liegt der folgende Ablauf zugrunde:[172]
– Erstellung des Umwandlungsplanes;
– Erstellung des Umwandlungsberichtes;
– Offenlegung des Umwandlungsplanes mittels Einreichung beim Handelsregister;
– Zuleitung des Umwandlungsplans an den Betriebsrat (str.);
– Einleitung des Arbeitnehmerbeteiligungsverfahrens gem. § 4 SEAG;
– Reinvermögensprüfung gem. Art. 37 Abs. 6 SE-VO;
– Zustimmungsbeschluss;
– ggf. Kapitalerhöhung;
– Bestellung der Aufsichtsratsmitglieder bzw. Verwaltungsorgane, soweit dies nicht in der Satzung geschieht;
– konstituierende Sitzung des Aufsichtsrats/Verwaltungsrats mit der Bestellung des Vorstands bzw. der geschäftsführenden Direktoren;
– interner Gründungsbericht (str.);
– Anmeldung zum Handelsregister;
– Eintragung der SE im Handelsregister.

2. Aufstellung des Umwandlungsplans

125 Gem. Art. 37 Abs. 4 SE-VO muss das Leitungs- oder Verwaltungsorgan der Gründungsgesellschaft einen Umwandlungsplan erstellen. Der Inhalt des Umwandlungsplanes ist nicht geregelt. Das deutsche Umwandlungsrecht kennt keinen Umwandlungsplan. § 194 Abs. 1 UmwG regelt jedoch den Inhalt eines Formwechselbeschlusses. In der Literatur ist umstritten, ob beim Inhalt des Umwandlungsplanes allein auf § 194 Abs. 1 UmwG abzustellen ist[173] oder sich der Inhalt des Umwandlungsplanes in Analogie zu Art. 20 Abs. 1 Satz 2 SE-VO aus dem Verschmelzungsplan ergibt.[174] Zur Sicherheit sollten beide Bestimmungen beachtet werden.[175]

a) Zuständigkeit zur Aufstellung

126 Der Umwandlungsplan ist gem. Art. 34 Abs. 4 SE-VO vom Vorstand aufzustellen.

b) Inhalt

127 Der Umwandlungsplan muss folgende Bestimmungen enthalten:
– Erklärung über die Umwandlung der Aktiengesellschaft in eine SE;
– Firma der SE;
– Angaben über Beteiligung der Aktionäre an der SE;

---

168 Böttcher/Habighorst/Schulte/*Jaspers*, Anhang 1 Rn. 101; *Wicke*, RNotZ 2020, 27, 28.
169 Böttcher/Habighorst/Schulte/*Jaspers*, Anhang 1 Rn. 101.
170 Böttcher/Habighorst/Schulte/*Jaspers*, Anhang 1 Rn. 103 zu den Einzelheiten.
171 Böttcher/Habighorst/Schulte/*Jaspers*, Anhang 1 Rn. 101.
172 Widmann/Mayer/*Heckschen*, Anhang 14 Rn. 371; Böttcher/Habighorst/Schulte/*Jaspers*, Anhang 1 Rn. 105.
173 Spindler/Stilz AktG/*Casper* Art. 37 SE-VO Rn. 9.
174 KK-AktG/*Paefgen*, SE-VO, Art. 37 Rn. 28 ff.; *Kalss*, ZGR 2003, 593, 613.
175 MünchHdb GesR IV/*Austmann*, § 84 Rn. 63.

E. Gründung

- etwaige Sonderrechte;
- Folgen des Formwechsels für die Arbeitnehmer und ihre Vertretungen;
- Sitz der SE;
- besondere Vorteile für Prüfer und Organe;
- Angabe zum Verfahren über die Beteiligung der Arbeitnehmer entsprechend Art. 12 Abs. 2 bis 4 SE-VO;
- künftige Satzung (str.).

Umstritten ist in der Literatur, ob die **Satzung** Teil des Umwandlungsplans sein muss.[176] Aus Sicherheitsgründen sollte die Satzung in der Praxis zur Anlage des Umwandlungsplans genommen werden. In der Praxis wird zudem der erste Aufsichtsrat bzw. der Verwaltungsrat bereits in der Satzung bestellt. Zudem sollte entsprechend § 27 AktG in die Satzung aufgenommen werden, dass das Grundkapital durch einen Formwechsel aufgebracht worden ist.

c) Form

Nach der SE-VO ist keine besondere Form für den Umwandlungsplan erforderlich. Die Frage, welche Form für den Umwandlungsplan einzuhalten ist, ist daher umstritten. Teilweise wird die Schriftform für ausreichend erachtet.[177] Andere verlangen eine notarielle Beurkundung des Umwandlungsplanes.[178] In der Praxis sollte daher aus Vorsichtsgründen die Vorgehensweise zumindest **mit dem Registergericht abgestimmt** und im Zweifelsfall eine Beurkundung vorgenommen werden.[179]

3. Umwandlungsbericht

Gem. Art. 37 Abs. 4 SE-VO haben die Leitungs- oder Verwaltungsorgane der Gründungsgesellschaft die rechtlichen und wirtschaftlichen Aspekte des Formwechsels und dessen Auswirkung auf die Aktionäre und die Arbeitnehmer der Gründungsgesellschaft in einem Umwandlungsbericht zu erläutern. Auf den Umwandlungsbericht kann nach h.M. verzichtet werden, wenn die Gründungsgesellschafter gem. Art. 18 SE-VO i.V.m. § 192 Abs. 2 UmwG analog in notariell beurkundeter Form auf die Erstattungsberichte verzichten.[180]

4. Einreichung des Umwandlungsplans oder seines Entwurfs beim Handelsregister

Der Umwandlungsplan ist gem. Art. 37 Abs. 5 SE-VO mindestens einen Monat vor dem Tag der Hauptversammlung, die den Formwechselbeschluss fassen soll, offenzulegen. Dies geschieht durch Einreichung beim Handelsregister.[181]

5. Zuleitung an den Betriebsrat

Einer Zuleitung des Umwandlungsplanes an den zuständigen Betriebsrat der Gründungsgesellschaft bedarf es nicht, weil die Arbeitnehmer im Rahmen des Beteiligungsverfahrens gem. § 4 Abs. 2 und 3 SEBG informiert werden.[182] In der Literatur wird trotzdem zur Sicherheit eine vorsorgliche Zuleitung empfohlen.[183]

---

176 Dafür: Habersack/Drienhausen/*Bücker*, SE.VO, Art. 37 Rn. 25; *Vossius*, ZIP 2005, 741, 747; a.A. Böttcher/Habighorst/Schulte/*Jaspers*, Anhang 1 Rn. 110.
177 KK-AktG/*Paefgen*, SE-VO, Art. 37 Rn. 45.
178 *Heckschen*, DNotZ 2003, 251, 264; *Vossius*, ZIP 2005, 741, 747.
179 MünchHdb GesR IV/*Austmann*, § 84 Rn. 63.
180 KK-AktG/*Paefgen*, SE-VO, Art. 37 Rn. 63; MünchHdb GesR IV/*Austmann*, § 84 Rn. 63; a.A. Lutter/Hommelhoff/*Seibt* Art. 37 SE-VO Rn. 48.
181 KK-AktG/*Paefgen*, SE-VO, Art. 37 Rn. 80; MünchHdb GesR IV/*Austmann*, § 84 Rn. 63.
182 KK-AktG/*Paefgen*, SE-VO, Art. 37 Rn. 48; MünchHdb GesR IV/*Austmann*, § 84 Rn. 63.
183 MünchHdb GesR IV/*Austmann*, § 84 Rn. 63; Böttcher/Habighorst/Schulte/*Jaspers*, Anhang 1 Rn. 116.

6. Verfahren zur Beteiligung der Arbeitnehmer

133 Auch bei einem Formwechsel in eine SE ist nach der Offenlegung des Umwandlungsplans nach Art. 3 Abs. 1 SE-RL eine Vereinbarung über die Beteiligung der Arbeitnehmer zu treffen. Zu den Einzelheiten vgl. oben Rdn. 51 ff.

7. Reinvermögensprüfung

134 Gem. Art. 37 Abs. 6 SE-VO hat ein **gerichtlich bestellter Sachverständiger** zu überprüfen und zu bescheinigen, dass die Gründungsgesellschaft über Nettovermögenswerte verfügt, die mindestens die Höhe ihres Kapitals zzgl. der kraft Gesetzes der Satzung nicht ausschüttungsfähigen Rücklagen ausreichen. Die Qualifikation des Prüfers entspricht derjenigen eines Verschmelzungsprüfers nach dem Umwandlungsgesetz.[184]

8. Umwandlungsbeschluss/Kapitalerhöhungsbeschluss

135 Gem. Art. 37 Abs. 7 Satz 2 SE-VO i.V.m. § 65 Abs. 1 Satz 1 UmwG analog ist für die Beschlussfassung über den Formwechsel eine Mehrheit von 3/4 des in der Versammlung vertretenen Grundkapitals notwendig. Die Satzung der AG kann nach § 65 Abs. 1 Satz 2 UmwG eine größere Kapitalmehrheit vorsehen. Der Beschluss muss die Zustimmung zur Umwandlung und zur Satzung der SE enthalten. Umstritten ist, ob wie bei der Verschmelzung ein **Genehmigungsvorbehalt** hinsichtlich der Vereinbarung über die Arbeitnehmerbeteiligung zulässig ist.[185] In der Praxis dürfte dies freilich – ähnlich wie bei der Verschmelzung – keine Bedeutung haben.[186]

136 Der Umwandlungsplan, die Satzung der SE, der Umwandlungsbericht und die Kapitaldeckungsbescheinigung müssen ausgelegt werden sowie bei Verlangen den Aktionären zugesandt und über die Internetseite der Gesellschaft zugänglich gemacht werden.[187]

137 Sofern das Grundkapital der deutschen Aktiengesellschaft unter dem Mindestkapital der SE i.H.v. 120.000,00 € liegt, ist zudem ein **Kapitalerhöhungsbeschluss** erforderlich, der mit dem Zustimmungsbeschluss zum Formwechsel verbunden werden kann. Die Durchführung der Kapitalerhöhung muss vor der Eintragung der SE eingetragen sein.[188]

9. Bestellung der Aufsichtsratsmitglieder bzw. Verwaltungsorgane

138 Sofern die SE das **dualistische Verwaltungssystem** fortführt und der Aufsichtsrat in gleicher Weise gebildet und zusammengesetzt wird wie bei der Gründungsgesellschaft, bleiben die Mitglieder des Aufsichtsrates der Gründungsgesellschaft nach h.M. für den Rest ihrer Amtszeit auch Mitglieder des Aufsichtsrates der SE.[189] Innerhalb dieser h.M. wird allerdings eine Ausnahme von diesem Grundsatz angenommen, wenn auf der Arbeitnehmerseite zukünftig auch Vertreter ausländischer Arbeitnehmer vorhanden sind.[190]

139 Angesichts der zahlreichen Unsicherheiten in diesem Zusammenhang wird in der Literatur empfohlen, die Aufsichtsratsmitglieder sowie bei einem **monistischen System** die Verwaltungsratsmitglieder in jedem Fall neu zu bestellen.[191]

---

184 KK-AktG/*Paefgen*, SE-VO, Art. 37 Rn. 76; MünchHdb GesR IV/*Austmann*, § 84 Rn. 63.
185 KK-AktG/*Paefgen*, SE-VO, Art. 37 Rn. 84; MünchHdb GesR IV/*Austmann*, § 84 Rn. 63.
186 MünchHdb GesR IV/*Austmann*, § 84 Rn. 63.
187 KK-AktG/*Paefgen*, SE-VO, Art. 37 Rn. 85; MünchHdb GesR IV/*Austmann*, § 84 Rn. 63.
188 Böttcher/Habighorst/Schulte/*Jaspers*, Anhang 1 Rn. 125.
189 MünchHdb GesR IV/*Austmann*, § 84 Rn. 69; KK-AktG/*Paefgen*, SE-VO, Art. 37 Rn. 42; a.A. Spindler/Stilz AktG/*Eberspächer*, Art. 40 SE-VO Rn. 8.
190 MünchHdb GesR IV/*Austmann*, § 84 Rn. 69.
191 MünchHdb GesR IV/*Austmann*, § 84 Rn. 69; Böttcher/Habighorst/Schulte/*Jaspers*, Anhang 1 Rn. 126.

E. Gründung

10. Konstituierende Sitzung des Aufsichtsrats/Verwaltungsrats mit der Bestellung des Vorstands bzw. der geschäftsführenden Direktoren

Umstritten ist – entsprechend den Ausführungen bei der Verschmelzung – die Amtszeit des ersten Aufsichtsrates/Verwaltungsrates.[192] Aus Sicherheitsgründen sollten diese daher in der Praxis bis zum Ablauf der Hauptversammlung bestellt werden, welche über die Entlastung nach Wirksamwerden der Eintragung der Umwandlung entscheidet.[193] 140

Die Vorstandsmitglieder bzw. die geschäftsführenden Direktoren sind durch die Mitglieder des Aufsichtsrates bzw. des Verwaltungsrats zu bestellen.[194] 141

11. Gründungsprüfung

Gem. Art. 15 Abs. 1 SE-VO i.V.m. § 197 UmwG findet das Gründungsrecht des AktG Anwendung. Der externe Gründungsbericht gem. § 32 AktG ist gem. § 245 Abs. 4 UmwG analog nach h.M. entbehrlich.[195] Umstritten ist, ob auf die interne und/oder externe Gründungsprüfung verzichtet werden kann.[196] Jedenfalls auf die Vornahme der **externen Gründungsprüfung** gem. § 33 Abs. 2 AktG kann verzichtet werden, da diese über die Kapitaldeckungsprüfung nach Art. 37 Abs. 6 SE-VO abgedeckt wird.[197] Letztlich muss dies in der Praxis aber mit dem Registergericht vorab geklärt werden. 142

12. Anmeldung zum Handelsregister

a) Anmeldepflichtige Personen

Umstritten ist, wer die Eintragung der SE zum Handelsregister anmelden muss. Einigkeit besteht, dass die Anmeldung bei einem **dualistischen System** nur durch den Vorstand in vertretungsberechtigter Zahl zu erfolgen hat.[198] Da aber sämtliche Vorstände die Versicherungen gem. §§ 37 Abs. 2, 81 Abs. 3 AktG abgeben müssen, wird in der Praxis die Anmeldung ohnehin zumeist von sämtlichen Vorständen unterzeichnet.[199] Beim Wechsel in ein **monistisches System** ist streitig, ob neben den geschäftsführenden Direktoren auch die Verwaltungsratsmitglieder die Anmeldung zu unterzeichnen haben.[200] 143

b) Inhalt der Anmeldung

Inhaltlich weist die Anmeldung folgende Erklärungen auf:[201] 144
– Wechsel in die Rechtsform der SE;

---

192 Vgl. Böttcher/Habighorst/Schulte/*Jaspers*, Anhang 1 Rn. 128; Jannott/Frodermann/*Frodermann*, Kap. 5 Rn. 98; KK-AktG/*Paefgen*, SE-VO, Art. 40 Rn. 71.
193 Vgl. Böttcher/Habighorst/Schulte/*Jaspers*, Anhang 1 Rn. 128.
194 Böttcher/Habighorst/Schulte/*Jaspers*, Anhang 1 Rn. 131.
195 KK-AktG/*Paefgen*, SE-VO, Art. 37 Rn. 98; MünchHdb GesR IV/*Austmann*, § 84 Rn. 63.
196 Für Verzicht von beiden Prüfungen: KK-AktG/*Schaefer*, SE-VO, Art. 37 Rn. 26; Lutter/Hommelhoff/Teichmann/*J. Schmidt*, Rn. 46; Van Hulle/Maul/Drinhausen/*Drinhausen*, 4. Abschn. § 5 Rn. 44 ff.; *Scheifele*, S. 427; Jannott/Frodermann/*Jannott*. Nur Verzicht auf die externe Gründungsprüfung: KK-AktG/*Paefgen*, SE-VO Art. 37 Rn. 101. Für interne und externe Prüfung: Lutter/Hommelhoff/*Bayer*, Europäische Gesellschaft S. 25, 64.
197 KK-AktG/*Paefgen*, SE-VO, Art. 37 Rn. 101 ff.; MünchHdb GesR IV/*Austmann*, § 84 Rn. 63.
198 KK-AktG/*Paefgen*, SE-VO, Art. 37 Rn. 104; MünchHdb GesR IV/*Austmann*, § 84 Rn. 68; Spitzbart, RNotZ 2006, 369, 420.
199 Böttcher/Habighorst/Schulte/*Jaspers*, Anhang 1 Rn. 135.
200 So Böttcher/Habighorst/Schulte/*Jaspers*, Anhang 1 Rn. 133; Munz/Mayer/Schröder/*Schröder*, Art. 37 SE-VO Rn. 102; a.A. KK-AktG/*Paefgen*, SE-VO, Art. 37 Rn. 104; MünchHdb GesR IV/*Austmann*, § 84 Rn. 68.
201 Böttcher/Habighorst/Schulte/*Jaspers*, Anhang 1 Rn. 134; KK-AktG/*Paefgen*, SE-VO, Art. 37 Rn. 106 ff.

- Mitglieder des ersten Aufsichtsrates bzw. Verwaltungsrates;
- Mitglieder des Vorstandes bzw. die geschäftsführenden Direktoren einschließlich abstrakter und ggf. konkreter Vertretungsbefugnis.

145 Die Vorstandmitglieder bzw. die geschäftsführenden Direktoren haben zugleich die Versicherung über das Fehlen von Bestellungshindernissen und die Belehrung über ihre unbeschränkte Auskunftspflicht abzugeben.

146 Zudem sind die **Negativerklärungen** gem. § 198 Abs. 3 i.V.m. § 16 Abs. 2 UmwG abzugeben, wonach auf eine Anfechtungsklage verzichtet wurde bzw. keine oder keine nicht fristgerechte Klage gegen den Umwandlungsbeschluss erhoben bzw. eine solche zurückgenommen worden ist oder aber ein Freigabeverfahren auf Antrag der Gesellschaft erfolgreich durchgeführt worden ist.

c) Anlagen

147 Der Anmeldung sind die folgenden Unterlagen beizufügen:[202]
- Nachweis, dass eine Tochtergesellschaft seit mehr als 2 Jahren existiert, welche dem Recht eines anderen Mitgliedstaates untersteht;
- Ausfertigung oder beglaubigte Abschrift der notariellen Niederschrift über den Umwandlungsbeschluss einschließlich der Satzung der SE;
- ggf. Wahlen zum ersten Aufsichts- oder Verwaltungsrat, soweit diese nicht in der Satzung enthalten sind;
- Ausfertigung oder beglaubigte Abschrift des Umwandlungsberichtes bzw. entsprechende Verzichtserklärungen;
- Ausfertigung oder beglaubigte Abschrift der Bescheinigung des Reinvermögensprüfers gem. Art. 37 Abs. 6 SE-VO;
- Negativerklärung gem. §§ 16, 198 UmwG, ggf. zzgl. der notariellen Verzichtserklärungen;
- die Vereinbarung über die Beteiligung der Arbeitnehmer in der SE bzw. Nicht-Aufnahme und Nicht-Abbruchbeschluss, diesen Abbruch- bzw. Nichtaufnahmebeschluss bzw. bei erfolgreichem Verhandlungsverlauf ohne Abbruchbeschluss eine Negativbescheinigung zzgl. Einladungsschreiben des Vorstandes zur konstituierenden Sitzung des BVG als Nachweis der ordnungsgemäßen, aber erfolglosen Durchführung des Arbeitnehmerbeteiligungsverfahrens;
- Nachweis der Zuleitung des Entwurfes des Umwandlungsplanes an den Betriebsrat bzw. Negativerklärung bei Nichtbestehen eines Betriebsrates (str.);
- Urkunden über die Bestellung des Vorstandes bzw. die geschäftsführenden Direktoren;
- Kostenaufstellung über die Kosten der Umwandlung;
- Gründungsprüfungsberichte, soweit man diese für erforderlich hält (s. Rdn. 142);
- Umwandlungsplan (str.)[203]

13. Rechtsfolgen der Eintragung

148 Die neue SE ist mit der Aktiengesellschaft identisch. Trotz des insoweit unklaren Formulierung gem. Art. 37 Abs. 9 SE-VO erfolgt keine Vermögensnachfolge. Ein Austrittsrecht gegen Abfindung besteht für dem Formwechsel widersprechende Aktionäre nicht.

IV. Gründung einer Holding-SE

1. Einführung

149 Bei der Gründung einer Holding-SE werden die Anteile von zwei oder mehreren Gesellschaften in die neu zu gründende SE eingebracht. Diese Gründungsvariante ist dem deutschen Recht nicht

---

202 Böttcher/Habighorst/Schulte/*Jaspers*, Anhang 1 Rn. 135; KK-AktG/*Paefgen*, SE-VO, Art. 37 Rn. 108 ff.
203 Dafür: Spindler/Spitz/*Casper*, SE-VO- Art. 37 Rn. 16; dagegen: Böttcher/Habighorst/Schulte/*Jaspers*, Anhang 1 Rn. 135; KK-AktG/*Paefgen*, SE-VO, Art. 37 Rn. 106 ff.

E. Gründung

bekannt. Die SE wird auf diese Weise zur Muttergesellschaft der beteiligten Gründungsgesellschaften. Die Gesellschafter der beteiligten Gründungsgesellschaften tauschen ihre Anteile unmittelbar in Aktien der neuen Holding-SE. Es wird somit ein neuer Rechtsträger geschaffen. In der Praxis ist diese Gründungsform selten.

Beteiligte Rechtsträger einer Holding Gründung können in Deutschland eine Aktiengesellschaft, eine GmbH und eine UG sein.[204] Nicht möglich ist jedoch die Beteiligung einer Kommanditgesellschaft auf Aktien.[205] 150

An das **Mehrstaatlichkeitserfordernis** werden im Vergleich zu den anderen Gründungsformen geringere Anforderungen gestellt. Es ist ausreichend, wenn mindestens zwei der an der Gründung beteiligten Gesellschaften eine dem Recht eines anderen Mitgliedstaates der EU oder des EWR unterliegenden Tochtergesellschaft oder Zweigniederlassung haben.[206] Die beteiligten Gründungsgesellschaften können dabei aus einem oder aus unterschiedlichen Mitgliedstaaten stammen.[207] Es ist somit möglich, dass zwei deutsche Gesellschaften eine Holding-SE gründen, sofern nur eine von Ihnen eine Tochtergesellschaft oder eine Zweigniederlassung in einem anderen Land hat.[208] 151

2. Ablauf

Angesichts der fehlenden Regelungen zu einer Holdinggründung im deutschen Recht behilft man sich durch eine analoge Anwendung des Art. 18 SE-VO und des deutschen Verschmelzungsrechtes.[209] Die Gründung der Holding-SE verläuft daher in folgenden Schritten:[210] 152
– Erstellung des Gründungsplanes;
– (Holding-) Gründungsbericht (als Bestandteil des Gründungsplans);
– (Holding-) Gründungsprüfung;
– Einreichung des Gründungsplans oder seines Entwurfes beim Handelsregister;
– Verfahren zur Beteiligung der Arbeitnehmer;
– Zustimmungsbeschlüsse;
– Bestellung der Aufsichtsratsmitglieder bzw. Verwaltungsorgane, soweit dies nicht in der Satzung geschieht;
– konstituierende Sitzung des Aufsichtsrats/Verwaltungsrats mit der Bestellung des Vorstands bzw. der geschäftsführenden Direktoren;
– Bestellung des Abschlussprüfers;
– Einbringung/Übernahme der Aktien;
– aktienrechtlicher Gründungsbericht;
– aktienrechtliche Gründungsprüfung;
– Handelsregisteranmeldung;
– Eintragung der SE im Handelsregister.

3. Erstellung des Gründungsplanes

Die Leitungs- und Verwaltungsorgane der Gründungsgesellschaften müssen gem. Art. 32 Abs. 2 Satz 1 SE-VO einen Gründungsplan aufstellen. Dieser entspricht in den wesentlichen Punkten dem Verschmelzungsplan.[211] Ähnlich dem Verschmelzungsplan sollte dieser durch die Organe der betei- 153

---

204 KK-AktG/*Paefgen*, SE-VO, Art. 32 Rn. 5.
205 KK-AktG/*Paefgen*, SE-VO, Art. 32 Rn. 5.
206 KK-AktG/*Paefgen*, SE-VO, Art. 32 Rn. 6; Widmann/Mayer/*Heckschen*, Anhang 14 Rn. 270.
207 KK-AktG/*Paefgen*, SE-VO, Art. 32 Rn. 6; Widmann/Mayer/*Heckschen*, Anhang 14 Rn. 270.
208 KK-AktG/*Paefgen*, SE-VO, Art. 32 Rn. 6; Widmann/Mayer/*Heckschen*, Anhang 14 Rn. 270.
209 KK-AktG/*Paefgen*, SE-VO, Art. 32 Rn. 8 ff.; Widmann/Mayer/*Heckschen*, Anhang 14 Rn. 271 ff.; MünchHdb GesR IV/*Austmann*, § 84 Rn. 45.
210 Vgl. Widmann/Mayer/*Heckschen*, Anhang 14 Rn. 271 ff.; MünchHdb GesR IV/*Austmann*, § 84 Rn. 45 ff.; Jannott/Frodermann/*Jannott*, Kapitel 3 Rn. 132 ff.
211 KK-AktG/*Paefgen*, SE-VO, Art. 32 Rn. 37 ff.; Widmann/Mayer/*Heckschen*, Anhang 14 Rn. 283.

ligten Gesellschaften gemeinsam erstellt werden.[212] Die h.M. geht auch hier davon aus, dass eine **notarielle Beurkundung** notwendig ist.[213] Innerhalb der h.M. ist wiederum streitig, ob der Gründungsbericht, welcher Teil des Gründungsplans ist, der notariellen Beurkundung bedarf.[214]

154 Der Gründungsplan besteht aus zwei Elementen, dem (Holding-Gründungsbericht) und dem eigentlichen Gründungsplan. Der Gründungsplan muss gem. Art. 32 Abs. 2 Satz 3 und 4 sowie Art. 20 Abs. 1 SE-VO die folgenden Angaben enthalten:[215]
- Firma und Sitz der Gründungsgesellschaften;
- Firma und Sitz der Holding SE;
- Prozentsatz der einzubringenden Anteile, der von den die Gründung der SE anstrebenden Gesellschaften mindestens eingebracht werden muss;
- Umtauschverhältnis für die SE-Aktien sowie ggf. die Höhe der Ausgleichsleistung;
- Einzelheiten hinsichtlich der Übertragung der Aktien der SE;
- die Rechte, welche die SE den mit Sonderrechten ausgestatteten Aktionären der Gründungsgesellschaften und den Inhabern anderer Wertpapiere als Aktien gewährt, oder die für diese Personen vorgeschlagenen Maßnahmen;
- jeder besondere Vorteil, der den Sachverständigen, die den Verschmelzungsplan prüfen, oder den Mitgliedern der Verwaltungs-, Leitungs-, Aufsichts- oder Kontrollorgane der sich verschmelzenden Gesellschaften gewährt wird;
- Satzung der SE;
- Angaben zu dem Verfahren, nach dem die Vereinbarung über die Beteiligung der Arbeitnehmer gemäß der Richtlinie 2001/86/EG geschlossen wird;
- ggf. Barabfindungsangebot.

Weitere Angaben sind zulässig. Insbesondere kann sich die **Bestellung eines Treuhänders** anbieten.

a) Firma und Sitz der Gründungsgesellschaften

155 Der Gründungsplan hat die Firma und den Sitz der Gründungsgesellschaften zu enthalten.

b) Firma und Sitz der Holding SE

156 Firma und Sitz der Holding SE sind im Gründungsplan anzugeben.

c) Prozentsatz der einzubringenden Anteile, der von den die Gründung der SE anstrebenden Gesellschaften mindestens eingebracht werden muss

157 Der Gründungsplan muss für jede Gründungsgesellschaft den Mindestprozentsatz der Gesellschaftsanteile festsetzen, der von deren Gesellschaftern eingebracht werden muss. Dieser Mindestprozentsatz muss eine Quote von mehr als 50 % der Gesellschaftsanteile betragen, die Stimmrechte vermitteln.

d) Umtauschverhältnis für die SE-Aktien sowie ggf. die Höhe der Ausgleichsleistung

158 Ferner muss der Gründungsplan das Umtauschverhältnis für die SE Aktien sowie gem. Art. 20 Abs. 1 Satz 2b, 32 Abs. 2 Satz 3 SE-VO die Höhe der Ausgleichszahlung ausweisen.

e) Einzelheiten hinsichtlich der Übertragung der Aktien der SE

159 S. hierzu unten Rdn. 172 ff.

---

212 Widmann/Mayer/*Heckschen*, Anhang 14 Rn. 283.
213 KK-AktG/*Paefgen*, SE-VO, Art. 32 Rn. 79 ff.; Widmann/Mayer/*Heckschen*, Anhang 14 Rn. 294 ff.; a.A. *Brandes*, AG 2005, 177, 182.
214 Dafür etwa: *Vossius*, ZIP 2005, 741, 745; dagegen etwa: KK-AktG/*Paefgen*, SE-VO, Art. 32 Rn. 80 ff.
215 Beck'sches Formularbuch Zivil-, Wirtschafs- und Unternehmensrecht/*Englisch*, Muster K VII 2 Rn. 6.

E. Gründung

f) Satzung der SE

Hinsichtlich der Gestaltung der Satzung kann grundsätzlich auf die obigen Ausführungen verwiesen werden. Es bestehen allerdings zwei Besonderheiten: 160

aa) Beschreibung des Einlagegegenstandes

Zum einen ist zu beachten, dass die Holdinggründung als Sachgründung angesehen wird.[216] Die Anteile an den Gründungsgesellschaften sind der Einlagegegenstand. Gem. Art. 5 SE-VO i.V.m. § 27 Abs. 1 Satz 1 AktG müssen die Einlagen in der Satzung, welche Anlage zum Gründungsplan ist, beschrieben werden. Dies erscheint zunächst schwierig, da bei der Aufstellung des Gründungsplanes die Identitäten derjenigen Aktionäre, die ihre Anteile an den Gründungsgesellschaften in die SE einbringen, noch nicht bekannt sind. Es ist aber ausreichend, wenn der Sacheinlagegegenstand bestimmbar ist. Demnach können einfach diejenigen Personen als Sacheinleger bezeichnet werden, die ihre Anteile an der Gesellschaft während der Einbringungsfristen auf die SE übertragen.[217] 161

bb) Bestimmung der Höhe des Grundkapitals

Ziel der Holdinggründung einer SE ist ein Mutter-Tochter-Verhältnis zwischen der SE und den Gründungsgesellschaften. Daher müssen gem. Art. 32 Abs. 2 Satz 4 SE-VO, § 290 Abs. 2 Nr. 1 HGB zumindest so viele Anteile an den Gründungsgesellschaften in die SE eingebracht werden, dass diese über mehr als 50 % der Stimmrechte an den beteiligten Gründungsgesellschaften verfügt. Der Gründungsplan kann eine höhere Quote vorsehen. Diese ist für jede der Gründungsgesellschaften gem. Art. 32 Abs. 2 Satz 3 SE-VO getrennt anzugeben. Die Anzahl der eingebrachten Anteile steht freilich erst nach dem Ablauf der Einbringungsfrist fest. Daher ist es nicht möglich, in der Gründungssatzung die genaue Höhe des Grundkapitals zu bestimmen, wie dies gem. Art. 5 SE-VO i.V.m. § 23 Abs. 3 Nr. 3 AktG bei einer deutschen SE vorgesehen ist.[218] Daher sollte man das Gründungskapital der SE zunächst in der Höhe festsetzen, dass alle Anteilsinhaber der Gründungsgesellschaften, welche spätestens bis zur Erreichung der Mindestquoten ihre Anteile einbringen, Aktien der SE erhalten.[219] Zusätzlich beschließen die Gründungsgesellschafter bei einer Kapitalerhöhung eine Höchstgrenze, welche ausreicht, um alle weiteren Anteilsinhaber der Gründungsgesellschaften mit SE-Aktien zu versorgen.[220] Es handelt sich insoweit um eine »bis-zu«-Kapitalerhöhung.[221] Dieser Kapitalerhöhungsbeschluss ist in den Gründungsplan mit aufzunehmen.[222] 162

g) Barabfindungsangebot

§ 9 SEAG schreibt schließlich vor, dass der Gründungsplan ein Abfindungsangebot für den Fall enthalten muss, dass die Holding-SE ihren Sitz im Ausland haben soll oder ihrerseits abhängig i.S.d. § 17 AktG wird. Die Abfindung ist an diejenigen Aktionäre zu richten, die Widerspruch zur Niederschrift erklärt haben. Das Abfindungsangebot gilt schließlich nur für die Aktionäre einer Aktiengesellschaft und nicht für Gesellschafter einer GmbH oder UG.[223] 163

h) (Holding-) Gründungsbericht

Art. 32 Abs. 2 SE-VO verlangt die Erstattung eines Gründungsberichtes bei der Errichtung einer Holding-SE. Auch hier entsprechen die Anforderungen denjenigen des Verschmelzungsberichtes. 164

---

216 Widmann/Mayer/*Heckschen*, Anhang 14 Rn. 271; MünchHdb GesR IV/*Austmann*, § 84 Rn. 49.
217 MünchHdb GesR IV/*Austmann*, § 84 Rn. 49.
218 MünchHdb GesR IV/*Austmann*, § 84 Rn. 51.
219 MünchHdb GesR IV/*Austmann*, § 84 Rn. 52; KK-AktG/*Paefgen*, SE-VO, Art. 32 Rn. 59 ff.
220 MünchHdb GesR IV/*Austmann*, § 84 Rn. 52; KK-AktG/*Paefgen*, SE-VO, Art. 32 Rn. 59 ff.
221 MünchHdb GesR IV/*Austmann*, § 84 Rn. 52; KK-AktG/*Paefgen*, SE-VO, Art. 32 Rn. 59 ff.
222 MünchHdb GesR IV/*Austmann*, § 84 Rn. 52; KK-AktG/*Paefgen*, SE-VO, Art. 32 Rn. 59 ff.
223 MünchHdb GesR IV/*Austmann*, § 84 Rn. 56.

Insbesondere sollte der Bericht von den Leitungs- und Verwaltungsorganen gemeinsam erstattet werden.[224] Der Bericht muss bereits im Gründungsplan enthalten sein.[225] Ein Verzicht ist – im Gegensatz zur Verschmelzung – im Gesetz nicht geregelt. Jedoch ist davon auszugehen, dass ein Verzicht aller Aktionäre in notarieller Form zulässig ist.[226]

4. (Holding-) Gründungsprüfung

165 Gem. Art. 32 Abs. 4 SE-VO ist der Gründungsplan von einem **unabhängigen Sachverständigen** zu prüfen. Analog § 9 Abs. 3 und § 12 Abs. 3 UmwG kann nach h.M. auf diese Prüfung verzichtet werden.[227] Im Übrigen kann auch hier auf die Regelungen zur Verschmelzung verwiesen werden.

5. Einreichung des Gründungsplans oder seines Entwurfs beim Handelsregister

166 Gem. Art. 32 Abs. 3 SE-VO muss der Gründungsplan spätestens einen Monat vor Beschlussfassung der Anteilsinhaber offengelegt werden. Dies geschieht in der Weise, dass er zum Handelsregister eingereicht wird. Eine Zuleitung an den Betriebsrat ist – genau wie bei der Verschmelzung – nicht notwendig.[228] Es genügt entsprechend § 61 Satz 1 UmwG, den Entwurf des Berichts einzureichen.[229]

6. Verfahren zur Beteiligung der Arbeitnehmer

167 Auch bei der Gründung einer Holding-SE ist nach der Offenlegung eine Vereinbarung über die Beteiligung der Arbeitnehmer zu treffen. Zu den Einzelheiten vgl. oben Rdn. 51 ff.

7. Zustimmungsbeschluss

168 Die beteiligten Gesellschaften müssen der Holdinggründung zustimmen. Der Beschluss benötigt gem. § 10 Abs. 1 SEAG bei einer AG mindestens 3/4 des bei der Beschlussfassung vertretenen Grundkapitals und bei einer GmbH bzw. UG mindestens 3/4 der abgegebenen Stimmen. Genau wie bei einer Verschmelzung kann sich die Gesellschafterversammlung das Recht vorbehalten, die **Vereinbarung über die Arbeitnehmerbeteiligung** vor Eintragung der SE in das Handelsregister zu **genehmigen**.

169 Entsprechend § 63 Abs. 1 UmwG sind bei einer Aktiengesellschaft von der Einberufung der Hauptversammlung an in den Geschäftsräumen der Gesellschaft zur Einsicht der Gründungsplan, die Jahresabschlüsse und die Lageberichte der Gründungsgesellschaften der letzten 3 Geschäftsjahre und der (Holding-) Gründungsprüfungsbericht auszulegen.[230] Auf Verlangen ist jedem Aktionär kostenlos eine Abschrift der vorgenannten Unterlagen zu überreichen.[231] Bei einer GmbH sind entsprechend § 47 GmbHG der Gründungsplan und der (Holding-) Prüfungsgebricht den Gesellschaftern mit der Einladung zuzusenden.[232] Die Jahresabschlüsse und die Lageberichte der Gründungsgesellschaften der letzten 3 Geschäftsjahre sind in den Geschäftsräumen auszulegen.[233]

8. Bestellung der Organmitglieder und des Abschlussprüfers

170 Den ersten Aufsichtsrat bzw. Verwaltungsrat haben gem. Art. 15 Abs. 1 SE-VO i.V.m. § 30 Abs. 1 AktG die Gründer, somit hier die Gründungsgesellschaften, zu bestellen. In der Praxis erfolgt die

---

224 MünchHdb GesR IV/*Austmann*, § 84 Rn. 46.
225 MünchHdb GesR IV/*Austmann*, § 84 Rn. 46; KK-AktG/*Paefgen*, SE-VO, Art. 32 Rn. 67 ff.
226 KK-AktG/*Paefgen*, SE-VO, Art. 32 Rn. 75; *Vossius*, ZIP 2005, 741, 745.
227 KK-AktG/*Paefgen*, SE-VO, Art. 32 Rn. 101; a.A. Theisen/Wenz/*Neun*, S. 150.
228 MünchHdb GesR IV/*Austmann*, § 84 Rn. 47; KK-AktG/*Paefgen*, SE-VO, Art. 32 Rn. 83.
229 Jannott/Frodermann/*Jannott*, Kapitel 3 Rn. 152; *Vossius* ZIP 2005, 741, 745.
230 Jannott/Frodermann/*Jannott*, Kapitel 3 Rn. 157.
231 Jannott/Frodermann/*Jannott*, Kapitel 3 Rn. 157.
232 Jannott/Frodermann/*Jannott*, Kapitel 3 Rn. 159.
233 Jannott/Frodermann/*Jannott*, Kapitel 3 Rn. 159.

E. Gründung   Kapitel 5

Bestellung in der Satzung. Im Anschluss hat der Aufsichtsrat die ersten Mitglieder des Vorstandes gem. Art. 39 Abs. 2 SE-VO zu bestellen bzw. der Verwaltungsrat die ersten geschäftsführenden Direktoren gem. § 40 Abs. 1 SEAG.

Nach Art. 15 Abs. 1 SE-VO i.V.m. § 30 Abs. 1 AktG erfolgt zudem die Bestellung des ersten Abschlussprüfers durch die Gründer der Holding-SE, also die Gründungsgesellschaften. Die Bestellung hat in **notarieller Form** zu erfolgen, so dass sie sinnvollerweise bereits im Gründungsplan geschieht.[234]   171

9. Einbringung/Übernahme der Aktien

Gem. Art. 33 Abs. 1 SE-VO müssen sich die Anteilsinhaber der Gründungsgesellschaften innerhalb von 3 Monaten nach dem Zeitpunkt zu dem der Gründungsplan gem. Art. 32 SE-VO festgelegt worden ist, entscheiden, ob sie ihre Anteile in die Vor-SE einbringen wollen. Dies ist den Gründungsgesellschaften mitzuteilen. Umstritten ist, ob die dingliche Einigung innerhalb der 3-Monatsfrist dinglich vollzogen werden muss oder die schuldrechtliche Vereinbarung genügt.[235] Zur Sicherheit und aus praktischen Gründen sollte zusammen mit der schuldrechtlichen Vereinbarung der dingliche Vollzug (bedingt) mitvereinbart werden.[236] Sämtliche Gesellschafter der Gründungsgesellschaften haben zudem zusammen mit dem Einbringungsvertrag die Übernahme der neuen Aktien entsprechend § 185 Abs. 1 AktG mittels eines Zeichnungsscheins zu erklären.[237]   172

Die Gründung der SE erfolgt nur, wenn innerhalb der 3-Monatsfrist die Mindesteinbringungsquoten für jede Gründungsgesellschaft erreicht werden. Die Gründungsgesellschaften legen die Quotenerreichung gem. Art. 33 Abs. 3 SE-VO offen. Auch dies geschieht über die Mitteilung an das Registergericht.   173

Hiernach beginnt eine Frist von einem weiteren Monat, in welcher bisher nicht beigetretene Gesellschafter gem. Art. 33 Abs. 1 zweiter Unterabs. SE-VO ihre Anteile an den Gründungsgesellschaften in die SE einbringen können. Erst mit Ablauf dieser Frist steht die endgültige Höhe des Grundkapitals fest.   174

10. Treuhänder

Im Unterschied zur Gründung mittels Verschmelzung muss bei der Gründung einer Holding-SE kein Treuhänder bestellt werden. In der Literatur wird aber trotzdem empfohlen, bei einer Aktiengesellschaft als Gründungsgesellschaft einen Treuhänder zu bestimmen, der die Aktien der umtauschwilligen Aktionäre übernimmt und diese in die SE einbringt.[238]   175

11. Gründungsrecht der AG

Die Gründung einer Holding-SE stellt eine Sachgründung dar. Gem. Art. 15 Abs. 1 SE-VO sind daher die nationalen Vorschriften über Sachgründungen der Aktiengesellschaft zu beachten. Dementsprechend haben nach der Literatur die Leitungs- bzw. Verwaltungsorgane der Gründungsgesellschaften einen Gründungsbericht zu erstatten, § 32 AktG.[239] Gem. Art. 15 Abs. 1 SE-VO i.V.m. § 33 Abs. 1 AktG soll auch eine interne Gründungsprüfung erfolgen.[240] Auch eine **externe Gründungsprüfung** gem. § 33 Abs. 2 AktG sei nicht entbehrlich.[241] Inhaltlich wird dies aber bereits durch den (Holding-) Gründungsbericht und die (Holding-) Gründungsprüfung abgedeckt, so dass die   176

---

234 Jannott/Frodermann/*Jannott*, Kapitel 3 Rn. 165.
235 KK-AktG/*Paefgen*, SE-VO, Art. 32 Rn. 67. Jannott/Frodermann/*Jannott*, Kapitel 3 Rn. 169 ff.
236 MünchHdb GesR IV/*Austmann*, § 84 Rn. 48. Jannott/Frodermann/*Jannott*, Kapitel 3 Rn. 169 ff.
237 Jannott/Frodermann/*Jannott*, Kapitel 3 Rn. 172; KK-AktG/*Paefgen*, SE-VO, Art. 33 Rn. 70.
238 Beck'sches Formularbuch Zivil-, Wirtschafts- und Unternehmensrecht/*Englisch*, Muster K VII 2 Rn. 11.
239 Jannott/Frodermann/*Jannott*, Kapitel 3 Rn. 180.
240 Jannott/Frodermann/*Jannott*, Kapitel 3 Rn. 182.
241 Jannott/Frodermann/*Jannott*, Kapitel 3 Rn. 184.

Notwendigkeit der Beachtung dieser Bestimmungen nicht einsehbar ist. In der Praxis wird man diese Auffassung freilich beachten müssen.

12. Handelsregisteranmeldung

a) Anmeldepflichtige Personen

177 Die Anmeldung richtet sich nach Art. 15 Abs. 1 SE-VO sowie §§ 3, 21 SEAG, also nach den für die Aktiengesellschaft geltenden Vorschriften.[242] Die Anmeldung hat daher durch die Organe der Gründungsgesellschaften in vertretungsberechtigter Anzahl sowie den gesamten Vorstand/Aufsichtsrat bzw. den gesamten Verwaltungsrat/geschäftsführende Direktoren zu erfolgen.

b) Inhalt der Anmeldung

178 Inhaltlich weist die Anmeldung folgende Erklärungen auf:
- Errichtung der SE;
- die im Gründungsplan festgesetzten Mindestquoten von Anteilen, die zur Gründung der SE einzubringen waren, wurden erreicht;
- Mitglieder des ersten Aufsichtsrates bzw. Verwaltungsrates;
- Mitglieder des Vorstandes bzw. die geschäftsführenden Direktoren einschließlich abstrakten und ggf. konkreten Vertretungsbefugnis.

179 Die Vorstandmitglieder bzw. die geschäftsführenden Direktoren haben zugleich die Versicherung über das Fehlen von Bestellungshindernissen und die Belehrung über ihre unbeschränkte Auskunftspflicht abzugeben. Dabei müssen die Vertretungsorgane der SE gem. § 10 Abs. 2 SEAG auch erklären, dass Klagen gegen Zustimmungsbeschlüsse der Gründungsgesellschaft nicht vorliegen. Umstritten ist, ob das Fehlen dieser Erklärung zu einer Sperre im Registerverfahren führt.

c) Anlagen

180 Der Anmeldung sind die folgenden Unterlagen beizufügen:[243]
- Gründungspläne der beteiligten Rechtsträger;
- Zustimmungsbeschlüsse der beteiligten Rechtsträger;
- (Holding-) Gründungsbericht der Leitungsorgane der gründenden Gesellschaften;
- (Holding-) Prüfungsbericht;
- Vereinbarung mit den Arbeitnehmern/Beschluss gem. Art. 3 Abs. 6 der Richtlinie 2001/86/EG;
- Niederschriften über die Bestellung der Mitglieder des Verwaltungsrats und der geschäftsführenden Direktoren;
- Einbringungsverträge;
- Zeichnungsscheine;
- aktienrechtliche Gründungsberichte sowie Gründungsprüfungsberichte.

13. Eintragung der SE

181 Die Eintragung kann erfolgen, sobald die Mindesteinbringungsquoten gem. Art. 33 Abs. 5 SE-VO erfüllt sind. Nach h.M. ist dies vor Ablauf der einmonatigen Nachfrist möglich.[244] Umstritten ist, ob die Eintragung auch vor Ablauf der 3-Monatsfrist zulässig ist.[245] Mit der Eintragung im Handelsregister entsteht nach Art. 16 Abs. 1 SE-VO die SE.

---

242 Jannott/Frodermann/*Jannott*, Kapitel 3 Rn. 186.
243 *Krafka/Kühn*, Rn. 1757; Jannott/Frodermann/*Jannott*, Kapitel 3 Rn. 186.
244 MünchHdb GesR IV/*Austmann*, § 84 Rn. 49; a.A. KK-AktG/*Paefgen*, SE-VO, Art. 33 Rn. 76.
245 MünchHdb GesR IV/*Austmann*, § 84 Rn. 49; a.A. KK-AktG/*Paefgen*, SE-VO, Art. 33 Rn. 76.

E. Gründung

V. Gründung einer gemeinsamen Tochter-SE

1. Einführung/Gründer/Mehrstaatlichkeitserfordernis

Für die Gründung einer gemeinsamen Tochter-SE i.S.v. Art. 2 Abs. 3 SE-VO verweist Art. 36 SE-VO auf das nationale Aktienrecht. Dementsprechend kann eine gemeinsame Tochter-SE in Deutschland im Wege einer Bar- oder Sachgründung entsprechend den Regelungen des AktG errichtet werden. **182**

Beteiligte der Gründung einer gemeinsamen Tochter-SE können eine AG, eine GmbH, eine UG sowie gem. Art. 2 Abs. 3 SE-VO auch andere juristische Personen des privaten und öffentlichen Rechts sein. Damit können auch Personengesellschaften (einschließlich der Gesellschaft bürgerlichen Rechts) eine gemeinsame Tochter-SE errichten. **183**

Das **Mehrstaatlichkeitserfordernis** ist bei der Gründung einer gemeinsamen Tochter-SE bereits dann erfüllt, wenn eine der beteiligten Gesellschaften eine Zweitniederlassung oder eine Tochtergesellschaft im Ausland unterhält. Somit ist es also möglich, dass auch zwei deutsche Gesellschaften eine gemeinsame Tochter-SE gründen. **184**

2. Keine Notwendigkeit eines Gründungsplans

Ein Gründungsplan ist nicht notwendig. Zwar erwähnt § 4 Abs. 2 Satz 3 SEBG den Abschluss der Vereinbarung eines Plans zur Gründung einer Tochtergesellschaft. Hiermit ist jedoch lediglich der Abschluss einer Vereinbarung zwischen den Gründungsgesellschaften gemeint, der auf die Gründung der Tochter-SE abzielt. Damit soll der Zeitpunkt bestimmt werden, ab dem die Gründungsgesellschaften die Arbeitnehmervertretungen über das Gründungsverfahren unterrichten müssen.[246] Eine solche Vereinbarung kann in jeglicher Form erfolgen, etwa als Joint Venture-Vertrag, aber auch als bloße mündliche Übereinkunft.[247] **185**

3. Beteiligung der Arbeitnehmer

Die Arbeitnehmer sind entsprechend den Bestimmungen des § 4 SEBG unverzüglich nach dem Abschluss des Gründungsplans zu beteiligen. **186**

4. Ablauf der Gründung

Die Gründung einer gemeinsamen Tochter-SE erfolgt in folgenden Schritten: **187**
– Errichtung der Gründungsurkunde;
– Bestellung des Aufsichtsrats bzw. der Verwaltungsrats, soweit dies nicht Satzung geschieht;
– Bestellung der Vorstände bzw. geschäftsführenden Direktoren;
– Bestellung des Abschlussprüfers;
– Übernahme der Aktien;
– Einzahlung der Einlagen/Einbringung etwaiger Sacheinlagen;
– Gründungsbericht;
– interne Gründungsprüfung;
– externe Gründungsprüfung;
– Anmeldung der Gründung zum Handelsregister;
– Eintragung.

Wegen der Einzelheiten wird auf die entsprechenden Ausführungen zur Gründung einer Aktiengesellschaft verwiesen.

---

246 MünchHdb GesR IV/*Austmann*, § 84 Rn. 60; Jannott/Frodermann/*Jannott*; Kapitel 3 Rn. 206.
247 MünchHdb GesR IV/*Austmann*, § 84 Rn. 60; Jannott/Frodermann/*Jannott*; Kapitel 3 Rn. 206.

5. Gründungsurkunde

188 Gem. Art. 15 Abs. 1 SE-VO i.V.m. § 23 AktG ist die gemeinsame Tochter-SE mittels eines notariell beurkundeten Gründungsprotokolls zu errichten.[248] Das Gründungsprotokoll enthält die folgenden Punkte:
- Namen der Gründer;
- Übernahmeerklärung der Aktien;
- Angaben zur Übernahme der Aktien;
- Zeitpunkt und Umfang der Einzahlung der Einlagen;
- Feststellung der Satzung;
- Bestellung der Organmitglieder.

Wegen der Einzelheiten wird auf die entsprechenden Ausführungen zur Gründung einer Aktiengesellschaft verwiesen. Unterschiede bestehen freilich bei der Firmierung der SE, dem Grundkapital der SE sowie der Bestellung des ersten Aufsichtsrats bzw. Verwaltungsrats sowie dessen Amtszeiten. Insoweit wird auf die obigen Ausführungen Rdn. 98 ff. verwiesen.

6. Anmeldung zum Handelsregister

189 Bei der Anmeldung ist zu beachten, dass neben den üblichen Anlagen, welche auch bei der Gründung einer Aktiengesellschaft beigefügt werden müssen, noch ein Nachweis über die Arbeitnehmerbeteiligung beizubringen ist. Im Übrigen kann auch hier auf die Ausführungen zur Gründung der Aktiengesellschaft verwiesen werden.

7. Zustimmungsbeschlüsse der beteiligten Gesellschaften

190 Aus den allgemeinen Regelungen der beteiligten Gesellschaften kann sich die Notwendigkeit eines Zustimmungsbeschlusses ergeben. Bei einer deutschen Aktiengesellschaft ist z.B. § 179a AktG sowie die entsprechende Holzmüller-Rechtsprechung des Bundesgerichtshofes zu beachten, welche die Ausgliederung des wesentlichen Betriebsvermögens nur mit Zustimmung der Hauptversammlung gestatten. Im Übrigen ist jedoch ein Zustimmungsbeschluss nicht erforderlich.[249]

VI. Gründung einer Tochter SE der SE

191 Gem. Art. 3 Abs. 2 SE-VO ist es schließlich möglich, dass eine SE eine Tochter-SE gründet. Weitere Details enthält die Bestimmung nicht. Dementsprechend richtet sich die Gründung der Tochter-SE auch hier nach dem deutschen Aktienrecht. Möglich ist also sowohl eine Bar- als auch eine Sachgründung entsprechend den Vorschriften des AktG. Zu beachten ist auch hier die Beteiligung der Arbeitnehmer gem. § 4 SEBG.

192 Bei der Tochter-SE muss es sich um eine 100 %ige Tochter handeln. Sofern andere Gesellschafter beteiligt werden sollen, würden die Regelungen zur Gründung einer gemeinsamen Tochter-SE Anwendung finden. Möglich ist freilich, dass nach der Gründung der Tochter-SE Anteile an den »anderen Gesellschafter« abgetreten werden.

193 Im Übrigen wird auf die Ausführungen zur Gründung einer Aktiengesellschaft bzw. Gründung einer gemeinsamen Tochter-SE verwiesen.

194 Umstritten ist in der Literatur, ob eine SE auch in der Weise gegründet werden kann, dass sie einen Teil ihres Vermögens zur Neugründung auf die Tochter-SE gegen Gewährung von Aktien an der Tochter-SE gem. Art. 15 Abs. 1 SE-VO i.V.m. § 123 Abs. 3 Nr. 2 UmwG ausgliedert. Die h.M.

---

248 MünchHdb GesR IV/*Austmann*, § 84 Rn. 60; Jannott/Frodermann/*Jannott*, Kapitel 3 Rn. 209.
249 MünchHdb GesR IV/*Austmann*, § 84 Rn. 61.

F. Besondere Strukturmaßnahmen bei der SE

I. Rückumwandlung der SE in eine Aktiengesellschaft

1. Allgemeines

Art. 66 SE-VO regelt die Rückumwandlung einer SE in eine Aktiengesellschaft. Die Rückumwandlung ist gem. Art. 66 Abs. 2 SE-VO identitätswahrend, so dass es weder zur Auflösung der SE noch zur Gründung einer anderen juristischen Person kommt. Durch die Rückumwandlung besteht die Möglichkeit, die Rechtsform der SE wieder zu verlassen und zur Rechtsform der Aktiengesellschaft nach dem Recht des Sitzstaates zurückzukehren. Dabei ist die Rückumwandlung gem. Art. 66 Abs. 1 Satz 2 SE-VO mit einer Sperrfrist versehen, weshalb der Umwandlungsbeschluss nicht gefasst werden darf, bevor die SE entweder seit mindestens 2 Jahren im Register eingetragen ist oder die Genehmigung der ersten beiden Jahresabschlüsse erteilt wurde. 195

2. Durchführung

Zunächst ist vom Leitungs- oder Verwaltungsorgan gem. § 66 Abs. 3 SE-VO ein Umwandlungsplan aufzustellen, dessen Aufbau dem Umwandlungsplan zur Gründung einer SE gem. Art. 37 SE-VO entspricht. Ferner hat das entsprechende Organ einen Bericht anzufertigen, in dem die rechtlichen und wirtschaftlichen Aspekte der Umwandlung erläutert und begründet sowie die Auswirkungen, die der Übergang zur Rechtsform der Aktiengesellschaft für die Aktionäre und die Arbeitnehmer hat, dargelegt werden. Umwandlungsplan und Umwandlungsbericht sind gem. Art. 66 Abs. 4 SE-VO offenzulegen. 196

Sowohl dem Umwandlungsplan als auch der neuen Satzung der Aktiengesellschaft muss gem. Art. 66 Abs. 6 SE-VO die Hauptversammlung zustimmen. Hierzu bedarf es für die deutsche SE einer Mehrheit von 3/4 des vertretenen Grundkapitals. Zudem ist über diese Hauptversammlung eine **notarielle Niederschrift** zu erstellen. 197

Im Ergebnis lässt sich festhalten, dass die Anforderungen an die Rückumwandlung einer SE im Wesentlichen den Anforderungen an einen Formwechsel in eine SE entsprechen. 198

Sofern es sich um eine **dualistische SE** handelt, gilt der Grundsatz der Amtskontinuität, so dass die Mitglieder des Aufsichts- und Leitungsorgans der SE entsprechend zu Aufsichtsratsmitgliedern und Vorstandsmitgliedern der Aktiengesellschaft werden.[251] 199

Lediglich im Falle einer **monistischen SE** hat die Hauptversammlung einen neuen Aufsichtsrat zu wählen, der sodann einen Vorstand bestellt.[252] Nach der Rückumwandlung richtet sich die **Mitbestimmung** wieder ausschließlich nach nationalem Recht (DrittelbG, MitbestG etc.).[253] 200

Die Anmeldung der Rückumwandlung zur Eintragung im **Handelsregister** richtet sich nach den Grundsätzen zum Formwechsel in die SE. Erst mit Eintragung in das Handelsregister ist die Rückumwandlung in die AG vollzogen.[254] Ferner erfolgt eine Veröffentlichung der Löschung der SE im Amtsblatt der EU. 201

---

250 MünchHdb GesR IV/*Austmann*, § 84 Rn. 73; Jannott/Frodermann/*Jannott*; Kapitel 3 Rn. 23.
251 Lutter/Hommelhoff/Teichmann/*Schmidt*, SE-VO, Art. 66 Rn. 61; KK-AktG/*Kiem*, Art. 66 Rn. 25.
252 Lutter/Hommelhoff/Teichmann/*Schmidt*, SE-VO, Art. 66 Rn. 62.
253 Lutter/Hommelhoff/Teichmann/*Schmidt*, SE-VO, Art. 66 Rn. 78; KK-AktG/*Kiem*, Art. 66 Rn. 28; MünchKomm/*Jacobs*, SEBG, § 18 Rn. 18.
254 Lutter/Hommelhoff/Teichmann/*Schmidt*, SE-VO, Art. 66 Rn. 81 ff.

II. Beteiligung der SE an Umwandlungsmaßnahmen nach dem Umwandlungsgesetz

202 Die SE kann sich wie eine Aktiengesellschaft des jeweiligen Sitzstaates an Umwandlungsmaßnahmen nach dem jeweiligen nationalen Umwandlungsrecht beteiligen, sofern die SE-VO keine ausdrückliche Regelung für den jeweiligen Umwandlungstatbestand vorsieht.[255] Insofern kann die SE auch grenzüberschreitende Verschmelzungen in der EU unter Beteiligung deutscher Rechtsträger vornehmen.

203 Umstritten ist jedoch, wie sich die Regelung des Art. 66 SE-VO, die lediglich die Umwandlung in eine AG vorsieht und regelt, auf die Umwandlungsmöglichkeiten der SE auswirkt. Diese ausnahmslose Regelung der Umwandlung in eine AG könnte bedeuten, dass nach dem Willen des Gesetzgebers die Umwandlung einer SE in andere Rechtsformen nicht möglich sein soll. Nach h.M. wird § 66 SE-VO jedoch weder als Festlegung der SE-VO auf eine einzige Umwandlungsform noch als Festlegung dahingehend, dass die SE mit keiner anderen Rechtsform als einer Aktiengesellschaft an Umwandlungsmaßnahmen teilnehmen kann, verstanden. Dies wird damit begründet, dass Art. 66 SE-VO lediglich den Zweck habe, in Fällen in denen das Sitzstaatsrecht keine Renationalisierung der SE vorsieht, eine entsprechende Möglichkeit zu schaffen.[256] Es entspricht auch der überwiegenden Meinung, dass die **Sperrfrist** von 2 Jahren gem. Art. 66 Abs. 1 Satz 2 SE-VO, während der keine Rückumwandlung einer SE in eine nationale Aktiengesellschaft möglich ist, auch für sonstige Formen der Umwandlung gilt.[257]

204 Neben der Umwandlung in eine AG, die gem. Art. 66 SE-VO zu erfolgen hat, sind unter analoger Anwendung von Art. 66 Abs. 1 Satz 2 SE-VO Umwandlungen in andere Rechtsformen nach dem UmwG möglich.

205 Dies gilt auch für eine Spaltung oder Verschmelzung der SE nach dem Umwandlungsgesetz, sofern hierdurch keine neue SE errichtet wird, da die Gründungsformen einer SE in der SE-VO abschließend geregelt sind.[258]

III. Sitzverlegung ins EU-Ausland

1. Allgemeines

206 Wesentlicher Vorteil einer SE als supranationaler Rechtsform ist die Möglichkeit, den Sitz gem. Art. 8 Abs. 1 SE-VO ohne Auflösung und Neugründung der Gesellschaft in einen anderen Mitgliedstaat verlegen zu können. Wie bei einem innerstaatlichen Formwechsel kann die SE deshalb ihren Sitz identitätswahrend ins innereuropäische Ausland verlegen.

207 Der Sitz ist dabei gem. Art. 8 Abs. 1 SE-VO i.V.m. Art. 7 Satz 1 SE-VO immer der **Satzungssitz**, nicht der Verwaltungssitz. Der effektive Verwaltungssitz muss jedoch gem. Art. 7 Satz 1 SE-VO stets in dem Staat sein, in dem sich der Satzungssitz befindet, weshalb die grenzüberschreitende Verlegung des Satzungssitzes auch zu einer Verlegung des Verwaltungssitzes führt. Sofern Verwaltungssitz und Satzungssitz auseinanderfallen, wird die SE gem. Art. 64 SE-VO zwangsliquidiert. Da nach der Rechtsprechung des EuGH nationale Gesellschaften ihren Verwaltungssitz innerhalb der EU grundsätzlich frei wählen können,[259] befindet sich die SE insoweit im Nachteil.

---

255 MünchKomm/*Oechsler*, SE-VO, Vorb. Art. 1 Rn. 17 ff.
256 Lutter/Hommelhoff/Teichmann/*Schmidt*, SE-VO, Art. 66 Rn. 7; KK-AktG/*Kiem*, SE-VO, Art. 66 Rn. 10 f.; MünchKomm/*Schäfer*, SE-VO, Art. 66 Rn. 1, 14; Spindler/Stilz/*Casper*, SE-VO, Art. 2, 3 Rn. 39.
257 Lutter/Hommelhoff/Teichmann/*Schmidt*, SE-VO, Art. 66 Rn. 9; Spindler/Stilz/*Casper*, SE-VO, Art. 2, 3 Rn. 38; *Oplustil/Schneider*, NZG 2003, 13, 16.
258 Lutter/Hommelhoff/Teichmann/*Schmidt*, SE-VO, Art. 66 Rn. 10; MünchKommAktG/*Schäfer*, SE-VO, Art. 66 Rn. 14; *Oplustil/Schneider*, NZG 2003, 13, 16 f.
259 EuGH NZG 2009, 61 (Cartesio).

F. Besondere Strukturmaßnahmen bei der SE   Kapitel 5

Aufgrund der Tatsache, dass auf die SE jeweils die nationalen aktienrechtlichen Vorschriften des 208
Sitzungsstaates anzuwenden sind, stellt jede Sitzverlegung der SE in einen anderen Mitgliedstaat
zugleich einen faktischen Rechtsformwechsel dar.[260] Hierdurch unterscheidet sich die grenzüberschreitende Sitzverlegung grundlegend von einer innerstaatlichen Verlegung des Satzungssitzes.

2. Durchführung

Eine Verlegung des Sitzes ist gem. Art. 8 Abs. 15 SE-VO nicht möglich, wenn gegen die SE ein 209
Verfahren wegen Auflösung, Liquidation, Zahlungsunfähigkeit oder vorläufiger Zahlungseinstellung
oder ein ähnliches Verfahren eröffnet worden ist.

Wesentliche Bestandteile des Verfahrens der Sitzverlegung sind gem. Art. 8 Abs. 2 bis 13 SE-VO 210
Verlegungsplan, Verlegungsbericht, Verlegungsbeschluss, Minderheitenschutz sowie das Registerverfahren.

▶ Checkliste: Sitzverlegung: 211
– Verlegungsplan;
– Verlegungsbericht;
– Verlegungsbeschluss;
– Registerverfahren.

a) Verlegungsplan

Zunächst ist vom Leitungs- oder Verwaltungsorgan der Gesellschaft ein Verlegungsplan anzufertigen, 212
dessen inhaltliche Voraussetzungen sich aus Art. 8 Abs. 2 Satz 2 SE-VO ergeben.

Die Form des Verlegungsplans ist in der SE-VO nicht festgelegt, jedoch können sich **Formerfordernisse** 213
aus den einschlägigen Normen des Zuzugsstaates ergeben. Zu beachten insofern, dass die Satzung
einer ausländischen SE, die nach Deutschland zieht, gem. Art. 9 Abs. 1 Buchst. c) ii SE-VO
i.V.m. § 23 Abs. 1 Satz 1 AktG zwingend notariell zu beurkunden ist.

Gem. Art. 8 Abs. 2 Satz 1 SE-VO muss der Verlegungsplan offengelegt werden. Das Verfahren der 214
Offenlegung richtet sich gem. Art. 8 Abs. 2 Satz 1 SE-VO nach Art. 13 SE-VO, der wiederum auf
die Richtlinie 68/151/EWG verweist. Der Verlegungsbeschluss kann gem. Art. 8 Abs. 6 SE-VO
erst 2 Monate nach der Offenlegung des Verlegungsplans gefasst werden.

b) Verlegungsbericht

Das Leitungs- oder Verwaltungsorgan hat ferner gem. Art. 8 Abs. 3 SE-VO einen Bericht aufzustellen, 215
in dem die rechtlichen und wirtschaftlichen Aspekte der Verlegung erläutert und begründet
und deren Auswirkungen für die Aktionäre, Gläubiger sowie Arbeitnehmer im Einzelnen dargelegt
werden.

Vor der Hauptversammlung haben die Aktionäre und Gläubiger der SE gem. Art. 8 Abs. 4 SE-VO 216
mindestens für die Dauer von einem Monat das Recht, am Sitz der SE den Verlegungsplan und den
Bericht des Leitungs- oder Verwaltungsorgans einzusehen.

c) Verlegungsbeschluss

Für den Verlegungsbeschluss gelten gem. Art. 8 Abs. 6 Satz 2 SE-VO die Voraussetzungen zur Satzungsänderung 217
des Art. 59 SE-VO, so dass grundsätzlich eine 2/3-Mehrheit erforderlich ist. Auch
hier kommt nach herrschender, vorzugswürdiger Ansicht die 3/4-Kapitalmehrheit des § 179 Abs. 2

---

260 Lutter/Hommelhoff/Teichmann/*Teichmann*, SE-VO, Art. 8 Rn. 8.

AktG kumulativ zur 2/3-Stimmmehrheit des Art. 59 Abs. 1 SE-VO zur Anwendung.[261] Gem. § 51 Satz 2 SEAG kann die Satzung für den Verlegungsbeschluss keine niedrigere Mehrheit festlegen.

d) Minderheitenschutz

218 Gem. Art. 8 Abs. 5 SE-VO können Mitgliedstaaten Vorschriften erlassen, um einen angemessenen Schutz der Minderheitsaktionäre zu gewährleisten, die der Sitzverlegung widersprechen. Als zentrales Mittel des Minderheitenschutzes hat jede deutsche SE, die ihren Sitz ins Ausland verlegt, gem. § 12 Abs. 1 SEAG, einem Aktionär, der gegen den Verlegungsbeschluss Widerspruch zur Niederschrift erklärt, den Erwerb seiner Aktien gegen eine angemessene Barabfindung anzubieten.

e) Gläubigerschutz

219 Gem. Art. 8 Abs. 16 SE-VO gilt eine SE, die ihren Sitz in einen anderen Mitgliedstaat verlegt hat, in Bezug auf alle Forderungen, die vor dem Zeitpunkt der Verlegung entstanden sind, als SE mit Sitz in dem Mitgliedstaat in dem sie vor der Verlegung eingetragen war, auch wenn sie erst nach der Verlegung verklagt wird. Mithin kann ein Altgläubiger unter Berufung auf diese Vorschrift die SE nach seiner Wahl auch nach der Sitzverlegung am vormaligen inländischen Gerichtsstand verklagen.[262]

220 Zudem gewährt § 13 SEAG den Gläubigern der vormals deutschen SE das Recht, innerhalb von 2 Monaten nach Offenlegung des Verlegungsplans ihren Anspruch nach Grund und Höhe schriftlich anzumelden. Die SE ist verpflichtet, diesen Gläubigern Sicherheit zu leisten, sofern diese glaubhaft machen, dass durch die Sitzverlegung die Erfüllung ihrer Forderungen gefährdet wird. In Anbetracht der Tatsache, dass der Gläubigerschutz bereits durch Art. 8 Abs. 16 SE-VO gewährt wird, ist die bloße Sitzverlegung für die Glaubhaftmachung einer Gefährdung nicht ausreichend. Nach herrschender Ansicht ist vielmehr eine vollständige oder weitgehende Verlagerung des Vermögens der SE in den Zuzugsstaat nötig, da dies die Vollstreckungsmöglichkeiten erschwere.[263]

f) Registerverfahren

221 Art. 8 Abs. 7 – 13 SE-VO regeln das Registerverfahren im Fall der grenzüberschreitenden Sitzverlegung der SE. In einem ersten Schritt ist hierbei gem. Art. 8 Abs. 8 SE-VO eine Bescheinigung der zuständigen Behörde im Sitzstaat der SE, aus der hervorgeht, dass die der Verlegung vorangehenden Rechtshandlungen und Formalitäten durchgeführt wurden, erforderlich. Für den Erhalt der Bescheinigung muss die SE gem. Art. 8 Abs. 7 SE-VO nachweisen, dass die Interessen ihrer Gläubiger und sonstigen Forderungsberechtigten hinreichend geschützt sind. Die SE mit Sitz in Deutschland hat gem. § 13 Abs. 3 SEAG eine Erklärung abzugeben, dass allen Gläubigern der Gesellschaft unter den Voraussetzungen des Abs. 1 Sicherheit geleistet wurde. Ferner ist gem. § 14 SEAG eine Negativerklärung beizufügen, in der die Vertretungsorgane der SE erklären, dass eine Klage gegen die Wirksamkeit des Verlegungsbeschlusses nicht oder nicht fristgemäß erhoben oder eine solche Klage rechtskräftig abgewiesen oder zurückgenommen worden ist. In Deutschland ist der Wegzug der SE gem. § 12 HGB i.V.m. Art. 9 Abs. 1 Buchst. c) ii SE-VO **in notariell beurkundeter Form** beim Aktienregister anzumelden, das sodann die genannten Voraussetzungen prüft und eine entsprechende Bescheinigung ausstellt.[264]

222 Liegt die Bescheinigung gem. Art. 8 Abs. 8 SE-VO vor und wurde der Wegzug der SE mit einem Vorläufigkeitsvermerk im Handelsregister des Wegzugsstaates eingetragen, so kann die neue Eintragung gem. Art. 8 Abs. 8 SE-VO vorgenommen werden, wenn seitens der SE die Erfüllung sämt-

---

261 S.o. Rdn. 20.
262 KK-AktG/*Veil*, SE-VO, Art. 8 Rn. 113; Spindler/Stilz/*Casper*, SE-VO, Art. 8 Rn. 25.
263 Spindler/Stilz/*Casper*, SE-VO, Art. 8 Rn. 15; MünchHdb GesR IV/*Austmann*, § 85 Rn. 16.
264 Lutter/Hommelhoff/Teichmann/*Ringe*, SE-VO, Art. 8 Rn. 57.

licher Voraussetzungen der im neuen Sitzstaat erforderlichen Formalitäten nachgewiesen und vom Registergericht des Zuzugsstaates in formeller Hinsicht überprüft wurde.[265]

Mit gem. Art. 12 SE-VO erfolgter Eintragung werden gem. Art. 8 Abs. 10 SE-VO die Sitzverlegung der SE sowie die sich daraus ergebenden Satzungsänderungen wirksam. Dies gilt allerdings nur im Innenverhältnis, während gem. Art. 8 Abs. 13 Satz 1 SE-VO die Wirkung im Außenverhältnis erst eintritt, wenn die neue Eintragung gem. Art. 8 Abs. 12 SE-VO offengelegt wurde. Solange nicht auch die Löschung der Eintragung im Register des früheren Sitzstaates offengelegt wurde, können sich Dritte jedoch gem. Art. 8 Abs. 13 Satz 2 SE-VO weiterhin auf den alten Sitz berufen, wenn nicht die SE nachweist, dass den Dritten der neue Sitz bekannt war.

223

Nach erfolgter Offenlegung gem. Art. 8 Abs. 12 SE-VO i.V.m. Art. 13 SE-VO wird die entsprechende Eintragung der SE gem. Art. 14 Abs. 2 SE-VO im Amtsblatt der Europäischen Gemeinschaften veröffentlicht.

224

Ob die Sitzverlegung der deutschen SE eine strukturelle Änderung i.S.d. § 18 Abs. 3 SEBG ist, so dass die Verhandlungen über die Beteiligung der Arbeitnehmer neu aufzunehmen sind, ist umstritten.[266] Häufig sieht die Vereinbarung mit den Arbeitnehmern jedoch eine Neuverhandlung im Falle der Sitzverlegung vor, so dass jedenfalls dann Neuverhandlungen notwendig sind.

225

▶ Praxistipp:
Bei einer Verhandlungslösung zur Mitbestimmung, sollte die Vereinbarung zwischen den Leitungen und dem besonderen Verhandlungsgremium im Rahmen von § 21 Abs. 1 Nr. 6 SEBG Neuverhandlungen für den Fall einer Sitzverlegung vorsehen.

226

---

265 KK-AktG/*Veil*, SE-VO, Art. 8 Rn. 93 ff.; Lutter/Hommelhoff/Teichmann/*Ringe*, SE-VO, Art. 8 Rn. 60.
266 Eine strukturelle Änderung bejahend Lutter/Hommelhoff/Teichmann/*Oetker*, SEBG, § 18 Rn. 25; a.A. KK-AktG/*Feuerborn*, SEBG, § 18 Rn. 22; MünchKommAktG/*Jacobs*, SEBG, § 18 Rn. 17.

Kapitel 6 Genossenschaftsrecht

Übersicht

	Rdn.
A. **Bedeutung und Entwicklung der Genossenschaft**	1
I. Entwicklung des Genossenschaftsrechts	1
II. Das Genossenschaftsgesetz	6
III. Begriff und Typisierung der Genossenschaft	8
1. Die Genossenschaft als körperschaftliche und personalistisch strukturierte Rechtsform	8
2. Genossenschaftsarten	12
IV. Auf Genossenschaften anwendbare Vorschriften	22
V. Genossenschaftliche Grundsätze	25
VI. Wirtschaftliche Bedeutung der Genossenschaft	28
B. **Gründung der Genossenschaft**	30
I. Gründungsverfahren	30
II. Gründer	37
III. Kapitalanforderungen	38
C. **Satzungsgestaltung bei der Genossenschaft**	40
I. Mindestinhalt der Satzung	42
II. Firma, Sitz und Gegenstand der Genossenschaft	44
III. Geschäftsanteil, Geschäftsguthaben und Haftsumme	51
IV. Satzungsänderungen	55
D. **Mitgliedschaft und Mitglieder der Genossenschaft**	61
I. Beginn der Mitgliedschaft	61
II. Rechte und Pflichten aus der Mitgliedschaft	64
III. Ende der Mitgliedschaft	67
IV. Investierende Mitglieder	73
V. Mitglieder mit Sonderrechten	75
E. **Organe der Genossenschaft**	76
I. Vorstand	78
1. Besetzung	78
2. Aufgaben	82
a) Geschäftsführung	83
b) Vertretung der Genossenschaft	88
3. Haftung	95
a) Haftung gegenüber der Genossenschaft	96
aa) Der Haftungstatbestand des § 34 Abs. 2 GenG	96
(1) Sorgfaltsmaßstab	97
(2) Pflichtverletzung	100
(3) Verschulden	104
(4) Kausaler Schaden	105
(5) Haftungsausschluss	106
(6) Gesamtschuldnerische Haftung	107
(7) Verjährung	108
bb) Sonstige Haftungstatbestände	110
cc) Geltendmachung der Haftungsansprüche	112
b) Haftung gegenüber Dritten	113
II. Aufsichtsrat	115
1. Besetzung	115
2. Aufgaben	120
3. Haftung	129
III. Generalversammlung	133
1. Aufgaben	134
2. Ablauf	139
3. Weitere Rechte der Mitglieder in der Generalversammlung	146
4. Nichtigkeit und Anfechtbarkeit von Beschlüssen	150
a) Nichtige Beschlüsse	153
b) Anfechtbare Beschlüsse	157
IV. Vertreterversammlung	168
1. Errichtung und Beendigung	169
2. Besetzung	171
3. Aufgaben	174
4. Rechte der übrigen Mitglieder	175
V. Sonstige Organe	177
G. **Beendigung der Genossenschaft**	184
I. Insolvenz	184
II. Liquidation	188
III. Löschung	194
H. **Genossenschaftliche Prüfungsverbände und Prüfungswesen**	198
I. **Sonderprobleme bei Genossenschaften in speziellen Rechtsgebieten**	203
I. Genossenschaften in der Unternehmensumwandlung	203
1. Verschmelzung	203
2. Formwechsel	208
3. Spaltung	211
II. Genossenschaften im Kartellrecht	215
J. **Genossenschaften im internationalen Rechtsverkehr**	218

A. Bedeutung und Entwicklung der Genossenschaft

I. Entwicklung des Genossenschaftsrechts

Die Genossenschaft erfuhr eine erste gesetzliche Regelung durch das Preußische Gesetz vom 27.03.1867, welches mit Änderungen am 04.07.1868 als Norddeutsches Bundesgesetz[1] verkündet wurde.[2] Dies ging vor allem auf die Bestrebungen von *Hermann Schulze-Delitzsch* und *Friedrich Wilhelm Raiffeisen* zurück. Das Gesetz betreffend die Erwerbs- und Wirtschaftsgenossenschaften (GenG)[3] trat in Deutschland zum 01.10.1889 in Kraft und regelt das Recht der Genossenschaften. Bereits früh erfuhr das GenG zahlreiche Änderungen. Zur Zeit des **Nationalsozialismus** und der damit verbundenen Planwirtschaft sollten Genossenschaften vor allem zu bloßen Erfassungs- und Verteilungsstellen des staatlichen Machtapparats gemacht werden.[4]

Nach dem Zusammenbruch des nationalsozialistischen Deutschlands erlangte das Genossenschaftswesen in den **westlichen Besatzungszonen** seine volle Unabhängigkeit zurück und das GenG von 1889 blieb weiterhin in Kraft. Mit dem Ziel vor allem ausgewogene Wirtschaftsverhältnisse herzustellen wurde durch das Bundesjustizministerium 1962 ein Referentenentwurf eines neuen Genossenschaftsgesetzes[5] vorgelegt, welcher jedoch nie Gesetz wurde. Mit der Genossenschaftsgesetznovelle 1973, welche am 01.01.1974 in Kraft trat,[6] sollte vor allem die eG im Hinblick auf ihre Leitungsstruktur und Kapitalausstattung modernisiert werden, um die Wettbewerbsfähigkeit der Genossenschaft gegenüber anderen Rechtsformen zu erhalten.[7] Das Bilanzrichtlinien-Gesetz[8] ordnete die Rechnungslegung der eG und das Recht der genossenschaftlichen Pflichtprüfung neu.

Eine erste grundlegende Überarbeitung seit 1973 stellt die **Genossenschaftsrechtsnovelle von 2006**[9] dar. Ausgangspunkt dieser Reform war die SCE-VO (dazu Rdn. 218 ff.). Diese musste zwar nicht in deutsches Recht umgesetzt werden, da sie als Verordnung unmittelbare Wirkung in den Mitgliedstaaten beanspruchte. Jedoch sah die SCE-VO für die Societas Cooperativa Europaea (SCE) Regelungen vor, die auch für die deutsche eG seit Jahren gefordert wurden.[10] Aus der Befürchtung heraus, dass somit auch die eG dem Wettbewerb der Gesellschaftsrechtsordnungen[11] auf supranationaler Ebene stellen müsste und aufgrund dessen dass die SCE-VO zahlreiche Wahlmöglichkeiten für die nationalen Gesetzgeber vorsah, entschloss sich der deutsche Gesetzgeber Ausführungsbestimmungen

---

1 Gesetz betreffend die privatrechtliche Stellung der Erwerbs- und Wirtschafts-Genossenschaften v. 04.07.1868 des Norddeutschen Bundes.
2 Zur Entwicklungsgeschichte des deutschen Genossenschaftsrechts Beuthien/*Beuthien*, Einl. Rn. 1 ff.; *Glenk*, Rn. 1 ff.
3 Fassung v. 01.05.1889, RGBl. 1889, S. 55.
4 Beuthien/*Beuthien*, Einl. Rn. 4.
5 Hierzu ausführlich *Wilcken*, Die Reformbestrebungen zum Genossenschaftsgesetz in der Frühzeit der Bundesrepublik, 2000.
6 Gesetz zur Änderung des Gesetzes betreffend die Erwerbs- und Wirtschaftsgenossenschaften v. 09.10.1973, BGBl. I 1973 S. 1451.
7 Dazu *Schultz*, NJW 1974, 161; *Westermann*, ZfgG 1973, 320; Beuthien/*Beuthien*, Einl. Rn. 7.
8 Gesetz zur Durchführung der Vierten, Siebenten und Achten Richtlinie des Rates der Europäischen Gemeinschaften zur Koordinierung des Gesellschaftsrechts v. 19.12.1985, BGBl. I 1985, S. 2355.
9 Gesetz zur Einführung der Europäischen Genossenschaft und zur Änderung des Genossenschaftsrechts v. 14.08.2006, BGBl. I 2006, S. 1911; dazu *Geschwadtner/Helios*, NZG 2006, 691; *Pistorius*, DStR 2006, 278; *Schaffland/Korte*, NZG 2006, 253.
10 Pöhlmann/Fandrich/Bloehs/*Fandrich*, Einf. Rn. 2; *Pistorius*, DStR 2006, 278.
11 Dazu *Teichmann/Knaier*, GesRZ 2014, 285, 285 f.; *Bayer*, BB 2003, 2357; *Eidenmüller*, ZIP 2002, 2233; *Leuering*, ZRP 2006, 201; monographisch hierzu etwa *Kieninger*, Wettbewerb der Privatrechtsordnungen im Europäischen Binnenmarkt, 2002 und *Heine*, Regulierungswettbewerb im Gesellschaftsrecht, 2003; zum vertikalen Regulierungswettbewerb zwischen nationalen und supranationalen Rechtsformen im unionalen Gesellschaftsrecht *Bachmann*, in: FS Hommelhoff, 2012, S. 21; jüngst zum kontinentaleuropäischen Gesellschaftsrecht im Wettbewerb der Rechtsordnungen *Bormann/Stelmaszczyk*, ZIP 2018, 764.

zu erlassen und im Zuge dessen das GenG zu reformieren.[12] Neben der Beseitigung von Wettbewerbsnachteilen für die eG verfolgte der deutsche Gesetzgeber mit der Novelle 2006 das Ziel, die Gründung neuer Genossenschaften zu erleichtern und die Attraktivität der genossenschaftlichen Rechtsform zu stärken.[13] Ein zentrales Bestreben der Reform war die Verbesserung der rechtlichen Rahmenbedingungen von kleineren eGen.[14] Hierzu wurden verschiedene Regelungen des GenG modifiziert, etwa dass der Förderzweck auch soziale und kulturelle Belange umfassen kann (§ 1 Abs. 1 GenG), die Anzahl der erforderlichen Gründungsmitglieder von sieben auf drei (§ 4 GenG) verringert wurde, Sacheinlagen zugelassen wurden (§ 7a Abs. 3 GenG) oder auf den Aufsichtsrat bei eGen mit weniger als zwanzig Mitgliedern verzichtet werden konnte (§ 9 Abs. 1 S. 1 GenG). Die innere Ordnung der eG wurde zudem durch Neuregelungen der Bestimmungen über die Vertreterversammlung modifiziert. Daneben wurden die Informationsrechte der Mitglieder gestärkt und die Rolle des Aufsichtsrats wurde in Anlehnung an aktienrechtliche Regelungen weiter aufgewertet.

4 Weitere Reformen beeinflussten das Genossenschaftsrecht in zahlreichen Teilbereichen.[15] Hierzu zählen etwa das **Registerverfahrensbeschleunigungsgesetz**,[16] durch das die Verantwortung für die Liste der Mitglieder dem Vorstand übertragen wurde und das Gesetz zur Bereinigung des Umwandlungsrechts,[17] durch welches für Genossenschaften und Prüfungsverbände umwandlungsrechtlich relevante Regelungen aus dem GenG in das neue **Umwandlungsgesetz** übertragen wurden. Die Liberalisierung des Firmenrechts[18] durch das Handelsrechtsreform-Gesetz[19] eröffnete Genossenschaften neue Möglichkeiten bei der Firmenbildung. Durch das **MoMiG**[20] wurde neu geregelt, dass der Aufsichtsrat zum Vertretungsorgan der Genossenschaft bei Führungslosigkeit wird.

▶ Hinweis:

Ebenso wie im Vereins- und Gesellschaftsrecht kann auch die Organisation der Genossenschaft durch die Einschränkungen, welche die COVID-19-Pandemie mit sich bringt, empfindlich gestört werden. Zur Abmilderung derartiger Störungen und damit zur weitestgehenden Aufrechterhaltung einer funktionsfähigen Organisation hat das COVFAG[21] in seinem Art. 2 im Gesetz über Maßnahmen im Gesellschafts-, Genossenschafts-, Vereins-, Stiftungs- und Wohnungseigentumsrecht zur Bekämpfung der Auswirkungen der COVID-19-Pandemie (COVMG)[22] auch Erleichterungen für die Genossenschaften vorgesehen, § 3 COVMG. Diese betreffen einerseits die Ladung zur und Abhaltung der Generalversammlung (dazu Rdn. 139 ff.), die Gewinnfeststellung und Abschlagszahlungen auf erwartbare Gewinne und schließlich die Amtsdauer von Vorstands- und Aufsichtsratsmitgliedern (Rdn. 78 ff. und Rdn. 115 ff.).[23] Die Regelungen sind vorerst temporär auf das Jahr 2020 begrenzt, da § 7 Abs. 3 COVMG statuiert, dass die Regelungen des § 3 COVMG nur für entsprechende im Jahr 2020 abgehaltene Versammlungen, ablaufende Bestellungen, etc. gilt.

---

12 Pöhlmann/Fandrich/Bloehs/*Fandrich*, Einf. Rn. 2; *Pistorius*, DStR 2006, 278.
13 Dazu *Geschwadtner/Helios*, NZG 2006, 691; im Einzelnen Beuthien/*Beuthien*, Einl. Rn. 13.
14 Dazu *Geschwandtner/Wittenberg*, BB 2008, 1748.
15 Im Einzelnen Beuthien/*Beuthien*, Einl. Rn. 15 ff.
16 Gesetz zur Vereinfachung und Beschleunigung registerrechtlicher und anderer Verfahren v. 20.12.1993, BGBl. I 1993, S. 2182; dazu *Strobel*, DStR 1994, 363.
17 Gesetz zur Bereinigung des Umwandlungsrechts (UmwBerG) v. 28.10.1994, BGBl. I 1994, S. 3210.
18 Dazu *Fezer*, ZHR 1997, 52; MünchKommHGB/*Heidinger*, Vor. § 17 Rn. 5 ff.
19 Gesetz zur Neuregelung des Kaufmanns- und Firmenrechts und zur Änderung anderer handels- und gesellschaftsrechtlicher Vorschriften v. 22.06.1998, BGBl. I 1998, S. 1474.
20 Gesetz zur Modernisierung des GmbH-Rechts und zur Bekämpfung von Missbräuchen v. 23.10.2008, BGBl. I 2008, S. 2026.
21 Gesetz zur Abmilderung der Folgen der COVID-19-Pandemie im Zivil-, Insolvenz- und Strafverfahrensrecht v. 01.03.2020, BGBl. I 2020, S. 569.
22 BGBl. I S. 569.
23 Ausführlich hierzu Schmidt/*Schmidt*, COVID-19 – Rechtsfragen zur Corona-Krise, § 8 Rn. 28 ff.

A. Bedeutung und Entwicklung der Genossenschaft

Während der Teilung Deutschlands wurde in der **sowjetischen Besatzungszone** und später in der **DDR** das GenG von 1889 nicht förmlich aufgehoben. Vielmehr wurde die Arbeit der Genossenschaften durch die UdSSR aufgrund der Planwirtschaftsordnung gefördert.[24] Ab 1952 wurden landwirtschaftliche Produktionsgenossenschaften auf Grundlage des **LPG-Gesetztes**[25] gebildet, für die Musterstatuten vom DDR-Ministerrat erlassen wurden. Derartige Musterstatuten existierten auch für die Produktionsgenossenschaften des Handwerks (PGH), die Einkaufs- und Liefergenossenschaften des Handwerks (ELG) und die Landwirtschaftsbank der DDR.[26] Nach der Wiedervereinigung sollten die DDR-Genossenschaften von den strengen staatlichen Bindungen befreit werden. Für die PGH und die ELG wurde die geänderte PGH-Verordnung[27] erlassen, die diesen einen Rechtsformwechsel in die AG, GmbH, oHG oder KG ermöglichte ebenso wie eine Umgründung in eine eG. Das in Westdeutschland weiterentwickelte GenG wurde in seiner in der BRD geltenden Fassung für die ehemalige DDR eingeführt. Die Dominanz der LPG in der Landwirtschaft sollte durch das Landwirtschaftsanpassungsgesetz[28] gebrochen werden.

II. Das Genossenschaftsgesetz

Das GenG in der heute geltenden Fassung gilt im Wesentlichen seiner Grundfassung von 1869 entsprechend weiterhin. Es stellt ein umfassendes Werk dar, welches in weiten Teilen unabdingbare Rechtsvorschriften enthält. Der Gesetzesaufbau folgt dabei der Praxis,[29] sodass bspw. die Regeln die für Organe – wie etwa den Vorstand – gelten im jeweiligen Sachzusammenhang bzw. »Lebensabschnitt« der Genossenschaft geregelt sind.

Das GenG gliedert sich in zehn Abschnitte:
- Erster Abschnitt: Errichtung der Genossenschaft
  Geregelt werden neben den Modalitäten der Entstehung der Genossenschaft auch die wesentlichen Grundbegriffe.
- Zweiter Abschnitt: Rechtsverhältnisse der Genossenschaft und ihrer Mitglieder
  Hauptregelungsmaterie sind die finanziellen Gesichtspunkte der Mitgliedschaft, insbesondere Beteiligung und Verteilung von Gewinn und Verlust.
- Dritter Abschnitt: Verfassung der Genossenschaft
  Gegenstand dieses Abschnittes ist die Genossenschaft als körperschaftliches Gebilde, insbesondere die Definition der Organe, deren Zusammensetzung, Aufgaben, Befugnisse, Sorgfalts- und Schadenersatzpflichten.
- Vierter Abschnitt: Prüfung und Prüfungsverbände
  Geregelt werden u.a. die Feststellungen zum Jahresabschluss, Fragen der Zweckmäßigkeit der Geschäftsführungstätigkeit sowie die Bestimmungen über die Prüfungsverbände (Errichtung, Tätigkeit, Aufsicht, Haftung, etc.).
- Fünfter Abschnitt: Beendigung der Mitgliedschaft
  In diesem Abschnitt werden die Modalitäten der Beendigung der Mitgliedschaft geregelt, von der Kündigung bis zum Ausschluss.
- Sechster Abschnitt: Auflösung und Nichtigkeit der Genossenschaft
  Regelungsgegenstand ist das Ende der Genossenschaft, sowohl freiwillig durch die Mitglieder herbeigeführt, als auch unfreiwillig durch äußere Einflüsse, etwa wenn der Prüfungsverband erhebliche Rechtsverstöße zu Lasten der Gläubiger festgestellt hat.

---

24 Ausführlich zum Genossenschaftswesen in der SBZ und DDR *Glenk*, Rn. 34 ff.; Beuthien/*Beuthien*, Einl. Rn. 9.
25 Gesetz über die landwirtschaftlichen Produktionsgenossenschaften v. 03.06.1959.
26 Beuthien/*Beuthien*, Einl. Rn. 9.
27 Verordnung über die Gründung, Tätigkeit und Umwandlung von Produktionsgenossenschaften des Handwerks v. 08.03.1990.
28 Gesetz über die strukturelle Anpassung der Landwirtschaft an die soziale und ökologische Marktwirtschaft in der Deutschen Demokratischen Republik v. 29.06.1990.
29 *Glenk*, Rn. 7 f.

- Siebter Abschnitt: Insolvenzverfahren: Nachschusspflicht der Mitglieder
  Neben dem Insolvenzverfahren ist insbesondere geregelt, wie bei beschränkten oder unbeschränkten Nachschusspflichten der Mitglieder zu verfahren ist.
- Achter Abschnitt: Haftsumme
  Erläutert wird der Begriff der Haftsumme.
- Neunter Abschnitt: Straf- und Bußgeldvorschriften
  Geregelt werden insbesondere Straf- und Bußgeldfolgen für Genossenschaftsorgane und deren Mitglieder, etwa bei Verstößen gegen Sorgfalts- und Verschwiegenheitsverpflichtungen.
- Zehnter Abschnitt: Schlussvorschriften

III. Begriff und Typisierung der Genossenschaft

1. Die Genossenschaft als körperschaftliche und personalistisch strukturierte Rechtsform

8   Die Genossenschaft ist nach § 1 GenG eine **Gesellschaft** von nicht geschlossener Mitgliederzahl, deren Zweck darauf gerichtet ist, den Erwerb oder die Wirtschaft ihrer Mitglieder oder deren soziale oder kulturelle Belange durch gemeinschaftlichen Geschäftsbetrieb zu fördern.[30] Entgegen des Wortlauts entspricht die Rechtsnatur einer Genossenschaft nicht der einer Gesellschaft i.S.d. §§ 705 ff. BGB (dazu Kap. 1 Rdn. 3 ff.), insbesondere da die Genossenschaft eine nicht geschlossene Mitgliederzahl aufweisen muss, was sie im Grundsatz unabhängig von Eintritt und Ausscheiden ihrer Mitglieder macht.[31] Die Verfassung der Genossenschaft ist aufgrund der organschaftlichen Vertretung (§ 24 Abs. 1 GenG) und der grundsätzlich bestehenden Pflicht zur Bestellung eines Aufsichtsrats (§ 9 Abs. 1 Satz 1 GenG) sowie wegen des Mehrheitsprinzips in der Generalversammlung (§ 42 Abs. 2 Satz 1 GenG) eher **körperschaftlich**.[32] Unter Umständen kann daher auch punktuell eine Anwendung vereins- oder aktienrechtlicher Vorschriften auf Genossenschaften in Betracht kommen (dazu Rdn. 22).

9   Trotz dieser körperschaftlichen Struktur der Genossenschaft folgt aus ihrem **Zweck**, der auf die persönliche Förderung ihrer Mitglieder gerichtet ist und nicht auf eine bloße Beteiligung an Kapital und Gewinn, dass die Genossenschaft gleichermaßen stets personalistische Züge trägt.[33] Das Kapital der Genossenschaft hat in diesem Zusammenhang »**keine herrschende, sondern nur eine der persönlichen Beteiligung der Mitglieder dienende Rolle**«[34]. Ebenso findet die personalistische Struktur der Genossenschaft Ausdruck im Grundsatz der Selbstorganschaft (§ 9 Abs. 2 Satz 1 GenG), der Unveräußerlichkeit und Unteilbarkeit der Mitgliedschaft[35] und darin, dass jedes Mitglied unabhängig von der Höhe seines Geschäftsanteils grundsätzlich nur eine Stimme hat (§ 43 Abs. 3 GenG).

10 Die eingetragene Genossenschaft ist Formkaufmann und damit Kaufmann i.S.d. HGB, § 17 Abs. 2 GenG, § 6 Abs. 1 HGB. Genossenschaftsinterne Rechtsstreitigkeiten können als Handelssachen vor den Kammern für Handelssachen der Landgerichte geführt werden, §§ 95 Abs. 1 Nr. 4a, Abs. 2 Nr. 1 GVG.

11 Von zentraler Bedeutung für die eG, allen voran für sämtliche Eintragungen, ist das **Genossenschaftsregister**. Das Genossenschaftsregister ist das vom Amtsgericht als Registergericht geführte Register, das der Eintragung der Genossenschaften und ihrer Rechtsverhältnisse dient. Es wird nach ähnlichen Grundsätzen geführt wie das Handelsregister.[36] Das Verfahren in Genossenschaftssachen

---

30 Zur Abgrenzung zu anderen Rechtsformen Hensler/Strohn/*Geibel*, § 1 GenG Rn. 8 ff.
31 Beuthien/*Beuthien*, § 1 Rn. 2; Pöhlmann/Fandrich/Bloehs/*Fandrich*, § 1 Rn. 3.
32 Beuthien/*Beuthien*, § 1 Rn. 2; Pöhlmann/Fandrich/Bloehs/*Fandrich*, § 1 Rn. 1.
33 RG, Urt. v. 06.04.1935 – II B 5/34, RGZ 147, 257, 270.
34 BGH, Urt. v. 16.06.1955 – II ZR 300/53, NJW 1955, 1229, 1230.
35 Beuthien/*Beuthien*, § 1 Rn. 2; Pöhlmann/Fandrich/Bloehs/*Fandrich*, § 1 Rn. 3.
36 *Krafka,* Registerrecht, Rn. 1861 ff.

A. Bedeutung und Entwicklung der Genossenschaft — Kapitel 6

ist in §§ 374 ff. FamFG und in der VO über das Genossenschaftsregister[37] geregelt. Neben den eingetragenen Genossenschaften sind dort auch die Europäischen Genossenschaften (SCE, dazu Rdn. 218 ff.) registriert. Die **Einsicht** in das Genossenschaftsregister und die zu ihm eingereichten Dokumente, die Inhalt des Registerordners (§ 1 GenRegV i.V.m. § 9 HRV) sind, ist jedermann gestattet, § 156 Abs. 1 GenG, § 9 Abs. 1 HGB.

2. Genossenschaftsarten

Aus der **Legaldefinition** der Genossenschaft in § 1 Abs. 1 GenG folgt, dass das GenG davon ausgeht, dass es neben der eG grundsätzlich auch nicht eingetragene Genossenschaften im materiellen Sinn gibt.[38] Zentral ist jedoch die **eingetragene Genossenschaft (eG)**, die erst mit ihrer Eintragung im Genossenschaftsregister ihres Sitzes Rechtspersönlichkeit als juristische Person erlangt (§ 17 Abs. 1 GenG). Vor der Eintragung hat die Genossenschaft die Rechte einer eG nicht (§ 13 GenG). Handelt es sich nicht um eine Genossenschaft im bloß materiellen Sinne besteht vor der Eintragung im Register eine Vor-eG. Die Vor-eG entsteht mit der Unterzeichnung der Satzung durch die erforderliche Mitgliederzahl und in der erforderlichen Form und mit dem Zweck, die Eintragung in das Genossenschaftsregister nach §§ 10, 11 GenG zu betreiben, den Geschäftsbetrieb aufzunehmen sowie die genossenschaftliche Förderung vorzubereiten.[39] Siehe zur Entstehung der eG Rdn. 31 ff. 12

Neben dieser ganz grundlegenden Unterteilung in eG, Vor-eG und bloß materielle Genossenschaft werden verbreitet nach dem Unternehmensgegenstand und nach dem Förderleistungsgegenstand **verschiedene Arten von Genossenschaften** unterschieden, die sich großenteils zu eigenständigen Untertypen der Genossenschaft entwickelt haben.[40] Bis zur Novelle von 2006 (dazu Rdn. 3) nannte § 1 Abs. 1 GenG a.F. eine Reihe nicht abschließender genossenschaftlicher Betätigungsfelder.[41] 13

Zu den **Kreditgenossenschaften** – auch **Genossenschaftsbanken** genannt – zählen die Volks- und Raiffeisenbanken, die Ärzte-, Apotheker- und Beamtenbanken, die PSD- und die Sparda-Banken. All diese sind Mitglied im Bundesverband der Deutschen Volksbanken und Raiffeisenbanken e. V. (BVR) und dessen Sicherungseinrichtung.[42] Mit einzelnen Ausnahmen betreiben die Kreditgenossenschaften sämtliche Bankgeschäfte i.S.d. § 1 Abs. 1 KWG und sind als Universalbanken tätig. Ihre Satzungen orientieren sich weitgehend an den vom BVR herausgegebenen Mustersatzungen.[43] Die Kreditgenossenschaften unterliegen dem Gesetz über das Kreditwesen (KWG), unterstehen der Aufsicht der BAFin und bedürfen nach § 32 KWG einer Erlaubnis dieser.[44] Für die Geschäftsleitertätigkeit einer Kreditgenossenschaft stellen §§ 1 Abs. 2, 33 Abs. 4 KWG besondere Anforderungen an Zuverlässigkeit und fachliche Eignung.[45] Das KWG und die spezifischen Rechnungslegungsvorschriften der §§ 340 ff. HGB stellen spezialgesetzliche Regelungen dar, die im Zweifelsfall den Regeln des GenG vorgehen.[46] 14

---

37 Verordnung über das Genossenschaftsregister (Genossenschaftsregisterverordnung – GenRegV) v. 16.10.2006, BGBl. I 2006, S. 2268.
38 Henssler/Strohn/*Geibel*, § 1 GenG Rn. 4; *Paulick,* ZfgG 1954, 149.
39 Henssler/Strohn/*Geibel*, § 1 GenG Rn. 20.
40 Dazu ausführlich Beuthien/*Beuthien*, § 1 Rn. 47 ff.
41 Dazu *Hirte*, DStR 2007, 2166, 2167 f.
42 S. https://www.bvr.de/de (Stand: 03.07.2020); dazu *Sethe,* ZBB 1998, 305; *Blisse,* Stärkung der Kreditgenossenschaften durch verbundsbezogenes Eigenkapital der Mitglieder, 2006; s.a. Beuthien/*Beuthien*, § 1 Rn. 51 ff.
43 Vgl. *Korte/Schaffland*, GenG, S. 95; s. auf dieser Mustersatzung beruhend etwa die Satzung der Raiffeisenbank Volkacher Mainschleife-Wiesentheid eG https://www.rbvw.de/content/dam/f2635-0/Dokumente/rechtliche_hinweise/2635_Satzung.pdf (Stand: 15.07.2020).
44 Henssler/Strohn/*Geibel*, § 1 GenG Rn. 20; Beuthien/*Beuthien*, § 1 Rn. 50.
45 Dazu Pöhlmann/Fandrich/Bloehs/*Fandrich*, § 1 Rn. 34; Boos/Fischer/Schulte-Mattler/*Schäfer*, KWG, § 1 Rn. 209 ff.
46 Pöhlmann/Fandrich/Bloehs/*Fandrich*, § 1 Rn. 34.

15 Durch **Einkaufs- oder Bezugsgenossenschaften** werden zumeist zentral Rohstoffe, Waren und sonstigen Betriebsmittel, die an die Mitglieder entweder lediglich vermittelt oder – dann in der Funktion als Großhandelsunternehmen – weiterveräußert werden, angekauft.[47] Häufig werden den Mitgliedern auch zentral Beratungsleistungen, Marketingunterstützung, Gemeinschaftswerbung, Forderungsmanagement, EDV-Dienstleistungen und ähnliches zur Verfügung gestellt. Die Mitglieder der eG sind zugleich ihre Kunden, die als selbstständige Geschäftsleute Waren und Dienstleistungen über gesonderte zivilrechtliche Verträge von dieser beziehen. Nur in Einzelfällen sieht dabei die Satzung der eG eine (beschränkte) Abnahmeverpflichtung für die Mitglieder vor.[48] Bei landwirtschaftlichen Genossenschaften fungieren diese Einkaufs- oder Bezugsgenossenschaften oftmals zugleich als **Absatzgenossenschaften**.[49] Absatzgenossenschaften fördern zudem das Erwerbsgeschäft ihrer Mitglieder durch An- und Verkauf bzw. Vermittlung ihrer Produkte und Erzeugnisse an Handel oder Verbraucher. Hierzu zählen etwa Molkereigenossenschaften, Obst-, Gemüse- und Viehverwertungsgenossenschaften sowie der Winzergenossenschaften.[50]

16 **Produktivgenossenschaften** sind Genossenschaften, die darauf abzielen, gemeinschaftlich Produkte und Dienstleistungen herzustellen bzw. diese zu vertreiben und dabei zugleich versuchen, den Mitgliedern einen Arbeitsplatz zur Verfügung zu stellen, diese zu vergüten und am wirtschaftlichen Erfolg der eG teilhaben zu lassen.[51] Da die Mitglieder zugleich Arbeitnehmer sind wird ein eigenverantwortliches Arbeiten ermöglicht, jedoch entsteht hierdurch auch ein besonderes Spannungsfeld.[52] Arbeitsrechtliche Rechte und Pflichten treten dabei neben die genossenschaftlichen Mitgliedsrechte. Hiervon abzugrenzen sind die **Produktionsgenossenschaften**, die von ihren Mitgliedern bereitgestellte Produkte über die eG verarbeiten und zumeist weiterverkaufen, wie etwa bei Winzergenossenschaften.[53]

17 **Verbrauchergenossenschaften** (auch als Konsumgenossenschaften bezeichnet)[54] stellen ihren Mitgliedern Dienstleistungen, Lebensmittel und andere Güter des privaten Lebensbedarfs zur Verfügung. Sie sind im Zentralverband deutscher Konsumgenossenschaften (ZdK)[55] organisiert. Für sie gelten die allgemeinen Vorschriften für den Einzelhandel. Bekannte Genossenschaften in dieser Form sind etwa Energiegenossenschaften und Tageszeitungsgenossenschaften. Bei den tradierten **Konsumgenossenschaften** werden die Waren zumeist zentral im Großeinkauf erworben und an Mitglieder und andere Endverbraucher weiterveräußert.[56]

18 Bei sog. **Werk- oder Nutzungsgenossenschaften** werden über die Genossenschaft gemeinsam Betriebsmittel für die landwirtschaftlichen oder gewerblichen Betriebe der Mitglieder angeschafft und genutzt. Hierzu zählen etwa Maschinen-, Elektrizitäts- und Baugerätegenossenschaften.[57] Die Nutzungsrechte der einzelnen Mitglieder können sich dabei aus der Satzung ergeben oder aus schuldrechtlichen Rechtsbeziehungen wie etwa Miet- oder Bezugsverträge oder durch diese konkretisiert werden.

19 Die Förderaufgabe von **Wohnungsgenossenschaften** ist vor allem die Wohn- und Gewerberaumversorgung ihrer Mitglieder »gut und sozial verantwortlich« sicherzustellen, wozu häufig auch die Herstellung der Räumlichkeiten und die Übernahme von Verwaltungsaufgaben gehört.[58] Für das Bauträ-

---

47 Henssler/Strohn/*Geibel*, § 1 GenG Rn. 21 f.; Pöhlmann/Fandrich/Bloehs/*Fandrich*, § 1 Rn. 35 ff.
48 Pöhlmann/Fandrich/Bloehs/*Fandrich*, § 1 Rn. 36.
49 Henssler/Strohn/*Geibel*, § 1 GenG Rn. 23; *Glenk*, Rn. 112.
50 Beuthien/*Beuthien*, § 1 Rn. 57; Henssler/Strohn/*Geibel*, § 1 GenG Rn. 23.
51 Beuthien/*Beuthien*, § 1 Rn. 58 ff.; Henssler/Strohn/*Geibel*, § 1 GenG Rn. 24.
52 Beuthien/*Beuthien*, § 1 Rn. 60.
53 *Glenk*, Rn. 113; Pöhlmann/Fandrich/Bloehs/*Fandrich*, § 1 Rn. 40.
54 Dazu *Bösche*, ZfgG 2004, 3; Beuthien/*Beuthien*, § 1 Rn. 61.
55 S. https://www.zdk-hamburg.de/ (Stand: 02.07.2020).
56 Hierzu Pöhlmann/Fandrich/Bloehs/*Fandrich*, § 1 Rn. 41.
57 Beuthien/*Beuthien*, § 1 Rn. 62; Henssler/Strohn/*Geibel*, § 1 GenG Rn. 26.
58 Henssler/Strohn/*Geibel*, § 1 GenG Rn. 27; Beuthien/*Beuthien*, § 1 Rn. 63 ff.

gergeschäft und die Betreuung von Bauvorhaben ist eine Erlaubnis nach § 34c GewO erforderlich.[59] Für die Mitglieder und deren Familienangehörigen besteht regelmäßig in der Satzung ein **Nutzungsrecht**.[60] Dieses Nutzungsverhältnis unterliegt uneingeschränkt den mietrechtlichen Bestimmungen und Schutzvorschriften der §§ 535 ff. BGB.[61] Bei der Ausgestaltung der Nutzungsverhältnisse ist die Wohnungsgenossenschaft in besonderem Maße an den genossenschaftlichen Gleichheitsgrundsatz (Rdn. 27) gebunden.[62] Grundsätzlich kann ein genossenschaftliches Nutzungsverhältnis nicht gekündigt werden, solange der Nutzer noch Mitglied der eG ist. Ausnahmsweise hat die Rechtsprechung[63] allerdings der eG ein berechtigtes Interesse i.S.d. § 573 BGB an der Beendigung des Mietverhältnisses zugestanden, wenn sie eine erheblich unterbelegte Wohnung in der Absicht kündigt, sie einer größeren Familie mit entsprechenden Wohnbedarf zu vermieten.

Verbreitet finden sich zudem nach Art des Geschäftsbetriebs bspw. Verkehrsgenossenschaften, Genossenschaften für verschiedene freie Berufe, wie etwa Architekten, Energiegenossenschaften, etwa für den Betrieb von Anlagen erneuerbarer Energien[64] oder auch EDV-Genossenschaften.[65] 20

Ausgehend von diesen vielfältigen Ausprägungen genossenschaftlicher Betätigung können einige **Kategorien** gebildet werden, in die sich Genossenschaften einteilen lassen:[66] 21
– Zweckgemeinschaften von Einzelpersonen ohne gewerblichen Hintergrund
   Hierunter fallen Genossenschaften, die eigentumssichernde oder eigentumsverbessernde Maßnahmen gemeinschaftlich durchführen (z.B. Energiegenossenschaften), Genossenschaften zur gemeinsamen Sicherung und Verbesserung persönlicher Lebensumstände (z.B. Wohnungsbaugenossenschaften) oder auch Genossenschaften zur Gestaltung der Freizeit (z.B. Genossenschaften zum Erwerb und Betrieb eines Bootes oder einer Jagdhütte). In diese Kategorie fallen mitunter auch soziale Kooperationen oder kulturelle Fördergemeinschaften.[67]
– Zusammenschlüsse von Einzelpersonen oder Unternehmen mit gewerblichen Hintergrund
   Dies sind Genossenschaften, die dem Voll- oder Nebenerwerb der Mitglieder dienen (z.B. Winzergenossenschaften, je nach Ausprägung).[68]
– Sanierungsgenossenschaften
   Derartige Genossenschaften übernehmen die Trägerschaft notleidender Unternehmen, um durch eine Zäsur in den Eigentums- und Leitungsstrukturen neue Spielräume zu eröffnen, Kosten zu senken und die wirtschaftliche Wettbewerbsfähigkeit des Unternehmens wiederherzustellen. Die Erfolgsaussichten solcher Vorhaben werden als eher gering eingeschätzt.[69]

IV. Auf Genossenschaften anwendbare Vorschriften

Das **GenG** ist das zentrale Regelwerk für Genossenschaften. Dieses ist jedoch nach wie vor lückenhaft und für Einzelfragen sind vereins- und **aktienrechtliche Normen**, vereinzelt auch das Recht der BGB-Gesellschaft und der GmbH heranzuziehen.[70] Aufgrund der mit der Aktiengesellschaft vergleichbaren Organstruktur bietet es sich in einigen Fällen an Regelungen des AktG auf die eG zu übertragen.[71] Ob eine solche **Analogie** in Frage kommt ist jedoch stets im Einzelfall zu prüfen. 22

---

59 Pöhlmann/Fandrich/Bloehs/*Fandrich*, § 1 Rn. 43.
60 Ausführlich Beuthien/*Beuthien*, § 1 Rn. 66 ff.
61 BGH, Urt. v. 10.09.2003 – VIII ZR 22/03, NJW-RR 2004, 12.
62 Beuthien/*Beuthien*, § 1 Rn. 68; Pöhlmann/Fandrich/Bloehs/*Fandrich*, § 1 Rn. 45.
63 OLG Stuttgart, Rechtsentsch. V. 11.06.1991 – 8 REMiet 1/91, NJW-RR 1991, 1226; abw. OLG Karlsruhe, Rechtsentsch. V. 23.12.1983 – 9 ReMiet 4/83, NJW 1984, 2584.
64 Dazu *Althanns*, ZfBR-Beil. 2012, 36.
65 Hierzu auch Beuthien/*Beuthien*, § 1 Rn. 76 ff.; Henssler/Strohn/*Geibel*, § 1 GenG Rn. 29.
66 Ausführlich *Glenk*, Rn. 104 ff.
67 S. *Glenk*, Rn. 105.
68 *Glenk*, Rn. 106 f.
69 Kritisch *Glenk*, Rn. 107.
70 Henssler/Strohn/*Geibel*, § 1 GenG Rn. 39 ff.; Pöhlmann/Fandrich/Bloehs/*Fandrich*, § 1 Rn. 13 ff.
71 Pöhlmann/Fandrich/Bloehs/*Fandrich*, § 1 Rn. 13 f.

Regelmäßig möglich ist eine Analogie jedoch zu solchen Normen, die Ausdruck eines grundlegenden Prinzips jeglichen Unternehmenshandelns sind, wie beispielsweise bei der sog. »Business Judgement Rule«.[72] Weitere Rechtsvorschriften können für eingetragene Genossenschaften das GenG ergänzen oder überlagern. Dies gilt etwa bei der Besetzung des Aufsichtsrats für die Anwendung der Regeln über die Arbeitnehmermitbestimmung.[73] Weitere **Spezialgesetze** sehen in Sonderkonstellationen spezielle Regeln für Genossenschaften vor, wie etwa das UmwG (Rdn. 203 ff.).

23 Zudem sind auf einzelne Genossenschaftsarten weitere spezialgesetzliche Regelungen anwendbar. Für **Kreditgenossenschaften** (Rdn. 14, 45, 47, 49, 81, 109 f., 113, 116, 127, 139, 147, 201) ist etwa das **KWG**, das nach dem Vier-Augen-Prinzip des § 33 Abs. 1 Nr. 5 KWG beispielsweise auch in eGn mit weniger als 21 Mitgliedern einen zweigliedrigen Vorstand verlangt[74] von großer Bedeutung, ebenso wie die speziellen handelsrechtlichen Regelungen über die **Rechnungslegung** (§§ 340 ff. HGB).

24 Zudem sind für Genossenschaften oftmals auch **Vorschriften ohne Rechtsnormqualität** zu beachten. Dies gilt etwa für unbestimmte Rechtsbegriffe wie die »Sorgfalt eines ordentlichen und gewissenhaften« Geschäftsleiters oder Aufsichtsrats einer eG, §§ 34 Abs. 1, 41 GenG.[75] Der DGRV hat in Anlehnung an den Corporate Governance Kodex,[76] der für Aktiengesellschaften entwickelt wurde einen **Corporate Governance Kodex für eGen** entwickelt, der speziell auf die Rechtsform der eG ausgerichtet ist.[77] Für Kreditgenossenschaften sind daneben bspw. auch die Mindestanforderungen an das Risikomanagement (MaRisk)[78] der BaFin zu beachten.

V. Genossenschaftliche Grundsätze

25 Zudem können zur **Lückenfüllung** und zur Lösung einzelner Probleme **genossenschaftliche Grundsätze** herangezogen werden.[79] Diese historisch gewachsenen Prinzipien geben der Genossenschaft ihr gegenüber anderen Gesellschaftsformen typisches Gepräge.

26 Hierzu gehört der **Grundsatz der Selbsthilfe**, demzufolge sich die Mitglieder freiwillig zusammenschließen, um sich unter Aufbringung der notwendigen Mittel gegenseitig zu fördern und für einander einstehen.[80] Eng damit einher geht das **Prinzip der Selbstverantwortung,** wonach die Mitglieder für die genossenschaftlich begründeten Verpflichtungen einzustehen haben.[81] Ausprägung dieses Grundsatzes ist etwa die Nachschusspflicht, §§ 6 Nr. 3, 105 GenG (ausführlich Rdn. 53). Kennzeichnend für die Genossenschaft ist auch der **Grundsatz der Selbstverwaltung**, der vor allem zum Gegenstand hat, dass die Mitglieder sich selbst über ihre Teilnahme an der Generalversammlung, ihre Bereitschaft zur Übernahme von Verwaltungsämtern und andere Formen an der Verwaltung der eG zu beteiligen und damit ihr Schicksal selbst mit zu gestalten.[82]

27 Strukturprägend für die Genossenschaft ist auch der Grundsatz der Identität von Mitglied und Kunde und die damit verbundene »**Doppelfunktion**«.[83] In diesem Zusammenhang muss die Tätig-

---

72 Pöhlmann/Fandrich/Bloehs/*Fandrich*, § 1 Rn. 14; s.a. Beuthien/*Beuthien*, § 34 Rn. 10.
73 Ausführlich Beuthien/*Beuthien*, § 36 Rn. 7 ff.
74 Dazu *Reischauer/Kleinhans*, KWG, § 33 Rn. 74; Boos/Fischer/Schulte-Mattler/*Fischer/Müller*, KWG, § 33, Rn. 57 ff.
75 Dazu Beuthien/*Beuthien*, § 34 Rn. 9.
76 Abrufbar unter: https://www.dcgk.de/de/kodex/aktuelle-fassung/praeambel.html (Stand: 04.07.2020).
77 Abrufbar unter: https://www.eb.de/content/dam/f0591-0/EvB/wir_ueber_uns/PDF/CGK_des_DGRV.pdf (Stand: 04.07.2020).
78 Rundschreiben BAFin 11/2010, BA 54-FR 2210-2010/0003, vom 15.12.2010.
79 Ausführlich Beuthien/*Beuthien*, § 1 Rn. 37 ff.; Pöhlmann/Fandrich/Bloehs/*Fandrich*, § 1 Rn. 24 ff.
80 Beuthien/*Beuthien*, § 1 Rn. 38.
81 Pöhlmann/Fandrich/Bloehs/*Fandrich*, § 1 Rn. 27; Beuthien/*Beuthien*, § 1 Rn. 40.
82 Pöhlmann/Fandrich/Bloehs/*Fandrich*, § 1 Rn. 26; Beuthien/*Beuthien*, § 1 Rn. 39 auch zu den Einschränkungen.
83 Pöhlmann/Fandrich/Bloehs/*Fandrich*, § 1 Rn. 28.

keit der eG unmittelbar dem Mitglied zugutekommen und Geschäfte mit Nichtmitgliedern sind nur dann ausnahmsweise zulässig, wenn dies die Satzung ausdrücklich gestattet, § 8 Abs. 1 Nr. 5 GenG (s.a. § 1 Abs. 4 des Satzungsmusters in Rdn. 41). Dieses besondere Verhältnis zwischen Mitglied und eG wird durch ein besonderes **Treueverhältnis** geprägt, welches sich u.a. im Gleichheitsgebot widerspiegelt und sich auch etwa daran zeigt, dass der Ausschluss eines Mitgliedes nur bei Vorliegen besonderer gesetzlich oder statutarisch vorgegebener Gründe möglich und eine Kündigung der Mitgliedschaft durch die eG ausgeschlossen ist (dazu Rdn. 67 ff.).[84]

VI. Wirtschaftliche Bedeutung der Genossenschaft

Genossenschaften nehmen eine bedeutende Stellung in der **Gesamtwirtschaft** ein.[85] Nach Angaben des Deutschen Genossenschafts- und Raiffeisenverbandes (DGRV) ist etwa jeder vierte Bundesbürger Mitglied in einer ländlichen, gewerblichen, Kredit-, Energie,- Konsum- oder Wohnungsgenossenschaft.[86] Alleine der DGRV vereint derzeit 5.330 Genossenschaften mit 19,8 Millionen Mitgliedern. Zudem gibt es 1.800 Wohnungsgenossenschaften mit 2,9 Millionen Mitgliedern, die nicht im DGRV organisiert sind.[87] Besondere Bedeutung nehmen dabei die 841 Kreditgenossenschaften und die 1984 Raiffeisen-Genossenschaften mit 18,6 und 1,4 Mio. Mitgliedern und Bilanzsummen von 985 und 66 Mrd. € ein. Die 1337 im DGRV organisierten Waren- und Dienstleistungsgenossenschaften beschäftigen zusammen über 667.000 Mitarbeiter. Im Jahr 2019 wurden unter dem Dach des DGRV 87 Genossenschaften neu gegründet.

28

Diese eher positive Entwicklungstendenz zeichnet sich seit einigen Jahren ab,[88] jedoch ist die **Gesamtzahl der Genossenschaften rückläufig**, was insbesondere an Zusammenlegungen, verbreitet etwa bei den lokalen Kreditgenossenschaften, liegt.[89] Auch rechtliche Gründe, wie etwa die geringe Gestaltungsfreiheit bei Genossenschaftssatzungen, können zu einer Entscheidung für den Wechsel in eine andere Rechtsform führen.[90] Die steigende Gesamtzahl der Mitglieder von Genossenschaften findet zudem vor allem bei den Kredit- und Wohnungsgenossenschaften statt, während bei ländlichen und gewerblichen Genossenschaften die Mitgliederzahlen stagnieren.[91] Allerdings wurde besonders in den neuen Bundesländern seit der Wiedervereinigung die eG von zahlreichen Gründern genutzt.[92] Hinzu kommt eine verschwindend geringe Insolvenzanfälligkeit der eG,[93] was auch auf die Überwachung durch die Prüfungsverbände zurückgeführt werden kann.[94]

29

---

84 Pöhlmann/Fandrich/Bloehs/*Fandrich*, § 1 Rn. 30.
85 Zur gesamtwirtschaftlichen Bedeutung der Genossenschaft *Glenk,* Rn. 60 ff.; Beuthien/*Beuthien*, Einl. Rn. 17.
86 S. https://www.dgrv.de/der-verband/(Stand: 01.07.2020).
87 S. https://www.dgrv.de/der-verband/(Stand: 01.07.2020).
88 Zur Entwicklung auch *Glenk,* Rn. 60 ff.; kritisch zur Entwicklung zahlreicher Genossenschaften weg von den genossenschaftlichen Leitideen *Beuthien*, ZRP 2019, 108.
89 Beuthien/*Beuthien*, Einl. Rn. 17.
90 Beuthien/*Beuthien*, Einl. Rn. 17.
91 Beuthien/*Beuthien*, Einl. Rn. 17.
92 *Glenk,* Rn. 64.
93 In den Angaben des Statistischen Bundesamtes zur Zahl der Insolvenzen nach Rechtsformen der Unternehmen, werden seit dem Jahr 2013 Genossenschaften für die Statistik nicht einmal mehr gesondert erfasst, sondern nur noch als Teil der Kategorie »Sonstige Rechtsformen« geführt, die insgesamt ohnehin eine geringe Zahl der Insolvenzen aufweist, vgl. BT-Drucks. 19/3595, S. 13.
94 *Glenk,* Rn. 60; s.a. BT-Drucks. 19/3595, S. 12.

B. Gründung der Genossenschaft

I. Gründungsverfahren

30 ▶ **Muster: Anmeldung der Gründung zum Genossenschaftsregister**[95]

An das Amtsgericht

...

– Registergericht –

[Anschrift]

Betreff: Neuanmeldung betreffend die ... eG mit dem Sitz in ....

I.

Wir, die unterzeichnenden, sind die sämtlichen Vorstandsmitglieder der am ... in ... unter der Firma ... gegründeten Genossenschaft und melden hiermit zur Eintragung in das Genossenschaftsregister an:

1. Die Firma der Genossenschaft lautet ....
2. Die Genossenschaft hat ihren Sitz in ....
3. Die Mitglieder des Vorstands sind:
    a) [Familienname, Vorname, Geburtsdatum, Wohnort];
    b) [Familienname, Vorname, Geburtsdatum, Wohnort];
    c) [Familienname, Vorname, Geburtsdatum, Wohnort].

II.

Als Anlagen zu dieser Anmeldung überreichen wir:

1. die von allen Gründungsmitgliedern unterzeichnete Satzung vom ...;
2. eine Abschrift der Urkunden über die Bestellung des Vorstands und des Aufsichtsrates;
3. die Bescheinigung des ... Prüfungsverbandes, dass die Genossenschaft zum Beitritt zugelassen ist;
4. die gutachterliche Äußerung des Prüfungsverbands, betreffend die persönlichen und wirtschaftlichen Verhältnisse der Genossenschaft.

III.

Die Genossenschaft wird durch zwei Vorstandsmitglieder oder durch ein Vorstandsmitglied in Gemeinschaft mit einem Prokuristen gesetzlich vertreten.

IV.

Die Geschäftsräume der Gesellschaft befinden sich in: ....

[Ort, Datum]

[Unterschriften der Vorstandsmitglieder in vertretungsberechtigter Zahl]

– notarieller Beglaubigungsvermerk –

---

[95] Siehe auch das Muster bei Beck'sche Online-Formulare Vertrag/*Mohr*, 7.10.6.

B. Gründung der Genossenschaft

Ablauf der Gründung einer Genossenschaft

	Vorgründungs-genossenschaft		Vorgenossenschaft			eG
	Phase 1	Phase 2	Phase 3	Phase 4	Phase 5	Phase 6
	• Zusammenschluss von mind. drei Personen • Erstellung einer Satzung • Eröffnung eines Kontos für die Genossenschaft	Unterzeichnung der Satzung	Organisation und Durchführung der Gründungsversammlung	• Beantragung der Mitgliedschaft in einem genossenschaftlichen Prüfungsverband • Begutachtung und Aufnahme durch den Prüfungsverband	Anmeldung zum Genossenschaftsregister	Eintragung in das Genossenschaftsregister

31

32 Vor der Eintragung in das Genossenschaftsregister besteht die Genossenschaft als solche nicht, § 13 GenG. Mit dem Zusammenschluss der Gründer zur Errichtung der Genossenschaft entsteht eine Vorgründungsgesellschaft (**Vorgründungsgenossenschaft**), die eine GbR mit dem Zweck der Errichtung einer eG darstellt.[96] Wird dieser Zweck erreicht erlischt die Vorgründungsgenossenschaft, § 726 BGB. Für die Vorgründungsgenossenschaft gelten die §§ 705 ff. BGB. Nicht zwingend, aber empfehlenswert ist die Vereinbarung der Gründer eine eG zu errichten schriftlich abzuschließen.[97] Die Vorgenossenschaft wird aus den Geschäften der Vorgründungsgenossenschaft weder berechtigt noch verpflichtet, da keine Universalsukzession stattfindet.[98]

33 Mit Errichtung der Genossenschaft entsteht die **Vorgenossenschaft**, also wenn die Satzung nach § 4 GenG mindestens von drei ordentlichen Gründungsmitgliedern unterzeichnet worden ist und sie nach dem Willen der Gründer in das Genossenschaftsregister eingetragen werden soll.[99] Bei der Vorgenossenschaft handelt es sich um eine Gesamthandsgemeinschaft *sui generis* mit Teilrechtsfähigkeit und ohne eigene Rechtspersönlichkeit.[100] Die Vorgenossenschaft ist namensfähig, grundbuch- und kontofähig[101] sowie parteifähig im Zivilprozess.[102] Auf die Vorgenossenschaft findet das GenG mit der Maßgabe Anwendung, dass lediglich diejenigen Bestimmungen nicht gelten, welche die Eintragung in das Genossenschaftsregister zwingend voraussetzen.[103] Lücken müssen durch Analogien zu den Bestimmungen des GenG und des AktG geschlossen werden, während andere zivilrechtliche Bestimmungen nur unter Berücksichtigung der besonderen Rechtsnatur der Vorgenossenschaft anwendbar sind.[104] Die körperschaftliche Struktur der späteren Genossenschaft wird bereits für die Vorgenossenschaft anerkannt, was sich bspw. daran zeigt, dass § 11 GenG schon vor der Anmeldung einen Vorstand und einen Aufsichtsrat zwingend voraussetzt.[105]

34 Die Vorgenossenschaft wird **durch den Vorstand vertreten**, der jedoch auf Rechtsgeschäfte beschränkt ist, die für die Errichtung des Geschäftsbetriebs erforderlich sind, wenn nicht durch die Gründungsmitglieder ausdrücklich etwas anderes in der Satzung bestimmt wird.[106] Ein Vorbelastungsverbot besteht auch für die Vorgenossenschaft nicht.[107] Geht der Vorstand über die Befugnisse, die ihm in der Satzung bereits erteilt wurden hinaus und genehmigt die eG nach der Eintragung diese nicht, haftet der Vorstand nach § 179 BGB.[108]

35 Die Vorgenossenschaft und die für sie Handelnden haften für die Verbindlichkeiten der Vorgenossenschaft nach den Grundsätzen der **Handelndenhaftung**.[109] Die Gründer trifft dabei lediglich

---

96 Pöhlmann/Fandrich/Bloehs/*Fandrich*, § 13 Rn. 2 ff.; Beuthien/*Beuthien*, § 13 Rn. 2 f.
97 So auch *Glenk*, Rn. 118 mit Bezug auf den Schutz der Mitglieder vor übereilten Entscheidungen.
98 OLG Brandenburg, Urt v 17.12.2003 – 7 U 226/02, OLG-NL 2005, 65 zur Vorgenossenschaft; BGH, Urt. v. 09.03.1998 – II ZR 366/96, NJW 1998, 1645 zur GmbH.
99 Dazu Beuthien/*Beuthien*, § 13 Rn. 4 ff.; *Glenk*, Rn. 122 ff.
100 Pöhlmann/Fandrich/Bloehs/*Fandrich*, § 13 Rn. 5; Henssler/Strohn/*Geibel*, § 13 GenG Rn. 3; *Beuthien*, JZ 2003, 715, 720 spricht von gesamtrechtsfähig; s.a. zur Vor-GmbH BGH, Urt. v. 18.01.2000, BGHZ 143, 314, 319.
101 BGH, Urt. v. 02.05.1966 – II ZR 219/63, NJW 1966, 1311 für die Vor-GmbH, sieh auch Beuthien/*Beuthien*, § 13 Rn. 4.
102 BGH, Urt. v. 28.11.1997 – V ZR 178/96, NJW 1998, 1079 für die Vor-GmbH, sieh auch Beuthien/*Beuthien*, § 13 Rn. 4.
103 LG Göttingen, Beschl. v. 06.04.1995 – 6 T 233/94, NJW-RR 1995, 1315 zur Vorgenossenschaft; Pöhlmann/Fandrich/Bloehs/*Fandrich*, § 13 Rn. 5.
104 Pöhlmann/Fandrich/Bloehs/*Fandrich*, § 13 Rn. 5.
105 Henssler/Strohn/*Geibel*, § 13 GenG Rn. 5; s.a. *Glenk*, Rn. 123.
106 BGH, Urt. v. 16.06.1955 – II ZR 300/53, NJW 1955, 1229; Pöhlmann/Fandrich/Bloehs/*Fandrich*, § 13 Rn. 5; a.A. unter Verweis auf das Verbot des Vorbelastungsverbotes Beuthien/*Beuthien*, § 13 Rn. 5.
107 Pöhlmann/Fandrich/Bloehs/*Fandrich*, § 13 Rn. 6; s.a. BGH, Urt. v. 09.03.1981 – II ZR 54/80, NJW 1981, 1373 für die Vor-GmbH.
108 Beuthien/*Beuthien*, § 13 Rn. 5; Pöhlmann/Fandrich/Bloehs/*Fandrich*, § 13 Rn. 6.
109 Pöhlmann/Fandrich/Bloehs/*Fandrich*, § 13 Rn. 6; Henssler/Strohn/*Geibel*, § 13 GenG Rn. 7.

B. Gründung der Genossenschaft

ein Verlustdeckungsanspruch im Innenverhältnis.[110] Die Haftung der Vorgenossenschaft beschränkt sich auf die Gründungskosten und diejenigen Verbindlichkeiten, die der Vorstand auf Grundlage einer Gestattung durch die Satzung wirksam begründet. Hierfür haften auch der Vorstand und die weiteren für die Vorgenossenschaft Handelnden nach § 41 Abs. 1 Satz 2 AktG analog.[111] Aufgrund der grundsätzlich fehlenden Mindestkapitalausstattung ist für die Vorgenossenschaft an dieser Handelndenhaftung des Vorstands festzuhalten.[112] Die Handelndenhaftung erlischt mit der Eintragung der eG.[113]

Die eG tritt im Wege der **Universalsukzession** unmittelbar in alle Rechte und Pflichten der Vorgenossenschaft ein, ohne dass es eines gesonderten Übertragungsakts bedarf.[114] Wird die ursprüngliche Eintragungsabsicht aufgegeben, sieht die Satzung eine solche gar nicht vor oder **scheitert die Eintragung**, liegt eine nicht eingetragene Genossenschaft vor.[115] Auf diese sind die Regelungen des GenG grundsätzlich anwendbar, soweit sie nicht die Eintragung voraussetzen.[116] Diese ist nur analog der Teilrechtsfähigkeit von BGB-Gesellschaften rechtsfähig.[117] Die Haftung richtet sich bei der nicht eingetragenen Genossenschaft ebenso wie beim nicht rechtsfähigen Verein (§ 54 Satz 1 BGB) nach den Regelungen für die GbR, sodass die Mitglieder der nicht eingetragenen Genossenschaft grundsätzlich unbeschränkt, persönlich und gesamtschuldnerisch haften (dazu ausführlich Kap. 1 Rdn. 10 ff.).[118]

36

II. Gründer

Als **Gründer** kommen alle natürlichen Personen sowie juristischen Personen des privaten und des öffentlichen Rechts sowie die rechtsfähigen Personenvereinigungen in Betracht.[119] Bei natürlichen Personen ist dies unabhängig von der Nationalität. Seit der Genossenschaftsrechtsnovelle von 2006 (dazu Rdn. 3) beträgt die **Mindestgründeranzahl** nicht mehr wie bei Vereinen sieben Mitglieder, sondern es sind drei ausreichend, § 4 GenG. Diese Mindestzahl von drei Mitgliedern muss bei der Gründung, bei der Eintragung und dauerhaft danach erreicht werden.[120] In der Satzung kann eine höhere, nicht aber eine geringere Mindestzahl vorgeschrieben werden.[121] Wird ein **Strohmanngründer** eingesetzt ist für das Erfordernis der Mindestmitgliederzahl nur der Hintermann maßgebend.[122] § 15 GenG findet seit der Neuregelung von 2017[123] auch auf den Beitritt vor der Anmeldung der Satzung zum Genossenschaftsregister nach § 11 GenG Anwendung.[124] Demnach genügt für den Beitritt zur Vorgenossenschaft eine Beitrittserklärung, während die Unterzeichnung der Satzung nicht erforderlich ist.[125]

37

---

110 Beuthien/*Beuthien*, § 13 Rn. 7; Henssler/Strohn/*Geibel*, § 13 GenG Rn. 7.
111 Pöhlmann/Fandrich/Bloehs/*Fandrich*, § 13 Rn. 7; Henssler/Strohn/*Geibel*, § 13 GenG Rn. 6.
112 So auch Pöhlmann/Fandrich/Bloehs/*Fandrich*, § 13 Rn. 7.
113 BGH, Urt. v. 20.06.1983 – II ZR 200/82, NJW 1983, 2822 zur Vor-GmbH.
114 Beuthien/*Beuthien*, § 13 Rn. 4; Henssler/Strohn/*Geibel*, § 13 GenG Rn. 8; Pöhlmann/Fandrich/Bloehs/*Fandrich*, § 13 Rn. 8.
115 Beuthien/*Beuthien*, § 13 Rn. 13: unechte Vor-eG; Pöhlmann/Fandrich/Bloehs/*Fandrich*, § 13 Rn. 10.
116 Pöhlmann/Fandrich/Bloehs/*Fandrich*, § 13 Rn. 10; kritisch differenzierend Beuthien/*Beuthien*, § 13 Rn. 13: scheinbare Vor-eG als besonderer nichtrechtsfähiger Förderverein i.S.d. § 54 Satz 1 BGB.
117 Pöhlmann/Fandrich/Bloehs/*Fandrich*, § 13 Rn. 10; kritisch differenzierend Beuthien/*Beuthien*, § 13 Rn. 13: scheinbare Vor-eG als besonderer nichtrechtsfähiger Förderverein i.S.d. § 54 Satz 1 BGB.
118 Pöhlmann/Fandrich/Bloehs/*Fandrich*, § 13 Rn. 10; Beuthien/*Beuthien*, § 13 Rn. 13.
119 Ausführlich Beuthien/*Beuthien*, § 15 Rn. 3 ff.; Henssler/Strohn/*Geibel*, § 15 GenG Rn. 6.
120 *Glenk*, Rn. 172; Beuthien/*Beuthien*, § 4 Rn. 1.
121 Henssler/Strohn/*Geibel*, § 4 GenG Rn. 2.
122 Henssler/Strohn/*Geibel*, § 4 GenG Rn. 2; für den Verein OLG Stuttgart, Urt. v. 05.04.1983, OLGZ 1983, 307, 309.
123 Gesetz zum Bürokratieabbau und zur Förderung der Transparenz bei Genossenschaften v. 17.07.2017, BGBl. I 2017, S. 2434.
124 Henssler/Strohn/*Geibel*, § 15 GenG Rn. 2.
125 Henssler/Strohn/*Geibel*, § 15 GenG Rn. 2.

III. Kapitalanforderungen

38 Im Gegensatz zu Kapitalgesellschaften wie AG und GmbH, für deren Gründung ein gesetzliches **Mindeststammkapital** aufgebracht werden muss, dominiert bei der Genossenschaft der Grundsatz der Selbstverwaltung und Selbstverantwortung, weshalb gesetzliche Vorschriften über das Gründungskapital nicht existieren.[126] Es bleibt maßgeblich den Gründern überlassen, welche Kapitalausstattung sie für die Genossenschaft als angemessen erachten, um den angestrebten Zweck realisieren zu können.[127] Die Satzung kann nach § 8a Abs. 2 Satz 1 GenG eine Mindestkapitalaufbringung verlangen, sodass in diesen Fällen ein Kapitalaufbringungsgrundsatz ähnlich dem bei der Aktiengesellschaft und bei der GmbH gilt.[128] Ebenso sind Pflichtleistungen auf den Geschäftsanteil vor der Eintragung nur dann zu erbringen, wenn dies die Satzung ausdrücklich vorsieht.

39 Zum Schutz der Gläubiger sieht § 11 Abs. 2 GenG dennoch vor, dass die Genossenschaft erst eingetragen werden darf, wenn eine Beeinträchtigung der **Gläubigerbelange** nicht zu befürchten ist. Den Nachweis hierüber haben die Gründer gegenüber dem Registergericht zu führen.[129] Dies geschieht dadurch, dass der Prüfungsverband, dem sich die Genossenschaft anschließen will eine gutachterliche Stellungnahme zum Vorhaben und der dafür für erforderlich gehaltenen Kapitalausstattung abgibt. Weder an ein die Eintragung befürwortendes noch an ein ablehnendes **Gutachten des Prüfungsverbandes** ist das Registergericht gebunden.[130] Eine Beeinträchtigung der Belange der Gläubiger und auch der Mitglieder der Genossenschaft ist etwa dann zu besorgen, wenn die Genossenschaft auf Grundlage der eigenen Mittel nicht existenzfähig ist, sondern sich hauptsächlich aus öffentlichen Beihilfen und ähnlichem finanziert.[131]

C. Satzungsgestaltung bei der Genossenschaft

40 Die **Satzung** der Genossenschaft soll einen verbindlichen **Leitfaden** für den genossenschaftlichen Alltag der Mitglieder, Organe und Mitarbeiter zur Verfügung stellen.[132] Die Satzung der Genossenschaft bedarf nach § 5 GenG der **Schriftform**. Eine Auslegung der Satzung über ihren Wortlaut hinaus, zur Schließung von Lücken ist nur dann möglich, wenn sich dies aus der Satzung selbst ergibt.[133] **Geschäftsordnungen**, Weisungen und ähnliches sind bei der Auslegung zu berücksichtigen, soweit sie Bestandteil der Satzung sind.[134]

41 ▶ Muster: Satzung einer eG mit Vertreterversammlung[135]

Satzung der ... eG mit dem Sitz in ...

§ 1 Firma und Sitz

(1) Die Firma der Genossenschaft lautet: ... eG.

(2) Der Sitz der Genossenschaft ist ....

§ 2 Zweck und Gegenstand

---

126 S. *Glenk*, Rn. 134; Beuthien/*Beuthien*, § 8a Rn. 3.
127 Teilweise wird auch auf die Verantwortung der Prüfungsverbände in diesem Zusammenhang hingewiesen, i.R.d. Gründungsprüfung dafür zu sorgen, dass die Genossenschaft über die für ihre künftige Entwicklung notwendigen Voraussetzungen verfügt, wozu insb. eine ausreichende Kapitalausstattung gehöre, *Schubert/Steder*, Genossenschaftshandbuch, § 11 Rn. 8.
128 Beuthien/*Beuthien*, § 8a Rn. 3; Henssler/Strohn/*Geibel*, § 8a GenG Rn. 1.
129 Pöhlmann/Fandrich/Bloehs/*Fandrich*, § 11 Rn. 6 f.; *Glenk*, Rn. 135.
130 Vgl. BT-Drucks. 16/1025, 83; s.a. Henssler/Strohn/*Geibel*, § 11a GenG Rn. 5.
131 S. *Glenk*, Rn. 135.
132 *Glenk*, Rn. 151; Beuthien/*Beuthien*, § 6 Rn. 1.
133 RG, Urt. v. 23.01.1921 – II 313/20, RGZ 101, 246, 247 zur GmbH; *Glenk*, Rn. 151.
134 RG, Urt. v. 23.03.1910 – IV 694/09, RGZ 73, 187, 193 zum Verein; *Glenk*, Rn. 151.
135 Siehe auch das Muster bei Beck'sche Online-Formulare Vertrag/*Mohr*, 7.10.3 und für eine eG ohne Vertretersammlung die Muster bei Beck'sche Online-Formulare Vertrag/*Mohr*, 7.10.2 und *Glenk*, Rn. 228.

(1) Zweck der Genossenschaft ist die wirtschaftliche Förderung der Mitglieder.

(2) Gegenstand der Genossenschaft ist ....

(3) Die Dauer der Genossenschaft ist unbestimmt.

(4) Der Geschäftsbetrieb mit Nichtmitgliedern ist zulässig.

(5) Die Genossenschaft kann Niederlassungen und Zweigstellen errichten und sich im Rahmen von § 1 Abs. 2 GenG an Unternehmen beteiligen.

§ 3 Erwerb der Mitgliedschaft

(1) Die Mitgliedschaft können erwerben: ....

(2) Die Mitgliedschaft wird erworben durch eine vom Beitretenden zu unterzeichnende, unbedingte Beitrittserklärung und die Zulassung des Beitritts durch den Vorstand.

(3) Vor Abgabe der Beitrittserklärung ist dem Antragsteller eine Abschrift dieser Satzung in der jeweils geltenden Fassung zur Verfügung zu stellen.

(4) Das Mitglied ist unverzüglich in die Mitgliederliste einzutragen und hiervon unverzüglich zu benachrichtigen.

(5) Die Mindestmitgliederzahl der Genossenschaft beträgt drei.

§ 4 Beendigung der Mitgliedschaft

Die Mitgliedschaft endet durch:

a) Kündigung;
b) Übertragung des Geschäftsguthabens;
c) Tod;
d) Auflösung oder Erlöschen einer juristischen Person oder
e) Ausschluss.

§ 5 Kündigung

(1) Jedes Mitglied kann zum Schluss des Geschäftsjahres durch Kündigung aus der Genossenschaft ausscheiden. Dies gilt auch für einzelne oder alle Geschäftsanteile eines Mitglieds, sofern dies nicht durch eine entgegenstehende Vereinbarung mit der Genossenschaft oder durch die Satzung abweichend geregelt ist.

(2) Die Kündigung bedarf der Schriftform und muss der Genossenschaft mindestens ... Monate vor Schluss des betreffenden Geschäftsjahres zugehen.

§ 6 Übertragung von Geschäftsguthaben

(1) Ein Mitglied kann jederzeit, auch im Laufe des Geschäftsjahres, sein Geschäftsguthaben durch schriftliche Vereinbarung einem anderen übertragen und hierdurch aus der Genossenschaft ohne Auseinandersetzung ausscheiden, sofern der Erwerber an seiner Stelle Mitglied wird oder bereits Mitglied ist. Die Übertragung des Geschäftsguthabens ist nur zulässig, sofern das Geschäftsguthaben des Erwerbers nach Zuschreibung des Geschäftsguthabens des Veräußerers den Gesamtbetrag der Geschäftsanteile, mit denen der Erwerber beteiligt ist oder sich beteiligt, nicht überschreitet.

(2) Ein Mitglied kann, ohne aus der Genossenschaft auszuscheiden, auch Teile seines Geschäftsguthabens übertragen und damit die Gesamtanzahl seiner Geschäftsanteile verringern. Abs. 1 gilt entsprechend.

§ 7 Ausscheiden durch Tod

Mit dem Tod eines Mitglieds geht dessen Mitgliedschaft auf die Erben über und endet ohne weiteres mit dem Schluss des Geschäftsjahres, in dem der Erbfall eingetreten ist. Die Erben haben die Genossenschaft von dem Tod des Mitglieds unverzüglich zu unterrichten.

§ 8 Ausscheiden durch Auflösung oder Erlöschen einer juristischen Person oder einer Personengesellschaft

Mit der Auflösung oder dem Erlöschen einer juristischen Person oder einer Personengesellschaft endet deren Mitgliedschaft zum Schluss des Geschäftsjahres, in dem die Auflösung oder das Erlöschen wirksam geworden ist. Im Falle der Gesamtrechtsnachfolge wird die Mitgliedschaft bis zum Schluss des Geschäftsjahres durch den Gesamtrechtsnachfolger fortgesetzt.

§ 9 Ausschluss

(1) Ein Mitglied kann zum Ende des Geschäftsjahres aus der Genossenschaft ausgeschlossen werden, wenn:

a) es den satzungsmäßigen oder sonstigen der Genossenschaft gegenüber bestehenden Verpflichtungen nicht nachkommt;
b) wenn es durch genossenschaftswidriges Verhalten das Ansehen oder die Belange der Genossenschaft oder ihrer Mitglieder schädigt oder zu schädigen versucht;
c) es unrichtige Jahresabschlüsse oder Vermögensübersichten einreicht oder sonst unrichtige Erklärungen über seine rechtlichen oder wirtschaftlichen Verhältnisse abgibt;
d) es zahlungsunfähig geworden oder überschuldet oder über sein Vermögen das Insolvenzverfahren eröffnet worden ist;
e) die Voraussetzungen für die Aufnahme in die Genossenschaft nicht vorhanden waren oder nicht mehr vorhanden sind;
f) es ein eigenes, mit der Genossenschaft in Wettbewerb stehendes Unternehmen betreibt oder sich an einem solchen beteiligt oder wenn ein mit der Genossenschaft in Wettbewerb stehendes Unternehmen sich an dem Unternehmen des Mitglieds beteiligt;
g) sein dauernder Aufenthaltsort oder Sitz länger als ein Jahr unbekannt ist;
h) ...

Sofern es Art und Umfang des Ausschlussgrundes ermöglichen, ist das betroffene Mitglied vom Vorstand unter Androhung des Ausschlusses unverzüglich nach Bekanntwerden des Grundes abzumahnen und ihm Gelegenheit zu geben, in angemessener Frist vom Vorstand zu bestimmender Frist das Vorliegen des Ausschlussgrundes zu beseitigen.

(2) Für den Ausschluss von Mitgliedern, die weder dem Vorstand noch dem Aufsichtsrat angehören, ist der Vorstand zuständig, für den Ausschluss von Vorstandsmitgliedern und Mitgliedern des Aufsichtsrats die Vertreterversammlung.[136]

(3) Vor der Beschlussfassung über den Ausschluss ist dem Auszuschließenden unter Mitteilung des Ausschlussgrunds und der ihn begründenden wesentlichen Tatsachen Gelegenheit zu geben, sich zu dem beabsichtigten Ausschluss zu äußern.

(4) Der Beschluss, durch den das Mitglied ausgeschlossen wird, hat den Ausschließungsgrund und die Tatsachen, auf denen dieser beruht, anzugeben. Er ist dem Ausgeschlossenen unverzüglich nach Beschlussfassung durch eingeschriebenen Brief durch den Vorstand mitzuteilen. Mit Absendung des Beschlusses verliert das ausgeschlossene Mitglied das Recht, an der Generalversammlung teilzunehmen sowie seine Mitgliedschaft im Vorstand oder Aufsichtsrat.

§ 10 Auseinandersetzung

(1) Für die Auseinandersetzung zwischen dem ausgeschiedenen Mitglied und der Genossenschaft ist der von der Vertreterversammlung[137] festgestellte Jahresabschluss für das Geschäftsjahr maßgebend, zu dessen Ende das Mitglied ausscheidet. Das Geschäftsguthaben des Ausgeschiedenen ist binnen ... Monaten nach dem Ausscheiden auszuzahlen; auf die Rücklagen und das sonstige Vermögen der Genossenschaft hat er keinen Anspruch.

(2) Die Genossenschaft ist berechtigt, bei der Auseinandersetzung die ihr gegen das ausgeschiedene Mitglied zustehenden fälligen Forderungen gegen das Auseinandersetzungsguthaben aufzurechnen. Der Genossenschaft haftet das Auseinandersetzungsguthaben des Mitgliedes für einen etwaigen Ausfall, insbesondere im Insolvenzverfahren des Mitgliedes.

---

136 Bei einer eG ohne Vertreterversammlung oder falls die Vertreterversammlung durch eine Satzungsänderung nachträglich wegfällt, tritt an deren Stelle die Generalversammlung.
137 Bei einer eG ohne Vertreterversammlung oder falls die Vertreterversammlung durch eine Satzungsänderung nachträglich wegfällt, tritt an deren Stelle die Generalversammlung.

(3) Im Fall der Übertragung des Geschäftsguthabens findet keine Auseinandersetzung statt.

§ 11 Rechte der Mitglieder

Jedes Mitglied hat das Recht, die Einrichtungen und Leistungen der Genossenschaft nach den dafür getroffenen Bestimmungen in Anspruch zu nehmen und im Rahmen dieser Satzung an der Gestaltung der Genossenschaft mitzuwirken. Es hat insbesondere das Recht,

a) nach Maßgabe dieser Satzung und der hierzu ergangenen Wahlordnung Wahlvorschläge für die Vertreterversammlung[138] einzureichen;
b) im Rahmen der entsprechenden Bestimmungen und Beschlüsse am Gewinn der Genossenschaft teilzuhaben;
c) jederzeit Einsicht in die Niederschrift der Vertreterversammlung,[139] der Generalversammlung, die Mitgliederliste und die Liste der Vertreter und Ersatzverstreter sowie das zusammengefasste Ergebnis des Prüfberichts zu nehmen;
d) auf seine Kosten rechtzeitig vor Feststellung des Jahresabschlusses durch die Vertreterversammlung[140] eine Abschrift des Jahresabschlusses, des Lageberichts und des Berichts des Aufsichtsrats sowie bei berechtigtem Interesse der Mitgliederliste zu verlangen;
e) die Einberufung der Vertreterversammlung[141] oder der Generalversammlung nach § 31 Abs. 3 dieser Satzung zu verlangen und an einer daraufhin abgehaltenen Versammlung teilzunehmen, von seinem Antrags-, Rede- und ggf. Stimmrecht Gebrauch zu machen sowie Auskünfte zu Angelegenheiten der Genossenschaft zu verlangen soweit das GenG oder diese Satzung dies vorsehen;
f) …

§ 12 Pflichten der Mitglieder

Jedes Mitglied hat die Pflicht, das Interesse der Genossenschaft zu wahren und den Bestimmungen des Genossenschaftsgesetzes und der Satzung Folge zu leisten. Es hat insbesondere:

a) den Beschlüssen der Organe der Genossenschaft nachzukommen;
b) Geschäftsanteile nach Maßgabe der Satzung zu übernehmen und die Einzahlungen auf den Geschäftsanteil oder auf weitere Geschäftsanteile zu leisten;
c) der Genossenschaft jede Änderung seiner Anschrift, bei Unternehmen jede Änderung der gesellschaftsrechtlichen Vereinigungsform, ihres Sitzes sowie der Inhaber- und Beteiligungsverhältnisse unverzüglich mitzuteilen;
d) Angebotsunterlagen, Preise und Konditionen, Rundschreiben und sonstige Informationen der Genossenschaft gegenüber Außenstehenden vertraulich zu behandeln;
e) ….

§ 13 Geschäftsanteil und –guthaben

(1) Der Geschäftsanteil beträgt … EUR (in Worten: … EUR). Er ist sofort in voller Höhe zu erbringen.

(2) Der Vorstand kann beim Vorliegen besonderer Umstände die Einzahlung in Raten zulassen. In diesem Falle sind auf den Geschäftsanteil umgehend nach Eintragung in die Mitgliederliste … EUR (in Worten: … EUR) Einzahlungen zu leisten. Danach sind in Abständen von jeweils … weitere Raten i.H.v. … EUR (in Worten: … EUR) einzuzahlen, bis der Geschäftsanteil erreicht ist.

---

138 Bei einer eG ohne Vertreterversammlung oder falls die Vertreterversammlung durch eine Satzungsänderung nachträglich wegfällt, fällt die Bestimmung über Wahlvorschläge zur Vertreterversammlung weg.
139 Bei einer eG ohne Vertreterversammlung oder falls die Vertreterversammlung durch eine Satzungsänderung nachträglich wegfällt, entfällt diese Satzungsbestimmung.
140 Bei einer eG ohne Vertreterversammlung oder falls die Vertreterversammlung durch eine Satzungsänderung nachträglich wegfällt, entfällt dieser Teil der Satzungsbestimmung.
141 Bei einer eG ohne Vertreterversammlung oder falls die Vertreterversammlung durch eine Satzungsänderung nachträglich wegfällt, entfällt dieser Teil der Satzungsbestimmung.

(3) Ein Mitglied kann sich mit bis zu … weiteren Geschäftsanteilen an der Genossenschaft beteiligen. Voraussetzung hierfür ist, dass das Mitglied alle bereits übernommenen Geschäftsanteile vollständig eingezahlt hat.

(4) Die auf den Geschäftsanteil geleisteten Einzahlungen zuzüglich sonstiger Gutschriften und abzüglich zur Verlustdeckung abgeschriebener Beträge bilden das Geschäftsguthaben eines Mitglieds.

(5) Die Abtretung oder Verpfändung des Geschäftsguthabens an Dritte ist unzulässig und der Genossenschaft gegenüber unwirksam. Eine Aufrechnung des Geschäftsguthabens durch das Mitglied gegen seine Verbindlichkeiten gegenüber der Genossenschaft ist nicht gestattet.

(6) Im Übrigen sind die Vorgaben des § 22 Abs. 4 GenG zu beachten.

§ 14 Kreditgewährung

Die Gewährung von Krediten oder anderen besonderen wirtschaftlichen Vorteilen an einzelne Mitglieder oder deren Angehörige bedarf der Beschlussfassung des Vorstands und der ausdrücklichen Zustimmung des Aufsichtsrats.

(Alternative: Mitgliedern dürfen keine Kredite gewährt werden.)

(Alternative: Mitgliedern dürfen Kredite bis zu einem maximalen Gesamtbetrag i.H.v. … EUR gewährt werden.)

§ 15 Haftung und Nachschusspflicht

Die Mitglieder sind zu Nachschüssen in der Insolvenz der Genossenschaft nicht verpflichtet.

§ 16 Organe der Genossenschaft

Die Organe der Genossenschaft sind:

1. Der Vorstand.
2. Der Aufsichtsrat.
3. Die Vertreterversammlung.[142]
4. Die Generalversammlung.

§ 17 Leitung und Vertretung der Genossenschaft durch den Vorstand

(1) Der Vorstand leitet die Genossenschaft in eigener Verantwortung und führt die Geschäfte der Genossenschaft. Er hat dabei die gesetzlichen Vorschriften, sowie die Regelungen der Satzung zu beachten.

(2) Die Genossenschaft wird durch zwei Vorstandsmitglieder oder durch ein Vorstandsmitglied in Gemeinschaft mit einem Prokuristen gerichtlich und außergerichtlich vertreten.

(3) Der Vorstand besteht aus mind. … und höchstens … Mitgliedern, die zugleich Mitglieder der Genossenschaft und natürliche Personen sein müssen. Gehören der Genossenschaft eingetragene Genossenschaften als Mitglieder an, können deren Mitglieder, soweit sie natürliche Personen sind, in den Vorstand berufen werden; gehören der Genossenschaft andere juristische Personen oder Personenhandelsgesellschaften an, gilt dies entsprechend für zu deren Vertretung befugte Personen.

(4) Die Mitglieder des Vorstands werden von der Vertreterversammlung[143] in getrennter Wahl mit einfacher Mehrheit aller abgegebenen gültigen Stimmen gewählt. Stimmenthaltungen werden nicht mitgezählt (einfache Stimmenmehrheit). Wird in den ersten beiden Wahlgängen nicht die erforderliche Stimmenmehrheit erreicht, so findet ein dritter Wahlgang statt. Im dritten Wahlgang ist derjenige gewählt, der die meisten Stimmen auf sich vereinigt.

---

142 Bei einer eG ohne Vertreterversammlung oder falls die Vertreterversammlung durch eine Satzungsänderung nachträglich wegfällt, entfällt diese Satzungsbestimmung.
143 Bei einer eG ohne Vertreterversammlung oder falls die Vertreterversammlung durch eine Satzungsänderung nachträglich wegfällt, tritt an deren Stelle die Generalversammlung.

(5) Der Aufsichtsrat ist für den Abschluss, die Änderung und die Kündigung von Dienstverträgen sowie für den Abschluss von Aufhebungsvereinbarungen mit Vorstandsmitgliedern zuständig. Der Aufsichtsratsvorsitzende, bei dessen Verhinderung sein Stellvertreter, unterzeichnet namens der Genossenschaft die Dienstverträge und Vereinbarungen mit den hauptamtlichen Vorstandsmitgliedern.

(6) Die Beendigung des Dienstverhältnisses hat die Aufhebung der Organstellung zum Zeitpunkt des Ausscheidens zur Folge.

(7) Entscheidungen des Vorstands bedürfen grundsätzlich der Beschlussfassung. Vorstandssitzungen sind bei Bedarf einzuberufen.

(8) Der Vorstand gibt sich eine Geschäftsordnung, die er Vorstand einstimmig zu beschließen hat.

§ 18 Aufgaben und Pflichten des Vorstands

1. Die Vorstandsmitglieder haben bei ihrer Geschäftsführung die Sorgfalt eines ordentlichen und gewissenhaften Geschäftsleiters einer Genossenschaft anzuwenden. Über vertrauliche Angaben und Geheimnisse, namentlich Betriebs- oder Geschäftsgeheimnisse, die ihnen durch die Tätigkeit im Vorstand bekannt geworden sind, haben sie Stillschweigen zu bewahren.

2. Der Vorstand ist daher insbesondere verpflichtet:

a) den Geschäftsbetrieb der Genossenschaft ordnungsgemäß zu führen und notwendige personellen, sachlichen und organisatorischen Maßnahmen rechtzeitig zu planen und zu ergreifen;
b) für ein ordnungsmäßiges, zweckdienliches Rechnungswesen zu sorgen und dabei die Grundsätze ordnungsgemäßer Buchführung zu beachten;
c) die Mitgliederliste zu führen;
d) über die Zulassung des Beitritts neuer Mitglieder zu entscheiden;
e) spätestens innerhalb von 5 Monaten nach Ende des Geschäftsjahres den Jahresabschluss und, soweit gesetzlich erforderlich, den Lagebericht aufzustellen, dem Aufsichtsrat unverzüglich und sodann mit dessen Bemerkungen der Generalversammlung zur Feststellung vorzulegen;
f) dem zuständigen Prüfungsverband Einberufung, Termin, Tagesordnung und Anträge für die Vertreterversammlung[144] rechtzeitig anzuzeigen;
g) im Prüfungsbericht etwa festgestellte Mängel abzustellen und dem Prüfungsverband hierüber zu berichten;
h) …

3. Der Vorstand hat den Aufsichtsrat mind. … Monate, auf Verlangen oder bei wichtigem Anlass auch unverzüglich, zu berichten und zu unterrichten insbesondere über:

a) die Geschäftsentwicklung der Genossenschaft;
b) die Einhaltung der genossenschaftlichen Grundsätze, insbesondere des Förderzwecks;
c) die Gesamtverbindlichkeiten der Genossenschaft;
d) die Unternehmensplanung, aus der insbesondere der Investitions- und Kreditbedarf hervorgeht;
e) …

§ 19 Zustimmungsbedürftige Angelegenheiten

(1) Beschlüsse des Vorstands über folgende Angelegenheiten bedürfen der Zustimmung des Aufsichtsrats:

a) …

(2) Vorstand und Aufsichtsrat sollen über die vorstehenden Angelegenheiten gemeinsam beraten. Die jeweiligen Abstimmungen haben getrennt zu erfolgen.

---

144 Bei einer eG ohne Vertreterversammlung oder falls die Vertreterversammlung durch eine Satzungsänderung nachträglich wegfällt, tritt an deren Stelle die Generalversammlung.

§ 20 Teilnahme an Sitzungen des Aufsichtsrats

Die Mitglieder des Vorstands sind berechtigt, an sämtlichen Sitzungen des Aufsichtsrats teilzunehmen und sich dort zu jedem Tagesordnungspunkt zu äußern, sofern nicht durch besonderen Beschluss des Aufsichtsrats die Teilnahme des Vorstands oder einzelner Vorstandsmitglieder aus wichtigem Grund ausgeschlossen wird.

§ 21 Zusammensetzung und Wahl des Aufsichtsrats

(1) Der Aufsichtsrat besteht aus ... Mitgliedern.

(2) Aufsichtsratsmitglieder dürfen weder Vorstandsmitglieder noch Prokuristen oder zum Betrieb des gesamten Geschäfts ermächtigte Handlungsbevollmächtigte der Genossenschaft sein. Aus dem Vorstand ausgeschiedene Mitglieder können erst dann in den Aufsichtsrat gewählt werden, wenn sie für ihre gesamte Vorstandstätigkeit entlastet worden sind. IÜ gilt § 17 Abs. 3 Satz 2 dieser Satzung für Aufsichtsratsmitglider entsprechend.

(3) Bei der Wahl der Mitglieder des Aufsichtsrates muss jeder Wahlberechtigte die Möglichkeit haben, über jeden einzelnen Kandidaten abzustimmen. Für die Wahl gilt im Übrigen § 17 Abs. 4 dieser Satzung entsprechend.

(4) Die Amtsdauer beträgt ... Jahre. Sie beginnt mit dem Schluss der Vertreterversammlung,[145] welche die Wahl vorgenommen hat, und endet am Schluss der Vertreterversammlung,[146] die für das ... Geschäftsjahr nach der Wahl stattfindet. Hierbei wird das Geschäftsjahr, in welchem das Aufsichtsratsmitglied gewählt wird, mitgerechnet.

(5) Scheiden Aufsichtsratsmitglieder aus, so besteht der Aufsichtsrat bis zur nächsten ordentlichen Generalversammlung, nur aus den verbleibenden Mitgliedern. Eine vorzeitige Ersatzwahl durch eine außerordentliche Generalversammlung findet nur statt, wenn die Zahl der Aufsichtsratsmitglieder unter die gesetzliche Mindestzahl von drei herabsinkt. Ersatzwahlen erfolgen für den Rest der Amtsdauer des ausgeschiedenen Mitglieds.

§ 22 Aufgaben und Pflichten des Aufsichtsrates

(1) Der Aufsichtsrat hat die Geschäftsführung durch den Vorstand zu kontrollieren und sich hierzu über alle Angelegenheiten der Genossenschaft zu informieren. Er verfügt zu diesem Zweck insbesondere über die folgenden Kompetenzen und Aufgaben:

a) Er kann jederzeit Auskunft von dem Vorstand verlangen und selbst oder durch einzelne von ihm zu bestimmende Mitglieder die Bücher und Schriften der Genossenschaft sowie den Bestand der Genossenschaftskasse und die Bestände an Wertpapieren und Waren einsehen und prüfen. Auch einzelne Aufsichtsratsmitglieder können Auskünfte an den Aufsichtsrat verlangen. Jedes Mitglied des Aufsichtsrats hat im Rahmen der Prüfungsverfolgung den Inhalt des Prüfberichts des Verbandes zur Kenntnis zu nehmen.
b) Der Aufsichtsrat hat den Jahresabschluss, den Lagebericht und den Vorschlag des Vorstands für die Verwendung eines Jahresüberschusses oder die Deckung eines Jahresfehlbetrages zu prüfen. Über das Ergebnis hat er der Vertreterversammlung[147] vor Feststellung des Jahresabschlusses zu berichten.
c) Der Aufsichtsrat kann sich zur Erfüllung seiner gesetzlichen und satzungsmäßigen Pflichten sachverständiger Dritter auf Kosten der Genossenschaft bedienen.

(2) Für die Mitglieder des Aufsichtsrates gilt § 18 Abs. 1 dieser Satzung entsprechend.

(3) Die Aufsichtsratsmitglieder dürfen keine nach dem Geschäftsergebnis bemessene Vergütung beziehen. Dagegen kann neben dem Ersatz der Auslagen eine Aufsichtsratsvergütung gewährt werden, über welche die Generalversammlung beschließt.

---

[145] Bei einer eG ohne Vertreterversammlung oder falls die Vertreterversammlung durch eine Satzungsänderung nachträglich wegfällt, tritt an deren Stelle die Generalversammlung.
[146] Bei einer eG ohne Vertreterversammlung oder falls die Vertreterversammlung durch eine Satzungsänderung nachträglich wegfällt, tritt an deren Stelle die Generalversammlung.
[147] Bei einer eG ohne Vertreterversammlung oder falls die Vertreterversammlung durch eine Satzungsänderung nachträglich wegfällt, tritt an deren Stelle die Generalversammlung.

(4) Der Aufsichtsrat vertritt die Genossenschaft gegenüber den Mitgliedern des Vorstands gerichtlich und außergerichtlich. Über die Verfolgung von Regressansprüchen gegen im Amt befindliche sowie ausgeschiedene Vorstandsmitglieder wegen ihrer Organstellung entscheidet der Aufsichtsrat.

§ 23 Konstituierung und Beschlussfassung im Aufsichtsrat

(1) Unverzüglich nach jeder Wahl von Aufsichtsratsmitgliedern, wählt der Aufsichtsrat aus seiner Mitte einen Vorsitzenden sowie dessen Stellvertreter.

(2) Der Aufsichtsrat ist beschlussfähig, wenn mehr als die Hälfte seiner Mitglieder anwesend ist.

(3) Der Aufsichtsrat gibt sich eine Geschäftsordnung, die er einstimmig zu beschließen hat.

§ 24 Ausübung der Mitgliedsrechte durch die Vertreterversammlung[148]

Die Mitglieder üben ihre Rechte in den Angelegenheiten der Genossenschaft durch gewählte Vertreter in der Vertreterversammlung aus, solange die Genossenschaft mehr als 1.500 Mitglieder hat und soweit die Mitglieder ihre Rechte nicht selbst in der Generalversammlung wahrnehmen.

§ 25 Stimmrecht in der Vertreterversammlung

(1) Jeder Vertreter hat eine Stimme und kann sich nicht durch Bevollmächtigte vertreten lassen.

(2) Die Vertreter üben ihr Amt eigenverantwortlich aus und sind nicht weisungsgebunden.

(3) Kein Vertreter kann sein Stimmrecht ausüben, wenn darüber Beschluss gefasst wird, ob er zu entlasten oder von einer Verbindlichkeit zu befreien ist, oder ob die Genossenschaft gegen ihn einen Anspruch geltend machen soll. Er ist jedoch vor der Beschlussfassung zu hören.

(4) An der Vertreterversammlung teilnehmende Mitglieder des Vorstands und Aufsichtsrats haben grundsätzlich Stimmrecht.

§ 26 Passives Wahlrecht in der Vertreterversammlung

(1) Zu Vertretern können sämtliche natürlichen, unbeschränkt geschäftsfähigen Person gewählt werden, die im Zeitpunkt ihres Vorschlags zur Wahl nicht dem Vorstand oder dem Aufsichtsrat angehören und Mitglied der Genossenschaft sind oder der gesetzliche Vertreter eines Mitglieds der Genossenschaft sind, das selbst eine juristische Person oder Personenhandelsgesellschaft ist.

(2) Nach § 9 dieser Satzung ausgeschlossene Mitglieder können nicht zu Vertretern gewählt werden.

§ 27 Aktives Wahlrecht in der Vertreterversammlung

(1) Wahlberechtigt sind sämtliche Mitglieder, die am Tag der Bekanntmachung der Wahl in der Mitgliederliste eingetragen und nicht ausgeschlossen sind.

(2) Geschäftsunfähige und beschränkt geschäftsfähige Mitglieder sowie Mitglieder, die juristische Personen oder Personenhandelsgesellschaften sind, üben ihr Wahlrecht durch ihre gesetzlichen Vertreter aus.

§ 28 Wahlverfahren, Wahlturnus und Amtsdauer der Vertreter

(1) Vertreter und Ersatzvertreter werden in allgemeiner, unmittelbarer, gleicher und geheimer Wahl gewählt.

(2) Auf jede angefangene Teilmenge von … Mitgliedern ist ein Vertreter zu wählen. Maßgeblich hierfür ist der Stand der Mitgliederliste zum Zeitpunkt der Bekanntmachung der Wahl. Darüber

---

148 Bei einer eG ohne Vertreterversammlung oder falls die Vertreterversammlung durch eine Satzungsänderung nachträglich wegfällt, entfallen die nachfolgenden Bestimmungen über die Vertreterversammlung.

hinaus sind mind. ... Ersatzvertreter zu wählen. Deren genaue Anzahl wird vor jeder Wahl vom Wahlausschuss festgelegt wird. Die Reihenfolge ihres Nachrückens legt die Wahlordnung fest.

(3) Die Wahl findet ... Jahre statt. Eine vorzeitige Neuwahl der Vertreter findet satt, wenn die Zahl der Vertreter unter Berücksichtigung der nachgerückten Ersatzvertreter die gesetzliche Mindestzahl von 50 unterschreitet.

(4) Die Vertreter sowie die Ersatzvertreter werden für ... Jahre gewählt, wobei eine Wiederwahl möglich ist.

(5) Das Amt beginnt mit der Erklärung der Annahme der Wahl durch den Vertreter, frühestens jedoch zu dem Zeitpunkt, zu dem insgesamt 50 Vertreter die Annahme der Wahl erklärt haben.

(6) Das Amt endet spätestens mit der Beendigung der Vertreterversammlung, die über die Entlastung des Vorstands und des Aufsichtsrates für das ... Geschäftsjahr nach Beginn der Amtszeit des Vertreters beschließt, wobei das Geschäftsjahr nicht mitgerechnet wird, in dem die Amtszeit beginnt.

Im Übrigen endet die Amtszeit eines Vertreters, sobald

(a) nach einer Neuwahl mind. 50 Vertreter die Annahme der Wahl erklärt haben,
(b) er sein Amt niedergelegt,
(c) er die Wahl zum Mitglied des Aufsichtsrates oder des Vorstands angenommen hat,
(d) seine Mitgliedschaft beendet oder er aus der Genossenschaft ausgeschlossen ist,
(e) seine Vertretungsbefugnis für eine juristische Person oder Personenhandelsgesellschaft endet, oder die Mitgliedschaft der juristischen Person oder Personenhandelsgesellschaft endet oder diese aus der Genossenschaft ausgeschlossen wird, sofern darauf sein Vertreteramt beruht oder
(f) er in seiner Geschäftsfähigkeit beschränkt ist oder verstirbt.

§ 29 Wahlordnung der Vertreterversammlung

Näheres über die Durchführung der Wahl und das Wahlverfahren regelt die Wahlordnung; sie ist Teil dieser Satzung. Die Wahlordnung wird durch den Aufsichtsrat und den Vorstand auf Grund übereinstimmender Beschlüsse erlassen und bedarf der Zustimmung der Generalversammlung.

§ 30 Frist und Tagungsort

(1) Die ordentliche Vertreterversammlung hat innerhalb der ersten sechs Monate nach Ablauf des Geschäftsjahres stattzufinden.

(2) Außerordentliche Vertreterversammlungen können bei Bedarf einberufen werden.

(3) Die Vertreterversammlung findet am Sitz der Genossenschaft statt, sofern nicht Vorstand und Aufsichtsrat einen anderen Tagungsort festlegen.

§ 31 Einberufung der Vertreterversammlung

(1) Die Vertreterversammlung wird durch den Vorstand einberufen. Die Einberufung erfolgt durch Benachrichtigung der Mitglieder in Textform und/oder durch Bekanntmachung in einem öffentlichen Blatt.

(2) Der Aufsichtsrat hat die Vertreterversammlung einzuberufen, wenn es dessen Kontrollpflichten verlangen oder dies anderweitig im Interesse der Genossenschaft erforderlich ist.

(3) Auf Verlangen von mind. einem Zehntel der Vertreter oder Mitglieder der Genossenschaft kann per Antrag in Textform und unter Angabe des Zwecks sowie der Gründe die Einberufung einer außerordentlichen Vertreterversammlung verlangt werden.

§ 32 Tagesordnung der Vertreterversammlung

(1) Die Vertreterversammlung wird mit einer Frist von mind. zwei Wochen einberufen. Mit der Einberufung ist die Tagesordnung sämtlichen Vertretern und zeitgleich sämtlichen Mitgliedern bekannt zu machen.

(2) Über die Gegenstände, deren Verhandlung nicht so rechtzeitig angekündigt ist, dass mind. eine Woche zwischen dem Zugang der Ankündigung und dem Tage der Vertreterversammlung liegen, können Beschlüsse nicht gefasst werden, es sei denn sämtliche Vertreter sind erschienen oder es sich um Beschlüsse über die Leitung oder den Ablauf der Versammlung oder um Anträge auf Einberufung einer außerordentlichen Vertreterversammlung handelt.

(3) Zu Anträgen und Verhandlungen ohne Beschlussfassung bedarf es keiner Ankündigung.

(4) Sämtliche Mitteilungen im Sinne dieses § 32 gelten den Vertretern und Mitgliedern als zugegangen entweder mit dem Tag der Bekanntmachung gem. § 50 dieser Satzung oder drei Tage nach ihrer Aufgabe zur Post.

(5) Die Tagesordnung wird von demjenigen Organ festgesetzt, das die Vertreterversammlung einberuft. Auf Verlangen von mind. einem Zehntel der Vertreter oder der Mitglieder der Genossenschaft kann per Antrag in Textform und unter Angabe des Zwecks sowie der Gründe verlangt werden, dass Gegenstände zur Beschlussfassung in der Vertreterversammlung angekündigt werden.

§ 33 Versammlungsleitung

Der Vorsitzende des Aufsichtsrates oder im Verhinderungsfall dessen Stellvertreter leitet die Vertreterversammlung (Versammlungsleiter). Die Vertreterversammlung kann durch Beschluss den Vorsitz einem anderen Mitglied der Genossenschaft oder einem Vertreter des Prüfungsverbandes übertragen. Der Versammlungsleiter ernennt einen Schriftführer und erforderlichenfalls Stimmzähler. Er hat für die ordnungsgemäße und sachgerechte Durchführung der Vertreterversammlung Sorge zu tragen.

§ 34 Gegenstände der Beschlussfassung

Der Beschlussfassung der Vertreterversammlung unterliegen neben den im Genossenschaftsgesetz oder in dieser Satzung bezeichneten sonstigen Angelegenheiten insbesondere

1. die Änderung der Satzung;
2. der Umfang der Bekanntgabe des Prüfungsberichts des Prüfungsverbandes;
3. die Feststellung des Jahresabschlusses, Verwendung des Jahresüberschusses oder Deckung des Jahresfehlbetrages;
4. die Entlastung des Vorstands und des Aufsichtsrates durch gesonderte Abstimmung;
5. die Wahl und Abberufung der Mitglieder des Vorstands;
6. die Wahl und Abberufung der Mitglieder des Aufsichtsrates sowie Festsetzung ihrer Vergütungen;
7. der Ausschluss von Vorstands- und Aufsichtsratsmitgliedern aus der Genossenschaft;
8. die Verfolgung von Regressansprüchen gegen im Amt befindliche sowie ausgeschiedene Aufsichtsratsmitglieder wegen ihrer Organstellung;
9. die Verschmelzung, Spaltung oder Formwechsel der eingetragenen Genossenschaft;
10. die Aufhebung der Einschränkung des Anspruchs auf Auszahlung des Auseinandersetzungsguthabens;
11. der Austritt aus genossenschaftlichen Verbänden und Vereinigungen;
12. ....

§ 35 Beschlussfähigkeit und Mehrheitserfordernisse in der Vertreterversammlung

(1) Die Vertreterversammlung ist beschlussfähig, wenn mind. ... der gewählten Vertreter anwesend sind.

(2) Die Beschlüsse der Vertreterversammlung bedürfen der einfachen Mehrheit der gültig abgegebenen Stimmen, soweit nicht das Gesetz oder diese Satzung eine größere Mehrheit vorschreibt.

(3) Die Mehrheit von drei Vierteln der gültig abgegebenen Stimmen ist außer nach § 16 Abs. 2 Satz 1 Genossenschaftsgesetz insbesondere in folgenden Fällen erforderlich:

a) Änderung der Satzung;
b) Widerruf der Bestellung von Mitgliedern des Aufsichtsrates;
c) Ausschluss von Vorstands- und Aufsichtsratsmitgliedern aus der Genossenschaft;

d) Verfolgung von Regressansprüchen gegen im Amt befindliche sowie ausgeschiedene Aufsichtsratsmitglieder wegen ihrer Organstellung;
e) Verschmelzung, Spaltung oder Formwechsel sowie Änderung der gesellschaftsrechtlichen Vereinigungsform der Genossenschaft;
f) Aufhebung der Einschränkung des Anspruchs auf Auszahlung des Auseinandersetzungsguthabens;
g) Austritt aus genossenschaftlichen Verbänden und Vereinigungen;
h) ....

§ 36 Entlastung von Vorstand und Aufsichtsrat

Über die Entlastung von Vorstand und Aufsichtsrat ist getrennt abzustimmen; hierbei haben weder die Mitglieder des Vorstands noch die des Aufsichtsrates ein Stimmrecht.

§ 37 Abstimmungen und Wahlen

(1) Abstimmungen und Wahlen werden mit Handzeichen oder mit Stimmzetteln durchgeführt. Sie müssen geheim erfolgen, wenn der Vorstand, der Aufsichtsrat oder mind. ... der bei einer Beschlussfassung hierüber gültig abgegebenen Stimmen dies verlangen.

(2) Bei der Feststellung des Stimmenverhältnisses werden nur die gültig abgegebenen Stimmen gezählt; Stimmenthaltungen und ungültige Stimmen werden nicht berücksichtigt. Bei Stimmengleichheit gilt ein Antrag als abgelehnt; bei Wahlen entscheidet in diesem Fall das Los.

(3) Wird eine Wahl mit Handzeichen durchgeführt, so ist für jedes zu vergebende Mandat ein besonderer Wahlgang erforderlich. Gewählt ist, wer die meisten der gültig abgegebenen Stimmen auf sich vereint. Bei Stimmengleichheit entscheidet eine Stichwahl.

(4) Wird eine Wahl mit Stimmzetteln durchgeführt, so hat jeder Wahlberechtigte so viele Stimmen, wie Mandate zu vergeben sind. Der Wahlberechtigte bezeichnet auf dem Stimmzettel die Kandidaten, denen er seine Stimme geben will; auf einen Kandidaten kann dabei nur eine Stimme entfallen. Gewählt sind diejenigen Kandidaten, welche die meisten Stimmen auf sich vereinen.

(5) Ein Gewählter hat unverzüglich gegenüber der Genossenschaft zu erklären, ob er die Wahl annimmt.

§ 38 Auskunfts-, Rede und Antragsrecht

(1) Jedem Vertreter ist auf Verlangen in der Vertreterversammlung mündlich Auskunft über Angelegenheiten der Genossenschaft zu geben, soweit das zur sachgemäßen Beurteilung eines Gegenstandes der Tagesordnung erforderlich ist. Die Auskunft erteilt der Vorstand oder – soweit dessen Kontrollaufgabe berührt ist – der Aufsichtsrat.

(2) Die Auskunft darf gem. § 131 Aktiengesetz verweigert werden,

a) soweit die Erteilung der Auskunft nach vernünftiger kaufmännischer Beurteilung geeignet ist, der Gesellschaft oder einem verbundenen Unternehmen einen nicht unerheblichen Nachteil zuzufügen;
b) soweit sie sich auf steuerliche Wertansätze oder die Höhe einzelner Steuern bezieht;
c) über den Unterschied zwischen dem Wert, mit dem Gegenstände in der Jahresbilanz angesetzt worden sind, und einem höheren Wert dieser Gegenstände, es sei denn, dass die Hauptversammlung den Jahresabschluss feststellt;
d) soweit sich der Vorstand durch die Erteilung der Auskunft strafbar machen würde;
e) soweit die Auskunft auf der Internetseite der Gesellschaft über mind. sieben Tage vor Beginn und in der Hauptversammlung durchgängig zugänglich ist.

Aus anderen Gründen darf die Auskunft nicht verweigert werden.

(3) Jedem Vertreter steht in der Vertreterversammlung das Rederecht im Zusammenhang mit den Angelegenheiten der Genossenschaft zu. Die Redezeit ist vom Versammlungsleiter nach billigem Ermessen einzuschränken, soweit dies für den ordnungsgemäßen Ablauf der Versammlung erforderlich ist.

(4) Jeder Vertreter ist zur Stellung von Anträgen berechtigt. Bei Anträgen zur Ergänzung der Tagesordnung ist § 32 Abs. 2 und 3 dieser Satzung zu beachten.

C. Satzungsgestaltung bei der Genossenschaft

§ 39 Niederschrift

(1) Über die Beschlüsse der Vertreterversammlung ist eine Niederschrift anzufertigen, die den Vorgaben des § 47 GenG genügt.

(2) Die Niederschrift ist innerhalb von … anzufertigen. Sie hat Ort und Tag der Versammlung, den Namen des Versammlungsleiters sowie die Art und das Ergebnis von Abstimmungen und Wahlen und die Feststellung des Versammlungsleiters über die Beschlussfassung zu enthalten.

(3) Auf Verlangen ist jedem Mitglied und jedem Vertreter Einsicht in die Niederschrift zu gewähren.

§ 40 Teilnahmerecht des Prüfungsverbands

Der zuständige Prüfungsverband kann an jeder Vertreterversammlung beratend teilnehmen.

§ 41 Ausübung der Mitgliedsrechte in der Generalversammlung[149]

(1) Soweit die Ausübung der Mitgliedsrechte nicht nach §§ 24 ff. dieser Satzung den Vertretern vorbehalten ist, üben die Mitglieder ihre Rechte in den Angelegenheiten der Genossenschaft in der Generalversammlung aus.

(2) Jedes Mitglied hat eine Stimme.

(3) Die Mitglieder sollen ihre Rechte persönlich ausüben. Mitglieder, deren gesetzliche Vertreter oder zur Vertretung ermächtigte Gesellschafter können sich jedoch auch durch Bevollmächtigte vertreten lassen. Mehrere Erben eines verstorbenen Mitglieds können das Stimmrecht nur durch einen gemeinschaftlichen Bevollmächtigten ausüben. Ein Bevollmächtigter kann nicht mehr als zwei Mitglieder vertreten. Bevollmächtigte können nur Mitglieder der Genossenschaft, Angehörige eines rechts- oder steuerberatenden Berufs oder … sein. Personen, an welche die Mitteilung über den Ausschluss abgesandt ist, können nicht bevollmächtigt werden.

(4) Stimmberechtigte gesetzliche Vertreter oder Bevollmächtigte müssen ihre Vertretungsbefugnis auf Verlangen des Versammlungsleiters schriftlich nachweisen.

(5) An der Generalversammlung teilnehmende Mitglieder des Vorstands und Aufsichtsrates haben grundsätzlich Stimmrecht.

(6) Niemand kann für sich oder einen anderen das Stimmrecht ausüben, wenn darüber Beschluss gefasst wird, ob er oder das vertretene Mitglied zu entlasten oder von einer Verbindlichkeit zu befreien ist, oder ob die Genossenschaft gegen ihn oder das vertretene Mitglied einen Anspruch geltend machen soll. Er ist jedoch vor der Beschlussfassung zu hören.

§ 42 Durchführung und Aufgaben der Generalversammlung[150]

(1) Für die Durchführung der Generalversammlung gelten die vorstehenden §§ 30–40 entsprechend.

(2) Beim Wegfall oder der Abschaffung der Vertreterversammlung tritt die Generalversammlung an deren Stelle.

(3) Solange eine Vertreterversammlung besteht, entscheidet die Generalversammlung ausschließlich über:

(a) die Abschaffung und Einführung der Vertreterversammlung;
(b) die Änderung der Wahlordnung zur Vertreterversammlung gem. § 29 dieser Satzung;
(c) die Auflösung der Genossenschaft;
(d) die Fortsetzung der Genossenschaft nach beschlossener Auflösung;
(e) ….

---

[149] Bei einer eG ohne Vertreterversammlung oder falls die Vertreterversammlung durch eine Satzungsänderung nachträglich wegfällt, tritt an deren Stelle die Generalversammlung. Die Regeln über die Generalversammlung sind entsprechend anzupassen.

[150] Bei einer eG ohne Vertreterversammlung oder falls die Vertreterversammlung durch eine Satzungsänderung nachträglich wegfällt, tritt an deren Stelle die Generalversammlung. Die Regeln über die Generalversammlung sind entsprechend anzupassen.

§ 43 Geschäftsjahr

Das Geschäftsjahr ist das Kalenderjahr. Das erste Geschäftsjahr ist ein Rumpfgeschäftsjahr. Es beginnt mit der erstmaligen Eintragung der Gesellschaft im Genossenschaftsregister und endet mit Ablauf des Kalenderjahres, in dem diese Eintragung stattgefunden hat.

§ 44 Rechnungslegung und Prüfung

(1) Der Vorstand hat innerhalb von 5 Monaten nach Ende des Geschäftsjahres den Jahresabschluss und den Lagebericht für das vergangene Geschäftsjahr aufzustellen und unverzüglich dem Aufsichtsrat und mit dessen Bemerkungen der Vertreterversammlung[151] zur Feststellung des Jahresabschlusses vorzulegen.

(2) Jahresabschluss, Lagebericht und Bericht des Aufsichtsrates sind mind. eine Woche vor der Vertreterversammlung[152] in den Geschäftsräumen der Genossenschaft oder an einer anderen bekanntzumachenden Stelle zur Einsicht der Mitglieder auszulegen oder ihnen sonst zur Kenntnis zu bringen. Jedes Mitglied kann auf seine Kosten eine Abschrift des Jahresabschlusses, des Lageberichts sowie des Berichts des Aufsichtsrates verlangen.

§ 45 Rückvergütung

(1) Über die Ausschüttung einer Rückvergütung beschließen Vorstand und Aufsichtsrat auf Vorschlag des Aufsichtsrats in getrennter Abstimmung. Der Beschluss ist vor Aufstellung der Bilanz zu fassen.

(2) Auf eine beschlossene Rückvergütung haben die Mitglieder einen Rechtsanspruch.

(3) Die auf die Mitglieder entfallende Rückvergütung wird dem Geschäftsguthaben solange zugeschrieben, bis der Geschäftsanteil erreicht oder ein durch einen Jahresfehlbetrag vermindertes Geschäftsguthaben wieder ergänzt ist.

§ 46 Verwendung des Jahresüberschusses

(1) Über die Verwendung eines Jahresüberschusses beschließt die Vertreterversammlung.[153]

(2) Der Jahresüberschuss kann, soweit er nicht den Rücklagen zugeführt oder zu anderen Zwecken verwendet wird, an die Mitglieder nach dem Verhältnis ihrer Geschäftsguthaben am Schluss des vorhergegangenen Geschäftsjahres verteilt werden. Im ersten Geschäftsjahr geschieht die Verteilung nach dem Verhältnis ihrer auf den Geschäftsanteil geleisteten Zahlungen, danach nach dem Verhältnis ihrer durch die Zuschreibung von Gewinn oder die Abschreibung von Verlust zum Schluss des vorangegangenen Geschäftsjahres ermittelten Geschäftsguthabens.

(3) Auf den zu verteilenden Jahresüberschuss ist § 45 Abs. 3 dieser Satzung entsprechend anzuwenden.

§ 47 Rücklagen

(1) Es ist eine gesetzliche Rücklage zu bilden, die ausschließlich zur Deckung eines sich aus der Bilanz ergebenden Verlustes dient. In diese Rücklage sind jährlich ... % des Jahresüberschusses zuzüglich eines evtl. Gewinnvortrags bzw. abzüglich eines evtl. Verlustvortrags einzustellen, solange die Rücklage ... % der Bilanzsumme nicht erreicht.

(2) Die Vertreterversammlung[154] kann über die Einführung weiterer freier Rücklagen entscheiden.

---

[151] Bei einer eG ohne Vertreterversammlung oder falls die Vertreterversammlung durch eine Satzungsänderung nachträglich wegfällt, tritt an deren Stelle die Generalversammlung.

[152] Bei einer eG ohne Vertreterversammlung oder falls die Vertreterversammlung durch eine Satzungsänderung nachträglich wegfällt, tritt an deren Stelle die Generalversammlung.

[153] Bei einer eG ohne Vertreterversammlung oder falls die Vertreterversammlung durch eine Satzungsänderung nachträglich wegfällt, tritt an deren Stelle die Generalversammlung.

[154] Bei einer eG ohne Vertreterversammlung oder falls die Vertreterversammlung durch eine Satzungsänderung nachträglich wegfällt, tritt an deren Stelle die Generalversammlung.

(3) Über die Verwendung der Rücklagen beschließt die Vertreterversammlung[155] auf Vorschlag des Vorstands.

§ 48 Deckung eines Jahresfehlbetrages

(1) Wird ein Jahresfehlbetrag ausgewiesen, so beschließt die Vertreterversammlung[156] darüber, inwieweit dieser auf neue Rechnung vorgetragen oder durch die Verwendung von Rücklagen oder Heranziehung der Geschäftsguthaben gedeckt wird.

(2) Werden die Geschäftsguthaben zur Deckung des Jahresfehlbetrags herangezogen, wird der auf das einzelne Mitglied entfallende Verlustanteil nach dem Verhältnis der übernommenen Geschäftsanteile aller Mitglieder bei Beginn des Geschäftsjahres, in dem der Jahresfehlbetrag entstanden ist, berechnet.

§ 49 Liquidation

(1) Nach der Auflösung erfolgt die Liquidation der Genossenschaft.

(2) Die Liquidation erfolgt durch den Vorstand, soweit sie nicht durch Beschluss der Vertreterversammlung[157] anderen Personen übertragen wird. Die Liquidatoren müssen nicht Mitglied der Genossenschaft sein. Auf die Liquidatoren finden die §§ 17–20 dieser Satzung entsprechend Anwendung soweit dies unter Beachtung der §§ 83 ff. GenG zulässig ist.

(3) Für die Verteilung des Vermögens der Genossenschaft ist das Gesetz mit der Maßgabe anzuwenden, dass das Reinvermögen im Verhältnis der Geschäftsguthaben an die Mitglieder verteilt wird.

§ 50 Bekanntmachungen

(1) Die Bekanntmachungen der Genossenschaft werden unter ihrer Firma in Klicken Sie hier, um Text einzugeben in deutscher Sprache veröffentlicht.

(2) Bei der Bekanntmachung sind die Namen der Personen anzugeben, von denen die Bekanntmachung ausgeht.

(3) Sind die Bekanntmachungen in Klicken Sie hier, um Text einzugeben vorübergehend oder gar nicht mehr möglich, so erfolgen diese in einem derjenigen Blätter, in denen die Eintragungen in das Genossenschaftsregister bekannt gemacht werden.

§ 51 Gerichtsstand

Zuständig für alle Streitigkeiten zwischen dem Mitglied und der Genossenschaft aus dem Mitgliedschaftsverhältnis ist das Amtsgericht oder das Landgericht am Sitz der Genossenschaft.

I. Mindestinhalt der Satzung

Die §§ 6, 7 GenG geben den **Mindestinhalt** der Satzung der eG vor. Diese muss demnach Regelungen enthalten über 42
- die Firma und den Sitz der Genossenschaft (§ 6 Nr. 1 GenG);
- den Gegenstand des Unternehmens (§ 6 Nr. 2 GenG);
- darüber, ob die Mitglieder für den Fall, dass die Gläubiger im Insolvenzverfahren über das Vermögen der Genossenschaft nicht befriedigt werden, Nachschüsse zur Insolvenzmasse unbeschränkt, beschränkt auf eine bestimmte Summe (Haftsumme) oder überhaupt nicht zu leisten haben (§ 6 Nr. 3 GenG);

---

155 Bei einer eG ohne Vertreterversammlung oder falls die Vertreterversammlung durch eine Satzungsänderung nachträglich wegfällt, tritt an deren Stelle die Generalversammlung.
156 Bei einer eG ohne Vertreterversammlung oder falls die Vertreterversammlung durch eine Satzungsänderung nachträglich wegfällt, tritt an deren Stelle die Generalversammlung.
157 Bei einer eG ohne Vertreterversammlung oder falls die Vertreterversammlung durch eine Satzungsänderung nachträglich wegfällt, tritt an deren Stelle die Generalversammlung.

- über die Form für die Einberufung der Generalversammlung der Mitglieder sowie für die Beurkundung ihrer Beschlüsse und über den Vorsitz in der Versammlung (§ 6 Nr. 4 GenG);
- über die Form der Bekanntmachungen der Genossenschaft sowie Bestimmung der öffentlichen Blätter für Bekanntmachungen, deren Veröffentlichung in öffentlichen Blättern durch Gesetz oder Satzung vorgeschrieben ist (§ 6 Nr. 5 GenG);
- den Betrag, bis zu welchem sich die einzelnen Mitglieder mit Einlagen beteiligen können (Geschäftsanteil) (§ 7 Nr. 1 GenG);
- die Einzahlungen auf den Geschäftsanteil, zu welchen jedes Mitglied verpflichtet ist; diese müssen bis zu einem Gesamtbetrage von mindestens einem Zehntel des Geschäftsanteils nach Betrag und Zeit bestimmt sein (§ 7 Nr. 1 GenG);
- die Bildung einer gesetzlichen Rücklage, welche zur Deckung eines aus der Bilanz sich ergebenden Verlustes zu dienen hat, sowie die Art dieser Bildung, insbesondere den Teil des Jahresüberschusses, welcher in diese Rücklage einzustellen ist, und den Mindestbetrag der letzteren, bis zu dessen Erreichung die Einstellung zu erfolgen hat (§ 7 Nr. 2 GenG).

43 Beschränkt sich die Satzung auf die gesetzlich vorgeschriebenen Regelungen, gelten für die weitere Ausgestaltung der Genossenschaft die gesetzlichen Regelungen. Dies ist stets problematisch, da in diesem Fall die individuellen Bedürfnisse der jeweiligen Genossenschaft keine Berücksichtigung finden, ebenso wie Bestimmungen über die Ausgestaltung der alltäglichen Genossenschaftsarbeit fehlen.[158]

II. Firma, Sitz und Gegenstand der Genossenschaft

44 Da die eG nach § 17 Abs. 2 GenG Kaufmann kraft Rechtsform ist, gelten für sie umfassend die Regelungen des HGB für die **Firma**.[159] Seit der Liberalisierung des Firmenrechts ist die Firma der Genossenschaft nicht mehr zwingend dem Gegenstand der eG als Sachfirma zu entlehnen.[160] Vielmehr kann heute nach Belieben für die eG eine Personen-, Sach- oder Phantasiefirma gewählt werden.[161] Es gelten lediglich die allgemeinen Beschränkungen des Firmenrechts.[162] Der Firmenzusatz »eG« ist jedoch nicht verzichtbar, § 3 Satz 1 GenG.[163]

45 Eine **unzutreffende Firmierung** kann dazu führen, dass die eG nicht in das Genossenschaftsregister eingetragen wird, da die Firma gem. § 6 Nr. 1 GenG ein notwendiger Satzungsbestandteil ist. Wird die unzulässige Firma der eG trotzdem eingetragen kann sie von Amts wegen gelöscht werden.[164] Zudem kann nach § 94 GenG jeder Genosse sowie jedes Mitglied des Vorstands und des Aufsichtsrats klageweise beantragen, dass die Genossenschaft für nichtig erklärt wird, da eine wesentliche Satzungsbestimmung nichtig ist.[165] Bei Kreditgenossenschaften entscheidet die BaFin nach §§ 42, 39 Abs. 1 KWG, ob der Begriff Bank als Namensbestandteil in die Firma aufgenommen werden darf.[166]

46 Die Genossenschaft ist in der Wahl ihres Sitzes grundsätzlich frei. In der Regel wird der **Sitz der eG** auch der Ort sein, an dem die Genossenschaft ihren Verwaltungssitz hat, also der Ort an dem der Schwerpunkt ihrer Geschäfte geführt wird.[167] Die eG kann innerhalb des Geltungsbereichs des GenG

---

158 *Glenk*, Rn. 155 f.
159 Henssler/Strohn/*Geibel*, § 3 GenG Rn. 1; Pöhlmann/Fandrich/Bloehs/*Fandrich*, § 3 Rn. 1.
160 Pöhlmann/Fandrich/Bloehs/*Fandrich*, § 3 Rn. 1; zur Liberalisierung des Firmenrechts *Fezer*, ZHR 1997, 52; MünchKommHGB/*Heidinger*, Vor. § 17 Rn. 5 ff.
161 Beuthien/*Beuthien*, § 3 Rn. 4; allgemein zu diesen Kategorien MünchKommHGB/*Heidinger*, § 17 Rn. 22 ff.
162 Beuthien/*Beuthien*, § 3 Rn. 8 ff.; s. allgemein MünchKommHGB/*Heidinger*, § 18 Rn. 38 ff.
163 Dazu Henssler/Strohn/*Geibel*, § 3 GenG Rn. 2; Pöhlmann/Fandrich/Bloehs/*Fandrich*, § 3 Rn. 4; zur Haftung bei fehlendem Rechtsformzusatz Beuthien/*Beuthien*, § 3 Rn. 5a.
164 Pöhlmann/Fandrich/Bloehs/*Fandrich*, § 3 Rn. 15; Beuthien/*Beuthien*, § 3 Rn. 17.
165 Beuthien/*Beuthien*, § 3 Rn. 18; Henssler/Strohn/*Geibel*, § 3 GenG Rn. 4.
166 Pöhlmann/Fandrich/Bloehs/*Fandrich*, § 3 Rn. 7; Henssler/Strohn/*Geibel*, § 3 GenG Rn. 12.
167 *Glenk*, Rn. 163; Beuthien/*Beuthien*, § 6 Rn. 5.

C. Satzungsgestaltung bei der Genossenschaft — Kapitel 6

dennoch frei wählen, ob sich der Sitz am Betriebs-, Geschäftsleitungs- oder Verwaltungsort oder an einem anderen Ort befinden soll.[168] Zumindest vorübergehend soll sogar ein **Doppelsitz** möglich sein.[169]

Die tatsächliche Änderung eines statutarisch festgelegten Sitzes bedarf der **Satzungsänderung** und Eintragung im Register des Gerichts, in dessen Bezirk die eG bisher ihren Sitz hatte.[170] Kreditgenossenschaften müssen eine Verlegung ihres Sitzes oder ihrer Niederlassung der BaFin und der Deutschen Bundesbank unverzüglich anzeigen, § 24 Abs. 1 Nr. 5 KWG. 47

Der **Unternehmensgegenstand** der eG muss vollständig und ausreichend bestimmt in der Satzung aufgeführt werden sowie alle Bereiche des Geschäftsbetriebs abdecken.[171] Nicht zum zwingenden Satzungsinhalt gehört die Auslagerungsentscheidung, die als eine außerordentliche Geschäftsführungsmaßnahme eines Beschlusses der Generalversammlung bedarf.[172] 48

Ist eine **behördliche Genehmigung** des Unternehmensgegenstands erforderlich – wie etwa nach § 32 KWG für Kreditgenossenschaften – muss die behördliche Genehmigung nachgewiesen werden bevor die Satzung eingetragen werden kann.[173] 49

Der Förderzweck muss neben dem Unternehmensgegenstand nicht zwingend in der Satzung aufgenommen werden,[174] weil er bereits zwingend zur Rechtsform der eG gehört. Dennoch ist es empfehlenswert ihn über die Firma hinaus in der Satzung zu konkretisieren.[175] 50

III. Geschäftsanteil, Geschäftsguthaben und Haftsumme

Der **Geschäftsanteil** der Genossenschaft ist der Betrag mit dem sich ein Mitglied an der Genossenschaft beteiligt. Die eG ist bei der Bezifferung des genossenschaftlichen Geschäftsanteils frei, sodass die Genossenschaft diesen nach § 7 Nr. 1 GenG frei in der Satzung festzulegen hat.[176] Grundsätzlich muss der Betrag des Geschäftsanteils für alle Mitglieder gleich sein.[177] Der Geschäftsanteil stellt den **Beteiligungshöchstbetrag**[178] dar und ist im Endeffekt nur zahlenmäßig der Betrag in Euro, mit dem sich ein Mitglied höchstens an der eG mit Einlagen beteiligen darf.[179] Jede Veränderung der Geschäftsanteile bedeutet eine Satzungsänderung.[180] 51

---

168 Henssler/Strohn/*Geibel*, § 6 GenG Rn. 2; Pöhlmann/Fandrich/Bloehs/*Fandrich*, § 6 Rn. 5.
169 Str., vgl. Henssler/Strohn/*Geibel*, § 6 GenG Rn. 2; befürwortend: Pöhlmann/Fandrich/Bloehs/*Fandrich*, § 6 Rn. 5; BayObLG, Beschl. v. 19.07.2000 – 3Z BR 162/00, NJW-RR 2001, 28, 29 für Sparkassen; BayObLG, Beschl. v. 29.03.1985 – Breg. 3 Z 22/85, NJW-RR 1986, 31, das die Zulassung eines Doppelsitzes bei der AG nur deshalb versagt, weil dieser ausschließlich mit dem Vorliegen einer Verschmelzung und nicht mit weiteren Argumenten begründet wurde; LG Essen, Beschl. v. 23.03.2001 – 45 T 1/01, ZIP 2001, 1632 für AG; dagegen: Beuthien/*Beuthien*, § 6 Rn. 5.
170 Beuthien/*Beuthien*, § 6 Rn. 6; Pöhlmann/Fandrich/Bloehs/*Fandrich*, § 6 Rn. 5.
171 *Glenk*, Rn. 168; Beuthien/*Beuthien*, § 6 Rn. 7.
172 Vgl. für die AG BGH, Urt. v. 25.02.1982 – II ZR 174/80, BGHZ 83, 122, 130 ff.; für die eG Pöhlmann/Fandrich/Bloehs/*Fandrich*, § 6 Rn. 7; a.A. für Auslagerungen wesentlicher Betriebsteile Beuthien/*Beuthien*, § 6 Rn. 8.
173 OLG Celle, Beschl. v. 28.05.1964 – 9 Wx 2/64, NJW 1964, 1964; Beuthien/*Beuthien*, § 6 Rn. 7.
174 Henssler/Strohn/*Geibel*, § 6 GenG Rn. 3: jedoch empfehlenswert z.B. im Hinblick auf die Prüfungspflicht des Registergerichts bei der Ersteintragung und auf den Inhalt der Förderleistungen an die Mitglieder; Beuthien/*Beuthien*, § 6 Rn. 7.
175 So Henssler/Strohn/*Geibel*, § 6 GenG Rn. 3.
176 *Glenk*, Rn. 195 ff.; Pöhlmann/Fandrich/Bloehs/*Fandrich*, § 7 Rn. 2.
177 Henssler/Strohn/*Geibel*, § 7 GenG Rn. 2; Beuthien/*Beuthien*, § 7 Rn. 1.
178 Beuthien/*Beuthien*, § 7 Rn. 2; Pöhlmann/Fandrich/Bloehs/*Fandrich*, § 7 Rn. 2.
179 *Glenk*, Rn. 195.
180 Beuthien/*Beuthien*, § 7 Rn. 3; Henssler/Strohn/*Geibel*, § 7 GenG Rn. 2.

52 Das **Geschäftsguthaben** stellt die Summe der Einzahlungen auf den Geschäftsanteil dar, vermehrt um zugeschriebene Gewinnanteile und vermindert um abgeschriebene Verlustanteile.[181] Das Geschäftsguthaben stellt damit die tatsächliche Beteiligung des Mitglieds an der Genossenschaft dar. Die Verteilung von Gewinn und Verlust richtet sich grundsätzlich nicht nach dem Verhältnis der Geschäftsanteile, sondern nach dem Verhältnis der Geschäftsguthaben.[182]

53 Die Mitglieder der Genossenschaft haften entsprechend der Höhe ihrer Geschäftsanteile (**Haftsumme**), die in der Praxis regelmäßig der Höhe des Geschäftsanteils entspricht.[183] § 119 GenG sieht keine feste Mindesthöhe eines Haftungsfonds vor, aus dem sich die Gläubiger im Bedarfsfall befriedigen können. Dies ist Ausdruck des Beitragspflichtcharakters der Nachschusspflichten, die begrifflich nicht unter den Geschäftsanteil als Beteiligungshöchstbetrag für die Pflichteinzahlungen fallen dürfen. Werden die Geschäftsanteile nach § 16 Abs. 2 Nr. 2 GenG erhöht, darf eine entsprechende Erhöhung der Haftsumme nicht vergessen werden. Ein (satzungsändernder) Beschluss der Generalversammlung, der gegen § 119 verstößt, ist analog § 241 Nr. 3 Alt. 1 und 2 AktG nichtig.[184]

54 Bei Insolvenz der eG haben die Mitglieder je nach Satzungsgestaltung
– keine Nachschüsse,
– Nachschüsse in unbeschränkter Höhe oder
– Nachschüsse die auf die Haftsumme beschränkt sind
zu leisten. Die Satzung kann gem. § 105 Abs. 1 GenG vorsehen, dass die Mitglieder nicht zu Nachschüssen herangezogen werden können.[185]

IV. Satzungsänderungen

55 ▶ Muster: Anmeldung einer Satzungsänderung zum Genossenschaftsregister[186]

An das Amtsgericht

...

– Registergericht –

[Anschrift]

Betreff: Satzungsänderung betreffend die ... eG mit dem Sitz in ....

Genossenschaftsregisternummer: ...

I.

Wir, die unterzeichnenden Vorstandsmitglieder der ... eG mit dem Sitz in ..., melden hiermit zur Eintragung in das Genossenschaftsregister an:

Die Satzung der Genossenschaft wurde geändert. Mit dem beigefügten Beschluss vom ... hat die Generalversammlung der Genossenschaft die Einführung einer Vertreterversammlung beschlossen. Demnach wurden die §§ ... der Satzung neugefasst und weitere Bestimmungen der Satzung geändert. Die Satzung wurde darüber hinaus um eine Anlage (Wahlordnung zur Vertreterversammlung) ergänzt.

II.

Als Anlagen zu dieser Anmeldung überreichen wir:

1. Eine Abschrift des Protokolls der Generalversammlung vom ...;

---

181 Pöhlmann/Fandrich/Bloehs/*Fandrich*, § 7 Rn. 5; Beuthien/*Beuthien*, § 7 Rn. 4.
182 Henssler/Strohn/*Geibel*, § 7 GenG Rn. 2.
183 *Glenk,* Rn. 200.
184 S. hierzu auch Pöhlmann/Fandrich/Bloehs/*Pöhlmann*, § 119 Rn. 4.
185 Dazu auch *Glenk,* Rn. 200.
186 Siehe auch das Muster bei Beck'sche Online-Formulare Vertrag/*Mohr*, 7.10.7.

C. Satzungsgestaltung bei der Genossenschaft

2. den vollständigen neuen Wortlaut der Satzung nebst der Erklärung des Vorstands nach § 16 Abs. 5 GenG.

III.

Die Geschäftsräume der Gesellschaft befinden sich unverändert in: ....

[Ort, Datum]

[Unterschriften der Vorstandsmitglieder in vertretungsberechtigter Zahl]

– notarieller Beglaubigungsvermerk –

Da die Satzung Gründungsvertrag und Verfassung der eG ist bedarf ihre Änderung besonderer Voraussetzungen, vor allem abweichend von § 43 Abs. 2 Satz 1 GenG einer näher qualifizierten Mehrheit in der Generalversammlung. Qualifizierte Mehrheiten werden zwingend auch in anderen Vorschriften gefordert (z.B. § 36 Abs. 3 Satz 2, § 78 Abs. 1 Satz 1 Halbs. 2, § 79a Abs. 1 Satz 1 Halbs. 2 GenG). Dies dient dem Schutz etwaiger Minderheiten.[187] Durch eine Satzungsänderung darf von gesetzlichen Bestimmungen nur abgewichen werden, wenn dies im Gesetz ausdrücklich vorgesehen ist (§ 18 Satz 2 GenG). 56

§ 16 GenG erfasst nur die **Änderung echter Satzungsinhalte**,[188] vor allem zwingende Mindestinhalte nach §§ 6, 7, 36 Abs. 1 Satz 2 GenG oder solcher Inhalte, deren Regelung ausschließlich in der Satzung geschehen darf (z.B. §§ 7a, 8, 8a GenG), sowie Inhalte, die körperschaftsrechtlich geregelt werden können und tatsächlich statutarisch geregelt sind. Nicht zu den echten Satzungsinhalten gehören Bestimmungen, die zwar in der Satzungsurkunde oder in sie ändernden Beschlüssen enthalten sind, die aber ausschließlich schuldrechtliche Vereinbarungen der Mitglieder untereinander oder zwischen der eG und einzelnen ihrer Mitglieder darstellen.[189] 57

Für eine Satzungsänderung ist zwingend und ausschließlich die Generalversammlung zuständig. Anderen Organen oder Dritten (z.B. dem Prüfungsverband, dem die eG angehört) können in der Satzung lediglich Anhörungsrechte eingeräumt werden. Von der Anhörung oder von der Zustimmung anderer Organe oder Dritter darf die Wirksamkeit einer Satzungsänderung statutarisch nicht abhängig gemacht werden.[190] 58

Die Generalversammlung muss (abweichend von § 43 Abs. 2 Satz 1 GenG) Änderungen der Satzung nach § 16 Abs. 4 GenG grundsätzlich mit einer **qualifizierten Mehrheit** von mindestens drei Vierteln der abgegebenen Stimmen beschließen. Stimmenthaltungen gelten als nicht abgegeben.[191] Die Satzung kann aber ein höheres oder auch niedrigeres Mehrheitserfordernis vorsehen (»andere Erfordernisse«), soweit nicht § 16 Abs. 2, 3 GenG oder andere gesetzliche Regelungen eine zwingende Regelung enthalten. In der Satzung kann ferner z.B. der Beschluss von einem bestimmten Quorum abstimmender Mitglieder abhängig gemacht werden (Beschlussfähigkeit) oder das Mehrheitserfordernis nicht an der Zahl der abgegebenen Stimmen, sondern an der Zahl der Mitglieder insgesamt gemessen werden, oder an der Zahl der erschienenen Mitglieder, sodass Stimmenthaltungen mitzurechnen sind.[192] Auch das **Abstimmungsverfahren** (z.B. geheime oder offene Abstimmung) kann in der Satzung geregelt werden.[193] 59

---

187 Beuthien/*Beuthien*, § 16 Rn. 7; *Glenk*, Rn. 392.
188 Zur Kritik an der Unterscheidung echter und unechter Satzungsbestandteile *Meier*, ZGR 2020, 124; ausführlich zu echten und unechten Satzungsbestandteilen bei der Genossenschaft Beuthien/*Beuthien*, § 16 Rn. 2 ff.
189 Ausführlich Beuthien/*Beuthien*, § 16 Rn. 2 ff.
190 Henssler/Strohn/*Geibel*, § 16 GenG Rn. 3; Pöhlmann/Fandrich/Bloehs/*Fandrich*, § 16 Rn. 3.
191 BT-Drucks. 7/97, 19; Beuthien/*Beuthien*, § 16 Rn. 7.
192 Henssler/Strohn/*Geibel*, § 16 GenG Rn. 4.
193 Henssler/Strohn/*Geibel*, § 16 GenG Rn. 4.

60 Eine Mehrheit, die mindestens drei Viertel der abgegebenen Stimmen umfasst bedarf nach § 16 Abs. 2 GenG die Änderung der Satzung in folgenden Fällen:
- Änderung des Gegenstandes des Unternehmens,
- Erhöhung des Geschäftsanteils,
- Einführung oder Erweiterung einer Pflichtbeteiligung mit mehreren Geschäftsanteilen,
- Einführung oder Erweiterung der Verpflichtung der Mitglieder zur Leistung von Nachschüssen,
- Verlängerung der Kündigungsfrist auf eine längere Frist als zwei Jahre,
- Einführung oder Erweiterung der Beteiligung ausscheidender Mitglieder an der Ergebnisrücklage nach § 73 Abs. 3 GenG,
- Einführung oder Erweiterung von Mehrstimmrechten,
- Zerlegung von Geschäftsanteilen,
- Einführung oder Erhöhung eines Mindestkapitals,
- Einschränkung des Anspruchs des Mitglieds nach § 73 Abs. 2 Satz 2 und Abs. 4 GenG auf Auszahlung des Auseinandersetzungsguthabens,
- Einführung der Möglichkeit nach § 8 Abs. 2 Satz 1 und 2, investierende Mitglieder zuzulassen (dazu Rdn. 73 f.).

Durch Satzungsregelung können die Mitglieder zur Inanspruchnahme von Einrichtungen und Leistungen der eG ebenso verpflichtet werden wie zur Leistung von Sachen und Diensten. Wegen der besonderen Bedeutung für die Mitglieder sieht § 16 Abs. 3 Satz 1 GenG eine Mehrheit von mindestens 90 % der abgegebenen Stimmen für die Einführung oder Erweiterung solcher Nebenleistungspflichten vor.[194]

D. Mitgliedschaft und Mitglieder der Genossenschaft

I. Beginn der Mitgliedschaft

61 Die Mitgliedschaft in der Genossenschaft wird nach § 15 Abs. 1 Satz 1 GenG durch eine schriftliche, unbedingte[195] **Beitrittserklärung** und die Zulassung des Beitritts durch die Genossenschaft erworben. Der Beitritt kann an persönliche und bzw. oder an sachliche Voraussetzungen geknüpft werden, wie etwa an die Zugehörigkeit zu einer bestimmten Berufsgruppe oder an den Wohnsitz in einem bestimmten Ort.[196] Es besteht keine Verpflichtung jeden beliebigen Interessenten aufzunehmen, ebenso wenig wie Neubeitritte nicht generell abgelehnt werden dürfen.[197] Ein Interessent wird durch Abschluss eines besonderen Aufnahmevertrages Mitglied, der aus der Beitrittserklärung des Interessenten und der Zulassung durch die Genossenschaft besteht.

62 In der Praxis ist es üblich von dem neuen Mitglied ein »**Eintrittsgeld**« zu verlangen, welches der Höhe nach in der Satzung bestimmt werden kann aber nicht muss.[198] Ein Kategorienwechsel vom ordentlichen zum investierenden Mitglied kann nicht einseitig von der eG vorgenommen werden, sondern bedarf einer eigenständigen Beitrittserklärung als investierendes Mitglied.[199] Dies gilt auch für den umgekehrten Fall, da dem Mitglied die Entscheidung darüber überlassen bleiben muss, ob es Mitglied der eG sein und die Pflichteinlagen (weiter)zahlen will, ohne bspw. Förderleistungen in Anspruch nehmen zu können.[200]

---

194 Näher Pöhlmann/Fandrich/Bloehs/*Fandrich*, § 16 Rn. 21.
195 Nicht einmal die aufschiebende Bedingung, dass die Genossenschaft eingetragen wird ist zulässig, Henssler/Strohn/*Geibel*, § 15 GenG Rn. 3; a.A. Pöhlmann/Fandrich/Bloehs/*Fandrich*, § 15 Rn. 10.
196 *Glenk*, Rn. 175.
197 *Glenk*, Rn. 175.
198 Dazu Beuthien/*Beuthien*, § 15 Rn. 22.
199 BT-Drucks. 16/1524, 8.
200 S. Henssler/Strohn/*Geibel*, § 15 GenG Rn. 4.

Die Eintragung in die **Mitgliederliste** (§ 15 Abs. 2 GenG) ist für die Wirksamkeit des Beitritts nicht notwendig.[201] Dennoch muss sie erfolgen und die Mitglieder sind unverzüglich hierüber zu informieren. Einzelheiten zur Eintragung in die Mitgliederliste bestimmt § 30 GenG. Die Eintragung ist nur deklaratorisch und kann etwaige Mängel der Beitrittserklärung nicht heilen. Eine Legitimationswirkung wie der nach § 16 Abs. 1 GmBHG kommt ihr nicht zu.[202]

63

II. Rechte und Pflichten aus der Mitgliedschaft

Für das Wesen der Genossenschaft kennzeichnend ist, dass alle Mitglieder die gleichen **Rechte** haben (s.a. Rdn. 27). Nur beim Vorliegen besonderer Umstände kann in der Satzung eine Ausnahmeregelung getroffen werden.[203] Die Mitglieder üben ihre Rechte grundsätzlich in der Generalversammlung (dazu Rdn. 133 ff.) aus.

64

Das wesentliche Recht der Mitglieder ist die **Teilhabe** an der Förderung durch die Genossenschaft, je nach Förderzweck etwa die wohnliche Versorgung, die Mitbenutzung genossenschaftlicher Gegenstände oder Einrichtungen oder etwa auch die Belieferung mit bzw. die Abnahme von Waren durch die Genossenschaft. Dieses Recht auf Förderung folgt aus dem Gesetz und bedarf keiner Satzungsregelung. Bedeutende Rechte der Mitglieder sind zudem die Beteiligung am Gewinn der eG und die etwaige Verzinsung des Geschäftsguthabens, soweit dies die Satzung ausdrücklich vorsieht.[204]

65

Zu den **Pflichten** der Mitglieder zählt allen voran die Leistung von Beiträgen zum Eigenkapital der eG. Zudem sind unter Umständen Entgelte für genossenschaftliche Leistungen zu entrichten, ebenso wie die Genossenschaftsinteressen zu wahren sind.[205] Die Pflichten der Mitglieder werden ebenso wie ihre Rechte am zweckmäßigsten unter Beachtung von Unternehmensgegenstand und Unternehmenszweck durch Satzungsbestimmungen konkretisiert.[206]

66

III. Ende der Mitgliedschaft

Als Gründe für die Beendigung der Mitgliedschaft kommen zahlreiche Ereignisse in Betracht, wie die Kündigung durch das Mitglied oder einen Gläubiger des Mitglieds, Tod des Mitglieds oder Auflösung bzw. Erlöschen bei juristischen Personen oder Personengesellschaften als Mitglied sowie Ausschluss, Verlegung des Wohnsitzes oder Übertragung des Geschäftsguthabens.

67

Nach § 65 GenG kann jedes Mitglied **ordentlich** zum Schluss eines Geschäftsjahres mit einer Frist von drei Monaten schriftlich **kündigen**. Die Satzung kann eine längere Kündigungsfrist vorsehen, höchstens jedoch fünf Jahre.[207] Das Kündigungsrecht darf durch die Satzung nicht unzumutbar erschwert oder faktisch vereitelt werden, etwa durch Regelungen wie die Pflicht zur Leistung eines Austrittsgeldes, die Verwirkung des Genossenschaftsguthabens oder die Auferlegung eines unzulässigen Wettbewerbsverbotes.[208] Die Genehmigung der Kündigung durch ein Genossenschaftsorgan[209] ist ebenso unzulässig wie die Anforderung einer Begründung. Nach erfolgter ordentlicher Kündigung scheidet das Mitglied gem. § 65 Abs. 2 GenG zum Schluss des Geschäftsjahres aus. § 66 Abs. 1 GenG eröffnet darüber hinaus den Gläubigern eines Mitglieds an dessen Stelle zu kündigen, wenn diese einen rechtskräftigen Titel gegen das Mitglied und einen Pfändungs- und Überweisungsbeschluss bzgl. des Auseinandersetzungsguthabens gegen die Genossenschaft erwirkt haben.

68

---

201 Henssler/Strohn/*Geibel*, § 15 GenG Rn. 9; Beuthien/*Beuthien*, § 15 Rn. 32.
202 Henssler/Strohn/*Geibel*, § 15 GenG Rn. 9.
203 *Glenk,* Rn. 192.
204 Ansonsten gilt das gesetzliche Verzinsungsverbot nach § 21 GenG, dazu Beuthien/*Beuthien*, § 21 Rn. 1 ff.
205 *Glenk,* Rn. 194.
206 Ausführlich *Glenk,* Rn. 269 ff.
207 Dazu Henssler/Strohn/*Geibel*, § 65 GenG Rn. 2.
208 Ausführlich Beuthien/*Beuthien*, § 65 Rn. 3 ff.
209 KG, Urt. v. 17.12.1929, LZ 1930, 994.

69 Ein **außerordentliches Kündigungsrecht** besteht nach § 65 Abs. 3 GenG, wenn die Kündigungsfrist nach der Satzung länger als zwei Jahre ist und dem Mitglied nach seinen persönlichen und wirtschaftlichen Verhältnissen die Einhaltung der satzungsmäßigen Kündigungsfrist nicht zumutbar ist. Unter diesen Voraussetzungen ist das Mitglied berechtigt unter Einhaltung einer Frist von drei Monaten zum Schluss des Geschäftsjahres zu kündigen.

70 Zudem besteht ein außerordentliches Kündigungsrecht nach § 67a GenG (i.V.m. §§ 16 Abs. 2 Nr. 2–5, Abs. 3 GenG), wenn eine Satzungsänderung beschlossen wird, die
– eine wesentliche Änderung des Unternehmensgegenstandes,
– eine Erhöhung des Geschäftsanteils,
– die Einführung einer Pflichtbeteiligung mit mehreren Geschäftsanteilen,
– die Erweiterung einer Pflichtbeteiligung mit mehreren Geschäftsanteilen,
– die Einführung einer Verpflichtung der Mitglieder zur Leistung von Nachschüssen,
– die Erweiterung der Verpflichtung der Mitglieder zur Leistung von Nachschüssen,
– eine Verlängerung der Kündigungsfrist auf einen Zeitraum von mehr als zwei Jahren,
– oder eine Verpflichtung der Mitglieder zur Inanspruchnahme von Einrichtungen bzw. anderen Leistungen der Genossenschaft oder zur Leistung von Sachen oder Diensten eingeführt oder erweitert wird

betrifft. Eine solche außerordentliche Kündigung muss innerhalb eines Monats zum Ende des Geschäftsjahres erklärt werden, § 67a Abs. 2 Satz 2 GenG.

71 Nach § 68 Abs. 1 Satz 1 GenG kann ein Mitglied **ausgeschlossen werden**, falls entsprechende Ausschlussgründe in der Satzung vorgesehen sind.[210] Der Ausschluss ist nur zum Ende eines Geschäftsjahres möglich. Empfehlenswert ist eine Satzungsregelung, die einen Ausschluss ermöglicht, wenn das Mitglied seinen nach Gesetz, Satzung oder sonstigen Verträgen bestehenden Verpflichtungen gegenüber der Genossenschaft nicht innerhalb von drei Monaten nachkommt.[211] Vor dem Ausschluss sollte das Mitglied zudem schriftlich aufgefordert werden seinen Verpflichtungen nachzukommen.[212]

72 Nach dem Ausscheiden eines Mitglieds aus der eG muss geklärt werden, welche gegenseitigen Ansprüche zwischen Mitglied und Genossenschaft bestehen und wie diese zu erfüllen sind.[213] In der Regel geschieht dies durch Berechnung und Auszahlung des Geschäftsguthabens nach § 73 GenG, bei der auch Ansprüche der Genossenschaft gegen das ausgeschiedene Mitglied berücksichtigt werden.[214] Ergibt sich hierbei, dass das ausgeschiedene Mitglied einen Verlustanteil zu tragen hat, ist dieser jedoch auf die Haftsumme beschränkt.[215]

IV. Investierende Mitglieder

73 Seit der Novelle von 2006 (Rdn. 3) kann in der Satzung einer eG neben der allgemeinen Kategorie der ordentlichen Mitglieder die besondere Kategorie der investierenden Mitglieder eingeführt werden, § 8 Abs. 2 GenG.[216] Hintergrund der Regelung ist die vorsichtige Öffnung der eG gegenüber externem Kapital, was insbesondere die Eigenkapitalbeschaffung verbessern soll und zu einer Gleichstellung mit der SCE führt.[217]

74 Investierendes Mitglied einer eG kann nur sein, wer allgemein Mitglied einer eG sein kann (dazu Rdn. 61).[218] Als investierende Mitglieder kommen nur »Personen, die für die Nutzung oder Pro-

---

210 Beuthien/*Beuthien*, § 68 Rn. 3; ausführlich Henssler/Strohn/*Geibel*, § 68 GenG Rn. 1 ff.
211 So etwa *Glenk,* Rn. 185.
212 *Glenk,* Rn. 185; s. hierzu auch Beuthien/*Beuthien*, § 68 Rn. 15.
213 Dazu *Glenk,* Rn. 188 ff.
214 Beuthien/*Beuthien*, § 73 Rn. 9 ff.; Pöhlmann/Fandrich/Bloehs/*Fandrich*, § 73 Rn. 8.
215 Dafür *Glenk,* Rn. 191.
216 Ausführlich zu investierenden Mitgliedern *Zabel*, NZG 2019, 813.
217 BT-Drucks. 16/1025, 81; *Keßler*, BB 2006, 561; *Saenger/Merkelbach*, BB 2006, 566, 567.
218 Beuthien/*Beuthien*, § 8 Rn. 12.

duktion der Güter und die Nutzung oder Erbringung der Dienste der Genossenschaften nicht in Frage kommen« in Betracht, § 8 Abs. 2 Satz 1 GenG. Bei der Frage was i.S.d. § 8 Abs. 2 Satz 1 GenG unter »nicht in Frage kommen« zu verstehen wird, ist umstritten, ob auf die objektive Förderunfähigkeit[219] (ein Mitglied ist aufgrund objektiver Merkmale tatsächlich nicht in der Lage, die Einrichtungen der Genossenschaft nutzen zu können) oder auf die subjektive Förderunfähigkeit[220] (ein Mitglied möchte aufgrund seines subjektiven Willens die Einrichtungen der Genossenschaft nicht nutzen) abzustellen ist. Entscheidend wird auf den beim Beitritt zum Ausdruck gebrachten Willen des Mitgliedes abzustellen sein.[221] Grundsätzlich haben investierende Mitglieder die **gleichen Rechte** wie ordentliche Mitglieder (dazu Rdn. 64 f.).[222] Allerdings muss die Satzung sicherstellen, dass die investierenden Mitglieder die ordentlichen Mitglieder »in keinem Fall« überstimmen und Beschlüsse, für die mindestens eine Dreiviertelmehrheit vorgeschrieben ist, nicht allein sperren können. Damit soll gewährleistet sein, dass die Grenzen des Genossenschaftstypus nicht überdehnt werden.[223] Die Satzung kann hierzu bspw. wie für die SCE (dazu Rdn. 218 ff.) vorgesehen, die Stimmrechte investierender Mitglieder allgemein auf 24,99 % aller Stimmen begrenzen.[224]

V. Mitglieder mit Sonderrechten

Zudem können einzelnen Mitgliedern der eG Sonderrechte gewährt werden. Sonderrechte sind Rechte, die einzelnen Mitgliedern notwendigerweise auf statutarischer Grundlage durch die Satzungsbestimmung selbst gewährt werden und über die Mitgliedschaftsrechte hinausgehen.[225] Sonderrechte können etwa in Form von Beitragsfreiheit, Vorzugsdividende für Gründungsmitglieder, Sondernutzungsrechten oder einem Recht die Generalversammlung einzuberufen gewährt werden.[226] Eine Gewährung ist nur dann möglich, wenn die Ungleichbehandlung durch einen sachlichen Grund gerechtfertigt werden kann und wenn alle benachteiligten Mitglieder zustimmen.[227] Ist ein Sonderrecht wirksam gewährt, darf es ohne Zustimmung des Rechtsinhabers nicht beeinträchtigt werden (analog § 35 BGB).[228] Vorzugsrechte unterscheiden sich von Sonderrechten dadurch, dass sie nicht in der Satzung geregelt werden müssen, sondern auch durch Beschluss der Generalversammlung erteilt werden können. Zudem dürfen sie den Berechtigten ohne deren Zustimmung wieder entzogen werden.[229] Hierzu gehören etwa Mehrstimmrechte nach § 43 Abs. 3 GenG für Mitglieder, die die Genossenschaft besonders fördern oder auch die Berufung in ein Amt auf Lebenszeit.[230]

75

E. Organe der Genossenschaft

Das Genossenschaftsgesetz regelt in seinem dritten Abschnitt unter der Überschrift »Verfassung der Genossenschaft« die wesentlichen Fragen bezüglich der verschiedenen Organe der Genossenschaft. Hierbei handelt es sich im Grundsatz um den Vorstand (§§ 24 ff. GenG), den Aufsichtsrat (§§ 36 ff. GenG), sowie die Generalversammlung (§§ 43 ff. GenG). Im Falle besonders großer Genossen-

76

---

219 Hierfür *Kober*, ZfgG 2010, 37, 40.
220 Hierfür etwa Beuthien/*Beuthien*, § 8 Rn. 12.
221 So auch *Zabel*, NZG 2019, 813, 814 f. mit ausführlicher Argumentation.
222 Ausführlich zur Rechtsstellung investierender Mitglieder *Zabel*, NZG 2019, 813, 816 ff.
223 BT-Drucks. 18/11506, 25; Beuthien/*Beuthien*, § 8 Rn. 14.
224 Ausführlich *Zabel*, NZG 2019, 813, 816, mit Hinweis darauf, dass in Fällen, in denen eine Mehrheit von neun Zehntel der abgegebenen Stimmen erforderlich ist (bspw. § 16 Abs. 3 GenG), das Stimmrecht der investierenden Mitglieder auf (höchstens) 10 % zu beschränken ist.
225 Pöhlmann/Fandrich/Bloehs/*Pöhlmann*, § 18 Rn. 11; Beuthien/*Beuthien*, § 18 Rn. 28 m.w.N. aus der Rechtsprechung in Fn. 80.
226 Ausführlich Beuthien/*Beuthien*, § 18 Rn. 28 f.
227 Henssler/Strohn/*Geibel*, § 18 GenG Rn. 8.
228 Beuthien/*Beuthien*, § 18 Rn. 27.
229 Beuthien/*Beuthien*, § 18 Rn. 28; Henssler/Strohn/*Geibel*, § 18 GenG Rn. 8.
230 Dazu *Glenk,* Rn. 264; Beuthien/*Beuthien*, § 18 Rn. 27.

schaften kann die Vertreterversammlung (§ 43a GenG) größtenteils an die Stelle der Generalversammlung treten. Diese satzungsmäßig zu bestimmende Ersetzung kommt ab einer Mitgliederzahl in Betracht, die 1500 überschreitet. Bei **Kleingenossenschaften** dagegen, also Genossenschaften mit maximal 20 Mitgliedern, kann per Satzung auf den Aufsichtsrat verzichtet werden (§ 9 Abs. 1 Satz 2 GenG). Die Rechte und Pflichten, die üblicherweise dem Aufsichtsrat zukommen, werden in diesem Fall gem. § 9 Abs. 1 Satz 3 GenG durch die Generalversammlung (bzw. die Vertreterversammlung) wahrgenommen. Darüber hinaus modifiziert das Gesetz die Anforderungen an die einzelnen Organe für Kleingenossenschaften teilweise. Auf diese Modifikationen wird im Einzelnen im Rahmen des jeweiligen Organs eingegangen.

77 Sowohl Vorstände als auch Aufsichtsräte müssen natürliche Personen und Mitglieder der Genossenschaft sein (§ 9 Abs. 2 Satz 1 GenG). Es gilt also das aus dem Recht der Personengesellschaften bekannte Prinzip der **Selbstorganschaft**. Im Gegensatz zur Gesellschaft mit beschränkter Haftung (§ 6 Abs. 2 GmbHG) oder zur Aktiengesellschaft (§ 76 Abs. 3 AktG) hat der Gesetzgeber für die eingetragene Genossenschaft keine Inhabilitätsvorschriften geschaffen, sodass auch eine Vorstrafe wegen Betrugs, Untreue oder Insolvenzdelikts *de iure* nicht zu einem Ausschluss von Vorstands- oder Aufsichtsratsmandaten führt. Es ist den Genossenschaften allerdings unbenommen, in ihren Satzungen besondere persönliche Anforderungen (dazu sogleich unter Rdn. 80 f.) aufzustellen.

I. Vorstand

1. Besetzung

78 ▶ Muster: Anmeldung einer Änderung der Besetzung des Vorstands[231]

An das Amtsgericht

...

– Registergericht –

[Anschrift]

Betreff: Änderung des Vorstands betreffend die ... eG mit dem Sitz in ....

Genossenschaftsregisternummer: ...

I.

Wir, die unterzeichnenden Vorstandsmitglieder der ... eG mit dem Sitz in ..., melden hiermit zur Eintragung in das Genossenschaftsregister an:

Nicht mehr Mitglied des Vorstands ist:

[Familienname, Vorname, Geburtsdatum, Wohnort];

Neues Mitglied des Vorstands ist:

[Familienname, Vorname, Geburtsdatum, Wohnort];

II.

Als Anlagen zu dieser Anmeldung überreichen wir:

Eine auszugsweise Abschrift des Protokolls der Generalversammlung vom ...;

[Ort, Datum]

[Unterschriften der Vorstandsmitglieder in vertretungsberechtigter Zahl]

– notarieller Beglaubigungsvermerk –

---

231 Siehe auch das Muster bei Beck'sche Online-Formulare Vertrag/*Mohr*, 7.10.11

E. Organe der Genossenschaft Kapitel 6

Der Vorstand der Genossenschaft besteht grundsätzlich aus zwei Personen (§ 24 Abs. 2 Satz 1 GenG). **79**
Die Satzung kann hiervon generell eine nach oben abweichende Regelung treffen (§ 24 Abs. 2 Satz 2
GenG). Eine Reduzierung auf ein einziges Vorstandsmitglied ist dagegen nur bei **Kleingenossenschaften** möglich (§ 24 Abs. 2 Satz 3 GenG). Die Wahl erfolgt ebenso wie die Abberufung des Vorstands im Grundsatz nicht etwa wie bei Aktiengesellschaften durch den Aufsichtsrat (vgl. § 84 AktG),
sondern durch die Generalversammlung (§ 24 Abs. 2 Satz 1 GenG). Hier zeigt sich der in besonderem Maße personalistische Charakter des Genossenschaftsrechts.[232] Allerdings können Bestellung
und Abberufung qua Satzung auch anderweitig geregelt werden (§ 24 Abs. 2 Satz 2 GenG), wobei
in praxi häufig eine Übertragung der Bestellung auf den Aufsichtsrat zu beobachten ist.[233] Die **Amtsdauer** eines Vorstandsmitglieds ist – anders als im Aktienrecht (§ 84 Abs. 1 Satz 1 AktG) – nicht
auf eine gesetzliche Höchstdauer begrenzt. Zeitliche Begrenzungen können aber in der Satzung vorgesehen werden. Für mitbestimmte Genossenschaften (Rdn. 117 f.) ergeben sich insoweit Abweichungen: Nach § 31 Abs. 1, 2 MitbestG i.V.m. § 84 Abs. 1 Satz 1 AktG gilt eine Höchstgrenze von
fünf Jahren, wobei die Bestellung des Vorstands durch den Aufsichtsrat und mit einer qualifizierten
Mehrheit von zwei Dritteln der Stimmen zu erfolgen hat. Die Abberufung des Vorstands ist jederzeit möglich (§ 24 Abs. 3 Satz 2 GenG). Eine **Amtsniederlegung** durch das jeweilige Vorstandsmitglied ist jedenfalls bei Vorliegen eines wichtigen Grundes zulässig.[234] Wie sich aus § 24 Abs. 3 Satz 1
GenG ergibt, kann neben die Bestellung auch ein Anstellungsvertrag treten (näher hierzu Rdn. 179 ff.).
Die körperschaftliche Bestellung und Abberufung als Vorstandsmitglied einerseits und seine schuldrechtliche Anstellung andererseits sind dabei nach dem **Trennungsprinzip** in ihren Voraussetzungen
und Rechtsfolgen streng zu unterscheiden.[235]

▶ Hinweis:
§ 3 Abs. 5 COMVG (Rdn. 4) sieht eine Verlängerung der Amtszeit eines Vorstands- oder
Aufsichtsratsmitglieds auch dann bis zur Bestellung seines Nachfolgers vor, wenn die Satzung
der Genossenschaft keine dahingehende Regelung enthält. Die Amtszeit endet damit erst in
dem Zeitpunkt, in dem diejenige des Nachfolgers beginnt, nicht schon mit dessen Wahl.[236]

An besonderen persönlichen Voraussetzungen sieht das Gesetz lediglich vor, dass es sich beim Vor- **80**
standsmitglied um eine geschäftsfähige natürliche Person handeln muss. Diese hat zugleich als Ausprägung des Prinzips der **Selbstorganschaft** Mitglied der Genossenschaft zu sein (§ 9 Abs. 2 Satz 1
GenG). Nach § 9 Abs. 2 Satz 2 GenG können Mitglieder der Genossenschaft, die selbst Genossenschaft oder eine andere juristische Person oder Personengesellschaft sind, natürliche Personen zur
Vorstandswahl benennen. Handelt es sich beim Mitglied um eine Genossenschaft, so müssen die
natürlichen Personen selbst Mitglieder der Mitgliedsgenossenschaft sein. Andere juristische Personen
und Personengesellschaften dürfen nur vertretungsbefugte natürliche Personen benennen. Sieht die
Satzung die Zulassung von investierenden Mitgliedern (Rdn. 73 f.) vor, so können auch diese als
Vorstandsmitglieder bestellt werden,[237] sofern die Satzung diesbezüglich keine Einschränkung vorsieht.[238] Eine Ausnahme vom Prinzip der Selbstorganschaft gilt allerdings nach § 33 Abs. 3 MitbestG
in mitbestimmten Genossenschaften (Rdn. 117 f.) für den Arbeitsdirektor. Nach § 37 Abs. 1 Satz 1
GenG dürfen Vorstandsmitglieder nicht zugleich dem Aufsichtsrat angehören, sog. **Inkompatibilität**. Auch eine dauernde Stellvertretung kommt nicht in Betracht (zur temporären Stellv. siehe
Rdn. 126). Die Genossenschaft kann jedoch in ihrer Satzung weitere Anforderungen an die Tätigkeit als Vorstand knüpfen. Diese müssen allerdings im Grundsatz für alle Mitglieder gleichsam

---

232 So auch *Hirte*, DStR 2007, 2166, 2169.
233 Pöhlmann/Fandrich/Bloehs/*Fandrich*, § 24 Rn. 17.
234 Pöhlmann/Fandrich/Bloehs/*Fandrich*, § 24 Rn. 29; Henssler/Strohn/*Geibel*, § 24 GenG Rn. 12 verzichtet auf einen wichtigen Grund.
235 Näher hierzu Pöhlmann/Fandrich/Bloehs/*Fandrich*, § 24 Rn. 13 ff.
236 Ausführlich Schmidt/*Schmidt*, COVID-19 – Rechtsfragen zur Corona-Krise, § 8 Rn. 42 ff.
237 Vgl. RegE EuroGenEinfG, BT-Drucks. 16/1025, S. 81.
238 Henssler/Strohn/*Geibel*, § 8 GenG Rn. 8.

erreichbar sein (Alter, Dauer der Mitgliedschaft, fachliche Qualifikation etc.).[239] Ein Verstoß gegen die gesetzlichen Vorgaben führt zur Unwirksamkeit der Bestellung. Wird der Gewählte dennoch in das Genossenschaftsregister eingetragen, so können seine Rechtshandlungen als **faktisches Vorstandsmitglied** nach Maßgabe des § 29 GenG wirksam sein. Erfolgt die Bestellung dagegen nur im Widerspruch zu Satzungsbestimmungen, so berührt dies zwar nicht die Wirksamkeit, verpflichtet jedoch Vorstand und Aufsichtsrat, sich um einen unverzüglichen Widerruf der Bestellung zu bemühen.[240]

81 Daneben können sich besondere persönliche Anforderungen spezialgesetzlich ergeben. So muss etwa das Vorstandsmitglied einer **Kreditgenossenschaft** die fachliche Eignung (§ 33 Abs. 1 Satz 1 Nr. 4 KWG) und persönliche Zuverlässigkeit (§ 33 Abs. 1 Satz 1 Nr. 2 KWG) für die Tätigkeit aufweisen. Wird ein Vorstandsmitglied unter Missachtung dieser spezialgesetzlichen Regelung bestellt, so beeinflusst dies die genossenschaftsrechtliche Wirksamkeit der Bestellung nicht. Konsequenzen können sich jedoch in aufsichts-, standes- und disziplinarrechtlicher Hinsicht ergeben.[241]

2. Aufgaben

82 Die zentralen Aufgaben des Vorstands bestehen in der Vertretung (§ 24 Abs. 1 Satz 1 GenG) der Genossenschaft sowie in der Geschäftsführung. Anders als die Vertretung wird die Geschäftsführung dem Vorstand nicht ausdrücklich gesetzlich zugewiesen. § 27 Abs. 1 Satz 1 GenG statuiert jedoch, dass der Vorstand »die Genossenschaft unter eigener Verantwortung zu leiten« hat. Auch § 34 Abs. 1 Satz 1 GenG spricht von der Geschäftsführung der Vorstandsmitglieder. Dass der im Außenverhältnis bestehenden Aufgabe der Vertretung der Genossenschaft eine korrespondierende Aufgabe der Geschäftsführung im Innenverhältnis gegenübersteht, wird daher nicht bezweifelt.

a) Geschäftsführung

83 § 27 Abs. 1 Satz 1 GenG erklärt den Vorstand zum zuständigen Organ für die eigenverantwortliche Leitung der Genossenschaft, also die Geschäftsführung. Unter der eigenverantwortlichen Leitung ist zu verstehen, dass der Vorstand nicht weisungsgebunden ist und das alleinige Initiativrecht für Geschäftsführungsmaßnahmen innehat.[242] Eine Ausnahme hiervon macht § 27 Abs. 1 Satz 3 GenG für **Kleingenossenschaften**. Bei diesen kann die Satzung vorsehen, dass die Generalversammlung dem Vorstand gegenüber weisungsbefugt ist. Unter der Geschäftsführung sind sämtliche Maßnahmen organisatorischer Art zu verstehen, die der Verwirklichung des Unternehmensgegenstandes dienen.[243]

84 Keine Geschäftsführung stellen sog. **Grundlagengeschäfte** dar. Diese Maßnahmen auf Ebene der Verfassung der Genossenschaft, vor allem Satzungsänderungen oder umwandlungsrechtliche Strukturmaßnahmen, sind der Generalversammlung vorbehalten.[244] Eine weitere Einschränkung dürfte sich in den Fällen ergeben, die in die Kategorie des aktienrechtlichen *Holzmüller*-Urteils[245] (Kap. 3 Rdn. 499) fallen. Der *Bundesgerichtshof* hatte hier für Konstellationen, in denen es um schwerwiegende Eingriffe in die Interessen der Aktionäre geht (z.B. Ausgliederung eines Betriebs, der den wertvollsten Teil des Gesellschaftsvermögens darstellt) aus § 119 Abs. 2 AktG die Verpflichtung des Vorstands hergeleitet, einen Beschluss der Hauptversammlung einzuholen. Wenn diese Begrenzung bereits für den Vorstand einer eher unpersönlichen Kapitalgesellschaft gilt, so erscheint es erst recht geboten, sie auf die sehr viel personalistischer ausgestaltete Genossenschaft zu übertragen. Denn die wesentliche Grundlage der Genossenschaft bildet nicht etwa der Geschäftsanteil, sondern die per-

---

239 Beck HB Genossenschaft/*Gätsch*, § 5 Rn. 40 Beuthien/*Beuthien*, § 24 Rn. 7.
240 Pöhlmann/Fandrich/Bloehs/*Fandrich*, § 24 Rn. 11.
241 Pöhlmann/Fandrich/Bloehs/*Fandrich*, § 24 Rn. 12.
242 Beck HB Genossenschaft/*Gätsch*, § 5 Rn. 9.
243 Pöhlmann/Fandrich/Bloehs/*Fandrich*, § 24 Rn. 3.
244 Vgl. Beck HB Genossenschaft/*Gätsch*, § 5 Rn. 7.
245 BGH, Urt. v. 25.02.1982 – II ZR 174/80, BGHZ 83, 122 ff. = NJW 1982, 1703 ff.; konkretisiert durch BGH, Urt. v. 26.04.2004 – II ZR 155/02, BGHZ 159, 30 ff. = NJW 2004, 1860 ff.

sönliche Beteiligung der Mitglieder.²⁴⁶ Folglich hat der Vorstand für Maßnahmen, die den Kern der Unternehmenstätigkeit tangieren und die Struktur der Genossenschaft grundlegend verändern, einen Beschluss der Generalversammlung herbeizuführen.²⁴⁷

Ansonsten findet das Recht des Vorstands zur Geschäftsführung – von einer **Beschränkung** hinsichtlich Kreditgewährungen abgesehen (§ 49 GenG) – erst im Förderzweck der Genossenschaft (§ 1 Abs. 1 GenG) seine Grenzen. Wie sich aus § 27 Abs. 1 Satz 2 GenG ergibt, ist es allerdings möglich, die Geschäftsführungsbefugnis satzungsgemäß zu beschränken. Insbesondere kommt hier in Betracht, bestimmte Arten von Geschäften unter den Vorbehalt der Zustimmung durch den Aufsichtsrat zu stellen (§ 27 Abs. 2 Satz 2 GenG). Eine derartige Beschränkung entfaltet jedoch zugunsten des Verkehrsschutzes nur im Innenverhältnis ihre Wirkung und lässt die Vertretungsbefugnis im Außenverhältnis unberührt (§ 27 Abs. 2 Satz 1 GenG). Ein Verstoß gegen eine solche Innenregelung erlangt allerdings als Pflichtverletzung im Rahmen von Haftungsfragen Bedeutung (Rdn. 96 ff.).

85

Weitere bedeutende Pflichten des Vorstands bestehen in der ordnungsgemäßen Buchführung (§ 33 Abs. 1 Satz 1 GenG) und in der Aufstellung des Jahresabschlusses (§ 33 Abs. 1 Satz 2 GenG). Die Führung der Mitgliederliste zählt ebenfalls zu seinen Aufgaben (§ 30 Abs. 1 GenG). Wie im Kapitalgesellschaftsrecht üblich, ist der Vorstand auch zur **Verlustanzeige** gegenüber der Generalversammlung und zur unverzüglichen Einberufung derselben verpflichtet, falls bei pflichtgemäßem Ermessen anzunehmen ist, dass ein Verlust besteht, der nicht mehr durch die Hälfte der Summe der Geschäftsguthaben und Rücklagen gedeckt ist (§ 33 Abs. 3 GenG). Der Sinn dieser Verlustanzeige besteht darin, die Mitglieder über die Verluste zu informieren, für die sie im Falle einer Insolvenz einzustehen hätten.²⁴⁸ Bereits der fahrlässige Verstoß gegen die den Vorstand treffende Verpflichtung aus § 33 Abs. 3 GenG ist strafbewehrt (§ 148 Abs. 2 GenG). Auf die Verlustanzeige folgt im schlimmsten Fall die Pflicht zur Stellung eines **Insolvenzantrags** wegen Zahlungsunfähigkeit oder Überschuldung. Diese war früher eigens in § 99 Abs. 1 GenG a.F. geregelt. Mit Inkrafttreten des Gesetzes zur Modernisierung des GmbH-Rechts und zur Bekämpfung von Missbräuchen (MoMiG) vom 23.10.2008²⁴⁹ ist diese Pflicht nun für alle juristischen Personen, also auch die Genossenschaft (§ 17 Abs. 1 GenG), einheitlich in § 15a Abs. 1 InsO statuiert. Sie trifft jedes Vorstandsmitglied bzw. jeden Liquidator (Rdn. 191). Bei Führungslosigkeit der Genossenschaft ist sogar jedes Aufsichtsratsmitglied verpflichtet, es sei denn, es hat von dem Insolvenzeröffnungsgrund oder der Führungslosigkeit keine Kenntnis (§ 15a Abs. 3 InsO). Wird der Antrag überhaupt nicht, nicht rechtzeitig oder nicht richtig gestellt, so kommt sowohl bei Vorsatz (§ 15a Abs. 4 InsO) als auch bei Fahrlässigkeit (§ 15a Abs. 5 InsO) eine Strafbarkeit aus dem unechten Unterlassungsdelikt²⁵⁰ der **Insolvenzverschleppung** in Betracht. Schließlich sind die Vorstandsmitglieder qua Amtes auch zur Teilnahme an Aufsichtsratssitzungen und Generalversammlungen verpflichtet.²⁵¹

86

Im Regelfall eines Vorstands mit mehreren Mitgliedern gilt das Prinzip der **Gesamtgeschäftsführung**, sodass alle Vorstandsmitglieder gemeinsam handeln oder zumindest alle sonstigen Vorstandsmitglieder dem Handeln eines der ihren zustimmen müssen.²⁵² Angesichts des gerade in großen Genossenschaften kaum leugbaren praktischen Bedürfnisses, von diesem Grundsatz abzuweichen, kann, qua Satzung oder auch in einer Geschäftsordnung des Vorstands, anderes vereinbart werden.²⁵³

87

---

246 So bereits RG, Urt. v. 21.12.1915 – II ZR 294/15, RGZ 87, 408, 409; RG, Urt. v. 06.02.1934 – II ZR 250/33, RGZ 143, 296, 300.
247 So auch Henssler/Strohn/*Geibel*, GenG, § 27 Rn. 5.
248 Pöhlmann/Fandrich/Bloehs/*Fandrich*, § 33 Rn. 21.
249 BGBl. I S. 2026.
250 MünchKommStGB/*Hohmann*, § 15a InsO Rn. 3.
251 Pöhlmann/Fandrich/Bloehs/*Fandrich*, § 34 Rn. 12; Henssler/Strohn/*Geibel*, § 34 GenG, Rn. 3.
252 Beck HB Genossenschaft/*Gätsch*, § 5 Rn. 13.
253 Beck HB Genossenschaft/*Gätsch*, § 5 Rn. 13.

b) Vertretung der Genossenschaft

88 Der Vorstand vertritt die Genossenschaft organschaftlich im Außenverhältnis (§ 24 Abs. 1 Satz 1 GenG). Die durch den Vorstand oder diesem gegenüber abgegebenen Willenserklärungen wirken unmittelbar für und gegen die Genossenschaft (§ 26 Abs. 1 Halbs. 1 GenG). Dabei ist es unerheblich, ob das vorgenommene Rechtsgeschäft ausdrücklich im Namen der Genossenschaft geschlossen wird oder sich erst aus den Umständen ergibt, dass das Geschäft für die Genossenschaft geschlossen werden soll (§ 26 Abs. 1 Halbs. 2 GenG). Eine rechtsgeschäftliche Vertretung kommt für die Genossenschaft als Formkaufmann (§ 17 Abs. 2 GenG i.V.m. § 6 Abs. 1 HGB) insbesondere durch Erteilung von Prokura und Handlungsvollmacht in Betracht (§ 42 GenG).

89 Den gesetzlichen Regelfall organschaftlicher Vertretung stellt die **echte Gesamtvertretung** dar (§ 25 Abs. 1 Satz 1 GenG). Da die zwingende Mitwirkung sämtlicher Vorstandsmitglieder gerade in größeren Genossenschaften gewisse praktische Schwierigkeiten mit sich bringt, kann die Vertretung in der Satzung (§ 25 Abs. 1 Satz 2 GenG) auch anders geregelt werden, wovon die Praxis regen Gebrauch macht.[254] So ist etwa die **Einzelvertretung** statthaft (§ 25 Abs. 2 Satz 1 Alt. 1 GenG). Auch eine **unechte Gesamtvertretung**, bei der die Genossenschaft durch eine kleinere Anzahl an Vorstandsmitgliedern (häufig zwei) zu vertreten ist, ist zulässig. Handelt es sich um eine **Kleingenossenschaft**, deren Vorstand nur aus einer Person besteht (§ 24 Abs. 2 Satz 3 GenG), so ist diese Person einzelvertretungsberechtigt. Unzulässig sind Satzungsbestimmungen, die ein Vorstandsmitglied ganz von der Vertretung ausschließen.[255] Ebenso unzulässig sind – dies gilt für Alleinvorstände wie mehrköpfige Vorstände gleichermaßen – satzungsmäßige Regelungen, denen zufolge die Genossenschaft durch Vorstandsmitglieder **nur** in Gemeinschaft mit einem Prokuristen vertreten werden darf.[256] Derartige Regelungen schränken die Leitungs- und Vertretungsverantwortung des Vorstands in unzulässiger Weise ein. Eine solche **gemischte Vertretung** aus einem Vorstandsmitglied und einem Prokuristen (§ 25 Abs. 2 Satz 1 Alt. 2 GenG) ist allerdings **zusätzlich** zu einer anderen Vertretungsregelung möglich. § 25 Abs. 3 GenG sieht schließlich die Möglichkeit vor, einzelne Vorstandsmitglieder zur Vornahme bestimmter Geschäfte oder bestimmter Arten von Geschäften zu ermächtigen. Ob auch der Prokurist an der Ermächtigung mitwirken oder gar Adressat der Ermächtigung sein kann, ist ebenso umstritten, wie die Frage, ob aus der Ermächtigung eine gesetzliche oder nur eine rechtsgeschäftliche Vertretungsmacht resultiert.[257]

90 Verstirbt ein gesamtvertretungsbefugtes Vorstandsmitglied oder wird seine Bestellung widerrufen, so bleiben die übrigen Vorstandsmitglieder nur dann gesamtvertretungsbefugt, wenn die gesetzlich bzw. satzungsmäßig erforderliche Mindestanzahl an Vorstandsmitgliedern noch vorhanden ist.[258] Ein Unterschreiten der Mindestanzahl hat demnach den Entfall der Vertretungsbefugnis zur Folge. Hinsichtlich der **Passivvertretung** gilt gem. § 25 Abs. 1 Satz 3 GenG die Einzelvertretung durch ein Vorstandsmitglied (bzw. für den Fall der nach § 24 Abs. 1 Satz 2 GenG **führungslosen Genossenschaft** durch ein Aufsichtsratsmitglied). Die getroffenen Regelungen zur Vertretungsbefugnis sind zur Eintragung in das Genossenschaftsregister anzumelden (§ 11 Abs. 3 u. § 28 GenG), welches eine dem Handelsregister vergleichbare **Publizität** besitzt (§ 29 GenG).

91 Auch die grundsätzlich sehr weitreichende Vertretungsbefugnis des Vorstands unterliegt gewissen **Beschränkungen**. Zunächst ist dem Vorstand die gerichtliche wie außergerichtliche Vertretung der Genossenschaft gegenüber Vorstandsmitgliedern zur Vermeidung von Interessenskollisionen entzogen und dem Aufsichtsrat zugewiesen (§ 39 Abs. 1 Satz 1 GenG). In **Kleingenossenschaften**, die von der Möglichkeit des Verzichts auf einen Aufsichtsrat (§ 9 Abs. 1 Satz 2 GenG) Gebrauch gemacht haben, nimmt diese Aufgabe ein von der Generalversammlung zu wählender Bevollmächtigter wahr

---

254 Vgl. etwa Pöhlmann/Fandrich/Bloehs/*Fandrich*, § 25, Rn. 5; Beck HB Genossenschaft/*Gätsch*, § 5, Rn. 19.
255 Beck HB Genossenschaft/*Gätsch*, § 5, Rn. 19; Pöhlmann/Fandrich/Bloehs/*Fandrich*, § 25, Rn. 5.
256 Pöhlmann/Fandrich/Bloehs/*Fandrich*, § 25, Rn. 6.
257 S. hierzu Pöhlmann/Fandrich/Bloehs/*Fandrich*, § 25, Rn. 9.
258 Beck HB Genossenschaft/*Gätsch*, § 5, Rn. 16. Beuthien/*Beuthien*, § 25 Rn. 4.

(§ 39 Abs. 1 Satz 2 GenG). Soll dagegen ein Prozess gegen ein Aufsichtsratsmitglied geführt werden, ist der von der Generalversammlung zu wählende Bevollmächtigte unabhängig von der Größe der Genossenschaft zuständig (§ 39 Abs. 3 GenG). Weitere Begrenzungen der Vertretungsbefugnis ergeben sich aus § 181 BGB, der auf Vorstandsmitglieder juristischer Personen grundsätzlich anwendbar ist.[259] Im Einzelfall kann nach herrschender Meinung sowohl die **Mehrvertretung** als auch das **Selbstkontrahieren** nach dem Rechtsgedanken des § 39 Abs. 1 Satz 1, Abs. 2 GenG durch den Aufsichtsrat bzw. in der Konstellation des § 39 Abs. 1 Satz 2 GenG durch den Bevollmächtigten gestattet werden.[260] Eine generelle statutarische Befreiung ist dagegen nur vom Verbot der Mehrvertretung (§ 181 Alt. 2 BGB), nicht aber hinsichtlich des Selbstkontrahierens (§ 181 Alt. 1 BGB) möglich, insoweit ist § 39 GenG satzungsfest.[261] Im Falle fehlender Vertretungsbefugnis gelten die §§ 177 ff. BGB.

Eine satzungsmäßige Beschränkung der Geschäftsführungsbefugnis ist zwar, wie bereits gezeigt (Rdn. 85), möglich. Ausweislich des § 27 Abs. 2 Satz 1 GenG wirkt sich diese jedoch bei der Genossenschaft als wirtschaftlichem Sonderverein[262] – anders als im allgemeinen Vereinsrecht (dort § 26 Abs. 1 Satz 3 BGB) – nicht auf die im Außenverhältnis bestehende Vertretungsbefugnis aus. Eine andere Bewertung der Außenwirkung eines Verstoßes gegen geschäftsführungsbezogene Innenregeln ergibt sich nur in den durch die Rechtsprechung entwickelten Fallgruppen der **Kollusion** und des **evident rechtsmissbräuchlichen Verhaltens**. Die Annahme einer Kollusion setzt das bewusste Zusammenwirken des Vorstands und des Vertragspartners zum Nachteil der Genossenschaft voraus. Ein solches Verhalten stellt sich als sittenwidrig dar und führt daher zur Nichtigkeit des Rechtsgeschäfts (§ 138 Abs. 1 BGB).[263] Auch beim Zusammenwirken ohne Nachteilszufügungsabsicht kann es zur Unwirksamkeit des Vertretergeschäfts kommen, wenn sich dem Vertragspartner der interne Pflichtenverstoß des Vorstands aufgrund massiver Verdachtsmomente aufdrängen musste und damit objektiv evident war. In einem solchen Fall ist es dem Vertragspartner nach Treu und Glauben (§ 242 BGB) versagt, sich auf die unbeschränkbare Vertretungsbefugnis des Vorstands zu berufen, wodurch das Rechtsgeschäft lediglich noch durch Genehmigung des Aufsichtsrats zustande kommen kann (§ 177 Abs. 1 BGB i.V.m. § 39 Abs. 1 Satz 1 GenG).

92

Hinsichtlich der Zurechnung von Wissen und Willensmängeln findet der Grundsatz der Gesamtvertretung keine Anwendung. Die Genossenschaft muss sich als juristische Person (§ 17 Abs. 1 GenG) das Wissen eines jeden einzelnen vertretungsbefugten Vorstandsmitglieds zurechnen lassen, selbst dann, wenn das »wissende« Vorstandsmitglied nichts von dem betreffenden Rechtsgeschäft wusste.[264] Ob man diese Zurechnung auf § 166 BGB bzw. § 31 BGB, jeweils in direkter oder analoger Anwendung, stützt oder allgemeiner auf gesellschaftsrechtliche Wertungen[265] abstellt, ist strittig, kann aber an dieser Stelle dahinstehen.[266]

93

Der mit Inkrafttreten des Gesetzes über das elektronische Handelsregister und Genossenschaftsregister sowie das Unternehmensregister (EHUG)[267] am 01.01.2007 neu gefasste § 25a GenG erstreckt die Pflichtangaben für **Geschäftsbriefe** nunmehr ebenso wie die aktienrechtliche Parallelvorschrift (§ 80 AktG) über die postalische Versendung hinaus auf alle Geschäftsbriefe »gleichviel welcher

94

---

259 BGH, Urt. v. 06.10.1960 – II ZR 215/58, BGHZ 33, 189, 190 = NJW 1960, 2285, 2285; BGH, Urt. v. 19.04.1971 – II ZR 98/68, BGHZ 56, 97, 101 = NJW 1971, 1355, 1356.
260 Henssler/Strohn/*Geibel*, § 24 GenG Rn. 3; Beuthien/*Beuthien*, § 24 Rn. 4.
261 Henssler/Strohn/*Geibel*, § 24 GenG Rn. 3; ähnlich, aber noch restriktiver Beck HB Genossenschaft/ *Gätsch*, § 5, Rn. 18; a.A. wohl Beuthien/*Beuthien*, § 242 Rn. 4.
262 Etwa *Beuthien*, NJW 1999, 1142, 1142.
263 Teilweise wird auch hier die Anwendbarkeit der §§ 177 ff. BGB vertreten, etwa Henssler/Strohn/ *Geibel*, § 27 GenG Rn. 6.
264 BGH, Urt. v. 17.05.1995 – VIII ZR 70/94, NJW 1995, 2195, 2160.
265 So *Beuthien*, NJW 1999, 1142, 1145.
266 S. zur Diskussion etwa *Faßbender/Neuhaus*, WM 2002, 1253 ff.; Hüffer/Koch/*Koch*, AktG, § 78, Rn. 24 ff. (zur AG).
267 BGBl. I S. 2553.

Form«. Damit müssen nun auch in **E-Mails** die Rechtsform und der Sitz der Genossenschaft, die Nummer, unter der die Genossenschaft in das Genossenschaftsregister eingetragen ist, sowie alle Vorstandsmitglieder und, sofern der Aufsichtsrat einen Vorsitzenden hat, dieser mit dem Familiennamen und mindestens einem ausgeschriebenen Vornamen angegeben werden. Im Einzelfall kann auch eine SMS als Geschäftsbrief mit den entsprechenden Pflichtangaben anzusehen sein.[268] § 25a Abs. 2 GenG beinhaltet eine Ausnahme für Mitteilungen und Berichte im Rahmen einer bestehenden Geschäftsverbindung, für die üblicherweise Vordrucke verwendet werden.

3. Haftung

95 Eine Haftung der Vorstandsmitglieder kommt sowohl gegenüber der Genossenschaft als auch gegenüber Dritten in Frage, wobei in letzterer Konstellation vor allem Mitglieder der Genossenschaft als Gläubiger betroffen sind. In der Praxis ist die Außenhaftung gegenüber Dritten aber eher die Ausnahme, sodass sich die Ausführungen schwerpunktmäßig mit dem Verhältnis der Vorstandsmitglieder zur Genossenschaft beschäftigen werden.

a) Haftung gegenüber der Genossenschaft

aa) Der Haftungstatbestand des § 34 Abs. 2 GenG

96 Die Haftung aus § 34 Abs. 2 GenG setzt eine dem Sorgfaltsmaßstab des § 34 Abs. 1 Satz 1 GenG widersprechende schuldhafte Verletzung von Vorstandspflichten voraus, welche für den eingetretenen Schaden kausal geworden sein muss.[269]

(1) Sorgfaltsmaßstab

97 Den Ausgangspunkt für die Haftung des Vorstands nach § 34 Abs. 2 Satz 1 GenG bildet demnach der zu beobachtende Sorgfaltsmaßstab. In Konkretisierung der allgemein im kaufmännischen Verkehr erforderlichen Sorgfalt (§ 347 Abs. 1 HGB) erlegt § 34 Abs. 1 Satz 1 GenG den Vorstandsmitgliedern auf, bei ihrer Geschäftsführung die **Sorgfalt** eines ordentlichen und gewissenhaften Geschäftsleiters einer Genossenschaft anzuwenden. Der zu beobachtende Maßstab ist hierbei einzelfallbezogen zu ermitteln. Insbesondere sind Art, Größe und Bedeutung des Unternehmens wie auch des konkreten Rechtsgeschäfts zu berücksichtigen, ein Einheitsmaßstab verbietet sich.[270] In jedem Fall wird man aber die ordnungsgemäße interne Organisation der Genossenschaft, die Einhaltung der Rechtsregeln des geschäftlichen Verkehrs sowie die am genossenschaftlichen Förderzweck (§ 1 Abs. 1 GenG) orientierte Unternehmensführung einfordern müssen.[271]

98 Nicht verkannt werden darf jedoch, dass die eigenverantwortliche Leitung der Genossenschaft (§ 27 Abs. 1 Satz 1 GenG) einen weiten **Ermessensspielraum** mit sich bringt, welcher für erfolgreiches unternehmerisches Handeln nötig ist. Der Vorstand darf insoweit auch bewusst geschäftliche Risiken mit der Gefahr von Fehlbeurteilungen und Fehleinschätzungen eingehen. Der Spielraum ist jedoch überschritten, wenn für einen ordentlichen und gewissenhaften Geschäftsleiter das hohe Risiko eines Schadens unabweisbar ist und keine vernünftigen Gründe dafür sprechen, es dennoch einzugehen, was insbesondere bei einem Vorgehen entgegen anerkannter Erfahrungssätze der jeweiligen Branche der Fall ist.[272] Trotz dieser Leitlinie kann die Abgrenzung unglücklicher unternehmerischer Entscheidungen von schadensersatzbegründenden Pflichtverletzungen Schwierigkeiten bereiten. In der Vergangenheit behalf man sich teilweise damit, die nach US-amerikanischem Vorbild in das Aktiengesetz implementierte »**Business Judgment Rule**« (§ 93 Abs. 1 Satz 2 AktG) analog auf

---

268 Pöhlmann/Fandrich/Bloehs/*Fandrich*, § 25a Rn. 1.
269 Henssler/Strohn/*Geibel*, GenG, § 34 Rn. 8.
270 Pöhlmann/Fandrich/Bloehs/*Fandrich*, § 34, Rn. 6.
271 Beck HB Genossenschaft/*Gätsch*, § 5 Rn. 61.
272 BGH, Urt. v. 03.12.2001 – II ZR 308/99, BKR 2002, 168, 169; bestätigt durch BGH, Urt. v. 21.03.2005 – II ZR 54/03, DStR 2005, 933, 935.

die Genossenschaft anzuwenden.[273] Mittlerweile hat der Gesetzgeber nachgebessert und im Zuge des am 22.07.2017 in Kraft getretenen Gesetzes zum Bürokratieabbau und zur Förderung der Transparenz bei Genossenschaften[274] eine entsprechende Regelung in § 34 Abs. 1 Satz 2 GenG eingefügt. Danach liegt keine Pflichtverletzung vor, wenn das Vorstandsmitglied bei einer unternehmerischen Entscheidung vernünftigerweise annehmen durfte, auf Grundlage angemessener Informationen zum Wohle der Genossenschaft zu handeln. Das setzt voraus, dass der Vorstand die Entscheidungsgrundlagen sorgfältig ermittelt und das Für und Wider seiner Handlungsoptionen abgewogen hat.[275] Angesichts der – abgesehen von der Gesellschaftsform – wortlautgleichen Formulierung kann zum Zwecke der Auslegung auf die Rechtsprechung und Literatur zu § 93 Abs. 1 Satz 2 AktG zurückgegriffen werden.[276] Anzumerken ist noch, dass dem Vorstand ein Ermessensspielraum nur hinsichtlich seiner unternehmerischen Entscheidungen zusteht, nicht jedoch in Bezug auf seine Pflichten bei der organschaftlichen Leitung der Genossenschaft.[277] Zu den einzelnen organschaftlichen Pflichten des Vorstands s. bereits Rdn. 86.

Die Sorgfalt eines ordentlichen und gewissenhaften Geschäftsleiters beinhaltet auch, über vertrauliche Angaben und Geheimnisse der Genossenschaft, namentlich **Betriebs- oder Geschäftsgeheimnisse**, die ihnen durch die Tätigkeit im Vorstand bekannt geworden sind, Stillschweigen zu bewahren (§ 34 Abs. 1 Satz 3 GenG). Das unbefugte Offenbaren eines solchen Geheimnisses ist nach § 151 Abs. 1 GenG strafbewehrt. 99

(2) Pflichtverletzung

Die geforderte Pflichtverletzung kann sich aus der Verletzung spezieller organschaftlicher Pflichten (Rdn. 86) oder der oben dargestellten allgemeinen Sorgfaltspflicht bei der Geschäftsführung (§ 34 Abs. 1 Satz 1 GenG) ergeben. Sofern neben die körperschaftsrechtliche Bestellung des Vorstands ein Anstellungsvertrag getreten ist (Rdn. 179 ff.), kommt die Verletzung von Pflichten aus diesem im Rahmen von § 34 Abs. 2 GenG keine Bedeutung zu.[278] § 34 Abs. 3 GenG enthält eine beispielhafte Aufzählung von schadensersatzbegründenden Pflichtverletzungen. Im Einzelnen kann Schadensersatz erlangt werden, wenn **entgegen** dem Genossenschaftsgesetz oder der Satzung 100

1. Geschäftsguthaben ausgezahlt werden,
2. Den Mitgliedern Zinsen oder Gewinnanteile gewährt werden,
3. Genossenschaftsvermögen verteilt wird,
4. Zahlungen geleistet werden, nachdem die Zahlungsunfähigkeit der Genossenschaft eingetreten ist oder sich eine Überschuldung ergeben hat, die für die Genossenschaft nach § 98 Grund für die Eröffnung des Insolvenzverfahrens ist,
5. Kredit gewährt wird.

Eine Besonderheit der Pflichtverletzungen in § 34 Abs. 3 GenG besteht darin, dass hier nach herrschender Meinung widerleglich vermutet wird, dass der Gesellschaft tatsächlich ein Schaden in Höhe der gewährten bzw. ausgezahlten Beträge entstanden ist[279] (Rdn. 105). Eine weitere **Beweislastumkehr** findet sich in § 34 Abs. 2 Satz 2 GenG. Die Vorstandsmitglieder tragen daher die Beweislast dafür, dass sie die Sorgfalt eines ordentlichen und gewissenhaften Geschäftsleiters angewandt haben. Die Genossenschaft dagegen muss nur darlegen, dass und inwieweit ihr ein Schaden entstanden ist.[280] Hierbei hilft § 287 Abs. 1 ZPO. Will sich demnach ein Vorstandsmitglied hinsichtlich einer 101

---

273 *Lutter*, ZIP 2007, 841, 848; Beck HB Genossenschaft/*Gätsch*, § 5 Rn. 61.
274 BGBl. I S. 2434.
275 BGH, Beschl. v. 03.11.2008 – II ZR 236/07, NZG 2009, 117, 117.
276 Siehe etwa Hüffer/Koch/*Koch*, AktG, § 93 Rn. 8 f.; Grigoleit/*Grigoleit*/*Tomasic*, AktG, § 93 Rn. 35 f., jew. m.w.N.; siehe auch die Einzelbeispiele bei MünchKommAktG/*Spindler*, § 93 Rn. 77 ff.
277 Henssler/Strohn/*Geibel*, GenG, § 34 Rn. 5.
278 Beck HB Genossenschaft/*Gätsch*, § 5 Rn. 63; kritisch offenabr Beuthien/*Beuthien*, § 34 Rn. 2.
279 Beuthien/*Beuthien*, § 34 Rn. 20; Pöhlmann/Fandrich/Bloehs/*Fandrich*, § 34, Rn. 22; Henssler/Strohn/ *Geibel*, § 34 GenG Rn. 10.
280 BGH, Beschl. v. 08.01.2007 – II ZR 304/04, DStR 2007, 402, 402.

unternehmerischen Ermessensentscheidung auf die »**Business Judgment Rule**« (Rdn. 98) berufen, so muss es deren tatsächliche Voraussetzungen beweisen. Dem Vorstand ist daher dringend anzuraten, seine Entscheidungsprozesse nachvollziehbar zu dokumentieren.[281]

102 Bei pflichtwidrigen Mehrheitsbeschlüssen reicht es nicht aus, wenn das überstimmte Vorstandsmitglied seine abweichende Auffassung lediglich protokollieren lässt. Vielmehr muss es alles Zumutbare und Mögliche unternehmen, um den drohenden Schaden abzuwenden, was – selbst bei lediglich ehrenamtlicher Vorstandstätigkeit – auch die Einschaltung von Aufsichtsrat und Prüfungsverband erfordern kann.[282] Ist die Geschäftsführung unter den Vorstandsmitgliedern nach einem Geschäftsverteilungsplan aufgeteilt, so ist jedes Vorstandsmitglied zum einen für das ihm zugeteilte Ressort, zum anderen aber auch – als Ausdruck der **ressortübergreifenden Gesamtverantwortung** – für das Vorstandshandeln insgesamt verantwortlich.[283] Im Sinne einer effizienten Arbeitsteilung dürfen die Vorstandsmitglieder jedoch grundsätzlich davon ausgehen, dass ihr Kollegen die ihrem Zuständigkeitsbereich unterfallenden Aufgaben ordnungsgemäß wahrnehmen.[284] Bestehen jedoch konkrete Anhaltspunkte für ein Fehlverhalten in einem anderen Ressort, so sind die übrigen Vorstandsmitglieder verpflichtet, der konkreten Maßnahme zu widersprechen oder auf sonstige Weise einzuschreiten.[285] Im Übrigen genügen sie ihrer allgemeinen Kontroll- und Überwachungspflicht, indem sie sich auf den turnusmäßigen Vorstandssitzungen über die anderen Ressorts informieren.[286]

103 Eine Aufteilung der wahrzunehmenden Aufgaben kommt natürlich nicht nur vorstandsintern in Betracht. Abgesehen von Fällen der grundsätzlichen Leitungsverantwortung (etwa Planung, Zielsetzung, Steuerung, Kontrolle) und gesetzlicher Anordnung (bspw. die Organkreditvergabe bei Kreditgenossenschaften, § 15 Abs. 1 Satz 1 KWG) können Aufgaben auch an **Mitarbeiter** delegiert werden.[287] Delegiert der Vorstand eine Aufgabe hiernach wirksam, so kann ihm das Fehlverhalten eines Mitarbeiters nicht nach § 278 Satz 1 BGB zugerechnet werden. Schließlich ist die Genossenschaft Geschäftsherrin, nicht das delegierende Vorstandsmitglied.[288] Allerdings sind die Vorstandsmitglieder verpflichtet, ihre Mitarbeiter sorgfältig auszuwählen und zu überwachen, wobei hier ein strengerer Maßstab anzulegen ist als derjenige, der hinsichtlich der Gesamtverantwortung der Vorstandsmitglieder untereinander gilt.[289] In der Praxis wird daher eine Pflichtverletzung eines Mitarbeiters nicht selten mit einer eigenen (Überwachungs-) Pflichtverletzung des delegierenden Vorstandsmitglieds einhergehen.

(3) Verschulden

104 Die Haftung aus § 34 Abs. 2 Satz 1 GenG ist zudem verschuldensabhängig. Im Grundsatz gilt zwar § 276 Abs. 1 Satz 1 BGB und damit eine Haftung für vorsätzliches und fahrlässiges Handeln. Allerdings ist das Verschulden insoweit strenger zu beurteilen, als § 34 Abs. 1 Satz 1 GenG eine besondere Sorgfalt einfordert (Rdn. 97). Dabei ist ein objektiver Maßstab anzulegen, sodass fehlende Kenntnis oder sonstige Unfähigkeit zur Geschäftsführung das Verschulden des Vorstandsmitglieds nicht ausschließen.[290] Das Vorstandsmitglied ist vielmehr dazu angehalten, sich über seine Pflichten und die von ihm zu beachtenden Vorschriften selbstständig zu informieren.[291] Hinsichtlich eines

---

281 Beck HB Genossenschaft/*Gätsch*, § 5 Rn. 68 m.w.N.
282 BGH, Urt. v. 01.12.2003 – II ZR 216/01, DStR 2004, 513, 515; Pöhlmann/Fandrich/Bloehs/*Fandrich*, § 34 Rn. 18.
283 Beuthien/*Beuthien*, § 34 Rn. 14; Beck HB Genossenschaft/*Gätsch*, § 5 Rn. 65; Henssler/Strohn/*Geibel*, § 34 GenG Rn. 2.
284 Beck HB Genossenschaft/*Gätsch*, § 5 Rn. 65.
285 Henssler/Strohn/*Geibel*, § 34 GenG Rn. 2.
286 Beck HB Genossenschaft/*Gätsch*, § 5 Rn. 65.
287 Pöhlmann/Fandrich/Bloehs/*Fandrich*, § 34, Rn. 11.
288 Henssler/Strohn/*Geibel*, § 34 GenG Rn. 2.
289 Henssler/Strohn/*Geibel*, § 34 GenG, Rn. 2.
290 BGH, Urt. v. 03.12.2001 – II ZR 308/99, DStR 2002, 597, 597.
291 Pöhlmann/Fandrich/Bloehs/*Fandrich*, § 34, Rn. 8.

etwaigen **Verschuldens von Mitarbeitern** gilt entsprechend dem oben (Rdn. 103) Geschriebenen, dass dieses im Falle wirksamer Delegation nicht nach § 278 Satz 1 BGB zugerechnet werden darf, sehr wohl aber ein eigenes Auswahl- oder Überwachungsverschulden in Betracht kommt.

(4) Kausaler Schaden

Infolge der verschuldeten Pflichtverletzung muss ein adäquat kausaler Schaden der Genossenschaft eingetreten sein. Zur Bezifferung von Art und Umfang des Schadens sind die § 249 ff. BGB anzuwenden. Die Genossenschaft kann folglich nach § 249 Abs. 1 BGB verlangen, so gestellt zu werden, als hätte das Vorstandsmitglied seine Pflichten erfüllt.[292] Bei der Ermittlung des Schadens hilft ihr zum einen die **Beweiserleichterung** des § 287 Abs. 1 Satz 1 ZPO, zum anderen in den Fällen des § 34 Abs. 3 GenG zusätzlich die **widerlegliche Vermutung** des Schadenseintritts in Höhe der gewährten Beträge. Das Vorstandsmitglied kann sich grundsätzlich darauf berufen, dass der Schaden auch bei **pflichtgemäßem Alternativverhalten** entstanden wäre, trägt hierfür allerdings die Beweislast.[293] Keine Anwendung findet der Gedanke pflichtgemäßen Alternativverhaltens allerdings bei Kollegialentscheidungen. Das Vorstandsmitglied kann sich also nicht darauf berufen, dass es bei pflichtgemäßem Abstimmungsverhalten von den übrigen Mitgliedern überstimmt worden wäre.[294]

105

(5) Haftungsausschluss

Eine Ausnahme von der Binnenhaftung des Vorstands gegenüber der Genossenschaft macht § 34 Abs. 4 Satz 1 GenG für den Fall, dass die Verletzungshandlung auf einem gesetzmäßigen **Beschluss der Generalversammlung** beruht. Die Gesetzmäßigkeit des Beschlusses setzt voraus, dass er weder nichtig noch anfechtbar ist.[295] Eine Billigung der Handlung durch den Aufsichtsrat reicht hingegen nicht für einen Haftungsausschluss (§ 34 Abs. 4 Satz 2 GenG). Der Generalversammlung ist es auch möglich, auf Regressansprüche gegen den Vorstand zu **verzichten**.[296]

106

(6) Gesamtschuldnerische Haftung

§ 34 Abs. 2 Satz 1 GenG ordnet an, dass – im Falle mehrerer verantwortlicher Vorstandsmitglieder – die Betreffenden gesamtschuldnerisch (§§ 412 ff. BGB) haften. Sind neben Mitgliedern des Vorstands auch solche des Aufsichtsrats (Rdn. 129 ff.) betroffen, so haften sämtliche Organmitglieder gesamtschuldnerisch.[297] Im Binnenausgleich zwischen den Gesamtschuldnern (§ 426 Abs. 1 Satz 1 BGB) sind die Unterschiede hinsichtlich der Verursachungsbeiträge und des Grads des Verschuldens angemessen zu berücksichtigen.[298]

107

(7) Verjährung

Die Ansprüche der Genossenschaft aus § 34 Abs. 2 Satz 1, Abs. 3 GenG verjähren gem. § 34 Abs. 6 GenG abweichend von der Regelverjährung in fünf Jahren. Die Verjährungsfrist beginnt daher nach § 200 Satz 1 BGB mit Entstehung des Anspruchs. Zur Entstehung des Anspruchs reicht es aus, dass er bereits mit der Feststellungsklage geltend gemacht werden kann, der Schaden muss noch nicht bezifferbar sein[299]. Für die Fristberechnung gelten die §§ 187 Abs. 1, 188 Abs. 2 BGB.

108

---

292 Henssler/Strohn/*Geibel*, § 34 GenG Rn. 8.
293 BGH, Beschl. v. 08.01.2007 – II ZR 304/04, DStR 2007, 402, 406; Beck HB Genossenschaft/*Gätsch*, § 5 Rn. 67.
294 Henssler/Strohn/*Geibel*, § 34 GenG Rn. 8; Hüffer/Koch/*Koch*, AktG, § 93 Rn. 50.
295 Beuthien/*Beuthien*, § 34 Rn. 21; Beck HB Genossenschaft/*Gätsch*, § 5 Rn. 70.
296 Pöhlmann/Fandrich/Bloehs/*Fandrich*, § 34 Rn. 27; Beck HB Genossenschaft/*Gätsch*, § 5 Rn. 71.
297 Beuthien/*Beuthien*, § 34 Rn. 19; Beck HB Genossenschaft/*Gätsch*, § 5 Rn. 69.
298 Beck HB Genossenschaft/*Gätsch*, § 5 Rn. 69.
299 BGH, Urt. v. 21.02.2005 – II ZR 112/03, DStR 2005, 659, 659.

109 Ein Sonderproblem stellen in diesem Zusammenhang **Kreditgenossenschaften** dar. Für diese sieht § 52a Abs. 1 KWG hinsichtlich der Ansprüche des Kreditinstituts gegen den Geschäftsleiter aus dem Organverhältnis wegen der Verletzung von Sorgfaltspflichten eine Verjährungsfrist von zehn Jahren vor. Ob es sich hierbei um eine § 34 Abs. 6 GenG verdrängende Spezialnorm handelt, wird teilweise bezweifelt.[300] Die Gesetzgebungsmaterialien stützen allerdings die Annahme einer vorrangigen Sonderregelung. So hätten laut Regierungsentwurf einerseits einige Kreditinstitute zur Entstehung der Finanzkrise 2008 – in deren Folge das Restrukturierungsgesetz und § 52a KWG beschlossen wurden – beigetragen, andererseits sei die Aufarbeitung von Sorgfaltspflichtverletzungen bei Kreditinstituten besonders zeitaufwändig.[301] Vor diesem Hintergrund erscheint die Aufnahme auch von Kreditgenossenschaften in ein spezielles Verjährungsregime vom gesetzgeberischen Willen erfasst.[302] Sofern es allerdings allein um eine Verletzung der spezifischen Beschlussanforderungen bei **Organkrediten** (§ 15 KWG) geht, gilt gleichwohl nach dem insoweit spezielleren § 17 Abs. 3 KWG wieder eine fünfjährige Verjährungsfrist.[303] In der Praxis wird das selten der Fall sein sondern vielmehr (auch) sonstige Pflichtverletzungen, wie z.B. eine pflichtwidrig fehlerhafte Sicherheitenbewertung vorliegen, sodass letztlich wieder die zehnjährige Verjährungsfrist des § 52a KWG gilt.[304] Die Verjährung deliktischer Ansprüche bleibt von § 52a KWG jedoch unangetastet.[305]

bb) Sonstige Haftungstatbestände

110 Neben einer Haftung aus § 34 GenG kommt zunächst eine deliktische Haftung nach § 823 Abs. 2 BGB in Betracht. Als Schutzgesetze fungieren hier vor allem die Vorschriften, die Verstöße gegen Vorstandspflichten unter Strafe stellen. Dies sind die §§ 147 Abs. 1, Abs. 2, 148 Abs. 1, Abs. 2, 151 Abs. 1 Nr. 1 GenG. Für **Kreditgenossenschaften** existiert für den Fall der Verletzung spezifischer Beschlussanforderungen bei **Organkrediten** (§ 15 KWG, s.a. Rdn. 109, 127) eine spezielle Haftungsgrundlage aus § 17 Abs. 1 KWG. Im Umwandlungsrecht kann sich eine Haftung aus § 25 Abs. 1 Satz 1 UmwG ergeben. In den Fällen der Kollusion (Rdn. 92) greift auch § 826 BGB ein. Deliktische Haftungstatbestände verjähren nicht nach § 34 Abs. 6 GenG, sondern nach den allgemeinen Vorschriften.[306]

111 Die Pflicht zur Stellung eines **Insolvenzantrags** nach § 15a InsO schützt dagegen nicht die Genossenschaft, sondern nur deren Gläubiger.[307] Allerdings verletzt der Vorstand mit einem Verstoß gegen § 15a InsO zugleich seine Legalitätspflicht, was wieder eine Haftung gem. § 34 Abs. 2 Satz 1 GenG auslösen kann. Für diese fehlt es nach der Rechtsprechung des *Bundesgerichtshofs* jedoch regelmäßig an einem Schaden der Gesellschaft.[308] Häufig wird aber zugleich ein Verstoß gegen ein Zahlungsverbot vorliegen, sodass der Vorstand aus § 34 Abs. 3 Nr. 4 GenG haftet.

cc) Geltendmachung der Haftungsansprüche

112 Zur Geltendmachung von Ansprüchen der Genossenschaft gegenüber dem Vorstand ist ausweislich des § 39 Abs. 1 Satz 1 GenG der Aufsichtsrat berufen. Sofern entsprechende Anhaltspunkte bestehen, hat er Schadensersatzansprüche gegen den Vorstand auf ihre Schlüssigkeit und Durchsetzbarkeit hin

---

300 Pöhlmann/Fandrich/Bloehs/*Fandrich*, § 34 Rn. 29.
301 RegE zum Restrukturierungsgesetz, BT-Drucks. 17/3024, S. 81.
302 Zu diesem Ergebnis kommen auch *Harbarth/Jaspers*, NZG 2011, 368, 374 f.; Michalski/Heidinger/Leible/J. Schmidt/*Ziemons*, § 43 Rn. 520 bejaht die Spezialität des § 52a KWG gegenüber der Parallelvorschrift im GmbHG.
303 Boos/Fischer/Schulte-Mattler/*Fischer*, KWG, § 52a Rn. 20.
304 Boos/Fischer/Schulte-Mattler/*Fischer*, KWG, § 52a Rn. 20.
305 Bericht des Finanzausschusses zum RegE zum Restrukturierungsgesetz, BT-Drucks. 17/3547, S. 9.
306 So auch MünchKommAktG/*Spindler*, § 93, Rn. 329 zur aktienrechtlichen Schwestervorschrift; a.A. Henssler/Strohn/*Geibel*, § 34 GenG Rn. 16, der § 34 Abs. 6 hier erweiternd auslegen will.
307 BGH, Urt. v. 16.12.1958 – VI ZR 245/57, NJW 1959, 623, 623 zu § 64 GmbHG a.F.; Andres/Leithaus/*Leithaus*, InsO, § 15a, Rn. 1; BeckOK InsO/*Wolfer*, § 15a Rn. 30.
308 BGH, Urt. v. 20.09.2010 – II ZR 78/09, BGHZ 187, 60, 60 = NJW 2011, 221, 221.

zu prüfen.[309] Kommt er dem nicht nach, so kann er sich selbst gegenüber der Genossenschaft haftbar machen (§ 41 GenG i.V.m. § 34 Abs. 2 Satz 1 GenG). In der Satzung kann bestimmt werden, dass über die Führung von Prozessen gegen den Vorstand die Generalversammlung entscheidet (§ 39 Abs. 1 Satz 3 GenG). Hat eine **Kleingenossenschaft** satzungsmäßig auf den Aufsichtsrat verzichtet, so ist für die Geltendmachung der Ansprüche ein von der Generalversammlung zu wählender Bevollmächtigter zuständig (§ 39 Abs. 1 Satz 2 GenG).

b) Haftung gegenüber Dritten

§ 34 Abs. 2 Satz 1 GenG ist kein Schutzgesetz im Rahmen des § 823 Abs. 2 BGB und somit weder für Mitglieder noch sonstige Dritte taugliche Anspruchsgrundlage.[310] In Betracht kommt aber ein Pfändungs- und Überweisungsbeschluss zugunsten des Dritten hinsichtlich der Ansprüche der Genossenschaft oder – beschränkt auf die Fälle des § 34 Abs. 3 GenG – die direkte Geltendmachung über § 35 Abs. 5 Satz 1 GenG. Gläubiger von **Kreditgenossenschaften** können, soweit sie von der Genossenschaft keine Befriedigung erlangen können, den Anspruch aus § 17 Abs. 1 KWG (Rdn. 110) auch selbst geltend machen (§ 17 Abs. 2 Satz 1 KWG), was der Regelung des § 35 Abs. 5 Satz 1 GenG entspricht.

113

Daneben kommt eine Außenhaftung durch oben angesprochene Schutzgesetze (Rdn. 110) im Rahmen des 823 Abs. 2 BGB oder aus § 826 BGB in Frage. Über einen Eingriff in das Recht am eingerichteten und ausgeübten Gewerbebetrieb ist auch eine Haftung nach § 823 Abs. 1 BGB denkbar.[311]

114

II. Aufsichtsrat

1. Besetzung

Der Aufsichtsrat ist ein grundsätzlich zwingendes Organ der Genossenschaft (§ 9 Abs. 1 Satz 1 GenG). Nur **Kleingenossenschaften** können satzungsmäßig auf ihn verzichten (§ 9 Abs. 1 Satz 2 GenG). In diesem Falle werden seine Funktionen durch die Generalversammlung wahrgenommen (§ 9 Abs. 1 Satz 3 GenG). Bei Verzicht auf eine satzungsmäßig zu bestimmende höhere Personenzahl wird der Aufsichtsrat aus drei Personen gebildet, die von der Generalversammlung zu wählen sind (§ 36 Abs. 1 Satz 1 GenG). In Frage kommen, ebenso wie beim Vorstand (Rdn. 80), auch investierende Mitglieder (Rdn. 73 f.).[312] Allerdings darf maximal ein Viertel des Aufsichtsrats aus investierenden Mitgliedern bestehen (§ 8 Abs. 2 Satz 4 GenG). Den Mitgliedern des Aufsichtsrats kann eine angemessene Vergütung gewährt werden, die sich an den Aufgaben der Aufsichtsratsmitglieder und den Umständen der jeweiligen Genossenschaft orientieren sollte. Anders als im Aktienrecht, wo nach § 113 Abs. 3 Satz 1 AktG auch eine erfolgsbezogene **Vergütung** in Betracht kommt, darf dem Aufsichtsrat einer Genossenschaft nur eine fixe Vergütung gewährt werden (§ 36 Abs. 2 GenG). Diese Regelung kann darauf zurückgeführt werden, dass die Aufgabe der Genossenschaft nicht in der Gewinnerzielung, sondern in der Verbesserung der wirtschaftlichen Lage ihrer Mitglieder besteht.[313] Eine erfolgsbezogene Vergütung erscheint daher weniger geeignet, um den Aufsichtsrat zu motivieren, im Interesse der Mitglieder – und damit der Genossenschaft als solcher – zu handeln. Die **Dauer** des Aufsichtsratsmandats ist gesetzlich nicht geregelt. Sie ist daher in der Satzung oder von der Generalversammlung festzulegen, wobei eine Bestellung auf unbestimmte Zeit nicht möglich sein soll.[314] Die Abberufung von Aufsichtsratsmitgliedern ist jederzeit durch die Generalversammlung möglich, sofern sich hierfür eine Dreiviertelmehrheit findet (§ 36 Abs. 3

115

---

309 Beck HB Genossenschaft/*Gätsch*, § 5 Rn. 73.
310 Pöhlmann/Fandrich/Bloehs/*Fandrich*, § 34 Rn. 16.
311 BGH, Urt. v. 24.01.2006 – XI ZR 384/03, NJW 2006, 830 (v.a. 843).
312 Vgl. RegE EuroGenEinfG, BT-Drucks. 16/1025, S. 81.
313 So *Hirte*, DStR 2007, 2166, 2170.
314 Beuthien/*Beuthien*, § 36 Rn. 15.

Satz 1, 2 GenG). Des Weiteren kann die Amtszeit durch Amtsniederlegung[315] oder Wegfall der Mitgliedschaft (§ 9 Abs. 2 Satz 1 GenG) enden.

> **Hinweis:**
>
> § 3 Abs. 5 COMVG (Rdn. 4) sieht eine Verlängerung der Amtszeit eines Vorstands- oder Aufsichtsratsmitglieds auch dann bis zur Bestellung seines Nachfolgers vor, wenn die Satzung der Genossenschaft keine dahingehende Regelung enthält. Die Amtszeit endet damit erst in dem Zeitpunkt, in dem diejenige des Nachfolgers beginnt, nicht schon mit dessen Wahl.[316]

116 Auch die Mitglieder des Aufsichtsrats müssen natürliche Personen sein, die geschäftsfähig und Mitglieder der Genossenschaft sind (§ 9 Abs. 2 Satz 1 GenG). Sie dürfen nicht zugleich dem Vorstand angehören (**Inkompatibilität**, § 37 Abs. 1 GenG, vgl. Rdn. 80), damit die Trennung von Geschäftsführung und deren Überwachung sichergestellt ist. Ein Wechsel vom Vorstand in den Aufsichtsrat kommt nicht vor einer Entlastung durch die Generalversammlung in Betracht (Rdn. 135), § 37 Abs. 2 GenG. Teilweise wird eine entsprechende Anwendung des § 100 Abs. 1-3 AktG befürwortet.[317] Bei **kapitalmarktorientierten Genossenschaften** muss der Aufsichtsrat dergestalt qualifiziert sein, dass seine Mitglieder in ihrer Gesamtheit mit dem Sektor, in dem die Genossenschaft tätig ist, vertraut sind. Demnach ist es nicht erforderlich, dass jedes einzelne Mitglied Kenntnisse in allen Bereich des Sektors hat. Mindestens ein Aufsichtsratsmitglied muss jedoch Sachverstand entweder in der Rechnungslegung oder in der Abschlussprüfung aufweisen (§ 36 Abs. 4 GenG). Für **Kreditgenossenschaften** ist noch § 36 Abs. 3 KWG zu berücksichtigen, wonach die Bundesanstalt für Finanzdienstleistungsaufsicht sogar die Abberufung einzelner Aufsichtsratsmitglieder verlangen kann, wenn es diesen an der nötigen Zuverlässigkeit oder Sachkunde fehlt.

117 Abweichungen ergeben sich insbesondere für **mitbestimmte Genossenschaften** nach dem **Drittelbeteiligungsgesetz** sowie dem **Mitbestimmungsgesetz**. Auf die eingetragene Genossenschaft nicht anwendbar sind dagegen die Vorschriften des Montanmitbestimmungsgesetzes, § 1 Abs. 2 Montan-MitbestG. Betroffen sind zunächst Genossenschaften mit in der Regel mehr als 500 Arbeitnehmern, soweit diese nicht unter das Mitbestimmungsgesetz (s.u. Rdn. 118) fallen oder es sich um Tendenzunternehmen handelt, § 1 Abs. 2 DrittelbG. Hier darf die Satzung nur eine durch drei teilbare Anzahl an Aufsichtsratsmitgliedern festsetzen, da der Aufsichtsrat zu einem Drittel aus Arbeitnehmervertretern bestehen muss (§ 1 Abs. 1 Nr. 5, § 4 Abs. 1 DrittelbG). Damit einher geht eine partielle Durchbrechung des **Prinzips der Selbstorganschaft**, denn die Arbeitnehmervertreter müssen – in Abweichung von § 9 Abs. 2 Satz 1 GenG – keine Mitglieder der Genossenschaft sein, § 1 Abs. 3 DrittelbG.

118 Hat eine Genossenschaft in der Regel mehr als 2000 Arbeitnehmer und handelt es sich um kein Tendenzunternehmen, so findet das **Mitbestimmungsgesetz Anwendung** (§ 1 Abs. 1, 4 MitbestG). Der Aufsichtsrat ist in diesen Fällen paritätisch mit Genossenschaftsmitgliedern und Arbeitnehmervertretern zu besetzen (§ 7 Abs. 1 MitbestG). Auch hier müssen Arbeitnehmervertreter der Genossenschaft nicht angehören (§ 6 Abs. 3 Satz 2 GenG). Zudem wird die Satzungsfreiheit insoweit eingeschränkt, als § 7 Abs. 1 MitbestG die Gesamtpersonenzahl im Aufsichtsrat in Abhängigkeit der Zahl der Arbeitnehmer festlegt. § 7 Abs. 2 MitbestG legt sogar fest, wie viele der Arbeitnehmervertreter durch Gewerkschaftsmitglieder besetzt werden müssen.

119 Neben diesem gesetzlich vorgesehenen Recht zur Entsendung in den Aufsichtsrat kann nach § 36 Abs. 5 Satz 1 GenG auch die **Satzung** einzelnen, namentlich zu benennenden Genossenschaftsmitgliedern das Recht zusprechen, Aufsichtsratsmitglieder zu entsenden. Die Gesamtzahl der satzungsmäßig entsandten Mitglieder darf zusammen mit den im Aufsichtsrat vertretenen investierenden Mitgliedern (vgl. § 8 Abs. 2 Satz 4 GenG) ein Drittel nicht überschreiten, § 36 Abs. 5 Satz 2 GenG.

---

315 Henssler/Strohn/*Geibel*, § 36 GenG Rn. 4.
316 Ausführlich Schmidt/*Schmidt*, COVID-19 – Rechtsfragen zur Corona-Krise, § 8 Rn. 42 ff.
317 Henssler/Strohn/*Geibel*, § 36 GenG Rn. 2.

E. Organe der Genossenschaft

Ein ähnliches **Entsendungsrecht** findet sich bereits in § 101 Abs. 2 AktG. Im Genossenschaftsrecht soll auf diese Weise insbesondere für kommunale Gebietskörperschaften die Beteiligung an Genossenschaften attraktiver gemacht werden.[318]

2. Aufgaben

Der Aufsichtsrat ist weder gegenüber der Generalversammlung weisungsgebunden noch gegenüber dem Vorstand weisungsberechtigt. Im dualistischen System kommt ihm vor allem die Aufgabe der **Überwachung des Vorstands** zu (§ 38 Abs. 1 Satz 1 GenG). Diese Pflicht ist weitreichend und erstreckt sich sowohl auf die Geschäftsführung als auch auf die organschaftliche Leitung der Genossenschaft durch den Vorstand.[319] Die Mitarbeiter dagegen unterfallen ausschließlich der Weisungs- und Überwachungsbefugnis des Vorstands.[320] Um seiner Überwachungspflicht nachzukommen, kann der Aufsichtsrat als Kollegialorgan jederzeit vom Vorstand Auskunft über alle Angelegenheiten der Genossenschaft verlangen (§ 38 Abs. 1 Satz 2 GenG). Auch einzelne Vorstandsmitglieder können nach dem – anlässlich der Genossenschaftsrechtsnovelle 2006 (Rdn. 3) eingefügten – § 38 Abs. 1 Satz 4 GenG Auskunft verlangen, dies allerdings nur an den Aufsichtsrat insgesamt. Angesichts dessen, dass das Aufsichtsratsmandat ein typisches Nebenamt ist, wird der Überwachungspflicht regelmäßig durch stichprobenartige Kontrolle der wesentlichen Geschäftszweige Genüge getan.[321] Allerdings ist der Aufsichtsrat verpflichtet, allen ihm vorliegenden konkreten Hinweisen auf mögliche Pflichtwidrigkeiten des Vorstands nachzugehen.[322] Für die Genossenschaft bedeutsame Geschäfte sind immer unter Anwendung besonderer Aufmerksamkeit zu prüfen, ebenso kann sich eine gesteigerte Prüfungspflicht aus Hinweisen auf die Unzuverlässigkeit des Vorstands bzw. einzelne seiner Mitglieder ergeben.[323]

120

Als besonderer Ausfluss der Überwachungspflicht stellt sich die Verpflichtung des Aufsichtsrats, den Jahresabschluss, den Lagebericht und den Vorschlag über die Verwendung des Jahresüberschusses bzw. die Deckung des Jahresfehlbetrags zu prüfen, dar. Das Ergebnis ist der Generalversammlung zu berichten (§ 38 Abs. 1 Satz 5 GenG). Nach dem durch das am 29.05.2009 in Kraft getretene Bilanzrechtsmodernisierungsgesetz[324] eingefügten § 38 Abs. 1a GenG kann der Aufsichtsrat nun auch einen **Prüfungsausschuss** bestellen. Hintergrund der Neuregelung ist, dass ein kleineres Gremium wie der Prüfungsausschuss die ihm übertragenen Aufgaben schneller, konzentrierter und professioneller erledigen könne und so die Qualität der Aufsichtsarbeit steige.[325]

121

Besondere Schwierigkeiten können sich mit Blick auf die Überwachungspflicht bei **Kleingenossenschaften** ergeben. Macht diese nämlich von ihrem Recht Gebrauch, statutarisch auf einen Aufsichtsrat zu verzichten, so fallen dessen Aufgaben der Generalversammlung zu (Rdn. 115). Die Generalversammlung hat nun als Ersatzaufsichtsrat die Vorstandsmitglieder zu überwachen, welche aber wegen § 9 Abs. 2 Satz 1 GenG auch Mitglieder der Genossenschaft und damit Teil der Generalversammlung sind. Die Vorstandsmitglieder würden sich also insoweit selbst überwachen, was mit dem **Inkompatibilitätsgedanken** aus § 37 Abs. 1 GenG nicht in Einklang zu bringen wäre. Am ehesten lässt sich dieses Dilemma wohl dadurch auflösen, dass man die Vorstandsmitglieder von der Wahrnehmung der Aufgaben des Ersatzaufsichtsrats in dieser Konstellation exkludiert und sie auf ein Gremium »Generalversammlung ohne Vorstandsmitglieder« überträgt[326]. Geht man diesen Weg, sieht man sich allerdings der Frage ausgesetzt, ob die Gründung einer Genossenschaft durch drei

122

---

318 RegE GenTransparenzG, BT-Drucks. 18/11506, S. 28.
319 Henssler/Strohn/*Geibel*, § 38 GenG Rn. 1.
320 Pöhlmann/Fandrich/Bloehs/*Fandrich*, § 38 Rn. 5.
321 Pöhlmann/Fandrich/Bloehs/*Fandrich*, § 38 Rn. 9.
322 Henssler/Strohn/*Geibel*, § 38 GenG Rn. 1.
323 Pöhlmann/Fandrich/Bloehs/*Fandrich*, § 38 Rn. 9.
324 BGBl. I S. 1102.
325 RegE BilMoG, BT-Drucks. 16/10067, S. 102 (zur aktienrechtlichen Parallelvorschrift § 107 Abs. 3 S. 2, 3 AktG).
326 So Beck HB Genossenschaft/*Gätsch*, § 5 Rn. 125.

Mitglieder, wie sie § 4 GenG vorsieht, überhaupt noch möglich ist. Denn auch die Kleingenossenschaft muss ein Vorstandsmitglied (§ 24 Abs. 2 Satz 3 GenG) haben und der Aufsichtsrat, dessen Rolle nun die »Generalversammlung ohne Vorstandsmitglieder« wahrnehmen würde, müsste aus mindestens drei Personen (§ 36 Abs. 1 Satz 1 GenG) bestehen. Insofern wären also rechnerisch zumindest vier Mitglieder erforderlich. Eine Möglichkeit, diesen dogmatischen Konflikt zu lösen, wäre ein Öffnung der Genossenschaft hin zur Fremdorganschaft.[327] Muss das einzige Vorstandsmitglied kein Mitglied der Genossenschaft sein, so wäre mit Blick auf die Mindestmitgliederzahl von drei (§ 4 GenG) jedenfalls gewährleistet, dass genügend Mitglieder zur Wahrnehmung der Überwachungspflicht vorhanden sind. Ein anderer Ansatz wäre, auch bei der Anzahl der Aufsichtsratsmitglieder eine Ausnahme für die Kleingenossenschaft anzuordnen, der zu Folge per Satzung bestimmt werden kann, dass die Wahl von lediglich zwei Personen in den Aufsichtsrat ausreichend ist. Anlässlich des anstehenden 15-jährigen Jubiläums der letzten großen Genossenschaftsrechtsnovelle wäre es eine schöne Aufgabe für den Gesetzgeber, in dieser Frage Klarheit herbeizuführen.

123 Die nach der Überwachungspflicht bedeutendste Aufgabe des Aufsichtsrats besteht in der Vertretung der Genossenschaft gegenüber dem Vorstand (§ 39 Abs. 1 Satz 1 GenG). Diese Kompetenzzuweisung ist ausschließlich und unabdingbar.[328] Hintergrund der Norm ist es, dass einerseits Interessenskollisionen, andererseits auch schon der böse Anschein vermieden werden soll, wenn die Genossenschaft aktiven wie ehemaligen Vorstandsmitgliedern gegenüber in Erscheinung tritt.[329] Außergerichtlich umfasst die Vertretungsbefugnis alle mit der Anstellung eines Vorstandsmitglieds zusammenhängenden Angelegenheiten.[330] Die Kreditgewährung an Mitglieder des Vorstands (Rdn. 127) fällt dagegen nicht unter die Vertretungsbefugnis des Aufsichtsrats, wie sich bereits aus dem Wortlaut des § 39 Abs. 2 GenG (»Genehmigung«) ergibt.[331] Gerichtlich obliegt die Führung von Aktiv- und Passivprozessen dem Aufsichtsrat, wobei er nach der Genossenschaftsrechtsnovelle von 2006 (Rdn. 3) im Grundsatz auch für Aktivprozesse keiner Ermächtigung durch die Generalversammlung mehr bedarf, sofern die Satzung nicht Abweichendes regelt (§ 39 Abs. 1 Satz 3 GenG). In **Kleingenossenschaften** nimmt die Aufgabe der Vertretung der Genossenschaft gegenüber dem Vorstand ein von der Generalversammlung zu wählender Bevollmächtigter wahr (§ 39 Abs. 1 Satz 2 GenG). Dieser muss kein Mitglied der Genossenschaft sein.[332]

124 Sofern es im Interesse der Genossenschaft erforderlich scheint, hat der Aufsichtsrat ausnahmsweise das Recht und die Pflicht, eine Generalversammlung einzuberufen (§ 38 Abs. 2 GenG). Beispiele für eine solche Erforderlichkeit sind die Abberufung eines Vorstandsmitglieds (§ 24 Abs. 2 Satz 1 GenG) oder auch im Falle angespannter Finanzlage die Entscheidung über erhöhte Einzahlungen.[333]

125 Des Weiteren ist der Aufsichtsrat befugt, Vorstandsmitglieder vorläufig des Amtes zu entheben (§ 40 GenG). Etwaige Schadensersatzansprüche der Genossenschaft gegen den Vorstand muss er geltend machen, sofern nicht ausnahmsweise gewichtige Gründe des Wohls der Genossenschaft dagegen sprechen.[334] Qua Amtes haben die Aufsichtsratsmitglieder an den Sitzungen des Aufsichtsrats und der Generalversammlung teilzunehmen.[335]

126 In Einschränkung des **Inkompatibilitätsgrundsatzes** kann der Aufsichtsrat nach § 37 Abs. 1 Satz 2 GenG eines seiner Mitglieder vorübergehend zum Stellvertreter eines Vorstandsmitglieds bestellen. Voraussetzung hierfür ist zunächst, dass ein Vorstandsmitglied verhindert ist. Eine nur unerhebliche,

---

327 In diese Richtung bereits in Bewertung der Genossenschaftsrechtsnovelle 2006 *Beuthien*, NZG 2008, 210, 215.
328 Pöhlmann/Fandrich/Bloehs/*Fandrich*, § 39 Rn. 1.
329 Henssler/Strohn/*Geibel*, § 39 GenG Rn. 1.
330 Pöhlmann/Fandrich/Bloehs/*Fandrich*, § 39, Rn. 7.
331 Henssler/Strohn/*Geibel*, § 39 GenG Rn. 3.
332 *Hirte*, DStR 2007, 2166, 2170.
333 Henssler/Strohn/*Geibel*, § 38 GenG Rn. 4.
334 BGH, Urt. v. 21.04.1997 – II ZR 175/95, BGHZ 135, 244, 244 = NJW 1997, 1926, 1926.
335 Henssler/Strohn/*Geibel*, § 41 GenG Rn. 2.

E. Organe der Genossenschaft

kurzfristige Verhinderung, wie ein Urlaub oder eine Erkrankung von üblicher Dauer, ist nicht ausreichend. Die Bestellung muss konkret für das betroffene Vorstandsmitglied und einen exakten, im Voraus bestimmten Zeitraum erfolgen, eine Bestellung »für die Dauer der Verhinderung« ist unzulässig.[336] Das entsandte Aufsichtsratsmitglied hat in der Folge alle Befugnisse eines regulären Vorstandsmitglieds, muss aber auch sämtliche Anforderungen des Vorstandsamts (Rdn. 80 f., 82 ff.) erfüllen[337] (vgl. auch § 35 GenG). Zwar bleibt es Mitglied des Aufsichtsrats, das Mandat ruht aber kraft Gesetzes bis zum Ablauf des Vertretungszeitraums und der anschließenden Entlastung als stellvertretendes Vorstandsmitglied, § 37 Abs. 1 Satz 2 Halbs. 2 GenG. Die Bestellung erfordert einen Beschluss des Gesamtaufsichtsrats und ist jederzeit widerruflich.[338] § 37 Abs. 1 Satz 2 GenG betrifft allerdings nur die vertretungsweise Entsendung von Aufsichtsratsmitgliedern. Will der Aufsichtsrat dagegen einen ihm nicht angehörenden Dritten als stellvertretendes Vorstandsmitglied bestellen, so kann er dies – sofern nicht dem gesetzlichen Regelfall entsprechend die Generalversammlung zuständig ist – nach § 24 Abs. 2 Satz 1 GenG tun.

Darüber hinaus kann der Vorstand statutarisch auch zu weiteren Aufgaben verpflichtet werden (§ 38 Abs. 3 GenG). Häufig geschieht das etwa dergestalt, dass der Vorstand bestimmte Geschäfte nur mit **Zustimmung** des Aufsichtsrats vornehmen darf (§ 27 Abs. 2 Satz 2 GenG, s.a. Rdn. 85). Hiervon zu unterscheiden ist die Genehmigung von Krediten an Vorstandsmitglieder (Organkredite), welche gesetzlich angeordnet wird (§ 39 Abs. 2 GenG). Für **Kreditgenossenschaften** ist bei Organkrediten zusätzlich das Verfahren nach § 15 Abs. 1 Satz 1 KWG zu berücksichtigen. Auch der körperschaftsrechtliche Akt der Bestellung und Abberufung des Vorstands kann dem Aufsichtsrat satzungsmäßig zugewiesen werden (§ 24 Abs. 2 Satz 2 GenG). 127

Der Aufsichtsrat darf seine Aufgaben nicht an **Dritte delegieren** (§ 38 Abs. 4 GenG), was das Prinzip der Selbstorganschaft unterstreicht. Unter der Maßgabe, dass diese nicht zu den eigentlichen Kontrolleuren werden, darf er sich jedoch zur Wahrnehmung seiner Aufgaben sachkundiger Berater bedienen.[339] 128

3. Haftung

Auch das Handeln des Aufsichtsrats beinhaltet Haftungsrisiken, welche sich vor allem aus § 34 Abs. 2 GenG ergeben. § 41 GenG erklärt die Norm und damit auch den entsprechenden Sorgfaltsmaßstab aus § 34 Abs. 1 GenG für sinngemäß anwendbar. Die Mitglieder des Aufsichtsrats haben demnach mit Blick auf ihre Überwachungspflicht (§ 38 Abs. 1 GenG) die Sorgfalt eines ordentlichen und gewissenhaften Überwachers der Geschäftsführung des Vorstands anzuwenden (§§ 41, 34 Abs. 1 Satz 1 GenG).[340] Auf fehlende Kenntnisse und Qualifikationen können sie sich grundsätzlich nicht berufen, vielmehr müssen sie sich die nötigen Kenntnisse zur gewissenhaften und sorgfältigen Ausübung ihres Mandats – etwa durch Weiterbildungsmaßnahmen – aneignen.[341] Dass sämtliche erforderlichen Kenntnisse und Fähigkeiten bereits bei Amtsantritt vorliegen, wird man angesichts des üblichen Nebenamtscharakters des Aufsichtsratsmandats regelmäßig nicht erwarten dürfen.[342] Für den zu beobachtenden **Sorgfaltsmaßstab** ist zu berücksichtigen, ob das Aufsichtsratsmitglied im Wesentlichen unentgeltlich tätig ist (§§ 41, 34 Abs. 2 Satz 3 GenG). Besondere Qualifikationen können einen erhöhten Sorgfaltsmaßstab zur Folge haben.[343] 129

---

336 Pöhlmann/Fandrich/Bloehs/*Fandrich*, § 37 Rn. 7.
337 Henssler/Strohn/*Geibel*, § 37 GenG Rn. 3; Pöhlmann/Fandrich/Bloehs/*Fandrich*, § 37, Rn. 6.
338 Pöhlmann/Fandrich/Bloehs/*Fandrich*, § 37 Rn. 6 f.
339 Henssler/Strohn/*Geibel*, § 38 GenG Rn. 3.
340 Beuthien/*Beuthien*, § 41 Rn. 7; dem folgend Beck HB Genossenschaft/*Gätsch*, § 5 Rn. 119.
341 Beck HB Genossenschaft/*Gätsch*, § 5 Rn. 119; Henssler/Strohn/*Geibel*, § 41 GenG Rn. 2.
342 Pöhlmann/Fandrich/Bloehs/*Fandrich*, § 41 Rn. 2; Henssler/Strohn/*Geibel*, § 41 GenG Rn. 4; wohl auch Beck HB Genossenschaft/*Gätsch*, § 5 Rn. 119.
343 Beck HB Genossenschaft/*Gätsch*, § 5 Rn. 119.

130 Als **Pflichtverletzungen** (zu den Pflichten siehe bereits Rdn. 120 ff.) kommen vor allem das Unterlassen der Geltendmachung von Schadensersatzansprüchen gegen den Vorstand (Rdn. 125) oder Verstöße gegen die wegen § 41 GenG entsprechend bestehenden Geheimhaltungspflichten aus § 34 Abs. 1 Satz 3 GenG in Betracht. Auch Mitglieder der Genossenschaft haben hier kein Recht auf Einsicht in die Aufsichtsratsprotokolle.[344] Die Verletzung der Geheimhaltungspflicht ist nach § 151 Abs. 1 Nr. 1 GenG strafbewehrt, welcher auch ein Schutzgesetz im Rahmen des § 823 Abs. 2 BGB darstellt. Sieht die Satzung vor, dass bestimmte Geschäfte oder bestimmte Arten von Geschäften (§ 27 Abs. 2 Satz 2 GenG) der Zustimmung durch den Aufsichtsrat bedürfen, so begeht dieser nicht erst dann eine Pflichtverletzung, wenn er den Vorstand nicht an einer von seiner Zustimmung ungedeckten Zahlung hindert. Eine Pflichtverletzung des Aufsichtsrats liegt bereits vor, wenn er ohne die gebotenen Informationen und darauf aufbauende Chancen- und Risikoabschätzung seine Zustimmung zu für die Genossenschaft nachteiligen Geschäften erteilt.[345]

131 Die bereits im Rahmen der Vorstandshaftung dargelegten übrigen Voraussetzungen des Haftungstatbestands gelten größtenteils entsprechend (vgl. Rdn. 104 ff.). Die **Geltendmachung** etwaiger Schadensersatzansprüche der Genossenschaft gegen Mitglieder des Aufsichtsrats obliegt dem durch die Generalversammlung zu wählenden Bevollmächtigten (§ 39 Abs. 3 GenG). Anders als im Aktienrecht,[346] in dem der Vorstand Ansprüche der Gesellschaft gegen den Aufsichtsrat geltend macht, vermeidet das Genossenschaftsrecht so die offenkundige Interessenkollision eines Vorstands, der gehalten ist, gegen das ihn überwachende Organ vorzugehen.

132 An die fragwürdige Ausgestaltung der Überwachungspflicht bei **Kleingenossenschaften**, die satzungsmäßig auf einen Aufsichtsrat verzichten (Rdn. 115), knüpfen sich haftungsrechtliche Folgeprobleme an. So scheint es dem gesetzgeberischen Verständnis zu entsprechen, dass Mitglieder der Generalversammlung, die in dieser Konstellation als Ersatzaufsichtsrat agieren, entsprechend §§ 41, 34 Abs. 2 GenG haften sollen.[347] Mit anderen Worten soll sich allein aus der Mitgliedschaft in einer Genossenschaft als wirtschaftlichem Sonderverein eine Organhaftung ergeben, ohne dass die Mitglieder von sich aus eine Organfunktion übernommen hätten. Eine Vergleichbarkeit mit der Figur des faktischen Geschäftsführers scheint allenfalls *prima facie* zu bestehen, denn dieser übt ja faktisch die Geschäftsführung aus und gibt so durch sein eigenes Verhalten Anlass, ihn in die Organhaftung miteinzubeziehen.[348] Die der Generalversammlung angehörenden Mitglieder der Genossenschaft zeigen jedoch weder ein entsprechendes Verhalten, noch steht ihnen die Möglichkeit eines Amtsverzichts offen. Die aus diesem Rechtsverständnis des Gesetzgebers resultierenden Folgefragen sind mannigfaltig:[349] Müssen sich Mitglieder der Generalversammlung, soweit sie Aufsichtsratsaufgaben erledigt haben, selbst entlasten? Können sie selbst als Ersatzaufsichtsrat auf die der Genossenschaft gegen sie zustehende Ansprüche verzichten? Angesichts einer derart wackligen dogmatischen Konstruktion und einem Konvolut an kaum auflösbaren Folgeproblemen ist der Annahme einer entsprechenden Haftung einfacher Mitglieder entsprechend §§ 41, 34 Abs. 2 GenG eine Absage zu erteilen.

III. Generalversammlung

133 Die Generalversammlung ist – im Unterschied zur Hauptversammlung einer Aktiengesellschaft – oberstes Willensbildungs- und Entscheidungsorgan der Genossenschaft. Seit der Genossenschaftsrechtsreform 2006 (Rdn. 3) ist klargestellt, dass es sich bei ihr um ein zwingendes Organ handelt.[350]

---

344 Pöhlmann/Fandrich/Bloehs/*Fandrich*, § 41 Rn. 10.
345 BGH, Urt. v. 11.12.2006 – II ZR 243/05, AG 2007, 167, 167 = DStR 2007, 354, 354 zum fakultativen Aufsichtsrat einer GmbH.
346 Vgl. Hüffer/Koch/*Koch*, AktG, § 116 Rn. 13 m.w.N.
347 RegE EuroGenEinfG, BT-Drucks. 16/1025, S. 82.
348 Beck HB Genossenschaft/*Gätsch*, § 5 Rn. 131.
349 Beck HB Genossenschaft/*Gätsch*, § 5 Rn. 131.
350 Anders wohl noch *Hirte*, DStR 2007, 2166, 2170.

E. Organe der Genossenschaft

Zwar können Genossenschaften mit mehr als 1500 Mitgliedern (sog. **Großgenossenschaften**) die statutarische Ersetzung der Generalversammlung durch eine Vertreterversammlung vorsehen. Diese Ersetzung ist aber lediglich funktionaler Natur und berührt den Fortbestand der Generalversammlung nicht (Rdn. 168). Die Generalversammlung dient u.a. den Mitgliedern zur Ausübung ihrer Rechte (§ 43 Abs. 1 Satz 1 GenG). Sie werden über die wesentlichen Angelegenheiten der Genossenschaft informiert, haben untereinander und dem Vorstand sowie dem Aufsichtsrat gegenüber Gelegenheit zur Aussprache, zudem gilt es Beschlüsse in den grundlegenden Angelegenheiten (Rdn. 84) der Genossenschaft zu fassen.[351]

1. Aufgaben

Angesichts des § 18 Abs. 2 Satz 2 GenG hat die Generalversammlung grundsätzlich nur die ihr gesetzlich zugewiesenen Kompetenzen. Diese sind nur dort per Satzungsbestimmung erweiterbar, wo es das Gesetz ausdrücklich für zulässig erklärt. Jenseits dieser Zuständigkeiten hat die Generalversammlung keine Auffangfunktion. Eine Vertretung anderer Organe im Falle der Verhinderung dieser kommt nicht in Betracht.[352] Auch eine Weisungsbefugnis der Generalversammlung gegenüber dem Vorstand oder dem Aufsichtsrat besteht nicht. 134

Die Generalversammlung ist zwingend zuständig für **Änderungen der Satzung** (§ 16 Abs. 1 GenG) und die gesetzlich eingeräumten Anpassungsmöglichkeiten einzelner Satzungsinhalte (etwa §§ 8a, 22 Abs. 1, 22a Abs. 1, 120 GenG). Ebenso sind die Mitglieder des Aufsichtsrats – zu entsendende Arbeitnehmervertreter in mitbestimmten Genossenschaften (Rdn. 117 f.) ausgenommen – durch sie zu **wählen** respektive abzuberufen, § 36 Abs. 1, 3 GenG. Ein etwaiger **Verzicht** (Rdn. 106) auf Regressansprüche der Genossenschaft gegen Mitglieder des Vorstands oder des Aufsichtsrats (insb. § 34 GenG) betrifft ebenso wie die Wahl von Bevollmächtigten für Prozesse gegen Aufsichtsratsmitglieder (§ 39 Abs. 3 GenG) die Zuständigkeit der Generalversammlung. Ist die Genossenschaft auf eine bestimmte Zeit beschränkt, so kann nur die Generalversammlung ihre **Fortsetzung beschließen**, § 16 Abs. 1 GenG. Eine bedeutende zwingende Zuständigkeit besteht auch in der Feststellung des **Jahresabschlusses** und der **Entscheidung über die Verwendung des Jahresüberschusses bzw. die Deckung des Jahresfehlbetrags** (§ 48 Abs. 1 GenG). Die **Entlastung** von Vorstand und Aufsichtsrat ist ebenfalls der Generalversammlung überantwortet, § 48 Abs. 1 Satz 2 GenG. Daneben bestimmt sie über die Festlegung von **Kreditbeschränkungen**, § 49 GenG. Hinsichtlich des Prüfberichts (Rdn. 200 ff.) kann sie die teilweise oder gänzliche Verlesung desselbigen (§ 59 Abs. 3 GenG) ebenso wie die Gegenstände der Mängelbeseitigung (§ 60 Abs. 1 GenG) beschließen. Ist satzungsmäßig eine Vertreterversammlung errichtet worden, so bedarf deren Wahlordnung (§ 48 Abs. 4 Satz 8 GenG) der Zustimmung der Generalversammlung. Nur sie darf die **Vertreterversammlung wieder abschaffen**, § 43a Abs. 7 GenG. Auch Sanierungsmaßnahmen im Liquidationsstadium (§ 87 Abs. 1, 2 GenG) die **Auflösung** der Genossenschaft (§ 78 Abs. 1 GenG), die Fortsetzung der aufgelösten Genossenschaft (§ 79a Abs. 1 GenG) und die Fortsetzung der Genossenschaft nach dem Insolvenzverfahren (§ 117 Abs. 1 Satz 1 GenG) fallen in die Zuständigkeit der Generalversammlung. Diese erstreckt sich auch auf die **Heilung von Satzungsmängeln** (§ 95 Abs. 2 GenG) sowie gesellschaftsrechtliche **Umwandlungen**, namentlich die Verschmelzung (§§ 13, 84 UmwG), die Ausgliederung (§ 125 UmwG) und den Formwechsel (§ 193 UmwG). Zwingend ist schließlich noch, in analoger Anwendung des § 293 AktG, die Zuständigkeit der Generalversammlung für **Unternehmensverträge** sowie generell für **Grundlagengeschäfte** (Rdn. 84). 135

Neben die soeben benannten zwingenden Kompetenzen der Generalversammlung treten weitere Zuständigkeiten fakultativer Natur. Diese können zum einen daraus erwachsen, dass – fakultativ – eine satzungsmäßige Regelung getroffen wird, aus der sich fakultative oder obligatorische Folgen ergeben. Das betrifft etwa den Fall der auf einen Aufsichtsrat verzichtenden **Kleingenossenschaft** (§ 9 Abs. 1 Satz 2 GenG), bei der die Aufgaben des Aufsichtsrats dann zwingend der Generalver- 136

---

351 Beck HB Genossenschaft/*Gätsch*, § 5 Rn. 132.
352 Beck HB Genossenschaft/*Gätsch*, § 5 Rn. 137.

sammlung zugewiesen sind, § 9 Abs. 1 Satz 3 GenG. Auch hat die Generalversammlung in diesem Fall Bevollmächtigte zu wählen (§ 39 Abs. 1 Satz 2 GenG oder § 57 Abs. 6 GenG – ggf. i.V.m. § 58 Abs. 3 Satz 1 GenG). Unabhängig von der Mitgliederzahl ist es Aufgabe der Generalversammlung, die Einzahlungen auf den Geschäftsanteil festzusetzen, falls die Satzung eine Einzahlung auf Geschäftsanteile vorsieht ohne Betrag und Zeit zu regeln, § 50 GenG.

137 Zum anderen kann es sich um Kompetenzen handeln, die im Einzelfall der Generalversammlung oder auch einem anderen Organ satzungsmäßig zugewiesen werden können. Hierunter fallen vor allem die Bestellung und Abberufung der Vorstandsmitglieder (§ 24 Abs. 2 GenG), die Zulassung investierender Mitglieder (§ 8 Abs. 2 Satz 3 Halbs. 1 GenG) oder auch die Offenlegung eines Einzelabschlusses, § 48 Abs. 4 Satz 1 GenG. Auch die Entscheidung über die Führung von **Prozessen gegen Vorstandsmitglieder** kann dem Aufsichtsrat entzogen und der Generalversammlung zugewiesen werden, § 39 Abs. 1 Satz 3 GenG. In ähnlicher Weise ist es möglich, die Generalversammlung anstelle des Vorstands mit der **Bestellung und Abberufung von Liquidatoren** zu betrauen, § 83 Abs. 1 GenG. Auch über die Person, die die Unterlagen der Genossenschaft nach Beendigung der Liquidation aufzubewahren hat, kann Beschluss gefasst werden, § 93 Satz 2 GenG. Ist eine Vertreterversammlung errichtet worden, so können dennoch bestimmte Beschlüsse der Generalversammlung vorbehalten bleiben, § 43a Abs. 1 Satz 2 GenG. Für den Ausschluss eines Mitglieds aus der Genossenschaft (§ 68 GenG), das zugleich Vorstands- oder Aufsichtsratsmitglied ist, kann ebenfalls der Beschluss der Generalversammlung vorgesehen werden.[353]

138 Wie aus § 27 Abs. 1 Satz 2, Abs. 2 Satz 2 GenG hervorgeht, kann die Satzung vorsehen, dass bestimmte Geschäfte oder bestimmte Arten von Geschäften unter dem Vorbehalt der Zustimmung durch die Generalversammlung stehen, wobei es sich – strenggenommen – ebenfalls um fakultative Zuständigkeiten handelt. Teilweise sieht auch das Gesetz einen entsprechenden Zustimmungsvorbehalt vor, welcher dann obligatorisch (§ 43a Abs. 4 Satz 8 GenG) oder fakultativ (§ 8 Abs. 2 Satz 3 GenG) sein kann.

2. Ablauf

139 Die **Einberufung** der Generalversammlung erfolgt grundsätzlich durch den Vorstand, § 44 Abs. 1 GenG. In bestimmten Situationen können auch andere Organe zuständig sein (Rdn. 124). In zeitlicher Hinsicht hat sie mindestens einmal jährlich, in den ersten sechs Monaten des Geschäftsjahres, stattzufinden, § 48 Abs. 1 Satz 3 GenG. Insbesondere muss der Vorstand auch in Fällen, in denen anzunehmen ist, dass ein Verlust besteht, der nicht mehr durch die Hälfte der Summe der Geschäftsguthaben und Rücklagen gedeckt ist, die Generalversammlung nach § 33 Abs. 3 GenG einberufen und ihr den Verlust anzeigen (sog. **Verlustanzeige**, s.a. Rdn. 86). Ebenso kann ein Zehntel der Mitglieder oder ein satzungsmäßig vorgesehenes geringeres Quorum in Textform und unter Angabe des Zwecks und der Gründe die Einberufung verlangen, § 45 Abs. 1 Satz 1 GenG. Kommt der Vorstand dem nicht unverzüglich nach, so können die Mitglieder, die das Verlangen gestellt haben, zur Einberufung gerichtlich ermächtigt werden, § 45 Abs. 3 Satz 1 GenG. **Kreditgenossenschaften** haben auf Verlangen der *Bundesanstalt für Finanzdienstleistungsaufsicht* (neben Sitzungen von Vorstand oder Aufsichtsrat) eine Generalversammlung einzuberufen und spezielle Gegenstände der Beschlussfassung anzukündigen, § 44 Abs. 5 Satz 1 KWG. Darüber hinaus kann auch der Prüfungsverband (Rdn. 198 ff.) unter den Voraussetzungen des § 60 Abs. 1 GenG eine Generalversammlung einberufen. Schließlich ist die Generalversammlung auch jenseits der gesetzlich oder statutarisch vorgesehenen Fälle stets einzuberufen, wenn dies im Interesse der Genossenschaft erforderlich erscheint, § 44 Abs. 2 GenG.

---

353 Dies kann sogar erforderlich sein, falls die Satzung das Betreiben des Ausschlusses generell dem Vorstand zuweist. Dieser darf vor dem Hintergrund der freien Selbstverwaltung der Genossenschaft nicht den Ausschluss ihn überwachender Aufsichtsratsmitglieder betreiben, s. BGH, Urt. v. 23.11.1959 – II ZR 193/57, BGHZ 31, 192, 195 = NJW 1960, 193 194.

E. Organe der Genossenschaft

Die **Form** der Einberufung ist in der Satzung zu bestimmen, § 6 Nr. 4 GenG. Die Mitglieder sind hierbei unmittelbar in Textform oder durch Bekanntmachung in einem öffentlichen Blatt zu benachrichtigen, wobei es sich letzterenfalls um das nach § 6 Nr. 5 GenG in der Satzung vorgesehene Blatt handeln muss. Im Zuge der Einberufung ist auch die Tagesordnung bekannt zu machen, § 46 Abs. 1 Satz 2 GenG. Dies setzt allerdings nicht voraus, dass die Tagesordnung in der Einberufung enthalten ist, sie muss nur zeitgleich bekannt gemacht werden.[354] In diesem Fall hat die Einberufung allerdings einen Hinweis auf Art und Ort der Bekanntmachung der Tagesordnung zu enthalten. Die für die Einberufung zu wahrende Mindestfrist wurde im Rahmen der Genossenschaftsrechtsnovelle 2006 (Rdn. 3) entsprechend der ohnehin gängigen Satzungspraxis[355] vieler Genossenschaften von einer auf zwei Wochen verdoppelt. Die Fristberechnung richtet sich nach §§ 187 Abs. 1, 188 Abs. 2 BGB, wobei zwischen dem Zugang der Einberufung und dem Tag der Generalversammlung zwei volle Wochen oder aber die satzungsmäßig vorgesehene längere **Frist** liegen müssen.[356] Zur Sicherung der fristgerechten Ladung darf die Satzung eine **Zugangsfiktion** enthalten, etwa dergestalt, dass die unmittelbare Einladung als rechtzeitig gilt, wenn sie spätestens zwei Werktage vor Beginn der Einberufungsfrist zur Post aufgegeben wurde.[357] Nach § 46 Abs. 2 Satz 1 GenG müssen Beschlussgegenstände (nicht die Fälle des § 46 Abs. 3 GenG) mindestens eine Woche (oder die entsprechend längere satzungsmäßig vorgesehene Frist) vor der Generalversammlung angekündigt sein. Damit ist klargestellt, dass eine nachträgliche Änderung – insbesondere eine Erweiterung[358] – der Tagesordnung möglich ist. Eine spätere Ankündigung von Beschlussgegenständen führt – die Fälle des § 46 Abs. 2 Satz 2 GenG ausgenommen – zur Unwirksamkeit der entsprechenden Beschlüsse.

Zum **Ort**, an dem die Generalversammlung abzuhalten ist, äußert sich das Genossenschaftsgesetz nicht. Sieht die Satzung keine eigenständige Regelung vor, so soll die Generalversammlung am satzungsmäßigen Sitz (§ 6 Nr. 1 GenG) der Genossenschaft abgehalten werden[359]. Im Einklang mit § 121 Abs. 5 Satz 1 AktG bietet es sich hierbei an, von einer Sollvorschrift auszugehen, sodass bei Vorliegen eines sachlichen Grundes auch ein anderer Ort als der Sitz der Genossenschaft gewählt werden darf[360]. In Zeiten pandemiebedingter Ausgangsbeschränkungen und Kontaktverbote dürfte auch der durch die Genossenschaftsrechtsnovelle 2006 (Rdn. 3) eingefügte § 43 Abs. 7 Satz 1 GenG neue Aufmerksamkeit erfahren. Hiernach kann satzungsmäßig zugelassen werden, dass die Beschlüsse der Mitglieder in elektronischer Form gefasst werden. Unter der Voraussetzung, dass die Rechte aller Mitglieder gewahrt bleiben und die Ordnungsmäßigkeit der Stimmabgabe gewährleistet ist, sollte nach der Vorstellung des Gesetzgebers hiermit die Möglichkeit einer **virtuellen Generalversammlung** geschaffen werden[361]. Das Genossenschaftsrecht stellt sich insoweit – in Umkehrung des üblicherweise zu beobachtenden Verlaufs – als Vorreiter gegenüber dem Aktienrecht dar. Die elektronische Hauptversammlung war bei der AG nur als »Hybridmodell« zu haben:[362] Eine reale Versammlung wird mit Elementen der elektronischen Teilhabe kombiniert.[363] Dort wurde nun allerdings ebenfalls durch das Gesetz zur Abmilderung der Folgen der COVID-19-Pandemie im Zivil-, Insolvenz- und

---

354 Pöhlmann/Fandrich/Bloehs/*Fandrich*, § 46 Rn. 6; Henssler/Strohn/*Geibel*, § 46 GenG Rn. 1.
355 RegE EuroGenEinfG, BT-Drucks. 16/1025, S. 88.
356 Beispiel: Für eine am 26.04. stattfindende Generalversammlung muss also die Einberufung spätestens am 11.04. zugegangen sein.
357 Pöhlmann/Fandrich/Bloehs/*Fandrich*, § 46 Rn. 3.
358 RegE EuroGenEinfG, BT-Drucks. 16/1025, S. 88.
359 BayObLG, Beschl. v. 24.10.1958 – BReg. 2 Z 173/58, NJW 1959, 485, 485, das allerdings ausführt, dass die Generalversammlung in diesem Fall am Sitz abgehalten werden **muss**.
360 Beck HB Genossenschaft/*Gätsch*, § 5 Rn. 155.
361 RegE EuroGenEinfG, BT-Drucks. 16/1025, S. 87.
362 Fleischer/Koch/Kropff/Lutter/*Noack*, 50 Jahre Aktiengesetz, 2016, 163, 174; dazu *Teichmann*, ZfPW 2019, 247, 258 f.
363 § 118 Abs. 4 AktG erlaubt eine Übertragung der Versammlung in Bild und Ton, setzt dabei immer noch voraus, dass es eine reale Versammlung gibt, die übertragen werden kann. Auch die Einberufung muss gem. § 121 Abs. 3 Satz 1 AktG weiterhin über den »Ort der Versammlung« informieren.

Strafverfahrensrecht[364] mit Wirkung vom 28.03.2020 und befristet bis zum Ablauf des Jahres 2021 die Möglichkeit einer virtuellen Hauptversammlung geschaffen (Rdn. 4), wobei die Regelung sich sehr viel elaborierter darstellt als § 43 Abs. 7 Satz 1 GenG. Zwar wird sich eine solche Generalversammlung in einzelnen Fragen gegenüber der Präsenzveranstaltung sicherlich schwieriger abwickeln lassen. Dass ihrer virtuellen Abhaltung aber eine eventuelle Verlesung des Prüfberichts (§ 59 Abs. 3 GenG) oder die Tatsache, dass das Gesetz an verschiedenen Stellen wie z.B. in § 47 Abs. 1 Satz 2 GenG von der Abhaltung an einem bestimmten Ort ausgeht, entscheidend im Wege stehen soll,[365] vermag nicht zu überzeugen. Einerseits handelt es sich bei § 47 Abs. 1 Satz 2 GenG ohnehin um eine Sollvorschrift, sodass durch einen sachlichen Grund von ihr abgewichen werden kann. Andererseits erscheint es auch nicht abwegig, als Ort den Sitz der Genossenschaft, an dem sich zur Generalversammlung zumindest Vorstand und/oder Aufsichtsrat einfinden dürften, anzugeben. Warum die (teilweise) Verlesung des Prüfberichts virtuell nicht ebenso möglich sein soll, erschließt sich genauso wenig. Gerade vor dem Hintergrund der aktuell großen praktischen Notwendigkeit ist eine auf § 43 Abs. 7 Satz 1 GenG gestützte virtuelle Generalversammlung als zulässig anzusehen.[366] Voraussetzung bleibt jedoch, dass die Satzung (§ 43 Abs. 7 Satz 1 Halbs. 2 GenG) – der gesetzgeberischen Vorstellung entsprechend[367] – die Wahrnehmung der Rechte aller Mitglieder ebenso sicher wie die Ordnungsmäßigkeit der Stimmabgabe.

142 Die **Beschlussfassung** der Generalversammlung erfolgt im Regelfall mit einfacher Mehrheit der abgegebenen Stimmen, § 43 Abs. 2 Satz 1 GenG. Enthaltungen und ungültige Stimmen gelten als nicht abgegebene Stimmen, bei Stimmengleichheit ist der entsprechende Antrag abgelehnt[368]. Eine Regelung zur **Beschlussfähigkeit** trifft das Genossenschaftsgesetz nicht. Wie § 43 Abs. 2 Satz 1 GenG a.E. aber entnommen werden kann, kommt das Erfordernis eines entsprechenden Quorums an Anwesenden per satzungsmäßiger Bestimmung in Betracht. Fehlt es an einer solchen Bestimmung, so wird man für die Annahme der Beschlussfähigkeit die Anwesenheit von mindestens zwei stimmberechtigten Mitgliedern fordern müssen[369]. Die besonders personalistische Prägung des Genossenschaftsrechts zeigt sich auch wieder in § 43 Abs. 4 Satz 1 GenG, demzufolge das Mitglied sein Stimmrecht persönlich ausüben soll. Zwar ist auch die (schriftliche) Erteilung einer Stimmvollmacht möglich, mehr als zwei andere Mitglieder darf der Bevollmächtigte jedoch nicht vertreten, § 43 Abs. 5 GenG.

143 Die Abstimmung wird grundsätzlich »nach Köpfen« vorgenommen, es steht also jedem Mitglied eine Stimme zu (sog. **Kopfprinzip**), § 43 Abs. 3 Satz 1 GenG. Nachdem es sich bei dem Kopfprinzip um eines der Grundprinzipien genossenschaftlicher Selbstverwaltung[370] handelt, sind Abweichungen hiervon nur in begrenztem Umfang zulässig. Sofern die Satzung die Gewährung von Mehrstimmrechten überhaupt vorsieht (§ 43 Abs. 3 Satz 2 GenG), gelten die Beschränkungen des § 43 Abs. 3 Satz 3 GenG. Hier regelt insbesondere Nr. 1, dass Mehrstimmrechte nur Mitgliedern gewährt werden sollen die den Geschäftsbetrieb besonders fördern. Ein Mitglied kann maximal drei Stimmen erhalten. Im Falle von Beschlüssen, die nach dem Gesetz zwingend eine Dreiviertelmehrheit oder ein noch höheres Quorum der abgegebenen Stimmen erfordern, hat jedes Mitglied nur eine Stimme.

---

364 BGBl. I S. 569; zu dieser virtuellen Hauptversammlung *Schäfer*, NZG 2020, 481; *Herrler*, DNotZ 2020, 468.
365 So Pöhlmann/Fandrich/Bloehs/*Fandrich*, § 43 Rn. 60; die virtuelle Generalversammlung ebenfalls generell ablehnend Henssler/Strohn/*Geibel*, § 43 GenG Rn. 6.
366 Vorsichtig bejahend auch *Hirte*, DStR 2007, 2166, 2171; Beck HB Genossenschaft/*Gätsch*, § 5 Rn. 197.
367 RegE EuroGenEinfG, BT-Drucks. 16/1025, S. 87.
368 Henssler/Strohn/*Geibel*, § 43 GenG Rn. 7.
369 Henssler/Strohn/*Geibel*, § 43 GenG Rn. 7; Pöhlmann/Fandrich/Bloehs/*Fandrich*, § 43 Rn. 25; a.A. Beck HB Genossenschaft/*Gätsch*, § 5 Rn. 187, der die Anwesenheit eines einzigen Mitglieds ausreichen lassen will und wohl auch Beuthien/*Beuthien*, § 43 Rn. 7 (unterschiedliche Quoren je nach Beschluss).
370 Pöhlmann/Fandrich/Bloehs/*Fandrich*, § 43 Rn. 30.

E. Organe der Genossenschaft

144 Sind dagegen mehr als drei Viertel der Mitglieder der Genossenschaft Unternehmer i.S.d. § 14 BGB, so finden die soeben genannten Einschränkungen keine Anwendung, allerdings darf hier ein einzelnes Mitglied auch nur maximal ein Zehntel der in der Generalversammlung anwesenden Stimmen ausüben, § 43 Abs. 3 Satz 3 Nr. 2 GenG. Nr. 3 trifft eine eigene Regelung für Genossenschaften, deren Mitglieder selbst ausschließlich oder überwiegend Genossenschaften sind. Hat eine Genossenschaft **investierende Mitglieder** (Rdn. 73 f.), so muss die Satzung sicherstellen, dass diese die regulären Mitglieder nicht überstimmen können. Auch muss sie dafür sorgen, dass Beschlüsse, die einer Dreiviertelmehrheit der abgegebenen Stimmen bedürfen, nicht durch investierende Mitglieder verhindert werden können, § 8 Abs. 2 Satz 2 GenG. Auf diese Weise soll der Einfluss investierender Mitglieder beschränkt werden, um nicht die Grenzen des Genossenschaftstypus zu überdehnen.[371] Das kann so weit gehen, dass – gerade bei noch höheren Quoren bis hin zur Einstimmigkeit – das **Stimmrecht** investierender Mitglieder auch gänzlich ausgeschlossen werden kann, § 8 Abs. 2 Satz 2 GenG a.E.

145 Die Möglichkeit eines **Stimmrechtsausschlusses** für einzelne Mitglieder regelt § 43 Abs. 6 GenG, der fast wortlautgleich § 136 Abs. 1 Satz 1 AktG entspricht, zwingend und abschließend.[372] Nicht mitstimmen darf ein Mitglied demnach über die eigene Entlastung (§ 48 Abs. 1 Satz 2 GenG) bzw. die Entlastung desjenigen Mitglieds, das er vertritt. Ebenso wenig darf es über Anträge mitentscheiden, denen zufolge es von einer Verbindlichkeit gegenüber der Genossenschaft befreit werden soll oder die Genossenschaft auf ihre Ansprüche gegenüber ihm bzw. dem vertretenen Mitglied verzichten soll, was insbesondere Regressansprüche erfasst.

3. Weitere Rechte der Mitglieder in der Generalversammlung

146 Die Generalversammlung ist in der Genossenschaft das zentrale Institut zur Ausübung der Rechte ihrer Mitglieder, § 43 Abs. 1 GenG. Neben dem soeben besprochenen Stimmrecht (Rdn. 142 ff.) und dem (aktiven wie passiven) **Wahlrecht**[373] setzen sich diese vor allem aus **Rede-, Auskunfts- und Antragsrechten** zusammen. Diese Rechte stehen – in Bezug auf Angelegenheiten der Genossenschaft – sämtlichen Mitgliedern zu und können ihnen auch nicht generell durch Beschluss der Generalversammlung entzogen werden.[374] Grundlage ihrer Wahrnehmung ist das allen Mitgliedern zustehende Recht auf Versammlungsteilnahme, welches jedoch als *ultima ratio* und auch nur im Falle schwerwiegender Störung vom Versammlungsleiter im Einzelfall entzogen werden kann.[375]

147 Zum Zwecke der Meinungsbildung in der Generalversammlung dient das **Rederecht** des einzelnen Mitglieds. Es ist inhaltlich auf die Angelegenheiten der Genossenschaft beschränkt und zeitlich im Interesse eines geordneten Ablaufs der Generalversammlung und zur Wahrung der Rechte der anderen Genossenschaftsmitglieder durch den Versammlungsleiter beschränkbar.[376] Ein Rederecht für Dritte kann sich aus gesetzlichen Bestimmungen ergeben, in Betracht kommt vor allem ein solches des **Prüfungsverbands** nach §§ 59 Abs. 3, 60 GenG oder bei **Kreditgenossenschaften** für Vertreter der *Bundesanstalt für Finanzdienstleistungsaufsicht* (§ 44 Abs. 4, 5 KWG).

148 Um sich angemessen über die Lage der Genossenschaft, insbesondere im Hinblick auf die Punkte der Tagesordnung, informieren zu können, steht den Mitgliedern auch ein **Auskunftsrecht** zu. Dieses Recht ist in der Generalversammlung auszuüben (§ 43 Abs. 1 GenG). Wurde ausnahmsweise außerhalb der Generalversammlung einzelnen Mitgliedern in Bezug auf die Genossenschaft Auskunft erteilt, so sind die erlangten Informationen spätestens in der nächsten Generalversammlung sämtlichen Mitgliedern offenzulegen.[377] Der **Auskunftsanspruch** richtet sich grundsätzlich gegen den

---

371 Henssler/Strohn/*Geibel*, § 8 GenG Rn. 8.
372 Henssler/Strohn/*Geibel*, § 43 GenG Rn. 19; Pöhlmann/Fandrich/Bloehs/*Fandrich*, § 43 Rn. 56.
373 Henssler/Strohn/*Geibel*, § 43 GenG Rn. 9.
374 Beck HB Genossenschaft/*Gätsch*, § 5 Rn. 161.
375 Henssler/Strohn/*Geibel*, § 43 GenG Rn. 9.
376 Beck HB Genossenschaft/*Gätsch*, § 5 Rn. 161.
377 Beck HB Genossenschaft/*Gätsch*, § 5 Rn. 163.

Vorstand als Vertreter der Genossenschaft. In Einzelfällen kann auch der Aufsichtsrat zur Auskunftserteilung verpflichtet sein, etwa im Rahmen der Erklärung über wesentliche Feststellungen oder Beanstandungen der Prüfungen (§ 59 Abs. 2 GenG). **Auskunftsverweigerungsrechte** seitens des Vorstandes ergeben sich in analoger Anwendung des § 131 Abs. 3 Satz 1 AktG, also etwa dann, wenn die Erteilung der Auskunft der Genossenschaft nicht unerheblichen Nachteil zufügen würde oder sich der Vorstand durch sie strafbar machen würde.[378]

149 Daneben kommt den Mitgliedern auch ein **Antragsrecht** zu, welches sich auf den Ablauf (Verfahrens- oder Geschäftsordnungsanträge) oder auf die einzelnen Gegenstände der Tagesordnung (Sachanträge) beziehen kann.[379] Über die Behandlung der Anträge entscheidet grundsätzlich der Versammlungsleiter unter der Maßgabe, bei mehreren Anträgen die weiteren vor den engeren zu behandeln.[380] Ansonsten hat der Versammlungsleiter nach Zweckmäßigkeitsgesichtspunkten unter Beachtung der Grundsätze der Verhältnismäßigkeit sowie der Gleichbehandlung der Mitglieder zu entscheiden.[381] Dies beinhaltet die Entscheidung eines Verfahrensantrags vor dem entsprechenden Sachantrag, da sich Ersterer mit dem Beschluss zur Sache in der Regel erledigt.

4. Nichtigkeit und Anfechtbarkeit von Beschlüssen

150 Treten hinsichtlich der Beschlüsse der Generalversammlung Mängel auf, so können diese verschiedene Konsequenzen nach sich ziehen. Zu unterscheiden ist – je nach Art des Mangels – zwischen **schwebend unwirksamen, heilbar unwirksamen, anfechtbaren** und **nichtigen** Beschlüssen.

151 Von **schwebender Unwirksamkeit** eines Beschlusses ist auszugehen, wenn er von der Erfüllung spezieller Wirksamkeitsvoraussetzungen, z.B. der Zustimmung von Mitgliedern mit Sonderrechten (dazu Rdn. 75), abhängig ist.[382] Daneben kommt teilweise auch eine **Heilung unwirksamer** Beschlüsse in Betracht. Eine solche ordnet das Gesetz bspw. in § 20 Abs. 2 UmwG für die Eintragung einer Verschmelzung ins Genossenschaftsregister an.[383]

152 Von diesen beiden Fällen abgesehen, ist im Wesentlichen zwischen **nichtigen** und **anfechtbaren** Beschlüssen zu unterscheiden. Der nichtige Beschluss leidet an einem derart gravierenden Mangel, dass dieser von vornherein keinerlei Rechtswirkungen entfalten kann. Demgegenüber ist der anfechtbare Beschluss mit einem weniger schwerwiegenden Mangel versehen, weswegen er zunächst wirksam ist und erst im Wege der Anfechtungsklage beseitigt werden muss.[384] Ein weiterer bedeutender Unterschied ergibt sich in zeitlicher Hinsicht. Während die Feststellung der Nichtigkeit eines Beschlusses grundsätzlich jederzeit beantragt werden kann, können anfechtbare Beschlüsse nur binnen eines Monats (§ 51 Abs. 1 Satz 2 GenG) angegriffen werden. Da die Handhabe der Beschlussmängel im Genossenschaftsgesetz selbst eher fragmentarisch geregelt ist, muss ergänzend auf Vorschriften anderer Gesetze zurückgegriffen werden (s. sogleich Rdn. 153 ff.).

a) Nichtige Beschlüsse

153 Während sich zu anfechtbaren Beschlüssen in § 51 GenG immerhin eine eigenständige Regelung der Anfechtungsklage findet, schweigt das Genossenschaftsgesetz zu Nichtigkeit von Beschlüssen und ihrer Geltendmachung. Es entspricht insoweit der ständigen Rechtsprechung des *Bundesgerichtshofs*, die einschlägigen Vorschriften des Aktienrechts entsprechend anzuwenden,[385] sofern nicht die

---

378 Pöhlmann/Fandrich/Bloehs/*Fandrich*, § 43 Rn. 20; Beck HB Genossenschaft/*Gätsch*, § 5 Rn. 165.
379 Beck HB Genossenschaft/*Gätsch*, § 5 Rn. 166.
380 Pöhlmann/Fandrich/Bloehs/*Fandrich*, § 43 Rn. 17.
381 Beck HB Genossenschaft/*Gätsch*, § 5 Rn. 167.
382 BGH, Urt. v. 10.11.1954 – II ZR 299/53, BGHZ 15, 177, 181; Pöhlmann/Fandrich/Bloehs/*Fandrich*, § 51 Rn. 2.
383 Pöhlmann/Fandrich/Bloehs/*Fandrich*, § 51 Rn. 2.
384 Beck HB Genossenschaft/*Gätsch*, § 5 Rn. 201.
385 Vgl. nur BGH, Urt. v. 23.02.1978 – II ZR 37/77, BGHZ 70, 384, 387 = NJW 1978, 1325, 1325; BGH, Urt. v. 26.02.1996 – II ZR 77/95, BGHZ 132, 84, 93 = NJW 1996, 1756, 1758.

Eigenart des Genossenschaftsrechts entgegensteht. Den §§ 241 ff. AktG kommt daher auch im Genossenschaftsrecht große Bedeutung zu.

Die Nichtigkeit eines Beschlusses kann sich zunächst daraus ergeben, dass ein lediglich anfechtbarer Beschluss erfolgreich mit der Anfechtungsklage angegriffen und in der Folge rechtskräftig für nichtig erklärt wurde, § 241 Nr. 5 AktG entsprechend i.V.m. § 51 Abs. 5 Satz 1 GenG. Entsprechend § 241 Nr. 1 AktG kann sich die Nichtigkeit auch aus **bedeutenden Einberufungsmängeln** ergeben. Darunter sind insbesondere die fehlende Einberufung oder die Einberufung durch ein unzuständiges Organ zu verstehen, sofern nicht entsprechend § 121 Abs. 6 AktG alle Mitglieder zur Generalversammlung erscheinen und keines der Beschlussfassung widerspricht.[386] Weniger schwerwiegende Einberufungsmängel, etwa Verstöße gegen Satzungsbestimmungen, führen dagegen regelmäßig nur zur Anfechtbarkeit.[387] Keine entsprechende Anwendung finden soll nach wohl überwiegender Auffassung[388] § 241 Nr. 2 AktG, der die Nichtigkeit im Falle einer fehlenden notariellen Beurkundung der Hauptversammlungsniederschrift vorsieht. Anders als das Aktienrecht sieht § 47 GenG nämlich kein Beurkundungserfordernis vor. Entsprechend § 241 Nr. 3 AktG sind Beschlüsse nichtig, die nicht mit dem Wesen der Genossenschaft (Rdn. 8 ff., 25 ff.) vereinbar sind (die Rechtsprechung hat dies z.B. für eine Mehrheitswahl mit gebundenen Listen angenommen[389]) oder gegen Vorschriften zum Schutz der Gläubiger der Genossenschaft verstoßen. Als solche kommen etwa die §§ 8a, 22, 22a, 73 Abs. 2 GenG oder auch §§ 90, 105 GenG in Frage. Auch die Verletzung sonstiger Vorschriften im öffentlichen Interesse führt zur Nichtigkeit, z.B. § 18 Satz 2 GenG.[390] Entsprechend § 241 Nr. 4 AktG sind auch sittenwidrige Beschlüsse nichtig. Weitere Nichtigkeitsgründe ergeben sich entsprechend §§ 253, 256 AktG hinsichtlich des Jahresabschlusses und der Verwendung des Jahresergebnisses bzw. entsprechend §§ 250, 252 AktG für die Wahl des Aufsichtsrats.

154

Ist ein Beschluss nur teilweise als nichtig anzusehen, ist – sofern der Beschluss einen rechtsgeschäftlichen Inhalt hat – § 139 BGB anzuwenden.[391] Im Falle der Eintragung eines nichtigen Beschlusses in das Genossenschaftsregister kann dieser entsprechend[392] § 398 FamFG gelöscht werden, wenn durch seinen Inhalt zwingende gesetzliche Vorschriften verletzt werden und seine Beseitigung im öffentlichen Interesse erforderlich erscheint. Ordnet das Gesetz die Heilung an (Rdn. 151), ist eine Löschung nicht möglich. Entsprechend § 242 Abs. 2 AktG können die Nichtigkeitsgründe, die sich aus der entsprechenden Anwendung des § 241 Nr. 1, 3, 4 AktG ergeben, durch Eintragung in das Genossenschaftsregister und Ablauf von drei Jahren geheilt werden.[393]

155

Zur Geltendmachung der Nichtigkeit eines Beschlusses der Generalversammlung steht mit der **Nichtigkeitsklage** eine besondere Feststellungsklage zur Verfügung, die entsprechend § 249 AktG auch auf die Genossenschaft anwendbar ist. **Klagebefugt** sind in entsprechender Anwendung des § 249 Abs. 1 Satz 1 AktG alle Mitglieder des Vorstands, des Aufsichtsrats, der Genossenschaft als solcher und der Vorstand als Organ. Ferner überzeugt es, in ergänzender Anwendung des § 51 Abs. 2 Satz 2 GenG auch dem Aufsichtsrat als Organ die Klagebefugnis zuzubilligen.[394] Ausschließlich **zuständig** ist das Landgericht, in dessen Bezirk die Genossenschaft ihren Sitz hat. Funktional zuständig ist die Kammer für Handelssachen, in entsprechender Anwendung von § 95 Abs. 2 Nr. 1 GVG i.V.m. § 94 GVG. Die Klage ist an die Genossenschaft selbst, in der Regel **vertreten** durch Vorstand und

156

---

[386] Henssler/Strohn/*Geibel*, § 51 GenG Rn. 2.
[387] Beuthien/*Schöpflin,* § 46 Rn. 4; Henssler/Strohn/*Geibel*, § 51 GenG Rn. 2.
[388] Beuthien/*Schöpflin*, § 43 Rn. 10 und § 47 Rn. 4; a.A. Henssler/Strohn/*Geibel*, § 51 GenG Rn. 3; Beck HB Genossenschaft/*Gätsch*, § 5 Rn. 221.
[389] BGH, Urt. v. 22.03.1982 – II ZR 219/81, BGHZ 83, 228, 231 ff.
[390] Vgl. Henssler/Strohn/*Geibel*, § 51 GenG Rn. 4.
[391] Pöhlmann/Fandrich/Bloehs/*Fandrich*, § 51 Rn. 7.
[392] Henssler/Strohn/*Geibel*, GenG, § 51 Rn. 5; Pöhlmann/Fandrich/Bloehs/*Fandrich*, § 51 Rn. 7.
[393] A.A. Beck HB Genossenschaft/*Gätsch*, § 5 Rn. 226, der in diesen Fällen von einem gesetzlichen Ausschluss der Klagemöglichkeit ausgeht.
[394] So auch Pöhlmann/Fandrich/Bloehs/*Fandrich*, § 51 Rn. 9; Beck HB Genossenschaft/*Gätsch*, § 5 Rn. 217.

Aufsichtsrat gemeinschaftlich, zu richten.³⁹⁵ Eine **Klagefrist** existiert grundsätzlich nicht. Zu berücksichtigen ist jedoch die Heilung nach § 242 Abs. 2 AktG entsprechend und die Besonderheit bei Nichtigkeitsklagen gegen Verschmelzungsbeschlüsse, für die nach § 14 Abs. 1 UmwG eine Frist von einem Monat ab Beschlussfassung zu wahren ist. Im der Nichtigkeitsklage stattgebenden rechtskräftigen Urteil wird die Nichtigkeit des Beschlusses mit Wirkung für und gegen alle Genossenschafts-, Vorstands- und Aufsichtsratsmitglieder festgestellt, §§ 249 Abs. 1 Satz 1, 248 AktG entsprechend. Für Dritte kommt die Erhebung einer allgemeinen Feststellungsklage nach § 256 Abs. 1 ZPO in Frage, sofern sie das erforderliche Feststellungsinteresse aufweisen.

b) Anfechtbare Beschlüsse

157 Bei der Mehrzahl der Beschlussmängel wird es sich um lediglich anfechtbare Mängel handeln, zu deren Beseitigung die Anfechtungsklage nach § 51 GenG erhoben werden kann. Rechtsschutzziel dieser Gestaltungsklage ist es, den mangelbehafteten aber zunächst wirksamen Beschluss für nichtig erklären zu lassen (§ 51 Abs. 5 Satz 1 GenG) und so eine Änderung der materiellen Rechtslage zu erreichen.

158 Nach § 51 Abs. 1 Satz 1 GenG können Beschlüsse der Generalversammlung wegen Verletzung des Gesetzes oder der Satzung klageweise angefochten werden. Dies gilt freilich nur insoweit, wie die Gesetzesverletzung nicht bereits zur Nichtigkeit (Rdn. 153 ff.) des Beschlusses führt. Zur Beurteilung der Anfechtbarkeit ist zwischen **Verfahrensfehlern** und **inhaltlichen Beschlussmängeln** zu unterscheiden. Während Letztgenannte Mängel stets erheblich sind,³⁹⁶ leuchtet ein, dass nicht jeder noch so kleine Formfehler die Wirksamkeit eines Beschlusses gefährden soll. In Abkehr von seiner früheren Rechtsprechung,³⁹⁷ die auf die **potentielle Kausalität** des Fehlers für die Beschlussfassung abhob, stellt der *Bundesgerichtshof* mittlerweile anhand einer am Normzweck orientierten wertenden Betrachtung darauf ab, ob der Verstoß für die Beschlussfassung relevant war (sog. **Relevanztheorie**).³⁹⁸ Die fehlende Relevanz hat im Streitfall die Genossenschaft zu beweisen.³⁹⁹ Mit Blick auf **Informationsmängel** (zum Auskunftsrecht des Mitglieds siehe Rdn. 148) wird man § 243 Abs. 4 Satz 1 AktG entsprechend anzuwenden haben,⁴⁰⁰ sodass ein Beschluss der Generalversammlung wegen unrichtiger, unvollständiger oder verweigerter Erteilung von Informationen nur angefochten werden kann, wenn ein objektiv urteilendes Mitglied der Genossenschaft die Erteilung der Information als wesentliche Voraussetzung für die sachgerechte Wahrnehmung seiner Teilnahme- und Mitgliedschaftsrechte angesehen hätte. Ebenso entsprechend gelten dürfte auch der Anfechtungsausschluss nach § 243 Abs. 4 Satz 2 AktG.

159 Als **Verfahrensfehler** kommen insbesondere Einberufungsmängel, aus denen noch keine Nichtigkeit resultiert (vgl. Rdn. 154), in Betracht. Auch fehlenden Beschlussfähigkeit, fehlerhafte Berücksichtigung von Stimmen im Abstimmungsergebnis, die Verletzung von Rede- und Antragsrecht, das unrechtmäßige Beeinflussen der Abstimmung, Nichterreichen der erforderlichen Mehrheit oder die Verletzung des rechtlichen Gehörs beim Ausschluss eines Mitglieds nach § 68 GenG seien hier beispielgebend genannt.⁴⁰¹

160 **Inhaltliche Beschlussmängel**, für welche die Relevanztheorie nicht gilt (Rdn. 158), können sich entweder aus spezifischen Einzelnormen oder aus genossenschaftlichen Grundprinzipien wie dem

---

395 Pöhlmann/Fandrich/Bloehs/*Fandrich*, § 51 Rn. 9.
396 Beuthien/*Beuthien*, § 51 Rn. 16; darauf verweisend Beck HB Genossenschaft/*Gätsch*, § 5 Rn. 211.
397 BGH, Urt. v. 27.10.1951 – II ZR 44/50, NJW 1952, 98, 99; BGH, Urt. v. 09.11.1972 – II ZR 63/71, NJW 1973, 235, 235 f.
398 BGH, Urt. v. 12.11.2001 – II ZR 225/99, BGHZ 149, 158, 164 f. = NJW 2002, 1128, 1129; BGH, Urt. v. 20.09.2004 – II ZR 334/02, DStR 2004, 1967, 1970.
399 Henssler/Strohn/*Geibel*, § 51 GenG Rn. 10.
400 Beck HB Genossenschaft/*Gätsch*, § 5 Rn. 210.
401 Henssler/Strohn/*Geibel*, § 51 GenG Rn. 9 m.w.N.

Gleichbehandlungsgrundsatz und der Treuepflicht ergeben.[402] Eine Treuepflichtverletzung kann etwa darin liegen, dass ein Mitglied sein Stimmrecht zur Verfolgung von Sonderinteressen zum Schaden der Genossenschaft oder anderer Mitglieder ausübt.[403]

Entsprechend § 244 AktG kann ein Beschlussmangel auch **geheilt** werden, was vor allem hinsichtlich etwaiger Verfahrensmängel in Frage kommt. Die Generalversammlung muss den mangelbehafteten Beschluss hierzu bestätigen. Dafür muss der Bestätigungsbeschluss – natürlich exklusive des Mangels – mit dem Erstbeschluss inhaltlich übereinstimmen.[404]

161

Tritt ein inhaltlicher Beschlussmangel oder ein wesentlicher Verfahrensfehler auf, ist nach § 52 Abs. 2 GenG zunächst jedes in der Generalversammlung erschienene Genossenschaftsmitglied **klagebefugt**, sofern es gegen den Beschluss seinen Widerspruch zu Protokoll erklärt hat. Nicht erschienene Mitglieder sind nur klagebefugt, wenn sie zur Generalversammlung unberechtigterweise nicht zugelassen worden sind oder sofern sie ihre Anfechtung darauf gründen, dass die Einberufung (Rdn. 139 f.) oder die Ankündigung des Beschlussgegenstands (Rdn. 140) nicht ordnungsgemäß erfolgt sei. Darüber hinaus sind Vorstand und Aufsichtsrat jeweils als Gesamtorgan klagebefugt, einzelne Vorstands- oder Aufsichtsratsmitglieder dagegen nur dann, wenn sie durch die Ausführung des Beschlusses eine strafbare Handlung oder eine Ordnungswidrigkeit begehen oder sich ersatzpflichtig machen würden.

162

§ 51 Abs. 3 Satz 3 GenG ordnet für die Klageerhebung die ausschließliche **Zuständigkeit** des Landgerichts an, in dessen Bezirk die Genossenschaft ihren Sitz hat. Funktional zuständig ist die Kammer für Handelssachen, §§ 94, 95 Abs. 2 Nr. 1 GVG. Die Klage ist gegen die Genossenschaft zu richten (§ 51 Abs. 3 Satz 1 GenG), welche grundsätzlich gemeinschaftlich durch Vorstand und Aufsichtsrat **vertreten** wird, § 51 Abs. 3 Satz 2 GenG. Klagt allerdings der Vorstand oder eines seiner Mitglieder, so wird die Gesellschaft allein durch den Aufsichtsrat vertreten. Im umgekehrten Fall fällt die Vertretung dementsprechend allein in die Zuständigkeit des Vorstands. Für den Fall, dass sowohl Vorstand als auch Aufsichtsrat bzw. einzelne Mitglieder der beiden Organe klagen, kann keines von ihnen die Genossenschaft vertreten. Die Generalversammlung hat in diesem Fall einen Prozessbevollmächtigten zu wählen.[405] Bis zu dessen Wahl ist, falls nötig, gerichtlich ein Prozesspfleger nach § 57 Abs. 1 ZPO zu bestellen. Hat die **Kleingenossenschaft** satzungsmäßig auf einen Aufsichtsrat verzichtet, übernimmt an dessen Stelle der nach § 39 Abs. 1 Satz 2 GenG zu wählende Bevollmächtigte.

163

Die Klage muss binnen einer Frist von einem Monat erhoben werden, § 51 Abs. 1 Satz 2 GenG. Wenngleich sich der Wortlaut der Norm nicht ausdrücklich zum fristauslösenden Ereignis äußert, ergibt sich doch gesetzessystematisch unter Einbeziehung des § 51 Abs. 1 Satz 1 GenG, dass es sich dabei um die Beschlussfassung durch die Generalversammlung handeln muss.[406] Die Fristberechnung richtet sich nach den §§ 187 Abs. 1, 188 Abs. 2 BGB. Nach § 52 Abs. 4 GenG hat der Vorstand die Klageerhebung und die mündliche Verhandlung unverzüglich in den für die Bekanntmachung der Genossenschaft bestimmten Blättern (§ 6 Nr. 5 GenG) zu veröffentlichen. Auf diese Weise soll neben der Information der Mitglieder auch gewährleistet werden, dass bis zu einer rechtskräftigen Entscheidung keine Vertrauenstatbestände entstehen.[407]

164

Kommt das Gericht zu dem Schluss, dass die zulässige Anfechtungsklage begründet ist, erklärt es den angefochtenen Beschluss per **Gestaltungsurteil** mit **Wirkung** *ex tunc* für nichtig, § 51 Abs. 5 Satz 1 GenG. Mit dem Eintritt der Rechtskraft wirkt das Urteil sodann auch gegenüber den Genossenschaftsmitgliedern, die nicht Partei des Rechtsstreits waren. Handelte es sich um einen eintra-

165

---

402 Beck HB Genossenschaft/*Gätsch*, § 5 Rn. 211.
403 OLG Dresden, VIZ 2003, 455, 455 f.
404 Vgl. Beck HB Genossenschaft/*Gätsch*, § 5 Rn. 212, der allerdings nicht von einer Heilung, sondern eher vom Ausschluss der Möglichkeit gerichtlicher Geltendmachung ausgeht.
405 Beck HB Genossenschaft/*Gätsch*, § 5 Rn. 205.
406 So auch Beck HB Genossenschaft/*Gätsch*, § 5 Rn. 207.
407 Henssler/Strohn/*Geibel*, § 51 GenG Rn. 21.

gungspflichtigen Beschluss wie eine Satzungsänderung, so muss der Vorstand das Urteil beim Registergericht einreichen und in der Form des § 157 GenG dessen Eintragung beantragen. Dies gilt – in Klarstellung des Wortlauts des § 51 Abs. 5 Satz 2 GenG – auch dann, wenn der angefochtene Beschluss zuvor noch nicht eingetragen war.[408] War der Beschluss bereits eingetragen, so löscht ihn das Registergericht durch Eintragung eines Nichtigkeitsvermerks nach § 23 Satz 2 GenRegV. Da ein bereits eingetragener Beschluss jedoch nicht erst mit Eintragung des Vermerks nach § 23 Satz 2 GenRegV, sondern bereits mit Rechtskraft des Gestaltungsurteils nichtig ist, erscheint es gegebenenfalls ratsam, das Eintragungsverfahren nach §§ 381, 21 Abs. 1 FamFG auszusetzen.[409]

166 Die **Kassationswirkung** des Gestaltungsurteils vermag das Rechtsschutzbegehren des Klägers jedoch in den Fällen, in denen ein Beschlussantrag in anfechtbarer Weise abgelehnt wurde, nicht vollständig zu befriedigen.[410] In Betracht kommt dies etwa bei einem Zählfehler oder der fälschlichen Berücksichtigung ausgeschlossener Stimmen (§ 43 Abs. 6 GenG). Der Kläger wird hier primär die positive Feststellung des den Beschlussantrag annehmenden Beschlusses begehren. In dieser Konstellation ist es ihm möglich, die Anfechtungsklage mit einer **positiven Beschlussfeststellungsklage** zu verbinden.[411] Diese unterliegt weitestgehend den gleichen Verfahrensregeln.[412]

167 Eine Haftung des Klägers für unbegründete Anfechtungsklagen beinhaltet das Genossenschaftsgesetz nicht mehr. Die Regelung des § 52 GenG a.F., die ein Mitglied oder eine andere zur Anfechtung befugte Person zum Schadensersatz verpflichtete, wenn der Genossenschaft durch eine unbegründete, in böslicher Handlungsweise erhobene Anfechtungsklage ein Schaden entstanden war, wurde im Zuge der Genossenschaftsrechtreform 2006 ersatzlos gestrichen. Der Gesetzgeber befand sie zurecht für weder sachlich noch sprachlich zeitgemäß.[413]

IV. Vertreterversammlung

168 Das **Wesen** der Vertreterversammlung unterliegt seit ihrer erstmaligen Einführung 1922[414] einem stetigen Wandel. Das heute **fakultative vierte Organ** war zeitweise ein zwingendes, auch die zur Errichtung erforderliche Mindestzahl an Mitgliedern sank im Laufe der Zeit von 10.000 über 3.000 auf mittlerweile 1.500 (§ 43a Abs. 1 Satz 1 GenG).[415] Vor der Genossenschaftsrechtsnovelle 2006 (Rdn. 3) herrschte noch das Verständnis vor, dass die Vertreterversammlung im Falle ihrer Errichtung die Generalversammlung vollumfänglich ersetze. Durch den im Zuge der Reform überarbeiteten § 43a GenG ist nunmehr klar, dass die Vertreterversammlung, so sie denn errichtet wird, nur als weiteres Organ neben die Generalversammlung tritt.[416] Dass die Generalversammlung nicht einfach wegfällt, kann zum einen der Regelung des § 43a Abs. 1 Satz 1 GenG entnommen werden, nach der die Satzung vorsehen kann, dass die Zuständigkeit für bestimmte Beschlüsse bei der Generalversammlung verbleibt. Zum anderen weist § 43 Abs. 7 GenG der Generalversammlung die Kompetenz zur Abschaffung der Vertreterversammlung zu, was ebenfalls den Fortbestand der Generalversammlung voraussetzt. Sinn der Vertreterversammlung ist es, als eine Art »verkleinerte Generalversammlung«[417] in weiten Teilen die sonst der Generalversammlung zufallenden Aufgaben wahrzunehmen, sie also funktional – aber eben nicht vollständig – zu ersetzen. Die Vertreterversammlung

---

408 Beck HB Genossenschaft/*Gätsch*, § 5 Rn. 213.
409 Henssler/Strohn/*Geibel*, § 51 GenG Rn. 22.
410 Vgl. Beck HB Genossenschaft/*Gätsch*, § 5 Rn. 215.
411 BGH, Urt. v. 13.03.1980 – II ZR 54/78, BGHZ 76, 191, 191 = NJW 1980, 1465, 1465 zur AG; BGH, Urt. v. 10.05.2001 – III ZR 262/00, NJW 2001, 2176, 2177 zur GmbH.
412 Hüffer/Koch/*Koch*, AktG, § 246 Rn. 43 (zur AG).
413 RegE EuroGenEinfG, BT-Drucks. 16/1025, S. 89; vgl. auch Beck HB Genossenschaft/*Gätsch*, § 5 Rn. 214.
414 Pöhlmann/Fandrich/Bloehs/*Fandrich*, § 43a, Rn. 1.
415 Pöhlmann/Fandrich/Bloehs/*Fandrich*, § 43a, Rn. 2.
416 Vgl. Henssler/Strohn/*Geibel*, § 43a GenG Rn. 1; Pöhlmann/Fandrich/Bloehs/*Fandrich*, § 43a Rn. 4; Beck HB Genossenschaft/*Gätsch*, § 5 Rn. 228; anders wohl noch *Hirte*, DStR 2007, 2166, 2170.
417 BGH, Urt. v. 22.03.1982 – II ZR 219/8, BGHZ 83, 228, 232 = NJW 1982, 2558, 2559.

E. Organe der Genossenschaft

soll großen Genossenschaften zu einer effektiveren und praktischeren Selbstverwaltung verhelfen und zugleich etwaigen, bei schwankender Mitgliederpräsenz auf Generalversammlungen auftretenden, zufälligen Verschiebungen der Mehrheitsverhältnisse vorbeugen.[418] Man kann insoweit auch von der Wandlung einer unmittelbaren in eine repräsentative Demokratie sprechen.[419]

1. Errichtung und Beendigung

Die satzungsmäßige Errichtung einer Vertreterversammlung kommt für Genossenschaften ab einer Mitgliederzahl von mindestens 1.500, sog. **Großgenossenschaften**, in Betracht, § 43a Abs. 1 Satz 1 GenG. Für die Feststellung der erforderlichen Mindestzahl an Mitgliedern ist jeweils der Stand zum Ende des vorausgegangenen Geschäftsjahres maßgeblich, § 43a Abs. 1 Satz 3 GenG. Aus praktischen Gründen empfiehlt es sich, diejenigen Zuständigkeiten, die bei der Generalversammlung verbleiben sollen (§ 43a Abs. 1 Satz 2 GenG), bereits bei Errichtung der Vertreterversammlung statutarisch festzuhalten oder jedenfalls zum Zwecke der Klarstellung das Recht zu reservieren, derartige Zuständigkeiten durch spätere Satzungsänderungen zu begründen. Geschieht dies nicht, ist jedoch auch eine nachträgliche Beschränkung der Kompetenzen der Vertreterversammlung möglich. Das dürfte sich bereits daraus ergeben, dass die Generalversammlung nach § 43a Abs. 7 GenG jederzeit zur Abschaffung der Vertreterversammlung befugt ist (vgl. unten) und in der Folge ohnehin eine Neuerrichtung unter Berücksichtigung der gewünschten Kompetenzbeschränkungen vornehmen könnte.[420] Der Beschluss zur Errichtung einer Vertreterversammlung bedarf einer Dreiviertelmehrheit. Zwar kann satzungsmäßig auch ein anderes Quorum vorgesehen sein, § 16 Abs. 4 GenG. Soll die zu errichtende Vertreterversammlung allerdings über Gegenstände entscheiden können, die einer Dreiviertelmehrheit der Generalversammlung bedürfen (insb. § 16 Abs. 2, 3 GenG), so ist auch für den Errichtungsbeschluss der Vertreterversammlung kein geringeres Quorum zulässig.[421] Wirksame Beschlüsse kann die Vertreterversammlung erst ab der Eintragung der sie errichtenden Satzungsänderung in das Genossenschaftsregister fassen (§ 16 Abs. 6 GenG).

169

Die Generalversammlung ist jederzeit berechtigt, die Vertreterversammlung wieder **abzuschaffen**. Ihre dafür notwendige Einberufung durch den Vorstand hat unverzüglich zu erfolgen, wenn ein Zehntel der Mitglieder oder ein statutarisch vorgesehenes geringeres Quorum dies in Textform beantragt, § 43a Abs. 7 Satz 1 GenG. Nachdem es in sehr großen Genossenschaften regelmäßig schwierig werden dürfte, ein Zehntel der Mitglieder für einen entsprechenden Antrag zu mobilisieren, sah der Regierungsentwurf[422] zu § 43a Abs. 7 GenG noch vor, dass lediglich mindestens 500 Mitglieder den Antrag unterstützen müssen. Dies wurde jedoch mit Blick auf den Verwaltungs- und Kostenaufwand, den eine Generalversammlung mit sich bringt, als zu kleine Minderheit empfunden, sodass der entsprechende Passus wieder gestrichen wurde und keinen Eingang in das Gesetz fand. Die Vertreterversammlung kann sich auch selbst auflösen, sofern ihr dieses Recht nicht satzungsmäßig genommen wurde (§ 43a Abs. 1 Satz 2 GenG).[423] Auch ein Ende der Vertreterversammlung durch Zeitablauf kommt in Betracht, sofern sie nur auf Zeit errichtet wurde.[424] Schließlich führt auch das **Absinken der Mitgliederzahl** zum Ende des Geschäftsjahres (§ 43a Abs. 1 Satz 3 GenG) unter die gesetzlich vorgesehene Errichtungsschwelle von 1.500 (bzw. die höhere satzungsmäßige Schwelle) automatisch dazu, dass die Vertreterversammlung endet. Ihre Aufgaben (Rdn. 174) fallen sodann wieder der Generalversammlung zu. Fasst die Vertreterversammlung ab Beginn des neuen Geschäftsjahres dennoch weiterhin Beschlüsse so sind diese im Falle der Unterschreitung der gesetzlichen Mindestzahl von 1.500 Mitgliedern nichtig, im Falle der Unterschreitung einer höheren,

170

---

418 Henssler/Strohn/*Geibel*, § 43a GenG Rn. 1.
419 Beck HB Genossenschaft/*Gätsch*, § 5 Rn. 227.
420 Beck HB Genossenschaft/*Gätsch*, § 5 Rn. 229.
421 So auch Henssler/Strohn/*Geibel*, § 43a GenG Rn. 2.
422 RegE EuroGenEinfG, BT-Drucks. 16/1025, S. 29.
423 Beuthien/*Schöpflin,* § 43a Rn. 3; Henssler/Strohn/*Geibel*, § 43a GenG Rn. 3.
424 Henssler/Strohn/*Geibel*, § 43a GenG Rn. 3.

statutarisch vorgesehenen Mindestzahl, lediglich anfechtbar[425] (zur Geltendmachung des Mangels vgl. Rdn. 156, 157 ff.). Angesichts der damit von Schwankungen der Mitgliederzahl ausgehenden Rechtsunsicherheit ist der Vorschlag,[426] den Vorstand zur Bekanntmachung der Zahl der Genossenschaftsmitglieder in den Gesellschaftsblättern zum Ende eines jeden Geschäftsjahres zu verpflichten, zu begrüßen.

2. Besetzung

171　Die Mindestgröße der Vertreterversammlung beträgt 50 Vertreter, § 43a Abs. 3 Satz 1 GenG. Die Satzung bestimmt, auf wie viele Mitglieder jeweils ein Vertreter entfällt, § 43a Abs. 4 Satz 5 Nr. 1 GenG. Anders als die Mitglieder in der Generalversammlung (Rdn. 142) können sich die Vertreter weder durch Bevollmächtigte vertreten lassen (§ 43a Abs. 3 Satz 2 GenG), noch können ihnen Mehrstimmrechte eingeräumt werden (§ 43a Abs. 3 Satz 3 GenG).

172　Allen Mitgliedern der Genossenschaft kommt ein **aktives Wahlrecht** zu. Das **passive Wahlrecht** hingegen setzt neben der Mitgliedschaft auch voraus, dass es sich um natürliche und unbeschränkt geschäftsfähige Personen handelt, welche nicht zugleich dem Vorstand oder dem Aufsichtsrat angehören dürfen (§ 43a Abs. 2 Satz 1 GenG). Ähnlich wie bei der Besetzung von Vorstand und Aufsichtsrat (§ 9 Abs. 2 Satz 2 GenG), kann im Falle einer juristischen Person oder Personengesellschaft, die Mitglied der Genossenschaft ist, auch eine von dieser Gesellschaft benannte natürliche Person zum Vertreter gewählt werden, § 43a Abs. 2 Satz 2 GenG. Die Wahl der Vertreter erfolgt in allgemeiner, unmittelbarer, gleicher und geheimer Wahl, wobei der Grundsatz der Stimmgleichheit insoweit eingeschränkt ist, als Mehrstimmrechte ausgeübt werden dürfen, § 43a Abs. 4 Satz 1 Halbs. 2 GenG. Zur näheren Bestimmung des Wahlverfahrens können Vorstand und Aufsichtsrat eine Wahlordnung beschließen, welche allerdings der Zustimmung der Generalversammlung bedarf (§ 43a Abs. 4 Satz 7, 8 GenG).

173　Die **Amtsdauer** eines Vertreters beginnt mit der Annahme der Wahl und dem durch Satzung oder Wahlordnung festgelegten Zeitpunkt. Das Amt endet mit Ablauf der satzungsmäßig bestimmten Wahlperiode. Diese darf allerdings nicht länger laufen als bis zur Beendigung der Vertreterversammlung, die über die Entlastung der Vorstands- und Aufsichtsratsmitglieder für das vierte Geschäftsjahr nach dem Beginn der Amtszeit beschließt, § 43a Abs. 4 Satz 3 GenG. Das Geschäftsjahr, in dem die Amtszeit beginnt, wird hierbei nicht mitgerechnet, § 43a Abs. 4 Satz 4 GenG. Der Vertreter kann nach Ablauf der Amtsdauer auch **wiedergewählt** werden. Neben diesem regulären Ende durch Ablauf der Wahlperiode endet die Amtsdauer auch durch die (jederzeit mögliche) **Amtsniederlegung**, den **Verlust der Geschäftsfähigkeit**, die **Beendigung der Mitgliedschaft** oder durch das **Unterschreiten der Mindestzahl** an Mitgliedern (Querverweis).[427] Fällt ein Vertreter vor Ablauf der Wahlperiode weg, so ist – nach den gleichen Voraussetzungen – ein **Ersatzvertreter** zu wählen, § 43a Abs. 5 GenG.

3. Aufgaben

174　Hinsichtlich der Zuständigkeiten der Vertreterversammlung kann im Wesentlichen auf die Ausführungen zur Generalversammlung (Rdn. 134 ff.) verwiesen werden. Dies gilt jedenfalls, soweit nicht einzelne Kompetenzen der koexistierenden (Rdn. 168) Generalversammlung durch Gesetz (z.B. § 43a Abs. 7 GenG) oder Satzung vorbehalten sind. Nach der Vorstellung des Gesetzgebers sollten durch den satzungsmäßigen Vorbehalt (§ 43a Abs. 1 Satz 2 GenG) insbesondere Beschlüsse, die für die Mitglieder von grundsätzlicher Bedeutung sind, wie etwa die Erhöhung von Geschäftsanteilen, Auflösung oder Umwandlung der Genossenschaft, im Kompetenzbereich der Generalversammlung verbleiben können.[428] Das bedeutet aber – in Ermangelung eines entsprechenden Gesetzeswort-

---

425　Pöhlmann/Fandrich/Bloehs/*Fandrich*, § 43a, Rn. 10.
426　So Beck HB Genossenschaft/*Gätsch*, § 5 Rn. 231.
427　Pöhlmann/Fandrich/Bloehs/*Fandrich*, § 43a Rn. 17.
428　RegE EuroGenEinfG, BT-Drucks. 16/1025, S. 87.

lauts – keineswegs, dass der Generalversammlung nur derart fundamentale Beschlüsse vorbehalten werden können.[429] Entscheidend ist nach der Begründung zum Regierungsentwurf[430] schließlich auch, dass die Beschlüsse **für die Mitglieder** grundsätzliche Bedeutung haben. Dieser Voraussetzung dürfte bereits die stets notwendige Satzungsregelung mit der entsprechend großen erforderlichen Mehrheit (§ 16 Abs. 4 GenG) ausreichend Rechnung tragen.[431]

4. Rechte der übrigen Mitglieder

Die Rechte derjenigen Genossenschaftsmitglieder, die nicht Teil der Vertreterversammlung sind, werden deutlich limitiert. Neben den verbliebenen Rechten, die sich aus der Teilnahme an der Generalversammlung ergeben, soll die Offenlegung von Adressdaten der Vertreter nach § 43a Abs. 6 GenG es ihnen ermöglichen, über die Kontaktaufnahme zu Vertretern weiterhin Einfluss auf die Geschicke der Genossenschaft zu nehmen. Falls eine Vertreterversammlung auf Verlangen von Mitgliedern einberufen wurde (v.a. § 43a Abs. 7 GenG), so sind die entsprechenden Mitglieder zur Teilnahme an der Vertreterversammlung mit Rede- und Antragsrecht berechtigt, § 45 Abs. 1 Satz 2 GenG. 175

Daneben besteht die häufig wahrgenommene Möglichkeit, »Mitgliederversammlungen« abzuhalten, um die Genossenschaftsmitglieder, gerade auch in überregionalen Genossenschaften, regelmäßig vor Ort über die Entwicklung der Genossenschaft zu informieren. Auf diese Weise können sowohl Mitglieder als auch potentielle Kunden besser an die Genossenschaft gebunden werden. Auch bieten diese Versammlungen dem Vorstand die Möglichkeit, die »Stimmung an der Basis« aufzunehmen und tragen so zur Meinungsbildung in der Genossenschaft bei. Rechtliche Bedeutung erlangen diese Versammlungen allerdings üblicherweise nicht.[432] 176

V. Sonstige Organe

Die ausdrückliche gesetzliche Regelung genossenschaftlicher Organe erschöpft sich in Vorstand, Aufsichtsrat, Generalversammlung und gegebenenfalls der Vertreterversammlung. Allerdings erkennt das Gesetz in § 27 Abs. 2 Satz 2 GenG die Möglichkeit der Existenz weiterer Organe an (»oder eines anderen Organs der Genossenschaft«). Voraussetzung hierfür ist die Aufnahme einer entsprechenden Regelung in die Satzung, wobei die gesetzlich vorgesehene Kompetenzordnung, jedenfalls soweit sie zwingend ist, beachtet werden muss (§ 18 Satz 2 GenG).[433] Dort wo das Gesetz jedoch keine abschließenden Regelungen trifft, kann die Satzung es im Rahmen des Gesetzeszwecks ergänzen. Im Vergleich zum Aktiengesetz gewährt das GenG gerade im Hinblick auf die organschaftliche Verfassung der Genossenschaft einen größeren Freiraum zur Satzungsgestaltung.[434] Daraus folgt auch, dass die Mitglieder eines neu zu schaffenden Organs – anders als Vorstand und Aufsichtsrat – nicht unbedingt dem Prinzip der Selbstorganschaft verpflichtet sein müssen.[435] In Betracht kommt etwa die Schaffung eines Beirats,[436] eines Ausschusses oder eines besonderen Vertreters entsprechend § 30 BGB,[437] der durch seine organschaftliche Bindung auch auf den genossenschaftlichen Förderzweck (§ 1 Abs. 1 GenG) verpflichtet wäre. 177

---

429 Henssler/Strohn/*Geibel*, § 43a GenG Rn. 5.
430 RegE EuroGenEinfG, BT-Drucks. 16/1025, S. 87.
431 So Beck HB Genossenschaft/*Gätsch*, § 5 Rn. 232.
432 Pöhlmann/Fandrich/Bloehs/*Fandrich*, § 43a Rn. 7.
433 Beck HB Genossenschaft/*Gätsch*, § 5 Rn. 246.
434 Henssler/Strohn/*Geibel*, § 18 GenG Rn. 19.
435 So Beuthien/*Beuthien*, § 27 Rn. 12; Beck HB Genossenschaft/*Gätsch*, § 5 Rn. 246.
436 Beck HB Genossenschaft/*Gätsch*, § 5 Rn. 11.
437 Henssler/Strohn/*Geibel*, § 9 GenG Rn. 1.

F. Personalwesen der Genossenschaft

178 Das Personalwesen der Genossenschaft kann auf verschiedenen Ebenen Bedeutung erlangen. Hiervon erfasst sind vor allem etwaige Anstellungsverträge mit Vorstandsmitgliedern und bei einigen Genossenschaftsarten die Beschäftigungsverhältnisse der Mitarbeiter.[438]

179 Bei Vorstandsmitgliedern in der Genossenschaft ist zwischen dem Organverhältnis und dem Anstellungsverhältnis, welches üblicherweise durch einen Anstellungsvertrag geregelt werden kann, zu trennen.[439] Beide Verhältnisse sollten jedoch zum gleichen Zeitpunkt beginnen. Ebenso sollte die Vertragsdauer des Anstellungsvertrags der Bestellungszeit entsprechen.[440] Für den Abschluss des Anstellungsvertrags, für dessen Änderung und dessen Beendigung ist der Aufsichtsrat bzw. ein von der Generalversammlung gem. § 39 Abs. 1 Satz 2 GenG ermächtigter Bevollmächtigter zuständig.[441] Neben den Bestimmungen des Anstellungsvertrags[442] gelten die gesetzlichen Bestimmungen, insbesondere die §§ 611, 662 ff. BGB und das Recht der Allgemeinen Geschäftsbedingungen (§§ 305 ff. BGB).[443] Vorstandsmitglieder sind keine Arbeitnehmer.[444] Die Vergütung wird regelmäßig als festes Monatsgehalt oder als in zwölf Monatsraten auszahlbares festes Jahresgehalt vereinbart.[445]

180 Das Anstellungsverhältnis mit Vorstandsmitgliedern kann grundsätzlich im Wege eines Aufhebungsvertrages[446] sowie mittels einer ordentlichen oder außerordentlichen Kündigung beendet werden.[447] Probleme können sich in diesen Fällen insbesondere dann ergeben, wenn das Anstellungsverhältnis nicht mit der Bestellung als Vorstandsmitglied gekoppelt wurde.[448] Mit der Beendigung des Anstellungsverhältnisses endet grundsätzlich die Organbestellung nicht, ebenso wie mit der Abberufung als Vorstandsmitglied grundsätzlich das Anstellungsverhältnis nicht endet.[449]

181 Die ordentliche Kündigung kann, außer bei befristeten Anstellungsverträgen, durch beide Seiten des Anstellungsvertrages erfolgen.[450] Bei einer ordentlichen Kündigung durch die Genossenschaft ist eine vorherige Abmahnung erforderlich, die vom Gesamtaufsichtsrat auszusprechen ist.[451]

182 Eine außerordentliche Kündigung erfordert einen wichtigen Grund.[452] Entscheidend ist, ob durch die Verfehlungen des betreffenden Vorstellungsmitglieds das Vertrauensverhältnis für die Zukunft nachhaltig gestört ist, sodass eine Aufrechterhaltung des Anstellungsverhältnisses nicht mehr zumutbar ist. Hierbei müssen die individuellen Umstände der jeweiligen Genossenschaft berücksichtigt werden. Eine bestimmte Verfehlung kann etwa bei einer Kreditgenossenschaft völlig anders zu beurteilen sein als bei einer Winzergenossenschaft.[453]

---

438 Ausführlich hierzu *Glenk,* Rn. 550 ff.
439 Beuthien/*Beuthien,* § 24 Rn. 12; Henssler/Strohn/*Geibel,* § 24 GenG Rn. 13.
440 Ausdrücklich *Glenk,* Rn. 555; Beuthien/*Beuthien,* § 24 Rn. 12: meist aufeinander abgestimmt.
441 Beuthien/*Beuthien,* § 24 Rn. 14; Pöhlmann/Fandrich/Bloehs/*Fandrich,* § 24 Rn. 31 ff.
442 S. zur Rechtsnatur ausführlich Henssler/Strohn/*Geibel,* § 24 GenG Rn. 13; Pöhlmann/Fandrich/Bloehs/*Fandrich,* § 24 Rn. 34 f.
443 Pöhlmann/Fandrich/Bloehs/*Fandrich,* § 24 Rn. 34; Beuthien/*Beuthien,* § 24 Rn. 14.
444 Pöhlmann/Fandrich/Bloehs/*Fandrich,* § 24 Rn. 34.
445 Beuthien/*Beuthien,* § 24 Rn. 14; Pöhlmann/Fandrich/Bloehs/*Fandrich,* § 24 Rn. 37.
446 Dazu ausführlich *Glenk,* Rn. 572 ff.
447 Ausführlich hierzu *Glenk,* Rn. 569 ff.
448 Henssler/Strohn/*Geibel,* § 24 GenG Rn. 13; zur Koppelung BGH, Urt. v. 23.09.1996 – II ZR 126/95, NJW 1997, 318.
449 Pöhlmann/Fandrich/Bloehs/*Fandrich,* § 24 Rn. 39; Beuthien/*Beuthien,* § 24 Rn. 22.
450 Beuthien/*Beuthien,* § 24 Rn. 24; Pöhlmann/Fandrich/Bloehs/*Fandrich,* § 24 Rn. 39.
451 So *Glenk,* Rn. 573; anders mit Verweis auf die fehlende Schutzbedürftigkeit des Vorstandsmitgliedes im Vergleich zu Arbeitnehmern Beuthien/*Beuthien,* § 24 Rn. 24.
452 Ausführlich Beuthien/*Beuthien,* § 24 Rn. 26; Pöhlmann/Fandrich/Bloehs/*Fandrich,* § 24 Rn. 46 ff.
453 S. *Glenk,* Rn. 576.

Für die Beschäftigung von regulären Arbeitnehmern gelten bei Genossenschaften regelmäßig keine Besonderheiten im Verhältnis zu den allgemeinen arbeitsrechtlichen Bestimmungen.[454] Neben den allgemeinen und individuellen arbeitsrechtlichen Bestimmungen sind auch in der eG die Mitbestimmungsrechte der Arbeitnehmer zu beachten.[455] Dies wird durch die Besetzung von Aufsichtsratsplätzen durch Arbeitnehmervertreter gewährleistet (dazu Rdn. 117 f.).

G. Beendigung der Genossenschaft

I. Insolvenz

Die Durchführung eines Insolvenzverfahrens führt zur Auflösung der Genossenschaft, § 101 GenG. Neben der Durchführung eines Insolvenzverfahrens kann auch die Fortführung der Genossenschaft auf Basis eines Insolvenzplans (§ 116 GenG) ermöglicht werden, § 117 GenG, §§ 218 ff., 259 InsO.

Als Insolvenzgründe kommen für die Genossenschaft nach allgemeinen Insolvenzrecht Zahlungsunfähigkeit (§ 17 InsO) und Überschuldung (§ 19 InsO) in Betracht, sowie die drohende Zahlungsunfähigkeit, falls der Schuldner selbst die Eröffnung beantragt. Bezogen auf den Insolvenzgrund der Überschuldung trifft § 98 GenG eine einschränkende Sonderregelung hinsichtlich § 19 Abs. 1 InsO. Die Überschuldung ist demnach nur ein Grund für die Eröffnung des Insolvenzverfahrens, wenn die Mitglieder die Nachschüsse bis zu einer Haftsumme zu leisten haben und die Überschuldung ein Viertel des Gesamtbetrags der Haftsummen aller Mitglieder übersteigt, die Mitglieder keine Nachschüsse zu leisten haben oder die Genossenschaft aufgelöst ist.[456] Hat der Vorstand die Überschuldung oder die Zahlungsunfähigkeit festgestellt, gilt ab diesem Zeitpunkt ein Zahlungsverbot, § 99 Satz 1 GenG. Dieses gilt jedoch nach § 99 Satz 2 GenG nicht für solche Zahlungen, die mit der Sorgfaltspflicht eines ordentlichen und gewissenhaften Geschäftsleiters einer Genossenschaft vereinbar sind.[457]

Liegt Zahlungsunfähigkeit oder Überschuldung bei der Genossenschaft vor, hat der Vorstand nach § 15a InsO unverzüglich, spätestens jedoch innerhalb von drei Wochen, Insolvenzantrag zu stellen.[458] Antragsberechtigt ist nach §§ 14, 15 InsO jeder Insolvenzgläubiger und jedes Vorstandsmitglied. Ist ein Gläubiger Antragsteller, so muss er glaubhaft machen, dass er ein rechtliches Interesse an der Eröffnung des Insolvenzverfahrens hat, er eine Forderung gegen die Genossenschaft besitzt und welcher Eröffnungsgrund vorliegt.[459]

Die mit Eröffnung des Insolvenzverfahrens an sich aufgelöste Genossenschaft (§ 101 GenG) gilt für das Insolvenzverfahren weiterhin als bestehend.[460] Das Gericht kann bei Eröffnung des Insolvenzverfahrens einen Gläubigerausschuss bestellen.[461] Nach Eröffnung hat der Vorstand unverzüglich eine Generalversammlung einzuberufen und damit den Mitgliedern die Möglichkeit zu geben, den bisherigen Vorstand und Aufsichtsrat mit den für das Insolvenzverfahren notwendigen Handlungen zu beauftragen oder die Mitglieder dieser Organe zu ersetzen.[462] Das Insolvenzgericht beschließt gem. §§ 56 ff. InsO die Bestellung eines Insolvenzverwalters oder gestattet der Genossenschaft die Eigenverwaltung unter Aufsicht eines Sachwalters, §§ 270, 271 InsO.

---

454 Dazu ausführlich *Glenk*, Rn. 594 ff.
455 S. hierzu Beuthien/*Beuthien*, § 9 Rn. 4, 14.
456 Pöhlmann/Fandrich/Bloehs/*Fandrich*, § 98 Rn. 9.
457 Ausführlich Beuthien/*Beuthien*, § 99 Rn. 6.
458 Dazu Pöhlmann/Fandrich/Bloehs/*Fandrich*, § 99 Rn. 1 ff.
459 BGH, Beschl. v. 22.09.2005 – IX ZB 205/04, NZI 2006, 34.
460 *Glenk,* Rn. 916.
461 *Glenk,* Rn. 916.
462 Pöhlmann/Fandrich/Bloehs/*Fandrich*, § 101 Rn. 3 ff.

II. Liquidation

188 ▶ **Muster: Anmeldung der Liquidation zum Genossenschaftsregister**[463]

An das Amtsgericht

...

– Registergericht –

[Anschrift]

Betreff: Liquidation der ... eG mit dem Sitz in ....

Genossenschaftsregisternummer: ...

I.

Wir, die unterzeichnenden, als gemeinsam vertretungsberechtigte Vorstandsmitglieder der ... eG melden hiermit zur Eintragung in das Genossenschaftsregister an:

1. Die Genossenschaft wurde durch Beschluss der Generalversammlung vom ... beendet.
2. Zu Liquidatoren wurden bestellt:
   a) [Familienname, Vorname, Geburtsdatum, Wohnort];
   b) [Familienname, Vorname, Geburtsdatum, Wohnort];
3. Die Liquidatoren sind jeweils einzeln zur Vertretung der Genossenschaft berechtigt.

II.

Als Anlage zu dieser Anmeldung überreichen wir eine auszugsweise Abschrift des Protokolls der Generalversammlung vom ..., welches die Beschlüsse über die Auflösung der Gesellschaft sowie über die Bestellung der Liquidatoren und deren Vertretungsbefugnis enthält.

[Ort, Datum]

[Unterschriften der Vorstandsmitglieder in vertretungsberechtigter Zahl]

– notarieller Beglaubigungsvermerk –

189 § 78 Abs. 1 GenG eröffnet den Mitgliedern die **freiwillige Auflösung** der Genossenschaft, ohne dass gesetzliche Insolvenzgründe, wirtschaftliche Probleme oder sonstige äußere Zwangssituationen vorliegen.[464] Die freiwillige Auflösung erfolgt durch Beschluss der Generalversammlung oder der Vertreterversammlung, falls eine solche wirksam besteht und nicht die Entscheidung über die Auflösung nach § 43a Abs. 1 Satz 2 GenG der Generalversammlung vorbehalten ist.[465] Für den Beschluss als Grundlagenentscheidung geltend entsprechend die Regelungen zum Mehrheitserfordernis, § 16 Abs. 2 Satz 1, 2 GenG.[466]

190 Ein **Liquidationsvergleich** dagegen dient dazu, ein kostenaufwendiges Insolvenzverfahren zu vermeiden und ggf. eine bessere Befriedigungsquote für die Gläubiger zu erreichen.[467] Hierbei handelt es sich um einen außergerichtlichen Vergleich, für den die allgemeinen Regeln gelten. Nach § 81a Nr. 1 GenG findet die Liquidation der Genossenschaft auch statt, wenn ein gegen sie beantragtes Insolvenzverfahren mangels Masse abgelehnt worden ist.[468]

191 Für die **Durchführung der Liquidation** ist nach § 83 Abs. 1 GenG grundsätzlich der Vorstand zuständig, wenn sie nicht durch die Satzung oder durch Beschluss der Generalversammlung anderen

---

463 Siehe auch das Muster bei Beck'sche Online-Formulare Vertrag/*Mohr*, 7.10.9.
464 *Glenk*, Rn. 895; Pöhlmann/Fandrich/Bloehs/*Fandrich*, § 78 Rn. 1; ausführlich *Kölling/Karakaya*, NZG 2001, 455.
465 Henssler/Strohn/*Geibel*, § 78 GenG Rn. 2.
466 Beuthien/*Wolff* § 78 Rn. 7; Henssler/Strohn/*Geibel*, § 78 GenG Rn. 2.
467 Ausführlich *Glenk*, Rn. 896 f.
468 Dazu Pöhlmann/Fandrich/Bloehs/*Fandrich*, § 81a Rn. 2.

G. Beendigung der Genossenschaft

Personen übertragen wird.[469] § 83 Abs. 2 GenG stellt klar, dass auch eine juristische Person Liquidator sein kann. Die Aufgabe der Liquidatoren ist auf die Erledigung der laufenden Geschäfte, auf die Umsetzung der Vermögensbestandteile in Geld, die Befriedigung der Gläubiger und auf die Verteilung des verbleibenden Vermögens beschränkt (§§ 88, 91 GenG). Neue Mitglieder können während der Liquidation indes nicht aufgenommen werden, andernfalls stünde sogar der Tatbestand des Betruges nach § 263 Abs. 1 StGB im Raum.[470] Eine Satzungsänderung im Liquidationsstadium kommt nur in Betracht, wenn sie dem Liquidationszweck nicht entgegensteht.[471]

Nach Beendigung ihrer Tätigkeit kommt eine Verteilung des verbleibenden Vermögens an die Mitglieder in Frage, was neben der Tilgung bzw. der Sicherung der Gläubigeransprüche voraussetzt, dass seit dem in den Genossenschaftsblättern nach § 82 Abs. 2 Satz 2 GenG zu veröffentlichenden Gläubigeraufruf mindestens ein Jahr (sog. Sperrjahr) verstrichen ist, § 90 Abs. 1 GenG. Die Norm dient dem Gläubigerinteresse und soll sicherstellen, dass eine **Vermögensverteilung** erst dann erfolgt, wenn alle bekannten Verbindlichkeiten getilgt oder zumindest gedeckt sind.[472] Sobald die Voraussetzungen nach § 90 GenG vorliegen, haben die Liquidatoren die Verteilung des verbleibenden Vermögens nach den Vorgaben des § 91 GenG durchzuführen.[473] Solange noch nicht mit der Verteilung des nach Berichtigung der Schulden verbleibenden Vermögens an die Mitglieder begonnen wurde, kann die Fortsetzung der Genossenschaft beschlossen werden, § 79a Abs. 1 Satz 1 GenG.

192

Die Liquidation der eG ist erst beendet, wenn nach Vorliegen der Voraussetzungen des § 90 Abs. 1 GenG, nach der Realisierung aller Forderungen und nach dem Abschluss aller Prozesse die Vermögensverteilung nach §§ 91, 92 GenG vollständig abgeschlossen und die eG damit vermögenslos geworden ist.[474] Bücher und Schriften der aufgelösten eG sind für die Zeitdauer von 10 Jahren nach Beendigung der Liquidation von der durch die Satzung oder durch den Beschluss der Generalversammlung benannten Person aufzubewahren, § 93 Satz 1 GenG.

193

III. Löschung

Die Löschung der eG ist die zwangsweise Auflösung durch das Registergericht.[475] Nach § 394 Abs. 1 Satz 1 FamFG kann eine Genossenschaft von Amts wegen oder auf Antrag der Finanzbehörde oder der berufsständischen Organe gelöscht werden, wenn sie kein Vermögen besitzt. Nach § 394 Abs. 1 Satz 2 FamFG ist die eG von Amts wegen zu löschen, wenn das Insolvenzverfahren über das Vermögen der Gesellschaft durchgeführt worden ist und keine Anhaltspunkte dafür vorliegen, dass sie noch Vermögen besitzt. Bei Feststellung der Vermögenslosigkeit einer Genossenschaft kann die Nachschusspflicht der Mitglieder (§§ 2, 105 GenG) nicht als Vermögenswert berücksichtigt werden, wohl aber nicht voll einbezahlte Geschäftsanteile (§§ 7 Nr. 1, 50 GenG).[476]

194

Sachlich zuständig für das Löschungsverfahren ist das **Amtsgericht**, § 23a Abs. 1 Nr. 1, Abs. 2 Nr. 3 GVG. Die örtliche Zuständigkeit bestimmt sich nach § 377 Abs. 1 i.V.m. § 376 FamFG. Die Verfahrenseinleitung kann durch Antrag nach § 23 FamFG beginnen. Antragsberechtigt sind nur und ausschließlich die Finanzbehörden[477] und die berufsständischen Organe nach § 380 Abs. 1

195

---

469 Ausführlich hierzu Pöhlmann/Fandrich/Bloehs/*Fandrich*, § 83 Rn. 2 ff.
470 *Glenk,* Rn. 901.
471 RG, Urt. v. 08.06.1928 – II 18/28, RGZ 121, 246, 253 ff.
472 BGH, Urt. v. 02.07.1996 – IX ZR 157/95, DtZ 1996, 313; BGH, Beschl. v. 01.07.1994 – BLw 103/93, VIZ 1995, 102, jeweils zur LPG.
473 BGH, Urt. v. 21.01.1965 – II ZR 120/62, NJW 1965, 969.
474 Pöhlmann/Fandrich/Bloehs/*Fandrich*, § 93 Rn. 1.
475 Ausführlich *Glenk,* Rn. 925 ff.
476 Keidel/*Heinemann,* § 394 Rn. 12.
477 OLG München, Beschl. v. 22.11.2012 – 31 Wx 421/12, NZG 2013, 188.

FamFG.[478] Der genossenschaftliche Prüfungsverband ist nicht antragsberechtigt, sondern lediglich nach § 394 Abs. 2 Satz 3 FamFG anzuhören.[479]

196 Zudem sieht § 81 GenG zwei weitere Auflösungsgründe vor. Eine Auflösung kommt zunächst in Betracht, wenn die eG durch ein gesetzwidriges Verhalten ihrer Verwaltungsträger das Gemeinwohl gefährdet und das für die Abberufung zuständige Organ nicht für eine Abberufung der Verwaltungsträger sorgt. Zweiter Auflösungsgrund kann die **Verfolgung eines anderen Zwecks** als dem der Förderung der Mitglieder sein. Der Auflösung muss eine Klage der obersten Landesbehörde (zumeist das Wirtschaftsministerium) beim zuständigen Landgericht vorausgehen.[480]

197 Sobald die eG nicht mehr mindestens drei Mitgliedern hat (§ 4 GenG, dazu auch Rdn. 37), muss das Registergericht auf Antrag des Vorstands oder nach Ablauf von sechs Monaten von Amts wegen die Auflösung der eG aussprechen, § 80 Abs. 1 Satz 1 GenG. Fehlt in der Satzung eine wesentliche Bestimmung nach Maßgabe der §§ 94, 95 GenG (hierunter fallen vor allem die wesentlichen Satzungsbestimmungen der §§ 6, 7 und 119 GenG, dazu auch Rdn. 42 ff.) oder ist eine solche nichtig, kann nach §§ 397, 395 FamFG eine Amtslöschung stattfinden.[481]

H. Genossenschaftliche Prüfungsverbände und Prüfungswesen

198 Der genossenschaftliche Prüfungsverband ist ein eingetragener Verein (§ 63b Abs. 1 GenG), dessen Aufgabe darin besteht, die wirtschaftlichen Verhältnisse und die Geschäftsführung der ihm als Mitglieder angehörenden Genossenschaften zu prüfen und ihre gemeinsamen Interessen wahrzunehmen. Aufgaben und Verfassung der Prüfungsverbände sind in den §§ 53–64c GenG geregelt. Auf die Prüfungsverbände wird die Stabilität der Rechtsform der eG im Rechtsverkehr zurückgeführt.[482]

199 Die eG ist **Pflichtmitglied** in einem Prüfungsverband, kann jedoch frei wählen, welchem sie sich anschließen möchte, § 54 GenG.[483] Der Beitritt erfolgt durch Beitrittserklärung. In Korrelation zur Pflichtmitgliedschaft besteht für den Prüfungsverband grundsätzlich eine Aufnahmepflicht beitrittswilliger (Vor-)Genossenschaften. Die Ablehnung der Aufnahme setzt voraus, dass ihr die Verbandssatzung entgegensteht oder wichtige Verbandsinteressen gefährdet sind.[484]

200 § 53 GenG regelt die ordentliche genossenschaftsrechtliche Pflichtprüfung. Daneben sind Sonderprüfungen in Form von gesetzlichen, satzungsmäßigen und vertraglichen Prüfungen sowie Auftragsprüfungen möglich. Der Zweck der genossenschaftlichen Pflichtprüfung liegt in der Feststellung der wirtschaftlichen Verhältnisse und der Ordnungsmäßigkeit der Geschäftsführung in formeller und materieller Hinsicht.[485]

201 Gegenstand der Prüfung aller eGen sind die Einrichtungen, die Vermögenslage und die Geschäftsführung einschließlich der Führung der Mitgliederliste der eG (§ 53 Abs. 1 Satz 1 GenG). Bei größeren eGen ist der Jahresabschluss unter Einbeziehung der Buchführung und des Lageberichts ein zusätzlicher Prüfungsgegenstand der einheitlichen Pflichtprüfung.[486] Die Pflichtprüfung stellt damit den umfassendsten,[487] wenn auch nicht in allen Facetten intensivsten Prüfungstyp dar. So sind bei **Kreditgenossenschaften** Geldwäsche- und WpHG-Prüfungen sowie bankaufsichtsrechtliche Prüfungen nach § 44 KWG außerhalb der Pflichtprüfung angesiedelt.[488]

---

478 OLG Düsseldorf, Beschl. v. 14.09.2012 – I-3 Wx 62/12, FGPrax 2013, 33.
479 Keidel/*Heinemann*, § 394 Rn. 15.
480 Pöhlmann/Fandrich/Bloehs/*Fandrich*, § 81 Rn. 4.
481 Dazu ausführlich Beuthien/*Beuthien*, § 10 Rn. 10.
482 *Glenk*, Rn. 773.
483 Pöhlmann/Fandrich/Bloehs/*Bloehs*, GenG, § 54 Rn. 4.
484 Ausführlich Pöhlmann/Fandrich/Bloehs/*Bloehs*, GenG, § 54 Rn. 6 ff.
485 Beuthien/*Schöpflin*, § 53 Rn. 1, 13 ff.
486 Pöhlmann/Fandrich/Bloehs/*Bloehs*, GenG, § 53 Rn. 8, 10 ff.
487 Beuthien/*Beuthien*, § 53 Rn. 30.
488 Pöhlmann/Fandrich/Bloehs/*Bloehs*, GenG, § 53 Rn. 25.

I. Sonderprobleme bei Genossenschaften in speziellen Rechtsgebieten **Kapitel 6**

§ 57 GenG trifft Regelungen über das Prüfungsverfahren. Die Vorschrift verpflichtet den Vorstand 202
der eG zur umfassenden Mitwirkung und Offenheit im Prüfungsverfahren. Daraus folgen Prüfungsrechte, die jeder Prüfer pflichtgemäß geltend machen kann und muss.[489] Prüfer sind alle Personen, die vom Prüfungsverband mit der Durchführung der Prüfung betraut sind, regelmäßig sind es angestellte Prüfer.[490] Zu den Prüfungsrechten gehören ein Einsichtsrecht in sämtliche Unterlagen der eG und das Untersuchungsrecht, mit denen eine Auskunftspflicht des Vorstands korreliert.[491]

I. Sonderprobleme bei Genossenschaften in speziellen Rechtsgebieten

I. Genossenschaften in der Unternehmensumwandlung

1. Verschmelzung

Genossenschaften sind nach § 3 Abs. 1 Nr. 4 UmwG umfassend in der Lage an Verschmelzungen 203
teilzunehmen. Neben den allgemeinen Vorschriften des UmwG zur Verschmelzung und des GenG[492] zur Generalversammlung gelten die §§ 79 bis 98 UmwG für die Verschmelzung unter Beteiligung von Genossenschaften.

Der Grundsatz der **Anteilsgewährungspflicht**[493] gilt auch bei der Genossenschaftsverschmelzung 204
(außer im Fall der Tochter/Mutterverschmelzung nach § 20 Abs. 1 Nr. 3 UmwG), ist dort sogar besonders detailliert geregelt (s. z.B. §§ 87 und 88 UmwG). Die Verschmelzung ist auch unter Genossenschaften unterschiedlicher Haftart[494] und unterschiedlicher Geschäftsanteilsstückelung zulässig.

Aus § 80 UmwG ergibt sich die Verpflichtung, genaue Angaben im Verschmelzungsvertrag zu den 205
zu gewährenden Anteilen zu machen. Bei der Regelung des Anteilstausches ist die besondere Struktur der Genossenschaftsanteile zu berücksichtigen, deren Wert sich vorrangig nach dem Geschäftsguthaben richtet (vgl. §§ 80, 87 UmwG).[495] Da der Wert der jeweiligen Geschäftsguthaben nur aus der Bilanz zu ersehen ist, kann einer Verschmelzung ohne Vorliegen der für die Verschmelzung relevanten Schlussbilanz nicht wirksam zugestimmt werden. Ob bei der Genossenschaftsverschmelzung – anders als bei der Verschmelzung unter Beteiligung anderer Rechtsträger – ein **zukünftiger Bilanzstichtag** möglich ist, ist derzeit noch streitig.[496]

Neben dem nach allgemeinen Grundsätzen erforderlichen **Verschmelzungsbericht** ist für jede beteiligte 206
Genossenschaft statt der **Verschmelzungsprüfung** ein **Gutachten des Prüfungsverbands** (§ 81 UmwG) zu erstellen,[497] das bei der Generalversammlung, die über die Verschmelzung beschließt, verlesen (§ 83 Abs. 2 UmwG) und der Anmeldung zum Handelsregister beigefügt (§ 86 UmwG)

---

489 Pöhlmann/Fandrich/Bloehs/*Bloehs*, GenG, § 57 Rn. 1.
490 Pöhlmann/Fandrich/Bloehs/*Bloehs*, GenG, § 57 Rn. 2.
491 Ausführlich Beuthien/*Schöpflin*, § 53 Rn. 2 ff.
492 Diverse Erleichterungen durch das Gesetz zur Modernisierung des GenG (BGBl. I 2006, S. 2230) in Kraft seit 18.08.2006.
493 Hierzu Limmer/*Limmer*, Teil 2 Rn. 12 ff.
494 Vgl. hierzu und den Konsequenzen für die Nachschusspflicht: Limmer/*Limmer*, Teil 2 Rn. 1199 f.
495 S. dazu Limmer/*Limmer*, Teil 2 Rn. 1192 ff.
496 Abl. die h.M. in der umwandlungsrechtlichen Lit.: Lutter/*Bayer*, UmwG, § 80 Rn. 28 f.; Widmann/Mayer/*Fronhöfer*, § 80 UmwG Rn. 61 ff.; *Wirth*, Spaltung einer eingetragenen Genossenschaft, S. 131 f.; *Naraschewski*, Stichtage und Bilanzen bei der Verschmelzung, S. 77 (Fn. 75); Schmitt/Hörtnagl/Stratz/*Stratz*, UmwG, UmwStG, § 80 Rn. 10; *Heidinger*, NotBZ 2002, 86; *ders.*, NotBZ 1998, 223; Limmer/*Limmer*, Teil 2 Rn. 181 und 1228; a.A. fast einheitlich die genossenschaftsrechtliche Lit.: Beuthien/*Wolff*, BB 2001, 2126; *Bonow*, Rpfleger 2002, 506; Lang/Weidmüller/*Lehnhoff*, GenG, § 17 UmwG Rn. 6; *Ohlmeyer/Kuhn/Philipowski*, Verschmelzung von Genossenschaften, S. 136; *Beuthien*, GenG mit Umwandlungsrecht, § 2 ff. UmwG Rn. 55a; jetzt auch Semler/Stengel/*Scholderer*, UmwG, § 80 Rn. 48; LG Kassel, Rpfleger 2007, 668.
497 Zum Inhalt s. Limmer/*Limmer*, Teil 2 Rn. 1238 ff.

werden muss. Da dieses auch der Information der Gläubiger dient, ist es nicht verzichtbar.[498] Wegen der Informationspflichten der Mitglieder vor der Generalversammlung verweist § 82 UmwG auf die Regelung des § 63 Abs. 1 und 2 UmwG für die AG.[499]

207 Der Verschmelzungsbeschluss muss grundsätzlich in einer notariell protokollierten **Generalversammlung** mit einer **Mehrheit von 3/4** der abgegebenen Stimmen gefasst werden. Dabei muss – anders als bei § 130 AktG – nicht die ganze Generalversammlung beurkundet werden, sondern nur der Zustimmungsbeschluss.[500] Die Einberufung und Durchführung der Generalversammlung richtet sich nach den Bestimmungen des GenG (insb. den §§ 43, 44, 46, 47).[501] Wegen § 43a GenG kommt bei einer großen Genossenschaft auch eine Vertreterversammlung zur Beschlussfassung über die Verschmelzung infrage.[502]

2. Formwechsel

208 Der Formwechsel einer Genossenschaft ist nach § 258 Abs. 1 UmwG **nur in** die Rechtsform einer **Kapitalgesellschaft** zulässig. Eine Ausnahme besteht nur, wenn es sich um eine aus einer LPG hervorgegangenen Genossenschaft in den neuen Bundesländern handelt (§ 38a LwAnpG).[503] Dabei muss auf jeden Mitglieder mindestens ein auf volle Euro lautender Geschäftsanteil oder **eine volle Aktie** entfallen (§ 258 Abs. 2 UmwG).

209 § 263 UmwG bestimmt den **Inhalt des Umwandlungsbeschlusses** über eine ausführliche Verweisung in Abs. 1 sowie einige Sonderregelungen, insbesondere zu den Beteiligungsquoten der bisherigen Mitglieder an der zukünftigen Rechtsform.[504] Bei der Beteiligung einer Genossenschaft am Formwechsel ist ein **Gutachten des Prüfungsverbands** erforderlich (§§ 259, 270 Abs. 2 Satz 1 UmwG). Da diese Prüfung auch Gläubigerschutzinteressen dient, ist sie nicht verzichtbar.[505] § 264 UmwG schreibt wie § 220 UmwG[506] die Deckung des Grundkapitals durch das Reinvermögen der eG vor. Die von einer Rangrücktrittserklärung betroffenen Verbindlichkeiten bleiben bei der Berechnung außer Betracht.[507]

210 Da zwei verschiedene Register beteiligt sind, ist die **Anmeldung** sowohl beim Register des formwechselnden Rechtsträgers (Genossenschaft) als auch beim Register der neuen Rechtsform anzumelden (§ 198 Abs. 2 Satz 3 UmwG) und einzutragen (§§ 198 Abs. 2 Satz 4, 202 Abs. 2 UmwG). Für die Genossenschaft handelt der Vorstand, beim Register der AG alle Vorstände und der Aufsichtsrat (§§ 265 i.V.m. 222 Abs. 1 Satz 1 UmwG). Auch die Mitteilungspflicht nach § 20 AktG kann durch den Formwechsel in eine AG ausgelöst werden.[508]

---

498 H.M. Widmann/Mayer/Fronhöfer, § 81 UmwG Rn. 8; Schmitt/Hörtnagl/Stratz/*Stratz*, UmwG, UmwStG, § 81 Rn. 4 a.A. *Beuthien*, GenG mit Umwandlungsrecht, §§ 2 ff. UmwG Rn. 26.
499 Vgl. dazu oben Rdn. 162 ff.; zur umfassenden Erweiterung der Informationsrechte der Genossen in diesem Fall s. Schmitt/Hörtnagel/Stratz/*Stratz*, UmwG, UmwStG, § 82 UmwG, Rn. 1.
500 Widmann/Mayer/*Fronhöfer*, § 84 UmwG, Rn. 23 m.w.N.; Limmer/*Limmer*, Teil 2 Rn. 1269; *Ohlmeyer/Kuhn/Philipowski/Tischbein*, Verschmelzung von Genossenschaften, Rn. 9.13: vgl. auch schon DNotI-Report 2000, 91, 92 r. Sp. a.E.
501 S. dazu genauer Limmer/*Limmer*, Teil 2 Rn. 1243 ff., 1251 ff.
502 Henssler/Strohn/*Wardenbach*, § 82 UmwG, Rn. 1.
503 S. Limmer/*Limmer*, Teil 4 Rn. 685; s. zum Formwechsel der DG Bank e.G. das Sondergesetz v. 13.08.1998, BGBl. I 2008, S. 2102, und BGH, ZIP 2004, 666.
504 Vgl. dazu Limmer/*Limmer*, Teil 4 Rn. 718 f.
505 Beck'sches NotHB/*Heckschen* D IV Rn. 202.
506 Würzburger NotHdb/*Heidinger*, Teil 5 Kap. 6 Rn. 329; *Knaier*, in Wachter, Praxis des Handels- und Gesellschaftsrechts, Kap. 14 Rn. 351 (5. Aufl. im Erscheinen).
507 OLG Naumburg, GmbHR 2003, 1432.
508 *Irriger/Longrée*, NZG 2013, 1289.

I. Sonderprobleme bei Genossenschaften in speziellen Rechtsgebieten

3. Spaltung

Genossenschaften sind nach §§ 124, 3 Abs. 1 Nr. 4 UmwG umfassend in der Lage an Spaltungen teilzunehmen. Neben den allgemeinen Vorschriften des UmwG zur Spaltung und des GenG zur Generalversammlung gelten die §§ 147 f. UmwG für die Spaltung unter Beteiligung von Genossenschaften. § 150 UmwG stellt eine Sonderregelung für Spaltungen unter Beteiligung genossenschaftlicher Prüfungsverbände dar.

§ 147 UmwG schränkt die nach § 124 UmwG gegebenen Möglichkeiten einer Spaltung unter Beteiligung einer eG als übertragender oder übernehmender Rechtsträger nicht ein.[509] Die Norm bestimmt lediglich, dass soweit die eG als übernehmender Rechtsträger im Rahmen einer danach zulässigen Spaltung Vermögensteile eines übertragenden Rechtsträgers anderer Rechtsform übernimmt, eine erforderliche Satzungsänderung der übernehmenden eG gleichzeitig mit der Spaltung beschlossen werden muss.[510] Die für Genossenschaftsbanken bedeutsame Filialübertragung kann durch eine Auf- oder Abspaltung nicht bewirkt werden, weil alle Mitglieder der spaltenden eG gleichzeitig Mitglieder der aufnehmenden eG werden würden. Das soll bei der Filialübertragung gerade nicht geschehen.[511] Eine zur Durchführung der Spaltung erforderliche Satzungsänderung der übernehmenden eG muss die Anforderung des GenG erfüllen (dazu Rdn. 55 ff.).[512]

§ 148 UmwG entspricht den Regelungen in § 140 bzw. § 146 UmwG für die GmbH und die AG.[513] Der Vorstand der übertragenden eG hat bei der Anmeldung der Spaltung nach § 148 Abs. 1 UmwG zu erklären, dass die gesetzlichen und satzungsmäßigen Gründungsvoraussetzungen auch (noch) unter Berücksichtigung der Abspaltung bzw. Ausgliederung vorliegen.[514] Gemeint sind damit die die Gründungsvoraussetzungen nach §§ 1, 6, 7, 11 Abs. 2 GenG, § 11a Abs. 2 GenG.[515] Nach § 148 Abs. 2 GenG sind der Anmeldung zusätzlich der Spaltungsbericht nach § 127 und das nach §§ 125, 81 erstattete Gutachten des Prüfungsverbands beizufügen.[516]

Nach § 124 i.V.m. § 3 UmwG können genossenschaftliche Prüfungsverbände grundsätzlich an Spaltungen teilnehmen. Die Spaltungsmöglichkeiten werden jedoch durch § 150 UmwG beschränkt. § 150 UmwG schränkt ausschließlich die Beteiligung eines genossenschaftlichen Prüfungsverbands bei Spaltungen als übertragender Rechtsträger ein.[517] Als übernehmender Rechtsträger ergeben sich Beschränkungen nicht aus dem Umwandlungsgesetz wohl aber aus § 63b Abs. 2 GenG. Denn danach können Mitglieder eines genossenschaftlichen Prüfungsverbands nur eingetragene Genossenschaften und Unternehmen oder Vereinigungen anderer Rechtsformen sein, die sich ganz oder überwiegend in der Hand eingetragener Genossenschaften befinden oder dem Genossenschaftswesen dienen.[518] Nach § 150 UmwG ist eine Aufspaltung eines genossenschaftlichen Prüfungsverbands nur zulässig, wenn alle übernehmenden Rechtsträger ihrerseits genossenschaftliche Prüfungsverbände sind.

II. Genossenschaften im Kartellrecht

Die Tätigkeit der eingetragenen Genossenschaften unterliegt den Bestimmungen des europäischen und deutschen Kartellrechts, das Wettbewerbsbeschränkungen entgegenwirken soll.[519] Das deutsche

---

509 Semler/Stengel/*Bonow*, UmwG, § 147 Rn. 1; Henssler/Strohn/*Wardenbach*, § 147 UmwG Rn. 1.
510 Schmitt/Hörtnagl/Stratz/*Hörtnagl*, UmwG, § 147 Rn. 3; BeckOGK-UmwG/*Bloehs*, § 147 Rn. 100.
511 Henssler/Strohn/*Wardenbach*, § 147 UmwG Rn. 1.
512 Widmann/Mayer/*Fronhöfer*, UmwR, § 147 Rn. 15; Schmitt/Hörtnagl/Stratz/*Hörtnagl*, UmwG, § 147 Rn. 4.
513 Henssler/Strohn/*Wardenbach*, § 147 UmwG Rn. 1.
514 Henssler/Strohn/*Wardenbach*, § 148 UmwG Rn. 2.
515 Kölner KommUmwG/*Schöpflin*, § 148 Rn. 3.
516 Schmitt/Hörtnagl/Stratz/*Hörtnagl*, UmwG, § 148 Rn. 5 f.
517 Henssler/Strohn/*Wardenbach*, § 150 UmwG Rn. 2.
518 Henssler/Strohn/*Wardenbach*, § 150 UmwG Rn. 2.
519 Ausführlich Beuthien/*Beuthien*, § 1 Rn. 143 ff.

Gesetz gegen Wettbewerbsbeschränkungen (GWB) sieht ebenso wenig Ausnahmetatbestände für die Rechtsform der eG vor wie das GenG.[520] Besonders Einkaufsgenossenschaften (Rdn. 15) sind besonders von diesen Regelungen betroffen. Entscheidend ist jedoch stets eine gesonderte Einzelfallprüfung.

216 Auf unionaler Ebene gilt nach Art. 101 Abs. 1 AEUV ein umfassendes Kartellverbot, welches horizontale und vertikale Wettbewerbsbeschränkungen erfasst.[521] Der Unternehmensbegriff dieser Norm ist weit zu verstehen und erfasst jede natürliche oder juristische Person oder Personenvereinigung, damit auch die eG.[522] Unzulässig sind sämtliche Vereinbarungen zwischen Unternehmen, Beschlüsse von Unternehmensvereinigungen und aufeinander abgestimmte Verhaltensweisen, welche den Handel zwischen Mitgliedstaaten zu beeinträchtigen geeignet sind und eine Verhinderung, Einschränkung oder Verfälschung des Wettbewerbs innerhalb des Binnenmarkts bezwecken oder bewirken. Entscheidend für die Anwendung des Art. 101 AEUV ist dabei das grenzüberschreitende Element.[523]

217 § 1 GWB enthält ein umfassendes Abstimmungsverbot.[524] Verboten sind Vereinbarungen zwischen Unternehmen, Beschlüsse von Unternehmensvereinigungen und aufeinander abgestimmte Verhaltensweisen, die eine Verhinderung, Einschränkung oder Verfälschung des Wettbewerbs bezwecken oder bewirken. § 1 GWB schützt grundsätzlich sowohl den Angebots- als auch den Nachfragewettbewerb vor Beschränkungen. Deshalb können beispielsweise Nachfragekartelle grundsätzlich vom Kartellverbot erfasst sein.[525] Das deutsche GWB ist anders als das österreichische Kartellgesetz[526] rechtsformneutral ausgestaltet und enthält daher **keine besonderen Vorschriften für Genossenschaften**.

J. Genossenschaften im internationalen Rechtsverkehr

218 Genossenschaften nehmen in den meisten Mitgliedstaaten der EU eine durchaus beachtliche Rolle für die nationale Wirtschaft ein.[527] Auf EU- Ebene existiert mit der *Societas Cooperativa Europaea* (SCE) eine als supranationale Genossenschaft konzipierte Rechtsform.[528] Rechtsgrundlage der SCE ist die SCE-Verordnung.[529] Diese musste zwar nicht in deutsches Recht umgesetzt werden, da sie als Verordnung unmittelbare Wirkung in den Mitgliedstaaten beansprucht. Jedoch sah die SCE-VO für die SCE Regelungen vor, die auch für die deutsche eG seit Jahren gefordert wurden. Dies führte letztlich zur Genossenschaftsgesetznovelle von 2006 (dazu Rdn. 3). Allerdings wird die **SCE von der Praxis bisher nur wenig genutzt.** Die erste SCE wurde gar erst zehn Jahre nach Erlass der SCE-VO gegründet.[530] Derzeit existieren 13 SCE.[531]

219 Die Ausgestaltung der SCE regelt die SCE-Verordnung in »Allgemeinen Vorschriften« (Art. 1 ff.) u.a. über das Wesen der SCE, Mindest- und Grundkapital, Satzung, Sitz und Mitgliedschaft. Die weiteren Hauptteile befassen sich mit der Gründung (Art. 17 ff.) und dem Aufbau der SCE (Art. 36 ff.), der Ausgabe von Wertpapieren (Art. 64) und der Verwendung des Betriebsergebnisses

---

520 Beuthien/*Beuthien*, § 1 Rn. 154.
521 Grundlegend: EuGH, Urt. v. 13.07.1966 – Rs. 56/64 u. 58/64 (Consten/Grundig), Slg. 1966, 322.
522 Ausführlich dazu FrankfurterKomm EUV/GRC/AEUV/*Brömmelmeyer*, Art. 101 AEUV Rn. 38 ff.
523 Streinz/*Eilmansberger/Kruis*, EUV/AUEV, Art. 101 AEUV Rn. 26 ff.
524 Beuthien/*Beuthien*, § 1 Rn. 155.
525 Ausführlich Immenga/Mestmäcker/*Zimmer*, Wettbewerbsrecht, § 1 GWB Rn. 119 ff.
526 Beuthien/*Beuthien*, § 1 Rn. 154.
527 *Glenk*, Rn. 56.
528 Dazu Lutter/Bayer/*J. Schmidt*, Europäisches Unternehmens- und Kapitalmarktrecht, § 46 Rn. 46.6 ff.
529 VO (EG) Nr. 1435/2003, ABl. v. 18.08.2003, L 207/1.
530 Dazu *Krebs*, EWS 2012, 407; derzeit bestehen in der EU 42 SCE, vgl. http://www.libertas-institut.com/wp-content/uploads/2018/08/sce-list.pdf (Stand: 01.07.2018); s. hierzu auch *Bayer/J. Schmidt*, BB 2018, 2562, 2566.
531 Beuthien/*Schöpflin*, Einl. SCE Rn. 10; zu praktischen Erfahrungen mit der SCE *Jannott/Rode*, NZG 2019, 90.

J. Genossenschaften im internationalen Rechtsverkehr

(Art. 65 ff.) sowie dem Jahresabschluss (Art. 68 ff.) und der Auflösung (Art. 72 ff.). Beteiligungsrechte der Arbeitnehmer spricht die Verordnung in einer Reihe von Vorschriften an, verweist aber für ihre systematische Regelung auf die gleichzeitig vom Rat erlassene Richtlinie zur Beteiligung der Arbeitnehmer in der SCE.[532]

Nach der SCE-VO kann eine SCE im gesamten Gebiet der EU gegründet werden, Art. 1 Abs. 1 SE-VO. Die SCE besitzt Rechtspersönlichkeit, Art. 1 Abs. 5 SCE-VO. Zu den Wesensmerkmalen einer SCE gehört es, dass das Grundkapital in Geschäftsanteile zerlegt ist und dass Mitgliederzahl sowie Grundkapital veränderlich sind, Art. 1 Abs. 2 SCE-VO. Die Haftung der Mitglieder ist grundsätzlich auf die Höhe des eingezahlten Geschäftsanteils beschränkt, wobei jedoch die Satzung bei der Gründung der SCE etwas anderes vorsehen kann.[533] Ist demnach die Haftung der SCE beschränkt muss sie in ihrer Firma den Zusatz »mit beschränkter Haftung« anfügen (Art. 1 Abs. 2 Unterabs. 3 Satz 2). Bei der SCE steht ebenso wie im deutschen Genossenschaftsrecht der Fördergedanke im Zentrum.[534]

220

Eine Gründungsvariante der SCE ist die grenzüberschreitende Verschmelzung von mehreren Genossenschaften, Art. 2 Abs. 1 SCE-VO.[535] Eine Neugründung steht neben Genossenschaften auch natürlichen Personen, Kapital- und Handelsgesellschaften sowie anderen nicht genossenschaftlich verfassten Unternehmen offen. Jedenfalls erforderlich ist dabei ein grenzüberschreitender Sachverhalt, etwa dadurch, dass die Gründer nach ihrem Wohnsitz aus mindestens zwei Mitgliedstaaten stammen bzw. (bei juristischen Personen und Gesellschaften) dem Recht zweier verschiedener Mitgliedstaaten unterfallen.[536] Bei allen Arten der Gründung muss die Satzung schriftlich erstellt und von den Gründern unterzeichnet werden. Vorgeschrieben ist zudem stets ein **Mindestkapital von 30.000 €**, Art. 3 Abs. 3 SCE-VO. Mit Eintragung im Register erlangt die SCE Rechtspersönlichkeit, Art. 18 Abs. 1 SCE-VO. Die Eintragung hat im Genossenschaftsregister zu erfolgen.[537]

221

Die SCE kann nach Art. 7 SCE-VO ihren Satzungssitz identitätswahrend innerhalb der EU verlegen. Das Verfahren entspricht dabei weitgehend dem bereits in der SE-VO vorgesehenen.[538]

222

Die Organstruktur der SCE entspricht weitgehend, aber nicht durchweg derjenigen der Europäischen (Aktien-) Gesellschaft (SE). Jede SCE muss eine Generalversammlung haben, an der alle Mitglieder sowie unter den Voraussetzungen des Art. 59 Abs. 4 SCE-VO Arbeitnehmervertreter stimmberechtigt teilnehmen können. Jedes Mitglied der SCE hat unabhängig von der Anzahl seiner Anteile grundsätzlich eine Stimme. Im Gegensatz zu deutschen Genossenschaften kann die SCE wie die SE mit einem **monistischen Leitungssystem** geführt werden.[539]

223

---

532 Richtlinie 2007/72/EG zur Ergänzung des Statuts der Europäischen Genossenschaft hinsichtlich der Beteiligung der Arbeitnehmer v. 22.07.2003, ABl. L 207/25 v. 18.08.2003.
533 *Schulze*, NZG 2004, 792, 793.
534 Beuthien/*Schöpflin*, Art. 1 SCE Rn. 2.
535 Dazu ausführlich *Lutter/Bayer/J. Schmidt*, Europäisches Unternehmens- und Kapitalmarktrecht, § 46 Rn. 46.21 ff.
536 Beuthien/*Schöpflin*, Art. 2 SCE Rn. 4.
537 Beuthien/*Schöpflin*, Art. 18 SCE Rn. 2.
538 Zum Verfahren Beuthien/*Schöpflin*, Art. 7 SCE Rn. 2 ff.
539 Pöhlmann/Fandrich/Bloehs/*Fandrich*, Einf. Rn. 23.

Kapitel 7 Gesellschaftsbeteiligungen im Familien- und Erbrecht

Übersicht

	Rdn.
A. Familienrechtliche Bezüge	1
I. Gesellschaftsbeteiligungen und Zugewinnausgleich	1
II. Regelungen zum Güterstand in Bezug auf Gesellschaftsbeteiligungen	4
1. Herausnahme von Gesellschaftsbeteiligungen aus dem Zugewinnausgleich	6
a) Abgrenzung zu anderen Regelungsmöglichkeiten	8
b) Inhalt der Regelung	14
aa) Bestimmung des unternehmerischen Vermögens	14
bb) Beibehaltung des Zugewinnausgleichs für den Todesfall	17
cc) Behandlung von Erträgen	18
dd) Behandlung von Verwendungen	27
ee) Veränderungen des aus dem Zugewinnausgleich herausgenommenen Vermögens	33
ff) Begrenzung der Ausgleichsforderung nach § 1378 Abs. 2 BGB	35
gg) Beschränkung der Zwangsvollstreckung	37
hh) Schutz vor Umkehr der Ausgleichsrichtung oder Erhöhung der Ausgleichsforderung	38
ii) Ausschluss der Verfügungsbeschränkungen nach § 1365 BGB	41
c) Vollständiges Formulierungsbeispiel	42
d) Notarkosten	43
2. Bewertungsvereinbarungen	44
III. Verfügungsbeschränkung nach § 1365 BGB	49
1. Bedeutung von § 1365 BGB im Hinblick auf Gesellschaftsbeteiligungen	49
a) Voraussetzungen und Anwendungsbereich von § 1365 BGB	49
b) Anwendungsfälle in Bezug auf Gesellschaftsbeteiligungen	54
aa) Gründung der Gesellschaft	58
bb) Veräußerung der Beteiligung	59
cc) Änderung des Gesellschaftsvertrages	61
dd) Beendigung der Mitgliedschaft und Beendigung der Gesellschaft	65
ee) Verfügung über einzelne Vermögensgegenstände bei einer Einpersonengesellschaft	68
2. Erteilung der Zustimmung	69
3. Ehevertragliche Regelungen in Bezug auf § 1365 BGB	72
IV. Gesellschaftsvertragliche Regelungen	79
1. Zulässigkeit und Zweckmäßigkeit von Güterstandsklauseln	79
2. Formbedürftigkeit von Gesellschaftsverträgen bei Personengesellschaften	85
3. Inhaltliche Ausgestaltung einer Güterstandsklausel	87
a) Verpflichtung zum Abschluss eines Ehevertrages	87
b) Nachweispflicht	92
c) Sanktionierung bei Pflichtverletzungen	95
d) Formulierungsbeispiel	99
B. Erbrechtliche Bezüge	100
I. Rechtsfolgen bei Tod eines Gesellschafters	100
1. Personengesellschaften	100
a) Gesellschaft bürgerlichen Rechts	100
b) Offene Handelsgesellschaft und Kommanditgesellschaft	107
aa) Tod eines persönlich haftenden Gesellschafters	107
bb) Tod eines Kommanditisten	110
c) Besonderheiten bei einer zweigliedrigen Gesellschaft	113
d) Partnerschaftsgesellschaft nach dem PartGG	115
e) GmbH & Co. KG	116
2. Kapitalgesellschaften	117
II. Gesellschaftsvertragliche Regelungen in Bezug auf den Tod eines Gesellschafters	126
1. Personengesellschaften	126
a) Fortsetzungsklausel	127
b) Auflösungsklausel	139
c) Nachfolgeklauseln	144
aa) Einfache Nachfolgeklausel	145
bb) Qualifizierte Nachfolgeklausel	157
cc) Rechtsgeschäftliche Nachfolgeklausel	170
d) Eintrittsklausel	173

	Rdn.		Rdn.
2. Kapitalgesellschaften	186	bb) Verwaltungs- und Dauertestamentsvollstreckung	223
a) Gemeinschaftliche Ausübung von Gesellschafterrechten	187	(1) Beschränkung der Testamentsvollstreckung auf die »Außenseite« der Beteiligung	223
b) Einziehungs- und Abtretungsregelung	190		
c) Erbenlegitimation	203		
d) Vinkulierungsklauseln	207	(2) Ersatzlösungen zur Erstreckung der Testamentsvollstreckung auf die »Außenseite« der Beteiligung	226
3. Besonderheiten bei der GmbH & Co. KG	210		
III. Regelungen in Verfügungen von Todes wegen in Bezug auf den Tod eines Gesellschafters	213		
1. Erbeinsetzung und Vermächtnis	213	(3) Anordnung der Testamentsvollstreckung und Umwandlung der voll haftenden Beteiligung in eine Kommanditbeteiligung	229
a) Personengesellschaften	214		
b) Kapitalgesellschaften	217		
2. Anordnung von Testamentsvollstreckung	219		
a) Testamentsvollstreckung an Beteiligungen von voll haftenden Gesellschaftern	219	b) Testamentsvollstreckung an Kommanditbeteiligungen	230
aa) Abwicklungsvollstreckung	220	c) Testamentsvollstreckung an Kapitalgesellschaftsbeteiligungen	239

A. Familienrechtliche Bezüge

I. Gesellschaftsbeteiligungen und Zugewinnausgleich

Unternehmen oder Unternehmensbeteiligungen bilden oftmals einen wesentlichen Teil des Vermögens eines Ehegatten. Daher spielen diese auch eine wesentliche Rolle im Rahmen eines eventuell vorzunehmenden Zugewinnausgleichs. Vor diesem Hintergrund besteht stets das Risiko, dass bei einem hohen Wert des Unternehmens bzw. der Beteiligung daran eine hieraus resultierende Zugewinnausgleichspflicht nicht aus dem Barvermögen des ausgleichspflichtigen Ehegatten beglichen werden kann, sondern vielmehr aus der Substanz des unternehmerischen Vermögens beglichen werden muss, so dass es zu Liquiditätsengpässen kommen kann, die ihrerseits den Bestand des Unternehmens gefährden können. Darüber hinaus besteht auch die Gefahr, dass ein ausgleichsberechtigter Ehegatte aus seiner titulierten Zugewinnausgleichforderung in unternehmerisches Vermögen vollstreckt.[1]

Die Höhe der Zugewinnausgleichsforderung hängt im Wesentlichen davon ab, ob das Unternehmen bzw. die Beteiligung daran bereits im Anfangsvermögens zu berücksichtigen war. Dies ist entweder nach § 1374 Abs. 1 BGB der Fall, wenn die Beteiligung bereits beim Eintritt in den Güterstand zum Vermögen des Ehegatten zählte oder wenn diese im Wege des privilegierten Erwerbs nach § 1374 Abs. 2 BGB nach Eintritt des Güterstandes von Todes wegen oder mit Rücksicht auf ein künftiges Erbrecht, durch Schenkung oder als Ausstattung erworben wurde. Ist dies der Fall, sind zumindest die Wertsteigerung der Beteiligung und Gewinne, die darauf basieren, bei der Berechnung der Zugewinnausgleichsforderung zu berücksichtigen.[2] Wertsteigerungen, die sich nach einem privilegierten Erwerb ereignen, sind ihrerseits nicht von § 1374 Abs. 2 BGB erfasst. Dies wird oftmals dann als wenig sachgerecht angesehen, wenn die Wertsteigerung nicht auf einer Leistung des ausgleichsberechtigten Ehegatten beruht. Problematisch sind auch die Fälle, bei denen es durch

---

1 Vgl. hierzu *Büte*, FuR 2014, 87, 88; *Wachter*, GmbH-StB 2006, 234, 235.
2 MünchAnwaltsHdB FamR/*Grziwotz*, § 24 Rn. 82; *Muscheler*, FamRZ 1998, 266 ff.

vorbehaltene Rechte zu einem gleitenden Erwerb infolge des fortschreitenden Alters des Übergebers kommt.[3]

3 Bei der **Bewertung**[4] im Rahmen der Berechnung des Zugewinnausgleichsanspruchs sowohl für die Bestimmung des Anfangs-, als auch des Endvermögens ist das Unternehmen jeweils mit seinem objektiven Verkehrswert anzusetzen.[5] Wertbestimmende Faktoren sind dabei neben dem Substanzwert des Unternehmens auch der Geschäftswert einschließlich des Goodwill.[6] Maßgeblich ist daher der wirkliche am Markt bei einer Veräußerung erzielbare Unternehmenswert einschließlich aller stillen Reserven.[7] Problematisch ist dabei vor allem, dass für die Bewertung von Unternehmen und Unternehmensbeteiligungen im Gesetz – anders als für landwirtschaftliche Betriebe in § 1376 Abs. 4 BGB – keine konkrete Bewertungsmethode vorgesehen ist. Selbst die Rechtsprechung wendet keine einheitliche Bewertungsmethode an. Vielmehr ist nach der Rechtsprechung im Einzelfall die Bewertungsmethode sachverhaltsspezifisch auszuwählen und anzuwenden, die zu einem angemessenen Ergebnis führt, wobei die Auswahl und Anwendung dem sachverständig beratenen Tatrichter obliegt.[8] Die Wahl der Bewertungsmethode durch einen Richter kann dabei wesentliche Auswirkungen auf die Höhe eines eventuell zu zahlenden Zugewinnausgleichs haben, so dass aufgrund von verschiedenen Interessenlagen auch entsprechendes Konfliktpotential im Hinblick auf die Bewertungsmethode zwischen den Eheleuten bestehen kann. Daher bietet es sich an, zumindest eine **ehevertragliche Vereinbarung** zur konkret anzuwendenden Bewertungsmethode zur Berechnung einer Zugewinnausgleichsforderung zu treffen (vgl. Rdn. 44 ff.), sofern das Herausnehmen einer Gesellschaftsbeteiligung aus dem Zugewinnausgleich nicht in Betracht kommt oder schlicht nicht erfolgt.

II. Regelungen zum Güterstand in Bezug auf Gesellschaftsbeteiligungen

4 Vor dem Hintergrund der vorstehend aufgezeigten Problemstellung besteht in vielen Fällen ein praktisches und vor allem wirtschaftliches Bedürfnis, eine ehevertragliche Regelung im Hinblick auf Gesellschaftsbeteiligungen eines Ehegatten zu treffen. Dabei geht es im Wesentlichen auch um den Schutz des Unternehmens an sich. Zu berücksichtigen ist möglicherweise zudem, dass bei uneingeschränkter Anwendung der gesetzlichen Regelungen ein tatsächlich auszugleichender Zugewinn nicht auf einer gemeinsamen ehelichen Lebensleistung beruht und bereits vor diesem Hintergrund Modifikationen der gesetzlichen Regeln angezeigt sind.[9]

5 Der BGH führt insoweit in einer Entscheidung zur Zulässigkeit der Herausnahme von Unternehmensvermögen aus dem Zugewinnausgleich an, dass bei einer Unternehmerehe ein künftiger, gegen den Inhaber des Unternehmens bzw. der Beteiligung bestehender, Zugewinnausgleichsanspruch typischerweise durch die Ertragskraft und Wertsteigerung des vom Ausgleichsschuldner betriebenen Unternehmens geprägt wird und dass dieser Anspruch häufig nur aus der Substanz des Unternehmens befriedigt werden könne und nicht selten dessen Liquidität und Fortbestand gefährde.[10] Damit können nach dem BGH durch die Zugewinnausgleichsforderung auch schutzwürdige Interessen Dritter, z.B. von Mitgesellschaftern oder Arbeitnehmern, nachhaltig betroffen sein.[11]

---

3 Münch, DNotZ 2007, 795, 796 f.
4 Zur Unternehmensbewertung im Zugewinnausgleich BeckOGK/*Siede/Preisner* BGB § 1376 Rn. 595 ff.; *Münch*, DStR 2014, 806 ff.; kritisch zur modifizierten Ertragswertmethode *Ballhorn/König*, NJW 2018, 1911 ff.
5 BGH NJW 1980, 229, 230; 2018, 61, 61; MünchKommBGB/*Koch*, § 1376 BGB Rn. 10, 38 ff.; zur Berücksichtigung des Goodwill beim Zugewinnausgleich vgl. BGH NJW 1978, 884.
6 Scholz/Kleffmann/*Doering-Striening/Kohlenberg*, Teil B Rn. 43.
7 BGH NJW-RR 2005, 153, 154; *Münch*, Rn. 114; *Gassen*, RNotZ 2004, 424, 426.
8 BGH NJW 2014, 294, 297; 2018, 61, 61; BGH NJW-RR 2005, 153, 154; OLG Bamberg NJW-RR 1995, 258, 259; *Münch*, DStR 2014, 806, 806; BeckOGK/*Siede/Preisner* BGB § 1376 Rn. 598 f.
9 Vgl. *Langenfeld/Milzer*, Rn. 283 f.
10 BGH NJW 1997, 2239, 2241.
11 BGH NJW 1997, 2239, 2241.

A. Familienrechtliche Bezüge   Kapitel 7

1. Herausnahme von Gesellschaftsbeteiligungen aus dem Zugewinnausgleich

Ziel einer entsprechenden vertraglichen Regelung ist es zu vermeiden, dass eine Gesellschaftsbeteiligung im Rahmen der Durchführung des Zugewinnausgleichs zu berücksichtigen ist. Erreichbar ist dieses Ziel auf verschiedene Wege. In Betracht kommt neben der Vereinbarung der Gütertrennung auch der vollständige Ausschluss des Zugewinnausgleichs für den Fall der Beendigung des Güterstandes der Zugewinngemeinschaft auf andere Weise als durch Tod eines Ehegatten, wenn der gesetzliche Güterstand der Zugewinngemeinschaft beibehalten werden soll. Mittel der Wahl in der Beratungspraxis ist dabei regelmäßig die **gegenständliche Herausnahme von Gesellschaftsbeteiligungen** aus dem Zugewinnausgleich, mithin also eine vertragliche Modifikation der Zugewinngemeinschaft.[12] Eine solche Regelung ist in der Praxis zwischen den Ehegatten auch eher konsensfähig, als die Vereinbarung der Gütertrennung oder der vollständige Ausschluss des Zugewinnausgleichs (vgl. Rdn. 10). In der Sache führt die Herausnahme von unternehmerischem Vermögen aus dem Zugewinnausgleich dazu, dass zwei Rechnungsgrundlagen, nämlich das Privatvermögen und das Betriebsvermögen, für den Zugewinn bestehen.

6

Eine ehevertragliche Regelung, nach der durch Ehevertrag eine Gesellschaftsbeteiligung aus dem Zugewinnausgleich herausgenommen wird, hat der BGH in einer Entscheidung aus dem Jahr 1997 ausdrücklich gebilligt.[13] Der BGH stellt in der Entscheidung insoweit heraus, dass das Gesetz der gesellschaftlichen Entwicklung, die ein vielfältiges, vom traditionellen Leitbild der »Hausfrauenehe« abweichendes Spektrum ehelicher Lebensverhältnisse hervorgebracht habe, nicht nur durch die in § 1356 BGB normierte Freiheit der familieninternen Rollenverteilung Rechnung trage, sondern auch dadurch, dass es den Güterstand weitgehend der **ehevertraglichen Gestaltungsfreiheit** anheim stelle.[14] Der gesetzliche Güterstand sei ohne Weiteres für die überwiegende Zahl der Ehen als sachrichtiger Güterstand anzusehen, in denen sich der Vermögenserwerb – wie im Regelfall bei abhängig Erwerbstätigen und Inhabern kleinerer Betriebe – typischerweise innerhalb der Dimension der familiären Lebensgemeinschaft vollziehe.[15] In diesem Zusammenhang führt der BGH in seiner Entscheidung aber auch aus, dass den Ehegatten im Rahmen der Vertragsfreiheit (§ 1408 Abs. 1 BGB) im Hinblick auf die güterrechtlichen Verhältnisse ihrer Ehe eine sehr weite Gestaltungsfreiheit eingeräumt ist, die unter Beibehaltung der Zugewinngemeinschaft als Güterstand selbst einen vollständigen Ausschluss des Zugewinnausgleichs erlaube.[16] Nach dem BGH ist es daher zulässig, wenn die Ehegatten mit Rücksicht auf **außergewöhnliche Verhältnisse** Änderungen vereinbaren, die diesen Verhältnissen Rechnung tragen, sich im Übrigen aber noch am gesetzlichen Modell orientieren.[17] Solche außergewöhnlichen Verhältnisse werden namentlich für den Fall von Unternehmerehen und Inhabern von erheblichem Vermögen anerkannt. Nach Auffassung des BGH führt selbst die Umkehr der Ausgleichsrichtung aufgrund Herausnahme eines Vermögensgegenstands aus dem Zugewinnausgleich nicht dazu, dass eine vertragliche Anpassung nach § 242 BGB im Wege der Ausübungskontrolle zu erfolgen hat.[18]

7

a) Abgrenzung zu anderen Regelungsmöglichkeiten

Die Nichteinbeziehung einer Unternehmensbeteiligung in den Zugewinnausgleich aus Anlass der Scheidung der Ehe kann unproblematisch durch Vereinbarung des Güterstandes der **Gütertrennung** erreicht werden.[19] Dies wird in der Praxis auch vielfach von Unternehmerehegatten zunächst

8

---

12 Kritisch insoweit jedoch *Mayer*, DStR 1993, 991, 992 ff.; *Mayer*, MittBayNot 1993, 342, 344 ff.; *Mayer*, MittBayNot 1997, 234, 235, zugleich Anm. zu BGH MittBayNot 1997, 231 = NJW 1997, 2239.
13 Vgl. BGH NJW 1997, 2239; vgl. auch OLG Frankfurt am Main NJW 2020, 1527, 1528.
14 BGH NJW 1997, 2239, 2241.
15 BGH NJW 1997, 2239, 2241.
16 BGH NJW 1997, 2239, 2241; sowie MünchKommBGB/*Münch*, § 1408 BGB Rn. 14.
17 BGH NJW 1997, 2239, 2241.
18 BGH NJW 2013, 2753, 2755.
19 Zur Abgrenzung auch *Plate*, MittRhNotK 1999, 257, 262; *Winkler*, FRP 2006, 216, 217.

gewünscht und wurde früher auch als zweckgerichtete Gestaltungsempfehlung unterbreitet. Doch ist insoweit zu berücksichtigen, dass durch die Vereinbarung der Gütertrennung gerade keine gegenständliche Beschränkung des Zugewinnausgleichs erreicht werden kann.[20] Bei Vereinbarung der Gütertrennung als Wahlgüterstand wird nämlich die Teilhabe der Ehegatten am ehezeitlichen Vermögen vollständig, also auch im Hinblick auf das nichtunternehmerische Vermögen, ausgeschlossen. Dies dürfte regelmäßig nicht gewünscht sein. Darüber hinaus bestehen selbstverständlich auch die weiteren üblicherweise genannten Nachteile der Gütertrennung, insbesondere in erbrechtlicher und erbschaftsteuerrechtlicher Hinsicht, weswegen von einer Vereinbarung dieses Güterstandes ohne besondere Gründe regelmäßig zu Gunsten von Modifikationen bei der Zugewinngemeinschaft abgeraten wird.[21] Vorteil der Vereinbarung des Güterstandes der Gütertrennung ist jedoch, dass das Verfügungsverbot des § 1365 BGB von vornherein nicht anwendbar ist. Da die Regelung des § 1365 BGB jedoch dispositiv ist,[22] ist dieses Ergebnis auch im Falle der Beibehaltung des Güterstandes der Zugewinngemeinschaft erreichbar (vgl. Rdn. 72 ff.). Vor allem sprechen auch Zweckmäßigkeitserwägungen regelmäßig für die Modifizierung der Zugewinngemeinschaft, da im Hinblick auf die Vertragsgestaltung ein höheres Maß an Flexibilität besteht.

9 Auch der **vollständige Ausschluss des Zugewinnausgleichs** für den Fall der Beendigung des Güterstandes der Zugewinngemeinschaft auf andere Weise als durch den Tod eines Ehegatten, der jedenfalls in der Vergangenheit oftmals als Gestaltungsalternative zur Vereinbarung der Gütertrennung empfohlen wurde, ist in aller Regel für die Eheleute nicht interessengerecht, da sich die erzielte Modifikation der güterrechtlichen Beziehung zwischen den Eheleuten nicht nur auf das unterschiedliche Vermögen beschränkt (vgl. hierzu Rdn. 12).[23] Ergänzend zu einer entsprechenden Regelung kann auch weitere Regelung zur Behandlung der Verfügungsbeschränkung nach § 1365 BGB angezeigt sein (vgl. hierzu Rdn. 72 ff.).

10 ▶ Formulierungsbeispiel: Vollständiger Ausschluss des Zugewinnausgleichs

(1) Unter grundsätzlicher Beibehaltung des gesetzlichen Güterstandes der Zugewinngemeinschaft für unsere Ehe vereinbaren wir, dass für den Fall der Beendigung des Güterstandes auf andere Weise als durch den Tod eines Ehegatten kein Zugewinnausgleich durchgeführt werden soll. Insofern verzichten wir gegenseitig auf den Zugewinnausgleich. Dies soll auch für einen vorzeitigen Zugewinnausgleich gelten.

(2) Der Zugewinnausgleich soll auch dann nicht durchgeführt werden, wenn der Güterstand der Zugewinngemeinschaft zwar durch den Tod eines Ehegatten beendet wurde, zu diesem Zeitpunkt aber ein Scheidungsverfahren anhängig ist.

(3) Sollte der Güterstand der Zugewinngemeinschaft aufgrund eines Ehevertrages beendet werden, der nicht im Zusammenhang mit einer Trennung oder Scheidung abgeschlossen wird, so soll der unter Abschnitt ..... Ziff. (1) vereinbarte Ausschluss des Zugewinnausgleichs nicht gelten.[24]

(4) [..... Regelung zu § 1365 BGB .....][25]

(5) Durch diese Vereinbarung soll ausdrücklich nicht der Güterstand der Gütertrennung vereinbart werden.

---

20 Vgl. insoweit *Langenfeld/Milzer*, Rn. 290, der die Herausnahme von Unternehmensvermögen aus dem Zugewinnausgleich im Vergleich zur Vereinbarung der Gütertrennung den für die Ehegatten zwar gerechteren, im Streitfall aber auch problematischeren Weg hält.
21 Vgl. hierzu etwa Würzburger Notarhandbuch/*Mayer/Reetz*, Teil 3 Kap. 1 Rn. 133; Münch/*Everts*, Familienrecht in der Notar- und Gestaltungspraxis, § 2 Rn. 102; *Büte*, FuR 2014, 87, 87; *Werner*, Zerb 2014, 65, 66; *Winkler*, FRP 2006, 216, 217.
22 BGH NJW 1964, 1795; Staudinger/*Thiele*, § 1365 BGB Rn. 110; Klein/*Weinreich*, Rn. 1943; *Brandt*, RNotZ 2015, 117, 121.
23 Vgl. hierzu Würzburger Notarhandbuch/*Mayer/Reetz*, Teil 3 Kap. 1 Rn. 80 ff.; *Plate*, MittRhNotK 1999, 257, 262.
24 Vgl. insoweit *Langenfeld/Milzer*, Rn. 267.
25 Vgl. hierzu Rdn. 72 ff.

Der vollständige Ausschluss des Zugewinnausgleichs im vorgenannten Sinne kommt insbesondere dann in Betracht, wenn das betriebliche Vermögen nicht hinreichend vom sonstigen Vermögen des unternehmerisch tätigen Ehegatten abgegrenzt werden kann. **11**

Zwar hat der vollständige Ausschluss des Zugewinnausgleichs zur Folge, dass ein Anspruch auf Zugewinnausgleichzahlung des nicht unternehmerisch tätigen Ehegatten im Fall der Scheidung nicht entstehen kann. Hierdurch werden sämtliche Probleme, die mit der Feststellung des Zugewinns und der **Bezahlung der Ausgleichsforderung** verbunden sind, vermieden.[26] Insoweit wird den grundsätzlichen Zielen des unternehmerisch tätigen Ehegatten sowie der Gesellschaft genügt. Gleichwohl wird ein vollständiger Ausschluss des Zugewinnausgleichs regelmäßig nicht im Interesse des anderen Ehegatten liegen. Ziel der vertraglichen Regelung ist es typischerweise, lediglich die Nichtberücksichtigung von unternehmerischem Vermögen bei der Durchführung des Zugewinnausgleichs zu erreichen. Sonstiger Zugewinn soll in aller Regel gleichwohl ausgeglichen werden. Ähnlich wie bei der Vereinbarung der Gütertrennung wird auch hier die Teilhabe der Ehegatten am ehezeitlichen Vermögen im Hinblick auf das nichtunternehmerischen Vermögen ausgeschlossen. Hierdurch besteht im Ergebnis die Gefahr einer **Benachteiligung des sozial schwächeren Ehegatten**.[27] **12**

Sofern der Zugewinnausgleich vollständig ausgeschlossen, im Übrigen aber der gesetzliche Güterstand der Zugewinngemeinschaft beibehalten werden soll, muss in der ehevertraglichen Regelung vor dem Hintergrund von **§ 1414 Satz 2 BGB** klargestellt werden (vgl. Rdn. 10 Ziff. 4), dass mit der Vereinbarung von den Ehegatten keine Vereinbarung hin zur Gütertrennung getroffen werden soll. In § 1414 Satz 2 BGB ist eine Auslegungsregelung dahingehend enthalten, dass durch den Ausschluss des Zugewinnausgleichs der Güterstand der Gütertrennung eintritt.[28] **13**

b) Inhalt der Regelung

aa) Bestimmung des unternehmerischen Vermögens

Bei der Gestaltung einer ehevertraglichen Regelung zur Herausnahme einer Gesellschaftsbeteiligung aus dem Zugewinnausgleich ist zunächst auf eine hinreichend genaue und eindeutige Bezeichnung der aus dem Zugewinnausgleich herauszunehmenden Gegenstände zu achten (vgl. Rdn. 42).[29] Dies erfolgt, sofern die Beteiligung zum Zeitpunkt des Abschlusses des Ehevertrages bereits besteht, insbesondere durch die Angabe entsprechender **Handelsregisterdaten** (Registergericht, Firma und Handelsregisternummer) (vgl. insoweit Rdn. 42 Ziff. 2). Problematisch sind hingegen Formulierungen, die sich auf »jegliches Betriebsvermögen« beziehen.[30] Hierdurch sollen auch künftige Änderungen in Bezug auf die aus dem Zugewinnausgleich herausgenommenen Vermögenswerte berücksichtigt werden. Solche sind, um eine hinreichende Klarheit der Regelung zu erreichen, im Zweifel zum Gegenstand einer eigenständigen Regelung zu machen (vgl. Rdn. 42 Ziff. 4). Zu Recht wird darauf hingewiesen, dass die Verwendung des Begriffes »jegliches Vermögen« ebenso zu **definitorischen Unwägbarkeiten** führen kann und im Ergebnis erläuterungsbedürftig ist.[31] **14**

Sofern eine **Betriebsaufspaltung** gegeben ist, sind darüber hinaus die Vermögensgegenstände des Besitzunternehmens hinreichend genau und eindeutig zu bezeichnen sowie explizit als vom Zugewinnausgleich herausgenommenes Vermögen zu bezeichnen.[32] Dies gilt einerseits für **Sonderbetriebsvermögen** bei Personengesellschaften, als auch für Vermögenswerte, die langfristig an eine beherrschte Kapitalgesellschaft überlassen worden sind. Um insoweit **Missbrauchsmöglichkeiten** vorzubeugen, **15**

---

26 Würzburger Notarhandbuch/*Mayer/Reetz*, Teil 3 Kap. 1 Rn. 80.
27 Würzburger Notarhandbuch/*Mayer/Reetz*, Teil 3 Kap. 1 Rn. 87.
28 Vgl. zum Charakter als Auslegungsregelung MünchKommBGB/*Münch*, § 1414 BGB Rn. 5.
29 *Langenfeld/Milzer*, Rn. 291 ff.; *Münch*, Rn. 1170 ff., 1186; *Brandt*, RNotZ 2015, 117, 125.
30 Vgl. insoweit etwa den Formulierungsvorschlag bei *Stegner*, ZEV 2000, 51, 54.
31 Vgl. *Langenfeld/Milzer*, Rn. 295; sowie ausführlich insoweit *Münch*, Rn. 1175 ff.; *Brandt*, RNotZ 2015, 117, 125.
32 *Winkler*, FRP 2006, 217, 218.

kann die Herausnahme aus dem Zugewinnausgleich in diesem Zusammenhang – wie etwa bei Erträgen (vgl. Rdn. 25) – auf solche Vermögensgegenstände beschränkt werden, die der Gesellschaft bis zu einem bestimmten Zeitpunkt, etwa zwei Jahre vor dem Eintritt des Getrenntlebens der Ehegatten oder vor Rechtshängigkeit der Scheidung, zur Verfügung gestellt worden sind.

16 Regelungsbedürftig ist ggf. ergänzend auch die Behandlung von Beteiligungen, die ausschließlich zu **Kapitalanlagezwecken** erfolgen.[33] Sofern die Ehegatten insoweit keine abweichende Vereinbarung treffen, ist im Regelfall davon auszugehen, dass solche Beteiligungen Gegenstand des Zugewinnausgleichs sein sollen, mithin also nicht durch die ehevertragliche Regelung aus dem Zugewinnausgleich herausgenommen werden sollen.[34]

bb) Beibehaltung des Zugewinnausgleichs für den Todesfall

17 Die Herausnahme des Unternehmens bzw. der Unternehmensbeteiligung aus dem Zugewinnausgleich kann entweder für den Fall erfolgen, dass die Ehe aus anderen Gründen, als dem Tod eines Ehegatten beendet wird (vgl. Rdn. 42 Ziff. 1) oder aber in jedem Fall der Beendigung des Güterstandes der Zugewinngemeinschaft, mithin also auch im Falle des Todes eines Ehegatten.[35] Die weitergehende Variante, bei der die Herausnahme des unternehmerischen Vermögens aus dem Zugewinnausgleich für jeden Fall der Beendigung der Ehe erfolgt, ist vor allem dann anzuraten, wenn der **Ehegatte auch nicht Erbe** des unternehmerisch tätigen Ehegatten werden soll und aus diesem Grund die Rechtsfolgen des § 1371 Abs. 2 BGB nicht gewünscht sind.

cc) Behandlung von Erträgen

18 Eine wesentliche Regelung betrifft die Behandlung von Erträgen aus dem unternehmerischen Vermögen im Rahmen des Zugewinnausgleichs. Grundsätzlich unterfallen **Erträge aus nicht ausgleichspflichtigen Vermögensgegenständen** vollumfänglich dem Zugewinnausgleich.[36] Freilich ist typischerweise ein berechtigtes Interesse des unternehmerisch tätigen Ehegatten zu berücksichtigen, Erträge entweder dem Unternehmen erst gar nicht zu entnehmen oder aber wieder in das Unternehmen zu reinvestieren. Die Behandlung von Erträgen aus der Beteiligung bietet gleichzeitig aber auch ein gewisses Manipulationsrisiko zum Nachteil des anderen Ehegatten.[37] So hat der unternehmerisch tätige Ehegatte ohne Weiteres die Möglichkeit, Erträge nicht auszuschütten und so letztendlich in dem vom Zugewinnausgleich herausgenommenen Vermögen zu belassen. Insoweit besteht insbesondere in der Krise der Ehe ein Risiko, dass der unternehmerisch tätige Ehegatte über die Behandlung der Erträge die **Zugewinnausgleichsforderung beeinflussen** kann. Über dieses Risiko sollten die Ehegatten im Rahmen der Vertragsvorbereitung hingewiesen und anlässlich der Beurkundung eines Ehevertrags belehrt werden.

19 Erträge aus nicht ausgleichspflichtigem Vermögen können durch ehevertragliche Vereinbarung vollständig vom Zugewinnausgleich ausgeschlossen werden.[38] Diese Lösung hat den Vorteil, dass die Erträge aus der Beteiligung zur Reinvestition in das Unternehmen zur Verfügung stehen, ohne dass diese bei Beendigung der Ehe ausgleichspflichtig werden.[39] Auch das vorgenannte Manipulationsrisiko kann von vornherein nicht entstehen, da der Zugewinnausgleichsanspruch durch die während der Ehe praktizierte Verwendung von Erträgen nicht beeinflusst werden kann. Problematisch ist eine vollständige Herausnahme von Erträgen aus dem Zugewinnausgleich vor allem dann, wenn

---

33 *Langenfeld/Milzer*, Rn. 294, der insoweit von »unechtem« Betriebsvermögen spricht; vgl. auch *Brandt*, RNotZ 2015, 117, 125; *Winkler*, FRP 2006, 217, 218.
34 Zu einem Formulierungsvorschlag vgl. *Münch*, Rn. 1202 f.
35 Hierzu *Brambring*, Rn. 133.
36 *Plate*, MittRhNotK 1999, 257, 265.
37 Vgl. zur Begegnung von Manipulationsgefahren allgemein *Langenfeld/Milzer*, Rn. 296 f.
38 *Münch*, Rn. 1188; *Winkler*, FRP 2006, 217, 219.
39 *Münch*, Rn. 1188; Würzburger Notarhandbuch/*Mayer/Reetz*, Teil 3 Kap. 1 Rn. 93; *Winkler*, FRP 2006, 217, 219.

aus Erträgen ganz oder zum Teil der **Lebensunterhalt der Familie** des unternehmerisch tätigen Ehegatten bestritten werden soll. Schließlich würde ein vollständiges Herausnehmen der Erträge aus dem Zugewinnausgleich möglicherweise auch dazu führen, dass sich bei dem ausgleichspflichtigen Vermögen des unternehmerisch tätigen Ehegatten kein Zugewinn realisiert. Um jedenfalls den Unterhalt der Familie aus den Erträgen der Beteiligung sicherzustellen und gleichwohl dem Interesse des unternehmerisch tätigen Ehegatten an einer Verwendung der Erträge gerecht zu werden, bietet es sich an, durch ehevertragliche Regelung Erträge aus dem Zugewinnausgleich generell herauszunehmen, soweit sie nicht dem Unterhalt der Familie dienen.[40]

▶ Formulierungsbeispiel: Herausnahme von Erträgen aus dem Zugewinnausgleich, sofern diese nicht dem Familienunterhalt dienen   20

[..... Regelung wie Rdn. 42 .....]

(3) Erträge aus den nach Abs. (1) vom Zugewinnausgleich herausgenommenen Vermögensgegenständen sind ebenfalls vom Zugewinnausgleich ausgeschlossen, sofern diese Erträge nicht nach unterhaltsrechtlichen Bestimmungen zur Deckung des angemessenen Unterhalts des Ehegatten und der gemeinsamen Kinder zu verwenden sind.

Mit der vollständigen Herausnahme von Erträgen aus dem Zugewinnausgleich wäre neben der Herausnahme des unternehmerischen Vermögens an sich ein dem Ausschluss des Zugewinnausgleichs (vgl. Rdn. 9 ff.) vergleichbares Ergebnis erreicht. Sofern die Erträge generell nicht zur Sicherstellung des Familienunterhalts notwendig sind, kann – um die Nachteile der Gütertrennung zu vermeiden (vgl. Rdn. 8) – eine vollständige Herausnahme von Erträgen aus dem Zugewinnausgleich in Betracht gezogen werden.[41]   21

▶ Formulierungsbeispiel: Vollständige Herausnahme von Erträgen aus dem Zugewinnausgleich   22

[..... Regelung wie Rdn. 42 .....]

(3) Erträge aus den vom Zugewinnausgleich herausgenommenen Vermögenswerten unterliegen nicht dem Zugewinnausgleich.

Für die Praxis ist typischerweise eine Regelung zu favorisieren, die einerseits sowohl eine zugewinnausgleichsfreie Reinvestition von Erträgen und andererseits auch endgültige (dann zugewinnausgleichspflichtige) Überführung von Erträgen in das Privatvermögen vorsieht (vgl. Rdn. 42 Ziff. 3). Dies kann erreicht werden, indem solche Erträge, die noch nicht endgültig entnommen worden sind, vom Zugewinnausgleich ausgeschlossen werden.[42]   23

Dem dargelegten Missbrauchsrisiko der Totalverwendung in der Krise der Ehe (vgl. Rdn. 18) kann dadurch begegnet werden, dass Erträge nur insoweit vom Zugewinnausgleich ausgeschlossen werden, als dass die Privilegierung der Erträge nur bis zu einem bestimmten Zeitpunkt, etwa 2 Jahre vor dem Eintritt des Getrenntlebens der Ehegatten oder vor Rechtshängigkeit der Scheidung, erfolgen soll.[43] Gegen eine solche Regelung wird allerdings eingewandt, dass hiervon auch betriebsnotwendige Investitionen erfasst werden.[44] Als Alternative wird daher vorgeschlagen, dass die **Herausnahme aus dem Zugewinnausgleich** nur für solche Investitionen gilt, die im Wege einer **ordnungsgemäßen Unternehmensführung**[45] bzw. Unternehmensfinanzierung[46] erfolgt sind.   24

---

40 Würzburger Notarhandbuch/*Mayer/Reetz*, Teil 3 Kap. 1 Rn. 92, 93.
41 So etwa Würzburger Notarhandbuch/*Mayer/Reetz*, Teil 3 Kap. 1 Rn. 93, der jedoch anregt, in diesem Fall zu Beweiszwecken die Erträge auf einem besonderen Konto anzulegen.
42 *Münch*, Rn. 1188; *Brandt*, RNotZ 2015, 117, 125.
43 *Münch*, Rn. 1188.
44 *Langenfeld/Milzer*, Rn. 300.
45 *Brambring*, Rn. 133.
46 *Langenfeld/Milzer*, Rn. 301.

25 ▶ **Formulierungsbeispiel: Zeitlich beschränkte Herausnahme von Erträgen aus dem Zugewinnausgleich**

[..... Regelung wie Rdn. 42 .....]

(3) Erträge aus den nach Abs. (1) vom Zugewinnausgleich herausgenommenen Vermögensgegenständen sind ebenfalls vom Zugewinnausgleich ausgeschlossen, sofern diese dem betrieblichen Vermögen noch nicht endgültig entnommen worden sind. Dies gilt jedoch nicht für Erträge, die innerhalb der letzten zwei Jahre vor Rechtshängigkeit des Scheidungsantrages nicht endgültig aus dem betrieblichen Vermögen entnommen wurden, so dass diese dann vollumfänglich dem Zugewinnausgleich unterliegen.

26 Alternativ wird als interessensgerechte Lösung vorgeschlagen, solche Erträge, die nicht dem zugewinnausgleichspflichtigen Vermögen zugeordnet werden sollen, auf einem ausschließlich für diesen Zweck eingerichteten Konto gutzuschreiben.[47]

dd) Behandlung von Verwendungen

27 In einem Ehevertrag ist neben einer Regelung im Hinblick auf die Erträge aus dem unternehmerischen Vermögen auch eine solche zu Verwendungen auf das vom Zugewinnausgleich herausgenommene Vermögen obligatorisch. Zu den Verwendungen im sachenrechtlichen Sinn sind nach der ständigen Rechtsprechung solche **Vermögensaufwendungen zu verstehen, die der Sache zugute kommen** sollen, mithin Maßnahmen, die der Erhaltung, Wiederherstellung oder Verbesserung der Sache dienen.[48] Nicht erfasst ist daher die Tilgung von Verbindlichkeiten, die auf die Unternehmensbeteiligung entfallen, so dass in der ehevertraglichen Regelung klargestellt werden sollte, dass auch diese unter den Verwendungsbegriff fallen.[49]

28 Ähnlich wie im Zusammenhang mit Erträgen kann ein berechtigtes Interesse des unternehmerisch tätigen Ehegatten bestehen, Vermögenswerte aus seinem dem Zugewinnausgleich unterliegenden Privatvermögen in das vom Zugewinnausgleich herausgenommene Vermögen zu transferieren. Er ist möglicherweise darauf angewiesen, jederzeit unternehmerisch notwendige oder auch zweckmäßige **Investitionen aus seinem Privatvermögen** zu tätigen. Solche Verwendungen können vor allem geboten sein, um die Finanzstruktur des Unternehmens zu stärken, das Betriebsvermögen zu entschulden, überhöhte Entnahmen rückgängig zu machen oder um die Beteiligung des unternehmerisch tätigen Ehegatten im Rahmen einer Kapitalerhöhung aufzustocken.[50] Gleichwohl besteht bei der hier in Frage stehenden Vertragsgestaltung aber auch stets das Risiko, dass der Transfer aus dem grundsätzlich dem Zugewinnausgleich unterliegenden Vermögen (bewusst) zum Nachteil des anderen Ehegatten in das vom Zugewinnausgleich herausgenommene Vermögen erfolgt. Dies ist vor allem in der Krise der Ehe bzw. im Vorfeld der Scheidung problematisch. Hierdurch kann die Zugewinnausgleichsforderung reduziert oder gar vollständig ausgeschlossen werden.[51] Insoweit besteht auch hier – wie bei der Behandlung von Erträgen (vgl. Rdn. 18) – ein **Manipulationsrisiko** zu Lasten des nicht unternehmerisch tätigen Ehegatten.[52]

29 Vor diesem Hintergrund sind ehevertragliche Regelungen denkbar, nach denen Verwendungen auf das vom Zugewinnausgleich ausgenommene Vermögen ohne Einschränkung möglich und daher im Rahmen des Zugewinnausgleichs nicht zu berücksichtigen sind. Auch wenn die Rechtsprechung des BGH eine entsprechende Regelung als zulässig erachtet,[53] erscheint diese im Hinblick auf die

---

47 *Plate*, MittRhNotK 1999, 257, 265; *Stegner*, ZEV 2000, 51, 54; *Winkler*, FRP 2006, 217, 219.
48 BGH NJW 1996, 921, 922; PWW/*Englert*, § 994 BGB Rn. 2.
49 *Münch*, Rn. 1190; *Langenfeld/Milzer*, Rn. 281; *Plate*, MittRhNotK 1999, 257, 265.
50 So *Plate*, MittRhNotK 1999, 257, 267.
51 Würzburger Notarhandbuch/*Mayer/Reetz*, Teil 3 Kap. 1 Rn. 93; *Langenfeld/Milzer*, Rn. 299 f.; *Brandt*, RNotZ 2015, 117, 125 f.
52 Vgl. zur Begegnung von Manipulationsgefahren allgemein *Langenfeld/Milzer*, Rn. 296 f.
53 Vgl. hierzu BGH NJW 1997, 2239, 2242.

aufgezeigten Manipulationsrisiken ohne jegliche Beschränkung als regelmäßig unbillig. Ebenso wie bei der Behandlung von Erträgen (vgl. Rdn. 24 f.) kann es sich anbieten, dem dargelegten Missbrauchsrisiko dadurch zu begegnen, dass Verwendungen nur insoweit vom Zugewinnausgleich ausgeschlossen werden, als dass die Privilegierung von **Verwendungen nur bis zu einem bestimmten Zeitpunkt**, etwa 2 Jahre vor dem Eintritt des Getrenntlebens der Ehegatten oder vor Rechtshängigkeit der Scheidung, erfolgen soll.[54]

Im Gegensatz dazu entspricht eine eheverträgliche Regelung, wonach Verwendungen auf die vom Zugewinnausgleich herausgenommen Vermögensgegenstände vollumfänglich dem Endvermögen zuzurechnen sind und damit dem Zugewinnausgleich unterliegen, möglicherweise nicht der dargestellten Interessenlage, wonach der unternehmerisch tätige Ehegatte Investitionen vornehmen können muss. Vorgeschlagen wird daher zum Teil, dass Verwendungen nur dann zugewinnausgleichsfrei erfolgen können, wenn diese betrieblich notwendig sind, wobei im Falle der Scheidung im Zweifel ein Schiedsgutachter über die Notwendigkeit entscheiden soll.[55] Eine solche Regelung scheint jedoch durch die Verwendung des unbestimmten Rechtsbegriffs der betriebsnotwendigen Verwendungen in hohem Maße streitanfällig zu sein. 30

Folgt man dem hier unterbreiteten Formulierungsvorschlag im Hinblick auf die Erträge aus einer Beteiligung (vgl. Rdn. 42 Ziff. 3), erscheint es angemessen, dass **Verwendungen aus dem Privatvermögen vollumfänglich dem Endvermögen hinzuzurechnen** und damit im Rahmen des Zugewinnausgleichs ausgleichspflichtig sind, wenn dem unternehmerisch tätigen Ehegatten die Möglichkeit eröffnet wird, anderseits Erträge aus der Beteiligung nicht in das Privatvermögen zu überführen, sondern ohne Berücksichtigung im Rahmen des Zugewinnausgleichs auf die Beteiligung zu verwenden. Hierdurch ist jedenfalls das potentielle Manipulationsrisiko zum Nachteil des nicht unternehmerisch tätigen Ehegatten ausgeschlossen.[56] Insoweit ist dann jedoch in Kauf zu nehmen, dass Verwendungen aus dem Privatvermögen in der Krise der Gesellschaft ausgleichspflichtig sind. 31

Problematisch sind schließlich Verwendungen aus dem Vermögen des nicht unternehmerisch tätigen Ehegatten auf das vom Zugewinnausgleich herausgenommen Vermögen. Auch insoweit ist eine vertragliche Regelung angezeigt.[57] Es wird vorgeschlagen, solche Verwendungen dem Endvermögen des unternehmerisch tätigen Ehegatten hinzuzurechnen.[58] Vorzugswürdig erscheint jedoch, dass solche Verwendungen von dem anderen Ehegatten darlehensweise gewährt werden und daher im Scheidungsfall vollständig zurück zu erstatten wären.[59] Hierdurch wird letztendlich erreicht, dass die Abwicklung solcher Verwendungen außerhalb des Zugewinnausgleichs erfolgt. 32

ee) Veränderungen des aus dem Zugewinnausgleich herausgenommenen Vermögens

Eine Regelung ist zudem im Hinblick auf **Surrogate** für aus dem Zugewinnausgleich herausgenommen Vermögensgegenstände erforderlich (vgl. Rdn. 42 Ziff. 4). Regelmäßig werden auch diese vom Zugewinnausgleich ausgeschlossen, was typischerweise dem Interesse der Beteiligten entspricht.[60] Problematisch kann insoweit jedoch der Nachweis der Surrogation sein, so dass den Beteiligten zu raten ist, über solche Ersatzgegenstände ein Verzeichnis anzulegen und bei Bedarf fortzuführen. 33

Die vertragliche Regelung muss darüber hinaus auch **(gesellschafts-)rechtlichen Veränderungen**, die in der Folgezeit eintreten können, hinreichend Rechnung tragen. Dies kann etwa der Fall sein durch eine Beteiligung der betreffenden Gesellschaft an Umwandlungsvorgängen, der Entstehung einer Personenhandelsgesellschaft durch Aufnahme eines Gesellschafters in ein einzelkaufmännisches 34

---

54 *Mayer*, DStR 1993, 991, 994; *Plate*, MittRhNotK 1999, 257, 267.
55 *Langenfeld/Milzer*, Rn. 301.
56 *Brandt*, RNotZ 2015, 117, 123.
57 *Brandt*, RNotZ 2015, 117, 123.
58 *Brandt*, RNotZ 2015, 117, 123; *Plate*, MittRhNotK 1999, 257, 265.
59 *Plate*, MittRhNotK 1999, 257, 265.
60 Würzburger Notarhandbuch/*Mayer/Reetz*, Teil 3 Kap. 1 Rn. 93.

Unternehmen, der Gründung von Tochtergesellschaften etc.[61] Insoweit ist jedenfalls eine klarstellende Regelung im Ehevertrag angezeigt.

ff) Begrenzung der Ausgleichsforderung nach § 1378 Abs. 2 BGB

35 Im Rahmen der Vertragsgestaltung zur Herausnahme von unternehmerischem Vermögen aus dem Zugewinnausgleich ist darüber hinaus die Regelung des § 1378 Abs. 2 Satz 1 BGB zu beachten.[62] Nach § 1378 Abs. 2 Satz 1 BGB ist die Höhe der **Zugewinnausgleichsforderung** durch den Wert des Vermögens **begrenzt**, das nach Abzug der Verbindlichkeiten bei Beendigung des Güterstands vorhanden ist.[63] Da sich § 1378 Abs. 2 Satz 1 BGB auf das vom Zugewinnausgleich erfasste Vermögen bezieht, ist aus Anlass der Herausnahme von Vermögensgegenständen aus dem Zugewinnausgleich in einen Ehevertrag jedenfalls klarzustellen, dass diese Vermögenswerte als vorhandenes Vermögen i.S.d. Vorschrift anzusehen sind (vgl. Rdn. 42 Ziff. 5). Hierdurch wird zu Gunsten des Ehegatten sichergestellt, dass der ausgleichsverpflichtete Ehegatte nicht unter Hinweis darauf, dass er außer den vom Zugewinnausgleich herausgenommenen Vermögenswerten kein weiteres Vermögen hat, die Erfüllung einer Ausgleichsforderung verweigern kann.

36 Zwar handelt es sich bei der Regelung des § 1378 Abs. 2 BGB um eine zwingende Vorschrift, doch ist die **Ausgleichsforderung** an sich **dispositiv**,[64] so dass zwischen den Ehegatten die vorbeschriebene Regelung zulässigerweise getroffen werden kann. Disponibel ist insoweit also die Ausgleichsforderung selbst, so dass die Ehegatten deren Höhe sowie die Modalitäten der Erfüllung inhaltlich und/oder zeitlich modifizieren können.

gg) Beschränkung der Zwangsvollstreckung

37 Schließlich ist in aller Regel auch erforderlich, durch die ehevertragliche Vereinbarung die Zwangsvollstreckung durch den nicht an der Gesellschaft beteiligten Ehegatten in die Beteiligung auszuschließen (vgl. Rdn. 42 Ziff. 6). Zwar kann der Ehegatte im Fall der Scheidung nicht unmittelbar auf die Gesellschaftsbeteiligung zugreifen, doch besteht die begründete Gefahr, dass dieser aufgrund eines auf Zahlung von Zugewinnausgleich, Unterhalt oder Abfindung im Rahmen des Versorgungsausgleiches gerichteten Titels in die Beteiligung vollstreckt.[65] Die **Pfändbarkeit** einer Beteiligung kann insbesondere durch den **Gesellschaftsvertrag nicht ausgeschlossen oder erschwert** werden,[66] so dass insoweit der Gefahr einer Vollstreckung nicht begegnet werden kann.

hh) Schutz vor Umkehr der Ausgleichsrichtung oder Erhöhung der Ausgleichsforderung

38 Durch eine ehevertragliche Regelung ist zwingend zu vermeiden, dass es durch die Herausnahme von unternehmerischem Vermögen aus dem Zugewinnausgleich zu einer Umkehrung der Ausgleichsrichtung, mithin der eigentlich ausgleichsverpflichtete Ehegatte aufgrund der Herausnahme von Vermögensgegenständen aus dem Zugewinnausgleich ausgleichsberechtigt wird.[67] Ebenso ist möglich, dass es durch die Herausnahme von Vermögensgegenständen aus dem Zugewinnausgleich zu einer Erhöhung der Ausgleichsforderung des durch die ehevertragliche Regelung privilegierten Ehegatten kommt, wenn sich nämlich die Differenz des Zugewinns zum Vorteil des unternehmerisch

---

61 Vgl. umfassend hierzu *Münch*, Rn. 1171; *Plate*, MittRhNotK 1999, 257, 265.
62 *Langenfeld/Milzer*, Rn. 302; *Münch*, Rn. 1192; *Winkler*, FPR, 2006, 217, 219.
63 MünchKommBGB/*Koch*, § 1378 BGB Rn. 6.
64 MünchKommBGB/*Koch*, § 1378 BGB Rn. 62.
65 Vgl. hierzu *Büte*, FuR 2014, 87, 88.
66 Vgl. exemplarisch zur GmbH Rowedder/Schmidt-Leithoff/*Görner*, § 15 GmbHG Rn. 150; MünchKommGmbHG/*Reichert/Weller*, § 15 GmbHG Rn. 542; sowie zur OHG EBJS/*Wertenbruch*, § 105 HGB Rn. 245.
67 *Langenfeld/Milzer*, Rn. 303; *Reetz*, DNotZ 2014, 85, 89 f.

tätigen Ehegatten durch die Herausnahme erhöht.[68] Diesen Risiken wird durch eine entsprechende **Begrenzungsklausel** (vgl. Rdn. 42 Ziff. 8) begegnet.

Treffen die Ehegatten eine entsprechende Regelung nicht, kann der hierdurch benachteiligte Ehegatte grundsätzlich nicht die Unwirksamkeit des Ehevertrages geltend machen.[69] Hierin ist nach der Rechtsprechung keine einseitige, unzumutbare Lastenverteilung zu sehen, die im Rahmen der Ausübungskontrolle zu einer Modifikation der vertraglichen Regelung führen würde.[70] Vor dem Hintergrund dieser Rechtsprechung dürfte eine entsprechende **Dokumentation in der Urkunde** angezeigt sein, wenn die Ehegatten die Aufnahme einer Begrenzungsklausel nicht wünschen.[71] 39

Die Aufnahme einer Begrenzungsklausel in einen Ehevertrag führt dazu, dass zur Berechnung des Zugewinnausgleichsanspruchs eine **Vergleichsberechnung** durchzuführen ist und so jedenfalls zu diesem Zweck eine Bewertung des vom Zugewinnausgleich herausgenommenen Vermögens notwendig wird. Hinzu kommt das Risiko, dass die Ehegatten im Falle der Scheidung in Streit über die konkrete Bewertung des unternehmerischen Vermögens gelangen. 40

ii) Ausschluss der Verfügungsbeschränkungen nach § 1365 BGB

Obligatorisch ist im Rahmen einer Regelung zur Herausnahme von unternehmerischem Vermögen aus dem Zugewinnausgleich auch ein Ausschluss der **Verfügungsbeschränkungen nach § 1365 BGB** (vgl. Rdn. 42 Ziff. 9). Hierdurch wird im Ergebnis sichergestellt, dass der unternehmerisch tätige Ehegatte über das **unternehmerische Vermögen** ohne Zustimmung seines Ehegatten verfügen zu kann (vgl. im Einzelnen Rdn. 49 ff.). Ob und inwieweit das unternehmerische Vermögen zum Zeitpunkt der Eheschließung bzw. des Abschlusses des Ehevertrages das gesamte Vermögen bzw. nahezu das gesamte Vermögen des unternehmerisch tätigen Ehegatten darstellt, ist letztendlich im Sinn einer vorsorgenden Vertragsgestaltung unerheblich. Der Ausschluss der Verfügungsbeschränkungen des § 1365 BGB ist gleichwohl in jedem Fall empfehlenswert, da hierdurch für die Zukunft von vornherein Streit darüber vermieden werden kann, ob eine Verfügung über unternehmerisches Vermögen der Zustimmung des Ehepartners bedarf oder nicht.[72] 41

c) Vollständiges Formulierungsbeispiel

▶ **Formulierungsbeispiel: Gegenständliche Herausnahme von Gesellschaftsbeteiligungen aus dem Zugewinnausgleich** 42

(1) Unter grundsätzlicher Beibehaltung des gesetzlichen Güterstandes der Zugewinngemeinschaft für unsere Ehe vereinbaren wir, dass die von dem Ehemann gehaltenen Beteiligungen an Unternehmen einschließlich der der jeweiligen Gesellschaft zuzurechnenden Gegenstände des gewillkürten Betriebsvermögens und des steuerlichen Sonderbetriebsvermögens sowie diejenigen Vermögensgegenstände, die einer Gesellschaft zur nicht lediglich vorübergehenden Nutzung entgeltlich oder unentgeltlich im Wege der Betriebsaufspaltung oder ohne Betriebsaufspaltung von dem Ehemann überlassen sind, beim Zugewinnausgleich im Falle der Beendigung der Ehe aus anderen Gründen als dem Tod eines Ehegatten vollumfänglich unberücksichtigt bleiben sollen. Darüber hinaus sind sämtliche Verbindlichkeiten, die Vermögensgegenstände betreffen, die aus dem Zugewinnausgleich herausgenommen sind, ebenso bei der Durchführung des Zugewinnausgleichs nicht zu berücksichtigen.

Sämtliche aus dem Zugewinnausgleich herausgenommenen Vermögensgegenstände sollen weder bei der Ermittlung des Anfangs- noch des Endvermögens berücksichtigt werden, und

---

68 *Langenfeld/Milzer*, Rn. 303; *Reetz*, DNotZ 2014, 85, 90 f.
69 Vgl. insoweit BGH NJW 2013, 2753, 2755; sowie die insoweit durch den BGH bestätigte Vorinstanz OLG Nürnberg RNotZ 2012, 338, 341.
70 BGH NJW 2013, 2753, 2755.
71 *Brandt*, RNotZ 2015, 117, 124.
72 *Winkler*, FRP 2006, 217, 221.

zwar auch dann nicht, wenn ihr Wert negativ sein sollte. Gleiches soll für Wertsteigerungen und Wertverluste der aus dem Zugewinnausgleich herausgenommenen Vermögenswerte gelten.

(2) Aktuell ist der Ehemann Alleingesellschafter der im Handelsregister des Amtsgerichts ..... unter HRB ..... eingetragenen ..... GmbH. Ferner hält er einen Geschäftsanteil im Nennbetrag von € ..... an der im Handelsregister des Amtsgerichts ..... unter HRB ..... eingetragenen ..... GmbH und ist Alleineigentümer des im Grundbuch des Amtsgerichts ..... von ....., Blatt ....., verzeichneten Grundbesitzes, der derzeit an die ..... GmbH verpachtet ist.

(3) Erträge aus den nach Abs. (1) vom Zugewinnausgleich herausgenommenen Vermögensgegenständen sind ebenfalls vom Zugewinnausgleich ausgeschlossen, sofern diese dem betrieblichen Vermögen noch nicht endgültig entnommen worden sind. Sofern bereits endgültig entnommene Erträge wieder auf die vom Zugewinnausgleich herausgenommenen Vermögensgegenstände verwendet werden, etwa im Wege der Einlage oder durch Tilgung von Verbindlichkeiten, unterliegen diese vollumfänglich dem Zugewinnausgleich.

Auch Verwendungen und/oder Aufwendungen aus dem sonstigen Vermögen des Ehemannes auf die vom Zugewinnausgleich ausgenommenen Vermögensgegenstände unterfallen vollumfänglich dem Zugewinnausgleich. Hierunter fällt auch die Tilgung von Verbindlichkeiten, die die aus dem Zugewinnausgleich herausgenommenen Vermögensgegenstände betreffen. Verwendungen und/oder Aufwendungen werden dementsprechend mit ihrem Wert zum Zeitpunkt der Verwendung und damit ggf. um den Geldwertverfall berichtigt dem Endvermögen des Ehemannes hinzugerechnet.

(4) Auch Surrogate der aus dem Zugewinnausgleich herausgenommenen Vermögensgegenstände sollen nicht ausgleichspflichtiges Vermögen darstellen. Sie werden dementsprechend bei der Berechnung des Endvermögens nicht berücksichtigt. Auf Verlangen eines Ehegatten ist über solche Ersatzgegenstände ein Verzeichnis anzulegen und fortzuführen, wenn gewünscht auch in notarieller Form. Dies gilt vor allem auch für Nachfolgeunternehmen und Nachfolgebeteiligungen, die etwa aufgrund von Umwandlungen nach dem UmwG entstanden sind.

(5) Die aus dem Zugewinnausgleich herausgenommenen Vermögensgegenstände gelten als vorhandenes Vermögen im Sinne von § 1378 BGB.

(6) Eine Zwangsvollstreckung in die aus dem Zugewinnausgleich herausgenommenen Vermögensgegenstände ist erst zulässig, wenn die Zwangsvollstreckung in nicht aus dem Zugewinnausgleich herausgenommene Vermögensgegenstände nicht zum Erfolg geführt hat.

(7) Im Falle der Veräußerung von aus dem Zugewinnausgleich herausgenommenen Vermögenswerten unterfallen Veräußerungserlöse, die nicht mehr betriebliches Vermögen sind, vollumfänglich dem Zugewinnausgleich. Diese sind dem Endvermögen des Ehemannes zuzurechnen. Sofern die aus dem Zugewinnausgleich herausgenommenen Vermögensgegenstände Anfangsvermögen gewesen sind, sind diese bei der Berechnung des Anfangsvermögens zu berücksichtigen.

(8) Ein Ehegatte ist nicht zum Ausgleich des Zugewinns verpflichtet, wenn und soweit er unter Berücksichtigung der aus dem Zugewinnausgleich herausgenommenen Vermögenswerte nicht zum Zugewinnausgleich verpflichtet wäre.

(9) Ein jeder Ehegatte ist berechtigt, auch ohne Einwilligung des anderen Ehegatten über sein Vermögen frei zu verfügen. Dies gilt insbesondere für die aus dem Zugewinnausgleich herausgenommenen Vermögenswerte. Die sich aus § 1365 BGB ergebende Verfügungsbeschränkung wird insoweit ausgeschlossen.

d) Notarkosten

43 Der Geschäftswert bei Eheverträgen ist grundsätzlich nach § 100 Abs. 1 Satz 1 GNotKG die **Summe der gegenwärtigen (getrennt zu ermittelnden) Vermögen** der Eheleute, wobei Verbindlichkeiten des jeweiligen Ehegatten bei diesem gem. § 100 Abs. 1 Satz 3 GNotKG nur bis zur Hälfte des Wer-

tes abgezogen werden (modifiziertes Reinvermögen).[73] Sofern durch den Ehevertrag nur bestimmte Vermögenswerte, wie etwa das aus dem Zugewinnausgleich herauszunehmende Vermögen eines Ehegatten, betroffen sind, bemisst sich der Geschäftswert gem. § 100 Abs. 2 GNotKG nach dem Wert der betreffenden Gegenstände.[74] Für die konkrete Bewertung einer Beteiligung ist sodann § 54 GNotKG maßgeblich.[75] Wird eine Beteiligung ausgeschlossen, die sich aktuell noch nicht im Vermögen eines Ehegatten befindet, so betrifft der Ehevertrag zukünftiges Vermögen gem. § 100 Abs. 3 GNotKG, das für den Geschäftswert mit 30 % seines Wertes zu bewerten ist. Maximal ist nach § 100 Abs. 2 GNotKG a.E. der Gesamtwert des ehelichen Vermögens nach § 100 Abs. 1 GNotKG (modifiziertes Reinvermögen) anzusetzen. Nach Nr. 21100 KV GNotKG ist eine 2,0 Gebühr zu erheben.

2. Bewertungsvereinbarungen

Kommt die Herausnahme einer Gesellschaftsbeteiligung aus dem Zugewinnausgleich – etwa aufgrund des Widerstandes des anderen Ehegatten – nicht in Betracht, kann alternativ auch die Aufnahme einer **Bewertungsvereinbarung** in die ehevertragliche Vereinbarung in Erwägung gezogen werden. Hierdurch kann für den Fall der Scheidung Streit zwischen den Ehegatten vermieden werden.[76] Zumindest wird hierdurch die Berechnung der Ausgleichsforderung vereinfacht. 44

Für die **Bewertung des Endvermögens** nach § 1376 Abs. 2 BGB ist ohne weitere ehevertragliche Regelung grundsätzlich der objektive (Verkehrs-) Wert der Vermögensgegenstände maßgebend. Ziel der Wertermittlung ist es deshalb, die Unternehmensbeteiligung des Ehegatten mit ihrem »vollen, wirklichen« Wert anzusetzen.[77] Grundsätze darüber, nach welcher Methode das zu geschehen hat, enthält das Gesetz nicht. In § 1376 Abs. 4 BGB ist lediglich eine für land- und forstwirtschaftliche Betriebe geltende Regelung enthalten. Die Rechtsprechung wählt im Einzelfall diejenige Bewertungsmethode sachverhaltsspezifisch aus, die zu einem angemessenen Ergebnis führt, wobei die Auswahl und Anwendung dem sachverständig beratenen Tatrichter obliegt.[78] Problematisch ist dabei, dass die **Wahl der Bewertungsmethode** durch einen Richter typischerweise wesentliche Auswirkungen auf die Höhe eines eventuell zu zahlenden Zugewinnausgleichs haben wird, so dass aufgrund von verschiedenen Interessenlagen auch entsprechendes Konfliktpotential im Hinblick auf die Bewertungsmethode zwischen den Eheleuten bestehen kann. 45

Zunächst kann der Ehevertrag insoweit die unmittelbare **Festsetzung eines Bewertungsverfahrens** regeln, wobei gleichsam bei sich inhaltlich ändernden Bewertungsverfahren zu bestimmen ist, welche konkrete Fassung der Bewertungsgrundlage der Wertermittlung zu Grunde zu legen ist.[79] Herangezogen werden kann etwa der Prüfungsstandard IDW S1 (Grundsätze zur Durchführung von Unternehmensbewertungen) des Instituts für Wirtschaftsprüfer. Hierbei handelt es sich um einen grundsätzlich anlassübergreifenden Prüfungsstandard. Daneben wurde nunmehr auch der Prüfungsstandard IDW S13 (Besonderheiten bei der Unternehmensbewertung zur Bestimmung von Ansprüchen im Familien- und Erbrecht) vom Institut der Wirtschaftsprüfer veröffentlicht, der den **Besonderheiten von Bewertungen im Familien- und Erbrecht** Rechnung trägt. Aufbauend auf der Ermittlung eines objektivierten Werts nach den Grundsätzen des IDW S 1 greift der Prüfungsstandard IDW S13 die Rechtsprechung des BGH zur Unternehmensbewertung im Familien- und Erb- 46

---

73 Zur Abgrenzung bei Modifikationen des Güterstandes ohne Güterstandswechsel vgl. Leipziger-GNotKG/*Reetz/Riss*, § 100 GNotKG Rn. 21 ff.
74 Bormann/Diehn/Sommerfeldt/*Pfeiffer*, § 100 GNotKG Rn. 11; Leipziger-GNotKG/*Reetz/Riss*, § 100 GNotKG Rn. 22.
75 Korintenberg/*Tiedtke*, GNotKG, § 100 GNotKG Rn. 25; Leipziger-GNotKG/*Reetz/Riss*, § 100 GNotKG Rn. 34.
76 Würzburger Notarhandbuch/*Mayer/Reetz*, Teil 3 Kap. 1 Rn. 123; Langenfeld/Milzer, Rn. 336.
77 BGH NJW 2018, 61, 61.
78 BGH NJW 2014, 294, 297; 2018, 61, 61; BGH NJW-RR 2005, 153, 154; OLG Bamberg NJW-RR 1995, 258, 259; Münch, DStR 2014, 806, 806; BeckOGK/*Siede/Preisner,* BGB § 1376 Rn. 598 f.
79 *Münch*, Rn. 1266.

recht auf.[80] Danach erfolgt nach der Ermittlung des objektiven Wertes in einem zweiten Schritt die Überleitung zum Ausgleichsanspruch, bei dem insbesondere der vom BGH geforderten Abzug latenter Steuern sowie die mögliche Berücksichtigung eines abschreibungsbedingten Steuervorteils umgesetzt wird.[81]

47 ▶ Formulierungsbeispiel: Bewertungsvereinbarung im Hinblick auf unternehmerisches Vermögen im Zugewinnausgleich

Die Bewertung des unternehmerischen Vermögens eines jeden Ehegatten soll im Fall der Beendigung der Ehe aus anderen Gründen als dem Tod eines Ehegatten aufgrund des vom Institut der Wirtschaftsprüfer Düsseldorf veröffentlichten Prüfungsstandard IDW S 13 (Besonderheiten bei der Unternehmensbewertung zur Bestimmung von Ansprüchen im Familien- und Erbrecht) erfolgen. Maßgeblich soll dabei die zum Stichtag der Endvermögensbestimmung gültige Fassung sein.

48 Als alternative Lösung wird darüber hinaus vorgeschlagen, dass die Bewertung im Rahmen des Zugewinnausgleichs anhand der Bestimmung zur **Abfindung im jeweiligen Gesellschaftsvertrag** erfolgt. Darüber hinaus ist es auch möglich, eine Vereinbarung dahingehend zu treffen, dass eine Beteiligung im Rahmen des Zugewinnausgleichs mit einem bestimmten Wert berücksichtigt wird. Die Rechtsprechung hat insoweit ausdrücklich eine Regelung bestätigt, dass eventuell vorhandenes Betriebsvermögen beim Zugewinnausgleich lediglich mit dem **Stand der Kapitalkonten** berücksichtigt wird und insoweit Firmenwerte und stille Reserven unberücksichtigt bleiben.[82] Dies wird vor allem damit begründet, dass nach der Rechtsprechung des BGH zulässigerweise sogar das gesamte Betriebsvermögen aus dem Zugewinnausgleich herausgenommen werden könne (vgl. hierzu Rdn. 6 ff.).[83]

III. Verfügungsbeschränkung nach § 1365 BGB

1. Bedeutung von § 1365 BGB im Hinblick auf Gesellschaftsbeteiligungen

a) Voraussetzungen und Anwendungsbereich von § 1365 BGB

49 Sofern Ehegatten im gesetzlichen Güterstand der Zugewinngemeinschaft leben,[84] unterliegen sie gem. § 1365 Abs. 1 Satz 1 BGB einer Verfügungsbeschränkung dahingehend, dass sich ein Ehegatte nur mit Einwilligung des anderen Ehegatten verpflichten kann, über sein **Vermögen im Ganzen** zu verfügen. Nach § 1365 Abs. 1 Satz 2 BGB ist auch die Erfüllung eines solchen Verpflichtungsgeschäftes nur dann möglich, wenn der andere Ehegatte einwilligt. Regelungszweck der Verfügungsbeschränkung des § 1365 BGB ist es, einerseits primär die wirtschaftliche Grundlage der Familie und andererseits auch die Anwartschaft des anderen Ehegatten auf den Zugewinnausgleich zu schützen.[85] Erfolgt der Abschluss eines Verpflichtungsgeschäftes ohne die erforderliche Zustimmung des anderen Ehegatten, so ist das Rechtsgeschäft zunächst schwebend unwirksam und wird daher erst wirksam, wenn es genehmigt wird.[86] Eine Zustimmung zum Verpflichtungsgeschäft erfasst ohne weitere Erklärung auch das Verfügungsgeschäft und umgekehrt.[87]

---

80 Vgl. hierzu auch *Ballhorn/König*, FamRZ 2018, 161 ff.
81 IDW S13 Rn. 38.
82 OLG Bremen NZFam 2014, 698, 701.
83 OLG Bremen NZFam 2014, 698, 701.
84 Zum Anwendungsbereich von § 1365 BGB vgl. Weinreich/Klein/*Weinreich*, § 1365 BGB Rn. 5.
85 BGH NJW 1987, 2673, 2673 f.; 1996, 1740, 1740; MünchKommBGB/*Koch*, § 1365 BGB Rn. 1, 2; *Brandt*, RNotZ 2015, 117, 121.
86 MünchKommBGB/*Koch*, § 1366 BGB Rn. 2.
87 Palandt/*Brudermüller*, § 1365 BGB Rn. 15.

A. Familienrechtliche Bezüge

Durch § 1365 BGB wird ein **absolutes Veräußerungsverbot** statuiert, das anders als relative Veräußerungsverbote gem. § 135 Abs. 2 BGB auch nicht im Wege des gutgläubigen Erwerbs überwunden werden kann.[88]

50

Tatbestandlich setzt das Verfügungsverbot des § 1365 Abs. 1 Satz 1 BGB nach dem Wortlaut der Norm zunächst die Verpflichtung eines Ehegatten voraus, über sein Vermögen im Ganzen zu verfügen. Nach der herrschenden subjektiven Einzeltheorie erfasst § 1365 BGB insbesondere auch Rechtsgeschäfte über einzelne Gegenstände, die objektiv das ganze oder im Wesentlichen das ganze Vermögen des Ehegatten ausmachen.[89] Hierdurch wird die besondere Bedeutung für **Beteiligungen an Gesellschaften** deutlich, da diese als Einzelgegenstand ohne Weiteres in den Anwendungsbereich von § 1365 Abs. 1 BGB fallen können. Maßgeblich ist insoweit das Verhältnis der Werte des von dem Rechtsgeschäft erfassten und des von ihm nicht erfassten Vermögens. Für die Frage, wann im konkreten Einzelfall ein Einzelgegenstand nahezu das ganze Vermögen ausmacht, existieren **keine festen Wertgrenzen**. Vielmehr wird in der Rechtsprechung nach dem Vermögensumfang differenziert. Bei kleineren Vermögen muss der Wert des Einzelgegenstandes mindestens 90 % des ursprünglichen Gesamtvermögens ausmachen, bei größeren Vermögen reicht hingegen bereits ein Wert von mindestens 85 % des ursprünglichen Gesamtvermögens aus.[90]

51

Ungeschriebene **subjektive Tatbestandsvoraussetzung** von § 1365 BGB ist die Kenntnis des Geschäftsgegners, dass es sich bei dem Verfügungsgegenstand um das ganze bzw. um nahezu das ganze Vermögen des Verfügenden handelt oder er zumindest die Verhältnisse kennt, aus denen sich dieses ergibt.[91] Maßgeblicher Zeitpunkt für die Kenntnis des Geschäftsgegners ist der Zeitpunkt der Abgabe seiner Willenserklärung.[92] Dementsprechend ist das Verpflichtungsgeschäft wirksam, wenn dem Geschäftsgegner bei dessen Abschluss die erforderliche Kenntnis fehlt. Ist dies der Fall, bedarf auch die Erfüllung des Verpflichtungsgeschäftes keiner weiteren Zustimmung des anderen Ehegatten.[93]

52

Ob das Gesamtvermögensgeschäft entgeltlich oder unentgeltlich erfolgt ist, spielt für die Anwendung von § 1365 BGB und damit für die Frage der Zustimmungsbedürftigkeit keine Rolle. Insbesondere bleibt auch eine dem handelnden Ehegatten versprochene oder ihm gegenüber erbrachte Gegenleistung bei dem vorzunehmenden Wertvergleich unberücksichtigt.[94] Es kommt daher nicht auf eine wirtschaftlich betrachtete Vermögenseinbuße an, sondern alleine auf die Tatsache, dass eine Verfügung erfolgt ist. Dies ist nach dem Schutzzweck des § 1365 BGB auch geboten, da die Norm nicht darauf abstellt, ob der Ehegatte wirtschaftlich eine Einbuße erleidet. Durch das Zustimmungserfordernis soll insbesondere verhindert werden, dass durch einseitige Maßnahmen eines Ehegatten der Familie die wirtschaftliche Grundlage, die sie bisher in dem Vermögen eines Ehegatten hatte, ohne Zustimmung des anderen Ehegatten entzogen wird.[95]

53

---

88 BGH NJW 1964, 347, 347 zur absoluten Wirkung des Verfügungsverbotes; Palandt/*Brudermüller*, § 1365 BGB Rn. 1, 19; MünchKommBGB/*Koch*, § 1365 BGB Rn. 4; *Münch*, Rn. 324; Klein/*Weinreich*, Rn. 1997; *Brandt*, RNotZ 2015, 117, 121.
89 BGH NJW 1961, 1301, 1303; 1965, 909, 910; 1989, 1609, 1610; MünchKommBGB/*Koch*, § 1365 BGB Rn. 13; MünchKommBGB/*Koch*, § 1365 BGB Rn. 29; BeckOGK/Szalai BGB § 1365 Rn. 14; PWW/*Weinreich*, § 1365 BGB Rn. 5; Klein/*Weinreich*, Rn. 1961.
90 BGH NJW 1980, 2350, 2351; OLG Köln NJW-RR 2005, 4, 5; OLG München FamRZ 2005, 272, 272 f.; PWW/*Weinreich*, § 1365 BGB Rn. 8.
91 BGH NJW 1989, 1609, 1610; 1996, 1740, 1740; MünchKommBGB/*Koch*, § 1365 BGB Rn. 33 ff.; BeckOGK/*Szalai* BGB § 1365 Rn. 20 f.; Staudinger/*Thiele*, § 1365 BGB Rn. 20.
92 Staudinger/*Thiele*, § 1365 BGB Rn. 24.
93 Staudinger/*Thiele*, § 1365 BGB Rn. 24; *Münch*, Rn. 327.
94 BGH NJW 1996, 1470, 1471; NK-BGB/*Gruber*, § 1365 BGB Rn. 13; MünchKommBGB/*Koch*, § 1365 BGB Rn. 27; Klein/*Weinreich*, Rn. 1958.
95 BGH NJW 1961, 1301, 1302; Palandt/*Brudermüller*, § 1365 BGB Rn. 5; MünchKommBGB/*Koch*, § 1365 BGB Rn. 27; Staudinger/*Thiele*, § 1365 BGB Rn. 35.

b) Anwendungsfälle in Bezug auf Gesellschaftsbeteiligungen

54 Vor diesem Hintergrund kann § 1365 BGB auch bei Gesellschaftsbeteiligungen virulent werden. Generell ist bezüglich gesellschaftsrechtlicher Fragen in der Praxis im Hinblick auf die Verfügungsbeschränkungen des § 1365 BGB große Vorsicht geboten, da eine Vielzahl von Sachverhalten betroffen sein kann (vgl. zu den Einzelfällen Rdn. 58 ff.). Dabei kann es nicht nur um Fragen nach Verfügungen im Sinne einer Veräußerung bzw. Übertragung der Gesellschaftsbeteiligung gehen, sondern auch um wesentliche unternehmerische Entscheidungen. Hier liegt es dann einerseits im Interesse des an der Gesellschaft beteiligten Ehegatten, sowie andererseits auch im Interesse der Mitgesellschafter und des Unternehmens an sich, dass eine Einflussnahme des an der Gesellschaft nicht beteiligten Ehegatten ausgeschlossen wird.

55 In Zweifelsfällen sollte darauf hingewirkt werden, dass entweder der verfügende Ehegatte eine Erklärung dahingehend abgibt, dass die konkrete Verfügung nicht sein gesamtes oder nahezu gesamtes Vermögen betrifft oder rein vorsorglich eine Zustimmung des anderen Ehegatten eingeholt werden.

56 ▶ **Formulierungsbeispiel: Erklärung über das Vorhandensein weiteren Vermögens**

Nach einer Belehrung des amtierenden Notars über die Voraussetzungen und Rechtsfolgen des § 1365 Abs. 1 BGB erklärte der Erschienene ....., dass er neben der Beteiligung an der ..... GmbH noch weiteres Vermögen besitze und er insoweit nicht über sein ganzes oder nahezu sein ganzes Vermögen verfüge.

57 Im Einzelnen können sich in Bezug auf gesellschaftsrechtliche Fragen insbesondere folgende Problemfälle ergeben, wobei in allen Fällen eine Einzelfallbetrachtung insbesondere im Hinblick auf die Frage, ob das Vermögen als Ganzes betroffen ist, geboten erscheint:

aa) Gründung der Gesellschaft

58 Bereits die Mitwirkung an der **Gründung einer Gesellschaft** kann ein zustimmungspflichtiges Geschäft im Sinne von § 1365 Abs. 1 BGB sein, wenn sich der Ehegatte im Gesellschaftsvertrag verpflichtet, sein gesamtes bzw. nahezu sein gesamtes Vermögen auf die Gesellschaft zu übertragen bzw. als Leistung auf eine Einlage an die Gesellschaft zu erbringen.[96] Mit seiner Verfügung verliert der Ehegatte sein Alleineigentum, so dass der Schutzzweck des § 1365 BGB tangiert ist. Dass mit der erworbenen Beteiligung an der Gesellschaft ein möglicherweise gleichwertiger Vermögensgegenstand im Vermögen des Gesellschafters vorhanden ist, spielt für das Entstehen einer Zustimmungspflicht nach § 1365 Abs. 1 BGB keine Rolle. Maßgeblich ist nämlich nicht, ob der Ehegatte wirtschaftlich eine Einbuße erleidet, sondern vielmehr, ob eine einseitig beschlossene Umschichtung des Gesamtvermögens bzw. nahezu des gesamten Vermögens erfolgt ist.[97]

bb) Veräußerung der Beteiligung

59 Sofern die Beteiligung an einer Gesellschaft das gesamte bzw. nahezu das gesamte Vermögen eines Gesellschafters ausmacht, so ist zu deren **Veräußerung und Übertragung** nach § 1365 Abs. 1 BGB die Zustimmung des anderen Ehegatten erforderlich.[98] An dem Vorliegen eines Zustimmungserfordernisses des anderen Ehegatten bestehen auch dann keine Zweifel, wenn die Verfügung zu Gunsten einer anderen juristische Person oder Gesamthandsgemeinschaft erfolgt, an der der veräußernde

---

[96] Zu Personengesellschaften vgl. etwa Soergel/*Czeguhn*, § 1365 BGB Rn. 14; MünchKommBGB/*Koch*, § 1365 BGB Rn. 73 ff.; Staudinger/*Thiele*, § 1365 BGB Rn. 59 ff.; MünchKommBGB/*Schäfer*, § 705 BGB Rn. 73.

[97] Vgl. BGH NJW 1961, 1301, 1302; Palandt/*Brudermüller*, § 1365 BGB Rn. 5; MünchKommBGB/ *Koch*, § 1365 BGB Rn. 17; Staudinger/*Thiele*, § 1365 BGB Rn. 35.

[98] MHLS/*Ebbing*, § 15 GmbHG Rn. 254; Rowedder/Schmidt-Leithoff/*Görner*, § 15 Rn. 117; MünchKommBGB/*Koch*, § 1365 BGB Rn. 77; MünchKommGmbHG/*Reichert/Weller*, § 15 GmbHG Rn. 510; Staudinger/*Thiele*, § 1365 BGB Rn. 66.

Ehegatte beteiligt ist, ohne dass es insoweit auf die Höhe der Beteiligung oder die Realstruktur der Gesellschaft ankommt.[99] Ebenfalls der Zustimmungspflicht nach § 1365 Abs. 1 BGB unterfällt die Verfügung über ein **Anwartschaftsrecht an einer Gesellschaftsbeteiligung**.[100] Insoweit wird von der Rechtsprechung betont, dass auch das Anwartschaftsrecht an einer Beteiligung einen gegenwärtigen Vermögenswert im Sinne von § 1365 Abs. 1 BGB darstelle, bezüglich dessen eine unterschiedliche Behandlung im Vergleich zur Beteiligung als Vollrecht nicht gerechtfertigt sei.[101]

Als zustimmungsbedürftige Verfügungen im Sinne von § 1365 Abs. 1 BGB kommen auch **dingliche Belastungen** einer Beteiligung in Betracht,[102] sofern diese den Wert der Beteiligung ausschöpfen.[103]

cc) Änderung des Gesellschaftsvertrages

Anwendungsfälle von § 1365 Abs. 1 BGB können auch bei der **Änderung des Gesellschaftsvertrages** gegeben sein. Dies setzt aber zweierlei voraus: Zum einen muss die Beteiligung nach den allgemeinen Anforderungen (vgl. Rdn. 51) wertmäßig in den Anwendungsbereich von § 1365 Abs. 1 BGB fallen. Zum anderen ist aber auch erforderlich, dass die Änderung des Gesellschaftsvertrages einer Verfügung über die Beteiligung gleichsteht.[104] Dies ist allerdings nur dann der Fall, wenn durch die Änderung des Gesellschaftsvertrages die wirtschaftliche Seite der Beteiligung in relevanter Weise betroffen wird und damit sofort oder später zur Preisgabe des Vermögens führen kann.[105]

Nicht zustimmungsbedürftig sind daher insbesondere Änderungen des Gesellschaftsvertrages betreffend die Geschäftsführungs- und Vertretungsbefugnisse, die Dauer der Gesellschaft, des Entnahmerechtes, die Gewinn- und Verlustbeteiligung sowie die Regelung über Gesellschafterbeschlüsse.[106] Darüber hinaus ist nicht jede verschlechternde Änderung der Beteiligungs- und Abfindungsregelung dem Zustimmungserfordernis nach § 1365 Abs. 1 BGB zu unterwerfen.[107]

Die **Aufnahme eines neuen Gesellschafters** in eine Personengesellschaft unterfällt nicht der Zustimmungspflicht des § 1365 Abs. 1 BGB. Diese führt bei Personengesellschaften lediglich zu einer Veränderung der Struktur der Gesellschaft, ggf. zu einer Verschiebung der Kapitalanteile und Änderung der Vertretungsberechtigung. Dadurch tritt aber regelmäßig keine Aushöhlung des Vermögenswerts der Beteiligung der Altgesellschafter ein.[108] Gleiches gilt im Ergebnis für das Ausscheiden eines Gesellschafters. Nichts anderes kann letztendlich für die Beteiligung eines weiteren Gesellschafters im Rahmen einer Kapitalerhöhung bei einer Kapitalgesellschaft gelten.

Zustimmungsbedürftig nach Maßgabe des § 1365 Abs. 1 BGB sind dagegen insbesondere solche Änderungen des Gesellschaftsvertrages, die den Abfindungsanspruch eines Gesellschafters zum Gegenstand haben, sofern der Abfindungsanspruch das gesamte oder nahezu das gesamte Vermögen

---

99 BGH NJW 1961, 1301, 1304; MHLS/*Ebbing*, § 15 GmbHG Rn. 254; MünchKommGmbHG/*Reichert/Weller*, § 15 GmbHG Rn. 510.
100 BGH NJW 1996, 1740, 1741.
101 BGH NJW 1996, 1740, 1741.
102 BGH NJW 2000, 1947, 1948 zur Verpfändung von Wertpapieren.
103 MHLS/*Ebbing*, § 15 GmbHG Rn. 254; MünchKommGmbHG/*Reichert/Weller*, § 15 GmbHG Rn. 510.
104 Soergel/*Czeguhn*, § 1365 BGB Rn. 14; NK-BGB/*Gruber*, § 1365 BGB Rn. 35.
105 Soergel/*Czeguhn*, § 1365 BGB Rn. 14; MünchKommBGB/*Koch*, § 1365 BGB Rn. 76; BeckOK-BGB/*Siede/Cziupka*, 54. Ed., 01.05.2020, § 1365 Rn. 19.10.
106 NK-BGB/*Gruber*, § 1365 BGB Rn. 35; MünchKommBGB/*Koch*, § 1365 BGB Rn. 76; BeckOK-BGB/*Siede/Cziupka*, 54. Ed., 01.05.2020, § 1365 Rn. 19.10; Staudinger/*Thiele*, § 1365 BGB Rn. 62.
107 Vgl. MünchKommBGB/*Koch*, § 1365 BGB Rn. 76, der insoweit auf den Schutzzweck des § 1365 BGB abstellt.
108 BeckOK-BGB/*Siede/Cziupka*, 54. Ed., 01.05.2020, § 1365 Rn. 19.10; Staudinger/*Thiele*, § 1365 BGB Rn. 67.

des Gesellschafters ausmacht. Dies führt zu einer faktischen Preisgabe des Vermögens des Gesellschafters.[109]

dd) Beendigung der Mitgliedschaft und Beendigung der Gesellschaft

65 Ob die **Kündigung** der Gesellschaft oder die Mitwirkung des Gesellschafters an einem **Auflösungsbeschluss** ein nach § 1365 Abs. 1 BGB zustimmungsbedürftiges Rechtsgeschäft darstellt, ist umstritten.[110] Im Hinblick auf die Kündigung wird zum Teil zwischen ordentlichen und außerordentlichen Kündigungen differenziert, wobei die Erklärung einer außerordentlichen Kündigung nicht zustimmungsbedürftig sein soll.[111] Soweit eine Zustimmungsbedürftigkeit abgelehnt wird, wird darauf abgestellt, dass die Entscheidung eines Gesellschafters zum Verbleib in der Gesellschaft nicht von der Zustimmung eines Dritten abhängig gemacht werden dürfe.[112]

66 Richtigerweise ist davon auszugehen, dass die Erklärung der Kündigung und zwar unabhängig davon, ob eine solche als ordentliche oder außerordentliche erfolgt, sowie die Mitwirkung an einem Auflösungsbeschluss von der Zustimmung des Ehegatten nach § 1365 Abs. 1 BGB abhängig ist,[113] wenn man den aufgezeigten Schutzweck der Norm (vgl. Rdn. 49) berücksichtigt. Zu beachten ist darüber hinaus, dass der andere Ehegatte die Zustimmung auch nicht willkürlich versagen kann, sondern nach § 1365 Abs. 2 BGB die Möglichkeit einer Ersetzung der Zustimmung durch das Familiengericht besteht, wenn das Rechtsgeschäft den Grundsätzen einer ordnungsgemäßen Verwaltung entspricht.

67 Zustimmungsbedürftig ist auch die Mitwirkung des Gesellschafters an einer **freiwilligen Einziehung des Geschäftsanteils** an einer GmbH nach § 34 GmbHG.[114]

ee) Verfügung über einzelne Vermögensgegenstände bei einer Einpersonengesellschaft

68 Problematisch ist im Hinblick auf die Anwendung von § 1365 Abs. 1 BGB bzw. in entsprechender Anwendung der Regelung der Fall, in dem eine **Einpersonengesellschaft** selbst über einzelne Vermögensgegenstände eine Verpflichtung eingeht oder hierüber verfügt, die das gesamte oder nahezu das gesamte Gesellschaftsvermögen darstellen. Zu denken ist etwa an den Fall, in dem der Alleingesellschafter als Geschäftsführer einer GmbH über eine Beteiligung an einer Tochtergesellschaft oder ein Grundstück verfügt. Sofern die Beteiligung an der Gesellschaft dann wiederum das gesamte oder nahezu gesamte Vermögen des Gesellschafters darstellt, stellt sich die Frage, ob aus § 1365 Abs. 1 BGB eine Zustimmungspflicht des Ehegatten des Gesellschaftergeschäftsführers folgt. Regelungszweck der Verfügungsbeschränkung des § 1365 BGB ist es, einerseits primär die wirtschaftliche Grundlage der Familie und andererseits auch die Anwartschaft des anderen Ehegatten auf den Zugewinnausgleich zu schützen.[115] Vor dem Hintergrund des Schutzwecks von § 1365 BGB liegt daher die Annahme eines zustimmungsbedürftigen Rechtsgeschäfts nahe. Gleichwohl dürfte in diesem Fall kein nach § 1365 Abs. 1 BGB zustimmungsbedürftiges Rechtsgeschäft vorliegen, da letztendlich keine unmittelbare Verpflichtung bzw. Verfügung des Ehegatten gegeben ist, sondern eine solche über einen Vermögensgegenstand aus einer Vermögensmasse, die formal von seinem Privat-

---

109 Vgl. Erman/*Gamillscheg*, § 1365 BGB Rn. 16; MünchKommBGB/*Koch*, § 1365 BGB Rn. 76; BeckOK-BGB/*Siede/Cziupka*, 54. Ed., 01.05.2020, § 1365 Rn. 19.10.
110 Zum Meinungsstand MünchKommBGB/*Koch*, § 1365 BGB Rn. 78; Staudinger/*Thiele*, § 1365 BGB Rn. 67.
111 MHLS/*Ebbing*, § 15 GmbHG Rn. 254.
112 MünchKommBGB/*Koch*, § 1365 BGB Rn. 78; MHLS/*Ebbing*, § 15 GmbHG Rn. 254.
113 NK-BGB/*Gruber*, § 1365 BGB Rn. 37; Staudinger/*Thiele*, § 1365 BGB Rn. 67; *Gassen*, RNotZ 2004, 424, 427.
114 MHLS/*Ebbing*, § 15 GmbHG Rn. 254; Rowedder/Schmidt-Leithoff/*Görner*, § 15 GmbHG Rn. 118; Scholz/*Winter/Seibt*, § 15 GmbHG Rn. 238.
115 BGH NJW 1987, 2673, 2673 f.; 1996, 1740, 1740; MünchKommBGB/*Koch*, § 1365 BGB Rn. 1, 2; *Brandt*, RNotZ 2015, 117, 121.

A. Familienrechtliche Bezüge

vermögen zu trennen ist. Erforderlich wäre vielmehr, dass Vermögensgegenstände zumindest wirtschaftlich aus dem Aktivvermögen des verfügenden Ehegatten ausgeschieden werden.[116]

2. Erteilung der Zustimmung

Auf die Erteilung der Zustimmung sind die §§ 182 ff. BGB anwendbar. Es handelt sich dabei um eine einseitige empfangsbedürftige Willenserklärung, die gem. § 182 Abs. 1 BGB entweder gegenüber dem Ehegatten oder dessen Geschäftspartner abgegeben werden kann.[117] Die Zustimmung bedarf – auch bei formbedürftigen Rechtsgeschäften – gem. § 182 Abs. 2 BGB **keiner besonderen Form**.[118] In der Sache stellt sie eine Wirksamkeitsvoraussetzung dar, die zum Tatbestand des zustimmungsbedürftigen Rechtsgeschäfts hinzutritt.[119]

Vor diesem Hintergrund bietet es sich für die Praxis grundsätzlich an, eine eventuell erforderliche Zustimmung in Form einer Einwilligung unmittelbar im Zusammenhang mit dem zustimmungsbedürftigen Rechtsgeschäft einzuholen. Sofern ein anwesender Ehegatte gem. § 1365 BGB im Rahmen einer Beurkundung der Verfügung seines Ehegatten zustimmt, handelt es sich dabei um eine gegenstandsgleiche Durchführungserklärung nach **§ 109 Abs. 1 Satz 1 – 3 GNotKG**.[120] Dementsprechend hat die Zustimmung hier auch keine kostenrechtliche Auswirkung. Wird der Notar hingegen mit der Einholung einer Zustimmung im Rahmen der Urkundenabwicklung beauftragt, liegt eine Vollzugstätigkeit nach **Vorbem. 2.2.1.1 Abs. 1 Nr. 5 KV GNotKG** vor.[121] In diesem Fall löst die Einholung der Zustimmung des anderen Ehegatten eine Vollzugsgebühr aus.

▶ Formulierungsbeispiel: Einwilligungserklärung eines Ehegatten

Ich stimme der Verfügung meiner Ehefrau aufgrund der Urkunde des Notars ..... in ..... vom ..... (UR Nr. ...../2020) über die Geschäftsanteile Nr. ..... bis Nr. ....., die diese an der im Handelsregister des Amtsgerichts ..... unter HRB ..... eingetragenen ..... GmbH hält, zu.

3. Ehevertragliche Regelungen in Bezug auf § 1365 BGB

Da die Regelung des § 1365 BGB dispositiv ist, können Ehegatten eine von den aufgezeigten Grundsätzen abweichende Vereinbarung treffen.[122] Da die Ehegatten hierdurch jedoch ihre güterrechtlichen Verhältnisse regeln, ist dies nur in Form eines Ehevertrages (§§ 1408, 1410 BGB) möglich.

Zulässig ist zunächst der **vollständige Ausschluss** der Verfügungsbeschränkungen der §§ 1365, 1369 BGB, wobei auch eine Beschränkung des Ausschlusses auf § 1365 BGB oder § 1369 BGB möglich ist.[123] Dieser Ausschluss kann beidseitig oder einseitig nur zu Gunsten eines Ehegatten erfolgen. Ob ein solcher einseitiger Ausschluss wegen einer möglicherweise einseitigen Benachteiligung nach § 138 BGB sittenwidrig ist, ist im Einzelfall zu prüfen.[124]

---

116 Vgl. insoweit BGH NJW 2000, 1947, 1948.
117 Klein/*Weinreich*, Rn. 1998.
118 Vgl. hierzu BGH NJW 1962, 1062, 1062; MünchKommBGB/*Koch*, § 1365 BGB Rn. 91; PWW/*Weinreich*, § 1365 Rn. 18 jeweils unter dem Hinweis, dass die Zustimmung gegenüber dem Grundbuchamt in der Form des § 29 GBO beigebracht werden muss.
119 MünchKommBGB/*Koch*, § 1365 BGB Rn. 90.
120 Bormann/Diehn/Sommerfeldt*Bormann*, § 109 GNotKG Rn. 38; Korintenberg/*Diehn*, § 109 GNotKG Rn. 29.
121 Bormann/Diehn/Sommerfeldt/*Diehn*, Vorbemerkung 2.2.1.1 Rn. 50; Korintenberg/*Tiedtke*, KV Vorbemerkung 2.2.1.1 Rn. 40.
122 BGH NJW 1964, 1795; Staudinger/*Thiele*, § 1365 BGB Rn. 110; Klein/*Weinreich*, Rn. 1943; *Brandt*, RNotZ 2015, 117, 121.
123 MünchKommBGB/*Münch*, § 1408 BGB Rn. 14; Staudinger/*Thiele*, § 1365 BGB Rn. 110.
124 MünchKommBGB/*Koch*, § 1365 BGB Rn. 107; Soergel/*Gaul*, BGB, § 1408 BGB Rn. 11; BeckOK-BGB/*Siede/Cziupka*, 54. Ed., 01.05.2020, § 1365 Rn. 40; Staudinger/*Thiele*, § 1363 BGB Rn. 20.

74 ▶ **Formulierungsbeispiel: Vollständiger Ausschluss der Verfügungsbeschränkungen der §§ 1365 ff. BGB**

Unter grundsätzlicher Beibehaltung des Güterstandes der Zugewinngemeinschaft schließen wir für unsere Ehe die Verfügungsbeschränkungen der §§ 1365 ff. BGB gegenseitig aus, so dass ein jeder von uns insbesondere über sein Vermögen im Ganzen verfügen kann.

75 Zulässig ist darüber hinaus auch ein Ausschluss der Verfügungsbeschränkung des § 1365 BGB bezogen auf **einzelne Vermögensgegenstände**, so dass ein solcher auch explizit für sämtliche Gesellschaftsbeteiligungen der Ehegatten erfolgen kann.[125]

76 ▶ **Formulierungsbeispiel: Ausschluss der Verfügungsbeschränkung des § 1365 BGB für eine Gesellschaftsbeteiligung**

Unter grundsätzlicher Beibehaltung des Güterstandes der Zugewinngemeinschaft schließen wir für unsere Ehe die Verfügungsbeschränkung des § 1365 BGB insoweit gegenseitig aus, als dass Beteiligungen an Personen- oder Kapitalgesellschaften betroffen sind. Dies soll auch für Sonderbetriebsvermögen und/oder Grundbesitz gelten, der Gesellschaften zur Nutzung überlassen ist.

77 Ebenso ist es zulässig, den Ausschluss der Verfügungsbeschränkung des § 1365 BGB auf eine ganz **konkrete Beteiligung an einer Gesellschaft** zu beschränken. Zweckmäßig ist dann möglicherweise auch, eventuelle Nachfolgebeteiligungen, Nachfolgeunternehmen und Tochtergesellschaften von der Regelung zu erfassen.[126]

78 Sofern die Regelung zur Verfügungsbeschränkung in einem Ehevertrag enthalten ist, mit dem auch andere Vereinbarungen zum Güterstand getroffen werden, bilden diese ein einheitliches Rechtsverhältnis und denselben Beurkundungsgegenstand.[127] In diesen Fällen ist der Geschäftswert nach **§ 100 Abs. 1 Satz 1 GNotKG** grundsätzlich anhand der Summe der Werte des gegenwärtigen Vermögens beider Ehegatten zu bestimmen.[128] Folglich hat die Aufnahme eines Ausschlusses der Verfügungsbeschränkung keine kostenrechtliche Auswirkung. Erfolgt die Regelung zur Verfügungsbeschränkung jedoch isoliert von weiteren Vereinbarungen zum Güterstand, greift für den Geschäftswert die Sondervorschrift des **§ 51 Abs. 2 GNotKG** ein.[129] Dieser beträgt dann 30 % des von der Verfügungsbeschränkung betroffenen Gegenstandes. Nach Nr. 21100 KV GNotKG ist jeweils eine 2,0 Gebühr zu erheben.

IV. Gesellschaftsvertragliche Regelungen

1. Zulässigkeit und Zweckmäßigkeit von Güterstandsklauseln

79 Ergänzend zu einer ehevertraglichen Regelung zur Herausnahme einer Gesellschaftsbeteiligung aus dem Zugewinnausgleich (vgl. Rdn. 6 ff.) bietet es sich regelmäßig an, in den Gesellschaftsvertrag für verheiratete und gegebenenfalls auch verlobte Gesellschafter eine sog. **Güterstandsklausel** aufzunehmen.[130] Mitgesellschafter möchten im Zweifel nicht lediglich darauf vertrauen, dass ein verheirateter Gesellschafter eine ehevertragliche Regelung zur Abschirmung seiner Beteiligung getroffen hat. Vielmehr eröffnet eine Güterstandsklausel die Möglichkeit, einen verheirateten Gesellschafter zum Abschluss eines Ehevertrages anzuhalten und diesen gegenüber der Gesellschaft nachzuweisen.

---

125 Vgl. MünchAnwaltsHdB FamR/*Grziwotz*, § 24 Rn. 60; MünchKommBGB/*Koch*, § 1365 BGB Rn. 106; Staudinger/*Thiele*, § 1365 BGB Rn. 110; Klein/*Weinreich*, Rn. 1943; *Münch*, Rn. 336.
126 *Münch*, Rn. 342 mit Formulierungsvorschlag.
127 Korintenberg/*Schwarz*, § 51 GNotKG Rn. 36.
128 Bormann/Diehn/Sommerfeldt/*Pfeiffer*, § 100 GNotKG Rn. 5 ff.
129 Vgl. hierzu Korintenberg/*Schwarz*, § 51 GNotKG Rn. 36.
130 Allgemein hierzu *Brambring*, DNotZ 2008, 724; *Gassen*, RNotZ 2004, 424, 433 ff.; *Werner*, ZErb 2014, 65; *Wenckstern*, NJW 2014, 1335.

A. Familienrechtliche Bezüge

Güterstandsklauseln sind freilich nicht ohne Kritik geblieben. Angeführt wird insoweit vor allem, dass Güterstandsklauseln der Gesellschaft bzw. den übrigen Gesellschaftern allenfalls eine Scheinsicherheit gewähren können.[131] Neben der Frage der tatsächlichen Durchsetzung der Rechtsfolgen aus einer Verletzung der Güterstandsklausel gegen einen Mitgesellschafter stellt sich auch das Problem, ob die ehevertragliche Regelung einer gerichtlichen Inhaltskontrolle standhält. Ferner besteht immer das Risiko, dass der geschlossene Ehevertrag einvernehmlich aufgehoben wird. Hier kann allenfalls mit einer gesellschaftsvertraglichen Verpflichtung gegengesteuert werden, wonach dem Gesellschafter eine Mitteilungspflicht für den Fall der Änderung oder Aufhebung des Ehevertrages auferlegt wird.[132]

80

Ziel der Güterstandsklausel ist es letztendlich, die Gesellschafter zu verpflichten, einen Ehevertrag mit einem in der Klausel näher definierten Inhalt abzuschließen (Gütertrennung oder Modifizierung der Zugewinngemeinschaft), um sicherzustellen, dass es im Falle einer Scheidung der Ehe zu einer **Abschirmung der Gesellschaftsbeteiligung** im Rahmen der Vermögensauseinandersetzung kommt.[133] Hierdurch soll in Bezug auf einen verheirateten Gesellschafter verhindert werden, dass eine gegen ihn geltend gemachte Zugewinnausgleichsforderung wegen der Berücksichtigung der Gesellschaftsbeteiligung in wirtschaftliche Schwierigkeiten geraten kann.

81

Die Vereinbarung einer Güterstandsklausel in einem Gesellschaftsvertrag liegt dabei nicht nur im Interesse des unternehmerisch tätigen Ehegatten, sondern auch im Interesse der Gesellschaft selbst sowie der übrigen Gesellschafter.[134] Insbesondere soll hierdurch verhindert werden, dass im Rahmen der zur Berechnung des Zugewinnausgleichsanspruch erforderlichen Unternehmensbewertung **Geheimhaltungsinteressen der Gesellschaft** tangiert werden und die Geschäftstätigkeit durch die Geltendmachung von Auskunftsbegehren behindert wird.[135] Insbesondere dürfte auch die Erfüllung der im Zusammenhang mit dem Zugewinnausgleich entstehenden Auskunftsansprüche nicht im Interesse der Gesellschaft und der weiteren Mitgesellschafter liegen. Die Ehegatten können insoweit nämlich untereinander u.a. zum Zwecke der Berechnung des Zugewinnausgleichs (§ 1379 Abs. 1 BGB) und auch zum Zeitpunkt der Trennung (§ 1379 Abs. 2 BGB) Auskunft über das Vermögen des jeweils anderen Ehegatten verlangen. Hierdurch soll den Ehegatten ermöglicht werden, eine Wertermittlung des Anfangs- und auch des Endvermögens und damit letztendlich die für die Existenz und die Höhe einer eventuellen Ausgleichsforderung notwendigen Berechnungen selbst vorzunehmen.[136] Der Auskunftsanspruch erstreckt sich damit selbstverständlich auch auf den Bestand des Endvermögens. Eine Auskunft nach § 1379 BGB ist dabei in Form eines Vermögensverzeichnisses nach § 260 Abs. 1 BGB, mithin also als geordnetes, übersichtliches, nachprüfbares Bestandsverzeichnis, zu erbringen.[137] Im Hinblick auf Unternehmen kann im Rahmen des Auskunftsanspruches insbesondere die Vorlage der Bilanzen sowie der **Gewinn- und Verlustrechnungen für die letzten fünf Geschäftsjahre** und von weiteren Geschäftsunterlagen verlangt werden, so dass der auskunftsberechtigte Ehegatte die für den Zugewinnausgleich maßgeblichen Werte selbst berechnen kann.[138]

82

Problematisch ist in Bezug auf eine Güterstandsklausel jedoch, dass diese lediglich die Gesellschafter untereinander bindet, nicht jedoch deren jeweilige Ehegatten. Eine Erfüllung der gesellschaftsvertraglich übernommenen Verpflichtung kann daher nur dann erfolgen, wenn der jeweilige Ehe-

83

---

131 Vgl. *Milzer*, NZG 2017, 1090, 1091.
132 Vgl. hierzu den Formulierungsvorschlag unter Rdn. 99.
133 Zur Rechtfertigung von Güterstandsklauseln vgl. umfassend *Brambring*, DNotZ 2008, 724, 728.
134 *Wenckstern*, NJW 2014, 1335, 1337 f.
135 Wachter/*Heckschen*, Kap. 2 § 1 Rn. 189.
136 OLG Naumburg FamRZ 2001, 1303; MünchKommBGB/*Koch*, § 1379 BGB Rn. 1; *Münch*, Rn. 374.
137 MünchKommBGB/*Koch*, § 1379 BGB Rn. 25.
138 BGH NJW 1980, 229, 230; MünchKommBGB/*Koch*, § 1379 BGB Rn. 35; *Münch*, Rn. 374; *Münch*, NotBZ 2003, 125, 126.

gatte zur Mitwirkung beim Abschluss eines Ehevertrages mit dem konkret verlangten Inhalt bereit ist.[139]

84 Die Zulässigkeit einer Güterstandsklausel ist zunächst unabhängig von dem Inhalt des abzuschließenden Ehevertrages zu beurteilen, da die Regelung im Gesellschaftsvertrag typischerweise nur einen grundsätzlichen Rahmen in Form von bestimmten Vorgaben für die konkrete Ausgestaltung der güterrechtlichen Verhältnisse im Rahmen eines Ehevertrages setzt.[140] Die Rechtsprechung hat sich – soweit ersichtlich – mit der Zulässigkeit von Güterstandsklauseln bisher noch nicht auseinandergesetzt. In der Literatur werden sachgerecht formulierte Klauseln in der Regel als zulässig erachtet.[141] Zum Teil wird insoweit vertreten, dass eine Güterstandsklausel jedenfalls dann unzulässig ist, wenn sie nur durch einen sittenwidrigen Ehevertrag erfüllt werden könnte.[142] Gerade wenn die Güterstandsklausel lediglich einen **Rahmen für die konkrete Ausgestaltung des Ehevertrages** setzt, bleibt es dem Gesellschafter und dessen Ehegatten überlassen, die güterrechtlichen Fragen zwischen ihnen zu regeln. Dass ein berechtigtes Interesse an einer vom gesetzlichen Güterstand der Zugewinngemeinschaft abweichenden Regelung besteht und insoweit auch zulässigerweise der Güterstand modifiziert werden kann, hat die Rechtsprechung jedenfalls gezeigt.[143] Hingewiesen wird vor allem in der Literatur darauf, dass Güterstandsklauseln tatsächlich lediglich den Zugewinnausgleich und nicht den nachehelichen Unterhalt sowie den Versorgungsausgleich betreffen, so dass durch eine ehevertragliche Regelung auch nicht der Kernbereich des Scheidungsfolgenrechts betroffen sei.[144]

2. Formbedürftigkeit von Gesellschaftsverträgen bei Personengesellschaften

85 Güterstandsklauseln können gleichsam in Gesellschaftsverträgen von Personengesellschaften und Kapitalgesellschaften vorgesehen werden.[145] In Bezug auf Gesellschaftsverträge von Personengesellschaften, die typischerweise privatschriftlich geschlossen werden, ist zu beachten, dass die Aufnahme einer Güterstandsklausel in den Gesellschaftsvertrag möglicherweise eine **Beurkundungspflicht** ausgelöst.[146] Diese könnte sich jedenfalls aus § 1410 BGB ergeben. Zwar bezieht sich der ausdrückliche Wortlaut dieser Vorschrift ausschließlich auf den Abschluss eines Ehevertrages, doch soll § 1410 BGB nach h.M. bei jedem Rechtsgeschäft gelten, das bereits eine Bindung zum Abschluss eines Ehevertrages mit sich bringt und zwar auch, wenn diese Verpflichtung gegenüber einem Dritten erfolgt und damit letztendlich bei einer gesellschaftsvertraglichen Güterstandsklausel.[147]

86 Gerichtliche Entscheidungen, die sich mit der Frage der Formbedürftigkeit von Gesellschaftsverträgen einer Personengesellschaft durch Aufnahme einer Güterstandsklausel auseinandersetzen, sind bisher nicht ergangen. Auch wenn die in der Literatur geäußerten Bedenken gegen eine Beurkundungsbedürftigkeit durchaus beachtlich sind, dürfte in der Praxis den Beteiligten regelmäßig zu einer vollständigen Beurkundung des Gesellschaftsvertrages zu raten sein.

---

139 *Lange*, DStR 2013, 2706, 2708; *Werner*, ZErb 2014, 65, 67.
140 Vgl. insoweit *Werner*, ZErb 2014, 65, 68, der Güterstandsklauseln für unzulässig erachtet, die von Anfang an auf den Abschluss eines sittenwidrigen Ehevertrages gerichtet sind.
141 Vgl. etwa *Lange*, DStR 2013, 2706, 2710; *Wachter*, GmbH-StB 2006, 234, 235 f.; *Werner*, ZErb 2014, 65, 68 f.; a.A. *Meincke*, DStR 1991, 515, 517.
142 *Werner*, ZErb 2014, 65, 68.
143 Vgl. BGH NJW 1997, 2239, 2241 sowie oben Rdn. 7.
144 *Wachter*, GmbH-StB 2006, 234, 236.
145 *Brambring*, DNotZ 2008, 724, 725; *Wenckstern*, NJW 2014, 1335, 1338.
146 *Münch*, Rn. 2022; *Brambring*, DNotZ 2008, 724, 734; vgl. insoweit auch *Kuhn*, BWNotZ 2008, 86, 86 f., der eine Beurkundungspflicht ablehnt; so auch *Wenckstern*, NJW 2014, 1335, 1340.
147 MünchKommBGB/*Münch*, § 1410 BGB Rn. 3; Erman/*Heinemann*, BGB, § 1410 BGB Rn. 2; BeckOK-BGB/*Siede/Cziupka*, 54. Ed., 01.05.2020, § 1410 BGB Rn. 2; NK-BGB/*Völker*, § 1410 BGB Rn. 3; DNotI-Gutachten 88707.

3. Inhaltliche Ausgestaltung einer Güterstandsklausel

a) Verpflichtung zum Abschluss eines Ehevertrages

Eine Güterstandsklausel enthält typischerweise zunächst die Pflicht, einen Ehe- bzw. Lebenspartnerschaftsvertrag mit einem darin spezifisch umschriebenen Inhalt abzuschließen.[148] Ihr kommt daher im Zusammenhang mit den Rechtsfolgen eines Verstoßes eine Steuerungsfunktion gegenüber den Gesellschaftern zu. 87

Inhaltlich sollte die Klausel nicht ausschließlich einen Gestaltungsweg, etwa die Vereinbarung der Gütertrennung oder eine bestimmte Modifizierung der Zugewinngemeinschaft (z.B. den vollständigen Ausschluss des Zugewinnausgleichs), als zulässig vorgeben, sondern vielmehr dem betroffenen Gesellschafter die Wahl hinsichtlich der konkreten inhaltlichen Ausgestaltung des Ehevertrages überlassen. Dementsprechend gibt eine Güterstandsklausel in aller Regel lediglich einen bestimmten Rahmen vor, in dem der Gesellschafter mit seinem Ehegatten einen Ehevertrag abschließen muss. Dies gilt insbesondere vor dem Hintergrund der aufgezeigten Bindungswirkung einer Güterstandsklausel, die lediglich zwischen den Gesellschaftern und nicht gegenüber den Ehegatten von Gesellschaftern besteht.[149] Bei der Gestaltung der Klausel ist daher stets im Auge zu behalten, dass der Gesellschafter auf eine (freiwillige) Mitwirkung seines Ehegatten angewiesen ist. Eine insoweit offene Gestaltung dürfte vor allem die Bereitschaft zu einer solchen Mitwirkung des anderen Ehegatten fördern. 88

Weiterer Nachteil einer zu eingeschränkten Formulierung kann die Unwirksamkeit der Klausel sein. Sofern etwa eine Güterstandsklausel, wie früher oftmals vorgeschlagen, lediglich die Vereinbarung der Gütertrennung als von den Gesellschaftern ehevertraglich zu vereinbarenden Güterstand zulässt, stellt sich die **Frage nach der Wirksamkeit** (vgl. auch Rdn. 84) einer solchen Regelung.[150] Zum Teil wird angenommen, dass solche Regelungen vor dem Hintergrund des Eingriffs in die **Ehevertragsfreiheit** sittenwidrig sind.[151] Sofern der Gesellschafter aus Anlass einer solchen Klausel gleichwohl im Rahmen eines Ehevertrages den gesetzlichen Güterstand der Zugewinngemeinschaft beibehält und diesen insoweit modifiziert, dass das unternehmerische Vermögen im Rahmen des Zugewinnausgleichs unberücksichtigt bleibt, wird in aller Regel eine Auslegung der Güterstandsklausel nach deren Sinn und Zweck ergeben, dass die von dem Gesellschafter gewählte Gestaltung den Anforderungen der Klausel genügt.[152] 89

Bei der Gestaltung einer Güterstandsklausel sollte auch der Fall berücksichtigt werden (vgl. Rdn. 99 Ziff. 2), dass Gesellschafter in einem **ausländischen Güterstand** leben.[153] In diesem Fall geht die Güterstandsklausel möglicherweise ins Leere. Gleichwohl besteht auch für Gesellschafter, die in einem ausländischen Güterstand leben, ggf. die Möglichkeit eine Rechtswahl hin zum deutschen Recht zu treffen und sodann einen der Güterstandsklausel genügenden Ehevertrag abzuschließen oder – sofern der ausländische Güterstand keine Form der Gütertrennung als gesetzlichen Güterstand vorsieht – nach dem jeweils anwendbaren Recht eine entsprechende Vereinbarung zu treffen.[154] Seit dem 29. Januar 2019 besteht vor allem gem. Art. 22 Abs. 1 EuGüVO die Möglichkeit einer 90

---

148 *Krauß*, Vermögensnachfolge, Rn. 2362.
149 *Lange*, DStR 2013, 2706, 2708; *Werner*, ZErb 2014, 65, 67.
150 *Brandt*, RNotZ 2015, 117, 125.
151 Vgl. insoweit *Brambring*, DNotZ 2008, 724, 734 f., der einen Bestand solcher Klauseln im Rahmen einer Inhaltskontrolle im Einzelfall für fraglich erachtet; *Lange*, DStR 2013, 2706, 2710; ausdrücklich gegen die Annahme einer Sittenwidrigkeit *Langenfeld/Milzer*, Rn. 284; ähnlich auch *Gassen*, RNotZ 2004, 424, 436.
152 *Brandt*, RNotZ 2015, 117, 125.
153 Vgl. hierzu Würzburger Notarhandbuch/*Hertel*, Teil 7 Kap. 2 Rn. 71 ff.
154 Vgl. hierzu *Wachter*, GmbH-StB 2006, 234, 237.

Rechtswahl zum deutschen Recht, wenn mindestens ein Ehegatte seinen gewöhnlichen Aufenthalt in Deutschland hat.[155]

91 Darüber hinaus sollte die Klausel für den Fall der Beibehaltung des gesetzlichen Güterstandes der Zugewinngemeinschaft den Gesellschafter auch verpflichten, dass er aufgrund der ehevertraglichen Regelung über die Gesellschaftsbeteiligung frei verfügen kann und jedenfalls insoweit die Beschränkungen des § 1365 BGB ausgeschlossen werden (vgl. Rdn. 72 ff.).

b) Nachweispflicht

92 Eine Güterstandsklausel kann letztendlich nur dann ihre Steuerungsfunktion (vgl. Rdn. 81) wahren, wenn die Einhaltung der darin geregelten Pflichten auch geprüft werden kann.[156] Die Möglichkeit zur **Kontrolle durch die Gesellschaft** kann regelmäßig durch die Aufnahme einer Verpflichtung zur (auszugsweisen) Vorlage des Ehevertrages innerhalb einer näher zu bestimmenden Frist gewährleistet werden.[157] Hierbei ist nicht nur sicherzustellen, dass der erstmalige Abschluss des Ehevertrages gegenüber der Gesellschaft nachgewiesen wird, sondern auch jede Änderung oder Aufhebung.

93 Zu Recht wird in der Literatur auf das Risiko hingewiesen, dass ein Gesellschafter seiner **Mitteilungspflicht** (etwa nach der Änderung oder Aufhebung eines Ehevertrages) nicht nachkommt und dies erst im Fall der Ehescheidung bekannt wird, wenn der Ehegatte des Gesellschafters in die Beteiligung an der Gesellschaft vollstreckt.[158] Um dieses Risiko zumindest zu minimieren, kann in die Regelung ergänzend aufgenommen werden, dass eine Mitteilungspflicht eines Gesellschafters auch dann besteht, wenn er von der Gesellschaft oder einem anderen Gesellschafter zu einem entsprechenden Nachweis aufgefordert und eine Verletzung dieser Pflicht ebenso sanktioniert wird.

94 Als »angemessen« zur Erbringung des Nachweises werden **Fristen** von drei[159] bzw. sechs Monaten[160] angesehen. Bei der Bestimmung der Frist sollte stets berücksichtigt werden, dass ein gewisser Zeitraum zur Verhandlung und Gestaltung des Ehevertrages erforderlich ist. Sinnvoll erscheint zudem eine Möglichkeit zur Fristverlängerung durch die Gesellschaft in die Regelung aufzunehmen.

c) Sanktionierung bei Pflichtverletzungen

95 Typischerweise sehen Güterstandsklauseln für den Fall eines Verstoßes gegen die darin vorgesehenen Verpflichtungen vor, dass der betreffende Gesellschafter aus der Gesellschaft ausgeschlossen werden kann.[161] Grundlage ist dabei stets ein **Gesellschafterbeschluss**, so dass jedenfalls kein Automatismus eintritt und die Herbeiführung der Sanktion vielmehr von einer Willensbildung der übrigen Gesellschafter abhängig ist. Bei der GmbH erfolgt der Ausschluss durch Einziehung bzw. alternativ im Wege der Zwangsabtretung, wobei die Satzung eine entsprechende Regelung nach § 34 Abs. 1 GmbHG zwingend vorsehen muss.[162] Auch bei Personengesellschaften kann der Gesellschaftsvertrag den Ausschluss eines Gesellschafters bei Vorliegen näher genannter Gründe vorsehen, die über

---

155 Vgl. hierzu Beck Notarhandbuch/*Süß* § 28 Rn. 160 ff.
156 *Gassen*, RNotZ 2004, 424, 442; *Wachter*, GmbH-StB 2006, 234, 237.
157 Zur Effektivität von Güterstandsklauseln in diesem Zusammenhang *Brambring*, DNotZ 2008, 724, 731.
158 *Brambring*, DNotZ 2008, 724, 731; *Gassen*, RNotZ 2004, 424, 442; *Wenckstern*, NJW 2014, 1335, 1339.
159 *Gassen*, RNotZ 2004, 424, 442.
160 *Wachter*, GmbH-StB 2006, 234, 237, der jedenfalls eine Frist von 12 Monaten als stets angemessen ansieht.
161 Zur OHG vgl. MünchKommHGB/*K. Schmidt*, § 131 HGB Rn. 86; zur GmbH vgl. *Heckschen/Heidinger*, § 4 Rn. 544 ff.; *Milzer*, NZG 2017, 1090, 1091.
162 *Heckschen/Heidinger*, § 4 Rn. 584 ff.; Gehrlein/Born/Simon/*Sandhaus*, § 34 GmbHG Rn. 9; MünchKommGmbHG/*Strohn*, § 34 GmbHG Rn. 8; *Wenckstern*, NJW 2014, 1335, 1338; zur Zwangsabtretung vgl. *Leuering/Rubner*, NJW-Spezial, 2014, 335 f.

die § 131 Abs. 3 HGB genannten Ausscheidensgründe hinausgehen, was in § 131 Abs. 3 Nr. 5 HGB ausdrücklich vorgesehen ist.[163]

Problematisch ist insoweit, dass atypische Sachverhalte auftreten können, in denen eine Ausschließung des Gesellschafters nach den Umständen des Einzelfalles nicht gerechtfertigt erscheint oder sogar nicht im Interesse der Gesellschaft liegt. Insbesondere ist an den Fall zu denken, in dem die Gesellschaft nicht in der Lage ist, die aufgrund des Ausscheidens des Gesellschafters zu leistende **Abfindung** zu zahlen[164] oder der Gesellschafter die Zugewinnausgleichsforderung bereits aus seinem freien Vermögen begleichen kann.[165] Aber auch die persönliche Situation des Gesellschafters oder die Höhe seiner Beteiligung kann es rechtfertigen, von einem strikten Ausschluss aus der Gesellschaft abzusehen.[166] Vor diesem Hintergrund bietet es sich an, neben dem tatsächlichen Ausschluss des Gesellschafters auch andere (**mildere**) **Sanktionen** in der Güterstandsklausel vorzusehen, um flexibel auf die Umstände des Einzelfalles reagieren und damit auch dem Grundsatz der Verhältnismäßigkeit genüge tun zu können. Vor dem Hintergrund des **Verhältnismäßigkeitsgrundsatzes** erscheint gerade in den vorgenannten Fällen ein alternativloser Ausschluss aus der Gesellschaft als unangemessen. Dementsprechend sollte zur hinreichenden Berücksichtigung des Verhältnismäßigkeitsgrundsatzes ein abgestufter Sanktionskatalog oder zumindest die Möglichkeit zur Ergreifung milderer Sanktionen (vgl. Rdn. 99 Ziff. 5) als mögliche Reaktion auf einen Verstoß gegen die Güterstandsklausel zur Verfügung stehen.[167] 96

Mit dem Ausscheiden eines Gesellschafters aufgrund einer Einziehung oder eines Beschlusses über den Ausschluss steht diesem gegen die Gesellschaft ein Anspruch auf Abfindung zu, der grundsätzlich am tatsächlichen Wert der Beteiligung zu messen ist, sofern keine abweichende Regelung im Gesellschaftsvertrag getroffen worden ist.[168] Gleichwohl können nach allgemeiner Ansicht **Art und Höhe der Abfindung** sowie die Berechnungs- und Zahlungsmodalitäten im Gesellschaftsvertrag auch beschränkend geregelt werden.[169] Vor diesem Hintergrund gehen Güterstandsklauseln regelmäßig von einer Zahlung unterhalb des wirklichen Wertes der Beteiligung aus.[170] 97

Ob und ggf. in welcher Höhe die **Beschränkung einer Abfindungszahlung** an den Gesellschafter zulässig ist, wurde von der Rechtsprechung bisher noch nicht entschieden.[171] Unzulässig ist jedenfalls ein vollständiger Ausschluss des Abfindungsanspruches.[172] Bereits die Reduzierung des Abfindungsbetrages für den Fall eines Verstoßes gegen die Güterstandsklausel unterhalb des wirkliches Wertes ist grundsätzlich geeignet, eine (ggf. unzulässige) Drucksituation auf den Gesellschafter und dessen Ehegatten zum Abschluss eines Ehevertrages herzustellen. Andererseits ist regelmäßig zu berücksichtigen, dass die Abfindungszahlung das Gesellschaftsvermögen in der Regel empfindlich belastet. Vor diesem Hintergrund und im Hinblick auf die negative Anreizwirkung, die mit einer Beschrän- 98

---

163 EBJS/*Lorz*, § 131 HGB Rn. 53 f.; MünchHdBGesR Bd. 1/*Schulte/Hushahn*, § 74 Rn. 32; MünchKommHGB/*K. Schmidt*, § 131 HGB Rn. 89, jeweils auch zum Bestimmtheitserfordernis; *Wenckstern*, NJW 2014, 1335, 1338.
164 Zur Zahlung des Abfindungsguthabens aus dem ungebundenen Gesellschaftsvermögen nach § 34 Abs. 3 GmbHG, so dass durch die Abfindungszahlung keine Unterbilanz entstehen darf, vgl. Gehrlein/Born/Simon/*Sandhaus*, § 34 GmbHG Rn. 25 ff.; MünchKommGmbHG/*Strohn*, § 34 GmbHG Rn. 31.
165 Vgl. hierzu etwa *Brambring*, DNotZ 2008, 724, 727; Heckschen/Heidinger, § 4 Rn. 549; *Wachter*, GmbH-StB 2006, 234, 237; *Wenckstern*, NJW 2014, 1335, 1340.
166 Zu kleinen Beteiligungen vgl. etwa *Lange*, DStR 2013, 2706, 2709.
167 *Wachter*, GmbH-StB 2006, 234, 237; vgl. auch *Wenckstern*, NJW 2014, 1335, 1340 f. mit einem Formulierungsvorschlag zu einer »milden« Güterstandsklausel.
168 BGH NJW 1955, 1025, 1026 f.; 1985, 192, 193 zur OHG; BGH NJW 1992, 892, 894 zur GmbH; EBJS/*Lorz*, § 131 HGB Rn. 64; MünchHdBGesR Bd. 1/*Schulte/Hushahn*, § 75 Rn. 20; Gehrlein/Born/Simon/*Sandhaus*, § 34 GmbHG Rn. 60; MünchKommGmbHG/*Strohn*, § 34 GmbHG Rn. 119.
169 BGH NJW 1992, 892, 894.
170 *Brambring*, DNotZ 2008, 724, 727; *Lange*, DStR 2013, 2706, 2709; *Wenckstern*, NJW 2014, 1335, 1338.
171 *Lange*, DStR 2013, 2706, 2709; *Wachter*, GmbH-StB 2006, 234, 238.
172 Vgl. nur MünchKommBGB/*Schäfer*, § 738 BGB Rn. 45, 60.

kung des Abfindungsanspruches in Folge des Nichtabschlusses eines Ehevertrages verbunden ist, erscheint grundsätzlich eine gewisse Beschränkung des Abfindungsanspruches als gerechtfertigt.[173] In Betracht kommen insoweit vor allem prozentuale Abschläge vom wirklichen Wert der Beteiligung oder Buchwertklauseln (vgl. zu Abfindungsklauseln im Einzelnen Kap. 1 Rdn. 685 ff. für Personengesellschaften; Kap. 2 Rdn. 410 ff. für die GmbH). Um die Belastung der Gesellschaft darüber hinaus zu reduzieren, kann eine entsprechende Regelung auch Zahlungsmodalitäten, wie etwa die Fälligkeit, Ratenzahlung, Verzinsung und Sicherheiten regeln.

d) Formulierungsbeispiel

99 ▶ Formulierungsbeispiel: Güterstandsklausel im Gesellschaftsvertrag einer GmbH

(1) Ein jeder Gesellschafter, der verheiratet ist, ist verpflichtet, mit seinem Ehegatten eine ehevertragliche Vereinbarung dahingehend zu treffen, dass entweder

a) der Güterstand der Gütertrennung vereinbart wird, oder
b) falls der gesetzliche Güterstand der Zugewinngemeinschaft beibehalten werden soll, vereinbart wird,
   – dass die Beteiligung an dieser Gesellschaft der Gesellschaft zur Nutzung überlassene Vermögensgegenstände jeweils einschließlich ihrer Wertsteigerungen im Rahmen der Berechnung des Zugewinnausgleichs nicht berücksichtigt werden und
   – dass er ohne die aus § 1365 BGB folgenden Beschränkungen frei über seine Beteiligung an dieser Gesellschaft sowie der Gesellschaft zur Nutzung überlassenen Vermögensgegenstände verfügen kann, oder
c) falls der Güterstand der Gütergemeinschaft vereinbart wird, die Beteiligung an dieser Gesellschaft und andere der Gesellschaft zur Nutzung überlassenen Vermögensgegenstände zum Vorbehaltsgut erklärt werden.

(2) Lebt ein Gesellschafter in einem ausländischen Güterstand, so ist dieser verpflichtet, entweder eine Rechtswahl hin zum deutschen Recht zu treffen und sodann einen den Anforderungen nach Abs. (1) genügenden Ehevertrag abzuschließen oder nach dem auf seinen Güterstand anwendbaren Recht eine Vereinbarung zu treffen, die den nach Abs. (1) angestrebten Rechtsfolgen entspricht, sofern dies nicht schon nach dem jeweiligen gesetzlichen Güterstand der Fall ist.

(3) Ein jeder Gesellschafter ist verpflichtet, der Gesellschaft den Abschluss sowie jede Änderung eines Ehevertrages im Sinne von Abs. (1) unverzüglich, längsten aber innerhalb einer Frist von 3 Monaten nach deren Abschluss, unter Übersendung einer beglaubigten Abschrift schriftlich mitzuteilen. Gleiches gilt, wenn ein Gesellschafter durch die Gesellschaft oder einen Mitgesellschafter zu einem Nachweis der Einhaltung seiner Pflicht nach Abs. (1) aufgefordert wird.

(4) Verstößt ein Gesellschafter gegen seine Pflichten aus Abs. (3), stellt dies einen wichtigen Grund zur Einziehung seines Geschäftsanteils nach § ..... dieses Gesellschaftsvertrages dar. Beschließt die Gesellschafterversammlung die Einziehung, ist diese entsprechend § ..... dieses Gesellschaftsvertrages zu bestimmen.

(5) Die Gesellschafterversammlung ist unter Berücksichtigung der Umstände des Einzelfalles und des Grundsatzes der Verhältnismäßigkeit berechtigt, anstelle der Einziehung der Geschäftsanteile auch zu beschließen, dass bis zur Erbringung des Nachweises nach Abs. (3)

– das Stimmrecht des betreffenden Gesellschafters ruht oder
– der auf die Geschäftsanteile des Gesellschafters entfallende ausschüttungsfähige Gewinn nicht ausgeschüttet wird.

---

173 *Wachter*, GmbH-StB 2006, 234, 238.

B. Erbrechtliche Bezüge

I. Rechtsfolgen bei Tod eines Gesellschafters

1. Personengesellschaften

a) Gesellschaft bürgerlichen Rechts

Verstirbt der Gesellschafter einer Gesellschaft bürgerlichen Rechts, so wird die Gesellschaft mangels abweichender vertraglicher Regelung im Gesellschaftsvertrag (vgl. hierzu Rdn. 126 ff.) durch dessen Tod gem. § 727 Abs. 1 BGB aufgelöst.[174] Diese – von den Gesellschaftern in aller Regel nicht gewünschte – Rechtsfolge tritt unabhängig von der Kenntnis der Mitgesellschafter über den Todesfall ein. Mit dem Tod eines Gesellschafters tritt nicht automatisch eine Vollbeendigung der Gesellschaft ein. Vielmehr erfolgt eine automatische **Umwandlung** der bis dahin werbenden Gesellschaft **in eine Abwicklungsgesellschaft**.[175] Hintergrund der Regelung des § 727 Abs. 1 BGB ist das gesetzliche Leitbild der höchstpersönlichen Natur der Gesellschafterstellung in der werbenden Gesellschaft und deren grundsätzliche Unübertragbarkeit.[176] Die Erben des verstorbenen Gesellschafters rücken bzw. die Erbengemeinschaft nach diesem rückt in der entstehenden Abwicklungsgesellschaft in die Mitgliedsstellung des Erblassers mit allen Rechten und Pflichten ein und übt dort dessen Vermögens- und Mitverwaltungsrechte aus.[177] Mehreren Erben fällt der Anteil an der Liquidationsgesellschaft in Erbengemeinschaft, mithin zur gesamten Hand, an.[178] Eine Sondererbfolge findet nicht statt.[179] Folglich können die Erben gegenüber den Mitgesellschaftern die Rechte aus dem Gesellschaftsanteil nur einheitlich durch Zusammenwirken oder durch einen gemeinsamen Vertreter wahrnehmen.[180]

100

Die Gesellschaft ist aufgrund der Auflösung nach den §§ 730 bis 735 BGB oder hiervon abweichenden gesellschaftsvertraglichen Vereinbarungen auseinanderzusetzen.[181] Eine Vollbeendigung der Gesellschaft tritt erst mit dem Abschluss ihrer Abwicklung ein.[182] Haben die Gesellschafter keine ggf. vorrangige abweichende Vereinbarung durch den Gesellschaftsvertrag oder einen vor oder nach Auflösung der Gesellschaft einstimmig gefassten Gesellschafterbeschlusses getroffen,[183] so erfolgt die Abwicklung nach den gesetzlichen Regelungen in folgenden Schritten:
– Beendigung schwebender Geschäfte (§ 730 Abs. 2 Satz 1 BGB),
– Rückgabe von Gegenständen, die der Gesellschaft von Gesellschaftern zur Benutzung überlassen worden sind (§ 732 Satz 1 BGB),
– Berichtigung von Verbindlichkeiten der Gesellschaft (§ 733 Abs. 1 Satz 1 BGB) und Bildung von Rückstellungen für noch nicht fällige oder streitige Verbindlichkeiten (§ 733 Abs. 1 Satz 2 BGB),
– Erstattung der Einlagen der Gesellschafter (§ 733 Abs. 2 BGB) sowie
– Verteilung eines Überschusses unter den Gesellschaftern (§ 734 BGB).

101

---

174 *V. Proff*, DStR 2017, 2555, 2555; zur Rechtsfolge des Versterbens eines Treuhänders vgl. BGH WM 1962, 1353.
175 MünchKommBGB/*Schäfer*, § 727 BGB Rn. 6.
176 PWW/*von Ditfurth*, § 727 BGB Rn. 1; MünchKommBGB/*Schäfer*, § 727 BGB Rn. 1; *K. Schmidt*, GesR, § 45 V 1. a).
177 BGH NJW 1982, 170, 171; NJW 1995, 3314, 3315; MünchKommBGB/*Schäfer*, § 727 BGB Rn. 13 f.; MünchHdBGesR Bd. 1/*Klein/Lindemeier*, § 11 Rn. 6.
178 BGH NJW 1981, 749, 750; NJW 1995, 3314, 3315; Staudinger/*Keßler*, § 727 BGB Rn. 9.
179 *v. Proff*, DStR 2017, 2555, 2555.
180 MünchKommBGB/*Schäfer*, § 727 BGB Rn. 20.
181 Zur Dispositivität der §§ 730 ff. BGB vgl. MünchKommBGB/*Schäfer*, § 730 BGB Rn. 63.
182 PWW/*von Ditfurth*, § 727 BGB Rn. 1; MünchKommBGB/*Schäfer*, Vor § 723 BGB Rn. 5.
183 Henssler/Strohn/*Kilian*, § 731 BGB Rn. 2.

102 Nach § 733 Abs. 3 BGB ist das Gesellschaftsvermögen zum Zwecke der Berichtigung von Verbindlichkeiten und zur Erstattung der Einlagen der Gesellschaft erforderlichenfalls in Geld umzusetzen. Sofern das Gesellschaftsvermögen zur Begleichung der vorgenannten Positionen nicht ausreicht, sieht § 735 BGB eine Nachschusspflicht vor.

103 Kommt es in Folge des Todes eines Gesellschafters hingegen zu einer Vereinigung aller Gesellschaftsanteile in einer Hand, führt dies nicht zur Auflösung und Abwicklung der Gesellschaft, sondern unmittelbar zu deren **Vollbeendigung**. Dies folgt daraus, dass es keine Einpersonengesellschaft gibt.[184] In diesem Fall wächst das verbleibende Gesellschaftsvermögen (Aktiva und Passiva) dem überlebenden Gesellschafter ohne weiteren Übertragungsakt im Wege der Gesamtrechtsnachfolge an.[185] Dies gilt selbst dann, wenn der Gesellschaftsvertrag eine **Fortsetzungsklausel** (vgl. Rdn. 127 ff.) enthält.[186]

104 Den überlebenden Gesellschaftern und sämtlichen Erben des verstorbenen Gesellschafters steht es jedoch frei, einen Beschluss über die Fortsetzung der Gesellschaft zu fassen.[187] Hierdurch wird die Liquidationsgesellschaft wieder in eine werbende Gesellschaft zurück umgewandelt. Die Identität der Gesellschaft wird dadurch nicht beseitigt. Die Fortsetzung der Gesellschaft kann dabei selbst dann noch beschlossen werden, wenn bereits mit der Verteilung des Vermögens begonnen worden ist.[188] Richtigerweise ist die Fortsetzung erst mit der Beendigung der Auseinandersetzung ausgeschlossen.

105 Ein **Fortsetzungsbeschluss** setzt die Zustimmung sämtlicher Gesellschafter voraus.[189] Das setzt freilich die **Beteiligung aller Erben** nach Maßgabe von § 2038 Abs. 1 Satz 1 BGB voraus.[190] In der Zustimmung der Erben zur Fortsetzung der Gesellschaft ist eine auf die Mitgliedschaft beschränkte Auseinandersetzung der Erbengemeinschaft zu sehen, was zur Folge hat, dass in der fortgesetzten Gesellschaft die Miterben entsprechend ihrer Quote am Nachlass Gesellschafter werden.[191]

106 ▶ Formulierungsbeispiel: Fortsetzungsbeschluss

Am ... ist der Gesellschafter ... verstorben. Gemäß § 727 Abs. 1 BGB ist die Gesellschaft durch den Tod des Gesellschafters ... aufgelöst.

Wir, die verbliebenen Gesellschafter ..., ..., ... sowie die Erben des verstorbenen Gesellschafters ..., nämlich ..., ... und ... beschließen hiermit die Fortsetzung der Gesellschaft und vereinbaren, dass für das Gesellschaftsverhältnis die Bestimmungen des Gesellschaftsvertrages vom ... gelten sollen.

b) Offene Handelsgesellschaft und Kommanditgesellschaft

aa) Tod eines persönlich haftenden Gesellschafters

107 Bei der OHG und der KG führt der Tod eines Gesellschafters grundsätzlich nicht zur Auflösung der Gesellschaft. Vielmehr ordnet § 131 Abs. 3 Satz 1 Nr. 1 HGB an, dass der Tod eines Gesellschafters einer **OHG** bzw. des **Komplementärs** bei der KG mangels abweichender vertraglicher Regelung im Gesellschaftsvertrag (vgl. hierzu Rdn. 126 ff.) zum **Ausscheiden des Gesellschafters**

---

184 MünchHdBGesR Bd. 1/*Klein/Lindemeier*, § 11 Rn. 7; umfassend hierzu MünchKommBGB/*Ulmer/Schäfer*, § 705 BGB Rn. 61 ff.
185 BGH NJW 1966, 827, 827; NJW 2008, 2992, 2992; MünchKommBGB/*Schäfer*, Vor § 723 BGB Rn. 9.
186 BGH NJW 2008, 2992, 2992; MünchKommBGB/*Schäfer*, § 705 BGB Rn. 60; MünchKommBGB/*Schäfer*, Vor § 723 BGB Rn. 9.
187 Scherer/*Ploß*, Unternehmensnachfolge, § 24 Rn. 343; MünchHdBGesR Bd. 1/*Klein/Lindemeier*, § 11 Rn. 5; *v. Proff*, DStR 2017, 2555, 2555 f.
188 *K. Schmidt*, GesR § 11 V 5.
189 BGH NJW 1995, 2843, 2844.
190 BeckOGK/*v. Proff* BGB § 727 Rn. 8; BeckOK BGB/*Schöne* BGB § 727 Rn. 5.
191 MünchKommBGB/*Schäfer*, § 727 BGB Rn. 20; BeckOK BGB/*Schöne* BGB § 727 Rn. 5.

führt, so dass die Gesellschaft unter den überlebenden Gesellschaftern fortgesetzt wird.[192] Besonderheiten sind jedoch zu beachten, wenn es sich bei der OHG um eine Zweipersonengesellschaft handelt und ein Gesellschafter verstirbt oder bei der KG der letzte Kommanditist verstirbt (vgl. hierzu Rdn. 113 f.).

Mit dem Tod wächst der Anteil des verstorbenen Gesellschafters den überlebenden Gesellschaftern ohne einen besonderen Übertragungsakt gem. § 738 Abs. 1 Satz 1 BGB i.V.m. § 105 Abs. 3 HGB zu.[193] Hieraus folgt letztendlich bereits, dass die Beteiligung nach dem gesetzlichen Modell nicht vererblich ist. An die Stelle der Mitgliedschaft eines verstorbenen Gesellschafters tritt gem. § 738 Abs. 1 Satz 2 BGB i.V.m. § 105 Abs. 3 HGB ein Abfindungsanspruch, der sich der Höhe nach nach dem im Fall einer Liquidation zu errechnenden Auseinandersetzungsguthaben bestimmt.[194] Dieser geht als Nachlassbestandteil im Wege der Universalsukzession gem. § 1922 BGB auf den oder die Erben über.[195]

Im Rahmen der Erbfolge bei Tod des Gesellschafters einer OHG bzw. des Komplementärs einer KG bestehen in Bezug auf Angabe- und Mitteilungspflichten zum Transparenzregister typischerweise keine Besonderheiten. Insoweit kann auf die allgemeinen Ausführungen verwiesen werden (vgl. hierzu Kap. 1 Rdn. 482).

bb) Tod eines Kommanditisten

Im Falle des Todes eines Kommanditisten greift § 177 HGB ein. Zwar gelten über § 161 Abs. 2 HGB für die KG grundsätzlich die gleichen Auflösungsgründe wie für eine OHG, doch sieht § 177 HGB für den Fall des Todes eines **Kommanditisten** anders als § 131 Abs. 3 Satz 1 Nr. 1 HGB nicht das Ausscheiden des Gesellschafters vor, sondern mangels abweichender vertraglicher Vereinbarung eine **Fortsetzung der Gesellschaft** mit den Erben des Kommanditisten. Aus der Regelung des § 177 HGB folgt zugleich die Vererblichkeit des Kommanditanteils, so dass insoweit eine gesellschaftsvertragliche Fortsetzungs- oder Nachfolgeklausel dem Grunde nach nicht erforderlich ist.[196] Vielmehr kann ein Kommanditist dem Grunde nach durch Verfügung von Todes wegen seinen Rechtsnachfolger frei bestimmen (vgl. Rdn. 214).

Die Erben des Kommanditisten treten nach § 177 HGB in die Gesellschaft ein. Gesellschafter wird dabei jedoch nicht die Erbengemeinschaft im Wege der Gesamtrechtsnachfolge nach dem verstorbenen Gesellschafter, vielmehr rücken die einzelnen Erben im Wege der **Singularsukzession** in die Gesellschafterstellung ein.[197] Dementsprechend erwirbt jeder einzelne Erbe im Wege der **Sonderrechtsnachfolge** unmittelbar einen seiner Erbquote entsprechenden Anteil an der Kommanditbeteiligung des verstorbenen Gesellschafters.[198] Aufgrund der eintretenden Sonderrechtsnachfolge ist eine gesonderte Auseinandersetzung im Hinblick auf die Rechtsnachfolge von Todes wegen in Kommanditanteile nicht erforderlich.[199]

Im Rahmen der Erbfolge in Kommanditanteile bestehen in Bezug auf Angabe und Mitteilungspflichten zum Transparenzregister typischerweise keine Besonderheiten. Insoweit kann auf die all-

---

192 Oetker/*Kamanabrou*, § 131 HGB Rn. 26; MünchHdBGesR Bd. 1/*Klein*/*Lindemeier*, § 78 Rn. 8; EBJS/*Lorz*, § 131 HGB Rn. 39; Baumbach/Hopt/*Roth*, § 131 HGB Rn. 34.
193 Oetker/*Kamanabrou*, § 131 HGB Rn. 26, 40; Koller/Kindler/Roth/Morck/*Kindler*, § 131 HGB Rn. 9; Baumbach/Hopt/*Roth*, § 131 HGB Rn. 39.
194 MünchKommBGB/*Schäfer*, § 738 BGB Rn. 37.
195 MünchHdBGesR Bd. 1/*Klein*/*Lindemeier*, § 78 Rn. 19; GK-HGB/*Schäfer*, § 131 HGB Rn. 76.
196 EBJS/*Strohn*, § 177 HGB Rn. 8; GK-HGB/*Thiessen*, § 177 HGB Rn. 12; *Deckert*, NZG 1998, 43, 48.
197 BGH NJW 1983, 2376, 2377; NJW 1993, 1265, 1267; NZG 2012, 385, 386; Oetker/*Oetker*, § 177 HGB Rn. 6; MünchKommHGB/*K. Schmidt*, § 177 HGB Rn. 16.
198 BGHZ 22, 186, 191 ff.; 68, 225, 229 ff.; BGH NZG 2012, 385, 386; *Deckert*, NZG 1998, 43, 48; Koller/Kindler/Roth/Morck/*Kindler*, § 177 HGB Rn. 2.
199 EBJS/*Strohn*, § 177 HGB Rn. 8.

gemeinen Ausführungen zur Eintragung einer Kommanditgesellschaft in das Transparenzregister verwiesen werden (vgl. hierzu Kap. 1 Rdn. 482).[200]

c) Besonderheiten bei einer zweigliedrigen Gesellschaft

113   Besteht eine **OHG** lediglich aus zwei Gesellschaftern ist die Rechtsfolge des § 131 Abs. 3 Satz 1 Nr. 1 HGB problematisch. Da das geltende Recht keine OHG als Einpersonengesellschaft zulässt, führt das Ausscheiden des vorletzten Gesellschafters zum liquidationslosen Erlöschen der Gesellschaft.[201] Das Gesellschaftsvermögen geht im Wege der **Universalsukzession** ohne besonderen Übertragungsakt auf den überlebenden Gesellschafter über, der insoweit auch Schuldner des Abfindungsanspruchs gegenüber den Erben des verstorbenen Gesellschafters wird.[202] In diesem Fall erfolgt keine Anwachsung nach § 738 Abs. 1 Satz 1 BGB.[203]

114   Verstirbt der neben einem einzelnen Komplementär einer KG verbleibende Kommanditist, so ergeben sich im Hinblick auf den Bestand der Gesellschaft keine Probleme, da in diesem Fall die Regelung des § 177 HGB eingreift und die Erben des Kommanditisten in dessen Rechtsstellung einrücken (vgl. Rdn. 110 f.). Etwas anderes gilt jedoch dann, wenn der einzige verbleibende **Komplementär** verstirbt. In diesem Fall erlischt die KG liquidationslos[204] und der verbleibende Kommanditist erwirbt das Gesellschaftsvermögen im Wege der **Gesamtrechtsnachfolge**.[205] Insoweit gilt der allgemeine Grundsatz, dass eine Personengesellschaft mit nur einem Gesellschafter nicht existieren kann. Dies ist vor allem aus haftungsrechtlichen Gesichtspunkten problematisch, da der frühere Kommanditist nunmehr als Gesamtrechtsnachfolger unbeschränkt für sämtliche Altschulden der Gesellschaft haftet.[206]

d) Partnerschaftsgesellschaft nach dem PartGG

115   Nach § 9 Abs. 4 Satz 1 PartGG ist die Beteiligung an einer Partnerschaft grundsätzlich nicht vererblich, sodass Erben nicht kraft Erbfolge in die Partnerstellung des verstorbenen Partners einrücken. Vielmehr führt der Tod eines Partners zu dessen Ausscheiden aus der Partnerschaft und zur Anwachsung des Anteils bei den verbleibenden Partnern.[207] § 9 Abs. 1 PartGG verweist insoweit auf die §§ 131 bis 144 HGB, so dass die Rechtsfolge des Tod eines Partners derjenigen bei Tod eines Gesellschafters einer OHG entspricht.[208] Wie im Rahmen des Ausscheidens eines Gesellschafters aus einer OHG erwerben die Erben von Todes wegen lediglich den Abfindungsanspruch (§ 738 Abs. 1 Satz 2 BGB).[209]

e) GmbH & Co. KG

116   Bei einer GmbH & Co. KG gelten dem Grunde nach für die gesetzliche Erbfolge keine Besonderheiten. Im Hinblick auf die Kommanditisten gilt wiederum § 177 HGB, so dass die Erben des

---

200 Vgl. auch Abschnitt C Teil II Ziff. 1 der Rechtshinweise des Bundesverwaltungsamtes zum Transparenzregister (in der Fassung vom 19.08.2020).
201 Ensthaler/*Ensthaler*, § 131 HGB Rn. 22; Hauschild/Kallrath/Wachter/*Herrler/Berkefeld*, § 14 Rn. 204; MünchHdBGesR Bd. 1/*Klein/Lindemeier*, § 78 Rn. 10; GK-HGB/*Schäfer*, § 131 HGB Rn. 11.
202 Vgl. BGH NJW 1966, 828, 828 zur GbR; Ensthaler/*Ensthaler*, § 131 HGB Rn. 23; MünchHdBGesR Bd. 1/*Klein/Lindemeier*, § 78 Rn. 11; GK-HGB/*Schäfer*, § 131 HGB Rn. 111; MünchKommBGB/*Schäfer*, § 738 BGB Rn. 11.
203 Baumbach/Hopt/*Roth*, § 131 HGB Rn. 81.
204 Koller/Kindler/Roth/Morck/*Kindler*, § 131 HGB Rn. 8; MünchHdBGesR Bd. 2/*Klein/Lindemeier*, § 40 Rn. 11.
205 Oetker/*Oetker*, § 161 HGB Rn. 65.
206 Vgl. hierzu Baumbach/Hopt/*Roth* § 131 HGB Rn. 84; *Ivo*, ZEV, 2006, 302, 303; *Peters*, RNotZ 2002, 425, 440.
207 Henssler/Strohn/*Hirtz*, GesRPartGG § 9 Rn. 3; BeckOK BGB/*Schöne*, PartGG § 9 Rn. 2.
208 Vgl. insoweit zur OHG Rdn. 107.
209 Vgl. insoweit zu OHG Rdn. 108.

Kommanditisten im Wege der Sondererbfolge in dessen Rechtsstellung eintreten, wobei mehrere Erben eine Kommanditbeteiligung jeweils entsprechend ihrer individuellen Erbquoten erwerben (vgl. Rdn. 111).²¹⁰ Bei der GmbH tritt wegen § 15 Abs. 1 GmbHG Gesamtrechtsnachfolge ein, wobei bei mehreren Erben der Geschäftsanteil als Teil des Nachlasses Gesamthandsvermögen der Erbengemeinschaft wird (vgl. Rdn. 119). Die unterschiedlichen Rechtsfolgen (Sonderrechtsnachfolge/Einzelrechtsnachfolge) können im Hinblick auf das Stimmrecht problematisch sein. Zu berücksichtigen ist insoweit auch § 18 Abs. 1 GmbHG, wonach mehrere Erben die Beteiligungsrechte lediglich gemeinschaftlich ausüben können.

2. Kapitalgesellschaften

Geschäftsanteile an einer GmbH (§ 15 Abs. 1 GmbHG) sowie Aktien sind frei vererblich, so dass diese uneingeschränkt in den Nachlass fallen.²¹¹ Die Beteiligung des Erblassers an einer Kapitalgesellschaft geht im Erbfall im Wege der **Gesamtrechtsnachfolge** gem. § 1922 Abs. 1 BGB auf den oder die Erben über und zwar unabhängig davon, ob gesetzliche oder gewillkürte Erbfolge eintritt.²¹² Die Rechtsnachfolge von Todes wegen richtet sich dabei ausschließlich nach **erbrechtlichen Grundsätzen**.²¹³ Die Beteiligung fällt daher, so wie sie bei dem Erblasser bestand, mit allen Rechten und Pflichten einschließlich aller Sonderrechte und Nebenleistungspflichten in den Nachlass.²¹⁴ Im Hinblick auf Sonderrechte gilt dies freilich nur dann, wenn diese nicht höchstpersönlich ausgestaltet sind. 117

Die freie Vererblichkeit der Beteiligung kann gleichermaßen bei GmbH und AG weder durch Gesellschaftsvertrag noch durch Gesellschafterbeschluss ausgeschlossen oder beschränkt werden.²¹⁵ In Bezug auf Geschäftsanteile an einer GmbH folgt dies schon aus § 15 Abs. 5 GmbHG, wonach lediglich die Abtretung von Geschäftsanteilen an weitere Voraussetzungen geknüpft werden können.²¹⁶ Insbesondere kann kein unmittelbarer Übergang einer Beteiligung auf einen Nichterben oder eine Sonderrechtsnachfolge begründet werden. Durch Gesellschaftsvertrag kann allenfalls das weitere Schicksal der Mitgliedschaft des oder der Erben in eingeschränktem Umfang bestimmt werden (vgl. Rdn. 190 ff.). 118

Anders als bei Kommanditbeteiligungen und bei entsprechender gesellschaftsvertraglicher Regelung bei Beteiligungen von persönlich haftenden Gesellschaftern tritt bei Kapitalgesellschaften im Falle einer **Mehrheit von Erben** keine Sondererbfolge ein. Vielmehr fallen den Erben Geschäftsanteile oder Aktien nach § 2032 Abs. 1 BGB insgesamt und ungeteilt in **Erbengemeinschaft** (Gesamthandsgemeinschaft) zu.²¹⁷ 119

Mit dem **Erbfall** ist zum Handelsregister eine neue **Gesellschafterliste** einzureichen, aus der sich die eingetretene Erbfolge ergibt. Zuständig für die Erstellung der Gesellschafterliste ist im Erbfall die Geschäftsführung nach § 40 Abs. 1 GmbHG.²¹⁸ Nach § 40 Abs. 1 Satz 2 GmbHG erfolgt die Änderung der Gesellschafterliste auf Mitteilung und Nachweis. Zwar hat die Aufnahme des bzw. der Erben in die Gesellschafterliste keine materiell-rechtliche Auswirkung auf die Anteilsinhaberschaft, doch gilt nach § 16 Abs. 1 Satz 1 GmbHG im Verhältnis zur Gesellschaft nur derjenige als Gesell- 120

---

210 Vgl. hierzu *Göz*, NZG 2004, 345, 345.
211 MünchKommBGB/*Leipold*, § 1922 BGB Rn. 103 (zur AG), 105 (zur GmbH); Scherer/*Ploß*, Unternehmensnachfolge, § 24 Rn. 731.
212 Vgl. etwa Rowedder/Schmidt-Leithoff/*Görner*, § 15 Rn. 130.
213 Scherer/*Ploß*, Unternehmensnachfolge, § 24 Rn. 732.
214 Baumbach/Hueck/*Servatius* GmbHG § 15 Rn. 10.
215 *Perzborn*, RNotZ 2017, 405, 406 (zur GmbH), 423 (zur AG).
216 MünchKommGmbHG/*Reichert/Weller* GmbHG § 15 Rn. 439.
217 MünchKommBGB/*Leipold*, § 1922 BGB Rn. 103 (zur AG), 105 (zur GmbH); Scherer/*Ploß*, Unternehmensnachfolge, § 24 Rn. 732.
218 MHLS/*Ebbing* GmbHG § 16 Rn. 38.

schafter, der auch in die im Handelsregister aufgenommene Gesellschafterliste eingetragen ist.[219] Dies gilt auch für Geschäftsanteile, die im Wege der Gesamtrechtsnachfolge erworben worden sind.

121 Im Hinblick auf die nach § 40 GmbHG zum Handelsregister einzureichende **Gesellschafterliste** genügt es bei einer Mehrheit von Erben nicht, darin lediglich die **Erbengemeinschaft** nach dem verstorbenen Gesellschafter selbst aufzuführen. Vielmehr ist unter Beibehaltung der bisherigen laufenden Nummer des betreffenden Geschäftsanteils die Erbengemeinschaft nach dem verstorbenen Gesellschafter bestehend aus deren einzelnen Mitgliedern zu nennen.[220] Alternativ können auch die einzelnen Erben mit dem **Zusatz »in Erbengemeinschaft«** in der Gesellschafterliste aufgeführt werden.[221] Für jeden Erben sind dabei die nach § 40 Abs. 1 GmbHG erforderlichen Angaben (Name, Vorname, Geburtsdatum und Wohnort) zu nennen.

122 Nach § 67 Abs. 1 Satz 1 AktG sind **Inhaber von Namensaktien in das Aktienregister** einzutragen. Zwar ist die Eintragung in das Aktienregister ohne Bedeutung für die Inhaberschaft an der Mitgliedschaft, so dass die Eintragung keinen Einfluss auf die materielle Rechtslage hat,[222] doch hat der nicht eingetragene Namensaktionär gegenüber der Gesellschaft keine Rechte. Nach § 67 Abs. 2 Satz 1 AktG gilt im Verhältnis zur Gesellschaft nämlich grundsätzlich nur derjenige als Aktionär, wer als solcher in das Aktienregister eingetragen ist.[223] Auch bei der AG erfolgt die Eintragung im Aktienregister nach § 67 Abs. 3 AktG auf Mitteilung und Nachweis (vgl. zur GmbH Rdn. 120). Die Mitteilung erfolgt hier gegenüber der Gesellschaft vertreten durch den Vorstand oder einer von diesem mit der Führung des Aktienregisters beauftragten Hilfsperson.[224] Gleichwohl ist eine Eintragung zur **Ausübung der Aktionärsrechte** in das Aktienregister (anders als bei der Aufnahme in die Gesellschafterliste bei der GmbH, vgl. hierzu Rdn. 120)[225] nicht zwingend erforderlich. Von der Gesamtrechtsnachfolge im Erbfall wird nach h.M. auch die Eintragung im Aktienregister erfasst.[226] Dementsprechend gelten die Beschränkungen der Rechte des nicht in das Aktienregister Aktionärs nicht für den Erben, so dass dieser nach h.M.,[227] auch wenn er nicht in das Aktienregister eingetragen ist, alle mitgliedschaftlichen Rechte ausüben kann.[228]

123 Im Zusammenhang mit einem Erbfall kann sich auf die Frage stellen, ob hieraus gesonderte Mitteilungs- und Angabepflichten gegenüber dem **Transparenzregister** entstehen.[229] Dies kann immer dann der Fall sein, wenn Geschäftsanteile vererbt werden, die einen Einfluss i.S.v. § 3 Abs. 2 Satz 1 GwG vermitteln, mithin der Erblasser mehr als 25 % der Kapitalanteile an der Gesellschaft gehalten hat (§ 3 Abs. 2 Satz 1 Nr. 1 GwG), mehr als 25 % der Stimmrechte kontrolliert hat (§ 3 Abs. 2 Satz 1 Nr. 2 GwG) oder auf vergleichbare Weise Kontrolle ausgeübt hat (§ 3 Abs. 2 Satz 1 Nr. 3 GwG). Unproblematisch ist dabei der Fall, in dem ein Alleinerbe Rechtsnachfolger des Erblassers wird. Die Pflicht zur Mitteilung an das Transparenzregister nach § 20 Abs. 1 GwG gilt dann als erfüllt, wenn

---

219 OLG Naumburg MittBayNot 2017, 287, 288; Lutter/Hommelhoff/*Bayer*, GmbHG 16 Rn. 43; Henssler/Strohn/*Verse*, § 16 GmbHG Rn. 19.
220 MünchKommGmbHG/*Heidinger*, GmbHG § 40 Rn. 35.
221 BeckOK GmbHG/*Heilmeier*, GmbHG § 40 Rn. 21; MHLS/*Terlau* GmbHG § 40 Rn. 8; *Frese*, ZEV 2017, 695, 697.
222 Hölters/*Laubert*, AktG § 67 Rn. 11; *Hüffer/Koch*, AktG § 67 Rn. 15b; KK-AktG/*Lutter/Drygala*, § 67 Rn. 42.
223 Zur dahingehenden Vermutungswirkung vgl. *Hüffer/Koch*, AktG § 67 Rn. 11; KK-AktG/*Lutter/Drygala*, § 67 Rn. 43.
224 BeckOGK/*Cahn*, § 67 AktG Rn. 62.
225 Zur Unterschiedlichen Behandlung von Gesellschafterliste und Aktienregister vgl. auch MünchKommGmbHG/*Heidinger*, § 16 GmbHG Rn. 144 ff.
226 MünchKommAktG/*Bayer*, § 67 Rn. 78; KK-AktG/*Lutter/Drygala*, § 67 Rn. 71.
227 Vgl. zum Streitstand MünchKommAktG/*Bayer*, § 67 Rn. 78 ff.; BeckOGK/*Cahn*, AktG § 67 Rn. 46 f.; *Bayer/Sarakinis*, NZG 2018, 561, 562.
228 OLG Brandenburg NZG 2002, 467, 478; KK-AktG/*Lutter/Drygala*, § 67 Rn. 71; *Wiersch*, NZG 2015, 1336, 1337.
229 Im Überblick hierzu *Frese*, ZEV 2017, 695 ff.

sich die Angaben zum wirtschaftlich Berechtigten (§ 19 Abs. 1 GwG) aus den in § 22 Abs. 1 GwG aufgeführten Dokumenten und Eintragungen ergeben und diese elektronisch aus den in § 20 Abs. 2 Satz 1 GwG bezeichneten Registern abrufbar sind. Bei einem Alleinerben greift daher mit Einreichung der die Erfolge wiedergebenden **Gesellschafterliste** (vgl. Rdn. 120) die **Mitteilungsfiktion** des § 20 Abs. 2 Satz 1 GwG i.V.m. § 22 Abs. 1 Satz 1 Nr. 4 GwG ein, sodass eine gesonderte Mitteilung zum Transparenzregister aus Anlass der Erbfolge entbehrlich ist. Die Mitteilungsfiktion greift jedoch nicht, wenn eine **Mehrheit von Erben** Rechtsnachfolger des Erblassers wird und daher die aus diesen bestehende Erbengemeinschaft in der Gesellschafterliste aufzuführen ist. Nach Abschnitt A. Teil I Ziff. 6 der Rechtshinweise des Bundesverwaltungsamtes (in der Fassung vom 19.08.2020) zum Transparenzregister[230] sind sämtliche Miterben, die als wirtschaftlich Berechtigte i.S.v. § 3 GwG anzusehen sind, zum Transparenzregister anzumelden. Eine prozentuale Berechnung auf die einzelnen Erben ist nach den Rechtshinweisen des Bundesverwaltungsamtes nicht zulässig, da jeder Miterbe einen herrschenden Einfluss auf die Erbengemeinschaft ausüben kann. Klarstellend wird in den Rechtshinweisen des Bundesverwaltungsamtes darauf hingewiesen, dass die Erbengemeinschaft als solche als Gesamthandsgemeinschaft weder eintragungspflichtig noch eintragungsfähig ist. Auch wenn in der Literatur richtigerweise mit dem Hinweis auf das Innenverhältnis der Erbengemeinschaft eine hiervon abweichende Auffassung vertreten wird,[231] wonach grundsätzlich nicht sämtliche Erben als wirtschaftlich Berechtigte zu qualifizieren sind, sollte in der Praxis entsprechend der Rechtshinweise des Bundesverwaltungsamtes eine gesonderte Anmeldung eines jeden Miterben zum Transparenzregister vorgenommen werden.

Möchte der Erblasser seine Beteiligung nur bestimmten Erben zukommen lassen, so kann dies lediglich durch testamentarische Regelung in Form einer Teilungsanordnung oder eines Vermächtnisses erfolgen, welche jedoch beide eine dingliche Zuordnung der Beteiligung von der Erbengemeinschaft hin zum Begünstigten erfordert. Dies hat im Wege der Erbauseinandersetzung oder der Vermächtniserfüllung zu erfolgen (vgl. hierzu Rdn. 218), die jedenfalls in Bezug auf Geschäftsanteile an einer GmbH einer notariellen Beurkundung bedürfen (§ 15 Abs. 3 GmbHG). 124

Im Verhältnis zur Gesellschaft können mehrere Erben die Beteiligungsrechte gem. § 18 Abs. 1 GmbHG bzw. § 69 Abs. 1 AktG nur gemeinschaftlich ausüben.[232] Nach § 69 Abs. 1 AktG ist dies lediglich durch einen **gemeinschaftlichen Vertreter** möglich. Bei der GmbH ist die Bestellung eines solchen fakultativ, sofern nicht der Gesellschaftsvertrag die Bestellung eines gemeinsamen Vertreters verlangt (vgl. hierzu Rdn. 189). Im Innenverhältnis zwischen den Erben gelten hingegen die §§ 2038 ff. BGB 125

II. Gesellschaftsvertragliche Regelungen in Bezug auf den Tod eines Gesellschafters

1. Personengesellschaften

Um von den gesetzlich vorgesehenen Rechtsfolgen durch eine gesellschaftsvertragliche Regelung abzuweichen, kommen insbesondere Fortsetzungsklauseln (Rdn. 127 ff.), Nachfolgeklauseln (Rdn. 144 ff.) und Eintrittsklauseln (Rdn. 173 ff.) in Betracht. 126

a) Fortsetzungsklausel

Mit einer **Forsetzungsklausel** kann die Fortsetzung einer Gesellschaft als werbende Gesellschaft für den Fall des Todes aller oder einzelner Gesellschafter herbeigeführt werden. Die Aufnahme einer Fortsetzungsklausel in den Gesellschaftsvertrag, die in § 736 Abs. 1 BGB ausdrücklich vorgesehen ist, ist vor allem bei einer Gesellschaft bürgerlichen Rechts angezeigt (vgl. auch Rdn. 136), wenn die mit dem Tod eines Gesellschafters in § 727 Abs. 1 BGB vorgesehene Auflösungsfolge (vgl. 127

---

230 Vgl. www.bva.bund.de/SharedDocs/Downloads/DE/Aufgaben/ZMV/Transparenzregister/Transparenzregister_FAQ.pdf?__blob=publicationFile&v=23.
231 *Frese,* ZEV 2017, 695, 698.
232 Lutter/Hommelhoff/*Bayer,* § 15 GmbHG Rn. 12; BeckOGK/*Cahn,* § 69 AktG Rn. 6; MünchKommGmbHG/*Reichert/Weller,* § 18 GmbHG Rn. 31 ff.; *Perzborn,* RNotZ 2017, 405, 407.

Rdn. 100) vermieden werden soll.²³³ Daneben steht als Zweck einer Fortsetzungsklausel auch der Schutz der überlebenden Gesellschafter vor dem Eintritt der Erben des ausscheidenden Gesellschafters.

128 Die Regelung einer Fortsetzungsklausel im Gesellschaftsvertrag bedarf dabei **keiner besonderen Form**. Eine gesellschaftsvertragliche Regelung bei der OHG und der KG ist aufgrund der gesetzlich in § 131 Abs. 3 Satz 1 Nr. 1 HGB und in § 177 HGB angeordneten Rechtsfolgen regelmäßig nicht erforderlich (vgl. aber auch Rdn. 107, 110).

129 Für die Frage, ob die Aufnahme einer Fortsetzungsklausel in einen Gesellschaftsvertrag zweckmäßig ist, sollte auch berücksichtigt werden, dass der Kreis der Gesellschafter in Folge des Todes einzelner Gesellschafter tendenziell dem Zufall der Sterbefolge unterliegt.²³⁴ Daher bietet sich die Aufnahme einer Fortsetzungsklausel vor allem bei Gesellschaften an, bei denen die **persönliche Mitarbeit der Gesellschafter** im Vordergrund steht. Nachteil einer reinen Fortsetzungsklausel kann sein, das diese den Gesellschafterkreis im Zweifel immer weiter Schrumpfen lassen.²³⁵

130 ▶ Formulierungsbeispiel: Fortsetzungsklausel

Im Falle des Todes eines Gesellschafters wird die Gesellschaft unter den überlebenden Gesellschaftern ohne dessen Erben fortgesetzt. Der verstorbene Gesellschafter scheidet aus der Gesellschaft aus. Der Anteil des verstorbenen Gesellschafters wächst den überlebenden Gesellschaftern im Verhältnis ihrer bisherigen Beteiligung an. Sind nur noch zwei Gesellschafter vorhanden, so verbleibt dem überlebenden Gesellschafter ein Übernahmerecht.

131 Bei einer gesellschaftsvertraglich vorgesehenen Fortsetzungsklausel führt der Tod eines Gesellschafters gem. § 736 Abs. 1 BGB zu dessen (automatischen) Ausscheiden aus der Gesellschaft zum Zeitpunkt seines Todes.²³⁶ Insoweit wird die Fortsetzungsklausel wegen ihrer Wirkung auch als **Ausschließungsklausel** bezeichnet.²³⁷ Die Gesellschaft als solche wird sodann unter den verbleibenden Gesellschaftern fortgesetzt. Der Anteil des Verstorbenen am Gesellschaftsvermögen wächst den überlebenden Gesellschaftern ohne weiteren Übertragungsakt gem. § 738 Abs. 1 Satz 1 BGB zu.²³⁸ Identität und Bestand des **Gesamthandsvermögens** der Gesellschaft bleiben durch das Ausscheiden des verstorbenen Gesellschafters **unberührt**.²³⁹

132 Den Erben des ausgeschiedenen Gesellschafters verbleibt im Ergebnis lediglich der **Abfindungsanspruch** nach § 738 Abs. 1 Satz 2 BGB, der in den Nachlass fällt.²⁴⁰ Insoweit ist als potentieller Nachteil der Fortsetzungsklausel zu berücksichtigen, dass mit dem Ausscheiden des verstorbenen Gesellschafters auch ein für die Gesellschaft problematischer Kapitalabfluss entstehen kann, der aus der Erfüllung des Abfindungsanspruches an die Erben resultiert. Zudem ist darüber hinaus auch die persönliche Haftung der überlebenden Gesellschafter für den Abfindungsanspruch zu berücksichtigen.²⁴¹ Zwar stellt der Abfindungsanspruch grundsätzlich eine Verbindlichkeit der Gesellschaft dar, doch zählt der Abfindungsanspruch eines ausgeschiedenen Gesellschafters zu den Verbindlichkeiten einer Gesellschaft bürgerlichen Rechts, für den die Gesellschafter analog § 128 HGB einzustehen

---

233 Scherer/*Ploß*, Unternehmensnachfolge, § 24 Rn. 423.
234 *K. Schmidt*, GesR, § 45 V 3. c).
235 *K. Schmidt*, GesR, § 45 V 1 d).
236 Scherer/*Krause*, Unternehmensnachfolge, § 14 Rn. 5; MünchHdBGesR Bd. 1/*Klein/Lindemeier*, § 11 Rn. 12; *K. Schmidt*, GesR, § 45 V 3. a).
237 *K. Schmidt*, GesR, § 45 V 1. c); MünchKommHGB/*K. Schmidt*, § 139 HGB Rn. 7a.
238 MünchKommBGB/*Schäfer*, § 736 BGB Rn. 2; BeckOK-BGB/*Schöne*, 54. Ed., 01.05.2020, § 727 Rn. 12; *Deckert*, NZG 1998, 43, 44; *K. Schmidt*, GesR, § 45 V 3. b).
239 MünchHdBGesR Bd. 1/*Klein/Lindemeier*, § 11 Rn. 18; *K. Schmidt*, GesR, § 45 II 4., 5.
240 Scherer/*Krause*, Unternehmensnachfolge, § 14 Rn. 6; MünchHdBGesR Bd. 1/*Klein/Lindemeier*, § 11 Rn. 19; *K. Schmidt*, GesR, § 45 V 3. b).
241 BGH NJW 2001, 2718, 2720; NJW 2011, 2355, 2355.

haben.²⁴² Vor diesem Hintergrund ist es regelmäßig zu empfehlen, eine gesellschaftsvertragliche Fortsetzungsklausel mit einer **Abfindungsregelung für Erben** des ausgeschiedenen Gesellschafters zu kombinieren. Dabei ist es zulässig, den Abfindungsanspruch von Erben eines durch Tod aus der Gesellschaft ausgeschiedenen Gesellschafters der Höhe nach zu beschränken oder gar gänzlich auszuschließen.²⁴³ Die Anwachsung der Beteiligung bei den verbleibenden Gesellschaftern stellt im Zusammenhang mit einem vollständigen Abfindungsausschluss nach h.M. auch keine Schenkung dar, so dass hierdurch auch keine Pflichtteilsergänzungsansprüche ausgelöst werden.²⁴⁴

Neben dem Tod eines Gesellschafters kann eine Fortsetzungsklausel selbstverständlich auch weitere Gründe vorsehen, die nicht zur Auflösung der Gesellschaft, sondern zu deren Fortsetzung führen. Namentlich genannt sind in § 736 Abs. 1 BGB vor allem die Eröffnung des **Insolvenzverfahrens** über das Vermögen eines Gesellschafters sowie die **Kündigung** der Gesellschaft. 133

Gestaltungsbedarf besteht bei der Fortsetzungsklausel vor allem für den Fall, dass die Gesellschaft beim Tod eines Gesellschafters nur noch aus **zwei Gesellschaftern** besteht. Insoweit bietet es sich an, im Gesellschaftsvertrag für diesen Fall ein Übernahmerecht des einzig überlebenden Gesellschafters zu regeln (vgl. Rdn. 130).²⁴⁵ 134

Alternativ zu einer automatischen Fortsetzungsklausel kann in den Gesellschaftsvertrag auch eine Regelung aufgenommen werden, wonach die verbleibenden Gesellschafter berechtigt sein sollen, die Gesellschaft unter Ausscheiden des verstorbenen Gesellschafters aufgrund eines einstimmig zu fassenden **Gesellschafterbeschlusses** fortzusetzen.²⁴⁶ Wie dargestellt kann die Gesellschaft trotz ihrer Auflösung aufgrund des Todes eines Gesellschafters durch Beschluss fortgesetzt werden (vgl. Rdn. 104). Wesentlicher Unterschied zwischen einem Fortsetzungsbeschluss und einem Beschluss der verbliebenen Gesellschafter entsprechend einer Klausel im vorgenannten Sinne ist, dass nur der auf gesellschaftsvertraglicher Basis erfolgte Beschluss zur Fortsetzung der Gesellschaft **unter Ausschluss der Erben** des verstorbenen Gesellschafters führt.²⁴⁷ 135

Bei einer **OHG** oder einer **KG** geht eine reine Fortsetzungsklausel im Hinblick auf die **persönlich haftenden Gesellschafter** jedoch ins Leere.²⁴⁸ Die Regelung des § 131 Abs. 3 Satz 1 Nr. 1 HGB ordnet für den Tod eines Gesellschafters einer OHG bzw. eines Komplementärs bei einer KG anders als § 727 Abs. 1 BGB für die Gesellschaft bürgerlichen Rechts nicht die Auflösung der Gesellschaft, sondern nur das Ausscheiden des verstorbenen Gesellschafters an (vgl. Rdn. 107). § 131 Abs. 3 Satz 1 Nr. 1 HGB entspricht damit dem Grunde nach dem Inhalt einer Fortsetzungsklausel.²⁴⁹ 136

Die Rechtsfolgen beim Versterben eines **Kommanditisten** sind in § 177 HGB geregelt, der die Vererblichkeit des Kommanditanteils anordnet. Dementsprechend ist eine gesellschaftsvertragliche Fortsetzungsklausel grundsätzlich nicht erforderlich, da die Gesellschaft schon qua Gesetz mit den Erben des Kommanditisten fortgesetzt wird.²⁵⁰ Von den Rechtsfolgen des § 177 HGB kann jedoch durch **gesellschaftsvertragliche Regelung** abgewichen werden.²⁵¹ Denkbar ist in Bezug auf die Kom- 137

---

242 BGH NJW 2001, 2718, 2720; NJW 2011, 2355, 2355; sowie zur Testamentsvollstreckung bei der GbR MünchKommBGB/*Schäfer*, § 705 BGB Rn. 114.
243 Scherer/*Krause*, Unternehmensnachfolge, § 14 Rn. 6; MünchKommBGB/*Schäfer*, § 738 BGB Rn. 61; *K. Schmidt*, GesR, § 45 V 3. b).
244 MünchKommBGB/*Koch*, § 516 BGB Rn. 96; Staudinger/*Olshausen*, § 2325 BGB Rn. 33 f.; *Winkler*, ZEV 2005, 89, 93 f.
245 Scherer/*Krause*, Unternehmensnachfolge, § 14 Rn. 7; MünchKommBGB/*Schäfer*, § 730 BGB Rn. 65 ff.
246 MünchKommBGB/*Schäfer*, § 736 BGB Rn. 17.
247 MünchKommBGB/*Schäfer*, § 736 BGB Rn. 17.
248 So ausdrücklich GK-HGB/*Schäfer*, § 131 HGB Rn. 76.
249 Scherer/*Krause*, Unternehmensnachfolge, § 14 Rn. 8; MünchKommHGB/*K. Schmidt*, § 139 HGB Rn. 7a.
250 EBJS/*Strohn*, § 177 HGB Rn. 8; GK-HGB/*Thiessen*, § 177 HGB Rn. 12; *Deckert* NZG 1998, 43, 48.
251 Koller/Kindler/Roth/Morck/*Kindler*, § 177 HGB Rn. 10; MünchKommHGB/*K. Schmidt*, § 177 HGB Rn. 5.

manditbeteiligung etwa eine Regelung, wonach ein Kommanditist mit seinem Tod aus der Gesellschaft ausscheidet und die Gesellschaft unter den verbliebenen Gesellschaftern fortgesetzt wird.[252] Durch eine solche Regelung kann im Ergebnis die in § 131 Abs. 3 Satz 1 Nr. 1 HGB für Komplementäre vorgesehene Rechtsfolge auch für Kommanditisten herbeigeführt werden. Auch hier fallen lediglich die schuldrechtlichen Ansprüche des ausgeschiedenen Gesellschafters in den Nachlass.[253] Die Fortsetzungsklausel wirkt hier faktisch als Ausschließungsklausel.[254]

138 ▶ **Formulierungsbeispiel: Fortsetzungsklausel unter Ausscheiden eines Kommanditisten**

Im Falle des Todes eines Kommanditisten wird die Gesellschaft unter den überlebenden Gesellschaftern ohne dessen Erben fortgesetzt. Der verstorbene Kommanditist scheidet aus der Gesellschaft aus. Der Anteil des verstorbenen Gesellschafters wächst den überlebenden Gesellschaftern im Verhältnis ihrer bisherigen Beteiligung an. Sind nur noch zwei Gesellschafter vorhanden, so verbleibt dem überlebenden Gesellschafter ein Übernahmerecht.

b) Auflösungsklausel

139 Abweichend vom gesetzlichen Regelfall (vgl. Rdn. 107) besteht für Gesellschafter einer **OHG** und einer **KG** die Möglichkeit, im Gesellschaftsvertrag eine Auflösungsklausel vorzusehen.[255] Scheidet ein Gesellschafter nach § 131 Abs. 3 Satz 1 Nr. 1 HGB aus, so wächst der Anteil des Verstorbenen am Gesellschaftsvermögen den überlebenden Gesellschaftern ohne weiteren Übertragungsakt gem. § 738 Abs. 1 Satz 1 BGB an.[256] Identität und Bestand des Gesamthandsvermögens der Gesellschaft bleiben durch das Ausscheiden des verstorbenen Gesellschafters unberührt.[257] Gleiches gilt letztendlich für den Tod eines Kommanditisten. Die Gesellschaft wird nach § 177 HGB mit den Erben des verstorbenen Kommanditisten fortgesetzt (vgl. Rdn. 110). Ist ein solcher **Fortbestand der Gesellschaft ausnahmsweise nicht gewünscht**, müssen die Gesellschafter eine gesellschaftsvertragliche Regelung schaffen, wonach die Gesellschaft mit dem Tod eines Gesellschafters aufgelöst wird. Die Auflösung kann entweder generell für den Tod eines jeden oder nur eines bestimmten Gesellschafters angeordnet werden.

140 ▶ **Formulierungsbeispiel: Auflösungsklausel**

Im Falle des Todes eines Gesellschafters wird die Gesellschaft aufgelöst und tritt in Liquidation.

141 Die Rechtsfolgen einer hierdurch bedingten Auflösung der OHG entsprechen dann den Rechtsfolgen der Auflösung einer GbR nach § 727 Abs. 1 BGB (vgl. Rdn. 101),[258] sofern im Gesellschaftsvertrag insoweit keine abweichende Vereinbarung getroffen worden ist.

142 Zweckmäßig kann die Aufnahme einer Auflösungsklausel im Hinblick auf die dargestellten Haftungsfolgen bei einer **zweigliedrigen KG** sein (vgl. Rdn. 114), um das Risiko einer vollumfänglichen persönlichen Haftung des ehemaligen Kommanditisten für Verbindlichkeiten der Gesellschaft im Falle des Versterbens des letzten Komplementärs abzuwenden.[259] In diesem Fall bietet es sich an, die Auflösung der Gesellschaft als Option anstelle eines **Übernahmerecht** zu regeln.[260]

---

252 Ensthaler/Kluge/*Kluge*, § 177 HGB Rn. 6; EBJS/*Strohn*, § 177 HGB Rn. 10; MünchKommHGB/*K. Schmidt*, § 177 HGB Rn. 6; zur Zulässigkeit *Götz*, ZEV 2020, 342, 342.
253 EBJS/*Strohn*, § 177 HGB Rn. 10; *Ivo*, ZEV 2006, 302, 302.
254 MünchKommHGB/*K. Schmidt*, § 177 HGB Rn. 6.
255 GK-HGB/*Schäfer*, § 131 HGB Rn. 77, 85 ff.; Dorsel/*Dorsel*, Kap. 11 Rn. 14.
256 MünchKommBGB/*Schäfer*, § 736 BGB Rn. 2; BeckOK-BGB/*Schöne*, 54. Ed., 01.05.2020, § 727 Rn. 12; *Deckert*, NZG 1998, 43, 44; *K. Schmidt*, GesR, § 45 V 3. b).
257 MünchHdBGesR Bd. 1/*Klein/Lindemeier*, § 11 Rn. 18; *K. Schmidt*, GesR, § 45 II 4., 5.
258 GK-HGB/*Schäfer*, § 131 HGB Rn. 85 ff.; MünchKommHGB/*K. Schmidt*, § 139 HGB Rn. 99a.
259 Baumbach/Hopt/*Roth*, § 131 HGB Rn. 81, 84; *Ivo*, ZEV 2006, 302, 303.
260 *Peters*, RNotZ 2002, 425, 440.

▶ **Formulierungsbeispiel: Auflösungsklausel bei Nichtausübung eines Übernahmerechts in der Zweipersonengesellschaft** 143

Im Falle des Todes eines Gesellschafters, wird die Gesellschaft unter den überlebenden Gesellschaftern ohne dessen Erben fortgesetzt. Der verstorbene Gesellschafter scheidet aus der Gesellschaft aus. Der Anteil des verstorbenen Gesellschafters wächst den überlebenden Gesellschaftern im Verhältnis ihrer bisherigen Beteiligung an. Sind nur noch zwei Gesellschafter vorhanden, so verbleibt dem überlebenden Gesellschafter ein Übernahmerecht. Übt dieser das Übernahmerecht nicht aus, so ist die Gesellschaft aufgelöst und tritt in Liquidation.

c) Nachfolgeklauseln

Bei **Nachfolgeklauseln** ist zwischen der einfachen (vgl. Rdn. 145 ff.) und der qualifizierten Nachfolgeklausel (vgl. Rdn. 157 ff.) zu differenzieren. Beiden Klauseln ist gemeinsam, dass die Fortsetzung der Gesellschaft mit Erben des Gesellschafters beabsichtigt ist und diese daher anders als Fortsetzungsklauseln nicht zum Ausscheiden des verstorbenen Gesellschafters führen. Nachfolgeklauseln können **formfrei** vereinbart werden. Sie bieten sich hinsichtlich einer Beteiligung an einer Personengesellschaft für persönlich haftende Gesellschafter an. 144

aa) Einfache Nachfolgeklausel

Durch eine einfache (erbrechtliche) Nachfolgeklausel wird in Bezug auf die Beteiligung eines Gesellschafters an einer OHG bzw. eines Komplementärs an einer KG die **Rechtsfolge des Ausscheidens** (§ 131 Abs. 3 Satz 1 Nr. 1 HGB) abbedungen (vgl. Rdn. 107) und in gleicher Weise vererblich gestellt, wie dies nach § 177 HGB für Kommanditbeteiligungen gilt.[261] Die Zulässigkeit einer entsprechenden gesellschaftsvertraglichen Regelung ergibt sich unmittelbar aus § 139 Abs. 1 HGB. Bei Vorliegen einer einfachen Nachfolgeklausel wird anders als bei einer qualifizierten Nachfolgeklausel die Gesellschaft mit sämtlichen Erben eines verstorbenen Gesellschafters fortgesetzt (vgl. zur qualifizierten Nachfolgeklausel Rdn. 157). 145

Die Nachfolgeklausel als solche gewährt den darin als Nachfolger des verstorbenen Gesellschafters zugelassenen Personen keine Rechte, insbesondere kein Eintrittsrecht für den Erben.[262] Da die Beteiligung des persönlich haftenden Gesellschafters durch die einfache Nachfolgeklausel lediglich vererblich gestellt worden ist, bedarf es darüber hinaus vielmehr eines **erbrechtlichen Verfügungstatbestandes**, so dass sich die konkrete Rechtsnachfolge des verstorbenen Gesellschafters entweder nach der gesetzlichen Erbfolge oder nach einer Verfügung von Todes wegen richtet.[263] Die einfache Nachfolgeklausel gewährt daher dem verstorbenen Gesellschafter größtmögliche Gestaltungsfreiheit im Hinblick auf seine Nachfolge in der Gesellschaft. Bei der Verwendung einer einfachen Nachfolgeklausel ist daher stets auch die erbrechtliche Lage der Gesellschafter in die Vertragsgestaltung mit einzubeziehen, so dass zwingend eine inhaltliche Abstimmung zwischen Gesellschaftsrecht und Erbrecht angezeigt ist. 146

▶ **Formulierungsbeispiel: Einfache Nachfolgeklausel** 147

Im Falle des Todes eines persönlich haftenden Gesellschafters wird die Gesellschaft durch die überlebenden Gesellschafter mit dessen Erben oder Vermächtnisnehmern fortgesetzt.

Im Rahmen der inhaltlichen Gestaltung einer einfachen Nachfolgeklausel ist zu berücksichtigen, dass mangels anderweitiger Regelung im Gesellschaftsvertrag neben den Erben gegebenenfalls auch 148

---

261 Vgl. BGH NJW 1977, 1339, 1340; MünchHdBGesR Bd. 1/*Klein/Lindemeier*, § 79 Rn. 14, 20; GK-HGB/*Schäfer*, § 139 HGB Rn. 9; MünchKommHGB/*K. Schmidt*, § 139 HGB Rn. 11.
262 Baumbach/Hopt/*Roth*, § 139 HGB Rn. 10; GK-HGB/*Schäfer*, § 139 HGB Rn. 9.
263 Scherer/*Krause*, Unternehmensnachfolge, § 14 Rn. 14; MünchHdBGesR Bd. 1/*Klein/Lindemeier*, § 79 Rn. 14; Baumbach/Hopt/*Roth*, § 139 HGB Rn. 10.

Ersatzerben und **Erbeserben** sowie **Vorerben**[264] mit dem Tod eines Gesellschafters in dessen Gesellschafterstellung automatisch einrücken.[265] Sollte etwas anderes gewünscht sein, etwa dass Ersatzerben oder Erbeserben nicht in die Beteiligung einrücken sollen, ist dies in der einfachen Nachfolgeklausel ausdrücklich zu regeln. Eine ausdrückliche Regelung in der Klausel ist auch dann erforderlich, wenn die Beteiligung an der Gesellschaft zum Gegenstand eines **Vermächtnisses** gemacht werden soll (vgl. insoweit das Formulierungsbeispiel bei Rdn. 147). Problematisch ist insoweit, dass dem Vermächtnisnehmer nach § 2174 BGB lediglich ein schuldrechtlicher Anspruch gegen den bzw. die Erben auf Übertragung der Beteiligung zusteht.[266] Die gesellschaftsvertragliche Regelung muss dabei dann zweierlei regeln:[267] Zum einen muss der Gesellschaftsanteil durch eine Nachfolgeklausel überhaupt vererblich gestellt werden. Zum anderen ist erforderlich, dass der Gesellschaftsvertrag die Übertragung des Gesellschaftsanteils an Vermächtnisnehmer zulässt. Zunächst geht nämlich die Beteiligung im Wege der Erbfolge auf den oder die Erben über.[268] Die Übertragung der Beteiligung an den Vermächtnisnehmer zum Zwecke der Vermächtniserfüllung bedarf letztendlich der Zustimmung aller überlebenden Gesellschafter, sofern der Gesellschaftsvertrag nicht die freie Übertragbarkeit der Beteiligung vorsieht.[269]

149 Sofern es sich bei dem gesetzlichen oder aufgrund von Verfügung von Todes wegen berufenen Erben um einen **Alleinerben** handelt, vollzieht sich der Übergang der Beteiligung gem. § 1922 BGB kraft Universalsukzession.[270] Sind hingegen **mehrere Nachfolgeberechtigte** vorhanden, so wird nicht die Erbengemeinschaft Inhaberin der Beteiligung.[271] Vielmehr wird jeder einzelne Erbe entsprechend seiner jeweiligen Erbquote im Wege der **Sondererbfolge durch Singularsukzession** Mitglied der Gesellschaft.[272] Es kommt insoweit zu einem automatischen Splitting der vererbten Mitgliedschaft.[273] Die vorgenannte Singularsukzession ändern jedoch nichts daran, dass die Gesellschaftsbeteiligung in den Nachlass fällt, so dass sich eventuelle erbrechtliche Beschränkungen, wie die Anordnung von Vor- und Nacherbfolge oder der Testamentsvollstreckung (vgl. hierzu Rdn. 219 ff.) auch auf die von den einzelnen Erben erworbene Gesellschaftsbeteiligung bezieht.[274] Dass die Erbengemeinschaft trotz der bestehenden gesamthänderischen Vermögensbindung nicht als Gesellschafterin einer Personengesellschaft in Betracht kommt, beruht im Wesentlichen darauf, dass es sich hier meist um persönlichkeitsbezogene Arbeits- und Haftungsgemeinschaften handelt, in denen Rechte und Pflichten in der Regel sachgerecht nur von voll verantwortlichen und selbst handlungsfähigen Personen wahrgenommen werden können.[275] Zu berücksichtigen sind insoweit vor allem auch die Regelungen der §§ 2033 Abs. 1, 2042 Abs. 2 BGB, wonach jeder Miterbe über seinen **Anteil an der Erbengemeinschaft** frei verfügen sowie jederzeit deren Auflösung verlangen kann.[276] Schließlich ist auch die

---

264 Vgl. hierzu ausführlich MünchKommHGB/*K. Schmidt*, § 139 HGB Rn. 33 ff.
265 MünchHdBGesR Bd. 1/*Klein/Lindemeier*, § 79 Rn. 20; GK-HGB/*Schäfer*, § 139 HGB Rn. 33.
266 GK-HGB/*Schäfer*, § 139 HGB Rn. 33.
267 *Ivens*, ZEV 2010, 615, 617.
268 EBJS/*Lorz*, § 139 HGB Rn. 16; MünchKommHGB/*K. Schmidt*, § 139 HGB Rn. 15.
269 EBJS/*Lorz*, § 139 HGB Rn. 16; MünchKommHGB/*K. Schmidt*, § 139 HGB Rn. 15 jeweils unter dem Hinweis darauf, dass die überlebenden Gesellschafter grds. zur Zustimmung verpflichtet sind, wenn kein Ablehnungsgrund gegenüber dem Vermächtnisnehmer als Erwerber besteht.
270 GK-HGB/*Schäfer*, § 139 HGB Rn. 44; MünchKommHGB/*K. Schmidt*, § 139 HGB Rn. 14.
271 GK-HGB/*Schäfer*, § 139 HGB Rn. 45.
272 BGH NJW 1957, 180, 180; NJW 1984, 2104, 2105; NJW 1986, 2431, 2432; EBJS/*Lorz*, § 139 HGB Rn. 10; GK-HGB/*Schäfer*, § 139 HGB Rn. 45; *von Hoyenberg*, RNotZ 2007, 383, 377.
273 MünchKommBGB/*Leipold*, § 1922 BGB Rn. 120; EBJS/*Lorz*, § 139 HGB Rn. 10; MünchKommHGB/*K. Schmidt*, § 139 HGB Rn. 13; *K. Schmidt*, GesR, § 45 V 4. a).
274 NJW 1986, 2431, 2432; Oetker/*Kamanabrou*, § 139 HGB Rn. 7.
275 BGH NJW 1983, 2376, 2377.
276 BGH NJW 1977, 1339, 1342; Oetker/*Kamanabrou*, § 139 HGB Rn. 7; MünchKommBGB/*Schäfer*, § 705 BGB Rn. 81.

in § 2059 Abs. 1 BGB vorgesehene Haftungsbeschränkung der Miterben auf den Nachlass mit dem gesellschaftsrechtlichen Haftungskonzept nicht vereinbar.[277]

Dem Gesellschafter steht es selbstverständlich frei, die Teilungsquote für die Sondererbfolge durch Verfügung von Todes wegen durch eine entsprechende **Teilungsanordnung** abweichend von der Erbquote zu regeln.[278] Sieht der Gesellschaftsvertrag keine dahingehende Regelung vor, kann der Gesellschafter die **Teilungsquote** grundsätzlich durch Verfügung von Todes wegen bestimmen. Diese kann vor allem von den gesetzlichen Erbquoten abweichen. Soll dies ausdrücklich zulässig sein, bietet sich gleichwohl eine entsprechende Klarstellung im Gesellschaftsvertrag an. 150

▶ Formulierungsbeispiel: Einfache Nachfolgeklausel mit abweichender Teilungsquote 151

(1) Im Falle des Todes eines persönlich haftenden Gesellschafters wird die Gesellschaft durch die überlebenden Gesellschafter mit dessen Erben oder Vermächtnisnehmern fortgesetzt.
(2) Jeder Gesellschafter ist jedoch berechtigt, das Teilungsverhältnis abweichend von den Erbteilen durch Verfügung von Todes wegen zu bestimmen.

Nachteil einer einfachen Nachfolgeklausel ist, dass es durch eine Mehrheit von Erben zu einer Zersplitterung der Gesellschafterstellung und damit letztendlich zu einer Vervielfachung der Kontroll- und Verwaltungsrechte kommen kann.[279] Dieser Umstand sollte bereits bei der Gestaltung des Gesellschaftsvertrages, etwa bei der Frage, ob Abstimmungen nach Köpfen erfolgen sollen, berücksichtigt werden. Darüber hinaus bietet es sich generell an, im Gesellschaftsvertrag eine Regelung vorzusehen, nach der die Erben eines Gesellschafters ihre Rechte nur einheitlich durch einen **gemeinsamen Vertreter** ausüben können.[280] 152

▶ Formulierungsbeispiel: Vertreterklausel bei mehreren Erben 153

Wird ein Gesellschafter von mehreren Erben beerbt, so können diese ihre Rechte aus der jeweiligen Beteiligung nur einheitlich ausüben. Hierzu haben die Erben einen gemeinsamen Vertreter zu benennen. Bis zur Benennung eines gemeinsamen Vertreters gegenüber der Gesellschaft ruhen die Rechte aus der jeweiligen Beteiligung der Erben.

Abschließend ist zu berücksichtigen, dass jeder **Erbe**, der aufgrund einer Nachfolgeklausel als persönlich haftender Gesellschafter Mitglied einer Personenhandelsgesellschaft geworden ist, gem. § 139 Abs. 1 HGB sein Verbleiben in der Gesellschaft davon abhängig machen kann, dass ihm unter Belassung des bisherigen Gewinnanteils die **Stellung eines Kommanditisten** eingeräumt und der auf ihn fallende Teil der Einlage des Erblassers als seine Kommanditeinlage anerkannt wird. Bei dem von § 139 Abs. 1 HGB eingeräumten Wahlrecht handelt es sich um ein unabdingbares Recht des Erben, was sich aus § 139 Abs. 5 HGB ergibt. Durch das Wahlrecht soll dem Erben insbesondere die Möglichkeit gegeben werden, der unbeschränkten gesellschaftsrechtlichen Haftung nach §§ 128, 130 HGB zu entgehen.[281] Ansonsten bliebe für den Erben nur die Möglichkeit, die gesamte Erbschaft auszuschlagen, wenn er der Haftung nach §§ 128, 130 HGB entgehen wollte. Nicht anwendbar ist die Regelung des § 139 HGB auf die Nachfolge in einer Gesellschaft bürgerlichen Rechts.[282] 154

---

277 BGH NJW 1977, 1339, 1342; Oetker/*Kamanabrou*, § 139 HGB Rn. 7; MünchKommBGB/*Schäfer*, § 705 BGB Rn. 81.
278 Vgl. hierzu auch Dorsel/*Dorsel*, Kap. 11 Rn. 22.
279 Scherer/*Krause*, Unternehmensnachfolge, § 14 Rn. 19; MünchHdBGesR Bd. 1/*Klein/Lindemeier*, § 79 Rn. 21; *Schörnig*, ZEV 2002, 343, 344.
280 Reimann/Bengel/Dietz/*Reimann/Stracke*, Syst. A Rn. 735; umfassend zur Zulässigkeit von Vertretungsklauseln *Schörnig*, ZEV 2002, 343, 345 ff.
281 EBJS/*Lorz*, § 139 HGB Rn. 4; MünchKommHGB/*K. Schmidt*, § 139 HGB Rn. 5.
282 Vgl. aber auch für ein bedingtes Austrittsrecht analog § 139 HGB etwa MünchKommBGB/*Schäfer* § 727 Rn. 46 ff.

155 Der Gesellschaftsvertrag kann auch vorsehen, dass den **überlebenden Gesellschaftern** das Recht eingeräumt wird, von den in die Gesellschaft einrückenden Erben die Umwandlung in die **Stellung eines Kommanditisten** zu verlangen.[283]

156 ▶ Formulierungsbeispiel: Fortsetzungsklausel mit Recht der überlebenden Gesellschafter eine Umwandlung in eine Kommanditbeteiligung zu verlangen

Im Falle des Todes eines persönlich haftenden Gesellschafters wird die Gesellschaft durch die überlebenden Gesellschafter mit dessen Erben oder Vermächtnisnehmern fortgesetzt.

Die überlebenden Gesellschafter können jedoch innerhalb von 3 Monaten nach Kenntniserlangung von der Person des/der Erben in gleicher Weise wie diese nach § 139 HGB verlangen, dass diese oder einzelne von ihnen als Kommanditisten in der Gesellschaft verbleiben. Erfolgt die Annahme eines entsprechenden Antrags nicht unverzüglich, scheidet der betreffende Nachfolger aus der Gesellschaft aus.

bb) Qualifizierte Nachfolgeklausel

157 Ebenso wie bei der einfachen Nachfolgeklausel wird bei der qualifizierten Nachfolgeklausel die Beteiligung an einer Personengesellschaft vererblich gestellt. Anders als bei der einfachen Nachfolgeklausel wird bei der qualifizierten Nachfolgeklausel jedoch durch den Gesellschaftsvertrag die **Dispositionsbefugnis** der Gesellschafter im Hinblick auf die Rechtsnachfolge in ihren Gesellschaftsanteil **beschränkt**, indem durch die gesellschaftsvertragliche Regelung unter Ausschluss etwaiger weiterer Erben nur bestimmte Personen oder Personengruppen zu Nachfolgern in der Gesellschaftsbeteiligung bestimmt werden können.[284] Dabei spielt die qualifizierte Nachfolgeklausel anders als die einfache Nachfolgeklausel nicht nur beim Tod von Gesellschaftern einer OHG bzw. eines Komplementärs bei einer KG eine große Rolle. Sofern die von § 177 HGB angeordnete Rechtsfolge einer Fortsetzung der Gesellschaft mit sämtlichen Erben eines Kommanditisten nicht gewünscht ist, kommt die qualifizierte Nachfolgeklausel auch bei der KG als Gestaltungsmittel in Betracht.[285]

158 Ziel der gesellschaftsvertraglichen Regelung ist es mithin, die Beteiligung kraft Erbrecht nur einem beschränkten Kreis von Nachfolgern zuwenden zu können, wodurch die Dispositionsmöglichkeiten des Erblassers eingeschränkt werden.[286] Hierdurch kann die Zersplitterungsgefahr einer Gesellschaftsbeteiligung, die einen wesentlichen Nachteil einer einfachen Nachfolgeklausel darstellt, vermieden werden. Mit der qualifizierten Nachfolgeklausel ist auch **keine Einschränkung der Testierfreiheit** des Gesellschafters verbunden, vielmehr begründet sie die Möglichkeit, den Anteil an der Gesellschaft, wenn auch beschränkt auf die in der Klausel bezeichneten Personen, in die Rechtsnachfolge von Todes wegen einzuziehen.[287]

159 ▶ Formulierungsbeispiel: Qualifizierte Nachfolgeklausel

(1) Im Falle des Todes eines persönlich haftenden Gesellschafters wird die Gesellschaft mit den Erben oder Vermächtnisnehmern fortgesetzt, soweit es sich dabei um Mitgesellschafter, Ehegatten oder volljährige leibliche Abkömmlinge handelt.

(2) Hinterlässt der verstorbene Gesellschafter keine nachfolgeberechtigten Erben oder Vermächtnisnehmer, so wird die Gesellschaft unter den verbleibenden Gesellschaftern unter Ausschluss der Erben oder Vermächtnisnehmer fortgesetzt.

---

283 Vgl. in diesem Zusammenhang zur Vertragsfreiheit i.R.d. Gestaltung von Fortsetzungsregelungen GK-HGB/*Schäfer*, § 139 HGB Rn. 7.
284 Scherer/*Krause*, Unternehmensnachfolge, § 14 Rn. 22; Oetker/*Kamanabrou*, § 139 HGB Rn. 16; EBJS/*Lorz*, § 139 HGB Rn. 19; MünchKommHGB/*K. Schmidt*, § 139 HGB Rn. 16; *v. Hoyenberg*, RNotZ 2007, 377, 383; *Ivens*, ZEV 2010, 615, 616; Ivo, ZEV 2006, 302, 303.
285 MünchKommHGB/*K. Schmidt*, § 177 HGB Rn. 9; EBJS/*Strohn*, § 177 HGB Rn. 10.
286 Vgl. BGH NJW 1977, 1339, 1342 f.; NJW 1983, 2376, 2377.
287 MünchKommBGB/*Schäfer*, § 727 BGB Rn. 41.

B. Erbrechtliche Bezüge — Kapitel 7

Bei der Formulierung einer qualifizierten Nachfolgeklausel ist vor allem zu beachten, dass der oder die Nachfolger bei Eintritt des Erbfalls **eindeutig identifizierbar** sind.[288] Sofern insoweit Zweifel verbleiben, ist von einer einfachen Nachfolgeklausel auszugehen.[289] So kann die gesellschaftsvertragliche Regelung die zugelassenen Nachfolger namentlich konkret bezeichnen oder eine bestimmte **Personengruppe** definieren (z.B. Ehegatten, [leibliche oder eheliche] Abkömmlinge, gesetzliche Erben, Mitgesellschafter usw.). Möglich ist auch, die zugelassenen Nachfolger nach bestimmten **Qualifikationsmerkmalen** zu umschreiben (z.B. Alter, Geschlecht oder berufliche Qualifikation). Unzulässig ist hingegen die Bezeichnung des Nachfolgers durch einen Dritten.[290] Für die Einbeziehung von Ersatzerben, Erbeserben, Vorerben und Vermächtnisnehmern in den Kreis der nachfolgeberechtigten Personen gilt das zur einfachen Nachfolgeklausel Gesagte entsprechend (vgl. Rdn. 148).

160

Um eine **Zersplitterung der Anteile** eines verstorbenen Gesellschafters im Wege der Sonderfolge zu verhindern, kann durch qualifizierte Nachfolgeklausel auch die Zahl der zugelassenen Nachfolger begrenzt bzw. festgelegt werden. Ferner kann auch die Bestimmung der nachfolgeberechtigten Person und die Person des Bestimmungsberechtigten festgelegt werden.[291]

161

▶ **Formulierungsbeispiel: Qualifizierte Nachfolgeklausel**

162

(1) Im Falle des Todes eines persönlich haftenden Gesellschafters wird die Gesellschaft immer nur mit einem volljährigen leiblichen Abkömmling als Nachfolger fortgesetzt.

(2) Die Bestimmung des nachfolgeberechtigten Abkömmlings steht dem betreffenden Gesellschafter zu, welche dieser durch lebzeitige Erklärung gegenüber der Gesellschaft oder durch Verfügung von Todes wegen trifft.

Auch die qualifizierte Nachfolgeklausel setzt voraus, dass die nachfolgeberechtigten Personen Erben aufgrund gesetzlicher Erbfolge oder aufgrund einer Verfügung von Todes wegen werden.[292] Eine **Verfügung von Todes wegen** ist daher jedenfalls dann zwingend erforderlich, wenn der in der Klausel Benannte nicht zu den gesetzlichen Erben zählt. Der Erwerb der Beteiligung erfolgt durch den qualifizierten Nachfolger kraft Erbrechts, sodass die Beteiligung zum Nachlass zählt.[293] Aufgrund der Tatsache, dass bei einer qualifizierten Nachfolgeklausel nicht sämtliche Erben in die Beteiligung einrücken, muss die erbrechtliche Lage mit der gesellschaftsvertraglichen Klausel inhaltlich abgestimmt werden, um ein Fehlschlagen der Rechtsnachfolge zu verhindern.[294] Hat ein Gesellschafter die Vorgaben der qualifizierten Nachfolgeklausel im Rahmen seiner Nachlassplanung nicht hinreichend berücksichtigt, wird also der in der gesellschaftsvertraglichen Regelung benannte qualifizierte Nachfolger weder Erbe noch Miterbe (**Inkongruenz** zwischen Erbfolgeregelung und Gesellschaftsvertrag), kann die gesellschaftsvertragliche Regelung, die keine Ersatzlösung (vgl. Rdn. 164) vorsieht, möglicherweise zu Gunsten des vom Erblasser bestimmten Nachfolgers als Eintrittsrecht ausgelegt bzw. umgedeutet werden.[295]

163

Wird die Beteiligung im Wege eines **Vermächtnisses** zugewandt, stellt sich die Frage, auf welchem Weg sich die Rechtsnachfolge von Todes wegen in der Gesellschaft vollzieht, wenn der Erbe nicht zum Kreis der qualifizierten Rechtsnachfolger zählt. Problematisch ist insoweit, dass das Vermächt-

164

---

288 Oetker/*Kamanabrou*, § 139 HGB Rn. 16; Henssler/Strohn/*Klöhn*, § 139 HGB Rn. 25; MünchKommHGB/*K. Schmidt*, § 139 HGB Rn. 16.
289 GK-HGB/*Schäfer*, § 139 HGB Rn. 26.
290 MünchHdBGesR Bd. 1/*Klein/Lindemeier*, § 79 Rn. 24; GK-HGB/*Schäfer*, § 139 HGB Rn. 28.
291 BeckOGK/*Müller/Gordon* HGB § 139 Rn. 40.
292 Scherer/*Krause*, Unternehmensnachfolge, § 14 Rn. 22; MünchHdBGesR Bd. 1/*Klein/Lindemeier*, § 79 Rn. 23; MünchKommHGB/*K. Schmidt*, § 139 HGB Rn. 17.
293 BGH NJW 1977, 1339, 1340; MünchKommHGB/*K. Schmidt*, § 139 HGB Rn. 17.
294 MünchKommHGB/*K. Schmidt*, § 139 HGB Rn. 17.
295 Oetker/*Kamanabrou*, § 139 HGB Rn. 25; Henssler/Strohn/*Klöhn*, § 139 HGB Rn. 30; EBJS/*Lorz*, § 139 HGB Rn. 6; GK-HGB/*Schäfer*, § 139 HGB Rn. 22; MünchKommHGB/*K. Schmidt*, § 139 HGB Rn. 21.

nis noch keinen unmittelbaren Eintritt des Bedachten in die Gesellschaft bewirkt, sondern lediglich ein **schuldrechtlicher Anspruch** gegen die Erben auf Übertragung des Anteils begründet wird (§ 2174 BGB). Ein unmittelbarer Rechtsübergang auf den Vermächtnisnehmer ist damit ausgeschlossen. Die h.M. legt in diesem Fall die Nachfolgeklausel als **rechtsgeschäftliche Eintrittsklausel** aus, die dem Vermächtnisnehmer im Wege eines Vertrages zu Gunsten Dritter einen Anspruch auf Aufnahme gegen die verbliebenen Gesellschafter gewährt.[296]

165 Im Rahmen der Gestaltung von qualifizierten Nachfolgeklauseln bietet es sich an, der **Inkongruenz** zwischen Erbfolgeregelung und Gesellschaftsvertrag, die zu einem Fehlschlagen der qualifizierten Nachfolgeklausel führen, vorzubeugen. Dies kann etwa in der Weise erfolgen, dass im Falle des Fehlschlagens die Gesellschaft unter den verbleibenden Gesellschaftern fortgesetzt wird (vgl. Rdn. 159). Alternativ kann die qualifizierte Nachfolgeklausel für den Fall ihres Fehlschalgens auch eine subsidiäre Eintrittsklausel (vgl. zum Formulierungsvorschlag Rdn. 175) vorsehen, wonach der qualifizierte Nachfolger ein Recht zum Eintritt in die Gesellschaft erlangt.[297]

166 Ebenso wie bei der einfachen Nachfolgeklausel fällt die Mitgliedschaft einem oder mehreren Erben, die nach der qualifizierten Nachfolgeklausel als Nachfolger in der Beteiligung berechtigt sind, im Wege der **Sondererbfolge** zu.[298] Gehören sämtliche Erben des Gesellschafters zu dem von der qualifizierten Nachfolgeklausel erfassten Personenkreis, so vollzieht sich die Rechtsnachfolge wie bei einer einfachen Nachfolgeklausel (vgl. Rdn. 149).[299] Die Sondererbfolge tritt aber auch dann ein, wenn nicht sämtliche Erben des Gesellschafters von der qualifizierten Nachfolgeklausel erfasst werden.[300] In diesem Fall fällt die Beteiligung einem alleine zur Nachfolge berufenen Miterben vollständig und mehreren qualifizierten Miterben automatisch geteilt entsprechend ihrer **Erbquoten** zu.[301] Der Umfang des Rechtserwerbs mehrerer qualifizierter Erben richtet sich dabei nach dem Verhältnis der Erbquoten der bedachten Miterben untereinander. Die Mitgliedschaft fällt daher den nachfolgeberechtigten Erben unmittelbar so an, als wären sie im Wege der Teilerbauseinandersetzung aus der Erbengemeinschaft übertragen worden.[302] Die quotale Beteiligung am sonstigen Nachlass ist im Rahmen der Sondererbfolge im Ergebnis unerheblich.[303] Die Erbquote des einzelnen Miterben stellt nämlich keine gegenständliche Begrenzung seines Erwerbs in dem Sinne dar, dass er keinen über diese Quote hinausgehenden Teil des Gesellschaftsanteils erwerben könnte.[304] Sie bestimmt nur zwingend den Anteil am Wert des Gesamtnachlasses, der dem einzelnen Miterben im Endergebnis zufließen darf und soll.[305]

167 Problematisch ist im Zusammenhang mit qualifizierten Nachfolgeklauseln auch die Behandlung von **Sonderbetriebsvermögen**, welches anders als die Beteiligung an der Gesellschaft nicht den qualifizierten Miterben geteilt zufällt, sondern im Wege der Univeralsukzession Gesamthandsvermögen der Erbengemeinschaft wird. Einkommensteuerrechtlich werden die zum Sonderbetriebsvermögen gehörenden Gegenstände bei den in die Gesellschaft eingerückten Erben des Gesellschafters entsprechend ihrer Erbquote als solches behandelt. Bei den nicht qualifizierten Erben wird das bisherige

---

296 BGH NJW 1978, 264, 264 f.; sowie umfassend zu dieser Frage DNotI-Gutachten 132180.
297 BeckOGK/*Müller/Godron* HGB § 139 Rn. 61; *Nieder/Kössinger*, Handbuch der Testamentsgestaltung, § 20 Rn. 38.
298 BGH NJW 1977, 1339, 1340; MünchHdBGesR Bd. 1/*Klein/Lindemeier*, § 79 Rn. 35; EBJS/*Lorz*, § 139 HGB Rn. 19; MünchKommHGB/*K. Schmidt*, § 139 HGB Rn. 18.
299 MünchKommBGB/*Schäfer*, § 727 BGB Rn. 43.
300 Henssler/Strohn/*Klöhn*, § 139 HGB Rn. 27; EBJS/*Lorz*, § 139 HGB Rn. 19; Baumbach/Hopt/*Roth*, § 139 HGB Rn. 14; MünchKommBGB/*Schäfer*, § 727 BGB Rn. 44; MünchKommHGB/*K. Schmidt*, § 139 HGB Rn. 18.
301 Oetker/*Kamanabrou*, § 139 HGB Rn. 18; MünchHdBGesR Bd. 1/*Klein/Lindemeier*, § 79 Rn. 35; MünchKommBGB/*Schäfer*, § 727 BGB Rn. 44; MünchKommHGB/*K. Schmidt*, § 139 HGB Rn. 18.
302 *K. Schmidt* GesR, § 45 V 5. c).
303 BGH NJW 1977, 1339, 1342; Oetker/*Kamanabrou*, § 139 HGB Rn. 18.
304 BGH NJW 1977, 1339, 1342.
305 BGH NJW 1977, 1339, 1342.

Sonderbetriebsvermögen dagegen entsprechend der Erbquote zu Privatvermögen, so dass insoweit ein nicht begünstigter Entnahmegewinn des Erblassers entsteht.[306] Dies kann vermieden werden, indem das Sonderbetriebsvermögen zum Zeitpunkt des Todes ebenfalls auf die qualifizierten Erben übergeht und insoweit kein Durchgangserwerb bei der Erbengemeinschaft stattfindet.[307]

Zu Gunsten der nicht über die qualifizierte Nachfolgeklausel berücksichtigten Erben besteht kein Anspruch auf Abfindung nach § 738 Abs. 1 Satz 2 BGB, da die Mitgliedschaft auf die Nachfolger vollständig übergegangen ist und insoweit kein Ausscheiden aus der Gesellschaft nach § 131 Abs. 3 Satz 1 Nr. 1 HGB vorliegt.[308] Der erforderliche **Ausgleich unter den Miterben** erfolgt vielmehr auf erbrechtlicher Basis.[309] Im Rahmen der Auseinandersetzung haben sich die in die Gesellschaftsbeteiligung einrückenden Erben den vollen Anteilswert anrechnen zu lassen. Sofern dieser den Wert der ihnen zustehenden Erbquote übersteigen sollte, haben diese den Differenzbetrag an die Erbengemeinschaft auszugleichen, wobei die Rechtsgrundlage des Ausgleichsanspruches umstritten ist.[310] Wie der Ausgleich konkret vollzogen werden soll, ist vorzugswürdig im Rahmen einer Verfügung von Todes wegen zu regeln.[311] Eine Ausgleichspflicht entfällt vollständig, wenn der Gesellschafter den zur Nachfolge berufenen Erben die Beteiligung im Wege des Vorausvermächtnisses zukommen lässt.[312] Erfolgt die Zuweisung der Beteiligung hingegen durch testamentarische Teilungsanordnung gem. § 2048 BGB, kommt es zu einem Ausgleich der Erben untereinander im Innenverhältnis, sofern der qualifizierte Erbe aufgrund der Teilungsanordnung mehr erhält, als ihm nach seiner Erbquote ansonsten zustehen würde.

168

Die Ausführungen zu § 139 HGB zur einfachen Nachfolgeklausel gelten für die qualifizierte Nachfolgeklausel entsprechend (vgl. Rdn. 154).

169

cc) Rechtsgeschäftliche Nachfolgeklausel

Von der einfachen erbrechtlichen Nachfolgeklausel (vgl. Rdn. 145 ff.) ist die so genannte rechtsgeschäftliche Nachfolgeklausel abzugrenzen.[313] Aufgrund einer solchen rechtsgeschäftlichen Nachfolgeklausel wird der Übergang der Beteiligung auf einen Dritten für den Fall des Todes eines Gesellschafters durch **Rechtsgeschäft unter Lebenden** und damit ohne Rückgriff auf die erbrechtliche Rechtsnachfolge geregelt.[314] Die Aufnahme einer rechtsgeschäftlichen Nachfolgeklausel kommt vor allem dann in Betracht, wenn nicht sicher ist, ob der darin begünstigte Erbe wird.[315]

170

Der Wechsel der Gesellschafterstellungen erfolgt bei einer rechtsgeschäftlichen Nachfolgeklausel in der Regel befristet durch den Tod des Gesellschafters und auflösend bedingt durch das Überleben des Nachfolgeberechtigten.[316] In diesem Fall vollzieht sich der Gesellschafterwechsel außerhalb des Erbrechts und damit letztendlich am Nachlass vorbei.[317] Zulässig sind solche rechtsgeschäftlichen Nachfolgeklauseln jedoch nur dann, wenn die hierdurch **begünstigten Personen selbst an der Ver-**

171

---

306 Vgl. hierzu Scherer/*von Sothen*, Unternehmensnachfolge, § 27 Rn. 293 f.
307 Scherer/*von Sothen*, Unternehmensnachfolge, § 27 Rn. 293 f.
308 BGH NJW 1968, 2003, 2004; BFH NJW 1982, 407, 408; Henssler/Strohn/*Klöhn*, § 139 HGB Rn. 27; MünchKommHGB/*K. Schmidt*, § 139 HGB Rn. 19; *K. Schmidt* GesR, § 45 V 5. c).
309 MünchKommHGB/*K. Schmidt*, § 139 HGB Rn. 20.
310 Oetker/*Kamanabrou*, § 139 HGB Rn. 22; Henssler/Strohn/*Klöhn*, § 139 HGB Rn. 28; EBJS/*Lorz*, § 139 HGB Rn. 23; MünchKommBGB/*Schäfer*, § 727 BGB Rn. 44; MünchKommHGB/*K. Schmidt*, § 139 HGB Rn. 20; *K. Schmidt*, GesR, § 45 V 5. c); *Ivens*, ZEV 2010, 615, 616.
311 Ausführlich jeweils EBJS/*Lorz*, § 139 HGB Rn. 24; MünchKommHGB/*K. Schmidt*, § 139 HGB Rn. 20; *K. Schmidt* GesR, § 45 V 5. c).
312 Oetker/*Kamanabrou*, § 139 HGB Rn. 24; EBJS/*Lorz*, § 139 HGB Rn. 24.
313 Ein Formulierungsbeispiel findet sich bei Scherer/*Krause*, Unternehmensnachfolge, § 14 Rn. 44.
314 Baumbach/Hopt/*Roth*, § 139 HGB Rn. 56; MünchKommBGB/*Schäfer*, § 727 BGB Rn. 49.
315 MünchKommBGB/*Schäfer*, § 727 BGB Rn. 49.
316 Scherer/*Krause*, Unternehmensnachfolge, § 14 Rn. 36; EBJS/*Lorz*, § 139 HGB Rn. 51.
317 MünchHdBGesR Bd. 1/*Klein/Lindemeier*, § 79 Rn. 14.

einbarung beteiligt sind, was vor allem dann der Fall ist, wenn in der Klausel ein Mitgesellschafter als Nachfolger namentlich bestimmt ist.[318]

172 In Abgrenzung zur Eintrittsklausel (vgl. Rdn. 173 ff.) unterscheiden sich schuldrechtliche Nachfolgeklauseln dadurch, dass die Nachfolge eo ipso auf den Zeitpunkt des Todes des Gesellschafters erfolgt und nicht erst aufgrund der rechtsgeschäftlichen Ausübung eines Eintrittsrechts. Sofern sich aus der gesellschaftsvertraglichen Regelung durch Auslegung nicht zweifelsfrei feststellen lässt, ob eine erbrechtliche Nachfolgeklausel oder ein rechtsgeschäftlicher Eintritt gewollt ist, so ist **im Zweifel von einer erbrechtlichen Nachfolge auszugehen**.[319]

d) Eintrittsklausel

173 Anders als bei einer Nachfolgeklausel führt die gesellschaftsvertragliche Regelung einer Eintrittsklausel nicht zu einem unmittelbaren und automatischen Übergang der Gesellschaftsbeteiligung eines verstorbenen Gesellschafters auf den oder die im Gesellschaftsvertrag vorgesehenen Nachfolger.[320] Durch die Eintrittsklausel wird einem Nachfolger im Wege eines **echten Vertrages zu Gunsten Dritter auf den Todesfall** zunächst lediglich ein schuldrechtlicher Anspruch eingeräumt, von den überlebenden Gesellschaftern die Aufnahme in die Gesellschaft anstelle des verstorbenen Gesellschafters zu verlangen.[321] Dem steht insbesondere § 2301 BGB nicht entgegen. Das Eintrittsrecht erwächst dabei ausschließlich aus dem Gesellschaftsvertrag, so dass sich die Rechtsnachfolge außerhalb des Erbrechts vollzieht.[322] Aufgrund der fehlenden automatischen Rechtsnachfolge setzt die Beteiligung des durch die Eintrittsklausel Begünstigten stets ein Vollzugsgeschäft voraus (vgl. Rdn. 179). Aufgrund der fehlenden unmittelbaren Rechtsnachfolge des Eintrittsberechtigten steht diesem auch das Wahlrecht des § 139 HGB nicht zur Verfügung.[323]

174 Eine Eintrittsklausel beinhaltet – auch ohne dahingehende ausdrückliche Regelung im Gesellschaftsvertrag – für den Zeitraum bis zum Eintritt des durch sie Berechtigten stets auch eine **Fortsetzungskomponente**, wonach die Gesellschaft zunächst unter Ausschluss des oder der Erben bei gleichzeitiger Möglichkeit des Beitritts eines Beitrittsberechtigten fortzusetzen ist.[324]

175 ▶ Formulierungsbeispiel: Eintrittsklausel

(1) Im Falle des Todes eines Gesellschafters wird die Gesellschaft unter den überlebenden Gesellschaftern ohne dessen Erben fortgesetzt. Ein jeder Gesellschafter ist jedoch berechtigt, für den Fall seines Todes gegenüber der Gesellschaft oder durch Verfügung von Todes wegen einen volljährigen gesetzlichen Erben zu bestimmen, dem das Recht zusteht, von den überlebenden Gesellschaftern durch Abschluss eines Aufnahmevertrages die unentgeltliche Aufnahme als persönlich haftender Gesellschafter in die Gesellschaft zu verlangen (nachfolgend »Eintrittsrecht«).

(2) Die Geltendmachung des Eintrittsrechtes ist gegenüber den überlebenden Gesellschaftern innerhalb von drei Monaten nach dem Tod des jeweiligen Gesellschafters gegenüber den überlebenden Gesellschaftern geltend zu machen. Maßgeblich für die Fristwahrung ist der Zugang der Erklärung. Erfolgt keine Ausübung innerhalb der Frist, erlischt das Eintrittsrecht.

---

318 Vgl. BGH NJW 1977, 1339, 1341; MünchKommBGB/*Schäfer*, § 727 BGB Rn. 49 ff.; MünchKommHGB/*K. Schmidt*, § 139 HGB Rn. 23.
319 BGH NJW 1977, 1339, 1341; Ensthaler/*Ensthaler*, § 139 HGB Rn. 1; EBJS/*Lorz*, § 139 HGB Rn. 50.
320 MünchKommBGB/*Schäfer*, § 727 BGB Rn. 53; MünchKommHGB/*K. Schmidt*, § 139 HGB Rn. 25.
321 BGH NJW 1978, 264, 265; Oetker/*Kamanabrou*, § 139 HGB Rn. 31; MünchKommHGB/*K. Schmidt*, § 139 HGB Rn. 37; MünchKommBGB/*Schäfer*, § 727 BGB Rn. 53; MünchKommHGB/*K. Schmidt*, § 139 HGB Rn. 26.
322 *V. Hoyenberg*, RNotZ 2007, 377, 384; *Ivens*, ZEV 2010, 615, 617; *Ivo*, ZEV, 2006, 302, 305.
323 Oetker/*Kamanabrou*, § 139 HGB Rn. 32; EBJS/*Lorz*, § 139 HGB Rn. 37.
324 Scherer/*Krause*, Unternehmensnachfolge, § 14 Rn. 31; Oetker/*Kamanabrou*, § 139 HGB Rn. 31; EBJS/*Lorz*, § 139 HGB Rn. 37; MünchKommBGB/*Schäfer*, § 727 BGB Rn. 53; MünchKommHGB/*K. Schmidt*, § 139 HGB Rn. 25.

(3) Ein Abfindungsanspruch der Erben ist ausgeschlossen. Die überlebenden Gesellschafter halten den Kapitalanteil des verstorbenen Gesellschafters im Verhältnis ihrer Beteiligung bis zur Ausübung bzw. bis zum Erlöschen des Eintrittsrechts treuhänderisch und übertragen diesen bei fristgerechter Ausübung des Eintrittsrechts an den Eintrittsberechtigten.

Bei einer Eintrittsklausel erfolgt die Rechtsnachfolge unabhängig von der konkreten erbrechtlichen Situation, so dass das Eintrittsrecht nicht nur dem oder den Erben, sondern vor allem auch jedem Dritten zustehen kann.[325] Vor diesem Hintergrund muss die erbrechtliche Lage – anders als bei der qualifizierten Nachfolgeklausel (vgl. Rdn. 163) – auch nicht zwingend mit der gesellschaftsvertraglichen Klausel abgestimmt sein. Dies führt auch dazu, dass die **Bestimmung des Nachfolgers** in den Gesellschaftsanteil ohne Verstoß gegen § 2065 Abs. 2 BGB auch noch nach dem Tod des Gesellschafters erfolgen und vor allem vollumfänglich auf einen vertraglich hierzu ermächtigten Dritten, etwa einzelnen oder allen Mitgesellschaftern sowie außen stehenden **Dritten**, übertragen werden kann.[326] Gleichwohl ist es zweckmäßig, bei der Formulierung einer Eintrittsklausel den Eintrittsberechtigten – ebenso wie einen qualifizierten Nachfolger bei der qualifizierten Nachfolgeklausel (vgl. Rdn. 160) – hinreichend genau zu bestimmen. So kann die Person des Eintrittsberechtigten im Gesellschaftsvertrag bereits ausdrücklich namentlich benannt werden, was jedoch eine Bindungswirkung des betreffenden Gesellschafters zur Folge hat. Denkbar ist auch eine Regelung, nach der der Gesellschafter den Eintrittsberechtigten durch letztwillige Verfügung oder lebzeitige Bestimmung benennt.

176

Durch eine Eintrittsklausel kann auch die künftige **Rechtsstellung des Eintrittsberechtigten** in der Weise bestimmt werden, dass geregelt wird, ob dieser als persönlich haftender Gesellschafter oder Kommanditist in die Gesellschaft eintritt.[327] Sofern die Klausel den Eintritt des Berechtigten als Kommanditist vorsieht, ist im Hinblick auf § 176 Abs. 2 HGB darauf zu achten, dass zumindest im Außenverhältnis der Beitritt unter der aufschiebenden Bedingung der Handelsregistereintragung erfolgt.

177

Zum Schutz der überlebenden Gesellschaft und im Hinblick auf die erforderliche Rechtsklarheit ist in die gesellschaftsvertragliche Regelung eine **Frist** aufzunehmen, innerhalb der der Eintrittsberechtigte von seinem Eintrittsrecht Gebrauch machen kann.[328] In diesem Zusammenhang sollte darüber hinaus geregelt werden, wie zu verfahren ist, wenn von dem Eintrittsrecht kein Gebrauch gemacht werden sollte.[329] Regelmäßig angezeigt ist insoweit eine klarstellende Regelung, dass die Gesellschaft in diesem Fall unter den überlebenden Gesellschaftern fortgesetzt wird.

178

Für den **Vollzug des Eintrittsrechts** stehen letztendlich zwei Optionen zur Verfügung. Grundsätzlich ist für den Vollzug des Eintritts und damit den Rechtsübergang der Beteiligung auf den Eintrittsberechtigten der Abschluss eines **Aufnahmevertrages** zwischen dem eintrittsberechtigten und den überlebenden Gesellschaftern erforderlich.[330] Sofern überlebende Gesellschafter nicht zur Mitwirkung am Abschluss eines Aufnahmevertrages bereit sind, muss der Eintrittsberechtigte diese gegebenenfalls auf Abgabe einer entsprechenden Willenserklärung verklagen, um sein Eintrittsrecht gegenüber diesen durchzusetzen.[331] Daneben kommt alternativ der Eintritt aufgrund einer einseitigen Erklärung des Eintrittsberechtigten gegenüber den überlebenden Gesellschaftern in Betracht, was in der Sache jedoch voraussetzt, dass die Eintrittsklausel bereits ein entsprechendes Angebot auf Abschluss eines Aufnah-

179

---

325 EBJS/*Lorz*, § 139 HGB Rn. 40; MünchKommBGB/*Schäfer*, § 727 BGB Rn. 54.
326 EBJS/*Lorz*, § 139 HGB Rn. 40; MünchKommBGB/*Schäfer*, § 727 BGB Rn. 54; MünchKommHGB/*K. Schmidt*, § 139 HGB Rn. 27; zu den Regelungsanforderungen umfassend MünchHdBGesR Bd. 1/*Klein/Lindemeier*, § 79 Rn. 80.
327 MünchHdBGesR Bd. 1/*Klein/Lindemeier*, § 79 Rn. 82.
328 Vgl. insoweit auch Baumbach/Hopt/*Roth*, HGB § 139 Rn. 53.
329 MünchHdBGesR Bd. 1/*Klein/Lindemeier*, § 79 Rn. 84.
330 MünchHdBGesR Bd. 1/*Klein/Lindemeier*, § 79 Rn. 81, 86; Oetker/*Kamanabrou*, § 139 HGB Rn. 34.
331 Oetker/*Kamanabrou*, § 139 HGB Rn. 34; GK-HGB/*Schäfer*, § 139 HGB Rn. 148.

mevertrages zu darin konkret geregelten Bedingungen enthält.[332] Im Rahmen der Gestaltung einer Eintrittsklausel bietet sich die Lösung über eine einseitige Eintrittserklärung regelmäßig nur dann an, wenn die Bedingungen des Eintritts bereits zum Zeitpunkt der Vereinbarung der Eintrittsklausel feststehen und den überlebenden Gesellschaftern kein Verhandlungsspielraum für den Beitritt des Beitrittsberechtigten mehr ermöglicht werden soll.[333] Um spätere Auslegungsschwierigkeiten im Hinblick auf den Vollzug des Eintritts zu vermeiden, sollte die gesellschaftsvertragliche Regelung insoweit möglichst eindeutige Vorgaben machen.

180 Mit dem Tod eines Gesellschafters treten im Hinblick auf die Beteiligung eines persönlich haftenden Gesellschafters ohne anderweitige Regelung die Rechtsfolgen des § 131 Abs. 3 Satz 1 Nr. 1 HGB ein, so dass die Beteiligung den überlebenden Gesellschaftern nach § 738 Abs. 1 Satz 1 BGB anwächst und das Abfindungsrecht nach § 738 Abs. 1 Satz 2 BGB in den Nachlass fällt.[334] Durch die Ausübung des Eintrittsrechts wird sodann eine **neue Mitgliedschaft** in der Gesellschaft begründet.[335] Anders als bei Nachfolgeklauseln im Gesellschaftsvertrag kommt es daher nicht zur Übertragung der bestehenden Mitgliedschaft des Erblassers.[336] Dies führt dazu, dass der Eintrittsberechtigte im Zusammenhang mit dem Erwerb seiner Beteiligung an sich eine Einlageleistung zu erbringen hätte. Dieses Ergebnis dürfte aber üblicherweise nicht interessengerecht sein. Die Einräumung eines Eintrittsrechts hat daher in der Regel nur dann einen praktischen Sinn, wenn dem Eintrittsberechtigten gleichzeitig der **Vermögenswert der Beteiligung** des ausscheidenden Gesellschafters zur Verfügung steht.[337]

181 Hierzu werden verschiedene Lösungswege vorgeschlagen:[338] Der Wert der Beteiligung kann dem Berechtigten als sog. **erbrechtliche Lösung** dadurch übertragen werden, dass ihm der Abfindungsanspruch, der den Erben infolge des zunächst ersatzlosen Ausscheidens des verstorbenen Gesellschafters nach § 738 Abs. 1 Satz 2 BGB zusteht, durch Vermächtnis oder Erbeinsetzung mit Teilungsanordnung zugewandt wird.[339] Dabei kann die vermächtnisweise Zuwendung bzw. die Einsetzung unter der aufschiebenden Bedingung erfolgen, dass der durch die Eintrittsklausel Begünstigte auch tatsächlich von seinem Recht Gebrauch macht und seinen Eintritt in die Gesellschaft erklärt. In diesem Fall besteht die Möglichkeit, dass die Forderung auf das Abfindungsguthaben mit der Einlageleistung verrechnet wird.[340] Ohne entsprechende Verfügung von Todes wegen wäre der Berechtigte darauf angewiesen, dass er den Anspruch auf Abfindung von dem oder den Erben im Wege der Abtretung erwirbt. Darüber hinaus besteht die als sog. **Treuhandlösung** bezeichnete Möglichkeit, dass unter Ausschluss eines solchen Abfindungsanspruchs die übrigen Gesellschafter den ihnen mit dem Ausscheiden nach § 738 Abs. 1 Satz 1 BGB zugefallenen Kapitalanteil des Ausgeschiedenen treuhänderisch für den Eintrittsberechtigten halten und bei dessen Eintritt auf ihn über-

---

332 MünchHdBGesR Bd. 1/*Klein/Lindemeier*, § 79 Rn. 81; MünchKommBGB/*Schäfer*, § 727 BGB Rn. 57; MünchKommHGB/*K. Schmidt*, § 139 HGB Rn. 26.
333 Oetker/*Kamanabrou*, § 139 HGB Rn. 35; MünchHdBGesR Bd. 1/*Klein/Lindemeier*, § 79 Rn. 81; MünchKommBGB/*Schäfer*, § 727 BGB Rn. 57.
334 Hauschild/Kallrath/Wachter/*Herrler/Berkefeld*, § 11 Rn. 229 ff.; Oetker/*Kamanabrou*, § 139 HGB Rn. 38; Henssler/Strohn/*Klöhn*, § 139 HGB Rn. 88; EBJS/*Lorz*, § 139 HGB Rn. 42; GK-HGB/*Schäfer*, § 139 HGB Rn. 149; MünchKommHGB/*K. Schmidt*, § 139 HGB Rn. 28; *K. Schmidt*, GesR, § 45 V 6. a); *Götte*, DNotZ 1988, 603, 604; zum Tod eines Kommanditisten vgl. Rdn. 110.
335 Baumbach/Hopt/*Roth*, § 139 HGB Rn. 53; MünchKommHGB/*K. Schmidt*, § 139 HGB Rn. 29.
336 Baumbach/Hopt/*Roth*, § 139 HGB Rn. 53; MünchKommHGB/*K. Schmidt*, § 139 HGB Rn. 29.
337 BGH NJW 1978, 264, 265.
338 Vgl. BGH NJW 1978, 264, 265; *Götte*, DNotZ 1988, 603, 605 ff.
339 BGH NJW 1978, 264, 265; Oetker/*Kamanabrou*, § 139 HGB Rn. 39; MünchKommHGB/*K. Schmidt*, § 139 HGB Rn. 30; *Götte*, DNotZ 1988, 603, 606.
340 Oetker/*Kamanabrou*, § 139 HGB Rn. 39; MünchHdBGesR Bd. 1/*Klein/Lindemeier*, § 79 Rn. 90; MünchKommHGB/*K. Schmidt*, § 139 HGB Rn. 30; *Götte*, DNotZ 1988, 603, 606; *Ivens*, ZEV 2010, 615, 617.

tragen.³⁴¹ Auch insoweit ist eine Regelung in der gesellschaftsvertraglichen Eintrittsklausel vorzusehen, um spätere Auslegungsschwierigkeiten zu vermeiden.

▶ **Formulierungsbeispiel: Eintrittsklausel mit erbrechtlicher Lösung**³⁴²   182

(3) Der Eintretende hat im Falle der Ausübung des Eintrittsrechtes eine Kapitalbeteiligung in Höhe des in Folge des Ausscheidens des verstorbenen Gesellschafters entstehenden Abfindungsanspruches nach § 738 Abs. 1 S. 2 BGB zu erbringen. Ein jeder Gesellschafter ist verpflichtet, dem Eintrittsberechtigten den Abfindungsanspruch im Wege einer Verfügung von Todes wegen durch Erbeinsetzung mit Teilungsanordnung oder vermächtnisweise zuzuwenden.

Problematisch bei der gesellschaftsvertraglichen Vereinbarung einer Eintrittsklausel kann vor allem für den Erblasser sein, dass der Eintrittsberechtigte nicht verpflichtet ist, von seinem Eintrittsrecht Gebrauch zu machen.³⁴³ Die Rechtsnachfolge in der Gesellschaft liegt daher alleine in der Hand des Eintrittsberechtigten. Eine in der gesellschaftsvertraglichen Regelung vorgesehene Verpflichtung zur Ausübung des Eintrittsrechtes wäre als **Vertrag zu Lasten Dritter** grundsätzlich unzulässig. Gleichwohl ist es zulässig, den Eintrittsberechtigten durch einen entsprechenden **schuldrechtlichen Vertrag** bzw. einen Mitgesellschafter im **Gesellschaftsvertrag** zur Ausübung eines Eintrittsrechts zu verpflichten.³⁴⁴ Ferner hat der Gesellschafter die Möglichkeit, die Entscheidung des Eintrittsberechtigten über die Ausübung seines Eintrittsrechts im Rahmen einer letztwilligen Verfügung durch Auflagen oder Bedingungen zu beeinflussen.³⁴⁵ Abweichend hiervon kann ein Erbe seine (automatisch) eintretende Rechtsnachfolge im Falle einer Nachfolgeklausel (vgl. Rdn. 144) nur dadurch verhindern, dass er die gesamte Erbschaft ausschlägt, so dass eine individuelle Entscheidung für oder gegen die Gesellschaftsbeteiligung nicht möglich ist.   183

Bei einer **zweigliedrigen Gesellschaft** ist ein gesellschaftsvertragliches Eintrittsrecht problematisch. Der Tod des vorletzten Gesellschafters führt nämlich zwangsläufig zum Erlöschen der Gesellschaft (vgl. Rdn. 113 f.). Im Zweifel ist ein gesellschaftsvertraglich vorgesehenes Eintrittsrecht in diesem Fall im Sinne einer Verpflichtung des überlebenden Gesellschafters auszulegen, mit dem Eintrittsberechtigten eine neue Gesellschaft zu gründen, auf welche das bei ihm angewachsene Gesellschaftsvermögen zu übertragen ist.³⁴⁶   184

Auch im Hinblick auf eine **Kommanditbeteiligung** kommt eine Eintrittsklausel in Betracht, wenngleich insoweit wenig praktische Relevanz bestehen dürfte. Ausgangspunkt ist dabei zunächst die gesetzliche Regelung des § 177 HGB, von der jedoch durch gesellschaftsvertragliche Regelung abgewichen werden kann.³⁴⁷ Erforderlich ist zunächst eine die Rechtsfolgen des § 177 HGB abbedingende Regelung, durch die der verstorbene Kommanditist aus der Gesellschaft ausscheidet (vgl. insoweit Rdn. 137).³⁴⁸ Sodann kann das Eintrittsrecht vorgesehen werden.³⁴⁹ Dabei ist zu berücksichtigen, dass der Eintritt als Kommanditist im Hinblick auf § 176 Abs. 2 HGB im Außenverhältnis aufschiebend bedingt durch die Eintragung im Handelsregister erfolgt.   185

---

341 BGH NJW 1978, 264, 265; Oetker/*Kamanabrou*, § 139 HGB Rn. 40; MünchHdBGesR Bd. 1/*Klein/Lindemeier*, § 79 Rn. 90; *Götte*, DNotZ 1988, 603, 606.
342 Ziff. (1) und (2) sind wie unter Rdn. 175 zu formulieren.
343 BGH NJW 1978, 264, 265; MünchHdBGesR Bd. 1/*Klein/Lindemeier*, § 79 Rn. 89; EBJS/*Lorz*, § 139 HGB Rn. 40; Baumbach/Hopt/*Roth*, § 139 HGB Rn. 53; MünchKommBGB/*Schäfer*, § 727 BGB Rn. 55.
344 MünchKommHGB/*K. Schmidt*, § 139 HGB Rn. 29.
345 MünchKommHGB/*K. Schmidt*, § 139 HGB Rn. 29.
346 MünchHdBGesR Bd. 1/*Klein/Lindemeier*, § 79 Rn. 77, 92; Oetker/*Kamanabrou*, § 139 HGB Rn. 33; EBJS/*Lorz*, § 139 HGB Rn. 39.
347 Koller/Kindler/Roth/Morck/*Kindler*, § 177 HGB Rn. 10; MünchKommHGB/*K. Schmidt*, § 177 HGB Rn. 5.
348 Ensthaler/Klugel/*Kluge*, § 177 HGB Rn. 6; EBJS/*Strohn*, § 177 HGB Rn. 10; MünchKommHGB/*K. Schmidt*, § 177 HGB Rn. 6.
349 Vgl. EBJS/*Strohn*, § 177 HGB Rn. 13.

2. Kapitalgesellschaften

186 Beteiligungen an Kapitalgesellschaften sind zwingend vererblich und fallen daher stets in den Nachlass (vgl. Rdn. 117 ff.).[350] Gesellschaftsvertragliche Regelung können den Übergang einer Beteiligung weder gänzlich verhindern, noch einschränken.[351] Dies stellt einen wesentlichen Unterschied zu dem dargestellten Grundsatz bei Personengesellschaften dar (vgl. Rdn. 107 ff.). Gleichwohl besteht die Möglichkeit, durch gesellschaftsvertragliche Regelungen auf die Gestaltung der Unternehmensnachfolge Einfluss zu nehmen. Insbesondere können gesellschaftsvertragliche Reglungen dahingehend getroffen werden, was mit der Beteiligung nach ihrem Anfall bei dem oder den Erben zu geschehen hat.

a) Gemeinschaftliche Ausübung von Gesellschafterrechten

187 Im Verhältnis zur Gesellschaft können **mehrere Erben** die Beteiligungsrechte gem. § 18 Abs. 1 GmbHG bzw. § 69 Abs. 1 AktG jedoch nur **gemeinschaftlich** ausüben.[352] Zu diesem Zweck können die Gesellschafter einer GmbH entweder gemeinschaftlich auftreten oder einen gemeinsamen Vertreter bestellen, der eine einheitliche Rechtsausübung für alle Mitberechtigten vornimmt.[353] Nach § 69 Abs. 1 AktG ist die Ausübung der Rechte aus einer Aktie ausschließlich durch einen gemeinschaftlichen Vertreter zulässig.[354] Zwar handelt es sich bei der Bestellung eines besonderen Vertreters nach § 69 Abs. 1 AktG lediglich um eine Obliegenheit, doch können die Aktionäre ihre mitgliedschaftlichen Rechte ohne einen solchen nicht ausüben.[355]

188 Im Hinblick auf § 18 Abs. 1 GmbHG und die damit verbundene gemeinsame Rechtsausübung kann die Satzung in Anlehnung an die Regelung des § 69 Abs. 1 AktG die Bestellung eines **gemeinsamen Vertreters** vorschreiben und insoweit auch besondere Anforderungen an die Person des zu bestellenden Vertreters vorsehen.[356] Die Bestellung eines gemeinschaftlichen Vertreters kann in der Satzungsregelung zusätzlich dadurch sichergestellt werden, dass bis zu dessen Bestellung das Stimmrecht aus dem Geschäftsanteil ruht.[357] Bei der Person des zu bestellenden besonderen Vertreters kann problematisch sein, dass dieser Zugang zu Geschäftsgeheimnissen etc. hat. Daher sollte durch die Satzungsregelung eine Beschränkung der in Betracht kommenden Personen erfolgen.

189 ▶ **Formulierungsbeispiel: Gemeinsamer Vertreter bei mehreren Erben**

Steht ein Geschäftsanteil mehreren Erben gemäß § 18 Abs. 1 GmbHG gemeinschaftlich zu, so können diese die Rechte aus dem Geschäftsanteil lediglich durch einen gemeinschaftlichen Vertreter ausüben. Bis zur Benennung eines gemeinsamen Vertreters gegenüber der Gesellschaft ruht das Stimmrecht aus dem Geschäftsanteil. Zum besonderen Vertreter kann lediglich einer der Erben oder ein berufsrechtlich zur Verschwiegenheit verpflichteter Dritter bestellt werden.

b) Einziehungs- und Abtretungsregelung

190 Geht man von der freien Vererblichkeit von Beteiligungen an Kapitalgesellschaften aus, so kann jeder Gesellschafter über das Schicksal seiner Beteiligung uneingeschränkt bestimmen, sei es, dass er eine Verfügung von Todes wegen errichtet, oder mangels einer solchen die gesetzliche Erbfolge eintritt. Folglich haben die Mitgesellschafter keinerlei Einfluss darauf, wer in die Gesellschafterstel-

---

350 MHLS/*Ebbing*, § 15 GmbHG Rn. 6; Baumbach/Hueck/*Servatius*, GmbHG § 15 Rn. 9.
351 Vgl. hierzu Rdn. 118 sowie MünchKommGmbHG/*Reichert/Weller*, GmbHG § 15 Rn. 439.
352 Lutter/Hommelhoff/*Bayer*, § 15 GmbHG Rn. 12; BeckOGK/*Cahn*, § 69 AktG Rn. 6; MünchKommGmbHG/*Reichert/Weller*, § 18 GmbHG Rn. 31 ff.
353 BGH NJW 1968, 743, 744 f.; MHLS/*Ebbing*, § 18 GmbHG Rn. 49; MünchKommGmbHG/*Reichert/Weller*, § 18 GmbHG Rn. 68.
354 *Perzborn*, RNotZ 2017, 405, 423.
355 MünchKommAktG/*Bayer*, § 69 Rn. 3; *Hölters*/Laubert, § 69 AktG Rn. 3; Bürgers/Körber/*Wieneke*, § 69 AktG Rn. 5; *Bayer/Sarakinis*, NZG 2018, 561, 562.
356 MHLS/*Ebbing*, § 18 GmbHG Rn. 59; MünchKommGmbHG/*Reichert/Weller*, § 18 GmbHG Rn. 69.
357 MünchKommGmbHG/*Reichert/Weller*, § 18 GmbHG Rn. 69.

lung nach dem Tod eines Gesellschafters einrückt. Dies entspricht insbesondere bei Mehrpersonengesellschaftern typischerweise nicht den Interessen der Gesellschafter.

Einschränkungen oder gar der vollständige **Ausschluss der Vererblichkeit** von Geschäftsanteilen oder Aktien können weder durch die Satzung, noch durch einen Beschluss der Gesellschafterversammlung begründet werden.[358] Unzulässig sind auch Regelungen in der Satzung einer GmbH, wonach der Geschäftsanteil mit dem Tod des Gesellschafters erlischt oder automatisch eingezogen wird.[359] Gleichwohl kann durch satzungsmäßige Ermächtigungen die Möglichkeit zur Einziehung bzw. Abtretungverpflichtung von Geschäftsanteilen oder zur Einziehung von Aktien geschaffen werden. Insoweit kann zwar nicht unmittelbar durch Satzungsgestaltung auf die Erbfolge Einfluss genommen werden, doch besteht durch die vorgenannten **Satzungsgestaltungen** zumindest die Möglichkeit eines **mittelbaren Einflusses**. 191

Für die Satzung der GmbH bietet es sich an, eine Einziehungsermächtigung der Gesellschaft (vgl. hierzu allgemein Kap. 2 Rdn. 389 ff.), eine Abtretungspflicht (vgl. hierzu allgemein Kap. 2 Rdn. 400) der Erben oder eine Kombination aus beiden Möglichkeiten vorzusehen. 192

Die Voraussetzungen für eine **Einziehung von Geschäftsanteilen** sind in § 34 GmbHG geregelt. Nach § 34 Abs. 1 GmbHG setzt jede Einziehung eine gesellschaftsvertragliche Grundlage voraus. Sofern die Satzung eine zwangsweise Einziehung des Geschäftsanteils von dem oder den Erben eines Gesellschafters vorsehen soll, ist nach § 34 Abs. 2 GmbHG darüber hinaus erforderlich, dass die Voraussetzungen für die Einziehung vor dem Zeitpunkt, in welchem der Berechtigte den Geschäftsanteil erworben hat, in der Satzung festgesetzt waren. Der einzelne Gesellschafter soll vor einem unfreiwilligen Verlust seiner Beteiligung geschützt werden.[360] Eine Zwangseinziehungsermächtigung kann auch, über den Wortlaut von § 34 Abs. 2 GmbHG hinaus, nachträglich durch Satzungsänderung eingeführt werden. In diesem Fall gilt sie für alle Gesellschafter, die zum Zeitpunkt der Satzungsänderung einen Geschäftsanteil an der Gesellschaft gehalten haben.[361] 193

Dementsprechend kann in der Satzung der Gesellschaft für den Fall des Todes eines Gesellschafters eine Ermächtigung zur zwangsweisen Einziehung des Geschäftsanteils des verstorbenen Gesellschaftes vorgesehen sein.[362] Bei der Einziehung wird der **Geschäftsanteil vernichtet**, geht also mit allen damit verbundenen mitgliedschaftlichen Rechten und Pflichten unter.[363] Dabei bleiben das Stammkapital und die Stammkapitalziffer unverändert.[364] Die entstehende Differenz zwischen dem Stammkapital und der Summe der Nennbeträge aller Geschäftsanteile, die nach § 5 Abs. 3 Satz 2 GmbHG übereinstimmen muss, kann entweder durch Aufstockung der übrigen Geschäftsanteile oder durch Neubildung eines weiteren Geschäftsanteils geschlossen werden.[365] Nicht zu verkennen ist im Hinblick auf die Einziehungsermächtigung in der Satzung jedoch, dass eine Einziehung voraussetzt, dass der betroffene Geschäftsanteil voll eingezahlt ist und dass die Zahlung des Einziehungsentgeltes nur im Rahmen von § 30 Abs. 1 GmbHG, der bei der Einziehung gem. § 34 Abs. 3 GmbHG anwendbar ist, erfolgen darf.[366] 194

---

[358] MünchKommBGB/*Leipold*, § 1922 BGB Rn. 103 (zur AG), 105 (zur GmbH); Scherer/*Ploß*, Unternehmensnachfolge, § 24 Rn. 732; MünchKommGmbHG/*Reichert/Weller*, § 15 GmbHG Rn. 438.
[359] Scherer/*Ploß*, Unternehmensnachfolge, § 24 Rn. 732; MünchKommGmbHG/*Reichert/Weller*, § 15 GmbHG Rn. 441.
[360] BGH NJW 1977, 2316, 2316; MünchKommGmbHG/*Strohn*, § 34 Rn. 8.
[361] MünchKommGmbHG/*Strohn*, § 34 Rn. 41; Gehrlein/Born/Simon/*Sandhaus*, § 34 GmbHG Rn. 24; Ulmer/Habersack/Winter/*Ulmer*, § 34 GmbHG Rn. 33.
[362] MHLS/*Ebbing*, § 15 GmbHG Rn. 31; MünchKommGmbHG/*Reichert/Weller*, § 15 GmbHG Rn. 457.
[363] BGH NJW 1953, 780, 782; Gehrlein/Born/Simon/*Sandhaus*, § 34 GmbHG Rn. 44; MHLS/*Sosnitza*, § 34 Rn. 121.
[364] BGH NJW 1953, 780, 782; MünchKommGmbHG/*Strohn*, § 34 Rn. 34.
[365] MHLS/*Sosnitza*, § 34 GmbHG Rn. 124, 125; Ivo, ZEV 2006, 252, 254.
[366] MHLS/*Sosnitza*, § 34 GmbHG Rn. 79.

195 Eine satzungsmäßige Regelung zur Einziehung aufgrund des Versterbens eines Gesellschafters muss inhaltlich demnach die Voraussetzungen für eine Einziehung beinhalten. Insoweit kann die Einziehungsermächtigung in der Satzung ausschließlich an den Tod eines Gesellschafters anknüpfen. Möglich ist es selbstverständlich auch, weitere **Einziehungstatbestände** aufzunehmen. Die Einziehungsermächtigung kann auch in der Weise gestaltet sein, dass die Einziehung lediglich dann möglich ist, wenn der Gesellschafter seine Beteiligung nicht einem in der Satzungsregelung näher bestimmten nachfolgeberechtigten Erben oder Vermächtnisnehmer (etwa einem volljährigen gesetzlichen Erben, dem Ehegatten oder einem Mitgesellschafter) im Wege einer Verfügung von Todes wegen zugewandt hat.[367] Ferner sollte die Satzungsregelung eine **Frist** enthalten, innerhalb der die Einziehung des Geschäftsanteils herbeigeführt werden muss. Sieht die Satzung keine Frist für die Einziehung vor, ist die Satzungsregelung dahingehend auszulegen, dass die Einziehung lediglich innerhalb einer angemessenen Frist nach dem Tod des Gesellschafters vorgenommen werden kann.[368] Schließlich ist eine Regelung zur Höhe des **Einziehungsentgelts** sowie der dahingehenden Zahlungsmodalitäten erforderlich.[369] Enthält die Satzung keine Regelung zur Höhe bzw. zur Berechnung der Abfindung, so ist nach der Rechtsprechung der Verkehrswert als Einziehungsentgelt geschuldet.[370] Eine Beschränkung der Abfindungszahlung sowie eine Regelung von Auszahlungsmodalitäten durch die Satzung ist in aller Regel schon deswegen erforderlich, um die Gesellschaft nicht vor Liquiditätsprobleme zu stellen.[371] Im Übrigen kann auf die allgemeinen Ausführungen zur Abfindung (vgl. Kap. 2 Rdn. 408 ff.) verwiesen werden.

196 Alternativ oder kumulativ zu einer Einziehungsermächtigung kann in der Satzung auch eine Ermächtigung zur **Kaduzierung eines Geschäftsanteils** in entsprechender Anwendung von § 21 GmbHG vorgesehen sein.[372] Mit der Kaduzierung bleibt der Anteil bestehen, so dass anders als bei der Einziehung kein Auseinanderfallen von Stammkapital und der Summe der Nennbeträge aller Geschäftsanteile entsteht.[373]

197 Mit den vorgenannten Nachteilen einer Einziehungsermächtigung im Hinblick auf die Belastung des Gesellschaftsvermögens mit dem Einziehungsentgelt nicht verbunden ist eine in der Satzung vorgesehene **Abtretungsklausel**. Hier ist nämlich das Entgelt für den Geschäftsanteil durch den in der Klausel begünstigten Erwerber zu zahlen. Darüber hinaus bietet eine Abtretungsklausel den Mitgesellschaftern als Vorteil gegenüber der Einziehungsklausel eine sinnvolle Möglichkeit der Nachfolgesteuerung. Bei einer entsprechenden Ausgestaltung ist die Abtretungsklausel in der Sache auch flexibler, als die Ermächtigung zur Zwangseinziehung.

198 Nach einer solchen Klausel sind die Erben eines verstorbenen Gesellschafters verpflichtet, den von Ihnen im Wege der Erbfolge erworbenen Geschäftsanteil an eine bestimmte Person abzutreten. Der insoweit Begünstigte kann entweder in der Satzung bereits namentlich benannt oder aber abstrakt umschrieben sein. Denkbar ist auch eine Regelung, wonach die Abtretung an eine Person erfolgen muss, die durch Beschluss der Gesellschafterversammlung bestimmt wird.[374] Hierdurch würde für die Mitgesellschafter die größte Flexibilität bestehen.

---

367 Vgl. insoweit MHLS/*Ebbing*, § 15 GmbHG Rn. 31.
368 BGH GmbHR 1977, 81, 82; OLG München, ZIP 1984, 1349, 1350; MünchKommGmbHG/*Reichert/Weller*, § 15 GmbHG Rn. 458.
369 MHLS/*Ebbing*, § 15 GmbHG Rn. 33; zu Zulässigkeit und Grenzen von Abfindungsbeschränkungen durch Satzungsregelung vgl. Baumbach/Hueck/*Kersting*, § 34 GmbHG Rn. 25 f.; Rowedder/Schmidt-Leithoff/*Görner*, § 15 GmbHG Rn. 40 ff.
370 BGH NJW 1992, 892, 894; Baumbach/Hueck/*Kersting*, § 34 GmbHG Rn. 22.
371 Beck'sches Handbuch der GmbH/*Braun/Siemers*, § 20 Rn. 372.
372 MHLS/*Ebbing*, § 15 GmbHG Rn. 31; *Kesselmeier*, Ausschließungs- und Nachfolgeregelungen in der GmbH-Satzung, S. 53; MünchKommGmbHG/*Reichert/Weller*, § 15 GmbHG Rn. 457.
373 Vgl. MHLS/*Ebbing*, § 21 GmbHG Rn. 104, 115; Rowedder/Schmidt-Leithoff/*Pentz*, § 21 GmbHG Rn. 44.
374 Rowedder/Schmidt-Leithoff/*Görner*, § 15 GmbHG Rn. 134; Scholz/*Winter/Seibt*, § 15 Rn. 32.

B. Erbrechtliche Bezüge — Kapitel 7

Bei einer in der Satzung vorgesehenen **Abtretungsverpflichtung** handelt es sich um eine gesellschaftsvertragliche Nebenleistungspflicht im Sinne von § 3 Abs. 2 GmbHG.[375] Dementsprechend erwirbt der Erbe des verstorbenen Gesellschafters den Geschäftsanteil von vornherein mit dem Inhalt, den dieser durch die gesellschaftsvertragliche Abtretungsverpflichtung erfahren hat.[376] Rechtstechnisch handelt es sich bei einer solchen gesellschaftsvertraglichen Regelung um einen unechten Vertrag zu Gunsten Dritter, aufgrund dessen die Gesellschaft von dem Erben die Abtretung des Geschäftsanteils an den Begünstigten verlangen kann.[377] Möglich ist insoweit auch, die Gesellschaft selbst zur Vornahme der Abtretung nach § 185 BGB zu ermächtigen.[378]

199

Für die Praxis bietet es sich an, eine Einziehungs- mit einer Abtretungsklausel zu kombinieren. Hierdurch wird die Flexibilität einer Abtretungsklausel gewährleistet, wobei zugleich das Druckmittel der Einziehungsmöglichkeit bestehen bleibt.

200

▶ Formulierungsbeispiel: Abtretungs- und Einziehungsklausel

201

(1) Ein Geschäftsanteil kann eingezogen werden, wenn dieser von anderen Personen als überlebenden Ehegatten, leiblichen Abkömmlingen oder Mitgesellschaftern (nachfolgend »nachfolgeberechtigte Personen«) von Todes wegen erworben wird. Dies gilt auch dann, wenn der Geschäftsanteil neben nachfolgeberechtigten Personen von weiteren Miterben von Todes wegen erworben wird, sofern der Geschäftsanteil nicht innerhalb von drei Monaten nach dem Erbfall im Wege der Erbauseinandersetzung auf eine nachfolgeberechtigte Person übertragen worden ist.

(2) Anstelle der Einziehung nach Ziff. (1) kann die Gesellschaft verlangen, dass ein Geschäftsanteil an einen Mitgesellschafter, an einen von der Gesellschaft benannten Dritten oder an die Gesellschaft selbst gegen Entgelt abgetreten wird. Die in ..... dieses Gesellschaftsvertrages vorgesehene Vinkulierung der Geschäftsanteile sowie das in ..... dieses Gesellschaftsvertrages vorgesehene Vorerwerbsrecht gelten für diese Abtretung nicht.

(3) Die Einziehung oder das Abtretungsverlangen kann durch die Gesellschaft nur innerhalb von einem Jahr nach Kenntnis der Gesellschaft vom Tod des Gesellschafters erklärt werden und bedarf zuvor eines Beschlusses der Gesellschafterversammlung, der mit einer Mehrheit von ¾ des anwesenden Stammkapitals zu fassen ist, wobei das Stimmrecht der Erben ausgeschlossen ist. Maßgeblich für die Wahrung der Frist ist der Tag der Beschlussfassung durch die Gesellschafterversammlung.

(4) Verlangt die Gesellschaft die Abtretung nach Ziff. (2), so ist sie unter Befreiung der Beschränkungen des § 181 BGB ermächtigt, die Abtretung zu erklären, sofern nicht nachfolgeberechtigte Personen die Abtretung an den von der Gesellschaft benannten Begünstigten nicht innerhalb von 3 Monaten nach Zugang des Abtretungsverlangens vollziehen.

(5) Die Höhe der Abfindung richtet sich nach ..... dieses Gesellschafsvertrages.[379]

(6) [..... Klausel zur gemeinsamen Vertretung bei einer Mehrheit von Erben (vgl. Rdn. 189)....]

Die **Satzung der Aktiengesellschaft** kann für den Fall des Todes eines Aktionärs eine Zwangseinziehung gem. § 237 AktG vorsehen.[380] Hierbei gelten jedoch nach dem Wortlaut des § 237 AktG durchweg höhere Anforderungen als bei einer Zwangseinziehung nach § 34 GmbHG.

202

---

375 Lutter/Hommelhoff/*Bayer*, § 15 GmbHG Rn. 15; MünchKommGmbHG/*Reichert/Weller*, § 15 GmbHG Rn. 452; Scholz/*Winter/Seibt*, § 15 GmbHG Rn. 32.
376 MünchKommGmbHG/*Reichert/Weller*, § 15 GmbHG Rn. 452.
377 Lutter/Hommelhoff/*Bayer*, § 15 GmbHG Rn. 15; MHLS/*Ebbing*, § 15 GmbHG Rn. 27.
378 BGH NJW 1983, 2880, 2881; Lutter/Hommelhoff/*Bayer*, § 15 GmbHG Rn. 15; MHLS/*Ebbing*, § 15 GmbHG Rn. 30; Scholz/*Winter/Seibt*, § 15 Rn. 32.
379 Zur Gestaltung der Abfindungsregelung vgl. Kap. 2 Rdn. 408 ff.
380 BeckOGK/*Marsch-Barner*, § 237 AktG Rn. 12; Hüffer/*Koch*, § 237 AktG Rn. 13; Schmidt/Lutter/*Veil*, § 237 AktG Rn. 12; *Terbrack*, RNotZ 2003, 90, 110.

c) Erbenlegitimation

203 Aufgrund der freien Vererblichkeit von Beteiligungen an Kapitalgesellschaften kann es zweckmäßig sein, den Erben einer Beteiligung durch eine Satzungsregelung eine bestimmte Legitimationspflicht aufzuerlegen. Ist die Rechtsnachfolge umstritten oder unklar, ergeben sich vor allem im Hinblick auf die Ausübung von Gesellschafterrechten Probleme.[381] Bei der GmbH ist in diesem Zusammenhang auch zu berücksichtigen, dass der Geschäftsführer nach § 40 Abs. 1 Satz 1 GmbHG aufgrund der eingetretenen Erbfolge eine neue **Gesellschafterliste** einzureichen hat (vgl. hierzu auch Rdn. 120). Nach § 40 Abs. 1 Satz 2 GmbHG erfolgt die Änderung der Gesellschafterliste auf Mitteilung und Nachweis. Sieht die Satzung insoweit keine Regelung vor, liegt ein Nachweis in einer schlüssigen und nach Lage der Dinge für den Geschäftsführer überzeugenden Unterrichtung über die Veränderung vor.[382] Dem Geschäftsführer steht insoweit ein Ermessensspielraum zu.[383] Als Nachweis über die Erbfolge kann der Geschäftsführer insbesondere die Vorlage eines Erbscheins oder (falls vorhanden) eine öffentliche Verfügung von Todes wegen nebst Eröffnungsniederschrift verlangen, da ihm ansonsten nicht zumutbar sein dürfte, die Rechtslage zutreffend zu beurteilen.[384]

204 Eine Satzungsregelung, die entsprechende Anforderungen an die Mitteilung und den Nachweis der Rechtsnachfolge stellt, ist zur Vermeidung von Unklarheiten und Zweifel zweckmäßig.[385] Für den Erbfall bietet sich der Nachweis entsprechend § 35 GBO an.

205 ▶ Formulierungsbeispiel: Erbenlegitimation

Die Erbfolge ist der Gesellschaft durch den oder die Erben eines Gesellschafters unverzüglich mitzuteilen und durch geeignete Nachweise zu belegen. Auf Verlangen der Gesellschaft ist die Erbfolge durch Vorlage eines Erbscheins, eines europäischen Nachlasszeugnisses oder durch eine in einer öffentlichen Urkunde enthaltene Verfügung von Todes wegen und eine Niederschrift über die Eröffnung der Verfügung nachzuweisen.

Die Rechte aus dem betreffenden Geschäftsanteil mit Ausnahme des Gewinnbezugsrechtes ruhen für den Zeitraum bis zur Erbringung des Nachweises über die Erbfolge.

206 Auch bei der AG erfolgt die Eintragung im Aktienregister nach § 67 Abs. 3 AktG auf Mitteilung und Nachweis. Die Mitteilung erfolgt hier gegenüber der Gesellschaft vertreten durch den Vorstand oder einer von diesem mit der Führung des Aktienregisters beauftragten Hilfsperson.[386]

d) Vinkulierungsklauseln

207 Gem. § 15 Abs. 5 GmbHG kann die Abtretung von Geschäftsanteilen an einer GmbH an weitere Voraussetzungen geknüpft werden, insbesondere von der Genehmigung der Gesellschaft abhängig gemacht werden.[387] Zwar haben solche **Vinkulierungsklauseln** auf die eintretende Gesamtrechtsnachfolge nach dem Tod eines Gesellschafters keine Auswirkungen, doch können diese im **Nachgang zum Erbfall** etwa im Rahmen einer Vermächtniserfüllung oder einer Erbauseinandersetzung eine Rolle spielen.[388] Enthält eine gesellschaftsvertraglich vorgesehene Vinkulierungsklausel keine dahingehende (klarstellende) Regelung, so ist im Zweifel durch Auslegung zu ermitteln, ob diese auch für den Fall der Vermächtniserfüllung bzw. im Rahmen der Übertragung von Geschäftsanteilen zur Erbauseinandersetzung gelten soll. Darüber hinaus kann die Vinkulierungsklausel auch

---

381 *Ivo*, ZEV 2006, 252, 253.
382 Baumbach/Hueck/*Zöllner/Servatius*, § 40 GmbHG Rn. 25.
383 MünchKommGmbHG/*Heidinger*, § 40 GmbHG Rn. 162.
384 *Heckschen*, ZErB 2008, 246, 253.
385 Zur Zulässigkeit einer entsprechenden Satzungsregelung vgl. MünchKommGmbHG/*Heidinger*, § 40 GmbHG Rn. 164.
386 BeckOGK/*Cahn*, § 67 AktG Rn. 62.
387 Zur Vinkulierung von Geschäftsanteilen allgemein vgl. Kap. 2 Rdn. 264 ff.
388 Vgl. etwa MHLS/*Ebbing*, GmbHG § 15 Rn. 38; Rowedder/Schmidt-Leithoff/*Görner*, GmbHG § 15 Rn. 141; MünchKommGmbHG/*Reichert/Weller*, § 15 Rn. 466; Scholz/*Seibt*, GmbHG § 15 Rn. 36.

dahingehend beschränkt werden, dass eine darin vorgesehene Zustimmung nur in Bezug auf bestimmte Personen (z.B. Mitgesellschafter oder bestimmte Familienangehörige) nicht erforderlich ist.

▶ Formulierungsbeispiel: Ergänzung Vinkulierungsklausel 208

(1) .....

(2) Wird der Geschäftsanteil hingegen im Rahmen einer Vermächtniserfüllung oder zur Durchführung einer Erbauseinandersetzung übertragen, bedarf es der nach Abs. (1) erforderlichen Zustimmung nicht, sofern hierdurch Mitgesellschafter, leibliche Abkömmlinge oder der Ehegatte eines verstorbenen Gesellschafters Geschäftsanteile erwerben.

Die Übertragung von **Namensaktien** kann nach § 68 Abs. 2 AktG vinkuliert sein.[389] In den Grenzen des § 68 Abs. 2 AktG kann die Satzung ähnlich wie bei der GmbH über den Umfang der Vinkulierung bestimmen. Ausgeschlossen ist jedoch eine Verschärfung dahingehend, dass Aktien überhaupt nicht übertragen werden können.[390] 209

3. Besonderheiten bei der GmbH & Co. KG

Bei der GmbH & Co. KG ist im Hinblick auf die Nachfolgeregelung strikt zwischen der Komplementär-GmbH und den Kommanditanteilen zu differenzieren. Dies folgt schon daraus, dass die Rechtsnachfolge von Todes wegen bei Personen- und Kapitalgesellschaften wie aufgezeigt unterschiedlichen Regelungen folgt. 210

Handelt es sich bei der GmbH & Co. KG um eine **Einheitsgesellschaft**, werden mithin alle Geschäftsanteile an der Komplementär-GmbH von der KG gehalten,[391] kommt es für die im Erbfall relevante Regelung ausschließlich auf die Kommanditbeteiligungen an, da die Geschäftsanteile an der Komplementär-GmbH mangels Beteiligung des verstorbenen Gesellschafters nicht unmittelbar in den Nachlass fallen. Für die Erbfolge in die Kommanditbeteiligung stehen dann je nach Wunsch der Gesellschafter die oben aufgeführten Gestaltungsvarianten zur Verfügung, wobei insbesondere die Berücksichtigung einer qualifizierten Nachfolgeklausel (vgl. Rdn. 157 ff.) in Betracht kommen dürfte. 211

Handelt es sich hingegen um eine **personengleiche GmbH & Co. KG**, bei der die Gesellschafter der Komplementär-GmbH zugleich Kommanditisten der KG und deren Beteiligungsquoten jeweils identisch sind,[392] müssen die Regelungen in beiden Gesellschaftsverträgen aufeinander abgestimmt werden. Diese müssen nicht nur einen generellen Gleichlauf der Beteiligung sicherstellen,[393] sondern auch für den Fall des Todes eines Gesellschafters sicherstellen, dass die Beteiligungen in gleichen Quoten auf den oder die Erben übergehen. Ziel der gesellschaftsvertraglichen Gestaltung ist es daher, eine bestehende Identität bei den Beteiligungsverhältnissen auch nach dem Tod eines Gesellschafters aufrecht zu erhalten. Sollen die Beteiligungen auf einen oder mehrere bestimmte Erben übergehen, so kann dies auf Ebene der KG durch die gesellschaftsvertragliche Regelung einer qualifizierten Nachfolgeklausel (vgl. Rdn. 157 ff.) erreicht werden. Im Hinblick auf die Erbfolge bei der GmbH gestaltet sich die Erreichung dieses Ziels durchweg schwieriger. Zwar kann hier durch eine gesellschaftsvertraglich vorgesehene Abtretungsklausel (vgl. Rdn. 197) erreicht werden, dass ein Geschäftsanteil im Rahmen der Erbfolge auf die gewünschten Nachfolger übergeht, doch steht diesen der Geschäftsanteil in Erbengemeinschaft zur gesamten Hand zu. Dementsprechend muss der Gesell- 212

---

389 Zur Vinkulierung von Namensaktien vgl. Kap. 3 Rdn. 70.
390 *Hüffer/Koch*, AktG § 68 Rn. 14.
391 Vgl. hierzu MünchKommHGB/*Grunewald*, § 161 HGB Rn. 99; EBJS/*Henze/Notz*, Anhang § 177a HGB Rn. 23; sowie Kap. 2 Rdn. 753 ff.
392 Vgl. hierzu MünchKommHGB/*Grunewald*, § 161 HGB Rn. 96; EBJS/*Henze/Notz*, Anhang § 177a HGB Rn. 22.
393 Vgl. hierzu Kap. 2 Rdn. 742.

schafter flankierend in einer Verfügung von Todes wegen eine Erbeinsetzung mit Teilungsanordnung vornehmen.

III. Regelungen in Verfügungen von Todes wegen in Bezug auf den Tod eines Gesellschafters

1. Erbeinsetzung und Vermächtnis

213 Allgemein ist im Hinblick auf die Errichtung von Verfügungen von Todes wegen wesentlich, dass diese **nie ohne Kenntnis des Gesellschaftsvertrages** gestaltet werden dürfen. Nur so kann eventuell erforderlicher Abstimmungsbedarf zwischen dem Gesellschaftsvertrag einerseits und der zu errichtenden Verfügung von Todes wegen andererseits erkannt und berücksichtigt werden.

a) Personengesellschaften

214 Fehlt eine gesellschaftsvertragliche Regelung zur Rechtsnachfolge oder ist im Gesellschaftsvertrag lediglich eine Fortsetzungsklausel (vgl. Rdn. 127) enthalten, unterliegen lediglich die mit dem Ausscheiden des verstorbenen Gesellschafters verbundenen schuldrechtlichen Ansprüche der erbrechtlichen Disposition der Gesellschafter. Es besteht insoweit kein Gestaltungsspielraum für eine Verfügung von Todes wegen. Ist hingegen bei fehlender gesellschaftsvertraglicher Regelung[394] eine Kommanditbeteiligung betroffen, kann der Gesellschafter aufgrund der freien Vererblichkeit der Beteiligung (vgl. Rdn. 110) durch eine Erbeinsetzung den oder die Erben der Beteiligung frei bestimmen, indem er diese zu seinen Erben einsetzt. Dabei ist es dem Gesellschafter auch möglich eine von der Erbquote abweichende Teilungsquote durch eine Teilungsanordnung in einer Verfügung von Todes wegen festzulegen.[395] Diese hat abweichend vom allgemeinen erbrechtlichen Grundsatz des § 2048 BGB unmittelbare dingliche Wirkung.[396] Freilich kann der Gesellschafter die Kommanditbeteiligung auch zum Gegenstand eines Vermächtnisses oder Vorausvermächtnisses machen, was jedoch naturgemäß dazu führt, dass die Beteiligung zunächst auf die Erben übergeht und diese den schuldrechtlichen Vermächtniserfüllungsanspruch erfüllen müssen.[397] Zur Durchsetzung des Vermächtnisses kann der Gesellschafter dem Vermächtnisnehmer eine postmortale Vollmacht erteilen oder – um die Gefahr eines Widerrufs der Vollmacht durch die Erben zu vermeiden – Testamentsvollstreckung anordnen.

215 Durch eine gesellschaftsvertraglich geregelte einfache Nachfolgeklausel wird in Bezug auf voll haftende Beteiligungen deren generelle Vererblichkeit herbeigeführt (vgl. Rdn. 145). Dementsprechend gilt hier das vorstehend zur Kommanditbeteiligung Ausgeführte entsprechend.

216 Besonderes Augenmerk auf den Inhalt einer zu errichtenden Verfügung von Todes wegen ist jedoch bei einer gesellschaftsvertraglich vorgesehenen **qualifizierten Nachfolgeklausel** zu legen (vgl. Rdn. 157 ff.). Hier muss sich die Verfügung von Todes wegen zwingend innerhalb des durch die Klausel im Gesellschaftsvertrag vorgegebenen Gestaltungsrahmens halten, da sie ansonsten ins Leere geht.[398] Die Verfügung von Todes wegen muss daher mit der gesellschaftsvertraglichen Regelung in der Weise abgestimmt werden, dass die im Gesellschaftsvertrag vorgesehenen Nachfolger auch tatsächlich legitimiert sind. Es reicht dabei aus, dass diese lediglich Miterben werden. Die mit dem Tod des Gesellschafters verbundene Sondererbfolge tritt nämlich auch dann ein, wenn nicht sämtliche Erben des Gesellschafters von der qualifizierten Nachfolgeklausel erfasst werden.[399] Die Betei-

---

394 Vgl. jedoch zur Fortsetzungsklausel in Bezug auf eine Kommanditbeteiligung Rdn. 137 sowie *Reymann*, ZEV 2006, 307, 308.
395 Dorsel/*Dorsel*, Kap. 11 Rn. 22.
396 Dorsel/*Dorsel*, Kap. 11 Rn. 22; vgl. aber auch *Nieder/Kössinger*, Testamentsgestaltung, § 20 Rn. 20.
397 MünchHdBGesR Bd. 2/*Klein/Lindemeier*, § 42 Rn. 5; *Reymann*, ZEV 2006, 307, 307.
398 Dorsel/*Dorsel*, Kap. 11 Rn. 43; MünchHdBGesR Bd. 2/*Klein/Lindemeier*, § 42 Rn. 6.
399 Henssler/Strohn/*Klöhn*, § 139 HGB Rn. 27; EBJS/*Lorz*, § 139 HGB Rn. 19; Baumbach/Hopt/*Roth*, § 139 HGB Rn. 14; MünchKommBGB/*Schäfer*, § 727 BGB Rn. 44; MünchKommHGB/*K. Schmidt*, § 139 HGB Rn. 18.

ligung fällt dann einem alleine zur Nachfolge berufenen Miterben vollständig und mehreren qualifizierten Miterben automatisch geteilt entsprechend ihrer jeweiligen Erbquoten zu.[400] Unerheblich ist dabei im Ergebnis die quotale Beteiligung des jeweiligen Miterben am Nachlass.[401] Diese stellt nämlich keine gegenständliche Begrenzung seines Erwerbs in dem Sinne dar, dass er keinen über diese Quote hinausgehenden Teil des Gesellschaftsanteils erwerben könnte.[402] Sie bestimmt nur zwingend den Anteil am Wert des Gesamtnachlasses, der dem einzelnen Miterben im Endergebnis zufließen darf und soll.[403] Eventuell weichenden Erben steht in diesem Fall auch kein gesellschaftsrechtlicher Abfindungsanspruch zu, da die Erbfolge bei einer qualifizierten Nachfolgeklausel nicht mit dem Ausscheiden eines Gesellschafters verbunden ist. Gleichwohl ist der Nachfolger im Rahmen der Erbauseinandersetzung ggf. zum Ausgleich gegenüber Miterben verpflichtet.[404]

b) Kapitalgesellschaften

Aufgrund der zwingenden Vererblichkeit der Beteiligungen an Kapitalgesellschaften (vgl. Rdn. 186) kann jeder Gesellschafter grundsätzlich im Wege der Verfügung von Todes wegen über seine Beteiligung frei verfügen. Im Hinblick auf die dargestellten und in der Praxis auch üblichen Satzungsgestaltungen (vgl. Rdn. 190 ff.), die eine Einziehungsermächtigung bzw. ein Abtretungsverlangen für den Fall enthalten, dass eine Beteiligung durch Erbfolge nicht auf eine im Gesellschaftsvertrag näher bezeichnete nachfolgeberechtigte Person übergeht, ist es stets angezeigt, eine Verfügung von Todes wegen mit dem Inhalt der Satzung inhaltlich abzustimmen. 217

Die Beteiligung an einer Kapitalgesellschaft kann dem Begünstigten durch Erbeinsetzung, ggf. mit einer Teilungsanordnung, zugewandt werden. Sofern der Nachfolger Miterbe wird und die Verfügung von Todes wegen eine **Teilungsanordnung** vorsieht, ist zu berücksichtigen,[405] dass die Beteiligung zunächst ungeteilt an die Erbengemeinschaft zur gesamten Hand fällt und sodann im Wege der (Teil-) Erbauseinandersetzung auf die Nachfolger übertragen werden muss.[406] Für die in diesem Zusammenhang erforderliche Abtretung gelten – vorbehaltlich entsprechender gesellschaftsvertraglicher Regelungen – auch Vinkulierungsklauseln, so dass auch deren Vorgaben im Rahmen der (Teil-) Erbauseinandersetzung zu berücksichtigen sind.[407] Für die Zuwendung einer Beteiligung durch Vermächtnis gilt das zur Kommanditbeteiligung Gesagte entsprechend (vgl. Rdn. 214). 218

2. Anordnung von Testamentsvollstreckung

a) Testamentsvollstreckung an Beteiligungen von voll haftenden Gesellschaftern

Bei der Anordnung einer Testamentsvollstreckung für die Beteiligung eines voll haftenden Gesellschafters ist zwischen der reinen Abwicklungsvollstreckung und der Verwaltungs- bzw. Dauertestamentsvollstreckung zu differenzieren. 219

aa) Abwicklungsvollstreckung

Die reine Abwicklungsvollstreckung zur Ausführung letztwilliger Verfügungen und zur Abwicklung unter Miterben wird weitgehend als unproblematisch und zulässig angesehen. Dabei ist zu berücksichtigen, dass in allen Fällen, in denen es zu einer **Sondererbfolge** kommt, das Ergreifen von Auseinander- 220

---

[400] Oetker/*Kamanabrou*, § 139 HGB Rn. 18; MünchHdBGesR Bd. 1/*Klein/Lindemeier*, § 79 Rn. 35; MünchKommBGB/*Schäfer*, § 727 BGB Rn. 44; MünchKommHGB/*K. Schmidt*, § 139 HGB Rn. 18.
[401] BGH NJW 1977, 1339, 1342; Oetker/Kamanabrou, § 139 HGB Rn. 18.
[402] BGH NJW 1977, 1339, 1342.
[403] BGH NJW 1977, 1339, 1342.
[404] Hierzu sowie zu den Möglichkeiten eine Ausgleichpflicht zu vermeiden oder zu begrenzen MünchHdBGesR Bd. 2/*Klein/Lindemeier*, § 42 Rn. 12.
[405] Zur Gesamtrechtsnachfolge bei Kapitalgesellschaften vgl. zunächst MünchKommBGB/*Leipold*, § 1922 BGB Rn. 103, 104.
[406] Beck'sches Handbuch der GmbH/*Braun/Siemers*, § 20 Rn. 317.
[407] Beck'sches Handbuch der GmbH/*Braun/Siemers*, § 20 Rn. 321; *Blasche*, RNotZ 2013, 515, 519 f.

setzungsmaßnahmen durch einen Testamentsvollstrecker überflüssig ist, da es insoweit zu einer Einzelrechtsnachfolge im Wege der **Singularsukzession** kommt.[408] Dies ist vor allem dann der Fall, wenn der Gesellschaftsvertrag einer OHG bzw. einer KG für Komplementäre eine Nachfolgeklausel vorsieht, da hiermit die Beteiligung vererblich gestellt wird und die Sondererbfolge eintritt (vgl. Rdn. 145).

221 Sofern hingegen aufgrund einer fehlenden gesellschaftsvertraglichen Regelung § 131 Abs. 3 Satz 1 Nr. 1 HGB eingreift, wächst die Beteiligung unter Ausscheiden des verstorbenen Gesellschafters den überlebenden Gesellschaftern nach § 738 Abs. 1 Satz 1 BGB an. In den Nachlass fällt dann lediglich der **Abfindungsanspruch** nach § 738 Abs. 1 Satz 2 BGB, den der Testamentsvollstrecker dann geltend zu machen und unter den Erben zu **verteilen** hat.[409]

222 Unproblematisch im Hinblick auf eine Abwicklungsvollstreckung ist auch der Fall, in dem die Gesellschaft aufgrund des Todes eines Gesellschafters aufgelöst wird.[410] Dies ist bei der GbR nach § 727 Abs. 1 BGB der gesetzliche Regelfall und kann bei einer OHG oder einer KG aufgrund einer gesellschaftsvertraglich geregelten Auflösungsklausel (vgl. Rdn. 139) der Fall sein. In diesem Fall unterliegt sowohl die Beteiligung an der Abwicklungsgesellschaft, als auch der in den Nachlass fallende Abfindungsanspruch einer angeordneten Abwicklungsvollstreckung.[411] Erbrechtliche oder gesellschaftsrechtliche Bedenken gegen die Verwaltung mit Abwicklungszweck bestehen insoweit nicht.

bb) Verwaltungs- und Dauertestamentsvollstreckung

(1) Beschränkung der Testamentsvollstreckung auf die »Außenseite« der Beteiligung

223 Die Anordnung einer Verwaltung- oder Dauertestamentsvollstreckung betreffend Anteilen an einer GbR, einer OHG oder eines Komplementärs einer KG stellt sich regelmäßig als problematisch dar.[412] Aus erbrechtlicher Sicht ist die Durchführung einer Verwaltungs- oder Dauertestamentsvollstreckung an einem voll haftenden Gesellschaftsanteil letztendlich unproblematisch, wenn die Mitgliedschaft in den Nachlass fällt.[413] Dies ist immer dann der Fall, wenn es aufgrund einer Nachfolgeklausel im Gesellschaftsvertrag zu einer **Sondererbfolge** durch Singularsukzession kommt.[414] Die Beteiligung fällt in diesen Fällen gleichwohl in den Nachlass.[415] Vor diesem Hintergrund kommt eine Dauertestamentsvollstreckung jedenfalls dann nicht in Betracht, wenn die Nachfolge aufgrund einer Eintrittsklausel oder einer rechtsgeschäftlichen Nachfolgeklausel erfolgt. Bei der Eintrittsklausel besteht nämlich lediglich ein schuldrechtlicher Anspruch gegen die überlebenden Gesellschafter auf **Aufnahme in die Gesellschaft** (vgl. Rdn. 173). Die Beteiligung fällt gerade nicht in den Nachlass, sondern lediglich der Abfindungsanspruch des ausgeschiedenen verstorbenen Gesellschafters (vgl. Rdn. 180).[416] Bei einer Rechtsnachfolge aufgrund einer rechtsgeschäftlichen Nachfolgeklausel erfolgt der Übergang der Betei-

---

408 Oetker/*Kamanabrou*, § 139 HGB Rn. 49; Henssler/Strohn/*Klöhn*, § 139 HGB Rn. 76; MünchKommHGB/*K. Schmidt*, § 139 HGB Rn. 44; MünchKommBGB/*Zimmermann*, § 2204 BGB Rn. 14; Klein, DStR 1992, 292, 294.
409 Oetker/*Kamanabrou*, § 139 HGB Rn. 49; MünchHdBGesR Bd. 1/*Klein/Lindemeier*, § 80 Rn. 34; EBJS/*Lorz*, § 139 HGB Rn. 63.
410 EBJS/*Lorz*, § 139 HGB Rn. 62; GK-HGB/*Schäfer*, § 139 HGB Rn. 57; MünchKommBGB/*Zimmermann*, § 2205 BGB Rn. 31.
411 OLG Hamm NJW-RR 2002, 729, 730; EBJS/*Lorz*, § 139 HGB Rn. 62; MünchHdBGesR Bd. 1/*Klein/Lindemeier*, § 80 Rn. 35; Klein, DStR 1992, 292, 294.
412 Vgl. im Überblick hierzu MünchHdBGesR Bd. 1/*Klein/Lindemeier*, § 80 Rn. 34; MünchKommHGB/*K. Schmidt*, § 139 HGB Rn. 45 ff.; MünchKommBGB/*Zimmermann*, § 2205 BGB Rn. 33 ff.
413 Dorsel/*Dorsel*, Kap. 11 Rn. 164; MünchHdBGesR Bd. 1/*Klein/Lindemeier*, § 80 Rn. 34; Bengel/Reimann/*Pauli*, § 5 Rn. 156; MünchKommBGB/*Zimmermann*, § 2205 BGB Rn. 15; Klein, DStR 1992, 292, 294 f.
414 Vgl. BGH NJW 1996, 1284, 1285.
415 NJW 1986, 2431, 2432; Oetker/*Kamanabrou*, § 139 HGB Rn. 7.
416 Oetker/*Kamanabrou*, § 139 HGB Rn. 38; Henssler/Strohn/*Klöhn*, § 139 HGB Rn. 88; EBJS/*Lorz*, § 139 HGB Rn. 42; GK-HGB/*Schäfer*, § 139 HGB Rn. 149; MünchKommHGB/*K. Schmidt*, § 139 HGB Rn. 28; *K. Schmidt*, GesR, § 45 V 6. a).

ligung durch Rechtsgeschäft und stellt daher keine erbrechtliche Rechtsnachfolge dar.[417] Auch wenn der Gesellschaftsvertrag eine Fortsetzungsklausel vorsieht, bleibt für eine Testamentsvollstreckung kein Raum, da die Gesellschaft in diesem Fall ohne die Erben fortgesetzt wird (vgl. Rdn. 132). In diesem Fall wächst die Beteiligung des verstorbenen Gesellschafters bei den verbliebenen Gesellschaftern an.

Problematisch ist jedoch die Zulässigkeit der **Testamentsvollstreckung** aufgrund bestehender Vorgaben des Gesellschaftsrechts.[418] Letztendlich sind die gesellschaftsrechtlichen Vorgaben zur persönlichen Gesellschafterhaftung mit den erbrechtlichen Möglichkeiten zur **Haftungsbeschränkung nicht vereinbar**. Zu berücksichtigen ist nämlich insoweit, dass die Inhaber einer voll haftenden Gesellschaftsbeteiligung nach §§ 128, 130 HGB bzw. § 128 HGB analog[419] grundsätzlich unbeschränkt haften. Dagegen kann der Testamentsvollstrecker nach §§ 2206, 2207 BGB Verbindlichkeiten zwingend nur für den Nachlass eingehen. Er selbst haftet dagegen für die eingegangenen Verbindlichkeiten nicht. Auch die Erben kann der Testamentsvollstrecker im Zweifel nicht über den Nachlass hinaus verpflichten, da diesen die in §§ 1975 bis 1922 BGB geregelten Beschränkungsmittel zur Verfügung stehen, mit denen sie ihre Haftung auf den Nachlass beschränken können. Eine auf den Nachlass beschränkte Erbenhaftung kann der Erbe gem. § 2206 Abs. 2 BGB gegen die Eingehung von Verbindlichkeiten durch den Testamentsvollstrecker geltend machen.[420] Darüber hinaus wird die Frage aufgeworfen, inwieweit sich der personalistische, auf die Einzelperson zugeschnittene Charakter der Mitgliedschaft in einer als Arbeits- und Haftungsgemeinschaft ausgeprägten Personengesellschaft mit der Fremdbestimmung durch einen Testamentsvollstrecker vertrage.[421] Die aufgezeigten Argumente der herrschenden Meinung sind heute jedoch nicht mehr unbestritten.[422] Für die Praxis ist gleichwohl an der (noch) herrschenden Meinung festzuhalten.

224

Eine gänzliche Unzulässigkeit der **Verwaltungs- oder Dauertestamentsvollstreckung** an voll haftenden Beteiligungen wird von der Rechtsprechung des BGH aus den vorgenannten Argumenten jedoch nicht gefolgert.[423] Vielmehr wird von dieser eine differenzierende Betrachtungsweise zwischen der »Innenseite« der Beteiligung, die die Mitgliedschaftsrechte betrifft, und der »Außenseite« der Beteiligung, die die Vermögensrechte der Beteiligung betrifft, vorgenommen.[424] Nach Auffassung des BGH kann die »Außenseite« einer Beteiligung der Verwaltung eines Testamentsvollstreckers unterstellt werden, was jedoch nicht bedeutet, dass der Testamentsvollstrecker auch in die inneren Angelegenheiten der Gesellschaft eingreifen dürfe und könne.[425] Die Möglichkeit einer Testamentsvollstreckung über die »Außenseite« einer Beteiligung führt dazu, dass der Testamentsvollstrecker über die Beteiligung an sich[426] sowie die mit der Beteiligung verbundenen verkehrsfähigen Vermögensrechte verfügen kann.[427] Dies betrifft etwa den Anspruch auf das Auseinandersetzungsguthaben und in gewissem Umfang auch die nach dem Erbfall entstehenden Gewinnansprüche.[428] Schließlich bedeutet die Zulässigkeit einer Testamentsvollstreckung über die »Außenseite« der Beteiligung, dass Gläubiger des Erben gegen § 2214 BGB in die Beteiligung und die daraus erwachsenden Vermögensrechte nicht vollstrecken können.[429] Auch

225

---

417 Baumbach/Hopt/*Roth*, § 139 HGB Rn. 56; MünchKommBGB/*Schäfer*, § 727 BGB Rn. 49.
418 MünchKommBGB/*Zimmermann*, § 2205 BGB Rn. 33.
419 Vgl. zur Haftung bei der GbR analog § 128 HGB BGH NJW 2011, 2040, 2041.
420 Vgl. zur insoweit h.M. BGH NJW 1957, 1026, 1027 f.; NJW 1986, 2431, 2433; NJW 1996, 1284, 1285; OLG Düsseldorf RNotZ 2008, 303, 304; Oetker/*Kamanabrou*, § 139 HGB Rn. 51; Henssler/Strohn/ *Klöhn*, § 139 HGB Rn. 77; Baumbach/Hopt/*Roth*, § 131 HGB Rn. 34; *Klein*, DStR 1992, 292, 294.
421 BGH NJW 1981, 749, 750; BGH NJW 1996, 1284, 1285; Oetker/*Kamanabrou*, § 139 HGB Rn. 52.
422 Vgl. insoweit etwa GK-HGB/*Schäfer*, § 139 HGB Rn. 60 ff.; MünchKommHGB/*K. Schmidt*, § 139 HGB Rn. 47; MünchKommBGB/*Zimmermann*, § 2205 BGB Rn. 37.
423 BGH NJW 1986, 2431, 2433; NJW 1996, 1284, 1285.
424 BGH NJW 1996, 1284, 1285.
425 BGH NJW 1986, 2431, 2433.
426 Oetker/*Kamanabrou*, § 139 HGB Rn. 56; EBJS/*Lorz*, § 139 HGB Rn. 73; GK-HGB/*Schäfer*, § 139 HGB Rn. 62.
427 BGH NJW 1986, 2431, 2433; NJW 1996, 1284, 1285.
428 BGH NJW 1986, 2431, 2433; NJW 1996, 1284, 1285; zustimmend insoweit Oetker/*Kamanabrou*, § 139 HGB Rn. 55; GK-HGB/*Schäfer*, § 139 HGB Rn. 62.
429 BGH NJW 1986, 2431, 2433.

eine Verfügung der Erben über die Beteiligung ist nur mit Zustimmung des Testamentsvollstreckers möglich.[430] Eine Abgrenzung, welche Rechte und Befugnisse zur »Außenseite« bzw. zur »Innenseite« der Beteiligung zählen, gestaltet sich schwierig und ist in der Sache auch noch weitgehend ungeklärt.[431] Zur »Innenseite« der Beteiligung sind jedenfalls die Mitgliedschaftsrechte des Gesellschafters, insbesondere die Geschäftsführungsbefugnis sowie das Stimmrecht bei Gesellschafterbeschlüssen zu zählen.[432] Insoweit hat der BGH betont, dass das Bedürfnis im Vordergrund stehe, dass die Gesellschaft und die Mitgesellschafter vor Einwirkungen fremder Personen auf die inneren Angelegenheiten der Gesellschaft zu bewahren und sich ein Mitgesellschafter im Hinblick auf den höchstpersönlichen Charakter des gesellschaftsrechtlichen Zusammenschlusses innerhalb dieser Gemeinschaft im Allgemeinen niemanden aufdrängen lassen müsse, mit dem er sich nicht auf die Gesellschaft eingelassen habe.[433]

(2) Ersatzlösungen zur Erstreckung der Testamentsvollstreckung auf die »Außenseite« der Beteiligung

226 Soweit ein Testamentsvollstrecker auch die der »Innenseite« der Beteiligung zugeordneten Mitgliedschaftsrechte ausüben können soll, haben sich hierzu in der Praxis verschiedene Ersatzlösungen herausgebildet.[434] Vorgeschlagen werden insoweit insbesondere eine Vollmachtslösung und eine Treuhandlösung. Beide Lösungen bedürfen der Zustimmung sämtlicher Mitgesellschafter, die entweder bereits im Gesellschaftsvertrag vorgesehen sein kann oder im Einzelfall nach dem Tod eines Gesellschafters zu erteilen ist.[435]

227 Bei der so genannten **Vollmachtslösung** erteilt der Erbe des verstorbenen Gesellschafters dem Testamentsvollstrecker eine Vollmacht zur Wahrnehmung seiner Gesellschafterrechte.[436] Anders als bei der Treuhandlösung erhält er dabei die Gesellschafterstellung und haftet folglich für die Verbindlichkeiten der Gesellschaft nach §§ 128, 130 HGB persönlich und unbeschränkt.[437] Dabei muss der Erbe durch Verfügung von Todes wegen durch eine Auflage verpflichtet werden, dem Testamentsvollstrecker eine entsprechende Vollmacht zu erteilen. Abweichend hiervon besteht auch die Möglichkeit, dass die Vollmacht nicht erst durch den Erben, sondern bereits durch den Erblasser als postmortale und aufschiebend bedingte Vollmacht erteilt wird.[438] Problematisch im Hinblick auf diese Gestaltung ist jedoch, dass die dem Testamentsvollstrecker erteilte Vollmacht widerrufen und auch – um dies zu vermeiden – nicht von Anfang an unwiderruflich ausgestaltet werden kann.[439]

228 Bei der **Treuhandlösung** wird die Gesellschaftsbeteiligung von dem Erben auf den Testamentsvollstrecker übertragen, der diese sodann für den Erben treuhänderisch im eigenen Namen aber für

---

430 BGH NJW 1986, 2431, 2433; vgl. auch Dorsel/*Dorsel*, Kap. 11 Rn. 173; Bengel/Reimann/*Pauli*, § 5 Rn. 186.
431 Im Einzelnen hierzu EBJS/*Lorz*, § 139 HGB Rn. 72; GK-HGB/*Schäfer*, § 139 HGB Rn. 62 ff.; Palandt/*Weidlich*, § 2205 BGB Rn. 12; *Klein*, DStR 1992, 292, 295 f.; *Schmitz*, ZGR 1988, 140, 154 ff.
432 Vgl. BGH NJW 1986, 2431, 2433; Dorsel/*Dorsel*, Kap. 11 Rn. 174; Palandt/*Weidlich*, § 2205 BGB Rn. 12; Bengel/Reimann/*Pauli*, § 5 Rn. 160; *Bisle*, DStR 2013, 1037, 1038; *Klein*, DStR 1992, 292, 296.
433 BGH NJW 1986, 2431, 2433; vgl. auch Dorsel/*Dorsel*, Kap. 11 Rn. 179.
434 Vgl. hierzu im Überblick Soergel/*Damrau*, § 2205 BGB Rn. 33 ff.; *Nieder/Kössinger*, Testamentsgestaltung, § 15 Rn. 131 ff.; Bengel/Reimann/*Pauli*, § 5 Rn. 168 ff.; Staudinger/*Reimann*, § 2205 BGB Rn. 80 ff.; Scherer/*Scherer/Bregulla-Weber*, Unternehmensnachfolge, § 18 Rn. 159 ff.; *Schmellenkamp*, MittRhNotK 1986, 181, 187 ff.
435 Oetker/*Kamanabrou*, § 139 HGB Rn. 57; EBJS/*Lorz*, § 139 HGB Rn. 78; GK-HGB/*Schäfer*, § 139 HGB Rn. 66.
436 OLG Düsseldorf ZEV 2008, 142, 143; Oetker/*Kamanabrou*, § 139 HGB Rn. 57; EBJS/*Lorz*, § 139 HGB Rn. 78; Palandt/*Weidlich*, § 2205 Rn. 9, 13; *Schmellenkamp*, MittRhNotK 1986, 181, 188.
437 *Schmellenkamp*, MittRhNotK 1986, 181, 188.
438 MünchHdBGesR Bd. 1/*Klein/Lindemeier*, § 80 Rn. 41; *Schmellenkamp*, MittRhNotK 1986, 181, 188.
439 MünchHdBGesR Bd. 1/*Klein/Lindemeier*, § 80 Rn. 41; *Bisle*, DStR 2013, 1037, 1039; *Schmellenkamp*, MittRhNotK 1986, 181, 189.

dessen Rechnung verwaltet.⁴⁴⁰ Das Treuhandverhältnis endet spätestens mit Ablauf der Testamentsvollstreckung. Der Testamentsvollstrecker wird dabei in das Handelsregister als Gesellschafter eingetragen und tritt nach außen nicht als Testamentsvollstrecker, sondern als Gesellschafter auf.⁴⁴¹ Als Gesellschafter haftet der Testamentsvollstrecker dabei im Außenverhältnis persönlich und unbeschränkt nach § 128 HGB,⁴⁴² weswegen die Lösung in der Praxis gerade wegen des entstehenden Haftungsrisikos schwer realisierbar ist.

(3) Anordnung der Testamentsvollstreckung und Umwandlung der voll haftenden Beteiligung in eine Kommanditbeteiligung

Aufgrund der anerkannten Zulässigkeit einer Verwaltungs- und Dauertestamentsvollstreckung an einer Kommanditbeteiligung (vgl. Rdn. 230 ff.) bietet es sich in der Praxis für den Fall, dass eine Testamentsvollstreckung unabdingbar ist, an, generell auf die vorbezeichneten Ersatzlösungen zu verzichten und stattdessen **gesellschaftsvertraglich** vorzusehen, dass sich die Beteiligung eines Gesellschafters mit seinem Tod automatisch in eine **Kommanditbeteiligung** umwandelt.⁴⁴³ Hierdurch können jedenfalls die aufgezeigten Schwächen der Vollmachtlösung und der Treuhandlösung vermieden werden. Die Anordnung der Testamentsvollstreckung an der Kommanditbeteiligung erfolgt dann über eine letztwillige Verfügung.⁴⁴⁴

229

b) Testamentsvollstreckung an Kommanditbeteiligungen

Anders als bei einer voll haftenden Beteiligung lässt die Rechtsprechung des BGH eine Verwaltungs- und Dauertestamentsvollstreckung für eine Kommanditbeteiligung zu.⁴⁴⁵ Dies gilt jedenfalls insoweit, als der Kommanditist entsprechend dem gesetzlichen Regelfall von der Geschäftsführungs- und Vertretungsbefugnis ausgeschlossen ist.⁴⁴⁶

230

Eine Testamentsvollstreckung kommt auch in Bezug auf eine Kommanditbeteiligung nur dann in Betracht, wenn sie durch Erbfolge auf den Rechtsnachfolger übergegangen ist.⁴⁴⁷ Dies ist insbesondere der Fall, wenn die Rechtsfolgen des § 177 **HGB** eingreifen (vgl. Rdn. 110) oder wenn eine **qualifizierte Nachfolgeklausel** im Gesellschaftsvertrag vorgesehen ist (vgl. Rdn. 157). Die einfache Nachfolgeklausel spielt bei der Kommanditbeteiligung hingegen keine Rolle, da diese letztendlich nur zur Vererblichkeit der Beteiligung führen würde und insoweit bei voll haftenden Beteiligungen eine der für Kommanditbeteiligungen dem § 177 HGB entsprechende Rechtslage herbeiführt.⁴⁴⁸ Nicht ausreichend ist hingegen der Erwerb der Kommanditbeteiligung aufgrund einer gesellschaftsvertraglich vereinbarten Eintrittsklausel, da hier der Erwerb nicht kraft Erbfolge, sondern kraft Rechtsgeschäft erfolgt (vgl. Rdn. 173).⁴⁴⁹

231

Nach der Rechtsprechung des BGH greifen die gegen eine Verwaltungs- und Dauertestamentsvollstreckung geltend gemachten Erwägungen für eine voll haftende Gesellschaftsbeteiligung bei einer

232

---

440 OLG Düsseldorf, ZEV 2008, 142, 143; Oetker/*Kamanabrou*, § 139 HGB Rn. 57; EBJS/*Lorz*, § 139 HGB Rn. 78; Scherer/*Scherer/Bregulla-Weber*, Unternehmensnachfolge, § 18 Rn. 165; *Schmellenkamp*, MittRhNotK 1986, 181, 188.
441 BGH NJW 1981, 749, 750; Scherer/*Scherer/Bregulla-Weber*, Unternehmensnachfolge, § 18 Rn. 165.
442 MünchHdBGesR Bd. 1/*Klein/Lindemeier*, § 80 Rn. 41; MünchKommBGB/*Schäfer*, § 705 Rn. 124; Scherer/*Scherer/Bregulla-Weber*, Unternehmensnachfolge, § 18 Rn. 165.
443 MünchHdBGesR Bd. 1/*Klein/Lindemeier*, § 80 Rn. 41; GK-HGB/*Schäfer*, § 139 HGB Rn. 66; *Weidlich*, ZEV 1994, 205, 212 ff. einschließlich Formulierungsvorschlag; zur Zulässigkeit einer entsprechenden Klausel vgl. MünchKommHGB/*K. Schmidt*, § 139 HGB Rn. 137.
444 Vgl. insoweit auch den Formulierungsvorschlag bei *Weidlich*, ZEV 1994, 205, 214.
445 BGH NJW 1989, 3152, 3153 f.; NJW-RR 2012, 730, 731; vgl. auch *Schneider*, NJW 2015, 1142, 1143.
446 Vgl. BGH NJW 1989, 3152, 3154; MünchHdBGesR Bd. 2/*Klein/Lindemeier*, § 42 Rn. 49; *Klein*, DStR 1992, 326, 327.
447 MünchKommBGB/*Zimmermann*, § 2205 BGB Rn. 43; *Schneider*, NJW 2015, 1142, 1144.
448 Vgl. BGH NJW 1977, 1339, 1340; MünchHdBGesR Bd. 1/*Klein/Lindemeier*, § 79 Rn. 14, 20; GK-HGB/*Schäfer*, § 139 HGB Rn. 9; MünchKommHGB/*K. Schmidt*, § 139 HGB Rn. 11.
449 *Schneider*, NJW 2015, 1142, 1144.

solchen für eine Kommanditbeteiligung nicht durch.[450] Danach ist es nicht gerechtfertigt, den Grundsatz der Unzulässigkeit einer Testamentsvollstreckung über eine voll haftende Beteiligung nur deswegen auf eine Kommanditbeteiligung zu übertragen, weil damit insoweit eine einheitliche Behandlung aller Personengesellschaften erreicht wäre.[451] Insbesondere das gegen eine Testamentsvollstreckung über eine voll haftende Beteiligung erhobene Argument einer Inkompatibilität der erbrechtlichen und gesellschaftsrechtlichen Haftung spiele bei einer Testamentsvollstreckung über eine Kommanditbeteiligung keine Rolle, da der Kommanditist nach § 171 Abs. 1 HGB beschränkt auf seine Einlage haftet.[452] Ob der Kommanditist seine Einlage eingezahlt hat oder nicht, spielt dabei letztendlich keine Rolle.[453] Dies folgt nach der Rechtsprechung des BGH daraus, dass die laufenden Geschäfte der Kommanditgesellschaft, durch die sich die Haftung verwirklichen kann, nicht durch den Testamentsvollstrecker, sondern durch den Komplementär geführt werden.[454] Insoweit würde die Haftung auch relevant werden, wenn keine Testamentsvollstreckung angeordnet wäre.[455]

233 Für den Testamentsvollstrecker kann die Anordnung einer Testamentsvollstreckung für eine Kommanditbeteiligung bedeuten, dass sich diese auf verschiedene Vermögensmassen bezieht, nämlich einerseits auf das **Gesamthandsvermögen der Erbengemeinschaft** und andererseits auf die **Kommanditbeteiligung**, die im Wege der Sondererbfolge auf den oder die Erben übergegangen ist.[456] Dies steht der Anordnung einer Testamentsvollstreckung über einen Kommanditanteil nach der Rechtsprechung des BGH aber nicht entgegen. Insbesondere sei insoweit nicht zu erkennen, dass die Anordnung der Testamentsvollstreckung zu unüberwindbaren Schwierigkeiten führen könnte.[457] Ist Verwaltungstestamentsvollstreckung nur für den aus dem Gesamthandsvermögen ausgesonderten Gegenstand angeordnet, bestehe insoweit ohnehin kein Unterschied zum Alleinerben.[458]

234 Eine Testamentsvollstreckung über eine Kommanditbeteiligung setzt wie eine solche über eine voll haftende Beteiligung zwingend die **Zustimmung sämtlicher Gesellschafter** voraus, die entweder bereits im Gesellschaftsvertrag oder nachträglich erteilt werden kann.[459] Durch dieses Zustimmungserfordernis wird der personalistischen Struktur der KG Rechnung getragen. Zu berücksichtigen ist insoweit nämlich, dass sich die Mitgesellschafter im Hinblick auf den höchstpersönlichen Charakter des gesellschaftlichen Zusammenschlusses gegen ihren Willen niemanden aufdrängen lassen müssen, mit dem sie sich nicht auf eine Gesellschaft eingelassen haben.[460] Eine entsprechende Zustimmung der übrigen Gesellschafter im Gesellschaftsvertrag kann sich auch ohne ausdrückliche Abrede im Wege der Auslegung daraus ergeben, dass einem Gesellschafter für die Bestimmung seines Nachfolgers durch den Gesellschaftsvertrag letztendlich freie Hand gelassen worden ist.[461] Fehlt die erforderliche Zustimmung der übrigen Gesellschafter für eine Testamentsvollstreckung, so ist deren Anordnung nicht völlig unwirksam. In diesem Fall beschränken

---

450 Vgl. insoweit BeckOK-BGB/*Lange*, 38. Ed., 01.02.2016, § 2205 Rn. 49; MünchKommHGB/*K. Schmidt*, § 177 HGB Rn. 24.
451 BGH NJW 1989, 3152, 3154; *Schneider*, NJW 2015, 1142, 1143.
452 BGH NJW 1989, 3152, 3154; BeckOK-BGB/*Lange*, 54. Ed., 01.05.2020, § 2205 Rn. 49; MünchKommBGB/*Zimmermann*, § 2205 BGB Rn. 44.
453 BGH NJW 1989, 3152, 3155; BeckOK-BGB/*Lange*, 54. Ed., 01.05.2020, § 2205 Rn. 49; MünchKommBGB/*Zimmermann*, § 2205 BGB Rn. 44; *Schneider*, NJW 2015, 1142, 1143.
454 BGH NJW 1989, 3152, 3155.
455 BGH NJW 1989, 3152, 3155.
456 Vgl. hierzu BGH NJW 1989, 3152, 3154.
457 BGH NJW 1989, 3152, 3154.
458 BGH NJW 1989, 3152, 3154.
459 BGH NJW 1985, 1953, 1954; 1989, 3152, 3153; NJW-RR 2012, 730, 731; OLG Hamm NJW-RR 1991, 837, 839; BeckOK-BGB/*Lange*, 54. Ed., 01.05.2020, § 2205 Rn. 49; Oetker/*Oetker*, § 177 HGB Rn. 16; MünchKommBGB/*Zimmermann*, § 2205 BGB Rn. 44; *Bisle*, DStR 2013, 1037, 1039; *Schneider*, NJW 2015, 1142, 1144; *Ulmer*, NJW 1990, 73, 75 f.
460 BGH NJW 1986, 2431, 2433; OLG Hamm NJW-RR 1991, 837, 837; vgl. auch Dorsel/*Dorsel*, Kap. 11 Rn. 179.
461 BGH NJW 1977, 1339, 1344; OLG Hamm NJW-RR 1991, 837, 839 f.; MünchKommHGB/*K. Schmidt*, § 177 HGB Rn. 27.

sich die Rechte des Testamentsvollstreckers jedoch auf die »Außenseite« der Beteiligung,[462] so dass hier die Ausführungen zur voll haftenden Beteiligung entsprechend gelten (vgl. Rdn. 223 ff.).

Im Rahmen der Testamentsvollstreckung ist alleine der Testamentsvollstrecker nach §§ 2205, 2211 BGB befugt, die Rechte und Pflichten der Erben hinsichtlich des Kommanditanteils auszuüben und über den Anteil zu verfügen, sofern der Erblasser ihm nicht nur beschränkte Rechte eingeräumt hat.[463] Eine sich aus dem Gesellschaftsrecht ergebende Einschränkung besteht lediglich insoweit, als er die persönliche und nicht auf den Nachlass beschränkbare Haftung der Kommanditisten-Erben nach §§ 128, 171, 172 Abs. 4 HGB nicht erweitern darf.[464] Bisher weitestgehend ungeklärt ist, inwieweit ein Testamentsvollstrecker Maßnahmen ergreifen darf, die unmittelbar in den **Kernbereich der Mitgliedschaft** eingreifen.[465] 235

▶ Formulierungsbeispiel: Anordnung einer Testamentsvollstreckung für einen Kommanditanteil 236

(1) Für meinen Nachlass ordne ich Testamentsvollstreckung an.

(2) Aufgabe des Testamentsvollstreckers ist es, meine Kommanditbeteiligung an der derzeit im Handelsregister des Amtsgerichts ..... unter HRA ..... eingetragenen ..... KG (nachfolgend »Gesellschaft«) zu verwalten. Der Testamentsvollstrecker ist berechtigt, sämtliche aus der Beteiligung folgenden Rechte und Pflichten einschließlich des Stimmrechts wahrzunehmen. Die Testamentsvollstreckung erstreckt sich auch auf alle für mich geführten Gesellschafterkonten bei der Gesellschaft.

Der Testamentsvollstrecker bedarf der Zustimmung des Erben für Beschlüsse oder Maßnahmen, die zu einer persönlichen Haftung des Erben führen oder die eine Erhöhung der Kommanditeinlage zum Gegenstand haben.

(3) Zum Testamentsvollstrecker ernenne ich ..... sowie ersatzweise ...... Der Testamentsvollstrecker ist berechtigt, einen Nachfolger zu ernennen. Sollte er das Amt nicht annehmen wollen oder können, steht ihm das Bestimmungsrecht gemäß § 2198 BGB zu. Für den Fall, dass der Testamentsvollstrecker keinen Nachfolger ernennt oder er keine Bestimmung im Rahmen von § 2198 BGB vornimmt, wird das Nachlassgericht ersucht, einen geeigneten Testamentsvollstrecker zu ernennen.

(4) Der Testamentsvollstrecker ist von den Beschränkungen des § 181 BGB befreit.

(5) Der Testamentsvollstrecker erhält eine Vergütung entsprechend der Empfehlungen des Deutschen Notarvereins für die Vergütung von Testamentsvollstreckern.

Problematisch ist die Zulässigkeit einer Testamentsvollstreckung über einen Kommanditanteil dann, wenn der **Erbe** des verstorbenen Kommanditisten **bereits Gesellschafter** war, da sich ohne die angeordnete Testamentsvollstreckung beide Beteiligungen vereinigen würden.[466] Dies führt jedoch nicht zur Unzulässigkeit der Testamentsvollstreckung. Der BGH nimmt in diesem Sonderfall vielmehr eine Ausnahme von dem **Grundsatz der Einheitlichkeit** des Gesellschaftsanteils an und beschränkt die Testamentsvollstreckung auf den im Wege der Erbfolge übergegangenen Kommanditanteil im Sinne eines abspaltbaren Sondervermögens.[467] 237

---

462 Bengel/Reimann/*Pauli*, § 5 Rn. 193, 202; Staudinger/*Reimann*, § 2205 BGB Rn. 126.
463 BGH NJW-RR 2012, 730, 731; OLG Hamm, NJW-RR 2002, 729, 729; MünchKommHGB/*K. Schmidt*, § 177 HGB Rn. 29; *Schneider*, NJW 2015, 1142, 1144.
464 BGH NJW-RR 2012, 730, 731; MünchHdBGesR Bd. 2/*Klein/Lindemeier*, § 42 Rn. 49; *Klein*, DStR 1992, 326, 327.
465 OLG Hamm NJW-RR 2002, 729, 729; MünchKommHGB/*K. Schmidt*, § 177 HGB Rn. 29; *Ulmer*, NJW 1990, 73, 80.
466 Oetker/*Oetker*, § 177 HGB Rn. 10, 18; EBJS/*Strohn*, § 177 HGB Rn. 21.
467 BGH NJW 1996, 1284, 1286; Oetker/*Oetker*, § 177 HGB Rn. 18; MünchKommHGB/*K. Schmidt*, § 177 HGB Rn. 24; EBJS/*Strohn*, § 177 HGB Rn. 21.

238 Ist über den Nachlass eines Kommanditisten Dauertestamentsvollstreckung angeordnet, so ist nach Ansicht des BGH auf Antrag des Testamentsvollstreckers ein Testamentsvollstreckervermerk in das **Handelsregister** einzutragen, da ein Bedürfnis des Rechtsverkehrs bestehe.[468]

c) Testamentsvollstreckung an Kapitalgesellschaftsbeteiligungen

239 Die Testamentsvollstreckung für Beteiligungen an Kapitalgesellschaften ist uneingeschränkt zulässig.[469] Dies gilt sowohl für die Auseinandersetzungsvollstreckung, als auch für die Verwaltungs- und Dauervollstreckung.[470] Sie bedarf, anders als bei Personengesellschaften (vgl. Rdn. 226), nicht der Zustimmung der übrigen Gesellschafter.[471] Im Rahmen der gesetzlichen Befugnis ist der Testamentsvollstrecker nach §§ 2206 Abs. 1, 2207 BGB kraft seines Amtes auch zur Eingehung von Verbindlichkeiten für den Nachlass berechtigt. Aufgrund der fehlenden Verfügungsbefugnis können die Erben über die Geschäftsanteile bzw. die Aktien nicht ohne Mitwirkung des Testamentsvollstreckers verfügen.[472] Satzungsmäßige Regulierungsklauseln stehen der Anordnung einer Testamentsvollstreckung nicht entgegen.[473]

240 Bei der Dauertestamentsvollstreckung ist der Testamentsvollstrecker auch nicht auf die bloße »Außenseite« der Beteiligung beschränkt, so dass er grundsätzlich **alle Vermögens- und Mitverwaltungsrechte** des Gesellschafters einschließlich des Stimmrechts in der Gesellschafter- bzw. Hauptversammlung und etwaige Sonderrechte ausübt.[474] Dementsprechend steht dem Testamentsvollstrecker auch bei satzungsändernden oder eine Umwandlung der Gesellschaft herbeiführenden Beschlüssen ein Mitwirkungs- und Stimmrecht zu.[475] Umstritten ist die Frage, ob die Ausübung des Stimmrechts durch den Testamentsvollstrecker bei Beschlussgegenständen, die den Kernbereich der **Rechtsstellung der Gesellschafter** betreffen, einzuschränken ist.[476] Dieser Ansatz wird jedoch zu Recht abgelehnt. Da der Testamentsvollstrecker im Rahmen seiner gesetzlichen Befugnisse über den Geschäftsanteil insgesamt verfügen kann, wäre eine Beschränkung seiner Befugnisse für weniger weit reichende Maßnahmen nicht nachvollziehbar.[477]

241 Durch die Satzung der GmbH kann die Ausübung von **Verwaltungsrechten** durch Außenstehende, wozu auch der Testamentsvollstrecker zählen würde, da er nicht Gesellschafter wird, **beschränkt** und gänzlich ausgeschlossen werden.[478] Diese fallen dann den Erben zu. Bei Vorliegen einer entsprechenden Satzungsregelung geht eine gleichwohl angeordnete Testamentsvollstreckung nicht ins Leere,

---

468 BGH NJW-RR 2012, 730, 731; Oetker/*Oetker*, § 177 HGB Rn. 15; EBJS/*Strohn*, § 177 HGB Rn. 22; MünchKommBGB/*Zimmermann*, § 2205 BGB Rn. 46; *Plank*, ZEV 1998, 435, 327 ff.; *Ulmer*, NJW 1990, 73, 82.
469 Rowedder/Schmidt-Leithoff/*Görner*, § 15 GmbHG Rn. 143; MünchKommGmbHG/*Reichert/Weller*, § 15 GmbHG Rn. 485; Scherer/*Scherer/Bregulla-Weber*, Unternehmensnachfolge, § 18 Rn. 177; MünchKommBGB/*Zimmermann*, § 2205 Rn. 51, 53; vgl. umfassend hierzu *Frank*, ZEV 2002, 389 ff. für die AG sowie *Mayer*, ZEV 2002, 209 ff. für die GmbH.
470 MünchKommGmbHG/*Reichert/Weller*, § 15 GmbHG Rn. 485; *Frank*, ZEV 2002, 389, 390; *Lenz*, GmbHR 2000, 927, 928; *Mayer*, ZEV 2002, 209, 210.
471 Palandt/*Weidlich*, § 2205 BGB Rn. 19; MünchKommBGB/*Zimmermann*, § 2205 Rn. 51.
472 *Frank*, ZEV 2002, 389, 390.
473 MHLS/*Ebbing*, § 15 GmbHG Rn. 53; MünchKommGmbHG/*Reichert/Weller*, § 15 GmbHG Rn. 586.
474 Rowedder/Schmidt-Leithoff/*Görner*, § 15 GmbHG Rn. 145; Scherer/*Scherer/Bregulla-Weber*, Unternehmensnachfolge, § 18 Rn. 177; MünchKommBGB/*Zimmermann*, § 2205 Rn. 51, 53.
475 MünchKommGmbHG/*Reichert/Weller*, § 15 GmbHG Rn. 591.
476 Bengel/Reimann/*Pauli*, § 5 Rn. 242; *Nieder/Kössinger*, Testamentsgestaltung, § 15 Rn. 144; *Ivo*, ZEV 2006, 252, 257; *Mayer*, ZEV 2002, 209, 213.
477 So auch MHLS/*Ebbing*, § 15 GmbHG Rn. 50; MünchKommGmbHG/*Reichert/Weller*, § 15 GmbHG Rn. 491; Scholz/*Seibt*, § 15 GmbHG Rn. 252.
478 OLG Frankfurt am Main RNotZ 2009, 54, 55; Scherer/*Scherer/Bregulla-Weber*, Unternehmensnachfolge, § 18 Rn. 177; MünchKommBGB/*Zimmermann*, § 2205 Rn. 52; *Mayer*, ZEV 2002, 209, 212 f.

sondern führt vielmehr dazu, dass dann die vermögensrechtlichen Ansprüche der Außenseite der Beteiligung der Verwaltung des Testamentsvollstreckers unterliegen.[479]

In die **Gesellschafterliste** einer GmbH darf ein **Testamentsvollstreckervermerk** nicht aufgenommen werden.[480] Dies wird in der Rechtsprechung des BGH insbesondere damit begründet, dass die Aufnahme eines Testamentsvollstreckervermerks in die Gesellschafterliste vom Gesetz nicht vorgesehen sei und insoweit auch kein praktisches Bedürfnis bestehe.[481] Eine Pflicht zur Eintragung der Testamentsvollstreckung in das **Aktienregister** besteht nicht, gleichwohl ist sie aber zulässig.[482]

242

---

[479] Bengel/Reimann/*Pauli*, § 5 Rn. 238; *Mayer*, ZEV 2002, 209, 213.
[480] BGH NJW 2015, 1303, 1303 ff.; vgl. zu dieser Frage auch *Heckschen/Strnad*, NZG 2014, 1201, 1207 f.
[481] BGH NJW 2015, 1303, 1304.
[482] MünchKommAktG/*Bayer*, § 67 AktG Rn. 32; BeckOGK/*Cahn*, § 67 AktG Rn. 21; Hüffer/*Koch*, § 67 AktG Rn. 9.

Kapitel 8 Umwandlungsrecht

Übersicht

	Rdn.
A. **Allgemeines zum Umwandlungsrecht.**	1
I. Einleitung	1
II. Sonstige Umstrukturierungen	3
III. Gesetzesaufbau	5
IV. Europarechtliche Vorgaben	7
V. Schutzziele des Umwandlungsgesetzes.	9
B. **Verschmelzung**	10
I. Allgemeines	10
II. Ablauf einer Verschmelzung	13
III. Verschmelzungsfähige Rechtsträger	16
1. Allgemeines	16
2. Uneingeschränkte Verschmelzungsfähigkeit	17
3. Unternehmergesellschaft	22
4. Aufgelöste Gesellschaften/Sanierungsverschmelzungen	23
a) Beteiligung als übertragender Rechtsträger	23
b) Beteiligung als übernehmender Rechtsträger	26
c) Sanierungsverschmelzungen außerhalb des Insolvenzplans	27
aa) Ordnungsgemäße Kapitalaufbringung	28
bb) Verschmelzung ohne Kapitalerhöhung/Minderheitenschutz	31
cc) Kapitalerhaltung	
dd) Überschuldete übernehmende Rechtsträger	33
IV. Der Verschmelzungsvertrag	34
1. Allgemeines	34
2. Abschlusskompetenz	35
3. Vertretung	36
4. Inhalt	41
a) Allgemeines	41
b) § 5 Abs. 1 Nr. 1 (Beteiligtenangaben)	42
c) § 5 Abs. 1 Nr. 2 (Vermögensübertragung/Anteilsgewährung)	44
d) Ausnahmen von der Anteilsgewährungspflicht	49
aa) § 5 Abs. 2 (Konzernverschmelzung)	50
bb) § 20 Abs. 1 Nr. 3 Satz 1 Halbs. 2	55
cc) Verzicht	56
dd) Weitere Ausnahmen	58
(1) GmbH & Co. KG mit Komplementärin ohne Vermögensbeteiligung	58
(2) Verbot der Mehrfachbeteiligung bei Personenhandelsgesellschaften	59

	Rdn.
e) § 5 Abs. 1 Nr. 3 (Umtauschverhältnis/bare Zuzahlung)	60
aa) Umtauschverhältnis	60
bb) Bare Zuzahlung	69
f) § 5 Abs. 1 Nr. 4 (Einzelheiten der Übertragung)	71
g) § 5 Abs. 1 Nrn. 5 und 6 (Beginn der Gewinnberechtigung/Verschmelzungsstichtag)	73
h) § 5 Abs. 1 Nr. 7 (Sonderrechte u. a. für Anteilsinhaber)	83
i) § 5 Abs. 1 Nr. 8 (Sondervorteile für Amtsträger und Prüfer)	87
j) § 5 Abs. 1 Nr. 9 (Folgen für Arbeitnehmer und ihre Vertretungen)	88
5. Abfindungsangebot nach § 29	91
a) Mischverschmelzung	92
b) Wegfall der Börsennotierung	93
c) Verfügungsbeschränkungen	94
d) Widerspruch	97
e) Entbehrlichkeit des Angebots	98
f) Ausgestaltung des Angebots	99
g) Prüfung des Angebots	106
h) Rechtsfolgen bei Missachtung der Vorgaben des § 29	108
6. Sonstiger zwingender Inhalt	109
a) Verschmelzung durch Neugründung	109
b) Rechtsformspezifische Bestandteile	110
7. Fakultative Bestandteile des Verschmelzungsvertrages	111
a) Allgemeines	111
b) Bedingungen/Kettenverschmelzungen	115
8. Zuleitung an den Betriebsrat	118
a) Maßgebliche Unterlagen	119
b) Empfangszuständigkeit	120
c) Monatsfrist	122
d) Verzichtsmöglichkeiten	123
e) Vertragsänderungen	125
9. Form	126
a) Zweck	126
b) Verfahren und Umfang der Beurkundung	127
c) Entwurf des Vertrages	130
d) Auslandsbeurkundung	131
aa) Ortsform	132
bb) Einhaltung des § 6 durch Auslandsbeurkundung	133
e) Heilung von Formmängeln	135

		Rdn.			Rdn.
V.	Verschmelzungsbericht	136	VIII.	Zustimmung einzelner Gesellschafter und sonstige Zustimmungserfordernisse	194
	1. Allgemeines/Inhalt.	136			
	2. Zuständigkeit für die Erstattung des Berichts.	138		1. Vinkulierungen im Sinne von § 13 Abs. 2	194
	3. Entbehrlichkeit	139		2. Sonstige Zustimmungserfordernisse	196
	a) Verzicht	139			
	b) Konzernverschmelzung.	140		3. Beurkundung und Vertretung	197
	c) Personengesellschaften (§§ 41, 45c Satz 1)	141	IX.	Registeranmeldung.	198
				1. Anmeldepflicht	198
	4. Information der Anteilsinhaber . . .	143		2. Anmelderecht	200
	5. Grenzen der Berichtspflicht	144		3. Inhalt der Anmeldung	201
	6. Fehlerhafte Berichte.	145		a) Verschmelzung.	201
	a) Heilung von Mängeln.	145		b) Negativerklärung (§ 16 Abs. 2) .	202
	b) Folgen für den Verschmelzungsbeschluss	146		aa) Zweck des Negativerklärungserfordernisses.	203
	c) Eintragbarkeit der Verschmelzung.	152		bb) Klageverfahren nach § 14. .	204
				cc) Inhalt, Zeitpunkt und Formalien der Negativerklärung.	208
	7. Weitere Informationspflichten	155			
VI.	Verschmelzungsprüfung nach §§ 9 bis 12.	156			
	1. Allgemeines.	156		dd) Entbehrlichkeit der Negativerklärung wegen Verzichts der Anteilsinhaber . .	211
	2. Erforderlichkeit der Verschmelzungsprüfung und des Prüfungsberichts.	157		
				ee) Entbehrlichkeit der Negativerklärung gem. § 16 Abs. 3 (Unbedenklichkeitsverfahren)	212
	a) Beteiligung von Personengesellschaften	159			
	b) Beteiligung einer GmbH	162		4. Anlagen (§ 17)	214
	c) Beteiligung einer AG oder KGaA.	163		a) Anlagen im Sinne von § 17 Abs. 1.	214
	d) Mischverschmelzungen.	164		b) Schlussbilanz nach § 17 Abs. 2 .	217
	e) Sonstige Prüfungen.	165		c) Folgen fehlender Anlagen	221
	3. Gegenstand, Ziel und Umfang der Verschmelzungsprüfung.	166		5. Art der Übermittlung (§ 12 HGB) .	222
				6. Rechtsformspezifische Besonderheiten/Verschmelzung durch Neugründung	224
	a) Allgemeines	166			
	b) Unternehmensbewertung	167			
	c) Bewertungsstichtag.	169	X.	Eintragung und Rechtsfolgen	225
	d) Börsennotierte Unternehmen . .	170		1. Eintragungsreihenfolge	225
	4. Bestellung der Verschmelzungsprüfer.	175		2. Eintragungsfolgen	226
				a) Gesamtrechtsnachfolge.	226
	5. Prüfungsbericht, Verzicht, Mängel .	176		b) Erlöschen der übertragenden Rechtsträger	228
VII.	Verschmelzungsbeschlüsse.	178		
	1. Zweck des Zustimmungserfordernisses/Ausnahmen	178		c) Anteilserwerb.	229
				d) Heilung von Beurkundungsmängeln	235
	2. Modalitäten der Beschlussfassung .	179		
	a) Versammlungserfordernis/Konkludente Beschlussfassung	179		e) Bestandskraft der Verschmelzung.	236
	b) Vorbereitung und Durchführung der Versammlung	180	XI.	Verschmelzung durch Neugründung. .	237
				1. Überblick	237
	c) Mehrheitserfordernisse	182		2. Verweis auf Regelungen zur Verschmelzung durch Aufnahme	238
	3. Gegenstand des Verschmelzungsbeschlusses	183		
	4. Vertretung durch Bevollmächtigte .	184		3. Verschmelzungsvertrag	239
	a) Zulässigkeit	184		4. Verschmelzungsbericht, Verschmelzungsprüfung und Verschmelzungsbeschluss.	242
	b) Form der Vollmacht	188		
	5. Beurkundung	189		
	6. Beteiligung Minderjähriger	193		5. Anmeldung und Eintragung	243

Kapitel 8

Umwandlungsrecht

	Rdn.
6. Verweis auf Gründungsrecht und Beteiligung Dritter	246
XII. Besonderheiten bei der Beteiligung von Personenhandelsgesellschaften	248
1. Überblick	248
2. Aufgelöste Gesellschaften (§ 39)	252
3. Besonderheiten bezüglich des Verschmelzungsvertrages (§§ 40, 43 Abs. 2 Satz 3)	253
a) Bestimmung von Art und Umfang der Beteiligung der Anteilsinhaber der übertragenden Rechtsträger in der übernehmenden/neuen Personenhandelsgesellschaft	253
aa) Art der Beteiligung	253
bb) Rechtliche Vorgaben für die Bestimmung der Art der Beteiligung	254
(1) Schutz der beschränkt haftenden Gesellschafter der übertragenden Rechtsträger (§ 40 Abs. 2)	255
(2) Schutz der unbeschränkt haftenden Gesellschafter der übertragenden Rechtsträger (§ 43 Abs. 2 Satz 3 Halbs. 1)	256
cc) Umfang der Beteiligung	259
(1) Beteiligung als neuer Komplementär	260
(2) Beteiligung als neuer Kommanditist	264
(3) Grundsatz der Einheitlichkeit der Beteiligung	265
(4) Buchung auf Darlehenskonten	267
(5) Komplementär-GmbH ohne Vermögensbeteiligung	268
dd) Besonderheiten im Hinblick auf § 35 (unbekannte Aktionäre)	269
b) Schutz der unbeschränkt haftenden Gesellschafter der übernehmenden Personenhandelsgesellschaft	270
c) Verhältnis zu § 29	271
4. Verschmelzungsbericht (§ 41), Unterrichtung der Gesellschafter (§ 42) sowie Verschmelzungsprüfung (§ 44)	272
5. Verschmelzungsbeschluss	273
a) Einstimmigkeitsgrundsatz	273

	Rdn.
b) Mehrheitsklauseln	276
6. Nachhaftung, § 45	279
7. Checkliste: Verschmelzung unter Beteiligung einer Personenhandelsgesellschaft	280
XIII. Besonderheiten bei der Beteiligung von Partnerschaftsgesellschaften	281
1. Verschätzungsfähigkeit	281
2. Zusätzliche Vorgaben für den Verschmelzungsvertrag (§ 45b)	282
3. Verschmelzungsbericht, Unterrichtung der Partner und Verschmelzungsprüfung (§§ 45c, 45e Satz 2)	284
4. Beschluss der Gesellschafterversammlung (§ 45d)/Zustimmungserfordernisse	285
5. Fehlendes Widerspruchsrecht	286
6. Nachhaftung	287
7. Anmeldung der Verschmelzung	288
8. Checkliste: Verschmelzung bei Beteiligung einer Partnerschaftsgesellschaft	290
XIV. Besonderheiten bei der Beteiligung von Gesellschaften mit beschränkter Haftung	291
1. Überblick	291
2. Für übertragende wie übernehmende GmbH anwendbare Regeln zur Verschmelzung durch Aufnahme	296
a) Unterrichtung der Gesellschafter (§ 47)	296
b) Verschmelzungsprüfung (§ 48)	300
c) Vorbereitung der Gesellschafterversammlung (§ 49)	301
d) Mehrheitserfordernisse (§ 50 Abs. 1)	303
3. Nur für übernehmende GmbH anwendbare Regeln zur Verschmelzung durch Aufnahme	306
a) Verschmelzung ohne Kapitalerhöhung (§ 54)	306
aa) Kapitalerhöhungsverbote	307
bb) Kapitalerhöhungswahlrechte gem. § 54 Abs. 1 Satz 2 Nrn. 1 und 2	310
cc) Verzicht auf die Anteilsgewährung nach § 54 Abs. 1 Satz 3	311
dd) Sonstige Fälle der Verschmelzung ohne Kapitalerhöhung/Drittbeteiligung	312
ee) Mittelbarer Besitz im Sinne von § 54 Abs. 2	313

	Rdn.
ff) Teilungserleichterungen nach § 54 Abs. 3	314
b) Verschmelzung mit Kapitalerhöhung (§ 55)	315
aa) Anwendbare Regelungen des GmbH-Rechts	316
(1) Kapitalerhöhungsbeschluss	316
(2) Genehmigtes Kapital (§ 55a GmbHG)	318
(3) Kapitalaufbringungskontrolle	320
(4) Differenzhaftung	322
(5) Überdeckung	323
bb) Nicht anwendbare Regeln des GmbH-Rechts	324
(1) Keine Übernahmeerklärungen nach § 55 Abs. 1 GmbHG	324
(2) Kein Bezugsrecht	325
cc) Absicherung der Eintragung der Kapitalerhöhung (§ 53)	326
c) Anforderungen an den Inhalt des Verschmelzungsvertrages	327
aa) Angaben über Anteilsinhaber und Geschäftsanteile (§ 46)	327
(1) Namentliche Zuordnung	327
(2) Gewährte Anteile	328
(a) Mindestnennbetrag	328
(b) Mehrfachverschmelzung	329
(c) Aufstockung	330
(d) Nummerierung	331
(e) Mehrere Anteile am übertragenden Rechtsträger	332
(f) Abweichende Nennbeträge (§ 46 Abs. 1 Satz 2)	333
(g) Sonderrechte/Sonderpflichten (§ 46 Abs. 2)	334
(h) Bereits vorhandene Anteile (§ 46 Abs. 3)	335
bb) Bare Zuzahlungen (§ 54 Abs. 4)	336
d) Zustimmungserfordernisse (§ 51 Abs. 1 Satz 1 und Satz 2, § 51 Abs. 2)	337
aa) Offene Einlagen bei der übernehmenden GmbH (§ 51 Abs. 1 Satz 1 und Satz 2)	337

	Rdn.
bb) Nicht beteiligungsproportionale Anteilsgewährung (§ 51 Abs. 2)	338
cc) Zustimmungserfordernis nach § 53 Abs. 3 GmbHG analog bei Leistungsvermehrung?	339
4. Nur für übertragende GmbH geltende Vorgaben für die Verschmelzung durch Aufnahme (§ 50 Abs. 2)	340
5. Besondere Vorgaben für die GmbH-GmbH-Verschmelzung (§ 51 Abs. 1 Satz 3)	345
6. Registeranmeldungen	347
a) Anmeldung der Kapitalerhöhung	347
b) Anmeldung der Verschmelzung	352
aa) Besonderheiten nach § 52	352
bb) Berichtigte Gesellschafterliste (§ 52 Abs. 2 UmwG a.F.)	354
7. Verschmelzung durch Neugründung	355
a) Überblick	355
b) GmbH als übertragender Rechtsträger	357
c) GmbH als Zielgesellschaft	358
aa) Anwendbare Regeln der §§ 46 bis 55	359
bb) Sonderregeln in §§ 57 bis 59	361
(1) § 57 (Sondervorteile, Gründungsaufwand, Sacheinlagen und Sachübernahmen)	361
(2) § 58 (Sachgründungsbericht)	362
(3) Verschmelzungsbeschlüsse/Organbestellung (§ 59)	365
cc) Sonstiges GmbH-Gründungsrecht	369
8. Checkliste: Verschmelzung durch Aufnahme unter Beteiligung einer GmbH	372
9. Checkliste: Verschmelzung durch Neugründung unter Beteiligung einer GmbH	373
XV. Besonderheiten bei der Beteiligung von Aktiengesellschaften	374
1. Überblick	374
2. Für übertragende wie übernehmende AG anwendbare Regeln zur Verschmelzung durch Aufnahme	376
a) Verschmelzungsprüfung (§ 60)	376

	Rdn.		Rdn.
b) Bekanntmachung des Verschmelzungsvertrages (§ 61) . . .	377	(1) Allgemeine Anforderungen an den Kapitalerhöhungsbeschluss (§ 182 Abs. 1 bis 3 AktG)	411
c) Vorbereitung der Hauptversammlung (§ 63)	380	(2) Besondere Anforderungen nach § 183 AktG .	413
d) Durchführung der Hauptversammlung (§ 64)	386	(3) Genehmigtes und bedingtes Kapital.	417
e) Mehrheitserfordernisse (§ 65). .	389	bb) Nicht anwendbare Vorschriften des AktG	419
aa) Grundsatz	389	(1) Ausstehende Einlagen (§ 182 Abs. 4 AktG) . .	420
bb) Satzungsmäßige Mehrheitserfordernisse.	391	(2) Zeichnung neuer Aktien (§ 185 AktG) und Bezugsrecht (§§ 186, 187 AktG). . .	421
cc) Sonderbeschluss bei mehreren Aktiengattungen.	393	(3) Differenzhaftung	422
3. Nur für übernehmende AG anwendbare Regeln zur Verschmelzung durch Aufnahme	395	cc) Vorherige Eintragung der Durchführung der Kapitalerhöhung (§ 66)	423
a) Konzernverschmelzung (§ 62). .	395	e) Bare Zuzahlungen (§ 68 Abs. 3)	424
aa) Entbehrlichkeit eines Verschmelzungsbeschlusses der übernehmenden Gesellschaft (§ 62 Abs. 1)	396	f) Treuhänderbestellung (§ 71) . . .	425
bb) Informationspflichten (§ 62 Abs. 3 Satz 1 bis Satz 3 sowie Satz 6 bis Satz 8). . . .	397	4. Nur für übertragende AG geltende Vorgaben für die Verschmelzung durch Aufnahme (§ 72)	426
cc) Anmeldungsbesonderheiten (§ 62 Abs. 3 Satz 4 und Satz 5)	398	5. Registeranmeldungen	428
		a) Anmeldung des Beschlusses über die Kapitalerhöhung und Anmeldung ihrer Durchführung.	428
dd) Neuerungen durch das 3. Gesetz zur Änderung des Umwandlungsgesetzes vom 11.07.2011.	399	b) Anmeldung der Verschmelzung.	431
		6. Verschmelzung durch Neugründung	432
(1) Entbehrlichkeit eines Verschmelzungsbeschlusses bei der übertragenden Kapitalgesellschaft (§ 62 Abs. 4).	400	a) Überblick.	432
		b) AG als übertragender Rechtsträger.	434
		c) AG als Zielgesellschaft	437
(2) Verschmelzungsrechtlicher Squeeze-out	401	aa) Umwandlungsrechtliche Besonderheiten	438
b) Nachgründungsrecht, § 67	402	(1) § 68 Abs. 3 (bare Zuzahlungen)	438
aa) Voraussetzungen für die Anwendung der Nachgründungsvorschriften.	403	(2) § 71 (Bestellung eines Treuhänders)	439
bb) Rechtsfolgen	404	(3) § 74 (Inhalt des Verschmelzungsvertrages) .	440
(1) Prüfung und Bericht durch Aufsichtsrat (§ 52 Abs. 3 AktG) . . .	404	(4) § 75 (Gründungsbericht und Gründungsprüfung)	441
(2) Gründungsprüfung (§ 52 Abs. 4 AktG) . . .	405	(5) § 76 Abs. 2 (Verschmelzungsbeschlüsse)	443
(3) Eintragung des Verschmelzungsvertrages. .	406	bb) Sonstiges Gründungsrecht und Anmeldung.	444
c) Verschmelzung ohne Kapitalerhöhung (§ 68)	407	d) Nicht anwendbare Vorschriften des UmwG.	446
d) Verschmelzung mit Kapitalerhöhung (§ 69)	410		
aa) Anwendbare Vorschriften des AktG	411		

		Rdn.			Rdn.
	7. Checkliste: Verschmelzung durch Aufnahme unter Beteiligung einer AG	447		b) Der formwechselnde Rechtsträger hat bereits einen obligatorischen Aufsichtsrat	505
	8. Checkliste: Verschmelzung durch Neugründung unter Beteiligung einer AG	448		c) Statusverfahren	507
				4. Versammlung	508
XVI.	Besonderheiten bei der Beteiligung von Kommanditgesellschaften auf Aktien	449		5. Anlagen zur Registeranmeldung	509
				6. Abwicklungsmaßnahmen nach Eintragung	510
XVII.	Besonderheiten bei der Beteiligung von Europäischen Gesellschaften (SE)	452	IV.	Der Umwandlungsbericht	512
XVIII.	Notarkosten	454		1. Gesetzliche Regelung/Schutzzweck/Aufstellungsverpflichtete	512
	1. Verschmelzung durch Aufnahme	455		2. Inhalt	514
	a) Verschmelzungsvertrag	455		3. Entbehrlichkeit des Berichts, Verzicht	516
	b) Verschmelzungsbeschlüsse	460		4. Rechtsfolgen bei Mängeln des Berichts	517
	c) Verzichts- und Zustimmungserklärungen	461	V.	Der Inhalt des Umwandlungsbeschlusses	519
	d) Registeranmeldungen	463		1. § 194 Abs. 1 Nr. 1 – Zielrechtsform	522
	e) Nebentätigkeiten/Vollzugs-/Betreuungsgebühren	467		2. § 194 Abs. 1 Nr. 2 – Firma	523
	2. Verschmelzung durch Neugründung	468		3. § 194 Abs. 1 Nr. 3 – Identität der Anteilsinhaber	524
C.	**Formwechsel**	470		4. § 194 Abs. 1 Nr. 4 – Kontinuität der Beteiligung	532
I.	Einleitung	470		a) Art der Anteile	533
	1. Regelung im Umwandlungsgesetz	470		b) Zahl und Umfang der Anteile	534
	2. Grundgedanken	471		c) Zuordnung der Beteiligung am formwechselnden Rechtsträger zu derjenigen am Rechtsträger neuer Rechtsform	538
	3. Motive für den Formwechsel	475			
II.	Formwechselmöglichkeiten	477			
	1. Gesetzliche Regelung	477			
	2. Aufgelöste Rechtsträger	480		d) Nicht verhältniswahrender (quotenabweichender) Formwechsel	541
	3. Formwechsel nach anderen Bestimmungen	482			
	a) Personengesellschaften	483		e) Unbekannte Aktionäre	543
	b) UG in GmbH	484		5. § 194 Abs. 1 Nr. 5 – Besondere Rechte für einzelne Anteilsinhaber	545
	c) Formwechsel in die SE	485		6. § 194 Abs. 1 Nr. 6 – Barabfindungsangebot	549
	d) Formwechsel nach öffentlichem Recht	486			
	e) Grenzüberschreitender Formwechsel	487		7. § 194 Abs. 1 Nr. 7 – Folgen für die Arbeitnehmer	554
	4. Zielerreichung durch andere Gestaltungen	493		8. Formwechselstichtag	559
				9. Bestellung der ersten Organe	560
III.	Organisation des Formwechsels	494		a) Bestellung des ersten Geschäftsführungsorgans	560
	1. Allgemeine Vorbereitungsmaßnahmen	494			
	a) Einladung und Ankündigung des Formwechsels	494		b) Bestellung der Mitglieder des Aufsichtsrats	565
	b) Umwandlungsbericht	495	VI.	Satzung	566
	c) Abfindungsangebot	496		1. Allgemeines	566
	d) Umwandlungsprüfung	497		2. Abweichungen von Gesellschaftsvertrag oder Satzung des formwechselnden Rechtsträgers – Begrenzung von Mehrheitsmacht	570
	e) Betriebsratszuleitung	498			
	2. (Sach-) Gründungsbericht und -prüfung	499			
	3. Vorbereitung der Bestellung des ersten Aufsichtsrats	502		3. Einzelfragen	574
				4. Rechtsfolgen	577
	a) Formwechselnder Rechtsträger hat keinen obligatorischen Aufsichtsrat	503	VII.	Das Beschlussverfahren	578

Kapitel 8

Umwandlungsrecht

	Rdn.
1. Allgemeines	578
2. Durchführung der Versammlung	580
a) Versammlung	580
b) Durchführung der Versammlung	581
3. Mehrheitserfordernisse	582
4. Ermittlung der Stimmen	586
5. Änderungen gegenüber Betriebsratsvorlage	588
6. Beurkundung	589
7. Vertretung	595
a) Zulässigkeit	595
b) § 181 BGB	597
c) Gesetzliche Vertretung; Testamentsvollstreckung	598
d) Form	600
8. Zustimmung Dritter	604
a) Zustimmung dinglich Berechtigter	605
b) Zustimmung des Ehepartners	606
c) Zustimmung des Familien- oder Betreuungsgerichts	608
9. Aufhebung des Beschlusses, Anfechtung	611
a) Aufhebung des Beschlusses	611
b) Anfechtung des Beschlusses	612
c) Inhaltliche Beschlusskontrolle	613
VIII. Zustimmung einzelner Gesellschafter	616
1. Allgemeines	616
2. § 193 Abs. 2 – Erfordernis der Zustimmung vinkulierungsbegünstigter Anteilsinhaber	617
a) Sonderrechte einzelner Anteilsinhaber	618
b) Ausgeschlossene Fälle	619
c) Zustimmung bei gleicher Vinkulierung der Zielrechtsform	621
d) Mangelnde Abstimmung mit Satzungsbestimmungen über Beschlussmehrheiten	622
3. Zustimmung anderer Sonderrechtsinhaber	626
a) §§ 233 Abs. 2 Satz 1 Halbs. 2, 241 Abs. 2	626
b) Besondere Zustimmungserfordernisse in der AG, insbesondere Sonderbeschlüsse gem. § 65 Abs. 2	627
c) Zustimmung besonders verpflichteter Gesellschafter	628
d) Allgemeines Zustimmungserfordernis für Sonderrechtsinhaber?	629
4. Weitere Zustimmungserfordernisse	630
a) Zustimmung nicht erschienener Anteilsinhaber bei einstimmig zu fassenden Beschlüssen	630

	Rdn.
b) Zustimmung sowie ggf. Beitritt künftiger Komplementäre	632
c) Zustimmung bisheriger Komplementäre	637
d) Nicht proportional beteiligte Anteilsinhaber	641
5. Form	642
6. Erklärung	644
a) Zustimmungserklärung	644
b) Beitrittserklärung künftiger Komplementäre	645
IX. Handelsregisteranmeldung	647
1. Zuständiges Gericht	647
2. Anmeldepflichtige	648
a) Anmeldepflichtige Organe oder Personen	648
b) Vertretungsberechtigung, Vollmacht	651
3. Inhalt der Registeranmeldung	653
a) Gegenstand	653
b) Rechtsformspezifische Angaben, Gründungsrecht	654
c) Erklärungen und Versicherungen	655
4. Anlagen zur Registeranmeldung	657
a) Die in § 199 genannten Unterlagen	658
b) Sonst erforderliche Unterlagen	659
aa) Formwechsel in die Personengesellschaft/PartG	660
bb) Formwechsel in die GmbH	661
cc) Formwechsel in die AG oder KGaA	662
dd) Formwechsel in die eG	663
X. Eintragung und Rechtsfolgen	665
1. Reihenfolge der Eintragungen	665
2. Eintragungsfolgen	666
a) § 202 Abs. 1 Nr. 1 – Zielrechtsform, Firma	667
aa) Dingliche Rechte	668
bb) Schuldrechtliche Beziehung	669
cc) Organstellung, Vollmachten, Prokura	670
dd) Rechtsstreitigkeiten, Titelumschreibung	672
ee) Genehmigungen und Erlaubnisse öffentlich-rechtlicher Natur	673
ff) Unternehmensverträge	674
gg) Stille Gesellschaft	675
hh) Buchwertaufstockung	678
b) § 202 Abs. 1 Nr. 2 Satz 1	679
c) Fortbestand der Rechte Dritter § 202 Abs. 1 Nr. 2 Satz 2	684
d) § 202 Abs. 1 Nr. 3 – Heilung von Beurkundungsmängeln	688

	Rdn.
e) Bestandskraft des Formwechsels § 202 Abs. 3	689
3. Gläubigerschutz	692
a) Anspruch auf Sicherheitsleistung	693
b) Haftung der Organe gem. §§ 205, 206	695
c) Fortdauer der Haftung	696
d) Gründerhaftung, Differenzhaftung	697
XI. Besonderheiten beim Formwechsel von Personenhandelsgesellschaften und PartGen	699
1. Überblick	699
2. Ablauf des Formwechsels, Einladung	700
3. Besonderheiten für den Beschlussinhalt	703
a) § 194 Abs. 1 Nr. 1 und 2	703
b) § 194 Abs. 1 Nr. 3 – Kontinuität der Anteilsinhaber	704
c) § 194 Abs. 1 Nr. 4 – Kontinuität der Beteiligung	706
aa) Kapitalfestsetzung, Vermögensdeckung, Behandlung überschießender Beträge	707
bb) Ausstehende Einlagen	710
cc) Übernahme weiterer Einlagen, Behandlung von Sonderbetriebsvermögen	712
dd) Aufteilung des Vermögens auf die Gesellschafter	714
d) § 194 Abs. 1 Nr. 5 (Sonderrechte)	715
e) § 194 Nr. 6 (Barabfindungsangebot)	716
f) § 197 Nr. 7 – Folgen des Formwechsels für die Arbeitnehmer	717
g) Wahl der ersten Organe	718
4. Satzung	719
a) Allgemeines	719
b) Inhalt der Satzung	720
5. Beschlussverfahren	724
a) Durchführung der Versammlung	724
b) Beschlussmehrheiten	725
c) Beurkundung	726
d) Vertretung	728
6. Zustimmung Dritter	729
7. Zustimmung einzelner Gesellschafter	730
a) Zustimmung gem. § 193 Abs. 2	730
b) Zustimmung nicht erschienener Anteilsinhaber	731
c) Zustimmung der künftigen Komplementäre beim Formwechsel in die KGaA	732

	Rdn.
8. Handelsregisteranmeldung	733
a) Zuständiges Gericht	733
b) Anmeldepflichtige	734
c) Inhalt der Registeranmeldung	736
d) Anlagen	738
9. Haftung	739
XII. Besonderheiten beim Formwechsel von Kapitalgesellschaften	742
1. Überblick	742
a) Gesetzliche Regelung	742
b) Besonderheiten für die KGaA	743
c) Umwandlungsbericht	744
d) Vorbereitung der Versammlung	745
e) Durchführung der Versammlung	749
2. Besonderheiten beim Formwechsel einer Kapitalgesellschaft in eine Personengesellschaft	750
a) Allgemeines	750
b) Besonderheiten für den Beschlussinhalt	752
aa) § 194 Abs. 1 Nr. 1 und 2 (Zielrechtsform, Firma)	752
bb) § 194 Abs. 1 Nr. 3 (Inhaberidentität)	754
cc) § 197 Abs. 1 Nr. 4 (Beteiligungsidentität)	755
dd) § 194 Abs. 1 Nr. 5 (Sonder- und Vorzugsrechte)	761
ee) § 194 Abs. 1 Nr. 6 (Barabfindungsangebot)	762
ff) § 194 Abs. 1 Nr. 7 (Folgen für die Arbeitnehmer)	763
gg) Wahl der ersten Organmitglieder	764
c) Satzung	765
d) Beschlussverfahren	767
aa) Einberufung und Durchführung der Versammlung	767
bb) Beschlussfassung	768
cc) Inhaltliche Beschlusskontrolle	772
dd) Beurkundung des Beschlusses	774
ee) Vertretung	775
e) Zustimmung Dritter	776
f) Zustimmung einzelner Gesellschafter	778
aa) Zustimmung nicht erschienener Gesellschafter gem. § 233 Abs. 1	778
bb) Zustimmung künftiger Komplementäre beim Formwechsel in KG	780
cc) Zustimmung der Komplementäre einer formwechselnden KGaA	781

	Rdn.		Rdn.
dd) Zustimmung der Inhaber von Sonderrechten	782	dd) Beurkundung des Beschlusses	833
g) Handelsregisteranmeldung	783	ee) Vertretung	835
aa) Zuständiges Gericht	783	e) Zustimmung Dritter	836
bb) Anmeldepflichtige	784	f) Zustimmung einzelner Gesellschafter	838
cc) Inhalt der Anmeldung	785	aa) Zustimmungserfordernisse beim Wechsel in die KGaA	838
dd) Versicherungen	788	bb) Zustimmungserfordernisse beim Formwechsel der KGaA gem. § 240 Abs. 3	839
ee) Anlagen	789	cc) Zustimmung gem. §§ 241, 242	840
h) Haftung	790	dd) § 50 Abs. 2	841
3. Formwechsel zwischen Kapitalgesellschaften	791	ee) § 193 Abs. 2	842
a) Allgemeiner Grundgedanke (Kapitalumstellung)	791	g) Handelsregisteranmeldung	843
b) Besonderheiten für den Beschlussinhalt	793	aa) Zuständiges Gericht	843
aa) § 194 Abs. 1 Nr. 1 und 2 (Rechtsform, Firma)	793	bb) Anmeldepflichtige	844
bb) § 194 Abs. 1 Nr. 3 (Anteilsinhaberidentität)	794	cc) Versicherungen	845
cc) § 194 Abs. 1 Nr. 4 (Beteiligungskontinuität – Teil 1: Kapitalanpassung)	796	h) Haftung	848
(1) Anpassung des Nennkapitals beim Formwechsel der GmbH	797	4. Besonderheiten beim Formwechsel einer Kapitalgesellschaft in eine eG	849
		a) Festsetzung der Beteiligung an der eG	850
(2) Kapitalanpassung zur Beseitigung einer Unterbilanz	798	b) Handelsregisteranmeldung	853
		aa) Zuständiges Gericht	853
(3) Kapitalanpassung zur Glättung des Grundkapitals auf einen vollen Eurobetrag	802	bb) Anmeldepflichtige	854
		cc) Anlagen	855
(4) Euroumstellung	803	XIII. Besonderheiten beim Formwechsel von eingetragenen Genossenschaften	856
(5) Sonstige Kapitalanpassungsmaßnahmen, anwendbares Recht	805	1. Überblick	856
		2. Vorbereitende Maßnahmen, Einladungen, Durchführungen der Versammlung	858
dd) § 194 Abs. 1 Nr. 4 (Beteiligungskontinuität – Teil 2: Zahl, Art und Umfang der Anteile)	806	a) Allgemeines, Ankündigungen, Einladungen	858
		b) Umwandlungsbericht	861
ee) § 194 Abs. 1 Nr. 5 (Sonder- und Vorzugsrechte)	813	c) Prüfungsgutachten	863
ff) § 194 Abs. 1 Nr. 6 (Barabfindungsangebot)	814	d) Betriebsratsvorlage	864
gg) § 194 Abs. 1 Nr. 7 (Folgen für die Arbeitnehmer)	815	e) Durchführung der Versammlung	865
hh) Bestellung der ersten Organe	816	3. Besonderheiten für den Beschlussinhalt	867
c) Satzung	821	a) § 194 Abs. 1 Nr. 1 und 2 – Rechtsform und Firma	867
d) Beschlussverfahren	828	b) § 194 Abs. 1 Nr. 3 und 4 – Beteiligung der bisherigen Anteilsinhaber am Rechtsträger neuer Rechtsform und Zahl, Art und Umfang der Anteile	868
aa) Einberufung und Durchführung der Versammlung	828		
bb) Mehrheitserfordernisse	829	c) § 194 Abs. 1 Nr. 5 – Sonderrechte oder Maßnahmen für einzelne Gesellschafter	878
cc) Inhaltliche Beschlusskontrolle	830	d) § 194 Abs. 1 Nr. 6 – Barabfindungsangebot	879

	Rdn.
e) § 194 Abs. 1 Nr. 7 – Folgen für die Arbeitnehmer und ihre Vertretungen	880
f) Wahl der ersten Organe	881
4. Satzung	883
5. Beschlussverfahren	884
a) Durchführung der Versammlung	884
b) Beschlussmehrheiten	886
c) Beurkundung	889
d) Vertretung	890
6. Zustimmung Dritter	892
7. Zustimmung einzelner Gesellschafter	893
a) Vinkulierungsbegünstigte Anteilsinhaber	893
b) Zustimmung künftiger Komplementäre	894
8. Handelsregisteranmeldung	895
a) Zuständiges Gericht	895
b) Anmeldepflichtige	896
c) Inhalt der Anmeldung, Versicherungen	898
d) Anlagen	899
9. Haftung	901
XIV. Besonderheiten beim Formwechsel rechtsfähiger Vereine	903
1. Überblick	903
2. Vorbereitende Maßnahmen, Einladung, Durchführung der Versammlung	904
a) Umwandlungsbericht	906
b) Betriebsratsvorlage	907
c) Durchführung der Versammlung	908
3. Besonderheiten für den Beschlussinhalt	909
a) § 194 Abs. 1 Nr. 1 und 2 – Rechtsform und Firma	909
b) §§ 194 Abs. 1 Nr. 3 und 4, 276 Abs. 2 – Beteiligung der bisherigen Anteilsinhaber am Rechtsträger neuer Rechtsform sowie Zahl, Art und Umfang der Anteile	910
c) § 194 Abs. 1 Nr. 5 – Sonderrechte oder entsprechende Maßnahmen für einzelne Gesellschafter	916
d) § 194 Abs. 1 Nr. 6 – Barabfindungsangebot	917
e) § 194 Abs. 1 Nr. 7 – Folgen für die Arbeitnehmer und deren Vertretung	919
f) Wahl der ersten Organe	920
4. Satzung	922

	Rdn.
5. Beschlussverfahren	923
a) Durchführung der Versammlung	923
b) Beschlussmehrheiten	924
c) Beurkundung des Beschlusses	928
d) Vertretung	929
6. Zustimmung Dritter	930
7. Zustimmung einzelner Gesellschafter	931
a) Vinkulierungsbegünstigte	931
b) Zustimmung künftiger Komplementäre	932
c) Zustimmung nicht erschienener Gesellschafter bei Nachschusspflicht oder Zweckänderung	933
8. Handelsregisteranmeldung	934
a) Zuständiges Gericht	934
b) Anmeldepflichtige	935
c) Inhalt der Anmeldung	937
d) Anlagen	938
9. Haftung	939
XV. Formwechsel von Versicherungsvereinen auf Gegenseitigkeit sowie von Körperschaften und Anstalten des öffentlichen Rechts	940
D. Spaltung	941
I. Allgemeines	941
1. Gesetzessystematik	941
2. Arten der Spaltung	943
a) Aufspaltung	944
b) Abspaltung	945
c) Ausgliederung	946
d) Kombination von Spaltungsvorgängen	947
3. Spaltungsfähige Rechtsträger	957
a) Aufspaltung und Abspaltung	957
b) Besonderheiten bei der Ausgliederung	961
c) Besonderheiten bei Beteiligung einer UG	964
d) Besonderheiten bei Beteiligung einer Vorgesellschaft	968
e) Beteiligung aufgelöster Rechtsträger an einer Spaltung	969
4. Beteiligung Dritter	970
5. Kapitalerhaltung und Kapitalherabsetzung bei Kapitalgesellschaften als übertragendem Rechtsträger	973
a) Allgemeines	973
b) Kapitaldeckungserklärung	974
c) Vereinfachte Kapitalherabsetzung	980
6. Anteilsgewährung beim übernehmenden Rechtsträger	989
a) Anteilsgewährungspflicht	991
aa) Grundsatz	991

	Rdn.
bb) Ausnahmen	992
cc) Verzicht auf Anteilsgewährung	995
dd) Bare Zuzahlungen	1000
ee) Besonderheiten bei der Ausgliederung	1001
b) Umtauschverhältnis	1003
aa) Nennbeträge	1003
bb) Unterbewertung	1006
cc) Nichtverhältniswahrende Spaltung	1007
c) Erfüllung der Anteilsgewährung	1008
aa) Herkunft der zu gewährenden Anteile	1008
bb) Spaltungsbedingte Kapitalerhöhung	1009
cc) Kapitalerhöhungsverbote und -wahlrechte	1010
dd) Durchführung der Kapitalerhöhung	1011
ee) Prüfung der Kapitalaufbringung	1012
7. Gesamtschuldnerische Haftung der beteiligten Rechtsträger	1014
8. Besonderheiten bei Spaltung zur Neugründung	1021
a) Anwendung der Gründungsvorschriften	1022
b) Spaltungsplan und Gesellschaftsvertrag	1024
c) Kapitalaufbringung	1033
d) Anmeldung	1036
e) Sachgründungsbericht bei Kapitalgesellschaften	1039
f) Vorgesellschaft	1040
9. Grenzüberschreitende Spaltung	1041
10. Spaltungsvorgänge außerhalb des Umwandlungsrechts	1045
a) Zivilrechtlich	1045
b) Entsprechende Anwendung auf Einzelrechtsübertragungen	1046
c) Öffentlich-rechtliche Umwandlungen	1047
II. Ablauf einer Spaltung, insbesondere Vorbereitung	1048
1. Bilanzaufstellung	1049
2. Entwurf des Spaltungsvertrages/Spaltungsplanes	1050
3. Zuleitung an den Betriebsrat	1052
4. Genehmigungen	1053
III. Spaltungsvertrag und Spaltungsplan	1055
1. Allgemeines	1056
2. Abschlusskompetenz, Vertretung	1059
3. Inhalt	1064
a) § 126 Abs. 1 Nr. 1 (Beteiligtenangaben)	1065

	Rdn.
b) § 126 Abs. 1 Nr. 2 (Vereinbarung des Vermögensübergangs gegen Anteilsgewährung)	1066
c) § 126 Abs. 1 Nr. 3 (Umtauschverhältnis und bare Zuzahlung; nur bei Aufspaltung und Abspaltung)	1068
aa) Umtauschverhältnis	1068
bb) Bare Zuzahlungen	1069
cc) Weitere Leistungen	1070
d) § 126 Abs. 1 Nr. 4 (Einzelheiten für die Übertragung der Anteile; nur bei Aufspaltung und Abspaltung)	1071
e) § 126 Abs. 1 Nr. 5 (Beginn der Bilanzgewinnteilhabe)	1074
f) § 126 Abs. 1 Nr. 6 (Spaltungsstichtag)	1076
g) § 126 Abs. 1 Nr. 7 (Sonderrechte)	1079
h) § 126 Abs. 1 Nr. 8 (Sondervorteile für Amtsträger und Prüfer)	1081
i) § 126 Abs. 1 Nr. 9 (Bezeichnung und Aufteilung der Aktiven und Passiven)	1083
aa) Aufteilungsfreiheit	1084
bb) Bestimmtheitsgrundsatz	1088
cc) Folgen der Abschaffung von § 132	1091
dd) Grundstücke und grundstücksbezogene Rechte	1092
ee) Wohnungseigentum und Erbbaurecht	1098
ff) Rechte in Abteilung II und III des Grundbuchs	1099
gg) Sonstige Vermögensgegenstände	1102
hh) Verbindlichkeiten	1103
ii) Aufteilung von Vertragsverhältnissen	1104
jj) Genehmigungen und weitere Rechtspositionen	1105
kk) Vergessene Aktiva und Passiva	1107
j) § 126 Abs. 1 Nr. 10 (Aufteilung der Anteile)	1109
k) § 126 Abs. 1 Nr. 11 (Arbeitsrechtliche Folgen)	1112
4. Abfindungsangebot nach §§ 125 Satz 1, 29	1114
5. Sonstiger zwingender Inhalt	1115
6. Fakultativer Inhalt	1116
a) Satzungsänderung	1117
b) Abberufung/Bestellung von Organen	1118

	Rdn.
c) Übergang der Arbeitsverhältnisse	1119
d) Surrogationsregelungen für Änderungen des übergehenden Vermögens	1121
e) Auffangklausel für vergessene Aktiva und Passiva	1123
f) Regelungen über Zweigniederlassungen und Prokuren	1125
g) Aufteilung der Haftung der an der Spaltung beteiligten Rechtsträger	1126
h) Bedingungen und Befristungen	1129
i) Kostentragung	1131
j) Auslandsvermögen	1132
k) Gewährleistungen	1134
l) Veräußerungsbeschränkungen	1136
m) Kartellrechtliche Regelungen	1137
7. Zuleitung an den Betriebsrat	1139
8. Form	1140
IV. Spaltungsbericht	1143
1. Allgemeines	1143
2. Zuständigkeit für die Erstattung des Berichtes	1144
3. Entbehrlichkeit des Spaltungsberichts	1145
a) Entbehrlichkeit bei Konzernausgliederung	1145
b) Verzicht	1146
c) Entfallen bei bestimmten Ausgliederungsvorgängen	1147
d) Personengesellschaften	1148
4. Näheres zum Inhalt	1149
a) Angaben zum Spaltungsvorhaben	1150
b) Angaben zum Umtauschverhältnis	1151
5. Informationen der Anteilsinhaber	1153
6. Grenzen der Berichtspflicht/Fehlerhafte Berichte	1154
V. Spaltungsprüfung (nur Auf- und Abspaltung)	1155
1. Allgemeines	1155
2. Entbehrlichkeit	1156
VI. Spaltungsbeschluss und besondere Zustimmungserfordernisse	1158
1. Entsprechende Anwendung der Verschmelzungsvorschriften	1158
2. Vorbereitung und Modalitäten der Beschlussfassung	1159
3. Nichtverhältniswahrende Spaltung	1161
4. Zustimmung einzelner Gesellschafter und sonstige Zustimmungserfordernisse	1168
5. Form	1171
VII. Verzichtsmöglichkeiten	1172

	Rdn.
VIII. Registeranmeldung	1176
1. Entsprechende Anwendungen der Verschmelzungsvorschriften	1176
2. Einzelheiten zur Anmeldung hinsichtlich des übertragenden Rechtsträgers	1181
a) Gegenstand der Anmeldung	1181
b) Weitere Erklärungen	1182
c) Anlagen (§§ 125, 17)	1183
d) Vereinfachte Kapitalherabsetzung	1186
3. Anmeldung zum Register des übernehmenden Rechtsträgers	1187
a) Gegenstand der Anmeldung	1187
b) Weitere Erklärungen	1188
c) Anlagen (§§ 125, 17)	1189
d) Kapitalerhöhung	1191
4. Anmeldung zum Register des neu gegründeten Rechtsträgers	1192
a) Allgemeines	1192
b) Gegenstand der Anmeldung	1193
c) Anlagen	1195
5. Besonderheiten der Spaltungsbilanz	1197
IX. Eintragung und Rechtsfolgen	1199
1. Abfolge der Eintragungen	1199
2. Folgen eines Verstoßes gegen Eintragungsreihenfolge	1202
3. Eintragungsfolgen	1203
a) Aufspaltung	1203
b) Abspaltung/Ausgliederung	1204
c) Anteilserwerb	1205
d) Heilung von Beurkundungsmängeln	1208
X. Besonderheiten bei der Spaltung von Personenhandelsgesellschaften (OHG; KG einschl. GmbH & Co. KG)	1209
1. Allgemeines	1209
a) Überblick	1209
b) Spaltungsvertrag	1210
c) Spaltungsbericht (§ 127), Unterrichtung der Gesellschafter (§§ 125, 42) sowie Spaltungsprüfung (§§ 125, 44)	1211
d) Spaltungsbeschluss	1212
2. Personenhandelsgesellschaft als übertragender Rechtsträger	1213
3. Personenhandelsgesellschaft als übernehmender Rechtsträger	1217
XI. Besonderheiten bei der Spaltung unter Beteiligung von Partnerschaftsgesellschaften	1220
1. Allgemeines	1220
a) Spaltungsvertrag	1221
b) Spaltungsbericht (§ 127), Unterrichtung der Gesellschafter (§§ 125, 42) sowie Spaltungsprüfung (§§ 125, 44)	1222

		Rdn.
	c) Spaltungsbeschluss	1223
2.	Partnerschaftsgesellschaft als übertragender Rechtsträger	1224
3.	Partnerschaftsgesellschaft als übernehmender Rechtsträger	1225
XII.	Besonderheiten bei der Spaltung unter Beteiligung von GmbH	1226
1.	Allgemeines	1226
	a) Überblick	1226
	b) Spaltungsbericht	1227
	c) Spaltungsprüfung	1228
	d) Vorbereitung der Gesellschafterversammlung	1229
	e) Spaltungsbeschluss und Zustimmung von Sonderrechtsinhabern	1230
	f) Handelsregisteranmeldung	1232
2.	Besonderheiten bei GmbH als übertragendem Rechtsträger	1233
	a) Erklärung nach § 140	1233
	b) Kapitalherabsetzung	1234
	c) Ablauf der Kapitalherabsetzung	1236
	d) Anmeldung und Eintragung der Kapitalherabsetzung	1239
	e) Bedingungszusammenhang	1240
	f) Weitere Beschlüsse und Anmeldungen	1241
	g) Anmeldung der Spaltung	1242
3.	Besonderheiten bei GmbH als übernehmendem Rechtsträger	1243
	a) Kapitalerhöhung	1243
	b) Anmeldung und Eintragung der Kapitalerhöhung	1246
	c) Besonderheiten bei Eingreifen eines Kapitalerhöhungsverbotes	1249
4.	Besonderheiten Spaltung auf GmbH zur Neugründung	1251
XIII.	Besonderheiten bei der Spaltung unter Beteiligung von Aktiengesellschaften	1256
1.	Allgemeines	1256
	a) Überblick	1256
	b) Spaltungsvertrag und Bekanntmachung	1257
	c) Spaltungsbericht	1258
	d) Spaltungsprüfung	1259
	e) Spaltungsprüfungsbericht	1260
	f) Vorbereitung der Hauptversammlung	1261
	g) Zustimmungsbeschluss zur Spaltung	1262
2.	Besonderheiten für übertragende Aktiengesellschaft	1263
	a) Spaltungsverbot in Nachgründungsphase	1263
	b) Besondere Unterrichtungspflichten über Vermögensveränderungen (§§ 125, 64 Abs. 1)	1264
	c) Erklärung nach § 146	1265

		Rdn.
	d) Kapitalherabsetzung	1266
	aa) Vereinfachte Kapitalherabsetzung	1266
	bb) Kapitalherabsetzungsbeschluss	1267
	cc) Anmeldung der Kapitalherabsetzung zum Handelsregister	1268
	dd) Anmeldung der Durchführung der Kapitalherabsetzung zum Handelsregister	1270
	ee) Bedingungszusammenhang	1271
	e) Anmeldung der Spaltung	1272
3.	Besonderheiten für übernehmende Aktiengesellschaft	1273
	a) Allgemeines	1273
	b) Spaltungsbedingte Kapitalerhöhung	1274
	c) Prüfung der Sacheinlagen	1276
	d) Besonderheiten beim Spaltungsbericht	1277
	e) Kein Bezugsrecht	1278
	f) Bestellung eines Treuhänders	1279
	g) Besonderheiten bei Eingreifen eines Kapitalerhöhungsverbotes	1280
4.	Spaltung auf Aktiengesellschaft zur Neugründung	1281
	a) Allgemeines	1281
	b) Zusätzlicher Gründungsbericht und Gründungsprüfung	1282
	c) Anmeldung der Spaltung	1284
XIV.	Besonderheiten bei der Spaltung unter Beteiligung von Genossenschaften	1287
1.	Allgemeines	1287
2.	Spaltungsvertrag	1290
3.	Spaltungsprüfung, Spaltungsbericht	1291
4.	Vorbereitung der Generalversammlung	1292
5.	Durchführung der Generalversammlung	1293
6.	Besonderes Ausschlagungsrecht	1294
7.	Informationen der Mitglieder nach erfolgter Spaltung	1295
8.	Fortdauer der Nachschusspflicht	1296
9.	Anmeldeverfahren	1297
XV.	Besonderheiten bei der Spaltung unter Beteiligung von Vereinen	1298
1.	Überblick	1298
2.	Spaltungsverfahren	1299
XVI.	Ausgliederung aus dem Vermögen eines Einzelkaufmannes	1300
1.	Überblick	1300
2.	Einzelkaufmann	1301
3.	Gegenstand der Ausgliederung	1308
4.	Sperre bei Überschuldung	1309

A. Allgemeines zum Umwandlungsrecht

	Rdn.		Rdn.
5. Ausgliederungsplan und Ausgliederungsvertrag	1313	5. Ausgliederungsbeschluss	1326
6. Ausgliederungsbericht	1314	6. Ausgliederungsbericht und Ausgliederungsprüfung	1327
7. Ausgliederungsprüfung	1315	7. Registeranmeldung und -eintragung	1330
8. Ausgliederungsbeschluss	1316	8. Beamten- und arbeitsrechtliche Probleme	1331
9. Besonderheiten bei der Ausgliederung zur Aufnahme	1317	XVIII. Notarkosten	1332
10. Besonderheiten bei der Ausgliederung zur Neugründung	1318	1. Spaltungsvertrag	1332
a) Allgemeines	1318	a) Spaltung zur Aufnahme	1332
b) Sachgründungsbericht bzw. Gründungsbericht und Gründungsprüfung	1319	aa) Geschäftswert	1332
		bb) Zustimmungsbeschlüsse der beteiligten Rechtsträger	1335
11. Handelsregisteranmeldung	1321	b) Spaltung zur Neugründung	1337
XVII. Ausgliederung von öffentlichen Unternehmen aus dem Vermögen einer Gebietskörperschaft oder Zusammenschlüssen von Gebietskörperschaften	1322	c) Besonderheiten bei der Ausgliederung	1340
		2. Verzichts- und Zustimmungserklärungen	1341
1. Überblick	1322	3. Gesellschafterlisten, weitergehende Beratungstätigkeit	1342
2. Ausgliederungsfähige Rechtsträger	1323	4. Handelsregisteranmeldung	1344
3. Gegenstand der Ausgliederung	1324	5. Grundbuchberichtigungsantrag	1348
4. Ausgliederungsplan/-vertrag	1325		

A. Allgemeines zum Umwandlungsrecht

I. Einleitung

Das Umwandlungsgesetz basiert auf der Reform des Umwandlungsrechts aus dem Jahre 1994.[1] Der Gesetzgeber wollte mit der Reform die bis dahin lediglich in Einzelgesetzen[2] und dem Umwandlungsgesetz 1969 geregelten Möglichkeiten der Unternehmensumwandlung unter Verbesserung des Anlegerschutzes zusammenfassen und systematisieren; zugleich wurden die Möglichkeiten der Unternehmensumwandlungen (erheblich) erweitert.[3] **1**

Das Gesetz nennt vier Umwandlungsarten (§ 1): die – für Kapitalgesellschaften seit 2007 und für Personenhandelsgesellschaften seit 2019 auch grenzüberschreitend zugelassene[4] – Verschmelzung, die Spaltung, die (in der Praxis weniger bedeutsame) Vermögensübertragung und den Formwechsel. Verschmelzung, Spaltung und Vermögensübertragung sind dadurch gekennzeichnet, dass ein oder mehrere Rechtsträger – in unterschiedlichen Ausgestaltungen – ihr Vermögen im ganzen oder in Teilen auf einen anderen oder mehrere andere Rechtsträger übertragen und das Gesetz diesen Rechtsübergang bei der Verschmelzung und der Vermögensübertragung im Wege der Vollrechtsübertragung als eine vollständige (§ 20 Abs. 1 Nr. 1) und bei der Spaltung (Aufspaltung, Abspaltung und Ausgliederung) sowie bei der Vermögensübertragung im Wege der Teilrechtsübertragung als eine par- **2**

---

1 Paragraphen ohne Gesetzesangabe sind solche des Umwandlungsgesetzes vom 28.10.1994 (BGBl. I S. 3210, ber. 1995 I S. 428, zuletzt geändert durch Gesetz vom 19.12.2018, BGBl. I S. 2694); zur Entstehungsgeschichte s. Semler/Stengel/*Semler/Stengel*, Einl. A Rn. 19 ff.; zur (vorübergehenden) Verlängerung der 8-Monatsfrist in § 17 Abs. 2 Satz 4 durch das Gesetz zur Abmilderung der Folgen der COVID-19-Pandemie vom 27.03.2020, BGBl. I S. 56 und unten Rdn. 15.
2 S. u.a. §§ 339 ff. AktG a.F.; §§ 362 ff. AktG a.F.; §§ 19 ff. KapErhG.
3 Zu den gesetzgeberischen Zielen s. *Ganske*, WM 1993, 1117.
4 §§ 122 a bis 122 m; zum Gläubigerschutz in diesen Fällen *Bayer/J. Schmidt*, ZIP 2016, 841; zur Neuregelung durch das 4. Gesetz zur Änderung des UmwG vom 19.12.2018, BGBl. I S. 2694, s. *Klett*, NZG 2019, 292 und *Hoffmann*, NZG 2019, 1208.

tielle **Gesamtrechtsnachfolge** (§ 131 Abs. 1 Nr. 1) ausgestaltet.[5] Bei der Verschmelzung (§ 2), der Aufspaltung (§ 123 Abs. 1), der Vermögensübertragung im Wege der Vollrechtsübertragung (§ 174 Abs. 1) sowie der aufspaltenden Vermögensübertragung im Wege der Teilrechtsübertragung (§ 174 Abs. 2 Nr. 1) geht dieser Rechtsübergang mit dem **liquidationslosem Erlöschen** des übertragendes Rechtsträgers einher (§ 20 Abs. 1 Nr. 2). Beim Formwechsel hingegen findet keine Vermögensübertragung statt, vielmehr ändert ein Rechtsträger unter Wahrung seiner Identität lediglich seine Rechtsform (§ 202 Abs. 1) oder – wie man auch formuliert – »sein rechtliches Gewand«.[6] Die spezifischen Rechtsfolgen der im Umwandlungsgesetz geregelten Umwandlungsarten, insb. die Gesamtrechtsnachfolge, sind – soweit nicht Bundes- oder Landesrecht entsprechendes zulässt – den Umwandlungsarten des Umwandlungsgesetzes vorbehalten (§ 1 Abs. 2). Eine analoge Erstreckung der sukzessionsrechtlichen Besonderheiten des Umwandlungsgesetzes auf sonstige Vorgänge ist damit ausgeschlossen (**Analogieverbot**).[7] Im Ergebnis ordnet das Gesetz damit einen **numerus clausus der Umwandlungsarten** an.[8] Für die Gestaltungspraxis von besonderer Bedeutung ist der Umstand, dass die Vorschriften des Umwandlungsgesetzes **zwingender Natur** sind. So kann gem. § 1 Abs. 3 Satz 1 von den Vorschriften des UmwG nur abgewichen werden, wenn das Gesetz dies ausdrücklich zulässt. Ergänzende Bestimmungen in Verträgen, Satzungen oder Willenserklärungen sind gem. § 1 Abs. 3 Satz 2 zulässig, es sei denn, dass das UmwG eine abschließende Regelung enthält.

II. Sonstige Umstrukturierungen

3 Von dem aus § 1 Abs. 2 resultierenden numerus clausus der Umwandlungsarten unberührt bleiben die zahlreichen sonstigen, auf allgemeinem Recht basierenden Wege der Unternehmensumstrukturierungen, die in der Regel nicht mit den Rechtsfolgen, insb. der Gesamtrechtsnachfolge, verbunden sind, die den umwandlungsrechtlichen Umstrukturierungen vorbehalten sind.[9] So kann z.B. eine Kapitalgesellschaft in eine andere auch durch einen (schlichten) Anteilskauf »integriert« werden;[10] denkbar und gängig ist es – als Alternative zum Formwechsel – auch, das Vermögen eines Rechtsträgers im Wege der Sacheinlage durch Einzelübertragung gegen Anteilsgewährung auf eine – gegebenenfalls zuvor zu diesem Zweck im Wege der Bargründung gegründete (sog. Stufengründung) – Gesellschaft zu übertragen. Auch Ausgliederungsvorgänge sind durch Einzelübertragungen realisierbar. In der Praxis von Relevanz ist es ferner, sich zum Zwecke der Unternehmensumstrukturierung die in § 738 BGB (i.V.m. §§ 105 Abs. 3, 161 Abs. 2 HGB) geregelte Möglichkeit der **Anwachsung** zu Nutze zu machen.[11] Die Anwachsung nimmt insoweit im Rahmen der nicht auf dem Umwandlungsgesetz beruhenden Umstrukturierungswege eine besondere Stellung ein, da sie – wie Umstrukturierungsmaßnahmen nach dem Umwandlungsgesetz – zu einer Gesamtrechtsnachfolge unter liquidationsloser Beendigung der bisherigen Gesellschaft führen kann. Dies ist etwa (vorbehaltlich abweichender gesellschaftsvertraglicher Regeln) bei der sog. einfachen Anwachsung der Fall, wenn alle Gesellschafter einer Personengesellschaft bis auf einen aus der Gesellschaft austreten.[12] Entsprechendes gilt, wenn bei der sog. erweiterten Anwachsung sämtliche Anteile an der Personengesellschaft durch rechtsgeschäftliche Übertragung in der Person eines Gesellschafters oder Nichtgesellschafters (entgeltlich oder unentgeltlich, gegebenenfalls durch Anteilsgewährung) vereint werden. Mittels einer solchen erweiterten Anwachsung lassen sich damit, wenn etwa sämtliche Anteile an der Personengesellschaft auf eine Zielgesellschaft gegen Gewährung von Anteilen an ihr

---

5 Kritisch zum Begriff der »partiellen« Gesamtrechtsnachfolge BFH, Urt. v. 05.11.2009 – IV R 29/08, NZG 2010, 518.
6 Semler/Stengel/*Stengel/Schwanna*, § 190 Rn. 1.
7 Lutter/*Drygala*, § 1 Rn. 58.
8 KK-UmwG/*Dauner-Lieb*, § 1 Rn. 39.
9 Zu den denkbaren Gestaltungen s. ausführlich Wachter/*Ettinger/Reiff,* Teil 2, 6. Kapitel, § 2, S. 1822 ff.
10 Semler/Stengel/*Stengel*, § 2 Rn. 51.
11 Dazu v. *Proff,* DStR 2016, 2227.
12 Vgl. BGH, Urt. v. 07.07.2008 – II ZR 37/07, MittBayNot 2009, 57 = NZG 2008, 704.

A. Allgemeines zum Umwandlungsrecht Kapitel 8

übertragen werden, Ergebnisse erzielen, die denen einer Verschmelzung entsprechen.[13] Als Alternative zu umwandlungsrechtlichen Umstrukturierungen sind auch die Eingliederung nach §§ 319 ff. AktG und der Abschluss eines Beherrschungs- oder Gewinnabführungsvertrages nach § 291 Abs. 1 AktG zu nennen.[14]

Richtigerweise anerkannt hat die Rechtsprechung nunmehr auch – trotz § 214 – im Hinblick auf die »Durchlässigkeit der Rechtsformen der Personengesellschaften« eine »Umwandlung« einer Kommanditgesellschaft in eine andere Personengesellschaft, wie die Partnerschaftsgesellschaft, und zwar durch bloße Änderung des Gesellschaftsvertrages.[15]

Welchen Umstrukturierungsweg die Beteiligten sinnvollerweise einschlagen, hängt von einer Vielzahl von Faktoren ab, nicht zuletzt steuerlicher Art, da sich Umstrukturierungen möglichst steuerneutral, d.h. insb. in ertragsteuerlicher Hinsicht unter **Fortführung der Buchwerte** – s. dazu das Bilanzierungswahlrecht nach § 24[16] –, vollziehen sollen.[17] Zu den komplexen steuerlichen Fragen einer Unternehmensumstrukturierung liegt mittlerweile der Umwandlungssteuererlass vom 11.11.2011 vor, mit dem sich die Finanzverwaltung zur Anwendung des UmwStG in der Fassung des SEStEG[18] geäußert hat[19]. In zivilrechtlicher Hinsicht bietet die für Umstrukturierungsvorgänge nach dem Umwandlungsgesetz typische Gesamtrechtsnachfolge gegenüber der Einzelübertragung insbesondere den Vorteil, dass Vertragsverhältnisse des »alten« Rechtsträgers mit allen Rechten und Pflichten auf den »neuen« Rechtsträger übergehen, ohne dass es einer Zustimmung der jeweiligen Vertragspartner bedarf.[20] Deren Schutz verwirklicht das Umwandlungsgesetz insbesondere über § 22, d.h. über das Recht, Sicherheit zu verlangen. Bei der Einzelübertragung bedarf es hingegen, wenn ein Vertragsverhältnis auch mit seinen Pflichten übergehen soll, des Einverständnisses des jeweiligen Vertragspartners. Dem mit der Gesamtrechtsnachfolge verbundenen Vorteil steht gegenüber, dass Umwandlungsvorgänge mit einem erhöhten formalen Aufwand und gegebenenfalls auch mit einem höheren Kostenaufwand verbunden sein können, wobei es allerdings bei den in der Praxis im Vordergrund stehenden Umwandlungen, bei denen (ganz oder teilweise) übereinstimmende oder wechselseitige Anteilsverhältnisse bei den beteiligten Rechtsträgern bestehen, durch zahlreiche Verzichtsmöglichkeiten erhebliche Möglichkeiten für formale Erleichterungen gibt.[21]

III. Gesetzesaufbau

Das Umwandlungsgesetz regelt die Verschmelzung, die in der Praxis die bedeutsamste Umwandlungsart darstellt, als Grundtatbestand der Umwandlungsarten in seinem 2. Buch (§§ 2 bis 122m).[22] Im Rahmen eines ausgeprägten – zuweilen als »Verweisungsdschungel« bezeichneten[23] – **Verweisungssystems** erklärt das Gesetz zahlreiche Verschmelzungsregeln auch für die im 3. Buch geregelte Spaltung (§§ 123 bis 173) und zahlreiche Verschmelzungs- und Spaltungsregeln für die im 4. Buch

---

13 Wachter/*Ettinger/Reiff*, Teil 2, 6. Kapitel, § 2 Rn. 66; dort in Rn. 103 ff. sowie bei Limmer/*Limmer*, Teil 1 Rn. 159 ff., zur »Ausstrahlungswirkung« des UmwG.
14 Semler/Stengel/*Stengel*, § 2 Rn. 44 ff.
15 OLG Hamm, Urt. vom 12.07.2018 – I-27 W 24/18, RNotZ 2019, 483.
16 Dazu z.B. Semler/Stengel/*Moszka*, § 24 Rn. 64 und unten Rdn. 415; zur Organkompetenz *Priester*, AG 2019, 640.
17 Zu den steuerlichen Aspekten einer Verschmelzung s. z.B. Limmer/*Dietrich*, Teil 7 Rn. 1 ff., und Semler/Stengel/*Moszka*, Einl. B. Zu den Änderungen des UmwStG durch das SEStEG s. *Stelzer*, MittBayNot 2009, 16; zu § 6a GrEStG *Ihle*, DNotZ 2010, 725.
18 BGBl. I 2006, 2782.
19 BStBl. I 2011, 1314; s. dazu etwa *Schmitt/Schloßmacher*, UmwStE 2011.
20 Zum Mietvertrag s. OLG Karlsruhe, Urt. v. 19.08.2008 – 1 U 108/08, RNotZ 2008, 628; BGH, Urt. v. 27.11.2009 – LwZR 15/09, AG 2010, 251, 252.
21 S. z.B. §§ 8 Abs. 3, 9 Abs. 3; zur AG *Stiegler*, AG 2019, 708.
22 *Kallmeyer*, ZIP 1994, 1746; *Priester*, DNotZ 1995, 427, 430.
23 *Bayer/Wirth*, ZIP 1996, 817.

normierte Vermögensübertragung (§§ 174 bis 189), für maßgeblich.[24] Der Formwechsel (s. 5. Buch: §§ 190 bis 304) hingegen unterliegt aufgrund seiner grundlegend anderen Konzeption eigenen Regelungen.[25]

6 Wie das UmwG den Regelungen der einzelnen Umwandlungsarten in § 1 allgemeine Regeln vorangestellt hat, zieht es auch innerhalb der Regelungen zu den einzelnen Umwandlungsarten jeweils allgemeine Regeln »vor die Klammer« und ergänzt sie jeweils durch spezielle für die jeweiligen beteiligten Rechtsträger geltenden Vorschriften. Insgesamt führen diese Systematisierungen zu einem ebenso durchdachten wie verschachtelten Gesetzesaufbau. In der Gesetzesbegründung ist insoweit plastisch von einem »**Baukastenprinzip**« die Rede. Bei jedem Umwandlungsvorgang gilt es daher neben den allgemeinen auch die besonderen ihn betreffenden Bestimmungen zu beachten. Sind an dem Umwandlungsvorgang Rechtsträger unterschiedlicher Rechtsform beteiligt, bedeutet das, dass die für den jeweiligen Rechtsträger geltenden besonderen Vorschriften zu berücksichtigen sind. Wird beispielsweise eine oHG auf eine GmbH durch Aufnahme verschmolzen, gelten neben den allgemeinen Vorschriften in §§ 2 bis 35 zum einen die besonderen Vorschriften in §§ 39 bis 45, soweit sie sich auf eine übertragende Personenhandelsgesellschaft beziehen, und zum anderen die besonderen Vorschriften in §§ 46 bis 55, soweit sie sich auf eine übernehmende GmbH beziehen.

IV. Europarechtliche Vorgaben

7 Das deutsche Umwandlungsrecht ist in erheblichem Maße durch Gemeinschaftsrecht beeinflusst.[26] Diese europarechtlichen Vorgaben finden sich nunmehr in zwei Richtlinien, nämlich zum einen als Teil der (diverse gesellschaftsrechtliche Aspekte umfassenden) sog. Gesellschaftsrechts-Richtlinie vom 14.06.2017[27] und zum anderen in der (Umwandlungsrechts-) Richtlinie vom 27.11.2019.[28] In der Richtlinie vom 14.06.2017 hat der europäische Normgeber diverse »Vorgängerrichtlinien« zusammengefasst;[29] es finden sich daher dort insb. (vom deutschen Gesetzgeber bereits umgesetzte) auf bisherigen Richtlinien[30] beruhende Vorgaben für die Spaltung und Verschmelzung von Aktiengesellschaften sowie für die grenzüberschreitende Verschmelzung. Die neue Richtlinie vom 27.11.2019 modifiziert die in der Richtlinie vom 14.06.2017 enthaltenen Regelungen über die grenzüberschreitende Verschmelzung und schafft (erstmals) einheitliche Regelungen für grenzüberschreitende Spaltungen und Formwechsel.[31] Da das Umwandlungsgesetz bislang nur die grenzüberschreitende Verschmelzung (§§ 122a – 122m), nicht aber grenzüberschreitende Spaltungen und Formwechsel regelt, löst die neue Richtlinie vom 27.11.2019 für den deutschen Gesetzgeber Umsetzungsbedarf aus, der gem. Art. 3 der Richtlinie vom 27.11.2019 bis zum 31.01.2023 zu erfüllen ist.

8 Im Hinblick auf den europarechtlichen Hintergrund der umwandlungsrechtlichen Normen gilt das Gebot der richtlinienkonformen Auslegung sowie ferner die Pflicht, dem EuGH gegebenenfalls die Rechtsfrage in einem Vorabverfahren nach Art. 234 EGV vorzulegen.[32] Soweit sich die Umsetzung der Verschmelzungsrichtlinie vom 09.10.1978 und der Spaltungsrichtlinie vom 17.12.1982 auch

---

24 Für die Spaltung s. § 125; für die Vermögensübertragung s. z.B. §§ 176, 177.
25 Semler/Stengel/*Semler/Stengel*, Einl. A Rn. 54.
26 S. z.B. Lutter/*Bayer*, Einl. I. Rn. 26 ff.
27 Richtlinie (EU) 2017/1132 des Europäischen Parlaments und Rates vom 14.06.2017 über bestimmte Aspekte des Gesellschaftsrechts, AblEU vom 30.06.2017, L 169/46.
28 Richtlinie (EU) 2019/2121 des Europäischen Parlaments und Rates vom 27.11.2019 zur Änderung der Richtlinie (EU) 2017/1132 in Bezug auf grenzüberschreitende Umwandlungen, Verschmelzung und Spaltungen, AblEU vom 12.12.2019, L 321/1; dazu z.B. *Schulte*, GmbHR 2020, 139.
29 *Bayer/Schmidt*, BB 2017, 2114.
30 S. z.B. die sog. Verschmelzungsrichtlinie vom 09.10.1978 (Richtlinie 78/855/EWG) und die sog. Spaltungsrichtlinie vom 17.12.1982, (Richtlinie 82/891/EWG); ferner die Richtlinie 2009/109 EG des Europäischen Parlaments und Rates vom 16.09.2009, die durch das 3. Gesetz zur Änderung des Umwandlungsgesetzes in deutsches Recht umgesetzt wurde.
31 Dazu *Stelmaszczyk*, GmbHR 2020, 1; ferner *Wachter*, GmbH-StB 2018, 283 und 317.
32 Semler/Stengel/*Drinhausen*, Einl C Rn. 69 ff.; Lutter/*Bayer*, Einl I Rn. 26 ff.

auf allgemeine Normen des Umwandlungsgesetzes ausgewirkt hat (z.B. §§ 5, 8, 9, 12), die sich – neben der Aktiengesellschaft – auch auf andere Gesellschaftsformen beziehen, wird das Gebot der richtlinienkonformen Auslegung dieser Normen richtigerweise von der überwiegenden Ansicht auch auf diese – nicht von den Richtlinien betroffenen – Gesellschaftsformen erstreckt.[33] Insgesamt ist davon auszugehen, dass (abgesehen von §§ 122j, 122k Abs. 1 Satz 3 UmwG) keine Vorschrift des Umwandlungsgesetzes aufgrund einer entgegenstehenden Richtlinienvorgabe unanwendbar ist.[34]

V. Schutzziele des Umwandlungsgesetzes

Der Gesetzgeber hatte bei Erlass des Umwandlungsgesetzes insbesondere drei zu schützende Personengruppen im Auge: betroffene Gläubiger, Anteilsinhaber und Arbeitnehmer.[35] Der **Gläubigerschutz** wird unter anderem umgesetzt durch das Recht auf Sicherheitsleistung gem. § 22 (i.V.m. §§ 125, 133, 204). Daneben tritt bei Spaltungen eine gesamtschuldnerische Haftung der beteiligten Rechtsträger (§ 133), die Anwendung des jeweiligen Gründungsrechts bei der Verschmelzung durch Neugründung, der Spaltung zur Neugründung und beim Formwechsel (§§ 36 Abs. 2, 135 Abs. 2, 197) sowie eine Ersatzpflicht der Verwaltungsträger für umwandlungsbedingte Schäden (§§ 25, 125 und 205). Den **Schutz der Anteilsinhaber** setzt das Gesetz um, indem es für Umwandlungsbeschlüsse Einstimmigkeit oder eine 3/4-Mehrheit verlangt (s. §§ 43, 50, 65, 84, 103, 112); neben diese qualifizierten Mehrheitserfordernisse treten individuelle Zustimmungsvorbehalte (z.B. §§ 51, 65 Abs. 2) sowie die Möglichkeit einer Anfechtung des Umwandlungsbeschlusses (§ 14).[36] Darüber hinaus schützt das Gesetz die Beteiligten mit Hilfe von generellen Informationsrechten (s. §§ 8, 127 und 192); dem Anlegerschutz dient ferner das Erfordernis der Sachverständigenprüfung bezüglich des Anteilswertes (§§ 9 ff.) sowie das Recht auf Barabfindung (§§ 15, 196) – verbunden mit dem Recht, deren Angemessenheit gerichtlich im Rahmen eines Spruchverfahrens prüfen zu lassen. Entsprechendes gilt für die Pflicht, Inhabern von Sonderrechten gleichartige Rechte zu gewähren (§ 23, § 125 Satz 1 i.V.m. § 23, § 204 i.V.m. § 23). Wichtige Elemente des **Arbeitnehmerschutzes** sind – neben den speziellen Schutzvorschriften bezüglich des Umwandlungsvertrages[37] – die Vorschriften in §§ 322 ff., insb. § 324, der bei der Verschmelzung, Spaltung und Vermögensübertragung die Vorschriften über den Betriebsübergang in § 613a Abs. 1 und 4 bis 6 BGB ausdrücklich für anwendbar erklärt.

B. Verschmelzung

I. Allgemeines

Das Gesetz unterscheidet in § 2 zwei Arten der Verschmelzung, diejenige durch Aufnahme (insb. §§ 4 bis 35) und diejenige durch Neugründung (insb. §§ 36 bis 38). Bei der **Verschmelzung durch Aufnahme**, die den gesetzlichen Grundfall der Verschmelzung darstellt und in der Praxis im Vordergrund steht, wird das Vermögen eines oder mehrerer Rechtsträger als Ganzes auf einen (bestehenden) übernehmenden Rechtsträger übertragen (§ 2 Nr. 1). Bei der **Verschmelzung durch Neugründung** wird das Vermögen zweier oder mehrerer Rechtsträger jeweils als Ganzes auf einen neuen dadurch gegründeten Rechtsträger übertragen (§ 2 Nr. 2). Gemeinsames – nicht der Disposition der Beteiligten unterliegendes (§ 1 Abs. 3 Satz 1) – Kennzeichen beider Verschmelzungsarten ist, dass die jeweiligen übertragenden Rechtsträger mit Eintragung der Verschmelzung im Handelsregister liqui-

---

33 Semler/Stengel/*Drinhausen*, Einl C Rn. 70; Lutter/*Bayer*, Einl I Rn. 41; a.A. Kallmeyer/*Marsch-Barner*, § 8 Rn. 37 und Kallmeyer/*Lanfermann*, § 9 Rn. 1.
34 Semler/Stengel/*Drinhausen*, Einl C Rn. 71; zweifelnd *Weiler*, NZG 2008, 527, 528 zu § 68 Abs. 1 Satz 3, s.u. Rdn. 409; kritisch zu § 75 Abs. 2 Bayer/*J. Schmidt*, ZIP 2010, 953, 956 f.; *dies.*, ZIP 2010, 953, 962 zur richtlinienkonformen Auslegung von § 61 Satz 1, dazu unten Rdn. 378; zur Kritik an §§ 122j, 122k UmwG s. Bayer/*J. Schmidt*, ZIP 2016, 841, 847; Lutter/*Bayer*, § 122j Rn. 4 f.
35 Limmer/*Limmer*, Teil 1 Rn. 164 ff.
36 Semler/Stengel/*Semler/Stengel*, Einl. A Rn. 25.
37 S. §§ 5 Abs. 1 Nr. 9, 126 Abs. 1 Nr. 11 und 194 Abs. 1 Nr. 7, s.u. Rdn. 88.

dationslos erlöschen (§§ 2, 20 Abs. 1 Nr. 2, 36 Abs. 1) und der übernehmende oder neu gegründete Rechtsträger (Gesamt-) Rechtsnachfolger der übertragenden Rechtsträger wird (§§ 20 Abs. 1 Nr. 1, 36 Abs. 1). Gemeinsames (ebenso zwingendes) Kennzeichen beider Verschmelzungsarten ist es im Grundsatz ferner, dass den Anteilsinhabern der übertragenden Rechtsträger im Gegenzug für die Übertragung des jeweiligen Vermögens der übertragenden Rechtsträger auf den übernehmenden oder neu gegründeten Rechtsträger Anteile oder Mitgliedschaften an dem übernehmenden oder neuen Rechtsträger zu gewähren sind (§ 2). Bei der Verschmelzung durch Aufnahme können dies bereits bestehende oder im Rahmen einer Kapitalerhöhung neu geschaffene Anteile sein; bei der Verschmelzung durch Neugründung sind es begriffsnotwendig neue Anteile, die gewährt werden.[38] Dieses sog. Dogma der **Anteilsgewährungspflicht**, von dem der Gesetzgeber bisher nur in eng begrenzten Fällen Ausnahmen, z.B. bei der Verschmelzung einer Tochter- auf ihre Muttergesellschaft (§ 5 Abs. 2), vorsah, hat der Gesetzgeber mit dem 2. Gesetz zur Änderung des Umwandlungsgesetzes vom 19.04.2007 gelockert.[39] So bedarf es nunmehr bei der Verschmelzung durch Aufnahme auf eine GmbH oder AG einer Anteilsgewährung nicht, wenn alle Anteilsinhaber eines übertragenden Rechtsträger hierauf in notariell beurkundeter Form verzichten (§§ 54 Abs. 1 Satz 3, 68 Abs. 1 Satz 3). Dies wirkt sich insbesondere bei der Verschmelzung von beteiligungsidentischen Schwestergesellschaften aus. Hier war es nach früherem Recht überaus streitig, ob eine Kapitalerhöhung bei der übernehmenden Gesellschaft nötig war oder nicht.[40] Der Gesetzgeber überlässt es nunmehr den Anteilsinhabern der übertragenden Gesellschaft, zu entscheiden, ob sie ihren Rechtsverlust durch eine Anteilsgewährung bei der übernehmenden Gesellschaft kompensieren wollen. Dies führt einerseits für die Rechtspraxis verfahrensrechtlich zu einer nicht unerheblichen Erleichterung,[41] erscheint aber andererseits im Hinblick auf den Minderheitenschutz bei der übernehmenden Gesellschaft nicht unbedenklich.[42]

11 Neben der vorgenannten Unterscheidung in rechtlicher Hinsicht (Verschmelzung zur Aufnahme oder zur Neugründung) lassen sich Verschmelzungen in tatsächlicher Hinsicht in die in der Praxis im Vordergrund stehenden Fälle unterscheiden, bei denen die beteiligten Rechtsträger durch (ganz oder teilweise) übereinstimmende oder wechselseitige Anteilsverhältnisse miteinander in Beziehung stehen, und in die zahlenmäßig deutlich selteneren Fälle, bei denen die beteiligten Rechtsträger voneinander unabhängig sind.[43]

12 Im Schrifttum wird die Verschmelzung – vorzugsweise eine solche ohne Kapitalerhöhung im Wege der Aufwärtsverschmelzung (up-stream-merger) – als Instrument diskutiert, um der Problematik unklarer Beteiligungsverhältnisse im Rahmen eines Erwerbs von GmbH-Geschäftsanteilen zu begegnen; die zahlreichen, damit verbundenen Rechtsfragen sind mangels Rechtsprechung hierzu nicht abschließend geklärt.[44]

II. Ablauf einer Verschmelzung

13 Man unterscheidet bei dem durch zahlreiche Formalien geprägten Ablauf einer Verschmelzung neben einer vorgeschalteten Planungsphase gängigerweise drei Phasen: die **Vorbereitungs-**, die **Beschluss-** und die **Vollzugsphase**.[45] Welche Maßnahmen innerhalb der einzelnen Phasen erfolgen müssen,

---

38 Semler/Stengel/*Stengel*, § 2 Rn. 42.
39 S. *Wicke*, ZHR 2017, 527, 529 (»kein Dogma mehr«).
40 Dafür OLG Frankfurt am Main, DNotZ 1999, 154; KG, DNotZ 1999, 157; OLG Hamm, Beschl. v. 03.08.2004 – 15 W 236/04, NZG 2004, 1005; a.A. LG München, GmbHR 1999, 35 = MittRhNotK 1998, 287; vgl. auch Semler/Stengel/*Reichert*, § 54 Rn. 19 ff., Limmer/*Limmer*, Teil 1 Rn. 172 ff., und Teil 2, Rn. 100 ff., und *Tillmann*, GmbHR 2003, 740 m.w.N.
41 Semler/Stengel/*Reichert*, § 54 Rn. 25.
42 *Mayer/Weiler*, DB 2007, 1235, 1238 f.; Limmer/*Limmer*, Teil 2 Rn. 108; s. näher unten Rdn. 56.
43 *Stoye-Benk/Cutura*, Handbuch Umwandlungsrecht, 3. Kap., Rn. 1.
44 *Westermann/Hornung*, GmbHR 2018, 840; *dies.*, GmbHR 2017, 626; DNotI-Report, 2019, 45; *Leyendecker-Langner*, ZGR 2015, 516; *Schniepp/Hensel*, NZG 2014, 857, jeweils m.w.N.
45 Semler/Stengel/*Stengel*, § 2 Rn. 55 ff.; Lutter/*Drygala*, § 2 Rn. 34 ff.

hängt zum einen insbesondere von der Art der jeweiligen Verschmelzung sowie den beteiligten Rechtsträgern ab. Zum anderen kommt es darauf an, ob voneinander unabhängige Rechtsträger verschmolzen werden sollen oder ob es sich – wie regelmäßig – um Verschmelzung von (z.B. konzernartig) miteinander in Beziehung stehenden Gesellschaften handelt. Im letzteren Fall können die Beteiligten auf zahlreiche, ansonsten erforderliche Akte verzichten.

In zeitlicher Hinsicht wird das Verschmelzungsverfahren insbesondere durch die in § 17 Abs. 2 Satz 4 geregelte – nunmehr vorübergehend um vier Monate verlängerte[46] – **Acht-Monats-Frist** bestimmt. Danach darf das Registergericht die Verschmelzung nur eintragen, wenn die bei der Anmeldung der Verschmelzung nach § 17 Abs. 2 Satz 1 einzureichende Schlussbilanz des übertragenden Rechtsträgers auf einen höchstens 8 Monate vor der Anmeldung liegenden Stichtag aufgestellt worden ist. In zeitlicher Hinsicht zu beachten ist, falls eine Aktiengesellschaft an der Verschmelzung beteiligt ist, allerdings auch der auf Art. 11 Abs. 1c der Verschmelzungsrichtlinie basierende § 63 Abs. 1 Nr. 3;[47] danach ist von der Einberufung der Hauptversammlung, die gem. § 13 Abs. 1 über die Zustimmung zum Verschmelzungsvertrag beschließen soll, in dem Geschäftsraum der Gesellschaft zur Einsicht der Aktionäre eine **Zwischenbilanz** auszulegen (ersatzweise gem. § 63 Abs. 4 für diesen Zeitraum über die Internetseite der Gesellschaft zugänglich zu machen), falls sich der letzte Jahresabschluss auf ein Geschäftsjahr bezieht, das mehr als 6 **Monate** vor dem Abschluss des Verschmelzungsvertrages oder der Aufstellung des Entwurfs abgelaufen ist. Wollen die Beteiligten – wie üblich – die Kosten für die Aufstellung einer solchen Zwischenbilanz vermeiden, bedarf es insoweit einer entsprechenden zeitlichen Planung. Durch das 3. Gesetz zur Änderung des Umwandlungsgesetzes vom 11.07.2011 wurden bezüglich der Zwischenbilanz allerdings **Erleichterungen** eingeführt: So ist nach § 63 Abs. 2 Satz 5 ein – von allen Anteilsinhabern aller beteiligten Rechtsträger zu erklärender und notariell zu beurkundender – Verzicht auf die Zwischenbilanz möglich; ferner kann gem. § 63 Abs. 2 Satz 6 und 7 die Zwischenbilanz durch einen Halbjahresbericht nach § 115 WpHG ersetzt werden.[48] Ist bei einem der beteiligten Rechtsträger ein Betriebsrat vorhanden, ist neben diesen Fristen § 5 Abs. 3 zu beachten. Danach muss der Verschmelzungsvertrag oder sein Entwurf spätestens einen Monat vor dem Tage der Versammlung der Anteilsinhaber jedes beteiligten Rechtsträgers, die gem. § 13 über die Zustimmung zum Verschmelzungsvertrag beschließen soll, dem zuständigen Betriebsrat dieses Rechtsträgers zugeleitet werden.[49]

Aufgrund der Corona-Krise hat der Gesetzgeber eine (vorübergehende) Erleichterung bezüglich der in § 17 Abs. 2 Satz 4 geregelten 8-Monats-Frist geschaffen. So genügt es gem. Art. 2 § 4 des Gesetzes zur Abmilderung der Folgen der COVID-19-Pandemie im Zivil-, Insolvenz- und Strafverfahrensrecht vom 27.03.2020[50] nunmehr für die Zulässigkeit der Eintragung, wenn die Schlussbilanz auf einen höchstens zwölf Monate vor der Anmeldung liegenden Stichtag aufgestellt ist. Die Frist-Verlängerung gilt gem. Art. 2 § 7 Abs. 4 des Gesetzes vom 27.03.2020 nur für Anmeldungen, die im Jahre 2020 vorgenommen werden; allerdings enthält Art. 2 § 8 des Gesetzes vom 27.03.2020 eine Ermächtigung für das BMJV, die Geltung der Regelung bis (höchstens) zum 31.12.2021 zu verlängern, wenn dies aufgrund fortbestehender Auswirkungen der COVID-19-Pandemie in der BRD geboten erscheint. Die Fristverlängerung um vier Monate ist auf die in § 63 Abs. 1 Nr. 3 geregelte 6-Monats-Frist bezüglich der dort genannten Zwischenbilanz[51] nicht (entsprechend) anzuwenden; denn die Frist in § 63 Abs. 1 Nr. 3 folgt aus (höherrangigem) Unionsrecht, s. Art. 97 Abs. 1 Buchst. c) der Gesellschaftsrechts-Richtlinie (EU) 2017/1132 vom 14.06.2017.

---

46 S. Rdn. 15.
47 *Heidinger* spricht im Würzburger Notarhandbuch, Teil 5, Kapitel 6 Rn. 802 insoweit von einer »Praxisfalle«.
48 S.u. Rdn. 382 f.
49 Zu weiteren, arbeitsrechtlichen Informationspflichten s. § 111 BetrVG.
50 BGBl. I 2020, 569.
51 S.u. Rdn. 382.

III. Verschmelzungsfähige Rechtsträger

1. Allgemeines

16 § 3 trifft – im Hinblick auf § 1 Abs. 2 mit abschließendem Charakter – Aussagen darüber, welche Rechtsträger an einer Verschmelzung beteiligt sein können. Die Regelung ist von dem gesetzgeberischen Reformziel geprägt, die Umwandlung möglichst umfassend zu ermöglichen.[52] Die Vorschrift differenziert in ihren Abs. 1 und 2 zwischen uneingeschränkt verschmelzungsfähigen Rechtsträgern, d.h. solchen, die grundsätzlich sowohl als übertragender wie auch als übernehmender und als neuer Rechtsträger an der Verschmelzung beteiligt sein können, und eingeschränkt verschmelzungsfähigen Rechtsträgern, d.h. solchen, die nur in bestimmten Konstellationen an der Verschmelzung beteiligt sein können.

2. Uneingeschränkte Verschmelzungsfähigkeit

17 Uneingeschränkt verschmelzungsfähig sind nach § 3 Abs. 1 die Personenhandelsgesellschaften (offene Handelsgesellschaften, Kommanditgesellschaften, einschließlich der GmbH & Co. KG),[53] Partnerschaftsgesellschaften, Kapitalgesellschaften (Gesellschaften mit beschränkter Haftung, Aktiengesellschaften, Kommanditgesellschaften auf Aktien), eingetragene Genossenschaften, eingetragene Vereine (§ 21 BGB), genossenschaftliche Prüfverbände und Versicherungsvereine auf Gegenseitigkeit.

18 Uneingeschränkte Verschmelzungsfähigkeit im Sinne von § 3 Abs. 1 bedeutet nicht, dass jegliche der dort genannten Rechtsträger miteinander verschmolzen werden könnten. § 3 Abs. 4 lässt zwar die Verschmelzung unter Beteiligung von verschmelzungsfähigen Rechtsträgern derselben Rechtsform als auch von Rechtsträgern unterschiedlicher Rechtsform zu, stellt dies allerdings unter den Vorbehalt, dass »nicht anderes bestimmt« ist. Die Frage nach der Zulässigkeit einer bestimmten Verschmelzung kann daher nur unter Rückgriff auf die besonderen den jeweiligen Rechtsträger betreffenden Vorschriften beantwortet werden. So ist z.B. die Verschmelzung einer Personenhandelsgesellschaft auf einen eingetragenen Verein oder einen Versicherungsverein auf Gegenseitigkeit nach § 99 Abs. 2 und nach § 109 nicht zulässig. Für die in der Praxis und im Rahmen dieser Erörterungen im Vordergrund stehenden Personen- und Kapitalgesellschaften ist jedoch festzuhalten, dass Personenhandelsgesellschaften und Kapitalgesellschaften uneingeschränkt, und zwar sowohl bei der Verschmelzung durch Aufnahme als auch bei der Verschmelzung durch Neugründung, miteinander »verschmelzbar« sind.[54] Bei der Partnerschaftsgesellschaft ist, soweit sie als übernehmender oder neuer Rechtsträger an der Verschmelzung beteiligt sein soll, die Verschmelzungsfähigkeit stark durch § 45a eingeschränkt. Denn nach dieser Vorschrift müssen alle Anteilsinhaber der übertragenden Rechtsträger im Zeitpunkt des Wirksamwerdens der Verschmelzung natürliche Personen sein, die einen Freien Beruf ausüben.[55]

19 Uneingeschränkt verschmelzungsfähig ist auch die **EWIV**, da auf sie gem. § 1 des EWIV-Ausführungsgesetzes die Regeln über die OHG Anwendung finden.[56] Eine **Gesellschaft bürgerlichen Rechts** zählt hingegen nicht zu den verschmelzungsfähigen Rechtsträgern nach § 3.[57] Gleiches gilt für stille Gesellschaften, Stiftungen und Körperschaften des öffentlichen Rechts und Erbengemeinschaften.[58]

20 Ob eine offene Handelsgesellschaft oder eine Kommanditgesellschaft im Sinne von § 3 Abs. 1 Nr. 1 vorliegt, bestimmt sich nach den Vorschriften in § 105 HGB und § 161 HGB. Kleingewerblich im

---

52 RegBegr. *Ganske*, S. 47.
53 Semler/Stengel/*Stengel*, § 3 Rn. 4 und RegBegr. *Ganske*, S. 92.
54 S. hierzu und zu den sonstigen Verschmelzungsvarianten die Übersichten bei Semler/Stengel/*Stengel*, § 3 Rn. 57 f.; Würzburger Notarhandbuch/*Heidinger*, Teil 5, Kapitel 6 Rn. 822.
55 Zu § 45a s.u. Rdn. 281.
56 Schmitt/Hörtnagl/Stratz/*Winter*, § 3 Rn. 11.
57 Semler/Stengel/*Stengel*, § 3 Rn. 5.
58 Lutter/*Drygala*, § 3 Rn. 7.

Sinne von § 1 Abs. 2 HGB tätige oder lediglich eigenes Vermögen verwaltende Gesellschaften müssen daher gem. § 105 Abs. 2 HGB im Handelsregister eingetragen sein, um verschmelzungsfähig zu sein. Kapitalgesellschaften entstehen hingegen generell erst mit Eintragung im Handelsregister und erlangen so ihre Verschmelzungsfähigkeit. **Vorgesellschaften** können allerdings schon Vertragspartner des Verschmelzungsvertrages sein, ebenso können Zustimmungsbeschlüsse bereits in diesem Stadium gefasst werden. Die Eintragung der Verschmelzung im Handelsregister setzt aber voraus, dass die Gesellschaft als solche im entsprechenden Register eingetragen ist; das Bestehen einer Vorgesellschaft genügt also für die Eintragung der Verschmelzung nicht.[59]

Verschmelzungsfähiger Rechtsträger ist auch die **europäische Gesellschaft (SE)**, allerdings mit gewissen aus den europarechtlichen Regelungen resultierenden Besonderheiten.[60]   21

3. Unternehmergesellschaft

Die durch das Gesetz zur Modernisierung des GmbH-Rechts und zur Bekämpfung von Missbräuchen (MoMiG) vom 23.10.2008 eingeführte Unternehmergesellschaft (s. § 5a GmbH) ist nach ihrer gesetzlichen Konzeption keine neue Unternehmensform, sondern eine Unterform der GmbH.[61] Daraus resultiert, dass eine GmbH auch in Form der UG – jedenfalls im Grundsatz – gem. § 3 Abs. 1 Nr. 2 verschmelzungsfähig ist.[62] Insbesondere gilt dies, soweit die UG als übertragender Rechtsträger an der Verschmelzung beteiligt ist. Einschränkungen der Verschmelzungsfähigkeit einer GmbH in Form der UG gelten aber, soweit diese als »Zielgesellschaft« an der Verschmelzung beteiligt sein soll. Diese Einschränkungen resultieren aus § 5a Abs. 2 Satz 2 und Abs. 5 GmbHG. Nach § 5a Abs. 2 Satz 2 GmbHG ist die Gründung einer GmbH in Form der UG nur durch eine Bargründung möglich; Sacheinlagen sind unzulässig. Da die Verschmelzung durch Neugründung als Sachgründung zu werten ist, scheidet eine Verschmelzung durch Neugründung auf eine GmbH in der Form der UG aus.[63] Differenzierter liegen die Dinge, soweit es um die Verschmelzung durch Aufnahme auf eine GmbH in Form der UG geht. Die Verschmelzung durch Aufnahme auf eine GmbH erfordert grundsätzlich, d.h. soweit nicht ein Fall des § 54 Abs. 1/Abs. 2 vorliegt, eine Kapitalerhöhung bei der übernehmenden Gesellschaft. Da die zu gewährenden Anteile als Gegenleistung für die Übertragung des Vermögens der übertragenden Gesellschaft gewährt werden (§ 2 Nr. 1), stellt die Kapitalerhöhung in diesen Fällen eine Kapitalerhöhung gegen Sacheinlagen dar und unterliegt deren Vorschriften.[64] Inwieweit – im Hinblick auf das bei der Gründung geltende Sacheinlagenverbot in § 5a Abs. 2 Satz 2 GmbHG – eine Kapitalerhöhung gegen Sacheinlagen bei der UG zulässig ist, bestimmt sich nach § 5a Abs. 5 GmbHG. Nach dieser Vorschrift gelten die Beschränkungen des § 5a Abs. 2 nicht mehr, wenn die Gesellschaft ihr Stammkapital so erhöht, dass es das Mindestkapital einer »normalen« GmbH von 25.000 € (§ 5 Abs. 1 GmbHG) erreicht oder übersteigt. Im Umkehrschluss bedeutet dies, dass das Verbot der Sacheinlagen nach § 5a Abs. 2 Satz 2 GmbHG bei der UG nicht nur bei der Gründung, sondern auch bei einer Erhöhung des Kapitals auf einen unter 25.000 € liegenden Betrag gilt.[65] Erreicht die Erhöhung des Kapitals hingegen den Betrag von 25.000 € oder übersteigt sie diesen Betrag, sind – wie der BGH bestätigt hat[66] – Sacheinlagen möglich. Für die Verschmelzung durch Aufnahme bedeutet das, dass die UG übernehmender Rechtsträger sein kann, wenn im Rahmen der Verschmelzung ihr Kapital auf mindestens 25.000 €   22

---

59 Widmann/Mayer/*Fronhöfer*, § 3 Rn. 75; Semler/Stengel/*Stengel*, § 3 Rn. 48.
60 S. dazu unten Rdn. 452 f.
61 BT-Drucks. 16/9737, S. 95; *Seibert*, GmbHR 2007, 673, 675.
62 *Meister*, NZG 2008, 767; *Veil,* GmbHR 2007, 1080, 1084; *Wälzholz*, GmbHR 2008, 841.
63 S. für die Neugründung einer UG durch Abspaltung BGH, Beschl. v. 11.04.2011 – II ZB 9/10, DNotZ 2012, 70; *Miras*, NZG 2012, 486, 489.
64 Z.B. Schmitt/Hörtnagl/Stratz/*Winter*, § 55 Rn. 3.
65 *Freitag/Riemenschneider*, ZIP 2007, 1485, 1491.
66 BGH, Beschl. v. 19.04.2011 – II ZB 25/10, DNotZ 2011, 705; dazu *Gößl*, MittBayNot 2011, 438; *Berninger*, GmbHR 2012, 953.

erhöht wird.⁶⁷ Gleiches gilt, wenn eine der Konstellationen vorliegt, in denen die Verschmelzung bei der übernehmenden Gesellschaft ohne Kapitalerhöhung durchgeführt werden muss oder kann (s. im einzelnen § 54). Ist hingegen – wie häufig – eine Kapitalerhöhung bei der übernehmenden Gesellschaft notwendig (oder gewünscht), scheidet eine Verschmelzung auf die UG aus, wenn der Betrag, auf den das Kapital der UG erhöht wird, den Betrag von 25.000 € unterschreitet.

4. Aufgelöste Gesellschaften/Sanierungsverschmelzungen

a) Beteiligung als übertragender Rechtsträger

23 Aufgelöste Gesellschaften können nach § 3 Abs. 3 an der Verschmelzung als *übertragende* Rechtsträger beteiligt sein, wenn ihre Fortsetzung beschlossen werden könnte. Der Gesetzgeber will mit dieser Regelung sog. **Sanierungsverschmelzungen** erleichtern.⁶⁸ Der Fortsetzungsbeschluss muss nicht tatsächlich gefasst werden, für § 3 Abs. 3 reicht es aus, wenn er in rechtmäßiger Weise gefasst werden könnte.⁶⁹ Einer Fortsetzung kann z.B. § 274 AktG entgegenstehen. Nach dieser Regelung, die für die GmbH entsprechend gilt, darf die Fortsetzung nur beschlossen werden, solange noch nicht mit der Verteilung des Vermögens unter die Aktionäre begonnen worden ist.⁷⁰ Entsprechende Vorschriften finden sich in § 79a Abs. 1 Satz 1 GenG und § 49 VAG. In solchen Fällen erlangt die Gesellschaft ihre Verschmelzungsfähigkeit auch nicht dadurch, dass die Verteilung rückgängig gemacht wird.⁷¹ Keine (entsprechende) Anwendung findet § 274 AktG hingegen im Recht der Personengesellschaften. Vielmehr können die Gesellschafter einer aufgelösten Personengesellschaft auch dann, wenn mit der Verteilung des Vermögens bereits begonnen wurde, grundsätzlich jederzeit die Fortsetzung der Gesellschaft beschließen und damit die **Liquidationsgesellschaft** wieder zu einer werbenden Gesellschaft machen.⁷²

24 Neben den Anforderungen des § 3 Abs. 3 ist bei Personenhandelsgesellschaften hinsichtlich der Frage, ob sich aufgelöste Gesellschaften als übertragende Rechtsträger an der Verschmelzung beteiligen können, § 39 zu beachten, der gem. § 45e entsprechend für die Partnerschaftsgesellschaft gilt.⁷³ Nach § 39 kann sich eine aufgelöste Personenhandelsgesellschaft nicht an einer Verschmelzung als übertragender Rechtsträger beteiligen, wenn die Gesellschafter nach § 145 HGB eine andere Art der Auseinandersetzung als die Abwicklung oder als die Verschmelzung – sei es im Gesellschaftsvertrag, sei es anlässlich des Auflösungsbeschlusses – vereinbart haben. Damit will das Gesetz Verschmelzungen verhindern, bei denen das Vermögen der aufgelösten Gesellschaft nicht wie dem Wesen der Verschmelzung entsprechend auf den übernehmenden oder neuen Rechtsträger übergeht (§§ 20 Abs. 1 Nr. 1, 36 Abs. 1 Satz 2), sondern den Gesellschaftern der aufgelösten Gesellschaft zufließt.⁷⁴ Zu den (vielfältigen) Möglichkeiten der andersartigen Auseinandersetzung zählt etwa eine von den Gesellschaftern vereinbarte **Realteilung** oder eine **Übertragung aller Anteile** auf einen Mitgesellschafter oder einen Dritten.⁷⁵ In den Fällen des § 39 kann die Verschmelzung unter Beteiligung der aufgelösten Personenhandelsgesellschaft nur stattfinden, wenn die anderweitige Vereinbarung i.S.d. § 39 aufgehoben wird, was auch durch den Verschmelzungsbeschluss möglich ist.⁷⁶

---

67 *Tebben*, RNotZ 2008, 441, 446; für eine generelle Umwandlungsfähigkeit der UG hingegen *Hennrichs*, NZG 2009, 1161, 1163.
68 Lutter/*Drygala*, § 3 Rn. 23.
69 Semler/Stengel/*Stengel*, § 3 Rn. 43.
70 Zur analogen Anwendung auf die GmbH s. OLG Düsseldorf, DB 1979, 2269 und Kallmeyer/*Marsch-Barner*, § 3 Rn. 23.
71 Semler/Stengel/*Stengel*, § 3 Rn. 39.
72 BGH DNotZ 1996, 804.
73 Zum Verhältnis von § 3 Abs. 3 und § 39 Lutter/*H. Schmidt*, § 39 Rn. 9.
74 Widmann/Mayer/*Vossius*, § 39 Rn. 1 f.; Semler/Stengel/*Ihrig*, § 39 Rn. 1.
75 Semler/Stengel/*Ihrig*, § 39 Rn. 16.
76 Semler/Stengel/*Ihrig*, § 39 Rn. 13 ff., 18; dort auch zu den komplexen Mehrheitsfragen.

Beruht die Auflösung des übertragenden Rechtsträgers hingegen darauf, dass über sein Vermögen 25
das Insolvenzverfahren eröffnet wurde (s. § 60 Abs. 1 Nr. 4 GmbHG, § 262 Abs. 1 Nr. 3 AktG,
§ 131 Abs. 1 Nr. 3 HGB), kommt eine Beteiligung dieses Rechtsträgers an einer Verschmelzung
nunmehr im Hinblick auf die durch das Gesetz zur weiteren Erleichterung der Sanierung von Unternehmen vom 07.12.2011 (ESUG) eingeführte Regelung in § 225 a Abs. 3 InsO im Zuge eines
Insolvenzplanverfahrens in Betracht. Danach kann im Plan jede Maßnahme beschlossen werden,
die gesellschaftsrechtlich zulässig ist, wozu auch Umwandlungsmaßnahmen zählen.[77] Kommt es
jedoch weder zum Insolvenzplan (§ 60 Abs. 1 Nr. 4 Alt. 2 GmbHG) noch zur Einstellung des Insolvenzverfahrens auf Antrag des Schuldners (§ 60 Abs. 1 Nr. 4 Alt. 1 GmbHG), sondern endet das
Verfahren gem. § 200 InsO nach vollzogener Schlussverteilung, scheidet eine Fortsetzung der Gesellschaft (und damit eine Verschmelzungsfähigkeit) aus.[78]

b) Beteiligung als übernehmender Rechtsträger

Streitig ist, inwieweit sich eine aufgelöste Gesellschaft als *übernehmende* Gesellschaft an der Ver- 26
schmelzung beteiligen kann. Zum Teil wird eine analoge Anwendung des § 3 Abs. 3 befürwortet,
wonach es für eine Verschmelzungsfähigkeit der aufgelösten Gesellschaft als übernehmender Rechtsträger ausreichend wäre, dass die aufgelöste Gesellschaft ihre Fortsetzung beschließen könnte.[79]
Wortlaut, Entstehungsgeschichte und Systematik von § 3 sowie der aus § 1 Abs. 2 resultierende
abschließende Charakter der Regeln in § 3 Abs. 3 deuten demgegenüber in eine andere Richtung;
erforderlich ist daher nicht nur, dass die Fortsetzung der aufgelösten Gesellschaft beschlossen werden
könnte, sondern dass dies – gegebenenfalls (und spätestens) im Rahmen des Verschmelzungsbeschlusses – auch tatsächlich geschieht.[80] Ob der Verschmelzungsbeschluss als **Fortsetzungsbeschluss**
zu werten ist, ist im Wege der Auslegung zu ermitteln.[81] Der Meinungsstreit betrifft auch die Frage,
ob eine Verschmelzung auf eine in Insolvenz befindliche GmbH möglich ist; die Rechtsprechung
hat diese Frage auch nach Inkrafttreten des ESUG verneint.[82]

c) Sanierungsverschmelzungen außerhalb des Insolvenzplans

Sanierungsverschmelzungen, d.h. Verschmelzungen zur Sanierung überschuldeter oder zahlungsun- 27
fähiger Unternehmen, spielen in der Praxis auch außerhalb des Insolvenzplanverfahrens eine nicht
unerhebliche Rolle.[83] Dass sich ein Unternehmen in der Krise befindet, ist für sich gesehen kein
Verschmelzungshindernis; erst wenn es zur Eröffnung des Insolvenzverfahrens und der damit verbundenen Auflösung des Rechtsträgers gekommen ist (z.B. § 60 Abs. 1 Nr. 4 GmbHG), gelten die
vorstehend (Rdn. 25 f.) dargestellten, sich aus § 3 Abs. 3 ergebenden Verschmelzungseinschränkungen. Vor der Eröffnung des Insolvenzverfahrens kann sich das in die Krise geratene Unternehmen
(unter Beachtung der allgemeinen Vorgaben) an einer Verschmelzung beteiligen. So ist es – wie der
BGH ausgeführt hat – insb. rechtlich unbedenklich, anstelle eines an sich gebotenen Insolvenzverfahrens (§ 15a Abs. 1 InsO) den zahlungsunfähigen und/oder überschuldeten Rechtsträger auf einen
anderen Rechtsträger zu verschmelzen, wenn dadurch der Fortbestand des übernehmenden Rechts-

---

77 Dazu Kallmeyer/*Kocher*, Anhang II; unten Kap. 13 Rdn. 250 ff.
78 S. BGH, Beschl. v. 28.04.2015 – II ZB 13/14, DNotZ 2015, 792; *Heckschen*, NZG 2019, 561; weitergehend *Wachter*, NZG 2015, 858.
79 *Bayer*, ZIP 1997, 1613, 1614; *Heckschen*, DB 1998, 1387, 1387; *ders.*, Rpfleger 1999, 357, 359; Kallmeyer/*Marsch-Barner*, § 3 Rn. 26; offenlassend KG, DNotZ 1999, 148.
80 OLG Naumburg, GmbHR 1997, 1152, 1155; EWiR 1997, 807 m. abl. Anm. *Bayer*; AG Erfurt, Rpfleger 1996, 163; Semler/Stengel/*Stengel*, § 3 Rn. 46; Lutter/*Drygala*, § 3 Rn. 31.
81 OLG Naumburg, GmbHR 1997, 1152, 1155.
82 S. OLG Brandenburg, Beschl. v. 27.01.2015 – 7 W 118/14, NZG 2015, 884; zust. *Cranshaw*, jurisPR-InsR 14/2015 Anm. 3; krit. *Wachter*, NZG 2015, 858; *Madaus*, NZI 2015, 566; Kallmeyer/*Kocher*, Anhang II Rn. 18 ff m.w.N.
83 Zum Ganzen Limmer/*Limmer*, Teil 5 Rn. 35 ff.; *Heckschen*, NZG 2019, 561; *ders.*, ZInsO 2008, 824; *Keller/Klett*, DB 2010, 1220.

trägers nicht in Frage steht und den Gläubigern des in die Krise geratenen Rechtsträgers dadurch ein ausreichender Haftungsfonds bereit gestellt wird.[84] Ungeachtet dieser grundsätzlichen Zulässigkeit lösen solche Maßnahmen diverse Probleme und rechtliche Fragen (bis hin zu solchen des Strafrechts[85]) aus, und zwar u.a. im Hinblick auf eine ordnungsgemäße Kapitalaufbringung und -erhaltung, den Minderheitenschutz und insb. auf eine Haftung der Beteiligten, wenn die Verschmelzung auch die vormals gesunde Gesellschaft in die Insolvenz führt.[86]

aa) Ordnungsgemäße Kapitalaufbringung

28 Eine GmbH, die infolge ihrer Verbindlichkeiten ein »negatives Vermögen« aufweist, kann grundsätzlich nicht auf eine andere Kapitalgesellschaft verschmolzen werden, wenn die übernehmende Gesellschaft zur Durchführung der Verschmelzung ihr Kapital erhöht (§§ 55, 69); dies widerspräche den Geboten einer ordnungsgemäßen Kapitalaufbringung bei der übernehmenden Gesellschaft, da der Wert des übergehenden Vermögens nicht den Betrag der Kapitalerhöhung abdeckt (§ 55 i.V.m. §§ 57a, 9c Abs. 1 Satz 2 GmbHG; § 69 i.V.m. § 183 Abs. 3 AktG). Ob die GmbH ein solchermaßen negatives Vermögen aufweist, richtet sich allerdings nicht allein danach, ob die GmbH **bilanziell überschuldet** ist; vielmehr kommt es für die Frage, ob das im Zuge der Verschmelzung auf die übernehmende Gesellschaft übergehende Vermögen der übertragenden Gesellschaft »werthaltig« ist, auf dessen tatsächlichen Wert an. Daraus folgt, dass **stille Reserven** und ein **Firmenwert** der übertragenden Gesellschaft zu berücksichtigen sind und deren Schulden ausgleichen können.[87] Besonderheiten gelten auch bei einer Mehrfachverschmelzung (§ 3 Abs. 4). Hier kann – abweichend von einer in der Rechtsprechung zu § 54 UmwG a.F. vertretenen Ansicht – das negative Vermögen einer übertragenden GmbH durch die positiven Vermögen anderer übertragender GmbH ausgeglichen werden.[88]

29 Ist das Vermögen der übertragenden Gesellschaft auch unter Berücksichtigung von stillen Reserven und Firmenwert negativ und wird es im Falle des § 3 Abs. 4 auch nicht durch das Vermögen anderer übertragender Rechtsträger ausgeglichen, so muss, falls es bei einer Verschmelzung mit Kapitalerhöhung der übernehmenden Kapitalgesellschaft verbleiben soll, zunächst die übertragende Gesellschaft ihr negatives Vermögen so beseitigen, dass der Wert des im Zuge der Verschmelzung auf die übernehmende Gesellschaft übergehenden Vermögens der übertragenden Gesellschaft den Betrag der Kapitalerhöhung abdeckt. Derartige Maßnahmen müssen bis zum Zeitpunkt der Kapitalaufbringungsprüfung durch das Registergericht erfolgt sein. In erster Linie kann dies durch eine Kapitalzufuhr bei der übertragenden Gesellschaft geschehen; denkbar ist auch eine sanierende Kapitalherabsetzung mit anschließender Kapitalerhöhung.[89] Die Rechtsprechung hat es in einer Entscheidung, die § 264 und damit die parallele Frage der Kapitalaufbringungskontrolle beim Formwechsel betraf, auch ausreichen lassen, dass die Gläubiger der übertragenden Gesellschaft eine den Anforderungen des § 16 D-Markbilanzgesetzes entsprechende **Rangrücktrittserklärung** abgegeben hatten.[90] Eine solche Erklärung beinhaltet, dass der Gläubiger Zahlung nur verlangen wird, soweit die Erfüllung aus dem Jahresüberschuss möglich ist, und er im Falle der Auflösung, Zahlungsunfähigkeit oder Überschuldung des Unternehmens hinter alle Gläubiger zurücktritt, die eine solche Erklärung nicht abgegeben haben. Derartige Erklärungen der Gläubiger der Gesellschaft beseitigen deren bilanzielle Überschuldung. Die Rechtsprechung hat angenommen, aus der Beseitigung der bilanziellen Über-

---

84 So BGH, Teilurt. v. 06.11.2018 – II ZR 199/17, DNotZ 2019, 224 m. Anm. *Wicke*, DNotZ 2019, 405; zum Ganzen Reul/Heckschen/Wienberg/*Heckschen*, Insolvenzrecht in der Gestaltungspraxis, § 4 Rn. 501 ff.
85 *Brand*, ZIP 2019, 1993.
86 *Heckschen*, NZG 2019, 561.
87 Widmann/Mayer/*Mayer*, § 55 Rn. 83.7.; OLG Rostock, Beschl. vom 19.05.2016 – 1 W 4/15, GmbHR 2016, 1096.
88 *Heidinger*, DNotZ 1999, 161 und unten Rdn. 321; a.A. OLG Frankfurt am Main, DNotZ 1999, 154.
89 Limmer/*Limmer*, Teil 5 Rn. 51; *Wicke*, DNotZ 2019, 405, 409.
90 OLG Naumburg, Beschl. v. 01.08.2003 – 7 Wx 2/03, GmbHR 2003, 1432, so auch *Wachter*, GmbHR 2015, 812, 813; allgemein BGH, Urt. v. 05.03.2015 – IX ZR 133/14, NZG 2015, 1121.

schuldung folge zugleich, dass das Vermögen der Gesellschaft i.S.d. Kapitalaufbringungsgebote werthaltig sei. Im Schrifttum werden Zweifel daran geäußert, ob Rangrücktrittserklärungen geeignet sind, werthaltiges und damit im Rahmen einer verschmelzungsbedingten Kapitalerhöhung »einbringungsfähiges« Vermögen zu schaffen.[91] Diese Zweifel sind berechtigt.[92] Rangrücktrittserklärungen führen nicht dazu, dass die Verbindlichkeiten erlöschen. Die Verbindlichkeiten gehen vielmehr gem. § 20 Abs. 1 Nr. 1 auf den übernehmenden Rechtsträger über und erstarken dort je nach dessen Ertragssituation gegebenenfalls zu sofort fälligen Ansprüchen. Das kann bei der übernehmenden Gesellschaft zu einem Vermögensabfluss führen, der den Vermögenszuwachs durch das Vermögen der übertragenden Gesellschaft wieder aufzehrt, was mit einer ordnungsgemäßen Kapitalaufbringung nicht vereinbar ist.

Wird eine insolvente GmbH entgegen der vorstehenden Vorgaben im Wege der Aufnahme mit Kapitalerhöhung auf eine andere Kapitalgesellschaft verschmolzen, greifen nach neuerer Rechtsprechung des BGH auch bei einer Verschmelzung auf eine GmbH die Grundsätze der **Differenzhaftung** nicht ein; vielmehr kommt eine Haftung der Beteiligten nach § 826 BGB unter dem Gesichtspunkt des sog. **existenzvernichtenden Eingriffs** in Betracht, und zwar insb. dann, wenn die Verschmelzung – anstelle eines gebotenen Insolvenzverfahrens – als »Gestaltungsmittel« für die liquidationslose Abwicklung der insolventen GmbH eingesetzt wird und hierdurch die Insolvenz des übernehmenden Rechtsträgers herbeigeführt oder vertieft wird.[93] Zur Vermeidung einer solchen – ggf. auch Berater treffenden Haftung – wird im Schrifttum den Beteiligten empfohlen, die Auswirkungen der Verschmelzung im Hinblick auf eine positive Fortführungsprognose der übernehmenden GmbH zu prüfen und das Ergebnis der Prüfung zu dokumentieren.[94] 30

bb) Verschmelzung ohne Kapitalerhöhung/Minderheitenschutz

Keine Kapitalaufbringungskontrolle findet statt, wenn sich die Verschmelzung – wie in derartigen Fällen häufig[95] – ohne Kapitalerhöhung bei der übernehmenden Kapitalgesellschaft vollzieht.[96] Das ist allerdings nur unter Beachtung der Regelungen in § 54 und § 68 möglich. Der Verschmelzung steht insoweit nicht entgegen, dass der Übergang des – negativen – Vermögens der übertragenden Gesellschaft auf die übernehmende Gesellschaft die **Interessen der Gläubiger** dieser Gesellschaft beeinträchtigt. Deren Interessen sind (vorbehaltlich anderer Haftungsansprüche, wie solchen aus § 826 BGB) nach der gesetzlichen Konzeption über das Recht, nach Maßgabe von § 22 Sicherheit zu verlangen, gewahrt. Regelungen wie in § 152 Satz 2 und § 154, wonach das Registergericht die Eintragung der Ausgliederung aus dem Vermögen eines Einzelkaufmanns abzulehnen hat, wenn offensichtlich ist, dass dessen Verbindlichkeiten sein Vermögen übersteigen, finden sich im Verschmelzungsrecht nicht. Daher darf das Registergericht in derartigen Konstellationen den Gedanken des Gläubigerschutzes nicht zum Anlass nehmen, die Verschmelzung unter Hinweis auf die Überschuldung des übertragenden Rechtsträgers abzulehnen.[97] 31

Zu den denkbaren Konstellationen, in denen sich die Verschmelzung ohne Kapitalerhöhung und damit ohne Kapitalaufbringungskontrolle vollziehen kann und daher negatives Vermögen von dem übertragenden Rechtsträger auf eine übernehmende GmbH oder AG übergehen kann, zählt seit dem 2. Gesetz zur Änderung des Umwandlungsgesetzes vom 19.04.2007 auch der Fall, dass alle Gesellschafter des übertragenden Rechtsträgers auf eine Kapitalerhöhung bei der übernehmenden 32

---

91 Limmer/*Limmer*, Teil 5 Rn. 67 ff. auch zu sog. Besserungsvereinbarungen.
92 A.A. *Heckschen*, DB 2005, 2283, 2286 unter IV.1.a) cc).
93 So BGH, Teilurt. v. 06.11.2018 – II ZR 199/17, DNotZ 2019, 224; für Differenzhaftung *Priester*, ZIP 2019, 646.
94 So *König*, NJW 2019, 595; *Wicke*, DNotZ 2019, 405, 411.
95 *Heckschen*, NZG 2019, 561, 564.
96 Widmann/Mayer/*Mayer*, § 55 Rn. 83.11.
97 OLG Stuttgart, Beschl. v. 04.10.2005 – 8 W 426/05, DNotZ 2006, 302; LG Leipzig, Beschl. v. 18.01.2006 – 1 HKT 7414/04, DB 2006, 885.

Gesellschaft verzichten (§ 54 Abs. 1 Satz 3 und § 68 Abs. 1 Satz 3). Diese Regelung sollte insbesondere die Verschmelzung beteiligungsidentischer Schwestergesellschaften erleichtern, gilt aber auch in anderen Fallkonstellationen. Aus der gesetzlichen Regelung folgt, dass die Gesellschafter der übertragenden Gesellschaft im Zusammenwirken mit einem Mehrheitsgesellschafter der übernehmenden Gesellschaft (s. § 50 Abs. 1 Satz 1, § 65 Abs. 1 Satz 1) gegen den Willen eines Minderheitsgesellschafters der übernehmenden Gesellschaft dafür sorgen können, dass negatives Vermögen auf die übernehmende Gesellschaft übergeht und damit dessen Interessen erheblich beeinträchtigt werden können. Im Schrifttum werden die gesetzlichen Neuregelungen in § 54 Abs. 1 Satz 3 und § 68 Abs. 1 Satz 3 im Hinblick auf diese Zusammenhänge als rechtspolitisch bedenklich eingestuft.[98] Zum Teil wird sogar darüber nachgedacht, zum Zwecke des Minderheitsschutzes vom Erfordernis der Kapitalerhöhung nur dann abzusehen, wenn auch alle Gesellschafter der übernehmenden Gesellschaft auf diese verzichtet haben.[99] Dieser Ansatz findet im Gesetz keine Stütze. Der Schutz eines Minderheitsgesellschafters vor ihm nachteiligen Entscheidungen des Mehrheitsgesellschafters ist kein spezifisch umwandlungsrechtliches Problem und ist daher eher mit allgemeinen gesellschaftsrechtlichen Instrumenten, etwa der Treuepflicht, als mit einer Ausdehnung von umwandlungsrechtlichen Zustimmungsvorbehalten zu lösen.[100]

cc) Kapitalerhaltung

Handelt es sich bei dem übernehmenden Rechtsträger um eine GmbH oder eine AG, kommt bei einer verschmelzungsbedingten Übertragung negativen Vermögens auf den übernehmenden Rechtsträger auch eine Haftung wegen eines Verstoßes gegen das Verbot der Einlagenrückgewähr nach § 30 Abs. 1 GmbHG bzw. § 57 Abs. 1 AktG in Betracht; diskutiert wird dies insb. in den Fällen des sog. **down-stream-mergers**. Der Bundesgerichtshof hat bislang offengelassen, ob eine entsprechende Haftung (§ 31 GmbHG) zu bejahen ist.[101]

dd) Überschuldete übernehmende Rechtsträger

33 Keine Kapitalaufbringungsprobleme der geschilderten Art bestehen, wenn nicht der übertragende, sondern der übernehmende Rechtsträger überschuldet ist. In einem solchen Fall sind aber besondere Vereinbarungen geboten, um Ungerechtigkeiten im Beteiligungsverhältnis zu vermeiden.[102]

IV. Der Verschmelzungsvertrag

1. Allgemeines

34 Rechtliches »Kernstück« des Verschmelzungsvorgangs ist der Verschmelzungsvertrag (§§ 4 bis 7). Vertragsparteien des Verschmelzungsvertrages sind die beteiligten Rechtsträger, nicht deren Anteilsinhaber, deren Zustimmung aber gem. § 13 Voraussetzung für die Wirksamkeit des Verschmelzungsvertrages ist. Der Verschmelzungsvertrag enthält als wichtigsten Regelungsgegenstand die Vereinbarung über die Übertragung des Vermögens jedes übertragenden Rechtsträgers als Ganzes gegen Gewährung von Anteilen oder Mitgliedschaften an dem übernehmenden Rechtsträger (§ 5 Abs. 1 Nr. 2). Der Verschmelzungsvertrag entfaltet sowohl organisationsrechtliche wie auch schuldrecht-

---

98 *Mayer/Weiler*, DB 2007, 1235, 1238 ff.
99 *Limmer/Limmer*, Teil 5 Rn. 76 m.w.N. auch auf die Gegenansicht.
100 Vgl. *Weiler*, NZG 2008, 527, 530 ff; KG, Urt. v. 17.09.2009 – 23 U 15/09, NZG 2010, 462; *Heckschen*, NZG 2019, 561, 564.
101 BGH, Teilurt. v. 06.11.2018 – II ZR 199/17, DNotZ 2019, 224 (Tz. 34) m.w.N. auf den Streitstand; z.B. *Keller/Klett*, DB 2010, 1220, 1222; *Schwetlik*, GmbHR 2011, 130; ausf. Reul/Heckschen/Wienberg/*Heckschen*, Insolvenzrecht in der Gestaltungspraxis, § 4 Rn. 542 ff.; *ders.*, NZG 2019, 561, 565; *Wicke*, DNotZ 2019, 405, 409; aus Sicht des Abschlussprüfers *Kronner/Seidler*, BB 2018, 1899.
102 S. Limmer/*Limmer*, Teil 5 Rn. 54; s. ferner Reul/Heckschen/Wienberg/*Heckschen*, Insolvenzrecht in der Gestaltungspraxis, § 4 Rn. 530; *Wicke*, DNotZ 2019, 405, 412 m.w.N.

liche Wirkungen für die beteiligten Vertragsparteien.[103] Der Übergang der Rechte und Pflichten auf den übernehmenden oder neuen Rechtsträger im Wege der Gesamtrechtsnachfolge ist trotz dieser vertraglichen Basis jedoch seiner Art nach ein gesetzlicher Übergang und tritt gem. §§ 20 Abs. 1 Nr. 1, 36 Abs. 1 Satz 2 mit der Eintragung der Verschmelzung ein. Nach § 4 Abs. 1 Satz 2 gilt für den Verschmelzungsvertrag § 311b Abs. 2 BGB, der die Nichtigkeit eines Vertrages, durch den sich der eine Teil verpflichtet, sein künftiges Vermögen oder einen Bruchteil hiervon zu übertragen, anordnet, nicht.

2. Abschlusskompetenz

Der Abschluss eines Verschmelzungsvertrages ist im Hinblick auf seine organisationsrechtliche Bedeutung **Grundlagengeschäft**. § 4 Abs. 1 Satz 1 ordnet konsequenterweise an, dass die Kompetenz zum Abschluss eines solchen Vertrages den organschaftlichen Vertretern der beteiligten Rechtsträger vorbehalten ist. Die Vertretungsbefugnis eines (einzelvertretungsberechtigten) Prokuristen deckt also den Abschluss eines solchen Vertrages nicht ab. Anders liegen die Dinge bei der sog. **unechten Gesamtvertretung**: Wird z.B. eine GmbH nach ihrer Satzung bei Vorhandensein mehrerer Geschäftsführer entweder durch zwei Geschäftsführer oder durch einen Geschäftsführer in Gemeinschaft mit einem Prokuristen vertreten, ist die letztere Vertretungsvariante eine organschaftliche Vertretung mit der Konsequenz, dass der Prokurist die Gesellschaft zusammen mit dem Geschäftsführer beim Abschluss des Verschmelzungsvertrages vertreten kann.[104]

35

3. Vertretung

§ 4 steht einer rechtsgeschäftlichen Vertretung beim Abschluss des Verschmelzungsvertrages nicht entgegen.[105] Die beteiligten Rechtsträger können also – durch ihre Vertretungsorgane (§ 4)[106] – Dritte zum Abschluss eines Verschmelzungsvertrages bevollmächtigen. Gem. § 167 Abs. 2 BGB gilt für derartige Vollmachten nicht die für den Verschmelzungsvertrag nach § 6 vorgeschriebene Beurkundungsform.[107] Da derartige Vollmachten zu den nach § 17 Abs. 1 der Anmeldung der Verschmelzung beizufügenden Unterlagen zählen, bedarf es allerdings schon aus rein praktischen Gründen einer zumindest schriftlichen Vollmachtserteilung.[108] Weitergehende Formerfordernisse ergeben sich bei der Verschmelzung durch Neugründung aus den nach § 36 Abs. 2 Satz 1 anwendbaren spezialgesetzlich angeordneten Formvorschriften. So verlangen § 2 Abs. 2 GmbHG sowie §§ 23 Abs. 1 Satz 2, 280 Abs. 1 Satz 3 AktG für Vollmachten zur Gründung einer GmbH, AG oder KGaA eine zumindest **notarielle Beglaubigung der Vollmacht**. Diese Regeln gelten auch bei der Verschmelzung durch Neugründung.[109]

36

Bei der Verschmelzung durch Aufnahme auf eine (im Zuge der Verschmelzung ihr Kapital nach § 55 erhöhende) GmbH ist zu beachten, dass nach § 55 Abs. 1 (UmwG) die Regelung in § 55 Abs. 1 GmbHG nicht gilt. Das heißt, es bedarf – anders als bei einer »normalen« Kapitalerhöhung im Sinne von § 55 GmbHG – bei der Verschmelzung durch Aufnahme keiner besonderen Übernahmeerklärung. Das – aus einer entsprechenden Anwendung des § 2 Abs. 2 GmbHG abgeleitete[110] – Gebot, dass die Vollmacht zur Abgabe einer Übernahmeerklärung im Sinne von § 55 GmbHG der notariellen Beglaubigung bedarf, ist also für die Verschmelzung durch Aufnahme irrelevant.[111]

37

---

103 Im einzelnen Semler/Stengel/*Schröer*, § 4 Rn. 4 ff. und 45 ff. zu den sich aus dem Vertrag ergebenden Erfüllungsansprüchen.
104 Kallmeyer/*Marsch-Barner*, § 4 Rn. 4; Semler/Stengel/*Schröer*, § 4 Rn. 8.
105 Z.B. Lutter/*Drygala*, § 4 Rn. 9.
106 Zur Befugnis zur Erteilung der Vollmacht *Melchior*, GmbHR 1999, 520, 523.
107 Kritisch hierzu Widmann/Mayer/*Heckschen*, § 6 Rn. 42 ff.; zur Spaltung OLG Hamm, Beschl. v. 10.07.2014, I – 15 W 189/14, ZIP 2014, 2135.
108 *Melchior*, GmbHR 1999, 520, 521; Widmann/Mayer/*Mayer*, § 4 Rn. 40.
109 Semler/Stengel/*Schröer*, § 4 Rn. 11.
110 Baumbach/Hueck/*Zöllner*, § 55 GmbHG Rn. 32.
111 Semler/Stengel/*Reichert*, § 55 Rn. 14; Lutter/*Drygala*, § 6 Rn. 7; *Melchior*, GmbHR 1999, 520, 521.

38 Die vorgenannten, für Vollmachten geltenden Formerfordernisse finden keine Anwendung, wenn zur Gesamtvertretung befugte Organmitglieder einzelne von ihnen zum Abschluss des Verschmelzungsvertrages ermächtigen (s. z.B. § 125 Abs. 2 Satz 2 HGB; § 78 Abs. 4 AktG). Entsprechende **Ermächtigungen** bedürfen keiner Form.[112]

39 Treten für die an dem Verschmelzungsvertrag beteiligten Rechtsträger identische Vertreter auf, ist dies nur unter Beachtung der **Beschränkungen in § 181 BGB** zulässig.[113] Der Verschmelzungsvertrag kann auch durch **vollmachtslos handelnde Vertreter** im Sinne von § 177 Abs. 1 BGB geschlossen werden, deren Erklärungen später durch die gem. § 4 vertretungsberechtigten Personen der beteiligten Rechtsträger für diese nach § 182 BGB – im Hinblick auf § 17 Abs. 1 schriftlich – genehmigt werden. Ob darüber hinausgehend die Genehmigung der Erklärungen eines vollmachtslos handelnden Vertreters bei einer Verschmelzung durch Neugründung einer GmbH oder AG in analoger Anwendung von § 2 Abs. 2 GmbHG, § 23 Abs. 1 Satz 2 AktG der notariellen Beglaubigung bedarf, ist streitig. Im Schrifttum wird dies zum Teil im Hinblick auf § 182 Abs. 2 BGB verneint.[114] Das OLG Köln hingegen hat § 2 Abs. 2 GmbHG analog auf eine Genehmigung nach § 177 BGB angewandt.[115] Solange die Frage nicht höchstrichterlich entschieden ist, sollte man daher – vorsorglich – von der Beglaubigungsbedürftigkeit entsprechender Genehmigungserklärungen ausgehen.

40 Beim Einsatz vollmachtslos handelnder Vertreter sollte, wenn – etwa aus Kostengründen[116] – (der zwischen den beteiligten Rechtsträgern abzuschließende) Verschmelzungsvertrag und (die von den Anteilsinhabern abzugebenden) Verzichtserklärungen (etwa nach §§ 8 Abs. 3, 9 Abs. 3, 16 Abs. 2 Satz 2) in eine Urkunde aufgenommen werden sollen, beachtet werden, dass derartige Verzichte einseitige Erklärungen im Sinne von § 180 Satz 1 BGB sind, bei denen eine vollmachtlose Vertretung unzulässig ist.[117]

4. Inhalt

a) Allgemeines

41 § 5 regelt in gem. § 1 Abs. 3 Satz 1 zwingender Weise den Mindestinhalt des Verschmelzungsvertrages. Ergänzt wird die Vorschrift durch rechtsformspezifische Regelungen in § 40 (für die Personenhandelsgesellschaft), § 45b (für die Partnerschaftsgesellschaft), § 46 (für die GmbH), § 80 (für die Genossenschaft) und § 110 (für den Versicherungsverein auf Gegenseitigkeit).

b) § 5 Abs. 1 Nr. 1 (Beteiligtenangaben)

42 Der Verschmelzungsvertrag muss gem. § 5 Abs. 1 Nr. 1 den Namen oder die Firma und den Sitz der an der Verschmelzung beteiligten Rechtsträger enthalten. Die Angaben haben den jeweiligen Angaben in den jeweiligen Registern zu entsprechen.[118] Dabei sind die Umstände zugrunde zu legen, die zum Zeitpunkt des Abschlusses des jeweiligen Verschmelzungsvertrages maßgeblich sind.[119] Wird beispielsweise im Rahmen einer **Kettenverschmelzung** eine GmbH auf eine andere GmbH ver-

---

112 Spindler/Stilz/*Fleischer*, § 78 AktG Rn. 37; MünchKommAktG/*Spindler*, § 78 Rn. 66; kritisch zu solchen Ermächtigungen *Melchior*, GmbHR 1999, 520, 523 f.
113 Semler/Stengel/*Reichert*, § 4 Rn. 12.
114 Widmann/Mayer/*Mayer*, § 4 Rn. 41; Semler/Stengel/*Schröer*, § 4 Rn. 16; Lutter/*Drygala*, § 4 Rn. 10; *H. Schmidt*, MDR 1995, 888; ebenso Palandt/*Heinrichs*, § 182 Rn. 2 und MünchKommBGB/*Schramm*, § 182 Rn. 17.
115 OLG Köln, GmbHR 1995, 725 = MittRhNotK 1995, 356; so auch Scholz/*Emmerich*, § 2 GmbHG Rn. 31; Lutter/*Bayer*, § 2 GmbHG Rn. 17.
116 S. dazu unten Rdn. 461.
117 *Melchior*, GmbHR 1999, 520, 522; zu § 8 Abs. 3 Widmann/Mayer/*Mayer*, § 8 Rn. 58.
118 Lutter/*Drygala*, § 5 Rn. 11; Semler/Stengel/*Schröer*, § 5 Rn. 5; s. §§ 17, 19, 106 HGB, §§ 4, 4a GmbHG, §§ 4, 5 AktG.
119 Semler/Stengel/*Schröer*, § 5 Rn. 5.

schmolzen, zugleich die Firma der übernehmenden Gesellschaft geändert und wird vor dem handelsregisterlichen Vollzug dieser Maßnahmen (und damit vor deren Wirksamwerden) ein weiterer Verschmelzungsvertrag abgeschlossen, durch den die übernehmende Gesellschaft ihrerseits auf eine dritte Gesellschaft verschmolzen wird, so ist im zweiten Verschmelzungsvertrag die übertragende Gesellschaft noch mit ihrer ursprünglichen Firma zu bezeichnen.[120] Wird im zweiten Verschmelzungsvertrag die übertragende Gesellschaft – fälschlicherweise – bereits mit ihrer geänderten Firma bezeichnet, handelt es sich um einen Mangel, dessen Behebung das Registergericht den Beteiligten im Rahmen des ihm zustehenden Ermessens durch eine Zwischenverfügung aufgeben darf.

Wurden bei den beteiligten Rechtsträgern Veränderungen beschlossen, die sich auf Angaben im Sinne von § 5 Abs. 1 Nr. 1 beziehen, die aber etwa mangels Handelsregistereintragung zum Zeitpunkt des Vertragsabschlusses noch nicht wirksam sind, empfiehlt es sich, diese im Verschmelzungsvertrag anzugeben.[121] 43

c) § 5 Abs. 1 Nr. 2 (Vermögensübertragung/Anteilsgewährung)

Nach § 5 Abs. 1 Nr. 2 zählt die Vereinbarung über die Übertragung des Vermögens jedes übertragenden Rechtsträgers als Ganzes gegen Gewährung von Anteilen oder Mitgliedschaften an dem übernehmenden Rechtsträger zum zwingenden Mindestinhalt eines Vertrages über eine Verschmelzung durch Aufnahme. »Übertragung des Vermögens als Ganzes« meint die für Verschmelzungsvorgänge nach dem UmwG spezifische **Gesamtrechtsnachfolge** und damit eines der wesentlichen Elemente des Verschmelzungsvorgangs.[122] Dass eine solche Gesamt-Vermögensübertragung von den Beteiligten gewollt ist, muss sich dem Vertrag zumindest im Wege der Auslegung entnehmen lassen.[123] Üblicher- und richtigerweise wird in der Praxis insofern jeglicher Auslegungsbedarf vermieden, indem im Vertrag die gesetzlichen Begrifflichkeiten verwendet werden. 44

▶ Formulierungsbeispiel: Vermögensübertragung/Anteilsgewährung 45

Die A-OHG überträgt unter Ausschluss der Abwicklung ihr Vermögen als Ganzes, d. h. mit allen Rechten und Pflichten, auf die B-OHG im Wege der Verschmelzung durch Aufnahme gemäß § 2 Nr. 1 UmwG gegen Gewährung der nachfolgend genannten Beteiligungen an der B-OHG an die Gesellschafter der A-OHG.

Mit dem Erfordernis der Gesamtvermögensübertragung unvereinbar sind im Prinzip Regelungen, dass einzelne Vermögenswerte von der Verschmelzung ausgenommen werden. Sie gefährden die Wirksamkeit des Verschmelzungsvertrages dann nicht, wenn sie ihre Grundlage darin haben bzw. dahin zu verstehen sind, dass die entsprechenden Vermögenswerte vor der Verschmelzung durch den übertragenden oder nach der Verschmelzung durch den übernehmenden Rechtsträger auf einen Dritten übertragen werden sollen.[124] 46

Weiteres zentrales Element der Verschmelzung durch Aufnahme und damit auch zum Mindestinhalt des Verschmelzungsvertrages gehörend ist die Vereinbarung, dass den Inhabern des übertragenden Rechtsträgers als Gegenleistung für die Übertragung des Vermögens »ihres« Rechtsträgers Anteile oder Mitgliedschaften an dem übernehmenden Rechtsträger zu gewähren sind. Neben diese Gegenleistung können, wie § 5 Abs. 1 Nr. 3 zeigt, **bare Zuzahlungen** zugunsten der Inhaber des übertragenden Rechtsträgers – nicht jedoch zugunsten der Inhaber des übernehmenden Rechtsträgers[125] – treten. Eine Gegenleistung, die ausschließlich in einer baren Gegenleistung besteht, kann im Hinblick 47

---

120 OLG Hamm, Beschl. v. 19.12.2005, 15 W 377/05, DNotZ 2006, 378; zur Kettenverschmelzung s.u. Rdn. 115.
121 Semler/Stengel/*Schröer*, § 5 Rn. 5.
122 Schmitt/Hörtnagl/Stratz/*Winter*, § 5 Rn. 4.
123 S. zur Auslegung des Verschmelzungsvertrages, Semler/Stengel/*Schröer*, § 5 Rn. 4; OLG Dresden, Beschl. v. 22.10.2014 – 17 W 1160/14, NotBZ 2015, 313 m. Anm. *Heckschen*.
124 Widmann/Mayer/*Mayer*, § 5 Rn. 14; Kallmeyer/*Marsch-Barner*, § 5 Rn. 4.
125 Semler/Stengel/*Schröer*, § 5 Rn. 32.

auf den zwingenden Charakter von § 5 im Rahmen einer Verschmelzung nicht vereinbart werden (§ 1 Abs. 3 Satz 1). Mit dieser spezifischen Ausgestaltung der Gegenleistung in Form der Gewährung von Anteilen oder Mitgliedschaften grenzt das Gesetz die Verschmelzung durch Aufnahme von der Vermögensübertragung gem. § 174 ab, die Gegenleistungen zulässt, die nicht in Anteilen oder Mitgliedschaften bestehen.

48 Charakteristikum der Verschmelzung durch Aufnahme ist im Hinblick auf § 5 Abs. 1 Nr. 2, § 2 Nr. 2 und § 20 Abs. 1 Nr. 3, dass – jedenfalls im Grundsatz – alle Inhaber der übertragenden Rechtsträger neben den bisherigen Inhabern des übernehmenden Rechtsträgers Inhaber dieses Rechtsträgers werden. Man spricht insoweit vom **Grundsatz der Mitgliederidentität** bei der Verschmelzung.[126] Aus ihm ergibt sich richtiger Ansicht nach, dass ein spezifisch umwandlungsrechtlicher Anteils- und Mitgliedschaftserwerb für Dritte ausgeschlossen ist; sollen Dritte Anteile an der übernehmenden Gesellschaft erwerben, müssen sie sich der sonstigen hierzu zur Verfügung stehenden Mittel, wie Anteilsübertragung oder Kapitalerhöhung, bedienen.[127] Eine solche Kapitalerhöhung kann mit einer verschmelzungsbedingten Kapitalerhöhung kombiniert werden, folgt aber nicht den Regeln des UmwG, sondern unterliegt den allgemeinen Regeln.[128]

d) Ausnahmen von der Anteilsgewährungspflicht

49 Von dem zentralen Grundsatz der Anteilsgewährungspflicht lässt das Gesetz in besonderen Konstellationen Ausnahmen zu:[129]

aa) § 5 Abs. 2 (Konzernverschmelzung)

50 Korrespondierend mit § 20 Abs. 1 Nr. 3, Satz 1 Halbs. 2 entfallen gem. § 5 Abs. 2 die Angaben über den Umtausch der Anteile (und damit die Pflicht zur Gewährung von Anteilen) insgesamt, wenn sich alle Anteile eines übertragenden Rechtsträgers bei einer sog. **Konzernverschmelzung** in der Hand des übernehmenden Rechtsträgers befinden (Verschmelzung einer 100 %-igen Tochtergesellschaft auf ihre Muttergesellschaft, sog. **up-stream-merger**).[130]

51 Ob es für die Anwendung des § 5 Abs. 2 genügt, dass die dort geforderten Beteiligungsverhältnisse erst zum Zeitpunkt der Eintragung der Verschmelzung und nicht bereits zum Zeitpunkt des Abschlusses des Verschmelzungsvertrages bestehen, ist streitig.[131] Richtiger Ansicht nach kommt es auf den Zeitpunkt der Eintragung der Verschmelzung an. Denn die spezifischen organisationsrechtlichen Austauschwirkungen des Verschmelzungsvertrages, um die es in § 5 Abs. 1 Nr. 2 geht, treten gem. § 20 Abs. 1 Nr. 1 erst zu diesem Augenblick ein. Es besteht daher die Möglichkeit, noch nach Abschluss des Verschmelzungsvertrages die Beteiligungsverhältnisse bei der übertragenden Gesellschaft so zu verändern, dass sie den Anforderungen des § 5 Abs. 2 entsprechen, um dessen Erleichterungen in Anspruch zu nehmen. Letzteres gilt auch dann, wenn die Beteiligten bei Abschluss des Verschmelzungsvertrages irrtümlich von einem 100 %-igen Mutter-Tochter-Verhältnis ausgegangen sind.[132] Zulässig ist es auch, wenn die Beteiligungsverhältnisse i.S.d. § 5 Abs. 2 im Rahmen einer Kettenverschmelzung erst durch eine vorgeschaltete andere Verschmelzung entstehen.[133]

---

126 Dazu *Priester*, DB 1997, 560.
127 Widmann/Mayer/*Mayer*, § 5 Rn. 58 ff.; zu abweichenden Stimmen Limmer/*Limmer*, Teil 2 Rn. 14.
128 Anders beim Formwechsel OLG Oldenburg, Beschl. v. 19.12.2019 – 12 W 133/19 (HR), NZG 2020, 193; wohl auch *Wicke*, ZHR 2017, 527, 540; s.a. *Weiler*, MittBayNot 2020, 216.
129 S. die Übersicht bei *Wicke*, ZHR 2017, 527 ff.
130 Zu § 20 Abs. 1 Nr. 3 Satz 1 Halbs. 2 Rdn. 55.
131 Bejahend Semler/Stengel/*Schröer*, § 5 Rn. 129; Widmann/Mayer/*Mayer* § 5 Rn. 213; a.A. Lutter/*Drygala*, § 5 Rn. 141, der verlangt, dass die Beteiligungsverhältnisse i.s.v. § 5 Abs. 2 für den Zeitraum von der Beschlussfassung bis zur Eintragung bestehen.
132 Widmann/Mayer/*Mayer*, § 5 Rn. 213.
133 Widmann/Mayer/*Mayer*, § 5 Rn. 213.

Eine Ausnahme von der Anteilsgewährungspflicht lässt das Gesetz im Bereich der Konzernverschmelzung auch dann zu, wenn im Zuge eines sog. verschmelzungsrechtlichen Squeeze-out (s. § 62 Abs. 5) eine AG auf eine andere AG verschmolzen wird, wenn die übernehmende AG mindestens 90 % des Grundkapitals der übertragenden AG hält.[134]

Wie sich aus der Verwendung des Begriffs »soweit« in § 5 Abs. 2 ergibt, gelten die Erleichterungen 52 des § 5 Abs. 2, wenn mehrere Gesellschaften auf eine andere Gesellschaft verschmolzen werden, nur für diejenige übertragende Gesellschaft, für die im Verhältnis zur übernehmenden Gesellschaft das Beteiligungsverhältnis im Sinne von § 5 Abs. 2 gilt.[135] Der Anwendung des § 5 Abs. 2 steht es nicht entgegen, wenn die übernehmende Muttergesellschaft nicht alle Anteile an der übertragenden Tochtergesellschaft hält, sondern die restlichen Anteile (ausschließlich) von der Tochtergesellschaft selbst gehalten werden.[136]

Keine Anwendung findet § 5 Abs. 2 hingegen, wenn die Muttergesellschaft die Anteile an der Toch- 53 tergesellschaft nicht unmittelbar, sondern über Treuhänder hält; auch eine Zurechnung über § 16 Abs. 4 AktG erfolgt nicht.[137] Allerdings entfällt, soweit ein Dritter für Rechnung der übernehmenden Gesellschaft Anteile an der übertragenden Gesellschaft hält, im Hinblick auf § 20 Abs. 1 Nr. 3 Satz 1 Halbs. 2 eine Anteilsgewährung.[138]

§ 5 Abs. 2 gilt im Grundsatz unabhängig von der Rechtsform der beteiligten Rechtsträger, d.h. u. a. 54 auch dann, wenn eine Personenhandelsgesellschaft 100 %-ige Mutter einer Kapitalgesellschaft ist und letztere auf sie verschmolzen werden soll.[139] Daher findet § 5 Abs. 2 bei der **Einheits-KG** Anwendung, wenn die Komplementärin auf die KG verschmolzen werden soll.[140] Ist hingegen eine Personenhandelsgesellschaft als übertragende Gesellschaft an der Verschmelzung beteiligt, scheidet die Anwendung des § 5 Abs. 2 aus, weil es bei der Personenhandelsgesellschaft keine alleinige Gesellschafterstellung einer Person geben kann.[141] Keine Anwendung findet § 5 Abs. 2 auch bei der Verschmelzung einer 100 %-igen Muttergesellschaft auf ihre Tochtergesellschaft (sog. **down-stream-merger**) und bei der Verschmelzung von Schwestergesellschaften.[142] Gerade in solchen Fällen kann allerdings aus anderen Gründen (s. § 54 Abs. 1 und § 68 Abs. 1) eine Anteilsgewährung entbehrlich sein.

bb) § 20 Abs. 1 Nr. 3 Satz 1 Halbs. 2

Nach § 20 Abs. 1 Nr. 3 Satz 1 Halbs. 1. werden die Anteilsinhaber der übertragenden Rechtsträger 55 Anteilsinhaber des übernehmenden Rechtsträgers. Nach § 20 Abs. 1 Nr. 3 Satz 1 Halbs. 2 gilt dies nicht, soweit der übernehmende Rechtsträger oder ein Dritter, der im eigenen Namen, jedoch für Rechnung dieses Rechtsträgers handelt, Anteilsinhaber des übertragenden Rechtsträgers ist oder der übertragende Rechtsträger eigene Anteile innehat oder ein Dritter, der im eigenen Namen, jedoch für Rechnung dieses Rechtsträgers handelt, dessen Anteilsinhaber ist. Da das Gesetz in diesen Fällen einen Anteilserwerb ausschließt, entfällt in diesen Fällen auch eine Anteilsgewährungspflicht im Sinne von § 5 Abs. 1 Nr. 2.[143]

---

134 Näher unten Rdn. 401.
135 Kallmeyer/*Marsch-Barner*, § 5 Rn. 67; Widmann/Mayer/*Mayer*, § 5 Rn. 207.
136 Semler/Stengel/*Schröer*, § 5 Rn. 133.
137 Widmann/Mayer/*Mayer* § 5 Rn. 209, 211.
138 S. Rdn. 55.
139 Widmann/Mayer/*Mayer*, § 5 Rn. 208.1.
140 Semler/Stengel/*Schröer*, § 5 Rn. 132.
141 Semler/Stengel/*Schröer*, § 5 Rn. 132.
142 Widmann/Mayer/*Mayer*, § 5 Rn. 208.1.
143 Widmann/Mayer/*Mayer*, § 5 Rn. 30.

cc) Verzicht

56 Gem. § 54 Abs. 1 Satz 3 darf eine übernehmende GmbH von der Gewährung von Geschäftsanteilen absehen, wenn alle Anteilsinhaber eines übertragenden Rechtsträgers (ggf. auch konkludent)[144] darauf durch notariell zu beurkundende Erklärung verzichten. Die entsprechende Regelung für eine übernehmende Aktiengesellschaft findet sich in § 68 Abs. 1 Satz 3. Beide Vorschriften sind durch das Zweite Gesetz zur Änderung des Umwandlungsgesetzes vom 19.04.2007 eingeführt worden. Der Gesetzgeber beendet mit diesen Vorschriften bezogen auf deren Anwendungsbereich die im Schrifttum und in der Judikatur – insbesondere bei der Verschmelzung von **beteiligungsidentischen Schwestergesellschaften** – bestehende Kontroverse, ob ein Verzicht auf eine Anteilsgewährung im Hinblick auf den grundsätzlich zwingenden Charakter der Normen des Umwandlungsgesetzes zulässig ist. Das Schrifttum hatte einen solchen Verzicht überwiegend für zulässig gehalten;[145] die obergerichtliche Rechtsprechung hingegen verneinte seine Zulässigkeit.[146] Inwieweit die neuen Verzichtsmöglichkeiten in §§ 54 Abs. 1 Satz 3 und 68 Abs. 1 Satz 3 rechtspolitisch zu begrüßen sind, wird im Schrifttum unterschiedlich beantwortet. Während das überwiegende Schrifttum die neuen Regelungen positiv bewertet, stehen andere ihnen kritisch gegenüber.[147] So weist Mayer darauf hin, dass Minderheitsgesellschafter der übernehmenden Gesellschaft nunmehr nicht mehr davor geschützt seien, dass »negatives« Vermögen auf ihre Gesellschaft übertragen werde, da mit dem Erfordernis einer – wenn auch minimalen – Kapitalerhöhung auch die registerrechtliche Werthaltigkeitskontrolle der Sacheinlage entfalle.[148] Darüber hinaus sieht Mayer in § 68 Abs. 1 Satz 3 einen Verstoß gegen die Gesellschaftsrechts-Richtlinie (vormals Verschmelzungsrichtlinie), die eine solche Verzichtsmöglichkeit nicht vorsehe.[149] In steuerlicher Hinsicht ist unter anderem zu beachten, dass, sofern eine Personenhandelsgesellschaft als übertragender Rechtsträger an der Verschmelzung beteiligt ist, eine Buchwertfortführung hinsichtlich des eingebrachten Vermögens nur möglich ist, wenn der Einbringende neue Anteile an der übernehmenden Kapitalgesellschaft erhält (§ 20 Abs. 1 und 2 UmwStG).[150] In derartigen Fällen kann ein Verzicht auf eine Anteilsgewährung daher zu steuerlichen Nachteilen führen.

57 Jenseits der gesetzlich im einzelnen normierten Verzichtsmöglichkeiten wird man – entgegen einer im Schrifttum wohl überwiegend vertretenen Ansicht[151] – eine generelle Befugnis der Beteiligten, auf eine Anteilsgewährung zu verzichten, im Hinblick auf den zwingenden Charakter der Umwandlungsnormen verneinen müssen.[152] Ungeklärt ist auch, ob die Anteilsinhaber des übertragenen Rechtsträgers in der Weise auf die ihnen an sich zu gewährenden Anteile verzichten können, dass ihnen an Stelle der Anteile sonstige Leistungen als Kompensation zugesagt werden.[153]

---

144 OLG Köln, Beschl. v. 22.01.2020 – I-18 Wx 22/19, BB 2020, 589.
145 S. z.B. nur *Heckschen*, DB 1989, 1560, 1561; a.A. Widmann/Mayer/*Mayer*, § 5 Rn. 41 ff.; zum weiteren Streitstand s. Semler/Stengel/*Reichert*, § 54 Rn. 19 ff. m.w.N.
146 OLG Frankfurt am Main, DNotZ 1999, 154, und KG, DNotZ 1999, 157 (jeweils m. Anm. *Heidinger*); a.A. LG München, GmbHR 1999, 35.
147 S. z.B. Semler/Stengel/*Reichert*, § 54 Rn. 26 (»sehr zu begrüßen«); kritisch Widmann/Mayer/*Mayer*, § 5 Rn. 41 ff.
148 Widmann/Mayer/*Mayer* § 5 Rn. 44; *Mayer/Weiler*, DB 2007, 1235, 1238 f.; dagegen etwa Lutter/*Vetter*, § 54 Rn. 76 ff.
149 Widmann/Mayer/*Mayer*, § 5 Rn. 44.
150 S. dazu und den weiteren steuerlichen Aspekten Widmann/Mayer/*Mayer*, § 5 Rn. 45.
151 S. etwa Semler/Stengel/*Schröer*, § 5 Rn. 14; Lutter/*Grunewald*, § 20 Rn. 70; Limmer/*Limmer*, Teil 2 Rn. 109; *Wicke*, ZHR 2017, 527, 530; *Farian/Furs*, GmbHR 2016, 1298.
152 So zu Recht Widmann/Mayer/*Mayer*, § 5 Rn. 20.
153 Dagegen (mit beachtlichen Gründen) *Heckschen/Gassen*, GWR 2010, 101 (unter II.2).

B. Verschmelzung

dd) Weitere Ausnahmen

(1) GmbH & Co. KG mit Komplementärin ohne Vermögensbeteiligung

Ob eine Ausnahme von dem Grundsatz der Anteilsgewährungspflicht zuzulassen ist, wenn an der Verschmelzung eine GmbH & Co. KG als übertragender Rechtsträger beteiligt ist, deren Komplementär-GmbH – wie häufig – nach dem Gesellschaftsvertrag der KG an dem Vermögen der Gesellschaft nicht beteiligt ist, ist im Schrifttum streitig.[154] In der Rechtsprechung ist – soweit ersichtlich bislang vereinzelt – angenommen worden, dass in einer derartigen Konstellation der **Grundsatz der Anteilsgewährungspflicht** nicht gilt.[155] Dem ist mit dem überwiegenden Schrifttum im Hinblick darauf zuzustimmen, dass die Anteilsgewährung nach der gesetzlichen Konzeption in § 5 Abs. 1 Nr. 2 Gegenleistung für das von dem übertragenden Rechtsträger übertragene Vermögen ist. Erbringt der Anteilsinhaber mangels Beteiligung am Vermögen des übertragenden Rechtsträgers keine Leistung, bedarf es – jedenfalls wenn er damit einverstanden ist – keiner Gegenleistung in Form einer Beteiligung am übernehmenden Rechtsträger.[156]

58

(2) Verbot der Mehrfachbeteiligung bei Personenhandelsgesellschaften

Besonderheiten gelten auch, wenn die übernehmende Gesellschaft eine Personenhandelsgesellschaft ist, an der ein Anteilsinhaber eines übertragenden Rechtsträgers bereits als Gesellschafter beteiligt ist.[157] Anders als bei Kapitalgesellschaften ist es bei Personengesellschaften nicht möglich, dass ein Gesellschafter einen gesonderten Gesellschaftsanteil hinzu erwirbt. Dem steht der Grundsatz der **Einheitlichkeit der Beteiligung an einer Personengesellschaft** entgegen.[158] Werden die Beteiligungsverhältnisse an der übernehmenden Gesellschaft (wie häufig) über **Festkapitalbeträge** dargestellt, können mittels deren Veränderung – im Wege der Neuverteilung der bestehenden Beträge oder durch Ausweisung zusätzlicher Kapitalanteile[159] – unter Berücksichtigung der bisherigen Beteiligungsverhältnisse und der Werte der beteiligten Rechtsträger die neuen Beteiligungsverhältnisse abgebildet werden.[160] Steuerlich kann, wenn Festkapitalkonten bestehen, deren Erhöhung im Hinblick auf eine Buchwertfortführung (§ 24 UmwStG) geboten sein.[161] Ist übernehmende Gesellschaft eine KG, bedarf es, wenn ein Kommanditist zugleich Anteilsinhaber des übertragenden Rechtsträgers ist, keiner Erhöhung seiner im Handelsregister eingetragenen Haftsumme (§ 172 HGB), da diese nicht das im Rahmen von § 5 Abs. 1 Nrn. 2 und 3 relevante Innenverhältnis der Gesellschafter, sondern das Außenverhältnis zu den Gläubigern der KG betrifft.[162]

59

---

154 Zum Streitstand s. *Hegemann*, GmbHR 2009, 702; für eine Ausnahme vom Grundsatz der Anteilsgewährung: Semler/Stengel/*Schröer*, § 5 Rn. 16 (Zustimmung der Komplementär-GmbH vorausgesetzt); Kallmeyer/*Marsch-Barner*, § 5 Rn. 5; Lutter/*Drygala*, § 5 Rn. 23; dezidiert gegen eine Ausnahme: Widmann/Mayer/*Mayer*, § 5 Rn. 24.3 (auch zu den weiteren Konsequenzen).
155 LG Saarbrücken, DNotI Report 1999, 163; zur Spaltung s. OLG München, Beschl. v. 10.07.2013 – 31 Wx 131/13, GmbHR 2013, 874; dazu *Heckschen*, GmbHR 2015, 897, 899.
156 S. Limmer/*Limmer*, Teil 2 Rn. 14 ff. (zum sog. Identitätsgrundsatz) unter zutreffendem Hinweis auf das zum Formwechsel ergangene Urteil des BGH, v. 09.05.2005 – II ZR 29/03, DNotZ 2005, 864; s.a. KG, Beschl. v. 19.12.2018 – 22 W 85/18, DNotZ 2019, 384.
157 S. hierzu Widmann/Mayer/*Mayer*, § 5 Rn. 24.1.
158 Etwa Limmer/*Limmer*, Teil 2 Rn. 762 ff.
159 S. Limmer/*Limmer*, Teil 2 Rn. 763 ff.
160 S. hierzu § 40 Abs. 1 und unten Rdn. 259.
161 Widmann/Mayer/*Mayer*, § 5 Rn. 24.2; BFH, Urt. v. 25.04.2006 – VIII R 52/04, GmbHR 2006, 991.
162 Widmann/Mayer/*Mayer*, § 5 Rn. 24.2.

e) § 5 Abs. 1 Nr. 3 (Umtauschverhältnis/bare Zuzahlung)

aa) Umtauschverhältnis

60 Gem. § 5 Abs. 1 Nr. 3 muss der Verschmelzungsvertrag das Umtauschverhältnis der Anteile und gegebenenfalls die Höhe der baren Zuzahlung oder Angaben über die Mitgliedschaft bei dem übernehmenden Rechtsträger enthalten. Die entsprechenden Angaben des Verschmelzungsvertrages sind in wirtschaftlicher Hinsicht für die Beteiligten ganz entscheidende Aspekte des Verschmelzungsvorgangs. Denn hier geht es darum, was die Inhaber der übertragenden Rechtsträger anstelle ihrer bisherigen Rechtsposition erhalten. Die zentrale Bedeutung der entsprechenden Angaben zeigt sich unter anderem auch daran, dass das Gesetz in § 8 Abs. 1 Satz 1 verlangt, dass sich der Verschmelzungsbericht der Vertretungsorgane der beteiligten Rechtsträger nach § 8 »insbesondere« mit den in § 5 Abs. 1 Nr. 3 angesprochenen Punkten zu befassen hat, d.h. diese Angaben rechtlich und wirtschaftlich zu erläutern und zu begründen hat. Auch bei der Verschmelzungsprüfung nach § 9 stehen die in § 5 Abs. 1 Nr. 3 genannten Aspekte im Focus. So hat der Bericht der Verschmelzungsprüfer nach § 12 Abs. 2 mit einer Erklärung darüber abzuschließen, ob die den Inhabern der übertragenden Rechtsträger im Sinne von § 5 Abs. 1 Nr. 3 gewährten Gegenleistungen »als Gegenwert angemessen« sind. Den Rechtsschutz der Inhaber der übertragenden Rechtsträger gegen unangemessene Umtauschverhältnisse im Sinne von § 5 Abs. 1 Nr. 3 schränkt das Gesetz allerdings ein. Eine Klage gegen die Wirksamkeit des Verschmelzungsbeschlusses eines übertragenden Rechtsträgers kann gem. § 14 Abs. 2 nicht auf die **Unangemessenheit des Umtauschverhältnisses** gestützt werden; vielmehr verweist das Gesetz die Betroffenen insoweit gem. § 15 Abs. 1 auf das **Spruchverfahren**, mit dem sie einen angemessenen Ausgleich ihres Rechtsverlusts durch bare Zuzahlung erreichen können.

61 Werden Aktiengesellschaften miteinander verschmolzen, so wird das Umtauschverhältnis im Sinne von § 5 Abs. 1 Nr. 3 angegeben, indem angegeben wird, wie viele Aktien an der übernehmenden Gesellschaft der Aktionär der übertragenden Gesellschaft für eine oder mehrere Aktien an dieser erhält. Den Anforderungen des § 5 Abs. 1 Nr. 3 ist aber bei Nicht-Publikumsgesellschaften auch dadurch genügt, dass im Verschmelzungsvertrag – ohne Nennung einer speziellen Umtauschrelation wie 1:2 oder 1:3 – für jeden einzelnen Inhaber eines übertragenden Rechtsträgers der zu gewährende Anteil oder die zu gewährenden Anteile an der übernehmenden Gesellschaft genannt werden.[163]

62 Angemessen ist ein Umtauschverhältnis dann, wenn der Wert der Beteiligung der Inhaber des übertragenden Rechtsträgers an diesem Rechtsträger vor dem Verschmelzung dem Wert der Beteiligung dieser Inhaber an dem übernehmenden Rechtsträger nach der Verschmelzung entspricht. Sind an der Verschmelzung lediglich Gesellschaften mit beschränkter Haftung beteiligt, lassen die sich insoweit erforderlichen Rechenüberlegungen an folgenden Beispielen verdeutlichen:

63 ▶ Beispiel 1:

> Die A-GmbH, deren alleiniger Gesellschafter A ist, hat ein Stammkapital von 50.000 € und einen Unternehmenswert von 100.000 €. Sie soll auf die B-GmbH, deren Stammkapital von 100.000 € B und C jeweils mit Geschäftsanteilen von 50.000 € halten und deren Unternehmenswert 500.000 € beträgt, verschmolzen werden. Zum Gesamtwert beider Unternehmen von 600.000 € steuern B und C jeweils 250.000 € (je 50 % des Wertes der B-GmbH), d.h. je 5/12, und A 100.000 € (Wert der A-GmbH), d.h. 1/6, bei. Diese Wertrelation muss sich in den Beteiligungsverhältnissen der B-GmbH nach der Verschmelzung widerspiegeln. Das kann dadurch geschehen, dass das Kapital der B-GmbH zur Durchführung der Verschmelzung nach § 55 um 20.000 € auf 120.000 € erhöht wird und A dieser Geschäftsanteil von 20.000 € gewährt wird.

---

163 Widmann/Mayer/*Mayer*, § 5 Rn. 94/94.1; Semler/Stengel/*Schröer*, § 5 Rn. 26.

Der insoweit erforderliche Kapitalerhöhungsbetrag bei der übernehmenden Gesellschaft lässt sich auf der Basis einer bei Mayer genannten Formel wie folgt ermitteln:[164] Wert der übertragenden GmbH mal Stammkapital der übernehmenden GmbH (vor der Verschmelzung) geteilt durch Wert der übernehmenden GmbH (vor der Verschmelzung) = Erhöhungsbetrag.

64

Besonderheiten ergeben sich, wenn die übernehmende Gesellschaft an der übertragenden Gesellschaft beteiligt ist und insoweit gem. § 54 Abs. 1 Satz 1 Nr. 1 keine Kapitalerhöhung bei der übernehmenden Gesellschaft stattfinden darf und gem. § 20 Abs. 1 Nr. 3 keine Anteile gewährt werden können. Dies zeigt das folgende

65

▶ Beispiel 2:[165]

66

An der A-GmbH mit einem Stammkapital von 50.000 € und einem Wert von 100.000 € sind A und die B-GmbH jeweils mit einem Geschäftsanteil von 25.000 € beteiligt. Die B-GmbH weist ein Stammkapital von 100.000 € und einen Wert von 200.000 € auf; alleiniger Gesellschafter der B-GmbH ist der B. Die A-GmbH soll auf die B-GmbH verschmolzen werden. Hier muss bei der Ermittlung der Werterelation berücksichtigt werden, dass zum Vermögen der B-GmbH auch die Beteiligung an der A-GmbH gehört, die einen Wert von 50.000 € (50 % des Wertes der A-GmbH von 100.000 €) ausmacht. Da 50 % des Vermögens der A-GmbH bereits der B-GmbH wirtschaftlich zuzuordnen sind, beläuft sich – wirtschaftlich (nicht rechtlich) gesehen – der Wert des auf die B-GmbH verschmelzungsbedingt übergehenden Vermögens der A-GmbH auf 50.000 €. Legt man diesen Betrag bei der obigen Formel als Wert des übertragenden Rechtsträgers zugrunde, ergibt dies einen Kapitalerhöhungsbetrag von 25.000 € bei der übernehmenden B-GmbH, wobei der entsprechende Geschäftsanteil von 25.000 € im Hinblick auf § 20 Abs. 1 Nr. 3 ausschließlich dem A zu gewähren ist.[166]

Vorbehaltlich der nach § 13 Abs. 1 erforderlichen Zustimmungen der Anteilsinhaber der am Verschmelzungsvertrag beteiligten Rechtsträger steht die Festlegung des Umtauschverhältnisses zur Disposition der Parteien des Verschmelzungsvertrages.[167] Die Festlegung unterliegt nicht der Kontrolle durch das Registergericht. Für die genaue Festlegung des Umtauschverhältnisses sind häufig höchst komplexe Fragen der Unternehmensbewertung zu beantworten.[168]

67

Sonderregelungen zu § 5 Abs. 1 Nr. 3 enthalten u. a. § 40 Abs. 1 Satz 2 für die Verschmelzung auf eine Personenhandelsgesellschaft und § 46 für die Verschmelzung auf eine GmbH.[169] So genügt etwa bei der Verschmelzung auf eine GmbH die Angabe eines bloßen Umtauschverhältnisses nicht.[170] Vielmehr muss der Verschmelzungsvertrag – zum Zwecke der genauen Zuordnung der gewährten Anteile – zusätzlich für jeden Anteilsinhaber eines übertragenden Rechtsträgers den Nennbetrag des ihm zu gewährenden Geschäftsanteils bestimmen. Bei der **Tochter-Mutter-Verschmelzung** im Sinne von § 5 Abs. 2 entfallen die Angaben über den Umtausch der Anteile.

68

bb) Bare Zuzahlung

Insbesondere bei der Verschmelzung von Aktiengesellschaften ist die Möglichkeit, den Aktionären der übertragenden Gesellschaft eine bare Zuzahlung zu gewähren, ein gängiges Instrument, um **Wertdifferenzen**, die sich aus dem vereinbarten Umtauschverhältnis der Aktien ergeben, auszugleichen. Wird eine solche bare Zuzahlung vereinbart, muss sie gem. § 5 Abs. 1 Nr. 3 im Verschmelzungsvertrag aufgenommen werden. Bare Zuzahlungen dürfen nach § 68 Abs. 3 den zehnten Teil

69

---

164 Widmann/Mayer/*Mayer*, § 5 Rn. 116.
165 S. Widmann/Mayer/*Mayer*, § 5 Rn. 117.
166 S. Rdn. 55.
167 Widmann/Mayer/*Mayer*, § 5 Rn. 94.
168 S. dazu näher unten Rdn. 167.
169 Zu § 40 Abs. 1 Satz 2 s.u. Rdn. 259; zu § 46 s. Rdn. 327 ff.
170 Lutter/*Vetter*, § 46 Rn. 10.

des auf die gewährten Aktien der übernehmenden Gesellschaft entfallenden anteiligen Betrags ihres Grundkapitals nicht übersteigen. Eine entsprechende 10 %-Grenze gilt gem. § 54 Abs. 4 für bare Zuzahlungen bei der Verschmelzung auf eine GmbH.[171] Die 10 %-Grenze gilt gem. § 15 Abs. 1 Satz 1 nicht, wenn Inhaber eines übertragenden Rechtsträgers mit Erfolg im Spruchverfahren geltend machen, das Umtauschverhältnis sei im Verschmelzungsvertrag (gegebenenfalls auch unter Berücksichtigung einer dort vereinbarten baren Zuzahlung) zu niedrig bemessen, und das Gericht eine entsprechende bare Zuzahlung anordnet oder eine vereinbarte Zuzahlung erhöht, um für einen angemessenen Ausgleich zu sorgen.

70 Eine »bare Zuzahlung« zugunsten der Inhaber des übernehmenden Rechtsträgers lässt § 5 Abs. 1 Nr. 3 nicht zu.[172] Gleiches gilt im Hinblick auf § 1 Abs. 3 Satz 2 richtiger Ansicht nach auch für die Gewährung von »**Sachgegenleistungen**« anstelle von baren Zuzahlungen zugunsten der Inhaber eines übertragenden Rechtsträgers.[173]

f) § 5 Abs. 1 Nr. 4 (Einzelheiten der Übertragung)

71 Gem. § 5 Abs. 1 Nr. 4 muss der Verschmelzungsvertrag, sofern nicht eine Tochter-Mutter-Verschmelzung im Sinne von § 5 Abs. 2 vorliegt, die Einzelheiten für die Übertragung der Anteile des übernehmenden Rechtsträgers oder über den Erwerb der Mitgliedschaft bei dem übernehmenden Rechtsträger enthalten. Über diese Regelung stellt der Gesetzgeber sicher, dass sich aus dem Verschmelzungsvertrag selbst (und nicht z.B. lediglich aus den entsprechenden Beschlüssen der Inhaber der beteiligten Rechtsträger) ergibt, wie der Anteils- oder Mitgliedschaftserwerb im Einzelnen vonstatten geht; soll z.B. auf eine GmbH verschmolzen werden, bedeutet dies richtiger Ansicht nach, dass der Verschmelzungsvertrag Auskunft darüber zu geben hat, ob das Kapital bei der übernehmenden Gesellschaft erhöht wird oder nicht (§§ 54, 55) und ob eigene oder im Wege der Kapitalerhöhung neugeschaffene Anteile gewährt werden.[174] Ergänzt wird dieses **Präzisierungsgebot** durch die Regelung in § 46, wonach für jeden Anteilsinhaber eines übertragenden Rechtsträgers der Nennbetrag des ihm zu gewährenden Anteils an der übernehmenden Gesellschaft zu bestimmen ist.[175] Angaben darüber, wer die Kosten des Anteilserwerbs zu tragen hat und wie hoch diese Kosten sind, zählen richtiger Ansicht nach nicht zu den Einzelheiten im Sinne von § 5 Abs. 1 Nr. 4.[176]

72 Bei sog. **Mischverschmelzungen** im Sinne von § 3 Abs. 4, d.h. bei der Verschmelzung von Rechtsträgern unterschiedlicher Rechtsform, kann es vorkommen, dass die neuen (d.h. nach der Verschmelzung gehaltenen) Anteile/Mitgliedschaften gegenüber den alten (d.h. vor der Verschmelzung) gehaltenen Anteilen/Mitgliedschaften verminderte Rechte vermitteln. Da es sich hierbei eher um die inhaltliche Ausgestaltung der neuen Rechtspositionen als um Einzelheiten des Anteils-/Mitgliedschaftserwerbs handelt, bedarf es keiner entsprechenden Erläuterung dieser Rechtsveränderungen im Verschmelzungsvertrag im Sinne von § 5 Abs. 1 Nr. 4; vielmehr reicht es aus, wenn sich entsprechende Angaben im Verschmelzungsbericht finden.[177]

g) § 5 Abs. 1 Nrn. 5 und 6 (Beginn der Gewinnberechtigung/Verschmelzungsstichtag)

73 Gem. § 5 Abs. 1 Nr. 5 muss der Verschmelzungsvertrag den Zeitpunkt, von dem an die gewährten Anteile oder Mitgliedschaften einen Anspruch auf einen **Anteil am Bilanzgewinn** des übernehmen-

---

171 Für eine Disponiblität dieser Grenzen, *Priester,* ZIP 2013, 2033.
172 Semler/Stengel/*Schröer,* § 5 Rn. 32.
173 Widmann/Mayer/*Mayer,* § 5 Rn. 133.3; Lutter/*Vetter,* § 54 Rn. 142; a.A. Schmitt/Hörtnagl/Stratz/ *Winter,* § 5 Rn. 66; Kallmeyer/*Lanfermann,* § 5 Rn. 22.
174 Lutter/*Drygala,* § 5 Rn. 64; a.A. Kallmeyer/*Marsch-Barner,* § 5 Rn. 16; Widmann/Mayer/*Mayer,* § 5 Rn. 139.
175 S.u. Rdn. 327.
176 Widmann/Mayer/*Mayer,* § 5 Rn. 139.1; a.A. Lutter/*Drygala,* § 5 Rn. 64.
177 So Widmann/Mayer/*Mayer,* § 5 Rn. 143; Semler/Stengel/*Schröer,* § 5 Rn. 41; einen Verweis auf den Bericht im Verschmelzungsvertrag verlangend Lutter/*Drygala,* § 5 Rn. 67.

den Rechtsträgers gewähren, enthalten, sowie ferner alle Besonderheiten in Bezug auf diesen Anspruch. Außerdem muss der Verschmelzungsvertrag gem. § 5 Abs. 1 Nr. 6 den sog. **Verschmelzungsstichtag** bestimmen. Dies ist der Tag, von dem an die Handlungen des übertragenden Rechtsträgers als für Rechnung des übernehmenden Rechtsträgers vorgenommen gelten. Der Verschmelzungsstichtag kennzeichnet damit in bilanzieller Hinsicht den Stichtag des Wechsels der Rechnungslegung.[178] Die Pflicht zur Rechnungslegung besteht für den übertragenden Rechtsträger aber bis zur Eintragung der Verschmelzung fort.[179]

▶ Formulierungsbeispiel: Verschmelzungsstichtag/Beginn der Gewinnberechtigung   74

Die Übernahme des Vermögens der A-OHG durch die B-OHG erfolgt mit Wirkung zum Beginn des 01. 01. 2020 (Verschmelzungsstichtag); ab diesem Zeitpunkt gelten die Handlungen der A-OHG als für Rechnung der B-OHG vorgenommen. Ab diesem Zeitpunkt sind die Beteiligungen, die den Gesellschaftern der A-OHG im Zuge der Verschmelzung an der B-OHG gewährt werden, hinsichtlich des Gewinns der B-OHG gewinnberechtigt.

Bei der Verschmelzung einer 100 %-igen Tochtergesellschaft auf ihre Mutter entfallen gem. § 5   75
Abs. 2 die Angaben nach § 5 Abs. 1 Nr. 5. Sowohl der Zeitpunkt des Beginns der Gewinnberechtigung nach § 5 Abs. 1 Nr. 5 wie der Verschmelzungsstichtag nach § 5 Abs. 1 Nr. 6 kann von den Parteien des Verschmelzungsvertrages frei bestimmt werden.[180] Beide Zeitpunkte können – vorbehaltlich der nachfolgenden Ausführungen – grundsätzlich auf einen in der Vergangenheit wie einen in der Zukunft liegenden Zeitpunkt bestimmt werden.[181] Es ist daher möglich – nach Ansicht der Rechtsprechung auch bei Beteiligung einer Genossenschaft[182] – den Verschmelzungsvertrag abzuschließen und die Zustimmungsbeschlüsse zu fassen, ohne dass die maßgebliche Schlussbilanz im Sinne von § 17 Abs. 2 vorliegt.[183] Bei der Festlegung der entsprechenden Stichtage im Sinne von § 5 Abs. 1 Nrn. 5 und 6 sind von den Beteiligten eine ganze Reihe von Aspekten zu berücksichtigen, unter anderem die folgenden:

Da der Zeitpunkt der Eintragung der Verschmelzung und damit der Eintritt der Verschmelzungs-   76
folgen im Sinne von § 20 Abs. 1 (**sog. dinglicher Verschmelzungsstichtag**) – auch – von Umständen abhängig ist, auf die die Beteiligten keinen Einfluss haben, empfiehlt es sich nicht, diesen Zeitpunkt als maßgeblichen Zeitpunkt im Sinne von § 5 Abs. 1 Nrn. 5 oder 6 zu vereinbaren.[184]

Der Verschmelzungsstichtag muss nach richtiger – wenn auch bestrittener – Ansicht, die auch von   77
der Finanzverwaltung zugrunde gelegt wird, der Tag sein, der dem Stichtag der nach § 17 Abs. 2 vorzulegenden Schlussbilanz folgt.[185] Denn der Verschmelzungsstichtag markiert den Zeitpunkt des **Wechsels der Rechnungslegung**. Könnte der Verschmelzungsstichtag vor dem Stichtag der Schlussbilanz liegen, wäre die Schlussbilanz des übertragenden Rechtsträgers unter Missachtung der für das Innenverhältnis der Beteiligten maßgeblichen Regelung in § 5 Abs. 1 Nr. 6 erstellt und damit keine zutreffende Schlussbilanz im Sinne von § 17 Abs. 2. Wollen demnach die Beteiligten, um eine Zwischenbilanz zu vermeiden, der Verschmelzung die Bilanz zugrunde legen, die auf das Ende des

---

178 Kallmeyer/*Lanfermann*, § 5 Rn. 33.
179 Schmitt/Hörtnagl/Stratz/*Winter*, § 5 Rn. 76; Widmann/Mayer/*Mayer*, § 5 Rn. 159.
180 Lutter/*Drygala*, § 5 Rn. 68 und 74; Schmitt/Hörtnagl/Stratz/*Winter*, § 5 Rn. 69 und 71.
181 Widmann/Mayer/*Mayer*, § 5 Rn. 160; Semler/Stengel/*Schröer*, § 5 Rn. 53.
182 LG Kassel, Beschl. v. 20.04.2007 – 13 T 20/06, Rpfleger 2007, 668.
183 Schmitt/Hörtnagl/Stratz/*Winter*, § 5 Rn. 74; Widmann/Mayer/*Mayer*, § 5 Rn. 163 (allerdings einschränkend für die Genossenschaft).
184 Semler/Stengel/*Schröer*, § 5 Rn. 42 und 51.
185 BMF-Schreiben vom 11.11.2011 (Umwandlungssteuererlass), BStBl. I 2011, S. 1314, Tz 02.02; OLG Frankfurt am Main, Beschl. v. 10.11.2005 – 20 W 273/05, GmbHR 2006, 382; Semler/Stengel/*Schröer*, § 5 Rn. 54 m.w.N.; Schmitt/Hörtnagl/Stratz/*Winter*, § 5 Rn. 75; gegen eine solche zwingende Verknüpfung Widmann/Mayer/*Mayer*, § 5 Rn. 159; anders auch Lutter/*Drygala*, § 5 Rn. 74, wonach Verschmelzungsstichtag und Stichtag der Schlussbilanz »übereinstimmen« müssten, und *Heidtkamp*, NZG 2013, 852.

Geschäftsjahres des übertragenden Rechtsträgers (ohnehin) erstellt wird, also beispielsweise eine auf den 31.12.2019 erstellte Bilanz, bedeutet dies, dass Verschmelzungsstichtag der darauf folgende Tag, d.h. der 01.01.2020, ist. Bei der Entscheidung, ob eine solche Schlussbilanz der Verschmelzung zugrunde gelegt werden kann, ist die (nunmehr vorübergehend um vier Monate verlängerte)[186] Acht-Monats-Frist in § 17 Abs. 2 Satz 4 im Auge zu behalten. Gem. § 17 Abs. 2 Satz 4 darf das Registergericht eine Verschmelzung nur eintragen, wenn die Schlussbilanz auf einen höchstens 8 Monate vor der Anmeldung liegenden Zeitpunkt erstellt wird.

78 Neben der Acht-Monats-Frist des § 17 Abs. 2 Satz 4 ist, sofern eine Aktiengesellschaft (als übertragender oder übernehmender Rechtsträger) an der Verschmelzung beteiligt ist, auch die Sechs-Monats-Frist in § 63 Abs. 1 Nr. 3 zu beachten. § 63 Abs. 1 Nr. 3 verlangt, falls sich der letzte Jahresabschluss eines beteiligten Rechtsträgers auf ein Geschäftsjahr bezieht, das mehr als 6 Monate vor Abschuss des Verschmelzungsvertrages oder der Aufstellung des Entwurfs des Verschmelzungsvertrages abgelaufen ist, die Aufstellung einer Zwischenbilanz auf einen Stichtag, der nicht vor dem ersten Tag des dritten Monats liegt, der dem Abschluss des Vertrages oder der Aufstellung des Entwurfs vorausgeht. Wollen die Beteiligten ohne eine solche Zwischenbilanz auskommen, muss daher, falls z.B. eine Schlussbilanz zum 31.12.2019 vorliegt, der Verschmelzungsvertrag bis zum 30.06.2020 beurkundet sein oder sein Entwurf bis zum diesem Zeitpunkt aufgestellt sein. Durch das 3. Gesetz zur Änderung des Umwandlungsgesetzes vom 11.07.2011 wurden bezüglich der Zwischenbilanz allerdings Erleichterungen eingeführt: So ist nach § 63 Abs. 2 Satz 5 ein – von allen Anteilsinhabern aller beteiligten Rechtsträger zu erklärender und notariell zu beurkundender – Verzicht auf die Zwischenbilanz möglich; ferner kann gem. § 63 Abs. 2 Satz 6 und 7 die Zwischenbilanz durch einen Halbjahresbericht nach § 115 WpHG ersetzt werden.[187]

79 In steuerlicher Hinsicht ist § 2 Abs. 1 Satz 1 UmwStG zu beachten, der besagt, dass das Einkommen und das Vermögen der übertragenden Körperschaft sowie des übernehmenden Rechtsträgers so zu ermitteln sind, als ob das Vermögen der Körperschaft mit Ablauf des Stichtags der Bilanz, die dem Vermögensübergang zu Grunde liegt (**steuerlicher Übertragungsstichtag**), ganz oder teilweise auf den übernehmenden Rechtsträger übergegangen wäre. Der steuerliche Übertragungsstichtag ist demnach zwingend identisch mit dem Tag, auf den die Schlussbilanz erstellt wird. Eine dies abändernde Vereinbarung im Verschmelzungsvertrag ist nicht möglich.[188] Die Entscheidung, der Verschmelzung z.B. eine auf den 31.12.2019 erstellte Schlussbilanz zugrunde zu legen, hat demnach zur Konsequenz, dass das Übertragungs- und Übernahmeergebnis aus der Verschmelzung dem Jahr 2019 (und nicht dem Jahr 2020) zuzurechnen ist.[189]

80 Der Zeitpunkt, ab dem die Inhaber des übertragenden Rechtsträgers am Gewinn des übernehmenden Rechtsträgers im Sinne von § 5 Abs. 1 Nr. 5 beteiligt werden, wird üblicherweise auf den Verschmelzungsstichtag im Sinne von § 5 Abs. 1 Nr. 6 gelegt. Denn da ab diesem Zeitpunkt die Geschäfte des übertragenden Rechtsträgers als auf Rechnung des übernehmenden Rechtsträgers geführt gelten und damit dort gewinnrelevant werden, ist es konsequent, die Inhaber des übertragenden Rechtsträgers auch ab diesem Zeitpunkt am Gewinn des übernehmenden Rechtsträgers zu beteiligen[190]. Zwingend ist dies jedoch nicht. So kann der Beginn der Gewinnberechtigung aufgrund der den Beteiligten insoweit zukommenden Vertragsfreiheit auch auf einen späteren wie früheren Zeitpunkt vereinbart werden, letzteres allerdings nur insoweit, als nicht bereits für den entsprechen-

---

186 Art. 2 § 4 des Gesetzes zur Abmilderung der Folgen der COVID-19-Pandemie im Zivil-, Insolvenz- und Strafverfahrensrecht vom 27.03.2020 (BGBl. I 2020, 569); s. dazu oben Rdn. 15.
187 S.u. Rdn. 382 f.
188 Semler/Stengel/*Schröer*, § 5 Rn. 57.
189 BMF-Schreiben vom 11.11.2011, BStBl. I 2011, S. 1314, Tz. 02.02 – 02.04; zu Gestaltungsmöglichkeiten s. Widmann/Mayer/*Mayer*, § 5 Rn. 158.
190 *Rubner/Fischer*, NJW-Spezial 2014, 271.

den Zeitpunkt Gewinnverwendungsbeschlüsse bei dem übernehmenden Rechtsträger gefasst worden sind.[191]

Werden Verschmelzungsstichtag und Zeitpunkt des Beginns der Gewinnbezugsberechtigung auf den gleichen Tag (z.B. den 01.01.2019) gelegt, decken sich aber die Geschäftsjahre der beteiligten Rechtsträger nicht, z.B. weil das Geschäftsjahr des übertragenden Rechtsträgers am 31.12. und dasjenige des übernehmenden Rechtsträgers am 01.07. endet, kann dies durch entsprechende Vereinbarungen im Verschmelzungsvertrag als **Besonderheit des Gewinnanspruchs** im Sinne von § 5 Abs. 1 Nr. 5 a.E. berücksichtigt werden, etwa in der Weise, dass die Anteile, die den Inhabern des übertragenden Rechtsträgers gewährt werden, für das bis zum 01.07.2019 laufende Geschäftsjahr nur quotal gewinnbezugsberechtigt sind.[192] Zweckmäßig kann es insoweit im Einzelfall sein, dass das Geschäftsjahr eines beteiligten Rechtsträgers vor der Verschmelzung geändert wird.[193]

Da die Bestimmung der Zeitpunkte im Sinne von § 5 Abs. 1 Nrn. 5 und 6 grundsätzlich der Disposition der Beteiligten unterliegt, sind grundsätzlich auch **variable Stichtage** zulässig, die insbesondere dann in Betracht kommen, wenn zu erwarten ist, dass sich die Eintragung der Verschmelzung aufgrund von Anfechtungsklagen verzögert.[194] Bei Mehrfachverschmelzungen ist es – ungeachtet der damit verbundenen praktischen Probleme – zulässig, für jeden übertragenden Rechtsträger einen gesonderten Verschmelzungsstichtag zu vereinbaren.[195]

h) § 5 Abs. 1 Nr. 7 (Sonderrechte u.a. für Anteilsinhaber)

Gem. § 5 Abs. 1 Nr. 7 muss der Verschmelzungsvertrag sämtliche Rechte, die der übernehmende Rechtsträger einzelnen Anteilsinhabern gewährt, aufführen. Durch diese Informationen soll den übrigen Anteilsinhabern verdeutlicht werden, inwieweit im Rahmen des Verschmelzungsvorgangs vom **Gleichbehandlungsgebot** abgewichen wird.[196] Da die Vorschrift nur solche Sonderrechte erfasst, die der übernehmende Rechtsträger gewährt, fallen Rechte, die Anteilsinhaber untereinander vereinbaren, nicht hierunter.[197] Nach Ansicht der Rechtsprechung werden auch solche Sonderrechte nicht erfasst, die nicht der übernehmende, sondern der übertragende Rechtsträger gewährt hat, auch wenn diese nach § 20 Abs. 1 Nr. 1 auf den übernehmenden Rechtsträger übergehen.[198] Auch Rechte, die die Anteilsinhaber kraft Gesetzes erlangen, sind von § 5 Abs. 1 Nr. 7 nicht erfasst. Ein Gewähren im Sinne dieser Vorschrift setzt vielmehr voraus, dass die Rechte rechtsgeschäftlich – sei es auf gesellschaftsrechtlicher Basis sei es auf schuldrechtlicher Basis – begründet werden.[199] In Betracht kommen insoweit vermögensrechtliche Sondervorteile wie ein **Vorzug bei der Verteilung des Gewinns** oder besondere Verwaltungsrechte wie **Sonderstimmrechte.**[200]

Neben Angaben zu eventuellen Sonderrechten für einzelne Anteilsinhaber verlangt § 5 Abs. 1 Nr. 7 – wiederum zum Zwecke der Information der Anteilsinhaber der beteiligten Rechtsträger – auch Angaben im Verschmelzungsvertrag darüber, welche Sonderrechte Inhabern besonderer Rechte gewährt wurden. Als Inhaber besonderer Rechte kommen zum Beispiel die Inhaber von **Options-, Wandel- oder Genussrechten** bei dem übertragenden Rechtsträger in Betracht, deren Rechte durch

---

191 Semler/Stengel/*Schröer*, § 5 Rn. 45 und 46; *Priester*, BB 1992, 1594.
192 Widmann/Mayer/*Mayer*, § 5 Rn. 144; Semler/Stengel/*Schröer*, § 5 Rn. 44 Fn. 99.
193 S. hierzu Widmann/Mayer/*Mayer*, § 5 Rn. 150.
194 BGH, Urt. v. 04.12.2012 – II ZR 1712, NZG 2013, 233; Widmann/Mayer/*Mayer*, § 5 Rn. 164 mit Formulierungsvorschlag; *Bungert/Wansleben*, DB 2013, 97; s.a. Hans. OLG in Bremen, Beschl. v. 02.05.2016 – 2 W 23/16, ZIP 2016, 1480.
195 Schmitt/Hörtnagl/Stratz/*Winter*, § 5 Rn. 80; Kallmeyer/*Lanfermann*, § 5 Rn. 37.
196 Lutter/*Drygala*, § 5 Rn. 76; Semler/Stengel/*Schröer*, § 5 Rn. 65.
197 Semler/Stengel/*Schröer*, § 5 Rn. 65.
198 OLG Hamburg, Urt. v. 16.04.2004 – 11 U 11/03, AG 2004, 619; a.A. Semler/Stengel/*Schröer*, § 5 Rn. 65.
199 Kallmeyer/*Marsch-Barner*, § 5 Rn. 40; Semler/Stengel/*Schröer*, § 5 Rn. 65.
200 KK-UmwG/*Simon*, § 5 Rn. 119.

die Verschmelzung erlöschen (§ 20 Abs. 1 Nr. 2) und die dafür eine Kompensation in Form von Sonderrechten bezüglich des übernehmenden Rechtsträgers erhalten. Der Absicherung dieser Kompensation dient § 23, der Inhabern von Rechten in einem übertragenden Rechtsträger, die kein Stimmrecht gewähren, einen Anspruch auf Gewährung gleichwertiger Rechte in dem übernehmenden Rechtsträger gibt.[201]

85 Werden Sonderrechte im Sinne von § 5 Abs. 1 Nr. 7 nicht gewährt, ist es üblich und zur Vermeidung von Nachfragen des Registergerichts auch sinnvoll, wenn auch nicht gesetzlich vorgeschrieben,[202] dass dies im Verschmelzungsvertrag vermerkt wird.[203] Unterbleiben im Verschmelzungsvertrag Angaben im Sinne von § 5 Abs. 1 Nr. 7 zu gem. § 23 zu gewährenden Sonderrechten, lässt dies den entsprechenden Anspruch der Berechtigten aus § 23 unberührt.[204]

86 ▶ **Formulierungsbeispiel: Sonderrechte**

Inhaber besonderer Rechte im Sinne von § 5 Abs. 1 Nr. 7 UmwG sind bei der übertragenden A-GmbH nicht vorhanden. Die übernehmende B-GmbH gewährt keinem Gesellschafter der A-GmbH Rechte im Sinne dieser Vorschrift. Maßnahmen im Sinne von § 5 Abs. 1 Nr. 7 UmwG sind nicht vorgesehen.

i) § 5 Abs. 1 Nr. 8 (Sondervorteile für Amtsträger und Prüfer)

87 Gem. § 5 Abs. 1 Nr. 8 muss der Verschmelzungsvertrag jeden besonderen Vorteil, der einem Mitglied eines Vertretungsorgans oder eines Aufsichtsrates der an der Verschmelzung beteiligten Rechtsträger, einem geschäftsführenden Gesellschafter, einem Partner, einem Abschlussprüfer oder einem Verschmelzungsprüfer gewährt wird. Auch diese Angaben dienen der **Transparenz** und sollen den Anteilsinhabern der beteiligten Rechtsträger ermöglichen, zu beurteilen, ob die begünstigten Personen möglicherweise im Rahmen ihrer Beteiligung an der Verschmelzung in ihrer Objektivität beeinträchtigt sein könnten.[205] Sondervorteile im Sinne von § 5 Abs. 1 Nr. 8 können in Vorteilen finanzieller wie Vorteilen sonstiger Art liegen.[206] Bei Vorteilen finanzieller Art kommt es darauf an, ob der betreffenden Person etwas gewährt wird, worauf sie nicht unabhängig von der Verschmelzung ohnehin Anspruch hätte oder was sich nicht als angemessene Kompensation geleisteter Dienste darstellt.[207] Einen derartigen Sondervorteil im Sinne von § 5 Abs. 1 Nr. 8 hat die Rechtsprechung zum Beispiel darin gesehen, dass dem Vorstand einer Aktiengesellschaft eine (erhebliche) Abfindung dafür gezahlt wurde, dass er auf Aktienoptionen verzichtete.[208] Vorteile sonstiger Art im Sinne von § 5 Abs. 1 Nr. 8 können darin liegen, dass den betroffenen Personen bestimmte Ämter zugesagt werden.[209] Werden keine Sondervorteile im Sinne von § 5 Abs. 1 Nr. 8 gewährt, ist es üblich, dies im Verschmelzungsvertrag zu vermerken. Eine gesetzliche Pflicht für eine solche »Negativerklärung« gibt es jedoch nicht.[210]

j) § 5 Abs. 1 Nr. 9 (Folgen für Arbeitnehmer und ihre Vertretungen)

88 Gem. § 5 Abs. 1 Nr. 9 hat der Verschmelzungsvertrag die Folgen der Verschmelzung für die Arbeitnehmer und ihre Vertretungen sowie die insoweit vorgesehenen Maßnahmen zu nennen.[211] Die

---

201 *Arnold/Zollner*, RIW 2016, 565.
202 OLG Frankfurt, Beschl. v. 04.04.2011 – 20 W 466/10, RNotZ 2012, 49.
203 Semler/Stengel/*Schröer*, § 5 Rn. 69.
204 Lutter/*Grunewald*, § 23 Rn. 8.
205 Lutter/*Drygala*, § 5 Rn. 79; Semler/Stengel/*Schröer*, § 5 Rn. 71.
206 Widmann/Mayer/*Mayer*, § 5 Rn. 172; Semler/Stengel/*Schröer*, § 5 Rn. 72 f.
207 Semler/Stengel/*Schröer*, § 5 Rn. 72; dort auch zu den weiteren Einzelheiten.
208 OLG Hamburg, Urt. v. 16.04.2004 – 11 U 11/03, AG 2004, 619.
209 Semler/Stengel/*Schröer*, § 5 Rn. 73.
210 OLG Frankfurt, Beschl. v. 04.04.2011 – 20 W 466/10, RNotZ 2012, 49.
211 Umfassend zum Ganzen *Hausch*, RNotZ 2007, 308 ff. und 396 ff.; zu Arbeitnehmern im Ausland, *Bungert/Leyendecker-Langner*, ZIP 2013, 1112; *Scharff*, BB 2016, 437.

B. Verschmelzung   Kapitel 8

Vorschrift dient insbesondere der **Information vorhandener Betriebsräte** und korrespondiert daher mit § 5 Abs. 3, der eine Zuleitung des Verschmelzungsvertrages oder seines Entwurfs an den Betriebsrat vorschreibt.[212] Der Betriebsrat soll durch die Angaben möglichst frühzeitig über die bevorstehenden individual- und kollektivarbeitsrechtlichen Folgen der Verschmelzung informiert werden, um eine möglichst **sozialverträgliche Durchführung des Verschmelzungsvorgangs** zu erleichtern.[213] Darüber hinaus dient die Vorschrift auch dem Schutz der Individualinteressen der von der Verschmelzung betroffenen Arbeitnehmer und gilt daher richtiger Ansicht auch dann, wenn bei den beteiligten Rechtsträgern keine Betriebsräte vorhanden sind.[214] Da weder ein Betriebsrat noch die betroffenen Arbeitnehmer an Rechtsvorgängen, die nach dem UmwG für die Verschmelzung erforderlich sind (insb. Verschmelzungsvertrag und Zustimmungsbeschlüssen) beteiligt sind, wird der Verschmelzungsvertrag überwiegend und zu Recht als ein ungeeigneter Ort für die lediglich beschreibenden Angaben nach § 5 Abs. 1 Nr. 9 angesehen.[215] Welchen Umfang und Inhalt die Angaben nach § 5 Abs. 1 Nr. 9 haben müssen, ist umstritten. Während es zum Teil für ausreichend gehalten wird, die unmittelbaren rechtlichen Folgen darzustellen, fordern andere, auch die mittelbaren tatsächlichen und rechtlichen Folgen darzulegen.[216] Im Schrifttum wird insoweit auch eine zutreffende vermittelnde Ansicht vertreten, die insbesondere Angaben zu den rechtlichen Folgen der Verschmelzung auf Arbeitsverhältnisse verlangt, darüber hinaus aber auch Angaben über tatsächliche Folgen, wie geplante Umgruppierungen, Versetzungen, Zuweisungen neuer Arbeitsplätze als erforderlich ansieht.[217] Nicht ausreichend ist es jedenfalls, wenn der Verschmelzungsvertrag lediglich die Aussage enthält, dass sich die Folgen der Verschmelzung für die Arbeitnehmer und ihre Vertretungen nach den Vorschriften des UmwG und § 613a BGB richten. Auch der Hinweis, dass die Verschmelzung keine Nachteile für die beteiligten Arbeitnehmer habe, ist unzureichend, weil § 5 Abs. 1 Nr. 9 die Angabe von »Folgen« und nicht lediglich die Angabe von »Nachteilen« verlangt.

Hat die Verschmelzung auf die Arbeitnehmer der beteiligten Rechtsträger abgesehen vom Übergang der Arbeitsverhältnisse (§ 324 UmwG i.V.m. § 613a BGB) keine Auswirkungen, weil die Tätigkeiten der Arbeitnehmer und die Umstände, unter denen sie tätig sind, unverändert bleiben, darf nach Ansicht der Rechtsprechung eine entsprechende Angabe im Verschmelzungsvertrag nicht unterbleiben.[218]

89

Sind bei sämtlichen beteiligten Rechtsträgern keine Arbeitnehmer vorhanden, entfallen Angaben im Sinne von § 5 Abs. 1 Nr. 9. Auch hier empfiehlt es sich, diese Umstände im Verschmelzungsvertrag offen zu legen. Das Landgericht Stuttgart ging darüber hinausgehend davon aus, dass Angaben im Sinne von § 5 Abs. 1 Nr. 9 auch dann entfallen, wenn lediglich der übernehmende, nicht aber der übertragende Rechtsträger Arbeitnehmer hat, sofern bei dem übernehmenden Rechtsträger kein Betriebsrat vorhanden ist.[219]

90

5. Abfindungsangebot nach § 29

Neben den Pflichtangaben nach § 5 Abs. 1 schreibt das Gesetz in bestimmten Konstellationen weitere in den Verschmelzungsvertrag zwingend aufzunehmende Angaben vor. Derartige Angaben ergeben sich insbesondere aus § 29. § 29 nennt drei Fälle, in denen im Verschmelzungsvertrag den Anteilsinhabern des übertragenden Rechtsträgers, die gegen den Verschmelzungsbeschluss (§ 13) Widerspruch zur Niederschrift erklären, der Erwerb ihrer Anteile oder Mitgliedschaften gegen eine

91

---

212 Limmer/*Pohlmann-Weide,* Teil 2 Rn. 193.
213 S. OLG Düsseldorf MittBayNot 1998, 4550 = MittRhNotK 1998, 283 = ZIP 1998, 1190.
214 Semler/Stengel/*Simon,* § 5 Rn. 77 und 93 m.w.N. zum Streitstand.
215 S. Lutter/*Drygala,* § 5 Rn. 85 unter Hinweis auf die Regelungsdifferenzen zu § 122 e.
216 Zum Streitstand s. Semler/Stengel/*Simon,* § 5 Rn. 82 m.w.N.
217 Semler/Stengel/*Simon,* § 5 Rn. 83 ff.
218 OLG Düsseldorf, MittBayNot 1998, 4550 = MittRhNotK 1998, 283; kritisch hierzu Semler/Stengel/*Simon,* § 5 Rn. 92.
219 LG Stuttgart, DNotZ 1996, 701.

angemessene Barabfindung anzubieten ist. Es sind dies die Verschmelzung eines Rechtsträgers im Wege der Aufnahme durch einen Rechtsträger anderer Rechtsform (sog. Mischverschmelzung nach § 3 Abs. 4), die Verschmelzung einer börsennotierten Aktiengesellschaft auf eine nichtbörsennotierte Gesellschaft sowie die Verschmelzung von Rechtsträgern gleicher Rechtsform, wenn die Anteile oder Mitgliedschaften an der übernehmenden Gesellschaft Verfügungsbeschränkungen unterworfen sind. In den vorgenannten Fällen schützt das Gesetz – im Wege des **Minderheitenschutzes**[220] – die Anteilsinhaber des übertragenden Rechtsträgers vor einer verschmelzungsbedingten Veränderung ihrer Rechtsposition über ein Austrittsrecht, das durch eine angemessene Abfindung flankiert ist. Das Ziel, die Anteilsinhaber generell vor verschmelzungsbedingten Belastungen zu bewahren, lässt sich der Vorschrift nicht entnehmen. Sich aus allgemeinen Grundsätzen ergebende Austrittsrechte lässt § 29 allerdings unberührt.[221] § 29 gilt gem. §§ 90 Abs. 1, 104a nicht für die Genossen einer übertragenden Genossenschaft und die Mitglieder eines gemeinnützigen Vereins. Bei der Verschmelzung durch Neugründung ist § 29 gem. § 36 Abs. 1 Satz 1 anwendbar.[222]

a) Mischverschmelzung

92 Die Rechtsformen verschmelzungsfähiger Rechtsträger zählen § 3 Abs. 1 und 2 auf. Unterschiedliche Rechtsformen im Sinne von § 29 sind dabei auch die § 3 Abs. 1 Nrn. 1 und 2 genannten Unterformen von Personenhandels- oder Kapitalgesellschaften. § 29 greift daher auch ein, wenn eine OHG auf eine KG oder eine GmbH auf eine AG verschmolzen wird.[223] Anders liegt es nur im Verhältnis einer AG zu einer KGaA. Sie gelten nach § 78 Satz 4 nicht als unterschiedliche Rechtsformen im Sinne von § 29.[224]

b) Wegfall der Börsennotierung

93 Durch das zweite Gesetz zur Änderung des Umwandlungsgesetzes vom 19.04.2007 hat der Gesetzgeber den Anwendungsbereich des § 29 auch auf den Fall der Verschmelzung einer börsennotierten Aktiengesellschaft auf eine nicht börsennotierte Aktiengesellschaft erstreckt.[225] Der Gesetzgeber regelt hier einen Fall des sog. »**kalten Delisting**«, d.h. einen Fall, bei dem das Ende der Börsenzulassung einer Aktiengesellschaft nicht wie beim regulären Delisting auf einem Rückzug der (fortbestehenden) Gesellschaft aus dem Amtlichen Handel und dem geregelten Markt, sondern auf Umstrukturierungsmaßnahmen beruht.[226] In seiner (später revidierten) Macrotron-Entscheidung aus dem Jahre 2002 hatte der Bundesgerichtshof für das reguläre Delisting aus verfassungsrechtlichen Gründen[227] – anknüpfend u.a. an die DAT/Altana-Entscheidung des Bundesverfassungsgerichts[228] – verlangt, dass den Minderheitsaktionären ein Pflichtangebot über den Kauf ihrer Aktien vorgelegt wird, wobei der Kaufpreis dem Anteilswert zu entsprechen habe.[229] In der obergerichtlichen Rechtsprechung war diese Rechtsprechung auch auf das »kalte Delisting« übertragen worden und § 29 entsprechend angewandt worden.[230] Daran anknüpfend ordnet der Gesetzgeber nunmehr den Schutz der Anteilsinhaber der börsennotierten Aktiengesellschaft in § 29 Abs. 1 Satz 1 Halbs. 1, 2. Alt.

---

220 Widmann/Mayer/*Wälzholz*, § 29 Rn. 1 und 4.
221 Lutter/*Grunewald*, § 29 Rn. 34.
222 Schmitt/Hörtnagl/Stratz/*Winter*, § 36 Rn. 3; Lutter/*Grunewald*, § 36 Rn. 11.
223 Kallmeyer/*Marsch-Barner*, § 29 Rn. 4; Widmann/Mayer/*Wälzholz*, § 29 Rn. 12.
224 Zur REIT-AG s. OLG München, Beschl. v. 13.11.2018 – 31 Wx 372/15, AG 2019, 401.
225 Vgl. *Simon/Burg*, Der Konzern 2009, 214 zum sog. downgrading.
226 Dazu z.B. OLG Stuttgart, Beschl. v. 22.09.2009 – 20 W 20/06, AG 2010, 42.
227 Anders nunmehr BVerfG, Urt. v. 11.07.2012 – 1 BvR 3142/07; 1 BvR 1569/08, ZIP 2012, 1402.
228 BVerfG DNotZ 1999, 831.
229 BGH, Urt. v. 25.11.2002 – II ZR 133/01, DNotZ 2003, 364; anders später BGH, Beschl. v. 08.10.2013 – II ZB 26/12, ZIP 2013, 2254; zur Reaktion des Gesetzgebers in § 39 BörsG s. *Bayer*, NZG 2015, 1169.
230 OLG Düsseldorf, Beschl. v. 30.12.2004 – 19 W 3/04, NZG 2005, 317; s.a. *Hellwig/Bormann*, ZGR 2002, 465, 487.

ausdrücklich an.²³¹ Wird die börsennotierte AG nicht auf eine (nicht börsennotierte) Aktiengesellschaft, sondern einen Rechtsträger anderer Rechtsform verschmolzen, folgt die Pflicht, ein Abfindungsangebot zu machen, bereits aus § 29 Abs. 1 Satz 1 Halbs. 1, 1. Alt.

c) Verfügungsbeschränkungen

Verfügungsbeschränkungen im Sinne von § 29 Abs. 1 Satz 2 sind sämtliche Umstände, die eine freie Übertragung oder sonstige Verfügung über den Anteil oder die Mitgliedschaft einschränken.²³² Zu denken ist dabei zunächst an gesellschaftsvertragliche **Vinkulierungsbestimmungen**, etwa nach §§ 68 Abs. 2 AktG und § 15 Abs. 5 GmbHG, und zwar auch dann, wenn die Übertragung nur für bestimmte Fälle (z.B. an Familienfremde und Nichtgesellschafter) eingeschränkt wird.²³³ Auch dann, wenn das für den übernehmenden Rechtsträger maßgebliche Recht eine Übertragung von Mitgliedschaften gesetzlich überhaupt nicht vorsieht (z.B. beim Verein, § 38 BGB) oder von der Zustimmung der übrigen Gesellschafter (so bei den Personenhandelsgesellschaften) abhängig macht, liegt eine Verfügungsbeschränkung im Sinne von § 29 Abs. 1 Satz 2 vor.²³⁴

94

Die Anwendung des § 29 Abs. 1 Satz 2 scheidet nicht bereits deshalb aus, weil bei dem übertragenden Rechtsträger bereits eine Verfügungsbeschränkung bestand, die derjenigen bei dem übernehmenden Rechtsträger vergleichbar ist. Machen z.B. die Statute beider Rechtsträger die Übertragung von Anteilen von der Zustimmung sämtlicher Gesellschafter abhängig, greift § 29 Abs. 1 Satz 2 ein, falls der Kreis der Gesellschafter bei beiden Rechtsträgern ein unterschiedlicher ist; ist hingegen etwa bei der Verschmelzung von Schwestergesellschaften der Gesellschafterkreis identisch, greift § 29 Abs. 1 Satz 2 bei einer inhaltlich unveränderten (oder inhaltlich lediglich eingeschränkten) Vinkulierung nicht ein.²³⁵

95

Nicht unter § 29 Abs. 1 Satz 2 fallen – nach allerdings umstrittener Ansicht – Regelungen, die die Verfügungsbefugnis der Anteilsinhaber auf dinglicher Ebene unangetastet lassen, jedoch die Anteilsinhaber auf schuldrechtlicher Basis verpflichten, bei Verfügungen bestimmte Einschränkungen oder Vorgaben zu beachten.²³⁶ Dies gilt auch dann, wenn die Missachtung solcher Vorgaben über eine Ausschlussklausel sanktioniert ist.²³⁷ Auch Formerfordernisse für eine Verfügung von Anteilen fallen nicht unter § 29 Abs. 1 Satz 2.²³⁸

96

d) Widerspruch

Das Abfindungsangebot ist gem. § 29 Abs. 1 solchen Anteilsinhabern zu machen, die gegen den Verschmelzungsbeschluss (§ 13) des übertragenden Rechtsträgers Widerspruch zur Niederschrift erklärt haben. Einen solchen Widerspruch können richtiger Ansicht nach nur diejenigen Anteilsinhaber erklären, die gegen die Verschmelzung gestimmt haben.²³⁹ Der Widerspruch muss nicht begründet werden.²⁴⁰ Unter den Voraussetzungen des § 29 Abs. 2 ist die Erklärung des Widerspruchs entbehrlich; das ist dann der Fall, wenn der betreffende Anteilsinhaber zu Unrecht nicht zu der Versammlung zugelassen wurde, die Versammlung nicht ordnungsgemäß einberufen wurde oder der Gegenstand der Beschlussfassung nicht ordnungsgemäß bekannt gemacht worden ist. Unterbleibt

97

---

231 Zur geplanten Börsennotierung der übernehmenden AG s. *Drinhausen*, BB 2006, 2314; *Mayer/Weiler*, DB 2007, 1236.
232 Lutter/*Grunewald*, § 29 Rn. 5.
233 Widmann/Mayer/*Wälzholz*, § 29 Rn. 18.
234 Kallmeyer/*Marsch-Barner*, § 29 Rn. 5.
235 Lutter/*Grunewald*, § 29 Rn. 10.
236 Semler/Stengel/*Kalss*, § 29 Rn. 8; Widmann/Mayer/*Wälzholz*, § 29 Rn. 19; a.A. Kallmeyer/*Marsch-Barner*, § 29 Rn. 7.
237 Lutter/*Grunewald*, § 29 Rn. 7.
238 Widmann/Mayer/*Wälzholz*, § 29 Rn. 20.6.
239 Schmitt/Hörtnagl/Stratz/*Winter*, § 29 Rn. 15; a.A. Kallmeyer/*Marsch-Barner*, § 29 Rn. 13.
240 Lutter/*Grunewald*, § 29 Rn. 12.

ein Widerspruch, weil der Anteilsinhaber davon ausgeht, der Notar werde ihn gesondert auffordern, den Widerspruch zu erklären, reicht dies für eine (analoge) Anwendung des § 29 Abs. 2 nicht aus.[241]

e) Entbehrlichkeit des Angebots

98 Es bedarf keines Angebots nach § 29 Abs. 1, wenn alle Inhaber des übertragenden Rechtsträgers hierauf verzichtet haben.[242] Der Verzicht bedarf richtiger Ansicht nach der notariellen Beurkundung, und zwar in entsprechender Anwendung von § 30 Abs. 2 Satz 3 Halbs. 2. Es würde wenig Sinn machen, wenn der Gesetzgeber in § 30 Abs. 2 Satz 3 Halbs. 2 für den Verzicht auf die Prüfung der Angemessenheit der Barabfindung die notarielle Beurkundung vorschreibt, für den – wirtschaftlich viel weitergehenden – **Verzicht auf die Barabfindung** als solche jedoch keine entsprechende Form erforderlich wäre.[243] Auch bei der Verschmelzung einer 100 %-igen Tochter auf ihre Mutter ist ein Angebot nach § 29 entbehrlich, weil es in diesen Fällen keinen Austritt nach § 29 geben kann.[244]

f) Ausgestaltung des Angebots

99 § 29 Abs. 1 verlangt, dass der übernehmende Rechtsträger den betroffenen Anteilsinhabern den Erwerb ihrer Anteile oder Mitgliedschaften gegen eine **angemessene Barabfindung** anbietet. Das Angebot muss zum einen die Höhe dieser Abfindung bestimmen und zum anderen nennen, wer es annehmen kann.[245] Angemessen ist die Abfindung dann, wenn sie den Verkehrswert der Beteiligung widerspiegelt.[246] Hinsichtlich der Bewertung gelten insoweit die gleichen Grundsätze wie bezüglich des Umtauschverhältnisses nach § 5 Abs. 1 Nr. 3.[247] Nach § 30 Abs. 1 Satz 1 hat die Barabfindung die Verhältnisse des übertragenden Rechtsträgers im Zeitpunkt der Beschlussfassung über die Verschmelzung zu berücksichtigen.

100 Kann der übernehmende Rechtsträger – wie dies bei der Personengesellschaft, beim Verein oder der Genossenschaft der Fall ist – aufgrund seiner Rechtsform keine eigenen Anteile erwerben, so ist gem. § 29 Abs. 1 Satz 2 die Barabfindung für den Fall anzubieten, dass der Anteilsinhaber sein Ausscheiden aus dem Rechtsträger erklärt.

101 ▶ Formulierungsbeispiel: Barabfindung

Die übernehmende B-GmbH & Co. KG bietet jedem Aktionär der übertragenden A-AG, der gegen den Verschmelzungsbeschluss der A-AG Widerspruch zur Niederschrift im Sinne von § 29 Abs. 1 Satz 1 UmwG erklärt, für den Fall, dass er sein Ausscheiden aus der übernehmenden Gesellschaft erklärt, eine Barabfindung in Höhe von fünfzig Euro je von ihm gehaltener Aktie an.[248]

102 Bei einer Aktiengesellschaft als übernehmendem Rechtsträger erlaubt hingegen § 71 Abs. 1 Nr. 3 AktG – in den Grenzen des § 71 Abs. 2 AktG[249] – ausdrücklich den **Erwerb eigener Anteile**, um Aktionäre nach § 29 Abs. 1 abzufinden. Nach § 71 Abs. 2 Satz 1 AktG dürfen auf die Anteile, die die übernehmende Aktiengesellschaft nach § 29 Abs. 1 erwirbt, zusammen mit anderen Aktien der Gesellschaft, welche sie bereits erworben hat und noch besitzt, nicht mehr als 10 % des Grund-

---

241 OLG München, Beschl. v. 03.02.2010 – 31 Wx 135/09, RNotZ 2010, 275.
242 Kallmeyer/*Marsch-Barner*, § 29 Rn. 17.
243 *Schaub*, NZG 1998, 626, 629; Widmann/Mayer/*Wälzholz*, § 29 Rn. 53; a.A. Lutter/*Grunewald*, § 29 Rn. 19.
244 *Schaub*, NZG 1998, 626, 628; Lutter/*Grunewald*, § 29 Rn. 20.
245 Lutter/*Grunewald*, § 29 Rn. 24; zur Teilannahme eines Angebots nach § 29 s. OLG Düsseldorf, Beschl. v. 06.12.2000 – 19 W 1/00, ZIP 2001, 158.
246 S. Widmann/Mayer/*Wälzholz*, § 30 Rn. 6 (»volle Abfindung auf der Basis eines für beide Seiten zumutbaren Interessenausgleichs«).
247 S.u. Rdn. 166.
248 Gängig sind noch ergänzende Hinweise auf die Bestimmungen in § 29 Abs. 2 und § 31 (Frist von 2 Monaten für Annahme des Angebots).
249 Neugefasst durch das BilMoG v. 25.05.2009 (BGBl. I S. 1102); dazu *Lieder*, GmbHR 2014, 232.

kapitals der Gesellschaft entfallen; der Erwerb ist ferner gem. § 71 Abs. 2 Satz 2 AktG nur zulässig, wenn die Gesellschaft im Zeitpunkt des Erwerbs eine Rücklage in Höhe der Aufwendungen für den Erwerb bilden könnte, ohne das Grundkapital oder eine nach Gesetz oder Satzung zu bildende Rücklage zu mindern, die nicht zur Zahlung an die Aktionäre verwandt werden darf.

Nehmen so viele Anteilsinhaber das Erwerbsangebot an (§ 31), dass die Schwelle des § 71 Abs. 2 Satz 1 AktG überschritten wird, führt dies nicht dazu, dass die sich aus dem Verschmelzungsvertrag ergebende Erwerbsverpflichtung der übernehmenden Aktiengesellschaft unwirksam wird. Zwar bestimmt § 71 Abs. 4 Satz 2 AktG, dass ein schuldrechtliches Geschäft, das den Erwerb eigener Aktien unter Missachtung des § 71 Abs. 2 AktG vorsieht, nichtig ist. Diese Regelung gilt aber gem. § 29 Abs. 1 Satz 1 Halbs. 2 für einen auf § 29 Abs. 1 basierenden Erwerb nicht. Der übernehmenden Gesellschaft steht richtiger Ansicht nach auch kein Zurückbehaltungsrecht zu.[250] Auch das dingliche Erwerbsgeschäft ist – wie sich bereits aus § 71 Abs. 4 Satz 1 AktG ergibt – gültig.

103

Ist übernehmender Rechtsträger eine Gesellschaft mit beschränkter Haftung, regelt sich die Frage nach der Zulässigkeit des Erwerbs eigener Anteile nach § 33 Abs. 3 GmbHG.[251] Nach dieser Vorschrift darf die GmbH zur Abfindung von Gesellschaftern nach § 29 Abs. 1 eigene Anteile erwerben, sofern der Erwerb binnen 6 Monaten nach dem Wirksamwerden der Umwandlung oder nach der Rechtskraft der gerichtlichen Entscheidung erfolgt und die Gesellschaft im Zeitpunkt des Erwerbs eine Rücklage in Höhe der Aufwendungen für den Erwerb bilden könnte, ohne das Stammkapital oder eine nach dem Gesellschaftsvertrag zu bildende Rücklage zu mindern, die nicht zur Zahlung an die Gesellschafter verwandt werden darf. Wie bei der Aktiengesellschaft sind, wenn gegen diese Vorgaben verstoßen wird, sowohl das schuldrechtliche (s. § 29 Abs. 1 Satz 1 Halbs. 2 i.V.m. § 33 Abs. 2 Satz 3 Halbs. 2 GmbHG) wie auch das dingliche Erwerbsgeschäft (s. § 33 Abs. 2 Satz 3 Halbs. 1 GmbHG) gleichwohl gültig.

104

Zeichnet sich ein Verstoß gegen § 71 Abs. 2 AktG, § 33 Abs. 3 GmbHG bereits ab, bevor der Verschmelzungsbeschluss gefasst wird, hat er zu unterbleiben und ist ein gleichwohl gefasster Verschmelzungsbeschluss überwiegender Ansicht nach rechtswidrig.[252]

105

g) Prüfung des Angebots

Gem. § 30 Abs. 2 Satz 1 ist die Angemessenheit der anzubietenden Barabfindung *stets* zu prüfen. Damit ist gemeint, dass selbst dann, wenn eine Prüfung des Verschmelzungsvertrages gem. § 9 nach den insoweit maßgeblichen Vorschriften (insb. §§ 44, 45e, 48) nicht nötig ist, eine Prüfung der Abfindung stattfinden hat.[253] Für diese Prüfung gelten gem. § 30 Abs. 2 Satz 2 die §§ 10 bis 12 entsprechend.

106

Durch notariell beurkundete Verzichtserklärungen können die Berechtigten auf die Prüfung und den Prüfungsbericht verzichten (§ 30 Abs. 2 Satz 3). Berechtigt im Sinne von § 30 Abs. 2 Satz 3 Halbs. 1 sind diejenigen, die gem. § 29 Abs. 1 Widerspruch gegen den Verschmelzungsbeschluss zur Niederschrift erklärt haben. Ihnen gleichgestellt sind die in § 29 Abs. 2 angesprochenen Anteilsinhaber.[254] Da einerseits erst zum Zeitpunkt des Verschmelzungsbeschlusses klar ist, wer Berechtigter im Sinne von § 30 Abs. 2 Satz 3 ist, andererseits die Prüfung der Abfindung, um ihren Informationscharakter zu erfüllen, bereits zum Zeitpunkt des Verschmelzungsbeschlusses vorliegen muss, wird es für die Vertretungsorgane der beteiligten Rechtsträger in der Praxis nur dann in Betracht kommen, eine Prüfung nach § 30 nicht vornehmen zu lassen, wenn alle Anteilsinhaber des übertragenden Rechtsträgers (in notarieller Form, § 30 Abs. 2 Satz 3) auf die Prüfung verzichtet haben.[255]

107

---

250 Lutter/*Grunewald*, § 29 Rn. 27; a.A. z.B. *Hoger*, AG 2008, 149, 154.
251 Neugefasst durch das BilMoG v. 25.05.2009 (BGBl. I S. 1102).
252 Semler/Stengel/*Kalss*, § 29 Rn. 33; a.A. Schmitt/Hörtnagl/Stratz/*Winter*, § 29 Rn. 12.
253 Lutter/*Grunewald*, § 30 Rn. 5.
254 Dazu oben Rdn. 97.
255 Semler/Stengel/*Zeidler*, § 30 Rn. 29.

Wird eine Prüfung nach § 9 vorgenommen, erstreckt sie sich auch auf die Abfindung nach § 29, da diese Teil des Verschmelzungsvertrages ist.

h) Rechtsfolgen bei Missachtung der Vorgaben des § 29

108 Im Schrifttum herrscht keine Einigkeit darüber, welche Folgen es hat, wenn der Verschmelzungsvertrag die in § 29 geforderten Angaben nicht enthält. Zum Teil wird die Ansicht vertreten, dass das Registergericht – sofern es den Mangel bemerkt – die Eintragung der Verschmelzung nicht vornehmen dürfe.[256] Dieser Ansicht steht entgegen, dass § 32 bestimmt, dass eine Klage gegen die Wirksamkeit eines Verschmelzungsbeschlusses eines übertragenden Rechtsträgers nicht darauf gestützt werden kann, dass das Angebot nach § 29 zu niedrig bemessen worden ist oder die Barabfindung im Verschmelzungsvertrag nicht oder nicht ordnungsgemäß angeboten worden ist. Vielmehr sind die betroffenen Anteilsinhaber gem. § 34 darauf verwiesen, über das Spruchverfahren die angemessene Barabfindung zu erstreiten. Durch die Einschränkung der Anfechtbarkeit schränkt das Gesetz – wie der BGH zu der für den Formwechsel maßgeblichen Parallelvorschrift in § 207 entschieden hat[257] – die Möglichkeit der betroffenen Anteilsinhaber ein, über eine Anfechtungsklage gem. § 16 Abs. 2 eine **Registersperre** herbeizuführen. Dazu stände es in Widerspruch, wenn für das Registergericht in derartigen Fällen eine generelle Eintragungssperre bestände. Im Ergebnis ist daher der Verschmelzungsvertrag, auch wenn er die Vorgaben des § 29 nicht erfüllt, – ähnlich wie ein Verschmelzungsvertrag, der ein zu niedriges Umtauschverhältnis im Sinne von § 5 Abs. 1 Nr. 3 ausweist[258] – eine taugliche Grundlage für die Eintragung einer Verschmelzung.[259]

6. Sonstiger zwingender Inhalt

a) Verschmelzung durch Neugründung

109 Für die Verschmelzung durch Neugründung verlangt § 37, dass in dem Verschmelzungsvertrag der Gesellschaftsvertrag, der Partnerschaftsvertrag oder die Satzung des neuen Rechtsträgers enthalten oder festgestellt sein muss.

b) Rechtsformspezifische Bestandteile

110 Daneben schreiben § 40 (bei Beteiligung einer Personenhandelsgesellschaft), § 45b (bei Beteiligung einer Partnerschaftsgesellschaft) und § 46 (bei Beteiligung einer GmbH) besondere Angaben im Verschmelzungsvertrag vor.

7. Fakultative Bestandteile des Verschmelzungsvertrages[260]

a) Allgemeines

111 Neben seinen – insbesondere aus § 5 resultierenden – zwingenden Bestandteilen kann der Verschmelzungsvertrag, wie sich aus § 5 selbst ergibt, auch weitere Vereinbarungen enthalten. Solche Vereinbarungen können z.B. die Frage regeln, wie die angefallenen **Kosten** zu tragen sind, wenn die Eintragung der Verschmelzung scheitert.[261] Zuweilen enthalten Verschmelzungsverträge auch Zusagen Dritter, z.B. **Garantien** eines beherrschenden Anteilsinhabers des übertragenden Rechtsträgers.[262]

---

256 Lutter/*Grunewald*, § 32 Rn. 3.
257 BGH, Urt. v. 18.12.2000 – II ZR 1/99, DNotZ 2001, 877; BGH, Urt. v. 29.01.2001 – II ZR 368/98, AG 2001, 263; BGH, Urt. v. 16.03.2009 – II ZR 302/06, NZG 2009, 585; zur Parallelproblematik bei § 8 s.u. Rdn. 149.
258 Lutter/*Decher*, § 14 Rn. 17.
259 So auch Semler/Stengel/*Gehling*, § 32 Rn. 7.
260 Zum Ganzen s.a. Widmann/Mayer/*Mayer*, § 5 Rn. 215 ff.
261 Widmann/Mayer/*Mayer*, § 5 Rn. 230.
262 Lutter/*Drygala*, § 5 Rn. 137; Semler/Stengel/*Schröer*, § 5 Rn. 109.

112 Eine Verpflichtung, die Satzung des übernehmenden Rechtsträgers zu ändern, können nur dessen Anteilsinhaber, nicht der Rechtsträger selbst übernehmen. Denkbar ist in solchen Fällen, dem übertragenden Rechtsträger für den Fall, dass eine **Satzungsänderung** bei dem übernehmenden Rechtsträger nicht binnen einer bestimmten Frist beschlossen wird, das Recht eingeräumt wird, von dem Verschmelzungsvertrag zurückzutreten.[263] Bei einer Mehrfachverschmelzung (§ 3 Abs. 4) sollte der Verschmelzungsvertrag es nicht der Auslegung überlassen, sondern ausdrücklich bestimmen, ob die einzelnen Verschmelzungen nur als Ganzes gelten sollen oder auch voneinander unabhängig durchgeführt werden sollen. Zuweilen enthalten Verschmelzungsverträge bezogen auf den Fall, dass Anteilsinhaber über das Spruchverfahren nach § 15 erfolgreich einen Ausgleich durch bare Zuzahlung erstreiten, auch sog. **Gleichstellungsklauseln**; darunter versteht man Regelungen, dass diejenigen Anteilsinhaber, die die Angemessenheit des Umtauschverhältnisses im Sinne von § 5 Abs. 1 Nr. 3 nicht im Wege des Spruchverfahrens nach § 15 angegriffen haben, im Rahmen des rechtlich Zulässigen ebenfalls einen entsprechenden Ausgleich bekommen.[264]

113 Ist an der Verschmelzung eine GmbH, auf deren Geschäftsanteile nicht alle zu leistenden Einlagen in voller Höhe bewirkt sind, beteiligt, stellt § 51 Abs. 1 unter den dort genannten Voraussetzungen zum Schutze der betroffenen Anteilsinhaber der beteiligten Rechtsträger vor der Ausfallhaftung nach § 24 GmbHG besondere Zustimmungserfordernisse für die Anteilsinhaber auf. Zur Klarstellung, ob die besonderen Zustimmungserfordernisse des § 51 Abs. 1 eingreifen, ist ein Hinweis im Verschmelzungsvertrag sinnvoll, ob die Leistungen auf die Anteile vollständig bewirkt sind oder nicht; zwingend vorgeschrieben ist ein solcher Hinweis richtiger Ansicht nach nicht.

114 Inwieweit der Verschmelzungsvertrag Bestimmungen über die Ausübung eines **Bewertungswahlrechts** enthalten sollte, ist im Einzelfall zu entscheiden.[265]

b) Bedingungen/Kettenverschmelzungen

115 Wie sich aus § 7 ergibt, kann der Verschmelzungsvertrag unter einer **aufschiebenden Bedingung** vereinbart werden. Derartige Bedingungen werden z.B. bei sog. **Kettenverschmelzungen** benutzt.[266] Eine Kettenverschmelzung stellt eine Verschmelzung von mindestens drei Rechtsträgern durch mindestens zwei aufeinanderfolgende Verschmelzungsvorgänge dar.[267] In derartigen Fällen ist es zulässig, die 2. Verschmelzung aufschiebend bedingt auf die Eintragung der 1. Verschmelzung im Handelsregister zu vereinbaren. Die materiell-rechtlichen Wirksamkeitsvoraussetzungen der 2. Verschmelzung, d.h. z.B. die Erforderlichkeit eines Sonderbeschlusses nach § 65 Abs. 2, sowie die inhaltliche Ausgestaltung der 2. Verschmelzung, wie z.B. die Frage der Zulässigkeit einer Kapitalerhöhung der übernehmenden Gesellschaft bei der 2. Verschmelzung (§§ 54, 68), beurteilt sich bei solchermaßen aufschiebend bedingt vereinbarten Kettenverschmelzungen nach dem Zeitpunkt des Eintritts der Wirksamkeit der 1. Verschmelzung.[268] Richtiger und herrschender Ansicht nach bedarf allerdings der Verschmelzungsbeschluss des übertragenden Rechtsträgers der 2. Verschmelzung nicht der Mitwirkung der Anteilsinhaber des übertragenden Rechtsträgers der 1. Verschmelzung, da diese zum Zeitpunkt des Verschmelzungsbeschlusses (noch) nicht Anteilsinhaber des übertragenden Rechtsträgers der 2. Verschmelzung sind.[269]

---

263 Lutter/*Drygala*, § 5 Rn. 134.
264 Semler/Stengel/*Schröer*, § 5 Rn. 124.
265 Dazu *Stelzer*, MittBayNot 2009, 16.
266 Dazu Widmann/Mayer/*Mayer*, § 5 Rn. 235.4 ff.; *ders.*, FS Spiegelberger, 2009, 833; DNotI-Report, 2012, 124; aus der Rechtsprechung OLG Hamm, Beschl. v. 19.12.2005 – 15 W 377/05, DNotZ 2006, 378; Maier/Funke, DStR 2015, 2703.
267 Semler/Stengel/*Schröer*, § 5 Rn. 117.
268 S. im Einzelnen Widmann/Mayer/*Mayer*, § 5 Rn. 235.4 ff.; Heckschen/Simon/*Simon*, Umwandlungsrecht, S. 141 ff.
269 Widmann/Mayer/*Heckschen*, § 13 Rn. 68.1; Kallmeyer/*Zimmermann*, § 13 Rn. 4; Widmann/Mayer/*Mayer*, § 5 Rn. 235.12; Limmer/*Limmer*, Teil 2 Rn. 35.

116 Aufschiebenden Bedingungen gleichgestellt sind aufschiebende Befristungen im Sinne von § 163 BGB.[270] Eintragungsfähig sind aufschiebend bedingt vereinbarte Verschmelzungsverträge aber erst mit Eintritt der Bedingung, da sie vorher gem. § 158 Abs. 1 BGB nicht wirksam sind und unwirksame Verschmelzungsverträge keine taugliche Grundlage für die Eintragung einer Verschmelzung sind.[271] Anders liegen die Dinge, wenn die Eintragung selbst die aufschiebende Bedingung für die Wirksamkeit des Vertrages darstellt.

117 Dem Umstand, dass § 7 lediglich aufschiebende Bedingungen des Verschmelzungsvertrages regelt, lässt sich nicht entnehmen, dass es unzulässig wäre, den Verschmelzungsvertrag unter einer **auflösenden Bedingung** zu vereinbaren. Vielmehr können Verschmelzungsverträge richtiger Ansicht nach auch unter einer auflösenden Bedingung vereinbart werden. Allerdings bleibt der Eintritt der auflösenden Bedingung nach Eintragung der Verschmelzung für deren Wirkungen folgenlos. Denn wenn gem. § 20 Abs. 2 Mängel des Verschmelzungsvertrages, die bei Eintragung der Verschmelzung vorhanden sind, die Wirkungen der Verschmelzung nach § 20 Abs. 1 unberührt lassen, muss dies erst recht für Mängel des Verschmelzungsvertrages gelten, die erst nach Eintragung der Verschmelzung entstehen.[272]

8. Zuleitung an den Betriebsrat

118 Gem. § 5 Abs. 3 ist der Verschmelzungsvertrag oder sein Entwurf spätestens einen Monat vor dem Tage der Versammlung der Anteilsinhaber jedes beteiligten Rechtsträgers, die gem. § 13 über die Zustimmung zum Verschmelzungsvertrag beschließen soll, dem zuständigen Betriebsrat dieses Rechtsträgers zuzuleiten. Der Gesetzgeber sichert die Einhaltung dieser Zuleitungspflicht in besonderer Weise ab; denn nach § 17 Abs. 1 gehört der Nachweis über die rechtzeitige Zuleitung des Verschmelzungsvertrages oder seines Entwurfs an den zuständigen Betriebsrat zu den Anlagen, die der Anmeldung der Verschmelzung beizufügen sind. Falls dem Registergericht der Nachweis nicht erbracht wird, darf es die Verschmelzung nicht eintragen. Durch die rechtzeitige Zuleitung soll für den zuständigen Betriebsrat die Möglichkeit geschaffen werden, etwaige Einwendungen gegen die Verschmelzung rechtzeitig geltend zu machen und auf Änderungen hinzuwirken.[273]

a) Maßgebliche Unterlagen

119 Zuzuleiten ist dem Betriebsrat gem. § 5 Abs. 3. der Verschmelzungsvertrag oder sein Entwurf. Im Schrifttum wird hierzu zum Teil die Ansicht vertreten, dass es nicht erforderlich sei, dass dem Entwurf sämtliche **Anlagen** beigefügt werden; die Zuleitung müsse nur gewährleisten, dass durch frühzeitige Unterrichtung über die Folgen der Umwandlung eine möglichst sozialverträgliche Durchführung der Umwandlung erleichtert wird. Da Anlagen Vertragsbestandteile darstellen und sich Bedeutung und Folgen vertraglicher Regelungen zuweilen erst aus den in Bezug genommenen Anlagen erschließen, erscheint diese Ansicht nicht bedenkenfrei. Richtigerweise wird man die Zuleitungspflicht auf den gesamten Vertrag und damit auch auf seine Anlagen – mit Ausnahme z.B. von Vollmachten oder Handelsregisterauszügen – zu erstrecken haben. Auch die Rechtsprechung geht davon aus, dass bei der Frage, was dem Betriebsrat zuzuleiten ist, nicht zwischen wichtigen und unwichtigen Bestandteilen des Verschmelzungsvertrages zu differenzieren sei; in der Rechtsprechung wird insoweit die Formulierung benutzt, dass alles, was Gegenstand der Anmeldung zur Eintragung sein muss, dem Betriebsrat zuzuleiten sei.[274]

---

270 Widmann/Mayer/*Heckschen*, § 7 Rn. 32.
271 Lutter/*Drygala*, § 4 Rn. 34.
272 So richtig Semler/Stengel/*Schröer*, § 5 Rn. 115; Lutter/*Drygala*, § 4 Rn. 35.
273 RegBegr. *Ganske*, S. 50.
274 OLG Naumburg, Beschl. v. 17.03.2003 – 7 Wx 6/02, GmbHR 2003, 1433.

b) Empfangszuständigkeit

Zuleiten im Sinne von § 5 Abs. 3 erfordert einen Zugang des Vertrages beim Betriebsrat.[275] Zur Entgegennahme von Erklärungen, die dem Betriebsrat gegenüber abzugeben sind, sind gem. § 26 Abs. 2 Satz 2 BetrVG der **Betriebsratsvorsitzende** und im Fall seiner Verhinderung sein Stellvertreter berechtigt. Dementsprechend wird der Nachweis des Zugangs des Verschmelzungsvertrages üblicherweise durch ein Empfangsbekenntnis des Betriebsratsratsvorsitzenden oder seines Stellvertreters geführt.[276] Das Betriebsverfassungsgesetz regelt, welcher Betriebsrat zuständig ist.[277] **120**

Fehlt bei dem betroffenen Rechtsträger ein Betriebsrat, so entfällt die Zuleitungspflicht nach § 5 Abs. 3.[278] In der Rechtsprechung ist insoweit vereinzelt verlangt worden, dass in solchen Fällen dem Registergericht durch eine eidesstattliche Versicherung nachzuweisen sei, dass kein Betriebsrat vorhanden sei.[279] Dem ist im Schrifttum zu Recht widersprochen worden.[280] Vielmehr genügt in solchen Fällen grundsätzlich eine Erklärung im Rahmen der Anmeldung der Verschmelzung, dass kein Betriebsrat vorhanden ist.[281] Als ausreichend ist es auch anzusehen, wenn der Verschmelzungsvertrag einen Hinweis darauf enthält, dass kein Betriebsrat vorhanden ist. Weitergehende Nachweise über die Nichtexistenz des Betriebsrates darf das Registergericht aufgrund seiner allgemeinen Prüfungspflicht (nur) verlangen, wenn besondere Umstände vorliegen, aufgrund derer Zweifel an der Richtigkeit der Erklärung, es sei kein Betriebsrat vorhanden, aufkommen. **121**

c) Monatsfrist

Bei der Monatsfrist in § 5 Abs. 3 handelt es sich um eine sog. **Rückwärtsfrist**, auf die §§ 187, 188 BGB entsprechend anzuwenden ist.[282] Daraus folgt richtiger – wenn auch bestrittener – Ansicht nach, dass zur Fristberechnung auf den Tag der Beschlussfassung abzustellen ist und zwar in der Weise, dass – gemäß einer in § 123 Abs. 4 AktG a.F. verwendeten Formulierung – von diesem nicht mitzählenden Tag zurückzurechnen ist. Soll also z.B. über die Verschmelzung am 31.08. beschlossen werden, muss der Verschmelzungsvertrag oder sein Entwurf dem Betriebsrat spätestens mit Ablauf des 30.07. 24.00 Uhr zugeleitet sein. Auf diese Weise ist gewährleistet, dass dem Betriebsrat – wie von § 5 Abs. 3 gefordert – der Verschmelzungsvertrag oder dessen Entwurf einen vollen Monat vor der Versammlung, d.h. in der Zeit vom 31.07. 00.00 Uhr bis 30.08. 24.00 Uhr, vorgelegen hat. Wäre der 30.07. in dem vorigen Beispiel ein Samstag, Sonntag oder Feiertag träte an seine Stelle der vorherige Werktag (der seinerseits kein Samstag ist).[283] **122**

d) Verzichtsmöglichkeiten

Die Rechtsprechung hält einen Verzicht des Betriebsrates auf die Einhaltung der Monatsfrist in § 5 Abs. 3 für zulässig;[284] so hat beispielsweise das Landgericht Gießen eine Verkürzung der Frist auf 4 bzw. 5 Tage für zulässig erachtet.[285] Dem ist zuzustimmen; zwar kann gem. § 1 Abs. 3 Satz 1 von den Regeln des Umwandlungsgesetzes nur abgewichen werden, wenn dies ausdrücklich zugelassen ist, was bei § 5 Abs. 3 nicht der Fall ist. Aus dem zwingenden Charakter des § 5 Abs. 3 lässt sich **123**

---

275 Kallmeyer/*Willemsen*, § 5 Rn. 74; Semler/Stengel/*Simon*, § 5 Rn. 141.
276 Semler/Stengel/*Simon*, § 5 Rn. 141 mit weiteren Einzelheiten; *Seiwerth/Surges*, Rpfleger 2014, 345, 348.
277 Schmitt/Hörtnagl/Stratz/*Langner*, § 5 Rn. 121; *Dzida*, GmbHR 2009, 459.
278 Lutter/*Drygala*, § 5 Rn. 145.
279 AG Duisburg, GmbHR 1996, 372.
280 *Melchior*, GmbHR 1996, 833, 834.
281 Semler/Stengel/*Simon*, § 5 Rn. 148.
282 Palandt/*Heinrichs*, § 187 Rn. 4; Lutter/*Drygala*, § 5 Rn. 147; hierzu und zu weiteren Einzelfragen *Scharff*, BB 2016, 437.
283 Semler/Stengel/*Schröer*, § 5 Rn. 145 Fn. 370; Kallmeyer/*Willemsen*, § 5 Rn. 77; s.a. § 123 Abs. 4 Halbs. 2 AktG a.F.
284 OLG Naumburg, Beschl. v. 17.03.2003 – 7 Wx 6/02, GmbHR 2003, 1433.
285 LG Gießen, Beschl. v. 14.04.2004 – 6 T 12/04, Der Konzern 2004, 622; *Schwarz*, ZNotP 2001, 22.

aber nicht herleiten, dass dem Betriebsrat ein stärkerer Schutz zukommen soll, als der Betriebsrat selbst will. Hält der Betriebsrat eine kürzere Frist als die Monatsfrist für ausreichend, ist er hinreichend geschützt.

124 Einen **Verzicht auf die Zuleitung** des Verschmelzungsvertrages als solche hält die Rechtsprechung hingegen für unzulässig.[286] Das wird in Teilen des Schrifttums zu Recht kritisiert; denn auch hier gilt, dass § 5 Abs. 3 den Betriebsrat zwar schützen, diesem aber einen Schutz nicht aufdrängen will.[287]

e) Vertragsänderungen

125 Uneinheitlich beantwortet wird die Frage, inwieweit dem Betriebsrat Änderungen eines bereits zugeleiteten Verschmelzungsvertrages oder Entwurfs gem. § 5 Abs. 3 erneut zuzuleiten sind.[288] Beinhalten Abweichungen nur redaktionelle Änderungen, besteht keine Pflicht, diese dem Betriebsrat erneut zuzuleiten.[289] Die Rechtsprechung hat darüber hinausgehend auch bei Änderungen, die nicht nur redaktioneller Art waren, eine Pflicht zur erneuten Vorlage verneint, so etwa in einem Fall, der die für den Formwechsel maßgebliche Parallelvorschrift in § 194 Abs. 2 betraf und dadurch gekennzeichnet war, dass der tatsächlich gefasste Umwandlungsbeschluss lediglich den im Entwurf vorgesehenen Satz »Die Mitglieder des Aufsichtsrates erhalten für ihre Tätigkeit im Jahre ... bis zur Eintragung keine Vergütung.« nicht mehr enthielt.[290] Eine solche Änderung habe, so das OLG Naumburg, auf die Unternehmensstruktur keine Auswirkung. Vor dem Hintergrund des Schutzzweckes des § 5 Abs. 3 dürfte es zutreffend sein, dass nur solche Änderungen des Verschmelzungsvertrages eine erneute Zuleitungspflicht auslösen, die in irgendeiner Form »Ausstrahlungswirkung« auf die Rechte der Arbeitnehmer und ihrer Vertretungen haben; jedenfalls empfiehlt es, eine Änderung dem Betriebsrat vorsorglich zuzuleiten.[291]

9. Form

a) Zweck

126 Gem. § 6 muss der Verschmelzungsvertrag notariell beurkundet werden. Die Beurkundung dient zum einen der **Beweissicherung** und damit der Rechtssicherheit.[292] Zum anderen bezweckt das Beurkundungserfordernis eine materielle **Richtigkeitsgewähr**.[293] Letztere ist im Hinblick auf die Bedeutung und (regelmäßige) Komplexität eines Verschmelzungsvorgangs zum Schutze der Beteiligten, wie insb. der Anteilsinhaber, geboten.[294] Daneben tritt – aus § 17 BeurkG resultierend – die mit einem notariellen Beurkundungserfordernis verbundene Belehrungsfunktion.

b) Verfahren und Umfang der Beurkundung

127 Das Beurkundungsverfahren richtet sich nach den §§ 6 ff. BeurkG. Eine Sukzessivbeurkundung nach § 128 BGB ist zulässig. Das gilt auch dann, wenn zum Vermögen eines übertragenden Rechtsträgers Grundstücke zählen. Denn der Erwerb des Eigentums an diesen Grundstücken durch den übernehmenden Rechtsträger ist gem. § 20 Abs. 1 Nr. 1 ein gesetzlicher Erwerb. Er basiert nicht

---

286 OLG Naumburg, Beschl. v. 17.03.2003 – 7 Wx 6/02, GmbHR 2003, 1433; auch Lutter/*Drygala*, § 5 Rn. 148.
287 So Widmann/Mayer/*Mayer*, § 5 Rn. 266; Semler/Stengel/*Simon*, § 5 Rn. 146.
288 S. einerseits Lutter/*Priester*, Umwandlungsrechtstage, S. 99, 106 für uneingeschränkte Neuvorlagepflicht; restriktiver andererseits Semler/Stengel/*Simon*, § 5 Rn. 147.
289 So richtig *Melchior*, GmbHR 1996, 833, 836.
290 OLG Naumburg, DB 1997, 466 = GmbHR 1998, 382.
291 Widmann/Mayer/*Mayer*, § 5 Rn. 261; enger Lutter/*Priester*, Umwandlungsrechtstage, S. 99, 106.
292 Lutter/*Drygala*, § 6 Rn. 1.
293 S. hierzu Semler/Stengel/*Schröer*, § 6 Rn. 2 unter Hinweis auf die »Supermarkt«-Entscheidung des BGH DNotZ 1989, 102.
294 Im Einzelnen Widmann/Mayer/*Heckschen*, § 6 Rn. 1 ff.

auf §§ 873, 925 BGB mit der Folge, dass eine – im Wege der **Sukzessivbeurkundung** nicht mögliche – Auflassung erforderlich wäre.[295]

Hinsichtlich des Umfangs des Beurkundungserfordernisses gelten die Grundsätze, die zu § 311b Abs. 1 BGB (§ 313 Satz 1 BGB a.F.) entwickelt worden sind. Formbedürftig sind daher alle Vereinbarungen, aus denen sich nach dem Willen der Parteien der Verschmelzungsvertrag zusammensetzt. Das erfasst neben objektiv wesentlichen auch objektiv unwesentliche Vertragsabreden; bei letzteren bleibt allerdings gem. § 139 BGB der restliche Vertrag gültig, wenn sie nicht beurkundet werden.[296] Vereinbarungen, die nicht Bestandteil des Verschmelzungsvertrages sind, aber im Zusammenhang mit diesem stehen, sind beurkundungsbedürftig, wenn sie mit dem Verschmelzungsvertrag eine **rechtliche Einheit** bilden; auch insoweit sind die zu § 311b Abs. 1 BGB (§ 313 Satz 1 BGB a.F.) erarbeiteten Grundsätze für § 6 maßgeblich.[297] Wird der Vertrag geändert oder ergänzt, sind auch diese Regelungen gem. § 6 zu beurkunden. Die Aufhebung eines Verschmelzungsvertrages hält die überwiegende Ansicht selbst dann nicht für beurkundungsbedürftig, wenn sämtliche zur Wirksamkeit des Verschmelzungsvertrages nach § 13 erforderlichen Zustimmungen vorlagen.[298]

128

Entsprechend den bei § 311b Abs. 1 BGB geltenden Grundsätzen ist ein **Vorvertrag**, der zum Abschluss eines Verschmelzungsvertrages verpflichten soll, gem. § 6 formbedürftig; das gleiche gilt für Verträge, die einen wirtschaftlichen Zwang zum Abschluss eines Verschmelzungsvertrages begründen.[299]

129

c) Entwurf des Vertrages

§ 6 gilt nicht für den Entwurf des Verschmelzungsvertrages, der in zahlreichen Normen, etwa in § 5 Abs. 3 (Zuleitung an den Betriebsrat) oder in § 13 Abs. 3 (Beschlussfassung durch die Anteilsinhaber), alternativ zum Verschmelzungsvertrag genannt wird. § 4 Abs. 2 spricht insoweit von einem »schriftlichen Entwurf des Vertrages.« Das wird man als papierene Verkörperung des Vertragstextes zu verstehen haben, auf die – im Hinblick auf den Entwurfscharakter – § 126 BGB keine Anwendung findet.

130

d) Auslandsbeurkundung

Die Beurkundung eines Verschmelzungsvertrages im Ausland löst zwei voneinander getrennt zu betrachtende Fragen aus, nämlich zum einen, ob nach Art. 11 Abs. 1 EGBGB für die Form des Verschmelzungsvertrages neben dem deutschen Recht auch auf das Ortsrecht, d.h. auf das Recht am Ort der Beurkundung, abgestellt werden kann, zum anderen, ob die Form des § 6 durch eine Beurkundung im Ausland gewahrt ist.[300]

131

aa) Ortsform

Wie sich aus Art. 11 Abs. 4 EGBGB ergibt, genügt die **Ortsform** abweichend von Art. 11 Abs. 1 EGBGB dann nicht, wenn es sich um ein Rechtsgeschäft handelt, das über ein Recht an einer Sache verfügt. Im Hinblick darauf ist mit der h.M. – trotz maßgeblicher Gegenstimmen[301] – davon auszugehen, dass der Verschmelzungsvertrag nur unter Beachtung des § 6 wirksam ist.[302]

132

---

295 Lutter/*Drygala*, § 6 Rn. 6; Widmann/Mayer/*Heckschen*, § 6 Rn. 47.
296 Palandt/*Heinrichs*, § 311b Rn. 25.
297 S. Widmann/Mayer/*Heckschen*, § 6 Rn. 20 ff.; BGHZ 82, 188; zu § 311b BGB; Palandt/*Heinrichs*, § 311b Rn. 32.
298 Semler/Stengel/*Schröer*, § 6 Rn. 10 m.w.N.; a.A. Widmann/Mayer/*Heckschen*, § 6 Rn. 52.
299 Lutter/*Drygala*, § 6 Rn. 4; dort auch zu den sog. Break-fee-Vereinbarungen.
300 S. Lutter/*Drygala*, § 6 Rn. 8 ff.
301 Palandt/*Heldrich*, Art. 11 EGBGB Rn. 13.
302 Widmann/Mayer/*Heckschen*, § 6 Rn. 60 ff.; Lutter/*Drygala*, § 6 Rn. 9; (insoweit richtig) *Stenzel*, GmbHR 2014, 1024, 1031.

bb) Einhaltung des § 6 durch Auslandsbeurkundung

133 Die Rechtsprechung geht im Ansatz davon aus, dass durch eine Beurkundung im Ausland ein nach deutschem Recht angeordnetes Beurkundungserfordernis gewahrt wird, wenn die Beurkundung im Ausland der Beurkundung durch einen deutschen Notar gleichwertig ist.[303] So hat der Bundesgerichtshof in einer Entscheidung aus dem Jahre 1981, in der es um die Beurkundung einer Satzungsänderung nach § 53 Abs. 2 GmbHG ging, eine solche **Gleichwertigkeit** bejaht, wenn die ausländische Urkundsperson nach Vorbildung und Stellung im Rechtsleben eine der Tätigkeit des deutschen Notars entsprechende Funktion ausübt und für die Errichtung der Urkunde ein Verfahrensrecht zu beachten hat, das den tragenden Grundsätzen des deutschen Beurkundungsrechts entspricht.[304] Diese Voraussetzungen sah der BGH bei der Beurkundung der Satzungsänderung durch einen öffentlichen Urkundsbeamten des Notariats Zürich (Altstadt) als erfüllt an. Diese Grundsätze haben der BGH und die Obergerichte auch im Rahmen von § 15 GmbHG angewandt; der BGH hat sie auch nach Inkrafttreten des MoMiG bestätigt.[305] Mit dem Kammergericht hat nunmehr (soweit ersichtlich) erstmals ein Obergericht eine Gleichwertigkeit der Beurkundung eines Verschmelzungsvertrages durch einen Baseler Notar bejaht.[306]

134 Diese Ansicht des Kammergerichts verkennt die Bedeutung einer Beurkundung nach §§ 6 ff. BeurkG.[307] Sieht man mit der Rechtsprechung als den im Vordergrund stehenden Zweck des Beurkundungserfordernisses in § 6 die Richtigkeitsgewähr, d.h. eine Gewähr für die Übereinstimmung des Vertrages mit den – insbesondere deutschen – Rechtsvorschriften, so kann eine Beurkundung nur durch eine Person erfüllt werden, die über mit einem deutschen Notar vergleichbare Rechtskenntnisse im deutschen Recht verfügt. In diesem Zusammenhang kann es (selbstverständlich) nicht um einen generellen oder individuellen Qualitätsvergleich der deutschen Notare mit ihren ausländischen Kollegen oder mit der konkreten Urkundsperson gehen. Vielmehr ist – schon aus Gründen der Rechtssicherheit – die Frage nach der Gleichwertigkeit (bzw. Substituierbarkeit des § 6) in genereller Weise zu beantworten, und zwar auf der Basis der insoweit einschlägigen Normen des deutschen Rechts. Diese schreiben für die fachliche Qualifikation eines deutschen Notars gem. § 5 Bundesnotarordnung – zwingend – vor, dass er die Befähigung zum Richteramt nach dem Deutschen Richtergesetz haben muss. Gem. § 5 Abs. 1 DRiG erwirbt die Befähigung zum Richteramt, wer ein rechtswissenschaftliches Studium an einer Universität mit der ersten Prüfung und einen anschließenden Vorbereitungsdienst mit der zweiten Staatsprüfung abschließt. Examina im ausländischen Recht sowie (noch so fundierte) angeeignete Kenntnisse im deutschen Recht, die nicht durch zwei deutsche juristische Staatsexamina belegt sind, reichen für eine dem deutschen Notar gleichwertige fachliche Qualifikation daher nicht aus.[308] Keinesfalls beschränkt sich – wie zuweilen im Schrifttum angenommen wird[309] – die mit der notariellen Beurkundung verbundene Richtigkeitsgewähr auf eine Absicherung der Beteiligten durch eine ausreichende Haftpflichtversicherung. Die Aufgabe des Notars besteht darin, eine mit den insb. deutschen Normen vereinbare Vereinbarung zu protokollieren; das geht über die Gewährung eines **Sekundärschutzes** der Beteiligten durch eine ausreichende

---

303 S. *Braun*, DNotZ 2009, 585 und LG Frankfurt am Main, Urt. v. 07.10.2009 – 3/13 O 46/09, DNotZ 2009, 949 (jeweils zu § 15 Abs. 3 GmbHG).
304 BGH, DNotZ 1981, 451.
305 BGH, Beschl. v. 17.12.2013 – II ZB 6/13, DNotZ 2014, 457; BGH, GmbHR 1990, 25 (Gleichwertigkeit bei Beurkundung durch Baseler Notar); so auch OLG Frankfurt am Main, Urt. v. 25.01.2005 – 11 U 8/04 (Kart), GmbHR 2005, 764 = DNotI-Report 2005, 78; OLG München, ZNotP 1998, 120; OLG Stuttgart, Urt. v. 17.05.2000 – 20 U 68/99, GmbH 2000, 721 = MittRhNotK 2000, 350 (keine Gleichwertigkeit bei Beglaubigung durch kalifornischen notary public).
306 KG, Beschl. v. 26.07.2018 – 22 W 2/18, DNotZ 2019, 141; ebenso LG Nürnberg-Fürth, MittbayNot 1992, 65; a.A. AG Kiel, GmbHR 1997, 506; LG Augsburg, GmbHR 1996, 941.
307 *Stelmaszczyk*, RNotZ 2019, 177 m.w.N.; *Diehn*, DNotZ 2019, 146; *Tebben*, GmbHR 2018, 1190; *Goette*, FS Boujong 1996, S. 131; *ders.*, MittRhNotK 1997, 1; *Hermanns*, RNotZ 2014, 229.
308 Vgl. *Lieder*, ZIP 2018, 1517, 1526.
309 Lutter/*Drygala*, § 6 Rn. 14.

Haftpflichtversicherung weit hinaus. In tatsächlicher Hinsicht hat die Diskussion, ob eine Auslandsbeurkundung die Form des § 6 wahrt, durch die Einführung des Höchstwertes für den Verschmelzungsvertrag (§ 39 Abs. 5 KostO a.F.) und der Höchstgebühr für den Verschmelzungsbeschluss (§ 47 Satz 2 KostO a.F.) erheblich an Bedeutung verloren; daran dürfte die Anpassung der Notarkosten durch die Reform des Kostenrechts (s. § 108 Abs. 5 GNotKG) nichts ändern.[310]

e) Heilung von Formmängeln

Ist ein beurkundungsbedürftiger Bestandteil des Verschmelzungsvertrages entgegen § 6 nicht beurkundet worden, ist diese Regelung nach § 125 Satz 1 BGB formnichtig. Ob der gesamte Vertrag nichtig ist, richtet sich nach § 139 BGB. Gem. § 20 Abs. 1 Nr. 4 wird der Mangel der notariellen Beurkundung des Verschmelzungsvertrages durch die Eintragung der Verschmelzung in das Register des übernehmenden Rechtsträgers geheilt. Das gilt richtiger Ansicht nach auch dann, wenn die Beurkundung des Verschmelzungsvertrages im Ausland oder – was im Hinblick auf die erforderliche Prüfung durch das Registergericht eher theoretischer Natur sein dürfte – gänzlich unterblieben ist.[311] Über § 20 Abs. 1 Nr. 4 wird aber nur der Formmangel, nicht sonstige Mängel geheilt. D.h. sind nicht beurkundete Nebenabreden des Verschmelzungsvertrages den über die Verschmelzung gem. § 13 entscheidenden Versammlungen der Anteilsinhaber der beteiligten Rechtsträger nicht bekannt, erstreckt sich ihre Zustimmung zum Verschmelzungsvertrag nicht auf diese Nebenabreden. Einen solchen aus § 13 resultierenden Wirksamkeitsmangel heilt die Eintragung nicht, so dass eine solche Nebenabrede unwirksam bleibt;[312] derartige Wirksamkeitsmängel lassen allerdings gem. § 20 Abs. 2 die aus § 20 Abs. 1 resultierenden sonstigen Rechtsfolgen der Verschmelzung unberührt. 135

V. Verschmelzungsbericht

1. Allgemeines/Inhalt

Die Vertretungsorgane jedes der an der Verschmelzung beteiligten Rechtsträger haben gem. § 8 Abs. 1 einen ausführlichen schriftlichen Bericht zu erstatten, in dem die Verschmelzung, der Verschmelzungsvertrag oder sein Entwurf im einzelnen und insbesondere das Umtauschverhältnis der Anteile oder die Angaben über die Mitgliedschaft bei dem übernehmenden Rechtsträger sowie die Höhe einer anzubietenden Barabfindung rechtlich und wirtschaftlich erläutert und begründet werden. Dieser sog. Verschmelzungsbericht dient der **Information der Anteilsinhaber** der beteiligten Rechtsträger; er soll ihnen ermöglichen, sich im Vorfeld der Versammlung, die über die Verschmelzung nach § 13 entscheidet, mit den wesentlichen Grundlagen der Verschmelzung vertraut zu machen. Mit dem Verschmelzungsbericht soll ihnen eine Grundlage gegeben werden, um zu beurteilen, ob die Verschmelzung wirtschaftlich zweckmäßig ist und den gesetzlichen Anforderungen genügt.[313] An diesem Zweck haben sich die inhaltlichen Angaben des Berichts auszurichten.[314] 136

Der Verschmelzungsbericht als gewissermaßen interne Beurteilung tritt neben die externe – d.h. von unabhängiger dritter Seite durchgeführte – Verschmelzungsprüfung nach §§ 9 ff., die ebenfalls der Information der Anteilsinhaber dient.[315] Sowohl bei dem Verschmelzungsbericht nach § 8 als auch bei dem Bericht über die Verschmelzungsprüfung nach § 9 i.V.m. § 12 hebt der Gesetzgeber 137

---

310 S. dazu unten Rdn. 454.
311 Lutter/*Grunewald*, § 20 Rn. 74; Widmann/Mayer/*Heckschen*, § 6 Rn. 89, a.A. Widmann/Mayer/*Vossius*, § 20 Rn. 370.
312 LAG Nürnberg, Urt. v. 26.08.2004 – 2 Sa 463/02, ZIP 2005, 398, 400; Lutter/*Grunewald*, § 20 Rn. 75; Semler/Stengel/*Kübler*, § 20 Rn. 83.
313 Semler/Stengel/*Gehling*, § 8 Rn. 2.
314 BGH, ZIP 1990, 1560 = WM 1990, 2073; BGH, ZIP 1989, 980; OLG Saarbrücken, Beschl. v. 07.12.2010 – 4 AktG 476/10, NZG 2011, 358; OLG Frankfurt, Beschl. v. 20.03.2012 – 5 AktG 4/11, AG 2012, 414 = NotBZ 2012, 305 für die »Schwesterfusion«; krit. *Pluskat/Wiegand*, EWiR 2013, 91.
315 Semler/Stengel/*Zeidler*, § 9 Rn. 2.

die Erläuterung bzw. Prüfung des im Verschmelzungsvertrag vereinbarten Umtauschverhältnisses nach § 5 Abs. 1 Nr. 3 hervor, das für die Anteilsinhaber der beteiligten Rechtsträger in wirtschaftlicher Hinsicht von entscheidender Bedeutung ist. Nach § 17 Abs. 1 zählt der Verschmelzungsbericht, soweit er nicht nach § 8 Abs. 3 entbehrlich ist, zu den Anlagen, die im Rahmen der Anmeldung der Verschmelzung dem Registergericht vorzulegen sind.

2. Zuständigkeit für die Erstattung des Berichts

138 Die Erstattung des Verschmelzungsberichts obliegt dem jeweiligen Vertretungsorgan des beteiligten Rechtsträgers. Welches Organ dies ist, richtet sich nach dem Statut des jeweiligen Rechtsträgers und den gesetzlichen Bestimmungen.[316] Besteht das Vertretungsorgan aus mehreren Personen, ging die bislang h.M. davon aus, dass der Bericht durch das Gesamtorgan zu erstellen ist, d.h. im Hinblick auf das Schriftlichkeitsgebot in § 8 Abs. 1 auch durch sämtliche Mitglieder des Vertretungsorgans zu unterzeichnen ist.[317] Der Bundesgerichtshof hat in einer Entscheidung aus dem Jahre 2007, ohne die Frage allerdings abschließend zu entscheiden, deutlich zu erkennen gegeben, dass er die Mindermeinung für zutreffend hält, die es für ausreichend erachtet, wenn der Bericht durch **Mitglieder des Vertretungsorgans in vertretungsberechtigter Zahl** unterzeichnet wird.[318] Jedenfalls hält es der Bundesgerichtshof für keinen zur Anfechtung des Verschmelzungsbeschlusses relevanten Beschlussmangel, wenn der Verschmelzungsbericht nicht durch alle Organmitglieder, sondern nur durch Organmitglieder in vertretungsberechtigter Zahl unterschrieben wird. § 8 Abs. 1 Satz 1 Halbs. 2 lässt es nunmehr ausdrücklich zu, dass von den Vertretungsorganen der beteiligten Rechtsträger ein einheitlicher Bericht erstellt wird.[319]

3. Entbehrlichkeit

a) Verzicht

139 Der Verschmelzungsbericht dient der Information und damit dem Schutz der Anteilsinhaber der beteiligten Rechtsträger. Das Gesetz lässt einen Verzicht auf diesen Schutz zu. Allerdings ist ein Verschmelzungsbericht gem. § 8 Abs. 3 Satz 1, 1. Alt. i.V.m. Abs. 3 Satz 2 nur entbehrlich, wenn **alle Anteilsinhaber** aller beteiligten Rechtsträger auf seine Erstattung durch notariell beurkundete Erklärung verzichten. Es reicht daher nicht aus, dass nur alle Anteilsinhaber eines Rechtsträgers auf den Bericht verzichten, um dessen Erstellung für die Vertretungsorgane dieses Rechtsträgers entbehrlich zu machen.[320] Der Verzicht muss sich auf die konkrete Verschmelzung beziehen, ein allgemeiner Verzicht – etwa in der Satzung eines Rechtsträgers – ist nicht zulässig.[321] Dass der Verzicht allerdings nur möglich sein soll, wenn zumindest bereits der Entwurf des Verschmelzungsvertrages vorliegt, findet im Gesetz keine Grundlage.[322] Der Verzicht kann auch durch einen Vertreter erklärt werden. Dessen Vollmacht bedarf nach § 167 Abs. 2 BGB nicht der notariellen Beurkundung. Eine Verzichtserklärung durch einen vollmachtslosen Vertreter scheidet im Hinblick auf § 180 Satz 1 BGB aus.

b) Konzernverschmelzung

140 Entbehrlich ist ein Verschmelzungsbericht nach § 8 Abs. 3 Satz 1, 2. Alt. auch dann, wenn sich alle Anteile des übertragenden Rechtsträgers in der Hand des übernehmenden Rechtsträgers befinden.

---

316 Semler/Stengel/*Gehling*, § 8 Rn. 5.
317 Zum Meinungsstand z.B. Lutter/*Drygala*, § 8 Rn. 6 m.w.N.
318 BGH, Beschl. v. 21.05.2007 – II ZR 266/04, DNotZ 2008, 143 im Anschluss an *Müller*, NJW 2000, 2001; so auch OLG Stuttgart, Beschl. v. 23.05.2011 – 8 W 294/10, NotBZ 2012, 98.
319 Zur früheren Rechtslage s. Semler/Stengel/*Gehling*, § 8 Rn. 6.
320 De lege ferenda kritisch hierzu Semler/Stengel/*Gehling*, § 8 Rn. 70.
321 Lutter/*Drygala*, § 8 Rn. 56.
322 So zu Recht Semler/Stengel/*Gehling*, § 8 Rn. 68; a.A. Lutter/*Drygala*, § 8 Rn. 56.

c) Personengesellschaften (§§ 41, 45c Satz 1)

Gem. § 41 ist ein Verschmelzungsbericht entbehrlich für eine an der Verschmelzung beteiligte Personenhandelsgesellschaft, wenn alle Gesellschafter dieser Gesellschaft zur Geschäftsführung berechtigt sind. Entsprechendes gilt gem. § 45c Satz 1 bei der Partnerschaftsgesellschaft. § 41 liegt die Überlegung zugrunde, dass das Informationsbedürfnis der Anteilsinhaber nicht über einen Verschmelzungsbericht im Sinne von § 8 befriedigt werden muss, wenn sich die Anteilsinhaber auf Grund ihrer Geschäftsführerstellung über die Verschmelzung ausreichend informieren können.[323] Ob § 41 auf die **personalistische GmbH**, bei der alle Gesellschafter zugleich Geschäftsführer sind, analog angewandt werden kann, ist umstritten.[324] Obwohl in der Tat die Interessenlage für eine Analogie spricht, sollte, solange die Rechtsprechung nicht im Sinne einer Analogie entschieden hat, vorsorglich im Hinblick auf § 1 Abs. 3 Satz 1 die Erstellung des Verschmelzungsberichts nicht unterbleiben. Umstritten ist es ferner, ob § 41 dann Anwendung findet, wenn bei der GmbH & Co. KG sämtliche Kommanditisten Geschäftsführer der geschäftsführungsberechtigten Komplementär-GmbH sind. Richtiger Ansicht nach ist dies im Hinblick auf Sinn und Zweck von § 41 zu bejahen.[325] Auch hier empfiehlt es sich, solange die Rechtsprechung die Anwendung des § 41 in derartigen Konstellationen nicht bejaht hat, vorsorglich davon auszugehen, dass der Verschmelzungsbericht nicht nach § 41 entbehrlich ist.

141

§§ 41, 45c Satz 1 schließen für den Bereich der Personengesellschaften die Anwendung von § 8 Abs. 3 nach allgemeiner Ansicht nicht aus.[326] Erforderlich für die Anwendung des § 8 Abs. 3 Satz 1, 1. Alt. ist aber auch bei Beteiligung von Personengesellschaften, dass alle Anteilsinhaber aller beteiligten Rechtsträger den Verzicht auf die Erstellung des Berichts erklären. Es reicht richtiger Ansicht nach nicht aus, dass für eine beteiligte Personenhandelsgesellschaft die Voraussetzungen des § 41 vorliegen und die Anteilsinhaber der übrigen Rechtsträger ihren Verzicht erklären.[327]

142

4. Information der Anteilsinhaber

Im Umwandlungsgesetz finden sich rechtsformspezifische Regelungen darüber, wie den Anteilsinhabern der an der Verschmelzung beteiligten Rechtsträger der Verschmelzungsbericht zugänglich gemacht werden muss. Ist an der Verschmelzung eine Personenhandelsgesellschaft beteiligt, bei der nicht alle Gesellschafter zur Geschäftsführung berechtigt sind (und daher die Erstellung des Verschmelzungsberichts nicht nach § 41 entbehrlich ist), muss der Verschmelzungsbericht (ebenso wie der Verschmelzungsvertrag oder sein Entwurf) gem. § 42 den Gesellschaftern, die von der Geschäftsführung ausgeschlossen sind, spätestens zusammen mit der **Einberufung der Gesellschafterversammlung**, die gem. § 13 Abs. 1 über die Zustimmung beschließen soll, übersandt werden. Entsprechendes gilt gem. § 45c Satz 2 bei der Partnerschaftsgesellschaft. Auch bei der Beteiligung einer GmbH muss der Verschmelzungsbericht – ebenso wie der Verschmelzungsvertrag oder sein Entwurf – gem. § 47 den Gesellschaftern spätestens zusammen mit der Einberufung der Gesellschafterversammlung, die gem. § 13 Abs. 1 über die Zustimmung beschließen soll, übersandt werden. Ist an der Verschmelzung eine Aktiengesellschaft beteiligt, ist gem. § 63 Abs. 1 Nr. 4 von der Einberufung der Hauptversammlung an, die gem. § 13 Abs. 1 über die Zustimmung zu dem Verschmelzungsvertrag beschließen soll, in dem Geschäftsraum der Gesellschaft neben den anderen in § 63 Abs. 1 genannten Unterlagen auch die nach § 8 erstatteten Verschmelzungsberichte auszulegen; gem. § 63 Abs. 3 Satz 1 ist jedem Aktionär unverzüglich und kostenlos eine Abschrift des Verschmel-

143

---

323 Lutter/*H. Schmidt*, § 41 Rn. 1.
324 Für eine Analogie Semler/Stengel/*Gehling*, § 8 Rn. 75; Lutter/*Drygala*, § 8 Rn. 58; dagegen Lutter/*H. Schmidt*, § 41 Rn. 3.
325 So auch Semler/Stengel/*Ihrig*, § 41 Rn. 10; a.A. Lutter/*H. Schmidt*, § 41 Rn. 5; Schmitt/Hörtnagl/Stratz/*Westerburg*, § 41 Rn. 3; Kallmeyer/*Kocher*, § 41 Rn. 2.
326 Z.B. Lutter/*H. Schmidt*, § 41 Rn. 6.
327 Lutter/*H. Schmidt*, § 41 Rn. 6; Semler/Stengel/*Ihrig*, § 41 Rn. 6; a.A. Widmann/Mayer/*Vossius*, § 41 Rn. 13.

zungsberichts zu erteilen, gem. § 63 Abs. 3 Satz 2 mit dessen Einwilligung auch im Wege der elektronischen Kommunikation. Nach dem durch das ARUG eingeführten § 63 Abs. 4 entfallen die Pflichten nach § 63 Abs. 1 und 3, wenn die in § 63 Abs. 1 genannten Unterlagen, d.h. auch den Verschmelzungsbericht, für denselben Zeitraum auf der **Internetseite der Gesellschaft** zugänglich sind. Die Regelungen in § 63 gelten gem. § 78 Satz 1 auch für die Verschmelzung unter Beteiligung einer Kommanditgesellschaft auf Aktien.

5. Grenzen der Berichtspflicht

144 Gem. § 8 Abs. 2 Satz 1 müssen in den Bericht keine Tatsachen aufgenommen werden, deren Bekanntwerden geeignet ist, einem der beteiligten Rechtsträger oder einem ihm verbundenen Unternehmen einen **nicht unerheblichen Nachteil** zuzufügen. § 8 Abs. 2 Satz 2 verlangt in derartigen Fällen, dass dann in dem Bericht die Gründe, aus denen die Tatsachen nicht aufgenommen worden sind, darzulegen sind. Die Vorschrift lehnt sich an die Regelung in § 131 Abs. 3 Nr. 1 AktG an, so dass die dort entwickelten Maßstäbe auch im Rahmen von § 8 Abs. 2 anwendbar sind.[328] Eine generelle Berufung auf eine Schädlichkeit der Angaben im Bericht genügt für § 8 Abs. 2 nicht;[329] vielmehr bedarf es insoweit konkreter Angaben.[330]

6. Fehlerhafte Berichte

a) Heilung von Mängeln

145 Genügt ein Verschmelzungsbericht nicht den gesetzlichen Vorgaben, so kann der Mangel richtiger Ansicht nach nicht dadurch geheilt werden, dass die entsprechenden Informationen im Rahmen der Versammlung, die über die Verschmelzung beschließt, nachgeholt werden.[331] Dies wäre mit dem Zweck des Verschmelzungsberichts, die Anteilsinhaber vor der Versammlung zu informieren und ihnen eine Grundlage für ihre Entscheidung zu geben, nicht vereinbar.[332] Im Schrifttum wird es für zulässig gehalten, den Anteilsinhabern eine korrigierte Fassung des Berichts zu übersenden, sofern hierbei die gesetzlich oder statuarisch vorgeschriebenen Mindesteinladungsfristen des jeweiligen Rechtsträgers gewahrt bleiben.[333] Selbst dann, wenn letzteres nicht der Fall sei, könne ein berichtigter Bericht übersandt werden, wenn dem Anteilsinhaber genügend Zeit bleibe, seine Entscheidung unter Berücksichtigung der Änderungen und Korrekturen angemessen vorzubereiten. Gegen die Zulässigkeit einer solchen Vorgehensweise spricht – unabhängig davon, ob die Mindesteinladungsfristen gewahrt werden können oder nicht – bei Personengesellschaften und Gesellschaften mit beschränkter Haftung, dass die einschlägigen Normen (§§ 42, 45c Satz 2, 47) verlangen, dass der Bericht »*spätestens* mit der Einberufung der Gesellschafterversammlung, die über die Zustimmung zum Verschmelzungsvertrag beschließt« zu übersenden ist. Im Hinblick darauf dürfte es richtiger sein, in derartigen Fällen trotz Übersendung der korrigierten Fassung von einem **Informationsmangel** auszugehen und im Einzelfall im Rahmen einer eventuellen Anfechtung des Zustimmungsbeschlusses zu prüfen, ob dieser Mangel – im Hinblick auf die Übersendung der korrigierten Fassung – für die Beschlussfassung relevant war. Entsprechendes gilt für die Aktiengesellschaft, wenn die nach § 63 Abs. 1 Nr. 4 zur Einsicht der Aktionäre bereits ausgelegten (oder nach § 63 Abs. 4 auf der Internetseite zugänglich gemachten) Berichte korrigiert werden sollen.

---

328 Semler/Stengel/*Gehling*, § 8 Rn. 66.
329 BGH, ZIP 1990, 1560 = WM 1990, 2073.
330 BGHZ 107, 296, 306.
331 Lutter/*Drygala*, § 8 Rn. 60; Kallmeyer/*Marsch-Barner*, § 8 Rn. 35; LG München, AG 2000, 87, 88, a.A. *Bayer*, AG 1988, 323, 330; *H.-J. Mertens*, AG 1990, 20, 29 f.
332 Vgl. auch BGH, ZIP 1990, 1560 = WM 1990, 2073.
333 Semler/Stengel/*Gehling*, § 8 Rn. 83.

b) Folgen für den Verschmelzungsbeschluss

Geht einem Verschmelzungsbeschluss ein den Vorgaben des § 8 nicht entsprechender Verschmelzungsbericht voraus, kann dies dazu führen, dass eine Klage gegen die Wirksamkeit des Verschmelzungsbeschlusses im Sinne von § 14 Abs. 1 mit Erfolg erhoben werden kann. Im Einzelnen ist insoweit folgendes zu beachten: 146

Handelt es sich bei dem Rechtsträger, dessen Anteilsinhaber den Verschmelzungsbeschluss gefasst haben, um eine Kapitalgesellschaft, führt ein aus einer Missachtung der Vorgaben in § 8 resultierender Informationsmangel nicht zu einer Nichtigkeit, sondern allenfalls – unter Beachtung der nachstehenden Einschränkungen – zu einer **Anfechtbarkeit** des Beschlusses, und zwar selbst dann, wenn der Bericht völlig fehlt.[334] 147

Der Anfechtbarkeit eines entsprechenden Verschmelzungsbeschlusses, der von der Hauptversammlung einer Aktiengesellschaft gefasst wird, steht § 243 Abs. 4 Satz 2 AktG nicht entgegen. Nach dieser durch das Gesetz zur Unternehmensintegrität und Modernisierung des Anfechtungsrechts (UMAG) vom 22.09.2005 eingeführten Vorschrift kann eine Anfechtungsklage auf unrichtige, unvollständige oder unzureichende Informationen in der Hauptversammlung über die Ermittlung, Höhe oder Angemessenheit von Ausgleich, Abfindung oder Zuzahlung oder über sonstige Kompensationen nicht gestützt werden, wenn das Gesetz für Bewertungsrügen ein **Spruchverfahren** zur Verfügung stellt. Zwar verweisen §§ 14 Abs. 2, 15 Abs. 1 die Anteilsinhaber eines übertragenden Rechtsträgers für die dort genannten Fälle auf das Spruchverfahren. § 243 Abs. 4 Satz 2 AktG versperrt aber bei auf § 8 beruhenden Informationsmängeln gleichwohl nicht den Weg zur Anfechtungsklage, weil § 243 Abs. 4 Satz 2 AktG sich nur auf Mängel von Informationen *in* der Hauptversammlung bezieht, d.h. nicht auf Mängel von Informationen, die wie der Verschmelzungsbericht *vor* der Hauptversammlung zu erteilen sind.[335] 148

Besteht – unabhängig von der Rechtsform der beteiligten Rechtsträger – der Mangel des Verschmelzungsberichts in einer unterbliebenen oder unzureichenden Erläuterung der im Verschmelzungsvertrag nach § 29 vorzusehenden **Barabfindung**, kann die Wirksamkeit des Verschmelzungsbeschlusses eines übertragenden Rechtsträgers nicht unter Hinweis hierauf mit Erfolg nach § 14 Abs. 1 angegriffen werden. Dies ergibt sich aus § 32. Danach kann eine Klage gegen die Wirksamkeit des Verschmelzungsbeschlusses eines übertragenden Rechtsträgers nicht darauf gestützt werden, dass die Barabfindung nach § 29 im Verschmelzungsvertrag nicht oder nicht ordnungsgemäß angeboten wird. Wenn – so hat es der BGH zu der inhaltlich identischen Parallelvorschrift zu § 32, nämlich der für den Formwechsel geltenden Vorschrift in § 210, entschieden[336] – eine Klage nach § 14 scheitert, wenn das Abfindungsangebot völlig fehlt, so muss dies erst recht gelten, wenn das Abfindungsangebot nicht oder nicht ausreichend im Verschmelzungsbericht erläutert ist. 149

Diese Rechtsprechung des BGH kann allerdings richtiger Ansicht nach nicht auf sonstige Mängel des Verschmelzungsberichts ausgedehnt werden. Wird also insbesondere das **Umtauschverhältnis** entgegen § 8 Abs. 1 nicht ausreichend erläutert, kommt eine Klage gegen die Wirksamkeit des Verschmelzungsbeschlusses gem. § 14 in Betracht.[337] Voraussetzung für einen Erfolg einer solchen Klage gegen die Wirksamkeit des Verschmelzungsbeschlusses ist allerdings, dass der Informationsmangel für die sachgerechte Meinungsbildung der Anteilsinhaber relevant war. Ob dies der Fall ist, ist mit Hilfe des in § 243 Abs. 4 Satz 1 AktG niedergelegten Maßstabs zu beurteilen.[338] Gem. § 243 Abs. 4 Satz 1 AktG kann wegen unrichtiger, unvollständiger oder verweigerter Erteilung von Informatio- 150

---

334 Schmitt/Hörtnagl/Stratz/*Winter*, § 8 Rn. 40; Lutter/*Drygala*, § 8 Rn. 59.
335 Semler/Stengel/*Gehling*, § 8 Rn. 81 unter Hinweis auf die Gesetzesbegründung in BT-Drucks. 15/5092, S. 26.
336 BGH, Urt. v. 29.01.2001 – II ZR 368/98, AG 2001, 263; BGH, Urt. v. 18.12.2000 – II ZR 1/99, DNotZ 2001, 877; BGH, Urt. v. 16.03.2009 – II ZR 302/06, NZG 2009, 585; s.a. oben Rdn. 108.
337 Lutter/*Drygala*, § 8 Rn. 61 m.w.N.; kritisch Kallmeyer/*Marsch-Barner*, § 8 Rn. 34 und § 14 Rn. 14.
338 Semler/Stengel/*Gehling*, § 8 Rn. 77 f.

nen ein Hauptversammlungsbeschluss nur angefochten werden, wenn ein objektiv urteilender Aktionär die Erteilung der Information als wesentliche Voraussetzung für die sachgerechte Wahrnehmung seiner Teilnahme- und Mitgliedschaftsrechte angesehen hätte. Damit sind die Anforderungen an eine **Relevanz des Informationsmangels** gering; insbesondere kommt es nicht (mehr) darauf an, wie ein sachgerecht informierter Anteilsinhaber bei sachgerechter Erteilung der Information abgestimmt hätte. Verneint hat der Bundesgerichtshof die Relevanz eines Mangels im vorstehenden Sinn in einem Fall, in dem der Verschmelzungsbericht nicht die Unterschriften aller Mitglieder des Vertretungsorgans, sondern nur die Unterschriften einer vertretungsberechtigten Anzahl von Organmitgliedern aufwies.[339]

151 Der Verschmelzungsbeschluss einer Personengesellschaft, dem ein Verschmelzungsbericht zugrunde liegt, der einen im Sinne von § 243 Abs. 4 Satz 1 AktG relevanten Verstoß gegen die Vorgaben des § 8 aufweist, ist nicht anfechtbar, sondern **nichtig**. Denn das Recht der Personengesellschaften kennt – anders als das Recht der Kapitalgesellschaften – jedenfalls nach h.M. eine Unterscheidung zwischen nichtigen und anfechtbaren Beschlüssen nicht.[340]

c) Eintragbarkeit der Verschmelzung

152 Welche Auswirkungen Verschmelzungsbeschlüsse, die auf aus § 8 resultierenden Informationsmängeln beruhen, auf die Eintragbarkeit der Verschmelzung haben, ist für Verschmelzungsbeschlüsse von Kapitalgesellschaften geklärt, für Verschmelzungsbeschlüsse von Personengesellschaften hingegen nicht geklärt.

153 Handelt es sich um den Verschmelzungsbeschluss einer Kapitalgesellschaft, steht eine **Anfechtbarkeit** des Beschlusses der Eintragung der Verschmelzung im Grundsatz nicht entgegen.[341] Denn der Verschmelzungsbericht dient dem Schutz der Anteilsinhaber. § 8 ist – wie die Möglichkeit, auf den Verschmelzungsbericht zu verzichten (§ 8 Abs. 3), zeigt – keine Norm, die dem **Schutz öffentlicher Interessen** dient und deren Missachtung das Registergericht auch dann zu beachten hätte, wenn diese von den Betroffenen nicht gerügt wird.[342] Anders liegt es dann, wenn die Anteilsinhaber wegen des Informationsmangels tatsächlich (fristgerecht) Anfechtungsklage erhoben haben. Dann darf das Registergericht die Verschmelzung nur unter den Voraussetzungen des § 16 Abs. 2, d.h. bei rechtskräftiger Klageabweisung oder Klagerücknahme, oder unter den Voraussetzungen des § 16 Abs. 3, d.h. bei rechtskräftiger Feststellung des Gerichts im Rahmen des Unbedenklichkeitsverfahrens, dass die Anfechtungsklage der Eintragung nicht entgegensteht, eintragen.[343]

154 Handelt es sich um den Verschmelzungsbeschluss einer Personengesellschaft, bei dem der Informationsmangel – nach derzeitiger Dogmatik[344] – nicht zur Anfechtbarkeit, sondern zur Nichtigkeit des Verschmelzungsbeschlusses führt, stellt sich die Frage, ob das Registergericht, wenn keine Klage gegen die Wirksamkeit des Beschlusses nach § 14 erhoben wurde, die Verschmelzung eintragen darf. Dem ließe sich entgegenhalten, dass Eintragungen im Handelsregister auf der Grundlage nichtiger Beschlüsse nicht zulässig sind.[345] Wie im Schrifttum zu Recht angenommen wird, sind jedoch für Beschlüsse von Gesellschaftern einer Personengesellschaft, deren Nichtigkeit auf einem fehlenden oder fehlerhaften Verschmelzungsbericht beruht, dieselben Grundsätze anzuwenden, die für Kapi-

---

339 BGH, Beschl. v. 21.05.2007 – II ZR 266/04, DNotZ 2008, 143.
340 Widmann/Mayer/*Mayer*, § 8 Rn. 68; Lutter/*Drygala*, § 8 Rn. 63; BGH, Urt. v. 11.03.2014 – II ZR 24/13, DNotZ 2014, 537; BGH, BB 1995, 692; a.A. *K. Schmidt*, FS Stimpel 1985, S. 217; zu den Folgen für die Eintragbarkeit der Verschmelzung s. Rdn. 154.
341 Lutter/*Drygala*, § 8 Rn. 62.
342 Lutter/*Decher*, § 14 Rn. 16; zum Schutzzweck OLG Bamberg, Beschl. v. 18.06.2012 – 6 W 26/12, NZG 2012, 1269.
343 Zu § 16 s. Rdn. 202.
344 Zu den Reformüberlegungen, siehe §§ 714 a ff des sog. Mauracher Entwufs, dazu *Heckschen*, AnwBl. 2020, 470.
345 So wohl BayObLG, BB 1991, 1729; OLG Hamm, OLGZ 1994, 415.

talgesellschaften gelten.³⁴⁶ Der Verschmelzungsbericht dient auch bei Personengesellschaften nicht dem öffentlichen Interesse, sondern dem **Schutz der Anteilsinhaber**; auf diesen Schutz können sie verzichten (§ 8 Abs. 3). Lassen die Anteilsinhaber den Verschmelzungsbeschluss unbeanstandet, indem sie von der ihnen eingeräumten Klagemöglichkeit keinen Gebrauch machen, erweist sich der Verstoß gegen § 8 als nicht so gravierend, dass er der Eintragung der Verschmelzung entgegenstände.³⁴⁷

7. Weitere Informationspflichten

Der Gesetzgeber hat (in Umsetzung der EU-Richtlinie 2009/109 EG vom 16.09.2009) für den Fall, dass eine Aktiengesellschaft an der Verschmelzung beteiligt ist, durch das 3. Gesetz zur Änderung des Umwandlungsgesetzes vom 11.07.2011 weitere Informationspflichten eingeführt. So ist der Vorstand der Aktiengesellschaft gem. § 64 Abs. 1 Satz 2 Halbs. 2 insb. verpflichtet, zu Beginn der Verhandlung, in der über die Zustimmung zu dem Verschmelzungsvertrag beschlossen wird, über jede wesentliche Veränderung des Vermögens der Aktiengesellschaft zu unterrichten, die seit dem Abschluss des Verschmelzungsvertrages oder der Aufstellung des Entwurfs eingetreten ist.³⁴⁸ Für die Folgen einer Verletzung der erweiterten Berichtspflicht dürften die allgemeinen Grundsätze gelten.³⁴⁹ Anders als noch im Regierungsentwurf vorgesehen, gilt die erweiterte Berichtspflicht nicht rechtsformunabhängig, sondern nur bei Beteiligung einer Aktiengesellschaft (KGaA) an der Verschmelzung.³⁵⁰

155

VI. Verschmelzungsprüfung nach §§ 9 bis 12

1. Allgemeines

Mit der Prüfung der Verschmelzung durch gerichtlich bestellte – und damit unparteiische – **externe Prüfer** nach §§ 9 bis 12 will das Gesetz die Anteilsinhaber der beteiligten Rechtsträger präventiv, d.h. bereits im Vorfeld der Verschmelzungsbeschlüsse, schützen.³⁵¹ Ziel der Verschmelzungsprüfung durch die Prüfer ist es – wie § 12 Abs. 2 zeigt – insbesondere, eine Antwort auf die für die Anteilsinhaber entscheidende Frage zu geben, ob das im Verschmelzungsvertrag oder seinem Entwurf vorgesehene Umtauschverhältnis der Anteile, gegebenenfalls die Höhe der baren Zuzahlung oder die Mitgliedschaft bei dem übernehmenden Rechtsträger als Gegenwert für den Verlust der Rechte an dem übertragenden Rechtsträger angemessen ist. Soweit eine Verschmelzungsprüfung im Sinne von §§ 9 bis 12 stattzufinden hat und hierüber ein Verschmelzungsbericht zu erstellen ist, gehört letzterer zu den Unterlagen, die nach § 17 Abs. 1 im Rahmen der Anmeldung der Verschmelzung zum Handelsregister einzureichen sind. Im Hinblick auf einen möglichst reibungslosen Ablauf der Verschmelzung ist zu beachten, dass Mängel der Verschmelzungsprüfung – ebenso wie solche des Verschmelzungsberichts nach § 8 – zur Anfechtbarkeit oder auch zur Nichtigkeit der Verschmelzungsbeschlüsse führen können.³⁵²

156

2. Erforderlichkeit der Verschmelzungsprüfung und des Prüfungsberichts

Nach § 9 Abs. 1 ist der Verschmelzungsvertrag oder sein Entwurf durch einen oder mehrere sachverständige Prüfer (nur) dann zu prüfen, soweit es in den sonstigen Regeln des Umwandlungsge-

157

---

346 Lutter/*Drygala*, § 8 Rn. 63.
347 So im Ergebnis Widmann/Mayer/*Mayer*, § 8 Rn. 68.
348 S. dazu unten Rdn. 387.
349 Dazu oben Rdn. 146 ff.; so auch zu § 143 Semler/Stengel/*Diekmann*, § 143 Rn. 17; a.A. wohl Stellungnahme DAV-Handelsrechtsausschuss, NZG 2010, 615.
350 S. § 8 Abs. 3 RegE-UmwG.
351 Semler/Stengel/*Zeidler*, § 9 Rn. 2; zum Aspekt des präventiven Schutzes s.a. OLG Düsseldorf, Beschl. v. 14.04.2000 – 19 W 6/98, NZG 2000, 1079; OLG Stuttgart, Beschl. v. 08.03.2006 – 20 W 5/05, AG 2006, 421.
352 S. dazu oben Rdn. 146.

setzes vorgeschrieben ist. Eine Pflicht zur Verschmelzungsprüfung ergibt sich also nicht aus § 9, sondern aus den rechtsformspezifischen besonderen Regeln des Umwandlungsgesetzes. § 9 Abs. 2 und 3 regeln insoweit allerdings Tatbestände, in denen eine Verschmelzungsprüfung nicht erforderlich ist, nämlich gem. § 9 Abs. 2 dann, wenn sich alle Anteile des übertragenden Rechtsträgers in der Hand des übernehmenden Rechtsträgers befinden (**Verschmelzung 100 %-ige Tochter auf ihre Mutter**), und gem. §§ 9 Abs. 3, 8 Abs. 3 dann, wenn alle Anteilsinhaber aller beteiligten Rechtsträger durch notariell zu beurkundende Erklärung auf die Verschmelzungsprüfung verzichten. § 9 Abs. 2 findet im Hinblick auf § 1 Abs. 3 Satz 1 keine (entsprechende) Anwendung auf die Verschmelzung von Schwestergesellschaften oder die Verschmelzung einer Muttergesellschaft auf ihre Tochtergesellschaft.[353] Hier gelten die spezifischen rechtsformabhängigen Bestimmungen sowie vorbehaltlich § 81 (für die Genossenschaft) die **Verzichtsmöglichkeit in § 9 Abs. 3**. Generell unberührt bleibt die Möglichkeit, eine Verschmelzungsprüfung auf freiwilliger Basis durchzuführen.[354]

158 Die rechtsformspezifischen Regeln des Umwandlungsgesetzes beantworten die Frage, ob eine Verschmelzungsprüfung im Sinne von §§ 9 bis 12 stattzufinden hat, in recht differenzierter Weise. Bei manchen Rechtsträgern ist generell keine externe Prüfung vorgeschrieben, bei anderen findet sie in bestimmten Fällen auf entsprechendes Verlangen statt, bei wiederum anderen ist sie – in der Regel vorbehaltlich der Verzichtsmöglichkeit in §§ 9 Abs. 3, 8 Abs. 3 – vorgeschrieben. Im Einzelnen ergibt sich bezüglich der hier im Vordergrund der Erörterungen stehenden Verschmelzung unter Beteiligung von Personen- und Kapitalgesellschaften folgendes Bild:

a) Beteiligung von Personengesellschaften

159 Sind an der Verschmelzung (durch Aufnahme oder Neugründung) eine Personenhandelsgesellschaft oder eine Partnerschaftsgesellschaft (auf Seiten des übertragenden oder übernehmenden Rechtsträgers) beteiligt, richtet sich die Frage, ob eine Verschmelzungsprüfung durchzuführen ist, nach § 44 für die Personenhandelsgesellschaft und nach § 45e Satz 2 für die Partnerschaftsgesellschaft, der, falls der Partnerschaftsvertrag für den Verschmelzungsbeschluss gem. § 45d Abs. 2 eine Mehrheitsentscheidung vorsieht, auf § 44 verweist. Nach § 44 ist insoweit danach zu differenzieren, ob und welche Regelungen der jeweilige Gesellschaftsvertrag hinsichtlich der Frage enthält, welcher Mehrheit der Verschmelzungsbeschluss in der Gesellschafterversammlung bedarf. Nach § 43 Abs. 1 bedarf der Verschmelzungsbeschluss grundsätzlich der Zustimmung aller bei der Gesellschafterversammlung anwesenden Gesellschafter sowie darüber hinaus auch der Zustimmung aller nicht erschienenen Gesellschafter. § 43 Abs. 2 räumt den Gesellschaftern die Möglichkeit ein, das in § 43 Abs. 1 verankerte Erfordernis der Zustimmung aller Gesellschafter zu lockern und in die Satzung eine Regelung aufzunehmen, dass der Verschmelzungsbeschluss durch **Mehrheitsentscheidung** ergehen kann, wobei die laut Satzung vorgeschriebene Mehrheit mindestens drei Viertel der abgegebenen Stimmen betragen muss. Enthält der Gesellschaftsvertrag eine solche Regelung im Sinne von § 43 Abs. 2, kann ein Gesellschafter innerhalb einer Frist von einer Woche, nachdem er die in § 42 genannten Unterlagen (Verschmelzungsvertrag oder dessen Entwurf, Verschmelzungsbericht) erhalten hat, eine Verschmelzungsprüfung verlangen. Enthält der Gesellschaftsvertrag keine Regelung im Sinne von § 43 Abs. 2 und bedarf der Verschmelzungsbeschluss daher gem. § 43 Abs. 1 der Zustimmung aller Gesellschafter, bedarf es von Gesetzes wegen keiner Verschmelzungsprüfung.[355] Unbenommen bleibt es allerdings jedem Gesellschafter, seine Zustimmung von einer solchen Prüfung abhängig zu machen.[356]

160 Das Recht, die Verschmelzungsprüfung nach § 44 zu verlangen, dient zwar dem **Minderheitsschutz**, steht aber jedem Gesellschafter – unabhängig vom Umfang seiner Beteiligung an der Gesellschaft – zu.[357] Die Erklärung, eine Verschmelzungsprüfung zu verlangen, ist an die Gesellschaft zu richten;

---

353 Limmer/*Limmer*, Teil 2 Rn. 420.
354 Semler/Stengel/*Zeidler*, § 9 Rn. 12.
355 Semler/Stengel/*Ihrig*, § 44 Rn. 7.
356 Lutter/*H. Schmidt*, § 44 Rn. 4.
357 Kallmeyer/*Lanfermann*, § 44 Rn. 5.

der Zugang bei einem Gesamtvertreter reicht nach § 125 Abs. 2 Satz 3 HGB aus.[358] Die Erklärung bedarf keiner besonderen Form. Die Wochenfrist in § 44 ist eine **Ausschlussfrist** und nach §§ 187 Abs. 1, 188 Abs. 2 BGB zu berechnen.[359] Sie beginnt im Hinblick auf den klaren gesetzlichen Wortlaut richtiger Ansicht nach mit dem Erhalt der Verschmelzungsunterlagen (§ 42). Auf den Zugang der Unterlagen und dessen Nachweis ist daher besonderes Augenmerk zu legen.

Die Wochenfrist in § 44 wurde durch das 2. Gesetz zur Änderung des Umwandlungsgesetzes vom 19.04.2007 eingeführt. Sie soll verhindern, dass das Prüfungsverlangen – wie nach früherem Recht möglich – gegebenenfalls noch in der Gesellschafterversammlung gestellt wird, in der über die Verschmelzung beschlossen werden soll.[360] Wird eine Prüfung nach § 44 fristgerecht verlangt, erfordert es der mit § 44 verfolgte Schutzzweck, dass die Gesellschafterversammlung, in der über die Verschmelzung beschlossen werden soll, nicht stattfinden darf, bevor der Bericht vorliegt und den Gesellschaftern mit ausreichender Frist zugänglich gemacht worden ist; als Untergrenze für die Frist ist hierbei ein Zeitraum von einer Woche anzusehen.[361] Eine ohne Beachtung dieser Umstände einberufene Versammlung hat sich daher zu vertagen. Ein gleichwohl gefasster Verschmelzungsbeschluss ist im Regelfall nichtig.[362] Wird das Verlangen nach § 44 vor Einberufung der entsprechenden Gesellschafterversammlung gestellt, so soll nach Ansicht der Literatur die Einberufung erst zulässig sein, wenn der Bericht vorliegt; er ist dann spätestens mit der Einberufung zu versenden.[363] Um Zeitverzögerungen, die mit einem eventuellen Prüfungsverlangen i.S.d. § 44 verbunden sind, zu vermeiden, ist im Rahmen der Planung der Verschmelzung zu erwägen, ob die Vertretungsorgane der beteiligten Rechtsträger eine **freiwillige Verschmelzungsprüfung** in die Wege leiten.

b) Beteiligung einer GmbH

In gleicher Weise wie bei einer Personengesellschaft, bei der ein Mehrheitsentscheid im Sinne von § 43 Abs. 2 vorgesehen ist, regelt das Gesetz das Erfordernis der Verschmelzungsprüfung, falls an der Verschmelzung eine Gesellschaft mit beschränkter Haftung beteiligt ist. Dies korrespondiert damit, dass § 50 – vorbehaltlich einer statuarischen Verschärfung des Mehrheitserfordernisses (§ 50 Abs. 1 Satz 2) – bei der Beteiligung einer GmbH an einer Verschmelzung vorschreibt, dass der Beschluss über die Zustimmung der GmbH-Gesellschafterversammlung einer Mehrheit von mindestens drei Viertel der abgegebenen Stimmen bedarf. Der Parallelvorschrift in § 44 entsprechend schreibt § 48 (bei der Verschmelzung durch Neugründung i.V.m. § 56) eine Prüfung vor, wenn ein GmbH-Gesellschafter dies innerhalb einer Frist von einer Woche verlangt, nachdem er die Verschmelzungsunterlagen nach § 47 (Verschmelzungsvertrag oder dessen Entwurf und Verschmelzungsbericht) erhalten hat.

c) Beteiligung einer AG oder KGaA

Ist an der Verschmelzung eine Aktiengesellschaft oder eine Kommanditgesellschaft auf Aktien beteiligt, schreiben §§ 60, 73 (i.V.m. § 78 für die KGaA) unabhängig von einem Prüfungsverlangen durch einen Gesellschafter – jeweils vorbehaltlich von § 9 Abs. 2 und §§ 9 Abs. 3, 8 Abs. 3 – eine Verschmelzungsprüfung vor. In diesen Fällen hat der Verzicht auf die Verschmelzungsprüfung nach §§ 9 Abs. 3, 8 Abs. 3, sofern es sich nicht um **Publikumsgesellschaften** handelt, erhebliche praktische Bedeutung. Das Gemeinschaftsrecht lässt – mittlerweile[364] – einen solchen Verzicht ausdrücklich zu.[365]

---

358 Lutter/*H. Schmidt*, § 44 Rn. 5.
359 Semler/Stengel/*Ihrig*, § 44 Rn. 13.
360 Limmer/*Limmer*, Teil 2 Rn. 412.
361 Lutter/*H. Schmidt* § 42 Rn. 5.
362 Semler/Stengel/*Ihrig*, § 44 Rn. 22.
363 Lutter/*H. Schmidt*, § 42 Rn. 5.
364 S. Art. 96 Abs. 4 der Gesellschaftsrechts-Richtlinie (EU) 2017/1132 vom 14.06.2017, ABl. EU Nr. L 169 S. 46, 89.
365 Zur früheren Diskussion z.B. Semler/Stengel/*Diekmann*, § 60 Rn. 5 m.w.N.

d) Mischverschmelzungen

164 Bei sog. Mischverschmelzungen, d.h. solchen, bei denen Rechtsträger unterschiedlicher Rechtsform beteiligt sind (§ 3 Abs. 4), ist die Frage, ob eine Verschmelzungsprüfung erforderlich ist, für jeden Rechtsträger gesondert zu prüfen. Wird also z.B. eine GmbH auf eine AG verschmolzen, sind für die GmbH § 48 und für die AG § 60 zu beachten.[366]

e) Sonstige Prüfungen

165 Die – abgesehen von § 81, der für die Verschmelzung unter Beteiligung von Genossenschaften gilt – auf den Schutz der Interessen der Anteilsinhaber und nicht auf den Schutz der Gläubiger abzielende Verschmelzungsprüfung ist von sonstigen im Rahmen von Verschmelzungsvorgängen gegebenenfalls erforderlichen Prüfungen zu unterscheiden.[367] Zu nennen sind hier neben der **Barabfindungsprüfung** nach § 30 Abs. 2 Satz 1 die (dem Gläubigerschutz dienenden) Sacheinlageprüfungen, insb. die unter den Einschränkungen des § 75 Abs. 2 erforderliche Gründungsprüfung nach § 33 Abs. 2 AktG bei der Verschmelzung auf eine Aktiengesellschaft durch Neugründung, die unter den Voraussetzungen des § 67 erforderliche Nachgründungsprüfung nach § 52 Abs. 4 AktG, wenn übernehmender Rechtsträger eine Aktiengesellschaft ist und der Verschmelzungsvertrag in den ersten 2 Jahren seit der Eintragung der übernehmenden Aktiengesellschaft geschlossen wird, sowie die nach Maßgabe von § 69 erforderliche Kapitalerhöhungsprüfung nach § 183 Abs. 3 AktG bei der Verschmelzung durch Aufnahme durch eine Aktiengesellschaft.

3. Gegenstand, Ziel und Umfang der Verschmelzungsprüfung

a) Allgemeines

166 Gegenstand der Verschmelzungsprüfung ist gem. § 9 Abs. 1 der Verschmelzungsvertrag oder sein Entwurf, nicht die Zweckmäßigkeit der Verschmelzung und richtiger Ansicht nach auch nicht der Verschmelzungsbericht nach § 8;[368] dieser ist allerdings hinsichtlich seiner Erläuterungen des im Zentrum der Prüfung nach § 9 stehenden Umtauschverhältnisses für die Prüfung mit heranzuziehen.[369] Die Verschmelzungsprüfung zielt auf die **Prüfung der Vollständigkeit** des Verschmelzungsvertrages im Hinblick auf die in § 5 genannten Mindestangaben sowie die spezifischen Ergänzungen bezüglich der beteiligten Rechtsträger und der jeweiligen Verschmelzungsart, die **Richtigkeit** (sachliche Richtigkeit und Plausibilität) der im Verschmelzungsvertrag enthaltenen Angaben und – als Hauptaufgabe der Prüfung – die **Angemessenheit des Umtauschverhältnisses**.[370]

b) Unternehmensbewertung

167 Angemessen ist das im Verschmelzungsvertrag (§ 5 Abs. 1 Nr. 3) vereinbarte Umtauschverhältnis nach einer in der Rechtsprechung verwandten Formulierung, wenn es unter Berücksichtigung der Interessen aller Anteilseigner sowohl des übertragenden als auch des aufnehmenden Rechtsträgers so bestimmt ist, dass sich über die Beteiligungsquote aller Anteilseigner am vereinigten Unternehmen die bisherige Investition nach der Verschmelzung im Wesentlichen fortsetzt;[371] aus Sicht der Inhaber der Anteile an dem übertragenden Rechtsträger heißt das, dass der Wert ihrer bisherigen Anteile am untergegangenen Rechtsträger dem Wert der ihnen gewährten neuen Anteile am übernehmenden Rechtsträger – gegebenenfalls unter Berücksichtigung der baren Zuzahlung (§ 5 Abs. 1

---

366 Semler/Stengel/*Zeidler*, § 9 Rn. 10.
367 Limmer/*Limmer*, Teil 2 Rn. 416.
368 Semler/Stengel/*Zeidler*, § 9 Rn. 16 ff.; a.A. *Bayer*, ZIP 1997, 1613, 1621.
369 Lutter/*Drygala*, § 9 Rn. 13.
370 Semler/Stengel/*Zeidler*, § 9 Rn. 25.
371 So OLG Düsseldorf, Beschl. v. 18.08.2016, I -26 W 12/15 (AktE), AG 2017, 827; OLG Stuttgart, Beschl. v. 22.09.2009 – 20 W 20/06, AG 2010, 42, 43.

Nr. 3) – entsprechen muss.[372] Das Umtauschverhältnis ist dabei aber nicht die Relation der Verkehrswerte der einzelnen Anteile vor und nach der Verschmelzung, sondern die Relation der auf das einzelne Mitgliedschaftsrecht entfallenden anteiligen Unternehmenswerte.[373] Man spricht insoweit von der sog. **Verschmelzungswertrelation.**[374] Im Hinblick auf den somit erforderlichen Wertevergleich erfordert die Prüfung daher eine Bewertung der an der Verschmelzung beteiligten Rechtsträger. Der entsprechende Wert bestimmt sich maßgeblich danach, wie die jeweilige Gesellschaft ohne Abschluss des Verschmelzungsvertrages wertmäßig zu beurteilen wäre (sog. **stand-alone-Prinzip**).[375] Das Umwandlungsgesetz schreibt – wie § 12 Abs. 2 Satz 2 Nr. 1 zeigt – keine verbindliche Methode vor, mittels der die höchst komplexe Frage nach dem Wert eines Unternehmens zu beantworten ist.[376] Verfassungsrechtlich ist allerdings insoweit bei börsennotierten Unternehmen zu beachten, dass als Untergrenze für die Bestimmung des Unternehmenswertes auf den Börsenkurs zurückgegriffen werden kann.[377] Ansonsten ist der Unternehmenswert zu schätzen (§ 287 Abs. 2 ZPO, § 738 Abs. 2 BGB), und zwar auf der Grundlage einer anerkannten betriebswirtschaftlichen Methode.[378] Als anerkannte Bewertungsmethode für die Unternehmensbewertung hat sich – auch wenn es mit zahlreichen Unsicherheiten behaftet ist – das sog. **Ertragswertverfahren** etabliert, das verfassungsrechtlich unbedenklich ist und auch im Rahmen der Ermittlung des Umtauschverhältnisses nach § 5 Abs. 1 Nr. 3 Anwendung findet.[379] Bei dem Ertragswertverfahren wird der Unternehmenswert durch Diskontierung der den Unternehmenseignern künftig zufließenden finanziellen Erträge ermittelt.[380] Der Kapitalisierungszinssatz, mittels dessen der Barwert der entsprechenden Erträge ermittelt wird, wird dabei in der Weise berechnet, dass zunächst ein sog. Basiszinssatz als Ausgangswert ermittelt wird, der aus dem durchschnittlichen Zinssatz für öffentliche Anleihen oder langfristige festverzinsliche Wertpapiere als landesüblichen Zinssätzen für (quasi-) risikofreie Anlagen am Kapitalmarkt abgeleitet wird.[381] Der so ermittelte Basiszinssatz wird um einen Zuschlag im Hinblick auf das unternehmerische Risiko erhöht und einen Inflations-/Wachstumsabschlag sowie einen weiteren Abschlag im Hinblick auf die durch den Anteilsinhaber auf die Erträge zu zahlenden Steuern gesenkt.

Nicht betriebsnotwendige Vermögenswerte werden grundsätzlich nicht in die Ertragswertberechnung einbezogen, sondern mit ihrem **Liquidationswert** angesetzt.[382] Höchstrichterlich nicht geklärt ist die Frage, ob ein Liquidationswert der **betriebsnotwendigen Vermögenswerte**, der den unter Fortführungsgesichtspunkten ermittelten Ertragswert übersteigt, immer oder nur dann zu berücksichtigen ist, wenn eine Liquidation notwendig oder beabsichtigt ist.[383]

---

372 OLG München, Beschl. v. 14.05.2007 – 31 Wx 87/06, AG 2007, 701.
373 OLG Frankfurt, Beschl. v. 20.04.2012 – 21 W 31/11, NZG 2012, 919.
374 OLG Düsseldorf, Beschl. v. 20.11.2001 – 19 W 2/00, AG 2002, 398; OLG Düsseldorf, Beschl. v. 14.01.2004 – 19 W 1/03, AG 2004, 614.
375 OLG München, Beschl. v. 16.10.2018, 31 Wx 415/16, AG 2019, 357 (Tz. 34); OLG Düsseldorf, Beschl. v. 20.10.2005 – 19 W 11/04; AG 2006, 287; OLG Stuttgart, Beschl. v. 08.03.2006 – 20 W 5/05, AG 2006, 421 m.w.N. zur angemessenen Verteilung der sog. Synergieeffekte.
376 Lutter/*Drygala*, § 5 Rn. 34.
377 S. näher unten Rdn. 170.
378 OLG Düsseldorf, Beschl. v. 02.07.2018, I – 26 W 4/17, AG 2019, 92 (Tz. 36).
379 BVerfG, NJW 1999, 3769; BGH, Beschl. v. 21.07.2003 – II ZB 17/01, NJW 2003, 3272; OLG München, Beschl. v. 13.11.2018 – 31 Wx 372/15, AG 2019, 401; *Piltz*, Die Unternehmensbewertung in der Rechtsprechung, 1994, S. 16 ff.; s. ferner die Grundsätze zur Durchführung von Unternehmensbewertungen des Instituts der Wirtschaftsprüfer, IDW S. 1, in der Fassung 2008; zur Maßgeblichkeit von Weiterentwicklungen solcher Grundsätze BGH, Beschl. v. 29.09.2015 – II ZB 23/14, NZG 2016, 139; zum sog. net asset value bei der Bewertung von Immobiliengesellschaften OLG Frankfurt, Beschl. v. 08.09.2016, 21 W 36/15, NZG 2017, 622.
380 Lutter/*Drygala*, § 5 Rn. 54 ff.
381 BGH, NJW 1982, 575.
382 BayObLG, Beschl. v. 28.10.2005 – 3Z BR 71/00, NZG 2006, 156; Lutter/*Drygala*, § 5 Rn. 36.
383 So OLG Düsseldorf, Beschl. v. 27.02.2004 – 19 W 3/00, ZIP 2004, 753; a.A. BayObLG, NJW 1995, 1759; offenlassend BGH, Urt. v. 13.03.2006 – II ZR 295/04, NZG 2006, 425 m.w.N.

c) Bewertungsstichtag

169 Der Stichtag (sog. **Bewertungsstichtag**), auf den die Unternehmensbewertung zu erfolgen hat, muss für alle beteiligten Rechtsträger gleich sein.[384] Der insoweit maßgebliche Zeitpunkt ist gesetzlich nicht vorgeschrieben.[385] Nach zum Teil im Schrifttum vertretener Ansicht unterliegt er der Disposition der Parteien des Verschmelzungsvertrages und kann z.B. auf den Stichtag der Schlussbilanz des übertragenden Rechtsträgers gelegt werden.[386] Richtig hieran ist, dass sich die Parteien des Verschmelzungsvertrages bereits aus ganz praktischen Gründen bei der Vereinbarung des Umtauschverhältnisses im Sinne von § 5 Abs. 1 Nr. 3 an gegenwärtigen oder vergangenen Umständen orientieren werden und diese ihrer Vereinbarung zugrundelegen.[387] Die davon zu trennende Frage, ob das vereinbarte Verhältnis angemessen im Sinne von § 12 Abs. 2 bzw. zu niedrig im Sinne von § 15 Abs. 1 ist, wird man aber unter Berücksichtigung der Verhältnisse zum Zeitpunkt des Verschmelzungsbeschlusses des übertragenden Rechtsträgers zu beantworten haben.[388] Dies entspricht der für die vergleichbare Situation der Abfindung nach § 29 in § 30 Abs. 1 Satz 1 getroffenen Regelung.

d) Börsennotierte Unternehmen

170 Sind an der Verschmelzung nur börsennotierte Unternehmen beteiligt, stellt sich die Frage, ob bei der Ermittlung des Umtauschverhältnisses die **Relation der Börsenkurse** zugrunde zulegen ist.[389] Das Bundesverfassungsgericht hatte in seinem DAT/Altana-Beschluss entschieden, dass die Abfindung, die einem außenstehenden Aktionär bei einem Beherrschungs- und Gewinnabführungsvertrag nach § 305 AktG zu gewähren ist, ebenso wie die Abfindung, die einem ausscheidenden Aktionär bei einer Eingliederung nach § 320b AktG zu gewähren ist, nicht ohne Berücksichtigung des Börsenkurses erfolgen darf und der Börsenkurs in der Regel die Untergrenze der Abfindung darstellt. Begründet hat das Bundesverfassungsgericht dies unter Hinweis auf Art. 14 Abs. 1 des Grundgesetzes im Wesentlichen mit der besonderen Verkehrsfähigkeit einer Aktie an einem börsennotierten Unternehmen, die den Aktionär in den Stand setzt, sie »fast ständig wieder zu veräußern.« Der Verlust einer solchen Aktie stelle sich für den Aktionär als Verlust des Verkehrswertes der Aktie dar, der in der Regel (d.h. wenn nicht Ausnahmesituationen wie z.B. eine Marktenge bestehen) mit dem Börsenkurs identisch sei.[390] Diese Grundsätze wendet das BVerfG auch auf Verschmelzungen an.[391]

171 Im Schrifttum sind die Meinungen, wie Börsenkurse zu berücksichtigen sind, geteilt. Manche Autoren wollen – falls nur börsennotierte Gesellschaften beteiligt sind – auf die Börsenkursrelation abstellen;[392] andere treten dafür ein, dass, wenn jeweiliger Ertragswert und Börsenwert der beteiligten Gesellschaften voneinander abweichen, im Wege einer Art »**Meistbegünstigung**« der jeweils höhere Wert der Berechnung des Umtauschverhältnisses zugrunde zu legen sei.[393] Wiederum andere halten die **Ertragswertrelation** für maßgeblich.[394] Auch die neuere obergerichtliche Rechtsprechung ist uneinheitlich. Zum Teil stellt sie – in Übereinstimmung mit dieser zuletzt genannten Literaturmeinung – sowohl bei der Verschmelzung voneinander unabhängiger (»merger of equals«) wie auch bei der

---

384 Lutter/*Drygala*, § 5 Rn. 32.
385 Limmer/*Limmer*, Teil 2 Rn. 447.
386 Lutter/*Drygala*, § 5 Rn. 32.
387 Semler/Stengel/*Zeidler*, § 9 Rn. 42.
388 So richtig Widmann/Mayer/*Mayer*, § 5 Rn. 131; zum maßgeblichen Wertermittlungsdatum s.a. BGH, Urt. v. 19.07.2010 – II ZB 18/09, ZIP 2010, 1487, 1489, ferner *Land/Hallermayer*, AG 2015, 659.
389 S. zum ganzen *Adolff*, Unternehmensbewertung im Recht der börsennotierten Aktiengesellschaft, 2007.
390 BVerfG DNotZ 1999, 831; s.a. BVerfG, Beschl. v. 29.11.2006 – 1 BvR 704/03, NZG 2007, 228.
391 BVerfG, Beschl. v. 26.04.2011 – 1 BvR 2658/10, NZG 2011, 869; noch offenlassend BVerfG, Beschl. v. 30.05.2007 – 1 BvR 1267/06 – 1 BvR 1280/06, ZIP 2007, 1600.
392 *Gärtner/Handke*, NZG 2012, 247; *Erb*, DB 2001, 523; *Weiler/Meyer*, NZG 2003, 669.
393 *Reuter*, DB 2001, 2483, 2485; *Puszkajler*, BB 2003, 1692; *Martens*, AG 2003, 593; bei der Konzernverschmelzung *Paschos*, ZIP 2003, 1017, 1021; hingegen auf die Umstände des Einzelfalls abstellend *Piltz*, ZGR 2001, 185, 205 ff.
394 *Bungert*, BB 2003, 699.

Konzernverschmelzung nicht auf die Börsenkursrelation, sondern auf die Ertragswertrelation ab.[395] Zum Teil orientiert sie sich – selbst wenn die beteiligten Rechtsträger im Verschmelzungsvertrag das Umtauschverhältnis mittels der Ertragswerte bestimmt haben – an der Börsenwertrelation.[396] Verfassungsrechtlich ist es – so das BVerfG – nicht geboten, zur Bestimmung des Unternehmenswertes sämtliche denkbare Methoden heranzuziehen und bei der Bestimmung des Umtauschverhältnisses im Zuge der Verschmelzung die den Anteilsinhabern des übertragenden Rechtsträgers günstigste Variante zu Grunde zu legen.[397] Dem Eigentumsgrundrecht nach Art. 14 GG wird es nach Auffassung des BVerfG allerdings nicht gerecht, wenn die Instanzgerichte im Spruchverfahren eine vollständige gerichtliche Kontrolle des bei einer Verschmelzung ausgehandelten Umtauschverhältnisses für entbehrlich halten, wenn es zwischen wirtschaftlich und rechtlich unverbundenen Unternehmen marktkonform ausgehandelt sei.[398]

Nach der obergerichtlichen Rechtsprechung bleibt ein Börsenkurs der Aktien der übertragenden Gesellschaft auch dann unberücksichtigt, wenn die übernehmende Gesellschaft ihrerseits nicht börsennotiert ist.[399] Dies wird aus einem im Schrifttum ganz überwiegend geteilten und generell in Verschmelzungsfällen geltenden **Gebot der Methodengleichheit bei der Unternehmensbewertung** abgeleitet.[400] Das Bundesverfassungsgericht hat allerdings offengelassen, ob nicht auch in einer solchen Fallgestaltung der Börsenkurs zu berücksichtigen sei.[401] Sieht man den Börsenkurs der Aktien der übertragenden Gesellschaft auch bei Verschmelzungen als eine über Art. 14 Abs. 1 GG geschützte Wertuntergrenze an, erscheint es insoweit in der Tat fraglich, ob der verfassungsrechtliche Schutz danach differieren soll, ob der übernehmende Rechtsträger börsennotiert ist oder nicht, d.h. von einem Umstand, auf den der betroffene und über Art. 14 Abs. 1 GG geschützte Aktionär der übertragenden Gesellschaft keinerlei Einfluss hat.

172

Soweit man nach den vorstehenden Überlegungen Börsenkurse im Rahmen der Ermittlung des Umtauschverhältnisses für maßgeblich hält, ist fraglich, auf welchen Kurszeitpunkt insoweit abzustellen ist. Einigkeit besteht insoweit, dass hierfür nicht ein bestimmter Aktienkurs an einem bestimmten Stichtag, sondern ein Durchschnittsbörsenkurs aus einem **Referenzzeitraum** von 3 Monaten maßgeblich ist.[402] Der Bundesgerichtshof stellt dabei nunmehr (dem Schrifttum und der Instanzrechsprechung folgend[403]) in seiner neueren – zu § 327b Abs. 1 AktG ergangenen – Rechtsprechung im Regelfall auf die letzten 3 Monate vor Bekanntmachung der Maßnahme ab;[404] nach Ansicht des Bundesgerichtshofs ist allerdings, falls zwischen der Bekanntgabe der Strukturmaßnahme und dem Beschluss der Hauptversammlung über die Maßnahme ein längerer Zeitraum liegt, der auf der Basis

173

---

395 OLG Düsseldorf, Beschl. v. 18.08.2016, I – 26 W 12/15 (AktE), AG 2017, 827 (Tz. 58); OLG Stuttgart, Beschl. v. 06.07.2007 – 20 W 5/06, AG 2007, 705; BayObLG, Beschl. v. 18.12.2002 – 3 ZBR 116/00, NZG 2003, 483.
396 OLG Frankfurt, Beschl. v. 03.08.2010 – 5 W 57/09, ZIP 2010, 1947 = NZG 2010, 1141; dazu *Puszkajler*, ZIP 2010, 2275; s.a. OLG Frankfurt, Beschl. v. 15.01.2016, 21 W 22/13, AG 2016, 667 (Tz. 65 ff.).
397 BVerfG, Beschl. v. 26.04.2011 – 1 BvR 2658/10, NZG 2011, 869, 870; s.a. BVerfG, Beschl. v. 20.12.2010 – 1 BvR 2323/07, ZIP 2011, 170.
398 BVerfG, Beschl. v. 24.05.2012 – 1 BvR 3221/10, NZG 2012, 1035; *Fleischer/Bong*, NZG 2013, 881; dazu krit. *Klöhn/Verse*, AG 2013, 2.
399 OLG Karlsruhe, Beschl. v. 10.01.2006 – 12 W 136/04, AG 2006, 463; offenlassend OLG Stuttgart, Beschl. v. 22.09.2009 – 20 W 20/06, AG 2010, 42, 46.
400 OLG München, Beschl. v. 13.11.2018, 31 Wx 372/15, AG 2019, 401 (Tz. 29); Lutter/*Drygala*, § 5 Rn. 28 und 43; *Piltz*, ZGR 2001, 185, 209 ff.; a.A. *Puszkajler*, BB 2003, 1692, 1694 und *Paschos*, ZIP 2003, 1017, 1021 unter Hinweis auf § 12 Abs. 2 Satz 2 Nr. 3.
401 BVerfG, Beschl. v. 30.05.2007 – 1 BvR 1267/06, 1 BvR 1280/06, ZIP 2007, 1600.
402 Lutter/*Drygala*, § 5 Rn. 44; OLG Karlsruhe, Beschl. v. 22.06.2015 – 12a W 5/15, AG 2015, 789.
403 Lutter/*Drygala*, § 5 Rn. 44 m.w.N.; OLG Düsseldorf, Beschl. v. 09.09.2009 – I-26 W 13/06, AG 2010, 35; OLG Stuttgart, Beschl. v. 16.02.2007 – 20 W 6/06, AG 2007, 209; Beschl. v. 18.12.2009 – 20 W 2/08, AG 2010, 513.
404 BGH, Urt. v. 19.07.2010 – II ZB 18/09, ZIP 2010, 1487; anders noch BGH, Beschl. v. 12.03.2001 – II ZB 15/00, AG 2001, 417; dazu *Bücker*, NZG 2010, 967; *Decher*, ZIP 2010, 1673.

dieses Referenzzeitraums ermittelte Wert unter Umständen entsprechend der allgemeinen oder branchentypischen Börsenentwicklung auf den Beschlusszeitpunkt hochzurechnen.[405]

174 Bei einer Verschmelzung einer beherrschten Aktiengesellschaft auf die Obergesellschaft, die ihrerseits Aktiengesellschaft war, hat das Kammergericht bei der Prüfung der Angemessenheit der Umtauschrelation nicht auf das Verhältnis der Ertragswerte abgestellt, sondern ein Aktien-Umtauschverhältnis von 1:1 aus Sicht der Aktionäre der beherrschten Gesellschaft als nicht unangemessen angesehen, wenn diese vor der Verschmelzung als Ausgleich nach § 304 Abs. 2 Satz 2 AktG 87 % der jeweiligen Dividende der Obergesellschaft erhielten.[406]

4. Bestellung der Verschmelzungsprüfer

175 Gem. § 10 Abs. 1 Satz 1 werden die Verschmelzungsprüfer auf Antrag des jeweiligen Vertretungsorgans vom Gericht ausgewählt und bestellt. § 10 Abs. 1 Satz 2 lässt es zu, dass sie auf gemeinsamen Antrag der Vertretungsorgane für mehrere oder alle beteiligten Rechtsträger gemeinsam bestellt werden. Die Stellung und Verantwortlichkeit der Prüfer ergibt sich aus § 11.

5. Prüfungsbericht, Verzicht, Mängel

176 Gem. § 12 Abs. 1 haben die Verschmelzungsprüfer über das Ergebnis der Prüfung einen (gegebenenfalls gemeinsamen) Prüfungsbericht zu erstatten. § 12 Abs. 2 Satz 1 verlangt, dass der Bericht mit einer Erklärung darüber abschließt, ob das vorgeschlagene Umtauschverhältnis der Anteile, gegebenenfalls die Höhe der baren Zuzahlung oder die Mitgliedschaft bei dem übernehmenden Rechtsträger als Gegenwert angemessen ist. Ferner sind dabei die dezidierten in § 12 Abs. 2 Satz 2 genannten Angaben zu machen.

177 Der Prüfungsbericht ist unter den Voraussetzungen von § 8 Abs. 2 (Konzernverschmelzung) oder § 8 Abs. 3 (Verzicht) nach § 12 Abs. 3 entbehrlich. Bei Beteiligung einer Aktiengesellschaft ist der Bericht den Aktionären gem. § 63 Abs. 1 Nr. 5 zugänglich zu machen. Entspricht ein Prüfungsbericht nicht den gesetzlichen Vorgaben, gelten die Grundsätze, die für mangelhafte Verschmelzungsberichte gelten.[407]

VII. Verschmelzungsbeschlüsse

1. Zweck des Zustimmungserfordernisses/Ausnahmen

178 Gem. § 13 Abs. 1 Satz 1 wird der Verschmelzungsvertrag nur wirksam, wenn ihm die Anteilsinhaber der beteiligten Rechtsträger durch Beschluss zugestimmt haben. Durch dieses Zustimmungserfordernis schützt der Gesetzgeber die Anteilsinhaber der beteiligten Rechtsträger. Gegen ihren Willen können die Vertretungsorgane der beteiligten Rechtsträger die Verschmelzung nicht umsetzen. Solange nicht alle erforderlichen Zustimmungen vorliegen, ist der Vertrag schwebend unwirksam.[408] Einer **sachlichen Rechtfertigung** bedarf der Verschmelzungsbeschluss – im Gegensatz zum Beschluss über einen Bezugsrechtsausschluss nach § 186 AktG – überwiegender und richtiger Ansicht nach nicht.[409] Ausnahmen vom Zustimmungserfordernis regelt das Gesetz bei den sog. Konzernverschmelzungen: Befinden sich mindestens neun Zehntel des Stammkapitals oder des Grundkapitals einer übertragenden Kapitalgesellschaft in der Hand einer übernehmenden Aktiengesellschaft,

---

405 BGH, Urt. v. 26.06.2011 – II ZB 10/10 und II ZB 2/10, jeweils AG 2011, 590.
406 KG, Beschl. v. 02.09.1999 – 2 W 2341/97, NZG 2003, 644.
407 Lutter/*Drygala*, § 12 Rn. 15 mit zutreffender Ablehnung von OLG Karlsruhe, Beschl. v. 29.06.2006 – 7 W 22/06, AG 2007, 92.
408 Semler/Stengel/*Gehling*, § 13 Rn. 12.
409 OLG Frankfurt am Main, Beschl. v. 08.02.2006 – 12 W 185/05, ZIP 2006, 370; Lutter/*Drygala*, § 13 Rn. 38 ff. m.w.N.; zur Treuepflicht und zum Mehrheitsmissbrauch bei Verschmelzungsbeschlüssen s. Lutter/*Drygala*, § 13 Rn. 54.

so ist gem. § 62 Abs. 1 ein Verschmelzungsbeschluss der übernehmenden Aktiengesellschaft zur Aufnahme dieser übertragenden Gesellschaft nicht nötig; ist die übernehmende Aktiengesellschaft nicht nur zu (mindestens) 90 % an Stamm- oder Grundkapital der übertragenden Kapitalgesellschaft beteiligt, sondern zu 100 %, ist gemäß der – durch das 3. Gesetz zur Änderung des Umwandlungsgesetzes vom 11.07.2011 neu eingeführten – Regelung in § 62 Abs. 4 Satz 1 auch ein Verschmelzungsbeschluss der übertragenden Kapitalgesellschaft entbehrlich.[410]

2. Modalitäten der Beschlussfassung

a) Versammlungserfordernis/Konkludente Beschlussfassung

Gem. § 13 Abs. 1 Satz 2 kann der Verschmelzungsbeschluss nur in einer Versammlung der Anteilsinhaber gefasst werden. Aus dieser – gem. § 1 Abs. 3 Satz 1 – zwingenden Regelung ergibt sich, dass andere Beschlussformen, die in der Satzung eines beteiligten Rechtsträgers vorgesehen sind, z.B. das **Umlaufverfahren,** für den Verschmelzungsbeschluss nicht zulässig sind.[411]

179

Der Gesetzgeber, der durch Art. 2 § 2 des Gesetzes zur Abmilderung der Folgen der COVID-19-Pandemie vom 27.03.2020[412] an anderer Stelle, nämlich für Beschlüsse von GmbH-Gesellschaftern, (vorübergehend) die Möglichkeit zu Umlaufbeschlüssen erweitert hat, hat das Versammlungsgebot in § 13 durch das Gesetz vom 27.03.2020 nicht gelockert.[413]

Für den Zustimmungsbeschluss bei einer Ausgliederung (§ 152) – dem Pendant zum Verschmelzungsbeschluss bei dieser Art der Umwandlung – hat die Rechtsprechung die Möglichkeit bejaht, einen solchen Beschluss konkludent zu fassen.[414]

b) Vorbereitung und Durchführung der Versammlung

Für die Beschlussfassung in der jeweiligen Versammlung gelten zum einen die gesetzlichen und statuarischen Regeln, die für den jeweiligen Rechtsträger im Allgemeinen für Versammlungsbeschlüsse maßgeblich sind.[415] Das betrifft unter anderem Fragen der **Ladung** der Anteilsinhaber sowie die Anforderungen an die **Tagesordnung**.[416] Zu beachten ist insoweit, dass gesetzliche oder statuarische Regeln eines übertragenden Rechtsträgers über die Ladung zu einer Versammlung, die über eine Satzungsänderung zu entscheiden hat, im Zweifel auch für die Ladung zu einer Versammlung gelten, die über eine Verschmelzung beschließen soll.[417]

180

Neben diesen allgemeinen Regeln sind zum anderen die rechtsformspezifischen Sonderregelungen des UmwG zu beachten. Diese Sonderregelungen betreffen insbesondere die Frage, wie den Anteilsinhabern die erforderlichen Unterlagen, wie etwa der Verschmelzungsvertrag oder dessen Entwurf, der Verschmelzungsbericht nach § 8 und Prüfungsbericht nach § 9, zugänglich zu machen sind. Im Einzelnen sind insoweit §§ 42, 45c Satz 2 bei einer Verschmelzung unter Beteiligung von Personengesellschaften, §§ 47, 49 bei einer Verschmelzung unter Beteiligung einer GmbH und §§ 61, 63 (i.V.m. § 78) bei einer Verschmelzung unter Beteiligung einer AG oder KGaA zu nennen. Bezüglich der Durchführung der Versammlung ist im letzteren Fall, d.h. bei Beteiligung einer AG oder KGaA, ferner § 64 zu beachten.

181

---

410 S. näher unten Rdn. 400.
411 Kallmeyer/*Zimmermann*, § 13 Rn. 3; einschränkend im Hinblick auf die Möglichkeit der Briefwahl nach § 118 Abs. 2 AktG *Schöne/Arens*, WM 2012, 381.
412 BGBl. I S. 56.
413 Siehe *Wälzholz/Bayer*, DNotZ 2020, 285, 297; DNotI-Report, 2020, 52, 55; siehe auch RegE BT-Drucks. 19/18110, S. 29, wo von »für die Umwandlungsbeschlüsse erforderlichen Versammlungen« die Rede ist; zur Diskussion über eine »präsenzlose« Versammlung DNotI-Report, 2020, 73, 75 m.w.N.
414 OLG Brandenburg, Beschl. v. 05.02.2018 – 7 W 86/17, MittBayNot 2019, 71, GmbHR 2018, 523.
415 Semler/Stengel/*Gehling*, § 13 Rn. 17.
416 Lutter/*Drygala*, § 13 Rn. 5.
417 S. Lutter/*Drygala*, § 13 Rn. 5 m.w.N.

c) Mehrheitserfordernisse

182 Das UmwG enthält für die einzelnen Rechtsträger dezidierte Bestimmungen darüber, welche Mehrheiten für einen Verschmelzungsbeschluss erforderlich sind. Für Verschmelzungen unter Beteiligung von Personengesellschaften gilt im Grundsatz, d.h. vorbehaltlich statuarischer Mehrheitsklauseln (§§ 43 Abs. 2, 45d Abs. 2), gem. §§ 43 Abs. 1, 45d Abs. 1 das **Einstimmigkeitsprinzip**. Dies folgt den allgemeinen für diese Rechtsformen geltenden Prinzipien (s. § 119 Abs. 1 HGB, § 6 Abs. 3 Satz 2 PartGG).[418] Der Gesellschafts-/Partnerschaftsvertrag kann von dem Einstimmigkeitsgrundsatz abweichen und eine **Mehrheitsentscheidung** vorsehen; die Mehrheit muss aber mindestens drei Viertel der abgegebenen Stimmen betragen (§ 43 Abs. 2 Satz 1 und Satz 2 sowie § 45d Abs. 2). Für Verschmelzungen unter Beteiligung von Gesellschaften mit beschränkter Haftung und Aktiengesellschaften schreibt das UmwG im Grundsatz eine Mehrheit von mindestens drei Viertel der abgegebenen Stimmen (§ 50 Abs. 1 Satz 1 für die GmbH) bzw. des bei Beschlussfassung vertretenen Grundkapitals (§ 65 Abs. 1 Satz 1) vor. Auch hier lässt das Gesetz abweichende statuarische Regeln zu (§ 50 Abs. 1 Satz 2 für die GmbH und § 65 Abs. 1 Satz 2 für die AG), allerdings nur in der Weise, dass das Statut größere Mehrheiten vorschreibt. Für die Verschmelzung unter Beteiligung einer KGaA verweist § 78 Satz 1 bezüglich der Kommanditaktionäre auf die für die AG geltenden Regeln in § 65 und ordnet in § 78 Satz 3 – korrespondierend mit § 43 – für die persönlich haftenden Gesellschafter einen (statuarisch modifizierbaren) Zustimmungsvorbehalt an.[419]

3. Gegenstand des Verschmelzungsbeschlusses

183 Bezugsgegenstand des Verschmelzungsbeschlusses ist gem. § 13 der Verschmelzungsvertrag oder sein Entwurf. Damit ist der Verschmelzungsvertrag oder sein Entwurf in seiner konkreten Ausgestaltung gemeint; eine allgemeine Zustimmung zum Verschmelzungsvorhaben reicht für § 13 nicht aus.[420] Soll der Verschmelzungsvertrag oder sein Entwurf nach dem Verschmelzungsbeschluss geändert werden und gehen diese **Änderungen** über bloße Berichtigungen von Schreibfehlern oder offensichtlicher redaktioneller Mängel hinaus, bedarf es eines neuen Beschlusses nach § 13.[421] Beurkundungsrechtlich abgesichert wird die Verknüpfung zwischen Verschmelzungsbeschluss und Verschmelzungsvertrag, indem § 13 Abs. 3 Satz 2 bestimmt, dass der Verschmelzungsvertrag oder sein Entwurf dem notariell beurkundeten Verschmelzungsbeschluss als Anlage beizufügen ist. Letzteres ändert aber nichts daran, dass sich der Beurkundungszwang nach § 13 Abs. 3 nur auf den Verschmelzungsbeschluss als solchen – d.h. nicht auf dessen Bezugpunkt, nämlich den Verschmelzungsvertrag oder seinen Entwurf mit deren inhaltlichen Ausgestaltungen – bezieht. Das Beifügen des Verschmelzungsvertrages (oder seines Entwurfs) nach § 13 Abs. 3 Satz 2 führt also nicht gem. § 9 Abs. 1 Satz 2 BeurkG i.V.m. § 13 BeurkG dazu, dass der Verschmelzungsvertrag (oder sein Entwurf) vorgelesen werden muss.[422] Die Frage einer Einschränkung der Vorlesungspflicht nach § 13a BeurkG stellt sich daher nicht. Ist der Verschmelzungsvertrag bereits beurkundet, reicht es für ein Beifügen im Sinne von § 13 Abs. 3 Satz 2 richtiger Ansicht nach aus, wenn der Vertrag dem Beschlussprotokoll in einfacher Abschrift beigefügt wird.[423]

---

418 Semler/Stengel/*Ihrig*, § 43 Rn. 15.
419 S. näher Rdn. 449.
420 Semler/Stengel/*Gehling*, § 13 Rn. 28.
421 Widmann/Mayer/*Heckschen*, § 13 Rn. 53.7 und 54; Semler/Stengel/*Reichert*, § 50 Rn. 6.
422 Semler/Stengel/*Gehling*, § 13 Rn. 54; Limmer/*Limmer*, Teil 2 Rn. 506; Widmann/Mayer/*Heckschen*, § 13 Rn. 233; Kallmeyer/*Zimmermann*, § 13 Rn. 39; DNotI-Report 2016, 1.
423 Semler/Stengel/*Gehling*, § 13 Rn. 54; Kallmeyer/*Zimmermann*, § 13 Rn. 39; a.A. Widmann/Mayer/*Heckschen*, § 13 Rn. 233, der verlangt, eine beglaubigte Abschrift oder Ausfertigung des Vertrages beigefügt werden muss.

4. Vertretung durch Bevollmächtigte

a) Zulässigkeit

Ob bei dem Verschmelzungsbeschluss eine Vertretung von Anteilsinhabern durch Bevollmächtigte zulässig ist, richtet sich nach den jeweils für den betroffenen Rechtsträger geltenden Vorschriften.[424]

184

Bei Personengesellschaften ist eine Vertretung durch Bevollmächtigte möglich, wenn der Gesellschafts-/Partnerschaftsvertrag eine derartige Vertretung zulässt; das gleiche gilt, wenn die übrigen Gesellschafter/Partner die Vertretung in der konkreten Situation zulassen.[425] Im Übrigen müssen Gesellschafter/Partner solcher Gesellschaften ihr **Stimmrecht** persönlich ausüben.[426] Ist eine Vertretung durch Bevollmächtigte zulässig, bedarf es, wenn der Bevollmächtigte das Stimmrecht zugleich für sich und für andere Gesellschafter ausüben soll, einer (auch konkludent erteilbaren) Befreiung von den Beschränkungen des § 181 BGB.[427] Lässt die Satzung eine Vertretung durch Bevollmächtigte zu, erstreckt sich dies grundsätzlich nicht auf eine Vertretung durch vollmachtslos handelnde Vertreter; den Gesellschaftern/Partnern bleibt es aber unbenommen, eine solche Vertretung in der konkreten Situation zuzulassen.

185

Bei der GmbH geht das Gesetz von der Zulässigkeit einer Vertretung durch Bevollmächtigte aus. Das zeigt § 47 Abs. 3 GmbHG, der – vorbehaltlich einer abweichenden Regelung in der Satzung (§ 45 Abs. 2 GmbHG)[428] – für entsprechende Vollmachten die Textform verlangt. Da Verschmelzungsbeschlüsse als **Grundlagenentscheidungen** einzustufen sind und daher Beschlüssen über Satzungsänderungen gleichzustellen sind, findet § 181 BGB auf sie Anwendung.[429] Eine vollmachtslose Vertretung ist zulässig, es sei denn, sie wäre durch die Satzung untersagt oder die Mitgesellschafter würden ihr widersprechen.[430] Der Zulässigkeit der vollmachtslosen Vertretung bei einem Verschmelzungsbeschluss steht es dabei nicht entgegen, dass es sich um den Verschmelzungsbeschluss einer Ein-Personen-GmbH handelt.[431] Insoweit liegen die Dinge anders als bei der Gründung einer solchen GmbH, bei der eine vollmachtslose Vertretung im Hinblick auf § 180 BGB überwiegend für unzulässig gehalten wird.[432]

186

Auch bei der AG kann das Stimmrecht, wie § 134 Abs. 3 Satz 1 AktG ausdrücklich anordnet, durch Bevollmächtigte ausgeübt werden. Im Schrifttum wird aus § 135 AktG (der sich mit der Ausübung des Stimmrechts durch Kreditinstitute und geschäftsmäßig Handelnde befasst) abgeleitet, dass § 181 BGB für die Beschlüsse einer Hauptversammlung nicht gilt.[433] Die Rechtsprechung hat zu dieser Frage – soweit ersichtlich – noch nicht ausdrücklich Stellung genommen, so dass bei entsprechenden Vollmachten vorsorglich die **Befreiung von den Beschränkungen des § 181 BGB** aufgenommen werden sollte. Eine Vertretung durch vollmachtslos handelnde Vertreter wird – anders als bei der GmbH – von der Rechtsprechung und dem Schrifttum für nicht möglich gehalten.[434]

187

---

424 Widmann/Mayer/*Heckschen*, § 13 Rn. 96.
425 MünchKommHGB/*Enzinger*, § 119 Rn. 19; Widmann/Mayer/*Heckschen*, § 13 Rn. 99 (auch zu insoweit relevanten Treuepflichten).
426 GroßkommHGB/*Ulmer*, § 119 Rn. 60.
427 Widmann/Mayer/*Heckschen*, § 13 Rn. 99.1; vgl. auch *Baetzgen*, RNotZ 2005, 193, 223.
428 Zu Satzungsregelungen bezüglich der Bevollmächtigung s. Scholz/*K. Schmidt*, GmbHG, § 47 Rn. 96.
429 Scholz/*K. Schmidt*, GmbHG, § 47 Rn. 180; anders für den Formwechselbeschluss, *Heckschen*, NZG 2017, 721, 727.
430 Widmann/Mayer/*Heckschen*, § 13 Rn. 102.
431 OLG Frankfurt am Main, Beschl. v. 24.02.2003 – 20 W 447/02, GmbHR 2003, 415.
432 OLG Frankfurt am Main, Beschl. v. 01.12.2016, 20 W 198/15, ZIP 2017, 920; OLG Stuttgart, Beschl. v. 06.02.2015, 8 W 49/2015, GmbHR 2015, 487; zu § 180 Satz 2 BGB OLG München, Beschl. v. 05.10.2010 – 31 Wx 140/10, MittBayNot 2011, 333; abweichend *Hasselmann*, ZIP 2012, 1947.
433 MünchKommBGB/*Schramm* (5. Aufl.), § 181 Rn. 19; Widmann/Mayer/*Heckschen*, § 13 Rn. 103; MünchKommAktG/*Vollhard*, § 134 Rn. 36.
434 Lutter/*Drygala*, § 13 Rn. 9; MünchKommAktG/*Vollhard*, § 134 Rn. 53; OLG Hamm, Urt. v. 02.11.2000 – 27 U 1/00, AG 2001, 146.

b) Form der Vollmacht

188 Eine Vollmacht zur Stimmabgabe beim Verschmelzungsbeschluss bedarf gem. § 167 Abs. 2 BGB nicht der für den Verschmelzungsbeschluss selbst geltenden notariellen Form. Zu beachten sind aber die statuarischen und gesetzlichen Formerfordernisse, wie insb. die **Textform** in § 47 Abs. 3 GmbHG und § 134 Abs. 3 Satz 2 AktG (in seiner Neufassung durch das ARUG vom 30.07.2009). Weitergehende Formerfordernisse – wie sie zum Teil im Schrifttum mit guten Gründen für sachgerecht gehalten werden[435] – bestehen de lege lata nicht; insbesondere gelten für Vollmachten für Verschmelzungsbeschlüsse, die sich auf Verschmelzungen durch Neugründung einer GmbH oder AG beziehen, richtiger Ansicht nach nicht – wie dies für entsprechende Vollmachten zum Abschluss des Verschmelzungsvertrages der Fall ist – die Formerfordernisse des § 2 Abs. 2 GmbHG oder § 23 Abs. 1 Satz 2 AktG.[436]

5. Beurkundung

189 Gem. § 13 Abs. 3 Satz 1 muss der Verschmelzungsbeschluss notariell beurkundet werden. Das Beurkundungserfordernis dient wie bei § 6 insb. der **materiellen Richtigkeitsgewähr**; darüber hinaus hat die Beurkundung den Zweck der Beweissicherung sowie eine Belehrungs- und Warnfunktion.[437] Werden in der Hauptversammlung einer AG neben dem Verschmelzungsbeschluss noch weitere, nach § 130 AktG für sich gesehen nicht beurkundungsbedürftige Beschlüsse gefasst, kommt nach der neuen Rechtsprechung des BGH eine »gemischte Protokollierung« in Betracht.[438]

190 Entsprechend den für § 6 geltenden Grundsätzen bedarf auch ein Vertrag, der zur Abgabe einer Zustimmungserklärung nach § 13 Abs. 1 verpflichten soll, der notariellen Beurkundung;[439] das gleiche gilt für Vereinbarungen, mit denen sich Anteilsinhaber eines beteiligten Rechtsträgers wechselseitig verpflichten, eine sog. break-up-fee für den Fall zu zahlen, dass erforderliche Beschlüsse über eine Verschmelzung nicht mitgetragen werden.[440]

191 Beurkundungsrechtlich ist der Verschmelzungsbeschluss ein sonstiger Vorgang im Sinne von § 36 BeurkG. Neben einer Beurkundung nach den §§ 8 ff. BeurkG (Beurkundung von Willenserklärungen) kommt daher auch eine Beurkundung nach §§ 36 ff. BeurkG (Beurkundung sonstiger Tatsachen und Vorgänge) in Betracht. Sollen im Rahmen der Versammlung der Anteilsinhaber weitere beurkundungsbedürftige Willenserklärungen abgegeben werden, wie etwa Zustimmungs- oder Verzichtserklärungen, scheidet für diese Erklärungen ein Beurkundungsverfahren nach § 36 BeurkG aus; solche Erklärungen sind nach §§ 8 ff. BeurkG zu beurkunden. In beurkundungsrechtlicher Hinsicht zu beachten ist ferner, dass zur Absicherung der Verknüpfung von Verschmelzungsvertrag und Verschmelzungsbeschluss gem. § 13 Abs. 3 Satz 2 dem Verschmelzungsbeschluss der Verschmelzungsvertrag oder sein Entwurf als Anlage beizufügen ist.[441]

192 Die Verschmelzungsbeschlüsse mehrerer Rechtsträger können in einer Urkunde zusammengefasst werden. Sind die Anteilsinhaber der beteiligten Rechtsträger identisch, wird ein solches Vorgehen aus kostenrechtlichen Gründen geboten sein. Ohne eine (vollständige) Beteiligungsidentität ist ein Notar nicht gehalten, die Verschmelzungsbeschlüsse in einer Urkunde aufzunehmen oder dies den Beteiligten vorzuschlagen. Wünschen hingegen die Beteiligten in solchen Konstellationen ausdrücklich die Beurkundung der Beschlüsse in einer Urkunde, bestehen grundsätzlich keine Bedenken, diesem Wunsch nachzukommen. Im Hinblick auf die mit dem Beurkundungserfordernis angestrebte

---

435 S. Widmann/Mayer/*Heckschen*, § 13 Rn. 113 ff.
436 Lutter/*Drygala*, § 13 Rn. 9; Kallmeyer/*Zimmermann*, § 13 Rn. 13; a.A. bei Neugründung Limmer/*Limmer*, Teil 2 Rn. 492 m.w.N. (Anwendung der Neugründungsvollmachtsformvorschriften).
437 Widmann/Mayer/*Heckschen*, § 13 Rn. 221.
438 BGH, Urt. v. 19.05.2015 – II ZR 181/14, AG 2015, 669.
439 S.o. Rdn. 129.
440 S. LG Paderborn, Urt. v. 28.04.2000 – 2 O 132/00, MittRhNotK 2000, 441 = NZG 2000, 899; Widmann/Mayer/*Heckschen*, § 13 Rn. 231.1; *Hermanns*, ZIP 2006, 2296, 2298.
441 S. dazu oben Rdn. 183.

Richtigkeitsgewähr kann – richtiger Ansicht nach – ein Verschmelzungsbeschluss nicht wirksam durch einen ausländischen Notar beurkundet werden.[442]

6. Beteiligung Minderjähriger

Sind Minderjährige Gesellschafter der beteiligten Rechtsträger, so sind bei ihrer Vertretung zum einen bezogen auf ihre Eltern die Vertretungseinschränkungen in §§ 181, 1629 Abs. 2, 1795 Abs. 2 BGB und zum anderen die Genehmigungstatbestände in § 1822 Nr. 3, 2. Alt. BGB und § 1822 Nr. 10 BGB jeweils i.V.m. § 1643 Abs. 1 BGB zu beachten.[443]

193

VIII. Zustimmung einzelner Gesellschafter und sonstige Zustimmungserfordernisse

1. Vinkulierungen im Sinne von § 13 Abs. 2

Ist die Abtretung der Anteile eines übertragenden Rechtsträgers von der Genehmigung bestimmter einzelner Anteilsinhaber abhängig, bedarf der Verschmelzungsbeschluss dieses Rechtsträgers gem. § 13 Abs. 2 zu seiner Wirksamkeit der Zustimmung dieser Anteilsinhaber. Das Gesetz will auf diesem Wege sicherstellen, dass entsprechende Sonderrechte eines Anteilsinhabers ohne dessen Zustimmung nicht geändert werden.[444] Von dem Zustimmungserfordernis gem. § 13 Abs. 2 sind dabei insbesondere **Vinkulierungen** im Sinne von § 15 Abs. 5 GmbHG erfasst, die die Übertragung von Geschäftsanteilen von der Zustimmung einzelner Gesellschafter abhängig machen. Nach seinem Sinn und Zweck greift § 13 Abs. 2 – trotz seines Bezugs auf die Zustimmung »bestimmter *einzelner* Anteilsinhaber« – auch dann ein, wenn die GmbH-Satzung die Übertragung von Geschäftsanteilen von der Zustimmung *aller* Gesellschafter abhängig macht.[445] Für übertragende Personengesellschaften kann § 13 Abs. 2 nur von Bedeutung sein, wenn das Statut vom Einstimmigkeitsprinzip abweicht (§§ 43, 45d) und zugunsten einzelner oder aller Gesellschafter/Partner Vinkulierungen (ausdrücklich) anordnet.[446]

194

Keine Anwendung findet § 13 Abs. 2, wenn das Gesellschaftsstatut die Übertragung von Anteilen von der Zustimmung der Gesellschaft, der Gesellschafterversammlung oder einem anderen Organ, wie z.B. einem Beirat, abhängig macht.[447] Daher scheiden Zustimmungserfordernisse im Sinne von § 13 Abs. 2 bei Aktiengesellschaften aus. Denn – wie sich aus § 68 Abs. 2 AktG ergibt – ist eine Vinkulierung bei der Aktiengesellschaft nur in der Weise möglich, dass die Satzung die Übertragbarkeit von Namensaktien von der Zustimmung der Gesellschaft abhängig macht.[448] Kein Sonderrecht i.S.d. § 13 Abs. 2 ist es auch, wenn die Satzung einer GmbH die Übertragung von einer Mehrheitsentscheidung der Gesellschafterversammlung abhängig macht und ein Gesellschafter insoweit über eine **Sperrminorität** verfügt.[449] Nicht anwendbar ist § 13 Abs. 2 auch dann, wenn die Satzung der GmbH für die Übertragung einen zustimmenden Gesellschafterbeschluss verlangt, der mit einer 100 %-igen Mehrheit der abgegebenen Stimmen gefasst werden muss.[450] Auch rein schuldrechtlich wirkende »Verfügungseinschränkungen«, wie z.B. Vorkaufs- oder Ankaufsrechte, unterfallen nicht § 13 Abs. 2.[451] Keine Anwendung findet § 13 Abs. 2 auch auf die Fälle, in denen zum Vermögen des übertragenden Rechtsträgers vinkulierte Geschäftsanteile zählen.[452]

195

---

442 S.o. Rdn. 134.
443 S. dazu eingehend *Böhringer,* NotBZ 2014, 121.
444 Reg.Begr. *Ganske,* S. 61; zum Ganzen *Reichert,* GmbHR 1995, 176.
445 Lutter/*Drygala,* § 13 Rn. 29.
446 Anders wohl Lutter/*Drygala,* § 13 Rn. 29.
447 Semler/Stengel/*Reichert,* § 50 Rn. 36.
448 S.a. *Bermel/Müller,* NZG 1998, 331, 333.
449 So richtig Lutter/*Drygala,* § 13 Rn. 31.
450 Schmitt/Hörtnagl/Stratz/*Winter,* § 13 Rn. 62.
451 Widmann/Mayer/*Heckschen,* § 13 Rn. 174.
452 *Burg/Marx,* NZG 2013, 127; zur Spaltung s. OLG Hamm, Urt. v. 16.04.2014 – I-8 U 82/13, RNotZ 2014, 507 = GmbHR 2014, 935 m. Anm. *Wachter; Heckschen,* GmbHR 2017, 953, 958; *Lieder/Scholz,* ZIP 2015, 1705.

2. Sonstige Zustimmungserfordernisse

196 Sonstige Zustimmungserfordernisse können sich für Personenhandelsgesellschaften aus § 40 Abs. 2 Satz 2 und für die GmbH aus §§ 50 Abs. 2, 51 Abs. 1 und 2 ergeben.

3. Beurkundung und Vertretung

197 Gem. § 13 Abs. 3 Satz 1, 2. Alt. sind die nach dem UmwG erforderlichen Zustimmungserklärungen einzelner Anteilsinhaber einschließlich der erforderlichen Zustimmungserklärungen nicht erschienener Anteilsinhaber (s. § 43 Abs. 1 Halbs. 2) – abweichend von § 182 Abs. 2 BGB – notariell zu beurkunden. Zustimmungserklärungen können auch durch Bevollmächtigte abgegeben werden. Die Zustimmung ist eine einseitige empfangsbedürftige Erklärung im Sinne von § 182 Abs. 1 BGB;[453] eine **vollmachtlose Vertretung** ist daher im Hinblick auf § 180 Satz 1 BGB – vorbehaltlich § 180 Satz 2 BGB – ausgeschlossen. Hinsichtlich der Form einer entsprechenden Vollmacht wird man die Grundsätze anzuwenden haben, die für entsprechende Stimmrechtsvollmachten gelten.

IX. Registeranmeldung

1. Anmeldepflicht

198 Gem. § 16 Abs. 1 Satz 1 haben die Vertretungsorgane jedes an der Verschmelzung beteiligten Rechtsträgers die Verschmelzung zur Eintragung in das Register ihres Rechtsträgers anzumelden. Die Erfüllung der Anmeldepflicht obliegt den organschaftlichen Vertretern des Rechtsträgers in der zur Vertretung berechtigten Personenzahl.[454] Damit gilt der bei Personengesellschaften ansonsten geltende Grundsatz, dass Registeranmeldungen durch alle Gesellschafter vorzunehmen sind (§§ 108 Satz 1, 161 Abs. 2 HGB, § 4 Abs. 1 PartGG), für die Anmeldung der Verschmelzung nicht.[455] Da die Verschmelzung ein Grundlagengeschäft ist, umfasst die durch eine Prokura eingeräumte Vertretungsbefugnis (§ 49 Abs. 1 HGB) nicht die Befugnis, eine Anmeldung im Sinne von § 16 Abs. 1 zu erklären. Denkbar ist aber, dass die organschaftlichen Vertreter des Rechtsträgers dem Prokuristen (wie auch einer anderen Person) eine rechtsgeschäftliche Vollmacht erteilen, die Anmeldung zu erklären. Eine derartige Vollmacht bedarf gem. § 12 Abs. 1 Satz 2 HGB der notariellen Beglaubigung. Zu beachten ist insoweit allerdings, dass eine Bevollmächtigung nur bezüglich der Anmeldung selbst, nicht aber bezüglich der nach § 16 Abs. 2 – grundsätzlich – erforderlichen Negativerklärung zulässig ist.[456] Eine **Mitwirkung von Prokuristen** bei der Anmeldung nach § 16 Abs. 1 kommt ferner in Betracht, wenn das Statut des Rechtsträgers eine unechte Gesamtvertretung vorsieht, etwa mit der in GmbH-Satzungen üblichen Regelung, dass die GmbH bei Vorhandensein mehrerer Geschäftsführer durch zwei Geschäftsführer oder durch einen Geschäftsführer in Gemeinschaft mit einem Prokuristen vertreten wird.[457]

199 Das Gesetz geht davon aus, dass die Vertretungsorgane der beteiligten Rechtsträger ein eigenes Interesse daran haben, die Anmeldung umgehend zu erklären und schließt im Hinblick darauf gem. § 316 Abs. 2 die Möglichkeit aus, die Anmeldepflicht durch Festsetzung von Zwangsgeld durchzusetzen. Es ist zulässig, die Verschmelzung bereits vor Ablauf der Klagefrist nach § 14 Abs. 1 anzumelden.[458]

---

453 Widmann/Mayer/*Heckschen*, § 13 Rn. 208; Kallmeyer/*Zimmermann*, § 13 Rn. 42.
454 Kallmeyer/*Zimmermann*, § 16 Rn. 4.
455 S. Lutter/*Bork*, § 16 Rn. 2.
456 Lutter/*Decher*, § 16 Rn. 15; *Melchior*, GmbHR 1999, 520; Semler/Stengel/*Schwanna*, § 16 Rn. 18; Widmann/Mayer/*Fronhöfer*, § 16 Rn. 85.
457 Lutter/*Decher*, § 16 Rn. 5.
458 Widmann/Mayer/*Fronhöfer*, § 16 Rn. 32.

2. Anmelderecht

Im Hinblick auf das besondere Interesse des übernehmenden Rechtsträgers, die Verschmelzung durch Eintragung in den jeweiligen Registern gem. § 20 wirksam werden zu lassen, gibt § 16 Abs. 1 Satz 2 den Vertretern des übernehmenden Rechtsträgers zum Zwecke der Verfahrensbeschleunigung das Recht, die Verschmelzung auch beim Register der übertragenden Rechtsträger anzumelden. 200

3. Inhalt der Anmeldung

a) Verschmelzung

Zur Eintragung anzumelden ist unter Angabe der beteiligten Rechtsträger und des Verschmelzungstatbestandes die Verschmelzung als solche, nicht der Abschluss des Verschmelzungsvertrages.[459] Erhöht eine übernehmende GmbH oder AG im Zuge der Verschmelzung ihr Kapital, kann die entsprechende Anmeldung der Kapitalerhöhung (bei der AG nebst ihrer Durchführung) mit der Anmeldung der Verschmelzung verbunden werden.[460] Zu beachten ist aber, dass die Anmeldung der – nach §§ 53, 66 vorrangig einzutragenden – Kapitalerhöhung (bei der AG nebst ihrer Durchführung) nicht der Regelung des § 16 Abs. 1, sondern den Regelungen in § 78 GmbHG für die GmbH und den Regeln in §§ 184 Abs. 1, 188 Abs. 1 AktG (i.V.m. § 69 Abs. 1) für die AG unterliegt. Das heißt für die GmbH, dass abweichend von § 16 Abs. 1 die Kapitalerhöhung von sämtlichen Geschäftsführern anzumelden ist. Bei der AG muss die Anmeldung durch den Vorstand und den Vorsitzenden des Aufsichtsrats erfolgen. Sowohl für die GmbH wie für die AG gilt, dass in diesen Fällen richtiger Ansicht nach eine unechte Gesamtvertretung wie auch eine rechtsgeschäftliche Vertretung im Hinblick auf die Höchstpersönlichkeit dieser Anmeldungserklärung ausscheidet.[461] 201

b) Negativerklärung (§ 16 Abs. 2)

Bei der Anmeldung haben die Vertretungsorgane gem. § 16 Abs. 2 Satz 1 Halbs. 1 zu erklären, dass eine Klage gegen die Wirksamkeit des Verschmelzungsbeschlusses (im Sinne von § 14 Abs. 1) nicht oder nicht fristgemäß erhoben wurde oder eine solche Klage rechtskräftig abgewiesen oder zurückgenommen wurde. Die Erklärung ist von den Vertretungsorganen (in vertretungsberechtigter Zahl) selbst (gegebenenfalls in unechter Gesamtvertretung) abzugeben; eine rechtsgeschäftliche Vertretung scheidet hierbei aus.[462] 202

aa) Zweck des Negativerklärungserfordernisses

Das Erfordernis der Negativerklärung soll verhindern, dass die Verschmelzung auf der Basis eines nicht gültigen (weil erfolgreich angegriffenen) Verschmelzungsbeschlusses in das Handelsregister eingetragen wird und hierdurch im Hinblick auf § 20 Abs. 2 »**vollendete Tatsachen**« geschaffen werden.[463] Dadurch wird zugleich das Klagerecht der Anteilsinhaber gegen den Verschmelzungsbeschluss abgesichert. Denn erhebt ein Anteilsinhaber Klage gegen die Wirksamkeit des Verschmelzungsbeschlusses und kann daher das Negativattest nach § 16 Abs. 2 nicht erklärt werden, darf die Verschmelzung gem. § 16 Abs. 2 Satz 2 grundsätzlich nicht eingetragen werden; ohne Negativattest darf das Gericht die Verschmelzung nur eintragen, wenn die klageberechtigten Anteilsinhaber (s. § 16 Abs. 2 Satz 2) durch notariell beurkundete Verzichtserklärung auf eine entsprechende Klage verzichtet haben (was sie bei einer Anfechtungsbereitschaft nicht tun werden) oder das Gericht nach § 16 Abs. 3 Satz 1 durch rechtskräftigen Beschluss festgestellt hat, dass die Erhebung der Klage der Eintragung nicht entgegensteht. Damit führt die Erhebung einer Klage gegen die Wirksamkeit des 203

---

459 Lutter/*Decher*, § 16 Rn. 9.
460 Semler/Stengel/*Schwanna*, § 16 Rn. 3.
461 S. z.B. Semler/Stengel/*Reichert*, § 53 Rn. 4; Semler/Stengel/*Diekmann*, § 66 Rn. 5; a.A. *Melchior*, GmbHR 1999, 520 f. unter Hinweis auf OLG Köln, DNotZ 1987, 244.
462 Widmann/Mayer/*Fronhöfer*, § 16 Rn. 85.
463 S. BGH, Urt. v. 05.10.2006 – III ZR 283/05, DNotZ 2007, 54.

Verschmelzungsbeschlusses – vorbehaltlich des **Freigabeverfahrens** nach § 16 Abs. 3 – im Ergebnis zu einer **Registersperre**.[464] Missachtet das Registergericht die Registersperre, lässt das die in § 20 normierten Rechtsfolgen der Verschmelzung unberührt.[465]

bb) Klageverfahren nach § 14

204 § 14 Abs. 1 bestimmt, um möglichst schnell Klarheit über die Bestandskraft des Verschmelzungsbeschlusses zu erzielen, dass eine Klage gegen die Wirksamkeit eines Verschmelzungsbeschlusses binnen eines Monats nach der Beschlussfassung zu erheben ist. Die Monatsfrist bezieht sich auf alle Arten von Klagen gegen die Wirksamkeit eines Verschmelzungsbeschlusses.[466] Mit welcher Klageart der jeweilige Verschmelzungsbeschluss anzugreifen ist, bestimmt sich danach, um welchen Rechtsträger es sich handelt und welcher Beschlussmangel gerügt wird. Die Frist des § 14 Abs. 1 erfasst Anfechtungs- und Nichtigkeitsklagen der Gesellschafter von Kapitalgesellschaften wie auch die allgemeine Feststellungsklage nach § 256 ZPO von Gesellschaftern von Personenhandelsgesellschaften auf Feststellung der Nichtigkeit von Beschlüssen.[467] Nicht erfasst von § 14 Abs. 1 sind hingegen Klagen Dritter, etwa Nichtgesellschafter, gegen einen Verschmelzungsbeschluss und Klagen gegen die Wirksamkeit von Beschlüssen, die anlässlich einer Verschmelzung gefasst werden (z.B. ein Kapitalerhöhungsbeschluss).[468]

205 Die Berechnung der gem. § 1 Abs. 3 Satz 1 nicht der Parteidisposition unterliegenden Monatsfrist richtet sich nicht nach §§ 221 ff. ZPO oder nach §§ 199 ff. BGB, sondern nach §§ 186 ff. BGB.[469] Der Tag, an dem der Verschmelzungsbeschluss gefasst wurde, wird daher gem. § 187 Abs. 1 BGB für den Beginn der Frist nicht mitgerechnet. Wann der Anteilsinhaber von dem Unwirksamkeitsgrund erfahren hat, ist für die Fristberechnung grundsätzlich unbeachtlich.[470] Gewahrt wird die Frist durch die Klageerhebung im Sinne von § 253 Abs. 1 ZPO, d.h. durch Zustellung der Klageschrift.[471] Zugunsten des Klägers gilt allerdings § 167 ZPO, d.h. hat er die Klage innerhalb der Frist anhängig gemacht, genügt dies zur Fristwahrung, wenn die Zustellung der Klageschrift an den Beklagten demnächst erfolgt. Verstreicht die Monatsfrist, führt dies nicht zu einer Heilung des Beschlussmangels.[472]

206 Gem. § 14 Abs. 2 kann die Klage gegen die Wirksamkeit des Verschmelzungsbeschlusses eines übertragenden Rechtsträgers nicht darauf gestützt werden, dass das **Umtauschverhältnis der Anteile** zu niedrig bemessen oder dass die Mitgliedschaft bei dem übernehmenden Rechtsträger kein ausreichender Gegenwert für die Anteile oder die Mitgliedschaft bei dem übertragenden Rechtsträger ist. Das Gesetz verweist die Anteilsinhaber des übertragenden Rechtsträgers hinsichtlich dieser Rügen gem. § 15 Abs. 1 auf den Schutz über das Spruchverfahrensgesetz. § 14 Abs. 2 vergleichbar ordnet § 32 an, dass eine Klage gegen die Wirksamkeit des Verschmelzungsbeschlusses nicht darauf gestützt werden kann, dass das Angebot nach § 29 zu niedrig bemessen worden ist oder dass die Barabfin-

---

464 Lutter/*Decher*, § 16 Rn. 24; zur Aussetzung des Eintragungsverfahrens s. § 21 FamFG.
465 OLG Hamburg, Urt. v. 17.08.2007 – 11 U 277/05, DNotZ 2009, 227.
466 Semler/Stengel/*Gehling*, § 14 Rn. 2; Lutter/*Decher*, § 14 Rn. 5 f.
467 KK-UmwG/*Simon*, § 14 Rn. 11 ff.; *Rettmann*, Die Rechtmäßigkeitskontrolle von Verschmelzungsbeschlüssen, 1998, S. 60 f.
468 Kallmeyer/*Marsch-Barner*, § 14 Rn. 6; zur fehlenden Befugnis eines Nichtgesellschafters zur Anfechtung eines Gesellschafterbeschlusses s. BGH, Urt. v. 11.02.2008 – II ZR 187/06, NZG 2008, 317; *Schöne*, DB 1995, 1317, 1321.
469 Semler/Stengel/*Gehling*, § 14 Rn. 23; zur Fristwahrung s. OLG Hamburg, Urt. v. 16.04.2004 – 11 U 11/03, ZIP 2004, 906.
470 Lutter/*Decher*, § 14 Rn. 7; zu sog. »Geheimbeschlüssen« s. aber KK-UmwG/*Simon*, § 14 Rn. 24 und (ohne Erörterung des Fristproblems nach § 195) OLG München, Urt. v. 14.04.2010 – 7 U 5167/09, AG 2010, 458; strenger wohl Widmann/Mayer/*Heckschen*, § 14 Rn. 33.
471 Semler/Stengel/*Gehling*, § 14 Rn. 24 f.; Lutter/*Decher*, § 14 Rn. 11, dort in Rn. 12 zum Streit, ob auch durch einen Prozesskostenhilfeantrag die Frist gewahrt wird.
472 Lutter/*Decher*, § 14 Rn. 16.

dung im Verschmelzungsvertrag nicht oder nicht ordnungsgemäß angeboten worden ist. Auch hier sind die Anteilsinhaber mit solchen Rügen gem. § 34 auf das Spruchverfahrensgesetz verwiesen. Der Bundesgerichtshof erstreckt den Klageausschluss auch auf die Fälle, in denen das Abfindungsangebot nicht oder nicht ausreichend im Verschmelzungsbericht erläutert worden ist.[473]

Seinem klaren Wortlaut nach schließt § 14 Abs. 2 nur Klagen der Anteilsinhaber eines übertragenden Rechtsträgers, nicht hingegen Klagen von Anteilsinhabern des übernehmenden Rechtsträgers aus. Dies beruht darauf, dass bare Zuzahlungen zugunsten der Anteilsinhaber des übernehmenden Rechtsträgers unzulässig sind und sie im Hinblick darauf nicht gem. § 15 Abs. 1 auf ein Spruchverfahren verwiesen werden können. Anteilsinhaber des übernehmenden Rechtsträgers können den Verschmelzungsbeschluss ihres Rechtsträgers daher mit der Begründung angreifen, das Umtauschverhältnis sei zu ihren Lasten unangemessen. Diese Zusammenhänge sind in der Praxis zuweilen Anlass, anstelle einer Verschmelzung durch Aufnahme eine Verschmelzung durch Neugründung zu vereinbaren. Denn dann können alle Anteilsinhaber der existenten Rechtsträger auf das Spruchverfahren verwiesen werden.[474]

207

cc) Inhalt, Zeitpunkt und Formalien der Negativerklärung

Da das Erfordernis der Negativerklärung der Absicherung der Klagebefugnis nach § 14 Abs. 1 dient, erstreckt sich die Negativerklärung auf alle Klagen im Sinne von § 14 Abs. 1.

208

§ 16 Abs. 2 Satz 1 Halbs. 1 verpflichtet die Vertretungsorgane zu einer Aussage darüber, ob eine Klage gegen die Wirksamkeit des Verschmelzungsbeschlusses »nicht oder nicht fristgerecht« erhoben worden ist. Daraus wird in der Rechtsprechung und im ganz überwiegenden Schrifttum zu Recht abgeleitet, dass die Negativerklärung im Sinne von § 16 Abs. 2 wirksam erst nach Ablauf der Klagefrist gem. § 14 Abs. 1 abgegeben werden kann.[475] Es genügt also trotz der in § 16 Abs. 2 Satz 1 Halbs. 2 normierten Pflicht der Vertretungsorgane, nach der Anmeldung erhobene Klagen dem Registergericht mitzuteilen, nicht, dass die Vertretungsorgane die Verschmelzung wenige Tage nach den Verschmelzungsbeschlüssen zur Eintragung anmelden und dabei erklären, dass »derzeit« keine Klage gegen den Verschmelzungsbeschluss erhoben wurde. Die obergerichtliche Rechtsprechung hat es auch für fehlerhaft gehalten, wenn die Vertretungsorgane die Negativerklärung ein oder 2 Tage nach Ablauf der Klagefrist abgeben, weil dann Klagen, die im Hinblick auf die mögliche Rückwirkung der Zustellung nach § 167 ZPO als rechtzeitig erhoben anzusehen sind, in der Erklärung keine Berücksichtigung finden könnten.[476] Auch das Registergericht ist verpflichtet, die mögliche **Zustellungsrückwirkung nach § 167 ZPO** zu beachten. Es muss daher einen entsprechenden Zeitraum abwarten, bevor es die Verschmelzung einträgt.[477]

209

Ist die Klage nach § 14 Abs. 1 rechtskräftig abgewiesen oder zurückgenommen, ist dies dem Registergericht nach § 16 Abs. 2 mitzuteilen. Wird das Klageverfahren, etwa durch Vergleich oder übereinstimmende Erledigungserklärung, in sonstiger Weise mit dem Ergebnis, dass der Kläger sein Ziel, den Verschmelzungsbeschluss anzugreifen, nicht mehr verfolgt, steht das einer Rücknahme gleich.[478]

210

---

473 BGH, Beschl. v. 29.01.2001 – II ZR 368/98, AG 2001, 263.
474 Widmann/Mayer/*Fronhöfer*, § 2 Rn. 36; kritisch *Drinhausen*, ZHR 2019, 509.
475 BGH, Urt. v. 05.10.2006 – III ZR 283/05, DNotZ 2007, 54 m.w.N.
476 OLG Hamburg, Urt. v. 17.08.2007 – 11 U 277/05, DNotZ 2009, 227; offenlassend hingegen BGH, Urt. v. 05.10.2006 – III ZR 283/05, DNotZ 2007, 54.
477 OLG Hamburg, Beschl. v. 20.08.2003 – 11 W 39/03, NZG 2003, 981 = RNotZ 2004, 41; OLG Hamm, Urt. v. 09.11.2005 – 11 U 70/04, NZG 2006, 274 (»wenigstens zwei weitere Wochen«); insoweit offenlassend BGH, Urt. v. 05.10.2006 – III ZR 283/05, DNotZ 2007, 54.
478 Lutter/*Decher*, § 16 Rn. 19 Fn. 2; a.A. Widmann/Mayer/*Fronhöfer*, § 16 Rn. 84.

dd) Entbehrlichkeit der Negativerklärung wegen Verzichts der Anteilsinhaber

211 Gem. § 16 Abs. 2 Satz 2 ist die Negativerklärung entbehrlich, d.h. kann die Verschmelzung auch ohne sie eingetragen werden, wenn die klageberechtigten Anteilsinhaber durch notariell beurkundete Verzichtserklärung auf die Klage gegen die Wirksamkeit des Verschmelzungsbeschlusses verzichten. Die Regelung dient der Beschleunigung der Eintragung. Eine Vertretung bei der Verzichtserklärung ist möglich. Eine entsprechende Vollmacht bedarf gem. § 167 Abs. 2 BGB nicht der notariellen Beurkundung; eine vollmachtslose Vertretung ist im Hinblick auf § 180 BGB ausgeschlossen.[479] Dem Verzicht steht es gleich, wenn alle Anteilsinhaber dem Verschmelzungsbeschluss zugestimmt haben.[480] Ist ein Anteilsinhaber eine Kommanditgesellschaft, für die deren alleinvertretungsberechtigter Komplementär den Verzicht erklärt hat, bedarf es keines Nachweises, dass auch die Kommanditisten der Kommanditgesellschaft dem Verzicht zugestimmt haben.[481]

ee) Entbehrlichkeit der Negativerklärung gem. § 16 Abs. 3 (Unbedenklichkeitsverfahren)

212 Der Negativerklärung nach § 16 Abs. 2 Satz 1 steht es gem. § 16 Abs. 3 Satz 1 gleich, wenn nach Erhebung einer Klage gegen die Wirksamkeit eines Verschmelzungsbeschlusses das Gericht (gemeint ist das nach § 16 Abs. 3 Satz 7 örtlich zuständige Oberlandesgericht) auf Antrag des Rechtsträgers, gegen dessen Verschmelzungsbeschluss sich die Klage richtet, durch Beschluss festgestellt hat, dass die Erhebung der Klage der Eintragung nicht entgegensteht. Das Gesetz gibt den beteiligten Rechtsträgern durch dieses sog. **Unbedenklichkeitsverfahren** die Möglichkeit, die Registersperre, die mit der Erhebung einer Klage gegen die Wirksamkeit des Verschmelzungsbeschlusses nach § 14 Abs. 1 verbunden ist und die je nach Länge des Klageverfahrens von erheblicher Dauer sein kann, zu beseitigen. Aus wirtschaftlicher Sicht ist es geboten, den beteiligten Rechtsträgern diese Möglichkeit einzuräumen. Würden sie den Ausgang des Klageverfahrens abwarten müssen, wäre die Umsetzung der Verschmelzung in der beschlossenen Weise aufgrund der zeitlichen Verschiebung gegebenenfalls nicht mehr möglich oder sinnvoll. Mit dem Unbedenklichkeitsverfahren nach § 16 Abs. 3 will der Gesetzgeber die beteiligten Rechtsträger auch vor solchen Anteilsinhabern schützen, die Klagen nach § 14 Abs. 1 letztlich nur mit dem Ziel erheben, sich diese zur Vermeidung weiterer für die Rechtsträger schädlicher Zeitverzögerungen »abkaufen« zu lassen.[482] In seiner jetzigen Fassung beruht § 16 Abs. 3 auf der Neuregelung durch das ARUG vom 30.07.2009. Das ARUG hat das bisherige umwandlungsrechtliche Freigabeverfahren wie auch das allgemeine aktienrechtliche Freigabeverfahren (§ 246a AktG) – im Interesse der beteiligten Rechtsträger – insbesondere durch eine **Verkürzung des Instanzenzuges**, die Einführung eines **Mindestanteilsquorums** und die **Modifizierung des bei der Abwägung der Interessen der Beteiligten anzuwendenden Maßstabs** (s. § 16 Abs. 3 Satz 3 Nr. 3) neu geregelt.[483] So sind nunmehr für die Entscheidung über die Freigabe nicht mehr die Landgerichte, sondern die Oberlandesgerichte zuständig, die über die Freigabe gem. § 16 Abs. 3 Satz 9 durch unanfechtbaren Beschluss entscheiden. Daneben ermöglicht § 16 Abs. 3 Satz 3 Nr. 2 nunmehr eine Freigabe, wenn der Kläger nicht binnen einer Woche nach Zustellung des Antrags nachweist, dass er seit Bekanntmachung der Einberufung einen anteiligen Betrag von mindestens 1.000 € hält. Nach der Neufassung des § 16 Abs. 3 darf der Freigabebeschluss nach § 16 Abs. 3 Satz 1 (nur) ergehen, wenn die Klage gegen die Wirksamkeit des Verschmelzungsbeschlusses unzulässig ist, wenn die Klage offensichtlich unbegründet ist, wenn der Kläger seine (Mindest-) Beteiligung nicht fristgerecht nachweist oder wenn das alsbaldige Wirksamwerden der Verschmelzung vorrangig erscheint, weil die vom Antragsteller dargelegten wesentlichen Nachteile für die an der Verschmelzung beteiligten Rechtsträger und ihre Anteilsinhaber nach freier Überzeugung des Gerichts

---

[479] Lutter/*Decher*, § 16 Rn. 26; *Melchior*, GmbHR 1999, 520.
[480] Widmann/Mayer/*Fronhöfer*, § 16 Rn. 91 m.w.N.
[481] OLG Zweibrücken, Beschl. v. 25.08.2011 – 3 W 75/11, NZG 2012, 508.
[482] Lutter/*Decher*, § 16 Rn. 29 ff.; zum Problem der sog. »räuberischen Aktionäre« s. u. a. *Seibert/Florstedt*, ZIP 2008, 2145.
[483] S. *Florstedt*, AG 2009, 465.

die Nachteile für den Antragsgegner überwiegen, es sei denn, es liegt eine besondere Schwere des Rechtsverstoßes vor.[484]

Ergeht ein Freigabebeschluss nach § 16 Abs. 3 Satz 1 bedeutet dies zunächst, dass die in § 16 Abs. 2 Satz 2 angeordnete Registersperre entfällt. Ob die Entscheidung im Freigabeverfahren für das Registergericht darüber hinausgehend eine **Bindungswirkung** entfaltet, ist in § 16 anders als in der Parallelvorschrift in § 246a AktG – s. dort Abs. 3 Satz 5 – nicht ausdrücklich geregelt. Gleichwohl widerspräche es dem Sinn und Zweck des Verfahrens nach § 16 Abs. 3, wenn das Registergericht einen vom OLG verneinten Rechtsverstoß bejahte und diesen zum Anlass nähme, eine Eintragung abzulehnen. Dort hingegen, wo eine materielle Prüfung des OLG nicht stattgefunden hat, d.h. insb. wo der Freigabebeschluss auf die Unzulässigkeit der Klage oder einen fehlenden Nachweis des Mindestquorums im Sinne von § 16 Abs. 3 Satz 3 Nr. 2 gestützt wird, bleibt es bei der allgemeinen Prüfungskompetenz des Registergerichts, d.h. das Registergericht hat die Eintragung abzulehnen, wenn zwingende Normen verletzt werden, die öffentliche Interessen schützen sollen.[485] 213

4. Anlagen (§ 17)

a) Anlagen im Sinne von § 17 Abs. 1

§ 17 Abs. 1 zählt die Unterlagen auf, die der Anmeldung neben der Negativerklärung nach § 16 Abs. 2 und der Schlussbilanz nach § 17 Abs. 2 beizufügen sind. Im Rahmen der Verschmelzung abgegebene Erklärungen, die der notariellen Beurkundung bedürfen, sind gem. § 17 Abs. 1 in Ausfertigung oder öffentlich beglaubigter Abschrift beizufügen; hierunter fallen: 214
– Der Verschmelzungsvertrag (§ 4)
– Die Verschmelzungsbeschlüsse aller beteiligten Rechtsträger (§ 13)
– Die erforderlichen Zustimmungen einzelner Anteilsinhaber einschließlich der Zustimmungen nicht erschienener Gesellschafter (s. §§ 13 Abs. 2, 40 Abs. 2 Satz 2, 43 Abs. 1, 50 Abs. 2, 51 Abs. 1 und 2)
– Verzichtserklärungen nach § 8 Abs. 3 (Verzicht auf die Erstellung eines Verschmelzungsberichts), nach § 9 Abs. 3 (Verzicht auf die Prüfung des Verschmelzungsvertrages) und nach § 12 Abs. 3 (Verzicht auf einen Verschmelzungsprüfungsbericht)
– Erklärungen über den Verzicht auf die Gewährung von Geschäftsanteilen (§ 54 Abs. 1 Satz 3) oder Aktien (§ 68 Abs. 1 Satz 3)
– Erklärungen über den Verzicht auf die Klage gegen die Wirksamkeit des Verschmelzungsbeschlusses (§ 16 Abs. 2 Satz 2)

Nicht beurkundungsbedürftige Erklärungen und sonstige Unterlagen sind in Urschrift oder Abschrift beizufügen. Es sind dies insb.: 215
– Der Verschmelzungsbericht (§ 8)
– Der Verschmelzungsprüfungsbericht (§ 12)
– Ein Nachweis über die rechtzeitige Zuleitung des Verschmelzungsvertrages oder seines Entwurfs an den zuständigen Betriebsrat (§ 5 Abs. 3)

Nach früherem Recht war ferner die Genehmigungsurkunde vorzulegen, wenn die Verschmelzung der staatlichen Genehmigung bedürfte. Das ARUG vom 30.07.2009 hat diese Pflicht abgeschafft. 216

---

484 Dazu OLG Köln Beschl. v. 14.12.2017 – 18 AktG 1/17, RNotZ 2018, 21; AG 2018, 126; OLG Hamm, Beschl. v. 11.11.2013 – I-8 AktG 1/13, NZG 2014, 581 sowie OLG Hamm, Beschl. v. 16.05.2011 – I-8 AktG 1/11, AG 2011, 624, dazu krit. *Hommelhoff*, AG 2012, 194; KG, Beschl. v. 12.03.2010 – 14 AktG 1/09, AG 2010, 497; OLG München, Beschl. v. 04.11.2009 – 7 A 2/09, AG 2010, 170; zur Modifikation der Abwägungsklausel s. Amtl. Begr. S. 64, BT-Drucks. 16/12098.
485 S. im Einzelnen Semler/Stengel/*Schwanna*, § 16 Rn. 44 ff.; Lutter/*Decher*, § 16 Rn. 119 ff.; *Deilmann/ Messerschmidt*, NZG 2004, 977, 986.

b) Schlussbilanz nach § 17 Abs. 2

217 Nach § 17 Abs. 2 Satz 1 ist der Anmeldung zum Register des Sitzes jedes übertragenden Rechtsträgers ferner eine Bilanz dieses Rechtsträgers (Schlussbilanz) beizufügen. Dieses Erfordernis dient neben der **Bilanzkontinuität** (s. § 24) auch dem Schutz der Gläubiger, die anhand der Bilanz prüfen können, ob sie ihr Recht auf Sicherheitsleistung nach § 22 geltend machen. Neben diesen mit § 17 Abs. 2 verbundenen Zwecken hat die Schlussbilanz des übertragenden Rechtsträgers darüber hinaus bei der Verschmelzung auf eine Kapitalgesellschaft, die im Rahmen der Durchführung der Verschmelzung ihr Kapital erhöht, auch Bedeutung bei der registerrechtlichen Kapitalaufbringungskontrolle.

218 Hinsichtlich der inhaltlichen Anforderungen an die Schlussbilanz erklärt § 17 Abs. 2 Satz 2 die Vorschriften über die »Jahresbilanz« und deren Prüfung für entsprechend anwendbar. Das Handelsgesetzbuch unterscheidet in § 242 HGB zwischen der **Bilanz** (§ 242 Abs. 1 HGB) und der **Gewinn- und Verlustrechnung** (§ 242 Abs. 2 HGB), die zusammen den **Jahresabschluss** (§ 243 Abs. 3 HGB) bilden. Da § 17 Abs. 2 ausdrücklich (nur) von einer Bilanz spricht, ist es richtiger Ansicht nach nicht erforderlich, bei der Anmeldung der Verschmelzung auch eine Gewinn- und Verlustrechnung vorzulegen.[486] Auch der Vorlage eines Anhangs nach § 264 HGB bedarf es richtiger Ansicht nach nicht.[487] Den vollständigen Jahresabschluss nebst Anhang freiwillig einzureichen, bleibt den Beteiligten unbenommen.[488] Wird (zulässigerweise) kein Anhang eingereicht, müssen sog. **Wahlpflichtangaben**, d.h. Angaben, die bilanzrechtlich grundsätzlich sowohl in der Bilanz als auch im Anhang gemacht werden können, in die Bilanz aufgenommen werden.[489] Zu beachten ist ferner, dass § 17 Abs. 2 Satz 2 auch § 245 HGB für entsprechend anwendbar erklärt. Die einzureichende Bilanz ist daher durch den Kaufmann – bei mehreren persönlich haftenden Gesellschaftern durch alle Gesellschafter – unter Angabe des Datums zu unterzeichnen.[490]

219 Ist die Bilanz des Rechtsträgers zu prüfen – was sich nach Maßgabe der § 316 HGB beantwortet – muss eine entsprechend geprüfte Bilanz der Anmeldung beigefügt werden. Die Rechtsprechung verlangt eine Schlussbilanz des übertragenden Rechtsträgers auch dann, wenn dieser nicht bilanzierungspflichtig ist.[491] Eine Bilanz des übernehmenden Rechtsträgers ist nicht vorzulegen.[492]

220 Das Erfordernis in § 17 Abs. 2 Satz 1, eine Schlussbilanz des übertragenden Rechtsträgers vorzulegen, hat in der Praxis besondere Bedeutung, da das Registergericht die Verschmelzung gem. § 17 Abs. 2 Satz 4 nur eintragen darf, wenn die Bilanz auf einen höchstens 8 Monate vor der Anmeldung liegenden Stichtag aufgestellt ist. Der Gesetzgeber hat diese Frist nunmehr vorübergehend durch Art. 2 § 4 des Gesetzes zur Abmilderung der Folgen der COVID-19-Pandemie vom 27.03.2020[493] um vier Monate verlängert.[494] Dieses in § 17 Abs. 2 Satz 4 geregelte Erfordernis soll die **Aktualität** und damit die **Aussagekraft der Bilanz** sicherstellen. Wollen die Beteiligten – wie üblich – die ohnehin auf das Ende eines Geschäftsjahres zu erstellende Bilanz der Verschmelzung zugrunde legen und die zum Teil erheblichen Kosten einer Zwischenbilanz ersparen, folgt aus den zeitlichen Vorgaben des § 17 Abs. 2 Satz 4, dass die Verschmelzung in dem **Acht-Monatszeitraum** nach dem Stichtag

---

486 Widmann/Mayer/*Fronhöfer*, § 17 Rn. 68; Lutter/*Decher*, § 17 Rn. 8; *Scheunemann*, DB 2006, 797, 799; a.A. Sagasser/Bula/Brünger/*Schlösser*, Umwandlungen, K 11.
487 Kallmeyer/*Lanfermann*, § 17 Rn. 20; LG Dresden GmbHR 1998, 1086 = MittBayNot 1998, 271; LG Stuttgart, DNotZ 1996, 701; a.A. *Aha*, BB 1996, 2559; *Henckel*, DStR 2005, 1785, 1788.
488 Schmitt/Hörtnagl/Stratz/*Hörtnagl*, § 17 Rn. 14.
489 Kallmeyer/*Lanfermann*, § 17 Rn. 20 m.w.N.
490 Schmitt/Hörtnagl/Stratz/*Hörtnagl*, § 17 Rn. 18.
491 OLG Köln, Beschl. v. 10.02.2020 – I-2 Wx 28/20, Rpfleger 2020, 473 = ZIP 2020, 1072 mit Nachweisen zur Gegenansicht.
492 Lutter/*Decher*, § 17 Rn. 7.
493 BGBl. I S. 569.
494 S.o. Rdn. 15.

dieser Bilanz anzumelden ist. Die Berechnung der Frist erfolgt nach §§ 186 ff. BGB.[495] Im Hinblick auf den nach § 1 Abs. 3 Satz 1 zwingenden Charakter der Acht-Monatsfrist stehen auch geringfügige Fristüberschreitungen der Eintragung entgegen.[496] Inwieweit auch eine unvollständige Anmeldung fristwahrend sein kann, hängt vom Einzelfall ab. Das Kammergericht und das OLG Hamm hielten die Anmeldung der Verschmelzung zweier Schwester-GmbH, bei der die nach Ansicht der Gerichte erforderliche Kapitalerhöhung bei der übernehmenden GmbH fehlte (s. jetzt § 54 Abs. 1 Satz 3), für nicht geeignet, die Acht-Monatsfrist zu wahren.[497] Die Anmeldung einer Verschmelzung, bei der der Verschmelzungsvertrag im Hinblick auf die Bezeichnung der beteiligten Rechtsträger noch einer Klarstellung bedurfte, sah das OLG Hamm hingegen als fristwahrend an.[498] Richtigerweise wird für eine Fristwahrung verlangt, dass wenigstens der Verschmelzungsvertrag und die Verschmelzungsbeschlüsse vorliegen.[499] Dass Unterlagen, die nachgereicht werden können, der Anmeldung nicht beigefügt sind, ist unerheblich.[500] Das gilt richtiger Ansicht nach auch für die Schlussbilanz selbst.[501] Gleiches gilt nach Ansicht des OLG Brandenburg für Verzichtserklärungen nach § 8.[502] Die Anmeldung der Verschmelzung bei einem unzuständigen Gericht wahrt richtiger Ansicht nach die Frist, sofern das Gericht die Anmeldung nicht zurückweist, sondern an das zuständige Ge.richt abgibt.[503]

c) Folgen fehlender Anlagen

Sind der Anmeldung nicht die erforderlichen Anlagen beigefügt, hat das Registergericht, wenn es sich um ein behebbares Hindernis handelt, durch **Zwischenverfügung** nach § 382 Abs. 4 Satz 1 FamFG dem Antragsteller eine angemessene Frist zur Beseitigung des Hindernisses zu bestimmen.[504] 221

5. Art der Übermittlung (§ 12 HGB)

Die Anmeldung der Verschmelzung zum Handelsregister ist gem. § 12 Abs. 1 Satz 1 HGB elektronisch in öffentlich beglaubigter Form einzureichen. Auch für die Anlagen der Anmeldung nach § 17 schreibt § 12 Abs. 2 HGB vor, dass sie in **elektronischer Form** einzureichen sind. Die im Rahmen einer Verschmelzung notariell zu beurkundenden Erklärungen, wie z.B. der Verschmelzungsvertrag, die gem. § 17 Abs. 1 der Anmeldung in Ausfertigung oder beglaubigter Abschrift beizufügen sind, sind gem. § 12 Abs. 2 Satz 2 Halbs. 2 HGB als mit einem einfachen elektronischen Zeugnis (§ 39a BeurkG) versehenes Dokument zu übermitteln. Für die sonstigen im Rahmen der Verschmelzung abzugebenden Erklärungen, die nicht der notariellen Beurkundung bedürfen, wie z.B. der Verschmelzungsbericht, und die der Anmeldung gem. § 17 Abs. 1 in Urschrift oder Abschrift beizufügen sind, genügt gem. § 12 Abs. 2 Satz 2 Halbs. 1 HGB die **Übermittlung einer elektronischen Aufzeichnung.** 222

Für Anmeldungen zum Partnerschaftsregister gilt § 12 HGB gem. § 5 Abs. 2 PartGG entsprechend. 223

---

495 S. im Einzelnen DNotI-Report 2014, 34.
496 OLG Köln, GmbHR 1998, 1085, MittBayNot 1999, 87.
497 KG, DNotZ 1999, 157; OLG Hamm, Beschl. v. 03.08.2004 – 15 W 236/04, GmbHR 2004, 1533; dazu kritisch *Heinze*, RNotZ 2017, 87.
498 OLG Hamm, Beschl. v. 19.12.2005 – 15 W 377/05, DNotZ 2006, 378.
499 *Heckschen*, Rpfleger 1999, 357, 362; *ders.*, DB 1998, 1385, 1393; Lutter/*Decher*, § 17 Rn. 13 m.w.N.
500 So richtig Lutter/*Decher*, § 17 Rn. 13; BayObLG, Beschl. v. 16.02.2000 – 3Z BR 389/99, NZG 2000, 1232 = MittRhNotK 2000, 173 (für Vollmachten).
501 OLG Jena, Beschl. v. 21.10.2002 – 6 W 534/02, NZG 2003, 43 = MittBayNot 2003, 303; OLG Zweibrücken, Urt. v. 29.07.2002 – 7 U 25/02, GmbHR 2003, 118 = RNotZ 2002, 516; Lutter/*Decher*, § 17 Rn. 14; *Blasche*, RNotZ 2014, 464, 468. a.A. *Germann*, GmbHR 1999, 591, 593; *Weiler*, MittBayNot 2006, 377, 380 f.
502 OLG Brandenburg, Beschl. v. 05.02.2018 – 7 W 86/17, MittBayNot 2019, 71, GmbHR 2018, 523.
503 Lutter/*Decher*, § 17 Rn. 17; offenlassend BayObLG GmbHR 1999, 295 = MittRhNotK 1999, 63.
504 Lutter/*Decher*, § 17 Rn. 6.

6. Rechtsformspezifische Besonderheiten/Verschmelzung durch Neugründung

224 Rechtsformspezifische Besonderheiten hinsichtlich der Anmeldung der Verschmelzung ergeben sich bei der Beteiligung einer GmbH aus § 52 sowie bei der Beteiligung einer AG aus § 62 Abs. 3 Satz 4 und Satz 5. Bei der Anmeldung der Verschmelzung durch Neugründung ist zu beachten, dass anstelle von § 16 Abs. 1 die Regelung in § 38 gilt (§ 36 Abs. 1 Satz 1).

X. Eintragung und Rechtsfolgen

1. Eintragungsreihenfolge

225 Die Verschmelzung muss im Register aller beteiligten Rechtsträger eingetragen werden. Die spezifischen mit der Verschmelzung verbundenen und angestrebten Rechtsfolgen, nämlich insbesondere die Gesamtrechtsnachfolge des übernehmenden Rechtsträgers (§ 20 Abs. 1 Nr. 1) und das damit einhergehende Erlöschen des übertragenden Rechtsträgers (§ 20 Abs. 1 Nr. 2), knüpft § 20 Abs. 1 dabei aber nur an die Eintragung der Verschmelzung in das Register des Sitzes des übernehmenden Rechtsträgers.[505] Diese Eintragung ist damit die für die Verschmelzungswirkungen entscheidende Eintragung. Damit sichergestellt ist, dass vor dieser Eintragung die Verschmelzungsvoraussetzungen bei den Registergerichten der übertragenden Rechtsträger geprüft werden können, bestimmt § 19 Abs. 1 Satz 1, dass die Eintragung beim übernehmenden Rechtsträger erst vorgenommen werden darf, nachdem die Verschmelzung im Register des Sitzes jedes der übertragenden Rechtsträger eingetragen worden ist. Die Eintragungen im Register des Sitzes jedes der übertragenden Rechtsträger ist gem. § 19 Abs. 1 Satz 2 grundsätzlich mit dem Vermerk zu versehen, dass die Verschmelzung erst mit der Eintragung im Register des Sitzes des übernehmenden Rechtsträgers wirksam wird; anders liegt es gem. § 19 Abs. 1 Satz 2 Halbs. 2 nur dann, wenn die Eintragungen in den Registern aller beteiligten Rechtsträger am selben Tag vorgenommen werden, was insbesondere relevant wird, wenn für alle Rechtsträger ein Registergericht zuständig ist oder die Registergerichte eine taggleiche Eintragung abgesprochen haben.[506] Eine Missachtung der in § 19 vorgeschriebenen Eintragungsreihenfolge lässt die Wirksamkeit der Verschmelzung unberührt.[507] Das Registergericht des übernehmenden Rechtsträgers teilt nach der dortigen Eintragung der Verschmelzung gem. § 19 Abs. 2 den Tag der Eintragung der Verschmelzung den Registergerichten der übertragenden Rechtsträger mit, die diesen Tag dann im Register der übertragenden Rechtsträger vermerken.

2. Eintragungsfolgen

a) Gesamtrechtsnachfolge

226 Gem. § 20 Abs. 1 Nr. 1 geht mit Eintragung der Verschmelzung im Register des übernehmenden Rechtsträgers das Vermögen der übertragenden Rechtsträger einschließlich der Verbindlichkeiten auf den übernehmenden Rechtsträger über.[508] Diese Gesamtrechtsnachfolge ist wesentliches Kennzeichen einer Verschmelzung und unterscheidet diese von anderen Arten der Unternehmenszusammenführung. Da der Rechtsübergang ein gesetzlicher und kein rechtsgeschäftlicher Übergang ist, bedarf es, wenn zum Vermögen des übertragenden Rechtsträgers Grundbesitz zählt, keiner Auflassung. Die Eintragung des übernehmenden Rechtsträgers als neuem Eigentümer im Grundbuch

---

[505] Vgl. auch OLG Naumburg, NJW-RR 1998, 178, 179.
[506] Lutter/*Decher*, § 19 Rn. 9.
[507] Lutter/*Grunewald*, § 20 Rn. 3.
[508] Zum Fortbestand der Bestellung als WEG-Verwalter BGH, Urt. v. 21.02.2014 – V ZR 164/13, DNotZ 2014, 519; zur (Ir-) Relevanz von Abtretungsverboten BGH, Urt. v. 22.09.2016, VII ZR 298/14, DNotZ 2017, 52; *Lieder/Scholz*, ZIP 2015, 1705; zum Übergang öffentlich-rechtlicher Rechtspositionen *Heckschen*, ZIP 2014, 1605; zum Datenschutz *ders.*, GmbHR 2015, 897, 903; zu den Folgen für Konsortialverträge *Burg/Marx*, NZG 2013, 127; zum Erwerb ausländischen Vermögens *Fisch*, NZG 2016, 448.

erfolgt auf einen **Berichtigungsantrag** hin.⁵⁰⁹ Da der übernehmende Rechtsträger das Vermögen des übertragenden Rechtsträgers in dem Zustand erwirbt, in dem es sich zum Zeitpunkt der Verschmelzung befindet, findet ein gutgläubiger Erwerb seitens des übernehmenden Rechtsträgers nicht statt.⁵¹⁰ Wird das herrschende Unternehmen eines Unternehmensvertrages auf einen anderen Rechtsträger verschmolzen, geht der Unternehmensvertrag auf diesen über.⁵¹¹

Zählen zu dem im Zuge der Verschmelzung auf den übernehmenden Rechtsträger übergehenden Vermögen auch Geschäftsanteile des übertragenden Rechtsträgers an einer GmbH, ist der Notar, der die Verschmelzung beurkundet hat, nach Ansicht der Rechtsprechung aufgrund seiner **mittelbaren Mitwirkung** an der Veränderung des Gesellschafterbestandes gem. § 40 Abs. 2 GmbHG zuständig, die neue Gesellschafterliste der betreffenden GmbH zum Handelsregister einzureichen, wenn er die Beteiligungsverhältnisse zuverlässig kenne.⁵¹² Rechtsklarer wäre es, wenn die Zuständigkeit und die Pflicht zur Einreichung der Liste in solchen Fällen nicht dem Notar, sondern ausschließlich dem Geschäftsführer der betreffenden GmbH zugewiesen wäre. Ist eine übertragende GmbH Komplementärin einer KG, rückt eine übernehmende GmbH in diese Rechtsstellung jedenfalls dann ein, wenn der KG-Vertrag dies zulässt.⁵¹³

227

b) Erlöschen der übertragenden Rechtsträger

Mit der Gesamtrechtsnachfolge nach § 20 Abs. 1 Nr. 1 geht einher, dass die übertragenden Rechtsträger, ohne dass es einer Abwicklung bedarf, gem. § 20 Abs. 1 Nr. 2 erlöschen. Damit erlöschen richtiger Ansicht nach auch **Handlungsvollmachten** und eine **Prokura**, die der übertragende Rechtsträger erteilt hat;⁵¹⁴ die Verschmelzung verändert die Unternehmensverhältnisse in der Regel derart grundlegend, dass dem übernehmenden Rechtsträger die Entscheidung vorbehalten bleiben muss, ob er Vollmachtsverhältnisse – zumal so weitgehender Art, wie es bei einer Prokura der Fall ist – fortsetzen will oder nicht. Unstreitig ist, dass die Organe der übertragenden Gesellschaft (wie z.B. der besondere Vertreter nach § 147 Abs. 2 AktG) ihre Funktion verlieren.⁵¹⁵

228

c) Anteilserwerb

Zentrales Merkmal einer Verschmelzung ist neben der Gesamtrechtsnachfolge (§ 20 Abs. 1 Nr. 1) und dem liquidationslosen Erlöschen der übertragenden Rechtsträger (§ 20 Abs. 1 Nr. 2) in der Regel, dass die Anteilsinhaber der übertragenden Rechtsträger Anteilsinhaber des übernehmenden Rechtsträgers werden (§ 20 Abs. 1 Nr. 3 Satz 1 Halbs. 1). Auch wenn dieser Anteilserwerb auf der entsprechenden Vereinbarung im Verschmelzungsvertrag – s. § 5 Abs. 1 Nr. 2 – basiert, handelt es sich um einen gesetzlichen Erwerb.⁵¹⁶

229

§ 20 Abs. 1 Nr. 3 Satz 1 Halbs. 2 schließt einen Anteilserwerb aus, soweit der übernehmende Rechtsträger Anteilsinhaber des übertragenden Rechtsträgers ist. Der Gesetzgeber will durch diese Regelung verhindern, dass der übernehmende Rechtsträger Anteile an sich selbst erwirbt, und zwar im Hinblick darauf, dass Kapitalaufbringung und -erhaltung gefährdet sind, wenn Gesellschaften sich selbst

230

---

509 Widmann/Mayer/*Vossius*, § 20 Rn. 217.
510 Lutter/*Grunewald*, § 20 Rn. 9; zur Vinkulierung s.o. Rdn. 195 a.E.
511 Zum Ganzen und den weiteren Folgen Emmerich/Habersack/*Emmerich*, Aktien- und GmbH-Konzernrecht, 9. Aufl., § 297 Rn. 37 ff, 43.
512 OLG Hamm, Beschl. v. 01.12.2009 – 15 W 304/09, DNotZ 2010, 214, dazu *Wachter*, GmbHR 2010, 206, *Ries*, NZG 2010, 135 und *Ising*, NZG 2010, 812; OLG Hamm, Beschl. v. 25.09.2013 – I-27 W 72/13, DNotZ 2014, 539; zum Meinungsstand *Roth*, RNotZ 2014, 470, 476.
513 OLG Nürnberg, Beschl. v. 27.03.2017 – 12 W 2197/16, MittBayNot 2017, 413.
514 A.A. etwa Widmann/Mayer/*Vossius*, § 20 Rn. 304; Semler/Stengel/*Kübler*, § 20 Rn. 17; Lutter/*Grunewald*, § 20 Rn. 25.
515 BGH, Beschl. v. 18.06.2013 – 2 ZA 4/12, ZIP 2013, 1467.
516 Kallmeyer/*Marsch-Barner*, § 20 Rn. 29.

gehören.⁵¹⁷ Die Regelung korrespondiert mit den in diesen Fällen für die GmbH und die AG geltenden Kapitalerhöhungsverboten in § 54 Abs. 1 Nr. 1 und § 68 Abs. 1 Nr. 1, gilt aber rechtsformunabhängig.⁵¹⁸

231 § 20 Abs. 1 Nr. 3 Satz 1 Halbs. 2 schließt einen Anteilserwerb auch dann aus, wenn der übertragende Rechtsträger **eigene Anteile** innehat. Ziel der Regelung ist es wiederum, die Bildung eigener Anteile beim übernehmenden Rechtsträger zu verhindern.⁵¹⁹ Bei einer übernehmenden GmbH oder AG verbietet das Gesetz aus diesem Grunde in derartigen Konstellationen entsprechende Kapitalerhöhungen (§ 54 Abs. 1 Nr. 2 und § 68 Abs. 1 Nr. 2).

232 § 20 Abs. 1 Nr. 3 Satz 1 Halbs. 2 stellt – in Übereinstimmung mit § 54 Abs. 2 und § 68 Abs. 2 – in beiden dort geregelten Varianten (d.h. sowohl für den Fall, dass der übernehmende Rechtsträger Anteilsinhaber des übertragenden Rechtsträgers ist, wie auch für den Fall, dass der übertragende Rechtsträger eigene Anteile innehat) dem unmittelbaren Halten der entsprechenden Anteile das mittelbare Halten solcher Anteile durch Dritte, die die Anteile im eigenen Namen, jedoch für Rechnung des jeweiligen Rechtsträgers halten, gleich.

233 Dritte im Sinne von § 20 Abs. 1 Nr. 3 Satz 1 Halbs. 2 – wie auch im Sinne von §§ 54 Abs. 2, 68 Abs. 2 – sind nicht **Tochtergesellschaften,** und zwar auch dann nicht, wenn es sich um 100 %-ige Töchter handelt. D.h. wird eine Gesellschaft (Enkelgesellschaft) auf eine Gesellschaft (Muttergesellschaft) verschmolzen, die 100 % der Anteile an derjenigen Gesellschaft (Tochtergesellschaft) hält, die 100 % an der übertragenden (Enkel-) Gesellschaft hält, sind der Tochtergesellschaft – vorbehaltlich der Verzichtsmöglichkeiten in § 54 Abs. 1 Satz 3 und § 68 Abs. 1 Satz 3 – Anteile an der Muttergesellschaft zu gewähren.⁵²⁰

234 Bestanden Rechte Dritter an den Anteilen oder Mitgliedschaften des übertragenden Rechtsträgers, bestehen diese – soweit an deren Stelle Anteile oder Mitgliedschaften des übernehmenden Rechtsträgers treten – an diesen Anteilen oder Mitgliedschaften gem. § 20 Abs. 1 Nr. 3 Satz 2 fort.

d) Heilung von Beurkundungsmängeln

235 Aus notarieller Sicht bedeutsam ist, dass gem. § 20 Abs. 1 Nr. 4 durch die Eintragung der Verschmelzung im Register des Sitzes des übernehmenden Rechtsträgers der Mangel der notariellen Beurkundung des Verschmelzungsvertrages und gegebenenfalls erforderlicher Zustimmungs- und Verzichtserklärungen einzelner Anteilsinhaber geheilt wird. Diese Heilung erstreckt sich auf Beurkundungsmängel in Form einer unvollständigen oder unrichtigen Beurkundung; geheilt wird richtiger Ansicht nach aber auch der »Beurkundungsmangel«, der in einer völlig fehlenden Beurkundung oder in einer – unzulässigen – Beurkundung im Ausland besteht.⁵²¹ Sind Zustimmungserklärungen einzelner Anteilsinhaber nicht fehlerhaft beurkundet, sondern fehlen sie ganz, wird dieser Mangel nicht nach § 20 Abs. 1 Nr. 4 geheilt, sondern unterfällt § 20 Abs. 2.

e) Bestandskraft der Verschmelzung

236 Gem. § 20 Abs. 2 lassen Mängel der Verschmelzung die Wirkungen der Eintragung nach § 20 Abs. 1 unberührt. Die Regierungsbegründung stützt diese Regelung auf die (richtige) Überlegung, dass eine »**Entschmelzung**« im Sinne einer Rückübertragung jedes einzelnen Vermögensgegenstandes praktisch nicht möglich sei.⁵²² Unbenommen bleibt es den Beteiligten einer Verschmelzung, die sich als unzweckmäßig erwiesen hat, diese nach den Regeln der Spaltung wieder rückgängig zu machen.

---

517 Lutter/*Grunewald*, § 20 Rn. 65.
518 Schmitt/Hörtnagl/Stratz/*Winter*, § 20 Rn. 97.
519 Lutter/*Grunewald*, § 20 Rn. 69.
520 So richtig Lutter/*Grunewald*, § 20 Rn. 68; Kallmeyer/*Marsch-Barner*, § 20 Rn. 30.
521 Lutter/*Grunewald*, § 20 Rn. 74; a.A. für fehlende Beurkundung und Auslandsbeurkundung Widmann/Mayer/*Vossius*, § 20 Rn. 370.
522 RegBegr. *Ganske*, S. 91 f.; zur Löschung einer Verschmelzung *Custodis*, GmbHR 2006, 904.

§ 20 Abs. 2, der die frühere für die Verschmelzung von Aktiengesellschaften geltende Regelung in § 352a AktG a.F. auf sämtliche Verschmelzungen ausdehnt, steht nicht nur einer Entschmelzung mit Wirkung für die Vergangenheit (**ex-tunc**), sondern auch einer Entschmelzung mit Wirkung für die Zukunft (**ex nunc**) entgegen.[523] Diese umfassende Wirkung der Eintragung zeigt sich auch an der Regelung in § 16 Abs. 3 Satz 10 Halbs. 2, die einen Kläger, der trotz seines Erfolges im Rahmen einer Anfechtungsklage nach § 14 die Eintragung der Verschmelzung nicht verhindern konnte, weil er im Unbedenklichkeitsverfahren nach § 16 Abs. 3 Satz 1 unterlegen ist, auf Schadensersatzansprüche gegen den Rechtsträger verweist, der den Unbedenklichkeitsbeschluss erwirkt hat, und ausdrücklich als Inhalt des Schadensersatzes die Beseitigung der Wirkungen der Eintragung der Verschmelzung ausschließt. § 20 Abs. 2 greift unabhängig von der Schwere des Mangels ein; irrelevant ist es für die Wirkung des § 20 Abs. 2 auch, ob Mängel des Verschmelzungsvertrages vorliegen, die eine Anfechtungsklage rechtfertigen, oder ob die Mängel des Verschmelzungsvertrages aus Verstößen gegen Vorschriften des allgemeinen Zivilrechts resultieren. § 20 Abs. 2 steht insbesondere einer Löschung der Verschmelzung von Amts wegen entgegen.[524] Hat die übernehmende Gesellschaft zur Durchführung der Verschmelzung ihr Kapital erhöht, kann auch diese im Hinblick auf die in § 20 Abs. 2 angeordnete Bestandskraft nach Eintragung der Verschmelzung nicht mehr nachträglich beseitigt werden; denn fiele die Kapitalerhöhung weg, entfiele auch die – durch die Kapitalerhöhung ermöglichte – Gewährung der entsprechenden Anteile an die Anteilsinhaber des übertragenden Rechtsträgers und damit einer der wesentlichen (s. §§ 5 Abs. 1 Nr. 2, 20 Abs. 1 Nr. 3) Aspekte der Verschmelzung.[525] Die Bestandskraft der Verschmelzung schließt allerdings die Möglichkeit der Beteiligten, einen fehlerhaften Umwandlungsbeschluss mit einer Anfechtungs- und Nichtigkeitsklage anzugreifen, nicht aus.[526]

XI. Verschmelzung durch Neugründung

1. Überblick

Bei der Verschmelzung durch Neugründung werden zwei oder mehrere Rechtsträger durch Übertragung ihrer Vermögen auf einen neuen, von ihnen dadurch gegründeten Rechtsträger verschmolzen (§ 2 Nr. 2). Im Unterschied zur Verschmelzung durch Aufnahme (§ 2 Nr. 1) besteht bei der Verschmelzung durch Neugründung der **Zielrechtsträger** noch nicht, sondern wird im Zuge des Verschmelzungsvorgangs gegründet. Als Vorteile dieser Art der Verschmelzung gegenüber der Verschmelzung durch Aufnahme werden unter anderem zwei Aspekte angeführt: So bedarf es zum einen bei der Beteiligung zweier oder mehrerer wirtschaftlich gleich starker Rechtsträger nicht der (gegebenenfalls schwierigen) Entscheidung, welcher von ihnen der übernehmende und damit der weiter bestehende Rechtsträger ist.[527] Zum anderen sind, da sämtliche beteiligten (bestehenden) Rechtsträger übertragende Rechtsträger sind, im Hinblick auf § 14 Abs. 2 Anfechtungsklagen gegen die Wirksamkeit des Verschmelzungsbeschlusses, die auf eine Unangemessenheit des Umtauschverhältnisses der Anteile gestützt werden, ausgeschlossen.[528] Als – für die Entscheidung, welcher Weg der Verschmelzung beschritten wird, häufig ausschlaggebender – Nachteil der Verschmelzung durch Neugründung gegenüber der Verschmelzung durch Aufnahme ist zu nennen, dass höhere Steuern (wie insbesondere Grunderwerbsteuer) und Kosten anfallen können, da hier ein Übergang der Ver-

237

---

523 So richtig und mit Nachweisen auf den Streitstand zu § 352a AktG a.F. Lutter/*Grunewald*, § 20 Rn. 78 ff; OLG Hamburg, Urt. v. 17.08.2007 – 11 U 277/05, DNotZ 2009, 227.
524 OLG Frankfurt am Main, Beschl. v. 26.05.2003 – 20 W 61/03, ZIP 2003, 1607; OLG Frankfurt am Main, Beschl. v. 22.10.2002 – 20 W 299/02, DNotZ 2003 – 638; BayObLG, Beschl. v. 15.10.1999 – 3Z BR 295/99, DNotZ 2000, 232; OLG Hamm, Urt. v. 25.02.2002 – 8 U 59/01, DB 2002, 1431.
525 OLG Frankfurt, Beschl. v. 24.01.2012 – 20 W 504/10, NZG 2012, 596; zust. *Grunewald*, EWiR 2012, 331 und Lutter/*Grunewald*, § 20 Rn. 86 (zu fehlerhaften Kapitalerhöhungsbeschlüssen).
526 S. OLG München, Urt. v. 14.04.2010 – 7 U 5167/09, AG 2010, 458 (allerdings ohne Erörterung von § 195 Abs. 1); *Kort*, AG 2010, 230.
527 Lutter/*Drygala*, § 2 Rn. 27.
528 Widmann/Mayer/*Fronhöfer*, § 2 Rn. 36.

mögen aller beteiligten (bestehenden) Rechtsträger auf den neuen Rechtsträger stattfindet (§§ 20 Abs. 1 Nr. 1, 36 Abs. 1).[529] Daneben ist zu beachten, dass bei der Verschmelzung durch Neugründung einer AG gem. § 36 Abs. 2 Satz 1 das Gründungsrecht des Aktiengesetzes auch dann Anwendung findet, wenn die beteiligten Rechtsträger schon länger als 2 Jahre bestanden haben.[530]

2. Verweis auf Regelungen zur Verschmelzung durch Aufnahme

238 Nach § 36 Abs. 1 Satz 1 sind auf die Verschmelzung durch Neugründung die Vorschriften in §§ 4 bis 35 über die Verschmelzung durch Aufnahme entsprechend anzuwenden, jedoch mit Ausnahme des § 16 Abs. 1, der die Anmeldung der Verschmelzung betrifft, und mit Ausnahme des § 27, der bei der Verschmelzung durch Aufnahme unter bestimmten Voraussetzungen eine Schadensersatzpflicht der Verwaltungsträger des übernehmenden Rechtsträgers anordnet. Gem. § 36 Abs. 1 Satz 2 tritt bei der Verschmelzung durch Neugründung an die Stelle des übernehmenden Rechtsträgers der neue Rechtsträger und an die Stelle der Eintragung der Verschmelzung in das Register des Sitzes des übernehmenden Rechtsträgers die Eintragung des neuen Rechtsträgers in das Register.

3. Verschmelzungsvertrag

239 Aufgrund des Verweises in § 36 Abs. 1 Satz 1 bedarf es auch bei der Verschmelzung durch Neugründung insbesondere eines Verschmelzungsvertrages im Sinne von §§ 4 und 5. Für das Umtauschverhältnis im Sinne von § 5 Abs. 1 Nr. 3 ist das Verhältnis der Unternehmenswerte der übertragenden Rechtsträger maßgeblich.[531] Soweit der neue Rechtsträger, was zulässig ist, **bare Zuzahlungen** im Sinne von § 5 Abs. 1 Nr. 3 gewährt, ist die 10 %-Grenze, die sich aus den rechtsformspezifischen Vorschriften in §§ 54 Abs. 4, 56 für die GmbH und in §§ 68 Abs. 3, 73, 78 für die AG und die KGaA ergibt, zu beachten. Danach dürfen etwa bei einer Verschmelzung auf eine neu gegründete GmbH die baren Zuzahlungen nicht den zehnten Teil des Gesamtnennbetrages der durch die GmbH gewährten Geschäftsanteile übersteigen. Dabei ist zum Schutz der Anteilsinhaber der übertragenden Rechtsträger nicht auf die Relation der Summe aller (an die Anteilsinhaber aller übertragenden Rechtsträger) gewährten Zuzahlungen zur Summe aller (an die Anteilsinhaber aller übertragenden Rechtsträger) gewährten Anteile abzustellen; vielmehr ist die 10 %-Grenze jeweils bezogen auf die Anteilsinhaber jedes einzelnen Rechtsträgers zu beachten, d.h. die Anteilsinhaber keines übertragenden Rechtsträgers dürfen an baren Zuzahlungen mehr als den zehnten Teil des Gesamtnennbetrages der den Anteilsinhabern dieses Rechtsträgers gewährten Anteile erhalten.[532]

240 § 36 Abs. 1 Satz 1 verweist auch auf § 29.[533] Hat also der neue Rechtsträger eine andere Rechtsform als einer oder mehrere der übertragenden Rechtsträger, sind insoweit im Verschmelzungsvertrag die Vorgaben des § 29 zu beachten.

241 § 37 bestimmt ferner, dass in dem Verschmelzungsvertrag der Gesellschaftsvertrag, der Partnerschaftsvertrag oder die Satzung des neuen Rechtsträgers enthalten oder festgestellt werden muss. Die für den Verschmelzungsvertrag nach § 6 erforderliche notarielle Beurkundung deckt dabei auch die nach den rechtsformspezifischen Vorschriften für das jeweilige Statut erforderliche Beurkundung ab (s. § 2 Abs. 1 Satz 1 GmbHG, § 23 Abs. 1 Satz 1 AktG). Die Zustimmung zu dem Verschmelzungsvertrag im Sinne von § 13 beinhaltet zugleich die Zustimmung zu dem entsprechenden Statut.

4. Verschmelzungsbericht, Verschmelzungsprüfung und Verschmelzungsbeschluss

242 Für den Verschmelzungsbericht, die Verschmelzungsprüfung und die Verschmelzungsbeschlüsse gelten gem. § 36 Abs. 1 Satz 1 die §§ 8 bis 12 sowie die Regeln in §§ 13 bis 15, 32 entsprechend.

---

529 Lutter/*Drygala*, § 2 Rn. 27.
530 Kallmeyer/*Marsch-Barner*, § 2 Rn. 7.
531 Semler/Stengel/*Bärwaldt*, § 36 Rn. 12.
532 Widmann/Mayer/*Mayer*, § 36 Rn. 165.
533 Lutter/*Grunewald*, § 36 Rn. 11.

5. Anmeldung und Eintragung

Gem. § 36 Abs. 1 Satz 1 gilt für die Anmeldung der Verschmelzung durch Neugründung § 16 Abs. 1 nicht. An dessen Stelle tritt § 38. Nach § 38 Abs. 1 haben die Vertretungsorgane jedes der übertragenden Rechtsträger – in vertretungsberechtigter Zahl oder in unechter Gesamtvertretung[534] – die Verschmelzung zur Eintragung in das Register des Sitzes ihres Rechtsträgers anzumelden. Für diese Anmeldungen gelten nach § 36 Abs. 1 Satz 1 die Vorschriften in § 16 Abs. 2 und 3 sowie § 17. D.h. es bedarf jeweils insbesondere grundsätzlich eines **Negativattests** im Sinne von § 16 Abs. 2 Satz 1 sowie der **Anlagen im Sinne von § 17 Abs. 1** und für jeden übertragenden Rechtsträger einer **Schlussbilanz** im Sinne von § 17 Abs. 2. Die Schlussbilanzen müssen nicht auf den gleichen Stichtag aufgestellt sein; jede Bilanz muss aber dem Acht-Monats-Erfordernis in § 17 Abs. 2 Satz 4 genügen.[535] Auch insoweit gilt nunmehr vorübergehend die viermonatige Verlängerung gemäß des Gesetzes zur Abmilderung der Folgen der COVID-19-Pandemie im Zivil-, Insolvenz- und Strafverfahrensrecht vom 27.03.2020.[536]

243

Darüber hinaus haben nach § 38 Abs. 2 die Vertretungsorgane aller übertragenden Rechtsträger – wiederum in vertretungsberechtigter Zahl oder in unechter Gesamtvertretung[537] – den neuen Rechtsträger bei dem Gericht, in dessen Bezirk er seinen Sitz haben soll, zur Eintragung in das Register anzumelden. Dies kann, muss aber nicht in einem Schriftstück geschehen. Für die Anmeldung gelten im Übrigen die Vorschriften in § 16 Abs. 2 und 3 (grundsätzliches Erfordernis des Negativattests) und § 17 Abs. 1. Darüber hinaus sind die für die Eintragung eines neugegründeten Rechtsträgers der jeweiligen Rechtsform notwendigen Unterlagen einzureichen.[538] Als Spezialregelungen verdrängen § 38 Abs. 1 und 2 die allgemeinen Regeln über Registeranmeldungen bei Personengesellschaften in §§ 108 Satz 1, 161 Abs. 2 HGB, § 4 Abs. 1 PartGG (Anmeldung durch alle Gesellschafter) und bei Kapitalgesellschaften in §§ 7 Abs. 1, 78 GmbHG (Gründungsanmeldung durch alle Geschäftsführer) sowie § 36 Abs. 1 AktG (Gründungsanmeldung durch alle Gründer und Mitglieder des Vorstandes und des Aufsichtsrates).[539]

244

Für die Reihenfolge der Eintragungen gilt auch bei der Verschmelzung durch Neugründung § 19.[540]

245

6. Verweis auf Gründungsrecht und Beteiligung Dritter

§ 36 Abs. 2 Satz 1 erklärt grundsätzlich das jeweilige Gründungsrecht des neuen Rechtsträgers für anwendbar. Gem. § 36 Abs. 2 Satz 2 stehen die übertragenden Rechtsträger den Gründern gleich. Richtiger Ansicht nach steht diese Vorschrift aber einer **Beteiligung Dritter** als (Mit-) Gründer der neuen Gesellschaft nicht entgegen, da weder Strukturmerkmale der Verschmelzung wie die Anteilsgewährung (§§ 5 Abs. 1 Nr. 3, 20 Abs. 1 Nr. 2) noch Gläubigerinteressen tangiert sind.[541] Zu beachten ist dann allerdings, dass die Beteiligung Dritter nicht den umwandlungsrechtlichen, sondern den allgemeinen Vorschriften unterliegt.[542]

246

Gem. § 36 Abs. 2 Satz 3 sind Vorschriften, die für die Gründung eine Mindestzahl der Gründer vorschreiben (s. § 56 BGB für den Verein, § 4 GenG für die Genossenschaft), nicht anzuwenden. Dies lässt aber das Gebot unberührt, dass eine Personengesellschaft aus mindestens zwei Gesellschaf-

247

---

534 Semler/Stengel/*Schwanna*, § 38 Rn. 2.
535 Widmann/Mayer/*Mayer*, § 36 Rn. 88; Lutter/*Grunewald*, § 36 Rn. 7.
536 BGBl. I S. 569. S.o. Rdn. 15.
537 Semler/Stengel/*Schwanna*, § 38 Rn. 3.
538 Lutter/*Grunewald*, § 38 Rn. 2.
539 Widmann/Mayer/*Fronhöfer*, § 38 Rn. 9; Lutter/*Winter*, § 56 Rn. 23.
540 Lutter/*Grunewald*, § 36 Rn. 10.
541 Semler/Stengel/*Bärwaldt*, § 36 Rn. 70; Lutter/*Grunewald*, § 36 Rn. 15; *Priester*, DB 1997, 560, 562 ff.; *Baßler*, GmbHR 2007, 1252; (nunmehr auch) Kallmeyer/*Marsch-Barner*, § 36 Rn. 14; a.A. Widmann/Mayer/*Vossius*, § 40 Rn. 3.1.
542 S. zum Parallelproblem bei der Verschmelzung durch Aufnahme oben Rdn. 48.

tern bestehen muss.⁵⁴³ Sollen also zwei Schwester-GmbH, die jeweils einen Alleingesellschafter haben, auf eine dadurch neu gegründete Personengesellschaft verschmolzen werden, bedarf es hierzu der Beteiligung einer weiteren Person als Gesellschafter der neuen Gesellschaft.⁵⁴⁴

XII. Besonderheiten bei der Beteiligung von Personenhandelsgesellschaften

1. Überblick

248 §§ 39 bis 45 enthalten die besonderen Vorschriften, die für die Beteiligung von Personenhandelsgesellschaften (§ 3 Abs. 1 Nr. 1) an einer Verschmelzung gelten. Anders als bei den Sonderregeln, die für die Beteiligung einer GmbH (§§ 46 bis 55 und 56 bis 59) oder einer AG (§§ 60 bis 72 und §§ 73 bis 77) an einer Verschmelzung gelten, sind sie nicht unterteilt in Regeln über die Verschmelzung durch Aufnahme und Regeln über die Verschmelzung durch Neugründung. Im Hinblick auf die im Rahmen einer Verschmelzung denkbaren Beteiligungen einer Personenhandelsgesellschaft als übertragender, übernehmender oder neuer Rechtsträger ergibt sich folgendes Bild:

249 Ist eine Personenhandelsgesellschaft als **übertragender Rechtsträger** an der Verschmelzung (durch Aufnahme oder Neugründung) beteiligt, sind die Vorschriften in §§ 39, 41, 42, 43 Abs. 1 und Abs. 2 Satz 1 und Satz 2 sowie in §§ 44 und 45 zu beachten. § 39 regelt insofern Ergänzungen zu § 3 Abs. 3 bezüglich aufgelöster übertragender Personenhandelsgesellschaften. § 41 befasst sich mit der Erforderlichkeit des Verschmelzungsberichts (§ 8), § 42 mit der Unterrichtung der Gesellschafter, § 43 Abs. 1 und Abs. 2 Satz 1 und Satz 2 mit den erforderlichen Mehrheiten für den Verschmelzungsbeschluss (§ 13), § 44 mit der Erforderlichkeit der Prüfung der Verschmelzung (§§ 9 bis 12) und § 45 regelt Fragen der Nachhaftung.

250 Ist eine Personenhandelsgesellschaft hingegen als **übernehmender Rechtsträger** an der Verschmelzung (durch Aufnahme) beteiligt, sind neben den Regeln in § 41 (Verschmelzungsbericht), § 42 (Unterrichtung der Gesellschafter), § 43 Abs. 1 und Abs. 2 Satz 1 und Satz 2 (Mehrheitserfordernisse) und § 44 (Prüfung der Verschmelzung) die Bestimmungen in § 40 Abs. 1 und 2 sowie in § 43 Abs. 2 Satz 3 Halbs. 1 und Halbs. 2 zu beachten. § 40 Abs. 1 und 2 sowie § 43 Abs. 2 Satz 3 Halbs. 1 enthalten für diese Konstellation wichtige Sondervorschriften zu § 5 (Inhalt des Verschmelzungsvertrages), die sich mit der Frage befassen, welche Gesellschafterstellung (Art der Beteiligung als unbeschränkt oder als beschränkt haftender Gesellschafter und Höhe der Beteiligung) die Anteilsinhaber der übertragenden Rechtsträger an der übernehmenden Personenhandelsgesellschaft erhalten. § 43 Abs. 2 Satz 3 Halbs. 2 befasst sich mit der entsprechenden Frage für bestimmte Gesellschafter der übernehmenden Personenhandelsgesellschaft, nämlich für diejenigen Gesellschafter, die bislang in der übernehmenden Personenhandelsgesellschaft unbeschränkt haften und der Verschmelzung widersprechen.

251 Ist eine Personenhandelsgesellschaft bei der Verschmelzung durch Neugründung als **neuer Rechtsträger** beteiligt, gelten – korrespondierend mit der Regelung in § 36 Abs. 1 Satz 2 Halbs. 1 – von den §§ 39 bis 45 nur die spezifischen Vorschriften in § 40 Abs. 1 und 2 sowie in § 43 Abs. 2 Satz 3 Halbs. 1, die sich mit der Gesellschafterstellung der Anteilsinhaber der übertragenden Rechtsträger in der neuen Personenhandelsgesellschaft befassen.

2. Aufgelöste Gesellschaften (§ 39)

252 Eine aufgelöste Personenhandelsgesellschaft kann sich nach § 39 nicht als übertragender Rechtsträger an einer Verschmelzung (durch Aufnahme oder Neugründung) beteiligen, wenn die Gesellschafter nach § 145 HGB eine **andere Art der Auseinandersetzung** als die Abwicklung oder als die Verschmelzung vereinbart haben. § 39 ergänzt somit § 3 Abs. 3.⁵⁴⁵

---

543 Lutter/*Grunewald*, § 36 Rn. 17.
544 Semler/Stengel/*Bärwaldt*, § 36 Rn. 68.
545 S. im Einzelnen oben Rdn. 23.

3. Besonderheiten bezüglich des Verschmelzungsvertrages (§§ 40, 43 Abs. 2 Satz 3)

a) Bestimmung von Art und Umfang der Beteiligung der Anteilsinhaber der übertragenden Rechtsträger in der übernehmenden/neuen Personenhandelsgesellschaft

aa) Art der Beteiligung

§ 40 Abs. 1 Satz 1 verlangt in Ergänzung zu § 5 Abs. 1, dass, wenn Rechtsträger im Wege der Verschmelzung durch Aufnahme oder Neugründung auf eine Personenhandelsgesellschaft, d.h. auf eine oHG oder eine KG (§ 3 Abs. 1 Nr. 1), verschmolzen werden, im Verschmelzungsvertrag oder seinem Entwurf für jeden Anteilsinhaber eines übertragenden Rechtsträgers bestimmt wird, ob ihm in der übernehmenden oder neuen Personenhandelsgesellschaft die Stellung eines persönlich haftenden Gesellschafters oder eines Kommanditisten gewährt wird. Diese Regelung dient wie auch § 40 Abs. 1 Satz 2 bezogen auf die Anteilsinhaber der übertragenden Rechtsträger der **Klarstellung der Beteiligungs- und Haftungsverhältnisse in der übernehmenden/neuen Gesellschaft.** Sie gilt daher unabhängig von der Rechtsform des übertragenden Rechtsträgers, und somit auch dann, wenn der übertragende Rechtsträger seinerseits eine Personenhandelsgesellschaft ist.[546]

253

bb) Rechtliche Vorgaben für die Bestimmung der Art der Beteiligung

Ob die Gesellschafter der übertragenden Rechtsträger in der übernehmenden oder neuen Personenhandelsgesellschaft die Stellung eines Komplementärs oder eines Kommanditisten erhalten, unterliegt grundsätzlich der **Disposition der Beteiligten** des Verschmelzungsvorgangs.[547] Den Schutz der beteiligten Anteilsinhaber der übertragenden Rechtsträger vor einer im Zuge der Verschmelzung eintretenden Veränderung bzw. Vergrößerung ihres Haftungsrisikos stellt, wenn der übertragende Rechtsträger seinerseits eine Personenhandelsgesellschaft ist, grundsätzlich das **Einstimmigkeitsgebot** in § 43 Abs. 1 sicher. Nach § 43 Abs. 1 bedarf der Verschmelzungsbeschluss der Gesellschafter einer Personenhandelsgesellschaft der Zustimmung aller Gesellschafter, auch derjenigen, die zu der Gesellschafterversammlung, die über die Verschmelzung beschließen soll, nicht erschienen sind. Handelt es sich bei dem übertragenden Rechtsträger allerdings um eine Kapitalgesellschaft (s. § 50 Abs. 1 Satz 1 für die GmbH und § 65 Abs. 1 Satz 1 für die AG) oder um eine Personenhandelsgesellschaft, die von der Möglichkeit Gebrauch gemacht hat, bezüglich des Verschmelzungsbeschlusses einen Mehrheitsentscheid zuzulassen (§ 43 Abs. 2 Satz 1 und Satz 2), besteht aufgrund des dann geltenden Mehrheitsprinzips die Möglichkeit, dass die Verschmelzung gegen den Willen einzelner Gesellschafter des übertragenden Rechtsträgers beschlossen wird. Dem **Schutz solcher Gesellschafter der übertragenden Rechtsträger** dienen die Regeln in § 40 Abs. 2 und in § 43 Abs. 2 Satz 3 Halbs. 1, wobei § 40 Abs. 2 die bisher nicht persönlich unbeschränkt haftenden Anteilsinhaber des übertragenden Rechtsträgers und § 43 Abs. 2 Satz 3 Halbs. 1 die bislang persönlich unbeschränkt haftenden Anteilsinhaber des übertragenden Rechtsträgers betrifft.

254

(1) Schutz der beschränkt haftenden Gesellschafter der übertragenden Rechtsträger (§ 40 Abs. 2)

Gem. § 40 Abs. 2 Satz 1 ist den bisher nicht persönlich unbeschränkt haftenden Anteilsinhabern eines übertragenden Rechtsträgers (d.h. z.B. Kommanditisten, GmbH-Gesellschaftern oder Aktionären) durch den Verschmelzungsvertrag die Stellung eines Kommanditisten zu gewähren. Soll ihnen durch den Verschmelzungsvertrag die Stellung eines Komplementärs eingeräumt werden, bedarf der Verschmelzungsbeschluss des übertragenden Rechtsträgers gem. § 40 Abs. 2 Satz 2 ihrer Zustimmung, für die § 13 Abs. 3 Satz 1 gilt.

255

---

546 Semler/Stengel/*Ihrig*, § 40 Rn. 3.
547 Lutter/*H. Schmidt*, § 40 Rn. 1.

(2) Schutz der unbeschränkt haftenden Gesellschafter der übertragenden Rechtsträger (§ 43 Abs. 2 Satz 3 Halbs. 1)

256 Auch den bislang persönlich haftenden Gesellschaftern der übertragenden Rechtsträger (d.h. den Komplementären übertragender Personenhandelsgesellschaften oder einer KGaA) kann nicht gegen deren Willen die Stellung eines Komplementärs in der übernehmenden oder neuen Personenhandelsgesellschaft aufgezwungen werden. Gem. § 43 Abs. 2 Satz 3 Halbs. 1 ist ihnen die Stellung eines Kommanditisten zu gewähren, wenn sie der Verschmelzung widersprechen.

257 Für einen Widerspruch im Sinne von § 43 Abs. 2 Satz 3 Halbs. 1 reicht es richtiger Ansicht nach aus, wenn der Anteilsinhaber gegen den Verschmelzungsbeschluss stimmt. Wie die abweichende Formulierung in § 29 zeigt, bedarf es für einen Widerspruch im Sinne von § 43 Abs. 2 Satz 3 eines besonderen zu Protokoll erklärten Widerspruchs nicht.[548] Eine bloße Enthaltung reicht hingegen nicht.[549] Das Gesetz regelt nicht, bis zu welchem Zeitpunkt der Widerspruch i.S.d. § 43 Abs. 3 Satz 3 erklärt werden kann. Vor der Versammlung, die über die Verschmelzung im Sinne von § 13 beschließt, sowie während der Versammlung kann der Widerspruch – der keiner besonderen Form bedarf – zulässigerweise erklärt werden, und zwar im ersten Fall gegenüber der Gesellschaft und im zweiten Fall gegenüber dem Versammlungsleiter.[550] Hat der Gesellschafter an der Versammlung teilgenommen, kann er den Widerspruch nach deren Ende nicht mehr wirksam erklären.[551] Denn im Hinblick auf die gravierenden Folgen des Widerspruchs für die Verschmelzung haben die übrigen Beteiligten ein berechtigtes und schutzwürdiges Interesse daran, dass sich der Gesellschafter in der Versammlung erklärt und zu diesem Zeitpunkt feststeht, unter welchen Konditionen die Verschmelzung durchgeführt werden kann. Aus den gleichen Gründen bildet richtiger Ansicht nach auch für den Gesellschafter, der trotz ordnungsgemäßer Ladung an der Versammlung nicht teilnimmt, deren Beendigung die **zeitliche Grenze für die Erhebung des Widerspruchs**.[552] Lediglich dann, wenn der Gesellschafter nicht ordnungsgemäß geladen ist, kann er den Widerspruch auch noch nach Beendigung der Versammlung erheben, und zwar unverzüglich nach Kenntnis des Beschlusses.[553]

258 Der Verschmelzungsvertrag oder sein Entwurf müssen gem. § 13 Abs. 3 Satz 2 beim Verschmelzungsbeschluss vorliegen; sieht der Verschmelzungsvertrag oder sein Entwurf für die persönlich haftenden Gesellschafter des übertragenden Rechtsträgers die Stellung als persönlich haftende Gesellschafter in der übernehmenden oder neuen Personenhandelsgesellschaft vor, führt ein Widerspruch im Sinne von § 43 Abs. 2 Satz 3 Halbs. 1 dazu, dass die Verschmelzung auf der Basis eines solchen Verschmelzungsvertrages/Entwurfs trotz Mehrheitsbeschlusses nicht durchgeführt werden kann.[554] In solchen Fällen muss der Verschmelzungsvertrag oder sein Entwurf geändert werden und das Zustimmungsverfahren nach § 13 erneut durchgeführt werden.[555] Zulässig ist es allerdings, dass der Verschmelzungsvertrag oder sein Entwurf vorsorglich Regelungen für den Fall enthält, dass ein Widerspruch nach § 43 Abs. 2 Satz 3 erhoben wird.

cc) Umfang der Beteiligung

259 Gem. § 40 Abs. 1 Satz 2 ist neben der für jeden Anteilsinhaber eines übertragenden Rechtsträgers erforderlichen Feststellung, ob er in der übernehmenden oder der neuen Personenhandelsgesellschaft die Stellung eines Komplementärs oder eines Kommanditisten erhält, ferner der Betrag der Einlage jedes Gesellschafters festzusetzen. In Teilen des Schrifttums wird nicht ganz Unrecht darauf hinge-

---

548 Semler/Stengel/*Ihrig*, § 43 Rn. 38; a.A. Widmann/Mayer/*Vossius*, § 43 Rn. 135.
549 Lutter/*H. Schmidt*, § 43 Rn. 18.
550 Lutter/*H. Schmidt*, § 43 Rn. 18.
551 Kallmeyer/*Zimmermann*, § 43 Rn. 26.
552 Lutter/*H. Schmidt*, § 43 Rn. 18; a.A. Widmann/Mayer/*Vossius*, § 43 Rn. 135 (unverzüglicher Widerspruch nach Kenntnis vom Verschmelzungsbeschluss).
553 Kallmeyer/*Zimmermann*, § 43 Rn. 26.
554 Lutter/*H. Schmidt*, § 43 Rn. 19.
555 Widmann/Mayer/*Vossius*, § 43 Rn. 141; jetzt auch Lutter/*H. Schmidt*, § 43 Rn. 19.

wiesen, dass nicht recht deutlich ist, was unter dem – auch anderweitig unscharf verwendeten[556] – Begriff der »**Einlage**« zu verstehen ist.[557] Insoweit kommt es darauf an, ob der Gesellschafter des übertragenden Rechtsträgers in der übernehmenden/neuen Gesellschaft die Stellung eines Komplementärs oder eines Kommanditisten erhalten soll und ob er bereits an der übernehmenden Gesellschaft beteiligt ist oder nicht.

(1) Beteiligung als neuer Komplementär

260 Bezogen auf den Fall, dass dem Gesellschafter der übertragenden Gesellschaft in der übernehmenden/neuen Personenhandelsgesellschaft die Stellung eines Komplementärs eingeräumt wird, wird der Begriff der Einlage in § 40 Abs. 1 Satz 2 im Schrifttum dahingehend verstanden, dass der **Kapitalanteil** des Gesellschafters (§§ 120 Abs. 2, 121 Abs. 1 und 2, 122 HGB) anzugeben ist.[558] Der Kapitalanteil ist nach heutigem Verständnis eine Bilanzziffer, die die verhältnismäßige Beteiligung des einzelnen Gesellschafters am Wert des Gesellschaftsvermögens widerspiegelt.[559] § 40 Abs. 1 Satz 2 ist daher genügt, wenn den Gesellschaftern der übertragenden Rechtsträger entsprechende Kapitalanteile in der übernehmenden/neuen Gesellschaft im Verschmelzungsvertrag zugewiesen werden, wobei dies bei einer Verschmelzung durch Aufnahme durch eine **Neuverteilung der bisherigen Kapitalanteile** (ohne Veränderung der Summe der bisherigen Kapitalanteile) oder durch **Bildung »neuer« Kapitalanteile** (unter Erhöhung der Summe der bisherigen Kapitalanteile) geschehen kann.[560]

261 ▶ Formulierungsbeispiel: Beteiligungsverhältnisse

Die beiden Gesellschafter der übertragenden A-OHG, nämlich X und Y, erhalten in der übernehmenden B-OHG jeweils die Stellung von persönlich haftenden Gesellschaftern und jeweils eine Beteiligung an dieser in Höhe eines Kapitalanteils von 25.000,– Euro. Dazu wird im Zuge der Verschmelzung das bisherige Festkapital der B-OHG von 200.000,– Euro um 50.000,– Euro auf 250.000,– Euro erhöht; an diesem erhöhten Festkapital der B-OHG sind deren bisherige Gesellschafter, nämlich V und W, mit (unverändert) je 100.000,– Euro und die neuen Gesellschafter, nämlich X und Y, mit je 25.000,– Euro beteiligt.

262 Zu beachten ist insoweit allerdings, dass die Regeln in §§ 120, 121 und 122 HGB gem. § 109 HGB dispositiver Natur sind. Die Gesellschafter können ihr Beteiligungsverhältnis über (feste) Betragsangaben darstellen (häufig als sog. Kapitalkonto I bezeichnet) und tun dies üblicherweise auch, sie müssen es aber nicht; zulässig ist es auch, das Beteiligungsverhältnis in Bruchteilen anzugeben.[561] In solchen Fällen ist es auch im Hinblick auf § 40 Abs. 1 Satz 2 zulässig, die Beteiligung der Gesellschafter der übertragenden Gesellschaft als Komplementäre in der übernehmenden/neuen Personenhandelsgesellschaft ebenfalls über Bruchteile darzustellen, da Sinn und Zweck des § 40 Abs. 1 Satz 2 nur in der klaren Darstellung der Beteiligungsverhältnisse in der übernehmenden/neuen Gesellschaft besteht.

263 Ausgehend vom Wortlaut des § 40 Abs. 1 Satz 2, wonach der Betrag der Einlage jedes Gesellschafters bestimmt werden muss, lässt es die h.M. richtigerweise nicht ausreichen, wenn die Beteiligten im Verschmelzungsvertrag lediglich die Faktoren angeben, mit deren Hilfe die »Einlagenbeträge« bestimmt werden können, oder wenn sie deren Bestimmung in die Hand eines Dritten legen.[562]

---

556 S. MünchKommHGB/*K. Schmidt*, §§ 171, 172 Rn. 5 – 7.
557 Limmer/*Limmer*, Teil 2 Rn. 763.
558 Lutter/*H. Schmidt*, § 40 Rn. 15; Semler/Stengel/*Ihrig*, § 40 Rn. 9.
559 MünchKommHGB/*Priester*, § 120 Rn. 84 ff. m.w.N.
560 S. Limmer/*Limmer*, Teil 2 Rn. 770, der *zusätzlich* eine Änderung des Gesellschaftsvertrages der übernehmenden Gesellschaft verlangt.
561 Widmann/Mayer/*Mayer*, § 5 Rn. 24.2.
562 Lutter/*H. Schmidt*, § 40 Rn. 15; Semler/Stengel/*Ihrig*, § 40 Rn. 9: a.A. Widmann/Mayer/*Vossius*, § 40 Rn. 11.

(2) Beteiligung als neuer Kommanditist

264 Wird dem Gesellschafter der übertragenden Gesellschaft in der übernehmenden/neuen Personenhandelsgesellschaft die Stellung eines Kommanditisten eingeräumt, wird im Schrifttum bezüglich der Pflicht zur Bestimmung der Einlage im Sinne von § 40 Abs. 1 Satz 2 verlangt, dass neben der nach § 162 Abs. 1 Satz 1 HGB zum Handelsregister anzumeldenden Haftungssumme im Sinne von § 172 Abs. 1 HGB die **Pflichteinlage des Kommanditisten** anzugeben ist.[563] Vergegenwärtigt man sich den Sinn des § 40 Abs. 1 Satz 2, über die Pflichtangaben in § 5 Abs. 1 Nr. 3 hinaus für klare Aussagen über den Beteiligungsumfang der Anteilsinhaber der übertragenden Rechtsträger an der übernehmenden/neuen Personenhandelsgesellschaft zu sorgen, erscheint es richtiger, auch bei der Einräumung einer Kommanditistenstellung (neben der Angabe der Haftungssumme) – wie bei der Einräumung einer Beteiligung als Komplementär – die Angabe des **Kapitalanteils des Kommanditisten** (§ 167 Abs. 2 HGB) oder des Bruchteils, mit der der Gesellschafter der übertragenden Gesellschaft an der übernehmenden/neuen KG beteiligt ist, zu verlangen.[564]

(3) Grundsatz der Einheitlichkeit der Beteiligung

265 Besonderheiten in gesellschafts- wie steuerrechtlicher Hinsicht gelten bei der Verschmelzung durch Aufnahme auf eine übernehmende Personenhandelsgesellschaft, wenn ein Gesellschafter einer übertragenden Gesellschaft bereits an der übernehmenden Gesellschaft beteiligt ist. Gesellschaftsrechtlich ist in derartigen Fällen der **Grundsatz der Einheitlichkeit der Beteiligung an einer Personengesellschaft** zu beachten.[565] Anders als bei Kapitalgesellschaften ist es bei Personengesellschaften nicht möglich, dass ein Gesellschafter einen gesonderten Gesellschaftsanteil zu seinem bisherigen Anteil hinzu erwirbt.[566] Werden die Beteiligungsverhältnisse an der übernehmenden Gesellschaft über Festkapitalbeträge dargestellt, kann auch in diesen Fällen mittels deren Veränderung (im Wege der Neuverteilung der bestehenden Beträge oder durch Ausweisung zusätzlicher Kapitalanteile) unter Berücksichtigung der bisherigen Beteiligungsverhältnisse und der Werte der beteiligten Rechtsträger die neuen Beteiligungsverhältnisse dargestellt werden. Steuerrechtlich kann allerdings, wenn Festkapitalkonten bestehen, deren Erhöhung im Hinblick auf § 24 UmwStG geboten sein.[567] Werden die Beteiligungsverhältnisse bei der übernehmenden Gesellschaft über Bruchteile dargestellt, ist deren Neuverteilung auszuweisen. Denkbar erscheint es in solchen Fällen – jedenfalls umwandlungsrechtlich – auch, dass die durch Bruchteile ausgewiesenen Beteiligungsverhältnisse in der übernehmenden Gesellschaft unverändert bleiben, nämlich dann, wenn die bisherigen Beteiligungsverhältnisse in der übernehmenden Gesellschaft mit denjenigen in der übertragenden Gesellschaft absolut identisch sind. Steuerrechtlich ist in einem solchen Fall zu prüfen, ob es sich zur Wahrung der Buchwertfortführung in § 24 UmwStG empfiehlt, in der übernehmenden Gesellschaft von der Bruchteilsdarstellung der Beteiligungsverhältnisse Abstand zu nehmen und anstelle dessen Kapitalanteile auszuweisen und diese verschmelzungsbedingt zu erhöhen.

266 Ist der Gesellschafter der übertragenden Gesellschaft als Kommanditist an der übernehmenden KG beteiligt, bedarf es – weder im Hinblick auf § 5 Abs. 1 noch im Hinblick auf § 40 Abs. 1 Satz 2 – einer Erhöhung seiner im Handelsregister eingetragenen **Haftsumme** (§ 172 Abs. 1 HGB), da diese nicht das im Rahmen von § 5 Abs. 1 Nrn. 2 und 3 und § 40 Abs. 1 Satz 2 relevante Innenverhältnis der Gesellschafter, sondern das Außenverhältnis zu den Gläubigern der KG betrifft.

---

563 Widmann/Mayer/*Vossius*, § 40 Rn. 14; anders Semler/Stengel/*Ihrig*, § 40 Rn. 9 (Angabe der Haftungssumme nur bei Abweichung von der Pflichteinlage).
564 So wohl auch Limmer/*Limmer*, Teil 2 Rn. 784 ff.
565 S. dazu u. a. Widmann/Mayer/*Mayer*, § 5 Rn. 24.2.
566 Etwa Limmer/*Limmer*, Teil 2 Rn. 762.
567 Widmann/Mayer/*Mayer*, § 5 Rn. 24.2; s. BGH, Urt. v. 25.04.2006 – VIII R 52/04, GmbHR 2006, 991; Schmitt/Hörtnagl/Stratz/*Schmitt*, § 24 UmwStG Rn. 132 m.w.N.

Nicht zulässig ist es, wenn die Komplementärin einer »Ein-Mann-GmbH & Co. KG« auf »ihre« Kommanditgesellschaft verschmolzen wird, da dies im Hinblick auf den Einheitlichkeitsgrundsatz zur sofortigen Beendigung des übernehmenden Rechtsträgers führen würde.[568]

(4) Buchung auf Darlehenskonten

Umwandlungsrechtlich nicht zulässig ist es (entgegen einer im Schrifttum wohl überwiegend vertretenen Ansicht), den Gesellschaftern der übertragenden Rechtsträger als Gegenleistung für den Übergang des Vermögens des übertragenden Rechtsträgers auf den übernehmenden Rechtsträger lediglich Guthaben auf Darlehenskonten bei der übernehmenden Gesellschaft einzuräumen.[569] Zwar haben die Beteiligten bei der Bestimmung der Gegenleistung einen weitgehenden Gestaltungsspielraum. § 5 Abs. 1 Nr. 3 lässt aber als »Gegenleistung« nur Anteile an der übernehmenden Gesellschaft oder bare Zuzahlungen zu. Guthaben auf Darlehenskonten sind weder das eine noch das andere, sondern stellen Forderungen gegen die übernehmende Gesellschaft dar.[570]

267

(5) Komplementär-GmbH ohne Vermögensbeteiligung

Einer Komplementär-GmbH, die am Vermögen einer übertragenden GmbH & Co. KG nicht beteiligt ist, muss, falls sie damit einverstanden ist, richtiger Ansicht nach keine Beteiligung an einer übernehmenden (Personenhandels-) Gesellschaft eingeräumt werden.[571]

268

dd) Besonderheiten im Hinblick auf § 35 (unbekannte Aktionäre)

§ 40 Abs. 1 erfordert Angaben über die Anteilsinhaber der übertragenden Rechtsträger, die sich nur erfüllen lassen, in dem die Anteilsinhaber im Verschmelzungsvertrag benannt werden. Ist der übertragende Rechtsträger eine AG oder KGaA ordnet § 35 **Erleichterungen** hinsichtlich dieses Gebots an. Nach § 35 Satz 1 Halbs. 1 ist es, falls Aktionäre solcher Gesellschaften unbekannt sind, ausreichend, wenn diese im Verschmelzungsvertrag durch die Angabe des insgesamt auf sie entfallenden Teils des Grundkapitals der übertragenden Gesellschaft und des auf sie nach der Verschmelzung entfallenden Anteils an der übernehmenden Gesellschaft bezeichnet werden; eine solche Bezeichnung ist allerdings gem. § 35 Satz 1 Halbs. 2 nur zulässig, wenn die Anteile solcher unbekannten Aktionäre zusammen den zwanzigsten Teils des Grundkapitals der übertragenden Gesellschaft nicht überschreiten. Die früher von § 35 a.F. geforderte (unpraktikable) Angabe der Aktienurkunden der unbekannten Aktionäre hat der Gesetzgeber mit der Neufassung des § 35 durch das Zweite Gesetz zur Änderung des Umwandlungsgesetzes vom 19.04.2007 abgeschafft. Welche Anstrengungen die Gesellschaft unternehmen muss, um Kenntnis von ihren Aktionären zu erlangen, ist ungeklärt. Die Rechtsprechung verlangt zwar keine Darlegungen über solche Anstrengungen, meint aber, dass schon bei Einladung zur beschlussfassenden Hauptversammlung die Aktionäre aufgefordert werden sollten, ihren Aktienbesitz offen zu legen.[572] Nicht unbekannt im Sinne von § 35 sind jedenfalls die Aktionäre, die zur Hauptversammlung erschienen sind.[573] Auf Rechtsträger anderer Rechtsform als der AG und der KGaA sind die Regelungen in § 35 – trotz dessen Stellung im Allgemeinen Teil der Verschmelzungsregelungen – richtiger Ansicht nach nicht anwendbar.[574]

269

---

568 OLG Hamm, Beschl. v. 24.06.2010 – I-15 Wx 360/09, DNotZ 2011, 230 m. zust. Anm. *Gößl*; a.A. *Nelißen*, NZG 2010, 1291.
569 Limmer/*Limmer*, Teil 2 Rn. 791; a.A. hingegen Widmann/Mayer/*Mayer*, § 5 Rn. 24.2 m.w.N.; zur Ausgliederung s.a. OLG München, Beschl. v. 15.11.2011 – 31 Wx 482/11, DNotZ 2012, 308.
570 Anders *Wicke*, ZHR 2017, 527, 537 m.w.N.
571 S. dazu oben Rdn. 58.
572 BayObLG, MittRhNotK 1996, 421= AG 1996, 468; vgl. ferner *Wied*, GmbHR 2016, 15.
573 Semler/Stengel/*Schwanna*, § 35 Rn. 7.
574 KK-UmwG/*Simon*, § 35 Rn. 5; a.A. Lutter/*Grunewald*, § 35 Rn. 2.

b) Schutz der unbeschränkt haftenden Gesellschafter der übernehmenden Personenhandelsgesellschaft

270 Das Gesetz schützt neben den bislang beschränkt und unbeschränkt haftenden Gesellschaftern der übertragenden Rechtsträger auch die bislang unbeschränkt haftenden Gesellschafter der übernehmenden Personenhandelsgesellschaft. Auch ihnen ist – wie den bislang unbeschränkt haftenden Gesellschaftern der übertragenden Rechtsträger – als Schutz vor einer wesentlichen Veränderung der Grundlagen ihres Haftungsrisikos die Stellung eines Kommanditisten in der übernehmenden Gesellschaft einzuräumen, wenn sie der Verschmelzung widersprechen (§ 43 Abs. 2 Satz 3 Halbs. 2). Für dieses **Widerspruchsrecht** gelten dieselben Grundsätze wie für das Widerspruchsrecht nach § 43 Abs. 2 Satz 3 Halbs. 1[575]

c) Verhältnis zu § 29

271 Die Regelungen zum Schutze der persönlich haftenden Gesellschafter in § 43 Abs. 2 Satz 3 Halbs. 1 und Halbs. 2 lassen das in § 29 geregelte **Austrittsrecht** unberührt.[576] Bei einer Mischverschmelzung im Sinne von § 29 Abs. 1, die auch bei einer Verschmelzung einer oHG auf eine KG und umgekehrt vorliegt, ist ein der Verschmelzung widersprechender persönlich haftender Gesellschafter des übertragenden Rechtsträgers daher nicht auf die Rechte in § 43 Abs. 2 beschränkt, sondern hat über § 29 auch die Möglichkeit, aus der Gesellschaft auszuscheiden.[577]

4. Verschmelzungsbericht (§ 41), Unterrichtung der Gesellschafter (§ 42) sowie Verschmelzungsprüfung (§ 44)

272 Gem. § 41 ist für eine an der Verschmelzung beteiligte Personenhandelsgesellschaft ein Verschmelzungsbericht nicht erforderlich, wenn alle Gesellschafter dieser Gesellschaft zur Geschäftsführung berechtigt sind. Gem. § 42 sind bei der Verschmelzung unter Beteiligung von Personenhandelsgesellschaften der Verschmelzungsvertrag oder sein Entwurf und der Verschmelzungsbericht den Gesellschaftern, die von der Geschäftsführung ausgeschlossen sind, spätestens zusammen mit der Einberufung der Gesellschafterversammlung, die über die Zustimmung zum Verschmelzungsvertrag beschließen soll, zu übersenden. Hinsichtlich der Frage, ob bei der Beteiligung einer Personenhandelsgesellschaft an einer Verschmelzung eine Verschmelzungsprüfung erforderlich ist, differenziert § 44 danach, ob der Verschmelzungsbeschluss der Einstimmigkeit bedarf oder ob der Gesellschaftsvertrag insoweit eine Mehrheitsentscheidung vorsieht.[578]

5. Verschmelzungsbeschluss

a) Einstimmigkeitsgrundsatz

273 Der Verschmelzungsbeschluss einer Personenhandelsgesellschaft bedarf gem. § 43 Abs. 1 der Zustimmung aller bei der Gesellschafterversammlung anwesenden Gesellschafter; die nicht erschienenen Gesellschafter müssen ebenfalls dem Beschluss zustimmen. Dieses **Einstimmigkeitsgebot** folgt dem allgemeinen bei Personengesellschaften geltenden Grundsatz, dass Grundlagenmaßnahmen der Zustimmung aller Gesellschafter bedürfen (s. § 119 Abs. 1 HGB, § 6 Abs. 3 Satz 2 PartGG).[579] Für eine Zustimmung im Sinne von § 43 Abs. 1 reicht es nicht aus, wenn sich der Gesellschafter der Stimme enthält; gleiches gilt, wenn seine Stimmabgabe ungültig ist.[580]

---

575 S.o. Rdn. 256.
576 Lutter/*Grunewald*, § 29 Rn. 2.
577 Semler/Stengel/*Kalss*, § 29 Rn. 6.
578 S.o. Rdn. 159.
579 S. MünchKommHGB/*K. Schmidt*, § 119 HGB Rn. 3.
580 Semler/Stengel/*Ihrig*, § 43 Rn. 16.

Die Zustimmung bei der Gesellschafterversammlung nicht erscheinender Gesellschafter kann sowohl vor als auch nach der Versammlung erklärt werden. Die Zustimmungserklärung bedarf – wie § 13 Abs. 3 Satz 1 ausdrücklich anordnet –, ebenso wie der Verschmelzungsbeschluss selbst der notariellen Beurkundung. Bis zur Erteilung einer nachträglichen Zustimmung ist der Beschluss schwebend unwirksam.[581] 274

Richtiger Ansicht nach bedarf es auch der Zustimmung derjenigen Gesellschafter, deren Stimmrecht im Gesellschaftsvertrag ausgeschlossen ist.[582] Denn die Verschmelzung mit ihren umfassenden sich aus § 20 ergebenden Rechtswirkungen berührt den **Kernbereich der Mitgliedschaftsrechte** der Gesellschafter. Eine Ausnahme von dem Grundsatz, dass auch die ansonsten vom Stimmrecht ausgeschlossenen Gesellschafter an dem Verschmelzungsbeschluss mitwirken oder ihm zustimmen müssen, wird man nur für die vom Stimmrecht ausgeschlossene Komplementärin einer beteiligungsidentischen GmbH & Co. KG zulassen können. Denn hier ist aufgrund der besonderen Konstellation eine Beeinträchtigung der Mitgliedschaftsrechte der Komplementärin nicht zu befürchten.[583] Entsprechendes wie in den Fällen der vom Stimmrecht ausgeschlossenen Gesellschafter gilt auch im Falle der obligatorischen Gruppenvertretung; auch hier müssen sämtliche Gesellschafter, d.h. auch die vertretenen Gesellschafter, zustimmen.[584] 275

b) Mehrheitsklauseln

§ 43 Abs. 2 Satz 1 und Satz 2 lassen Abweichungen vom Einstimmigkeitsgrundsatz zu. So kann der Gesellschaftsvertrag eine Mehrheitsentscheidung der Gesellschafter vorsehen (§ 43 Abs. 2 Satz 1); die Mehrheit muss gem. § 43 Abs. 2 Satz 2 mindestens drei Viertel der abgegebenen Stimmen betragen. Diese seit dem 01.08.1998 gültige Fassung des § 43 Abs. 2 Satz 2 stellt klar, dass es auf das entsprechende **Quorum der abgegebenen Stimmen** und nicht auf das entsprechende Quorum der Stimmen aller vorhandenen Gesellschafter ankommt. Abgegebene Stimmen in diesem Sinne sind nur die Ja- und die Nein-Stimmen, nicht jedoch Stimmenthaltungen;[585] denkbar und zulässig ist es aber, dass die Mehrheitsklausel in der Satzung bestimmt, dass auch Stimmenthaltungen als abgegebene Stimmen zählen. Denn wie sich aus dem Begriff »mindestens« ergibt, kann die Satzung auch höhere Mehrheitserfordernisse als das Erfordernis einer 3/4-Mehrheit der abgegebenen Stimmen anordnen.[586] Kommt in der Versammlung die erforderliche 3/4-Mehrheit nicht zustande, ist der Beschluss ungültig; daran ändert sich nichts, wenn dem Beschluss später die nicht erschienenen Gesellschafter zustimmen und dadurch insgesamt drei Viertel aller Gesellschafter dem Verschmelzungsvertrag zustimmen.[587] 276

Um die Möglichkeit einer Mehrheitsentscheidung i.S.v. § 43 Abs. 2 Satz 1 zu bejahen, reichte nach bisherigem Verständnis (bei Nicht-Publikumsgesellschaften) eine Klausel im Gesellschaftsvertrag, die lediglich allgemein, d.h. ohne entsprechende Konkretisierung der Beschlussgegenstände, für Gesellschafterbeschlüsse eine 3/4-Mehrheit zulässt, nicht aus; erforderlich war vielmehr nach bisherigem Verständnis im Hinblick auf den Grundlagencharakter eines Verschmelzungsbeschlusses eine Klausel, die dem Gesellschafter in hinreichend deutlicher Weise verdeutlichte, dass die Verschmelzung durch die Mehrheit, d.h. ggf. gegen seinen Willen, beschlossen werden kann.[588] Gestützt wurde diese Sichtweise auf den sog. Bestimmtheitsgrundsatz. Der Bundesgerichtshof hat nunmehr seine Rechtsprechung zum Bestimmtheitsgrundsatz aufgegeben.[589] Es ist daher nunmehr nach all- 277

---

581 Lutter/*H. Schmidt*, § 43 Rn. 10; dort auch zu den Fragen der Bindung an den Beschluss.
582 Semler/Stengel/*Ihrig*, § 43 Rn. 17; a.A. Kallmeyer/*Zimmermann*, § 43 Rn. 20 unter Hinweis auf § 23.
583 BGH ZIP 1993, 1076 = NJW 1993, 2100.
584 Lutter/*H. Schmidt*, § 43 Rn. 11.
585 BGHZ 106, 179, 183 f.
586 Kallmeyer/*Zimmermann*, § 43 Rn. 13.
587 Semler/Stengel/*Ihrig*, § 43 Rn. 11.
588 S. hierzu die Nachweise in der 2. Auflage, Kapitel 5, Rn. 274.
589 BGH, Urt. v. 21.10.2014 – II ZR 84/13, DNotZ 2015, 65.

gemeinen Grundsätzen (§§ 133, 157 BGB) zu prüfen, ob Mehrheitsklauseln auch Verschmelzungsbeschlüsse erfassen sollen. Ausreichend insoweit ist es (wie schon nach bisheriger Sichtweise), jedenfalls bei Gesellschaftsverträgen, die unter Geltung des neuen Umwandlungsrechts abgeschlossen wurden, wenn im Gesellschaftsvertrag die Möglichkeit des Mehrheitsentscheides für Beschlüsse »nach dem Umwandlungsgesetz« oder »für Umwandlungen« zugelassen wird. Denn nach den Begriffsbestimmungen des neuen Umwandlungsrecht (s. § 1 Abs. 1) ist die Verschmelzung ein Unterfall der Umwandlung.

278 Vorstehende Grundsätze gelten auch bei **Publikumsgesellschaften**; jedoch ist hier eine objektive Auslegung des Gesellschaftsvertrages geboten.[590] Bereits nach bisherigem Verständnis waren insoweit allgemein gefasste Mehrheitsklauseln ausreichend.

6. Nachhaftung, § 45

279 Wird eine Personenhandelsgesellschaft auf einen Rechtsträger anderer Rechtsform verschmolzen, dessen Anteilsinhaber für dessen Verbindlichkeiten nicht unbeschränkt haften, begrenzt § 45 die Haftung der persönlich haftenden Gesellschafter der übertragenden Personenhandelsgesellschaft. So tritt nach § 45 Abs. 1 eine Enthaftung bezüglich derjenigen Ansprüche gegen den übertragenden Rechtsträger ein, die erst 5 Jahre nach der Verschmelzung fällig werden oder bei früherer Fälligkeit nicht innerhalb dieser Frist in der in § 45 im einzelnen beschriebenen Weise festgestellt bzw. geltend gemacht wurden.

7. Checkliste: Verschmelzung unter Beteiligung einer Personenhandelsgesellschaft

280 ▶ Checkliste: Verschmelzung unter Beteiligung einer Personenhandelsgesellschaft

Umwandlungsrechtlich sind bei einer Verschmelzung unter Beteiligung einer Personenhandelsgesellschaft insb. die folgenden Aspekte zu beachten:[591]
- ☐ Verschmelzungsfähigkeit der Personenhandelsgesellschaft
  - Grundsätzlich uneingeschränkt mit anderen Personengesellschaften und Kapitalgesellschaften gem. § 3 Abs. 1 Nrn. 1 und 2 unter Beachtung der Besonderheiten bei aufgelösten übertragenden Personenhandelsgesellschaften in § 39 (Rdn. 24)
- ☐ Verschmelzungsvertrag
  - Allgemeine Regeln gem. §§ 4 bis 7 (Rdn. 34 ff.) und § 37 (Rdn. 241) mit den Besonderheiten in § 40 Abs. 1 und 2 (Rdn. 253 ff.) und § 43 Abs. 2 Satz 3 (Rdn. 256 ff.) bezüglich Art und Umfang der Beteiligung der Gesellschafter der übertragenden Rechtsträger und der unbeschränkt haftenden Gesellschafter einer übernehmenden Personenhandelsgesellschaft
  - § 29 (Rdn. 91 ff.)
- ☐ Verschmelzungsbericht
  - Allgemeine Regeln gem. § 8 (Rdn. 136 ff.)
  - Erforderlichkeit gem. § 41 (Rdn. 141)
- ☐ Unterrichtung der Gesellschafter gem. § 42 (Rdn. 272)
- ☐ Verschmelzungsprüfung
  - Allgemeine Regeln gem. §§ 9 bis 12 (Rdn. 156 ff.)
  - Erforderlichkeit gem. § 44 (Rdn. 159, 272)
- ☐ Verschmelzungsbeschluss
  - Allgemeine Regeln gem. §§ 13 bis 15 (Rdn. 178 ff.)
  - Mehrheits-/Zustimmungserfordernisse gem. § 43 Abs. 1 und Abs. 2 Satz 1 und Satz 2 (Rdn. 273 ff.), § 40 Abs. 2 Satz 2 und § 13 Abs. 2 (Rdn. 273 ff.)
- ☐ Handelsregisteranmeldungen
  - Allgemeine Regeln gem. §§ 16, 17, 38 (Rdn. 198 ff., 243 ff.)

---

590 BGH, DNotZ 2015, 65, 69 (Tz. 15).
591 S.a. den Überblick in Rdn. 248.

- Nichtgeltung von §§ 108, 161 Abs. 2 HGB
- Beachtung der §§ 106 Abs. 2, 162 Abs. 1 Satz 1 HGB für neue Personenhandelsgesellschaft und §§ 107, 162 Abs. 3 HGB für übernehmende Personenhandelsgesellschaft
☐ Bei Mischverschmelzung (§ 3 Abs. 4) neben Beachtung der Besonderheiten nach § 29 (Rdn. 91) auch Beachtung der Besonderheiten, die für den jeweiligen Rechtsträger in der jeweiligen Beteiligungsrolle (übertragender, übernehmender oder neuer Rechtsträger) gelten, s. dazu die Checklisten Partnerschaftsgesellschaft (Rdn. 290), GmbH (Rdn. 372 f.) und Aktiengesellschaft (Rdn. 447 f.), z.B. § 52 für die GmbH (Rdn. 352)

XIII. Besonderheiten bei der Beteiligung von Partnerschaftsgesellschaften

1. Verschmelzungsfähigkeit

Seit dem 01.08.1998 zählen auch Partnerschaftsgesellschaften zu den verschmelzungsfähigen Rechtsträgern (§ 3 Abs. 1 Nr. 1). § 45a Satz 1 schränkt diese aus § 3 Abs. 1 Nr. 1 resultierende grundsätzliche Verschmelzungsfähigkeit dahingehend ein, dass eine Verschmelzung auf eine (übernehmende oder neu gegründete) Partnerschaftsgesellschaft nur möglich ist, wenn im Zeitpunkt ihres Wirksamwerdens alle Anteilsinhaber der übertragenden Rechtsträger natürliche Personen sind, die einen Freien Beruf im Sinne von § 1 Abs. 1 und 2 des Partnerschaftsgesetzes (PartGG) ausüben. Daneben bleiben spezielle gesetzliche Regelungen im Sinne von § 1 Abs. 3 PartGG, die die Berufsausübung in einer Partnerschaft ausschließen oder von weiteren Voraussetzungen abhängig machen, gem. § 45a Satz 2 unberührt. Erfüllt ein Anteilsinhaber eines übertragenden Rechtsträgers nicht die in § 45a Satz 1 genannten Anforderungen, so kann, um die Verschmelzung zu ermöglichen, richtiger Ansicht nach sein Ausscheiden im Verschmelzungsvertrag und -beschluss vorgesehen werden.[592] Für übertragende aufgelöste Partnerschaftsgesellschaften gelten hinsichtlich der Verschmelzungsfähigkeit gem. § 45e die Einschränkungen des § 39.

281

2. Zusätzliche Vorgaben für den Verschmelzungsvertrag (§ 45b)

Bei der Verschmelzung auf eine neue Partnerschaft schreibt § 37 vor, dass der Verschmelzungsvertrag den Partnerschaftsvertrag und damit auch dessen nach § 3 Abs. 2 PartGG vorgeschriebene Pflichtangaben, d.h. Name und Sitz der Partnerschaft (§ 3 Abs. 2 Nr. 1 PartGG), Name und Vorname sowie den in der Partnerschaft ausgeübten Beruf und den Wohnort jedes Partners (§ 3 Abs. 2 Nr. 2 PartGG) sowie den Gegenstand der Partnerschaft (§ 3 Abs. 2 Nr. 3 PartGG) enthält. Bei der Verschmelzung auf eine übernehmende Partnerschaft stellt § 45b Abs. 1 sicher, dass der Verschmelzungsvertrag die Pflichtangaben in § 3 Abs. 2 Nr. 2 PartGG enthält.

282

Bei der Verschmelzung auf eine Partnerschaftsgesellschaft müssen im Hinblick auf die besonderen Anforderungen des Partnerschaftsgesetzes alle Anteilsinhaber der übertragenden Rechtsträger namentlich bekannt sein. Konsequenterweise schließt § 45b Abs. 2 daher die Anwendung des § 35, der die Beteiligung unbekannter Aktionäre einer übertragenden AG oder KGaA regelt, für die Verschmelzung auf eine Partnerschaftsgesellschaft aus.

283

3. Verschmelzungsbericht, Unterrichtung der Partner und Verschmelzungsprüfung (§§ 45c, 45e Satz 2)

Gem. § 45c Satz 1 bedarf es – entsprechend der für Personenhandelsgesellschaften geltenden Parallelregelung in § 41 – keines Verschmelzungsberichts, wenn entsprechend der gesetzlichen Grundregel (§ 6 Abs. 3 Satz 2 PartGG i.V.m. § 114 Abs. 1 HGB) alle Partner zur Geschäftsführung befugt sind, d.h. kein Partner gem. § 6 Abs. 2 PartGG durch den Partnerschaftsvertrag von der Geschäftsführung ausgeschlossen ist. Sind Partner gem. § 6 Abs. 2 PartGG von der Geschäftsführung aus-

284

---

[592] Semler/Stengel/*Ihrig*, § 45a Rn. 14, der insoweit eine vorherige Abstimmung mit dem zuständigen Registergericht empfiehlt.

geschlossen, sind sie gem. § 45c Satz 2 nach § 42 zu unterrichten. Die Möglichkeit eines durch alle Partner zu erklärenden Verzichts nach § 8 Abs. 3 bleibt wie bei § 41 unberührt. Sieht der Partnerschaftsvertrag nach § 44d Abs. 2 bezüglich des Verschmelzungsbeschlusses eine Mehrheitsentscheidung vor, beurteilt sich die Erforderlichkeit einer Verschmelzungsprüfung (§§ 8 bis 12) gem. § 45e Satz 2 nach § 44; d.h. die Verschmelzung ist zu prüfen, wenn dies ein Partner innerhalb einer Frist von einer Woche verlangt, nachdem er die in § 42 genannten Unterlagen erhalten hat.

4. Beschluss der Gesellschafterversammlung (§ 45d)/Zustimmungserfordernisse

285 Gem. § 45d Abs. 1 bedarf der Verschmelzungsbeschluss – entsprechend der Regelung bei den Personenhandelsgesellschaften in § 43 – grundsätzlich der Zustimmung aller anwesenden Partner sowie der Zustimmung aller bei der Gesellschafterversammlung nicht erschienenen Partner. Der Partnerschaftsvertrag kann in den Grenzen des § 45d Abs. 2 Mehrheitsentscheide vorsehen. Insoweit gelten die gleichen Grundsätze wie bei § 43 Abs. 2 Satz 1 und Satz 2. Besondere Zustimmungserfordernisse können sich aus einer Anteilsvinkulierung im Sinne von § 13 Abs. 2 ergeben.[593]

5. Fehlendes Widerspruchsrecht

286 Bei der Verschmelzung auf eine (übernehmende oder neue) Personenhandelsgesellschaft schützt das Gesetz über den Zustimmungsvorbehalt in § 40 Abs. 2 Satz 2 und das Widerspruchsrecht in § 43 Abs. 2 Satz 3 die bislang beschränkt haftenden Anteilsinhaber der übertragenden Rechtsträger sowie die unbeschränkt haftenden Anteilsinhaber der übertragenden oder übernehmenden Rechtsträger davor, in der übernehmenden/neuen Personenhandelsgesellschaft gegen ihren Willen unbeschränkt persönlich zu haften, und zwar indem solchen Gesellschaftern die Rechtsstellung eines Kommanditisten in der übernehmenden/neuen Personenhandelsgesellschaft eingeräumt wird. Bei einer Partnerschaftsgesellschaft gibt nach deren gesetzlicher Konzeption (§ 8 Abs. 1 PartGG) die Möglichkeit einer vergleichbaren Stellung als »beschränkt haftender Partner« nicht. Der Minderheitenschutz bei der Verschmelzung auf eine Partnerschaftsgesellschaft ist damit niedriger ausgeprägt als bei der Verschmelzung auf eine Personenhandelsgesellschaft. Die Gesetzesbegründung verweist die Beteiligten in derartigen Fällen auf das Austrittsrecht nach § 29 und die Möglichkeit der Anteilsveräußerung nach § 33.[594]

6. Nachhaftung

287 Für die Nachhaftung gelten gem. § 45e Satz 1 die Regelungen in § 45 entsprechend.

7. Anmeldung der Verschmelzung

288 Die Anmeldung einer im Wege der Verschmelzung durch Neugründung entstehenden Partnerschaft ist gem. § 38 Abs. 1 von den Vertretungsorganen jedes übertragenden Rechtsträgers zur Eintragung in das Register ihres Rechtsträgers anzumelden. Daneben haben gem. § 38 Abs. 2 die Vertretungsorgane aller übertragenden Rechtsträger die Partnerschaft bei dem Gericht, in dessen Bezirk sie ihren Sitz haben soll, zur Eintragung in das Partnerschaftsregister anzumelden. Ausreichend ist – wie auch sonst – das Handeln der Vertretungsorgane in vertretungsberechtigter Zahl oder in unechter Gesamtvertretung. Eine Anmeldung der Partnerschaft durch alle Partner, wie dies § 4 Abs. 1 Satz 1 PartGG für die »normale« Gründung vorschreibt, ist nicht erforderlich, da § 38 Abs. 2 als Spezialvorschrift den gem. § 36 Abs. 2 Satz 1 ansonsten geltenden allgemeinen Gründungsvorschriften vorgeht. Im Übrigen sind gem. § 36 Abs. 2 Satz 1 die Vorgaben des § 4 PartGG zu beachten. Anzugeben sind somit gem. § 4 Abs. 1 Satz 2 PartGG i.V.m. § 3 Abs. 2 PartGG Name und Sitz der neuen Partnerschaft, Name, Vorname, Geburtsdatum, Wohnort sowie den in der Partnerschaft ausgeübten Beruf jedes Partners sowie die Vertretungsmacht der Partner und der Gegenstand der Partnerschaft. Gem.

---

593 Lutter/*H. Schmidt*, § 45d Rn. 6.
594 BT-Drucks. 13/8808, S. 13.

§ 4 Abs. 2 PartGG ist die Zugehörigkeit jedes Partners zu dem Freien Beruf, den er in der Partnerschaft ausübt, anzugeben. Daneben sind die Vorgaben für die Beantragung der Eintragung der Partnerschaft in §§ 3 und 4 der Partnerschaftsregisterordnung zu beachten.[595]

Bei der Anmeldung einer Verschmelzung durch Aufnahme auf eine übernehmende Partnerschaft gilt zwar der Verweis in § 36 Abs. 2 Satz 1 auf die Gründungsvorschriften nicht. § 4 Abs. 1 Satz 3 PartGG bestimmt aber, dass auch jede Änderung der für die Gründungsanmeldung verlangten Angaben anzumelden sind. Das wird richtigerweise auch auf verschmelzungsbedingte Änderungen bezogen, so dass auch bei der Verschmelzung durch Aufnahme auf eine Partnerschaft die Anmeldung bei der übernehmenden Partnerschaft die Angaben nach § 3 Abs. 2 PartGG und zur Berufszugehörigkeit nach § 4 Abs. 2 Satz 1 PartGG zu enthalten hat.[596]

8. Checkliste: Verschmelzung bei Beteiligung einer Partnerschaftsgesellschaft

▶ **Checkliste: Verschmelzung bei Beteiligung einer Partnerschaftsgesellschaft**

Umwandlungsrechtlich sind bei einer Verschmelzung unter Beteiligung einer Partnerschaftsgesellschaft insb. die folgenden Aspekte zu beachten:
- ☐ Verschmelzungsfähigkeit der Partnerschaftsgesellschaft
  - Grundsätzlich uneingeschränkt mit anderen Personengesellschaften und Kapitalgesellschaften gem. § 3 Abs. 1 Nrn. 1 und 2 unter Beachtung der Besonderheiten bei aufgelösten übertragenden Partnerschaftsgesellschaften in §§ 39, 45e Satz 1 (Rdn. 23 f.) und unter der Beachtung der (erheblichen) Beschränkung in § 45a (Rdn. 281)
- ☐ Verschmelzungsvertrag
  - Allgemeine Regeln gem. §§ 4 bis 7 (Rdn. 34 ff.) und § 37 (Rdn. 241) mit den Besonderheiten in § 45b
  - § 29 (Rdn. 91 ff.)
- ☐ Verschmelzungsbericht
  - Allgemeine Regeln gem. § 8 (Rdn. 136 ff.)
  - Erforderlichkeit gem. §§ 41, 45c Satz 1 (Rdn. 141)
- ☐ Unterrichtung der Gesellschafter gem. §§ 42, 45c Satz 2 (Rdn. 284, 272)
- ☐ Verschmelzungsprüfung
  - Allgemeine Regeln gem. §§ 9 bis 12 (Rdn. 156 ff.)
  - Erforderlichkeit gem. §§ 44, 45e Satz 2 (Rdn. 159, 284, 272)
- ☐ Verschmelzungsbeschluss
  - Allgemeine Regeln gem. §§ 13 bis 15 (Rdn. 178 ff.)
  - Mehrheits-/Zustimmungserfordernisse gem. § 45d und § 13 Abs. 2 (Rdn. 285, 194)
- ☐ Partnerschaftsregisteranmeldung
  - Allgemeine Regeln gem. §§ 16, 17, 38 (Rdn. 198 ff., 243 ff.)
  - Nichtgeltung von §§ 108, 161 Abs. 2 HGB, § 4 Abs. 1 Satz 1 PartGG
  - Besonderheiten nach § 4 Abs. 1 Satz 2 PartGG, § 3 Abs. 2 PartGG und insb. §§ 3 und 4 Partnerschaftsregisterverordnung (s. Rdn. 288 f.)
- ☐ Bei Mischverschmelzung (§ 3 Abs. 4) neben Beachtung der Besonderheiten nach § 29 (Rdn. 91) auch Beachtung der Besonderheiten, die für den jeweiligen Rechtsträger in der jeweiligen Beteiligungsrolle (übertragender, übernehmender oder neuer Rechtsträger) gelten, s. dazu die Checklisten Personenhandelsgesellschaft (Rdn. 280), GmbH (Rdn. 372 f.) und Aktiengesellschaft (Rdn. 447 f.), z.B. § 52 für die GmbH (Rdn. 352)

---

595 BGBl. I 1995, S. 808 f.; s. im Einzelnen Semler/Stengel/*Ihrig*, § 45a Rn. 26.
596 Lutter/*H. Schmidt*, § 45a Rn. 16.

Kapitel 8

XIV. Besonderheiten bei der Beteiligung von Gesellschaften mit beschränkter Haftung

1. Überblick

291 §§ 46 bis 55 enthalten die besonderen Bestimmungen, die bei der Verschmelzung durch Aufnahme unter Beteiligung einer GmbH gelten. Die §§ 56 bis 59 betreffen die Verschmelzung durch Neugründung unter Beteiligung einer GmbH.

292 Die für die Verschmelzung durch Aufnahme geltenden Bestimmungen in den §§ 46 bis 55 lassen sich im Wesentlichen in zwei Gruppen einteilen. Die erste Gruppe bilden die Vorschriften, deren Anwendung voraussetzt, dass eine GmbH entweder als übertragender oder als übernehmender Rechtsträger an der Verschmelzung beteiligt ist. Zur zweiten Gruppe gehören die Vorschriften, deren Anwendung daran anknüpft, dass eine GmbH als übernehmender Rechtsträger an der Verschmelzung durch Aufnahme beteiligt ist.

293 Zur **ersten Gruppe**, d.h. den Normen, die sowohl für eine übertragende wie eine übernehmende GmbH gelten, gehören die Regelungen in § 47 zur Unterrichtung der Gesellschafter, in § 48 zur Verschmelzungsprüfung, in § 49 zur Vorbereitung der Gesellschafterversammlung, die den Verschmelzungsbeschluss nach § 13 Abs. 1 fassen soll, und in § 50 Abs. 1 zum Verschmelzungsbeschluss.

294 Zur **zweiten Gruppe**, d.h. den Normen, die an die Beteiligung einer GmbH als übernehmender Rechtsträger anknüpfen, zählen hingegen § 46, § 51 Abs. 1 Satz 1 und Satz 2, § 51 Abs. 2, § 52 Satz 1 sowie §§ 53, 54 und 55. In den §§ 54 und 55 geht es um die in derartigen Konstellationen zentrale Frage, ob bei der übernehmenden GmbH im Rahmen der Verschmelzung eine Erhöhung des Stammkapitals stattfindet oder nicht; § 55 wird dabei ergänzt durch § 53, der von der registerrechtlichen Behandlung einer Kapitalerhöhung bei der übernehmenden GmbH handelt. § 46 bestimmt, wie – je nachdem, ob eine Kapitalerhöhung bei der übernehmenden GmbH stattfindet oder nicht – die Einzelheiten der Anteilsgewährung im Verschmelzungsvertrag zu bestimmen sind. Die Bestimmungen in § 51 Abs. 1 Satz 1 und 2 sowie § 51 Abs. 2 enthalten besondere Zustimmungserfordernisse für Anteilsinhaber der übertragenden Rechtsträger, wenn die Geschäftsanteile der übernehmenden GmbH nicht voll eingezahlt sind oder wenn sich ein Aktionär im Falle des § 46 Abs. 1 Satz 2 nicht mit seinem gesamten Anteil beteiligen kann. Die Vorschriften in § 51 Abs. 1 Satz 1 und 2 werden ergänzt durch die Bestimmungen in § 52 Satz 1, die für diese Fälle Besonderheiten bei der Registeranmeldung anordnen.

295 Nicht in die beiden vorgenannten Gruppen einordnen lassen sich § 50 Abs. 2 und § 51 Abs. 1 Satz 3. § 50 Abs. 2 findet (nur) Anwendung, wenn eine GmbH als übertragender Rechtsträger an der Verschmelzung beteiligt ist, und ordnet für diesen Fall besondere Zustimmungserfordernisse hinsichtlich des Verschmelzungsbeschlusses für diejenigen Gesellschafter der übertragenden GmbH an, deren gesellschaftsvertraglich eingeräumte Minderheits-/Sonderrechte durch die Verschmelzung beeinträchtigt werden. Die Anwendung des § 51 Abs. 1 Satz 3 hingegen setzt voraus, dass sowohl der übertragende als auch der übernehmende Rechtsträger eine GmbH ist. Für diesen Fall ordnet § 51 Abs. 1 Satz 3 besondere Zustimmungserfordernisse für die Anteilsinhaber der übernehmenden GmbH für den Fall an, dass die Geschäftsanteile der übertragenden GmbH nicht voll eingezahlt sind. Ergänzt wird § 51 Abs. 1 Satz 3 durch § 52 Satz 2, der für diese Sonderkonstellation Besonderheiten bei der Registeranmeldung anordnet.

2. Für übertragende wie übernehmende GmbH anwendbare Regeln zur Verschmelzung durch Aufnahme

a) Unterrichtung der Gesellschafter (§ 47)

296 Ist eine GmbH als übertragender oder übernehmender Rechtsträger an einer Verschmelzung durch Aufnahmen beteiligt, bestimmt § 47 zum Zwecke der **umfassenden und rechtzeitigen Information der Gesellschafter** über den Verschmelzungsvorgang, dass der Verschmelzungsvertrag (§§ 4, 5) oder sein Entwurf und der Verschmelzungsbericht (§ 8) den Gesellschaftern spätestens zusammen mit

der Einberufung der Gesellschafterversammlung, die gem. § 13 Abs. 1 über die Zustimmung zum Verschmelzungsvertrag oder dessen Entwurf beschließen soll, zu übersenden ist. Das allgemeine **Auskunftsrecht nach § 51a GmbHG** bleibt hiervon unberührt.[597] Die Satzung der GmbH kann das den Gesellschaftern aus § 47 resultierende Recht im Hinblick auf den aus § 1 Abs. 3 Satz 1 resultierenden zwingenden Charakter der Norm nicht ausschließen. Den Gesellschaftern bleibt es aber unbenommen, den Verschmelzungsbeschluss unter ausdrücklichem Verzicht auf die Vorabinformation nach § 47 zu fassen.[598] Eine Verletzung der Informationsrechte der Gesellschafter aus § 47 kann die Anfechtbarkeit des Verschmelzungsbeschlusses zur Folge haben.[599]

Die Verschmelzungsunterlagen sind nach § 47 allen Gesellschaftern zuzusenden, auch solchen, deren Stimmrecht hinsichtlich des Verschmelzungsbeschlusses ausgeschlossen ist.[600] Wer Gesellschafter ist, ist nach der Neuregelung des § 16 GmbHG durch das MoMiG nunmehr nach Maßgabe von § 16 Abs. 1 GmbHG anhand der im Handelsregister aufgenommenen Gesellschafterliste zu beantworten. 297

Aus der Formulierung in § 47, dass die dort genannten Unterlagen »spätestens zusammen mit der Einberufung der Gesellschafterversammlung« zu übersenden sind, ist zu schließen, dass die Form der Übersendung der in § 47 genannten Unterlagen der Form der Einberufung der Gesellschafterversammlung folgt.[601] Fehlt es an einer die Formalitäten der Einberufung regelnden (gültigen) Satzungsregelung, gilt damit § 51 Abs. 1 Satz 1 GmbHG, wonach die Einberufung mittels eingeschriebenen Briefs erfolgt. Diese Form soll (ohne abweichende Satzungsregelung) auch dann gelten, wenn die Unterlagen nicht zusammen mit der Einberufung der Gesellschafterversammlung, sondern vorher übersandt wurden.[602] 298

Regelt die Satzung keine abweichende Frist, gilt gem. § 51 Abs. 1 Satz 2 GmbHG für die Einberufung der Gesellschafterversammlung die Mindestfrist von einer Woche. Diese Mindestfrist der Übersendung zugrundezulegen, empfiehlt sich in der Praxis in der Regel schon deshalb nicht, weil das Gesetz den Gesellschaftern nach § 48 eine Woche nach Übersendung der Unterlagen im Sinne von § 47 Zeit gibt, zu entscheiden, ob sie eine Verschmelzungsprüfung verlangen. Regelt die Satzung eine längere **Einberufungsfrist**, gilt diese auch für die Übersendung der in § 47 genannten Unterlagen.[603] Eine Verkürzung der Wochenfrist durch die Satzung ist gem. § 1 Abs. 3 Satz 1 unzulässig. 299

b) Verschmelzungsprüfung (§ 48)

Nach § 48 Satz 1 hat jeder GmbH-Gesellschafter das Recht, die Prüfung der Verschmelzung nach den §§ 9 bis 12 innerhalb einer Woche zu verlangen, nachdem ihm die in § 47 genannten Unterlagen zugesandt wurden.[604] Eine Verletzung dieses Informationsrechts kann den Verschmelzungsbeschluss anfechtbar machen.[605] Eine Verkürzung der Wochenfrist durch die Satzung ist nach § 1 Abs. 3 Satz 1 unzulässig. Die Wochenfrist ist eine **Ausschlussfrist**, ihre Berechnung richtet sich nach §§ 187 Abs. 1, 188 Abs. 2 BGB.[606] Sie wurde wie die entsprechende Wochenfrist in § 44 durch das 2. Gesetz zur Änderung des Umwandlungsgesetzes vom 19.04.2007 eingeführt; damit ist es auch im Anwendungsbereich des § 48 nicht mehr (wie nach früherem Recht) möglich, das Prüfungsverlangen noch in der Gesellschafterversammlung, die den Verschmelzungsbeschluss fassen soll, zu stellen. 300

---

597 Kallmeyer/*Kocher*, § 47 Rn. 1.
598 S. Semler/Stengel/*Reichert*, § 47 Rn. 5, der zu Recht eine Dokumentation des Verzichts im notariellen Protokoll über die Gesellschafterversammlung anrät.
599 Widmann/Mayer/*Mayer*, § 47 Rn. 9 und oben Rdn. 146 ff.
600 Schmitt/Hörtnagl/Stratz/*Westerburg*, § 47 Rn. 1.
601 Semler/Stengel/*Reichert*, § 47 Rn. 12 f.
602 Lutter/*Vetter*, § 47 Rn. 16 f.; zu Recht zweifelnd Semler/Stengel/*Reichert*, § 47 Rn. 12 f.
603 Semler/Stengel/*Reichert*, § 47 Rn. 14.
604 S.o. Rdn. 156 ff.
605 Lutter/*Vetter*, § 48 Rn. 38.
606 Schmitt/Hörtnagl/Stratz/*Westerburg*, § 48 Rn. 4 und § 44 Rn. 4.

c) Vorbereitung der Gesellschafterversammlung (§ 49)

301 Nach § 51 Abs. 2 GmbHG soll bei der Einberufung einer GmbH-Gesellschafterversammlung der Zweck der Versammlung jederzeit angegeben werden. Diese allgemeine Regelung ergänzt § 49 Abs. 1 wegen der besonderen Bedeutung des Beschlussgegenstands dahin, dass die Geschäftsführer in der Einberufung zur Gesellschafterversammlung, die den Verschmelzungsbeschluss nach § 13 Abs. 1 fassen soll, die Verschmelzung explizit als Gegenstand der Beschlussfassung anzukündigen haben. Da die Ankündigung »in der Einberufung« erfolgen muss, genügt eine – wenn auch fristgerechte – separate Ankündigung neben der Einberufung nicht; insbesondere § 51 Abs. 4 GmbHG findet keine Anwendung.[607] § 49 Abs. 1 ist nach § 1 Abs. 3 Satz 1 zwingendes Recht, wobei jedoch die Möglichkeit unberührt bleibt, dass die Gesellschaftergesamtheit den Verschmelzungsbeschluss unter **Verzicht** auf die Beachtung des § 49 Abs. 1 fasst.[608]

302 Gem. § 49 Abs. 2 sind von der Einberufung an in dem Geschäftsraum der Gesellschaft die Jahresabschlüsse und die Lageberichte der an der Verschmelzung beteiligten Rechtsträger – d.h. aller beteiligten Rechtsträger[609] – für die letzten 3 Geschäftsjahre zur Einsicht durch die Gesellschafter auszulegen. Höchstrichterlich nicht geklärt ist bislang, was unter den »**letzten drei Geschäftsjahren**« im Sinne von § 49 Abs. 2 zu verstehen ist. Das OLG Hamburg hat zu der vergleichbaren (zum sog. squeeze-out maßgeblichen) Regelung in § 327c Abs. 3 Nr. 2 AktG vertreten, die dort genannten »drei letzten Geschäftsjahre« seien nicht die 3 zeitlich vor der Hauptversammlung liegenden Geschäftsjahre, sondern die Geschäftsjahre, für die bereits ein festgestellter Jahresabschluss vorliege oder nach den bilanzrechtlichen Bestimmungen hätte vorliegen müssen.[610] Nach Ansicht des BGH spricht für diese Sichtweise »viel«, abschließend entschieden hat der BGH die Rechtsfrage jedoch nicht.[611] Übertragen auf § 49 Abs. 2 bedeutet diese Sichtweise, dass, falls für das zeitlich der Gesellschafterversammlung vorhergehende Geschäftsjahr nach den bilanzrechtlichen Vorschriften noch kein Jahresabschluss aufzustellen war, die »drei letzten Geschäftsjahre« im Sinne von § 49 Abs. 2 ohne dieses Geschäftsjahr zu bestimmen sind.[612] Ungeklärt ist, ob Abschlüsse, die nach Einberufung fertig gestellt werden, nachträglich auszulegen sind. Soweit für einen beteiligten Rechtsträger keine Pflicht besteht, Jahresabschlüsse aufzustellen, entfällt eine Auslegungspflicht.[613] Besteht ein Rechtsträger noch nicht 3 Jahre, genügen die entsprechenden Unterlagen für den Zeitraum seines Bestehens.[614]

d) Mehrheitserfordernisse (§ 50 Abs. 1)

303 Der Verschmelzungsbeschluss der Gesellschafter einer übertragenden oder übernehmenden GmbH bedarf nach § 50 Abs. 1 Satz 1 einer Mehrheit von mindestens drei Vierteln der abgegebenen Stimmen. Gem. § 50 Abs. 1 Satz 2 kann der Gesellschaftsvertrag eine größere Mehrheit vorschreiben und weitere Erfordernisse bestimmen. Abgegebene Stimmen im Sinne von § 50 Abs. 1 Satz 1 sind – wie auch sonst im GmbH-Recht – nur die gültig abgegebenen Ja- und Nein-Stimmen, nicht hingegen ungültige Stimmen oder Stimmenthaltungen.[615] Die Satzung kann aber gem. § 50 Abs. 1 Satz 2 Abweichendes bestimmen.

304 Satzungsklauseln, die für **Satzungsänderungen** besondere Mehrheitserfordernisse aufstellen, gelten – im Hinblick auf die gravierenden mit der Verschmelzung verbundenen Rechtsfolgen – richtiger

---

607 KK-UmwG/*Simon/Nießen*, § 49 Rn. 8.
608 Semler/Stengel/*Reichert*, § 49 Rn. 3.
609 Widmann/Mayer/*Mayer*, § 49 Rn. 12.
610 OLG Hamburg, Urt. v. 11.04.2003 – 11 U 215/02, NZG 2003, 539.
611 BGH, Beschl. v. 17.07.2006 – II ZR 163/03, AG, 2006, 666.
612 So auch Semler/Stengel/*Reichert*, § 49 Rn. 7; Lutter/*Vetter*, § 49 Rn. 31; ebenso zur Parallelvorschrift in § 63 Abs. 1 Nr. 2 Lutter/*Grunewald*, § 63 Rn. 5.
613 Semler/Stengel/*Reichert*, § 49 Rn. 8.
614 Lutter/*Vetter*, § 49 Rn. 14.
615 Semler/Stengel/*Reichert*, § 50 Rn. 13.

Ansicht nach in der Regel auch für Verschmelzungsbeschlüsse.[616] Wird bei einer übernehmenden GmbH das Kapital erhöht (§ 55), gelten insoweit ohnehin eventuell sich aus der Satzung der übernehmenden GmbH ergebende qualifizierte Mehrheitserfordernisse für Satzungsänderungen. Satzungsklauseln, die für die Übertragung von Geschäftsanteilen eine an eine bestimmte Mehrheit geknüpfte Zustimmung der Gesellschafterversammlung verlangen, sind hingegen nicht auf Verschmelzungsbeschlüsse entsprechend anzuwenden.[617] Denn die Konsequenzen von Vinkulierungsbestimmungen sind abschließend in § 13 Abs. 2 geregelt.

Nach zum neuen Umwandlungsrecht allgemeiner Meinung ist das **Stimmrecht** derjenigen Gesellschafter, die ihrerseits als Rechtsträger an der Verschmelzung beteiligt sind, nicht nach § 47 Abs. 4 Satz 2 GmbHG ausgeschlossen.[618] Eine Satzungsklausel, die eine Verschmelzung generell ausschließt, ist ungültig und in eine Bestimmung umzudeuten, dass der Verschmelzungsbeschluss der Zustimmung aller Gesellschafter bedarf.[619] 305

3. Nur für übernehmende GmbH anwendbare Regeln zur Verschmelzung durch Aufnahme

a) Verschmelzung ohne Kapitalerhöhung (§ 54)

Wesensmerkmal der Verschmelzung auf einen bestehenden Rechtsträger ist die Übertragung des Vermögens des übertragenden Rechtsträgers gegen – jedenfalls im Grundsatz – Gewährung von Anteilen oder Mitgliedschaften an dem übernehmenden Rechtsträger (§ 2 Nr. 1 und § 5 Abs. 1 Nr. 2), d.h. bei der Verschmelzung auf eine übernehmende GmbH gegen Gewährung von Geschäftsanteilen an dieser GmbH. Als »Quelle« solcher Geschäftsanteile kommt bei der übernehmenden GmbH in erster Linie eine Kapitalerhöhung (§ 55) in Betracht. § 54 regelt Fälle der Verschmelzung durch Aufnahme auf eine GmbH ohne eine solche Kapitalerhöhung, wobei das Gesetz zum Teil eine Kapitalerhöhung untersagt (s. § 54 Abs. 1 Satz 1) und zum Teil den Beteiligten die Entscheidung überlässt, ob die Verschmelzung mit oder ohne Kapitalerhöhung durchgeführt wird (§ 54 Abs. 1 Satz 2 und 3). 306

aa) Kapitalerhöhungsverbote

§ 54 Abs. 1 Satz 1 verbietet in drei Fällen eine Kapitalerhöhung bei der übernehmenden GmbH, nämlich a) soweit die übernehmende GmbH Anteile an dem übertragenden Rechtsträger innehat (§ 54 Abs. 1 Satz 1 Nr. 1), b) soweit der übertragende Rechtsträger eigene Anteile innehat (§ 54 Abs. 1 Satz 1 Nr. 2) und c) soweit ein übertragender Rechtsträger Anteile an der übernehmenden GmbH innehat, auf welche die Einlagen noch nicht in voller Höhe bewirkt sind (§ 54 Abs. 1 Satz 1 Nr. 3). 307

Die in § 54 Abs. 1 Satz 1 Nrn. 1 und 2 genannten Kapitalerhöhungsverbote korrespondieren mit der allgemeinen Regelung in § 20 Abs. 1 Nr. 3 Satz 1 Halbs. 2, die – in Abweichung vom Grundsatz der Anteilsgewährung (§ 2) – einen Erwerb von Anteilen am übernehmenden Rechtsträger durch die Anteilsinhaber des übertragenden Rechtsträgers ausschließt, soweit der übernehmende Rechtsträger Anteilsinhaber des übertragenden Rechtsträgers ist oder soweit der übertragende Rechtsträger eigene Anteile innehat. In beiden Konstellationen ließe sich eine Anteilsgewährung nur umsetzen, wenn bei dem übernehmenden Rechtsträger eigene Anteile gebildet würden, was nach der gesetzgeberischen Konzeption nicht erwünscht ist.[620] § 54 Abs. 1 Satz 1 Nr. 1 korrespondiert ferner 308

---

616 Lutter/*Vetter*, § 50 Rn. 35; Widmann/Mayer/*Mayer*, § 50 Rn. 42; so jetzt auch für die AG Lutter/*Grunewald*, § 65 Rn. 6; zu »Auflösungsmehrheitsklauseln« s.u. Rdn. 391.
617 So richtig Lutter/*Drygala*, § 13 Rn. 31; a.A. Reichert, GmbHR 1995, 176, 180.
618 RegBegr. *Ganske*, S. 100; LG Arnsberg, ZIP 1994, 536; Semler/Stengel/*Reichert*, § 50 Rn. 15 m.w.N. auch zum Meinungsstand nach altem Recht.
619 Lutter/*Vetter*, § 50 Rn. 37.
620 Widmann/Mayer/*Mayer*, § 54 Rn. 12; Semler/Stengel/*Reichert*, § 54 Rn. 5; *Lieder*, GmbHR 2014, 232.

mit der allgemeinen Regelung in § 5 Abs. 2. Denn hält die übernehmende GmbH nicht nur einen Teil der Anteile an dem übertragenden Rechtsträger, sondern alle Anteile (Verschmelzung einer 100 %-igen Tochter auf ihre Mutter), entfällt die **Anteilsgewährung** und konsequenterweise auch eine zu ihrer Durchführung erforderliche Kapitalerhöhung gänzlich.

309 Anders als die Kapitalerhöhungsverbote in § 54 Abs. 1 Satz 1 Nrn. 1 und 2 findet das in § 54 Abs. 1 Satz 1 Nr. 3 geregelte Kapitalerhöhungsverbot in § 20 Abs. 1 Nr. 3 keine Entsprechung.[621] Das Gesetz geht vielmehr, wenn der übertragende Rechtsträger Anteile an dem übernehmenden Rechtsträger hält, davon aus, dass den Anteilsinhabern des übertragenden Rechtsträgers Anteile an dem übernehmenden Rechtsträger zu gewähren sind;[622] dies gilt unabhängig davon, ob die Anteile des übertragenden Rechtsträgers an dem übernehmenden Rechtsträger voll eingezahlt sind oder nicht. Der Zweck des in § 54 Abs. 1 Satz 1 Nr. 3 normierten Kapitalerhöhungsverbotes wird im Hinblick darauf, dass in diesen Fällen der Grundsatz der Anteilsgewährung Anwendung findet, (nur) im Kontext mit § 33 Abs. 1 GmbHG deutlich. § 33 Abs. 1 GmbHG ordnet zur **Absicherung der (realen) Kapitalaufbringung** bei der GmbH an, dass eine GmbH **eigene Anteile**, auf welche die Stammeinlagen noch nicht vollständig geleistet sind, nicht erwerben kann. Dieses Verbot gilt richtiger Ansicht nach auch für einen Erwerb im Wege der Gesamtrechtsnachfolge, d.h. auch für einen Erwerb im Wege der Verschmelzung gem. § 20 Abs. 1 Nr. 2.[623] Indem das Gesetz in § 54 Abs. 1 Satz 1 Nr. 3 eine Kapitalerhöhung bei nicht volleingezahlten Anteilen untersagt, will es dieses Verbot absichern. Die Beteiligten sollen daran gehindert werden, der Anteilsgewährungspflicht durch die Schaffung neuer Anteile nachzukommen, was gem. § 20 Abs. 1 Nr. 2 einen nach § 33 Abs. 1 GmbHG unzulässigen Erwerb der Anteile an der übernehmenden GmbH durch diese zur Konsequenz hätte. Für die Beteiligten verbleiben im Hinblick auf diese gesetzlichen Zusammenhänge folgende Möglichkeiten, um den gesetzlichen Vorgaben zu entsprechen:[624] a) Der übertragende Rechtsträger erfüllt die noch offene Einlagenschuld bezüglich des Anteils an der übernehmenden GmbH.[625] Das hat zur Konsequenz, dass den Beteiligten nunmehr das Kapitalerhöhungswahlrecht nach § 54 Abs. 1 Satz 2 Nr. 2 offen steht. Das heißt, bei der übernehmenden GmbH kann entweder auf eine Kapitalerhöhung verzichtet werden und den Inhabern des übertragenden Rechtsträgers dessen Anteile an der übernehmenden GmbH gewährt werden oder bei der übernehmenden GmbH wird eine Kapitalerhöhung durchgeführt, die hierdurch neu geschaffenen Anteile werden den Inhabern des übertragenden Rechtsträgers gewährt und der übernehmende Rechtsträger erwirbt – im Einklang mit § 33 Abs. 1 GmbHG – die eingezahlten Anteile des übertragenden Rechtsträgers an der übernehmenden GmbH. b) Denkbar ist es auch, dass die nicht eingezahlten Anteile an der übernehmenden GmbH durch den übertragenden Rechtsträger vor der Verschmelzung an einen Dritten veräußert werden, der die Anteile allerdings nicht als Treuhänder des übertragenden Rechtsträgers halten darf (§ 54 Abs. 2). c) Fraglich ist, ob es auch zulässig ist, den Inhabern des übertragenden Rechtsträgers die nicht (vollständig) eingezahlten Anteile an der übernehmenden GmbH zu gewähren. Das wird man entgegen weitergehender Ansichten im Schrifttum nur für zulässig halten können, wenn die Anteilsinhaber des übertragenden Rechtsträgers damit einverstanden sind.[626] Denn § 51 Abs. 1 Satz 1 und 2 machen – zur Vermeidung der Ausfallhaftung nach § 24 GmbHG – die Wirksamkeit des Verschmelzungsbeschlusses des übertragenden Rechtsträgers für den Fall, dass bei der übernehmenden GmbH nicht voll einbezahlte Anteile bestehen, von der Zustimmung aller bei der Beschlussfassung anwesenden Gesellschafter und bei übertragenden Gesellschaften mit beschränkter Haftung sowie übertragenden Personengesellschaften von der Zustimmung auch der nicht anwe-

---

621 Widmann/Mayer/*Mayer*, § 54 Rn. 23.
622 Semler/Stengel/*Reichert*, § 54 Rn. 8.
623 Kallmeyer/*Kocher* § 54 Rn. 9 m.w.N. auf den Streitstand; Schmitt/Hörtnagl/Stratz/*Westerburg* § 54 Rn. 5.
624 S. hierzu Lutter/*Vetter*, § 54 Rn. 38 ff.
625 *Priester*, ZIP 2016, 57, 59.
626 Anders Semler/Stengel/*Reichert*, § 54 Rn. 10, der eine Zulässigkeit auch dann bejaht, wenn die Anteile der Inhaber des übertragenden Rechtsträgers ihrerseits nicht voll eingezahlt.

senden Gesellschafter abhängig. d) Nicht zulässig erscheint es, wenn die Beteiligten in der Konstellation des § 54 Abs. 1 Satz 1 Nr. 3 auf eine Kapitalerhöhung nach § 54 Abs. 1 Satz 3 verzichten, da dann nach § 33 Abs. 1 GmbHG unzulässige, nicht eingezahlte eigene Anteile an der übernehmenden GmbH entstehen würden.

bb) Kapitalerhöhungswahlrechte gem. § 54 Abs. 1 Satz 2 Nrn. 1 und 2

§ 54 Abs. 1 Satz 2 Nrn. 1 und 2 nennen zwei Fälle, in denen die übernehmende Gesellschaft ihr Kapital entweder erhöhen kann oder dieses unverändert lassen kann. Das Kapitalerhöhungswahlrecht in § 54 Abs. 1 Satz 2 Nr. 1 betrifft die Fälle, in denen die übernehmende Gesellschaft ausreichende eigene Anteile innehat, um diese den Inhabern der übertragenden Rechtsträger zu gewähren. § 54 Abs. 1 Satz 2 Nr. 2 betrifft den Fall, dass einem übertragenden Rechtsträger Anteile an der übernehmenden GmbH zustehen, auf welche die Einlagen in voller Höhe geleistet sind. Bleibt im Falle des § 54 Abs. 1 Satz 2 Nr. 2 das Kapital der übernehmenden GmbH unverändert und werden die Anteile der übertragenden Gesellschaft an der übernehmenden GmbH zur Erfüllung der Anteilsgewährungspflicht an die Inhaber der übertragenden Gesellschaft benutzt, erwerben diese die Anteile im Wege des Direkterwerbs unmittelbar von der übertragenden Gesellschaft; ein »**Durchgangserwerb**« seitens der übernehmenden GmbH findet nicht statt.[627]

310

cc) Verzicht auf die Anteilsgewährung nach § 54 Abs. 1 Satz 3

Eine Anteilsgewährung und damit eine zu ihrer Durchführung vorzunehmende Kapitalerhöhung ist gem. § 54 Abs. 1 Satz 3 auch dann entbehrlich, wenn alle Inhaber eines übertragenden Rechtsträgers auf die Gewährung von Anteilen verzichten; die Verzichtserklärungen sind notariell zu beurkunden.[628] Wird der Verzicht durch Vertreter erklärt, finden wie bei Verzichtserklärungen nach § 8 Abs. 3 die Regelungen in §§ 167 Abs. 2 und 180 Satz 1 BGB Anwendung. Verzichtserklärungen im Sinne von § 54 Abs. 1 Satz 3 sind gem. § 17 Abs. 1 der Anmeldung der Verschmelzung als Anlage beizufügen. Ein konkludenter Verzicht ist möglich,[629] aber nicht empfehlenswert.[630]

311

dd) Sonstige Fälle der Verschmelzung ohne Kapitalerhöhung/Drittbeteiligung

Eine Kapitalerhöhung bei der übernehmenden GmbH kann richtiger Ansicht nach auch dann unterbleiben, wenn ein Dritter der übernehmenden GmbH die Anteile, die sie zur Erfüllung der Anteilsgewährungspflicht benötigt, zur »Verfügung stellt«. Das kann in der Weise geschehen, dass der Dritte aufschiebend bedingt auf die Eintragung der Verschmelzung den Anteilsinhabern des übertragenden Rechtsträgers seine Anteile entsprechend dem im Verschmelzungsvertrag vereinbarten Umtauschverhältnis unmittelbar überträgt.[631]

312

ee) Mittelbarer Besitz im Sinne von § 54 Abs. 2

Gem. § 54 Abs. 2 finden die Vorschriften in § 54 Abs. 1 Sätze 1 und 2 bei einem mittelbaren Anteilsbesitz der dort angesprochenen Rechtsinhaber entsprechende Anwendung. Ein Abhängigkeitsverhältnis oder ein Mutter-Tochter-Verhältnis reichen für § 54 Abs. 2 nicht aus.[632]

313

---

627 Kallmeyer/*Marsch-Barner*, § 20 Rn. 29; Semler/Stengel/*Reichert*, § 54 Rn. 15 m.w.N.
628 Zum Verzicht s.o. Rdn. 56.
629 OLG Köln, Beschl. v. 22.01.2020, I – 18 Wx 22/19, BB 2020, 589.
630 Lutter/*Vetter*, § 54 Rn. 88.
631 Semler/Stengel/*Reichert*, § 54 Rn. 18; Widmann/Mayer/*Mayer*, § 54 Rn. 46; Lutter/*Vetter*, § 54 Rn. 61 f. mit Nachweisen zum (abweichenden) früheren Meinungsstand.
632 Schmitt/Hörtnagl/Stratz/*Westerburg*, § 54 Rn. 16; Semler/Stengel/*Reichert*, § 54 Rn. 34.

ff) Teilungserleichterungen nach § 54 Abs. 3

314 § 54 Abs. 1 Satz 2 Nrn. 1 und 2 lassen es zu, Anteile, die die übernehmende GmbH an sich selbst hält, und Anteile, die ein übertragender Rechtsträger an der übernehmenden GmbH hält, zur Erfüllung der Anteilsgewährungspflicht einzusetzen. Diese Möglichkeiten sollen durch § 54 Abs. 3 Satz 1 unterstützt werden, indem § 54 Abs. 3 Satz 1 Halbs. 1 Bestimmungen in der Satzung der übernehmenden GmbH, die die Teilung von Geschäftsanteilen an der übernehmenden GmbH ausschließen oder erschweren, für unanwendbar erklärt. Korrespondierend zu § 5 Abs. 2 Satz 1 GmbHG (n.F.) bestimmt § 54 Abs. 3 Satz 1 Halbs. 2 in seiner auf dem MoMiG basierenden neuen Fassung, dass Geschäftsanteile auf volle Euro lauten müssen.

b) Verschmelzung mit Kapitalerhöhung (§ 55)

315 Erhöht die übernehmende GmbH zur Durchführung der Verschmelzung ihr Kapital, finden hierauf grundsätzlich, d.h. vorbehaltlich der in § 55 genannten Modifikationen, die Regeln des GmbH-Rechts über Kapitalerhöhungen Anwendung.

aa) Anwendbare Regelungen des GmbH-Rechts

(1) Kapitalerhöhungsbeschluss

316 Erforderlich ist damit insbesondere grundsätzlich gem. § 53 Abs. 1 GmbHG ein Kapitalerhöhungsbeschluss, der üblicherweise (aber nicht zwingender Weise) mit dem Verschmelzungsbeschluss zusammengefasst wird. Weist die übernehmende GmbH noch ein Stammkapital in DM auf, ist dieses zunächst auf Euro umzustellen und gegebenenfalls zu glätten; aufschiebend bedingt auf die Eintragung dieser Maßnahmen im Handelsregister kann zugleich die eigentliche verschmelzungsbedingte Kapitalerhöhung beschlossen werden.[633] Gem. § 53 Abs. 2 Satz 1 Halbs. 1 GmbHG bedarf der Kapitalerhöhungsbeschluss der notariellen Beurkundung. § 53 Abs. 2 Satz 1 Halbs. 2 GmbHG schreibt für den Beschluss eine Mehrheit von drei Vierteln der abgegebenen Stimmen vor. Der Gesellschaftsvertrag kann gem. § 53 Abs. 2 Satz 2 GmbHG höhere – nicht jedoch niedrigere – Mehrheitsschwellen vorschreiben.[634]

317 Der Sache nach ist die verschmelzungsbedingte Kapitalerhöhung eine **Kapitalerhöhung gegen Sacheinlagen**.[635] Im Hinblick darauf ist, da § 55 seine Geltung nicht ausschließt, an sich auch § 56 Abs. 1 GmbHG anwendbar, der bei einer Kapitalerhöhung gegen Sacheinlagen verlangt, dass im Kapitalerhöhungsbeschluss der Gegenstand der Sacheinlage und der Nennbetrag des Geschäftsanteils, auf den er sich bezieht, festgesetzt werden. Für die verschmelzungsbedingte Kapitalerhöhung reicht es insoweit aus, dass deutlich wird, welcher Kapitalerhöhungsbetrag auf das Vermögen welchen übertragenden Rechtsträgers entfällt, da Merkmal der Verschmelzung gem. § 2 die Übertragung des gesamten Vermögens des übertragenden Rechtsträgers auf den übernehmenden Rechtsträger ist.[636]

(2) Genehmigtes Kapital (§ 55a GmbHG)

318 § 55 Abs. 1 schließt die Anwendung des durch das MoMiG eingeführten § 55a GmbHG nicht aus. Mit § 55a GmbHG hat der Gesetzgeber auch für die GmbH die Möglichkeit des genehmigten Kapitals geschaffen.[637] Ebenso wie bei der AG (s. § 69 Abs. 1 Satz 2) kann das genehmigte Kapital bei der GmbH zur Durchführung einer Verschmelzung herangezogen werden. Da allerdings die

---

633 S. § 318 Abs. 2 und zum Ganzen ausführlich Limmer/*Limmer*, Teil 5 Rn. 129 ff.; ferner OLG Düsseldorf, Beschl. v. 10.05.2019, I – 3 Wx 219, NZG 2019, 1271.
634 Semler/Stengel/*Reichert*, § 55 Rn. 3 ff.; dort auch zur Kapitalerhöhung bis zu einer bestimmten Höchstziffer.
635 Lutter/*Vetter*, § 55 Rn. 24.
636 Semler/Stengel/*Reichert*, § 55 Rn. 7.
637 S. dazu *Heckschen*, Das MoMiG in der notariellen Praxis, Rn. 629 ff.

verschmelzungsbedingte Kapitalerhöhung eine solche gegen Sacheinlagen ist, muss die **Ermächtigung** an die Geschäftsführer, das Stammkapital nach § 55a Abs. 1 GmbHG zu erhöhen, gem. § 55a Abs. 3 GmbHG eine Erhöhung gegen Sacheinlagen vorsehen. Darüber hinaus sind die zeitlichen Grenzen in § 55a Abs. 1 S. und Abs. 2 GmbHG zu beachten. Wird die Ermächtigung in das Gründungsstatut der GmbH aufgenommen, so kann den Geschäftsführern die Ermächtigung zur Kapitalerhöhung gem. § 55a Abs. 1 Satz 1 GmbHG für einen Zeitraum von längstens 5 Jahren seit Eintragung der Gesellschaft erteilt werden. Wird die Ermächtigung später im Rahmen einer Satzungsänderung beschlossen, begrenzt § 55a Abs. 2 GmbHG den **Ermächtigungszeitraum** auf höchstens 5 Jahre seit Eintragung des genehmigten Kapitals. In beiden Fällen, d.h. sowohl bei Ermächtigung im Gründungsstatut als auch bei Ermächtigung im Rahmen einer späteren Satzungsänderung, darf gem. § 55a Abs. 1 Satz 2 GmbHG der Nennbetrag des genehmigten Kapitals die Hälfte des Stammkapitals, das zur Zeit der Ermächtigung vorhanden ist, nicht übersteigen.

Die Ermächtigung (im Gründungsstatut oder im Rahmen einer späteren Satzungsänderung) ist sinnvollerweise mit der Befugnis an die Geschäftsführer zu verbinden, die Regelung in der Satzung über die Höhe des Stammkapitals entsprechend der Ausübung der Ermächtigung anzupassen.[638] Hat die GmbH von der Möglichkeit des genehmigten Kapitals Gebrauch gemacht, bedarf es zur Erhöhung des Kapitals im Falle der Ausübung der Ermächtigung keines weiteren Gesellschafterbeschlusses, sondern nur noch der Anmeldung der Kapitalerhöhung nebst der damit einhergehenden Änderung der entsprechenden Satzungsbestimmung über das Stammkapital. Diese Anmeldung muss nach § 78 GmbHG durch alle Geschäftsführer erfolgen. Im Hinblick darauf erscheint es entbehrlich, die Vorlage eines ausdrücklichen Geschäftsführerbeschlusses über die Ausübung der Ermächtigung an das Handelsregister zu verlangen.[639]

(3) Kapitalaufbringungskontrolle

Im Hinblick auf den Charakter der verschmelzungsbedingten Kapitalerhöhung als einer Kapitalerhöhung gegen Sacheinlagen finden auch § 57a GmbHG i.V.m. § 9c Abs. 1 Satz 2 GmbHG Anwendung. Nach diesen Vorschriften hat das Registergericht die Eintragung einer Kapitalerhöhung gegen Sacheinlagen abzulehnen, wenn der Wert der Sacheinlagen den Kapitalerhöhungsbetrag nicht deckt. Für die verschmelzungsbedingte Kapitalerhöhung bedeutet das, dass der Kapitalerhöhungsbetrag (zuzüglich des Betrages eventueller barer Zuzahlungen gem. § 5 Abs. 1 Nr. 3, § 54 Abs. 4) durch den – wahren – Wert des Vermögens des übertragenden Rechtsträgers gedeckt sein muss.[640] Zum Nachweis der Werthaltigkeit genügt dabei in aller Regel die Schlussbilanz des übertragenden Rechtsträgers; kostenträchtige weitere Nachweise (wie etwa ein WP-Gutachten) kann das Registergericht nur verlangen, wenn besondere Umstände vorliegen, insb. die eingereichten Unterlagen unklar, lückenhaft oder widersprüchlich sind.[641]

Werden im Rahmen einer Mehrfachverschmelzung (§ 3 Abs. 4) mehrere übertragende Rechtsträger, die sämtlich denselben Alleingesellschafter haben, auf eine übernehmende GmbH verschmolzen, reicht es entgegen einer in der Rechtsprechung zu § 54 Abs. 1 UmwG a.F. vertretenen Meinung im Hinblick auf die in § 3 Abs. 4 eigens betonte **Einheitlichkeit des Verschmelzungsvorgangs** richtiger (und im Schrifttum einhellig vertretener) Ansicht nach aus, wenn die Gesamtsumme der übertragenen Vermögen den Betrag des oder der Anteile deckt, die dem Anteilsinhaber der übertragenden Rechtsträger gewährt werden. Das gilt in der beschriebener Situation auch dann, wenn einzelne übertragende Rechtsträger ein »negatives Vermögen« aufweisen, sofern dieses durch die Vermögen

---

638 *Heckschen*, Das MoMiG in der notariellen Praxis, Rn. 653.
639 So allerdings *Priester*, GmbHR 2008, 1177, 1179.
640 Kallmeyer/*Kocher*, § 55 Rn. 12; OLG Rostock, Beschl. v. 19.05.2016 – 1 W 4/15, GmbHR 2016, 10960 = MittBayNot 2017, 414; s.o. Rdn. 28.
641 So richtig OLG Stuttgart, Beschl. v. 09.03.2020 – 8 W 295/19, GmbHR 2020, 661.

(4) Differenzhaftung

322 Der BGH verneint nunmehr in neuerer Rechtsprechung – im Anschluss an seine Rechtsprechung zur AG[643] – eine Differenzhaftung bei der Verschmelzung von Gesellschaften mit beschränkter Haftung im Wege der Aufnahme mit Kapitalerhöhung für den Fall der Überbewertung des Vermögens des übertragenden Rechtsträgers. Er begründet dies insb. damit, dass die Gesellschafter des übertragenden Rechtsträgers keine (eine entsprechende Haftung rechtfertigende) Kapitaldeckungszusage abgäben; vorbehalten bleibt jedoch eine Haftung wegen existenzvernichtenden Eingriffs.[644]

(5) Überdeckung

323 Übersteigt der Wert des Vermögens des übertragenden Rechtsträgers den Kapitalerhöhungsbetrag, ist der überschießende Wert in die Kapitalrücklage nach § 272 Abs. 2 Nr. 1 HGB einzustellen.[645]

bb) Nicht anwendbare Regeln des GmbH-Rechts

(1) Keine Übernahmeerklärungen nach § 55 Abs. 1 GmbHG

324 Da der verschmelzungsbedingte Erwerb der Anteile an der übernehmenden GmbH nicht wie bei der »normalen« Kapitalerhöhung auf einem Übernahmevertrag zwischen der GmbH und dem Erwerber der Anteile, sondern auf dem Verschmelzungsvertrag zwischen den beteiligten Rechtsträgern in Verbindung mit der gesetzlichen Regelung in § 20 Abs. 1 Nr. 3 Satz 1 Halbs. 1 beruht, ist gem. § 55 Abs. 1 die ansonsten gem. § 55 Abs. 1 GmbHG bei der GmbH-Kapitalerhöhung erforderliche Übernahmeerklärung entbehrlich. Dementsprechend entfällt auch die Pflicht, dem Handelsregister bei der Anmeldung der Kapitalerhöhung Übernahmeerklärungen vorzulegen (§ 57 Abs. 3 Nr. 1 GmbHG i.V.m. § 55 Abs. 1). Wenig einleuchtend erscheint es vor diesem Hintergrund auf den ersten Blick, dass § 55 Abs. 2 bei der Anmeldung der Kapitalerhöhung gleichwohl ausdrücklich u. a. die Vorlage des in § 57 Abs. 3 Nr. 2 GmbHG genannten Schriftstücks verlangt, d.h. eine von den Anmeldenden unterschriebene Liste der Personen, welche die neuen Geschäftsanteile »übernommen« haben. Da es bei der verschmelzungsbedingten Kapitalerhöhung gem. § 55 Abs. 1 keine Übernahmeerklärungen gibt, ist im Rahmen des § 55 Abs. 2 eine Liste gemeint, aus der sich die Erwerber und die Nennbeträge der neuen Geschäftsanteile ergeben. Teile des Schrifttums halten diese Liste im Hinblick auf die entsprechenden Angaben im Verschmelzungsvertrag für entbehrlich; da aber die Registergerichte überwiegend – im Hinblick auf den eindeutigen Gesetzeswortlaut nicht zu Unrecht – auf der Einreichung der Liste bestehen, ist es zumindest aus praktischen Gründen geboten, die Liste einzureichen.

(2) Kein Bezugsrecht

325 Ein gesetzliches Bezugsrecht steht den Gesellschaftern der übernehmenden GmbH bei der verschmelzungsbedingten Kapitalerhöhung nach allgemeiner Ansicht nicht zu.[646]

---

642 *Heidinger*, DNotZ 1999, 161; Semler/Stengel/*Reichert*, § 46 Rn. 3; Widmann/Mayer/*Mayer*, § 5 Rn. 56.6 ff.; *Mayer*, DB 1998, 913; Lutter/*Vetter*, § 46 Rn. 22 f. m.w.N.; a.A. hingegen OLG Frankfurt am Main, DNotZ 1999, 154.
643 BGH, Urt. v. 12.03.2005 – II ZR 302/05, DNotZ 2007, 854.
644 BGH, Teilurteil vom 06.11.2018 – II ZR 199/17, DNotZ 2019, 224 und oben Rdn. 30.
645 Lutter/*Vetter*, § 55 Rn. 15.
646 Widmann/Mayer/*Mayer*, § 55 Rn. 51; Lutter/*Winter*, § 55 Rn. 58 m.w.N.

cc) Absicherung der Eintragung der Kapitalerhöhung (§ 53)

Gem. § 53 darf die Verschmelzung, wenn die übernehmende GmbH zur Durchführung der Verschmelzung ihr Stammkapital erhöht, erst eingetragen werden, nachdem die Erhöhung des Stammkapitals im Register eingetragen ist. Mit dieser registerrechtlichen Regelung sichert das Gesetz bezogen auf den Zeitpunkt der Wirksamkeit der Verschmelzung, d.h. gem. § 20 Abs. 1 bezogen auf den Zeitpunkt der Eintragung der Verschmelzung in das Register des Sitzes der übernehmenden GmbH, das Vorhandensein derjenigen Geschäftsanteile, die im Rahmen der Verschmelzung als Gegenleistung für das übertragene Vermögen zu gewähren sind.[647] Die Regelung bezieht sich nicht auf Kapitalerhöhungen, die nur anlässlich der Verschmelzung, d.h. nicht zum Zwecke der Anteilsgewährung i.S.d. § 5 Abs. 1 Nr. 2, beschlossen werden.[648]

c) Anforderungen an den Inhalt des Verschmelzungsvertrages

aa) Angaben über Anteilsinhaber und Geschäftsanteile (§ 46)

(1) Namentliche Zuordnung

Gem. § 46 Abs. 1 Satz 1 hat der Verschmelzungsvertrag bei der Verschmelzung auf eine übernehmende GmbH nicht nur wie in § 5 Abs. 1 Nr. 3 vorgeschrieben das Umtauschverhältnis der Anteile nebst eventueller barer Zuzahlungen anzugeben, sondern zusätzlich für jeden Anteilsinhaber eines übertragenden Rechtsträgers den Nennbetrag des Geschäftsanteils zu bestimmen, den die übernehmende GmbH ihm zu gewähren hat. Wie § 40 Abs. 1 Satz 2 dient die Vorschrift der **Klarstellung der verschmelzungsbedingt erworbenen Beteiligungen** der Anteilsinhaber der übertragenden Rechtsträger an der übernehmenden Gesellschaft. Mit der damit grundsätzlich erforderlichen namentlichen Benennung der Anteilsinhaber der übertragenden Rechtsträger und der namentlichen Zuordnung der ihnen gewährten Anteile im Verschmelzungsvertrag will das Gesetz diesen Anteilsinhabern zugleich den Nachweis ihrer Berechtigung gegenüber der übernehmenden GmbH nach Wirksamwerden der Verschmelzung ermöglichen.[649] Während der Grundsatz der namentlichen Benennung für die Anteilsinhaber von übertragenden Gesellschaften mit beschränkter Haftung und Personengesellschaften uneingeschränkt gilt, lässt § 35 hiervon für Aktionäre von übertragenden AG oder KGaA eine Ausnahme zu, und zwar im Hinblick darauf, dass solchen Kapitalgesellschaften ihre Aktionäre nicht bekannt sein können. Nach § 35 Satz 1 Halbs. 1 können **unbekannte Aktionäre** einer AG oder KGaA im Verschmelzungsvertrag durch die Angabe des insgesamt auf sie entfallenden Teils des Grundkapitals der Gesellschaft und der auf sie nach der Verschmelzung entfallenden Anteile bezeichnet werden. Das gilt jedoch gem. § 35 Satz 1 Halbs. 2 nur dann, wenn deren Anteile zusammen nicht den zwanzigsten Teil des Grundkapitals der übertragenden Gesellschaft überschreiten. Veräußert ein im Verschmelzungsvertrag benannter Anteilsinhaber im Laufe der Verschmelzung seinen Anteil an dem übertragenden Rechtsträger (s. § 33), bedarf es keiner Änderung des Verschmelzungsvertrages.[650]

(2) Gewährte Anteile

(a) Mindestnennbetrag

Hinsichtlich des Mindestnennbetrages der zu gewährenden Geschäftsanteile schreibt § 46 Abs. 1 Satz 3 in seiner auf dem MoMiG basierenden Fassung in Übereinstimmung mit § 5 Abs. 2 Satz 1 GmbHG (n.F.) vor, dass die Anteile auf volle Euro lauten müssen. Nach früherem Recht mussten die gewährten Anteile mindestens 50 € betragen und durch 10 teilbar sein (s. § 46 Abs. 1 Satz 3

---

647 Semler/Stengel/*Reichert*, § 53 Rn. 2.
648 Widmann/Mayer/*Mayer*, § 53 Rn. 2.
649 Lutter/*Vetter*, § 46 Rn. 10.
650 Semler/Stengel/*Reichert*, § 46 Rn. 4.

UmwG a.F.), was gegenüber dem allgemeinen GmbH-Recht (s. § 5 Abs. 1 und Abs. 3 Satz 2 GmbHG a.F.: Mindestbetrag von 100 € und Teilbarkeit durch 50) bereits eine Erleichterung darstellte. Die durch das MoMiG geschaffene Möglichkeit von 1-Euro-Geschäftsanteilen steigert die Flexibilität der Beteiligten bei der Vereinbarung des Umtauschverhältnisses (§ 5 Abs. 1 Nr. 3) bei der Verschmelzung auf eine GmbH erheblich.

(b) Mehrfachverschmelzung

329 Dass nach § 46 Abs. 1 Satz 1 für jeden Anteilsinhaber eines übertragenden Rechtsträgers der Nennbetrag des ihm gewährten Geschäftsanteils zu bestimmen ist, bedeutet im Hinblick auf die Einheitlichkeit des Verschmelzungsvorgangs (§ 3 Abs. 4) richtiger Ansicht nach nicht, dass dem alleinigen Gesellschafter mehrerer übertragender Rechtsträger mehrere Anteile zu gewähren wären.[651] Letzteres ist zwar im Rahmen einer Verschmelzung möglich, was auch vor Streichung des Verbots, mehrere Geschäftsanteile im Rahmen der GmbH-Gründung zu übernehmen (s. § 5 Abs. 2 GmbHG a.F. einerseits und § 5 Abs. 2 Satz 2 GmbHG n.F. andererseits), anerkannt war.[652] Zulässig ist es aber auch, diesem Anteilsinhaber – im Hinblick auf die aus § 46 Nr. 4 GmbHG resultierenden Fungibilitätseinschränkungen allerdings nur mit dessen Einverständnis – einen einheitlichen Anteil zu gewähren, solange dessen Nennbetrag – wie von § 46 Abs. 1 Satz 1 aus Klarstellungszwecken gefordert – im Verschmelzungsvertrag bestimmt wird.

(c) Aufstockung

330 Hält der Anteilsinhaber des übertragenden Rechtsträgers bereits einen Anteil an der übernehmenden GmbH, kann dieser Anteil mit seinem Einverständnis aufgestockt werden, sofern auch die GmbH-rechtlichen Voraussetzungen einer solchen Aufstockung gegeben sind.[653]

(d) Nummerierung

331 Nach § 40 Abs. 1 und 2 GmbHG ist (durch die Geschäftsführer bzw. den Notar) unverzüglich nach Wirksamwerden jeder Veränderung in den Personen der Gesellschafter oder des Umfangs ihrer Beteiligung eine Liste der Gesellschafter zum Handelsregister einzureichen, aus welcher die § 40 Abs. 1 GmbHG genannten – durch Gesetz vom 23.06.2017[654] erweiterten – Angaben, insb. die Nennbeträge und die laufenden Nummern der von einem jeden Gesellschafter übernommenen Geschäftsanteile, zu entnehmen sind. Die Vorlagepflicht gilt auch für verschmelzungsbedingte Veränderungen. Dies lässt es sinnvoll erscheinen (auch wenn es nicht gesetzlich vorgeschrieben ist), die entsprechenden Nummern zur Bezeichnung der gewährten Anteile auch im Verschmelzungsvertrag zu verwenden.

(e) Mehrere Anteile am übertragenden Rechtsträger

332 Hält der Anteilsinhaber einer übertragenden GmbH oder AG/KGaA mehrere Anteile an der übertragenden Gesellschaft, so kann er nach Ansicht des Schrifttums zur Vermeidung von Fungibilitätseinbußen verlangen, dass ihm genauso viele Anteile an der übernehmenden GmbH gewährt werden.[655] Die Richtigkeit dieser Ansicht erscheint fraglich. § 5 Abs. 1 Nr. 3 verlangt die Vereinbarung eines Umtauschverhältnisses. Der Begriff des »Verhältnisses« legt es nahe, dass der Verschmelzungsvertrag grundsätzlich vorsehen kann, dass die Anteilsinhaber des übertragenden Rechtsträgers mehr, weniger oder genauso viele Anteile, wie sie bisher gehalten haben, erhalten, solange das Umtauschverhältnis unter Berücksichtigung des Wertverhältnisses der beteiligten Unternehmen, der nach § 46

---

651 S. Lutter/*Vetter*, § 46 Rn. 22 f.; Semler/Stengel/*Reichert*, § 46 Rn. 3; ferner die Nachweise in Rdn. 321 a.E. (Fußnote); a.A. OLG Frankfurt am Main, DNotZ 1999, 154.
652 S. z.B. Widmann/Mayer/*Mayer*, § 5 Rn. 88.
653 Lutter/*Winter*, § 46 Rn. 12; Widmann/Mayer/*Mayer*, § 46 Rn. 12.
654 BGBl. I 1822.
655 S. z.B. Semler/Stengel/*Reichert*, § 46 Rn. 11; Widmann/Mayer/*Mayer*, § 46 Rn. 11.

Abs. 1 Satz 2 und Satz 3 grundsätzlich frei wählbaren Nennbeträge der gewährten Anteile und eventueller barer Zuzahlungen zu einer angemessenen Gegenleistung im Sinne von §§ 12 Abs. 3, 14 Abs. 2 führt.

(f) Abweichende Nennbeträge (§ 46 Abs. 1 Satz 2)

Dass der Nennbetrag der gewährten Anteile vom Nennbetrag der Anteile, die an den übertragenden Rechtsträgern bestanden, abweichen kann, ist an sich selbstverständlich, wird aber in § 46 Abs. 1 Satz 2 für eine übertragende AG oder KGaA eigens hervorgehoben.[656] Derartige Abweichungen im Sinne von § 46 Abs. 1 Satz 2 können für die Aktionäre einer übertragenden AG/KGaA zu einem Zustimmungsvorbehalt nach § 51 Abs. 2 führen.[657]

333

(g) Sonderrechte/Sonderpflichten (§ 46 Abs. 2)

Sollen die zu gewährenden Geschäftsanteile im Wege der Kapitalerhöhung geschaffen und mit anderen Rechten und Pflichten als sonstige Geschäftsanteile der übernehmenden GmbH ausgestattet werden, sind die Abweichungen gem. § 46 Abs. 2 im Verschmelzungsvertrag oder in seinem Entwurf festzusetzen. Diese Festsetzungen haben eine **Warnfunktion** für die Beteiligten.[658] Zu beachten ist allerdings, dass die Verknüpfung der neuen Anteile mit besonderen Rechten und Pflichten zusätzlich zu der nach § 55 erforderlichen Kapitalerhöhung einer entsprechenden Satzungsänderung bei der übernehmenden GmbH bedarf. Werden Sonderrechte im Sinne von § 46 Abs. 2 eingeführt, bedarf es auf Seiten der Anteilsinhaber der übertragenden Rechtsträger im Rahmen des Verschmelzungsbeschlusses und auf Seiten der Anteilsinhaber der übernehmenden GmbH im Rahmen des erforderlichen Satzungsänderungsbeschlusses der Zustimmung aller Anteilsinhaber, die die entsprechenden Rechte nicht erhalten.[659] Werden die den Anteilsinhabern des übertragenden Rechtsträgers gewährten Anteile mit besonderen Pflichten im Sinne von § 46 Abs. 2 ausgestattet, bedarf dies im Rahmen des Verschmelzungsbeschlusses des übertragenden Rechtsträgers der Zustimmung aller hiervon betroffener Anteilsinhaber.[660] § 46 Abs. 2 ist entsprechend anzuwenden, wenn im Falle des § 46 Abs. 3 die gewährten bestehenden Anteile an der übernehmenden GmbH im Zuge der Verschmelzung mittels Satzungsänderung bei der übernehmenden GmbH mit besonderen Rechten oder Pflichten ausgestattet werden.[661]

334

(h) Bereits vorhandene Anteile (§ 46 Abs. 3)

Handelt es sich bei den gewährten Anteilen um schon vorhandene Anteile an der übernehmenden GmbH, d.h. nicht um solche Anteile, die durch eine Kapitalerhöhung erst neu geschaffen werden, verlangt § 46 Abs. 3, dass die Anteilsinhaber und die Nennbeträge der Geschäftsanteile, die sie erhalten sollen, im Verschmelzungsvertrag oder seinem Entwurf »besonders« bestimmt werden. In diesen Fällen genügt also nicht wie bei § 46 Abs. 1 Satz 1 die Angabe eines Nennbetrages, sondern es muss konkret angegeben werden, welcher bereits bestehende Anteil welchem Anteilsinhaber eines übertragenden Rechtsträgers zugeordnet werden soll.[662] Dazu bedarf es der genauen Beschreibung der jeweiligen Anteile, insbesondere, ob es sich um eigene Anteile der übernehmenden GmbH, um Anteile der übertragenden Rechtsträger an der übernehmenden GmbH oder um Anteile Dritter handelt.[663]

335

---

656 Vgl. Lutter/*Vetter*, § 46 Rn. 34.
657 Dazu unten Rdn. 338.
658 Semler/Stengel/*Reichert*, § 46 Rn. 18.
659 Lutter/*Vetter*, § 46 Rn. 65.
660 Semler/Stengel/*Reichert*, § 46 Rn. 23; Lutter/*Vetter*, § 46 Rn. 68.
661 Kallmeyer/*Kocher*, § 46 Rn. 10.
662 Lutter/*Vetter*, § 46 Rn. 50.
663 Widmann/Mayer/*Mayer*, § 46 Rn. 14 f.

bb) Bare Zuzahlungen (§ 54 Abs. 4)

336 Obwohl § 54 Abs. 4 Grenzen für die Höhe barer Zuzahlungen nach § 5 Abs. 1 Nr. 3 nur im Zusammenhang mit einer Verschmelzung ohne Kapitalerhöhung regelt, ist anerkannt, dass solche baren Zuzahlungen im Hinblick auf § 5 Abs. 1 Nr. 3 – in den Grenzen des § 54 Abs. 4 – auch bei der Verschmelzung mit Kapitalerhöhung zulässig sind.[664] In beiden Fällen sollen die baren Zuzahlungen den Wertausgleich für Spitzenbeträge ermöglichen.[665] Mit der Begrenzung solcher Zuzahlungen will das Gesetz sicherstellen, dass das Schwergewicht der Gegenleistung für das übergehende Vermögen des übertragenden Rechtsträgers in der Gewährung von Anteilen liegt und die Verschmelzung nicht zu einem »Auskauf« der Anteilsinhaber des übertragenden Rechtsträgers führt. In die Berechnung nach § 54 Abs. 4 fließen alle im Rahmen der Verschmelzung den Anteilsinhabern des übertragenden Rechtsträgers »gewährten« Anteile ein, unabhängig davon, ob sie durch eine Kapitalerhöhung geschaffen wurden (§ 55), der übernehmenden Gesellschaft bislang als eigene Anteile (§ 54 Abs. 1 Satz 2 Nr. 1) zustanden oder dem übertragenden Rechtsträger (§ 54 Abs. 1 Satz 1 Nr. 3 und § 54 Abs. 1 Satz 2 Nr. 2) zustanden.[666] Nicht berücksichtigt werden demnach etwaige (volleingezahlte) Anteile der übertragenden Gesellschaft an der übernehmenden Gesellschaft (§ 54 Abs. 1 Satz 2 Nr. 2), die nicht zur Anteilsgewährung eingesetzt werden, sondern im Rahmen der Gesamtrechtsnachfolge (§ 20 Abs. 1 Nr. 1) auf die übernehmende GmbH übergehen.[667] Werden mehrere Rechtsträger auf eine GmbH verschmolzen, ist die Zehn-Prozent-Grenze nicht nur bezogen auf die Gesamtheit aller baren Zuzahlungen bezogen auf die Gesamtheit aller gewährten Anteile einzuhalten; vielmehr ist die Zehn-Prozent-Grenze auch bezüglich der baren Zuzahlungen an die Anteilsinhaber jedes einzelnen übertragenden Rechtsträgers bezogen auf die ihnen jeweils gewährten Anteile zu beachten.[668]

d) Zustimmungserfordernisse (§ 51 Abs. 1 Satz 1 und Satz 2, § 51 Abs. 2)

aa) Offene Einlagen bei der übernehmenden GmbH (§ 51 Abs. 1 Satz 1 und Satz 2)

337 Sind bei einer übernehmenden GmbH nicht alle Einlagen voll erbracht, trifft diejenigen, die im Zuge der Verschmelzung gem. § 20 Abs. 1 Nr. 3 neue Gesellschafter der übernehmenden GmbH werden, gem. § 24 GmbHG die **Ausfallhaftung** für diese offenen Einlagen.[669] Das Gesetz schützt die Gesellschafter der übertragenden Rechtsträger, indem es in § 51 Abs. 1 Satz 1 bestimmt, dass der Verschmelzungsbeschluss eines übertragenden Rechtsträgers in dieser Konstellation der Zustimmung aller bei der Beschlussfassung anwesenden Anteilsinhaber bedarf. Ist der übertragende Rechtsträger eine Personenhandelsgesellschaft, eine Partnerschaftsgesellschaft oder seinerseits eine GmbH, so bedarf der Verschmelzungsbeschluss gem. § 51 Abs. 1 Satz 2 auch der Zustimmung der nicht erschienenen Gesellschafter. Dass z.B. **Aktiengesellschaften** nicht in § 51 Abs. 1 Satz 2 genannt sind und bei einer übertragenden AG daher gem. § 51 Abs. 1 Satz 1 in der dort genannten Konstellation lediglich die Zustimmung der bei der Hauptversammlung, die den Verschmelzungsbeschluss fassen soll, anwesenden Aktionäre erforderlich ist, rechtfertigt sich nicht aus einem geringeren Schutzbedürfnis der nicht anwesenden Aktionäre, sondern beruht auf Praktikabilitätserwägungen und dem Anliegen des Gesetzgebers, Verschmelzungen zu erleichtern.[670] Dem Vorstand einer übertragenden AG sind deren Aktionäre häufig nicht sämtlich namentlich bekannt. Würde das Gesetz gleichwohl die Zustimmung auch der bei der Hauptversammlung nicht anwesenden Aktionäre verlangen, liefe dies in derartigen Fällen auf das unerwünschte Ergebnis hinaus, dass die Verschmelzung zu unter-

---

664 Lutter/*Vetter*, § 54 Rn. 125; Semler/Stengel/*Reichert*, § 54 Rn. 41.
665 Semler/Stengel/*Reichert*, § 54 Rn. 40.
666 Lutter/*Vetter*, § 54 Rn. 128.
667 Widmann/Mayer/*Mayer*, § 54 Rn. 61.
668 So zur Parallelvorschrift in § 68 Abs. 3 z.B. Semler/Stengel/*Diekmann*, § 68 Rn. 23 und unten Rdn. 424.
669 Dazu kritisch Lutter/*Grunewald*, § 20 Rn. 48.
670 Lutter/*Vetter*, § 51 Rn. 25.

bleiben hätte.⁶⁷¹ Die Zustimmungserfordernisse in § 51 Abs. 1 Satz 1 und Satz 2 erstrecken sich auch auf die Gesellschafter, deren Stimmrecht ausgeschlossen ist.⁶⁷²

bb) Nicht beteiligungsproportionale Anteilsgewährung (§ 51 Abs. 2)

Das besondere Zustimmungserfordernis in § 51 Abs. 2 betrifft die Verschmelzung einer Aktiengesellschaft oder Kommanditgesellschaft auf Aktien auf eine GmbH und knüpft an die Regelung in § 46 Abs. 1 Satz 2 an. Gem. § 46 Abs. 1 Satz 2 kann, wenn übertragender Rechtsträger eine AG/KGaA ist, der Nennbetrag der den Aktionären zu gewährenden Anteilen an der übernehmenden GmbH abweichend von dem Betrag festgesetzt werden, der auf die Aktien der übertragenden AG oder KGaA als anteiliger Betrag ihres Grundkapitals entfällt. Wird von dieser Möglichkeit Gebrauch gemacht, so muss gem. § 51 Abs. 2 jeder Aktionär zustimmen, der sich nicht mit seinem gesamten Anteil beteiligen kann, d.h. der Geschäftsanteile erhält, deren Gesamtnennwert niedriger liegt als sein bisheriger rechnerischer Anteil am Grundkapital der übertragenden Gesellschaft. § 51 Abs. 2 basiert auf entsprechenden Vorgängerregelungen in § 369 Abs. 6 AktG a.F. i.V.m. § 33 KapErhG. Der Gesetzgeber entschloss sich, das dortige Zustimmungserfordernis – abweichend von der in der Regierungsbegründung vertretenen Ansicht, die von einer Übernahme abriet – in § 51 Abs. 2 in das Umwandlungsgesetz aufzunehmen.⁶⁷³ Der Sinn des Zustimmungserfordernisses in § 51 Abs. 2 erscheint in der Tat zweifelhaft; denn letztlich entscheidet nicht der Gesamt-Nennbetrag der gewährten Anteile, sondern ihre Werthaltigkeit, ob der Aktionär der übertragenden Gesellschaft benachteiligt wird oder nicht.

338

cc) Zustimmungserfordernis nach § 53 Abs. 3 GmbHG analog bei Leistungsvermehrung?

Während das UmwG in § 51 Abs. 1 Satz 1 und Satz 2 die Anteilsinhaber eines übertragenden Rechtsträgers vor einer verschmelzungsbedingten Gefahr der Ausfallhaftung nach § 24 GmbHG bei einer übernehmenden GmbH über einen Zustimmungsvorbehalt schützt, ordnet es keinen entsprechenden Vorbehalt an, wenn die Anteilsinhaber des übertragenden Rechtsträgers als neue Gesellschafter der übernehmenden GmbH statuarisch angeordnete Nebenpflichten, wie z.B. **Nachschusspflichten** oder **Wettbewerbsverbote**, treffen. Zum alten Umwandlungsrecht entsprach es herrschender Auffassung, dass in derartigen Fallkonstellationen § 53 Abs. 3 GmbHG analog zur Anwendung kam.⁶⁷⁴ Nach § 53 Abs. 3 GmbHG kann eine Vermehrung der den Gesellschaftern nach dem Gesellschaftsvertrag obliegenden Leistungen nur mit Zustimmung sämtlicher beteiligter Gesellschafter beschlossen werden. In der Regierungsbegründung heißt es hierzu, die Übernahme dieses Rechtsgedankens in das neue Umwandlungsrecht sei »nicht zweckmäßig«.⁶⁷⁵ Ob und gegebenenfalls wie die Gesellschafter eines übertragenden Rechtsträgers vor einer verschmelzungsbedingten Leistungsvermehrung geschützt werden sollen, wird im Schrifttum kontrovers diskutiert. Die am weitesten gehende Ansicht plädiert dafür, die Aussage in der Regierungsbegründung als bloßes »obiter dictum« einzustufen und zur Wahrung eines so fundamentalen Prinzips des Korporationsrechts, wie es der in § 707 BGB verankerte Schutz vor einer Nachschusspflicht darstellt, § 53 Abs. 3 GmbHG gleichwohl analog anzuwenden und eine Zustimmung der betroffenen Gesellschafter zu verlangen.⁶⁷⁶ Andere wollen die betroffenen Gesellschafter über ein Austrittsrecht nach § 29 oder ein Austrittsrecht aus wichtigem Grund schützen.⁶⁷⁷ Wiederum andere lehnen im Hinblick auf die Regierungsbegründung einen Schutz der betroffenen Gesellschafter ab, halten aber de lege ferenda

339

---

671 Semler/Stengel/*Reichert*, § 51 Rn. 14.
672 Widmann/Mayer/*Mayer*, § 51 Rn. 13.
673 Vgl. Lutter/*Vetter*, § 51 Rn. 59.
674 S. Semler/Stengel/*Reichert* § 51 Rn. 15 m.w.N. auf den Meinungsstand.
675 Reg. Begr. *Ganske*, S. 61.
676 Semler/Stengel/*Reichert*, § 51 Rn. 16; Lutter/*Vetter*, § 51 Rn. 42; Lutter/*Drygala*, § 13 Rn. 37.
677 Zur Lösung über § 29 s. *H. Schmidt*, Kölner Umwandlungsrechtstage, S. 84 f.; zum allgemeinen Austrittsrecht *Grunewald*, Kölner Umwandlungsrechtstage, S. 24.

einen Schutz für geboten.[678] Zutreffend erscheint es, in derartigen Fällen die betroffenen Gesellschafter über ein Austrittsrecht aus wichtigem Grund zu schützen. Eine analoge Anwendung des § 53 Abs. 3 GmbHG scheidet – auch wenn man die gesetzgeberische Wertung für verfehlt hält – deshalb aus, weil es im Hinblick auf die eindeutige Aussage in der Gesetzesbegründung an der für eine analoge Anwendung einer Norm erforderlichen planwidrigen Lücke fehlt. Dem Gesellschafter jeglichen Schutz zu versagen, erscheint ebenfalls nicht geboten, weil sonst in der Tat der fundamentale Grundsatz des § 707 BGB verletzt werden könnte. Es verbleibt damit der Schutz über ein Austrittsrecht, da auf diese Weise einerseits dem gesetzgeberischen Ziel, Verschmelzungen zu erleichtern, andererseits dem Schutz des Minderheitsgesellschafters vor Leistungsvermehrungen Rechnung getragen werden kann. Vorzugswürdig erscheint es dabei, das **Austrittsrecht** nicht auf § 29, sondern auf allgemeine Grundsätze zu stützen. Auf diese Weise kann sichergestellt werden, dass die Gerichte im Einzelfall entscheiden können, ob die Leistungsvermehrung so gravierend ist, dass sie einen wichtigen Grund für einen Austritt darstellt.

4. Nur für übertragende GmbH geltende Vorgaben für die Verschmelzung durch Aufnahme (§ 50 Abs. 2)

340 Ist an der Verschmelzung (sei es auf eine Personengesellschaft sei es auf eine Kapitalgesellschaft) eine GmbH als übertragender Rechtsträger beteiligt, sind ferner die besonderen Zustimmungserfordernisse des § 50 Abs. 2 zu beachten. Werden durch die Verschmelzung auf dem Gesellschaftsvertrag beruhende **Minderheitsrechte** eines einzelnen Gesellschafters einer übertragenden GmbH beeinträchtigt, so bedarf der Verschmelzungsbeschluss der GmbH gem. § 50 Abs. 2, 1. Alt. der Zustimmung dieses Gesellschafters. Entsprechendes gilt gem. § 50 Abs. 2, 2. Alt., wenn durch die Verschmelzung die einzelnen Gesellschaftern einer übertragenden GmbH nach dem Gesellschaftsvertrag zustehenden **besonderen Rechte** in der Geschäftsführung der GmbH, bei der Bestellung der Geschäftsführer oder hinsichtlich eines Vorschlagsrechts für die Geschäftsführung beeinträchtigt werden. § 50 Abs. 2 schützt auf diese Weise die Inhaber der dort genannten Sonderrechte davor, ihre Rechte im Rahmen der Verschmelzung ohne ihr Einverständnis zu verlieren.[679]

341 Minderheitsrechte im Sinne von § 50 Abs. 2, 1. Alt. sind z.B. Mehrstimmrechte, Zustimmungs- oder Vetorechte im Hinblick auf Gesellschafterbeschlüsse, Weisungsrechte gegenüber der Geschäftsführung, Bestellungs- oder Benennungsrechte für den Aufsichtsrat oder sonstige Gremien sowie statuarische Vorkaufs- oder Vorerwerbsrechte.[680] § 50 Abs. 2, 1. Alt. greift bei solchen Rechten auch dann ein, wenn die Satzung sie allen Gesellschaftern einräumt, da solche Rechte dann auch den Minderheitsgesellschaftern zustehen.[681] Da sich § 50 Abs. 2, 1. Alt. nur auf durch die Satzung eingeräumte Minderheitsrechte bezieht, findet er keine Anwendung auf gesetzlich eingeräumte Minderheitsrechte wie z.B. solche aus § 51a GmbHG.[682] Keine Anwendung findet § 50 Abs. 2, 1. Alt. auch auf ein durch die Satzung eingeräumtes Recht auf einen Gewinnvorzug oder einen erhöhten Anteil am Liquidationserlös.[683] Das lässt sich allerdings nicht aus dem Wortlaut des § 50 Abs. 2, sondern nur aus der – in der Gesetzesbegründung zum Ausdruck kommenden – Zielrichtung des § 50 Abs. 2 ableiten, der im Gegensatz zu § 23 Rechte, die eine ausschließlich vermögensrechtliche Besserstellung vermitteln, nicht schützen soll.[684]

342 Nach § 50 Abs. 2, 2. Alt. bedarf es u.a. auch der Zustimmung solcher Gesellschafter zum Verschmelzungsbeschluss, die ein statuarisch eingeräumtes Vorschlagsrecht für die Geschäftsführung haben, das durch die Verschmelzung beeinträchtigt wird. Voraussetzung für die Anwendung des § 50 Abs. 2

---

678 So Widmann/Mayer/*Mayer*, § 50 Rn. 109 ff. und Widmann/Mayer/*Heckschen*, § 13 Rn. 184 f.
679 Schmitt/Hörtnagl/Stratz/*Westerburg*, § 50 Rn. 8.
680 Lutter/*Vetter*, § 50 Rn. 53.
681 *Reichert*, GmbHR 1995, 179; Lutter/*Vetter*, § 50 Rn. 46.
682 Semler/Stengel/*Reichert*, § 50 Rn. 27.
683 Kallmeyer/*Zimmermann*, § 50 Rn. 21.
684 Semler/Stengel/*Reichert*, § 50 Rn. 31; zum Gewinnvorzug ausdrücklich Reg.Begr. *Ganske*, S. 100.

ist allerdings in derartigen Fallkonstellationen, dass die übrigen Gesellschafter an diesen Vorschlag in der Weise gebunden sind, dass sie ihn nur aus wichtigem Grund im Sinne von § 38 Abs. 2 GmbHG oder aus sachlichen, im Interesse der Gesellschaft liegenden Gründen ablehnen können.[685]

Eine nach § 50 Abs. 2 erforderliche Zustimmung kann auch dadurch erklärt werden, dass der betroffene Gesellschafter auf der Gesellschafterversammlung im Rahmen der Abstimmung für die Zustimmung zum Verschmelzungsvertrag im Sinne von § 13 Abs. 1 stimmt.[686] Wird sie außerhalb der Versammlung erklärt, bedarf sie nach § 13 Abs. 3 Satz 1 (wie die sonstigen nach dem Umwandlungsgesetz erforderlichen Individualzustimmungen) der notariellen Beurkundung. 343

Neben den Zustimmungserfordernissen aus § 50 Abs. 2 kann sich bei einer übertragenden GmbH auch aus § 13 Abs. 2 wegen einer Anteilsvinkulierung ein Zustimmungsvorbehalt ergeben.[687] 344

5. Besondere Vorgaben für die GmbH-GmbH-Verschmelzung (§ 51 Abs. 1 Satz 3)

Während § 51 Abs. 1 Satz 1 und 2 die Zustimmungserfordernisse für den Fall regeln, dass bei einer übernehmenden GmbH nicht alle Einlagen erbracht sind, betrifft § 51 Abs. 1 Satz 3 die Fälle, in denen bei einer übertragenden GmbH Einlagen ausstehen. Ist dies der Fall, so bedarf es, wenn übernehmender Rechtsträger eine GmbH ist, gem. § 51 Abs. 1 Satz 3 der Zustimmung aller Gesellschafter der übernehmenden GmbH. Das beruht auf der – inhaltlich zweifelhaften[688] – Vorstellung des Gesetzgebers, dass der Einlagenanspruch der übertragenden GmbH gegen ihre Gesellschafter nicht nur nach § 20 Abs. 1 Nr. 1 auf die übernehmende GmbH übergeht, sondern deren Gesellschafter insoweit auch die **Ausfallhaftung nach § 24 GmbHG** trifft, vor der sie mittels des Zustimmungsvorbehalt geschützt werden.[689] Wird eine Tochter-GmbH, bei der Einlagen offenstehen, auf ihre Mutter-GmbH verschmolzen, ist § 51 Abs. 1 Satz 3 im Wege der teleologischen Reduktion nicht anwendbar, da die Einlagenansprüche durch die Verschmelzung gem. § 20 Abs. 1 Nr. 1 im Wege der Konfusion erlöschen.[690] 345

Keinen Zustimmungsvorbehalt ordnet § 51 Abs. 1 Satz 3 hingegen für den Fall an, dass bei der übertragenden GmbH Einlagen offen sind, die GmbH jedoch nicht auf eine andere GmbH, sondern auf einen Rechtsträger anderer Rechtsform im Wege der Mischverschmelzung (§ 3 Abs. 4) verschmolzen wird. Das lässt erkennen, dass der Gesetzgeber hier – richtigerweise – kein Risiko einer Ausfallhaftung sieht. Im Schrifttum werden die Zusammenhänge zum Teil hiervon abweichend beurteilt. So wird zum Teil auch angenommen, dass die Ausfallhaftung auch in solchen Fällen besteht, woraus zum Teil wiederum der Schluss gezogen wird, auch in solchen Fällen sei im Wege einer Analogie zu § 51 Abs. 1 Satz 3 eine Zustimmung der Anteilsinhaber des übernehmenden Rechtsträgers erforderlich.[691] 346

6. Registeranmeldungen

a) Anmeldung der Kapitalerhöhung

Erhöht die übernehmende GmbH zur Durchführung der Verschmelzung ihr Kapital (§ 55), ist diese – gem. § 53 vorrangig einzutragende – Kapitalerhöhung nach §§ 78, 57 Abs. 1 GmbHG i.V.m. § 55 Abs. 1 durch alle Geschäftsführer zum Handelsregister anzumelden. Mit diesem Erfordernis 347

---

685 Lutter/*Vetter*, § 50 Rn. 57; Semler/Stengel/*Reichert*, § 50 Rn. 44.
686 Semler/Stengel/*Reichert*, § 51 Rn. 47.
687 Dazu oben Rdn. 194 f.
688 Kritisch Lutter/*Grunewald*, § 20 Rn. 49; eine Haftung sogar wohl verneinend Widmann/Mayer/*Vossius*, § 20 Rn. 343.
689 Lutter/*Vetter*, § 51 Rn. 28 m.w.N.
690 Vgl. DNotI-Report 2015, 171; *Priester*, ZIP 2016, 57, 59 f.
691 *Bayer*, ZIP 1997, 1613, 1623; Semler/Stengel/*Reichert*, § 51 Rn. 23; für eine Ausfallhaftung bei Mischverschmelzungen, jedoch gegen eine Analogie zu § 51 Abs. 1 Satz 3 Lutter/*Vetter*, § 51 Rn. 36 f.

der Mitwirkung aller Geschäftsführer strebt das Gesetz eine Gewähr für die Richtigkeit der Anmeldung an, was zusätzlich durch die Strafbewehrung in § 82 Abs. 1 Nr. 3 GmbHG unterstützt wird. Diese Umstände stehen einer Vertretung bei der Anmeldung nach überwiegender Ansicht entgegen.[692] Auch eine unechte Gesamtvertretung ist ausgeschlossen.[693] Neben der Kapitalerhöhung ist die entsprechende Satzungsänderung anzumelden.

348 Gem. § 55 Abs. 1 gilt § 57 Abs. 2 GmbHG nicht, d.h., es bedarf im Hinblick auf die Besonderheiten der verschmelzungsbedingten Kapitalerhöhung keiner Versicherung, dass die Stammeinlagen bewirkt sind und sich die erbrachten Leistungen endgültig in der freien Verfügung der Geschäftsführer befinden, da sich der Vermögensübergang auf die übernehmende Gesellschaft gem. § 20 Abs. 1 Nr. 1 kraft Gesetzes vollzieht. Gem. § 55 Abs. 2 ist anstelle der nach § 55 Abs. 1 entbehrlichen Übernahmeerklärung im Sinne von § 55 Abs. 1 GmbHG der Verschmelzungsvertrag und die Niederschriften der Verschmelzungsbeschlüsse in Ausfertigung oder öffentlich beglaubigter Abschrift der Anmeldung beizufügen.

349 § 55 Abs. 2 verlangt ferner die Vorlage der »in § 57 Abs. 3 Nr. 2 und Nr. 3 GmbHG bezeichneten Schriftstücke«; daraus folgt, dass eine »Übernehmerliste« im Sinne § 57 Abs. 3 Nr. 2 GmbHG vorzulegen ist. Nicht eingereicht werden können allerdings die in § 57 Abs. 3 Nr. 3 GmbHG genannten Unterlagen, da es bei der Verschmelzung – nach allgemeiner Ansicht – entsprechende Verträge nicht gibt.[694]

350 Der Anmeldung beizufügen ist der Beschluss über die Kapitalerhöhung nebst der entsprechenden Satzungsänderung, der üblicher-, aber nicht notwendigerweise zusammen mit dem Verschmelzungsbeschluss gefasst und beurkundet wird, sowie die notarielle Satzungsbescheinigung nach § 54 Abs. 1 Satz 2 GmbHG.[695] Darüber hinaus muss der den Kapitalerhöhungsbeschluss beurkundende Notar gem. § 40 Abs. 2 Satz 1 GmbHG dem Handelsregister eine von ihm unterschriebene **Gesellschafterliste** im Sinne von § 40 Abs. 1 GmbHG einreichen, die nach § 40 Abs. 2 Satz 2 GmbHG mit seiner Bescheinigung zu versehen ist, dass die geänderten Eintragungen den Veränderungen entsprechen, an denen er mitgewirkt hat, und die übrigen Eintragungen mit dem Inhalt der zuletzt im Handelsregister aufgenommenen Liste übereinstimmen. Inhaltlich müssen aus der Liste nach § 40 Abs. 1 GmbHG die dort genannten – durch Gesetz vom 23.06.2017[696] erweiterten – Angaben zu entnehmen sein. Umwandlungsrechtliche Besonderheiten bezüglich der Liste können sich insoweit aus § 35 ergeben. Danach können unbekannte Aktionäre einer übertragenden Aktiengesellschaft oder Kommanditgesellschaft auf Aktien durch die Angabe des insgesamt auf sie entfallenden Teils des Grundkapitals der Gesellschaft und der auf sie nach der Verschmelzung entfallenden Anteile bezeichnet werden, wenn deren Anteile zusammen den zwanzigsten Teil des Grundkapitals der übertragenden Gesellschaft nicht überschreiten.

351 Der Werthaltigkeitsnachweis bezüglich des »eingebrachten« Vermögens wird in der Regel durch die **Schlussbilanz** des übertragenden Rechtsträgers erbracht.[697] Eines Sachkapitalerhöhungsberichts bedarf es richtiger Ansicht nach nicht.[698] Sind an der Verschmelzung Kapitalgesellschaften als übertragende Rechtsträger beteiligt, ergibt sich dies aus § 58 Abs. 2. Denn wenn in derartigen Fällen bei der Verschmelzung durch Neugründung einer GmbH gem. § 58 Abs. 2 kein Sachgründungsbericht erforderlich ist, kann nichts anderes für den Sachkapitalerhöhungsbericht gelten, wenn eine übernehmende GmbH im Zuge der Verschmelzung ihr Kapital erhöht. Aber auch bei übertragenden Personengesellschaften ist eine Pflicht, einen solchen Bericht zu erstatten, zu verneinen, da das

---

692 Semler/Stengel/*Reichert*, § 55 Rn. 23; für Zulässigkeit der Vertretung *Melchior*, GmbHR 1999, 520 f.
693 Lutter/*Vetter*, § 55 Rn. 59.
694 Semler/Stengel/*Reichert*, § 55 Rn. 21 f. m.w.N.
695 Widmann/Mayer/*Mayer* § 55 Rn. 93.
696 BGBl. I S. 1822.
697 Widmann/Mayer/*Mayer*, § 55 Rn. 102, 75 und 57.
698 Lutter/*Vetter*, § 55 Rn. 72; einschränkend Semler/Stengel/*Reichert*, § 53 Rn. 7 »in der Regel nicht erforderlich«; anders auch Widmann/Mayer/*Mayer*, § 55 Rn. 57.

Umwandlungsgesetz die insoweit erforderlichen Formalitäten abschließend regelt und einen »**Sachkapitalerhöhungsbericht**« anders als den Sachgründungsbericht (§ 58 Abs. 2) nicht nennt. Davon zu unterscheiden ist die Frage, ob das Gericht, wenn es von der Werthaltigkeit des eingebrachten Unternehmens trotz der Schlussbilanz nicht überzeugt ist, auf der Basis einer pflichtgemäßen Ermessensausübung ergänzende Nachweise (z.B. Wertgutachten) bezüglich der Werthaltigkeit des übergehenden Vermögens verlangen kann. Diese Frage ist zu bejahen.[699]

b) Anmeldung der Verschmelzung

aa) Besonderheiten nach § 52

Für die Anmeldung der Verschmelzung gelten zunächst die allgemeinen Bestimmungen in §§ 16 und 17. Diese Regelungen werden ergänzt durch § 52. § 52 Satz 1 knüpft insoweit an die **Zustimmungserfordernisse** in § 51 Abs. 1 Satz 1 und Satz 2 an. Nach § 51 Abs. 1 Satz 1 und Satz 2 bedarf der Verschmelzungsbeschluss eines übertragenden Rechtsträgers im Falle der Verschmelzung auf eine übernehmende GmbH, auf deren Geschäftsanteile nicht alle zu leistenden Einlagen in voller Höhe geleistet sind, der Zustimmung aller bei der Gesellschafterversammlung anwesenden Gesellschafter und, wenn übertragender Rechtsträger eine Personenhandelsgesellschaft, Partnerschaftsgesellschaft oder GmbH ist, auch der Zustimmung der bei der Versammlung nicht anwesenden Gesellschafter. Obwohl diese Zustimmungserklärungen nach § 13 Abs. 3 Satz 1 beurkundungsbedürftig sind und nach § 17 Abs. 1 der Anmeldung der Verschmelzung ohnehin beizufügen sind, verlangt das Gesetz zusätzlich (und atypischerweise), dass die Vertretungsorgane der an der Verschmelzung beteiligten Rechtsträger – d.h. aller Rechtsträger – bei der Anmeldung erklären, dass die erforderlichen Zustimmungen erteilt sind. Entsprechendes gilt in den Fällen des § 51 Abs. 1 Satz 3, d.h. in den Fällen einer Verschmelzung einer (übertragenden) GmbH auf eine (übernehmende) GmbH, wenn bei der übertragenden GmbH noch Einlagen offen stehen. Hier verlangt § 52 Satz 2, dass die Vertretungsorgane jedes beteiligten Rechtsträgers erklären, dass die nach § 51 Abs. 1 Satz 3 erforderlichen Zustimmungen der Gesellschafter der übernehmenden GmbH erteilt sind.

352

Erklärungen im Sinne von § 52 Satz 1 und Satz 2 bedürfen keiner besonderen Form. Sie müssen »bei«, nicht »in« der Anmeldung der Verschmelzung abgegeben werden.[700] Letzteres ist aber zulässig. Die Vorlage der Zustimmungserklärungen nach § 17 Abs. 1 und die Erklärungen nach § 52 Satz 1 und Satz 2 ersetzen sich wechselseitig nicht. Zu beachten ist, dass die Erklärung durch alle Organmitglieder abzugeben ist, ein Handeln in vertretungsberechtigter Anzahl (oder eine unechte Gesamtvertretung) scheidet aus.[701] Da die Erklärung – jedenfalls für die Organmitglieder desjenigen Rechtsträgers, für dessen Gesellschafter die besonderen Zustimmungserfordernisse bestehen – nach § 313 Abs. 2 strafbewehrt ist, scheidet auch eine rechtsgeschäftliche Vertretung aus.

353

bb) Berichtigte Gesellschafterliste (§ 52 Abs. 2 UmwG a.F.)

Nach § 52 Abs. 2 UmwG a.F. war der Anmeldung zum Register des Sitzes der übernehmenden GmbH eine von den Geschäftsführern dieser GmbH unterschriebene berichtigte Gesellschafterliste beizufügen. Dieses Nebeneinander der Pflicht der Geschäftsführer aus § 52 Abs. 2 UmwG a.F. und der Pflicht des Notars, nach § 40 Abs. 2 GmbHG eine berichtigte Gesellschafterliste dem Handelsregister einzureichen, erschien wenig sinnvoll[702] und ist begrüßenswerter Weise durch den Gesetzgeber beseitigt worden, indem er im Zuge des 3. Gesetzes zur Änderung des Umwandlungsgesetzes vom 11.07.2011 § 52 Abs. 2 UmwG a.F. aufgehoben hat.

354

---

699 So auch Widmann/Mayer/*Mayer*, § 55 Rn. 57.
700 Kallmeyer/*Zimmermann*, § 52 Rn. 5.
701 Schmitt/Hörtnagl/Stratz/*Westerburg*, § 52 Rn. 2.
702 S. Lutter/*Vetter*, § 52 Rn. 8 und 24.

Kapitel 8

7. Verschmelzung durch Neugründung

a) Überblick

355 Ist eine GmbH an der Verschmelzung durch Neugründung – sei es als übertragender sei es als neuer Rechtsträger – beteiligt, gelten zunächst die allgemeinen Regeln in §§ 36 bis 38. Ergänzt werden diese allgemeinen Regeln durch die besonderen Vorschriften in §§ 56 bis 59. Dabei betreffen die §§ 57 bis 59 ausschließlich die Fälle, in denen eine GmbH als »Zielgesellschaft«, d.h. als neuer Rechtsträger, an einer Verschmelzung durch Neugründung beteiligt ist.[703]

356 Der Regelungsbereich des § 56 hingegen umfasst nicht nur die Fälle, in denen die GmbH als neuer Rechtsträger an der Verschmelzung beteiligt ist. § 56 betrifft vielmehr auch die Fälle, in denen eine GmbH als übertragender Rechtsträger an der Verschmelzung durch Neugründung beteiligt ist, und zwar auch dann, wenn der **Zielrechtsträger** nicht eine GmbH, sondern ein Rechtsträger anderer Rechtsform ist. Inhaltlich verweist das Gesetz in § 56 insoweit – seiner u. a. auch in § 36 Abs. 1 angewandten Verweisungsmethodik treu bleibend – mit gewissen Ausnahmen auf die Vorschriften in den §§ 46 bis 55 zur Verschmelzung durch Aufnahme unter Beteiligung einer GmbH, und damit auf Normen, die für eine übertragende GmbH gelten, wie auf Normen, die für eine übernehmende GmbH und damit gem. § 36 Abs. 1 Satz 2 für eine GmbH als neuem Rechtsträger gelten.

b) GmbH als übertragender Rechtsträger

357 Im Ergebnis bedeutet dies, dass von den §§ 46 ff., falls eine GmbH als übertragender Rechtsträger an der Verschmelzung durch Neugründung beteiligt ist, gem. § 56 die Regelungen in § 47 (Unterrichtung der Gesellschafter), in § 48 (Prüfung der Verschmelzung), in § 49 (Vorbereitung der Gesellschafterversammlung) und in § 50 Abs. 1 und 2 (Beschluss der Gesellschafterversammlung, Zustimmungsvorbehalte) Anwendung finden.[704] Keine entsprechende Anwendung findet hingegen gem. § 56 das Zustimmungserfordernis für Anteilsinhaber einer übertragenden GmbH bei einer Verschmelzung auf eine übernehmende GmbH in § 51 Abs. 1 Satz 3, was allerdings wenig konsequent erscheint.[705] Denn auch bei der Verschmelzung durch Neugründung einer GmbH besteht die Möglichkeit, dass bei einer übertragenden GmbH nicht alle Einlagen bewirkt sind.

c) GmbH als Zielgesellschaft

358 Ist hingegen eine GmbH Zielgesellschaft der Verschmelzung durch Neugründung, so gelten gem. § 56 ein Teil der Vorschriften in den §§ 46 bis 55, die besonderen Vorschriften in §§ 57 bis 59 und gem. § 36 Abs. 2 Satz 1 im Grundsatz das sonstige Gründungsrecht der GmbH.

aa) Anwendbare Regeln der §§ 46 bis 55

359 Gem. § 56 finden auf die Verschmelzung durch Neugründung einer GmbH die Regelungen in § 46 Abs. 1 und 2 Anwendung.[706] Der Verschmelzungsvertrag oder sein Entwurf müssen daher insb. für jeden Anteilsinhaber eines übertragenden Rechtsträgers den Nennbetrag des Geschäftsanteils bestimmen, den die neu gegründete GmbH ihm gewährt (§ 46 Abs. 1 Satz 1). Obwohl § 56 auch § 46 Abs. 3 für entsprechend anwendbar erklärt, hat § 46 Abs. 3 für die Verschmelzung durch Neugründung keine Bedeutung, da es hier keine »**schon vorhandenen Geschäftsanteile**« an der neuen Gesellschaft geben kann; der Verweis in § 56 auf § 46 Abs. 3 geht damit ins Leere.[707] Neben § 46 Abs. 1

---

703 Lutter/*Vetter*, § 56 Rn. 4.
704 Semler/Stengel/*Reichert*, § 56 Rn. 5.
705 S. Lutter/*Vetter*, § 56 Rn. 20; Semler/Stengel/*Reichert*, § 56 Rn. 11; Widmann/Mayer/*Mayer*, § 56 Rn. 12 (»Redaktionsversehen«); weitergehend Kallmeyer/*Kocher*, § 56 Rn. 4, der trotz § 56 aus »Vorsichtsgründen« empfiehlt, von einer Anwendung des § 51 Abs. 1 Satz 3 auszugehen.
706 S.o. Rdn. 327 ff.
707 Semler/Stengel/*Reichert*, § 56 Rn. 7; Lutter/*Vetter*, § 56 Rn. 11.

und 2 findet gem. § 56 auch § 54 Abs. 4 Anwendung.[708] Bare Zuzahlungen im Sinne von § 5 Abs. 1 Nr. 3 für Anteilsinhaber übertragender Rechtsträger sind daher auch bei der Verschmelzung durch Neugründung in den Grenzen des § 54 Abs. 4 möglich. Das heißt, dass im Verschmelzungsvertrag festgesetzte **bare Zuzahlungen** den zehnten Teil des Stammkapitals der neuen GmbH nicht überschreiten dürfen; nicht erforderlich ist es (umstrittener Ansicht nach), dass die Zahlungen auch den zehnten Teil des Gesamtnennbetrages der den Anteilsinhabern jedes einzelnen übertragenden Rechtsträgers gewährten Geschäftsanteile nicht übersteigen.[709]

Keine Anwendung auf die Verschmelzung durch Neugründung einer GmbH finden gem. § 56 die Regelungen in § 51 Abs. 1 Satz 1 und Satz 2. Denn bei der Verschmelzung zur Neugründung kann es keine »übernehmende« bzw. ihr gem. § 36 Abs. 1 Satz 2 gleichgestellte neue Gesellschaft geben, auf deren Geschäftsanteile nicht alle zu leistenden Einlage in voller Höhe bewirkt sind. Nicht anwendbar ist ferner gem. § 56 das Zustimmungserfordernis in § 51 Abs. 2. Das ist ebenso wenig konsequent wie die Nichtanwendbarkeit von § 51 Abs. 1 Satz 3, ist allerdings im Hinblick auf den ohnehin wenig überzeugenden Regelungsgehalt von § 51 Abs. 2 nicht zu kritisieren.[710] Folgerichtig hingegen schließt § 56 die Anwendung von §§ 53, 54 Abs. 1 bis 3 und 55 bei der Verschmelzung durch Neugründung einer GmbH aus, da sich hier die Frage einer verschmelzungsbedingten Kapitalerhöhung bei der übernehmenden Gesellschaft nicht stellt.

360

bb) Sonderregeln in §§ 57 bis 59

(1) § 57 (Sondervorteile, Gründungsaufwand, Sacheinlagen und Sachübernahmen)

Gem. § 57 sind in den Gesellschaftsvertrag der neuen GmbH Festsetzungen über Sondervorteile, Gründungsaufwand, Sacheinlagen und Sachübernahmen, die in den Gesellschaftsverträgen, Partnerschaftsverträgen, Satzungen oder Statuten übertragender Rechtsträger enthalten sind, zu übernehmen. § 57 dient der **Absicherung der Publizität** bestimmter Bestandteile der Statute der übertragenden Rechtsträger. So schreiben z.B. § 26 Abs. 1 und 2 AktG und § 27 Abs. 1 AktG vor, dass Sondervorteile, Gründungsaufwand, Sacheinlagen und -übernahmen in der Satzung der AG festgesetzt werden müssen; nach §§ 26 Abs. 5, 27 Abs. 5 AktG können die Satzungsbestimmungen über die Festsetzungen durch Satzungsänderung erst beseitigt werden, wenn die Gesellschaft dreißig Jahre im Handelsregister eingetragen ist und wenn die Rechtsverhältnisse, die den Festsetzungen zugrunde liegen, seit mindestens 5 Jahren abgewickelt sind. Indem § 57 die Fortschreibung derartiger Satzungsbestimmungen in dem Gesellschaftsvertrag der neuen GmbH vorschreibt, wird eine Umgehung der Beibehaltungsvorschriften in §§ 26 Abs. 5, 27 Abs. 5 AktG anlässlich der Verschmelzung verhindert.[711] § 57 kann auch von Relevanz sein, wenn eine GmbH als übertragender Rechtsträger auf eine neue GmbH verschmolzen werden soll.[712] Denn auch im GmbH-Recht gilt, dass Sacheinlagen (s. § 5 Abs. 4 Satz 1 GmbHG), Sachübernahmen (gem. § 5 Abs. 4 Satz 1 GmbHG analog), Sondervorteile (gem. § 26 Abs. 1 AktG analog) und die Übernahme von Gründungsaufwand durch die Gesellschaft (gem. § 26 Abs. 2 AktG analog) im Gesellschaftsvertrag festzusetzen sind[713] und (nach Ansicht der Rechtsprechung) vor Ablauf von weniger als zehn Jahren nicht aus der Satzung gestrichen werden dürfen.[714] Nach allgemeiner Auffassung im Schrifttum ist § 57 im

361

---
708 S.o. Rdn. 336.
709 Lutter/*Vetter*, § 56 Rn. 17; Widmann/Mayer/*Mayer*, § 56 Rn. 11; a.A. Semler/Stengel/*Reichert*, § 56 Rn. 10.
710 S. Semler/Stengel/*Reichert*, § 56 Rn. 11; anders Kallmeyer/*Kocher*, § 56 Rn. 4, der trotz § 56 aus »Vorsichtsgründen« empfiehlt, von einer Anwendung des § 51 Abs. 2 auszugehen; zu § 51 Abs. 2 s.o. Rdn. 338.
711 Widmann/Mayer/*Mayer*, § 57 Rn. 2.
712 Lutter/*Vetter*, § 57 Rn. 9.
713 S. Semler/Stengel/*Reichert*, § 57 Rn. 8; Lutter/*Vetter*, § 57 Rn. 9 ff.; OLG Frankfurt am Main, Beschl. v. 07.04.2010 – 20 W 94/10, NZG 2010, 593.
714 OLG Celle, Beschl. v. 02.02.2018, 9 W 15/18, MittBayNot 2018, 267 = NZG 2018, 308; a.A. *Wachter*, EWiR 2018, 265 (lediglich 5-jährige Sperrfrist).

Hinblick auf seinen Normzweck nicht anzuwenden, wenn die entsprechenden **Beibehaltungsfristen** bereits abgelaufen sind.[715] Entsprechendes gilt bei anderen übertragenden Rechtsträgern, d.h. solchen, die weder AG noch GmbH sind. Denn bei solchen Rechtsträgern gibt es keine gesetzlichen Pflichten zur statuarischen Festsetzung/Beibehaltung der in § 57 genannten Umstände.[716] Bei einem Verstoß gegen § 57 ist den Beteiligten seitens des Registergerichts mit einer Zwischenverfügung Gelegenheit zu geben, den Mangel zu beseitigen.[717]

(2) § 58 (Sachgründungsbericht)

362 Die Verschmelzung durch Neugründung einer GmbH ist der Sache nach eine Sachgründung.[718] Nach den allgemeinen Regeln des GmbH-Gründungsrechts, auf die § 36 Abs. 2 Satz 1 für die Verschmelzung durch Neugründung verweist, bedarf es daher gem. § 5 Abs. 4 Satz 2 GmbHG grundsätzlich eines Sachgründungsberichts. § 58 modifiziert diese Regelung in § 5 Abs. 4 Satz 2 GmbHG in zweifacher Weise. Zum einen bestimmt § 58 Abs. 2, dass ein Sachgründungsbericht entbehrlich ist, soweit übertragender Rechtsträger eine Kapitalgesellschaft (§ 3 Abs. 1 Nr. 2) oder eine eingetragene Genossenschaft ist, und zwar im Hinblick auf Kapitalgesellschaften aus dem – allgemein als wenig überzeugend angesehenen – gesetzgeberischen Beweggrund, dass bei diesen Rechtsträgern spezielle Regeln zur **Kapitalaufbringung und -erhaltung** existierten.[719] Ist neben der Kapitalgesellschaft/eingetragenen Genossenschaft z.B. eine Personenhandelsgesellschaft an der Verschmelzung beteiligt, lässt § 58 Abs. 2 die Berichtspflicht bezüglich der Personenhandelsgesellschaft unberührt.[720]

363 Zum anderen verlangt § 58 Abs. 1, soweit ein Bericht nach § 58 Abs. 2 nicht gänzlich entbehrlich ist, ergänzend eine **Darlegung des Geschäftsverlaufs und der Lage** der übertragenden Rechtsträger. Berichtspflichtig sind dabei nicht – wie bei der »normalen« Sachgründung – die Gesellschafter der neuen GmbH, sondern nach § 36 Abs. 2 Satz 2 die übertragenden Rechtsträger selbst; daraus folgt, dass sämtliche Mitglieder der Vertretungsorgane der beteiligten Rechtsträger den Bericht zu erstellen haben.[721] Eine Mitwirkung der Vertretungsorgane in lediglich vertretungsberechtigter Zahl reicht im Hinblick auf die Strafbewehrung der entsprechenden Erklärung in § 82 Abs. 1 Nr. 2 GmbHG nicht aus.[722] Der Bericht muss schriftlich erstellt werden und ist von allen Organmitgliedern zu unterzeichnen; er ist nach § 8 Abs. 1 Nr. 4 GmbHG i.V.m. § 36 Abs. 2 Satz 1 der Anmeldung beizufügen.

364 Inhaltlich bestimmt sich der Bericht zunächst nach den Anforderungen des § 5 Abs. 4 Satz 2 GmbHG, so dass die für die Angemessenheit der Leistungen für Sacheinlagen wesentlichen Umstände darzulegen sind.[723] Sinnvollerweise geschieht dies unter Verweis auf die entsprechenden Schlussbilanzen der übertragenden Rechtsträger.[724] Wird – wie regelmäßig bei der Verschmelzung durch Neugründung – ein Unternehmen in die neue Gesellschaft eingebracht, sind ferner gem. § 5 Abs. 4 Satz 2 GmbHG (nicht bezogen auf den Verschmelzungsstichtag, sondern bezogen auf den Stichtag der Anmeldung) die **Jahresergebnisse** (s. §§ 266 Abs. 3 A V., 275 Abs. 2 Nr. 17 bzw. Abs. 3 Nr. 16 HGB) der beiden letzten Geschäftsjahre anzugeben. Zusätzlich sind gem. § 58 Abs. 1 Geschäftsverlauf und Lage der übertragenden Rechtsträger darzulegen. Insoweit können die inhaltlichen Anforderungen an **Lageberichte von Kapitalgesellschaften** (§ 289 Abs. 2 HGB) herangezogen werden, so dass insbesondere Vorgänge von besonderer Bedeutung nach dem Stichtag der Schlussbilanz der übertragenden Rechtsträger und die voraussichtliche Entwicklung des von dem

---

715 Semler/Stengel/*Reichert*, § 57 Rn. 4; Lutter/*Vetter*, § 57 Rn. 18.
716 S. Widmann/Mayer/*Mayer*, § 57 Rn. 9.
717 Widmann/Mayer/*Mayer*, § 57 Rn. 13.1; Lutter/*Vetter*, § 57 Rn. 20.
718 Widmann/Mayer/*Mayer*, § 36 Rn. 28.
719 Kritisch z.B. Lutter/*Vetter*, § 58 Rn. 14.
720 Kallmeyer/*Kocher*, § 58 Rn. 4.
721 Lutter/*Vetter*, § 58 Rn. 6.
722 Semler/Stengel/*Reichert*, § 58 Rn. 4; so jetzt auch Widmann/Mayer/*Mayer*, § 58 Rn. 5.
723 Lutter/*Vetter*, § 58 Rn. 8.
724 Widmann/Mayer/*Mayer*, § 58 Rn. 9.

(3) Verschmelzungsbeschlüsse/Organbestellung (§ 59)

Gem. § 59 Satz 1 wird der Gesellschaftsvertrag der neuen Gesellschaft nur wirksam, wenn ihm die Anteilsinhaber jedes der übertragenden Rechtsträger durch Verschmelzungsbeschluss zugestimmt haben. Im Schrifttum wird hierin verbreitet ein **zusätzliches Wirksamkeitserfordernis** gesehen, dass den Einfluss der Anteilsinhaber der übertragenden Rechtsträger auf den für sie geltenden Gesellschaftsvertrag absichern soll.[726] Tatsächlich ist die Regelung in § 59 Satz 1 überflüssig.[727] Denn nach § 37 ist die Satzung der neu zu gründenden GmbH zwingender Bestandteil des Verschmelzungsvertrages, der nach § 13 ohnehin nur mit Zustimmung der Anteilsinhaber der beteiligten Rechtsträger wirksam wird. Die Mehrheitserfordernisse für den jeweiligen Verschmelzungsbeschluss nach § 13 richten sich insoweit nach den entsprechenden Regeln des jeweiligen Rechtsträgers (s. §§ 43, 45d, 50, 65).[728]

365

Von Bedeutung hingegen ist § 59 Satz 2. Danach gilt § 59 Satz 1 entsprechend für die Bestellung der Geschäftsführer und der Mitglieder des Aufsichtsrats der neuen Gesellschaft, soweit sie von den Anteilsinhabern der übertragenden Rechtsträger zu wählen sind. § 59 Satz 2 erklärt sich aus dem Umstand, dass die gem. § 36 Abs. 2 Satz 2 als Gründer agierenden, übertragenden Rechtsträger (vertreten durch ihre Organe) im Verschmelzungsvertrag oder außerhalb des Verschmelzungsvertrages den oder die Geschäftsführer der neuen Gesellschaft bestellen können. Ist die Geschäftsführerbestellung – wie üblich (§ 46 Nr. 5 GmbHG) – nach der Satzung des neuen Rechtsträgers (eigentlich) Sache der Gesellschafter der neuen Gesellschaft, d.h. der Anteilsinhaber der übertragenden Rechtsträger, gilt es, wenn die Geschäftsführerbestellung durch die beteiligten übertragenden Rechtsträger außerhalb des (der Zustimmung der Anteilsinhaber der übertragenden Rechtsträger nach § 13 Abs. 1 bedürftigen) Verschmelzungsvertrages erfolgt, den **Einfluss der Anteilsinhaber** der übertragenden Rechtsträger auf die Geschäftsführerbestellung abzusichern. Dies tut § 59 Satz 2, indem er die Wirksamkeit der Geschäftsführerbestellung in solchen Fällen von der Zustimmung der Anteilsinhaber der übertragenden Rechtsträger abhängig macht.

366

Zulässig ist es (anstelle einer Zustimmung zu dem Geschäftsführerbestellungsbeschluss der übertragenden Rechtsträger nach § 59 Satz 2) auch, wenn die Anteilsinhaber der übertragenden Rechtsträger als Gesellschafter der neuen GmbH selbst den Geschäftsführer der neuen Gesellschaft mit der erforderlichen Mehrheit bestellen.[729]

367

Zu § 59 Satz 2 UmwG a.F. wurde vertreten, dass bei Neugründung einer GmbH im Wege der Verschmelzung von der Bestellung des ersten Geschäftsführers bis zum Zeitpunkt der Eintragung der GmbH abgesehen werden konnte; diese Ansicht war im Hinblick auf den nach § 36 Abs. 2 Satz 1 anwendbaren § 6 Abs. 1 GmbHG, wonach die GmbH mindestens einen Geschäftsführer haben muss, bereits nach altem Recht verfehlt und hat durch die Erstreckung des Zustimmungsvorbehalts in § 59 Satz 2 auf die Geschäftsführerbestellung durch das 2. Gesetz zur Änderung des Umwandlungsgesetzes vom 19.04.2007 ihre Grundlage verloren.[730]

368

cc) Sonstiges GmbH-Gründungsrecht

§ 36 Abs. 2 Satz 1 verweist für die Verschmelzung durch Neugründung einer GmbH auf das Gründungsrecht der GmbH und damit insb. auf die §§ 1 bis 12 GmbHG. Von Bedeutung ist insofern

369

---

725 Lutter/*Vetter*, § 58 Rn. 9 ff.
726 Z.B. Semler/Stengel/*Reichert*, § 59 Rn. 3.
727 Widmann/Mayer/*Mayer*, § 59 Rn. 2 und Schmitt/Hörtnagl/Stratz/*Westerburg*, § 59 Rn. 1.
728 Widmann/Mayer/*Mayer*, § 59 Rn. 8.
729 Semler/Stengel/*Reichert*, § 59 Rn. 11.
730 Zu dieser Diskussion s. Lutter/*Vetter*, § 59 Rn. 12.

u.a. der Verweis auf § 2 Abs. 2 GmbHG. An sich bedarf eine Vollmacht zum Abschluss eines Verschmelzungsvertrages gem. § 167 Abs. 2 BGB keiner besonderen Form. Da die Satzung der GmbH nach § 37 bei der Verschmelzung durch Neugründung Bestandteil des Verschmelzungsvertrages ist, folgt für diesen Fall aus § 2 Abs. 2 GmbHG i.V.m. § 36 Abs. 2 Satz 1, dass die Vollmacht abweichend von § 167 Abs. 2 BGB in notariell beglaubigter oder beurkundeter Form erteilt werden muss. Die neue GmbH kann unter Beachtung von §§ 18, 30 HGB und § 4 GmbHG eine neue Firma wählen oder gem. §§ 36 Abs. 1 Satz 1, 18 eine Firma eines übertragenden Rechtsträgers fortführen. Das Stammkapital der neuen GmbH muss nicht der Summe der Kapitalziffern der übertragenden Rechtsträger entsprechen, sondern kann unter Beachtung von § 5 GmbHG frei bestimmt werden. Die Möglichkeit, dass auf diese Weise **Kapitalerhaltungsvorschriften** bei den übertragenden Rechtsträgern gezielt umgangen werden können, ist nach der gesetzlichen Konzeption, die die Gläubiger insoweit auf die Rechte nach § 22 verweist, hinzunehmen.[731] Erforderlich ist aber im Hinblick auf § 9c Abs. 1 Satz 2 GmbHG, dass das auf die neue GmbH übergehende Vermögen das Stammkapital der neuen Gesellschaft abdeckt.[732] Die **Unternehmergesellschaft** nach § 5a GmbHG als Unterform der GmbH mit der Möglichkeit, den sonst maßgeblichen Stammkapitalmindestbetrag von 25.000 € (§ 5 Abs. 1 GmbHG) zu unterschreiten, scheidet als Zielrechtsträger bei der Verschmelzung durch Neugründung wegen des dort geltenden Verbots der Sachgründung (§ 5a Abs. 2 Satz 2 GmbHG) aus.[733] Der Gesellschaftsvertrag muss gem. § 3 Abs. 1 Nr. 4 GmbHG insb. die Zahl und die Nennbeträge der Geschäftsanteile, die jeder Gesellschafter gegen Einlage auf das Stammkapital übernimmt, enthalten. Die frühere Problematik, ob dem Gesellschafter entgegen § 5 Abs. 2 GmbHG a.F. im Zuge der Verschmelzung mehrere Geschäftsanteile zugewiesen werden konnten bzw. mussten, wenn er mehrere Anteile an einem übertragenden Rechtsträger hatte, hat sich durch die Neufassung des § 5 Abs. 2 Satz 2 GmbHG, der die **Übernahme mehrerer Anteile** nunmehr ausdrücklich gestattet, erledigt.[734] Da die Verschmelzung durch Neugründung eine Sachgründung darstellt, sind gem. § 5 Abs. 4 Satz 1 GmbHG »der Gegenstand der Sacheinlagen und der Betrag der Stammeinlage, auf die sich die Sacheinlage bezieht« im Gesellschaftsvertrag anzugeben. Wegen des Grundsatzes der Gesamtrechtsnachfolge genügt insoweit der Hinweis, dass das Stammkapital dadurch aufgebracht wird, dass die übertragenden Rechtsträger ihr Vermögen als Ganzes auf die neugegründete Gesellschaft nach Maßgabe von § 2 Nr. 2 und des Verschmelzungsvertrages übertragen.[735] Vor der Eintragung der neuen Gesellschaft bedarf es auch der Geschäftsführerbestellung nach § 6 GmbHG.

370 Für die **Anmeldung der Verschmelzung** durch Neugründung und der **Anmeldung der neu gegründeten GmbH** ist zu beachten, dass gem. § 36 Abs. 1 Satz 1 die Regelung in § 16 Abs. 1 nicht gilt, sondern durch die Regelungen in § 38 verdrängt wird. Wegen der Sonderregelung in § 38 Abs. 2 finden auch die Regeln in §§ 78, 7 Abs. 1 GmbHG keine Anwendung; gleiches gilt für § 7 Abs. 2 und 3 GmbHG.[736] Haben Vertreter den Verschmelzungsvertrag einschließlich des Gesellschaftsvertrages der GmbH (§ 37) geschlossen, sind der Anmeldung der GmbH gem. § 8 Abs. 1 Nr. 1 GmbHG die entsprechenden Vollmachten in der Form des § 2 Abs. 2 GmbHG beizufügen. Gleiches gilt gem. § 8 Abs. 1 Nr. 2 GmbHG für die Urkunden (Bestellungsbeschluss nebst Zustimmung der Anteilsinhaber der übertragenden Rechtsträger nach § 59 Satz 2), aus denen die Bestellung der Geschäftsführer resultiert. Daneben ist eine den Anforderungen des § 8 Abs. 1 Nr. 3 GmbHG entsprechende Gesellschafterliste beizufügen. Diese Liste ist von den »Anmeldenden« zu unterschreiben (s. § 8 Abs. 1 Nr. 3 GmbHG); das sind, da § 38 Abs. 2 die allgemeine Regelung in § 78 GmbHG verdrängt, die Vertretungsorgane aller übertragenden Rechtsträger. Die nach altem Recht (s. § 52 Abs. 2 UmwG a.F. i.V.m. § 56 UmwG a.F.) geregelte Pflicht der Geschäftsführer der neuen GmbH,

---

731 Widmann/Mayer/*Mayer*, § 36 Rn. 58, 60.
732 Widmann/Mayer/*Mayer*, § 36 Rn. 103.
733 S.o. Rdn. 22.
734 S. Lutter/*Vetter*, § 56 Rn. 36.
735 Widmann/Mayer/*Mayer*, § 36 Rn. 78; Lutter/*Vetter*, § 56 Rn. 38.
736 Lutter/*Vetter*, § 56 Rn. 43.

eine »berichtigte« Gesellschafterliste vorzulegen, ist durch das 3. Gesetz zur Änderung des Umwandlungsgesetzes vom 11.07.2011 entfallen. Für die Pflicht zur Vorlage des Sachgründungsberichts (§ 8 Abs. 1 Nr. 4 GmbHG) gelten die Besonderheiten gem. § 58. Anwendung finden ferner auf die Anmeldung der neuen Gesellschaft § 8 Abs. 3 und 4 GmbHG. Die Geschäftsführer der neuen Gesellschaft haben also eine Versicherung über eventuelle Gründe, die ihrer Bestellung als Geschäftsführer nach § 6 Abs. 2 GmbHG entgegenstehen, abzugeben; ferner sind in der Anmeldung die inländische Geschäftsanschrift der Gesellschaft sowie Art und Umfang der Vertretungsbefugnis der Geschäftsführer anzugeben. Für die Eintragung der neuen Gesellschaft gilt § 10 GmbHG. Einer Versicherung nach § 8 Abs. 2 GmbHG bedarf es hingegen nicht, da der Vermögensübergang ein gesetzlicher Übergang ist und (erst) mit Eintragung der Verschmelzung eintritt (§ 20 Abs. 1 Satz 1).[737]

In materiellrechtlicher Hinsicht gilt für die Verschmelzung durch Neugründung einer GmbH auch die Differenzhaftung nach § 9 GmbHG i.V.m. § 36 Abs. 2 Satz 1.[738] 371

8. Checkliste: Verschmelzung durch Aufnahme unter Beteiligung einer GmbH

▶ Checkliste: Verschmelzung durch Aufnahme unter Beteiligung einer GmbH 372

Umwandlungsrechtlich sind bei einer Verschmelzung durch Aufnahme unter Beteiligung einer GmbH insb. die folgenden Aspekte zu beachten:[739]
- □ Verschmelzungsfähigkeit der GmbH
  - Grundsätzlich uneingeschränkt als übertragender und übernehmender Rechtsträger mit anderen Personengesellschaften und Kapitalgesellschaften gem. § 3 Abs. 1 Nrn. 1 und 2 (Rdn. 18)
  - Einschränkungen gem. § 3 Abs. 3 bei aufgelösten übertragenden GmbH (Rdn. 23)
  - Besonderheiten bei der UG als übernehmender Rechtsträger (Rdn. 22)
- □ Kapitalerhöhung bei übernehmender GmbH
  - Erforderlich-/Zulässigkeit gem. §§ 54, 55 (Rdn. 306 ff.)
  - Erhöhungsbeschluss gem. § 53 Abs. 1 GmbHG (Rdn. 316)
  - genehmigtes Kapital nach § 55a GmbHG unter Beachtung von § 55a Abs. 3 GmbHG zur Schaffung der zu gewährenden Anteile einsetzbar (Rdn. 318)
  - Mehrheitserfordernis, § 53 Abs. 2 GmbHG (Rdn. 316)
  - Keine Übernahmeerklärung i.S.v. § 55 Abs. 1 GmbHG gem. § 55 Abs. 1 (Rdn. 324)
- □ Verschmelzungsvertrag bei übertragender oder übernehmender GmbH
  - Allgemeine Regeln gem. §§ 4 bis 7 (Rdn. 34 ff.)
  - Besondere Anforderungen nach § 46 und § 54 Abs. 4 für übernehmende GmbH (Rdn. 327 ff., 336)
  - § 29 (Rdn. 91 ff.)
- □ Verschmelzungsbericht bei übertragender oder übernehmender GmbH
  - Allgemeine Regeln gem. § 8 (Rdn. 136 ff.)
- □ Unterrichtung der Gesellschafter gem. § 47 bei übertragender oder übernehmender GmbH (Rdn. 296)
- □ Verschmelzungsprüfung bei übertragender oder übernehmender GmbH
  - Allgemeine Regeln gem. §§ 9 bis 12 (Rdn. 156 ff.)
  - Erforderlichkeit gem. § 48 (Rdn. 162, 300)
- □ Vorbereitung der Gesellschafterversammlung bei übertragender oder übernehmender GmbH, § 49 (Rdn. 301 f.)
- □ Verschmelzungsbeschluss bei übertragender oder übernehmender GmbH
  - Allgemeine Regeln gem. §§ 13 bis 15 (Rdn. 178 ff.)

---
737 Widmann/Mayer/*Mayer*, § 36 Rn. 97; Lutter/*Vetter*, § 56 Rn. 44.
738 Widmann/Mayer/*Mayer*, § 36 Rn. 100 mit weiteren Einzelheiten.
739 S.a. Überblick in Rdn. 291 ff.

- Mehrheitserfordernis gem. § 50 Abs. 1 (Rdn. 303)
- Zustimmungserfordernis für Anteilsinhaber einer übertragenden GmbH gem. § 13 Abs. 2 bei Vinkulierung (Rdn. 194)
- Zustimmungserfordernis für Anteilsinhaber der übertragenden Rechtsträger bei offenen Einlagen der übernehmenden GmbH gem. § 51 Abs. 1 Satz 1 und Satz 2 (Rdn. 337)
- Zustimmungserfordernis für Anteilsinhaber der übernehmenden GmbH bei offenen Einlagen der übertragenden GmbH, § 51 Abs. 1 Satz 3 (Rdn. 345).
- Zustimmungserfordernis für Aktionäre übertragender AG/KGaA bei nicht beteiligungsproportionaler Anteilsgewährung an übernehmender GmbH gem. § 51 Abs. 2 (Rdn. 338)
- Zustimmungserfordernis für Anteilsinhaber übertragender GmbH analog § 53 Abs. 3 GmbHG bei Leistungsvermehrung? (Rdn. 339)
- Zustimmungserfordernis für Anteilsinhaber übertragender GmbH gem. § 50 Abs. 2 im Hinblick auf beeinträchtigte Minderheitsrechte (Rdn. 340)
☐ Anmeldung Kapitalerhöhung
  - Anmeldung abweichend von § 16 durch alle Geschäftsführer (§ 78 GmbHG), Vertretung und unechte Gesamtvertretung unzulässig (Rdn. 347)
  - Versicherung nach § 57 Abs. 2 GmbHG nicht nötig, § 55 Abs. 1 (Rdn. 348)
  - Keine Vorlage von Übernahmeerklärungen (§ 57 Abs. 3 Nr. 1 GmbHG), § 55 Abs. 1 (Rdn. 324)
  - Keine Vorlage von Unterlagen im Sinne von § 57 Abs. 3 Nr. 3 GmbHG (Rdn. 349)
  - Kein Sachkapitalerhöhungsbericht (str., Rdn. 351)
  - Beizufügende Unterlagen: Kapitalerhöhungsbeschluss nach § 53 GmbHG (Ausnahme: genehmigtes Kapital nach § 55a GmbHG, Rdn. 318), Verschmelzungsvertrag, Verschmelzungsbeschlüsse in Ausfertigung oder beglaubigter Kopie (§ 55 Abs. 2); »Übernehmerliste« (§ 55 Abs. 2 i.V.m. § 57 Abs. 3 Nr. 2 GmbHG), Gesellschafterliste mit Bescheinigung nach § 40 Abs. 2 GmbHG; Satzungsbescheinigung (§ 54 Abs. 1 Satz 2 GmbHG); zur Werthaltigkeitsprüfung (§ 9c Abs. 1 Satz 2 GmbHG) Schlussbilanz übertragender Rechtsträger
☐ Anmeldung Verschmelzung
  - Allgemeine Regeln gem. §§ 16, 17 (Rdn. 198 ff.), insb. Vorlage aller Zustimmungen
  - Gem. § 52 Erklärung über Zustimmungen nach § 51 Abs. 1, abweichend von § 16 Abs. 1 durch alle Organmitglieder (unechte Gesamtvertretung und Vertretung unzulässig), und zwar bei allen beteiligten Rechtsträgern (Rdn. 352 f.)
☐ Bei Mischverschmelzung (§ 3 Abs. 4) neben Beachtung der Besonderheiten nach § 29 (Rdn. 91) auch Beachtung der Besonderheiten, die für den jeweiligen Rechtsträger in der jeweiligen Beteiligungsrolle (übertragender oder übernehmender Rechtsträger) gelten, s. dazu die Checklisten Personenhandelsgesellschaft (Rdn. 280), Partnerschaftsgesellschaft (Rdn. 290) und Aktiengesellschaft (Rdn. 447)
☐ Nach Wirksamwerden der Verschmelzung: Liste und Bescheinigung nach § 40 Abs. 2 GmbHG an Handelsregister und Gesellschaft

9. Checkliste: Verschmelzung durch Neugründung unter Beteiligung einer GmbH

▶ Checkliste: Verschmelzung durch Neugründung unter Beteiligung einer GmbH

Umwandlungsrechtlich sind bei einer Verschmelzung durch Neugründung unter Beteiligung einer GmbH insb. die folgenden Aspekte zu beachten:[740]
☐ Verschmelzungsfähigkeit der GmbH
  - Grundsätzlich uneingeschränkt als übertragender und neuer Rechtsträger mit anderen Kapitalgesellschaften und Personengesellschaften gem. § 3 Abs. 1 Nrn. 1 und 2 (Rdn. 17 f.)
  - Einschränkungen gem. § 3 Abs. 3 bei aufgelösten übertragenden GmbH (Rdn. 23)

---

740 S.a. den Überblick in Rdn. 355 f.

- Verschmelzung durch Neugründung auf UG gem. § 5a Abs. 2 Satz 2 GmbHG ausgeschlossen (Rdn. 22)
□ Verschmelzungsvertrag
  - Allgemeine Regeln gem. §§ 4 bis 7 i.V.m. § 36 Abs. 1 Satz 1 (Rdn. 239) und § 37 (Rdn. 241)
  - Bei GmbH als Zielrechtsträger Beachtung von § 46 Abs. 1 und 2 (i.V.m. § 36 Abs. 1 Satz 1) bezüglich der Beteiligungsangaben (Rdn. 359, 327 ff.) und von § 54 Abs. 4 (i.V.m. § 36 Abs. 1 Satz 1) bezüglich der baren Zuzahlungen (Rdn. 359, 336)
  - Bei GmbH als Zielrechtsträger Beachtung von § 57 (Aufnahme von Festsetzungen über Sondervorteile, Gründungsaufwand, Sacheinlagen und Sachübernahmen im Gesellschaftsvertrag der neuen GmbH, Rdn. 361) sowie der sonstigen über § 36 Abs. 2 Satz 1 anwendbaren Vorschriften des GmbHG über die Gründungssatzung (Rdn. 369), insb. § 2 Abs. 2 GmbHG über Form einer Gründungsvollmacht und § 5 Abs. 4 Satz 1 GmbHG (Angabe der Sacheinlage)
  - § 29 i.V.m. § 36 Abs. 1 Satz 1 (Rdn. 91, 240)
□ Verschmelzungsbericht bei übertragender GmbH
  - Allgemeine Regeln gem. § 8 i.V.m. § 36 Abs. 1 Satz 1 (Rdn. 136 ff.)
□ Unterrichtung der Gesellschafter gem. §§ 47, 56 bei übertragender GmbH (Rdn. 296)
□ Verschmelzungsprüfung bei übertragender GmbH
  - Allgemeine Regeln gem. §§ 9 bis 12 i.V.m. § 36 Abs. 1 Satz 1 (Rdn. 156 ff.)
  - Erforderlichkeit gem. §§ 48, 56 (Rdn. 357, 300, 162)
□ Vorbereitung der Gesellschafterversammlung bei übertragender GmbH, §§ 49, 56 (Rdn. 357, 301 f.)
□ Verschmelzungsbeschluss bei übertragender GmbH
  - Allgemeine Regeln gem. §§ 13 bis 15 i.V.m. § 36 Abs. 1 Satz 1 (Rdn. 178 ff.)
  - Mehrheitserfordernis gem. §§ 50 Abs. 1, 56
  - Zustimmungserfordernis für Anteilsinhaber einer übertragenden GmbH gem. §§ 13 Abs. 2, 36 Abs. 1 Satz 1 bei Vinkulierung (Rdn. 194)
  - Zustimmungserfordernis für Anteilsinhaber übertragender GmbH gem. §§ 50 Abs. 2, 56 im Hinblick auf beeinträchtigte Minderheitsrechte (Rdn. 357, 340)
  - Kein Zustimmungserfordernis im Falle offener Einlagen einer übertragenden GmbH gem. § 51 Abs. 1 Satz 3 i.V.m. § 56 (Rdn. 357)
  - Kein Zustimmungserfordernis für Aktionäre übertragender AG/KGaA bei nicht beteiligungsproportionaler Anteilsgewährung an neuer GmbH gem. § 51 Abs. 2 i.V.m. § 56 (Rdn. 360)
  - Zustimmungserfordernis für Anteilsinhaber übertragender GmbH analog § 53 Abs. 3 GmbHG bei Leistungsvermehrung? (Rdn. 339)
□ Beachtung des sonstigen GmbH-Gründungsrechts bei GmbH als Zielrechtsträger (§ 36 Abs. 2 Satz 1), insb.
  - Geschäftsführerbestellung, § 6 GmbHG
  - Sachkapitalaufbringung, § 9c Abs. 1 Satz 2 GmbHG
□ Anmeldung Verschmelzung/»neue« GmbH
  - Allgemeine Regeln gem. §§ 38, 16 Abs. 2 und 3, 17 (Rdn. 243 ff., 370), insb. Vorlage aller erforderlicher Zustimmungen und Anlagen
  - § 16 Abs. 1 gilt nicht (§ 36 Abs. 1 Satz 1).
  - §§ 78, 7 GmbHG gelten nicht (Rdn. 370).
  - Weitere beizufügende Unterlagen bei GmbH als Zielrechtsträger: Vorlage formgerechter Gründungsvollmachten (§ 8 Abs. 1 Nr. 1 GmbHG i.V.m. § 36 Abs. 2 Satz 1); Bestellungsbeschlüsse für Geschäftsführer (§ 8 Abs. 1 Nr. 2 GmbHG i.V.m. § 36 Abs. 2 Satz 1), soweit Bestellung nicht im Verschmelzungsvertrag oder in der Satzung erfolgt ist, nebst Zustimmung der Anteilsinhaber der übertragender Rechtsträger gem. § 59 Satz 2); von den »Anmeldenden« (=Vertretungsorgane aller übertragenden Rechtsträger, § 38 Abs. 2) unterschriebene Gesellschafterliste (§ 8 Abs. 1 Nr. 3 GmbHG); Sachgründungsbericht (§ 8 Abs. 1 Nr. 4 GmbHG i.V.m. § 36 Abs. 2 Satz 1, Rdn. 370) unter Beachtung der Besonderheiten in § 58 (Rdn. 362);

zur Prüfung der ordnungsgemäßen Sachkapitalaufbringung (§ 9c Abs. 1 Satz 2 GmbHG i.V.m. § 36 Abs. 2 Satz 1) Schlussbilanzen der übertragenden Rechtsträger
- Versicherung Geschäftsführer Ziel-GmbH über Bestellungshindernisse nach § 8 Abs. 3 GmbHG i.V.m. § 36 Abs. 2 Satz 1
- Angabe der inländischen Geschäftsanschrift der Ziel-GmbH sowie Angabe von Art und Umfang der Vertretungsbefugnis der Geschäftsführer der Ziel-GmbH nach § 8 Abs. 4 GmbHG i.V.m. § 36 Abs. 2 Satz 1

☐ Bei Mischverschmelzung (§ 3 Abs. 4) neben Beachtung der Besonderheiten nach § 29 (Rdn. 91) auch Beachtung der Besonderheiten, die für den jeweiligen Rechtsträger in der jeweiligen Beteiligungsrolle (übertragender oder neuer Rechtsträger) gelten, s. dazu die Checklisten Personenhandelsgesellschaft (Rdn. 280), Partnerschaftsgesellschaft (Rdn. 290) und Aktiengesellschaft (Rdn. 448)

XV. Besonderheiten bei der Beteiligung von Aktiengesellschaften

1. Überblick

374 In den §§ 60 bis 76 finden sich die besonderen Regelungen, die bei der Verschmelzung unter Beteiligung einer Aktiengesellschaft gelten. Seinem allgemeinen (s. §§ 4 bis 35 und §§ 36 bis 38) wie auch bei der GmbH zugrundegelegtem Regelungskonzept folgend regelt das Gesetz zunächst die **Verschmelzung durch Aufnahme**, und zwar in den §§ 60 bis 72, und dann unter grundsätzlichem Verweis auf diese Regelungen die **Verschmelzung durch Neugründung** (s. §§ 73 bis 76). Die Regelungen zur Verschmelzung durch Aufnahme in den §§ 60 bis 72 lassen sich in drei Gruppen einteilen: Die erste Gruppe bilden die Regelungen, deren Anwendung voraussetzt, dass eine AG entweder als übertragender oder als übernehmender Rechtsträger an der Verschmelzung beteiligt ist. Es sind dies die Regelungen in § 60 zur Verschmelzungsprüfung, in § 61 zur Bekanntmachung des Verschmelzungsvertrages, in § 63 zur Vorbereitung der Hauptversammlung und in § 65 zur erforderlichen Mehrheit für den Zustimmungsbeschluss sowie insb. zur Erforderlichkeit von Sonderbeschlüssen. Zur zweiten Gruppe gehören die Regelungen, deren Anwendung daran anknüpft, dass eine AG als übernehmender Rechtsträger an der Verschmelzung beteiligt ist. Hierzu gehören die Regelungen in § 62 Abs. 1, Abs. 2 und Abs. 4 zur Entbehrlichkeit eines Verschmelzungsbeschlusses in bestimmten Konzernverhältnissen, die Regelungen in § 62 Abs. 3 zu hieraus resultierenden besonderen Informationspflichten sowie die durch das 3. Gesetz zur Änderung des Umwandlungsgesetzes vom 11.07.2011 neu eingeführte Regelung in § 62 Abs. 5, die einen sog. »**verschmelzungsrechtlichen Squeeze-out**« ermöglicht. In diese Gruppe gehören ferner die Regelungen in §§ 66, 68 und 69, die sich – vergleichbar den entsprechenden Regelungen zur Verschmelzung auf eine GmbH in §§ 53 bis 55 – mit der wichtigen Frage befassen, ob die übernehmende AG ihr Kapital im Zuge der Verschmelzung erhöhen darf bzw. muss und den damit verbundenen registerrechtlichen Fragen. In die zweite Gruppe fallen ferner die Regelungen in § 67 zur Anwendung des Nachgründungsrechts sowie in § 71 zur Treuhänderbestellung. Die dritte Gruppe von Normen knüpft hingegen daran an, dass eine AG als übertragender Rechtsträger an der Verschmelzung beteiligt ist. Es sind dies die Regelungen in § 72 zum Aktienumtausch und in § 70 zum Schadensersatz nach § 25.

375 Ergänzt werden die Regelungen in den §§ 60 bis 76 durch die im allgemeinen Teil befindliche Regelung in § 35, die sich mit der Bezeichnung unbekannter Aktionäre einer übertragenden Aktiengesellschaft im Verschmelzungsvertrag, bei Anmeldungen zur Eintragung in ein Register oder bei der Eintragung in eine Liste von Anteilsinhabern befasst. Daneben existieren in den besonderen Vorschriften über die Beteiligung anderer Rechtsträger an einer Verschmelzung spezielle Regelungen, die an die Beteiligung einer AG anknüpfen, so in § 46 Abs. 1 Satz 2 und § 51 Abs. 2 (für die Verschmelzung einer übertragenden AG auf eine übernehmende GmbH).

2. Für übertragende wie übernehmende AG anwendbare Regeln zur Verschmelzung durch Aufnahme

a) Verschmelzungsprüfung (§ 60)

Gem. § 60 ist der Verschmelzungsvertrag oder sein Entwurf für jede (übertragende oder übernehmende) Aktiengesellschaft nach den §§ 9 bis 12 zu prüfen; zulässig ist jedoch ein Verzicht auf die Prüfung nach Maßgabe von §§ 9 Abs. 3, 8 Abs. 3.[741]

376

b) Bekanntmachung des Verschmelzungsvertrages (§ 61)

Gem. § 61 Satz 1 ist der Verschmelzungsvertrag, an dem eine übertragende oder übernehmende AG beteiligt ist, oder sein Entwurf vor der Einberufung der Hauptversammlung, die gem. § 13 Abs. 1 über die Zustimmung über den Vertrag oder seinen Entwurf beschließen soll, zum Registergericht einzureichen. Die Regelung dient wie § 124 Abs. 2 Satz 3 AktG der **Information der beteiligten Aktionäre**.[742] Während § 124 Abs. 2 Satz 3 AktG den Vorstand verpflichtet, bei der Einberufung (lediglich) den wesentlichen Inhalt des Vertrages bekanntzugeben, soll die in § 61 Satz 1 normierte Pflicht, den vollständigen Vertrags-/Entwurfstext zum Register einzureichen, sicherstellen, dass die Aktionäre sich über ihr Einsichtsrecht nach § 9 HGB vor der Hauptversammlung mit dem gesamten Text des Vertrages/Entwurfs vertraut machen können. Daher sind auch alle Anlagen einzureichen.[743] Bei Änderungen ist der geänderte Text einzureichen.[744] Als Informationsquelle für die Aktionäre dürfte allerdings § 61 i.V.m. § 9 HGB in der Praxis nur eine geringe Bedeutung haben, da § 63 Abs. 3 jedem Aktionär das Recht gibt, von der Gesellschaft unverzüglich und kostenlos eine Abschrift des Verschmelzungsvertrages/Entwurfs in Papierform oder im Wege der elektronischen Kommunikation zu erhalten. Hinzukommt, dass mittlerweile die Möglichkeit besteht, über das **Internet** über den Verschmelzungsvertrag/seinen Entwurf zu informieren bzw. sich zu informieren (s. den durch das ARUG eingefügten § 63 Abs. 4).[745] Sind bei einer Konzernverschmelzung bei der übernehmenden bzw. übertragenden AG keine Verschmelzungsbeschlüsse erforderlich, gelten bezüglich der Bekanntmachung des Verschmelzungsvertrages die entsprechenden Sonderregelungen in § 62 Abs. 3.[746]

377

Der für § 61 Satz 1 maßgebliche Zeitpunkt der Einberufung ist der der Bekanntmachung in den Geschäftsblättern (§ 121 Abs. 4 Satz 1 AktG) oder bei Einberufung durch eingeschriebenen Brief der Tag der Absendung (§ 121 Abs. 4 Satz 2 AktG).[747] § 61 Satz 1 lässt es genügen, wenn der Verschmelzungsvertrag/sein Entwurf vor, d.h. auch gegebenenfalls »ganz knapp« vor der Einberufung zum Handelsregister eingereicht wird; das heißt, dass die Einreichung nicht notwendigerweise am Tag vor der Einberufung erfolgen muss.[748] Dies würde es – wenn die Einreichung zum Register und die Einberufung der Hauptversammlung in unmittelbarer Reihenfolge am gleichen Tag erfolgen – im Hinblick auf die **30-Tages-Einberufungsfrist** in § 123 Abs. 1 AktG denkbar erscheinen lassen, die Einreichung des Vertrags/seines Entwurfs ebenfalls mit einer 30-Tages-Frist vorzunehmen. Art. 92 der Gesellschaftsrechts-Richtlinie (EU) 2017/1132 vom 14.06.2017 verlangt jedoch, dass der Verschmelzungsvertrag für jede der sich verschmelzenden Gesellschaften spätestens 1 Monat vor der Gesellschafterversammlung, auf der hierüber zu entscheiden ist, bekannt gemacht wird. Im Hinblick auf das Gebot der richtlinienkonformen Auslegung ist eine Bekanntgabe im Sinne von § 61 nur dann als rechtzeitig anzusehen, wenn sie diese Monatsfrist einhält.[749] Die (vorübergehende) Verkür-

378

---

741 Dazu oben Rdn. 157.
742 Lutter/*Grunewald*, § 61 Rn. 1.
743 Widmann/Mayer/*Rieger*, § 61 Rn. 4.
744 Lutter/*Grunewald*, § 61 Rn. 5.
745 Dazu DNotI-Report 2012, 200.
746 Siehe dazu unten Rdn. 397 und Rdn. 400.
747 *Hüffer*, § 123 AktG Rn. 2.
748 Semler/Stengel/*Diekmann*, § 61 Rn. 14.
749 *J. Schmidt*, DB 2006, 375.

zung der 30-Tages-Frist nach § 123 Abs. 1 AktG durch Art. 2 § 1 Abs. 3 des Gesetzes zur Abmilderung der Folgen der COVID-19-Pandemie vom 27.03.2020,[750] auf 21 Tage ändert hieran nichts. Die Anteilsinhaber können richtiger Ansicht nach auf den Schutz durch die Bekanntgabe nach § 61 verzichten, und zwar ohne dass der Verzicht der notariellen Beurkundung bedürfte.[751]

379 Kommt der Vorstand seiner Pflicht nach § 61 Satz 1 nicht nach, wird darin zum Teil ein **Eintragungshindernis** gesehen.[752] Da die Norm jedoch keinen öffentlichen Zwecken dienen soll, erscheint diese Sanktion als zu weitgehend. Vielmehr führt ein Verstoß gegen § 61 zur Anfechtbarkeit des Verschmelzungsbeschlusses, falls der Beschluss auf dem Verstoß beruht. Letzteres dürfte im Hinblick auf die weiteren Informationsquellen für die Aktionäre (s. § 63) nur selten der Fall sein.[753] Die Anfechtungseinschränkung in § 243 Abs. 4 Satz 2 AktG gilt für einen Verstoß gegen § 61 hingegen nicht, da es um Informationspflichten vor (nicht in) der Hauptversammlung handelt.

c) Vorbereitung der Hauptversammlung (§ 63)

380 § 63 Abs. 1 verlangt – vorbehaltlich der durch das ARUG neu geschaffenen Möglichkeit der Aktionärsinformation mit Mitteln des Internets gem. § 63 Abs. 4 –, dass von der Einberufung der Hauptversammlung an in dem Geschäftsraum der Gesellschaft zur Einsicht der Aktionäre folgende Unterlagen ausliegen:
– Der Verschmelzungsvertrag oder sein Entwurf (Nr. 1);
– Die Jahresabschlüsse und die Lageberichte der an der Verschmelzung beteiligten Rechtsträger für die letzten 3 Geschäftsjahre (Nr. 2);
– Falls sich der letzte Jahresabschluss auf ein Geschäftsjahr bezieht, das mehr als 6 Monate vor dem Abschluss des Verschmelzungsvertrags oder der Aufstellung des Entwurfs abgelaufen ist, eine Bilanz auf einen Stichtag, der nicht vor dem ersten Tag des dritten Monats liegt, der dem Abschluss oder der Aufstellung vorausgeht (Nr. 3);
– Die nach § 8 erstatteten Verschmelzungsberichte (Nr. 4);
– Die nach § 60 i.V.m. § 12 erstatteten Prüfungsberichte (Nr. 5).

381 § 63 Abs. 1 dient wie § 61 der **Information der Aktionäre** einer übertragenden oder übernehmenden AG.[754] Die in § 63 genannten Informationen sind für jeden Aktionär von zentraler Bedeutung, um seine Entscheidung über den Verschmelzungsbeschluss sinnvoll treffen zu können. § 63 normiert Auslagepflichten, die denjenigen vergleichbar sind, die nach § 293 f. AktG bei Abschluss eines Unternehmensvertrages und nach § 327c Abs. 3 AktG beim sog. squeeze-out gelten. Parallelvorschrift im Umwandlungsgesetz ist der für eine Verschmelzung unter Beteiligung einer GmbH geltende § 49 Abs. 2, der allerdings nur – vergleichbar § 63 Abs. 1 Nr. 2 – die Auslage der Jahresabschlüsse und die Lageberichte der an der Verschmelzung beteiligten Rechtsträger für die letzten 3 Geschäftsjahre verlangt. Für die Auslegung des § 63 Abs. 1 Nr. 2 können die Grundsätze zu § 49 Abs. 2 herangezogen werden.[755] Der für § 63 maßgebliche Zeitpunkt der Einberufung der Hauptversammlung ist der Zeitpunkt der Bekanntmachung in den Geschäftsblättern (§ 121 Abs. 4 Satz 1 AktG) oder bei Einberufung durch eingeschriebenen Brief der Tag der Absendung (§ 121 Abs. 4 Satz 2 AktG).

382 Für die zeitliche Planung einer Verschmelzung von erheblicher Bedeutung ist § 63 Abs. 1 Nr. 3; denn hier stellt das Gesetz veranlasst durch die entsprechenden Vorgaben in Art. 11 der Verschmelzungsrichtlinie – nunmehr Art. 97 Abs. 1 Buchst. c) der Gesellschaftsrechts-Richtlinie (EU) 2017/1132 vom 14.06.2017 – mit der **Sechs-Monats-Frist** strengere Anforderungen an die Aktualität der Geschäftsunterlagen (Jahresabschlusses nach § 242 Abs. 3 HGB) als dies mit der Acht-

---

[750] BGBl. I S. 56.
[751] Lutter/*Grunewald*, § 61 Rn. 7; Widmann/Mayer/*Rieger*, § 61 Rn. 10.1.
[752] Widmann/Mayer/*Rieger*, § 61 Rn. 16; Semler/Stengel/*Diekmann*, § 61 Rn. 19.
[753] Lutter/*Grunewald*, § 61 Rn. 8.
[754] Kallmeyer/*Marsch-Barner*, § 63 Rn. 1; Lutter/*Grunewald*, § 63 Rn. 1.
[755] S.o. Rdn. 302.

B. Verschmelzung   Kapitel 8

Monats-Frist, die für die Schlussbilanz nach § 17 Abs. 2 gilt, der Fall ist. Soll die ansonsten nach § 63 Abs. 1 Nr. 3 erforderliche Zwischenbilanz vermieden werden, ist die Hauptversammlung daher rechtzeitig zu terminieren. Ist eine Zwischenbilanz nach § 63 Abs. 1 Nr. 3 erforderlich, ist diese gem. § 63 Abs. 2 Satz 1 nach den Vorschriften aufzustellen, die auf die letzte Jahresbilanz des Rechtsträgers angewendet worden sind. Eine körperliche Bestandsaufnahme ist gem. § 63 Abs. 2 Satz 2 nicht erforderlich.

Das 3. Gesetz zur Änderung des Umwandlungsgesetzes vom 11.07.2011 hat allerdings erhebliche **Erleichterungen** bezüglich der Zwischenbilanz geschaffen: So sieht der neue § 63 Abs. 2 Satz 5 nunmehr vor, dass eine Zwischenbilanz entbehrlich ist, wenn alle Anteilsinhaber aller beteiligten Rechtsträger durch notariell zu beurkundende Erklärung auf sie verzichten.[756] Nach § 63 Abs. 2 Satz 6 muss eine Zwischenbilanz auch dann nicht erstellt werden, wenn die Gesellschaft seit dem letzten Jahresabschluss einen Halbjahresfinanzbericht nach § 115 WpHG veröffentlicht hat. Dieser tritt nach § 63 Abs. 2 Satz 7 zum Zwecke der Vorbereitung der Hauptversammlung an die Stelle der Zwischenbilanz. 383

Nach § 63 Abs. 3 Satz 1 ist jedem Aktionär auf Verlangen unverzüglich und kostenlos eine Abschrift der in § 63 Abs. 1 genannten Unterlagen zu erteilen. Gem. § 63 Abs. 3 Satz 2 können die Unterlagen dem Aktionär mit dessen Einwilligung auf im Wege der elektronischen Kommunikation übermittelt werden. 384

Durch das ARUG neu eingeführt wurde die Möglichkeit, die Aktionäre anstelle einer Auslegung und Zusendung der Unterlagen mittels des Internets zu informieren. So entfallen die Pflichten nach § 63 Abs. 1 bis 3 gem. § 63 Abs. 4, wenn die in § 63 Abs. 1 genannten Unterlagen für den dort genannten Zeitraum über die Internetseite der Gesellschaft zugänglich sind.[757]

Wie auch § 63 Abs. 2 Satz 5 zeigt, können die Aktionäre auf den Schutz, den ihnen § 63 zukommen lassen will, verzichten; der Verzicht bedarf der notariellen Beurkundung.[758] Verstöße gegen die Pflichten aus § 63 führen unter den Voraussetzungen des § 243 Abs. 4 AktG zur **Anfechtbarkeit** des Verschmelzungsbeschlusses. Gem. § 243 Abs. 4 Satz 1 AktG kommt es insoweit auf die – nur im Einzelfall zu entscheidende[759] – Frage an, ob ein objektiv urteilender Aktionär die Erteilung der Information als wesentliche Voraussetzung für die sachgerechte Wahrnehmung seiner Teilnahme- und Mitgliedschaftsrechte angesehen hätte. Da die aus § 63 resultierenden Informationspflichten den Zeitraum vor der Hauptversammlung betreffen, findet die Anfechtungsbeschränkung in § 243 Abs. 4 Satz 2 AktG keine Anwendung. 385

d) Durchführung der Hauptversammlung (§ 64)

§ 64 Abs. 1 Satz 1 ordnet – vergleichbar § 293g Abs. 1 AktG beim Abschluss eines Unternehmensvertrages und § 327d Satz 1 AktG beim sog. Squeeze-out – an, dass die in § 63 Abs. 1 genannten Unterlagen in der Hauptversammlung zugänglich zu machen sind. § 64 Abs. 1 Satz 1 schrieb in seiner alten, d.h. vor Inkrafttreten des ARUG gültigen Fassung vor, dass die Unterlagen »auszulegen« seien. Ausweislich der Gesetzesbegründung wollte es der Gesetzgeber mit der Neufassung des § 64 den Gesellschaften ermöglichen, sich von Kopien in Papierform zu verabschieden und den Aktionären stattdessen die Informationen **elektronisch** (z.B. über bereitgestellte Monitore) zu geben.[760] 386

Der Vorstand hat ferner nach § 64 Abs. 1 Satz 2 Halbs. 1 den Verschmelzungsvertrag oder seinen Entwurf zu Beginn der Verhandlung zu erläutern. Dabei kann der Vorstand an den von ihm bereits 387

---

756 Differenzierend und einschränkend *Widder*, AG 2016, 16.
757 Zur Entbehrlichkeit der Wiedergabe des »Urkundsmantels« des Verschmelzungsvertrages s. OLG Düsseldorf, Beschl. v. 22.06.2017 – I-6 AktG 1/17, AG 2017, 900 (Tz. 83).
758 Lutter/*Grunewald*, § 63 Rn. 13; Semler/Stengel/*Diekmann*, § 63 Rn. 3.
759 S. hierzu Semler/Stengel/*Diekmann*, § 63 Rn. 26 ff.
760 S. BT-Drucks. 16/11642, S. 25 und 44.

gem. § 8 erstellten Verschmelzungsbericht anknüpfen.[761] Da es nicht Sinn des § 64 Abs. 1 Satz 2 Halbs. 1 sein kann, den Vorstand zu verpflichten, den Verschmelzungsbericht komplett zu wiederholen, genügen insoweit zusammenfassende Ausführungen, und zwar unter ggf. entsprechender Aktualisierung der Angaben des Berichts.[762]

Durch das 3. Gesetz zur Änderung des Umwandlungsgesetzes vom 11.07.2011 hat der Gesetzgeber zum Schutz der Aktionäre der beteiligten AG **weitere Informationspflichten** eingeführt.[763] So hat der Vorstand gem. § 64 Abs. 1 Satz 2 Halbs. 2 zu Beginn der Verhandlung über jede wesentliche Veränderung des Vermögens der AG zu unterrichten, die seit dem Abschluss des Verschmelzungsvertrages oder der Aufstellung des Entwurfs eingetreten ist. Der Vorstand hat ferner bei solchen Veränderungen auch die Vertretungsorgane der anderen beteiligten Rechtsträger zu unterrichten; diese haben ihrerseits die Anteilsinhaber des von ihnen vertretenen Rechtsträgers vor der Beschlussfassung (i.S.v. § 13) zu unterrichten (§ 64 Abs. 1 Satz 3 und Satz 4). Diese Pflichten entfallen, wenn alle Anteilsinhaber aller beteiligten Rechtsträger auf die Erfüllung dieser Pflichten in notariell beurkundender Form verzichten (§ 64 Abs. 1 Satz 5 i.V.m. § 8 Abs. 3 Satz 1, 1. Alt. und Satz 2). Praktische Relevanz dürfte diese Verzichtsmöglichkeit nur bei Nicht-Publikumsgesellschaften haben.[764] Die neuen Informationspflichten nach § 64 Abs. 1 beruhen auf den Vorgaben der Änderungsrichtlinie 2009/109/EG vom 16.09.2009 – s. nunmehr Art. 95 Abs. 2 der Gesellschaftsrechts-Richtlinie (EU) 2017/1132 vom 14.06.2017 – und weiten eine bislang nur für Spaltungsfälle unter Beteiligung einer AG geltende Regelung in § 143 UmwG a.F. auf Verschmelzungsfälle unter Beteiligung einer AG aus. Die noch im Regierungsentwurf vorgesehene Ausdehnung von Informationspflichten der in § 64 Abs. 1 genannten Art auf Umwandlungen unter Beteiligung sonstiger Rechtsträger ist nicht Gesetz geworden.[765] Die Informationspflicht nach § 64 Abs. 1 Satz 2 Halbs. 2 ist nach dem klaren Wortlaut der Regelung *in* der Hauptversammlung zu erfüllen.[766] Ob eine Vermögensänderung wesentlich im Sinne von § 64 Abs. 1 Satz 2 ist, beurteilt sich in erster Linie danach, ob sie für das Umtauschverhältnis der Anteile bzw. die Höhe der Abfindung relevant ist, d.h. diese berühren oder betreffen kann.[767]

Darüber hinaus bestimmt § 64 Abs. 2, dass jedem Aktionär auf Verlangen in der Hauptversammlung Auskunft auch über alle für die Verschmelzung wesentlichen Angelegenheiten der anderen beteiligten Rechtsträger gegeben werden. Dieses Auskunftsrecht ergänzt dasjenige aus § 131 Abs. 1 AktG, das sich auf die Angelegenheiten der eigenen Gesellschaft des Aktionärs bezieht. Die für § 131 AktG geltenden Grundsätze gelten auch für das Auskunftsrecht nach § 64.[768]

388 Verletzungen der Informationsrechte des Aktionärs aus § 64 machen den Verschmelzungsbeschluss unter den Voraussetzungen des § 243 Abs. 4 Satz 1 AktG anfechtbar. Da sich die Informationsrechte des Aktionärs aus § 64 im Gegensatz zu denjenigen aus § 63 nicht auf die Zeit vor der Hauptversammlung beziehen, sondern in der Hauptversammlung selbst zu erfüllen sind, gelten hinsichtlich der Anfechtbarkeit von Beschlüssen, die auf eine Verletzung des § 64 gestützt wird, zusätzlich die **Anfechtungseinschränkungen** des § 243 Abs. 4 Satz 2 AktG.[769]

---

761 Lutter/*Grunewald*, § 64 Rn. 5.
762 Schmitt/Hörtnagl/Stratz/*Westerburg*, § 64 Rn. 4 und 6.
763 Im Einzelnen *Leitzen*, DNotZ 2011, 526, 528.
764 S. *Leitzen*, DNotZ 2011, 526, 532.
765 S. *Neye/Kraft*, NZG 2011, 681, 683.
766 S. *Heckschen*, NZG 2010, 1041, 1042; anders Semler/Stengel/*Diekmann*, § 64 Rn. 12b, der einen Nachtragsbericht verlangt.
767 KK-UmwG/*Simon*, § 143 a.F. Rn. 10.
768 Lutter/*Grunewald*, § 64 Rn. 13 zur Verweigerung der Auskunft nach § 131 Abs. 3 AktG.
769 Kallmeyer/*Marsch-Barner*, § 64 Rn. 14.

e) Mehrheitserfordernisse (§ 65)

aa) Grundsatz

Ist an der Verschmelzung eine Aktiengesellschaft – als übertragender oder übernehmender Rechtsträger – beteiligt, bedarf der Zustimmungsbeschluss der entsprechenden Hauptversammlung gem. § 65 Abs. 1 Satz 1 einer Mehrheit, die mindestens drei Viertel des bei der Beschlussfassung vertretenen Grundkapitals umfasst. Dieses Mehrheitserfordernis entspricht dem Mehrheitserfordernis, das das Gesetz auch bei anderen wichtigen Entscheidungen der Hauptversammlung verlangt (s. z.B. § 179 Abs. 2 Satz 1 AktG für die Satzungsänderung, § 262 Abs. 1 Nr. 2 AktG für die Auflösung und § 293 Abs. 1 Satz 2 AktG für den Abschluss eines Unternehmensvertrages). Der Begriff des »bei der Beschlussfassung vertretenen Grundkapitals« wird nach nahezu allgemeiner Meinung im Aktienrecht dahingehend verstanden, dass bei der **Berechnung der Kapitalmehrheit** nicht auf das in der Hauptversammlung schlechthin vertretene, sondern auf das an der konkreten Abstimmung durch Abgabe von Ja- oder Nein- Stimmen teilnehmende Kapital ankommt.[770] Stimmenthaltungen bleiben daher unberücksichtigt; das gleiche gilt für ungültige Stimmen.[771]

389

Neben dem Erfordernis der 3/4-Kapitalmehrheit im vorgenannten Sinne ist zusätzlich das in § 133 Abs. 1 AktG genannte Mehrheitserfordernis zu beachten.[772] Nach § 133 Abs. 1 AktG bedürfen Hauptversammlungsbeschlüsse der **Mehrheit der abgegebenen Stimmen**, soweit nicht Gesetz oder Satzung eine größere Mehrheit vorschreibt. Zwischen der Kapitalmehrheit und der Mehrheit der abgegebenen Stimmen ist streng zu unterscheiden, auch wenn sie sich im Ergebnis häufig entsprechen.[773] Abweichungen können sich bei – grundsätzlich nicht mehr zulässigen (s. § 12 Abs. 2 AktG und § 5 AktGEG) – Mehrstimmrechten und bei Höchststimmrechten (s. § 134 Abs. 1 Satz 2 AktG) ergeben.

390

bb) Satzungsmäßige Mehrheitserfordernisse

Gem. § 65 Abs. 1 Satz 2 kann die Satzung eine größere Kapitalmehrheit und weitere Erfordernisse anordnen. Wie bei der GmbH kann daher auch bei der AG die Satzung für den Verschmelzungsbeschluss **Einstimmigkeit** verlangen.[774] Zusätzliche Mehrheitserfordernisse, die die Satzung für **Satzungsänderungen** bestimmt, gelten richtiger Ansicht nach – ebenso wie bei der GmbH – auch für Verschmelzungen.[775] Im Schrifttum ist streitig, ob Satzungsklauseln, die für die **Auflösung der Gesellschaft** eine Mehrheit verlangen, die über die in § 65 Abs. 1 Satz 1 genannte Mehrheit hinausgeht, auch für Verschmelzungen gelten. Die Frage ist im Wege der Auslegung der Satzungsbestimmung zu klären. Im Zweifel wird man eine Anwendung der Regelung über die Mehrheit für den Auflösungsbeschluss auf den Verschmelzungsbeschluss zu verneinen haben. Zwar führt ein Auflösungsbeschluss nach § 262 Abs. 1 Nr. 2 AktG im Ergebnis gem. § 273 Abs. 1 Satz 2 AktG, ebenso wie dies für die Verschmelzung gem. § 20 Abs. 1 Nr. 2 Satz 1 der Fall ist, zum Erlöschen der Gesellschaft. Die Auflösung nach § 262 Abs. 1 Nr. 2 AktG nebst sich daran anschließender Liquidation der Gesellschaft ist aber etwas wesentlich anderes als die Verschmelzung einer Gesellschaft, die im Ergebnis zu einer Fortsetzung der unternehmerischen Tätigkeit der übertragenden Gesellschaft – wenn auch über den übernehmenden Rechtsträger – führt.[776] Abweichend hiervon hat allerdings das OLG Stuttgart in einer zum Vereinsrecht ergangenen Entscheidung ein in der Satzung eines

391

---

770 S. z.B. K. Schmidt/Lutter/*Seibt*, AktG, § 179 Rn. 28; a.A. *Godin/Wilhelmi*, § 133 AktG Anm. 4.
771 Schmitt/Hörtnagl/Stratz/*Westerburg*, § 65 Rn. 8.
772 Semler/Stengel/*Diekmann*, § 65 Rn. 11; Schmitt/Hörtnagl/Stratz/*Westerburg*, § 65 Rn. 3 und 9.
773 Schmidt/Lutter/*Spindler*, § 133 Rn. 3.
774 Semler/Stengel/*Diekmann*, § 65 Rn. 13.
775 Widmann/Mayer/*Rieger*, § 65 Rn. 10.
776 So auch Semler/Stengel/*Diekmann*, § 65 Rn. 15; a.A. Lutter/*Grunewald*, § 65 Rn. 6.

Vereins für dessen Auflösung enthaltenes Mehrheitserfordernis auch einen Verschmelzungsbeschluss für anwendbar gehalten.[777]

392 Die Satzung kann die Wirksamkeit des Verschmelzungsbeschlusses nicht an die vorherige Zustimmung des Aufsichtsrates knüpfen.[778] Ein solcher Zustimmungsvorbehalt ist nach § 1 Abs. 3 Satz 1 unzulässig, da er über den in § 65 Abs. 1 Satz 2 eingeräumten Regelungsrahmen hinausgeht; denn § 65 regelt die Befugnisse der Hauptversammlung und § 65 Abs. 1 Satz 2 erlaubt somit nur Zustimmungsvorbehalte zugunsten der Aktionäre (s. § 118 Abs. 1 AktG) und nicht zugunsten Dritter.

cc) Sonderbeschluss bei mehreren Aktiengattungen

393 Sind mehrere Aktiengattungen im Sinne von § 11 AktG vorhanden, so bedarf der Beschluss der Hauptversammlung gem. § 65 Abs. 2 Satz 1 zu seiner Wirksamkeit der Zustimmung der stimmberechtigten Aktionäre jeder Gattung, und zwar gem. § 65 Abs. 2 Satz 2 jeweils mittels eines Sonderbeschlusses. Für den Sonderbeschluss gelten gem. § 65 Abs. 2 Satz 3 die Regeln in § 65 Abs. 1.

394 Gem. § 11 AktG können Aktien verschiedene Rechte gewähren und bilden Aktien mit gleichen Rechten eine Gattung. Für einen nach § 65 Abs. 2 erforderlichen Sonderbeschluss gilt § 138 AktG.[779] Kein Sonderbeschluss ist erforderlich, wenn lediglich Stammaktien und **stimmrechtslose Vorzugsaktien** nach § 139 Abs. 1 AktG ausgegeben wurden.[780] Ob das auch dann gilt, wenn das Stimmrecht nach § 140 Abs. 2 AktG wieder aufgelebt ist, ist streitig.[781] Fehlt ein erforderlicher Sonderbeschluss, ist der Hauptversammlungsbeschluss schwebend unwirksam und besteht ein Eintragungshindernis.[782]

3. Nur für übernehmende AG anwendbare Regeln zur Verschmelzung durch Aufnahme

a) Konzernverschmelzung (§ 62)

395 Zu den Vorschriften, deren Anwendung daran anknüpft, dass eine AG als übernehmender Rechtsträger an der Verschmelzung beteiligt ist, zählt zunächst § 62; § 62 stellt Sondervorschriften für die sog. Konzernverschmelzung auf. Gemeint ist damit die Situation, dass eine Kapitalgesellschaft (§ 3 Abs. 1 Nr. 2) auf eine AG verschmolzen wird und sich mindestens **neun Zehntel** des Stammkapitals oder des Grundkapitals der übertragenden Gesellschaft in der Hand der übernehmenden AG befinden. Das Schrifttum verlangt überwiegend für die Anwendung des § 62 Abs. 1 Satz 1, dass die dort genannte Beteiligungsquote vom Zeitpunkt der Anmeldung der Verschmelzung bis zu deren Eintragung vorliegt.[783] Darüber hinausgehend wird man es – entsprechend den bei § 5 Abs. 2 geltenden Grundsätzen[784] – ausreichen lassen können, dass die Beteiligungsquote erst zum Zeitpunkt der Eintragung der Verschmelzung vorliegt, da letztlich (erst) dann die Eintragungsvoraussetzungen, u. a. ein wirksamer Verschmelzungsvertrag, vorliegen müssen.[785]

---

777 OLG Stuttgart, Beschl. v. 23.05.2011 – 8 W 294/10, NotBZ 2012, 98.
778 Widmann/Mayer/*Rieger*, § 65 Rn. 8; Semler/Stengel/*Diekmann*, § 65 Rn. 17.
779 Lutter/*Grunewald*, § 65 Rn. 11.
780 Semler/Stengel/*Diekmann*, § 65 Rn. 24.
781 S. Schleswig-Holst. OLG, Beschl. v. 15.10.2007 – 5 W 50/07, AG 2008, 39 = ZIP 2007, 2162 m.w.N. auf den Meinungsstand.
782 Kallmeyer/*Zimmermann*, § 65 Rn. 27.
783 Kallmeyer/*Marsch-Barner*, § 62 Rn. 9 m.w.N. zum Meinungsstand; anders OLG Karlsruhe, AG 1992, 31, 33 und Lutter/*Grundewald*, § 62 Rn. 7 f.
784 S.o. Rdn. 51.
785 So im Ergebnis zu § 62 Abs. 4 *Leitzen*, DNotZ 2011, 526, 534; ferner *Mayer*, NZG 2012, 561, 566.

aa) Entbehrlichkeit eines Verschmelzungsbeschlusses der übernehmenden Gesellschaft (§ 62 Abs. 1)

In einer derartigen Konstellation ist gem. § 62 Abs. 1 Satz 1 ein Verschmelzungsbeschluss im Sinne von § 13 Abs. 1 bei einer übernehmenden Aktiengesellschaft nicht erforderlich. Diese Regelung, die mit Art. 113 der Gesellschaftsrechts-Richtlinie (EU) 2017/1132 vom 14.06.2017 korrespondiert, soll Konzernverschmelzungen erleichtern.[786] Einen (gewissen) **Schutz der Aktionäre der übernehmenden AG** verwirklicht das Gesetz in solchen Fällen durch § 62 Abs. 2. Nach § 62 Abs. 2 Satz 1 können Aktionäre der übernehmenden AG, deren Anteile zusammen den zwanzigsten Teil des Grundkapitals der übernehmenden Gesellschaft erreichen, die Einberufung einer Hauptversammlung verlangen, in der über die Zustimmung zu der Verschmelzung beschlossen wird. Die Satzung kann gem. § 62 Abs. 2 Satz 2 das Recht, die Einberufung der Hauptversammlung zu verlangen, an den Besitz eines geringeren Teils am Grundkapital der übernehmenden AG knüpfen. Für die Berechnung, ob die übernehmende AG zu mindestens 90 % am Kapital der übertragenden Gesellschaft beteiligt ist, sind nach § 62 Abs. 1 Satz 2 eigene Anteile der übertragenden Gesellschaft und Anteile, die einem anderen für Rechnung dieser Gesellschaft gehören, vom Stamm- oder Grundkapital der übertragenden Gesellschaft abzusetzen. Ein bloß mittelbarer Aktienbesitz reicht für § 62 Abs. 1 Satz 1 nicht aus.[787]

396

bb) Informationspflichten (§ 62 Abs. 3 Satz 1 bis Satz 3 sowie Satz 6 bis Satz 8)

Der Wegfall der Hauptversammlung, in der über die Verschmelzung beschlossen wird, nach § 62 Abs. 1 soll die (in dieser Konstellation besonders wichtigen) **Informationsrechte der Aktionäre** nach §§ 61 und 63 nicht beeinträchtigen. Im Hinblick darauf ordnet § 62 Abs. 3 die folgenden Informationspflichten des Vorstandes der übernehmenden AG an:

397

– Einen Monat vor dem Tage der Gesellschafterversammlung oder der Hauptversammlung der übertragenden Gesellschaft, die über die Verschmelzung nach § 13 Abs. 1 beschließen soll, sind gem. § 62 Abs. 3 Satz 1 in dem Geschäftsraum der übernehmenden AG die in § 63 Abs. 1 genannten Unterlagen auszulegen. Auf Verlangen ist jedem Aktionär der übernehmenden AG gem. § 62 Abs. 3 Satz 6 unverzüglich und kostenlos eine Abschrift dieser Unterlagen zu erteilen. Nach der Neuregelung in § 62 Abs. 3 Satz 7 durch das ARUG entfallen allerdings die beiden in § 62 Abs. 3 Satz 1 und Satz 6 genannten Pflichten, wenn die in § 62 Abs. 3 Satz 1 genannten Unterlagen für den genannten Zeitraum über die Internetseite der Gesellschaft zugänglich sind. Ergänzt werden diese Bestimmungen nunmehr durch den durch das 3. Gesetz zur Änderung des Umwandlungsgesetzes vom 11.07.2011 eingefügten § 62 Abs. 3 Satz 7, wonach einem Aktionär die Unterlagen i.S.v. § 62 Abs. 3 Satz 1 nicht nur wie in § 62 Abs. 3 Satz 6 vorgesehen in Papierform, sondern mit dessen – formloser[788] – Einwilligung auch auf dem Wege elektronischer Kommunikation übermittelt werden können.
– Ferner hat der Vorstand der übernehmenden AG gleichzeitig mit der Auslage der Unterlagen nach § 62 Abs. 3 Satz 1 (oder ihrer Einstellung auf die Internetseite der Gesellschaft nach § 62 Abs. 3 Satz 7) gem. § 62 Abs. 3 Satz 2 einen Hinweis auf die bevorstehende Verschmelzung in den Gesellschaftsblättern der übernehmenden AG bekannt zu machen und den Verschmelzungsvertrag oder seinen Entwurf zum Register der übernehmenden AG einzureichen. In der Bekanntmachung des Vorstandes über die bevorstehende Verschmelzung sind die Aktionäre gem. § 62 Abs. 2 Satz 3 auf ihr Recht nach § 62 Abs. 2, d.h. auf ihr Recht, die Einberufung einer Hauptversammlung zu verlangen, hinzuweisen.

---

786 Semler/Stengel/*Diekmann*, § 62 Rn. 1; kritisch Lutter/*Grunewald*, § 62 Rn. 1.
787 *Bayer/J. Schmidt*, ZIP 2010, 953, 962.
788 *Leitzen*, DNotZ 2011, 526, 532.

cc) Anmeldungsbesonderheiten (§ 62 Abs. 3 Satz 4 und Satz 5)

398 Zur verfahrensrechtlichen Absicherung der in § 62 Abs. 2 und Abs. 3 Satz 1 bis Satz 3 normierten Rechte der Aktionäre ordnet § 62 Abs. 3 Satz 4 an, dass der Anmeldung der Verschmelzung zur Eintragung in das Handelsregister ein **Nachweis der Bekanntmachung** nach § 62 Abs. 3 Satz 2 beizufügen ist. Dieser Nachweis erfolgt durch Einreichung eines Belegexemplars des Gesellschaftsblatts (d.h. mindestens des Bundesanzeigers).[789] Darüber hinaus hat der Vorstand bei der Anmeldung gem. § 62 Abs. 3 Satz 5 zu erklären, ob ein Antrag nach § 62 Abs. 2 gestellt worden ist. Sowohl die Pflicht nach § 62 Abs. 3 Satz 4 als auch diejenige nach § 62 Abs. 3 Satz 5 beziehen sich auf die Anmeldung zum Register der übernehmenden AG.[790] Die Erklärung nach § 62 Abs. 3 Satz 5 hinsichtlich eines Antrags nach § 62 Abs. 2 ist vom Vorstand in vertretungsberechtigter Zahl abzugeben.[791]

dd) Neuerungen durch das 3. Gesetz zur Änderung des Umwandlungsgesetzes vom 11.07.2011

399 Neben der weniger bedeutsamen Neuregelung in § 62 Abs. 3 Satz 7 sind durch das 3. Gesetz zur Änderung des Umwandlungsgesetzes vom 11.07.2011 – in Umsetzung der Richtlinie 2009/109/EG vom 16.09.2009[792] – mit § 62 Abs. 4 und 5 zwei praxisrelevante Änderungen im Recht der Konzernverschmelzung eingeführt worden.

(1) Entbehrlichkeit eines Verschmelzungsbeschlusses bei der übertragenden Kapitalgesellschaft (§ 62 Abs. 4)

400 § 62 Abs. 4 betrifft den Fall, dass die übernehmende AG nicht nur – wie in § 62 Abs. 1 vorausgesetzt – zu (mindestens) 90 % am Stamm- oder Grundkapital der übertragenden Kapitalgesellschaft beteiligt ist, sondern zu 100 %. In dieser Konstellation erklärt § 62 Abs. 4 Satz 1 einen Verschmelzungsbeschluss der übertragenden Kapitalgesellschaft für entbehrlich, da es wenig Sinn macht, vom Alleingesellschafter der übertragenden Gesellschaft eine gesonderte Zustimmung zu dem von ihm selbst abgeschlossenen Verschmelzungsvertrag zu verlangen.[793] Ein gleichwohl von der Alleingesellschafterin der übertragenden Gesellschaft gefasster Verschmelzungsbeschluss ist zulässig.[794] Maßgeblicher Zeitpunkt für die Beurteilung, ob die übernehmende AG 100 % der Anteile an der übertragenden Kapitalgesellschaft hält, ist richtiger Ansicht nach der Zeitpunkt der Eintragung der Verschmelzung.[795] Die Regelung in § 62 Abs. 4 Satz 2, wonach ein Verschmelzungsbeschluss der übertragenden Kapitalgesellschaft auch dann nicht erforderlich ist, wenn ein Squeeze-out-Beschluss nach § 62 Abs. 5 Satz 1 gefasst wurde und mit einem Vermerk nach § 62 Abs. 5 Satz 7 in das Handelsregister eingetragen wurde, ist daher an sich entbehrlich.[796]

Da in den Fällen des § 62 Abs. 4 Satz 1 zugleich die Voraussetzungen des § 62 Abs. 1 erfüllt sind, kann die Verschmelzung in den Fällen des § 62 Abs. 4 ohne Verschmelzungsbeschlüsse der beteiligten Rechtsträger erfolgen. Die Schutzrechte der Aktionäre der übernehmenden AG nach § 62 Abs. 2 und Abs. 3 sind aber auch in den Fällen des § 62 Abs. 4 Satz 1 zu beachten. Da die Informationspflichten nach § 62 Abs. 3 in zeitlicher Hinsicht an den Zeitpunkt der Gesellschafterversammlung oder Hauptversammlung der übertragenden Kapitalgesellschaft anknüpfen, in den Fällen des § 62 Abs. 4 Satz 1 eine solche Versammlung aber nicht stattfindet, stellt § 62 Abs. 4 Satz 3 insoweit auf einen anderen Zeitpunkt ab, nämlich auf den Zeitpunkt des Abschlusses des Verschmelzungsvertrages und verlangt, dass die Pflichten nach § 62 Abs. 3 für die Dauer eines Monats nach dessen

---

789 Semler/Stengel/*Diekmann*, § 62 Rn. 32.
790 Widmann/Mayer/*Rieger*, § 62 Rn. 46.
791 Semler/Stengel/*Diekmann*, § 62 Rn. 32.
792 Nunmehr Art. 110 ff der (Gesellschaftsrechts-) Richtlinie (EU) 2017/1132 vom 14.06.2017.
793 Vgl. *Ising*, NZG 2011, 1368, 1373 f.; kritisch hingegen *Neye/Jäckel*, AG 2010, 237, 239.
794 S. Begr. RegE, BT-Drucks. 17/3122, S. 10.
795 S.o. Rdn. 395, 51.
796 So zu Recht *Mayer*, NZG 2012, 561, 566.

Abschluss zu erfüllen sind.[797] Der Entwurf des Verschmelzungsvertrages reicht insoweit nicht aus.[798] Für den Abschluss des Verschmelzungsvertrages im Sinne von § 62 Abs. 4 Satz 3 wird man es auch nicht ausreichen lassen können, wenn der Verschmelzungsvertrag unter Mitwirkung eines vollmachtlosen Vertreters eines beteiligten Rechtsträgers beurkundet wurde.[799] Die Monatsfrist für die Erfüllung der Pflichten nach § 62 Abs. 3 beginnt richtiger Ansicht nicht am Tage nach Abschluss des Verschmelzungsvertrages, vielmehr ist der Fristbeginn durch das Gesetz nicht bestimmt und steht richtiger Ansicht nach im Ermessen der übernehmenden Gesellschaft.[800] Es kommt – zum Schutze der Aktionäre der übernehmenden AG – nur darauf an, dass, wenn der Verschmelzungsvertrag abgeschlossen ist, die in § 63 Abs. 3 Satz 1 genannten Unterlagen in den Geschäftsräumen der übernehmenden AG zur Einsicht der Aktionäre der übernehmenden AG ausgelegt werden und (jeweils gleichzeitig mit der Auslegung der Unterlagen) die beabsichtigte Verschmelzung in den Geschäftsblättern der übernehmenden AG bekanntgemacht wird und der Verschmelzungsvertrag zum Register des übernehmenden AG eingereicht wird und seit Auslegung, Bekanntmachung und Einreichung ein Monat verstrichen ist. Die Unsicherheiten bei der Bestimmung der Monatsfrist nach § 62 Abs. 4 Satz 3 für die Erfüllung der Pflichten nach § 62 Abs. 3 setzen sich bei der Frist nach § 62 Abs. 4 Satz 4 hinsichtlich der Zuleitungspflicht nach § 5 Abs. 3 fort.[801] Aus dem Begriff »spätestens« in § 62 Abs. 4 Satz 4 wird man entnehmen können, dass die Zuleitungspflicht nach § 5 Abs. 3 auch bereits vor Beginn der Frist für die Erfüllung der Pflichten nach § 62 Abs. 3 erfüllt werden kann, insb. auch durch Übersendung eines Entwurfs des Verschmelzungsvertrages.[802]

§ 62 Abs. 4 Satz 1 ist nicht (auch nicht entsprechend) auf andere als in § 62 Abs. 4 geregelte Konstellationen von »Konzernverschmelzungen« anwendbar.[803]

(2) Verschmelzungsrechtlicher Squeeze-out

Wichtigste Neuerung des 3. Gesetzes zur Änderung des Umwandlungsgesetzes vom 11.07.2011 ist der in § 62 Abs. 5 eingeführte sog. »verschmelzungsrechtliche Squeeze-out«.[804] Nach § 62 Abs. 5 Satz 1 kann, wenn eine AG auf eine andere AG, die mindestens 90 % des Grundkapitals der übertragenden AG hält, verschmolzen wird, die Hauptversammlung der übertragenden AG innerhalb von 3 Monaten nach Abschluss des Verschmelzungsvertrages einen Beschluss nach § 327a Abs. 1 Satz 1 AktG fassen, d.h. die Minderheitsaktionäre der übertragenden AG aus ihr ausschließen. Das Besondere an dieser – verfassungsrechtlich zulässigen[805] – Neuregelung liegt darin, dass für den verschmelzungsrechtlichen Squeeze-out nicht die ansonsten, d.h. für den »normalen« aktienrechtlichen Squeeze-out, erforderliche Beteiligungsquote von 95 % (s. § 327a Abs. 1 Satz 1 AktG) nötig ist, sondern bereits eine Beteiligungsquote von 90 % der übernehmenden AG an der übertragenden AG ausreicht. Während bei einer »normalen« Verschmelzung die Minderheitsaktionäre einer übertragenden AG – aufgrund der grundsätzlichen Anteilsgewährungspflicht (s. § 5 Abs. 1 Nr. 2) – Aktionäre der übernehmenden AG werden, sofern sie nicht im (Delisting-) Sonderfall des § 29 Abs. 1 Alt. 2 von ihrem Austrittsrecht Gebrauch machen, ist Kennzeichen (und von der übernehmenden AG bzw. ihren Aktionären in der Regel angestrebter Vorteil) der »besonderen« Verschmel-

401

---

797 S. dazu *Leitzen*, DNotZ 2011, 526, 535 f.
798 Anders noch der Referentenentwurf.
799 *Leitzen*, DNotZ 2011, 526, 535; a.A. *Heckschen*, NZG 2010, 1041, 1043.
800 So zu Recht Kallmeyer/*Marsch-Barner*, § 62 Rn. 31 m.w.N. auf den Meinungsstand; krit. *Kraft/Redenius/Hövermann*, ZIP 2013, 961, 965.
801 Dazu *Mayer*, NZG 2012, 561, 573 und *Ising*, NZG 2011, 1368.
802 *Mayer*, NZG 2012, 561, 573.
803 *Leitzen*, DNotZ 2011, 526, 534.
804 S. *Widmann*, Die Verschmelzung unter Ausschluss der Minderheitsaktionäre einer übertragenden AG nach § 62 Abs. 5 UmwG, 2016; Mustertexte bei Widmann/Mayer/*Mayer*, Anhang 4, M 79.13–21, Mustersatz 11c.
805 OLG Hamburg, Beschl. v. 14.06.2012 – 11 AktG 1/12, AG 2012, 639.

zung nach § 62 Abs. 5, dass die Minderheitsgesellschafter nicht Aktionäre der übernehmenden AG werden, sondern ausschließlich in bar abgefunden werden.[806]

Der verschmelzungsrechtliche Squeeze-out setzt wie jede Verschmelzung einen Verschmelzungsvertrag voraus (§ 62 Abs. 5 Satz 1). Anders als bei der »normalen« Verschmelzung bedarf es allerdings keines Verschmelzungsbeschlusses der übertragenden AG; an dessen Stelle tritt gewissermaßen der Übertragungsbeschluss nach § 327a Abs. 1 Satz 1 AktG (§ 62 Abs. 4 Satz 2). Was den Verschmelzungsbeschluss der übernehmenden AG anbelangt, gilt die allgemeine Regelung in § 62 Abs. 1 Satz 1; d.h. ein solcher Beschluss ist entbehrlich, es sei denn, eine (mindestens fünfprozentige) Minderheit von Aktionären der übernehmenden AG hat einen entsprechenden Hauptversammlungsbeschluss verlangt (§ 62 Abs. 2). Für das somit grundsätzlich (d.h. wenn kein Minderheitsbegehren nach § 62 Abs. 2 gestellt wird) durch den Verschmelzungsvertrag und den Übertragungsbeschluss gekennzeichnete Verfahren gelten umwandlungsrechtlich ferner die folgenden Vorgaben und Besonderheiten:[807]

(a) Der verschmelzungsrechtliche Squeeze-out setzt voraus, dass der übertragende und der übernehmende Rechtsträger eine AG, eine KGaA (§§ 78, 62 Abs. 5 S. i.V.m. § 327a Abs. 1 Satz 1 AktG) oder eine inländische SE (Art. 10 SE-VO) sind.[808] Der übernehmende Rechtsträger muss diese Rechtsform spätestens zum Zeitpunkt des Übertragungsbeschlusses der übertragenden AG haben.[809] Ein zeitlich vorgelagerter Verschmelzungsvertrag ist in diesen Fällen unter der aufschiebenden Bedingung abzuschließen, dass der übernehmende Rechtsträger die entsprechende Rechtsform erlangt.[810] Einem solchen Vorgehen, z.B. wenn der übernehmende Rechtsträger, um einen verschmelzungsrechtlichen Squeeze-out nach § 62 Abs. 5 durchzuführen, im Wege des Formwechsels aus einer GmbH zur AG wird, steht der Einwand des Rechtsmissbrauchs nicht entgegen; es wäre Sache des Gesetzgebers gewesen, zum Schutze der Minderheitsaktionäre der übertragenden AG diesbezügliche (z.B. zeitliche) Einschränkungen für die Einleitung eines Verfahrens nach § 62 Abs. 5 zu bestimmen.[811]

(b) Die von § 62 Abs. 5 Satz 1 geforderte Beteiligungsquote von 90 % muss die übernehmende AG spätestens im Zeitpunkt des Übertragungsbeschlusses innehaben; nach überwiegender Ansicht muss dieses Beteiligungsverhältnis auch bei der Eintragung des Übertragungsbeschlusses (§ 327e AktG) und der Eintragung der Verschmelzung fortbestehen.[812] Bei der Berechnung der erforderlichen Beteiligungsquote gelten die aktienrechtlichen Vorschriften in § 327a Abs. 2 AktG, § 16 Abs. 2 und 4 AktG nicht, sondern sind die Sondervorschriften in § 62 Abs. 1 zu beachten; insbesondere werden daher der übernehmenden AG nicht Aktien zugerechnet, die von ihr nach § 16 Abs. 4 AktG abhängige Gesellschaften an der übertragenden AG halten.

(c) Der Verschmelzungsvertrag oder sein Entwurf muss – über die Pflichtangaben nach § 5 hinausgehend – gem. § 62 Abs. 5 Satz 2 die Angabe enthalten, dass im Zusammenhang mit der Verschmelzung ein Ausschluss der Minderheitsaktionäre der übertragenden AG erfolgen soll. Richtiger Ansicht nach sind Angaben zum Umtausch der Anteile (§ 5 Abs. 1 Nr. 2 bis 5) in einem Verschmelzungsvertrag, bei dem ein verschmelzungsrechtlicher Squeeze-out vorgesehen ist, gem.

---

806 MünchHdb GesR VIII/*Kiefner/Seibel*, § 17 Rn. 3.
807 Übersicht zum Ablauf bei MünchHdb GesR VIII/*Kiefner/Seibel*, § 17 Rn. 26 ff; ferner *Mayer*, NZG 2012, 561 ff.; *Hofmeister*, NZG 2012, 688 ff; *Schockenhoff/Lumpp*, ZIP 2013, 749.
808 *Kiefner/Brügel*, AG 2011, 525, 532.
809 *Göthel*, ZIP 2011, 1541, 1544; Lutter/*Grunewald*, § 62 Rn. 32.
810 MünchHdb GesR VIII/*Kiefner/Seibel*, § 17 Rn. 16.
811 OLG Hamburg, Beschl. v. 14.06.2012 – 11 AktG 1/12, AG 2012, 639; MünchHdb GesR VIII/*Kiefner/Seibel*, § 17 Rn. 19 ff (auch zu weiteren Fallgruppen); anders zur Zwischenholding, *Wagner*, DStR 2010, 1629, 1634; kritisch auch *Florstedt*, NZG 2015, 1212 und *Schröder/Wirsch*, ZGR 2012, 660.
812 Widmann/Mayer/*Rieger*, § 62 Rn. 113 m.wN.; *Mayer*, NZG 2012, 561, 564 zu den Auswirkungen auf den Verschmelzungsvertrag; a.A. MünchHdb GesR VIII/*Kiefner/Seibel*, § 17 Rn. 18 (nur beim Übertragungsverlangen und -beschluss).

§ 5 Abs. 2 entbehrlich.[813] Auch wenn § 62 Abs. 5 Satz 7 die Wirksamkeit des Übertragungsschlusses – und damit den Eintritt der in § 5 Abs. 2 angesprochenen Konstellation – (erst) an die Eintragung der Verschmelzung knüpft, ist dies für die Anwendung des § 5 Abs. 2 ausreichend.[814] Auch eine Barabfindung nach § 29 Abs. 1 Alt. 2 muss der Verschmelzungsvertrag nicht enthalten, da die gem. § 62 Abs. 5 Satz 8 anwendbare Vorschrift in § 327b Abs. 1 Satz 1 AktG vorrangig ist.[815] Empfohlen wird überwiegend, den Verschmelzungsvertrag unter die aufschiebende Bedingung der Eintragung des Squeeze-out zu stellen.[816] Nach Abschluss des Verschmelzungsvertrages sind gem. § 62 Abs. 5 Satz 3 »für die Dauer eines Monats« die in § 62 Abs. 3 genannten Offenlegungs- und Bekanntmachungspflichten zu erfüllen.[817] Im Schrifttum wird zum Teil angenommen, dass diese Pflichten nicht nur für die übernehmende, sondern auch für die übertragende AG gelten.[818] Dagegen spricht, dass § 62 Abs. 3 spezifische Schutzregeln für die Aktionäre der übernehmenden AG enthält.[819] Spätestens mit Beginn der in § 62 Abs. 5 Satz 3 genannten Frist (d.h. dem Abschluss des Verschmelzungsvertrages) ist ferner gem. § 62 Abs. 5 Satz 4 die Pflicht zur Zuleitung des Verschmelzungsvertrages an den Betriebsrat (§ 5 Abs. 3) zu erfüllen;[820] auch diese Regelung bezieht sich auf die übernehmende AG bzw. deren Betriebsrat und korrespondiert mit der entsprechenden Regelung in § 62 Abs. 4 Satz 4 für die Unterrichtung des Betriebsrates der übertragenden AG.[821]

(d) Für den Übertragungsbeschluss der Aktionäre der übertragenden AG nach § 327a Abs. 1 AktG, der gem. § 62 Abs. 5 Satz 1 innerhalb von 3 Monaten nach Abschluss des Verschmelzungsvertrages gefasst werden kann, gelten gem. § 62 Abs. 5 Satz 8 die diesbezüglichen aktienrechtlichen Bestimmungen in §§ 327a bis 327f AktG.[822] § 62 Abs. Satz 5 modifiziert insoweit § 327 c Abs. 3 AktG, indem er (sinnvollerweise) den Verschmelzungsvertrag oder seinen Entwurf zu den nach § 327 c Abs. 3 AktG von der Einberufung der Hauptversammlung an auszulegenden Dokumenten erklärt. Der Anmeldung des Übertragungsbeschlusses ist nach § 62 Abs. 5 Satz 6 der Verschmelzungsvertrag beizufügen.

Gem. § 62 Abs. 5 Satz 7 ist der Übertragungsbeschluss mit dem Vermerk in das Handelsregister einzutragen, dass er erst gleichzeitig mit der Eintragung der Verschmelzung im Register des Sitzes der übernehmenden AG wirksam wird. Mit dieser Verknüpfung will der Gesetzgeber einen Missbrauch der Regelung in § 62 Abs. 5 Satz 1 verhindern; die Beteiligten müssen also den Verschmelzungsvertrag nicht nur – wie noch im Regierungsentwurf vorgesehen – abschließen, um den Squeeze-out unter den Erleichterungen des § 62 Abs. 5 Satz 1 durchzuführen, sondern die Verschmelzung auch mit ihrer Eintragung »zu Ende« führen, um einen wirksamen Squeeze-out herbeizuführen.[823]

(e) Ist der Übertragungsbeschluss nach § 62 Abs. 5 Satz 1 gefasst und mit dem Wirksamkeitsvorbehalt nach § 62 Abs. 5 Satz 7 in das Handelsregister eingetragen, bedarf es bei der übertragenden AG gem. § 62 Abs. 4 Satz 2 keines Verschmelzungsbeschlusses.

(f) Richtiger Ansicht nach bedarf es im Hinblick auf die durch den Übertragungsbeschluss geschaffene 100 %-ige Beteiligung der übernehmenden AG an der übertragenden AG keines Verschmel-

---

813 So zu Recht *Mayer*, NZG 2012, 561, 564; Lutter/*Grunewald*, § 62 Rn. 38; anders *Neye/Kraft*, NZG 2011, 681, 683.
814 S.o. Rdn. 395.
815 Kallmeyer/Marsch-Barner, § 62 Rn. 38.
816 Z.B. MünchHdb GesR VIII/*Kiefner/Seibel*, § 17 Rn. 35.
817 Dazu oben Rdn. 397.
818 Lutter/*Grunewald*, § 62 Rn. 40.
819 So zu Recht MünchHdb GesR VIII/*Kiefner/Seibel*, § 17 Rn. 49 mit dem Hinweis, dass der Vorstand der übertragenden AG in der Praxis gleichwohl regelmäßig (vorsorglich) eine Hinweisbekanntmachung nach § 62 Abs. 3 S. 2 vornimmt.
820 Zur zeitlichen Planung s. *Mayer*, NZG 2012, 561, 565.
821 Näher Widmann/Mayer/*Rieger*, § 62 Rn. 83 und 192.
822 Dazu im Einzeln *Mayer*, NZG 2012, 561, 567 ff.
823 *Leitzen*, DNotZ 2011, 526, 538.

zungsberichts (§ 8 Abs. 3 Satz 1) und auch keiner Verschmelzungsprüfung (§ 60, § 9 Abs. 2) bezüglich der übertragenden AG mehr, da diese Schutzmechanismen in dieser Situation keinerlei Sinn mehr entfalten.[824]

b) Nachgründungsrecht, § 67

402 An die Beteiligung einer AG als übernehmender Rechtsträger knüpft auch § 67 an. Danach finden, wenn der Verschmelzungsvertrag in den ersten 2 Jahren seit Eintragung der übernehmenden AG in das Handelsregister geschlossen wird, die Vorschriften in § 52 Abs. 3, 4, 6 bis 9 AktG über die Nachgründung entsprechende Anwendung. Das Gesetz will so sicherstellen, dass über eine Verschmelzung nicht die Nachgründungsvorschriften und der mit ihnen verfolgte Zweck, die **Kapitalaufbringung** bei der Aktiengesellschaft zu sichern (§ 27 AktG), umgangen werden können.[825] Die Besonderheiten, die mit der Anwendung des § 67 einhergehen, sind auch in verfahrensrechtlicher Hinsicht erheblich. Im Einzelnen gilt Folgendes:

aa) Voraussetzungen für die Anwendung der Nachgründungsvorschriften

403 § 67 Satz 1 stellt in zeitlicher Hinsicht, d.h. bezüglich des dort genannten **Zwei-Jahreszeitraums**, auf den Abschluss des Verschmelzungsvertrages ab. Damit ist der Zeitpunkt der Beurkundung des Verschmelzungsvertrages gemeint (§§ 4, 6).[826] Keine Anwendung finden die Nachgründungsvorschriften in § 52 Abs. 3, 4, 6 bis 8 AktG gem. § 67 Satz 1 i.V.m. § 52 Abs. 9 AktG dann, wenn der verschmelzungsbedingte Erwerb des Vermögens des übertragenden Rechtsträgers durch die übernehmende AG eine Maßnahme ist, die »im Rahmen der laufenden Geschäfte der Gesellschaft« erfolgt. Das wird man nur ausnahmsweise bejahen können.[827] Keine Anwendung finden die Nachgründungsvorschriften gem. § 67 Satz 2, 1. Alt., wenn auf die zu gewährenden Aktien nicht mehr als der zehnte Teil des Grundkapitals der AG entfällt. Erhöht die AG zur Durchführung der Verschmelzung ihr Grundkapital (§ 69), so ist der Berechnung gem. § 67 Satz 3 das erhöhte Grundkapital zugrunde zu legen. Mit der 10-%-Grenze in § 67 Satz 2, 1. Alt. gibt das Gesetz zu erkennen, dass es eine relevante Gefährdung der Kapitalaufbringung erst jenseits dieser Schwelle für gegeben ansieht.[828] Keine Anwendung finden die Nachgründungsvorschriften schließlich gem. § 67 Satz 2, 2. Alt., wenn die übernehmende AG durch einen Formwechsel aus einer GmbH hervorgegangen ist und die GmbH zuvor mindestens 2 Jahre im Handelsregister eingetragen war. § 67 ist – wie § 67 Satz 3 zeigt – unabhängig davon anwendbar, ob die zu gewährenden Anteile aus einer Kapitalerhöhung stammen oder eigene Anteile der übernehmenden AG sind. Streitig ist, ob die Anwendung der Nachgründungsvorschriften davon abhängt, dass der Verschmelzungspartner mit mehr als 10 % am Grundkapital der übernehmenden AG beteiligt ist.[829] Dagegen spricht, dass § 67 Satz 1 gerade nicht auf § 52 Abs. 1 AktG, der diese Einschränkung enthält, verweist.[830]

bb) Rechtsfolgen

(1) Prüfung und Bericht durch Aufsichtsrat (§ 52 Abs. 3 AktG)

404 Greifen nach § 67 die Nachgründungsvorschriften ein, bedeutet dies zunächst, dass der Aufsichtsrat vor der Beschlussfassung der Hauptversammlung den Verschmelzungsvertrag gem. § 52 Abs. 3 AktG

---

824 So – gegen *Neye/Kraft*, NZG 2011, 681, 683 – zu Recht *Mayer*, NZG 2012, 561, 573, der aber vorsorglich einen (gemeinsamen) Verschmelzungsbericht und eine Verschmelzungsprüfung empfiehlt; MünchHdb GesR VIII/*Kiefner/Seibel*, § 17 Rn. 40 m.w.N.; *Arens*, WM 2014, 682, 684 m.w.N., dort auch zur (streitigen) Behandlung von bedingten Aktienbezugsrechten.
825 Widmann/Mayer/*Rieger*, § 67 Rn. 3.
826 S. z.B. Kallmeyer/*Marsch-Barner*, § 67 Rn. 3.
827 Semler/Stengel/*Diekmann*, § 67 Rn. 27.
828 Zur Berechnung im Einzelnen s. etwa Lutter/*Grunewald*, § 67 Rn. 6 ff.
829 So *Priester*, DB 2001, 467, 469; Lutter/*Grunewald*, § 67 Rn. 3.
830 So auch Widmann/Mayer/*Rieger*, § 67 Rn. 18; Semler/Stengel/*Diekmann*, § 67 Rn. 5.

zu prüfen hat und einen schriftlichen Bericht (**Nachgründungsbericht**) zu erstatten hat. Hinsichtlich der Anforderungen an den Nachgründungsbericht verweist § 52 Abs. 3 Satz 2 AktG auf die Vorschriften in § 32 Abs. 2 und 3 AktG über den Gründungsbericht.

(2) Gründungsprüfung (§ 52 Abs. 4 AktG)

Ferner hat vor der Beschlussfassung über den Verschmelzungsvertrag gem. § 52 Abs. 4 Satz 1 AktG eine **Nachgründungsprüfung** durch einen oder mehrere Gründungsprüfer stattzufinden. Für diese Prüfung gelten gem. § 52 Abs. 4 Satz 2 AktG die Vorschriften in § 33 Abs. 3 bis 5 AktG sowie §§ 34 und 35 AktG entsprechend. Es ist zulässig und empfehlenswert, dass die Verschmelzungsprüfer die Nachgründungsprüfung durchführen.[831] Zuständig für die Bestellung der Prüfer ist das Gericht (§ 52 Abs. 4 Satz 2 AktG i.V.m. § 33 Abs. 3 Satz 2 AktG). Die nunmehr durch das ARUG eingeführte Möglichkeit, bei Einbringung bestimmter Vermögenswerte, für deren Bewertung eindeutige Hinweise vorliegen (wie z.B. bestimmten Wertpapieren), von einer Gründungsprüfung (§ 33a AktG) und damit auch einer Nachgründungsprüfung (§ 52 Abs. 4 Satz 3 AktG) abzusehen, hat für die verschmelzungsbedingte Nachgründungsprüfung keine Relevanz.

405

(3) Eintragung des Verschmelzungsvertrages

In verfahrensrechtlicher Hinsicht von besonderer Bedeutung ist der Verweis in § 67 Satz 1 auf die Regeln in § 52 Abs. 6 bis 8 AktG. Nach § 52 Abs. 6 Satz 1 AktG i.V.m. § 67 Satz 1 hat der Vorstand den Verschmelzungsvertrag nach Zustimmung durch die Hauptversammlung zur Eintragung in das Handelsregister anzumelden. Diese sich auf die Anmeldung des Verschmelzungsvertrages beziehende Pflicht ist von derjenigen in § 16 zur Anmeldung der Verschmelzung zu unterscheiden. Bei der Anmeldung des Verschmelzungsvertrages sind gem. § 52 Abs. 6 Satz 2 AktG der Verschmelzungsvertrag, der Nachgründungsbericht und der Bericht der Nachgründungsprüfer beizufügen. Ohne Eintragung des Verschmelzungsvertrages wird auch die Verschmelzung als solche nicht eingetragen.[832]

406

c) Verschmelzung ohne Kapitalerhöhung (§ 68)

Bei der Verschmelzung auf eine übernehmende AG stellt sich ebenso wie bei der Verschmelzung auf eine übernehmende GmbH die (zentrale) Frage, ob die übernehmende AG ihr Kapital zur Durchführung der Verschmelzung erhöhen darf bzw. muss oder nicht. Das Gesetz beantwortet diese Frage in § 68 für die AG in nahezu (auch vom Wortlaut her) identischer Weise wie in § 54 für die GmbH. Auf die Ausführungen zu § 54 kann daher verwiesen werden.[833] Abweichend von § 54 Abs. 1 Satz 1 Nr. 3 und Satz 2 Nr. 2 ist in § 68 Abs. 1 Satz 1 Nr. 3 und Satz 2 Nr. 2 allerdings davon die Rede, dass der »Ausgabebetrag« der Aktien nicht voll geleistet ist bzw. dass der »**Ausgabebetrag**« für die Aktien bereits voll geleistet ist. Während es bei der GmbH im Rahmen von § 54 Abs. 1 Satz 1 Nr. 3 und Satz 2 Nr. 2 nur auf die Zahlung des Nennbetrages der Geschäftsanteile ankommt, reicht bei der AG die Zahlung des Nennbetrages oder bei Stückaktien des anteiligen Betrages des Grundkapitals (§ 9 Abs. 1 AktG) nicht aus, sondern muss auch ein eventuelles Agio (§ 9 Abs. 2 AktG) geleistet sein. Hintergrund für diese Abweichung zur GmbH ist, dass das Agio bei der AG – anders als bei der GmbH – der Kapitalbindung unterliegt.[834]

407

Erhebliche Schwierigkeiten bereitet allerdings die Einordnung und das Verständnis des in § 68 Abs. 1 Satz 1 Nr. 3 – parallel zu § 54 Abs. 1 Satz 1 Nr. 3 – normierten Kapitalerhöhungsverbots; denn im Gegensatz zum GmbH-Recht, wo der **Erwerb eigener nicht eingezahlter Anteile** gem. § 33 Abs. 1 GmbHG verboten ist – und dieses Verbot durch § 54 Abs. 1 Satz 1 Nr. 3 abgesichert werden soll –,

408

---

831 Schmitt/Hörtnagl/Stratz/*Westerburg*, § 67 Rn. 12; Semler/Stengel/*Diekmann*, § 67 Rn. 19.
832 Lutter/*Grunewald*, § 67 Rn. 17 ff.; dort auch zu den Rechtsfolgen einer Missachtung der Nachgründungsvorschriften.
833 S.o. Rdn. 306 ff.
834 Lutter/*Grunewald*, § 68 Rn. 3.

lässt § 71 Abs. 1 Nr. 5, Abs. 2 Satz 3 AktG den Erwerb eigener nicht volleingezahlter Anteile durch Gesamtrechtsnachfolge (§ 20 Abs. 1 Nr. 1) zu.[835] Zum Teil wird im Schrifttum gleichwohl – um § 68 Abs. 1 Satz 1 Nr. 3 überhaupt einen nachvollziehbaren Sinn beizulegen – davon ausgegangen, dass solche nicht voll eingezahlten Anteile nicht in das Vermögen der übernehmenden AG übergehen dürften, was der aus § 33 Abs. 1 GmbHG resultierenden Rechtslage bei der GmbH entspräche.[836] Dem dürfte allerdings die gesetzliche Regelung entgegenstehen. Man wird vielmehr davon auszugehen haben, dass die nicht voll eingezahlten Anteile an der übernehmenden AG, die von dem übertragenden Rechtsträger gehalten werden, den Anteilsinhabern des übertragenden Rechtsträgers im Rahmen der Verschmelzung gewährt werden können, dies aber – im Hinblick auf den Übergang der Einlagenschuld – nur mit dem Einverständnis dieser Anteilsinhaber zulässig ist.[837]

409 Durch das 2. Gesetz zur Änderung des Umwandlungsgesetzes vom 19.04.2007 wurde wie bei § 54 die Möglichkeit eingeführt, von einer Anteilsgewährung und damit einer Kapitalerhöhung bei der übernehmenden AG abzusehen, wenn alle Anteilsinhaber eines übertragenden Rechtsträgers hierauf in notariell zu beurkundender Form verzichten (§ 68 Abs. 1 Satz 3). Im Schrifttum wird zum Teil die Vereinbarkeit dieser **Verzichtsmöglichkeit** mit der Verschmelzungsrichtlinie (jetzt Gesellschaftsrechts-Richtlinie) in Frage gestellt.[838] Für die Praxis ist von der Zulässigkeit des Verzichts auszugehen, der insbesondere bei der Verschmelzung von beteiligungsidentischen Schwestergesellschaften von Bedeutung ist.[839]

d) Verschmelzung mit Kapitalerhöhung (§ 69)

410 Erhöht eine übernehmende AG zur Durchführung der Verschmelzung, d.h. zur Schaffung der den Anteilsinhabern der übertragenden Rechtsträger zu gewährenden Aktien, ihr Kapital, sind grundsätzlich, d.h. vorbehaltlich der in § 69 genannten Modifikationen, die Vorschriften des AktG über Kapitalerhöhungen (§§ 182 ff. AktG) anwendbar; dies folgt dem Regelungsmuster der für die Verschmelzung auf eine GmbH geltenden Parallelregelung in § 55.

aa) Anwendbare Vorschriften des AktG

(1) Allgemeine Anforderungen an den Kapitalerhöhungsbeschluss (§ 182 Abs. 1 bis 3 AktG)

411 Anwendbar sind damit insbesondere die Vorschriften in § 182 Abs. 1 und 2 AktG, so dass nach § 182 Abs. 1 Satz 1 AktG u. a. ein Kapitalerhöhungsbeschluss erforderlich ist, der mit einer **Mehrheit von mindestens drei Viertel des bei der Beschlussfassung vertretenen Kapitals** gefasst wird. Dies entspricht der nach § 65 Abs. 1 Satz 1 für den Verschmelzungsbeschluss erforderlichen Mehrheit. Gem. § 182 Abs. 1 Satz 2 AktG kann die Satzung für den Kapitalerhöhungsbeschluss eine andere Kapitalmehrheit, für die Ausgabe von Vorzugsaktien jedoch nur eine größere Kapitalmehrheit vorschreiben. Zusätzlich gilt das Erfordernis der **einfachen Mehrheit nach § 133 Abs. 1 AktG**.[840] Vergleichbar den Regelungen in § 65 Abs. 1 Satz 2 und § 65 Abs. 2 zum Verschmelzungsbeschluss ordnen § 182 Abs. 1 Satz 3 und Abs. 2 AktG für den Kapitalerhöhungsbeschluss an, dass die Satzung weitere Erfordernisse aufstellen kann und der Beschluss, wenn mehrere Gattungen von stimmberechtigten Aktien vorhanden sind, zu seiner Wirksamkeit der Zustimmung der Aktionäre jeder Gattung mittels eines Sonderbeschlusses bedarf.

412 Anwendbar auf die verschmelzungsbedingte Kapitalerhöhung ist auch § 182 Abs. 3 AktG. § 182 Abs. 3 AktG bestimmt, dass, wenn die neuen Aktien für einen höheren Betrag als den geringsten

---

[835] Semler/Stengel/*Diekmann*, § 68 Rn. 10.
[836] Lutter/*Grunewald*, § 68 Rn. 4.
[837] S. Widmann/Mayer/*Rieger*, § 68 Rn. 19.2.
[838] *Mayer/Weiler*, DB 2007, 1235, 1239; *Weiler*, NZG 2008, 527, 528; dagegen etwa Lutter/*Grunewald*, § 68 Rn. 5; offen Schmitt/Hörtnagl/Stratz/*Westerburg*, § 68 Rn. 13.
[839] Semler/Stengel/*Diekmann*, § 68 Rn. 16.
[840] Widmann/Mayer/*Rieger*, § 69 Rn. 19 und oben Rdn. 390.

Ausgabebetrag ausgegeben werden sollen, im Beschluss über die Kapitalerhöhung der Mindestbetrag, unter dem sie nicht ausgegeben werden sollen, festzusetzen ist. Der Beschluss über eine verschmelzungsbedingte Kapitalerhöhung kann daher einen solchen Betrag ausweisen.[841] Das hat zur Folge, dass die Aktien nicht unter diesem Betrag ausgegeben werden dürfen und dementsprechend gesetzliche Rücklagen nach § 272 Abs. 2 Nr. 1 HGB zu bilden sind. Allein der Umstand, dass durch den verschmelzungsbedingten Vermögensübergang faktisch bei der übernehmenden AG ein höherer Ausgabebetrag erzielt wird, führt aber richtiger Ansicht nach nicht dazu, dass eine **Agio-Festsetzung** im Kapitalerhöhungsbeschluss zwingend erforderlich wäre; die übernehmende AG hat vielmehr, falls kein Mindestausgabebetrag festgesetzt wird, ein Wahlrecht, ob sie zum Nennwert bilanziert und etwaige stille Reserven übernimmt oder ob sie zu einem höheren Ausgabebetrag bilanziert und den über den Nennbetrag liegenden Mehrbetrag in die Rücklagen einstellt.[842]

(2) Besondere Anforderungen nach § 183 AktG

Die verschmelzungsbedingte Kapitalerhöhung ist der Sache nach eine Kapitalerhöhung gegen Sacheinlagen, so dass nach § 69 Abs. 1 Satz 1 auch § 183 Abs. 1 und 2 AktG und unter den Einschränkungen des § 69 Abs. 1 Satz 1 Halbs. 2 auch § 183 Abs. 3 AktG anwendbar ist. Das bedeutet zunächst, dass im Erhöhungsbeschluss nach § 183 Abs. 1 Satz 1 AktG der Gegenstand der »Sacheinlage« (d.h. das Vermögen der übertragenden Rechtsträger), die Person, von der die Gesellschaft den Gegenstand erwirbt, und der Nennbetrag, bei Stückaktion die Zahl der bei der Sacheinlage zu gewährenden Aktien festgesetzt werden müssen. Darüber hinaus darf der Beschluss nach § 183 Abs. 1 Satz 2 AktG nur gefasst werden, wenn die Einbringung von Sacheinlagen und die Festsetzungen nach § 183 Abs. 1 Satz 1 AktG ausdrücklich und ordnungsgemäß mittels der **Tagesordnung** bekannt gemacht worden sind. Nach der Neufassung des § 121 Abs. 3 AktG durch das ARUG ist die Tagesordnung Bestandteil der Einberufung (§ 121 Abs. 3 Satz 2 AktG. Diese ist gem. § 121 Abs. 4 Satz 1 AktG in den Geschäftsblättern der Gesellschaft bekanntzumachen; bei namentlich bekannten Aktionären gelten die Sonderregeln in § 121 Abs. 4 Satz 2 und Satz 3 AktG.

413

Besonderheiten gelten gem. § 69 Abs. 1 Satz 1 Halbs. 2 im Hinblick auf die bei der Kapitalerhöhung gegen Sacheinlagen ansonsten grundsätzlich nach § 183 Abs. 3 AktG erforderliche Sacheinlagenprüfung. Die **Sacheinlagenprüfung** nach § 183 Abs. 3 AktG dient der Vermeidung von Kapitalerhöhungen, die nicht durch entsprechende Werte unterlegt sind.[843] Bei der verschmelzungsbedingten Kapitalerhöhung ist die Prüfung nach § 69 Abs. 1 Satz 1 Halbs. 2 nur in folgenden Fällen erforderlich:
— soweit übertragende Rechtsträger die Rechtsform einer Personenhandelsgesellschaft, einer Partnerschaftsgesellschaft oder eines rechtsfähigen Vereins haben
— wenn Vermögensgegenstände in der Schlussbilanz eines übertragenden Rechtsträgers höher bewertet worden sind als in dessen letzter Jahresbilanz
— wenn die in einer Schlussbilanz angesetzten Werte nicht als Anschaffungskosten in den Jahresbilanzen der übernehmenden Gesellschaft angesetzt werden
— oder wenn das Gericht Zweifel hat, ob der Wert der Sacheinlage den geringsten Ausgabebetrag der dafür zu gewährenden Aktien erreicht.

414

§ 69 Abs. 1 Satz 1 Halbs. 2, Var. 1 basiert auf der Überlegung, dass es bei den dort genannten Rechtsträgern keine gesetzlichen Vorschriften zur Absicherung der Kapitalaufbringung und -erhaltung gibt.[844] § 69 Abs. 1 Satz 1 Halbs. 2, Var. 2 hat (wohl) zum Hintergrund, dass der Gesetzgeber die bilanzielle Höherbewertung als Indiz für eine mögliche mangelnde Werthaltigkeit der Sacheinlage ansieht.[845] Wird – wie üblich – als Schlussbilanz im Sinne von § 17 Abs. 2 die ohnehin zum Abschluss des Geschäftsjahres zu erstellende Bilanz verwendet, ist im Rahmen des § 69 Abs. 1 Satz 1

415

---

841 Lutter/*Grunewald*, § 69 Rn. 6.
842 Widmann/Mayer/*Rieger*, § 69 Rn. 18; a.A. wohl Schmitt/Hörtnagl/Stratz/*Westerburg*, § 69 Rn. 21.
843 Lutter/*Grunewald*, § 69 Rn. 8.
844 Semler/Stengel/*Diekmann*, § 69 Rn. 8.
845 Widmann/Mayer/*Rieger*, § 69 Rn. 25.

Halbs. 2, Var. 2 der Wertansatz in der Schlussbilanz nach § 17 Abs. 2 mit dem entsprechenden Wertansatz in der vorhergehenden Jahresbilanz zu vergleichen.[846] § 69 Abs. 1 Satz 1 Halbs. 2, Var. 3 ist im Zusammenhang mit der Regelung in § 24 zu sehen. § 24 räumt dem übernehmenden Rechtsträger ein sog. **Bilanzierungswahlrecht** ein.[847] Der übernehmende Rechtsträger kann als Anschaffungskosten für das im Zuge der Verschmelzung auf ihn übergehende Vermögen die bisherigen in der Schlussbilanz der übertragenden Rechtsträger angesetzten Werte ansetzen (**sog. Buchwertfortführung**). Daneben besteht für den übernehmenden Rechtsträger die Möglichkeit, als Anschaffungskosten nicht die Buchwerte, sondern die nach § 255 HGB ermittelten (gegebenenfalls höheren) Kosten anzusetzen.[848] Wird von letzterer Möglichkeit Gebrauch gemacht, führt dies zur Erforderlichkeit der Sacheinlagenprüfung nach § 69 Abs. 1 Satz 1 Halbs. 2, Var. 3. Gewisse Schwierigkeiten in der praktischen Handhabung löst es aus, wenn die Bilanz der übernehmenden Gesellschaft noch nicht vorliegt. Ist die Buchwertfortführung geplant, empfiehlt es sich, dies gegenüber dem Gericht zu erklären.[849] In der Regel findet sich auch im Verschmelzungsvertrag eine Aussage darüber, ob von dem Wahlrecht nach § 24 Gebrauch gemacht wird. § 69 Abs. 1 Satz 1 Halbs. 2, Var. 4 ist Ausfluss der allgemeinen Befugnis des Registergerichts, im Rahmen der Prüfung der Kapitalaufbringung die Werthaltigkeit von Sacheinlagen zu prüfen.

416 Nach dem durch das 3. Gesetz zur Änderung des Umwandlungsgesetzes vom 11.07.2011 eingeführten § 69 Abs. 1 Satz 4 kann – falls eine Prüfung nach § 183 Abs. 3 AktG durchzuführen ist – der Verschmelzungsprüfer zum Prüfer bestellt werden. Dies dient der Senkung der mit einer Verschmelzung verbundenen Verfahrenskosten.[850]

(3) Genehmigtes und bedingtes Kapital

417 Wie sich aus § 69 Abs. 1 Satz 2 ergibt, kann grundsätzlich auch genehmigtes Kapital zur Durchführung der Verschmelzung genutzt werden. Da die verschmelzungsbedingte Kapitalerhöhung eine solche gegen Sacheinlagen ist, setzt dies allerdings gem. § 205 Abs. 1 AktG voraus, dass in der **Ermächtigung** vorgesehen ist, dass die Aktien gegen Sacheinlagen ausgegeben werden dürfen. Das in § 203 Abs. 3 Satz 1 AktG geregelte Gebot, die neuen Aktien nicht auszugeben, solange ausstehende Einlagen auf das bisherige Grundkapital noch erlangt werden können, gilt für die verschmelzungsbedingte Kapitalerhöhung gem. § 69 Abs. 1 Satz 3 nicht; denn bei der Verschmelzung geht es darum, das Vermögen des übertragenden Rechtsträgers zu erwerben.[851] Gem. § 69 Abs. 1 Satz 2 gelten die in § 69 Abs. 1 Satz 1 genannten Erleichterungen auch, wenn genehmigtes Kapital zur verschmelzungsbedingten Kapitalerhöhung eingesetzt wird. Insbesondere gilt für die ansonsten vorgeschriebene Sacheinlage-Prüfung nach § 205 Abs. 5 AktG die Einschränkungen gem. § 69 Abs. 1 Satz 1 Halbs. 2.

418 Im Hinblick auf § 192 Abs. 2 Nr. 2 AktG kann auch bedingtes Kapital zur verschmelzungsbedingten Kapitalerhöhung herangezogen werden.[852] Die Erleichterungen des § 69 Abs. 1 Satz 1 Halbs. 2 bezüglich der gem. § 194 Abs. 4 AktG vorgeschriebenen Sacheinlagenprüfung gelten auch insoweit.[853]

bb) Nicht anwendbare Vorschriften des AktG

419 § 69 Abs. 1 Satz 1 Halbs. 1 erklärt einige Vorschriften der §§ 182 ff. AktG für nicht anwendbar. In materiellrechtlicher Hinsicht sind insoweit von Bedeutung:

---

846 Kallmeyer/*Marsch-Barner*, § 69 Rn. 9.
847 Lutter/*Priester/Hennrichs*, § 24 Rn. 73.
848 Lutter/*Priester/Hennrichs*, § 24 Rn. 43 ff. dort auch zu den im Einzelnen streitigen Einzelheiten.
849 Semler/Stengel/*Diekmann*, § 69 Rn. 10; Lutter/*Grunewald*, § 69 Rn. 10.
850 *Neye/Kraft*, NZG 2011, 681, 683.
851 Lutter/*Grunewald*, § 69 Rn. 24.
852 Schmitt/Hörtnagl/Stratz/*Westerburg*, § 69 Rn. 27.
853 Lutter/*Grunewald*, § 69 Rn. 25.

(1) Ausstehende Einlagen (§ 182 Abs. 4 AktG)

Da die verschmelzungsbedingte Kapitalerhöhung im Gegensatz zur normalen Kapitalerhöhung gegen Einlagen keine Maßnahme der Kapitalbeschaffung ist, gilt gem. § 69 Abs. 1 Satz 1 Halbs. 1 das in § 182 Abs. 4 AktG geregelte Verbot, das Kapital zu erhöhen, solange noch ausstehende Einlagen erlangt werden können, bei der Verschmelzung auf eine übernehmende AG nicht.[854]

420

(2) Zeichnung neuer Aktien (§ 185 AktG) und Bezugsrecht (§§ 186, 187 AktG)

Eine Zeichnung der neuen Aktien im Sinne von § 185 AktG ist bei der Verschmelzung entbehrlich, da sie durch den Verschmelzungsvertrag ersetzt wird.[855] Gem. § 69 Abs. 1 Satz 1 Halbs. 1 gilt daher § 185 AktG nicht. Auch ein Bezugsrecht der Aktionäre im Sinne § 186 AktG besteht bei der verschmelzungsbedingten Kapitalerhöhung nicht, da es gerade darum geht, die Aktien für die Anteilsinhaber der übertragenden Rechtsträger bereitzustellen.[856] §§ 186 und 187 Abs. 1 AktG finden daher gem. § 69 Abs. 1 Satz 1 Halbs. 1 keine Anwendung.[857]

421

(3) Differenzhaftung

Eine Differenzhaftung bei der Verschmelzung auf eine übernehmende Aktiengesellschaft scheidet – wie der BGH wiederholt entschieden hat – aus.[858]

422

cc) Vorherige Eintragung der Durchführung der Kapitalerhöhung (§ 66)

Anders als im GmbH-Recht, wo die Kapitalerhöhung mit ihrer Eintragung im Handelsregister wirksam wird (§ 54 Abs. 3 GmbHG), sieht das Aktienrecht grundsätzlich zwei Schritte vor, die für eine Kapitalerhöhung erforderlich sind, nämlich zum einen die Eintragung des Beschlusses über die Erhöhung des Grundkapitals und zum anderen die Eintragung der Durchführung der Erhöhung des Kapitals. Erst mit letzterer ist das Grundkapital nach § 189 AktG erhöht. Im Hinblick darauf bestimmt § 66, dass die Eintragung der Verschmelzung erst erfolgen darf, nachdem die Durchführung der Erhöhung des Grundkapitals im Register eingetragen worden ist. Wie bei der **Parallelvorschrift in § 53** geht es darum, registerrechtlich sicherzustellen, dass im Zeitpunkt der Eintragung der Verschmelzung die zu gewährenden Anteile vorhanden sind.

423

e) Bare Zuzahlungen (§ 68 Abs. 3)

Parallel zur für eine übernehmende GmbH geltenden Regelung in § 54 Abs. 4 ordnet § 68 Abs. 3 für eine übernehmende AG an, dass im Verschmelzungsvertrag festgesetzte bare Zuzahlungen im Sinne von § 5 Abs. 1 Nr. 3 nicht den zehnten Teil des auf die gewährten Aktien der übernehmenden AG entfallenden anteiligen Betrags ihres Grundkapitals übersteigen dürfen. Auch hier geht es wie bei § 54 Abs. 4 darum, einerseits einen **Spitzenausgleich** zu ermöglichen und zum anderen einen »Auskauf« der Anteilsinhaber der übertragenden Rechtsträger zu verhindern.[859] Auch hinsichtlich der Berechnung der 10-%-Grenze gilt das zu § 54 Abs. 4 Gesagte.[860] Wie bei § 54 Abs. 4 genügt es nicht, dass der Gesamtbetrag der baren Zuzahlungen die 10-%-Grenze der insgesamt gewährten Beteiligung am Grundkapital der übernehmenden AG nicht überschreitet; vielmehr ist auch bei § 68 Abs. 3 erforderlich, dass die 10-%-Grenze für die baren Zuzahlungen an die Anteilsinhaber

424

---

854 S. Lutter/*Grunewald*, § 69 Rn. 5.
855 Widmann/Mayer/*Rieger*, § 69 Rn. 9.
856 Semler/Stengel/*Diekmann*, § 69 Rn. 15.
857 Zu § 187 Abs. 2 AktG s. Lutter/*Grunewald*, § 69 Rn. 18.
858 BGH, Teilurt. v. 06.11.2018 – II ZR 199/17, DNotZ 2019, 224; zur Haftung wegen existenzvernichtenden Eingriffs s.o. Rdn. 30.
859 Semler/Stengel/*Diekmann*, § 68 Rn. 20.
860 S.o. Rdn. 336.

f) Treuhänderbestellung (§ 71)

425 Gem. § 71 Abs. 1 Satz 1 hat jeder übertragende Rechtsträger für den Empfang der zu gewährenden Aktien und der baren Zuzahlungen einen Treuhänder zu bestellen. Die Vorschrift dient der **Absicherung der Anteilsgewährung** an die Anteilsinhaber der übertragenden Rechtsträger und will sicherstellen, dass bei der Eintragung der Verschmelzung die Aktien und baren Zuzahlungen für sie bereitgehalten werden.[862] Das Gesetz sichert diesen Schutz dadurch ab, dass nach § 71 Abs. 1 Satz 2 die Verschmelzung erst eingetragen werden darf, wenn der Treuhänder dem Gericht angezeigt hat, dass er im Besitz der Aktien und der im Verschmelzungsvertrag festgesetzten baren Zuzahlungen ist. Jeder übertragende Rechtsträger muss nach § 71 Abs. 1 Satz 1 einen Treuhänder bestellen. Dabei kann es sich allerdings um dieselbe Person handeln.[863] Die Bestellung obliegt den übertragenden Rechtsträgern – vertreten durch ihre Organe – selbst.[864] § 71 greift unabhängig davon ein, ob die zu gewährenden Aktien mittels einer Kapitalerhöhung bei der übernehmenden AG geschaffen werden oder bereits vorhanden sind (sei es als eigene Aktien der übernehmenden AG sei es als von einem übertragenden Rechtsträger gehaltene Aktien).[865] In allen Fällen sind die entsprechenden Aktienurkunden – gegebenenfalls als Globalurkunde – dem Treuhänder auszuhändigen. Inhaber der Aktien wird er dadurch nicht. Werden zur Anteilsgewährung neue Aktien im Wege der Kapitalerhöhung geschaffen, sind die entsprechenden Aktienurkunden dem Treuhänder bereits vor der Eintragung der Kapitalerhöhung auszuhändigen.[866] Darin liegt richtiger Ansicht nach keine nach § 191 Satz 1 AktG unzulässige Ausgabe von Aktien.[867] Davon bleibt unberührt, dass die aus den Aktienurkunden resultierenden Rechte erst mit Eintragung der Verschmelzung entstehen.[868] Ist bei den bereits bestehenden Aktien oder den im Wege der Kapitalerhöhung neu geschaffenen Aktien die **Verbriefung** nach § 10 Abs. 5 AktG ausgeschlossen, lässt sich aus § 71 richtiger Ansicht nach keine Notwendigkeit herleiten, den Verbriefungsausschluss aufzuheben, damit der Treuhänder seine Funktion ausfüllen kann. Vielmehr sind die Anteilsinhaber der übertragenden Rechtsträger in solchen Fällen ausreichend über § 20 Abs. 1 Nr. 3 Satz 1 Halbs. 1 und den dort angeordneten gesetzlichen Anteilserwerb abgesichert.[869] Sind in derartigen Fällen auch keine baren Zuzahlungen vereinbart, entfällt richtiger Ansicht nach – im Hinblick auf seine Funktionslosigkeit in solchen Fällen – die Notwendigkeit, einen Treuhänder nach § 71 zu bestellen.[870]

4. Nur für übertragende AG geltende Vorgaben für die Verschmelzung durch Aufnahme (§ 72)

426 An die Beteiligung einer AG als übertragender Rechtsträger bei einer Verschmelzung durch Aufnahme knüpft § 72 an. Er regelt den **Umtausch der Aktien** einer übertragenden AG und erklärt insoweit in Abs. 1 Satz 1 u.a. die Vorschriften in § 73 Abs. 1 und 2 AktG für entsprechend anwendbar. Das bedeutet, dass der übernehmende Rechtsträger die Aktionäre der übertragenden AG aufzufordern hat, die Aktien bei dem übernehmenden Rechtsträger zum Umtausch einzureichen.[871] Die nicht eingereichten Aktien sind nach § 73 Abs. 1 und 2 AktG für kraftlos zu erklären; für das inso-

---

861 Widmann/Mayer/*Rieger*, § 68 Rn. 43; Semler/Stengel/*Diekmann*, § 68 Rn. 23.
862 Lutter/*Grunewald*, § 71 Rn. 2; *Bandehzadeh*, DB 2007, 1514.
863 Schmitt/Hörtnagl/Stratz/*Westerburg*, § 71 Rn. 3.
864 Zu den Einzelheiten s. z.B. Semler/Stengel/*Diekmann*, § 71 Rn. 5.
865 Widmann/Mayer/*Rieger*, § 71 Rn. 17 ff.
866 Semler/Stengel/*Diekmann*, § 71 Rn. 11.
867 Widmann/Mayer/*Rieger*, § 71 Rn. 20; a.A. Lutter/*Grunewald*, § 71 Rn. 9.
868 Semler/Stengel/*Diekmann*, § 71 Rn. 11; Widmann/Mayer/*Rieger*, § 71 Rn. 20.
869 Widmann/Mayer/*Rieger*, § 71 Rn. 22; anders Semler/Stengel/*Diekmann*, § 71 Rn. 14.
870 Widmann/Mayer/*Rieger*, § 71 Rn. 22; a.A. Lutter/*Grunewald*, § 71 Rn. 7.
871 Kallmeyer/*Marsch-Barner*, § 72 Rn. 2.

B. Verschmelzung   Kapitel 8

weit anzuwendende Verfahren gelten die einzelnen Bestimmungen in § 73 Abs. 1 und 2 AktG; einer gerichtlichen Genehmigung nach § 73 Abs. 1 Satz 1 AktG bedarf es hierbei allerdings gem. § 72 Abs. 1 Satz 2 nicht. Eingereichte Aktien werden vernichtet.[872] Ist auch der übernehmende Rechtsträger eine AG, erledigt der nach § 71 bestellte Treuhänder den Umtausch.[873]

§ 72 Abs. 1 Satz 1 verweist hinsichtlich einer **Zusammenlegung von Aktien** einer übertragenden AG ferner auf die Regeln in § 226 Abs. 1 und 2 AktG und, falls auch der übernehmende Rechtsträger eine AG ist, in Abs. 2 auf die Vorschriften in § 73 Abs. 4 AktG und § 226 Abs. 3 AktG. Eine solche Zusammenlegung ist erforderlich, wenn einem Aktionär der übertragenden AG nicht so viele Aktien zustehen, wie es erforderlich ist, um die nach dem vereinbarten Umtauschverhältnis (§ 5 Abs. 1 Nr. 3) festgelegte Zahl der entsprechenden Anteile an der übernehmenden Gesellschaft zu erhalten.[874] Beispiel: Nach dem vereinbarten Umtauschverhältnis werden je drei Aktien der übertragenden AG in eine Aktie der übernehmenden AG umgetauscht; hält ein Aktionär fünf Aktien an der übertragenden AG, erfolgt hinsichtlich der zwei nicht umtauschbaren Aktien eine Zusammenlegung, soweit der Aktionär nicht z.B. durch einen Hinzuerwerb von Aktien die erforderliche Aktienanzahl erreicht.[875]   427

5. Registeranmeldungen

a) Anmeldung des Beschlusses über die Kapitalerhöhung und Anmeldung ihrer Durchführung

Für die Anmeldung des **Beschlusses über die Kapitalerhöhung** gilt gem. § 69 Abs. 1 Satz 1 Halbs. 1 die Regelung in § 184 Abs. 1 Satz 1 AktG, d.h. es ist Sache des Vorstandes und des Vorsitzenden des Aufsichtsrats (bei dessen Verhinderung gem. § 107 Abs. 1 Satz 3 AktG des stellvertretenden Vorsitzenden), den Beschluss über die Erhöhung des Grundkapitals zum Handelsregister anzumelden. Im Hinblick auf die Strafbewehrung in § 399 Abs. 1 Nr. 4 AktG scheidet eine Vertretung und richtiger (aber nicht herrschender) Ansicht nach auch eine unechte Gesamtvertretung bei der Anmeldung aus.[876] § 184 Abs. 1 Satz 2 AktG (Angabe der noch nicht geleisteten Einlagen im Sinne von § 182 Abs. 4 AktG und Grund der Nichtleistung) gilt hingegen nach § 69 Abs. 1 Satz 1 Halbs. 1 nicht, da § 182 Abs. 4 AktG bei der verschmelzungsbedingten Kapitalerhöhung nicht gilt. Anwendung finden hingegen § 184 Abs. 2 und Abs. 3 Satz 1 AktG. D.h. gem. § 184 Abs. 2 AktG ist ein Bericht über die Prüfung der Sacheinlage – soweit er nach § 69 Abs. 1 Satz 1 Halbs. 2 erforderlich ist – der Anmeldung beizufügen. Gem. § 184 Abs. 3 Satz 1 AktG kann das Gericht die Eintragung ablehnen, wenn der Wert der Sacheinlage nicht unwesentlich hinter dem geringsten Ausgabebetrag der dafür zu gewährenden Aktien zurückbleibt. Der Anmeldung beizufügen sind auch der Kapitalerhöhungsbeschluss (§ 182 Abs. 1 AktG) und eventuelle Sonderbeschlüsse (§ 182 Abs. 2 AktG).   428

Für die Anmeldung der **Durchführung der Kapitalerhöhung** gilt § 188 Abs. 1 AktG. D.h. auch hier sind wie bei der Anmeldung des Kapitalerhöhungsbeschlusses (§ 184 Abs. 1 Satz 1 AktG) der Vorstand und der Vorsitzende des Aufsichtsrates für die Anmeldung zuständig. Beide Anmeldungen werden regelmäßig miteinander verbunden (§ 188 Abs. 4 AktG).[877] Durchgeführt ist die Kapitalerhöhung aber erst dann, wenn der Verschmelzungsvertrag vorliegt und die Verschmelzungsbeschlüsse gefasst sind.[878]   429

§ 69 Abs. 2 verlangt, dass der »Anmeldung der Kapitalerhöhung« außer den in § 188 Abs. 3 Nrn. 2 und 3 AktG bezeichneten Schriftstücken der Verschmelzungsvertrag und die Niederschriften der   430

---

872 Lutter/*Grunewald*, § 72 Rn. 2.
873 Semler/Stengel/*Diekmann*, § 72 Rn. 6.
874 Schmitt/Hörtnagl/Stratz/*Westerburg*, § 72 Rn. 6.
875 Lutter/*Grunewald*, § 72 Rn. 4.
876 A.A. KK-AktG/*Lutter*, § 184 Rn. 3.
877 Semler/Stengel/*Diekmann*, § 69 Rn. 17.
878 Lutter/*Grunewald*, § 69 Rn. 23.

Verschmelzungsbeschlüsse in Ausfertigung oder öffentlich beglaubigter Abschrift beizufügen sind. Wortlaut und systematische Stellung dieser Regelung lassen nicht recht erkennen, ob das Gesetz insofern die Anmeldung des Beschlusses über die Kapitalerhöhung oder die Anmeldung ihrer Durchführung meint.[879] Sofern nicht ohnehin beide Anmeldungen nach § 188 Abs. 4 AktG miteinander verbunden werden, wird man vorsorglich die in § 69 Abs. 2 genannten Unterlagen bereits der Anmeldung des Beschlusses über die Kapitalerhöhung beifügen. Der Verweis in § 69 Abs. 2 auf § 188 Abs. 3 Nr. 2 AktG hat dabei keine selbständige Bedeutung, da Vertrag im Sinne dieser Vorschrift der Verschmelzungsvertrag ist, der nach § 69 Abs. 2 ohnehin vorzulegen ist.[880] Selbständige Bedeutung hat hingegen § 188 Abs. 3 Nr. 3 AktG, der verlangt, dass eine Berechnung der Kosten, die für die Gesellschaft durch die Ausgabe der neuen Aktien entstehen werden, vorzulegen ist. Gem. § 69 Abs. 1 Satz 1 Halbs. 1 gelten die Vorschriften in § 188 Abs. 2 AktG und in § 188 Abs. 3 Nr. 1 AktG nicht.

b) Anmeldung der Verschmelzung

431 Für die Anmeldung der Verschmelzung gelten die allgemeinen Bestimmungen in §§ 16 und 17. Im Falle der Konzernverschmelzung (§ 62) sind die in § 62 Abs. 3 Satz 4 und Satz 5 genannten Besonderheiten zu beachten. Sind gem. § 67 die Nachgründungsvorschriften einschlägig, ist die Anmeldung der Eintragung des Verschmelzungsvertrages der Anmeldung der Verschmelzung vorrangig. Ist die AG als übernehmender Rechtsträger an der Verschmelzung beteiligt, trägt das Gericht die Verschmelzung gem. § 71 Abs. 1 Satz 2 nur ein, wenn der Treuhänder ihm angezeigt hat, dass er im Besitz der Aktien und der im Verschmelzungsvertrag vereinbarten baren Zuzahlungen ist.

6. Verschmelzung durch Neugründung

a) Überblick

432 Wie auch bei der Regelung der Verschmelzung durch Neugründung unter Beteiligung einer GmbH (§ 56) bedient sich das Gesetz bei der Regelung der Verschmelzung durch Neugründung unter Beteiligung einer AG – sei es als übertragender sei es als neuer Rechtsträger – in § 73 seiner gängigen **Verweisungstechnik**. Das für die Verschmelzung durch Neugründung unter Beteiligung einer AG maßgebliche Regelungswerk setzt sich damit aus den allgemeinen Regeln zur Verschmelzung durch Neugründung (s. §§ 36 ff.), einem Teil der Regeln, die für die Verschmelzung durch Aufnahme unter Beteiligung einer AG gelten (s. § 73), sowie weiteren in §§ 74 bis 76 geregelten rechtsformspezifischen Besonderheiten zusammen.

433 Unterscheidet man insoweit danach, ob die AG als übertragender Rechtsträger oder als durch die Gründung neu entstehender Rechtsträger an der Verschmelzung beteiligt ist, ergibt folgendes Bild:

b) AG als übertragender Rechtsträger

434 Ist eine AG als übertragender Rechtsträger an der Verschmelzung durch Neugründung beteiligt, sind gem. § 73 die Regelungen in § 60 über die Verschmelzungsprüfung, in § 61 über die Bekanntmachung des Verschmelzungsvertrages, in § 63 bis 65 über die Vorbereitung, Durchführung und Beschlussfassung der Hauptversammlung sowie in § 72 über den Umtausch von Aktien zu beachten. Keine Anwendung finden hingegen – obwohl seine Anwendung in § 73 nicht ausdrücklich ausgeschlossen ist – die Regelungen in § 62, weil eine übernehmende »Mutter-AG« im Sinne von § 62 Abs. 1 bei der Verschmelzung durch Neugründung nicht bestehen kann.[881]

435 Ist an der Verschmelzung durch Neugründung eine Aktiengesellschaft als übertragender Rechtsträger beteiligt, ist ferner § 76 Abs. 1 anwendbar. Gem. § 76 Abs. 1 darf eine übertragende Aktienge-

---

879 Widmann/Mayer/*Rieger*, § 69 Rn. 41 f.
880 Lutter/*Grunewald*, § 69 Rn. 19.
881 Semler/Stengel/*Diekmann*, § 73 Rn. 5.

sellschaft die Verschmelzung erst beschließen, wenn sie und jede andere übertragende Aktiengesellschaft bereits 2 Jahre im Register eingetragen ist. Mit dieser Regelung will der Gesetzgeber die **Umgehung der aktienrechtlichen Nachgründungsvorschriften** (§§ 52, 53 AktG) bei dem neuen Rechtsträger verhindern.[882] Im Hinblick auf diesen Sinn und Zweck setzt die Anwendung der Vorschrift voraus, dass es sich um eine Verschmelzung durch Neugründung einer AG handelt.[883] Anders als bei der für die Verschmelzung durch Aufnahme maßgeblichen Parallelvorschrift in § 67 kommt es für die Zweijahresfrist in § 76 Abs. 1 nicht auf den Abschluss des Verschmelzungsvertrages an, sondern auf den Zeitpunkt, zu dem der Verschmelzungsbeschluss gefasst wird.[884]

Darüber hinaus ist, wenn an der Verschmelzung eine AG als übertragender Rechtsträger beteiligt ist und auch der neugegründete Rechtsträger eine AG ist, § 76 Abs. 2 Satz 3 zu beachten, der die Vorschriften in § 124 Abs. 2 Satz 3 AktG sowie in § 124 Abs. 3 Satz 1 und Satz 3 AktG für entsprechend anwendbar erklärt. Mit dem Verweis auf § 124 Abs. 2 Satz 3 AktG ist gemeint, dass im Rahmen der **Bekanntmachung der Tagesordnung für die Hauptversammlung** der übertragenden AG die Satzung der neuen AG in ihrem vollen Wortlaut zu veröffentlichen ist.[885] Der Verweis auf § 124 Abs. 3 Satz 1 und Satz 3 AktG ist vor dem Hintergrund zu sehen, dass die Bestellung der Mitglieder des Aufsichtsrates der neuen AG, soweit diese nach § 31 AktG zu wählen sind, gem. § 76 Abs. 2 Satz 2 nur wirksam wird, wenn ihr die Anteilsinhaber jedes übertragenden Rechtsträgers durch Verschmelzungsbeschluss zustimmen. Ist ein übertragender Rechtsträger selbst eine AG, muss der Vorstand und der Aufsichtsrat dieser AG nach den allgemeinen aktienrechtlichen Regeln (§ 124 Abs. 3 Satz 1 AktG) bezüglich des Verschmelzungsbeschlusses einen Beschlussvorschlag machen. Da aber der Verschmelzungsbeschluss auch die Zustimmung zur Bestellung von Aufsichtsratsmitgliedern der neuen AG enthält, darf – wie der Verweis in § 76 Abs. 2 Satz 3 auf § 124 Abs. 3 Satz 1 und 3 bestimmt – der Beschlussvorschlag für den Verschmelzungsbeschluss, soweit er die Zustimmung für die Bestellung von Aufsichtsratsmitgliedern der neuen AG betrifft, nur vom Aufsichtsrat der übertragenden AG ausgehen. Der gemeinsame Beschlussvorschlag des Vorstandes und des Aufsichtsrates der übertragenden AG bezüglich des Verschmelzungsbeschlusses ist insoweit entsprechend einzuschränken.[886] Denkbar sind auch zwei getrennte Beschlussvorschläge.[887] In dem betreffenden Vorschlag sind Name, ausgeübter Beruf und Wohnort der vorgeschlagenen Personen anzugeben (§ 124 Abs. 3 Satz 4 AktG).[888]

c) AG als Zielgesellschaft

Wird eine AG im Wege der Verschmelzung durch Neugründung gegründet, d.h. ist eine AG als »Zielgesellschaft« an der Verschmelzung durch Neugründung beteiligt, gilt neben einigen umwandlungsrechtlichen Besonderheiten gem. § 36 Abs. 2 Satz 1 das allgemeine Gründungsrecht der AG.

aa) Umwandlungsrechtliche Besonderheiten

(1) § 68 Abs. 3 (bare Zuzahlungen)

§ 73 schließt die Anwendung von § 68 Abs. 1 und 2, nicht aber die Anwendung von § 68 Abs. 3 auf die Verschmelzung durch Neugründung einer AG aus. Das heißt, auch bei der Verschmelzung durch Neugründung einer AG können im Verschmelzungsvertrag bare Zuzahlungen im Sinne von § 5 Abs. 1 Nr. 3 für die Anteilsinhaber der übertragenden Rechtsträger festgesetzt werden, diese

---

882 Lutter/*Grunewald*, § 76 Rn. 2 mit rechtspolitischer Kritik.
883 Schmitt/Hörtnagl/Stratz/*Westerburg*, § 76 Rn. 1; Semler/Stengel/*Diekmann*, § 76 Rn. 4.
884 Kallmeyer/*Zimmermann*, § 76 Rn. 4.
885 Widmann/Mayer/*Rieger*, § 76 Rn. 24.
886 Widmann/Mayer/*Rieger*, § 76 Rn. 25.
887 Semler/Stengel/*Diekmann*, § 76 Rn. 14.
888 KK-UmwG/*Simon*, § 76 Rn. 20.

dürfen aber den zehnten Teil der ihnen gewährten Beteiligung am Grundkapital der neuen AG nicht überschreiten.[889]

(2) § 71 (Bestellung eines Treuhänders)

439 Gem. §§ 73, 71 hat auch bei der Verschmelzung durch Neugründung einer AG jeder übertragende Rechtsträger einen Treuhänder für den Empfang der zu gewährenden Aktien und der baren Zuzahlungen zu bestellen.[890]

(3) § 74 (Inhalt des Verschmelzungsvertrages)

440 Gem. § 74 Satz 1 sind Festsetzungen über Sondervorteile, Gründungsaufwand, Sacheinlagen und Sachübernahmen, die in den Gesellschaftsverträgen, Partnerschaftsverträgen oder Satzungen übertragender Rechtsträger enthalten waren, in die Satzung der neu gegründeten AG zu übernehmen. Das entspricht der für die Verschmelzung durch Neugründung einer GmbH geltenden **Parallelregelung in § 57** und basiert auf denselben Überlegungen, auf denen § 57 beruht.[891] Die Möglichkeit, die entsprechenden Festsetzungen nach Ablauf der in § 26 Abs. 4 und 5 AktG genannten Fristen zu ändern oder zu beseitigen, bleibt nach § 74 Satz 2 unberührt.

(4) § 75 (Gründungsbericht und Gründungsprüfung)

441 § 75 modifiziert das nach § 36 Abs. 2 Satz 1 anwendbare AG-Gründungsrecht. In seinem Abs. 1 bestimmt er, dass in dem Gründungsbericht nach § 32 AktG auch der **Geschäftsverlauf und die Lage der übertragenden Rechtsträger** darzustellen sind. § 75 Abs. 1 stellt somit zusätzliche in der Formulierung an § 289 HGB angelehnte Erfordernisse für den Gründungsbericht nach § 32 AktG auf.[892] Nach § 75 Abs. 2 sind ein Gründungsbericht nach § 32 AktG und eine externe Gründungsprüfung nach § 33 Abs. 2 AktG nicht erforderlich, soweit eine Kapitalgesellschaft (§ 3 Abs. 1 Nr. 2) oder eine eingetragene Genossenschaft übertragender Rechtsträger ist. Damit verzichtet das Gesetz für die praktisch wichtigsten Fälle – in rechtspolitisch nicht überzeugender Weise – auf diese aktienrechtlichen Gründungserfordernisse.[893] Nicht eingeschränkt wird durch § 75 die Pflicht des Vorstandes und des Aufsichtsrates nach § 33 Abs. 1 AktG, den Hergang der Gründung zu prüfen.[894]

442 Nach dem durch das 3. Gesetz zur Änderung des Umwandlungsgesetzes vom 11.07.2011 eingeführten § 75 Abs. 1 Satz 4 kann – falls eine Prüfung nach § 33 Abs. 2 AktG durchzuführen ist – der Verschmelzungsprüfer zum Prüfer bestellt werden. Dies dient – wie § 69 Abs. 1 Satz 4 – der Senkung der mit einer Verschmelzung verbundenen Verfahrenskosten.[895]

(5) § 76 Abs. 2 (Verschmelzungsbeschlüsse)

443 Gem. § 76 Abs. 2 Satz 1 wird die Satzung der neuen AG nur wirksam, wenn ihr die Anteilsinhaber jedes der übertragenden Rechtsträger durch Verschmelzungsbeschluss zustimmen. Die Vorschrift entspricht der für die Verschmelzung durch Neugründung einer GmbH geltenden Parallelregelung in § 59 Satz 1 und ist im Hinblick auf §§ 13 und 37 genau wie § 59 Satz 1 entbehrlich.[896] Von Bedeutung ist hingegen die Bestimmung in § 76 Abs. 2 Satz 2, dass die Bestellung der Mitglieder des Aufsichtsrats der neuen AG, soweit diese nach § 31 AktG zu wählen sind, zu ihrer Wirksamkeit

---

889 KK-UmwG/*Simon*, § 73 Rn. 6; zu § 68 Abs. 3 s.o. Rdn. 424.
890 Zu § 71 s.o. Rdn. 425.
891 S. dazu oben Rdn. 361.
892 Lutter/*Grunewald*, § 75 Rn. 3.
893 Kritisch zu § 75 Abs. 2 KK-UmwG/*Simon*, § 75 Rn. 14 und Lutter/*Grunewald* in § 75 Rn. 4.
894 Kallmeyer/*Marsch-Barner*, § 75 Rn. 6.
895 *Neye/Kraft*, NZG 2011, 681, 683.
896 KK-UmwG/*Simon*, § 76 Rn. 15.

der Zustimmung durch Verschmelzungsbeschluss bedarf.⁸⁹⁷ Dies dient – wie die Parallelvorschrift in § 59 Satz 2 – der **Absicherung des Einflusses der Anteilsinhaber** der übertragenden Rechtsträger auf die Bestimmung der Organe des neuen Rechtsträgers. Da die Verschmelzung durch Neugründung eine Sachgründung ist, verweist § 76 Abs. 2 Satz 2 hinsichtlich der Bestellung der Mitglieder des Aufsichtsrates auf § 31 AktG. Nach § 31 Abs. 1 AktG haben die Gründer im Falle einer Sachgründung nur so viele Aufsichtsratsmitglieder zu bestellen, wie nach den gesetzlichen Vorschriften, die nach ihrer Ansicht nach der Einbringung oder Übernahme für die Zusammensetzung des Aufsichtsrats maßgebend sind, von der Hauptversammlung ohne Bindung an Wahlvorschläge zu wählen sind; wenn dies nur zwei Aufsichtsratsmitglieder sind, haben sie drei Aufsichtsratsmitglieder zu bestellen. Die Bestellung der Aufsichtsratsmitglieder bedarf nach § 36 Abs. 2 Satz 1 i.V.m. § 30 Abs. 1 Satz 2 AktG der notariellen Beurkundung. Im Schrifttum wird zum Teil verlangt, dass die Bestellung der Mitglieder des Aufsichtsrates im Verschmelzungsvertrag oder seinem Entwurf erfolgen müsse; eine **Bestellung durch gesonderten Beschluss** sei nicht zulässig.⁸⁹⁸ Weder Sinn und Zweck der Vorschrift (Absicherung des Einflusses der Anteilsinhaber) noch der Wortlaut von § 76 Abs. 2 Satz 2, der nur die Zustimmung zur Bestellung der Aufsichtsratsmitglieder und die Zustimmung zum Verschmelzungsvertrag »durch Verschmelzungsbeschluss« miteinander verknüpft, legen diese Auslegung nahe.⁸⁹⁹ Hinsichtlich des Beschlussvorschlages für die Wahl der Mitglieder des Aufsichtsrates ist, wenn übertragender Rechtsträger eine AG ist, § 76 Abs. 2 Satz 3 zu beachten.⁹⁰⁰

bb) Sonstiges Gründungsrecht und Anmeldung

Unter dem Vorbehalt der sich aus den §§ 73 ff. ergebenden Modifikationen gilt nach § 36 Abs. 2 Satz 1 für die Verschmelzung durch Neugründung einer AG das aktienrechtliche Gründungsrecht.⁹⁰¹ Gründer im Sinne von § 28 AktG sind nach § 36 Abs. 2 Satz 2 nicht die Anteilsinhaber der übertragenden Rechtsträger, sondern die Rechtsträger selbst. In firmenrechtlicher Hinsicht ist § 4 AktG zu beachten, der in der Firma der Gesellschaft einen Hinweis auf die Rechtsform der Gesellschaft verlangt. Für die sonstigen Firmenbestandteile gelten gem. § 36 Abs. 1 die Regeln in § 18. Über § 36 Abs. 2 Satz 1 findet auch das Verbot der Unter-Pari-Emission in § 9 Abs. 1 AktG Anwendung.⁹⁰² Eine **Differenzhaftung** der Anteilsinhaber der übertragenden Rechtsträger hat der Bundesgerichtshof jedoch abgelehnt.⁹⁰³ Anwendbar ist hingegen § 23 Abs. 1 Satz 2 AktG, der abweichend von § 167 Abs. 2 BGB bei der Feststellung der Satzung durch Vertreter eine notariell beglaubigte (oder beurkundete) Vollmacht verlangt. Anwendbar sind ferner § 23 Abs. 2 Nrn. 1 und 2 sowie Abs. 3 und 4 AktG; im Hinblick auf den Sinn und Zweck von § 23 Abs. 2 Nr. 1 AktG, Auskunft über die künftigen Aktionäre der neuen AG zu geben, sind dabei die gründerbezogenen Angaben in § 23 Abs. 2 Nrn. 1 und 2 AktG nicht nur auf die übertragenden Rechtsträger, sondern auch auf deren Anteilsinhaber zu machen.⁹⁰⁴ Für die Bestellung der Organe und des Abschlussprüfers gelten gem. § 36 Abs. 2 Satz 1 die Bestimmungen in §§ 30 und 31 AktG mit den in § 76 geregelten Besonderheiten.⁹⁰⁵ Die ebenfalls gem. § 36 Abs. 2 Satz 1 grundsätzlich anwendbaren Bestimmungen in §§ 32, 33, 34 und 35 AktG über den Gründungsbericht und die (interne und externe) Gründungsprüfung gelten mit den in § 75 geregelten (erheblichen) Modifikationen.

444

Für die **Anmeldung der neuen AG** gilt gem. § 36 Abs. 1 Satz 1 nicht die Regelung in § 16 Abs. 1, sondern die Sondervorschrift in § 38 Abs. 2. Nach § 38 Abs. 2 haben die Vertretungsorgane aller übertragenden Rechtsträger die neue AG bei dem Gericht, in dessen Bezirk sie ihren Sitz haben soll,

445

---

897 Zu § 31 AktG s. *Kuhlmann*, NZG 2010, 46.
898 Kallmeyer/*Zimmermann*, § 76 Rn. 7; KK-UmwG/*Simon*, § 76 Rn. 19.
899 So im Ergebnis auch Lutter/*Grunewald*, § 76 Rn. 8; zum Meinungsstand Widmann/Mayer/*Rieger*, § 76 Rn. 18 m.w.N.
900 S.o. Rdn. 436.
901 Hierzu und zum folgenden Widmann/Mayer/*Mayer*, § 36 Rn. 135 ff.
902 KK-UmwG/*Simon*/*Nießen*, § 36 Rn. 55.
903 BGH, Teilurt. v. 06.11.2018 – II ZR 199/17, DNotZ 2019, 224.
904 KK-UmwG/*Simon*/*Nießen*, § 36 Rn. 59.
905 S.o. Rdn. 443.

zur Eintragung in das Register anzumelden. Diese Regelung verdrängt als speziellere Norm die Regelung in § 36 Abs. 1 AktG, die bei einer »normalen« Gründung einer AG eine Anmeldung durch alle Gründer sowie alle Mitglieder des Vorstandes und des Aufsichtsrates verlangt.[906] Auch § 37 Abs. 1 Satz 1 AktG, der ansonsten bei der Gründung einer AG eine Erklärung in der Anmeldung verlangt, dass die Voraussetzungen des § 36 Abs. 2 AktG (ordnungsgemäße Einzahlung des eingeforderten Betrages zur endgültigen und freien Verfügung des Vorstandes) und des § 36a AktG (Leistung der Einlagen) erfüllt sind, ist bei der verschmelzungsbedingten Neugründung richtiger Ansicht nach nicht anwendbar.[907] Bei der Verschmelzung durch Neugründung einer AG gilt insoweit im Hinblick auf den jeweils gesetzlich angeordneten Übergang des Vermögens der übertragenden Rechtsträger auf die neue/übernehmende AG (§§ 20 Abs. 1 Nr. 1, 36 Abs. 1 Satz 1) nichts anderes als bei der Verschmelzung auf eine übernehmende, ihr Kapital erhöhende AG, wo § 69 Abs. 1 Satz 1 Halbs. 1 die Regelungen in §§ 188 Abs. 2, 36 Abs. 2, 36a AktG ausdrücklich ausschließt. Unberührt von § 38 Abs. 2 bleibt allerdings das Mitwirkungserfordernis für die Mitglieder des Vorstandes nach § 37 Abs. 2 AktG (i.V.m. § 36 Abs. 2 Satz 1); auch bei der Neugründung einer AG aufgrund Verschmelzung haben daher die Mitglieder des Vorstandes der neuen AG zu versichern, dass keine Umstände vorliegen, die ihrer Bestellung nach § 76 Abs. 3 Satz 2 Nrn. 2 und 3 sowie Satz 3 AktG entgegenstehen.[908] Anwendbar ist gem. § 36 Abs. 2 Satz 1 auch die Regelung in § 37 Abs. 3 AktG. Danach sind in der Anmeldung eine inländische Geschäftsanschrift und Art und Umfang der Vertretungsbefugnis der Vorstandsmitglieder anzugeben. Als Anlagen der Anmeldung sind gem. § 36 Abs. 1 Satz 1 die in § 17 genannten Unterlagen einzureichen. Weitere einzureichende Unterlagen ergeben sich aus § 37 Abs. 4 AktG (i.V.m. § 36 Abs. 2 Satz 1).[909] So ist eine Berechnung des Gründungsaufwands (§ 37 Abs. 4 Nr. 2 AktG) und die Urkunde über die Bestellung des Vorstandes (§ 37 Abs. 4 Nr. 3 AktG) beizufügen. Die nach § 37 Abs. 4 Nr. 3 AktG beizufügende Urkunde über die Bestellung des Aufsichtsrats ist im Hinblick auf den Zustimmungsvorbehalt in § 76 Abs. 2 Satz 2 regelmäßig bereits in dem nach § 17 Abs. 1 beizufügenden Verschmelzungsvertrag enthalten. Beizufügen ist ferner eine Liste über die Mitglieder des Aufsichtsrates mit den in § 37 Abs. 4 Nr. 3a AktG genannten Angaben (Name, Vorname, ausgeübter Beruf und Wohnort). Beizufügen ist ferner der Gründungsbericht nach § 32 AktG i.V.m. § 37 Abs. 4 Nr. 4 AktG, und zwar mit den in § 75 Abs. 1 genannten Modifikationen, falls er nicht insgesamt nach § 75 Abs. 2 entbehrlich ist. Beizufügen sind außerdem nach § 37 Abs. 4 Nr. 4 AktG die Gründungsprüfungsberichte des Vorstandes und des Aufsichtsrats nach § 33 Abs. 1 AktG und – soweit die externe Gründungsprüfung im Sinne von § 33 Abs. 2 AktG nicht nach § 75 Abs. 2 entbehrlich ist – der Gründungsprüfungsbericht nach § 33 Abs. 2 AktG. Im Hinblick auf die dem Registergericht obliegende Kapitalaufbringungsprüfung (§ 38 Abs. 1 AktG) wird man diesem – obwohl § 17 Abs. 2 insoweit nur vom Register der übertragenden Rechtsträger spricht – die Schlussbilanzen der übertragenden Rechtsträger vorlegen.[910] Darüber hinaus hat der Vorstand nach § 107 Abs. 1 Satz 2 AktG anzumelden, wer zum Vorsitzenden und wer zum stellvertretenden Vorsitzenden des Aufsichtsrats gewählt worden ist.

d) Nicht anwendbare Vorschriften des UmwG

446 Die Vorschriften, die sich bei der Verschmelzung durch Aufnahme mit der Frage der Kapitalerhöhung bei der übernehmenden AG befassen (§§ 66, 68 Abs. 1 und 2 sowie § 69), und außerdem § 67 (Anwendung der Nachgründungsvorschriften auf eine noch nicht 2 Jahre im Handelsregister eingetragene übernehmende AG) haben bei der Verschmelzung durch Neugründung einer AG keine Relevanz. § 73 erklärt sie konsequenterweise insoweit für nicht anwendbar.

---

906 Widmann/Mayer/*Fronhöfer*, § 38 Rn. 9.
907 Widmann/Mayer/*Fronhöfer*, § 38 Rn. 39.
908 Semler/Stengel/*Schwanna*, § 38 Rn. 5.
909 S. Widmann/Mayer/*Fronhöfer*, § 38 Rn. 39 ff.
910 Widmann/Mayer/*Fronhöfer*, § 38 Rn. 42.

B. Verschmelzung   Kapitel 8

7. Checkliste: Verschmelzung durch Aufnahme unter Beteiligung einer AG[911]

▶ Checkliste: Verschmelzung durch Aufnahme unter Beteiligung einer AG   447

Umwandlungsrechtlich sind bei einer Verschmelzung durch Aufnahme unter Beteiligung einer AG insb. die folgenden Aspekte zu beachten:[912]
☐ Verschmelzungsfähigkeit der AG
  – Grundsätzlich uneingeschränkt als übertragender und übernehmender Rechtsträger mit anderen Kapitalgesellschaften und Personengesellschaften gem. § 3 Abs. 1 Nrn. 1 und 2 (Rdn. 17 f.)
  – Einschränkungen gem. § 3 Abs. 3 bei aufgelösten übertragenden AG (Rdn. 23)
☐ Einhaltung der Nachgründungsvorschriften bei übernehmender AG gem. § 67; gegebenenfalls insb. vorherige Anmeldung und Eintragung des Verschmelzungsvertrages (Rdn. 402 ff.)
☐ Treuhänderbestellung gem. § 71 im Falle übernehmender AG (Rdn. 425)
☐ Kapitalerhöhung bei übernehmender AG
  – Erforderlich-/Zulässigkeit gem. §§ 68, 69 (Rdn. 407 ff.)
  – Erhöhungsbeschluss und gegebenenfalls Sonderbeschlüsse gem. § 182 Abs. 1 und 2 AktG nebst evtl. Agio-Festsetzung (Rdn. 411 f. und Einhaltung von § 183 Abs. 1 Satz 1 und Satz 2 AktG (Rdn. 413 ff.)
  – Mehrheitserfordernisse, § 182 Abs. 1 AktG und § 133 Abs. 1 AktG (Rdn. 411)
  – Erforderlichkeit einer Sacheinlagenprüfung nach § 183 Abs. 3 AktG i.V.m. § 69 Abs. 1 Satz 1 Halbs. 1 (Rdn. 414 f.)
  – Genehmigtes oder bedingtes Kapital nach § 202 AktG und § 192 Abs. 2 Nr. 2 AktG unter Beachtung von § 205 Abs. 1 AktG zur Schaffung der zu gewährenden Aktien einsetzbar (Rdn. 417)
☐ Verschmelzungsvertrag bei übertragender oder übernehmender AG
  – Allgemeine Regeln gem. §§ 4 bis 7 (Rdn. 34 ff.)
  – Besondere Anforderungen nach § 68 Abs. 3 für bare Zuzahlungen bei übernehmender AG (Rdn. 424)
  – § 29 (Rdn. 91)
  – Bekanntmachung nach § 61 (Rdn. 377)
☐ Verschmelzungsbericht bei übertragender oder übernehmender AG
  – Allgemeine Regeln gem. § 8 (Rdn. 136 ff.)
☐ Verschmelzungsprüfung bei übertragender oder übernehmender AG
  – Allgemeine Regeln gem. §§ 9 bis 12 (Rdn. 156 ff.)
  – Erforderlichkeit gem. § 60 (Rdn. 163, 376)
☐ Vorbereitung der Hauptversammlung bei übertragender oder übernehmender AG,
  – § 63 (Rdn. 380 ff.), insb. – vorbehaltlich § 63 Abs. 2 Satz 5 und 6 – Beachtung der Sechs-Monats-Frist in § 63 Abs. 1 Nr. 3
☐ Verschmelzungsbeschluss bei übertragender oder übernehmender AG
  – Allgemeine Regeln gem. §§ 13 bis 15 (Rdn. 178 ff.)
  – Erforderlichkeit/Entbehrlichkeit bei Konzernverschmelzung auf übernehmende AG nach § 62 Abs. 1 und Abs. 2 sowie § 62 Abs. 4; bei Entbehrlichkeit Beachtung der Informationspflichten nach § 62 Abs. 3 Satz 1 bis Satz 3 sowie Satz 6 bis Satz 8 (Rdn. 395 ff.)
  – Mehrheitserfordernisse gem. § 65 Abs. 1 und § 133 Abs. 1 AktG (Rdn. 389 ff.)
  – Sonderbeschlüsse nach § 65 Abs. 2 (Rdn. 393 f.)
☐ Anmeldung Beschluss Kapitalerhöhung und Durchführung Kapitalerhöhung
  – Anmeldung jeweils durch Vorstand und Vorsitzenden AR (§§ 184 Abs. 1 Satz 1 und 188 Abs. 1 AktG i.V.m. § 69 Abs. 1 Satz 1 Halbs. 1), Vertretung unzulässig, Zulässigkeit unech-

---

911 Zum »verschmelzungsrechtlichen Squeeze-out« s.o. Rdn. 401.
912 S.a. den Überblick in Rdn. 374 f.

te Gesamtvertretung str. (Rdn. 428); Verbindung beider Anmeldungen zulässig (§ 188 Abs. 4 AktG)
- Beizufügende Unterlagen: Kapitalerhöhungsbeschluss und gegebenenfalls Sonderbeschlüsse nach § 182 Abs. 1 und 2 AktG; gegebenenfalls Bericht über Prüfung Sacheinlage gem. § 183 Abs. 3 AktG i.V.m. § 69 Abs. 1 Satz 1 Halbs. 2; Verschmelzungsvertrag und Verschmelzungsbeschlüsse in Ausfertigung oder öffentlich beglaubigter Abschrift (§ 69 Abs. 2); Kostenberechnung nach § 183 Abs. 3 Nr. 3 AktG i.V.m. § 69 Abs. 2; Satzungsbescheinigung (§ 181 Abs. 1 Satz 2 AktG); zur Werthaltigkeitsprüfung (§ 184 Abs. 3 Satz 1 AktG) Schlussbilanz übertragender Rechtsträger
☐ Anmeldung Verschmelzung
- Allgemeine Regeln gem. §§ 16, 17 (Rdn. 198 ff.)
- Besonderheiten nach § 62 Abs. 3 Satz 4 und Satz 5 für Anmeldung bei übernehmender AG bei Konzernverschmelzung gem. § 62 (Rdn. 431)
- Anzeige Treuhänder nach § 71 Abs. 1 Satz 2 (Rdn. 425)
☐ Aktienumtausch bei übertragender AG nach § 72 (Rdn. 426 f.)
☐ Bei Mischverschmelzung (§ 3 Abs. 4) neben Beachtung der Besonderheiten nach § 29 (Rdn. 91) auch Beachtung der Besonderheiten, die für den jeweiligen Rechtsträger in der jeweiligen Beteiligungsrolle (übertragender oder übernehmender Rechtsträger) gelten, s. dazu die Checklisten Personenhandelsgesellschaft (Rdn. 280), Partnerschaftsgesellschaft (Rdn. 290) und GmbH (Rdn. 372), dort z.B. § 51 Abs. 1 Satz 1 und § 51 Abs. 2

8. Checkliste: Verschmelzung durch Neugründung unter Beteiligung einer AG

448 ▶ Checkliste: Verschmelzung durch Neugründung unter Beteiligung einer AG

Umwandlungsrechtlich sind bei einer Verschmelzung durch Neugründung unter Beteiligung einer AG insb. die folgenden Aspekte zu beachten:[913]
☐ Verschmelzungsfähigkeit der AG
- Grundsätzlich uneingeschränkt als übertragender und neuer Rechtsträger mit anderen Kapitalgesellschaften und Personengesellschaften gem. § 3 Abs. 1 Nrn. 1 und 2 (Rdn. 17 f.)
- Einschränkungen gem. § 3 Abs. 3 bei aufgelösten übertragenden AG (Rdn. 23)
☐ Verschmelzungsvertrag
- Allgemeine Regeln gem. §§ 4 bis 7 i.V.m. § 36 Abs. 1 Satz 1 (Rdn. 34 ff.) und § 37 (Rdn. 241)
- Bei AG als Zielrechtsträger Beachtung von §§ 73, 68 Abs. 3 bezüglich der baren Zuzahlungen (Rdn. 438)
- Bei AG als Zielrechtsträger Beachtung von § 74 (Aufnahme von Festsetzungen über Sondervorteile, Gründungsaufwand, Sacheinlagen und Sachübernahmen in der Satzung der neuen AG (Rdn. 440) sowie der sonstigen über § 36 Abs. 2 Satz 1 anwendbaren Vorschriften des AktG über die Gründungssatzung, insb. § 23 Abs. 1 Satz 2 AktG über Form einer Gründungsvollmacht und § 23 Abs. 2 bis 4 AktG (Rdn. 444)
- § 29 i.V.m. § 36 Abs. 1 Satz 1 (Rdn. 91, 240)
- Bekanntmachung des Verschmelzungsvertrages bei übertragender AG nach §§ 73, 61 (Rdn. 434, 377)
- Bestellung der Mitglieder des Aufsichtsrats der neuen AG im Verschmelzungsvertrag, str. (Rdn. 443)
☐ Verschmelzungsbericht bei übertragender AG
- Allgemeine Regeln gem. § 8 i.V.m. § 36 Abs. 1 Satz 1 (Rdn. 91, 240)
☐ Verschmelzungsprüfung bei übertragender AG
- Allgemeine Regeln gem. §§ 9 bis 12 (Rdn. 156 ff.)
- Erforderlichkeit gem. §§ 73, 60 (Rdn. 434, 376, 163)
☐ Vorbereitung der Hauptversammlung bei übertragender AG

---
913 S.a. den Überblick oben in Rdn. 432.

B. Verschmelzung Kapitel 8

- §§ 63, 73 (Rdn. 434, 380 ff.), insb. – vorbehaltlich § 63 Abs. 2 Satz 5 und 6 – Beachtung der Sechs-Monats-Frist in § 63 Abs. 1 Nr. 3
- Veröffentlichung der gesamten Satzung der neuen AG im Rahmen der Bekanntmachung der Tagesordnung für die Hauptversammlung der übertragenden AG, § 76 Abs. 2 Satz 3
- Beschlussvorschlag durch Vorstand und Aufsichtsrat einer übertragenden AG für Verschmelzungsbeschluss, jedoch nur durch Aufsichtsrat der übertragenden AG bezüglich Bestellung der Mitglieder des Aufsichtsrats einer neuen AG, § 76 Abs. 2 Satz 3 (Rdn. 436)
☐ Verschmelzungsbeschluss bei übertragender AG
  - Allgemeine Regeln gem. §§ 13 bis 15 (Rdn. 178 ff.)
  - Mehrheitserfordernisse gem. §§ 73, 65 Abs. 1 und § 133 Abs. 1 AktG (Rdn. 434, 389 ff.)
  - Sonderbeschlüsse nach §§ 73, 65 Abs. 2 (Rdn. 434, 393 f.)
  - Einhaltung Zweijahresfrist gem. § 76 Abs. 1 bei Verschmelzung übertragende AG auf neue AG (Rdn. 435)
  - Zustimmung zur Bestellung der Mitglieder des ersten Aufsichtsrats einer neuen AG, § 76 Abs. 2 Satz 2 (Rdn. 443)
☐ Bestellung erster Vorstand einer neuen AG durch Aufsichtsrat der neuen AG, § 30 Abs. 4 AktG, § 36 Abs. 2 Satz 1
☐ Gründungsbericht bei AG als Zielrechtsträger nach § 32 AktG, § 36 Abs. 2 Satz 1
  - Erforderlichkeit gem. § 75 Abs. 2 (Rdn. 441)
  - Inhaltliche Vorgaben nach § 75 Abs. 1 (Rdn. 441)
☐ Interne Gründungsprüfung nach § 33 Abs. 1 AktG, § 36 Abs. 2 Satz 1 durch Mitglieder des Vorstands und Aufsichtsrats der neuen AG (s. Rdn. 444)
☐ Externe Gründungsprüfung nach § 33 Abs. 2 AktG
  - Entbehrlichkeit nach § 75 Abs. 2
☐ Anmeldung Verschmelzung/»neue« AG
  - Allgemeine Regeln gem. §§ 38, 16 Abs. 2 und 3, 17 (Rdn. 243 ff.), insb. Vorlage aller erforderlicher Zustimmungen und Anlagen
  - § 16 Abs. 1 gilt nicht (§ 36 Abs. 1 Satz 1).
  - § 36 Abs. 1 und 2 AktG, § 36a AktG, § 37 Abs. 1 Satz 1 AktG gelten für im Wege der Verschmelzung neu gegründete AG nicht (Rdn. 445).
  - Versicherung der Mitglieder des Vorstandes der neuen AG nach § 37 Abs. 2 AktG (i.V.m. § 36 Abs. 2 Satz 1), § 76 Abs. 3 Satz 2 Nrn. 2 und 3 sowie Satz 3 AktG
  - Angabe inländische Geschäftsanschrift der neuen AG und Art und Umfang der Vertretungsbefugnis der Vorstandsmitglieder, § 37 Abs. 3 AktG (i.V.m. § 36 Abs. 2 Satz 1)
  - Weitere beizufügende Unterlagen bei AG als Zielrechtsträger: Berechnung des Gründungsaufwands (§ 37 Abs. 4 Nr. 2 AktG i.V.m. § 36 Abs. 2 Satz 1); Urkunden über die Bestellung des Vorstands und Aufsichtsrats (§ 37 Abs. 4 Nr. 3 AktG i.V.m. § 36 Abs. 2 Satz 1); Liste Mitglieder Aufsichtsrat (§ 37 Abs. 4 Nr. 3a AktG i.V.m. § 36 Abs. 2 Satz 1 mit Name, Vorname, ausgeübter Beruf und Wohnort); Gründungsbericht nach §§ 32 AktG, 37 Abs. 4 Nr. 4 AktG (i.V.m. § 36 Abs. 2 Satz 1), und zwar mit den in § 75 Abs. 1 genannten Modifikationen, falls Bericht nicht insgesamt nach § 75 Abs. 2 entbehrlich; Prüfungsbericht der Mitglieder des Vorstandes/Aufsichtsrates nach §§ 33 Abs. 1 AktG, 37 Abs. 4 Nr. 4 AktG (i.V.m. § 36 Abs. 2 Satz 1); Gründungsprüfungsbericht nach §§ 33 Abs. 2, 37 Abs. 4 Nr. 4 AktG (i.V.m. § 36 Abs. 2 Satz 1), soweit die externe Gründungsprüfung nicht nach § 75 Abs. 2 entbehrlich ist; (nicht vorgeschrieben) Schlussbilanzen der übertragenden Rechtsträger im Hinblick auf Kapitalaufbringungsprüfung (§ 38 Abs. 1 AktG i.V.m. § 36 Abs. 2 Satz 1)
  - Anmeldung durch Vorstand der neuen AG, wer zum Vorsitzenden/stellvertretenden Vorsitzenden des Aufsichtsrats der neuen AG gewählt wurde (§ 107 Abs. 1 Satz 2 AktG)
☐ Aktienumtausch bei übertragender AG, §§ 73, 72 (Rdn. 434, 426)
☐ Bei Mischverschmelzung (§ 3 Abs. 4) neben Beachtung der Besonderheiten nach § 29 (Rdn. 91) auch Beachtung der Besonderheiten, die für den jeweiligen Rechtsträger in der jeweiligen Beteiligungsrolle (übertragender oder neuer Rechtsträger) gelten, s. dazu die Checklisten Personenhandelsgesellschaft (Rdn. 280), Partnerschaftsgesellschaft (Rdn. 290) und GmbH (Rdn. 373)

XVI. Besonderheiten bei der Beteiligung von Kommanditgesellschaften auf Aktien

449   Nach § 78 Satz 1 sind die Vorschriften über Verschmelzungen unter Beteiligung einer AG in den §§ 60 bis 76 entsprechend auf Verschmelzungen unter Beteiligung einer KGaA anwendbar. Das bezieht sich auf die Beteiligung der KGaA als übertragender, übernehmender oder neuer Rechtsträger.[914] § 78 Satz 2 bestimmt rein klarstellend, dass an die Stelle der AG die KGaA und anstelle des Vorstandes der AG die zur Vertretung der KGaA ermächtigten persönlich haftenden Gesellschafter (s. § 278 Abs. 2 AktG i.V.m. §§ 125 Abs. 1, 161 Abs. 2 HGB) treten. Korrespondierend zu dem bei der Verschmelzung von Personenhandelsgesellschaften in § 43 Abs. 1 geregelten Zustimmungserfordernis, verlangt § 78 Satz 3 Halbs. 1 für den Verschmelzungsbeschluss der KGaA die Zustimmung der persönlich haftenden Gesellschafter der KGaA. Ohne § 78 Satz 3 Halbs. 1 würde sich dies aus § 285 Abs. 2 Satz 1 AktG ergeben. Das Zustimmungserfordernis gilt für eine übertragende KGaA auch dann, wenn der übernehmende Rechtsträger wieder eine KGaA ist.[915] Entsprechend § 43 Abs. 2 Satz 1 lässt § 78 Satz 3 Halbs. 2 die Möglichkeit zu, dass die Satzung insoweit eine Mehrheitsentscheidung zulässt. Dabei kann die Satzung insoweit eine einfache Mehrheit ausreichen lassen; denn eine Regelung wie in § 43 Abs. 2 Satz 2, wonach bei Personenhandelsgesellschaften das satzungsmäßig zugelassene Mehrheitsquorum mindestens eine Drei-Viertel-Mehrheit sein muss, fehlt bei der gem. § 3 Abs. 1 Nr. 2 als Kapitalgesellschaft eingestuften KGaA.[916]

450   Fraglich ist die Behandlung der nicht auf das Grundkapital geleisteten **Vermögenseinlage** eines persönlich haftenden Gesellschafters der KGaA im Sinne von § 281 Abs. 2 AktG. Da diese Einlage dem persönlich haftenden Gesellschafter keine Beteiligung am Grundkapital der KGaA (§ 278 Abs. 1 AktG) vermittelt, wird zum Teil davon ausgegangen, dass ihm hierfür im übernehmenden oder neuen Rechtsträger keine Anteile gewährt werden können; solle der durch die Verschmelzung nach § 278 Abs. 2 AktG, §§ 161 Abs. 2, 105 Abs. 3 HGB, § 738 BGB fällig werdende Rückzahlungsanspruch in eine Beteiligung an dem übernehmenden Rechtsträger »umgewandelt« werden, so komme bei der Verschmelzung durch Aufnahme nur eine »normale« Kapitalerhöhung gegen Sacheinlage bei dem übernehmenden Rechtsträger in Betracht.[917] Richtiger Ansicht nach hingegen ist – ebenso wie bei einer übertragenden GmbH & Co. KG mit einer am Vermögen der KG nicht beteiligten Komplementär-GmbH – eine Gewährung von Anteilen zulässig (wenn auch nicht zwingend geboten), und zwar im Hinblick auf den (formalen) Umstand, dass der persönlich haftende Gesellschafter der KGaA zu ihren Anteilsinhabern im Sinne von § 2 zählt.[918]

451   Gem. § 74 Satz 4 gelten Aktiengesellschaften und Kommanditgesellschaften auf Aktien nicht als Rechtsträger anderer Rechtsform i.S.d. §§ 29 und 34. Der Gesetzgeber will auf diese Weise die von ihm in diesen Konstellationen unerwünschte **Barabfindung** ausschließen.[919]

XVII. Besonderheiten bei der Beteiligung von Europäischen Gesellschaften (SE)

452   Auf eine Europäische Gesellschaft (SE) mit Sitz in Deutschland sind nach Art. 9 Abs. 1 Buchst. c) ii) und Art. 10 der Verordnung (EG) Nr. 2157/2001 des Rates vom 08.10.2001 über das Statut der Europäischen Gesellschaft (SE) in den Bereichen, die von der Verordnung (**SE-VO**) nicht geregelt werden, die für deutsche Aktiengesellschaften geltenden Regelungen anzuwenden.[920] Das bedeutet zunächst, dass eine SE nicht nach den Vorschriften des UmwG über die **Verschmelzung durch Neu-**

---

914   Semler/Stengel/*Perlitt*, § 78 Rn. 1.
915   Lutter/*Grunewald*, § 78 Rn. 7.
916   Semler/Stengel/*Perlitt*, § 78 Rn. 18; so jetzt auch Kallmeyer/*Marsch-Barner*, § 78 Rn. 5; a.A. *Schaumburg*, DStZ 1998, 525, 540.
917   Lutter/*Grunewald*, § 78 Rn. 9.
918   So auch im Ergebnis Semler/Stengel/*Perlitt*, § 78 Rn. 27; KK-UmwG/*Simon*, § 78 Rn. 22.
919   Kritisch hierzu Semler/Stengel/*Perlitt*, § 78 Rn. 36.
920   ABl. EG L 294/1; Semler/Stengel/*Drinhausen*, Einl. C Rn. 49.

gründung einer AG gegründet werden kann.⁹²¹ Denn die SE-VO regelt – in grundsätzlich abschließender Weise⁹²² – die Gründung einer SE, einschließlich der auf einer Verschmelzung beruhenden Gründung einer SE.⁹²³ Art. 2 Abs. 1 der SE-VO lässt insoweit – jedenfalls in seiner jetzigen Fassung⁹²⁴ – die Gründung einer SE durch Verschmelzung von Aktiengesellschaften im Sinne des Anhangs I der Verordnung nur zu, wenn mindestens zwei dieser Aktiengesellschaften dem Recht verschiedener Mitgliedstaaten unterliegen.⁹²⁵

Zulässig ist es aber, dass sich eine SE mit Sitz in Deutschland an einer Verschmelzung nach Maßgabe der Regeln des UmwG als übertragender oder übernehmender Rechtsträger bei der Verschmelzung durch Aufnahme oder als übertragender Rechtsträger bei der Verschmelzung durch Neugründung eines Rechtsträgers anderer Rechtsform beteiligt.⁹²⁶ Richtiger Ansicht nach ist insoweit aus Art. 66 SE-VO nicht herzuleiten, dass eine solche Verschmelzung erst nach Ablauf von 2 Jahren seit Eintragung der SE möglich wäre oder dass keine andere Zielrechtsform als die AG möglich wäre.⁹²⁷ Art. 66 Abs. 1 SE-VO, der die Umwandlung einer SE in eine dem Recht ihres Sitzstaates unterliegende AG erst nach Ablauf von 2 Jahren seit Eintragung der SE oder Genehmigung der ersten beiden Jahresabschlüsse zulässt, bezieht sich nur auf den Formwechsel.⁹²⁸ Einschränkungen für die Verschmelzung unter Beteiligung einer SE sind ihm nicht zu entnehmen.⁹²⁹ 453

XVIII. Notarkosten

Die Reform des Kostenrechts durch das GNotKG im Jahre 2013 führte (neben neuen Normbezeichnungen und einer neuen Gesetzessystematik) zu einer ganzen Reihe von inhaltlichen Änderungen bei der Abrechnung von Verschmelzungsvorgängen.⁹³⁰ So wird insbesondere der bisherige Höchstwert für die Abrechnung eines Verschmelzungsvertrages von 5.000.000 € (§ 39 Abs. 5 KostO) durch § 107 Abs. 1 GNotKG auf 10.000.000 € erhöht. Die bisherige Höchstgebühr für einen Verschmelzungsbeschluss von 5.000 € (§ 47 Satz 2 KostO) entfällt; insoweit ordnet § 108 Abs. 5 GNotKG nunmehr an, dass sich der Höchstwert für gesellschaftsrechtliche Beschlüsse auf 5.000.000 € beläuft. Während nach altem Kostenrecht (§ 44 KostO) der Verschmelzungsvertrag (§ 36 Abs. 2 KostO) und ein Verschmelzungsbeschluss (§ 47 Satz 1 KostO) getrennt abzurechnen waren, ermöglicht das neue Recht eine Werteaddition und damit eine einheitliche Abrechnung (§ 35 Abs. 1 GNotKG). Das weiterhin geltende Schuldabzugsverbot (§ 38 Satz 1 GNotKG, vormals § 18 Abs. 3 KostO) wird durch die Regelung in § 54 GNotKG hinsichtlich der Bewertung von Anteilen an Kapitalgesellschaften und Kommanditbeteiligungen modifiziert. Ferner wurden die Geschäftswerte für die Registeranmeldungen leicht erhöht (§ 105 GNotKG). 454

Im Einzelnen gilt für die Kostenberechnung Folgendes:

---

921 KK-UmwG/*Simon*, § 3 Rn. 28.
922 S. Art. 18 SE-VO; zum numerus clausus der Gründungsformen der SE s. *Schwarz*, SE-VO, § 2 Rn. 10.
923 S. Art. 2 Abs. 1 sowie Art. 17 ff. SE-VO.
924 S. insoweit den Vorschlag des Arbeitskreises für Aktien- und Kapitalmarktrecht zur Streichung des Mehrstaatlichkeitsgebots in Art. 2 Abs. 1 SE-VO, ZIP 2009, 698.
925 Zur Anwendbarkeit des § 17 Abs. 2 in diesen Fällen, *Empt*, NZG 2010, 1013.
926 Semler/Stengel/*Drinhausen*, Einl. C Rn. 59; Lutter/*Drygala*, § 3 Rn. 20; Widmann/Mayer/*Vossius*, § 20 Rn. 396 ff.
927 So richtig Lutter/*Drygala*, § 3 Rn. 21 m.w.N. zum Streitstand.
928 KK-UmwG/*Simon*, § 3 Rn. 30.
929 Lutter/*Drygala*, § 3 Rn. 21; so auch die »Klarstellungsanregung« des Arbeitskreises für Aktien- und Kapitalmarktrecht zu Art. 66 SE-VO, ZIP 2009, 698.
930 S. *Pfeiffer*, NZG 2013, 244; *Diehn*, Berechnungen zum neuen Notarkostenrecht, Rn. 1002 ff. (mit Berechnungsbeispiel); zur steuerlichen Behandlung *Stimpel*, GmbHR 2012, 199.

1. Verschmelzung durch Aufnahme

a) Verschmelzungsvertrag

455 Der Verschmelzungsvertrag nach § 4 ist ein Austauschvertrag im Sinne von § 97 Abs. 3 GNotKG (vormals § 39 Abs. 2 KostO), wenn den Anteilsinhabern des übertragenden Rechtsträgers für den Übergang des Vermögens des Rechtsträgers – wie im Regelfall – gem. §§ 5 Abs. 1 Nr. 2, 20 Abs. 1 Nr. 3 Anteile an dem übernehmenden Rechtsträger gewährt werden.[931] Maßgeblich ist für die Wertberechnung nach § 97 Abs. 3 GNotKG der höhere Wert der ausgetauschten Leistungen; im Regelfall, d.h. falls nicht ausnahmsweise die gewährten Anteile einen höheren Wert haben, ist das Vermögen des übertragenden Rechtsträgers zugrundezulegen.[932] Werden – ausnahmsweise (z.B. bei Konzernverschmelzungen nach § 5 Abs. 2 oder bei der Verschmelzung von Schwestergesellschaften nach § 54 Abs. 1 Satz 3 oder § 68 Abs. 1 Satz 3) – keine Anteile an dem übernehmenden Rechtsträger gewährt, ist gem. § 97 Abs. 1 GNotKG (vormals 39 Abs. 1 KostO) ebenfalls das Vermögen des übertragenden Rechtsträgers maßgeblich.[933] Wegen des **Schuldabzugsverbots** nach § 38 Satz 1 und 2 GNotKG (vormals § 18 Abs. 3 KostO) ist insoweit – jedenfalls grundsätzlich[934] – jeweils das Aktivvermögen des übertragenden Rechtsträgers maßgeblich.[935] Anknüpfungspunkt für die Bestimmung des maßgeblichen **Aktivvermögens** ist die der Verschmelzung zugrunde liegende Schlussbilanz des übertragenden Rechtsträgers (s. § 17 Abs. 2). Dem Notar ersichtlich unrichtige (d.h. insbesondere den Bewertungsbestimmungen des GNotKG widersprechende) Angaben der Bilanz darf er seiner Kostenberechnung nicht zugrunde legen.[936] Dies wirkt sich insbesondere dann aus, wenn Grundstücke in der Bilanz nicht mit ihrem gemeinen Wert (Verkehrswert), sondern mit einem niedrigeren Buchwert ausgewiesen sind. Da Grundstücke gem. § 46 Abs. 1 und 3 GNotKG (vormals § 19 Abs. 2 KostO) bei der Kostenberechnung mit ihrem Verkehrswert zu veranschlagen sind, ist ein eventueller Mehrwert dem Buchwert hinzuzurechnen.[937] Der bilanzielle Aktivposten »angefangene, noch nicht abgerechnete Arbeiten« kann um den auf der Passivseite verbuchten Posten »erhaltene Anzahlungen« zu mindern sein.[938] Auch der Aktivposten »nicht durch Eigenkapital gedeckter Fehlbetrag« (s. § 268 Abs. 3 HGB) ist vom »tatsächlichen« Aktivvermögen abzuziehen; nicht abzugsfähig sind hingegen Forderungen, die der übertragende Rechtsträger gegen den übernehmenden Rechtsträger (z.B. bei der Mutter-Tochter-Verschmelzung) hat und die im Zuge der Verschmelzung durch Konfusion erlöschen.[939]

456 Gehören zum Vermögen des übertragenden Rechtsträgers Anteile an Kapitalgesellschaften oder Kommanditbeteiligungen, ist zu beachten, dass das Schuldabzugsverbot nach dem neuem Kostenrecht nur insoweit gilt, »soweit nichts anderes bestimmt ist« (§ 38 Satz 1 GNotKG).[940] Eine solche »andere Bestimmung« enthält § 54 GNotKG.[941] Danach sind derartige Gesellschaftsbeteiligungen, soweit es sich nicht um überwiegend vermögensverwaltende Gesellschaften im Sinne von § 54 Satz 3 GNotKG handelt, nach dem Eigenkapital im Sinne von § 266 Abs. 3 HGB, das auf den jeweiligen Anteil entfällt, zu bewerten (§ 54 Satz 1 GNotKG). Grundstücke und Gebäude sind jedoch auch

---

931 Limmer/*Tiedtke*, Teil 8 Rn. 1.
932 Limmer/*Tiedtke*, Teil 8 Rn. 2.
933 OLG Karlsruhe, Beschl. v. 30.01.2001 – 11 Wx 59/00, Rpfleger 2001, 321 = ZNotP 2002, 121 (zu § 39 Abs. 1 KostO).
934 Zu den Einschränkungen s.u. Rdn. 456.
935 Limmer/*Tiedtke*, Teil 8 Rn. 2.
936 Zu den diesbezüglichen Prüfungspflichten des Notars s. Limmer/*Tiedtke*, Teil 8 Rn. 10.
937 Limmer/*Tiedtke*, Teil 8 Rn. 10.
938 Limmer/*Tiedtke*, Teil 8 Rn. 10 und 12.
939 OLG Düsseldorf, MittBayNot 1998, 464 = ZNotP 1998, 471.
940 Zur einschränkenden Auslegung des § 18 Abs. 3 KostO in diesen Fällen nach altem Recht s. bereits BGH, Beschl. v. 20.10.2009 – VIII ZB 13/08, NZG 2010, 154.
941 Begr. RegE-GNotKG, BT-Drucks. 17/11471, S. 252.

in diesen Fällen nach den Bewertungsvorschriften in §§ 46 ff. GNotKG zu bewerten (§ 54 Satz 2 GNotKG).

Der für den Verschmelzungsvertrag zugrundezulegende Wert beträgt nach neuem Recht gem. § 107 Abs. 1 GNotKG mindestens 30.000 € und höchstens 10.000.000 €. **457**

Wird in einer Urkunde die Verschmelzung mehrerer übertragender Rechtsträger auf einen übernehmenden Rechtsträger (§ 3 Abs. 4) beurkundet, stellt sich in kostenrechtlicher Hinsicht zunächst die Frage, ob **Gegenstandsgleichheit** im Sinne von § 109 Abs. 1 GNotKG (vormals § 44 Abs. 1 KostO) oder **Gegenstandsverschiedenheit** im Sinne von § 35 Abs. 1 GNotKG (vormals § 44 Abs. 2 KostO) vorliegt. Nach neuem Recht genügt (im Gegensatz zum bisherigen Recht)[942] die Abhängigkeit der einzelnen Verschmelzungsvorgänge voneinander nicht mehr, um den Grundsatz der gesonderten Gegenstände gem. § 86 Abs. 2 GNotKG zu durchbrechen und eine Gegenstandsgleichheit zu bejahen. Vielmehr verlangt § 109 Abs. 1 Satz 1 GNotKG nunmehr zusätzlich für eine Gegenstandsgleichheit, dass das eine Rechtsverhältnis unmittelbar dem Zweck des anderen Rechtsverhältnisses (z.B. seiner Erfüllung oder Durchführung) dient. Da dies für mehrere Verschmelzungsvorgänge zu verneinen sein wird, wird man bei der Beurkundung mehrerer Verschmelzungsvorgänge regelmäßig eine Gegenstandsverschiedenheit annehmen müssen.[943] Demgemäß sind für jeden Rechtsträger dessen Aktivvermögen – jeweils begrenzt auf den Höchstwert von 10.000.000 € – anzusetzen und alsdann gem. § 35 Abs. 1 GNotKG die Summe dieser Werte zugrundezulegen. In diesen Konstellationen findet die Begrenzung des § 107 Abs. 1 GNotKG daher nur Anwendung auf die einzelnen Aktivvermögen der übertragenden Rechtsträger, nicht auf deren Summe.[944] Höchstwert ist in diesem Fall der Betrag von 60.000.000 € (§ 35 Abs. 2 GNotKG). **458**

Gegenstandverschiedenheit im Sinne von § 35 Abs. 1 GNotKG liegt auch bei **Kettenverschmelzungen** vor.[945]

Für die Beurkundung des Verschmelzungsvertrages fällt gem. § 3 Abs. 2 GNotKG i.V.m. Nr. 21100 KV (vormals § 36 Abs. 2 KostO) eine 2,0-Gebühr an. Sog. Vollzugs-/»Reparatur«-vollmachten sind nicht gesondert zu berechnen.[946] **459**

b) Verschmelzungsbeschlüsse

Die nach § 13 Abs. 1 erforderlichen Beschlüsse der Anteilsinhaber der übertragenden und übernehmenden Rechtsträger über die Zustimmung zum Verschmelzungsvertrag (Verschmelzungsbeschlüsse), die von den Zustimmungserklärungen einzelner Anteilsinhaber zu unterscheiden sind (§ 13 Abs. 2),[947] sind gem. § 108 Abs. 3 Satz 1 GNotKG (vormals § 41c Abs. 2 Satz 1 KostO) mit dem Wert des **Aktivvermögens** des übertragenden Rechtsträgers anzusetzen; der Wert ist in gleicher Weise zu bestimmen wie für den Verschmelzungsvertrag.[948] Wird bei der übernehmenden Gesellschaft zur Durchführung der Verschmelzung das Kapital erhöht, ist dies dem entsprechenden Wert hinzuzurechnen.[949] Höchstens beläuft sich der Geschäftswert gem. § 108 Abs. 5 GNotKG auf 5.000.000 €. Für die Beurkundung der entsprechenden Beschlüsse ist gem. § 3 Abs. 2 GNotKG i.V.m. Nr. 21100 KV (vormals § 47 Satz 1 KostO) eine 2,0-Gebühr zu erheben. **460**

Werden der Verschmelzungsbeschluss des übertragenden Rechtsträgers und der Verschmelzungsbeschluss des übernehmenden Rechtsträgers in einer Urkunde zusammengefasst, liegt gem. § 109

---

942 Dazu *Tiedtke,* ZnotP 2001, 226, 227.
943 Streifzug GNotKG, 12. Aufl., Rn. 1772.
944 OLG Hamm, Beschl. v. 18.03.2003 – 15 W 268/01, MittBayNot 2004, 68; ZNotP 2003, 319 (zu § 39 Abs. 5 KostO).
945 OLG Düsseldorf, MittBayNot 1998, 464 = ZNotP 1998, 471 (zu § 44 Abs. 2 KostO).
946 LG Offenburg, Beschl. v. 22.05.2018, 4 OH 13/16, zit. nach juris.
947 *Felix,* RNotZ 2018, 377, 383; dazu Rdn. 461.
948 BayObLG, DNotZ 1993, 273 (zu § 41c Abs. 2 Satz 1 KostO).
949 Limmer/*Tiedtke,* Teil 8 Rn. 22.

Abs. 2 Satz 1 Nr. 4g GNotKG (vormals § 41c Abs. 3 KostO i.V.m. § 44 Abs. 1 KostO) derselbe Beurkundsgegenstand vor. Das heißt, es fällt nur eine 2,0-Gebühr nach § 3 Abs. 2 GNotKG i.V.m. Nr. 21100 KV an, und zwar gem. §§ 108 Abs. 2, 109 Abs. 2 Satz 2 GNotKG (vormals § 41c Abs. 2 Satz 1 KostO) berechnet nach dem Aktivvermögen des übertragenden Rechtsträgers, jedoch begrenzt auf den Höchstwert von 5.000.000 € (§ 108 Abs. 5 GNotKG). Im Hinblick darauf kann es eine unrichtige Sachbehandlung im Sinne von § 21 Abs. 1 Satz 1 GNotKG (vormals § 16 KostO) darstellen, wenn die Zustimmungsbeschlüsse des übertragenden und des übernehmenden Rechtsträgers in getrennten Urkunden beurkundet werden.[950]

Werden bei einer Mehrfachverschmelzung (§ 3 Abs. 4) mehrere Rechtsträger im Rahmen eines einheitlichen Verschmelzungsvertrages auf einen Rechtsträger verschmolzen und werden die Verschmelzungsbeschlüsse in einer Urkunde beurkundet, sind die Aktivvermögen der übertragenden Rechtsträger (§ 108 Abs. 3 Satz 1 GNotkG, vormals § 41c Abs. 2 KostO) zusammenzuzählen und hiervon, jedoch begrenzt auf den Höchstwert von 5.000.000 € (§ 108 Abs. 5 GNotKG) – eine 2,0-Gebühr nach § 3 Abs. 2 GNotKG i.V.m. Nr. 21100 KV zu erheben. Im Ergebnis das gleiche gilt, wenn die Verschmelzungsbeschlüsse mehrerer Rechtsträger zu mehreren (rechtlich voneinander abhängigen oder unabhängigen) Verschmelzungsverträgen in einer Urkunde beurkundet werden. Die gemeinsame Beurkundung von Verschmelzungsbeschlüssen rechtlich unabhängiger und damit gegenstandsverschiedener Verschmelzungsverträge setzt aber zumindest einen inneren Zusammenhang der Verschmelzungsvorgänge voraus, damit in derartigen Fällen der Höchstwerttatbestand nach § 108 Abs. 5 GNotG nicht zum Mittel eines nach § 125 GNotKG (vormals § 140 KostO) unzulässigen Gebührenverzichts gemacht wird.[951]

Wurden ein Verschmelzungsvertrag und die zugehörigen Verschmelzungsbeschlüsse in einer Urkunde beurkundet, fand nach altem Recht trotz des Sachzusammenhangs keine einheitliche Abrechnung statt, da § 44 KostO bei Zusammentreffen der Gebührentatbestände von § 36 Abs. 2 KostO (für den Verschmelzungsvertrag) und § 47 Satz 1 KostO (für die Verschmelzungsbeschlüsse) nicht anwendbar war. Nach neuem Recht liegen die Dinge anders. Der Verschmelzungsvertrag und die Verschmelzungsbeschlüsse sind zwar nach § 110 Nr. 1 GNotKG unterschiedliche Beurkundungsgegenstände, die insoweit maßgeblichen Werte können aber – unter Beachtung der insoweit maßgeblichen Höchstwerte von 10.000.000 € nach § 107 Abs. 1 Satz 1 GNotKG für den Verschmelzungsvertrag und von 5.000.000 € nach § 108 Abs. 5 GNotKG für die Verschmelzungsbeschlüsse – nach § 35 Abs. 1 GNotKG zusammengerechnet und damit einheitlich (mit einer 2,0-Gebühr nach § 3 Abs. 2 GNotKG i.V.m. Nr. 21100 KV) abgerechnet werden. Eine getrennte Beurkundung des Verschmelzungsvertrages und der Verschmelzungsbeschlüsse kann daher unrichtige Sachbehandlung nach § 21 Abs. 1 Satz 1 GNotKG sein.

c) Verzichts- und Zustimmungserklärungen

461 Werden Verzichtserklärungen, die beurkundungsbedürftig sind (s. z.B. § 8 Abs. 3 für den Verschmelzungsbericht oder § 9 Abs. 3 für die Verschmelzungsprüfung), oder beurkundungsbedürftige Zustimmungserklärungen (s. § 13 Abs. 3 Satz 1 i.V.m. § 43 Abs. 1 für die Verschmelzung unter Beteiligung einer Personenhandelsgesellschaft oder i.V.m. § 51 für die Verschmelzung unter Beteiligung einer GmbH) zusammen mit dem Verschmelzungsvertrag beurkundet, liegt **Gegenstandsgleichheit** im Sinne von § 109 Abs. 1 Satz 1 GNotKG (vormals § 44 Abs. 1 KostO) vor, mit der Folge, dass eine gesonderte Berechnung der Beurkundung dieser Erklärungen nach § 3 Abs. 2 GNotKG i.V.m. Nr. 21200 KV vormals (§ 36 Abs. 1 KostO) nicht in Betracht kommt. Im Hinblick hierauf kann eine getrennte Beurkundung des Verschmelzungsvertrages und der Verzichts- und Zustimmungserklärungen unrichtige Sachbehandlung nach § 21 Abs. 1 Satz 1 GNotKG sein.[952]

---

950 *Felix*, RNotZ 2018, 378, 383 m.w.N.
951 Limmer/*Tiedtke*, Teil 8 Rn. 25.
952 Limmer/*Tiedtke*, Teil 8 Rn. 25.

B. Verschmelzung Kapitel 8

Werden Verzichts- oder Zustimmungserklärungen nicht mit dem Verschmelzungsvertrag, sondern 462
mit einem Verschmelzungsbeschluss beurkundet, liegen nach § 110 Nr. 1 GNotKG verschiedene
Beurkundungsgegenstände vor. Sofern in solchen Fällen die getrennte Beurkundung von Verschmelzungsvertrag und Verzichts- und Zustimmungserklärungen nicht eine unrichtige Sachbehandlung
nach § 21 Abs. 1 Satz 1 GNotKG darstellt, gilt für die Abrechnung folgendes: Da für den Verschmelzungsbeschluss eine 2,0-Gebühr nach § 3 Abs. 2 GNotKG i.V.m. Nr. 21100 KV und für die
Verzichts- und Zustimmungserklärungen eine 1,0-Gebühr nach § 3 Abs. 2 GNotKG i.V.m.
Nr. 21200 KV anfällt, erfolgt die Abrechnung in diesen Fällen nach den Bestimmungen des § 94
Abs. 1 GNotKG; d.h. es werden gesonderte Gebühren für den Verschmelzungsbeschluss einerseits
und die Verzichts- und Zustimmungserklärungen andererseits (letztere zusammengerechnet) erhoben, es sei denn, es wäre günstiger, die entsprechenden Werte insgesamt zusammenzurechnen und
den Gesamtwert mit einer 2,0-Gebühr abzurechnen. Für die Geschäftswerte wird man hinsichtlich
eines Verzichts gem. § 36 Abs. 1 GNotKG (vormals § 30 Abs. 1 KostO) maximal 10 % des anzusetzenden Aktivvermögens des übertragenden Rechtsträgers veranschlagen können.[953] Zustimmungserklärungen sind nach § 98 GNotKG (vormals § 40 KostO) zu berechnen, d.h. nach der Hälfte des
Wertes des Verschmelzungsvertrages (§ 98 Abs. 1 GNotKG), jedoch ermäßigt auf den Bruchteil,
den der Zustimmende am Vermögen »seines« Rechtsträgers innehat (§ 98 Abs. 2 Satz 2 GNotKG),[954]
jedoch begrenzt auf den (durch das GNotKG neu eingeführten) Höchstwert von 1.000.000 € (§ 98
Abs. 4 GNotKG). Entsprechende Werte sind anzusetzen, wenn Verzichts- und Zustimmungserklärungen ohne Verstoß gegen § 21 Abs. 1 Satz 1 GNotKG gesondert beurkundet werden.

d) Registeranmeldungen

Nach § 16 Abs. 1 ist die Verschmelzung bei sämtlichen beteiligten Rechtsträgern zur Eintragung in 463
das jeweilige Register anzumelden. Sind die Anmeldungen zum Handelsregister vorzunehmen,
bestimmt sich der Geschäftswert der Anmeldung des übertragenden Rechtsträgers nach den Vorschriften in § 105 Abs. 4 Nrn. 1 bis 4 GNotKG (vormals § 41a Abs. 4 Nrn. 1 bis 4 KostO) und
hängt somit von der **Rechtsform des übertragenden Rechtsträgers** ab. So beläuft sich der Geschäftswert der Anmeldung bei einer übertragenden Kapitalgesellschaft gem. § 105 Abs. 2, Abs. 4
Nr. 1 GNotKG auf 1 % ihres Stamm-/Grundkapitals, mindestens auf 30.000 € (vormals 25.000 €),
und bei Personenhandelsgesellschaften generell auf 30.000 € (§ 105 Abs. 4 Nr. 3 GNotKG). Begrenzt
wird der Geschäftswert der Anmeldung jedoch (in allen Fällen des § 105 Abs. 4 KostO) gem. § 106
GNotKG (vormals § 39 Abs. 5 KostO) auf den **Höchstwert** von 1.000.000 € (vormals 500.000 €),
und zwar auch dann, wenn mehrere Anmeldungen in einer Urkunde erfolgen.

Der Geschäftswert für die Anmeldung der Verschmelzung zum Handelsregister des übernehmenden 464
Rechtsträgers bemisst sich, wenn dieser zur Durchführung der Verschmelzung sein Kapital nicht
erhöht, ebenfalls nach den Regeln in § 105 Abs. 2, Abs. 4 Nrn. 1 bis 4 GNotKG; auch hier kommt
es daher auf die Rechtsform des Rechtsträgers an, auch hier gilt der Höchstwert von 1.000.000 €
(§ 106 GNotKG). Erhöht der übernehmende Rechtsträger zur Durchführung der Verschmelzung
sein Kapital, ist die insoweit nötige Anmeldung gegenstandsverschieden zu der Anmeldung der Verschmelzung. Der entsprechende Erhöhungsbetrag (§ 105 Abs. 1 GNotKG) ist daher dem nach § 105
Abs. 4 GNotKG zu entnehmenden Wert hinzuzurechen (§ 35 Abs. 1 GNotKG); auch hier beläuft
sich jedoch der Höchstwert gem. § 106 GNotKG auf 1.000.000 €.[955]

Für die Anmeldungen zum Partnerschaftsregister verweist § 105 Abs. 2 GNotKG auf die Vorschrif- 465
ten in § 105 Abs. 3 bis 5 GNotKG.

---

953 Limmer/*Tiedtke*, Teil 8 Rn. 30 f.
954 Limmer/*Tiedtke*, Teil 8 Rn. 34.
955 Limmer/*Tiedtke*, Teil 8 Rn. 49.

466 Die Registeranmeldungen sind, wenn sie der Notar – wie üblich – entworfen hat, gem. § 119 Abs. 1 GNotKG i.V.m. § 3 Abs. 2 GNotKG i.V.m. Nr. 24102 KV (vormals §§ 38 Abs. 2 Nr. 7, 145 Abs. 1 Nr. 1 KostO) mit einer 0,5-Gebühr abzurechnen.

e) Nebentätigkeiten/Vollzugs-/Betreuungsgebühren

467 § 147 Abs. 2 KostO, über den nach altem Recht u. a. eine Mitwirkung des Notars bei der Vorbereitung der Hauptversammlung abgerechnet werden konnte, ist durch das GNotKG abgeschafft worden. Das Kostenverzeichnis sieht in Nr. 24203 nunmehr vor, dass bei der Beratung bei der Vorbereitung der Hauptversammlung oder Gesellschafterversammlung eine 0,5 bis 2,0 Gebühr entsteht, wenn der Notar die Gesellschaft über die im Rahmen des Beurkundungsverfahrens bestehenden Amtspflichten hinaus berät. Für den Geschäftswert gilt insoweit § 120 GNotKG.[956]

Für die Erstellung einer »Übernehmer«-Liste nach § 57 Abs. 3 Nr. 2 GmbHG oder einer Gesellschafterliste nach § 40 Abs. 2 Satz 1 GmbHG fällt eine 0,5-Vollzugsgebühr nach Nr. 22110 KV GNotKG an; für den Geschäftswert gilt § 112 GNotKG, maximal sind 250,00 € je Liste zu erheben (Nr. 22113 KV GNotKG).

Für die Bescheinigung nach § 40 Abs. 2 Satz 2 GmbHG fällt eine 0,5-Betreuungsgebühr gemäß Nr. 22200 KV GNotKG an, jedoch nur, wenn der Notar »Umstände außerhalb der Urkunde zu prüfen« hat, wofür das (bloße) Überprüfen der Eintragung der Verschmelzung nicht ausreicht;[957] für den Geschäftswert gilt § 113 GNotKG.[958]

2. Verschmelzung durch Neugründung

468 Die kostenrechtliche Behandlung von Verschmelzungen durch Neugründung entspricht im Grundsatz derjenigen von Verschmelzungen durch Aufnahme. Auch der Verschmelzungsvertrag bei der Verschmelzung durch Neugründung ist **Austauschvertrag** im Sinne von § 97 Abs. 3 GNotKG.[959] Die Aktivvermögen jedes einzelnen übertragenden Rechtsträgers sind insoweit mit ihrem Gesamtwert anzusetzen, und zwar, wenn (nur) zwei übertragende Rechtsträger vorhanden sind, begrenzt auf den Höchstwert von 10.000.000 € (§ 107 Abs. 1 GNotKG).[960] Der Gesellschaftsvertrag des neuen Rechtsträgers, der bei der Verschmelzung durch Neugründung nach § 37 zwingender Bestandteil des Verschmelzungsvertrages ist, ist gem. § 109 Abs. 1 GNotKG nicht besonders zu bewerten.[961]

469 Der Geschäftswert für die nach § 38 vorzunehmende Anmeldung des neuen Rechtsträgers bestimmt sich nach den allgemeinen Bestimmungen in § 105 GNotKG; er richtet sich also, wenn der neue Rechtsträger eine OHG ist, nach § 105 Abs. 2, Abs. 3 Satz 1 Nr. 2 GNotKG (45.000 € bei zwei Gesellschaftern zuzüglich 15.000 € für jeden weiteren Gesellschafter), wenn der neue Rechtsträger eine Kommanditgesellschaft ist, nach § 105 Abs. 1 Satz 1 Nr. 5 KostO (Summe der Kommanditeinlagen zuzüglich 30.000 € für den ersten und 15.000 € für jeden weiteren persönlich haftenden Gesellschafter) und wenn der neue Rechtsträger eine Kapitalgesellschaft (§ 3 Abs. 1 Nr. 2) ist, nach § 105 Abs. 1 Satz 1 Nr. 1 GNotKG (Stamm-/Grundkapital zuzüglich eventuelles genehmigtes Kapital, mindestens 30.000 € gem. § 105 Abs. 1 Satz 2 GNotKG).

---

956 *Pfeiffer*, NZG 2013, 244, 245 ff; weiter zu gebührenpflichtigen Nebentätigkeiten Limmer/*Tiedtke*, Teil 8 Rn. 41.
957 LG Düsseldorf, Beschl. v. 17.09.2018, 19 OH 1/18, RNotZ 2019, 110.
958 S. Limmer/*Tiedtke*, Teil 8 Rn. 51.
959 Streifzug GNotKG, 12. Aufl., Rdn. 1764; *Rohs/Wedewer*, KostO, § 39 Rn. 31 a.
960 Limmer/*Tiedtke*, Teil 8 Rn. 8; dort auch zur mehrfachen Anwendung des Höchstwertes nach § 107 Abs. 1 GNotKG.
961 Limmer/*Tiedtke*, Teil 8 Rn. 9.

C. Formwechsel

I. Einleitung

1. Regelung im Umwandlungsgesetz

Der Formwechsel ist im fünften Buch des UmwG geregelt. Dieses gliedert sich in zwei Teile, die allgemeinen Vorschriften (§§ 190 bis 213) und die besonderen Vorschriften (§§ 214 bis 304). Letztere wiederum sind – geordnet nach der Rechtsform der Ausgangsrechtsträger – in sechs Abschnitte wie folgt eingeteilt: Formwechsel von Personengesellschaften (§§ 214 bis 225c), Formwechsel von Kapitalgesellschaften (§§ 226 bis 257), Formwechsel eingetragener Genossenschaften (§§ 258 bis 271), Formwechsel rechtsfähiger Vereine (§§ 272 bis 290), Formwechsel von Versicherungsvereinen auf Gegenseitigkeit (§§ 291 bis 300) und Formwechsel von Körperschaften und Anstalten des öffentlichen Rechts (§§ 301 bis 304). Die folgende Darstellung folgt diesem Aufbau, wobei allerdings zahlreiche Fragen aus den besonderen Abschnitten schon bei den allgemeinen Vorschriften angesprochen werden, weil letztere sonst zu abstrakt blieben.

470

2. Grundgedanken

Unter Formwechsel versteht man die Änderung der Rechtsform eines Rechtsträgers, ohne dass es zu einer Vermögensübertragung kommt (vgl. §§ 190 Abs. 1, 202 Abs. 1 Nr. 1).

471

Diesen sogenannten identitätswahrenden Formwechsel kannte das Gesetz vor Erlass des UmwG nur für den Formwechsel einer Kapitalgesellschaft in eine andere Kapitalgesellschaft. Der Wechsel von der Personengesellschaft in die Kapitalgesellschaft und umgekehrt war dagegen nur durch sog. übertragende Umwandlung möglich.[962] Heute erfolgt auch er dagegen durch den identitätswahrenden Formwechsel (vgl. §§ 214 ff. und 228 ff.). Der Formwechsel ist keine Gesamtrechtsnachfolge.[963] Mit einer viel gebrauchten bildlichen Formulierung wechselt der Rechtsträger nach der Vorstellung des Gesetzes lediglich sein Rechtskleid.[964]

472

Im Schrifttum wird davor gewarnt, die Reichweite des Identitätskonzepts zu überschätzen.[965] Insbesondere § 197, der die Anwendung der Gründungsvorschriften auf den Formwechsel anordnet und die Bestimmungen über die Organhaftung in §§ 205, 206 sprechen nach dieser Meinung gegen eine allumfassende Identität. Was bereits existiere, müsse nicht neu gegründet werden.[966] Von anderer Seite wird demgegenüber darauf hingewiesen, dass es bei dem **Identitätskonzept** um die **Kontinuität der Rechtszuständigkeit** geht;[967] mit ihr gehe zwar eine **Diskontinuität der Rechtsform** einher, die aber die materielle Kontinuität nicht in Frage stelle. Die Einzelheiten können hier nicht vertieft werden. Für den Rechtsanwender genügt es zu wissen, dass mit der Identitätsthese die Kontinuität der Rechtszuständigkeit des Rechtsträgers über den Formwechsel hinaus festgeschrieben wird, dass diese allerdings durch die Diskontinuität der Rechtsform sowie den Gläubigerschutz begrenzt wird und die unterschiedlichen Rechtsgedanken gegeneinander abgewogen und, soweit möglich, miteinander in Einklang gebracht werden müssen.[968]

473

Bei diesen Überlegungen handelt es sich aber nicht nur um theoretische Fragen; gerade die Kontinuität der Rechtszuständigkeit hat erhebliche praktische Konsequenzen; man denke nur an die

474

---

962 Vgl. Widmann/Mayer/*Vossius*, § 190 Rn. 13.
963 Limmer/*Limmer,* Teil 4 Rn. 11; Lutter/*Hoger,* § 202 Rn. 7.
964 Limmer/*Limmer,* Teil 4 Rn. 7.
965 Etwa *Bärwaldt/Schabacker,* ZIP 98, 1293 ff.; Semler/Stengel/*Bärwaldt,* § 197 Rn. 2 f.; zur Diskussion KK-UmwG/*Petersen,* § 202 Rn. 2 ff.; Lutter/*Hoger,* § 190 Rn. 3 ff. jew. m.w.N.
966 Semler/Stengel/*Bärwaldt,* § 197 Rn. 2.
967 *K. Schmidt,* ZIP 1995, 1385, 1387; *ders.,* FS Ulmer 2003, 565; KK-UmwG/*Petersen,* § 202 Rn. 11; Lutter/*Hoger,* § 190 Rn. 6.
968 *K. Schmidt,* ZIP 1995, 1385, 1387; *ders.,* FS Ulmer 2003, 565; KK-UmwG/*Petersen,* § 202 Rn. 11.

Grunderwerbsteuer. Wie der BFH[969] entschieden und die Finanzverwaltung nach anfänglichem Zögern inzwischen akzeptiert hat,[970] ist der Formwechsel von der Personengesellschaft in die Kapitalgesellschaft und umgekehrt kein grunderwerbsteuerbarer Vorgang, weil nach dem Konzept des UmwG eben keine Übertragung stattfindet. Zu beachten ist aber, dass der Formwechsel zwischen Personen- und Kapitalgesellschaft die **5-jährige Haltefrist** gem. §§ 5 Abs. 3, § 6 Abs. 4 GrErwStG unterbricht. Geht das Eigentum an einem Grundstück also von einer oder mehreren Personen auf eine Gesamthand über, an der jene beteiligt ist/sind, ist der Erwerb zwar gem. § 5 Abs. 1 und 2 grunderwerbsteuerfrei, soweit der Anteil des einzelnen Mitglieds der Gesamthand seinem bisherigen Anteil am Grundstück entspricht; wird die Gesamthand dann aber innerhalb von 5 Jahren in eine Kapitalgesellschaft umgewandelt, wird die Frist unterbrochen. Die vorherige Grunderwerbsteuerfreiheit entfällt.[971] Entsprechendes gilt im umgekehrten Fall: Geht das Eigentum an einem Grundstück von einer Gesamthand auf eine oder mehrere ihrer Mitglieder über, ist der Erwerb gem. § 6 Abs. 1 bis 4 grunderwerbsteuerfrei, soweit der Erwerber bereits 5 Jahre im gleichen Verhältnis an der Gesamthand beteiligt war. Das gilt aber nicht, falls die Gesamthand binnen 5 Jahren vor dem Übertragungsvorgang durch Formwechsel aus einer Kapitalgesellschaft hervorgegangen ist.[972]

3. Motive für den Formwechsel

475   Die Motive für den Formwechsel sind vielfältig.[973] Der Formwechsel von der Personengesellschaft in die Kapitalgesellschaft und umgekehrt hat häufig steuerliche Gründe. Er hat einen steuerlichen Systemwechsel zur Folge.[974] Ziel des Formwechsels von der Personengesellschaft in die Kapitalgesellschaft kann ferner eine Haftungsbeschränkung auf das Gesellschaftskapital sein. Auch ermöglicht die Kapitalgesellschaft die Geschäftsführung durch Nicht-Gesellschafter. Beides kann allerdings auch durch Umstrukturierung der Personengesellschaft in eine GmbH & Co. KG erreicht werden. Der umgekehrte Schritt von der Kapitalgesellschaft in die Personengesellschaft kann durch den Wunsch zur **Vermeidung von Publizität**[975] oder zur **Flucht aus der Mitbestimmung**[976] motiviert sein.

476   Der Formwechsel in die AG dient häufig der **Vorbereitung eines Börsengangs**. Zum Börsenhandel können nur Aktien zugelassen werden. Ziel kann aber auch die Vorbereitung des Formwechsels in eine SE sein, womit dann wiederum beabsichtigt sein kann, den Mitbestimmungszustand einzufrieren, der im Zeitpunkt der Umwandlung besteht.[977] Der Formwechsel in die AG kann weiter zum Ziel haben, einen **Squeeze-Out** von Minderheitsgesellschaftern gem. §§ 327a ff. AktG zu ermöglichen. Allerdings ist streitig, ob ein Formwechsel mit einem sich daran anschließenden Squeeze-Out nicht rechtsmissbräuchlich und damit unzulässig ist.[978] Mit dem umgekehrten Fall des Formwechsels von der AG in die GmbH oder in eine Personengesellschaft wird meist eine unmittelbare Einflussnahme auf die Geschäftsführung sowie die Ersparnis von Kosten durch Wegfall des Aufsichtsrats bezweckt. Ist die AG börsennotiert, führt der Formwechsel zugleich zum Wegfall der Börsenzulassung (sog. »**kaltes Delisting**«), der möglicherweise einfacher zu bewerkstelligen ist als ein

---

969   BStBl. II 1997, S. 661.
970   FinMin Baden-Württemberg DStR 1998, 82, Tz. IV. 2.
971   BFH MittBayNot 2003, 501; BFH DStR 2014, 141; Gottwald MittBayNot 2013, 1; *Ihle*, Notar 2015, 46, 51.
972   BFH MittBayNot 2001, 501; weiterführend *Gottwald*, MittBayNot 2003, 438.
973   Limmer/*Limmer*, Teil 4 Rn. 45 ff.; Lutter/*Hoger*, Vor § 190 Rn. 18 ff.; Semler/Stengel/*Schwanna*, § 190 Rn. 5 ff.
974   Lutter/*Schumacher*, Anh. nach § 304 Rn. 6.
975   Widmann/Mayer/*Vossius*, § 190 Rn. 38.
976   Lutter/*Hoger*, Vor § 190 Rn. 8, 23.
977   Vgl. § 35 SEBG; z.B. *Götze/Winzer/Arnold*, ZIP 2009, 245, 251.
978   Vgl. OLG Stuttgart AG 2008, 464/465; OLG Hamburg NZG 2012, 944, 946; zur Diskussion KK-UmwG/*Petersen*, §§ 190 ff. Rn. 20 ff.; s.a. *Austmann*, NZG 2011, 684 m.N. in Fn. 51.

C. Formwechsel

II. Formwechselmöglichkeiten

1. Gesetzliche Regelung

Gem. § 191 Abs. 1 können formwechselnde **Ausgangsrechtsträger** sein: Personenhandelsgesellschaften gem. § 3 Abs. 1 Nr. 1 und PartGen, nicht dagegen die BGB-Gesellschaft, weiter Kapitalgesellschaften gem. § 3 Abs. 1 Nr. 2, eingetragene Genossenschaften, rechtsfähige Vereine, Versicherungsvereine auf Gegenseitigkeit sowie Körperschaften und Anstalten des öffentlichen Rechts. Gem. § 191 Abs. 2 kann **Zielrechtsform** sein: Die BGB-Gesellschaft, eine Personenhandelsgesellschaft und die PartG, eine Kapitalgesellschaft (GmbH, AG und KGaA) und die eingetragene Genossenschaft. Nicht jeder Ausgangsrechtsträger kann aber formwechselnd in jede Zielrechtsform umgewandelt werden. Die zulässigen Kombinationen[980] sind in den besonderen Vorschriften des fünften Buches des UmwG geregelt. Daraus ergibt sich folgendes: Personenhandelsgesellschaften und PartGen können in jede Körperschaft einer zulässigen Zielrechtsform, also in eine GmbH, AG, KGaA, und in eine eG umgewandelt werden.[981] Der Formwechsel einer Personenhandelsgesellschaft in eine andere Personengesellschaft ist zwar möglich, erfolgt aber **nicht** nach dem UmwG. Die GmbH, die AG und die KGaA können sowohl in alle Personengesellschaften einschließlich der GbR als auch in alle Körperschaften einer zulässigen Zielrechtsform umgewandelt werden.[982] Die eG[983] und der e.V.[984] können nicht in eine Personengesellschaft, aber in alle Kapitalgesellschaften und der e.V. außerdem in eine eG umgewandelt werden, der VVaG[985] nur in eine AG und die Körperschaft oder Anstalt öffentlichen Rechts[986] nur in eine Kapitalgesellschaft. Der e.V., der VVaG und die Körperschaft oder Anstalt des öffentlichen Rechts können nur Ausgangsrechtsträger, nicht Zielrechtsform, die GbR nur Zielrechtsform sein. Allerdings kann die GbR vielfach gem. § 105 Abs. 2 HGB durch Eintragung zur oHG und damit formwechselfähig gemacht werden.

477

Zu den Personenhandelsgesellschaften zählen auch die GmbH & Co. KG[987] und andere Kommanditgesellschaften, deren persönlich haftende Gesellschafter keine natürliche Personen sind, wie die Ltd. & Co. KG und die Stiftung & Co. KG.[988] Auch sie sind Kommanditgesellschaften. Entsprechendes gilt für die EWIV, die gem. § 1 Halbs. 2 EWIV-AusfG als oHG gilt. GmbH ist auch die Unternehmergesellschaft (haftungsbeschränkt). Sie ist nur eine Variante der GmbH und führt nur wegen der besonderen Regeln über den Betrag des Mindeststammkapitals eine besondere Firma.[989] Ein Formwechsel von der **UG** in die GmbH nach den Regeln des UmwG scheidet allerdings schon deshalb aus, weil es sich um dieselbe Rechtsform handelt.[990] Auch ein Formwechsel der UG in die AG oder KGaA scheidet aus, weil dem eine Kapitalerhöhung zur Erreichung des Mindestgrundkapitals des Zielrechtsträgers vorausgehen müsste, wodurch die UG zur GmbH würde.[991] Ein Form-

478

---

979 Lutter/*Göthel*, § 233 Rn. 60; Semler/Stengel/*Ihrig*, § 226 Rn. 11.
980 Bei Semler/Stengel/*Schwanna*, § 191 Rn. 15 sind die Kombinationsmöglichkeiten in Form einer Matrix dargestellt.
981 § 214 Abs. 1.
982 § 226.
983 § 258 Abs. 1.
984 § 272 Abs. 1.
985 § 291 Abs. 1.
986 § 301 Abs. 1.
987 Z.B. KK-UmwG/*Petersen* § 194 Rn. 3.
988 Zu Typenverbindungen der KG mit anderen Gesellschaften vgl. Baumbach/Hopt/*Roth*, Anh. § 177a HGB Rn. 11.
989 KK-UmwG/*Petersen*, § 191 Rn. 5 m.w.N.
990 KK-UmwG/*Petersen*, § 190 Rn. 17 m.w.N.
991 KK-UmwG/*Petersen*, § 191 Rn. 5.

wechsel von der GmbH in die UG scheidet ebenfalls wegen der Identität der Rechtsform aus, desgleichen der Formwechsel von der AG oder KGaA auf die UG, weil wegen § 247 UmwG das Stammkapital über dem für diese Rechtform vorgesehenen Stammkapital liegen würde. Schließlich wird grundsätzlich in Frage gestellt, dass der Formwechsel in die UG möglich ist, weil die Gründung der UG gem. § 5a Abs. 2 GmbHG nur als Bar-, nicht als Sachgründung zulässig ist.[992] Auf den Formwechsel der Personengesellschaft, der eG oder des e.V. in eine Kapitalgesellschaft finden aber die Vorschriften über die Gründung durch Sacheinlagen Anwendung. Zulässig ist dagegen der Formwechsel der UG in eine Personengesellschaft oder Genossenschaft.

479 In der Praxis überwiegen die Fälle einer Umwandlung einer GmbH & Co. KG in eine GmbH, einer GmbH in eine GmbH & Co. KG, einer GmbH in eine AG und einer AG in eine GmbH.

2. Aufgelöste Rechtsträger

480 Der Formwechsel eines aufgelösten Rechtsträgers ist nur möglich, wenn seine Fortsetzung in der bisherigen Rechtsform beschlossen werden könnte. Allein die Auflösung hindert den Formwechsel nicht. Es sollen aber nur solche Rechtsträger umgewandelt werden können, die noch über Vermögen verfügen, das den Gläubigern nach dem Formwechsel als Haftungsmasse zur Verfügung steht.[993] Bei der AG i.L. und entsprechend bei der GmbH i.L. kann eine Fortsetzung noch beschlossen werden, solange mit der Verteilung des Vermögens noch nicht begonnen wurde.[994] Bei der Personenhandelsgesellschaft ist überdies § 214 Abs. 2 UmwG zu beachten. Danach ist der Formwechsel der aufgelösten Gesellschaft ausgeschlossen, wenn die Gesellschafter eine andere Art der Auseinandersetzung als die Abwicklung oder den Formwechsel vereinbart haben, beispielsweise die Übernahme des Handelsgeschäfts durch einen Gesellschafter oder die Realteilung unter den Gesellschaftern. Enthält der Gesellschaftsvertrag eine solche Regelung, kann diese aber mit der für Vertragsänderungen erforderlichen Mehrheit – mangels Regelung im Gesellschaftsvertrag also nur mit den Stimmen aller Gesellschafter – und in jedem Fall mit Zustimmung derjenigen, die durch eine solche Regelung Rechte erworben haben, auch noch im Rahmen des Formwechsels aufgehoben werden.[995] Dies gilt jedenfalls, solange mit der Verteilung des Vermögens noch nicht begonnen wurde.[996] In einem einstimmig gefassten Umwandlungsbeschluss kann eine konkludente Änderung einer entgegenstehenden Vertragsklausel gesehen werden.[997] Ein Formwechsel nach Eröffnung des Insolvenzverfahrens ist gem. § 274 Abs. 2 AktG, § 60 Abs. 1 Nr. 4 GmbHG und § 144 Abs. 1 HGB nur ausnahmsweise noch möglich, wenn das Verfahren auf Antrag des Schuldners eingestellt oder nach der Bestätigung des Insolvenzplans, der den Fortbestand der Gesellschaft vorsieht, aufgehoben worden ist.[998] Gem. § 225a InsO, der durch das ESUG eingefügt worden ist, kann ein Formwechsel auch als gesellschaftsrechtliche Strukturmaßnahme im Insolvenzplan vorgesehen werden.

---

992 So zum vergleichbaren Fall der Neugründung durch Abspaltung BGH DNotZ 2012, 70 = NJW 2011, 1883; vgl. i.Ü. Semler/Stengel/*Bärwald*, § 197 Rn. 35a; Heckschen/Heidinger/*Heckschen*, Die GmbH in der Gestaltungs- und Beratungspraxis, § 5 Rn. 97 ff.; *ders.*, Das MoMiG in der notariellen Praxis, 2009, Rn. 236; Heinemann, NZG 2008, 820, 821; vgl. *Gasteyer*, NZG 2009, 1364, 1367; Lutter/*Hoger*, § 191 Rn. 5.
993 KK-UmwG/*Petersen*, § 191, 21; Lutter/*Hoger*, § 191 Rn. 9.
994 § 274 Abs. 1 AktG; KK-UmwG/*Petersen*, § 191 Rn. 22; Lutter/*Hoger*, § 191 Rn. 10.
995 KK-UmwG/*Dauner-Lieb/Tettinger*, § 214 Rn. 20 ff.; Semler/Stengel/*Schlitt*, § 214 Rn. 28 f.
996 Lutter/*Hoger*, § 214 Rn. 9; mit guten Gründen auch darüber hinaus (solange das verbliebene Vermögen zur Aufbringung des erforderlichen Kapitals des Zielrechtsträgers ausreicht) KK-UmwG/*Dauner-Lieb/ Tettinger*, § 214 Rn. 21 f.; Semler/Stengel/*Schlitt*, § 214 Rn. 28.
997 KK-UmwG/*Petersen*, § 214 Rn. 20; Semler/Stengel/*Schlitt*, § 214 Rn. 29; Widmann/Mayer/*Vossius*, § 214 Rn. 26.
998 Zu den Einzelheiten KK-UmwG/*Petersen*, § 191 Rn. 22; Lutter/*Hoger*, § 191 Rn. 11; MünchHdB GesR Bd. 8/*Klaaßen-Kaiser*, § 32 Rn. 57 m.w.N.

C. Formwechsel Kapitel 8

▶ **Praxistipp:**
Beim Formwechsel einer aufgelösten Personengesellschaft ist in der Urkunde festzustellen, ob eine andere Art der Auseinandersetzung vereinbart ist und ggf. der Gesellschaftsvertrag entsprechend zu ändern. 481

3. Formwechsel nach anderen Bestimmungen

Ein identitätswahrender Formwechsel ist auch nach anderen rechtlichen Regelungen möglich. Sie sollen hier kurz erwähnt werden. 482

a) Personengesellschaften

Ein identitätswahrender Formwechsel ist nach allgemeinen Grundsätzen zwischen Personengesellschaften möglich, so von der GbR in die oHG durch Erweiterung des von ihr geführten gewerblichen Geschäftsbetriebs zu einem Handelsgewerbe oder durch Eintragung in das Handelsregister gem. § 105 Abs. 2 HGB, von der oHG in die KG durch Wechsel eines oder mehrerer Gesellschafter in die Rechtsstellung eines Kommanditisten (vgl. Art. 35 Abs. 1 Nr. 1, 36 Abs. 1 EGHGB). Eine oHG oder KG kann durch Aufnahme einer GmbH als persönlich haftende Gesellschafterin und anschließenden Wechsel der anderen persönlich haftenden Gesellschafter in die Rechtsstellung von Kommanditisten in eine GmbH & Co. KG umgestaltet werden. Entsprechendes gilt für den Wechsel von der GbR in die PartG durch Eintragung in das Partnerschaftsregister gem. § 7 PartGG oder in die EWIV durch Eintragung als solche in das Handelsregister gem. Art. 1 EWIV-VO i.V. mit § 1 EWIV-AusfG. 483

b) UG in GmbH

Kein eigentlicher Formwechsel ist der Übergang von der UG in die GmbH, weil es sich bei der UG um eine Variante der GmbH und damit um dieselbe Rechtsform handelt. Zur GmbH wird die UG gem. § 5a Abs. 5 GmbHG ausschließlich durch Erhöhung ihres Stammkapitals auf oder über den Betrag von 25.000,– €. Der umgekehrte Weg von der GmbH in die UG ist durch § 58 Abs. 2 Satz 1 GmbHG verschlossen, der eine Kapitalherabsetzung nur bis zum Betrag des Mindeststammkapitals von 25.000,– € gestattet.[999] 484

c) Formwechsel in die SE

Ein identitätswahrender Formwechsel findet gem. Art. 37 Abs. 2 SE-VO auch bei der Umwandlung einer AG in eine SE statt. 485

d) Formwechsel nach öffentlichem Recht

Gemäß dem in § 1 Abs. 2 UmwG geregelten »numerus clausus« sind die im UmwG vorgesehenen Umwandlungen auf die im Gesetz vorgesehenen Fälle beschränkt. Ausnahmen werden nur zugelassen, wenn sie ausdrücklich in einem anderen Bundes- oder Landesgesetz vorgesehen sind. In diesem Sinne lassen Gemeindeordnungen die Umwandlung von Unternehmen und Einrichtungen in privater Rechtsform, an denen die Gemeinde über die Anteile verfügt, in kommunale Anstalten zu (z.B. § 141 Abs. 1 Satz 4 Nieders. KomVerfG). In der Regel ist angeordnet, dass für sie die Vorschriften des UmwG über den Formwechsel entsprechend anzuwenden sind.[1000] 486

---

999 Dazu KK-UmwG/*Petersen*, § 190 Rn. 18 f. m.w.N.
1000 § 141 Abs. 1 Satz 6 Nieders. KomVerfG; hierzu DNotI-Gutachten Nr. 13223 vom 25.01.2008.

e) Grenzüberschreitender Formwechsel

487 Unter grenzüberschreitendem Formwechsel versteht man die Verlegung des Satzungssitzes[1001] einer Gesellschaft in einen anderen Staat bei gleichzeitigem identitätswahrendem Wechsel in eine Rechtsform des Aufnahmestaates. Während die grenzüberschreitende Verschmelzung in den §§ 122a ff. geregelt ist, findet sich im Gesetz keine Regelung zum grenzüberschreitenden Formwechsel. Gleichwohl ist er **zwischen Mitgliedstaaten der Europäischen Union** zulässig, sofern der Aufnahmemitgliedsstaat einen innerstaatlichen Formwechsel zulässt. Schon 2005 hatte der EuGH entschieden (Sevic),[1002] dass es der Niederlassungsfreiheit innerhalb der Union widerspricht, wenn die für inländische Gesellschaften geltenden Umwandlungsbestimmungen nicht auch auf Gesellschaften aus anderen Mitgliedsstaaten angewendet werden. Der Fall betraf allerdings eine Verschmelzung. Der Anwendung auf den Formwechsel war von einigen Mitgliedstaaten entgegengehalten worden, dass der grenzüberschreitende Formwechsel im Gegensatz zur Verschmelzung (bestehender) Gesellschaften zur Neugründung einer Gesellschaft im Aufnahmemitgliedsstaat führe und damit in dessen insoweit unstreitig bestehende Befugnisse eingreife.[1003] Dem ist der EuGH nicht gefolgt. Im Jahre 2012 (Vale)[1004] hat er entschieden, dass eine unterschiedliche Behandlung von innerstaatlichen und grenzüberschreitenden Formwechseln von Gesellschaften mit Sitz in anderen Mitgliedsstaaten die Niederlassungsfreiheit beschränke und deshalb unzulässig sei, sofern dies nicht durch zwingende Gründe des Allgemeininteresses gerechtfertigt sei. Dabei hat er ausdrücklich festgestellt, dass eine unterschiedliche Behandlung nicht schon deshalb gerechtfertigt sei, weil die Voraussetzungen für den grenzüberschreitenden Formwechsel (noch) nicht durch Vorschriften des abgeleiteten Unionsrechts geregelt seien. In Konsequenz der Entscheidung war der grenzüberschreitende Formwechsel zwischen Mitgliedstaaten der EU daher sofort zulässig, soweit das Recht des Aufnahmemitgliedsstaates einen Formwechsel für Inlandssachverhalte zulässt.[1005] Ungeklärt war allerdings, welchen Regeln er im Einzelnen unterliegt. Aus Art. 49 und Art. 54 AEUV selbst lassen sich keine genauen Regeln ableiten.[1006] Zu Anfang taten sich die Registergerichte deshalb schwer, die Entscheidung umzusetzen. Inzwischen dürfte der grenzüberschreitende Formwechsel aber in der Praxis durchgesetzt sein, wenn auch Einzelheiten noch umstritten sind. Es liegen eingehende Stellungnahmen des Schrifttums[1007] zum Verfahren und zu den anwendbaren rechtlichen Regelungen vor. Verschiedene

---

1001 Zum Unterschied zwischen Satzungs- und Verwaltungssitz vgl. *Wicke*, DStR 2012, 1756.
1002 EuGH v. 13.12.2005, C-411/03, NJW 2006, 425.
1003 Vgl. EuGH v. 12.07.2012, C 378/10, NJW 2012, 2715, Rz. 25.
1004 EuGH v. 12.07.2012, C 378/10, NJW 2012, 2715 = ZIP 2012, 1394 m. Anm. *Mörsdorf/Jopen*, ZIP 2012, 1398 = DB 2012, 1614 = BB 2012, 2069 m. Anm. *Messenzehl/Schwarzfischer*; hierzu eingehend *Hushahn*, RNotZ 2014, 137; *Heckschen*, ZIP 2015, 2049; Limmer/*Limmer*, Teil 6 Rn. 13 ff.; *Verse*, ZEuP 2013, 458; weiter *Bayer/Schmidt*, ZIP 2012, 1481; *Behme* NZG 2012, 936; *Behrens* EuZW 2012, 625; *Böttcher/Kraft*, NJW 2012, 2701; *Braun* DZWIR 2012, 411; *Ege/Klett* DStR 2012, 2442; *Frenzel*, NotBZ 2012, 249; *ders.*, NotBZ 2012, 349; *Klett*, GWR 2012, 319; *Schaper*, ZIP 2014, 810; *Schönhaus/Müller*, IStR 2013, 174; *Teichmann*, DB 2012, 2085; *Thömmes*, IWB 2012, 571; *Weller*, LMK 2012, 336113; *Wicke*, DStR 2012, 1756; *Wöhlert/Degen*, GWR 2012, 432.
1005 Allg. A.: vgl. OLG Saarbrücken, RNotZ 2020, 297 m. Anm. *Hushahn;* OLG Düsseldorf NZG 2017, 1354; OLG Frankfurt am Main, RNotZ 2017, 257 m. Anm. *Hushahn*; KG, RNotZ 2016, 618 m. Anm. *Hushahn*; OLG Nürnberg, DNotZ 2014, 150 m. Anm. *Hushahn* = NZG 2014, 349 m. Anm. *Stiegler* = RNotZ 2014, 120 m. Anm. der Schriftl.; eingehend *Bayer/Schmidt*, ZIP 2012, 1481, 1485, 1490; *Behme* NZG 2012, 936, 938; *Böttcher/Kraft*, NJW 2012, 2701, 2702; *Braun* DZWIR 2012, 411, 413; *Ege/Klett* DStR 2012, 2442, 2442 f.; *Frenzel*, NotBZ 2012, 249, 255; *ders.*, NotBZ 2012, 349; *Hushahn*, RNotZ 2014, 137; *Heckschen*, ZIP 2015, 2049; *Schaper*, ZIP 2014, 810; *Schönhaus/Müller*, IStR 2013, 174, 177; *Verse*, ZEuP 2013, 458; *Weller*, LMK 2012, 336113; *Wicke*, DStR 2012, 1756, 1758; *Wöhlert/Degen*, GWR 2012, 432; anders vor Vale noch OLG Nürnberg, NZG 2012, 468.
1006 EuGH, NJW 2012, 2715, Rz. 45.
1007 Vgl. insb. *Hushahn*, RNotZ 2014, 137; *Heckschen*, ZIP 2015, 2049; *Heckschen/Strnad*, notar 2018, 83; *Hermanns*, MittBayNot 2018, 297; *Krafka/Kühn*, Registerrecht, Rn. 1211a ff. (nur für den Hereinformwechsel); Limmer/*Limmer*, Teil 6 Rn. 13 ff.; *Melchior*, GmbHR 2014, R305; *Verse*, ZEuP 2013, 458.

Oberlandesgerichte[1008] haben den grenzüberschreitenden Formwechsel aus einem EU-Mitgliedsstaat nach Deutschland und umgekehrt aus Deutschland in einen anderen EU-Mitgliedsstaat für zulässig erklärt und die Richterinnen und Richter des Registergerichts Charlottenburg haben eine Checkliste betreffend die anzuwendenden Rechtsnormen bei grenzüberschreitenden Sitzverlegungen veröffentlicht.[1009]

Der EuGH hatte ausgeführt, wegen des Fehlens von Vorschriften des abgeleiteten Unionsrechts seien die maßgebenden Rechtsnormen für den grenzüberschreitenden Formwechsel den nationalen Rechten sowohl des Herkunfts- als auch des Aufnahmemitgliedsstaats zu entnehmen; diese sollen sukzessiv angewendet und dabei die sich aus Art. 49 und Art. 54 AEUV ergebenden Verpflichtungen beachtet werden.[1010] Grundsätzlich soll es Sache der innerstaatlichen Rechtsordnung eines jeden Mitgliedstaats sein, die Modalitäten festzulegen, die den Schutz der den Rechtsuchenden aus dem Unionsrecht erwachsenden Rechte gewährleisten sollen; diese dürfen für den grenzüberschreitenden Formwechsel jedoch nicht ungünstiger sein als diejenigen, die gleichartige innerstaatliche Sachverhalte regeln (Äquivalenzgrundsatz); außerdem dürfen sie die Ausübung der durch die Unionsrechtsordnung verliehenen Rechte nicht praktisch unmöglich machen oder übermäßig erschweren (Effektivitätsgrundsatz).[1011] Zwingende Gründe des Allgemeininteresses wie der Schutz der Interessen von Gläubigern, Minderheitsgesellschaftern und Arbeitnehmern sowie die Wahrung der Wirksamkeit steuerlicher Kontrollen und der Lauterkeit des Handelsverkehrs sollen eine die Niederlassungsfreiheit und dadurch den grenzüberschreitenden Formwechsel beschränkende Maßnahme nur dann rechtfertigen können, wenn eine solche Maßnahme zur Erreichung der verfolgten Ziele geeignet sei und nicht darüber hinausgehe. So sei es nicht zu beanstanden, wenn der Aufnahmemitgliedstaat Bestimmungen seines Rechts über innerstaatliche Umwandlungen anwende, die nach seinem Recht für die Gründung einer Gesellschaft mit der angestrebten Rechtsform gelten (z.B. Vorlage von Bilanzen und Vermögensverzeichnissen).[1012] Die Behörden des Zuzugsstaats sollen verpflichtet sein, die Gesellschaft des Herkunftsstaats als »Rechtsvorgängerin« der umgewandelten Gesellschaft einzutragen, wenn ein solcher Vermerk bei einem innerstaatlichen Formwechsel gemacht werde.[1013] Der Effektivitätsgrundsatz soll die Behörden des Aufnahmemitgliedstaats verpflichten, bei der Prüfung eines Eintragungsantrags einer Gesellschaft den von den Behörden des Herkunftsmitgliedstaats ausgestellten Dokumenten, die bestätigen, dass die Gesellschaft dessen Bedingungen entsprochen hat, gebührend Rechnung zu tragen, sofern diese Bedingungen mit dem Unionsrecht vereinbar sind.[1014] Nach der Entscheidung des EuGH in der Rechtssache Vale setzte die Berufung auf die Niederlassungsfreiheit voraus, dass die Gesellschaft tatsächlich im Zuzugsstaat angesiedelt wird und dort eine wirkliche wirtschaftliche Tätigkeit ausübt.[1015] Die Berechtigung dieser Einschränkung ist in Zweifel gezogen worden.[1016] In einer neueren Entscheidung aus dem Jahre 2017 (Polbud) hat der EuGH nunmehr auch die isolierte Verlegung des Satzungssitzes (ohne Veränderung des Verwaltungssitzes) in einen anderen EU-Mitgliedstaat als von der Niederlassungsfreiheit geschützt und damit

488

1008 Hereinformwechsel nach Deutschland: OLG Düsseldorf NZG 2017, 1354; KG, RNotZ 2016, 618 m. Anm. *Hushahn*; OLG Nürnberg DNotZ 2014, 150 m. Anm. *Hushahn* = RNotZ 14, 120 m. Anm. der Schriftl. = GmbHR 2014, 96 m. Anm. *Wachter* = NZG 2014, 349 m. Anm. *Stiegler* = ZIP 2014, 128 m. Anm. *Schaper*, ZIP 2014, 810; Herausformwechsel aus Deutschland: OLG Saarbrücken, RNotZ 2020, 297 m. Anm. *Hushahn*; OLG Frankfurt am Main, RNotZ 2017, 257 m. Anm. *Hushahn* = DNotZ 2017, 381 m. Anm. *Knaier* = NZG 2017, 423 m. Anm. *Klett*.
1009 GmbHR 2014, R311 – im Folgenden kurz »*Checkliste*« genannt.
1010 EuGH, NJW 2012, 2715, Rz. 43 – 47.
1011 EuGH, NJW 2012, 2715, Rz. 48.
1012 EuGH, NJW 2012, 2715, Rz. 52.
1013 EuGH, NJW 2012, 2715, Rz. 56.
1014 EuGH, NJW 2012, 2715, Rz. 61.
1015 EuGH, NJW 2012, 2715, Rz. 34; *Hushahn*, DNotZ 2015, 154, 156; in der *Checkliste* GmbHR 2014, R311 wird diese Versicherung nur beim Hereinformwechsel verlangt.
1016 ZB. *Bayer/Schmidt*, ZIP 2012, 1481, 1486; *Heckschen*, ZIP 2015, 2049, 2053; jew. mwN.; zu Bedenken gegen einen isolierten Formwechsel vgl. z.B. *Verse*, ZEuP 2013, 458, 478.

489 Was bedeutet das für die Rechtsanwendung? Der grenzüberschreitende Formwechsel macht nach Vale[1018] die sukzessive Anwendung zweier nationaler Rechtsordnungen erforderlich. Zunächst ist nach dem innerstaatlichen Recht des Herkunftsstaates zu prüfen, ob dessen innerstaatliche Voraussetzungen für einen Wegzug und Formwechsel vorliegen, insbesondere Schutzbestimmungen für Arbeitnehmer, Gläubiger und Minderheitsgesellschaftern eingehalten sind. Allerdings würde es gegen die Niederlassungsfreiheit verstoßen, wenn dieses Recht eine Gesellschaft daran hindern würde, sich in eine Gesellschaft nach dem nationalen Rechts eines anderen Mitgliedsstaats umzuwandeln, zum Beispiel in dem es für diesen Fall ihrer Auflösung oder Liquidation verlangt.[1019] Sodann sind nach Recht des Zuzugsstaates die unionsrechtlich angepassten Voraussetzungen für einen innerstaatlichen Formwechsel zu prüfen. Einem grenzüberschreitenden Formwechsel steht es nicht entgegen, dass er in der Regel einen **rechtskongruenten Formwechsel** zum Ziel hat, also den Wechsel von einer der deutschen Rechtsform entsprechenden Rechtsform des Herkunftsmitgliedsstaats, z.B. von einer niederländischen B.V., einer französischen S.à.r.l. oder einer Limited in eine GmbH. Diese Fälle regelt das inländische Recht (selbstredend) nicht. Der EuGH hat das in Vale nicht als Hinderungsgrund angesehen und das Schrifttum sieht das zu Recht ebenso.[1020] Im Übrigen ist zwischen dem Herausformwechsel und dem Hereinformwechsel zu unterscheiden:

rechtmäßig angesehen, wenn nach dem Recht des Zuzugsstaates die Gesellschaft nicht auch ihren Verwaltungssitz in diesem Staat haben muss.[1017]

490 Beim **Herausformwechsel** werden Gläubiger, Gesellschafter und Arbeitnehmer durch die Anwendung der Bestimmungen des deutschen Umwandlungsrechts nach Auffassung mancher ausreichend geschützt.[1021] Um das Zusammenwirken der Registergerichte zu erleichtern, könnte es sich jedoch empfehlen, die Bestimmungen des § 122k entsprechend anzuwenden.[1022] Danach würde das deutsche Registergericht prüfen, ob die Voraussetzungen für den grenzüberschreitenden Formwechsel vorliegen und darüber eine Bescheinigung ausstellen. Als solche gilt eine Eintragung in das Register, die mit dem Vermerk zu versehen wäre, dass der Formwechsel erst mit der Eintragung in das Register des Aufnahmemitgliedsstaates wirksam wird.[1023] Diese Bescheinigung setzt voraus, dass die Mitglieder des Vertretungsorgans versichert haben, dass allen Gläubigern, die Anspruch auf Sicherungsleistung haben, angemessene Sicherheit geleistet worden ist.[1024] Eine Erklärung über die Ausübung einer tatsächlichen wirtschaftlichen Tätigkeit in dem Zuzugsstaat wird man aber nach der Entscheidung des EuGH in Polbud von Seiten des Wegzugsstaats nicht mehr verlangen dürfen. Wegen der Einzelheiten wird auf die angegebenen Stellen im Schrifttum hingewiesen.[1025]

491 Beim **Hereinformwechsel** stellt sich zunächst die entsprechende Frage. Das Registergericht wird die Vorlage einer entsprechenden Bescheinigung der zuständigen Institution, in der Regel des Gerichts des Herkunftsmitgliedsstaats verlangen, um sicherzugehen, dass die Interessen von Arbeitnehmern, Gläubigern und Minderheitsgesellschaftern nach dem Recht dieses Staates gewahrt sind. Die Frage ist bei Vorlage einer solchen Bescheinigung allerdings, ob diese **Bescheinigung** von dem deutschen Registergericht einer inhaltlichen **Überprüfung** unterzogen werden darf. Anlass zu dieser Überlegung geben die ein wenig unscharfen Bemerkungen des EuGH, wonach der Effektivitätsgrundsatz

---

1017 RNotZ 2018, 48 m. Bspr. *Hushahn*, RNotZ 2018, 23 = NZG 2017, 1308 m. Anm. *Wachter* = DStR 2017, 2684 m. Anm. *Wicke*; dazu auch *Heckschen/Strnad*, notar 2018, 83.
1018 EuGH, NJW 2012, 2715, Rz. 37, 44.
1019 EuGH NJW 2009, 569, Rz. 112.
1020 *Bayer/Schmidt*, ZIP 2012, 1481, 1489; *Ege/Klett*, DStR 2012, 2442, 2443; *Heckschen*, ZIP 2015, 2049, 2054.
1021 *Wicke*, DStR 2012, 1756, 1758.
1022 *Bayer/Schmidt*, ZIP 2012, 1481, 1490.
1023 So der Formulierungsvorschlag für die Eintragung in der *Checkliste* GmbHR 2014, R311; anders wohl *Krafka/Kühn*, Registerrecht, Rn. 1211d.
1024 Vgl. auch *Wicke*, DStR 2012, 1756, 1758 f.
1025 Insbesondere *Hushahn*, RNotZ 2014, 137, 142 ff.; *Heckschen*, ZIP 2015, 2049, 2059 ff.; *Checkliste* GmbHR 2014, R311.

die Behörden des Aufnahmemitgliedstaats verpflichte, bei der Prüfung eines Eintragungsantrags einer Gesellschaft den von den Behörden des Herkunftsmitgliedstaats ausgestellten Dokumenten, die bestätigen, dass die Gesellschaft dessen Bedingungen tatsächlich entsprochen hat, gebührend Rechnung zu tragen[1026]. Was darunter zu verstehen ist, ist nicht zweifelsfrei. Überzeugend ist es, anzunehmen, dass damit eine inhaltliche Überprüfung der Fragen des Schutzes der Interessen der Beteiligten des Herkunftsmitgliedstaats (Gläubiger, Minderheitsgesellschafter, Arbeitnehmer, Fiskalinteressen) durch das Gericht des Aufnahmemitgliedstaats nicht mehr erfolgen muss und darf.[1027] Diesem bleibt als entscheidende Aufgabe die Prüfung, ob die Gründungsvoraussetzungen für die Zielrechtsform erfüllt sind.[1028] Das hat der EuGH so entschieden, auch wenn es sich um einen rechtskongruenten Formwechsel handelt.[1029] Das bedeutet, dass auch beim Wechsel der Rechtsform einer ausländischen Kapitalgesellschaft in eine deutsche Kapitalgesellschaft, die der ausländischen Rechtsform entspricht, eine Sacheinlagenprüfung stattzufinden hat. Der Gedanke des § 245 Abs. 4 findet keine Anwendung.[1030] Je nach dem innerstaatlichen Recht des Aufnahmemitgliedstaats kann Voraussetzung für den Formwechsel auch nach Polbud noch sein, dass im Aufnahmemitgliedstaat tatsächlich eine wirtschaftliche Tätigkeit ausgeübt wird. Nach h.M. erlaubt das deutsche Recht aber mit der Regelung in § 4a GmbHG einer GmbH, ihren Verwaltungssitz ins Ausland zu verlegen.[1031]

Damit sind die groben Linien vorgegeben. Solange der Gesetzgeber nicht tätig geworden ist, wird die Feinjustierung Sache der Gerichte in anstehenden Fällen sein. Dabei kommt der Abstimmung der Verfahren zwischen den beteiligten Institutionen – zumeist werden das die Registergerichte sein –[1032] besondere Bedeutung zu.[1033] Für Kapitalgesellschaften wird sich bald mehr Rechtssicherheit einstellen. Am 01.01.2020 ist die Richtlinie (EU) 2017/1132 (EU-Company Law Package) in Kraft getreten. Sie enthält in Art. 86a bis 86t nunmehr auch Vorgaben für grenzüberschreitende Umwandlungen. Die Mitgliedstaaten müssen die erforderlichen Bestimmungen bis zum 31.01.2023 umsetzen. Allerdings gilt auch diese Richtlinie wie die bisherigen Richtlinien nur für Kapitalgesellschaften und nur für grenzüberschreitende Formwechsel innerhalb der Mitgliedstaaten der EU.

4. Zielerreichung durch andere Gestaltungen

Neben dem Formwechsel bestehen andere Möglichkeiten, ein Unternehmen von einer Rechtsform in eine andere zu überführen; so wird beispielsweise die Umgestaltung einer Personengesellschaft in eine GmbH häufig dadurch bewirkt, dass alle Gesellschafter ihre Beteiligungen an der Personengesellschaft auf die GmbH übertragen, z.B. zur Belegung der Einlagen auf Geschäftsanteile im Rahmen einer Sachkapitalerhöhung. Durch eine solche Vereinigung aller Anteile an der Personengesellschaft in einer Hand geht das Vermögen der Personengesellschaft ohne Einzelrechtsübertragung auf die GmbH über.[1034] In dieser Weise werden häufig GmbH & Co. KGs auf ihre persönlich haftende Gesellschafterin übergeleitet, indem alle Kommanditisten ihre Kommanditbeteiligungen auf die Komplementärin übertragen (sog. erweitertes Anwachsungsmodell). Eine andere Möglichkeit besteht

---

1026 Vgl. *Bayer/Schmidt*, ZIP 2012, 1481, 1489 f.; *Mörsdorf/Jopen*, ZIP 2012, 1398, 1401; *Wöhlert/Degen*, GWR 2012, 432.
1027 Vgl. *Bayer/Schmidt*, ZIP 2012, 1481, 1490; *Wöhlert/Degen*, GWR 2012, 432; a.A. *Mörsdorf/Jopen*, ZIP 2012, 1398, 1401.
1028 Dazu insb. *Bayer/Schmidt*, ZIP 2012, 1481, 1488; *Ege/Klett*, DStR 2012, 2442, 2444 f.; *Frenzel*, NotBZ 2012, 349, 351; *Schönhaus/Müller*, IStR 2013, 174, 176 f.; *Wicke*, DStR 2012, 1756, 1758.
1029 EuGH v. 12.07.2012, C 378/10, NJW 2012, 2715, Rz. 51 f.
1030 Weniger streng *Ege/Klett*, DStR 2012, 2442, 2445, die einen Sachgründungsbericht nur dann und auch nur »höchst vorsorglich« verlangen, wenn der formwechselnde Rechtsträger mit einer deutschen AG oder KGaA nicht vergleichbar bzw. dies im Einzelfall schwierig festzustellen ist.
1031 Vgl. Baumbach/Hueck/*Servatius* GmbHG, § 4a Rn. 10 m.w.N. entsprechend ist die Rechtslage in § 5 AktG bei der Aktiengesellschaft geregelt.
1032 Vgl. aber etwa die Niederlande, wo das Register nicht bei Gericht, sondern der Handelskammer geführt wird.
1033 *Mörsdorf/Jopen*, ZIP 2012, 1398, 1401.
1034 MünchHdb. KG/*Schulte/Hushahn*, § 35 Rn. 2 m.w.N.; vgl. hierzu BGH, ZIP 2016, 211.

im Austritt aller anderen Gesellschafter aus einer Personengesellschaft mit Ausnahme desjenigen, dem das Vermögen der Personengesellschaft zukommen soll, also beispielsweise der persönlich haftenden Gesellschafterin, die damit Alleininhaber des Vermögens wird (sog. einfaches Anwachsungsmodell).[1035] Ferner lässt sich die Überführung des Vermögens vom Rechtsträger einer Rechtsform auf einen Rechtsträger anderer Rechtsform auch durch andere Umwandlungsgestaltungen nach dem UmwG erreichen, z.B. durch Verschmelzung; das kann gerade dann von Interesse sein, wenn der Weg des Formwechsels versperrt ist, wie im Fall der Überführung des Vermögens einer GmbH auf ihren Alleingesellschafter. Der Formwechsel ist nur in eine Personengesellschaft, beispielsweise eine BGB-Gesellschaft möglich. Diese setzt mindestens zwei Gesellschafter voraus. Dagegen eröffnen die §§ 120 ff. UmwG die Verschmelzung auf den Alleingesellschafter; umgekehrt kann ein Einzelkaufmann das von ihm betriebene Unternehmen gem. §§ 152 ff. UmwG auf eine Kapitalgesellschaft ausgliedern. Zu beachten ist, dass dieser Wechsel der Rechtsform nicht identitätswahrend erfolgt, was z.B. zum Anfall von Grunderwerbsteuer führt, wenn zu dem übergehenden Vermögen Grundbesitz gehört.

III. Organisation des Formwechsels

1. Allgemeine Vorbereitungsmaßnahmen

a) Einladung und Ankündigung des Formwechsels

494 Der Formwechsel beginnt mit der Einberufung der Gesellschafter-, Haupt-, General- oder Mitgliederversammlung – bei der eG u. U. der Vertreterversammlung und beim VVaG der Versammlung der obersten Vertretung –, die über den Formwechsel Beschluss fassen soll. Die Einberufung richtet sich grundsätzlich nach den allgemeinen Bestimmungen, die für die Einberufung der Versammlung des beschließenden Organs des formwechselnden Rechtsträgers gelten. Diese werden teilweise durch die Bestimmungen des zweiten Teils, also der §§ 214 ff. ergänzt. Spätestens mit der Einberufung ist der Formwechsel in Textform anzukündigen.[1036]

b) Umwandlungsbericht

495 Außerdem ist ein Umwandlungsbericht zu erstatten, sofern dieser nicht ausnahmsweise gem. § 192 Abs. 2 oder § 215 entbehrlich ist. Bei der Personenhandelsgesellschaft, der PartG und der GmbH ist der Umwandlungsbericht gem. §§ 216, 230 Abs. 1 mit der Einberufung der Gesellschafterversammlung zu versenden. Bei AG, KGaA, eG, e.V. und VVaG ist der Umwandlungsbericht nicht zu versenden, sondern von der Einberufung der Versammlung an zur Einsicht der Aktionäre, Genossen oder Mitglieder in den Geschäftsräumen der Gesellschaft, der Genossenschaft, des Vereins oder VVaG zur Einsicht auszulegen. Auf Verlangen sind aber gem. §§ 230 Abs. 2 Satz 2, 260 Abs. 2, 274 Abs. 1, 283 Abs. 1 sowie 292 Abs. 1 unverzüglich und kostenlos Abschriften zu erteilen. Nach der Änderung des Umwandlungsgesetzes durch das Dritte Gesetz zur Änderung des Umwandlungsrechts[1037] kann der Bericht bei AG und KGaA einem Aktionär und einem von der Geschäftsführung ausgeschlossenen persönlich haftenden Gesellschafter mit seiner Zustimmung auch auf dem Wege elektronischer Kommunikation übermittelt werden; außerdem entfallen die Verpflichtungen zur Auslage und Übersendung des Berichts, wenn dieser für denselben Zeitraum über die Internet-Seite der Gesellschaft zugänglich ist (vgl. § 230 Abs. 2 Satz 3 u. 4). Dem Umwandlungsbericht ist gem. § 192 Abs. 1 Satz 3 der Entwurf des Umwandlungsbeschlusses einschließlich des Gesellschaftsvertrages/der Satzung des Rechtsträgers neuer Rechtsform beizufügen.

1035 MünchHdb. KG/*Schulte/Hushahn*, § 36 Rn. 31, 32 m.w.N.
1036 §§ 216, 230 Abs. 1, 260, 274.
1037 BGBl. 2011 I, 1338; dazu *Leitzen*, DNotZ 2011, 526.

c) Abfindungsangebot

Ferner ist mit der Einberufung der Versammlung ein Abfindungsangebot gem. § 207 zu übersenden. Der Übersendung steht gem. § 231 Satz 2 bei Kapitalgesellschaften die Bekanntmachung des Angebots im Bundesanzeiger und den sonst bestimmten Gesellschaftsblättern gleich. Das Angebot ist gem. § 194 Abs. 1 Nr. 6 entbehrlich, wenn der Umwandlungsbeschluss zu seiner Wirksamkeit der Zustimmung aller Anteilsinhaber bedarf, an dem Rechtsträger nur ein Anteilsinhaber beteiligt ist oder wenn alle Anteilsinhaber durch notariell beurkundete Erklärung auf ein solches Angebot verzichtet haben. In § 30 Abs. 2, auf den § 208 verweist, ist zwar nur von einem Verzicht auf die Prüfung oder den Prüfungsbericht die Rede. Nach allgemeiner Meinung kann aber auch auf das Angebot selbst verzichtet werden.[1038] Gem. § 30 Abs. 2 Satz 3 ist die Verzichtserklärung notariell zu beurkunden.

496

d) Umwandlungsprüfung

Eine Prüfung des Formwechsels hat der Gesetzgeber grundsätzlich nicht vorgesehen. Auf den Anspruch auf Barabfindung ist gem. § 208 jedoch § 30 anzuwenden. Gem. § 30 Abs. 2 ist die Angemessenheit einer Barabfindung stets durch einen gem. § 10 **vom Gericht bestellten Verschmelzungsprüfer** zu prüfen, sofern auf die Prüfung nicht durch notariell beurkundete Verzichtserklärung verzichtet wird.[1039] Bei Organisation des Formwechsels ist für eine **rechtzeitige Bestellung** des Prüfers zu sorgen. Darüber hinaus ist gem. § 259 bei dem Formwechsel der Genossenschaft vor Einberufung der Generalversammlung, die über den Formwechsel beschließt, eine gutachterliche Äußerung des **Prüfungsverbandes** einzuholen. Auch das von diesem erstellte Prüfungsgutachten ist zur Einsicht der Mitglieder in den Geschäftsräumen der Genossenschaft auszulegen. Auf Verlangen sind den Mitgliedern von dem Umwandlungsbericht Abschriften zu erteilen.

497

e) Betriebsratszuleitung

Ferner ist bei der Vorbereitung § 194 Abs. 2 zu beachten, wonach der Entwurf des Umwandlungsbeschlusses nebst zwingend erforderlicher Anlagen[1040] (also insbesondere der beizufügenden Satzung bzw. dem Gesellschaftsvertrag des Zielrechtsträgers gem. §§ 218 Abs. 1, 234 Nr. 3, 243, 253 Abs. 1, 263 Abs. 1, 276, 294 Abs. 1) spätestens einen Monat (vom Tag der Versammlung, der gem. § 187 Abs. 1 BGB nicht mitzurechnen ist, zurückzurechnen)[1041] vor dem Tag der Versammlung dem zuständigen Betriebsrat[1042] des formwechselnden Rechtsträgers zuzuleiten ist. Die Verpflichtung entfällt, wenn kein Betriebsrat besteht.[1043] Die Frist kann nach allgemeiner Meinung einvernehmlich abgekürzt werden.[1044] Sehr umstritten ist dagegen, ob der Betriebsrat auch vollständig auf die Zuleitung verzichten kann.[1045]

498

1038 Semler/Stengel/*Bärwaldt,* § 194 Rn. 29; Lutter/*Hoger,* § 194 Rn. 23; Kallmeyer/*Meister/Klöcker/Berger,* § 194 Rn. 46.
1039 Vgl. KK-UmwG/*Petersen,* § 208 Rn. 4.
1040 Habersack/Wicke/*Simons,* § 194 Rn. 74; Kallmeyer/*Blasche,* § 234 Rn. 8; Lutter/*Hoger,* § 194 Rn. 43.
1041 Zur Berechnung *Hausch,* RNotZ 2007, 308, 314; Widmann/Mayer/*Mayer,* § 5 Rn. 256. Danach hat die Zuleitung **einen Monat und einen Werktag** vor dem Tag der Versammlung zu erfolgen. *Mayer* empfiehlt, vorsorglich die Zuleitung **einen Monat und 2 Werktage** vor dem Tag der Versammlung vorzunehmen.
1042 Vgl. dazu *Hausch,* RNotZ 2007, 308, 312; Habersack/Wicke/*Simons,* § 194 Rn. 76 ff.; Semler/Stengel/*Schröer,* § 5 Rn. 142; Widmann/Mayer/*Mayer,* § 5 Rn. 252 ff.
1043 Habersack/Wicke/*Simons,* § 194 Rn. 79; Lutter/*Hoger,* § 194 Rn. 40; Semler/Stengel/*Bärwaldt,* § 194 Rn. 38 unter Verweis auf Semler/Stengel/*Schröer,* § 5 Rn. 148; Widmann/Mayer/*Mayer,* § 5 Rn. 262.
1044 Vgl. dazu oben Rdn. 123 zur Verschmelzung.
1045 Vgl. dazu Habersack/Wicke/*Simons,* § 194 Rn. 74; Limmer/*Limmer* Teil 2 Rn. 216; Semler/Stengel/*Schröer,* § 5 Rn. 146; Widmann/Mayer/*Mayer,* § 5 Rn. 266 m.w.N., die den Verzicht für zulässig halten, auch mit Nachweisen zur Gegenmeinung, darunter insb. OLG Naumburg NZG 2004, 734; *Hausch,* RNotZ 2007, 308/314; Kallmeyer/*Willemsen,* § 5 Rn. 77b; Lutter/*Drygalla,* § 5 Rn. 148; Lutter/*Hoger,* § 194 Rn. 42.

2. (Sach-) Gründungsbericht und -prüfung

499 Zum Vollzug des Beschlusses sind beim **Formwechsel einer Personengesellschaft in eine Kapitalgesellschaft** gem. § 220 Berichte der Gründer erforderlich, und zwar beim Wechsel in die GmbH ein Sachgründungsbericht und beim Wechsel in AG oder KGaA ein Gründungsbericht. Beim Formwechsel in AG und KGaA sind außerdem ein Bericht über die Gründungsprüfung durch den Vorstand bzw. die persönlich haftende Gesellschafterin und den Aufsichtsrat[1046] sowie durch einen vom zuständigen Registergericht bestellten externen Gründungsprüfer gem. § 33 Abs. 2 AktG erforderlich. Die Prüferbestellung kann und sollte bereits vor dem Umwandlungsbeschluss erfolgen, um den Vollzug zu beschleunigen. Das Recht der GmbH sieht eine Gründungsprüfung gesetzlich nicht vor; sie ist auch nach dem UmwG nicht geboten.[1047] Das Registergericht hat aber auch hier die Reinvermögensdeckung zu kontrollieren.[1048] Ihm sind wie bei der Gründung gem. § 8 Abs. 1 Nr. 5 GmbHG Unterlagen darüber vorzulegen, dass der Wert der Sacheinlagen den Nennbetrag der dafür übernommenen Geschäftsanteile erreicht. Meist wird das die letzte Jahresbilanz sein. Wenn sich die Kapitaldeckung anhand der Buchwerte nicht nachweisen lässt, kann der Nachweis durch einen Sachwertgutachten des Wirtschaftsprüfers oder Steuerberaters erfolgen. Es gelten grundsätzlich dieselben Grundsätze wie bei Einbringung eines Unternehmens im Rahmen der Gründung einer GmbH.[1049]

500 Dieselben Regeln finden gem. § 245 Abs. 1 bis 3 beim **Formwechsel einer GmbH in eine AG** oder KGaA sowie beim Formwechsel der AG in die KGaA und umgekehrt Anwendung. Dagegen ist gem. § 245 Abs. 4 beim **Formwechsel von der AG bzw. KGaA in die GmbH** kein Sachgründungsbericht und auch kein Nachweis über die Deckung des Stammkapitals des Zielrechtsträgers erforderlich. Der Formwechsel ist auch bei einer materiellen Unterbilanz zulässig.[1050] Nach der Gesetzesbegründung wird der Formwechsel der AG oder KGaA in eine GmbH wie eine Satzungsänderung behandelt.

501 Sachgründungs- bzw. **Gründungsberichte** sind gem. §§ 264, 277 weder beim Formwechsel einer **Genossenschaft** noch beim Formwechsel eines **Vereins** in eine Kapitalgesellschaft und gem. § 295 auch nicht beim Formwechsel eines **VVaG** in eine AG erforderlich. Die Mitglieder dieser Vereinigungen soll keine Gründungshaftung treffen. Für sie gibt es keine den §§ 219 oder 244, 245 Abs. 1 bis 3 entsprechenden Bestimmungen, wonach alle oder einzelne Gesellschafter den Gründern gleichstehen. Jedoch hat auch bei diesen Vereinigungen beim Formwechsel in eine AG bzw. KGaA sowohl eine **Gründungsprüfung** durch einen vom Gericht bestellten externen Gründungsprüfer als auch durch den Vorstand (bei der KGaA durch den persönlich haftenden Gesellschafter) und den Aufsichtsrat der künftigen AG bzw. KGaA stattzufinden.[1051] Beim Formwechsel in die GmbH bedarf es zwar keiner Gründungsprüfung; aber auch hier ist dem Registergericht ein Nachweis darüber beizubringen, dass der Nennbetrag des Stammkapitals durch das Vermögen des formwechselnden Rechtsträgers – wie in § 264 Abs. 1 vorgeschrieben – gedeckt ist.[1052]

1046 Lutter/*Joost/Hoger*, § 220 Rn. 24; Semler/Stengel/*Schlitt*, § 220 Rn. 29.
1047 Lutter/*Joost/Hoger*, § 220 Rn. 25; Semler/Stengel/*Schlitt*, § 220 Rn. 31.
1048 Kallmeyer/*Blasche*, § 220 Rn. 13; Lutter/*Joost/Hoger*, § 220 Rn. 18; Semler/Stengel/*Schlitt*, § 220 Rn. 19 f.
1049 OLG Frankfurt am Main RNotZ 2015, 373; Kallmeyer/*Blasche*, § 220 Rn. 13; Lutter/*Joost/Hoger*, § 220 Rn. 18; Semler/Stengel/*Schlitt*, § 220 Rn. 19 ff. jew. m.w.N.
1050 Böttcher/Habighorst/*Althoff/Narr*, § 245 Rn. 17; Limmer/*Limmer*, Teil 4 Rn. 594; Kallmeyer/*Blasche*, § 245 Rn. 8; Lutter/*Göthel*, § 245 Rn. 12; Semler/Stengel/*Scheel*, § 245 Rn. 44 ff.; Widmann/Mayer/*Rieger*, § 245 Rn. 36; DNotI-Gutachten Nr. 87884 vom 11.09.2008.
1051 Habersack/Wicke/*Fuchs*, § 264 Rn. 17 ff.; Lutter/*Bayer*, § 264 Rn. 14 ff; Semler/Stengel/*Bonow*, § 264 Rn. 12 ff.
1052 Vgl. Böttcher/Habighorst/*Bürger*, § 264 Rn. 2, 3; Böttcher/Habighorst/*Althoff/Narr*, § 277 Rn. 1, 2; Lutter/*Bayer*, § 264 Rn. 2; Lutter/*Bayer*, § 277 Rn. 2; Semler/Stengel/*Bonow*, § 264 Rn. 4 ff.; Semler/Stengel/*Katschinski*, § 277 Rn. 2 ff.

3. Vorbereitung der Bestellung des ersten Aufsichtsrats

Besonderer Aufmerksamkeit bedarf die Wahl der Mitglieder eines obligatorischen Aufsichtsrats des Rechtsträgers neuer Rechtsform. Dass die Wahl ordnungsgemäß und rechtzeitig erfolgt, ist insbesondere **wichtig, wenn** 502

- die **Mitglieder des Geschäftsführungsorgans der neuen Rechtsform vom Aufsichtsrat gewählt** werden wie bei der AG gem. § 84 AktG und bei der GmbH und der eG aufgrund einer entsprechenden Satzungsbestimmung oder gem. § 31 MitbestG, wenn der Rechtsträger regelmäßig mehr als 2.000 Arbeitnehmer hat; allerdings ist zweifelhaft, ob der Aufsichtsrat schon im Gründungsstadium zu bilden ist, wenn sich die Aufsichtsratspflicht wie bei der GmbH nur aus der Anwendung mitbestimmungsrechtlicher Vorschriften ergibt (dazu sogleich unter Rdn. 504),
- die **Mitglieder des Aufsichtsrats den Formwechsel mit anmelden müssen**; so gem. § 222 Abs. 1 beim Formwechsel von der Personenhandelsgesellschaft oder PartG in eine Kapitalgesellschaft oder eG sowie gem. §§ 265, 278 i.V.m. § 222 Abs. 1 beim Formwechsel von der eG oder dem e.V. in eine Kapitalgesellschaft, falls der Rechtsträger nach den für die neue Rechtsform geltenden Vorschriften einen Aufsichtsrat haben muss; allerdings ist umstritten, ob die Aufsichtsratsmitglieder anmeldepflichtig sind, wenn sich die Aufsichtsratspflicht wie bei der GmbH nur aus der Anwendung mitbestimmungsrechtlicher Vorschriften ergibt (dazu sogleich unter Rdn. 504),
- wenn die **Mitglieder des Aufsichtsrats eine Gründungsprüfung** gem. § 34 AktG vornehmen müssen, so bei jedem Formwechsel in die AG oder KGaA.

a) Formwechselnder Rechtsträger hat keinen obligatorischen Aufsichtsrat

Hat der formwechselnde Rechtsträger bislang keinen obligatorischen Aufsichtsrat, wie beispielsweise die Personenhandelsgesellschaft (allerdings unterliegt die Komplementärin einer GmbH & Co. KG der Mitbestimmung nach dem MitbestG, wenn die KG regelmäßig mehr als 2.000 Arbeitnehmer beschäftigt und die Voraussetzungen gem. § 4 MitbestG erfüllt), die PartG, der e.V. oder die GmbH, wenn sie regelmäßig nicht mehr als 500 Arbeitnehmer beschäftigt, und wird der Rechtsträger in eine Rechtsform umgewandelt, die einen obligatorischen Aufsichtsrat hat, insbesondere eine AG, eine KGaA, eine eG,[1053] eine GmbH, wenn diese regelmäßig mehr als 500 Arbeitnehmer haben oder (über ihre Komplementärin) eine GmbH & Co. KG, die regelmäßig mehr als 2.000 Arbeitnehmer beschäftigt und die Voraussetzungen des § 4 MitbestG erfüllt, so ist erstmals ein Aufsichtsrat zu wählen. Das bereitet keine besonderen Probleme, wenn der Aufsichtsrat nicht – insbesondere nicht nach DrittelbG oder MitbestG – mitbestimmt ist. Ist er das aber, muss er gem. § 4 DrittelbG zu einem Drittel und gem. § 7 MitbestG zur Hälfte aus Mitgliedern der Arbeitnehmer bestehen. Für diesen Fall bestimmt § 197 Satz 2, dass die Regeln über die Bildung des ersten Aufsichtsrats nicht anzuwenden sind. Damit wird – so die erklärte Absicht des Gesetzgebers – insbesondere § 30 Abs. 2 AktG abbedungen, der anordnet, dass für den ersten Aufsichtsrat die Vorschriften über die Bestellung von Aufsichtsratsmitgliedern der Arbeitnehmer nicht anzuwenden sind. Die Regelung hat jedoch erhebliche Probleme bereitet, weil das Verfahren zur Wahl der Arbeitnehmervertreter zeitlich aufwendig ist und den Formwechsel damit deutlich verzögert. Das AktG sieht deshalb in § 31 für die Einbringung von Unternehmen als Sacheinlage vor, dass die Hauptversammlung zunächst nur so viele Mitglieder zu wählen hat, wie von ihr zu wählen sind und erst nach der Einbringung die endgültige Zusammensetzung des Aufsichtsrats, insbesondere die Arbeitnehmerbeteiligung, durch Einleitung des Statusverfahrens gem. §§ 97 bis 99 AktG zu klären ist. 503

Durch das Zweite Gesetz zur Änderung des Umwandlungsgesetzes vom 19.04.2007[1054] hat der Gesetzgeber § 197 um den jetzigen Satz 3 ergänzt und klargestellt, dass § 31 AktG auch **beim Formwechsel in eine AG** anwendbar ist. Damit kann der Formwechsel bei der AG schon vor der Wahl 504

[1053] Ausnahme: Wenn sie nicht mehr als 20 Mitglieder hat und in der Satzung gem. § 9 Abs. 1 Satz 2 GenG auf einen Aufsichtsrat verzichtet wird.
[1054] BGBl. I 2007, S. 542.

der Arbeitnehmervertreter zum Handelsregister angemeldet werden und die Eintragung erfolgen.[1055] Es wird vertreten, dass das Statusverfahren schon vor der Eintragung des Formwechsels eingeleitet werden kann;[1056] von seinem Abschluss ist der Vollzug des Formwechsels aber nicht abhängig. § 197 Satz 3 regelt die Anwendung des § 31 AktG allerdings nur für den Formwechsel in eine AG. Dass die Bestimmung nicht auch die KGaA erwähnt, beruht wahrscheinlich auf einem Redaktionsversehen.[1057] Fraglich ist aber die Anwendung auf die GmbH und auf die eG. Auch beim Formwechsel in die GmbH wird teilweise eine analoge Anwendung befürwortet.[1058] Teilweise wird das Problem nicht erörtert, aber davon ausgegangen, dass § 31 AktG in § 197 umfassend für anwendbar erklärt ist.[1059] Andere sind der Auffassung, dass sich das Problem beim Formwechsel in die GmbH nicht stellt,[1060] und begründen dies damit, dass auch bei der Gründung der GmbH die mitbestimmungsrechtlichen Vorschriften erst nach Entstehung der Gesellschaft, also Eintragung ins Handelsregister, nicht dagegen schon im Gründungsstadium Anwendung finden.[1061] Nur noch vereinzelt wird heute dagegen vertreten, dass bis zum Wirksamwerden des Formwechsels die Arbeitnehmervertreter zwar bestellt sein müssen, die Bestellung aber notfalls analog § 104 AktG auch gerichtlich erfolgen könne.[1062] Zu folgen ist der Auffassung, dass bei der Rechtsform GmbH (entsprechend gilt das aber auch für die eG) ein mitbestimmungsrechtlicher Aufsichtsrat erst nach Entstehung, also Eintragung der neuen Rechtsform zu bilden ist und die Aufsichtsratsmitglieder den Formwechsel nicht anmelden müssen.

b) Der formwechselnde Rechtsträger hat bereits einen obligatorischen Aufsichtsrat

505 Eine andere Frage ist, wie zu verfahren ist, wenn der formwechselnde Rechtsträger bereits einen obligatorischen Aufsichtsrat hat. Grundsätzlich erlischt das Amt der Organmitglieder mit Wirksamwerden des Formwechsels. Davon abweichend sieht § 203 aber vor, dass die Mitglieder des Aufsichtsrats des formwechselnden Rechtsträgers als Mitglieder des Rechtsträgers neuer Rechtsform für den Rest ihrer Wahlzeit im Amt bleiben, wenn der Aufsichtsrat beim Rechtsträger neuer Rechtsform **in gleicher Weise** wie beim formwechselnden Rechtsträger **gebildet und zusammengesetzt** wird. Letzteres ist beispielsweise der Fall beim Formwechsel von der AG in die KGaA und umgekehrt, aber auch beim Formwechsel einer GmbH mit regelmäßig mehr als 500 Arbeitnehmern oder 2.000 Arbeitnehmern in eine AG oder KGaA und umgekehrt von diesen in die GmbH. Sowohl der formwechselnde Rechtsträger als auch die Gesellschaft neuer Rechtsform unterliegen dann der Mitbestimmung nach DrittelbG oder MitbestG. Beschäftigt die AG oder KGaA dagegen regelmäßig weniger als 501 Arbeitnehmer, hat sie entweder als Altgesellschaft einen gem. § 1 Abs. 1 Nr. 1 Satz 2 DrittelbG mitbestimmten Aufsichtsrat oder aber einen nicht mitbestimmten Aufsichtsrat; bei der GmbH ist ein Aufsichtsrat in beiden Fällen nicht vorgeschrieben, so dass beim Formwechsel § 203 nicht eingreift. Nach überwiegender Auffassung erlischt das Amt der Mitglieder mit Wirksamwerden des Formwechsels.[1063] Das soll nach h.M. auch gelten, wenn im Rechtsträger neuer Rechtsform

---

1055 Kallmeyer/*Meister/Klöcker/Berger*, § 197 Rn. 73; Kallmeyer/*Dirksen/Blasche*, § 222 Rn. 3; Widmann/Mayer/*Mayer*, § 197 Rn. 14.
1056 Lutter/*Hoger*, § 197 Rn. 49; Kallmeyer/*Meister/Klöcker*, § 197 Rn. 74.
1057 Kallmeyer/*Meister/Klöcker/Berger*, § 197 Rn. 73; Widmann/Mayer/*Mayer*, § 197 Rn. 14.
1058 Habersack/Wicke/*Kühn*, § 218 Rn. 44; Kallmeyer/*Meister/Klöcker/Berger*, § 197 Rn. 73; Kallmeyer/*Blasche*, § 218 Rn. 17; Lutter/*Joost/Hoger*, § 218 Rn. 16; Lutter/*Hoger*, § 197 Rn. 47.
1059 KK-UmwG/*Dauner-Lieb/Tettinger*, § 218 Rn. 42; Böttcher/Habighorst/*Althoff/Narr*, § 197 Rn. 12 f.
1060 Semler/Stengel/*Bärwaldt*, § 197 Rn. 71; Widmann/Mayer/*Mayer*, § 197 Rn. 15; Schmitt/Hörtnagl/Stratz/*Westerburg*, § 222 Rn. 3; Widmann/Mayer/*Vossius*, § 222 Rn. 17.
1061 BayObLG NZG 2000, 932, 933; Baumbach/Hueck/*Hueck/Fastrich*, § 6 Rn. 70; Scholz/*K. Schmidt*, § 11 Rn. 61 jew. m.w.N.
1062 Semler/Stengel/*Schlitt*, § 218 Rn. 27; vor Erlass des Zweiten Gesetzes zur Änderung des Umwandlungsgesetzes war das die h.M.
1063 Böttcher/Habighorst/*Althoff/Narr*, § 203 Rn. 1; Kallmeyer/*Meister/Klöcker/Berger*, § 203 Rn. 2; Lutter/*Hoger*, § 203 Rn. 6; Semler/Stengel/*Simon*, § 203 Rn. 2; a.A. (erst nach Abschluss des Statusverfahrens) Habersack/Wicke/*Simons*, § 197 Rn. 58; *Krause-Ablaß/Link*, GmbHR 2005, 731 ff.

freiwillig ein Aufsichtsrat nach denselben Grundsätzen gebildet wird.[1064] Bei einem mitbestimmten Aufsichtsrat einer Altgesellschaft stellt sich allerdings die Frage, ob sein Wegfall ein Statusverfahren voraussetzt. Dazu gleich unter Rdn. 507.

Beim Formwechsel aus und in die eG greift § 203 nie ein, weil sich der Aufsichtsrat im Hinblick auf die Regelung in § 9 Abs. 2 GenG, wonach die Mitglieder des Aufsichtsrats Mitglieder der Genossenschaft sein müssen, immer anders zusammensetzt als der Aufsichtsrat eines anderen Rechtsträgers.[1065]   506

c) Statusverfahren

Ändern sich Bildung und Zusammensetzung des Aufsichtsrats infolge des Formwechsels und der auf den neuen Rechtsträger anzuwendenden gesetzlichen Bestimmungen, so sind die für die neue Rechtsform geltenden Vorschriften allerdings erst anzuwenden, nachdem ein Statusverfahren gem. §§ 96 Abs. 2, 97 ff. AktG durchgeführt worden ist, in dem Bildung und Zusammensetzung des Aufsichtsrats verbindlich geklärt worden sind. Das setzt jedoch voraus, dass für den neuen Rechtsträger die Durchführung eines Statusverfahrens überhaupt vorgesehen ist, also gem. § 27 EGAktG für die GmbH, gem. § 278 Abs. 3 AktG für die KGaA und gem. § 1 Abs. 1 Nr. 5 DrittelbG für die eG. Der Wechsel in der Zusammensetzung des Aufsichtsrats tritt in diesem Fall nicht automatisch, sondern erst nach Durchführung des Statusverfahrens ein. Das Verfahren muss auch eingeleitet werden, wenn sich aufgrund Gesetzes die Anzahl der Mitglieder des Aufsichtsrats ändert.[1066] Gleiches gilt, wenn infolge des Formwechsels – insbesondere einer gem. § 1 Abs. 1 Nr. 1 DrittelbG mitbestimmten Alt-AG oder Alt-KGaA mit weniger als 501 Arbeitnehmern in eine GmbH – die Notwendigkeit zur Bildung eines Aufsichtsrats vollständig entfällt. Der Durchführung eines Statusverfahrens soll es allerdings nicht bedürfen, falls die Bildung eines mitbestimmten Aufsichtsrats nach den für den Rechtsträger neuer Rechtsform maßgebenden Rechtsvorschriften ausgeschlossen ist.[1067] Nicht zur Durchführung eines Statusverfahrens kommt es deshalb beim Formwechsel in die Personengesellschaft, da das Statusverfahren der Personengesellschaft fremd ist.[1068] Der Aufsichtsrat erlischt in diesem Fall ohne weiteres mit Wirksamwerden des Formwechsels. Falls ein Statusverfahren durchzuführen ist, ist dafür zu sorgen, dass es rechtzeitig eingeleitet wird und bei Beschlussfassung über den Formwechsel feststeht, wie sich der Aufsichtsrat nach den Bestimmungen des Rechtsträgers neuer Rechtsform zusammensetzt. Andernfalls ist der Aufsichtsrat nach den zuletzt auf den formwechselnden Rechtsträger angewandten gesetzlichen Vorschriften neu zu wählen.[1069] Sinnvoll und ebenfalls mit dem Wortlaut des § 203 vereinbar wäre es allerdings, in solchen Fällen nicht nur das Aufsichtsratsmodell bis zum Abschluss des Statusverfahrens beizubehalten, sondern auch die Mandate der Aufsichtsratsmitglieder bis dahin, längstens allerdings bis zum Ablauf ihrer Wahlzeit fortbestehen zu lassen.[1070] Zuständig für die Einleitung des Verfahrens ist das Vertretungsorgan des   507

1064 Lutter/*Hoger*, § 203 Rn. 9 f.; Kallmeyer/*Meister/Klöcker/Berger*, § 203 Rn. 11; Semler/Stengel/*Simon*, § 203 Rn. 3; Widmann/Mayer/*Vossius*, § 203 Rn. 10; a.A. Goutier/Knopf/Tulloch/*Laumann*, § 203 Rn. 4, 8; Habersack/Wicke/*Simons*, § 197 Rn. 67.
1065 Lutter/*Hoger*, § 203 Rn. 8; Semler/Stengel/*Simon*, § 203 Rn. 5; a.A. Habersack/Wicke/*Simons*, § 203 Rn. 26, 29.
1066 Habersack/Wicke/*Simons*, § 203 Rn. 20 ff.; Kallmeyer/*Meister/Klöcker/Berger*, § 203 Rn. 2; Lutter/*Hoger*, § 203 Rn. 12, 14; Semler/Stengel/*Simon*, § 203 Rn. 4.
1067 Lutter/*Hoger*, § 203 Rn. 12; *Krause-Ablaß/Link*, GmbHR 2005, 731/732.
1068 Zur Unanwendbarkeit des § 203 und Entbehrlichkeit eines Statusverfahrens beim Wechsel in die Personengesellschaft vgl. KK-UmwG/*Hohenstatt/Schramm*, § 194 Rn. 30; *Krause-Ablaß/Link*, GmbHR 2005, 731, 732.
1069 Lutter/*Hoger*, § 203 Rn. 12, 14, 20; Semler/Stengel/*Simon*, § 203 Rn. 11; zu den Kompetenzen eines so gewählten Aufsichtsrats vgl. *Krause-Ablaß/Link*, GmbHR 2005, 731/735.
1070 So überzeugend *Krause-Ablaß/Link*, GmbHR 2005, 731 ff. dort auch zu weiteren Einzelheiten.

formwechselnden Rechtsträgers.[1071] Es wird empfohlen, das Verfahren bereits **2 Monate vor der Beschlussfassung** über den Formwechsel einzuleiten.[1072]

4. Versammlung

508 Bei der Organisation der Gesellschafterversammlung, die über den Formwechsel Beschluss fassen soll, ist zu beachten, dass nach der gesetzlichen Regelung in der Versammlung verschiedene Unterlagen auszulegen oder in der Hauptversammlung einer Aktiengesellschaft oder KGaA auf andere Weise zugänglich zu machen sind. Das sind insbesondere gem. § 232 der Umwandlungsbericht und gem. § 260 Abs. 3 das Prüfungsgutachten des Prüfungsverbandes. Die Einzelheiten werden unter Rdn. 512 ff. und 863 ff. behandelt.

5. Anlagen zur Registeranmeldung

509 Zum Vollzug des Formwechsels im Register sind die Anlagen zu beschaffen, die der Registeranmeldung beigefügt werden müssen. Hier wird auf Rdn. 657 ff. verwiesen.

6. Abwicklungsmaßnahmen nach Eintragung

510 Die Bekanntmachung der Eintragung des Formwechsels setzt den Lauf verschiedener **Fristen** in Gang, die für die Abwicklung des Formwechsels von Bedeutung sind: das ist zum einen die Frist von 6 Monaten, innerhalb deren Gläubiger des Rechtsträgers gem. §§ 204, 22 ihre Ansprüche anmelden müssen, wenn sie für diese Sicherheitsleistung verlangen wollen. Zum anderen ist es die Frist von 2 Monaten, innerhalb deren Gesellschafter, die gegen den Umwandlungsbeschluss Widerspruch zur Niederschrift erklärt haben, das Angebot auf Erwerb ihrer umgewandelten Anteile gem. § 209 annehmen oder ohne Rücksicht auf bestehende Verfügungsbeschränkungen gem. § 211 ihre Anteile freihändig veräußern können. Schließlich sind es die Fristen von jeweils 3 Monaten gem. § 4 Abs. 1 Nr. 4 SpruchG, innerhalb deren Gesellschafter die Höhe der angebotenen Barabfindung oder ein nicht ordnungsgemäßes Angebot auf Barabfindung sowie die Höhe der baren Zuzahlung gem. § 196 UmwG gerichtlich überprüfen lassen können.

511 Beim Formwechsel in die Genossenschaft und beim Formwechsel von Genossenschaften und Vereinen werden durch die Bekanntmachung der Eintragung die Mitteilungspflichten gem. §§ 256 Abs. 3, 267 und 268, 281 ausgelöst.

IV. Der Umwandlungsbericht

1. Gesetzliche Regelung/Schutzzweck/Aufstellungsverpflichtete

512 Gem. § 192 hat das Vertretungsorgan des Ausgangsrechtsträgers einen ausführlichen schriftlichen Bericht zu erstatten. Darin sind der Formwechsel und insbesondere die künftige Beteiligung der Gesellschafter am Zielrechtsträger rechtlich und wirtschaftlich zu erläutern und zu begründen. Ziel des Berichts ist es, den Anteilsinhabern zu ermöglichen, sich rechtzeitig vor der Versammlung, in der der Beschluss gefasst werden soll, ein eigenes Bild zu machen. Er dient ausschließlich dem Schutz der Anteilsinhaber, nicht dagegen dem Schutz der Gläubiger oder der Arbeitnehmer.[1073]

513 Zur Aufstellung ist das Vertretungsorgan des formwechselnden Rechtsträgers verpflichtet, und zwar persönlich. Eine **Vertretung** ist **nicht zulässig**, weil es sich um Wissenserklärungen, nicht um Willenserklärungen handelt.[1074] Die unrichtige Wiedergabe oder Verschleierung der Verhältnisse des

---

1071 Lutter/*Hoger*, § 203 Rn. 14.
1072 Lutter/*Hoger*, § 203 Rn. 14.
1073 Kallmeyer/Meister/Klöcker/*Berger*, § 192 Rn. 2; Lutter/*Hoger*, § 192 Rn. 2, 3; Semler/Stengel/*Bärwaldt*, § 192 Rn. 3, 23.
1074 Böttcher/Habighorst/*Althoff*/Narr, § 192 Rn. 3; Kallmeyer/Meister/Klöcker/*Berger*, § 192 Rn. 36; Semler/Stengel/*Bärwaldt*, § 192 Rn. 22; Widmann/Mayer/*Mayer*, § 192 Rn. 26.

Rechtsträgers ist durch § 313 unter Strafe gestellt. Im Schrifttum wurde vielfach verlangt, dass der Bericht von allen Mitgliedern des Vertretungsorgans unterzeichnet wird.[1075] Es besteht zwar Einigkeit, dass alle Mitglieder des Vertretungsorgans berichtspflichtig sind. Die Rechtsprechung tendiert aber dazu, die Unterzeichnung des Berichts durch Organmitglieder **in vertretungsberechtigter Zahl** für ausreichend zu halten; dem folgt das Schrifttum heute ganz überwiegend.[1076]

2. Inhalt

Der Formwechsel ist rechtlich und wirtschaftlich zu erläutern und zu begründen. Dazu sind zunächst die derzeitigen rechtlichen und wirtschaftlichen Verhältnisse darzustellen. Alsdann sind Zweck des Formwechsels sowie Vor- und Nachteile des neuen Rechtsträgers und des mit dem Formwechsel verbundenen Aufwands darzulegen und zu erläutern, ob es andere Möglichkeiten zur Zweckerreichung gibt und warum diese nicht gewählt wurden und warum die Vorteile die Nachteile überwiegen.[1077] Steuerliche Hintergründe und Auswirkungen sind darzustellen.[1078] 514

Im Zentrum der Ausführungen steht die Erläuterung der künftigen Beteiligung der Anteilsinhaber und die Vor- und Nachteile gegenüber der bisherigen Beteiligung. Insbesondere sind Änderungen der rechtlichen Verfügbarkeit der Anteile und sich daraus ergebende Wertveränderungen konkret darzustellen.[1079] Weiter sind die Kosten des Formwechsels darzulegen.[1080] Der Umwandlungsbeschluss nebst dem Gesellschaftsvertrag/der Satzung der Zielrechtsform sind beizufügen und zu erläutern. In dem Bericht ist auch die angebotene Barabfindung gem. § 207 zu erläutern und zu begründen.[1081] Allerdings soll eine Verletzung dieser Verpflichtung nicht zur Anfechtbarkeit des Formwechselbeschlusses führen, sondern nur im Spruchverfahren Bedeutung haben.[1082] Die Verpflichtung zum Hinweis auf besondere Bewertungsschwierigkeiten gem. § 8 Abs. 1 Satz 2 soll für den Formwechsel nicht dieselbe Bedeutung haben wie etwa für Verschmelzung und Spaltung, weil es nur um die Bewertung eines fortbestehenden Rechtsträgers geht.[1083] Gem. § 8 Abs. 1 Satz 3 und 4 ist gegebenenfalls auch über die Angelegenheiten der verbundenen Unternehmen zu berichten. Nicht offenlegungspflichtig sind Tatsachen, deren Bekanntwerden dem Rechtsträger oder einem verbundenen Unternehmen einen nicht unerheblichen Nachteil zufügen kann (vgl. § 8 Abs. 2). Die Bestimmung weist eine Parallele zu § 131 Abs. 3 AktG auf, der auch im übrigen Anhaltspunkte dafür geben kann, welche Informationen nicht mitgeteilt werden müssen.[1084] Die Gründe für eine Geheimhaltung bestimmter Tatsachen sind darzulegen.[1085] 515

[1075] Z.B. KK-UmwG/*Petersen,* § 192 Rn. 5; dazu Böttcher/Habighorst/*Althoff/Narr,* § 192 Rn. 3; Semler/Stengel/*Bärwaldt,* § 192 Rn. 22 m.w.N.
[1076] BGH ZIP 2007, 1524, 1528; KG ZIP 2005, 167, 168; zustimmend Habersack/Wicke/*Simons,* § 192 Rn. 10; Kallmeyer/*Meister/Klöcker/Berger,* § 192 Rn. 38; Lutter/*Hoger,* § 192 Rn. 5; Semler/Stengel/ *Bärwaldt,* § 192 Rn. 22; Widmann/Mayer/*Mayer,* § 192 Rn. 25, 25.1.
[1077] Böttcher/Habighorst/*Althoff/Narr,* § 192 Rn. 6; Habersack/Wicke/*Simons,* § 192 Rn. 2 ff.; Lutter/ *Hoger,* § 192 Rn. 18; Semler/Stengel/*Bärwaldt,* § 192 Rn. 6; Widmann/Mayer/*Mayer,* § 192 Rn. 34.
[1078] Lutter/*Hoger,* § 192 Rn. 26; Semler/Stengel/*Bärwaldt,* § 192 Rn. 7.
[1079] Habersack/Wicke/*Simons,* § 192 Rn. 26; Kallmeyer/*Meister/Klöcker/Berger,* § 192 Rn. 9; Lutter/*Hoger,* § 192 Rn. 22; Semler/Stengel/*Bärwaldt,* § 192 Rn. 10; Widmann/Mayer/*Mayer,* § 192 Rn. 38.
[1080] Lutter/*Hoger,* § 192 Rn. 27; Semler/Stengel/*Bärwaldt,* § 192 Rn. 10.
[1081] BGH NJW 2001, 1425, 1428; Böttcher/Habighorst/*Althoff/Narr,* § 192 Rn. 8; Habersack/Wicke/ *Simons,* § 192 Rn. 29 ff.; Lutter/*Hoger,* § 192 Rn. 29 f.; Semler/Stengel/*Bärwaldt,* § 192 Rn. 12 f.
[1082] Böttcher/Habighorst/*Althoff/Narr,* § 192 Rn. 8; Habersack/Wicke/*Simons,* § 192 Rn. 33; Lutter/ *Hoger,* § 192 Rn. 30; Semler/Stengel/*Bärwaldt,* § 192 Rn. 14.
[1083] Lutter/*Hoger,* § 192 Rn. 36; Semler/Stengel/*Bärwaldt,* § 192 Rn. 15.
[1084] Habersack/Wicke/*Simons,* § 192 Rn. 40 ff.; Lutter/*Hoger,* § 192 Rn. 42; Semler/Stengel/*Bärwaldt,* § 192 Rn. 17 ff.
[1085] Habersack/Wicke/*Simons,* § 192 Rn. 47 ff.; Lutter/*Hoger,* § 192 Rn. 43; Semler/Stengel/*Bärwaldt,* § 192 Rn. 19.

3. Entbehrlichkeit des Berichts, Verzicht

516 Der Bericht ist gem. § 192 Abs. 2 **entbehrlich**, wenn an dem Rechtsträger **nur ein Anteilsinhaber** beteiligt ist oder alle Anteilsinhaber durch notariell beurkundete Erklärung auf die Erstattung **verzichten**. Die Verzichtserklärung ist Willenserklärung und muss nach dem dafür geregelten Beurkundungsverfahren (§§ 6 ff. BeurkG) beurkundet werden.[1086] Die Erklärung in der Versammlung der Anteilsinhaber, über die ein notarielles Tatsachenprotokoll erstellt wird, genügt nicht.[1087] Der Verzicht ist nach h.M. – anders als ein rechtsgeschäftlicher Verzicht – einseitige, empfangsbedürftige Willenserklärung, die zwar der Gesellschaft gegenüber abzugeben, aber kein Vertrag mit der Gesellschaft ist. Der Verzicht wird häufig aus Anlass der Gesellschafterversammlung erklärt und mitbeurkundet. Es empfiehlt sich aber, ihn deutlich von dem Beschluss über den Formwechsel abzusetzen. Die Beurkundung kann auch vorher oder nachträglich geschehen. Die vorherige Verzichtserklärung darf aber nicht rein abstrakt pauschal abgegeben werden, sondern muss sich auf den konkreten Rechtsformwechsel beziehen.[1088] Eines Umwandlungsberichts bedarf es gem. § 215 **auch dann nicht**, wenn – wie bei der oHG oder der PartG – **alle Gesellschafter** des formwechselnden Rechtsträgers zur Geschäftsführung (nicht notwendig auch zur Vertretung) berechtigt sind. Auch Kommanditisten können **zur Geschäftsführung berechtigt** sein.[1089] Ein Umwandlungsbericht ist weiter nicht erforderlich, wenn bei der GmbH & Co. KG alle Kommanditisten auch Gesellschafter und Geschäftsführer oder auch nur Geschäftsführer der persönlich haftenden Gesellschafterin sind.[1090] Dagegen ist der Umwandlungsbericht nicht entbehrlich, wenn die Kommanditisten nur Gesellschafter, nicht aber Geschäftsführer der Komplementärin sind.[1091]

4. Rechtsfolgen bei Mängeln des Berichts

517 Mängel des Umwandlungsberichts können bei Körperschaften (mit Ausnahme des rechtsfähigen Vereins) die Anfechtbarkeit des Umwandlungsbeschlusses und bei Personenhandelsgesellschaften, Partnerschaftsgesellschaften und rechtsfähigen Vereinen die Nichtigkeit des Umwandlungsbeschlusses begründen[1092] und damit den Vollzug des Formwechsels blockieren. Allerdings kann die Klage gem. § 195 Abs. 2 nicht darauf gestützt werden, dass nach Meinung des Klägers die Anteile am Rechtsträger neuer Rechtsform zu niedrig bemessen sind, oder die Mitgliedschaft keinen ausreichenden Gegenwert für die Anteile oder die Mitgliedschaft beim formwechselnden Rechtsträger darstellt, ferner gem. § 210 nicht darauf, dass das Angebot auf Barabfindung zu niedrig ist oder die Barabfindung im Umwandlungsbeschluss nicht oder nicht ordnungsgemäß angeboten worden ist. Dasselbe gilt nach der Rechtsprechung einer fehlenden oder unzureichenden Erläuterung des Barangebots.[1093]

[1086] Habersack/Wicke/*Simons*, § 192 Rn. 68 f.; Lutter/*Hoger*, § 192 Rn. 46; Semler/Stengel/*Bärwaldt*, § 192 Rn. 24; Widmann/Mayer/*Mayer*, § 192 Rn. 16.

[1087] Habersack/Wicke/*Simons*, § 192 Rn. 69; Limmer/*Limmer*, Teil 4 Rn. 84; Semler/Stengel/*Bärwaldt*, § 192 Rn. 24 Fn. 79; unscharf: Lutter/*Hoger*, § 192 Rn. 46.

[1088] Habersack/Wicke/*Simons*, § 192 Rn. 74; Kallmeyer/*Meister/Klöcker/Berger*, § 192 Rn. 60; Semler/Stengel/*Bärwaldt*, § 192 Rn. 26.

[1089] BGH NJW 1955, 1394, 1395; NJW 1969, 507, 508; NJW 1989, 2687.

[1090] Habersack/Wicke/*Kühn*, § 215 Rn. 8; Kallmeyer/*Blasche*, § 215 Rn. 3; Lutter/*Joost/Hoger*, § 215 Rn. 4; Semler/Stengel/*Schlitt*, § 215 Rn. 10; a.A. Schmitt/Hörtnagl/Stratz/*Westerburg*, § 215 Rn. 1.

[1091] Habersack/Wicke/*Kühn*, § 215 Rn. 8; Kallmeyer/*Blasche*, § 215 Rn. 3; Lutter/*Joost/Hoger*, § 215 Rn. 4; Semler/Stengel/*Schlitt*, § 215 Rn. 10.

[1092] Vgl. LG Mannheim AG 2014, 589, 590; Semler/Stengel/*Bärwaldt*, § 192 Rn. 33.

[1093] BGH NJW 2001, 1425; zustimmend Habersack/Wicke/*Kühn*, § 215 Rn. 13; Kallmeyer/*Meister/Klöcker/Berger*, § 210 Rn. 9; kritisch: Lutter/*Hoger*, § 210 Rn. 3, 4; Semler/Stengel/*Bärwaldt*, § 210 Rn. 5; a.A. Kallmeyer/*Meister/Klöcker/Berger*, § 192 Rn. 63; Lutter/*Hoger*, § 195 Rn. 18.

Die Anfechtbarkeit setzt voraus, dass der Beschluss auf dem mangelhaften Bericht beruht. Dabei ist 518
entscheidend, ob ein objektiv urteilender Anteilsinhaber bei Vorliegen eines mangelfreien Berichts
anders entschieden hätte.[1094] Das Nachschieben von Gründen in der Versammlung genügt nicht.[1095]

V. Der Inhalt des Umwandlungsbeschlusses

Der Inhalt des Umwandlungsbeschlusses ergibt sich aus § 194. 519

▶ Praxistipp:

Die in § 194 Abs. 1 angesprochenen sieben Punkte sollten sich in derselben Reihenfolge im 520
Beschluss wiederfinden, damit das Registergericht unkompliziert prüfen kann, ob der Beschluss
alle in der Vorschrift angesprochenen Beschlusspunkte abdeckt.

Daneben enthalten die Besonderen Vorschriften weitere Bestimmungen über den notwendigen 521
Beschlussinhalt, so insbesondere §§ 218, 234, 243, 253, 263, 276, 285 und 294. Im Einzelnen gilt
folgendes:

1. § 194 Abs. 1 Nr. 1 – Zielrechtsform

Gem. Nr. 1 muss zunächst die Zielrechtsform bestimmt werden. Fragen stellen sich diesbezüglich 522
insbesondere beim Formwechsel in die Personengesellschaft. Ein Formwechsel in eine GbR ist nur
möglich, wenn die Gesellschaft kein Handelsgewerbe betreibt. Andernfalls ist der Beschluss nichtig.[1096] Der Formwechsel in eine Personenhandelsgesellschaft ist dagegen seit Öffnung der Personengesellschaft auch für kleingewerbliche Unternehmen möglich, weil die Gesellschaft durch Eintragung
in das Handelsregister gem. § 105 Abs. 2 Satz 1 HGB Personenhandelsgesellschaft wird. Problematisch ist es nur, wenn in der Gesellschaft ein freier Beruf, Wissenschaft oder Kunst betrieben wird.
Dann kann sie nicht durch die Eintragung zur Handelsgesellschaft werden.[1097] Die Frage ist, ob in
zweifelhaften Fällen hilfsweise der Formwechsel in die jeweils andere Rechtsform vorgesehen werden
kann. Gem. § 228 Abs. 2 in der bis zum 19.04.2007 geltenden Fassung konnte im Umwandlungsbeschluss bestimmt werden, dass die formwechselnde Gesellschaft die Rechtsform einer BGB-Gesellschaft erlangen soll, wenn der Gegenstand des Unternehmens den Vorschriften über die Gründung einer oHG nicht genügt.[1098] Daraus, dass der **Hilfsformwechsel** vom Gesetz in diesem Fall
geregelt war, wurde teilweise geschlossen, dass der umgekehrte Fall, den das Gesetz nicht regelte,
nämlich der Formwechsel in die BGB-Gesellschaft, nicht hilfsweise auf Umwandlung in eine oHG
gerichtet werden konnte.[1099] Durch das zweite Gesetz zur Änderung des Umwandlungsgesetzes ist
Abs. 2 gestrichen worden. Ob und in welchen Fällen ein Hilfsformwechsel heute noch zulässig ist,
ist umstritten. Während die einen ihn nunmehr schlechthin für unzulässig halten,[1100] sehen ihn
andere als stets zulässig an.[1101] Wieder andere sind der Auffassung, die Rechtslage sei gegenüber derjenigen vor Änderung des Gesetzes unverändert und halten zwar die hilfsweise Umwandlung in eine
GbR, nicht aber umgekehrt die hilfsweise Umwandlung in eine Personenhandelsgesellschaft für
zulässig.[1102] Von Bedeutung bleibt die Frage insbesondere in den Fällen, in denen zweifelhaft ist, ob

---

1094 Semler/Stengel/*Bärwaldt*, § 192 Rn. 35.
1095 Semler/Stengel/*Bärwaldt*, § 192 Rn. 37 m.w.N.
1096 Lutter/*Göthel*, § 228 Rn. 18; *Mayer*, DAI-Skript Rn. 362; a.A. Semler/Stengel/*Ihrig*, § 228 Rn. 28.
1097 *Baumbach/Hopt* § 1 Rn. 19.
1098 Vgl. die Gesetzesbegründung BT-Drucks. 16/2919, S. 20.
1099 Zum früheren Recht: Habersack/Wicke/*Sparfeld*, § 228 Rn. 32; Semler/Stengel/*Ihrig*, § 228 Rn. 34.
1100 KK-UmwG/*Dauner-Lieb/Tettinger*, § 228 Rn. 32; Lutter/*Göthel*, § 228 Rn. 17 f.
1101 So Böttcher/Habighorst/*Althoff/Narr*, § 228 Rn. 16; Habersack/Wicke/*Sparfeld*, § 228 Rn. 34; Kallmeyer/*Blasche*, § 228 Rn. 12 f.; Semler/Stengel/*Ihrig*, § 228 Rn. 36; Schmitt/Hörtnagl/Stratz/*Stratz*, § 228 Rn. 7; Widmann/Mayer/*Vossius*, § 228 Rn. 3, 20 ff.
1102 Nur diesen Fall erwähnen: Henssler/Strohn/*Drinhausen/Keinath*, § 228 Rn. 9; in diese Richtung auch Kallmeyer/*Blasche*, § 228 Rn. 12 f.

es sich um eine gewerbliche Tätigkeit oder um eine freiberufliche Tätigkeit handelt.[1103] Für die Praxis empfiehlt es sich in Zweifelsfällen, vorsorglich den Hilfsformwechsel vorzusehen. Denn dann besteht wenigstens die Chance, dass der Hilfsantrag vollzogen wird, wenn der Hauptantrag zurückgewiesen wird.

2. § 194 Abs. 1 Nr. 2 – Firma

523   Gem. Nr. 2 ist alsdann der Name oder die Firma des Rechtsträgers neuer Rechtsform festzulegen. Die Firma muss den rechtsformspezifischen Bestimmungen genügen, insbesondere §§ 18, 19, 30 HGB, §§ 4, 5a GmbHG, 4, 279 AktG, § 3 GenG. Daneben ist § 200 UmwG einschlägig, der mit Ausnahmen die Fortführung der bisherigen Firma gestattet. Die Fortführung hat grundsätzlich vollständig und nicht nur teilweise zu erfolgen. Die teilweise Fortführung ist Firmenneubildung.[1104] Dies gilt allerdings nicht für den Rechtsformzusatz. Gem. § 200 Abs. 2 ist die neue Rechtsform zu bezeichnen. Ein Nachfolgezusatz in der Firma ist nicht zulässig; der Rechtsträger neuer Rechtsform führt keine fremde Firma, sondern seine eigene fort.[1105] Der Name eines ausscheidenden Anteilsinhabers darf gem. § 200 Abs. 3 nur mit seiner Zustimmung in der bisherigen Firma beibehalten oder zur Neubildung einer Firma verwandt werden. Das Recht zur Firmenfortführung besteht nicht beim Formwechsel in eine GbR.[1106]

3. § 194 Abs. 1 Nr. 3 – Identität der Anteilsinhaber

524   Gem. Nr. 3 ist die Beteiligung der bisherigen Anteilsinhaber am Rechtsträger nach den für die neue Rechtsform geltenden Vorschriften anzugeben, sofern die Beteiligung nicht nach dem 5. Buch entfällt. Der einschränkende letzte Halbsatz bezieht sich auf die Regelungen in den §§ 233 Abs. 3 Satz 3 und 236, wonach beim Formwechsel einer KGaA in eine Personengesellschaft die persönlich haftenden Gesellschafter, die ihr Ausscheiden aus dem Rechtsträger erklären, mit Wirksamwerden des Formwechsels aus der KGaA ausscheiden sowie § 247 Abs. 2, wonach sie beim Formwechsel in eine andere Kapitalgesellschaft auch ohne entsprechende Erklärung ausscheiden. Eine weitere Ausnahme regelt § 294 Abs. 1 Satz 2 für den Formwechsel des VVaG. Nach h.M. verpflichtet § 194 Abs. 1 Nr. 3 aber nicht nur dazu im Beschluss die Beteiligung der Anteilsinhaber am Rechtsträger neuer Rechtsform darzustellen, sondern gebietet die **Identität der Anteilsinhaber**. Alle Anteilsinhaber des formwechselnden Rechtsträgers müssen auch Anteilsinhaber des Rechtsträgers neuer Rechtsform sein, sofern das Gesetz keine Ausnahme zulässt.[1107] Der Wortlaut bezieht sich allerdings nur darauf, dass alle bisherigen Anteilsinhaber zugleich Anteilsinhaber des Rechtsträgers neuer Rechtsform sein müssen; dagegen enthält er kein Gebot, dass nur Anteilsinhabers des formwechselnden Rechtsträgers Anteilsinhaber des Rechtsträgers neuer Rechtsform sein können. Die Bestimmung soll aber auch einem nicht im Gesetz vorgesehen Beitritt weiterer Gesellschafter entgegenstehen.[1108] Im Gesetz geregelt ist nur der Beitritt als Komplementär beim Formwechsel in eine KGaA §§ 218 Abs. 2, 263, 276. In diesem Fall muss der Beschluss vorsehen, dass sich mindestens einer der Gesellschafter als Komplementär beteiligt oder ihr als solcher beitritt.

525   Erörtert wird die Reichweite des Gebots der Identität der Anteilsinhaber insbesondere im Zusammenhang mit dem **Formwechsel der GmbH & Co. KG in eine GmbH** und umgekehrt im Zusammenhang mit dem **Formwechsel einer GmbH in eine GmbH & Co. KG**. Die Frage ist im ersten

---

1103   Vgl. dazu *Mayer/Weiler*, MittBayNot 2007, 368, 374; Widmann/Mayer/*Vossius*, § 228 Rn. 20, 26.
1104   Semler/Stengel/*Schwanna*, § 200 Rn. 3; OLG Frankfurt am Main DB 1999, 733.
1105   Kallmeyer/*Meister/Klöcker/Berger*, § 200 Rn. 22; Semler/Stengel/*Schwanna*, § 200 Rn. 3.
1106   Habersack/Wicke/*Simons*, § 200 Rn. 42; Kallmeyer/*Meister/Klöcker/Berger*, § 200 Rn. 32; Semler/Stengel/*Schwanna*, § 200 Rn. 4.
1107   Habersack/Wicke/*Simons*, § 194 Rn. 16; Kallmeyer/*Meister/Klöcker/Berger*, § 194 Rn. 2; a.A. Semler/Stengel/*Bärwaldt*, § 194 Rn. 8.
1108   Habersack/Wicke/*Simons*, § 194 Rn. 16; Kallmeyer/*Meister/Klöcker/Berger*, § 194 Rn. 25; wohl auch Lutter/*Hoger*, § 194 Rn. 6; Widmann/Mayer/*Weiler*, § 194 Rn. 30 ff.; MünchHdB GesR Bd. 3/*Mayer/Weiler* § 73 Rn. 318; a.A. Semler/Stengel/*Bärwaldt*, § 194 Rn. 10; KK-UmwG/*Petersen*, § 194 Rn. 7.

Fall, ob die Komplementär-GmbH im Rahmen des Formwechsels aus der KG ausscheiden und im zweiten Fall, ob sie im Rahmen des Formwechsels der KG beitreten kann. Das Gesetz lässt Ausscheiden und Beitritt – wie bereits ausgeführt – nur bei der KGaA und ein Ausscheiden auch bei dem VVaG zu. Von der früher h.M. wurde angenommen, dass damit abschließend geregelt sei, in welchen Fällen ein Gesellschafter im Zuge des Formwechsels der Gesellschaft beitreten oder aus ihr ausscheiden könne und dass das Gebot der Kontinuität der Anteilsinhaber einem Austritt oder Beitritt im Rahmen des Formwechsels in anderen Fällen entgegenstehe.[1109] In der Praxis wurde deshalb auf Treuhandlösungen ausgewichen.[1110] Die Komplementär-GmbH ist typischerweise nicht am Kapital der GmbH & Co. KG beteiligt. Zum Formwechsel in die GmbH wurde ihr treuhänderisch ein Kapitalanteil an der formwechselnden KG übertragen, auf Grund dessen sie in entsprechenden Umfang einen Geschäftsanteil an der GmbH als Rechtsträger neuer Rechtsform erwarb. Beim Formwechsel der GmbH in die GmbH & Co. KG wurde der Komplementär-GmbH ein (möglichst kleiner) Geschäftsanteil an der GmbH übertragen, aus dem im Rahmen des Formwechsels ein Kapitalanteil an der GmbH & Co. KG als neuer Rechtsform wurde. Den Geschäftsanteil bzw. Kapitalanteil übertrug sie nach Eintragung des Formwechsels dann an einen oder mehrere Gesellschafter zurück. Dieses umständliche Vorgehen wurde im Schrifttum schon länger für unnötig gehalten. Der Grundsatz der Kontinuität der Mitgliedschaft sei nur in dem Sinne zwingend, dass Gesellschafter nicht durch Mehrheitsbeschluss im Wege der Umwandlung aus der Gesellschaft heraus gedrängt werden könnten, wie das nach dem UmwG 1969 möglich gewesen sei. Er schließe es aber nicht aus, dass die Gesellschafter im Zusammenhang mit dem Formwechsel von anderen Möglichkeiten zur Änderung der Gesellschafterzusammensetzung Gebrauch machten, bei der Personengesellschaft somit insbesondere von Ein- und Austritt.[1111] In einem Urteil aus dem Jahr 2005,[1112] dem ein Formwechsel einer AG in eine GmbH & Co. KG zugrunde lag, hat der BGH es – allerdings nur in einem obiter dictum – ohne weitere Erörterung für zulässig erklärt, dass ein im Zuge des Formwechsels neu hinzutretender Gesellschafter mit seiner Zustimmung mit einer 3/4-Mehrheit der abgegebenen Stimmen zum Komplementär der formgewechselten zukünftigen KG gewählt wird und die Aktionäre im übrigen Kommanditisten werden.[1113] Das aus §§ 194 Abs. 1 Nr. 3, 202 Abs. 1 Nr. 2 abzuleitende Gebot der Kontinuität der Mitgliedschaft verlange lediglich, dass Berechtigte, die zum Zeitpunkt der Eintragung des Formwechsels Anteilsinhaber seien, auch Mitglieder des Rechtsträgers neuer Rechtsform würden. Damit wird die dogmatische Frage nach der Zulässigkeit eines Ein- oder Austritts auf den Zeitpunkt des Formwechsels allerdings nicht beantwortet; vielmehr wird lediglich an den Wortlaut des § 194 Abs. 1 Nr. 3 angeknüpft. Obwohl die Ausführungen nicht zu den tragenden Entscheidungsgründen zählen, dürfte damit aber **für die Kautelarpraxis geklärt sein, dass der Beitritt der Komplementär-GmbH im Rahmen des Formwechsels in die GmbH & Co. KG zulässig ist.**[1114] Technisch ist zu beachten, dass der Beitritt (wie der Austritt) nicht durch den Umwandlungsbeschluss, sondern durch Vereinbarung des ausscheidenden mit den anderen Gesellschaftern erfolgt.

Nicht abschließend geklärt ist dagegen, wie im umgekehrten Fall, dem **Formwechsel von der GmbH & Co. KG in die GmbH** oder eG zu verfahren ist.[1115] Dazu enthält die Entscheidung keinen Hinweis. Im Schrifttum wird zunehmend vertreten, dass die Komplementär-GmbH auf den Zeitpunkt

526

1109 Nachweise bei Widmann/Mayer/*Weiler*, § 194 Rn. 28; Habersack/Wicke/*Simons*, § 194 Rn. 16.
1110 Dazu KK-UmwG/*Dauner-Lieb/Tettinger*, § 218 Rn. 35 f.; Semler/Stengel/*Schlitt*, § 218 Rn. 22; Widmann/Mayer/*Weiler*, § 194 Rn. 42.
1111 *K. Schmidt*, GmbHR 1995, 693, 695; auch *Kallmeyer* GmbHR 1995, 888; *ders.*, GmbHR 1996, 80.
1112 NZG 2005, 722 = DNotZ 2005, 864.
1113 So jetzt auch OLG Oldenburg MittBayNot 2020, 265.
1114 So auch Böttcher/Habighorst/*Althoff/Narr*, § 202 Rn. 13; Kallmeyer/*Meister/Klöcker/Berger*, § 202 Rn. 31; Lutter/*Hoger*, § 202 Rn. 12; Semler/Stengel/*Bärwaldt*, § 194 Rn. 9; vgl. auch Widmann/Mayer/*Weiler*, § 194 Rn. 31.
1115 MünchHdb. GesR III/*D. Mayer/Weiler*, § 73 Rn. 321.

des Formwechsels ausscheiden könne.[1116] In dieser Weise hat nun auch das Kammergericht entschieden.[1117] Begründet wird dies einmal damit, dass das UmwG die Rechtsinstitute des Ein- und Austritts von Gesellschaftern nicht habe berühren wollen. Das Gesetz habe nur den zwangsweisen Ausschluss von dem Formwechsel nicht zustimmenden Gesellschaftern verhindern wollen.[1118] Auch müsse es bei Zulassung eines nicht verhältniswahrenden Formwechsels (dazu gleich unter Rdn. 541 f.) zulässig sein, der Komplementär-GmbH gar keinen Anteil zuzuweisen (nicht verhältniswahrender Formwechsel zu Null).[1119] Weiter[1120] wird darauf hingewiesen, dass der Gesetzgeber erklärtermaßen davon abgesehen habe, den Formwechsel der GmbH & Co. KG umwandlungsrechtlich gesondert zu regeln und dies Wissenschaft und Praxis überlassen habe. Wieder andere wollen den Austritt im Wege einer Analogie zu den Bestimmungen der §§ 233 Abs. 3 Satz 3, 236 zulassen.[1121] Es sprechen damit gute Gründe dafür, auch den Austritt auf den Zeitpunkt des Formwechsels zuzulassen. Will man diesen Weg gehen, sollte das aber angesichts der nach wie vor nicht geklärten Rechtslage vorher mit dem Registergericht abgestimmt worden. Bei einer zweigliedrigen GmbH & Co. KG ist überdies zu bedenken, dass das Ausscheiden des Komplementärs grundsätzlich zum Erlöschen der KG und zum Anwachsen des Vermögens der KG mit allen Verbindlichkeiten bei dem Kommanditisten führt.[1122] Ob die sich daraus ergebende Haftung des Kommanditisten für die Schulden der KG dadurch vermieden wird, dass der **Austritt auf den Zeitpunkt des Formwechsels** erfolgt, ist ungeklärt.[1123] Jedenfalls bei der zweigliedrigen GmbH & Co. KG kann es sich deshalb empfehlen, vorerst den bisherigen Weg als den sicheren zu gehen, selbst wenn die Gestaltung ein wenig umständlicher ist.[1124]

527 Ähnlich kontrovers wie Ein- und Austritt der Komplementär-GmbH beim Formwechsel von der GmbH in die GmbH & Co. KG und umgekehrt wird der Beitritt eines oder mehrerer Gesellschafter auf den Zeitpunkt des Wirksamwerdens des Formwechsels einer **Ein-Mann-Kapitalgesellschaft in eine Personengesellschaft** diskutiert. Auch ihn will eine zunehmende Auffassung zulassen.[1125] Folgt man dem nicht, muss entweder der weitere Gesellschafter vor dem Formwechsel einen Gesellschaftsanteil an der Kapitalgesellschaft erwerben oder der Formwechsel unterbleiben.

528 ▶ Formulierungsbeispiel: Allgemein

Alle Anteilsinhaber (Gesellschafter) des formwechselnden Rechtsträgers werden auch Anteilsinhaber (Gesellschafter) des Rechtsträgers neuer Rechtsform.

1116 *Priester*, DB 1997, 560, 566; *K. Schmidt*, GmbHR 1995, 693, 696; *Kallmeyer*, GmbHR 1995, 888, 889; Lutter/*Hoger*, § 202 Rn. 12; MünchHdb. GesR III/*D. Mayer/Weiler*, § 73 Rn. 321; Semler/Stengel/ *Schlitt*, § 218 Rn. 21; KK-UmwG/*Petersen*, § 202 Rn. 22; KK-UmwG/*Dauner-Lieb/Tettinger*, § 218 Rn. 36; Widmann/Mayer/*Vossius*, § 228 Rn. 94.
1117 KG RNotZ 2019, 159 mit Einordn. der Schriftl. = DNotZ 2019, 384 = NZG 2019, 310.
1118 *K. Schmidt*, GmbHR 1995, 693, 695; *Wiedemann*, ZGR 1999, 568, 578; Semler/Stengel/*Bärwaldt*, § 194 Rn. 10; Semler/Stengel/*Schlitt*, § 218 Rn. 21.
1119 *Bayer* ZIP 1997, 1613, 1616 f.; *Priester*, DB 1997, 560, 566; Semler/Stengel/*Schlitt*, § 218 Rn. 21.
1120 KK-UmwG/*Dauner-Lieb/Tettinger*, § 218 Rn. 36.
1121 Widmann/Mayer/*Mayer*, § 197 Rn. 22; KK-UmwG/*Dauner-Lieb/Tettinger*, § 218 Rn. 36; Widmann/ Mayer/*Vossius*, § 228 Rn. 95.
1122 Vgl. MünchHdb. KG/*Schulte/Hushahn*, § 36 Rn. 3; MünchKommHGB/*K. Schmidt*, § 131 Rn. 55; jeweils m.w.N.
1123 Auch Widmann/Mayer/*Vossius*, § 228 Rn. 95 weist auf Haftungsfragen hin; a.A. *K. Schmidt*, GmbHR 1995, 693, 695.
1124 So auch die Empfehlung von Widmann/Mayer/*Vossius*, § 228 Rn. 95 ff.
1125 Habersack/Wicke/*Sparfeld*, § 228 Rn. 16; Kallmeyer/*Meister/Klöcker/Berger*, § 191 Rn. 12; Kallmeyer/*Blasche*, § 228 Rn. 8; Semler/Stengel/*Bärwaldt*, § 197 Rn. 9; Semler/Stengel/*Ihrig*, § 228 Rn. 14; Lutter/*Göthel*, § 228 Rn. 27; a.A. Böttcher/Habighorst/*Althoff/Narr*, § 228 Rn. 8 f.; Habersack/Wicke/ *Simons*, § 202 Rn. 41; zweifelnd KK-UmwG/*Dauner-Lieb/Tettinger*, § 228 Rn. 24.

▶ **Formulierungsbeispiel: Formwechsel GmbH & Co. KG in GmbH – Austrittslösung** 529

Bis auf die Komplementär-GmbH werden alle Anteilsinhaber (Gesellschafter) des formwechselnden Rechtsträgers auch Anteilsinhaber (Gesellschafter) des Rechtsträgers neuer Rechtsform. Die Komplementär-GmbH wird aufschiebend bedingt durch den Formwechsel aus der Kommanditgesellschaft austreten. *[noch nicht abschließend geklärt]*

(An späterer Stelle der Urkunde heißt es dann:

Sodann erklärten die Vertreter der Komplementär-GmbH und die Kommanditisten:

Austrittsvereinbarung

Die Komplementär-GmbH tritt hiermit gleichzeitig mit der Eintragung des Rechtsträgers neuer Rechtsform, der durch den Formwechsel entstehenden GmbH, und damit aufschiebend bedingt auf das Wirksamwerden des Formwechsels aus der Gesellschaft aus. Sie erhält deshalb keinen Geschäftsanteil an der durch den Formwechsel entstehenden GmbH. Dies wird zwischen der Komplementär-GmbH und den Kommanditisten hiermit vereinbart.)

▶ **Formulierungsbeispiel: Formwechsel GmbH & Co. KG in GmbH – Treuhandlösung** 530

Alle Anteilsinhaber (Gesellschafter) des formwechselnden Rechtsträgers werden auch Anteilsinhaber (Gesellschafter) des Rechtsträgers neuer Rechtsform. Im Wege des nicht verhältniswahrenden Formwechsels erhält die Komplementär-GmbH zu Lasten des Gesellschafters A einen Geschäftsanteil in Höhe von 1,00 EUR an dem Rechtsträger neuer Rechtsform, den sie treuhänderisch für A hält; A erhält einen entsprechend geringeren Geschäftsanteil. Dem nicht verhältniswahrenden Formwechsel wird A nachfolgend in gesonderter Erklärung zustimmen.

[Später (im Anschluss an die Gesellschafterversammlung):]

Alsdann erklärte Gesellschafter A:

Dem nicht verhältniswahrenden Formwechsel wird hiermit zugestimmt.

Sodann erklärten die Vertreter der Komplementär-GmbH und der Gesellschafter A:

»TREUHANDABREDE, ÜBERTRAGUNG

1. Die Komplementär-GmbH wird den im Rahmen des Formwechsels erworbenen Geschäftsanteil von 1,- Euro, auf den die Einlage durch die nicht verhältniswahrende Umwandlung von dem Gesellschafter A belegt wird, treuhänderisch für diesen halten.
2. Die Komplementär-GmbH überträgt hiermit ihren mit Eintragung des Formwechsels in das Handelsregister entstehenden künftigen Geschäftsanteil von 1,- Euro an der umgewandelten Gesellschaft in Firma XY GmbH auf den Gesellschafter A. Die Übertragung erfolgt aufschiebend bedingt mit Wirkung eine Sekunde nach Eintragung des Formwechsels in das Handelsregister der GmbH.
3. Im Hinblick darauf, dass die Komplementär-GmbH den Geschäftsanteil treuhänderisch für den Gesellschafter A hält, ist eine Gegenleistung für die Übertragung nicht zu entrichten.«

▶ **Formulierungsbeispiel: Formwechsel GmbH in GmbH & Co. KG** 531

Alle Anteilsinhaber (Gesellschafter) des formwechselnden Rechtsträgers werden auch Anteilsinhaber (Gesellschafter) des Rechtsträgers neuer Rechtsform. Aufschiebend bedingt auf den Formwechsel tritt die zur Urkunde des amtierenden Notars vom heutigen Tage, URNr. ..... neu gegründete XY GmbH der Gesellschaft aufgrund der nachstehend gesondert beurkundeten Beitrittserklärung als Komplementär bei.[1126]

(An späterer Stelle der Urkunde heißt es dann:

Sodann erklärten die Vertreter der XY GmbH i.G. und die bisherigen Gesellschafter und künftigen Kommanditisten:

Beitrittsvereinbarung

1126 Vgl. BGH NZG 2005, 722.

Persönlich haftende Gesellschafterin ohne Kapitalanteil der künftigen X-GmbH & Co. KG wird die zur Urkunde des amtierenden Notars vom heutigen Tage, URNr. ..... neu gegründete XY GmbH i.G. Sie tritt der Gesellschaft als persönlich haftende Gesellschafterin aufschiebend bedingt auf das Wirksamwerden des Formwechsels bei und stimmt dem Formwechsel und der Satzung für die künftige X-GmbH & Co. KG zu.)

4. § 194 Abs. 1 Nr. 4 – Kontinuität der Beteiligung

532 Gem. § 194 Abs. 1 Nr. 4 sind im Beschluss Zahl, Art und Umfang der Anteile oder Mitgliedschaften anzugeben, die die Anteilsinhaber durch den Formwechsel erlangen sollen oder die einem beitretenden persönlich haftenden Gesellschafter eingeräumt werden sollen. Wie § 202 Abs. 1 Nr. 2 zeigt, geht das Gesetz von der Kontinuität der Beteiligung der Anteilsinhaber aus; mit Wirksamwerden des Formwechsels sind diese an dem Rechtsträger neuer Rechtsform nach den für diese geltenden Vorschriften beteiligt. Der Umwandlungsbeschluss muss festlegen, wie diese Beteiligung aussehen wird. Der Formwechsel in eine PartG ist gem. § 228 Abs. 2 allerdings nur möglich, wenn bei seinem Wirksamwerden alle Anteilsinhaber des formwechselnden Rechtsträgers natürliche Personen sind, die den für die Qualifikation der PartG erforderlichen Freien Beruf ausüben. Probleme ergeben sich ferner daraus, dass **nicht jeder Anteilsinhaber einer Kapitalgesellschaft auch Gesellschafter einer Personengesellschaft sein kann.** Das gilt namentlich für **die Erbengemeinschaft**[1127], **die Bruchteilsgemeinschaft**[1128] **und die Gütergemeinschaft**,[1129] dagegen wohl nicht mehr für den nicht rechtsfähigen Verein.[1130] Diese Gemeinschaften müssen nach allg. Meinung im Zusammenhang mit dem Formwechsel aufgelöst werden, wobei vielfach eine ausdrückliche Auseinandersetzungsvereinbarung über die Anteile an der Kapitalgesellschaft verlangt wird.[1131] Damit eröffnet man allerdings erhebliche Missbrauchsmöglichkeiten. Denn nichts ist leichter als die Gesellschaftsanteile in eine Bruchteilsgemeinschaft zu überführen und dadurch den Formwechsel zumindest zu behindern. Die Öffnung dieser Flanke ist nicht nötig. So wie bei Eintritt der Erbfolge die Beteiligung an einer Personengesellschaft unmittelbar, also ohne Erbauseinandersetzung, und geteilt im Wege der Sondererbfolge auf die Erben im Verhältnis ihrer Erbteile übergeht,[1132] lässt sich auch ein Übergang im Rahmen des Formwechsels auf die einzelnen Erben begründen. Nichts anderes gilt für die Bruchteilsgemeinschaft und die Gütergemeinschaft[1133] Den Mitgliedern der Gemeinschaft geschieht dadurch auch kein Unrecht. Denn sie haben es in der Hand, vor Durchführung des Formwechsels

---

1127 BGH NJW 1957, 180; NJW 1972, 1755; NJW 1986, 2431; NJW 1989, 3152; NJW 1995, 3314; NJW 1999, 571; NJW-RR 2012, 730; Baumbach/Hopt/*Roth*, § 105 Rn. 29; EBJS/*Wertenbruch* § 105 Rn. 181; Henssler/Strohn GesR/*Henssler*, § 105 Rn. 59; MünchKommHGB/*K. Schmidt*, § 105 Rn. 104 (aber nicht für die Beteiligung als Kommanditist); Böttcher/Habighorst/*Althoff/Narr*, § 228 Rn. 6; Kallmeyer/*Blasche*, § 228 Rn. 5; Lutter/*Göthel*, § 228 Rn. 7; Semler/Stengel/*Ihrig*, § 228 Rn. 18; Widmann/Mayer/*Vossius*, § 228 Rn. 87; a.A. *Ann.*, MittBayNot 2003, 193 m.w.N.
1128 EBJS/*Wertenbruch* § 105 Rn. 180; Henssler/Strohn GesR/*Henssler*, § 105 Rn. 60; MünchKommHGB/*K. Schmidt*, § 105 Rn. 106; Böttcher/Habighorst/*Althoff/Narr*, § 228 Rn. 6; Kallmeyer/*Blasche*, § 228 Rn. 5; Lutter/*Göthel*, § 228 Rn. 7; Semler/Stengel/*Ihrig*, § 228 Rn. 18.
1129 BayObLG NJW-RR 2003, 899; Baumbach/Hopt/*Roth*, § 105 Rn. 29; EBJS/*Wertenbruch* § 105 Rn. 181; Henssler/Strohn GesR/*Henssler*, § 105 Rn. 60; MünchKommHGB/*K. Schmidt*, § 105 Rn. 104; Böttcher/Habighorst/*Althoff/Narr*, § 228 Rn. 6; Kallmeyer/*Blasche*, § 228 Rn. 5; Lutter/*Göthel*, § 228 Rn. 7; Semler/Stengel/*Ihrig*, § 228 Rn. 18; Widmann/Mayer/*Vossius*, § 228 Rn. 87; a.A. *Grziwotz* ZIP 2003, 848; *Kanzleiter* DNotZ 2003, 422 kritisch auch *Apfelbaum*, MittBayNot 2006, 185.
1130 Vgl. Baumbach/Hopt/*Roth*, § 105 Rn. 28; EBJS/*Wertenbruch* § 105 Rn. 178; Henssler/Strohn GesR/*Henssler*, § 105 Rn. 58; MünchKommHGB/*K. Schmidt*, § 105 Rn. 87; Lutter/*Göthel*, § 228 Rn. 7; Semler/Stengel/*Ihrig*, § 228 Rn. 17; anders Böttcher/Habighorst/*Althoff/Narr*, § 228 Rn. 6; Kallmeyer/*Blasche*, § 228 Rn. 5; Widmann/Mayer/*Vossius*, § 228 Rn. 87; kritisch auch Habersack/Wicke/*Sparfeld*, § 228 Rn. 21.
1131 Kallmeyer/*Blasche*, § 228 Rn. 5; Semler/Stengel/*Ihrig*, § 228 Rn. 19; Widmann/Mayer/*Vossius*, § 228 Rn. 67.
1132 Z.B. BGH NJW 1983, 2376.
1133 So auch der Vorschlag von Widmann/Mayer/*Vossius*, § 228 Rn. 67.

die Auseinandersetzung durch Vereinbarung abweichend zu gestalten. Sollten die Anteile, mit denen die einzelnen Mitglieder der Gemeinschaft an dieser beteiligt sind (Erbteile, Bruchteile), nicht bekannt sein und bis zum Formwechsel nicht bekannt gegeben werden, sind die Anteilsinhaber einer AG oder KGaA wie unbekannte Aktionäre §§ 213, 35 zu behandeln (dazu nachfolgend Rdn. 543). Eine entsprechende Anwendung auf die GmbH lässt die h.M. nicht zu.[1134] Bei der GmbH werden die Beteiligungsverhältnisse in der Regel bekannt sein. Falls das nicht so ist, könnte man erwägen, bei einer Weigerung, die Beteiligungsverhältnisse offen zu legen, eine Beteiligung zu gleichen Teilen zu unterstellen. Bei der Gütergemeinschaft erwerben die Eheleute die Beteiligung an der Personengesellschaft im Zweifel zu gleichen Teilen (Gedanke des § 1477 BGB). Es darf nicht möglich sein, durch Gestaltung der Anteilsinhaberverhältnisse einen sonst wirksam beschlossenen Formwechsel zu verhindern.

a) Art der Anteile

Festzulegen ist zunächst die Art der Anteile. Bei der GmbH und der eG sind es Geschäftsanteile. Bei der AG sind es Aktien. Der Beschluss muss bestimmen, ob diese als Nennbetrags- oder Stückaktien, Inhaber- oder Namensaktien, Stamm- oder Vorzugsaktien ausgegeben werden. Dasselbe gilt bei der KGaA. Bei dieser ist überdies auszuführen, wer Komplementär wird. Beim Formwechsel einer Kapitalgesellschaft in die KGaA ist zu beachten, dass der Aktionär oder GmbH-Gesellschafter, der persönlich haftender Gesellschafter wird, nicht ohne weiteres einen Kapitalanteil erhält. Gem. § 247 wird nämlich das Stammkapital der formwechselnden GmbH beziehungsweise das Grundkapital der formwechselnden AG zum Grundkapital der neuen KGaA. Es ist aber möglich zu regeln, dass der persönlich haftende Gesellschafter eine Einlage leistet. Bei der KG ist festzulegen, ob der Gesellschafter Kommanditist oder Komplementär wird. Bezüglich aller Angaben kann aber jeweils auch auf die Satzung verwiesen werden, die dem Umwandlungsbeschluss als Anlage beigefügt werden muss.[1135]

533

b) Zahl und Umfang der Anteile

Der Umwandlungsbeschluss muss weiter die Zahl und den Umfang der Anteile am Rechtsträger neuer Rechtsform angeben. Dabei sind die zwingenden Bestimmungen des Normensystems der neuen Rechtsform zu beachten. So kann ein Anteilsinhaber bei Personengesellschaften jeweils grundsätzlich (zu Ausnahmen vgl. Rdn. 756) **nur einen Anteil** erwerben (**Einheitlichkeit der Beteiligung an der Personengesellschaft**). Bei der KG kann er nur entweder Komplementär oder Kommanditist sein. Der Umfang der Beteiligung wird bei Personenhandelsgesellschaften regelmäßig durch (meist feste) Kapitalanteile festgelegt, die im Beschluss anzugeben sind. Bei Kommanditisten sind gem. § 234 Nr. 2 außerdem die ins Handelsregister einzutragenden Haftsummen zu bestimmen. Geschäftsanteile an der GmbH müssen gem. § 5 Abs. 2 Satz 1 GmbHG auf volle Euro lauten; dasselbe gilt gem. § 8 Abs. 2 Satz 3 AktG für Nennbetragsaktien der AG. Bei Stückaktien darf der auf die einzelne Aktie entfallende anteilige Betrag des Grundkapitals 1 € nicht unterschreiten. Stückaktien sind gem. § 8 Abs. 3 Satz 2 AktG am Grundkapital zwingend jeweils in gleichem Umfang beteiligt.

534

Neben den für die neue Rechtform geltenden gesetzlichen Bestimmungen enthält der Zweite Teil des Fünften Buchs des UmwG Vorschriften, die in diesem Zusammenhang zu beachten sind. So können beispielsweise beim Formwechsel einer Kapitalgesellschaft in eine andere Kapitalgesellschaft gem. § 243 Abs. 3 Satz 1, der auf den Formwechsel einer eG oder eines e.V. in eine Kapitalgesellschaft gem. §§ 263 und 276 entsprechend anwendbar ist, der auf die Anteile entfallende Betrag des Stamm- oder Grundkapitals grundsätzlich abweichend vom Betrag der Anteile des formwechselnden Rechtsträgers festgesetzt werden.

535

1134 Kallmeyer/*Meister/Klöcker/Berger*, § 213 Rn. 1; Lutter/*Hoger*, § 213 Rn. 3; Semler/Stengel/*Schwanna*, § 213 Rn. 2; a.A. Lutter/*Grunewald*, § 35 Rn. 2.
1135 Vgl. z.B. Lutter/*Hoger*, § 194 Rn. 9; Semler/Stengel/*Bärwaldt*, § 194 Rn. 12.

536 ▶ **Formulierungsbeispiel: Abweichender Betrag der Anteile**

An die Stelle von 10 Aktien von je 100 Euro tritt jeweils ein Geschäftsanteil im Nennbetrag von 1.000 Euro.

537 Jedoch müssen dann gem. § 242 Aktionäre, die sich nicht mit dem gesamten Betrag ihrer Aktien am Rechtsträger neuer Rechtsform beteiligen können, der Festsetzung zustimmen, es sei denn, die Anteile beim Rechtsträger neuer Rechtsform würden auf den bei diesem zulässigen Mindestbetrag gestellt (s. Rdn. 807) (»nicht verhältniswahrender Formwechsel«, vgl. dazu nachstehend Rdn. 541 f.).

c) Zuordnung der Beteiligung am formwechselnden Rechtsträger zu derjenigen am Rechtsträger neuer Rechtsform

538 Beim Formwechsel einer Kapitalgesellschaft in eine andere Kapitalgesellschaft ist die Festlegung des Umfangs der Anteile relativ unkompliziert, weil der Verhältnisschlüssel für beide Rechtsträger identisch ist. In der Vergangenheit wurden zwar viele Überlegungen dazu angestellt, wie man beim Formwechsel von der AG in die GmbH der unterschiedlichen Mindeststückelung Herr werden kann. Diese Fragen haben sich aber mit Änderung des § 5 Abs. 2 GmbHG durch das MoMiG weitgehend erledigt. Beim Formwechsel der AG in die GmbH bleibt allerdings ein **Problem**. Es beruht darauf, dass der Nennbetrag der Aktien vieler AGs vor der Euroumstellung dem damaligen Mindestnennbetrag von 5 DM entsprach. Bei der Euroumstellung wurden die Aktien zur Vermeidung größerer Kapitalerhöhungen häufig auf **Stückaktien** umgestellt, denen kein voller Eurobetrag, sondern ein Betrag von 2,56 € oder 2,60 € des Grundkapitals entspricht.[1136] Soll bei solchen Gesellschaften ein Formwechsel in die GmbH stattfinden, können die Anteile trotz Änderung des § 5 Abs. 2 GmbHG nicht einfach 1:1 getauscht werden, weil bei der GmbH der Nennbetrag jedes Geschäftsanteils auf volle Euro lauten muss. Eine Möglichkeit zur Lösung des Problems besteht darin, bei der formwechselnden Gesellschaft vor der Umwandlung Kapitalanpassungsmaßnahmen durchzuführen und jede Stückaktie auf einen Betrag zu bringen, der durch volle Euro teilbar ist. Das kann zum einen durch eine Kapitalherabsetzung, zum anderen durch eine Kapitalerhöhung aus Gesellschaftsmitteln erfolgen. Eine Kapitalerhöhung durch Einlagen scheidet dagegen wegen des Gebots der Anteilsgewährung gem. § 182 Abs. 1 Satz 5 AktG aus. Zu weiteren Möglichkeiten s. nachstehend unter Rdn. 808 ff.

539 Die vorstehend für den Formwechsel von der AG in die GmbH aufgezeigte Problematik kann beim Formwechsel von der GmbH in die AG nicht auftreten, falls das Stammkapital bereits in Euro umgestellt und geglättet worden ist. Denn dann sind auch die Geschäftsanteile durch volle Euro teilbar. Vor dem MoMiG mussten sie mindestens auf volle 100,– € lauten und durch 50 teilbar sein, so dass beim Formwechsel sowohl die Bestimmungen über das Kapital in § 6 AktG als auch die Bestimmungen über die Stückelung der Aktien gem. § 8 Abs. 2 und 3 AktG eingehalten sind.[1137]

540 Beim **Formwechsel einer Personengesellschaft in eine Kapitalgesellschaft** muss eine **Zuordnung der Kapitalkonten zum Stamm- oder Grundkapital oder zu den Rücklagen** erfolgen (z.B.: »Soweit die Kapitalkonten den summierten Nennbetrag der Geschäftsanteile übersteigen, die ein Gesellschafter am Rechtsträger neuer Rechtsform erhält, ist der übersteigende Betrag der Kapitalrücklage zuzuführen.«) Übersteigende Beträge können dem Rechtsträger neuer Rechtsform nach h.M. aber auch als **Darlehen** belassen (zu den damit verbundenen Fragen vgl. Rdn. 706 f.) oder an die Gesellschafter ausgekehrt werden.[1138] (»... wird der übersteigende Betrag der Gesellschaft als Darlehen gewährt.«) Bei Kommanditisten ist allerdings darauf zu achten, dass dies nicht zu einer Einlagen-

---

[1136] So die Aktien vieler DAX-notierter Gesellschaften, z.B. auch Bayer AG, Deutsche Lufthansa AG, Linde AG; zur Problematik vgl. auch DNotI-Gutachten Nr. 36700 vom 30.10.2002.
[1137] Zur Lage, wenn die Euroumstellung und/oder Glättung der Beträge noch nicht erfolgt ist, vgl. nachstehend Rdn. 802 f.
[1138] Lutter/*Joost*/*Hoger*, § 218 Rn. 9; Semler/Stengel/*Schlitt*, § 218 Rn. 16; DNotI-Gutachten Nr. 1302 vom 14.06.2004 zu §§ 190 ff. UmwG; a.A. Widmann/Mayer/*Vossius*, § 220 Rn. 55.

rückgewähr und damit zu einer Haftung gem. § 172 Abs. 4 führt, die gem. § 224 auch über den Formwechsel hinaus bestehen bleiben würde.[1139] Werden für den Personengesellschafter – wie üblich – verschiedene Konten geführt, ist zu unterscheiden, welche dieser Konten Kapitalkonten sind und welche Forderungen gegen die Gesellschaft abbilden. Letztere sind und bleiben Fremdkapital, falls sie nicht im Rahmen des Formwechsels in Stamm- oder Grundkapital überführt werden.[1140]

d) Nicht verhältniswahrender (quotenabweichender) Formwechsel

Gem. § 243 Abs. 3 Satz 1 kann der auf die Anteile entfallende Betrag des Stamm- oder Grundkapitals abweichend vom Betrag der Anteile der formwechselnden Gesellschaft festgesetzt werden. Dies löst allerdings die Zustimmungserfordernisse gem. §§ 241 und 242 aus, wenn sich infolgedessen nicht jeder Gesellschafter entsprechend dem Gesamtnennbetrag seiner bisherigen Beteiligung an dem Rechtsträger neuer Rechtsform beteiligen kann und dies nicht auf den gesetzlich zwingenden Bestimmungen über die Mindestbeträge nach § 8 Abs. 2 und 3 AktG oder § 5 Abs. 2 GmbHG beruht. Dem wird der allgemeine Grundsatz entnommen, dass die Beteiligung einzelner Anteilsinhaber (mit deren Zustimmung) vor und nach dem Formwechsel von einander abweichen können und ein sog. nicht verhältniswahrender Formwechsel zulässig ist, dass dazu aber die Zustimmung der betroffenen Anteilsinhaber erforderlich ist.[1141] Betroffen sind fraglos die Anteilsinhaber, deren Beteiligung sich verringert; nach überwiegender Auffassung müssen wegen der mit der höheren Beteiligung einhergehenden Pflichten aber auch die Anteilsinhaber zustimmen, deren Beteiligung sich erhöht.[1142] Teilweise wird auch vertreten, dass alle vorhandenen Anteilsinhaber, also auch diejenigen, deren Beteiligungsquote sich nicht ändert, zustimmen müssen oder jedenfalls dann zustimmen müssen, wenn die Anteile so vinkuliert sind, dass eine Verschiebung ihrer Zustimmung bedarf.[1143] In diesem Fall ergibt sich das Zustimmungserfordernis aber bereits aus § 193 Abs. 2.

541

Die Zustimmung nach den §§ 241, 242 und auch in den anderen Fällen des nicht verhältniswahrenden Formwechsels bedarf gem. § 193 Abs. 3 der notariellen Beurkundung. Sie ist Willenserklärung. Die Beurkundung muss daher im Verfahren gem. §§ 6 ff. BeurkG erfolgen. Sie wird nicht durch die positive Stimmabgabe des Gesellschafters im Gesellschafterbeschluss ersetzt, sondern hat einen anderen Rechtscharakter als diese. Wird der Gesellschafterbeschluss über den Formwechsel aber insgesamt nach den Vorschriften über die Beurkundung von Willenserklärungen gem. §§ 6 ff. BeurkG beurkundet, was zulässig ist, und geht aus ihm deutlich hervor, dass der Formwechsel nicht verhältniswahrend erfolgen soll, kann diese positive Stimmabgabe nach bestrittener Auffassung dahingehend ausgelegt werden, dass sie die Zustimmungserklärung gem. §§ 241, 242 enthält.[1144] Es empfiehlt sich aber, eine Diskussion darüber zu vermeiden und die **Zustimmung** auch in diesem **Fall gesondert vom Gesellschafterbeschluss** in der Urkunde aufzuführen. Wird der Gesellschafterbeschluss zwar mit der erforderlichen Mehrheit gefasst, ist die Zustimmung aber nicht wirksam erteilt, ist der Beschluss nach h.M.[1145] zwar wirksam, darf aber nicht vollzogen werden. Nur die Festsetzung der Stückelung soll unwirksam sein.[1146] Entweder sollen dann die Gesellschafter einen

542

1139 Vgl. Semler/Stengel/*Schlitt*, § 224 Rn. 8; sowie nachstehend Rdn. 707.
1140 Semler/Stengel/*Bärwaldt*, § 194 Rn. 16.
1141 Habersack/Wicke/*Simons*, § 194 Rn. 31; Henssler/Strohn GesR/*Drinhausen/Keinath* § 194 Rn. 7; Lutter/*Hoger*, § 194 Rn. 13; Kallmeyer/*Meister/Klöcker/Berger*, § 194 Rn. 34; Schmitt/Hörtnagl/Stratz/Winter UmwG § 202 Rn. 7; Semler/Stengel/*Bärwaldt*, § 194 Rn. 18; Widmann/Mayer/*Weiler*, § 194 Rn. 59.
1142 Habersack/Wicke/*Simons*, § 194 Rn. 31; Semler/Stengel/*Bärwaldt*, § 194 Rn. 18; Widmann/Mayer/*Weiler*, § 194 Rn. 59.
1143 Lutter/*Hoger*, § 202 Rn. 15; Widmann/Mayer/*Weiler*, § 194 Rn. 60.
1144 So Widmann/Mayer/*Rieger*, § 241 Rn. 23; a.A. Habersack/Wicke/*Herfs/Link*, § 241 Rn. 16; Kallmeyer/*Blasche*, § 241 Rn. 11; Lutter/*Göthel* § 241 Rn. 19; wohl auch Semler/Stengel/*Mutter*, § 241 Rn. 31.
1145 Kallmeyer/*Blasche*, § 241 Rn. 12; Lutter/*Göthel*, § 241 Rn. 21; Semler/Stengel/*Mutter*, § 241 Rn. 34 m.w.N.
1146 Lutter/*Göthel*, § 241 Rn. 21; KK-UmwG/*Petersen*, § 241 Rn. 7.

Beschluss fassen, der die Anteile so zuordnet, dass das Zustimmungserfordernis entfällt, oder das Prozessgericht soll die Anteile so festsetzen, dass eine dem Gesamtnennbetrag der Anteile am Rechtsträger bisheriger Rechtsform entsprechende Beteiligung am Rechtsträger neuer Rechtsform ermöglicht wird.[1147] Wird ohne entsprechende Änderung eingetragen, wird die unwirksame Festsetzung gem. § 202 Abs. 3 bestandskräftig; den betroffenen Gesellschaftern bleiben dann nur Schadensersatzansprüche nach § 205.[1148]

e) Unbekannte Aktionäre

543 Ist der formwechselnde Rechtsträger eine AG oder eine KGaA, kommt es vor, dass Aktionäre nicht bekannt sind.[1149] Überschreiten die Anteile solcher Aktionäre nicht 5 % des Grundkapitals, trifft das Gesetz in §§ 213, 35 Vorkehrungen dafür, dass der Formwechsel gleichwohl stattfinden kann. § 35 sieht vor, dass solche Anteilsinhaber bei Anmeldung zum Handelsregister oder bei Eintragung in eine Liste von Anteilsinhabern (Gesellschafterliste) durch **Angabe des insgesamt auf sie entfallenden Teils des Grundkapitals** – einer Angabe ihrer Aktienurkunden bedarf es nach Änderung der Bestimmung nicht mehr – und der (so ist die auf die Verschmelzung zielende Bestimmung bei Anwendung auf den Formwechsel zu verstehen) auf sie nach dem Formwechsel entfallenden Anteile zu bezeichnen sind.[1150] Werden die Anteilsinhaber später bekannt, sind die Register und Listen von Amts wegen zu berichtigen.[1151] Bis dahin kann ein Stimmrecht aus diesen Anteilen im Rechtsträger neuer Rechtsform nicht ausgeübt werden. Eine entsprechende Anwendung auf die GmbH lässt die h.M. nicht zu.[1152] Fraglich ist, ob Aktionäre auch dann »unbekannt« sind, wenn zwar ihr Name bekannt ist, es aber nicht gelingt, alle für den Formwechsel erforderlichen Angaben zu erhalten. So soll der Umwandlungsbeschluss nach verbreiteter Auffassung nichtig sein, wenn er beim Formwechsel in die KG nicht alle in das Handelsregister einzutragenden Angaben, also Name, Vorname, Geburtsdatum, Wohnort und Einlage, d.h. Haftsumme, enthält.[1153] Folgt man dem, sind §§ 213, 35 bei Fehlen eines Teils dieser Angaben entsprechend anzuwenden. Höchst umstritten ist, ob die Gesellschaft diesbezüglich eine **Ermittlungspflicht** trifft. Das BayObLG[1154] hat die Gesellschaft für verpflichtet gehalten, in der Einladung zur beschlussfassenden Hauptversammlung ihre Aktionäre aufzufordern, der Gesellschaft die erforderlichen Angaben zu machen. Die ganz h.M. im Schrifttum lehnt heute eine solche Verpflichtung und eine Anfechtbarkeit des Beschlusses bei Verletzung der Pflicht ab, empfiehlt aber gleichwohl entsprechend vorzugehen.[1155]

1147 Widmann/Mayer/*Rieger*, § 241 Rn. 57; Lutter/*Göthel*, § 241 Rn. 21; Semler/Stengel/*Mutter*, § 241 Rn. 34; a.A. Habersack/Wicke/*Herfs/Link*, § 241 Rn. 17.
1148 Allg. Auf.: zB. Kallmeyer/*Blasche*, § 241 Rn. 12; Lutter/*Göthel* § 241 Rn. 22; Semler/Stengel/*Mutter*, § 241 Rn. 35; Widmann/Mayer/*Rieger*, § 241 Rn. 26.
1149 Nach der Rechtsprechung des BayObLG MittRhNotK 1996, 421 = ZIP 1996, 1467 muss die Gesellschaft zwar nicht im Einzelnen die zur Feststellung der Aktionäre unternommenen Maßnahmen darlegen, aber doch in der Einladung die Anteilsinhaber auffordern, ihren Aktienbesitz offenzulegen.
1150 Wegen weiterer Einzelheiten vgl. nachstehend Rdn. 757 ff. (Formwechsel in Kommanditgesellschaft) und Rdn. 811 (Formwechsel in GmbH).
1151 Semler/Stengel/*Schwanna*, § 213 Rn. 10.
1152 Kallmeyer/*Meister/Klöcker/Berger*, § 213 Rn. 1; Lutter/*Hoger*, § 213 Rn. 3; Semler/Stengel/*Schwanna*, § 213 Rn. 2; a.A. Lutter/*Grunewald*, § 35 Rn. 2.
1153 Henssler/Strohn/*Drinhausen/Keinath*, § 234 Rn. 3; Lutter/*Göthel* § 234 Rn. 17 ff.; Schmitt/Hörtnagel/Stratz/*Westerburg*, § 234 Rn. 1, 3; a.A. (Bezeichnung so, dass Identität nicht zweifelhaft) Kallmeyer/*Blasche*, § 234 Rn. 3; KK-UmwG/*Dauner-Lieb/Tettinger*, § 234 Rn. 10; Semler/Stengel/*Ihrig*, § 234 Rn. 7.
1154 ZIP 1996, 1467 = NJW 1997, 747.
1155 Kallmeyer/*Blasche*, § 234 Rn. 4; Lutter/*Göthel*, § 234 Rn. 20; Semler/Stengel/*Ihrig*, § 234 Rn. 11; KK-UmwG/*Dauner-Lieb/Tettinger*, § 234 Rn. 13.

▶ **Formulierungsbeispiel: Gesellschafterliste**

.....

10. unbekannte Gesellschafter gem. §§ 213, 35 UmwG Geschäftsanteile Nrn. 24.001 – 25.000 zu je 1,– Euro

5. § 194 Abs. 1 Nr. 5 – Besondere Rechte für einzelne Anteilsinhaber

Gem. § 194 Abs. 1 Nr. 5 muss der Umwandlungsbeschluss ferner die Rechte bestimmen, die einzelnen Anteilsinhabern sowie den Inhabern besonderer Rechte wie Anteile ohne Stimmrecht, Vorzugsaktien, Mehrstimmrechtsaktien, Schuldverschreibungen und Genussrechte in dem Rechtsträger neuer Rechtsform gewährt werden sollen, oder die Maßnahmen, die für diese Personen vorgesehen sind. Das Gesetz begründet damit eine Verpflichtung, die Rechte offenzulegen, die einzelnen Anteilsinhabern sowie Sonderrechtsinhabern gewährt werden sollen. Damit soll den übrigen Anteilsinhabern die Möglichkeit zur Prüfung gegeben werden, ob die maßgeblichen materiellrechtlichen Vorschriften, insbesondere der gesellschaftsrechtliche Gleichbehandlungsgrundsatz gewahrt worden ist.[1156] Rechte, die allen Anteilsinhabern gleichermaßen gewährt werden, sind nicht aufzuführen.[1157] Dasselbe gilt für Rechte, die kraft Gesetzes entstehen wie z.B. Steuervorteile, selbst wenn diese nur einzelnen Anteilsinhabern zugute kommen (str.).[1158] Mitzuteilen ist dagegen, wenn einzelnen Anteilsinhabern gem. § 196 bare Zuzahlungen gewährt werden sollen (str.).[1159]

Vom Gesetz besonders hervorgehoben werden Rechte, die **Inhabern von Sonderrechten** gewährt werden. Anzugeben sind auch für diese Personen vorgesehene Maßnahmen. Unter Rechten sind nicht reine schuldrechtliche Rechtsbeziehungen zu verstehen. Es muss sich um mitgliedschaftsähnliche oder gesellschaftsrechtlich typisierte Rechte handeln.[1160] Die Regelung ist im Zusammenhang mit anderen Bestimmungen des UmwG zu sehen, die Inhaber von Sonderrechten betreffen. Zu erwähnen ist zunächst § 204 i.V.m. § 23. Danach sind den Inhabern von Rechten, die kein Stimmrecht gewähren, gleichwertige Rechte in dem Rechtsträger neuer Rechtsform zu gewähren. Daneben wird aber auch eine allgemeine Verpflichtung angenommen, Sonderrechte beim Rechtsträger neuer Rechtsform fortzuschreiben. Die einen leiten das aus der Identität des Rechtsträgers alter und neuer Rechtsform her,[1161] die anderen entnehmen es § 196, wonach ein Ausgleichsanspruch entsteht, wenn die Mitgliedschaft am Rechtsträger neuer Rechtsform keinen entsprechenden Gegenwert für den Anteil am formwechselnden Rechtsträger darstellt.[1162] Wieder andere gehen ohne nähere Begründung schlicht davon aus, dass das so ist.[1163] In der Tat spricht vieles dafür, dass infolge der Identität des Rechtsträgers die Sonderrechte einzelner Anteilsinhaber beim Rechtsträger neuer Rechtsform fortbestehen und erforderlichenfalls fortgeschrieben werden müssen, soweit nicht die Diskontinuität der Rechtsform, also zwingende für die neue Rechtsform geltende Bestimmungen Einschränkungen gebieten.[1164] Ist die Fortschreibung eines Rechts unter dem Normensystem der neuen Rechtsform nicht möglich, müssen entsprechende Rechte gewährt werden, ist auch das nicht möglich

---

1156 Kallmeyer/*Meister*/*Klöcker*/*Berger*, § 194 Rn. 38; Lutter/*Hoger*, § 194 Rn. 17; Semler/Stengel/*Bärwaldt*, § 194 Rn. 22.
1157 Habersack/Wicke/*Simons*, § 194 Rn. 33; Kallmeyer/*Meister*/*Klöcker*/*Berger*, § 194 Rn. 40; Lutter/*Hoger*, § 194 Rn. 17.
1158 So Kallmeyer/*Meister*/*Klöcker*/*Berger*, § 194 Rn. 37 unter Hinweis auf BGH DNotZ 2005, 864; a.A. Semler/Stengel/*Bärwaldt*, § 194 Rn. 22.
1159 Lutter/*Hoger*, § 194 Rn. 18; Kallmeyer/*Meister*/*Klöcker*/*Berger*, § 194 Rn. 51; Sagasser/*Sickinger* in Sagasser/Bula/Brünger Kap. R Rn 40; a.A. Semler/Stengel/*Bärwaldt*, § 194 Rn. 22.
1160 Habersack/Wicke/*Simons*, § 194 Rn. 38; Widmann/Mayer/*Weiler*, § 194 Rn. 80; Semler/Stengel/*Bärwaldt*, § 194 Rn. 26; KK-UmwG/*Petersen*, § 194 Rn. 16.
1161 Lutter/*Hoger*, § 194 Rn. 17.
1162 Widmann/Mayer/*Weiler*, § 194 Rn. 78.
1163 Semler/Stengel/*Bärwaldt*, § 194 Rn. 22; KK-UmwG/*Petersen*, § 194 Rn. 16.
1164 KK-UmwG/*Petersen*, § 194 Rn. 16.

Rechte, die dem durch den Formwechsel untergehenden Sonderrecht rechtlich und wirtschaftlich soweit wie möglich entsprechen. Ist das ebenfalls ausgeschlossen, ist ein Ausgleich zu schaffen, sei es durch Gewährung zusätzlicher Anteile,[1165] sei es durch bare Zuzahlung gem. § 196.[1166]

547 ▶ **Formulierungsbeispiel: Formwechsel GmbH in AG**

Dem Gesellschafter X steht bei der GmbH das höchstpersönliche/mit seinem Geschäftsanteil verbundene Sonderrecht zu, eine Person seiner Wahl zum Geschäftsführer zu bestellen. Ein solches Recht kennt das Recht der Aktiengesellschaft nicht. X erhält als Ersatz das höchstpersönliche/mit den ihm zukommenden Aktien verbundene *[Voraussetzung: vinkulierte Namensaktien]* Recht gem. § 101 Abs. 2 AktG ein Mitglied in den Aufsichtsrat zu entsenden.

Dem stimmt X hiermit gem. §§ 241 Abs. 2, 50 Abs. 2 UmwG zu.

548 Eine andere Frage ist es, welche **Rechtsfolgen** eintreten, falls der Umwandlungsbeschluss sich über diese Anforderungen hinwegsetzt, insbesondere ob dies den Beschluss unwirksam oder anfechtbar macht. Für den Formwechsel einer Kapitalgesellschaft in eine Personengesellschaft enthält § 233 Abs. 2 und für den Formwechsel einer GmbH in eine andere Kapitalgesellschaft § 241 Abs. 2 und 3 besondere Regelungen, nach deren Inhalt die Beeinträchtigung bestimmter Sonderrechte nur mit Zustimmung der betroffenen Anteilsinhaber möglich ist. Dieses Zustimmungserfordernis soll nach h.M. für andere **mitgliedschaftsrechtliche Sonderrechte** entsprechend gelten;[1167] das wird mit der in den Gesetzesmaterialien zum Ausdruck gekommenen Vorstellung des Gesetzgebers begründet, dass § 50 Abs. 2 einen allgemeinen Rechtsgedanken enthalte, der auch beim Formwechsel zu beachten sei. Hingewiesen wird auch auf § 35 BGB, wonach Sonderrechte eines Mitglieds nicht ohne dessen Zustimmung durch Gesellschafterbeschluss beeinträchtigt werden können. Nach der Gesetzesbegründung sollen allerdings nur Sonderrechte betroffen sein, die mitgliedschaftsrechtliche Befugnisse einräumen. Bei Entziehung oder Beeinträchtigung **vermögensrechtlicher Sonderrechte** soll ein vermögensrechtlicher Ausgleich, z.B. durch Anordnung einer baren Zuzahlung, genügen.[1168] Aber auch für Sonderrechte mit mitgliedschaftsrechtlichen Befugnissen ist zu bedenken, dass der Gesetzgeber in den §§ 233 Abs. 2, 241 Abs. 2 und 3 in Verbindung mit den dort genannten weiteren Bestimmungen, insbesondere § 50 Abs. 2, nur für die Inhaber bestimmter Sonderrechte die Möglichkeit begründet hat, durch Versagung ihrer Zustimmung den Formwechsel zu verhindern,[1169] während die betroffenen Anteilsinhaber in den anderen Fällen darauf verwiesen sind, ihren Anspruch auf Gewährung gleichwertiger Rechte im Wege der Leistungsklage durchzusetzen oder im Spruchverfahren einen Anspruch auf bare Zuzahlung geltend zu machen oder das ihnen unterbreitete Barabfindungsangebot anzunehmen.[1170] Überdies wird auf § 50 Abs. 2 nur beim Formwechsel von Kapitalgesellschaften verwiesen. Ein umfassendes Zustimmungserfordernis ist deshalb abzulehnen, selbst wenn es auf den Entzug oder die Beeinträchtigung mitgliedschaftsrechtlicher Sonderrechte begrenzt wird.[1171] Dies muss zumindest für Sonderrechte gelten, die an bestimmte Beteiligungsquoten eines Gesellschafters geknüpft sind.[1172]

1165 Widmann/Mayer/*Weiler*, § 194 Rn. 83.
1166 Eine Reihe von Beispielsfällen findet sich bei Widmann/Mayer/*Weiler*, § 194 Rn. 85 ff.
1167 Habersack/Wicke/*Herfs/Link*, § 241 Rn. 11; Kallmeyer/*Blasche*, § 241 Rn. 6; Lutter/*Göthel*, § 241 Rn. 10; KK-UmwG/*Petersen*, § 241 Rn. 11 f.; Semler/Stengel/*Mutter*, § 241 Rn. 16 ff.; a.A. *Zöllner*, FS Claussen 1997, S. 423, 435; Widmann/Mayer/*Rieger*, § 241 Rn. 31.
1168 Zur Abgrenzung KK-UmwG/*Dauner-Lieb/Tettinger*, § 233 Rn. 40 ff.
1169 Widmann/Mayer/*Rieger*, § 241 Rn. 31.
1170 Vgl. Lutter/*Hoger*, § 204 Rn. 30; Kallmeyer/*Meister/Klöcker/Berger*, § 204 Rn. 25.
1171 Ablehnend auch *Zöllner*, FS Claussen 1997, S. 423, 435 ff.; Widmann/Mayer/*Rieger*, § 241 Rn. 31.
1172 Habersack/Wicke/*Herfs/Link*, § 241 Rn. 12 unter Hinweis auf die Gesetzesbegründungunter Hinweis auf die Gesetzesbegründung; Widmann/Mayer/*Rieger*, § 241 Rn. 31, a.A. Lutter/*Göthel*, § 241 Rn. 10; Semler/Stengel/*Mutter*, § 241 Rn. 21.

C. Formwechsel　　　　　　　　　　　　　　　　　　　　　　　　　Kapitel 8

6. § 194 Abs. 1 Nr. 6 – Barabfindungsangebot

Gem. § 194 Nr. 6 muss der Umwandlungsbeschluss ein Barabfindungsangebot gem. § 207 enthalten. Das dient dem Schutz der Minderheitsgesellschafter. Gem. § 207 hat der formwechselnde Rechtsträger jedem Anteilsinhaber, der gegen den Umwandlungsbeschluss Widerspruch zur Niederschrift des Notars erklärt, den Erwerb seiner umgewandelten Anteile oder Mitgliedschaft gegen angemessene Barabfindung anzubieten; falls der Rechtsträger neuer Rechtsform wie bei der Personengesellschaft eigene Anteile nicht erwerben kann, ist die Barabfindung gegen Ausscheiden aus dem Rechtsträger anzubieten. § 71 Abs. 4 Satz 2 AktG (Unwirksamkeit des obligatorischen Geschäfts, falls Erwerb gegen § 71 Abs. 2 oder 3 AktG verstößt) ist insoweit nicht anzuwenden. Im Übrigen sind aber die in § 71c Abs. 2 AktG und § 33 Abs. 3 GmbHG gesetzten Grenzen für den Erwerb eigener Anteile zu beachten. Insbesondere darf bei der AG der Gesamtnennbetrag der von der Gesellschaft erworbenen Aktien 10 % des Grundkapitals nicht übersteigen; die GmbH muss in der Lage sein, eine Rücklage in Höhe der Aufwendungen für den Erwerb der eigenen Anteile zu bilden, ohne das Stammkapital oder eine nach dem Gesellschaftsvertrag zu bildende Rücklage zu mindern, die nicht zur Zahlung an die Gesellschafter verwandt werden darf.[1173] Gem. §§ 217, 231 Abs. 1 Satz 1, 260 Abs. 2, 274 Abs. 1 ist das Angebot bereits mit der Ankündigung des Formwechsels zu übersenden. Es ist auf den Abschluss des schuldrechtlichen Geschäfts über die Leistung der Barabfindung gegen Übertragung der Anteile am Rechtsträger neuer Rechtsform oder Erklärung des Austritts aus diesem gerichtet. Zur **Form des Angebots** wird allgemein lediglich darauf hingewiesen, dass es im Umwandlungsbeschluss, der notarieller Beurkundung bedarf, »bestimmt« werden muss.[1174] Die Frage, ob beim Formwechsel in eine GmbH das Angebot – wie ein Angebot zum Erwerb eines Geschäftsanteils an einer GmbH sonst – gem. § 15 GmbHG der Beurkundung nach den Regeln über die Beurkundung von Willenserklärungen bedarf, wird nicht erörtert, aber offenbar verneint. Die Annahme soll jedenfalls keiner besonderen Form bedürfen. § 15 GmbHG soll zwar auf die zum Vollzug des Barabfindungsangebots vorzunehmende Anteilsübertragung, nicht aber auf die Annahme des Angebots selbst anzuwenden sein.[1175] Eine schlüssige Begründung wird dafür nicht gegeben. 549

Einzige **Voraussetzung** für die Zahlung der Barabfindung darf die Erklärung des **Widerspruchs** zur Niederschrift sein. Umstritten ist, ob der Anspruch auf Barabfindung auch dem Gesellschafter zusteht, der **für den Formwechsel stimmt oder sich der Stimme enthält, dann aber Widerspruch zur Niederschrift erklärt**.[1176] Wie sich aus der Verweisung auf § 29 in § 207 Abs. 2 ergibt, steht es dem Widerspruch gleich, wenn ein nicht erschienener Anteilsinhaber zu Unrecht nicht zur Versammlung zugelassen wurde oder die Versammlung nicht ordnungsgemäß einberufen wurde oder der Gegenstand der Beschlussfassung nicht ordnungsgemäß bekannt gemacht worden ist. Erscheint der Anteilsinhaber im letztgenannten Fall gleichwohl, ist der Widerspruch aber Voraussetzung für die Abfindung.[1177] Das Barabfindungsangebot muss beziffert sein.[1178] Es ist gem. §§ 208, 30 Abs. 2, Satz 2 i.V.m. §§ 10 bis 12 durch einen vom Gericht bestellten Prüfer zu prüfen, der einen schriftlichen Prüfungsbericht zu erstatten hat. Das Angebot kann gem. § 209 nur binnen 2 Monaten nach Bekanntmachung der Eintragung der neuen Rechtsform oder des Rechtsträgers neuer Rechtsform in das Register angenommen werden. Außerdem ist der Anteilsinhaber gem. § 211 berechtigt, inner- 550

1173 Dazu und zu weiteren Einzelheiten vgl. Lutter/*Hoger*, § 207 Rn. 17 ff.
1174 Kallmeyer/*Meister/Klöcker/Berger*, § 207 Rn. 18; Lutter/*Hoger*, § 207 Rn. 6.
1175 Habersack/Wicke/*Simons*, § 241 Rn. 16; Kallmeyer/*Meister/Klöcker/Berger*, § 209 Rn. 4; Lutter/*Hoger*, § 209 Rn. 7.
1176 Dafür z.B. Böttcher/Habighorst/*Althoff/Narr*, § 207 Rn. 7; Habersack/Wicke/*Simons*, § 207 Rn. 60; Limmer/*Limmer*, Teil 4 Rn. 246; Lutter/*Hoger*, § 207 Rn. 8; Kallmeyer/*Meister/Klöcker/Berger*, § 207 Rn. 15; dagegen Henssler/Strohn/*Drinhausen/Keinath*, § 207 Rn. 4; Schmitt/Hörtnagl/Stratz/*Winter*, § 207 Rn. 4; Semler/Stengel/*Kalss*, § 207 Rn. 7; Widmann/Mayer/*Wälzholz*, § 207 Rn. 11.
1177 OLG Stuttgart AG 2007, 596, 597; Lutter/*Hoger*, § 207 Rn. 10.
1178 Henssler/Strohn/*Drinhausen/Keinath* § 207 Rn. 3; Kallmeyer/*Meister/Klöcker/Berger*, § 207 Rn. 28; Limmer/*Limmer*, Teil 4 Rn. 251; Lutter/*Hoger*, § 207 Rn. 15; Semler/Stengel/*Kalss*,UmwG § 207 Rn. 9; Widmann/Mayer/*Wälzholz*, § 207 Rn. 22.

halb dieser Frist ohne Rücksicht auf im Gesellschaftsvertrag enthaltene Verfügungsbeschränkungen seinen Anteil anderweitig zu veräußern. Eine Klage gegen die Wirksamkeit des Umwandlungsbeschlusses kann gem. § 210 nicht darauf gestützt werden, dass das Angebot zu niedrig bemessen worden ist oder eine Barabfindung nicht oder nicht ordnungsgemäß angeboten worden ist.

551 Das Barabfindungsangebot ist gem. § 194 Abs. 1 Nr. 6 nicht erforderlich, wenn der Umwandlungsbeschluss der Zustimmung aller Anteilsinhaber bedarf oder an dem formwechselnden Rechtsträger nur ein Anteilsinhaber beteiligt ist. Das leuchtet unmittelbar ein. Wenn alle Anteilsinhaber dem Beschluss zustimmen müssen, kann der Einzelne seinen dem Formwechsel entgegenstehenden Interessen unmittelbar zur Geltung verhelfen. Ein Barabfindungsangebot ist ferner entbehrlich für den persönlich haftenden Gesellschafter beim Formwechsel einer KGaA gem. § 227, beim Formwechsel zwischen AG und KGaA gem. § 250, beim Formwechsel eines gem. § 5 Abs. 1 Nr. 9 KStG von der Körperschaftsteuer befreiten Vereins gem. § 282 Abs. 2, sowie beim Formwechsel einer Körperschaft oder Anstalt des öffentlichen Rechts gem. § 302. Gem. § 227 ist ein Barabfindungsangebot für den Komplementär einer KGaA nicht nötig, weil er beim Formwechsel in eine Personengesellschaft gem. § 236 i.V.m. § 33 Abs. 3 Satz 3 auf eigenen Wunsch und bei Formwechsel in eine Kapitalgesellschaft anderer Rechtsform gem. § 247 Abs. 2, 255 Abs. 3 rechtsformbedingt aus der Gesellschaft ausscheidet. Er hat nach den allgemeinen Vorschriften gem. §§ 278 Abs. 2 AktG, 161 Abs. 2 HGB, 105 Abs. 3 HGB, 738 BGB Anspruch auf Abfindung. Gem. § 250 bedarf es beim Formwechsel zwischen AG und KGaA keines Abfindungsangebots, weil die Aktionäre und Kommanditaktionäre per Saldo durch den Formwechsel keine wesentliche Änderung ihrer Rechtsstellung erfahren.[1179] § 282 Abs. 2 hat, wie § 104a, den Sinn, eine Gefährdung der steuerbegünstigten Zwecke des Vereins und eine Auszahlung von Zuwendungen, die der Verein von der öffentlichen Hand oder Dritten erhalten hat, an Mitglieder zu verhindern.[1180] § 302 bedarf keiner Erklärung.

552 **Für die notarielle Praxis von größter Bedeutung** ist, ob auf ein Angebot nach § 207 **verzichtet** werden kann. §§ 207, 208 verweisen auf § 30, der in Abs. 2 lediglich regelt, dass auf die Prüfung des Barabfindungsangebots durch notariell beurkundete Erklärung verzichtet werden kann. Es entspricht aber ganz h.M., dass auch auf das Barabfindungsangebot selbst verzichtet werden kann.[1181] Die Barabfindung dient allein den Interessen der Anteilsinhaber. Es spricht deshalb nichts gegen einen solchen Verzicht. Der Verzicht bedarf der notariellen Beurkundung.[1182] Zu beachten ist, dass das Urkundsverfahren ein anderes ist als beim Beschluss. Die Beurkundung der Verzichtserklärung unterliegt den Bestimmungen für die Beurkundung von Willenserklärungen gem. §§ 6 ff. BeurkG. Auch wenn der Beschluss – was möglich und bei kleinem Gesellschafterkreis die Regel ist – ebenfalls nach diesen Bestimmungen beurkundet werden kann, sollten Beschluss und Verzichtserklärung in der Urkunde auseinandergehalten werden.

553 ▶ **Formulierungsbeispiel: Verzicht auf Barabfindungsangebot**

Teil A Umwandlungsbeschluss, Teil B Zustimmungs- und Verzichtserklärungen 1. Alle Gesellschafter des formwechselnden Rechtsträgers verzichten hiermit auf ein Barabfindungsangebot nach § 207 UmwG.

1179 Semler/Stengel/*Scheel*, § 250 Rn. 2.
1180 Semler/Stengel/*Katschinski*, § 104a Rn. 1.
1181 Habersack/Wicke/*Simons*, § 207 Rn. 16; Henssler/Strohn/*Drinhausen/Keinath*, § 194 Rn. 11; Kallmeyer/*Meister/Klöcker/Berger*, § 207 Rn. 45; Limmer/*Limmer*, Teil 4 Rn. 185; Lutter/*Hoger*, § 194 Rn. 23; § 207 Rn. 22; Semler/Stengel/*Bärwaldt*, § 194 Rn. 29; Semler/Stengel/*Kalss*, § 207 Rn. 17; Widmann/Mayer/*Wälzholz*, § 207 Rn. 34; Widmann/Mayer/*Weiler*, § 194 Rn. 112.
1182 Allg. A. vgl. Kallmeyer/*Meister/Klöcker/Berger*, § 207 Rn. 45; Limmer/*Limmer*, Teil 4 Rn. 185; Lutter/*Hoger*, § 207 Rn. 22; Semler/Stengel/*Bärwaldt*, § 194 Rn. 29.

7. § 194 Abs. 1 Nr. 7 – Folgen für die Arbeitnehmer

Gem. § 194 Abs. 1 Nr. 7 muss der Umwandlungsbeschluss die Folgen des Formwechsels für die Arbeitnehmer und ihre Vertretungen und die insoweit vorgesehenen Maßnahmen bestimmen. Individualarbeitsrechtliche Folgen hat der Formwechsel für die Arbeitnehmer nicht. Ebensowenig ändert sich die Stellung des Betriebsrats. Tarifverträge und Betriebsvereinbarungen bleiben bestehen. Dies sind die Folgen davon, dass der Rechtsträger nicht wechselt, sondern derselbe bleibt. Das Direktionsrecht des Arbeitgebers geht allerdings auf das neue Geschäftsführungsorgan über. 554

Änderungen infolge der geänderten Rechtsform ergeben sich **allein in mitbestimmungsrechtlicher Hinsicht** für die Vertretung der Arbeitnehmer im Aufsichtsrat und u. U. dessen erstmalige Bildung. **Personengesellschaften und Vereine** unterliegen nicht der Mitbestimmung nach DrittelbG und MitbestG. Eine Ausnahme gilt für die GmbH & Co. KG mit in der Regel mehr als 2000 Arbeitnehmern, sofern die Voraussetzungen der §§ 4, 5 MitbestG greifen, wobei auch hier nicht die KG, sondern deren persönlich haftende Gesellschafterin der Mitbestimmung unterliegt. Anders ist das bei **Kapitalgesellschaften und Genossenschaften.** Haben sie regelmäßig mehr als 500 Arbeitnehmer, müssen sie einen mitbestimmten Aufsichtsrat nach DrittelbG und bei regelmäßig mehr als 2000 Arbeitnehmern einen solchen nach MitbestG bilden. Beim **Formwechsel einer Personengesellschaft** mit in der Regel mehr als 500 Arbeitnehmern in eine Kapitalgesellschaft oder Genossenschaft kommt es deshalb (außer beim Formwechsel der mitbestimmten GmbH & Co. KG) erstmals zum mitbestimmten Aufsichtsrat. Umgekehrt entfällt mit dem **Formwechsel von einer Kapitalgesellschaft** in eine Personengesellschaft die Mitbestimmung nach DrittelbG und MitbestG und damit der Aufsichtsrat insgesamt, sofern die Gesellschaft nicht nach MitbestG mitbestimmt ist, der Formwechsel in die GmbH & Co. KG erfolgt und die Ausnahmen der §§ 4, 5 MitbestG greifen. Beim Formwechsel einer Kapitalgesellschaft in eine andere Kapitalgesellschaft oder in eine eG gilt folgendes: Der Mitbestimmung nach DrittelbG unterliegt auch eine AG oder KGaA mit weniger als 500 Arbeitnehmern, die vor dem 10.08.1994 in das Handelsregister eingetragen wurde und keine Familiengesellschaft i.S.v. § 1 Abs. 1 Nr. 1 DrittelbG ist. Auch diese Mitbestimmung entfällt beim Formwechsel in eine GmbH. Im Übrigen tritt bei einem Formwechsel einer Kapitalgesellschaft oder einer eG in eine andere Kapitalgesellschaft oder eine eG keine Änderung bezüglich der Mitbestimmung bei der Zusammensetzung des Aufsichtsrats ein. Es kann jedoch zu einer **Ausdehnung oder Einschränkung der Befugnisse des Aufsichtsrats** kommen (Mitbestimmungsgefälle).[1183] Der nach DrittelbG mitbestimmte Aufsichtsrat der GmbH und der eG wirkt – anders als der Aufsichtsrat der AG gem. § 84 AktG bezüglich des Vorstands – nicht bei Bestellung und Abberufung der Geschäftsführer mit. Jedoch kann die Satzung – wie bei der eG häufig – die Bestellung dem Aufsichtsrat übertragen.[1184] Ferner ist unter Geltung des MitbestG gem. §§ 31, 33 MitbestG bei der KGaA der Aufsichtsrat nicht zur Bestellung und Abberufung der Mitglieder des Vertretungsorgans zuständig und es ist kein Arbeitsdirektor zu bestellen.[1185] Die Regelungen für Kapitalgesellschaften gelten im Hinblick auf die Arbeitnehmerbeteiligung entsprechend beim Formwechsel in und aus der Genossenschaft, so dass der Formwechsel keine Auswirkungen auf die Mitbestimmung hat.[1186] Das DrittelbG gilt anders als das MitbestG auch für den VVaG. 555

Kommt es danach erstmals zur Bildung eines mitbestimmten Aufsichtsrats, ist das Statusverfahren gem. §§ 97 ff. AktG einzuleiten.[1187] Kommt es zu einem Mitbestimmungsverlust, ist es durchzuführen, wenn der Zielrechtsträger ein solches Verfahren kennt.[1188] Andernfalls – insbesondere beim Formwechsel in die Personengesellschaft – erlischt der Aufsichtsrat mit dem Formwechsel. Ein Sta- 556

1183 KK-UmwG/*Hohenstatt/Schramm*, § 194 Rn. 26.
1184 Vgl. Baumbach/Hueck/*Zöllner/Noack*, § 52 GmbHG Rn. 251.
1185 Zur Anwendung von § 325 vgl. *Dirksen/Möhrle*, ZIP 1998, 1377/1378 f.; KK-UmwG/*Hohenstatt/Schramm*, § 194 Rn. 26.
1186 Semler/Stengel/*Bärwaldt*, § 194 Rn. 31.
1187 Dazu näher oben Rdn. 507; KK-UmwG/*Hohenstatt/Schramm*, § 194 Rn. 29.
1188 S.o. Rdn. 507.

tusverfahren ist nicht erforderlich und im Personengesellschaftsrecht nicht vorgesehen.[1189] Dasselbe gilt, wenn es bei Fortgeltung derselben Mitbestimmungsregeln zu einem Mitbestimmungsgefälle, also einem Verlust der Zuständigkeit des Aufsichtsrats beim Rechtsträger neuer Rechtsform kommt.[1190] Ergeben sich aus dem Formwechsel keine Auswirkungen für die Arbeitnehmer und ihre Vertretungen, empfiehlt es sich, eine entsprechende **Negativerklärung** in den Umwandlungsbeschluss aufzunehmen.[1191] Ferner ist beim Formwechsel einer Personengesellschaft oder PartG in eine Kapitalgesellschaft oder eG auf das Entfallen der persönlichen Haftung von Gesellschaftern und auf deren Nachhaftung hinzuweisen, die auch für die Arbeitnehmer als Gläubiger der Gesellschaft von Bedeutung sind.[1192] Nicht hingewiesen werden muss dagegen auf mittelbare Folgen des Formwechsels für die Arbeitnehmer der Gesellschaft, wie Betriebsstilllegungen etc. Diese mögen im zeitlichen Zusammenhang mit dem Formwechsel stehen; anders als bei Spaltung und Verschmelzung ist der Formwechsel jedoch typischerweise nicht Grund solcher Änderungen.[1193]

557 Die Angaben sind nach allgemeiner Ansicht entbehrlich, wenn die Gesellschaft keine Arbeitnehmer hat.[1194] Dagegen hält die ganz überwiegende Auffassung die Angaben auch für erforderlich, wenn die Gesellschaft keinen Betriebsrat hat.[1195]

558 ▶ **Formulierungsbeispiele: Folge für Arbeitnehmer**

Die Gesellschaft beschäftigt keine Arbeitnehmer. Ausführungen zu § 197 Abs. 1 Nr. 7 erübrigen sich somit.

[oder]

Für die Arbeitnehmer und deren Vertretungen ergeben sich aus dem Formwechsel keine Veränderungen. Die Anstellungsverträge mit den Arbeitnehmern werden von dem Rechtsträger neuer Rechtsform unverändert fortgeführt. Betriebsverfassungsrechtlich tritt keine Änderung ein. Die Gesellschaft unterlag bisher nicht der Arbeitnehmermitbestimmung, da sie nicht regelmäßig mehr als 500 Arbeitnehmer beschäftigt. Daran ändert sich durch den Formwechsel nichts.

[oder bei Formwechsel KG in GmbH]

Für die Arbeitnehmer der KG und deren Vertretungen ergeben sich aus dem Formwechsel keine Veränderungen. Individualarbeitsrechtlich treten Änderungen für die Arbeitnehmer der KG nicht ein. Die Arbeitsverhältnisse werden von der GMBH unverändert fortgeführt. Sie unterliegen weiterhin dem selben Tarifvertrag. Auch betriebsverfassungsrechtlich tritt eine Änderung nicht ein. Die KG hat einen Betriebsrat. Da der Betrieb unverändert bleibt, bleibt er im Amt. Mitbestimmungsrechtlich tritt eine Änderung ein. Als KG unterliegt die Gesellschaft nicht der Mitbestimmung. Die Gesellschaft beschäftigt regelmäßig mehr als 500 Arbeitnehmer. Als GmbH unterliegt sie damit nach Wirksamwerden des Formwechsels der Mitbestimmung nach dem DrittelbG und muss einen entsprechend besetzten Aufsichtsrat bilden.

1189 S.o. Rdn. 507; KK-UmwG/*Hohenstatt/Schramm*, § 194 Rn. 30.
1190 *Krause-Ablaß/Link,* GmbHR 2005, 731/735; Widmann/Mayer/*Weiler,* § 194 Rn. 124 ff.
1191 Henssler/Strohn/*Drinhausen/Keinath,* § 194 Rn. 12; Semler/Stengel/*Bärwaldt,* § 194 Rn. 31; Widmann/Mayer/*Weiler,* § 194 Rn. 134.
1192 Habersack/Wicke/*Simons,* § 194 Rn. 56; Kallmeyer/*Meister/Willemsen,* § 194 Rn. 58; Semler/Stengel/ *Bärwaldt,* § 194 Rn. 32; Widmann/Mayer/*Weiler,* § 194 Rn. 133.
1193 Lutter/*Hoger,* § 194 Rn. 28.
1194 LG Stuttgart DNotZ 1996, 701; Habersack/Wicke/*Simons,* § 194 Rn. 62; Kallmeyer/*Meister/Willemsen,* § 194 Rn. 59; KK-UmwG/*Hohenstatt/Schramm,* § 5 Rn. 209; Lutter/*Hoger,* § 194 Rn. 31 jeweils m.w.N.; a.A. OLG Düsseldorf NZA 1998, 766 f.
1195 Habersack/Wicke/*Simons,* § 194 Rn. 61; Kallmeyer/*Meister/Willemsen,* § 194 Rn. 59; KK-UmwG/ *Hohenstatt/Schramm,* § 5 Rn. 209; Lutter/*Hoger,* § 194 Rn. 31; Lutter/*Drygala,* § 5 Rn. 146; Schmitt/ Hörtnagl/Stratz/*Langner,* § 194 Rn. 9; Widmann/Mayer/*Weiler,* § 194 Rn. 135 f.; a.A. LG Stuttgart DNotZ 1996, 701; *Geck,* DStR 1995, 416/420 jeweils m.w.N.

C. Formwechsel   Kapitel 8

8. Formwechselstichtag

Anders als bei der Verschmelzung gem. § 5 Abs. 1 Nr. 6 und Spaltung § 126 Abs. 1 Nr. 6 sieht das 559
Gesetz beim Formwechsel keinen Formwechselstichtag vor. Ebenso wenig kennt es beim Formwechsel die Vorlage einer Schlussbilanz des formwechselnden Rechtsträgers. § 17 Abs. 2 Satz 4 ist auf den Formwechsel mangels Verweisung nicht anwendbar. Steuerrechtlich ist allerdings beim Formwechsel einer Personengesellschaft in eine Kapitalgesellschaft und umgekehrt eine Übertragungsbilanz des formwechselnden Rechtsträgers und auch eine Eröffnungsbilanz des Rechtsträgers neuer Rechtsform aufzustellen.[1196] Auch ist eine Rückbeziehung auf einen Stichtag möglich, der höchstens 8 Monate vor der Anmeldung des Formwechsels zum Handelsregister liegt (§§ 14 Abs. 3, 25, 20 Abs. 8 UmwStG). Handelsrechtlich entfaltet aber eine von § 202 abweichende Regelung keine Wirkung.[1197] Der Formwechsel wird zwingend mit Eintragung der neuen Rechtsform in das Register wirksam. Die Anteilsinhaber können sich lediglich schuldrechtlich so stellen, als habe der Formwechsel zu einem früheren Zeitpunkt stattgefunden.[1198] Teilweise wird davon allerdings abgeraten; es wird die Gefahr gesehen, dass die Finanzverwaltung den Steuerpflichtigen an diesem Stichtag festhält und diesbezüglich Handlungsfreiheit verloren geht. Dafür dürfte es jedoch an einer Rechtsgrundlage fehlen.[1199]

9. Bestellung der ersten Organe

a) Bestellung des ersten Geschäftsführungsorgans

Mit dem Formwechsel endet nach allgemeiner Meinung die Stellung der Mitglieder des Vertretungs- 560
organs des formwechselnden Rechtsträgers.[1200] Da die Organstellung Ausfluss der jeweiligen Rechtsform ist, steht dem der Identitätsgrundsatz nicht entgegen. Die Dienstverträge mit den Organmitgliedern bleiben dagegen bestehen, wenn dies in den Verträgen nicht anders geregelt ist.[1201] Mit der Beschlussfassung über den Formwechsel müssen somit die Mitglieder des neuen Vertretungsorgans bestellt werden. Zuständig ist die Versammlung der Anteilseigner, die über den Formwechsel beschließt oder – insbesondere beim Formwechsel in die AG – der Aufsichtsrat. Im einzelnen gilt folgendes:

Beim **Formwechsel in die Personengesellschaft** bedarf es zur Bestellung des Vertretungsorgans kei- 561
nes besonderen Beschlusses. Die Bestellung erfolgt im Gesellschaftsvertrag, der gem. § 234 Nr. 3 Teil des Umwandlungsbeschlusses ist. Entsprechendes gilt gem. § 281 Abs. 1 AktG beim Formwechsel in die KGaA. Gem. § 218 Abs. 2 muss der Umwandlungsbeschluss in diesem Fall vorsehen, dass sich mindestens ein Gesellschafter als Komplementär beteiligt oder als solcher der Gesellschaft beitritt. Wenn Komplementäre neu beitreten, bedarf es gem. § 221 außerdem gesonderter notariell beurkundeter Erklärungen.

Beim **Formwechsel in die GmbH** wird die Geschäftsführung grundsätzlich durch die **Gesellschaf-** 562
terversammlung des formwechselnden Rechtsträgers gewählt. Anders ist das aber, wenn die Gesell-

---

1196 Lutter/*Schumacher*, Anh. 1 nach § 304 Rn. 12.
1197 Semler/Stengel/*Bärwaldt*, § 194 Rn. 36; Lutter/*Hoger*, § 194 Rn. 36; 202 Rn. 6; Limmer/*Limmer*, Teil 4 Rn. 133; Widmann/Mayer/*Vossius*, § 202 Rn. 34.
1198 Lutter/*Hoger*, § 194 Rn. 36; § 202 Rn. 6; Semler/Stengel/*Leonard*, § 202 Rn. 8 FN. 8; Widmann/Mayer/*Vossius*, § 202 Rn. 34.
1199 Vgl. dazu DNotI-Gutachten Nr. 52247 vom 18.08.2004.
1200 Henssler/Strohn/*Drinhausen/Keinath* § 202 Rn. 4; Kallmeyer/*Meister/Klöcker/Berger*, § 202 Rn. 24; Limmer/*Limmer* Teil 4 Rn. 286; Semler/Stengel/*Leonard*, § 202 Rn. 10; Buchner/*Schlobach*, GmbHR 2004, 1, 4; Widmann/Mayer/*Vossius*, § 202 Rn. 32; a.A. Habersack/Wicke/*Simons*, § 202 Rn. 19 ff.; Lutter/*Hoger*, § 202 Rn. 40.
1201 BGH NJW 1997, 2319 sowie die in der vorangehenden Fußnote Genannten; zu möglichen Kündigungsrechten infolge des Formwechsels vgl. Kallmeyer/*Meister/Klöcker/Berger*, § 202 Rn. 24; Lutter/*Hoger*, § 202 Rn. 40 m.w.N.

schaft dem MitbestG unterliegt. Hier ist wiederum zu unterscheiden: Erfolgt der Formwechsel aus einer nach MitbestG mitbestimmten AG oder KGaA, wird der Aufsichtsrat beim Rechtsträger neuer Rechtsform in gleicher Weise wie beim formwechselnden Rechtsträger gebildet und zusammengesetzt. Deshalb bleiben die Mitglieder des Aufsichtsrats gem. § 203 für den Rest ihrer Wahlzeit bei der GmbH im Amt. Sie wählen dann gem. § 31 MitbestG die Mitglieder der Geschäftsführung. Beim Formwechsel der nach DrittelbG mitbestimmten AG in die GmbH kommt es dagegen zu einem **Mitbestimmungsgefälle**, weil der Aufsichtsrat der AG zur Bestellung des Vorstandes, der Aufsichtsrat der GmbH aber nicht zur Bestellung der Geschäftsführer zuständig ist. Auch in diesem Fall werden die Geschäftsführer von der Gesellschafterversammlung gewählt. Der vorherigen Durchführung eines Statusverfahrens bedarf es dazu nicht.[1202] Fand das MitbestG wie beispielsweise bei einer Personengesellschaft, die nicht ausnahmsweise gem. §§ 4, 5 MitbestG mitbestimmungspflichtig ist, nicht bereits auf den formwechselnden Rechtsträger Anwendung, ist zweifelhaft, ob das MitbestG beim Formwechsel in die GmbH schon im Gründungsstadium gilt (s.o. Rdn. 504). Es sprechen gute Gründe dafür, dass es erst nach Entstehung, also Eintragung der GmbH im Handelsregister anwendbar ist. Teilt man diese Auffassung, so wird auch in diesem Fall die erste Geschäftsführung noch von der Gesellschafterversammlung gewählt.

563 Beim **Formwechsel in die AG** wird der Vorstand gem. § 84 AktG vom Aufsichtsrat gewählt. Es ist nur die Frage, ob an der Wahl des ersten Vorstands bei einer mitbestimmten AG die Arbeitnehmer bereits mitwirken. Das hängt davon ab, ob der formwechselnde Rechtsträger bereits einen nach DrittelbG oder MitbestG mitbestimmten Aufsichtsrat hat und dieser gem. § 203 im Amt bleibt (und nunmehr, auch wenn er nur nach DrittelbG mitbestimmt ist, gem. § 84 AktG zur Bestellung des Vorstands zuständig ist) oder ob es sich um einen ersten Aufsichtsrat handelt, für den über § 197 die Übergangsregelung des § 31 AktG gilt (s.o. Rdn. 503 f.).

564 Beim **Formwechsel in die eG** wird der Vorstand gem. § 24 Abs. 2 Satz 1 GenG von der Versammlung der Anteilseigner und nicht vom Aufsichtsrat gewählt. Die Satzung kann allerdings gem. § 24 Abs. 2 Satz 2 GenG hiervon abweichend die Bestellung dem Aufsichtsrat übertragen. Dann stellt sich auch hier die Frage, ob an der Wahl des ersten Vorstands bei einer mitbestimmten eG die Arbeitnehmer bereits mitwirken. § 203 ist hier nicht einschlägig: Gem. § 9 Abs. 2 GenG müssen die Mitglieder des Aufsichtsrats Mitglieder der Genossenschaft sein. Der Aufsichtsrat wird deshalb beim Rechtsträger neuer Rechtsform nie in gleicher Weise wie beim formwechselnden Rechtsträger gebildet und zusammengesetzt. Handelt es sich damit immer um einen neuen, ersten Aufsichtsrat, spricht wie bei der GmbH viel dafür, dass die Mitbestimmungsgesetze nicht schon im Gründungsstadium, sondern erst nach Entstehung, also Eintragung der eG im Genossenschaftsregister anwendbar sind. Teilt man diese Auffassung, so wird der erste Vorstand noch von dem nicht mitbestimmten Aufsichtsrat des formwechselnden Rechtsträgers gewählt. Die Rechtslage entspricht damit derjenigen bei der AG bei Anwendung von § 31 AktG.

b) Bestellung der Mitglieder des Aufsichtsrats

565 Die Bestellung der Mitglieder des Aufsichtsrats wurde bereits dargestellt (s.o. Rdn. 502 ff.). Darauf kann hier verwiesen werden.

VI. Satzung

1. Allgemeines

566 Wie sich aus den Besonderen Vorschriften ergibt, ist dem Umwandlungsbeschluss in allen Fällen des Formwechsels der Gesellschaftsvertrag bzw. die Satzung des Rechtsträgers neuer Rechtsform beizufügen (vgl. § 218 Abs. 1 für den Formwechsel einer Personenhandelsgesellschaft in eine Kapitalgesellschaft oder Genossenschaft; § 234 Nr. 3 für den Formwechsel einer Kapitalgesellschaft in

---

[1202] *Krause-Ablaß/Link,* GmbHR 2005, 731, 735.

eine Personengesellschaft; § 243 Abs. 1 i.V. mit § 218 Abs. 1 für den Formwechsel einer Kapitalgesellschaft in eine andere Kapitalgesellschaft; § 253 Abs. 1 für den Formwechsel einer Kapitalgesellschaft in eine Genossenschaft; § 263 Abs. 1 i.V.m. § 218 Abs. 1 für den Formwechsel einer Genossenschaft in eine Kapitalgesellschaft; § 276 i.V.m. § 218 für den Formwechsel eines e.V. in eine Kapitalgesellschaft oder Genossenschaft; § 294 i.V.m. § 218 Abs. 1 für den Formwechsel eines VVaG in eine Kapitalgesellschaft). Der Gesellschaftsvertrag oder die Satzung sind daher im Umwandlungsbeschluss festzustellen. Dabei sind verschiedene Themen zu bedenken:

Bei Gestaltung der Satzung sind zunächst die **zwingenden Bestimmungen des Rechtsträgers neuer Rechtsform** zu beachten. Das sind insbesondere die Mindestvoraussetzungen, die beispielsweise bei der Gestaltung der Satzung einer GmbH oder einer AG gem. § 2 GmbHG, 23 Abs. 3 AktG einzuhalten sind, des Weiteren solche, die sich aus der Struktur der neuen Rechtsform ergeben, wie beispielsweise die Aufgabenteilung zwischen den verschiedenen Organen – Vorstand, Aufsichtsrat, Hauptversammlung bei der AG; Komplementär, Aufsichtsrat, Hauptversammlung bei der KGaA; Geschäftsführung, Gesellschafterversammlung bei der GmbH; Komplementäre und Kommanditisten bei der KG etc. Dazu gehören aber auch Rechtsgrundsätze, die für die jeweilige Rechtsform zwingend vorgeschrieben oder von der Rechtsprechung entwickelt worden sind. Zu ersteren zählen bei der Aktiengesellschaft insbesondere Beschränkungen, die sich aus dem Grundsatz der Satzungsstrenge gem. § 23 Abs. 5 AktG, ergeben, der beispielsweise die Vereinbarung dinglicher Vorkaufsrechte in der Satzung ausschließt und auch eine Vinkulierung nur im gesetzlich vorgesehenen Umfang zulässt; zu den von der Rechtsprechung entwickelten Regeln gehören beispielsweise die eingeschränkte Zulässigkeit von Abfindungsbeschränkungen oder von Klauseln zum Ausschluss von Gesellschaftern ohne sachlichen Grund. 567

Weiter sind die zwingenden **Regelungen des UmwG** zu beachten, wie das Gebot der Kapitaldeckung beim Formwechsel von der Personengesellschaft in die Kapitalgesellschaft gem. § 220, das Gebot der Beibehaltung des Nominalkapitals beim Formwechsel zwischen Kapitalgesellschaften gem. § 247, die Verpflichtung zur Übernahme von Festsetzungen über Sondervorteile, Gründungsaufwand, Sacheinlagen und Sachübernahmen aus dem Gesellschaftsvertrag der formwechselnden Gesellschaft in denjenigen des neuen Rechtsträgers gem. § 243 Abs. 1 Satz 2, 3. Ferner sind Regelungen über die Verteilung der Anteile zu beachten. So muss dafür gesorgt sein, dass sich jeder Anteilsinhaber des formwechselnden Rechtsträgers mit mindestens einem Anteil am Rechtsträger neuer Rechtsform beteiligen kann (vgl. § 258 Abs. 2, 273). Eine unbegrenzte Haftung darf nur mit Zustimmung der Beteiligten begründet werden (vgl. § 233 Abs. 1 und Abs. 2 Satz 3). 568

▶ Formulierungsbeispiel: Ursprüngliche Sacheinlage 569

Bei Gründung der GmbH, aus der die AG im Wege des Formwechsels hervorgegangen ist, wurde unter anderem in § ..... folgendes geregelt: »Der Gesellschafter X erbringt die Einlage auf seinen Geschäftsanteil im Nennbetrag von 20.000,– Euro als Sacheinlage durch Einbringung des von ihm betriebenen, im Handelsregister des Amtsgerichts ..... eingetragenen einzelkaufmännischen Unternehmens in Firma X Textilhandel e.K. mit allen Aktiva und Passiva.«

2. Abweichungen von Gesellschaftsvertrag oder Satzung des formwechselnden Rechtsträgers – Begrenzung von Mehrheitsmacht

In vielen Fällen kann der Formwechsel und damit auch der Gesellschaftsvertrag/die Satzung des Rechtsträgers neuer Form **mit satzungsändernder Mehrheit beschlossen** werden. In diesen Fällen stellt sich die Frage, ob der Mehrheitsentscheidung weitergehende inhaltliche Grenzen gezogen sind. Mit dem Formwechsel wird ein **bestehendes gesellschaftsvertragliches Gefüge geändert**. Der Änderung von Gesellschaftsverträgen und Satzungen durch Mehrheitsbeschluss sind auch ohne Wechsel der Form **Grenzen** gesetzt, beispielsweise bedürfen bei einer GmbH Beschlüsse über die nachträgliche Einführung von Abfindungsbeschränkungen, von Einziehungsregelungen oder von Übertra- 570 gungsbeschränkungen der Zustimmung aller betroffenen Gesellschafter.[1203] Die Frage ist, ob diese auch die **Mehrheitsmacht** im Rahmen des Formwechsels begrenzen. Dabei ist zu bedenken, dass das UmwG eigene Vorkehrungen zum Schutz der Minderheitsgesellschafter getroffen hat. Diese bestehen in qualifizierten Mehrheitserfordernissen, (bei Personengesellschaften Einstimmigkeit gem. § 217, der Gesellschaftsvertrag kann allerdings einen Mehrheitsbeschluss zu lassen; bei Formwechsel von Kapitalgesellschaften in Personengesellschaften Einstimmigkeit, wenn alle Gesellschafter persönlich haften, beim Formwechsel in die Kommanditgesellschaft sowie beim Formwechsel einer Kapitalgesellschaft in eine Kapitalgesellschaft anderer Rechtsform mindestens 3/4 Mehrheit der abgegebenen Stimmen §§ 233 Abs. 2, 240 bzw. des vertretenen Grundkapitals, entsprechend auch bei der eG § 262 und beim e.V. § 275 Abs. 2), Zustimmungserfordernissen (z.B. bei Reduzierung der Beteiligung gem. § 241 Abs. 1, § 242, bei Verlust bestimmter Sonderrechte z.B. § 233 Abs. 3, § 241 Abs. 2, § 245) oder bei Übernahme einer persönlichen Haftung (§ 233 Abs. 1), Ansprüchen auf Zuzahlung bei Wertverlust der Anteile durch den Formwechsel gem. § 196 und der Möglichkeit des Ausscheidens gegen Barabfindung zum vollen Wert gem. § 207. Die Frage ist deshalb, ob über dieses Schutzsystem hinaus weitere Einschränkungen der Mehrheitsmacht angezeigt sind. Im Schrifttum wird das meist im Zusammenhang mit der sachlichen oder materiellen Beschlusskontrolle erörtert.[1204] Die h.M. unterscheidet dabei zwischen **notwendigen und fakultativen Änderungen** des Gesellschaftsvertrages des formwechselnden Rechtsträgers.[1205] **Notwendige Änderungen** ergeben sich aus den strukturellen Unterschieden der Rechtsformen, beispielsweise dem Erfordernis zur Einrichtung eines Aufsichtsrats beim Formwechsel in eine Aktiengesellschaft. Sie sind per se zulässig. Man kann allenfalls fragen, ob der Formwechsel wegen der damit verbundenen bzw. beabsichtigten Rechtsfolgen insgesamt rechtsmissbräuchlich ist. Diese Frage wird beispielsweise beim Formwechsel von der Aktiengesellschaft in eine andere Rechtsform zur Beseitigung der Börsennotierung (kaltes Delisting vgl. dazu Rdn. 476, 772, 830) oder beim Formwechsel in die Aktiengesellschaft zur Ermöglichung eines Squeeze Out von Minderheitsgesellschaftern (vgl. dazu Rdn. 476, 615) erörtert. **Fakultative Änderungen**, also Änderungen des Gesellschaftsvertrages/der Satzung, die nicht notwendig mit der Änderung der Rechtsform einhergehen, sondern nur aus Anlass des Formwechsels erfolgen, sollen nach einer Auffassung im Schrifttum nur zulässig sein, wenn entweder die Grundzüge der Gesellschaftsorganisation, die Kompetenzen der Gesellschaftsorgane und die Rechtspositionen der einzelnen Gesellschafter im Rahmen des rechtlich möglichen erhalten bleiben oder den Abweichungen von den betroffenen Gesellschaftern zugestimmt wird[1206] oder die Abweichungen einem in tatsächlicher Hinsicht eingetretenem Strukturwandel der Gesellschaft Rechnung tragen.[1207] Nach anderer Auffassung sollen auch die fakultativen Änderungen grundsätzlich uneingeschränkt zulässig sein.[1208] Nur im Einzelfall sollen sie wegen Verstoßes gegen die Treuepflicht, das Willkürverbot (Rechtsmissbrauch) oder den Gleichbehandlungsgrundsatz unwirksam sein können.[1209] Wann ein solcher Verstoß vorliegt, ist allerdings fraglich. So soll einerseits die Treuepflicht gebieten, im Rahmen des Möglichen die Organisation der Gesellschaft und die Rechtspositionen einzelner Gesell-

---

1203 Z.B. Scholz/Priester/*Veil*, GmbHG, § 53 Rn. 110, 126 und 161.
1204 Z.B. KK-UmwG/*Dauner-Lieb/Tettinger*, § 217 Rn. 36 ff., § 233 Rn. 47 ff., Rn. 51 ff.
1205 Böttcher/Habighorst/*Althoff/Narr*, § 217 Rn. 19, § 243 Rn. 7 ff; Habersack/Wicke/*Herfs/Link*, § 242 Rn. 27 ff.; Kallmeyer/*Blasche*, § 217 Rn. 13; Lutter/*Hoger*, § 195 Rn. 21; Lutter/*Göthel*, § 243 Rn. 26 ff.; Semler/Stengel/*Ihrig*, § 233 Rn. 32 f.; Semler/Stengel/*Mutter*, § 243 Rn. 8 ff.; Widmann/Mayer/*Rieger*, § 243 Rn. 7 ff.
1206 Lutter/*Göthel*, § 233 Rn. 54 ff.; § 243 Rn. 33; (wohl auch) Limmer/*Limmer*, Teil 4 Rn. 431; Semler/Stengel/*Ihrig*, § 233 Rn. 33; Semler/Stengel/*Mutter*, § 243 Rn. 8 ff.; Widmann/Mayer/*Rieger*, § 243 Rn. 11.
1207 Habersack/Wicke/*Herfs/Link*, § 243 Rn. 29 ff.
1208 Böttcher/Habighorst/*Althoff/Narr*, § 217 Rn. 19, § 243 Rn. 7 ff; Kallmeyer/*Blasche*, § 217 Rn. 13; Lutter/*Hoger*, § 195 Rn. 21.
1209 Böttcher/Habighorst/*Althoff/Narr*, § 243 Rn. 10; Kallmeyer/*Blasche*, § 217 Rn. 13; Lutter/*Hoger*, § 195 Rn. 22.

schafter zu erhalten,[1210] andererseits sollen die Rechtsgrundsätze oder gar Üblichkeiten der Gestaltung der Zielrechtsform das Leitbild für die Satzungsgestaltung vorgeben.[1211] Weiterhin wird hervorgehoben, dass sich die Mehrheit **keine ungerechtfertigten Sondervorteile** verschaffen darf[1212] und dass in individuelle Mitgliedschaftsrechte der Gesellschafter nicht eingegriffen werden dürfe.[1213] Ein instruktives Beispiel bietet die **Einführung einer Anteilsvinkulierung** beim Formwechsel von Aktiengesellschaft in eine GmbH. Gem. § 180 Abs. 2 AktG bedarf die Einführung einer Vinkulierung der Zustimmung der betroffenen Aktionäre. Bei der GmbH entspricht dagegen die Anteilsvinkulierung zwar nicht dem gesetzlichen, aber doch dem praktischen Leitbild. Allerdings bedarf auch im Recht der GmbH die nachträgliche Vinkulierung von Geschäftsanteilen der Zustimmung der betroffenen Gesellschafter.[1214] Jedoch ist die Vinkulierung von Geschäftsanteilen einer GmbH durchaus üblich. Verschärft stellt sich das Problem beim Formwechsel einer Aktiengesellschaft in eine Personengesellschaft. Bei letzterer sind die Anteile kraft Gesetzes vinkuliert; abweichende Regelungen sind jedoch zulässig. Die Frage ist, ob der Gesellschaftsvertrag des Rechtsträgers neuer Rechtsform in solchen Fällen der Ausgestaltung des Vertrages des formwechselnden Rechtsträgers angepasst werden muss, beim Formwechsel einer AG in eine Personengesellschaft die Anteile an der Personengesellschaft also frei übertragbar gestaltet werden müssen.[1215]

Der Gesetzgeber hat diese Fragen bewusst nicht entschieden. Die Begründung zu § 193 führt aus, dass der Entwurf nicht die Vorstellungen übernehme, die von Rechtsprechung und Schrifttum für eine Sachkontrolle wichtiger Hauptversammlungsbeschlüsse entwickelt worden seien, nämlich dass der Beschluss im Interesse der Gesellschaft liegen, zur Verfolgung des Unternehmensgegenstandes erforderlich und das angemessene Mittel sein müsse.[1216] Damit sollte eine inhaltliche Beschlusskontrolle aber wohl nicht ausgeschlossen werden, sondern ihre Entwicklung nur der Praxis überlassen bleiben.[1217] 571

Der **BGH** hat sich in **zwei Entscheidungen** mit dieser Frage befasst. In der früheren Entscheidung aus dem Jahr 1982 (**Freudenberg**), die noch zum alten Umwandlungsrecht ergangen ist,[1218] entschied er für einen Formwechsel einer Familien-KG in eine Kapitalgesellschaft, dass die Mehrheit den Formwechsel nicht ausnutzen dürfe, weitere nicht durch die Umwandlung notwendig veranlasste Veränderungen der Gesellschaftsstruktur zu beschließen. Der Charakter des formwechselnden Rechtsträgers als Familiengesellschaft, die Grundzüge der Gesellschaftsorganisation, die Kompetenzen der Gesellschaftsorgane und die Rechtsposition der einzelnen Gesellschafter seien im Rahmen des rechtlich und tatsächlich möglichen zu erhalten und anzupassen und notwendige Veränderungen nur nach den Grundsätzen des geringstmöglichen Eingriffs vorzunehmen. Die persönlichen Rechtspositionen der Anteilsinhaber seien durch den Gleichbehandlungsgrundsatz und die Kernbereichslehre geschützt. In einer neueren Entscheidung (**FPB**)[1219] hat das Gericht es als zweifelhaft bezeichnet, ob diese Grundsätze auch auf den umgekehrten Fall eines Formwechsels einer AG in eine GmbH & Co. KG übertragbar sind. Es hat den Schwerpunkt der Prüfung darauf gelegt, ob in dem Formwechsel und seiner Ausgestaltung eine sachwidrige Ungleichbehandlung der Gesellschafter lag, dies 572

1210 Habersack/Wicke/*Herfs/Link*, § 243 Rn. 30 f.; Kallmeyer/*Blasche*, § 233 Rn. 8; Semler/Stengel/*Ihrig*, § 233 Rn. 31.
1211 Habersack/Wicke/*Herfs/Link*, § 243 Rn. 31; Lutter/*Göthel*, § 233 Rn. 62; Semler/Stengel/*Ihrig*, § 233 Rn. 32 f.
1212 Semler/Stengel/*Ihrig*, § 233 Rn. 31; Lutter/*Göthel*, § 233 Rn. 56.
1213 Semler/Stengel/*Mutter*, § 243 Rn. 13.
1214 Baumbach/Hueck/*Zöllner*, § 53 Rn. 34 m.w.N.
1215 So offenbar KK-UmwG/*Dauner-Lieb/Tettinger*, § 233 Rn. 67, falls kein sachlicher Grund für eine Abweichung vorliegt; großzügiger Lutter/*Göthel*, § 233 Rn. 61; differenzierend Habersack/Wicke/*Herfs/Link*, § 243 Rn. 34.
1216 BT-Drucks. 12/6699, S. 139, 86.
1217 So KK-UmwG/*Dauner-Lieb/Tettinger*, § 217 Rn. 36.
1218 NJW 1983, 1076.
1219 BGH NZG 2005, 722.

aber im zu entscheidenden Fall verneint. Ausdrücklich gebilligt und nicht als treupflichtwidrig angesehen hat das Gericht die Bestellung einer GmbH zur Komplementärin, deren alleiniger Gesellschafter die Mehrheitsgesellschafterin der formwechselnden Gesellschaft ohne Beteiligung der anderen Gesellschafter war, sowie mögliche Steuervorteile, die sich aus dem Formwechsel nur für die Mehrheitsgesellschafterin ergaben. Ebenso nicht beanstandet hat das Gericht die Festlegung abweichender Einladungsmodalitäten für die Gesellschafterversammlung, die Festlegung einer Mindesthöhe für eine Kommanditbeteiligung, die Regelung einer Verpflichtung zur Mitwirkung bei Handelsregisteranmeldungen oder Erteilung einer Handelsregistervollmacht an die Komplementärin, die Sofortgeltung eines Ausschließungsbeschlusses, eine Abfindungsregelung, die eine Abfindung auf einen festen Multiplikator des Jahresergebnisses und damit möglicherweise unter Verkehrswert ermöglichte und das Ruhen des Stimmrechts nach Ausschließung. Für unwirksam hielt das Gericht dagegen Regelungen im Gesellschaftsvertrag, die das Stimmrecht nach eigener Kündigung und nach Erhebung der Auflösungsklage ausschlossen. Derartige Bestimmungen wären aber auch bei Gründung einer Gesellschaft als bedenklich angesehen. Im Ergebnis hat der BGH in der FPB-Entscheidung den Gesellschaftsvertrag des Rechtsträgers neuer Rechtsform somit im Wesentlichen auf die Einhaltung der rechtlich zwingenden Bestimmungen und im Übrigen lediglich auf die Beachtung des Gleichbehandlungsgrundsatzes überprüft. Auch wenn die Grundsätze der Freudenberg-Entscheidung nicht ausdrücklich kassiert wurden, ist doch zweifelhaft, ob sie künftig noch gelten und der Gesellschaftsvertrag neuer Rechtsform den Charakter des formwechselnden Rechtsträgers im Rahmen des Möglichen erhalten muss. Zu beachten ist, dass es hier nicht um die Frage geht, ob Nachteile finanziell auszugleichen sind, die Anteilsinhaber durch den Formwechsel erleiden, sondern darum, ob der Formwechselbeschluss infolgedessen anfechtbar ist. Es spricht viel dafür, in dieser Beziehung Zurückhaltung walten zu lassen; die Haltung des BGH ist deshalb zu begrüßen.

573 Ähnliche Fragen stellen sich auch bei dem Erfordernis der Zustimmung von Sonderrechtsinhabern bei Entfallen ihrer Sonderrechte in der neuen Rechtsform (dazu oben Rdn. 545 ff.).

3. Einzelfragen

574 Beim Formwechsel in die GmbH oder AG ist es eine die Praxis bei der Gestaltung des Gesellschaftsvertrages beschäftigende Frage, ob die **zwingenden Regelungen des GmbHG und des AktG über die Festsetzungen von Sacheinlagen und des Gründungsaufwandes gem. §§ 5 Abs. 4 GmbHG und 27 AktG bzw. 26 AktG zu beachten sind.** Diesen Fragen wird bei der Erörterung des Formwechsels von Kapitalgesellschaften nachgegangen (vgl. dazu nachstehend Rdn. 720 ff.). An dieser Stelle sei nur darauf hingewiesen, dass die angesprochenen Fragen **nicht** mit der bereits zitierten Regelung in § 243 Abs. 1 Satz 2 **verwechselt** werden dürfen, dass beim Formwechsel einer Kapitalgesellschaft in eine andere Kapitalgesellschaft Festsetzungen in der Satzung des formwechselnden Rechtsträgers über Sondervorteile, Gründungsaufwand, Sacheinlagen und Sachübernahmen in den Gesellschaftsvertrag oder die Satzung des Rechtsträgers in neuer Rechtsform zu übernehmen, also beizubehalten sind.

575 Eine weitere Frage, die in diesem Zusammenhang erörtert wird, ist die **Einführung einer Vinkulierungsklausel** im Rahmen eines Formwechsels einer AG in eine GmbH oder in eine Personengesellschaft. Dies wurde bereits unter Rdn. 570 angesprochen. Dafür, beim Formwechsel von einer AG in eine GmbH, deren Satzung eine Vinkulierung der Geschäftsanteile vorsieht, die Zustimmung aller Aktionäre zu verlangen, spricht nicht zuletzt der Umstand, dass auch die Einführung einer Anteilsvinkulierung bei einer GmbH der Zustimmung aller Gesellschafter bedarf. Dagegen wird man beim Formwechsel in die Personengesellschaft einen mit 3/4-Kapitalmehrheit gefassten Beschluss schon im Hinblick darauf genügen lassen müssen, dass die Vinkulierung der Beteiligungen an der Personengesellschaft – mangels abweichender Bestimmung – der gesetzlichen Regelung entspricht und durch den Gesetzgeber offenbar in Kauf genommen wurde.[1220]

[1220] So für die GmbH auch Lutter/*Göthel*, § 243 Rn. 32 ff., der allerdings wenig überzeugend eine Ausnahme zulassen will, wenn sich der Aktionärskreis auf wenige Aktionäre reduziert hat; Semler/Stengel/*Mutter*, § 243 Rn. 13; zu weiteren Klauseln instruktiv LG Bonn AG 1991, 114.

C. Formwechsel

Zu verweisen ist in diesem Zusammenhang auch auf die **Gestaltung der Gesellschafterstruktur der Komplementär-GmbH** beim Formwechsel von der Kapitalgesellschaft in die GmbH & Co. KG (s.o. Rdn. 572). 576

4. Rechtsfolgen

Es wurde bereits darauf hingewiesen, dass von besonderer Bedeutung ist, welche Rechtsfolgen ein Verstoß gegen die aufgezeigten Grundsätze hat. Überwiegend wird angenommen, dass die entsprechende Gesellschaftsvertragsbestimmung unwirksam ist, der Umwandlungsbeschluss selbst und die Satzung im Übrigen aber wirksam bleiben. Anstelle der unwirksamen Bestimmungen sollen die bisherigen satzungsmäßigen Vorschriften oder bei Fehlen solcher die gesetzlichen Bestimmungen treten, falls nicht ausnahmsweise die Auslegung ergibt, dass der Formwechsel nur bei gleichzeitiger Durchführung der unwirksamen fakultativen Satzungsänderungen gewollt ist.[1221] 577

VII. Das Beschlussverfahren

1. Allgemeines

Die Förmlichkeiten des Gesellschafterbeschlusses sind in den Allgemeinen Vorschriften in § 193 geregelt. Er sieht vor, dass der Beschluss in einer Versammlung der Anteilseigner gefasst wird, ihm alle Anteilseigner zustimmen müssen, von deren Zustimmung die Abtretung der Anteile des formwechselnden Rechtsträgers abhängig ist und Beschluss und Zustimmung notariell beurkundet werden müssen. Ergänzend ist in § 194 Abs. 2 geregelt, dass der Entwurf des Beschlusses einen Monat vor der Versammlung dem Betriebsrat zugeleitet werden muss (s.o. Rdn. 498). Die Bestimmungen werden – abgestellt auf die Rechtsform des formwechselnden Rechtsträgers und die Zielrechtsform – ergänzt durch verschiedene Regelungen in den Besonderen Vorschriften, insbesondere §§ 216, 217 über die Unterrichtung der Gesellschafter und die Beschlusserfordernisse bei dem Formwechsel von Personengesellschaften, die gem. §§ 225b und 225c auf PartGen entsprechend anzuwenden sind, §§ 230 bis 233 über die Vorbereitung, Durchführung sowie Beschluss- und Zustimmungserfordernisse beim Formwechsel von Kapitalgesellschaften in Personengesellschaften, §§ 238 bis 242 entsprechend beim Formwechsel einer Kapitalgesellschaft in eine Kapitalgesellschaft anderer Rechtsform, §§ 251, 252 beim Formwechsel von Kapitalgesellschaften in eine eingetragene Genossenschaft, §§ 259 bis 262 beim Formwechsel von eingetragenen Genossenschaften, §§ 274, 275 beim Formwechsel eines eingetragenen Vereins in eine Kapitalgesellschaft, §§ 283, 284 beim Formwechsel eines eingetragenen Vereins in eine eingetragene Genossenschaft sowie §§ 292, 293 beim Formwechsel von Versicherungsvereinen auf Gegenseitigkeit. Vorbereitung und Einberufung, Versendung der Unterlagen und Zuleitung des Entwurfs an den Betriebsrat sind bereits in Rdn. 494 ff. erörtert worden. Nachzutragen ist, dass die **Förmlichkeiten** der Einberufung **verzichtbar** sind. Sie dienen allein dem Schutz der Anteilseigner.[1222] 578

▶ Formulierungsbeispiel: Verzicht auf Form- und Fristvorschriften 579

Auf die Einhaltung aller Form- und Fristvorschriften nach GmbHG, UmwG und Gesellschaftsvertrag für die Einladung zur Gesellschafterversammlung wird verzichtet.

2. Durchführung der Versammlung

a) Versammlung

§ 193 schreibt vor, dass der Beschluss der Anteilsinhaber in einer Versammlung der Anteilseigner gefasst werden muss. Diese Bestimmung ist zwingend. Die Satzung kann die Befugnisse nicht einem 580

[1221] BGH NZG 2005, 722; Lutter/*Göthel*, § 233 Rn. 64, § 243 Rn. 36; Widmann/Mayer/*Rieger*, § 243 Rn. 12.
[1222] Semler/Stengel/*Bärwaldt*, § 193 Rn. 4; Lutter/*Hoger*, § 193 Rn. 5.

Kapitel 8

anderen Organ (z.B. Aufsichtsrat, Vertreterversammlung) übertragen.[1223] Die Stimmabgabe kann nur in der Versammlung erfolgen, sofern nicht das Gesetz – wie in §§ 217 Abs. 1 Satz 1, 225c und 233 Abs. 1 – ausdrücklich etwas anderes vorsieht.[1224] Eine Hinzurechnung außerhalb der Versammlung abgegebener Stimmen ist nur in den gesetzlich genannten Fällen möglich (str., vgl. nachstehend Rdn. 586). Die Anteilseigner können sich aber in der Versammlung vertreten lassen (vgl. dazu nachfolgend unter Rdn. 595 f.).

b) Durchführung der Versammlung

581   Die Durchführung der Versammlung richtet sich nach den allgemeinen Bestimmungen für die Vertretung der Anteilsinhaber des formwechselnden Rechtsträgers. Dies gilt insbesondere für Einladungsfristen, Quoren etc. Sie werden ergänzt durch die Besonderen Vorschriften im Zweiten Teil. So muss bei allen Rechtsträgern außer Personenhandelsgesellschaften und der PartG der Umwandlungsbericht und bei der eingetragenen Genossenschaft gem. § 260 Abs. 3 Satz 1 auch das Prüfungsgutachten des Prüfungsverbandes während der Versammlung ausliegen bzw. bei der AG auf andere Weise zugänglich gemacht werden und ist zu Beginn der Versammlung – insoweit **mit Ausnahme** der Gesellschafterversammlung der **GmbH** (vgl. § 232 Abs. 2) – der Entwurf des Umwandlungsbeschlusses von den Vertretungsorganen **mündlich zu erläutern** (§§ 232 Abs. 2, 239 Abs. 2, 251 Abs. 2, 261 Abs. 1 Satz 2, 274 Abs. 2, 283 Abs. 2, 292 Abs. 2).[1225] Da diese Bestimmungen alleine dem Schutz der Anteilseigner und Versammlungsteilnehmer dienen, sind sie – wie die Einhaltung der Einberufungsvorschriften – verzichtbar.[1226]

3. Mehrheitserfordernisse

582   Die Mehrheitserfordernisse für den Beschluss sind in den Besonderen Vorschriften im einzelnen geregelt. Für den Beschluss sind dieselben Mehrheiten erforderlich, die auch sonst für Grundsatzbeschlüsse des formwechselnden Rechtsträgers verlangt werden. Abweichungen durch Gesellschaftsvertrag oder Satzung des formwechselnden Rechtsträgers werden teilweise zugelassen. Soweit die Zielrechtsform eine Haftung einzelner oder aller Anteilsinhaber begründet, ist auch die Zustimmung dieser Anteilsinhaber erforderlich.

583   Im Einzelnen:
a) **Formwechsel von Personenhandelsgesellschaften und PartGen**
   Beim Formwechsel von Personenhandelsgesellschaften und PartGen müssen gem. §§ 217, 225c grundsätzlich alle anwesenden Gesellschafter und auch die nicht erschienenen Gesellschafter zustimmen (Einstimmigkeit von Beschlüssen der Personengesellschaft – § 119 Abs. 1 HGB). Der Gesellschaftsvertrag kann eine Mehrheitsentscheidung vorsehen, die aber nicht zu einem Mehrheitserfordernis von weniger als 3/4 der abgegebenen Stimmen führen darf.
b) **Formwechsel von Kapitalgesellschaften**
   Beim Formwechsel von Kapitalgesellschaften ist zu unterscheiden:
   (1) Beim **Formwechsel in eine Personengesellschaft**, bei der alle Gesellschafter **unbeschränkt haften**, also GbR, oHG oder PartG bedarf der Beschluss gem. § 233 Abs. 1 der Zustimmung aller anwesenden und der nicht erschienenen Gesellschafter.

[1223] Kallmeyer/*Zimmermann*, § 193 Rn. 3; Lutter/*Hoger*, § 193 Rn. 3; Semler/Stengel/*Bärwaldt*, § 193 Rn. 8; §§ 292, 293 machen hiervon keine Ausnahme, denn § 184 VAG gestattet ausdrücklich, als oberstes Organ eine Versammlung der Mitglieder oder Vertreter der Mitglieder vorzusehen. Ist letzteres der Fall, ist diese Vertretung rechtsformspezifisch zuständig.

[1224] Kallmeyer/*Zimmermann*, § 193 Rn. 3, 8; Limmer/*Limmer*, Teil 4 Rn. 102; Lutter/*Hoger*, § 193 Rn. 3; Semler/Stengel/*Bärwaldt*, § 193 Rn. 8.

[1225] Nach Limmer/*Limmer*, Teil 4 Rn. 382 gilt entsprechendes gem. § 118 HGB für die oHG und auch für Kommanditisten einer KG.

[1226] Lutter/*Hoger*, § 193 Rn. 5; Semler/Stengel/*Bärwaldt*, § 193 Rn. 7; Widmann/Mayer/*Vossius*, § 232 Rn. 29.

(2) Beim **Formwechsel in eine Kommanditgesellschaft** bedarf der Beschluss gem. § 233 Abs. 2 einer 3/4-Mehrheit der in der Gesellschafterversammlung der GmbH abgegebenen Stimmen beziehungsweise des in der Hauptversammlung der AG oder der KGaA vertretenen Grundkapitals. Die Satzung kann nur strengere Erfordernisse aufstellen. Außerdem müssen dem Formwechsel alle Gesellschafter zustimmen, die in der KG als Zielrechtsform persönlich haftende Gesellschafter werden sollen (vgl. § 233 Abs. 2 Satz 3). Dem Formwechsel einer KGaA müssen ferner deren persönlich haftende Gesellschafter zustimmen, wobei die Satzung diesbezüglich eine Mehrheitsentscheidung vorsehen kann, weil jeder persönlich haftende Gesellschafter sein Ausscheiden aus der KGaA auf den Zeitpunkt des Wirksamwerdens des Formwechsels erklären kann (vgl. § 233 Abs. 3).

(3) Beim **Formwechsel** der Kapitalgesellschaft **in eine andere Kapitalgesellschaft** bedarf der Beschluss gem. § 240 einer 3/4-Mehrheit der in der Gesellschafterversammlung der GmbH abgegebenen Stimmen bzw. des in der Hauptversammlung der AG oder KGaA vertretenen Grundkapitals. Gesellschaftsvertrag oder Satzung können strengere Erfordernisse vorsehen, beim Formwechsel einer KGaA in eine AG aber auch eine geringere Mehrheit. Dem Formwechsel in eine KGaA müssen außerdem alle Anteilsinhaber zustimmen, die in der Zielrechtsform die Stellung eines Komplementärs einnehmen sollen (wegen der persönlichen Haftung). Dem Formwechsel einer KGaA müssen ferner alle persönlich haftenden Gesellschafter zustimmen (sie stehen insoweit Personengesellschaften gleich); die Satzung kann diesbezüglich aber eine Mehrheitsentscheidung vorsehen.

(4) Beim **Formwechsel** der Kapitalgesellschaft **in eine eG** bedarf der Beschluss gem. § 252 Abs. 2 einer 3/4-Mehrheit der in der Gesellschafterversammlung der GmbH abgegebenen Stimmen bzw. des in der Hauptversammlung der AG oder KGaA vertretenen Grundkapitals § 252 Abs. 2. Der Gesellschaftsvertrag oder die Satzung der formwechselnden Gesellschaft kann eine größere Mehrheit und weitere Erfordernisse bestimmen. Sieht die Satzung der eG als Zielrechtsform eine Verpflichtung der Mitglieder zur Leistung von Nachschüssen vor, müssen alle Anteilsinhaber des formwechselnden Rechtsträgers zustimmen. Bei einer KGaA müssen außerdem deren persönlich haftende Gesellschafter zustimmen. Die Satzung kann insofern eine Mehrheitsentscheidung vorsehen.

c) **Formwechsel von eingetragenen Genossenschaften**
Beim Formwechsel einer eG bedarf der Beschluss der Generalversammlung gem. § 262 einer Mehrheit von mindestens 3/4 der abgegebenen Stimmen. Eine Mehrheit von 9/10 der abgegebenen Stimmen ist erforderlich, wenn wenigstens 100 Mitglieder, bei Genossenschaften mit weniger als 1.000 Mitgliedern wenigstens 1/10 der Mitglieder, bis zum Ablauf des dritten Tages vor der Generalversammlung per Einschreiben Widerspruch gegen den Formwechsel erhoben haben. Die Satzung kann eine größere Mehrheit und weitere Erfordernisse vorschreiben. Beim Formwechsel in eine KGaA müssen alle künftigen persönlich haftenden Gesellschafter zustimmen.

d) **Formwechsel von eingetragenen Vereinen**
Beim Formwechsel eines e.V. wird unterschieden:
(1) Der **Formwechsel in eine Kapitalgesellschaft** bedarf der Zustimmung aller – auch der nichterschienenen Mitglieder, falls der **Zweck** des Rechtsträgers **geändert** wird, sonst einer Mehrheit von 3/4 der erschienenen Mitglieder. Im letzteren Fall ist eine Mehrheit von 9/10 der erschienenen Mitglieder erforderlich, wenn 100 Mitglieder, bei Vereinen mit weniger als 1.000 Mitgliedern wenigstens 1/10 der Mitglieder, bis zum Ablauf des dritten Tages vor der Mitgliederversammlung durch eingeschriebenen Brief Widerspruch gegen den Formwechsel erhoben haben. Die Satzung kann eine höhere Mehrheit und weitere Erfordernisse bestimmen. Beim Formwechsel in eine KGaA müssen alle künftigen persönlich haftenden Gesellschafter zustimmen.

(2) Der **Formwechsel in eine eG** unterliegt grundsätzlich denselben Regelungen. Er bedarf aber darüber hinaus der Zustimmung aller – auch der nicht erschienenen – Vereinsmitglieder, falls die Satzung der eingetragenen Genossenschaft eine Verpflichtung der Mitglieder zur Leistung von Nachschüssen vorsieht.

e) **Formwechsel eines VVaG**
Der Formwechsel eines VVaG bedarf gem. § 293 einer Mehrheit von 3/4 der abgegebenen Stimmen. Widersprechen bis zum Ablauf des dritten Tages vor der Versammlung der obersten Vertretung mindestens 100 Mitglieder per Einschreiben dem Formwechsel, bedarf er einer Mehrheit von 9/10 der abgegebenen Stimmen.

f) **Änderung der Mehrheitserfordernisse durch die Satzung**; Stimmrecht der Vorzugsaktionäre
Soweit gem. den vorstehenden Regelungen die Satzung abweichende Mehrheiten und sonstige Erfordernisse vorsehen kann, ist folgendes zu beachten: Die **Abbedingung des Einstimmigkeitsprinzips** gem. § 217 für den Formwechsel einer Personenhandelsgesellschaft wurde lange Zeit am Bestimmtheitsgrundsatz gemessen.[1227] Nach Aufgabe des Bestimmtheitsgrundsatzes durch den BGH[1228] muss die entsprechende Klausel auch nicht mehr die Art die Umwandlung bezeichnen[1229]; die allgemeine Formulierung »*Beschlüsse (oder alle Maßnahmen) nach dem Umwandlungsgesetz*« genügt in jedem Fall.[1230] Entsprechend der bisherigen Rechtsprechung zur Einschränkung des Bestimmtheitsgrundsatzes für große Familiengesellschaften und Publikumsgesellschaften[1231] ist davon auszugehen, dass die schlichte Mehrheitsklausel auch für den Formwechsel genügt, wenn die Auslegung ergibt, dass die Mehrheitsklausel auch einen solchen Fall erfassen soll. Der vorsichtige Vertragsgestalter wird gleichwohl zur Vermeidung von Auslegungsfragen bei der Mehrheitsklausel weiterhin »Beschlüsse nach dem Umwandlungsgesetz« ausdrücklich ansprechen.

584 Die meisten Bestimmungen des Umwandlungsgesetzes lassen nur zu, dass der **Gesellschaftsvertrag** eine größere Mehrheit als 3/4 und weitere Erfordernisse bestimmt (z.B. §§ 233 Abs. 2 Satz 2, 240 Abs. 1 Satz 3, 252 Abs. 2 Satz 2, 262 Abs. 1 Satz 3, 275 Abs. 2 Satz 3, 284 Satz 2, 293 Satz 3). Sieht die Satzung eine größere **Mehrheit für Satzungsänderungen** vor, so ist das auch für den Formwechselbeschluss maßgebend, weil der Formwechsel in größerem Umfang in das Organisationsstatut der Gesellschaft eingreift als eine Satzungsänderung.[1232] Dagegen sollen nur für den Fall der Auflösung bestehende zusätzliche Erfordernisse für den Formwechsel nicht gelten.[1233] Weitere Erfordernisse können beispielsweise ein bestimmtes Quorum, eine bestimmte Form der Einberufung oder Abstimmung (z.B. geheime Abstimmung) sein. Unzulässig soll es dagegen sein, den Formwechsel von der Zustimmung eines Nicht-Gesellschafters abhängig zu machen[1234] oder gänzlich auszuschließen.[1235]

585 Soweit für AG und KGaA eine Kapitalmehrheit vorgeschrieben ist, muss daneben auch die einfache Mehrheit der abgegebenen Stimmen gem. § 133 AktG vorliegen.[1236] Gibt es mehrere Gattungen **stimmberechtigter** Aktien, bedarf der Beschluss der Zustimmung der stimmberechtigten Aktionäre jeder Gattung (vgl. §§ 233 Abs. 2 Satz 1 Halbs. 2, 240 Abs. 1 Satz 1 Halbs. 2 i.V.m. § 65 Abs. 2).

1227 Dazu Habersack/Wicke/*Kühn*, § 217 Rn. 18 f; Kallmeyer/*Blasche*, § 217 Rn. 10; Lutter/*Joost/Hoger*, § 217 Rn. 13; Semler/Stengel/*Schlitt*, § 217 Rn. 16; Widmann/Mayer/*Vossius*, § 217 Rn. 76 ff.
1228 Vgl. nur BGH DNotZ 2015, 65 = NZG 2014, 1796 = DStR 21016, 74 (Anteilsabtretung); dazu *Goette/Goette*, DStR 2016, 74; *Ulmer* ZIP 2015, 657; vorbereitet durch BGH NJW 2008, 1685 (Otto); DStR 2009, 280 (Schutzgemeinschaftsvertrag II); dazu *K. Schmidt*, ZIP 2009, 737, 738; *C. Schäfer*, ZGR 2009, 768, 773.
1229 Habersack/Wicke/*Kühn*, § 217 Rn. 18 f; Kallmeyer/*Blasche*, § 217 Rn. 10; Lutter/*Joost/Hoger*, § 217 Rn. 13; Semler/Stengel/*Schlitt*, § 217 Rn. 16; Widmann/Mayer/*Vossius*, § 217 Rn. 76 ff.
1230 So schon bisher *H. Schmidt*, FS Brandner, S. 133, 144; *Binnewies*, GmbHR 1997, 727, 732.
1231 BHGZ 85, 350, 360 f.
1232 Kallmeyer/*Blasche*, § 240 Rn. 2; Lutter/*Göthel*, § 233 Rn. 20; Semler/Stengel/*Ihrig*, § 233 Rn. 24; Widmann/Mayer/*Rieger*, § 240 Rn. 25.
1233 Habersack/Wicke/*Herfs/Link*, § 240 Rn. 5; Semler/Stengel/*Arnold*, § 240 Rn. 9; Widmann/Mayer/*Rieger*, § 240 Rn. 24.
1234 Habersack/Wicke/*Herfs/Link*, § 240 Rn. 6; Lutter/*Göthel*, § 240 Rn. 5; Semler/Stengel/*Arnold*, § 240 Rn. 11; Widmann/Mayer/*Rieger*, § 240 Rn. 22.
1235 Habersack/Wicke/*Herfs/Link*, § 240 Rn. 7; Lutter/*Göthel*, § 240 Rn. 5; Semler/Stengel/*Arnold*, § 240 Rn. 12; Widmann/Mayer/*Rieger*, § 240 Rn. 21.
1236 Kallmeyer/*Blasche*, § 233 Rn. 6; Lutter/*Göthel*, § 233 Rn. 18.

Für die Zustimmung haben die Aktionäre jeder Gattung einen Sonderbeschluss zu fassen, für den jeweils das Mehrheitserfordernis gilt.[1237] Ein **Sonderbeschluss von Vorzugsaktionären ohne Stimmrecht** ist erforderlich, wenn das Stimmrecht gem. § 140 Abs. 2 AktG wieder aufgelebt ist.[1238] Umstritten ist dagegen, ob § 141 AktG für den Umwandlungsbeschluss gilt und es eines Sonderbeschlusses bedarf, wenn bei der Zielrechtsform kein vergleichbares Vorzugsrecht begründet wird (vgl. Rdn. 627). § 65 Abs. 2 betrifft zwar nur Aktiengesellschaften und ist auf eine GmbH nicht anwendbar. Sofern aber bei einer GmbH unterschiedlicher Gattungen von Geschäftsanteilen existieren, soll durch Auslegung der Satzung zu ermitteln sein, ob auch von den Inhabern dieser Anteile Sonderbeschlüsse zu fassen sind. Das soll im Zweifel erforderlich sein, wenn durch den Formwechsel das bisherige Verhältnis der Anteilsgattungen zum Nachteil einer Gattung geändert wird.[1239]

4. Ermittlung der Stimmen

Soweit der Formwechselbeschluss die Zustimmung aller Anteilseigner des formwechselnden Rechtsträgers voraussetzt, regelt das Gesetz z.B. in den §§ 217 Abs. 1 Satz 2 Halbs. 2, 252 Abs. 1 Halbs. 2, 275 Abs. 1 Halbs. 2, dass die Zustimmung von Anteilsinhabern, die nicht in der Versammlung erschienen sind, außerhalb der Versammlung nachzuholen ist. Gem. § 193 Abs. 3 Satz 1 sind auch deren Erklärungen zu beurkunden. Unklar ist dagegen, ob auch **bei Mehrheitsbeschlüssen** die erforderlichen Mehrheiten nachträglich durch **außerhalb der Versammlung abgegebene Stimmabgaben** von Anteilsinhabern, die zu der Versammlung nicht erschienen oder vertreten waren, herbeigeführt werden können. Während die einen grundsätzlich in diesen Fällen nur die in der Versammlung abgegebenen Stimmen berücksichtigen wollen,[1240] soll nach Auffassung anderer jedenfalls in den Fällen, in denen bei Vorliegen bestimmter Voraussetzungen alle Anteilsinhaber zustimmen müssen und das Gesetz – wie in § 217 – vorsieht, dass die nicht erschienenen Gesellschafter außerhalb der Versammlung zustimmen können, die in der Versammlung nicht erreichte erforderliche Mehrheit auch durch nachträgliche Stimmabgaben herbeigeführt werden können.[1241] Zu folgen ist der Auffassung, dass eine spätere Stimmabgabe nicht in der Versammlung erschienener Anteilsinhaber unzulässig ist. Die Möglichkeit nachträglicher Zustimmungserklärungen sieht das Gesetz nur vor, wenn Einstimmigkeit aller Anteilseigner vorgeschrieben ist. Es ist nicht erkennbar, dass für Mehrheitsbeschlüsse von der sonst üblichen Regelung abgewichen werden sollte. **Enthaltungen** gelten bei Mehrheitsbeschlüssen als nicht abgegebene Stimmen.[1242] Es werden also nur die Nein-Stimmen berücksichtigt. Verlangt das Gesetz dagegen Einstimmigkeit, kommt der Beschluss nicht zustande, wenn sich auch nur ein Gesellschafter der Stimme enthält.[1243]

Umstritten ist weiter, ob **Inhaber stimmrechtsloser Anteile** gleichwohl stimmberechtigt sind. Soweit alle Anteilsinhaber dem Formwechsel zustimmen müssen, sollen auch Inhaber von Anteilen ohne Stimmrecht zustimmen müssen.[1244] Erfolgt der Formwechsel durch Mehrheitsbeschluss, sind Inhaber stimmrechtsloser Anteile nach verbreiteter Auffassung bei Personengesellschaften stimmberech-

---

1237 Habersack/Wicke/*Herfs/Link*, § 240 Rn. 13; Kallmeyer/*Blasche*, § 233 Rn. 9; *ders.*, § 240 Rn. 3.
1238 Habersack/Wicke/*Herfs/Link*, § 240 Rn. 14; Lutter/*Göthel*, § 240 Rn. 7; Semler/Stengel/*Arnold*, § 240 Rn. 15.
1239 Habersack/Wicke/*Herfs/Link*, § 240 Rn. 8 ff.; Kallmeyer/*Blasche*, § 240 Rn. 3; Lutter/*Göthel*, § 240 Rn. 8 f.; Semler/Stengel/*Arnold*, § 240 Rn. 16 m.w.N.
1240 Kallmeyer/*Blasche*, § 233 Rn. 6; Lutter/*Göthel*, § 233 Rn. 23; wohl auch Widmann/Mayer/*Vossius*, § 233 Rn. 12; Semler/Stengel/*Ihrig*, § 233 Rn. 22; a.A. Böttcher/Habighorst/*Althoff/Narr*, § 233 Rn. 19.
1241 Semler/Stengel/*Schlitt*, § 217 Rn. 22; a.A. Böttcher/Habighorst/*Althoff/Narr*, § 217 Rn. 18; Lutter/*Joost/Hoger*, § 217 Rn. 16; Kallmeyer/*Blasche*, § 217 Rn. 8.
1242 BGH NJW 1982, 1585.
1243 Kallmeyer/*Blasche*, § 233 Rn. 2; Lutter/*Joost/Hoger*, § 217 Rn. 4; Semler/Stengel/*Schlitt*, § 217 Rn. 8.
1244 Böttcher/Habighorst/*Althoff/Narr*, § 217 Rn. 11; Kallmeyer/*Blasche*, § 233 Rn. 2; Lutter/*Joost/Hoger*, § 217 Rn. 6; Lutter/*Göthel*, § 233 Rn. 4; Semler/Stengel/*Ihrig*, § 233 Rn. 11.

tigt,[1245] nicht dagegen bei anderen Rechtsträgern.[1246] Eine Ausnahme soll für die Komplementär-GmbH in der GmbH & Co. KG gelten, falls ihre Gesellschafter mit den Kommanditisten der Kommanditgesellschaft identisch sind.[1247] Begründet wird die Gewährung des Stimmrechts an Gesellschafter von Anteilen ohne Stimmrecht in der Personengesellschaft damit, dass bei Personengesellschaften auch Gesellschafter ohne Stimmrecht Eingriffe in den Kernbereich ihrer Rechtsstellung nicht hinnehmen müssten.[1248] Mit dem Bestimmtheitsgrundsatz hat der BGH aber auch die Kernbereichslehre aufgegeben.[1249] Abgesehen von unverzichtbaren Rechten soll es nunmehr bei Eingriffen in die individuelle Rechtsstellung eines Gesellschafters darauf ankommen, ob der Eingriff im Interesse der Gesellschaft geboten und dem betroffenen Gesellschafter unter Berücksichtigung seiner eigenen schutzwerten Belange zumutbar ist. Ein Stimmrecht von Inhabern stimmrechtsloser Anteile lässt sich damit nicht begründen. Es passt nicht mehr ins System. Gefragt werden kann nur, ob eine Zustimmung der überstimmten Gesellschafter unerlässlich ist.[1250] Diese Frage wird man aber bei der Personengesellschaft nicht anders beantworten dürfen als beispielsweise bei der GmbH. Würde man ein solches Zustimmungserfordernis annehmen, bedürfte jeder Formwechsel bei jeder Gesellschaftsform der Zustimmung aller Anteilsinhaber. Schon dies zeigt, dass die Argumentation nicht schlüssig ist. Man wird daher den Inhabern stimmrechtslose Anteile **bei Mehrheitsbeschlüssen** grundsätzlich **kein Stimmrecht** zubilligen können.[1251]

5. Änderungen gegenüber Betriebsratsvorlage

588 Entgegen mitunter vertretener Auffassung[1252] löst nicht jede Änderung des Entwurfs des Umwandlungsbeschlusses nach Zuleitung an den Betriebsrat eine erneute Zuleitungspflicht aus. Eine erneute Zuleitung ist aber erforderlich, wenn die Änderungen die Interessen der Arbeitnehmer oder ihrer Vertretungen berühren können.[1253] Das ist insbesondere der Fall bei Änderungen der Angaben gem. § 194 Abs. 1 Nr. 7, falls diese nicht lediglich redaktioneller Natur oder für die Arbeitnehmer und deren Vertretungen ausnahmsweise offensichtlich ohne Bedeutung sind, und bei wesentlichen grundsätzlichen Änderungen, die den Formwechsel selbst betreffen, z.B. bei Änderung der Zielrechtsform.

6. Beurkundung

589 Der Beschluss und die nach dem Umwandlungsgesetz erforderlichen Zustimmungserklärungen einzelner Anteilsinhaber einschließlich derjenigen der nicht erschienenen Anteilsinhaber müssen gem. § 193 Abs. 3 notariell beurkundet werden. Die Gesetzesbegründung hebt hervor, dass der Umwandlungsbeschluss ein wirtschaftlich und rechtlich sehr bedeutsamer Vorgang sei,[1254] dessen Überwachung durch den Notar deshalb zweckmäßig sei.

1245 Kallmeyer/*Blasche*, § 217 Rn. 9; Lutter/*Joost/Hoger*, § 217 Rn. 17; Semler/Stengel/*Bärwaldt*, § 193 Rn. 9.
1246 Habersack/Wicke/*Herfs/Link*, § 240 Rn. 10; Lutter/*Göthel*, § 233 Rn. 24; *ders.*, § 240 Rn. 7; Semler/Stengel/*Bärwaldt*, § 193 Rn. 9; Semler/Stengel/*Ihrig*, § 233 Rn. 21; Semler/Stengel/*Arnold*, § 240 Rn. 17; a.A. Kallmeyer/*Blasche*, § 233 Rn. 7.
1247 BGH NJW 1993, 2100.
1248 BGH NJW 1956, 1198; NJW 1993, 2100; Semler/Stengel/*Bärwaldt* § 193 Rn. 9; Semler/Stengel/ *Schlitt*, § 217 Rn. 12; Widmann/Mayer/*Vossius*, § 217 Rn. 87 i.V.m. Rn. 42.
1249 Vgl. BGH DNotZ 2015, 65 = NZG 2014, 1796 = DStR 2016, 74 (Anteilsabtretung) Tz. 19; dazu *Goette/Goette*, DStR 2016, 74; *Ulmer* ZIP 2015, 657; vorbereitet durch BGH NJW 2008, 1685 *(Otto)*; DStR 2009, 280 (Schutzgemeinschaftsvertrag II); dazu *K. Schmidt*, ZIP 2009, 737, 738; *C. Schäfer*, ZGR 2009, 768, 773.
1250 Vgl. die Analyse von *Goette/Goette*, DStR 2016, 74, 84.
1251 So offenbar auch Kallmeyer/*Zimmermann*, § 193 Rn. 4; a.A. Kallmeyer/*Blasche*, § 217 Rn. 9.
1252 Z.B. *Gaul*, DB 1995, 2265, 2266; *Melchior*, GmbHR 1996, 833, 836; Sagasser/Bula/Brünger/*Schmidt*, Kap. F Rn. 49.
1253 Vgl. hierzu eingehend *Hausch*, RNotZ 2007, 308/316; Kallmeyer/*Willemsen*, § 194 Rn. 61; Lutter/ *Hoger*, § 194 Rn. 44; LG Essen NZG 2002, 737.
1254 Abgedruckt bei *Ganske*, Umwandlungsrecht, 2. Aufl. 1995, S. 216.

Die Beurkundung des Beschlusses kann in Form einer Niederschrift nach §§ 36, 37 BeurkG erfolgen, bei der der Ablauf der Versammlung und die Beschlüsse protokolliert, aber nicht vorgelesen werden. Das gilt auch für die neue Satzung des Rechtsträgers in der Zielrechtsform, weil sie Inhalt des Beschlusses ist, obwohl sie bei Gründung einer Gesellschaft den Vorschriften über die Beurkundung von Willenserklärungen unterliegt.[1255] 590

Sind alle Anteilsinhaber anwesend oder vertreten, kann die Beurkundung auch in Verhandlungsform nach den Regeln über die Beurkundung von Willenserklärungen gem. §§ 6 ff. BeurkG erfolgen,[1256] und zwar auch beim Formwechsel einer AG oder KGaA. Allerdings bleiben die Bestimmungen des AktG über die Beurkundung von Hauptversammlungsbeschlüssen gem. § 59 BeurkG unberührt, müssen also beachtet werden.[1257] In der Niederschrift sollte daher in jedem Fall ein Versammlungsvorsitzender bestimmt und sollten die nach § 130 Abs. 2 und 3 AktG erforderlichen Angaben gemacht werden. Im Übrigen wird diese Form der Beurkundung bei Mitwirkung aller Anteilsinhaber regelmäßig gewählt, weil erforderliche Zustimmungs- und Verzichtserklärungen als Willenserklärungen derart beurkundet werden müssen und die einheitliche Beurkundung als Willenserklärung die Zusammenfassung in einer Urkunde erleichtert. Es wird aber auch als zulässig angesehen, über Willenserklärungen und sonstige Beurkundungen eine einheitliche Niederschrift aufzunehmen (sog. **gemischte Beurkundung**).[1258] 591

Zu beachten ist, dass gem. §§ 217 Abs. 2, 244 Abs. 1 in der Niederschrift die **Gesellschafter, die für den Formwechsel gestimmt haben**, namentlich aufzuführen sind. Unbekannte Aktionäre sind gem. § 213 unter Wahrung der Bestimmung des § 35 zu bezeichnen (näher dazu nachstehend Rdn. 758, 811). Außerdem sind etwaige Widersprüche zur Niederschrift gem. § 207 Abs. 1 Satz 1 zu protokollieren. 592

Umstritten ist, ob eine Beurkundung vor einem ausländischen Notar zulässig ist.[1259] Empfehlenswert ist sie angesichts der bestehenden Zweifel in keinem Fall.[1260] Auch wird angesichts des Höchstwertes gem. § 108 Abs. 5 GNotKG und der sich daraus ergebenden Gebühr gem. Nr. 21100 KV GNotKG von 16.270,00 € mit der Beurkundung im Ausland regelmäßig keine Kostenersparnis verbunden sein. 593

Gem. § 193 Abs. 2 Satz 2 ist jedem Anteilsinhaber auf Verlangen auf seine Kosten eine Abschrift der Niederschrift zu erteilen. Der Anspruch richtet sich gegen den Rechtsträger, nicht gegen den Notar.[1261] Das ist insbesondere bei Publikumsgesellschaften von Bedeutung. 594

7. Vertretung

a) Zulässigkeit

Ob sich ein Anteilsinhaber beim Beschluss über den Formwechsel vertreten lassen kann, richtet sich zunächst nach den für die Rechtsform des formwechselnden Rechtsträgers maßgeblichen Recht und der für ihn bestehenden Satzung. Das Stimmrecht bei **Personengesellschaften** ist grundsätzlich höchstpersönlich. Eine Vertretung ist nur zulässig, wenn sie entweder im Gesellschaftsvertrag oder ad hoc zugelassen wird.[1262] In der Gesellschafterversammlung der GmbH ist die Stimmrechtsaus- 595

1255 Kallmeyer/*Zimmermann*, § 193 Rn. 28; KK-UmwG/*Petersen*, § 193 Rn. 19; Lutter/*Hoger*, § 193 Rn. 10; Semler/Stengel/*Bärwaldt*, § 193 Rn. 28; Widmann/Mayer/*Weiler*, § 193 Rn. 100.
1256 Kallmeyer/*Zimmermann*, § 193 Rn. 28.
1257 Vgl. DNotI-Gutachten, DNotI-Report 1997, 226.
1258 Widmann/Mayer/*Heckschen*, § 13 Rn. 223; Eylmann/Vaasen/*Limmer*, § 36 BeurkG Rn. 2.
1259 Zu Recht dagegen Kallmeyer/*Zimmermann*, § 6 Rn. 10 ff. m.w.N.
1260 Lutter/*Hoger*, § 193 Rn. 10; KK-UmwG/*Petersen*, § 193 Rn. 19.
1261 Böttcher/Habighorst/*Althoff/Narr*, § 193 Rn. 19; Habersack/Wicke/*Simons*, § 193 Rn. 31; KK-UmwG/*Petersen*, § 193 Rn. 20; Kallmeyer/*Zimmermann*, § 193 Rn. 30.
1262 BGH NJW 1970, 706; MünchKommBGB/*Schäfer* § 709 Rn. 77 m.w.N.; differenzierend MünchHdb. KG/*Weipert* § 14 Rn. 91 ff. (Vertretung stets zulässig durch Mitgesellschafter sowie bei schriftlicher Beschlussfassung).

übung durch Bevollmächtigte dagegen gem. § 47 Abs. 3 GmbHG grundsätzlich zulässig, kann aber durch die Satzung weitgehend beschränkt werden.[1263] Auch bei der **AG** und der **KGaA** ist eine Vertretung durch Bevollmächtigte gem. § 134 Abs. 3 AktG zulässig. Entsprechendes gilt gem. § 43 Abs. 5 GenG für die Vertretung eines Mitglieds der **eG** in der Generalversammlung. Gem. § 43 Abs. 5 Satz 4 GenG kann die Satzung persönliche Voraussetzungen für Bevollmächtigte aufstellen. Ist danach eine Vertretung nicht zulässig, muss auch die juristische Person durch Organmitglieder vertreten werden.[1264] Zu beachten ist, dass ein Bevollmächtigter bei der eG nicht mehr als zwei Mitglieder vertreten kann. Dagegen ist die rechtsgeschäftliche Vertretung eines Vereinsmitglieds in der Mitgliederversammlung gem. § 38 Satz 2 BGB unzulässig, wenn nicht die Satzung etwas anderes bestimmt.[1265] Teilweise wird es sogar für unzulässig gehalten, eine Vertretung durch Nichtmitglieder in der Satzung zuzulassen.[1266] Nach § 191 Satz 3 VAG gilt für den VVaG § 134 Abs. 3 AktG entsprechend, wenn die oberste Vertretung die Mitgliederversammlung ist.

596 Ebenso ist es rechtsformspezifisch zu beurteilen, ob eine **vollmachtlose Vertretung** zulässig ist.[1267] Überwiegend für wirksam wird sie bei der **GmbH** gehalten.[1268] Das gilt auch für die Ein-Personen-GmbH.[1269] Nicht verwechselt werden darf dies mit der Frage, ob eine vollmachtlose Vertretung zulässig ist, wenn die Gründung einer Gesellschaft in der Zielrechtsform, wie z.B. die Gründung einer Ein-Personen-GmbH, durch einen vollmachtlosen Vertreter unzulässig wäre (vgl. dazu Rdn. 601). Zur Genehmigung kann die Gesellschaft selbst auffordern. Zulässig ist sie ebenso bei Personengesellschaften, jedenfalls dann, wenn sie – wie in diesen Fällen regelmäßig – in der Gesellschafterversammlung zugelassen wird. Dagegen werden **bei der AG erhebliche Zweifel** im Hinblick auf das (frühere) Schriftformerfordernis (jetzt Textformerfordernis) des § 134 Abs. 3 Satz 2 AktG geltend gemacht, wenn dieses nicht durch die Satzung abbedungen ist, weil die Beachtung der Form Gültigkeitserfordernis ist.[1270] **Nicht zulässig** soll die vollmachtlose Vertretung auch bei der Genossenschaft,[1271] dem **Verein**[1272] und dem VVaG[1273] sein.

b) § 181 BGB

597 Nach ganz herrschender Meinung[1274] gilt § 181 BGB bei der Stimmabgabe in der Gesellschafterversammlung einer Personengesellschaft und einer GmbH entsprechend, wenn ein Gesellschafter bei der Stimmabgabe für sich und zugleich für andere Gesellschafter oder als Vertreter mehrerer anderer Gesellschafter gleichzeitig handelt und es sich bei den Beschlüssen um Grundlagenbeschlüsse (Satzungsänderungen oder vergleichbare Beschlüsse) handelt. § 181 BGB ist aber auch einschlägig, wenn der Gesellschafter in der Gesellschafterversammlung einen Dritten vertritt und durch den

---

[1263] Z.B. Baumbach/Hueck/*Zöllner*, § 47 Rn. 44 m.w.N.
[1264] OLG Hamm NJW-RR 1990, 532, 533.
[1265] OLG Hamm NJW-RR 1990, 532, 533; Widmann/Mayer/*Heckschen*, § 13 Rn. 105; Palandt/*Ellenberger*, § 38 Rn. 3 m.w.N.
[1266] OLG Hamm NJW-RR 1990, 532, 533; Palandt/*Ellenberger*, § 38 Rn. 3; m.w.N.; zu Recht a.A. Widmann/Mayer/*Heckschen*, § 13 Rn. 105.
[1267] Semler/Stengel/*Bärwaldt*, § 193 Rn. 16; Lutter/*Hoger*, § 193 Rn. 4; Widmann/Mayer/*Weiler*, § 193 Rn. 26 ff.; zu pauschal Kallmeyer/*Zimmermann*, § 193 Rn. 11.
[1268] BayObLG GmbHR 1989, 252; OLG Dresden GmbHR 2001, 1047; OLG Frankfurt am Main DNotZ 2003, 459; Scholz/*K. Schmidt*, § 47 Rn. 87 m.w.N.; zum Ganzen vgl. DNotI-Gutachten Nr. 57626 vom 24.03.2005.
[1269] OLG Frankfurt am Main DNotZ 2003, 459; Scholz/*K. Schmidt*, § 47 Rn. 87.
[1270] OLG Hamm AG 2001, 146; MünchKommAktG/*Arnold*, § 134 Rn. 56; Widmann/Mayer/*Heckschen*, § 13 Rn. 103.1; DNotI-Gutachten Nr. 57626 vom 24.03.2005; a.A. *Hartmann*, DNotZ 2002, 253.
[1271] Widmann/Mayer/*Heckschen*, § 13 Rn. 104 m.w.N.
[1272] Widmann/Mayer/*Heckschen*, § 13 Rn. 105.
[1273] Semler/Stengel/*Bärwaldt*, § 193 Rn. 16 Fn. 53.
[1274] BGH DNotZ 1976, 107 = NJW 1976, 49 (für die Personengesellschaft); BGH DNotZ 1989, 26 = NJW 1989, 168 (für die GmbH); Baumbach/Hueck/*Zöllner/Noack*, § 47 Rn. 60; Scholz/*K. Schmidt*, § 47 Rn. 177 ff.

Beschluss selbst unmittelbar betroffen ist, er beispielsweise zum Geschäftsführer oder Mitglied eines anderen Organs bestellt wird.[1275] Beide Fälle können beim Formwechsel auftauchen. Es ist dann darauf zu achten, dass Befreiung erteilt ist. Werden natürliche Personen vertreten, wird man von einer konkludenten Befreiung ausgehen können, wenn eine Person bevollmächtigt wird, von der der Bevollmächtigte weiß oder annehmen muss, dass sie auch andere Gesellschafter vertritt.[1276] Die Vertreter einer juristischen Person oder Bevollmächtigte können aber ihrerseits Befreiung von den Beschränkungen des § 181 BGB nur erteilen, wenn sie selbst befreit sind.[1277] Für Hauptversammlungsbeschlüsse von Aktiengesellschaften soll § 181 BGB ausgeschlossen sein, weil § 135 AktG, der das Bankenstimmrecht regelt, sowohl die Mehrfachvertretung als auch das Selbstkontrahieren zulässt und diese Regelung erweiterungsfähig sei.[1278]

c) Gesetzliche Vertretung; Testamentsvollstreckung

Minderjährige werden beim Gesellschafterbeschluss über den Formwechsel von ihren gesetzlichen Vertretern vertreten (§ 1629 Abs. 1 BGB). Der Formwechsel bringt niemals nur rechtliche Vorteile mit sich.[1279] Sind die Eltern selbst Anteilsinhaber, sind sie durch § 181 BGB an der Vertretung des Minderjährigen gehindert (§ 1629 Abs. 2, § 1795 Abs. 2 BGB). Für den Minderjährigen ist ein Pfleger, für mehrere Minderjährige jeweils ein Pfleger, zu bestellen (§ 1909 Abs. 1 BGB).[1280]

598

Unterliegt die Gesellschaftsbeteiligung der Testamentsvollstreckung, stellen sich weitere Fragen.[1281] Zunächst muss die Testamentsvollstreckung auch die Ausübung des Stimmrechts umfassen. Alsdann ist zu fragen, ob daneben auch die Zustimmung des oder der Erben erforderlich ist. Nach Aufgabe der Kernbereichslehre durch den BGH[1282] wird man die Zustimmung des Erben nur für erforderlich halten müssen, wenn durch den Formwechsel weitere Verpflichtungen oder persönliche Haftungen für ihn begründet werden.[1283]

599

d) Form

Für die Form der Vollmacht sind zunächst wieder die rechtsformspezifischen Bestimmungen des formwechselnden Rechtsträgers zu beachten. So bedarf die Vollmacht bei der GmbH, der AG und der KGaA sowie dem VVaG gem. §§ 47 Abs. 3 GmbHG, 134 Abs. 3 Satz 3 AktG, 191 Satz 3 VAG der Textform. Bei der Genossenschaft ist gem. § 43 Abs. 5 Satz 2 GenG die Schriftform zwingend. Der Textform wird nicht nur durch die Schriftform, sondern insbesondere auch durch Fax oder Email genügt. Überdies kann die Satzung weitere Erleichterungen bestimmen. Bei der GmbH ist umstritten, ob es sich bei dem Formerfordernis um ein Wirksamkeitserfordernis oder nur ein Legitimationsmittel handelt.[1284] Nach der Umstellung der gesetzlichen Regelung von Schriftform auf Textform hat die Frage allerdings an Bedeutung verloren.

600

1275 BGH NJW 1969, 841; 1991, 291; zum Ganzen: DNotI-Gutachten Nr. 94230 vom 12.05.2009; *Schindeldecker*, RNotZ 2015, 533.
1276 So für eine Vollmacht an Mitgesellschafter: *Heckschen*, NZG 2017, 721, 727; Kallmeyer/*Zimmermann*, § 193 Rn. 12; Widmann/Mayer/*Weiler*, § 193 Rn. 30.
1277 BayObLG BB 1993, 746; Palandt/*Heinrichs*, § 181 Rn. 18 m.w.N.
1278 MünchKommAktG/*Arnold*, § 134 Rn. 38; Erman/*Palm*, § 181 Rn. 12; Widmann/Mayer/*Heckschen*, § 13 Rn. 103.
1279 Lutter/*Göthel*, § 233 Rn. 51.
1280 *Maier/Reimer/Marx* NJW 2005, 3025, 3026; Palandt/*Götz*, BGB, § 1795 Rn. 14.
1281 Eingehend Widmann/Mayer/*Heckschen*, § 13 Rn. 142 ff.; Lutter/*Göthel*, § 233 Rn. 44, jeweils m.w.N.
1282 DNotZ 2015, 65 = NZG 2014, 1796 = DStR 2016, 74 näher dazu oben Rdn. 583, 587.
1283 LG Mannheim NZG 1999, 824; Kallmeyer/*Zimmermann*, § 193 Rn. 27; Widmann/Mayer/*Vossius*, § 233 Rn. 39; eingehend zu den damit verbundenen Fragen Widmann/Mayer/*Heckschen*, § 13 Rn. 142 ff.
1284 Im ersteren Sinne beispielsweise Baumbach/Hueck/*Zöllner*, § 47 Rn. 51; Lutter/*Hommelhoff*, § 47 Rn. 9; Rowedder/Schmidt-Leithoff/*Ganzer*, § 47 Rn. 54; Ulmer/*Hüffer*, § 47 Rn. 98; a.A. (lediglich Legitimationsmittel) Scholz/*K. Schmidt*, § 47 Rn. 85 jeweils m.w.N.

601 Daneben stellt sich aber insbesondere beim Formwechsel in eine GmbH oder AG die Frage, ob auch die Anforderungen der Gründungsbestimmungen der Zielrechtsform zu beachten sind, die Vollmacht also gem. § 2 Abs. 2 GmbHG und § 23 Abs. 1 Satz 2 AktG der notariellen Beglaubigung bedarf.[1285] Für die Wahrung dieser Bestimmung wird angeführt, der Beweissicherheit, ob die Vollmacht erteilt sei und der Gesellschafter damit als Gründer gelten könne, komme hier dieselbe Bedeutung wie der Gründung zu. Dem wird entgegengehalten, dass der Gesellschaftsvertrag anders als bei der Neugründung Bestandteil des Gesellschafterbeschlusses sei und damit die für Beschlüsse geltenden Bestimmungen Anwendung finden. Von Sinn und Zweck spricht viel dafür, der erstgenannten Auffassung zu folgen. Konsequenterweise wird man dann von der **Unwirksamkeit der diese Form nicht wahrenden Vollmacht** ausgehen müssen.[1286] Denn die Form ist bei der Gründungsvollmacht Wirksamkeitsvoraussetzung. Zur Wirksamkeit bedürfte es dann einer notariell beglaubigten Genehmigungserklärung. Dagegen wird man nicht soweit gehen können, beim Formwechsel in eine Ein-Personen-Gesellschaft entsprechend der Situation bei Gründung bei Mängeln der Form Unwirksamkeit des Beschlusses anzunehmen. Denn die Annahme der Unwirksamkeit beruht auf der Anwendung von § 180 BGB im Hinblick darauf, dass die Gründungserklärung eine ausschließlich amtsempfangsbedürftige Willenserklärung ist.[1287] Das ist bei in der Gesellschafterversammlung abgegebenen Erklärungen nicht der Fall.[1288] Die Erklärung ist vielmehr auch gegenüber der Gesellschaft abzugeben. Problematisch ist das allerdings bei der AG, wenn man dort eine vollmachtlose Vertretung und deren Genehmigung nicht für zulässig hält (vgl. dazu oben Rdn. 596). Der Mangel der Form der Vollmacht wird jedoch durch die Eintragung des Formwechsels geheilt.[1289]

602 Darüber hinausgehend wird von manchen eine Pflicht zur **Beurkundung der Vollmacht** angenommen, wenn das Gesetz für die Zustimmungserklärung nicht erschienener Anteilsinhaber die Beurkundungsform vorschreibt wie in §§ 193 Abs. 3 Satz 1, 217 Abs. 1 Satz 1, 233 Abs. 1.[1290] Es ist in der Tat ein Widerspruch, dass die Vollmacht zur Vertretung des abwesenden Anteilsinhabers gem. § 167 Abs. 2 BGB formfrei sein soll, für die Abgabe der gesonderten Zustimmungserklärung selbst aber die Beurkundung angeordnet ist, zumal die Beurkundungspflicht nicht nur mit der Erleichterung der Feststellung durch das Registergericht, sondern auch mit der Warnfunktion begründet wird.[1291] Die Erstreckung des Beurkundungserfordernisses auf die Vollmacht würde aber der grundsätzlichen Regelung des § 167 Abs. 2 BGB widersprechen, die Praxis gerade bei ausländischen Mitgesellschaftern vor erhebliche Schwierigkeiten stellen und ist deshalb nicht zu befürworten. Dagegen wird man eine vollmachtlose Vertretung mit nachträglicher formloser Genehmigung nicht zulassen können. Insoweit ist § 193 Abs. 3 lex specialis.

1285 So Kallmeyer/*Meister/Klöcker/Berger*, § 197 Rn. 15; Semler/Stengel/*Bärwaldt*, § 193 Rn. 12; Widmann/Mayer/*Weiler*, § 193, Rn. 22; *Melchior*, GmbHR 1999, 520/521; vgl. auch DNotI-Gutachten Nr. 97978 vom 22.10.2009; a.A. *Kerschbaumer*, NZG 2011, 892, 893; Limmer/*Limmer*, Teil 4, Rn. 125; Lutter/*Hoger*, § 193 Rn. 4, die aber vorsorglich Beglaubigung empfehlen; Lutter/*Göthel*, § 233 Rn. 36b (für Formwechsel in die Personengesellschaft); Kallmeyer/*Zimmermann*, § 193 Rn. 11; KK-UmwG/*Petersen*, § 193 Rn. 4; Widmann/Mayer/*Mayer*, § 197 Rn. 25.
1286 Baumbach/Hueck/*Fastrich*, § 2 Rn. 22; MünchKommGmbHG/*Heinze* § 2 Rn. 72; *Hüffer/Koch*, § 23 AktG Rn. 12.
1287 Dazu LG Berlin GmbHR 1996, 123; OLG Frankfurt am Main DNotZ 2003, 459, 461; MünchKommGmbHG/*Heinze* § 2 Rn. 74.
1288 OLG Frankfurt am Main DNotZ 2003, 459/460 = NZG 2003, 238; OLG Celle NZG 2007, 391; OLG München RNotZ 2011, 53; Baumbach/Hueck/*Zöllner*, § 47 Rn. 55; Lutter/*Hommelhoff*, § 47 Rn. 1; Rowedder/Schmidt-Leithoff/*Ganzer*, § 47 Rn. 57.
1289 S.u. Rdn. 688; DNotI-Gutachten Nr. 97978 vom 22.10.2009.
1290 Widmann/Mayer/*Weiler*, § 193 Rn. 24; Widmann/Mayer/*Heckschen*, § 13 Rn. 113; auch Schmitt/Hörtnagl/Stratz/*Stratz*, § 194 Rn. 8.
1291 Vgl. das Zitat aus der Regierungsbegründung bei Widmann/Mayer/*Heckschen*, § 13 Rn. 113.

▶ Praxistipp:

Beim Formwechsel in eine GmbH, AG oder KGaA sollten die Unterschriften unter Vollmachten beglaubigt werden.

8. Zustimmung Dritter

Die Notwendigkeit, die Zustimmung Dritter zum Beschluss über den Formwechsel beziehungsweise zur Stimmabgabe einzuholen, kann sich insbesondere ergeben, wenn Dritten Rechte an der Gesellschaftsbeteiligung zustehen, der Anteilsinhaber in seiner Verfügungsbefugnis über den Anteil beschränkt oder nicht geschäftsfähig ist.[1292]

a) Zustimmung dinglich Berechtigter

So schreibt § 1276 BGB vor, dass eine Änderung eines verpfändeten Rechts nur mit Zustimmung des Pfandgläubigers möglich ist, sofern die Änderung das Pfandrecht beeinträchtigt. Eine entsprechende Regelung sieht § 1071 BGB für das Nießbrauchrecht vor. Vielfach wird die Zustimmung zum Formwechsel gleichwohl im Hinblick darauf für entbehrlich gehalten, dass gem. § 202 Abs. 1 Nr. 2 Satz 2 Rechte Dritter an Anteilen oder Mitgliedschaften des formwechselnden Rechtsträgern an den an ihre Stelle tretenden Anteilen oder Mitgliedschaften des Rechtsträgers neuer Rechtsform fortbestehen.[1293] Das ist allerdings wenig überzeugend, wäre doch im Einzelfall gerade erst festzustellen, ob die Rechte trotz ihres Fortbestands durch den Formwechsel beeinträchtigt werden, wie das beispielsweise beim Formwechsel aus einer AG in eine GmbH oder Personengesellschaft denkbar ist, wenn die Übertragbarkeit der Beteiligung dort weitergehend eingeschränkt ist.[1294] Die h.M. – jedenfalls im GmbH-Schrifttum – hält jedoch die §§ 1276 Abs. 2 und 1071 Abs. 2 BGB nicht auf Rechtsänderungen für anwendbar, die sich auf dem Weg der körperschaftlichen Willensbildung vollziehen.[1295] Für diese Auffassung, die auch in der Diskussion zur Zuordnung des Stimmrechts beim Nießbrauch zwischen Nießbraucher und Anteilsinhaber reflektiert wird,[1296] sprechen insbesondere Gesichtspunkte der Rechtssicherheit. Andererseits ist es auch wenig überzeugend, die klaren gesetzlichen Regelungen der §§ 1276 Abs. 2, 1071 Abs. 2 BGB auf Gesellschaftsbeteiligungen oder körperschaftliche Willensakte nicht anzuwenden.[1297] Eine vermittelnde Lösung könnte darin liegen, die genannten Bestimmungen nur im Innenverhältnis eingreifen zu lassen.[1298] Keinesfalls Voraussetzung für die Wirksamkeit der Stimmrechtsausübung ist die Zustimmung ohnedies nur schuldrechtlich Berechtigter, wie Unterbeteiligter oder stiller Treugeber.

b) Zustimmung des Ehepartners

Auch die Anwendung des § 1365 BGB auf den Formwechsel ist umstritten. Während die einen die Vorschrift im Hinblick auf ihren Schutzzweck zumindest entsprechend anwenden wollen und die Zustimmung des Ehepartners eines Gesellschafters für notwendig halten, wenn die Gesellschafts-

---

1292 Vgl. Widmann/Mayer/*Vossius*, § 217 Rn. 44 ff.
1293 MünchKommBGB/*Pohlmann*, § 1071 Rn. 4 (differenzierend aber für den Vollnießbrauch); Staudinger/*Frank*, §§ 1068, 1069 Rn. 101; Semler/Stengel/*Schlitt*, § 217 Rn. 26; Widmann/Mayer/*Vossius*, § 217 Rn. 46.
1294 Zur Änderung des Gesellschaftsvertrages MünchHdb. GesR I/*Haag*, § 66 Rn. 34; DNotI-Gutachten Nr. 62211 vom 23.09.2005.
1295 RGZ 139, 224/229 f.; Baumbach/Hueck/*Servatius*, § 15 Rn. 50; MünchKommGmbHG/*Reichert/Weller* GmbHG § 15 Rn. 296; einschränkend aber *Sieger/Hasselbach*, GmbHR 1999, 633/637; a.A. *Roth*, ZGR 2000, 187, 220.
1296 Vgl. BFH DStR 1994, 1803; NJW 1995, 1918; BGH ZIP 1999, 68 gleich DNotZ 1999, 607; *Gschwendtner*, NJW 1995, 1875; *K. Schmidt*, ZGR 1999, 571.
1297 Hierzu insb. *Roth*, ZGR 2000, 187, 220; *Kruse*, RNotZ 2002, 69/81 f.
1298 *Kruse*, RNotZ 2002, 69, 82 m.w.N.

beteiligung (nahezu) das gesamte Vermögen des Anteilsinhabers ausmacht,[1299] lehnen andere im Hinblick auf die Identität der Gesellschaft und das Fehlen einer Verfügung über den Anteil eine Anwendung von § 1365 BGB ab.[1300] Dass es sich lediglich um eine Vermögensumschichtung handelt, spricht grundsätzlich nicht gegen die Anwendbarkeit der Bestimmung.[1301] Teilweise wird im Schrifttum nach der Art der Zielrechtsform differenziert. Während der Formwechsel der Kapitalgesellschaft in eine Personengesellschaft der Zustimmung des Ehegatten bedürfen soll, weil er höhere Haftungsrisiken mit sich bringe[1302] und weil über die aus dem Formwechsel hervorgehende Beteiligung in der Regel nicht in gleicher Weise verfügt werden könne, wie über die Beteiligung aus dem formwechselnden Rechtsträger,[1303] soll der Formwechsel von der Kapitalgesellschaft in eine andere Kapitalgesellschaft grundsätzlich zustimmungsfrei sein, es sei denn, die Beteiligung am Rechtsträger neuer Rechtsform wird im Rahmen des Formwechsels vinkuliert.[1304] Wieder andere wollen in beiden Fällen darauf abstellen, ob die Verfügbarkeit durch den Formwechsel eingeschränkt wird.[1305]

607 § 1365 BGB setzt allerdings voraus, dass die Vertragspartner davon Kenntnis haben, dass es sich um das Gesamtvermögen handelt.[1306] Außerdem ist die fehlende Zustimmung nur von Bedeutung, wenn der Gesellschafter mit Ja gestimmt hat und es für die Wirksamkeit des Beschlusses auf die Stimme des betreffenden Gesellschafters ankam.[1307]

c) Zustimmung des Familien- oder Betreuungsgerichts

608 Auch bezüglich der Notwendigkeit einer familien- oder betreuungsgerichtlichen Genehmigung bei Mitwirkung eines Minderjährigen oder unter Betreuung stehenden Anteilsinhabers zeigt das Schrifttum ein **buntes Bild.** Einschlägig sind zwei Tatbestände, § 1822 Nr. 3 und Nr. 10 BGB. Nach Nr. 3 bedarf der Vormund der Genehmigung des Familiengerichts zu einem Gesellschaftsvertrag, der zum Betrieb eines Erwerbsgeschäfts eingegangen wird, nach Nr. 10 zur Übernahme einer fremden Verbindlichkeit. Nr. 3 ist nach h.M.[1308] nicht nur bei Gründung einer Personengesellschaft, sondern wegen des mit der Gründung verbundenen Unternehmerrisikos auch bei Gründung einer Kapitalgesellschaft einschlägig. Jedoch wendet die Rechtsprechung[1309] und ein Teil des Schrifttums[1310] die Bestimmung nicht auf Änderungen des Gesellschaftsvertrages an, die nicht das Ausscheiden oder den Eintritt des Minderjährigen betreffen. Bezogen auf den Formwechsel gehen manche[1311] von der grundsätzlichen Genehmigungspflicht gem. Nr. 3 aus, weil mit dem Beschluss zugleich der Gesellschaftsvertrag neuer Rechtsform festgestellt wird, während andere den Formwechsel grundsätzlich als nicht genehmigungspflichtige Satzungsänderung behandeln und nur bei Begründung gesonderter Haftungsgefahren, wie bei Umwandlung einer Kapitalgesellschaft in eine Personengesellschaft,

---

1299 Lutter/*Göthel*, § 233 Rn. 48; Semler/Stengel/*Ihrig*, § 233 Rn. 9; Widmann/Mayer/*Vossius*, § 217 Rn. 52.
1300 Böttcher/Habighorst/*Althoff/Narr*, § 217 Rn. 23; Habersack/Wicke/*Kühn*, § 217 Rn. 10; Lutter/*Joost*, § 217 Rn. 10; Kallmeyer/*Zimmermann*, § 193 Rn. 26; Kallmeyer/*Blasche*, § 217 Rn. 16; Semler/Stengel/*Schlitt*, § 217 Rn. 28.
1301 BGH NJW 1961, 1301, 1304; MünchKommBGB/*Koch*, § 1365 Rn. 22 m.w.N.
1302 Semler/Stengel/*Ihrig*, § 233 Rn. 9; Widmann/Mayer/*Vossius*, § 233 Rn. 30; zurecht ablehnend gegenüber diesem Gesichtspunkt aber KK-UmwG/*Dauner-Lieb/Tettinger*, § 233 Rn. 21.
1303 Lutter/*Göthel*, § 233 Rn. 48; Semler/Stengel/*Ihrig*, § 233 Rn. 9.
1304 Habersack/Wicke/*Herfs/Link*, § 240 Rn. 34; Kallmeyer/*Blasche*, § 240 Rn. 8; Lutter/*Göthel*, § 240 Rn. 25; Semler/Stengel/*Arnold*, § 240 Rn. 35.
1305 KK-UmwG/*Dauner-Lieb/Tettinger*, § 233 Rn. 22.
1306 BGHZ 132, 218, 220 f.
1307 Widmann/Mayer/*Vossius*, § 233 Rn. 31, 32.
1308 Vgl. MünchKommBGB/*Kroll-Ludwigs*, § 1822 Rn. 26 m.w.N.
1309 BGH NJW 1962, 1344 (bestätigt in BGH vom 25.09.1972 – II ZR 5/71 – BeckRS 1972, 31121567); LG Stuttgart BWNotZ 2001, 91.
1310 Zum Streitstand MünchKommBGB/*Kroll-Ludwigs*, § 1822 Rn. 28.
1311 Z.B. Kallmeyer/*Blasche*, § 240 Rn. 7; Semler/Stengel/*Bärwaldt*, § 193 Rn. 13; KK-UmwG/*Petersen*, § 193 Rn. 5.

eine Genehmigungspflicht annehmen.[1312] Andere[1313] halten die Zustimmung beim Formwechsel von der Personengesellschaft in die Kapitalgesellschaft wegen der dadurch ausgelösten Gründerhaftung für erforderlich, wenn der Minderjährige für den Formwechsel stimmt und dadurch als Gründer einer persönlichen Haftung unterliegt. Der Formwechsel einer Kapitalgesellschaft in eine andere Kapitalgesellschaft wird dagegen vielfach wie eine Änderung des Gesellschaftsvertrages gesehen und deshalb für genehmigungsfrei gehalten, wenn nicht ausnahmsweise Haftungsgefahren bestehen, weil der Formwechsel in die GmbH erfolgt und die Einlage noch nicht geleistet ist,[1314] während der Formwechsel von der Kapitalgesellschaft in die Rechtsform einer Personengesellschaft wegen des Abschlusses des Gesellschaftsvertrages gem. Nr. 3 und wegen der damit verbundenen Haftungsgefahren aus dem Gesichtspunkt des § 128 HGB nach Nr. 10 als genehmigungsbedürftig angesehen wird.[1315] Im Hinblick auf ein mögliches Wiederaufleben der Haftung gem. § 172 Abs. 4 HGB soll das auch für den künftigen Kommanditisten mit nicht voll eingezahlter Hafteinlage gelten.[1316] Nach Nr. 10 ist die Zustimmungserklärung auch genehmigungspflichtig, falls der Minderjährige die Stellung eines persönlich haftenden Gesellschafters in einer KGaA als Zielrechtsform übernimmt.

Zusammenfassend lässt sich sagen: Nach überwiegender Auffassung ist eine familiengerichtliche Genehmigung jedenfalls erforderlich 609
a) beim Formwechsel von der Personengesellschaft in die Kapitalgesellschaft, falls der Minderjährige für den Formwechsel stimmt und sich daraus eine persönliche Haftung ergeben kann,
b) beim Formwechsel in eine Personengesellschaft gem. Nr. 3 und gem. Nr. 10,
c) beim Formwechsel zwischen Kapitalgesellschaften, falls sich daraus eine persönliche Haftung ergeben kann, also insbesondere beim Formwechsel in die KGaA unter Übernahme der persönlichen Haftung durch den Minderjährigen sowie – falls man insoweit eine Haftung annimmt – bei Formwechsel in die GmbH, wenn die Einlagen nicht voll geleistet sind.

▶ Praxistipp: 610
Es empfiehlt sich angesichts der Vielfalt der vertretenen Auffassungen, vorsorglich immer dann eine familiengerichtliche Genehmigung einzuholen, wenn der Minderjährige durch den Formwechsel in irgendeine Haftung kommen könnte.

9. Aufhebung des Beschlusses, Anfechtung

a) Aufhebung des Beschlusses

Die Aufhebung eines satzungsändernden Gesellschafterbeschlusses vor Eintragung der Satzungsänderung im Handelsregister bedarf nach h.M. lediglich eines mit einfacher Mehrheit gefassten Gesellschafterbeschlusses, der auch nicht beurkundet werden muss.[1317] Dies wird man auch für den Beschluss über den Formwechsel so sehen müssen.[1318]

1312 Böttcher/Habighorst/*Althoff/Narr*, § 217 Rn. 22; Habersack/Wicke/*Simons*, § 193 Rn. 16; Lutter/*Göthel* § 233 Rn. 49; Schmitt/Hörtnagl/Stratz/*Stratz*, § 193 Rn. 10; ähnlich Kallmeyer/*Zimmermann*, § 193 Rn. 13; Widmann/Mayer/*Weiler*, § 193 Rn. 48.
1313 Lutter/*Joost*, § 217 Rn. 9; Kallmeyer/*Blasche*, § 217 Rn. 16; Semler/Stengel/*Schlitt*, § 217 Rn. 27.
1314 So Lutter/*Göthel*, § 240 Rn. 22; Semler/Stengel/*Arnold*, § 240 Rn. 32.
1315 Lutter/*Göthel* § 233 Rn. 49; Semler/Stengel/*Ihrig*, § 233 Rn. 9 Fn. 15; Semler/Stengel/*Arnold*, § 240 Rn. 33.
1316 Widmann/Mayer/*Vossius*, § 233 Rn. 36.
1317 Dazu Baumbach/Hueck/*Zöllner/Noack*, § 53 Rn. 26, 65; Hachenburg/*Ulmer*, § 53 Rn. 73; MünchKommGmbHG/*Harbarth*, § 53 Rn. 163; Rowedder/Schmidt-Leithoff/*Schnorbus*, § 55 Rn. 23; Scholz/*K. Schmidt*, § 45 Rn. 33; a.A. (satzungsändernde Mehrheit) Scholz/*Priester*, § 53 Rn. 188; (notarielle Beurkundung) Michalski/*Hermanns*, § 55 Rn. 33 ff.
1318 Habersack/Wicke/*Simons*, § 193 Rn. 22; Kallmeyer/*Zimmermann*, § 193 Rn. 37; Lutter/*Hoger*, § 193 Rn. 28; Semler/Stengel/*Bärwaldt*, § 193 Rn. 1; Widmann/Mayer/*Weiler*, § 193 Rn. 13; a.A. (formfrei, aber Mehrheit wie für den Formwechselbeschluss) Kallmeyer/*Zimmermann*, § 193 Rn. 37.

b) Anfechtung des Beschlusses

612 Für die Klage gegen die Wirksamkeit des Beschlusses gelten folgende Besonderheiten: Die Klage kann gem. § 195 Abs. 1 nur innerhalb eines Monats nach Beschlussfassung erhoben werden, unabhängig davon, ob und gegebenenfalls welche Fristen der Gesellschaftsvertrag generell vorsieht.[1319] Außerdem kann sie gem. § 195 Abs. 2 nicht darauf gestützt werden, dass die in dem Beschluss bestimmten Anteile am Rechtsträger neuer Rechtsform zu niedrig bemessen sind oder dass die Mitgliedschaft keinen ausreichenden Gegenwert für die Anteile oder die Mitgliedschaft bei dem formwechselnden Rechtsträger ist. Um eine Registersperre durch eine Anfechtungsklage in solchen Fällen auszuschließen, sind die betroffenen Anteilsinhaber darauf verwiesen, gem. § 196 Ausgleichsansprüche im Spruchverfahren geltend zu machen.

c) Inhaltliche Beschlusskontrolle

613 Im Rahmen der Erörterung der Schranken für die Gestaltung der Satzung des neuen Rechtsträgers wurde bereits das Thema einer inhaltlichen Kontrolle des Umwandlungsbeschlusses angesprochen (s.o. Rdn. 570 ff.). Nach einem Hinweis in der Gesetzesbegründung sind die von Rechtsprechung und Schrifttum für eine materielle Kontrolle wichtiger Hauptversammlungsbeschlüsse zur Kapitalerhöhung unter Bezugsrechtsausschluss entwickelten Vorstellungen, dass der Beschluss im Interesse der Gesellschaft liegen, zur Verfolgung des Unternehmensgegenstandes erforderlich und das angemessene Mittel sein müsse, nicht übernommen worden.[1320] Der Gesetzgeber hatte Zweifel, ob diese Grundsätze auf Umwandlungsbeschlüsse übertragbar sind und hielt es für ausgeschlossen, dieses Grundsatzproblem des Gesellschaftsrechts beschränkt auf das Umwandlungsrecht zu regeln.

614 Der BGH hatte in der bereits dargestellten Freudenberg-Entscheidung[1321] vor Erlass des UmwG noch eine Beschränkung auf notwendige Änderungen eingefordert und u.a. verlangt, dass der Charakter des formwechselnden Rechtsträgers und die Rechtspositionen der einzelnen Gesellschafter im Rahmen des rechtlich und tatsächlich Möglichen zu erhalten und anzupassen seien und Veränderungen nur nach dem Grundsatz des geringstmöglichen Eingriffs vorgenommen werden dürften. In der FPB-Entscheidung[1322] distanziert er sich von der früheren Entscheidung nicht ausdrücklich, greift die genannten Grundsätze aber nur am Rande auf. Im Vordergrund steht nunmehr die Frage, ob der Beschluss eine rechtsformbedingte Ungleichbehandlung mit sich bringt.[1323] Es entspricht inzwischen ganz h.M., dass der Umwandlungsbeschluss keiner sachlichen Rechtfertigung bedarf.[1324] Das schließt eine allgemeine Missbrauchskontrolle der Ausübung von Mehrheitsrechten jedoch nicht aus.[1325] Insbesondere soll es eine gesetzeswidrige Ausnutzung von Mehrheitsmacht darstellen, wenn der Formwechsel funktionswidrig eingesetzt wird oder dazu führt, dass die Satzung des Rechtsträgers neuer Rechtsform einseitig auf die Interessen der Mehrheitsgesellschafter zugeschnitten ist. Es wird bezweifelt, dass daneben dem Gleichbehandlungsgrundsatz noch eine erhebliche eigenständige Bedeutung zukommt.[1326]

615 Vor diesem Hintergrund wird vielfach angenommen, dass ein Formwechselbeschluss, der nur zur Durchführung eines **Squeeze-Out** führen soll, unwirksam ist.[1327] Voraussetzung soll allerdings sein,

---

1319 Zu Einzelheiten vgl. die einschlägige Kommentierung zu § 195.
1320 BT-Drucks. 12/6699, S. 139, 86.
1321 BGH NJW 1983, 1076; s.o. Rdn. 572.
1322 BGH NZG 2005, 722; s.o. Rdn. 572.
1323 So auch KK-UmwG/*Dauner-Lieb/Tettinger*, § 233 Rn. 59.
1324 OLG Stuttgart AG 2008, 464, 465; OLG Düsseldorf AG 2003, 578, 579; ZIP 2001, 1717, 1719; Habersack/Wicke/*Simons*, § 193 Rn. 32; Kallmeyer/*Zimmermann*, § 193 Rn. 10; Lutter/*Hoger*, § 193 Rn. 9; Semler/Stengel/*Bärwaldt*, § 193 Rn. 17; Widmann/Mayer/*Weiler*, § 193 Rn. 11.
1325 OLG Düsseldorf AG 2003, 578/579.
1326 So KK-UmwG/*Dauner-Lieb/Tettinger*, § 233 Rn. 66.
1327 Zur Diskussion vgl. OLG Stuttgart AG 2008, 464, 465 mit eingehenden Nachweisen zum Schrifttum.

dass die sonstigen Gründe für den Formwechsel nur vorgeschoben sind und einziges Ziel der Ausschluss der Minderheit war. Die Gegenmeinung sieht in einem solchen Formwechsel dagegen nur eine zulässige Nutzung der vom Gesetz zur Verfügung gestellten Gestaltungsinstrumente; Formwechsel und Squeeze Out seien zu trennen. Rechtsmissbräuchlich sei allenfalls der spätere Squeeze Out Beschluss.[1328]

VIII. Zustimmung einzelner Gesellschafter

1. Allgemeines

Ein Zustimmungserfordernis für einzelne Gesellschafter ergibt sich zunächst aus § 193 Abs. 2. Hiernach gilt bei allen Varianten des Formwechsels, dass dieser der Zustimmung der Gesellschafter bedarf, von deren Genehmigung gegebenenfalls die Abtretung von Anteilen des formwechselnden Rechtsträgers abhängig ist. Daneben gibt es in den Besonderen Vorschriften zahlreiche Fälle, in denen die Wirksamkeit des Formwechsels von der Zustimmung einzelner Anteilsinhaber abhängig gemacht ist. So bedarf der Formwechsel einer GmbH der Zustimmung von Gesellschaftern, denen bei der formwechselnden GmbH Sonderrechte i.S.d. § 50 Abs. 2[1329] oder bei der Zielrechtsform wegen § 55 AktG nicht fortführbare Verpflichtungen zustehen. Weiter sind hier die Fälle zu nennen, in denen der Formwechsel eines einstimmigen Gesellschafterbeschlusses aller Anteilsinhaber bedarf. Das sind die Fälle des Formwechsels von Personengesellschaften, falls die Satzung keinen Mehrheitsbeschluss der Gesellschafter vorsieht. Soweit einzelne Anteilsinhaber bei dem Beschluss nicht mitgewirkt haben, ist der Vollzug des Formwechsels nur möglich, wenn sie gesondert zustimmen vgl. § 217 Abs. 1 Satz 1 Halbs. 2. Außerdem bedarf der Formwechsel stets der Zustimmung künftiger persönlich haftender Gesellschafter einer KG oder KGaA und auch der Zustimmung der bisherigen persönlich haftenden Gesellschafter einer KGaA, letzteres allerdings nur, falls die Satzung keinen Mehrheitsbeschluss der persönlich haftenden Gesellschafter vorsieht. Schließlich bedarf der Formwechsel einer Kapitalgesellschaft in eine andere Kapitalgesellschaft der Zustimmung von Gesellschaftern, die sich bei der Zielrechtsform nicht proportional beteiligen können. Im einzelnen:

2. § 193 Abs. 2 – Erfordernis der Zustimmung vinkulierungsbegünstigter Anteilsinhaber

Ist die Abtretung der Anteile des formwechselnden Rechtsträgers von der Genehmigung einzelner Anteilsinhaber abhängig, bedarf der Beschluss gem. § 193 Abs. 2 ihrer Zustimmung. Nach der Gesetzesbegründung ist die Regelung – wie § 13 Abs. 2 – Ausdruck des allgemeinen Rechtsgedankens, dass Sonderrechte eines Anteilsinhabers nicht ohne dessen Zustimmung beeinträchtigt werden dürfen (§ 35 BGB).[1330] Daraus ergibt sich:

a) Sonderrechte einzelner Anteilsinhaber

Bei der Vinkulierung muss es sich um ein Sonderrecht handeln, also ein dem einzelnen Anteilsinhaber in der Satzung eingeräumtes Recht. Dieses kann darin bestehen, dass die Verfügung über Geschäftsanteile der Zustimmung einzelner Gesellschafter bedarf.[1331] Dabei muss der Zustimmungsberechtigte nicht namentlich genannt sein; es genügt, wenn das Zustimmungserfordernis dem jewei-

---

1328 OLG Hamburg, NZG 2012, 944, 946; Lutter/*Hoger*, § 195 Rn. 25 mwN; in diese Richtung auch Habersack/Wicke/*Simons*, § 195 Rn. 45; Kallmeyer/*Meister/Klöcker/Berger*, § 195 Rn. 29; KK-UmwG/ *Petersen*, §§ 190 ff. Rn. 20 ff; zum verschmelzungsrechtlichen Squeeze-Out Münch HdB GesR Bd. 8/ *Kiefner/Seibel*, § 17 Rn. 20 f.
1329 S.o. Rdn. 548.
1330 *Ganske*, S. 216; vgl. auch Semler/Stengel/*Bärwaldt*, § 193 Rn. 18.
1331 Habersack/Wicke/*Simons*, § 195 Rn. 43; KK-UmwG/*Petersen*, § 193 Rn. 14; Lutter/*Hoger*, § 193 Rn. 14; Semler/Stengel/*Bärwaldt*, § 193 Rn. 20.

ligen Inhaber eines oder mehrerer Geschäftsanteile zusteht.[1332] Erfasst sind trotz des scheinbar abweichenden Wortlauts auch die Fälle, in denen die Verfügung nur mit Zustimmung aller (anderen) Anteilsinhabern zulässig ist.[1333] Nach überwiegender – wenngleich umstrittener – Auffassung unterfällt der Regelung auch der Fall, dass die Abtretung der Zustimmung durch einen einstimmig gefassten Gesellschafterbeschluss bedarf. Das soll jedoch nur gelten, wenn dieser mit allen vorhandenen Stimmen, nicht nur mit den abgegebenen Stimmen zu fassen ist.[1334] Auch in diesem Fall ist die Abtretung von der Genehmigung jedes einzelnen Anteilsinhabers abhängig. Schließlich wird man es auch als ein Anwendungsfall von § 193 Abs. 2 ansehen müssen, wenn die Abtretbarkeit im Gesellschaftsvertrag gänzlich ausgeschlossen ist, wobei die Anwendung in diesem Fall von manchen (zu Unrecht) davon abhängig gemacht wird, dass diese Bestimmung nur mit den Stimmen aller Gesellschafter geändert werden kann.[1335]

b) Ausgeschlossene Fälle

619 Dagegen greift die Bestimmung nicht in Fällen, in denen die Abtretung von der Zustimmung des formwechselnden Rechtsträgers selbst oder eines seiner Organe abhängig ist.[1336] Außerdem bedarf er keiner gesonderten Zustimmung von Gesellschaftern, von deren Zustimmung die Abtretung nicht aufgrund eines in der Satzung verankerten Sonderrechts, sondern bei Anbindung an einen Mehrheitsbeschluss lediglich deshalb abhängig ist, weil der Gesellschafter tatsächlich über eine Stimmenmehrheit verfügt.[1337] Für den Formwechsel einer AG greift § 193 Abs. 2 wegen der beschränkten Regelbarkeit gem. § 68 Abs. 2 Satz 3 AktG daher nur in den seltenen Fällen ein, dass die Abtretung von der Zustimmung der Hauptversammlung abhängig gemacht ist und diese nur mit Zustimmung aller Aktionäre erteilt werden kann.[1338]

620 Nicht gem. § 193 Abs. 2 erforderlich ist die Zustimmung der Inhaber anderer Rechte wie Vorkaufs- und Ankaufsrechte.[1339] Beruht die Vinkulierung nicht auf einer Satzungsbestimmung, sondern wie mangels abweichender Regelung bei der Personengesellschaft auf Gesetz, greift § 193 Abs. 2 – nach allerdings bestrittener Auffassung[1340] – ebenfalls nicht ein; sie setzt ein statutarisches Sonderrecht voraus.[1341] Dagegen ist die Bestimmung für die Personengesellschaft einschlägig, wenn der Gesellschaftsvertrag die Abtretbarkeit vorsieht, aber von der Zustimmung einzelner oder aller anderen Gesellschafter abhängig macht.[1342] Ergibt sich das Zustimmungserfordernis nicht aus einer satzungs-

---

1332 KK-UmwG/*Petersen*, § 193 Rn. 14; Lutter/*Hoger*, § 193 Rn. 14.
1333 Habersack/Wicke/*Simons*, § 195 Rn. 43; Kallmeyer/*Zimmermann*, § 193 Rn. 17; Lutter/*Hoger*, § 193 Rn. 15; Semler/Stengel/*Bärwaldt*, § 193 Rn. 18.
1334 Henssler/Strohn/*Drinhausen/Keinath*, § 193 Rn. 7; Lutter/*Hoger*, § 193 Rn. 15; *Reichert*, GmbHR 1995, 176/180; Semler/Stengel/*Bärwaldt*, § 193 Rn. 22; a.A. zu Recht Kallmeyer/*Zimmermann*, § 193 Rn. 17.
1335 Henssler/Strohn/*Drinhausen/Keinath*, § 193 Rn. 7; Lutter/*Hoger*, § 193 Rn. 15; *Reichert*, GmbHR 1995, 186, 180; Widmann/Mayer/*Weiler*, § 193 Rn. 73; a.A. Kallmeyer/*Zimmermann*, § 193 Rn. 17; Schmitt/Hörtnagl/Stratz/*Stratz*, § 193 Rn. 18.
1336 Kallmeyer/*Zimmermann*, § 193 Rn. 18; Lutter/*Hoger*, § 193 Rn. 16; Schmitt/Hörtnagl/Stratz/*Winter*, § 193 Rn. 17; Semler/Stengel/*Bärwaldt*, § 193 Rn. 23.
1337 Semler/Stengel/*Bärwaldt*, § 193 Rn. 24; Widmann/Mayer/*Weiler*, § 193 Rn. 66.
1338 Kallmeyer/*Zimmermann*, § 193 Rn. 16; Lutter*Hoger*, § 193 Rn. 13; Widmann/Mayer/*Weiler*, § 193 Rn. 67.
1339 Kallmeyer/*Zimmermann*, § 193 Rn. 18; KK-UmwG/*Petersen*, § 193 Rn. 16; Lutter/*Hoger*, § 193 Rn. 21; Semler/Stengel/*Bärwaldt*, § 193 Rn. 25.
1340 A.A. z.B. Semler/Stengel/*Bärwaldt*, § 193 Rn. 21; Lutter/*Drygala*, § 13 Rn. 29.
1341 Vgl. Habersack/Wicke/*Simons*, § 193 Rn. 41; Semler/Stengel/*Schlitt*, § 217 Rn. 23; Lutter/*Hoger*, § 193 Rn. 17; *Reichert*, GmbHR 1995, 176/181; KK-UmwG/*Dauner-Lieb/Tettinger*, § 217 Rn. 49; KK-UmwG/*Petersen*, § 193 Rn. 11; Widmann/Mayer/*Weiler*, § 193 Rn. 68.
1342 KK-UmwG/*Petersen*, § 193 Rn. 11 sowie die in voriger Fußnote Genannten.

mäßigen Regelung, sondern aus einer schuldrechtlichen Vereinbarung (z.B. Gesellschaftervereinbarung), greift § 193 Abs. 2 nicht ein.[1343]

c) Zustimmung bei gleicher Vinkulierung der Zielrechtsform

Nach dem Wortlaut des Gesetzes bedarf es der Zustimmung auch, wenn die Vinkulierung in der neuen Rechtsform bestehen bleibt. Dies weicht von der über § 241 für die GmbH anwendbaren Bestimmung des § 50 Abs. 2 ab, die ausdrücklich eine Beeinträchtigung des Sonderrechts verlangt. Das passt auch nicht zur Gesetzesbegründung. Es spricht deshalb viel dafür, die Bestimmung teleologisch dahingehend zu reduzieren, dass sie entgegen ihrem Wortlaut nicht eingreift, wenn eine entsprechende Vinkulierung auch beim Rechtsträger neuer Rechtsform erhalten bleibt.[1344]

621

d) Mangelnde Abstimmung mit Satzungsbestimmungen über Beschlussmehrheiten

Auslegungsschwierigkeiten bereitet § 193 Abs. 2, **wenn die Vinkulierungsklausel und die Mehrheitserfordernisse** für den Beschluss in der Satzung **nicht aufeinander abgestimmt** sind. Die Empfehlung, deshalb schlechthin auf Vinkulierungsklauseln zugunsten einzelner Personen in Satzungen und Gesellschaftsverträgen zu verzichten,[1345] geht allerdings sehr weit. Zweifelsfrei ist die Auslegung, wenn der Gesellschaftsvertrag lediglich die Vinkulierung zugunsten einzelner Gesellschafter vorsieht, die Mehrheit für Umwandlungsbeschlüsse aber nicht anspricht. In diesem Fall bedarf der Formwechsel der Zustimmung aller, aus der Vinkulierungsklausel begünstigten Gesellschafter. Schwierigkeiten bereitet es dagegen, wenn die Vinkulierungsklausel die Zustimmung **aller anderen** Gesellschafter verlangt, der Gesellschaftsvertrag für den Formwechsel aber lediglich eine Mehrheit vorschreibt. Nach einer Meinung müssen in diesem Fall gem. § 193 Abs. 2 alle Gesellschafter dem Formwechsel zustimmen.[1346] Überzeugend ist das nicht: Wenn der Gesellschaftsvertrag/die Satzung einerseits die Abtretbarkeit allgemein von der Zustimmung aller anderen Anteilsinhaber abhängig macht, andererseits speziell für den Formwechsel eine bestimmte Mehrheit regelt, spricht viel für die Auslegung, dass die speziellere Bestimmung der allgemeinen vorgehen soll und es deshalb bei der 3/4-Mehrheit bleibt.[1347]

622

Das setzt allerdings voraus, dass § 193 Abs. 2 abdingbar ist, was aber unter Berücksichtigung des Schutzzwecks anzunehmen ist.

623

▶ Praxistipp:

Bei der Abfassung des Gesellschaftsvertrages sind Vinkulierungsklauseln und Beschlussmehrheiten aufeinander abzustimmen.

624

▶ Formulierungsbeispiel: Beschlussmehrheit und Vinkulierung

Ein mit der in diesem Gesellschaftsvertrag bestimmten Mehrheit gefasster Beschluss über einen Formwechsel der Gesellschaft bedarf abweichend von § 193 Abs. 2 UmwG keiner gesonderter Zustimmung der Anteilsinhaber, von deren Zustimmung die Abtretung von Gesellschaftsanteilen abhängig ist.

625

[1343] Henssler/Strohn/*Drinhausen/Keinath,* § 193 UmwG Rn. 7; Kallmeyer/*Zimmermann,* § 193 Rn. 16; KK-UmwG/*Petersen,* § 193 Rn. 14; Lutter/*Hoger,* § 193 Rn. 19; Schmitt/Hörtnagl/Stratz/*Winter,* § 193 Rn. 17; Semler/Stengel/*Bärwaldt,* § 193 Rn. 25; Widmann/Mayer/*Weiler,* § 193 Rn. 63.

[1344] Henssler/Strohn/*Drinhausen/Keinath,* § 193 UmwG Rn. 7; Lutter/*Hoger,* § 193 Rn. 12; sympathisierend auch KK-UmwG/*Dauner-Lieb/Tettinger,* § 233 Rn. 39; dagegen aber Widmann/Mayer/*Weiler,* § 193 Rn. 64.

[1345] So Kallmeyer/*Zimmermann,* § 193 Rn. 17.

[1346] Kallmeyer/*Zimmermann,* § 193 Rn. 17; Lutter/*Hoger,* § 193 Rn. 18; KK-UmwG/*Petersen,* § 193 Rn. 12.

[1347] Semler/Stengel/*Schlitt* § 217 Rn. 23 f.; Widmann/Mayer/*Weiler,* § 193 Rn. 71; So auch *Schöne,* GmbHR 1995, 325, 332, allerdings nur für die Personenhandelsgesellschaft.

3. Zustimmung anderer Sonderrechtsinhaber

a) §§ 233 Abs. 2 Satz 1 Halbs. 2, 241 Abs. 2

626 Für den Fall des Formwechsels einer GmbH in eine Personengesellschaft oder in eine Kapitalgesellschaft anderer Rechtsform ordnen §§ 233 Abs. 2 Satz 1, 241 Abs. 2 die entsprechende Anwendung von § 50 Abs. 2 an. Nach dieser Bestimmung bedarf der Beschluss der Zustimmung aller Gesellschafter, denen bei einer formwechselnden GmbH Minderheitsrechte oder besondere Rechte in der Geschäftsführung der Gesellschaft, bei der Bestellung der Geschäftsführer oder hinsichtlich eines Vorschlagsrechts für die Geschäftsführung zustehen, falls diese Rechte durch den Formwechsel beeinträchtigt werden, also nicht wenn der Gesellschafter gleichwertige Rechte beim Rechtsträger neuer Rechtsform erhält.[1348] Daran anknüpfend wird die Zustimmung einzelner Anteilsinhaber auch beim Formwechsel der AG verlangt, wenn deren Recht, ein Aufsichtsratsmitglied zu entsenden, beim Formwechsel beeinträchtigt wird.[1349] Anzumerken ist zunächst, dass durch § 50 Abs. 2 die Inhaber statutarischer Minderheitsrechte geschützt werden, die einzelnen Gesellschaftern individuell zustehen. Erfasst werden sollen nur Sonderrechte, also nicht Rechte, die nur darauf beruhen, dass für bestimmte Beschlüsse höhere Beschlussmehrheiten angeordnet sind, die einzelnen Gesellschaftern nur aufgrund der Stimmenzahl ein Vetorecht geben.[1350] Ausgenommen sind nach der Vorstellung des Gesetzgebers Minderheitsrechte, die rein vermögensbezogen sind und (bezogen auf die Verschmelzung) bei der verhältnismäßigen Verteilung der künftigen Anteile zu berücksichtigen sind, insbesondere Gewinnvorzugsberechtigungen und Liquidationspräferenzen.[1351] Auf den Formwechsel übersetzt bedeutet das, dass der Verlust von Sonderrechten, die lediglich Vermögenspositionen einzelner Gesellschafter betreffen,[1352] nur einen Anspruch auf finanziellen Ausgleich gem. § 196 begründet. Die Durchführung der Abgrenzung und die Identifizierung primär vermögensbezogener Sonderrechte hat der Gesetzgeber bewusst der Rechtsprechung überlassen.[1353]

b) Besondere Zustimmungserfordernisse in der AG, insbesondere Sonderbeschlüsse gem. § 65 Abs. 2

627 Gem. § 233 Abs. 2 Satz 1 Halbs. 2, § 240 Abs. 1 Satz 1 Halbs. 2 ist ferner § 65 Abs. 2 entsprechend anzuwenden. Danach bedarf der Beschluss, wenn mehrere Gattungen von Aktien vorhanden sind, der Zustimmung der stimmberechtigten Aktionäre jeder Gattung. Über die Zustimmung haben die Aktionäre jeder Gattung mit der qualifizierten Mehrheit von 3/4 des bei der Beschlussfassung vertretenen Grundkapitals einen Sonderbeschluss zu fassen. Besondere Fragen stellen sich bei **stimmrechtslosen Vorzugsaktien**. In Anbetracht der Formulierung des § 65 Abs. 2 »Zustimmung der **stimmberechtigten** Aktionäre jeder Gattung« ist ein Sonderbeschluss grundsätzlich nicht erforderlich.[1354] Anders ist das allerdings,[1355] wenn das Stimmrecht gem. § 140 Abs. 2 AktG wieder aufgelebt ist, weil der Gewinnvorzug auch im zweiten Jahr nicht bedient worden ist. Das ist unstreitig. Fraglich ist dagegen, ob § 141 AktG Anwendung findet. Danach lebt das Stimmrecht wieder auf, wenn der Gewinnvorzug aufgehoben oder beschränkt werden soll. Nach verbreiteter Auffassung soll dies

---

1348 Habersack/Wicke/*v. Hinden*, § 50 Rn. 64; Kallmeyer/*Zimmermann*, § 50 Rn. 23; Lutter/*J. Vetter*, § 50 Rn. 59; Semler/Stengel/*Reichert*, § 50 Rn. 40; Widmann/Mayer/*Weiler*, § 193 Rn. 77.
1349 KKUmwG/*Dauner-Lieb/Tettinger*, § 233 Rn. 45.
1350 Lutter/*J. Vetter*, § 50 Rn. 48; Kallmeyer/*Zimmermann*, § 50 Rn. 21; *Reichert*, GmbHR 1995, 176/182; Semler/Stengel/*Reichert*, § 50 Rn. 27.
1351 Böttcher/Habighorst/*Kleindiek*, § 50 Rn. 21; Habersack/Wicke/*v. Hinden*, § 50 Rn. 51; Kallmeyer/*Zimmermann*, § 50 Rn. 21; Lutter/*J. Vetter*, § 50 Rn. 51 f.; Semler/Stengel/*Reichert*, § 50 Rn. 31.
1352 Zur Abgrenzung vgl. KK-UmwG/*Dauner-Lieb/Tettinger*, § 233 Rn. 40 ff.
1353 Lutter/*J. Vetter*, § 50 Rn. 49; KK-UmwG/*Dauner-Lieb/Tettinger*, § 233 Rn. 40 ff.
1354 KK-UmwG/*Dauner-Lieb/Tettinger*, § 233 Rn. 44; Lutter/*Göthel*, § 233 Rn. 31; Semler/Stengel/*Ihrig*, § 233 Rn. 26.
1355 Lutter/*Göthel*, § 233 Rn. 31, KK-UmwG/*Dauner-Lieb/Tettinger*, § 233 Rn. 44.

auch im Rahmen der Umwandlung gelten.[1356] Dagegen ist zurecht vorgebracht worden, dass ein Aufleben des Stimmrechts in diesem Fall nicht in die Systematik des UmwG passt. Für die Parallelvorschrift des § 50 Abs. 2 beim Formwechsel in die GmbH hat der Gesetzgeber bei Verlust eines Gewinnvorzugs ausdrücklich kein Zustimmungserfordernis begründet. Deshalb spricht viel dafür, es auch für § 65 Abs. 2 dabei zu belassen, dass eine Verletzung des Gebots in §§ 203, 23, dem Gesellschafter in der neuen Rechtsform gleichwertige Rechte zu gewähren, nur einen Zahlungsanspruch gem. § 196 auslöst und nicht die Wirksamkeit des Beschlusses in Frage stellt.[1357]

c) Zustimmung besonders verpflichteter Gesellschafter

Gem. § 241 Abs. 3 bedarf der Formwechselbeschluss außerdem der Zustimmung von Gesellschaftern, denen neben der Leistung von Kapitaleinlagen noch andere Verpflichtungen gegenüber der Gesellschaft auferlegt sind, falls diese wegen § 55 AktG beim Formwechsel nicht aufrechterhalten bleiben. Auf den ersten Blick verwundert es, dass die Streichung von Verpflichtungen eines Gesellschafters für diesen ein Zustimmungserfordernis begründet. Der Grund liegt darin, dass solchen Verpflichtungen (z.B. der Zuckerrübenlieferungspflicht) regelmäßig Vorteile des Verpflichteten gegenüberstehen (im Beispiel die Abnahmepflicht der Gesellschaft), die er mit dem Formwechsel verlieren würde.[1358] Deshalb soll das Zustimmungserfordernis entfallen, wenn der Wegfall der Nebenleistungspflicht den Gesellschafter ausschließlich begünstigt.[1359] Es entfällt ferner, wenn die mit der Verpflichtung einhergehenden Rechte des Gesellschafters nicht satzungsfest sind und ohne seine Zustimmung entzogen werden können.[1360] Dagegen bleibt es entgegen dem Wortlaut der Bestimmung bei dem Zustimmungserfordernis auch, wenn alle Gesellschafter nebenleistungspflichtig sind und diese Verpflichtungen für alle gleichermaßen entfallen.[1361]

628

d) Allgemeines Zustimmungserfordernis für Sonderrechtsinhaber?

Die vorstehenden Regelungen sind wie § 193 Abs. 2 Ausdruck des allgemeinen Rechtsgedankens, dass Sonderrechte nicht ohne Zustimmung des Anteilsinhabers beeinträchtigt werden dürfen (§ 35 BGB). Daraus wird teilweise geschlossen, dass der Formwechsel generell nur mit Zustimmung der Anteilsinhaber wirksam wird, denen beim formwechselnden Rechtsträger Sonderrechte zustehen, und diese durch den Formwechsel beeinträchtigt werden.[1362] Angesichts der differenzierten gesetzlichen Regelung (Einstimmigkeit aller Gesellschafter in einigen Fälle wie z.B. §§ 217, 233, Erfordernis der Zustimmung bestimmter Gesellschafter in §§ 193 Abs. 2, 233 Abs. 2, 241, Schutz von Anteilsinhabern mit Sonderrechten ohne Stimmrecht gem. §§ 204, 23 durch die Verpflichtung zur Gewährung gleichwertiger Rechte) dürfte sich eine solche erweiternde Gesetzesauslegung aber verbieten. §§ 204, 23 zeigen, dass nicht jeder Inhaber eines Sonderrechts dadurch geschützt werden soll, dass er dem Formwechsel Beschluss zustimmen muss.[1363] Inhabern anderer Sonderrechte, als

629

1356 Lutter/*Göthel* § 233 Rn. 31; *Kiem*, ZIP 1997, 1627, 1630; Widmann/Mayer/*Vossius*, § 233 Rn. 98.
1357 So überzeugend KK-UmwG/*Dauner-Lieb/Tettinger*, § 233 Rn. 44; Semler/Stengel/*Arnold*, § 240 Rn. 15 m.w.N.
1358 Vgl. Kallmeyer/*Blasche*, § 241 Rn. 8; Lutter/*Göthel*, § 241 Rn. 12,; Semler/Stengel/*Mutter*, § 241 Rn. 22, 24; Widmann/Mayer/*Rieger*, § 241 Rn. 43 m.w.N.
1359 Böttcher/Habighorst/*Althoff/Narr,* § 241 Rn. 18; Habersack/Wicke/*Herfs/Link*, § 241 Rn. 14; Kallmeyer/*Blasche*, § 241 Rn. 8; Lutter/*Göthel*, § 241 Rn. 14; KK-UmwG/*Petersen,* § 241 Rn. 15; Semler/Stengel/*Mutter*, § 241 Rn. 25; Widmann/Mayer/*Rieger*, § 241 Rn. 44.
1360 Kallmeyer/*Blasche*, § 241 Rn. 8; Lutter/*Göthel*, § 241 Rn. 13; Semler/Stengel/*Mutter*, § 241 Rn. 26; Widmann/Mayer/*Rieger*, § 241 Rn. 48 f.
1361 Habersack/Wicke/*Herfs/Link*, § 241 Rn. 14; Kallmeyer/*Blasche*, § 241 Rn. 9; Lutter/*Göthel*, § 241 Rn. 11; Semler/Stengel/*Mutter*, § 241 Rn. 28; Widmann/Mayer/*Rieger*, § 241 Rn. 40 f.
1362 Kallmeyer/*Dirksen/Blasche*, § 233 Rn. 9; *ders.*, § 240 Rn. 3; Lutter/*Hoger*, § 193 Rn. 25; Lutter/*Göthel*, § 240 Rn. 19 f.; Semler/Stengel/*Schlitt*, § 217 Rn. 24; Semler/Stengel/*Arnold*, § 240 Rn. 30; a.A. KK-UmwG/*Dauner-Lieb/Tettinger*, § 233 Rn. 41; KK-UmwG/*Petersen*, § 193 Rn. 16, zweifelnd aber in § 241 Rn. 11.
1363 Limmer/*Limmer*, Teil 4 Rn. 235.

sie in §§ 193 Abs. 2, 233, 240 i.V.m. 50 Abs. 2 geregelt sind, und die durch den Formwechsel beeinträchtigt werden, bleibt daher nur der Ausgleich nach § 196, die klageweise Durchsetzung des Anspruchs auf Gewährung gleichwertiger Rechte oder der Widerspruch gegen den Beschluss und die Annahme eines Abfindungsangebotes[1364] (s. dazu bereits oben Rdn. 548).

4. Weitere Zustimmungserfordernisse

a) Zustimmung nicht erschienener Anteilsinhaber bei einstimmig zu fassenden Beschlüssen

630 Weitere Zustimmungserfordernisse ergeben sich, wie unter Nr. 1. bereits angesprochen wurde, wenn der Beschluss bei dem Formwechsel einer Personengesellschaft gem. § 217 Abs. 1 Satz 1 Halbs. 2 der Einstimmigkeit aller Anteilsinhaber bedarf und einzelne Anteilsinhaber bei der Beschlussfassung weder anwesend noch vertreten sind.

631 Die Möglichkeit zur Vertretung einzelner Gesellschafter bei dem Beschluss der Anteilsinhaber ist bereits unter Rdn. 595 ff., die Fragen, ob die Zustimmung nicht erschienener Anteilseigner nachgeholt werden kann und ob die Zustimmung auch solcher Gesellschafter, die vom Stimmrecht ausgeschlossen sind, erforderlich ist[1365] sowie die Entbehrlichkeit der Zustimmung der GmbH bei einer GmbH & Co. KG, wenn die Gesellschafter der GmbH und die Kommanditisten der KG identisch sind,[1366] sind unter Rdn. 587 erörtert worden.

b) Zustimmung sowie ggf. Beitritt künftiger Komplementäre

632 **Zustimmen** müssen weiter alle Personen, die in dem Rechtsträger neuer Rechtsform **persönlich haften** sollen, und zwar nach §§ 217 Abs. 3, 233 Abs. 2 Satz 3 und 240 Abs. 2 Satz 1 diejenigen, die bereits Gesellschafter sind und nach §§ 221, 240 Abs. 2 Satz 2 diejenigen, die neu als persönlich haftende Gesellschafter einer KGaA beitreten. Den Beitritt im Rahmen des Formwechsels sieht das Gesetz nur für die KGaA vor. § 240 Abs. 2 wird in § 262 Abs. 2, § 275 Abs. 3 für den Formwechsel einer eG und eines e.V. in eine KGaA für entsprechend anwendbar erklärt und findet seine Entsprechung in § 303.

633 Grundgedanke dieser Regelungen ist, dass niemandem ohne seine Zustimmung eine persönliche Haftung auferlegt werden kann und zwar auch nicht, wenn er (z.B. beim Formwechsel einer KG in eine KGaA) bislang bereits persönlich haftender Gesellschafter war, weil sich seine Rechtsstellung in der neuen Rechtform doch ändert.[1367] Diese Zustimmung ist auch erforderlich, wenn der Gesellschafter beim Beschluss über den Formwechsel **als Vorzugsaktionär nicht stimmberechtigt** ist.[1368] Stirbt der vorgesehene Komplementär zwischen Umwandlungsbeschluss und Eintragung, und tritt sein Erbe in die Komlementärstellung ein, ist die Zustimmung des Erben entsprechend § 233 Abs. 2 Satz 3 erforderlich.[1369] Ist der Formwechsel bereits ins Handelsregister eingetragen, kann der Erbe nach § 139 HGB vorgehen. In der Zustimmung zum Umwandlungsbeschluss wird man zugleich die Zustimmung nach § 217 Abs. 3 sehen können.[1370] Formgerecht ist die Zustimmung dann aber nur, wenn der Beschluss nach den Bestimmungen über die Beurkundung von Willenserklärungen

---

1364 So auch die Vorgenannten sowie Limmer/*Limmer* Teil 4 Rn. 231 ff.; Widmann/Mayer/*Weiler*, § 193 Rn. 81; KK-UmwG/*Dauner-Lieb/Tettinger*, § 233 Rn. 45 wollen allerdings eine Ausnahme für Anteilsinhaber machen, denen bei der AG oder KGaA das Recht zur Entsendung von Aufsichtsratsmitgliedern zusteht, was sie mit der diesbezüglichen besonderen Regelung des Aktiengesetzes begründen.
1365 Semler/Stengel/*Schlitt*, § 217 Rn. 12.
1366 Semler/Stengel/*Schlitt*, § 217 Rn. 9.
1367 Habersack/Wicke/*Kühn*, § 217 Rn. 47; Kallmeyer/*Blasche*, § 217 Rn. 15; KK-UmwG/*Dauner-Lieb/Tettinger*, § 217 Rn. 47; Lutter/*Joost/Hoger*, § 217 Rn. 21; Semler/Stengel/*Schlitt*, § 217 Rn. 41; Widmann/Mayer/*Vossius*, § 217 Rn. 129.
1368 Kallmeyer/*Blasche*, § 233 Rn. 10; Lutter/*Göthel*, § 233 Rn. 27; Semler/Stengel/*Ihrig*, § 233 Rn. 25.
1369 Lutter/*Göthel*, § 233 Rn. 28; *Schwedhelm*, Die Unternehmensumwandlung, Rn. 1240.
1370 Semler/Stengel/*Schlitt*, § 217 Rn. 42; Widmann/Mayer/*Vossius*, § 217 Rn. 131; a.A. KK-UmwG/*Dauner-Lieb/Tettinger*, 233 Rn. 36.

beurkundet worden ist.[1371] Für **Kommanditisten** soll das Zustimmungserfordernis grundsätzlich auch dann nicht gelten, wenn ihnen durch Festsetzung überhöhter Haftsummen, die nicht durch das Reinvermögen gedeckt sind, eine Haftung droht.[1372]

Tritt der Gesellschafter der Gesellschaft im Rahmen des Formwechsels als persönlich haftender Gesellschafter bei, bedarf es gem. § 221 einer notariell beurkundeten **Beitrittserklärung**. Zu Einzelheiten s.u. Rdn. 645 f. Mit dem Beitritt ist gem. § 221 Satz 2 auch die Satzung zu genehmigen. **634**

Nach zunehmender Auffassung wird der **Beitritt eines persönlich haftenden Gesellschafters** auch bei dem Formwechsel in die **GmbH & Co. KG** für zulässig gehalten[1373] (vgl. dazu oben Rdn. 524 ff.). Auf diese Beitrittserklärung wird man §§ 240 Abs. 2, 221 entsprechend anwenden müssen.[1374] Auch die weitere Regelung des § 221, dass mit der Beitrittserklärung die Satzung des Rechtsträgers neuer Rechtsform von dem beitretenden persönlich haftenden Gesellschafter zu genehmigen ist, wird man entsprechend anwenden können und müssen. **635**

▶ Formulierungsbeispiel: Beitrittserklärung der persönlich haftenden Gesellschafter **636**

Persönlich haftende Gesellschafterin ohne Kapitalanteil der X-GmbH & Co. KG als Rechtsträger neuer Rechtsform wird die X-GmbH in ..... Sie erklärt hiermit aufschiebend bedingt auf den Zeitpunkt, in dem der Formwechsel wirksam wird, ihren Beitritt als persönlich haftende Gesellschafterin zu der X-GmbH & Co. KG, stimmt allen in dem Formwechselbeschluss abgegebenen Erklärungen ausdrücklich zu und genehmigt den Gesellschaftsvertrag der Kommanditgesellschaft als Rechtsträger neuer Rechtsform.

c) Zustimmung bisheriger Komplementäre

Zustimmen müssen auch die bisherigen Komplementäre der KGaA gem. §§ 233 Abs. 3 Satz 1 und 2, 240 Abs. 3, 252 Abs. 3. Das entspricht der Systematik der KGaA. Gem. § 278 Abs. 2 AktG bestimmt sich die Rechtsstellung der persönlich haftenden Gesellschafter untereinander und gegenüber der Gesamtheit der Kommanditaktionäre nach den Vorschriften des HGB über die KG. Überdies verliert der persönlich haftende Gesellschafter durch den Formwechsel seine Rechtsstellung als Geschäftsführer und Vertreter der KGaA.[1375] Ein Komplementär soll in dieser Eigenschaft zustimmen und zugleich als Kommanditaktionär gegen den Formwechsel stimmen können, damit er als Kommanditaktionär ein Abfindungsangebot annehmen kann.[1376] Umgekehrt soll mit seiner Zustimmung zum Formwechselbeschluss als Kommanditaktionär auch die Zustimmung als Komplementär erteilt sein.[1377] Dies geht aber wohl zu weit. Es kann Gründe geben, zwar dem Hauptversammlungsbeschluss zuzustimmen, sich die Entscheidung als Komplementär aber vorzubehalten.[1378] Erfolgt der Formwechsel in eine oHG, GbR, PartG oder KG, in der der persönlich haftende Gesellschafter seine Stellung beibehalten soll, muss er auch in dieser Eigenschaft, also doppelt, seine Zustimmung erklären. Ob eine Erklärung die andere umfasst, ist umstritten.[1379] **637**

1371 Widmann/Mayer/*Vossius*, § 217 Rn. 131; vgl. auch KK-UmwG/*Dauner-Lieb/Tettinger*, § 217 Rn. 47.
1372 KK-UmwG/*Dauner-Lieb/Tettinger*, § 233 Rn. 37; Semler/Stengel/*Ihrig*, § 233 Rn. 25; a.A. Kallmeyer/*Blasche*, § 233 Rn. 10.
1373 BGH NZG 2005, 722; OLG Oldenburg, MittBayNot 2020, 265; *K. Schmidt*, GmbHR 1995, 693, 695 f.; Böttcher/Habighorst/*Althoff/Narr*, § 228 Rn. 9, 17; Habersack/Wicke/*Sparfeld*, § 228 Rn. 47; Kallmeyer/*Blasche*, § 228 Rn. 7; Lutter/*Göthel*, § 228 Rn. 27 f.; KK-UmwG/*Dauner-Lieb/Tettinger*, § 228 Rn. 27; Semler/Stengel/*Ihrig*, § 228 Rn. 23 f.; Widmann/Mayer/*Vossius*, § 228 Rn. 94 f.
1374 *Mayer*, DAI Skript Umwandlungsrecht in der notariellen Praxis, Rn. 369.
1375 Semler/Stengel/*Ihrig*, § 233 Rn. 34.
1376 Lutter/*Göthel*, § 233 Rn. 76; Semler/Stengel/*Ihrig*, § 233 Rn. 36.
1377 Lutter/*Göthel*, § 233 Rn. 75; Semler/Stengel/*Ihrig*, § 233 Rn. 35.
1378 KK-UmwG/*Dauner-Lieb/Tettinger*, § 233 Rn. 74.
1379 Dagegen (also für eine gesonderte Erklärung) Habersack/Wicke/*Sparfeld*, § 233 Rn. 46; Henssler/Strohn/*Drinhausen/Keinath*, § 233 Rn. 9; Kallmeyer/*Blasche*, § 233 Rn. 12; Lutter/*Göthel*, § 233 Rn. 74; Semler/Stengel/*Ihrig*, § 233 Rn. 37; a.A. KK-UmwG/*Dauner-Lieb/Tettinger*, § 233 Rn. 80.

638 Die Satzung kann gem. §§ 233 Abs. 3 Satz 2, 240 Abs. 3 Satz 2 eine Mehrheitsentscheidung der Komplementäre vorsehen. Auch wenn das angesichts der Bestimmung in § 217 Abs. 1 Satz 3 erstaunlich ist, gibt es keine Anhaltspunkte dafür, dass der Beschluss einer qualifizierten Mehrheit bedarf.[1380] Der Gesetzeswortlaut lässt offen, ob es auf die Mehrheit der abgegebenen Stimmen oder aller Komplementäre ankommt. Die h.M. tendiert zu letzterem.[1381] Für die Ermittlung der Mehrheit maßgebend ist – vorbehaltlich einer anderen Regelung in der Satzung[1382] – die Zahl der Köpfe.[1383]

639 **Jeder persönlich haftende Gesellschafter** hat gem. § 233 Abs. 3 Satz 3 beim Formwechsel in eine Personengesellschaft das **Recht**, aus der Gesellschaft **auszuscheiden**. Beim Formwechsel in eine andere Kapitalgesellschaft oder eine AG scheidet er gem. §§ 247 Abs. 2, 255 Abs. 3 automatisch aus dem neuen Rechtsträger aus. Das ist zwingend.[1384] Ein Barabfindungsangebot muss ihm gem. § 227 nicht unterbreitet werden, weil er nach den Bestimmungen der Satzung der KGaA abzufinden ist, ersatzweise gem. §§ 738 ff. BGB. Nicht vollends geklärt ist das Verhältnis zwischen Austrittserklärung und der Erklärung der Zustimmung zum Formwechsel. Während die einen[1385] in der Austrittserklärung stets oder in der Regel die Zustimmung zum Formwechsel sehen, weil der Austritt nur möglich ist, wenn der Formwechsel vollzogen wird, meinen andere, wenn die Satzung von der Möglichkeit des § 233 Abs. 3 Satz 2 Gebrauch gemacht hat und eine Mehrheitsentscheidung der Komplementäre für den Formwechsel vorsieht,[1386] könne der persönlich haftende Gesellschafter den Formwechsel ablehnen und seinen Austritt lediglich hilfsweise für den Fall erklären, dass er überstimmt werde. Umgekehrt enthält die Zustimmung zu einem Formwechsel, der die künftige Beteiligung des Komplementärs nicht mehr vorsieht, stets auch den vorsorglichen Austritt[1387] und die Zustimmung zu einem Formwechsel, der die künftige Beteiligung vorsieht, einen Verzicht darauf. Dagegen ist die Verweigerung der Zustimmung in einem solchen Fall keine eindeutige Erklärung über den Austritt.[1388] Zustimmungs- und Austrittserklärung sind somit selbstständige Erklärungen, von denen die eine im Wege der Auslegung die andere enthalten kann, aber nicht muss.[1389]

640 Streitig ist auch der **letztmögliche Zeitpunkt für die Austrittserklärung**. Nach überwiegender Meinung soll die Beschlussfassung über den Formwechsel der letztmögliche Zeitpunkt sein;[1390] andere wollen die Erklärung auch noch später zulassen, um dem Komplementär eine angemessene Überlegungsfrist einzuräumen, nachdem feststeht, dass der Formwechsel durchgeführt wird. Das macht allerdings Alternativregelungen im Umwandlungsbeschluss für den Fall des Ausscheidens und den des Verbleibs erforderlich.[1391]

1380 KK-UmwG/*Dauner-Lieb/Tettinger*, § 233 Rn. 77.
1381 Böttcher/Habighorst/*Althoff/Narr*, § 233 Rn. 20; Kallmeyer/*Blasche*, § 233 Rn. 13; Semler/Stengel/*Ihrig*, § 233 Rn. 38; Widmann/Mayer/*Vossius*, § 233 Rn. 112; a.A. KK-UmwG/*Dauner-Lieb/Tettinger*, § 233 Rn. 78 unter Hinweis auf das grds. anwendbare Recht der Personenhandelsgesellschaft.
1382 Str. so KK-UmwG/*Dauner-Lieb/Tettinger*, § 233 Rn. 78; a.A. Kallmeyer/*Blasche*, § 233 Rn. 13; Semler/Stengel/*Ihrig*, § 233 Rn. 38; Widmann/Mayer/*Vossius*, § 233 Rn. 114.
1383 Böttcher/Habighorst/*Althoff/Narr*, § 233 Rn. 20; Lutter/*Göthel*, § 233 Rn. 77; Semler/Stengel/*Ihrig*, § 233 Rn. 38; KK-UmwG/*Dauner-Lieb/Tettinger*, § 233 Rn. 78.
1384 KK-UmwG/*Dauner-Lieb/Tettinger*, § 233 Rn. 82.
1385 Vgl. Böttcher/Habighorst/*Althoff/Narr*, § 233 Rn. 21; Habersack/Wicke/*Sparfeld*, § 233 Rn. 50; Widmann/Mayer/*Vossius*, § 233 Rn. 120.
1386 KK-UmwG/*Dauner-Lieb/Tettinger*, § 233 Rn. 79.
1387 Vgl. KK-UmwG/*Dauner-Lieb/Tettinger*, § 233 Rn. 84.
1388 KK-UmwG/*Dauner-Lieb/Tettinger*, § 233 Rn. 84.
1389 KK-UmwG/*Dauner-Lieb/Tettinger*, § 233 Rn. 84.
1390 So Böttcher/Habighorst/*Althoff/Narr*, § 233 Rn. 21; Lutter/*Göthel*, § 233 Rn. 82; Semler/Stengel/*Ihrig*, § 233 Rn. 39.
1391 Kallmeyer/*Blasche*, § 233 Rn. 15; KK-UmwG/*Dauner-Lieb/Tettinger*, § 233 Rn. 88; wohl auch Widmann/Mayer/*Vossius*, § 233 Rn. 136.

C. Formwechsel

d) Nicht proportional beteiligte Anteilsinhaber

Ein letztes Zustimmungserfordernis ergibt sich schließlich für Gesellschafter einer GmbH oder AG, wenn der Nennbetrag der Anteile an dem Rechtsträger neuer Rechtsform abweichend vom Nennbetrag der Anteile am formwechselnden Rechtsträger und auf einen höheren als den bei diesem Rechtsträger zugelassenen Mindestbetrag (vgl. dazu Rdn. 807) gestellt wird und sich Gesellschafter deshalb nicht mit dem Gesamtbetrag ihrer Anteile am formwechselnden Rechtsträger an der Zielrechtsform beteiligen können (inkongruente Beteiligung – §§ 241 Abs. 1, 242 UmwG). Wie bereits dargestellt worden ist (s.o. Rdn. 541, wird dem ein allgemeiner Grundsatz entnommen, dass die Beteiligung einzelner Anteilsinhaber vor und nach dem Formwechsel von einander abweichen kann und ein sog. nicht verhältniswahrender Formwechsel zulässig ist, dass dazu aber die Zustimmung der betroffenen Anteilsinhaber erforderlich ist.[1392] Betroffen sind die Anteilsinhaber, deren Beteiligung sich verringert; nach überwiegender Auffassung müssen aber auch die Anteilsinhaber zustimmen, deren Beteiligung sich erhöht.[1393]

5. Form

Die Zustimmungserklärung muss gem. § 193 Abs. 3 Satz 1 notariell beurkundet werden. Dasselbe gilt gem. § 221 Satz 1 für die Beitrittserklärung. Die notarielle Beurkundung erfolgt nach den Bestimmungen über die Beurkundung von Willenserklärungen,[1394] während der Umwandlungsbeschluss auch in Protokollform gem. §§ 36 ff. BeurkG erfolgen kann. Erfolgt die Beurkundung in Protokollform, genügt die Erklärung des Zustimmenden oder Beitretenden zur Niederschrift des Notars, dass er die Zustimmung erteilt oder der Gesellschaft beitritt, **nicht** dem Formerfordernis.[1395] Vielmehr bedarf es der Aufnahme dieser Erklärung in Form einer Niederschrift über Willenserklärungen gem. §§ 6 ff. BeurkG. Diese kann mit der Beurkundung in Protokollform verbunden werden (sog. **gemischte Beurkundung**, s.o. Rdn. 591). Bei der Zustimmungserklärung der Komplementäre der KGaA ist außerdem § 285 Abs. 3 Satz 2 AktG zu beachten. Danach ist die Zustimmung in der Verhandlungsniederschrift oder in einem Anhang zur Niederschrift zu beurkunden. Dazu muss die Beurkundung in der Niederschrift oder in einer Anhangsurkunde erfolgen.[1396]

Bei der Beurkundung der Zustimmungserklärung sowie der Beitrittserklärung ist eine Stellvertretung zulässig. Die **Vollmacht** bedarf aber ebenfalls notarieller Beurkundung. Das ist für die Zustimmungserklärung, anders als für die Beitrittserklärung, umstritten.[1397]

6. Erklärung

a) Zustimmungserklärung

Die Zustimmungserklärung ist Willenserklärung. Sie kann gem. §§ 182 ff. BGB grundsätzlich vor oder nach Beschlussfassung abgegeben werden. Empfänger ist der formwechselnde Rechtsträger,

---

[1392] Kallmeyer/*Meister/Klöcker/Berger*, § 194 Rn. 34; Lutter/*Hoger*, § 194 Rn. 13; Semler/Stengel/*Bärwaldt*, § 194 Rn. 18; Widmann/Mayer/*Weiler*, § 194 Rn. 59.
[1393] So Habersack/Wicke/*Simons*, § 194 Rn. 31; Semler/Stengel/*Bärwaldt*, § 194 Rn. 18; Widmann/Mayer/*Weiler*, § 194 Rn. 59.
[1394] Habersack/Wicke/*Kühn*, § 221 Rn. 7; Kallmeyer/*Zimmermann*, § 193 Rn. 31; KK-UmwG/*Dauner-Lieb/Tettinger*, § 221 Rn. 8; Widmann/Mayer/*Weiler*, § 193 Rn. 102; Widmann/Mayer/*Vossius*, § 221 Rn. 12.
[1395] Kallmeyer/*Zimmermann*, § 193 Rn. 31; Kallmeyer/*Blasche*, § 221 Rn. 2; KK-UmwG/*Dauner-Lieb/Tettinger*, § 221 Rn. 8; Lutter/*Joost/Hoger*, § 221 Rn. 2; Widmann/Mayer/*Vossius*, § 221 Rn. 12; a.M. Semler/Stengel/*Schlitt*, § 221 Rn. 7; Schmitt/Hörtnagl/Stratz/*Westerburg*, § 221 Rn. 3.
[1396] OLG Stuttgart NZG 2003, 293 f.; *Hüffer/Koch*, § 285 AktG Rn. 4.
[1397] Für die Vollmacht zur Beitrittserklärung: KK-UmwG/*Dauner-Lieb/Tettinger*, § 221 Rn. 9; Semler/Stengel/*Schlitt*, § 221 Rn. 6; Widmann/Mayer/*Vossius*, § 221 Rn. 10; für die Vollmacht zur Zustimmungserklärung vgl. KK-UmwG/*Petersen* § 193 Rn. 4; Limmer/Limmer, Teil 4, Rn. 126; Widmann/Mayer/*Weiler*, § 193 Rn. 9; a.A. Lutter/*Hoger*, § 193 Rn. 22; Kallmeyer/*Zimmermann*, § 193 Rn. 20.

nicht die übrigen Anteilsinhaber.[1398] Die vorherige Zustimmung (Einwilligung) ist gem. § 183 BGB bis zur Vornahme des Rechtsgeschäfts, also wohl bis zur Fassung des Umwandlungsbeschlusses (obwohl Zustimmungen zu Verfügungen, die der Eintragung ins Grundbuch bedürfen, bis zum Vollzug der Eintragung widerruflich sind[1399]) frei – auch formfrei – **widerruflich**[1400], falls ihr Widerruf in der Erklärung nicht ausdrücklich ausgeschlossen ist. Die nachträgliche Zustimmung (Genehmigung) ist unwiderruflich. Da die Erklärung nicht gesetzlich fristgebunden ist, empfiehlt es sich, im Beschluss eine Frist zu setzen, damit zu einem vorgegebenen Zeitpunkt Klarheit besteht, ob der Formwechsel durchgeführt wird.[1401] Wird die Erklärung der Zustimmung auch nur von einem Anteilsinhaber versagt, dessen Zustimmung erforderlich ist, ist der Formwechsel endgültig unwirksam.[1402]

b) Beitrittserklärung künftiger Komplementäre

645   Auch die Beitrittserklärung als Komplementär zu einer KGaA gem. § 221 ist Willenserklärung. Die Erklärung kann nach der zu engen h.M. nur gleichzeitig mit oder nach dem Umwandlungsbeschluss abgegeben werden.[1403] Dafür spricht der Wortlaut der Bestimmung. Mit dem Beitritt ist nämlich gem. § 221 Satz 2 auch die Satzung zu genehmigen. Auch wenn dies formal zwei Erklärungen sind, gehören sie doch zusammen.[1404] Der Begriff der Genehmigung deutet auf eine nachträgliche Erklärung hin.[1405] Dem Sinn der Bestimmung, die Beitritts- sowie Genehmigungserklärung auf den konkreten Umwandlungsbeschluss zu beziehen, wird aber auch durch Bezug auf den Entwurf des Umwandlungsbeschlusses Genüge getan, so dass die Erklärung auch vor dem Beschluss zugelassen werden sollte.

646   Die Beitrittserklärung soll bedingungs- und befristungsfeindlich sein.[1406] Sie kann jedoch unter die Bedingung gestellt werden, dass der Beitritt erst mit Eintragung des Formwechsels in das Handelsregister wirksam wird.[1407] Sie muss der Gesellschaft in Ausfertigung (nicht in Abschrift oder beglaubigter Abschrift) zugehen.[1408] Einer Annahme der Erklärung bedarf es im Hinblick auf § 218 Abs. 2 nicht.[1409] Die Beitrittserklärung soll nicht widerruflich sein.[1410]

1398   Widmann/Mayer/*Weiler*, § 193 Rn. 95; Lutter/*Göthel*, § 233 Rn. 15; nach Kallmeyer/*Zimmermann*, § 193 Rn. 20 auch die Versammlung selbst.
1399   Vgl. BGH NJW 1963, 36, 37.
1400   Habersack/Wicke/*Simons*, § 193 Rn. 53; Semler/Stengel/*Bärwaldt*, § 193 Rn. 27; Widmann/Mayer/*Weiler*, § 193 Rn. 96.
1401   Das ist zulässig Kallmeyer/*Zimmermann*, § 193 Rn. 22; Semler/Stengel/*Bärwaldt*, § 193 Rn. 27; Widmann/Mayer/*Weiler*, § 193 Rn. 92.
1402   Habersack/Wicke/*Simons*, § 193 Rn. 54; Kallmeyer/*Zimmermann*, § 193 Rn. 23; Lutter/*Hoger*, § 193 Rn. 23; Semler/Stengel/*Bärwaldt*, § 193 Rn. 27.
1403   Böttcher/Habighorst/*Althoff/Narr*, § 221 Rn. 3; Habersack/Wicke/*Kühn*, § 221 Rn. 8; Lutter/*Joost*, § 221 Rn. 3; Schmitt/Hörtnagl/Stratz/*Westerburg*, § 221 Rn. 2; Semler/Stengel/*Schlitt*, § 221 Rn. 8; a.A. Kallmeyer/*Blasche*, § 221 Rn. 3 (aber in der Praxis abzuraten); KK-UmwG/*Dauner-Lieb/Tettinger*, § 221 Rn. 7; Widmann/Mayer/*Vossius*, § 221 Rn. 8.
1404   KK-UmwG/*Dauner-Lieb/Tettinger*, § 221 Rn. 7; anders Lutter/*Göthel*, § 240 Rn. 13.
1405   Lutter/*Göthel*, § 240 Rn. 13; Schmitt/Hörtnagl/Stratz/*Westerburg*, § 240 Rn. 8; Semler/Stengel/*Arnold*, § 240 Rn. 25; Widmann/Mayer/*Rieger*, § 240 Rn. 57.
1406   Kallmeyer/*Blasche*, § 221 Rn. 2; KK-UmwG/*Dauner-Lieb/Tettinger*, § 221 Rn. 6; Semler/Stengel/*Schlitt*, § 221 Rn. 6.
1407   Kallmeyer/*Blasche*, § 221 Rn. 2; KK-UmwG/*Dauner-Lieb/Tettinger*, § 221 Rn. 6; Semler/Stengel/*Schlitt*, § 221 Rn. 6; Widmann/Mayer/*Vossius*, § 221 Rn. 9.
1408   Kallmeyer/*Blasche*, § 221 Rn. 2; KK-UmwG/*Dauner-Lieb/Tettinger*, § 221 Rn. 3; nicht differenzierend Lutter/*Joost/Hoger*, § 221 Rn. 3; a.A. (beglaubigte Abschrift genügt) Habersack/Wicke/*Kühn*, § 221 Rn. 5; Semler/Stengel/*Schlitt*, § 221 Rn. 6.
1409   Habersack/Wicke/*Kühn*, § 221 Rn. 5; Kallmeyer/*Blasche*, § 221 Rn. 2; Lutter/*Joost/Hoger*, § 221 Rn. 2; Semler/Stengel/*Schlitt*, § 221 Rn. 6.
1410   Kallmeyer/*Blasche*, § 221 Rn. 2; Semler/Stengel/*Schlitt*, § 221 Rn. 6.

IX. Handelsregisteranmeldung

1. Zuständiges Gericht

Gem. § 197 Abs. 1 ist die **neue Rechtsform** zur Eintragung in das Register des formwechselnden Rechtsträgers anzumelden. Ist der formwechselnde Rechtsträger nicht in ein Register eingetragen (so bei der Anstalt öffentlichen Rechts und dem nicht im Register eingetragenen wirtschaftlichen Verein) ist nur der Rechtsträger neuer Rechtsform gem. § 198 Abs. 2 Satz 1 bei dem für ihn zuständigen Register anzumelden. Beim Formwechsel in eine GbR ist abweichend von § 198 Abs. 1 nur der Formwechsel, nicht dagegen die GbR als neue Rechtsform zur Eintragung in das bisherige Register anzumelden.[1411] **Ändert sich durch den Formwechsel** das für den Rechtsträger **maßgebliche Register** – so insbesondere beim Formwechsel einer PartG,[1412] einer eG oder eines e.V. in eine Kapitalgesellschaft und umgekehrt, soweit ein solcher Formwechsel zulässig ist, nicht dagegen, wenn sich nur die zuständige Abteilung des Handelsregisters ändert –, ist sowohl der Formwechsel zur Eintragung in das Register des formwechselnden Rechtsträgers als auch der Rechtsträger neuer Rechtsform gem. § 198 Abs. 2 Satz 2 und 3 bei dem für ihn zuständigen Register anzumelden.[1413] Schließlich hat die Anmeldung beim Register des Rechtsträgers neuer Rechtsform zu erfolgen, wenn der Formwechsel mit einer **Sitzverlegung** einhergeht. Auch in diesem Fall ist die **Umwandlung zusätzlich zum Register des formwechselnden Rechtsträgers** anzumelden. Die Eintragung im Register des formwechselnden Rechtsträgers wird in diesen Fällen mit einem Vermerk versehen, dass der Formwechsel erst mit Eintragung des Rechtsträgers neuer Rechtsform wirksam wird. Erst im Anschluss an diese Eintragung darf der Rechtsträger neuer Rechtsform eingetragen werden.

647

2. Anmeldepflichtige

a) Anmeldepflichtige Organe oder Personen

Wer die Anmeldung vorzunehmen hat, ergibt sich aus den Besonderen Vorschriften, nämlich §§ 222 (für die Personenhandelsgesellschaft), 225c (für die PartG), 235 (für den Formwechsel der Kapitalgesellschaft in eine Personengesellschaft), 246 (für den Formwechsel zwischen Kapitalgesellschaften), 254 (für den Formwechsel einer Kapitalgesellschaft in eG), 265 (für den Formwechsel einer eG in eine Kapitalgesellschaft), 278 (für den Formwechsel eines e.V. in eine Kapitalgesellschaft), 286 (für den Formwechsel eines e.V. in eine eG) und 296 (für den Formwechsel eines VVaG in eine AG). Aus diesen Bestimmungen ergibt sich folgendes:

648

Zur Anmeldung des **Formwechsels einer Kapitalgesellschaft** in eine andere Rechtsform ist gem. §§ 235, 246 und 254 das **Vertretungsorgan des formwechselnden Rechtsträgers** zuständig. Dasselbe gilt gem. § 296 beim Formwechsel eines VVaG in eine AG. Beim Formwechsel einer Kapitalgesellschaft mit zahlreichen Gesellschaftern in eine Personenhandelsgesellschaft erleichtert dies die Anmeldung erheblich, weil nach § 108 HGB sonst alle Gesellschafter der Personengesellschaft zur Anmeldung verpflichtet wären.[1414]

649

Zur Anmeldung **des Formwechsels einer Personenhandelsgesellschaft**, einer **PartG**, einer **eG** oder eines **e.V.** sind dagegen die **Mitglieder des künftigen Vertretungsorgans des Rechtsträger neuer Rechtsform** und wenn dieser obligatorisch einen **Aufsichtsrat** hat, auch dessen Mitglieder und **außerdem beim Formwechsel** von der Personenhandelsgesellschaft oder PartG **in eine AG oder KGaA auch die Gesellschafter** des formwechselnden Rechtsträgers, **die den Gründern gleich stehen,**

650

[1411] BGH RNotZ 2017, 179, 182; Kallmeyer/*Zimmermann*, § 198 Rn. 3; Lutter/*Hoger*, § 198 Rn. 8; Semler/Stengel/*Schwanna*, § 198 Rn. 6.

[1412] Habersack/Wicke/*Simons*, § 198 Rn. 11; Kallmeyer/*Zimmermann*, § 198 Rn. 5; KK-UmwG/*Petersen*, § 198 Rn. 5; Lutter/*Hoger*, § 198 Rn. 5; Semler/Stengel/*Schwanna*, § 198 Rn. 4.

[1413] Kallmeyer/*Zimmermann*, § 198 Rn. 5; KK-UmwG/*Petersen*, § 198 Rn. 5; Lutter/*Hoger*, § 198 Rn. 5 f.; Semler/Stengel/*Schwanna*, § 198 Rn. 2, 4.

[1414] Lutter/*Göthel*, § 235 Rn. 6; Semler/Stengel/*Ihrig*, § 235 Rn. 6.

gem. §§ 222, 225c, 265, 278 und 286 zur Anmeldung verpflichtet. Muss in diesen Fällen wegen Wechsels des Registers oder Sitzverlegung auch die Anmeldung zum Handelsregister des formwechselnden Rechtsträgers erfolgen, kann diese gem. § 222 Abs. 3 auch von den »zur Vertretung der formwechselnden Gesellschaft ermächtigten Gesellschaftern« vorgenommen werden. Diese Bestimmung ist in den anderen vorgenannten Fällen entsprechend anwendbar. Die **Anmeldepflicht der den Gründern gleichstehenden Gesellschafter** bei AG und KGaA entspricht dem Gründungsrecht dieser Rechtsformen (§§ 36, 278 Abs. 3 AktG). Sie kann bei dem **Formwechsel einer Publikums-KG in die AG** oder KGaA aber die verantwortlichen Beteiligten und den Notar vor große praktische Probleme stellen, **müssen doch alle Gesellschafter der Publikums-KG,** die dem Formwechsel zugestimmt haben und damit als Gründer der AG gelten, **die Anmeldung mit unterzeichnen**. Da eine **Stellvertretung und damit eine Vollmachtserteilung** nach h.M. bei der Gründung wegen der sich aus §§ 48, 399 AktG ergebenden persönlichen Verantwortung für **unzulässig** gehalten wird,[1415] empfiehlt es sich, die Gründer anlässlich der Gesellschafterversammlung die über den Formwechsel beschließt, auch die Registeranmeldung sowie den Gründungsbericht unterzeichnen zu lassen. Dieses Problem stellt sich übrigens weder beim Formwechsel von der Publikums-KG in die GmbH[1416] oder die eG noch beim Formwechsel der eG oder des e.V. in die AG oder KGaA; §§ 265, 278 verweisen nur auf § 222 Abs. 1 und 3, nicht dagegen auf § 222 Abs. 2.

b) Vertretungsberechtigung, Vollmacht

651 Hat die **Anmeldung durch das Vertretungsorgan** des formwechselnden Rechtsträgers zu erfolgen hat (so in § 235 Abs. 2, § 246 Abs. 1), ordnet das Gesetz nicht an, ob die Anmeldung durch alle Vertretungsberechtigten oder die Vertretungsberechtigten in vertretungsberechtigter Zahl zu erfolgen hat. Ist die Anmeldung dagegen durch das künftige Vertretungsorgan des Rechtsträgers neuer Rechtsform vorzunehmen, regelt das Gesetz, dass die Anmeldung durch **alle Mitglieder des künftigen Vertretungsorgans** zu erfolgen hat (so in § 222 Abs. 1). Daraus wird allgemein geschlossen, dass im ersteren Fall ein Handeln durch **Mitglieder des Vertretungsorgans in vertretungsberechtigter Zahl** genügt, im letzteren Fall dagegen die Anmeldung durch **alle** Mitglieder des Vertretungsorgans zu erfolgen hat.[1417] Im ersteren Fall wird auch eine unechte Gesamtvertretung für zulässig gehalten, sofern sie in der Satzung vorgesehen ist.[1418] Ebenso wird eine Anmeldung durch Bevollmächtigte aufgrund öffentlich beglaubigter Vollmacht für zulässig gehalten,[1419] soweit nicht höchstpersönliche Erklärungen abzugeben sind, zu denen allerdings auch die Negativerklärungen gem. § 16 Abs. 2 gehören. Dagegen wird weder eine unechte Gesamtvertretung[1420] noch eine Bevollmächtigung[1421] in den Fällen für zulässig gehalten, in denen die Registeranmeldung durch alle Mitglieder des Vertretungsorgans erfolgen muss. Soweit neben der Anmeldung des Rechtsträgers künftiger Rechtsform auch eine Anmeldung zum Register des formwechselnden Rechtsträgers zu erfolgen hat und diese durch die vertretungsberechtigten Gesellschafter (bei der Personenhandelsgesellschaft und der PartG) oder Geschäftsführer vorgenommen werden kann, genügt es, wenn diese in vertretungsberechtigter

---

1415 *Hüffer/Koch,* § 36 AktG Rn. 4.
1416 Lutter/*Joost/Hoger,* § 222 Rn. 5.
1417 Kallmeyer/*Zimmermann,* § 198 Rn. 8; Lutter/*Hoger,* § 198 Rn. 10; Lutter/*Joost/Hoger,* § 222 Rn. 3, 4; Lutter/*Göthel,* § 235 Rn. 7; Schmitt/Hörtnagl/Stratz/*Winter,* § 198 Rn. 5; Semler/Stengel/*Schwanna,* § 198 Rn. 12.
1418 Habersack/Wicke/*Simons,* § 198 Rn. 18; Kallmeyer/*Zimmermann,* § 198 Rn. 8; Lutter/*Göthel,* § 235, 7; Semler/Stengel/*Ihrig,* § 235 Rn. 8; Semler/Stengel/*Scheel,* § 246 Rn. 2.
1419 *Melchior,* GmbHR 1999, 520; Kallmeyer/*Zimmermann,* § 198 Rn. 8; Lutter/*Hoger,* § 198 Rn. 10; Lutter/*Göthel,* §§ 235 Rn. 7, 246 Rn. 5; Semler/Stengel/*Ihrig,* § 235 Rn. 8; Semler/Stengel/*Scheel,* § 246 Rn. 4.
1420 Widmann/Mayer/*Vossius,* § 222 Rn. 12.
1421 Habersack/Wicke/*Kühn,* § 222 Rn. 8; Kallmeyer/*Blasche,* § 222 Rn. 1; KK-UmwG/*Dauner-Lieb/Tettinger,* Rn. 4; Lutter/*Joost/Hoger,* § 222 Rn. 2; Schmitt/Hörtnagl/Stratz/*Westerburg,* § 222 Rn. 5 Semler/Stengel/*Schlitt,* § 222 Rn. 12, 18; Widmann/Mayer/*Vossius,* § 222 Rn. 38.

Zahl handeln.¹⁴²² Unechte Gesamtvertretung wird jedoch im Hinblick auf den Wortlaut des § 222 (er spricht nur von »Gesellschaftern«) nicht für zulässig gehalten.¹⁴²³ Eine Vertretung ist auch hier nur zulässig, falls keine höchstpersönlichen Erklärungen abzugeben sind. Wie bereits unter Rdn. 650 ausgeführt wurde, ist eine Vertretung der Gründer gem. § 222 Abs. 2 und auch eine Vertretung der Mitglieder des Aufsichtsrats nicht zulässig.

Gem. § 222 Abs. 1 ist die **Anmeldung auch durch die Mitglieder des Aufsichtsrats** vorzunehmen, und das nicht nur, wie man es von der Gründung der Rechtsträger kennt, bei AG und KGaA, sondern ganz allgemein, somit auch bei GmbH und eG, nach deren Gründungsbestimmungen der Aufsichtsrat bei der Anmeldung nicht mitwirkt.¹⁴²⁴ Das gilt allerdings nur, wenn der Rechtsträger **nach den für die neue Rechtsform geltenden Vorschriften** einen Aufsichtsrat haben muss, dieser also obligatorisch ist. Beim Formwechsel in die AG (oder KGaA) war lange Zeit zweifelhaft, ob die Anmeldung zurückgestellt werden musste, bis der Aufsichtsrat vollständig besetzt war, was ein Problem beim mitbestimmten Aufsichtsrat darstellte, weil die Bestellung der Arbeitnehmervertreter sich regelmäßig in die Länge zieht. Dieses Problem ist durch das Zweite Gesetz zur Änderung des UmwG dadurch beseitigt worden, dass in § 197 Satz 3 nunmehr die Anwendbarkeit von § 31 AktG angeordnet ist. § 31 AktG betrifft aber unmittelbar nur die AG und (nach richtigem Verständnis – s.o. Rdn. 504) die KGaA. Eine entsprechende Regelung gibt es weder für die GmbH noch für die eG. Im Schrifttum wird vielfach eine analoge Anwendung befürwortet.¹⁴²⁵ Letztlich geklärt ist sie aber nicht. Da sich eine Aufsichtsratspflicht für die GmbH ausschließlich aus mitbestimmungsrechtlichen Vorschriften ergibt, argumentieren andere mit guten Gründen, dass ein Aufsichtsrat erst zu bilden ist, wenn die GmbH existiert.¹⁴²⁶ Es wird darauf hingewiesen, dass auch bei der Gründung der GmbH vor Eintragung der Gesellschaft kein Aufsichtsrat zu bilden sei.¹⁴²⁷ Deshalb finde § 30 AktG keine – auch nicht entsprechende – Anwendung und es bedürfe der entsprechenden Anwendung von § 31 nicht. Folgt man dem nicht, wird man aber nicht davon auszugehen haben, dass auch die Arbeitnehmervertreter des Aufsichtsrats bei der GmbH an der Anmeldung mitwirken müssten, also vorher bestellt sein müssen.¹⁴²⁸ Das ist nach der Änderung des § 197, durch die § 31 AktG für anwendbar erklärt wird, aber wenig überzeugend.¹⁴²⁹ Angesichts der vielen Unklarheiten, die in diesem Zusammenhang bestehen, empfiehlt sich eine vorherige Abstimmung mit dem Registergericht.

652

1422 Habersack/Wicke/*Kühn*, § 222 Rn. 41; Kallmeyer/*Blasche*, § 222 Rn. 6; Lutter/*Joost/Hoger*, § 222 Rn. 10; Semler/Stengel/*Schlitt*, § 222 Rn. 27; Widmann/Mayer/*Vossius*, § 222 Rn. 12; zweifelnd Schmitt/Hörtnagl/Stratz/*Westerburg*, § 222 Rn. 10.

1423 Habersack/Wicke/*Kühn*, § 222 Rn. 41; Kallmeyer/*Blasche*, § 222 Rn. 6; KK-UmwG/*Dauner-Lieb/ Tettinger*, § 222 Rn. 16; Schmitt/Hörtnagl/Stratz/*Westerburg*, § 222 Rn. 10; Semler/Stengel/*Schlitt*, § 222 Rn. 27; Widmann/Mayer/*Vossius*, § 222 Rn. 12.

1424 Lutter/*Joost/Hoger*, § 222 Rn. 7.

1425 Vgl. Böttcher/Habighorst/*Althoff/Narr*, § 218 Rn. 36; Habersack/Wicke/*Kühn*, § 218 Rn. 44; Kallmeyer/*Blasche*, § 222 Rn. 2; Lutter/*Joost/Hoger*, §§ 222 Rn. 4, 218 Rn. 16.

1426 S. dazu oben Rdn. 504; Schmitt/Hörtnagl/Stratz/*Westerburg*, § 222 Rn. 3; Semler/Stengel/*Bärwaldt*, § 197 Rn. 71; Widmann/Mayer/*Vossius*, § 222 Rn. 17; a.A. Kallmeyer/*Blasche*, § 222 Rn. 2; KK-UmwG/ *Dauner-Lieb/Tettinger*, § 218 Rn. 41; Lutter/*Joost/Hoger*, § 222 Rn. 4; Semler/Stengel/*Schlitt*, § 222 Rn. 9.

1427 BayObLG NZG 2000, 932, 933; Baumbach/Hueck/*Fastrich*, § 6 Rn. 35; Scholz/*K. Schmidt*, § 11 Rn. 52 jew. m.w.N.

1428 So aber Semler/Stengel/*Schlitt*, § 222 Rn. 9, der auf die Möglichkeit der gerichtlichen Bestellung entspr. § 104 AktG verweist; dagegen aber Lutter/*Joost/Hoger*, § 218 Rn. 16.

1429 Lutter/*Joost*, §§ 218 Rn. 16, 9, 222 Rn. 4; KK-UmwG/*Dauner-Lieb/Tettinger*, § 222 Rn. 6, § 218 Rn. 41, 42.

3. Inhalt der Registeranmeldung

a) Gegenstand

653 Nach § 198 Abs. 1 ist grundsätzlich die **neue Rechtsform** des Rechtsträgers anzumelden (»die Gesellschaft ist jetzt ... [z.B. AG] ...«).[1430] Ist der formwechselnde Rechtsträger nicht in ein Register eingetragen, ist gem. § 198 Abs. 2 Satz 1 der Rechtsträger neuer Rechtsform anzumelden. Das gilt ebenso bei einem Wechsel des Registers und bei einer Sitzverlegung. In diesem Fall ist beim formwechselnden Rechtsträger die **Umwandlung** anzumelden. Die feine terminologische Differenzierung des Gesetzes dürfte allerdings nur von geringer praktischer Bedeutung sein. Eine abweichende Formulierung wird in aller Regel entsprechend ausgelegt werden können.[1431]

b) Rechtsformspezifische Angaben, Gründungsrecht

654 Die Anmeldung muss ferner die Angaben machen, die das Gründungsrecht für den jeweiligen Rechtsträger der Zielrechtsform vorschreibt. Bei der oHG sind es die Angaben gem. § 106 Abs. 2 HGB, bei der KG zusätzlich die in § 162 HGB genannten Angaben, bei beiden überdies gem. § 24 Abs. 4 HRV der Gegenstand des Unternehmens, bei der PartG die in § 4 PartGG aufgeführten Angaben. Bei der GmbH ergeben sich die notwendigen Angaben aus § 8 GmbHG, bei der AG aus § 37 AktG, bei der KGaA aus §§ 37, 282 AktG sowie § 106 Abs. 2 HGB, bei der Genossenschaft aus § 11 GenG und § 222 Abs. 1 Satz 1 UmwG, wonach auch die Satzung der eG anzumelden ist. Auf die Aufzählung der Einzelheiten wird hier verzichtet.[1432] Hinzuweisen ist aber auf folgendes: **Prokuren** müssen nicht erneut angemeldet werden.[1433] Eine Bestätigung, dass die Prokuren bestehen bleiben und in welcher Form sie erteilt sind, empfiehlt sich aber zur Erleichterung der Arbeit des Registergerichts.[1434] Bei der KGaA und, sofern man der oben unter Rdn. 525 vertretenen Auffassung folgt, auch bei der GmbH & Co. KG ist ferner ggf. der Beitritt eines neuen Komplementärs anzumelden.

c) Erklärungen und Versicherungen

655 Ferner sind die Versicherungen abzugeben, die in den vorstehend unter b) genannten Gründungsvorschriften und im Umwandlungsgesetz vorgeschrieben sind, soweit sich nicht aus dem Umwandlungsgesetz etwas anderes ergibt. **Im Einzelnen:** Gem. § 198 Abs. 3 sind § 16 Abs. 2 und 3 entsprechend anzuwenden. Es ist also bei der Anmeldung – nicht notwendig in ihr – zu erklären, dass Klagen gegen den Beschluss über den Formwechsel nicht oder nicht fristgemäß erhoben oder rechtskräftig abgewiesen sind. Die Erklärungen sind gem. § 16 Abs. 2 entbehrlich, soweit alle Anteilsinhaber durch notariell beurkundete Verzichtserklärung auf eine Klage gegen den Formwechselbeschluss verzichtet haben oder alle Anteilsinhaber dem Beschluss zugestimmt haben.[1435] Der Anteilsinhaber kann sich bei der Abgabe der Verzichtserklärung durch einen Bevollmächtigten vertreten lassen. Die Vollmacht bedarf gem. § 167 Abs. 2 BGB nur der Schriftform.[1436] Gegebenenfalls sollte zur Erleichterung der Arbeit des Registergerichts auf die Verzichtserklärung in der Anmeldung hingewiesen werden. Die Abgabe der Erklärung nach § 16 soll Sache der jeweils anmeldungspflichtigen Personen

---

[1430] Habersack/Wicke/*Simons*, § 198 Rn. 30; Kallmeyer/*Zimmermann*, § 198 Rn. 11; Lutter/*Hoger*, § 198 Rn. 1, 11; Semler/Stengel/*Schwanna*, § 198 Rn. 2, 6.
[1431] So auch Habersack/Wicke/*Simons*, § 198 Rn. 30.
[1432] Dazu etwa Kallmeyer/*Zimmermann*, § 198 Rn. 12 – 14; Lutter/*Hoger*, § 198 Rn. 12 ff.
[1433] OLG Köln DNotZ 1996, 700; Kallmeyer/*Zimmermann*, § 198 Rn. 15; Lutter/*Hoger*, § 198 Rn. 20.
[1434] So auch Kallmeyer/*Zimmermann*, § 198 Rn. 15.
[1435] Kallmeyer/*Marsch-Barner*/*Oppenhoff*, § 16 Rn. 29 m.w.N.
[1436] Habersack/Wicke/*Rieckers*/*Cloppenburg*, § 16 Rn. 37; Henssler/Strohn/*Heidinger*, § 16 Rn. 16; KK-UmwG/*Simon*, § 16 Rn. 40, 41; Lutter/*Decher*, § 16 Rn. 26; *Melchior*, GmbHR 1999, 520, 521; jeweils m.w.N.; a.A. Widmann/Mayer/*Heckschen* § 13 Rn. 114.1.

sein.[1437] Das ist kritisiert worden, soweit damit auch die Anmeldepflichtigen gem. § 222 Abs. 2, also die den Gründern gleichstehenden Gesellschafter, gemeint sind, weil die Abgabe einer solchen Erklärung außerhalb der tatsächlichen Beurteilungsmöglichkeiten dieser Personen liegt.[1438] Überzeugend ist es, nur das anmeldende Vertretungsorgan – dieses allerdings höchstpersönlich (s.o. Rdn. 651) –, als zur Abgabe der Erklärung verpflichtet anzusehen. Auch § 16 spricht nur von einer Erklärung der Vertretungsorgane.

656 Bei der Gründung einer GmbH und einer AG ist gem. § 8 Abs. 2 GmbHG beziehungsweise § 37 Abs. 1 AktG die **Versicherung** abzugeben, **dass die Leistungen auf die Anteile bewirkt** sind und sich die Einlagen endgültig in der freien Verfügung der Geschäftsführer beziehungsweise des Vorstandes befinden. Beim Formwechsel von einer Kapitalgesellschaft in eine andere Kapitalgesellschaft sind diese Bestimmungen gem. § 246 Abs. 3 nicht anzuwenden. Nach h.M. kommt eine Anwendung auch beim Formwechsel von einem anderen Rechtsträger, insbesondere einer Personenhandelsgesellschaft in eine GmbH, AG oder KGaA nicht in Betracht, weil eine Vermögensübertragung und damit eine Einlageleistung nicht stattfindet und weil sich die freie Verfügung erst mit Eintragung des Formwechsels, dann aber kraft Gesetzes ergibt.[1439] Anders wird das teilweise bei ausstehenden Gesellschaftereinlagen gesehen (vgl. Rdn. 736). Unstreitig haben die Geschäftsführer der GmbH und die Mitglieder des Vorstandes einer AG dagegen die Versicherung über das Fehlen etwaiger Bestellungshindernisse gem. § 8 Abs. 3 GmbHG und § 37 Abs. 2 AktG abzugeben.[1440] Hat der formwechselnde Rechtsträger keinen **Betriebsrat** und kann diesem deshalb der Entwurf des Beschlusses nicht gem. § 194 Abs. 2 vorgelegt werden, ist auch das zu erklären. Auch zur Abgabe dieser Erklärung wird man allein das anmeldepflichtige Vertretungsorgan als zuständig ansehen müssen.

4. Anlagen zur Registeranmeldung

657 Der Anmeldung der neuen Rechtsform oder des Rechtsträgers neuer Rechtsform sind folgende Unterlagen beizufügen und zwar – sofern sie notariell zu beurkunden sind – in Ausfertigung oder öffentlich beglaubigter Abschrift, sonst in öffentlicher beglaubigter oder einfacher Abschrift:

a) Die in § 199 genannten Unterlagen

658
– eine notarielle Ausfertigung oder beglaubigte Abschrift des Beschlusses über den Formwechsel mit dem darin enthaltenen (in der Regel diesem beigefügten) Gesellschaftsvertrag (der Satzung) der Zielrechtsform,
– eine notarielle Ausfertigung oder beglaubigte Abschrift der nach dem UmwG erforderlichen Zustimmungserklärungen einzelner Anteilsinhaber einschließlich der Zustimmungserklärungen nicht erschienener Anteilsinhaber,
– gegebenenfalls eine notarielle Ausfertigung oder beglaubigte Abschrift der Erklärungen über den Verzicht auf die Erstellung des Umwandlungsberichts (§ 192 Abs. 2) sowie auf eine Klage gegen den Umwandlungsbeschluss gem. § 16 Abs. 2 Satz 2,
– der Umwandlungsbericht (falls nicht auf diesen verzichtet wurde),
– falls ein Betriebsrat existiert, der Nachweis über die rechtzeitige Zuleitung des Entwurfs des Umwandlungsbeschlusses an den Betriebsrat.

1437 Kallmeyer/*Zimmermann*, § 198 Rn. 28; KK-UmwG/*Dauner-Lieb/Tettinger*, § 222 Rn. 10; Lutter/*Hoger*, § 198 Rn. 19, 34 ff.; Semler/Stengel/*Schwanna*, § 198 Rn. 17.
1438 KK-UmwG/*Dauner-Lieb/Tettinger*, § 222 Rn. 10; ebenso Kallmeyer/*Blasche*, § 222 Rn. 7; Semler/Stengel/*Schlitt*, § 222 Rn. 20; Widmann/Mayer/*Vossius*, § 222 Rn. 53.
1439 OLG Frankfurt RNotZ 2015, 373 m. Anm. d. Schriftl. = GmbHR 2015, 808 m. Anm. *Wachter*; *Priester*, DNotZ 1995, 427, 452; Kallmeyer/*Zimmermann*, § 198 Rn. 13; Kallmeyer/*Blasche*, § 220 Rn. 12; § 222 Rn. 7; Lutter/*Hoger*, § 198 Rn. 15; Semler/Stengel/*Schwanna*, § 198 Rn. 7; Semler/Stengel/*Schlitt*, § 222 Rn. 14; a.A. *K. Schmidt*, ZIP 1995, 1385, 1391; Widmann/Mayer/*Vossius*, § 198 Rn. 41.
1440 Kallmeyer/*Zimmermann*, § 198 Rn. 13 f.; Lutter/*Hoger*, § 198 Rn. 15 f.; Lutter/*Göthel*, § 246 Rn. 10; Semler/Stengel/*Schwanna*, § 198 Rn. 7 f.

b) Sonst erforderliche Unterlagen

659 Daneben sind gem. § 199 die »sonst erforderlichen Unterlagen« beizufügen. Damit sind die Anlagen gemeint, die sich aus den Besonderen Vorschriften (z.B. § 223 beim Formwechsel von der Personengesellschaft in die KGaA die Urkunden über den Beitritt aller beitretenden Komplementäre oder gem. § 265 Satz 2 das Prüfungsgutachten des jeweiligen Prüfungsverbandes) oder aus dem Gründungsrecht der neuen Rechtsform ergeben. Im Einzelnen sind beizufügen:

aa) Formwechsel in die Personengesellschaft/PartG

660 Grundsätzlich sind hier keine weiteren Unterlagen erforderlich. Tritt jedoch beim Formwechsel einer GmbH oder AG in eine GmbH & Co. KG ein neuer persönlich haftender Gesellschafter der KG bei, sind analog § 221 Unterlagen über den Beitritt beizufügen. Ferner sind im Hinblick auf § 4 Abs. 2 PartGG beim Formwechsel in eine PartG Unterlagen über die Zugehörigkeit der Partner zu dem jeweiligen Beruf, den er in der Partnerschaft ausübt, beizufügen.

bb) Formwechsel in die GmbH

661 Weiter beizufügen sind hier
- der Beschluss über die Bestellung der Geschäftsführer,
- wenn diese gem. § 246 nicht zur Anmeldung verpflichtet sind, die Versicherung der Geschäftsführer gem. § 8 Abs. 3 GmbHG, dass ihrer Bestellung keine Hindernisse entgegenstehen,
- gegebenenfalls der Beschluss über die Bestellung der Mitglieder des Aufsichtsrats,
- die **Liste der Gesellschafter**; diese ist als Gründungsgesellschafterliste gem. § 8 Abs. 1 Satz 3 GmbHG von den Geschäftsführern der GmbH als dem Rechtsträger neuer Rechtsform, auch wenn diese den neuen Rechtsträger gem. § 246 nicht anmelden, nicht etwa gem. § 40 Abs. 2 GmbHG, der nur bei Veränderungen eingreift, vom Notar zu unterzeichnen;[1441] sind beim Formwechsel einer AG oder KGaA die **Aktionäre unbekannt**, sind sie gem. § 213, 35 in der Liste durch Angabe des insgesamt auf sie entfallenden Teils des Grundkapitals der Gesellschaft und der auf sie nach dem Formwechsel entfallenden Geschäftsanteile zu bezeichnen (s.o. Rdn. 543).
- Der **Sachgründungsbericht**, falls nicht einer der in §§ 245 Abs. 4, 264 Abs. 2, 277 angesprochenen Fälle (Formwechsel aus AG, eG oder e.V.) vorliegt. Der Inhalt des Sachgründungsberichts ergibt sich aus § 5 Abs. 4 Satz 2 GmbHG und § 220 Abs. 2 UmwG. Gem. § 5 Abs. 4 Satz 2 GmbHG sind die Jahresergebnisse der letzten beiden Geschäftsjahre anzugeben und gem. § 220 UmwG auch der bisherige Geschäftsverlauf in die Lage der formwechselnden Gesellschaft darzulegen. Auch das soll sich auf die letzten beiden Geschäftsjahre beziehen.[1442] Die Formulierung entspricht derjenigen in § 289 für den Inhalt des Lageberichts. Sofern der Formwechsel innerhalb angemessener Frist nach Ablauf eines Geschäftsjahres stattfindet, kann deshalb schlicht **auf die beiden letzten Lageberichte verwiesen** werden. Der Sachgründungsbericht ist vom Umwandlungsbericht zu unterscheiden. Insbesondere ist er nicht wie dieser verzichtbar. Zur Abgabe des Sachgründungsberichts sind die Personen zuständig, die den Gründern gleichstehen, also die dem Formwechsel zustimmenden Gesellschafter. Eine Vertretung ist unzulässig[1443]; der Bericht ist gem. § 245 Abs. 4 entbehrlich beim Formwechsel einer AG oder KGaA in eine GmbH;

[1441] Vgl. *Mayer*, DNotZ 2008, 403, 412; i.E. auch *Link*, RNotZ 2009, 193, 196; *Meister*, NZG 2008, 767, 770; eine ganz andere Frage ist, wer für die Einreichung der neuen Gesellschafterliste von Tochtergesellschaften des formwechselnden Rechtsträgers zuständig ist, in denen der formwechselnde Rechtsträger als Gesellschafter aufgeführt ist (»mittelbare Mitwirkung des Notars«) vgl. dazu z.B.: *Ising*, NZG 2010, 812; Baumbach/Hueck/*Servatius*, § 40 Rn. 56; BeckOK GmbHG/*Heilmeier*, § 40 Rn. 106 ff.; MünchKommGmbHG/*Heidinger*, § 40 Rn. 143 ff.
[1442] Vgl. z.B. Kallmeyer/*Blasche*, § 220 Rn. 16.
[1443] Kallmeyer/*Blasche*, § 220 Rn. 15.

- ein Nachweis, dass der Nennbetrag des Stammkapitals das nach Abzug der Schulden verbleibende Vermögen der formwechselnden Gesellschaft nicht übersteigt[1444] (gem. § 245 Abs. 4 entbehrlich beim Formwechsel einer AG oder KGaA in eine GmbH),[1445]
- falls der Formwechsel aus einer eG in die GmbH erfolgt, das Prüfgutachten des Prüfungsverbandes gem. § 259 (vgl. § 265 Satz 2).

cc) Formwechsel in die AG oder KGaA

Weiter beizufügen sind hier: 662
- ggf. eine notarielle Ausfertigung oder beglaubigte Abschrift der Urkunde über den Beitritt eines neuen Komplementärs zur KGaA,
- ggf. (falls nicht § 203 eingreift) eine notarielle Ausfertigung oder beglaubigte Abschrift der Urkunde über die Bestellung der Aufsichtsratsmitglieder (gem. § 30 Abs. 1 Satz 2 AktG notarielle Beurkundung erforderlich!), sofern sie nicht im Umwandlungsbeschluss enthalten ist,
- eine notarielle Ausfertigung oder beglaubigte Abschrift der Urkunde über die Bestellung des Abschlussprüfers, sofern sie nicht im Umwandlungsbeschluss enthalten ist (gem. § 30 Abs. 1 Satz 2 AktG notarielle Beurkundung erforderlich!),
- eine Liste der Mitglieder des Aufsichtsrats gem. § 37 Abs. 3 Nr. 3a AktG,
- der Aufsichtsratsbeschluss über die Bestellung des Vorstandes und Festlegung der Vertretungsbefugnis des Vorstandes,
- der Gründungsbericht gem. § 32 AktG und § 220 Abs. 2 UmwG. Hierzu gelten die vorstehenden Ausführungen zum Sachgründungsbericht bei der GmbH entsprechend,
- der Gründungsprüfungsbericht von Vorstand und Aufsichtsrat,
- der Gründungsprüfungsbericht des vom Gericht bestellten Gründungsprüfers gem. § 33 Abs. 2 AktG. Zum Inhalt vgl. § 34 AktG,
- eine Berechnung des der Gesellschaft zur Last fallenden Gründungs(umwandlungs-)aufwands gem. § 37 Abs. 3 Nr. 2 AktG,
- falls der Formwechsel aus einer eG erfolgt, das Prüfgutachten des Prüfungsverbandes gem. § 259 (vgl. § 265 Satz 2),
- falls diese gem. § 246 nicht zur Anmeldung verpflichtet sind, die Versicherung der Vorstandsmitglieder gem. § 37 Abs. 2 AktG, dass ihrer Bestellung keine Hindernisse entgegenstehen.

dd) Formwechsel in die eG

Hier sind weiter beizufügen: 663
- die Urkunde über die Bestellung des Vorstands durch den Aufsichtsrat (falls die Satzung einen Aufsichtsrat vorsieht),
- die Urkunde über die Bestellung des Aufsichtsrats (falls die eG einen Aufsichtsrat hat und die Bestellung nicht im Umwandlungsbeschluss geschehen ist),
- die Bescheinigung eines Prüfungsverbandes, dass die Genossenschaft zum Beitritt zugelassen ist sowie eine gutachtliche Äußerung des Prüfungsverbandes gem. § 11 Abs. 2 Nr. 3 GenG.

Teilweise wird in den Kommentierungen noch erwähnt, dass eine Unterschriftszeichnung durch die Vertretungsberechtigten vorzulegen sei.[1446] Diese ist aber abgeschafft. Durch das MoMiG ist auch das Erfordernis einer Vorlage staatlicher Genehmigungen gem. dem früheren § 8 Abs. 1 Nr. 6 GmbHG entfallen. 664

1444 S.o. Rdn. 499.
1445 S.o. Rdn. 500.
1446 KK-UmwG/*Petersen*, § 199 Rn. 4.

X. Eintragung und Rechtsfolgen

1. Reihenfolge der Eintragungen

665 Ändert sich durch den Formwechsel die Art des für den Rechtsträger maßgebenden Registers oder wird der Sitz des Rechtsträgers im Rahmen des Formwechsels verlegt, so ist der Rechtsträger neuer Rechtsform – wie bereits ausgeführt – beim zur Eintragung der neuen Rechtsform maßgebenden Register anzumelden. Zugleich ist die Umwandlung zur Eintragung in das Register des formwechselnden Rechtsträgers anzumelden. Im letzteren Register hat die Eintragung zunächst zu erfolgen. Sie ist mit einem Vermerk zu versehen, dass die Umwandlung erst mit der Eintragung des Rechtsträgers neuer Rechtsform in das für diese maßgebende Register wirksam wird. Der Rechtsträger neuer Rechtsform darf erst eingetragen werden, wenn diese Eintragung erfolgt ist. Es empfiehlt sich deshalb, die Eintragung des Vermerks gem. § 198 Abs. 2 Satz 4 bei der Anmeldung zum Register des formwechselnden Rechtsträgers anzuregen. Außerdem ist die Nachricht über diese Eintragung an das für die Eintragung des Rechtsträgers neuer Rechtsform maßgebende Register weiterzuleiten. Die Weiterleitung erfolgt nicht von Amts wegen. Erfolgt gesetzwidrig zunächst die Eintragung des Rechtsträgers neuer Rechtsform, so wird der Formwechsel trotzdem mit dieser Eintragung wirksam.[1447]

2. Eintragungsfolgen

666 Die Wirkung der Eintragung werden in § 202 Abs. 1 beschrieben und fußen ganz wesentlich auf dem Grundsatz der Identität des Rechtsträgers neuer Rechtsform mit dem formwechselnden Rechtsträger.[1448] Im Einzelnen regelt § 202 folgendes:

a) § 202 Abs. 1 Nr. 1 – Zielrechtsform, Firma

667 Nach Nr. 1 besteht der formwechselnde Rechtsträger in der im Umwandlungsbeschluss bestimmten Rechtsform weiter. Damit wird zum einen die Identität des Rechtsträgers geregelt, zum anderen aber auf die Diskontinuität der Rechtsform hingewiesen. Im Einzelnen werden folgende Fragen erörtert:

aa) Dingliche Rechte

668 Der Rechtsträger bleibt Inhaber der dinglichen Rechte, die der formwechselnde Rechtsträger erworben hat. Es tritt keine Rechtsnachfolge ein. Im Grundbuch bedarf es deshalb keiner Grundbuchberichtigung gem. § 22 GBO.[1449] Es wird lediglich die Bezeichnung des Berechtigten berichtigt. Das hat von Amts wegen zu erfolgen. Hierfür fiel nach früherer Rechtslage lediglich eine 1/4 Gebühr gem. § 67 Abs. 1 Satz 1 KostO an.[1450] Entsprechendes galt für andere öffentliche Register. Das GNotKG behandelt die Frage nicht ausdrücklich. Man wird die Berichtigung weder unter Nr. 14160 KV GNotKG noch unter Nr. 14110 KV GNotKG subsumieren können. Sie soll deshalb gebührenfrei sein.[1451] Wegen der Identität des Rechtsträgers unterliegt der Formwechsel auch nicht der Grunderwerbsteuer.[1452]

1447 Habersack/Wicke/*Simons*, § 202 Rn. 7; Lutter/*Hoger*, § 202 Rn. 5.
1448 Zur Diskussion um die Reichweite und den Stellenwert der Identitätsthese vgl. eingehend KK-UmwG/*Petersen*, § 202 Rn. 4 ff.
1449 Dazu OLG München RNotZ 2016, 41 mit Einord. der Schriftl.; Gutachten DNotIRep 2020, 41 ff.
1450 BayObLG RNotZ 2002, 347 = MittBayNot 2002, 309 = NZG 2002, 882; Semler/Stengel/*Kübler*, § 202 Rn. 8; Lutter//*Hoger*, § 202 Rn. 33; Kallmeyer/*Meister/Klöcker/Berger*, § 202 Rn. 19; Widmann/Mayer/*Vossius*, § 202 Rn. 38.
1451 Lutter/*Hoger*, § 202 Rn. 34; Bormann/Diehn/Sommerfeldt/*Gutfried*, GNotKG Nr. 14110 Rn. 1, 7.
1452 Wegen der Einzelheiten s.o. Rdn. 474.

bb) Schuldrechtliche Beziehung

Ansprüche und Verpflichtungen schuldrechtlicher Natur bleiben durch den Formwechsel wegen des Identitätsgrundsatzes unberührt. Die Frage nach einem Rechts- oder Schuldübergang stellt sich nicht. Gläubiger von Ansprüchen gegen die Gesellschaft müssen dem Formwechsel nicht zustimmen. Sie können jedoch gem. §§ 204, 22 Sicherheit verlangen, wenn sie glaubhaft machen, dass durch den Formwechsel die Erfüllung ihrer Forderung gefährdet wird.[1453] Auch § 613a findet keine Anwendung. Es bedarf keines Eintritts in die Arbeitsverhältnisse. Alles das gilt gleichermaßen für **Ansprüche der und gegen** die Anteilsinhaber. Soweit die Ansprüche allerdings besonderen gesellschaftsrechtlichen Bindungen unterliegen, die sich aus dem Recht ergeben, dass auf den formwechselnden Rechtsträger Anwendung findet, unterliegen sie nach dem Formwechsel den Bindungen des Rechts, das auf den Rechtsträger neuer Rechtsform Anwendung findet.[1454] Beispielsweise ist für die Verzichts-, Stundungs- und Aufrechnungsverbote der §§ 19 Abs. 1 GmbHG und 66 Abs. 1 AktG nach Umwandlung der Kapitalgesellschaft in eine Personengesellschaft kein Raum mehr. Die Einlageverpflichtungen bestehen zwar fort, unterliegen aber der für diese Rechtsform maßgeblichen Dispositionsfreiheit der Gesellschafter.[1455] Auch die Dienstverträge mit den Geschäftsführern bleiben vom Formwechsel unberührt, selbst wenn die Organstellung der Geschäftsführer endet und sie diese im Rechtsträger neuer Rechtsform nicht mehr bekleiden.[1456] Abweichende Vereinbarungen sind möglich. Der Geschäftsführer einer GmbH, die formwechselnd in eine GmbH & Co. KG umgewandelt wird, erlangt daher keinen Kündigungsschutz, den er vorher nicht hatte.[1457]

669

cc) Organstellung, Vollmachten, Prokura

Anders als der Anstellungsvertrag erlöschen nach h.M. die Organstellungen (als Geschäftsführer, Vorstand, persönlich haftender Gesellschafter) der gesetzlichen Vertreter des formwechselnden Rechtsträgers mit dem Formwechsel.[1458] Vollmachten bleiben dagegen vom Formwechsel unberührt.[1459] Prokuren bestehen grundsätzlich fort.[1460] Ist eine Gesamtprokura in der Personenhandelsgesellschaft an die Mitwirkung eines persönlich haftenden Gesellschafters gebunden, ist sie beim Formwechsel in eine Kapitalgesellschaft im Zweifel künftig an die Mitwirkung eines Geschäftsführers oder Vorstandsmitglieds gebunden.[1461] Ist die Prokura an die Mitwirkung **bestimmter Mitglieder** von Vertretungsorganen gebunden, bedarf es einer Klarstellung, wie in Zukunft verfahren werden soll. (z.B.: »Prokurist P vertritt zusammen mit Komplementär A.« Wird bei Formwechsel in die GmbH Komplementär A Geschäftsführer, muss die Vertretungsbefugnis des Prokuristen neu geordnet werden.)

670

▶ Praxistipp:

671

In der Registeranmeldung sollte in jedem Fall klargestellt werden, ob und in welcher Weise Prokuren fortbestehen.

1453 Lutter/*Hoger*, § 202 Rn. 22, 25, 32; Semler/Stengel/*Leonard*, § 202 Rn. 9.
1454 *Habersack/Schürnbrand*, NZG 2007, 81; Lutter/*Hoger*, § 202 Rn. 31.
1455 *Habersack/Schürnbrand*, NZG 2007, 81/82.
1456 BGH NZG 2007, 290; ZIP 1997, 1006; Kallmeyer/*Meister/Klöcker/Berger*, § 202 Rn. 24; Lutter/ *Hoger*, § 202 Rn. 25, 40; Semler/Stengel/*Kübler*, § 202 Rn. 10.
1457 BGH NZG 2007, 590, 591.
1458 BGH NZG 2007, 590; Böttcher/Habighorst/*Althoff/Narr*, § 202 Rn. 10; Kallmeyer/*Meister/Klöcker/ Berger*, § 202 Rn. 24; Semler/Stengel/*Leonard*, § 202 Rn. 10; Widmann/Mayer/*Vossius*, § 202 Rn. 110; a.A. und differenzierend (nach Möglichkeit Amtskontinuität) Habersack/Wicke/*Simons*, § 202 Rn. 19; Lutter/*Hoger*, § 202 Rn. 40.
1459 ; Kallmeyer/*Meister/Klöcker/Berger*, § 202 Rn. 26; Lutter/*Hoger*, § 202 Rn. 41; Semler/Stengel/*Leonard*, § 202 Rn. 10.
1460 OLG Köln DNotZ 1996, 700 = MittRhNotK 1996, 419; Kallmeyer/*Meister/Klöcker/Berger*, § 202 Rn. 26; Lutter/*Hoger*, § 202 Rn. 41; Semler/Stengel/*Leonard*, § 202 Rn. 10; Widmann/Mayer/*Vossius*, § 202 Rn. 114 ff.
1461 Widmann/Mayer/*Vossius*, § 202 Rn. 121 ff.

dd) Rechtsstreitigkeiten, Titelumschreibung

672 Klagen des Rechtsträgers bleiben von dem Formwechsel unberührt. Insbesondere tritt kein Parteiwechsel ein.[1462] Es handelt sich lediglich um eine Berichtigung des Rubrums, die allerdings nicht nur die Firma des Rechtsträgers, sondern auch dessen gesetzliche Vertretung betrifft.[1463] Vollstreckbare Titel bleiben für und gegen den Rechtsträger neuer Rechtsform bestehen. Es findet keine Titelumschreibung gem. § 727 ZPO statt, weil es sich nicht um einen Fall der Rechtsnachfolge handelt. Die Vollstreckungsklausel ist lediglich zu berichtigen.[1464]

ee) Genehmigungen und Erlaubnisse öffentlich-rechtlicher Natur

673 Auch öffentlich-rechtliche Genehmigungen, Erlaubnisse und Konzessionen, die dem formwechselnden Rechtsträger erteilt wurden, bestehen fort.[1465] Zweifelhaft ist aber, ob das auch dann gilt, wenn das Zustimmungserfordernis an eine bestimmte Rechtsform anknüpft. Während insbesondere die Rechtsprechung auf dem Standpunkt steht, dass die Erlaubnis dann erlischt,[1466] geht die wohl überwiegende Auffassung im Schrifttum davon aus, dass die Erlaubnis übergeht, aber unter Umständen widerrufen oder zurückgenommen werden kann.[1467] Der Formwechsel stellt keine datenschutzrechtlich relevante Übermittlung von Daten dar.[1468]

ff) Unternehmensverträge

674 Unbestritten ist zunächst, dass der Formwechsel des **herrschenden Unternehmens** den Unternehmensvertrag unberührt lässt.[1469] Wenn der formwechselnde Rechtsträger das **beherrschte Unternehmen** ist, wird dagegen differenziert: Der Beherrschungs- und/oder Gewinnabführungsvertrag bleibt bestehen, wenn ein Formwechsel einer Kapitalgesellschaft in eine andere **Kapitalgesellschaft** stattfindet.[1470] Wird die beherrschte Kapitalgesellschaft dagegen in eine Personengesellschaft umgewandelt, soll der Vertrag fortbestehen, wenn bei dieser Gesellschaft die Voraussetzungen vorliegen, unter denen die **Personengesellschaft** beherrschtes Unternehmen eines Unternehmensvertrages sein kann. Das setzt voraus, dass an der beherrschten Personengesellschaft keine natürliche Person unbeschränkt haftender Gesellschafter ist, wie es bei der GmbH & Co. KG der Regelfall ist. Die unbeschränkte Haftung einer natürlichen Person ist mit der durch den Abschluss eines Beherrschungs- und Gewinnabführungsvertrages verursachten Selbstentmachtung nicht zu vereinbaren. Außerdem muss das herrschende Unternehmen Gesellschafter der beherrschten Personengesellschaft sein.[1471]

1462 OLG Köln GmbHR 2003, 1489; Kallmeyer/*Meister/Klöcker/Berger*, § 202 Rn. 15; Lutter/*Hoger*, § 202 Rn. 43; Semler/Stengel/*Leonard*, § 202 Rn. 11.
1463 OLG Köln GmbHR 2003, 1489; Kallmeyer/*Meister/Klöcker/Berger*, § 202 Rn. 15; Lutter/*Hoger*, § 202 Rn. 43; Semler/Stengel/*Leonard*, § 202 Rn. 11.
1464 BGH NZG 2004, 728 = MittBayNot 2004, 371 (DG-Bank); OLG Köln GmbHR 2003, 1489; Kallmeyer/*Meister/Klöcker/Berger*, § 202 Rn. 16; Semler/Stengel/*Leonard*, § 202 Rn. 11.
1465 BFH NZG 2004, 439 f; *Eckert*, ZIP 1998, 1950; Böttcher/Habighorst/*Althoff/Narr*, § 202 Rn. 8; Habersack/Wicke/*Simons*, § 202 Rn. 13; Kallmeyer/*Meister/Klöcker/Berger*, § 202 Rn. 20; Lutter/*Hoger*, § 202 Rn. 39; Semler/Stengel/*Leonard*, § 202 Rn. 11; Widmann/Mayer/*Vossius*, § 202 Rn. 105 ff.
1466 BFH GmbHR 2004, 1105; BGH MittBayNot 2005, 324 (beide betreffend die berufsrechtliche Zulassung als Rechtsanwaltsgesellschaft nach dem Formwechsel einer GmbH in eine AG); Habersack/Wicke/*Simons*, § 202 Rn. 13; Semler/Stengel/*Leonard*, § 202 Rn. 17.
1467 *Eckert*, ZIP 1998, 1950, 1953; Lutter/*Hoger*, § 202 Rn. 38; Münch HdB GesR Bd. 8/*Wansleben*, § 36 Rn. 10; Widmann/Mayer/*Vossius*, § 202 Rn. 107; wohl ebenso Böttcher/Habighorst/*Althoff/Narr*, § 202 Rn. 8 vgl. FN. 14.
1468 *Bitter*, ZHR 2009, 379; *Lüttge*, NJW 2000, 2463.
1469 Habersack/Wicke/*Simons*, § 202 Rn. 28; Kallmeyer/*Meister/Klöcker/Berger*, § 202 Rn. 18; Lutter/*Hoger*, § 202 Rn. 49; Semler/Stengel/*Leonard*, § 202 Rn. 16; Widmann/Mayer/*Vossius*, § 202 Rn. 134.
1470 Habersack/Wicke/*Simons*, § 202 Rn. 28; Lutter/*Hoger*, § 202 Rn. 49; Semler/Stengel/*Leonard*, § 202 Rn. 16; Widmann/Mayer/*Vossius*, § 202 Rn. 133.
1471 OLG Düsseldorf NZG 2005, 280, 283; Semler/Stengel/*Leonard*, § 202 Rn. 16; Kallmeyer/*Meister/Klöcker/Berger*, § 202 Rn. 18.

Ein Formwechsel in eine GbR oder eine eG soll stets zur Beendigung des Vertrages führen.[1472] Nach anderer Ansicht besteht der Vertrag bei Formwechsel in eine GmbH & Co. KG zwar fort, ist aber vorzeitig kündbar.[1473] Wieder andere nehmen an, dass Unternehmensverträge im engeren Sinne in jedem Fall fortbestehen, beim Formwechsel aber zu Unternehmensverträgen nach allgemeinem Vertragsrecht werden, wenn sie nicht mehr Unternehmensverträge im engeren Sinn des Aktienrechts sein können.[1474] Eine andere Frage ist, welche Auswirkungen es hat, wenn der **Formwechsel zwischen Abschluss und Wirksamwerden des Unternehmensvertrages** erfolgt. Ist der Vertrag im Zeitpunkt des Formwechsels noch nicht wirksam geworden, wird man die Regeln anwenden müssen, die für den Abschluss eines Unternehmensvertrages durch den Rechtsträger neuer Rechtsform gelten.[1475]

gg) Stille Gesellschaft

675 Ist an dem formwechselnden Rechtsträger ein stiller Gesellschafter beteiligt, stellt sich zunächst die Frage, ob er dem Formwechsel zustimmen muss. Nach einhelliger Meinung ist die Wirksamkeit des Formwechsels von dieser Zustimmung nicht abhängig.[1476] Allerdings kann und wird regelmäßig ein Zustimmungserfordernis im Gesellschaftsvertrag geregelt sein; seine Nichtbeachtung kann alle möglichen, im Gesellschaftsvertrag der stillen Gesellschaft geregelten Rechtsfolgen haben; die Wirksamkeit des Formwechsels wird aber nicht beeinträchtigt.

676 Eine andere Frage ist es, wie der Vertrag über die stille Gesellschaft beim **Formwechsel in eine AG** zu behandeln ist. Als Teilgewinnabführungsverträge werden solche Verträge mit einer AG nur wirksam, wenn die Hauptversammlung der AG ihnen gem. § 293 AktG zustimmt und sie gem. § 294 AktG in das Handelsregister eingetragen werden.[1477] Dagegen ist die (entsprechende) Anwendung der §§ 292 ff. AktG auf die stille Beteiligung an einer GmbH höchst umstritten.[1478] Erfolgt der Formwechsel von der GmbH, an der eine stille Gesellschaft besteht, in eine AG, stellt sich die Frage, ob ein Beschluss der Hauptversammlung gem. § 293 AktG herbeigeführt und der Vertrag ins Handelsregister eingetragen werden muss.[1479] Entscheidend muss sein, ob der Vertrag mit dem formwechselnden Rechtsträger bereits rechtswirksam war.[1480] War er das, setzt er sich beim Rechtsträger neuer Rechtsform fort, ohne dass die weitergehenden für den Rechtsträger neuer Rechtsformen geltenden Erfordernisse nachgeholt werden. Ein Hauptversammlungsbeschluss ist daher nicht erforderlich. Anders wird man das jedoch für die Registerpublizität, sehen müssen. Der Vertrag ist also zur Eintragung ins Handelsregister der AG anzumelden.[1481] Problematisch ist allerdings, dass die Anwendbarkeit der §§ 292 ff. auf das stille Gesellschaftsverhältnis mit der GmbH noch nicht höchstrichterlich geklärt ist; es besteht deshalb Unsicherheit, ob der Vertrag vor dem Formwechsel wirksam war.

1472 Semler/Stengel/*Leonard*, § 202 Rn. 16.
1473 Lutter/*Hoger*, § 202 Rn. 47; Kündigungsmöglichkeit wird auch bejaht, wenn der Verlust der Organschaft steuerrechtliche Folgen hat, von Semler/Stengel/*Leonard*, § 202 Rn. 16; a.A. Kallmeyer/*Meister*/*Klöcker*/*Berger*, § 202 Rn. 18 (wenn der Vertrag zulässigerweise fortbesteht, kann er nicht aus wichtigem Grund gekündigt werden).
1474 So Widmann/Mayer/*Vossius*, § 202 Rn. 133.
1475 DNotI-Gutachten Nr. 95247 vom 29.06.2009.
1476 Kallmeyer/*Meister*/*Klöcker*/*Berger*, § 202 Rn. 18; Lutter/*Hoger*, § 202 Rn. 47; Semler/Stengel/*Leonard*, § 202 Rn. 9.
1477 BGH AG 2003, 625, 627; *Hüffer*/*Koch*, § 292 AktG Rn. 15; MünchKommAktG/*Altmeppen*, § 292 Rn. 65; Münch HdB GesR Bd. 4/*Krieger*, § 73 Rn. 18, 61, 68 jeweils m.w.N.
1478 Vgl. DNotI-Gutachten, DNotI-Report 2004, 57 m.w.N.
1479 Vgl. dazu Mertens, AG 2000, 32, 37 f.; Lutter/*Hoger*, § 202 Rn. 47; Semler/Stengel/*Leonard*, § 202 Rn. 9.
1480 *Mertens*, AG 2000, 32, 38.
1481 Lutter/*Hoger*, § 202 Rn. 47; Semler/Stengel/*Leonard*, § 202 Rn. 9.

677 ▶ **Praxistipp:**

Solange eine Klärung nicht erfolgt ist, empfiehlt es sich, sowohl einen Hauptversammlungsbeschluss gem. § 293 als auch die Eintragung ins Handelsregister bei der AG als Rechtsträger neuer Rechtsform herbeizuführen.[1482]

hh) Buchwertaufstockung

678 Gem. § 220 darf beim Formwechsel einer Personengesellschaft in eine Kapitalgesellschaft der **Nennbetrag des Stammkapitals** einer GmbH beziehungsweise des Grundkapitals einer Aktiengesellschaft oder KGaA, das nach Abzug der Schulden verbleibende Vermögen des formwechselnden Rechtsträgers nicht übersteigen. Entsprechendes gilt gem. § 245 beim Formwechsel einer GmbH in eine AG oder KGaA sowie beim Formwechsel zwischen diesen Gesellschaftsformen und gem. § 264 auch beim Formwechsel einer eG in eine Kapitalgesellschaft, gem. § 277 beim Formwechsel eines e.V. in eine Kapitalgesellschaft und gem. § 295 beim Formwechsel eines VVaG in eine AG. In allen diesen Fällen ist das Vermögen nach Verkehrswerten zu bestimmen. Auf die Buchwerte des Vermögens kommt es für die Deckung des Kapitals nicht an. Es bleibt aber die Frage der bilanziellen Darstellung. Lässt sich das Stamm- oder Grundkapital des Rechtsträgers neuer Rechtsform mit den Buchwerten nicht darstellen, liegt eine **formelle Unterbilanz** vor.[1483] Damit stellt sich die Frage, ob eine **Aufstockung der Buchwerte** zulässig ist. Das ist aus folgenden Gründen umstritten: Gem. § 252 Abs. 1 Nr. 1 HGB müssen die Wertansätze in der Eröffnungsbilanz des Geschäftsjahres mit denjenigen in der Schlussbilanz des vorhergehenden Geschäftsjahres übereinstimmen. Die Buchwerte müssen also beibehalten werden (Grundsatz der Bilanzkontinuität). Gem. § 252 Abs. 2 HGB darf von diesem Grundsatz nur in begründeten Ausnahmefällen abgewichen werden. Ein solcher Ausnahmefall ist anerkannt bei Einbringung eines Unternehmens in eine Gesellschaft im Wege der Sacheinlage.[1484] Die Einbringung wird als Anschaffungsvorgang der erwerbenden Gesellschaft gesehen. Es gilt das Anschaffungswertprinzip. Beim Formwechsel streiten nun das Identitätsprinzip des § 202 mit der Anwendung der Gründungsvorschriften gem. § 197. Während die einen[1485] davon ausgehen, dass die mit dem Formwechsel verbundene Neubestimmung des Kapitals einen Neubeginn der Bilanzierung erlaubt, sehen andere – darunter das IDW (HFA 1/1996) angesichts des Identitätsgrundsatzes keinen Ansatz für eine Durchbrechung der Bilanzkontinuität. Nach der letzteren Auffassung ist für den Unterschiedsbetrag zwischen Buchwert und Kapital des neuen Rechtsträgers ein passivischer Abzugsposten (formwechselbedingter Sonderabzugsposten) auszuweisen, der in der Folgezeit wie ein Verlustvortrag aus künftigen Gewinnen getilgt werden muss.[1486] Er wirkt so als Ausschüttungssperre. Auch wenn die Buchwertaufstockung durchaus gerechtfertigt sein mag,[1487] wird die Praxis der Wirtschaftsprüfer den IDW-Grundsätzen folgen, so dass derzeit für eine Aufstockung der Buchwerte kein Raum ist.

b) § 202 Abs. 1 Nr. 2 Satz 1

679 Gem. § 202 Abs. 1 Nr. 2 Satz 1 sind die Anteilsinhaber des formwechselnden Rechtsträgers am Rechtsträger neuer Rechtsform nach den für diese geltenden Vorschriften beteiligt, soweit ihre Beteiligung nicht nach den Regeln des Gesetzes entfällt. Das Schrifttum trennt hier zwei Aspekte: die Identität der Anteilseigner und die Identität oder Kontinuität der Beteiligungsverhältnisse.

1482 So im Ergebnis auch Heckschen/Simon/*Heckschen*, § 9 Rn. 41.
1483 Vgl. Semler/Stengel/*Schlitt*, § 220 Rn. 23.
1484 Vgl. beispielsweise Kallmeyer/*Lanfermann*, § 24 Rn. 4.
1485 *Priester*, DB 1995, 911; KK-UmwG/*Petersen*, § 220 Rn. 12 ff.
1486 Henssler/Strohn/*Drinhausen*/*Keinath*, § 220 Rn. 5; Kallmeyer/*Lanfermann*, § 220 Rn. 11; Schmitt/Hörtnagl/Stratz/*Westerburg*, § 220 Rn. 14; Semler/Stengel/*Schlitt*, § 220 Rn. 23, Widmann/Mayer/*Vossius* § 220 Rn. 26.
1487 So KK-UmwG/*Petersen*, § 220 Rn. 13.

680 Grundsätzlich gilt, dass die Anteilsinhaber und nur die Anteilsinhaber des formwechselnden Rechtsträgers Anteilsinhaber des Rechtsträgers neuer Rechtsform werden, soweit nicht das UmwG Ausnahmen zulässt. Ausnahmen werden vom Gesetz nur für das Ausscheiden der persönlich haftenden Gesellschafter der KGaA beim Formwechsel in eine andere Rechtsform,[1488] für den Beitritt von Komplementären beim Formwechsel in die KGaA[1489] sowie für den Ausschluss bestimmter Mitglieder eines VVaG beim Formwechsel in die AG[1490] zugelassen. Dieselben Fragen wie für die KGaA stellen sich aber auch beim Formwechsel in oder aus der Kapitalgesellschaft & Co. KG. Das Thema wurde bereits oben in Rdn. 525 f. behandelt. Darauf wird hier verwiesen. Keine Ausnahme ist ein Wechsel des Anteilsinhabers vor Wirksamwerden des Formwechsels durch Sonder- oder Gesamtrechtsnachfolge. Denn **maßgeblich für die Identität der Anteilsinhaber ist der Zeitpunkt der Eintragung** und des daran anknüpfenden Wirksamwerdens des Formwechsels.[1491] Auf den Umwandlungsbeschluss kommt es nicht an. Die Anteilsinhaber können auch nach dem Umwandlungsbeschluss wie zuvor über ihre Anteile verfügen; Verfügungen sind sogar u.U. gem. § 211 erleichtert möglich.[1492]

681 Schwierige Fragen wirft die Identität der Beteiligungsverhältnisse auf. Feststehen dürfte heute, dass der Formwechsel – auch wenn das Gesetz dies anders als bei der Spaltung nicht ausdrücklich regelt – auch »nicht verhältniswahrend« erfolgen kann (s.o. Rdn. 541 f.).[1493] Dies gilt aber nur, wenn alle – nach Meinung anderer – die betroffenen Anteilsinhaber zustimmen.[1494] Selbstredend ist auch, dass die Mitgliedschaft mit Wirksamwerden des Formwechsels dem für die neue Rechtsform geltenden Regeln unterliegt und damit gesetzlich zwingende Bestimmungen für diesen Rechtsträger Anwendung finden wie beispielsweise § 51a GmbHG (Informationsanspruch) oder § 131 AktG (Auskunftsrecht).

682 Wegen der Erhaltung der Sonderrechte sei oben auf die Ausführungen in Rdn. 548 ff. verwiesen; wegen des Formwechsels zur Ermöglichung eines Squeeze-Out auf Rdn. 476, 615.

683 Anzusprechen ist in diesem Zusammenhang auch das Schicksal **eigener Anteile**. Anders als § 20 Abs. 1 Nr. 3 regelt § 202 Abs. 1 Nr. 2 keine Ausnahme für eigene Anteile.[1495] Ihr Schicksal richtet sich nach den allgemeinen gesellschaftsrechtlichen Vorschriften. Beim Formwechsel von einer Kapitalgesellschaft in eine Personengesellschaft oder eG gehen sie unter, weil die Personengesellschaft und die Genossenschaft keine Anteile an sich selbst kennen. Beim Formwechsel von der Aktiengesellschaft in die GmbH treten an die Stelle der eigenen Aktien eigene Geschäftsanteile, bei demjenigen von der GmbH in die Aktiengesellschaft an die Stelle der eigenen Geschäftsanteile eigene Aktien. Man wird den Erwerb entsprechend § 71 Abs. 1 Nr. 5 AktG als zulässig ansehen müssen. Auch wenn es sich bei § 202 nicht um eine Gesamtrechtsnachfolge handelt, gilt der der Vorschrift zugrundeliegende Rechtsgedanke doch auch hier: An der fehlenden Zulässigkeit des Erwerbs eigener Aktien darf der Formwechsel nicht scheitern. Eine andere Frage ist es, ob die Gesellschaft die eigenen Anteile behalten darf (vgl. § 33 GmbHG; § 71 AktG).[1496] Soll die Komplementär-GmbH beim Formwechsel einer Einheits-GmbH & Co. KG in eine Aktiengesellschaft Aktien erhalten, ergeben

---

1488 §§ 233 Abs. 3 Satz 3, 236, 247 Abs. 3, 255 Abs. 3.
1489 §§ 218 Abs. 2, 221, 240 Abs. 2, 262 Abs. 2, 275 Abs. 3.
1490 § 294 Abs. 1 Satz 2.
1491 BGH RNotZ 2017, 179, 181; Habersack/Wicke/*Simons*, § 202 Rn. 36; Kallmeyer/*Meister/Klöcker/Berger*, § 202 Rn. 30.
1492 BGH RNotZ 2017, 179, 182; Kallmeyer/*Meister/Klöcker/Berger*, § 202 Rn. 30.
1493 Kallmeyer/*Meister/Klöcker/Berger*, § 202 Rn. 37; Lutter/*Hoger*, § 202 Rn. 14 f.; Semler/Stengel/*Leonard*, § 202 Rn. 23.
1494 Lutter/*Hoger*, § 202 Rn. 15 (alle); Kallmeyer/*Meister/Klöcker/Berger*, § 194 Rn. 34 (die Betroffenen); Schmitt/Hörtnagl/Stratz/*Winter*, § 202 Rn. 7 (die Betroffenen); s. dazu oben Rdn. 541 f.
1495 Widmann/Mayer/*Vossius* § 202 Rn. 163 ff.
1496 Widmann/Mayer/*Vossius* § 202 Rn. 166; DNotI-Gutachten Nr. 107290 vom 07.12.2010.

sich möglicherweise aus § 56 Abs. 2 AktG Fragen.[1497] Dasselbe gilt beim Formwechsel einer Einheits-GmbH & Co. KG in eine GmbH.[1498]

c) Fortbestand der Rechte Dritter § 202 Abs. 1 Nr. 2 Satz 2

684 Gem. Satz 2 von Nr. 2 bestehen Rechte Dritter an den Anteilen und Mitgliedschaften des formwechselnden Rechtsträgers an den an ihre Stelle tretenden Anteilen oder Mitgliedschaften des Rechtsträgers neuer Rechtsform fort. Wegen des Identitätsgrundsatzes handelt es sich nicht um eine Surrogation.[1499] Die Bestimmung dient lediglich der Klarstellung.[1500] Die Rechte müssen nicht neu begründet werden, selbst wenn für ihre Bestellung nunmehr Formvorschriften gelten, die bei der Begründung der Rechte nicht beachtet werden mussten. So setzt sich beispielsweise ein formlos bestelltes Pfandrecht an einer Kommanditbeteiligung nach Formwechsel in eine GmbH an dem Geschäftsanteil/den Geschäftsanteilen des Gesellschafters fort, ohne dass es eines neuen Bestellungsaktes in notarieller Beurkundung bedürfte.[1501]

685 Schwierigkeiten macht die Bestimmung, wenn **nur einzelne Geschäftsanteile** oder Aktien eines Gesellschafters am formwechselnden Rechtsträgers **belastet** sind, diese aber beim Rechtsträger neuer Rechtsform mit nicht belasteten Anteilen zusammengefasst werden.[1502] Bei der Personengesellschaft ist das Thema bekannt, wenn mit dinglichen Rechten belastete Anteile hinzuerworben werden. Im Schrifttum setzt sich dazu die Auffassung durch, dass bei Hinzuerwerb einer belasteten Personengesellschaftsbeteiligung durch den Gesellschafter, dessen Beteiligung bisher nicht belastet war, der Grundsatz der Einheitlichkeit der Beteiligung eingeschränkt wird und die beiden Teile der Beteiligung unterschiedlich zugeordnet werden.[1503] Es wird vertreten, dass das beim Formwechsel in eine Kapitalgesellschaft ebenso gelten soll.[1504]

686 Nach h.M. betrifft § 202 Abs. 1 Nr. 2 Satz 2 **nur dingliche Rechte,**[1505] nicht dagegen schuldrechtliche Ansprüche, z.B. aus Vorkaufs- oder Ankaufsrechten. Allerdings wird man vielfach im Wege der Auslegung der der Begründung dieser Rechte zugrundeliegenden Vereinbarungen dazu kommen, dass sich Ansprüche auch auf die Anteile am Rechtsträger neuer Rechtsform nach Formwechsel beziehen.[1506] Bedarf die entsprechende schuldrechtliche Verpflichtung nach dem für die neue Rechtsform geltenden Recht aber notarieller Beurkundung, muss wohl mangels unmittelbarer Anwendung von § 202 Nr. 2 Satz 2 das Recht formgerecht neu begründet werden.

687 Dingliche Rechte sollen sich kraft Surrogation gem. §§ 1075, 1287 BGB an etwaigen Ansprüchen auf bare Zuzahlung gem. § 196 oder auf Abfindung gem. § 207 fortsetzen.

1497 Dazu DNotI-Gutachten Nr. 102869 vom 11.04.2012.
1498 Zur Anwendung der Gedanken des § 56 AktG im Recht der GmbH vgl. z.B. Baumbach/Hueck/*Servatius,* GmbHG, § 55 Rn. 19, 22; Ulmer/*Ulmer/Casper,* GmbHG, § 55 Rn. 69 f.
1499 Semler/Stengel/*Leonard,* § 202 Rn. 28.
1500 Semler/Stengel/*Leonard,* § 202 Rn. 27.
1501 Kallmeyer/*Meister/Klöcker/Berger,* § 202 Rn. 46.
1502 Lutter/*Hoger,* § 202 Rn. 21.
1503 BGH NJW 1996, 1284; MünchKommHGB/*Karsten Schmidt,* § 105 Rn. 78; MünchKommBGB/*Schäfer,* § 705 Rn. 182; *Baumann,* BB 1998, 225; *Kanzleiter,* FS Weichler, 1997, Satz 39 ff.; *Lüttgen,* NJW 1994, 518; *Priester,* DB 1998, 55; dem folgend LG Hamburg NZG 2005, 926.
1504 Semler/Stengel/*Leonard,* § 202 Rn. 30.
1505 Böttcher/Habighorst/*Althoff/Narr,* § 202 Rn. 17; Habersack/Wicke/*Simons,* § 202 Rn. 52; Kallmeyer/*Meister/KlöckerBerger,* § 202 Rn. 46; Lutter/*Hoger,* § 202 Rn. 20; a.A. Semler/Stengel/*Leonard,* § 202 Rn. 31.
1506 Zu weit gehend aber wohl OLG Thüringen GmbHR 2002, 1022 (Fortbestand des Rücktrittsrechts eines Erwerbers aus einem Kaufvertrag über einen Geschäftsanteil an einer GmbH trotz deren zwischenzeitlicher Umwandlung in eine oHG).

d) § 202 Abs. 1 Nr. 3 – Heilung von Beurkundungsmängeln

Gem. § 202 Abs. 1 Nr. 3 werden Beurkundungsmängel bezüglich Umwandlungsbeschluss, sowie Zustimmungs- und Verzichtserklärungen einzelner Anteilsinhaber mit der Eintragung der neuen Rechtsform in das Register geheilt. Von Bedeutung ist diese Bestimmung insbesondere, wenn die Erklärungen nicht vollständig beurkundet wurden oder die Beurkundung unwirksam im Ausland erfolgt ist.[1507] Geheilt wird nicht das Fehlen erforderlicher Erklärungen, sondern nur deren mangelnde Beurkundung. Von nicht zu unterschätzender **Bedeutung** ist die Vorschrift **für Vollmachten** in Anbetracht des Streits um deren Formbedürftigkeit.[1508] Wird die strengere Vollmachtsform nicht gewahrt, der Formwechsel aber eingetragen, so wird man auch dies als geheilt ansehen können.[1509] Zum einen wird der Mangel der Form auch bei der Gründung einer GmbH als durch die Eintragung geheilt angesehen.[1510] Zum anderen spricht viel dafür, dass der Gesetzgeber mit § 202 Abs. 1 Nr. 3 auch die Heilung mittelbarer Formmängel bezweckt hat.[1511] Hilfsweise gilt der Bestandsschutz des § 202 Abs. 3. Die Geltendmachung von Schadenersatzansprüchen gem. §§ 205, 206 soll dagegen durch die Heilung nicht gehindert sein.[1512] Da der Mangel der Form durch die Eintragung geheilt wird, fragt man sich allerdings, worin der Schaden liegen soll, wenn bis auf den Beurkundungsmangel alles richtig gemacht wurde.[1513]

688

e) Bestandskraft des Formwechsels § 202 Abs. 3

Während § 202 Abs. 1 Nr. 3 für Beurkundungsmängel der Eintragung Heilungswirkung beilegt, ordnet Abs. 3 an, dass Mängel des Formwechsels die Wirkung der Eintragung unberührt lassen. Gemeint sind damit Mängel bei Vorbereitung und Umwandlung des Formwechsels sowie inhaltliche Mängel des Beschlusses, und zwar grundsätzlich unabhängig von Art und Schwere der Mängel.[1514] Anders als bei § 202 Abs. 1 Nr. 3 hat die Eintragung diesbezüglich aber keine Heilungswirkung;[1515] sie lässt nur die Wirksamkeit der Eintragung unberührt. Eine Amtslöschung nach Eintragung wegen Mängeln des Formwechsels ist unzulässig.[1516] Schadenersatzansprüche gem. §§ 205, 206 bleiben möglich und sind vorstellbar.[1517]

689

1507 Lutter/*Hoger,* § 202 Rn. 50; Semler/Stengel/*Leonard,* § 202 Rn. 32.
1508 S.o. Rdn. 600 ff.
1509 Widmann/Mayer/*Vossius* § 202 Rn. 182.1, der aber eine Heilung verneint, wenn – wie insb. bei dem Wechsel in die Ein-Personen-GmbH – ein Formmangel der Vollmacht zur Nichtigkeit der vom Bevollmächtigten abgegebenen Erklärungen nach § 180 Satz 1 BGB führt; jedoch ist zweifelhaft, ob § 180 Satz 1 BGB im Zusammenhang mit dem Formwechsel anwendbar ist (vgl. oben Rdn. 601); außerdem wird nach h.M. der Mangel der Form der Vollmacht auch bei der Gründung einer Ein-Personen-GmbH durch die Eintragung der GmbH geheilt, vgl. Baumbach/Hueck/*Fastrich,* § 2 Rn. 23; MHLS/*J. Schmidt*; § 2 Rn. 66; MünchKommGmbHG/*Heinze,* § 2 Rn. 78; *Wicke,* § 2 Rn. 9; DNotI-Gutachten Nr. 97978 vom 22.10.2009.
1510 Baumbach/Hueck/*Fastrich,* § 2 Rn. 23.
1511 DNotI-Gutachten Nr. 97978 vom 22.10.2009.
1512 Kallmeyer/Meister/Klöcker/*Berger,* § 202 Rn. 54; Lutter/*Hoger,* § 202 Rn. 53; Semler/Stengel/*Leonard,* § 202 Rn. 33; KK-UmwG/*Petersen,* § 202 Rn. 23; Widmann/Mayer/*Vossius,* § 202 Rn. 186; s. aber auch KK-UmwG/*Petersen,* § 202 Rn. 26.
1513 Vgl. *K. Schmidt,* ZGR 1991, 373, 377; KK-UmwG/*Petersen,* § 202 Rn. 26.
1514 BGHZ 132, 353 = ZIP 1996, 1146, 1148.
1515 *K. Schmidt,* ZIP 1998, 181, 187; KK-UmwG/*Petersen,* § 202 Rn. 26; Widmann/Mayer/*Vossius,* § 202 Rn. 183; a.A. Semler/Stengel/*Leonard,* § 202 Rn. 34.
1516 *K. Schmidt,* ZIP 1998, 181/187; KK-UmwG/*Petersen,* § 202 Rn. 28; Lutter/*Hoger,* § 202 Rn. 60; Semler/Stengel/*Leonard,* § 202 Rn. 39; Widmann/Mayer/*Vossius,* § 202 Rn. 183.
1517 Kallmeyer/Meister/Klöcker/*Berger,* § 202 Rn. 56; KK-UmwG/*Petersen,* § 202 Rn. 26; Lutter/*Hoger,* § 202 Rn. 60; Semler/Stengel/*Leonard,* § 202 Rn. 33.

690 Allerdings soll die Bestandskraft nach h.M. nicht uneingeschränkt gelten. Zunächst muss in dem Beschluss der Wille zum Formwechsel erkennbar geworden sein.[1518] Außerdem darf der Beschluss nach h.M. nicht außerhalb des numerus clausus der Formwechselmöglichkeiten des Gesetzes erfolgt sein.[1519] Ferner hat der BGH einem Formwechsel die Wirksamkeit versagt, wenn gegen die Kontinuität der Mitgliedschaft dadurch grob verstoßen wurde, dass von den 512 Mitgliedern des formwechselnden Rechtsträgern **nur einer** unmittelbarer Gesellschafter des Rechtsträgers neuer Rechtsform wurde und dieser die Anteile für die übrigen an dem formwechselnden Rechtsträger beteiligten Anteilsinhaber treuhänderisch halten sollte.[1520] Diese Durchbrechung der Bestandskraft ist im Schrifttum allerdings mit guten Gründen angegriffen worden.

691 Eine weitere Frage in diesem Zusammenhang ist, ob die Vorschrift auch für solche Beschlüsse gilt, die im Zusammenhang mit dem Formwechsel gefasst worden sind, insbesondere Kapitalmaßnahmen. Auch diese Beschlüsse müssen Bestandsschutz genießen, wenn sie notwendige Grundlagen des Formwechselbeschlusses erst geschaffen haben;[1521] dies entspricht auch der Regelung des § 249 Abs. 1 Satz 3 AktG.

3. Gläubigerschutz

692 Den Gläubigerschutz bewerkstelligt das UmwG auf verschiedene Weise. Zunächst sieht das Gesetz in § 204 i.V. mit § 22 einen **Anspruch auf Sicherheitsleistung** für Gläubiger noch nicht fälliger Forderungen vor, wenn sie glaubhaft machen, dass durch den Formwechsel die Erfüllung ihrer Forderung gefährdet wird. Daneben sind die Mitglieder des Vertretungs- und ggf. des Aufsichtsorgans des formwechselnden Rechtsträgers gem. § 205 zum **Ersatz des Schadens** verpflichtet, den der Rechtsträger, seine Anteilsinhaber oder Gläubiger durch den Formwechsel erleiden; allerdings haften sie nach dem entsprechend anwendbaren § 25 Abs. 1 Satz 2 nicht, wenn sie ihrer Sorgfaltspflicht bei Prüfung des Umwandlungsbeschlusses und der Vermögenslage des formwechselnden Rechtsträgers genügt haben.[1522] Außerdem bleibt eine vor dem Formwechsel bestehende **persönliche Haftung** von Gesellschaftern gegenüber Gläubigern aus Verbindlichkeiten des formwechselnden Rechtsträgers gem. § 224 von dem Formwechsel unberührt.[1523] Schließlich greift beim Formwechsel in die GmbH und die AG die Gründerhaftung gem. §§ 9a GmbHG und 46 AktG sowie die Differenzhaftung des Sacheinlegers gem. § 9 GmbHG, die nach der Rechtsprechung für die AG entsprechend gilt.[1524] Im Einzelnen ist dazu folgendes auszuführen, wobei die nachstehenden Anmerkungen angesichts der begrenzten Aufgabenstellung dieser Darstellung nur kursorisch sein können und wegen vertiefender Darstellung auf die einschlägigen Kommentierungen verwiesen wird:

1518 BGHZ 132, 153 = ZIP 1996, 1146, 1149; Lutter/*Hoger*, § 202 Rn. 55; Semler/Stengel/*Leonard*, § 202 Rn. 36; Kallmeyer/*Meister/Klöcker/Berger*, § 202 Rn. 56; KK-UmwG/*Petersen*, § 202 Rn. 27.
1519 BGH ZIP 1996, 1146, 1149 = NJW 1996, 2165; BGHZ 137, 134 = ZIP 1997, 2134; BGHZ 138, 371 = ZIP 1998, 1161; Lutter/*Hoger*, § 202 Rn. 55; Semler/Stengel/*Leonard*, § 202 Rn. 37; Kallmeyer/ *Meister/Klöcker/Berger*, § 202 Rn. 56; a.A. K. *Schmidt*, ZIP 1998, 181/185; Widmann/Mayer/*Vossius*, § 20 Rn. 393.
1520 BGHZ 142, 1 = ZIP 1999, 1126; zustimmend Semler/Stengel/*Leonard*, § 202 Rn. 38; dagegen *K. Schmidt*, ZIP 1998, 181, 186; Lutter/*Hoger* § 202 Rn. 57; *Hommelhoff/Schubel*, ZIP 1998, 537, 546.
1521 BGH DNotz 2008, 143; OLG Frankfurt RNotZ 2012, 398, 402 m. Anm. d. Schriftl. (beide zur Verschmelzung); Semler/Stengel/*Leonard*, § 202 Rn. 40; Lutter/*Hoger*, § 202 Rn. 60; Kallmeyer/*Meister/ Klöcker/Berger*, § 202 Rn. 58.
1522 Böttcher/Habighorst/*Althoff/Narr*, § 205 Rn. 7; Habersack/Wicke/*Simons*, § 205 Rn. 19 ff.; Kallmeyer/*Meister/Klöcker/Berger*, § 205 Rn. 14; Lutter/*Hoger*, § 205 Rn. 13 ff.
1523 BGH DStR 2010, 284 Rn. 35.
1524 Habersack/Wicke/*Simons*, § 197 Rn. 19 ff.; Kallmeyer/*Meister/Klöcker/Berger*, § 197 Rn. 26, 44; Lutter/*Hoger*, § 197 Rn. 32 ff.; Widmann/Mayer/*Mayer*, § 197 Rn. 61 ff.; *Wälzholz*, AG 2006, 469.

a) Anspruch auf Sicherheitsleistung

Anspruch auf Sicherheitsleistung haben **Alt-Gläubiger** des formwechselnden Rechtsträgers, also solche, deren Ansprüche – nach h.M. – bis zur Eintragung des Rechtsträgers neuer Rechtsform[1525] oder – nach anderer Auffassung – vor Bekanntmachung des Formwechsels[1526] begründet worden sind. Das können auch **Ansprüche von Gesellschaftern** sein, wenn es sich um Drittgläubigeransprüche, also solche aus Vereinbarungen, in denen der Anteilseigner dem Rechtsträger wie ein Dritter gegenüber getreten ist, und nicht um Ansprüche aus dem Gesellschaftsverhältnis handelt.[1527] Die Ansprüche dürfen noch nicht fällig sein, weil Gläubiger fälliger Ansprüche sofort Erfüllung verlangen können.[1528] Nur Inhaber schuldrechtlicher Ansprüche haben Anspruch auf Sicherheitsleistung; Inhaber dinglicher Ansprüche brauchen in der Regel keinen solchen Schutz.[1529] Bei Dauerschuldverhältnissen ist das Verlangen nach Sicherheitsleistung unter Berücksichtigung des Schutzbedürfnisses des Gläubigers angemessen zu begrenzen,[1530] wie überhaupt gem. §§ 204, 22 Abs. 1 Satz 2 die Glaubhaftmachung einer konkreten Gefährdung Voraussetzung für die Verpflichtung zur Stellung einer Sicherheit ist. Die Gefährdung soll beim Formwechsel von der Kapitalgesellschaft in die Personengesellschaft wegen der geringeren Kapitalbindung eher zu besorgen sein als im umgekehrten Fall.[1531] Hieran anknüpfend wird vertreten, dass beim Formwechsel einer AG in eine GmbH ein Anspruch auf Sicherheitsleistung nicht besteht.[1532] Ein Anspruch auf Sicherheitsleistung ist gem. §§ 204, 22 Abs. 2 ausgeschlossen, wenn Gläubiger im Insolvenzverfahren ein Recht auf vorrangige Befriedigung aus einer Deckungsmasse haben, die nach gesetzlicher Vorschrift zu ihrem Schutz errichtet und staatlich überwacht wird. Hierzu zählen Inhaber von Pfandbriefen (früher § 35 HypothekenbankG, nunmehr § 30 PfandbriefG) und Versicherungsgläubiger nach §§ 130 VAG, vor allem aber Anspruchsinhaber von Betriebsrenten, die über die Insolvenzsicherung des Pensionssicherungsvereins gem. §§ 7 ff. BetrAVG gesichert sind.[1533]

Auch wird ein Anspruch auf Sicherheitsleistung schon mangels Gefährdung der Erfüllung ausscheiden, wenn dem Gläubiger anderweitig ausreichend Sicherheit gestellt ist; das dürfte sich aber bereits aus §§ 204, 22 Abs. 1 Satz 2 ergeben.[1534]

b) Haftung der Organe gem. §§ 205, 206

Gem. § 205 sind die Mitglieder des Vertretungs- und ggf. eines Aufsichtsorgans zum Ersatz von Schäden verpflichtet, die der Rechtsträger, seine Anteilsinhaber oder Gläubiger durch den Formwechsel erleiden. Dies gilt auch für Mitglieder eines nicht-obligatorischen Aufsichtsorgans, nicht

---

1525 So Habersack/Wicke/*Simons*, § 204 Rn. 7; Kallmeyer/*Meister/Klöcker/Berger*, § 204 Rn. 4; Lutter/*Hoger*, § 204 Rn. 6; Widmann/Mayer/*Vossius*, § 204 Rn. 14.
1526 Semler/Stengel/*Kalss*, § 204 Rn. 3; Kallmeyer/*Marsch-Barner/Oppenhoff*, § 22 Rn. 3; differenzierend: (Bekanntmachung maßgeblich bei Gutgläubigkeit) Semler/Stengel/*Seulen*, § 22 Rn. 12.
1527 Kallmeyer/*Meister/Klöcker/Berger*, § 204 Rn. 3; Lutter/*Hoger*, § 204 Rn. 4; Widmann/Mayer/*Vossius*, § 22 Rn. 14.
1528 Lutter/*Hoger*, § 204 Rn. 8; Widmann/Mayer/*Vossius*, § 22 Rn. 37.
1529 Kallmeyer/*Meister/Klöcker/Berger*, § 204 Rn. 3; Lutter/*Hoger*, § 204 Rn. 4; Schmitt/Hörtnagl/Stratz/ *Winter*, § 22 Rn. 5; Semler/Stengel/*Seulen*, § 22 Rn. 7; Widmann/Mayer/*Vossius*, § 204 Rn. 13; differenzierend Habersack/Wicke/*Simons*, § 204 Rn. 9.
1530 BGH ZIP 1996, 705/706 f.
1531 Lutter/*Hoger*, § 224 Rn. 13, 14 mwN.; Widmann/Mayer/*Vossius*, § 204 Rn. 23; eingehend und differenzierend Habersack/Wicke/*Simons*, § 204 Rn. 14 ff.; Semler/Stengel/*Seulen*, § 22 Rn. 23 ff.
1532 KK-UmwG/*Petersen*, § 204 Rn. 12; a.A. Lutter/*Hoger*, § 204 Rn. 13 (wegen geringerer Kapitalbindung bei der GmbH gegenüber der AG); Semler/Stengel/*Seulen*, § 22 Rn. 25.
1533 Kallmeyer/*Meister/Klöcker/Berger*, § 204 Rn. 9; Lutter/*Hoger*, § 204 Rn. 20; zum gleichen Ergebnis kommt über § 22 Abs. 1 Satz 2 wegen mangelnder Gefährdung Semler/Stengel/*Seulen*, § 22 Rn. 59.
1534 Habersack/Wicke/*Simons*, § 204 Rn. 27 (nur wenn die Sicherheit vom formwechselnden Rechtsträger selbst, also nicht von einem Dritten, gestellt ist); Lutter/*Hoger*, § 204 Rn. 20; Semler/Stengel/*Seulen*, § 22 Rn. 60 ff.

aber für Mitglieder von Organen mit rein beratenden Aufgaben.[1535] Streitig ist dies für die Mitglieder eines Gesellschafterausschusses.[1536] Die Ansprüche können gem. § 206 nur durch einen besonderen Vertreter geltend gemacht werden.

c) Fortdauer der Haftung

696 Gem. § 224 Abs. 1 berührt der Formwechsel Ansprüche der Gläubiger gegen einen persönlichen haftenden Gesellschafter des formwechselnden Rechtsträgers nicht. Die Haftung ist derjenigen nachgebildet, die den Gesellschafter bei einem Ausscheiden aus einer Personengesellschaft trifft.[1537] Sie findet trotz des scheinbar abweichenden Wortlauts nach h.M. entsprechend Anwendung auf die persönliche Haftung eines Kommanditisten (s.o. Rdn. 540).[1538] Sie gilt darüber hinaus aufgrund gesetzlicher Verweisungsbestimmungen in den §§ 225c, 237, 249, 257 auch für den Formwechsel einer PartG sowie für denjenigen einer KGaA in eine KG, eine andere Kapitalgesellschaft und eine eG.

d) Gründerhaftung, Differenzhaftung

697 Schließlich ist im Zusammenhang mit dem Formwechsel einer Personenhandelsgesellschaft in eine und einer Kapitalgesellschaft in eine andere Kapitalgesellschaft die Gründerhaftung der Mitglieder des formwechselnden Rechtsträgers gem. §§ 9a GmbHG, 46 AktG bei falschen Angaben im Rahmen der Gründung sowie die Differenzhaftung gem. § 9 GmbHG für die Werthaltigkeit von Sacheinlagen, die entsprechend für die AG gilt, zu beachten. Dagegen haben die **Unterbilanzhaftung** wegen Vorbelastungen zwischen Gründung und Eintragung und die Verlustdeckungshaftung, falls die gegründete Gesellschaft nicht eingetragen wird, beim Formwechsel keine Bedeutung, weil bis zur Eintragung des Formwechsels im Rechtsverkehr noch der Ausgangsrechtsträger Geschäftspartner ist.[1539] Die **Gründerhaftung** trifft gem. §§ 219, 245 Abs. 1 bis 3 die Gesellschafter, die dem Formwechsel zustimmen oder beim Formwechsel in die KGaA dieser als Komplementär beitreten, beim Formwechsel zwischen AG und KGaA aber nur die Komplementäre und ist beim Formwechsel einer AG oder KGaA in eine GmbH ausgeschlossen.[1540] Die der Haftung unterliegenden Gesellschafter sind gem. §§ 217 Abs. 2, 219, 244 Abs. 1 in der Niederschrift über den Umwandlungsbeschluss namentlich aufzuführen. Umstritten ist, ob die Gründerhaftung auch für Gesellschafter gilt, die dem Formwechsel aufgrund anderer Bestimmungen (z.B. § 193 Abs. 2) zustimmen (s.u. Rdn. 806).[1541] Eine Gründerhaftung trifft dagegen gem. § 264 Abs. 2 und 3, 277 nicht die Mitglieder einer eG oder eines e.V., die oder der in eine Kapitalgesellschaft umgewandelt werden.

698 Über den Geltungsbereich der **Differenzhaftung** herrschen höchst unterschiedliche Auffassungen. Während sie nach einer Auffassung bei jedem Formwechsel in eine Kapitalgesellschaft für **alle** Gesellschafter eingreift,[1542] ist sie nach h.M. in Anlehnung an §§ 219 Satz 2, 245 Satz 1 bei einem mehrheitlich beschlossenen Formwechsel nur auf die Gesellschafter anwendbar, die für den Formwechsel stimmen bzw. nicht auf Gesellschafter anwendbar, die gegen den Formwechsel stimmen oder ihm

---

1535 Böttcher/Habighorst/*Althoff/Narr*, § 205 Rn. 4; Habersack/Wicke/*Simons*, § 205 Rn. 13; Kallmeyer/Meister/Klöcker/Berger, § 205 Rn. 7; Lutter/*Hoger*, § 205 Rn. 4; Semler/Stengel/*Leonard*, § 205 Rn. 5.
1536 Dafür Semler/Stengel/*Leonard*, § 205 Rn. 5; dagegen Kallmeyer/*Meister/Klöcker/Berger*, § 205 Rn. 7; Lutter/*Hoger*, § 205 Rn. 4.
1537 Vgl. dazu MünchHdb. GesR Bd. 2/*Schulte/Hushan*, § 37 Rn. 60 ff.
1538 Habersack/Wicke/*Kühn*, § 224 Rn. 9; Kallmeyer/*Blasche*, § 224 Rn. 8; Lutter/*Joost/Hoger*, § 224 Rn. 16; Semler/Stengel/*Schlitt*, § 224 Rn. 8.
1539 Böttcher/Habighorst/*Althoff/Narr*, § 197 Rn. 6; Lutter/*Hoger*, § 197 Rn. 40; Widmann/Mayer/*Mayer*, § 197 Rn. 76 m.w.N.
1540 Kallmeyer/*Blasche*, § 245 Rn. 4, 6; Lutter/*Göthel*, § 245 Rn. 60; Semler/Stengel/*Scheel*, § 245 Rn. 63, 64; Widmann/Mayer/*Rieger*, § 245 Rn. 13, 22, 28 ff.
1541 KK-UmwG/*Petersen*, § 219 Rn. 12.
1542 Böttcher/Habighorst/*Althoff/Narr*, § 197 Rn. 6; Habersack/Wicke/*Simons*, § 197 Rn. 27; Kallmeyer/Meister/Klöcker/Berger, § 197 Rn. 26; Widmann/Mayer/*Vossius*, § 219 Rn. 22, 34.

widersprechen.¹⁵⁴³ Teilweise wird zwischen dem Formwechsel einer Personengesellschaft in eine Kapitalgesellschaft und dem Formwechsel zwischen Kapitalgesellschaften unterschieden. Im ersteren Fall wird vertreten, dass alle Gesellschafter der Differenzhaftung unterliegen, die für den Formwechsel gestimmt haben;¹⁵⁴⁴ für den Formwechsel von eG und e.V. in die Kapitalgesellschaft wird die Differenzhaftung dagegen durchweg unabhängig vom Abstimmungsverhalten befürwortet.¹⁵⁴⁵ Beim Formwechsel zwischen Kapitalgesellschaften soll eine Differenzhaftung nach einer Auffassung gänzlich ausscheiden,¹⁵⁴⁶ nach anderer Auffassung für alle Gesellschafter gelten¹⁵⁴⁷ und nach wieder anderer Auffassung auf die dem Formwechsel zustimmenden Gesellschafter beschränkt sein.¹⁵⁴⁸ Das soll entgegen früher vertretener Auffassungen auch beim Formwechsel einer AG oder KGaA in die GmbH gelten.¹⁵⁴⁹ Die Differenzhaftung wird in der Rechtsprechung mit der Kapitaldeckungszusage der Sacheinleger, die in der Übernahme der Geschäftsanteile oder Zeichnung der Aktien liegt, begründet.¹⁵⁵⁰ Folgt man dem, kann sie nicht für Gesellschafter gelten, die am Formwechselbeschluss nicht mitgewirkt oder gegen ihn gestimmt haben. Das muss auch für den Formwechsel aus der Personengesellschaft, der eG und des e.V. in die Kapitalgesellschaft gelten. Darüber hinaus wird man sie schlechthin nicht beim Formwechsel von AG oder KGaA in eine GmbH eingreifen lassen können, weil insoweit ein Kapitaldeckungsgebot nicht besteht.

XI. Besonderheiten beim Formwechsel von Personenhandelsgesellschaften und PartGen

1. Überblick

Besondere Vorschriften für den Formwechsel von Personenhandelsgesellschaften enthalten die §§ 214 bis 225c. Die Bestimmungen gelten entsprechend für den Formwechsel von PartGen. Personenhandelsgesellschaften und PartGen können nur in eine Kapitalgesellschaft oder eine eG formwechselnd umgewandelt werden (§§ 214, 225a). Ist die Gesellschaft aufgelöst, ist ein Formwechsel nur unter den Voraussetzungen des § 214 Abs. 2 möglich (s.o. Rdn. 480).

699

2. Ablauf des Formwechsels, Einladung

Gem. § 216 hat das Vertretungsorgan des formwechselnden Rechtsträgers allen von der Geschäftsführung ausgeschlossenen Gesellschaftern spätestens zusammen mit der Einberufung der Gesellschafterversammlung, die über den Formwechsel beschließen soll, den Formwechsel in Textform anzukündigen, einen etwa erforderlichen Umwandlungsbericht und ein Abfindungsangebot gem. § 207 zu übersenden (s.o. Rdn. 496). Sehr häufig werden beim Formwechsel einer Personenhandelsgesellschaft alle Gesellschafter ihre Bereitschaft erklären, am Formwechsel mitzuwirken und auf die Förmlichkeiten der Einberufung, die Erstellung eines Verschmelzungsberichts und ein Abfindungsangebot verzichten. Ist das aber nicht der Fall, ist zu prüfen, ob der Gesellschaftsvertrag eine wirksame Mehrheitsklausel für den Formwechsel vorsieht.¹⁵⁵¹ Andernfalls bedarf der Formwechsel gem. § 217 Abs. 1 der Zustimmung aller Gesellschafter.¹⁵⁵² **Wenn das Einstimmigkeitserfordernis**

700

1543 Kallmeyer/*Blasche*, § 219 Rn. 8; Lutter/*Joost*, § 219 Rn. 5; Semler/Stengel/*Schlitt*, § 219 Rn. 13, 17; Widmann/Mayer/*Mayer*, § 197 Rn. 64.
1544 So Lutter/*Hoger*, § 197 Rn. 37 ff.
1545 Habersack/Wicke/*Fuchs*, § 264 Rn. 11; KK-UmwG/*Schöpflin*, § 264 Rn. 4; Lutter/*Bayer* § 264 Rn. 2 f.; Semler/Stengel/*Bonow*, § 264 Rn. 10; Habersack/Wicke/*Reul*, § 277 Rn. 8; Semler/Stengel/*Katschinski*, § 277 Rn. 4; KK-UmwG/*Leuering*, § 277 Rn. 2.
1546 Lutter/*Hoger*, § 197 Rn. 39; Semler/Stengel/*Scheel*, § 245 Rn. 46.
1547 Kallmeyer/*Meister/Klöcker/Berger*, § 197 Rn. 26; *Wälzholz*, AG 2006, 469, 473.
1548 Habersack/*Schürnbrand*, NZG 2007, 81/84; Widmann/Mayer/*Mayer*, § 197 Rn. 64.
1549 Semler/Stengel/*Bärwaldt*, § 197 Rn. 33; Widmann/Mayer/*Mayer*, § 197 Rn. 67.
1550 Vgl. zuletzt BGH DStR 2007, 1049.
1551 S.o. Rdn. 583.
1552 S.o. Rdn. 583.

im Gesellschaftsvertrag **nicht abbedungen** ist, entfällt die Notwendigkeit eines **Abfindungsangebots**, weil jeder Gesellschafter seine Zustimmung von der Erfüllung von ihm gestellter Bedingungen abhängig machen kann.[1553] Auch bei Vorliegen einer Mehrheitsklausel für den Formwechsel ist gem. § 193 Abs. 2 die Zustimmung der Gesellschafter erforderlich, zu deren Gunsten die Mitgliedschaft im formwechselnden Rechtsträger vinkuliert ist. Sieht der Gesellschaftsvertrag neben der **Mehrheitsklausel** für den Formwechsel eine Vinkulierung der Mitgliedschaft zugunsten aller anderen Gesellschafter vor, ist umstritten, welche Bestimmung Vorrang hat (s.o. Rdn. 622). Ein Umwandlungsbericht ist gem. § 215 nicht erforderlich, wenn alle Gesellschafter zur Geschäftsführung berechtigt sind. Auch Kommanditisten können zur Geschäftsführung berechtigt sein.[1554] Bei der **GmbH & Co. KG** bedarf es eines Umwandlungsberichts auch dann nicht, wenn alle Kommanditisten zugleich Geschäftsführer der Komplementär-GmbH sind und es nicht ausnahmsweise weitere von der Geschäftsführung ausgeschlossene Komplementäre gibt.[1555]

701 Für die Einladung zur Gesellschafterversammlung ist die im Gesellschaftsvertrag bestimmte Frist maßgebend. Sieht der Gesellschaftsvertrag eine Frist nicht vor, hat die Einladung so rechtzeitig zu erfolgen, dass alle Gesellschafter an der Versammlung teilnehmen können, Überrumplungen vermieden werden und sich die Gesellschafter angemessen vorbereiten können.[1556] Durchweg wird von der Wochenfrist des § 51 Abs. 1 Satz 2 GmbH-Gesetz ausgegangen.[1557] Einzelne halten aber auch die angemessen gekürzte 30 Tagesfrist gem. § 123 Abs. 1 AktG für den richtigen Maßstab.[1558] Für die Einladung schreibt das Gesetz in § 216 **Textform** vor. Diese genügt auch für die Anlagen.[1559] Da die Bestimmungen dem Schutz der Anteilsinhaber dienen, sind sie verzichtbar (s.o. Rdn. 578).

702 Außerdem ist der Entwurf des Umwandlungsbeschlusses gem. § 194 Abs. 2 einen Monat vor der Versammlung dem zuständigen Betriebsrat zuzuleiten (s.o. Rdn. 498).

3. Besonderheiten für den Beschlussinhalt

a) § 194 Abs. 1 Nr. 1 und 2

703 Vgl. Rdn. 522 f. Besonderheiten ergeben sich nicht.

b) § 194 Abs. 1 Nr. 3 – Kontinuität der Anteilsinhaber

704 Gem. § 194 Abs. 1 Nr. 3 müssen die bisherigen Anteilsinhaber am Rechtsträger neuer Rechtsform beteiligt sein, soweit ihre Beteiligung nicht nach dem Gesetz entfällt. Grundsätzlich ist ein Entfallen der Beteiligung beim Formwechsel einer Personenhandelsgesellschaft nicht vorgesehen. Wie bereits oben (Rdn. 524 ff.) dargelegt wurde, wird jedoch diskutiert, wie bei einem Formwechsel der GmbH & Co. KG mit der Beteiligung der persönlich haftenden Gesellschafterin zu verfahren ist. Typischerweise ist die Komplementär-GmbH **ohne Kapitalanteil** an der GmbH & Co. KG beteiligt; was bei GmbH und AG nicht möglich ist. Außerdem soll die Komplementär-GmbH nach dem Formwech-

---

1553 Habersack/Wicke/*Kühn*, § 216 Rn. 14; Kallmeyer/*Blasche*, § 216 Rn. 5; Lutter/*Joost/Hoger*, § 216 Rn. 5; Semler/Stengel/*Schlitt*, § 216 Rn. 22.
1554 BGH NJW 1955, 1394; NJW 1969, 507, 508.
1555 Z.B. Lutter/*Joost/Hoger*, § 215 Rn. 4; weitere Nachw. s.o. Rdn. 516.
1556 Baumbach/*Hopt/Roth*, § 119 Rn. 29; Böttcher/Habighorst/*Althoff/Narr*, § 216 Rn. 19; Habersack/ Wicke/*Kühn*, § 216 Rn. 17; Kallmeyer/*Blasche*, § 216 Rn. 9; Lutter/*Joost/Hoger*, § 216 Rn. 8; Schmitt/ Hörtnagel/Stratz/*Westerburg*, § 216 Rn. 3; Semler/Stengel/*Schlitt*, § 216 Rn. 14.
1557 Böttcher/Habighorst/*Althoff/Narr*, § 216 Rn. 19; Habersack/Wicke/*Kühn*, § 216 Rn. 18; Baumbach/ Hopt/Roth, § 119 Rn. 29; Kallmeyer/*Blasche*, § 216 Rn. 9; Semler/Stengel/*Schlitt*, § 216 Rn. 14.
1558 Schmitt/Hörtnagel/Stratz/*Westerburg*, § 216 Rn. 3.
1559 Böttcher/Habighorst/*Althoff/Narr*, § 216 Rn. 21; Habersack/Wicke/*Kühn*, § 216 Rn. 17; Kallmeyer/ *Blasche*, § 216 Rn. 8; KK-UmwG/*Dauner-Lieb/Tettinger*, § 216 Rn. 19; Lutter/*Joost/Hoger*, § 216 Rn. 4.

sel in eine GmbH oder AG am Rechtsträger neuer Rechtsform auch nicht mehr beteiligt sein. Dazu werden **drei Lösungswege** erörtert:
- Der Komplementär-GmbH wird **vor dem Formwechsel treuhänderisch** von einem oder mehreren Kommanditisten ein geringer Kapitalanteil übertragen, aufgrund dessen sie mit dem Formwechsel einen entsprechenden Geschäftsanteil oder Aktien am Rechtsträger neuer Rechtsform erhält. Diese überträgt sie aufschiebend bedingt auf das Wirksamwerden des Formwechsels an diejenigen Gesellschafter zurück, von denen sie den Kapitalanteil erhalten hat und scheidet damit aus dem Rechtsträger neuer Rechtsform aus.[1560]
- Die Komplementär-GmbH erhält im Wege des **nicht verhältniswahrenden Formwechsels** zu Lasten eines oder mehrerer anderer Gesellschafter treuhänderisch einen Geschäftsanteil oder Aktien an dem Rechtsträger neuer Rechtsform. Die Einlage wird aufgrund eines Treuhandverhältnisses aus den Kapitalanteilen der anderen Gesellschafter belegt. Aufschiebend bedingt auf das Wirksamwerden des Formwechsels überträgt die Komplementär-GmbH die Anteile an die Gesellschafter, zu deren Lasten die Einlagenerbringung erfolgte.[1561]
- Die Komplementär-GmbH **scheidet** – ähnlich einem Komplementär der KGaA – beim Formwechsel in die GmbH oder AG **aufschiebend bedingt durch den Formwechsel** aus dem formwechselnden Rechtsträger **aus**.[1562]

Die beiden ersten Wege sind umständlicher, weil Übertragungen vorgenommen werden müssen. Wie oben (Rdn. 526) dargestellt wurde, ist die Zulässigkeit des dritten Weges allerdings noch nicht abschließend geklärt. Überdies ist hier Vorsicht geboten, wenn es sich um eine Zweipersonengesellschaft handelt. Der dritte Weg könnte in diesem Fall zu einer unerwünschten Haftung des Kommanditisten führen (vgl. oben Rdn. 526 a.E.). Der vorsichtige Kautelarjurist beschreitet deshalb nach wie vor einen der zuerst beschriebenen Wege. **705**

c) § 194 Abs. 1 Nr. 4 – Kontinuität der Beteiligung

Nach § 194 Abs. 1 Nr. 4 sind im Beschluss Zahl, Art und Umfang der Anteile oder Mitgliedschaften anzugeben, die die Anteilsinhaber durch den Formwechsel erlangen sollen oder die einem beitretenden Komplementär eingeräumt werden sollen. **706**

aa) Kapitalfestsetzung, Vermögensdeckung, Behandlung überschießender Beträge

Dazu muss zunächst das Kapital des Rechtsträgers der neuen Rechtsform festgesetzt werden. Vorgaben hierzu macht § 220 Abs. 1: Das Stamm- oder Grundkapital des Rechtsträgers neuer Rechtsform darf das nach Abzug der Schulden verbleibende Vermögen (Nettovermögen) des formwechselnden Rechtsträgers nicht übersteigen. § 220 gibt aber nur die Obergrenze für das Kapital des Rechtsträgers neuer Rechtsform vor.[1563] Darunter kann das Stammkapital im Rahmen des für die jeweilige Rechtsform vorgeschriebenen Mindestkapitals frei gewählt werden. Beträge, um die der Überschuss des Vermögens über die Schulden den Betrag des Stammkapitals oder Grundkapitals der Kapitalgesellschaft übersteigt, können in eine Kapitalrücklage eingestellt werden.[1564] Ob das verpflichtend ist oder sie dem Rechtsträger neuer Rechtsform auch als Darlehen belassen oder ausgezahlt werden können, ist dagegen umstritten.[1565] Die Antwort auf die Frage berührt vielfältige **707**

1560 Vgl. *Priester*, DStR 2005, 788, 793; weitere Nachweise bei Kallmeyer/*Blasche*, § 218 Rn. 12.
1561 So offenbar Widmann/Mayer/*Vossius*, Anhang 4 Mustersatz 24; auch Widmann/Mayer/*Mayer*, § 197 Rn. 22.
1562 So *K. Schmidt*, GmbHR 1995, 693, 696.
1563 Limmer/*Limmer*, Teil 4 Rn. 32; Lutter/*Joost/Hoger*, § 218 Rn. 9; Semler/Stengel/*Schlitt*, § 220 Rn. 11 m.w.N.; Widmann/Mayer/*Vossius*, § 220 Rn. 5; DNotI-Gutachten Nr. 1302 vom 14.06.2004.
1564 Limmer/*Limmer*, Teil 4 Rn. 163; Lutter/*Joost/Hoger*, § 218 Rn. 9; Semler/Stengel/*Schlitt*, § 220 Rn. 11 i.V.m. § 218 Rn. 16; DNotI-Gutachten Nr. 1302 vom 14.06.2004; Widmann/Mayer/*Vossius*, § 220 Rn. 5, 55.
1565 Für die Möglichkeit der Darlehensauszahlung Limmer/*Limmer*, Teil 4 Rn. 163; Kallmeyer/*Blasche*, § 218 Rn. 9; Lutter/*Joost/Hoger*, § 218 Rn. 9; Semler/Stengel/*Schlitt*, § 218 Rn. 16; Widmann/Mayer/

Fragen.[1566] Zu berücksichtigen ist auch, ob der Rechtsträger neuer Rechtsform die Buchwerte des formwechselnden Rechtsträgers fortführt. Ergibt sich der Überschuss des Vermögens über die Schulden auf der Grundlage der festgestellten Buchwerte, ist die Ausweisung eines Überschusses als Darlehen oder eine Auszahlung des Überschusses nach diesseitiger Auffassung ebenso unbedenklich, wie bei einer gemischten Sacheinlage im Rahmen der Gründung.[1567] Bei einer Verbuchung als Darlehen muss dieses allerdings objektiv bestimmbar sein und nachgewiesen werden, weil andernfalls eine verdeckte Rückgewähr von Stamm- oder Grundkapital nicht ausgeschlossen wäre.[1568] Anders als bei der Verschmelzung gem. § 54 Abs. 4 begrenzt das UmwG bare Zuzahlungen beim Formwechsel nicht.[1569] Ebenso wenig sind im Hinblick auf den Gläubigerschutz Bedenken ersichtlich. Das Eigenkapital der Personengesellschaft könnte auch vor dem Formwechsel jederzeit entnommen werden. Bei der Kommanditgesellschaft kann dies allerdings eine Haftung der betreffenden Kommanditisten zur Folge haben, wenn mit der Entnahme eine Einlagenrückzahlung gem. § 172 Abs. 4 HGB verbunden wäre. Eine etwaige Haftung bliebe gem. § 224 auch über den Formwechsel hinaus bestehen.[1570] Auch insoweit stellen die Rechtsprechung und die h.M. im Schrifttum auf die Buchwerte ab.[1571] Nach h.M. stellt allerdings nicht bereits die Ausweisung als Darlehn, sondern erst die Auszahlung entsprechend ausgewiesenen Beträge eine haftungsauslösende Einlagenrückgewähr dar.[1572] Nach dem Formwechsel lösen Ausschüttungen diese Haftungsfolgen nicht mehr aus, selbst wenn das Kapital der Zielrechtsform geringer ist als die Haftsumme der früheren Kommanditisten beim formwechselnden Rechtsträger. Grenzen ergeben sich für die Kapitalrückzahlung nach dem Formwechsel nur noch aus den Kapitalerhaltungsregeln für die neue Rechtsform.[1573]

708 Nach ganz h.M. ist das Vermögen für die Zwecke des § 220 (Deckung des Nennkapitals des Rechtsträgers neuer Rechtsform) aber nicht nach Buchwerten, sondern nach den tatsächlichen Werten (Verkehrswerten) zu ermitteln.[1574] Diese Werte sind dem Registergericht nachzuweisen, wie sich aus der entsprechenden Anwendung des Gründungsrecht gem. § 197 ergibt. Wird bei dieser Betrachtung das Nennkapital der Kapitalgesellschaft durch das nach Abzug der Schulden verbleibende Vermögen gedeckt, kann der Formwechsel von der Personengesellschaft in die Kapitalgesellschaft auch erfolgen, wenn das nach Abzug der Schulden verbleibende Vermögen auf der Grundlage der Buchwerte den Nennbetrag des Kapitals der Kapitalgesellschaft nicht erreicht, also eine **formelle Unter-**

Mayer, § 197 Rn. 36; DNotI-Gutachten Nr. 1302 vom 14.06.2004; dagegen: Habersack/Wicke/*Kühn*, § 218 Rn. 22; Widmann/Mayer/*Vossius*, § 220 Rn. 55.

1566 Dazu insb. Habersack/Wicke/*Kühn*, § 218 Rn. 22; Widmann/Mayer/*Mayer*, § 197 Rn. 36; Widmann/Mayer/*Vossius*, § 220 Rn. 55.

1567 Vgl. BGH AG 2007, 121; Baumbach/Hueck/*Hueck*/*Fastrich*, § 5 GmbHG Rn. 20; MünchKommGmbHG/*Schwandtner*, § 5 Rn. 210 ff.; Scholz/*Veil*, § 5 GmbHG Rn. 83; Habersack/Casper/Löbbe/*Ulmer*/*Casper* § 5 Rn. 100, jew. m.w.N.

1568 Scholz/*Veil*, § 5 GmbHG Rn. 85 m.w.N.

1569 Vgl. DNotI-Gutachten Nr. 1302 vom 14.06.2004.

1570 Das gilt, obwohl § 224 ausdrücklich nur die Forthaftung des persönlich haftenden Gesellschafters anspricht vgl. Semler/Stengel/*Schlitt*, § 224 Rn. 8.

1571 BGH NJW 1990, 1109; Baumbach/Hopt/*Roth*, § 172 Rn. 8; Koller/Kindler/Roth/Drüen/*Kindler*, §§ 171, 172 Rn. 22; MünchKommHGB/*K. Schmidt*, § 171, 172 Rn. 66; a.A. Ebenroth/Boujong/Joost/Strohn/*Strohn*, § 172 Rn. 23.

1572 BGH NJW 1963, 1873, 1876 (vgl. aber auch BGH NJW 2004, 1111 zu § 30 GmbHG); Baumbach/Hopt/*Roth*, § 172 Rn. 7; Ebenroth/Boujong/Joost/Strohn/*Strohn*, § 172 Rn. 24; MünchKommHGB/*K. Schmidt*, § 171, 172 Rn. 71; a.A. Koller/Kindler/Roth/Drüen/*Kindler*, §§ 171, 172 Rn. 23.

1573 Habersack/Wicke/*Kühn*, § 224 Rn. 11; Lutter/*Joost*/*Hoger*, § 224 Rn. 7; Semler/Stengel/*Schlitt*, § 220 Rn. 11; § 224 Rn. 9.

1574 OLG Frankfurt RNotZ 2015, 373 m. Anm. d. Schriftl. = GmbHR 2015, 808 m. Anm. *Wachter*; Habersack/Wicke/*Kühn*, § 220 Rn. 14; Kallmeyer/*Blasche*, § 220 Rn. 6; Limmer/*Limmer*, Teil 4 Rn. 26; Lutter/*Joost*/*Hoger*, § 220 Rn. 10; KK-UmwG/*Petersen*, § 220 Rn. 9; *Priester*, DB 1995, 911 ff.; Semler/Stengel/*Schlitt*, § 220 Rn. 13; Widmann/Mayer/*Vossius*, § 220 Rn. 20.

bilanz vorliegt.¹⁵⁷⁵ In diesem Fall stellt sich allerdings die Frage nach der bilanziellen Darstellung beim Rechtsträger neuer Rechtsformen. Wie bereits oben dargelegt wurde,¹⁵⁷⁶ lässt die h.M. eine Aufstockung der Buchwerte – anders als bei der Einbringung im Wege der Sachlage – nicht zu. Für den Minderkapitalbetrag soll ein Ausgleichsposten passiviert werden, der mit künftigen Gewinnen verrechnet wird und damit als Ausschüttungssperre wirkt, bis die formelle Unterbilanz ausgeglichen ist.¹⁵⁷⁷

▶ **Praxistipp:** 709

Verlangt man mit der h.M. die Fortführung der Buchwerte und lässt die Berücksichtigung der tatsächlichen Werte nur für die Frage der Kapitaldeckung zu, können auch die das Kapital übersteigenden Beträge des Vermögens des formwechselnden Rechtsträgers nach Abzug der Verbindlichkeiten als **Darlehen nur** ausgewiesen oder an die Gesellschafter ausgezahlt werden, soweit sie sich auch **bei Zugrundelegung der Buchwerte** ergeben.

bb) Ausstehende Einlagen

Für die Ermittlung der Werte kann auf die Grundsätze zurückgegriffen werden, die für Sacheinlagen 710 bei Einbringung von Unternehmen angewandt werden.¹⁵⁷⁸ Maßgeblich ist damit grundsätzlich der Ertragswert des Unternehmens zuzüglich der Nettoeinzelveräußerungswerte nicht betriebsnotwendiger Wirtschaftsgüter, mindestens aber der Liquidationswert.¹⁵⁷⁹

Umstritten ist, wie bei **offenen Einlageverpflichtungen** der Gesellschafter gegenüber der formwech- 711 selnden Personenhandelsgesellschaft zu verfahren ist. Gem. § 197 findet auf den Formwechsel das Gründungsrecht der Kapitalgesellschaft Anwendung. Bei Gründung einer Kapitalgesellschaft sind Sacheinlagen im Gegensatz zu Bareinlagen, bei denen gem. §§ 7 Abs. 2 GmbHG, 36a AktG eine teilweise Einzahlung genügt, vollständig zu leisten. Gem. § 220 ist auf den Formwechsel der Personengesellschaft in eine Kapitalgesellschaft Sachgründungsrecht anzuwenden. Eine Auffassung sieht den Formwechsel in die Kapitalgesellschaft insgesamt als Sachgründung an. Eingebracht wird gem. § 220 das Vermögen der Personengesellschaft. Forderungen gegen Gesellschafter sind aber unter Sacheinlagegesichtspunkten kein tauglicher Einlagegegenstand und dürfen deshalb bei der Reinvermögensdeckung nicht berücksichtigt werden.¹⁵⁸⁰ Nach dieser Auffassung sind ausstehende Einlagen deshalb in jedem Fall vor dem Formwechsel in voller Höhe in Geld einzuzahlen. Die andere Auffassung argumentiert, Sachgründungsrecht sei nicht anzuwenden, weil der Formwechsel einen Einbringungsvorgang darstelle, sondern weil und soweit er einen sacheinlageähnlichen Zustand herbeiführe. Das mache offene Bareinlagen aber nicht zu Sacheinlagen. Im Ergebnis wird wie bei einer Gründung im Wege einer Mischeinlage verfahren. Ausstehende Bareinlageverpflichtungen müssen in dem für Bareinlagen durch §§ 7 Abs. 2 GmbHG, 36a AktG vorgeschriebenen Umfang eingezahlt sein. Im Übrigen sollen sie als Einlageforderung aktiviert werden¹⁵⁸¹ oder zumindest in dem Umfang aktiviert werden können, in dem sie vollwertig sind.¹⁵⁸² Nicht geboten ist eine Einzahlung ausste-

---

1575 So auch im Fall OLG Frankfurt RNotZ 2015, 373 m. Anm. d. Schriftl. = GmbHR 2015, 808 m. Anm. *Wachter*; Semler/Stengel/*Schlitt*, § 220 Rn. 13.
1576 S. Rdn. 678.
1577 Kallmeyer/*Lanfermann*, § 220 Rn. 11; *Priester*, DStR 2005, 788, 793 f.; jew. m.w.N.
1578 Lutter/*Joost/Hoger*, § 220 Rn. 10.
1579 Vgl. OLG Frankfurt aM. RNotZ 2015, 373 m. Anm. d. Schriftl. = GmbHR 2015, 808 m. Anm. *Wachter*; Baumbach/Hueck/*Fastrich*, § 5 Rn. 34; MüKoGmbHG/*Schwandtner* GmbHG § 5 Rn. 149, jew. m.w.N.
1580 Priester DStR 2005, 788, 794; Böttcher/Habighorst/*Althoff/Narr*, § 220 Rn. 10; Lutter/*Joost*, 5. Aufl., § 220 Rn. 12; Widmann/Mayer/*Mayer*, § 197 Rn. 57; Widmann/Mayer/*Vossius*, § 220 Rn. 29.
1581 *K. Schmidt*, ZIP 1995, 1385, 86; Henssler/Strohn GesR/Drinhausen/Keinath, § 220 Rn. 5; Kallmeyer/*Meister/Klöcker/Berger*, § 197 Rn. 24; Lutter/*Hoger*, § 220 Rn. 12; MünchHdB. GesR Bd. 8/*Bünten*, Rn. 436; Semler/Stengel/*Schlitt*, § 220 Rn. 16.
1582 Habersack/Wicke/*Kühn*, § 220 Rn. 19; Kallmeyer/*Blasche*, § 220 Rn. 19; Limmer/*Limmer*, Teil 4 Rn. 35.

hender Einlagen jedenfalls dann, wenn das Nennkapital des Rechtsträgers neuer Rechtsform auch ohne Berücksichtigung der Einlageansprüche gedeckt ist.[1583]

cc) Übernahme weiterer Einlagen, Behandlung von Sonderbetriebsvermögen

712 Ähnlich kontrovers wie die Frage nach dem Erfordernis der Volleinzahlung wird ein weiteres Thema erörtert, nämlich die Frage, ob die Gesellschafter im Rahmen des Formwechsels zusätzliche Bar- und Sacheinlagen leisten können, damit das Kapital des Rechtsträgers nach Formwechsel durch das Restvermögen gedeckt wird. Dies ist für zusätzliche Bareinlagen umstritten. Die h.M. im Schrifttum hält Bareinlagen wie bei einer Mischeinlage im Rahmen der Gründung für zulässig. Solche Bareinlagen sollen dann nicht voll, sondern wie bei der Gründung üblich nur entsprechend § 7 Abs. 2 GmbHG und § 36a AktG eingezahlt werden müssen.[1584] Andere halten die Zuführung von Barmitteln nur in der Weise für zulässig, dass sie dem Aktivvermögen des formwechselnden Rechtsträgers bereits vollständig vor Wirksamwerden des Formwechsels zugeführt werden.[1585]

713 Hierzu ist folgendes zu bedenken: Bleibt das Nettovermögen hinter dem angestrebten Stamm- oder Grundkapital zurück, ist die Frage, ob die Differenz durch zusätzliche Sach- oder Bareinlagen belegt werden kann. Das ist umstritten, wird von der wohl h.M. aber zugelassen.[1586] Die Gegner leiten aus § 220 ab, das Umwandlungsgesetz gebiete eine vollständige Deckung des Stamm- oder Grundkapitals durch das Vermögen der Personengesellschaft. Eine Zuführung von Bar- oder Sachmitteln sei nur vor dem Formwechsel zulässig. Anderenfalls sei die Bestimmung des § 220 überflüssig. Die in § 197 angeordnete Anwendung der Gründungsvorschriften stelle bereits sicher, dass das Stammkapital durch die Einlagenerbringung gedeckt sein müsse.[1587] Es wird aber zu Recht bezweifelt, ob § 220 eine über die Anordnung der Belegung des Kapitals des Rechtsträgers neuer Rechtsform hinausgehende eigenständige Bedeutung haben soll.[1588] Gerade für die Zuführung von Sachmitteln wirft es aber eigene steuerliche Schwierigkeiten auf, wenn eine Einbringung nicht im Rahmen des Formwechsels, sondern nur vorher (oder nachher – falls sie für die Aufbringung des Stammkapitals nicht von Bedeutung ist – erfolgen kann. Die gleichzeitig mit dem Formwechsel erfolgende Sacheinlage ist ein in der Praxis häufig beschrittener Weg, um die steuerliche Buchwertfortführung zu ermöglichen, wenn sich wesentliche Betriebsgrundlagen – insbesondere ein Grundstück u. U. aber auch die Beteiligung an der Komplementär-GmbH, wenn diese die Beteiligung des Kommanditisten in der KG nachhaltig stärkt[1589] – im **Sonderbetriebsvermögen** einzelner oder aller Gesellschafter befinden.[1590] Denn die Buchwertfortführung setzt voraus, dass alle wesentlichen Betriebsgrundlagen, auch wenn sie Sonderbetriebsvermögen sind, auf die Kapitalgesellschaft überführt werden.[1591] Der sich alternativ anbietende Weg, die im Sonderbetriebsvermögen befindlichen Betriebsgrundlagen noch in den bisherigen Rechtsträger als Sacheinlage einzulegen, verbietet sich im Hinblick auf § 6 Abs. 5 Satz 6 EStG, wonach der Formwechsel zu einer **Gewinnrealisierung** bezüglich des zuvor ein-

---

[1583] KK-UmwG/*Petersen*, § 220 Rn. 19 ff., 25.
[1584] *Priester*, FS Zöllner, 1998, S. 449, 466; DStR 2005, 788, 794; *K. Schmidt*, ZIP, 1995, 1385, 1389; Habersack/Wicke/*Kühn*, § 220 Rn. 25; Henssler/Strohn GesR/Drinhausen/Keinath, § 220 Rn. 5; Kallmeyer/*Blasche*, § 220 Rn. 9; Lutter/*Hoger*, § 197 Rn. 14; Lutter/*Joost/Hoger*, § 220 Rn. 15 f.; Schmitt/Hörtnagl/Stratz/*Westerburg*, § 220 Rn. 3; Semler/Stengel/*Schlitt*, § 220 Rn. 17.
[1585] KK-UmwG/*Petersen*, § 220 Rn. 27 ff.; Widmann/Mayer/*Mayer*, § 197 Rn. 35; Widmann/Mayer/*Vossius*, § 220 Rn. 33.
[1586] *Priester*, FS Zöllner, 1998, S. 449, 466; DStR 2005, 788, 794; *K. Schmidt*, ZIP, 1995, 1385, 1389; Kallmeyer/*Meister/Klöcker/Berger*, § 197 Rn. 24; Kallmeyer/*Blasche*, § 220 Rn. 9; Lutter/*Hoger*, § 197 Rn. 14; Lutter/*Joost/Hoger*, § 220 Rn. 15 f.; Schmitt/Hörtnagl/Stratz/*Westerburg*, § 220 Rn. 3; Semler/Stengel/*Schlitt*, § 220 Rn. 17; a.A. KK-UmwG/*Petersen*, § 220 Rn. 27 ff.; Widmann/Mayer/*Mayer*, § 197 Rn. 35; Widmann/Mayer/*Vossius*, § 220 Rn. 30.
[1587] Lutter/*Joost*, 5. Aufl. § 220 Rn. 16.
[1588] *Priester*, DStR 2005, 788, 794.
[1589] Dazu BFH DStR 2010, 269; *Schäffler/Gebert* DStR 2010, 636; *Meissner/Bron*, SteuK 2011, 69, 70.
[1590] Dazu *Mayer*, ZEV 2005, 325, 329; *Meissner/Bron*, SteuK 2011, 69.
[1591] Dazu *Meissner/Bron*, SteuK 2011, 69.

kommensteuerneutral eingebrachten Gegenstandes führt.[1592] Grunderwerbsteuerlich macht es dagegen keinen Unterschied, welcher Weg beschritten wird. **Grunderwerbsteuer** fällt in jedem Fall an. Wird das Grundstück in den formwechselnden Rechtsträger eingebracht, wäre das zwar nach § 5 Abs. 1 oder 2 GrErwStG grunderwerbsteuerfrei; der anschließende Formwechsel lässt die Befreiung aber in Anwendung von § 6 Abs. 3 GrErwStG entfallen.[1593] Die Einbringung im Wege der Sacheinlage in die Kapitalgesellschaft ist ebenfalls grunderwerbsteuerpflichtig.[1594] Lässt man aber gleichzeitige Einlagen zu, spricht vieles dafür, dass diese inhaltlich den Grundformen der Einlagenerbringung bei der Gründung entsprechen können.

dd) Aufteilung des Vermögens auf die Gesellschafter

Beim Formwechsel aus der Personengesellschaft in die Kapitalgesellschaft ist nach Festlegung des Stamm- oder Grundkapitals der Gesellschaft neuer Rechtsform zu bestimmen, wie sich dieses Kapital auf die Gesellschafter der Personengesellschaft verteilt. Richtigerweise ist an den Liquidationsschlüssel gem. § 155 Abs. 1 HGB anzuknüpfen. Er bestimmt das Verhältnis, in dem die Gesellschafter der Personengesellschaft am Vermögen der Gesellschaft beteiligt sind.[1595] Werden für jeden Gesellschafter – wie üblich – verschiedene Konten geführt, ist zu unterscheiden, ob sie Kapitalkontocharakter haben oder Forderungen der Gesellschaft gegen oder Verbindlichkeiten gegenüber der Gesellschaft darstellen und damit für die Beteiligungen am Kapital nicht maßgeblich sind.[1596]

714

d) § 194 Abs. 1 Nr. 5 (Sonderrechte)

S.o. Rdn. 545 ff. Es ergeben sich keine Besonderheiten.

715

e) § 194 Nr. 6 (Barabfindungsangebot)

Ein Barabfindungsangebot ist gem. § 194 Nr. 6 entbehrlich, wenn alle Anteilsinhaber dem Formwechsel zustimmen müssen. Das ist gem. § 217 Abs. 1 bei der Personenhandelsgesellschaft die Regel. Bedarf der Beschluss dagegen zu seiner Wirksamkeit nicht der Zustimmung aller Anteilsinhaber, ist umstritten, ob ein Gesellschafter dem Beschluss zustimmen oder sich der Stimme enthalten und gleichwohl Widerspruch zur Niederschrift erklären und eine Barabfindung verlangen kann[1597] (s.o. Rdn. 550). Wenn zum Formwechsel nicht die Zustimmung aller Anteilsinhaber erforderlich ist, sollte deshalb vorsorglich stets ein Barabfindungsangebot unterbreitet werden, es sei denn die Anteilsinhaber verzichteten darauf.

716

f) § 197 Nr. 7 – Folgen des Formwechsels für die Arbeitnehmer

S. grundlegend oben Rdn. 554 ff. Ist der formwechselnde Rechtsträger eine GmbH & Co. KG und hat seine persönlich haftende Gesellschafterin gem. §§ 4, 5 MitBestG einen mitbestimmten Aufsichtsrat, bleibt dieser beim Formwechsel in eine Kapitalgesellschaft gem. § 203 im Amt; dies soll direkt oder analog gelten, obwohl der Aufsichtsrat nicht beim formwechselnden Rechtsträger selbst bestand.[1598] In allen anderen Fällen, in denen das DrittelbG oder das MitBestG eingreifen, also der

717

1592 *Mayer*, ZEV 2005, 325, 329; *Meissner/Bron*, SteuK 2011, 69, 71; Widmann/Mayer/*Mayer*, § 197 Rn. 35.
1593 *Mayer*, ZEV 2005, 325, 329; s.o. Rdn. 474.
1594 *Pahlke/Franz*, § 1 GrErwStG Rn. 153.
1595 So auch Limmer/*Limmer*, Teil 4 Rn. 159.
1596 Vgl. MünchHdb. GesR Bd. 1/*Gummert*, § 13 Rn. 33 ff.
1597 Dagegen Semler/Stengel/*Kalss*, § 207 Rn. 7; Schmitt/Hörtnagl/Stratz/*Stratz*, § 207 Rn. 4; dafür Kallmeyer/Meister/*Klöcker/Berger*, § 207 Rn. 15; Lutter/*Hoger*, § 207 Rn. 8.
1598 *Wulff/Buchner* ZIP 2007, 314, 317 f.; Habersack/Wicke/*Kühn*, § 218 Rn. 39, 45; Henssler/Strohn/ Drinhausen/Keinath § 203 Rn. 4; Kallmeyer/Meister/*Klöcker/Berger*, § 197 Rn. 71; Kallmeyer/*Blasche*, § 218 Rn. 19; Lutter/*Hoger*, § 203 Rn. 3; Semler/Stengel/*Simon*, § 203 Rn. 6; Semler/Stengel/*Schlitt*, § 218 Rn. 28; Widmann/Mayer/*Vossius*, § 203 Rn. 19.

Rechtsträger regelmäßig mehr als 500 Arbeitnehmer hat, erhält die Gesellschaft mit dem Formwechsel erstmals einen mitbestimmten Aufsichtsrat. Bei AG und KGaA kann sich dieser aber gem. §§ 197 Satz 3 i.V.m. 31 AktG zunächst nur aus Vertretern der Anteilseigner zusammensetzen; das Verfahren zur Wahl der Arbeitnehmervertreter muss erst nach Durchführung des Formwechsels eingeleitet werden. Dagegen ist beim Formwechsel in die GmbH umstritten, ob der Aufsichtsrat schon vor dem Formwechsel gewählt sein muss (s.o. Rdn. 504). Eine Pflicht zur Bestellung eines Aufsichtsrats ergibt sich ausschließlich aus mitbestimmungsrechtlichen Vorschriften. Diese sollen nach umstrittener Auffassung – wie auch bei der Gründung – erst nach Eintragung der GmbH Anwendung finden. Hält man auch bei der GmbH die Bildung des Aufsichtsrat vor der Eintragung in das Handelsregister für erforderlich, wird man § 31 AktG auf den Aufsichtsrat der GmbH analog anwenden (s.o. Rdn. 504).

g) Wahl der ersten Organe

718 S.a. oben Rdn. 560 ff. Es gelten keine Besonderheiten. Hinzuweisen ist jedoch darauf, dass im Hinblick auf die Anmeldepflicht durch die Aufsichtsratsmitglieder gem. § 222 Abs. 1 der Aufsichtsrat gewählt sein muss. Auch hier ist aber nach h.M. die Anmeldung allein durch die Vertreter der Anteilseigner möglich, solange die Arbeitnehmervertreter nicht gewählt sind (s.o. Rdn. 652).

4. Satzung

a) Allgemeines

719 Die Satzung des Rechtsträgers neuer Rechtsform muss gem. § 218 Abs. 2 Satz 1 im Umwandlungsbeschluss enthalten sein. Damit erstreckt sich auch eine den Formwechsel regelnde Mehrheitsklausel im Gesellschaftsvertrag auf die Feststellung der Satzung.[1599] Obwohl § 218 Abs. 1 Satz 2 nur vorsieht, dass eine Unterzeichnung der Satzung durch die »Mitglieder«, also die Anteilsinhaber einer Genossenschaft, abweichend von § 11 Abs. 2 Nr. 1 GenG nicht erforderlich ist, entspricht es der ganz h.M., dass dies auch für die Anteilsinhaber der anderen Zielrechtsformen gilt.[1600]

b) Inhalt der Satzung

720 Der notwendige Inhalt der Satzung des Rechtsträgers neuer Rechtsform ergibt sich zunächst aus den Vorschriften des Zielrechtsträgers, also §§ 3 GmbHG, 23 AktG, 280, 281 AktG sowie 6 bis 8a GenG. Diesbezüglich kann auf die Ausführung im allgemeinen Teil (Rdn. 566 ff.) verwiesen werden.

721 Mit der Anordnung in § 197, dass auf den Formwechsel die für die neue Rechtsform geltenden Gründungsvorschriften anzuwenden sind, wird auch auf die Sachgründungsbestimmungen des GmbHG, AktG und GenG verwiesen.[1601] Besondere Fragen stellen sich im Zusammenhang mit der Anwendung von § 5 Abs. 4 Satz 1 GmbHG beziehungsweise § 27 AktG. Sollen bei Gründung einer GmbH Sacheinlagen geleistet werden, ist nach § 5 Abs. 4 Satz 1 GmbHG der Gegenstand der Sacheinlage und der Nennbetrag des Geschäftsanteils, auf den sich die Sacheinlage bezieht, im Gesellschaftsvertrag festzulegen. Eine entsprechende Regelung enthält § 27 AktG. Allerdings wird beim Formwechsel keine Verpflichtung einzelner Gesellschafter zur Einlageleistung begründet. Das Ver-

---

1599 KK-UmwG/*Dauner-Lieb/Tettinger*, § 218 Rn. 14; Kallmeyer/*Blasche*, § 218 Rn. 3; Semler/Stengel/*Schlitt*, § 218 Rn. 7.
1600 Böttcher/Habighorst/*Althoff/Narr*, § 218 Rn. 7, 49; Habersack/Wicke/*Kühn*, § 218 Rn. 10; Kallmeyer/*Blasche*, § 218 Rn. 2; KK-UmwG/*Dauner-Lieb/Tettinger*, § 218 Rn. 16; Semler/Stengel/*Schlitt*, § 218 Rn. 6; Schmitt/Hörtnagl/Stratz/*Stratz*, § 218 Rn. 5; Widmann/Mayer/*Vossius*, § 218 Rn. 6.
1601 Vgl. *K. Schmidt*, ZIP, 1995, 1385, 1398; zu den nachfolgenden Fragen s.a. DNotI-Gutachten Nr. 110212 vom 06.04.2011 m.w.N.

mögen der Gesellschaft ist die gemeinschaftlich erbrachte Sacheinlage.[1602] In der Praxis wird demgemäß regelmäßig in der Satzung nur pauschal festgestellt, dass »die Einlageleistungen auf die Geschäftsanteile in voller Höhe durch die Übertragung des Vermögens der zwischen den Gesellschaftern bestehenden XY Personengesellschaft in Z im Wege des Formwechsels erbracht worden sind.«[1603] Ein solcher, nicht näher konkretisierter Hinweis auf die Einlagenleistung wird von Teilen des Schrifttums allerdings für problematisch gehalten. Die Satzung müsse Angaben enthalten, mit welchem Anteil am Vermögen des formwechselnden Rechtsträgers der jeweilige Gesellschafter seine Leistung auf den Nennbetrag des ihm zugewiesenen Anteils am Rechtsträgers neuer Rechtsform erbringe.[1604] Begründet wird das damit, dass klar sein müsse, welchem Gesellschafter welche Darlehensbeträge zustehen, wenn das Vermögen des formwechselnden Rechtsträgers das Kapital des Rechtsträgers neuer Rechtsform übersteigt oder um bei einem nicht verhältniswahrenden Formwechsel die Höhe der Gründerhaftung des einzelnen Gesellschafters bemessen zu können, wenn sich nachträglich erweist, dass eine Unterdeckung bestand.[1605] Das unterstellt, dass das Vermögen des formwechselnden Rechtsträgers den Anteilsinhabern des Rechtsträgers neuer Rechtsform abweichend von ihrer Beteiligung am formwechselnden Rechtsträger zugeordnet werden kann. Demgegenüber setzt § 220 voraus, dass das Vermögen des formwechselnden Rechtsträgers den Anteilsinhabern in dem Verhältnis zugeordnet wird, in dem sie am Rechtsträger neuer Rechtsformen beteiligt sind. Wenn A am formwechselnden Rechtsträger mit 20 % und B mit 80 % und am Rechtsträger neuer Rechtsform A mit 80 % und B mit 20 % beteiligt sein sollen, wäre es mit dem Konzept des § 220 nicht vereinbar, dass A nur 20 % und B 80 % des Vermögens des formwechselnden Rechtsträgers zugerechnet würden. A hätte damit seine Einlage unter Umständen nicht erbracht und B die seine übererfüllt. Das widerspricht dem Grundgedanken des § 220. § 220 stellt dem Stamm- beziehungsweise Grundkapital des Rechtsträgers neuer Rechtsform das Vermögen des formwechselnden Rechtsträgers als Gesamtheit gegenüber. Die Einlagen müssen dadurch geleistet sein, aber nicht bezogen auf die durch den Formwechsel zu bewirkende Sacheinlage einzelner Gesellschafter, sondern auf das Gesellschaftsvermögen.[1606] Eine Quotenabweichung ist zwar möglich, sie ändert aber die Vermögenszuordnung und nicht nur die Höhe der Beteiligung am Rechtsträger neuer Rechtsform. Folgt man dem, macht die Beachtung von § 5 Abs. 4 GmbHG und § 27 AktG wenig Sinn. Gem. § 5 Abs. 4 GmbHG begründet die Sacheinlagevereinbarung im Gesellschaftsvertrag zusammen mit der Übernahmeerklärung unmittelbar die mitgliedschaftliche Verpflichtung zur Erbringung der Einlage in Form der vereinbarten Sachleistung. Einer solchen Einlageverpflichtung einzelner Gesellschafter bedarf es aber beim Formwechsel nicht. Es werden keine Sacheinlagen »geleistet« und damit eine Einlageverpflichtung erfüllt, sondern die Anwendung der Sachgründungsbestimmungen soll nur sicherstellen, dass das Vermögen des formwechselnden Rechtsträgers nach Sachwertgesichtspunkten das Kapital des Rechtsträgers neuer Rechtsform deckt. Ein darüber hinausgehendes Schutzbedürfnis des Rechtsverkehrs ist ebenfalls nicht erkennbar. Im Handelsregister wird eingetragen, dass der Rechtsträger neuer Rechtsform im Wege des Formwechsels entstanden ist. Registerpublizität ist damit gegeben. Ob daneben Satzungspublizität erforderlich ist, erscheint fraglich. Auch der Gläubigerschutz bei der AG, der dazu führt, dass die Satzungsregelung 30 Jahre beibehalten werden muss, erscheint beim Formwechsel, der anders als eine Sacheinlagevereinbarung keine besonderen Abreden für die Einlageerbringung enthält, entbehrlich.

1602 Habersack/Wicke/*Kühn*, § 218 Rn. 24; Kallmeyer/*Blasche*, § 218 Rn. 10; Lutter/*Joost/Hoger*, § 220 Rn. 10 f.
1603 Vgl. z.B. Widmann/Mayer/*Vossius*, Anh. 4 Mustersatz 22 B. Satzung der GmbH § 3 Nr. 3.; ähnlich *Mayer*, Arbeitsunterlage Umwandlungsrecht in der notariellen Praxis, 208, Rn. 338.
1604 KK-UmwG/*Dauner-Lieb/Tettinger*, § 218 Rn. 26 ff.; Lutter/*Joost*, § 218 Rn. 12.
1605 KK-UmwG/*Dauner-Lieb/Tettinger*, § 218 Rn. 27.
1606 So *K. Schmidt*, ZIP 1995, 1385, 189.

722 Ebenso fraglich ist es, ob der Gründungsaufwand in der Satzung entsprechend § 26 Abs. 2 AktG festzusetzen ist.[1607] Dies wird für die AG im Hinblick auf § 26 AktG verlangt.[1608] § 26 Abs. 2 AktG wird aber analog auf die GmbH angewandt.[1609] Die Frage kann daher für die GmbH nicht anders gesehen werden. Es ist jedoch fraglich, ob § 26 im Falle des Formwechsels überhaupt anzuwenden ist. Die Bestimmung ist vom Gedanken getragen, dass die Gesellschaft Kosten übernimmt, die andernfalls die Gesellschafter zu tragen haben.[1610] Dann macht es aber keinen Sinn, sie auch beim Formwechsel anzuwenden, bei dem ohnedies nur der formwechselnde Rechtsträger Kostenschuldner ist.[1611] Gleichwohl geht die h.M. jedenfalls für die AG davon aus, dass die Kosten des Formwechsels in der Satzung ausgewiesen werden müssen.[1612] Begründet wird dies – falls überhaupt – mit dem Informationsbedürfnis der Anteilsinhaber.[1613] Das ist wenig überzeugend, sind die Kosten doch auch im Umwandlungsbericht und beim Formwechsel in eine AG oder KGaA überdies in einer Kostenschätzung darzustellen, die dem Gericht einzureichen ist.

723 Im Übrigen gelten für die Satzung keine Besonderheiten.

5. Beschlussverfahren

a) Durchführung der Versammlung

724 Für die Durchführung der Versammlung gelten keine besonderen Vorschriften. Auf Rdn. 580 ff. wird verwiesen.

b) Beschlussmehrheiten

725 Gem. § 217, der für die PartG gem. § 225c entsprechend gilt, müssen dem Beschluss alle anwesenden und auch die nicht erschienenen Gesellschafter zustimmen. Die Regelung ist aber gem. § 217 Abs. 1 Satz 2 und 3 weitgehend dispositiv. Insoweit und bezüglich der Ermittlung der Stimmen wird auf die Ausführungen im allgemeinen Teil (Rdn. 583) verwiesen.

c) Beurkundung

726 Gem. § 217 Abs. 2 sind im Falle einer Mehrheitsentscheidung **Gesellschafter**, die für den Formwechsel gestimmt haben, in der Niederschrift über den Umwandlungsbeschluss **namentlich aufzuführen**. Dies ist im Hinblick auf § 219 Satz 2 von Bedeutung. Nach dieser Bestimmung stehen bei Anwendung der Gründungsvorschriften den Gründern die Gesellschafter des formwechselnden Rechtsträgers gleich; im Falle einer Mehrheitsentscheidung sind es die Gesellschafter, die für den Formwechsel gestimmt haben sowie beim Formwechsel in eine KGaA auch etwa beitretende persönlich haftende Gesellschafter. Das bedeutet, dass sie auch der Gründerhaftung ausgesetzt sind. Für Kommanditisten wird das vielfach als unbillige Härte angesehen (dazu sogleich unter Rdn. 739).

727 Bei obligatorischer Gruppenvertretung (z.B. von Angehörigen eines Gesellschafterstamms) sollen nur diejenigen in die Niederschrift aufgenommen werden, die die Zustimmung durch den Gruppenvertreter intern getragen haben.[1614] Dies kann allerdings nur praktisch werden, wenn die Mit-

---

[1607] Habersack/Wicke/*Simons*, § 197 Rn. 14; Kallmeyer/*Meister/Klöcker/Berger*, § 197 Rn. 18; Kallmeyer/*Blasche*, § 218 Rn. 15; KK-UmwG/*Dauner-Lieb/Tettinger*, § 218 Rn. 66; Lutter/*Hoger*, § 197 Rn. 23; Semler/Stengel/*Bärwaldt*, § 197 Rn. 21; Widmann/Mayer/*Mayer*, § 197 Rn. 27, 143.
[1608] Kallmeyer/*MeisterKlöcker/Berger*, § 197 Rn. 35; Lutter/*Hoger*, § 197 Rn. 22 f.
[1609] BGHZ 107, 1, 6 f. = DNotZ 1990, 124 = MittRhNotK 1998, 137.
[1610] Darauf weist Lutter/*Hoger*, § 197 Rn. 23 zu Recht hin; vgl. auch *Kerschbaumer*, NZG 2011, 892, 894.
[1611] Zweifelnd auch DNotI-Gutachten Nr. 23638 vom 02.04.2001.
[1612] Kallmeyer/*Blasche*, § 218 Rn. 15; Kallmeyer/*Meister/Klöcker/Berger*, § 197 Rn. 18, 35; Lutter/*Hoger*, § 197 Rn. 23; Semler/Stengel/*Bärwaldt*, § 197 Rn. 21; KK-UmwG/*Dauner-Lieb/Tettinger*, § 218 Rn. 66; Semler/Stengel/*Schlitt*, § 218 Rn. 43; kritisch: *Wolfsteiner*, FS Bezzenberger, 2000, S. 467.
[1613] Lutter/*Hoger*, § 197 Rn. 23.
[1614] KK-UmwG/*Petersen*, § 217 Rn. 46.

glieder der Gruppe unmittelbar Gesellschafter sind. Sind sie dagegen Gesellschafter einer GbR, die ihrerseits Gesellschafterin der Personengesellschaft ist, kann dies nicht gelten. Aber auch bei unmittelbarer Beteiligung ist die Auffassung zweifelhaft. Denn wenn obligatorische Gruppenvertretung besteht, gibt der Vertreter die Stimme für den Anteilsinhaber ab. Ergeben sich daraus Haftungen, ist das eine Frage des Verhältnisses zwischen Vertreter und Vertretenem.

d) Vertretung

Bei der Personengesellschaft ist eine Vertretung in der Gesellschafterversammlung nur möglich, wenn sie im Gesellschaftsvertrag vorgesehen oder ad hoc zugelassen wird (s.o. Rdn. 595). Zur Vollmachtsform s.o. Rdn. 600 ff. 728

6. Zustimmung Dritter

Vgl. hierzu Rdn. 604. Es gelten keine Besonderheiten. 729

7. Zustimmung einzelner Gesellschafter

a) Zustimmung gem. § 193 Abs. 2

Bei der Personengesellschaft sind die Gesellschaftsanteile kraft Gesetzes vinkuliert, sofern der Gesellschaftsvertrag nichts abweichendes regelt.[1615] Dies löst aber nicht das Zustimmungserfordernis des § 193 Abs. 2 aus. Dieses gilt nur, wenn die Vinkulierung auf einem statutarischen Sonderrecht beruht (s.o. Rdn. 620). Nur wenn der Gesellschaftsvertrag die Übertragbarkeit oder Verfügung allgemein zulässt, sie dann aber wieder an die Zustimmung bestimmter Anteilsinhaber bindet, gilt § 193 Abs. 2. Im Übrigen kann auf die Ausführungen unter Rdn. 616 ff. und Rdn. 629 verwiesen werden. 730

b) Zustimmung nicht erschienener Anteilsinhaber

Sieht der Gesellschaftsvertrag der Personengesellschaft für den Formwechsel keine Mehrheitsentscheidung vor, müssen dem Beschluss gem. § 217 Abs. 1 Satz 1 Halbs. 2 auch die nichterschienenen Gesellschafter zustimmen (wegen der Einzelheiten – auch der Vollmachten – sei auf Rdn. 630 ff. verwiesen). 731

c) Zustimmung der künftigen Komplementäre beim Formwechsel in die KGaA

Zustimmen müssen bei einem Formwechsel in die KGaA gem. § 217 Abs. 3 schließlich alle Gesellschafter, die in dieser Gesellschaft die Stellung eines persönlich haftenden Gesellschafters haben sollen (insoweit sei auf Rdn. 632 f. verwiesen). 732

8. Handelsregisteranmeldung

a) Zuständiges Gericht

Insoweit kann auf Rdn. 647 verwiesen werden. An dieser Stelle ist nur zu wiederholen, dass sich beim Formwechsel einer Personenhandelsgesellschaft in die Kapitalgesellschaft die Art des maßgebenden Registers nicht ändert. Abteilung A und B des Handelsregisters gehören derselben Registerart (Handelsregister) an. Zu zwei Anmeldungen kommt es daher nur, wenn mit dem Formwechsel eine Sitzverlegung verbunden ist oder der Formwechsel in eine eG erfolgt. 733

1615 MünchHdb. GesR Bd. 1/*Schulte/Hushahn*, § 10 Rn. 113 m.w.N.

b) Anmeldepflichtige

734 Zur Anmeldung verpflichtet sind sämtliche Mitglieder des künftigen Vertretungsorgans und – falls der Rechtsträger nach den für die neue Rechtsform geltenden Vorschriften einen Aufsichtsrat haben muss –, die Mitglieder des Aufsichtsrats. Einen obligatorischen Aufsichtsrat gibt es stets bei AG und KGaA. Bei der GmbH gibt es einen obligatorischen Aufsichtsrat nur bei Eingreifen der Mitbestimmungsvorschriften. Entsprechendes gilt gem. § 9 Abs. 1 Satz 1 GenG für die eG. Ob der Aufsichtsrat nach mitbestimmungsrechtlichen Bestimmungen vor Eintragung der GmbH in das Handelsregister zu bestellen ist, ist zweifelhaft (s.o. Rdn. 504). Bei der AG und KGaA sind gem. § 222 Abs. 2 ferner aller Gesellschafter anmeldepflichtig, die nach § 219 den Gründern gleichstehen. Beim Formwechsel von Kommanditgesellschaften mit größerem Gesellschafterkreis ist die Registeranmeldung deshalb gleichzeitig mit der Beschlussfassung unterzeichnen zu lassen (s.o. Rdn. 650).

735 Hat die Anmeldung gem. § 198 Abs. 2 Satz 2 und 3 sowohl im Register des Rechtsträgers neuer Rechtsform als auch im Register des formwechselnden Rechtsträgers zu erfolgen, kann letztere auch von den zur Vertretung des formwechselnden Rechtsträgers ermächtigten Gesellschaftern vorgenommen werden, also bei einer KG insbesondere von deren persönlich haftenden Gesellschaftern.

c) Inhalt der Registeranmeldung

736 Wegen des Inhalts der Registeranmeldung wird auf die Ausführungen im allgemeinen Teil unter Rdn. 653 ff. verwiesen. Fraglich ist jedoch, ob eine Einlageversicherung abzugeben ist, wie sie bei Gründung einer Kapitalgesellschaft gem. § 8 Abs. 2 GmbHG und § 37 Abs. 1 AktG erforderlich ist. Anders als in § 246 Abs. 3 hat der Gesetzgeber sie nicht für entbehrlich erklärt. Sie für die Sacheinlage zu fordern, die darin besteht, dass das Vermögen des formwechselnden Rechtsträgers beim Rechtsträger neuer Rechtsform verbleibt (nicht etwa auf diesen übergeht) macht zwar wenig Sinn, ist aber wenig aufwändig und bis zur Klärung der Rechtsfrage zu empfehlen (s.o. Rdn. 656).[1616] Eine andere Frage ist es, ob die Versicherung hinsichtlich der Einzahlung von Einlagen erforderlich ist, die beim formwechselnden Rechtsträger noch ausstehen. Behandelt man diese wie eine Bareinlageverpflichtung im Rahmen einer Mischeinlage und ist das Kapital des Zielrechtsträgers ohne ihre Berücksichtigung nicht gedeckt, ist die Versicherung nicht zu vermeiden. Im Schrifttum ist die Frage umstritten (s.o. Rdn. 711).

737 ▶ **Praxistipp:**

Solange die Frage nicht geklärt ist, empfiehlt sich die Aufnahme einer entsprechenden Versicherung oder die vorherige Abstimmung mit dem Registergericht, ob sie von diesem gefordert wird.

d) Anlagen

738 Vgl. grundlegend Rdn. 657 ff. Hinzuweisen ist insbesondere auf die Vorlage eines Sachgründungsberichts bei der GmbH sowie Gründungs- und Gründungsprüfungsberichts bei AG und KGaA. Bei letzteren hat darüber hinaus eine Prüfung durch einen vom Gericht bestellten Gründungsprüfer stattzufinden. Bei der GmbH ist ebenfalls ein Sachwertnachweis zu erbringen. In der Regel geschieht dies durch Vorlage eines testierten Jahresabschlusses des formwechselnden Rechtsträgers, sofern er sich zumindest innerhalb der 8-Monats-Frist hält.[1617]

1616 Für die Verpflichtung zur Abgabe der Versicherung etwa Habersack/Wicke/*Kühn*, § 222 Rn. 16; Schmitt/Hörtnagl/Stratz/*Westerburg*, § 222 Rn. 11; *K. Schmidt*, ZIP 1995, 1385, 1391; Widmann/Mayer/*Vossius*, § 222 Rn. 58; a.A. OLG Frankfurt RNotZ 2015, 373 m. Anm. d. Schriftl. = GmbHR 2015, 808 m. Anm. *Wachter;* Kallmeyer/*Meister/Klöcker/Berger*, § 197 Rn. 27; Kallmeyer/*Zimmermann*, § 198 Rn. 13; Widmann/*Mayer*, § 197 Rn. 59; differenzierend für den Fall, dass i.R.d. Formwechsels neue Einlagen übernommen werden) Kallmeyer/*Blasche*, § 220 Rn. 12; Lutter/*Joost*, § 220 Rn. 17; Semler/Stengel/*Schlitt*, § 220 Rn. 18.

1617 So Semler/Stengel/*Schlitt*, § 220 Rn. 18; zu den Fragen des Bezugs auf den letzten Jahresabschluss als Wertnachweis bei Einbringung eines Unternehmens im Wege der Einzelrechtsnachfolge bei Gründung oder Kapitalerhöhung vgl. MünchKommGmbHG/*Schwandtner*, § 5 Rn. 150 ff.

9. Haftung

Vielfach wird es als unbillige Härte angesehen, dass Kommanditisten der Gründerhaftung ausgesetzt sein sollen. Haben sie ihre Einlage erbracht, haften sie – von den Fällen der Einlagenrückgewähr abgesehen – für Vermögensverluste der KG nicht. Wird die Gesellschaft nun aber in eine Kapitalgesellschaft umgewandelt, würden sie im Rahmen der Gründung aus dem Gesichtspunkt der Gründer- und der Differenzhaftung gem. § 9 GmbHG für eingetretene Vermögensverluste und mangelnde Vermögensdeckung gesamtschuldnerisch unbeschränkt haften. Das wird vielfach als Widerspruch zum Identitätsgrundsatz empfunden.[1618] Vorgeschlagen wird eine teleologische Reduktion des § 219. Die h.M. folgt dem nicht.[1619] Die Frage soll hier nicht vertieft werden.

739

▶ Praxistipp:

740

Aus kautelarjuristischer Sicht könnte es sich im Hinblick auf diese Diskussion empfehlen, jedenfalls bei kleinerem Gesellschafterkreis – notfalls auch durch Änderung des Gesellschaftsvertrags kurz vor Durchführung des Formwechsels – im Gesellschaftsvertrag zu regeln, dass über den Formwechsel mit 3/4-Mehrheit der abgegebenen Stimmen beschlossen werden kann und Kommanditisten anzuraten, bei der Beschlussfassung nicht für den Formwechsel zu stimmen,[1620] sondern sich der Stimme zu enthalten. Damit können sie eine Gründerhaftung vermeiden.

Ob dasselbe für die Differenzhaftung gilt, ist allerdings umstritten. Nach verbreiteter Meinung soll diese auch diejenigen treffen, die gegen den Formwechsel gestimmt haben («Mitgefangen, mitgehangen»).[1621] Dagegen hilft nur ein Ausscheiden vor dem Formwechsel.

741

XII. Besonderheiten beim Formwechsel von Kapitalgesellschaften

1. Überblick

a) Gesetzliche Regelung

Besondere Vorschriften für den Formwechsel von Kapitalgesellschaften enthalten die §§ 226 bis 257, und zwar die §§ 226, 227 allgemeine Vorschriften, die §§ 228 bis 237 Vorschriften zum Formwechsel in eine Personengesellschaft, die §§ 238 bis 250 Vorschriften zum Formwechsel in eine andere Kapitalgesellschaft, die §§ 251 bis 257 Vorschriften zum Formwechsel in eine eG. Gem. § 226 kann eine Kapitalgesellschaft nur in eine GbR, eine Personenhandelsgesellschaft oder eine PartG, eine andere Kapitalgesellschaft oder eine eG umgewandelt werden.

742

b) Besonderheiten für die KGaA

§ 227 bestimmt, dass die Vorschriften über das Barabfindungsangebot nicht auf die persönlich haftenden Gesellschafter einer KGaA Anwendung finden. Sie haben beim Formwechsel in eine Personengesellschaft das Recht, aus der Gesellschaft auszuscheiden; beim Formwechsel in eine andere Kapitalgesellschaft oder in eine eG scheiden sie automatisch als persönlich haftende Gesellschafter aus der Gesellschaft aus. Ihre Abfindung richtet sich nach den allgemeinen Bestimmungen der

743

1618 Lutter/*Joost*, 5. Aufl., § 219 Rn. 4; Schmitt/Hörtnagl/Stratz/*Westerburg*, § 219 Rn. 3; *Wolf*, ZIP 1996, 1200, 1203.
1619 Böttcher/Habighorst/*Althoff/Narr*, § 219 Rn. 6; Habersack/Wicke/*Kühn*, § 219 Rn. 19; Lutter/*Hoger*, § 197 Rn. 34, 38; Kallmeyer/*Blasche*, § 219 Rn. 3; Widmann/Mayer/*Vossius*, § 219 Rn. 25, *Wälzholz*, AG 2006, 469, 473.
1620 So auch Kallmeyer/*Blasche*, § 219 Rn. 3; KK-UmwG/*Petersen*, § 219 Rn. 12.
1621 Sehr str. die Haftung unabhängig vom Abstimmungsverhalten bejahend: Böttcher/Habighorst/*Althoff/Narr*, § 218 Rn. 6; Lutter/*Hoger*, § 197 Rn. 38; Lutter/*Joost/Hoger*, § 219 Rn. 4; Schmitt/Hörtnagl/Stratz/*Westerburg*, § 220 Rn. 3; Widmann/Mayer/*Vossius*, § 219 Rn. 32; a.A. aber Habersack/Wicke/*Kühn*, § 219 Rn. 17; Kallmeyer/*Blasche*, § 219 Rn. 8; Semler/Stengel/*Bärwaldt*, § 197 Rn. 33; Semler/Stengel/*Schlitt*, § 219 Rn. 13; Widmann/Mayer/*Mayer*, § 197 Rn. 64.

§§ 738 ff. BGB in ihrer jeweiligen Ausgestaltung durch die Satzung der KGaA.[1622] Beim automatischen Ausscheiden ist das denknotwendig so, weil § 207 nur eingreift, wenn der Gesellschafter eine Beteiligung am Rechtsträger neuer Rechtsform erworben hat. Mitunter wird in Frage gestellt, ob vor dem Hintergrund der Rechtsprechung zur Unzulässigkeit von Hinauskündigungsklauseln ein automatisches Ausscheiden gerechtfertigt ist, wenn der Formwechsel gem. § 240 Abs. 3 Satz 2 oder § 252 Abs. 3 auf einem Mehrheitsbeschluss beruht.[1623] Der Gedanke ist richtig. Maßgebend ist aber, dass der Gesetzgeber anders entschieden hat.

c) Umwandlungsbericht

744 Diesbezüglich bleibt es bei der Regelung in § 192. Zu erinnern ist daran, dass der Bericht verzichtbar ist und bei der Ein-Personengesellschaft entbehrlich ist (§ 192 Abs. 2).

d) Vorbereitung der Versammlung

745 Gem. §§ 230, 231, auf die die §§ 238, 251 verweisen, gilt folgendes: Bei einer GmbH haben die Geschäftsführer[1624] den Gesellschaftern den Formwechsel mit der Einberufung der Versammlung als Gegenstand der Beschlussfassung in Textform anzukündigen und den Umwandlungsbericht zu übersenden. Dem Umwandlungsbericht ist gem. § 192 Abs. 1 Satz 3 der Entwurf des Umwandlungsbeschlusses beizufügen, zu dessen Inhalt gem. §§ 234 Nr. 3 und 243 Abs. 1 i.V.m. 218 Abs. 1 und 253 Abs. 1 auch der Gesellschaftsvertrag beziehungsweise die Satzung des Rechtsträgers neuer Rechtsform gehören. Für die Einladungsfrist ist der Gesellschaftsvertrag des formwechselnden Rechtsträgers maßgebend. Gem. § 51 Abs. 1 Satz 2 GmbHG beträgt sie mindestens eine Woche.

746 Bei der AG oder KGaA gelten für die Einberufung die Vorschriften des AktG. Danach haben der Vorstand bzw. die Komplementärin und der Aufsichtsrat zu jedem Gegenstand der Tagesordnung in der Bekanntmachung Vorschläge zur Beschlussfassung zu machen (vgl. § 124 Abs. 3 AktG). Soll die Hauptversammlung über eine Satzungsänderung beschließen, so ist gem. § 124 Abs. 2 Satz 2 AktG deren Wortlaut bekanntzumachen. Daraus entnimmt das LG Hanau[1625] mit Zustimmung eines Teils des Schrifttums[1626] die Verpflichtung, **in der Einladung** sowohl den Wortlaut des Umwandlungsbeschlusses als **auch die Satzung des Rechtsträgers neuer Rechtsform zu veröffentlichen**. Unabhängig davon, ob man dem LG Hanau folgt, sollte vorsorglich entsprechend verfahren werden. Der Umwandlungsbericht ist gem. § 230 Abs. 2 von der Einberufung der Hauptversammlung an in den Geschäftsräumen der Gesellschaft zur Einsicht der Aktionäre auszulegen und jedem Aktionär auf Verlangen unverzüglich und kostenlos eine Abschrift zu übersenden. Nach der Änderung des Umwandlungsgesetzes durch das Dritte Gesetz zur Änderung des Umwandlungsrechts[1627] kann der Umwandlungsbericht einem Aktionär und einem von der Geschäftsführung ausgeschlossenen persönlich haftenden Gesellschafter mit seiner Zustimmung auch auf dem Wege elektronischer Kommunikation übermittelt werden; außerdem entfallen die Verpflichtungen zur Auslage und Übersendung des Berichts, wenn dieser für denselben Zeitraum über die Internetseite der Gesellschaft zugänglich ist (vgl. § 230 Abs. 2 Satz 3 u. 4).

1622 Kallmeyer/*Blasche*, § 227 Rn. 2; Lutter/*Göthel*, § 227 Rn. 2 f.; Semler/Stengel/*Ihrig*, § 227 Rn. 7 f.; m.w.N.

1623 Goutier/Knopf/Tulloch/*Laumann*, § 247 Rn. 11; KK-UmwG/*Dauner-Lieb/Tettinger*, § 227 Fn. 2; vgl. aber andere Kommentarstellen, etwa Semler/Stengel/*Scheel*, § 247 Rn. 17 f., die das Ausscheiden für unproblematisch halten.

1624 Einberufungsberechtigt ist auch bei Gesamtvertretungs- und Gesamtgeschäftsführungsbefugnis jeder Geschäftsführer einzeln (h.M.), z.B. BGH, NZG 2016, 552 Rn. 29; Baumbach/Hueck/*Zöllner*, § 49 Rn. 3 m.w.N.

1625 ZIP 1996, 422.

1626 Böttcher/Habighorst/*Althoff/Narr*, § 230 Rn. 7; kritisch Kallmeyer/*Blasche*, § 230 Rn. 10; Lutter/*Göthel*, § 230 Rn. 38; KK-UmwG/*Dauner-Lieb/Tettinger*, § 230 Rn. 26 f.; Semler/Stengel/*Ihrig*, § 230 Rn. 12 ff.; a.A. Widmann/Mayer/*Vossius*, § 230 Rn. 29.

1627 BGBl. 2011 I, 1338; dazu *Leitzen*, DNotZ 2011, 526.

▶ **Praxistipp:** 747

Beim Formwechsel einer AG oder KGaA ist der vollständige Wortlaut des Umwandlungsbeschlusses und der Satzung der Zielrechtsform in der Einladung zur Hauptversammlung zu veröffentlichen.

Mit der Einberufung ist gem. § 231 das Abfindungsangebot zu übersenden oder im Bundesanzeiger 748 oder in den Gesellschaftsblättern bekanntzumachen. Den persönlich haftenden Gesellschaftern einer KGaA ist kein Angebot zu unterbreiten (s.o. Rdn. 743).

e) Durchführung der Versammlung

Für die Durchführung der Versammlung gelten mit Ausnahme des § 232 keine Besonderheiten. 749 Gem. § 232 Abs. 1 Satz 1 ist der Umwandlungsbericht (der den Entwurf des Umwandlungsbeschlusses und die Satzung des Rechtsträgers neuer Rechtsform enthält) in der Versammlung auszulegen. In der Hauptversammlung der AG oder KGaA kann er auch auf andere Weise (d.h. elektronisch) zugänglich gemacht werden. Für die Hauptversammlung der AG oder KGaA schreibt Abs. 2 die Erläuterung des Entwurfs durch die Vertretungsorgane der Gesellschaft vor. Bei der GmbH können dies die Gesellschafter in Ausübung ihres Informationsrechts gem. § 51a GmbHG ebenfalls verlangen.

2. Besonderheiten beim Formwechsel einer Kapitalgesellschaft in eine Personengesellschaft

a) Allgemeines

Besonderheiten können sich zunächst aus den **unterschiedlichen Anforderungen** ergeben, die **an** 750 **die Eigenschaften der Gesellschafter des formwechselnden Rechtsträgers und der der Zielrechtsform** gestellt werden. So können eine **Erbengemeinschaft, die eheliche Gütergemeinschaft und eine Bruchteilsgemeinschaft** zwar Gesellschafter einer Kapitalgesellschaft, nach h.M. nicht aber Gesellschafter einer Personengesellschaft sein.[1628] Die GbR kann dagegen Gesellschafterin einer anderen GbR[1629] und Kommanditistin einer KG[1630] sein; vielfach bejaht, aber noch nicht geklärt ist dagegen, ob sie auch persönlich haftende und vertretungsberechtigte Gesellschafterin einer Personenhandelsgesellschaft sein kann.[1631] Der nicht rechtsfähige Verein soll Gesellschafter einer GbR[1632] und nach vordringender Auffassung auch persönlich haftender Gesellschafter einer Personenhandelsgesellschaft sein können.[1633] Bei ausländischen Gesellschaften soll es darauf ankommen, ob sie einer Gesellschaftsform vergleichbar sind, die nach deutschem Recht Gesellschaften der Zielrechtsform sein können.[1634] Die Frage ist nun, wie bei einem Formwechsel einer Kapitalgesellschaft in eine Personengesellschaft zu verfahren ist, wenn an ersterer eine der eingangs genannten Personenmehrheiten beteiligt ist. Nach übereinstimmender Auffassung der Kommentatoren müssen diese

---

1628 Kallmeyer/*Blasche*, § 228 Rn. 5; KK-UmwG/*Dauner-Lieb/Tettinger*, § 228 Rn. 20; Lutter/*Göthel*, § 228 Rn. 7, 14; Schmitt/Hörtnagl/Stratz/*Westerburg*, § 228 Rn. 9; Semler/Stengel/*Ihrig*, § 228 Rn. 18; Widmann/Mayer/*Vossius*, § 228 Rn. 66 ff.; teilweise a.A. *Grziwotz*, ZIP 2003, 848; *Kanzleiter*, DNotZ 2003, 422 (für die Gütergemeinschaft).
1629 BGH NJW 1998, 376; MünchKommBGB/*Schäfer*, § 705 Rn. 79.
1630 § 162 Abs. 1 Satz 2 HGB.
1631 Dafür etwa Baumbach/Hopt/*Roth*, § 105 Rn. 28; MünchKommHGB/*K. Schmidt*, § 105 Rn. 96, 98; LG Berlin GmbHR 2003, 719, 721; Ebenroth/Boujong/Joost/*Wertenbruch*, § 105 Rn. 176; zweifelnd dagegen MünchKommBGB/*Schäfer*, § 705 Rn. 317.
1632 MünchKommBGB/*Ulmer*, § 705 Rn. 80; Lutter/*Göthel*, § 228 Rn. 14.
1633 Baumbach/Hopt/*Roth*, § 105 Rn. 28; Lutter/*Göthel*, § 228 Rn. 7; Ebenroth/Boujong/Joost/*Wertenbruch*, § 105 Rn. 178; MünchKommHGB/*K. Schmidt*, § 105 Rn. 87.
1634 Lutter/*Göthel*, § 228 Rn. 6; Semler/Stengel/*Ihrig*, § 228 Rn. 17; zu Einzelheiten vgl. KK-UmwG/*Dauner-Lieb/Tettinger*, § 228 Rn. 22 Fn. 36.

Gebilde auseinandergesetzt werden, bevor der Formwechsel vollzogen werden kann, diskutiert wird nur der Zeitpunkt. Während die einen davon ausgehen, dass die **Auseinandersetzung** vor oder spätestens in dem Umwandlungsbeschluss erfolgen muss,[1635] halten andere eine Auseinandersetzung auch noch nach dem Umwandlungsbeschluss, aber vor Vollzug im Handelsregister für ausreichend.[1636] Die Überlegung, die Umwandlung im Umwandlungsbeschluss vorzunehmen, passt schon systematisch nicht, weil die Auseinandersetzung kein Beschlussgegenstand einer Gesellschafterversammlung einer Gesellschaft ist, an der die Personenmehrheit beteiligt ist, sondern Vertrag zwischen den Mitgliedern der Personenmehrheit. Grundsätzlich ist es höchst unbefriedigend, dass einzelnen Personen die Möglichkeit eingeräumt sein soll, den Formwechsel zu verhindern, indem sie die Mitwirkung verweigern. Das gilt besonders beim Formwechsel von Publikumsgesellschaften, etwa einer Aktiengesellschaft in eine Kommanditgesellschaft. Es ist ein leichtes, einzelne Aktien bei Ankündigung des Formwechsels auf eine Bruchteilsgemeinschaft zu übertragen. Selbst eine Gütergemeinschaft ließe sich ohne übermäßigen Aufwand vereinbaren. Es ist deshalb davon auszugehen, dass der Gesellschaftsanteil der Personenmehrheit sich mit Eintragung des Formwechsels ipso jure in Beteiligungen der Mitglieder der Personenmehrheit an der Zielrechtsform aufteilt, die dem Anteil des jeweiligen Mitglieds der Personenmehrheit an der Beteiligung am formwechselnden Rechtsträger entsprechen, so wie es auch vorgeschlagen wird, wenn die Eintragung versehentlich ohne vorherige Auseinandersetzung erfolgt.[1637] Sind die Anteile der Mitglieder der Personenmehrheit an der Beteiligung am formwechselnden Rechtsträger nicht bekannt, erfolgt die Aufteilung zu gleichen Teilen.[1638] Die Mitglieder der Personenmehrheit werden damit nicht anders behandelt, als wenn sie von vornherein eine Beteiligung an der Personengesellschaft erworben hätten. Außerdem bleibt es ihnen unbenommen, sich vor dem Beschluss über den Formwechsel in anderer Weise auseinanderzusetzen.

751 Weiter ist beim Formwechsel zu berücksichtigen, dass Personengesellschaften stets **mindestens zwei Gesellschafter** haben müssen. Der Formwechsel einer Ein-Personenkapitalgesellschaft in eine Personengesellschaft ist daher nur möglich, wenn ein weiterer Gesellschafter vorher oder im Zuge des Formwechsels beitritt. Die Auffassung, dass der Beitritt auch auf den Zeitpunkt des Formwechsels zulässig ist,[1639] findet zunehmend mehr Befürworter. Der sicherste Weg ist allerdings nach wie vor, wenn der weitere Gesellschafter vor dem Formwechsel beitritt.

b) Besonderheiten für den Beschlussinhalt

aa) § 194 Abs. 1 Nr. 1 und 2 (Zielrechtsform, Firma)

752 Gem. § 228 Abs. 1 kann eine Kapitalgesellschaft in eine Personenhandelsgesellschaft nur umgewandelt werden, wenn der Unternehmensgegenstand den Vorschriften über die Gründung einer oHG entspricht. Das ist der Fall, wenn die Gesellschaft ein gewerbliches Unternehmen betreibt, das nach Art und Umfang ein in kaufmännischer Weise eingerichteten Geschäftsbetrieb erfordert. Auch wenn diese Voraussetzungen nicht erfüllt sind, kann die Gesellschaft aber durch Eintragung oHG werden. Letzteres gilt auch für vermögensverwaltende Gesellschaften. Freiberuflern ist dagegen die Wahl einer Personenhandelsgesellschaft nach h.M. grundsätzlich nicht möglich.[1640] Gesetzliche Ausnah-

---

1635 Habersack/Wicke/*Sparfeld*, § 228 Rn. 22; Lutter/*Göthel*, § 228 Rn. 32; Schmitt/Hörtnagl/Stratz/ *Westerburg*, § 228 Rn. 9; Semler/Stengel/*Ihrig*, § 228 Rn. 19.
1636 Kallmeyer/*Blasche*, § 228 Rn. 5; KK-UmwG/*Dauner-Lieb/Tettinger*, § 228 Rn. 20; Widmann/Mayer/ *Vossius*, § 228 Rn. 66 ff.
1637 Semler/Stengel/*Ihrig*, § 228 Rn. 21; Widmann/Mayer/*Vossius*, § 228 Rn. 67.
1638 Widmann/Mayer/*Vossius*, § 228 Rn. 67.
1639 Vgl. BGH DNotZ 2005, 864; OLG Oldenburg MittBayNot 2020, 265; Kallmeyer/*Blasche*, § 228 Rn. 8; Lutter/*Göthel*, § 228 Rn. 27; Semler/Stengel/*Ihrig*, § 228 Rn. 14; wohl auch Widmann/Mayer/ *Vossius*, § 228 Rn. 95, der allerdings auf Haftungsgefahren hinweist; zweifelnd dagegen KK-UmwG/ *Dauner-Lieb/Tettinger*, § 228 Rn. 24.
1640 Vgl. BGH NJW 2011, 3036; Baumbach/Hopt/*Roth*, § 105 Rn. 13; Ebenroth/Boujong/Joost/*Wertenbruch*, § 105 Rn. 40; a.A. MünchKommHGB/*K. Schmidt*, § 105 Rn. 60 ff., 63.

men bestehen gem. § 49 Abs. 2 StBerG und § 27 Abs. 2 WPO für Steuerberatungsgesellschaften und Wirtschaftsprüfungsgesellschaften, wenn diese gleichzeitig Treuhandtätigkeiten ausüben.[1641] Damit besteht ein Wahlrecht für die Zielrechtsform nur in Grenzen: Soweit die Gesellschaft einen Gewerbetrieb hat, der einen in kaufmännischer Weise eingerichteten Geschäftsbetrieb erfordert, steht nur die Personenhandelsgesellschaft, nicht die GbR und nicht die PartG zur Wahl. Würde die Gesellschaft dagegen nur kraft Eintragung Personenhandelsgesellschaft, kommen alternativ die Rechtsform der GbR und die der oHG in Betracht, es sei denn, die Gesellschafter betreiben einen **freien Beruf**. In diesem Fall könnte der formwechselnde Rechtsträger nur in eine GbR oder eine PartG umgewandelt werden. Die PartG steht allerdings nur zur Wahl, wenn sämtliche Gesellschafter einen freien Beruf ausüben und berufsrechtliche Bestimmungen der Ausübung des Berufs in der PartG nicht entgegenstehen (vgl. § 1 Abs. 3 PartGG). Zum hilfsweisen Formwechsel in andere Rechtsformen s.o. Rdn. 522.

Der Angabe der Firma bedarf es nicht beim Formwechsel in die GbR. Die GbR führt keine Firma. 753
Gem. § 200 Abs. 5 erlischt die Firma in diesem Fall.[1642]

bb) § 194 Abs. 1 Nr. 3 (Inhaberidentität)

Der Umwandlungsbeschluss muss bestimmen, welche Beteiligung die Gesellschafter der Kapital- 754
gesellschaft an der neuen Gesellschaft erhalten sollen. Die Bestimmung ist Ausdruck des Identitätsgrundsatzes. Es ist zu regeln, dass die Anteilsinhaber der Kapitalgesellschaft Gesellschafter der Personengesellschaft werden. Zu den Problemen beim Formwechsel einer GmbH oder AG in die GmbH & Co. KG vgl. oben unter Rdn. 525.

cc) § 197 Abs. 1 Nr. 4 (Beteiligungsidentität)

Nr. 4 hängt mit Nr. 3 eng zusammen. Der Formwechselbeschluss muss Zahl, Art und Umfang der 755
Mitgliedschaft am Rechtsträger neuer Rechtsform, also der Personengesellschaft bestimmen.

Da bei der Personengesellschaft der Grundsatz der Einheitlichkeit der Beteiligung gilt, spielt die 756
Angabe der **Zahl der Anteile beziehungsweise Mitgliedschaften** in der Regel keine Rolle. Ausnahmen vom Grundsatz der Einheitlichkeit der Beteiligung werden aber gemacht, wenn der Gesellschafter der Personengesellschaft eine Beteiligung hinzuerwirbt, die unterschiedlich belastet ist oder der Dauertestamentsvollstreckung unterliegt.[1643] Dementsprechend muss auch beim Formwechsel in die Personengesellschaft ein Anteilsinhaber mehrere Beteiligungen an dem Rechtsträger neuer Rechtsform erhalten, wenn die Anteile an der formwechselnden Kapitalgesellschaft unterschiedlich belastet sind oder nur einzelne von ihnen einer Dauertestamentsvollstreckung unterliegen (vgl. Rdn. 685).

Festgelegt werden muss ferner die **Art der Mitgliedschaft**, also bei der Kommanditgesellschaft, ob 757
der Anteilsinhaber Komplementär oder Kommanditist wird. Daneben schreibt § 234 Nr. 2 vor, dass der Kommanditist anzugeben sei. Nach überwiegender Ansicht[1644] erfordert die Bestimmung zwingend die **namentliche Bezeichnung** der künftigen Kommanditisten und darüber hinaus nach verbreiteter Auffassung **sämtliche Angaben, die gem. §§ 162, 106 HGB** für die Eintragung des Kommanditisten in das Handelsregister **notwendig** sind: Namen, Vornamen, Geburtsdatum und

---

1641 Vgl. BGH NZG 2014, 1179 (Steuerberatungs-KG bei gleichzeitiger Ausübung einer Treuhandtätigkeit im Hinblick auf § 49 Abs. 2 StBerG zulässig).
1642 Kritisch gegenüber der Bestimmung in Anbetracht der neueren BGH Rechtsprechung zur GbR Lutter/*Hoger*, § 200 Rn. 11.
1643 Vgl. BGH NJW 1989, 1284; MünchKommBGB/*Ulmer/Schäfer*, § 705 Rn. 182; EBJS/*Wertenbruch*, § 105 HGB Rn. 56; m.w.N.
1644 BayObLG ZIP 1996, 1467 = MittRhNotK 1996, 421 = NJW 1997, 747; Böttcher/Habighorst/*Althoff/Narr*, § 234 Rn. 4; Habersack/Wicke/*Sparfeld*, § 234 Rn. 9 f.; Henssler/Strohn/*Drinhausen/Keinath* § 234 Rn. 3; Lutter/*Göthel*, § 234 Rn. 17 ff.; Schmitt/Hörtnagl/Stratz/*Westerburg*, § 234 Rn. 3; Widmann/Mayer/*Vossius*, § 234 Rn. 8 ff.

Wohnort,[1645] bei Gesellschaften Sitz und Handelsregisternummer.[1646] Die Angabe der vollständigen Privatanschrift soll dagegen nicht erforderlich sein.[1647] Vereinzelt wird allerdings die Angabe der registerrelevanten Daten nicht für erforderlich gehalten.[1648] Es muss nur anhand der Angaben die Identität des Kommanditisten feststehen. Dafür sprechen in der Tat gute Argumente.[1649] Angesichts der harten Rechtsfolge (Nichtigkeit des Beschlusses bei fehlenden oder unzureichenden Angaben)[1650] wird die Praxis auf die Angaben aber nicht verzichten können. Lassen sich die Angaben nicht ermitteln, sollte eine Bezeichnung gem. § 213 i.V.m. § 35 zugelassen werden, auch wenn die betroffenen Gesellschafter nicht vollständig unbekannt sind.

758 Besondere Fragen stellen sich, wenn **Anteilsinhaber des formwechselnden Rechtsträgers unbekannt** sind, wie es bei Aktionären häufig vorkommt, wenn Inhaberaktien ausgegeben sind. Zwar bedarf der Formwechsel gem. § 233 Abs. 2 nicht der Zustimmung aller künftigen Kommanditisten. Er scheitert aber an dem Erfordernis der namentlichen Bezeichnung, soweit nicht § 213 i.V.m. § 35 eingreift. Nach dieser Bestimmung können unbekannte Aktionäre durch Angabe des insgesamt auf sie entfallenden Teils des Grundkapitals bezeichnet werden, soweit ihre Aktien 5 % des Grundkapitals nicht übersteigen. Werden die Aktionäre später bekannt, ist das Register zu berichtigen. Sind mehr als 5 % der Aktionäre unbekannt, muss der Formwechsel unterbleiben.[1651] Die im Schrifttum erörterten Ausweichlösungen (Pflegerbestellung, Umwandlung in Namensaktien und Kraftloserklärung der ihre Mitwirkung verweigernden Aktionäre gem. § 73 AktG, Bezeichnung der Aktionäre nach den Aktiennummern) sind alle nicht zweifelsfrei. Das BayObLG[1652] hat die Gesellschaft für verpflichtet gehalten, bereits vor Fassung des Umwandlungsbeschlusses **Anstrengungen zur Ermittlung ihrer unbekannten Aktionäre** zu unternehmen, soweit dies nicht mit einem unverhältnismäßigen Aufwand verbunden ist, insbesondere in der Einladung zur beschlussfassenden Hauptversammlung ihre Aktionäre aufzufordern, der Gesellschaft die erforderlichen Angaben mitzuteilen. Im Schrifttum werden derartige Verpflichtungen durchweg abgelehnt.[1653] Wird nach §§ 213, § 35 verfahren, stellen sich Folgefragen bei der Einladung der Gesellschafter des neuen Rechtsträgers zu Gesellschafterversammlungen. Zwar ruht gem. § 35 Satz 3 das Stimmrecht der unbekannten Gesellschafter. Die Frage ist aber, ob das auch bedeutet, dass sie nicht zur Gesellschafterversammlung geladen werden müssen. Grundsätzlich führt das Ruhen des Stimmrechts nicht zum Ausschluss des Teilnahmerechts. Für die durch § 35 geschaffene Rechtslage wird das aber teilweise anders gesehen.[1654] Allerdings steht eine Bestätigung durch die Rechtsprechung noch aus.[1655] Empfohlen werden deshalb teilweise eine öffentliche Zustellung durch Bekanntmachung im Bundesanzeiger und/oder

---

1645 Böttcher/Habighorst/*Althoff/Narr*, § 234 Rn. 4; Habersack/Wicke/*Sparfeld*, § 234 Rn. 9 f.; Hensller/Strohn/*Drinhausen/Keinath* § 234 Rn. 3; Lutter/*Göthel*, § 234 Rn. 17; Schmitt/Hörtnagl/Stratz/*Westerburg*, § 234 Rn. 3; Widmann/Mayer/*Vossius*, § 234 Rn. 9; a.A. (Identität muss feststellbar sein) Kallmeyer/Dirksen/*Blasche*, § 234 Rn. 3; Semler/Stengel/*Ihrig*, § 234 Rn. 7; KK-UmwG/*Dauner-Lieb/Tettinger*, § 234 Rn. 10.
1646 Widmann/Mayer/*Vossius*, § 234 Rn. 9.
1647 Widmann/Mayer/*Vossius*, § 234 Rn. 10.
1648 Kallmeyer/*Blasche*, § 234 Rn. 3; Semler/Stengel/*Ihrig*, § 234 Rn. 7; KK-UmwG/*Dauner-Lieb/Tettinger*, § 234 Rn. 10.
1649 Vgl. insb. KK-UmwG/*Dauner-Lieb/Tettinger*, § 234 Rn. 10.
1650 Böttcher/Habighorst/*Althoff/Narr*, § 234 Rn. 4 wollen nur die Anfechtung zulassen.
1651 Habersack/Wicke/*Sparfeld*, § 234 Rn. 15; Kallmeyer/*Blasche*, § 234 Rn. 4; KK-UmwG/*Dauner-Lieb/Tettinger*, § 234 Rn. 15; Semler/Stengel/*Ihrig*, § 234 Rn. 12a; Widmann/Mayer/*Vossius*, § 234 Rn. 11.1; a.A. Lutter/*Göthel*, § 234 Rn. 25 ff., der detaillierte Vorschläge zum Verfahren in solchen Fällen macht.
1652 ZIP 1996, 1467 = NJW 1997, 747.
1653 So Habersack/Wicke/*Sparfeld*, § 234 Rn. 13; Kallmeyer/*Blasche*, § 234 Rn. 4; Lutter/*Göthel*, § 234 Rn. 20; Semler/Stengel/*Ihrig*, § 234 Rn. 11; KK-UmwG/*Dauner-Lieb/Tettinger*, § 234 Rn. 13; a.A. *Neye*, EwiR 1996, 761; wohl auch Limmer/*Limmer*, Teil 4 Rn. 141.
1654 Kallmeyer/*Marsch-Barner/Oppenhoff*, § 35 Rn. 7; Lutter/*Grunewald*, § 35 Rn. 12; Schmitt/Hörtnagl/Stratz/*Winter*, § 35 Rn. 8; Widmann/Mayer/*Wälzholz*, § 35 Rn. 30.
1655 *Wied*, GmbHR 2016, 15, 16; Böttcher/Harbighorst/Schulte/*Burg*, § 35 Rn. 18.

eine Bestellung eines Pflegers für die unbekannten Anteilsinhaber.[1656] Weitere Fragen stellen sich bei **Handelsregisteranmeldungen** zum Register der durch den Formwechsel entstandenen Kommanditgesellschaft im Hinblick darauf, dass diese gem. §§ 161 Abs. 2, 108 HGB von sämtlichen Gesellschaftern zu bewirken sind. Nach verbreiteter Auffassung müssen die gem. § 35 durch einen Sammelvermerk bezeichneten Kommanditisten bei Anmeldungen zum Handelsregister nicht mitwirken.[1657] Es wird empfohlen, vorsorglich eine Handelsregistervollmacht im Gesellschaftsvertrag der neuen Kommanditgesellschaft vorzusehen, durch die der Komplementär zur Vertretung der Kommanditisten bei Anmeldungen zum Handelsregister bevollmächtigt wird.[1658]

Festzulegen ist schließlich der **Umfang der Mitgliedschaft**, also die Beteiligung am Vermögen und am Gewinn und Verlust der Zielrechtsform. Das betrifft die Pflichteinlage und den daraus regelmäßig abgeleiteten Kapitalanteil des Gesellschafters. Gem. § 234 Nr. 2 muss der Umwandlungsbeschluss den Betrag der Einlage des Kommanditisten angeben. Damit ist aber nicht die Pflicht- sondern die Hafteinlage oder Haftsumme gemeint,[1659] also der Betrag, bis zu dem der Kommanditist Gläubigern gegenüber haftet, wenn er nicht geleistet ist und der in das Handelsregister als Kommanditeinlage eingetragen wird. Die **Haftsumme** kann abweichend von der Pflichteinlage oder dem Kapitalanteil des Kommanditisten festgesetzt werden. Bei der Festsetzung der Einlage sind die Gesellschafter frei.[1660] Die Einlagen werden durch das Vermögen des formwechselnden Rechtsträgers, beziehungsweise den auf den einzelnen Kommanditisten entfallenden Anteil an diesem Vermögen erbracht. Soweit die Einlagen erbracht sind, erlischt die **Haftung**, und zwar gem. § 171 Abs. 1 Halbs. 2 HGB gegenüber den Gläubigern[1661] und aus dem Gesellschaftsvertrag gegenüber der Gesellschaft. Die Einlagen werden beim Formwechsel durch das Reinvermögen des formwechselnden Rechtsträgers erbracht, das als Sacheinlage behandelt wird. Werden die Haftsummen höher festgesetzt, als es dem auf den Kommanditisten entfallenden Teil des Vermögens des formwechselnden Rechtsträgers entspricht, haftet der Kommanditist in dieser Höhe, solange die Differenz nicht aufgefüllt ist. Es ist umstritten, ob wegen der damit verbundenen persönlichen Haftung in diesem Fall die **Zustimmung des betroffenen Kommanditisten** entsprechend § 233 Abs. 1 UmwG erforderlich ist.[1662] Werden die Haftsummen und Kommanditeinlagen niedriger festgesetzt, können überschießende Beträge der Gesellschaft als Darlehen belassen oder an die Gesellschafter zurückgezahlt werden, ohne dass dies eine Haftung der Kommanditisten auslöst.

▶ Praxistipp:
Angesichts der Zweifel, ob Kommanditisten dem Formwechsel zustimmen müssen, wenn die Haftsummen höher sind, als der auf sie entfallende Teil des Vermögens der Kapitalgesellschaft, sollte eine solche Gestaltung vermieden werden, wenn man sich nicht der Zustimmung aller Kommanditisten sicher ist.

1656 Zu diesen Vorschlägen *Wied*, GmbHR 2016, 15; Böttcher/Harbighorst/Schulte/*Burg*, § 35 Rn. 18.
1657 Böttcher/Harbighorst/Schulte/*Burg*, § 35 Rn. 19, 20; Kallmeyer/*Marsch-Barner/Oppenhoff*, § 35 Rn. 7; KK-UmwG/*Simon*, § 35 Rn. 26; Schmitt/Hörtnagl/Stratz/*Winter*, § 35 Rn. 8; Widmann/Mayer/*Wälzholz*, § 35 Rn. 33.
1658 Böttcher/Harbighorst/Schulte/*Burg*, § 35 Rn. 20; Kallmeyer/*Marsch-Barner/Oppenhoff*, § 35 Rn. 7.
1659 Böttcher/Habighorst/Althoff/*Narr*, § 234 Rn. 5; Habersack/Wicke/*Sparfeld*, § 234 Rn. 17; Kallmeyer/*Blasche*, § 234 Rn. 5; Lutter/*Göthel*, § 234 Rn. 32; Schmitt/Hörtnagl/Stratz/*Westerburg*, § 234 Rn. 2; Semler/Stengel/*Ihrig*, § 234 Rn. 8.
1660 Habersack/Wicke/*Sparfeld*, § 234 Rn. 17; Lutter/*Göthel*, § 234 Rn. 32; KK-UmwG/*Dauner-Lieb/Tettinger*, § 234 Rn. 17; Schmitt/Hörtnagl/Stratz/*Westerburg*, § 234 Rn. 2.
1661 Kallmeyer/*Blasche*, § 234 Rn. 7; Lutter/*Göthel*, § 234 Rn. 35; Schmitt/Hörtnagl/Stratz/*Westerburg*, § 234 Rn. 4; Semler/Stengel/*Ihrig*, § 234 Rn. 8.
1662 So Kallmeyer/*Blasche*, § 233 Rn. 10; a.A. Semler/Stengel/*Ihrig*, § 233 Rn. 25; KK-UmwG/*Dauner-Lieb/Tettinger*, § 233 Rn. 37, § 234 Rn. 18 ff.

dd) § 194 Abs. 1 Nr. 5 (Sonder- und Vorzugsrechte)

761 Für Sonder- und Vorzugsrechte gelten keine Besonderheiten. Hinzuweisen ist jedoch auf § 233 Abs. 2 Satz 1 Halbs. 2, der auf § 50 Abs. 2 verweist. Danach bedarf die Beeinträchtigung der dort aufgeführten Sonderrechte in der Geschäftsführung, bei der Bestellung des Geschäftsführers oder hinsichtlich eines entsprechenden Vorschlagsrechts der Zustimmung dieser Gesellschafter.

ee) § 194 Abs. 1 Nr. 6 (Barabfindungsangebot)

762 Ein Angebot auf Barabfindung muss nur abgegeben werden, wenn eine Mehrheitsentscheidung über den Formwechsel möglich ist, also nur beim Formwechsel in eine Kommanditgesellschaft (vgl. § 233 Abs. 2 gegenüber § 233 Abs. 1), beim Formwechsel in eine oHG, GbR oder Partnergesellschaft. Den Komplementären der KGaA muss kein Barabfindungsangebot unterbreitet werden (s.o. Rdn. 743).

ff) § 194 Abs. 1 Nr. 7 (Folgen für die Arbeitnehmer)

763 Die Personengesellschaft unterliegt grundsätzlich nicht der Mitbestimmung nach DrittelbG und MitbestG. Eine Ausnahme macht nur das MitbestG für die GmbH & Co. KG, welche die Voraussetzungen der §§ 4 und 5 MitbestG erfüllt. Auch bei dieser gilt allerdings die Mitbestimmung nur für die Komplementär-GmbH. Gleichwohl bleibt nach h.M. ein beim formwechselnden Rechtsträgers bestehender mitbestimmter Aufsichtsrat gem. § 203 im Amt. Im Übrigen erlischt der Aufsichtsrat mit dem Formwechsel ohne Durchführung eines Statusverfahrens (Einzelheiten s.o. Rdn. 507).

gg) Wahl der ersten Organmitglieder

764 Eine gesonderte Wahl von Organmitgliedern eines Geschäftsführungsorgans scheidet wegen des Grundsatzes der Selbstorganschaft aus. Die Personen, die die Personenhandelsgesellschaft als Organ vertreten, werden in der Satzung bestimmt.

c) Satzung

765 Da der Gesellschaftsvertrag des Rechtsträgers neuer Rechtsform gem. § 234 Nr. 3 Teil des Umwandlungsbeschlusses ist, wird er mit derselben Mehrheit beschlossen wie dieser.[1663] Beim Formwechsel in die Personengesellschaft bedarf er gem. § 233 Abs. 1 wegen der unbeschränkten Haftung der Gesellschafter in der Personengesellschaft somit grundsätzlich der Zustimmung aller Gesellschafter. Nur der Beschluss über die **Umwandlung einer Kapitalgesellschaft in eine Kommanditgesellschaft** erfolgt gem. § 233 Abs. 2 mangels abweichender Regelung in der Satzung des formwechselnden Rechtsträgers mit einer Mehrheit von 3/4 der abgegebenen Stimmen. Für diesen Fall stellt sich allerdings die Frage, ob auch Abweichungen des Gesellschaftsvertrages der neuen Rechtsform von der bisherigen Satzung, die nicht durch die Änderung der Rechtsform notwendig geworden sind, mit Mehrheit beschlossen werden können oder ob es dazu einer größeren Mehrheit oder anderer Gründe bedarf. Insofern kann auf die Ausführungen oben (Rdn. 570 ff.) verwiesen werden. Zwei besondere Themen sind an dieser Stelle jedoch anzusprechen. Das erste ist die Ausgestaltung der Komplementär-GmbH bei der GmbH & Co. KG. Die Frage ist, ob diese der üblichen Gestaltung folgen muss, bei der ein Interessenkonflikt zwischen GmbH und KG durch Sicherung der Beteiligungsidentität oder durch Gestaltung als Einheitsgesellschaft vermieden wird.[1664] Der BGH hat das beim Formwechsel einer AG in eine GmbH & Co. KG nicht für erforderlich gehalten, weil (im entschiedenen Fall) der Einfluss der Minderheitsgesellschafter auf die Geschäftsführung gegenüber dem formwechselnden Rechtsträger, also der AG, nicht geringer geworden sei.[1665] Es ist überlegt

---

[1663] Limmer/*Limmer,* Teil 4 Rn. 531.
[1664] Dazu z.B. Baumbach/Hopt/*Roth,* Anh. § 177a Rn. 6 und 8.
[1665] BGH NZG 2005, 722.

worden, ob das auch gilt, wenn nicht ein Mehrheitsgesellschafter entscheidenden Einfluss beim formwechselnden Rechtsträger hat.[1666] Ein weiteres Thema, das sich besonders beim Formwechsel einer Kapitalgesellschaft, insbesondere einer AG oder KGaA, in die Personengesellschaft stellt, ist, ob im Hinblick auf § 180 Abs. 2 AktG die bei der Personengesellschaft kraft Gesetzes bestehende Vinkulierung aufgehoben werden muss[1667] (s. dazu oben Rdn. 570 a.E.). Schließlich ist für den Formwechsel in eine Kommanditgesellschaft von Bedeutung, dass der BGH in der FPB-Entscheidung[1668] die Regelung einer **Verpflichtung der Kommanditisten zur Mitwirkung bei Handelsregisteranmeldungen oder alternativ zur Erteilung einer Handelsregistervollmacht** an die Komplementärin für zulässig gehalten hat (s. dazu oben Rdn. 758 a.E.).

Im Übrigen gelten für die Satzung keine Besonderheiten. 766

d) Beschlussverfahren

aa) Einberufung und Durchführung der Versammlung

Zu den Besonderheiten der Einberufung und Durchführung der Versammlung vgl. oben Rdn. 745 ff. 767

bb) Beschlussfassung

Zur Beschlussfassung ist zunächst zu prüfen, ob die Satzung für die Beschlussfähigkeit der Versammlung bestimmte Quoren vorschreibt und ob diese eingehalten werden.[1669] 768

Für den Formwechsel in eine **Rechtsform, bei der alle Gesellschafter unbeschränkt haften**, also GbR, oHG und PartG, schreibt das Gesetz zwingend[1670] die **Zustimmung aller Gesellschafter** vor. Dem Beschluss müssen auch die nicht anwesenden Gesellschafter zustimmen. Anwesend sind auch die wirksam vertretenen Gesellschafter[1671] (zur Frage wann eine wirksame Vertretung vorliegt, vgl. oben Rdn. 595). Eine vollmachtlose Vertretung mit anschließender Genehmigung soll nicht in Betracht kommen;[1672] eine Genehmigung einer vollmachtlosen Vertretung in beurkundeter Form würde auch wenig Sinn machen, weil der Gesellschafter gem. § 193 Abs. 3 ohnedies in notarieller beurkundeter Form nachträglich zustimmen kann.[1673] Dagegen führen Gegenstimmen und Enthaltungen in der Versammlung zur Unwirksamkeit des Beschlusses. Aus dem Wortlaut des § 233 Abs. 1 Satz 1 Halbs. 1 (»der Zustimmung aller anwesenden Gesellschafter oder Aktionäre«) wird entnommen, dass eine spätere Zustimmung von Gesellschaftern, die in der Versammlung anwesend oder vertreten waren, gem. § 233 Abs. 1 Satz 2 Halbs. 2 unzulässig ist.[1674] Zur Ausübung des Stimmrechts bei diesem Beschluss oder der Abgabe der Zustimmungserklärung berechtigt eine obligatorische Gruppenvertretung nicht.[1675] Eine Stimmbindung wird man angesichts der gravierenden Rechtsfolgen (unbeschränkte Haftung) nur in Ausnahmefällen für zulässig halten können. Die Bindung müsste auf einen konkreten Umwandlungsbeschluss bezogen und die Verpflichtung notariell beurkundet sein.[1676] 769

1666 KK-UmwG/*Dauner-Lieb/Tettinger*, § 217 Rn. 60 ff.
1667 KK-UmwG/*Dauner-Lieb/Tettinger*, § 233 Rn. 67.
1668 BGH NZG 2005, 722.
1669 Semler/Stengel/*Ihrig*, § 233 Rn. 12.
1670 Kallmeyer/*Blasche*, § 233 Rn. 2.
1671 Semler/Stengel/*Ihrig*, § 233 Rn. 11.
1672 Habersack/Wicke/*Sparfeld*, § 233 Rn. 12; Kallmeyer/*Blasche*, § 233 Rn. 4; Semler/Stengel/*Ihrig*, § 233 Rn. 11; Lutter/*Göthel*, § 233 Rn. 6; KK-UmwG/*Dauner-Lieb/Tettinger*, § 233, Rn. 9.
1673 S. die Vorgenannten.
1674 Habersack/Wicke/*Sparfeld*, § 233 Rn. 14; Kallmeyer/*Blasche*, § 233 Rn. 2; Semler/Stengel/*Ihrig*, § 233 Rn. 11; Lutter/*Göthel*, § 233 Rn. 7; KK-UmwG/*Dauner-Lieb/Tettinger*, § 233 Rn. 8.
1675 KK-UmwG/*Dauner-Lieb/Tettinger*, § 233 Rn. 14 m.w.N.
1676 So zurecht KK-UmwG/*Dauner-Lieb/Tettinger*, § 233 Rn. 17.

770 Der Beschluss über den Formwechsel in die KG bedarf dagegen nur einer 3/4-Mehrheit der abgegebenen Stimmen beziehungsweise bei AG und KGaA des vertretenen Grundkapitals. Der Gesellschaftsvertrag kann eine größere Mehrheit und weitere Erfordernisse – z.B. ein Quorum für die Versammlung oder größere Mehrheiten – bestimmen. Sieht die Satzung solche Erschwerungen allgemein für Gesellschafterbeschlüsse oder für Satzungsänderungen vor, sind sie auch für den Formwechsel zu beachten.[1677]

771 Für den Beschluss gelten im Übrigen die allgemeinen Regelungen für Gesellschafterbeschlüsse. Soweit die Rechtsform des formwechselnden Rechtsträgers dies erlaubt, ist eine vollmachtlose Vertretung zulässig.[1678] Mehrstimmrechte sind zu berücksichtigen.[1679] Stimmenthaltungen werden nicht mitgezählt.[1680] Dasselbe gilt nach h.M. für stimmrechtslose Geschäftsanteile bzw. Aktien.[1681] Bei stimmrechtslosen Vorzugsaktien ist allerdings § 140 Abs. 2 Satz 2 AktG zu beachten, wonach das Stimmrecht wieder auflebt, wenn rückständige Vorzugsdividenden auch im folgenden Jahr nicht gezahlt werden. Eine obligatorische Gruppenvertretung ist für diesen Beschluss nicht ausgeschlossen.[1682] Auch eine Stimmbindung ist zulässig.[1683] Schon gem. § 193 Abs. 1 Satz 2 nicht möglich ist die Berücksichtigung außerhalb der Versammlung abgegebener Stimmen.[1684] Die Anteilsinhaber, die in der KG die Stellung eines persönlich haftenden Gesellschafters haben sollen, müssen dem Formwechsel gem. § 233 Abs. 2 Satz 3 zustimmen. Streitig ist in diesem Zusammenhang, ob es für diese Erklärung genügt, wenn der Betreffende bei dem Beschluss mitwirkt und dies in der Niederschrift über die Versammlung ausdrücklich vermerkt wird[1685] oder ob es einer gesonderten Willenserklärung bedarf.[1686] § 233 Abs. 2 Satz 3 spricht i.V. mit § 193 Abs. 3 Satz 1 deutlich für eine gesonderte Beurkundung als Willenserklärung, die gem. §§ 6 ff. BeurkG beurkundet werden muss, während der Beschluss als Tatsachenprotokoll abgefasst werden kann. Andererseits stellt es eine Ungereimtheit dar, dass gem. § 233 Abs. 1 für die anwesenden Gesellschafter die persönliche Haftung auch in Beschlussform begründet werden kann. Aus Gründen **kautelarjuristischer Vorsicht**, sollte aber die Zustimmung nach den Vorschriften über Willenserklärung beurkundet werden. Da die Beurkundung des Beschlusses bei überschaubarem Gesellschafterkreis häufig ohnedies nach §§ 6 ff. BeurkG erfolgt, ist mit einer entsprechenden gesonderten Niederlegung, die in derselben Urkunde erfolgen kann, kein besonderer Umstand verbunden. Umstritten ist, ob eine besondere Zustimmungserklärung der künftigen Kommanditisten erforderlich ist, wenn die Haftsummen höher festgelegt werden, als es dem auf den Kommanditisten entfallenden Teil des Vermögens des formwechselnden Rechtsträgers entspricht, und dadurch eine persönliche Haftung der Kommanditisten resultiert (s.o. Rdn. 759).[1687]

1677 Böttcher/Habighorst/*Althoff/Narr*, § 233 Rn. 18; Kallmeyer/*Blasche*, § 233 Rn. 6; KK-UmwG/*Dauner-Lieb/Tettinger*, § 233 Rn. 34; Lutter/*Göthel*, § 233 Rn. 20; Semler/Stengel/*Ihrig*, § 233 Rn. 24.
1678 Kallmeyer/*Blasche*, § 233 Rn. 7; Semler/Stengel/*Ihrig*, § 233 Rn. 22; KK-UmwG/*Dauner-Lieb/Tettinger*, § 233 Rn. 27; s.a. oben Rdn. 596.
1679 Kallmeyer/*Blasche*, § 233 Rn. 7; Semler/Stengel/*Ihrig*, § 233 Rn. 21; KK-UmwG/*Dauner-Lieb/Tettinger*, § 233 Rn. 26.
1680 Kallmeyer/*Blasche*, § 233 Rn. 7; Semler/Stengel/*Ihrig*, § 233 Rn. 21; KK-UmwG/*Dauner-Lieb/Tettinger*, § 233 Rn. 26; Lutter/*Göthel*, § 233 Rn. 22.
1681 Habersack/Wicke/*Sparfeld*, § 233 Rn. 38; Kallmeyer/*Blasche*, § 233 Rn. 7; Semler/Stengel/*Ihrig*, § 233 Rn. 21; Lutter/*Göthel*, § 233 Rn. 22, 24; zweifelnd KK-UmwG/*Dauner-Lieb/Tettinger*, § 233 Rn. 26.
1682 Einzelheiten KK-UmwG/*Dauner-Lieb/Tettinger*, § 233 Rn. 28.
1683 BGH NJW 2009, 669, 671 f.; KK-UmwG/*Dauner-Lieb/Tettinger*, § 233 Rn. 28.
1684 Kallmeyer/*Blasche*, § 233 Rn. 6; KK-UmwG/*Dauner-Lieb/Tettinger*, § 233 Rn. 29; Lutter/*Göthel*, § 233 Rn. 23; Semler/Stengel/*Ihrig*, § 233 Rn. 22; a.A. Böttcher/Habighorst/*Althoff/Narr*, § 233 Rn. 19.
1685 So Lutter/*Göthel*, § 233 Rn. 26; wohl auch Semler/Stengel/*Ihrig*, § 233 Rn. 25 (»kann außerhalb«).
1686 So Habersack/Wicke/*Sparfeld*, § 233 Rn. 43; KK-UmwG/*Dauner-Lieb/Tettinger*, § 233 Rn. 36; KK-UmwG/*Peters*, § 193 Rn. 19; Widmann/Mayer/*Vossius*, § 233 Rn. 81.
1687 Für ein Zustimmungserfordernis Kallmeyer/*Blasche*, § 233 Rn. 10; Widmann/Mayer/*Vossius*, § 40 Rn. 46 (für den entspr. Fall bei der Verschmelzung); a.A. Semler/Stengel/*Ihrig*, § 233 Rn. 25; grds. auch KK-UmwG/*Dauner-Lieb/Tettinger*, § 233 Rn. 37.

C. Formwechsel

cc) Inhaltliche Beschlusskontrolle

Ein Thema das in diesem Zusammenhang erörtert wird, ist eine Anfechtbarkeit des Beschlusses aus dem Gesichtspunkts des »**kalten Delisting**«. Der Formwechsel einer börsennotierten AG oder KGaA in eine Personengesellschaft hat wie derjenige in eine GmbH den automatischen Verlust der Börsenzulassung zur Folge. Dies macht den Beschluss allerdings nach allgemeiner Meinung nicht unzulässig, zumal die Anteilsinhaber, die dies zum Anlass nehmen wollen, aus der Gesellschaft auszuscheiden, auf das Abfindungsangebot gem. § 207 zurückgreifen können, das zum Verkehrswert zu machen ist.[1688] Sehr viel umstrittener ist, ob dasselbe für den Formwechsel anzunehmen ist, der nur zur Durchführung eines »**Squeeze-out**« dient (vgl. dazu Rdn. 615). 772

Im Übrigen sei auf die Ausführungen zur Inhaltskontrolle bei der Satzungsgestaltung oben (Rdn. 570 ff.) verwiesen. 773

dd) Beurkundung des Beschlusses

Beim Formwechsel einer KGaA bedarf der Beschluss der Zustimmung ihrer Komplementäre. In diesem Zusammenhang sind Besonderheiten zu beachten, die oben, Rdn. 637 ff., bereits erläutert worden sind. Im Übrigen gelten für die Beurkundung des Beschlusses keine Besonderheiten. 774

ee) Vertretung

Auch diesbezüglich gelten keine Besonderheiten. Auf Rdn. 595 ff. wird verwiesen. Zu erinnern ist allerdings daran, dass eine vollmachtlose Vertretung bei der AG als unzulässig angesehen wird[1689] und dass sie außerdem bei Vertretung der Personen, die zustimmen müssen, das sind insbesondere diejenigen, die in der neuen Rechtsform unbeschränkt haften, für unzulässig gehalten wird. Diese sollen im Hinblick auf §§ 233 Abs. 1 Satz 1 Halbs. 2, 193 Abs. 3 Satz 1 nicht einfach genehmigen können, wenn das Gesetz für die Zustimmung abwesender Gesellschafter die notarielle Beurkundung vorschreibt.[1690] Anders ist das dagegen, wenn eine Mehrheitsentscheidung zulässig ist.[1691] Generell ist vollmachtlose Vertretung allerdings nur zulässig, wenn sich dagegen kein Widerspruch von Seiten der anderen Gesellschafter erhebt.[1692] Zu erinnern ist auch daran, dass eine obligatorische Gruppenvertretungsklausel nur im Rahmen der Mehrheitsentscheidung des § 233 Abs. 2 Satz 1,[1693] nicht dagegen im Rahmen des § 233 Abs. 1[1694] und auch nicht im Rahmen des § 233 Abs. 2 Satz 3 Wirkung entfalten können soll. Minderjährige werden gem. § 1629 durch ihre gesetzlichen Vertreter vertreten. Der Formwechsel ist selten nur rechtlich vorteilhaft.[1695] Annehmen kann man das allenfalls beim Formwechsel in die Kommanditgesellschaft und Einräumung einer Kommanditistenstellung für den Minderjährigen, wenn die Einlage durch das Vermögen des formwechselnden Rechtsträgers in voller Höhe gedeckt ist. Ist der gesetzliche Vertreter selbst an der Gesellschaft beteiligt, ist er im Hinblick auf § 181 BGB von der Vertretung ausgeschlossen.[1696] Der Minderjährige bedarf der Bestellung eines Ergänzungspflegers. Überdies bedürfen der gesetzliche Vertreter und der 775

1688 H.M. *Grunewald*, ZIP 2004, 542/544; Lutter/*Göthel*, § 233 Rn. 60; Semler/Stengel/*Ihrig*, § 226 Rn. 11; KK-UmwG/*Dauner-Lieb/Tettinger*, § 226 Rn. 11.
1689 MünchKommAktG/*Arnold* § 134 Rn. 56; Widmann/Mayer/*Heckschen*, § 13 Rn. 103.1; DNotI-Gutachten Nr. 57626 vom 24.03.2005; a.A. *Hartmann*, DNotZ 2002, 253; KK-UmwG/*Dauner-Lieb/Tettinger*, § 233 Rn. 27 (zulässig wenn kein Widerspruch).
1690 Kallmeyer/*Blasche*, § 233 Rn. 4; KK-UmwG/*Dauner-Lieb/Tettinger*, § 233 Rn. 9; Lutter/*Göthel*, § 233 Rn. 6; Semler/Stengel/*Ihrig*, § 233 Rn. 11.
1691 Kallmeyer/*Blasche*, § 233 Rn. 7; Semler/Stengel/*Ihrig*, § 233 Rn. 22.
1692 KK-UmwG/*Dauner-Lieb/Tettinger*, § 233 Rn. 27 m.w.N.
1693 KK-UmwG/*Dauner-Lieb/Tettinger*, § 233 Rn. 28.
1694 KK-UmwG/*Dauner-Lieb/Tettinger*, § 233 Rn. 14.
1695 Lutter/*Göthel*, § 233 Rn. 51.
1696 Lutter/*Göthel*, § 233 Rn. 42; KK-UmwG/*Dauner-Lieb/Tettinger*, § 233 Rn. 18; Widmann/Mayer/*Vossius*, § 233 Rn. 35.

Ergänzungspfleger gem. § 1822 Nr. 3[1697] und 10[1698] BGB der familiengerichtlichen Genehmigung.[1699] Zur Anwendung von § 181 BGB auf den Umwandlungsbeschluss, s.o. Rdn. 597.

e) Zustimmung Dritter

776 Eine Zustimmung dinglich Berechtigter (Pfandgläubiger Nießbrauchberechtigte) an den Anteilen des formwechselnden Rechtsträgers ist nach h.M. jedenfalls bei einer GmbH nicht erforderlich, weil sich der Formwechsel durch körperschaftliche Willensbildung vollzieht.[1700] (s.o. Rdn. 605)

777 Die Stimmabgabe im Rahmen des Umwandlungsbeschlusses bedarf beim Formwechsel von der Kapitalgesellschaft in die Personengesellschaft im Hinblick auf die dadurch regelmäßig bewirkte Einschränkung der Verfügungsbefugnis über die Beteiligung nach überwiegender Ansicht der Zustimmung des Ehegatten eines Gesellschafters, der im gesetzlichen Güterstand lebt und dessen Beteiligung sein wesentliches Vermögen darstellt. Denkbar sind auch familien- oder betreuungsgerichtliche Zustimmungserfordernisse. Auf die Ausführungen oben Rdn. 606 f. und Rdn. 608 f. wird verwiesen.

f) Zustimmung einzelner Gesellschafter

aa) Zustimmung nicht erschienener Gesellschafter gem. § 233 Abs. 1

778 Gem. § 233 Abs. 1 bedarf der Beschluss über den Formwechsel in eine Gesellschaftsform, bei der alle Gesellschafter unbeschränkt haften, eines einstimmigen Beschlusses aller anwesenden Anteilsinhaber und darüber hinaus der Zustimmung der nicht erschienenen Anteilsinhaber. Der Formwechsel wird also zwingend nur wirksam, wenn alle Anteilsinhaber des formwechselnden Rechtsträgers zustimmen. Die Zustimmung ist **Willenserklärung** und als solche zu beurkunden (s.o. Rdn. 642). Die Zustimmung kann vor oder nach der Beschlussfassung erteilt werden.[1701] Sie wird mit Zugang bei der Gesellschaft, vertreten durch ihre Vertretungsorgane, nicht bei den anderen Gesellschaftern, wirksam.[1702]

779 Die **vorherige Zustimmung** muss erkennen lassen, zu welchem Umwandlungsbeschluss sie erteilt wird. Bezieht sie sich auf einen konkreten Entwurf, machen Änderungen des Entwurfs bei der Beschlussfassung eine erneute Zustimmungserklärung erforderlich,[1703] wenn sie nicht nur redaktioneller Natur sind. Umstritten ist die **Bindungswirkung** eines Beschlusses, zu dem noch Zustimmungserklärungen fehlen.[1704] Empfohlen wird deshalb zurecht, in dem Beschluss eine Frist vorzusehen, bis zu dem die Zustimmungserklärungen zugehen müssen, damit der Beschluss nicht unwirksam wird.[1705] Umstritten ist auch die **Bindungswirkung vor dem Beschluss abgegebener Zustimmungserklärungen**. Die einen sehen sie mit dem Zugang bei der Gesellschaft als bindend an;[1706] systemgerechter ist es, sie in Anlehnung an § 183 BGB bis zum Zustandekommen des

---

1697 Lutter/*Göthel*, § 233 Rn. 49; KK-UmwG/*Dauner-Lieb/Tettinger*, § 233 Rn. 18; Widmann/Mayer/*Vossius*, § 233 Rn. 37.
1698 Widmann/Mayer/*Vossius*, § 233 Rn. 36.
1699 A.A. *Schwedhelm*, Die Unternehmensumwandlung, Rn. 1238/1239 im Hinblick das Identitätsprinzip.
1700 So Böttcher/Habighorst/*Althoff/Narr*, § 217 Rn. 21; Habersack/Wicke/*Kühn*, § 217 Rn. 11; Semler/Stengel/*Schlitt*, § 217 Rn. 26; Widmann/Mayer/*Vossius*, § 217 Rn. 46.
1701 Kallmeyer/*Blasche*, § 233 Rn. 2; KK-UmwG/*Dauner-Lieb/Tettinger*, § 233 Rn. 10; Lutter/*Göthel*, § 233 Rn. 10; Semler/Stengel/*Ihrig*, § 233 Rn. 10; Widmann/Mayer/*Vossius*, § 233 Rn. 36.
1702 KK-UmwG/*Dauner-Lieb/Tettinger*, § 233 Rn. 10; Lutter/*Göthel*, § 233 Rn. 15; Semler/Stengel/*Ihrig*, § 233 Rn. 10.
1703 Lutter/*Göthel*, § 233 Rn. 13; KK-UmwG/*Dauner-Lieb/Tettinger*, § 233 Rn. 10; Semler/Stengel/*Ihrig*, § 233 Rn. 16; Widmann/Mayer/*Vossius*, § 233 Rn. 36.
1704 Kallmeyer/*Blasche*, § 233 Rn. 3; KK-UmwG/*Dauner-Lieb/Tettinger*, § 233 Rn. 11; Lutter/*Göthel*, § 233 Rn. 16; Semler/Stengel/*Ihrig*, § 233 Rn. 17.
1705 KK-UmwG/*Dauner-Lieb/Tettinger*, § 233 Rn. 11; Kallmeyer/*Blasche*, § 233 Rn. 3.
1706 So Lutter/*Göthel*, § 233 Rn. 66 f.; Semler/Stengel/*Ihrig*, § 233 Rn. 17.

Beschlusses für widerruflich zu halten.[1707] Das gilt allerdings nur, wenn sie nicht ausdrücklich unwiderruflich erteilt werden, wie es auch sonst bei Erklärungen nach § 183 BGB zulässig ist.

bb) Zustimmung künftiger Komplementäre beim Formwechsel in KG

Die vorstehenden Regelungen gelten entsprechend für die Zustimmungen künftiger Komplementäre beim Formwechsel in die KG. Wegen der Frage, ob eine Zustimmung in der Gesellschafterversammlung und ein entsprechender Vermerk in der notariellen Niederschrift genügt, vgl. oben Rdn. 633. 780

cc) Zustimmung der Komplementäre einer formwechselnden KGaA

Wegen der Zustimmung der Komplementäre einer formwechselnden KGaA wird auf die allgemeinen Ausführungen zu Rdn. 637 ff. verwiesen. Beim Formwechsel in die Personengesellschaft hat überdies jeder persönlich haftende Gesellschafter gem. § 233 Abs. 3 Satz 3 das Recht, sein Ausscheiden aus der Gesellschaft für den Zeitpunkt zu erklären, in dem der Formwechsel wirksam wird. Nicht abschließend geklärt ist das Verhältnis zwischen Austrittserklärung und Erklärung der Zustimmung zum Formwechsel (vgl. dazu Rdn. 639 ff.). 781

dd) Zustimmung der Inhaber von Sonderrechten

Zu erinnern ist daran, dass gem. § 233 Abs. 2 Satz 1 Halbs. 2 die Inhaber bestimmter Sonderrechte dem Formwechsel zustimmen müssen. Auf die Ausführungen zu Rdn. 618 ff. und Rdn. 626 ff. wird verwiesen. 782

g) Handelsregisteranmeldung

aa) Zuständiges Gericht

Die Anmeldung der neuen Rechtsform hat gem. § 198 zum Register des formwechselnden Rechtsträgers zu erfolgen. Besonderheiten bestehen in zwei Fällen: Beim **Formwechsel in die GbR** gibt es kein Register des neuen Rechtsträgers. Deshalb erfolgt die Anmeldung nur zum Register des formwechselnden Rechtsträgers. In dieser Anmeldung ist gem. § 235 nicht die neue Rechtsform, sondern der Formwechsel anzumelden. Allerdings scheinen manche Gerichte im Handelsregister des formwechselnden Rechtsträgers bei der Eintragung, dass ein Formwechsel in eine GbR stattgefunden hat, den Namen der GbR und deren Gesellschafter zu vermerken. Ein solcher Eintrag nimmt als nicht eintragungspflichtige Tatsache nicht an der Publizität des Handelsregisters gem. § 15 Abs. 3 HGB teil.[1708] Gleichwohl kann der dadurch gesetzte Rechtsschein **haftungsrechtlich** von Bedeutung sein. Überträgt der Anteilsinhaber nach Registeranmeldung seinen Anteil am formwechselnden Rechtsträger und wird er fälschlich als Gesellschafter der Ziel-GbR aufgeführt, kann er als Scheingesellschafter nach Rechtsscheingrundsätzen haften.[1709] Beim Formwechsel in eine PartG ändert sich die Art des Registers.[1710] Es haben deshalb gem. § 198 Abs. 2 Satz 2 zwei Anmeldungen zu erfolgen. Auf Rdn. 647 wird verwiesen. 783

bb) Anmeldepflichtige

Die Anmeldung hat gem. § 235 Abs. 2 durch das Vertretungsorgan des formwechselnden Rechtsträgers zu erfolgen. Abweichend von § 108 HGB müssen also nicht alle Gesellschafter der Perso- 784

1707 Habersack/Wicke/*Kühn*, § 217 Rn. 7; Kallmeyer/*Blasche*, § 233 Rn. 3; KK-UmwG/*Dauner-Lieb/Tettinger*, § 233 Rn. 12 m.w.N.
1708 Vgl. BGH RNotZ 2017, 179; *Priester*, GmbHR 2015, 1289.
1709 BGH RNotZ 2017, 179, 182.
1710 KK-UmwG/*Dauner-Lieb/Tettinger*, § 235 Rn. 12.

nengesellschaft mit anmelden.[1711] Das gilt auch bei einem gleichzeitigen Beitritt eines neuen persönlich haftenden Gesellschafters beim Formwechsel in die Kommanditgesellschaft (Argument aus § 246 Abs. 2).

cc) Inhalt der Anmeldung

785 Anzumelden ist gem. § 198 die neue Rechtsform. Dies gilt – wie unter Rdn. 783 ausgeführt – nicht für die GbR. Vorsicht ist bei der Registeranmeldung des hilfsweise erfolgten Formwechsels geboten (zur Zulässigkeit s.o. Rdn. 522). Damit das Registergericht nicht unter Zurückweisung des Hauptantrags sofort gem. dem Hilfsantrag einträgt, empfiehlt es sich, entweder zunächst nur den Hauptbeschluss anzumelden oder die Anmeldung der hilfsweisen Umwandlung unter die Bedingung der rechtskräftigen Zurückweisung der Anmeldung des Hauptbeschlusses zu stellen.[1712]

786 Die Anmeldung hat Namen, Vornamen, Geburtsdaten und Wohnort jedes Gesellschafters zu enthalten, bei den Kommanditisten auch deren Haftsumme,[1713] bei Gesellschaften deren Firma, Sitz und ggf. Register und Register-Nummer.[1714] Zur Anmeldung unbekannter Gesellschafter s.o. Rdn. 543.[1715] Bei der **neuen Personengesellschaft** stellt sich allerdings das weitere Problem, dass die **spätere Anmeldung** bei der ursprünglichen Anmeldung unbekannter Gesellschafter gem. §§ 108, 161 Abs. 2 die **Mitwirkung aller Gesellschafter** erforderlich macht. Zuzustimmen ist dem Vorschlag, im Wege der ergänzenden Auslegung des Umwandlungsbeschlusses oder des Gesellschaftsvertrages das Vertretungsorgan des Rechtsträgers neuer Rechtsform ohne weiteres als zu dieser Anmeldung ermächtigt anzusehen. **Vorsorglich** sollte eine entsprechende **Vollmacht** in den Gesellschaftsvertrag der Zielrechtsform aufgenommen und mit beurkundet werden.[1716]

787 ▶ **Praxistipp:**

Vorsorglich sollte **im Gesellschaftsvertrag der neuen Rechtsform**, der mit dem Umwandlungsbeschluss beurkundet wird, eine **Vollmacht an die Komplementäre** der neuen Gesellschaft aufgenommen werden, Handelsregisteranmeldungen aller Art (bei Formwechsel einer AG oder KGaA: einschließlich der Anmeldung unbekannter Gesellschafter gem. §§ 213, 35 UmwG) für die Gesellschafter des formgewechselten Rechtsträgers vorzunehmen.

dd) Versicherungen

788 Abzugeben ist nur die Negativerklärung bezüglich Klagen gegen den Beschluss. Außerdem ist – folgt man den Ausführungen des BayObLG[1717] – bei unbekannten Aktionären eine Versicherung über den Aufwand abzugeben, der getrieben worden ist, um die Aktionäre zu ermitteln. Im Übrigen bestehen keine Besonderheiten.

ee) Anlagen

789 Vgl. Rdn. 657 ff. Es gelten keine Besonderheiten.

h) Haftung

790 Vgl. grundlegend Rdn. 695 f. Gem. § 237 ist auf die Haftung eines Komplementärs einer formwechselnden KGaA bei einem Formwechsel in eine KG und Wechsel in die Rechtsstellung eines

---

1711 Habersack/Wicke/*Sparfeld*, § 235 Rn. 6; KK-UmwG/*Dauner-Lieb/Tettinger*, § 235 Rn. 6; Lutter/*Göthel*, § 235 Rn. 6.
1712 KK-UmwG/*Dauner-Lieb/Tettinger*, § 235 Rn. 14.
1713 KK-UmwG/*Dauner-Lieb/Tettinger*, § 235 Rn. 8.
1714 Vgl. § 40 Nr. 7 HRV.
1715 Auch Lutter/*Göthel*, § 235 Rn. 14.
1716 Lutter/*Göthel*, § 235 Rn. 14; vgl. dazu auch oben Rdn. 758.
1717 BayObLG MittRhNotK 1996, 421.

C. Formwechsel   Kapitel 8

Kommanditisten für die im Zeitpunkt des Formwechsels begründenden Verbindlichkeiten § 224 entsprechend anzuwenden. Im übrigen gelten keine Besonderheiten.

3. Formwechsel zwischen Kapitalgesellschaften

a) Allgemeiner Grundgedanke (Kapitalumstellung)

Der Formwechsel zwischen Kapitalgesellschaften findet zwischen den Rechtsformen der GmbH, der AG und der KGaA statt. Die Grundprinzipien dieser Rechtsformen sind einander ähnlicher als beim Formwechsel zwischen anderen Rechtsformen. Der Gesetzgeber hat das unter anderem mit der Anordnung in § 247 zum Ausdruck gebracht, dass sich das **Nominalkapital der Gesellschaft durch den Formwechsel nicht ändert**. Das Stammkapital der GmbH wird zum Grundkapital der AG beziehungsweise der KGaA und umgekehrt.[1718] Die Anteilsinhaber haben diesbezüglich kein Ermessen. 791

Eine weitere Besonderheit gilt nur für den **Formwechsel in die GmbH**. Dabei findet gem. § 245 Abs. 4 keine Prüfung statt, ob das Stammkapital durch das Vermögen des formwechselnden Rechtsträgers gedeckt ist. Der Formwechsel ist also **auch bei** einer **materiellen Unterbilanz** möglich. Dasselbe gilt nicht für den Formwechsel der GmbH in die AG oder KGaA und auch nicht beim Formwechsel zwischen AG und KGaA. In diesen Fällen schreibt das Gesetz die Prüfung der Kapitalaufbringung vor.[1719] § 245 Abs. 1 bis 3 verweisen auf § 220, der bestimmt, dass das Nennkapital den Überschuss des Aktivvermögens des formwechselnden Rechtsträgers über das Passivvermögen nicht übersteigen darf und dass dies im Rahmen des Formwechsels zu prüfen ist. Bleibt das Vermögen des Rechtsträgers nach Abzug der Schulden hinter dem Nennkapital zurück, muss dieses durch eine Kapitalmaßnahme, vorzugsweise eine Kapitalherabsetzung aus Anlass der Umwandlung angepasst werden. Das Gesetz lässt sie in § 243 Abs. 2 ausdrücklich zu. Wird dadurch das Kapital unter den Betrag des Mindestkapitals gedrückt, hilft nur eine zusätzliche Kapitalerhöhung. Anderenfalls scheidet der Formwechsel aus. 792

b) Besonderheiten für den Beschlussinhalt

aa) § 194 Abs. 1 Nr. 1 und 2 (Rechtsform, Firma)

Besonderheiten sind nicht anzumerken. 793

bb) § 194 Abs. 1 Nr. 3 (Anteilsinhaberidentität)

Der Beschluss muss bestimmen, dass die Anteilsinhaber des formwechselnden Rechtsträgers an dem neuen Rechtsträger beteiligt werden, soweit die Beteiligung nicht nach dem Gesetz entfällt. Letzteres ist der Fall beim **Formwechsel der KGaA**. Gem. § 247 Abs. 2 **scheiden die persönlich haftenden Gesellschafter** als solche durch den Formwechsel aus der Gesellschaft **aus**. Ihre Abfindung bestimmt sich nach den entsprechenden Regelungen der Satzung der KGaA, hilfsweise finden über § 278 Abs. 2 AktG, § 161 Abs. 2 HGB, § 105 Abs. 3 HGB die §§ 738 ff. BGB Anwendung.[1720] Beim Formwechsel in eine KGaA wird der Beitritt eines persönlich haftenden Gesellschafters erforderlich. 794

1718 Semler/Stengel/*Scheel*, § 247 Rn. 1 bezeichnet das als erhöhte Identität; ablehnend KK-UmwG/*Petersen*, § 247 Rn. 2 Fn. 1.
1719 Böttcher/Habighorst/*Althoff/Narr*, § 245 Rn. 15 ff.; Habersack/Wicke/H*erfs*/*Link*, § 245 Rn. 43, 48; HRA NZG 2000, 802, 808; Kallmeyer/*Blasche*, § 245 Rn. 7 f.; KK-UmwG/*Petersen*, § 245 Rn. 18; Lutter/*Göthel*, § 245 Rn. 12; Semler/Stengel/*Scheel*, § 245 Rn. 36, 42; Widmann/Mayer/*Rieger*, § 245 Rn. 35, 38 ff.
1720 Böttcher/Habighorst/*Althoff/Narr*, § 247 Rn. 10; Habersack/Wicke/*Herfs*/*Link*, § 247 Rn. 14; Kallmeyer/*Blasche*, § 247 Rn. 6; Lutter/*Göthel*, § 247 Rn. 19; Schmitt/Hörtnagl/Stratz/*Westerburg*, § 247 Rn. 5.

Diesbezüglich erklärt § 240 Abs. 2 § 221 für entsprechend anwendbar. Dies ist unter Rdn. 645 f. erörtert.

795 Will sich ein **persönlich haftender Gesellschafter** beim Formwechsel der KGaA **an dem Rechtsträger neuer Rechtsform beteiligen**, muss er **vor** dem Formwechsel Aktien an der KGaA **oder nach** dem Formwechsel Anteile am Rechtsträger neuer Rechtsform erwerben. Eine unmittelbare Umwandlung einer von ihm geleisteten Vermögenseinlage in Anteile am Rechtsträger neuer Rechtsform ist schon im Hinblick auf § 247 nicht möglich.[1721] Denkbar ist aber die Verknüpfung einer Sachkapitalerhöhung mit dem Formwechsel, bei der Komplementäre gegen Einbringung von Abfindungsansprüchen Anteile am Rechtsträger neuer Rechtsform erwerben.[1722]

cc) § 194 Abs. 1 Nr. 4 (Beteiligungskontinuität – Teil 1: Kapitalanpassung)

796 Der Beschluss muss ferner Zahl, Art und Umfang der Anteile festlegen, die die Anteilsinhaber durch den Formwechsel erlangen oder die einem beitretenden persönlich haftenden Gesellschafter eingeräumt werden sollen. Für die Ermittlung von Zahl, Art und Umfang der Anteile am neuen Rechtsträger müssen zunächst Überlegungen zum Kapital des Rechtsträgers neuer Rechtsform angestellt werden. **Ausgangspunkt aller Überlegungen** ist § 247, der anordnet, dass das Stammkapital der GmbH beim Formwechsel in eine andere Kapitalgesellschaft zum Grundkapital und umgekehrt beim Formwechsel einer AG oder KGaA das Grundkapital zum Stammkapital der GmbH wird. Entsprechendes gilt beim Formwechsel zwischen AG und KGaA. Der Schwerpunkt der Überlegungen liegt damit bei der Verteilung des Kapitals auf die Anteile am Rechtsträger neuer Rechtsform (dazu gleich unter Rdn. 806 ff.).

(1) Anpassung des Nennkapitals beim Formwechsel der GmbH

797 Beim Formwechsel der GmbH in die AG oder KGaA stellt sich das Problem, dass das Grundkapital der AG oder KGaA mindestens 50.000,– € betragen muss.[1723] Ist das Stammkapital der GmbH geringer, ist der Formwechsel deshalb nur möglich, wenn es auf mindestens 50.000,– € erhöht wird. Da § 247 die schlichte Übernahme des Nennkapitals anordnet, kann eine Kapitalerhöhung nicht als Teil des Formwechsels erfolgen. Jedoch bleiben gem. § 243 Abs. 2 die Vorschriften anderer Gesetze über die Änderung des Stammkapitals oder Grundkapitals unberührt. Die Eintragung der Kapitalerhöhung muss vor dem Formwechsel erfolgen, weil sonst beim Formwechsel gem. § 247 das gem. § 7 AktG erforderliche Mindestgrundkapital für die AG nicht erreicht wird. Damit würde der Formwechsel scheitern. Die Kapitalerhöhung muss deshalb nach GmbH-Recht durchgeführt werden.[1724]

(2) Kapitalanpassung zur Beseitigung einer Unterbilanz

798 Kapitalmaßnahmen sind auch erforderlich, wenn beim Formwechsel von der GmbH in die AG oder KGaA oder bei einem Formwechsel zwischen AG und KGaA bei der formwechselnden Gesellschaft eine **Unterbilanz** besteht. Gem. § 245 findet beim Formwechsel einer GmbH in eine andere Kapitalgesellschaft sowie beim Formwechsel zwischen AG und KGaA § 220 entsprechende Anwendung. Es ist also im Rahmen des Formwechsels zu belegen, dass das Grundkapital des Rechtsträgers nach Formwechsel das Reinvermögen des formwechselnden Rechtsträgers nicht übersteigt. Der **Formwechsel von der GmbH in eine AG oder KGaA sowie der Formwechsel zwischen AG und KGaA** scheiden somit bei bestehender Unterbilanz aus. Möglich ist aber eine Kapitalherabsetzung zur Anpassung des Grundkapitals, falls dies nicht zu einer Unterschreitung des Mindestkapitals des Zielrechtsträgers führt.[1725] Nach ganz h.M. sind für die Ermittlung der Reinvermögensdeckung **nicht**

[1721] Semler/Stengel/*Scheel*, § 247 Rn. 3; Widmann/Mayer/*Rieger*, § 247 Rn. 7.
[1722] Vgl. die Vorgenannten Semler/Stengel/*Scheel*, § 247 Rn. 3; Widmann/Mayer/*Rieger*, § 247 Rn. 7.
[1723] KK-UmwG/*Petersen*, § 247 Rn. 2; Lutter/*Göthel*, § 247 Rn. 7; Semler/Stengel/*Scheel*, § 247 Rn. 4.
[1724] Widmann/Mayer/*Rieger*, § 243 Rn. 31.
[1725] Kallmeyer/*Blasche*, § 243 Rn. 7, § 247 Rn. 3; Lutter/*Göthel*, § 247 Rn. 7; § 245 Rn. 12; vgl. auch Semler/Stengel/*Scheel*, § 247 Rn. 7.

die Buchwerte, sondern die tatsächlichen Werte des Vermögens des formwechselnden Rechtsträgers maßgebend.[1726] Entscheidend ist, ob eine materielle Unterbilanz vorliegt. Der Wert des von der Gesellschaft betriebenen Unternehmens muss wie bei einer Sacheinlage ermittelt werden.[1727] (s.o. Rdn. 710) Führt diese Bewertung zu einer Unterbilanz, also dazu, dass das nach Abzug der Schulden verbleibende Vermögen hinter dem ausgewiesenen Stamm- oder Grundkapital zurückbleibt, kann der Formwechsel in der AG oder KGaA erst erfolgen, wenn die Unterbilanz beseitigt ist. Vorgeschlagen wird dazu, bei der GmbH vor dem Formwechsel eine vereinfachte Kapitalherabsetzung gem. § 58a GmbHG durchzuführen. Bei der AG wären §§ 229 ff. AktG einschlägig. Denkbar ist aber auch eine Kapitalerhöhung unter Ausgabe der neuen Anteile gegen entsprechendes Agio oder eine Einzahlung in die Kapitalrücklage. Anderes gilt dagegen beim **Formwechsel in die GmbH**. § 245 Abs. 4 enthält keine Verweisung auf § 220. Das Vorliegen auch einer materiellen Unterbilanz ist daher unschädlich.[1728]

Auch wenn bei der Prüfung der Vermögensdeckung nicht von Buch- sondern von tatsächlichen Werten ausgegangen wird, besteht auch beim Formwechsel zwischen Kapitalgesellschaften nach h.M. die Verpflichtung zur bilanziellen Fortführung der Buchwerte. Eine Buchwertaufstockung soll nicht zulässig sein. Zu den Einzelheiten s.o. Rdn. 678. 799

In diesem Zusammenhang stellt sich auch die Frage, wie **ausstehende Bareinlagen** einzelner Gesellschafter zu behandeln sind. Nach § 7 GmbHG und § 36a AktG sind bei der Gründung Bareinlagen zu 1/4, Sacheinlagen jedoch in voller Höhe zu leisten. Als Sacheinlagegegenstand sind Ansprüche gegen einen Gesellschafter untauglich. Auch hier ist die Frage, ob die die in § 245 angeordnete entsprechende Anwendung von § 220 gebietet, den Formwechsel ausschließlich als Sacheinlage zu behandeln. Das würde bedeuten, dass Einlagen von Gesellschaftern, die beim Formwechsel noch ausstehen, als Voraussetzung für die Durchführung des Formwechsels voll eingezahlt werden müssen. Für den Formwechsel von der Personengesellschaft in die Kapitalgesellschaft wird das von Teilen des Schrifttums vertreten.[1729] Für den Formwechsel zwischen Kapitalgesellschaften wird ein Volleinzahlungsgebot dagegen durchweg abgelehnt.[1730] Zur Begründung wird darauf hingewiesen, dass die Kapitalaufbringungsvorschriften beim formwechselnden Rechtsträger und der neuen Rechtsform ähnlich strukturiert sind. Wenn diese Bestimmungen bei Gründung keine Volleinzahlung erfordert hätten, könne nichts anders gelten, wenn aus diesen Anteilen nunmehr solche am Rechtsträger neuer Rechtsform würden.[1731] Es bestehe kein Bedürfnis, den Formwechsel strenger zu behandeln als die Gründung der Gesellschaft.[1732] Soweit die entsprechenden Anforderungen beim formwechselnden Rechtsträger erfüllt seien, sei im Rahmen des Formwechsels nicht mehr geschuldet.[1733] Der Gesetzgeber habe es in den Verfassungen beider Rechtsträger für ausreichend gehalten, wenn Bareinlagen – die Mindesteinzahlung vorausgesetzt – nur zu einem Viertel eingezahlt würden. Das ändere sich nicht, wenn aus den Anteilen an der 800

1726 Böttcher/Habighorst/*Althoff/Narr*, § 245 Rn. 15; Habersack/Wicke/*Herfs/Link*, § 245 Rn. 43; Kallmeyer/*Blasche*, § 245 Rn. 7. Limmer/*Limmer*, Teil 4 Rn. 26; Lutter/*Göthel*, § 245 Rn. 12; Schmitt/Hörtnagl/Stratz/*Westerburg*, § 245 Rn. 6 f.; Widmann/Mayer/*Rieger*, § 245 Rn. 45 f. jeweils m.w.N.; DNotI-Gutachten Nr. 54285 vom 16.11.2004; zweifelnd aber KK-UmwG/*Petersen*, § 220 Rn. 17 f., soweit dadurch Ansprüche gem. § 31 GmbHG wegfallen würden.
1727 Lutter/*Joost*, § 220 Rn. 10; *Priester*, DStR 2005, 788, 793, der von Going Concern Prinzip spricht.
1728 DNotI-Gutachten Nr. 87884 v. 11.09.2008; Böttcher/Habighorst/*Althoff/Narr*, § 245 Rn. 17; Habersack/Wicke/*Herfs/Link*, § 245 Rn. 49; Kallmeyer/*Blasche*, § 245 Rn. 8; Semler/Stengel/*Scheel*, § 245 Rn. 46; Widmann/Mayer/*Rieger*, § 245 Rn. 36.
1729 S.o. Rdn. 711.
1730 Deutlich differenzierend *Priester*, FS Zöllner, S. 459, 462; differenzierend auch *K. Schmidt*, ZIP 1995, 1385, 1390, der allerdings in beiden Fällen ein Volleinzahlungsgebot ablehnt; Habersack/Wicke/*Herfs/Link*, § 245 Rn. 52 ff.; Lutter/*Hoger*, § 197 Rn. 13; Lutter/*Göthel*, § 245 Rn. 15; Widmann/Mayer/*Rieger*, § 245 Rn. 90 ff.
1731 Lutter/*Göthel*, § 245 Rn. 15 f.
1732 *K. Schmidt*, ZIP 1995, 1385, 1390; Semler/Stengel/*Schlitt*, § 220 Rn. 16.
1733 *K. Schmidt*, ZIP 1995, 1385, 1390; Lutter/*Göthel*, § 245 Rn. 15; Semler/Stengel/*Schlitt*, § 220 Rn. 16; Widmann/Mayer/*Rieger*, § 245 Rn. 94.

einen Rechtsform aufgrund des Formwechsels eine Beteiligung des Gesellschafters an der anderen Rechtsform werde. Gleichwohl ist zu beachten, dass das Registergericht in der Regel bei Prüfung der Vermögensdeckung des Stammkapitals einer Forderung gegen den Gesellschafter im Hinblick auf die Vollwertigkeit besonderes Augenmerk widmen wird.[1734]

801 ▶ Praxistipp:

Kommt es für die Vermögensdeckung auf eine Forderung gegen einen Gesellschafter an, kann sich die Volleinzahlung dieser Forderung empfehlen, auch wenn sie rechtlich nicht geboten ist.

(3) Kapitalanpassung zur Glättung des Grundkapitals auf einen vollen Eurobetrag

802 Eine Frage, die sich durch Zeitablauf weitgehend erledigt hat, aber mitunter noch auftaucht, ist folgende: Bei der Euro-Umstellung ist das Kapital vieler Aktiengesellschaften nicht auf volle Euro-Beträge geglättet worden. Das hindert aber den Formwechsel in die GmbH, weil bei der GmbH das Nennkapital gem. § 5 Abs. 2 und 3 auf volle Euro lauten muss. Das ist bei Gründung der AG nicht anders § 6 AktG. Im Zuge der Euro-Umstellung und im Hinblick auf § 182 Abs. 1 Satz 5 AktG bei anschließender Kapitalerhöhung kam es aber durch die Einführung von Stückaktien häufig dazu, dass das Grundkapital der Gesellschaft nicht auf einen vollen Euro-Betrag lautet (vgl. auch oben Rdn. 538). Im Hinblick auf § 247 ist deshalb in diesen Fällen eine Kapitalanpassungsmaßnahme erforderlich. Auch diese muss vor Wirksamwerden des Formwechsels eingetragen sein. Sie muss deshalb nach dem AktG durchgeführt werden.

(4) Euroumstellung

803 Mitunter ist das Stammkapital des formwechselnden Rechtsträgers noch in DM ausgewiesen. Im Hinblick darauf, dass das Kapital des Rechtsträgers neuer Rechtsform in Euro ausgewiesen werden und auf volle Euro lauten muss, fragt sich, ob eine zur Anpassung erforderliche Kapitalmaßnahme noch beim formwechselnden Rechtsträger vorgenommen werden muss. Das ist umstritten. Eine Auffassung[1735] will in diesem Fall ausnahmsweise den Grundsatz der Kontinuität des Nennkapitals durchbrechen und § 318 Vorrang vor § 247 zubilligen. Im Rahmen des Formwechsels wird das Kapital in Euro umgestellt, und zwar auf den nächst niedrigeren Betrag, der bei Anwendung der Gründungsbestimmungen zulässig ist. Bei einem Nennkapital des formwechselnden Rechtsträgers von 1 Million DM und einer Stückelung der Anteile des Rechtsträgers neuer Rechtsform in 1,– €-Anteile beliefe sich das Nennkapital des Rechtsträgers neuer Rechtsform auf eine Eurobetrag von 511.291 € oder 999.998,28 DM. Der Differenzbetrag von 1,72 DM sei als Abgrenzungsposten aus Kapitalumstellung auszuweisen. Von anderen[1736] wird das abgelehnt. Dadurch werde unzulässiger Weise eine nicht vorgesehene Möglichkeit einer vereinfachten Kapitalherabsetzung geschaffen. Es wird darauf hingewiesen, dass der Abgrenzungsposten nur dann gering ausfällt, wenn ein niedriger Nennbetrag für die Anteile am neuen Rechtsträger gewählt wird, wozu die Gesellschafter aber nicht verpflichtet seien.[1737] Alternativ wird vorgeschlagen, die Umstellung des Nennkapitals beim Rechtsträger neuer Rechtsform für eine juristische Sekunde in DM zuzulassen, dies aber mit einer unmittelbar folgenden Kapitalmaßnahme des Rechtsträgers neuer Rechtsform zu verbinden.[1738] Auch das kann aber Komplikationen mit sich bringen.[1739]

1734 Darauf weist *K. Schmidt*, ZIP 1995, 1385, 1390, 1991 zu Recht hin; ein anschauliches Beispiel gibt OLG Frankfurt RNotZ 2015, 373 m. Anm. d. Schriftl. = GmbHR 2015, 808 m. Anm. *Wachter*.
1735 Lutter/*Göthel*, § 247 Rn. 5; Semler/Stengel/*Scheel*, § 247 Rn. 6; Schmitt/Hörtnagl/Stratz/*Stratz*, § 247 Rn. 3.
1736 *Haidinger*, NZG 2000, 532; Limmer/*Limmer*, Teil 5, Kap. 3 Rn. 174.
1737 Widmann/Mayer/*Fronhöfer*, § 318 Rn. 46.
1738 *Haidinger*, NZG 2000, 532 f.; wohl auch Semler/Stengel/*Perlitt*, § 318 Rn. 20.
1739 Widmann/Mayer/*Fronhöfer*, § 318 Rn. 50.

C. Formwechsel Kapitel 8

▶ **Praxistipp:** 804

In der Praxis empfiehlt es sich, die Euroumstellung noch beim formwechselnden Rechtsträger vorzunehmen, dabei das Nennkapital zu glätten und den Formwechsel darauf aufzusetzen.[1740]

(5) Sonstige Kapitalanpassungsmaßnahmen, anwendbares Recht

Gem. § 243 Abs. 2 bleiben die Vorschriften anderer Gesetze über die Änderung des Stammkapitals 805
oder des Grundkapitals unberührt. Bei Kapitalmaßnahmen im Zusammenhang mit dem Formwechsel zwischen Kapitalgesellschaften stellt sich die Frage, ob auf sie das Recht des formwechselnden Rechtsträgers oder das Recht der neuen Rechtsform Anwendung finden. Nach heute nur noch vereinzelt vertretener Auffassung soll darauf abzustellen sein, ob die Maßnahme vor oder nach Eintragung des Formwechsels wirksam werden soll.[1741] Die h.M. stellt demgegenüber darauf ab, ob die **Kapitalmaßnahme vor oder nach Eintragung des Formwechsels** in das Handelsregister eingetragen und damit wirksam wird (Maßgeblichkeit der Eintragung)[1742]. Erfolgt die Eintragung vor Eintragung des Formwechsels, gilt das Recht des formwechselnden Rechtsträgers; erfolgt sie danach, gilt das auf die neue Rechtsform anwendbare Recht. Unerheblich soll dagegen sein, ob der Antrag auf Eintragung der Kapitalerhöhung vor Eintragung des Formwechsels in das Handelsregister erfolgt und in welcher Reihenfolge die Anträge dem Handelsregister zum Vollzug vorgelegt werden.[1743] Begründet wird das mit dem Gläubigerschutz. Der Rechtverkehr beurteile die Kapitalmaßnahme nach dem bei Eintragung der Kapitalerhöhung für die Gesellschaft geltenden Recht.[1744] Vor diesem Hintergrund nicht zu überzeugen vermag die Auffassung, dass das Recht des formwechselnden Rechtsträgers ungeachtet des Eintragungszeitpunkts auch gelten soll,[1745] wenn die Kapitaländerungsmaßnahme zwar gleichzeitig mit dem Formwechsel wirksam werden, aber von dieser rechtlich unabhängig sein soll, also auch erfolgen soll, wenn der Formwechsel fehlschlägt. Im Übrigen lässt sich diese Problematik mit einer **mit dem Gericht abgestimmten Antragssteuerung** in den Griff bekommen.[1746] Soll die Kapitaländerung dagegen von der Eintragung des Formwechsels abhängig gemacht sein und somit erst nach Eintragung des Formwechsels wirksam werden, soll zwar grundsätzlich das Recht der neuen rechtform maßgebend sein; nach überwiegender Auffassung soll aber ausnahmsweise ein Wahlrecht bestehen, die Kapitaländerung auch nach den Grundsätzen, die auf die bisherige Rechtsform Anwendung finden, durchzuführen.[1747] Voraussetzung soll allerdings sein, dass im Beschluss über die Kapitalmaßnahme deutlich zum Ausdruck gebracht wird, dass sie nur bei Wirksamkeit des Formwechsels in Kraft treten soll. In der Praxis stellt sich die Frage nach der Verbindung einer Kapitalmaßnahmen mit dem Formwechsel vor allem in zwei Fallgruppen: die eine ist, dass die Kapitalmaßnahme beschlossen werden muss, um den Formwechsel durchzuführen. Das ist insbesondere im Hinblick auf § 247 der Fall, wenn das Kapital der formwechselnden GmbH unter dem

---

1740 So auch Widmann/Mayer/*Fronhöfer*, § 318 Rn. 51 f.
1741 Lutter/*Göthel*, § 243 Rn. 43.
1742 Böttcher/Habighorst/*Althoff/Narr*, § 243 Rn. 21; Habersack/Wicke/*Herfs/Link*, § 243 Rn. 12; Henssler/Strohn/*Drinhausen/Keinath*, § 243 Rn. 7; Kallmeyer/*Blasche*, § 243 Rn. 8; Limmer/*Limmer*, Teil 4 Rn. 198 ff.; Semler/Stengel/*Mutter*, § 243 Rn. 23; Widmann/Mayer/*Rieger*, § 243 Rn. 24.
1743 Böttcher/Habighorst/*Althoff/Narr*, § 243 Rn. 20; Habersack/Wicke/*Herfs/Link*, § 243 Rn. 12; Lutter/*Göthel*, § 243 Rn. 44 *Mertens*, AG 1995, 261, 262; Semler/Stengel/*Mutter*, § 243 Rn. 23; Widmann/Mayer/*Rieger*, § 243 Rn. 25.
1744 Habersack/Wicke/*Herfs/Link*, § 243 Rn. 12; Henssler/Strohn/*Drinhausen/Keinath*, § 243 Rn. 7; Semler/Stengel/*Mutter*, § 243 Rn. 24; Widmann/Mayer/*Rieger*, § 243 Rn. 24.
1745 Habersack/Wicke/*Herfs/Link*, § 243 Rn. 14; Limmer/*Limmer*, Teil 4 Rn. 201; Lutter/*Göthel*, § 243 Rn. 43; a.A. Kallmeyer/*Blasche*, § 243 Rn. 8.
1746 Vgl. Böttcher/Habighorst/*Althoff/Narr*, § 243 Rn. 20; Kallmeyer/*Blasche*, § 243 Rn. 8; Semler/Stengel/*Mutter*, § 243 Rn. 23; Widmann/Mayer/*Rieger*, § 243 Rn. 26.
1747 Habersack/Wicke/*Herfs/Link*, § 243 Rn. 18 ff.; Henssler/Strohn/*Drinhausen/Keinath*, § 243 Rn. 7; Widmann/Mayer/*Rieger*, § 243 Rn. 27 ff.; wohl auch Lutter/*Göthel*, § 243 Rn. 44; kritisch Semler/Stengel/*Mutter*, § 243 Rn. 25; a.A. Kallmeyer/*Blasche*, § 243 Rn. 8; Bedenken auch bei Böttcher/Habighorst/*Althoff/Narr*, § 243 Rn. 21.

Mindestkapital der Zielrechtsform Aktiengesellschaft liegt. Die Kapitalerhöhung muss in diesem Fall vollständig nach GmbH-Recht durchgeführt werden. Die andere Fallgruppe ist die, dass unmittelbar im Anschluss an den Formwechsel eine weitere Kapitalerhöhung durchgeführt werden soll. Ein Fall, in dem die Kapitalerhöhung dem Formwechsel folgen und schon nach dem Recht der neuen Rechtsform durchgeführt werden soll, ist beispielsweise eine Kapitalerhöhung zur Umsetzung einer Zusage im Formwechselbeschluss, einem Sonderrechtsinhaber, der seine Sonderrechte im Zuge des Formwechsels einbüßt, als Ersatz zusätzliche Anteile am Rechtsträger neuer Rechtsform einzuräumen.[1748] Eine solche Kapitalerhöhung soll nur und erst dann wirksam werden, wenn der Formwechsel vollzogen ist. Wollte man hier bis zur Eintragung des Formwechsels warten, um das Recht der neuen Rechtsform umfassend beachten zu können, blieben die betroffenen Gesellschafter auf längere Zeit im Ungewissen, ob die Zusagen tatsächlich eingehalten werden. Dem kann man mit Stimmbindungsvereinbarungen oder anderen schuldrechtlichen abreden begegnen. Für alle Beteiligten am angenehmsten ist es aber, beide Beschlüsse zu verbinden. Das setzt aber voraus, dass entweder das Recht der bisherigen Rechtsform angewandt wird, obwohl die Eintragung erst nach dem Formwechsel erfolgen soll oder das Recht der neuen Rechtsform, obwohl deren Organe noch nicht bestellt sind und deren Vorschriften im Zeitpunkt der Beschlussfassung auch noch nicht in Kraft sind. Eine Lösung in der einen oder anderen Richtung ist praktisch hilfreich, dogmatisch aber kaum zu begründen.[1749] In der Praxis empfiehlt sich eine vorherige Abstimmung mit dem Registergericht und eine sorgfältige Formulierung in Bezug auf die auszugebenden Anteile und die Beachtung der wesentlichen Vorschriften, die für beide Rechtsformen gelten.

dd) § 194 Abs. 1 Nr. 4 (Beteiligungskontinuität – Teil 2: Zahl, Art und Umfang der Anteile)

806 Die Angabe der **Zahl der künftigen Anteile** erfolgt bei kleinerem Gesellschafterkreis regelmäßig durch tabellarische Gegenüberstellung der bisherigen und der künftigen Anteile. Eine namentliche Aufführung der einzelnen Gesellschafter im Umwandlungsbeschluss ist jedoch nicht verlangt. Es genügt z.B. die abstrakte Umschreibung, dass für jeden Geschäftsanteil im Nennbetrag von X € eine Aktie im selben Nennbetrag oder bei Stückaktien mit demselben anteiligen auf das Grundkapital der Gesellschaft entfallenden Betrag tritt.[1750] In der Niederschrift über den Beschluss **namentlich aufzuführen** sind gem. § 244 Abs. 1 **nur die Personen, die den Gründern gleichstehen**. Das sind aber keineswegs alle Anteilsinhaber, sondern gem. § 245 Abs. 1 beim Formwechsel der GmbH in die AG oder KGaA die **Gesellschafter, die für den Formwechsel gestimmt** haben, sowie beim Formwechsel der GmbH in die KGaA zusätzlich die **Komplementäre der neuen KGaA**, gem. § 245 Abs. 2 beim Formwechsel der AG in die KGaA nur die Komplementäre der neuen KGaA und gem. § 245 Abs. 3 beim Formwechsel der KGaA in die AG nur die Komplementäre des formwechselnden Rechtsträgers. **Umstritten** ist, ob beim Formwechsel der GmbH in die AG oder KGaA **Anteilsinhaber, die dem Formwechsel aufgrund anderer Vorschriften** (z.B. § 193 Abs. 2 – Anteilsvinkulierung –, § 241 – nicht verhältniswahrend beteiligte Anteilsinhaber, Sonderrechtsinhaber sowie Anteilsinhaber mit Nebenleistungspflichten –) **zustimmen, ebenfalls als Gründer gelten**.[1751]

807 Im Umwandlungsbeschluss festzulegen sind ferner die **Art der Anteile**, also Geschäftsanteile, Nennbetrags- oder Stückaktien sowie der Umfang, also der Nennbetrag der Anteile, bei Stückaktien der auf jede Aktie entfallende anteilige Betrag des Grundkapitals.[1752] Während gem. § 247 das Nennkapital beim formwechselnden und neuen Rechtsträger gleich sein muss, können gem. § 243 Abs. 3 Satz 1 die Nennbeträge der Anteile des neuen Rechtsträgers von denjenigen des formwechselnden Rechtsträgers abweichen. Es ist auch zulässig, den Nennbetrag für einzelne Anteilsinhaber anders

---

1748 Vgl. dazu oben Rdn. 546.
1749 Kallmeyer/*Blasche*, § 243 Rn. 8; Semler/Stengel/*Mutter*, § 243 Rn. 25.
1750 Lutter/*Göthel*, § 243 Rn. 8; Semler/Stengel/*Mutter*, § 243 Rn. 5.
1751 Dafür: Lutter/*Göthel*, § 245 Rn. 19; Widmann/Mayer/*Rieger*, § 245 Rn. 17; dagegen: Böttcher/Habighorst/*Althoff/Narr*, § 245 Rn. 4; Habersack/Wicke/*Herfs/Link*, § 245 Rn. 16 f.; Henssler/Strohn/*Drinhausen/Keinath*, § 245 Rn. 3; Kallmeyer/*Blasche*, § 245 Rn. 2; Semler/Stengel/*Scheel*, § 245 Rn. 9.
1752 Lutter/*Göthel*, § 243 Rn. 12, 13; Semler/Stengel/*Mutter*, § 243 Rn. 5.

festzusetzen als für andere. Die Festsetzung darf jedoch nicht willkürlich unterschiedlich erfolgen.[1753] Gem. § 5 Abs. 3 GmbHG i. d. F. des MoMiG können einem Gesellschafter beim **Formwechsel in die GmbH** auch mehrere Geschäftsanteile zugewiesen werden, selbst wenn er am formwechselnden Rechtsträger nur mit einer Aktie beteiligt war. Zu beachten sind allerdings die §§ 241, 242, wonach dem Formwechsel jeder **Gesellschafter zustimmen** muss, der sich in Folge Neufestsetzung der Anteile des Rechtsträgers neuer Rechtsform an diesem nicht mit dem Gesamtnennbetrag seiner bisherigen Anteile beteiligen kann. Beim Formwechsel der GmbH in die AG oder KGaA gilt das gem. § 241 allerdings nur, wenn die Aktien auf einen höheren als den Mindestbetrag gem. § 8 Abs. 2 und 3 AktG von 1,– € gestellt werden. Dahinter steht offenbar der Gedanke, dass es einer Zustimmung nicht bedarf, wenn die vom formwechselnden Rechtsträger abweichende Beteiligung eines Gesellschafters am Rechtsträger neuer Rechtsform ausschließlich auf den für diesen geltenden zwingenden Bestimmungen über die Mindeststückelung der Anteile beruht. Eine entsprechende Einschränkung enthielt auch § 242 für den Formwechsel in die GmbH. Dort endete der erste Halbsatz mit den Worten »und ist dies nicht durch § 243 Abs. 3 S. 2 bedingt.« Dieser Teil des Satzes ist mit Erlass des MoMiG als »Folgeänderung zur Reduzierung der Mindeststückelung von Geschäftsanteilen in § 5 GmbHG« gestrichen worden. Der Gesetzgeber ging offenbar davon aus, dass angesichts der durch das MoMiG eröffneten Mindeststückelung von Geschäftsanteilen beim Formwechsel in die GmbH immer dafür gesorgt werden kann, dass die Beteiligung der Gesellschafter vorher und nachher gleich ist. Das war vorschnell. Denn gem. § 5 Abs. 2 Satz 1 GmbHG muss der Nennbetrag jedes Geschäftsanteils auf volle Euro lauten. Anders als bei beim Formwechsel aus der GmbH in die AG oder KGaA gem. § 241 ist es beim Formwechsel aus der AG oder KGaA in die GmbH gem. § 242 denkbar, dass trotz Festsetzung der Geschäftsanteile des Rechtsträgers neuer Rechtsform auf den Mindestbetrag von 1,– € nicht alle Aktien in Geschäftsanteile umgewandelt werden können. Das liegt an der Möglichkeit der Ausgabe von Stückaktien. Der auf eine Stückaktie entfallende anteilige Betrag des Grundkapitals darf zwar 1,– € nicht unterschreiten. Er muss aber nicht auf volle Euro lauten. Im Zuge der Umstellung des Grundkapitals in Euro kam es häufig zur Bildung von Stückaktien, auf die anteilig ein krummer Betrag des Grundkapitals entfällt. Der Mindestbetrag einer DM-Aktie betrug vor der Euroumstellung 5,– DM. In Euro umgerechnet sind das auf zwei Nachkommastellen gerundet 2,56 €. Viele Gesellschaften nahmen damals zur Glättung des Kapitals nur geringere Erhöhungen, entweder auf genau 2,56 € oder auf 2,60 € vor.[1754] Nach der Streichung des genannten Satzteils in § 242 würde damit ein Formwechsel in eine GmbH, selbst wenn deren Geschäftsanteile auf den Mindestnennbetrag gestellt werden, in vielen Fällen dazu führen, dass eine Zustimmung von Aktionären gem. § 242 erforderlich ist, obwohl dies ausschließlich an der Mindeststückelungsbestimmung des GmbHG liegt. Es erscheint aber fraglich, ob der Gesetzgeber das gewollt hat. Die Gesetzesbegründung spricht eher dafür, dass dieses Thema nicht gesehen wurde. Andernfalls wäre es nur logisch gewesen, auch die Schwestervorschrift § 241 Abs. 1 Satz 1 entsprechend anzupassen und die Worte »auf einen höheren als den Mindestbetrag nach § 8 Abs. 2 oder 3 des AktG und« ebenfalls zu streichen. Der Anwendungsbereich des § 242 sollte deshalb im Wege der teleologischen Reduktion entsprechend dahin eingeschränkt werden, dass die Zustimmung nur erforderlich ist, wenn sich ein Aktionär nicht mit dem durch 1 € teilbaren, abgerundeten Gesamtnennbetrag seiner sämtlichen Aktien beteiligen kann.[1755]

Ist das Grundkapital der AG im Zuge der Euro-Umstellung in Stückaktien eingeteilt worden, auf die kein voller Euro-Betrag des Grundkapitals entfällt, gibt es somit **zwei Möglichkeiten, den Formwechsel in die GmbH ohne Zustimmung einzelner Anteilsinhaber zu beschließen.** Zum einen kann das Grundkapital vor dem Formwechsel so erhöht oder herabgesetzt werden, dass auf jede Stückaktie ein voller Euro-Betrag des Grundkapitals entfällt.

808

[1753] Lutter/*Göthel*, § 242 Rn. 9; § 243 Rn. 46 ff.; Semler/Stengel/*Mutter*, § 242 Rn. 8.
[1754] S.o. Rdn. 538.
[1755] So auch Widmann/Mayer/*Rieger*, § 242 Rn. 6.1; die Zustimmung bei Abrundung nicht für zulässig hält Semler/Stengel/*Mutter*, § 242 Rn. 11.

809 Die andere Möglichkeit besteht darin, die Geschäftsanteile an der GmbH auf einen Euro zu stellen und jedem Aktionär so viele Geschäftsanteile zuzuweisen, wie dem durch volle Euro teilbaren Betrags des in der Summe auf seine Stückaktien entfallenden anteiligen Betrag des Grundkapitals entspricht. Das setzt allerdings voraus, dass das Grundkapital selbst durch volle Euro teilbar ist. Da das Stammkapital gem. § 247 dem Grundkapital entspricht, also 1:1 übernommen werden muss und gem. § 5 GmbHG auf volle Euro lauten muss, ist auch dieser Weg sonst nicht gangbar. In dem Umfang, in dem Aktionäre nach der Umwandlung keine Geschäftsanteile erhalten können, weil die Summe ihrer Anteile nicht auf volle Euro lautet, werden ihnen Bruchteile an verbleibenden Geschäftsanteilen zugewiesen (sog. freie Spitzen). Gesellschafter, die freie Spitzen erhalten, können sich zusammenschließen, um die Spitzenbeträge gemeinsam in volle Stücke umzutauschen. Andernfalls kann die Gesellschaft selbst die Spitzen zu neuen gemeinschaftlichen Anteilen zusammenfassen (vgl. § 248 i.V.m. § 226 Abs. 1 und 2 AktG).[1756]

810 Im umgekehrten Fall des **Formwechsels der GmbH in die AG oder KGaA** gilt folgendes: Können sich Gesellschafter in Folge der Stückelung der Aktien des Rechtsträgers neuer Rechtsform nicht mit dem Gesamtnennbetrag ihrer Anteile an der Zielrechtsform beteiligen (wozu es in diesem Fall gem. § 241 Abs. 1 der Zustimmung der betroffenen Gesellschafter bedarf), sind die **nicht beteiligungsfähigen Spitzen zu neuen Aktien zusammenzulegen**, die den betroffenen Gesellschaftern gemeinsam zustehen[1757] (vgl. § 248 Abs. 1 i.V.m. §§ 226, 222 Abs. 4 Satz 2 AktG). Diese Aktien sind alsdann zum amtlichen Börsenpreis oder durch öffentliche Versteigerung zu veräußern, nachdem die ursprünglichen Geschäftsanteile für kraftlos erklärt worden sind. Der Erlös ist an die Beteiligten auszukehren oder zu hinterlegen.[1758] Die **Spitzen sind handelbar**, so dass Gesellschafter auf diese Weise ausreichend Anteile hinzuerwerben und so die Versteigerung vermeiden können.[1759]

811 Sonderfragen können sich ferner stellen, wenn **Aktionäre beim Formwechsel in die GmbH unbekannt** sind. Wenn ihre Aktien 5 % des Grundkapitals nicht überschreiten, können die Aktionäre gem. §§ 213, 35 bei der Eintragung in die Gesellschafterliste durch Angabe des insgesamt auf sie entfallenden Teils des Stammkapitals und der auf sie nach dem Formwechsel entfallenden Anteile bezeichnet werden (weitere Einzelheiten s.o. Rdn. 543). Im Umwandlungsbeschluss lautet dann die Formulierung, dass auf jeden Aktionär ein oder mehrere Geschäftsanteile in Höhe der Beträge der von ihnen gehaltenen Aktien entfallen.[1760] In der Gesellschafterliste können die unbekannten Aktionäre gem. §§ 213, 35 zusammenfassend bezeichnet werden, Bis zum Erlass des MoMiG stellte sich in diesen Fällen die Frage, wie die Anwendung des § 242, also eine Zustimmungspflicht der **unbekannten Aktionäre** vermieden werden konnte. Grundsätzlich sollte sie auch bei unbekanntem Aktionärskreis gelten.[1761] Die Lösungsvorschläge richteten sich darauf, die Aufteilung so vorzunehmen, dass sie durch die zwischenzeitlich gestrichene Ausnahmebestimmung gedeckt war, nach der eine Zustimmung gem. § 242 nicht erforderlich war, wenn die abweichende Feststellung durch § 243 Abs. 2 Satz 2, also durch die im Gesetz vorgeschriebene Mindeststückelung von damals 50 € und Teilbarkeit durch 10 €, bedingt war. Nachdem der Satzteil durch das MoMiG entfallen ist, wird zur Vermeidung des Zustimmungserfordernisses vorgeschlagen, Geschäftsanteile im Wert von 1,– € zu bilden.[1762] Falls es sich bei den Aktien um Stückaktien handelt und der auf die Aktien entfallende Gesamtbetrag des Grundkapitals nicht auf volle Euro lautet, ist die Zustimmung eines unbekannten Aktionärs allerdings nur entbehrlich, wenn § 242 teleologisch reduziert und dahingehend ausgelegt

---

1756 Im Einzelnen Lutter/*Göthel*, § 248 Rn. 27 ff.; Semler/Stengel/*Scheel*, § 248 Rn. 26 ff.
1757 Kallmeyer/*Blasche*, § 248 Rn. 4; Lutter/*Göthel*, § 248 Rn. 12 f.; Schmitt/Hörtnagl/Stratz/*Stratz*, § 248 Rn. 5.
1758 Zum Verfahren vgl. Kallmeyer/*Blasche*, § 248 Rn. 4; Lutter/*Göthel*, § 248 Rn. 12 ff.; Semler/Stengel/ *Scheel*, § 248 Rn. 16 ff.
1759 Lutter/*Göthel*, § 248 Rn. 18; Semler/Stengel/*Scheel*, § 248 Rn. 22 mit weiteren Hinweisen zum Verfahren.
1760 KK-UmwG/*Petersen*, § 242 Rn. 6; Lutter/*Göthel*, § 242 Rn. 17; Semler/Stengel/*Mutter*, § 242 Rn. 10.
1761 Schmitt/Hörtnagl/Stratz/*Westerburg*, § 242 Rn. 7; Semler/Stengel/*Mutter*, § 242 Rn. 11.
1762 KK-UmwG/*Petersen*, § 242 Rn. 6; Schmitt/Hörtnagl/Stratz/*Westerburg*, § 242 Rn. 5.

wird, dass es einer Zustimmung nur bedarf, wenn sich ein Aktionär nicht mit dem durch 1 € teilbaren, abgerundeten Gesamtnennbetrag seiner sämtlichen Aktien beteiligen kann (s.o. Rdn. 807).

Hat eine GmbH **eigene Geschäftsanteile**, hindert das den Formwechsel nicht, obwohl die AG bei Gründung keine eigenen Aktien zeichnen kann (vgl. § 56 AktG!). Sie werden in entsprechender Anwendung zu § 71 Abs. 1 Nr. 4 und 5 AktG zu eigenen Aktien der AG.[1763] Allerdings kann die AG gem. § 71c Abs. 2 AktG zur Veräußerung oder Einziehung verpflichtet sein. Entsprechendes gilt gem. § 33 GmbHG für eigene Anteile der AG oder KGaA bei dem Formwechsel in die GmbH (s.o. Rdn. 683). 812

ee) § 194 Abs. 1 Nr. 5 (Sonder- und Vorzugsrechte)

Vgl. auch oben Rdn. 545 ff. Für den Umwandlungsbeschluss gelten insoweit keine Besonderheiten. Jedoch ist darauf hinzuweisen, dass gem. § 241 Abs. 2 bei einem Formwechsel der GmbH die Zustimmungserfordernisse des § 50 Abs. 2 gelten und darüber hinaus der Formwechsel gem. § 241 Abs. 3 auch der Zustimmung der Nebenleistungsverpflichteten bedarf. All dies wurde bereits oben (Rdn. 626) abgehandelt. Darüber hinaus ist beachten, dass Sonder- und Vorzugsrechte bei der AG (und in vermindertem Maße auch bei der KGaA) wegen des Grundsatzes der Satzungsstrenge gem. § 23 Abs. 5 AktG in geringerem Umfang als bei der GmbH zugelassen sind. 813

ff) § 194 Abs. 1 Nr. 6 (Barabfindungsangebot)

S. allgemein Rdn. 549 ff. Ein Barabfindungsangebot ist zu unterbreiten, falls nicht der Umwandlungsbeschluss der Zustimmung aller Anteilsinhaber bedarf, an dem formwechselnden Rechtsträger nicht nur ein Gesellschafter beteiligt ist oder alle Anteilsinhaber durch notariell beurkundete Erklärung auf ein Angebot verzichtet haben oder verzichten. Außerdem ist nach der Sonderregelung des § 250 ein Barabfindungsangebot nicht beim Formwechsel zwischen AG und KGaA erforderlich. Es muss daher nur beim Formwechsel von der und in die GmbH abgegeben werden. Nicht abzugeben ist es gem. § 227 gegenüber den Komplementären einer formwechselnden KGaA, weil diese gem. § 236 ohnedies mit dem Formwechsel aus der Gesellschaft ausscheiden (vgl. oben Rdn. 551). 814

gg) § 194 Abs. 1 Nr. 7 (Folgen für die Arbeitnehmer)

Besonderheiten können sich für den Aufsichtsrat ergeben. Die Voraussetzungen für ein Mitbestimmungsrecht der Arbeitnehmer nach dem DrittelbG oder dem MitbestG sind grundsätzlich für GmbH, AG und KGaA gleich. Wenn eine dieser Gesellschaften in der Regel mehr als 500 Arbeitnehmer hat, unterliegt sie der Mitbestimmung nach dem DrittelbG und wenn sie in der Regel mehr als 2000 Arbeitnehmer hat, der Mitbestimmung nach dem MitbestG. Allerdings besteht bei AG und KGaA ein Mitbestimmungsrecht auch, wenn diese weniger als 500 Arbeitnehmer haben, vor dem 10.08.1994 ins Handelsregister eingetragen worden sind und keine Familiengesellschaft i.S.d. § 1 Abs. 1 Satz 3 DrittelbG sind. Familiengesellschaften sind solche, deren Aktionär eine einzelne natürliche Person, mehrere miteinander i.S. von § 15 Abs. 1 Nr. 2 bis 8, Abs. 2 AO verwandte oder verschwägerte Personen sind. Ein aufgrund dieser Bestimmung gebildeter Aufsichtsrat entfällt beim Formwechsel in die GmbH. Beim Formwechsel zwischen AG und KGaA bleibt er hingegen mit Rücksicht auf das Identitätsprinzip bestehen, auch wenn die neue Rechtsform erst nach dem 10.08.1994 in das Handelsregister eingetragen wird. 815

hh) Bestellung der ersten Organe

Unabhängig von der Fortgeltung der Dienstverträge erlischt mit dem Formwechsel die Rechtsstellung der Organe von GmbH und AG.[1764] Das gilt uneingeschränkt für die Geschäftsführungsorgane; 816

1763 DNotI-Gutachten zum Umwandlungsrecht 1996/1997, Nr. 51; Limmer/*Limmer*, Teil 4 Rn. 618; Widmann/Mayer/*Vossius*, § 202 Rn. 166; vgl. auch *Hüffer/Koch*, § 71 AktG Rn. 18.
1764 Böttcher/Habighorst/*Althoff/Narr*, § 202 Rn. 10; Henssler/Strohn/*Drinhausen/Keinath*, § 202 Rn. 4; Kallmeyer/*Meister/Klöcker/Berger*, § 202 Rn. 24; Semler/Stengel/*Leonard*, § 202 Rn. 10; Widmann/

für den **Aufsichtsrat** macht § 203 eine Ausnahme. Danach bleiben die Mitglieder des Aufsichtsrats für den Rest ihrer Amtszeit als Mitglieder des Aufsichtsrats des Rechtsträgers neuer Rechtsform im Amt, falls der Aufsichtsrat bei beiden Rechtsformen in gleicher Weise gebildet und zusammengesetzt wird. § 203 findet auf den Wechsel zwischen obligatorischem und freiwilligem Aufsichtsrat keine Anwendung.[1765] Daraus ergibt sich für die Stellung der Aufsichtsratsmitglieder in den hier in Betracht kommenden Fällen:

817 Beim **Formwechsel der GmbH** gilt Folgendes:
– Beim Formwechsel einer **nicht mitbestimmungspflichtigen GmbH**, also einer GmbH, die regelmäßig nicht mehr als 500 Arbeitnehmer beschäftigt, in eine AG oder KGaA ist erstmals ein – nicht mitbestimmter – Aufsichtsrat zu wählen. Da auf den Aufsichtsrat gem. § 197 die Vorschriften über die Bildung des ersten Aufsichtsrats nicht anzuwenden sind, erfolgt die Wahl für die volle und nicht nur für die in § 30 Abs. 1 AktG bestimmte Amtszeit.[1766]
– Ist die GmbH mitbestimmungspflichtig und hat sie nach dem einschlägigen Gesetz bereits ein Aufsichtsrat unter Beteiligung der Arbeitnehmer gebildet, bleiben dessen Mitglieder gem. § 203 für den Rest ihrer Wahlzeit im Amt.[1767] Ein Wechsel tritt nicht ein. Ist ein Aufsichtsrat bei der GmbH (trotz gesetzlicher Verpflichtung oder weil die maßgebliche Anzahl von Arbeitnehmern erst bei der neuen Rechtsform dauerhaft erreicht wird) nicht gebildet, ist er bei AG oder KGaA als Rechtsträger neuer Rechtsform nach dem DrittelbG gemäß dem vorangehenden Absatz zu bilden. Obwohl die Durchführung eines Statusverfahrens nach Aktienrecht nur zu erfolgen hat, wenn sich die Zusammensetzung des Aufsichtsrats ändert, ist der Gesetzesbegründung zu entnehmen, dass bei einem Formwechsel auch der erstmaligen Bildung eines (mitbestimmten) Aufsichtsrats ein Statusverfahren vorauszugehen hat.[1768] Gem. § 197 Satz 3 findet jedoch § 31 AktG Anwendung, wonach sich der Aufsichtsrat bis zur Durchführung des Statusverfahrens nur aus Mitgliedern der Anteilseigner zusammensetzen kann.

818 Beim **Formwechsel von AG oder KGaA in eine GmbH** stellt sich die Situation wie folgt dar:
– Beschäftigt die Gesellschaft regelmäßig nicht mehr als 500 Arbeitnehmer und ist sie deshalb nicht mitbestimmungspflichtig, entfällt die Verpflichtung, einen Aufsichtsrat zu bilden, mit Wirksamwerden des Formwechsels. Es ist umstritten, ob uch in diesem Fall vorsorglich ein Statusverfahren durchzuführen ist.[1769] Bejaht man das, stellt sich die weitere Frage, ob bis zur Durchführung des Statusverfahrens die gewählten Aufsichtsratsmitglieder im Amt bleiben oder ob ihre Amtszeit schon mit Wirksamwerden des Formwechsels erlischt.[1770] Vorzugswürdig ist es, die gewählten Aufsichtsratsmitglieder bis zum Abschluss des Statusverfahrens beizubehalten. Dies entspricht dem Sinn des § 203, den Formwechsel zu vereinfachen und Kosten zu sparen. Dasselbe gilt grundsätzlich, wenn zwar die AG/KGaA weniger als 500 Arbeitnehmer beschäftigt, aber mitbestimmungspflichtig ist, weil sie vor dem 10.08.1994 eingetragen worden ist.
– Beschäftigt die Gesellschaft regelmäßig mehr als 500 Arbeitnehmer, ist sie deshalb mitbestimmungspflichtig und hat einen Aufsichtsrat unter Beteiligung der Arbeitnehmer gebildet, bleiben dessen Mitglieder gem. § 203 für den Rest der Wahlzeit im Amt. Ein Wechsel tritt nicht ein.

819 Beim **Formwechsel zwischen AG und KGaA** greift § 203 ein; der Aufsichtsrat bleibt im Amt.

Mayer/*Vossius*, § 202 Rn. 110; a.A. Habersack/Wicke/*Herfs*/*Link*, § 202 Rn. 19; Lutter/*Hoger*, § 202 Rn. 40.
1765 Kallmeyer/*Meister*/*Klöcker*/*Berger*, § 203 Rn. 11; Lutter/*Hoger*, § 203 Rn. 9 f.; Semler/Stengel/*Simon*, § 203 Rn. 3; Widmann/Mayer/*Vossius*, § 203 Rn. 10.
1766 Für alle: Kallmeyer/*Meister*/*Klöcker*/*Berger*, § 197 Rn. 11; Lutter/*Hoger*, § 203 Rn. 21; § 197 Rn. 48; Limmer/*Limmer*, Teil 4 Rn. 290; Widmann/Mayer/*Mayer*, § 197 Rn. 13.
1767 Kallmeyer/*Meister*/*Klöcker*/*Berger*, § 203 Rn. 7; Lutter/*Hoger*, § 203 Rn. 2; einschränkend jedoch Rn. 3 a.E.; Semler/Stengel/*Simon*, § 203 Rn. 7.
1768 Kallmeyer/*Meister*/*Klöcker*/*Berger*, § 197 Rn. 74; Lutter/*Hoger*, § 203 Rn. 13; Semler/Stengel/*Simon*, § 203 Rn. 10 bis 12; s.a. Widmann/Mayer/*Vossius*, § 203 Rn. 36 bis 38.
1769 Lutter/*Hoger*, § 203 Rn. 12; a.A. Semler/Stengel/*Simon*, § 203 Rn. 10.
1770 Dazu *Krause-Ablaß*/*Link*, GmbHR 2005, 731, 732 ff.

Die Mitglieder des **Geschäftsführungsorgans** von GmbH und AG sind jedem Fall neu zu wählen. 820
Die Wahl erfolgt beim Formwechsel in die AG stets durch den Aufsichtsrat, beim Formwechsel in die GmbH grundsätzlich durch die Gesellschafterversammlung; das gilt auch, wenn die Gesellschaft der Mitbestimmung nach dem DrittelbG unterliegt, selbst wenn der Aufsichtsrat wegen des noch nicht abgeschlossenen Statusverfahrens noch im Amt bleibt (**Mitbestimmungsgefälle**, s.o. Rdn. 555). Nur bei der Mitbestimmung nach MitbestG wird der Geschäftsführer auch bei der GmbH durch den Aufsichtsrat gewählt.

c) Satzung

Für die Feststellung der Satzung gelten folgende Besonderheiten: 821

§ 243 Abs. 1 Satz 2 ordnet an, dass in dem Gesellschaftsvertrag oder der Satzung des formwechseln- 822
den Rechtsträgers getroffene Festsetzungen über Sondervorteile, Gründungsaufwand, Sacheinlagen und Sachübernahmen in den Gesellschaftsvertrag oder die Satzung des Rechtsträgers neuer Rechtsform zu übernehmen sind. Gem. Satz 3 der Bestimmung bleiben § 26 Abs. 4 und 5 AktG unberührt. Danach können Satzungsbestimmungen über Sondervorteile und den Gründungsaufwand 5 Jahre nach Eintragung in das Handelsregister geändert und 30 Jahre nach Eintragung in das Handelsregister und 5 Jahre nach Abwicklung der zugrundeliegenden Rechtsverhältnisse beseitigt werden. Das Aktiengesetz ordnet die entsprechende Anwendung dieser Bestimmungen für die Änderung und Beseitigung der Festsetzung von Sacheinlagen und -übernahmen an. Das UmwG erwähnt § 27 Abs. 5 AktG nicht ausdrücklich. Es unterliegt aber keinem Zweifel, dass auch diese Bestimmung entsprechend gilt.[1771]

Bei der Gründung einer GmbH müssen gem. **§ 5 Abs. 4 GmbHG**, bei der Gründung einer AG 823
beziehungsweise KGaA gem. **§ 27 AktG** bei Sacheinlage und -übernahme der **Gegenstand der Sacheinlage**, die Person, von der die Gesellschaft sie erwirbt und der Nennbetrag des Geschäftsanteils, auf den sie sich bezieht, beziehungsweise der Nennbetrag und bei Stückaktien die Zahl der dafür zu gewährenden Aktien in der Satzung festgesetzt werden (vgl. oben Rdn. 574). In Anbetracht der in § 197 angeordneten Geltung der Gründungsvorschriften fragt sich, ob diese Bestimmungen auch auf den Formwechsel zwischen Kapitalgesellschaften Anwendung finden. Diesbezüglich sei auf die Ausführung oben Rdn. 721 verwiesen. Die Frage ist umstritten. Weitergehend als beim Formwechsel der Personengesellschaft in die Kapitalgesellschaft wird hier im Hinblick auf den Identitätsgrundsatz eine entsprechende Anwendung der Bestimmungen für überflüssig gehalten.[1772] Überdies wird zu Recht darauf hingewiesen, dass beim Formwechsel von AG und KGaA in die GmbH gem. § 245 Abs. 4 ein Sachgründungsbericht nicht erforderlich ist, eine Sachgründungsprüfung nicht stattfindet und keine Gründerhaftung besteht. Deshalb sei § 5 Abs. 4 GmbHG nicht anwendbar.[1773] Angesichts der bestehenden Ungewissheit wird in der Praxis aber meist vorsorglich ein Satz mit folgendem Wortlaut aufgenommen: »*Das Stammkapital/Grundkapital ist durch den Formwechsel der XY-AG/ XY-GmbH in …… erbracht worden.*«, der zwar nicht die nach den Vorschriften erforderliche Konkretisierung enthält, aber allgemein für ausreichend erachtet wird.[1774] Ebenso sind **Sondervorteile** gem. § 26 AktG Abs. 1 und der **Gründungsaufwand** gem. § 26 Abs. 2 AktG in der Satzung festzusetzen. Die Kosten des Formwechsels sind also in der Satzung anzugeben.[1775]

1771 Lutter/*Göthel*, § 243 Rn. 24; Semler/Stengel/*Mutter*, § 243 Rn. 18; Widmann/Mayer/*Rieger*, § 243 Rn. 19.
1772 Lutter/*Göthel*, § 245 Rn. 31; 36; Lutter/*Hoger*, § 197 Rn. 16, 23; Limmer/*Limmer*, Teil 4 Rn. 617; *Kerschbaumer*, NZG 2011, 892, 895; a.A. offenbar Widmann/Mayer/*Mayer*, § 197 Rn. 146 f.
1773 *Kerschbaumer*, NZG 2011, 892, 895.
1774 Limmer/*Limmer*, Teil 4 Rn. 617; Lutter/*Hoger*, § 197 Rn. 16; Semler/Stengel/*Bärwaldt*, § 197 Rn. 43; Widmann/Mayer/*Mayer*, § 197 Rn. 146.
1775 S.o. Rdn. 722 m.w.N.; Kallmeyer/*Meister/Klöcker/Berger*, § 197 Rn. 18; *Kerschbaumer*, NZG 2011, 892, 893; Limmer/*Limmer*, Teil 4 Rn. 617; Lutter/*Göthel*, § 245 Rn. 34.

824 Erörtert wird im Schrifttum, wie mit einem noch **nicht ausgenutzten genehmigten oder bedingten Kapital der AG** beziehungsweise KGaA bei einem Formwechsel in die GmbH zu verfahren ist. Nach Einführung von § 55a GmbHG kennt auch das GmbH-Recht ein genehmigtes Kapital. Soweit die Ermächtigung zur Kapitalerhöhung bei der AG mit § 55a GmbHG vereinbar ist, bleibt sie als genehmigtes Kapital bei der GmbH bestehen. Sonst endet die Ermächtigung mit dem Formwechsel.[1776] Ein bedingtes Kapital kennt das GmbH-Gesetz dagegen nicht. Überlegt wird, Bezugsaktien zwischen dem Beschluss über den Formwechsel und dessen Eintragung in das Handelsregister auszugeben. Mit Rücksicht darauf müssten die Kapital- und Anteilsregelungen im Gesellschaftsvertrag variabel gestaltet werden. In zeitlich und betragsmäßig begrenztem Umfang kann u.U. auch mit der Schaffung eines genehmigten Kapitals geholfen werden. Im Übrigen stellt sich die Frage nach eine Schadensersatzpflicht der Gesellschaft, wenn durch den Formwechsel Bezugsrechte vereitelt werden.[1777]

825 Hinzuweisen ist in diesem Zusammenhang auch auf **die Nachgründungsbestimmungen.** Gem. § 245 Satz 2 ist § 52 beim Formwechsel von der GmbH in die AG oder KGaA nicht anzuwenden, wenn die GmbH bereits 2 Jahre oder länger in das Handelsregister eingetragen war. Beim Formwechsel zwischen AG und KGaA ist die Anwendung gem. § 245 Abs. 2 und 3 Satz 3 vollständig ausgeschlossen.

826 Im Übrigen gelten keine Besonderheiten für die Satzungsgestaltung. Anzumerken bleibt allerdings der Hinweis auf die Bestimmungen in § 244 Abs. 2, wonach beim Formwechsel in die GmbH der Gesellschaftsvertrag von den Gesellschaftern nicht unterschrieben werden muss. Nach der Gesetzesbegründung handelt es sich um eine Klarstellung, die geboten gewesen sei, weil der Formwechsel nicht mehr als Satzungsänderung behandelt wird.[1778] Es geht um den Dispens von § 2 Abs. 1 Satz 2 GmbHG. Teilweise wird im Schrifttum beim Formwechsel in die Rechtsform der AG oder KGaA im Rückschluss eine Unterzeichnung für geboten gehalten.[1779]

827 ▶ Praxistipp:
Im Hinblick darauf empfiehlt es sich, die Satzung beim Formwechsel der GmbH in die AG oder KGaA vorsorglich von den Gesellschaftern unterzeichnen zu lassen.

d) Beschlussverfahren

aa) Einberufung und Durchführung der Versammlung

828 Vorbereitung, Einberufung und Durchführung der Versammlung sind unter Rdn. 494 ff. sowie Rdn. 580 ff. dargestellt.

bb) Mehrheitserfordernisse

829 Die Mehrheitserfordernisse sind in § 240 geregelt. Sie sind unter Rdn. 583 erläutert. Die Ermittlung der Stimmen ist unter Rdn. 586 ff. dargestellt. Zusammenfassend ergibt sich:

1776 Habersack/Wicke/*Herfs/Link,* § 243 Rn. 22; Henssler/Strohn/*Drinhausen/Keinath,* § 243 Rn. 7; Kallmeyer/*Blasche,* § 243 Rn. 9; Lutter/*Göthel,* § 243 Rn. 45; Semler/Stengel/*Mutter,* § 243 Rn. 26; Widmann/Mayer/*Rieger,* § 243 Rn. 42.
1777 Zum bedingten Kapital: Böttcher/Habighorst/*Althoff/Narr,* § 243 Rn. 23; Habersack/Wicke/*Herfs/Link,* § 243 Rn. 23 f.; Kallmeyer/*Blasche,* § 243 Rn. 9; Lutter/*Göthel,* § 243 Rn. 45; Semler/Stengel/*Mutter,* § 243 Rn. 27; Widmann/Mayer/*Rieger,* § 243 Rn. 41.
1778 BT-Drucks. 12/6699, S. 157.
1779 So Lutter/*Göthel* § 244 Rn. 15; KK-UmwG/*Petersen,* § 244 Rn. 10; vorsorglich auch: Böttcher/Habighorst/*Althoff/Narr,* § 244 Rn. 7; Habersack/Wicke/*Herfs/Link,* § 244 Rn. 17 ff.; Kallmeyer/*Blasche,* § 244 Rn. 9 (nicht nötig, aber empfohlen); a.A. Schmitt/Hörtnagl/Stratz/*Westerburg,* § 244 Rn. 2; Semler/Stengel/*Mutter,* § 244 Rn. 15; Widmann/Mayer/*Rieger,* § 244 Rn. 17.

C. Formwechsel

– Der Beschluss bedarf bei der GmbH einer Mehrheit von 3/4 der abgegebenen Stimmen, bei AG und KGaA von 3/4 des bei der Beschlussfassung vertretenen Grundkapitals und außerdem der einfachen Mehrheit der abgegebenen Stimmen. Gesellschaftsvertrag oder Satzung können höhere Mehrheiten, bei der KGaA auch geringere Mehrheiten vorsehen. Beim Vorliegen mehrerer Gattungen von Aktien bedarf der Beschluss der Zustimmung der stimmberechtigten Aktionäre jeder Gattung. Ein Sonderbeschluss von Vorzugsaktionären ohne Stimmrecht ist nur geboten, wenn das Stimmrecht wiederaufgelebt ist oder bei der Zielrechtsform kein vergleichbares Sonderrecht besteht (vgl. §§ 140, 141 AktG), wenn man ein solches Stimmrecht nicht im Rahmen des Formwechsels für ausgeschlossen hält (s.o. Rdn. 627). Eine Stimmabgabe durch einzelne Anteilsinhaber außerhalb der Versammlung ist nicht zulässig; Stimmrechtsbeschränkungen sind zu beachten. Enthaltungen gelten als nicht abgegebene Stimmen. Eine obligatorische Gruppenvertretung ist zulässig.
– Dem Formwechsel einer **KGaA** müssen alle persönlich haftenden Gesellschafter zustimmen (Gedanke der Einstimmigkeit der Beschlussfassung bei der Personengesellschaft, deren Bestimmungen gem. § 278 Abs. 2 AktG entsprechende Anwendung finden); die Satzung kann gem. § 240 Abs. 3 Satz 2 eine Mehrheitsentscheidung vorsehen. Dem Formwechsel in die KGaA müssen alle künftigen Komplementäre zustimmen. Für den Beitritt neuer Komplementäre gilt § 221. Die Einzelheiten sind oben Rdn. 632 ff. dargestellt.

cc) Inhaltliche Beschlusskontrolle

Der Formwechsel von börsennotierten AGs oder KGaAs in die GmbH hat den automatischen **Verlust der Börsenzulassung** zur Folge (»kaltes Delisting«). Wie bereits unter Rdn. 476 dargelegt wurde, macht das den Beschluss nicht unzulässig, zumal die Anteilsinhaber, die dem Formwechsel zum Anlass nehmen wollen, aus der Gesellschaft auszuscheiden, dies durch Annahme des Abfindungsangebots gem. § 207 zum Verkehrswert tun können.[1780] Eine Gefährdung der Börsenzulassung kann auch der Formwechsel von der AG in die KGaA mit sich bringen. Zur Aufrechterhaltung der Börsennotierung wird mitunter eine (erneute) Zulassung der neuen Kommanditaktien zum Börsenhandel verlangt.[1781] 830

Der Formwechsel ist auch wirksam, wenn er der Durchführung eines Squeeze-out dient (vgl. oben Rdn. 615). 831

Zur Abfassung der neuen Satzung, die gem. §§ 243 Abs. 1 Satz 1, 218 Abs. 1 Satz 1 Bestandteil des Beschlusses ist, wird auf Abschnitt VI. verwiesen. 832

dd) Beurkundung des Beschlusses

In der Niederschrift über den Umwandlungsbeschluss sind gem. § 244 Abs. 1 die Personen namentlich aufzuführen, die gem. § 245 Abs. 1 bis 3 den Gründern der Gesellschaft gleichstehen. Außerdem empfiehlt es sich beim Formwechsel von der GmbH in eine AG oder KGaA vorsorglich die **Satzung** von den künftigen Gesellschaftern des Rechtsträgers neuer Rechtsform **unterzeichnen** zu lassen (Gegenschluss aus § 244 Abs. 2 s.o. Rdn. 826). 833

Bedarf der Beschluss beim Formwechsel einer KGaA der Zustimmung der Komplementärin, ist § 285 Abs. 3 Satz 2 AktG zu beachten (vgl. oben Rdn. 642). Im Übrigen wird wegen der Beurkundung des Beschlusses auf Rdn. 589 ff. verwiesen. 834

ee) Vertretung

Auf die allgemeinen Ausführungen bei Rdn. 595 ff. wird verwiesen. 835

1780 H.M. z.B. *Grunewald*, ZIP 2004, 542, 544; Lutter/*Göthel*, § 233 Rn. 60; Semler/Stengel/*Ihrig*, § 226, Rn. 11; KK-UmwG/*Dauner-Lieb/Tettinger*, § 226 Rn. 11.
1781 Münch HdB GesR Bd. 8/*Horcher*, § 66 Rn. 4, f. mwN.

e) Zustimmung Dritter

836 Eine Zustimmung dinglicher Berechtigter an den Anteilen ist zum Formwechsel nach h.M. nicht erforderlich.[1782] Zweifel kann man aber haben, ob dasselbe gilt, wenn der Gesellschafter des verpfändeten Anteils gem. §§ 241, 242, 193 Abs. 2 oder §§ 241, 50 Abs. 2 zustimmen muss. In der Praxis wird die Frage allerdings selten auftauchen, weil der Gesellschafter jedenfalls im Innenverhältnis gehalten sein wird, sein Stimmrecht nicht ohne Zustimmung des dinglich Berechtigten, also beispielsweise des Pfandgläubigers auszuüben und sich daran schon im eigenen Interesse halten wird.

837 Beim Formwechsel zwischen Kapitalgesellschaften soll nach h.M. die Ausübung des Stimmrechts durch Minderjährige wegen der Nähe zur Satzungsänderung nicht der **familiengerichtlichen Genehmigung** bedürfen.[1783] Wegen der drohenden Haftung soll das allerdings anders sein, wenn der Minderjährige Komplementär einer KGaA als Rechtsträger neuer Rechtsform wird oder beim Formwechsel der AG oder KGaA in die GmbH die Einlagen auf die Anteile noch nicht voll erbracht sind.[1784] Ob die mangelnde Einlagenerbringung bei dem Formwechsel der AG oder KGaA in die GmbH ein Haftungsrisiko darstellt, ist jedoch zweifelhaft (s.o. Rdn. 697). Ebenso soll die Zustimmung des im gesetzlichen Güterstand lebenden Ehegatten gem. § 1365 BGB nur dann erforderlich sein, wenn bislang nicht vinkulierte Anteile im Rechtsträger neuer Rechtsform einer Verfügungsbeschränkung unterworfen werden (s.o. Rdn. 606).

f) Zustimmung einzelner Gesellschafter

aa) Zustimmungserfordernisse beim Wechsel in die KGaA

838 Dem Formwechsel in die KGaA müssen gem. § 240 Abs. 2 alle Gesellschafter zustimmen, die in der künftigen Gesellschaft Komplementäre werden sollen. Grund für das Zustimmungserfordernis ist die persönliche Haftung der Gesellschafter. Die zu § 233 Abs. 1 dargestellten Überlegungen (vgl. oben Rdn. 778 f.) gelten daher entsprechend.[1785] Für den Beitritt des Komplementärs zu der Gesellschaft gilt § 221 entsprechend. Auf Rdn. 645 wird verwiesen.

bb) Zustimmungserfordernisse beim Formwechsel der KGaA gem. § 240 Abs. 3

839 Dem Formwechsel einer KGaA müssen gem. § 240 Abs. 3 deren Komplementäre zustimmen. Dem liegt der Gedanke der einstimmigen Beschlussfassung bei Personengesellschaften zugrunde, deren Rechtsgrundsätze gem. § 278 Abs. 2 AktG für das Rechtsverhältnis der Komplementäre untereinander und zur Gesamtheit der Kommanditaktionäre gelten. § 240 Abs. 3 Satz 2 lässt daher auch eine abweichende Satzungsgestaltung zu (s.o. Rdn. 637 f.). Wegen der Frage, ob eine Zustimmung in der Gesellschafterversammlung und ein entsprechender Vermerk in der notariellen Niederschrift genügt, vgl. oben Rdn. 642. Die Zustimmung soll unter bestimmten Voraussetzungen erzwingbar sein.[1786]

cc) Zustimmung gem. §§ 241, 242

840 Die Zustimmungspflichten bei nicht verhältniswahrender, zu geringer Beteiligung an dem Rechtsträger neuer Rechtsform sind bereits oben unter Rdn. 807 erörtert worden.

1782 Semler/Stengel/*Schlitt*, § 217 Rn. 26; Widmann/Mayer/*Vossius*, § 217 Rn. 46, 48; s.o. Rdn. 605.
1783 Habersack/Wicke/*Herfs*/*Link*, § 240 Rn. 33; Lutter/*Göthel*, § 240 Rn. 22; Semler/Stengel/*Arnold*, § 240 Rn. 32; a.A.; Kallmeyer/*Blasche*, § 243 Rn. 7; s.o. Rdn. 608.
1784 Semler/Stengel/*Arnold*, § 240 Rn. 33; Lutter/*Göthel*, § 240 Rn. 23.
1785 So auch Lutter/*Göthel*, § 240 Rn. 10; Widmann/Mayer/*Rieger*, § 240 Rn. 44, 47.
1786 Vgl. Semler/Stengel/*Arnold*, § 240 Rn. 28 m.w.N.

dd) § 50 Abs. 2

Gem. § 241 Abs. 2 ist beim Formwechsel der GmbH ferner § 50 Abs. 2 entsprechend anzuwenden. Die mit der Bestimmung einhergehenden Zustimmungspflichten sind oben unter Rdn. 626 erörtert worden. 841

ee) § 193 Abs. 2

Diese Zustimmungspflicht ist unter Rdn. 617 ff. erörtert. 842

g) Handelsregisteranmeldung

aa) Zuständiges Gericht

Zuständiges Gericht ist gem. § 198 das Register des formwechselnden Rechtsträgers. 843

bb) Anmeldepflichtige

Anmeldepflichtig ist gem. § 246 das Vertretungsorgan des formwechselnden Rechtsträgers. Zugleich sind die Geschäftsführer der GmbH, die Vorstandsmitglieder der AG und die persönlich haftende Gesellschafterin der KGaA anzumelden. Geschäftsführer und Vorstandsmitglieder müssen wegen der von ihnen abzugebenden Versicherungen gem. §§ 8 Abs. 3 GmbHG, 37 Abs. 2 AktG, dass ihrer Bestellung keine der dort genannten Hindernisse entgegenstehen, an der Anmeldung mitwirken oder in gesonderter Erklärung, die notariell beglaubigt sein muss, eine entsprechende Versicherung abgeben. 844

cc) Versicherungen

Eine **Versicherung über die Erbringung der Einlagen** ist gem. § 246 Abs. 3 nicht erforderlich. Abgegeben werden muss aber die Negativerklärung gem. § 16 zu Klagen gegen den Beschluss sowie gegebenenfalls zum Nichtbestehen eines Betriebsrats. 845

Bei unbekannten Aktionären ist die Rechtsprechung des BayObLG zu beachten (vgl. dazu oben Rdn. 543). 846

Beim Formwechsel in die GmbH sind gem. § 245 Abs. 4 kein Sachgründungsbericht und ebensowenig Sachwertnachweise vorzulegen. Beim **Formwechsel in die AG und KGaA** sind dagegen **Gründungsbericht, Gründungsprüfungsbericht und Bericht des vom Gericht bestellten Gründungsprüfers** vorzulegen. Dies ergibt sich aus der Verweisung in § 245 Abs. 1 bis 3 auf die Gründungsvorschriften.[1787] Der **Gründungsbericht** ist vom **Umwandlungsbericht** gem. § 192 zu unterscheiden. Anders als dieser ist er nicht verzichtbar.[1788] Der Umwandlungsbericht dient der Information der Anteilseigner zur Vorbereitung des Umwandlungsbeschlusses, der Gründungsbericht berichtet über den Hergang des Formwechsels, nachdem dieser beschlossen worden ist. Am Rande sei darauf hingewiesen, dass der **Gründungsbericht** von den Gesellschaftern, die den Gründern gleichstehen, **höchstpersönlich zu unterzeichnen** ist. Eine Vertretung ist nicht zulässig.[1789] 847

h) Haftung

Gem. § 249 ist auf den Formwechsel einer KGaA in eine GmbH oder AG § 224 entsprechend anzuwenden. Im Übrigen gelten die Ausführungen zu Rdn. 695 ff. 848

1787 Habersack/Wicke/*Herfs/Link*, § 245 Rn. 59; Lutter/*Göthel*, § 245 Rn. 38 ff.; Rn. 48 ff. m.w.N.
1788 Habersack/Wicke/*Herfs/Link*, § 245 Rn. 59; Lutter/*Göthel*, § 245 Rn. 39; Semler/Stengel/*Scheel*, § 245 Rn. 48 f.
1789 Habersack/Wicke/*Herfs/Link*, § 245 Rn. 60; Lutter/*Göthel*, § 245 Rn. 47; *Melchior*, GmbHR 1999, 520, 521.

4. Besonderheiten beim Formwechsel einer Kapitalgesellschaft in eine eG

849 Der Formwechsel einer GmbH, AG oder KGaA in eine eG kommt in der Praxis kaum vor.[1790] Es soll deshalb nur auf zwei Themenkreise eingegangen werden, die von größerer Bedeutung sind:

a) Festsetzung der Beteiligung an der eG

850 Hierzu bestimmt § 253 Abs. 2 Satz 1, dass der Beschluss die Beteiligung jedes Mitglieds mit mindestens einem Geschäftsanteil vorsehen muss. Gem. Satz 2 kann in dem Beschluss auch bestimmt werden, dass jedes Mitglied bei der Genossenschaft mit mindestens einem und im übrigen mit so vielen Geschäftsanteilen, wie durch Anrechnung seines Geschäftsguthabens bei der Genossenschaft als volleingezahlt anzusehen sind, beteiligt wird. Hierzu ergänzt § 256 Abs. 1, dass jedem Mitglied als Geschäftsguthaben der Wert der Geschäftsanteile oder Aktien gutzuschreiben ist, mit denen es an der formwechselnden Gesellschaft beteiligt war. Als Geschäftsanteil bezeichnet § 7 Nr. 1 GenG den Betrag, bis zu dem sich einzelne Mitglieder mit Einlagen an der Genossenschaft beteiligen können, also nur die Möglichkeit der Beteiligung. Sie wird erst mit der Leistung des Geschäftsguthabens zur Beteiligung. Das Geschäftsguthaben stellt den Betrag dar, mit dem das einzelne Mitglied an der Genossenschaft beteiligt ist. Es wird begrenzt durch den oder die Geschäftsanteile. Das Geschäftsguthaben ist veränderlich und errechnet sich aus geleisteter Einlage zuzüglich Gewinnzuweisungen und abzüglich Verlustzuweisungen. Nach dem Gesetz ermittelt sich also die Beteiligung gem. § 256 aus dem Wert der Anteile am formwechselnden Rechtsträger, begrenzt durch den Betrag der Geschäftsanteile des betreffenden Mitglieds an der Genossenschaft. Der anzurechnende Wert der Anteile entspricht dem Wert, der Grundlage der Barabfindung ist, also dem vollen wirtschaftlichen Wert der Anteile.[1791]

851 Der Betrag, um den das Geschäftsguthaben den Gesamtbetrag der Geschäftsanteile übersteigt, ist gem. § 256 Abs. 2 an das Mitglied **auszuzahlen**, jedoch erst 6 Monate nach Bekanntmachung der Eintragung der Genossenschaft in das Genossenschaftsregister und frühestens, nachdem Gläubiger, die sich gemeldet haben, befriedigt oder sichergestellt sind. Die Auszahlungsverpflichtung ist zwingend.[1792] Die eG hat jedes Mitglied nach der Eintragung gem. § 256 Abs. 3 über den Betrag seines Geschäftsguthaben, Betrag und Zahl seiner Geschäftsanteile, den Betrag, der nach Anrechnung des Geschäftsguthabens noch als Einlage zu leisten ist oder der an das Mitglied auszuzahlen ist, sowie, falls die Mitglieder zu Nachschüssen verpflichtet sind, den Betrag seiner Haftsumme zu unterrichten.

852 § 256 Abs. 1 führt zwingend zur **Aufdeckung stiller Reserven**, was erhebliche **steuerliche Belastungen** für den Rechtsträger mit sich bringt.[1793] Hinzu kommt die Auszahlungsverpflichtung gem. § 256 Abs. 2. Diese lässt sich zwar vermeiden, wenn den Anteilsinhabern entsprechend viele Geschäftsanteile zugewiesen werden. Jedoch können die Mitglieder gem. § 65 GenG die Beteiligung kündigen. Das wiederum ließe sich durch entsprechend lange Kündigungsfristen verhindern, die maximal 5 Jahre, bei Unternehmensgenossenschaften 10 Jahre betragen.[1794] Gem. § 65 Abs. 3 GenG gibt es aber Sonderkündigungsrechte, wenn die Kündigungsfrist 2 Jahre übersteigt.[1795]

1790 KK-UmwG/*Schöpflin*, § 251 Rn. 2; Lutter/*Göthel*, § 251 Rn. 1; Semler/Stengel/*Bonow*, § 251 Rn. 3.
1791 Böttcher/Habighorst/*Bürger*, § 256 Rn. 1; Habersack/Wicke/*Bloehs*, § 256 Rn. 5 f.; Lutter/*Göthel*, § 256 Rn. 2 f.; Semler/Stengel/*Bonow*, § 256 Rn. 6 f.; Widmann/Mayer/*Graf Wolffskeel v. Reichenberg*, § 256 Rn. 3.
1792 Böttcher/Habighorst/*Bürger*, § 256 Rn. 2; Habersack/Wicke/*Bloehs*, § 256 Rn. 23; Lutter/*Göthel*, § 256 Rn. 8; Schmitt/Hörtnagl/Stratz/*Westerburg*, § 256 Rn. 5; Widmann/Mayer/*Graf Wolffskeel v. Reichenberg*, § 256 Rn. 6.
1793 Habersack/Wicke/*Bloehs*, § 256 Rn. 47; KK-UmwG/*Schöpflin*, § 256 Rn. 3; Semler/Stengel/*Bonow*, § 256 Rn. 7.
1794 Habersack/Wicke/*Bloehs*, § 256 Rn. 54; Lutter/*Göthel*, § 256 Rn. 10; Widmann/Mayer/*Graf Wolffskeel v. Reichenberg*, § 256 Rn. 8.
1795 Habersack/Wicke/*Bloehs*, § 256 Rn. 54; Lutter/*Göthel*, § 256 Rn. 10.

C. Formwechsel

b) Handelsregisteranmeldung

aa) Zuständiges Gericht

Da sich durch den Formwechsel die Art des Registergerichts ändert, ist der Rechtsträger neuer Rechtsform gem. § 198 Abs. 2 Satz 2 zur Eintragung in das für die neue Rechtsform zuständige Register anzumelden. Daneben ist der Formwechsel gem. Satz 3 zur Eintragung in das Register anzumelden, in dem der formwechselnde Rechtsträger eingetragen ist.

853

bb) Anmeldepflichtige

Anmeldepflichtig ist gem. § 254 das Vertretungsorgan des formwechselnden Rechtsträgers. Zugleich mit der Genossenschaft sind aber die Mitglieder ihres Vorstands anzumelden. Dazu müssen diese nicht mitwirken, weil das Gesetz keine entsprechenden Vorstandsversicherungen vorsieht.

854

cc) Anlagen

Gem. § 11 Abs. 2 Nr. 3 GenG ist mit der Handelsregisteranmeldung die Bescheinigung eines Prüfungsverbandes vorzulegen ist, dass die Genossenschaft zum Beitritt zugelassen ist, sowie die dort aufgeführte gutachterliche Äußerung des Prüfungsverbandes, dass eine Gefährdung der Belange der Mitglieder und der Gläubiger der eG nicht zu besorgen ist.

855

XIII. Besonderheiten beim Formwechsel von eingetragenen Genossenschaften

1. Überblick

Besondere Vorschriften für den Formwechsel eingetragener Genossenschaften enthalten die §§ 258 bis 271. Genossenschaften können ausschließlich in eine Kapitalgesellschaft formwechselnd umgewandelt werden. Ausnahmen gelten nur für eine eG, die durch Umwandlung einer früheren LPG entstanden ist; diese kann gem. § 38a LwAnPG, Art. 19 UmwBerG auch in eine Personengesellschaft, also GbR, oHG oder KG umgewandelt werden. Sofern noch nicht mit der Vermögensverteilung an die Mitglieder begonnen worden ist und deshalb noch die Fortsetzung der Genossenschaft beschlossen werden könnte, was gegebenenfalls in der Registeranmeldung zu versichern ist, kann gem. § 191 Abs. 3 auch eine bereits aufgelöste eG noch formwechselnd umgewandelt werden.[1796]

856

Gem. § 258 Abs. 2 ist der Formwechsel zum Schutz geringfügig beteiligter Mitglieder nur zulässig, wenn auf jedes Mitglied, das an der neuen Rechtsform beteiligt ist, mindestens ein Geschäftsanteil, dessen Nennbetrag auf volle Euro lautet, oder eine volle Aktie entfällt. Nachdem durch das MoMiG geregelt worden ist, dass die Geschäftsanteile an einer GmbH mindestens 1 € betragen müssen, ist die dadurch aufgebaute Hürde nicht sehr hoch.

857

2. Vorbereitende Maßnahmen, Einladungen, Durchführungen der Versammlung

a) Allgemeines, Ankündigungen, Einladungen

Gem. § 260 Abs. 1 hat der Vorstand allen Mitgliedern spätestens zusammen mit der Einberufung der Generalversammlung, die darüber beschließen soll, den Formwechsel in Textform anzukündigen. In der Ankündigung ist auf die Mehrheiten hinzuweisen, die zur Beschlussfassung gem. § 262 Abs. 1 erforderlich sind; also grundsätzlich 3/4-Mehrheit beziehungsweise 9/10-Mehrheit, wenn mindestens 1/10 der Mitglieder bis zum Ablauf von 3 Tagen vor der Generalversammlung durch eingeschriebenen Brief Widerspruch gegen den Formwechsel erhoben haben oder gegebenenfalls

858

[1796] Hierzu etwa Böttcher/Habighorst/*Bürger*, § 258 Rn. 3; Habersack/Wicke/*Erkens*, § 258 Rn. 12; Lutter/*Bayer*, § 258 Rn. 9.

eine höhere, in der Satzung bestimmte Mehrheit. Auf die Möglichkeit des Widerspruchs und die sich daraus ergebenden Rechte ist in der Ankündigung ebenfalls hinzuweisen.

859 Die Einberufung der Generalversammlung erfolgt gem. § 44 Abs. 1 GenG durch den Vorstand, falls nicht die Satzung abweichendes bestimmt. Die **Ankündigung** des Formwechsels hat gegenüber allen Mitgliedern zu erfolgen, und zwar auch dann, wenn für die Beschlussfassung nicht die General- sondern die Vertreterversammlung zuständig ist, weil den Mitgliedern schon im Hinblick auf die Erhöhung der erforderlichen Beschlussmehrheiten gem. § 262 sowie das Abfindungsangebot gem. § 270 die Möglichkeit zum Widerspruch und zur Unterrichtung über den geplanten Formwechsel gegeben werden muss.[1797] Die **Einberufung** hat gem. § 46 GenG mit einer Frist von mindestens 2 Wochen zu erfolgen. Die Frist berechnet sich gem. §§ 187 Abs. 1, 188 Abs. 1 BGB. Mit der Einberufung ist gem. § 46 GenG die Tagesordnung bekannt zu machen. Das GenG enthält keine dem § 124 Abs. 2 Satz 2 AktG entsprechende Bestimmung;[1798] gleichwohl sollte der Bekanntmachung der Wortlaut des Beschlussvorschlags und insbesondere die Satzung des Rechtsträgers neuer Rechtsform beigefügt werden.[1799]

860 Einberufung und Ankündigung können auseinander fallen, wenn zur Beschlussfassung über den Formwechsel die Vertreterversammlung gem. § 43a GenG zuständig ist. Die vorstehenden Überlegungen gelten dann für die Ankündigung, die an alle Mitglieder zu richten ist, entsprechend.

b) Umwandlungsbericht

861 Wie sich durch Verweisung auf die Regelungen beim Formwechsel der AG ergibt, ist der Umwandlungsbericht der Einladung nicht beizufügen, sondern wie bei der AG und KGaA von der Einberufung der Generalversammlung an in den Geschäftsräumen der Gesellschaft auszulegen. Jedem Mitglied, das dies verlangt, ist unverzüglich kostenlos eine Abschrift zu erteilen. Gesetzlich nicht ausdrücklich vorgeschrieben, aber von Sinn und Zweck geboten und insbesondere empfehlenswert ist ein Hinweis darauf in der Einladung zur Versammlung.

862 Mit der Einladung bzw. der Ankündigung ist das Abfindungsangebot gem. § 207 zu übersenden. § 192 Abs. 2 bleibt unberührt, das heißt, dass ein Umwandlungsbericht nicht erforderlich ist, wenn es nur einen Genossen geben sollte oder alle Mitglieder der eG durch notariell beurkundeter Erklärung auf die Erstellung des Berichts verzichtet haben. Dagegen kann auf die Prüfung des Barabfindungsangebots gem. § 270 Abs. 2 Satz 2 nicht verzichtet werden. § 30 Abs. 2 Satz 3 wird ausdrücklich für nicht anwendbar erklärt.[1800] Offen ist, ob dies auch die Möglichkeit ausschließt, auf das Barangebot selbst zu verzichten.[1801]

c) Prüfungsgutachten

863 Als Besonderheit gegenüber dem Formwechsel einer Kapitalgesellschaft hat der Vorstand vor Einberufung der Generalversammlung, die über den Formwechsel beschließen soll, gem. § 259 eine

---

1797 Böttcher/Habighorst/*Bürger*, § 260 Rn. 11; Habersack/Wicke/*Thilo*, § 260 Rn. 9; Lutter/*Bayer*, § 260 Rn. 3; Schmitt/Hörtnagl/Stratz/*Westerburg*, § 260 Rn. 1; Semler/Stengel/*Bonow*, § 260 Rn. 8; Widmann/Mayer/*Graf Wolffskeel v. Reichenberg*, § 260 Rn. 5.
1798 Zum Aktienrecht vgl. LG Hanau ZIP 1996, 422; s.o. Rdn. 746.
1799 So auch Böttcher/Habighorst/*Bürger*, § 260 Rn. 6; Habersack/Wicke/*Lakenberg*, § 260 Rn. 4; Lutter/*Bayer*, § 260 Rn. 6; Semler/Stengel/*Bonow*, § 259 Rn. 23; Widmann/Mayer/*Graf Wolffskeel v. Reichenberg*, § 260 Rn. 7.
1800 Böttcher/Habighorst/*Bürger*, § 259 Rn. 8; Lutter/*Bayer*, § 259 Rn. 17; Schmitt/Hörtnagl/Stratz/*Westerburg*, § 259 Rn. 2; a.A. keine Ausführungen zum Barabfindungsangebot erforderlich, wenn alle Mitglieder auf das Barabfindungsangebot verzichten: Habersack/Wicke/*Thilo*, § 259 Rn. 28; Semler/Stengel/*Bonow*, § 259 Rn. 26; Widmann/Mayer/*Graf Wolffskeel v. Reichenberg*, § 259 Rn. 4.
1801 Vgl. die Argumente für den Verzicht allgemein bei Lutter/*Hoger*, § 194 Rn. 23; für den Verzicht Böttcher/Habighorst/*Bürger*, § 259 Rn. 8; Lutter/*Bayer*, § 259 Rn. 17; DNotI-Gutachten Nr. 61538 vom 06.09.2005.

gutachterliche Äußerung eines Prüfungsverbandes einzuholen, ob der Formwechsel mit den Belangen der Mitglieder und denjenigen der Gläubiger der Genossenschaft vereinbar ist, insbesondere, ob bei der Festsetzung des Stammkapitals oder Grundkapitals § 263 Abs. 2 Satz 2 und § 264 Abs. 1 bedacht sind. Durch die Verweisung auf § 263 Abs. 2 Satz 2 soll sich die Prüfung darauf beziehen, ob ein optimales Umtauschverhältnis der Anteile erreicht wurde. § 264 Abs. 1 ordnet an, dass das Stamm- oder Grundkapital des Rechtsträgers neuer Rechtsform durch das Vermögen der eG gedeckt sein muss. Unabhängig von der speziellen Verweisung besteht aber Übereinstimmung im Schrifttum, dass das Gutachten umfassend das Für und Wider des Formwechsels darlegen und damit die Entscheidungsfindung erleichtern soll.[1802] Die rechtlichen und wirtschaftlichen Folgen des Formwechsels für die Anteilsinhaber und für die Gläubiger sind darzulegen.[1803] Gegenstand der Prüfung ist aber auch die Angemessenheit einer angebotenen Barabfindung.[1804] Die Erstellung des Prüfungsgutachtens ist zwingend; es muss selbst dann erstellt werden, wenn ein Umwandlungsbericht entbehrlich ist.[1805] Ein Verzicht ist nicht möglich.[1806] Das soll sich aus dem unterschiedlichen Wortlaut von § 260 Abs. 2 und 3 ergeben. Vor allem spricht dafür aber, dass das Gutachten auch die Belange der Gläubiger zu beleuchten hat, also nicht ausschließlich dem Schutz der Mitglieder dient. Auch von dem Prüfungsgutachten ist jedem Mitglied auf Verlangen unverzüglich und kostenfrei eine Abschrift zu übersenden. Auf die Auslegung dieser Unterlage und auf das Recht, eine Abschrift zu verlangen, sollte ebenfalls in der Ankündigung hingewiesen werden.

d) Betriebsratsvorlage

Außerdem ist der Entwurf des Umwandlungsbeschlusses gem. § 194 Abs. 2 einen Monat vor der Versammlung dem zuständigen Betriebsrat zuzuleiten. Auf die Einhaltung der Frist kann der Betriebsrat verzichten (dazu oben Rdn. 498). 864

e) Durchführung der Versammlung

In der Versammlung sind der Umwandlungsbericht und Prüfungsgutachten gem. § 261 Abs. 1 Satz 1 auszulegen. Nach h.M. besteht in der Versammlung kein Anspruch auf Erteilung einer Abschrift mehr, sondern nur noch ein Einsichts- und Auskunftsrecht.[1807] Gleichwohl empfiehlt es sich, mehrere Exemplare der Unterlagen bereit zu halten, damit die Einsichtnahme durch mehrere Mitglieder parallel erfolgen kann. 865

Gem. § 261 Abs. 1 Satz 2 ist der Umwandlungsbericht in der Versammlung mündlich zu erläutern. Die Erläuterungspflicht betrifft den gesamten Beschlussinhalt, also einschließlich der Satzung des neuen Rechtsträgers. Schwerpunkt ist die Erläuterung der unterschiedlichen Strukturen, der Beteiligung der Mitglieder am Rechtsträger neuer Rechtsform und das Abfindungsangebot. Den Mitgliedern steht analog § 131 AktG oder §§ 83 Abs. 1 3, § 64 Abs. 2 ein Auskunftsrecht zu, das sie einen aus einer entsprechenden Anwendung von § 131 AktG und die anderen aus einer entspre- 866

1802 Lutter/*Bayer*, § 259 Rn. 7; Schmitt/Hörtnagl/Stratz/*Westerburg*, § 259 Rn. 5 ff.; Semler/Stengel/*Bonow*, § 259 Rn. 13; Widmann/Mayer/*Graf Wolffskeel v. Reichenberg*, § 259 Rn. 10 f.
1803 Einzelheiten werden bei Lutter/*Bayer*, § 259 Rn. 8 ff. dargestellt. Vgl. auch Schmitt/Hörtnagl/Stratz/*Westerburg*, § 259 Rn. 5 ff.; Semler/Stengel/*Bonow*, § 259 Rn. 12 ff.
1804 Böttcher/Habighorst/*Bürger*, § 259 Rn. 8; Lutter/*Bayer*, § 259 Rn. 13; aber nicht, wenn alle Mitglieder auf das Barabfindungsangebot verzichten Habersack/Wicke/*Thilo*, § 259 Rn. 28; Semler/Stengel/*Bonow*, § 259 Rn. 26; Widmann/Mayer/*Graf Wolffskeel v. Reichenberg*, § 259 Rn. 4.
1805 Lutter/*Bayer*, § 259 Rn. 16; Schmitt/Hörtnagl/Stratz/*Stratz*, § 259 Rn. 5.
1806 Lutter/*Bayer*, § 259 Rn. 17; Schmitt/Hörtnagl/Stratz/*Stratz*, § 259 Rn. 2; Semler/Stengel/*Bonow*, § 259 Rn. 11; Widmann/Mayer/*Graf Wolffskeel v. Reichenberg*, § 259 Rn. 4.
1807 Böttcher/Habighorst/*Bürger*, § 261 Rn. 3; Lutter/*Bayer*, § 261 Rn. 3; Semler/Stengel/*Bonow*, § 261 Rn. 9; Schmitt/Hörtnagl/Stratz/*Westerburg*, § 260 Rn. 10; Widmann/Mayer/*Graf Wolffskeel v. Reichenberg*, § 261 Rn. 4.

chenden Anwendung von §§ 83 Abs. 1 Satz 3, 64 Abs. 2 herleiten.[1808] Das Prüfungsgutachten ist gem. § 261 Abs. 2 in der Versammlung vollständig zu verlesen. Das muss nicht durch einen Mitarbeiter des Prüfungsverbandes erfolgen, sondern kann durch jeden beliebigen Versammlungsteilnehmer geschehen.[1809] auf die Verlesung kann nicht wirksam verzichtet werden.[1810] Der Prüfungsverband ist berechtigt, an der Versammlung teilzunehmen. Ein Vetorecht steht ihm allerdings nicht zu. Die Versammlung kann den Formwechsel auch gegen die Empfehlung des Prüfungsverbandes beschließen.[1811]

3. Besonderheiten für den Beschlussinhalt

a) § 194 Abs. 1 Nr. 1 und 2 – Rechtsform und Firma

867 Besonderheiten sind nicht anzumerken.

b) § 194 Abs. 1 Nr. 3 und 4 – Beteiligung der bisherigen Anteilsinhaber am Rechtsträger neuer Rechtsform und Zahl, Art und Umfang der Anteile

868 Im Beschluss ist zum Ausdruck zu bringen, dass alle bisherigen Mitglieder an der neuen Rechtsform beteiligt sind. Fraglich ist allerdings, ob davon mit Zustimmung der betroffenen Anteilsinhaber abgewichen werden kann. Das wird vertreten.[1812] Zu der allgemeinen Diskussion dazu wird auf Rdn. 524 ff. verwiesen. Wenn man ein Ausscheiden von Genossenschaftsmitgliedern im Rahmen des Formwechsels zulassen will, sind allerdings möglicherweise zusätzlich die in § 65 GenG geregelten Kündigungsbeschränkungen zu beachten.[1813]

869 Im Rahmen der Festlegung von Zahl, Art und Umfang der Beteiligung an der Kapitalgesellschaft ist das **Stamm- oder Grundkapital festzusetzen.** Die Festsetzung wird durch mehrere Faktoren bestimmt, zunächst durch die Anforderungen an das Mindestnennkapital der Zielrechtsform, weiter durch § 294, der vorschreibt, dass das Nennkapital des Rechtsträgers neuer Rechtsform das nach Abzug der Schulden verbleibende Vermögen der Genossenschaft nicht übersteigen darf, alsdann durch §§ 258 Abs. 2 und 263 Abs. 2, wonach auf jedes Mitglied als Gesellschafter oder Aktionär mindestens ein voller Geschäftsanteil oder eine volle Aktie entfallen muss und die Anteile so zu bestimmen sind, dass jedes Mitglied der Genossenschaft in dem Verhältnis am Rechtsträger neuer Rechtsform beteiligt wird, in dem sein Geschäftsguthaben am Ende des letzten der Beschlussfassung vorangehenden Geschäftsjahres zur Summe der Geschäftsguthaben aller Mitglieder gestanden hat. Schließlich ist zu beachten, dass bei der Aktiengesellschaft der Nennbetrag des Grundkapitals so zu bemessen ist, dass auf jedes Mitglied möglichst volle Aktien entfallen. Dasselbe muss man für die GmbH annehmen, auch wenn bei Erlass des MoMiG eine Anpassung der Bestimmung versäumt wurde.[1814]

870 Wie beim Formwechsel von der Personengesellschaft in die Kapitalgesellschaft (vgl. oben Rdn. 708) ist der Wert des Reinvermögens nicht nach Buchwerten, sondern nach dem wahren Wert des von

---

1808 Zu den Einzelheiten Böttcher/Habighorst/*Bürger*, § 261 Rn. 6; Habersack/Wicke/*Lakenberg*, § 261 Rn. 3; Lutter/*Bayer*, § 261 Rn. 8 ff. m.w.N.; Schmitt/Hörtnagl/Stratz/*Westerburg*, § 261 Rn. 4; Semler/Stengel/*Bonow*, § 261 Rn. 27; Widmann/Mayer/*Graf Wolffskeel v. Reichenberg*, § 261 Rn. 6.
1809 Böttcher/Habighorst/*Bürger*, § 261 Rn. 10; Habersack/Wicke/*Lakenberg*, § 261 Rn. 6; Lutter/*Bayer*, § 261 Rn. 12; Semler/Stengel/*Bonow*, § 261 Rn. 22; Widmann/Mayer/*Graf Wolffskeel v. Reichenberg*, § 261 Rn. 7; Schmitt/Hörtnagl/Stratz/*Westerburg*, § 261 Rn. 5.
1810 Böttcher/Habighorst/*Bürger*, § 261 Rn. 10; Habersack/Wicke/*Lakenberg*, § 261 Rn. 6; Lutter/*Bayer*, § 261 Rn. 12; Schmitt/Hörtnagl/Stratz/*Westerburg*, § 261 Rn. 5; Semler/Stengel/*Bonow*, § 261 Rn. 22; Widmann/Mayer/*Graf Wolffskeel v. Reichenberg*, § 261 Rn. 7.
1811 Lutter/*Bayer*, § 261 Rn. 132; Widmann/Mayer/*Graf Wolffskeel v. Reichenberg*, § 261 Rn. 8.
1812 Lutter/*Bayer*, § 263 Rn. 26; ders., ZIP 1997, 1613, 1616 m.w.N.
1813 Dazu DNotI-Gutachten Nr. 110055 vom 26.09.2011.
1814 KK-UmwG/*Schöpflin*, § 264 Rn. 13.

der eG betriebenen Unternehmens zu ermitteln.¹⁸¹⁵ Jedes Mitglied ist an dem danach möglichen Nennkapital gem. § 253 Abs. 2 im Verhältnis seines Geschäftsguthabens zur Summe aller Geschäftsguthaben der eG zu beteiligen. Es ist deshalb von dem geringsten Anteil auszugehen. Diesem ist gem. § 258 Abs. 2 mindestens ein Geschäftsanteil oder eine Aktie von mindestens 1 € zu gewähren. Überdies ist gem. § 263 Abs. 2 Satz 2 dafür zu sorgen, dass auf jedes Mitglied möglichst volle Aktien oder Geschäftsanteile entfallen. Im Hinblick auf die Zulässigkeit von Stückaktien heißt es aber nicht, dass auf jedes Mitglied Aktien entfallen müssen, die auf volle Euro lauten. Es ist daher nach Vorliegen des jeweiligen Verhältnisses der Geschäftsguthaben zum Gesamtbetrag aller Geschäftsguthaben ein gemeinsamer Divisor zu ermitteln und anhand dessen die Anzahl der Aktien festzusetzen, die jedes Mitglied erhält. Nicht zu berücksichtigen sind dabei die Geschäftsguthaben derjenigen Mitglieder, die beim Formwechsel in der KGaA persönlich haftende Gesellschafter werden, ohne zugleich Kommanditaktionäre zu werden.¹⁸¹⁶ Dagegen sind Geschäftsguthaben von Mitgliedern, die angekündigt haben, das Abfindungsangebot anzunehmen, zu berücksichtigen, weil das Abfindungsangebot darauf gerichtet ist, die Anteile an der Kapitalgesellschaft, also dem Rechtsträger neuer Rechtsform, gegen Abfindung zu erwerben und dazu die Betroffenen zunächst Gesellschafter der neuen Rechtsform sein und die Anteile gebildet sein müssen.¹⁸¹⁷ Problematisch ist die Berechnung, wenn nach Ablauf des Geschäftsjahres, dessen Ende der Berechnung gem. § 263 Abs. 2 Satz 1 zugrunde liegt, Mitglieder beigetreten oder ausgeschieden sind. Es wird empfohlen, den Umwandlungsbeschluss möglichst kurz nach dem Bilanzstichtag zu terminieren und den Beitritt während dieser Zeit durch entsprechende Satzungsbestimmungen zu verhindern.¹⁸¹⁸

Die **Quotenbemessungsregel** muss zwingend in den Beschluss aufgenommen werden.¹⁸¹⁹   871

Gem. § 263 i.V.m. § 243 Abs. 3 kann in der Satzung des Rechtsträgers neuer Rechtsform der auf die Anteile entfallende Betrag des Stamm- oder Grundkapitals abweichend vom Betrag der Anteile am formwechselnden Rechtsträger festgelegt werden (s.o. Rdn. 807).   872

§ 263 Abs. 2 Satz 1 schreibt vor, dass der Formwechsel **verhältniswahrend** zu erfolgen hat. Nur bei Zustimmung **aller** Anteilsinhaber der Genossenschaft soll der Anteilstausch auch nicht verhältniswahrend vorgenommen werden können.¹⁸²⁰ Überzeugend ist das nicht. Wie sonst auch,¹⁸²¹ muss es genügen, wenn die betroffenen Anteilsinhaber dem nicht verhältniswahrenden Anteilstausch zustimmen.   873

Die Vorgabe, dass der Anteilstausch verhältniswahrend erfolgen muss, bedeutet aber nicht, dass auch auf jedes Mitglied der Genossenschaft nach dem Formwechsel volle Geschäftsanteile oder Aktien entfallen müssen. Es ist zwar im Sinne des Gesetzes, dies anzustreben. So sagt § 263 Abs. 2 Satz 2 für die AG, dass der Nennbetrag des Grundkapitals so zu bemessen ist, dass auf jedes Mitglied **möglichst volle Aktien** entfallen. Gem. § 258 Abs. 2 muss dagegen auf jedes Mitglied **mindestens eine volle Aktie** entfallen. Für die GmbH schreibt § 263 Abs. 3 Satz 1 nur vor, dass die Geschäftsanteile   874

1815 Böttcher/Habighorst/*Bürger*, § 264 Rn. 2; Habersack/Wicke/*Fuchs*, § 264 Rn. 7; Lutter/*Bayer*, § 264 Rn. 2; Schmitt/Hörtnagl/Stratz/*Westerburg*, § 264 Rn. 4; Semler/Stengel/*Bonow*, § 264 Rn. 7.
1816 Böttcher/Habighorst/*Bürger*, § 263 Rn. 6; Habersack/Wicke/*Erkens*, § 263 Rn. 15; Lutter/*Bayer*, § 263 Rn. 23; Schmitt/Hörtnagl/Stratz/*Stratz*, § 263 Rn. 7; Semler/Stengel/*Bonow*, § 263 Rn. 22; Widmann/Mayer/*Graf Wolffskeel v. Reichenberg*, § 263 Rn. 7.
1817 Böttcher/Habighorst/*Bürger*, § 263 Rn. 6; Habersack/Wicke/*Erkens*, § 263 Rn. 15; Lutter/*Bayer*, § 263 Rn. 23; Schmitt/Hörtnagl/Stratz/*Stratz*, § 263 Rn. 7; Semler/Stengel/*Bonow*, § 263 Rn. 21; Widmann/Mayer/*Graf Wolffskeel v. Reichenberg*, § 263 Rn. 8.
1818 Lutter/*Bayer*, § 263 Rn. 23; a.A. (Verbot ist im Hinblick auf freie Entscheidung über die Aufnahme nicht erforderlich) Semler/Stengel/*Bonow*, § 263 Rn. 18; skeptisch Habersack/Wicke/*Erkens*, § 263 Rn. 13.
1819 Lutter/*Bayer*, § 263 Rn. 23.
1820 Böttcher/Habighorst/*Bürger*, § 263 Rn. 7; Habersack/Wicke/*Erkens*, § 263 Rn. 14; Lutter/*Bayer*, § 263 Rn. 25; Schmitt/Hörtnagl/Stratz/*Westerburg*, § 263 Rn. 5; Semler/Stengel/*Bonow*, § 263 Rn. 10.
1821 Vgl. oben Rdn. 541.

auf einen höheren Nennbetrag als 100,– € nur gestellt werden können, soweit auf alle Mitglieder volle Geschäftsanteile entfallen. Bei geringerem Nennbetrag ist das dagegen nicht erforderlich. Ebenso können Aktien gem. § 263 Abs. 3 Satz 2 nur auf einen höheren Betrag als den Mindestbetrag von 1,– € gestellt werden, soweit auf die Mitglieder volle Aktien entfallen. Eine Festlegung des Nennbetrags des Rechtsträgers neuer Rechtsform und eine Aufteilung der Anteile am Rechtsträger neuer Rechtsform in der Weise, dass auf alle Mitglieder nur volle Aktien des Rechtsträgers neuer Rechtsform entfallen, wäre auch schwierig.[1822] Denn die Aufteilung erfolgt nach Maßgabe der Geschäftsguthaben. Diese sind eine variable Größe, die sich insbesondere durch Einzahlung der Mitglieder ganz unterschiedlich entwickeln kann. Unter Berücksichtigung des nach dem Reinvermögen möglichen Nennkapitals ist es deshalb in der Regel nicht gesichert, dass die Aufteilung verhältniswahrend erfolgt und auf alle Mitglieder volle Aktien entfallen. Deshalb geht das Gesetz in § 266 selbst davon aus, dass es zur Bildung von Teilrechten kommen kann.

875 Durch den Formwechsel werden nach der ausdrücklichen Anordnung in § 266 die bisherigen Geschäftsanteile zu **Anteilen** an der Gesellschaft neuer Rechtsform **und zu Teilrechten**. Der Geschäftsanteil ist aber nur der Höchstbetrag der Beteiligung, also eine leere Hülle, die die maximale Beteiligungsmöglichkeit vorgibt. Die tatsächliche Höhe der Beteiligung wird durch das Geschäftsguthaben bestimmt. Deshalb erfolgt die Zuweisung neuer Anteile nach dem Geschäftsguthaben, nicht den Geschäftsanteilen.(Umqualifizierung der Geschäftsanteile)[1823] Durch den Formwechsel entstehende Teilrechte sind gem. § 266 Abs. 2 selbständig veräußerlich und vererblich. Die Übertragung erfolgt nach den für das volle Anteilsrecht geltenden Vorschriften, für Teilrechte an einer GmbH somit durch notariell beurkundeten Abtretungsvertrag gem. § 15 Abs. 3 GmbHG.[1824] Für die AG bestimmt § 266 Abs. 3, dass Rechte aus Teilrechten nur ausgeübt werden können, wenn die Teilrechte zusammen eine volle Aktie ergeben, in einer Hand vereinigt sind oder wenn mehrere Berechtigte, deren Teilrechte zusammen eine volle Aktie ergeben, sich zur Ausübung dieser Rechte zusammenschließen. Dieser Zusammenschluss wird als BGB-Gesellschaft qualifiziert.[1825] Zulässig soll aber auch der Zusammenschluss im Wege eines Treuhandverhältnisses sein.[1826] § 266 Abs. 3 Satz 1 regelt die Ausübungssperre nur für die AG. Entsprechendes soll aber analog § 57k GmbHG auch für die Teilrechte an einer GmbH gelten.[1827] AG und KGaA sind gem. § 266 Abs. 3 Satz 2 gehalten, die Zusammenführung von Teilrechten von Aktien zu vermitteln. Auch das soll entsprechend für Teilrechte an der GmbH gelten.[1828]

876 Gem. § 267 hat das Vertretungsorgan der neuen Rechtsform jedem Anteilsinhaber unverzüglich nach der Bekanntmachung der Eintragung der Gesellschaft ins Handelsregister die Eintragung sowie die Zahl und gegebenenfalls den Nennbetrag der Anteile und Teilrechte, die auf ihn entfallen sind, in Textform mitzuteilen. Dabei ist auf die Teilrechte hinzuweisen. Zugleich ist der wesentliche Inhalt der Mitteilung in den Gesellschaftsblättern bekanntzumachen. Während die Mitteilung jedem Gesellschafter die konkrete Anzahl seiner Anteile und Teilrechte beziffern muss und auf die sich aus § 266 ergebenden Rechtsfolgen, insbesondere die Ausübungsbeschränkungen für Teilrechte, hin-

---

1822 Lutter/*Bayer*, § 267 Rn. 4.
1823 Böttcher/Habighorst/*Bürger*, § 263 Rn. 7; Habersack/Wicke/*Thilo*, § 266 Rn. 4, 6; KK-UmwG/*Schöpflin*, § 266 Rn. 3; Schmitt/Hörtnagl/Stratz/*Westerburg*, § 266 Rn. 1; Semler/Stengel/*Bonow*, § 266 Rn. 5.
1824 Habersack/Wicke/*Thilo*, § 266 Rn. 15; Lutter/*Bayer*, § 266 Rn. 8; Widmann/Mayer/*Graf Wolffskeel v. Reichenberg*, § 266 Rn. 5.
1825 KK-UmwG/*Schöpflin*, § 266 Rn. 6; Lutter/*Bayer*, § 266 Rn. 9; auch Semler/Stengel/*Bonow*, § 266 Rn. 14; Widmann/Mayer/*Graf Wolffskeel v. Reichenberg*, § 266 Rn. 6.
1826 KK-UmwG/*Schöpflin*, § 266 Rn. 6; Schmitt/Hörtnagl/Stratz/*Westerburg*, § 266 Rn. 6; Semler/Stengel/*Bonow*, § 266 Rn. 14.
1827 Böttcher/Habighorst/*Bürger*, § 266 Rn. 3; Lutter/*Bayer*, § 266 Rn. 10; Semler/Stengel/*Bonow*, § 266 Rn. 15 f.; KK-UmwG/*Schöpflin*, § 266 Rn. 8; Schmitt/Hörtnagl/Stratz/*Westerburg*, § 266 Rn. 5; Semler/Stengel/*Bonow*, § 266 Rn. 15 f.; Widmann/Mayer/*Graf Wolffskeel v. Reichenberg*, § 266 Rn. 6.
1828 KK-UmwG/*Schöpflin*, § 266 Rn. 8; Lutter/*Bayer*, § 266 Rn. 11; Semler/Stengel/*Bonow*, § 266 Rn. 10.

weisen muss, genügt es nach allgemeiner Meinung, bei der Bekanntmachung nur die Umrechnungsformel darzulegen, ohne individualisierte Beträge zu nennen.[1829] In der Mitteilung nach § 267 sind die Aktionäre aufzufordern, die ihnen zustehenden Aktien abzuholen. § 268 regelt, wann nicht abgeholte Aktien veräußert werden können. Die Bestimmung ist bei fehlender Zusammenführung von Teilrechten entsprechend anzuwenden.[1830] Solange die abgeholten oder veräußerten Aktien nicht mindestens 60 % des Grundkapitals erreichen, kann die Hauptversammlung der AG oder KGaA neuer Rechtsform gem. § 269 keine Beschlüsse fassen, die einer Kapitalmehrheit bedürfen. Von einem genehmigten Kapital darf gem. § 269 Satz 2 in dieser Zeit nicht Gebrauch gemacht werden.

Bei einem Formwechsel in eine **KGaA** muss der Umwandlungsbeschluss gem. §§ 263 Abs. 2, 218 Abs. 2 zu § 294 Abs. 1 Nr. 4 vorsehen, dass sich mindestens ein Mitglied der Genossenschaft als Komplementär beteiligt oder der Gesellschaft mindestens ein Komplementär beitritt (s.o. Rdn. 524). 877

c) § 194 Abs. 1 Nr. 5 – Sonderrechte oder Maßnahmen für einzelne Gesellschafter

Vgl. hierzu oben Rdn. 545 ff. Besonderheiten sind nicht anzumerken. 878

d) § 194 Abs. 1 Nr. 6 – Barabfindungsangebot

Gem. § 207 Abs. 1 Satz 1 hat der formwechselnde Rechtsträger jedem Anteilsinhaber, der gegen den Umwandlungsbeschluss Widerspruch zur Niederschrift einlegt, den Erwerb seiner umgewandelten Anteile gegen angemessene Barabfindung anzubieten (s.o. Rdn. 549 ff.). § 270 erweitert diesen Anspruch insofern, als ein solches Angebot auch für Mitglieder gilt, die zwar nicht in der Versammlung erschienen sind und dort ihren **Widerspruch zur Niederschrift** erklärt haben, sondern bis zum dritten Tage vor dem Tag, an dem der Beschluss gefasst werden soll, durch eingeschriebenen Brief dem Formwechsel widersprochen haben. Von Bedeutung ist das insbesondere, wenn nicht die Generalversammlung, sondern die **Vertreterversammlung** zur Beschlussfassung über den Formwechsel zuständig ist, für **Mitglieder, die nicht Vertreter** sind. Sie können ihr Recht zum Austritt aus der Gesellschaft aus Anlass des Formwechsels auch durch den genannten eingeschriebenen Brief ausüben, wenn dieser der Genossenschaft rechtzeitig zugeht. Teilweise wird vertreten, dass dazu noch nicht einmal ein solcher schriftlicher Widerspruch nötig sei.[1831] Das wird mit einer Analogie zu § 90 Abs. 3 Satz 2 begründet. Überwiegend wird das aber abgelehnt.[1832] Höchst umstritten ist, ob der Anspruch nur von Mitgliedern geltend gemacht werden kann, die auch **gegen den Formwechsel gestimmt** haben,[1833] oder ob ein Mitglied auch für den Formwechsel stimmen und dennoch nach § 207 vorgehen kann.[1834] Es sprechen gute Gründe für die erstere Auffassung, insbesondere dass ein Abfindungsangebot nach der ausdrücklichen Regelung des § 194 Abs. 1 Nr. 6 überflüssig ist, wenn der Beschluss der Zustimmung aller Anteilsinhaber bedarf.[1835] 879

1829 Böttcher/Habighorst/*Bürger*, § 267 Rn. 1, 3; Habersack/Wicke/*Lakenberg*, § 267 Rn. 6, 11; KK-UmwG/ *Schöpflin*, § 267 Rn. 2 und 5; Lutter/*Bayer*, § 267 Rn. 3 und 5; Semler/Stengel/*Bonow*, § 267 Rn. 4 und 8; Widmann/Mayer/*Graf Wolffskeel v. Reichenberg*, § 267 Rn. 2 ff., 8.
1830 Böttcher/Habighorst/*Bürger*, § 268 Rn. 6; Habersack/Wicke/*Thilo*, § 267 Rn. 18 f.; Lutter/*Bayer*, § 268 Rn. 10; Semler/Stengel/*Bonow*, § 268 Rn. 12; Widmann/Mayer/*Graf Wolffskeel v. Reichenberg*, § 268 Rn. 9.
1831 Schmitt/Hörtnagl/Stratz/*Westerburg*, § 270 Rn. 2.
1832 Böttcher/Habighorst/*Bürger*, § 270 Rn. 3; Habersack/Wicke/*Fuchs*, § 270 Rn. 9; Lutter/*Bayer*, § 270 Rn. 5; Semler/Stengel/*Bonow*, § 270 Rn. 3; Widmann/Mayer/*Graf Wolffskeel v. Reichenberg*, § 270 Rn. 5.
1833 So Habersack/Wicke/*Fuchs*, § 270 Rn. 8; KK-UmwG/*Schöpflin*, § 270 Rn. 5; Lutter/*Bayer*, § 270 Rn. 9; Widmann/Mayer/*Graf Wolffskeel v. Reichenberg*, § 270 Rn. 6.
1834 So Böttcher/Habighorst/*Bürger*, § 270 Rn. 4; Lutter/*Hoger*, § 207 Rn. 8 f.; Semler/Stengel/*Bonow*, § 270 Rn. 5.
1835 KK-UmwG/*Schöpflin*, § 270 Rn. 5.

e) § 194 Abs. 1 Nr. 7 – Folgen für die Arbeitnehmer und ihre Vertretungen

880 S. zunächst oben Rdn. 554 ff. Aus dem Formwechsel ergeben sich für die Arbeitnehmer keine weitreichenden Folgen. Die Arbeitnehmermitbestimmung nach DrittelbG und MitbestG ist bei der eG und den Kapitalgesellschaften gleich, auch wenn es nach h.L. keine Kontinuität des Aufsichtsrats gem. § 203 gibt,[1836] weil dieser nach anderen Bestimmungen zusammengesetzt ist. Die Anteilseignervertreter der eG müssen gem. § 9 Abs. 2 Satz 2 Mitglieder der Genossenschaft sein, was bei Kapitalgesellschaften nicht vorgeschrieben ist.

f) Wahl der ersten Organe

881 Die eG hat gem. § 9 GenG grundsätzlich einen Aufsichtsrat; nur wenn sie weniger als 20 Mitglieder hat, kann in der Satzung auf die Bildung eines Aufsichtsrats verzichtet werden. Wie eben dargestellt, besteht jedoch nach h.L. keine Amtskontinuität für die Mitglieder des Aufsichtsrats gem. § 203, weil Anteilseignervertreter im Aufsichtsrat der eG anders als bei der Kapitalgesellschaft Mitglieder der Genossenschaft sein müssen. Sofern nicht der Aufsichtsrat vollständig entfällt – wie beim Formwechsel einer eG mit nicht mehr als 500 Arbeitnehmern in die GmbH –, ist er bei der neuen Rechtsform neu zu wählen. Die Wahl erfolgt im Formwechselbeschluss. Die Frage ist nur, nach welchen Vorschriften zu wählen ist. Konsequenterweise sind die Bestimmungen des Rechtsträgers neuer Rechtsform erst nach Durchführung des Statusverfahrens anzuwenden (s.o. Rdn. 507).

882 Auch für die Mitglieder des Geschäftsführungsorgans besteht keine Amtskontinuität. Sie müssen neu gewählt werden, und zwar nach den Bestimmungen des Rechtsträgers neuer Rechtsform, bei der GmbH also – außer bei der nach MitbestG mitbestimmten GmbH – durch die Gesellschafterversammlung und bei der AG durch den Aufsichtsrats; bei der KGaA schließlich wird das Geschäftsführungsorgan – der oder die Komplementäre – in der neuen Satzung festgelegt.

4. Satzung

883 In dem Umwandlungsbeschluss ist auch die Satzung der Kapitalgesellschaft festzustellen (§§ 263, 218). Beim Formwechsel in die KGaA muss sich mindestens ein Gesellschafter als persönlich haftender Gesellschafter beteiligen oder es muss ein persönlich haftender Gesellschafter beitreten (§§ 263, 218 Abs. 2). Eine **Unterzeichnung der Satzung durch die Gesellschafter** ist weder beim Formwechsel in die GmbH noch beim Formwechsel in AG oder KGaA erforderlich (§§ 263, 218 und 244 Abs. 2).[1837] Ob die Vorschriften über die **Festlegung von Sacheinlagen und Gründungsaufwand** in der Satzung anzuwenden sind, wird man in derselben Weise entscheiden müssen, wie beim Formwechsel von der Personengesellschaft in eine Kapitalgesellschaft (s.o. Rdn. 721). Die Frage ist nicht anders zu beantworten, als beim Formwechsel von der Personengesellschaft in eine Kapitalgesellschaft. Soll in der Satzung der Kapitalgesellschaft ein genehmigtes Kapital begründet werden, ist § 263 Abs. 3 Satz 3 zu beachten. Die Ermächtigung darf nicht vorsehen, dass das Vertretungsorgan über den Ausschluss des Bezugsrechts entscheidet. Über den **Ausschluss des Bezugsrechts** muss die Hauptversammlung selbst entscheiden[1838] oder der Ausschluss des Bezugsrechts muss ausdrücklich in der Satzung geregelt werden.[1839] Begründet wird dies teilweise damit, dass eine Verwässerung der Anteilsrechte der Aktionäre ohne deren Mitwirkung ausgeschlossen werden soll.[1840] Effektiv ist das

---

1836 Lutter/*Bayer*, § 264 Rn. 8; Lutter/*Hoger*, § 203 Rn. 8; Semler/Stengel/*Simon*, § 203 Rn. 5; a.A. Habersack/Wicke/*Simons*, § 203 Rn. 26.1; 29.
1837 Habersack/Wicke/*Erkens*, § 263 Rn. 7; KK-UmwG/*Schöpflin*, § 263 Rn. 3; Lutter/*Bayer*, § 263 Rn. 14; Schmitt/Hörtnagl/Stratz/*Westerburg*, § 263 Rn. 3; Semler/Stengel/*Bonow*, § 263 Rn. 5.
1838 So KK-UmwG/*Schöpflin*, § 263 Rn. 14; Widmann/Mayer/*Graf Wolffskeel v. Reichenberg*, § 263 Rn. 10.
1839 Lutter/*Bayer*, § 276 Rn. 8; Semler/Stengel/*Katschinski*, § 276 Rn. 11; Widmann/Mayer/*Vossius*, § 276 Rn. 13 f.
1840 So Habersack/Wicke/*Erkens*, § 263 Rn. 20; Widmann/Mayer/*Graf Wolffskeel v. Reichenberg*, § 263 Rn. 10; Widmann/Mayer/*Vossius*, § 276 Rn. 13 f.

C. Formwechsel   Kapitel 8

nicht. Es hindert niemand die Aktionäre daran, nach Wirksamwerden des Formwechsels ein genehmigtes Kapital gem. §§ 203, 186 Abs. 4 AktG zu beschließen.

5. Beschlussverfahren

a) Durchführung der Versammlung

Gem. § 261 sind der Umwandlungsbericht und das Prüfungsgutachten in der Generalversammlung auszulegen. Der Vorstand hat den Umwandlungsbericht mündlich zu erläutern. Das Prüfungsgutachten ist in der Generalversammlung vorzulesen. Der Prüfungsverband ist berechtigt, an der Versammlung beratend teilzunehmen. Den Mitgliedern steht analog § 131 AktG[1841] sowie §§ 83, 64 Abs. 2[1842] ein Auskunftsrecht gegen den Vorstand zu.   884

Bei Genossenschaften mit über 1.500 Mitgliedern kann die Satzung gem. § 43a GenG bestimmen, dass die Generalversammlung aus Vertretern der Mitglieder (sogenannte **Vertreterversammlung**) besteht. Auch die Vertreterversammlung ist dann Generalversammlung i.S.d. UmwG.[1843] Die Satzung kann gem. § 43a Abs. 1 Satz 2 GenG aber auch bestimmen, dass bestimmte Beschlüsse (so auch der Formwechselbeschluss) der Generalversammlung vorbehalten bleiben.   885

b) Beschlussmehrheiten

Der Beschluss der Generalversammlung bedarf gem. § 262 einer Mehrheit von mindestens 3/4 der abgegebenen Stimmen. Erheben mindestens 100 Mitglieder beziehungsweise bei Genossenschaften unter 1.000 Mitgliedern 10 % der Mitglieder bis zum Ablauf des 3. Tages vor der Generalversammlung **Widerspruch** gegen den Formwechsel, bedarf der Beschluss einer Mehrheit von 9/10 der abgegebenen Stimmen. Die **Berechnung der Frist** erfolgt nach den §§ 187 ff. BGB rückwärts vom Tage der Versammlung an. Bei der Bestimmung der Frist ist der Tag der Versammlung nicht mitzurechnen. Findet die Versammlung also am 30. statt, muss der Zugang bis zum 27. erfolgen.[1844] Endet die Frist an einem Samstag, Sonntag oder Feiertag, verlängert sie sich nicht gem. § 193 bis zum nächsten Werktag. Vielmehr wird man insoweit § 121 Abs. 7 AktG entsprechend anwenden müssen.[1845] Bei der Ermittlung der Mehrheit werden Stimmenthaltungen und ungültige Stimmen nicht mitgezählt.[1846] Jedes Mitglied hat nur eine Stimme. Gem. § 43 GenG kann die Satzung zwar Mehrstimmrechte gewähren. Bei Beschlüssen, die einer Mehrheit von mindestens 3/4 der abgegebenen Stimmen bedürfen, haben jedoch alle Mitglieder ungeachtet etwa bestehender Mehrstimmrechte nur eine Stimme. Das gilt nicht bei Unternehmergenossenschaften, also solchen, bei denen mindestens 3/4 der Mitglieder Unternehmer i.S. von § 14 BGB sind. Mehrstimmrechte können aber nur bis zu 1/10 der anwesenden Stimmen ausgeübt werden. Höhere Mehrstimmrechte sind bei Zentralgenossenschaften möglich, also solchen, deren Mitgliedern ihrerseits ausschließlich oder überwiegend Genossenschaften sind.   886

Lässt die Satzung Personen, die für die Nutzung oder Produktion der Güter und die Nutzung oder Erbringung der Dienste der Genossenschaft nicht in Frage kommen, als investierende Mitglieder zu, so muss die Satzung gem. § 8 Abs. 2 GenG sicherstellen, dass Beschlüsse, für die eine Mehrheit   887

1841 So z.B. Lutter/*Bayer*, § 261 Rn. 8 ff.
1842 So z.B. Semler/Stengel/*Bonow*, § 261 Rn. 27 ff.
1843 KK-UmwG/*Schöpflin*, § 262 Rn. 4; Lutter/*Bayer*, § 262 Rn. 2.
1844 Vgl. Habersack/Wicke/*Lakenberg*, § 262 Rn. 8; Lutter/*Bayer*, § 262 Rn. 7, 275 Rn. 7; Schmitt/Hörtnagl/Stratz/*Stratz*, §§ 260 Rn. 8; 275 Rn. 4; Semler/Stengel/*Katschinski*, § 275 Rn. 9; Widmann/Mayer/*Vossius*, § 275 Rn. 21.
1845 Habersack/Wicke/*Reul*, § 275 Rn. 20; Lutter/*Bayer*, § 275 Rn. 7; Semler/Stengel/*Katschinski*, § 275 Rn. 9; Widmann/Mayer/*Vossius*, § 275 Rn. 21.
1846 Böttcher/Habighorst/*Bürger*, § 262 Rn. 5; Habersack/Wicke/*Lakenberg*, § 262 Rn. 4; KK-UmwG/*Schöpflin*, § 262 Rn. 5; Lutter/*Bayer*, § 262 Rn. 5; Schmitt/Hörtnagl/Stratz/*Westerburg*, § 262 Rn. 5; Semler/Stengel/*Bonow*, § 262 Rn. 15.

Piehler

888 Umstritten ist, ob die Abstimmung offen erfolgen muss[1847] oder auch geheim zulässig ist.[1848] Hintergrund ist der Meinungsstreit darüber, ob das Abfindungsangebot gem. § 207 nur für Mitglieder gilt, die nicht nur Widerspruch gegen den Umwandlungsbeschluss eingelegt haben (wie es im Gesetz heißt), sondern auch bei der Abstimmung gegen den Formwechsel gestimmt haben.[1849] Die Befürworter dieser Auffassung verlangen konsequent die offene Abstimmung. Dem ist allerdings entgegen zu halten, dass in der Praxis auch bei der offenen Abstimmung nicht nachgehalten wird, wer für und wer gegen den Beschluss gestimmt hat. Will man das sicherstellen, müsste namentlich abgestimmt werden.

c) Beurkundung

889 Gem. der allgemeinen Bestimmung des § 193 Abs. 3 Satz 1 muss der Umwandlungsbeschluss notariell beurkundet werden.[1850] § 47 Abs. 1 GenG schreibt vor, dass die Niederschrift über Beschlüsse der Generalversammlung Ort und Tag der Versammlung, den Namen des Vorsitzenden sowie Art und Ergebnis der Abstimmung und die Feststellung des Vorsitzenden über die Beschlussfassung enthalten muss. Das entspricht im Wesentlichen § 130 Abs. 2 AktG, nur dass in dieser Vorschrift der Name des Notars statt desjenigen des Vorsitzenden aufgeführt ist. Gem. § 47 Abs. 2 Satz 2 GenG sind die Belege über die Einberufung als Anlage beizufügen. Bei bestimmten Beschlüssen ist der Niederschrift außerdem ein **Verzeichnis der erschienenen und vertretenen Mitglieder** und der vertretenden Personen beizufügen. Bei jedem erschienenen oder vertretenen Mitglied ist dessen **Stimmenzahl zu vermerken**. Das wird man für die notarielle Niederschrift in sinngemäßer Anwendung von § 47 Abs. 3 GenG ebenfalls annehmen müssen.[1851] Dagegen gilt die Vorschrift des § 47 Abs. 2 Satz 1 GenG, wonach die Niederschrift vom Vorsitzenden und mindestens einem anwesenden Mitglied des Vorstandes zu unterschreiben ist, für die notarielle Niederschrift nicht. Das Tatsachenprotokoll ist nur vom Notar zu unterzeichnen. Um Diskussionen mit dem Registergericht zu vermeiden, kann es sich aber empfehlen, auch die Anforderungen von § 47 Abs. 2 Satz 1 GenG einzuhalten.[1852]

d) Vertretung

890 Gem. § 43 Abs. 4 GenG sollen Mitglieder ihr Stimmrecht persönlich ausüben. Das Stimmrecht geschäftsunfähiger oder beschränkt geschäftsfähiger natürlicher Personen sowie juristischer Personen wird durch ihre gesetzlichen Vertreter ausgeübt, das Stimmrecht von Personenhandelsgesellschaften durch zur Vertretung ermächtigte Gesellschafter. Gem. § 43 Abs. 5 GenG kann Vollmacht erteilt werden. Sie bedarf der Schriftform. Ein Bevollmächtigter kann nicht mehr als zwei Mitglieder vertreten. Die Satzung kann die Vollmachtserteilung einschränken.

891 Die Zulässigkeit einer vollmachtlosen Vertretung wird man ebenso verneinen müssen wie bei der AG (s.o. Rdn. 596). Entsprechendes gilt für die Frage, ob die Vollmacht der notariellen Beglaubigung der Unterschriften bedarf (s.o. Rdn. 601 f.). Dagegen dürfte § 181 auf die Stimmabgabe

---

1847 So KK-UmwG/*Schöpflin*, § 262 Rn. 3; Lutter/*Bayer*, § 262 Rn. 5; Schmitt/Hörtnagl/Stratz/*Westerburg*, § 262 Rn. 2; offene Abstimmung empfiehlt auch Widmann/Mayer/*Graf Wolffskeel v. Reichenberg*, § 262 Rn. 2.1.
1848 So Habersack/Wicke/*Lakenberg*, § 262 Rn. 4; Semler/Stengel/*Bonow*, § 262 Rn. 23.
1849 KK-UmwG/*Schöpflin*, § 262 Rn. 3; Lutter/*Bayer*, §§ 262 Rn. 5; 270 Rn. 9; Widmann/Mayer/*Graf Wolffskeel v. Reichenberg*, § 262 Rn. 2.1; a.A. Lutter/*Hoger*, § 207 Rn. 8; Semler/Stengel/*Bonow*, § 262 Rn. 21 ff.
1850 Böttcher/Habighorst/*Bürger*, § 262 Rn. 9; Habersack/Wicke/*Lakenberg*, § 262 Rn. 5; Lutter/*Bayer*, §§ 262 Rn. 31; Schmitt/Hörtnagl/Stratz/*Westerburg*, § 262 Rn. 1; Semler/Stengel/*Bonow*, § 262 Rn. 5; Widmann/Mayer/*Graf Wolffskeel v. Reichenberg*, § 262 Rn. 6; Limmer/*Limmer*, Teil 4 Rn. 716.
1851 So im Ergebnis wohl auch Limmer/*Limmer*, Teil 4 Rn. 716 i.V.m. Teil 2 Rn. 1282.
1852 So die Empfehlung von Limmer/*Limmer*, Teil 2 Rn. 1281.

Anwendung finden. Die Argumente, die für eine gesetzliche Befreiung bei der AG ins Feld geführt werden (s.o. Rdn. 597) greifen bei der eG jedenfalls nicht. Gemildert wird das sich daraus ergebende Problem der Kontrolle des Beschlusses auf einen Verstoß gegen § 181 BGB allerdings dadurch, dass ein Bevollmächtigter nicht mehr als zwei Mitglieder vertreten kann und dass jedes Mitglied, wenn es sich nicht um eine Unternehmergenossenschaft oder eine Zentralgenossenschaft handelt, nur eine Stimme hat (s.o. Rdn. 886). Häufig wird deshalb ein möglicher Verstoß die Mehrheit nicht ins Wanken bringen.

6. Zustimmung Dritter

Keine Besonderheiten gelten für die Zustimmung dinglich Berechtigter (s. Rdn. 605). Eine Zustimmung des Ehepartners scheidet bei der eG schon deshalb regelmäßig aus, weil die Anteile selten so werthaltig sind, dass sie das gesamte Vermögen des Ehepartners ausmachen. Ist das im Einzelfall ausnahmsweise anders, greift § 1365 BGB nur ein, wenn sich durch den Wechsel der Rechtsform die Verfügbarkeit des Anteils vermindert (s. Rdn. 606). Wegen der Zustimmung des Familien-/Betreuungsgerichts gelten keine Besonderheiten (s. Rdn. 608 f.). 892

7. Zustimmung einzelner Gesellschafter

a) Vinkulierungsbegünstigte Anteilsinhaber

Aus § 193 Abs. 2 ergibt sich ein Zustimmungserfordernis, wenn die Übertragung der Mitgliedschaft an die Zustimmung anderer Mitglieder geknüpft ist. Gem. § 76 Abs. 2 GenG kann die Übertragung des Geschäftsguthabens eines Genossen an weitere Voraussetzungen, z.B. an die Zustimmung der eG, geknüpft werden; ob die Übertragung an die Zustimmung einzelner Mitglieder gebunden werden kann, ist zweifelhaft. Das kann aber dahinstehen, weil durch Erwerb des Geschäftsguthabens nicht die Mitgliedschaft, sondern lediglich die Einzahlung auf den Geschäftsanteil erworben wird. Die Mitgliedschaft kann nur durch Beitritt gem. § 15 GenG erworben werden, der von der eG zugelassen werden muss. Keinesfalls ist die Übertragbarkeit der Mitgliedschaft an die Zustimmung einzelner Mitglieder gebunden, so dass ein Zustimmungserfordernis nach § 193 Abs. 2 ausscheidet.[1853] 893

b) Zustimmung künftiger Komplementäre

Dem Formwechsel zustimmen müssen die zukünftigen Komplementäre beim Formwechsel in die KGaA. § 262 Abs. 2 verweist auf § 240 Abs. 2. Soll ein künftiger Komplementär im Zuge des Formwechsels beitreten, gilt § 221 (zu beiden vgl. Rdn. 632 ff.). 894

8. Handelsregisteranmeldung

a) Zuständiges Gericht

Gem. § 198 Abs. 2 Satz 2 ist der Rechtsträger neuer Rechtsform in das **Handelsregister** anzumelden. Durch den Formwechsel ändert sich die Art des maßgebenden Registers vom Genossenschaftsregister zum Handelsregister. Deshalb ist **zugleich** die Umwandlung gem. § 198 Abs. 2 Satz 3 in das **Genossenschaftsregister anzumelden**. Diese Eintragung hat zuerst zu erfolgen (§ 198 Abs. 2 Satz 5), allerdings mit dem Hinweis, dass die Umwandlung erst mit Eintragung des Rechtsträgers neuer Rechtsform in das Handelsregister wirksam wird. 895

b) Anmeldepflichtige

Gem. § 265 ist auf die Anmeldung des Rechtsträgers neuer Rechtsform § 222 Abs. 1 Satz 1 entsprechend anzuwenden. Diese hat also durch alle Mitglieder des künftigen Vertretungsorgans sowie, 896

1853 Zum ganzen Widmann/Mayer/*Fronhöfer*, § 84 Rn. 32 ff.

wenn die neue Rechtsform einen Aufsichtsrat haben muss, auch durch dessen Mitglieder zu erfolgen. Damit hat die Anmeldung beim Formwechsel in die GmbH durch alle Geschäftsführer zu erfolgen. Unterliegt die GmbH der Mitbestimmung nach DrittelbG oder MitbestG ist umstritten, ob auch die Mitglieder des Aufsichtsrats zur Anmeldung verpflichtet sind. Das wird zu Recht mit dem Argument verneint, dass die Mitbestimmung erst greift, wenn die GmbH existiert, nicht aber bereits im Gründungsstadium (vgl. oben Rdn. 652). Bei der AG erfolgt die Anmeldung durch alle Mitglieder des Vorstands und des Aufsichtsrats, bei der KGaA durch die Komplementäre und die Mitglieder des Aufsichtsrats. § 222 Abs. 2, wonach die den Gründern gleichstehenden Gesellschafter ebenfalls anmelden müssen, ist nicht anwendbar, weil die Mitglieder der eG auch dann keine Gründungshaftung trifft, wenn sie dem Formwechsel zustimmen. Sie müssen deshalb gem. § 264 Abs. 2 und Abs. 3 auch weder einen Sachgründungsbericht noch einen Gründungsbericht erstellen.

897 Weiter ist gem. § 265 auch § 222 Abs. 3 entsprechend anwendbar. Die Anmeldung der Umwandlung zum Register der formwechselnden Genossenschaft kann demgemäß auch deren Vorstand in vertretungsberechtigter Zahl vornehmen.

c) Inhalt der Anmeldung, Versicherungen

898 Es sind keine Besonderheiten zu vermerken. Fraglich ist nur, ob auch eine Versicherung über die Einlagenerbringung gem. § 8 Abs. 2 GmbHG, § 37 Abs. 1 AktG abzugeben ist. Die Rechtslage ist hier nicht anders als beim Formwechsel der Personengesellschaft in die Kapitalgesellschaft. Auf die Ausführung dazu unter Rdn. 736 kann daher verwiesen werden.[1854]

d) Anlagen

899 Diesbezüglich kann auf Rdn. 657 ff. verwiesen werden. Zusätzlich ist jedoch auf folgendes hinzuweisen: Beim **Formwechsel in die GmbH** ist gem. § 264 Abs. 2 kein Sachgründungsbericht zu erstatten. Das ist die Konsequenz der mangelnden Gründereigenschaft und -haftung der Mitglieder der Genossenschaft, macht aber nicht die Prüfung entbehrlich, ob das Stammkapital der Gesellschaft das Vermögen der Genossenschaft übersteigt, was § 264 Abs. 1 verbietet. Der Anmeldung der neuen GmbH sind deshalb gem. § 8 Abs. 1 Ziff. 5. GmbHG Unterlagen über den Wert des Vermögens der Genossenschaft beizufügen[1855] in aller Regel wird dazu das Gutachten des Prüfungsverbandes gem. § 259 ausreichen, in dem auch die Einhaltung der Kapitalschutzregelungen gem. § 264 Abs. 1 zu prüfen und zu bewerten sind.[1856]

900 Beim **Formwechsel in eine AG oder KGaA** sind dagegen gem. § 264 Abs. 3 die Vorschriften über die Gründungsprüfung trotz des Gutachtens des Prüfungsverbandes anzuwenden.[1857] Nur die Verpflichtung zur Erstattung des Gründungsberichts ist aufgehoben. Beim Formwechsel in AG und KGaA hat neben der Prüfung durch den externen Gründungsprüfer auch eine Prüfung der Gründung durch Vorstand und Aufsichtsrat stattzufinden.[1858] Diese Prüfung hat gem. § 34 AktG denselben Gegenstand wie die Prüfung des externen Prüfers. Das Gesetz bietet keinen Anhalt, dass sie unterbleiben kann.

1854 Das entsprechende Muster von Widmann/Mayer/*Vossius*, Anhang 4 sieht auch diese Versicherung vor (Mustersatz 27a, Muster C); vgl. auch Limmer/*Limmer*, Teil 4 Rn. 755, 759.
1855 Vgl. Lutter/*Bayer*, § 264 Rn. 2.
1856 Habersack/Wicke/*Fuchs*, § 264 Rn. 15; Lutter/*Bayer*, § 259 Rn. 12; Semler/Stengel/*Bonow*, § 264 Rn. 14.
1857 Böttcher/Habighorst/*Bürger*, § 264 Rn. 4; Habersack/Wicke/*Fuchs*, § 264 Rn. 17; Lutter/*Bayer*, § 264 Rn. 14; Semler/Stengel/*Bonow*, § 264 Rn. 12.
1858 Böttcher/Habighorst/*Bürger*, § 264 Rn. 4; Habersack/Wicke/*Fuchs*, § 264 Rn. 17; Lutter/*Bayer*, § 264 Rn. 15.

9. Haftung

Zu beachten ist zunächst § 264 Abs. 3 Satz 2 Halbs. 2. Danach ist beim Formwechsel in eine AG § 46 AktG, der die Gründerhaftung regelt, nicht anzuwenden. Eine entsprechende Regelung für die GmbH fehlt in § 264 Abs. 2. Dabei handelt es sich wohl um ein Redaktionsversehen. Die Interessenlage bei GmbH und AG ist nicht unterschiedlich. Beim Formwechsel eines e.V. in eine Kapitalgesellschaft, bei dem § 264 Abs. 2 entsprechend anzuwenden ist, entspricht es ganz h.M., dass auch § 9a GmbHG beim Formwechsel in die GmbH nicht anwendbar ist.[1859] Dasselbe muss auch beim Formwechsel der eG in die GmbH gelten. Eine etwaige Differenzhaftung der Mitglieder der Genossenschaft, falls sich später herausstellt, dass das Reinvermögen des formwechselnden Rechtsträgers überbewertet worden ist, bleibt dagegen unberührt (dazu oben Rdn. 697 f.).[1860]

901

Hinzuweisen ist weiter auf § 271, der die Fortdauer einer bei der eG bestehenden Nachschusspflicht vorsieht, wenn binnen 2 Jahren nach dem Tag der Bekanntmachung der Eintragung des Formwechsels das Insolvenzverfahren über das Vermögen des Rechtsträgers neuer Rechtsform eröffnet wird.

902

XIV. Besonderheiten beim Formwechsel rechtsfähiger Vereine

1. Überblick

Besondere Vorschriften für den Formwechsel rechtsfähiger Vereine enthalten die §§ 272 bis 290. Ein rechtsfähiger Verein kann nur in eine Kapitalgesellschaft oder eine eG formwechselnd umgewandelt werden. § 272 enthält allgemeine Vorschriften zum Formwechsel des Vereins, §§ 273 bis 282 beschäftigen sich mit dem Formwechsel in eine Kapitalgesellschaft und §§ 283 bis 290 mit demjenigen in eine eingetragene Genossenschaft. Der Formwechsel selbst folgt in wesentlichen Fragen dem Formwechsel der eG, und zwar nicht nur dort, wo auf diesen ausdrücklich verwiesen wird (so in § 276 auf § 263, in § 277 auf § 264, in §§ 280 bis 288 auf die §§ 266 bis 270), sondern auch in anderen Bestimmungen, die teilweise wortgleich oder annähernd wortgleich mit Bestimmungen des Formwechsels von Genossenschaften sind (z.B. § 273 mit § 258 Abs. 2, § 274 Abs. 1 mit § 260 Abs. 1, § 276 Abs. 1 mit § 263 Abs. 1). Es kann daher auch bei der Erläuterung häufig auf Kapitel XIII. verwiesen werden. Wie bei der eG ist auch beim rechtsfähigen Verein gem. § 273 der Formwechsel in eine Kapitalgesellschaft nur möglich, wenn auf jedes Mitglied, das an der Gesellschaft neuer Rechtsform als beschränkt haftender Gesellschafter beteiligt wird, mindestens ein Geschäftsanteil oder als Aktionär mindestens eine Aktie entfällt.

903

2. Vorbereitende Maßnahmen, Einladung, Durchführung der Versammlung

Gem. §§ 274, 283 sind auf die Vorbereitung der Mitgliederversammlung die §§ 230 Abs. 2 Satz 1 und 2, 231 Satz 1 und 260 Abs. 1 entsprechend anzuwenden. Damit richten sich Ankündigung des Formwechsels und Einladung nach denselben Bestimmungen, wie beim Formwechsel einer eG. Auch hier ist gem. § 260 Abs. 1 Satz 2 in der Ankündigung auf die erforderlichen Mehrheiten und auf die Möglichkeit des Widerspruchs und die sich daraus ergebenden Rechte hinzuweisen, die gem. §§ 275 Abs. 2, 284 Satz 2 denjenigen bei der eG entsprechen (vgl. dazu oben Rdn. 858).

904

Zuständig zur Einberufung der Mitgliederversammlung ist der Vorstand i.S.d. § 26 BGB, sofern die Satzung nichts anderes bestimmt (vgl. § 58 Nr. 4 BGB).[1861] Auch Form und Frist der Einberufung können und sollten in der Satzung geregelt sein. Ist das nicht geschehen, ist die Frist so festzusetzen, dass es jedem Mitglied möglich ist, sich auf die Versammlung vorzubereiten und an ihr

905

1859 KK-UmwG/*Leuering*, § 277 Rn. 6; Lutter/*Bayer*, § 277 Rn. 3; Semler/Stengel/*Katschinski*, § 277 Rn. 7; Widmann/Mayer/*Vossius*, § 277 Rn. 8.
1860 KK-UmwG/*Schöpflin*, § 264 Rn. 4; Lutter/*Bayer*, § 264 Rn. 2; Semler/Stengel/*Bonow*, § 264 Rn. 10.
1861 Böttcher/Habighorst/*Althoff/Narr*, § 274 Rn. 8; Habersack/Wicke/*Reul*, § 274 Rn. 8; Lutter/*Bayer*, § 274 Rn. 4; Palandt/*Ellenberger*, § 32 Rn. 2.

teilzunehmen. Je nach Struktur des Vereins sollen die Fristen zwischen ein und 4 Wochen betragen.[1862]

a) Umwandlungsbericht

906 Von der Einberufung der Versammlung an ist gem. §§ 274 Abs. 1, 283 Abs. 1 i.V.m. § 230 Abs. 2 Satz 1 und 2 der Umwandlungsbericht in den Geschäftsräumen des Vereins auszulegen und jedem Mitglied, das dies verlangt, unverzüglich und kostenlos eine Abschrift zu übersenden. § 192 Abs. 2 bleibt unberührt. Ein Umwandlungsbericht ist somit insbesondere nicht erforderlich, wenn auf seine Erstellung verzichtet wird. Die Verzichtserklärungen sind notariell zu beurkunden (s.o. Rdn. 516). Ferner ist gem. § 274 i.V.m. § 231 Satz 1 ein Abfindungsangebot gem. § 207 zu übersenden, auf das und – anders als bei der eG (s.o. Rdn. 862) – dessen Prüfung ebenfalls verzichtet werden kann. §§ 282, 290 verweisen nur auf § 270 Abs. 1, nicht aber auf Abs. 2.

b) Betriebsratsvorlage

907 Außerdem ist der Entwurf des Umwandlungsbeschlusses gem. § 134 Abs. 2 einen Monat vor der Versammlung dem zuständigen Betriebsrat zuzuleiten. Auf die Einhaltung der Frist kann der Betriebsrat verzichten (vgl. Rdn. 498).

c) Durchführung der Versammlung

908 Gem. §§ 274 Abs. 2, 283 Abs. 2 ist auf die Mitgliederversammlung § 239 Abs. 1 Satz 1 und Abs. 2 anzuwenden. Der Umwandlungsbericht ist demgemäß in der Mitgliederversammlung auszulegen und der Umwandlungsbeschluss von dem Vertretungsorgan zu Beginn der Versammlung mündlich zu erläutern. Die Erläuterungspflicht bezieht sich auf den gesamten Beschlussinhalt, also auch auf die Satzung. Der Schwerpunkt liegt dabei auf der Darstellung der unterschiedlichen Struktur von formwechselndem Rechtsträger und neuer Rechtsform, auf der Mitgliedschaft im Rechtsträger neuer Rechtsform und dem Abfindungsangebot gem. § 207.[1863]

3. Besonderheiten für den Beschlussinhalt

a) § 194 Abs. 1 Nr. 1 und 2 – Rechtsform und Firma

909 Besonderheiten sind nicht anzumerken.

b) §§ 194 Abs. 1 Nr. 3 und 4, 276 Abs. 2 – Beteiligung der bisherigen Anteilsinhaber am Rechtsträger neuer Rechtsform sowie Zahl, Art und Umfang der Anteile

910 Im Beschluss ist zum Ausdruck zu bringen, dass alle bisherigen Vereinsmitglieder am Rechtsträger neuer Rechtsform beteiligt sind (Identität der Anteilsinhaber). Anders kann dies nach der ausdrücklichen Anordnung des Gesetzes in § 276 Abs. 1 i.V.m. § 218 Abs. 2 beim Formwechsel in die KGaA sein. Im Zuge des Formwechsels in die KGaA kann auch ein neuer Gesellschafter als Komplementär beitreten. Ob darüber hinaus vom Grundsatz der Identität der Anteilsinhaber abgewichen werden darf, ist grundsätzlich umstritten.[1864] Auch für den Formwechsel von Vereinen wird zurecht angenommen, dass Mitglieder auf den Zeitpunkt des Formwechsels gem. § 39 BGB aus dem Verein austreten können, sofern die betroffenen Mitglieder zustimmen.[1865] Von großer Bedeutung dürfte das aber beim Formwechsel von Vereinen nicht sein.

1862 *Sauter/Schweyer/Waldner*, Der eingetragene Verein, Rn. 172; Böttcher/Habighorst/*Althoff/Narr*, § 274 Rn. 8 tendiert auch zu 30 Tagen; Habersack/Wicke/*Reul*, § 274 Rn. 8 (14 Tage); Semler/Stengel/ *Katschinski*, § 274 Rn. 5 (30 Tage).
1863 Dazu im Einzelnen Lutter/*Bayer*, § 274 Rn. 12.
1864 S.o. Rdn. 524 ff.; Semler/Stengel/*Katschinski*, § 276 Rn. 18.
1865 Semler/Stengel/*Katschinski*, § 276 Rn. 18; Widmann/Mayer/*Vossius*, § 276 Rn. 38.

C. Formwechsel Kapitel 8

Vor Festlegung von Zahl, Art und Umfang der Beteiligung an einer Kapitalgesellschaft als Rechtsträger neuer Rechtsform ist das Stamm- oder Grundkapital festzulegen. Dabei sind mehrere Faktoren von Bedeutung, vor allen § 277, der auf § 264 verweist. Demgemäß darf der Nennbetrag des Kapitals der Kapitalgesellschaft das nach Abzug der Schulden verbleibende Vermögen des Vereins nicht übersteigen. Das Vermögen ist dazu nach den wirklichen Werten, nicht nach den Buchwerten zu ermitteln. Auf die entsprechenden Ausführungen beim Formwechsel einer eG (s.o. Rdn. 870) und vor allem beim Formwechsel von der Personengesellschaft in die Kapitalgesellschaft (s.o. Rdn. 708) kann verwiesen werden.

911

Bei Festlegung der Höhe der Nennbeträge der Geschäftsanteile oder Aktien beim Formwechsel in eine Kapitalgesellschaft ist folgendes zu beachten:

912

– Keine Bedeutung hat zunächst die Bestimmung in §§ 276, 243 Abs. 3, dass in der Satzung des Rechtsträgers neuer Rechtsform der auf die Anteile entfallende Betrag des Stammkapitals abweichend vom Betrag der Anteile am formwechselnden Rechtsträger festgesetzt werden kann, weil in Vereinen die Mitgliedsbeteiligung nicht auf einen bestimmten Betrag lautet.
– Selbstredend ist die Anordnung, dass die Anteile bei der GmbH auf volle Euro lauten müssen. Das ergibt sich bereits aus § 5 Abs. 2 Satz 1 GmbHG. Für Nennbetragsaktien gilt derselbe Grundsatz.[1866] Für Stückaktien darf der auf die einzelnen Aktien entfallende anteilige Betrag des Grundkapitals 1 € nicht unterschreiten.
– Keine Bedeutung hat auch die Anordnung in § 263 Abs. 2 Satz 1, wonach der Formwechsel verhältniswahrend zu erfolgen hat, falls und soweit die Mitgliedschaft nicht betragsmäßig erfaßt ist, was die Regel ist.
– Gem. § 276 i.V.m. § 263 Abs. 2 Satz 2 ist beim Formwechsel in die AG der Nennbetrag der Aktien so zu wählen, dass auf **jedes Vereinsmitglied** möglichst **volle Aktien** entfallen. Teilrechte sollen nach Möglichkeit vermieden werden. Dies kann die **Praxis** vor **Probleme** stellen, wenn bei einer großen Zahl von Mitgliedern das Vermögen nicht ausreicht, um bei gleichmäßiger Verteilung der Anteile einen Kapitalbetrag über dem notwendigen Mindestkapital darzustellen.[1867]
– Beim Formwechsel in die GmbH schreibt § 263 Abs. 3 Satz 1 mit demselben Regelungszweck, Teilrechte zu vermeiden, vor, dass einzelne GmbH-Geschäftsanteile auf einen höheren Nennbetrag als 100,- € nur gestellt werden sollen, soweit auf alle Vereinsmitglieder volle Geschäftsanteile entfallen. Bei der Änderung des Gesetzes durch das MoMiG scheint diese Bestimmung übersehen worden zu sein. **Teilrechte** können häufig gerade dadurch vermieden werden, dass die Nennbeträge der Anteile auf einen Betrag von unter 100,- € festgesetzt werden. Es ist deshalb anzunehmen, dass die Nennbeträge i.R.d. § 5 Abs. 2 Satz 1 GmbHG bis zur Untergrenze von 1,- € so festgesetzt werden müssen, dass Teilrechte vermieden werden.[1868] Zum Verfahren, falls sich Teilrechte nicht vermeiden lassen, vgl. oben bei der eG Rdn. 875 f.

Grundsätzlich darf die Beteiligung der Mitglieder des formwechselnden Vereins am Stamm- oder Grundkapital des Rechtsträgers neuer Rechtsform gem. § 276 Abs. 2 Satz 1 nur so festgesetzt werden, dass **alle Mitglieder einen gleich hohen Anteil** erhalten (Kopf-Prinzip). Das Umwandlungsrecht trägt damit dem Umstand Rechnung, dass das Vereinsrecht anders als das Recht der Personen- oder Kapitalgesellschaft keine Kapitalanteile kennt und alle Mitglieder grundsätzlich die gleichen Rechte und Pflichten haben.[1869] Es sind jedoch Fälle denkbar, in denen gleich hohe Anteile unangemessen sein können. Das Gesetz erlaubt deshalb, die Anteile am Rechtsträger neuer Rechtsform

913

1866 KK-UmwG/*Leuering*, § 276 Rn. 8; Lutter/*Bayer*, § 276 Rn. 5.
1867 Lutter/*Bayer*, § 276 Rn. 6 Fn. 10 bilden für den Formwechsel in die AG folgendes Beispiel: Vereinsvermögen 50.000,- €, 253 Mitglieder. Eine Festsetzung des Grundkapitals auf 49.841,- € (= 197 € pro Mitglied) ist wegen Unterschreitung des Mindestnennkapitals nicht möglich, eine Festsetzung auf 50.094,- € scheitert am fehlenden Vereinsvermögen.
1868 So auch Lutter/*Bayer*, § 276 Rn. 7; Semler/Stengel/*Katschinski*, § 276 Rn. 10; Schmitt/Hörtnagl/Stratz/ *Westerburg*, § 263 Rn. 8; a.A. offenbar KK-UmwG/*Leuering*, § 276 Rn. 10.
1869 KK-UmwG/*Leuering*, § 276 Rn. 13; Lutter/*Bayer*, § 276 Rn. 10; Semler/Stengel/*Katschinski*, § 276 Rn. 12; Widmann/Mayer/*Vossius*, § 276 Rn. 17.

unterschiedlich festzusetzen, wenn einer der in § 276 Abs. 2 Nr. 1 bis 6 genannten Fälle vorliegt, nämlich

- gem. Nr. 1 bei Vereinen, deren Vermögen in übertragbare Anteile zerlegt ist; das ist nach BGB nicht möglich. Die Vorschrift zielt daher nur auf Vereine, die aus der Zeit vor dem BGB stammen,[1870]
- gem. Nr. 2 nach der Höhe der Vereinsbeiträge,
- gem. Nr. 3 bei Vereinen, die zu ihren Mitgliedern in vertraglichen Geschäftsbeziehungen stehen, nach dem Umfang der Inanspruchnahme der Leistungen des Vereins durch seine Mitglieder oder der Leistung der Mitglieder durch den Verein,
- gem. Nr. 4 nach einem in der Satzung bestimmten Maßstab für die Verteilung des Überschusses (Gewinns),
- gem. Nr. 5 nach einem in der Satzung bestimmten Maßstab für die Verteilung des Vermögens,
- gem. Nr. 6 nach der Dauer der Mitgliedschaft.

914 Die Aufzählung ist abschließend.[1871] Andere Grundsätze dürfen keine Berücksichtigung finden. Die genannten Punkte können aber kombiniert werden. Im Einzelfall soll es willkürlich sein können, auf die Bemessungsmöglichkeiten des § 276 Abs. 2 Nr. 1 bis 6 nicht zurückzugreifen und die Beteiligung gleich hoch festzusetzen.[1872] Zulässig soll es sein, einen Teil des Kapitals nach Kopfteilen und den Rest unterschiedlich anhand der aufgeführten Maßstäbe zu verteilen.[1873] Nach allgemeiner Meinung[1874] soll darüber hinaus mit Zustimmung der Betroffenen ein nicht verhältniswahrender Formwechsel zulässig sein.

915 Beim **Formwechsel in die eG** verweist § 285 zunächst auf § 243 Abs. 1 wonach der Beschluss auch die Satzung der eG feststellen muss und sodann auf § 253 Abs. 2 Satz 1. Danach muss jedes Mitglied mindestens einen Geschäftsanteil an der eG erhalten. § 285 Abs. 2 schreibt die entsprechende Anwendung von § 276 Abs. 2 vor, wenn Mitglieder nicht mit der gleichen Zahl von Geschäftsanteilen an der eG beteiligt werden sollen. Soll einzelnen Mitgliedern eine höhere Beteiligung an der eG zugewiesen werden als anderen, kann dies nur durch Zuweisung einer größeren oder kleineren Anzahl von Geschäftsanteilen geschehen. Die Festlegung unterschiedlich hoher Geschäftsanteile ist nach Genossenschaftsrecht nicht zulässig.[1875] Auch eine Gutschrift unterschiedlicher Geschäftsguthaben pro Geschäftsanteil soll nicht zulässig sein.[1876] Gem. § 289 kann jedem Mitglied als Geschäftsguthaben höchstens der Nennbetrag der künftigen Geschäftsanteile an der eG gutgeschrieben werden. Soweit das Vermögen des Vereins die Summe der Geschäftsanteile übersteigt, ist der übersteigende Betrag der Rücklage zuzuführen. Das Gesetz ordnet hier anders als in § 256 Abs. 2 für den Formwechsel der Kapitalgesellschaft in die eG keine Rückzahlung des überschießenden Betrages an.[1877] Andererseits ist es auch nicht erforderlich, dass die gutgeschriebenen Geschäftsguthaben den Nennbetrag der Geschäftsanteile oder auch nur die Höhe der Pflichteinzahlung gem. § 7 Nr. 1 GenG (10 % des Geschäftsanteils) erreichen.[1878] Die Mitglieder der Genossenschaft sind nach

---

[1870] KK-UmwG/*Leuering*, § 276 Rn. 16; Lutter/*Bayer*, § 276 Rn. 11; Semler/Stengel/*Katschinski*, § 276 Rn. 16.
[1871] KK-UmwG/*Leuering*, § 276 Rn. 13; Lutter/*Bayer*, § 276 Rn. 15; Semler/Stengel/*Katschinski*, § 276 Rn. 13.
[1872] KK-UmwG/*Leuering*, § 276 Rn. 13; Widmann/Mayer/*Vossius*, § 276 Rn. 35.
[1873] Habersack/Wicke/*Reul*, § 276 Rn. 22; Lutter/*Bayer*, § 276 Rn. 15; Semler/Stengel/*Katschinski*, § 276 Rn. 13.
[1874] Habersack/Wicke/*Reul*, § 276 Rn. 33; KK-UmwG/*Leuering*, § 276 Rn. 20; Lutter/*Krieger/Bayer*, § 276 Rn. 16; Semler/Stengel/*Katschinski*, § 276 Rn. 17; Widmann/Mayer/*Vossius*, § 276 Rn. 38.
[1875] Lutter/*Göthel*, § 285 Rn. 6 m.w.N.; Widmann/Mayer/*Graf Wolffskeel v. Reichenberg*, § 285 Rn. 11.
[1876] Lutter/*Göthel*, § 285 Rn. 6, § 289 Rn. 4.
[1877] Lutter/*Göthel*, § 289 Rn. 3; Semler/Stengel/*Katschinski*, § 289 Rn. 4; vgl. auch die Gesetzesbegründung zu § 289.
[1878] KK-UmwG/*Leuering*, § 289 Rn. 1; Lutter/*Göthel*, § 289 Rn. 2; Semler/Stengel/*Katschinski*, § 289 Rn. 5.

Maßgabe von § 7 Nr. 1 und § 50 GenG, also im Rahmen der Fristsetzung in der Satzung oder soweit von der Generalversammlung beschlossen, verpflichtet, die fehlenden Beträge einzuzahlen. Eine solche Festsetzung ist allerdings nur zulässig, sofern es dafür eine sachliche Rechtfertigung gibt und die entsprechende Zahlungsverpflichtung den Mitgliedern zumutbar ist.[1879]

c) § 194 Abs. 1 Nr. 5 – Sonderrechte oder entsprechende Maßnahmen für einzelne Gesellschafter

916 Besonderheiten sind nicht anzuzeigen.

d) § 194 Abs. 1 Nr. 6 – Barabfindungsangebot

917 Gem. § 207 Abs. 1 Satz 1 hat der formwechselnde Rechtsträger jedem Anteilsinhaber, der gegen den Umwandlungsbeschluss Widerspruch zur Niederschrift des Notars erklärt, den Erwerb seiner Anteile am Rechtsträger neuer Rechtsform gegen angemessene Barabfindung anzubieten (s.o. Rdn. 549). Wie beim Formwechsel der eG erweitern §§ 282, 290 durch Verweisung auf § 270 Abs. 1 diese Verpflichtung auf Anteilsinhaber, die dem Formwechsel bis zum Ablauf des dritten Tages vor der beschlussfassenden Versammlung durch eingeschriebenen Brief widersprochen haben (vgl. Rdn. 879). Im Schrifttum nicht ausdrücklich erörtert, aber ebenso zu entscheiden wie beim Formwechsel der eG ist die Frage, ob der Anspruch nur von Mitgliedern geltend gemacht werden kann, die in der Versammlung gegen den Formwechsel stimmen (oben Rdn. 879). Anders als bei der eG kann allerdings auf die Prüfung des Barabfindungsangebots und auf dieses selbst beim Formwechsel des e.V. verzichtet werden. § 282 verweist nicht auf § 270 Abs. 2.

918 Ein Barabfindungsangebot ist gem. § 282 Abs. 2 nicht erforderlich beim Formwechsel gemeinnütziger Vereine. Will ein Mitglied aus dem **gemeinnützigen Verein** aus Anlass des Formwechsels ausscheiden, bleibt ihm damit nur das Austrittsrecht gem. § 39 BGB vor dem Formwechsel oder die Veräußerung der Anteile an der Kapitalgesellschaft oder Genossenschaft neuer Rechtsform im Anschluss an den Formwechsel.[1880] Das Austrittsrecht gem. § 39 BGB ist aber gem. § 39 Abs. 2 BGB unter Umständen an die Einhaltung einer Kündigungsfrist gebunden. Darüber hinaus wird ein außerordentliches Austrittsrecht ohne Einhaltung der in der Satzung bestimmten Frist erörtert, falls sich die Rechtsposition der Mitglieder in Folge des Formwechsels erheblich verschlechtert und ihnen die Anteilsinhaberschaft am Rechtsträger neuer Rechtsform nicht zumutbar ist.[1881]

e) § 194 Abs. 1 Nr. 7 – Folgen für die Arbeitnehmer und deren Vertretung

919 **Vereine** fallen **nicht** in den **Anwendungsbereich der Gesetze über die Arbeitnehmermitbestimmung**. Beschäftigt der Verein mehr als 500 Arbeitnehmer, wird der Aufsichtsrat somit erstmals unter Beteiligung der Arbeitnehmer gebildet. Das ist nicht anders als ein Formwechsel einer Personengesellschaft in eine Kapitalgesellschaft (vgl. Rdn. 717).

f) Wahl der ersten Organe

920 Für die Wahl des **Aufsichtsrats** ist folgendes zu beachten: Beim **Formwechsel in die GmbH** ist umstritten, ob ein Aufsichtsrat, dessen Bildung nur durch die Mitbestimmungsgesetze vorgeschrieben ist, bereits im Rahmen des Formwechsels[1882] oder erst nach Entstehung, das heißt nach Ein-

---

[1879] KK-UmwG/*Leuering*, § 289 Rn. 1; Lutter/*Göthel*, § 289 Rn. 2; Semler/Stengel/*Katschinski*, § 289 Rn. 5; Widmann/Mayer/*Graf Wolffskeel v. Reichenberg*, § 289 Rn. 7, 10 f.
[1880] KK-UmwG/*Leuering*, § 282 Rn. 2; Semler/Stengel/*Katschinski*, § 282 Rn. 8.
[1881] Lutter/*Hennrich*, § 104a Rn. 6 Fn. 15; Semler/Stengel/*Katschinski*, § 282 Rn. 8; Widmann/Mayer/*Vossius*, § 104a Rn. 21.
[1882] So Kallmeyer/*Blasche*, § 222 Rn. 2; KK-UmwG/*Dauner-Lieb/Tettinger*, § 218 Rn. 42; Semler/Stengel/*Schlitt*, § 218 Rn. 26 f.

tragung der GmbH[1883] zu bilden ist (s. dazu oben Rdn. 504) Beim **Formwechsel in die AG oder KGaA** ist der Aufsichtsrat gem. § 197 nach den Grundsätzen des § 31 AktG zu bilden. Beim **Formwechsel in die eG** wird man die Regeln über die GmbH entsprechend anwenden müssen, allerdings ist der Aufsichtsrat, sofern die eG einen haben soll, schon im Gründungsstadium zu bilden; wie bei der GmbH ist aber zu fragen, ob das MitbestG und das DrittelbG nicht erst nach Eintragung der eG Anwendung finden. Außerdem ist zu berücksichtigen, dass die Mitglieder des Aufsichtsrats, die nicht nach DrittelbG oder MitbestG von den Arbeitnehmern zu wählen sind, Mitglieder der eG sein müssen.

921 Auch für die Mitglieder des **Geschäftsführungsorgans** besteht keine Amtskontinuität. Für ihre Wahl gilt folgendes: Beim Formwechsel in die GmbH sind die Geschäftsführer von der Gesellschafterversammlung zu wählen, soweit nicht das MitbestG gilt und man der Meinung folgt, dass es schon vor Eintragung der GmbH im Handelsregister Anwendung findet. Dann würden sie vom Aufsichtsrat bestellt. Entsprechendes gilt für die Bildung des Vorstands der eG. Nach der gesetzlichen Regelung des § 24 Abs. 2 Satz 1 wird der Vorstand von der Generalversammlung gewählt, wenn die Satzung nichts anderes regelt und die eG nicht dem MitbestG unterliegt. Der Vorstand besteht zwingend aus mindestens zwei Personen. Die Satzung kann eine höhere Zahl vorsehen. Beim Formwechsel in die AG wird der Vorstand stets vom Aufsichtsrat gewählt, auch wenn der Aufsichtsrat nicht mitbestimmt ist. Beim Formwechsel in die KGaG wird die persönlich haftende Gesellschafterin im Umwandlungsbeschluss (vgl. §§ 276, 218 Abs. 2) und in der Satzung bestimmt.

4. Satzung

922 Im Umwandlungsbeschluss ist beim Formwechsel in die Kapitalgesellschaft gem. §§ 276, 218 beziehungsweise beim Formwechsel in die eG gem. §§ 285, 253 Abs. 1 auch die Satzung des Rechtsträgers neuer Rechtsform festzustellen. Eine Unterzeichnung der Satzung durch die Mitglieder ist nicht nötig. Beim Formwechsel in die KGaA muss es mindestens einen Komplementär geben. Ob die Bestimmungen über eine Sachgründung (Festlegung der Sacheinlage) und den Gründungsaufwand in der Satzung festgesetzt werden müssen, ist für den Formwechsel eines e.V. in eine Kapitalgesellschaft in gleicher Weise zu entscheiden wie sonst auch (s.o. Rdn. 721). Soll in der Satzung ein **genehmigtes Kapital** begründet werden, darf gem. §§ 276, 263 Abs. 3 Satz 3 nicht vorgesehen werden, dass das Vertretungsorgan über den Ausschluss des Bezugsrechts entscheidet. Im Übrigen gelten keine Besonderheiten.

5. Beschlussverfahren

a) Durchführung der Versammlung

923 Gem. §§ 274 Abs. 2, 283 Abs. 2, 239 ist der Umwandlungsbeschluss in der Versammlung auszulegen und zu Beginn der Versammlung vom Vorstand des Vereins mündlich zu erläutern.

b) Beschlussmehrheiten

924 Der Beschluss der Mitgliederversammlung bedarf gem. § 275 Abs. 2 einer Mehrheit von mindestens 3/4 der abgegebenen Stimmen der erschienenen Mitglieder. Erheben mindestens 100 Mitglieder beziehungsweise bei Vereinen unter 1.000 Mitgliedern 10 % der Mitglieder bis zum Ablauf des dritten Tages vor der Mitgliederversammlung durch eingeschriebenen Brief Widerspruch gegen den Formwechsel, bedarf der Beschluss einer Mehrheit von 9/10 der von den erschienenen Mitgliedern abgegebenen Stimmen (zur Fristberechnung s.o. Rdn. 886). Stimmenthaltungen und ungültige Stimmen werden bei der Ermittlung der Mehrheit nicht mitgezählt.[1884] In der Mitgliederversamm-

---

[1883] So Semler/Stengel/*Bärwaldt*, § 197 Rn. 71; Widmann/Mayer/*Vossius*, § 222 Rn. 17.
[1884] Habersack/Wicke/*Reul*, § 275 Rn. 16; Lutter/*Bayer*, § 275 Rn. 6; Schmitt/Hörtnagl/Stratz/*Westerburg*, § 275 Rn. 3; Semler/Stengel/*Katschinski*, § 275 Rn. 8; Widmann/Mayer/*Vossius*, § 275 Rn. 4.

lung hat jedes Mitglied gem. § 32 Abs. 1 Satz 3 BGB (»Mehrheit der Mitglieder«) grundsätzlich nur eine Stimme.[1885] Gem. § 275 Abs. 2 Satz 3 kann die Satzung (nur) größere Mehrheiten und andere Erfordernisse bestimmen. Auch hier stellt sich in gleicher Weise wie bei der eG (s. Rdn. 888) die Frage, ob die Abstimmung offen und – wie ausgeführt – gegebenenfalls namentlich erfolgen muss. Das wird man so sehen müssen, wenn das Abfindungsangebot nur für Mitglieder gelten soll, die nicht nur Widerspruch gegen den Formwechsel eingelegt, sondern darüber hinaus auch gegen ihn gestimmt haben. Man wird das nicht anders entscheiden können als bei der eG.

Wird mit dem Formwechsel zugleich der **Zweck des Vereins** geändert, bedarf der Beschluss gem. § 275 Abs. 1 der Zustimmung aller anwesenden Vereinsmitglieder und außerdem auch der Zustimmung der nicht erschienenen Mitglieder. Mit der Bestimmung soll eine Umgehung der entsprechenden Bestimmung im Vereinsrecht gem. § 33 Abs. 1 Satz 2 ausgeschlossen werden. Diese Bestimmung kann daher zur Klärung der Frage herangezogen werden, wann eine Änderung des Zwecks vorliegt. Nicht jede Änderung der Satzungsbestimmung über den Vereinszweck enthält nämlich eine Zweckänderung i.S.d. § 33 Abs. 1 Satz 2. Wie der BGH[1886] ausgeführt hat, muss ein Verein zur Anpassung an im Laufe der Zeit aufgetretene Schwierigkeiten und/oder geänderte Anforderungen in der Lage sein, auch die Bestimmung über die Vereinstätigkeit ohne Aufgabe der prinzipiellen Zielrichtung zu ändern. Geschützt durch das Einstimmigkeitsgebot ist nur der Satzungsbestandteil, in dem der oberste Leitsatz für die Vereinstätigkeit zum Ausdruck gebracht wird und mit dessen Abänderung kein Mitglied beim Beitritt zum Verein rechnen muss. Eine Zweckänderung liegt daher nur vor, wenn sich der Charakter eines Vereins ändert. Das ist insbesondere nicht der Fall, wenn lediglich die Mittel zur Zweckerreichung geändert werden.[1887] Ebenso wenig führt der Umstand, dass die Rechtsform in die einer Kapitalgesellschaft gewechselt wird, per se zur Änderung des Vereinszwecks;[1888] auch wenn die Kapitalgesellschaft kraft Gesetzes als Handelsgesellschaft gilt (vgl. §§ 13 Abs. 3 GmbHG, 3, 278 Abs. 3 AktG), kann auch eine solche Gesellschaft zu jedem zulässigen Zweck gegründet werden.[1889] Dagegen ist Einstimmigkeit insbesondere dann erforderlich, wenn ein Idealverein nach dem Formwechsel ein Handelsgewerbe betreiben soll.[1890]

925

Die Satzung des Vereins kann gem. § 40 BGB von dem Einstimmungserfordernis gem. § 33 Abs. 1 Satz 2 BGB abweichen und geringere Minderheiten zulassen. Vereinzelt wird vertreten, dass das auch für den Formwechselbeschluss gilt.[1891] Die h.M. hält § 275 Abs. 1 unter Hinweis auf § 1 Abs. 3 UmwG aber nicht für dispositiv.[1892] Ebenfalls für unzulässig hält es die h.M.[1893] den Vereinszweck für den Formwechsel beizubehalten, aber anschließend mit 3/4-Mehrheit zu ändern.[1894] In diesem letzteren Punkt ist der h.M. schon deshalb zuzustimmen, weil nach überwiegender Auffassung im Schrifttum[1895] auch bei der Kapitalgesellschaft die Änderung des Zwecks der Gesellschaft in Anwendung von § 33 Abs. 1 Satz 2 BGB der Einstimmigkeit bedarf. Enthält die Satzung des Vereins aber bereits eine Regelung, nach der eine Zweckänderung mit 3/4-Mehrheit beschlossen werden kann,

926

1885 BGH NJW 1998, 1212; *Sauter/Schweyer/Waldner*, Rn. 198.
1886 DNotZ 1986, 276, 279 f.
1887 So BGH DNotZ 1986, 276, 279 f.; BayObLG NJW-RR 2001, 1260; KG DStR 2005, 298.
1888 Böttcher/Habighorst/*Althoff/Narr*, § 275 Rn. 4; Habersack/Wicke/*Reul*, § 275 Rn. 9; Lutter/*Bayer*, § 275 Rn. 3; Semler/Stengel/*Katschinski*, § 275 Rn. 5; Widmann/Mayer/*Vossius*, § 275 Rn. 10.
1889 Vgl. *Priester*, GmbHR 1999, 149 ff.; KK-UmwG/*Leuering*, § 275 Rn. 4.
1890 Vgl. die Gesetzesbegründung zu § 275; Böttcher/Habighorst/*Althoff/Narr*, § 275 Rn. 3; Habersack/Wicke/*Reul*, § 275 Rn. 8; KK-UmwG/*Leuering*, § 275 Rn. 4; Lutter/*Bayer*, § 275 Rn. 3; Semler/Stengel/*Katschinski*, § 275 Rn. 5; Widmann/Mayer/*Vossius*, § 275 Rn. 9.
1891 So Widmann/Mayer/*Vossius*, § 275 Rn. 5.
1892 Böttcher/Habighorst/*Althoff/Narr*, § 275 Rn. 5; Habersack/Wicke/*Reul*, § 275 Rn. 5; KK-UmwG/*Leuering*, § 275 Rn. 5; Lutter/*Krieger/Bayer*, § 275 Rn. 4; Semler/Stengel/*Katschinski*, § 275 Rn. 4.
1893 Böttcher/Habighorst/*Althoff/Narr*, § 275 Rn. 6; Habersack/Wicke/*Reul*, § 275 Rn. 11 f.; KK-UmwG/*Leuering*, § 275 Rn. 5; Lutter/*Bayer*, § 275 Rn. 5; Semler/Stengel/*Katschinski*, § 275 Rn. 7.
1894 So aber Widmann/Mayer/*Vossius*, § 275 Rn. 11 ff.
1895 Für die AG z.B. *Hüffer/Koch*, § 179 AktG Rn. 33; für die GmbH Baumbach/Hueck/*Zöllner/Noack*, § 53 Rn. 29 jeweils m.w.N.

bestehen aber keine Bedenken, diese im Rahmen des Formwechsels in die Satzung der Kapitalgesellschaft zu übernehmen und deren Satzung nach dem Formwechsel aufgrund dieser Bestimmung zu ändern.

927 Beim Formwechsel in die KGaA ist gem. § 275 Abs. 3 § 240 Abs. 2 entsprechend anzuwenden. Der Beschluss bedarf damit der Zustimmung aller künftigen Komplementäre der KGaA. Aus denselben Gründen bedarf der Beschluss beim Formwechsel in eine eG gem. § 284 der Zustimmung aller anwesenden und aller nicht erschienenen Mitglieder, wenn die Satzung der eG eine Verpflichtung der Mitglieder zur Leistung von Nachschüssen vorsieht. Die Satzung der eG muss gem. § 6 Nr. 3 GenG zu dieser Frage – unabhängig davon, wie sie entschieden wird – eine Regelung enthalten. Es ist umstritten, ob bei Fehlen einer entsprechenden Regelung die Eintragung der Genossenschaft in das Register per se zur unbeschränkten Nachschusspflicht führt.[1896] Der Formwechsel bedarf der Einstimmigkeit nicht nur bei unbeschränkter, sondern auch bei beschränkter Nachschusspflicht. Das ist ein gewisser Bruch zum Formwechsel in die KG, bei der eine Zustimmungspflicht der Kommanditisten gesetzlich nicht vorgesehen ist, selbst wenn die Einlagen/Haftsummen durch das Vermögen des formwechselnden Rechtsträgers nicht voll gedeckt sind. Dagegen ist – ähnlich wie bei Kommanditisten, deren Haftsummen durch das Vermögen der Kapitalgesellschaft nicht voll belegt werden – eine Zustimmung aller Mitglieder nach ganz h.M. nicht nötig, wenn Genossen nach Gutschrift des Vermögens des Vereins noch Einzahlungen auf die Geschäftsanteile zu leisten haben oder die Satzung die Verpflichtung zur Übernahme weiterer Geschäftsanteile vorsieht.[1897] § 289 Abs. 2, § 246 Abs. 3 Nr. 3 sowie § 288 Abs. 1 Satz 2 sollen zeigen, dass der Gesetzgeber die Frage gesehen, aber diese Fälle gerade nicht dem § 284 Satz 1 unterworfen hat. Jedoch muss – wie bei der KG – die Festlegung der Höhe des Nennbetrages auch der Pflichteinzahlungen den Mitgliedern wirtschaftlich zumutbar und sachlich geboten sein.[1898] Entsprechendes gilt für die Regelung einer Verpflichtung zur Übernahme weiterer Geschäftsanteile gem. § 288 Abs. 1 Satz 2. Derart in der Satzung begründeten Verpflichtungen können sich die Mitglieder nur dadurch entziehen, dass sie das Abfindungsangebot annehmen.[1899] Allerdings ist die Möglichkeit, gegen Abfindung auszuscheiden, gem. §§ 290, 282 Abs. 2 bei gemeinnützigen Vereinen ausgeschlossen. Ihren Mitgliedern wird jedoch unter denselben Voraussetzungen ein allgemeines Austrittsrecht zugebilligt.[1900]

c) Beurkundung des Beschlusses

928 Vgl. hierzu Rdn. 634. Besonderheiten gelten nicht.

d) Vertretung

929 Gem. § 38 Satz 2 BGB ist das Stimmrecht der Vereinsmitglieder persönlich auszuüben. Gem. § 40 BGB kann die Satzung Ausnahmen zulassen.[1901] Gesetzliche Vertretung von Minderjährigen, juristischen Personen und Personengesellschaften ist auch ohne gesonderte Regelung zulässig. Dagegen wird eine rechtsgeschäftliche Vertretung auch solcher Personen ohne besondere satzungsmäßige Ermächtigung nicht als zulässig angesehen.[1902]

1896 Vgl. Pöhlmann/Fandrich/Bloehs/*Fandrich*, GenG, § 6 Rn. 9.
1897 Böttcher/Habighorst/*Althoff/Narr*, § 284 Rn. 5; Habersack/Wicke/*Bloehs*, § 284 Rn. 10; KK-UmwG/*Leuering*, § 284 Rn. 3; Lutter/*Göthel*, § 284 Rn. 2; Semler/Stengel/*Katschinski*, § 284 Rn. 5; Widmann/Mayer/*Graf Wolffskeel v. Reichenberg*, § 284 Rn. 13.
1898 Habersack/Wicke/*Bloehs*, § 285 Rn. 14; KK-UmwG/*Leuering*, § 285 Rn. 3; Lutter/*Göthel*, § 285 Rn. 5; Semler/Stengel/*Katschinski*, § 285 Rn. 3.
1899 So; KK-UmwG/*Leuering*, § 288 Rn. 2; Lutter/*Göthel*, § 288 Rn. 2; Semler/Stengel/*Katschinski*, § 288 Rn. 6.
1900 Lutter/*Göthel*, § 290 Rn. 2 unter Verweisung auf Lutter/*Bayer*, § 282 Rn. 2; Widmann/Mayer/*Graf Wolffskeel v. Reichenberg*, § 288 Rn. 8 ff.
1901 Einzelheiten vgl. *Sauter/Schweyer/Waldner*, Rn. 199.
1902 OLG Hamm NJW-RR 1990, 532/533; a.A. z.B. *Sauter/Schweyer/Waldner*, Rn. 199.

6. Zustimmung Dritter

Insoweit gelten keine Besonderheiten (auf die Ausführungen zur eG unter Rdn. 892 wird verwiesen). 930

7. Zustimmung einzelner Gesellschafter

a) Vinkulierungsbegünstigte

Die Mitgliedschaft in Vereinen ist gem. § 38 Satz 1 BGB weder übertragbar noch vererblich.[1903] Die Satzung kann jedoch gem. § 40 BGB hiervon abweichen. Das geschieht aber selten. Sollte die Satzung ausnahmsweise eine Abweichung enthalten und gleichzeitig die Übertragung von der Zustimmung einzelner Vereinsmitglieder – oder aller anderen Vereinsmitglieder – abhängig gemacht sein, greift auch § 193 Abs. 2. 931

b) Zustimmung künftiger Komplementäre

Dem Formwechsel zustimmen müssen die künftigen Komplementäre beim Formwechsel in die KGaA. § 275 Abs. 3 verweist auf § 240 Abs. 2. Auf die Erläuterungen dazu kann daher verwiesen werden. Soll ein künftiger Komplementär im Zuge des Formwechsels beitreten, gilt § 221 (vgl. zu beiden Fragen oben Rdn. 632 ff.). 932

c) Zustimmung nicht erschienener Gesellschafter bei Nachschusspflicht oder Zweckänderung

Diesbezüglich kann auf die Ausführungen oben Rdn. 630 f. verwiesen werden. Zur Erklärung der Zustimmung s. Rdn. 644. 933

8. Handelsregisteranmeldung

a) Zuständiges Gericht

Da sich durch den Formwechsel in jedem Fall die Art des für den Rechtsträger maßgebenden Registers ändert, nämlich vom Vereinsregister in das Handels- oder Genossenschaftsregister, ist der Rechtsträger neuer Rechtsform gem. § 198 Abs. 2 Satz 1 und 2 in das für die neue Rechtsform maßgebende Register anzumelden, beim Formwechsel in die Kapitalgesellschaft in das Handelsregister, beim Formwechsel in die eG in das Genossenschaftsregister. Daneben ist der Formwechsel gem. § 198 Abs. 2 Satz 3 auch zur Eintragung in das Vereinsregister anzumelden. Darüber hinaus bestimmt § 278 Abs. 2, dass der Vorstand den bevorstehenden Formwechsel durch Veröffentlichung gem. den dort angegebenen Regeln bekannt zu machen hat, falls der formwechselnde Rechtsträger nicht in ein Handelsregister eingetragen ist. Nach dem Wortlaut erstreckt sich die Bestimmung auch auf Idealvereine. Denn auch sie sind nicht ins Handelsregister eingetragen. Wie sich den Gesetzesmaterialien entnehmen lässt, gilt sie aber nur für wirtschaftliche Vereine, die nicht gem. § 33 HGB ins Handelsregister eingetragen sind,[1904] und für altrechtliche Vereine.[1905] Die Bekanntmachung tritt in diesen Fällen an die Stelle der Eintragung in das Register des formwechselnden Rechtsträgers. 934

b) Anmeldepflichtige

Beim Formwechsel des Vereins in eine Kapitalgesellschaft ist gem. § 278 Abs. 1 auf die Anmeldung der neuen Rechtsform § 222 Abs. 1 Satz 1 entsprechend anzuwenden. Die Anmeldung hat also 935

1903 *Sauter/Schweyer/Waldner*, Rn. 333.
1904 KK-UmwG/*Leuering*, § 278 Rn. 5; Lutter/*Bayer*, § 278 Rn. 7; Schmitt/Hörtnagl/Stratz/*Westerburg*, § 278 Rn. 2; Semler/Stengel/*Katschinski*, § 278 Rn. 6; Widmann/Mayer/*Vossius*, § 278 Rn. 9 f.
1905 Lutter/*Bayer*, § 278 Rn. 7; Semler/Stengel/*Katschinski*, § 278 Rn. 6.

durch alle Mitglieder des künftigen Vertretungsorgans sowie, wenn die neue Rechtsform einen Aufsichtsrat haben muss, auch durch dessen Mitglieder anzumelden. Damit hat die Anmeldung beim **Formwechsel in die GmbH** durch alle Geschäftsführer zu erfolgen. Ist die Gesellschaft mitbestimmt, ist umstritten, ob daneben auch eine Anmeldung durch die Mitglieder des Aufsichtsrats zu erfolgen hat (s. Rdn. 896). Bei der **AG** melden alle Mitglieder des Vorstandes und alle Mitglieder des Aufsichtsrats und bei der **KGaA** die Komplementäre und alle Mitglieder des Aufsichtsrats an. § 222 Abs. 2, wonach die den Gründern gleichstehenden Gesellschafter ebenfalls anmelden müssen, ist nicht anwendbar, weil die Mitglieder des e.V. auch dann keine Gründungshaftung trifft, wenn sie dem Formwechsel zustimmen. Sie müssen deshalb gem. § 277 i.V.m. § 264 Abs. 2 und 3 auch weder einen Sachgründungsbericht noch einen Gründungsbericht erstatten.

936 Weiter ist gem. § 278 auch § 222 Abs. 3 entsprechend anwendbar. Die Anmeldung der Umwandlung zum Register des formwechselnden Vereins kann demgemäß auch durch dessen Vorstand in vertretungsberechtigter Zahl vorgenommen werden. Beim **Formwechsel in die Genossenschaft** finden gem. § 286 die §§ 254 und 278 Abs. 2 entsprechende Anwendung. Damit erfolgt der Formwechsel auch des Rechtsträgers neuer Rechtsform durch das Vertretungsorgan des formwechselnden Rechtsträgers, also des Vereins.

c) Inhalt der Anmeldung

937 Für den Formwechsel des Vereins in die Kapitalgesellschaft kann auf Rdn. 895 ff. verwiesen werden. Ausstehende Bareinlagen gibt es aber nicht und folglich auch keine entsprechende Versicherung. Beim Formwechsel in die eG sind gem. § 11 GenG keine Versicherungen abzugeben.

d) Anlagen

938 Beim Formwechsel des Vereins in die Kapitalgesellschaft kann auf die Ausführungen in Rdn. 899 f. verwiesen werden, für den Formwechsel in die eG auf Rdn. 663.

9. Haftung

939 Für den Formwechsel des Vereins in die Kapitalgesellschaft kann auf die Ausführungen unter Rdn. 901 f. verwiesen werden. Gem. § 277 gilt § 264 entsprechend. Beim Formwechsel in die eG gibt es keine Gründerhaftung.

XV. Formwechsel von Versicherungsvereinen auf Gegenseitigkeit sowie von Körperschaften und Anstalten des öffentlichen Rechts

940 Ein VVaG kann gem. § 291 nur in eine Aktiengesellschaft formwechselnd umgewandelt werden. Ein solcher Formwechsel kommt in der täglichen Praxis selten vor. Die Gestaltung erschließt sich unmittelbar aus dem Gesetz unter Heranziehung der erläuterten Regelungen über den Formwechsel eines eingetragenen Vereins oder einer eingetragenen Genossenschaft in die Kapitalgesellschaft. Auf seine Behandlung wird hier verzichtet. Auch der Formwechsel von **Körperschaften und Anstalten des öffentlichen Rechts** soll hier nicht erörtert werden. Das Gesetz gestattet in § 301 nur den Formwechsel in die Rechtsform einer Kapitalgesellschaft. Auch dieser ist nur möglich, wenn das für die Körperschaft oder Anstalt des öffentlichen Rechts maßgebende Bundes- oder Landesrecht einen Formwechsel vorsieht oder zulässt. Überdies sind die Vorschriften des ersten Teils auf den Formwechsel nur anzuwenden, soweit sich aus dem für die formwechselnde Körperschaft oder Anstalt maßgebenden Bundes- oder Landesrecht nichts anderes ergibt (§ 302).

D. Spaltung

I. Allgemeines

1. Gesetzessystematik

Mit Inkrafttreten des Umwandlungsgesetzes wurde erstmals die Möglichkeit einer Spaltung von Rechtsträgern und damit die Möglichkeit einer nur partiellen Gesamtrechtsnachfolge (§ 131)[1906] geschaffen. 941

Dem Umwandlungsgesetz liegt eine »Baukastentechnik« zugrunde, nach dem für die unterschiedlichen Umwandlungsarten so weit wie möglich gemeinsame Regeln aufgestellt werden. Diese finden sich größtenteils in den Bestimmungen zur Verschmelzung, die aufgrund der Generalverweisung des § 125 mit gewissen Ausnahmen im Rahmen der Spaltung entsprechend anwendbar erklärt werden vorbehaltlich abweichender Sonderregelungen. Entsprechend der Verweisungstechnik des Gesetzgebers kann auch in den nachfolgenden Ausführungen vielfach auf die Ausführungen zur Verschmelzung verwiesen werden, die nähere Darstellung beschränkt sich auf die spaltungsspezifischen Vorschriften. 942

2. Arten der Spaltung

Das Gesetz unterscheidet drei grundlegende Arten der Spaltung, die im § 123 näher definiert sind, nämlich die Aufspaltung, die Abspaltung und die Ausgliederung. Wie die Verschmelzung kann auch die Spaltung sowohl zur Aufnahme als auch zur Neugründung durchgeführt werden. Bei der Spaltung zur Aufnahme erfolgt die Übertragung auf einen bereits bestehenden Rechtsträger. Hingegen erfolgt bei der Spaltung zur Neugründung die Übertragung auf einen im Rahmen der Spaltung im Wege einer Sachgründung neu gegründeten Rechtsträger. 943

a) Aufspaltung

Im Rahmen der Aufspaltung überträgt ein Rechtsträger sein gesamtes Vermögen in mindestens zwei Teilen jeweils als Gesamtheit im Wege der partiellen Gesamtrechtsnachfolge auf zwei oder mehr übernehmende Rechtsträger. Das gesamte Vermögen des übertragenden Rechtsträgers wird übertragen, der übertragende Rechtsträger wird dadurch ohne Abwicklung aufgelöst. Im Gegenzug erhalten die Anteilsinhaber des übertragenden Rechtsträgers als Ausgleich Anteile an den übernehmenden Rechtsträgern (§ 123 Abs. 1). 944

b) Abspaltung

Bei der Abspaltung überträgt ein Rechtsträger eine oder mehrere Teile seines Vermögens auf einen oder mehrere übernehmende Rechtsträger. Im Unterschied zur Aufspaltung bleibt bei der Abspaltung somit der übertragende Rechtsträger selbst erhalten. Jedoch erhalten die Anteilsinhaber des übertragenden Rechtsträgers als Gegenleistung für die Vermögensübertragung Anteile des bzw. der übernehmenden Rechtsträger (§ 123 Abs. 2). 945

c) Ausgliederung

Auch bei der Ausgliederung wird nur ein Teil des Vermögens übertragen, sodass der übertragende Rechtsträger selbst erhalten bleibt. Der Rechtsträger überträgt einen Teil seines Vermögens im Wege der partiellen Gesamtrechtsnachfolge auf einen oder mehrere übernehmende Rechtsträger. Im Unterschied zur Abspaltung werden die als Gegenleistung für die Ausgliederung gewährten Gesellschaftsanteile dem übertragenden Rechtsträger selbst gewährt (§ 123 Abs. 3). Rechtsfolge der Ausgliederung ist mithin das Entstehen eines Mutter/Tochter-Verhältnisses zwischen übertragender und überneh- 946

[1906] §§ ohne Gesetzesangabe sind solche des UmwG.

mender Gesellschaft. Anerkannt ist auch die Möglichkeit einer sog. Totalausgliederung des gesamten Vermögens der übertragenden Gesellschaft auf eine oder mehrere übernehmende Rechtsträger mit der Folge, dass die übertragende Gesellschaft zur reinen Holding wird.[1907]

d) Kombination von Spaltungsvorgängen

947 Aufspaltung, Abspaltung und Ausgliederung können sowohl auf einen oder mehrere bestehende Rechtsträger erfolgen, als auch auf einen oder mehrere im Rahmen des Spaltungsvorgangs neu gegründete Rechtsträger. Soll ein Spaltungsvorgang in einem Rechtsakt erfolgen, so ist diese in einem Vertrag zu regeln, Einzelverträge mit den beteiligten Gesellschaften sind unzulässig.[1908]

948 Nach § 123 Abs. 2 i.V.m. § 3 Abs. 4 ist auch eine Mischspaltung, d.h. eine Beteiligung von Rechtsträgern verschiedener Rechtsformen an dem gleichen Spaltungsvorgang, insoweit kann auf die Ausführungen zur Verschmelzung verwiesen werden.[1909]

949 Auch kann nach § 123 Abs. 4 eine Spaltung gleichzeitig zur Aufnahme und zur Neugründung durchgeführt werden, etwa durch Aufspaltung auf einen neu gegründeten Rechtsträger und einen bereits bestehenden Rechtsträger.[1910] Ob weitergehend auch Aufspaltung, Abspaltung und Ausgliederung miteinander oder mit weiteren Vorgängen nach dem UmwG in einem Rechtsakt kombiniert werden können, ist gesetzlich nicht abschließend geregelt und teilweise streitig.[1911] Nach allgemeiner Auffassung lässt sich aus § 123 Abs. 4 durch die Verwendung des Oberbegriffs »Spaltung« anleiten, dass die Spaltungsformen auch miteinander kombiniert werden können.[1912]

950 Nach ganz allgemeiner Auffassung ist eine Kombination von Abspaltung und Ausgliederung grundsätzlich zulässig.[1913] Eine solche Kombination von Abspaltung und Ausgliederung kann auf zwei Weisen erfolgen: Sie kann zum einen dergestalt erfolgen, dass ein übertragender Rechtsträger einen Teil seines Vermögens auf einen übernehmenden Rechtsträger im Wege der Ausgliederung überträgt und einen anderen Teil seines Vermögens auf einen übernehmenden Rechtsträger im Wege der Abspaltung überträgt. Zum andern kann eine solche Kombination auch dergestalt erfolgen, dass dasselbe Teilvermögen auf einen übernehmenden Rechtsträger übertragen wird gegen Gewährung von Anteilen an die Gesellschafter (Abspaltung) und den übertragenden Rechtsträger selbst (Ausgliederung). Während die Zulässigkeit der ersten Variante anerkannt ist, wird die Zulässigkeit der zweiten Variante angezweifelt.[1914]

951 Eine Kombination einer Aufspaltung mit einem anderen Spaltungsvorgang – gleich ob Abspaltung oder Ausgliederung – dürfte rechtlich ausscheiden, da mit der Aufspaltung der übertragende Rechtsträger erlischt.[1915]

952 Die gleichzeitige Beteiligung mehrerer übertragender Rechtsträger an einem Spaltungsvorgang ist nach ganz allgemeiner Auffassung unzulässig. Dies wird aus dem Wortlaut des § 123 abgeleitet, der von einem Rechtsträger ausgeht. Darüber hinaus ist das System des Umwandlungsrechtes nicht auf die Beteiligung mehrerer übertragender Rechtsträger zugeschnitten. Eine derartige Regelung sah zwar der Referentenentwurf vor, dieser hat aber nicht Eingang in das Gesetz gefunden. Dessen ungeachtet besteht jedoch ein hohes praktisches Bedürfnis für die Beteiligung mehrerer übertragen-

---

1907 Schmitt/Hörtnagl/Stratz/*Hörtnagl*, § 123 Rn. 22 f.; Widmann/Mayer/*Schwarz*, § 123 Rn. 7.3.
1908 Limmer/*Limmer*, Teil 3 Rn. 44.
1909 S.o. Rdn. 18.
1910 Beispiel nach Widmann/Mayer/*Schwarz*, § 123 Rn. 6.
1911 Hierzu umfassend: Widmann/Mayer/*Schwarz*, § 123 Rn. 6 – 9.
1912 Lutter/*Teichmann*, § 123 Rn. 30; Schmitt/Hörtnagl/Stratz/*Hörtnagl*, § 123 Rn. 14 ff.
1913 Widmann/Mayer/*Schwarz*, § 123 Rn. 7.2; Schmitt/Hörtnagl/Stratz/*Hörtnagl*, § 123 Rn. 14 ff.
1914 Für Unzulässigkeit Schmitt/Hörtnagl/Stratz/*Hörtnagl*, § 123 Rn. 17; für Zulässigkeit: *Kallmeyer*, DB 1995, 81, 82; *Geck*, DStR 1995, 416, 417; Lutter/*Teichmann*, § 123 Rn. 30; Widmann/Mayer/*Schwarz*, § 123 Rn. 7.2.
1915 Lutter/*Teichmann*, § 123 Rn. 30; Widmann/Mayer/*Schwarz*, § 123 Rn. 7.1.

der Rechtsträger, etwa im Fall der Gründung eines Gemeinschaftsunternehmens oder der Zusammenführung von Produktionsbereichen innerhalb eines Konzerns oder beim Tausch von Betriebseinheiten. Die Praxis behilft sich in diesen Fällen mit aufeinander abgestimmten, isoliert zu beurteilenden Spaltungen, die in ihrer internen Abwicklung zusammengefasst, nicht jedoch mit Außenwirkung miteinander verbunden werden.[1916]

Weitergehend wird hieraus abgeleitet, dass auch eine Verbindung von Spaltung und Verschmelzung – sogenannte verschmelzende Spaltung – in einem Rechtsakt unzulässig ist.[1917] Die Unzulässigkeit dieser Kombination gilt jedoch nur insoweit, wie diese in einem Rechtsakt vorgenommen werden. Ein solcher einheitlicher Vorgang liegt jedoch nur dann zwingend vor, wenn dasselbe Teilvermögen betroffen ist bzw. – wie bei der Aufspaltung – das gesamte Vermögen des übertragenden Rechtsträgers.

953

Demgemäß ist eine Kombination von Spaltungsvorgängen aller Art wie auch von Verschmelzungsvorgängen zulässig, soweit diese in getrennten Vorgängen erfolgen. Unproblematisch zulässig ist es, diese Vorgänge dergestalt zu verbinden, dass der eine Spaltungsvorgang aufschiebend bedingt durch die Wirksamkeit des anderen Spaltungsvorgangs ist.

954

▶ Formulierungsbeispiel: aufschiebend bedingter Spaltungs- und Übernahmevertrag

955

»Der in Teil B dieser Urkunde niedergelegte Spaltungs- und Übernahmevertrag ist aufschiebend bedingt durch die Eintragung der in Teil A dieser Urkunde niedergelegten Ausgliederung in das Handelsregister des übertragenden Rechtsträgers (§ 131 Abs. 1 UmwG).«

Sollen hingegen Spaltungsvorgänge gleichzeitig vollzogen bzw. voneinander abhängen, so empfiehlt es sich diese Verknüpfung auf das Innenverhältnis zu beschränken.[1918] Eine Verknüpfung auch im Außenverhältnis, etwa dergestalt, dass die Spaltungsvorgänge gleichzeitig zu vollziehen sind, dürfte in der registerrechtlichen Praxis nicht umsetzbar sein. Nach überwiegender Auffassung können diese Vorgänge auch in einem einheitlichen Vertragswerk niedergelegt werden; zur Vermeidung gerichtlicher Probleme empfiehlt es sich jedoch unterschiedliche Vertragswerke zu wählen, die ggf. durch entsprechende Bedingungen sodann miteinander verknüpft werden.[1919]

956

3. Spaltungsfähige Rechtsträger

a) Aufspaltung und Abspaltung

Die spaltungsfähigen Rechtsträger regelt § 124 für alle Spaltungsvorgänge grundsätzlich durch einen Verweis auf die allgemeine Vorschrift des § 3.[1920] Demgemäß sind uneingeschränkt spaltungsfähig nach § 3 Abs. 1 die Personenhandelsgesellschaften (Offene Handelsgesellschaften, Kommanditgesellschaften einschließlich der GmbH & Co. KG), Partnerschaftsgesellschaften (einschl. PartG mbB), Kapitalgesellschaften (GmbH, AG, KGaA), eingeschränkte Genossenschaften, eingetragene Vereine, genossenschaftliche Prüfverbände und die Versicherungsvereine auf Gegenseitigkeit. Im Ergebnis stimmen damit für die Aufspaltung und die Abspaltung die beteiligungsfähigen Rechtsträger fast vollständig mit den Regelungen zur Verschmelzung überein.[1921]

957

An einer Aufspaltung bzw. Abspaltung können auch eine SE (nach den Regeln der AG) und eine SCE (nach den Regeln der eG) beteiligt sein. Aus europarechtlichen Gründen können SE und SCE als übernehmende Rechtsträger jedoch nur im Rahmen einer Spaltung zur Aufnahme, nicht jedoch

958

1916 Lutter/*Teichmann*, § 123 Rn. 31; Schmitt/Hörtnagl/Stratz/*Hörtnagl*, § 123 Rn. 18 ff.; Widmann/Mayer/*Schwarz*, § 123 Rn. 9.
1917 Widmann/Mayer/*Mayer*, § 123 Rn. 9.
1918 Limmer/*Limmer*, Teil 3 Rn. 46; Widmann/Mayer/*Mayer*, § 126 Rn. 8.
1919 Limmer/*Limmer*, Teil 3 Rn. 47; Widmann/Mayer/*Mayer*, § 126 Rn. 8.
1920 S. Rdn. 16 ff. zur Verschmelzung.
1921 S. Rdn. 16 ff. zur Verschmelzung.

959 Der besondere Teil des Spaltungsrechts enthält jedoch einige, im Ergebnis weniger praxisrelevante Einschränkungen der Spaltungsmöglichkeiten: So können wirtschaftliche Vereine i.S.v. § 22 BGB im Rahmen einer Spaltung nur als übertragende, nicht jedoch als aufnehmende Rechtsträger an einer Spaltung beteiligt sein. Eine Aktiengesellschaft oder eine Kommanditgesellschaft auf Aktien, die noch nicht 2 Jahre im Register eingetragen ist, kann außer durch Ausgliederung zur Neugründung nicht gespalten werden (§ 141).[1923] Ein rechtsfähiger Verein kann sich an einer an einer Spaltung nur beteiligen, wenn die Satzung des Vereins oder Vorschriften des Landesrechts nicht entgegenstehen. Auch kann ein eingetragener Verein als übernehmender Rechtsträger im Wege der Spaltung nur andere eingetragene Vereine aufnehmen oder mit ihnen einen eingetragenen Verein gründen (§ 149). Weitere Einschränkungen gelten für eingetragene Genossenschaften (§ 147), genossenschaftliche Prüfungsverbände (§ 150), Versicherungsvereine auf Gegenseitigkeit (§ 151).

Die einleitenden Worte zum Abschnitt (vor Rn. 959) lauten:

im Rahmen einer Spaltung zur Neugründung beteiligt sein. Für die SE folgt dies aus Art. 2 Abs. 3 SE-VO und für die SCE aus SCE-VO.[1922]

960 Anders als das Verschmelzungsrecht lässt das Spaltungsrecht einen Vermögenstransfer auf den Einzelkaufmann als übernehmenden Rechtsträger nicht zu. Dies ist sachgerecht, denn der Einzelkaufmann kann naturgemäß keine Gesellschaftsanteile an sich, dem übertragenden Rechtsträger bzw. dessen Anteilsinhaber zur Verfügung stellen. Das Ziel einer partiellen Gesamtrechtsnachfolge durch einen Einzelkaufmann als übernehmenden Rechtsträger lässt sich daher nur auf Umwegen erreichen: Entweder ist als übernehmender Rechtsträger eine Ein-Personen-GmbH beteiligt, die anschließend mit dem Vermögen des Alleingesellschafters verschmolzen wird. Alternativ kann die Spaltung auch auf eine Personengesellschaft stattfinden mit einem anschließenden Ausscheiden der übrigen Gesellschafter, was sodann zum Anwachsen des Gesellschaftsvermögens bei der verbleibenden Einzelperson führt.[1924]

b) Besonderheiten bei der Ausgliederung

961 Für die Ausgliederung gelten die vorstehenden Ausführungen entsprechend. Jedoch erweitert das Umwandlungsrecht den Kreis der möglichen übertragenden Rechtsträger. Als übertragende Rechtsträger sind für eine Ausgliederung zusätzlich zugelassen die im Handelsregister eingetragenen Einzelkaufleute (§§ 152 ff.), Stiftungen (§ 161) und die Regie- oder Eigenbetriebe von Gebietskörperschaften oder Zusammenschlüssen von Gebietskörperschaften (§ 168),[1925] jedoch jeweils mit Beschränkungen insbesondere hinsichtlich der möglichen übernehmenden Rechtsträger. Gebietskörperschaften im vorstehenden Sinne sind der Bund, die Länder, die Landkreise und die Gemeinden sowie die Kirchen[1926] sowie Zusammenschlüsse von Gebietskörperschaften, die selbst keine Gebietskörperschaften sind, wie insbesondere gemeindliche Zweckverbände nach Maßgabe der entsprechenden landesrechtlichen Bestimmungen.[1927]

962 Nach Literaturstimmen soll auch eine Erbengemeinschaft, die das Handelsgeschäft eines Einzelkaufmannes nach dessen Tod fortführt, als spaltungsfähiger Rechtsträger anzusehen sein.[1928] Dem

---

1922 Lutter/*Teichmann*, § 124 Rn. 6 f.; Schmitt/Hörtnagl/Stratz/*Hörtnagl*, § 124 Rn. 25 ff., für weitere Einzelheiten s. Rdn. 452 f. zur Verschmelzung.
1923 S.a. unten Rdn. 1263, zur streitigen Frage der Berechnung der Zweijahresfrist; Schmitt/Hörtnagl/Stratz/*Hörtnagl*, § 141 Rn. 2 einerseits; Widmann/Mayer/*Rieger*, § 141 Rn. 6 andererseits.
1924 Lutter/*Teichmann*, § 124 Rn. 3.
1925 Die Regelung tritt damit an die Stelle der früheren Umwandlung von Unternehmen der Gebietskörperschaften in AG und GmbH nach §§ 57, 58 UmwG 1969, vgl. Schmitt/Hörtnagl/Stratz/*Hörtnagl*, § 124 Rn. 52. Wegen der zusätzlichen Möglichkeiten der »Umwandlung« nach dem jeweiligen Landeskommunalrecht s. nachstehend Rdn. 1047.
1926 *Suppliet*, Ausgliederung nach § 168, 2005, S. 127; *Pfeiffer*, NJW 2000, 3694; *Borsch*, DNotZ 2005, 10, 12; *Lepper*, RNotZ 2006, 313, 316; Lutter/*H. Schmidt*, § 168 Rn. 6.
1927 Lutter/*H. Schmidt*, § 168 Rn. 8; Schmitt/Hörtnagl/Stratz/*Hörtnagl*, § 124 Rn. 52 ff.
1928 Lutter/*Karollus*, § 152 Rn. 3.

ist entgegenzuhalten, dass die Gleichstellung der Erbengemeinschaft mit dem Einzelkaufmann rein handelsrechtlich erfolgt. Einer analogen Anwendung des Umwandlungsrechtes bedarf es nicht.[1929]

Keine Besonderheiten gelten hinsichtlich der übernehmenden Rechtsträger, hinsichtlich einer Ausgliederung zur Aufnahme entspricht der Kreis der übernehmenden Rechtsträger den in § 3 im Rahmen der Verschmelzung genannten, sodass auf die vorstehenden Ausführungen verwiesen werden kann. Abweichend hiervon kann im Rahmen einer Ausgliederung eine Partnerschaftsgesellschaft nicht aufnehmender Rechtsträger sein. Die Gewährung von Anteilen an den übertragenden Rechtsträger würde verstoßen gegen § 1 Abs. 1 Satz 3 PartGG, wonach nur natürlichen Personen Gesellschafter einer Partnerschaftsgesellschaft sein können.[1930] 963

c) Besonderheiten bei Beteiligung einer UG

Beschränkungen gelten jedoch für die Beteiligungen an einer GmbH in Form der UG. Insoweit gelten die vorstehenden Ausführungen zur Verschmelzung zur Aufnahme als auch zur Verschmelzung zur Neugründung entsprechend.[1931] 964

Als übernehmender Rechtsträger kann eine UG an einer Spaltung nur unter engen Voraussetzungen beteiligt sein. Eine Spaltung auf eine UG zur Neugründung ist wegen § 5 Abs. 2a GmbHG (Ausschluss der Sacheinlage) unzulässig.[1932] Eine Spaltung auf eine UG zur Aufnahme ist dann möglich, wenn entweder infolge der Spaltung das Stammkapital auf mindestens 25.000 € erhöht wird, da in diesem Fall die UG zur normalen GmbH erstarkt[1933] oder aber das Stammkapital spaltungsbedingt nicht erhöht wird[1934]. 965

Eine Beteiligung als übertragender Rechtsträger ist nur begrenzt möglich, da bei einer UG eine Kapitalherabsetzung unzulässig ist. Eine Aufspaltung der UG dürfte daher zulässig sein, da sich hierbei Fragen der Kapitalherabsetzung nicht stellen. Eine Abspaltung von der UG ist zulässig, wenn trotz des spaltungsbedingten Vermögensverlustes das Stammkapital erhalten bleibt.[1935] 966

Da bei einer Ausgliederung wegen des damit verbundenen Aktivtausches eine Kapitalherabsetzung in der Regel nicht erforderlich ist, dürften gegen eine Ausgliederung aus dem Vermögen einer UG grundsätzlich keine Bedenken bestehen. 967

d) Besonderheiten bei Beteiligung einer Vorgesellschaft

Ähnlich wie bei der Verschmelzung ist auch bei der Spaltung umstritten, ob eine Spaltung auch unter Beteiligung einer Vor-Gesellschaft (Vor-GmbH, Vor-AG) erfolgen kann.[1936] Die mittlerweile h.M. bejaht den Abschluss eines Spaltungsvertrages durch eine Vorgesellschaft. Die Spaltung selbst kann jedoch erst nach Eintragung der Gesellschaft im Handelsregister vollzogen werden.[1937] 968

1929 Schmitt/Hörtnagl/Stratz/*Hörtnagl*, § 152 Rn. 4; Widmann/Mayer/*Mayer*, § 152 Rn. 30 ff.
1930 Lutter/*Teichmann*, § 124 Rn. 10; Schmitt/Hörtnagl/Stratz/*Hörtnagl*, § 124, Rn. 32.
1931 Siehe Rdn. 22; zur Spaltung unter Beteiligung einer UG s. *Tettinger*, Der Konzern 2008, 75, 77; *Heinemann*, NZG 2008, 820, 822; *Meister*, NZG 2008, 767, 768; Habersack/Wicke/*Verse*, § 124 Rn. 13f.
1932 BGH NJW 2011, 1883 zur Abspaltung; Lutter/*Teichmann*, § 124 Rn. 2; Limmer/*Limmer*, Teil 3 Rn. 32; *Miras*, NZG 2012, 486, 489.
1933 *Seebach*, RNotZ 2013, 261, 278; *Gößl*, MittBayNot 2011, 438; Lutter/*Teichmann*, § 124 Rn. 2; Limmer/*Limmer*, Teil 3 Rn. 32; *Freitag/Riemenschneider*, ZIP 2007, 1485; *Tettinger*, Der Konzern 2008, 75; *Ries/Schulte*, NZG 2018, 571, 574.
1934 Habersack/Wicke/*Verse*, § 124 Rn. 13; Limmer/*Limmer*, Teil 3 Rn. 32; *Meister*, NZG 2008, 767, 768; einschränkend jedoch Baumbach/Hueck/*Fastrich*, § 5a Rn. 18.
1935 Habersack/Wicke/*Verse*, § 124 Rn. 14; Limmer/*Limmer*, Teil 3 Rn. 32.
1936 Rdn. 20, Schmitt/Hörtnagl/Stratz/*Hörtnagl*, § 124 Rn. 10.
1937 Widmann/Mayer/*Mayer*, Vor §§ 46 ff. Rn. 83; Schmitt/Hörtnagl/Stratz/*Hörtnagl*, § 124 Rn. 10; Limmer/*Limmer*, Teil 3 Rn. 36; Zur Rechtslage bei Personengesellschaften s. Widmann/Mayer/*Vossius*, Vor § 39, Rn. 3.1 ff.

e) Beteiligung aufgelöster Rechtsträger an einer Spaltung

969 Für die Frage, ob aufgelöste Gesellschaften an einer Spaltung beteiligt sein können, verweist § 124 Abs. 2 auf § 3 Abs. 3. Demgemäß können aufgelöste Rechtsträger im gleichen Umfang wie an einer Verschmelzung auch an einer Spaltung beteiligt sein.[1938] Aufgelöste übertragende Rechtsträger können nach §§ 124 Abs. 2, 3 Abs. 3 an einer Spaltung beteiligt sein, wenn ihre Fortsetzung beschlossen werden könnte. Nach h.M. ist es insoweit nicht erforderlich, dass der Fortsetzungsbeschluss tatsächlich gefasst wird, vielmehr reicht es, wenn er rechtmässigerweise gefasst werden könnte.[1939] Die Voraussetzungen der Fortsetzung eines aufgelösten Rechtsträgers sind rechtsformspezifisch. Insoweit kann auf die Ausführungen zur Verschmelzung verwiesen werden. Soweit das Spaltungsrecht im Rahmen der Ausgliederung den Kreis der beteiligungsfähigen Rechtsträger erweitert, im Hinblick auf Einzelkaufleute, Stiftungen und Gebietskörperschaften, so gilt Folgendes: Eine Auflösung ist beim Einzelkaufmann stets die Aufgabe der werbenden Tätigkeit, die durch Wiederaufnahme beseitigt werden kann.[1940] Die Auflösung einer Stiftung erfolgt im Regelfall durch Verwaltungsakt der zuständigen Aufsichtsbehörde (§ 87 Abs. 1 BGB), so dass die Spaltung einer aufgelösten Stiftung demgemäß nur dann möglich ist, wenn die Entscheidung der Aufsichtsbehörde aufgehoben wird.[1941] Bei aufgelösten Gebietskörperschaften oder Zusammenschlüssen von Gebietskörperschaften dürfte sich die Frage einer Fortsetzung im Regelfall nicht stellen.[1942] Ob eine aufgelöste Gesellschaft auch als übernehmende Gesellschaft an einer Spaltung beteiligt sein kann, ist streitig. Teilweise wird dies bejaht, wenn diese Gesellschaft tatsächlich fortgesetzt wird und ein Fortsetzungsbeschluss gefasst wird.[1943] Nach a.A. kann ein aufgelöster Rechtsträger nicht als übernehmender Rechtsträger an einer Spaltung beteiligt sein.[1944] Nicht vollständig geklärt ist, inwieweit Gesellschaften während der Dauer eines Insolvenzverfahrens an einem Umwandlungsvorgang beteiligt sein können. Zumindestens eine Beteiligung als übertragender Rechtsträger erscheint möglich.[1945]

4. Beteiligung Dritter

970 Zu den umstrittenen Fragen gehört auch im Bereich der Spaltung die Frage, ob außenstehende Dritte im Rahmen der Spaltung Anteile am übernehmenden bzw. neu gegründeten Rechtsträger erwerben können. Diese Frage wird insbesondere bei der Ausgliederung auf eine GmbH & Co. KG zur Neugründung, bei der Ausgliederung auf eine GmbH zur Neugründung oder aber der Abspaltung von einer GmbH auf eine GmbH & Co. KG zur Neugründung diskutiert.[1946]

971 In einem obiter dictum zum Formwechsel von einer AG zur GmbH & Co. KG hat der BGH ausgesprochen, dass die hierfür erforderliche Komplementär-GmbH auch im Rahmen des Formwechsels neu hinzutreten kann.[1947] Mangels einschlägiger Rechtsprechung ist aber ungeklärt, ob ein solcher Beitritt auch bei einer Spaltung erfolgen kann.[1948]

[1938] S. Rdn. 23 ff.
[1939] Schmitt/Hörtnagl/Stratz/*Hörtnagl*, § 124 Rn. 55; a.A. *Geck*, DStR 1995, 416, 418.
[1940] Schmitt/Hörtnagl/Stratz/*Hörtnagl*, § 124 Rn. 72; wegen § 5 HGB vgl. Rdn. 1303.
[1941] Z.B. aufgrund Widerrufs oder Rücknahme §§ 48, 49 Verwaltungsverfahrensgesetz oder aufgrund gerichtlicher Entscheidung, s. hierzu: Widmann/Mayer/*Schwarz*, § 124 Rn. 4.2; a.A. Schmitt/Hörtnagl/Stratz/*Hörtnagl*, § 124 Rn. 74.
[1942] S. weiterführend: Schmitt/Hörtnagl/Stratz/*Hörtnagl*, § 124 Rn. 75; Widmann/Mayer/*Schwarz*, § 124 Rn. 43.
[1943] Schmitt/Hörtnagl/Stratz/*Hörtnagl*, § 124 Rn. 76.
[1944] OLG Naumburg GmbHR 1997, 52, 55; offen gelassen von KG BB 1998, 2409; vgl. auch insoweit die Ausführungen zur Verschmelzung Rdn. 23, die entsprechend auch für die Spaltung gelten.
[1945] Habersack/Wicke/*Verse*, § 124 Rn. 29 ff.; *Wachter*, NZG 2015, 858; *Weiler*, notar 2015, 400, 410.
[1946] DNotI-Gutachten Nr. 109186 vom 21.02.2011.
[1947] BGH NZG 2005, 722.
[1948] Kritisch: Widmann/Mayer/*Mayer*, § 126 Rn. 103; Schmitt/Hörtnagl/Stratz, § 124 Rn. 31; befürwortend: Semler/Stengel/*Bärwald*, § 135 Rn. 18; KK-UmwG/*Simon/Nießen*, § 135 Rn. 47; ausführlich dazu: Limmer/*Limmer*, Teil 3 Rn. 249 ff.

Folgt man der noch wohl h.M., kann die Beteiligung Dritter am übernehmenden Rechtsträger bereits vor dem Wirksamwerden der Spaltung lediglich durch eine aufschiebend bedingte Übertragung von Anteilen an der durch die Spaltung entstehenden Gesellschaft bzw. aufnehmenden Gesellschaft erreicht werden. Die Abtretung muss unter der aufschiebenden Bedingung der Eintragung der Kapitalerhöhung beim Übernehmer bzw. die Eintragung des neuen Rechtsträgers bedingt sein. Bei der Neugründung einer Kapitalgesellschaft als übernehmende Gesellschaft ist zudem zu beachten, dass die Abtretung künftiger Anteile erst möglich ist, wenn eine Vorgesellschaft entstanden ist, was nach §§ 125, 59 Abs. 1 bzw. 76 Abs. 2 erst der Fall ist, wenn dem Gesellschaftsvertrag der neuen Gesellschaft durch die Anteilsinhaber des übertragenden Rechtsträgers im Spaltungsbeschluss zugestimmt wurde.[1949] Als weitere Möglichkeit besteht, dass der außenstehende Dritte sich im Rahmen einer, im Zusammenhang dieses Spaltungsvorgangs, vorgenommenen ordentlichen Kapitalerhöhung bei dem übernehmenden Rechtsträger beteiligt. Auch hier ist festzulegen, dass die Übernahme aufschiebend bedingt durch das Wirksamwerden der Spaltung erfolgt.[1950] 972

5. Kapitalerhaltung und Kapitalherabsetzung bei Kapitalgesellschaften als übertragendem Rechtsträger

a) Allgemeines

Bei Personengesellschaften stellt sich Fragen der Kapitalerhaltung rechtsformspezifisch nicht. Bei Kapitalgesellschaften kann eine Spaltung darüber hinaus zu Problemen der Kapitalerhaltung führen. Hierbei ist zwischen den verschiedenen Spaltungsarten zu differenzieren: Bei einer Aufspaltung erlischt die übertragende Gesellschaft, Fragen der Kapitalerhaltung beim übertragenden Rechtsträger können sich naturgemäß nicht stellen.[1951] Bei einer Ausgliederung erhält die übertragende Gesellschaft als Gegenleistung für die Ausgliederung Anteile an der übernehmenden Gesellschaft. Der damit verbundene Aktivtausch ist zwar im Regelfall kapitalneutral, bei der Ausgliederung zur Aufnahme können jedoch im Einzelfall die als Gegenleistung gewährten Anteile keine ausreichende Gegenleistung sein, etwa bei schlechter Vermögenslage des Übernehmers.[1952] Besonders deutlich stellen sich Fragen der Kapitalerhaltung im Rahmen einer Abspaltung: Bei dieser geht die Gegenleistung nicht an die übertragende Gesellschaft, sondern an deren Anteilsinhaber. Im Ergebnis hat damit die Abspaltung Ausschüttungs- oder Entnahmecharakter, die zu einem Verstoß gegen die Kapitalbindungsgrundsätze beim übertragenden Rechtsträger führen könnten.[1953] 973

b) Kapitaldeckungserklärung

Der Gesetzgeber hat sich bewusst gegen eine Kapitalprüfung durch das Registergericht entschieden. Vielmehr verlangt er im Rahmen einer Ausgliederung wie auch einer Abspaltung eine Versicherung der vertretungsberechtigten Organe des übertragenden Rechtsträgers, dass das Stammkapital durch die Aktiva weiter gedeckt ist. 974

Demgemäß haben nach § 140 die Geschäftsführer einer übertragenden GmbH bei der Anmeldung der Abspaltung oder Ausgliederung zu erklären, dass die durch Gesetz und Gesellschaftsvertrag vorgesehenen Voraussetzungen für die Gründung dieser Gesellschaft unter Berücksichtigung der Abspaltung oder der Ausgliederung im Zeitpunkt der Anmeldung vorliegen. Gemeint hiermit ist, dass das ausgewiesene Stammkapital der übertragenden GmbH weiter durch Aktiva gedeckt ist. Diese Erklärung ist gem. § 313 Abs. 2 strafbewehrt. Die wohl überwiegende Auffassung leitet insbesondere aus der Strafbewehrung und dem Wortlaut der Vorschrift ab, dass die Anmeldung durch alle Geschäfts- 975

1949 *Mayer*, DB 1995, 862; Widmann/Mayer/*Mayer*, § 126 Rn. 103 ff.; *Ittner*, MittRhNotK 1997, 105, 107.
1950 *Mayer*, DB 1995, 862; Widmann/Mayer/*Mayer*, § 126 Rn. 105; *Ittner*, MittRhNotK 1997, 105, 107.
1951 *Ittner*, MittRhNotK 1997, 105, 107; Lutter/*Priester*, § 139 Rn. 3.
1952 *Ittner*, MittRhNotK 1997, 105, 107; Lutter/*Priester*, § 139 Rn. 4; Widmann/Mayer/*Mayer*, § 139 Rn. 17 f.
1953 *Priester*, FS Schippel, 1996, S. 487; *Naraschewski*, GmbHR 1995, 697; *Ittner*, MittRhNotK 1997, 105, 107; Limmer/*Limmer*, Teil 3 Rn. 270; Lutter/*Priester*, § 139 Rn. 3; Widmann/Mayer/*Mayer*, § 139 Rn. 12.

führer persönlich erfolgen muss. Eine Bevollmächtigung ist demgemäß nicht möglich, auch eine Abgabe im Rahmen einer unechten Gesamtvertretung scheidet damit aus.[1954] Eine andere Auffassung verweist darauf, dass die Erklärung im engen Zusammenhang mit der Anmeldung der Spaltung selbst stehe, für die Handeln in vertretungsberechtigter Zahl genügt, so dass dies auch für die Erklärung nach § 140 gelten müsse.[1955] Die Kapitaldeckungserklärung wird regelmäßig in die Anmeldung der Spaltung bei der übertragenden GmbH aufgenommen, sie kann jedoch auch separat abgegeben werden. Die Erklärung stellt auf den Tag der Anmeldung des Spaltungsvorgangs ab.[1956]

976 ▶ Formulierungsbeispiel: Kapitaldeckungserklärung (§ 140 UmwG)

»Gemäß § 140 UmwG versichere ich, dass die durch Gesetz und Gesellschaftsvertrag vorgesehenen Voraussetzungen für die Gründung der Gesellschaft unter Berücksichtigung der Abspaltung im Zeitpunkt der Anmeldung vorliegen, insbesondere das Stammkapital weiter gedeckt ist.«

977 In ähnlicher Weise ordnet § 146 für eine übertragende AG an, dass deren Vorstand zu erklären hat, dass die durch Gesetz oder Satzung vorgesehenen Voraussetzungen für die Gründung dieser Gesellschaft unter Berücksichtigung der Abspaltung oder Ausgliederung im Zeitpunkt der Anmeldung vorliegen. Auch diese Erklärung ist gem. § 313 Abs. 2 strafbewehrt, und auch hier ist streitig, ob die Erklärung von allen Vorstandsmitgliedern oder in vertretungsberechtigter Zahl abzugeben ist.[1957]

978 ▶ Formulierungsbeispiel: Erklärung nach § 146 UmwG

»Ich erkläre ferner, dass die durch Gesetz und Gesellschaftsvertrag vorgesehenen Voraussetzungen für die Gründung dieser Gesellschaft unter Berücksichtigung der Abspaltung im Zeitpunkt dieser Anmeldung weiter vorliegen.«

979 In beiden Fällen kommt es darauf an, dass die notwendige Kapitaldeckung noch vorhanden ist. Insoweit ist streitig, ob auf Verkehrswerte oder auf Buchwerte abzustellen ist. Stellt man auf Verkehrswerte ab, so könnten zur Frage der Kapitaldeckung auch stille Reserven berücksichtigt werden.[1958] Nach zutreffender Ansicht sind stille Reserven nicht zu berücksichtigen, vielmehr ist auf das buchmäßige Eigenkapital abzustellen (Nettobuchvermögen). Hierfür spricht, dass bei § 30 GmbHG nach ganz überwiegender Ansicht stille Reserven außer Betracht zu bleiben haben.[1959]

c) Vereinfachte Kapitalherabsetzung

980 Reicht das nach Abspaltung bzw. Ausgliederung verbliebene buchmäßige Eigenkapital zur Deckung des Stammkapitals nicht aus, und kann die durch die Spaltung eingetretene Vermögensminderung beim übertragenden Rechtsträger nicht durch die Auflösung von Rücklagen oder durch die Zufuhr von Eigenkapital ausgeglichen werden, so muss zur Durchführung der Spaltung eine Kapitalherabsetzung erfolgen. Insoweit bestimmt § 139 Satz 2 für die GmbH bzw. § 145 Satz 2 für die AG/KGaA, dass die Abspaltung oder Ausgliederung erst eingetragen werden darf, nachdem die Herabsetzung des Stammkapitals im Register eingetragen worden ist.[1960]

981 Zwar könnte die Kapitalherabsetzung auch als ordentliche Kapitalherabsetzung gem. §§ 58 ff. GmbHG bzw. §§ 222 ff. AktG durchgeführt werden, was wegen der einjährigen Sperrfrist jedoch

---

[1954] Lutter/*Priester*, § 140 Rn. 8; Widmann/Mayer/*Mayer*, § 140 Rn. 16.
[1955] Schmitt/Hörtnagl/Stratz/*Hörtnagl*, § 140 Rn. 3; Limmer/*Limmer*, Teil 3 Rn. 271.
[1956] Lutter/*Priester*, § 140 Rn. 10.
[1957] Für Erklärung durch alle Vorstandsmitglieder: Widmann/Mayer/*Rieger*, § 146 Rn. 7; für Erklärung in vertretungsberechtigter Zahl: Lutter/*Schwab*, § 146 Rn. 7; Schmitt/Hörtnagl/Stratz/*Hörtnagl*, § 146 Rn. 2.
[1958] *Ising/Thiell*, DB 1991, 2021, 2024.
[1959] Lutter/*Priester*, § 140 Rn. 5; Widmann/Mayer/*Mayer*, § 139 Rn. 11 ff.: Schmitt/Hörtnagl/Stratz/*Hörtnagl*, § 139 Rn. 5 ff.
[1960] Limmer/*Limmer*, Teil 3 Rn. 279; Ittner, MittRhNotK 1995, 105, 107.

D. Spaltung   Kapitel 8

im Regelfall ausscheidet.[1961] Der Gesetzgeber hat daher in § 139 Satz 1 (für die GmbH) bzw. in § 145 Satz 1 (für die AG/KGaA) bestimmt, dass die Kapitalherabsetzung auch nach den jeweiligen Vorschriften über die vereinfachte Kapitalherabsetzung vorgenommen werden kann. Diese vollziehen sich nach den gleichen Schritten wie eine ordentliche Kapitalherabsetzung, doch ist das Verfahren wesentlich erleichtert. Bei der GmbH entfällt insbesondere der Gläubigeraufruf sowie die Sperrfrist des § 58 Abs. 1 Nr. 3 GmbHG.[1962]

Aus dem Gesetzeswortlaut und der gesetzlichen Begründung lässt sich nicht eindeutig ableiten, ob die in § 139 Satz 1 bzw. § 145 Satz 1 enthaltene Verweisung auf die vereinfachte Kapitalherabsetzung eine Rechtsgrund- oder eine Rechtsfolgenverweisung darstellt. Geht man von einer Rechtsgrundverweisung aus, so müssen zusätzlich auch die Tatbestandsvoraussetzungen des § 58a Abs. 1 GmbHG (Ausgleich von Wertminderung oder sonstigen Verlusten) § 58a Abs. 2 GmbHG (Zwang zur Auflösung von Kapitalrücklagen, Unzulässigkeit der Herabsetzung bei vorhandenem Gewinnvortrag) bzw. des § 229 Abs. 2 AktG vorliegen.[1963] 982

Nach § 139 Satz 1 bzw. § 145 Satz 1 muss die vereinfachte Kapitalherabsetzung ferner zur Durchführung der Spaltung erforderlich sein. Dies ist dann der Fall, wenn das nach der Spaltung verbleibende Nettovermögen das Nennkapital nicht mehr deckt. Dies ist dann der Fall, wenn die Spaltung ohne Verminderung des Nennkapitals nicht durchgeführt werden kann, zudem offene Kapitalposten (Rücklagen, Gewinnvorträge) fehlen, zu deren Lasten die Verminderung des Nettovermögens gebucht werden könnte. Sollten Kapital- und Gewinnrücklagen bestehen, müssen diese vorweg aufgelöst werden. Rücklagen für eigene Anteile i.S.v. § 272 Abs. 4 stehen der Herabsetzung nicht entgegen. Es ist streitig, ob auch diejenigen Rücklagen aufzulösen sind, die nach § 58 Abs. 2 GmbHG bzw. § 229 Abs. 2 AktG beibehalten werden könnten.[1964] Außerdem muss die Herabsetzung gerade zur Deckung des durch die Spaltung abgehenden Nettovermögens notwendig sein.[1965] 983

Weist die übertragende Gesellschaft bereits vor der Spaltung eine Unterbilanz auf, so ist eine Einbeziehung der schon bestehenden Unterbilanz in die vereinfachte Kapitalherabsetzung nach § 139 Satz 1 bzw. § 145 Satz 1 unzulässig, da insoweit die Unterbilanz nicht spaltungsbedingt ist. Diese muss zuvor beseitigt werden, erst hiernach kann sodann die Spaltung durchgeführt werden.[1966] 984

Streitig ist, ob die spaltungsbedingte Kapitalherabsetzung der Höhe nach durch das bei der übernehmenden Gesellschaft neu gebildete Nennkapital begrenzt wird. Ein Teil der Literatur vertritt insoweit die Auffassung, dass eine vereinfachte spaltungsbedingte Kapitalherabsetzung nur zulässig sei, wie dies zur Bildung des Nennkapitals bei der übernehmenden Gesellschaft notwendig ist.[1967] Sie begründet dies mit der Gefahr, dass Rücklagen bei der übernehmenden Gesellschaft an deren Gesellschafter ausgeschüttet werden könnten, wenn der Kapitalheransetzungsbetrag den Kapitalerhöhungs- bzw. Gründungskapitalbetrag beim übernehmenden Rechtsträger übersteigt. Die zutreffende Auffassung wendet sich gegen diese Beschränkung des Herabsetzungsbetrages, da kein zwingender Zusammenhang zwischen der Höhe des übertragenden Vermögens der Kapitalerhöhung bzw. dem Nennkapital der übernehmenden Gesellschaft besteht. Auch hat der Gesetzgeber eine entsprechende Begrenzung der Kapitalherabsetzung bewusst nicht geregelt. Hierfür spricht auch, dass bei Eingreifen eines Kapitalerhöhungsverbotes beim übernehmenden Rechtsträger überhaupt 985

1961 Limmer/*Limmer*, Teil 3 Rn. 281; *Ittner*, MittRhNotK 1995, 105, 107; Lutter/*Priester*, § 139 Rn. 1.
1962 S. Rdn. 1234; Limmer/*Limmer*, Teil 3 Rn. 281.
1963 Für Rechtsfolgenverweisung: *Ittner*, MittRhNotK 1997, 105, 107; Lutter/*Priester*, § 139 Rn. 5; *Naraschewski*, GmbHR 1995, 697, 698; Lutter/*Schwab*, § 145 Rn. 9, 22; für Rechtsgrundverweisung: Widmann/Mayer/*Mayer*, § 139 Rn. 23 ff.; Schmitt/Hörtnagl/Stratz/*Hörtnagl*, § 139 Rn. 8.
1964 Für Pflicht zur Auflösung: Lutter/*Priester*, § 139 Rn. 6; gegen Pflicht zur Auflösung: Schmitt/Hörtnagl/Stratz/*Hörtnagl*, § 139 Rn. 25; Widmann/Mayer/*Mayer*, § 139 Rn. 34.
1965 *Ittner*, MittRhNotK 1997, 105, 108; Schmitt/Hörtnagl/Stratz/*Hörtnagl*, § 139 Rn. 25 ff.
1966 *Ittner*, MittRhNotK 1997, 105, 108; Lutter/*Priester*, § 139 Rn. 9.
1967 Lutter/*Priester*, § 139 Rn. 10; *Priester*, FS Schippel, 1996, S. 497; *Naraschewski*, GmbHR 1995, 700.

kein Nennkapital gebildet werden kann. Entsprechendes gilt, wenn übernehmender Rechtsträger eine Personenhandelsgesellschaft ist.[1968]

986 Voraussetzung für die Durchführung der vereinfachten Kapitalherabsetzung ist ein entsprechender Kapitalherabsetzungsbeschluss der Gesellschafterversammlung der übertragenden GmbH (§§ 58a Abs. 5, 53, 54 GmbHG) bzw. für die übertragende AG (§ 229 AktG). Für die Beschlussfassung ist eine Mehrheit von mindestens 3/4 der abgegebenen Stimmen erforderlich, soweit die Satzung nicht strengere Anforderungen stellt. Der Beschluss kann vor oder nach Abschluss des Spaltungsvertrages wie auch zeitlich vor oder nach dem Zustimmungsbeschluss gefasst werden. In der Praxis dürfte der Kapitalherabsetzungsbeschluss regelmäßig mit dem Spaltungsbeschluss gefasst werden.[1969]

987 Die Spaltung darf erst nach Eintragung der Kapitalherabsetzung eingetragen werden, auch wenn die Kapitalherabsetzung rechtlich erst mit Wirksamwerden der Spaltung wirksam wird. Steht nach Eintragung der Kapitalherabsetzung fest, dass die Spaltung nicht durchgeführt wird, ist die Kapitalherabsetzung von Amts wegen zu löschen. Der sich hieraus ergebende Bedingungszusammenhang zwischen Spaltung und vereinfachter Kapitalherabsetzung ergibt sich bereits aus den gesetzlichen Vorschriften. Es ist daher nicht erforderlich, den Kapitalherabsetzungsbeschluss unter der auflösenden Bedingung zu fassen, dass die Wirksamkeit der Spaltung nicht eintritt bzw. den Spaltungsbeschluss unter der aufschiebenden Bedingung zu fassen, dass die Kapitalherabsetzung wirksam wird.[1970]

988 ▶ Formulierungsbeispiel: Kapitalherabsetzung (für eine GmbH)[1971]

»Die Beteiligten erklären, dass zur Durchführung der Spaltung eine Kapitalherabsetzung erforderlich ist, da das verbleibende Vermögen der übertragenden Gesellschaft das satzungsmäßige Stammkapital nicht mehr deckt. Die Beteiligten beschließen daher mit allen Stimmen:

1. Das Stammkapital der Gesellschaft wird von ..... € um ..... € auf ..... € herabgesetzt.
2. Die Kapitalherabsetzung erfolgt als vereinfachte Kapitalherabsetzung (§ 139 Umwg i.V.m. § 58 a ff. GmbHG), da – wie oben dargelegt – das satzungsmäßige Stammkapital nicht mehr gedeckt ist.
3. Die Nennbeträge der Geschäftsanteile werden wie folgt herabgesetzt: .....
4. § ..... des Gesellschaftsvertrages (Stammkapital) wird wie folgt neu gefasst: (.....)«

6. Anteilsgewährung beim übernehmenden Rechtsträger

989 Bei einer Spaltung sind als Gegenleistung für die mit der Spaltung verbundene Vermögensübertragung Anteile am übernehmenden Rechtsträger zu gewähren. Die Gewährung von Anteilen gehört damit zu den Kernprinzipien nicht nur des Verschmelzungs-, sondern auch des Spaltungsrechts.

990 Im Rahmen der Anteilsgewährung sind drei Fragen strikt zu trennen: Nämlich zum einen die Frage der Anteilsgewährungspflicht, zum andern die Frage des Umtauschverhältnisses und sodann die Frage, auf welchem Wege die Pflicht der Anteilsgewährung vom übernehmenden Rechtsträger erfüllt wird.

a) Anteilsgewährungspflicht

aa) Grundsatz

991 Bei Abspaltung und Aufspaltung erhalten die Gesellschafter des übertragenden Rechtsträgers als Gegenleistung für die Vermögensübertragung Anteile am übernehmenden Rechtsträger. Bei der

---

1968 Widmann/Mayer/*Mayer*, § 139 Rn. 51; *Ittner*, MittRhNotK 1997, 105, 108; Limmer/*Limmer*, Teil 3 Rn. 286.
1969 Lutter/*Priester*, § 139 Rn. 19.
1970 S. hierzu: Widmann/Mayer/*Mayer*, § 139 Rn. 44; Limmer/*Limmer*, Teil 3 Rn. 282; Schmitt/Hörtnagl/Stratz/*Hörtnagl*, § 139 Rn. 35.
1971 Für eine AG s. Muster bei Limmer/*Limmer*, Teil 3 Rn. 530.

Ausgliederung sind diesem Anteile dem übertragenden Rechtsträger selbst zu gewähren.[1972] Die Anteilsgewährungspflicht besteht nach h.M. auch dann, wenn ein negatives Vermögen übertragen wird.[1973]

bb) Ausnahmen

In bestimmten Fällen sieht § 131 Abs. 1 Nr. 3 Ausnahmen von der Pflicht zur Gewährung von Anteilen vor. In diesen Fällen erhalten die Anteilsinhaber des übertragenden Rechtsträgers keine Anteile am übernehmenden/neuen Rechtsträger. Dies gilt zunächst in dem Umfang, in dem der übernehmende Rechtsträger selbst Anteilsinhaber des übertragenden Rechtsträgers ist. Eine weitere Ausnahme von der Anteilsgewährungspflicht bei Aufspaltung oder Abspaltung besteht in den Fällen, in denen der übertragende Rechtsträger eigene Anteile hält. Diese Regelungen wollen das unerwünschte Entstehen eigener Anteile vermeiden.[1974] Für Kapitalgesellschaften entsprechen diese Regelungen den Kapitalerhöhungsverboten.[1975] 992

Im umgekehrten Fall der Abspaltung oder Aufspaltung von der Mutter- auf die Tochtergesellschaft greift § 131 Abs. 1 Nr. 3 nicht ein, so dass nach h.M. Anteile zu gewähren sind. Demgemäß sind den Gesellschaftern des übertragenden Rechtsträgers Anteile am übernehmenden Rechtsträger zu gewähren. Statt einer Kapitalerhöhung können aber auch die Anteile des übertragenden Rechtsträgers am übernehmenden Rechtsträger gewährt werden, sofern diese voll eingezahlt sind.[1976] 993

Bei einer Spaltung unter Schwestergesellschaften besteht keine Ausnahme von der Anteilsgewährungspflicht.[1977] In der Praxis wird das Problem zumeist dergestalt gelöst, dass bei Kapitalgesellschaften nur ein minimaler Anteil gewährt wird und der überschießende Betrag sodann der Kapitalrücklage zugeführt wird. Alternativ kann meist auch von den nachstehend dargestellten Verzichtsmöglichkeiten in diesen Fällen Gebrauch gemacht werden. 994

cc) Verzicht auf Anteilsgewährung

Im Rahmen der Auf- und Abspaltung sind nach § 125 Satz 1 die Vorschriften der §§ 54 Abs. 1, 68 Abs. 1 Satz 3 für anwendbar. Bei einer AG/KGaA bzw. GmbH als übernehmenden Rechtsträger können die Anteilsinhaber des übertragenden Rechtsträger auf die Gewährung von Anteilen am übernehmenden Rechtsträger verzichten. Die §§ 54 Abs. 1, 68 Abs. 1 Satz 3 sind problematisch, weil der Gesetzgeber den Verzicht auf die Gewährung von Anteilen nicht bei den Regelungen zur Anteilsgewährung, sondern bei den Regelungen zur Kapitalerhöhung bei der übernehmenden Kapitalgesellschaft geregelt hat. Eine vergleichbare Regelung für übernehmende Personengesellschaften und andere Rechtsträger fehlt bislang, sodass sich die Frage stellt, ob auch dort ein Verzicht auf die Anteilsgewährung zulässig ist. Mit der wohl herrschenden Meinung ist dies zu bejahen, da kein Grund für eine abweichende Behandlung von übernehmenden Personengesellschaften bzw. anderen Rechtsträgern ersichtlich ist. Vielmehr lässt sich aus den Regelungen der Schluss ziehen, dass die Anteilsgewährungspflicht auch bei anderen übernehmenden Rechtsträgern disponibel ist.[1978] 995

1972 *Ittner*, MittRhNotK 1995, 105, 108 ff.
1973 Widmann/Mayer/*Mayer*, § 126 Rn. 67; *Ittner*, MittRhNotK 1997, 105, 108 f.; Lutter/*Priester*, § 126 Rn. 27; a.A. Schmitt/Hörtnagl/Stratz/*Hörtnagl*, § 126 Rn. 50.
1974 Die Regelung entspricht der für die Verschmelzung geltenden Regelung des § 20 Abs. 1 Nr. 3 Satz 2, sodass auf die dortigen Ausführungen verwiesen werden kann (Rdn. 49 ff.); *Ittner*, MittRhNotK 1997, 105, 108 f.; Widmann/Mayer/*Mayer*, § 126 Rn. 67.
1975 §§ 125 Satz 1, 54 Abs. 1 Satz 1 Nr. 1 und 2, 68 Abs. 1 Satz 1 Nr. 1 und 2, 78.
1976 §§ 125, 54 Abs. 1 S. Nr. 2, 68 Abs. 1 Satz 2 Nr. 2, 78; Limmer/*Limmer*, Teil 3 Rn. 158; Widmann/Mayer/*Mayer*, § 126 Rn. 81, Schmitt/Hörtnagl/Stratz/*Hörtnagl*, § 126 Rn. 49.
1977 OLG Frankfurt am Main BB 1998, 1075; KG BB 99, 16; Lutter/*Priester*, § 126 Rn. 24; a.A. LG München GmbHR 1999, 35; LG Koblenz ZIP 2008, 1226. Für eine analoge Anwendung auch Limmer/*Limmer*, Teil 3 Rn. 150 ff; Lutter/*Priester*, § 126 Rn. 26.
1978 S. Rdn. 31 f.; Limmer/*Limmer*, Teil 3 Rn. 141.

996 Wegen der Anteilsgewährungspflicht dürfte ein Verzicht aller Gesellschafter auf die Gewährung von Anteilen ausscheiden, soweit nicht die Voraussetzungen des § 123 Satz 1, § 54 Abs. 1 Satz 1 bzw. § 68 Abs. 1 Satz 3 vorliegen oder ein Anteilsgewährungsverbot eingreift.[1979]

997 Nach §§ 126 Abs. 1 Nr. 10, 128 ist jedoch eine nicht-verhältniswahrende Zuteilung von Anteilen des übernehmenden Rechtsträgers zulässig. Dies kann auch in Form einer »Spaltung zu Null« erfolgen, bei der einzelnen Gesellschaftern des übertragenden Rechtsträgers keine Anteile am übernehmenden Rechtsträger zugewiesen werden. Eine solche »Spaltung zu Null« kann insbesondere zur Trennung von Gesellschaftergruppen/Familienstämmen verwandt werden.[1980] Nach überwiegender Ansicht kann im Rahmen einer Spaltung zu Null auch ein Ausscheiden einzelner Anteilsinhaber erfolgen.[1981]

998 Beurkundungsrechtlich ist zu beachten, dass eine nichtverhältniswahrende Spaltung einschließlich der Spaltung zu Null der Zustimmung aller Gesellschafter der übertragenden Gesellschaft bedarf. Dabei müssen ihm auch nicht stimmberechtigte sowie bei der Beschlussfassung abwesende Gesellschafter zustimmen, ebenso wie alle dinglich Berechtigten an Gesellschaftsanteilen.[1982] Eine Zustimmung der Gesellschafter des übernehmenden Rechtsträgers ist nicht erforderlich.

999 Die Beurkundung hat dabei nach der Beurkundung von Willenserklärungen zu erfolgen (§§ 8 ff. BeurkG), ein Tatsachenprotokoll ist nicht ausreichend.[1983] Der Verzicht auf die Anteilsgewährung ist bedingungsfeindlich und kann nicht mehr einseitig zurückgenommen werden.[1984]

dd) Bare Zuzahlungen

1000 Für bare Zuzahlungen gelten die gleichen Regeln wie bei der Verschmelzung, sodass insbesondere die baren Zuzahlungen nicht 10 % des gesamten Nennbetrages der gewährten Aktien bzw. der gewährten Geschäftsanteile nicht übersteigen dürfen (§§ 125 Satz 1, 154 Abs. 4, 68 Abs. 3. Die Leistung barer Zuzahlungen kommt nur bei der Auf- und Abspaltung in Betracht, sie sind nach § 126 Abs. 1 Nr. 3 im Spaltungsvertrag festzusetzen.[1985]

ee) Besonderheiten bei der Ausgliederung

1001 Die Ausnahmen von der Anteilsgewährungspflicht gem. § 131 Abs. 1 Nr. 3 gelten nur für die Aufspaltung und Abspaltung, nicht jedoch für die Ausgliederung. Auch die bei Kapitalgesellschaften bestehenden Kapitalerhöhungsverbote finden im Rahmen der Ausgliederung keine Anwendung, da § 125 Satz 1 hierauf nicht verweist. Bei einer Ausgliederung sind daher stets Anteile zu gewähren.[1986] Auch ist ein Verzicht der Beteiligten auf die Gewährung von Anteilen bei einer Ausgliederung nach h.M. unzulässig, da § 125 Satz 1 ausdrücklich nicht auf §§ 54 Abs. 1 Satz 3 (für die GmbH) bzw. 68 Abs. 3 (für die AG) verweist.[1987]

1979 *Rubner/Fischer*, NZG 2014, 761, *Weiler*, NZG 2015, 1328; *Lutz*, notar 2015, 134.
1980 OLG München NZG 2013, 951; *Weiler*, NZG 2013, 1328; *Lutz*, notar 2015, 34 mit Formulierungsvorschlägen; *Heckschen*, GmbHR 2015, 987.
1981 Limmer/*Limmer*, Teil 3 Rn. 139, ebenso Widmann/Mayer/*Mayer*, § 128 Rn. 275.
1982 Lutter/*Priester*, § 128 Rn. 18; Limmer/*Limmer*, Teil 3 Rn. 222 ff.; *Heckschen*, GmbHR 2015, 897, 900; einschränkend auf nachteilig betroffene dinglich Berechtigte *Lutz*, notar 2015, 134.
1983 Lutter/*Priester* § 128 Rn. 18; Limmer/*Limmer*, Teil 3 Rn. 225.
1984 Widmann/Mayer/*Mayer*, § 8 Rn. 56; zu weiteren Einzelheiten s.a. Limmer/*Limmer*, Teil 3 Rn. 225.
1985 Für nähere Einzelheiten s. die Darstellung i.R.d. Verschmelzung Rdn. 69.
1986 Widmann/Mayer/*Mayer*, § 126 Rn. 95; Limmer/*Limmer*, Teil 3 Rn. 150 f.; *Ittner*, MittRhNotK 1997, 105, 109.
1987 Limmer/*Limmer*, Teil 3 Rn. 151. schlägt eine analoge Anwendung der Vorschriften i.R.d. Ausgliederung vor, dem sich jedoch bislang nicht durchgesetzt hat, a.A. etwa Widmann/Mayer/*Mayer*, § 126 Rn. 95 ff; *Ittner*, MittRhNotK 1997, 105, 109; *Mayer/Weiler*, DB 2007, 1235, 1239.; befürwortend aber: Schmitt/Hörtnagl/Stratz/*Hörtnagl*, § 126 Rn. 47 ff.

D. Spaltung

In Konzernkonstellationen kann dies zu Problemen führen. Bei der Ausgliederung von der Muttergesellschaft auf die Tochtergesellschaft ist mangels Wahlrecht eine Kapitalerhöhung mit Anteilsgewährung bei der Tochter demnach erforderlich.[1988] Gliedert die Tochtergesellschaft auf die Muttergesellschaft aus, so sind demnach zwingend auch Anteile zu gewähren. Die Gewährung von Anteilen kann jedoch u. U. gegen § 70d AktG bzw. § 33 GmbHG verstoßen. Die sich hieraus ergebenden Rechtsfolgen sind ungeklärt. Während eine Auffassung in dieser Konstellation eine Ausgliederung für unzulässig hält und stattdessen auf die Abspaltung verweist,[1989] will eine andere Auffassung in diesen Fällen eine Ausnahme von der Anteilsgewährungspflicht zulassen.[1990] Ähnliches gilt auch bei der Ausgliederung unter Schwestergesellschaften. Da nach h.M. in diesen Fällen Anteile zu gewähren sind und auch ein Verzicht auf die Anteilsgewährung unzulässig ist, verbleibt es bei der Anteilsgewährungspflicht. Anstelle der Ausgliederung wird in diesen Fällen regelmäßig eine Abspaltung vorzuziehen sein.[1991]

b) Umtauschverhältnis

aa) Nennbeträge

Die Anteile stehen den Anteilsinhabern des übertragenden Rechtsträgers grundsätzlich in dem Verhältnis zu, in dem sie am übertragenden Rechtsträger beteiligt sind. Eine hiervon abweichende Zuteilung ist unter den Voraussetzungen des § 128 zulässig.[1992]

In der Festsetzung der Nennbeträge der zu gewährenden Anteile sind die Beteiligten in den Schranken des Kapitalaufbringungsrechts grundsätzlich frei. Bei der Spaltung zur Neugründung wie auch zur Aufnahme können daher das Nennkapital der neu gegründeten Rechtsträger bzw. der Nennbetrag der spaltungsbedingten Kapitalerhöhung abweichend vom Buchwert wie auch Verkehrswert des übertragenen Vermögens festgesetzt werden.[1993] Begrenzt wird jedoch der Betrag der Kapitalerhöhung bei einer Spaltung als Sonderform einer Kapitalerhöhung gegen Sacheinlage durch die Kapitalschutzvorschriften bei einer GmbH bzw. einer AG als übernehmender Gesellschaft. Maßgeblich hierfür ist jedoch nicht der Buchwert, sondern der Verkehrswert des übertragenen Vermögens.[1994]

Nach dem gesetzlichen Leitbild ist bei der Spaltung zur Aufnahme das Umtauschverhältnis aus dem Verhältnis vom wahren Wert der beiden betroffenen Rechtsträger und des zu übertragenden Vermögens maßgebend.[1995] In der Praxis führt dies bei ungleichmäßiger Beteiligung naturgemäß zu einem Interessengegensatz zwischen den Gesellschaftern der beteiligten Rechtsträger.[1996]

bb) Unterbewertung

Ähnlich wie bei der Verschmelzung ist auch bei der Spaltung streitig, ob eine Unterbewertung des übertragenen Vermögens zulässig ist (vgl. oben Rdn. 60 ff.). Nach h.M. ist die Bestimmung eines unangemessenen Umtauschverhältnisses zulässig, soweit nicht zwingende Kapitalaufbringungsgrundsätze oder die guten Sitten entgegenstehen. Dem liegt zugrunde, dass nach dem Umwandlungsrecht

---

1988 Widmann/Mayer/*Mayer*, § 126 Rn. 99; *Limmer*, FS Schippel, 1996, S. 435; *Ittner*, MittRhNotK 1997, 105, 109; a.A. Lutter/*Priester*, § 126 Rn. 26.
1989 Widmann/Mayer/*Mayer*, § 126 Rn. 98.
1990 *Limmer*, FS Schippel, 1996, S. 435; Limmer/*Limmer*, Teil 3 Rn. 151 ff.; Lutter/*Priester*, § 126 Rn. 26.
1991 Widmann/Mayer/*Mayer*, § 126 Rn. 101.
1992 Zur nichtverhältniswahrenden Spaltung s. ausführlich Rdn. 997.
1993 Widmann/Mayer/*Mayer*, § 126 Rn. 70 f.; Lutter/*Priester*, § 126 Rn. 28.
1994 Limmer/*Limmer*, Teil 3 Rn. 207.
1995 Limmer/*Limmer*, Teil 3 Rn. 207; Lutter/*Priester*, § 126 Rn. 32 ff.; *Ittner*, MittRhNotK 1997, 105, 109.
1996 Lutter/*Priester*, § 126 Rn. 28.

nur Anteile zu gewähren sind, aber keinerlei Aussagen über die Höhe getroffen werden.[1997] Eine Grenze findet die Unterbewertung des zu übertragenden Vermögens jedoch dann, wenn in die Rechte von Gesellschaftern eingegriffen wird, die nicht in gleicher Weise auch an dem übernehmenden Rechtsträger beteiligt sind. In diesen Fällen wird man aus Gründen des Minderheitenschutzes die Zustimmung der Gesellschafter verlangen müssen.[1998] Der infolge der Unterbewertung sich ergebende Betrag ist sodann nach hM in die Kapitalrücklage einzustellen.[1999]

cc) Nichtverhältniswahrende Spaltung

1007 Im Spaltungsrecht zu beachten ist ferner, dass § 128 gestattet, dass Anteile mit notariell beurkundeter Zustimmung der Betroffenen auch nichtverhältniswahrend zugeteilt werden können. Nach h.M. deckt dies auch eine Spaltung zu Null, wonach dem betreffenden Anteilsinhaber hierbei keine Teile am übernehmenden Rechtsträger gewährt werden. Die Zulässigkeit eines gänzlichen Verzichts auf die Pflicht zur Anteilsgewährung über die normierten Verzichtsmöglichkeiten hinaus lässt sich jedoch nach bislang überwiegender Meinung hieraus nicht ableiten.[2000]

c) Erfüllung der Anteilsgewährung

aa) Herkunft der zu gewährenden Anteile

1008 Zu trennen ist jedoch die Frage der Anteilsgewährung von der Frage, woher die zu gewährenden Anteile stammen. Hier bieten sich folgende Möglichkeiten an:
- Neuschaffung durch Kapitalerhöhung beim übernehmenden Rechtsträger (Spaltung zur Aufnahme) bzw. durch Entstehen des übernehmenden Rechtsträgers (Spaltung zur Neugründung);
- Übernehmender Rechtsträger verfügt über eigene Anteile, die gewährt werden können;
- Übertragender Rechtsträger verfügt über voll eingezahlte Anteile der übernehmenden Gesellschaft;
- Gesellschafter (oder Dritte) übertragen Anteile.[2001]

bb) Spaltungsbedingte Kapitalerhöhung

1009 Das Gesetz geht davon aus, dass die zu gewährenden Anteile regelmäßig durch eine Kapitalerhöhung des übernehmenden Rechtsträgers (Spaltung zur Aufnahme) bzw. durch das spaltungsbedingte Entstehen des übernehmenden Rechtsträgers (Spaltung zur Neugründung) gebildet werden. Für die Durchführung der spaltungsbedingten Kapitalerhöhung verweist § 125 auf §§ 53 ff. (für die GmbH) bzw. §§ 66 ff. (für die AG), sodass für die Kapitalerhöhung im Rahmen der Spaltung hinsichtlich der die gleichen Vorschriften gelten wie für die Verschmelzung. Es kann daher auf die dortigen Ausführungen (Rdn. 71 sowie Rdn. 315 ff.) verwiesen werden.

cc) Kapitalerhöhungsverbote und -wahlrechte

1010 Für die Auf- und Abspaltung verweist § 125 auch auf die Kapitalerhöhungsverbote der §§ 54 Abs. 1 Satz 1 (für die GmbH) bzw. 68 Abs. 1 Satz 1 (für die AG) bzw. 78 (für die KGaA). Demgemäß ist eine Kapitalerhöhung unzulässig, soweit der übernehmende Rechtsträger Anteile des übertragenden Rechtsträgers innehat (§§ 54 Abs. 1 Satz 1 Nr. 1, 68 Abs. 1 Satz 1 Nr. 1). Dies betrifft die Fälle der Spaltung bzw. Ausgliederung von der Tochter- auf die Muttergesellschaft. Hierdurch soll die Entstehung von Anteilen der übernehmenden Kapitalgesellschaft an sich selbst verhindert werden. Das

---

[1997] Limmer/*Limmer*, Teil 3 Rn. 208 f.; *Ittner*; MittRhNotK 1997, 105, 109; Widmann/Mayer/*Mayer*, § 126 Rn. 72.
[1998] Limmer/*Limmer*, Teil 3 Rn. 208 f.
[1999] Limmer/*Limmer*, Teil 3 Rn. 209; *Ittner*, MittRhNotK 1997, 105, 109. Eine Einbuchung auf einem Darlehenskonto hingegen ist bei der Ausgliederung zulässig, s. Rdn. 1070.
[2000] S.a. Rdn. 57, Widmann/Mayer/*Mayer*, § 126 Rn. 67; *Ittner*, MittRhNotK 1997, 105, 108.
[2001] Widmann/Mayer/*Mayer*, § 126 Rn. 67; Limmer/*Limmer*, Teil 3 Rn. 219.

Kapitalerhöhungsverbot gilt nicht nur in dem Fall, dass sich alle Anteile in der Hand des übertragenden Rechtsträgers befinden, sondern auch bei einer teilweisen Beteiligung, insoweit, wie der übernehmende Rechtsträger beteiligt ist.[2002] Ferner ist eine Kapitalerhöhung unzulässig, soweit die übertragende Gesellschaft eigene Anteile besitzt (§§ 54 Abs. 1 Satz 1 Nr. 2, 68 Abs. 1 Satz 1 Nr. 2). Ferner ist eine Kapitalerhöhung auch insoweit unzulässig, soweit die übertragende Gesellschaft Geschäftsanteile an der übernehmenden Kapitalgesellschaft besitzt, auf die die Einlagen nicht in voller Höhe bewirkt sind (§§ 54 Abs. 1 Satz 1 Nr. 3, 68 Abs. 1 Satz 1 Nr. 3).[2003]

dd) Durchführung der Kapitalerhöhung

Hinsichtlich der Durchführung der Kapitalerhöhung verweist § 125 auf die Vorschriften des Verschmelzungsrechtes, d.h. §§ 53 ff. (für die GmbH) bzw. §§ 66 ff. (für die AG). Demgemäß entfallen Übernahmevertrag und Übernahmeerklärung, wie auch die Vorschriften über die Sicherung der Sacheinlage. Auch sind entsprechende Erklärungen in der Anmeldung der Kapitalerhöhung bzw. Versicherungen des Geschäftsführers nach § 57 Abs. 2 und 3 Nr. 1 GmbHG nicht notwendig. Wegen der weiteren Einzelheiten kann auf die vorstehenden Ausführungen verwiesen werden.[2004]

1011

ee) Prüfung der Kapitalaufbringung

Ähnlich wie bei der Verschmelzung gilt auch bei der Spaltung auf eine Kapitalgesellschaft, dass das Registergericht nach den allgemeinen Vorschriften eine Prüfungspflicht bzw. auch eine Prüfungspflicht bezüglich der Werthaltigkeit des übertragenen Vermögens hat. Daraus folgt die Notwendigkeit, Unterlagen vorzulegen, die eine Prüfung ermöglichen, wozu insbesondere die Schlussbilanz der übertragenden Gesellschaft in Betracht kommt.[2005] Für die AG bestimmt § 142, dass eine Sacheinlageprüfung nach §§ 69 i.V.m. 83 Abs. 3 AktG stets stattzufinden habe.

1012

Für die GmbH ist ein Sachgründungsbericht bei der Spaltung zur Aufnahme nach h.M. nicht erforderlich,[2006] was jedoch das Prüfungsrecht unbeschadet lässt.

1013

7. Gesamtschuldnerische Haftung der beteiligten Rechtsträger

Das Umwandlungsrecht beschränkt von wenigen Ausnahmen abgesehen nicht die Zuweisung von Vermögen und Verbindlichkeiten auf die beteiligten Rechtsträger. Infolge der durch die Spaltung bewirkten partiellen Gesamtrechtsnachfolge kann es zu einem Schuldnerwechsel ohne Mitwirkung der Gläubiger des übertragenden Rechtsträgers kommen. Dies erscheint insoweit problematisch, als dass die Bonität des neuen Schuldners geringer sein kann und es zudem zu einer Konkurrenz zu bereits vorhandenen Gläubigern des übernehmenden Rechtsträgers kommen kann.[2007] Die sich hieraus ergebenden Probleme des Gläubigerschutzes löst das UmwG durch ein spaltungsspezifisches Haftungssystem: Nach § 133 Abs. 1 Satz 1 haften die an der Spaltung beteiligten Rechtsträger als Gesamtschuldner für die Verbindlichkeiten des übertragenden Rechtsträgers, die vor Wirksamwerden der Spaltung begründet worden sind. Hierbei ist zu unterscheiden zwischen dem Hauptschuldner, dem diese Verbindlichkeit im Spaltungsvertrag bzw. Spaltungsplan zugewiesen ist, und dem Mithafter. Die Haftung des Mithafters ist nach Maßgabe von § 133 Abs. 3 bis 5 grundsätzlich auf einen Zeitraum von 5 Jahren nach Wirksamwerden der Spaltung begrenzt.

1014

2002 Limmer/*Limmer*, Teil 3 Rn. 211.
2003 S.o. Rdn. 307 ff. und 407 f.
2004 Rdn. 347 ff.
2005 Limmer/*Limmer*, Teil 3 Rn. 226.
2006 Limmer/*Limmer*, Teil 3 Rn. 227.
2007 *Mickel*, Die Rechtsnatur der Haftung gespaltener Rechtsträger nach § 133 Abs. 1 und 3, 2004, S. 250 f.; *Blobel/Menz*, NZG 2009, 608; grundlegend: *Kleindieck*, ZGR 1992, 523; *Teichmann*, ZGR 1993, 396, 403 ff.

Kapitel 8 Umwandlungsrecht

1015 Ergänzend haben die Gläubiger u.U. einen zusätzlichen Anspruch auf Sicherheitsleistung gem. §§ 133 Abs. 1 Satz 2, 125, 22. Dieser Anspruch der Gläubiger auf Sicherheitsleistung richtet sich nur gegen den beteiligten Rechtsträger, gegen den sich der zu sichernde Anspruch richtet. Altgläubigern des übernehmenden Rechtsträgers bietet § 133 damit bei einer Spaltung zur Aufnahme keinen spaltungsspezifischen Gläubigerschutz. Die Altgläubiger des übernehmenden Rechtsträgers können nach h.M. nur von diesem Sicherheitsleistung gem. §§ 125, 22 verlangen.[2008]

1016 Aus § 133 leitet die bisher herrschende Meinung ab, dass die gesamtschuldnerische Haftung von Hauptschuldner und Mithafter als ein Verweis auf die §§ 421 ff. BGB zu verstehen sind, es sich mithin um eine echte Gesamtschuld handelt.[2009] Nach einer im Vordringen befindlichen Auffassung verhält sich die Haftung des mithaftenden Rechtsträgers, dem die Verbindlichkeit im Spaltungsplan nicht zugewiesen wurde, zu derjenigen des Hautschuldners akzessorisch, ist aber im Außenverhältnis nicht subsidiär (Rechtsgedanke des § 128 Abs. 1 HGB).[2010] Unabhängig von der Frage einer gesamtschuldnerischen oder einer akzessorischen Mithaftung ist die Verbindlichkeit bei dem mithaftenden Rechtsträger nicht bilanziell zu erfassen. Vielmehr ist grundsätzlich nur der Hauptschuldner passivierungspflichtig.[2011]

1017 Soweit vollstreckbare Titel gegen den übertragenden Rechtsträger bestehen, kann die Vollstreckungsklausel auch bei Ausgliederung einer Verbindlichkeit weiter gegen den übertragenden Rechtsträger erteilt werden. Ob die Klausel auch auf den übernehmenden Rechtsträger umgeschrieben werden kann, ist streitig.[2012]

1018 Mit der Reform des Umwandlungsrechts wurde zudem die Forthaftung für die vor dem Wirksamwerden der Spaltung begründeten Versorgungsverpflichtungen aufgrund des Betriebsrentengesetzes (BetrAVG) erweitert, diese beträgt nach § 133 Abs. 3 Satz 2 nunmehr nicht fünf, sondern zehn Jahre.[2013]

1019 Das Spaltungsrecht erweitert die Haftung nochmals, wenn die Spaltung zu einer Betriebsaufspaltung mit Besitz- und Betriebsgesellschaft führt. Hier besteht nach Auffassung des Gesetzgebers das Risiko, dass die Betriebsgesellschaft als Schuldnerin nicht über genügend Haftungsmasse verfügt, um ihre Verbindlichkeiten gegenüber den Arbeitnehmern zu erfüllen. Zwar haftet die Besitzgesellschaft bereits schon nach § 133 Abs. 1 Satz 3 für bis zur Spaltung entstandene Verbindlichkeiten der Betriebsgesellschaft für die Dauer von 5 Jahren. Zum Schutz der Arbeitnehmer erweitert § 134 diese Haftung in dreifacher Hinsicht: Zum einen haftet die Besitzgesellschaft für betriebsverfassungsrechtliche Sozialplan-, Abfindungs- und Ausgleichsansprüche der Arbeitnehmer aus den §§ 111 bis 113 BetrVG gesamtschuldnerisch auch dann, wenn diese erst nach der Spaltung entstehen und mit dieser in keinerlei Zusammenhang stehen. Zweitens besteht die Haftung wegen dieser Ansprüche auch gegenüber Arbeitnehmern, die erst nach der Spaltung in die Dienste der Betriebsgesellschaft eingetreten sind. Drittens gilt nicht die normale fünfjährige Nachhaftungsfrist, sondern § 134 Abs. 3 verlängert die Mithaftung der Besitzgesellschaft auf die Dauer von 10 Jahren.[2014] Die verlängerte Mithaftung gilt sowohl für Ansprüche nach §§ 111 bis 113 BetrVG wie auch für betriebliche Versorgungsverpflichtungen nach dem Gesetz über die betriebliche Altersvorsorge. In der Literatur

---

2008 Widmann/Mayer/*Vossius*, § 133 Rn. 10, Lutter/*Schwab*, § 133 Rn. 142 ff.
2009 Schmitt/Hörtnagl/Stratz/*Hörtnagl*, § 133 Rn. 2 ff.
2010 Lutter/*Schwab*, § 133 Rn. 24 ff.; *Blobel/Menz*, NZG 2009, 608.
2011 Lutter/*Schwab*, § 133 Rn. 88 ff.; Schmitt/Hörtnagl/Stratz/*Hörtnagl*, § 133 Rn. 40; Widmann/Mayer/ *Vossius*, § 133 Rn. 15 ff. Eine Passivierung durch den Mithafter wird jedoch dann erforderlich sein, wenn eine Inanspruchnahme zu erwarten ist.
2012 S. hierzu ausführlich: DNotI-Report 2009, 129; für die Erteilung einer vollstreckbaren Ausfertigung: *Wolfsteiner*, Die vollstreckbare Urkunde, Rn. 45.32; dagegen: *Bork/Jacoby*, ZHR 167 (2003), 440, 451 f.
2013 *Mayer/Weiler*, MittBayNot 2007, 368, 373; *Heckschen*, DNotZ 2007, 445, 452.
2014 Lutter/*Schwab*, § 134 Rn. 5 ff.

diskutiert wird eine analoge Anwendung von § 134 auf Betriebsaufspaltungen außerhalb des Umwandlungsgesetzes, die jedoch von der h.M. abgelehnt wird.[2015]

Neben der rein spaltungsrechtlichen Haftung können auch noch andere Haftungstatbestände erfüllt sein. So kann sich eine Haftung der beteiligten Rechtsträger etwa aus § 75 AO,[2016] § 26 HGB wie auch § 172 Abs. 4 HGB bzw. § 613a BGB ergeben.[2017] Aufgrund der gemeinsamen Haftung aller an der Spaltung beteiligten Rechtsträger für die Verbindlichkeiten des übertragenden Rechtsträgers, ist ein Innenausgleich erforderlich. Legt man der Haftungsverteilung die §§ 421 ff. BGB zugrunde, ergibt sich der Ausgleich bzw. Freistellungsanspruch des Mithafters gegen den Hauptschuldner aus § 426 Abs. 1 und 2 BGB. Für die Vertreter der Akzessorietäts-Theorie ergibt sich der Ausgleichsanspruch im Verhältnis zwischen Hauptschuldner und Mithafter aus einer entsprechenden Anwendung des § 774 Abs. 1 und 2 BGB. Der Innenausgleich bei mehreren Mithaftern richtet sich, da diese auf gleicher Stufe stehen, nach § 426 Abs. 1 und 2 BGB.[2018]

8. Besonderheiten bei Spaltung zur Neugründung

In den §§ 135 bis 137 enthält das Spaltungsrecht besondere Vorschriften für die Spaltung zur Neugründung, diese haben – mit Ausnahme der Vorschriften zum Spaltungsplan – ihre Entsprechung in den für die Verschmelzung gelten Regelungen der §§ 36 bis 38 (s.o. Rdn. 237 ff., 355 ff. sowie Rdn. 373 ff.).

a) Anwendung der Gründungsvorschriften

So ordnet § 135 Abs. 2 für die Spaltung zur Neugründung an, dass auch die für den jeweiligen neu gegründeten Rechtsträger geltenden Gründungsvorschriften zu beachten sind, soweit sich nicht aus den besonderen Vorschriften des Umwandlungsrechtes etwas anderes ergibt. Vorschriften, die eine Mindestzahl der Gründer vorschreiben, sind nicht anzuwenden.[2019] Da § 135 Abs. 2 der für die Verschmelzung zur Neugründung geltenden Vorschrift des § 36 Abs. 2 entspricht, kann auf die dortigen Ausführungen verwiesen werden.[2020]

Nach § 135 Abs. 2 S. 2 steht der übertragende Rechtsträger den Gründern gleich. Demgemäß handelt es sich bei einer Spaltung zur Neugründung stets um eine Ein-Personen-Gründung, weil nur ein übertragener Rechtsträger an einem einheitlichen Spaltungsvorgang beteiligt sein kann.[2021] Dies hat zur Folge, dass anstelle eines Spaltungsvertrages, bei der Spaltung zur Neugründung ein Spaltungs- bzw. Ausgliederungsplan als einseitiges Rechtsgeschäft im Sinne von § 180 BGB zu erstellen ist.[2022]

b) Spaltungsplan und Gesellschaftsvertrag

Aufgestellt wird der Spaltungsplan als einseitige nicht empfangsbedürftige Willenserklärung vom Vertretungsorgan des übertragenden Rechtsträgers. Diese müssen in vertretungsberechtigter Zahl

---

2015 Schmitt/Hörtnagl/Stratz/*Hörtnagl*, § 134 Rn. 17; Lutter/*Schwab*, § 134 Rn. 19 ff.
2016 Einschränkend insoweit BFH NZG 2010, 518 zur Abspaltung und Ausgliederung.
2017 Lutter/*Schwab*, § 133 Rn. 96 ff.
2018 S. hierzu: Lutter/*Schwab*, § 133 Rn. 146 ff.
2019 Limmer/*Limmer*, Teil 3 Rn. 232; Widmann/Mayer/*Mayer*, § 135 Rn. 11 ff.; Schmitt/Hörtnagl/Stratz/ *Hörtnagl*, § 135 Rn. 14; Lutter/*Teichmann*, § 135 Rn. 2.
2020 S.o. Rdn. 109 sowie 243 f. und 352.
2021 Widmann/Mayer/*Mayer*, § 135 Rn. 14.
2022 Eine Vertretung ohne Vertretungsmacht ist daher unzulässig, § 180 BGB.

handeln, wegen § 180 BGB ist eine vollmachtlose Vertretung unzulässig.[2023] Der Spaltungsplan bedarf der notariellen Beurkundung (§§ 135 Abs. 1, 125 Abs. 1, 6).[2024]

1025 Nach §§ 135, 125 Abs. 2, 37 muss im Spaltungsplan der Gesellschaftsvertrag, die Satzung und das Statut des neuen Rechtsträgers festgestellt sein. Da die Satzung der neuen Gesellschaft notwendiger Bestandteil des Spaltungsplanes ist, bedarf sie stets der notariellen Beurkundung. Dies gilt auch dann, wenn der Gesellschaftsvertrag selbst nach allgemeinen Vorschriften ansonsten nicht beurkundungspflichtig wäre, wie etwa bei einer Personengesellschaft.[2025]

1026 Die näheren Anforderungen an die Satzung bzw. das Statut ergeben sich aus den allgemeinen Vorschriften des jeweiligen Gesellschaftsrechts. Bei der Gestaltung der Satzung ist zu berücksichtigen, dass es sich um eine Sachgründung handelt, sodass das Stammkapital durch das schon übertragene Vermögen der zu spaltenden Gesellschaft aufgebracht wird. Insoweit sind die rechtsformspezifischen Regelungen zur Sachgründung zu beachten.[2026]

1027 Bei Einhaltung des gesetzlichen Mindestkapitals kann die Höhe des nominellen Eigenkapitals grundsätzlich frei gewählt werden. Hierbei ist zu bedenken, dass dieses durch die Vermögensübertragung erbracht wird. Das Nominalkapital wird daher durch den Wert des übertragenen Vermögens begrenzt, wobei ggf. stille Reserven aufgedeckt werden können.[2027]

1028 Bei der Spaltung zur Neugründung einer Kommanditgesellschaft kann die Haftsumme des Kommanditisten i.S.v. § 172 HGB frei gewählt werden. Wird jedoch diese durch die anteilige Übertragung des Vermögens nicht erreicht, so tritt in Höhe der Differenz die persönliche Haftung des Kommanditisten ein.[2028]

1029 Ist der neue Rechtsträger eine Kapitalgesellschaft, so ist das Nennkapital in Höhe der zu gewährenden Anteile festzusetzen, die mindestens der Höhe des gesetzlichen Mindestnennkapitals entsprechen müssen. Sowohl bei der GmbH als auch bei der AG wird aus Gründen der Satzungsidentität zudem verlangt, dass bei Sacheinlagen der Gegenstand der Sacheinlage und der Betrag der Stammeinlage sich auf die Sacheinlage beziehen und im Gesellschaftsvertrag bzw. in der Satzung selbst festgesetzt werden müssen. Insoweit genügt daher – vergleichbar zur Rechtslage bei der Verschmelzung – die Festsetzung der Sacheinlage im Spaltungsvertrag nicht, vielmehr ist sie zusätzlich auch in der Satzung festzulegen. Es ist dagegen ungeklärt, mit welcher Genauigkeit die Angaben zu erfolgen haben. § 135 Abs. 2 verweist insoweit auf § 5 Abs. 4 Satz 1 GmbHG. Auch zu § 5 Abs. 4 Satz 1 GmbHG gehen die Meinungen über die konkret erforderlichen Angaben bei einer Sacheinlage weit auseinander. Einigkeit besteht, dass der Gegenstand der Sacheinlage so genau bezeichnet werden muss, dass die Identität zweifelsfrei festgestellt werden kann. Die näheren hieraus abzuleitenden Folgerungen sind jedoch unklar (vgl. Rdn. 1088 ff.). Wie Limmer[2029] zutreffend ausführt, müssen die Angaben in der Satzung nicht dem Bestimmtheitsgrundsatzes des § 126 genügen, da mit den Angaben in der Satzung keinerlei dingliche Wirkungen verbunden sind, vielmehr reicht die Bestimmbarkeit.

2023 Widmann/Mayer/*Mayer*, § 136 Rn. 13 ff.; Schmitt/Hörtnagl/Stratz/*Hörtnagl*, § 136 Rn. 3 ff.; Lutter/*Priester*, § 136 Rn. 4 f.
2024 S. hierzu Rdn. 131 ff., insb. auch zur Frage der Auslandsbeurkundung. Vollmachten bedürften bei GmbH (§ 2 Abs. 2 GmbHG) und AG (§ 23 Abs. 1 Satz 2 AktG) der notariellen Beglaubigung sofern es sich um eine Spaltung zur Neugründung einer GmbH/AG handelt. Im Übrigen ist eine Beglaubigung nicht erforderlich, vgl. Rdn. 36; dies gilt auch dann, wenn Grundbesitz betroffen ist, vgl. Rdn. 1060.
2025 Widmann/Mayer/*Mayer*, § 136 Rn. 26; Limmer/*Limmer*, Teil 3 Rn. 233; Schmitt/Hörtnagl/Stratz/*Hörtnagl*, § 136 Rn. 12.
2026 Widmann/Mayer/*Mayer*, § 136 Rn. 26. Bei Spaltung auf eine AG/GmbH sind nach h.M. zudem die Festsetzungen über Sondervorteile, Gründungsaufwand, Sacheinlagen und Sachübernahmen der übertragenden Gesellschaft zu übernehmen, so Widmann/Mayer/*Mayer*, § 136 Rn. 44; teilweise a.A. Limmer/*Limmer*, Teil 3 Rn. 246.
2027 Lutter/*Priester*, § 136 Rn. 10; Schmitt/Hörtnagl/Stratz/*Hörtnagl*, § 136 Rn. 10 ff.
2028 *Ittner*, MittRhNotK 1997, 105, 110.
2029 Limmer/*Limmer*, Teil 3 Rn. 238.

Soweit Gegenstand des Spaltungsplanes ein Teilbetrieb ist, genügt daher die Bezeichnung dieses Teilbetriebes in der Satzung.

▶ Formulierungsbeispiel: Abspaltung Teilbetrieb 1030

»Das Stammkapital der Gesellschaft beträgt 25.000 €. Die Stammeinlage wird in voller Höhe dadurch geleistet, dass sämtliche Aktiva und Passiva des Teilbetriebes ..... der Firma ..... mit dem Sitz in ..... auf der Basis der Abspaltungsbilanz zum 31. 12. 2009 gemäß den Bestimmungen des Umwandlungsgesetzes im Wege der Abspaltung zur Neugründung (§ 123 Abs. 2 Nr. 2 UmwG) und nach Maßgabe des Abspaltungsplanes gemäß Urkunde des Notars ..... in ..... vom ..... auf die Gesellschaft übertragen werden. Im Einzelnen sind die übertragenen Aktiva und Passiva in den Anlagen 2 bis 4 des Spaltungsplanes enthalten. Diese Anlagen sind dem Gesellschaftsvertrag zu Beweiszwecken beigefügt.«

Wird kein Teilbetrieb abgespalten, sondern nicht nach einer Sachgesamtheit bezeichnende einzelne Vermögensgegenstände, ist eine hinreichende Bestimmbarkeit dieser Einzelwirtschaftsgüter vorzusehen. Gleiches gilt, wenn vorstehende Angaben nicht ausreichend sind. Insoweit bietet sich an, auf eine von *Rittner/Schmidt-Leithoff*[2030] vorgeschlagene Lösung zurückzugreifen, die erforderlichen weiteren identifizierenden Angaben gem. § 9 Abs. 1 Satz 2 BeurkG in einer mit zu beurkundenden Anlage zum Gesellschaftsvertrag aufzunehmen. Dies kann insbesondere dergestalt erfolgen, dass als Anlage 1 zum Ausgliederungsplan/Spaltungsplan der Gesellschaftsvertrag der neu zu gründenden GmbH/AG genommen wird und als Anlage 2 bis 4 die Übersicht über die abzuspaltenden Vermögensgegenstände. Dies hat zur Folge, dass aus der Anlage 1 (Gesellschaftsvertrag) bei der Bestimmung der genauen Stammeinlagen auf die Anlagen verwiesen werden kann. Durch diese förmliche Verweisung werden diese weiteren Anlagen damit zum rechtsgeschäftlichen Inhalt der Satzung erhoben. 1031

▶ Formulierungsbeispiel: Abspaltung[2031] 1032

»Das Stammkapital der Gesellschaft beträgt 100.000 €. Es ist eingeteilt in einen Geschäftsanteil à 100.000 € (Geschäftsanteil Nr. 1). Die Stammeinlage wird in voller Höhe dadurch geleistet, dass die in der Urkunde des Notars ausgewiesenen Aktiva und Passiva des Teilbetriebs Y der X-GmbH mit Sitz in Z (AG ... HRB ...) im Wege der Abspaltung zur Neugründung auf die Gesellschaft übertragen werden. Das übertragene Vermögen ist in der Spaltungsbilanz, die dieser Niederschrift als Anlage 2 bis 4 beigefügt wird und auf die nach § 14 BeurkG verwiesen wird, bezeichnet.«

c) Kapitalaufbringung

Bei einer Spaltung zur Neugründung gelten ergänzend die allgemeinen Grundsätze zur Bewertung einer Sacheinlage. Eine Überbewertung des übergehenden Vermögens ist demgemäß unzulässig. Mit Zustimmung aller Gesellschafter der spaltenden Gesellschaft ist hingegen eine Unterbewertung zulässig, da hierdurch Gläubigerinteressen nicht beeinträchtigt werden. Im Falle einer Unterbewertung ist bei Aufspaltung und Abspaltung der Differenzbetrag in die Kapitalrücklage einzustellen, bei einer Ausgliederung kann der Differenzbetrag zudem auch als Darlehen eingestellt werden.[2032] 1033

Erreicht das übertragene Vermögen den Kapitalnennbetrag nicht, besteht allgemein die Möglichkeit, dass die Wertdifferenz in Form einer Bareinlage ausgeglichen wird. Diese muss aber gem. § 7 Abs. 3 GmbHG sofort vollständig geleistet werden.[2033] Einfacher dürfte es sein, von einer solchen gemischten Bar- und Sacheinlage abzusehen, sondern die vorgesehenen Barmittel in den Spaltungsplan mit aufzunehmen.[2034] 1034

2030 Rowedder/Schmidt-Leithoff/*Rittner/Schmidt-Leithoff*, § 5 Rn. 47.
2031 Nach Limmer/*Limmer*, Teil 3 Rn. 247.
2032 Limmer/*Limmer*, Teil 3 Rn. 254.
2033 Limmer/*Limmer*, Teil 3 Rn. 257; Widmann/Mayer/*Mayer*, § 135 Rn. 44.
2034 Widmann/Mayer/*Mayer*, § 135 Rn. 44.

1035 Da nach § 135 Abs. 2 Satz 2 Gründer der neu errichteten Gesellschaft der übertragende Rechtsträger ist, erfolgen sowohl die Feststellung des Gesellschaftsvertrages als auch die Bestellung der Organe durch die übertragende Gesellschaft und nicht durch die Gesellschafter der neu errichteten Gesellschaft.[2035] Diese sollte zweckmäßigerweise mit dem Spaltungsplan erfolgen, auch wenn die Bestellung selbst erst mit dem Spaltungsbeschluss wirksam wird.[2036]

d) Anmeldung

1036 Während bei der Spaltung zur Aufnahme die Spaltung bei den beteiligten Rechtsträgern angemeldet wird, ist bei der Spaltung zur Neugründung nach § 137 Abs. 1 zum einen der neu gegründete Rechtsträger und zum andern nach § 137 Abs. 2 nur beim Register des übertragenden Rechtsträgers die Spaltung selbst anzumelden.[2037]

1037 Die Anmeldung der neu gegründeten Gesellschaft erfolgt nach § 137 Abs. 1 durch die Vertretungsorgane der übertragenden Gesellschaft. Diese handeln in vertretungsberechtigter Zahl, Bevollmächtigung in öffentlich beglaubigter Form ist zulässig.[2038] Die Mitwirkung der Organe der neu errichteten Gesellschaft ist mithin für die Anmeldung der neu gegründeten Gesellschaft nicht erforderlich. Jedoch ist zu berücksichtigen, dass bei Kapitalgesellschaften von den Organmitgliedern noch die Inhabilitäts-Versicherungen nach § 8 Abs. 3 GmbHG bzw. §§ 37 Abs. 2, 76 Abs. 3 AktG als höchstpersönliche Erklärungen abzugeben sind. Bei Kapitalgesellschaften empfiehlt sich daher eine entsprechende Mitwirkung der Organe der neu errichteten Gesellschaft.[2039] Streitig ist, ob zusätzlich auch eine (ggf. eingeschränkte) Versicherung nach § 8 Abs. 2 GmbHG erforderlich ist.[2040]

1038 Eine Ausnahme gilt für Ausgliederungen aus dem Vermögen eines Einzelkaufmanns zur Neugründung. Insoweit ist die Anmeldung nach § 160 Abs. 1 von dem Einzelkaufmann und von sämtlichen Geschäftsführern bzw. Mitgliedern des Vorstandes und des Aufsichtsrates vorzunehmen.[2041]

e) Sachgründungsbericht bei Kapitalgesellschaften

1039 Anders als bei der Verschmelzung und Spaltung zur Aufnahme auf eine Kapitalgesellschaft ist bei der Spaltung zur Neugründung einer Kapitalgesellschaft ein Sachgründungsbericht stets erforderlich. Für die GmbH ergibt sich dies aus § 138. Ergänzend sind gem. §§ 125 Satz 1, 58 Abs. 1 in dem Sachgründungsbericht auch der Geschäftsverlauf und die Lage des übertragenden Rechtsträgers darzustellen. Die Darstellung muss alle für die Beurteilung der Lage des übergeleiteten Unternehmens und Unternehmensteiles wesentlichen Umstände enthalten. Entsprechend § 5 Abs. 4 Satz 2 GmbHG sind nur die Geschäftsergebnisse der beiden letzten Jahre darzulegen. Der Bericht selbst bedarf der Schriftform und ist durch den übertragenden Rechtsträger aufzustellen. Der Sachgründungsbericht ist deshalb von den Vertretungsorganen in vertretungsberechtigter Zahl persönlich zu unterzeichnen, eine Vertretung ist ausgeschlossen. Eine Unterzeichnung durch die Anteilsinhaber bzw. durch die Vertretungsorgane der neu gegründeten GmbH ist nicht erforderlich. Der Sachgründungsbericht ist der Handelsregisteranmeldung der neu gegründeten Gesellschaft beizufügen.[2042] Für die AG und KGaA als neugegründete Rechtsträger bestimmt § 144, dass ein Gründungsbericht gem. § 32 AktG und eine Gründungsprüfung gem. § 33 Abs. 2 AktG erforderlich sind. Die erforderlichen Angaben ergeben sich aus § 32 Abs. 2 AktG. Der Gründungsbericht ist

---

2035 Schmitt/Hörtnagl/Stratz/*Hörtnagl*, § 136 Rn. 13; Lutter/*Priester*, § 136 Rn. 15.
2036 Lutter/*Priester*, § 136 Rn. 15.
2037 Widmann/Mayer/*Mayer*, § 136 Rn. 49; Lutter/*Priester*, § 137 Rn. 4; Schmitt/Hörtnagl/Stratz/*Hörtnagl*, § 137 Rn. 2.
2038 Widmann/Mayer/*Mayer*, § 137 Rn. 15; Lutter/*Priester*, § 137 Rn. 11; Schmitt/Hörtnagl/Stratz/*Hörtnagl*, § 137 Rn. 2.
2039 *Mayer*, DB 1995, 862; Widmann/Mayer/*Mayer*, § 135 Rn. 117; Lutter/*Priester*, § 137 Rn. 12.
2040 Widmann/Mayer/*Mayer*, § 135 Rn. 61; s. hierzu im einzelnen Rdn. 1254.
2041 Widmann/Mayer/*Mayer*, § 137 Rn. 14; Lutter/*Priester*, § 137 Rn. 13.
2042 Widmann/Mayer/*Mayer*, § 138 Rn. 4 ff.; Limmer/*Limmer*, Teil 3 Rn. 263 f.

D. Spaltung

von den Vertretungsorganen der übertragenden Gesellschaft in vertretungsberechtigter Zahl abzugeben.[2043]

f) Vorgesellschaft

Aus § 135 Abs. 2 der auf die für die jeweilige Rechtsform des neuen Rechtsträgers bestehenden Gründungsvorschriften verweist, wird allgemein abgeleitet, dass ab dann eine Vorgesellschaft entsprechend den allgemeinen Regeln entsteht.[2044] Wann der neu gegründete Rechtsträger selbst entsteht, lässt sich aus § 135 nicht entnehmen. Nach h.M. entsteht der neu gegründete Rechtsträger nicht bereits schon mit seiner Eintragung, sondern erst mit Wirksamwerden der Spaltung, also im Regelfall mit der Eintragung der Spaltung im Register des übertragenden Rechtsträgers.[2045]

9. Grenzüberschreitende Spaltung[2046]

Die Richtlinie 2005/56/EG über die Verschmelzung von Kapitalgesellschaften aus verschiedenen Mitgliedsstaaten[2047] dient der Einführung des gesellschaftsrechtlichen Instrumentariums, um die grenzüberschreitende Verschmelzung innerhalb der Europäischen Gemeinschaft zu ermöglichen. In Umsetzung dieser Richtlinie hat der deutsche Gesetzgeber mit den §§ 122a ff. Regelungen über die grenzüberschreitende Verschmelzung geschaffen. Die Vorschriften der §§ 122a ff. gelten ihrem Wortlaut nach für grenzüberschreitende Spaltungen nicht, da § 125 hierauf ausdrücklich nicht verweist.[2048]

Bisher hatte der EuGH noch nicht über Spaltungen zu entscheiden. Jedoch wird aus der Sevic-Entscheidung wie auch ihren Fortführungen in den Sachen Cartesio und VALE abgeleitet, dass auch grenzüberschreitende Spaltungen in den Anwendungsbereich der Niederlassungsfreiheit fallen.[2049] Im Anwendungsbereich der europäischen Niederlassungsfreiheit sind Beschränkung der grenzüberschreitenden Spaltung daher allenfalls aus Gründen des Gläubiger-, Minderheiten-, Gesellschafter- und Arbeitnehmerschutzes zulässig.[2050]

Jedoch wird der grenzüberschreitenden Spaltung der Schutz durch die Niederlassungsfreiheit nur soweit zuteil, als im jeweiligen Zielstaat das Recht im Zuge der Spaltung bekannt ist und gerade auch für die konkrete Gesellschaftsform zur Verfügung gestellt wird. Ungleich der Rechtslage bei der Verschmelzung besteht jedoch kein sekundärrechtlich determinierter Kernbereich von Spaltungsarten, die die Mitgliedsstaaten zur Verfügung zu stellen haben. Dies gilt insbesondere für die Ausgliederung, die nach dem Recht vieler Mitgliedsstaaten unbekannt ist.[2051]

Die grenzüberschreitende Spaltung hat aus den vorstehenden Gründen derzeit nur einen geringen Anwendungsbereich. Mit Umsetzung der neuen EU-Richtlinie im Hinblick auf grenzüberschreitende Umwandlungen, Verschmelzungen und Spaltungen wird sich dieser erweitern. Die Richtlinie

---

2043 Limmer/*Limmer*, Teil 3 Rn. 264; Widmann/Mayer/*Mayer*, § 144 Rn. 3 f.
2044 Lutter/*Teichmann* § 135 Rn. 6; Schmitt/Hörtnagl/Stratz/*Hörtnagl*, § 135 Rn. 16; a.A. *Heidenhain*, GmbHR 1995, 264.
2045 Lutter/*Teichmann*, § 135 Rn. 3.
2046 Zur grenzüberschreitenden Spaltung s. ausführlich Münch Hdb. GesR VI/*Hoffmann*, § 56, Rn. 1 ff.; Prüm, Die grenzüberschreitende Spaltung, 2006; *Kleba*, RNotZ 2016, 273.
2047 Richtlinie 2005/56/EG des Europäischen Parlaments und des Rates vom 26.10.2005 über die Verschmelzung von Kapitalgesellschaften aus verschiedenen Mitgliedstaaten, ABl. L 310 v. 25.11.2005, 1; hierzu: *Bayer/Schmidt*, NJW 2006, 401; *Drinhausen/Keintath*, RIW 2006, 81; *Forsthoff*, DStR 2006, 613; *Grohmann/Guschinske*, GmbHR 2006, 191; *Oechsler*, NZG 2006, 161.
2048 Zur Neuregelung s. *Heckschen*, DNotZ 2007, 444; s.a. Rdn. 7 ff.; Limmer/*Limmer*, Teil 6 Rn. 21.
2049 *Ege/Klett*, DStR 2012, 2442, 2444; *Klein*, RNotZ 2007, 565, 570; *Kleba*, RNotZ 2016, 273, 275 f; *Herrler*, EuZW 2007, 259; Widmann/Mayer/*Heckschen*, vor §§ 122a ff. Rn. 96; zurückhaltend für Herausspaltungen: *Leible/Hoffmann*, RIW 2006, 161; *Bungert*, BB 2006, 53.
2050 *Weiss/Wöhlert*, WM 2007, 580, 584 ff.
2051 *Beutel*, Der neue rechtliche Rahmen grenzüberschreitender Verschmelzungen in der EU, 2008, S. 90 ff.

erfasst nur Kapitalgesellschaften und regelt zur Spaltung nur die Spaltung zur Neugründung. Es bleibt daher abzuwarten, ob diese in Deutschland überschießend umgesetzt wird.[2052]

10. Spaltungsvorgänge außerhalb des Umwandlungsrechts

a) Zivilrechtlich

1045 In manchen Fällen erweist sich eine Spaltung als zu aufwändig und formalisiert, insbesondere bei der Übertragung einer überschaubaren Zahl von Vermögensgütern. Zudem spricht auch die zwingende und unbeschränkte Haftung aller am Spaltungsvorgang beteiligten Rechtsträger in manchen Fällen gegen eine Spaltung nach dem UmwG. Vergleichbare Ergebnisse lassen sich vielfach durch die Einbringung von Vermögensgütern im Wege der Einzelrechtsübertragung erreichen. Hierbei werden einzelne Wirtschaftsgüter wie aber auch Betriebe bzw. Betriebsteile im Wege der Sachgründung/Sachkapitalerhöhung in Gesellschaften eingebracht. Für die Übertragung von Verbindlichkeiten und Vertragsverhältnissen ist in diesem Fall die Zustimmung der Vertragspartner einzuholen, auch sind etwa Genehmigungserfordernisse zu beachten. Im Bereich der Personengesellschaften kann die Weitergabe von Vermögen auch durch die Nutzung von Anwachsungsmodellen erreicht werden.[2053]

b) Entsprechende Anwendung auf Einzelrechtsübertragungen

1046 Mit Inkrafttreten des Umwandlungsgesetzes wurden Stimmen laut, die Spaltungsvorschriften auch bei Vermögensübertragungen im Wege der Einzelrechtsnachfolge analog anzuwenden. Hierfür wurden insbesondere die Ausstrahlungswirkung des Umwandlungsrechts und die vergleichbare Schutzbedürftigkeit der Minderheitsgesellschafter bei einer Ausgliederung im Wege der Einzelrechtsnachfolge angeführt. Ferner wird geltend gemacht, dass die Frage, ob eine Ausgliederung im Wege der Gesamtrechtsnachfolge oder im Wege der Einzelrechtsnachfolge erfolge, im Wesentlichen nur in der rechtstechnischen Ausgestaltung des Vermögensübertragungsaktes liege.[2054] Dem ist entgegenzuhalten, dass der Gesetzgeber Ausgliederungen im Wege der Einzelrechtsnachfolge ausdrücklich nicht den Regelungen des UmwG unterstellt hat. Damit fehlt es an der für eine Analogie erforderlichen gesetzlichen Regelungslücke.[2055] Zudem spricht gegen eine analoge Anwendung auch, dass das Umwandlungsgesetz für die Anwendbarkeit seiner Vorschriften gerade nicht auf den Umfang der auszugliedernden Vermögensgegenstände und die Bedeutung dieser Vermögensgegenstände für die Gesellschaft abstellt. Daher lassen sich auch Anhaltspunkte, ab welchem Umfang des übertragenen Vermögens eine analoge Anwendung in Frage kommen könnte, nicht treffen.[2056] Zu beachten ist aber, dass bei einer AG als übertragendem Rechtsträger sich die Notwendigkeit der Beteiligung der Hauptversammlung bei einer Vermögensübertragung durch Einzelrechtsnachfolge im Rahmen der ungeschriebenen Hauptversammlungskompetenz nach Rechtsprechungsgrundsätzen[2057] ergeben kann.

2052 *Luy*, NJW 2019, 1905, 1910; *Lieder/Bialluch*, NJW 2019, 805, 809 m.w.N. zu den Stimmen diese Richtlinie im deutschen Recht auf die Spaltung zur Aufnahme und auf Personengesellschaften erweiternd umzusetzen.
2053 *Breiteneicher*, DStR 2004, 1405; *Ege/Klett*, DStR 2010, 1463; *Orth*, DStR 1999, 1011, 1053; s.a. Rdn. 3 f.
2054 So teilweise die landgerichtliche Rechtsprechung LG Karlsruhe NZG 98, 393 = ZIP 1998, 385, 387; LG Frankfurt am Main NJW RR 97, 1464 = ZIP s. 1997, 1698, 1700; *Lutter/Leinekugel*, ZIP 1998, 225; *Veil*, ZIP 1998, 361; für eine entsprechende Anwendung zumindest bei der Ausgliederung eines Teilbetriebes auch *Just*, ZHR 163 (1999), 164, 183 ff.
2055 LG München I ZIP 2006, 2036; *Aha*, AG 1997, 345, 356; Lutter/*Teichmann* § 123 Rn. 28; Schmitt/Hörtnagl/Stratz/*Hörtnagl*, § 123 Rn. 22.
2056 Zutreffend LG München ZIP 2006, 2036 = NZG 2006, 873; Schmitt/Hörtnagl/Stratz/*Hörtnagl*, § 123 Rn. 24; Lutter/*Teichmann*, § 123 Rn. 24; *Bungert*, NZG 1998, 367.
2057 BGH in NJW 1982, 1703 (»Holzmüller-Doktrin«) und BGH NZG 2004, 571 und NZG 2004, 575 (»Gelatine 1 und 2«).

c) Öffentlich-rechtliche Umwandlungen

Für kommunale Betriebe ist die Möglichkeit einer Ausgliederung nach § 168 nicht die einzige Umwandlungsmöglichkeit. § 1 Abs. 2 lässt Umwandlungen außer den im Umwandlungsgesetz geregelten Fällen zu, wenn sie durch ein anderes Bundes- oder Landesgesetz ausdrücklich vorgesehen sind. Von dieser Möglichkeit, Umwandlungsmöglichkeiten außerhalb des Umwandlungsrechts vorzusehen, haben mehrere Bundesländer Gebrauch gemacht.[2058] Die landesrechtlichen Vorschriften sehen in der Regel vor, dass die Gemeinde durch Satzung kommunale Unternehmen in der Rechtsform einer rechtsfähigen Anstalt des öffentlichen Rechts errichten oder bestehende Regie- und Eigenbetriebe sowie eigenbetriebliche Einrichtungen im Wege der Gesamtrechtsnachfolge in rechtsfähige Anstalten des öffentlichen Rechts überführen kann.[2059] Das niedersächsische und bayrische Recht erlauben zudem die formwechselnde Umwandlung von Gesellschaften des Privatrechts in eine rechtsfähige Anstalt des öffentlichen Rechts. Bei einer Anstalt des öffentlichen Rechts handelt es sich um einen selbständigen Rechtsträger. Sie kann Beteiligungen an privatrechtlichen organisierten Unternehmen erwerben. Aufgrund der öffentlich-rechtlichen Organisationsform hat die Anstalt ein Wahlrecht hinsichtlich der Ausgestaltung ihrer Rechtsverhältnisse zu den Anstaltsnutzern, diese können zivilrechtlich oder öffentlich-rechtlich organisiert werden. Darüber hinaus ist die Anstalt als öffentlich-rechtliche Organisationsform fähig, Dienstherr von Beamten zu sein.[2060]

II. Ablauf einer Spaltung, insbesondere Vorbereitung

Der Ablauf einer Spaltung unterscheidet sich in der Abfolge nicht grundlegend vom Ablauf einer Verschmelzung. Auf hier unterscheidet man neben einer vorgeschalteten Planungsweise gängigerweise drei Phasen: Die Vorbereitungs-, die Beschluss- und die Vollzugsphase.[2061] Im Rahmen der Vorbereitungsphase sind insbesondere folgende Schritte zu beachten:

1. Bilanzaufstellung

Die Schlussbilanz des übertragenden Rechtsträgers ist bei der Anmeldung zum Register des übertragenden Rechtsträgers vorzulegen (§ 125 Abs. 2). Meist wird jedoch im Spaltungsvertrag zur Konkretisierung des übergehenden Vermögens auch auf die Bilanz Bezug genommen. Darüber hinaus dient die Schlussbilanz auch als Grundlage der Berechnung des Umtauschverhältnisses und als Wertnachweis hinsichtlich des übergehenden Vermögens.[2062]

2. Entwurf des Spaltungsvertrages/Spaltungsplanes

Am Anfang jedes Spaltungsvorhabens steht der Entwurf des Spaltungsvertrages bzw. des Spaltungsplanes. Dieser Entwurf ist insbesondere erforderlich im Hinblick auf die erforderliche Zuleitung an die Betriebsräte (§§ 126 Abs. 3, 135 Abs. 1), die Erstellung des Spaltungsberichtes und die Spaltungsprüfung. Darüber hinaus bestehen rechtsformspezifische Unterrichtungs- und Bekanntmachungspflichten. Darüber hinaus ist der Spaltungsvertrag bzw. sein Entwurf Gegenstand der Spaltungsbeschlüsse.[2063]

Begrifflich ist hierbei zwischen folgenden Arten von Spaltungsverträgen zu unterscheiden: Dem Spaltungs- und Übernahmevertrag gem. § 126 Abs. 1 bei der Spaltung zur Aufnahme, dem Spal-

---

[2058] Hierzu grundlegend: *Leitzen*, MittBayNot 2009, 353; *Detig*, Die kommunale Anstalt des öffentlichen Rechts -Kommunalunternehmen- als Wirtschaftsförderungsinstitution 2004; *Kummer*, Vom Eigen- oder Regiebetrieb zum Kommunalunternehmen Berlin 2003; Aus Sicht von Schleswig-Holstein umfassend Take/Doose NordOeR 2008, 425; *Holz/Kürten/Grabolle*, KommJur 2014, 281.
[2059] § 113a Abs. 1 Satz 1 GO NDS; § 114a Abs. 1 Satz 1 GO NW; § 86a Abs. 1 Satz 1 GO RLP; § 106a Abs. 1 Satz 1 GO SH; § 1 Abs. 1 Satz 1 AnstG SA; § 94 Bbg-KommVerf; § 126a HGO, § 76 ThürKO.
[2060] Wegen der näheren Einzelheiten s. *Leitzen*, MittBayNot 2009, 353 ff.
[2061] S.o. Rdn. 13 ff.
[2062] *Ittner*, MittRhNotK 1997, 105, 111.
[2063] *Ittner*, MittRhNotK 1997, 105, 111.

tungsplan gem. § 136 bei der Spaltung zur Neugründung, dem Ausgliederungs- und Übernahmevertrag gem. § 131 Abs. 1 Nr. 3 bei der Ausgliederung zur Aufnahme, dem Ausgliederungsplan gem. § 136 bei der Ausgliederung zur Neugründung. Für den Spaltungs- bzw. Ausgliederungsplan verweist § 135 Abs. 1 mit wenigen Ausnahmen auf die Vorschriften über den Spaltungs- und Übernahmevertrag.[2064]

3. Zuleitung an den Betriebsrat

1052 Nach § 126 Abs. 3 bzw. § 135 Abs. 1 ist der Spaltungsvertrag bzw. Spaltungsplan – bzw. falls dieser noch nicht vorliegt, sein Entwurf – dem zuständigen Betriebsrat jedes an der Spaltung beteiligten Rechtsträgers spätestens einen Monat vor der Spaltungsbeschlussfassung dieses Rechtsträgers zuzuleiten. Fehlt ein Betriebsrat, so entfällt die Zustellungspflicht. Die Vorschrift entspricht § 5 Abs. 3, sodass auf die dortigen Ausführungen verwiesen werden kann.[2065]

4. Genehmigungen

1053 Mit dem am 25.04.2007 in Kraft getretenen Zweiten Gesetz zur Änderung des Umwandlungsgesetzes wurde § 132 ersatzlos gestrichen. Diese Vorschrift erwies sich als Spaltungshindernis, da sie das Erfordernis einer staatlichen Genehmigung bzw. einer rechtsgeschäftlichen Zustimmungsverpflichtung für die Übertragung eines bestimmten Gegenstandes im Wege der Spaltung aufrecht erhielt.[2066] Mit dem Wegfall der Vorschrift stehen gesetzliche oder vertragliche Zustimmungserfordernisse bzw. Abtretungsbeschränkungen der partiellen Gesamtrechtsnachfolge nicht mehr entgegen. Demgemäß kann die Spaltung auch dann eingesetzt werden, wenn eine Einzelübertragung nicht ohne die Zustimmung Dritter möglich gewesen wäre.[2067]

1054 Im Ergebnis haben sich damit die im Rahmen einer Spaltung zu beachtenden Genehmigungserfordernisse deutlich reduziert. Von Bedeutung sind hier insbesondere die rechtsformspezifischen Genehmigungserfordernisse, wie etwa bei der Ausgliederung aus einer Stiftung (§ 164 Abs. 1), bei der Ausgliederung aus dem Vermögen einer Gebietskörperschaft nach Maßgabe des Landesrechts (§ 168) oder bei der Spaltung von VVaG (§ 14a VAG). Zudem können sich Genehmigungs- bzw. Anzeigeerfordernisse aus dem Kartellrecht ergeben (insb. §§ 35 ff. GWB).[2068] Etwaige noch einzuholende Genehmigungen sind nach der Neufassung von § 17 jedoch nicht mehr der Handelsregisteranmeldung beizufügen.

III. Spaltungsvertrag und Spaltungsplan

1055 ▶ Checkliste der wichtigsten Punkte:[2069]

- ☐ Name oder Firma und Sitz der an der Spaltung beteiligten Rechtsträger,
- ☐ Kennzeichnung als Spaltungsvorgang,
- ☐ partielle Gesamtrechtsnachfolge gegen Anteilsgewährung,
- ☐ Umtauschverhältnis: Einzelheiten für die Übertragung der Anteile,
- ☐ Zeitpunkt der Gewinnberechtigung,
- ☐ Spaltungsstichtag,
- ☐ Sonderrechte,
- ☐ Sondervorteile,

2064 Soweit i.R.d. Darstellung Bezug genommen wird auf den Spaltungsvertrag sind damit sowohl Spaltungs- und Übernahmevertrag als auch Ausgliederungs- und Übernahmevertrag sowie Spaltungs- bzw. Ausgliederungsplan gemeint, soweit sich aus den jeweiligen Ausführungen nicht etwas anderes ergibt.
2065 S.o. Rdn. 118 ff.
2066 *Mayer/Weiler*, MittBayNot 2007, 368, 373.
2067 Kritisch hierzu: *Mayer/Weiler*, MittBayNot 2007, 368, 373.
2068 *Ittner*, MittRhNotK 1997, 105, 111.
2069 Checkliste nach Beck'sches Notarhandbuch/*Heckschen*, Abschn. D IV Rn. 60.

D. Spaltung   Kapitel 8

☐ Bezeichnung des übergehenden Aktiv- und Passivvermögens,
☐ Aufteilung der Anteile,
☐ Folgen der Spaltung für die Arbeitnehmer und ihre Vertretungen
☐ Weitere Regelungen

1. Allgemeines

Bei der Spaltung zur Aufnahme durch einen bestehenden Rechtsträger ist der Abschluss eines Spaltungsvertrages – bzw. im Falle der Ausgliederung eines Ausgliederungsvertrages – erforderlich. Vertragspartner des Spaltungsvertrages sind die beteiligten Rechtsträger, nicht deren Anteilsinhaber, deren Zustimmung aber gem. §§ 125, 13 Voraussetzung für die Wirksamkeit des Spaltungsvertrages ist. Bei der Spaltung zur Neugründung wird lediglich ein Spaltungsplan bzw. ein Ausgliederungsplan von dem übertragenden Rechtsträger als einseitiges Rechtsgeschäft aufgestellt, da es an einem Vertragspartner fehlt. 1056

Hinsichtlich Inhalt, Form, Abschlusskompetenz, Vertretung und Zustandekommen des Spaltungsvertrages bzw. Spaltungsplans verweisen die Vorschriften des Spaltungsrechts (§ 125 Satz 1) auf die entsprechenden Regelungen zum Verschmelzungsvertrag. Im Folgenden kann daher auf die vorstehenden Erörterungen verwiesen werden, sodass nur noch die Besonderheiten darzustellen sind.[2070] 1057

Der Abschluss des Spaltungsvertrages kann auch bereits vor den Zustimmungsbeschlüssen erfolgen (§§ 135 Satz 1, 135 Abs. 4 Satz 2). Erfolgen zunächst die Zustimmungsbeschlüsse, muss ihnen der Entwurf des Vertrages zugrunde liegen und dieser zudem mit dem später beurkundeten Spaltungsvertrag identisch sein. In der Praxis wird daher im Regelfall der Spaltungsvertrag vor Beurkundung der Zustimmungsbeschlüsse abgeschlossen bzw. mit diesen in einer Urkunde enthalten sein. 1058

2. Abschlusskompetenz, Vertretung

Auch der Abschluss des Spaltungsvertrages/die Feststellung des Spaltungsplans ist als Grundlagengeschäft den organschaftlichen Vertretern vorbehalten. Demgemäß sind zum Abschluss nur Organe in vertretungsberechtigter Zahl befugt. Prokuristen sind daher nur im Rahmen einer satzungsmäßig vorgesehenen Gesamtvertretung zur Unterzeichnung berechtigt.[2071] Dritten können aufgrund Bevollmächtigung seitens der vertretungsbefugten Organe diese bei Abschluss des Vertrages vertreten, etwa mittels General- und Spezialvollmacht. 1059

Nach § 167 Abs. 2 BGB bedürfen solche Vollmachten grundsätzlich keiner Form, da diese jedoch nach § 17 Abs. 1 der Anmeldung beizufügen sind, empfiehlt sich zumindest die Schriftform, da ansonsten dem Registergericht die Vollmacht nicht nachgewiesen werden kann. Diese Grundsätze gelten uneingeschränkt bei der Spaltung zur Aufnahme.[2072] Dies gilt auch dann, wenn übernehmende Gesellschaft eine GmbH ist und diese im Rahmen der Spaltung ihr Kapital erhöht, denn gem. §§ 125, 55 Abs. 1 ist eine Übernahmeerklärung im Sinne von § 55 GmbHG nicht erforderlich.[2073] Die Vollmacht bedarf auch dann keiner Form, wenn der übertragende Rechtsträger über Grundbesitz verfügt. § 29 GBO findet insoweit keine Anwendung.[2074] 1060

Weitergehende Formerfordernisse sind bei der Spaltung zur Neugründung zu beachten, da nach § 135 Abs. 2 zusätzlich die jeweiligen Gründungsvorschriften entsprechend gelten. Dies hat zur Folge, dass für die spaltungsbedingte Neugründung von Kapitalgesellschaften auch die spezialgesetzlich angeordneten Formerfordernisse gelten. Demgemäß sind bei einer Spaltung zur Neugründung 1061

2070 S.o. Rdn. 34 ff.
2071 S.o. Rdn. 35; Widmann/Mayer/*Mayer*, § 126 Rn. 29 ff.
2072 *Heidenhain*, NJW 1995, 2873; s.o. Rdn. 40.
2073 Vgl. oben Rdn. 37.
2074 OLG Hamm NZG 2015, 71; *Vossius*, notar 2015, 127.

auf eine GmbH (§ 2 Abs. 2 GmbHG), eine AG (§ 23 Abs. 1 Satz 2 AktG) wie auch eine KGaA (§ 280 Abs. 1 Satz 3 AktG) die Vollmachten zumindest notariell zu beglaubigen.[2075]

1062 Treten für die am Spaltungsvorgang beteiligten Rechtsträger identische Vertreter auf, so ist dies nur unter Beachtung des § 181 BGB zulässig.[2076] Der Spaltungsvertrag kann auch vollmachtlose Vertreter abgeschlossen werden, deren Erklärungen sodann durch die vertretungsberechtigten Organe genehmigt werden. Die Nachgenehmigung bedarf grundsätzlich keiner Form (§ 182 Abs. 2 BGB). Bei der Spaltung zur Neugründung einer GmbH/AG ist nach zutreffender Ansicht eine notarielle Beglaubigung der Genehmigung erforderlich.[2077] Bei einem Spaltungsplan – d.h. im Rahmen im Rahmen einer Spaltung zur Neugründung – ist eine Vertretung ohne Vertretungsmacht gem. § 180 BGB unzulässig. Auch kommt nach ganz h.M. eine Genehmigung des Handelns des Vertreters ohne Vertretungsmacht nicht in Betracht.[2078] Fehlt die Einwilligung bzw. die Vollmacht ist daher der Spaltungsplan nicht nur schwebend unwirksam, sondern anfänglich nichtig und muss gem. § 141 BGB bestätigt werden.[2079]

1063 Werden in der gleichen Urkunde neben dem Spaltungsvertrag bzw. den Spaltungsbeschlüssen auch Verzichtserklärungen mit beurkundet, was sich insbesondere aus Kostengründen empfiehlt, so ist zu beachten, dass derartige Verzichte einseitige Erklärungen i.S.d. § 180 BGB sind, sodass eine vollmachtlose Vertretung insoweit unzulässig ist.[2080]

3. Inhalt

1064 Die näheren inhaltlichen Anforderungen an den Spaltungsvertrag sind in § 126 geregelt. Im Regelfall bietet sich an, die Urkunde entsprechend der Nummernfolge zu §§ 126 zu gestalten, auch die nachfolgenden Erläuterungen orientieren sich daher an dieser Gliederung. Ergänzt wird diese Vorschrift durch rechtsformspezifische Regelungen.

a) § 126 Abs. 1 Nr. 1 (Beteiligtenangaben)

1065 Der Spaltungsvertrag muss gem. § 126 Abs. 1 Nr. 1 den Namen oder die Firma und den Sitz der an der Spaltung beteiligten Rechtsträger enthalten. Anzugeben sind auch die Daten der durch die Spaltung neu zu gründenden Rechtsträger. Bei Kettenspaltungen und bei Veränderungen vor Wirksamwerden der Spaltung, die von den beteiligten Rechtsträgern beschlossen wurden und sich auf Angaben i.S.v. § 126 Abs. 1 Nr. 1 beziehen, gilt, dass der Rechtsträger noch mit der aktuellen, die Veränderung noch nicht berücksichtigenden Firma anzugeben ist. Wegen der weiteren Einzelheiten kann auf die Ausführungen zur Verschmelzung verwiesen werden.[2081]

b) § 126 Abs. 1 Nr. 2 (Vereinbarung des Vermögensübergangs gegen Anteilsgewährung)

1066 Nach § 126 Abs. 1 Nr. 2 muss der Spaltungsvertrag die Vereinbarung über die Übertragung von Teile des Vermögens des übertragenden Rechtsträgers jeweils als Gesamtheit gegen die Gewährung von Anteilen an Mitgliedschaften an übernehmenden/neuen Rechtsträgern enthalten. Die Vorschrift knüpft an die für die Verschmelzung geltende Vorschrift des § 5 Abs. 1 Nr. 2 an, so dass auf die dortigen Ausführungen verwiesen werden kann.[2082] Wesentlicher Unterschied ist, dass nicht das gesamte Vermögen übergeht, sondern lediglich Teile des Vermögens im Wege der partiellen Gesamt-

---

2075 S.o. Rdn. 36.
2076 S.a. oben Rdn. 39.
2077 Limmer/*Limmer*, Teil 2 Rn. 71 m.w.N.; Widmann/Mayer/*Mayer*, § 4 Rn. 41; s.a. oben Rdn. 39.
2078 Widmann/Mayer/*Mayer*, § 136 Rn. 15.
2079 Widmann/Mayer/*Mayer*, § 136 Rn. 15.
2080 Wegen der weiteren Einzelheiten s.o. Rdn. 40.
2081 Vgl. oben Rdn. 42; OLG Hamm NZG 2007, 914; Schmitt/Hörtnagl/Stratz/*Hörtnagl*, § 126 Rn. 14 f.; Lutter/*Priester*, § 126 Rn. 19.
2082 Vgl. oben Rdn. 44.

rechtsnachfolge. Ergänzend fordert daher § 126 Abs. 1 Nr. 9 im Hinblick auf die partielle Gesamtrechtsnachfolge die genaue Bezeichnung und Aufteilung der Gegenstände des Aktiv- und Passivvermögens und deren Zuordnung.[2083] In der Praxis dürfte sich empfehlen bei der Formulierung des Klauseltexts sich an den Wortlaut der betreffenden Spaltungsart aus § 123 anzulehnen.[2084]

▶ Formulierungsbeispiel: Abspaltung zur Aufnahme   1067

»Die ..... als übertragender Rechtsträger überträgt hiermit im Wege der Abspaltung zur Aufnahme gemäß § 123 Abs. 2 Nr. 1 den in Ziffer ..... dieses Vertrages spezifizierten Teil ihres Vermögens mit allen Rechten und Pflichten als Gesamtheit auf ..... als übernehmenden Rechtsträger. Dieser gewährt den Anteilsinhabern des übertragenden Rechtsträgers nach den nachfolgenden Maßgaben.«

c) § 126 Abs. 1 Nr. 3 (Umtauschverhältnis und bare Zuzahlung; nur bei Aufspaltung und Abspaltung)

aa) Umtauschverhältnis

Bei Auf- und Abspaltungen sind im Spaltungsvertrag das Umtauschverhältnis der an die Anteils-   1068
inhaber des übertragenden Rechtsträgers zu gewährenden gesonderten Anteile bzw. Mitgliedschaftsrechte und ggf. die Höhe etwaiger barer Zuzahlungen anzugeben. Nach dem Gesetzeswortlaut braucht das Umtauschverhältnis nur angegeben werden, eine Erläuterung ist im Spaltungsvertrag nicht erforderlich.[2085] Die Vorschrift dient insbesondere der Kontrolle der Gleichwertigkeit von Leistung (übertragenes Vermögen) und Gegenleistung (zu gewährende Anteile). Nach dem gesetzlichen Leitbild sind den Anteilsinhabern des übertragenden Rechtsträgers Anteile zu gewähren, die ihrer bisherigen Beteiligung wertmäßig entsprechen. Im Hinblick auf das Verbot der Überpari-Emission ist eine Überbewertung des übertragenen Vermögens unzulässig. Eine Unterbewertung des übertragenen Vermögens ist unter Beachtung des Minderheitenschutzes zulässig.[2086]

Die Vorschrift des § 126 Abs. 1 Nr. 3 gilt dem Wortlaut nach nur für Auf- und Abspaltungen. Aus § 123 Abs. 3 ergibt sich, dass auch bei einer Ausgliederung anzugeben ist, welche Anteile am übernehmenden Rechtsträger dem übertragenden Rechtsträger gewährt werden. Da auch bei der Ausgliederung die gewährten Gesellschaftsbeteiligungen eine Gegenleistung für die Vermögensübertragung darstellen, empfiehlt sich auch hier die Angabe des Umtauschverhältnisses, um eine Angemessenheitsprüfung zu ermöglichen.[2087]

bb) Bare Zuzahlungen

Sofern bare Zuzahlungen geleistet werden, sind auch diese im Spaltungsvertrag aufzunehmen. Bei   1069
Kapitalgesellschaften ist zudem die 10 %- Schwelle des § 54 zu beachten, wegen der weiteren Einzelheiten kann auf die obigen Ausführungen verwiesen werden.[2088] Die 10 %-Schwelle gilt jedoch nur bei übernehmenden Kapitalgesellschaften und gilt im Rahmen der Spaltung nur für Aufspaltung und Abspaltung, nicht jedoch für die Ausgliederung, da hier keine Angaben über die Höhe einer baren Zuzahlung zwingend vorgeschrieben sind.[2089]

2083 Schmitt/Hörtnagl/Stratz/*Hörtnagl*, § 126 Rn. 18; Lutter/*Priester*, § 126 Rn. 22 f.
2084 Schmitt/Hörtnagl/Stratz/*Hörtnagl*, § 126 Rn. 18; Ittner, MittRhNotK 1997, 105, 112.
2085 Widmann/Mayer/*Mayer*, § 126 Rn. 126 ff.
2086 Vgl. oben Rdn. 60; Widmann/Mayer/*Mayer*, § 126 Rn. 126 ff.
2087 Zur Unterbewertung s. ausführlich Rdn. 60; Ittner, MittRhNotK 1997, 105, 113.
2088 S. Rdn. 69.
2089 OLG München DNotZ 2012, 308 =NZG 2012, 229; Widmann/Mayer/*Fronhöfer*, § 125 Rn. 75; Lutter/*Priester*, § 126 Rn. 35; *Kadel*, BWNotZ 2010, 46, 48.

cc) Weitere Leistungen

1070 § 126 Abs. 1 Nr. 3 regelt nur Gegenleistungen, die unmittelbar den Anteilsinhabern des übertragenden Rechtsträgers gewährt werden. Gegenleistungen an den übertragenden Rechtsträger vom übernehmenden Rechtsträger selbst sind bei Auf- und Abspaltung aufgrund der zwingenden gesetzlichen Vorgaben generell unzulässig soweit die Zuweisung von Aktiva und Passiva im Rahmen des Spaltungsvertrages überschritten wird.[2090] Möglich ist aber ein Spitzenausgleich durch Zahlung der Gesellschafter untereinander, der als partielle Anteilsveräußerung zu beurteilen ist, für diese gilt die für bare Zuzahlungen geltende 10 %-Schwelle nicht.[2091] Auch insoweit gilt, dass bare Zuzahlungen zugunsten der Inhaber des übernehmenden Rechtsträgers unzulässig sind, gleiches gilt auch für die Gewährung von Sachgegenleistungen anstelle von baren Zuzahlungen zugunsten der Inhaber des übertragenden Rechtsträgers.[2092] Ebenfalls unzulässig ist bei Aufspaltung und Abspaltung die Einbuchung von Darlehen zugunsten der Gesellschafter der übertragenden Gesellschaft;[2093] bei der Ausgliederung sind diese nach allgemeiner Auffassung zulässig.[2094]

d) § 126 Abs. 1 Nr. 4 (Einzelheiten für die Übertragung der Anteile; nur bei Aufspaltung und Abspaltung)

1071 Nur bei Auf- oder Abspaltungen sind die Einzelheiten zur Übertragung der Anteile des übernehmenden Rechtsträgers bzw. im Wege der Übernahme der Mitgliedschaften beim übernehmenden Rechtsträger zu regeln. § 126 Abs. 1 Nr. 4 lehnt sich dabei an den Wortlaut der für die Verschmelzung geltenden Vorschrift des § 5 Abs. 1 Nr. 4 an.[2095] Der Begriff der Übertragung ist dabei irreführend, gemeint ist nicht eine rechtsgeschäftliche Übertragung, vielmehr erhalten die Anteilsinhaber des übertragenden Rechtsträgers die Anteile des übernehmenden Rechtsträgers kraft Gesetzes unmittelbar mit Eintragung der Spaltung beim übertragenden Rechtsträger. Dies gilt auch dann, wenn hierzu eigene Anteile verwandt werden.[2096] Gleiches gilt, wenn die als Gegenleistung zu gewährenden Anteile des übernehmenden Rechtsträgers sich im Vermögen des übertragenden Rechtsträgers befinden und von diesem an die Anteilsinhaber gewährt werden. Auch in diesem Fall kommt es zu einem unmittelbaren Übergang auf die Gesellschafter des übertragenden Rechtsträgers, ohne Durchgangserwerb beim übernehmenden Rechtsträger.[2097] Anteile, die sich der übernehmende Rechtsträger von Dritten beschafft, müssen bis Wirksamwerden der Spaltung durch Einzelrechtsübertragung noch erworben werden, damit sie im Rahmen der Spaltung sodann gewährt werden können.[2098]

1072 Im Übrigen sind hier zu regeln die rechtsformspezifischen Fragen der Abwicklung des Anteilstausches und der damit verbundenen Kosten. Demgemäß ist bei AG oder KGaA als übernehmenden Rechtsträger im Spaltungsvertrag ein Treuhänder für den Empfang der Aktien und baren Zuzahlungen zu benennen, dessen Person zu bezeichnen ist (§§ 125, 71 Abs. 1, 73, 78).[2099] Bei einer GmbH als übernehmender Rechtsträger muss für jeden Anteilsinhaber des übertragenden Rechtsträgers die Anzahl und der Nennbetrag der Geschäftsanteile angegeben werden, die ihm die über-

---

2090 Widmann/Mayer/*Mayer*, § 126 Rn. 136.
2091 Widmann/Mayer/*Mayer*, § 126 Rn. 137; Lutter/*Priester*, § 126 Rn. 35; Schmitt/Hörtnagl/Stratz/*Hörtnagl*, § 126 Rn. 51.
2092 Vgl. oben Rdn. 70; Widmann/Mayer/*Mayer*, § 126 Rn. 139.
2093 Widmann/Mayer/*Mayer*, § 126 Rn. 142; Lutter/*Priester*, § 126 Rn. 35; a.A. Schmitt/Hörtnagl/Stratz/*Hörtnagl*, § 126 Rn. 53.
2094 OLG München DNotZ 2012, 308; Widmann/Mayer/*Mayer*, § 152 Rn. 102; Lutter/*Karollus*, § 159, Rn. 16.
2095 S. insoweit Rdn. 71.
2096 Lutter/*Priester*, § 126 Rn. 36; Widmann/Mayer/*Mayer*, § 126 Rn. 146.
2097 Widmann/Mayer/*Mayer*, § 126 Rn. 146.
2098 Widmann/Mayer/*Mayer*, § 126 Rn. 146 ff.
2099 Widmann/Mayer/*Mayer*, § 126 Rn. 151; *Ittner*, MittRhNotK, 1997, 105, 113. Wegen der weiteren Einzelheiten kann insoweit verwiesen werden auf Rdn. 1273.

nehmende GmbH zu gewähren hat, wobei die Gesellschafter namentlich zu nennen sind (§ 46 Abs. 1 bis 3).[2100] Bei einer übernehmenden/neu gegründeten Personenhandelsgesellschaft ist insbesondere anzugeben, ob die Anteilsinhaber des übertragenden Rechtsträgers die Stellung eines persönlich haftenden Gesellschafters oder eines Kommanditisten erhalten (§§ 125, 40). Ferner ist der Betrag der Einlage jedes Gesellschafters festzusetzen.[2101]

▶ Formulierungsbeispiel: Kapitalerhöhung bei Abspaltung zur Aufnahme   1073

»1. Als Gegenleistung für die Abspaltung gewährt die übernehmende Gesellschaft folgende Anteile: .....
2. Zur Durchführung der Abspaltung wird die übernehmende Gesellschaft ihr Stammkapital von ..... € um ..... € auf ..... € erhöhen, und zwar durch Bildung von Geschäftsanteilen im Nennbetrag von ..... € (Geschäftsanteil Nr. .....) und ..... € (Geschäftsanteil Nr. .....). Bare Zuzahlungen sind nicht zu leisten. Die Zuweisung der neuen Anteile erfolgt verhältniswahrend.
3. Der Gesamtwert zu dem die durch die übertragende Gesellschaft erbrachte Sacheinlage von der übernehmenden Gesellschaft übernommen wird, entspricht dem handelsrechtlichen Buchwert des übertragenen Nettovermögens zum Spaltungsstichtag. Soweit dieser Wert den vorstehend genannten Nennbetrag der gewährten Geschäftsanteile übersteigt, wird der überschießende Betrag in die Kapitalrücklage gemäß § 272 Abs. 2 Nr. 1 HGB eingestellt. Ein weiterer Ausgleich wird nicht geschuldet.«

e) § 126 Abs. 1 Nr. 5 (Beginn der Bilanzgewinnteilhabe)

Gem. § 126 Abs. 1 Nr. 5 muss der Spaltungsvertrag den Zeitpunkt festlegen, von dem an die gewährten Anteile und Mitgliedschaften einen Anspruch auf einen Anteil am Bilanzgewinn gewähren, und alle Besonderheiten im Bezug auf diesen Anspruch regeln. Der Zeitpunkt der Bilanzgewinnteilhabe kann frei bestimmt werden, in der Praxis dürfte er regelmäßig mit dem Spaltungsstichtag zusammen fallen. Notwendig ist dies jedoch nicht, der Zeitpunkt kann vielmehr frei gewählt werden, was insbesondere eine Gestaltungsmöglichkeit zur Korrektur eines ansonsten zu günstigen Umtauschverhältnisses sein kann.[2102]   1074

▶ Formulierungsbeispiel: Gewinnbeteiligung bei Abspaltung   1075

»Die als Gegenleistung für die Abspaltung gewährten Geschäftsanteile sind ab dem Abspaltungsstichtag gewinnberechtigt.«

f) § 126 Abs. 1 Nr. 6 (Spaltungsstichtag)

Ferner muss im Spaltungsvertrag gem. § 126 Abs. 1 Nr. 6 der sog. Spaltungsstichtag geregelt werden. Dies ist der Zeitpunkt, von dem an die Handlungen des übertragenden Rechtsträgers hinsichtlich des zu übertragenden Vermögens für Rechnung des übernehmenden Rechtsträger vorgenommen werden, also die Abgrenzung der Rechnungslegung.[2103] Der Spaltungsstichtag kann abweichen vom Zeitpunkt der Teilnahme am Bilanzgewinnteilhabe (§ 126 Abs. 1 Nr. 5).[2104] Spaltungsstichtag ist nach h.M. zwingend der Tag, der der nach §§ 125, 17 Abs. 2 zugrunde liegenden Schlussbilanz   1076

[2100] Widmann/Mayer/*Mayer*, § 146 Rn. 152. Wegen der weiteren Einzelheiten zu § 46 Abs. 1 bis 3 kann insoweit verwiesen werden auf Rdn. 1243 ff.
[2101] Widmann/Mayer/*Mayer*, Vor § 39 Rn. 86 ff. Wegen der weiteren Einzelheiten kann insoweit verwiesen werden auf Rdn. 1217 ff.
[2102] Limmer/*Limmer*, Teil 3 Rn. 164; Lutter/*Priester*, § 126 Rn. 37 f.; Widmann/Mayer/*Mayer*, § 126 Rn. 158 f. Wegen der weiteren Einzelheiten kann insoweit verwiesen werden auf Rdn. 73 ff.
[2103] Limmer/*Limmer*, Teil 3 Rn. 165; Lutter/*Priester*, § 126 Rn. 39; Widmann/Mayer/*Mayer*, § 161; *Ittner*, MittRhNotK 1997, 105, 113.
[2104] *Heidenhain*, NJW 1995, 2873, 2875; Widmann/Mayer/*Mayer*, § 126 Rn. 161.

entspricht bzw. unmittelbar nachfolgt (z.B.: 31.12/01.01).[2105] Unter Beachtung der 8-Monatsfrist (§§ 125, 17 Abs. 2) kann der Spaltungsstichtag auch vorverlegt werden, wovon in der Praxis regelmäßig Gebrauch gemacht wird.

1077 In der Vertragspraxis wird vermehrt von der Möglichkeit eines variablen Stichtages Gebrauch gemacht. Hintergrund ist, dass durch Bedingungen, Befristungen oder aber erforderliche Genehmigungen wie auch durch nicht nach § 16 Abs. 3 überwundene Anfechtungsklagen der ursprünglich festgelegte Stichtag für die Schlussbilanz nicht mehr eingehalten werden kann.[2106] Bei Vereinbarung einer variablen Stichtagsregelung sollte diese im Regelfall auch den Beginn der Bilanzgewinnteilhabe (§ 126 Abs. 1 Nr. 5) erfassen.

1078 ▶ Formulierungsbeispiel: Spaltungsstichtag

»Die Übertragung des vorbezeichneten abzuspaltenden Vermögens erfolgt im Innenverhältnis mit Wirkung zum ..... (nachfolgend Spaltungsstichtag). Von diesem Zeitpunkt an gelten im Verhältnis der Vertragsbeteiligten alle Handlungen und Geschäfte, die das abzuspaltende Vermögen betreffen, als für Rechnung der übernehmenden Gesellschaft geführt.

Falls die Abspaltung nicht bis zum ..... in das Handelsregister der übertragenden Gesellschaft eingetragen worden ist, gilt abweichend der 01.01....., 0:00 Uhr, als Abspaltungsstichtag. In diesem Fall wird eine auf den 31.12....., 24:00 Uhr, unter Beachtung der Vorschriften der Jahresbilanz und deren Prüfung aufgestellten Bilanz der übertragenden Gesellschaft als Schlussbilanz zugrunde gelegt. Bei einer weiteren Verzögerung der Eintragung über den ..... des Folgejahres hinaus, verschiebt sich der Abspaltungsstichtag jeweils um 1 Jahr.«

g) § 126 Abs. 1 Nr. 7 (Sonderrechte)

1079 Nach § 126 Abs. 1 Nr. 7 muss der Spaltungsvertrag angeben, welche Sonderrechte der übernehmende/neue Rechtsträger einzelnen Anteilsinhabern sowie Inhabern besonderer Rechte gewährt und welche Maßnahmen für die Personen vorgesehen sind. Die Vorschrift entspricht § 5 Abs. 1 Nr. 7.[2107] Aufzuführen sind auch solche Sonderrechte, die beim übernehmenden Rechtsträger bereits vor der Spaltung bestanden.[2108] Bestehen solche Rechte nicht, empfiehlt es sich, dies im Vertrag ausdrücklich festzuhalten.[2109] Ein Anspruch auf Gewährung von Sonderrechten folgt aus §§ 133 Abs. 2, 125, 23 für Inhaber von Rechten beim übertragenden Rechtsträger, die kein Stimmrecht gewähren. Im Spaltungsvertrag ist zu bestimmen, gegen welche beteiligten Rechtsträger sich dieser Anspruch richtet.[2110] Die Vorschrift gilt entsprechend dem Wortlaut auch für die Ausgliederung.[2111]

1080 ▶ Formulierungsbeispiel: Sonderrechte

»Besondere Rechte im Sinne von § 126 Abs. 1 Nr. 7 UmwG werden von der übernehmenden Gesellschaft nicht gewährt. Besondere Maßnahmen im Sinne dieser Vorschrift sind nicht vorgesehen.«

2105 Lutter/*Priester*, § 126 Rn. 39; Schmitt/Hörtnagl/Stratz/*Hörtnagl*, § 126 Rn. 58; a.A. Widmann/Mayer/*Mayer*, § 126 Rn. 161; zum Meinungsstand s. ausführlich Rdn. 77 ff.
2106 Widmann/Mayer/*Mayer*, § 126 Rn. 166; Lutter/*Priester*, § 126 Rn. 40; *Kiem*, ZIP 1999, 173, 175 ff.; a.A. Schmitt/Hörtnagl/Stratz/*Hörtnagl*, § 17 Rn. 40, der eine variable Stichtagsregelung für unzulässig hält.
2107 S.a. oben Rdn. 83 ff.
2108 Lutter/*Priester*, § 126 Rn. 41 f.; Widmann/Mayer/*Mayer*, § 126 Rn. 167.
2109 Lutter/*Priester*, § 126 Rn. 42.
2110 Lutter/Hommelhoff/*Schwab*, § 133 Rn. 62.
2111 Widmann/Mayer/*Mayer*, § 126 Rn. 167; a.A. *Feddersen/Kiem*, ZIP 1994, 1078, 1079.

h) § 126 Abs. 1 Nr. 8 (Sondervorteile für Amtsträger und Prüfer)

Nach § 126 Abs. 1 Nr. 8 ist im Spaltungsvertrag jeder Vorteil zu nennen, der einem Mitglied eines Vertretungs- und/oder Aufsichtsorgans der an der Spaltung beteiligten Gesellschaft, einem Geschäftsführer einer Gesellschaft, einem Partner, einem Abschlussprüfer oder einem Spaltungsprüfer gewährt wird. Etwaige Vorteile zugunsten anderer Personen (Kommanditisten, Sachverständige etc.) sind nicht angabepflichtig.[2112] Die Vorschrift entspricht inhaltlich der für die Verschmelzung geltenden Vorschrift des § 5 Abs. 1 Nr. 8, sodass auf die dortigen Ausführungen verwiesen werden kann.[2113]

1081

▶ **Formulierungsbeispiel: Besondere Vorteile**

1082

»Besondere Vorteile im Sinne des § 126 Abs. 1 Nr. 8 UmwG werden nicht gewährt.«

i) § 126 Abs. 1 Nr. 9 (Bezeichnung und Aufteilung der Aktiven und Passiven)

Nach § 126 Abs. 1 Nr. 9 hat der Spaltungsvertrag die zu übertragenden Gegenstände des Aktiv- und Passivvermögens sowie übergehende Betriebe und Betriebsteile genau zu bezeichnen. Da mit Wirksamwerden der Spaltung die zu übertragenden Vermögensteile im Wege der partiellen Gesamtrechtsnachfolge übergehen, ist eine exakte dingliche Trennung der übergehenden bzw. der verbleibenden Vermögensteile erforderlich.[2114] Nach Wirksamwerden der Spaltung ist eine Änderung der Vermögenszuordnung nicht mehr möglich.[2115]

1083

aa) Aufteilungsfreiheit

Inhaltliche Vorgaben hinsichtlich der Aufteilung der Aktiva und Passiva zwischen den beteiligten Rechtsträgern bestehen nach dem Umwandlungsrecht nicht.[2116] Auch die Wahrung eines funktionalen Zusammenhanges ist nicht erforderlich, auch wenn dieser in der Praxis zumeist vorliegen wird.[2117] Auch ist es nicht erforderlich, dass es sich bei den zugewiesenen Vermögensgegenständen und Verbindlichkeiten um einen Betrieb oder Teilbetrieb handelt. Nach ganz h.M. kann auch ein einzelner Gegenstand des Aktivvermögens abgespalten werden.[2118] Auch ist es nach h.M. zulässig, sog. Totalausgliederungen vorzunehmen, bei der sämtliche Aktiva und Passiva des übertragenden Rechtsträger auf einen oder mehrere Rechtsträger übertragen werden, so dass eine Holding-Struktur entsteht.[2119]

1084

Bei Kapitalgesellschaften findet die Aufteilung der Aktiva und Passiva eine wesentliche Grenze in den Kapitalaufbringungsgrundsätzen. Soweit bei der übernehmenden Gesellschaft eine Kapitalerhöhung erforderlich ist, muss das übertragene Vermögen den im Zuge der Kapitalerhöhung gewährten Anteil decken. Für die Beurteilung der Kapitalaufbringung kommt es jedoch nicht auf den Buchwert, sondern auf den tatsächlichen Wert des übertragenen Vermögens an.[2120]

1085

Weitere Grenzen in der Aufteilung setzt § 613a BGB. Bei der Übertragung eines Betriebes oder Betriebsteils gehen demgemäß die zugehörigen Arbeitsverhältnisse automatisch über, soweit nicht die Arbeitnehmer von ihrem Widerspruchsrecht Gebrauch machen.[2121] Sobald ein Spaltungsvertrag

1086

2112 Lutter/*Priester*, § 126 Rn. 44.
2113 S.o. Rdn. 87 ff.
2114 Lutter/*Priester*, § 126 Rn. 46; Widmann/Mayer/*Mayer*, § 126 Rn. 173.
2115 Schl-Holst FG DStRE 2015, 425; Lutter/*Priester*, § 131 Rn. 102.
2116 Widmann/Mayer/*Mayer*, § 126, Rn. 175; Limmer/*Limmer*, Teil 3 Rn. 53; Lutter/*Priester*, § 151 Rn. 59.
2117 Lutter/*Priester*, § 126 Rn. 59; Widmann/Mayer/*Mayer*, § 126 Rn. 175.
2118 Widmann/Mayer/*Mayer*, § 126 Rn. 175; Limmer/*Limmer*, Teil 3 Rn. 53; zu beachten ist aber, dass das Buchwertprivileg nach § 15 Abs. 1 UmwStG in diesem Fall i.d.R. nicht greift.
2119 Vgl. oben Rdn. 946.
2120 Widmann/Mayer/*Mayer*, § 126 Rn. 62; Limmer/*Limmer*, Teil 3 Rn. 55.
2121 *Böcken*, ZIP 1994, 1089; *Lotzke*, DB 1995, 40, 43; Lutter/*Priester*, § 126 Rn. 50; Widmann/Mayer/*Mayer*, § 126 Rn. 183 ff.

demgemäß Arbeitsverhältnisse zuordnet, hat dies im Anwendungsbereich des § 613a BGB somit lediglich deklaratorische und keine konstitutive Wirkung. Im Übrigen ist für eine abweichende Zuordnung die Zustimmung der betroffenen Arbeitnehmer einzuholen. Für Organmitglieder (Vorstand, Geschäftsführer etc.) gilt § 613a BGB nicht. Hier wäre eine Zuweisung der Dienstverhältnisse möglich.[2122]

1087 Teilweise wird vertreten, dass eine weitere Gestaltungsgrenze sich aus der allgemeinen Schranke des Gestaltungsmissbrauchs ergebe.[2123] In der Literatur werden hier insbesondere solche Gestaltungen genannt, in denen einzelne Vermögenswerte abgespalten oder ausgegliedert werden, um bestehende Genehmigungserfordernisse gezielt auszuhebeln. Angesichts der Schutzmechanismen des UmwG erscheint die Grenze des Gestaltungsmissbrauchs jedoch zweifelhaft.[2124]

bb) Bestimmtheitsgrundsatz

1088 Erforderlich ist die genaue Bezeichnung und Aufteilung der Gegenstände des Aktiv- und Passivvermögens, die an jeden der übernehmenden Rechtsträger übertragen werden. Ergänzend erklärt § 126 Abs. 2 die für die Einzelrechtsnachfolge geltenden Vorschriften und bei Grundstücken und grundstücksbezogenen Rechten § 28 GBO für anwendbar. Den Gesetzesmaterialien ist zu entnehmen, dass die Grundsätze zur Bestimmtheit bei Sicherungsübereignung und bei der Veräußerung von Unternehmen durch Einzelrechtsnachfolge entsprechend gelten sollen.[2125] Demgemäß reichen Sammelbezeichnungen aus, wenn sich anhand dieser die Abgrenzung der übergehenden Gegenstände vornehmen lässt und ein entsprechender Übereignungswille erkennbar ist.[2126] Ausreichend sind daher auch sog. »All«-Klauseln.[2127]

1089 Zur Abgrenzung der Vermögensgegenstände kann nach § 126 Abs. 2 Satz 3 kann hierbei auf Bilanzen und Inventare Bezug genommen werden, sofern hierdurch eine hinreichende Kennzeichnung der zu übertragenden Aktiva und Passiva erfolgt und damit die Bestimmbarkeit dieser Gegenstände ermöglicht wird. Eine generelle Bezugnahme auf Bilanzen reicht als alleinige Bezeichnungsgrundlage nicht aus, da die Bilanz als solche regelmäßig keine hinreichende Individualisierung der einzelnen zu übertragenden Vermögensgegenstände erlauben und meist auch die nicht bilanzierungsfähigen Vermögensgegenstände im Einzelfall von der Übertragung erfasst sein sollen.[2128] Eine Bezugnahme auf die Bilanz dürfte dann ausreichende Bezeichnungsgrundlage sein, wenn durch ergänzende Angaben die notwendige Bestimmtheit hergestellt wird.[2129] Die Bezugnahme auf eine Bilanz dürfte ferner bei einer Totalausgliederung auf einen einzigen Rechtsträger unproblematisch sein.[2130] In den übrigen Fällen empfiehlt sich ggf. eine Konkretisierung durch entsprechende Anlagen zur Urkunde. Soweit anderweitig der Bestimmtheitsgrundsatz gewahrt wird, kann im Rahmen der Beurkundung der Spaltung auf eine Schlussbilanz ggf. auch verzichtet werden. Die Beurkundung erfolgt dann auf Grundlage einer noch aufzustellenden Schlussbilanz, die dann durch den beurkun-

---

2122 Lutter/*Priester*, § 126 Rn. 69.
2123 Widmann/Mayer/*Mayer*, § 126 Rn. 63; *Belling/Collas*, NJW 1991, 1619, 1926 f. bei »geplanter Totgeburt«.
2124 Lutter/*Priester*, § 126 Rn. 72; Schmitt/Hörtnagl/Stratz/*Hörtnagl*, § 126 Rn. 64.
2125 W.N. bei Lutter/*Priester*, § 126 Rn. 50; Limmer/*Limmer*, Teil 3 Rn. 72; Schmitt/Hörtnagl/Stratz/*Hörtnagl*, § 126 Rn. 78.
2126 Limmer/*Limmer*, Teil 3 Rn. 67 ff.; *Ittner*, MittRhNotK 1997, 105, 114; Schmitt/Hörtnagl/Stratz/*Hörtnagl*, § 126 Rn. 78.
2127 BGH DB 2003, 2589, 2590; Lutter/*Priester*, § 126 Rn. 56; *Ittner*, MittRhNotK 1997, 105, 114. Bei Grundstücken und grundstücksgleichen Rechten sind All-Klauseln umstritten, s. nachfolgend Rdn. 1092 ff.
2128 Widmann/Mayer/*Mayer*, § 126 Rn. 203; Schmitt/Hörtnagl/Stratz/*Hörtnagl*, § 126 Rn. 77; a.A. Lutter/*Priester*, § 126 Rn. 52.
2129 Lutter/*Priester*, § 126 Rn. 52; *Ittner*, MittRhNotK 1997, 105, 114.
2130 Widmann/Mayer/*Mayer*, § 126 Rn. 203.

denden Notar aufgrund Ermächtigung oder Nachtragsbeurkundung mit den Beteiligten nachgereicht wird.[2131]

Nach § 126 Abs. 2 sind Urkunden, die Bilanzen und Inventare, auf die Bezug genommen wird, als Anlage der Urkunde beizufügen. Damit aber stellt sich die Frage, ob eine bloße Beifügung im Sinne einer unechten Bezugnahme ausreicht, oder aber ob eine Beifügung als Anlage i.S.v. § 9 Abs. 1 Satz 2 BeurkG erforderlich ist; hier dürfte zu differenzieren sein. Sofern die Bilanz der Individualisierung der zu übertragenden Vermögensgegenstände erforderlich ist, unterliegt sie der Beurkundungspflicht. Erfolgt hingegen die Individualisierung der zu übertragenden Vermögensgegenstände bereits schon auf anderer Grundlage, etwa in Fällen der Totalausgliederung, bei Verwendung von Listen oder All-Klauseln, so dient eine dennoch beigefügte Bilanz nur Beweiszwecken. In diesem Fall dürfte daher eine Mitbeurkundung entbehrlich sein.[2132] Bereits schon aus Rechtssicherheitsgründen sollten dennoch stets die Anlagen mit beurkundet werden.[2133] Bei der Mitbeurkundung von Anlagen kann von der Erleichterung des § 14 BeurkG Gebrauch gemacht werden. Hiernach reicht es bei Bilanzen, Inventaren, Nachlassverzeichnissen und sonstigen Bestandsverzeichnissen aus, dass auf diese Anlagen in der Urkunde verwiesen wird, die Beteiligten auf das Vorlesen verzichten und dieser Verzicht nach § 14 Abs. 3 BeurkG festgestellt wird und die Anlagen der Niederschrift beigefügt werden. Als Alternative bieten sich Bezugsurkunden nach § 13a BeurkG an.

1090

cc) Folgen der Abschaffung von § 132

Mit dem zweiten Gesetz zur Änderung des Umwandlungsgesetzes hat der Gesetzgeber § 132 ersatzlos gestrichen. Demgemäß müssen die Vorschriften über die Einzelrechtsnachfolge bzw. Vertrags- oder Schuldübernahmen nicht mehr beachtet werden, auch stehen etwaige für Einzelrechtsübertragungen bestehende Zustimmungs- oder Genehmigungserfordernisse grundsätzlich nicht mehr einer Spaltung entgegen.[2134] Auch rechtsgeschäftliche Abtretungsverbote (§ 399 Satz 2 BGB) stehen dem Übergang damit nicht mehr entgegen.[2135]

1091

dd) Grundstücke und grundstücksbezogene Rechte

Bei Grundstücken und grundstücksbezogenen Rechten erklärt § 126 Abs. 2 auch § 28 GBO für anwendbar. Erforderlich sind demgemäß die Angaben, die auch bei einer Einzelrechtsübertragung eines Grundstücks bzw. grundstücksbezogenen Rechts erforderlich sind. Dieses Erfordernis gilt auch dann, wenn durch die Auslegung des Spaltungsvertrages eine zweifelsfreie Zuordnung möglich wäre.

1092

Wurde das Grundstück nicht entsprechend § 28 GBO bezeichnet, so stellt sich die Frage nach den Rechtsfolgen. Hierzu hat der BGH in seinem Urteil vom 25.01.2008[2136] nunmehr grundsätzlich Stellung genommen. Nach der Rechtsprechung des Bundesgerichtshofs hat der Verweis auf § 28 GBO materiell-rechtliche Bedeutung. Rechtsfolge einer unzureichenden Bezeichnung ist daher, dass das Grundstück beim übertragenden Rechtsträger verbleibt, auch eine Heilung dieses Mangels durch Eintragung des übernehmenden Rechtsträgers in das Grundbuch scheidet damit aus.[2137] Vor Eintragung der Spaltung in das Handelsregister kann die fehlende grundbuchmäßige Bezeichnung durch eine entsprechende Nachtragsurkunde noch klargestellt werden. Nach Eintragung ist eine nachträgliche Bezeichnung nicht mehr ausreichend, vielmehr ist dann eine Einzelübertragung mit

1093

2131 Widmann/Mayer/*Mayer*, § 126 Rn. 209, 204 mit Formulierungsbeispiel.
2132 *Ittner*, MittRhNotK 1997, 105, 114.
2133 Widmann/Mayer/*Mayer*, § 126 Rn. 211.
2134 Limmer/*Limmer*, Teil 3 Rn. 78 ff.; Zur Abschaffung von § 132 und den Rechtsfolgen s. insb. *Weiler/Mayer*, MittBayNot 2007, 368; *Drinhausen*, BB 2006, 2313; *Müller*, NZG 2006, 491.
2135 OLG Düsseldorf NZG 2015, 561; *Weiler,* notar 2015, 405, 410.
2136 DNotZ 2008, 468 = ZIP 2008, 600 = NZG 2008, 436.
2137 *Weiler*, MittBayNot 2008, 310, 311; *Link*, RNotZ 2008, 357, 359; *Krüger*, ZNotP 2008, 466; *Schöner/Stöber*, Grundbuchrecht, Rn. 995b.

Auflassung erforderlich.[2138] Eine entsprechende Verpflichtung zur Mitwirkung an der Einzelübertragung ergibt sich i.d.R. aus dem Spaltungsvertrag selbst, da im Wege der Auslegung sich aus diesem i.d.R. die schuldrechtliche Pflicht zur Auflassung eines Grundstückes ableiten lässt, welches nach Auslegung des Vertrages Gegenstand der Spaltung sein soll, mangels Beachtung des § 28 Satz 1 GBO aber nicht übergeht.[2139]

1094 Die Ausführungen des BGH sind auch bedeutsam für die Übertragung von unvermessenen Teilflächen im Rahmen der Spaltung. Bei diesen ist mangels katastermäßiger Fortschreibung eine Bezeichnung entsprechend § 28 GBO zu diesem Zeitpunkt naturgemäß noch nicht möglich. Für diesen Fall hat der BGH in einem obiter dictum angedeutet, dass bei nicht im Einklang mit § 28 GBO bezeichneten Teilflächen gleichwohl ein Rechtsübergang noch möglich ist, nämlich dadurch, dass diese Bezeichnung später nachgeholt wird.[2140] Die Ausführungen des BGH werden zumeist dahingehend verstanden, dass nach Vorliegen des Fortführungsnachweises und durch Identitätserklärung die Teilfläche entsprechend § 126 Abs. 2 i.V.m. § 28 GBO bezeichnet werden kann. Folge ist, dass mit der entsprechenden Identitätserklärung die Wirkung des § 131 Abs. 1 Nr. 1 eintritt.[2141] Diese Lösung ist jedoch insoweit zweifelhaft, als dass völlig ungeklärt ist, mit welchem Zeitpunkt der Eigentumsübergang erfolgt (mit Abgabe der Identitätserklärung oder mit tatsächlicher Berichtigung des Grundbuches).[2142] Bis dahin ist der Rechtsübergang gem. § 131 betreffend die Teilfläche insoweit schwebend unwirksam.[2143] Da die Ausführungen des BGH jedoch nur im Rahmen eines obiter dictum erfolgt sind und diese zudem auch nicht mit den Ausführungen des BGH im Hinblick auf vergessene Grundstücke in Einklang zu bringen sind, erscheint insoweit die Rechtslage noch nicht abschließend geklärt.[2144] In der Praxis sollte vorsorglich bei unvermessenen Teilflächen die Auflassung erklärt werden.

1095 Eine Ausnahme vom Erfordernis der Bezeichnung entsprechend § 28 GBO ist nach Auffassung des OLG Schleswig dann zu machen, wenn in dem Spaltungsvertrag das Grundstück auch ohne Bezeichnung gem. § 28 GBO für jedermann so klar und eindeutig bestimmt ist, dass eine Auslegung weder veranlasst noch erforderlich ist und Unklarheiten über das zu übertragende Grundstück nicht entstehen können, wie etwa bei Verwendung einer All-Klausel.[2145] Angesichts des vorstehend dargestellten eher materiell-rechtlichen Gehaltes der Vorschrift erscheint diese Auffassung zweifelhaft.[2146]

1096 Wurde das übergehende Grundstück ordnungsgemäß bezeichnet, so geht mit Wirksamwerden der Spaltung das Eigentum an dem Grundstück automatisch auf den übernehmenden Rechtsträger über. Da das Eigentum außerhalb des Grundbuchs im Wege der partiellen Gesamtrechtsnachfolge übergegangen ist, bedarf es für die Eintragung des übernehmenden Rechtsträgers als neuen Eigentümer ins Grundbuch keiner Auflassung, sondern nur einer Grundbuchberichtigung. Der entsprechende Nachweis wird durch einen beglaubigten Registerauszug betreffend die Eintragung der Spaltung beim übertragenden Rechtsträger (§ 131 Abs. 1) und eine – in der Regel nur auszugsweise – Ausfertigung oder beglaubigte Abschrift des Spaltungsvertrages geführt. Eine Notarbescheinigung über den Inhalt des Spaltungsvertrages ist gesetzlich nicht vorgesehen und daher nicht ausreichend.[2147]

2138 Insbesondere *Leitzen*, ZNotP 2008, 272, 277; *Priester*, EWiR 2008, 223, 224; *Krüger*, ZNotP 2008, 466, 468; *Schöner/Stöber*, Grundbuchrecht, Rn. 995b.
2139 *Priester*, EWiR 2008, 223, 224; im Ergebnis zustimmend auch: *Leitzen*, ZNotP 2008, 272, 277; *Schöner/Stöber*, Grundbuchrecht, Rn. 995b.
2140 BGH ZNotP 2008, 165 Tz. 26.
2141 *Heckschen*, ZNotP 2008, 192, 193; *Leitzen*, ZNotP 2008, 272, 275; *Schöner/Stöber*, Grundbuchrecht, 15. Aufl. Rn. 995b.
2142 Für Letzteres wohl: *Heckschen*, ZNotP 2008, 192, 193; a.A. wohl: Widmann/Mayer/*Mayer*, § 126 Rn. 213.
2143 Widmann/Mayer/*Mayer*, § 126 Rn. 213; *Böhringer*, Rpfleger 1996, 155; *Leitzen*, ZNotP 2008, 272, 275.
2144 Hierauf weisen *Leitzen*, ZNotP 2008, 272, 275 und *Krüger*, ZNotP 2008, 466, 468 treffend hin.
2145 OLG Schleswig SchlHA 2009, 381 = DNotZ 2010, 66 m. Anm. *Perz*.
2146 Ablehnend: *Leitzen*, ZNotP 2010, 91, 92; *Schöner/Stöber*, Grundbuchrecht, Rn. 995 f.
2147 KG DNotZ 2012, 621, 623; OLG Frankfurt NJOZ 2012, 1396.

Ob eine Berichtigung auch aufgrund Bewilligung des übertragenden und des übernehmenden Rechtsträgers zulässig ist, ist streitig.[2148] Zusätzlich ist zur Berichtigung wegen § 22 GrEStG die grunderwerbsteuerliche Unbedenklichkeitsbescheinigung vorzulegen.[2149]

▶ Formulierungsbeispiel Grundbuchberichtigung mit Vollmacht: 1097

»Es wird beantragt, nach der Eintragung der Ausgliederung in das Grundbuch des übertragenden Rechtsträgers, den nach Ziffer ..... dieser Urkunde auf die übernehmende Gesellschaft übergehenden Grundbesitz zu berichtigen. Insoweit wird der amtierende Notar angewiesen, dem Grundbuchamt nach Eintragung der Spaltung in das Handelsregister der übertragenden Gesellschaft einen beglaubigten Handelsregisterauszug zu übersenden.

.....und ..... Notarfachangestellte beim amtierenden Notar, werden jeweils einzeln und unter Befreiung von den Beschränkungen des § 181 BGB bevollmächtigt, den zu berichtigenden Grundbesitz und die zu berichtigenden dinglichen Rechte der übernehmenden Gesellschaft zu bezeichnen, die Auflassung zu erklären und alle etwa erforderlichen oder zweckmäßigen Anträge, Erklärungen und Bewilligungen abzugeben, wobei Erforderlichkeit und Zweckmäßigkeit dem Grundbuchamt nicht nachzuweisen sind. Auf das Erfordernis einer Unbedenklichkeitsbescheinigung wurde hingewiesen.«

ee) Wohnungseigentum und Erbbaurecht

Die für Grundstücke geltenden Grundsätze gelten auch für die Übertragung von Erbbaurechten 1098 und Wohnungs- bzw. Teileigentum. Genehmigungserfordernisse nach § 12 WEG bzw. § 5 ErbbauRG sind nicht zu beachten.[2150]

ff) Rechte in Abteilung II und III des Grundbuchs

Es ist anerkannt, dass für Rechte in Abteilung II und III des Grundbuchs § 126 Abs. 2 i.V.m. § 28 1099 GBO entsprechend gilt. Auch hier ist daher eine entsprechende Bezeichnung des belasteten Grundstücks, nicht des dinglichen Rechts selbst erforderlich. Ob eine ausreichende Bezeichnung auch durch eine All-Klausel oder eine ansonsten zweifelsfreie Bezeichnung erfolgen kann, ist auch hier streitig. Auf jeden Fall reicht aber eine zweifelsfreie Bezeichnung des dinglichen Rechts entspr. § 28 GBO die Angabe von Abteilung und lfd. Nr. ist nicht erforderlich.[2151]

Hinsichtlich der in Abteilung II des Grundbuch einzutragenden Rechte werden sich Vollzugsprobleme bei Spaltungen selten stellen. Nießbrauchsrechte, beschränkt persönliche Dienstbarkeiten und dingliche Vorkaufsrechte sind grundsätzlich nicht übertragbar (§§ 1059 Abs. 1, 1092, 1098 Abs. 3, 1103 BGB). Abweichend hiervon ist eine Übertragung des Nießbrauchs unter den engen Voraussetzungen des § 1059a BGB – die entsprechend auch gilt für beschränkt persönliche Dienstbarkeiten und dingliche Vorkaufsrechte – möglich. Stehen die genannten Rechte einer juristischen Person oder einer rechtsfähigen Personengesellschaft zu, so sind sie übertragbar, wenn das Vermögen des Rechtsträgers im Wege der Gesamtrechtsnachfolge übertragen wird und der Übergang des betreffenden Rechtes nicht ausdrücklich ausgeschlossen ist (§ 1059a Abs. 1 Nr. 1 BGB) oder, wenn ein Unternehmensteil, dessen Zweck und das Recht zu dienen geeignet ist übertragen wird und das Vorliegen dieser Voraussetzung durch eine Erklärung der obersten Landesbehörde festgestellt wird (§ 1059a Abs. 1 Nr. 2 BGB). In der Literatur umstritten ist, ob § 1059a BGB auf Spaltungsvorgänge anwendbar ist. Nach einer Ansicht können diese dingliche Rechte nur unter den engen Vor- 1100

2148 Dagegen zuletzt OLG Düsseldorf FGPrax 2010, 225, 226; dafür Widmann/Mayer/*Mayer*, § 126 Rn. 214; Limmer/*Limmer*, Teil 3 Rn. 91.
2149 Widmann/Mayer/*Mayer*, § 126 Rn. 214; Schmitt/Hörtnagl/Stratz/*Hörtnagl*, § 126 Rn. 83; Schöner/Stöber, Grundbuchrecht, 15. Aufl. Rn. 995 f.
2150 Limmer/*Limmer*, Teil 3 Rn. 93.
2151 Für All-Klauseln: S.o. Rdn. 1095 sowie Limmer/*Limmer*, Teil 3 Rn. 95, dagegen KG ZIP 2014, 1732.

aussetzungen des § 1059a Abs. 1 Nr. 2 BGB übertragen werden.[2152] Nach einer anderen Ansicht soll § 1059a Abs. 1 Nr. 1 BGB nur im Rahmen der Aufspaltung gelten, nicht jedoch für Abspaltungen und Ausgliederungen.[2153] Die h.M. hingegen hält zutreffend § 1059a Abs. 1 Nr. 1 BGB auch bei Spaltungsvorgängen für anwendbar.[2154]

1101 Bei Grundpfandrechten ist es grundsätzlich empfehlenswert, diese weitergehend auch mit Angabe der lfd. Nr. in Abteilung III des Grundbuchs zu individualisieren. Dies ist materiell-rechtlich für die Wahrung des Bestimmtheitsgrundsatzes nicht erforderlich, aber im Hinblick auf die erforderliche Klauselumschreibung empfehlenswert.[2155] Für die nach der Spaltung erforderliche Umschreibung der Vollstreckungsklausel in dinglicher und persönlicher Hinsicht sind die Vorschriften der §§ 797 Abs. 2, 727 Abs. 1 ZPO maßgebend. Eine vollstreckbare Ausfertigung für den Rechtsnachfolger kann demgemäß nur erteilt werden, wenn die Rechtsnachfolge offenkundig ist oder durch öffentlich beglaubigte Urkunden nachgewiesen wird.[2156] Offenkundig ist die Rechtsnachfolge in dinglicher Hinsicht, wenn sie im Grundbuch bereits eine Grundbuchberichtigung hinsichtlich des Grundpfandrechts erfolgt ist.[2157] Ist diese noch nicht erfolgt, so kann der Nachweis durch eine (auszugsweise) beglaubigte Abschrift oder Ausfertigung des Spaltungsvertrages geführt werden, sofern dort die Grundpfandrechte einzeln bezeichnet sind.[2158] Eine notariell beglaubigte Bestätigungserklärung der beteiligten Rechtsträger kann den Rechtsnachfolgenachweis nach h.M. nicht ersetzen.[2159] Auch bei Vorlage einer Berichtigungsbewilligung des übertragenden Rechtsträgers gem. § 19 GBO kann daher das Grundbuchamt zusätzlich die Vorlage des Spaltungsvertrages verlangen.[2160] Eine Notarbescheinigung scheidet als Nachweis des spaltungsbedingten Übergangs gleichfalls aus.[2161]

gg) Sonstige Vermögensgegenstände

1102 Bei beweglichen Sachen stellen sich die oben dargestellten Probleme naturgemäß nicht, vielmehr reicht es aus, dass diese nur so genau bezeichnet werden, dass sie identifizierbar sind. Hier kann auf die von der Rechtsprechung anerkannten Erleichterungen, insbesondere bei der Übertragung von Sachgesamtheiten zurückgegriffen werden.[2162] Bei Forderungen genügt ein geringerer Grad an Bestimmtheit, hier lässt die Rechtsprechung die Bestimmbarkeit genügen.[2163]

Von der übertragenden Gesellschaft gehaltene Beteiligungen an Kapitalgesellschaften gehen im Rahmen der Spaltung über. Nach dem Wegfall von § 132 ist keine Genehmigung bei Vinkulierung mehr einzuholen;[2164] eine Grenze ergibt sich hier allenfalls aus dem allgemeinen Grundsatz des Mißbrauchsverbots.[2165] Ob Beteiligungen an Personengesellschaften im Rahmen einer Spaltung

---

2152 Lutter/*Teichmann*, Rn. 27 f.
2153 *Müntefering*, NZG 2005, 64; Widmann/Mayer/*Mayer*, § 132 Rn. 33; *Mayer*, GmbHR 1996, 103, 104, 108; *Böhringer*, Rpfleger 1996, 154, 155.
2154 S. hierzu umfassend DNotI-Gutachten Nr. 84676 vom 28.04.2008; *Bungert*, BB, 1997, 897; Schmitt/Hörtnagl/Stratz/*Hörtnagl*, § 131 Rn. 17 ff.; *Henrichs*, ZIP 1995, 794, 799; Limmer/*Limmer*, Teil 3 Rn. 97; Ablehnend OLG Nürnberg notar 2013, 306 und OLG Naumburg RNotZ 2019, 648 jeweils für die Ausgliederung aus dem Vermögen des Einzelkaufmanns.
2155 Limmer/*Limmer*, Teil 3 Rn. 95; *Volmer*, WM 2002, 428.
2156 Für ein Muster einer Klauselumschreibung s. *Soutier*, MittBayNot 2011, 366, 367; *Scheel*, NotBZ 2000, 290, 291.
2157 DNotI-Report 2011, 106; *Volmer*, WM 2002, 428, 433; *Scheel*, NotBZ 2000, 290, 291.
2158 *Scheel*, NotBZ 2000, 290, 291.
2159 *Scheel*, NotBZ 2000, 290, 291; *Soutier*, MittBayNot 2011, 366, 367; *Schöner/Stöber*, Grundbuchrecht, Rn. 995 f.; a.A. LG Krefeld ZIR 2011, 193; *Volmer*, WM 2002, 428, 431; *Böhringer*, Rpfleger 2001, 59, 64.
2160 OLG Düsseldorf Rpfleger 2010, 496 = ZfIR 2010, 842.
2161 OLG Frankfurt NZG 2013, 143.
2162 Limmer/*Limmer*, Teil 3 Rn. 95; Schmitt/Hörtnagl/Stratz/*Hörtnagl*, § 126 Rn. 85 f.
2163 Limmer/*Limmer*, Teil 3 Rn. 95.
2164 Zu Vinkulierung in Umwandlungsfällen s. umfassend *Burg/Marx*, NZG 2013, 127.
2165 S. Rdn. 1053.

übergehen, dürfte davon abhängen, ob diese nach übertragbar sind. Sind diese nicht übertragbar, sondern höchstpersönlich (wie etwa die Beteiligung an einer BGB-Gesellschaft nach den gesetzlichen Bestimmungen), so bedarf es der Zustimmung der übrigen Gesellschafter.[2166]

hh) Verbindlichkeiten

Verbindlichkeiten sind in gleicher Weise zu bezeichnen wie Forderungen und können grundsätzlich frei zugeordnet werden. Abweichend hiervon ist bei Steuerverbindlichkeiten streitig, ob diese im Rahmen einer Abspaltung bzw. Ausgliederung frei zugewiesen werden können.[2167] Die ausreichende genaue Bezeichnung auf welchen Rechtsträger die Verbindlichkeit übergeht ist für die Frage, welcher der Rechtsträger Hauptschuldner und welcher Mithafter ist, von Bedeutung. Insoweit wird in vielen Fällen die Formulierung genügen, dass alle Verbindlichkeiten des Betriebes übergehen, die wirtschaftlich diesem zuzuordnen sind.[2168] Da der Übergang der Verbindlichkeiten sich aufgrund partieller Gesamtrechtsnachfolge vollzieht, ist die Einholung einer Zustimmung nach §§ 414 ff. BGB nicht erforderlich.[2169] Nach h.M. ist auch die Aufteilung einer Verbindlichkeit zulässig.[2170] Mittlerweile anerkannt ist auch die Ausgliederung von Pensionsverbindlichkeiten auf eine sog. Rentnergesellschaft. Einer Zustimmung der Versorgungsempfänger bedarf es nicht, auch steht diesen kein Widerspruchsrecht zu.[2171]

1103

ii) Aufteilung von Vertragsverhältnissen

Ob Vertragsverhältnisse im Zuge der Spaltung geteilt werden können, ist streitig. Eine Auffassung lehnt die Aufteilung eines einheitlichen Vertragsverhältnisses als unzulässig ab.[2172] Insoweit wird verwiesen zum einen auf das dichte Geflecht von Treue- und Nebenpflichten,[2173] auch wird geltend gemacht, dass die eintretende Verdopplung der Schuldverhältnisse ein unzulässiger Eingriff in die Sphäre des Vertragspartners sei.[2174] In der Literatur wird insbesondere auf die praktische Bedeutung einer solchen Aufteilung, etwa von Pachtverhältnissen oder Kreditverträgen, hingewiesen.[2175]

1104

jj) Genehmigungen und weitere Rechtspositionen

Hinsichtlich öffentlich-rechtlicher Genehmigungen unterscheidet die h.M. zwischen persönlichen und dinglich wirkenden Genehmigungen. Sind Genehmigungen an die Person des Genehmigungsempfängers verbunden, können sie nicht im Wege der Gesamtrechtsnachfolge übertragen werden.

1105

2166 Schmitt/Hörtnagl/Stratz § 131, Rn. 38; Lutter/*Teichmann*, § 131 Rn. 52; a.A. *Dreyer*, JZ 2007, 606, 610; KölnKommUmwG/*Simon*, § 131 Rn. 22; Limmer/*Limmer*, Teil 3 Nr. 113; vgl. auch Widmann/Mayer/*Vossius*, § 20 Rn. 20 f. zur Frage, ob der umwandlungsbedingte Wechsel in der Gesellschafterstellung einen wichtigen Grund zur Kündigung darstellt.
2167 BFH AG 2010, 454; BFH NJW 2003, 1479; befürwortend: FG Sachsen-Anhalt DStR 2009, 608; *Leitzen*, DStR 2009, 1853.
2168 Eine solche Formulierung billigend etwa das BAG ZIP 2005, 957; ausführlich hierzu: Limmer/*Limmer*, Teil 3 Rn. 105.
2169 Schmitt/Hörtnagl/Stratz/*Hörtnagl*, § 126 Rn. 93.
2170 Lutter/*Priester*, § 126 Rn. 63 m.w.N.
2171 BAG NZA 2009, 790 = BB 2009, 329; *Roth*, NZA 2009, 1400; *Wessels*, ZIP 2010, 1417; *Döring/Granetzky*, NZA 2012, 1339; Limmer/*Limmer*, Teil 3 Rn. 121 ff.
2172 *Kleindieck*, ZGR 1992, 513, 520; *Teichmann*, ZGR 1993, 396, 413; Darstellung des Streitstandes bei Limmer/*Limmer*, Teil 3 Rn. 109f.
2173 *Teichmann*, ZGR 1993, 396, 413.
2174 *Engelmeyer*, Die Spaltung von Aktiengesellschaften nach dem neuen Umwandlungsrecht, 1995, S. 49.
2175 *Kleindieck*, ZGR 1992, 513, 521; Widmann/Mayer/*Mayer*, § 126 Rn. 228; Limmer/*Limmer*, Teil 3 Rn. 109; *Schreier/Leicht*, NZG 2011, 121; zur Frage eines Sonderkündigungsrechtes, insb. des Vermieters s.: Limmer/*Limmer*, Teil 3 Rn. 110 m.w.N.

Sie verbleiben bei dem übertragenden Rechtsträger und erlöschen bei einer Aufspaltung.[2176] Dingliche Genehmigungen, die mit einem konkreten Gegenstand verbunden sind, können mit den zugehörigen Gegenständen übertragen werden.[2177]

1106 Ob die Stellung eines Verwalters nach dem WEG im Rahmen der Spaltung übergehen kann, ist streitig. Bisher wurde ein solcher Übergang von der h.M. in der Regel abgelehnt.[2178] Dies wird im Hinblick auf die Entscheidung des BGH zum Übergang des Verwalteramtes im Falle der Verschmelzung von juristischen Personen neu zu bewerten sein.[2179] Die Entscheidungsgründe sprechen dafür, dass zumindestens bei Spaltungen von Kapitalgesellschaften ein solcher Übergang mangels persönlichem Vertrauensverhältnis erfolgt.[2180] Gute Gründe sprechen dafür, auch bei Personenhandelsgesellschaften einen solchen spaltungsbedingten Übergang zuzulassen.[2181]

kk) Vergessene Aktiva und Passiva

1107 Wird ein beweglicher Gegenstand versehentlich nicht im Spaltungsvertrag ausgewiesen, hat dies nicht zwingend zur Folge, dass dieser Gegenstand beim übertragenden Rechtsträger verbleibt. Vielmehr bedarf es zunächst einer ergänzenden Auslegung des Spaltungsvertrages. In vielen Fällen kann durch Auslegung des Spaltungsvertrages doch noch eine Zuordnung zum übernehmenden Rechtsträger ermittelt werden.[2182] Dies wird etwa dann gelten, wenn es sich bei dem vergessenen Gegenstand um betriebsnotwendiges Vermögen des zu übertragenden Betriebes oder Betriebsteils handelt. Ferner wird diese in der Literatur dann angenommen, wenn es sich bei dem Gegenstand von untergeordneter Bedeutung handelt, da auch dann davon ausgegangen werden kann, dass er mit übertragen werden sollte.[2183]

1108 Hinsichtlich vergessener Verbindlichkeiten enthalten die Vorschriften des Umwandlungsgesetzes keine ausdrückliche Regelung. Auch hier dürfte zunächst zu ermitteln sein, ob nicht durch Auslegung des Spaltungsvertrages eines Zuweisung an einen der beteiligten Rechtsträger sich vornehmen lässt. Kommt die Auslegung zu keinem Ergebnis, so verbleiben bei Abspaltung und Ausgliederung vergessene Verbindlichkeiten beim übertragenden Rechtsträger.[2184] Bei der Aufspaltung haften alle übernehmenden Rechtsträger gesamtschuldnerisch als Hauptschuldner ohne Möglichkeit der Enthaftung nach 5 Jahren.[2185]

j) § 126 Abs. 1 Nr. 10 (Aufteilung der Anteile)

1109 Bei Auf- und Abspaltungen sind nach § 126 Abs. 1 Nr. 10 Angaben zur internen Aufteilung sowie zum Aufteilungsmaßstab der Anteile aufzunehmen. Bei der Ausgliederung ist eine solche Angabe nicht erforderlich, da in diesem Fall die Anteile der übertragenden Gesellschaft selbst zu gewähren sind. Wegen der weiteren Einzelheiten zur Anteilsgewährung kann verwiesen werden auf die obigen Ausführungen.

2176 Lutter/*Teichmann*, § 132 Rn. 55; Lutter/*Priester*, § 126 Rn. 66; Limmer/*Limmer*, Teil 3 Rn. 127; *Bremer*, GmbHR 2000, 865 lässt weitergehend den Übergang dann zu, wenn die Voraussetzungen in sachlicher und persönlicher Hinsicht auch beim übernehmenden Rechtsträger erfüllt werden.
2177 Lutter/*Priester*, § 126 Rn. 66; Beispiele sind etwa Baugenehmigungen oder Betriebsgenehmigungen nach dem BImSchG.
2178 BayObLGZ 2002, 20; OLG Düsseldorf MittRhNotK 1990, 233.
2179 BGH NZG 2014, 637.
2180 *Heckschen*, GWR 2014, 238; *Heckschen*, GmbHR 2015, 897, 908; Limmer/*Limmer*, Teil 3 Rn. 126; a.A. *Krampen-Lietzke*, DNotZ 2014, 523, 527.
2181 So insb. Limmer/*Limmer*, Teil 3 Rn. 126; *Schaub*, MittBayNot 2016, 208, 309; a.A. noch OLG München DNotZ 2014, 523.
2182 BGH NZG 2003, 1172, 1174; Widmann/Mayer/*Vossius*, § 133 Rn. 203; Lutter/*Priester*, § 126 Rn. 58 Limmer/*Limmer*, Teil 3 Rn. 128.
2183 Limmer/*Limmer*, Teil 3 Rn. 128.
2184 Schmitt/Hörtnagl/Stratz/*Hörtnagl*, § 131 Rn. 129; Widmann/Mayer//*Vossius*, § 131 Rn. 219.
2185 Schmitt/Hörtnagl/Stratz/*Hörtnagl*, § 131 Rn. 127; Lutter/*Schwab*, § 133 Rn. 91.

D. Spaltung   Kapitel 8

Das Umwandlungsgesetz erlaubt jedoch nicht nur die Regelung des Aufteilungsmaßstabes der als 1110
Gegenleistung für die Übertragung zu gewährenden Anteile am übernehmenden Rechtsträger. Vielmehr ist nach der im Rahmen des Gesetzes zur Änderung des Umwandlungsgesetzes erfolgten Neufassung der §§ 126, 131 nunmehr zulässig, durch entsprechende Zuordnung im Spaltungsvertrag bzw. Spaltungsplan die Anteilsverhältnisse auch beim übertragenden Rechtsträger mit dinglicher Wirkung zu gestalten. Durch entsprechende Zuordnung des Spaltungsvertrages bzw. Spaltungsplanes können damit auch die Anteilsverhältnisse nicht nur beim übernehmenden, sondern auch beim übertragenden Rechtsträger beliebig und mit dinglicher Wirkung ausgestaltet werden, wodurch auch die Anteilsgewährungspflicht relativiert wird. Jedoch erfordert nach noch h.M. die Anteilsgewährungspflicht, dass bei einer Aufspaltung oder Abspaltung zumindest ein Anteilsinhaber des übertragenden Rechtsträgers Anteile am übernehmenden bzw. neu gegründeten Rechtsträger erhält.[2186]

▶ Formulierungsbeispiel für das Ausscheiden eines Gesellschafters im Rahmen der Spaltung: 1111

»Der Geschäftsanteil Nr. 1 im Nennbetrag von 5.000 € des Gesellschafters A am übertragenden Rechtsträger wurde im Wege einer nichtverhältniswahrenden Abspaltung gemäß §§ 126 Abs. 1 Nr. 10, 128 UmwG unmittelbar dem Gesellschafter B zugeordnet und geht mit Wirksamwerden der Spaltung gemäß § 131 Abs. 1 Nr. 3 UmwG unmittelbar auf den Gesellschafter B über.«

k) § 126 Abs. 1 Nr. 11 (Arbeitsrechtliche Folgen)

Der Spaltungsvertrag/Spaltungsplan muss Angaben über die Folgen der Spaltung für die Arbeit- 1112
nehmer und ihre Vertretungen sowie die insoweit vorgesehenen Maßnahmen enthalten. Hierbei sind die durch die Spaltung eintretenden arbeitsrechtlichen Änderungen aufzuzeigen, da die Spaltung auch die Interessen der Arbeitnehmer und ihrer Vertretungen in den an der Spaltung beteiligten Rechtsträgern berührt. Da die Regelung wörtlich mit der Bestimmung des § 5 Abs. 1 Nr. 9 entspricht, kann auf die dortigen Ausführungen verwiesen werden.[2187] Die dortigen Angaben sind spaltungsbedingt anzupassen. In betriebsverfassungsrechtlicher Hinsicht ist hinzuweisen auf das Übergangsmandat des Betriebsrates nach § 21a BetrVG und den besonderen Kündigungsschutz nach § 323 BetrVG.[2188]

▶ Formulierungsbeispiel: Arbeitsrechtliche Folgen 1113

»Bei dem übertragenden Teilbetrieb sind die aus der Anlage ..... ersichtlichen Arbeitnehmer beschäftigt; diese und etwaige weitere Arbeitnehmer werden zu den bei dem übertragenden Rechtsträger geltenden Konditionen weiterbeschäftigt. Für die Überleitung der Arbeitsverhältnisse gelten über § 324 UmwG die Bestimmung des § 613a Abs. 1 und Abs. 4 bis 6 BGB. Die Rechte der Arbeitnehmer werden bei der übernehmenden Gesellschaft vollumfänglich so gewahrt wie bei dem übertragenden Rechtsträger. Betriebsräte bestehen weder bei der übertragenden noch bei der übernehmenden Gesellschaft.«

4. Abfindungsangebot nach §§ 125 Satz 1, 29

Liegen bei einer Aufspaltung bzw. Abspaltung die Voraussetzungen des § 125 Satz 1 i.V.m. § 29 1114
Abs. 1 Satz 1 und 2 vor, so ist im Spaltungsvertrag ein Abfindungsangebot aufzunehmen. Aus §§ 125 Satz 1, 29 folgen drei Fälle, in denen den Anteilsinhabern des übertragenden Rechtsträgers, die gegen den Spaltungsbeschluss Widerspruch zur Niederschrift erklären, der Erwerb ihrer Anteile oder Mitgliedschaften gegen eine angemessene Barabfindung anzubieten ist. Dies sind zum einen Fälle der Spaltung auf einen Rechtsträger anderer Rechtsform, die Spaltung einer börsennotierten AG auf

---

[2186] *Neye*, DB 1998, 1649, 1652 f.; Widmann/Mayer/*Mayer*, § 126 Rn. 277; Lutter/*Teichmann*, § 141 Rn. 5.
[2187] S.o. Rdn. 88 ff.; s. umfassend zu allen arbeitsrechtlichen Fragen im Rahmen einer Spaltung *Hausch*, RNotZ 2007, 308 ff. bzw. 396 ff.
[2188] Widmann/Mayer/*Mayer*, § 126 Rn. 283 ff.; Limmer/*Limmer*, Teil 2 Rn. 193 ff.

eine nichtbörsennotierte AG oder im Fall, dass die Anteile beim übernehmenden/neuen Rechtsträger Verfügungsbeschränkungen unterworfen sind. Nach h.M. ist hierbei unerheblich, ob der Anteilsinhaber am übertragenden Rechtsträger denselben Verfügungsbeschränkungen unterworfen war. Wegen der weiteren Einzelheiten kann auf die obigen Erläuterungen zur Verschmelzung verwiesen werden.[2189]

5. Sonstiger zwingender Inhalt

1115 Ferner sind im Rahmen des Spaltungsvertrages rechtsformspezifische Besonderheiten zu beachten. Bei der GmbH sind nach §§ 125, 46 Abs. 1 bis 3 Angaben des Nennbetrages der Geschäftsanteile eines jeden hinzutretenden Gesellschafters, Abweichungen hinsichtlich der Rechte und Pflichten aus durch Kapitalerhöhung geschaffenen neuen Anteilen an der GmbH und besondere Bestimmungen hinsichtlich der Gesellschaft, die die vorhandenen Geschäftsanteile übernehmen soll, aufzunehmen. Bei einer Personenhandelsgesellschaft sind die Haftart und der Betrag der Einlagen einzeln festzulegen. Bei Spaltung auf eine AG als aufnehmender und neu gegründeter Rechtsträger ist ein Treuhänder zu bestimmen. Wegen der jeweiligen Besonderheiten kann auf die Ausführungen zur Verschmelzung verwiesen werden.

6. Fakultativer Inhalt

1116 § 126 Abs. 1 regelt nur den Mindestinhalt des Spaltungsvertrages. Dieser kann jedoch weitere Vereinbarungen enthalten, was in der Praxis regelmäßig der Fall ist. Insbesondere folgende Punkte sind regelmäßig zu bedenken:

a) Satzungsänderung

1117 Aufgrund der spaltungsbedingten Veränderungen werden in vielen Fällen neben der Kapitalerhöhung beim übernehmenden Rechtsträger und ggf. der Kapitalherabsetzung beim übertragenden Rechtsträger auch Satzungsänderungen beim übernehmenden und/oder beim übertragenden Rechtsträger durchzuführen sein. Dies betrifft insbesondere die Firmierung der an der Spaltung beteiligten Rechtsträger, wobei § 18 nur bei der Aufspaltung gilt. Insoweit werden Firmenänderungen jedoch angezeigt sein, wenn der für die Firmenbildung maßgebliche Betriebsteil abgespalten oder ausgegliedert ist, insoweit gelten die allgemeinen Vorschriften. Auch wird eine Änderung des Unternehmensgegenstandes oder ggf. des Sitzes beim übertragenden oder übernehmenden Rechtsträger angezeigt sein. Diese Änderungen können im Spaltungs- bzw. Übernahmevertrag festgelegt werden, die für die Satzungsänderung ggf. erforderlichen Beschlüsse sind sodann noch zu fassen. Soll sichergestellt sein, dass die entsprechende Satzungsänderung auch tatsächlich vorgenommen wird, ist eine entsprechende Verpflichtung in den Spaltungsvertrag aufzunehmen.[2190]

b) Abberufung/Bestellung von Organen

1118 Im Spaltungsvertrag sind Regelungen möglich betreffend die Verpflichtung zur Abberufung/Bestellung von Organen. Die jeweilige Abberufung/Bestellung muss durch gesonderten Bestellungsbeschluss erfolgen, der bloße Spaltungsbeschluss deckt die Neubestellung nicht ab. Sollen etwa Vertretungsorgane des zu übertragenden Rechtsträger auch Vertretungsorgane des übernehmenden Rechtsträgers sein, so ist ein entsprechender Beschluss notwendig. Im Spaltungsvertrag kann die Verpflichtung zur Fassung solcher Beschlüsse aufgenommen werden.[2191]

2189 Vgl. Rdn. 91 ff.; Widmann/Mayer/*Mayer*, § 126 Rn. 286 ff.; *Ittner*, MittRhNotK 1997, 105, 117.
2190 Widmann/Mayer/*Mayer*, § 126 Rn. 300; Lutter/*Priester*, § 126 Rn. 87.
2191 Widmann/Mayer/*Mayer*, § 126 Rn. 308; Lutter/*Priester*, § 126 Rn. 88.

c) Übergang der Arbeitsverhältnisse

Für den Übergang der Arbeitsverhältnisse hat § 613a Abs. 1 Satz 1 BGB Vorrang. Eine abweichende Bestimmung des Übergangs kann nur mit Zustimmung des betroffenen Arbeitnehmers erfolgen.[2192] Mit den Arbeitsverhältnissen gehen gem. § 613a die Verpflichtungen aus den Pensionsverbindlichkeiten gegenüber den aktiven Mitarbeiten über. Pensionsverbindlichkeiten gegenüber bereits ausgeschiedenen Mitarbeitern gehen nicht automatisch über, insoweit ist eine entsprechende Regelung erforderlich.[2193]

1119

Ein Dienstverhältnis mit einem Geschäftsführer/Vorstandsmitglied oder ggf. mit einem freien Mitarbeiter wird von § 613a Abs. 1 Satz 1 BGB nicht erfasst. Eine Zuordnung ist daher möglich.[2194]

1120

d) Surrogationsregelungen für Änderungen des übergehenden Vermögens

Im Zeitraum zwischen dem Abschluss des Spaltungsvertrages und der Eintragung der Spaltung in das Handelsregister des zu übertragenden Rechtsträgers können sich Änderungen des zu übertragenden Vermögens ergeben. Damit eine Änderung des Spaltungs-/Übernahmevertrages mit den damit verbundenen Förmlichkeiten nicht erforderlich ist, empfiehlt es sich, in den Vertrag eine Bestimmung aufzunehmen, dass, soweit ab dem Spaltungsstichtag Gegenstände des übertragenden Vermögens beschädigt, zerstört oder im regelmäßigen Geschäftsgang veräußert werden, die Surrogate an deren Stelle treten.

1121

▶ Formulierungsbeispiel: Surrogation[2195]

1122

»Soweit ab dem Spaltungsstichtag Gegenstände des übertragenden Vermögens beschädigt, zerstört oder im regelmäßigen Geschäftsgang veräußert worden sind, treten die Surrogate an deren Stelle.«

e) Auffangklausel für vergessene Aktiva und Passiva

Wie oben dargestellt, verbleiben in den Fällen der Abspaltung und Ausgliederung vergessene Gegenstände beim übertragenden Rechtsträger, in den Fällen der Aufspaltung gehen Aktiva anteilig und Passiva gesamtschuldnerisch auf die beteiligten Rechtsträger über. Dies kann durch eine entsprechende Auffangklausel geregelt werden.

1123

▶ Formulierungsbeispiel: Auffangklausel[2196]

1124

»Vermögensgegenstände, Verbindlichkeiten und Arbeitsverhältnisse, die nicht aufgeführt sind, gehen mit dem übergehenden Betrieb/Betriebsteil über, soweit sie diesem im weitesten Sinne zuzuordnen sind. Dies gilt auch dann, wenn sie bis zum Wirksamwerden der Spaltung zuerworben worden sind.«

f) Regelungen über Zweigniederlassungen und Prokuren

Hat der übertragende Rechtsträger Zweigniederlassungen oder Prokuren erteilt, sind unter Umständen Regelungen erforderlich und evtl. Änderungen bei der Anmeldung zu berücksichtigen. Bei Abspaltung oder Ausgliederung bleiben sie beim übertragenden Rechtsträger bestehen.

1125

2192 Widmann/Mayer/*Mayer* § 126 Rn. 308; Lutter/*Priester*, § 126 Rn. 68f.
2193 Grundlegend BAG DB 2005, 954, 955 = MittBayNot 2006, 62; *Wollenweber/Ebert*, NZG 2006, 41; *Wenig/Louven*, DB 2006, 619; Lutter/*Priester*, § 126 Rn. 69a.
2194 Widmann/Mayer/*Mayer*, § 126 Rn. 308; Limmer/*Limmer*, Teil 3 Rn. 119.
2195 Nach *Ittner*, MittRhNotK 1997, 105, 118.
2196 Nach *Ittner*, MittRhNotK 1997, 105, 118.

g) Aufteilung der Haftung der an der Spaltung beteiligten Rechtsträger

1126 Nach § 133 haften die an der Spaltung beteiligten Rechtsträger für Verbindlichkeiten, die vor dem Wirksamwerden der Spaltung begründet worden sind als Gesamtschuldner. Insoweit ist eine Regelung erforderlich, wonach derjenige Rechtsträger, dem eine Verbindlichkeit zugewiesen ist, die anderen von der Haftung nach § 133 Abs. 1 Satz 1 freizustellen hat. Zwar folgt aus der Übernahme einer Verbindlichkeit im Spaltungsvertrag eine entsprechende Ausgleichspflicht,[2197] dennoch empfiehlt sich eine ausdrückliche vertragliche Regelung.

1127 ▶ Formulierungsbeispiel: Haftungsfreistellung

»Soweit sich aus diesem Vertrag keine andere Verteilung von Lasten und Haftungen aus oder im Zusammenhang mit dem abzuspaltenden Vermögen ergibt, gelten die nachfolgenden Regelungen: Wenn und soweit die übertragende Gesellschaft aufgrund der Bestimmung in § 133 UmwG oder aufgrund anderer Bestimmungen von Gläubigern für Verbindlichkeiten, Verpflichtungen oder Haftungsverhältnisse in Anspruch genommen wird, die nach Maßgabe der Bestimmung dieses Vertrages auf die übernehmende Gesellschaft übertragen werden, so hat diese die übertragende Gesellschaft auf erste Anforderung von der jeweiligen Verpflichtung freizustellen. Gleiches gilt für den Fall, dass die übertragende Gesellschaft von solchen Gläubigern auf Sicherheitsleistung in Anspruch genommen wird. Entsprechendes gilt umgekehrt, soweit die übernehmende Gesellschaft für Verbindlichkeiten, Verpflichtungen und Haftungsverhältnisse in Anspruch genommen wird, die auf diese nicht übertragen wurden.«

1128 Auch empfiehlt es sich, den Kommanditisten einer übertragenden GmbH & Co. KG von einer evtl. wiederauflebenden Haftung aus § 172 Abs. 4 BGB zu befreien.[2198]

h) Bedingungen und Befristungen

1129 Nach ganz allgemeiner Auffassung kann ein Spaltungsvertrag auch bedingt oder befristet abgeschlossen werden. Insbesondere beim Vorliegen öffentlich-rechtlicher Genehmigungen oder bei Kettenspaltungen wird der Vertrag meist aufschiebend bedingt abgeschlossen werden. Zulässig ist auch die Vereinbarung auflösender Bedingungen, in diesem Fall muss jedoch bei Anmeldung der Abspaltung im Handelsregister feststehen, dass die Bedingung ausgefallen ist.[2199] Auch kann ein fester Termin vereinbart werden, bis zu welchem die Spaltung vollzogen sein muss. Dies kann durch eine aufschiebende Bedingung vereinbart werden.[2200] Nach allgemeinen kautelarjuristischen Grundsätzen empfiehlt es sich jedoch, von der Verwendung von Bedingungen soweit wie möglich abzusehen und diese durch viel flexiblere Kündigungs- und Rücktrittsrechte zu ersetzen.[2201]

1130 ▶ Formulierungsbeispiel: Rücktrittsrecht

»Ein jeder beteiligte Rechtsträger ist berechtigt, von diesem Spaltungsvertrag zurückzutreten, wenn die Spaltung nicht bis zum Ablauf des ..... in das Handelsregister des übertragenden Rechtsträgers eingetragen worden ist. Der Rücktritt ist per Einschreiben mit Rückschein gegenüber dem anderen Vertragsteil zu erklären. Eine Abschrift wird an den Notar erbeten.«

i) Kostentragung

1131 Von Praxisbedeutung ist ferner die Regelung einer Kostentragung. Werden die Kosten der Spaltung im Rahmen der Spaltung zur Neugründung einem neu gegründeten Rechtsträger zugewiesen, so ist dieser in der Satzung des neu gegründeten Rechtsträgers als Gründungsaufwand aufzunehmen.[2202]

2197 *Heidenhain*, NJW 1995, 2873, 2879; Widmann/Mayer/*Mayer*, § 126 Rn. 322.
2198 *Naraschewski*, DB 1995, 1265, 1266; Lutter/*Priester*, § 126 Rn. 91. S.a. Rdn. 1214.
2199 Lutter/*Priester*, § 126 Rn. 94; Widmann/Mayer/*Mayer*, § 126 Rn. 319 ff. S.a. oben Rdn. 115 ff.
2200 So Widmann/Mayer/*Mayer*, § 126 Rn. 319.
2201 So der Ratschlag von Widmann/Mayer/*Mayer*, § 126 Rn. 320.
2202 Widmann/Mayer/*Mayer*, § 126 Rn. 330; Lutter/*Priester*, § 126 Rn. 95.

D. Spaltung

Soll dies vermieden werden, so sind die Kosten durch den übertragenden Rechtsträger zu übernehmen. Bei einer Spaltung zur Neugründung könnte die Regelung in der Urkunde etwa lauten:

▶ Formulierungsbeispiel: Kostentragung

»Die Kosten dieser Urkunde und ihres Vollzuges trägt die übernehmende Gesellschaft nach Maßgabe der Satzung.«

j) Auslandsvermögen

Betrifft die Spaltung auch im Ausland belegenes Vermögen, so wird die partielle Gesamtrechtsnachfolge nach deutschem Recht nicht in allen ausländischen Staaten anerkannt. Daher empfehlen sich Klauseln zur treuhänderischen Verwaltung und nachträglichen Übertragung von möglicherweise nicht im Wege der partiellen Gesamtrechtsnachfolge übergehenden, im Ausland befindlichen Vermögensgegenständen.[2203] Entsprechendes gilt für Vermögenswerte, die aus anderen Rechtsgründen nicht im Wege der partiellen Gesamtrechtsnachfolge übergehen. 1132

▶ Formulierungsbeispiel: Übertragungsverpflichtung 1133

»Soweit bestimmte Gegenstände des Aktiv- und Passivvermögens und sonstige Rechte und Pflichten aller Art, die nach diesem Vertrag auf die übernehmende Gesellschaft übergehen sollen, nicht schon kraft Gesetzes mit der Eintragung der Abspaltung übergehen, wird die übertragende Gesellschaft diese übertragen. Im Gegenzug ist die übernehmende Gesellschaft verpflichtet, der Übertragung zuzustimmen. Im Innenverhältnis werden sich die Beteiligten so stellen, als wäre die Übertragung auch im Außenverhältnis zum Spaltungsstichtag erfolgt. Die Beteiligten verpflichten sich wechselseitig, alle insoweit erforderlichen oder zweckmäßigen Maßnahmen und Rechtshandlungen einzuleiten und an ihnen mitzuwirken. Ist die vorzunehmende Übertragung im Außenverhältnis nicht oder nur mit unverhältnismäßig hohem Aufwand möglich oder unzweckmäßig, werden sich die Beteiligten im Innenverhältnis so stellen, als wäre die Übertragung auch im Außenverhältnis zum Abspaltungsstichtag erfolgt.«

k) Gewährleistungen

Die Spaltung zur Aufnahme kann im Einzelfall wirtschaftlich einem Unternehmenskauf vergleichbar sein. Daher kann es im Einzelfall sachgerecht sein, im Spaltungsvertrag Garantien über Umfang und Wert des übertragenden Vermögens sowie dessen Ertragskraft aufgenommen werden. Der Inhalt dieser Garantien kann sich dabei an den üblichen Gestaltungsempfehlungen von Unternehmenskäufen orientieren.[2204] In manchen Fällen kann es sachgerecht sein, entsprechende Ansprüche ausdrücklich auszuschließen: 1134

▶ Formulierungsbeispiel: Gewährleistungsausschluss 1135

»Sämtliche Ansprüche und Rechte der übernehmenden Gesellschaft gegenüber der übertragenden Gesellschaft wegen der Beschaffenheit und des Bestandes der nach Maßgabe dieses Vertrages übertragenen Gegenstände des Aktiv- und Passivvermögens sowie des abzuspaltenden Vermögens im Ganzen, gleich welcher Art und gleich welchem Rechtsgrund, werden hiermit ausgeschlossen. Dies gilt auch für Ansprüche aus vorvertraglichen Pflichtverletzungen.«

l) Veräußerungsbeschränkungen

Bei einer Auf- und Abspaltung ist ferner § 15 Abs. 3 UmwStG zu beachten. Werden innerhalb von 5 Jahren, nach dem steuerlichen Übertragungsstichtag, Anteile an einer an der Spaltung beteiligten 1136

2203 Lutter/*Priester*, § 126 Rn. 99; *Kollmorgen/Feldhaus*, BB 2007, 2189; *Kusserow/Prüm*, WM 2005, 633; Widmann/Mayer/*Mayer*, § 126 Rn. 353; *Racky*, DB 2003, 923.

2204 Widmann/Mayer/*Mayer*, § 126 Rn. 354.1; Für einen Gestaltungsvorschlag s.a. Kallmeyer/*Kallmeyer*, § 126 Rn. 50 ff.

Kapitalgesellschaft veräußert, die mehr als 20 % der vor der Spaltung an der übertragenden Kapitalgesellschaft bestehenden Anteile ausmachen, löst dies die Aufdeckung der stillen Reserven aus. Hier kann sich deshalb empfehlen, entsprechende Anteilsvinkulierungen oder zumindest schuldrechtliche Verpflichtungen nebst Ausgleichspflichten vorzusehen.[2205]

m) Kartellrechtliche Regelungen

1137 Soweit die kartellrechtlichen Vorschriften eingreifen,[2206] ist ein entsprechender Kartellrechts-Vorbehalt aufzunehmen, um einen Verstoß gegen das Vollzugsverbot des § 41 Abs. 1 GWB zu vermeiden.

1138 ▶ Formulierungsbeispiel: **Kartellrechts-Vorbehalt**[2207]

»Die Abspaltung ist aufschiebend bedingt dadurch, dass das Bundeskartellamt den beabsichtigten Unternehmenszusammenschluss freigibt oder dieser durch wirksamen Fristablauf als freigegeben gilt (§ 40 Abs. 2 GWB).«

7. Zuleitung an den Betriebsrat

1139 Nach § 126 Abs. 3, § 135 Abs. 1 ist der Spaltungsvertrag/Spaltungsplan bzw. sein Entwurf dem zuständigen Betriebsrat jedes an der Spaltung beteiligten Rechtsträgers, spätestens 1 Monat vor der Spaltungsbeschlussfassung dieses Rechtsträgers, zuzuleiten. Fehlt ein Betriebsrat so entfällt die Zuleitungspflicht. Die Vorschrift entspricht wortgleich der Regelung in § 5 Abs. 3, insoweit wird auf obige Ausführungen zur Verschmelzung verwiesen.[2208] In arbeitsrechtlicher Hinsicht ist von Bedeutung, dass, soweit die Spaltung zur Trennung oder Zusammenlegung von Betrieben führt für die ein Betriebsrat besteht, gem. § 21 BetrVG ein Übergangsmandat des bisherigen Betriebsrates für 6 Monate vorgesehen ist. Nach § 111 Satz 2 Nr. 3 BetrVG gilt eine Spaltung als Betriebsänderung i.S.d. § 111 Satz 1 BetrVG. Demgemäß ist in den Betrieben mit i.d.R. mehr als 20 wahlberechtigten Arbeitnehmern der Betriebsrat über geplante Betriebsänderungen, die wesentliche Nachteile für erhebliche Teile der Belegschaft haben können, rechtzeitig umfassend zu unterrichten und die geplanten Betriebsänderungen sind mit ihnen zu beraten. Ziel ist die Herbeiführung eines Interessenausgleichs und die Aufstellung eines Sozialplanes.[2209] Bei einem Verstoß gegen die Pflicht zur Zuleitung an den zuständigen Betriebsrat oder einem fehlenden Nachweis wird die Spaltung nicht eingetragen.[2210]

8. Form

1140 Hinsichtlich der Form des Spaltungsvertrages verweist § 125 Satz 1 auf § 6. Der Spaltungsvertrag (bzw. der Spaltungsplan) müssen demgemäß notariell beurkundet werden. Von der Beurkundung erfasst ist alles, was nach den Willen der Parteien mit darunter stehen und fallen soll, d.h. einschließlich aller Nebenabreden. Beurkundungspflichtig, und zwar als Bestandteil des eigentlichen Spaltungsvertrages und der aufeinander Bezug nehmenden Urkunden sind auch Vereinbarungen von Ausgleichsleistungen und anderer Abreden zwischen den Anteilsinhabern.[2211]

2205 Für einen Formulierungsvorschlag s. Kallmeyer/*Kallmeyer*, § 126 Rn. 73; sowie Widmann/Mayer/*Mayer*, § 126 Rn. 354.2; Zu den steuerrechtlichen Fragen s. ausführlich Widmann/Mayer/*Mayer*, § 126 Rn. 353; Lutter/*Priester*, § 126 Rn. 92; Limmer/*Dietrich*, Teil 7 Kap. 1 Abschnitt D.
2206 Ausführliche Darstellung der kartellrechtlichen Fragen bei Widmann/Mayer/*Mayer*, § 126 Rn. 333 ff.
2207 Nach Widmann/Mayer/*Mayer*, § 126 Rn. 344.
2208 S. Rdn. 118; Widmann/Mayer/*Mayer*, § 126 Rn. 358; *Ittner*, MittRhNotK 1997, 105, 111; ausführlich zur Zuleitung an den Betriebsrat *Blechmann*, NZA 2005, 1143; *Hausch*, RNotZ 2007, 308.
2209 Widmann/Mayer/*Mayer*, § 126 Rn. 358 ff.; *Ittner*, MittRhNotK 1997, 105, 111.
2210 *Hausch*, RNotZ 2007, 308, 317; *Engelmeyer*, DB 1996, 2542, 2545; *Müller*, DB 1997, 713, 717.
2211 OLG Naumburg NZG 2004, 734; Schmitt/Hörtnagl/Stratz/*Hörtnagl*, § 126 Rn. 12; Lutter/*Priester*, § 126 Rn. 13.

D. Spaltung   Kapitel 8

Bei Spaltungsverträgen wird, wegen der erforderlichen Vermögensaufteilung, regelmäßig auf mit zu **1141**
beurkundende Anlagen (Inventare, Bilanzen etc.) Bezug genommen werden. Ob diese mit beurkundet werden müssen, hängt davon ab, ob diese der Individualisierung der übergehenden Gegenstände des Aktiv- und Passivvermögens dienen.[2212] Sofern dies der Fall ist, müssen diese als wesentlicher Bestandteil der Urkunde gem. § 9 Abs. 1 Satz 2 BeurkG mit beurkundet werden. Beurkundungsrechtlich kann dies erfolgen, indem zum einen eine Bezugsurkunde errichtet und auf diese sodann gem. § 13a BeurkG verwiesen wird. Zum anderen kann hinsichtlich der Inventare, Bilanzen etc. von der Erleichterung des § 14 BeurkG (Verlesungsverzicht, Abzeichnung) Gebrauch gemacht werden.[2213]

Zur Frage, ob eine Beurkundung im Ausland den Anforderungen genügt, gelten die obigen Ausführungen entsprechend.[2214] **1142**

IV. Spaltungsbericht

1. Allgemeines

Die Vertretungsorgane jedes der an der Spaltung beteiligten Rechtsträger haben nach § 127 einen **1143**
ausführlichen schriftlichen Bericht zu erstatten, in dem die Spaltung, der Vertrag oder sein Entwurf im Einzelnen, und bei Aufspaltung und Abspaltung das Umtauschverhältnis der Anteile und die Angaben der Mitgliedschaft bei den übernehmenden Rechtsträgern, der Maßstab sowie ihre Aufteilung sowie die Höhe einer anzubietenden Barabfindung rechtlich und wirtschaftlich erläutert und begründet werden. Über die für den Verschmelzungsbericht geltenden Vorgaben hinaus erweitert damit § 127 die Berichtspflicht dahingehend, dass bei Aufspaltung oder Abspaltung der Maßstab für die Aufteilung der gewährten Anteile unter den Anteilsinhabern des übertragenden Rechtsträgers zu erläutern und zu begründen ist. Wie beim Verschmelzungsbericht soll der Spaltungsbericht die Informationsmöglichkeiten der Gesellschaft betreffend die geplante Spaltung verbessern. Hinsichtlich der Anforderungen an den Spaltungsbericht gelten grundsätzlich die gleichen Anforderungen wie beim Verschmelzungsbericht, sodass auf die obigen Ausführungen verwiesen werden kann.[2215]

2. Zuständigkeit für die Erstattung des Berichtes

Die Erstattung des Spaltungsberichtes obliegt den Vertretungsorganen des beteiligten Rechtsträgers. **1144**
Der Bericht ist nach h.M. von allen Vertretungsorganen eigenhändig zu unterzeichnen, eine Vertretung ist unzulässig, da es sich um eine persönliche Wissenserklärung handelt.[2216] Zulässig ist, dass der Spaltungsbericht von den Vertretungsorganen der beteiligten Rechtsträger auch gemeinsam erstattet wird (§ 127 Satz 1).

3. Entbehrlichkeit des Spaltungsberichts

a) Entbehrlichkeit bei Konzernausgliederung

Entbehrlich ist ein Spaltungsbericht nach § 127 i.V.m. § 8 Abs. 3 Satz 1, 2, wenn sich alle Anteile **1145**
des übertragenden Rechtsträgers in der Hand des übernehmenden Rechtsträgers befinden. Dem

---

2212 S. hierzu oben Rdn. 1089 ff.
2213 Vgl. Lutter/*Priester*, § 126 Rn. 13; Schmitt/Hörtnagl/Stratz/*Hörtnagl*, § 126 Rn. 12.
2214 Vgl. oben Rdn. 133 ff.; Für Unzulässigkeit der Auslandsbeurkundung insb. *Heckschen*, DNotZ 2007, 444, 457; *Krause/Kulpa*, ZHR 171 (2007), 39, 59; *Klein*, RNotZ 2007, 565, 584 ff; *Kleba*, RNotZ 2016, 273, 280; a.A. etwa Schmitt/Hörtnagl/Stratz/*Stratz*, § 6 Rn. 7 ff.; Lutter/*Drygala*, § 6 Rn. 8; *Weller*, BB 2005, 1807; *Meichelbeck/Krauß*, DStR 2014, 752.
2215 Rdn. 136; Zum Spaltungsbericht s. insb. Limmer/*Limmer*, Teil 3 Rn. 289 ff.; Widmann/Mayer/*Mayer*, § 127 Rn. 2.
2216 Vgl. oben Rdn. 138; insb. auch zur Frage, ob ein Handeln in vertretungsberechtigter Zahl genügt. Widmann/Mayer/*Mayer*, § 127 Rn. 8 ff.; Lutter/*Schwab*, § 127 Rn. 10.

Wortlaut nach umfasst dies die zunächst die Ausgliederung von der 100 %-igen Tochtergesellschaft auf ihre Muttergesellschaft.[2217] Im umgekehrten Fall, also der Ausgliederung von der Muttergesellschaft auf die 100 %-ige Tochtergesellschaft entfällt die Berichtspflicht hingegen nicht.[2218] Nach h.M. ist ein Spaltungsbericht ferner entbehrlich bei der Abspaltung von der 100 %-igen Tochtergesellschaft,[2219] bei der Aufspaltung einer 100 %-igen Tochtergesellschaft auf ihre Muttergesellschaft und eine Drittgesellschaft.[2220] Ein Spaltungsbericht ist nach der Neufassung von § 143 ferner bei der verhältniswahrenden Aufspaltung bzw. Abspaltung einer AG zur Neugründung einer AG nicht mehr erforderlich.[2221]

b) Verzicht

1146 Da der Spaltungsbericht der Information und dem Schutz der Anteilsinhaber der beteiligten Rechtsträger dient, lässt das Gesetz einen Verzicht auf diesen Schutz zu. Die Voraussetzungen entsprechen denen des Verzichts auf einen Verschmelzungsbericht, da § 127 Satz 2 auf § 8 Abs. 3 verweist. Demgemäß ist erforderlich, dass alle Anteilsinhaber in sämtlichen an der Spaltung beteiligten Rechtsträgern notariell beurkundete Verzichtserklärungen jeweils gegenüber ihrem Rechtsträger abgeben. Zu beachten ist, dass ein solcher Verzicht erst zulässig ist, wenn der Verzichtende erkennen kann, auf was konkret verzichtet wird. Der Verzicht muss sich demnach konkret auf die Spaltung beziehen, ein allgemeiner Verzicht ist unzulässig. Voraussetzung für die Verzichtserklärung dürfte daher regelmäßig das Vorliegen des Vertragsentwurfes sein.[2222]

c) Entfallen bei bestimmten Ausgliederungsvorgängen

1147 Die Berichtspflicht entfällt bei der Ausgliederung aus dem Vermögen eines Einzelkaufmanns (§ 153). Ferner ist ein Ausgliederungsbericht auch nicht erforderlich bei Ausgliederung aus dem Vermögen einer Gebietskörperschaft (§ 169) und bei Ausgliederung aus dem Vermögen rechtsfähiger Stiftungen, sofern diese genehmigungsfrei erfolgen kann (§ 162).

d) Personengesellschaften

1148 Gem. §§ 125, 41 ist ein Spaltungsbericht für eine an der Verschmelzung beteiligte Personenhandelsgesellschaft entbehrlich, wenn alle Gesellschafter dieser Gesellschaft zur Geschäftsführung berechtigt sind. Entsprechendes gilt für die Partnerschaftsgesellschaft (§§ 125, 45c). In der Literatur wird vorgeschlagen, den darin zum Ausdruck kommenden Rechtsgedanken auch auf andere Gesellschaften zu übertragen, bei denen alle Gesellschafter geschäftsführungsbefugt sind.[2223]

4. Näheres zum Inhalt

1149 Wegen des erforderlichen Inhaltes kann grundsätzlich auf die Ausführungen zum Verschmelzungsbericht verwiesen werden, sodass hier nur noch die Besonderheiten darzustellen sind.[2224]

2217 Schmitt/Hörtnagl/Stratz/*Hörtnagl*, § 128 Rn. 21; a.A. Lutter/*Schwab*, § 127 Rn. 52.
2218 Schmitt/Hörtnagl/Stratz/*Hörtnagl*, § 128 Rn. 21; Lutter/*Schwab*, § 128 Rn. 51.
2219 Widmann/Mayer/*Mayer*, § 127 Rn. 64.
2220 Widmann/Mayer/*Mayer*, § 127 Rn. 64; a.A. *Schöne*, Die Spaltung unter Beteiligung von GmbH, 1998, S. 368 ff.
2221 Zur Neuregelung: *Neye/Kraft*, NZG 2011, 681, 684; *Leitzen*, DNotZ 2011, 526, 541; *Heckschen*, NZG 2010, 1041, 1046.
2222 Vgl. oben Rdn. 139, Widmann/Mayer/*Mayer*, § 127 Rn. 67 ff.; Schmitt/Hörtnagl/Stratz/*Hörtnagl*, § 127 Rn. 21; Lutter/*Schwab*, § 127 Rn. 49 f.
2223 Insbesondere für eine GmbH, bei der alle Gesellschafter geschäftsführungsbefugt sind, s. für weitere Einzelheiten die Darstellung i.R.d. Verschmelzung unter Rdn. 141 f.; ferner: Widmann/Mayer/*Mayer*, § 127 Rn. 74.
2224 S.o. Rdn. 136 ff.

D. Spaltung

a) Angaben zum Spaltungsvorhaben

Im Spaltungsbericht ist demgemäß das Spaltungsvorhaben in seiner Gesamtheit und in seinen wesentlichen Merkmalen darzulegen. Insbesondere sind sodann die momentane Ausgangs- und durch die Spaltung angestrebte Ziellage ausführlich nach Kenndaten zu beschreiben.[2225] Im Spaltungsbericht sind darüber hinaus, im Hinblick auf die gesamtschuldnerische Haftung der an einer Spaltung beteiligten Rechtsträger (§§ 133 ff.), auch Angaben zur Aufteilung der Einstands- und Haftungsrisiken auf die beteiligten Rechtsträger darzulegen. Insbesondere ist darzulegen, ob die Geschäftsführer die Einstands- und Haftungsrisiken vernünftig auf die beteiligten Rechtsträger aufgeteilt und für evtl. Ausgleichsmechanismen vorgesehen haben.[2226] Demgemäß ist darzulegen, welche Verbindlichkeiten des übertragenden Rechtsträgers der einzelne übernehmende Rechtsträger als Zuweisungsadressat und demnach als Hauptschuldner gem. § 133 übernimmt.[2227] Im Hinblick auf die aus § 133 Abs. 1 Satz 1 folgende gesamtschuldnerische Haftung für die vor dem Wirksamwerden der Spaltung begründeten Verbindlichkeiten folgt, dass eine bloße Auflistung der Verbindlichkeiten im Regelfall nicht ausreichend ist. Vielmehr ist im Spaltungsbericht auch die Bonität des jeweiligen Hauptschuldners zu erläutern und klarzustellen, ob eine Inanspruchnahme als Mithafter droht. Es wird hierbei als ausreichend angesehen, wenn dargestellt wird, dass die Wirtschaftskraft der an der Spaltung beteiligten Rechtsträger ausreicht, die ihm jeweils im Innenverhältnis zugewiesene Verbindlichkeit auch zu erfüllen. In jedem Fall sind die Anteilsinhaber darüber zu informieren, dass die Gesellschaft nach § 133 Abs. 1 Satz 2 verpflichtet ist, für die ihr zugewiesenen Sicherheiten Verbindlichkeiten zu leisten.

1150

b) Angaben zum Umtauschverhältnis

Nach dem Gesetzeswortlaut ist nur bei Aufspaltung und Abspaltung das Umtauschverhältnis der Anteilsinhaber zu erläutern und zu begründen. Dem liegt die gesetzgeberische Erwägung zugrunde, dass bei diesen Spaltungsformen die Anteilsinhaber ganz oder teilweise neue Anteile erhalten, so dass die Frage nach dem Verhältnis zu ihrer bisherigen Beteiligung ggf. sich nach den Wertverhältnissen vor und nach der Spaltung stellt. Hier sollen die Angaben im Spaltungsbericht die Anteilsinhaber in die Lage versetzen, durch die Darlegung der Wertverhältnisse der beteiligten Rechtsträger eine Stichhaltigkeitskontrolle betreffend die vorgesehenen Umtauschverhältnisse durchzuführen.[2228]

1151

Im Rahmen eines Ausgliederungsberichts hat der Gesetzgeber Angaben über das Umtauschverhältnis für entbehrlich gehalten, weil die Ausgliederung die Anteile bzw. die Mitgliedschaftsrechte am übertragenden Rechtsträger nicht unmittelbar und nicht aktuell berührt. Dies mag im Rahmen einer Ausgliederung zur Neugründung zutreffend sein, bei der Ausgliederung zur Aufnahme, wenn am übernehmenden Rechtsträger Dritte oder die Anteilsinhaber des übertragenden Rechtsträgers an einem abweichenden Beteiligungsverhältnis beteiligt sind, überzeugt dies nicht. In diesem Fall ist es vielmehr für die Anteilsinhaber des übertragenden Rechtsträgers durchaus von Bedeutung, wie viele Anteile des übernehmenden Rechtsträgers dem übertragenden Rechtsträger gewährt werden.[2229] Ergänzend wird zudem in der Literatur teilweise eine nachträgliche Berichtspflicht dann bejaht, wenn der übertragende Rechtsträger beabsichtigt, die im Wege der Ausgliederung erworbenen Anteile anschließend auf einen Dritten oder einen Teil seiner Anteilsinhaber zu übertragen. Dies wird damit begründet, dass die beiden getrennten Schritte i.E. zu einer nichtverhältniswahrenden Abspaltung führen würden.[2230]

1152

2225 Vgl. wegen der Einzelheiten: Lutter/*Schwab*, § 127 Rn. 17 ff; Widmann/Mayer/*Mayer*, § 127 Rn. 14 ff.
2226 Lutter/*Schwab*, § 127 Rn. 20 ff.
2227 Widmann/Mayer/*Mayer*, § 127 Rn. 19.
2228 Widmann/Mayer/*Mayer*, § 127 Rn. 24; Limmer/*Limmer*, Teil 3 Rn. 131 ff.; OLG Karlsruhe AG 1990, 35, 36.
2229 Vgl. Widmann/Mayer/*Mayer*, § 127 Rn. 7; Lutter/*Schwab*, § 127 Rn. 29.
2230 Vgl. Lutter/*Schwab*, § 127 Rn. 29.

5. Informationen der Anteilsinhaber

1153 Auf welche Weise den beteiligten Anteilsinhabern Kenntnis vom Spaltungsbericht gewährt werden muss, ist rechtsformspezifisch geregelt. Insoweit verweisen die §§ 125, 135 auf die Vorschriften des Verschmelzungsrechtes. Der Spaltungsbericht ist bei Beteiligung einer Personenhandelsgesellschaft oder einer GmbH den Gesellschaftern mit der Einberufung der Gesellschafterversammlung, die über die Spaltung beschließen soll spätestens zu übersenden und zur Einsichtnahme auszulegen (§ 125 i.V.m. 42, 47, 49). Bei einer AG, KGaA, Genossenschaft, ist die Auslegung in den Räumen der Gesellschaft und die Zusendung auf Verlangen des Mitgliedes vorgesehen (§§ 125, 63 Abs. 1 Nr. 4, 78, 82 Abs. 1 Nr. 1 Satz 1, 112 Abs. 1 Satz 1). Sind die Aktionäre namentlich bekannt und erfolgt die Einberufung der Hauptversammlung per eingeschriebenen Brief, kann der Spaltungsbericht auch der Einladung beigefügt werden, in diesem Fall entfällt die Auslegung.[2231] Wegen der näheren Einzelheiten kann auf die Ausführungen zum Verschmelzungsbericht verwiesen werden.[2232]

6. Grenzen der Berichtspflicht/Fehlerhafte Berichte

1154 Wie bei einem Verschmelzungsbericht brauchen bei einem Spaltungsbericht nicht solche Tatsachen aufgenommen werden, die geeignet sind, einem beteiligten Rechtsträger oder einem verbundenen Unternehmen Nachteile zuzufügen. Wegen der näheren Einzelheiten wie auch zu Mängeln des Spaltungsberichts und den Folgen derartiger Mängel kann verwiesen werden auf die Ausführungen zum Verschmelzungsrecht (vgl. Rdn. 145 ff.).

V. Spaltungsprüfung (nur Auf- und Abspaltung)

1. Allgemeines

1155 Hinsichtlich der Spaltungsprüfung verweist § 125 auf die §§ 9 ff. Demgemäß ist der Spaltungsvertrag/-plan oder sein Entwurf bei der Auf- und Abspaltung durch einen oder mehrere Sachverständige (Spaltungsprüfer) zu prüfen. Bei der Ausgliederung ist eine Spaltungsprüfung nach § 125 Satz 2 nicht erforderlich. Der Umfang der Prüfung richtet sich gem. §§ 125, 9 ff. nach den rechtsformspezifischen Besonderheiten. Für eine Personenhandelsgesellschaft ist eine Prüfung nur vorgeschrieben auf Verlangen eines Gesellschafters, falls der Gesellschaftsvertrag beim Spaltungsbeschluss eine Mehrheitsentscheidung zulässt (für die Personenhandelsgesellschaft §§ 125, 44, 43 Abs. 2 bzw. für die Partnerschaftsgesellschaft §§ 45g Satz 2, 45d Abs. 2). Für eine GmbH ist eine Spaltungsprüfung nur vorgeschrieben, wenn dies ein Gesellschafter innerhalb einer Frist von einer Woche verlangt (§§ 125, 48). Für eine AG/KGaA (§§ 125, 60, 78), eingetragene Genossenschaft (§§ 125, 81) und auch einen wirtschaftlichen Verein (§§ 125, 100) ist eine Spaltungsprüfung jeweils stets vorgeschrieben mit Ausnahme § 143. Für einen eingetragenen Verein ist dieser nur auf schriftliches Verlangen von mindestens 10 % der Mitglieder (§§ 125, 100). Wegen der Einzelheiten kann auf die Ausführungen zur Verschmelzungsprüfung verwiesen werden.[2233]

2. Entbehrlichkeit

1156 Eine Spaltungsprüfung ist jedoch nicht erforderlich, wenn der übernehmende Rechtsträger alle Anteile des übertragenden Rechtsträgers hält oder alle Anteilsinhaber aller beteiligten Rechtsträger durch notariell beurkundete Erklärung verzichten (§§ 125, 9 Abs. 3 i.V.m. § 8 Abs. 3).[2234]

[2231] Widmann/Mayer/*Mayer*, § 127 Rn. 11.
[2232] Rdn. 143.
[2233] Rdn. 156 ff.
[2234] S.o. Rdn. 177; speziell zur Spaltungsprüfung s.a. Widmann/Mayer/*Fronhöfer*, § 125 Rn. 35 ff.; Schmitt/Hörtnagl/Stratz/*Hörtnagl*, § 125 Rn. 12 ff.; Limmer/*Limmer*, Teil 3 Rn. 303; *Ittner*, MittRhNotK 1997, 105, 112.

Jedoch gilt bei der Spaltung nicht die Vorschrift des § 9 Abs. 2. Demgemäß besteht keine allgemeine 1157
Befreiung von der Spaltungsprüfung bei der Auf- bzw. Abspaltung von einer Tochtergesellschaft auf
eine Muttergesellschaft. Die Gesetzesmotive nennen als Begründung hierfür, es komme bei Auf- und
Abspaltung stets zu einem Anteilstausch, der eine Prüfung erforderlich machen könne.[2235] In der
Praxis wird in diesen Fällen regelmäßig ein Verzicht in Frage kommen.

VI. Spaltungsbeschluss und besondere Zustimmungserfordernisse

1. Entsprechende Anwendung der Verschmelzungsvorschriften

Hinsichtlich des Spaltungsbeschlusses gelten aufgrund der Generalverweisung des § 125 auch für 1158
die Spaltung die §§ 13 bis 15 mit der Sonderregelung des § 128 für die nichtverhältniswahrende
Spaltung.[2236] Demgemäß werden Spaltungsvertrag bzw. Spaltungsplan erst wirksam, wenn die Anteilsinhaber der beteiligten Rechtsträger durch Beschluss zugestimmt haben (§§ 125, 13 Abs. 1 Satz 1).
Das zwingende Beschlusserfordernis besteht sowohl bei der übertragenden als auch bei der aufnehmenden Gesellschaft. Grundsätzlich kann die Zustimmung bereits vor Abschluss des Spaltungsvertrages durch Einwilligung bzw. hiernach durch Genehmigung erfolgen. Bei konzerninternen Spaltungen ist §§ 125 Satz 1, 62 Abs. 1 zu beachten: Befinden sich mindestens 90 % des Grundkapitals
der übertragenden Kapitalgesellschaft in der Hand der übernehmenden Aktiengesellschaft, so ist
gem. § 62 Abs. 1 ein Beschluss der übernehmenden Aktiengesellschaft zur Aufnahme nicht nötig.[2237]
Bei der Spaltung einer 100 %-Tochterkapitalgesellschaft auf die übernehmende Muttergesellschaft
in der Rechtsform einer AG ist ein Zustimmungsbeschluss der übertragenden Gesellschaft nicht
erforderlich, § 62 Abs. 4.[2238]

2. Vorbereitung und Modalitäten der Beschlussfassung

Hinsichtlich der Vorbereitung der Beschlussfassung und der Information der Anteilsinhaber gelten 1159
die allgemeinen rechtsformspezifischen Regelungen. Bei Personengesellschaften ist §§ 125, 42, bei
Partnerschaftsgesellschaften §§ 125, 45c, bei GmbH §§ 125, 47 und bei AG/KGaA die §§ 124, 61,
63, zu beachten.[2239] Hinsichtlich der Einberufung gelten die Regelung des jeweiligen Gesellschaftsvertrages. Sind solche nicht vorhanden, so gelten bei Kapitalgesellschaften die gesetzlichen Fristen;
bei Personengesellschaften ist eine angemessene Frist einzuhalten.[2240]

Für den Spaltungsbeschluss selbst gilt nach h.M. der Grundsatz des Versammlungserfordernisses, 1160
sodass ein Beschluss im Umlaufverfahren oder durch ein anderes Organ unzulässig ist.[2241] Hinsichtlich der für die Spaltungsbeschlüsse erforderlichen Mehrheiten gelten die gleichen rechtsformspezifischen Regelungen wie im Rahmen der Verschmelzung:[2242] Soweit der Gesellschaftsvertrag keine
höheren Anforderungen stellt sind daher bei GmbH (§§ 125, 50 Abs. 1), AG (§§ 125, 65 Abs. 1),
Genossenschaft (§§ 125, 84) und rechtsfähigen Vereinen jeweils drei Viertel der abgegebenen Stimmen bzw. des vertretenen Grundkapitals erforderlich. Bei Personengesellschaften ist ein einstimmi-

---

2235 Nachweise bei Limmer/*Limmer*, Teil 3 Rn. 306. In diesen Fällen bleibt sodann die Möglichkeit eines Verzichts zu prüfen, §§ 125 Satz 1, 9 Abs. 3.
2236 Rdn. 178 ff.; speziell zum Spaltungsbeschluss s.a. Limmer/*Limmer*, Teil 3 Rn. 313 ff.; Widmann/Mayer/*Fronhöfer*, § 125 Rn. 51 ff.; Lutter/*Priester*, § 128 Rn. 1 ff.
2237 S. wegen des Verfahrens und der weiteren Anforderungen die Ausführungen unter Rdn. 178 sowie Widmann/Mayer/*Fronhöfer*, § 125 Rn. 52.
2238 Zu den Praxisproblemen s. *Ising*, NZG 2011, 1368; *Leitzen*, DNotZ 2011, 526, 535.
2239 Limmer/*Limmer*, Teil 3 Rn. 324 ff.; s. für Einzelheiten die Darstellung die Darstellung i.R.d. Verschmelzung, Rdn. 180.
2240 Lutter/*Priester*, § 128 Rn. 5.
2241 Für alle weiteren Fragen s. die Darstellung zur Verschmelzung Rdn. 179.
2242 Für alle weiteren Fragen s. die Darstellung zur Verschmelzung Rdn. 178 ff.

ger Beschluss aller Gesellschafter erforderlich, sofern nicht der Gesellschaftsvertrag geringere Anforderungen stellt (§§ 125, 43 Abs. 2).[2243]

3. Nichtverhältniswahrende Spaltung

1161 Besondere Zustimmungserfordernisse gelten bei einer nichtverhältniswahrenden Spaltung. Hierbei werden bei einer Abspaltung oder Aufspaltung die Anteile bzw. Mitgliedschaften der übernehmenden Rechtsträger den Anteilsinhabern des übertragenden Rechtsträgers nicht in dem Verhältnis zugeteilt, das ihren Beteiligungen an dem übertragenden Rechtsträger entspricht. Eine nichtverhältniswahrende Spaltung kann es bei einer Ausgliederung nicht geben, da hier ohnehin alle Anteile dem übertragenden Rechtsträger selbst gewährt werden.

1162 Eine nichtverhältniswahrende Spaltung zur Neugründung liegt vor, wenn die zahlenmäßigen Beteiligungsquoten beim neuen Rechtsträger mit denjenigen beim übertragenden Rechtsträger nicht übereinstimmen.[2244] Bei einer Spaltung zur Aufnahme kommt es auf die rechnerische Quote an den vom übernehmenden Rechtsträger als Gegenleistung für das übertragene Vermögen gewährten Anteilen an (§ 128 Satz 2). Gemessen an der Quote bei der übertragenden Gesellschaft sind deren Gesellschafter bei der übernehmenden Gesellschaft prozentual notwendig geringer beteiligt, weil sie neben deren bisherigen Anteilsinhaber treten.

1163 § 128 regelt alleine das Verhältnis der Anteilseigner beim übertragenden Rechtsträger untereinander und nicht, ob die Anteilsinhaber des übertragenden Rechtsträgers bei der Spaltung zur Aufnahme insgesamt im Vergleich zu den bereits vorhandenen Anteilseignern des übernehmenden Rechtsträgers wertmäßig zutreffend behandelt werden. Dies ist eine Frage des Umtauschverhältnisses und nicht des § 128.[2245] Auch kommt § 128 nur zur Anwendung bei einer Verschiebungen der Beteiligungsquote. Sonstige Abweichungen fallen nicht darunter, etwa die Ausgabe stimmrechtsloser Anteile am übernehmenden Rechtsträger anstelle von stimmberechtigten beim übertragenden Rechtsträger. Insoweit bleibt es beim Zustimmungserfordernis jedes der betroffenen Gesellschafter.[2246] Ferner liegt keine nichtverhältniswahrende Spaltung vor, wenn die von dem bisherigen Beteiligungsverhältnis abweichende Aufteilung der Anteile durch bare Zuzahlungen i.S.v. §§ 125, 54, 68 Abs. 3 ausgeglichen werden. Diese baren Zuzahlungen sind auf einen Spitzenausgleich beschränkt und gewähren daher einen ausreichenden Schutz für die Anteilsinhaber.[2247]

1164 In manchen Fällen werden im Rahmen einer nichtverhältniswahrenden Spaltung Gegenleistungen der begünstigten Gesellschafter an die benachteiligten Gesellschafter erfolgen. Solche Ausgleichsleistungen untereinander sind grundsätzlich zulässig und gerade bei der Trennung von Gesellschaftergruppen erforderlich. Solche Ausgleichsleistungen stellen auch nicht bare Zuzahlungen i.S.v. §§ 125, 54 Abs. 4, 68 Abs. 3 dar, da sich nicht Leistungen des übernehmenden Rechtsträgers sind. Demgemäß unterliegen sie auch keiner betragsmäßigen und prozentualen Beschränkung.[2248]

1165 Ein Spaltungsvertrag, der eine nichtverhältniswahrende Spaltung im vorstehenden Sinne zum Gegenstand hat, wird nur wirksam, wenn ihm alle Anteilsinhaber des übertragenden Rechtsträgers zustimmen. Die Zustimmung bloß der benachteiligten Gesellschafter ist mithin nicht ausreichend. Für den Spaltungsbeschluss bedeutet die Bestimmung, dass der Spaltungsbeschluss nur einstimmig gefasst werden kann. Darüber hinaus müssen etwa nicht erschienene Anteilsinhaber ihre Zustim-

---

[2243] S.o. Rdn. 182.
[2244] Widmann/Mayer/*Mayer*, § 128 Rn. 30; Lutter/*Priester*, § 128 Rn. 8; Schmitt/Hörtnagl/Stratz/*Hörtnagl*, § 128 Rn. 2 ff.
[2245] Lutter/*Priester*, § 128 Rn. 9; Widmann/Mayer/*Mayer*, § 128 Rn. 43; Schmitt/Hörtnagl/Stratz/*Hörtnagl*, § 128 Rn. 8.
[2246] Lutter/*Priester*, § 128 Rn. 10.
[2247] Widmann/Mayer/*Mayer*, § 128 Rn. 34; Schmitt/Hörtnagl/Stratz/*Hörtnagl*, § 128 Rn. 21; zweifelnd: Lutter/*Priester*, § 128 Rn. 11; Kallmeyer/*Kallmeyer*, § 128 Rn. 2.
[2248] Lutter/*Priester*, § 128 Rn. 16; Schmitt/Hörtnagl/Stratz/*Hörtnagl*, § 128 Rn. 26.

mung in notariell beurkundeter Form erklären (§§ 125, 13 Abs. 3 Satz 1), bis dahin ist der Beschluss unwirksam. Das Ausbleiben der Zustimmung führt zur Unwirksamkeit des Spaltungsvertrages, bewirkt also nicht die innerhalb der Monatsfrist des § 14 Abs. 1 geltend zu machende Anfechtbarkeit des Spaltungsbeschlusses.[2249] Auch nicht stimmberechtigte Anteilsinhaber und Nießbrauchberechtigte sowie Pfandrechtsinhaber müssen zustimmen, da ein Eingriff in den Kernbereich stattfindet und ihr dingliches Recht beeinträchtigt wird.[2250]

Ob ein Anteilsinhaber zustimmt oder nicht, dürfte grundsätzlich allein seinem unbeschränkten Ermessen liegen. Eine Pflicht zur Zustimmung kann allenfalls unter den sehr engen Voraussetzungen der gesellschaftsrechtlichen Treuepflicht bestehen.[2251]

Auf Seiten des übernehmenden Rechtsträgers ergeben sich bei einer verhältniswahrenden Spaltung keine Besonderheiten. Die Rechtsstellung der Anteilsinhaber des übernehmenden Rechtsträgers wird durch die nichtverhältniswahrende Spaltung rechtlich nicht tangiert. Insoweit gelten für den Spaltungsbeschluss die allgemeinen Vorschriften.

4. Zustimmung einzelner Gesellschafter und sonstige Zustimmungserfordernisse

Da § 125 Satz 1 auf das Verschmelzungsrecht verweist, gelten bei der Spaltung die gleichen Minderheitenschutzvorschriften wie bei der Verschmelzung.[2252] Demgemäß besteht ein Zustimmungserfordernis der betroffenen Anteilsinhaber nach §§ 125, 13 Abs. 2 (Anteilsinhaber eines übertragenden Rechtsträgers zu deren Gunsten die Anteile an diesem vinkuliert sind),[2253] §§ 125, 50 Abs. 2 (Gesellschafter der übertragenden GmbH, deren satzungsmäßige Minderheitenrechte oder Geschäftsführungsrechte durch die Spaltung beeinträchtigt werden),[2254] §§ 125, 51 Abs. 1 Satz 1 bis 2 (Zustimmung der Anteilsinhaber der übertragenden Gesellschafter bei nicht voll eingezahlten Geschäftsanteilen der übernehmenden Gesellschaft), §§ 125, 51 Abs. 1 Satz 3 (Zustimmung der Anteilsinhaber der übernehmenden Gesellschaft bei nicht voll eingezahlten Geschäftsanteilen der übertragenden Gesellschaft),[2255] §§ 125, 51 Abs. 2 (Zustimmung bei fehlender proportionaler Beteiligungsmöglichkeit bei Übertragungen von AG/KGaA auf GmbH),[2256] §§ 65 Abs. 6 Satz 2 (Sonderbeschluss nach Aktiengattungen)[2257] sowie §§ 125, 78 Satz 3 (Zustimmung des persönlich haftenden Gesellschafters einer KGaA).[2258]

Die nach dem Umwandlungsgesetz erforderlichen Zustimmungserklärungen einzelner Anteilsinhaber sind notariell zu beurkunden (§§ 125, 13 Abs. 3 Satz 1), und zwar nach den §§ 8 ff. BeurkG als Willenserklärungen; die reine Stimmabgabe oder die Protokollierung als Tatsachenprotokoll im Sinne von §§ 36 ff. BeurkG reicht nicht aus.[2259]

§ 133 Abs. 2 ergänzt ferner den Schutz von Inhabern von Sonderrechten. Grundsätzlich sind auch bei der Spaltung von Inhabern von Rechten an einer übertragenden Gesellschaft, die keine Stimmrechte gewähren, insbesondere bei Inhabern von Anteilen ohne Stimmrecht, von Wandelschuldverschreibungen, von Gewinnschuldverschreibungen und von Genussrechten, gleichwertige Rechte an der übernehmenden Gesellschaft zu gewähren. § 133 Abs. 2 bestimmt darüber hinaus, dass zum einen für die Erfüllung dieser Verpflichtung alle an der Spaltung beteiligten Gesellschaften als

---

2249 Widmann/Mayer/*Mayer*, § 128 Rn. 26; Lutter/*Priester*, § 128 Rn. 20; Schmitt/Hörtnagl/Stratz/*Hörtnagl*, § 128 Rn. 29.
2250 Lutter/*Priester*, § 128 Rn. 18; Schmitt/Hörtnagl/Stratz/*Hörtnagl*, § 128 Rn. 29.
2251 Lutter/*Priester*, § 128 Rn. 19; Schmitt/Hörtnagl/Stratz/*Hörtnagl*, § 128 Rn. 30.
2252 Für alle weiteren Fragen s. die Darstellung zur Verschmelzung Rdn. 194 ff.
2253 S.o. Rdn. 194.
2254 S.o. Rdn. 196, 340 ff.
2255 S.o. Rdn. 196, 345 ff.
2256 S.o. Rdn. 364.
2257 S.o. Rdn. 393.
2258 S.o. Rdn. 449.
2259 *Ittner*, MittRhNotK 1997, 105, 110, 111; Widmann/Mayer/*Heckschen*, § 13 Rn. 232.

Gesamtschuldner haften. Bei Abspaltung und Ausgliederung können die gleichwertigen Rechte auch an der übertragenden Gesellschaft gewährt werden.[2260]

5. Form

1171 Der Spaltungsbeschluss bedarf nach §§ 125, 13 Abs. 1 der notariellen Beurkundung und zwar einschließlich der ggf. erforderlichen Zustimmungserklärungen nicht erschienener Gesellschafter. Dem Beschluss ist der Spaltungsvertrag oder sein Entwurf beizufügen.[2261]

VII. Verzichtsmöglichkeiten

1172 Da die meisten Vorschriften des Umwandlungsgesetzes dem Schutz der Anteilsinhaber dienen, ist ein Verzicht in weitem Umfang zulässig. So können die Anteilsinhaber verzichten auf den Spaltungsbericht, die Spaltungsprüfung und den Spaltungsprüfungsbericht (§§ 125, 8 Abs. 3, 9 Abs. 3, 12 Abs. 3), auf eine Klage gegen die Wirksamkeit des Spaltungsbeschlusses (§§ 125, 16 Abs. 2 Satz 2), auf ein Barabfindungsangebot i.S.d. §§ 125, 29 ff., auf die Prüfung einer Barabfindung und den Barabfindungsprüfungsbericht (§§ 125, 30 Abs. 2 Satz 3). Die Verzichtserklärungen sind notariell zu beurkunden.[2262]

1173 ▶ Formulierungsbeispiel: Verzicht der Gesellschafter

»Die erschienenen Gesellschafter erklärten: Wir verzichten auf die Erstattung eines Spaltungsberichtes, die Prüfung der Spaltung sowie auf die klageweise Anfechtung der Wirksamkeit der vorstehenden Beschlüsse und die Unterbreitung eines Barabfindungsangebots.«

1174 Nach allgemeinen Vorschriften können die Anteilsinhaber darüber hinaus auch verzichten auf die Bestimmung über die Vorabinformation, über die ordnungsgemäße Einladung zur Anteilsinhaberversammlung und auf die Einhaltung der Bestimmungen über die formale Durchführung der Gesellschafterversammlung. Nach allgemeinen Vorschriften bedarf ein entsprechender Verzicht keiner Form, es empfiehlt sich hier eine Aufnahme in die Niederschrift.[2263]

1175 ▶ Formulierungsbeispiel: Gesellschafterversammlung

»Unter Verzicht auf sämtliche gesellschaftsvertraglichen und gesetzlichen Form- und Fristvorschriften hinsichtlich der Einberufung, Ankündigung und Durchführung einer Gesellschafterversammlung sowie auf Formalien nach dem Umwandlungsrecht, wird hiermit eine außerordentliche Gesellschafterversammlung abgehalten, die einstimmig wie folgt beschließt:«

VIII. Registeranmeldung

1. Entsprechende Anwendungen der Verschmelzungsvorschriften

1176 Aufgrund der Verweisung in § 125 Satz 1 gilt für das Registerverfahren § 16 Abs. 1 entsprechend, so dass auf die Ausführungen zur Verschmelzung verwiesen werden kann.[2264] § 129 stellt ergänzend klar, dass zur Anmeldung der Spaltung auch das Vertretungsorgan jeder der übernehmenden Rechtsträger berechtigt ist. Es gelten daher folgende Anmeldungspflichten:
– Anmeldung der Spaltung zum Register des übertragenden Rechtsträgers, evtl. nebst Anmeldung der Kapitalherabsetzung/Satzungsänderung,
– Anmeldung der Spaltung zum Register des übernehmenden Rechtsträgers ggf. nebst Anmeldung der Kapitalerhöhung/Satzungsänderungen bzw. Anmeldung der Spaltung beim Register des neu gegründeten Rechtsträgers.

2260 Lutter/*Schwab*, § 133 Rn. 12 ff.
2261 Lutter/*Priester*, § 128 Rn. 7. S.o. Rdn. 189 ff.
2262 *Ittner*, MittRhNotK 1997, 105, 121.
2263 *Ittner*, MittRhNotK 1997, 105, 121.
2264 S.o. Rdn. 198 ff.

D. Spaltung

1177 Eine Reihenfolge der Anmeldung ist nicht vorgeschrieben, sondern nur die der Eintragungen (§ 130). Die Anmeldung beim übertragenden Rechtsträger muss innerhalb der 8-Monatsfrist zu § 17 Abs. 2 Satz 4 nach dem Stichtag der Schlussbilanz eingehen.

1178 Nach §§ 125, 16 Abs. 1 Satz 1 hat die Anmeldung durch die Vertretungsorgane der beteiligten Rechtsträger zu erfolgen. Bei Kapitalgesellschaften sind der Vorstand bzw. der Geschäftsführer jeweils in vertretungsberechtigter Zahl hierzu berufen, unechte Gesamtvertretung ist zulässig.[2265] Bei der AG muss der Aufsichtsratsvorsitzende mit anmelden (§§ 184 Abs. 1, 188 Abs. 1 AktG). Im Falle einer OHG oder KG erfolgt die Anmeldung durch die persönlich haftenden Gesellschafter.[2266] Zu berücksichtigen ist aber, dass rechtsformspezifisch für weitere Anmeldegegenstände als die Spaltung selbst strenge Anforderungen bestehen können, wie etwa für eine anlässlich der Spaltung durchgeführte Kapitalerhöhung einer GmbH (§ 78 GmbHG) oder nach h.M. für die Erklärungen nach § 140 UmwG.[2267]

1179 Gem. §§ 125, 16 Abs. 2 besteht die Pflicht zur Abgabe einer sog. Negativerklärung auch für den Fall der Spaltung. Dementsprechend haben die Vertretungsorgane zu erklären, dass eine Klage gegen die Wirksamkeit eines Spaltungsbeschlusses nicht oder nicht fristgerecht erhoben oder eine solche Klage rechtskräftig abgewiesen oder zurückgenommen worden ist. Die Erklärung muss die Beschlüsse aller am Spaltungsvorgang beteiligten Rechtsträger umfassen. Sie wird regelmäßig mit der Handelsregisteranmeldung selbst abgegeben, sie kann aber auch separat erfolgen.[2268]

1180 Ist mit der Spaltung eine Kapitalherabsetzung beim übertragenden bzw. eine Kapitalherabsetzung beim übernehmenden Rechtsträger verbunden, so ist zwar nicht erforderlich, aber ratsam diese Kapitalmaßnahmen und die Spaltung in einer Urkunde anzumelden. Erfolgt die Anmeldung separat, so sollte eine entsprechender Hinweis in die Anmeldung aufgenommen werden.[2269]

2. Einzelheiten zur Anmeldung hinsichtlich des übertragenden Rechtsträgers

a) Gegenstand der Anmeldung

1181 Angemeldet wird die Spaltung an sich, nicht der Spaltungsvertrag oder die Spaltungsbeschlüsse.[2270] Dabei sind Firma und Sitz der beteiligten Rechtsträger zu nennen. Die Anmeldung muss erkennen lassen, ob es sich um eine Aufspaltung oder eine Abspaltung oder eine Ausgliederung handelt. Weitere Angaben sind nicht notwendig, empfohlen wird eine kurze Bezeichnung des übertragenen Vermögensteils.[2271] Ferner ist eine Erklärung nach §§ 125, 16 Abs. 2 abzugeben. Sofern mit der Spaltung Satzungsänderungen, insbesondere Kapitaländerungen oder eine Änderung des Unternehmensgegenstandes verbunden sind, ist dies nach allgemeinen Grundsätzen bei der betroffenen Gesellschaft auch anzumelden.[2272]

b) Weitere Erklärungen

1182 Sofern kein Betriebsrat existiert, ist ferner eine entsprechende Erklärung in die Anmeldung aufzunehmen. Bei einer übertragenden Kapitalgesellschaft (GmbH/AG/KGaA) ist ferner eine Erklärung nach § 140 bzw. 146 Abs. 1 abzugeben.[2273] Bei einer übertragenden Genossenschaft ist die Erklärung nach § 148 Abs. 1 abzugeben.[2274] Ist eine GmbH beteiligt, auf deren Geschäftsanteile nicht alle zu

---

2265 Lutter/*Priester*, § 129 Rn. 3.
2266 Limmer/*Limmer*, Teil 3 Rn. 363.
2267 Limmer/*Limmer*, Teil 3 Rn. 365.
2268 Lutter/*Priester*, § 129 Rn. 8; Widmann/Mayer/*Schwarz*, § 129 Rn. 5.1; Limmer/*Limmer*, Teil 3 Rn. 375.
2269 Limmer/*Limmer*, Teil 3 Rn. 380 ff; Widmann/Mayer/*Schwarz*, § 129 Rn. 11.1.
2270 S.o. Rdn. 201.
2271 Lutter/*Priester*, § 129 Rn. 6.
2272 Lutter/*Priester*, § 129 Rn. 6.
2273 S.o. Rdn. 974 ff.
2274 S.u. Rdn. 1291.

leistenden Einlagen in voller Höhe bewirkt sind, ist ferner eine Erklärung nach §§ 125, 52 Abs. 1, 62 Abs. 3 Satz 5 abzugeben.[2275]

c) Anlagen (§§ 125, 17)

1183 Wegen § 125 gilt hinsichtlich der einzureichenden Unterlagen auch für die Spaltung der Katalog des § 17.[2276]

1184 Demnach sind der Anmeldung folgende Anlagen beizufügen:
– Spaltungsvertrag bzw. Spaltungsplan,
– Zustimmungsbeschlüsse, einschließlich etwa erforderliche Zustimmungen nicht erschienener Anteilsinhaber; vorzulegen ist die Zustimmung aller beteiligten Rechtsträger zu jeder Anmeldung,
– (soweit erforderlich) Spaltungsbericht oder Abschrift der Niederschrift über die Verzichtserklärungen, jeweils nur für den Rechtträger, für den die Anmeldung erfolgt,
– (soweit erforderlich) Spaltungsprüfungsbericht bzw. Abschrift der Niederschrift über die Verzichtserklärungen, nur für den Rechtsträger, für den die Anmeldung erfolgt,
– Nachweise über die Zuleitung des Entwurfes bzw. Abschrift des Vertrages an den vorstehenden Betriebsrat, bezogen auf den Rechtsträger, bei dem die Anmeldung erfolgt (falls ein solcher nicht besteht, ist eine entsprechende Erklärung in die Anmeldung aufzunehmen),
– Schlussbilanz des übertragenden Rechtsträgers, die auf den Stichtag höchstens 8 Monate vor Eingang der Anmeldung aufgestellt sein darf.

1185 Weitere beizufügende Unterlagen können sich rechtsformspezifisch ergeben. So etwa kann bei einer GmbH eine berichtigte Gesellschafterliste nach § 40 Abs. 2 GmbHG erforderlich sein.[2277] Bei Beteiligung einer Genossenschaft ist zudem das Prüfungsgutachten nach §§ 125, 86 beizufügen.[2278]

d) Vereinfachte Kapitalherabsetzung

1186 Erfolgt eine vereinfachte Kapitalherabsetzung zur Durchführung der Abspaltung (und in seltenen Fällen auch zur Durchführung der Ausgliederung), so kann diese separat angemeldet werden, zumeist wird sie aber mit der Spaltung in einer Urkunde verbunden.[2279] Wegen der Vertretung der Gesellschaft, des Inhalts der Anmeldung und der beizufügenden Unterlagen kann verwiesen werden auf die rechtsformspezifischen Darstellungen.[2280]

3. Anmeldung zum Register des übernehmenden Rechtsträgers

a) Gegenstand der Anmeldung

1187 Auch beim übernehmenden Rechtsträger ist anzumelden die Spaltung unter Angabe der Spaltungsart. Darüber hinaus ist eine Erklärung nach §§ 125, 16 Abs. 2 abzugeben. Sofern kein Betriebsrat besteht, ist eine entsprechende Erklärung aufzunehmen.

b) Weitere Erklärungen

1188 Weitere Erklärungen können rechtsformspezifisch erforderlich sein. So können sich bei einer GmbH Erklärungspflichten aus §§ 125, 52 Abs. 1 wegen nicht voll eingezahlter Geschäftsanteile bzw. §§ 125, 62 Abs. 3 Satz 5 bei einer AG ergeben.

2275 S. für Einzelheiten Limmer/*Limmer*, Teil 3 Rn. 375.
2276 S. hierzu im Einzelnen oben Rdn. 214 auch hinsichtlich der Form.
2277 S.o. Rdn. 354.
2278 Dies gilt unabhängig davon, ob die Genossenschaft übertragender oder übernehmender Rechtsträger ist. Vgl. Limmer/*Limmer*, Teil 3 Rn. 379.
2279 Limmer/*Limmer*, Teil 3 Rn. 380 ff.; Widmann/Mayer/*Mayer*, § 139 Rn. 57; *Ittner*, MittRhNotK 1997, 107, 123.
2280 S. für eine GmbH unten Rdn. 1226, für eine AG/KGaA Rdn. 1256.

c) Anlagen (§§ 125, 17)

Wegen § 125 gilt hinsichtlich der einzureichenden Unterlagen auch für die Spaltung der Katalog des § 17.[2281] Demnach sind der Anmeldung folgende Anlagen beizufügen:
– Spaltungsvertrages bzw. Spaltungsplan,
– Zustimmungsbeschlüsse, einschließlich etwa erforderliche Zustimmungen nicht erschienener Anteilsinhaber; vorzulegen ist die Zustimmung aller beteiligten Rechtsträger zu jeder Anmeldung,
– (soweit erforderlich) Spaltungsbericht oder Niederschrift über die Verzichtserklärungen, jeweils nur für den Rechtsträger, für den die Anmeldung erfolgt,
– (soweit erforderlich) Spaltungsprüfungsbericht bzw. Niederschrift über die Verzichtserklärungen, nur für den Rechtsträger, für den die Anmeldung erfolgt,
– Nachweise über die Zuleitung des Entwurfes bzw. Abschrift des Vertrages an den vorstehenden Betriebsrat, bezogen auf den Rechtsträger, bei dem die Anmeldung erfolgt (falls ein solcher nicht besteht, ist eine entsprechende Erklärung in die Anmeldung aufzunehmen),

1189

Weitere Beifügungspflichten können sich rechtsformspezifisch ergeben:
– bei der übernehmenden GmbH berichtigte Gesellschafterliste nach § 40 Abs. 2 GmbHG, ggf. Übernehmerliste,
– bei der übernehmenden AG Bekanntmachung nach § 62 Abs. 3 Satz 2 Anzeige des Treuhänders nach § 71 Abs. 1 Satz 2,[2282]
– bei Beteiligung einer Genossenschaft: Prüfungsgutachten der Genossenschaft nach § 86.

1190

d) Kapitalerhöhung

Erfolgt zur Durchführung der Spaltung eine Kapitalerhöhung, so kann diese Anmeldung separat erfolgen, in der Praxis wird diese jedoch zumeist mit der Anmeldung der Spaltung in einer Urkunde verbunden. Hinsichtlich der Anmeldung der Kapitalerhöhung, des Inhalts und der erforderlichen Unterlagen kann verwiesen werden auf die rechtsformspezifischen Darstellungen.[2283]

1191

4. Anmeldung zum Register des neu gegründeten Rechtsträgers

a) Allgemeines

Die Anmeldung des neuen Rechtsträgers erfolgt durch die Vertretungsorgane des übertragenden Rechtsträgers in vertretungsberechtigter Anzahl (§ 137 Abs. 1).[2284] Die Organe einer neuen Kapitalgesellschaft wirken nur im Hinblick auf die erforderlichen Inhabilitäts-Versicherungen nach §§ 8 Abs. 3 GmbHG bzw. 37 Abs. 2 AktG mit.

1192

b) Gegenstand der Anmeldung

Gegenstand der Anmeldung ist zum einen die Anmeldung des neuen Rechtsträgers unter Angabe, dass dieser im Wege der Neugründung durch Spaltung entstanden ist. Ferner ist eine Erklärung nach §§ 125, 16 Abs. 2 abzugeben. Sofern beim übertragenden Rechtsträger kein Betriebsrat besteht, ist eine entsprechende Erklärung aufzunehmen. Darüber hinaus sind die rechtsformspezifischen Besonderheiten der Anmeldung nach dem jeweiligen Gründungsrecht zu beachten.

1193

2281 S. hierzu im Einzelnen oben Rdn. 214 f.
2282 Diese ist nur beizufügen bei der übernehmenden Gesellschaft: vgl. Widmann/Mayer/*Rieger*, § 62 Rn. 49.
2283 S. für eine GmbH unten Rdn. 1246, für eine AG Rdn. 1274.
2284 *Ittner*, MittRhNotK 1997, 105, 122; s. aber auch die abweichende Rechtslage bei der Ausgliederung aus dem Vermögen eines Einzelkaufmannes, unten Rdn. 1321.

Kapitel 8   Umwandlungsrecht

1194 Streitig ist, ob bei einer Kapitalgesellschaft eine Versicherung über die Bewirkung und die freie Verfügbarkeit der Sacheinlagen entsprechend §§ 8 GmbHG bzw. 37 Abs. 1 Satz 1 AktG abzugeben ist.[2285]

c) Anlagen

1195 Hinsichtlich der Anlagen gelten §§ 125, 36 Abs. 1, 17. Demgemäß sind beizufügen:
– Spaltungsplan (§§ 125, 36 Abs. 1, 17 Abs. 1);
– Spaltungsbeschluss der übertragenden Gesellschaft, einschließlich etwa erforderlicher Zustimmungen nicht erschienener Anteilsinhaber (§§ 125, 36 I, 17 Abs. 1);
– Negativerklärung nach §§ 125, 36 I, 16 Abs. 2 Satz 1 (oder Klageverzichtserklärung nach §§ 125, 36 I, 16 Abs. 2 Satz 2 oder Beschluss nach §§ 125, 36 I, 16 Abs. 3);
– (Soweit erforderlich) Spaltungsbericht/Spaltungsprüfungsbericht oder diesbezügliche Verzichtserklärung (§§ 127, 125, 36 Abs. 1, 17 Abs. 1);
– falls beim übertragenden Rechtsträger ein Betriebsrat existiert: Nachweis über die Zuleitung des Entwurfes (falls nicht, ist eine entsprechende Erklärung in die Anmeldung aufzunehmen.

1196 Die weiter vorzulegenden Anlagen ergeben sich aus dem jeweiligen Gründungsrecht, insoweit kann auf die nachfolgende Einzeldarstellung verwiesen werden.

5. Besonderheiten der Spaltungsbilanz

1197 Für alle Arten der Spaltung ist gem. §§ 125 Satz 1, 17 Abs. 2 eine Schlussbilanz des übertragenden Rechtsträgers aufzustellen und der Anmeldung beizufügen. Wegen der Einzelheiten der Spaltungsbilanz kann zunächst auf die Ausführungen zur Verschmelzungsbilanz verwiesen werden (vgl. oben Rdn. 217 ff.). Jedoch ordnet § 125 Satz 1 lediglich eine entsprechende Anwendung der Verschmelzungsvorschriften an. Hieraus könnte man ableiten, dass die Verweisung auf § 17 Abs. 2 nur im Sinne einer Verpflichtung zur Erstellung und Einreichung einer sog. Spaltungsbilanz (Teilschlussbilanz) verstanden werden kann, in welcher nur das abzuspaltende Vermögen auszuweisen ist.[2286] Dies erscheint aus Gläubigersicht zweifelhaft, denn die Schlussbilanz i.S.d. § 17 Abs. 2 soll auch dem Gläubiger dienen, um eine Entscheidung über das Verlangen nach Sicherheitsleistung gem. § 22 treffen zu können.[2287] Das IDW lässt daher in seiner Verlautbarung »Zweifelsfragen bei Spaltungen«[2288] eine Teilschlussbilanz für das übertragene Vermögen nur dann genügen, wenn zusätzlich eine Teilschlussbilanz auch für das verbleibende Vermögen beigefügt wird. Nach h.M. ist für alle Fälle der Spaltung die Einreichung von Gesamtbilanzen des übertragenden Rechtsträgers ausreichend und erforderlich. Eine Verpflichtung zur Einreichung von Teilschlussbilanzen besteht mithin nicht.[2289]

1198 Dessen ungeachtet können sich Teilschlussbilanzen empfehlen, etwa zum Nachweis der Werthaltigkeit des übertragenen Vermögens, wenn der übernehmende Rechtsträger spaltungsbedingt sein Kapital erhöht.[2290]

2285 Für Erforderlichkeit: *Mayer*, DB 1995, 861; Widmann/Mayer/*Mayer*, § 135 Rn. 61; Widmann/Mayer/*Rieger*, § 76 Rn. 13; verneinend: Limmer/*Limmer*, Teil 3 Rn. 390; *Priester*, DNotZ 1995, 427, 452; *Ittner*, MittRhNotK 1997, 105, 123.
2286 Widmann/Mayer/*Mayer*, § 24 Rn. 163 ff.
2287 DNotI Gutachten zum Umwandlungsrecht Nr. 36, S. 262 ff. (insb. 277).
2288 WPG 1997, 437 sowie WPG 1998, 509.
2289 Kallmeyer/*Müller*, § 126 Rn. 23.
2290 Limmer/*Limmer*, Teil 3 Rn. 393.

D. Spaltung

IX. Eintragung und Rechtsfolgen

1. Abfolge der Eintragungen

Das Eintragungsverfahren bei einer Spaltung entspricht im Wesentlichen demjenigen der Verschmelzung.[2291] Da im Rahmen einer Spaltung – anders als im Rahmen einer Verschmelzung – auch mehrere übernehmende Rechtsträger vorhanden sein können, modifiziert § 130 die Reihenfolge der Eintragungen. Zudem tritt die Spaltungswirkung mit Eintragung der Spaltung in das Register des Sitzes des übertragenden Rechtsträgers ein (§ 131 Abs. 1).

Soweit bei Kapitalgesellschaften Kapitalmaßnahmen zur Durchführung der Spaltung erforderlich sind (Kapitalherabsetzung bei der übertragenden bzw. Kapitalerhöhung bei der übernehmenden Gesellschaft), darf die Eintragung der Spaltung erst erfolgen, soweit die diesen Rechtsträger betreffende Kapitalmaßnahme zur Durchführung der Spaltung im Handelsregister eingetragen ist. Wirksam wird die Kapitaländerung aber erst mit Wirksamwerden der Spaltung, sodass bei Eintragung im Register klarzustellen ist, dass die Kapitalerhöhung bzw. Kapitalherabsetzung zur Durchführung der Spaltung erfolgt.[2292]

Demgemäß schreibt das Gesetz folgende zwingende Abfolge der Eintragung vor:[2293]
- Eintragung der Kapitalherabsetzung bei der übertragenden Kapitalgesellschaft sowie – bei Spaltung zur Aufnahme – der Kapitalerhöhung bei der übernehmenden Kapitalgesellschaft bzw. – bei Spaltung zur Neugründung – der Neueintragung des neu gegründeten Rechtsträgers;
- Eintragung der Spaltung in den für jeden übernehmenden Rechtsträgern zuständigen Registern, jeweils mit dem Vorläufigkeitsvermerk gem. § 130 Abs. 1 Satz 2, dass die Spaltung erst mit der Eintragung in das Register des Sitzes des übertragenden Rechtsträgers wirksam wird;
- Eintragung der Spaltung in das zuständige Register des übertragenden Rechtsträgers. Nach der Eintragung der Spaltung im Register aller übernehmenden Rechtsträger ist die Spaltung gem. § 130 Abs. 1 Satz 1 im Register des Sitzes des übertragenden Rechtsträgers einzutragen. Gem. § 130 Abs. 2 Satz 1 ist von Amts wegen dem Registergericht des übernehmenden Rechtsträgers die Eintragung mitzuteilen sowie der Gesellschaftsvertrag und die Satzung des übertragenden Rechtsträgers zu übermitteln;
- Nach Eingang der Mitteilung des Registergerichtes des übertragenden Rechtsträgers wird das Datum der Eintragung im Register des übertragenden Rechtsträgers dort von Amts wegen vermerkt und anschließend werden die Unterlagen an das Registergericht des übernehmenden Rechtsträgers abgegeben. Der Vorläufigkeitsvermerk wird sodann gelöscht.

2. Folgen eines Verstoßes gegen Eintragungsreihenfolge

Ein Verstoß gegen die zwingende Eintragungsreihenfolge hat nach der Eintragung der Spaltung in das Register am Sitz des übertragenden Rechtsträgers keine Auswirkungen. Wird die Spaltung zuerst dort eingetragen, so löst bereits diese Eintragung die Spaltungswirkung aus. Die Spaltung ist allerdings in das Register des übernehmenden Rechtsträgers nachträglich noch einzutragen.[2294] Streitig sind jedoch die Folgen einer fehlenden Voreintragung der ggf. notwendigen Kapitalerhöhung. Gegen die von einigen Literaturstimmen geforderte Voreintragung der Kapitalmaßnahmen lässt sich jedoch zutreffenderweise einwenden, das § 133 Abs. 2 das Wirksamwerden der Spaltung nur an die Eintragung beim übertragenden Rechtsträger knüpft. Der Rechtsverkehr muss auf der Grundlage dieser Eintragung somit darauf vertrauen können, dass die Spaltung wirksam geworden ist. Für Dritte ist es auch nicht möglich zu erkennen, ob zur Durchführung der Spaltung Kapitalmaßnahmen der beteiligten Rechtsträger notwendig gewesen wären oder nicht. Für die Wirksamkeit der Spaltung

---

2291 S.o. Rdn. 225 ff.
2292 Widmann/Mayer/*Fronhöfer*, § 130 Rn. 19; Schmitt/Hörtnagl/Stratz/*Hörtnagl*, § 130 Rn. 4 ff.
2293 *Ittner*, MittRhNotK 1997, 105, 125; Schmitt/Hörtnagl/Stratz/*Hörtnagl*, § 130 Rn. 4.
2294 Schmitt/Hörtnagl/Stratz/*Hörtnagl*, § 130 Rn. 8; Lutter/*Priester*, § 130 Rn. 11.

hat somit die fehlende Voreintragung einer Kapitalmaßnahme keine Wirkung.[2295] Unbeschadet hiervon dürfte die Verpflichtung bestehen, die entsprechenden Kapitalmaßnahmen entsprechend den Bestimmungen des Spaltungsvertrages noch nachträglich eintragen zu lassen.

3. Eintragungsfolgen

a) Aufspaltung

1203   Gem. § 131 Abs. 1 Nr. 1 geht bei der Aufspaltung das gesamte Vermögen des übertragenden Rechtsträgers mit der Eintragung im Register des übertragenden Rechtsträgers auf die übernehmenden oder neu gegründeten Rechtsträger entsprechend dem Spaltungsvertrag oder Spaltungsplan im Wege der partiellen Gesamtrechtsnachfolge über. Der übertragende Rechtsträger erlischt, ohne dass es einer besonderen Löschung bedarf (§ 131 Abs. 1 Nr. 2). Nicht zugeteilte Vermögenswerte gehen auf alle übernehmenden Rechtsträger in dem in § 131 Abs. 3 beschriebenen Verhältnis über.[2296]

b) Abspaltung/Ausgliederung

1204   Abweichend hiervon gehen bei einer Abspaltung oder Ausgliederung mit der Eintragung im Register des übertragenden Rechtsträgers nur die übertragenen Vermögensteile einschließlich der übertragenen Verbindlichkeiten auf den übernehmenden Rechtsträger über. Der übertragende Rechtsträger besteht fort.

c) Anteilserwerb

1205   Spiegelbildlich zur Übertragung des Vermögens werden bei Auf- bzw. Abspaltung gem. § 131 Abs. 1 Nr. 3 die Anteilsinhaber des übertragenden Rechtsträgers entsprechend der im Spaltungsvertrag vorgesehenen Aufteilung Anteilsinhaber der beteiligten Rechtsträger.[2297] Bei einer Ausgliederung wird der übertragende Rechtsträger entsprechend dem Ausgliederungs- und Übernahmevertrag Anteilsinhaber der übernehmenden Rechtsträger. Auch wenn dieser Anteilserwerb auf der entsprechenden Vereinbarung im Spaltungsvertrag bzw. Ausgliederungs- und Übernahmevertrag basiert und grundsätzlich die Aufteilung der Anteile der Parteienautonomie unterfällt, handelt es sich dennoch um einen gesetzlichen Erwerb. Berechtigter Anteilsinhaber ist der Anteilsinhaber zum Zeitpunkt des Wirksamwerdens der Spaltung, also der Eintragung im Handelsregister des übertragenden Rechtsträgers. Da der Spaltungsbeschluss keine Sperrwirkung entfaltet, können Anteile bis zur Eintragung nach den allgemeinen Grundsätzen übertragen werden.[2298]

1206   Nach § 131 Abs. 1 Nr. 3 Satz 1 Halbs. 2 ist bei Aufspaltung und Abspaltung jeweils ein Anteilserwerb ausgeschlossen, soweit der übernehmende Rechtsträger Anteilsinhaber des übertragenden Rechtsträgers sind. Dies gilt bei unmittelbarer als auch bei mittelbarer Beteiligung. Die Vorschrift entspricht inhaltlich § 20 Abs. 1 Nr. 3, so dass auf die dortigen Ausführungen verwiesen werden kann.[2299]

1207   Bestanden Rechte Dritter an den Anteilen oder Mitgliedschaften des übertragenden Rechtsträgers, so bestehen diese nach § 131 Abs. 1 Nr. 3 Satz 2 fort. Nach h.M. gilt diese Erstreckung nach dem Prinzip der dinglichen Surrogation nicht nur bei der Aufspaltung, sondern auch bei der Abspaltung. Bei der Ausgliederung gilt diese Vorschrift nicht, da der übertragende Rechtsträger selbst, nicht aber

---

2295   Widmann/Mayer/*Fronhöfer*, § 130 Rn. 21; Schmitt/Hörtnagl/Stratz/*Hörtnagl*, § 130 Rn. 8; Lutter/*Priester*, § 130 Rn. 11.
2296   Limmer/*Limmer*, Teil 3 Rn. 398 und Rn. 128.
2297   Wie § 131 Abs. 1 Nr. 3 in der Neufassung klarstellt, können anlässlich der Spaltung auch unmittelbar Anteile am übertragenden Rechtsträger übertragen werden, vgl. Schmitt/Hörtnagl/Stratz/*Hörtnagl*, § 131, Rn. 102; Limmer/*Limmer*, Teil 3 Rn. 140.
2298   BayObLG NZG 2003, 829, 830.
2299   Rdn. 230 ff.

dessen Anteilsinhaber, Anteile erhält. Die Surrogationsvorschrift gilt nur für dingliche Rechte an Anteilen, rein schuldrechtliche Beziehungen (Unterbeteiligung, stille Gesellschaft, Vorkaufsrecht) setzen sich nicht fort, insoweit ist eine erneute Vereinbarung erforderlich.[2300] Dies gilt nach h.M. auch für Treuhandverträge als rein schuldrechtliche Vereinbarungen.[2301]

d) Heilung von Beurkundungsmängeln

Mit der Eintragung der Spaltung in das Register des übertragenden Rechtsträgers werden Mängel an der notariellen Beurkundung des Spaltungsvertrages und ggf. erforderlicher Zustimmungsverzichtserklärungen einzelner Anteilsinhaber gem. § 131 Abs. 1 Nr. 4 geheilt. Die Vorschrift entspricht wörtlich der für die Verschmelzung geltenden Vorschrift des § 20 Abs. 1 Nr. 4. Gem. § 131 Abs. 2 lassen Mängel der Spaltung die Wirkung der Eintragung unberührt.[2302] Aufgetretene Mängel berühren also nach Eintragung der Spaltung deren Wirksamkeit nicht mehr. Diese Regelung entspricht § 20 Abs. 2.[2303] 1208

X. Besonderheiten bei der Spaltung von Personenhandelsgesellschaften (OHG; KG einschl. GmbH & Co. KG)

1. Allgemeines

a) Überblick

Bei der Spaltung von Personenhandelsgesellschaften kann wegen § 125 Satz 1 auf die Ausführungen zur Verschmelzung verwiesen werden, es bestehen insoweit keine spaltungsspezifischen Vorschriften.[2304] 1209

b) Spaltungsvertrag

Im Hinblick auf die Gestaltung des Spaltungsvertrages kann auf die Ausführungen zum Verschmelzungsvertrag und insbesondere auf das Erfordernis der Mitbeurkundung des Gesellschaftsvertrages bei der Spaltung zur Neugründung einer Personenhandelsgesellschaft verwiesen werden.[2305] 1210

c) Spaltungsbericht (§ 127), Unterrichtung der Gesellschafter (§§ 125, 42) sowie Spaltungsprüfung (§§ 125, 44)

Ein Spaltungsbericht gem. § 127 ist gem. §§ 125 Satz 1, 41 für eine an der Spaltung beteiligte Personenhandelsgesellschaft dann nicht erforderlich, wenn alle Gesellschafter der Gesellschaft zur Geschäftsführung berechtigt sind.[2306] Darüber hinaus entfällt ein Spaltungsbericht dann, wenn alle Gesellschafter in einer notariellen Urkunde auf die Erstellung des Spaltungsberichtes verzichtet 1211

2300 Lutter/*Teichmann*, § 131 Rn. 96 f.; Schmitt/Hörtnagl/Stratz/*Hörtnagl*, § 131 Rn. 107 ff.
2301 Schmitt/Hörtnagl/Stratz/*Hörtnagl*, § 131 Rn. 110; a.A. Lutter/*Teichmann*, § 131 Rn. 97 für den Fall der offenen Treuhand.
2302 Wobei streitig ist, ob dessen ungeachtet Anfechtungs- und Nichtigkeitsklagen gegen den Spaltungsbeschluss zulässig sind, dafür OLG Stuttgart ZIP 2004, 1145; Widmann/Mayer/*Vossius*, § 131 Rn. 200; a.A. Lutter/*Teichmann*, § 131 Rn. 101.
2303 S. Rdn. 236.
2304 S. Rdn. 248 ff. zur Spaltung von Personenhandelsgesellschaften auch die Darstellungen von Semler/Stengel/*Ihrig*, Anhang zu § 137; Lutter/*Teichmann*, Anhang zu § 137; Widmann/Mayer/*Mayer*, Vor §§ 138 ff. Rn. 4; Limmer/*Limmer*, Teil 3 Rn. 429 ff.; *Priester*, DStR 2005, 788; Gummert/*Arnold/Pathe*, Personengesellschaftsrecht, 2005, Rn. 59 ff. Für Muster s. Widmann/Mayer, Anhang 4 Muster 15 (Abspaltung von GmbH & Co. KG auf GmbH & Co. KG), Widmann/Mayer, Anhang 4 Muster 20a (Totalausgliederung aus KG auf AG zur Neugründung), Limmer/*Limmer*, Teil 3 Rn. 444 (Abspaltung aus KG auf KG zur Aufnahme).
2305 S.o. Rdn. 253 ff.
2306 S.o. Rdn. 272.

haben (§§ 127 Satz 2, 8 Abs. 3) oder alle Anteile des übertragenden Rechtsträgers sich in der Hand des übernehmenden Rechtsträgers befinden (§§ 127 Satz 2, 8 Abs. 3 Satz 2 Halbs. 2).[2307] Gem. §§ 125, 42 sind bei der Spaltung unter Beteiligung von Personenhandelsgesellschaften der Spaltungsvertrag oder sein Entwurf und der Spaltungsbericht den Gesellschaftern, die von der Geschäftsführung ausgeschlossen sind, spätestens zusammen mit der Einberufung der Gesellschafter, die die Zustimmung zum Spaltungsvertrag beschließen sollen, zu übersenden. Eine Spaltungsprüfung ist dabei nach §§ 125, 44 nur im Falle des § 43 Abs. 2 erforderlich.[2308]

d) Spaltungsbeschluss

1212 Hinsichtlich des Spaltungsbeschlusses verweist § 125 auf die für die Verschmelzung geltende Vorschrift des § 43.[2309] Dieser muss somit grundsätzlich einstimmig erfolgen, wobei auch die notarielle beurkundete Zustimmung der nicht anwesenden bzw. nicht vertretenen Gesellschafter erforderlich ist. Abweichend hiervon kann der Gesellschaftsvertrag eine Dreiviertelmehrheit der abgegebenen Stimmen vorsehen.[2310]

2. Personenhandelsgesellschaft als übertragender Rechtsträger

1213 Einem persönlich haftenden Gesellschafter, der der Spaltung widerspricht, ist in der übernehmenden Gesellschaft die Stellung eines Kommanditisten einzuräumen (§§ 135 Abs. 1 Satz 1, 125, 43 Abs. 2 Satz 3). Wird einem Kommanditisten der übertragenden Gesellschaft bei der übernehmenden Gesellschaft nicht die Stellung eines beschränkt haftenden Gesellschafters eingeräumt, so ist seine Zustimmung erforderlich (§§ 135 Abs. 1 Satz 1, 125 Satz 1, 40 Abs. 2 Satz 2).[2311] Bedarf die Abtretung der Anteile bei der übertragenden Gesellschaft der Zustimmung bestimmter Gesellschafter, so ist nach § 13 Abs. 2 deren Zustimmung erforderlich. Bei einer nichtverhältniswahrenden Spaltung gilt § 128. Ist übernehmender Rechtsträger eine GmbH, bei der nicht alle Stammeinlagen erbracht sind, so gilt für den Beschluss bei einer übertragenden Personengesellschaft zudem §§ 125 Satz 1, 52 Abs. 1. Bei der Aufspaltung einer Personenhandelsgesellschaft auf Rechtsträger anderer Rechtsformen, deren Anteilsinhaber für Verbindlichkeiten nicht persönlich haften, so gelten für die Nachhaftung der persönlich haftenden Gesellschafter die §§ 125, 45.[2312]

1214 Bei der Abspaltung von einer Kommanditgesellschaft stellt sich die Frage, ob der Anwendungsbereich des § 172 Abs. 4 HGB eröffnet ist. Die Abspaltung führt zu einem Vermögensverlust bei der Gesellschaft, der dem Kommanditisten dadurch mittelbar zugute kommt, dass er nun Anteile an dem übernehmenden Rechtsträger erhält. Nach Auffassung von Hörtnagl[2313] ist der Anwendungsbereich des § 172 Abs. 4 HGB eröffnet, sodass in Fällen drohender Haftung ggf. vor Durchführung der Auf-/Abspaltung eine Herabsetzung der Hafteinlage durchzuführen sei. Die überwiegende Auffassung in der Literatur lehnt eine Anwendung des § 172 Abs. 4 HGB ab. Dies wird zum einen begründet mit dem Gesetzeszweck, die Umstrukturierung ohne Nachteile für die Beteiligten zu ermöglichen und zum anderen mit dem speziellen Haftungssystem des UmwG.[2314] Eine vermittelnde Auffassung verzichtet auf die Anwendung von § 172 Abs. 4 HGB, wenn ein ausreichender Schutz der Altgläubiger durch eine entsprechende Herabsetzung der Haftungseinlage bei der übertragenden

---

[2307] S.o. Rdn. 139 f.
[2308] S.o. Rdn. 272.
[2309] S.o. Rdn. 273.
[2310] S.o. Rdn. 276; Lutter/*Teichmann*, Anhang zu § 137 Rn. 8; Widmann/Mayer/*Mayer*, Vor §§ 138 ff. Rn. 11 ff.
[2311] Widmann/Mayer/*Mayer*, Vor §§ 138 ff. Rn. 11 f.
[2312] Rdn. 279; Widmann/Mayer/*Mayer*, vor §§ 138 ff. Rn. 14; Schmitt/Hörtnagl/Stratz/*Hörtnagl*, Vor §§ 138 ff. Rn. 11.
[2313] Schmitt/Hörtnagl/Stratz/*Hörtnagl*, § 133 Rn. 42 f.
[2314] Lutter/*Schwab*, § 133 Rn. 102; Lutter/*Teichmann*, Anhang § 137 Rn. 13 m.w.N.

KG und durch entsprechende Festsetzung der Haftsumme bei dem übernehmenden Rechtsträger gewährleistet ist.[2315]

▶ **Formulierungsbeispiel: Freistellung Kommanditist** 1215

»Sollte infolge des Vollzugs der hier niedergelegten Abspaltung die Haftung des Kommanditisten nach § 172 Abs. 4 HGB wieder aufleben, so stellt .... als Gesamtschuldner den Kommanditisten von sämtlichen Ansprüchen frei, die gegen diesen insoweit geltend gemacht werden.«

Da die Abspaltung (und in seltenen Fällen auch die Ausgliederung) zu einem Mittelabfluss führt, kann es sich im Hinblick auf die Haftung für Neuverbindlichkeiten empfehlen, die Hafteinlage des Kommanditisten herabzusetzen.[2316] Wegen § 174 Satz 1 HGB sollte die Herabsetzung der Hafteinlage vor der Eintragung der Spaltung beim übertragenden Rechtsträger eingetragen werden.[2317] 1216

3. Personenhandelsgesellschaft als übernehmender Rechtsträger

Für eine Beteiligung als Personenhandelsgesellschaft als übernehmender Rechtsträger gelten keine weiteren Besonderheiten. Zu beachten ist, dass im Spaltungsvertrag zu regeln ist, welche Rechtsstellung die einzelnen Gesellschafter bei Auf- oder Abspaltung an den übernehmenden Rechtsträgern erhalten sollen.[2318] 1217

Gleichfalls ist darauf hinzuweisen, dass auch einem persönlich haftender Gesellschafter des übernehmenden Rechtsträgers, der der Spaltung widerspricht, die Stellung eines Kommanditisten zu gewähren ist (§§ 135, 125, 43 Abs. 2 Satz 3), vorstehende Ausführungen gelten insoweit entsprechend. 1218

Im Spaltungsvertrag ist der Betrag der als Gegenleistung gewährten Kapitaleinlage festzusetzen (§§ 125, 40 Abs. 1 Satz 2). Bei persönlich haftenden Gesellschaftern ist dies das feste Kapitalkonto. Bei Kommanditisten ist hierunter zunächst die Pflichteinlage zu verstehen, wobei das Gesetz davon ausgeht, dass diese im Regelfall der Hafteinlage entspricht. Ist die im Handelsregister einzutragende Hafteinlage geringer, ist eine entsprechende Regelung erforderlich.[2319] Ist ein Gesellschafter bereits an der übernehmenden Gesellschaft beteiligt, so ist der Grundsatz der Einheitlichkeit der Beteiligung zu beachten. Demgemäß ist die bisherige Kapitaleinlage aufzustocken, die Einbuchung nur eines Darlehensanspruchs ist nicht ausreichend.[2320] 1219

XI. Besonderheiten bei der Spaltung unter Beteiligung von Partnerschaftsgesellschaften

1. Allgemeines

Bei der Spaltung unter Beteiligung von Partnerschaftsgesellschaften kann auf die Ausführungen zur Verschmelzung verwiesen werden.[2321] 1220

2315 *Naraschewski*, DB 1995, 1265, 1266.
2316 Lutter/*Teichmann*, Anhang § 137 Rn. 13; *Priester*, DStR 2005, 788, 790.
2317 Lutter/*Teichmann*, Anhang § 137 Rn. 13; *Priester*, DStR 2005, 788, 790.
2318 Lutter/*Teichmann*, Anhang § 137 Rn. 14; vgl. hierzu auch ausführlich Rdn. 253 ff.
2319 *Priester*, DStR 2005, 788, 790.
2320 *Priester*, DStR 2005, 788, 790; Widmann/Mayer/*Vossius*, § 40 Rn. 14.
2321 S. insoweit Rdn. 281 ff.; s. zur Spaltung von Partnerschaftsgesellschaften auch die Darstellungen von Schmitt/Hörtnagl/Stratz/*Hörtnagl*, Vor §§ 138 ff. Rn. 13 f.; Lutter/*Teichmann* Anhang zu § 137 Rn. 16 ff.; Limmer/*Limmer*, Teil 3 Rn. 450 ff. Für Muster s. Engl, Formularbuch Umwandlungen, 5. Aufl. 2020, Muster C.2 (Aufspaltung einer Partnerschaftsgesellschaft in zwei neu zu gründende Partnerschaftsgesellschaften).

a) Spaltungsvertrag

1221 Im Hinblick auf die Gestaltung des Spaltungsvertrages kann auf die Ausführungen zum Verschmelzungsvertrag verwiesen werden.[2322]

b) Spaltungsbericht (§ 127), Unterrichtung der Gesellschafter (§§ 125, 42) sowie Spaltungsprüfung (§§ 125, 44)

1222 Ein Spaltungsbericht gem. § 127 ist entbehrlich, wenn alle Partner zur Geschäftsführung berechtigt sind (§§ 125 Satz 1, 45c Satz 1). Von der Geschäftsführung ausgeschlossene Partner sind gem. §§ 125 Satz 1, 45c Satz 2, 42 zu unterrichten. Hinsichtlich des Verzichts gelten die §§ 127 Satz 2, 8 Abs. 3. Bei Auf- und Abspaltung (nicht bei Ausgliederung) ist eine Spaltungsprüfung durchzuführen, wenn der Partnerschaftsvertrag eine Mehrheitsentscheidung für die Spaltung zulässt und ein Partner die Prüfung verlangt (§§ 125, 45d Satz 2, 44).[2323]

c) Spaltungsbeschluss

1223 Hinsichtlich des Spaltungsbeschlusses sind §§ 125 Satz 1, 45d zu beachten.[2324]

2. Partnerschaftsgesellschaft als übertragender Rechtsträger

1224 Weicht der Gesellschaftsvertrag der Partnerschaftsgesellschaft vom Einstimmigkeitserfordernis ab, so fehlt für einen widersprechenden Partner eine gem. §§ 40 Abs. 2 und 43 Abs. 2 Satz 3 entsprechende Haftungsbegrenzungsmöglichkeit. Bei Auf- oder Abspaltung einer Partnerschaftsgesellschaft auf eine Personenhandelsgesellschaft wird insoweit in der Literatur eine entsprechende Anwendung dieser Vorschrift vorgeschlagen.[2325]

3. Partnerschaftsgesellschaft als übernehmender Rechtsträger

1225 Bei der Partnerschaftsgesellschaft als übernehmender Rechtsträger ist zu beachten, dass Gesellschafter einer Partnerschaftsgesellschaft nur natürliche Personen sein können, die sich zur Ausübung eines freien Berufes zusammengeschlossen haben (§ 1 PartGG).[2326] Erfüllen nicht alle Anteilsinhaber des übertragenden Rechtsträger diese Voraussetzungen, ist ggf. eine nichtverhältniswahrende Spaltung (§ 128) erforderlich.[2327] Im Rahmen einer Ausgliederung kann die Partnerschaftsgesellschaft aus den dargestellten Gründen nur als aufnehmender, nicht als neu gegründeter Rechtsträger beteiligt sein.[2328]

XII. Besonderheiten bei der Spaltung unter Beteiligung von GmbH

1. Allgemeines

a) Überblick

1226 Rechtsformspezifische Regelungen für die Spaltung unter Beteiligung von GmbH sind in den §§ 138 bis 140 enthalten. Dabei bezieht sich § 138 (Sachgründungsbericht) nur auf eine im Zuge der Spaltung neu gegründete GmbH und die §§ 139, 140 beziehen sich lediglich auf eine GmbH als über-

---

[2322] S.o. Rdn. 282 ff.
[2323] S.o. Rdn. 284; Lutter/*Teichmann*, Anhang § 137 Rn. 16; Schmitt/Hörtnagl/Stratz/*Hörtnagl*, Vor §§ 138 ff. Rn. 7 f.
[2324] S.o. Rdn. 285.
[2325] Lutter/*Teichmann*, Anhang § 137 Rn. 16.
[2326] Lutter/*Teichmann*, Anhang § 137 Rn. 19; Schmitt/Hörtnagl/Stratz/*Hörtnagl*, Vor §§ 138 ff. Rn. 13.
[2327] Lutter/*Teichmann*, Anhang § 137 Rn. 19.
[2328] S.o. Rdn. 963.

D. Spaltung   Kapitel 8

tragenden Rechtsträger. Im Übrigen kann auf die Ausführungen zur Verschmelzung, insbesondere auf § 46, verwiesen werden.[2329]

b) Spaltungsbericht

Nach § 127 ist bei Spaltungen unter Beteiligung von GmbH ein Spaltungsbericht erforderlich, soweit dieser nicht nach § 8 entbehrlich ist. Berichtspflichtig sind bei GmbH die Geschäftsführer in ihrer Gesamtheit. Im Übrigen kann verwiesen werden auf die vorstehenden Ausführungen zur Verschmelzung.[2330]   1227

c) Spaltungsprüfung

Eine Spaltungsprüfung ist bei einer GmbH nur notwendig, wenn dies ein Gesellschafter fristgerecht verlangt (§§ 125, 48 Satz 1, 9 bis 12). Insoweit kann auf die Ausführungen zur Verschmelzung verwiesen werden.[2331]   1228

d) Vorbereitung der Gesellschafterversammlung

Hinsichtlich der Beteiligung einer GmbH als Rechtsträger an einer Spaltung erforderlichen Unterrichtung der Gesellschafter nach §§ 125 Satz 1, 47 durch vorherige Übersendung des Spaltungsvertrages bzw. dessen Entwurf und des Spaltungsberichts kann auf die vorstehenden Ausführungen zur Verschmelzung verwiesen werden. Im Übrigen gelten für die Einberufung der Gesellschafterversammlung, die die Spaltung beschließen soll, aufgrund der Verweisung des § 125 Satz 1 die allgemeinen Vorschriften.[2332]   1229

e) Spaltungsbeschluss und Zustimmung von Sonderrechtsinhabern

Bei einer GmbH ist nach §§ 125 Satz 1, 50 Abs. 1 Satz 1 eine Mehrheit von mindestens 3/4 der abgegebenen Stimmen erforderlich. Der Gesellschaftsvertrag kann jedoch eine größere Mehrheit und weitere Voraussetzungen bestimmen (§ 52 Abs. 1 Satz 2).[2333]   1230

Besondere Zustimmungserfordernisse können sich bei einer GmbH ergeben aus §§ 125 S. 1, 13 Abs. 2 (Vinkulierung), aus §§ 125 S. 1, 50 Abs. 2 (Inhaber von Sonderrechten), §§ 125 Satz 1, 51 Abs. 1 Satz1 und 3 (Nicht eingezahlte Anteile bei spaltungsbeteiligter GmbH), §§ 125 Satz 1, 51   1231

2329 S.o. Rdn. 291 ff.; zur Spaltung unter Beteiligung von GmbH s.a. Widmann/Mayer/*Mayer*, Vor § 138 Rn. 1 ff.; Lutter/*Priester*, vor § 138 Rn. 1 ff.; *Schöne*, Die Spaltung unter Beteiligung von GmbH, 1998; *Schwedhelm/Streck/Mack*, GmbHR 1995, 7; Für Muster s. Limmer/*Limmer*, Teil 3 Rn. 511 (Abspaltung GmbH auf GmbH zur Aufnahme) Teil 3 Rn. 516 (Abspaltung GmbH auf GmbH zur Neugründung), Teil 3 Rn. 526 (Totalausgliederung von GmbH auf 2 GmbH zur Neugründung), Teil 3 Rn. 532 (Abspaltung von GmbH auf GmbH & Co. KG zur Aufnahme) Teil 3 Rn. 536 (Abspaltung von GmbH auf GmbH zur Neugründung); *Engl*, Muster B1. (Abspaltung von GmbH auf GmbH zur Neugründung), Muster B.2 (Nichtverhältniswahrende Aufspaltung einer GmBH auf 2 GmbH & Co. KG zur Aufnahme), Muster B.3 (Abspaltung von Enkel-GmbH auf Tochter-GmbH zur Aufnahme), Muster D.1 (Ausgliederung von eK auf GmbH zur Neugründung), Muster D.2 (Ausgliederung aus GmbH auf GmbH & Co. Kg zur Aufnahme); Münchener Vertragshandbuch/*Heidenhain*,Bd. I GesR, Muster XII.1 (Aufspaltung einer GmbH auf 2 GmbH zur Aufnahme); Münchener Vertragshandbuch/*Heidenhain*, Bd. I- GesR, Muster XII.7 (Aufspaltung einer GmbH auf 2 GmbH zur Neugründung); Widmann/Mayer, Anhang 4 Muster 12 (Abspaltung von GmbH auf GmbH zur Neugründung); Widmann/Mayer, Anhang 4 Muster 14 (Abspaltung von GmbH auf GmbH zur Aufnahme); Widmann/Mayer, Anhang 4 Muster 17 (Aufspaltung einer GmbH in zwei GmbHs); Widmann/Mayer, Anhang 4 Muster 19 (Ausgliederung aus GmbH auf AG zur Aufnahme); Herrler/*Gerber*, GesR § 30 Muster B (Abspaltung aus GmbH auf GmbH zur Aufnahme).
2330 S.o. Rdn. 296.
2331 S.o. Rdn. 300.
2332 S.o. Rdn. 296 ff.
2333 S.o. Rdn. 303 ff.; Lutter/*Priester*, vor § 138 Rn. 8.

Kapitel 8

Abs. 2 (nicht proportionale Beteiligung von Aktionären bei Übertragung auf eine GmbH), §§ 125, 28 (nicht verhältniswahrende Auf-/Abspaltung). In der Praxis dürfte hierbei § 51 Abs. 1 Satz 1 von besonderer Bedeutung sein.[2334]

f) Handelsregisteranmeldung

1232 Bei Beteiligung einer GmbH sind §§ 125 Satz 1, 52 zu beachten. Demnach haben die Vertretungsorgane einer GmbH eine Erklärung darüber abzugeben, dass die im Fall des § 51 notwendigen Zustimmungen erklärt worden sind.[2335]

2. Besonderheiten bei GmbH als übertragendem Rechtsträger

a) Erklärung nach § 140

1233 Bei einer abspaltenden GmbH kann die Übertragung des Vermögens dazu führen, dass das Vermögen der übertragenden Gesellschaft so reduziert wird, dass es das Stammkapital nicht mehr deckt. Entsprechendes kann insbesondere auch bei der Ausgliederung zur Aufnahme erfolgen. Daher regelt § 140, dass bei einer GmbH bei der Anmeldung der Abspaltung oder Ausgliederung zur Eintragung in das Register an der übertragenden GmbH die Geschäftsführer auch zu erklären haben, dass die durch Gesetz und Gesellschaftsvertrag Voraussetzungen für die Gründung dieser Gesellschaft unter Berücksichtigung der Abspaltung oder der Ausgliederung im Zeitpunkt der Annahme vorliegen, mithin dass das Stammkapital weiter durch das Nettobuchvermögen gedeckt ist.[2336]

b) Kapitalherabsetzung

1234 Ist dies nicht der Fall, so besteht zum einen die Möglichkeit, einen evtl. Differenzbetrag durch eine Zuzahlung aus Eigenmitteln der Gesellschafter durch Einstellung in die Kapitalrücklage oder vorherige Kapitalerhöhung auszugleichen. Im Übrigen können für die ggf. erforderlichen Kapitalmaßnahmen die Regeln der vereinfachten Kapitalherabsetzung nach § 139 i.V.m. §§ 58a ff. GmbHG genutzt werden.[2337] Diese setzen voraus, dass die Kapitalherabsetzung zur Durchführung der Spaltung erforderlich ist, was nach h.M. voraussetzt, dass die durch die Spaltung eingetragene Vermögensminderung nicht durch Auflösung von Kapital- und Gewinnrücklagen oder durch Verwendung von Gewinnvorträgen ausgeglichen werden kann. Hierbei ist streitig, ob die nach § 58a Abs. 2 GmbHG zulässigen Rücklagen von bis zu 10 % des Grundkapitals aufgelöst werden müssen oder nicht.[2338] Die Erforderlichkeit der Kapitalherabsetzung wird nicht durch das Vorhandensein von stillen Reserven ausgeschlossen, diese sind für die Frage der Kapitalherabsetzung nicht zu berücksichtigen.[2339] Nach überwiegender Auffassung ist der Kapitalherabsetzungsbetrag nicht auf den Nennbetrag der beim übernehmenden Rechtsträger gewährten Anteile begrenzt.[2340]

1235 Weist die übertragende Gesellschaft bereits vor der Spaltung eine Unterbilanz auf, so bestimmt sich der Herabsetzungsbetrag zur Ermöglichung der Spaltung allein nach § 139 Satz 1. Für eine Beseitigung der vorher bereits bestehenden Unterbilanz gelten die allgemeinen Vorschriften der §§ 58a ff. GmbHG, sodass regelmäßig auch insoweit eine (vereinfachte) Kapitalherabsetzung erforderlich ist, die vor Anmeldung der Spaltung durchgeführt sein muss, da ansonsten die Erklärung nach § 140 nicht abgegeben werden kann.[2341]

[2334] Lutter/*Priester*, vor § 138 Rn. 9; zu §§ 50, 51 GmbHG vgl. auch oben Rdn. 337.
[2335] Lutter/*Priester*, vor § 138 Rn. 11; Widmann/Mayer/*Mayer*, Vor § 138 Rn. 9.
[2336] S.o. Rdn. 974; Lutter/*Priester*, § 140 Rn. 5; Schmitt/Hörtnagl/Stratz/*Hörtnagl*, § 140 Rn. 7.
[2337] S.o. Rdn. 980 ff.
[2338] Für Auflösungszwang: Lutter/*Priester*, § 139 Rn. 6; gegen Auflösungszwang: Widmann/Mayer/*Mayer*, § 139 Rn. 20, 34.
[2339] Lutter/*Priester*, § 139 Rn. 8; Widmann/Mayer/*Mayer*, § 139 Rn. 139.
[2340] Widmann/Mayer/*Mayer*, § 139 Rn. 21; für eine derartige Begrenzung: Lutter/*Priester*, § 139 Rn. 10 f.
[2341] Lutter/*Priester*, § 139 Rn. 9; Widmann/Mayer/*Mayer*, § 139 Rn. 21.3.

D. Spaltung

c) Ablauf der Kapitalherabsetzung

Die Kapitalherabsetzung setzt Folgendes voraus: **1236**
- Kapitalherabsetzungsbeschluss mit 3/4 Mehrheit, nebst Beschluss über Satzungsänderungen und Anpassung der Geschäftsanteile an die neue Stammkapitalziffer,
- Anmeldung der Kapitalherabsetzung samt Satzungsanpassung im Handelsregister,
- Eintragung der Kapitalherabsetzung samt Satzungsanpassung im Handelsregister.

Die Abspaltung bzw. Ausgliederung darf erst im Handelsregister eingetragen werden, nachdem die Herabsetzung des Stammkapitals eingetragen ist (§ 139 Satz 2). **1237**

Der notariell zu beurkundende Kapitalherabsetzungsbeschluss der übertragenden GmbH bedarf mindestens einer 3/4 Mehrheit der abgegebenen Stimmen (§ 53 Abs. 2 GmbHG) und muss enthalten: **1238**
- Angabe, dass es sich um eine vereinfachte Kapitalherabsetzung handelt,
- Angabe, dass die Herabsetzung zum Zwecke der Durchführung der Spaltung erforderlich ist, weil das verbleibende Nettovermögen der übertragenden GmbH nominell das Stammkapital nicht mehr deckt,
- Herabsetzungsbetrag und neue Stammkapitalziffer,
- Anpassung der Nennbeträge der Geschäftsanteile an das herabgesetzte Stammkapital,
- Notwendige Anpassung des Gesellschaftsvertrages.

d) Anmeldung und Eintragung der Kapitalherabsetzung

Die Anmeldung der Kapitalherabsetzung kann separat erfolgen, es empfiehlt sich aber diese mit der Anmeldung der Spaltung zu verbinden. Es ist streitig, ob die Anmeldendung durch die Geschäftsführer in vertretungsberechtigter Anzahl oder aber durch alle Geschäftsführer gemeinschaftlich erfolgen muss.[2342] Inhalt der Anmeldung bei der übertragenden GmbH sind neben der geänderten Satzung und der Erklärung, dass es sich um eine Kapitalherabsetzung zum Zwecke der Durchführung der Spaltung handelt. Der Anmeldung sind beizufügen der Beschluss für die Kapitalherabsetzung und Satzungsänderung in elektronisch beglaubigter Abschrift und vollständiger Wortlaut der geänderten Satzung nebst Notarbescheinigung sowie notarbescheinigte Gesellschafterliste.[2343] **1239**

e) Bedingungszusammenhang

Spaltung und Kapitalherabsetzung stehen dabei in einem wechselseitigen gesetzlichen Bedingungszusammenhang. Da die Kapitalherabsetzung Teil des Spaltungsvorgangs ist und durch diesen veranlasst wird, ist die Kapitalherabsetzung durch die Eintragung der Spaltung bedingt. Wird die Spaltung nicht vollzogen, ist demgemäß auch die Eintragung der Kapitalherabsetzung wieder zu löschen.[2344] Da die Kapitalherabsetzung nach § 139 Satz 2 Voraussetzung für die Spaltung ist, steht mithin auch der Spaltungsbeschluss unter der – stillschweigenden – Bedingung des Wirksamwerdens der Kapitalherabsetzung.[2345] Da es sich um gesetzliche Bedingungen handelt, ist eine zusätzliche Regelung nicht erforderlich. **1240**

[2342] Für in vertretungsberechtigter Zahl insb. *Ittner*, MittRhNotK 1997, 105, 123; Kallmeyer/*Zimmermann*, § 139 Rn. 4; nach der Gegenansicht muss die Anmeldung durch sämtliche Geschäftsführer erfolgen, s. Widmann/Mayer/*Mayer*, § 139 Rn. 55, *Priester*, FS Schippel, 1996, S. 489, 503; Lutter/*Priester*, § 139 Rn. 19.
[2343] *Ittner*, MittRhNotK 1997, 105, 123.
[2344] Lutter/*Priester*, § 139 Rn. 22, Widmann/Mayer/*Mayer*, § 139 Rn. 44; Schmitt/Hörtnagl/Stratz/*Hörtnagl*, § 139 Rn. 35.
[2345] So Widmann/Mayer/*Mayer*, § 139 Rn. 44.

f) Weitere Beschlüsse und Anmeldungen

1241 Bei einer übertragenden GmbH kommen darüber hinaus weitere Beschlüsse und Anmeldungen in Betracht, wie etwa die spaltungsbedingte Änderung der Satzung (insbesondere Änderungen hinsichtlich Firma und Gegenstand) sowie ggf. Änderungen hinsichtlich der Geschäftsführung und der Prokuristen.

g) Anmeldung der Spaltung

1242 Hinsichtlich der Anmeldung der Spaltung selbst kann verwiesen werden auf die obigen Ausführungen.[2346]

3. Besonderheiten bei GmbH als übernehmendem Rechtsträger

a) Kapitalerhöhung

1243 Sofern die Spaltung zur Aufnahme erfolgt, stellt sich die Frage, ob und welche Geschäftsanteile zu gewähren sind und aus welcher Quelle diese stammen. In den meisten Fällen werden die als Gegenleistung zu gewährenden Anteile bei einer GmbH aus einer Kapitalerhöhung stammen. Für die spaltungsbedingte Kapitalerhöhung gelten aufgrund der Verweisung des § 125 Satz 1 die für die Verschmelzung geltenden Vorschriften der §§ 53 ff. entsprechend, so dass für weitere Einzelheiten auf die dortigen Ausführungen verwiesen werden kann.[2347]

1244 Demgemäß sind folgende Schritte bei der GmbH erforderlich:
- Satzungsändernder Erhöhungsbeschluss mit einer Mehrheit von 3/4 der abgegebenen Stimmen mit dem Inhalt, dass das Stammkapital zur Durchführung der Spaltung erhöht werden soll und Angabe des Erhöhungsbetrages;
- Anmeldung der Kapitalerhöhung zum Handelsregister (§ 57 GmbHG),
- Eintragung der Kapitalerhöhung im Handelsregister,
- Bekanntmachung der Eintragung (§ 57b GmbHG).

1245 Eine Übernahmeerklärung ist im Rahmen der spaltungsbedingten Kapitalerhöhung nicht erforderlich.[2348]

b) Anmeldung und Eintragung der Kapitalerhöhung

1246 Die Anmeldung der Kapitalerhöhung bei der übernehmenden Gesellschaft ist neben der Spaltung gesondert vorzunehmen, kann aber mit dieser auch verbunden werden. Gem. § 78 GmbHG muss die Anmeldung durch alle Geschäftsführer erfolgen. Inhalt der Anmeldung ist die Kapitalerhöhung, die Änderung der Satzung nebst Erklärung, dass es sich um eine Kapitalerhöhung zur Durchführung der Spaltung handelt.

1247 Beizufügen sind nach §§ 125, 55 Abs. 2 i.V.m. §§ 57 Abs. 3 Nr. 2 und 3 GmbHG der Anmeldung:[2349]
- die Liste der Übernehmer,[2350]
- elektr. begl. Abschriften des Spaltungsvertrages und der Spaltungsbeschlüsse aller beteiligten Gesellschaften,
- elektr. begl. Abschrift des Beschlusses über die Kapitalerhöhung bzw. über die Satzungsänderung,

---

2346 Rdn. 1181; s.a. Rdn. 347 ff.
2347 S.o. Rdn. 347 ff.
2348 S. zu Vorstehendem: *Ittner*, MittRhNotK 1997, 105, 119; Limmer/*Limmer*, Teil 3 Rn. 190; Widmann/Mayer/*Mayer*, § 55 Rn. 41 ff.
2349 Limmer/*Limmer*, Teil 3 Rn. 504 ff.
2350 Str., für Vorlage: *Ittner*, MittRhNotK 1997, 105, 119; Limmer/*Limmer*, Teil 3 Rn. 1021; hiergegen Schmitt/Hörtnagl/Stratz/*Hörtnagl*, § 55 Rn. 25.

- vollständiger Wortlaut der geänderten Satzung nebst Notarbescheinigung nach § 54 GmbHG,
- Sachkapitalerhöhungsbericht,[2351]
- ein Sachgründungsbericht ist bei der Spaltung zur Aufnahme nicht erforderlich,[2352]
- notarbescheinigte Gesellschafterliste.

Zudem sind nach §§ 57a, 9c Satz 2 GmbHG Unterlagen für die Prüfung der Werthaltigkeit einzureichen. Die Schlussbilanz des übertragenden Rechtsträgers ist insoweit nur dann geeigneter Nachweis, wenn sich aus dieser ableiten lässt, welche Vermögenswerte auf die übernehmende Gesellschaft übergeht, ansonsten dürfte sie als Wertnachweis nicht ausreichen.[2353] Ansonsten empfiehlt sich die Einreichung einer Abspaltungsbilanz.[2354] Bei mittelgroßen und großen Kapitalgesellschaften muss die Schlussbilanz von einem Abschlussprüfer geprüft sein (§ 17 Abs. 2 Satz 2 i.V.m. § 316 HGB). Bei kleinen Kapitalgesellschaften ist eine Abschlussprüfung nicht erforderlich, vielmehr reicht eine Bescheinigung über die Werthaltigkeit durch einen Wirtschaftsprüfer oder Steuerberater etwa des Inhalts, dass die Aktiva nicht überbewertet und die Passiva nicht unterbewertet sind.[2355] 1248

c) Besonderheiten bei Eingreifen eines Kapitalerhöhungsverbotes

In bestimmten Fällen kann bei Abspaltung und Aufspaltung ein Kapitalerhöhungsverbot greifen, §§ 125, 54 Abs. 1.[2356] 1249

▶ **Formulierungsbeispiel: Kapitalerhöhungsverbot** 1250

»Die übernehmende Gesellschaft ist Alleingesellschafterin der abspaltenden Gesellschaft. Die übernehmende Gesellschaft darf deshalb gemäß § 125 Abs. 1, 54 Abs. 1 S. 1 Nr. 1 UmwG zur Durchführung der Abspaltung ihr Grundkapital nicht erhöhen. Die Übertragung des abzuspaltenden Vermögens erfolgt daher ohne Gewährung von Anteilen als Gegenleistung an die übernehmende Gesellschaft als Alleingesellschafterin der abspaltenden Gesellschaft (§ 131 Abs. 1 Nr. 3 S. 1 2. Hs. 1. Fall UmwG). Auch sonstige Leistungen werden der übernehmenden Gesellschaft nicht gewährt. Dementsprechende Angaben gemäß § 126 Abs. 1 Nrn. 2 – 5 UmwG sind daher gemäß §§ 125 S. 1, 5 Abs. 2 UmwG nicht erforderlich.«

4. Besonderheiten Spaltung auf GmbH zur Neugründung

Wegen der Vorschriften zur Spaltung bei Neugründung kann grundsätzlich auf die Ausführungen zur Verschmelzung zur Neugründung verwiesen werden. Ergänzend bestimmt § 135 Abs. 2, dass die für die Gründung der neuen Gesellschaft gelten Grundsätze anzuwenden sind, für eine GmbH somit die §§ 2 ff. GmbHG. Der notwendige Inhalt der Satzung ergibt sich aus den allgemeinen Vorschriften nach § 3 GmbHG. Ergänzend ist zu berücksichtigen, dass es sich bei einer Neugründung um eine Sachgründung handelt, sodass entsprechende Angaben in der Satzung erforderlich sind.[2357] Gem. §§ 125, 57 sind im Gesellschaftsvertrag der neu zu gründenden Gesellschaft die Festsetzung der Vorteile, Gründungsaufwand, Sacheinlagen und Sachübernahmen, die in den Gesellschaftsverträgen, Satzungen oder Statuten der abspaltenden Gesellschaft enthalten waren, zu übernehmen, zumindest soweit sie das zu übertragende Vermögen betreffen.[2358] 1251

Gründer der neu errichteten Gesellschaft bei der Spaltung durch Neugründung ist die übertragende Gesellschaft und nicht deren Gesellschafter. So wird die Feststellung der Satzung als auch die Bestim- 1252

2351 Str., für Erforderlichkeit: *Ittner*, MittRhNotK 1997, 105, 119; Widmann/Mayer/*Mayer*, § 55 Rn. 57; gegen Erforderlichkeit: Lutter/*Winter*, § 55 Rn. 26.
2352 Limmer/*Limmer*, Teil 3 Rn. 508; Widmann/Mayer/*Mayer*, § 138 Rn. 1; a.A. Lutter/*Priester*, § 138 Rn. 8.
2353 Limmer/*Limmer*, Teil 3 Rn. 195; Widmann/Mayer/*Mayer*, § 126 Rn. 165.
2354 Limmer/*Limmer*, Teil 3 Rn. 196; Widmann/Mayer/*Mayer*, § 126 Rn. 165; Lutter/*Winter*, § 55 Rn. 26.
2355 Widmann/Mayer/*Mayer*, § 55 Rn. 79; Lutter/*Winter*, § 55 Rn. 26.
2356 S.o. Rdn. 307 ff.
2357 S.o. Rdn. 317, Rdn. 355 ff.
2358 Im einzelnen str. s. Limmer/*Limmer*, Teil 3 Rn. 245; Widmann/Mayer/*Mayer*, § 135 Rn. 44.

mung der Organe vorgenommen durch die vertretungsberechtigten Organe der übertragenden Gesellschaft. Zweckmäßigerweise wird auch mit Abschluss des Gesellschaftsvertrages die Bestellung der Geschäftsführer vorgenommen.

1253 Bei Spaltung einer GmbH zur Neugründung ist ein Sachgründungsbericht erforderlich (§ 138). Dieser tritt neben dem Spaltungs- bzw. Ausgliederungsbericht, ist aber anders als diese nicht verzichtbar. Der Sachgründungsbericht ist schriftlich abzufassen vom spaltenden Rechtsträger, da dieser als Gründer der GmbH gilt. Zu unterzeichnen ist er durch die Vertretungsorgane des spaltenden Rechtsträgers in vertretungsberechtigter Zahl.[2359] Inhaltlich kann hinsichtlich der Gestaltung des Berichtes auf § 5 Abs. 4 Satz 2 GmbHG verwiesen werden, sodass die Umstände darzulegen sind, aus denen sich ergibt, dass die Nennbeträge durch die übergehenden Nettovermögenswerte gedeckt sind. Wird ein Unternehmen eingebracht, sind zudem die Jahresergebnisse der letzten beiden Geschäftsjahre anzugeben. Ergänzend ist § 58 Abs. 1 zu beachten, sodass der Geschäftsverlauf und die Lage der übertragenden Gesellschaft darzulegen sind.[2360]

1254 Ob bei einer Spaltung durch Neugründung auch eine Versicherung nach § 8 Abs. 2 GmbHG abgegeben werden muss, ist streitig; nach h.M. ist dies der Fall.[2361]

1255 ▶ Formulierungsbeispiel: Versicherung nach § 8 Abs. 2 GmbHG

»Der Geschäftsführer versichert, dass mit dem Zeitpunkt der Eintragung der Spaltung im Handelsregister der übertragenden Gesellschaft das Vermögen der durch die Spaltung neu gegründeten Gesellschaft sich endgültig in seiner freien Verfügung befindet.«

XIII. Besonderheiten bei der Spaltung unter Beteiligung von Aktiengesellschaften

1. Allgemeines

a) Überblick

1256 Das Umwandlungsrecht enthält für die Spaltung von Aktiengesellschaften in den §§ 141 bis 146 wenige Sondervorschriften. Es kann daher grundsätzlich auf die Vorschriften über die Verschmelzung von Aktiengesellschaften verwiesen werden (insbesondere §§ 60 bis 77).[2362] Besonderheiten gelten nach § 143 für eine verhältniswahrende Spaltung von einer AG zur Neugründung auf eine AG, da in diesem Fall Spaltungsbericht, Spaltungsprüfung und Zwischenbilanz entbehrlich sind.

2359 Lutter/*Priester*, § 138 Rn. 5 ff.
2360 Wegen der weiteren Einzelheiten s.o. Rdn. 362 ff.
2361 Hierfür: Widmann/Mayer/*Mayer*, § 135 Rn. 202; *Mayer*, DB 1995, 861; dagegen: Limmer/*Limmer*, Teil 3 Rn. 509.
2362 S.o. Rdn. 374 ff.; zur Spaltung von AG s. insb. die Darstellungen bei Widmann/Mayer/*Rieger*, Vor §§ 141 bis 146; Schmitt/Hörtnagl/Stratz/*Hörtnagl*, vor §§ 141 bis 146; Limmer/*Limmer*, Teil 3 Rn. 541 ff.; Beck'sches Handbuch AG/*Schumacher*, § 13; *Engelmeyer*, Die Spaltung von Aktiengesellschaften nach dem neuen Umwandlungsrecht, 1995. Für Muster s. etwa Limmer/*Limmer*, Teil 3 Rn. 603 (Abspaltung von AG zur Aufnahme durch AG) und Teil 3 Rn. 608 (Ausgliederung aus AG zur Aufnahme durch GmbH) und Teil 3 Rn. 615 (Ausgliederung aus AG zur Neugründung einer GmbH); Widmann/Mayer/*Mayer*, Mustersatz 20b (Ausgliederung aus AG zur Aufnahme durch GmbH), Mustersatz 20a (Ausgliederung aus KG zur Neugründung einer AG), Mustersatz 19 (Ausgliederung aus GmbH zur Aufnahme durch AG); Münchener Vertragshandbuch/*Heidenhain*, Bd. 1, Muster XII.11 (Aufspaltung einer AG zur Aufnahme durch AG sowie Neugründung einer AG und GmbH & Co. KG).

D. Spaltung   Kapitel 8

b) Spaltungsvertrag und Bekanntmachung

Besondere gesetzliche Anforderungen bestehen nicht. § 125 verweist hinsichtlich des Spaltungsvertrages allgemein auf §§ 125, 4 ff.[2363] Gem. §§ 125, 61 ist der Spaltungsvertrag vor der Einberufung der Hauptversammlung zum Registergericht einzureichen. **1257**

c) Spaltungsbericht

Bei Beteiligung einer AG ist gem. § 127 ein Spaltungsbericht erforderlich. Gem. § 52 Abs. 2 ist in dem Spaltungsbericht ggf. auf den Bericht über die Prüfung und Sacheinlagen bei einer übernehmenden Aktiengesellschaft nach § 183 Abs. 3 AktG sowie auf das Register, bei dem dieser Bericht zu hinterlegen ist, hinzuweisen. Ein Spaltungsbericht ist entbehrlich, falls die Voraussetzungen der §§ 127 Satz 2, 8 Abs. 3 vorliegen, d.h. bei einer Konzernverschmelzung wie auch bei Verzicht durch alle Aktionäre.[2364] **1258**

d) Spaltungsprüfung

Gem. §§ 125 Satz 1, 60 ist eine Spaltungsprüfung bei Beteiligung einer AG bis auf wenige Ausnahmen erforderlich. Insoweit kann auf die obigen Ausführungen zur Verschmelzung verwiesen werden.[2365] **1259**

e) Spaltungsprüfungsbericht

Bei einer Abspaltung – nicht dagegen bei Ausgliederung und Aufspaltung – ist zudem nach §§ 146 Abs. 2, 125, 12 ein Spaltungsprüfungsbericht erforderlich. Wegen der Einzelheiten kann verwiesen auf den Verschmelzungsprüfungsbericht.[2366] **1260**

f) Vorbereitung der Hauptversammlung

Die Vorbereitung der Hauptversammlung richtet sich nach §§ 125, 63, sodass auf obige Vorschriften verwiesen werden kann.[2367] **1261**

g) Zustimmungsbeschluss zur Spaltung

Grundsätzlich gelten für den Zustimmungsbeschluss zur Spaltung die allgemeinen Vorschriften der §§ 125, 13, 65 mit Ausnahme des § 62 Abs. 5, insoweit kann auf obige Ausführungen verwiesen.[2368] Besondere Informationspflichten vor Fassung des Zustimmungsbeschlusses ergeben sich bei Beteiligung einer spaltenden AG aus § 143. In den Fällen des § 62 Abs. 4 ist ein Zustimmungsbeschluss entbehrlich.[2369] **1262**

2. Besonderheiten für übertragende Aktiengesellschaft

a) Spaltungsverbot in Nachgründungsphase

Für eine Aktiengesellschaft als übertragenden Rechtsträger ordnet § 141 ein zeitlich befristetes Spaltungsverbot während der sog. Nachgründungsphase von 2 Jahren an.[2370] Einzig zulässig in der Nach- **1263**

2363 S.o. Rdn. 376 ff.
2364 Rdn. 376.
2365 Rdn. 376; Bei einer Ausgliederung findet eine Spaltungsprüfung nicht statt. Nach § 143 ist eine Spaltungsprüfung bei einer verhältniswahrenden Aufspaltung und Abspaltung zur Neugründung einer AG nicht erforderlich. Zudem kann nach §§ 125, 9 Abs. 3 verzichtet werden, was sich insb. in Konzernfällen anbietet, vgl. Limmer/*Limmer*, Teil 3 Rn. 306.
2366 Rdn. 380; Schmitt/Hörtnagl/Stratz/*Hörtnagl*, § 146 Rn. 9.
2367 Rdn. 380.
2368 Rdn. 389 ff.
2369 Rdn. 398.
2370 Wobei die Frist mit der Eintragung der AG in das Handelsregister beginnt, vgl. Widmann/Mayer/ *Rieger*, § 141 Rn. 5; zur streitigen Frage auf welchen Zeitpunkt für das Fristende abzustellen ist s.

gründungsphase ist die Ausgliederung zur Neugründung. Damit soll sichergestellt werden, dass eine AG nicht während der Nachgründungsperiode durch Aufspaltung wieder erlischt oder durch Abspaltung oder durch Ausgliederung einen Großteil ihres Vermögens abgibt. Da aber bei einer Ausgliederung zur Neugründung eine derartige Gefahr nicht besteht, wurde diese nachträglich vom Anwendungsbereich des § 141 ausgenommen.[2371] Gegen das Spaltungsverbot verstoßende Beschlüsse sind nichtig. Sollte die Spaltung dennoch im Handelsregister der übertragenden AG eingetragen sein, so bleibt sie trotz Verstoßes gegen § 141 rechtsbeständig.[2372]

b) Besondere Unterrichtungspflichten über Vermögensveränderungen (§§ 125, 64 Abs. 1)

1264 Die früher in § 143 a.F. enthaltene Pflicht zur Unterrichtung der Anteilseigner über wesentliche Veränderungen im Vermögen der Gesellschaft ergibt sich nunmehr aus §§ 125, 64 Abs. 1. Zu berichten ist über Veränderungen zwischen dem Abschluss des Spaltungsvertrages/Spaltungsplanes oder der Aufstellung des Entwurfes und dem Zeitpunkt der Beschlussfassung.

c) Erklärung nach § 146

1265 Bei Anmeldung der Abspaltung oder Ausgliederung aus einer AG oder einer KGaA haben der Vorstand bzw. die persönlich haftenden Gesellschafter zu klären, dass die durch Gesetz und Satzung vorgesehenen Voraussetzungen für die Gründung dieser Gesellschaft unter Berücksichtigung der Abspaltung oder der Ausgliederung im Zeitpunkt der Anmeldung vorliegen. Auch hier ist also zum Ausdruck zu bringen, dass die hinsichtlich der Kapitaldeckung bestehenden Gründungsvorschriften eingehalten werden.[2373] Auch insoweit ist streitig, ob ein Handeln des Vorstandes in vertretungsberechtigter Anzahl ausreichend ist, oder aber ob sämtliche Mitglieder des Vorstandes bzw. sämtliche zur Vertretung ermächtigten persönlich haftenden Gesellschafter der KGaA diese Erklärung abgeben müssen.[2374]

d) Kapitalherabsetzung

aa) Vereinfachte Kapitalherabsetzung

1266 Bei der Abspaltung und ggf. bei der Ausgliederung kann sich ergeben, dass das Kapital der übertragenden Gesellschaft zur Durchführung der Spaltung herabgesetzt werden muss. Die Kapitalherabsetzung kann als normale Kapitalherabsetzung oder in vereinfachter Form (§ 145) durchgeführt werden, wenn diese erforderlich ist. Die nähere Auslegung des Begriffes »erforderlich« ist streitig.[2375] Voraussetzung für die Durchführung einer Kapitalherabsetzung ist zum einen die Einberufung einer Hauptversammlung unter Angabe dieses Zwecks (§ 222 Abs. 3 AktG). Der Kapitalherabsetzungsbeschluss mit Beschluss über die Satzungsänderung muss zum einen den Zweck der Herabsetzung mit hinreichender Bestimmtheit nennen (§ 222 Abs. 3 AktG). Darüber hinaus muss sie gem. § 222 Abs. 4 AktG verlautbaren, ob die Kapitalherabsetzung durch Herabsetzung des Nennbetrages der Aktien oder durch Zusammenlegung der Aktien erfolgt. Bei Stückaktien oder bei Aktien mit einem Nennbetrag von 1 € verbleibt nur die zweite Alternative.[2376] Bei mehreren Aktiengattungen sind

---

einerseits Widmann/Mayer/*Rieger*, § 141 Rn. 8 (Eintragung der Spaltung); andererseits Schmitt/Hörtnagl/Stratz/*Hörtnagl*, § 141 Rn. 3 (Spaltungsbeschluss der AG).
2371 Limmer/*Limmer*, Teil 3 Rn. 564 ff.
2372 Lutter/*Schwab*, § 141 Rn. 16.; Widmann/Mayer/*Rieger*, § 141 Rn. 14; Schmitt/Hörtnagl/Stratz/ *Hörtnagl*, § 141 Rn. 5.
2373 S.o. Rdn. 977 f.; Schmitt/Hörtnagl/Stratz/*Hörtnagl*, § 146 Rn. 4; Widmann/Mayer/*Rieger*, § 146 Rn. 10 ff.
2374 Für Handeln in vertretungsberechtigter Anzahl: Schmitt/Hörtnagl/Stratz/*Hörtnagl*, § 146 Rn. 2; Lutter/*Schwab*, § 146 Rn. 6; für Handeln sämtlicher Vorstandsmitglieder: Widmann/Mayer/*Rieger*, § 146 Rn. 7.
2375 S.o. Rdn. 983.
2376 Limmer/*Limmer*, Teil 3 Rn. 586.

Sonderbeschlüsse zu fassen (§ 222 Abs. 2 AktG). Bei der Kapitalherabsetzung durch Zusammenlegung sind sodann die Aktien für kraftlos zu erklären. Sodann ist die Durchführung der Herabsetzung des Grundkapitals zur Eintragung in das Handelsregister anzumelden (§ 227 AktG).[2377] Durchgeführt in diesem Sinne ist die Kapitalherabsetzung, wenn die Höhe des neuen Grundkapitals und die Summe der Aktiennennbeträge angepasst sind. Die Kapitalherabsetzung durch Änderung der Aktiennennbeträge bedarf keiner Durchführung; bei der Zusammenlegung von Aktien bedarf es entsprechender Durchführungsmaßnahmen.[2378]

bb) Kapitalherabsetzungsbeschluss

§ 145 verweist auf die allgemeinen Vorschriften des Aktienrechtes. Gem. §§ 222 Abs. 1, 229 Abs. 3 AktG muss die Kapitalherabsetzung mit 3/4 Mehrheit beschlossen werden, die mindestens 3/4 des bei der Beschlussfassung vertretenen Grundkapitals umfasst. Sind mehrere stimmberechtigte Gattungen von Aktien vorhanden, so wird der Beschluss der Hauptversammlung nur wirksam mit Zustimmung der Aktionäre jeder Gattung, die einen Sonderbeschluss zu fassen haben.[2379] Der Beschluss muss enthalten

– Angabe, dass es sich um vereinfachte Kapitalherabsetzung handelt,
– Angabe, dass die Herabsetzung zum Zwecke der Durchführung der Spaltung erforderlich ist, weil das verbleibende Nettovermögen der übertragenden AG ihr nominelles Kapital nicht mehr deckt,
– Herabsetzungsbetrag und neue Grundkapitalziffer,
– Angabe, ob die Kapitalherabsetzung durch Nennbetragherabsetzung der Aktien oder durch Aktienzusammenlegung durchgeführt wird,
– notwendige Anpassung der Satzung.[2380]

1267

cc) Anmeldung der Kapitalherabsetzung zum Handelsregister

Zu unterscheiden sind die Anmeldung des Beschlusses über die Kapitalherabsetzung gem. § 223 AktG und die Eintragung der Durchführung der Kapitalherabsetzung gem. § 227 Abs. 1 AktG. Diese Anmeldungen können miteinander verbunden werden. Den Kapitalherabsetzungsbeschluss melden die Vorstandsmitglieder in vertretungsberechtigter Zahl und der Aufsichtsratsvorsitzende (§§ 229 Abs. 3, 223 AktG) an.

1268

Die Anmeldung der Kapitalherabsetzung hat zu enthalten den Kapitalherabsetzungsbeschluss, die Änderung der Satzung und die Erklärung, dass es sich um eine Kapitalherabsetzung zur Durchführung der Spaltung handelt.[2381] Der Anmeldung beizufügen sind der Beschluss über die Kapitalherabsetzung und die Satzungsänderung in Ausfertigung oder beglaubigter Abschrift, der vollständige Wortlaut der geänderten Satzung nebst Notarbescheinigung (§ 181 Abs. 1 Satz 2 AktG).

1269

dd) Anmeldung der Durchführung der Kapitalherabsetzung zum Handelsregister

Die Durchführung der Kapitalherabsetzung ist durch die Vorstandsmitglieder in vertretungsberechtigter Zahl (§§ 229 Abs. 3, 227 Abs. 1 AktG) anzumelden.[2382]

1270

2377 Limmer/*Limmer*, Teil 3 Rn. 588.
2378 Limmer/*Limmer*, Teil 3 Rn. 588 ff.
2379 Limmer/*Limmer*, Teil 3 Rn. 579.
2380 *Ittner*, MittRhNotK 1997, 105, 119.
2381 *Ittner*, MittRhNotK 1997, 105, 123.
2382 *Ittner*, MittRhNotK 1997, 105, 123; Limmer/*Limmer*, Teil 3 Rn. 588.

ee) Bedingungszusammenhang

1271 Nach § 145 Satz 2 darf die Eintragung der Abspaltung bzw. Ausgliederung erst erfolgen, wenn die Durchführung der Kapitalherabsetzung eingetragen wurde. Sie stehen damit in einem gesetzlichen Bedingungsverhältnis.[2383]

e) Anmeldung der Spaltung

1272 Für den Inhalt der Anmeldung und die beizufügenden Unterlagen kann auf obige Ausführungen verwiesen werden. Da die Spaltung erst eingetragen werden kann, wenn eine etwa erforderliche Kapitalherabsetzung eingetragen ist (§ 145 Satz 2), empfiehlt es sich die Anmeldungen der Kapitalherabsetzung und der Spaltung einer Urkunde zu verbinden. Wegen der Kapitaldeckungserklärung nach § 146 Abs. 1 kann verwiesen werden auf obige Ausführungen.[2384]

3. Besonderheiten für übernehmende Aktiengesellschaft

a) Allgemeines

1273 Bei der Spaltung zur Aufnahme auf eine Aktiengesellschaft gelten die Vorschriften über die Verschmelzung zur Neugründung, d.h. §§ 68, 69 entsprechend. Insoweit kann auf obige Ausführungen verwiesen werden.[2385]

b) Spaltungsbedingte Kapitalerhöhung

1274 Hinsichtlich der Vorbereitung der Kapitalerhöhung und der Beschlussfassung gelten die Vorschriften der Verschmelzung zur Aufnahme entsprechend.[2386]

1275 Der Kapitalerhöhungsbeschluss der übernehmenden Aktiengesellschaft bedarf einer Mehrheit von 3/4 des vertretenen Grundkapitals und zusätzlich der einfachen Stimmenmehrheit (§§ 182 Abs. 1, 133 Abs. 1 AktG). Der Beschluss muss enthalten:
- Angabe, dass es sich um eine Kapitalerhöhung zur Durchführung der Spaltung handelt,
- Erhöhungsbetrag und neue Grundkapitalziffer,
- Festsetzung gem. § 138 AktG (Gegenstand die Person unter der die Gesellschaft den Gegenstand erwirbt und der Nennbetrag. Bei Stückaktien die Zahl der bei der Sacheinlage zu gewährenden Aktien); Zahl, Art (Inhaber-/Namensaktien) und Gattung (Stamm-/Vorzugsaktien) der neuen Aktien,
- Festsetzung des Mindestausgabebetrages gem. § 182 Abs. 3,[2387]
- notwendige Anpassung der Satzung.

c) Prüfung der Sacheinlagen

1276 Abweichend von § 69 ordnet § 142 an, dass eine Sacheinlagenprüfung nach § 183 Abs. 3 AktG stets zu erfolgen hat. Die gesetzgeberische Begründung hierfür ist, dass der Gefahr einer Zuteilung nicht ausreichender Vermögenswerte begegnet werden muss.[2388]

2383 Vgl. wegen der vergleichbaren Rechtslage bei der GmbH oben Rdn. 1240.
2384 S.o. Rdn. 1265.
2385 S.o. Rdn. 374 ff.
2386 S.o. Rdn. 376 ff.
2387 Str. s.o. Rdn. 412.
2388 Limmer/*Limmer*, Teil 3 Rn. 568; Widmann/Mayer/*Rieger*, § 142 Rn. 11; Schmitt/Hörtnagl/Stratz/*Hörtnagl*, § 142 Rn. 1.

D. Spaltung

d) Besonderheiten beim Spaltungsbericht

Gem. § 142 Abs. 2 ist im Spaltungsbericht auf die Prüfung von Sacheinlagen bei der übernehmenden AG nach § 183 Abs. 3 AktG hinzuweisen. Dies gilt nicht nur für den Spaltungsbericht zu der übernehmenden Aktiengesellschaft, sondern für den Spaltungsbericht jedes beteiligten Rechtsträgers.[2389] Erforderlich, aber ausreichend, ist ein Hinweis auf die Sacheinlageprüfung und auf die Hinterlegung des Berichtes. Der Prüfungsbericht gem. § 183 Abs. 4 AktG selbst muss im Spaltungsbericht nicht enthalten sein oder wiedergegeben werden.[2390] Die Erleichterungen des § 183a AktG gelten für die Spaltung nicht.[2391]

1277

e) Kein Bezugsrecht

Gem. §§ 125 Satz 1, 69 Abs. 1 Satz 1 besteht bei Spaltung kein Bezugsrecht der Aktionäre der übernehmenden AG nach § 186 AktG.[2392]

1278

f) Bestellung eines Treuhänders

Wegen der erforderlichen Bestellung eines Treuhänders und zum Umtausch von Aktien kann auf die Ausführungen zum Verschmelzungsrecht verwiesen werden.[2393]

1279

g) Besonderheiten bei Eingreifen eines Kapitalerhöhungsverbotes

In bestimmten Fällen besteht auch bei der AG nach §§ 125, 68 ein Kapitalerhöhungsverbot.[2394]

1280

4. Spaltung auf Aktiengesellschaft zur Neugründung

a) Allgemeines

Bei der Spaltung zur Neugründung auf eine Aktiengesellschaft gelten gem. §§ 135 Abs. 1, 125 die §§ 73 bis 77 entsprechend. Insoweit kann auf die Ausführungen zur Verschmelzung verwiesen werden.[2395] Erfolgt eine verhältniswahrende Spaltung von einer AG zur Neugründung auf eine AG, so bleiben die Aktionäre im gleichen Verhältnis beteiligt. Nach § 143 sind daher Spaltungsbericht, Spaltungsprüfung und Zwischenbilanz entbehrlich.[2396]

1281

b) Zusätzlicher Gründungsbericht und Gründungsprüfung

Für Spaltungen zur Neugründung auf eine Aktiengesellschaft – nicht jedoch für Spaltungen zur Aufnahme – ordnet § 144 an, dass ein Gründungsbericht gem. § 32 AktG und eine Gründungsprüfung gem. § 33 Abs. 2 AktG stets erforderlich sind. Diese sind jedoch nach §§ 125, 75 Abs. 2 in dem praktisch häufigen Fall dann entbehrlich, wenn eine Kapitalgesellschaft oder eine eingetragene Genossenschaft übertragender Rechtsträger ist.[2397]

1282

Ist ein Gründungsbericht zu erstatten, so haben die Gründer einer Aktiengesellschaft einen schriftlichen Gründungsbericht zu erstatten. Insbesondere geht es hier um die wesentlichen Umstände, aus denen sich ergibt, dass der Wert der im Rahmen der Spaltung zu übertragenden Vermögensteile, dem Nennbetrag der dafür zu gewährenden Aktien entspricht. Außerdem sind die in § 32 Abs. 2

1283

2389 Widmann/Mayer/*Rieger*, § 142 Rn. 12 f; Schmitt/Hörtnagl/Stratz/*Hörtnagl*, § 142 Rn. 2.
2390 Schmitt/Hörtnagl/Stratz/*Hörtnagl*, § 142 Rn. 2; Widmann/Mayer/*Rieger*, § 142 Rn. 12.
2391 KK-UmwG/*Simon*, § 142 Rn. 8.
2392 Limmer/*Limmer*, Teil 3 Rn. 571.
2393 S.o. Rdn. 425 ff.
2394 S.o. Rdn. 408.
2395 S.o. Rdn. 432 ff.
2396 Lutter/*Schwab*, § 143 Rn. 2; Limmer/*Limmer*, Teil 3 Rn. 545 ff.
2397 Schmitt/Hörtnagl/Stratz/*Hörtnagl* § 75 Rn. 1.

Satz 2 und Abs. 3 AktG vorgesehenen Angaben in den Gründungsbericht aufzunehmen. Ferner ist über die dortigen Angaben hinaus auch über den Geschäftsverlauf und die Lage des oder der übertragenden Rechtsträger zu berichten gem. §§ 125 Satz 1, 75 Abs. 1.[2398] Ferner ist zusätzlich zur Gründungsprüfung durch die Vorstand und Aufsichtsrat (§ 33 Abs. 1 AktG) auch eine externe Gründungsprüfung durch den oder die sachverständigen Gründungsprüfer erforderlich (§ 33 Abs. 2 AktG). Das weitere Verfahren richtet sich gem. § 135 Abs. 2 Satz 1 nach den Vorschriften des aktienrechtlichen Gründungsrechtes. Der Gründungsprüfer kann gleichzeitig auch Spaltungsprüfer sein.[2399]

c) Anmeldung der Spaltung

1284 Wegen des Inhaltes der Anmeldung und die beizufügenden Unterlagen kann auf obige Ausführungen verwiesen werden.[2400]

1285 Bei der Spaltung zur Aufnahme durch eine AG ist zu berücksichtigen, dass die Eintragung der Spaltung erst erfolgen kann, wenn die Kapitalerhöhung eingetragen ist (§§ 125, 53). Bei der Spaltung zur Neugründung einer AG muss zunächst die neu zu gründende Gesellschaft eingetragen werden, bevor die Spaltung eingetragen werden kann.[2401] Die Anmeldungen können aber miteinander verbunden werden. Ob bei einer Spaltung zur Neugründung auch eine Versicherung nach § 37 Abs. 1 Satz 1 AktG erforderlich ist, ist streitig.[2402]

1286 ▶ Formulierungsbeispiel: Versicherung nach § 37 Abs. 1 AktG

»Der Vorstand versichert, dass ab der Eintragung der Ausgliederung im Handelsregister der übertragenden Gesellschaft das Vermögen der durch die Ausgliederung entstandenen Aktiengesellschaft sich endgültig in seiner freien Verfügung befindet.«

XIV. Besonderheiten bei der Spaltung unter Beteiligung von Genossenschaften

1. Allgemeines

1287 Eine eingetragene Genossenschaft kann an einer Spaltung grundsätzlich sowohl als übernehmender als auch als übertragender Rechtsträger beteiligt sein, und zwar bei Aufspaltung, Abspaltung und Ausgliederung.[2403]

1288 Wird ein Rechtsträger anderer Rechtsform auf eine eG als übernehmender Rechtsträger gespalten, so ist dies nach § 147 nur zulässig, wenn eine etwa erforderliche Änderung des Statuts der übernehmenden Genossenschaft gleichzeitig mit der Spaltung beschlossen wird.[2404]

1289 Die Zulässigkeit einer Totalausgliederung aus dem Vermögen einer eG ist streitig, wird aber von der h.M. bejaht.[2405]

2398 Schmitt/Hörtnagl/Stratz/*Hörtnagl*, § 144 Rn. 2; Limmer/*Limmer*, Teil 3 Rn. 595.
2399 S.o. Rdn. 441; Lutter/*Schwab*, § 144 Rn. 12; Schmitt/Hörtnagl/Stratz/*Hörtnagl*, § 75 Rn. 5 ff.
2400 S.o. Rdn. 437 ff.
2401 S.o. Rdn. 444 ff.
2402 S.o. Rdn. 445; Limmer/*Limmer*, Teil 3 Rn. 600.
2403 Für die Spaltung einer Genossenschaft s. *Wirth*, Spaltung einer eingetragenen Genossenschaft, 1998; Limmer/*Limmer*, Teil 3 Rn. 621; Lutter/*Bayer*, § 147 Rn. 1 ff.; Widmann/Mayer/*Fronhöfer*, Vor §§ 147, 148.
2404 Lutter/*Bayer*, § 147 Rn. 19; Limmer/*Limmer*, Teil 3 Rn. 620.
2405 Für Zulässigkeit: Limmer/*Limmer*, Teil 3 Rn. 624 m.w.N.; gegen Zulässigkeit die frühere Rechtsprechung: BayObLG BB 1985, 426; LG Stuttgart ZfgG 1970, 412, 413.

D. Spaltung   Kapitel 8

2. Spaltungsvertrag

Für den Spaltungsvertrag selbst gelten keine Besonderheiten. Bei einer Beteiligung an einer eG als übernehmenden Rechtsträger sind §§ 125, 80 zu beachten.[2406]   1290

3. Spaltungsprüfung, Spaltungsbericht

Hinsichtlich des Spaltungsberichts verweisen §§ 125, 35 auf § 81, sodass auf die Ausführungen im Rahmen der Verschmelzung verwiesen werden kann. Bei einer übertragenden Genossenschaft ist zu beachten, dass nach § 148 Abs. 2 Nr. 2 das Prüfungsgutachten im Fall der Abspaltung oder Ausgliederung (nicht jedoch im Fall der Aufspaltung) der Handelsregisteranmeldung beizufügen ist.[2407] Hinsichtlich des Spaltungsberichts gelten gem. § 127 allgemeine Vorschriften. Sofern ein Spaltungsbericht erstellt worden ist, ist dieser gem. § 148 Abs. 2 Nr. 1 der Handelsregisteranmeldung als Anlage beizufügen. Ist ein Spaltungsbericht nach § 8 Abs. 3 nicht erforderlich, so entfällt auch bei der Genossenschaft das Erfordernis, einen Spaltungsbericht zu erstellen.[2408]   1291

4. Vorbereitung der Generalversammlung

Hinsichtlich der Informationen der Mitglieder der Genossenschaft vor der über die Spaltung beschließenden General- bzw. Vertreterversammlung gelten §§ 125 Satz 1, 82.   1292

5. Durchführung der Generalversammlung

Hinsichtlich der Information der Genossen bzw. Vertreter in der zu beschließenden General- bzw. Vertreterversammlung gelten die Pflichten der §§ 125 Satz 1, 83. Der Zustimmungsbeschluss zur Spaltung kann nur in der Versammlung der Mitglieder gefasst werden. Bei einer beteiligten Genossenschaft ist daher ein Zustimmungsbeschluss der General-/Vertreterversammlung erforderlich. Wegen der Einzelheiten des Zustimmungsbeschlusses gelten §§ 125 Satz 1, 84.   1293

6. Besonderes Ausschlagungsrecht

Gem. §§ 125 Satz 1, 90 – 94 besteht die Möglichkeit der Ausschlagung gem. §§ 90 ff., wenn eine übertragende Genossenschaft auf eine übernehmende andere Genossenschaft oder an die Rechtsträger anderer Formen gespalten wird. Die Vorschriften ersetzen die Vorschriften über die Barabfindung.[2409]   1294

7. Informationen der Mitglieder nach erfolgter Spaltung

Insoweit kann auf §§ 125 Satz 1, 89 verwiesen werden.   1295

8. Fortdauer der Nachschusspflicht

Wird eine übertragende Genossenschaft aufgespalten, so besteht gem. §§ 125, 95 eine Nachschusspflicht, die in der übertragenden Genossenschaft bestanden hat, weiter, unabhängig von der Rechtsform des übernehmenden Rechtsträgers. Jedoch darf die Spaltung nicht zu einer Erhöhung der Nachschusspflicht führen.[2410]   1296

[2406] Schmitt/Hörtnagl/Stratz/*Hörtnagl*, vor §§ 147 ff. Rn. 3.
[2407] S. hierzu Lutter/*Bayer*, § 148 Rn. 22 f.; Schmitt/Hörtnagl/Stratz/*Hörtnagl*, § 148 Rn. 5.
[2408] Streitig: so Schmitt/Hörtnagl/Stratz/*Hörtnagl*, § 148 Rn. 5; Widmann/Mayer/*Fronhöfer*, § 148 Rn. 41; a.A. Lutter/*Bayer*, § 148 Rn. 24, der aus § 148 Abs. 2 Nr. 1 ableitet, dass ein Spaltungsbericht stets erforderlich sei.
[2409] S. Widmann/Mayer/*Fronhöfer*, vor §§ 147 Rn. 9, 59.
[2410] Widmann/Mayer/*Fronhöfer*, vor §§ 147 Rn. 61.

9. Anmeldeverfahren

1297 Bei einer übertragenden Genossenschaft erfolgt die Anmeldung gem. § 148 durch den gesamten Vorstand. In den Fällen der Abspaltung und Ausgliederung hat hierbei der Vorstand auch zu erklären, dass die durch Gesetz und Statut vorgeschriebene Voraussetzungen für die Gründung dieser Genossenschaft unter Berücksichtigung der Abspaltung oder der Ausgliederung zum Zeitpunkt der Anmeldung vorliegen (im Sinne einer Kapitaldeckungserklärung).[2411]

XV. Besonderheiten bei der Spaltung unter Beteiligung von Vereinen

1. Überblick

1298 Die Spaltung von Vereinen hat nur eine geringe Bedeutung.[2412] Nach § 124 Abs. 1 sind wirtschaftliche Vereine (§ 22 BGB) nur als übertragende Rechtsträger spaltungsfähig. Eingetragene Vereine i.S.d. § 21 BGB sind als übertragender Rechtsträger gem. §§ 124 Abs. 1, 3 Abs. 1 Nr. 4 grundsätzlich uneingeschränkt spaltungsfähig. Im Spaltungsrecht ergänzt dies § 149 Abs. 1, wonach sich ein rechtsfähiger Verein an einer Spaltung nur beteiligen darf, wenn Satzung und Vorschriften des Landesrechts nicht entgegenstehen. Zudem darf gem. § 149 Abs. 2 ein Verein als übernehmender Rechtsträger nur andere Vereine aufnehmen oder mit ihnen einen eingetragenen Verein gründen. Als übertragender Rechtsträger bestehen solche Einschränkungen nicht.[2413]

2. Spaltungsverfahren

1299 Einzige Spezialregelung für die Spaltung von Vereinen ist § 149, so dass die allgemeinen Vorschriften gelten.[2414] Ergänzend ist darauf hinzuweisen, dass nach § 128 auch eine quotenabweichende Spaltung möglich ist, so dass nur bestimmte Anteilsinhaber oder Mitglieder des übertragenden Rechtsträgers beteiligt werden.[2415] In der Literatur wird vorgeschlagen, bei einer nichtverhältniswahrenden Spaltung von Vereinen § 128 Satz 1 dahingehend teleologisch zu reduzieren, dass die 3/4 Mehrheit der erschienenen Mitglieder ausreicht, wenn die Mitgliedschaftsrechte am übertragenden Verein keine Vermögensrechte repräsentieren und ihrer Ausgestaltung nach unverändert bestehen bleiben.[2416] Besonderheiten gelten; wenn sich infolge der Spaltung der Vereinszweck ändert. Insoweit kann auf die Ausführungen zur Vereinsverschmelzung verwiesen werden.

XVI. Ausgliederung aus dem Vermögen eines Einzelkaufmannes

1. Überblick

1300 Einzelkaufleute können im Rahmen einer Spaltung nur als übertragende Rechtsträger und nur an einer Ausgliederung beteiligt sind.[2417] Als übernehmende Rechtsträger kommen bei der Ausgliederung aus dem Vermögen eines Einzelkaufmannes nur die Ausgliederung zur Aufnahme Personen-

---

2411 Schmitt/Hörtnagl/Stratz/*Hörtnagl*, § 148 Rn. 3; Widmann/Mayer/*Fronhöfer*, § 148 Rn. 6 f.
2412 Zur Spaltung von Vereinen s. insb. die Darstellungen bei Schauhoff/*Schauhoff*, Handbuch der Gemeinnützigkeit, 2. Aufl. 2005, § 19 Rn. 73 ff.; Semler/Stengel/*Katschinski*, § 149 Rn. 11 – 13; Lutter/Hadding/Hennrichs, § 149 Rn. 15 ff.; Baumann/Sikora, § 13 A.III; Für ein Muster s. Limmer/*Limmer*, Teil 3 Rn. 648 (Abspaltung zur Aufnahme); Widmann/Mayer/*Mayer*, Anhang Mustersatz 16 (Abspaltung zur Neugründung).
2413 Limmer/*Limmer*, Teil 3 Rn. 641.
2414 Zum Verfahren s.a. Widmann/Mayer/*Vossius*, § 149 Rn. 26 ff.; Limmer/*Limmer*, Teil 3 Rn. 639 ff.
2415 Limmer/*Limmer*, Teil 3 Rn. 644.
2416 So Widmann/Mayer/*Mayer*, § 128 Rn. 47; Lutter/*Priester*, § 128 Rn. 21.
2417 S.a. die Darstellung der Ausgliederung bei Limmer/*Limmer*, Teil 3 Rn. 651 ff.; *Schwedhelm*, GmbH-StB 2004, 213 ff. Für ein Muster s. Limmer/*Limmer*, Teil 3 Rn. 699; Widmann/Mayer/*Mayer*, Anhang Mustersatz 13; Münchener Vertragshandbuch/*Heidenhain*, Muster XII.20 (alle Ausgliederung zur Neugründung einer GmbH).

handelsgesellschaften, Kapitalgesellschaften oder die eingetragenen Genossenschaften und bei der Ausgliederung zur Neugründung nur Kapitalgesellschaften in Betracht.[2418] Nicht erfasst sind hingegen als Zielrechtsträger die Gesellschaft bürgerlichen Rechts, die Partnerschaftsgesellschaft sowie eine Stiftung.[2419]

2. Einzelkaufmann

§ 152 Satz 1 setzt ein von einem Einzelkaufmann betriebenes Unternehmen voraus. Weder das Umwandlungsgesetz noch das HGB enthalten eine Definition des Berichtes und Begriffs Einzelkaufmann noch des Begriff Unternehmens. 1301

Mit dem Begriff Einzelkaufmann gemeint ist eine natürliche Person, die ein Handelsgewerbe i.S. n. §§ 1, 2 oder 3 Abs. 2 HGB ausübt, sowie unter dieser Firma ihre Geschäfte betreibt und die Unterschriften abgibt. Weitergehend muss die Firma des Einzelkaufmanns auch im Handelsregister eingetragen sein. Insoweit genügt es aber, wenn diese noch bis zur Eintragung der Ausgliederung erfolgt. Die Registeranmeldung des noch nicht eingetragenen Kaufmanns und die Anmeldung der Ausgliederung können somit miteinander verbunden werden.[2420] 1302

Demgemäß scheiden nach wie vor nichtgewerbliche Unternehmer (insbesondere Freiberufler) als Beteiligte einer Ausgliederung aus. Ist eine Firma in das Handelsregister eingetragen, diese Eintragung aber mangels Gewerbes zu Unrecht erfolgt, so ist streitig, ob in Anwendung von § 5 HGB eine Ausgliederung dennoch zulässig ist oder nicht.[2421] 1303

Streitig ist, ob eine Ausgliederung durch Erbengemeinschaft nach einem Einzelkaufmann (entsprechend § 27 HGB) möglich ist. Eine Literaturauffassung bejaht dies. Die handelsrechtliche Gleichstellung der Erbengemeinschaft nach einem Einzelkaufmann sei auch umwandlungsrechtlich zu berücksichtigen. Als Rechtsfolge der Ausgliederung erhalte die Erbengemeinschaft als solche die Anteile an der übernehmenden Gesellschaft.[2422] Die noch h.M. verneint dies. Die handelsrechtliche Gleichstellung sei von dem Umstand geprägt, dass Unternehmen nach dem Tod des Einzelkaufmannes fortbesteht. Die Notwendigkeit einer Gleichstellung im Umwandlungsrecht besteht nicht. Demgemäß müsse es dabei bleiben, dass eine Erbengemeinschaft nicht zu den spaltungsfähigen Rechtsträgern gehöre.[2423] 1304

Bei Gütergemeinschaften ist zu differenzieren. Gehört das Unternehmen bzw. das übertragene Vermögen zum Vorbehaltsgut eines Ehegatten i.S.v. § 1418 BGB, so sind diese Vermögensgegenstände allein diesem Ehegatten zuzuordnen, sodass dieser auch allein die Umwandlung vornehmen kann.[2424] Problematisch ist hingegen der Fall, dass das Unternehmen zum Gesamtgut der Ehegatten i.S.v. § 1416 BGB gehört. In diesem Fall kann nach überwiegender Auffassung eine Ausgliederung nur erfolgen, wenn zuvor die Gütergemeinschaft durch Ehevertrag beendet wird.[2425] 1305

Bei einer bloßen Zugewinngemeinschaft liegt ein Einzelunternehmen vor. Im Fall des § 1365 BGB bedarf jedoch die Ausgliederung der Zustimmung des anderen Ehegatten. Das Familiengericht kann 1306

2418 Lutter/*Karollus*, § 152 Rn. 30 ff.
2419 Lutter/*Karollus*, § 152 Rn. 30.
2420 Lutter/*Karollus*, § 152 Rn. 25; Schmitt/Hörtnagl/Stratz/*Hörtnagl*, § 153 Rn. 9; Widmann/Mayer/*Mayer*, § 152 Rn. 25; Limmer/*Limmer*, Teil 3 Rn. 657.
2421 Für eine Anwendung des § 5 HGB: Lutter/*Karollus*, § 152 Rn. 27; Widmann/Mayer/*Mayer*, § 152 Rn. 27; gegen eine Anwendung des § 5 HGB: Schmitt/Hörtnagl/Stratz/*Hörtnagl*, § 152 Rn. 10.
2422 Lutter/*Karollus*, § 152 Rn. 16.
2423 Widmann/Mayer/*Mayer*, § 152 Rn. 30 ff.; Schmitt/Hörtnagl/Stratz/*Hörtnagl*, § 152 Rn. 4.
2424 Lutter/*Karollus*, § 152 Rn. 15; Schmitt/Hörtnagl/Stratz/*Hörtnagl*, § 152 Rn. 5.
2425 Widmann/Mayer/*Mayer*, § 152 Rn. 36; Schmitt/Hörtnagl/Stratz/*Hörtnagl*, § 152 Rn. 5; a.A. Lutter/*Karollus*, § 152 Rn. 15, der die Gütergemeinschaft selbst für ausgliederungsfähig hält.

die Zustimmung ersetzen, wenn die Ausgliederung den Grundsätzen einer ordentlichen Verwaltung entspricht, § 1365 Abs. 2 BGB.[2426]

1307 Wird das Einzelunternehmen von einem Nießbraucher oder Pächter betrieben, so ist streitig, ob auch dann eine Ausgliederung durch den Nießbraucher oder Pächter zulässig ist.[2427]

3. Gegenstand der Ausgliederung

1308 Nach § 152 Satz 1 kann der Einzelkaufmann das Unternehmen bzw. eines Teil seines Unternehmens ausgliedern. Mit dieser Formulierung hat der Gesetzgeber keine inhaltliche Einschränkung der Aufteilungsfreiheit verbunden. Die Ausgliederung kann daher das gesamte Unternehmen des bisherigen Einzelkaufmannes umfassen, es ist aber nun auch möglich, dass das Unternehmen auf mehrere Rechtsträger (ggf. auch unterschiedlicher Rechtsformen) aufgeteilt wird.[2428] Sollte ein Einzelkaufmann unter verschiedenen Firmen mehrere getrennte Unternehmen führen, so ist abweichend vom missverständlichen Wortlaut auch die gleichzeitige Ausgliederung mehrerer Unternehmen zulässig. Die Unternehmen können gemeinsam auf einen einzelnen Zielrechtsträger übertragen und dabei zusammengelegt werden, sie können aber auch unverändert in einer neuen Zusammensetzung auf verschiedene Rechtsträger verteilt werden.[2429] Auch können Gegenstände des Privatvermögens in die Ausgliederung einbezogen werden, bzw. können beliebige einzelne Aktiva und Passiva des Unternehmens zurückbehalten werden. Auch ist es möglich, auch nur einzelne Gegenstände auszugliedern oder aber Gegenstände des Privatvermögens einzubeziehen. Die Einbeziehung von privaten Verbindlichkeiten wird in der Literatur allerdings dahingehend begrenzt, dass nur solche Verbindlichkeiten mit ausgegliedert werden können, die zumindest in ihrer Art noch Unternehmensverbindlichkeiten sein können.[2430]

4. Sperre bei Überschuldung

1309 Nach § 152 Satz 2 ist die Ausgliederung ausgeschlossen, wenn die Verbindlichkeiten des Einzelkaufmannes sein Vermögen übersteigen. Die Vorschrift bezieht sich nicht auf das Unternehmen, sondern den Unternehmensinhaber insgesamt. Daher sind auch private Aktiva und Passiva bei der Berechnung mit einzubeziehen. Die Bewertung hat hierbei nicht nach den Buchwerten, sondern nach den Verkehrswerten zu erfolgen, auch für Risiken im Privatbereich sind Rückstellungen zu bilden.[2431]

1310 Geprüft wird nur die Vermögenslage vor der Ausgliederung. Das Ausgliederungsverbot besteht mithin nicht, wenn lediglich das nach Durchführung der Ausgliederung verbleibende Aktivvermögen des Kaufmannes seine Verbindlichkeiten nicht deckt.[2432]

1311 Streitig ist in diesem Zusammenhang, ob der Vermögensvergleich auf der Grundlage von Fortführungswerten oder von Liquidationswerten anzustellen ist. Die h.M. geht davon aus, eine Fortführungsprognose sei nicht anzustellen, sondern es sei immer von Liquidationswerten auszugehen.[2433] Nach a.A. sind nach positiver Fortführungsprognose entsprechend den bei § 19 ebenso anerkannten Grundsätzen Fortführungswerte zugrunde zu legen. Auch die abweichende Ansicht geht davon aus, dass, wenn die Liquidationswerte ausnahmsweise die Fortführungswerte übersteigen, immer die höheren Liquidationswerte anzusetzen sind.[2434]

2426 Lutter/*Karollus*, § 152 Rn. 18.
2427 Für die Zulässigkeit: Lutter/*Karollus*, § 152 Rn. 20; gegen die Zulässigkeit: Widmann/Mayer/*Mayer*, § 152 Rn. 38 ff.
2428 Lutter/*Karollus*, § 152 Rn. 32.; Widmann/Mayer/*Mayer*, § 152 Rn. 48 ff.
2429 Lutter/*Karollus*, § 152 Rn. 40; Widmann/Mayer/*Mayer*, § 152 Rn. 64 ff.
2430 Lutter/*Karollus*, § 152 Rn. 41; Widmann/Mayer/*Mayer*, § 152 Rn. 62.
2431 Widmann/Mayer/*Mayer*, § 152 Rn. 73; Schmitt/Hörtnagl/Stratz/*Hörtnagl*, § 152 Rn. 26; Lutter/ *Karollus*, § 152 Rn. 44.
2432 Lutter/*Karollus*, § 152 Rn. 44; Schmitt/Hörtnagl/Stratz/*Hörtnagl*, § 152 Rn. 28.
2433 Lutter/*Karollus*, § 152 Rn. 45 f.
2434 Widmann/Mayer/*Mayer*, § 152 Rn. 78; einschr. Schmitt/Hörtnagl/Stratz/*Hörtnagl*, § 152 Rn. 27.

D. Spaltung   Kapitel 8

Ergänzend ordnet § 154 an, dass das Handelsregister die Eintragung der Ausgliederung abzulehnen 1312
hat, wenn offensichtlich ist, dass Verbindlichkeiten des Einzelkaufmannes übersteigen. Dies zuverlässig zu beurteilen wird dem Registergericht allerdings regelmäßig nur schwer möglich sein.[2435]
Daher ist nach h.M. in der Literatur der Einzelkaufmann verpflichtet, anlässlich der Anmeldung
der Ausgliederung zu versichern, dass keine Überschuldung vorliegt. Diese Erklärung bedarf keiner
Form. Sie kann im Rahmen der Anmeldung aber auch in separater Erklärung niedergelegt werden.[2436]

5. Ausgliederungsplan und Ausgliederungsvertrag

Im Rahmen einer Ausgliederung zur Aufnahme ist ein Ausgliederungsvertrag zu schließen zwischen 1313
dem Einzelkaufmann und dem aufnehmenden Rechtsträger. Bei einer Ausgliederung zur Neugründung ist ein Ausgliederungsplan erforderlich, der vom Einzelkaufmann als einseitiges Rechtsgeschäft
erklärt wird.

6. Ausgliederungsbericht

Gem. § 153 ist für den Einzelkaufmann als übertragenden Rechtsträger ein Ausgliederungsbericht 1314
nicht erforderlich. Ein solcher Bericht wäre sinnlos, weil der einzelne Kaufmann keine Anteilsinhaber hat, zu deren Information der Bericht dienen könnte.[2437] Für übernehmende Rechtsträger gilt
hingegen die allgemeine Regel des § 127, sodass das Erfordernis eines Ausgliederungsberichtes
rechtsformspezifisch ist. Ist der Einzelkaufmann zugleich einziger Anteilsinhaber der übernehmenden (Kapital-) Gesellschaft, so führt auch dies nicht zum Entfall der Berichtspflicht, sodass sich
dann ein ausdrücklicher Verzicht nach §§ 125 Satz 1, 8 Abs. 3 empfiehlt.[2438]

7. Ausgliederungsprüfung

Bei einer Ausgliederung aus dem Vermögen eines Einzelkaufmanns findet eine Ausgliederungsprü- 1315
fung i.S.d. §§ 9 ff. gem. § 125 Satz 2 nicht statt.

8. Ausgliederungsbeschluss

Ein Ausgliederungsbeschluss ist für den Einzelkaufmann nicht erforderlich, da er die bereits für ihn 1316
notwendige Erklärung im Rahmen des Ausgliederungsvertrages abgibt und eine weitere rechtsgeschäftliche Erklärung überflüssig wäre. Für den Ausgliederungsbeschluss bei der aufnehmenden
Gesellschaft gelten die allgemeinen Grundsätze.[2439]

9. Besonderheiten bei der Ausgliederung zur Aufnahme

Insoweit bestehen keine Besonderheiten. Hinzuweisen ist darauf, dass das Verbot barer Zuzahlung 1317
bei der Ausgliederung nicht gilt, daher ist die Begründung von Darlehensverbindlichkeiten zugunsten des Einzelkaufmanns zulässig.[2440]

[2435] Schmitt/Hörtnagl/Stratz/*Hörtnagl*, § 154 Rn. 4; Lutter/*Karollus*, § 154 Rn. 4.
[2436] Widmann/Mayer/*Mayer*, § 154 Rn. 12; Lutter/*Karollus*, § 154 Rn. 12; Schmitt/Hörtnagl/Stratz/
Hörtnagl, § 154 Rn. 4.
[2437] Lutter/*Karollus*, § 153 Rn. 3.
[2438] Lutter/*Karollus*, § 153 Rn. 6; a.A. Kallmeyer/*Kallmeyer*, § 153 Rn. 2 unter Berufung auf eine entsprechende Anwendung des § 8 Abs. 3 Satz 1, 2. Alt.
[2439] Limmer/*Limmer*, Teil 3 Rn. 677.
[2440] OLG München DStR 2012, 142; *Mayer*, DB 1995, 861, 764; Limmer/*Limmer*, Teil 3 Rn. 687.

10. Besonderheiten bei der Ausgliederung zur Neugründung

a) Allgemeines

1318 Da es sich bei der Ausgliederung zur Neugründung um eine Einmanngesellschaft handelt, scheidet eine Ausgliederung des Vermögens eines Einzelkaufmannes auf eine Personenhandelsgesellschaft oder eine Genossenschaft aus. Im Übrigen gelten für die Ausgliederung zur Neugründung die allgemeinen Vorschriften.[2441] Auch in diesem Fall ist es zulässig, da § 54 Abs. 4 nicht gilt, überschießende Beträge als Darlehensverbindlichkeit zu begründen.

b) Sachgründungsbericht bzw. Gründungsbericht und Gründungsprüfung

1319 Gem. § 139 bzw. § 145 ist bei einer Spaltung zur Neugründung einer GmbH ein Sachgründungsbericht bzw. zur Neugründung einer AG ein Gründungsbericht und eine Gründungsprüfung erforderlich. § 159 Abs. 1 bestimmt insoweit, dass für den Sachgründungsbericht bei der GmbH § 58 Abs. 1 und auf den Gründungsbericht bei der AG § 75 Abs. 1 entsprechend anzuwenden ist. Das bedeutet, dass im Sachgründungsbericht und im Gründungsbericht gem. § 32 AktG neben den sonstigen Angaben auch der Geschäftsverlauf und die Lage des übertragenen Einzelunternehmens nachzustellen sind.[2442]

1320 Für die Gründungsprüfung bei der AG gelten die allgemeinen Regeln der internen Gründungsprüfung durch Vorstand oder Aufsichtsrat (§ 33 Abs. 1 AktG) oder der externen Gründungsprüfung (§ 33 Abs. 2, 3 AktG). Ergänzend ordnet § 159 Abs. 2 an, dass es sich im Fall der Gründung einer AG oder KGaA die Prüfung auch darauf zu erstrecken hat, ob die Verbindlichkeiten des Einzelkaufmannes sein Vermögen übersteigen. Nach § 159 Abs. 3 ist dem Gründungsprüfer eine Vermögensaufstellung vorzulegen. Dieser hat das gesamte Vermögen des Einzelkaufmannes zu enthalten, auch sein Privatvermögen.[2443]

11. Handelsregisteranmeldung

1321 Die Anmeldung eines neu gegründeten Rechtsträgers haben nach §§ 160 Abs. 1, 137 sowohl der Einzelkaufmann als auch die Geschäftsführer bzw. Vorstand und Aufsichtsrat der neuen Gesellschaft gemeinschaftlich vorzunehmen. Ferner verlangt die Literatur im Hinblick auf §§ 154, 160 Abs. 2 sowohl bei Ausgliederung zur Neugründung als auch bei der Ausgliederung zur Aufnahme eine Erklärung des Einzelkaufmannes, dass die Verbindlichkeiten sein Vermögen nicht übersteigen. Diese Erklärung kann sowohl im Rahmen der Anmeldung, was zweckmäßig ist, aber auch ergänzend ohne besondere Form erfolgen.[2444] Erfasst die Ausgliederung das gesamte Unternehmen des Einzelkaufmannes, so bewirkt die Eintragung der Ausgliederung das Erlöschen der von dem Einzelkaufmann geführten Firma (§ 155). Die Ausgliederung bewirkt eine Haftungsbefreiung des Einzelkaufmannes von den übergegangenen Verbindlichkeiten (§ 156); vielmehr ist eine Haftung nach Maßgabe des § 157 für die Dauer von 5 Jahren begrenzt.[2445]

2441 S.o. Rdn. 247; zur Ausgliederung zur Aufnahme aus dem Vermögen eines e.K. s.a. die Darstellung von Widmann/Mayer/*Mayer*, § 152 Rn. 88 ff.
2442 Limmer/*Limmer*, Teil 3 Rn. 693; Schmitt/Hörtnagl/Stratz/*Hörtnagl*, § 159 Rn. 3; Widmann/Mayer/*Mayer*, § 159 Rn. 6.
2443 Lutter/*Karollus*, § 159 Rn. 11 ff; Widmann/Mayer/*Mayer*, § 159 Rn. 12; Limmer/*Limmer*, Teil 3 Rn. 693.
2444 Widmann/Mayer/*Mayer*, § 154 Rn. 12; Limmer/*Limmer*, Teil 3 Rn. 696.
2445 Limmer/*Limmer*, Teil 3 Rn. 697.

XVII. Ausgliederung von öffentlichen Unternehmen aus dem Vermögen einer Gebietskörperschaft oder Zusammenschlüssen von Gebietskörperschaften

1. Überblick

Zur Erleichterung der Privatisierung von Unternehmen der öffentlichen Hand stellt § 168 die Möglichkeit einer Überführung von öffentlich-rechtlichen Betrieben in eine privatrechtliche Gesellschaft im Wege der Ausgliederung zur Verfügung. Gebietskörperschaften oder Zusammenschlüsse von Gebietskörperschaften, die selbst keine Gebietskörperschaften sind, können demnach Unternehmen ausgliedern.[2446] Die Ausgliederung kann erfolgen zum einen zur Aufnahme dieses Unternehmens durch eine Personenhandelsgesellschaft[2447], GmbH, AG, KG oder eine eingetragene Genossenschaft. Zum andern kann die Ausgliederung auch zur Neugründung erfolgen, dann kann übernehmender Rechtsträger aber nur eine Kapitalgesellschaft oder eine eingetragene Genossenschaft sein. 1322

2. Ausgliederungsfähige Rechtsträger

Ausgliederungsfähige Rechtsträger sind Gebietskörperschaften, also Körperschaften, deren Mitgliedschaft durch den Sitz innerhalb eines bestimmten Gebietes bestimmt ist. Gebietskörperschaften in diesem Sinne sind insbesondere der Bund, die Länder, Städte, Gemeinden sowie ggf. gebietskörperschaftliche Gemeindeverbände nach Maßgabe des jeweiligen Landesrechts.[2448] Nach überwiegender Auffassung sind auch die Kirchen als Gebietskörperschaften in diesem Sinne anzusehen.[2449] Die Zulässigkeit einer verschmelzenden Spaltung, also die gleichzeitige Ausgliederung mehrerer Unternehmen von zwei oder mehr Gemeinden auf einen übernehmenden Rechtsträger, ist umstritten[2450]. 1323

3. Gegenstand der Ausgliederung

Gegenstand der Ausgliederung kann nach § 168 nur ein Unternehmen sein, die Ausgliederung von Einzelgegenständen ist mithin an sich unzulässig. Da eine allgemein gültige Definition des Unternehmens nicht besteht, ist eine funktionale Betrachtungsweise erforderlich.[2451] Nach h.M. besteht jedoch in engen Grenzen eine gewisse Gestaltungsfreiheit, sodass es ausreicht, wenn zumindest ein Unternehmenskern ausgegliedert wird.[2452] Auch ist es h.M. zulässig, wesentliche Unternehmensteile zurückzuhalten und diese sodann an das Unternehmen zu verpachten.[2453] 1324

2446 S. grundlegend zur Ausgliederung nach § 168: *Suppliet*, Ausgliederung nach § 168 UmwG, Berlin 2005; *Lepper*, RNotZ 2006, 313; *Steuck*, NJW 1995, 2887; *Suppliet*, NotBZ 1997, 37, 141; *Suppliet*, NotBZ 1998, 210; *Suppliet*, NotBZ 1999, 49; *Schindhelm/Stein*, DB 1999, 1375; Limmer/*Limmer*, Teil 3 Rn. 703 ff; Widmann/Mayer/*Heckschen*, § 168, Rn. 53 ff; *Heckschen*, GmbHR 2018, 779. Für ein Muster s. etwa *Lepper*, RNotZ 2006, 313 (Ausgliederung zur Neugründung auf GmbH); Limmer/*Limmer*, Teil 3 Rn. 734 (Ausgliederung zur Neugründung auf GmbH); Widmann/Mayer/*Heckschen*, Anhang Mustersatz 19 a (Ausgliederung zur Neugründung auf GmbH) bzw. 20 (Ausgliederung zur Aufnahme auf GmbH & Co. KG).

2447 Eine OHG als aufnehmende Gesellschaft dürfte wegen der persönlichen Haftung nach öffentlichem Recht nicht zulässig sein. Bei einer KG wird aus gleichem Grund die Gebietskörperschaft nur die Stellung eines Kommanditisten haben können, Widmann/Mayer/*Heckschen*, § 168 Rn. 135; Lutter/*H. Schmidt*, § 168 Rn. 15.

2448 Lutter/*H. Schmidt*, § 168 Rn. 6; Widmann/Mayer/*Heckschen*, § 168 Rn. 135; Limmer/*Limmer*, Teil 3 Rn. 704; *Lepper*, RNotZ 2006, 313, 316.

2449 *Borsch*, DNotZ 2005, 10; *Pfeiffer*, NJW 2000, 3694; *Lepper*, RNotZ 2006, 313, 316; Lutter/*H. Schmidt*, § 168 Rn. 6.

2450 Dafür: Widmann/Mayer/*Heckschen*, § 168 Rn. 134, 143 f.; *Lepper*, RNotZ 2006, 313, 317; a.A. etwa Lutter/*H. Schmidt*, § 168 Rn. 9; *Suppliet*, Ausgliederung nach § 168 UmwG, 2005, S. 133.

2451 Widmann/Mayer/*Heckschen*, § 168 Rn. 126 ff.; Lutter/*H. Schmidt*, § 168 Rn. 10 mit ausführlicher Darstellung des Unternehmensbegriffs.

2452 Widmann/Mayer/*Heckschen*, § 168 Rn. 17; *Suppliet*, NotBZ 1997, 37; Limmer/*Limmer*, Teil 3 Rn. 711.

2453 Limmer/*Limmer*, Teil 3 Rn. 714; Widmann/Mayer/*Heckschen*, § 168 Rn. 131.

4. Ausgliederungsplan/-vertrag

1325 Für die Aufstellung des Ausgliederungsplanes bzw. dem Abschluss des Ausgliederungsvertrages sind auf Seiten einer Gebietskörperschaft die vertretungsberechtigten Organe zuständig. Die Möglichkeit der Ausgliederung steht unter dem Vorbehalt etwaiger entgegenstehender Vorschriften des Bundes- und des Landesrechtes. Derartige Beschränkungen finden sich in den Regelungen der Gemeindeordnung, der Eigenbetriebsgesetze sowie der Selbstverwaltungs- und Kommunalgesetze. I. d. R. sind etwaige Ausgliederungsvorhaben anzuzeigen (etwa gem. § 115 Abs. 1 GO NRW) oder aber es bestehen Genehmigungsvorbehalte.[2454] Im Übrigen kann für den Ausgliederungsplan/Ausgliederungsvertrag auf vorstehende Ausführungen verwiesen werden.[2455]

5. Ausgliederungsbeschluss

1326 Da die übertragende Gebietskörperschaft keine Anteilsinhaber hat, richtet sich das Erfordernis eines Ausgliederungsbeschlusses sowie der Ablauf und die Form eines etwaigen Beschlussverfahrens allein nach öffentlichem Recht (§ 169 Satz 2). In NRW ist damit, bei einer Gemeinde etwa, ein nicht beurkundungspflichtiger Ratsbeschluss ausreichend, während nach außen hin der Bürgermeister als gesetzlicher Vertreter tätig wird.[2456] Da es sich bei dem Zustimmungsbeschluss durch die Gemeindevertretung um ein bloßes Internum handelt, ist das Fehlen des Zustimmungsbeschlusses im Außenverhältnis unerheblich, auch ist der Beschluss dem Handelsregister nicht vorzulegen.[2457]

6. Ausgliederungsbericht und Ausgliederungsprüfung

1327 Auf Seiten der Gebietskörperschaft in ein Ausgliederungsbericht nicht erforderlich, da keine Anteilsinhaber vorhanden sind. Die Berichtspflicht für den übernehmenden Rechtsträger bleibt hiervon unberührt, sondern richtet sich nach den allgemeinen Vorschriften (§§ 127, 8).[2458] Die Anmeldung der Ausgliederung zum Registergericht richtet sich nach den allgemeinen Vorschriften (§§ 125, 16). Für das Unternehmen der Gebietskörperschaft bzw. des Zusammenschlusses von Gebietskörperschaften ist eine Anmeldung nur dann erforderlich, wenn das Unternehmen bereits schon im Handelsregister eingetragen ist.[2459]

1328 Hinsichtlich des übernehmenden Rechtsträgers gelten hinsichtlich der Frage der Anmeldung die allgemeinen Vorschriften. Eine Negativerklärung nach § 16 Abs. 2 ist nur erforderlich hinsichtlich des übernehmenden Rechtsträgers, hinsichtlich des übertragenden Rechtsträgers richtet sich der Inhalt des Beschlusses nach allgemeinem öffentlichen Recht, sodass sich die Frage einer Anfechtung nach § 16 nicht stellt.[2460]

1329 Abweichend vom allgemeinen Spaltungsrecht wird die Ausgliederung aus dem Vermögen einer Gebietskörperschaft bzw. des Zusammenschlusses von Gebietskörperschaften wirksam mit Eintragung beim Zielrechtsträger (§ 171). Spiegelbildlich kommt der Eintragung der Umstrukturierungsmaßnahme beim Ausgangsrechtsträger, soweit dieser schon im Handelsregister eingetragen war, nur deklaratorische Wirkung zu.[2461]

2454 S. hierzu die Aufstellung bei Widmann/Mayer/*Heckschen*, § 168 Rn. 392 ff.; für NRW s. *Lepper*, RNotZ 2006, 313, 323.
2455 S.o. Rdn. 1055.
2456 S. hierzu *Lepper*, RNotZ 2006, 313, 330; für eine genaue Auflistung der bestehenden Erfordernisse s. Widmann/Mayer/*Heckschen*, § 169 Rn. 11 ff.
2457 Widmann/Mayer/*Heckschen*, § 169 Rn. 19; *Lepper*, RNotZ 2006, 313, 330.
2458 Schmitt/Hörtnagl/Stratz/*Hörtnagl*, § 169 Rn. 1; Widmann/Mayer/*Heckschen*, § 169 Rn. 4 ff.
2459 *Lepper*, RNotZ 2006, 313, 331 auch zur streitigen Frage des Inhalts der Anmeldung; Lutter/*H. Schmidt*, § 171 Rn. 4; Limmer/*Limmer*, Teil 3 Rn. 725 ff.
2460 Lutter/*H. Schmidt*, § 171 Rn. 6; Limmer/*Limmer*, Teil 3 Rn. 727.
2461 Widmann/Mayer/*Heckschen*, § 171 Rn. 9; Schmitt/Hörtnagl/Stratz/*Hörtnagl*, § 171 Rn. 1; Lutter/*H. Schmidt*, § 171 Rn. 7.

D. Spaltung   Kapitel 8

7. Registeranmeldung und -eintragung

Erfolgt eine Ausgliederung zur Aufnahme, so sind die Vertretungsorgane der beteiligten Rechtsträger gem. §§ 125, 60 Abs. 1 Satz 2 zur Anmeldung verpflichtet. Für die Anmeldung gelten die allgemeinen Vorschriften, sodass auf obige Ausführungen verwiesen werden kann.[2462] Abweichend hiervon ist es jedoch nicht nötig, eine höchstens 8 Monate Schlussbilanz des übertragenden Rechtsträgers beim Handelsregister des übernehmenden Rechtsträgers vorzulegen. Diese muss nach allgemeinen Grundsätzen nur bei der Anmeldung zum Handelsregister des übertragenden Rechtsträgers vorgelegt werden, da eine solche aber hier keinerlei konstitutive Wirkung hat, kann dies entfallen.[2463] Der Zustimmungsbeschluss des übertragenden Rechtsträgers ist als reines Verwaltungsinternum der Anmeldung nicht beizufügen.[2464] Sofern die Gemeindeordnung zusätzlich ein Anzeigeerfordernis vorsieht, ist die Anzeige dem Handelsregister gegenüber nicht nachzuweisen. Sieht hingegen die Gemeindeordnung eine Genehmigungspflicht vor, so ist die Genehmigung dem Handelsregister nicht vorzulegen.[2465]

1330

8. Beamten- und arbeitsrechtliche Probleme

Ein besonderes Problem kann sich im Rahmen der Ausgliederung stellen, wenn das auszugliedernde Unternehmen Beamten beschäftigt. Für diese gilt § 613a BGB nicht mangels Arbeitsverhältnis. Zudem fehlt dem übernehmenden Rechtsträger regelmäßig die Dienstherrenfähigkeit, sodass die Beamtenverhältnisse nicht ohne Weiteres durch Ausgliederungsvertrag übergeleitet werden können. In der Praxis werden diese Fallgestaltungen meist durch eine Dienstleistungsüberlassung oder eine Zuweisung der Beamten an einen privaten Rechtsträger gem. § 123a Abs. 2 BRRG gelöst.[2466]

1331

XVIII. Notarkosten

1. Spaltungsvertrag

a) Spaltung zur Aufnahme

aa) Geschäftswert

Hinsichtlich der Ermittlung des Geschäftswertes kann auf die oben aufgeführten Regeln bei einer Verschmelzung zur Aufnahme hingewiesen werden.[2467] Der Geschäftswert des Spaltungsvertrages ist gem. § 97 Abs. 3 GNotKG (bei Gewährung von Gegenleistungen) bzw. § 97 Abs. 1 GNotKG (ohne Gewährung von Anteilen) grundsätzlich der Wert der übergehenden Aktiva gem. § 38 GNotKG ohne Schuldenabzug. Bei der Aufspaltung ist demgemäß das Aktivvermögen des übertragenden Rechtsträgers bzw. bei der Abspaltung und Ausgliederung der Aktivwert des abgespaltenen Vermögensteils zugrunde zu legen. Werden Gegenleistungen für die Anteile gewährt und ist der Wert der Anteile höher, so ist dieser höhere Wert maßgeblich. Anknüpfungspunkt für die Bestimmung des maßgebenden Aktivvermögens ist die der Spaltung zugrunde liegende Bilanz.[2468] Sofern Grundstücke in der Bilanz nicht mit dem Verkehrswert ausgewiesen sind, ist ein eventueller Mehrwert dem Buchwert hinzuzurechnen, § 46 GNotKG.[2469] Weitere Besonderheiten gelten bei im Rahmen der Spaltung übergehenden Gesellschaftsbeteiligungen.[2470]

1332

2462 S.o. Rdn. 1187.
2463 S. Widmann/Mayer/*Heckschen*, § 168 Rn. 216.
2464 Widmann/Mayer/*Heckschen*, § 168 Rn. 218.
2465 Widmann/Mayer/*Heckschen*, § 168 Rn. 218.
2466 S. *Lepper*, RNotZ 2006, 313, 329.
2467 S.o. Rdn. 455.
2468 LG München JurBüro 1997, 265; OLG Zweibrücken MittBayNot 1999, 402; Umfassende Darstellung bei Limmer/*Tiedtke*, Teil 8 Rn. 55 ff.
2469 S. Rdn. 455.
2470 Für weitere Details s. Rdn. 455.

1333 Der Geschäftswert hinsichtlich des Spaltungsvertrages beträgt gem. § 107 Abs. 1 GNotKG mindestens 30.000 € und höchstens 10 Millionen €. Sind an einer Spaltung mehrere übertragende oder übernehmende Rechtsträger beteiligt, so ist fraglich, ob der Höchstwert mehrfach angesetzt werden kann.[2471]

1334 Bei der Spaltung zur Aufnahme handelt es sich rechtlich um einen Vertrag, für den eine 2,0-Gebühr nach Nr. 21100 KV anfällt. Dies gilt auch bei einer Ausgliederung zur Aufnahme aus dem Vermögen eines Einzelkaufmanns.

bb) Zustimmungsbeschlüsse der beteiligten Rechtsträger

1335 Nach § 108 Abs. 2 GNotKG ist für die Beurkundung der Zustimmungsbeschlüsse von übertragender und übernehmender Gesellschaft der Wert des Spaltungsvertrages maßgeblich, maximal nach § 108 Abs. 5 GNotKG jedoch 5 Millionen €.

1336 Wird bei der übertragenden Gesellschaft das Kapital herabgesetzt oder bei der übernehmenden Gesellschaft das Kapital zur Durchführung der Spaltung erhöht, so ist dies dem entsprechenden Wert hinzuzurechnen. Für den Beschluss ist eine 2,0-Gebühr nach Nr. 21100 KV zu erheben. Werden Spaltungsvertrag und Zustimmungsbeschlüsse in einer Urkunde zusammengefasst, so sind diese gegenstandsgleich.

b) Spaltung zur Neugründung

1337 Bei der Spaltung tritt der Spaltungsplan an die Stelle des Spaltungs- und Übernahmevertrages. Für die Ermittlung des Geschäftswertes gelten obenstehende Ausführungen entsprechend. Da es sich bei einem Spaltungsplan um eine einseitige Erklärung handelt, ist eine 1,0-Gebühr nach Nr. 21200 KV zu erheben.

1338 Wird der Zustimmungsbeschluss der übertragenden Gesellschaft mit beurkundet, so ist hierfür eine 2,0-Gebühr nach Nr. 21100 KV zu erheben. Aufgrund der unterschiedlichen Gebührensätze findet nach § 94 Abs. 1 GNotKG grundsätzlich keine Addition der Werte statt, sondern es findet eine getrennte Abrechnung statt. Es sei denn die nach dem höchsten Gebührensatz berechnete Gebühr der addierten Werte ist niedriger als die Einzelberechnung.

1339 Erstellt der Notar den Sachgründungsbericht im Sinne von § 5 Abs. 4 GmbHG, so fällt eine Entwurfsgebühr nach Nr. 24101 KV an aus einem Teilwert des übertragenen Vermögens (idR 10 %). Die Höhe des Gebührensatzes ist zwischen 0,3 bis 1,0 festzusetzen.

c) Besonderheiten bei der Ausgliederung

1340 Die vorstehenden Grundsätze gelten entsprechend auch bei der Ausgliederung. Die Ausgliederung eines Unternehmens aus dem Vermögen eines Einzelkaufmanns auf eine bereits bestehende GmbH/GmbH & Co. KG ist selbst dann Vertrag, wenn der Einzelkaufmann alleiniger Gesellschafter ist.[2472] Bei der Ausgliederung von Regie- und Eigenbetrieben der öffentlichen Hand nach §§ 126 ff., stellt sich lediglich die Frage einer Anwendung der Ermäßigungsvorschrift des § 91 Abs. 1 GNotKG. Dies setzt voraus, dass es sich bei dem auszugliedernden Regie- oder Eigenbetrieb nicht um ein Wirtschaftsunternehmen handelt.[2473]

2471 Für eine Darstellung s. Limmer/*Tiedtke*, Teil 8 Rn. 55 ff.; s.a. Rdn. 458.
2472 So noch zur KostO: OLG Zweibrücken MittBayNot 1999, 402; Korintenberg/Lappe/*Bengel/Tiedtke*, § 39 Rn. 83.
2473 Limmer/*Tiedtke*, Teil 8 Rn. 80 ff.

2. Verzichts- und Zustimmungserklärungen

Soweit Verzichtserklärungen zusammen mit dem Spaltungsvertrag beurkundet werden, so sind diese gegenstandsgleich. Werden nur Verzichtserklärungen separat beurkundet, so ist eine 1,0-Gebühr nach Nr. 21200 KV aus einem Teilwert zu erheben.[2474] 1341

3. Gesellschafterlisten, weitergehende Beratungstätigkeit

Für die Anfertigung der Gesellschafterliste nach § 40 Abs. 2 GmbH fällt eine Vollzugsgebühr nach Nr. 22110/22113 KV mit einem Gebührensatz von 0,5, maximal jedoch 250 € pro Liste an. 1342

Nach Abschaffung des § 147 Abs. 2 KostO können weitergehende Beratungstätigkeiten des Notars, etwa zur Vorbereitung der Gesellschafterversammlungen, ggf. im Rahmen der Nr. 24203 KV als Beratungsgebühr anfallen.[2475] 1343

4. Handelsregisteranmeldung

Der Geschäftswert der Registeranmeldung bei übernehmenden wie auch beim übertragenden Rechtsträger ist in gleicher Weise zu bestimmen wie bei der Verschmelzung.[2476] Der Geschäftswert beläuft sich bei einer übertragenden Kapitalgesellschaft auf 1 % des Stammkapitals, mindestens jedoch 30.000 € (§ 104 Abs. 4 Nr. 1 GNotKG). Bei einer übertragenden Personenhandelsgesellschaft beläuft er sich auf 30.000 € (§ 105 Abs. 4 Nr. 3 GNotKG). Setzt die übertragende Kapitalgesellschaft spaltungsbedingt ihr Kapital herab, so ist dies mit dem Nominalbetrag hinzuzurechnen. Der Höchstwert der Anmeldung beträgt jedoch stets 1 Million €. Der Gebührensatz ist eine 0,5-Gebühr nach Nr. 21201 Nr. 5 KV bei Beurkundung bzw. nach Nr. 24102 KV bei Beglaubigung. 1344

Hinsichtlich des übernehmenden Rechtsträgers bei einer Spaltung zur Aufnahme kommt es gleichfalls auf die Rechtsform an. Ein etwaiger Kapitalerhöhungsbetrag ist hinzurechnen. Der Höchstwert beträgt auch hier maximal 1 Million €. 1345

Bei einer Spaltung zur Neugründung gelten hinsichtlich des infolge der Spaltung neu gegründeten Rechtsträgers die rechtsformspezifischen Geschäftswertvorschriften. Wegen der Details kann auf die Ausführungen zur Verschmelzung durch Neugründung verwiesen werden.[2477] 1346

Infolge der elektronischen Übermittlung sind zusätzlich Gebühren für die Erzeugung der XML-Strukturdaten zu erheben. Die Gebühr richtet sich Nr. 22114 KV und beträgt eine 0,3-Gebühr aus dem Wert der Handelsregisteranmeldung, maximal jedoch 250 €. 1347

5. Grundbuchberichtigungsantrag

Gehört zum übertragenen Vermögen Grundbesitz, so ist das Grundbuch zu berichtigen. Ein im Spaltungsvertrag enthaltener Grundbuchberichtigungsantrag ist gegenstandsgleich im Sinne von § 109 GNotkG, so dass eine gesonderte Berechnung entfällt. Ist ausnahmsweise der Grundbuchberichtigungsantrag nicht enthalten, so dürfte eine 0,5-Gebühr nach Nr. 21201 KV aus dem Grundbesitzwert zu berechnen sein. 1348

2474 S. für weitere Details Rdn. 461 f.
2475 S. Rdn. 467.
2476 S. Rdn. 463 ff.
2477 S. Rdn. 468 ff.

Kapitel 9 Recht des Vertragskonzerns

Übersicht

	Rdn.		Rdn.
A. Überblick	1	III. Vertragsänderung	38
B. Beherrschungs- und Gewinnabführungsvertrag mit einer abhängigen Aktiengesellschaft	5	IV. Vertragsbeendigung	40
		1. Beendigungsgründe	40
		a) Aufhebung	40
I. Vertragsinhalt	5	b) Kündigung	43
II. Vertragsabschluss	15	c) Weitere Beendigungsgründe	46
1. Zuständigkeit und Form	15	2. Rechtsfolgen der Vertragsbeendigung	48
2. Zustimmung der Hauptversammlung der abhängigen Gesellschaft	18	a) Handelsregisteranmeldung	48
3. Zustimmung der Gesellschafterversammlung der herrschenden Gesellschaft	24	b) Pflicht zur Sicherheitsleistung	51
		C. Beherrschungs- und Gewinnabführungsvertrag mit einer abhängigen GmbH	52
4. Prüfungs- und Informationspflichten	26	D. Entherrschungsvertrag	67
5. Handelsregisteranmeldung	32		

A. Überblick

1 In der notariellen Praxis spielen Probleme des faktischen Konzerns eher selten eine Rolle. Im Vordergrund steht das Recht des Vertragskonzerns, also das Recht der **Unternehmensverträge**.[1] Eine gesetzliche Regelung haben die Unternehmensverträge im Aktiengesetz erfahren. Mit dem Begriff Unternehmensvertrag bezeichnet das Gesetz die folgenden Vertragstypen:
- Beherrschungsvertrag, § 291 Abs. 1 Satz 1, 1. Alt. AktG,
- Gewinnabführungsvertrag, Geschäftsführungsvertrag, §§ 291 Abs. 1 Satz 1, 2. Alt., 291 Abs. 1 Satz 2 AktG,
- Gewinngemeinschaft, § 292 Abs. 1 Nr. 1 AktG,
- Teilgewinnabführungsvertrag, § 292 Abs. 1 Nr. 2 AktG,
- Betriebspachtvertrag, Betriebsüberlassungsvertrag, § 292 Abs. 1 Nr. 3 AktG.

2 Die an einem Unternehmensvertrag beteiligten Unternehmen gelten gem. § 15 AktG als verbundene Unternehmen. Für den Abschluss, die Änderung und die Aufhebung von Unternehmensverträgen, an denen eine **Aktiengesellschaft** als hauptverpflichteter Vertragsteil beteiligt ist, gelten die §§ 293 bis 299 AktG. Die Vorschriften zur Sicherung der Gesellschaft und der Gläubiger in §§ 300 bis 303 AktG gelten nur für einige, in diesen Vorschriften jeweils benannte Typen von Unternehmensverträgen, die Regeln zur Sicherung außenstehender Aktionäre in §§ 304 bis 307 AktG nur für Beherrschungs- und Gewinnabführungsverträge.

3 Unternehmensverträge können auch mit einer **GmbH** als hauptverpflichtetem Vertragsteil abgeschlossen werden. Vorschriften dazu finden sich im GmbH-Gesetz nicht. Rechtsprechung und Literatur haben jedoch für das GmbH-Recht Regelungen entwickelt, die sich an die des Aktienrechts anlehnen. Ob auch eine **Personengesellschaft** als abhängige Gesellschaft einen Beherrschungsvertrag abschließen kann, ist umstritten[2] und praktisch nur wenig von Bedeutung.

4 In der Praxis steht der **Gewinnabführungsvertrag**, häufig verbunden mit einem **Beherrschungsvertrag**, ganz im Vordergrund. In aller Regel sind es steuerliche Beweggründe, die zum Abschluss des Vertrages veranlassen. Das deutsche Steuerrecht kennt grundsätzlich keine Konzernbesteuerung,

---

1 Vgl. dazu *Hermanns*, RNotZ 2015, 632.
2 Dafür (beiläufig) BGH NJW 1980, 231 – Gervais, dagegen OLG Düsseldorf vom 27.02.2004 – 19 W 3/00, ZIP 2004, 753; zweifelnd auch MünchKommAktG/*Altmeppen*, § 291 Rn. 20 f. Vgl. auch OLG München vom 08.02.2011 – 31 Wx 2/11 = GmbHR 2011, 376: Ergebnisabführungsvertrag mit abhängiger Kommanditgesellschaft nicht eintragungsfähig.

B. Beherrschungs- und Gewinnabführungsvertrag mit einer abhängigen Aktiengesellschaft

sondern sieht alle zu einem Konzern gehörenden Gesellschaften als selbständige Steuersubjekte. Nur bei Vorliegen einer sog. steuerlichen **Organschaft**[3] führt die konzernrechtliche Verbundenheit von Unternehmen dazu, dass sie steuerlich als ein einheitliches Zurechnungssubjekt angesehen werden. Auf diese Weise können Doppelbesteuerungen vermieden sowie Gewinne und Verluste gesellschaftsübergreifend verrechnet werden. Der Abschluss eines Gewinnabführungsvertrages ist nach § 14 Abs. 1 KStG Voraussetzung einer körperschaftsteuerlichen Organschaft,[4] und damit auch Voraussetzung der gewerbesteuerlichen Organschaft, § 2 Abs. 2 Satz 2 GewStG. Eine umsatzsteuerliche Organschaft kennt das Steuerrecht ebenfalls, § 2 Abs. 2 Nr. 2 UStG; diese setzt allerdings nicht zwingend einen Gewinnabführungsvertrag voraus.[5] Ein Beherrschungsvertrag ist steuerlich nicht (mehr)[6] Voraussetzung einer körperschaftsteuerlichen Organschaft, aber jedenfalls bei Verträgen mit Aktiengesellschaften (grundsätzlich keine Weisungsabhängigkeit, § 76 Abs. 1 AktG) eine gesellschaftsrechtlich sinnvolle Ergänzung des Gewinnabführungsvertrages. Selbst im Verhältnis zu einer GmbH, deren Geschäftsführung schon nach § 37 Abs. 1 GmbHG Weisungen der Gesellschaftermehrheit befolgen muss, gibt es Gründe für den Abschluss eines Beherrschungsvertrages (Zulässigkeit auch nachteiliger Weisungen, Weisungen ohne »Umweg« über die Gesellschafterversammlung)[7], im Einzelfall aber auch mitbestimmungsrechtliche Gründe dagegen, vgl. § 2 Abs. 2 DrittelbG. Ein wichtiger Beweggrund für den Abschluss eines Beherrschungs- und Gewinnabführungsvertrages kann zudem sein, dass sowohl bei der AG als auch bei der GmbH das Verbot der Einlagenrückgewähr nicht gilt, wenn zwischen Gesellschaft und Gesellschafter ein Gewinnabführungs- oder Beherrschungsvertrag besteht, § 57 Abs. 1 Satz 2 AktG und § 30 Abs. 1 Satz 2 GmbHG.[8] Dieser Gesichtspunkt ist besonders von Bedeutung, wenn im Konzern ein Cash Pool vereinbart werden soll.

B. Beherrschungs- und Gewinnabführungsvertrag mit einer abhängigen Aktiengesellschaft

I. Vertragsinhalt

Ein **Beherrschungsvertrag** ist ein Vertrag, durch den eine Gesellschaft die Leitung ihrer Geschäfte einem anderen Unternehmen unterstellt, § 291 Abs. 1 Satz 1, 1. Alt. AktG. Das herrschende Unternehmen ist dann berechtigt, dem Vorstand der Gesellschaft hinsichtlich der Leitung der Gesellschaft Weisungen zu erteilen, auch Weisungen, die für das abhängige Unternehmen nachteilig sind. Einzelheiten zur Reichweite des Weisungsrechts regelt § 308 AktG. Die Weisung, den Vertrag zu ändern, aufrechtzuerhalten oder zu beenden, ist unzulässig, § 299 AktG, ebenso eine Weisung, die Maßnahmen aus dem Kompetenzbereich der Hauptversammlung oder des Aufsichtsrats (Ausnahme: § 308 Abs. 3 AktG) betrifft.[9]

Um einen **Gewinnabführungsvertrag** handelt es sich, wenn eine Gesellschaft sich verpflichtet, ihren ganzen[10] Gewinn an ein anderes Unternehmen abzuführen, § 291 Abs. 1 Satz 1, 2. Alt. AktG. Verpflichtet sich die Gesellschaft, ihr Unternehmen für Rechnung eines anderen Unternehmens zu führen, handelt es sich um einen Geschäftsführungsvertrag, den das Gesetz ebenfalls als Gewinn-

---

3 Das übergeordnete Unternehmen wird dabei als Organträger bezeichnet, die untergeordnete Gesellschaft als Organgesellschaft, vgl. § 14 Abs. 1 KStG.
4 Überblick über die steuerrechtlichen Aspekte bei *Mues*, RNotZ 2005, 1 ff. sowie *Boor*, RNotZ 2017, 65, 68 f.
5 Vgl. *Sölch/Ringleb*, USt, § 2 Rn. 112.
6 Vgl. *Mues*, RNotZ 2005, 1, 4.
7 Lutter/Hommelhoff/*Hommelhoff*, Anh. zu § 13 Rn. 46.
8 Vgl. Heckschen/Heidinger/*Heckschen/Kreußlein*, Die GmbH in der Gestaltungs- und Beratungspraxis, Kapitel 15 Rn. 77 f.
9 OLG Karlsruhe ZIP 1991, 101.
10 Ein Teilgewinnabführungsvertrag ist handelsrechtlich gem. § 292 Abs. 1 Nr. 1 AktG zulässig, aber steuerrechtlich zur Begründung einer Organschaft nicht ausreichend, §§ 14 Abs. 1 Satz 1, 17 Abs. 1 Satz 1 KStG.

abführungsvertrag ansieht, § 291 Abs. 1 Satz 2 AktG. Die Gesellschaft kann aufgrund eines Gewinnabführungsvertrages höchstens den ohne die Gewinnabführung entstehenden Jahresüberschuss abführen, vermindert um einen Verlustvortrag aus dem Vorjahr, um die Zuführung zur gesetzlichen Rücklage gem. § 300 Nr. 1 AktG und um den nach § 268 Abs. 8 des Handelsgesetzbuchs ausschüttungsgesperrten Betrag (Ausschüttungssperre bei Bilanzierung selbst geschaffener immaterieller Vermögenswerte), vgl. § 301 Satz 1 AktG. Zusätzlich abgeführt werden dürfen Beträge aus anderen Gewinnrücklagen, soweit diese während der Dauer des Vertrages diesen Rücklagen zugeführt worden waren, § 301 Satz 2 AktG.

7   Beide Vertragstypen setzen nicht voraus, dass der andere Vertragsteil an der beherrschten bzw. zur Gewinnabführung verpflichteten Gesellschaft **beteiligt** ist. In der Praxis ist dies jedoch ganz überwiegend der Fall, schon weil steuerlich eine Organschaft die »finanzielle Eingliederung« der Organgesellschaft in das Unternehmen des Organträgers verlangt, also dass dem Organträger (zumindest mittelbar) die Mehrheit der Stimmrechte aus den Anteilen an der Organgesellschaft zusteht, § 14 Abs. 1 Nr. 1 KStG.

8   Gesetzliche Folge sowohl eines Beherrschungs- als auch eines Gewinnabführungsvertrages ist die **Verlustübernahme** durch das herrschende Unternehmen, also die Pflicht, jeden während der Vertragsdauer sonst entstehenden Fehlbetrag auszugleichen, soweit dieser nicht durch Beträge aus anderen Gewinnrücklagen ausgeglichen wird, die während der Vertragsdauer in sie eingestellt worden sind, § 302 Abs. 1 AktG.

9   Sind an der abhängigen Gesellschaft im Zeitpunkt der Beschlussfassung ihrer Hauptversammlung über den Vertrag sog. außenstehende Aktionäre beteiligt, muss der Vertrag für diese Aktionäre gem. § 304 AktG einen angemessenen **Ausgleich** vorsehen. Außenstehende Aktionäre sind solche, die weder herrschender Vertragsteil noch dessen 100 %ige Mutter- oder Tochtergesellschaft sind.[11] Weil ihre Interessen durch den Beherrschungs- oder Gewinnabführungsvertrag beeinträchtigt werden können, haben sie Anspruch auf eine feste Ausgleichszahlung bzw. einen bestimmten jährlichen Gewinnanteil (Garantiedividende). Nicht als außenstehende Aktionäre gelten solche Aktionäre, die schon im Vorhinein auf einen Ausgleich verzichtet haben.[12] Die Höhe der Ausgleichszahlung bzw. der Garantiedividende bemisst sich grundsätzlich nach der bisherigen Ertragslage der Gesellschaft und ihren künftigen Ertragsaussichten. Fehlt im Vertrag eine Regelung zum Ausgleich, ist er nichtig, § 304 Abs. 3 Satz 1 AktG. Ist hingegen der Ausgleich lediglich zu niedrig bemessen, führt dies weder zur Unwirksamkeit des Vertrags noch zur Anfechtbarkeit der Zustimmungsbeschlüsse der Hauptversammlungen, § 304 Abs. 3 Satz 2 AktG. Es ist lediglich auf Antrag im Spruchverfahren ein angemessener Ausgleich zu bestimmen, § 304 Abs. 3 Satz 3 AktG i.V.m. dem SpruchG.

10 Neben der Verpflichtung zum angemessenen Ausgleich muss der Vertrag eine Verpflichtung des herrschenden Vertragsteils vorsehen, auf Verlangen eines außenstehenden Aktionärs dessen Aktien gegen eine im Vertrag bestimmte angemessene **Abfindung** zu erwerben, § 305 AktG. In welcher Form diese Abfindung zu gewähren ist, regelt § 305 Abs. 2 AktG: Handelt es sich bei dem herrschenden Vertragsteil um eine AG (oder KGaA), die ihrerseits nicht abhängig ist oder im Mehrheitsbesitz steht, muss diese Abfindung in Form von Aktien dieser Gesellschaft angeboten werden. Ist die herrschende AG (oder KGaA) ihrerseits abhängig von einer AG (oder KGaA) bzw. in deren Mehrheitsbesitz, sind als Abfindung entweder Aktien an der Konzernmutter oder eine Barzahlung anzubieten. In allen anderen Fällen kommt nur eine Barabfindung in Betracht. Sieht der Vertrag keine oder keine angemessene Abfindung vor, beeinträchtigt dies nicht die Wirksamkeit des Vertrages. Die vertraglich zu gewährende Abfindung ist auf Antrag im Spruchverfahren gerichtlich zu bestimmen, § 305 Abs. 5 AktG. Angemessen ist die Abfindung, wenn sie dem »wirklichen Wert« der Beteiligung des außenstehenden Aktionärs ohne Abschluss des Beherrschungs- oder Gewinn-

---

11 MünchKomm AktG/*van Rossum*, § 304 Rn. 27 f.; Einzelheiten sind str., vgl. KK-AktG/*Koppensteiner*, § 295 Rn. 40 ff.
12 K. Schmidt/Lutter/*Stephan*, AktG, § 304 Rn. 73 f.

abführungsvertrages entspricht.[13] Untergrenze dafür ist der Verkehrswert der Beteiligung, bei börsennotierten Aktien regelmäßig der Börsenkurs.[14]

Der Vertrag wird wirksam, wenn ihm die Hauptversammlungen der beteiligten Gesellschaften zugestimmt haben und er im Handelsregister der abhängigen Gesellschaft eingetragen worden ist. Insbesondere aus steuerlichen Gründen soll einem Beherrschungs- und Gewinnabführungsvertrag häufig **Rückwirkung** zukommen. Soweit es die Gewinnabführung betrifft, kann der Vertrag zivilrechtlich rückwirkende Geltung beanspruchen für Geschäftsjahre, deren Jahresabschluss noch nicht festgestellt ist.[15] Steuerrechtlich ist die Rückwirkung jedoch nach heutiger Rechtslage nur noch möglich bis zum Anfang des Kalenderjahres, in dem der Gewinnabführungsvertrag durch Eintragung im Handelsregister wirksam wird, § 14 Abs. 1 Satz 2 KStG.[16] Im Hinblick auf die Beherrschung der abhängigen Gesellschaft kommt eine Rückwirkung jedoch nach allgemeiner Auffassung nicht in Betracht, weil eine rückwirkende Ausübung der Leitungsmacht nicht vorstellbar sei.[17] Wird versehentlich die Anordnung der Rückwirkung nicht auf die Ergebnisabführung beschränkt, soll dies ein Eintragungshindernis darstellen, selbst wenn die Beteiligten die Gewinnabführung auch ohne die Beherrschungsabrede geschlossen hätten.[18]

Die **Dauer** des Vertrages kann frei geregelt werden. Fehlt eine Regelung, ist der Vertrag auf unbestimmte Zeit geschlossen. Nach herrschender Auffassung besteht bei Beherrschungs- und Gewinnabführungsverträgen ohne vertragliche Regelung auch kein Recht zur ordentlichen Kündigung.[19] Aus diesem Grund enthalten Beherrschungs- und Gewinnabführungsverträge in der Regel eine Klausel, nach der die ordentliche Kündigung mit bestimmter Frist zum Ende des Geschäftsjahres zulässig ist. Gem. § 14 Abs. 1 Nr. 3 Satz 3 KStG ist allerdings Voraussetzung für die steuerliche Anerkennung der Organschaft, dass der Gewinnabführungsvertrag mindestens auf die Dauer von 5 Jahren[20] abgeschlossen ist. Der Vertrag darf daher die Möglichkeit zur ordentlichen Kündigung erst nach Ablauf dieser Zeit vorsehen.

Rechtsprechung und herrschende Meinung lassen es zu, im Vertrag die außerordentliche **Kündigung** ohne Einhaltung einer Kündigungsfrist auch aus Gründen einzuräumen, die objektiv nicht wichtig sind.[21] Eine Mindermeinung hält dies hingegen für unzulässig mit der Begründung, dies liefe darauf hinaus, die ordentliche Kündigung auf einen unzulässigen, nämlich unterjährigen, Zeitpunkt zuzu-

---

13 BVerfG DNotZ 1999, 831– DAT/Altana; BGH NJW 1978, 1316 – Kali und Salz.
14 BVerfG DNotZ 1999, 831– DAT/Altana.
15 OLG Hamburg NJW 1990, 3024; KK-AktG/*Koppensteiner*, § 294 Rn. 32; a.A. OLG München ZIP 1992, 327.
16 Vgl. *Mues*, RNotZ 2005, 1, 14. Dies gilt auch dann, wenn sich die Eintragung wegen unberechtigter Bedenken des Handelsregisters verzögert hat, FG Niedersachsen vom 13.12.2007 – 6 K 411/07 = DStRE 2008, 936. Vgl. allerdings FG Düsseldorf vom 17.05.2011 – 6 K 3100/09, wonach bei einer verspäteten Eintragung wegen einer technischen Panne des EGVP ein Anspruch auf eine abweichende Steuerfestsetzung aus Billigkeitsgründen besteht.
17 OLG Hamburg NJW 1990, 3024; OLG Hamburg NJW 1990, 521.
18 OLG Karlsruhe GmbHR 1994, 810.
19 KK-AktG/*Koppensteiner*, § 297 Rn. 10 m.w.N. Bei Unternehmensverträgen gem. § 292 AktG kann sich die Möglichkeit zur ordentlichen Kündigung aus den jeweils einschlägigen gesetzlichen Vorschriften ergeben, z.B. bei Betriebspachtverträgen aus § 594a, b BGB, bei Betriebsführungsverträgen aus §§ 675, 627 oder 671 BGB und bei Gewinngemeinschaften aus § 723 BGB, vgl. KK-AktG/*Koppensteiner*, § 297 Rn. 9.
20 Zeitjahre, nicht »Wirtschaftsjahre«, BFH vom 12.01.2011 – I R 3/10 = GmbHR 2011, 544. Bereits die Unterschreitung der Mindestlaufzeit um einen Tag führt zur Nichtanerkennung der Organschaft, BFH vom 23.01.2013 – I R 1/12, GmbHR 2013, 602 (dort auch zur Frage einer Heilung durch Schreibfehlerberichtigung gem. § 44a Abs. 2 BeurkG).
21 BGH NJW 1993, 1976 – SSI; OLG München vom 09.12.2008 – 31 Wx 106/08, DNotZ 2009, 474; MünchKommAktG/*Altmeppen*, § 297 Rn. 46 ff. (sofern Rechte außenstehender Aktionäre nicht verkürzt werden); Hüffer/Koch/*Koch*, § 297 Rn. 8.

lassen.²² Auch die herrschende Auffassung sieht die Nähe einer solchen Kündigung zu einer ordentlichen Kündigung und verlangt daher ggf. einen Sonderbeschluss außenstehender Aktionäre entsprechend § 297 Abs. 2 AktG.

14 ▶ Formulierungsbeispiel Beherrschungs- und Gewinnabführungsvertrag (keine außenstehenden Aktionäre):²³

Beherrschungs- und Gewinnabführungsvertrag

zwischen

der Maternum AG (nachfolgend »Muttergesellschaft«)

und

der Filia AG (nachfolgend »Tochtergesellschaft«)

§ 1 – Beherrschung

(1) Die Tochtergesellschaft unterstellt die Leitung ihrer Gesellschaft der Muttergesellschaft.

(2) Die Muttergesellschaft ist berechtigt, dem Vorstand der Tochtergesellschaft Weisungen hinsichtlich der Leitung der Gesellschaft zu erteilen.

§ 2 – Gewinnabführung

(1) Die Tochtergesellschaft ist verpflichtet, ihren ganzen Gewinn an die Muttergesellschaft abzuführen. Abzuführen ist, vorbehaltlich einer Bildung oder Auflösung von Rücklagen nach Absatz 2, der ohne die Gewinnabführung entstehende Jahresüberschuss, vermindert um einen Verlustvortrag aus dem Vorjahr, um den Betrag, der nach § 300 AktG in die gesetzlichen Rücklagen einzustellen ist, und um den nach § 268 Abs. 8 HGB ausschüttungsgesperrten Betrag.²⁴ Der abzuführende Betrag darf den sich aus § 301 AktG in seiner jeweils geltenden Fassung ergebenden Betrag nicht überschreiten.

(2) Die Tochtergesellschaft kann mit Zustimmung der Muttergesellschaft Beträge aus dem Jahresüberschuss in andere Gewinnrücklagen nach § 272 Abs. 3 HGB einstellen, soweit dies bei vernünftiger kaufmännischer Beurteilung wirtschaftlich begründet ist.²⁵ Sind während der Dauer des Vertrags Beträge in andere Gewinnrücklagen eingestellt worden, so sind diese auf Verlangen der Muttergesellschaft den Rücklagen wieder zu entnehmen und zum Ausgleich eines Jahresfehlbetrages zu verwenden oder als Gewinn abzuführen. Die Abführung von Beträgen aus der Auflösung anderer Rücklagen, auch soweit sie während der Vertragsdauer gebildet wurden, ist ausgeschlossen.

(3) Die Verpflichtung gilt erstmals für den ganzen Gewinn des Geschäftsjahres, in dem dieser Vertrag wirksam wird.

§ 3 – Verlustübernahme

(1) Die Muttergesellschaft ist verpflichtet, jeden während der Vertragsdauer sonst entstehenden Jahresfehlbetrag auszugleichen, soweit dieser nicht dadurch ausgeglichen wird, dass anderen Gewinnrücklagen gemäß § 2 Abs. 2 dieses Vertrages Beträge entnommen werden. § 302 AktG findet in seiner Gesamtheit und in allen seinen Bestandteilen in seiner jeweils geltenden Fassung Anwendung.²⁶

---

22 KK-AktG/*Koppensteiner*, § 297 Rn. 20.
23 Muster auch bei Happ/*Liebscher*, Aktienrecht, Bd. II, Rn. 16.02 a).
24 Vgl. die zum 01.09.2009 in Kraft getretene Änderung von § 301 AktG durch das Gesetz zur Modernisierung des Bilanzrechts (Bilanzrechtsmodernisierungsgesetz – BilMoG) vom 25.05.2009, BGBl. I S. 1102.
25 Steuerrechtlich ist eine derartige Rücklagenbildung unschädlich, vgl. § 14 Abs. 1 Nr. 4 KStG.
26 Formulierungsvorschlag von *Wachter*, RNotZ 2010, 424. Der Hinweis auf die Geltung des § 302 AktG ist in einem Beherrschungs- und Gewinnabführungsvertrag zwischen Aktiengesellschaften überflüssig. Er dient hier lediglich als Merkposten, damit er bei Verwendung des Musters für einen Beherrschungs- und Gewinnabführungsvertrag zwischen GmbHs nicht vergessen wird, vgl. § 17 Abs. 1 Satz 2 Nr. 2 KStG und unten Rdn. 54.

(2) Die Verpflichtung gilt erstmals für den ganzen Jahresfehlbetrag des Geschäftsjahres, in dem dieser Vertrag wirksam wird.

§ 4 – Wirksamwerden und Vertragsdauer

(1) Der Vertrag bedarf zu seiner Wirksamkeit der Zustimmung der Hauptversammlungen der Muttergesellschaft und der Tochtergesellschaft.

(2) Der Vertrag gilt, mit Ausnahme von § 1, rückwirkend für die Zeit ab Beginn des Geschäftsjahres, in dem der Vertrag wirksam wird, im Übrigen ab Eintragung im Handelsregister der Tochtergesellschaft.

(3) Der Vertrag wird für die Dauer von fünf Jahren ab dem Beginn des Geschäftsjahres, in dem der Vertrag wirksam wird, fest abgeschlossen. Er kann mit einer Frist von sechs Monaten[27] zum Ende eines jeden Geschäftsjahres gekündigt werden, das mit oder nach der festen Vertragslaufzeit endet. Wird der Vertrag nicht fristgerecht gekündigt, verlängert er sich jeweils um ein weiteres Jahr.

(4) Das Recht zur Kündigung aus wichtigem Grund ohne Kündigungsfrist bleibt unberührt. Ein wichtiger Grund liegt insbesondere vor, wenn die Muttergesellschaft nicht mehr mit Mehrheit an der Tochtergesellschaft beteiligt ist.[28]

II. Vertragsabschluss

1. Zuständigkeit und Form

Beim Abschluss eines Beherrschungs- und Gewinnabführungsvertrags werden die daran beteiligten Gesellschaften durch ihre Vertretungsorgane vertreten, im Falle der AG also durch den Vorstand.[29] **15**

Der Vertrag muss nicht notariell beurkundet werden. Gem. § 293 Abs. 3 AktG reicht die **Schriftform** (§ 126 BGB). Anderes gilt, wenn der Vertrag beurkundungsbedürftige Regelungen enthält, etwa dann, wenn es sich bei dem herrschenden Vertragsteil um eine GmbH handelt und diese sich im Vertrag verpflichtet, auf Verlangen die Aktien der außenstehenden Aktionäre gegen Abfindung in Geschäftsanteilen der GmbH zu erwerben, § 15 Abs. 4 GmbHG. **16**

Unerheblich ist, ob der Vertrag vor oder nach Zustimmung der Hauptversammlungen der beteiligten Gesellschaften abgeschlossen wird. Es ist daher möglich, zunächst die Zustimmung der Hauptversammlungen zu einem (vollständigen) Vertragsentwurf einzuholen und erst dann den Beherrschungs- und Gewinnabführungsvertrag zu unterzeichnen.[30] **17**

2. Zustimmung der Hauptversammlung der abhängigen Gesellschaft

Der Beherrschungs- und Gewinnabführungsvertrag wird nur mit **Zustimmung** der Hauptversammlung der abhängigen AG wirksam, § 293 Abs. 1 Satz 1 AktG.[31] Der Beschluss kann vor oder nach Abschluss des Vertrages gefasst werden (soeben Rdn. 17). **18**

Für den Beschluss ist eine **Mehrheit von drei Vierteln** des bei der Beschlussfassung vertretenen Grundkapitals erforderlich, § 293 Abs. 1 Satz 1 AktG. Stimmrechtslose Vorzugsaktien bleiben bei **19**

---

27 Eine Frist von 6 Monaten analog zu § 132 HGB erscheint sachgerecht und soll auch dann gelten, wenn der Vertrag die Kündigungsfrist nicht regelt, vgl. KK-AktG/*Koppensteiner*, § 297 Rn. 6.
28 Diese Regelung ist bei Beherrschungs- und Gewinnabführungsverträgen zwischen Aktiengesellschaften wegen § 307 AktG weniger bedeutsam; im GmbH-Recht gilt diese Vorschrift jedoch nach herrschender Auffassung nicht, s.u. Rdn. 65.
29 Ob die Unterzeichnung allein durch Prokuristen ausreicht, ist zweifelhaft, vgl. *Hermanns*, RNotZ 2015, 632.
30 BGH NJW 1982, 933; Hüffer/Koch/*Koch*, § 293 Rn. 4; KK-AktG/*Koppensteiner*, § 293 Rn. 6.
31 Zur Frage, wann im mehrstufigen Konzern der Abschluss eines Beherrschungs- und Gewinnabführungsvertrages zwischen Tochter- und Enkelgesellschaft auch der Zustimmung der Muttergesellschaft bedarf, vgl. DNotI-Report 2009, 81.

der Bestimmung der Dreiviertelmehrheit des Kapitals unberücksichtigt.[32] Die Satzung kann eine größere Mehrheit verlangen oder weitergehende Erfordernisse bestimmen, § 293 Abs. 1 Satz 3 AktG, nicht aber das Mehrheitserfordernis abschwächen. Um eine Satzungsänderung handelt es sich bei dem Zustimmungsbeschluss nicht. Die Bestimmungen der Satzung und des Aktiengesetzes über Satzungsänderungen sind gem. § 293 Abs. 1 Satz 4 AktG nicht auf den Zustimmungsbeschluss anzuwenden.

20 Eine sachliche Rechtfertigung des Zustimmungsbeschlusses (»**materielle Beschlusskontrolle**«), wonach der Beherrschungs- und Gewinnabführungsvertrag erforderlich und verhältnismäßig sein muss, hält die h.M. nicht für erforderlich.[33]

21 Eine **Änderung** des Vertrages durch den Zustimmungsbeschluss ist nicht möglich. Ein Beschluss, der dem Vertrag unter dem Vorbehalt bestimmter Änderungen zustimmt, ist als Verweigerung der Zustimmung zu werten, verbunden mit einer Anweisung des Vorstands gem. § 83 AktG, einen entsprechend geänderten Vertrag abzuschließen.[34] Zu einem solchermaßen geänderten Vertrag (oder Vertragsentwurf) müsste dann aber erneut ein Zustimmungsbeschluss ergehen. Der »Änderungsbeschluss« reicht als Zustimmungsbeschluss zum geänderten Vertrag nicht aus, weil im Hinblick auf die Änderungen die formellen Anforderungen der §§ 293a ff. AktG nicht eingehalten wurden.

22 Der Zustimmungsbeschluss ist **notariell zu beurkunden**, § 130 Abs. 1 Satz 1 AktG. Dies gilt auch bei nichtbörsennotierten Aktiengesellschaften, weil der Beschluss eine Dreiviertelmehrheit erfordert, vgl. § 130 Abs. 1 Satz 3 AktG. Zur Beurkundung einer Hauptversammlung allgemein s.o. Kap. 3 Rdn. 422 ff. Der Niederschrift über die Hauptversammlung ist als Anlage eine Abschrift des Vertrages (bzw. des Vertragsentwurfs) beizufügen, § 293g Abs. 2 Satz 2 AktG.

23 ▶ **Formulierungsbeispiel Zustimmungsbeschluss der Hauptversammlung der abhängigen Gesellschaft zum Beherrschungs- und Gewinnabführungsvertrag:**[35]

Die Versammlung beschloss dem vom Vorsitzenden vorgetragenen gleichlautenden Vorschlag des Vorstandes und des Aufsichtsrates entsprechend:

Dem Beherrschungs- und Gewinnabführungsvertrag vom 15. August 20.... zwischen der Maternum AG und der Filia AG wird zugestimmt.

Die Beschlussfassung erfolgte einstimmig, ohne Gegenstimmen und ohne Stimmenthaltungen. Der Inhalt des Beschlusses sowie das Abstimmungsergebnis wurden vom Vorsitzenden festgestellt und verkündet.

3. Zustimmung der Gesellschafterversammlung der herrschenden Gesellschaft

24 Wenn es sich bei der herrschenden Gesellschaft um eine Aktiengesellschaft handelt, ist der Beherrschungs- und Gewinnabführungsvertrag nur wirksam, wenn auch die Hauptversammlung dieser Gesellschaft zustimmt, § 293 Abs. 2 AktG.[36] Für den Beschluss gelten Rdn. 18 ff. sinngemäß.[37]

25 Auch wenn es sich bei der herrschenden Gesellschaft um eine GmbH handelt, gilt nach Rechtsprechung und herrschender Auffassung in der Literatur das Zustimmungserfordernis analog § 293 Abs. 2 AktG[38], wobei jedoch eine Beurkundung des Zustimmungsbeschlusses nicht erforderlich ist.[39]

---

32 KK-AktG/*Koppensteiner*, § 293 Rn. 28.
33 Bürgers/Körber/*Schenk*, § 293 Rn. 16 m.w.N.
34 Bürgers/Körber/*Bürgers*, § 83 Rn. 3.
35 Muster auch bei Happ/*Liebscher*, Aktienrecht, Bd. II, Rn. 16.02 c).
36 Beim Abschluss anderer Unternehmensverträge gilt dieses Erfordernis nicht.
37 Muster: Happ/*Liebscher*, Aktienrecht, Bd. II, Rn. 16.02 b).
38 BGH DNotZ 1989, 102 – Supermarkt; OLG Zweibrücken vom 02.12.1998 – 3 W 174/98, GmbHR 1999, 665.
39 Allg.M., vgl. nur Baumbach/Hueck/*Beurskens*, SchlAnhKonzernR, Rn. 56 m.w.N.

4. Prüfungs- und Informationspflichten

Das Gesetz enthält in §§ 293a ff. AktG eine Reihe von Verfahrensvorschriften, die im Vorfeld der Hauptversammlungen und bei deren Durchführung beachtet werden müssen. 26

Gem. § 293a AktG hat der Vorstand jeder beteiligten Aktiengesellschaft einen ausführlichen schriftlichen **Bericht** zu erstatten, in dem der Abschluss des Vertrags, der Vertrag im Einzelnen und insbesondere Art und Höhe des Ausgleichs nach § 304 AktG und der Abfindung nach § 305 AktG rechtlich und wirtschaftlich erläutert und begründet werden. Die Abgabe eines gemeinsamen Berichts der beteiligten Gesellschaften ist ausdrücklich zulässig und in der Praxis die Regel. In dem Bericht ist auf besondere Schwierigkeiten bei der Bewertung der vertragschließenden Unternehmen sowie auf die Folgen für die Beteiligungen der Aktionäre hinzuweisen, § 293a Abs. 1 Satz 2 AktG. Geheimhaltungsbedürftige Tatsachen müssen in dem Bericht nicht offenbart werden, doch sind in dem Bericht die Gründe, aus denen die Tatsachen nicht aufgenommen worden sind, darzulegen, § 293a Abs. 2 AktG. 27

Der Bericht ist nicht erforderlich, wenn alle Anteilsinhaber der beteiligten Gesellschaften darauf **verzichten**, und zwar durch öffentlich beglaubigte Erklärung, § 293a Abs. 3 AktG. Nach h.M. soll es entgegen dem Wortlaut des Gesetzes ausreichen, wenn die Anteilsinhaber statt durch einzelne Verzichtserklärungen durch einstimmigen Beschluss auf den Bericht verzichten und dieser Beschluss notariell beurkundet wird.[40] Wenn die Beurkundung des Zustimmungsbeschlusses in der Form der §§ 8 ff. BeurkG erfolgt (Beurkundung von Willenserklärungen), ist dem zuzustimmen, § 129 Abs. 2 BGB. Im Falle der Beurkundung gem. §§ 36 ff. BeurkG (Niederschrift über Tatsachen) hingegen erscheint dies zweifelhaft, weil die Niederschrift über die Beschlussfassung weder die Unterschriften der Gesellschafter trägt noch auf andere Weise darin festzustellen ist, wer an der Beschlussfassung teilnimmt. Insbesondere muss der Notar kein Teilnehmerverzeichnis aufstellen,[41] sondern nur die Gesellschaft, § 129 Abs. 1 Satz 2 AktG. Durch das NaStraG[42] ist auch das Erfordernis entfallen, das Teilnehmerverzeichnis zur Anlage des notariellen Protokolls über die Hauptversammlung zu nehmen und dem Handelsregister einzureichen. Eine gem. §§ 36 ff. BeurkG errichtete Niederschrift ist daher ungeeignet, den Verzicht aller Aktionäre in notarieller Form nachzuweisen. 28

Die §§ 293b bis 293e AktG sehen vor, dass der Beherrschungs- und Gewinnabführungsvertrag für jede beteiligte AG durch einen sachverständigen Prüfer (Vertragsprüfer) geprüft wird und dieser darüber einen **Prüfungsbericht** erstattet. Auswahl, Stellung und Verantwortlichkeit der Vertragsprüfer sind in § 293d AktG geregelt, Einzelheiten zu Form und Inhalt des Prüfungsberichts in § 293e AktG. Auf Antrag der Vorstände der beteiligten Gesellschaften kann ein gemeinsamer Prüfer bestellt werden, § 293c Abs. 1 Satz 2 AktG. Eine Prüfung ist nicht erforderlich, wenn die herrschende Gesellschaft Alleingesellschafterin der abhängigen Gesellschaft ist, § 293b Abs. 1 AktG. Prüfung und Prüfungsbericht sind außerdem dann entbehrlich, wenn alle Anteilsinhaber der beteiligten Gesellschaften darauf durch öffentlich beglaubigte Erklärung **verzichten**, §§ 293a Abs. 3, 293b Abs. 2, 293e Abs. 2 AktG.[43] 29

Der Vertrag (bzw. sein Entwurf), die Jahresabschlüsse und die Lageberichte der vertragsschließenden Unternehmen für die letzten 3 Geschäftsjahre, der Bericht der Vorstände und der Prüfungsbericht sind von der Einberufung der Hauptversammlung an, die über die Zustimmung beschließen soll, entweder in den Geschäftsräumen der beteiligten Aktiengesellschaften zur Einsicht der Aktionäre auszulegen oder über die Internetseite der Gesellschaft **zugänglich zu machen**, § 293f AktG. Außerdem sind die Unterlagen gem. § 293g AktG in der jeweiligen Hauptversammlung auszulegen oder auf andere Weise zugänglich zu machen. 30

---

[40] KK-AktG/*Koppensteiner*, § 293a Rn. 41; Bürgers/Körber/*Schenk*, § 293a Rn. 24.
[41] Bürgers/Körber/*Reger*, § 129 Rn. 18.
[42] Gesetz zur Namensaktie und zur Erweiterung der Stimmrechtsausübung vom 18.01.2001 (BGBl. I Satz 123).
[43] Vgl. dazu oben Rdn. 28.

31 Der Vorstand hat den Unternehmensvertrag zu Beginn der Verhandlung mündlich zu **erläutern** und jedem Aktionär auf Verlangen Auskunft über alle für den Vertragsschluss wesentlichen Angelegenheiten des anderen Vertragsteils zu geben, § 293g AktG.

5. Handelsregisteranmeldung

32 Der Beherrschungs- und Gewinnabführungsvertrag wird erst wirksam, wenn sein Bestehen in das Handelsregister der abhängigen Gesellschaft eingetragen worden ist, § 294 Abs. 2 AktG. Dazu hat der Vorstand der Gesellschaft das Bestehen des Vertrages und die Art des Vertrages zur Eintragung in das Handelsregister **anzumelden**, § 294 Abs. 1 AktG. Dabei empfiehlt es sich, die Vertragsart anhand der gesetzlich vorgesehenen Begriffe zu bezeichnen. Die Bezeichnung als Vertrag »gemäß § 291 AktG« soll nicht ausreichen.[44] Eine fehlerhafte Bezeichnung stellt ein Eintragungshindernis dar.[45] Ebenfalls mit anzumelden ist der Name des anderen Vertragsteils, bei Unternehmen also deren Firma. Zum Zwecke eindeutiger Identifizierbarkeit ist es jedenfalls empfehlenswert, zusätzlich noch den Sitz des herrschenden Vertragsteils anzugeben.[46] Handelt es sich bei dem herrschenden Unternehmen um eine Gesellschaft bürgerlichen Rechts, müssen nach herrschender Auffassung zusätzlich deren Gesellschafter angegeben werden, auch wenn der Vertrag mit der BGB-Gesellschaft abgeschlossen wurde.[47] Die Anmeldung muss von Vorstandsmitgliedern in vertretungsberechtigter Anzahl unterzeichnet werden.

33 Der Anmeldung ist der **Vertrag** in Urschrift, Ausfertigung oder öffentlich beglaubigter Abschrift beizufügen, § 294 Abs. 1 Satz 2 AktG. Ferner ist, schon wegen § 130 Abs. 5 AktG, das notarielle **Protokoll über die Hauptversammlung** der Gesellschaft einzureichen. Wenn der Vertrag diesem Protokoll gem. § 293g Abs. 2 Satz 2 AktG in Urschrift, Ausfertigung oder öffentlich beglaubigter Abschrift beigefügt ist, ist dadurch auch das Erfordernis aus § 294 Abs. 1 Satz 2 AktG erfüllt.[48] In der Praxis erwartet das Handelsregister jedoch die Einreichung des Vertrages als gesonderte Datei, die gem. § 9 HRV in den Registerordner aufgenommen wird und gesondert gem. § 9 HGB elektronisch abgerufen werden kann.

34 Ebenfalls der Handelsregisteranmeldung beizufügen sind die Niederschrift des Beschlusses der herrschenden Gesellschaft und die Anlagen zu diesem Beschluss, § 294 Abs. 1 Satz 2 AktG.

35 Steht der Vertrag unter einer aufschiebenden Bedingung, kann er erst nach deren Eintritt im Handelsregister eingetragen werden.[49]

36 Im Handelsregister der **herrschenden** Gesellschaft ist der Vertrag **nicht** einzutragen.[50]

37 ▶ Formulierungsbeispiel Handelsregisteranmeldung Beherrschungs- und Gewinnabführungsvertrag:[51]

Als Mitglieder des Vorstands der Gesellschaft überreichen wir

1. beglaubigte Abschrift des Beherrschungs- und Gewinnabführungsvertrages vom ..... zwischen der Maternum AG und der Filia AG
2. die notarielle Niederschrift vom heutigen Tage – UR.Nr. 1222 für 20..... des beglaubigenden Notars – über die Hauptversammlung der Filia AG nebst Anlage,
3. die notarielle Niederschrift vom heutigen Tage – UR.Nr. 1223 für 20..... des beglaubigenden Notars – über die Hauptversammlung der Maternum AG nebst Anlage,

---

44 KK-AktG/*Koppensteiner*, § 294 Rn. 9.
45 KK-AktG/*Koppensteiner*, § 294 Rn. 18.
46 KK-AktG/*Koppensteiner*, § 294 Rn. 10.
47 KK-AktG/*Koppensteiner*, § 294 Rn. 10; MünchKommAktG/*Altmeppen*, § 294 Rn. 20.
48 MünchKommAktG/*Altmeppen*, § 293g Rn. 8; KK-AktG/*Koppensteiner*, § 294 Rn. 11.
49 KK-AktG/*Koppensteiner*, § 294 Rn. 14.
50 KK-AktG/*Koppensteiner*, § 294 Rn. 5; MünchKommAktG/*Altmeppen*, § 294 Rn. 12 f.
51 Muster auch bei Happ/*Liebscher*, Aktienrecht, Bd. II, Rn. 16.01 j).

und melden an:

Es besteht ein Beherrschungs- und Gewinnabführungsvertrag der Gesellschaft vom ..... mit der Maternum AG (herrschende Gesellschaft).

Dem Beherrschungs- und Gewinnabführungsvertrag vom ..... hat die Gesellschafterversammlung der Gesellschaft zugestimmt durch Beschluss vom ..... Die Gesellschafterversammlung der herrschenden Gesellschaft hat dem Vertragsabschluss zugestimmt durch Beschluss vom .....

Die Geschäftsanschrift der Gesellschaft lautet: .....

Köln, den 15. August 20 .....

Unterschriften

Beglaubigungsvermerk

III. Vertragsänderung

§ 295 AktG regelt, wie ein Unternehmensvertrag **geändert** werden kann. Voraussetzung ist in jedem Fall die Zustimmung der Hauptversammlung der abhängigen Aktiengesellschaft, § 295 Abs. 1 Satz 1 AktG. Die Vorschriften der §§ 293 bis 294 AktG gelten sinngemäß, § 295 Abs. 1 Satz 2 AktG. Daraus folgt, dass bei Änderung eines Beherrschungs- und Gewinnabführungsvertrages gem. §§ 293 Abs. 2, 295 Abs. 1 Satz 2 AktG auch die Zustimmung der Hauptversammlung der herrschenden Aktiengesellschaft erforderlich ist. Betrifft die Änderung Vertragsbestimmungen über den Ausgleichs- oder Abfindungsanspruch der außenstehenden Aktionäre, müssen diese durch Sonderbeschluss der Änderung zustimmen, § 295 Abs. 2 AktG.

38

Als Vertragsänderung ist insbesondere auch ein Wechsel des Vertragspartners im Wege der **Vertragsübernahme** anzusehen.[52] Dafür kann ein Bedürfnis bestehen, wenn das herrschende Unternehmen seine Anteile an der abhängigen Gesellschaft veräußern will und eine Vertragsbeendigung nicht in Frage kommt, weil die steuerliche Mindestlaufzeit von 5 Jahren noch nicht erfüllt ist.[53]

39

IV. Vertragsbeendigung

1. Beendigungsgründe

a) Aufhebung

Ein Beherrschungs- und Gewinnabführungsvertrag kann durch schriftliche Vereinbarung **aufgehoben** werden, allerdings nur zum Ende des Geschäftsjahres oder des sonst vertraglich bestimmten Abrechnungszeitraums, § 296 Abs. 1 Satz 1 AktG. Eine unterjährige Beendigung des Vertrages durch Aufhebungsvereinbarung scheidet daher aus. Diese Vorgabe ist nicht dispositiv, kann also durch Regelung im Beherrschungs- und Gewinnabführungsvertrag nicht abweichend geregelt werden.[54] Auch eine rückwirkende Beendigung, etwa auf das Ende des letzten Geschäftsjahres, ist unzulässig, § 296 Abs. 1 Satz 2 AktG. Misslich ist dies insbesondere, wenn das herrschende Unternehmen unterjährig seine Beteiligung an der abhängigen Gesellschaft veräußert. Ein Fortbestand des Beherrschungs- und Gewinnabführungsvertrages über den Zeitpunkt der Veräußerung hinaus ist regelmäßig nicht gewollt. Häufig sehen die Verträge daher ein außerordentliches Kündigungsrecht für den Fall einer Veräußerung der abhängigen Gesellschaft vor (s. den Formulierungsvorschlag oben bei Rdn. 14 sowie zu der mehrheitlich verneinten Frage, ob ohne eine solche Regelung die Veräußerung eine Kündigung aus wichtigem Grund rechtfertigt, unten Rdn. 44).[55] Fehlt es an einer sol-

40

---

52 Vgl. BGH DNotZ 1993, 247 – Asea/BBC.
53 Vgl. *Mues*, RNotZ 2005, 1, 20.
54 KK-AktG/*Koppensteiner*, § 296 Rn. 14.
55 Vgl. zu diesem Problem auch *Knott/Rodewald*, BB 1996, 472 ff., und *Schwarz*, DNotZ 1996, 68 ff.

chen Kündigungsklausel, kann eine Änderung des Geschäftsjahres helfen, durch die das laufende Geschäftsjahr noch vor der geplanten Veräußerung beendet wird. Der Beherrschungs- und Gewinnabführungsvertrag kann dann zum Ende des so verkürzten Geschäftsjahres aufgehoben werden.[56] Das Finanzamt muss in einem solchen Fall die gem. §§ 4a Abs. 1 Nr. 2 EStG, 7 Abs. 4 Satz 3 KStG erforderliche Zustimmung zur Umstellung des Geschäftsjahres erteilen.[57] Nach § 14 Abs. 1 Nr. 3 KStG i.V.m. R. 66 Abs. 4, 60 Abs. 6 Satz 2 KStR 2004 ist die Vertragsbeendigung vor Ablauf der fünfjährigen Mindestlaufzeit in diesem Fall steuerlich unschädlich[58] (anders jedoch bei nur konzerninterner Veräußerung[59]).

41 Zuständig für den Abschluss des Aufhebungsvertrages ist der Vorstand. Die Hauptversammlung muss der Aufhebung nicht zustimmen.[60]

42 Wenn jedoch bei der abhängigen Gesellschaft außenstehende Aktionäre vorhanden sind, die Anspruch auf einen Ausgleich nach § 304 AktG oder eine Abfindung nach § 305 AktG haben, müssen diese der Vertragsaufhebung durch **Sonderbeschluss** mit einer Mehrheit von drei Vierteln des auf sie entfallenden Grundkapitals zustimmen, § 296 Abs. 2 i.V.m. § 293 Abs. 1 Satz 2 AktG. Der Sonderbeschluss muss nach h.M. wegen des Rückwirkungsverbots aus § 296 Abs. 1 Satz 2 AktG vor dem Zeitpunkt gefasst werden, zu dem der Beherrschungs- und Gewinnabführungsvertrag endet.[61]

b) Kündigung

43 Die **ordentliche Kündigung** eines Beherrschungs- und Gewinnabführungsvertrages ist nach herrschender Auffassung nur zulässig, wenn der Vertrag dies vorsieht;[62] bei Unternehmensverträgen gem. § 292 AktG kann sich die Möglichkeit der ordentlichen Kündigung auch aus den jeweils einschlägigen gesetzlichen Vorschriften ergeben.[63] Regelmäßig lassen die Verträge die ordentliche Kündigung erst nach Ablauf der steuerlichen Mindestvertragslaufzeit von 5 Jahren zu, § 14 Abs. 1 Nr. 3 KStG. Kündigt die abhängige Gesellschaft und haben außenstehende Aktionäre Anspruch auf einen Ausgleich nach § 304 AktG oder eine Abfindung nach § 305 AktG, müssen diese der ordentlichen Kündigung durch Sonderbeschluss mit einer Mehrheit von drei Vierteln des auf sie entfallenden Grundkapitals zustimmen, § 297 Abs. 2 i.V.m. § 293 Abs. 1 Satz 2 AktG. Wenn das herrschende Unternehmen ordentlich kündigt, ist ein Sonderbeschluss hingegen nicht erforderlich.[64]

44 Die fristlose **Kündigung aus wichtigem Grund** ist nach § 297 Abs. 1 AktG auch ohne ausdrückliche Regelung im Vertrag möglich.[65] Nach dem Gesetz liegt ein wichtiger Grund insbesondere dann vor, wenn der herrschende Vertragsteil voraussichtlich nicht in der Lage sein wird, seine Verpflichtungen aus dem Vertrag zu erfüllen, § 297 Abs. 1 Satz 2 AktG.[66] Ob das herrschende Unternehmen auch dann aus wichtigem Grund kündigen kann, wenn es seine Aktien an der abhängigen Gesellschaft veräußert, ist umstritten. Steuerlich wird die Veräußerung zwar als wichtiger Grund für eine außerordentliche Kündigung des Vertrages anerkannt.[67] Handelsrechtlich jedoch verneint die wohl

---

56 Vgl. KK-AktG/*Koppensteiner*, § 296 Rn. 14 (»unbedenklich«).
57 *Mues*, RNotZ 2005, 1, 24.
58 *Mues*, RNotZ 2005, 1, 34; *Knepper*, DStR 1994, 377, 379.
59 BFH vom 13.11.2013 – I R 45/12, NZG 2014, 558.
60 KK-AktG/*Koppensteiner*, § 296 Rn. 9.
61 Spindler/Stilz/*Veil*, § 296 Rn. 20; MünchHdb GesR IV/*Krieger*, § 71 Rn. 197.
62 S.o. Rdn. 12.
63 Zur ordentlichen Kündigung von Unternehmensverträgen nach § 292 AktG s. KK-AktG/*Koppensteiner*, § 297 Rn. 9.
64 BGH NJW 1993, 1976 – SSI.
65 Übersicht zu steuerlich als »wichtig« anerkannten Kündigungsgründen: *Lange*, GmbHR 2011, 806 sowie *Boor*, RNotZ 2017, 65, 80.
66 Das Kündigungsrecht steht in einem solchen Fall nicht nur der abhängigen, sondern auch der herrschenden Gesellschaft zu, KK-AktG/*Koppensteiner*, § 297 Rn. 18.
67 Vgl. R. 66 Abs. 4, 60 Abs. 6 Satz 2 KStR 2004. Die Veräußerung innerhalb des Konzerns ist jedoch kein wichtiger Grund für die Kündigung: FG Niedersachsen vom 10.05.2012 – 6 K 140/10 = GmbHR 2012, 917.

herrschende Auffassung das Vorliegen eines wichtigen Grundes, weil das herrschende Unternehmen diesen Fall auch vorhersehen und im Vertrag hätte regeln können.[68] Tatsächlich sehen die Verträge häufig als wichtigen Grund für eine fristlose Kündigung die Veräußerung der Beteiligung an der beherrschten Gesellschaft vor.[69] Weitere Beispiele eines wichtigen Grundes sind schwerwiegende Vertragsverletzungen auf Seiten der herrschenden Gesellschaft oder die kartellbehördliche Anordnung, den Vertrag zu beenden. Der übereinstimmende Wunsch, den Vertrag sofort zu beenden, stellt keinen wichtigen Grund für eine Kündigung dar.[70] Ein **Sonderbeschluss** etwaiger außenstehender Aktionäre ist bei einer Kündigung aus wichtigem Grund nicht erforderlich, vgl. § 297 Abs. 2 AktG. Etwas anderes gilt allerdings, wenn der Kündigung nur ein durch Vertrag als wichtiger Grund definierter Anlass zugrunde liegt, der keinen objektiv wichtigen Grund darstellt. Steuerlich schadet die Kündigung aus wichtigem Grund auch dann nicht, wenn sie vor Ablauf der Bindungsfrist von 5 Jahren erfolgt, § 14 Abs. 1 Nr. 3 KStG.

Die Kündigungserklärung bedarf der **Schriftform**, § 297 Abs. 3 AktG. Im Falle der Kündigung aus wichtigem Grund muss das Kündigungsschreiben auch angeben, auf welche Tatsachen die Kündigung gestützt wird.[71]   45

c) Weitere Beendigungsgründe

Ein Beherrschungs- und Gewinnabführungsvertrag endet kraft Gesetzes, sofern die abhängige Gesellschaft im Zeitpunkt des Zustimmungsbeschlusses keine außenstehenden Aktionäre hatte, zum Ende des Geschäftsjahres, in dem ein außenstehender Aktionär in die Gesellschaft eingetreten ist, § 307 AktG (**Vertragsbeendigung zur Sicherung außenstehender Aktionäre**). Dadurch will das Gesetz den Abschluss eines neuen Beherrschungs- und Gewinnabführungsvertrages erzwingen, der dann, anders als der bisher geltende Vertrag, zum Schutze der außenstehenden Aktionäre Ausgleich und Abfindung gem. §§ 304, 305 AktG vorsehen muss. Sollte der bisherige Vertrag, obwohl außenstehende Aktionäre nicht vorhanden waren, »freiwillig« Ausgleich- und Abfindungsregelungen enthalten haben, kommt es gleichwohl zur Vertragsbeendigung nach § 307 AktG, weil anderenfalls Ausgleich und Abfindung in der Regel wegen Ablaufs der Drei-Monats-Frist ab Handelsregistereintragung gem. § 4 SpruchG nicht mehr im Spruchverfahren überprüft werden könnten.   46

Ein Beherrschungsvertrag endet auch dann, wenn die abhängige Gesellschaft gem. § 319 AktG in die herrschende Gesellschaft **eingegliedert** wird.[72] Ein Gewinnabführungsvertrag besteht in diesem Fall jedoch fort, vgl. § 324 Abs. 2 AktG (str.).[73] Wird eine der Gesellschaften auf die andere nach den Vorschriften des Umwandlungsgesetzes **verschmolzen**, endet ein Beherrschungs- und Gewinnabführungsvertrag ebenfalls.[74]   47

2. Rechtsfolgen der Vertragsbeendigung

a) Handelsregisteranmeldung

Die Beendigung des Beherrschungs- und Gewinnabführungsvertrages, der Grund und der Zeitpunkt der Beendigung sind zum Handelsregister der abhängigen Gesellschaft **anzumelden**, § 298 AktG. Die Eintragung der Beendigung eines Beherrschungs- und Gewinnabführungsvertrages im Handels-   48

---

68 OLG Oldenburg vom 23.03.2000 – 1 U 175/99, NZG 2000, 1138; OLG Düsseldorf DNotZ 1995, 241; LG Duisburg ZIP 1994, 299; KK-AktG/*Koppensteiner*, § 297 Rn. 19; MünchKommAktG/*Altmeppen*, § 297 Rn. 39 f.; a.A. LG Bochum GmbHR 1987, 24; MünchHdb. GesR IV/*Krieger*, § 71 Rn. 202.
69 Vgl. auch Rdn. 14.
70 OLG München vom 09.12.2008 – 31 Wx 106/08, DNotZ 2009, 474.
71 KK-AktG/*Koppensteiner*, § 297 Rn. 24; MünchKommAktG/*Altmeppen*, § 297 Rn. 88; a.A. MünchHdb. GesR IV/*Krieger*, § 71 Rn. 204.
72 BGH NJW 1974, 1557; OLG Celle WM 1972, 1004.
73 KK-AktG/*Koppensteiner*, § 297 Rn. 40, mit Nachweisen auch zur Gegenauffassung.
74 KK-AktG/*Koppensteiner*, § 297 Rn. 37.

register ist jedoch, anders als die Eintragung seines Abschlusses, nur deklaratorisch.[75] Die Anmeldung hat unverzüglich nach Wirksamkeit der Beendigung zu erfolgen,[76] kann aber auch schon vorher zum Handelsregister eingereicht werden, wenngleich das Handelsregister vor Vertragsende zur Eintragung der Beendigung nicht verpflichtet ist.[77]

49 Als **Anlagen** sind der Anmeldung Unterlagen beizufügen, aus denen sich die Beendigung des Vertrages ergibt, insbesondere der Aufhebungsvertrag bzw. die Kündigungserklärung, sowie die Niederschrift über eine etwaigen Sonderbeschluss außenstehender Aktionäre (sofern diese dem Handelsregister nicht schon wegen §§ 130 Abs. 5, 138 AktG vorliegt).[78]

50 Das Registergericht hat zu prüfen, ob tatsächlich ein Beendigungsgrund vorliegt. Dabei erstreckt sich der Prüfungsumfang auch auf die Frage, ob bei einer Kündigung aus wichtigem Grund ein solcher Grund objektiv tatsächlich vorliegt.[79]

b) Pflicht zur Sicherheitsleistung

51 Endet ein Beherrschungs- oder Gewinnabführungsvertrag, so hat das herrschende Unternehmen den Gläubigern der abhängigen Gesellschaft auf Verlangen nach Maßgabe des § 303 AktG Sicherheit zu leisten oder sich für die Forderungen zu verbürgen.

C. Beherrschungs- und Gewinnabführungsvertrag mit einer abhängigen GmbH

52 Die §§ 291 ff. AktG regeln unmittelbar nur den Fall, dass es sich bei der abhängigen Gesellschaft um eine Aktiengesellschaft (oder KGaA) handelt. Auch im Hinblick auf den herrschenden Vertragsteil enthält das Gesetz etliche Vorschriften, die Geltung nur für eine als herrschende Gesellschaft beteiligte Aktiengesellschaft (oder KGaA) beanspruchen, vgl. § 293 Abs. 2 AktG betreffend das Zustimmungserfordernis oder §§ 293a bis 293f AktG betreffend die Prüfungs- und Berichtspflichten auf Ebene der herrschenden Gesellschaft. In der Praxis kommen Beherrschungs- und Gewinnabführungsverträge unter Beteiligung von Gesellschaften mit beschränkter Haftung jedoch weitaus häufiger vor als solche zwischen Aktiengesellschaften. Die Zulässigkeit solcher Beherrschungs- und Gewinnabführungsverträge im GmbH-Recht ist sowohl handelsrechtlich[80] als auch steuerrechtlich[81] anerkannt. Für solche Verträge gelten teils die Vorschriften des Aktiengesetzes analog, teils unterliegen sie abweichenden Regelungen, insbesondere in Anlehnung an die §§ 53, 54 GmbHG.[82] Für die UG ist wegen der Pflicht zur Bildung einer gesetzlichen Rücklage umstritten, ob diese sich zur Abführung ihres gesamten Gewinns verpflichten kann;[83] zum Teil wird nur ein steuerlich unbeachtlicher Teilgewinnabführungsvertrag für zulässig gehalten.[84]

53 Auch im Recht der GmbH reicht für den Abschluss des Beherrschungs- und Gewinnabführungsvertrages analog § 293 Abs. 3 AktG die **Schriftform**,[85] sofern der Vertrag nicht aus anderen Gründen beurkundungsbedürftige Vereinbarungen enthält. So verhält es sich etwa dann, wenn im Beherrschungs- und Gewinnabführungsvertrag ein Abfindungsangebot analog § 305 AktG enthalten ist, also ein Angebot des herrschenden Vertragsteils an die außenstehenden Gesellschafter, auf Verlangen

---

75 BGH DNotZ 1992, 721; OLG Düsseldorf ZIP 1997, 2084.
76 KK-AktG/*Koppensteiner*, § 298 Rn. 4.
77 BayObLG vom 05.02.2003 – 3Z BR 232/02, GmbHR 2003, 476.
78 KK-AktG/*Koppensteiner*, § 298 Rn. 5.
79 OLG München vom 09.12.2008 – 31 Wx 106/08, DNotZ 2009, 474; OLG Düsseldorf DNotZ 1995, 239.
80 Baumbach/Hueck/*Beurskens*, SchlussAnhKonzernR Rn. 94.
81 Vgl. § 17 KStG.
82 Vgl. dazu ausführlich *Mues*, RNotZ 2005, 1 ff.
83 Bejahend *Heckschen/Heidinger/Strnad*, Kapitel 5 Rn. 83.
84 Vgl. hierzu *Rubel*, GmbHR 2010, 470.
85 BGH DNotZ 1989, 102 – Supermarkt.

C. Beherrschungs- und Gewinnabführungsvertrag mit einer abhängigen GmbH Kapitel 9

deren Geschäftsanteile gegen Barabfindung zu erwerben.[86] Das Beurkundungserfordernis ergibt sich dann aus § 15 Abs. 4 GmbHG.[87]

Zum **Inhalt** des Beherrschungs- und Gewinnabführungsvertrages mit einer GmbH kann auf die Ausführungen oben Rdn. 5 ff. verwiesen werden.[88] Voraussetzung einer steuerlichen Anerkennung des Vertrages ist gem. § 17 Satz 2 Nr. 1 KStG, dass die Gewinnabführung den Betrag gem. § 301 AktG nicht überschreitet.[89] Dabei ist bei der GmbH auch die Einschränkung der Gewinnabführung betreffend gem. § 268 Abs. 8 HGB ausschüttungsgesperrte Beträge zu beachten.[90] Voraussetzung ist gem. § 17 Satz 2 Nr. 2 KStG außerdem, dass eine Verlustübernahme entsprechend § 302 AktG vereinbart ist. Die Vorschrift in ihrer Neufassung durch die sog. »kleine Organschaftsreform« (Gesetz vom 20.02.2013, BGBl. 2013 I, S. 285, in Kraft getreten am 26.02.2013) verlangt die Vereinbarung einer Verlustübernahme »durch Verweis auf die Vorschriften des § 302 des Aktiengesetzes in seiner jeweils gültigen Fassung«. Nach der bis dahin geltenden Fassung der Norm reichte auch ein »statischer« Verweis auf § 302 AktG oder eine Wiedergabe ihres Inhalts aus.[91] Dieser Verweis musste nach Auffassung der Finanzverwaltung ausdrücklich auch die im Jahr 2004 neu eingefügte Verjährungsvorschrift in § 302 Abs. 4 AktG erfassen.[92] Eine pauschale Bezugnahme auf die Regelungen des § 302 AktG »in seiner jeweils geltenden Fassung« reichte dafür aus.[93] Nunmehr ist ein solcher dynamischer Verweis für Verträge, die ab Inkrafttreten der Novelle abgeschlossen oder geändert werden, unverzichtbar (vgl. DNotI-Report 2013, 90, mit Verweis auf die Gesetzesbegründung).

Die Gesellschafterversammlung der **herrschenden** Gesellschaft muss dem Vertrag zustimmen.[94] Der Zustimmungsbeschluss bedarf einer Mehrheit von mindestens **drei Vierteln** der abgegebenen Stimmen.[95]

Auch die Gesellschafterversammlung der **beherrschten** Gesellschaft muss analog § 293 Abs. 1 Satz 1 AktG zustimmen,[96] selbst wenn die herrschende Gesellschaft die einzige Gesellschafterin der beherrschten Gesellschaft ist.[97] Einem Stimmverbot unterliegt der herrschende Gesellschafter nach h.M. nicht.[98] Welche Mehrheit bei der beherrschten GmbH erforderlich ist, wird unterschiedlich beurteilt. Eine Mindermeinung hält eine Mehrheit von drei Vierteln der abgegebenen Stimmen für ausreichend, fordert aber zum Schutz der überstimmten Gesellschafter vertragliche Abfindungs- und Ausgleichsregelungen analog §§ 304, 305 AktG.[99] Die herrschende Auffassung hingegen fordert die **Zustim-**

54

55

56

---

86 *Hermanns*, RNotZ 2015, 632, 633.
87 Die Vereinbarung einer Verpflichtung zur Abnahme eines Geschäftsanteils ist gem. § 15 Abs. 4 GmbHG beurkundungsbedürftig, h.M., vgl. Baumbach/Hueck/*Servatius*, § 15 Rn. 33, m.w.N.
88 Vertragsmuster: Meyer-Landrut/*Große Honebrink*, I. Rn. 51.
89 R 66 Abs. 2 KStR.
90 *Leitzen*, GmbH-StB 2009, 278, 280.
91 Vgl. R. 66 Abs. 3 Satz 2 und 3 KStR 2004; bestätigt von BFH v. 03.03.2010 – I R 68/09, GmbHR 2010, 661 = RNotZ 2010, 422 m. Anm. *Wachter*. Kritisch dazu *Hahn*, DStR 2009, 1834 ff.
92 BMF-Schreiben vom 16.12.2005, BStBl. I 2006, 12 = DB 2005, 2781.
93 R 66 Abs. 3 KStR 2004. Vgl. ferner dazu und zur »Heilung« einer fehlenden Verweisung auf § 302 Abs. 4 AktG DNotI-Report 2009, 167.
94 BGH DNotZ 1989, 102 – Supermarkt; BGH DNotZ 1993, 176 – Siemens; Muster: Meyer-Landrut/*Große Honebrink*, I. Rn. 141.
95 BGH DNotZ 1989, 102 – Supermarkt. Anders als bei der AG ist bei der GmbH also eine bestimmte Kapitalmehrheit nicht erforderlich. Wenn, wie im Regelfall, die Stimmenzahl der Kapitalbeteiligung entspricht, § 47 Abs. 2 GmbHG, ergibt sich insoweit aber kein Unterschied.
96 BGH DNotZ 1989, 102 – Supermarkt; Muster: Meyer-Landrut/*Große Honebrink*, I. Rn. 133.
97 BGH DNotZ 1993, 176 – Siemens.
98 Lutter/Hommelhoff/*Hommelhoff*, Anh. § 13 Rn. 51; Michalski/*Servatius*, Syst. Darst. 4, Rn. 76 f.; Scholz/*Emmerich*, Anh § 13 Rn. 148; so auch für die Beschlussfassung der abhängigen GmbH über die Kündigung eines Gewinnabführungsvertrages BGH vom 31.05.2011 – II ZR 109/10 = GmbHR 2011, 911; a.A. Baumbach/Hueck/*Beurskens*, SchlussAnhKonzernR Rn. 107.
99 LG Dortmund GmbHR 1998, 941; Lutter/Hommelhoff/*Hommelhoff*, Anh. § 13 Rn. 65 f.; kritisch *Mues*, RNotZ 2005, 1, 12.

mung aller Gesellschafter, wobei teils ein einstimmiger Gesellschafterbeschluss aller Gesellschafter verlangt wird,[100] teils ein mit drei Vierteln der abgegebenen Stimmen gefasster Beschluss für ausreichend gehalten wird, wenn die übrigen Gesellschafter gesondert, nicht notwendig in notarieller Form, ihre Zustimmung erklären.[101] Ein weiterer Schutz etwaiger Minderheitsgesellschafter analog §§ 304, 305 AktG ist nach der herrschenden Auffassung entbehrlich.

57 Der Zustimmungsbeschluss bedarf bei der beherrschten GmbH analog §§ 53, 54 GmbHG der **notariellen Beurkundung**, bei der herrschenden GmbH besteht kein Beurkundungserfordernis.[102] Allerdings wird der Zustimmungsbeschluss praktisch häufig mit den Verzichtserklärungen analog §§ 293a Abs. 3, 293b Abs. 2, 293e Abs. 2 AktG verbunden und daher notariell beglaubigt,[103] s.u. Rdn. 59.

58 Der Niederschrift über den Beschluss, mit dem die Gesellschafterversammlung der herrschenden Gesellschaft einem mit einer GmbH abgeschlossenen Unternehmensvertrag zugestimmt hat, ist der Vertrag als **Anlage** beizufügen.[104] Wird der Beschluss in der Form einer Niederschrift über Willenserklärungen gem. §§ 8 ff. BeurkG beurkundet, stellt sich die Frage, ob es sich bei dem beizufügenden Vertrag um eine Anlage im Sinne von § 9 Abs. 1 Satz 2 BeurkG handelt, die mit vorgelesen werden muss. Rechtsprechung dazu ist nicht ersichtlich. In der Literatur ist zu Recht vertreten worden, der Vertrag könne durch den Zustimmungsbeschluss nicht inhaltlich geändert werden, so dass Zweck der Beifügung nur sein könne, den Vertrag zweifelsfrei zu identifizieren. Diesen Zweck erfüllt bereits die unechte Bezugnahme, bei der die Anlage nur als Beleg zu Identifizierungszwecken beigefügt wird, nicht aber ihr Erklärungsinhalt zum Inhalt der beurkundeten Erklärung gemacht werden soll.[105]

59 Noch nicht höchstrichterlich geklärt ist die Frage, ob die **Berichts- und Prüfungspflichten** der §§ 293a ff. AktG analog anwendbar sind. Jene, die bei der beherrschten Gesellschaft einen Beschluss mit 3/4-Mehrheit genügen lassen wollen, halten diese Vorschriften aus Gründen des Minderheitsschutzes für analog anwendbar.[106] Die herrschende Meinung hingegen spricht sich dagegen aus, weil die Gesellschafter durch das Einstimmigkeitserfordernis hinreichend geschützt würden.[107] In der Praxis empfiehlt es sich, vorsorglich zumindest beglaubigte Verzichtserklärungen sämtlicher Gesellschafter analog §§ 293a Abs. 3, 293b Abs. 2, 293e Abs. 2 AktG einzuholen. Weil es sich dabei um Willenserklärungen handelt, reicht dafür die Protokollierung im Wege der Tatsachenniederschrift, insbesondere im Zusammenhang mit der Protokollierung der Zustimmungsbeschlüsse gem. §§ 36 ff. BeurkG, nicht aus.[108]

60 Der Beherrschungs- und Gewinnabführungsvertrag wird wirksam mit Eintragung im **Handelsregister** der beherrschten GmbH.[109] Als Anlagen sind der Anmeldung beizufügen:
– Abschrift des Beherrschungs- und Gewinnabführungsvertrages;
– Zustimmungsbeschluss der herrschenden Gesellschafter;
– Zustimmungsbeschluss der beherrschten Gesellschaft.

Formulierungsbeispiel: oben Rdn. 37.[110]

---

100 Baumbach/Hueck/*Beurskens*, SchlussAnhKonzernR Rn. 106; Michalski/*Servatius*, Syst. Darst. 4, Rn. 75, 77; Gehrlein/Born/Simon/*Maul*, Anh. 2 Konzernrecht Rn. 16; wohl auch Roth/Altmeppen/ *Altmeppen*, Anh. § 13 Rn. 39; Scholz/*Emmerich*, Anh. § 13, Rn. 144, 146 f.
101 Lutter/Hommelhoff/*Hommelhoff*, Anh. § 13 Rn. 52, 57.
102 BGH DNotZ 1989, 102 – Supermarkt; Michalski/*Servatius*, Syst. Darst. 4, Rn. 72.
103 *Hermanns*, RNotZ 2015, 632, 634.
104 BGH DNotZ 1993, 176 – Siemens.
105 *Boor*, RNotZ 2017, 65, 75; *Walter*, GmbHR 2012, 670, 673; *Mues*, RNotZ 2005, 1, 16; ähnlich DNotI-Gutachten Nr. 85203 vom 09.05.2008.
106 Lutter/Hommelhoff/*Hommelhoff*, Anh. § 13 Rn. 59.
107 Scholz/*Priester/Tebben*, § 53 Rn. 170; MünchHdb. GesR III/*Kiefner*, § 70 Rn. 8; Baumbach/Hueck/ *Beurskens*, SchlussAnhKonzernR Rn. 104; Gehrlein/Born/Simon/*Maul*, Anh § 13 Rn. 20; *Mues*, RNotZ 2005, 1, 18.
108 *Hermanns*, RNotZ 2015, 632, 633.
109 BGH DNotZ 1989, 102 – Supermarkt; BGH DNotZ 1993, 176 – Siemens.
110 Vgl. auch Meyer-Landrut/*Große Honebrink*, I. Rn. 134.

Ob der Vertrag auch im Handelsregister der herrschenden Gesellschaft einzutragen ist, war höchstrichterlich bisher nicht zu entscheiden und ist umstritten. Nach herrschender Auffassung ist die Eintragung möglich, aber nicht erforderlich.[111] Andere halten die Eintragung sogar für unzulässig.[112] Nur eine Mindermeinung hält die Eintragung für erforderlich, jedoch nur im Sinne einer Pflicht zur Anmeldung, nicht im Sinne eines Wirksamkeitserfordernisses.[113] 61

Für die **Änderung** eines Beherrschungs- und Gewinnabführungsvertrages ist ebenso wie beim Vertragsabschluss umstritten, ob dazu auf Ebene der beherrschten GmbH eine Zustimmung aller Gesellschafter erforderlich ist[114] oder ob ein mit 3/4-Mehrheit gefasster Beschluss ausreicht.[115] Soweit Belange von Minderheitsgesellschaftern der abhängigen GmbH betroffen sind, insbesondere wegen der Änderung von Ausgleichs- oder Abfindungsregelungen, müssen diese der Vertragsänderung zustimmen.[116] Auf Ebene der herrschenden GmbH soll nach h.M. ein Zustimmungsbeschluss mit 3/4-Mehrheit ausreichen.[117] Die Vertragsänderung ist zur Eintragung im Handelsregister anzumelden und wird mit der Eintragung wirksam.[118] 62

Für die **Aufhebung**[119] eines Beherrschungs- und Gewinnabführungsvertrages zwischen Gesellschaften mit beschränkter Haftung wird analog § 296 Abs. 1 Satz 3 AktG die Schriftform verlangt.[120] Ebenso gilt entsprechend das Verbot aus § 296 Abs. 1 Satz 1 AktG, den Vertrag rückwirkend aufzuheben.[121] Mittlerweile ist höchstrichterlich entschieden ist, dass dies auch für das Verbot aus § 296 Abs. 1 Satz 1 AktG gilt, den Vertrag mit unterjähriger Wirkung aufzuheben.[122] Damit sind die Stimmen überholt, die dies im GmbH-Recht, anders als im Aktienrecht, für zulässig gehalten haben.[123] Ebenfalls umstritten war die Frage, ob die Gesellschafterversammlung der abhängigen GmbH dem Aufhebungsvertrag zustimmen muss. Zum Teil wurde dies, ebenso wie im Aktienrecht, verneint.[124] Der BGH hat jedoch mittlerweile zur ordentlichen Kündigung eines Ergebnisabführungsvertrages durch die beherrschte Gesellschaft entschieden, dass dafür bei der beherrschten Gesellschaft ein Zustimmungsbeschluss erforderlich sei.[125] Für den Abschluss eines Aufhebungsvertrages kann nichts anderes gelten.[126] Ob der Beschluss einstimmig zu fassen ist[127] oder eine qualifizierte 63

---

111 OLG Celle vom 04.06.2014 – 9 W 80/14, NZG 2015, 644; LG Düsseldorf RNotZ 2001, 171; Lutter/Hommelhoff/*Hommelhoff*, Anh. § 13 Rn. 63; *Enders*, NZG 2015, 623.
112 *Krafka*, Registerrecht, Rn. 1111 und Rn. 1596; AG Duisburg GmbHR 1994, 811; AG Erfurt GmbHR 1997, 75.
113 LG Bonn MittRhNotK 1993, 130; LG Düsseldorf MittRhNotK 1994, 153.
114 So Baumbach/Hueck/*Beurskens*, SchlussAnhKonzernR Rn. 124.
115 So offenbar Roth/Altmeppen/*Altmeppen*, Anh. § 13 Rn. 111.
116 Vgl. § 295 Abs. 2 AktG sowie *Hermanns*, RNotZ 2015, 632, 635.
117 Nachweise bei *Mues*, RNotZ 2005, 1, 23.
118 *Mues*, RNotZ 2005, 1, 23.
119 Vgl. dazu auch den Überblick in DNotI-Report 2009, 17 und DNotI-Report 2012, 42 sowie ausführlich *Göhmann/Winnen*, RNotZ 2015, 53.
120 Scholz/*Emmerich*, Anh. § 13 Rn. 195.
121 BGH vom 05.11.2001 – II ZR 119/00, NJW 2002, 822; Lutter/Hommelhoff/*Hommelhoff*, Anh. § 13 Rn. 89.
122 BGH vom 16.06.2015 – II ZR 384/13, DNotZ 2015, 712; so vorher schon OLG München vom 16.03.2012 – 31 Wx 70/12 = GmbHR 2012, 645 = RNotZ 2012, 347; *Schwarz*, DNotZ 1996, 68, 72.
123 Baumbach/Hueck/*Beurskens*, SchlussAnhKonzernR Rn. 134; Lutter/Hommelhoff/*Hommelhoff*, Anh. § 13 Rn. 89; Michalski/*Servatius*, Syst. Darst. 4 Rn. 203.
124 OLG Frankfurt am Main DNotZ 1994, 685; OLG Karlsruhe DNotZ 1994, 690.
125 BGH vom 31.05.2011 – II ZR 109/10 = GmbHR 2011, 922.
126 DNotI-Gutachten in DNotI-Report 2012, 42, 45. Für die Erforderlichkeit eines Zustimmungsbeschlusses auch OLG Oldenburg vom 23.03.2000 – 1 U 175/99, NZG 2000, 1138; Lutter/Hommelhoff/*Hommelhoff*, Anh. § 13 Rn. 89; auch Baumbach/Hueck/*Beurskens*, SchlussAnhKonzernR Rn. 133; *Mues*, RNotZ 2005, 1, 25; *Schwarz*, DNotZ 1996, 68, 73 ff.
127 DNotI-Gutachten in DNotI-Report 2012, 42, 45; MünchHdb. GesR III/*Kiefner*, § 70 Rn. 41.

Mehrheit[128] oder gar die einfache Mehrheit[129] genügt, ist nach wie vor umstritten. Jedenfalls wird die Entscheidung des BGH allgemein so verstanden, dass die notarielle Beurkundung des Zustimmungsbeschlusses erforderlich ist.[130] Die herrschende Gesellschaft unterliegt bei der Beschlussfassung keinem Stimmverbot.[131] Jedenfalls wenn bei der abhängigen GmbH keine außenstehenden Gesellschafter vorhanden sind, kann der Zustimmungsbeschluss auch noch nach dem für die Aufhebung bestimmten Stichtag gefasst werden.[132] Aus der Entscheidung des BGH wird teils zudem gefolgert, dass auch die Gesellschafterversammlung der herrschenden Gesellschaft zustimmen muss.[133] Welche Wirkung die Eintragung der Aufhebung des Beherrschungs- und Gewinnabführungsvertrages in das Handelsregister hat, wird unterschiedlich beurteilt. Vereinzelt wird der Eintragung analog § 54 GmbHG konstitutive Bedeutung zugemessen,[134] Rechtsprechung und h.L. hingegen halten sie, wie im Aktienrecht, für nur deklaratorisch.[135]

64 Für die **Kündigung** gelten grundsätzlich dieselben Regeln wie im Aktienrecht, s.o. Rdn. 43 ff. Die Frage, ob eine Zustimmung der Gesellschafterversammlung erforderlich ist und ggf. welche Anforderungen daran zu stellen sind, wird für die Kündigung meist in den gleichen Bahnen diskutiert wie für eine Aufhebungsvereinbarung (vorstehend Rdn. 63).[136] Für die Kündigung aus wichtigem Grund ist allerdings umstritten, ob anders als bei der ordentlichen Kündigung oder beim Aufhebungsvertrag ein Zustimmungsbeschluss auch auf Ebene der abhängigen Gesellschaft nicht erforderlich ist.[137]

65 Der erstmalige **Eintritt außenstehender Gesellschafter** in die abhängige GmbH führt nach allerdings bestrittener Auffassung analog § 307 AktG zur automatischen Beendigung des Vertrages.[138] Auch für die Fälle der Auflösung einer der am Unternehmensvertrag beteiligten Gesellschaften, insbesondere im Fall der **Insolvenz**, ist umstritten, ob dadurch der Unternehmensvertrag kraft Gesetzes endet.[139]

66 Die Pflicht zur **Sicherheitsleistung** aus § 303 AktG soll im GmbH-Recht entsprechend gelten.[140]

D. Entherrschungsvertrag

67 Gewissermaßen das Gegenteil zu Beherrschungsverträgen sind – im Gesetz nicht geregelte – Entherrschungsverträge. Entherrschungsverträge werden geschlossen, wenn es darum geht, die **Abhängigkeitsvermutung** nach § 17 Abs. 2 AktG und damit die **Konzernvermutung** des § 18 Abs. 1

---

128 *Beck*, DNotZ 2013, 90, 95 m.w.N.; *Müller-Eising/Schmitt*, NZG 2011, 1100, 1101.
129 Baumbach/Hueck/*Beurskens*, SchlussAnhKonzernR Rn. 133.
130 DNotI-Gutachten in DNotI-Report 2012, 42, 45; Baumbach/Hueck/*Beurskens*, SchlussAnhKonzernR Rn. 133; *Beck*, DNotZ 2013, 90, 102; *Müller-Eising/Schmitt*, NZG 2011, 1100, 1101; *Peters/Hecker*, DStR 2012, 86, 88.
131 BGH vom 31.05.2011 – II ZR 109/10 = GmbHR 2011, 922 (zur Kündigung).
132 OLG München vom 27.10.2014 – 31 Wx 235/14, GmbHR 2015, 368.
133 DNotI-Gutachten in DNotI-Report 2012, 42 m.w.N.; a.A. Scholz/*Emmerich*, Anh. § 13 Rn. 195a; Darstellung des früheren Streitstandes bei *Mues*, RNotZ 2005, 1, 25.
134 MünchHdb. GesR III/*Kiefner*, § 70 Rn. 43; *Schwarz*, DNotZ 1996, 68, 82.
135 BGH DNotZ 1992, 721; OLG München vom 27.10.2014 – 31 Wx 235/14, GmbHR 2015, 368; OLG Frankfurt am Main DNotZ 1994, 685; OLG Karlsruhe DNotZ 1994, 690; Baumbach/Hueck/*Beurskens*, SchlussAnhKonzernR Rn. 134; *Maul* in: Gehrlein/Born/Simon, Anh. 2 KonzernR Rn. 38; Krafka/*Krafka*, Rn. 1116c; *Mues*, RNotZ 2005, 1, 26.
136 Näher *Göhmann/Winnen*, RNotZ 2015, 53, 57 f.; DNotI-Gutachten in DNotI-Report 2012, 42, 45; i.E. ebenso Lutter/Hommelhoff/*Hommelhoff*, Anh. § 13 Rn. 87 ff.
137 Gegen Zustimmungserfordernis Scholz/*Emmerich*, Anh. § 13 Rn. 194; Michalski/*Servatius*, Syst. Darst. 4, Rn. 232; für Zustimmungserfordernis *Müller-Eising/Schmitt*, NZG 2011, 1100, 1101; DNotI-Report 2012, 42, 45; Henssler/Strohn/*Verse*, § 13 Anh GmbHG, Rn. 117; *Mues*, RNotZ 2005, 2, 29.
138 Roth/Altmeppen, Anh § 13 Rn. 95; Baumbach/Hueck/*Beurskens*, SchlussAnhKonzernR Rn. 132.
139 Einzelheiten bei *Göhmann/Winnen*, RNotZ 2015, 53, 63.
140 Gehrlein/Born/Simon/*Maul*, Anh 2 KonzernR Rn. 38; MünchHdb. GesR III/*Kiefner*, § 70 Rn. 47.

D. Entherrschungsvertrag   Kapitel 9

Satz 3 AktG zu widerlegen. Nach §§ 17, 18 AktG wird von einem im Mehrheitsbesitz stehenden Unternehmen vermutet, dass es von dem an ihm mit Mehrheit beteiligten Unternehmen abhängig ist und mit diesem einen Konzern bildet. An das Merkmal der Abhängigkeit knüpfen verschiedene Rechtsfolgen an, zum Beispiel die Ausgleichspflicht im faktischen Konzern aus § 317 AktG oder die Pflicht zur Erstellung eines Abhängigkeitsberichts gem. § 312 AktG. Die Konzernvermutung hat Bedeutung etwa im Recht der Mitbestimmung, nämlich für die Zurechnung von Mitarbeitern aus Konzernunternehmen bei der Ermittlung der Mitbestimmungspflichtigkeit, vgl. § 5 Abs. 1 MitbestG, die durch einen Entherrschungsvertrag vermieden werden kann.[141] Auch soweit es um die übernahmerechtliche Angebotspflicht (§ 35 WpÜG) und die wertpapierhandelsrechtlichen Meldepflichten (§ 33 WpHG) geht, ist ein Entherrschungsvertrag geeignet, eine mittelbare Kontrolle auszuschließen.[142]

In einem Entherrschungsvertrag verpflichtet sich das mit Mehrheit beteiligten Unternehmen gegenüber dem Beteiligungsunternehmen, von einem Teil seiner Stimmrechte keinen Gebrauch zu machen, so dass es keinen beherrschenden Einfluss mehr auf das Beteiligungsunternehmen ausüben kann. Die **Zulässigkeit** solcher Verträge ist anerkannt.[143] 68

Einigkeit herrscht, dass ein Entherrschungsvertrag mindestens Schriftform haben muss,[144] und ferner, dass auf Seiten der entherrschten Gesellschaft besondere **Verfahrens- oder Formerfordernisse** nicht bestehen, weil für diese der Vertrag lediglich von Vorteil ist.[145] Welche formalen Erfordernisse hingegen im Übrigen bestehen, ist umstritten. Nach einer Auffassung sind die §§ 293 Abs. 1, 294 AktG analog anzuwenden, so dass die Hauptversammlung der herrschenden Gesellschaft mit einer Mehrheit von drei Vierteln des abstimmenden Grundkapitals zustimmen und der Vertrag im Handelsregister eingetragen werden muss.[146] Nach anderer Auffassung lassen sich die Folgen eines Entherrschungsvertrages nicht mit denen eines Beherrschungsvertrages vergleichen, weshalb weder § 293 AktG[147] noch § 294 AktG[148] analog anzuwenden seien. 69

Inhaltlich wird es als ausreichend angesehen, wenn aufgrund des Entherrschungsvertrages das mit Mehrheit beteiligte Unternehmen stets nur mit einer Stimme weniger abstimmen darf als Stimmen auf die restlichen präsenten Aktionäre entfallen (»Minus-Eins-Regel«).[149] Eine andere Auffassung ist vorsichtiger und will nicht auf die präsenten Stimmen abstellen, sondern auf die tatsächlich abgegebenen.[150] Dies erscheint jedoch wenig praktikabel, weil zwar vor der Abstimmung die Präsenz festgestellt wird und der Hauptaktionär sein Stimmverhalten entsprechend ausrichten kann; wie viele Stimmen abgegeben wurden, steht indes erst nach Stimmabgabe fest und kann deshalb vom Hauptaktionär bei Abgabe seiner Stimmen in der Regel nicht mehr berücksichtigt werden. Falls 70

---

141 Vgl. Habersack/Henssler/*Habersack*, MitbestG, § 5 Rn. 13; MünchKommAktG/*Annuß*, § 5 MitbestG Rn. 5. Anders möglicherweise, wenn durch den Vertrag Mitbestimmungsrechte gezielt ausgehebelt werden sollen, vgl. OLG Düsseldorf vom 30.10.2006 – 26 W 14/06, GmbHR 2007, 154.
142 *Larisch/Bunz*, NZG 2013, 1247, 2150 f.
143 OLG Köln ZIP 1993, 110; LG Mainz ZIP 1991, 583; *K. Schmidt*, FS Hommelhoff, 2012, S. 985, 994; KK-AktG/*Koppensteiner*, § 17 Rn. 109.
144 KK-AktG/*Koppensteiner*, § 17 Rn. 116 m.w.N.
145 LG Mainz ZIP 1991, 583; *K. Schmidt*, FS Hommelhoff, 2012, S. 985, 995 m.w.N.
146 *Jäger*, DStR 1995, 1113, 1117; a.A. LG Mainz ZIP 1991, 583; KK-AktG/*Koppensteiner*, § 17 Rn. 115; vgl. auch *K. Schmidt*, FS Hommelhoff, 2012, S. 985, 995: zwar keine Eintragung im Handelsregister erforderlich, aber Legitimation durch Satzungsklausel oder qualifizierte Hauptversammlungsmehrheit; ebenso *Larisch/Bunz*, NZG 2013, 1247, 2150.
147 KK-AktG/*Koppensteiner*, § 293 Rn. 42; MünchKommAktG/*Bayer*, § 17 Rn. 111; MünchHdbGesR IV/*Krieger*, § 68 Rn. 63.
148 KK-AktG/*Koppensteiner*, § 294 Rn. 2.
149 *Jäger*, DStR 1995, 1113, 1116; LG Mainz ZIP 1991, 583. Großzügiger noch die Auffassung, die die »Minus-Eins-Regel« auf die durchschnittlich in den Hauptversammlungen präsenten Stimmen beziehen will: Emmerich/Habersack/*Emmerich*, Aktien- und GmbH-Konzernrecht, § 17 Rn. 43.
150 Münchener Vertragshandbuch I/*Hoffmann-Becking*, Gesellschaftsrecht, X. 10, Anm. 3.

man aus Vorsichtsgründen einen »Sicherheitsabstand« wünscht, kann stattdessen über die »Minus-Eins-Regel« hinaus die Stimmrechtsausübung auf beispielsweise 45 % der in der Hauptversammlung festgestellten Präsenz beschränkt werden.[151]

71 ▶ Formulierungsbeispiel Entherrschungsklausel:

Die Muttergesellschaft verpflichtet sich, das Stimmrecht aus den ihr gehörenden Aktien nur insoweit auszuüben, dass auf die Aktien der übrigen zum Zeitpunkt der Abstimmung präsenten Aktionäre mindestens eine Stimme mehr entfällt als auf die Aktien, aus denen die Muttergesellschaft das Stimmrecht ausübt.

72 Handelt es sich bei dem Beteiligungsunternehmen um eine Aktiengesellschaft, muss nach h.M. der Entherrschungsvertrag für **mindestens 5 Jahre** und ohne die Möglichkeit einer ordentlichen Kündigung abgeschlossen sein.[152] So werde sichergestellt, dass der Mehrheitsaktionär bei der nächsten dem Abschluss des Entherrschungsvertrages folgenden Aufsichtsratswahl seine Stimmenmehrheit nicht in beherrschenden Einfluss umsetzen kann. Mehrheitlich wird es daher auch für ausreichend gehalten, wenn die Stimmrechtsbeschränkung nur für die Aufsichtsratswahl vereinbart wird.[153] Je weiter allerdings die Stimmrechtsbeschränkung gefasst ist, desto sicherer lässt sich die Abhängigkeitsvermutung widerlegen.[154]

---

151 *Larisch/Bunz*, NZG 2013, 1247, 2149.
152 Vgl. OLG Köln ZIP 1993, 110; OLG Düsseldorf AG 2007, 169, 172; *K. Schmidt*, FS Hommelhoff, 2012, S. 985, 997; KK-AktG/*Koppensteiner*, § 17 Rn. 111.
153 KK-AktG/*Koppensteiner*, § 17 Rn. 111; Bürgers/Körber/*Fett*, § 17 Rn. 33; *Larisch/Bunz*, NZG 2013, 1247, 2149; a.A. *Jäger*, DStR 1995, 1113, 1116.
154 In diesem Sinne auch Bürgers/Körber/*Fett*, § 17 Rn. 33; MünchKommAktG/*Bayer*, § 17 Rn. 102.

Kapitel 10 Internationales Gesellschaftsrecht

Übersicht

	Rdn.
A. **Einführung**	1
B. **Das Gesellschaftsstatut**	2
I. Bestimmung des Gesellschaftsstatuts	2
1. Vorrangige Staatsverträge	3
2. Anwendung des Gründungsrechts für EU-Gesellschaften	5
3. Sitztheorie	10
4. Ausblick und »Brexit«	12
5. Gesamtverweisung, Rück- und Weiterverweisung	13
II. Anwendungsbereich des Gesellschaftsstatuts	14
III. Internationale Sitzverlegung und Zweigniederlassungen von Gesellschaften	15
1. Sitzverlegung einer deutschen Gesellschaft ins Ausland	16
2. Sitzverlegung einer ausländischen Gesellschaft nach Deutschland	19
3. Errichtung von Zweigniederlassungen außerhalb des Gründungsstaates	22
a) Zweigniederlassungen ausländischer Gesellschaften in Deutschland	22
aa) Angaben zur ausländischen Gesellschaft:	24
bb) Angaben zur Zweigniederlassung:	25
cc) Anlagen zur Registeranmeldung	26
dd) Einzelfragen	27
b) Zweigniederlassungen deutscher Gesellschaften im Ausland	31
IV. Formstatut	32
C. **Gründung von Gesellschaften mit ausländischen Gesellschaftern**	33
I. Ausländische natürliche Personen als Gesellschafter	33
II. Ausländische Gesellschaften als Gesellschafter	34
D. **Außenbeziehungen der Gesellschaft, insbesondere Vertretungsfragen**	36
I. Rechtsfähigkeit	36
II. Organschaftliche Vertretung	38
1. Organfähigkeit	39
2. Selbstkontrahieren, Mehrfachvertretung und Vertretung ohne Vertretungsmacht	45
3. Register und Vertreterbescheinigungen für deutsche Gesellschaften zur Verwendung im Ausland	47
4. Nachweis der Vertretungsmacht von Organen und der Existenz ausländischer Gesellschaften	53

	Rdn.
a) Einführung	53
b) Anforderungen von Grundbuchamt und Handelsregister	55
c) Wie kann der Nachweis erbracht werden?	58
d) Nachweis der Existenz und der Vertretungsmacht bei Gesellschaften ausgewählter Staaten	61
aa) Belgien	62
(1) Häufigste Rechtsformen und deren Vertretung	62
(2) Nachweis von Existenz und Vertretungsbefugnis	64
bb) Dänemark	66
cc) England	68
(1) Wichtigste Rechtsformen und deren Vertretungsorgane	68
(2) Nachweis von Existenz und Vertretungsmacht	70
dd) Frankreich	74
(1) Wichtigste Rechtsformen und deren Vertretungsorgane	74
(2) Nachweis von Existenz und Vertretungsmacht	78
ee) Italien	79
(1) Wichtigste Rechtsformen und deren Vertretungsorgane	79
(2) Nachweis von Existenz und Vertretungsmacht	82
ff) Niederlande	83
(1) Wichtigste Rechtsformen und deren Vertretungsorgane	83
(2) Nachweis von Existenz und Vertretungsmacht	86
gg) Österreich	88
(1) Häufigste Rechtsformen und deren Vertretung	88
(2) Nachweis von Existenz der Vertretungsbefugnis	90
hh) Schweiz	91
(1) Wichtigste Rechtsformen und deren Vertretungsorgane	91
(2) Nachweis von Existenz und Vertretungsmacht	94
ii) Spanien	95

		Rdn.			Rdn.
	(1) Wichtigste Rechtsformen und deren Vertretungsorgane	95		1. Legalisation	139
	(2) Nachweis von Existenz und Vertretungsmacht	97		2. Vereinfachte Legalisation nach dem Haager Abkommen vom 05.10.1961 (Apostille)	143
	jj) Vereinigte Staaten von Amerika	98		3. Bilaterale Abkommen	148
	(1) Wichtigste Rechtsform und deren Vertretungsorgane	98	E.	**Anteilsabtretungen/verpfändungen und Satzungsmaßnahmen, insbesondere Formfragen**	149
	(2) Nachweis von Existenz und Vertretungsmacht	101	I.	Anwendbares Recht bei Anteilsabtretungen/verpfändungen und Satzungsmaßnahmen	149
	kk) Internetinformationen	106	II.	Einhaltung von Formerfordernissen bei Beurkundungen betr. deutsche Gesellschaften im Ausland?	150
	ll) Übersicht über das Verbot des Selbstkontrahierens/der Mehrfachvertretung			1. Maßgeblichkeit des Ortsrechts für Formfragen	151
III.	Rechtsgeschäftliche Vertretung – Vollmachten	107		2. Maßgeblichkeit des Geschäftsrechts?	152
	1. Die kollisionsrechtliche Behandlung der Vollmacht	108	III.	Anteilsübertragungen ausländischer Gesellschaften im Inland	155
	2. Verwendung ausländischer Vollmachten in Deutschland	121	G.	**Beurkundungsrechtliche Fragen**	159
	3. Verwendung deutscher Vollmachten im Ausland	129	I.	Besondere Hinweispflichten des Notars	159
IV.	Legalisation und Apostille	136	II.	Beurkundungen in einer Fremdsprache und Übersetzung	161

A. Einführung

1 In diesem Kapitel werden die Fragen behandelt, die sich bei der Behandlung ausländischer (gesellschaftsrechtlicher) Sachverhalte ergeben. Dies ist in erster Linie der Fall, wenn ausländisches (Gesellschafts-) Recht zur Anwendung kommt. Die Bestimmung des Gesellschaftsstatuts wird unter B. behandelt. Auslandssachverhalte können aber auch – bei Geltung deutschen Gesellschaftsrechts – in anderen Konstellationen eine Rolle spielen, etwa bei der Mitwirkung ausländischer Personen und Vertretungsorgane. Ob diese bei der Gründung einer deutschen Gesellschaft mitwirken können, wird unter C., Rdn. 33 ff., wie diese ihre Vertretungsberechtigung und die Existenz der von ihr vertretenen Gesellschaft nachweisen können, wird unter D. (Rdn. 36 ff.) behandelt. Legitimationsfragen stellen sich auch beim Handeln aufgrund ausländischer Vollmachten sowie bei etwa erforderlichen Echtheitsnachweisen (dazu D. III., Rdn. 107 ff., und IV., Rdn. 136 ff.). Schließlich stellen sich Formfragen, insbesondere bei Anteilabtretungen und Satzungsmaßnahmen (unter E., Rdn. 149 ff.) sowie beurkundungsrechtliche Fragen (unter G., Rdn. 159 ff.).

B. Das Gesellschaftsstatut

I. Bestimmung des Gesellschaftsstatuts

2 Wird eine ausländische Gesellschaft in Deutschland aktiv – und umgekehrt –, so stellt sich für Gerichte, Notare und Vertragspartner die Frage, welchem Recht diese Gesellschaft untersteht. Die Bestimmung des Personalstatuts der Gesellschaft, im Folgenden auch »Gesellschaftsstatut« genannt, richtet sich nach dem Kollisionsrecht. Das deutsche Recht enthält allerdings keine kodifizierte Kollisionsnorm[1] (zu Reformbestrebungen s.u. Rdn. 12). Das deutsche Gesellschaftskollisionsrecht wurde

---

1 Art. 37 Satz 1 Nr. 2 EGBGB bestimmt lediglich, das »Fragen betreffend das Gesellschaftsrecht, das Vereinsrecht und das Recht der juristischen Personen« ausdrücklich aus dem Anwendungsbereich des Kollisions-

B. Das Gesellschaftsstatut

in Rechtsprechung und Literatur entwickelt, wobei seit langem – jeweils in verschiedenen Spielarten – zwei kollisionsrechtliche Theorien, nämlich die Sitztheorie und die Gründungstheorie, rivalisieren. Dieser Theorienstreit wurde jedoch in der jüngeren Vergangenheit im Hinblick auf EU-Gesellschaften wesentlich durch die Rechtsprechung des Europäischen Gerichtshofes beeinflusst (s. hierzu Rdn. 5 ff.). Beide Theorien knüpfen an unterschiedliche Anknüpfungspunkte an. Während die Gründungstheorie das Gesellschaftsstatut nach dem Gründungsrecht, also dem Recht, nach dem die Gesellschaft ursprünglich errichtet wurde, bestimmt, unterstellt die Sitztheorie das Gesellschaftsstatut dem Recht desjenigen Staates, in dem die Gesellschaft ihren tatsächlichen Sitz hat.

1. Vorrangige Staatsverträge

Nach Art. 3 Abs. 2 Satz 1 EGBGB gehen Regelungen in völkerrechtlichen Vereinbarungen, soweit sie unmittelbar anwendbares innerstaatliches Recht geworden sind, den nationalen Kollisionsregelungen vor. Für das internationale Gesellschaftsrecht ist hier in erster Linie der Freundschafts-, Handels- und Schifffahrtsvertrag zwischen der Bundesrepublik Deutschland und den Vereinigten Staaten vom 20.10.1954[2] relevant. Aus deutscher Sicht ist Kernpunkt dieses Abkommens die Anerkennung von Gesellschaften in Deutschland, die in einem Bundesstaat der USA errichtet wurden, so dass hier insoweit die Gründungstheorie zur Anwendung kommt. Der insoweit maßgebliche Art. XXV (5) lautet: 3

> »Der Ausdruck »Gesellschaften« in diesem Vertrag bedeutet Handelsgesellschaften, Teilhaberschaften sowie sonstige Gesellschaften, Vereinigungen und juristische Personen; dabei ist es unerheblich, ob ihre Haftung beschränkt oder nichtbeschränkt und ob ihre Tätigkeit auf Gewinn oder Nichtgewinn gerichtet ist. Gesellschaften, die gemäß den Gesetzen oder sonstigen Vorschriften des einen Vertragsteils in dessen Gebiet errichtet sind, gelten als Gesellschaften dieses Vertragsteils; ihr rechtlicher Status wird in dem Gebiet des anderen Vertragsteils anerkannt.«

Bei der vorstehenden Norm handelt es sich nach der herrschenden Meinung um eine Kollisionsnorm und nicht um eine bloß fremdenrechtliche Regelung.[3] Demnach ist maßgeblicher Anknüpfungspunkt im deutsch-amerikanischen Verhältnis die Gründung nach dem Recht eines Einzelstaates der USA. Eine nach solchem Recht gegründete Gesellschaft wird in Deutschland nach Maßgabe des entsprechenden amerikanischen Gesellschaftsstatuts anerkannt und als rechtsfähig behandelt. Dies gilt unabhängig davon, wo der effektive Verwaltungssitz liegt.[4] Allerdings ist die Anerkennung zweifelhaft in denjenigen Fällen, in denen es sich um eine sogenannte Scheinauslandsgesellschaft (sog. »Pseudo-Foreign-Corporation«) handelt. Demnach kann der Gesellschaft bei Fehlen eines sog. »genuine link« die Anerkennung versagt werden, wenn sie keine tatsächlichen Beziehungen zu den USA hat und ihre sämtlichen Geschäftstätigkeiten in der Bundesrepublik Deutschland entfaltet.[5] Diese Fälle werden jedoch äußerst selten vorliegen, da selbst das Vorliegen minimaler Verbindungen, etwa das Unterhalten eines Telefonanschlusses in den USA, von der Rechtsprechung als ausreichend für die Annahme eines »genuine link« angesehen wird.[6] 4

2. Anwendung des Gründungsrechts für EU-Gesellschaften

Nach der bereits vor den Entscheidungen des EuGH in der deutschen Literatur teilweise vertretenen Gründungstheorie richtet sich das Gesellschaftsstatut einer Kapitalgesellschaft nach dem Gründungs- 5

---

rechts für vertragliche Schuldverhältnisse herausgenommen wird. Auch Art. 7 EGBGB (Rechtsfähigkeit und Geschäftsfähigkeit) befasst sich lediglich mit dem Personalstatut natürlicher Personen.
2 BGBl. 1965 II, S. 487.
3 BGH NZG 2005, 44; MünchKommBGB/*Kindler*, IntGesR, Rn. 314.
4 BGH NZG 2004, 1001.
5 So z.B. OLG Düsseldorf WM 1995, 808, 811; MünchKommBGB/*Kindler*, IntGesR, Rn. 322; In zwei Entscheidungen des BGH (NZG 2004, 1001 und NZG 2005, 44) hat der BGH diese Frage letztlich offen gelassen, da er jeweils den »genuine link« als gegeben ansah.
6 BGH NZG 2005, 44.

Bischoff

recht, wobei der genaue Anknüpfungspunkt nicht einheitlich bestimmt wird. In Betracht kommt vor allem das Recht, nachdem die Gesellschaft ursprünglich errichtet wurde (Inkorporationsrecht), das Recht, nach dem sie organisiert ist (Organisationsrecht), das Recht am Ort der Eintragung (Registrierungsrecht) oder das Satzungsrecht.[7] Die Gründungstheorie wurde für Deutschland im Wesentlichen durch die grundlegenden EuGH-Entscheidungen Centros, Überseering und Inspire Art im Verhältnis zu Gesellschaften aus dem EU-Ausland maßgeblich.

6 In der »Centros«-Entscheidung[8] hatte der EuGH geurteilt, dass die Eintragung der Zweigniederlassung einer englischen Limited in Dänemark von der Niederlassungsfreiheit der Art. 43, 48 EG Vertrag gedeckt ist, auch wenn der tatsächliche Verwaltungssitz in Dänemark liegt. Er verwehrte sich gegen das Argument, dies könne zu einer faktischen Umgehung der Kapitalaufbringungsvorschriften des dänischen Rechtes führen. Nach der Entscheidung war jedoch unklar, ob aus ihr Schlussfolgerungen für die vergleichbare Lage im Verhältnis zum deutschen Recht abzuleiten sind. Denn Dänemark folgte der Gründungstheorie, während in Deutschland noch die Sitztheorie herrschend war.

7 In der »Überseering«-Entscheidung[9] entschied der EuGH auf eine Vorlage des VII. Zivilsenates des Bundesgerichtshofs hin, dass sich aus der Niederlassungsfreiheit eine Verpflichtung ableite, eine in den Niederlanden gegründete B.V. in Deutschland als rechts- und parteifähig anzuerkennen, nachdem diese ihren Verwaltungssitz aus den Niederlanden nach Deutschland verlegt hatte.

8 In der Entscheidung »Inspire Art«[10] hatte sich der Europäische Gerichtshof mit der Frage zu befassen, ob und wie weit der nationale Gesetzgeber Sonderregelungen für »formalausländische« Gesellschaften aufstellen darf.[11] Bei solchen sog. Scheingesellschaften handelt es sich um Gesellschaften, die im Ausland gegründet wurden, im Inland aber ihre Verwaltung und/oder den wesentlichen Teil des Geschäftsbetriebes unterhalten. In der Entscheidung ging es um ein niederländisches Gesetz, welches Gesellschaften ausländischen Rechtes, die ihre gesamte Geschäftstätigkeit von den Niederlanden aus entfalten, besondere Pflichten – etwa der Nachweis eines bestimmten Stammkapitals, die Eintragung eines entsprechenden Zusatzes in das Handelsregister und die Offenlegung auf Geschäftspapieren – auferlegt und besonderen Sanktionen unterworfen hatte. Der EuGH entschied, dass die streitgegenständlichen Vorschriften für »formal-ausländische« Gesellschaften nicht mit der Niederlassungsfreiheit in Einklang zu bringen sind und zudem gegen die Zweigniederlassungsrichtlinie verstoßen. Der EuGH hat damit deutlich gemacht, dass zugezogene Auslandsgesellschaften auch dann als Zweigniederlassungen im Sinne des europäischen Rechtes betrachtet werden müssen, wenn keine Hauptniederlassung im Inland besteht.[12] Jede Durchbrechung des Gesellschaftsstatutes beschränkt nach Auffassung des EuGH die Gesellschaft in der Ausübung ihrer Niederlassungsfreiheit und bedarf damit der Rechtfertigung.

9 Im Ergebnis ist daher für in der EU ansässige Gesellschaften festzuhalten, dass sich für diese das maßgebliche Gesellschaftsstatut nach der Gründungstheorie bestimmt. Es gilt also für europäische Gesellschaften stets das Recht des Staates, nach welchem diese Gesellschaften gegründet wurden.[13] Der Bundesgerichtshof hat diese Rechtslage für EU-Gesellschaften auf in EWR-Staaten (Island, Lichtenstein und Norwegen) ansässige Gesellschaften erstreckt.[14]

---

7 Dazu *Eidenmüller*, Ausländische Kapitalgesellschaften im deutschen Recht, S. 4.
8 EuGH, Urt. v. 09.03.1999, Rspr. C-212/97, NJW 1999, 2027.
9 EuGH, Urt. v. 05.11.2002, Rspr. C-208/00, NJW 2002, 3614.
10 EuGH, Urt. v. 30.09.2003, Rspr. C-167/01, NJW 2003, 2231.
11 S. im Einzelnen hierzu z.B. *Hirte/Bücker*, Grenzüberschreitende Gesellschaften, S. 6.
12 AnwKomm-BGB/*Hoffmann*, Anhang zu Art. 12 EGBGB Rn. 63.
13 BGHZ 154, 185.
14 BGH DNotZ 2006, 143 m. Anm. *Thölke*.

3. Sitztheorie

Bis zu den Entscheidungen des EuGH für europäische Gesellschaften wurde von der deutschen Rechtssprechung und der mehrheitlichen Auffassung in der Literatur die sogenannte Sitztheorie vertreten, was auch weiterhin für Gesellschaften gilt, die außerhalb der EU oder des EWR gegründet wurden.[15] Gesellschaftsstatut sei das Recht desjenigen Staates, in dem die Gesellschaft ihren tatsächlichen Verwaltungssitz hat. Demnach kann eine (Kapital-) Gesellschaft als solche nur dann anerkannt werden, wenn deren tatsächlicher Sitz auch in der Gründungsjurisdiktion liegt.[16] Liegt der tatsächliche Verwaltungssitz hingegen außerhalb der Gründungsjurisdiktion und in einem Staat, welcher der Sitztheorie folgt, so wird die Gesellschaft als Inlandsgesellschaft behandelt und dem inländischen Gesellschaftsrecht unterworfen. Da sie nach dem Recht ihres Verwaltungssitzes, d.h. dem deutschen Recht, nicht wirksam gegründet und in Deutschland auch nicht in einem Register eingetragen ist, wird sie, da ihr Verwaltungssitz in Deutschland liegt, nach der Rspr. des BGH als oHG behandelt. So wird beispielsweise eine nach türkischem Recht gegründete GmbH, die in ihren Verwaltungssitz in Deutschland unterhält, in Deutschland nicht als GmbH anerkannt, sondern als oHG.

Nach der sogenannten Sandrock'schen Formel befindet sich der tatsächliche Sitz der Hauptverwaltung dort, wo die grundlegenden Entscheidungen der Unternehmensleitung effektiv in die laufende Geschäftsführungsakte umgesetzt werden.[17] Wo die interne Willensbildung stattfindet, ist ebenso unerheblich wie der Wohnsitz der Gesellschafter, der Ort der Aufsichtsratssitzungen sowie der Ort der Vorstands- und Geschäftsführerversammlungen. Es kommt entscheidend darauf an, wo die Gesellschaft nach außen hin in Erscheinung tritt.[18] Schwierigkeiten ergeben sich, wenn die Gesellschaft in mehreren Ländern Geschäftsaktivitäten entfaltet. In einem solchen Fall ist der Schwerpunkt der Tätigkeit zu ermitteln, was eine Darlegung der gesamten geschäftlichen Aktivitäten der Gesellschaft verlangt. Für das Grundbuch und das Handelsregister ist dieser Nachweis in öffentlich beglaubigter Form schwer zu führen. Die Rechtsprechung[19] behilft sich durch einen Anscheinsbeweis: Der tatsächliche Sitz der Hauptverwaltung befindet sich in dem Staat, nach dessen Recht die Gesellschaft erkennbar organisiert ist. Die Sitztheorie gilt nach der Rechtsprechung des EuGH und der Rechtsprechung des BGH nur noch für solche Gesellschaften, die ihren Satzungssitz außerhalb des EU- bzw. EWR-Auslandes haben[20], beispielsweise in der Schweiz.[21] Zu den Besonderheiten für US-amerikanische Gesellschaften s.o. Rdn. 3 ff.

4. Ausblick und »Brexit«

Das BMJ hat am 07.01.2008 einen Referentenentwurf vorgelegt, der u. a. die Einfügung eines neuen Art. 10 EGBGB vorsieht, nach dem für Gesellschaften das Recht des Staates anzuwenden ist, in dem sie in ein öffentliches Register eingetragen sind. Dies entspräche einer gänzlichen Aufgabe der Sitztheorie und der Einführung der Gründungstheorie und zwar im Verhältnis zu allen anderen Staaten. Derzeit ist nicht ersichtlich, dass dieser Referentenentwurf Gesetz wird. Es bestehen – insbesondere auf Seiten der Arbeitnehmervertreter – erhebliche Bedenken gegen die Gründungstheorie. Denn eine verstärkte Anwendung ausländischen Gesellschaftsrechts könnte dazu führen, dass die deutschen Regeln über die Mitbestimmung unterlaufen werden.

Im Hinblick auf den bevorstehenden »Brexit« hat – vorbehaltlich einer etwaigen Regelung in einem »Brexit-Abkommen« – die Tatsache, dass Gesellschaften von außerhalb der EU/EWR, also auch

---

15 Ständige Rechtsprechung: BGH, NZG 2016, 1187, 1188 m.w.N., vgl. auch grundlegend z.B. BGHZ 25, 134; BGHZ 118, 151, 167; BGHZ 151, 204, 206.
16 *Eidenmüller*, Ausländische Kapitalgesellschaft mit ausländischen Recht, S. 4.
17 *Sandrock*, FS Beitzke, S. 669, 683; ihm folgend BGHZ 97, 269, 272.
18 OLG Brandenburg RIW 2000, 798.
19 OLG München NJW 1986, 2197, 2198; OLG Hamm DB 1995, 137.
20 Ständige Rechtsprechung: BGH, NZG 2016, 1187, 1188 m.w.N.
21 BGH ZIP 2008, 2411; OLG Hamburg DB 2007, 1247.

englische Limiteds, nach der Sitztheorie beurteilt werden, die Rechtsfolge, dass diese nunmehr nach deutschem Recht beurteilt werden, sofern sie ihren tatsächlichen Verwaltungssitz in Deutschland unterhalten. Diejenigen Limiteds also, die eine Zweigniederlassung in Deutschland haben und in England keine Geschäftsaktivität entfalten, werden bei Anwendung des deutschen (Sitz-) Rechtes ihren Status als Kapitalgesellschaft und der damit einhergehenden Haftungsbeschränkung verlieren. Da die Limited hier in keinem Register eingetragen ist, kann sie hier nicht als Körperschaft angesehen werden. Bei mehreren Anteilsinhabern liegt eine OHG/GbR vor, bei nur einem Anteilsinhaber gehen alle Rechte und Pflichten auf diesen als individuellen Rechtsträger über.[22] Möchte man dieser Rechtsfolge entgehen, müsste entweder der Sitz formwechselnd grenzüberschreitend verlegt oder eine grenzüberschreitende Verschmelzung durchgeführt werden, solange das noch möglich ist.[23] Soweit dies nicht erfolgt, liegt aus deutscher Sicht nach einem Brexit ohne Austrittsabkommen keine Limited mehr vor, eine entsprechende Registereintragung der Zweigniederlassung der Limited ist damit unrichtig geworden. Die als Personengesellschaft fortbestehende Gesellschaft bzw. der Alleingesellschafter sind verpflichtet, diese Änderung im Handelsregister anzumelden.[24]

5. Gesamtverweisung, Rück- und Weiterverweisung

13 Bei der Verweisung des internationalen Gesellschaftskollisionsrechts handelt es sich um eine Gesamtverweisung, d.h., dass nicht nur auf das fremde Sachrecht, sondern auch auf das fremde Kollisionsrecht verwiesen wird.[25] Selbstverständlich ist daher auch eine Rück- und Weiterverweisung nach Art. 4 Abs. 1 Satz 2 EGBGB zu beachten. Eine solche kommt insbesondere dann in Betracht, wenn das deutsche Recht auf das Recht eines ausländischen Staates verweist, in dem eine in Deutschland oder eine in einem Drittstaat gegründete Gesellschaft ihren Verwaltungssitz hat, wenn dieses Recht die Gesellschaft dem Gründungsrecht unterstellt.

II. Anwendungsbereich des Gesellschaftsstatuts

14 Das Gesellschaftsstatut regelt sämtliche Innen- und Außenbeziehungen der Gesellschaft. Es bestimmt, unter welchen Voraussetzungen die Gesellschaft »entsteht, lebt und vergeht«.[26] Insbesondere regelt das Gesellschaftsstatut, ob und in welchem Umfang die Gesellschaft rechtsfähig ist[27] (s. dazu auch Rdn. 36 ff.). Es regelt weiter die Partei- und Prozessfähigkeit, die Geschäftsfähigkeit, die Rechtsstellung der Organe (insbesondere deren Haftung und Vertretungsbefugnis), die Stellung der Mitglieder und die Zulässigkeit der Übertragung von Mitgliedschaftsrechten sowie das Konzernrecht.

III. Internationale Sitzverlegung und Zweigniederlassungen von Gesellschaften

15 Bei der internationalen Sitzverlegung ist, wie auch bei der Sitzverlegung im Inland, zu unterscheiden zwischen der Verlegung des satzungsmäßigen Sitzes und der Verlegung des Verwaltungssitzes.[28]

1. Sitzverlegung einer deutschen Gesellschaft ins Ausland

16 Die Verlegung des **Verwaltungssitzes** einer deutschen GmbH oder Aktiengesellschaft ins Ausland ist nach dem Inkrafttreten des Gesetzes zur Modernisierung des GmbH-Rechts und zur Bekämpfung von Missbräuchen vom 23.10.2008 (MoMiG) möglich. Zuvor sahen die durch das MoMiG

---

22 Z.B. BGH, RNotZ 2017, 251, s.a. MünchKommBGB/*Kindler*, IntGesR, Rn. 486 ff.; ausführlich dazu auch *Seeger*, »Die Folgen des »Brexit« für die britische Limited mit Verwaltungssitz in Deutschland«, DStR 2016, 1817 ff.
23 S. dazu auch *Luy*, Grenzüberschreitende Umwandlungen und Brexit, DNotZ 2019, 484.
24 *Luy*, DNotZ 2019, 484, 490.
25 Z.B. OLG Hamm NJW 2001, 2183.
26 BGHZ 25, 137, 144.
27 BGH IPRaX 1981, 130.
28 S. zum Ganzen: *Wolf*, Grenzüberschreitende Mobilität von Gesellschaften in Europa, MittBayNot 2018, 510 ff.; zur grenzüberschreitender Spaltung von Kapitalgesellschaften s. *Kleba*, RNotZ 2016, 273.

gestrichenen Bestimmungen des § 4a Abs. 2 GmbHG und des § 5 Abs. 2 AktG vor, dass die Satzung als Sitz denjenigen Ort zu bestimmen hat, wo sich die Geschäftsleitung, die Verwaltung oder wenigstens ein Betrieb der Gesellschaft befindet. Daraus wurde früher überwiegend geschlossen, dass bei Verlegung des Sitzes ins Ausland aus deutscher, materiell-rechtlicher Sicht die Auflösung der Gesellschaft folgt.[29] Nach der nach Inkrafttreten des MoMiG geltenden Rechtslage hat sich dieser Befund jedoch geändert. Gem. § 4 GmbHG bzw. § 5 AktG ist »Sitz der Gesellschaft der Ort im Inland, den der Gesellschaftsvertrag bestimmt«. Der Gesetzgeber wollte es deutschen GmbHs und Aktiengesellschaften ermöglichen, bei Beibehaltung des inländischen Satzungssitzes, den tatsächlichen Verwaltungssitz ins Ausland zu verlegen. Damit sollte die nach der Rechtsprechung des EuGH für ausländische Gesellschaften bestehende Möglichkeit, ihre gesamte Geschäfts- und Verwaltungstätigkeit in Deutschland aufzunehmen oder dorthin zu verlagern, spiegelbildlich auch für deutsche Gesellschaften geschaffen werden, etwa in Form der Gründung von im Inland eingetragenen Töchtern deutscher Konzernmütter.[30] In der praktischen Handhabung ist zu beachten, dass trotz der Verlagerung des Verwaltungssitzes ins Ausland die Gesellschaft weiterhin eine inländische Geschäftsanschrift beibehalten muss (§ 8 Abs. 4 Nr. 1, § 10 Abs. 1 Satz 1 GmbHG). Der ausländische Verwaltungssitz ist dann dort als Zweigniederlassung zu registrieren.[31]

Die Verlegung des **satzungsmäßigen Sitzes** einer deutschen GmbH oder Aktiengesellschaft ins Ausland führt hingegen – wie schon zuvor nach alter Rechtslage[32] – auch nach neuer Rechtslage zur Auflösung der Gesellschaft und kann nicht in das deutsche Handelsregister eingetragen werden.[33] Daran hat sich auch durch die neuere Rechtsprechung des EuGH[34] zur Niederlassungsfreiheit nichts geändert, da diese sich nur auf die Verlegung des Verwaltungssitzes bezieht.[35] Zwar ist die grenzüberschreitende Verlegung des statutarischen Verwaltungssitzes Gegenstand der geplanten Vierzehnten Gesellschaftsrechtlichen Richtlinie der EG-Kommission (Sitzverlegungsrichtlinie). Die Umsetzungsarbeiten an dieser Richtlinie wurden jedoch nach Einführung der Zehnten Gesellschaftsrechtlichen Richtlinie zur Verschmelzung eingestellt, weil kein praktisches Bedürfnis mehr gesehen wird. Ob diese Annahme richtig ist, darf bezweifelt werden. Bis zum Inkrafttreten einer entsprechenden Regelung bleibt jedoch als Alternative nur die Möglichkeit der grenzüberschreitenden Umwandlung (§§ 122 ff. UmwG). Hier ist nach der Entscheidung des EuGH (»Vale«)[36] der Weg des grenzüberschreitenden Formwechsels denkbar und wird in der Praxis auch so durchgeführt. Diese Praxis wurde vom EuGH in der Polbud-Entscheidung[37] und später – für den Fall eines Herausformwechsels einer deutschen GmbH in eine italienische S.r.L. – vom OLG Frankfurt bestätigt.[38]

Mangels eindeutiger rechtlicher Grundlage sollte sich der durchzuführende Formwechsel vorsorglich kumulativ an den Maßstäben der §§ 190 ff. UmwG, an den (Sach-) Gründungsvorschriften des Ziellandes und an den Grundsätzen der SE-VO[39] orientieren. Es empfiehlt sich im Vorfeld Rücksprache mit den zuständigen Registergerichten in Deutschland und im Zielland zu halten, da jedes Gericht die Umsetzung der rechtlichen Grundlagen etwas anders handhabt.

---

29 OLG Hamm MittRhNotK 1997, 365; BayObLG MittRhNotK 1992, 195.
30 Baumbach/Hueck/*Hueck/Fastrich*, § 4a Rn. 2.
31 Baumbach/Hueck/*Hueck/Fastrich*, § 4a Rn. 11.
32 BayObLG DNotZ 2004, 725; BayObLG MittRhNotK 1992, 195.
33 OLG München DNotZ 2008, S. 397; Hirte/Bücker/*Forsthoff*, Grenzüberschreitende Gesellschaften, S. 75; Baumbach/Hueck/*Hueck/Fastrich*, § 4a Rn. 2 m.w.N.
34 Vgl. zuletzt EuGH, 11.03.2004, C-9/02 (de Lasteyrie du Saillant), DB 2004, 686, und EuGH, 13.12.2005, C-411/03 – Sevic Systems AG, DB 2005, 2804.
35 OLG München DNotZ 2008, S. 397.
36 EuGH, NZG 2012, 871.
37 EuGH, NJW 2017, 3639 RS Polbud.
38 OLG Frankfurt, RNotZ 2017, 257.
39 Verordnung (EG) Nr. 2157/2001 des Rates v. 08.10.2001 über das Statut der Europäischen Gesellschaft (SE).

18 Der Ablaufplan stellt sich in etwa wie folgt dar: In Deutschland wird zunächst der Verlegungsplan (aufgrund der SE-VO nicht verzichtbar) und in einem zweiten Schritt der Verlegungsbeschluss notariell beurkundet. Dem Verlegungsbeschluss sollte bereits der neue Gesellschaftervertrag für die ausländische Kapitalgesellschaft beigefügt werden (idealerweise von einem Anwalt/Notar im Zielland entworfen). Ferner hat die Geschäftsführung einen Verlegungsbericht zu erstellen. Verlegungsplan und Verlegungsbericht sind vor der Beurkundung des Verlegungsbeschlusses mindestens einen Monat lang zugänglich zu machen. Hierzu sollte eine Auslegung in den Räumen der Gesellschaft erfolgen. Ferner wird eine Abschrift des Verlegungsplans und -berichts beim Handelsregister eingereicht, das dann beide Dokumente im Bundesanzeiger veröffentlicht. Frühestens zwei Monate nach der Veröffentlichung ist die Beurkundung des Verlegungsbeschlusses möglich (Art. 8 Abs. 6 SE-VO). Nach Beurkundung wird das deutsche Handelsregister darum ersucht, eine Verlegungsbescheinigung nach Art. 8 Abs. 8 SE-VO auszustellen. Diese wird dann für den Registervollzug im Zielland benötigt. Welche Handlungen im Zielland vorzunehmen sind, sollte man vorab mit einem Kollegen vor Ort abstimmen, da die Voraussetzungen unterschiedlich sind. In der Regel ist (nochmals) eine notariell zu fassende Gesellschafterversammlung abzuhalten (Gesellschafterbeschluss, Sitzverlegung, Anpassung der Satzung). Für das Registergericht im Zielland benötigt man zudem regelmäßig eine Werthaltigkeitsbescheinigung (i.d.R. auch eine Zwischenbilanz zur näheren Substantiierung der Vermögensverhältnisse). Nach der Eintragung im Register des Ziellandes, was entweder durch eine Bescheinigung des Registers des Ziellandes oder durch einen Notar im Zielland bestätigt wird, kann sodann die Löschung im deutschen Register beantragt werden.[40]

2. Sitzverlegung einer ausländischen Gesellschaft nach Deutschland

19 Die Verlegung des **statutarischen Sitzes** einer ausländischen Gesellschaft nach Deutschland ist aus deutscher Sicht ebenso wenig möglich, wie die oben beschriebene Verlegung des Satzungssitzes einer deutschen Gesellschaft ins Ausland. Die Verlegung des statutarischen Sitzes scheitert daran, dass der Gründungsstaat den Fortbestand zulassen und zudem die Gesellschaft alle Erfordernisse des deutschen Rechts erfüllen müsste.[41] Demnach wäre hier eine faktische Neugründung erforderlich, samt entsprechender Registeranmeldung und Eintragung im Handelsregister wie bei Neugründung,[42] und zwar unabhängig davon, ob es sich um eine EU-Gesellschaft oder eine Nicht-EU-Gesellschaft handelt.[43] Möglich ist es jedoch nach einer Entscheidung des OLG Nürnberg,[44] die sich an eine Entscheidung des EuGH (»Vale«)[45] anschließt, den Satzungssitz im Wege einer identitätswahrenden Umwandlung (Formwechsel) grenzüberschreitend zu verlegen. In der vorliegenden Entscheidung hat das OLG Nürnberg ausgeführt, dass in unionskonformer Auslegung der §§ 1 Abs. 1, 191 Abs. 1 UmwG formwechselnder Rechtsträger auch ein ausländischer Rechtsträger sein kann, der den in § 191 Abs. 1 UmwG genannten Rechtsformen (Kapitalgesellschaften) entspricht. Die Eintragungsreihenfolge nach § 198 Abs. 2 Satz 2–5 UmwG sei bei grenzüberschreitenden Formwechseln nicht einzuhalten. Bestätigt wurde diese Praxis auf europäischer Ebene durch die Polbud-Entscheidung[46] und auf nationaler Ebene durch Entscheidungen des OLG Düsseldorf (Hereinformwechsel einer niederländischen B.V. in eine deutsche GmbH)[47] und des Kammergerichts (Hereinformwechsel einer französischen S.r.l. in eine deutsche GmbH).[48]

20 Gesellschaften aus der **EU oder dem EWR-Raum** können hingegen ihren **Verwaltungssitz** nach Deutschland verlegen und werden hier anerkannt. Dies ergibt sich aus der Rechtsprechung des

---

40 Vgl. Dazu auch *Hermanns*, MittayNot 2016, 297 ff. und *Heckschen*, notar 2018, 83 ff.
41 BGHZ 153, 353; Baumbach/Hueck/*Hueck/Fastrich*, § 4a Rn. 14.
42 BGHZ 97, 269, 272; Baumbach/Hueck/*Hueck/Fastrich*, § 4a Rn. 14 m.w.N.
43 Baumbach/Hueck/*Hueck/Fastrich*, § 4a Rn. 14 m.w.N.
44 DNotZ 2014, 150; dazu auch Hushahn, notar 2014, 175 ff.
45 EuGH, NZG 2012, 871.
46 EuGH, NJW 2017, 3639 RS Polbud.
47 OLG Düsseldorf, DStR 2017, 2345.
48 KG, RNotZ 2016, 618.

B. Das Gesellschaftsstatut

EuGH zur Niederlassungsfreiheit (s.o. Rdn. 5 ff.) und jedenfalls dann, wenn das Heimatrecht der Gesellschaft eine solche Sitzverlegung zulässt.[49] Gleiches gilt für US-amerikanische Gesellschaften. Aufgrund des Freundschafts-, Handels- und Schiffahrtsvertrages zwischen der Bundesrepublik Deutschland und den Vereinigten Staaten von Amerika vom 29.10.1954 (BGBl. II 1956, S. 487 f.) ist eine in den Vereinigten Staaten von Amerika wirksam gegründete und noch bestehende Kapitalgesellschaft in der Bundesrepublik Deutschland rechtsfähig, gleichgültig, wo ihr effektiver Verwaltungssitz liegt.[50] Demnach ist auch die Verlegung des Verwaltungssitzes z.B. einer in den USA gegründeten Corporation nach Deutschland anzuerkennen. In jedem Fall ist bei der Verlegung des Verwaltungssitzes einer ausländische Gesellschaft ins Inland eine Zweigniederlassung anzumelden[51] (s. dazu unten Rdn. 22 ff.).

Verlegt eine Gesellschaft aus einem **Staat außerhalb der EU oder des EWR** (Anwendbarkeit der Sitztheorie), ihren **Verwaltungssitz** nach Deutschland, führt dies nicht zwingend dazu, dass diese hier keine Rechte und Pflichten begründen kann. Sie verliert allerdings ihre vom ausländischen Recht verliehene Rechtsfähigkeit und wird umqualifiziert in eine in Deutschland bekannte Rechtsform, allerdings mit der Folge der unbeschränkten persönlichen Haftung der Gesellschafter.[52] Eine ausländische Mehrpersonengesellschaft wird damit zur GbR bzw. zur OHG, eine ausländische Ein-Personen-Gesellschaft wird – da eine Gesellschaft zwingend mehrere Personen voraussetzt – so behandelt, als würden alle Rechte und Pflichten bei dem Gesellschafter selbst bestehen;[53] die Einpersonengesellschaft erlischt.

3. Errichtung von Zweigniederlassungen außerhalb des Gründungsstaates

a) Zweigniederlassungen ausländischer Gesellschaften in Deutschland

Ausländische Gesellschaften, die ihre wirtschaftlichen Aktivitäten[54] in Deutschland im Rahmen einer Zweigniederlassung[55] entfalten, müssen diese im deutschen Handelsregister registrieren (die Registrierungspflicht kann notfalls mit Zwangsgeld umgesetzt werden, § 14 HGB).[56] Dies gilt sowohl für den Fall, dass unter Beibehaltung eines ausländischen Verwaltungssitzes eine »echte« Zweigniederlassung im Inland begründet wird, als auch für den Fall, dass eine Gesellschaft mit statutarischem Sitz im Ausland ihren Verwaltungssitz nach Deutschland verlegt (und im Ausland lediglich ihren statutarischen Sitz behält). Auch diese Verlegung (lediglich) des Verwaltungssitzes begründet die Pflicht zur Registrierung einer Zweigniederlassung,[57] und zwar auch dann, wenn die Zweigniederlassung die Hauptniederlassung darstellt. Denn nach der Rechtsprechung des EuGH[58] sind die Bestimmungen der Zweigniederlassungsrichtlinie auch in diesem Fall zu beachten, um eine einheit-

---

49 EuGH NZG 2002, 1164 (Überseering – hier ließ das Heimatrecht eines Sitzverlegung zu) EuGH, NJW 2009, 569 (Cartesio – hier ließ das Heimatrecht eine Sitzverlegung nicht zu).
50 BGHZ 153, 353.
51 Baumbach/Hueck/*Hueck/Fastrich*, § 4a Rn. 14.
52 BGHZ 151, 204, 206.
53 *Binz/Mayer*, GmbHR 2003, 252 ff.
54 Die Übernahme der Komplementärstellung in einer nach deutschem Recht gegründeten KG durch eine nach englischem Recht wirksam gegründeten und registrierten Limited begründet keine nach § 14 HGB mit Zwangsgeld durchsetzbare rechtliche Verpflichtung zur Anmeldung und Eintragung dieser Limited nach §§ 13d und 13e GmbHG zu dem deutschen Handelsregister des Sitzes der Limited & Co. KG, vgl. OLG Frankfurt am Main GmbHR 2008, 707.
55 Die Zweigniederlassung setzt voraus: wirtschaftlich eigenständiger, aber rechtlich unselbständiger Teil eines Unternehmens mit gleichem Geschäftsgegenstand, gewisser Dauer, eigenem Geschäftslokal, eigener Buchführung etc.
56 Vgl. ausführlich zum Ganzen *Bönner*, Zweigniederlassungen ausländischer Gesellschaften in der notariellen Praxis, RNotZ 2015, 253.
57 OLG Zweibrücken RIW 2003, 542; Süß/Wachter/*Wachter*, Handbuch des internationalen GmbH-Rechts, S. 53, 68; *Süß*, DNotZ 2005, 180 ff. (speziell zur englischen Limited).
58 »Inspire Art«, NJW 2003, 3331.

liche Geltung der europarechtlich vorgesehenen Offenlegungspflichten für alle Niederlassungen zu erreichen.[59] Im Übrigen sind auch Gesellschaften, die in einem Land außerhalb des EU- bzw. EWR-Raumes (und außerhalb der USA)[60] ansässig sind, gem. §§ 13d ff. HGB als Zweigniederlassung zu registrieren, wenn es sich um eine »echte« Zweigniederlassung handelt. Sollten diese Gesellschaften ihren Verwaltungssitz nach Deutschland verlegen, so träte aus deutscher Sicht ein Statutenwechsel ein; sie würden im Zweifel als OHG behandelt und wären als solche ebenfalls eintragungspflichtig, allerdings nicht in Form einer Zweigniederlassung.

23 Der Inhalt der gem. § 12 HGB öffentlich zu beglaubigenden Anmeldung der Zweigniederlassung ergibt sich aus den §§ 13d ff. HGB.[61] Die Anmeldung ist am Registergericht, in dessen Bezirk die Zweigniederlassung liegt, in deutscher Sprache (§ 488 FamFG i.V.m. § 184 GVG) anzumelden und von den Organen der ausländischen Gesellschaft in vertretungsberechtigter Zahl zu unterzeichnen. Die Registeranmeldung der Zweigniederlassung einer ausländischen Kapitalgesellschaft muss enthalten:

aa) Angaben zur ausländischen Gesellschaft:

24 Firma und Sitz (§ 13g Abs. 3 HGB i.V.m. § 10 Abs. 1 GmbHG), Rechtsform (§ 13e Abs. 2 Satz 5 Nr. 2 HGB), Angaben zum Register und zur Registernummer (§ 13e Abs. 2 Satz 5 Nr. 1 HGB), Höhe des Stammkapitals (§ 13g Abs. 3 HGB i.V.m. § 10 Abs. 1 GmbHG), ggf. Angaben zu Sacheinlagen (§ 13g Abs. 2 Satz 3 HGB i.V.m. § 5 Abs. 4 GmbHG), Tag, an dem der Gesellschaftsvertrag abgeschlossen wurde (§ 13g Abs. 3 HGB i.V.m. § 10 Abs. 1 GmbHG), ggf. Angaben über die Zeitdauer der Gesellschaft (§ 13g Abs. 3 HGB i.V.m. § 10 Abs. 2 GmbHG), Vertretungsorgane und Vertretungsbefugnisse (§ 13g Abs. 3 HGB i.V.m. § 10 Abs. 1 GmbHG), ggf. das Recht des Staates, dem die Gesellschaft unterliegt (aber nur für Gesellschaften außerhalb der EU oder der EWR, § 13e Abs. 2 Satz 5 Nr. 4 HGB). Derzeit liegt dem EuGH eine Vorlagefrage des BGH vor, ob es mit dem Art. 30 der Richtlinie (EU) 2017/1132 vereinbar ist, wenn nationales Recht die Angabe des Stammkapitals sowie die Versicherung des Geschäftsführers, dass kein Bestellungshindernis nach nationalem Recht (der Zweigniederlassung) vorliegt, verlangt.[62]

bb) Angaben zur Zweigniederlassung:

25 Firma der Zweigniederlassung (§ 13d Abs. 2 HGB)[63], Anschrift der Zweigniederlassung (§ 13e Abs. 2 Satz 3 HGB), Gegenstand der Zweigniederlassung (§ 13e Abs. 2 Satz 3, str., ob auch der Gegenstand der Gesellschaft einzutragen ist, s. dazu unten Rdn. 27), gegebenenfalls Angaben zum ständigen Vertreter und dessen Vertretungsbefugnissen (§ 13e Abs. 2 Satz 5 Nr. 3 HGB).

cc) Anlagen zur Registeranmeldung

26 Existenznachweis der ausländischen Gesellschaft in öffentlich beglaubigter Form (§ 13e Abs. 2 Satz 2 HGB, gegebenenfalls nebst beglaubigter Übersetzung in die deutsche Sprache), Gesellschaftsvertrag in öffentlich beglaubigter Abschrift (§ 13g Abs. 2 Satz 1 HGB, gegebenenfalls nebst beglaubigter Übersetzung in die deutsche Sprache), Vertretungsnachweise für die Vertreter der ausländischen Gesellschaft (§ 13g Abs. 2 Satz 2 HGB i.V.m. § 8 Abs. 1 Nr. 2).

---

59 Süß/Wachter/*Wachter*, Handbuch des internationalen GmbH-Rechts, S. 68.
60 Hier gilt ebenfalls Gründungsrecht, s.o. Rdn. 3 f.
61 Diese Bestimmungen wurden nach Maßgabe der Zweigniederlassungsrichtlinie der EG vom 21.12.1989 eingefügt.
62 BGH, Beschl. v. 14.05.2019, II ZB 25/17, DNotZ 2020, 55 ff.
63 Der Eintragung der Verlegung der Zweigniederlassung eines ausländischen Unternehmens innerhalb von Deutschland steht nicht entgegen, dass die Zweigniederlassung identisch mit dem Unternehmen firmiert, das seinen Sitz (und Hauptniederlassung) im Ausland hat, OLG Düsseldorf, RNotZ 2017, 397.

B. Das Gesellschaftsstatut   Kapitel 10

dd) Einzelfragen

Es ist streitig, ob neben dem Gegenstand der Zweigniederlassung (§ 13e Abs. 2 Satz 3 HGB) auch **27**
der **Gegenstand der Gesellschaft** einzutragen ist. Dies legt § 13g Abs. 3 HGB i.V.m. § 10 Abs. 1
Satz 1 GmbHG nahe. Demnach ist auch der »Gegenstand des Unternehmens« einzutragen. Da aber
die Zweigniederlassungsrichtlinie die Anforderungen an die Registrierung von Zweigniederlassungen
abschließend aufzählt, wird überwiegend angenommen, dass das deutsche Recht keine zusätzlichen
Anforderungen aufstellen dürfe und daher die Formulierung in § 19 GmbHG (»Gegenstand des
Unternehmens«) richtlinienkonform so gelesen werden müsse, dass darunter »Gegenstand der Zweigniederlassung« zu verstehen sei.[64] Der Gegenstand der ausländischen Gesellschaft ist daher nach
zutreffender Ansicht nicht mit anzumelden. Da dies von den Registergerichten aber teilweise anders
gesehen wird,[65] empfiehlt es sich, den Gegenstand des Unternehmens (und nicht nur den der Zweigniederlassung) dennoch aufzunehmen, um Verzögerungen bei der Eintragung zu vermeiden. Im
Hinblick auf den Gegenstand der Zweigniederlassung wird angenommen, dass diese nicht in allen
Punkten mit dem gesamten Unternehmensgegenstand der Hauptniederlassung übereinstimmen
muss.[66]

Eine **Versicherung der Vertretungsorgane** gem. § 8 Abs. 3 GmbHG bzw. § 37 Abs. 2 AktG ist nach **28**
Inkrafttreten des MoMiG, mit dem § 13e Abs. 3 Satz 2 eingefügt wurde, erforderlich.

Die **Firma** der Zweigniederlassung einer ausländischen Gesellschaft muss mit dem deutschen Fir- **29**
menrecht vereinbar sein.[67]

▶ Muster: Anmeldung einer Zweigniederlassung einer englischen Limited[68]   **30**

Zur Ersteintragung in das Handelsregister melden wir, die unterzeichnenden directors der [Firma
einschließlich Rechtsformzusatz Limited oder Ldt.] mit satzungsmäßigem Sitz in [Ort], Großbritannien, gegründet am [Datum], eingetragen im Handelsregister Companies House Cardiff zu
[Zahl] an:

Die [Firma], eine Gesellschaft britischen Rechts mit beschränkter Haftung, Rechtsbereich England und Wales (private limited company by shares) hat eine Zweigniederlassung in [Ort] errichtet.

Die Firma der Zweigniederlassung lautet [Firma einschließlich Rechtformzusatz Limited oder
Ltd., ggf. Zusatz].

Der Gegenstand der Gesellschaft lautet gemäß Ziffer 1 (A) des Memorandum of Association:
(Beispiel »Die Ausführung sämtlicher Geschäfte einer allgemeinen Handelsgesellschaft«)

Gegenstand der Zweigniederlassung ist: [konkrete Beschreibung der Tätigkeit am Ort der Zweigniederlassung].

Die Geschäftsräume der Zweigniederlassung befinden sich in [PLZ, Ort und Straße]; dies ist auch
die inländische Geschäftsanschrift i.S.v. § 10 Abs. 1 Satz 1 GmbHG. (Ggf. zusätzlich: Empfangsberechtigte Person für Willenserklärungen und Zustellungen i.S.v. § 13e Abs. 2 Satz 4 HGB ist
[Name, Vorname, inländische postalische Adresse])

Die abstrakte Vertretungsbefugnis der Gesellschaft lautet wie folgt: Ist nur ein director bestellt,
vertritt dieser die Gesellschaft allein, sind mehrere directors bestellt, wird die Gesellschaft durch
diese gemeinsam vertreten. (Einzelvertretungsbefugnis kann erteilt werden)

Die konkrete Vertretungsbefugnis ist wie folgt festgelegt:

---

64 OLG Hamm GmbHR 2005, 1130 m. zust. Anm. *Wachter*; Würzburger Notarhandbuch/*Süß/Heggen*,
   Teil 7 Kap. 6 Abschn. F. Rn. 136 m.w.N.
65 So auch *Gustavus*, Handelsregisteranmeldungen, Muster A 113.
66 OLG Hamm GmbHR 2005, 1130 m. zust. Anm. *Wachter*.
67 *Gustavus*, Handelsregisteranmeldungen, Muster A 113.
68 Nach *Gustavus*, Handelsregisteranmeldungen, Muster A 113.

Der director [Name, Vorname, Geburtsdatum, Wohnort] vertritt die Gesellschaft allein. Er wurde durch Beschluss der Gesellschafterversammlung vom [Datum] hierzu ermächtigt.

Der director [Name, Vorname, Geburtsdatum, Wohnort] vertritt die Gesellschaft gemeinsam mit den übrigen bestellten directors.

Nach Belehrung des Notars über die unbeschränkte Auskunftspflicht gegenüber dem Gericht gem. § 53 Abs. 2 BZRG und die Strafbarkeit einer falschen Versicherung wird versichert, dass

a) keine Umstände vorliegen, aufgrund der director nach § 6 Abs. 2 Satz 2 Nr. 2 und 3 sowie Satz 3 GmbHG von dem Amt als director ausgeschlossen wäre: Während der letzten fünf Jahre erfolgte im Inland (bzw. im Ausland wegen mit nachstehenden Taten vergleichbare Straftaten) keine rechtskräftige Verurteilung wegen einer oder mehrerer vorsätzlich begangener Straftaten
   – des Unterlassens der Stellung des Antrags auf Eröffnung des Insolvenzverfahren (Insolvenzverschleppung, § 15 Abs. 4 InsO)
   – nach §§ 283 bis 283d Strafgesetzbuch (wegen Bankrotts, schweren Bankrotts, Verletzung der Buchführungspflicht, Schuldner- oder Gläubigerbegünstigung)
   – der falschen Angaben nach § 82 GmbHG oder § 399 AktG,
   – der unrichtigen Darstellung nach § 400 AktG, § 331 HGB, § 313 UmwG oder § 17 des Publizitätsgesetzes oder
   – nach den §§ 263 bis 264a oder den § 265b bis 266a StGB (Betrug, Computerbetrug, Subventionsbetrug, Kapitalanlagebetrug, Kreditbetrug, Sportwettenbetrug, Manipulation von berufssportlichen Wettbewerben, jeweils auch in besonders schweren Fällen, Untreue, Vorenthalten und Veruntreuen von Arbeitsentgelt) zu einer Freiheitsstrafe von mindestens einem Jahr.

b) Der director versichert weiter, dass ihm weder durch gerichtliches Urteil noch durch vollziehbare Entscheidung einer Verwaltungsbehörde die Ausübung eines Berufs, Berufszweiges, Gewerbes oder Gewerbezweiges untersagt wurde, sofern der Unternehmensgegenstand ganz oder teilweise mit dem Gegenstand des Verbots übereinstimmt, ferner dass er nicht bei der Besorgung seiner Vermögensangelegenheiten ganz oder teilweise einem Einwilligungsvorbehalt (§ 1903 BGB) unterliegt und dass er noch nie aufgrund einer behördlichen Anordnung in einer Anstalt verwahrt wurde (Amtsunfähigkeit),
Ständiger Vertreter für die Geschäfte der Zweigniederlassung gemäß § 13e Abs. 2 Satz 5 Nr. 3 HGB ist [Name, Vorname, Geburtsdatum, Wohnort]. Er hat Einzelvertretungsbefugnis und darf Rechtsgeschäfte mit sich selbst oder als Vertreter Dritter abschließen (Befreiung von den Beschränkungen des § 181 BGB).

Wir erklären gemäß § 13g HGB:

Die Dauer der Gesellschaft ist nicht beschränkt.

Das ausgegebene Stammkapital (issued share-capital) der Gesellschaft beträgt 100,00 englische Pfund.

Wir fügen dieser Anmeldung bei in elektronisch beglaubigter Abschrift:

Certificate of Incorporation, ausgestellt von Companies House, Cardiff am [Datum] in öffentlich beglaubigter Abschrift nebst beglaubigter Übersetzung in die deutsche Sprache,

Memorandum und Articles of Association vom [Datum] in öffentlich beglaubigter Abschrift nebst beglaubigter Übersetzung in die deutsche Sprache,

Beschluss der Gesellschafterversammlung vom [Datum], der die Bestellung der directors und die Festlegung ihrer Vertretungsbefugnis zum Gegenstand hat.

b) Zweigniederlassungen deutscher Gesellschaften im Ausland

31   Die Anmeldung der ausländischen Zweigniederlassung eines deutschen Unternehmens ist an die zuständige Behörde im Ausland zu richten. Anmeldungen und Eintragungen, welche die Zweig-

niederlassung deutscher Unternehmen im Ausland betreffen, sind im deutschen Handelsregister nicht möglich.[69] Dies ergibt sich bereits aus dem eindeutigen Wortlaut des § 13 HGB.

IV. Formstatut

Vom Gesellschaftsstatut ist das Formstatut zu unterscheiden. Während das Gesellschaftsstatut sämtliche Innen- und Außenbeziehungen der Gesellschaft regelt (s.o. Rdn. 14), bestimmt das Formstatut lediglich, ob ein Rechtsgeschäft formgültig ist. Nach dem hierfür maßgeblichen Art. 11 EGBGB bzw. dem insofern nahezu gleichlautenden Art. 11 der Rom I-VO[70] ist ein Rechtsgeschäft formgültig, wenn entweder die Formvorschriften des Ortsrechts (Art. 11 Abs. 1, 2. Alt.) oder die Formvorschriften des Geschäftsrechts (Art. 11 Abs. 1, 1. Alt.) eingehalten sind. Da das Geschäftsrecht bei gesellschaftsrechtlichen Vorgängen das Gesellschaftsstatut ist, ist dieses also auch für Formfragen heranzuziehen. Rechtsgeschäfte, die den Formvorschriften des Gesellschaftsstatuts entsprechen, sind damit formgültig. Die Frage stellt sich aus deutscher Sicht regelmäßig, wenn das Gesellschaftsstatut deutsches Recht ist und eine Beurkundung im Ausland vorgenommen wird (s. dazu unten unter Rdn. 150 ff.).

32

C. Gründung von Gesellschaften mit ausländischen Gesellschaftern

I. Ausländische natürliche Personen als Gesellschafter

Gegen die Beteiligung ausländischer natürlicher Personen als Gesellschafter bestehen grundsätzlich keine Bedenken, sofern diesen die Erwerbstätigkeit nicht untersagt ist. Ist hingegen im Pass des Ausländers ein Erwerbstätigkeitsverbot eingetragen (sog. »Sperrvermerk«), verstößt der Gesellschaftsvertrag gegen § 134 BGB und die Eintragung in das Handelsregister ist nicht möglich.[71] Dies gilt jedenfalls dann, wenn dieser Gesellschafter die Gesellschaft beherrschen könnte.

33

II. Ausländische Gesellschaften als Gesellschafter

Eine besondere Rechtsfähigkeit (s. zur Rechtsfähigkeit unten Rdn. 36 ff.) ist die Fähigkeit der Gesellschaft (Erwerbergesellschaft), **Beteiligungen an einer, einem anderen Gesellschaftsstatut unterstehenden Gesellschaft** (Zielgesellschaft) zu erwerben (**aktive Beteiligungsfähigkeit**). Davon zu unterscheiden ist die **passive Beteiligungsfähigkeit** (also die Frage, ob die Beteiligung auch von einer bestimmten Gesellschaft übernommen werden kann). Hinsichtlich letzterer ist zunächst das Gesellschaftsstatut der Zielgesellschaft zu befragen, ob der Erwerb überhaupt zulässig ist. Sollte dieser zulässig sein, ist das Gesellschaftsstatut der Erwerbergesellschaft zu der aktiven Beteiligungsfähigkeit zu befragen, nämlich ob der Erwerb der Beteiligung an der Zielgesellschaft möglich ist.[72] Was nach deutschem Recht häufig unproblematisch ist, kann nach ausländischem Recht unzulässig sein. So verbieten einige Rechtsordnungen (z.B. das chinesische Recht) die Beteiligung einer Kapitalgesell-

34

---

69 LG Köln DB 1979, 984; Beck'sches Notarhandbuch/*Zimmermann*, Abschn. H Rn. 194 f. S. 1518.
70 EG-VO Nr. 593, ABl. C 318 v. 13.12.2006, S. 56. Im Zuge des Inkrafttretens der Rom I-VO mit Wirkung zum 17.12.2009 ist Art. 11 EGBGB durch Art. 11 der Verordnung Nr. 593/2008 (Rom I-VO) weitgehend verdrängt worden. Art. 11 EGBGB findet seitdem nur insoweit Anwendung, als Art. 11 Rom I-VO nicht anwendbar ist (Art. 3 Nr. 1 Buchst. b) EGBGB). Art. 11 Rom I-VO findet demnach Anwendung für nach dem 17.12.2009 geschlossene Schuldverträge und einseitige Rechtsgeschäfte, die sich auf einen Schuldvertrag beziehen. Art. 11 EGBGB bleibt anwendbar auf Verträge, die vor diesem Datum geschlossen wurden sowie auf Rechtsgeschäfte, die keine Schuldverträge sind bzw. nicht mit diesen in Zusammenhang stehen. Nicht vom Anwendungsbereich des Art. 11 Rom I-VO erfasst sind insb. Verfügungsgeschäfte aller Art (z.B. über Mobilien, inländische Grundstücke, Geschäftsanteile). Hier gilt Art. 11 Abs. 4 EGBGB.
71 So für die GmbH das OLG Stuttgart GmbHR 1984, 156; KG GmbHR 1997, 412; Beck'sches Notarhandbuch/*Mayer/Weiler*, Abschn. D. III. 6.
72 MünchKommBGB/*Kindler*, IntGesR, Rn. 551.

schaft an einer Personengesellschaft.[73] Auch untersagt Art. 552, 594 Abs. 2 des Schweizerischen Obligationenrechtes juristischen Personen, sich als Komplementär an einer Kommanditgesellschaft (schweizerischen Rechts) zu beteiligen. Gelegentlich stellt sich auch die Frage, ob französische Investmentfonds Beteiligungen an deutschen Gesellschaften erwerben können.[74] Diese Fonds (in der Praxis sind im Wesentlichen von Bedeutung die »fonds communs de placement à risques« (FCPR), die »fonds commun de placements dans l'innovation« (FCPI) und die »fonds d'investissement de proximité« (FIP), sämtlich geregelt im Code monétaire et financier (CMF) weisen nach den gesetzlichen Regelungen Ähnlichkeiten zur deutschen Namens-GbR (sie sind keine juristische Person) auf und sind gem. Art. 54, 55 AEUV (Freiheit des Kapitalverkehrs) in Deutschland anzuerkennen. Ihnen ist daher Rechtsfähigkeit und die aktive Beteiligungsfähigkeit zuzubilligen. Zu Existenz- und Vertretungsnachweisen s.u. Rdn. 78.

35 Die Frage, ob eine einem ausländischen Gesellschaftsstatut unterstehende (Kapital-) Gesellschaft Komplementärin einer deutschen Kommanditgesellschaft sein kann, bestimmt sich nach deutschem Recht als Gesellschaftsstatut der Kommanditgesellschaft. Die Frage ist umstritten; als zulässig wird eine solche grenzüberschreitende **Typenvermischung** aber dann angesehen, wenn die ausländische Gesellschaft nach dem EG-Vertrag niederlassungsberechtigt ist, und zwar auch dann, wenn die Komplementärin ihren effektiven Verwaltungssitz im Inland hat.[75] Zu beachten ist, dass der ausländische Rechtsformzusatz in die Firma der deutschen KG zu übernehmen ist.[76] Ausdrücklich entschieden wurde beispielsweise, dass eine englische private limited company[77] oder eine schweizerische AG[78] Komplementärin einer deutschen Kommanditgesellschaft sein kann. Allein durch den Erwerb der Komplementärstellung wird die ausländische Gesellschaft nicht verpflichtet, sich im deutschen Handelsregister zu registrieren.[79]

D. Außenbeziehungen der Gesellschaft, insbesondere Vertretungsfragen

I. Rechtsfähigkeit

36 Tritt die Gesellschaft außerhalb desjenigen Landes auf, dessen Recht Gesellschaftsstatut ist, stellt sich zunächst die Frage, ob die Gesellschaft rechtsfähig ist, ob diese also wirksam Rechte und Pflichten begründen kann. Grundsätzlich entscheidet das Gesellschaftsstatut über die Rechtsfähigkeit, also darüber, ob und gegebenenfalls wie weit das Vermögen der Gesellschaft durch Rechtsgeschäfte wirksam verpflichtet werden kann.[80] Eine nach dem anwendbaren Gesellschaftsstatut rechtsfähige Gesellschaft ist im Inland als rechtsfähig »anzuerkennen«. Zur Frage, ob die Gesellschaft die Fähigkeit hat, sich an einer anderen (deutschen) Gesellschaft zu beteiligen, s.o. Rdn. 34 f.

37 Handelt ein Organ der Gesellschaft außerhalb des Staates des Gesellschaftsstatuts, und ist die Gesellschaft nach dem Handlungsstaat, nicht aber nach dem Gesellschaftsstatut rechtsfähig, kommt für Verträge eine analoge Anwendung von Art. 12 EGBGB bzw. Art. 13 Rom I-VO in Betracht.[81] Demnach wird die Rechtsfähigkeit der Gesellschaft angenommen, wenn (a.) eine vergleichbare Gesellschaftsform im Handlungsstaat rechtsfähig wäre, (b.) sich beide handelnden Personen in diesem Staat befinden und (c.) der Vertragspartner die mangelnde Rechtsfähigkeit weder kannte, noch kennen musste. Bedeutung erlangt die entsprechende Anwendung von Art. 12 EGBGB im Wesentlichen bei Gesellschaften aus dem anglo-amerikanischen Rechtskreis, bei denen nach der sog. ultra-

---

73 Fachanwaltshandbuch Handels- und Gesellschaftsrecht/*Süß*, Teil 2, 8. Kap. Rn. 70.
74 Vgl. umfassend dazu *Vossius*, Notar 2012, 24 ff.
75 *Zimmer*, NJW 2003, 3585; *Werner*, GmbHR 2005, 288; MünchKommBGB/*Kindler*, IntGesR, Rn. 553.
76 Beck'sches Notarhandbuch/*Zimmermann*, Abschn. H Rn. 182.
77 BayObLG, NJW 1986, 3029; LG Bielefeld NZG 2006, 504.
78 OLG Saarbrücken DNotZ 1990, 194.
79 OLG Frankfurt am Main GmbHR 2008, 707.
80 AnwKomm-BGB/*Hoffmann*, Anh. zu Art. 12 EGBGB Rn. 14.
81 OLG Düsseldorf IPRspr. 1964/65 Nr. 21; Art. 12 Rn. 48; Staudinger/*Großfeld*, Rn. 268, 276; Palandt/*Heldrich*, Art. 12 Anh. Rn. 7; AnwKomm-EGBGB/*Hoffmann*, Anh. zu Art. 12 EGBGB Rn. 14 m.w.N.

D. Außenbeziehungen der Gesellschaft, insbesondere Vertretungsfragen   Kapitel 10

vires-Lehre Rechtsgeschäfte nichtig sind, die außerhalb der satzungsmäßigen Bestimmung des Geschäftsgegenstandes liegen. Für EU-Gesellschaften spielt dies in der Regel wegen Art. 9 der Publizitätsrichtlinie, die Rechtsfähigkeitsbeschränkungen weitgehend beseitigt hat, keine Rolle.[82] Bestehen doch einmal Zweifel, empfiehlt es sich, die Satzung der Gesellschaft einzusehen.

II. Organschaftliche Vertretung

Das Gesellschaftsstatut (s.o. Rdn. 2 ff.) regelt auch die **organschaftliche Vertretung**,[83] insbesondere die Frage, wer überhaupt Organ sein darf, wie das Organ bestellt wird, welches Organ und in welcher Form (Einzel- oder Gesamtvertretung) ein solches handeln darf, welchen Umfang die Vertretungsmacht hat, wo deren Grenzen liegen und welche Folgen ein Überschreiten dieser Grenzen hat.[84] Ebenfalls nach dem Gesellschaftsstatut richtet sich der registerrechtliche Schutz von Vertragspartnern der Gesellschaft, die auf das Fortbestehen einer organschaftlichen Vertretungsmacht vertrauen.[85] Allerdings kommt bei Verträgen Art. 13 Rom I-VO (bzw. Art. 12 EGBGB) analog (der direkte Wortlaut spricht nur von natürlichen Personen) in Betracht. Überschreitet demnach (beispielsweise) ein Organ einer ausländischen Gesellschaft, die mit einer deutschen GmbH vergleichbar ist, in Deutschland seine Vertretungsbefugnis, so kommt das für den deutschen Vertragspartner günstigere deutsche Ortsrecht zur Anwendung, wenn er von dem Vertretungsmangel nichts wusste bzw. nichts wissen konnte.[86]

38

1. Organfähigkeit

Die **Organfähigkeit** richtet sich nach dem Gesellschaftsstatut.

39

a) Das Gesellschaftsstatut bestimmt, ob eine Gesellschaft eine **ausländische natürliche Person** zum Organ bestellen kann.[87] Für EU-Ausländer und Ausländer aus Staaten, für die keine Visumpflicht für die Einreise nach Deutschland besteht, wird dies nach deutschem Recht einhellig als zulässig angesehen.[88] Aber auch für Ausländer aus anderen Staaten wird die Organfähigkeit überwiegend bejaht und zwar selbst dann, wenn eine jederzeitige Möglichkeit zur Einreise nicht besteht.[89] Demnach steht beispielsweise der Bestellung eines Ausländers, der die Staatsangehörigkeit eines Landes hat, das nicht der EU angehört und der außerhalb der EU wohnt, zum Geschäftsführer einer GmbH nicht entgegen, dass er lediglich über ein »Besuchs-/Geschäftsvisum« verfügt, das ihm jederzeit die Einreise für eine Aufenthaltsdauer von bis zu 90 Tagen gestattet und die Beschränkung enthält »Erwerbstätigkeit nicht gestattet«. Die Geschäftsführertätigkeit für eine juristische Person gilt nicht als Erwerbstätigkeit, sofern sie im Inland innerhalb von 12 Monaten insgesamt nicht länger als 3 Monate ausgeübt wird.[90] Die neueste Rechtsprechung[91] geht davon aus, dass nach der Neufassung des § 4a GmbHG, der es erlaubt, dass eine deutsche GmbH ihren Verwaltungssitz an jeden beliebigen Ort im Ausland verlegt, nicht anzunehmen ist, dass ein Geschäftsführer mit Staatsangehörig-

40

---

82 MünchKommBGB/*Kindler*, IntGesR, Rn. 543.
83 BGH, DNotZ 1994, 485, 487.
84 BGH NJW 1995, 1032; BGH NJW 2001, 305, 306; BGH NJW 1992, 628; Süß/Wachter/*Süß*, Handbuch des internationalen GmbH-Rechts, S. 26.
85 BGH NJW 1995, 1032; *Spahlinger/Wegen*, Internationales Gesellschaftsrecht in der Praxis, S. 76.
86 Fachanwaltshandbuch Handels- und Gesellschaftsrecht/*Süß*, Teil 2, 8. Kap. Rn. 67.
87 Vgl. ausführlich dazu *Bohlscheid*, RNotZ 2005, 505 ff.
88 So z.B. für USA-Bürger OLG Frankfurt am Main NZG 2001, 757; *Erdmann*, NZG 2002, 503; *Wachter*, ZIP 1999, 1577; *ders.*, NotBZ 2001, 233; zur Zulässigkeit der Geschäftsführerbestellung eines EU-Ausländers im Inland s. EuGH NZG 1998, 809.
89 OLG München, DNotZ 2010, 147; OLG Dresden GmbHR 2003, 537; OLG Frankfurt am Main NJW 1977, 1595; OLG Düsseldorf GmbHR 1978, 110; a.A. OLG Köln DB 1999, 48; OLG Zweibrücken GmbHR 2001, 435; OLG Köln GmbHR 1999, 182; OLG Hamm ZIP 1999, 1919: OLG Celle DNotZ 2007, 867.
90 OLG Stuttgart NZG 2006, 789.
91 OLG Düsseldorf RNotZ 2009, 607 m. Anm. *Lohr*; OLG München DNotZ 2010, 156.

keit und Wohnsitz eines Nicht-EU-Staates seine gesetzlichen Aufgaben bei fehlender Einreisemöglichkeit typischerweise nicht erfüllen kann.

41 b) Wird ein Ausländer zum Geschäftsführer einer GmbH oder zum Vorstand einer AG bestellt, hat das neue Organ in der Handelsregisteranmeldung zu **versichern**, dass keine Bestellungshindernisse entgegenstehen. Die in öffentlich beglaubigter Form einzureichende Registeranmeldung nebst der entsprechenden Versicherung muss nicht zwingend von einem deutschen Notar beglaubigt werden, es genügt die Beglaubigung der Unterschrift vor einem ausländischen Notar (Legalisation bzw. Apostille beachten, s. dazu unten Rdn. 136 ff.), sofern – was in fast allen Fällen zu bejahen ist[92] – die Gleichwertigkeit dieser Beglaubigung zu bejahen ist. Die beglaubigte Registeranmeldung ist dem Unterzeichnenden nicht entsprechend den Regeln über Niederschriften durch einen Dolmetscher zu übersetzen;[93] es ist jedoch sicherzustellen, dass sich der Anmeldende der Bedeutung der abgegebenen Erklärungen bewusst ist, insbesondere dass er die Tragweite der von ihm abgegebenen Versicherungen erkennt. Darüber ist der Vorstand/Geschäftsführer vor Abgabe der Versicherung über seine unbeschränkte Auskunftspflicht gem. § 52 Abs. 2 BZRG gegenüber dem Registergericht zu belehren (§ 37 Abs. 2 AktG, § 8 Abs. 3 GmbHG). Diese Belehrung kann neben dem Registergericht auch durch einen deutschen Notar erfolgen (was in der Praxis der Regelfall ist); möglich ist aber auch die Belehrung durch einen im Ausland bestellten Notar, durch einen Berater eines vergleichbaren rechtsberatenden Berufs oder einen Konsularbeamten (§ 8 Abs. 3 Satz 2 GmbHG, § 37 Abs. 2 Satz 3 AktG).[94] Die Belehrung ist auch in einer Fremdsprache zulässig, es handelt sich dann aber nicht um eine Beurkundung in einer Fremdsprache; § 50 BeurkG ist nicht anwendbar.[95] Die Belehrung in einer Fremdsprache kann sogar zwingend sein, weil sichergestellt werden muss, dass der zu Belehrende den Belehrungstext auch verstanden hat. Die Belehrung kann auch schriftlich erfolgen (§ 8 Abs. 3 Satz 2 GmbHG, § 37 Abs. 2 Satz 2 AktG). In diesem Fall muss der belehrende Notar (oder die sonstige »Belehrungsperson«) aber sicherstellen, dass der Empfänger die tatsächliche Möglichkeit der Kenntnisnahme des Belehrungstextes erhält. Es bietet sich daher an, dem Belehrungstext ein Rücklaufexemplar beizufügen, welches der Geschäftsführer/Vorstand unterzeichnet zurücksendet.[96] Auch wenn das Registergericht nicht zu überprüfen hat, ob die Belehrung stattgefunden hat sondern nur, ob die Versicherung korrekt abgegeben wurde,[97] kann das von dem Geschäftsführer unterschriebene Exemplar eingereicht werden, um das Verfahren nicht zu verzögern.

42 ▶ **Muster einer schriftlichen Belehrung eines GmbH-Geschäftsführers in englischer Sprache**

Written special instructions provided to the managing director of a German private limited company for the purpose of submission to the German Commercial Register

Cologne, the .....

Company name ..... with registered seat in .....

address: .....

Local Court ..... Commercial Register No. HRB .....

Written special instructions provided to the Managing Director

Mr/Ms ....., born on .....,

resident in .....,

by

---

92 Weitere Nachw. in AnwKomm-BGB/*Bischoff*, Art. 11 EGBGB Rn. 28.
93 OLG Karlsruhe NJW-RR 2003, 101.
94 Das Rundschreiben der BNotK Nr. 39/98 (DNotZ 1998, 913 ff.) ist aufgrund des Gesetzeswortlautes insoweit überholt.
95 BNotK-Rundschreiben Nr. 39/98, DNotZ 1998, 913 ff.
96 So auch die Empfehlung des BNotK-Rundschreibens Nr. 39/98, DNotZ 1998, 913, 924.
97 BNotK-Rundschreiben Nr. 39/98, DNotZ 1998, 913, 923.

Mr Notary Dr. .....,

Address: .....,

Dear Mr ....., Dear Ms .....,

Due to a resolution adopted by the company meeting of ..... you have been appointed to act as new managing director of the company.

According to German law, the appointment of a new managing director and the managing director's power of representation must be filed for registration with the Commercial Register. In connection with such filing for registration with the Commercial Register, you must affirm that there are no circumstances opposing to your appointment as managing director and that you have been informed about your unlimited duty to give information to wards the Registry Court (section 8 paragraph 3 of the Law on German Private Limited Companies).

On the basis of the German Federal Central Register of Previous Convictions a central register is kept in Berlin which contains any previous convictions imposed by any criminal court including any prohibitions to carry out any profession or trade imposed by any court. The Registry Court is entitled to obtain unlimited information from the German Central Register of Previous Convictions, provided that the person concerned has been informed about it (section 53 paragraph 2 of the Law on the German Federal Central Register of Previous Convictions).

Due to the fact that you cannot be instructed personally, the special instructions required under law are hereby provided to you in writing.

A person shall not become managing director of a German private limited company (under section 6 paragraph 2 of the Law on German Private Limited Companies), if such person

1. is subject to a any partial or complete reservation of acceptance (section 1903 of the German Civil Code) when handling his property affairs as person being taken care of,
2. is prohibited from carrying out any profession, vocation, trade or branch of trade due to a court judgment or any enforceable decision passed by any administrative authority, provided that the objects of the business are completely or partially subject of the objects of such prohibition,
3. has been convicted for having intentionally and willfully committed one or several offences
   a) of failure to file a petition in insolvency (insolvency protraction, section 15 a paragraph 4 of the Insolvency Code)
   b) under sections 283 to 283d of the German Criminal Code (insolvency offences),
   c) of providing false information under section 82 of the Law on German Private Limited Companies or section 399 of the Corporation Act,
   d) of providing false representation under section 400 of the Corporation Act, section 331 of the Commercial Code, section 313 of the Merger Act, or § 17 of the Public Disclosure Act, or
   e) under §§ 263 of the German Criminal Code(fraud), § 263a of the German Criminal Code (computer fraud), § 264 of the German Criminal Code (fraudulently obtaining subsidies), § 264 a (Capital Investment Fraud), § 265 b of the German Criminal Code (credit fraud), §§ 265c thru 265e (Sports betting fraud, manipulation of professional sports competitions, also in particularly serious cases), § 266 of the German Criminal Code (criminal breach of trust), or § 266a of the German Criminal Code (withholding and misappropriation of employment remuneration)

to serve a prison sentence of at least one year. This ban shall expire after a period of five years upon the date on which such judgment had become final and absolute, without taking the period into consideration during which the offender had been detained on official order.

The bans on appointment referred to under no. 3 shall apply accordingly, if a person has been convicted for having committed a comparable offense abroad.

Whoever – while acting in his/her capacity of managing director of a German private limited company or as Manager of a foreign legal entity – provides false information in a declaration required to be submitted to the Registry Court, shall be sentenced to serve a prison sentence of up to three years or to pay a fine (section 82 paragraph 1 no. 5 of the Law on German Private Limited Companies).

If you have any questions left or if you need further explanations, please do not hesitate to contact me at any time.

Sincerely yours

.....

(Dr. ....., Notary)

Affirmation for submission to the German Commercial Register

I hereby affirm that I have completely read and understood the foregoing special instructions.

.....

(Place, date)

.....

(name of the managing director)

43   c) Das Gesellschaftsstatut regelt auch die Frage, ob neben natürlichen Personen auch **juristische Personen Organ** sein können. So kann beispielsweise nach deutschem Recht eine englische private limited company nicht Geschäftsführerin einer deutschen GmbH sein; umgekehrt wäre es aber möglich, dass eine deutsche GmbH director einer private limited company wird.[98] Auch eine niederländische Gesellschaft kann eine juristische Person zum Geschäftsführer bestellen (s. dazu auch Rdn. 83).

44   d) Gelegentlich wird versucht, die sich aus deutschem Recht ergebenden **Bestellungsverbote** nach §§ 6 Abs. 2 GmbHG, 76 Abs. 3 AktG, die an bestimmte Vorstrafen sowie Berufs- bzw. Gewerbeverbote anknüpfen, dadurch zu umgehen, dass man eine einem ausländischen Recht unterliegende Gesellschaft gründet. Auch wenn sich die Bestellungsvoraussetzungen- und Hindernisse nach dem (dann ausländischen) Gesellschaftsstatut bestimmen, wird in der Literatur angenommen, dass eine derartige Position in einer entsprechenden Gesellschaft des ausländischen Rechts auf Grund der genannten Vorschriften nicht eingenommen werden kann.[99] Nach Inkrafttreten des MoMiG und der Neufassung des § 13e Abs. 3 HGB ist nunmehr sichergestellt, dass auch bei der Eintragung von Zweigniederlassungen ausländischer Gesellschaften deren Vertretungsorgane eine Versicherung gem. §§ 6 Abs. 2 GmbHG, 76 Abs. 3 AktG abgeben müssen.

2. Selbstkontrahieren, Mehrfachvertretung und Vertretung ohne Vertretungsmacht

45   a) Bei der Frage, ob die Organe zum **Selbstkontrahieren oder zur Mehrfachvertretung** berechtigt sind, ist zu unterscheiden: Für die Zulässigkeit des Selbstkontrahierens im Rahmen der organschaftlichen Vertretung gilt das Gesellschaftsstatut, für die Zulässigkeit des Selbstkontrahierens im Rahmen einer rechtsgeschäftlich erteilten Vertretungsmacht gilt das Vollmachtsstatut.[100] Ist jedoch das Organ selbst nicht vom Selbstkontrahieren befugt, kann es auch nicht in einer rechtsgeschäftlich erteilten Vollmacht davon befreien.

46   b) Die Folgen eines **Handelns ohne Vertretungsmacht** richtet sich bei organschaftlicher Vertretung, ebenso wie bei der rechtsgeschäftlichen Vertretung (s.u. Rdn. 107 ff.), nach dem Recht des Vornah-

---

98   Süß/Wachter/*Süß*, Handbuch des internationalen GmbH-Rechts, S. 42.
99   *Eidenmüller/Rehberg* § 7 Rn. 24; *Knapp*, DNotZ 2003, 85, 89; MünchKommBGB/*Kindler*, IntGesR Rn. 558.
100 MünchKommBGB/*Kindler*, IntGesR Rn. 557.

D. Außenbeziehungen der Gesellschaft, insbesondere Vertretungsfragen

meortes. In der Literatur wird zudem gefordert, dass der Vertragspartner sich auch auf das Gesellschaftsstatut berufen sollte, wenn dieses für ihn günstigere Regelungen bereithält.[101]

3. Register und Vertreterbescheinigungen für deutsche Gesellschaften zur Verwendung im Ausland

Zur Verwendung im Ausland wird häufig verlangt, dass ein deutscher Notar die Vertretungsverhältnisse einer Gesellschaft bescheinigt oder eine Aussage über deren Bestehen, Sitz, Firmenänderung, Umwandlung oder sonstige rechtserhebliche Umstände trifft. Der Notar kann auf der Grundlage der Einsicht in öffentliche Register diese Bescheinigung oder Bestätigung i.S.v. § 21 BNotO in Vermerkform (§§ 39 ff. BeurkG) und auch in der Form der Niederschrift (§ 43 BeurkG) abgeben.[102] Darüber hinaus kann der Notar eine gutachterliche Stellungnahme i.S.v. § 24 BNotO zu Rechtsfragen abgeben. 47

Im Folgenden sind einige Muster von Unterschriftsbeglaubigungen mit Register- bzw. Vertreterbescheinigungen in englischer Sprache abgedruckt.[103] 48

▶ **Muster: Unterschriftsbeglaubigung bzw. Vertreterbescheinigung** 49

[GmbH – Unterschrift – vollzogen – persönlich bekannt – Beglaubigungsvermerk umseitig – Vertreterbescheinigung aufgrund Einsicht – kurze Registerbescheinigung]

I hereby certify that the document overleaf was signed in my presence by Mr. Karl Mustermann, born on 30th of June 1971 in Neustadt, residing at Neustraße 1, 10000 Neustadt, personally known to me, acting on behalf of XY GmbH, Neustraße 2, 10000 Neustadt, as this company᾽s director (Geschäftsführer).

Upon my inspection of the commercial register on ....., I further certify that XY GmbH is registered with the Municipal Court of Neustadt – Commercial Register – under No. HRB 12345 and that Mr. Mustermann is entitled to act individually as this company's legal representative.

And I do hereby further certify, that the aforesaid corporation is duly incorporated; that it is in good standing under the laws of the Federal Republic of Germany; that it has a legal corporate existence; that its registered corporate domicile is Neustadt; so far as the Commercial Register shows.

▶ **Muster: Unterschriftsbeglaubigung bzw. Vertreterbescheinigung** 50

[Aktiengesellschaft – 2 Unterschriften (unechte Gesamtvertretung) – persönlich bekannt – Beglaubigungsvermerk auf angeheftetem Blatt – Vertretungsbescheinigung aufgrund Handelsregisterauszugs]

I hereby certify that the document affixed and sealed hereto was signed in my presence by Mr. Karl Mustermann, born on 30th of June 1971 in Neustadt, residing at Neustraße 1, 10000 Neustadt and Mrs Martha Musterfrau, born on 30th of January 1975 in Neustadt, residing at Neustraße 5, 10000 Neustadt, both personally known to me, both acting on behalf of XY Aktiengesellschaft, Hauptstraße 1, 10000 Neustadt, as this company's member of the board of directors (Mitglied des Vorstands) and authorized manager (Prokurist), respectively.

Upon my inspection of a certified excerpt of the Commercial Register, dated ....., I further certify that XY Aktiengesellschaft is registered with the Municipal Court of Neustadt – Commercial Register – under No. HRB 1234 and that Mr. Max Mustermann and Mrs. Martha Musterfrau are entitled to act jointly as this company's legal representative.

---

101 *Spahlinger/Wegen*, Int. Gesellschaftsrecht in der Praxis, S. 78; MünchKommBGB/*Kindler*, IntGesR Rn. 561.
102 Beck'sches Notarhandbuch/*Zimmermann*, Abschn. H Rn. 12.
103 Nach *Schervier*, MittBayNot 1989, 198 f.

51 ▶ **Muster: Unterschriftsbeglaubigung bzw. Vertreterbescheinigung**

[Kommanditgesellschaft (GmbH & Co. KG) – 1 Unterschrift – vollzogen – Pass – Vertretungsbescheinigung aufgrund Registereinsicht]

I hereby certify that this document was signed in my presence by Mr. Karl Mustermann, born on 30th of June 1971 in Neustadt, residing at Neustraße 1, 10000 Neustadt, identified by his German passport, acting on behalf of XY GmbH Verwaltungsgesellschaft, Altstraße 10, 10000 Neustadt, as this company's director (Geschäftsführer), the latter acting as general partner of XY GmbH & Co. KG (same adress).

Upon my inspection of the Commercial Register on ....., I further certify that XY Verwaltungsgesellschaft mbH and XY GmbH & Co. Kommanditgesellschaft are registered with the Municipal Court of Neustadt – Commercial Register – under nos. HRB 1000 and HRA 150, respectively, and that Mr. Max Mustermann is entitled to act individually as legal representative of XY Verwaltungsgesellschaft mbH as well as the latter is entitled to act individually as legal representative of XY GmbH & Co. Kommanditgesellschaft.

52 Weitere standardisierte Muster, auch in anderen Sprachen, finden sich im internen Bereich der Homepage der Bundesnotarkammer (unter www.bnotk.de), der für Notare zugänglich ist.

4. Nachweis der Vertretungsmacht von Organen und der Existenz ausländischer Gesellschaften

a) Einführung

53 Das Gesellschaftsstatut regelt nicht nur die organschaftliche Vertretung, sondern es bestimmt auch, in welcher Form der Nachweis der organschaftlichen Vertretungsmacht erfolgen kann.[104] Davon zu unterscheiden ist jedoch, welche Anforderungen das deutsche Handelsregister oder deutsche Grundbuch, das eine Eintragung vornimmt, stellt. Diese Frage bestimmt sich nach der **lex fori**, also dem Recht des Registerortes. Gründet beispielsweise eine ausländische Gesellschaft eine deutsche GmbH, sind zwar die Art und Weise des Nachweises der Vertretungsmacht der Organe der Auslandsgesellschaft dem ausländischen Gesellschaftsstatut zu entnehmen, das Registergericht kann aber zusätzliche oder abweichende Anforderungen stellen, beispielsweise den Nachweis in öffentlich beglaubigter Form (§ 29 GBO, § 12 HGB) fordern.

54 Da sich sowohl die organschaftliche Vertretung als auch die Art und Weise, wie der Nachweis der ordnungsgemäßen Vertretung zu erbringen ist, bei einer ausländischen Gesellschaft nach ausländischem Gesellschaftsstatut richtet, ist es für den deutschen Notar bzw. das deutsche Register, der bzw. das die ordnungsgemäße Vertretung zu prüfen hat, naturgemäß schwierig, sich von der ordnungsgemäßen Vertretung zu überzeugen. Dies ist nicht nur rein faktisch so, weil etwa eine Registereinsicht nicht ausreichend ist. Der Nachweis gestaltet sich auch bereits deshalb schwierig, weil der Verweis auf das ausländische Gesellschaftsstatut nicht zwingend bedeutet, dass dieses auch zur Anwendung kommt. Denn die Verweisung des deutschen Kollisionsrechts ist stets eine Gesamtverweisung (s.o. Rdn. 13); es ist daher nicht auszuschließen, dass die Verweisung von dem ausländischen Kollisionsrecht nicht angenommen, sondern entweder auf das deutsche Recht zurück- oder auf eine dritte Rechtsordnung weiter verwiesen wird. Der Nachweis der Existenz und der Vertretungsbefugnis ausländischer Gesellschaften bewegt sich daher immer im Spannungsfeld zwischen (fast nie zu erlangender) absoluter Rechtssicherheit einerseits und der Gewährung von Handlungsfreiheit dieser Gesellschaften im Inland andererseits. Der Notar sollte daher eine entsprechende Belehrung vornehmen (s. dazu Rdn. 160 f.).

---

[104] *Spahlinger/Wegen*, Int. Gesellschaftsrecht in der Praxis, S. 77.

D. Außenbeziehungen der Gesellschaft, insbesondere Vertretungsfragen Kapitel 10

b) Anforderungen von Grundbuchamt und Handelsregister

aa) Der Nachweis der Existenz und der ordnungsgemäßen Vertretung von Auslandsgesellschaften unterliegt im **Grundbuchverfahren** dem sog. Strengbeweis: Sämtliche Nachweise sind durch öffentliche oder öffentlich beglaubigte Urkunden zu erbringen (§ 29 GBO). Sollen Gesellschaften in das Grundbuch eingetragen werden, so sind stets auch die Existenz sowie die Vertretungsberechtigung des für die Gesellschaft Handelnden in öffentlicher Form nachzuweisen.[105] Für inländische Gesellschaften kann der Nachweis der Vertretungsberechtigung durch eine Vertretungsbescheinigung eines deutschen Notars gem. § 21 BNotO sowie über einen amtlichen Registerausdruck oder eine beglaubigte Registerabschrift geführt werden (§ 32 GBO). Diese Erleichterung gilt jedoch nicht für den Nachweis der Vertretungsberechtigung von Organen ausländischer Gesellschaften.[106] Es reicht daher nicht aus, ein einfaches Zeugnis eines ausländischen (Register-) Gerichts beizubringen, aus dem sich die Vertretungsberechtigung ergibt. Der Nachweis muss in öffentlicher Form erbracht werden (s. dazu Rdn. 58). Dieses Ergebnis ist angesichts der zunehmenden grenzüberschreitenden Aktivitäten von Gesellschaften sicherlich hinterfragenswert,[107] allerdings dem hohen Stellenwert des öffentlichen Glaubens, mit dem das Grundbuch ausgestattet ist, geschuldet und daher nachvollziehbar. Ist eine Zweigniederlassung eingetragen und wird für diese gehandelt, findet § 32 GBO dagegen Anwendung.[108]

55

bb) Hingegen gilt im **Handelsregisterverfahren** der Freibeweis: Das Handelsregister hat die zur Feststellung der Tatsachen erforderlichen Ermittlungen zu veranlassen und die geeignet erscheinenden Beweise aufzunehmen (§ 26 FamFG). Es liegt daher im Ermessen des Handelsregisters, die Vorlegung öffentlicher Urkunden zu verlangen. Allerdings kann das Handelsregister bei Vorlage eines Beschlusses, an dem eine ausländische Gesellschaft mitgewirkt hat- **nur bei begründeten Zweifeln** im Einzelfall die Vorlage von Vertretungsnachweisen der an der Beschlussfassung mitwirkenden ausländischen Gesellschaft (samt mit Apostille versehenen Vertretungsnachweises) verlangen.[109]

56

cc) Angesichts der Abwicklungsprobleme, insbesondere im Grundbuchverkehr, muss über **Vermeidungsstrategien** nachgedacht werden. Ein Ansatzpunkt ist es, sich die unterschiedlich hohen Anforderungen, die Grundbuchamt und Handelsregister stellen, zu Nutze zu machen und vor dem Erwerb eines deutschen Grundstücks zunächst eine deutsche Gesellschaft zu gründen oder zu erwerben, die dann ihrerseits das Grundstück erwirbt. Alternativ könnte zuvor eine Zweigniederlassung in Deutschland eingetragen werden. Es ist in jedem Fall ratsam, sich schon vor der Einreichung des Antrags bzw. am besten schon vor der Beurkundung mit dem Registerrichter abzustimmen, um in Erfahrung zu bringen, welche Nachweise akzeptiert werden. Eine weitere Möglichkeit ist es, die natürlichen Personen, die hinter einer ausländischen Gesellschaft stehen, in Deutschland als Käufer eines Grundstücks auftreten zu lassen und zugleich zu vereinbaren, dass diese das Grundstück treuhänderisch für die ausländische Gesellschaft halten.

57

c) Wie kann der Nachweis erbracht werden?

Für die Erbringung des Nachweises der Existenz von Gesellschaften und deren Vertretungsberechtigung ist zwischen Grundbuchverfahren und Handelsregisterverfahren zu unterscheiden:

58

aa) Der **einfache Registerausdruck** über die Eintragung der Auslandsgesellschaft reicht im Grundbuchverfahren nicht aus, da § 32 GBO im Grundbuch für ausländische Gesellschaften nicht anwend-

---

105 BayObLG FGPrax 2003, 59; *Demharter*, § 32 Rn. 8.
106 OLG München, notar 2016, 60; BayObLG DNotZ 2003, 295; *Demharter*, § 32 Rn. 8; das KG lässt jedoch die Eintragung bei der inländischen Zweigniederlassung im deutschen Handelsregister hingegen für den Vertretungsnachweis für die ausländische Gesellschaft genügen; KG, RNotZ 2013, 426.
107 Hirte/Bücker/*Mankowski/Knöfel*, Grenzüberschreitende Gesellschaften, § 13 Rn. 104.
108 BeckOK/*Hügel/Zeiser*, GBO, Internationale Bezüge Rn. 98 ff.
109 OLG München, RNotZ 2010, 350; LG Hamburg notar, 2010, 69; LG Berlin, MittBayNot 1998, 457.

bar ist (s.o. Rdn. 55), es gilt ausschließlich § 29 GBO.[110] Im Handelsregisterverfahren kann dies anders beurteilt werden. Hier werden Auszüge aus öffentlichen Registern teilweise dann zugelassen, wenn diesen Registern eine in etwa vergleichbare Funktion zukommt wie dem deutschen Handelsregister (so z.B. in Italien, s.u. Rdn. 82 ff.; oder in der Schweiz, s.u. Rdn. 91 ff.). Allerdings werden einfache Internetausdrucke vielfach nicht akzeptiert.[111]

bb) Ausländischen Gesellschaften bleibt jedoch die Möglichkeit, der Nachweisführung durch **öffentliche Urkunden** i.S.d. § 29 Abs. 1 Satz 2 GBO mit Erleichterungsmöglichkeit, wenn der Nachweis in dieser Form praktisch unmöglich ist.[112] Der im Eintragungsverfahren für das Grundbuch zu erbringende Nachweis muss sich auf alle Voraussetzungen erstrecken, von denen die Anerkennung der Rechtsfähigkeit der ausländischen juristischen Person im Inland abhängig ist.[113] Die Registerauskunft sollte beglaubigt sein, damit sie den Anforderungen einer öffentlichen Urkunde genügt.[114] In einem vom OLG Hamm im Jahr 2005 entschiedenen Fall wurde einem Grundstückskaufvertrag eine von dem Urkundsnotar beglaubigte Ablichtung eines beglaubigten Auszuges aus dem Handelsregister des Fürstentums Liechtenstein in Vaduz beigefügt. Das OLG hat festgestellt, dass, soweit es sich um ausländische Urkunden handele, diese als öffentliche Urkunden i.S.d. § 29 Abs. 1 Satz 2 GBO angesehen würden, sofern sie den Erfordernissen des § 415 ZPO entsprächen. Bei ausländischen öffentlichen Urkunden kann jedoch das Grundbuchamt zum Nachweis ihrer Echtheit eine Legalisation oder eine Apostille verlangen (s. dazu Rdn. 136 ff.). Im Ergebnis kann der Nachweis also durch beglaubigte ausländische Handelsregisterauszüge, sofern das jeweilige Recht solche kennt, geführt werden.[115] Dies gilt selbstverständlich auch für das Handelsregister. Die Verwendung ausländischer Urkunden liegt deshalb wegen seiner Akzeptanz besonders nahe. Ist in einem dem deutschen Handelsregister vergleichbaren Register eine Person als »vertretungsberechtigt« eingetragen, so kann das deutsche Gerichtergericht grundsätzlich davon ausgehen, dass diese alleinivertretungsberechtigt ist.[116]

cc) Umstritten ist, ob ein deutscher Notar eine **Vertretungsbescheinigung mit den Rechtswirkungen des § 21 BNotO** für eine ausländische Gesellschaft (nach Auszug aus einem ausländischen Handelsregister) erstellen kann.[117] Von der herrschenden Meinung wird dies bejaht, teilweise mit der Einschränkung, dass das ausländische Register seiner rechtlichen Bedeutung nach dem deutschen Handelsregister entsprechen muss.[118] Allerdings wird von vielen die besondere Beweiskraft des § 21 BNotO bei einer Bescheinigung über ausländische Register grundsätzlich verneint.[119] Es bestehen gewisse Zweifel, ob die die h.M. vom Wortlaut des § 21 BNotO gedeckt ist, nach dem sich die »Umstände«, die der Notar bescheinigt, aus einer »Eintragung im Handelsregister oder einem ähnlichen Register« ergeben. Offen ist, was ein ähnliches Register ist. Unbestritten ist dies das deutsche

---

110 *Langhein*, ZNotP 1999, 218, 220.
111 Z.B. LG Sigmaringen, Rpfleger, 2005, 318, 329; *Herchen*, RIW 2005, 529, 532.
112 OLG Hamm NJW-RR 1995, 469. Zur Nachweisführung durch ausländische Urkunden s. BeckOK/*Hügel/Otto*, § 29 GBO Rn. 121 ff. sowie BeckOK/*Hügel/Zeiser*, GBO, Internationale Bezüge Rn. 99 sowie Rn. 105 ff.; *Langhein*, Rpfleger 1996, 45; *Reithmann*, DNotZ 1995, 360.
113 OLG Hamm NJW-RR 1995, 469.
114 OLG Hamm RNotZ 2006, 250, 252; *Mödl*, RNotZ 2008, 1, 11.
115 *Schöner/Stöber*, Rn. 3636b.
116 OLG München RNotZ 2010, 350.
117 OLG Schleswig FGPrax 2008, 217 m. Anm. *Apfelbaum*, DNotZ 2008, 711; KG, DNotZ 2012, 604; LG Wiesbaden GmbHR 2005, 1134; LG Aachen MittBayNot 1990, 125; *Süß*, DNotZ 2005, 180, 184; *Hirte/Bücker/Mankowski/Knöfel*, Grenzüberschreitende Gesellschaften, § 13 Rn. 78; Arndt/Lerch/*Sandkühler*, § 21 Rn. 13; *Huhn/von Schuckmann*, § 12 Rn. 29; *Schöner/Stöber*, Rn. 3636b; *Mödl*, RNotZ 2008, 1, 12; a.A. OLG Hamm NJW-RR 1995, 469.
118 So das OLG Schleswig FGPrax 2008, 217, *Heckschen*, NotBZ 2005, 24, 26; *Mödl*, RNotZ 2008, 1, 12; für das schwedische Handelsregister; ebenso das KG (DNotZ 2012, 604), das aber für den Fall der Einsicht in das Register des Companies House ein Gleichwertigkeit des Registers verneint hat; weitere Nachweise in der vorangegangenen Fn.
119 OLG Brandenburg, NotBZ 2011, 222; OLG Hamm, BB 1995, 446; *Bausback*, DNotZ 1996, 254, 265; Haas, DB 1997, 1501, 1504.

D. Außenbeziehungen der Gesellschaft, insbesondere Vertretungsfragen   Kapitel 10

Vereinsregister (§ 69 BGB) und das Genossenschaftsregister. Ob auch ausländische Register dazugehören, ist offen. Auf der anderen Seite ergibt sich aufgrund der zunehmenden wirtschaftliche Verflechtungen und der damit verbundenen grenzüberschreitenden Aktivitäten ausländischer Gesellschaften ein starkes Bedürfnis für eine entsprechende Anwendung des § 21 BNotO. In jedem Fall sollte eine vorherige Abstimmung mit dem Grundbuchamt bzw. Registergericht erfolgen. Der Notar müsste, um eine entsprechende Bescheinigung abgeben zu können, dann in Protokolle und Unterlagen selbst einsehen und zudem Rechtskenntnisse haben. Dies wurde vom OLG Düsseldorf für einen englischrechtlichen Fall im Zusammenhang Grundbucheintragung lediglich »aufgrund elektronischer Einsichtnahme in das englische Register« verneint.[120] Im Zusammenhang mit einer Registeranmeldung hat das gleiche Gericht jedoch die Möglichkeit der Vertretungsbescheinigung durch einen deutschen Notar bejaht, wobei über die Einsicht in das Register als solches auch eine Einsicht in die beim Register des Companies House geführten Unterlagen erfolgt sein muss und es zudem einer nachvollziehbaren Darstellung der tatsächlichen Grundlagen der notariellen eigenen Prüfung und der daraus folgenden notariellen Feststellungen bedarf.[121] Auch das OLG Nürnberg hat klargestellt, dass eine Bescheinigung eines deutschen Notars nach § 21 BNotO dann nicht möglich ist, wenn dieser seine Erkenntnisse nur durch Einsichtnahme in das beim Companies House geführte Register erworben hat, da dieses seiner rechtlichen Bedeutung nach hinsichtlich der Vertragungsbefugnis nicht dem deutschen Handelsregister entspricht.[122] Von einer derartigen Bescheinigung ist daher abzuraten.

Ist hingegen die ausländische Gesellschaft mit einer Zweigniederlassung in das deutsche Handelsregister eingetragen, so wird der deutsche Notar eine Vertretungsbescheinigung auch aufgrund der in dem Register der Zweigniederlassungen vorgenommenen Eintragungen erstellen können, ohne zusätzlich weitere Nachweise einholen zu müssen.[123] Denn der Schutz des § 15 HGB bezieht sich in vollem Umfang auch auf sämtliche Eintragungen im Zweigniederlassungsregister.

dd) Ein **ausländischer Notar** kann eine solche Bescheinigung erteilen, die von deutschen Gerichten (jedenfalls den Handelsregistern und häufig auch von den Grundbuchämtern) vielfach anerkannt werden.[124] Die Form des § 21 BNotO muss hierzu nicht eingehalten sein, solange die Bescheinigung dem jeweiligen Recht entspricht, welches das Gericht von Amts wegen zu prüfen hat.[125] Die hinsichtlich der Legalisation (bzw. Apostille) formgerechte Vorlage impliziert dabei zugleich die Einhaltung der Bestimmungen des jeweiligen Rechts.

ee) Der (deutsche) Notar kann gem. § 24 BNotO ein **Gutachten** (ohne die Beweiskraft des § 21 BNotO) erstellen und dies in die Form einer »Bestätigung« bringen. Auch ein solches Gutachten genießt im Rechtsverkehr weithin Vertrauen.[126] Eine entsprechende gutachterliche Stellungnahme sollte ein deutscher Notar aber nur abgeben, wenn er das ausländische Gesellschaftsrecht hinreichend kennt. Zudem sollte vorab abgeklärt werden, ob eine derartige gutachterliche Äußerung im Registerverfahren anerkannt wird.

---

120 OLG Düsseldorf, RNotZ 2015, 88.
121 OLG Düsseldorf, RNotZ 2020, 53; NZG 2019, 1423.
122 OLG Nürnberg, RNotZ 2015, 244 ff.
123 KG RNotZ 2013, 426.
124 Zum Ganzen vgl. *Suttmann*, notar 2014, 273; *Niesser*, NotBZ 2015, 368 und *Reithmann*, NotBZ 2016, 129; eine Bescheinigung nach § 32 GBO durch eine ausländischen Notar lehnt das OLG München jedoch ab (notar, 2016 S. 60 m. krit. Anm. *Vossius*).
125 OLG Köln Rpfleger 1989, 66; LG Wiesbaden, Beschl. v. 08.06.2005, GmbHR 2005, 1134; *Schöner/Stöber*, Rn. 3636b; *Reithmann*, DNotZ 360, 367; LG Kleve RNotZ 2008, 30 (jedenfalls für Notare aus dem Bereich des lateinischen Notariats); *Schöner/Stöber*, Rn. 3636b m.w.N.
126 *Süß*, DNotZ 2005, 180, 184.

59 Ein solches Gutachten könnte wie folgt aussehen:

▶ **Formulierungsmuster zur gutachterlichen Äußerung im Registerverfahren:**

Aufgrund Einsichtnahme in das elektronische Handelsregister von ..... vom heutigen Tag und der mir von diesem Handelsregister übermittelten elektronischen Daten bestätige ich, dass in dem vorgenannten Register folgende Eintragungen registriert sind:

Gesellschaft

Registernummer

Rechtsform

Tag der Eintragung

Geschäftsanschrift

Geschäftsführer

(ggfls.)Secretary

Zur Vertretungsbefugnis enthält das Register keine Angaben. Gesellschaften der vorstehenden Rechtsform werden grundsätzlich gemeinsam durch das Board of Directors gemeinsam vertreten.

Unterschrift und Siegel

60 ff) Das Gleiche gilt auch für entsprechende **gutachterliche Mitteilungen ausländischer Notare**, gleich, ob diese auf Eintragung in ausländischen Registern oder auf sonstigen Erkenntnisquellen beruhen.[127]

gg) Bei **nichtregistrierten ausländischen Gesellschaften** ist ein Nachweis durch einen öffentlich beglaubigten Registerauszug nicht möglich. Es verbleibt dann nur die Vertretungsbescheinigung des deutschen Notars in Anwendung des § 24 BNotO und die entsprechende Bescheinigung eines ausländischen Notars. Grundlage einer solchen Bescheinigung kann dann beispielsweise die VAT-Nummer (Umsatzsteuernummer) und/oder die Gründungsurkunde sein.[128] Eine Bescheinigung eines deutschen Notars nach § 21 BNotO ist nicht möglich, da dieser keine Einnahme in ein Register nehmen kann.[129] Eine entsprechende gutachterliche Stellungnahme sollte ein deutscher Notar aber nur abgeben, wenn er das ausländische Gesellschaftsrecht hinreichend kennt.

d) Nachweis der Existenz und der Vertretungsmacht bei Gesellschaften ausgewählter Staaten

61 Im Folgenden wird dargestellt, wie die Existenz und die Vertretungsberechtigung für Gesellschaften aus den wichtigsten Handelspartnern Deutschlands (Frankreich, Vereinigte Staaten von Amerika, England, Italien, Niederlande, Österreich, Belgien, Spanien, Schweiz) nachgewiesen werden. Die alphabetisch sortierte Darstellung beschränkt sich dabei auf die wichtigsten Rechtsformen des Kapitalgesellschaftsrechts.

aa) Belgien

(1) Häufigste Rechtsformen und deren Vertretung

62 In Belgien gibt es eine der deutschen Aktiengesellschaft vergleichbare Rechtsform (Société Anonyme [S.A.]/Naamloze Vennootschap [N.V.]). Die S.A. wird durch den Verwaltungsrat (Conseil dÁdministration) vertreten, der aus mindestens drei Mitgliedern besteht. Der Verwaltungsrat ist grund-

---

[127] *Reithmann*, DNotZ 1995, 360.
[128] Hirte/Bücker/*Mankowski/Knöfel*, Grenzüberschreitende Gesellschaften, § 13 Rn. 84.
[129] *Süß*, DNotZ 2005, 180, 185; *Melchior/Schulte*, NotBZ 2003, 344, 346; Hirte/Bücker/*Mankowski/Knöfel*, Grenzüberschreitende Gesellschaften, § 13 Rn. 86.

D. Außenbeziehungen der Gesellschaft, insbesondere Vertretungsfragen Kapitel 10

sätzlich gesamtvertretungsberechtigt, allerdings kann im Einklang mit der Satzung einzelnen oder mehreren Mitgliedern Alleinvertretungsbefugnis erteilt werden. Darüber hinaus kann auch Personen, die nicht dem Verwaltungsrat angehören, für die täglichen Verwaltungsaufgaben die Vertretungsbefugnis übertragen werden.[130] Eine gesetzliche Regelung betr. das **Selbstkontrahieren** besteht nicht, die Rechtsprechung sieht jedoch solche Geschäfte – ohne Heilungsmöglichkeit – als unwirksam an, sofern die Gesellschaft nicht vorher eingewilligt hat.[131]

Neben der S.A. gibt es auch noch eine der deutschen GmbH vergleichbare Rechtsform (Société Privé à Responsabilité Limitée [S.P.R.L]). Wie im deutschen Recht kann im Einklang mit der Satzung einer oder mehreren Personen die Vertretungsbefugnis als Einzelvertretungsbefugnis bzw. Gesamtvertretungsbefugnis erteilt werden. Wenn keine abweichende Vertretungsregelung im Handelsregister eingetragen ist, besteht Einzelvertretungsbefugnis.[132] Wird den Geschäftsführern lediglich Gesamtvertretungsbefugnis erteilt, kann eine derartige Einschränkung der Vertretungsbefugnis nur bei einer Veröffentlichung Dritten entgegengehalten werden. 63

(2) Nachweis von Existenz und Vertretungsbefugnis

Seit 2003 gibt es statt des Handelsregisters in Belgien ein Unternehmensregister, das in der »Zentralen Datenbank der Unternehmen« geführt wird. Für Informationen aus dem Unternehmensregister muss über die so genannten »Unternehmensschalter« eine Anfrage erfolgen. Bei diesen handelt es sich um Organisationen in der Rechtsform von Vereinen, die mit der Verwaltung der Daten im Unternehmensregister betraut wurden. Der Zugang via Internet ist nur dem öffentlichen Dienst vorbehalten.[133] Aufgrund der negativen Publizität wird man das Unternehmensregister mit dem deutschen Handelsregister vergleichen können, womit den deutschen Notaren die Möglichkeit eröffnet ist, Vertretungsbescheinigungen aufgrund Einsichtnahme in das Unternehmensregister zu erteilen. Möglich ist aber auch der Existenz- und Vertretungsnachweis durch einen beglaubigten Auszug aus dem Unternehmensregister. Dieser Auszug enthält Angaben darüber, welche Personen bei einer Aktiengesellschaft dem Verwaltungsrat angehören, wer der Vorsitzende des Verwaltungsrates ist und welche Mitglieder des Verwaltungsrates in welcher Form zur Vertretung der Gesellschaft befugt sind. Die Auszüge aus dem Unternehmensregister bedürfen aufgrund eines bilateralen Abkommens weder der Legalisation noch der Apostille (s.u. Rdn. 148). 64

Möglich ist natürlich auch eine Existenz- und Vertretungsbescheinigung eines belgischen Notars. Dieser bedient sich in der Regel zum Nachweis der Veröffentlichung der Bestellung der Organe, die im Anhang zum belgischen Amtsblatt veröffentlicht sind.[134] 65

bb) Dänemark

Die in Dänemark gängigen Rechtsformen für Kapitalgesellschaften sind die Aktieselskap (A/S), die der deutschen AG entspricht, und die Anpartsselelskap (ApS), die der deutschen GmbH entspricht.[135] Die **A/S** wird durch Vorstand (Direktion) und Aufsichtsrat (Bestyrelse) vertreten, wobei jedes Mitglied in den beiden Organen grundsätzlich alleinvertretungsberechtigt ist, sofern die Satzung nicht etwas anderes bestimmt. Nach § 54 Abs. 2 Satz 1 des dänischen AktG obliegt dem Vorstand jedoch nur die Führung der laufenden Geschäfte. Geschäfte, die darüber hinausgehen, darf der Vorstand nur mit Ermächtigung des Aufsichtsrates tätigen. Häufig sieht die Satzung auch vor, dass die Gesellschaft durch eine bestimmte Zahl von Mitgliedern (des Vorstands oder des Aufsichtsrates) vertreten wird.[136] 66

---

130 DNotI-Gutachten Nr. 66630 vom 10.04.2006.
131 Würzburger Notarhandbuch/*Süß/Heggen*, Abschn. E. Rn. 18 m.w.N.
132 *Süß/Wachter/Kocks/Hennes*, Handbuch des internationalen GmbH-Rechts, S. 399.
133 Allerdings gibt es eine kommerzielle Seite mit Firmeninformationen (auch auf englisch), die aber für den Vertretungsnachweis nicht ausreicht (www.eurodb.be).
134 Würzburger Notarhandbuch/*Süß/Heggen*, Teil 7 Kap. 6 Abschn. E. Rn. 21.
135 Zum Vertretungsnachweis eines nicht eingetragenen dänischen Vereins vgl. KG, NotBZ 2012, 381.
136 Würzburger Notarhandbuch/*Süß/Heggen*, Teil 7 Kap. 6 Abschn. E. Rn. 24.

Für die **ApS** entspricht die Rechtslage derjenigen der A/S. Allerdings ist es möglich, dass die Gesellschaft nur ein Organ, nämlich die Geschäftsführung hat. Wie auch bei der A/S besteht grundsätzlich Alleinvertretungsbefugnis, sofern die Satzung nicht etwas anderes bestimmt.

Eine mit § 181 BGB vergleichbare Bestimmung kennt das dänische Recht nicht. Interessenkollisionen können zwar zur Anfechtbarkeit des Rechtsgeschäftes führen, nicht aber zu dessen Unwirksamkeit.

67 Der Nachweis von Existenz und Vertretungsmacht erfolgt durch Vorlage eines Auszuges aus dem Gewerbe- und Gesellschaftsamt (Erhvervs-og Selskabsstyrelsen) in Kopenhagen. Alle Veränderungen sind dort anzumelden und werden anschließend im Staatsanzeiger bekannt gemacht. Für diese Eintragung gilt dann eine positive Publizitätswirkung.[137] Alternativ zur Vorlage eines solchen Auszuges aus dem Gewerbeamt kommt auch die Vertretungsbescheinigung eines dänischen Notars in Betracht.[138] Für beides ist keine Apostille erforderlich.

cc) England

(1) Wichtigste Rechtsformen und deren Vertretungsorgane

68 Die wesentliche Rechtsform für haftungsbeschränkte Kapitalgesellschaften ist die Private Limited Company (im Folgenden Limited [Ltd.] genannt). Für eine börsennotierte Limited (Public Limited Company, Plc) gelten Sonderregeln. Die folgenden Ausführungen beziehen sich auf England. Aufgrund der Gleichartigkeit der Rechtsordnungen im Gebiet des Commonwealth sind diese jedoch in etwa auf folgende Staaten und Gebiete, in denen der englische Companies Act weitgehend gilt, übertragbar:[139] Jersey und Guernsey, Isle of Man, Gibraltar, Irland, Malta, Republik Zypern, British Virgin Islands, Bahamas, Bermuda, Hongkong, Malaysia, Singapur.

69 Die Limited wird vertreten durch das Board of Directors. Das Board einer Private Limited Company besteht aus mindestens einer Person (die dann allein vertretungsbefugt ist), bei sonstigen Limiteds bedarf es mindestens zweier Mitglieder (die dann Gesamtvertretungsbefugnis haben). Sofern das Board aus mehreren Mitgliedern (=Directors) besteht, wird in der Regel ein Director durch Satzung oder Gesellschafterbeschluss ermächtigt, für die Gesellschaft alleine zu handeln. Dies ergibt sich aber nicht aus dem Handelsregister (Registrar of Companies), sondern muss vom Secretary bestätigt werden. Der Secretary der Gesellschaft führt das Protokollbuch (minute book) der Gesellschaft und ist dafür zuständig, Auskunft über den Inhalt des Protokollbuches, insbesondere über Beschlüsse betreffend die Vertretungsmacht, zu geben.[140] Nach dem Companies Act 2006, der 2009 in Kraft getreten ist, kann auf die Bestellung eines Secretary verzichtet werden. Dessen Aufgaben sind dann von einem Director bzw. einem einfachen Angestellten der Gesellschaft zu übernehmen.[141] Ein Verbot des **Selbstkontrahierens** oder der Mehrfachvertretung kennt das englische Recht nicht.[142] Liegt ein Fall der Interessenkollision vor, ist das Rechtsgeschäft aber möglicherweise anfechtbar.

(2) Nachweis von Existenz und Vertretungsmacht

70 Die Existenz der Gesellschaft kann durch ein sog. »Certificate of incorporation« oder ein »Certificate of good standing« nachgewiesen werden. (Apostille erforderlich, s. dazu Rdn. 136 ff.).[143] Dieses Certificate wird ausgestellt durch das Companies House,[144] eine Exekutivbehörde des Department

---

137 Würzburger Notarhandbuch/*Süß/Heggen*, Teil 7 Kap. 6 Abschn. E. Rn. 27.
138 *Cornelius*, DNotZ 1996, 352, 358.
139 Würzburger Notarhandbuch/*Süß/Heggen*, Abschn. E. Rn. 42.
140 Kersten/Bühling/*Langhein*, § 158 Rn. 69.
141 Würzburger Notarhandbuch/*Süß/Heggen*, Abschn. E. Rn. 37.
142 Würzburger Notarhandbuch/*Süß/Heggen*, Abschn. E. Rn. 32 m.w.N.
143 Hirte/Bücker/*Mankowski/Knöfel*, Grenzüberschreitende Gesellschaften, § 13 Rn. 77.
144 Auszüge können über das Internet (nachvorheriger Eingabe einer Registrierungsnummer) bestellt werden unter www.companieshouse.gov.uk. Unter dieser Adresse findet sich auch eine deutschsprachige

of Trade and Industry und Zweigstelle des Registrar of Companies.¹⁴⁵ Aus diesem Auszug aus dem Registrar of Companies kann die Vertretungsbefugnis jedoch nur dann abgeleitet werden, wenn nur ein einziger Director bestellt ist oder sämtliche in dem Auszug genannten Directors gehandelt haben. Sind hingegen mehrer Directors bestellt und handelt nur einer, so ist nachzuweisen, dass dieser zur Alleinvertretung ermächtigt ist. Ein solcher Nachweis kann erbracht werden durch eine Bescheinigung des Secretary der Gesellschaft, der einen entsprechenden Beschluss des Boards, nach der einem bestimmten Director die Vertretungsmacht übertragen wird, bescheinigt¹⁴⁶. Aus dem Register selbst ergibt sich die Vertretungsregelung nämlich nicht. Die Bestätigung des Secretary bedarf zur Anerkennung in Deutschland dann der Beglaubigung durch einen englischen (Scrivener) Notar (Apostille erforderlich), um das Erfordernis der öffentlichen Form zu erfüllen. Da nach dem Companies Act 2006 auf die Bestellung eines Secretary verzichtet werden kann, kommt, wenn kein Secretary vorhanden ist, nur die Vertretungsbescheinigung eines englischen Notars (s.u. Rdn. 71) in Betracht.

Vorzuziehen ist in der Regel jedoch im Auslandsrechtsverkehr eine von einem englischen Scrivener Notary erstellte notarielle Existenz- und Vertretungsbescheinigung (Apostille erforderlich). Diese kann in der Regel auch relativ unkompliziert beigebracht werden. Die Registergerichte und Grundbuchämter erkennen eine solche Bestätigung häufig an, wenn der englische Notar, der z.B. eine Bevollmächtigung des allein auftretenden Director beglaubigt, zusätzlich bescheinigt, dass der Aussteller der Vollmacht bzw. Genehmigung vertretungsberechtigt ist, ggf. auch, dass der unterschreibende Secretary tatsächlich Secretary der Gesellschaft ist. Erforderlich ist hier jedoch, dass der Notar bei seiner Bescheinigung darlegt, woher er seine Erkenntnisse zu den Vertretungsverhältnissen zieht. Hier reicht es nicht aus, sich allgemein auf die Einsichtnahme in das Companies House oder die Einsicht in die Gesellschafterunterlagen zu beziehen. Vielmehr bedarf es näherer Angaben zu den konkreten Schriftstücken (memorandum und articles of association, Protokollbuch [minute book]), aus denen die getroffenen Feststellungen abgeleitet werden, etwa den Beschluss, durch den die Bestellung der Unterzeichner erfolgt.¹⁴⁷ Eine Prüfung, ob die bescheinigten Tatsachen nachvollziehbar sind, ist sonst nicht möglich. Eine solche Existenz- und Vertretungsbescheinigung, die nachvollziehbare Angaben zu den tatsächlichen Grundlagen der notariellen Feststellungen enthält, wäre dann mit einer Bescheinigung nach § 21 BNotO vergleichbar, sie könnte wie folgt lauten: 71

▶ **Formulierungsvorschlag zur Existenz- und Vertretungsbescheinigung:** 72

To all to whom these presents shall come, I (*Name*) of the city of (*Place*) notary public by royal authority duly admitted and sworn do herby certify that as of the date of the day hereof I have caused a search to be made of the records held by the registrar of companies for England and Wales relating to the company named … UK LIMITED of London, England (hereinafter referred to as the »company«) as well as the following documents relating to the company:

1. the certificate of incorporation of the company dated …;
2. the articles of association of the company as currently filed with the said registrar of companies according to law;
3. the statutory notices of appointment relating to the appointment of Mr. … as director of the company on date…

And I do thus certify and confirm that the company was duly incorporated under English law on … as a private limited company and is still existing, registered with the said Registrar of companies under number …;

That the registered office of the Company is situated at … Street, London …., England

---

Anleitung und eine Telefonnummer, in der man zu einem deutschsprachigen Mitarbeiter verbunden werden kann.
145 S. dazu *Langhein*, Notarieller Rechtsverkehr mit englischen Gesellschaften, NZG 2001, 1123, 1125.
146 OLG Dresden, RNotZ 2007, 618.
147 OLG Nürnberg, DNotZ 2014, 626; ähnlich OLG Köln, FGPrax 2013, 18; OLG Düsseldorf, notar 2015, 166.

And that the said Mr ... born ... is and has been since . a director of the company. He represents the company acting solely.

In faith and testimony whereof, I, the said notary, have subscribed my name and set and affixed my seal of office at ... aforsesaid this ...

73 Eine **Registerbescheinigung eines deutschen Notars** in entsprechender Anwendung des § 21 BNotO (s.o. Rdn. 58) ist deshalb nicht ohne weiteres möglich, weil das Companies House mit dem deutschen Handelsregister nicht vergleichbar ist, insbesondere kein vergleichbarer Gutglaubensschutz besteht und keine Rechtsprüfung der angemeldeten Tatsachen stattfindet.[148] In der Literatur wird teilweise jedoch auch eine **gutachterliche Stellungnahme** eines deutschen Notars nach § 24 BnotO anerkannt,[149] wobei hier Vorsicht geboten ist. Der Notar müsste, um eine entsprechende Bescheinigung abgeben zu können, in Protokolle und Unterlagen selbst einsehen und zudem Kenntnis des englischen Gesellschaftsrechts haben. Dies wird vom OLG Düsseldorf verneint;[150] von einer derartigen Bescheinigung ist daher abzuraten. Möglich ist eine Bescheinigung aber dann, wenn für die ausländische Gesellschaft eine Zweigniederlassung im deutschen Handelsregister registriert ist und der deutsche Notar seine Erkenntnisse zur Vertretungsbefugnis der handelnden Organe aus der Einsicht in dieses Register erworben hat.[151]

dd) Frankreich

(1) Wichtigste Rechtsformen und deren Vertretungsorgane

74 Die in Frankreich geläufigsten Rechtsformen sind die Sociète à responsabilité limité (S.A.R.L.), die der deutschen GmbH entspricht, sowie die Société anonyme (S.A. bzw. Société par actions simplifiée = S.A.S.), die der Aktiengesellschaft nahe kommt.

75 Die S.A.R.L. wird vertreten durch den oder die Geschäftsführer (Gérant), denen grundsätzlich Alleinvertretungsbefugnis zukommt. Die Satzung kann zwar Geamtvertretungsbefugnis anordnen, diese Einschränkung ist jedoch, ebenso wie die Begrenzung der Vertretungsmacht auf den Gesellschaftszweck, Dritten gegenüber wirkungslos (Art. L. 223 – 18 Abs. 6 C. Com.).

76 Die S.A. wird vertreten durch den Generaldirektor (Président Directeur Général), der dem Verwaltungsrat (Conseil d'administration) vorsteht. Dieser ist grundsätzlich alleinvertretungsberechtigt. Zusätzlich können weitere vertretungsberechtigte Vorstände (Directeur Gènéral) ernannt werden, die ebenfalls alleinvertretungsberechtigt sind. Statt diesem monistischen System (nur einen Verwaltungsrat, kein Nebeneinander von Vorstand und Aufsichtsrat) kann die Aktiengesellschaft auch ein dualistisches System wählen. Die für das monistische System skizzierten Grundsätze gelten dann entsprechend für den Vorstand (Directoire).

77 Ein allgemeines Verbot des **Selbstkontrahierens** gibt es nicht. Allerdings sind Verträge nichtig, mit denen die Gesellschaft einem Verwalter/Geschäftsführer ein Darlehen oder eine sonstige Sicherheit gewährt (Art. L. 225 – 43 C.Com). Sonstige Verträge, die einem Drittvergleich standhalten, sind hingegen zulässig (Art. L. 225 – 39 C.Com.). Verträge zwischen der Gesellschaft und einem Gesellschafter, der mehr als 5 % hält, sind zwar wirksam, aber anfechtbar, wenn die Gesellschafterversammlung nicht zuvor eingewilligt hat (Art. L. 225 – 42 C.Com.).[152]

---

148 OLG Nürnberg, RNotZ 2014, 133, 244 ff.; KG, DNotZ 2012, 604; *Heckschen*, NotBZ 2005, 24, 25; *Wachter*, DB 2004, 2795, 2799; *Mödl*, RNotZ 2008, 1, 12.
149 *Heckschen*, NotBZ 2005, 24, 26; *Mödl*, RNotZ 2008, 1, 12.
150 OLG Düsseldorf, notar 2015, 166.
151 KG, RNotZ 2013, 426.
152 Würzburger Notarhandbuch/*Süß/Heggen*, Abschn. E. Rn. 41 m.w.N.

D. Außenbeziehungen der Gesellschaft, insbesondere Vertretungsfragen **Kapitel 10**

(2) Nachweis von Existenz und Vertretungsmacht

Der Nachweis der Existenz und der Vertretungsbefugnis kann über einen beglaubigten Handelsregisterauszug (Extrait KBIS)[153] erfolgen. Das französische Handelsregister (Registre de Commerce et des Socieétés) entspricht seinen Wirkungen nach dem deutschen Handelsregister, sodass auch ein deutscher Notar – bei entsprechenden Rechtskenntnissen – Einsicht nehmen und eine Vertretungsbescheinigung erstellen könnte.[154] Daneben ist die Vertretungsbescheinigung eines französischen Notars denkbar, auch wenn dafür keine gesetzliche Grundlage besteht. Da aber die Vorstände stets alleinvertretungsberechtigt sind, kommt es in der Praxis eher auf den Nachweis der Existenz der Gesellschaft und der Vorstandseigenschaft denn auf den Nachweis der Ausgestaltung der Vertretung an. Für französische Investmentfonds (s.o. Rdn. 34) gilt Folgendes[155]: Da diese nicht in das Handelsregister eingetragen werden, kann als Existenznachweis das Zulassungsschreiben (»lettre d'agrément«) der Finanzmarktaufsicht »Autorité des Marchés Financiers«, AMF) herangezogen werden. Dieses Schreiben hat die Qualität einer öffentlichen Urkunde, es enthält auch Angaben über die Geschäftsführungsgesellschaft. Für deren Existenz- und Vertretungsnachweise gelten dann die oben genannten Ausführungen. Legalisation oder Apostille sind nicht erforderlich (s. Rdn. 148).[156]

78

ee) Italien

(1) Wichtigste Rechtsformen und deren Vertretungsorgane

Für die Vertretung einer der deutschen Aktiengesellschaft vergleichbaren Sociéta per Azioni (S.p.A.) gibt es insgesamt drei Möglichkeiten:
(1) Für die Gesellschaften, die nach dem traditionellen System organisiert sind, wird ein Verwaltungsrat (Consiglio di Amministrazione) bestellt, dem auch die Vertretung obliegt. Es ist auch möglich, dass auch nur ein einziger Verwalter bestellt wird.
(2) Seit dem 01.01.2004 ist es für italienische Gesellschaften möglich, sich mit einem Vorstand (Consiglio di Gestione) und einem Aufsichtsrat (Consiglio di Sorveglianza) auszustatten. Wird dieses System gewählt, obliegt die Vertretung den Vorstandsmitgliedern nach Maßgabe der Satzung. Die Vertretungsbefugnis ist zum Handelsregister anzumelden.
(3) Wählt die Gesellschaft das monistische System, wird die Gesellschaft – wie in den Ländern des angloamerikanischen Rechtskreises – von bestimmten Direktoren vertreten. Die Vertretung ist in der Satzung zu regeln und zum Handelsregister anzumelden.

79

Selbstkontrahieren oder Mehrfachvertretung sind zwar wirksam, können jedoch auf Antrag der Gesellschaft für nichtig erklärt werden, wenn a) nicht der gesamte Verwaltungsrat gehandelt hat, oder b) der Verwalter nicht zum Abschluss gesondert ermächtigt war bzw. dem Rechtsgeschäft ein Beschluss des Verwaltungsrates zugrunde lag, oder c) nicht die Möglichkeit eines Interessenkonflikts ausgeschlossen werden kann (Artt. 1395 und 2391 C.C.).[157]

80

Die Vertretung einer der deutschen GmbH vergleichbaren Sociéta à Responsabilita Limitata (S.R.L.) obliegt den Geschäftsführern (Amministratori). Die Ernennung der Geschäftsführer erfolgt in der Gründungsurkunde. Änderungen in der Person des Geschäftsführers können durch Gesellschafterversammlungen, oder, wenn die Satzung dies vorsieht, in anderer Form, erfolgen (Art. 2475 c.c.).[158] Gem. Art. 2383 Abs. 4 und 5 c.c. sind die Geschäftsführer zum Handelsregister anzumelden.[159] Sofern die Geschäftsführung aus mehreren Personen besteht, können diese einen so genannten Verwal-

81

---

153 Ein »Extrait K-BIS« kann auf der Website http://www.extrait-k-bis.com angefordert werden (keine offizielle Seite des Handelsregisters).
154 www.infogreffe.fr/infogreffe/index.jsp.
155 Vgl. dazu *Vossius*, Notar, 2012, 24 f.
156 Abkommen zwischen Deutschland und Frankreich v. 13.09.1971, BGBl. II 1974, S. 1100.
157 Würzburger Notarhandbuch/*Süß/Heggen*, Abschn. E. Rn. 51 m.w.N.
158 Zitiert nach Süß/Wachter/*Bauer/Pasaresi*, Handbuch des internationalen GmbH-Rechtes, S. 910.
159 Süß/Wachter/*Bauer/Pesaresi*, Handbuch des internationalen GmbH-Rechtes, S. 910.

tungsrat (Consiglio di Amministrazione) bilden, wobei in der Gründungsurkunde festgelegt werden kann, ob seine Mitglieder gemeinsam oder einzeln vertreten können.[160] Zum Selbstkontrahieren und zur Mehrfachvertretung gilt das oben (Rdn. 80) Gesagte.

(2) Nachweis von Existenz und Vertretungsmacht

82 Existenz- und Vertretungsverhältnisse können durch in das von den Handelskammern geführte Unternehmensregister nachgewiesen werden. Das Register ist aufgrund seiner Öffentlichkeit und dem Schutz des guten Glaubens mit dem deutschen Handelsregister vergleichbar.[161] Daher kann die Existenz und die Vertretung nachgewiesen werden durch einen beglaubigten Auszug aus dem Handelsregister, der dort angefordert werden kann. Es sind weder Legalisation noch Apostille erforderlich (s. Rdn. 148). Praktischer ist es jedoch, über die italienische Handelskammer in Deutschland einen Registerauszug anzufordern. Dieser wird innerhalb von 5 Werktagen versandt.[162] Darüber hinaus besteht auch die Möglichkeit, dass ein deutscher Notar eine Vertretungsbescheinigung gem. § 21 BNotO aufgrund Einsichtnahme in das Handelsregister erstellt. Schließlich ist auch eine Vertretungsbescheinigung eines italienischen Notars denkbar. Legalisation und Apostille entfallen auch in diesem Fall.

ff) Niederlande

(1) Wichtigste Rechtsformen und deren Vertretungsorgane

83 Die niederländische B.V. (Besloten Vennootschap met beperkte Aansprakelijkheid) entspricht der deutschen GmbH. Sie wird durch den Geschäftsführer (Bestuurder) vertreten (Art. 2:240 Abs. 1 des niederländischen Bürgerlichen Gesetzbuches), der grundsätzlich alleinvertretungsberechtigt ist.[163] Eine Einschränkung durch die Satzung ist nur zulässig, wenn sie im Handelsregister eingetragen ist. Besonderheit gegenüber dem deutschen Recht ist, dass auch eine juristische Person Geschäftsführer sein kann.

84 Die niederländische N.V. (Naamloze Vennotschap) entspricht der deutschen Aktiengesellschaft, die für sie geltenden Regelungen sind mit denen für die B.V. vergleichbar. Allerdings ist die Bedeutung im Vergleich zur B.V. gering.[164]

85 Das ansonsten im allgemeinen niederländischen Vertretungsrecht geltende Verbot des Selbstkontrahierens gilt für die Geschäftsführer einer Kapitalgesellschaft nicht.[165] Der Geschäftsführer einer Kapitalgesellschaft ist jedoch gem. Art. 2:256 B.W. von der Vertretung ausgeschlossen, wenn eine Interessenkollision zwischen der Gesellschaft und dem Geschäftsführer besteht und der Gesellschaftsvertrag nicht von dem Verbot befreit.[166] Kann der Geschäftsführer nicht tätig werden, so wird die Gesellschaft durch den Aufsichtsrat vertreten. Geschäfte, die trotz Interessenkonflikt abgeschlossen werden, sind jedoch nicht unwirksam, sondern lediglich anfechtbar.[167]

(2) Nachweis von Existenz und Vertretungsmacht

86 Ein Nachweis der Vertretung erfolgt regelmäßig durch einen beglaubigten Auszug aus dem Handelsregister. Das Handelsregister wird in den Niederlanden durch die Industrie- und Handelskam-

---

160 Süß/Wachter/*Bauer/Pesaresi*, Handbuch des internationalen GmbH-Rechtes, S. 912.
161 KG FGPrax 2013, 10.
162 Informationen unter www.itkam.org.
163 Süß/Wachter/*Rademakers/de Vries*, Handbuch der internationalen GmbH-Rechts, S. 1142.
164 Im Jahr 2003 gab es in den Niederlanden ca. 175.000 B.V.s und nur ca. 1.000 N.V.s; vgl. Süß/Wachter/ *Rademakers/de Vries*, Handbuch der internationalen GmbH-Rechts, S. 1103.
165 Würzburger Notarhandbuch/*Süß/Heggen*, Abschn. E. Rn. 74.
166 OLG Düsseldorf MittRhNotK 1995, 113; Würzburger Notarhandbuch/*Süß/Heggen*, Abschn. E. Rn. 70.
167 Dazu auch OLG Düsseldorf, DNotI-Report 4/1995.

mer (*Kamer van Kophandel*) geführt. Da es sich bei dem Handelsregister in den Niederlanden um eine öffentlich-rechtliche Einrichtung handelt,[168] stellt der von der niederländischen Handelskammer ausgestellte Auszug aus dem Handelsregister eine öffentliche Urkunde dar, die den Formerfordernissen des § 12 HGB bzw. § 29 GBO gerecht wird. Dem Auszug lässt sich nicht nur entnehmen, wer zum Geschäftsführer der Gesellschaft bestellt ist, sondern auch, in welcher Weise dieser zur Vertretung der Gesellschaft befugt ist, insbesondere, ob er allein vertretungsbefugt ist oder (ausnahmsweise) mit anderen Personen gemeinschaftlich handeln muss. In dem Handelsregisterauszug sind ausschließlich die aktuellen Verhältnisse der Gesellschaft dargelegt. Der Auszug kann über das Internet bestellt werden.[169] Apostille ist erforderlich (s. Rdn. 146).

Nicht abschließend geklärt ist, ob auch eine Vertretungsbescheinigung eines niederländischen Notars ausreichend ist. In der Praxis stellen niederländische Notare derartige Vertretungsbescheinigungen aus, obwohl das niederländische Beurkundungsrecht die Ausstellung derartiger Bescheinigungen nicht ausdrücklich vorsieht. Vorteil einer solchen Bescheinigung gegenüber dem bloßen Handelsregisterauszug ist, dass der Handelsregisterauszug aufgrund der rein deklaratorischen Wirkung der Handelsregistereintragungen nicht zwingend mit den tatsächlichen Verhältnissen in Einklang stehen muss. Die notarielle Vertretungsbescheinigung kann sich hingegen zusätzlich auf den Gesellschaftsvertrag und auf die Gesellschafterversammlungen berufen und daher zusätzliche Sicherheit schaffen.[170] Diese Vertretungsbescheinigungen werden in der Regel anerkannt.[171]   87

gg) Österreich

(1) Häufigste Rechtsformen und deren Vertretung

Das österreichische Gesellschaftsrecht ähnelt in vielen Punkten dem deutschen Gesellschaftsrecht. Eine österreichische AG wird durch seinen Vorstand vertreten, wobei einem einzelnen Vorstandsmitglied Einzelvertretungsberechtigung zukommt. Bei einem Vorstand, der aus mehreren Personen besteht, besteht grundsätzlich Gesamtvertretungsbefugnis, sofern nicht in der Satzung etwas anderes vorgesehen ist oder ein entsprechender Beschluss auf der Grundlage der Satzung ergangen ist.   88

Bei einer GmbH (Ges.m.b.H.) wird die Gesellschaft durch die Geschäftsführer vertreten. Auch hier besteht sowohl die Möglichkeit der Gesamtvertretungsbefugnis oder der (durch die Satzung legitimierten) Einzelvertretungsbefugnis.   89

Ein allgemeines Verbot von **Insichgeschäften und Mehrfachvertretung** kennt das österreichische Recht nicht. Allerdings existieren bestimmte gesetzliche Einschränkungen. Zudem wurden unter dem Gesichtspunkt »Missbrauch der Vertretungsmacht« Grundsätze herausgebildet, wonach bestimmte Geschäfte unzulässig (wohl unwirksam) sind. Demnach sind Insichgeschäfte nur zulässig, wenn eine Interessenkollision ausgeschlossen ist. Ansonsten kann der Geschäftsführer die Gesellschaft nur vertreten, wenn eine Einwilligung bzw. Genehmigung der Gesellschafter vorliegt. Diese kann auch im Gesellschaftsvertrag erteilt werden. Hat die Gesellschaft nur einen Gesellschafter und ist dieser zugleich Geschäftsführer, so gilt das Verbot des Selbstkontrahierens und der Mehrfachvertretung nicht, wenn dieser hierüber eine »Urkunde« errichtet hat, die das Geschäft für zulässig erklärt.[172]

(2) Nachweis von Existenz der Vertretungsbefugnis

Das österreichische Handelsregister (Firmenbuch) entspricht in seinem Gutglaubensschutz dem deutschen Handelsregister. Aus diesem Grund kann der Nachweis der Existenz- und Vertretungs-   90

---

168 *Limmer*, Notarius International 1997, 31, 35.
169 S. www.kvk.nl/handelsregister/zoekenframeset.asp?register=1.
170 Süß/Wachter/*Rademakers/de Vries*, Handbuch der internationalen GmbH-Rechts, S. 1127.
171 Entschieden z.B. durch das LG Kleve, RNotZ 2008, 30.
172 Würzburger Notarhandbuch/*Süß/Heggen*, Abschn. E. Rn. 77, 78 m.w.N.

macht auch durch einen Auszug aus dem Firmenbuch erfolgen. Auszüge aus dem Firmenbuch können online[173] bestellt werden. Legalisation und Apostille sind nicht erforderlich (s.u. Rdn. 148). Aufgrund Einsichtnahme in das Firmenbuch können auch deutsche Notare Vertretungsbescheinigungen gem. § 21 BNotO erteilen. Gleiches gilt für österreichische Notare.

hh) Schweiz

(1) Wichtigste Rechtsformen und deren Vertretungsorgane

91 In der Schweiz sind die häufigsten Rechtsformen die Aktiengesellschaft und die GmbH, wobei – anders als in Deutschland – die AG weit verbreiteter ist als hierzulande. Die AG wird von ihrem Verwaltungsrat, der insoweit mit dem Vorstand der deutschen AG vergleichbar ist, vertreten (ohne abweichende Satzungsbestimmung Einzelvertretungsbefugnis, Art. 718 OR). Der Verwaltungsrat kann, soweit die Satzung es zulässt, die Geschäftsführung auf Dritte (= Direktoren) oder einzelne Verwaltungsratsmitglieder (= Delegierte) übertragen (Art. 718 OR).

92 Die GmbH wird von ihren Gesellschaftern gemeinschaftlich vertreten, es sei denn, in der Satzung wird die Vertretungsbefugnis auf einen Dritten oder auf einen einzelnen Gesellschafter als Geschäftsführer übertragen (Art. 809 OR). Der Geschäftsführer ist grundsätzlich alleinvertretungsberechtigt, es sei denn, die Satzung bestimmt etwas anderes (Art. 814 OR).

93 **Selbstkontrahieren und Mehrfachvertretung** sind gesetzlich nicht geregelt, werden aber von Literatur und Rechtsprechung als unzulässig angesehen, sofern nicht die Natur des Rechtsgeschäfts eine Benachteiligung der Gesellschaft ausschließt oder eine – auch stillschweigend erteilte – Ermächtigung (z.B. in der Satzung) vorliegt (z.B. bei konzerninternen Geschäften oder bei Geschäften des Alleinaktionärs mit seiner Gesellschaft). Die nachträgliche Genehmigung – entweder durch die Generalversammlung oder ein anderes zeichnungsberechtigtes Mitglied des Verwaltungsrates – des unzulässigen In-sich-Geschäftes durch die Generalversammlung ist möglich.[174]

(2) Nachweis von Existenz und Vertretungsmacht

94 Die schweizerischen Kantone führen Handelsregister, die in ihrer Funktion dem deutschen Handelsregister gleichen. Die Eintragung in das öffentliche Handelsregister ist konstitutiv für die Entstehung der Gesellschaft, Dritte genießen den Schutz einer negativen Publizität (Art. 930 OR). Gem. Art. 937 OR müssen alle Änderungen von eintragungspflichtigen Tatsachen im Handelsregister eingetragen werden, sodass man auf die Eintragungen vertrauen kann. Es bieten sich daher mehrere Möglichkeiten des Existenz- und Vertretungsnachweises an:
a) Zum einen ist eine Vertretungsbescheinigung eines deutschen Notars gem. § 21 BNotO denkbar. Da inzwischen weitgehend anerkannt ist, dass ein deutscher Notar auch über die gesetzliche Vertretung einer ausländischen Gesellschaft aufgrund Einsichtnahme in ein ausländisches Register oder auf der Basis eines ausländischen Handelsregisterauszugs eine Vertretungsbescheinigung erstellen kann (s.o. Rdn. 58), wenn das ausländische Handelsregister dem deutschen vergleichbar ist, stellt diese Nachweisform – auch aufgrund der Sprache – die einfachste Variante dar, zumal die Einsicht auch online möglich ist.[175] Aus dem Register ergibt sich, dass die Gesellschaft existent ist und wer in welcher Form (einzel- oder gesamt-)vertretungsberechtigt ist. Die online eingesehenen Registerdaten enthalten bisweilen den Zusatz »*Die obenstehenden Informationen erfolgen ohne Gewähr und haben keinerlei Rechtswirkung*«. Damit soll wohl ausgedrückt werden, dass die technische Wiedergabe der Daten fehlerhaft sein kann. Will man dies ausschließen, besteht die Möglichkeit, einen beglaubigten Registerauszug zu bestellen, der in der Regel auch

---

173 S. www.jusline.at.
174 Würzburger Notarhandbuch/*Süß/Heggen*, Abschn. E. Rn. 94 m.w.N.
175 Den Zugang der Handelsregister sämtlicher Schweizer Kantone findet sich unter www.zefix.ch oder www.powernet.ch/hrweb/ger/info.htm.

D. Außenbeziehungen der Gesellschaft, insbesondere Vertretungsfragen   **Kapitel 10**

schnell zugeschickt wird. Erforderlich für die Bescheinigung des deutschen Notars ist der beglaubigte Ausdruck aber wohl nicht.[176]

b) Der Existenz- und Vertretungsnachweis kann auch über die Vorlage eines beglaubigten Registerauszuges aus dem schweizerischen Handelsregister erfolgen. Dieser kann online gegen eine Gebühr bestellt werden. Allerdings ist dieser mit einer Apostille zu versehen (s. Rdn. 146), sodass die Registerbescheinigung des deutschen Notars der schnellere Weg ist.

c) Schließlich ist auch die Vertretungsbescheinigung eines schweizerischen Notars[177] denkbar. Diese Vertretungsbescheinigung wird von den schweizerischen Notaren auch unproblematisch erstellt. Sie ist mit einer Apostille zu versehen.

ii) Spanien

(1) Wichtigste Rechtsformen und deren Vertretungsorgane

Das spanische Recht hält als Rechtsformen für Kapitalgesellschaften die Sociedad Anonima (SA), die in etwa der deutschen AG entspricht, und die Sociedad de Responsabilidad Limitada (S.L. bzw. S.R.L.), die der deutschen GmbH entspricht, bereit. Die SA wird vertreten durch den Verwaltungsrat (Consejo de Administracion), der aus einer Person (dann Alleinvertretungsbefugnis) oder mehreren Personen (dann grundsätzlich Gesamtvertretungsbefugnis) besteht.[178] Sofern die Satzung dies zulässt, kann der Verwaltungsrat die Vertretungsbefugnis auf eine entweder dem Verwaltungsrat angehörende oder auf eine dritte Person übertragen (Art. 141 des spanischen Aktiengesetzes). Diese Übertragung der Vertretungsbefugnis wird erst mit der Eintragung in das Handelsregister wirksam.[179] Für die Vertretung der S.L. gibt es nach Art. 57 LSL (spanisches GmbH-Gesetz) mehrere Möglichkeiten: Mit dieser können betraut werden (1) ein Alleingeschäftsführer (Administrador unico), (2) zwei oder mehrere alleinvertretungsberechtigte Geschäftsführer (Adm. Solidarios), (3) zwei oder mehrere gesamtvertretungsberechtigte Geschäftsführer (adm. mancommunados), (4) der Verwaltungsrat (consejo de administracion) als Kollegialorgan.[180]

95

Selbstkontrahieren und Mehrfachvertretung sind unzulässig (und führen damit zur Unwirksamkeit des Rechtsgeschäfts), sofern nicht ein Interessenkonflikt ausgeschlossen ist oder eine – auch allgemein gehaltene – Ermächtigung vorliegt.[181] Sonderregeln gelten zudem für den Alleingesellschafter-Geschäftsführer einer S.L. Dieser kann gem. Art. 128 des spanischen GmbHG 1995 mit der Gesellschaft kontrahieren, indem er den Vertrag schriftlich niederlegt und diesen in einem entsprechenden Register der Gesellschaft hinterlegt.[182]

96

(2) Nachweis von Existenz und Vertretungsmacht

In Spanien existiert ein Handelsregister, das in seiner Funktion dem deutschen Handelsregister vergleichbar ist. Der gute Glaube wird geschützt. Aufgrund des Grundsatzes der materiellen Publizität gilt der Inhalt des Handelsregisters als exakt und gültig.[183] Registerauszüge sind für jedermann online

97

---

176 So auch das DNotI-Gutachten Nr. 96659 vom 18.08.2009 (n.v.).
177 Eine Übersicht über die Beurkundungszuständigkeiten in den einzelnen Kantonen befindet sich auf der Homepage des Instituts für Notariatsrecht und notarielle Praxis bei der Universität Bern (Lehrstuhl Prof. Dr. Wolf). Dort sind nicht nur die Gesetze verlinkt, sondern es wird auch jeweils eine Kurzdarstellung des Systems in jedem einzelnen der Kantone gegeben (im Internet unter: http://www.inr.unibe.ch/lenya/inr/live/Notariatswesen.html).
178 Würzburger Notarhandbuch/*Süß*/*Heggen*, Teil 7 Kapitel 6 Rn. 100.
179 Würzburger Notarhandbuch/*Süß*/*Heggen*, Teil 7 Kapitel 6 Rn. 100.
180 Süß/Wachter/*Löber*/*Kozano*/*Steinmetz*, Handbuch des internationalen GmbH-Rechts, S. 1584.
181 Würzburger Notarhandbuch/*Süß*/*Heggen*, Abschn. E. Rn. 101 m.w.N.
182 *Fellmeth*, Die Vertretung verselbständigter Rechtsträger in europäischen Ländern, Teil I, S. 382; zitiert nach DNotI-Gutachten Nr. 49327 v. 26.04.2004 (n.v.).
183 Süß/Wachter/*Löber*/*Kozano*/*Steinmetz*, Handbuch des internationalen GmbH-Rechts, S. 1587.

abrufbar und bestellbar.[184] Auf den Internetseiten werden auch Telefonnummern für eine Kontaktaufnahme mit dem Handelsregister angegeben. Aufgrund der Vergleichbarkeit des spanischen mit dem deutschen Handelsregister ist als Existenz- und Vertretungsnachweis eine Vertretungsbescheinigung eines deutschen Notars gem. § 21 BNotO denkbar. Der Notar müsste dann in das Register (online) einsehen und aufgrund eigener Rechtskenntnis die Existenz und Vertretungsbefugnis bescheinigen. Möglich ist es auch, eine Bescheinigung des Registerführers über den Inhalt des Handelsregisters einzuholen. Nach Art. 23.1 Ccom ist diese Bescheinigung über den Inhalt des Handelsregisters »das einzige Mittel, das den Inhalt der Registereintragung glaubhaft nachweisen kann«.[185] Die Bescheinigung muss schriftlich angefordert werden und ist ein öffentliches Dokument. Apostille ist erforderlich (s. Rdn. 146). Denkbar ist schließlich auch eine (mit Apostille versehene) Vertretungbescheinigung eines spanischen Notars. Von dieser wird jedoch in der Praxis aufgrund der einfach zu erlangenden Registerbescheinigung wenig Gebrauch gemacht.

jj) Vereinigte Staaten von Amerika

(1) Wichtigste Rechtsform und deren Vertretungsorgane

98 In den USA besteht kein einheitliches Zivil- und damit auch kein einheitliches Gesellschaftsrecht. Vielmehr liegt die Gesetzgebungszuständigkeit für diesen Bereich bei den einzelnen Bundesstaaten. Gleichwohl haben sich in den einzelnen Bundesstaaten ähnliche Gesellschaftsformen herausgebildet. Wichtigste Gesellschaftsform ist die (Business) Corporation, die sowohl in der Form der Close Corporation (ähnelt entfernt der deutschen GmbH) und in der Form der Public Corporation (ähnelt entfernt der deutschen AG) existiert. Bei Gründung hat die Corporation in der Regel der jeweils zuständigen Behörde, dem Secretary of State, die Articles of Incorporation (in deutscher Terminologie: Gesellschaftsvertrag) einzureichen. Mit Erteilung des »Certificate of Incorporation« durch den Secretary of State erlangt die Gesellschaft Rechtsfähigkeit.

99 Die **Verwaltung und Vertretung einer Corporation** unterliegt nach den insoweit weitgehend übereinstimmenden Rechten der US-Staaten dem Board of Directors.[186] Den Directors steht, sofern das Board – wie regelmäßig – aus mehreren Personen besetzt ist, grundsätzlich Gesamtvertretungsbefugnis zu. In vielen Staaten kann das Board of Directors auch mit einem einzigen, dann alleinvertretungsbefugten Director besetzt werden. Beschränkungen können sich aus der Satzung der Gesellschaft (Articles of Incorporation) ergeben.

100 Das Board of Directors tritt als Kollegialorgan i.d.R. nur wenige Male im Jahr zusammen und bestimmt daher für die Führung der laufenden Geschäfte mehrere oder einen Executive Officer, der auch dem Board of Directors angehören kann.[187] Diesen bzw. diesem kommt dann die Vertretungsbefugnis zu, die sich vom Board of Directors ableitet und die sich auf die in den Bylaws (= Geschäftsordnung der Gesellschaft) explizit übertragenen Befugnisse stützt. In letzteren kann auch direkt, wie auch in den Articles of Incorporation, explizit bestimmten Personen (Einzel-) Vertretungsmacht erteilt werden. Für den President einer Gesellschaft besteht hingegen eine Anscheinsvollmacht dahingehend, dass er die Gesellschaft im Rahmen des gewöhnlichen Geschäftsgangs (ordinary business transactions) vertreten kann.[188] Die Vertretungsbefugnisse sind in allen Fällen auf den Gesellschaftszweckes beschränkt (Ultra-Vires-Doktrin), wobei die praktischen Auswirkungen eines Verstoßes gegen diesen Grundsatz beschränkt sind und insbesondere solche Geschäfte nicht per se unwirksam sind. Jede Corporation hat zudem einen Secretary. Dieser ist der oberste Verwaltungsangestellte und

---

184 Internetadresse der Lokalen Register: www.registradores.org (dort teilweise auch in deutscher Sprache) Internetadresse des Zentralen Handelsregisters: www.rmc.es (dort auch in englischer Sprache).
185 Zitiert nach Süß/Wachter/*Löber/Kozano/Steinmetz*, Handbuch des internationalen GmbH-Rechts, S. 1570.
186 Ausführlich dazu *Jacob/Steinorth*, DNotZ 1958, 361 ff.
187 *Merkt/Göthel*, US-amerikanisches Gesellschaftsrecht, Rn. 605 f.
188 *Merkt/Göthel*, US-amerikanisches Gesellschaftsrecht, Rn. 609.

»Schriftführer« der Gesellschaft, der für die Gesellschaft Bescheinigungen erteilt, das Protokollbuch führt und das Siegel der Gesellschaft verwahrt. In kleineren Gesellschaften wird das Amt oft von einem der Directors wahrgenommen.

Ein generelles **Verbot des Selbstkontrahierens** kennt das US-amerikanische Gesellschaftsrecht nicht. In bestimmten Fällen, insbesondere bei Interessenkollisionen, besteht jedoch die Möglichkeit, dass ein Insichgeschäft oder eine Mehrfachvertretung anfechtbar sind.[189] Zu einer Unwirksamkeit des Rechtsgeschäfts führt dies jedoch nicht. In Zweifelsfällen wird vorgeschlagen, das Geschäft genehmigen zu lassen, um auch die Möglichkeit der Anfechtbarkeit zu beseitigen.

(2) Nachweis von Existenz- und Vertretungsmacht

Eine dem deutschen Handelsregister vergleichbare Einrichtung existiert in den US-amerikanischen Bundesstaaten nicht. Da die Gründungsunterlagen dem Secretary of State einzureichen sind, steht es in seiner Kompetenz, die Gründung der Gesellschaft durch ein Certificate of Incorporation zu bestätigen.[190] Liegt die Gründung der Gesellschaft zeitlich etwas weiter zurück, sollte vom Secretary of State zusätzlich ein sog. Certificate of Good Standing angefordert werden, da das Certificate of Incorporation keinen Nachweis darüber erbringt, dass die Gesellschaft inzwischen nicht wieder erloschen ist.[191] Beide Bestätigungen können in einem Dokument erfolgen. Eine notarielle Beglaubigung ist, da das Certificate von einer öffentlichen Behörde ausgestellt wurde und somit § 29 GBO und § 12 HGB genügt, nicht erforderlich.[192] Allerdings ist eine Apostille erforderlich (s. Rdn. 146).

101

Der Nachweis der Vertretungsbefugnis ist aufwendiger. Da sich die Vertretungsmacht von dem Board of Directors ableitet, ist in einem Vertretungsnachweis auch dessen Legitimät nachzuweisen. Dies ist durch eine Bescheinigung des Secretary of State, aus dem sich auch die dem Secretary of State gemeldeten Gründungsdirektoren der Gesellschaft ergeben, nur dann möglich, wenn die Gesellschaft frisch gegründet wurde. Denn spätere Wechsel in im Board of Directors sind dem Secretary of State nicht zu melden. Somit kommt eine Bescheinigung des Secretary of State als Vertretungsnachweis für das Board of Directors außer in den Ausnahmefällen der Neugründung nicht in Betracht. Der Nachweis der Vertretungsbefugnis des Board of Directors bzw. des eines von diesem bestellten Executive Officer kann jedoch durch eine Bescheinigung des Secretary der Gesellschaft (bei kleineren Gesellschaften wird dieses Amt häufig vom Director in Personalunion wahrgenommen) geführt werden. Dieser fertigt in der Regel eine mit dem Gesellschaftssiegel versehene Abschrift des Beschlusses des Board of Directors an, aus dem sich die Bestellung des Executive Officer ergibt. Möglich ist auch, dass mit Beschluss des Board of Directors einer bestimmten Person Vollmacht zum Abschluss des betroffenen Rechtsgeschäfts erteilt oder dieses Rechtsgeschäft genehmigt wird. Diese Abschrift ist dann von ihm und gegebenenfalls von einem weiteren Officer bzw. Director der Gesellschaft zu unterschreiben. Im praktischen Rechtsverkehr erklärt dann der Secretary vor einem Notary Public ein sog. Acknowledgement, wodurch die Erklärungen den Charakter einer öffentlichen Urkunde i.S.v. § 29 GBO erhalten. Apostille ist erforderlich (s. Rdn. 146). Eine solche Erklärung könnte wie folgt lauten:[193]

102

▶ Formulierungsbeispiel zur Existenz- und Vertretungserklärung:

103

I, ..., Secretary of ..... Company, do hereby certify that at a legal meeting of the Board of Directors of said Company regularly called, notice of which was duly given to each Director, which meeting was held at the office of the Company at ..... on the ..... day of ..... 2009, a majority of the directors were present, and a resolution of which the following is a copy was adopted by the said Board as follows:

---

189 *Henn/Alexander*, Laws of Corporations, 1983, S. 637 f. (zit. nach DNotI-Gutachten Nr. 64475, n.v.).
190 Beck'sches Notarhandbuch/*Zimmermann*, Abschn. H Rn. 227; *Kau/Wiehe*, RIW 1991, 32, 33; *Bungert*, DB 1995, 963, 967 f.
191 OLG Hamm IPRax 1998, 358, 360; *Bungert*, IPRax 1998, 339, 347.
192 *Fischer*, ZNotP 1999, 352, 356 (dort findet sich auch ein Muster).
193 Nach *Jacob/Steinorth*, DNotZ 1958, 361, 367 und Kersten/Bühling/*Langhein/Hupka* § 158 Rn. 80 M.

Resolved: .....

Seal of corporation Signature Secretary of X Company

On this ..... day of ....., 2009, before me appeared ....., to me personally known, who, being by me duly sworn did say that he is Secretary (or other officer or agent of the corporation or association) of ....., and that the seal affixed to said instrument is the corporate seal of said corporation and that said instrument was signed and sealed on behalf of said corporation by authority of its Board of Directors and said ..... acknowledged said instrument to be the free act and deed of said corporation.

Notarial Seal

104 Eine Vertretungsbescheinigung durch einen US-amerikanischen Notary Public scheidet in der Regel aus. Ein Notary Public hat kaum Rechtskenntnisse und ist daher mit der Prüfung und Bestätigung der Vertretungsverhältnisse überfordert.[194] Zudem ist für die Erteilung solcher Bescheinigungen nach dem Recht der US-Bundesstaaten nicht zuständig.

105 Vertretungsbescheinigungen eines deutschen Notars gem. § 21 BNotO sind mangels Handelsregister nicht möglich. Der Notar kann aber gem. § 24 BNotO ein Gutachten (ohne die Beweiskraft des § 21 BNotO) abgeben und dies in die Form einer »Bestätigung« fassen. Eine entsprechende gutachterliche Stellungnahme sollte ein deutscher Notar aber nur abgeben, wenn er das ausländische Gesellschaftsrecht hinreichend kennt. Vorzuziehen wäre allein schon aus Haftungsgründen ein Gutachten eines US-amerikanischen Anwalts. Ein solches Gutachten entbehrt jedoch der öffentlichen Form.

kk) Internetinformationen

106 Soweit sich zu den vorgenannten Ländern Informationen im Internet finden lassen, wurde dies an der jeweiligen Stelle in den Fußnoten angegeben. Im Folgenden sind die Fundstellen tabellarisch zusammengefasst:

Belgien	www.eurodb.be
England	Wck2.companieshouse.gov.uk
Frankreich	www.extrait-k-bis.com
Italien	www.itkam.org
Niederlande	www.kvk.nl/handelsregister/zoekenframeset.asp?register=1
Österreich	www.jusline.at
Schweiz	www.zefix.ch oder www.powernet.ch/hrweb/ger/info.htm
Spanien	www.registradores.org oder www.rmc.es

ll) Übersicht über das Verbot des Selbstkontrahierens/der Mehrfachvertretung

Belgien   Kein gesetzliches Verbot des Selbstkontrahierens. Rechtsprechung nimmt jedoch Unwirksamkeit an, wenn Gesellschaft nicht zuvor eingewilligt hat (gilt jedenfalls für die S.A.), s. Rdn. 62.

Dänemark   Eine mit § 181 BGB vergleichbare Bestimmung kennt das dänische Recht nicht. Interessenkollisionen können zwar zur Anfechtbarkeit des Rechtsgeschäftes führen, nicht aber zu dessen Unwirksamkeit, vgl. Rdn. 68.

---

194 Für die in einigen Bundesstaaten vor kurzem eingeführten Civil Law Notary, die über eine Anwaltszulassung verfügen, kann sich dies anders darstellen.

England	Keine mit § 181 BGB vergleichbare Regelung, vgl. Rdn. 69.
Frankreich	keine mit § 181 vergleichbare Regelung vorhanden, Insichgeschäft ist nur im Ausnahmefall nichtig, vgl. Rdn. 77
Italien	Selbstkontrahieren wirksam, kann aber in bestimmte Fällen nachträglich für unwirksam erklärt werden, vgl. Rdn. 80.
Niederlande	Selbstkontrahieren wirksam, kann aber bei Interessenkonflikt angefochten werden, vgl. Rdn. 85
Österreich	Selbstkontrahieren nur zulässig, wenn Interessenkonflikt ausgeschlossen ist, vgl. Rdn. 89.
Schweiz	Selbstkontrahieren unzulässig, sofern nicht die Natur des Rechtsgeschäfts eine Benachteiligung der Gesellschaft ausschließt oder eine – auch stillschweigend erteilte – Ermächtigung vorliegt, vgl. Rdn. 93.
Spanien	Selbstkontrahieren und Mehrfachvertretung sind unzulässig, sofern nicht ein Interessenkonflikt ausgeschlossen ist oder eine – auch allgemein gehaltene – Ermächtigung vorliegt, vgl. Rdn. 96
USA	Selbstkontrahieren wirksam, kann aber bei Interessenkonflikt angefochten werden, vgl. Rdn. 100

III. Rechtsgeschäftliche Vertretung – Vollmachten

Wird im internationalen Rechtsverkehr von Vollmachten Gebrauch gemacht, stellt sich die Frage, nach welchem Recht sich Wirksamkeit und Wirkung der verwandten Vollmacht richten (unter 1.) Diese Frage stellt sich zum einen, wenn ausländische Vollmachten in Deutschland verwendet werden (unter 2.), zum anderen, wenn in Deutschland errichtete Vollmachten im Ausland verwendet werden sollen (unter 3.). 107

1. Die kollisionsrechtliche Behandlung der Vollmacht

Im EGBGB findet sich keine ausdrückliche Regelung für die Anknüpfung der Vollmacht, auch staatsvertragliche Regelungen bzgl. der Vollmacht gelten für Deutschland nicht. Das Haager Abkommen über das auf die Stellvertretung anwendbare Recht vom 14.03.1978[195] ist für Deutschland (noch) nicht in Kraft. Lediglich Art. 37 Satz 1 Nr. 3 EGBGB stellt klar, dass die Regeln des internationalen Schuldvertragsrechts nicht für die Vertretungsmacht gelten. 108

a) Da die Vollmacht nach deutschem (Sach-) Recht abstrakt ist (§ 168 BGB), muss zwischen dem Grundverhältnis (Verhältnis zwischen Geschäftsherr und Bevollmächtigten, z.B. Auftrag) einerseits und der Vollmacht(-serteilung) andererseits unterschieden werden. Im Verhältnis zwischen Vertagspartner und Vollmachtgeber kommt durch Ausübung der Vollmacht das Hauptgeschäftsverhältnis zustande. Dieses bestimmt beispielsweise, ob eine Stellvertretung überhaupt zulässig ist. Die vorgenannte Differenzierung findet sich auch im Kollisionsrecht wieder. Die Vollmacht unterliegt im deutschen Kollisionsrecht nach gesicherter Rechtsprechung[196] einer Sonderanknüpfung. Das so gewonnene Recht wird als **Vollmachtsstatut** bezeichnet (zu den Ausnahmen s.u. Rdn. 116 ff.). Die Anknüpfung der Vollmacht richtet sich demnach weder nach dem Grundverhältnis noch nach dem Hauptgeschäftsverhältnis. 109

---

195 Abgedruckt in RabelsZ 43 (1979) 176.
196 BGHZ 43, 21, 26; BGHZ 64, 183, 192; BGH NJW 1982, 2733; BGH NJW 1990, 3088; BGHZ 128, 41, 47; OLG München NJW-RR 1989, 663; OLG Köln NJW-RR 1996, 411.

110 b) Die Rechtsprechung[197] beurteilt die Vollmacht grundsätzlich nach dem **Recht des Wirkungs- bzw. Gebrauchslandes**. Was unter dem Wirkungsland zu verstehen ist, wird nicht immer einheitlich definiert. Teilweise wird darauf abgestellt, in welchem Land die Vollmacht tatsächlich Wirkung entfaltet.[198] Teilweise wird darauf abgestellt, wo die Vollmacht nach dem Willen des Vollmachtgebers Wirkung entfalten soll.[199] Die begrifflichen Differenzen sind dann unerheblich, wenn der tatsächliche Gebrauchsort dem Willen des Vollmachtgebers entspricht. Die Verweisung auf das Recht des Wirkungslandes ist eine **Sachnormverweisung**. Ein Renvoi widerspräche dem Sinn der Verweisung (Art. 4 Abs. 1 Satz 1 Halbs. 2 EGBGB), weil der Verkehrsschutz dadurch beeinträchtigt werden könnte. Er ist damit unbeachtlich.

111 c) Das Wirkungsland ist das Land, in dem die Vollmacht gebraucht wird, also das Land, in dem die **Erklärung durch den Bevollmächtigten abgegeben** wird,[200] sei es schriftlich, mündlich oder in der sonstiger Weise. Bei einer schriftlichen Erklärung ist also das Recht des Absendeortes und nicht das Recht des Zugangsortes entscheidend. Tritt der Bevollmächtigte als Empfangsbevollmächtigter auf, so ist das Recht desjenigen Landes maßgeblich, in dem der Bevollmächtigte die Erklärung empfangen hat.

112 d) Das Vollmachtsstatut regelt nur die Befugnis des Bevollmächtigten, den Vollmachtgeber gegenüber dem Vertragspartner wirksam zu verpflichten. Die Frage, ob eine rechtsgeschäftliche Vertretung für das Hauptgeschäft überhaupt zulässig ist, richtet sich hingegen nach dem Geschäftsstatut (Recht des Hauptgeschäftsverhältnisses). Das Vollmachtstatut entscheidet darüber, unter welchen Voraussetzungen eine Vollmacht wirksam erteilt werden kann und wie lange sie Bestand hat.[201] Es entscheidet weiter über den inhaltlichen Umfang der Vollmacht (»ist das Vertretergeschäft von der Vollmacht gedeckt?«)[202] und deren Auslegung. Zum Umfang gehört auch die Fähigkeit des Vertreters zum Selbstkontrahieren[203] (zu der Frage, ob ein Organ überhaupt von § 181 BGB befreien kann, s.o. Rdn. 61 ff.) sowie die Frage, ob bei mehreren Vertretern Gesamt- oder Einzelvertretung vorliegt.[204]

113 e) Die **Form der Vollmacht** ist materiellrechtlich unabhängig von der Form des Vertretergeschäfts, § 167 Abs. 2 BGB. Daher ist die Frage, ob die Vollmacht formgültig ist, ob also die Formerfordernisse eingehalten wurden, auch kollisionsrechtlich gesondert nach Art. 11 Abs. 1 EGBGB (bzw. Rom I-VO) zu beurteilen. Es kommt daher auf die Formvorschriften des für die Vollmacht geltenden Geschäftsrechts (Vollmachtsstatuts) oder auf die Formvorschriften desjenigen Ortes an, an dem die Vollmacht erteilt wird (Ortsstatut). Die Vollmacht ist also jedenfalls dann formwirksam, wenn sie den Formvorschriften des Wirkungs- bzw. Gebrauchslandes entspricht.[205] Beide Alternativen stehen gleichberechtigt nebeneinander. Art. 11 Abs. 1 EGBGB (bzw. Rom I-VO) gilt auch für die Form von **Zustimmungen und Genehmigungen** von Privaten,[206] auch wenn sich deren Erfordernis aus dem Geschäftsstatut ergibt.

114 Wird eine **GmbH-Gründung** aufgrund Vollmacht beurkundet, so bedarf diese Vollmacht gem. § 2 Abs. 2 GmbHG einer notariellen Beurkundung oder Beglaubigung. Diese Anordnung ist abweichend von § 167 Abs. 2 BGB zu beachten. Eine im Ausland errichtete, privatschriftliche Vollmacht bedarf daher selbst dann der nach § 2 Abs. 2 GmbHG vorgeschriebenen Form, wenn die Erteilung

---

197 BGH NJW 1954, 1561; BGHZ 43, 21; BGH NJW 1990, 3088; BGHZ 64, 183, 192; BGH DNotZ 1994, 485, 487; BGH NJW 1982, 2733.
198 BGH NJW 1965, 487; BGH NJW 1990, 308.
199 BGHZ 64, 183, 192; BGH DNotZ 1994, 485, 487.; BGH NJW 1982, 2733.
200 OLG Saarbrücken IPRspr. 1968/69 Nr. 19a.
201 BGH JZ 1963, 167, 168; OLG München WM 1969, 731.
202 BayObLG NJW-RR 1988, 873 (Anmeldung einer Kapitalerhöhung); LG Karlsruhe RIW 2002, 153, 155 (Befugnis zur Erteilung einer Untervollmacht).
203 BGH NJW 1992, 618; OLG Düsseldorf IPRax 1996, 423, 425.
204 *Reithmann/Martiny/Hausmann*, Internationales Vertragsrecht, 6. Teil B Rn. 246.
205 BGH WM 1965, 868; OLG Zweibrücken FGPrax 1999, 86.
206 KG IPRax 1994, 217; *Lorenz*, IPRax 1994, 193 f.

D. Außenbeziehungen der Gesellschaft, insbesondere Vertretungsfragen **Kapitel 10**

der Gründungsvollmacht nach ausländischem Recht privatschriftlich möglich ist. Sinn und Zweck dieser Vorschrift ist, spätere Streitigkeiten über die Vertretungsmacht des Vertreters zu vermeiden.[207] Daher handelt es sich bei § 2 Abs. 2 GmbHG nicht nur um eine Ordnungsvorschrift, sondern um ein Wirksamkeitserfordernis für die Vollmachtserteilung.[208] Neben der Beurkundung oder Beglaubigung durch einen deutschen Notar reicht auch diejenige eines deutschen Konsuls oder die Beglaubigung durch einen ausländischen Notar aus, sofern – was in den allermeisten Fällen zu bejahen ist – Gleichwertigkeit gegeben ist. Die durch einen ausländischen Notar beglaubigte Vollmacht bedarf dann aber gegebenenfalls einer Legalisation oder Apostille (s. dazu Rdn. 136 ff.).

Soll eine ausländische Vollmacht in Deutschland verwendet werden, um **Eintragungen im Handelsregister** vorzunehmen, ist Folgendes zu beachten: § 12 Abs. 2 HGB verlangt die Vorlage einer öffentlichen oder öffentlich beglaubigten Urkunde. Ausländische Urkunden, und damit auch Vollmachten, werden in Deutschland grundsätzlich als öffentlich anerkannt, wenn sie die äußeren Merkmale einer öffentlichen Urkunde enthalten. Zum Echtheitsnachweis bedarf die ausländische öffentliche Urkunde grundsätzlich der Legalisation, vgl. § 438 Abs. 2 ZPO (s. dazu Rdn. 139 ff.). Von dem teilweise aufwendigen Verfahren der Legalisation kann abgesehen werden, wenn die Apostille ausreicht (s. dazu Rdn. 143 ff.) oder wenn ein befreiender Staatsvertrag vorliegt. Selbst wenn eine Legalisation oder eine Apostille erforderlich sind, steht es im Ermessen des Grundbuchamtes oder Registergerichts, ob diese auch tatsächlich verlangt wird (vgl. § 438 Abs. 1 ZPO).[209] 115

f) Fallgruppen mit abweichendem Schwerpunkt: Die Vollmacht zur **Verfügung über Grundstücke** oder grundstücksgleiche Rechte (Immobiliarsachenrechte) wird der lex rei sitae, also dem Recht unterstellt, in dem die Grundstücke belegen sind.[210] Das gilt auch, wenn von der Vollmacht außerhalb des Belegenheitsstaates Gebrauch gemacht wird. 116

Unterhält ein Vertreter eine eigene **feste geschäftliche Niederlassung**, so beurteilt sich die Vollmacht nach dem Recht des Landes, in dem die Niederlassung belegen ist.[211] Dies gilt auch, wenn er in einem anderen (dritten) Land handelt,[212] es sei denn, das Handeln von der Niederlassung aus ist für den Vertragspartner nicht erkennbar.[213] Dann gilt wieder das Recht des Gebrauchsortes. 117

Für **Prokuristen, Handlungsbevollmächtigte und sonstige Firmenvertreter** ergibt sich eine Abweichung vom Wirkungslandprinzip aus der Überlegung, dass die Vollmacht (oder Prokura) ihren Schwerpunkt eher in dem Recht desjenigen Landes hat, in dem die Gesellschaft ihren Sitz hat.[214] Da nach der nunmehr in vielen Fällen geltenden Gründungstheorie das Gesellschaftsstatut von dem Sitzstatut abweichen kann, kann das auf die Prokura und die Handlungsbevollmächtigten etc. anwendbare Recht gegebenenfalls vom Gesellschaftsstatut abweichen.[215] Da die Abgrenzung von Prokuristen, Handlungsbevollmächtigten zu sonstigen Firmenvertretern – nicht zuletzt auf Grund der denkbar vielfältigen ausländischen Vertretungsformen – schwer fällt, sollten auch letztere dem Sitzstatut unterstellt werden. 118

Die **Prozessvollmacht** unterliegt dem Recht des Prozessortes (lex fori).[216] 119

---

207 Michalski/*Michalski*, § 2 Rn. 28.
208 Michalski/*Michalski*, § 2 Rn. 28 m.w.N.
209 *Reithmann*, DNotZ 1956, 469, 475 f. m.w.N.
210 RGZ 149, 93, 94; OLG München IPRax 1990, 320 m. Anm. *Spellenberg*, 295; OLG Stuttgart DNotZ 1981, 746.
211 BGHZ 43, 21, 26; BGH NJW 1990, 3088.
212 BGHZ 64, 183, 192.
213 BGH NJW 1990, 3088.
214 BGH NJW 1992, 618 (Prokura); OLG Frankfurt am Main IPRax 1986, 37, 375 m. Anm. *Ahrens*, 355.
215 Süß/Wachter/*Süß*, Handbuch des internationalen GmbH-Rechts, S. 27.
216 BGH MDR 1958, 319.

120 Bei einer **Vollmacht zur Ausübung von Stimmrechten** in Gesellschaften ist zu unterscheiden: Die Zulässigkeit einer Bevollmächtigung richtet sich nach dem Geschäftsstatut, hier also nach dem Gesellschaftsstatut.[217] Sonstige Fragen betreffend Umfang, Erteilung, Erlöschen und Missbrauch der Vollmacht beurteilen sich hingegen nach dem Vollmachtsstatut.

2. Verwendung ausländischer Vollmachten in Deutschland

121 Nach den oben genannten Grundsätzen gilt für die notarielle Praxis: Die Wirksamkeit und der Umfang einer in Deutschland ausgeübten Vollmacht bestimmen sich **grundsätzlich nach deutschem Recht** (Statut des Wirkungslandes).

122 Eine vorgelegte schriftliche Vollmacht sollte dahin überprüft werden, ob sie eine **Rechtswahl** oder eine Beschränkung auf den Gebrauch in einem bestimmten Land enthält. Weicht das Bestimmungsland vom Gebrauchsland (Deutschland) ab, oder wird ein anderes als das Recht des Gebrauchslandes gewählt, sollte der Notar darüber belehren, dass sich die Vollmacht nach ausländischem Recht beurteilt. Falls ihm die Prüfung ausländischen Rechts nicht möglich ist, sollte er darüber belehren, dass er das Vollmachtsstatut nicht kennt und er über die Wirksamkeit der Vollmacht keine Aussage machen kann.[218]

123 ▶ Formulierungsvorschlag: Belehrungsvermerk Vollmacht

Der Notar wies die Beteiligten darauf hin, dass auf die von dem Beteiligten XY vorgelegte Vollmacht das Recht des Staates xy zur Anwendung kommt, dieses Recht ihm unbekannt sei und deshalb Zweifel an der Gültigkeit des Rechtsgeschäfts bestünden. Der Notar hat die Beteiligten darauf hingewiesen, dass eine verbindliche Auskunft zu diesen Fragen von einem ausländischen Juristen oder mittels eines Universitätsgutachtens gegeben werden kann. Die Beteiligten wünschten gleichwohl die sofortige Beurkundung.

124 Ist die Vollmacht in einer ausländischen Sprache abgefasst, so stellt sich die Frage, ob es einer *Übersetzung* bedarf. Hier ist zu differenzieren:

a) Ist der Notar selbst der Vollmachtssprache mächtig, so bedarf es keiner Übersetzung. Schließlich kann der Notar auch in ausländischer Sprache beurkunden (§ 5 Abs. 2 BeurkG). Die Vollmacht muss auch nicht für die Beifügung zur Urkunde gem. § 12 Satz 1 BeurkG übersetzt werden. Denn es obliegt alleine dem Notar, die Wirksamkeit der Bevollmächtigung zu prüfen. Aus diesem Grund muss die in ausländischer Sprache abgefasste Vollmacht auch nicht für den dieser Sprache unkundigen Vertragspartner übersetzt werden. § 16 BeurkG gilt nach dem Wortlaut nicht, denn die Vollmacht ist nicht Teil der Niederschrift. Sollte allerdings die Urkunde dem Gericht (Handelsregister) vorgelegt werden, so kann dieses eine Übersetzung verlangen. Denn die Gerichtssprache ist deutsch (§§ 8, 9 FGG, 184 GVG). In den gängigen Sprachen, zumindest in Englisch, ist dies allerdings selten der Fall.

125 Umfangreiche Handelsregistervollmacht eines Kommanditisten (deutsch/englisch)

Ich, der/die Unterzeichnende	I, the undersigned
...	...
Name	Vorname/First name
...	...
Geburtsdatum/Date of Birth	
...	...
Wohnort/City	Straße/Street

---

217 *Dorsel*, MittRhNotK 1997, 6, 8.
218 Zur Vollmacht in internationalen M&A-Transaktionen vgl. auch *Seibold/Groner*, NZG 2009, 126.

D. Außenbeziehungen der Gesellschaft, insbesondere Vertretungsfragen   Kapitel 10

...	...
Telefon/Telephone	Beruf/Profession
erteile hiermit	hereby authorise
Herrn. und/and Herrn.	
und zwar jedem einzeln	each of them having sole power of representation
VOLLMACHT	POWER OF ATTORNEY
1. mich bei der Aufnahme und dem Ausscheiden von Gesellschaftern bei der. sowie hinsichtlich sämtlicher die Gesellschaftsanteile von Kommanditisten betreffenden Vereinbarungen umfassend in Übereinstimmung mit dem Gesellschaftsvertrag und den entsprechenden Gesellschafterversammlungsbeschlüssen zu vertreten und alle damit im Zusammenhang stehenden notwendigen Erklärungen und Versicherungen gegenüber dem Handelsregister abzugeben, insbesondere auch die Versicherung, dass dem ausscheidenden Kommanditisten aus Anlass seines Ausscheidens eine Entschädigung aus dem Gesellschaftsvermögen weder gewährt noch versprochen worden ist.	1. to represent me regarding the entry and the exit of partners of. as well as with regard to the conclusion of all agreements relating to the shares of limited partners which are met in accordance with the articles of association and the shareholders› resolutions. The representatives are entitled to execute all declarations and give all affirmations to the commercial register; they are especially authorised to assure that a limited partner who exits the company did neither receive a compensation on the occasion of his exit nor was such compensation promised to him.
2. sämtliche Anmeldungen zum Handelsregister vorzunehmen, für die die Mitwirkung eines Kommanditisten gesetzlich erforderlich ist. Hierzu gehören u. a. die Anmeldung aus Anlass der Aufnahme von Kommanditisten, die Abtretung von Gesellschaftsanteilen sowie das Ausscheiden von Kommanditisten einschließlich meiner selbst.	2. execute all filings with the commercial register for which the cooperation of a limited partner is required by law including inter alia filings in connection with the entry of limited partners, the transfer of shares and the exit of limited partners inclusive of my exit of the company.
Die Vollmacht ist unwiderruflich und erlischt nicht durch meinen Tod. Die in dieser Urkunde bevollmächtigten Personen dürfen gleichzeitig auch in Vollmacht der übrigen Gesellschafter der vorbezeichneten Kommanditgesellschaft handeln. Sie sind von den Beschränkungen des § 181 BGB befreit. Sie dürfen Unter- und Nachvollmacht, ggf. unter Befreiung von den Beschränkungen des § 181 BGB, erteilen.	This power of attorney is irrevocable and does not expire upon my death. The representatives are entitled to act upon this power of attorney and upon the power of attorney of other partners at the same time. They are released from the restrictions of Sec. 181 of the German Civil Code. They are entitled to transfer this power of attorney to other parties if necessary under release from the restrictions of Sec. 181 of the German Civil Code.
Im Falle von Unterschieden zwischen der maßgebenden deutschen Fassung und der englischen Übersetzung ist der deutsche Text dieser Vollmacht maßgeblich.	In case of discrepancies between the binding German version and this convenience translation the German version shall prevail.
_____ (Ort/Datum)	_____ (Place/Date)
_____ Unterschrift mit notarieller Beglaubigung/ Signature with certification by a notary public	

b) Ist der Notar der Vollmachtssprache nicht hinreichend mächtig, so ist zur Prüfung der Bevollmächtigung eine Übersetzung unabdingbar. Hier ist die Übersetzung eines vereidigten Übersetzers zusammen mit der Urkunde vorzulegen und der Urschrift beizufügen. Wird die Übersetzung nicht

126

vorgelegt bzw. erst nach der Beurkundung nachgereicht, so muss der Notar darüber belehren, dass er eine wirksame Bevollmächtigung nicht prüfen kann. Beurkunden kann er aber trotzdem.

127 ▶ **Formulierungsvorschlag: Belehrungsvermerk Fremdsprache**

Der Notar wies die Beteiligten darauf hin, dass auf die von dem Beteiligten XY vorgelegte Vollmacht in einer fremden Sprache errichtet ist, deren der Notar nicht kundig ist. Es bestehen deshalb Zweifel an der Gültigkeit des Rechtsgeschäfts. Der Notar hat die Beteiligten darauf hingewiesen, dass der Notar den Inhalt der Vollmacht prüfen kann, wenn ihm eine Übersetzung eines vereidigten Übersetzers vorliegt. Die Beteiligten wünschten gleichwohl die sofortige Beurkundung.

128 Eine weitere Problematik ergibt sich für den Notar, wenn ein **ausländischer Firmenvertreter** für eine Gesellschaft mit Sitz im Ausland handelt. Da nach ausländischem Recht u. U. die Grenzen zwischen organschaftlicher und gewillkürter Stellvertretung nicht immer präzise gezogen werden, herrscht häufig Unklarheit über den Umfang der Vertretungsbefugnis (z.B. ob Gesamtvertretung oder Einzelvertretung vorliegt). In diesem Fall helfen ausländische Registerauszüge nicht immer weiter, da diese gegebenenfalls keine Regelung über die Vertretungsbefugnis enthalten. Hier kann der deutsche Notar nur eine Bestätigung des Notars des Sitzlandes anfordern.[219]

3. Verwendung deutscher Vollmachten im Ausland

129 Bei Vollmachten zum Gebrauch im Ausland sollte die Gestaltung so erfolgen, dass sie nach dem Recht des Gebrauchslandes gültig sind. Im Zweifel (etwa wenn unklar ist, ob eine notarielle Beurkundung oder nur eine Beglaubigung erforderlich ist) sollte der sichere Weg gewählt werden, auch wenn die Gefahr besteht, etwas Überflüssiges zu veranlassen. Die Befugnisse des Vertreters sollten genau beschrieben werden. Dies gilt auch für die Befreiung vom Selbstkontrahierungsverbot, das nicht in allen Ländern bekannt ist. Im Zweifel kann auch eine Rechtswahl (auf deutsches Recht) vorgenommen werden.[220] Grundstücksvollmachten sollten immer auf der Basis des Belegenheitsrechts erstellt werden.

130 Beurkundet der Notar eine Vollmacht, so sollte er erfragen, in welchem Land diese gebraucht werden soll und ob eine Beschränkung auf das Inland oder auf ein bestimmtes Land erwünscht ist. Ist dies der Fall, so sollte er in die Urkunde aufnehmen, dass die Vollmacht »nur wirksam bei Anwendung in dem Bestimmungsland ist«. Eine Einschränkung, nach der von der Vollmacht nur Gebrauch gemacht werden »kann« stellt i.d.R. eine Beschränkung im Innenverhältnis dar, die aber – jedenfalls nach deutschem Recht – im Außenverhältnis keine Wirkung entfaltet. Wird keine Beschränkung auf ein bestimmtes Land aufgenommen, sollte darüber belehrt werden, dass die Vollmacht bei Gebrauch im Ausland ausländischem Recht unterstehen kann und aus deutscher (kollisionsrechtlicher) Sicht jedenfalls nicht nur deutschem Recht unterstehen kann.

131 Wird die Vollmacht nach ihrem Inhalt (z.B. Durchsetzung von Ansprüchen in mehreren Ländern; Vollmacht zur Verwaltung von Vermögen in mehreren Ländern) in unterschiedlichen Ländern gebraucht (z.B. eine Generalvollmacht), so kann es zu einer Aufspaltung des Vollmachtsstatuts kommen. Je nach (konkretem) Wirkungsland kann ein und dieselbe Vollmacht nach unterschiedlichen Rechten beurteilt werden.

132 Hinsichtlich der Form gilt, dass bei Erteilung der Vollmacht unter Einhaltung der deutschen Formvorschriften diese auch im Ausland als wirksam anzuerkennen ist, vorausgesetzt, das ausländische Kollisionsrecht knüpft ebenfalls (wenigstens auch) an die Ortsform an. In jedem Fall sollte vorher ermittelt werden, wie das Kollisionsrecht des jeweiligen Landes die Form anknüpft. Besteht darüber

---

219 *Reithmann,* EWiR 1990, 1087 (zu BGH v. 26.04.1990); *Dorsel,* MittRhNotK 1997, 6, 16; vgl. hierzu auch die Reihe »Vertretungs- und Existenznachweise ausländischer Kapitalgesellschaften« von *Langhein/ Fischer/Heinz,* ZNotP 1999, 218 ff. (Teil I), 352 ff. (Teil II), 410 und ZNotP 2000, 410 (Teil III).
220 *Dorsel,* MittRhNotK 1997, 6, 19.

Unklarheit oder möchte man die Akzeptanz der Vollmacht im Ausland sicherstellen, so sollte die Form gewählt werden, die das ausländische materielle Recht vorsieht. Ist man unsicher, sollte die Vollmacht beurkundet und anschließend legalisiert bzw. mit einer Apostille versehen werden.

Da die Auslegung der Vollmacht dem Vollmachtsstatut – bei Gebrauch im Ausland also dem dort geltenden Recht – unterliegt, sollte die Vollmacht möglichst klar und unmissverständlich formuliert werden. Dies gilt insbesondere deshalb, weil Vollmachten in anderen Rechtsordnungen häufig eng ausgelegt werden. 133

Die Internationale Union des Notariats (U.I.N.L.) gibt eine Sammlung internationaler Vollmachten heraus. Im Folgenden wird die die Vollmacht für die Gründung einer Kapitalgesellschaft abgedruckt. 134

▶ **Formulierungsvorschlag zur Vollmacht für die Gründung einer Kapitalgesellschaft der U.N.I.L.:** 135

Vor mir, Notar .....

erschien:

Herr .....

Der Vollmachtgeber ..... erklärt, hierdurch zu seinem Sonderbevollmächtigten zu bestellen, ..., dem er die Befugnis überträgt, in seinem Namen und für seine Rechnung folgende Rechtsgeschäfte und Handlungen vorzunehmen:

- Teilnahme an dem Gründungsakt einer Kapitalgesellschaft, über deren Gesellschaftsform, Firma, Gegenstand, Sitz, Dauer und Kapital ebenso wie über alle nötigen oder für die Wirksamkeit der Gründung erforderlichen Festlegungen der Bevollmächtigte befindet;
- Übernahme einer Beteiligung an dem Gesellschaftskapital, in Form von Aktien oder in Form eines Kapitalanteils, in der Höhe, die der Bevollmächtigte für gut befindet, Erbringung dieser Beteiligung, ganz oder teilweise, in Geld oder Sacheinlagen, dies alles in der gesetzlich vorgeschriebenen Weise;
- Eingehung von Verpflichtungen hinsichtlich der Fälligkeit sowie der Art und Weise der Erbringung der übernommenen Beteiligung;
- Feststellung der für die Gesellschaft geltenden Satzung;
- Bestellung der Geschäftsführungs- und Aufsichtsorgane und Festsetzung ihrer Bezüge;
- Festlegung von Vorzugsrechten der Gründungsgesellschafter oder bestimmter Kategorien von Gesellschaftern bei der Gewinnverteilung oder bei der Verteilung des Gesellschaftsvermögens im Falle der Liquidation, im Rahmen des gesetzlich Zulässigen;
- Festlegung von Einschränkungen der Übertragbarkeit von Aktien oder Kapitalanteilen, im Rahmen des gesetzlich Zulässigen;
- Erfüllung aller formalen Erfordernisse der Gründung der Gesellschaft, gleichviel welcher Art;
- Eingehung aller anderen Übereinkünfte, Bestimmungen und Vertragsbedingungen nach Gutdünken des Bevollmächtigten;
- Alles Erforderliche bei öffentlichen Ämtern einschließlich den Steuerbehörden einzuleiten.

Die vorstehende Aufzählung der Befugnisse des Bevollmächtigten ist beispielhaft, nicht abschließend. Das Fehlen oder die ungenaue Bezeichnung von Befugnissen können dem Bevollmächtigten nicht entgegen gehalten werden. Der Bevollmächtigte ist berechtigt, Untervollmacht zu erteilen.

Diese Niederschrift wurde dem Vollmachtgeber vor dem Notar vorgelesen, vom Vollmachtgeber genehmigt und unterschrieben zusammen mit dem Notar wie folgt unterschrieben:

....., Notar

IV. Legalisation und Apostille

Sollen in Deutschland errichtete Urkunden im Ausland verwandt werden oder werden ausländische Urkunden in Deutschland vorgelegt, stellt sich die Frage, ob eine Anerkennung als öffentliche Urkunde möglich ist. Im Bereich des Gesellschaftsrechts ist dies insbesondere relevant, wenn ausländische Vollmachten, die von einem ausländischen Notar beurkundet oder beglaubigt wurden, 136 vorgelegt werden. Eine Anerkennung als öffentliche Urkunde ist grundsätzlich, wenn sie die äußeren Merkmale einer öffentlichen Urkunde enthalten. Deren Echtheit muss jedoch häufig nachgewiesen werden, insbesondere wenn die Urkunde bei einem öffentlichen Register (z.B. Handelsregister, § 12 HGB) vorgelegt wird. Ist eine ausländische öffentliche Urkunde hiernach als echt anzusehen, begründet sie ebenso wie eine in Deutschland errichtete öffentliche Urkunde vollen Beweis des beurkundeten Vorgangs bzw. der bezeugten Tatsachen (§§ 415 Abs. 1, 418 Abs. 1 ZPO), solange nicht die Unrichtigkeit der Beurkundung nachgewiesen wird.

137 In manchen Ländern gibt es so viele Urkundenfälschungen, dass die deutschen Auslandsvertretungen bis auf Weiteres keine Legalisationen mehr vornehmen. Eine Liste findet sich auf der Internetseite des Auswärtigen Amtes (http://www.konsularinfo.diplo.de/Vertretung/konsularinfo/de/05/Urkundenverkehr.html). Müssen Urkunden in einem dieser Staaten aufgenommen und in Deutschland verwendet werden, empfiehlt sich die Beurkundung bei einem deutschen Konsulat.

138 Der Gebrauch öffentlicher Urkunden außerhalb des Errichtungsstaates beurteilt sich nicht nach dem Formstatut (Art. 11 EGBGB). Die Frage stellt sich sowohl für ausländische öffentliche Urkunden, die im Inland gebraucht, als auch für inländische öffentliche Urkunden, die im Ausland gebraucht werden sollen. Die Urkunde kann nur dann außerhalb des Errichtungsstaates verwandt werden, wenn ein Echtheitsnachweis beigebracht wird. Dieser kann durch Legalisation (unter 1.), durch Apostille (unter 2.) erbracht werden, oder ist aufgrund bilateraler Abkommen gänzlich entbehrlich (unter 3.).

1. Legalisation

139 Zum Echtheitsnachweis bedarf die im Ausland verwandte öffentliche Urkunde grundsätzlich der Legalisation, vgl. § 438 Abs. 2 ZPO, es sei denn, dass ein zweiseitiger Staatsvertrag geschlossen ist, der die Legalisation unnötig macht, oder dass die Urkunde in einem der Vertragsstaaten des Haager Übereinkommens vom 05.10.1961 zur Befreiung ausländischer öffentlicher Urkunden von der Legalisation[221] Verwendung finden soll. Dies bedeutet, dass die Echtheit der Urkunde durch die Auslandsvertretung (für Deutschland die Konsulate, vgl. § 13 KonsularG) desjenigen Staates bestätigt wird, in dem die Urkunde verwandt werden soll. Zuständig für die Legalisation ausländischer öffentlicher Urkunden und Beglaubigungen ist der Konsularbeamte der Bundesrepublik Deutschland, in dessen Amtsbezirk jeweils die Urkunde errichtet bzw. beglaubigt ist (§ 13 Abs. 1 KonsG). Die von ihm vorgenommene Legalisation beinhaltet im allgemeinen nur eine Legalisation i. e. S., begründet also nur den (widerleglichen) Beweis der Echtheit der Unterschrift der ausländischen Urkundsperson sowie des beigefügten Siegels und die Vermutung, dass derjenige, der die öffentliche Urkunde errichtet hat, in der von ihm angegebenen amtlichen Eigenschaft gehandelt hat (§ 13 Abs. 2 KonsG). Die Befugnis der Urkundsperson zur Aufnahme der Urkunde und die Beachtung der Formvorschriften des Errichtungsortes wird also durch die Legalisation nicht nachgewiesen, sofern dies nicht auf Antrag durch einen Zusatzvermerk ausdrücklich bestätigt wird (§ 13 Abs. 4 KonsG). Es entspricht jedoch einem allgemeinen Erfahrungssatz des internationalen Rechtsverkehrs, dass ausländische öffentliche Urkunden, deren Echtheit durch den Legalisationsvermerk nachgewiesen ist, auch von der nach dem Recht des Errichtungsstaates zuständigen Urkundsperson und entsprechend den dortigen Formvorschriften errichtet worden sind.

140 Ein Verzeichnis der diplomatischen und konsularischen Vertretungen in der Bundesrepublik Deutschland findet sich auf der Homepage des Auswärtigen Amtes[222] unter der Rubrik »Auslandsvertretungen«.

141 Der Legalisation durch den konsularischen Vertreter des Verwendungsstaates muss nach dem Recht vieler Staaten[223] eine **Zwischenbeglaubigung** der Echtheit durch eine Behörde des Errichtungsstaa-

---

221 BGBl. 1965 II, S. 876.
222 S. www.auswaertiges-amt.de.
223 Vgl. die Übersicht bei *Armbrüster/Preuß/Renner*, BeurkG Anh. III.

D. Außenbeziehungen der Gesellschaft, insbesondere Vertretungsfragen   Kapitel 10

tes vorausgehen. Diese Zwischenbeglaubigung – unrichtigerweise oft Legalisation genannt – erfolgt nach Maßgabe landesrechtlicher Vorschriften (§ 61 Abs. 1 Nr. 11 BeurkG) durch den Landgerichtspräsidenten (Antragsmuster vgl. unten Rdn. 142). Aufgrund des ihm über die Notare zustehenden Dienstaufsichtsrechts kann der Landgerichtspräsident die ihm zur Zwischenbeglaubigung vorgelegten notariellen Urkunden prüfen und die Zwischenbeglaubigung ablehnen, wenn die Urkunde Mängel aufweist, die dienstrechtlich zu beanstanden sind. Nur ganz wenige Staaten verlangen außerdem noch eine **Endbeglaubigung**, die dann das Bundesverwaltungsamt vornimmt.[224]

▶ Muster: Antrag auf Zwischenbeglaubigung   142

Antrag auf Zwischenbeglaubigung

An den Präsidenten des Landgerichts in .....

In der Anlage überreiche ich Vollmacht vom ..... Nr. ...../..... meiner Urkundenrolle mit der Bitte um Zwischenbeglaubigung.

Die Urkunde soll in Algerien verwendet werden.

EURO ..... füge ich in Gerichtskostenmarken bei.

....., Notar

2. Vereinfachte Legalisation nach dem Haager Abkommen vom 05.10.1961 (Apostille)

a) Das Haager Übereinkommen vom 05.10.1961 zur Befreiung ausländischer öffentlicher Urkun-   143
den von der Legalisation[225] befreit die öffentlichen Urkunden im Rechtsverkehr zwischen den Mitgliedstaaten von der häufig zeitraubenden und kostspieligen Förmlichkeit der Legalisation. Im Interesse der Rechtssicherheit darf jedoch verlangt werden, dass die Urkunden, die in einem Vertragsstaat errichtet werden und in einem anderen Vertragsstaat Verwendung finden sollen, mit einer Echtheitsbescheinigung, wenn auch in der wesentlich vereinfachten und einheitlichen Form der sogenannten Apostille versehen sind (Art. 3 Abs. 1).

▶ Muster der Apostille   144

[Die Apostille soll die Form eines Quadrats mit Seiten von mindestens 9 Zentimetern haben]

APOSTILLE

(Convention de La Haye du 5 octobre 1961)

1. Land: .....
   Diese öffentliche Urkunde
2. ist unterschrieben von .....
3. in seiner Eigenschaft als .....
4. sie ist versehen mit dem Siegel/Stempel des (der) .....
   Bestätigt
5. in .....
6. am .....
7. durch .....
8. unter Nr. .....
9. Siegel/Stempel:
10. Unterschrift:
.....

Die Apostille wird von einer Behörde des Staates, in dem die Urkunde aufgenommen ist, erteilt.   145
Zuständige Behörde für die Erteilung der Apostille für notarielle Urkunden – einschließlich der

---

224 Vgl. *Armbrüster/Preuß/Renner*, BeurkG Anh. III.
225 BGBl. 1965 II, S. 876.

Beglaubigungsvermerke auf Privaturkunden – ist in Deutschland der Präsident des Landgerichts, in dessen Bezirk der Notar seinen Amtssitz hat, in Hessen und Rheinland-Pfalz neben dem Präsidenten des Landgerichts auch das Justizministerium. Nach Erteilung der Apostille kann die notarielle Urkunde ohne weiteres in einem der Vertragsstaaten vorgelegt und verwendet werden. Die Erteilung der Apostille erfolgt auf Antrag des Notars oder des Inhabers der Urkunde.

146 b) Eine aktualisierte Liste der Vertragsstaaten des Haager Übereinkommens findet sich auf der Homepage des DNotI[226] unter der Rubrik Arbeitshilfen/IPR. Nach dem Stand dieser Liste vom 19.02.2016 sind dem Abkommen folgende Staaten beigetreten:

Liste der Vertragsstaaten des Haager Übereinkommens

Staat	Formerfordernis	Haager Abkommen zur Befreiung vom Erfordernis der Legalisation	
		Inkrafttreten	Fundstelle
A			
Afghanistan	Legalisation – zzt. legalisieren deutsche Auslandsvertretungen aber keine Urkunden aus Afghanistan.		
Ägypten	Legalisation		
Albanien	Legalisation	seit 09.12.2016	BGBl. 2017 II S. 160
Algerien	Legalisation		
Andorra	Apostille	seit 31.12.1996	BGBl. 1996 II, S. 2802
Angola	Legalisation		
Antigua und Barbuda	Apostille	seit 01.11.1981	BGBl. 1986 II, S. 542
Äquatorialguinea	Legalisation – zzt. legalisieren deutsche Auslandsvertretungen aber keine Urkunden aus Äquatorialguinea.		
Argentinien	Apostille	seit 18.02.1988	BGBl. 1988 II, S. 235
Armenien	Apostille	seit 14.08.1994	BGBl. 1994 II, S. 2532
Aserbaidschan	Legalisation – zzt. legalisieren deutsche Auslandsvertretungen aber keine Urkunden aus Aserbaidschan.		Haager Übereinkommen seit 02.03.2005, aber nicht im Verhältnis zu Deutschland[227] BGBl. 2008 II, S. 224
Äthiopien	Legalisation		
Australien	Apostille	seit 16.03.1995	BGBl. 1995 II, S. 222
B			
Bahamas	Apostille	seit 10.07.1973	BGBl. 1977 II, S. 20
Bahrein	Apostille	Seit 31.12.2013	BGBl. 2013 II, S. 1593

---

226 S. www.dnoti.de.
227 Deutschland und die Niederlande haben einen Einspruch nach Art. 12 Abs. 2 des Abkommens eingelegt. Im Verhältnis zwischen diesen Staaten und Aserbaidschan genügt daher die Apostille nicht. Belgien hat einen verspäteten und damit wirkungslosen Einspruch eingelegt. Ungarn hat einen zunächst eingelegten Einspruch zwischenzeitlich wieder zurückgenommen (10.03.2005), ferner haben die Niederlande ihren Einspruch ebenso zwischenzeitlich zurückgenommen (10.08.2010).

D. Außenbeziehungen der Gesellschaft, insbesondere Vertretungsfragen   Kapitel 10

Staat	Formerfordernis	Haager Abkommen zur Befreiung vom Erfordernis der Legalisation	
		Inkrafttreten	Fundstelle
Bangladesch	Legalisation – für deutsche Urkunden zuvor Endbeglaubigung; zzt. legalisieren deutsche Auslandsvertretungen aber keine Urkunden aus Bangladesch.		
Barbados	Apostille	seit 30.11.1966	BGBl. 1996 II, S. 934
Belarus sh. Weißrussland			
Belgien	Zur Verwendung deutscher Urkunden in Belgien empfiehlt sich, vorsichtshalber eine **Apostille** einzuholen, da das bilaterale Abkommen offenbar z.T. in Belgien nicht anerkannt wird. Umgekehrt ist für die Verwendung belgischer Urkunden in Deutschland keine Apostille erforderlich.	Vertrag zwischen der Bundesrepublik Deutschland und dem Königreich Belgien über die Befreiung öffentlicher Urkunden von der Legalisation vom 13.05.1975 (BGBl. 1980 II, 815) (daneben Haager Abkommen seit 09.02.1976, BGBl. 1976 II, S. 199)	
Belize	Apostille	seit 11.04.1993	BGBl. 1993 II, S. 1005
Benin	Legalisation – zzt. legalisieren deutsche Auslandsvertretungen aber keine Urkunden aus Benin.		
Bermuda sh. Großbritannien			
Birma (Burma) sh. Myanmar			
Bolivien	Apostille	seit 07.05.2018	BGBl. 2018 II S. 102
Bosnien und Herzegowina	Apostille	seit 06.03.1992	BGBl. 1994 II, S. 82
Botsuana	Apostille	seit 30.09.1966	BGBl. 1970 II, S. 121
Britische Jungferninseln (British Virgin Islands) sh. Großbritannien			
Brasilien	Apostille	seit 14.08.2016	BGBl. 2017 II S. 1008
Brunei Darussalam	Apostille	seit 03.12.1987	BGBl. 1988 II, S. 154
Bulgarien	Apostille	seit 29.04.2001	BGBl. 2001 II, S. 801
Burkina Faso	Legalisation		
Burundi	Legalisation		Haager Übereinkommen seit 13.02.2015, aber nicht im Verhältnis zu Deutschland[228]

---

228 Deutschland hat fristgerecht einen Einspruch nach Art. 12 Abs. 2 des Abkommens eingelegt. Im Verhältnis zwischen Deutschland und Burundi genügt daher die Apostille nicht.

Staat	Formerfordernis	Haager Abkommen zur Befreiung vom Erfordernis der Legalisation	
		Inkrafttreten	Fundstelle
C			
Chile	Apostille	seit 30.08.2016	BGBl. 2016 II S. 1008
China (Volksrepublik)	Legalisation – für deutsche Urkunden zuvor Endbeglaubigung;		
	(Apostille genügt für Hongkong und Macao – s. dort)		
Cookinseln	Apostille	seit 30.04.2005	BGBl. 2005 II, S. 752
Costa Rica	Apostille	Seit 14.12.2011	BGBl. 2012 II, S. 79
Côte d'Ivoire sh. Elfenbeinküste			
D			
Dänemark allerdings nicht für Grönland und Faröer Inseln	keinerlei Echtheitsnachweis erforderlich	Deutsch-Dänisches Beglaubigungsabkommen vom 17.06.1936 (RGBl. 1936 II, S. 213) (daneben Haager Abkommen seit 26.12.2006, BGBl. 2008 II, S. 224)	
Dominikanische Republik	Legalisation – zzt. legalisieren deutsche Auslandsvertretungen aber keine Urkunden aus der Dom. Republik.	Haager Übereinkommen seit 30.08.2009, aber nicht im Verhältnis zu Deutschland[229]	
Dominica	Apostille	seit 03.11.1978	BGBl. 2003 II, S. 734
Dschibuti	Legalisation – zzt. legalisieren deutsche Auslandsvertretungen aber keine Urkunden aus Dschibuti.		
E			
Ecuador	Apostille	seit 02.04.2005	BGBl. 2005 II, S. 752
El Salvador	Apostille	seit 31.05.1996	BGBl. 1996 II, S. 934
Elfenbeinküste (Côte d'Ivoire)	Legalisation – zzt. legalisieren deutsche Auslandsvertretungen aber keine Urkunden aus der Elfenbeinküste.		
Eritrea	Legalisation – zzt. legalisieren deutsche Auslandsvertretungen aber keine Urkunden aus Eritrea.		
Estland	Apostille	seit 30.09.2001	BGBl. 2002 II, S. 626
F			
Fidschi	Apostille	seit 10.10.1970	BGBl. 1971 II, S. 1016

---

229 Deutschland hat einen Einspruch nach Art. 12 Abs. 2 des Abkommens eingelegt. Im Verhältnis zwischen Deutschland und der Dominikanischen Republik genügt daher die Apostille nicht; ebenso im Verhältnis zu Belgien, den Niederlanden und Österreich.

Staat	Formerfordernis	Haager Abkommen zur Befreiung vom Erfordernis der Legalisation	
		Inkrafttreten	Fundstelle
Finnland	Apostille	seit 26.08.1985	BGBl. 1985 II, S. 1006
Frankreich	keinerlei Echtheitsnachweis erforderlich	Abkommen zwischen der Bundesrepublik Deutschland und der Französischen Republik über die Befreiung öffentlicher Urkunden von der Legalisation vom 13.09.1971 (BGBl. 1974 II, S. 1100) (daneben auch Haager Übereinkommen seit 13.02.1966 BGBl. 1966 II, S. 106)	
G			
Gabun	Legalisation – zzt. legalisieren deutsche Auslandsvertretungen aber keine Urkunden aus Gabun.		
Gambia	Legalisation – zzt. legalisieren deutsche Auslandsvertretungen aber keine Urkunden aus Gambia.		
Georgien	Apostille	seit 03.02.2010[230]	BGBl. 2010 II, S. 809
Ghana	Legalisation – zzt. legalisieren deutsche Auslandsvertretungen aber keine Urkunden aus Ghana.		
Gibraltar sh. Großbritannien			
Grenada	Apostille	seit 07.02.1974	BGBl. 1975 II, S. 366
Griechenland	für bestimmte **gerichtliche** Urkunden (Landgericht oder höheres Gericht keinerlei Echtheitsnachweis erforderlich; hingegen für Urkunden von Amtsgerichten, **Notaren**, Grundbuchämtern etc. Überbeglaubigung durch den Präsidenten des jeweiligen Gerichtshofs erster Instanz in Griechenland (bzw. für deutsche Urkunden Überbeglaubigung durch den Landgerichtspräsidenten) erforderlich – in der Praxis durch Apostille ersetzt	Deutsch-griechisches Abkommen über die gegenseitige Rechtshilfe in Angelegenheiten des bürgerlichen und Handelsrechts vom 11.05.1938 (RGBl. 1939, S. 848) (daneben auch Haager Übereinkommen seit 18.05.1985 BGBl. 1985 II, S. 1108)	

---

[230] Deutschland hat einen Einspruch nach Art. 12 Abs. 2 des Abkommens eingelegt. Deutschland hat diesen Einspruch allerdings mit Schreiben vom 02.02.2010 mit Wirkung zum 03.02.2010 wieder zurückgenommen.

Staat	Formerfordernis	Haager Abkommen zur Befreiung vom Erfordernis der Legalisation	
		Inkrafttreten	Fundstelle
Großbritannien (Vereinigtes Königreich von Großbritannien und Nordirland)	Apostille (ebenso für folgende britische Kron- bzw. Überseegebiete: Anguilla, Bermuda, Caymaninseln = Kaimaninseln, Falklandinseln, Gibraltar, Guernsey, Isle of Man, Jersey, Britische Jungferninseln = British Virgin Islands, Montserrat, St. Helena, Turks- und Caicosinseln)	seit 13.02.1966	BGBl. 1966 II, S. 106
Guatemala	Apostille	seit 18.09.2017	BGBl. 2017 II S. 1309
Guinea	Legalisation – zzt. legalisieren deutsche Auslandsvertretungen aber keine Urkunden aus Guinea.		
Guinea-Bissau	Legalisation – zzt. legalisieren deutsche Auslandsvertretungen aber keine Urkunden aus Guinea-Bissau.		
Guyana	Apostille	seit 18.04.2019	
H			
Haiti	Legalisation – zzt. legalisieren deutsche Auslandsvertretungen aber keine Urkunden aus Haiti.		
Honduras	Apostille	seit 30.09.2004	BGBl. 2005 II, S. 64
Hongkong (China)	Apostille	seit 25.04.1965	
I			
Indien	Legalisation – zzt. legalisieren deutsche Auslandsvertretungen aber keine Urkunden aus Indien.		Haager Übereinkommen seit 14.07.2005, aber nicht im Verhältnis zu Deutschland[231] BGBl. 2008 II, S. 224
Indonesien	Legalisation		
Irak	Legalisation – für deutsche Urkunden zuvor Endbeglaubigung; zzt. legalisieren deutsche Auslandsvertretungen aber keine Urkunden aus dem Irak.		

---

[231] Deutschland hat einen Einspruch nach Art. 12 Abs. 2 des Abkommens eingelegt. Im Verhältnis zwischen Deutschland und Indien genügt daher die Apostille nicht. Die dementsprechenden Einsprüche von Belgien (09.01.2008), Finnland (05.10.2009), den Niederlanden (16.09.2008) und Spanien (12.02.2008) sind zwischenzeitlich wieder zurückgezogen worden; Portugal hatte einen verspäteten und damit wirkungslosen Einspruch eingelegt.

D. Außenbeziehungen der Gesellschaft, insbesondere Vertretungsfragen   Kapitel 10

Staat	Formerfordernis	Haager Abkommen zur Befreiung vom Erfordernis der Legalisation	
		Inkrafttreten	Fundstelle
Iran	Legalisation – deutsche Urkunden zuvor Endbeglaubigung (Ausn. Hochschulzeugnisse)		
Irland	Apostille	seit 09.03.1999	BGBl. 1999 II, S. 142
Island	Apostille	seit 27.11.2004	BGBl. 2005 II, S. 64
Isle of Man sh. Großbritannien			
Israel	Apostille	seit 14.08.1978	BGBl. 1978 II, S. 1198
Italien	keinerlei Echtheitsnachweis erforderlich	Vertrag zwischen der Bundesrepublik Deutschland und der Italienischen Republik über den Verzicht auf die Legalisation von Urkunden vom 07.06.1969 (BGBl. 1974 II, S. 1069) (daneben Haager Abkommen seit 11.02.1978 BGBl. 1978 II, S. 153)	
J			
Jamaika	Legalisation		
Japan	Apostille	seit 27.07.1970	BGBl. 1970 II, S. 752
Jemen	Legalisation		
Jordanien	Legalisation – für deutsche Urkunden zuvor Endbeglaubigung.		
K			
Kaimaninseln	Apostille wie Großbritannien (Vereinigtes Königreich)		
Kambodscha	Legalisation – für deutsche Urkunden zuvor Endbeglaubigung; zzt. legalisieren deutsche Auslandsvertretungen aber keine Urkunden aus Kambodscha.		
Kamerun	Legalisation – zzt. legalisieren deutsche Auslandsvertretungen aber keine Urkunden aus Kamerun.		
Kanada	Legalisation		
Kap Verde	Apostille	seit 13.02.2010	BGBl. 2010 II, S. 93
Kasachstan	Apostille	seit 30.01.2001	BGBl. 2001 II, S. 298
Katar	Legalisation		
Kenia	Legalisation – zzt. legalisieren deutsche Auslandsvertretungen aber keine Urkunden aus Kenia.		

Staat	Formerfordernis	Haager Abkommen zur Befreiung vom Erfordernis der Legalisation	
		Inkrafttreten	Fundstelle
Kirgisistan/Kirgisische Republik	Legalisation – zzt. legalisieren deutsche Auslandsvertretungen aber keine Urkunden aus Kirgisistan.		Haager Übereinkommen seit 31.07.2011, aber nicht im Verhältnis zu Deutschland[232] – BGBl. 2012 II, S. 79
Kiribati	Legalisation		
Kolumbien	Apostille (Kolumbien erklärte Anfang 2005, eine gegenüber der im Haager Übereinkommen festgelegten etwas abgewandelte Form der Apostille zu verwenden und diese nicht in Form eines Aufklebers, sondern mechanisch mittels Metallklammer zu verbinden).	seit 30.01.2001	BGBl. 2001 II, S. 298; BGBl. 2005 II, S. 752
Kongo, Republik	Legalisation – zzt. legalisieren deutsche Auslandsvertretungen aber keine Urkunden aus der Republik Kongo.		
Kongo, Demokrat. Republik	Legalisation – zzt. legalisieren deutsche Auslandsvertretungen aber keine Urkunden aus der Dem. Rep. Kongo.		
Korea (Republik)	Apostille	seit 14.07.2007	BGBl. 2008 II, S. 224
Korea, Volksrepublik (Nord)	Legalisation		
Kosovo	Legalisation – zzt. legalisieren deutsche Auslandsvertretungen aber keine Urkunden aus dem Kosovo.	ab 14.07.2016	Haager Übereinkommen seit 14.07.2016, aber nicht im Verhältnis zu Deutschland
Kroatien	Apostille	seit 08.10.1991[233]	BGBl. 1994 II, S. 82
Kuba	Legalisation		
Kuwait	Legalisation		
L			
Laos	Legalisation – zzt. legalisieren deutsche Auslandsvertretungen aber keine Urkunden aus Laos.		
Lesotho	Apostille	seit 04.10.1966	BGBl. 1972 II, S. 1466

---

232 Deutschland hat einen Einspruch nach Art. 12 Abs. 2 des Übereinkommens eingelegt. Im Verhältnis zwischen Deutschland und Kirgisistan ist damit weiterhin eine Legalisation erforderlich.
233 Als einer der Nachfolgestaaten der Sozialistischen Föderativen Republik Jugoslawien (Nachfolgeerklärung BGBl. 1993 II, S. 1962).

D. Außenbeziehungen der Gesellschaft, insbesondere Vertretungsfragen   **Kapitel 10**

Staat	Formerfordernis	Haager Abkommen zur Befreiung vom Erfordernis der Legalisation	
		Inkrafttreten	Fundstelle
Lettland	Apostille	seit 30.01.1996	BGBl. 1996 II, S. 223
Libanon	Legalisation – ausschließlich für Personenstandsurkunden		
Libyen	Legalisation		
Liberia	Legalisation – zzt. legalisieren deutsche Auslandsvertretungen aber keine Urkunden aus Liberia.		Haager Übereinkommen seit 08.02.1996, aber nicht im Verhältnis zu Deutschland[234] BGBl. 2008 II, S. 224
Liechtenstein	Apostille	seit 17.09.1972	BGBl. 1972 II, S. 1466
Litauen	Apostille	seit 19.07.1997	BGBl. 1997 II, S. 1400
Luxemburg	Apostille	seit 03.06.1979	BGBl. 1979 II, S. 684
M			
Macao (China)	Apostille	seit 04.02.1969	BGBl. 1969 II, S. 120[235]
Madagaskar	Legalisation		
Malawi	Apostille	seit 02.12.1967	BGBl. 1968 II, S. 76
Malaysia	Legalisation		
Malediven	Legalisation		
Mali	Legalisation – zzt. legalisieren deutsche Auslandsvertretungen aber keine Urkunden aus Mali.		
Malta	Apostille	seit 02.03.1968	BGBl. 1968 II, S. 131
Marokko	Legalisation zzt. legalisieren deutsche Auslandsvertretungen keine einfachen Urkunden aus Marokko	ab 14.08.2016	Haager Übereinkommen ab 14.08.2016; allerdings nicht im Verhältnis zu Deutschland, BGBl. 2016 II S. 1008
Marschallinseln	Apostille	seit 14.08.1992	BGBl. 1992 II, S. 948
Mauretanien	Legalisation		
Mauritius	Apostille	seit 12.03.1968	BGBl. 1970 II, S. 121
Mazedonien	Apostille	seit 17.09.1991	BGBl. 1994 II, S. 1191
Mexiko	Apostille	seit 14.08.1995	BGBl. 1995 II, S. 694
Mikronesien	Legalisation		

---

234 Deutschland, Belgien und die USA haben einen Einspruch nach Art. 12 Abs. 2 des Abkommens eingelegt. Im Verhältnis zwischen Liberia und diesen Ländern genügt daher die Apostille nicht.
235 Das Übereinkommen trat mit dem Beitritt Portugals auch für Macao in Kraft. Es gilt auch nach der »Übergabe« Macaos an die Volksrepublik China fort.

Staat	Formerfordernis	Haager Abkommen zur Befreiung vom Erfordernis der Legalisation	
		Inkrafttreten	Fundstelle
Moldau	Legalisation		Haager Übereinkommen seit 16.03.2007, aber nicht im Verhältnis zu Deutschland[236] BGBl. 2008 II, S. 224
Monaco	Apostille	seit 31.12.2002	BGBl. 2003 II, S. 63
Mongolei	Legalisation – zzt. legalisieren deutsche Auslandsvertretungen aber keine Urkunden aus der Mongolei.		Haager Übereinkommen seit 31.12.2009, aber nicht im Verhältnis zu Deutschland[237]
Montenegro	Apostille	seit der Unabhängigkeit (03.06.2006)	Notifikation Den Haag 30.01.2007 (für Jugoslawien vgl. BGBl. 1966 II, S. 106) BGBl. 2008 II, S. 224
Mozambik	Legalisation		
Myanmar (Birma)	Legalisation – für deutsche Urkunden zuvor Endbeglaubigung; zzt. legalisieren deutsche Auslandsvertretungen aber keine Urkunden aus Myanmar.		
N			
Namibia	Apostille	seit 30.01.2001	BGBl. 2001 II, S. 298
Nauru	Legalisation		
Nepal	Legalisation – für deutsche Urkunden zuvor Endbeglaubigung; zzt. legalisieren deutsche Auslandsvertretungen aber keine Urkunden aus Nepal.		
Neuseeland	Apostille	seit 22.11.2001	BGBl. 2002 II, S. 626
Nicaragua	Apostille	Seit 14.05.2013	BGBl. 2013 II, S. 528
Niederlande	Apostille	seit 13.02.1966	BGBl. 1966 II, S. 106

---

[236] Deutschland hat einen Einspruch nach Art. 12 Abs. 2 des Abkommens eingelegt. Im Verhältnis zwischen Deutschland und der Republik Moldau ist damit weiterhin eine Legalisation erforderlich. Mit Schreiben des Bundesministeriums der Justiz vom 31.01.2013 wurde allerdings mitgeteilt, dass das Auswärtige Amt um Prüfung der Rücknahme des Einspruchs gebeten hat und dass diese Möglichkeit derzeit geprüft werde.

[237] Deutschland hat einen Einspruch nach Art. 12 Abs. 2 des Abkommens eingelegt. Im Verhältnis zwischen Deutschland und der Mongolei ist damit weiterhin eine Legalisation erforderlich; ebenso im Verhältnis zu Belgien, Finnland, Griechenland und Österreich.

D. Außenbeziehungen der Gesellschaft, insbesondere Vertretungsfragen **Kapitel 10**

Staat	Formerfordernis	Haager Abkommen zur Befreiung vom Erfordernis der Legalisation	
		Inkrafttreten	Fundstelle
Niger	Legalisation – zzt. legalisieren deutsche Auslandsvertretungen aber keine Urkunden aus dem Niger.		
Nigeria	Legalisation – zzt. legalisieren deutsche Auslandsvertretungen aber keine Urkunden aus Nigeria.		
Niue	Apostille	seit 02.03.1999	BGBl. 1999 II, S. 142
Norwegen	Apostille	seit 29.07.1983	BGBl. 1983 II, S. 478
O			
Obervolta sh. Burkina Faso			
Oman	Apostille	30.01.2012	BGBl. 2012 II, S. 273
Österreich	keinerlei Echtheitsnachweis erforderlich	Deutsch-österreichischer Beglaubigungsvertrag vom 21.06.1923 (RGBl. 1924 II, S. 61) (daneben auch Haager Abkommen seit 13.01.1968, BGBl. 1968 II, S. 76)	
P			
Pakistan	Legalisation – zzt. legalisieren deutsche Auslandsvertretungen aber keine Urkunden aus Pakistan.		
Palau	Legalisation		
Panama	Apostille	seit 04.08.1991	BGBl. 1991 II, S. 998
Papua Neuguinea	Legalisation		
Paraguay	Legalisation		Haager Übereinkommen seit 30.08.2014, aber nicht im Verhältnis zu Deutschland[238]
Peru	Apostille	seit 01.01.2014	BGBl. 2014 II, S. 137
Philippinen	Legalisation – zzt. legalisieren deutsche Auslandsvertretungen aber keine Urkunden aus den Philippinen.		
Polen	Apostille	seit 14.08.2005	BGBl. 2006 II, S. 132
Portugal	Apostille	seit 04.02.1969	BGBl. 1969 II, S. 120
Puerto Rico	Apostille	seit 15.10.1981	sh. USA, BGBl. 1981 II, S. 903

---

[238] Deutschland hat einen Einspruch nach Art. 12 Abs. 2 des Abkommens eingelegt. Im Verhältnis zwischen Paraguay und Deutschland genügt daher die Apostille nicht.

Staat	Formerfordernis	Haager Abkommen zur Befreiung vom Erfordernis der Legalisation	
		Inkrafttreten	Fundstelle
R			
Ruanda	Legalisation – für deutsche Urkunden zuvor Endbeglaubigung; zzt. legalisieren deutsche Auslandsvertretungen aber keine Urkunden aus Ruanda.		
Rumänien	Apostille	seit 16.03.2001	BGBl. 2001 II, S. 801
Russland	Apostille	seit 31.05.1992	BGBl. 1992 II, S. 948
S			
Salomonen	Legalisation		
Samoa	Apostille	seit 13.09.1999	BGBl. 1999 II, S. 794
Sambia	Legalisation		
San Marino	Apostille	seit 13.02.1995	BGBl. 1995 II, S. 222
São Thomé und Principe	Apostille	ab 13.09.2008	noch nicht im BGBl. II veröffentlicht
Saudi-Arabien	Legalisation – für deutsche Urkunden zuvor Endbeglaubigung.		
Schweden	Apostille	seit 01.05.1999	BGBl. 1999 II, S. 420
Schweiz	Apostille	seit 11.03.1973	BGBl. 1973 II, S. 176
Senegal	Legalisation		
Serbien	Apostille	seit 24.01.1965	BGBl. 1966 II, S. 106; BGBl. 2008 II, S. 224.
Seychellen	Apostille	seit 31.03.1979	BGBl. 1979 II, S. 417
Sierra Leone	Legalisation – zzt. legalisieren deutsche Auslandsvertretungen aber keine Urkunden aus Sierra Leone.		
Simbabwe	Legalisation		
Singapur	Legalisation		
Slowakei	Apostille	seit 18.02.2002	BGBl. 2002 II, S. 626
Slowenien	Apostille	seit 25.06.1991	BGBl. 1993 II, S. 1005
Somalia	Legalisation – zzt. legalisieren deutsche Auslandsvertretungen aber keine Urkunden aus Somalia.		
Spanien	Apostille	seit 25.09.1978	BGBl. 1978 II, S. 1330
Sri Lanka	Legalisation – zzt. legalisieren deutsche Auslandsvertretungen aber keine Urkunden aus Sri Lanka.		

D. Außenbeziehungen der Gesellschaft, insbesondere Vertretungsfragen **Kapitel 10**

Staat	Formerfordernis	Haager Abkommen zur Befreiung vom Erfordernis der Legalisation	
		Inkrafttreten	Fundstelle
St. Kitts und Nevis	Apostille	seit 14.12.1994	BGBl. 1994 II, S. 3765
St. Lucia	Apostille	seit 01.06.2002	BGBl. 2002 II, S. 2503
St. Vincent und die Grenadinen	Apostille	seit 27.10.1979	BGBl. 2003 II, S. 698
Sudan	Legalisation – für deutsche Urkunden zuvor Endbeglaubigung.		
Südafrika	Apostille	seit 30.04.1995	BGBl. 1995 II, S. 326
Suriname	Apostille	seit 25.11.1975	BGBl. 1977 II, S. 593
Swasiland	Apostille	seit 06.09.1968	BGBl. 1979 II, S. 417
Syrien	Legalisation – für deutsche Urkunden zuvor Endbeglaubigung.		
T			
Tadschikistan	Legalisation – zzt. legalisieren deutsche Auslandsvertretungen aber keine Urkunden aus Tadschikistan.		
Taiwan	Legalisation		
Tansania	Legalisation		
Thailand	Legalisation – zzt. legalisieren deutsche Auslandsvertretungen aber keine Urkunden aus einigen Teilen Thailands.		
Togo	Legalisation – für deutsche Urkunden zuvor Endbeglaubigung; zzt. legalisieren deutsche Auslandsvertretungen aber keine Urkunden aus Togo.		
Tonga	Apostille	seit 04.06.1970	BGBl. 1972 II, S. 254
Trinidad und Tobago	Apostille	seit 14.07.2000	BGBl. 2000 II, S. 34
Tschad	Legalisation – zzt. legalisieren deutsche Auslandsvertretungen aber keine Urkunden aus Tschad.		
Tschechische Republik	Apostille	seit 16.03.1999	BGBl. 1999 II, S. 142
Tunesien	Legalisation		
Türkei	Apostille	seit 29.09.1985	BGBl. 1985 II, S. 1108
Turkmenistan	Legalisation		

Staat	Formerfordernis	Haager Abkommen zur Befreiung vom Erfordernis der Legalisation	
		Inkrafttreten	Fundstelle
U			
Uganda	Legalisation – zzt. legalisieren deutsche Auslandsvertretungen aber keine Urkunden aus Uganda.		
Ukraine	Apostille – (nicht für Urkunden, die nach dem 11.08.2014 auf der Krim ausgestellt wurden)	für Deutschland seit 22.07.2010	BGBl. 2008 II, S. 224 bzw. BGBl. 2010 II, S. 1195
Ungarn	Apostille	seit 18.01.1973	BGBl. 1973 II, S. 65
Uruguay	Apostille	Seit 14.10.2012	BGBl. 2012 II, S. 1029
USA	Apostille	seit 15.10.1981	BGBl. 1981 II, S. 903
Usbekistan	Legalisation – zzt. legalisieren deutsche Auslandsvertretungen aber keine Urkunden aus Usbekistan.		Haager Übereinkommen seit 15.04.2012, aber nicht im Verhältnis zu Deutschland[239] – BGBl. 2012 II, S. 273 V
V			
Vanuatu	Apostille	seit 30.07.1980	Notifikation vom 16.03.2009, BGBl. 2009 II, S. 596
Venezuela	Apostille	seit 16.03.1999	BGBl. 1999 II, S. 142
Vereinigte Arabische Emirate	Legalisation		
Vereinigtes Königreich sh. Großbritannien			
Vereinigte Staaten sh. USA			
Vietnam	Legalisation – zzt. legalisieren deutsche Auslandsvertretungen aber keine Urkunden aus Vietnam.		
W			
Weißrussland (Belarus)	Apostille	seit 31.05.1992	BGBl. 1993 II, S. 1005
Z			
Zentralafrikanische Republik	Legalisation – zzt. legalisieren deutsche Auslandsvertretungen aber keine Urkunden aus der Zentralafrikan. Rep.		
Zypern	Apostille	seit 30.04.1973	BGBl. 1973 II, S. 391

---

239 Belgien, Deutschland, Österreich und Griechenland haben einen Einspruch nach Art. 12 Abs. 2 des Abkommens eingelegt. Im Verhältnis zwischen Usbekistan und diesen Ländern genügt daher die Apostille nicht.

E. Anteilsabtretungen/verpfändungen und Satzungsmaßnahmen, insbesondere Formfragen   Kapitel 10

▶ **Formulierungsvorschlag zum Antrag auf Erteilung einer Apostille:**   147

Antrag auf Erteilung der Apostille

An den Präsidenten des Landgerichts in .....

In der Anlage überreiche ich Verhandlung vom ..... Nr. ...../..... meiner Urkundenrolle mit der Bitte um Erteilung der Apostille.

Die Urkunde soll in Japan verwendet werden.

EURO ..... füge ich in Gerichtskostenmarken bei.

....., Notar

3. Bilaterale Abkommen

Ganz von dem Erfordernis der Echtheitsbestätigung befreit sind Urkunden für den Rechtsverkehr   148
zwischen Deutschland und Staaten, mit denen ein entsprechendes bilaterales Abkommen besteht. So ist es – teils mit großen Einschränkungen – im Verhältnis zu Belgien,[240] Dänemark,[241] Frankreich,[242] Griechenland,[243] Italien,[244] Österreich[245] und der Schweiz.[246] Des Weiteren sind Befreiungen vorgesehen für Urkunden von Konsuln,[247] Auszüge aus Personenstandsbüchern[248] und Personenstandsurkunden.[249]

E. Anteilsabtretungen/verpfändungen und Satzungsmaßnahmen, insbesondere Formfragen

I. Anwendbares Recht bei Anteilsabtretungen/verpfändungen und Satzungsmaßnahmen

Für die Rechtsverhältnisse einer Gesellschaft und damit auch für den Erwerb und den Verlust der   149
Mitgliedschaft in ihr ist nach deutschem Internationalen Privatrecht an das Gesellschaftsstatut anzuknüpfen.[250] Demnach bestimmen sich die Voraussetzungen für die Anteilsübertragung/verpfändung (etwa ob Zustimmungserfordernisse bestehen) nach dem auf die Gesellschaft anwendbaren Recht. Gleiches gilt für Satzungsmaßnahmen und andere statusrelevanten Vorgänge. Allerdings gilt bei Anteilsübertragungen für das schuldrechtliche Geschäft das nach Art. 27 f. EGBGB ermittelte Vertragsstatut,[251] sofern sich die Verpflichtung zur Übertragung nicht aus dem Gesellschaftsvertrag ergibt.[252] Nach Art. 27 Abs. 1 EGBGB ist vorrangig auf eine Rechtswahl abzustellen. Fehlt eine solche, stellt Art. 28 EGBGB – mangels anderer engerer Verbindungen – auf das Recht desjenigen Staates ab, in dem der Verkäufer seinen gewöhnlichen Aufenthalt hat. Für die Frage der Formgültigkeit s.u. Rdn. 150 ff.

---

240 Abk. v. 13.05.1975 (BGBl. II 1980, S. 813). Deutschland sieht das Überabkommen als verbindlich an, Belgien wegen eines Fehlers im Ratifikationsverfahren hingegen nicht.
241 Abk. v. 17.06.1936 (BGBl. II 1953, S. 186).
242 Abk. v. 13.09.1971 (BGBl. II 1974, S. 1074); dazu auch *Arnold*, DNotZ 1975, 581 ff.
243 Abk. v. 11.05.1938 (RGBl. II 1939, S. 848).
244 Abk. v. 07.06.1969, (BGBl. II 1974, S. 1069).
245 Abk. v. 21.06.1923 (RGBl. II 1924, S. 61).
246 Abk. v. 14.02.1907 (RGBl. II S. 411); gilt allerdings nicht für notarielle Urkunden, daher ist eine Apostille notwendig.
247 Europäisches Übereinkommen v. 07.06.1968 (BGBl. II 1971, S. 86).
248 Abk. v. 27.09.1956 (BGBl. II 1961, S. 1056).
249 Abk. v. 03.06.1982 (BGBl. II 1983, S. 699) und Abk. v. 26.09.1957 (BGBl. II 1961, S. 1067).
250 RG IPRspr 1934 Nr. 11; BGHZ 78, 318, 334; BGH NJW 1994, 940.
251 *Süß/Wachter*, Handbuch des Internationalen GmbH-Rechts, S. 37.
252 Beck'sches Notarhandbuch/*Zimmermann*, Abschn. H Rn. 986, S. 1516.

II. Einhaltung von Formerfordernissen bei Beurkundungen betr. deutsche Gesellschaften im Ausland?

150 Aus deutscher Sicht stellt sich regelmäßig die Frage, ob bei Gesellschaften, die dem deutschen Gesellschaftsstatut unterliegen, die erforderliche notarielle Beurkundung eines Rechtsgeschäfts auch durch einen entsprechenden Rechtsvorgang im Ausland vorgenommen werden kann.

1. Maßgeblichkeit des Ortsrechts für Formfragen

151 Die Einhaltung der *Ortsform* reicht bei der Beurkundung gesellschaftsrechtlicher Vorgänge grundsätzlich nicht aus.[253] Art. 11 EGBGB bzw. Rom I-VO ist hier nicht uneingeschränkt anwendbar.[254] Teilweise wird dieser Grundsatz dahingehend eingeschränkt, dass nur bei eintragungspflichtigen Vorgängen, also solchen, die die Verfassung der Gesellschaft betreffen, die Ortsform nicht möglich sein soll.[255] Eine höchstrichterliche Entscheidung dieser Frage steht jedoch aus: Der BGH hat in seiner Entscheidung vom 16.02.1981[256] die Frage, ob Ortsrecht anwendbar sei, ausdrücklich offen gelassen, da in dem entschiedenen Fall jedenfalls die Formerfordernisse des Geschäftsstatuts im Wege der Substitution erfüllt waren. Diejenigen Stimmen hingegen, die – teils nur bezogen auf GmbH-Anteilsabtretungen – die Einhaltung der Ortsform dann als zulässig ansehen, wenn diese überhaupt eine Form bereit hält,[257] vernachlässigen die mit Abs. 5 vergleichbare Interessenlage. Nach dieser Vorschrift sind Verfügungen über Sachen nur gültig, wenn sie die Formerfordernisse des Wirkungsstatuts erfüllen. Für (dingliche) Anteilsabtretungen, kann diese Vorschrift nicht direkt gelten, da Geschäftsanteile keine Sachen i.S.d. § 90 BGB sind. Hier ist jedoch eine analoge Anwendung des Art. 11 Abs. 4 EGBGB geboten, da die Voraussetzungen für eine Analogie (Regelungslücke, Regelungsbedarf, vergleichbare Interessenlage) vorliegen. Wenn die Begründung für die Existenz von Abs. 4 das Interesse des Rechtsverkehrs an einer klaren dinglichen Rechtslage und an der Nähe zu Grundbuchämtern oder vergleichbaren Registern ist, so gilt dies ebenso für die registrierungs- bzw. anzeigepflichtigen gesellschaftsrechtlichen Vorgänge. Auch hier besteht eine Nähe zu den Registergerichten und ein erhebliches Interesse des Rechtsverkehrs an einer klaren und sicheren Rechtslage. Dies hat der Gesetzgeber für die Anteilsabtretung durch die Erschwerung der Fungibilität von GmbH-Geschäftsanteilen (§ 15 Abs. 3, 4 GmbHG) zum Ausdruck gebracht. Gleiches gilt für die beurkundungspflichtigen Vorgänge, die die Verfassung und den Bestand der Gesellschaft betreffen. Der Vorgang wirkt sich weit über den Kreis der unmittelbar Betroffenen hinaus aus und es besteht ein besonderes Interesse an der Richtigkeitsgewähr. Diesem Interesse wäre nicht entsprochen, wenn (nur) die Einhaltung einer ausländischen Ortsform ausreichend wäre.

2. Maßgeblichkeit des Geschäftsrechts?

152 Werden gesellschaftsrechtliche Vorgänge demnach ausschließlich nach den Formvorschriften des Geschäftsrechts beurteilt, so stellt sich im Hinblick auf deutsche Gesellschaften die Frage, ob ein vom deutschen Sachrecht aufgestelltes Erfordernis einer notariellen Beurkundung auch durch eine Beurkundung eines ausländischen Notars erfüllt und daher substituiert werden kann. Hierbei kommt es

---

[253] OLG Hamm NJW 1974, 1057; OLG Karlsruhe RIW 1979, 567, 568; LG Ausburg NJW-RR 1997, 420; LG Mannheim IPRspr 1999 Nr. 23; unklar, aber wohl davon ausgehend (da aufwendig lediglich das Geschäftsrecht geprüft wird) OLG Düsseldorf, DNotZ 2011, 447; MünchKommBGB/*Kindler*, IntGesR, 5. Aufl. 2010, Rn. 558 ff.; MünchKommBGB/*Spellenberg*, Art. 11 Rn. 92; *Süß*, DNotZ 2011, 414, 416 ff.; *Schervier*, NJW 1992, 593, 598; *Kindler*, BB 2010, 74, 77; a.A. OLG Frankfurt am Main DNotZ 1982, 186 ff.; BayObLG DB 1977, 2320; (für GmbH-Anteilsabtretung); OLG Düsseldorf GmbHR 1990, 169 (für Satzungsänderung); *Mankowski*, NZG 2010, 201.
[254] A.A. OLG Frankfurt am Main DNotZ 1982, 186 ff.; OLG Düsseldorf RIW 1989, 225.
[255] *Goette*, MittRhNotK 1997, 1, 3 f.
[256] BGHZ 80, 76 ff.
[257] BayObLG NJW 1978, 500; OLG Frankfurt am Main DB 1981, 1456; OLG Stuttgart NJW 1981, 1176; OLG Düsseldorf RIW 1989, 225 (Satzungsänderung); *Merkt*, FS Sandrock 1995, S. 135, 156 (für Anteilsabtretung).

E. Anteilsabtretungen/verpfändungen und Satzungsmaßnahmen, insbesondere Formfragen Kapitel 10

auf die Gleichwertigkeit von Urkundsperson und Urkundsverfahren an. Zwar gibt es auch Stimmen, die eine Substitution durch Auslandsbeurkundung bei Geltung des Geschäftsrechts grundsätzlich ausschließen.[258] Überwiegend wird jedoch differenziert zwischen Rechtsgeschäften, die die Verfassung der Gesellschaft, also deren Kernbereich betreffen (1) und Geschäftsanteilsabtretungen (2).

(1) Bei Beurkundungen, die die Gesellschaft in ihrem Bestand und ihrer Verfassung selbst betreffen,[259] ist die Substitution durch eine ausländische Beurkundung nicht möglich.[260] Zweck der Beurkundung nach deutschem Recht ist u.a. die materielle Richtigkeitsgewähr, die auch Personen schützt, die nicht unmittelbar an der Urkunde beteiligt sind.[261] Diese Richtigkeitsgewähr kann hier nicht gewährleistet werden, da der beurkundende Auslandsnotar keine fundierten Rechtskenntnisse im deutschen Gesellschaftsrecht hat. Diese Rechtskenntnisse sind aber zur Gewährung der Richtigkeit der Urkunde notwendig.[262] Selbstverständlich gilt dies nur in den Fällen, in denen eine Beurkundung zwingend vorgeschrieben ist (nicht also bei vielen Vorgängen im Personengesellschaftsrecht). Zu den beurkundungspflichtigen und nicht substituierbaren Vorgängen gehören beispielsweise die Gründung,[263] Satzungsänderung[264] und Auflösung einer GmbH oder Aktiengesellschaft mit Sitz in Deutschland.[265] Des Weiteren sind alle Umwandlungsvorgänge bei deutschen Gesellschaften beurkundungspflichtig (§§ 13 Abs. 2, 125, 176, 193 Abs. 3 UmwG) und nicht substituierbar.[266] Für das Substitutionsverbot bei Vorgängen, die den Bestand der Gesellschaft betreffen, spricht das öffentliche Interesse an der Rechtssicherheit, soweit es um den Bestand und die Verfassung der Gesellschaft geht. Dafür spricht weiter, dass es die Aufgabe des deutschen Notars auf dem Gebiet der vorsorgenden Rechtspflege ist, die Handelsregister zu entlasten; ihm kommt die Rolle einer Vorprüfungsins-

153

---

258 LG Augsburg NJW-RR 1997, 420; *Staudinger/Großfeld*, Int. Gesellschaftsrecht Rn. 467 ff. und 497; *Knoche*, FS Rheinisches Notariat, 1998, S. 297, 302 ff.; *Geimer*, DNotZ 1981, 406 ff.; in diese Richtung auch das Urteil des OLG Hamburg NJW-RR 1993, 137.
259 Davon zu trennen ist die Frage, ob bestimmte Rechtsgeschäfte, z.B. Beschlüsse einer Gesellschafter- oder Aktionärsversammlung auch im Ausland vorgenommen werden können. Diese Frage entscheidet das Wirkungs- und nicht das Formstatut, MünchKomm/*Spellenberg*, Art. 11 EGBGB Rn. 67.
260 So deutlich auch *Goette*, MittRhNotK 1991, 1, 5; OLG Karlsruhe, RIW 1979, 567; LG Augsburg NJW-RR 1997, 1057 m. zust. Anm. *Wilken*, EWiR 1996, 1666; AG Köln, RIW 1989, 990; *Pilger*, BB 2005, 1285 f; Staudinger/*Großfeld*, IntGesR, Rn. 467 ff; Scholz/*Priester*, GmbHG, § 53 Rn. 71 ff; *Knoche*, FS Rheinisches Notariat 1998, S. 297, 302; *Geimer*, DNotZ 1981, 406 ff; a.A. BGHZ 80, 76: Der BGH hat zwar in seiner Entscheidung v. 16.02.1981 (BGHZ 80, 76) die Möglichkeit der Substitution auch in diesen Fällen bejaht. Ob diese Auffassung aber bei einer erneuten Entscheidungen immer noch vertreten würde, ist aufgrund der Ausführungen von *Goette* (MittRhNotK 1991, 1, 5) fraglich.
261 BGHZ 105, 324, 338; OLG Karlsruhe, RIW 1979, 567, 568; LG Augsburg, DB 1996, 1666.
262 OLG Karlsruhe, RIW 1979, 567, 568; a.A. Staudinger/*Winkler von Mohrenfels*, Art. 11 EGBGB Rn. 275 ff.
263 A.A. KG, Beschl. v. 24.01.2018, DNotZ 2019, 134 für einen Berner Notar (wenn dieser die Urkunde vorliest); ablehnend: *Diehn*, DNotZ 2019, 146; *Königs/Steffes-Holländer*, DB 2018, 625; *Heckschen*, DB 2018, 685; *Herrler*, NJW 2018, 1787; *Cziupka*, EWiR 2018, 137, 138; *Stelmaszczyk*, GWR 2018, 103, 105; *Cramer*, DStR 2018. 746, 750; *Weber*, MittBayNot 2018, 215, 221; *Wicke*, GmbHR 2018, 380; *Richter/Knauf*, BB 2018, 659; *Lieder*, EWiR 2018, 743; *Schulte*, NotBZ 2018, 329, *Hermanns*, RNotZ 2018, 271; zustimmend, *Tietz*, IPRax 2019, 36.
264 Eine Satzungsbestimmung, wonach auch ein ausländischer Ort als Ort der Hauptversammlung zugelassen werden kann, ist möglich, vgl. BGHZ 203, 68; a.A. OLG Hamm, NJW 1974, 1057; OLG Hamburg, IPRax 1994, 291 = NJW-RR 1993, 1317, 1318; LG Augsburg, DB 1996, 1666.
265 OLG Hamm, NJW 1974, 1057; OLG Karlsruhe, RIW 1979, 567 (Sitzverlegung); LG Augsburg NJW-RR 1997, 420; LG Mannheim, IPRspr 99 Nr. 23 (Kapitalherabsetzung); AG Köln, RIW 1989, 990 (Gewinnabführungsvertrag); *Goette*, MittRhNotK 1997, 1, 4; *Knoche*, FS Rheinisches Notariat 1998, S. 297, 302.
266 LG Augsburg, DB 1996, 1666 (Verschmelzungen); a.A. LG Nürnberg-Fürth, NJW 1992, 633; OLG Köln, RIW 1989, 990; KG, Beschl. v. 26.07.2018 – 22 W 2/18 –, DNotZ 2019, 141 (Notar in Basel); ablehnend *Diehn*, DNotZ 2019, 146; *Heinze*, DStR 2018, 2536; *Tebben*, GmbHR 2018, 1190; *Lieder*, EWiR 2018, 743–744, *ders*. ZIP 2018, 1517; *Christian Schulte*, NotBZ 2019, 98–100.

tanz zu.²⁶⁷ Sein Auftrag beschränkt sich nicht nur auf Prüfung zugunsten und Belehrung gegenüber den Parteien. Gerade seine Vorprüfung vor und während der Beurkundung, bevor also ein bestimmter gesellschaftsrechtlicher Vorgang zur Eintragung angemeldet wird, erleichtert die Arbeit der Registergerichte erheblich. Würde man die notarielle Beurkundung im Ausland auch für eintragungspflichtige Vorgänge zulassen, so würde dies die Arbeit der Freiwilligen Gerichtsbarkeit erheblich erschweren und – da der ausländische Notar des deutschen Rechts nicht hinreichend kundig sein kann – zu vielen Beanstandungen und Abweisungen von Eintragungsanträgen führen. Auch die Gefahr fehlerhafter Eintragung steigt, weil das bewährte »4-Augen-Prinzip« (Prüfung durch Notar und Registergericht) mangels nicht hinreichend sichergestellter Rechtskenntnis des ausländischen Notars faktisch leerläuft.

154 (2) Bei der *Abtretung/Verpfändung von GmbH-Geschäftsanteilen*, die gem. §§ 15 Abs. 3 und 4 GmbHG der notariellen Form bedarf, ist das Verbot der Substitution weniger eindeutig. Entgegen einiger Stimmen²⁶⁸ wird sie überwiegend als möglich erachtet.²⁶⁹ Eine generelle Unzulässigkeit der Substitution im Gesellschaftsrecht wird verneint.²⁷⁰ Die Anteilsabtretung bzw. Verpfändung greift selbst nicht in den Bestand und die Verfassung der Gesellschaft ein und betrifft damit nicht Interessen von Personen, die an der Beurkundung nicht beteiligt sind. Sie könnte daher anders als die oben unter (1) behandelten Beurkundungen beurteilt werden. Allerdings wird die Möglichkeit der Substitution durch das MoMiG entschieden in Frage gestellt.²⁷¹ Bereits die Gesetzesbegründung wirft Zweifel an der Wirksamkeit von Auslandsbeurkundungen überhaupt auf.²⁷² Deutlicher wird der Zweifel an der Gleichwertigkeit, wenn man die dem Notar zugedachte Rolle bei Anteilsabtretungen betrachtet. Ihm wird in § 40 Abs. 2 GmbHG die Pflicht auferlegt, dem Handelsregister eine Gesellschafterliste einzureichen, die die Bescheinigung enthält, dass die geänderten Eintragungen den Veränderungen entsprechen, an denen er mitgewirkt hat. Die Einreichung einer solchen Liste ist ausländischen Notaren nicht möglich, denn § 40 Abs. 2 GmbHG stellt eine öffentlich-rechtliche Amtspflicht dar, deren Adressat nur ein inländischer Notars sein kann.²⁷³ Ein ausländischer Notar kann diese Pflicht, da sie ihm nicht obliegt, nicht erfüllen. Da somit der ausländische Notar nicht das leisten kann, was ein deutscher Notar zu leisten im Stande und verpflichtet ist, bestehen erhebliche Zweifel an der Gleichwertigkeit der Urkundsperson und – wenn man das Einreichen der Gesellschafterliste als Teil des Beurkundungsverfahrens ansieht – auch erhebliche Zweifel an der Gleichwertigkeit des Beurkundungsverfahrens. Dem wird man auch nicht mit dem – teilweise im Zusammenhang mit den vom ausländischen Notar nicht erfüllbaren Belehrungspflichten vorgebrachten – Argument, die Pflicht zur Einreichung der Gesellschafterliste stände zur Disposition der Parteien und sei verzichtbar, entgegentreten können, da § 40 Abs. 2 GmbHG ja gerade den späteren gutgläubigen Erwerb durch eine dritte Partei schützen möchte. Im Verhältnis zur Schweiz, die neuerdings Schriftform ausreichen lässt, ist zudem festzustellen, dass die Gleichwertigkeit des Urkundsverfahrens bereits deshalb nicht (mehr) gegeben ist, weil die Anteilsabtretung lediglich durch Vereinbarung der Parteien in Schriftform möglich ist. Damit wäre der Kernpunkt der Gleichwertigkeit, nämlich das die ausländische Urkundsperson ein Verfahren, dass dem deutschen Beurkundungsverfahren entspricht, (zwingend) zu beachten hat,²⁷⁴ nicht erfüllt.²⁷⁵ Im Ergebnis spricht einiges dafür, dass mit dem

---

267 Scholz/*Priester*, GmbHG, § 53 Rn. 75a; *Bredthauer*, BB 1986, 1864, 1868.
268 LG München DNotZ 1976, 501; *Knoche*, FS Rheinisches Notariat, 1998, S. 297, 306 ff.
269 BGH RIW 1989, 649.
270 OLG Köln WM 1988, 1749 f.; LG Köln RIW 1989, 990; LG Kiel DB 1997, 1223; *Loritz*, DNotZ 2000, 90, 108; *Bungert*, AG 1995, 26, 29 f.
271 Dazu auch *Süß*, DNotZ 2011, 414, 420 ff.; *Wicke*, DB 2013, 1099.
272 In BT-Drucks. 16/6140 heißt es auf Seite 37: »Die Bestimmungen zur Gesellschafterliste sind bereits durch das Handelsrechtsreformgesetz ... nachgebessert und verschärft worden. Es bestehen noch weitere Lücken, z. B. bei der Auslandsbeurkundung, die nunmehr geschlossen werden.«.
273 *Bayer*, DNotZ 2009, 887, 888; *Rodewald*, GmbHR 2009, 196, 197; *Böttcher*, ZNotP 2010, 6, 9.
274 BGHZ 80, 76, 78.
275 *Hermanns*, RNotZ 2010, 38, 41.

E. Anteilsabtretungen/verpfändungen und Satzungsmaßnahmen, insbesondere Formfragen **Kapitel 10**

LG Frankfurt[276] und gegen das OLG Düsseldorf[277] davon auszugehen ist, dass unter Geltung der jetzigen Fassung des § 40 Abs. 2 GmbHG ein Mangel an Gleichwertigkeit nicht nur möglich, sondern sogar wahrscheinlich ist. Allerdings hat der BGH in einer Entscheidung ausgeführt, dass auch nach dem Inkrafttreten des MoMiG durch einen ausländischen Notar eine Beurkundung vorgenommen werden kann, sofern die ausländische Beurkundung der deutschen gleichwertig ist.[278] In dieser Entscheidung ging es um die Frage, ob eine Gesellschafterliste durch einen schweizerischen Notar eingereicht werden kann, deren Veränderung auf der Beurkundung einer Anteilsabtretung in der Schweiz basierte. Der BGH hat hier angenommen, dass aufgrund einer lediglich formalen Prüfungskompetenz des Registergerichts eine Ablehnung der Aufnahme der Gesellschafterliste nur dann in Frage komme, wenn die Abtretung offensichtlich unwirksam ist. Dies offensichtliche Unwirksamkeit wurde verneint, ob allerdings eine Beurkundung durch einen schweizerischen Notar tatsächlich gleichwertig ist, hat der BGH hingegen offengelassen und lediglich ausgeführt, dass die Beurkundung durch eines schweizerischen Notars jedenfalls bis zum Inkrafttreten des MoMiG und der Reform des schweizerischen Obligationenrechts als gleichwertig anerkannt wurde.[279] Die materielle Wirksamkeit von Auslandsbeurkundungen ist demnach durch den BGH nicht abschließend geklärt. Diese Klärung bleibt einem kontradiktorischen Verfahren zwischen dem eingetragenen Gesellschafter, dem Nichteingetragenen und/oder der GmbH vorbehalten.[280] Klarzustellen ist in jedem Fall, dass Art. 11 Rom I-VO lediglich auf den dem dinglichen Rechtsgeschäft (Abtretung bzw. Verpfändung) zugrundeliegenden Schuldvertrag anwendbar ist. Für die Abtretung bzw. Verpfändung selbst gilt Art. 11 Abs. 4 EGBGB.[281]

III. Anteilsübertragungen ausländischer Gesellschaften im Inland

Bei der (dinglichen) Übertragung von Geschäftsanteilen an ausländischen Gesellschaften, die mit der GmbH vergleichbar sind, stellt sich die Frage, ob das in § 15 Abs. 4 GmbH vorgesehene Beurkundungserfordernis auch solche Übertragungsvorgänge umfasst. Diese Frage stellt sich immer dann, wenn sich der Kauf- und Abtretungsvertrag nach deutschem Recht richtet.[282] Hier wird die Auffassung vertreten, dass die nach deutschem Recht bestehende Beurkundungspflicht jedenfalls dann besteht, wenn die ausländische Gesellschaft im Wesentlichen der deutschen GmbH entspricht.[283] Der durch § 15 Abs. 4 GmbHG bezweckte Schutz der Anleger vor einem leichtfertigen und spekulativen Handel mit Geschäftsanteilen müsse auch für ausländische Gesellschaften gelten. Die Gegenmeinung[284] will den Anwendungsbereich des § 15 Abs. 4 GmbHG auf deutsche Gesellschaften beschränken. Der BGH hat die Frage noch nicht endgültig entschieden, deutet jedoch in einer Entscheidung an, dass auf einen deutschem Orts- und Geschäftsrecht unterliegenden Treuhandvertrag über einen polnischen GmbH-Geschäftsanteil § 15 Abs. 4 GmbH anwendbar sein könnte.[285]

155

---

276 GmbHR 2010, 96, 97.
277 OLG Düsseldorf NJW 2011, 1370; kritisch zu diesem Beschluss *Kindler*, RIW 2011, 257; *Gerber*, EWiR 2011, 255; *Wicke*, DB 2011, 2037; *Hermanns*, RNotZ 2011, 224; *Süß*, DNotZ 2011, 414; dem Beschluss zustimmend *Ulrich/Marniok*, GmbHR 2011, 420.
278 BGH, Beschl. v. 17.12.2013, BB 2014, 462. 465.
279 BGH, Beschl. v. 17.12.2013, BB 2014, 462. 465.
280 *Lieder/Ritter*, notar 2014, 187, 195.
281 *Rauscher/v. Hein*, EuZPR/EuIPR, Art. 11 Rn. 6; jurisPK-BGB/*Ringe*, Art. 11 Rn. 24; *Fetsch*, RNotZ 2007, 463, 533; MünchKommBGB/*Spellenberg*, Art. 11 EGBGB Rn. 7. Für GmbH-Geschäftsanteile: *Mankowski*, NZG 2010, 206; *Bayer*, 2013, 897, 902; *Müller*, RIW 2010, 591, 592; *Olk*, NJW 2010, 1639; *Bayer*, GmbHR 2013, 897, 902; *Link*, BB 2014, 579, 581.
282 Zum Verkauf von Anteilen an einer tschechischen Gesellschaft vgl. *Maysenhölder*, WiRO 2011, 65.
283 OLG Celle NJW-RR 1992, 1126, 1127; Soergel/*Kegel*, Art. 11 EGBGB Rn. 17; Bamberger/Roth/*Mäsch*, Art. 11 EGBGB Rn. 40; *Albers*, GmbHR 2011, 1266 ff. (allerdings nicht für den Fall, dass die Parteien vollständig für den Kaufvertrag das ausländische Gesellschaftsstatut wählen).
284 OLG München NJW-RR 1993, 998, 998; *Gärtner/Rosenbauer*, DB 2002, 1981 ff.; *Dutta*, RIW 2005, 101 ff.
285 BGH GmbHR 2005, 53.

156 Eine Beurkundungspflicht ergibt sich jedenfalls dann, wenn die Parteien für die Übertragung von Geschäftsanteilen ausländischer Gesellschaften deutsches Rechts gewählt haben. Zwar können die Parteien die Geltung deutschen Rechts unter Ausschluss der deutschen Formvorschriften wählen. Allerdings führt eine pauschale Rechtswahl zur Anwendbarkeit von § 15 Abs. 3, 4 GmbHG.[286]

F. Europäische Gesellschaftsformen: SE und EWIV

157 Die **Europäische Gesellschaft** (Societas Europea, kurz: SE)[287] basiert auf einer EG-Verordnung[288] sowie auf einer ergänzenden Richtlinie.[289] In Deutschland wurde sie durch das Gesetz zur Einführung der Europäischen Gesellschaft vom 22.12.2004[290] implementiert. Die SE ist eine eigenständige Rechtsform, deren Rechtsgrundlage in allen EU-Staaten gleich ist. Mit ihr wurde eine Rechtsform für europaweit tätige Kapitalgesellschaften geschaffen, die es ermöglicht, zur Einsparung von Organisationskosten die bisher in zahlreichen Mitgliedsstaaten der EU unterhaltene Tochtergesellschaften künftig als schlichte Niederlassungen einer SE zu führen; sie erleichtert ferner grenzüberschreitende Fusionen mit Sitzverlegungen.[291] Die Gründung ist nur zulässig durch die in dem Anhang zur SE-Verordnung genannten Gesellschaften (in Deutschland die AG und die GmbH). Das Besondere der SE ist, dass sie nur in festgelegten Formen gegründet werden kann, nämlich (1) durch die Verschmelzung von Aktiengesellschaften, die ihren Sitz in unterschiedlichen Mitgliedsstaaten haben (Art. 2 Abs. 1 SE-VO), (2) durch die Gründung einer Holding-SE durch AGs und GmbHs, sofern sie entweder dem Recht unterschiedlicher Mitgliedsstaaten unterliegen oder sie seit mindestens 2 Jahren eine dem Recht eines anderen Mitgliedsstaates unterliegende Tochtergesellschaft oder Zweigniederlassung in einem anderen Mitgliedsstaat haben (Art. 2 Abs. 2 SE-VO), (3) durch die Gründung einer Tochter-SE durch Gesellschaften i.S.v. Art. 48 EG-Vertrag (Art. 2 Abs. 3 SE-VO), (4) durch Umwandlung einer AG, wenn sie seit mindestens 2 Jahren eine dem Recht eines anderen Mitgliedsstaates unterliegende Tochtergesellschaft hat (Art. 2 Abs. 4 SE-VO). Die Gründer einer SE mit Sitz in Deutschland können wählen zwischen einer dualistischen Leitungsstruktur und einer monistischen Struktur. S.a. ausführlich zur SE Kap. 5.

158 Die **Europäische wirtschaftliche Interessenvereinigung**[292] beruht auf einer europäischen VO (nachfolgend die EWIV-VO genannt),[293] die durch ein Ausführungsgesetz flankiert wurde.[294] Eine EWIV kann gegründet werden (1) von mindestens zwei (natürlichen oder juristischen) Personen, (2) von denen mindestens zwei ihre Haupttätigkeit oder Hauptverwaltung in verschiedenen Mitgliedssaaten der EG haben müssen, (3) zu dem Zweck, die wirtschaftliche Tätigkeit ihrer Mitglieder zu erleichtern oder zu entwickeln sowie die Ergebnisse dieser Tätigkeit zu verbessern, also nicht zu dem Zweck, Gewinne für sich selbst zu erzielen (Art. 3 EWIV-VO). Die EWIV ähnelt der deutschen OHG mit Fremdgeschäftsführung.[295]

---

286 *Schotten/Schmellenkamp*, Das Internationale Privatrecht in der notariellen Praxis, II. a.E., so auch für Grundstückskaufverträge über ausländische Grundstücke, bei der die Parteien ausländisches Recht gewählt haben: BGH NJW 1972, 385.
287 S. dazu eingehend z.B.: *Van Hulle/Maul/Drinhausen*, Handbuch zur Europäischen Gesellschaft; *Barnert/Dolezel/Egermann/Illigasch*, Societas Europaea; *Jannott/Frodermann*, Handbuch der Europäischen Aktiengesellschaft.
288 EG-Verordnung Nr. 2157/2001 des Rates vom 08.10.2001 über das Statut der Europäischen Gesellschaft (ABl. EG Nr. L 294 vom 10.11.2001, S. 1 ff.).
289 Richtlinie 2001/86/EG vom 08.10.2001 zur Ergänzung des Statuts der Europäischen Gesellschaft hinsichtlich der Beteiligung der Arbeitnehmer (ABl. EG Nr. L 294 vom 10.11.2001, S. 22 ff.).
290 BGBl. I 2004, S. 3675.
291 Kersten/Bühling/*Krauß*, § 151 Rn. 4.
292 Ausführlich dazu: Müller-Gugenberger/*Schotthöfer*, Die EWIV in Europa.
293 Verordnung v. 25.07.1985 (ABl. EG Nr. L 199, S. 1 vom 31.07.1985).
294 BGBl. I 1988, S. 514.
295 Beck'sches Notarhandbuch/*Zimmermann*, Abschn. H Rn. 202.

G. Beurkundungsrechtliche Fragen

I. Besondere Hinweispflichten des Notars

Der Notar ist bei der Beteiligung ausländischer Gesellschaften dazu verpflichtet, auf die (mögliche) Anwendbarkeit ausländischen Rechts hinzuweisen (§ 17 Abs. 3 Satz 1 BeurkG). Gegebenenfalls soll er über die Risiken, die sich aus der Beteiligung der Auslandsgesellschaft ergeben, aufklären, etwa wenn eine zugunsten einer ausländischen Gesellschaft eine Vormerkung bewilligt wird und die Löschung dieser Vormerkung aufgrund der Auslandsbeteiligung problematisch sein kann.[296] Es empfiehlt sich daher, bei der Beteiligung ausländischer Gesellschaften einen entsprechenden Belehrungsvermerk in die Urkunde aufnehmen, der wie folgt lauten könnte: 159

▶ Formulierungsvorschlag zum Belehrungsvermerk bei Beteiligung ausländischer Gesellschaften: 160

Der Notar wies die Beteiligten darauf hin, dass für den Abschluss dieses Geschäftes und für die grundbuchliche Abwicklung der Nachweis der Existenz und der Vertretungsbefugnisse der Beteiligten in öffentlicher Form zu führen ist und dass hierauf ggfls. ausl. Recht zur Anwendung kommen kann. Er wies weiter darauf hin, dass aufgrund der Beteiligung einer ausländischen Gesellschaft möglicherweise ausländisches Rechts zur Anwendung kommen kann. Der Notar hat die Beteiligten darauf hingewiesen, dass eine verbindliche Auskunft zu diesen Fragen von einem ausländischen Juristen oder mittels eines Universitätsgutachtens gegeben werden kann. Die Beteiligten wünschten gleichwohl die sofortige Beurkundung.

II. Beurkundungen in einer Fremdsprache und Übersetzung

Gem. § 5 Abs. 1 BeurkG werden Urkunden in deutscher Sprache errichtet. Ist ein Ausländer der deutschen Sprache nicht hinreichend kundig, bestehen zwei Möglichkeiten: Zum einen kann der Notar gem. § 5 Abs. 2 BeurkG auf Verlangen die Urkunde auch in einer fremden Sprache errichten, wenn er dieser hinreichend kundig ist. Zum anderen kann er die er die Urkunde in deutscher Sprache errichten und diese gem. § 16 BeurkG übersetzen oder übersetzen lassen. 161

Der Ausländer ist der deutschen Sprache hinreichend kundig, wenn er den Inhalt der Urkunde passiv versteht und in der Lage ist, seine Genehmigung des Inhalts zum Ausdruck zu bringen.[297] Der BGH, der in einer älteren Entscheidung[298] eine aktive Sprachkenntnis verlangt hat, verkennt, dass es § 16 BeurkG nur um Kenntnisvermittlung geht, nicht um die aktive Wiedergabemöglichkeit des Inhalts. Im Zweifel sollte der Notar jedoch auf eine Übersetzung hinwirken. 162

Die Sprachunkundigkeit muss entweder nach Überzeugung des Notars oder nach Angaben der Beteiligten bestehen. Sie ist auch dann gegeben, wenn der Notar von der Sprachunkundigkeit überzeugt ist, der Beteiligte aber etwas anderes behauptet, oder umgekehrt. Besteht Sprachunkundigkeit, soll der Notar dies in der Niederschrift feststellen, § 16 Abs. 1 BeurkG. 163

1) Ist ein Beteiligter der deutschen Sprache nicht hinreichend kundig – aber auch in anderen Fällen –, kann der Notar die Urkunde in einer fremden Sprache errichten, wenn er selbst dieser hinreichend kundig ist. Erforderlich ist nicht, dass er die Sprache perfekt beherrscht. Er muss jedoch den fremdsprachigen Text vollständig verstehen.[299] Dabei steht es in seinem Ermessen, ob er sich kundig fühlt. Letztlich wird die Entscheidung auch von der Art und Komplexität des Textes abhängen. Er darf die Urkunde nur auf Verlangen aller Beteiligten in einer Fremdsprache beurkunden. Es empfiehlt sich, dieses Verlangen in der Urkunde zu vermerken. 164

---

296 BGH NJW 1993, 2744.
297 BayObLG MittRhNotK 2000, 178; Eylmann/Vaasen/*Limmer*, § 16 Rn. 4 m.w.N.
298 BGH DNotZ 1964, 174.
299 Eylmann/Vaasen/*Eylmann*, § 5 Rn. 3.

165 Gem. § 50 BeurkG kann ein Notar die deutsche Übersetzung einer fremdsprachigen Urkunde mit der Bescheinigung der Richtigkeit und der Vollständigkeit versehen, wenn er die Urkunde selbst in einer fremden Sprache errichtet hat oder er für die Erteilung einer Ausfertigung zuständig ist.

166 Auch *zweisprachige Urkunden* sind zulässig, es sollte aber klargestellt werden, welche Sprache im Zweifel maßgeblich ist.[300] Ansonsten kann ein Beurkundungsfehler vorliegen.[301] Ist die deutsche Sprache maßgeblich, hat der Notar diese Fassung zu übersetzen, wenn einer der Beteiligten der deutschen Sprache nicht hinreichend mächtig ist. Die Übersetzung entspricht dann dem fremdsprachigen Text. Als Alternative dazu bietet es sich an, die Urkunde in der Fremdsprache zu errichten und gem. § 50 BeurkG eine deutsche Übersetzung beizufügen.[302]

Sind die Urkundsbeteiligten der deutschen Sprache mächtig, und dient der englische Text lediglich Informationszwecken, sollte folgender Passus aufgenommen werden:

167 ▶ Formulierungsbeispiel: Englischer Text zu Informationszwecken

| Der für diese Urkunde maßgebliche Text ist derjenige in deutscher Sprache. Die beigefügte englische Fassung dient lediglich Informationszwecken und ist nicht Bestandteil des Rechtsgeschäfts. Im Falle von Widersprüchen zwischen der deutschen und der englischen Fassung hat daher die deutsche Fassung Vorrang. | For the document the German wording shall be decisive. The English Version of this text serves only for information and is not part of the legal transaction. In case of any inconsistencies between the German and the English wording, the German wording shall therefore prevail. |

168 2) Ist eine Übersetzung der (in der Regel, aber nicht notwendigerweise in der deutschen Sprache abgefassten Urkunde) erforderlich, weil ein Beteiligter die Urkundssprache nicht versteht, ist die Urkunde zu übersetzen. Dabei kann die **Übersetzung** entweder von dem Notar selbst, oder von einem Dolmetscher vorgenommen werden, § 16 BeurkG. Auf Unterschriftsbeglaubigungen findet § 16 BeurkG keine Anwendung.[303]

169 Der Verfahrensablauf stellt sich wie folgt dar: Ist an der Beurkundung auch ein Sprachkundiger anwesend, so liest der Notar die Urkunde zunächst vor; anschließend übersetzt der Dolmetscher oder der Notar diese dann vollständig in die Fremdsprache. Die Übersetzung kann abschnittsweise oder nach vollständiger Verlesung erfolgen. Sind alle Beteiligte sprachunkundig, muss die Niederschrift anstelle des Vorlesens übersetzt werden, § 16 Abs. 2 BeurkG.

170 Erfolgt die Übersetzung durch einen Dolmetscher, so ist zu prüfen, ob dieser selbst beider Sprachen kundig und nicht gem. § 6, 7 BeurkG von der Übersetzung ausgeschlossen ist. Er ist – sofern er nicht allgemein vereidigt ist – zu vereidigen (§ 189 Abs. 2 GVG). Hiervon kann abgesehen werden, wenn alle Beteiligten darauf verzichten. Diese Tatsachen sollen in der Niederschrift festgestellt werden, die Niederschrift soll von dem Dolmetscher unterschrieben werden, § 16 Abs. 3 BeurkG.

171 Der Sprachunkundige kann zusätzlich eine schriftliche Übersetzung verlangen, die ihm zur Durchsicht vorgelegt wird und die der Urkunde beizufügen ist, § 16 Abs. 2 Satz 2 BeurkG. Der Notar soll den Beteiligten auf die Möglichkeit der schriftlichen Übersetzung hinweisen und dies in der Niederschrift festhalten. Der Hinweis sollte, wenn möglich, vor dem Beurkundungstermin erfolgen, da nur dann genügend Zeit besteht, eine schriftliche Übersetzung einzuholen. Bei letztwilligen Verfügungen gilt die Besonderheit, dass eine schriftliche Übersetzung angefertigt werden muss, es sei denn, der Erblasser verzichtet hierauf, was ebenfalls in der Urkunde zu vermerken ist.

---

300 *Armbrüster/Preuß/Renner*, § 8 Rn. 5; Beck'sches Notarhandbuch/*Zimmermann*, Abschn. H Rn. 21.
301 BGH, MittBayNot 2019, 508 (m. Anm. *Forschner*).
302 Vgl. zum Ganzen *Ott*, RNotZ 2015, 189 ff.
303 OLG Karlsruhe DNotZ 2003, 296.

G. Beurkundungsrechtliche Fragen   **Kapitel 10**

▶ Formulierungsvorschlag zum Verzicht auf schriftliche Übersetzung: 172

Der Erschienene ist nach Überzeugung des Notars und seiner eigenen Bekundung der deutschen Sprache nicht hinreichend kundig; er spricht englisch. Der Notar zog deshalb

Herrn XY, geboren am ....., wohnhaft .....

der sowohl der deutschen als auch der englischen Sprache kundig ist, als Dolmetscher zu, in dessen Person Ausschließungsgründe nicht vorliegen. Der Beteiligte verzichtete auf eine Vereidigung des Dolmetschers; dieser wies sich aus durch Vorlage seines Personalausweises.

Der Notar wies den Erschienenen darauf hin, dass er eine schriftliche Übersetzung verlangen kann (bei einer Verfügung von Todes wegen: dass eine schriftliche Übersetzung erforderlich ist, sofern hierauf nicht verzichtet wird); dieser verzichtete darauf.

Kapitel 11 Unternehmensfinanzierung

Übersicht

	Rdn.
A. **Einleitung**	1
B. **Innenfinanzierung**	10
C. **Fremdkapital**	14
I. Bankdarlehen	15
1. Betriebsmittelkredit	16
2. Laufzeitkredit	17
II. Anleihen	20
III. Mischformen (Mezzanine-Kapital)	22
1. Nachrangdarlehen	23
2. Partiarisches Darlehen	25
3. Stille Gesellschaft	27
4. Genussrechte und Genussscheine	29
5. Sonderformen der Anleihe	31
a) Ewige Anleihen (perpetual bonds)	32
b) Hochzinsanleihen (high yield bonds)	33
6. Anleihen mit Aktienbezug	34
a) Wandelanleihen (convertible bonds)	35
b) Pflichtwandelanleihen (mandatory convertible bonds)	37
c) Umgekehrte Wandelanleihen	39
d) Optionsanleihen (bonds with warrants)	40
D. **Eigenkapital**	41
I. Grund- bzw. Stammkapital bei Gründung einer Kapitalgesellschaft	41
II. Kapitalmaßnahmen nach Gründung	43
1. Eigenkapitalbeschaffung mittels Börsengang	45
a) Börsensegmente	48
b) Pflichten infolge des Börsengangs	49
c) Entscheidungen der Gesellschaftsorgane	50
aa) Etwaig erforderliche Umwandlung in eine kapitalmarktfähige Rechtsform	50
bb) Kapitalerhöhung	51
cc) Zustimmung der Hauptversammlung im Fall der reinen Umplatzierung bestehender Aktien	55
d) Börsengang als öffentliches Angebot	56
aa) Emissionskonsortium	59
bb) Emissionsvorbereitende Maßnahmen	60
(1) Festlegung des Emissionskonzepts	60
(2) Due Diligence	61
(3) Erstellung und Billigung des Wertpapierprospekts, Prospekthaftung	63
(4) Das öffentliche Angebot	65
(5) Ermittlung und Festlegung des Ausgabepreises	66
(6) Zuteilung der Aktien	68
(7) Mehrzuteilung (Greenshoe)	69
(8) Börsenzulassung und -einführung	70
(9) Anmeldung der Kapitalerhöhung zum Handelsregister	72
cc) Kursstabilisierung	76
dd) Wesentliche Vereinbarungen der Gesellschaft mit den beteiligten Banken und weitere Dokumente	77
(1) Letter of Engagement (Mandatsvereinbarung)	77
(2) NDA (Vertraulichkeitsvereinbarung)	78
(3) Subscription oder Underwriting Agreement (Übernahme- und Platzierungsvertrag)	79
(4) Pricing Agreement (Preisfestsetzungsvertrag)	81
(5) Listing Agreement (Börseneinführungsvertrag)	82
(6) Globalurkunde	83
(7) Anträge bei der BaFin und bei Börsenbetreibern	84
2. Aktienplatzierungen nach Börsengang (Secondary Offering, Sekundärplatzierung)	85
a) Zulassungspflicht für später ausgegebene Aktien	85
b) Arten der Sekundärplatzierung	86
aa) Kapitalerhöhung aus genehmigtem Kapital mit vereinfachtem Bezugsrechtsausschluss	91
(1) Aktienrechtliche Voraussetzungen	91
(2) Durchführung der Platzierung	92

A. Einleitung

	Rdn.		Rdn.
bb) Kapitalerhöhung mit Bezugsrecht	104	cc) Barkapitalerhöhung unter Ausschluss des Bezugsrechts	114
(1) Aktienrechtliche Voraussetzungen	104	(1) Aktienrechtliche Voraussetzungen	115
(2) Durchführung	107	(2) Durchführung	119

A. Einleitung

Jedes Unternehmen bedarf zu seinem Betrieb finanzieller Mittel. Aus diesem Grund spielt die Finanzierung sowohl zu Beginn als auch im weiteren Verlauf des Lebenszyklus jedes Unternehmens eine zentrale Rolle. Finanziert wird dabei allerdings nicht das Unternehmen selbst, da es kein eigenständiges Rechtssubjekt ist, sondern der jeweilige Rechtsträger des Unternehmens, also im Regelfall eine Gesellschaft.[1] **1**

Die beiden zentralen Kategorien der Finanzierung einer Gesellschaft bilden das Eigenkapital und das Fremdkapital. Dieser Zweiklang spiegelt sich in § 266 Abs. 3 HGB wider und findet sich daher in der Bilanz jeder Gesellschaft. Während die Fremdfinanzierung auf schuldrechtlichen Vereinbarungen beruht und damit grundsätzlich »rechtsformblind« ist, ergeben sich in Bezug auf die Eigenkapitalfinanzierung je nach Rechtsform teils erhebliche Unterschiede. **2**

Charakteristisch für die Qualifizierung als Eigenkapital sind die Überlassung des Kapitals auf Dauer[2] und die Beteiligung der Eigenkapitalgeber an den Perioden- und Endverlusten entsprechend ihrer Beteiligung sowie die Abhängigkeit der Ausschüttungen von der jeweiligen Gewinnsituation.[3] Klassischerweise erfolgt die Eigenkapitalfinanzierung als Außenfinanzierung, bei der Dritte der Gesellschaft neue Eigenmittel zuführen. Daneben gibt es die Innenfinanzierung, bei der die Mittelbeschaffung ohne externe Kapitalzuführung erfolgt. Dazu werden jene Mittel, die schon in der Gesellschaft vorhanden sind, zur Finanzierung bestimmter Vorhaben eingesetzt. **3**

Hingegen wird Fremdkapital in seiner Reinform nur für eine bestimmte (Lauf-) Zeit überlassen.[4] Darüber hinaus werden die Fremdkapitalgeber vorrangig vor den Eigenkapitalgebern befriedigt[5] und erhalten im Grundsatz eine feste Vergütung für die Überlassung ihres Kapitals (Zinsen).[6] Klassisches Fremdkapital sind das Darlehen sowie Anleihen, die sich beide je nach Unternehmensgröße und Volumen in ihrer jeweiligen (rechtlichen) Ausgestaltung deutlich unterscheiden können (z.B. einfacher Bankkredit vs. syndizierte Kreditlinie oder einfache Anleihe vs. börsennotierte Green Bonds). **4**

Dem Verhältnis von Eigen- und Fremdkapital kommt bei der Finanzplanung eines Unternehmens eine entscheidende Bedeutung zu. Da ein Unternehmen zur Deckung seines Finanzbedarfs entweder Eigen- oder Fremdkapital verwenden wird, hat die Unternehmensleitung die Vor- und Nachteile der jeweiligen Finanzierungsart abzuwägen, um die für ihr Unternehmen in der jeweiligen Situation bestmögliche Finanzierungstruktur zu gewährleisten. **5**

In der Praxis haben sich im Laufe der Zeit daneben zahlreiche und vielfältige Mischformen (Mezzanine-Kapital) etabliert.[7] Diese sind handelsrechtlich zwar als Fremdkapital zu qualifizieren, wirt- **6**

---

1 Baums, Recht der Unternehmensfinanzierung, § 1 Rn. 5.
2 KK-AktG/Ekkenga, Vorb. zu § 182 Rn. 4.
3 Ekkenga/Parmentier, Kapitel 1 Rn. 16.
4 Eilers/Rödding/Schmalenbach/Eilers, A. Grundlagen der Unternehmensfinanzierung, Rn. 3.
5 Ekkenga/Parmentier, Kapitel 1 Rn. 30.
6 Baums, § 12 Rn. 3 ff.
7 Assies/Beule/Heise/Strube/Veith/Schuster, Kap. 4 Rn. 1620; Ekkenga/Parmentier, Kapitel 1 Rn. 153.

schaftlich stehen sie aber dem Eigenkapital näher und werden daher von den Marktteilnehmern auch als solches anerkannt.[8]

7 Auch hier variieren die Instrumente je nach Größe des Unternehmens: von der stillen Gesellschaft und des partiarischen Darlehens, die auch für Einzelkaufleute geeignet sind, hin zu Optionsanleihen und weiteren kapitalmarktorientierten Instrumenten, die regelmäßig großen börsennotierten Aktiengesellschaften vorbehalten sind.

8 Je nach »Reifegrad« des Unternehmens oder wirtschaftlicher Lage des Unternehmens kommen die Vor- und Nachteile der jeweiligen Finanzierungsart stärker oder schwächer zum Tragen. Auch innerhalb der einzelnen Finanzierungsarten spielt die jeweilige Unternehmenssituation eine zentrale Rolle für die Entscheidung hinsichtlich der jeweiligen Finanzierung.

9 Da die gesetzlichen Vorschriften zum Fremdkapital die Einbindung des Notars nur selten verlangen, spielt die Aufnahme von Fremdkapital durch Unternehmen mit Ausnahme der Gestellung von Sicherheiten in Form von Immobilien in der notariellen Praxis eine untergeordnete Rolle. Gleiches gilt für die Innenfinanzierung von Gesellschaften. Aus diesem Grund soll in diesem Kapitel insoweit nur ein kurzer Überblick gegeben werden und im Folgenden schwerpunktmäßig die Eigenkapitalbeschaffung beleuchtet werden. Da zudem die jeweiligen Kapitel dieses Buches zu den einzelnen Gesellschaftsformen bereits grundlegende Aspekte der einzelnen Maßnahmen der Eigenkapitalbeschaffung abdecken[9], wird in diesem Kapitel der Fokus auf die Praxis der Unternehmensfinanzierung von Aktiengesellschaften über die Börse gelegt. Für die KGaA oder SE ergeben sich insoweit keine Besonderheiten, die über die jeweiligen rechtsformspezifischen Unterschiede[10] hinausgehen.

B. Innenfinanzierung

10 Typische Formen der Innenfinanzierung sind die Selbst- oder Gewinnfinanzierung, die Abschreibungsfinanzierung und die Rückstellungsfinanzierung.

11 Bei der **Selbst- oder Gewinnfinanzierung** handelt es sich um eine sog. offene Selbstfinanzierung, wenn bei den Umsatzerlösen die Einnahmen die Aufwendungen übersteigen und dieser Überschuss nicht als Gewinn ausgeschüttet wird, sondern in die Gewinnrücklage eingestellt wird und damit Eingang in die Bilanz findet.[11] Bei der stillen Selbstfinanzierung hingegen stammen die Mittel aus bisher buchhalterisch nicht erfassten Überschüssen, namentlich durch Hebung stiller Reserven durch die Veräußerung von Vermögensgegenständen zu einem höheren Preis als den Buchwert.[12]

12 Bei der **Abschreibungsfinanzierung** wird die Qualifizierung von Abschreibungen als Aufwand in der Gewinn- und Verlustrechnung genutzt.[13] Aufgrund des Aufwands steht weniger ausschüttungsfähiger Gewinn zur Verfügung und die auf diese Weise generierten Mittel stehen zur Finanzierung zur Verfügung.

13 Auch bei der **Rückstellungsfinanzierung** wird die Entstehung eines ausschüttungsfähigen Gewinns verhindert. Rückstellungen sind für Verbindlichkeiten der Gesellschaft zu bilden, die am Stichtag entweder dem Grunde oder der Höhe nach noch nicht feststehen.[14] Als solche mindern sie als Aufwand den ausschüttungsfähigen Gewinn. Von großer wirtschaftlicher Bedeutung und damit praxis-

---

8 Ekkenga/*Parmentier*, Kapitel 1 Rn. 146.
9 Zur GmbH s. Kap. 2 Rdn. 482 ff., 707 ff. und zur AG Kap. 3 Rdn. 203 ff., 536 ff.
10 Zu den Unterschieden zwischen SE und AG: *Rahlmeyer/Klose*, NZG 2019, 854 ff; zu den Unterschieden zwischen KGaA und AG: Münchener Anwaltshandbuch Aktienrecht/*Schaub*, § 3.
11 MünchKommAktG/*Schürnbrand*, Vorb. zu §§ 182–191 Rn. 28; KK-AktG/*Ekkenga*, Vorb. zu § 182 Rn. 10.
12 Ekkenga/*Parmentier*, Kapitel 1 Rn. 118; KK-AktG/*Ekkenga*, Vorb. zu § 182 Rn. 11.
13 Ekkenga/*Parmentier*, Kapitel 1 Rn. 115.
14 MünchKommAktG/*Schürnbrand*, Vorb. zu §§ 182–191 Rn. 30.

relevant sind vor allem Pensionsrückstellungen für zukünftige Leistungen aus Pensionszusagen zugunsten von Arbeitnehmern.[15]

C. Fremdkapital

Fremdkapital zur Unternehmensfinanzierung erhält ein Unternehmen üblicherweise als Darlehen (tendenziell kürzere Laufzeit) oder durch Anleihen (tendenziell längere Laufzeit). Daneben existieren noch zahlreiche Varianten des Kredits, also des zeitlichen Auseinanderfallens der Fälligkeit von Leistung und Gegenleistung zugunsten, desjenigen dessen Leistung später fällig wird.[16] Dazu gehören neben klassischen Lieferanten- und Warenkrediten insbesondere das Leasing und das unechte Factoring, denen vor allem in der mittelständischen Finanzierungspraxis als Alternative zum Bankdarlehen eine nicht unerhebliche Rolle zukommt.[17] Darüber hinaus existieren noch der Haftungskredit oder auch Kreditleihe, bei denen sich ein Unternehmen die Kreditwürdigkeit eines Dritten, zumeist einer Bank gegenüber einem Dritten leiht.[18] Beispiele hierfür sind Avalkredite und Akzeptkredite.[19]

14

I. Bankdarlehen

Der klassische Fall ist das Bankdarlehen, wobei sich auch dieses bereits in Fallgruppen unterteilt, die sich primär nach dem Zweck der Finanzierung richten, namentlich Betriebsmittelkredite und Investitions- oder Akquisitionskredite.

15

1. Betriebsmittelkredit

Der Betriebsmittelkredit dient dazu, die Finanzierung des laufenden Geschäftsbetriebs zu sichern.[20] Zwar hat ein Unternehmen im Normalfall regelmäßige Einnahmen und Ausgaben, doch sind diese zeitlich nicht immer kongruent, so dass das Unternehmen unter Umständen auf eine gewisse Liquiditätsreserve angewiesen ist. Neben Eigenkapital wird diese Liquiditätsreserve häufig durch einen Betriebsmittelkredit gewährleistet. Dazu gewährt die Bank dem Unternehmen einen betragsmäßig bestimmten Kreditrahmen, der – eine entsprechende Rückzahlung vorausgesetzt – dauerhaft und immer wieder genutzt werden kann. Es handelt sich insoweit um eine revolvierende Kreditlinie.[21]

16

2. Laufzeitkredit

Davon zu unterscheiden ist die Fremdfinanzierung besonderer Geschäftsvorfälle, z.B. einer größeren Investition oder Akquisition. In diesem Fall vereinbaren die Bank bzw. ein Bankenkonsortium und das Unternehmen ein Festdarlehen mit einer bestimmten Laufzeit[22]. Wird ein solcher Laufzeitkredit nicht innerhalb einer bestimmten Frist in Anspruch genommen, verfällt die Kreditzusage. Im Fall einer Inanspruchnahme erfolgt die Rückzahlung in vereinbarten Raten während der Laufzeit oder als Einmalzahlung bei Endfälligkeit.[23] Je nach Einzelfall steht das konkrete Vorhaben bei Abschluss des Darlehensvertrags noch gar nicht fest bzw. ist noch gar nicht absehbar. Durch die Möglichkeit, das Darlehen während der Laufzeit jederzeit in Anspruch nehmen zu können, kann das Unterneh-

17

---

15 Plakativ insoweit: *Graf von Kanitz*, Bilanzkunde für Juristen, Rn. 620: »Aus Pensionsrückstellungen resultiert ein nennenswerter Finanzierungseffekt: die steuermindernd angesparten Mittel können grundsätzlich langfristig im Unternehmen investiert werden und damit zur Erzielung einer Anlagenrendite dienen.«.
16 Ekkenga/*Parmentier*, Kapitel 1 Rn. 130.
17 Kessler/*Werthschulte*, § 1 Rn. 33, 39.
18 Eilers/Rödding/Schmalenbach/*Jetter*, C. Fremdkapitalfinanzierung, Rn. 5.
19 *Meincke/Hingst*, WM 2011, 633, 634.
20 *Baums*, § 30 Rn. 5.
21 Assies/Beule/Heise/Strube/*Veith/Schuster*, Kap. 4 Rn. 1587.
22 *Baums*, § 30 Rn. 23.
23 Eilers/Rödding/Schmalenbach/*Jetter*, C. Fremdkapitalfinanzierung, Rn. 6.

men aber flexibel und schnell auf Marktchancen reagieren, ohne zusätzlich die für deren Realisierung notwendige Finanzierung verhandeln zu müssen.

18 Wesentliches Kriterium für jede Gewährung eines Darlehens ist die Bonität oder Kreditwürdigkeit des Unternehmens als Kreditnehmer. Die Bonität bestimmt dabei zunächst das »Ob« und bei positiver Entscheidung auch das »Wie« der Darlehensgewährung (z.B. Höhe der Zinsen, Informations-, Handlungs- und Unterlassungspflichten der Gesellschaft[24], Besicherung etc.)[25].

19 Um das jeweilige Risiko für die Bank zu begrenzen, werden großvolumige Darlehen zur Akquisitions- oder Investitionsfinanzierung in der Praxis nur als Konsortialkredit, bei dem mehrere Banken die Kreditsumme gemeinsam zur Verfügung stellen, ausgereicht.[26] Bei revolvierenden Krediten bis zu einer bestimmten Höhe bietet sich weiterhin der Kredit bei der Hausbank an.

II. Anleihen

20 Die Platzierung von Anleihen ist die klassische Fremdfinanzierungsform für die langfristige Finanzierung einer Gesellschaft mit höheren Finanzierungsvolumina. Aufgrund der wirtschaftlichen Bedeutung und der sich stetig wandelnden regulatorischen Anforderungen hat sich eine **Vielzahl von Gestaltungsvarianten** etabliert, die noch weiter zunehmen dürfte.[27]

21 Nach deutschem Recht handelt es sich bei Anleihen um Schuldverschreibungen i.S.d. § 793 ff. BGB.[28] Anleihen mit einheitlichen Anleihebedingungen stellen daher eine Vielzahl von identischen, verbrieften Zahlungsansprüchen gegen die Gesellschaft dar.[29] Der Unterschied zum Gelddarlehen besteht insbesondere in der Verbriefung und der daraus zumeist folgenden höheren Anzahl an Gläubigern. Ferner führt die Verbriefung zu einer besseren Handelbarkeit der Ansprüche. Durch eine Börsennotierung der Anleihen können deren Fungibilität weiter erhöht werden und zugleich jene Investorengruppen erschlossen werden, die bei ihren Investitionen bestimmten Regularien unterliegen.[30]

III. Mischformen (Mezzanine-Kapital)

22 Auf die oben genannten verschiedenen Mischformen kann aufgrund der Mannigfaltigkeit ihrer Erscheinungsformen[31] an dieser Stelle nur kursorisch eingegangen werden. Da Mezzanine-Kapital zwar **formal Fremdkapital** darstellt, in **wirtschaftlicher Hinsicht aber als Eigenkapital** anerkannt werden soll,[32] weist Mezzanine-Kapital sowohl fremdkapital- als auch eigenkapitaltypische Komponenten auf. Die Annäherung an das Eigenkapital geschieht in der Praxis durch eine gewisse Langfristigkeit und Nachrangigkeit im Vergleich zu »normalem« Fremdkapital.[33] Zudem werden Charakteristika des Eigenkapitals imitiert, indem eine erfolgsabhängige Vergütung und – allerdings weniger praxisrelevant – die Teilnahme an Verlusten vereinbart wird.[34] Je nachdem, ob das Mezzanine-Kapital wirtschaftlich dem Eigenkapital oder dem Fremdkapital näher ist, erfolgt eine Kategorisierung in equity mezzanine oder debt mezzanine.[35]

---

24 Zu den aktienrechtlichen Grenzen solcher »Covenants« s.a. *Rahlmeyer*, Vorstandshaftung zwischen traditionellem deutschem Aktienrecht und kapitalmarktorientierter Corporate Governance, S. 30 ff.
25 Eilers/Rödding/Schmalenbach/*Jetter*, C. Fremdkapitalfinanzierung, Rn. 3.
26 Schwintowski/*Glaß*, Kap. 16 Rn. 101.
27 MünchKommHGB/*Singhof*, Bd. 6, Emissionsgeschäft Rn. 125.
28 MünchKommHGB/*Singhof*, Bd. 6, Emissionsgeschäft Rn. 125.
29 Ekkenga/*Parmentier*, Kapitel 1 Rn. 139.
30 Ekkenga/*Parmentier*, Kapitel 1 Rn. 142.
31 Vgl. auch: *Baums*, § 12 Rn. 20.
32 Ekkenga/*Parmentier*, Kapitel 1 Rn. 146.
33 Eilers/Rödding/Schmalenbach/*Gleske/Laudenklos*, D. Hybride Finanzierung, Rn. 24 ff., 28 ff.
34 Eilers/Rödding/Schmalenbach/*Gleske/Laudenklos*, D. Hybride Finanzierung, Rn. 33 ff., 37.
35 *Golland/Gehlhaar/Grossmann/Eickhoff-Kley/Jänisch*, Beilage zu BB 2005, Nr. 5, 1, 2.

C. Fremdkapital

1. Nachrangdarlehen

Eine typische Ausprägung des debt mezzanine ist das Nachrangdarlehen, bei dem die Darlehensforderung in allen Belangen (Rückzahlungen vor und in der Insolvenz und Verwertung von Sicherheiten) rangmäßig hinter die Forderungen der erstrangigen Kreditgeber (senior debt) zurücktritt. Entsprechend ist der Zinssatz höher als bei den vorrangigen Darlehen.[36] Gleichwohl wird das Nachrangdarlehen aufgrund seiner strukturellen Nähe zum klassischen Darlehen in der Praxis wirtschaftlich regelmäßig nicht als Eigenkapital angesehen.[37] Gleichwohl besteht bei einer (zu) ausgeprägten Annäherung des Nachrangdarlehens an die Eigenschaften von Eigenkapital das Risiko, dass das Nachrangdarlehen im Falle einer Krise der Gesellschaft als eigenkapitalersetzendes Darlehen angesehen wird.[38] Damit wäre es in der Insolvenz praktisch wertlos.

Wesentlicher Anwendungsfall des Nachrangdarlehens ist die Schließung einer Finanzierungslücke bei fremdfinanzierten Unternehmensübernahmen.[39]

2. Partiarisches Darlehen

Das partiarische Darlehen ist ebenfalls ein Instrument des debt mezzanine. Dabei handelt es sich um ein Darlehen, bei dem der Darlehensgeber keine feste, sondern eine am wirtschaftlichen Erfolg der Gesellschaft bemessene Vergütung erhält.[40] Als Bemessungsgröße kommt insbesondere der Gewinn in Betracht, so dass auf diese Weise die Annäherung an das Eigenkapital erreicht wird.[41]

Beim sog. **Crowdinvesting** als Unterform des Crowdfunding handelt es sich in der Regel ebenfalls um partiarisches Darlehen, das zusätzlich mit einem Nachrang ausgestattet ist.[42] Dabei handelt es sich um eine verhältnismäßig junge Form der Unternehmensfinanzierung, die sich insbesondere für die Start- oder Frühphase eines Unternehmens eignen kann. Typisch ist eine große Investorenanzahl (crowd), von denen jeder nur einen sehr kleinen Beitrag leistet und am späteren Unternehmenserfolg beteiligt wird. Um eine möglichst große Anzahl von Investoren anzusprechen, wird üblicherweise das Internet in Form einer Crowd Plattform genutzt.[43] Da die Ausgestaltung als stille Gesellschaft oder in Form von Genussrechten eine Prospektpflicht gemäß Vermögensanlagegesetz auslösen würde[44] und die Ausgestaltung als gewöhnliches Darlehen bankaufsichtsrechtlich nicht zulässig wäre[45], wird zur rechtlichen Umsetzung in der Praxis auf das partiarische Nachrangdarlehen zurückgegriffen. Das partiarische Darlehen ist nicht prospektpflichtig gemäß Vermögensanlagegesetz und der qualifizierte Nachrang lässt die bankaufsichtsrechtliche Erlaubnispflicht entfallen.[46]

3. Stille Gesellschaft

Die stille Gesellschaft erfährt als eine der wenigen Formen des Mezzanine-Kapitals eine ausdrückliche gesetzliche Regelung (§§ 230 bis 236 HGB). Vom partiarischem Darlehen und dem Genussrecht grenzt sie sich durch den gemeinsamen Zweck der Parteien ab, daher auch die Bezeichnung als Gesellschaft (vgl. § 705 BGB). Der stille Gesellschafter bildet allerdings nicht mit den Gesellschaftern einer Gesellschaft einen Verband, sondern er beteiligt sich an dem Handelsgeschäft, das die Gesellschaft betreibt, und bildet mit ihr eine Innengesellschaft.[47] Dazu leistet er gem. § 230

---

36 Ekkenga/*Parmentier*, Kapitel 1 Rn. 209.
37 Eilers/Rödding/Schmalenbach/*Gleske/Laudenklos*, D. Hybride Finanzierung, Rn. 46.
38 Eilers/Rödding/Schmalenbach/*Gleske/Laudenklos*, D. Hybride Finanzierung, Rn. 50.
39 Eilers/Rödding/Schmalenbach/*Gleske/Laudenklos*, D. Hybride Finanzierung, Rn. 46.
40 Ekkenga/*Parmentier*, Kapitel 1 Rn. 202.
41 Eilers/Rödding/Schmalenbach/*Gleske/Laudenklos*, D. Hybride Finanzierung, Rn. 51.
42 Oetker/*Wedemann*, HGB, § 230 Rn. 13; *Herr/Bantleon*, DStR 2015, 532, 533.
43 *Herr/Bantleon*, DStR 2015, 532.
44 *Herr/Bantleon*, DStR 2015, 532, 534.
45 *Veith*, BKR 2016, 184, 187.
46 *Herr/Bantleon*, DStR 2015, 532, 534.
47 *Baums*, § 14 Rn. 4, 5.

Abs. 1 HGB eine Vermögenseinlage in das Vermögen der Gesellschaft und wird gem. § 231 Abs. 1 HGB grundsätzlich am Gewinn und Verlust des Handelsgeschäfts beteiligt, wobei gem. § 231 Abs. 2 HGB die Beteiligung am Verlust ausgeschlossen werden kann, die Beteiligung am Gewinn hingegen nicht.

28 Bei der Aktiengesellschaft ist die stille Gesellschaft nur bedingt attraktiv, da sie nach der Rechtsprechung des BGH einen Teilgewinnabführungsvertrag im Sinne von § 292 Abs. 1 Nr. 2 AktG darstellt, der zu seiner Wirksamkeit einer qualifizierten Mehrheit der Hauptversammlung bedarf und ins Handelsregister einzutragen ist.[48]

4. Genussrechte und Genussscheine

29 Der Begriff des Genussrechts wird vom Gesetz (z.B. in § 221 AktG) zwar vorausgesetzt, aber nicht definiert. Als charakteristisch für ein Genussrecht gilt heute, dass es sich um eine schuldrechtliche Vereinbarung handelt, bei der ein Kapitalgeber der Gesellschaft Kapital überlässt und sich zugleich mitgliedschaftsähnliche vermögenswerte Rechte (insbesondere Teilhabe am laufenden Gewinn) einräumen lässt, ohne korporationsrechtlich Mitglied zu sein, weswegen dem Kapitalgeber auch keine Verwaltungsrechte in Bezug auf die Gesellschaft zustehen.[49] Das Recht auf Teilhabe am Gewinn verleiht dem Genussrecht seinen Charakter als wirtschaftliches Eigenkapital. Durch die Einräumung der (weiteren) Vermögensrechte, die Vereinbarung eines Nachrangs und insbesondere durch die Teilnahme an etwaigen Verlusten wird das Genussrecht vom partiarischen Darlehen abgegrenzt;[50] fehlt es an derartigen Regelungen, ist die Unterscheidung praktisch kaum möglich.[51] Werden Genussrechte in Schuldverschreibungen verbrieft und am Kapitalmarkt gehandelt, werden sie als Genussscheine bezeichnet.[52]

30 Die wirtschaftliche Ähnlichkeit und die oben beschriebenen praktischen Schwierigkeiten der Errichtung einer stillen Gesellschaft in der Aktiengesellschaft führen dazu, dass die Praxis häufig dem Genussrecht den Vorzug gibt. Zwar setzt § 221 Abs. 3 AktG für die Ausgabe von Genussrechten eine entsprechende Ermächtigung des Vorstands durch die Hauptversammlung mit qualifizierter Mehrheit voraus, doch erlaubt diese Ermächtigung dem Vorstand, die Einzelheiten der Genussrechtsbedingungen weitestgehend frei festzulegen.[53] In dieser größeren Flexibilität liegt der große Vorteil gegenüber der stillen Gesellschaft.

5. Sonderformen der Anleihe

31 Auch Anleihen können mit Eigenkapitalkomponenten ausgestattet werden und auf diese Weise als Mezzanine-Kapital verwendet werden. Zwei Typen sind dabei besonders hervorzuheben, die ewige Anleihe sowie die Hochzinsanleihe.

a) Ewige Anleihen (perpetual bonds)

32 Bei der ewigen Anleihe wird die Eigenkapitalähnlichkeit durch die ewige bzw. sehr lange Laufzeit der Anleihen erreicht.[54] Zusätzlich ist das ordentliche Kündigungsrecht der Anleihegläubiger ausgeschlossen. Die Gesellschaft hingegen hat üblicherweise ein Kündigungsrecht nach Ablauf einer gewissen Grundlaufzeit (in der Regel 10 Jahre), nach der zugleich der Zinssatz erheblich steigen würde (step up).[55] Aus diesem Grund macht die emittierende Gesellschaft von ihrem Kündigungs-

---

48 BGHZ 156, 38, 43.
49 BGHZ 119, 305.
50 *Ziebe*, DStR 1991, 1594, 1595; Jesch/Striegel/Boxberger/*Klier/Kuzmicki/von Schweinitz*, Rechtshandbuch Private Equity, § 28 Rn. 63, 64.
51 Jesch/Striegel/Boxberger/*Klier/Kuzmicki/von Schweinitz*, § 28 Rn. 64.
52 Eilers/Rödding/Schmalenbach/*Gleske/Laudenklos*, D. Hybride Finanzierung, Rn. 57.
53 Eilers/Rödding/Schmalenbach/*Gleske/Laudenklos*, D. Hybride Finanzierung, Rn. 57.
54 Ekkenga/*Parmentier*, Kapitel 1 Rn. 214.
55 MünchKommHGB/*Singhof*, Bd. 6, Emissionsgeschäft Rn. 132.

recht üblicherweise auch Gebrauch.[56] Das Kündigungsrecht ist zudem regelmäßig davon abhängig, dass die Gesellschaft entsprechendes Eigenkapital oder vergleichbares Fremdkapital aufbringt.[57] Durch eine Nachrangklausel kann die Anleihe zudem dem Eigenkapital noch weiter angenähert werden.

b) Hochzinsanleihen (high yield bonds)

Unternehmen mit geringerer Bonität, die von den Ratingagenturen mit einem sog. non-investment grade bewertet werden, können sich mit der Ausgabe von Hochzinsanleihen Kapital beschaffen.[58] Neben dem namensgebenden Zinsaufschlag für das höhere Ausfallrisiko sind diese Anleihen zumeist (strukturell) nachrangig gegenüber anderem Fremdkapital.[59] Im Gegenzug sehen die Anleihebedingungen bestimmte Pflichten der Gesellschaft (covenants) zum Schutz der Anleihegläubiger vor.[60] Diese Pflichten dienen dem Erhalt der Zahlungsfähigkeit während der Anleihelaufzeit und haben insbesondere die Einhaltung bestimmter Finanzkennzahlen und die Begrenzung der weiteren Verschuldung zum Gegenstand.[61] Flankiert werden diese Verhaltenspflichten von einer periodischen Berichtspflicht zugunsten der Anleihegläubiger.[62] 33

6. Anleihen mit Aktienbezug

Anleihen mit Aktienbezug sind im Aktiengesetz geregelte spezielle Ausprägungen der normalen Anleihe, die eigenkapitalähnlichen Charakter aufweisen, weil sie entweder in Eigenkapital der ausgebenden Gesellschaft umgewandelt werden können oder sogar müssen (Wandelanleihen, Pflichtwandelanleihen, Optionsanleihen, umgekehrte Wandelanleihen). Keinen eigenkapitalähnlichen Charakter haben damit Umtauschanleihen (sog. exchangeable bonds), weil diese dem Anleihegläubiger nur das Recht einräumen, Aktien einer anderen Gesellschaft als der die Anleihe ausgebenden Gesellschaft zu beziehen.[63] Anleihen mit Aktienbezug werden aufgrund ihrer Komplexität in der Regel nur von börsennotierten Aktiengesellschaften oder von Start Up-Unternehmen mit fortgeschrittenem Reifegrad genutzt. 34

a) Wandelanleihen (convertible bonds)

Wandelanleihen oder Wandelschuldverschreibungen sind gem. § 221 Abs. 1, 1. Alt. AktG solche Schuldverschreibungen, bei denen den Gläubigern ein Umtausch- oder Bezugsrecht auf Aktien eingeräumt wird. Mit Ausübung dieses Rechts erlischt ihr alternativer Anspruch auf Rückzahlung und Zinszahlung. Die genauen Konditionen wie Bezugsverhältnis, Zeitraum für die Ausübung des Bezugsrechts etc. werden in den Anleihebedingungen niedergelegt. Damit die Gesellschaft die Ansprüche der Anleihegläubiger auf Bezug der Aktien erfüllen kann, muss sie entweder ausreichend eigene Aktien vorhalten oder sich den Erwerb eigener Aktien gem. § 71 AktG genehmigen lassen[64] und zusätzlich über eine entsprechende Veräußerungsermächtigung verfügen. Alternativ – und das ist der praxisrelevantere Fall – wird sie ein bedingtes Kapital schaffen, da § 192 Abs. 2 Nr. 1 AktG diesen Fall ausdrücklich vorsieht. 35

Voraussetzung für eine Wandelanleihe ist gem. § 221 AktG stets ein Beschluss der Hauptversammlung mit qualifizierter Mehrheit. Neben der unmittelbaren Ausgabe der Wandelanleihe findet sich in der Praxis nahezu ausschließlich die Variante gem. § 221 Abs. 2 Satz 1 AktG, nach der dem Vor- 36

---

56 Ekkenga/*Parmentier*, Kapitel 1 Rn. 214.
57 MünchKommHGB/*Singhof*, Bd. 6, Emissionsgeschäft Rn. 132.
58 Eilers/Rödding/Schmalenbach/*Strauch*, C. Fremdkapitalfinanzierung, Rn. 176.
59 Ekkenga/*Parmentier*, Kapitel 1 Rn. 210, 211.
60 Eilers/Rödding/Schmalenbach/*Strauch*, C. Fremdkapitalfinanzierung, Rn. 184.
61 MünchKommHGB/*Singhof*, Bd. 6, Emissionsgeschäft Rn. 133.
62 MünchKommHGB/*Singhof*, Bd. 6, Emissionsgeschäft Rn. 134.
63 Ekkenga/*Parmentier*, Kapitel 1 Rn. 164.
64 MünchKommAktG/*Oechsler*, § 71 Rn. 331.

stand eine Ermächtigung für einen Zeitraum von maximal fünf Jahren zur Ausgabe von Wandelanleihen erteilt wird. Da gem. § 221 Abs. 4 AktG die Regelungen zum Bezugsrecht anzuwenden sind, muss das Bezugsrecht der Aktionäre in Bezug auf die Wandelanleihe ausgeschlossen werden, sofern die Gesellschaft mit der Wandelanleihe neue Aktionäre ansprechen will.[65]

b) Pflichtwandelanleihen (mandatory convertible bonds)

37 Die Pflichtwandelanleihe unterscheidet sich nur insoweit von der klassischen Wandelanleihe, als der Gläubiger spätestens zum Ende der Anleihelaufzeit zum Bezug der Aktien verpflichtet ist, d.h. das Wahlrecht zwischen Rückzahlung und Bezugsrecht entfällt.

38 Eine von der Bankenwirtschaft genutzte Variante der Pflichtwandelanleihe sind die sogenannten CoCo-Bonds (contingent convertible bonds). Dabei hängt die Wandlungspflicht vom Eintritt eines gewissen Ereignisses (bei Banken z.B. die Unterschreitung einer bestimmten Kernkapitalquote) ab.[66]

c) Umgekehrte Wandelanleihen

39 Bei der umgekehrten Wandelanleihe, die nach der Aktienrechtsnovelle nunmehr in § 221 Abs. 1, 2. Alt. AktG kodifiziert ist, kann die Gesellschaft wählen, ob sie den Anspruch der Anleihegläubiger durch Lieferung von Aktien oder durch Rückzahlung erfüllt. Dabei kann sie ihr Wahlrecht aber nur einheitlich gegenüber allen Gläubigern ausüben.[67]

d) Optionsanleihen (bonds with warrants)

40 Optionsanleihen sind Wandelanleihen, bei denen der Gläubiger zusätzlich zum Rückzahlungsanspruch aus der Anleihe ein Recht zum Bezug von Aktien erhält. Anders als bei der klassischen Wandelanleihe ist das Bezugsrecht nicht alternativ zum Rückzahlungsanspruch, sondern kumulativ.[68] Die Ansprüche aus der Anleihe sind vom Bezug der Aktien unabhängig.[69] Allerdings kann das Aktienbezugsrecht an die Anleihe gekoppelt werden, so dass nur der Gläubiger der Anleihe das Bezugsrecht ausüben kann und diese nur gemeinsam übertragen werden können, in der Praxis deutlich häufiger ist jedoch das abgetrennte Optionsrecht, das dann sogar über die Börse handelbar ist.[70] Für den Bezug der Aktien muss der Gläubiger in der Regel einen Bezugspreis bezahlen.

D. Eigenkapital

I. Grund- bzw. Stammkapital bei Gründung einer Kapitalgesellschaft

41 Der erste Finanzierungsbedarf einer Kapitalgesellschaft besteht naturgemäß bei ihrer Gründung. Denn um ihre gläubigerschützende Funktion zu erfüllen (und damit ihrem Namen gerecht zu werden), ist jede Kapitalgesellschaft bereits bei der Gründung mit einem gewissen Mindestkapital auszustatten.[71]

42 Bei der SE beträgt dieses 120.000 € (Art. 4 Abs. 2 SE-VO), bei der Aktiengesellschaft 50.000 € (§ 7 AktG) und bei der GmbH 25.000 € (§ 5 Abs. 1 GmbHG). Die Erbringung dieses Mindestkapitals kann entweder durch Bar- oder Sacheinlage oder durch eine Kombination aus beidem erfolgen. (zu den Einzelheiten der Kapitalaufbringung bei Gründung vgl. Kapitel 2 für die GmbH, Kapitel 3 für die AG und Kapitel 5 für die SE).

---

65 Ekkenga/*Parmentier,* Kapitel 1 Rn. 157.
66 Jesch/Striegel/Boxberger/*Klier/Kuzmicki/von Schweinitz,* § 28 Rn. 84.
67 Ekkenga/*Parmentier,* Kapitel 1 Rn. 163.
68 MünchKommAktG/*Habersack,* § 221 Rn. 31; KK-AktG/*Florstedt,* § 221 Rn. 460.
69 KK -AktG/*Florstedt,* § 221 Rn. 460; MünchKommAktG/*Habersack,* § 221 Rn. 31.
70 KK-AktG/*Florstedt,* § 221 Rn. 460; MünchKommAktG/*Habersack,* § 221 Rn. 32.
71 Beck'sches RA-HB/*Leistikow,* § 44 Rn. 31.

II. Kapitalmaßnahmen nach Gründung

Als Kapitalmaßnahmen nach der Gründung kommen die reguläre Barkapitalerhöhung gegen Einlagen (§ 182 ff. AktG, § 55 ff. GmbHG) und die Kapitalerhöhung aus genehmigtem Kapital (§ 202 ff. AktG, § 55a ff. GmbHG) sowie die bedingte Kapitalerhöhung (§ 192 ff. AktG). Die bedingte Kapitalerhöhung ist auf die im Gesetz genannten Zwecke beschränkt[72] und dient in der Praxis zumeist der Erfüllung von Bezugsansprüchen im Zusammenhang mit Wandelschuldverschreibungen und zugunsten von Arbeitnehmern bzw. Gesellschaftsorganen.[73] Da der Gesellschaft bei der Sachkapitalerhöhung kein frisches Kapital und sie damit nicht der Unternehmensfinanzierung im engeren Sinne dient, bleibt sie in diesem Kapitel außer Betracht.[74]

43

Daneben gibt es noch die Kapitalerhöhung aus Gesellschaftsmitteln (§ 207 ff. AktG, § 57c GmbHG) als unechte Kapitalmaßnahme, weil der Gesellschaft hierbei kein neues Kapital zugeführt wird, sondern lediglich eine Umwandlung von Rücklagen in Eigenkapital stattfindet.[75] Sie spielt in der Praxis nicht zuletzt deshalb eine untergeordnete Rolle, weil Rücklagen deutlich flexibler genutzt werden können als Eigenkapital.

44

1. Eigenkapitalbeschaffung mittels Börsengang

Die Zuführung von Eigenkapital über die Börse erfolgt klassischerweise über den sogenannten Börsengang[76] (Initial Public Offering, IPO)[77]. Frisches Kapital erhält das Unternehmen allerdings nur, wenn die zu platzierenden Aktien oder jedenfalls ein Teil davon aus einer Kapitalerhöhung gem. § 182 ff. AktG (reguläre Kapitalerhöhung, genehmigtes Kapital, bedingtes Kapital) stammen. Die reine Börsenzulassung und/oder -notierung bereits vorhandener Aktien aus dem Bestand der Altaktionäre ohne Kapitalerhöhung (Umplatzierung) erhöht hingegen lediglich die Fungibilität der Anteile, führt aber nicht zu einer Erhöhung des Eigenkapitals.

45

Aus rechtlicher Perspektive sind bei einem Börsengang sowohl das **Gesellschaftsrecht** als auch das **Kapitalmarktrecht** und insbesondere deren **inhaltliches und zeitliches Zusammenspiel** von besonderer Bedeutung. Nach erfolgreichem Börsengang kann das Unternehmen weitere Aktien an der Börse platzieren (s. dazu Rdn. 85 ff.).

46

Auf den ersten Blick unterscheidet sich die Rolle des Notars bei einem Börsengang zwar wenig von einer »normalen« Kapitalerhöhung ohne Börsenbezug, insbesondere sind die für die Durchführung und Anmeldung der Kapitalerhöhung erforderlichen Unterlagen identisch. Aufgrund der erhöhten Komplexität ist für das Gelingen eines Börsengangs oder einer Kapitalerhöhung nach Börsengang der **kontinuierliche Austausch und die Abstimmung wesentlicher Dokumente** der Kapitalerhöhung zwischen dem Notar und den weiteren Beteiligten gleichwohl unerlässlich. Ferner erfordert das Zusammenspiel zwischen Kapitalmarkt- und Gesellschaftsrecht eine enge Abstimmung zwischen Notar und Registergericht, um die Kapitalerhöhung und die Börsennotierung zeitlich genau aufeinander abzustimmen.[78]

47

a) Börsensegmente

Eine grundlegende Entscheidung ist die Wahl des Börsensegments. Das Börsengesetz unterscheidet zwischen reguliertem Markt (§§ 32, 33 BörsG) und Freiverkehr (§ 48 BörsG). Ersterer unterliegt

48

---

72 KK-AktG/*Drygala/Staake*, § 192 Rn. 31.
73 Marsch-Barner/Schäfer/*Busch* § 41 Rn. 41.1.
74 S. zur GmbH Kap. 2 Rdn. 755 ff. und zur AG Kap. 3 Rdn. 546 ff.
75 MünchKommAktG/*Arnold*, § 207 Rn. 1; Ekkenga/*Parmentier*, Kapitel 1 Rn. 119.
76 Zu den Vor- und Nachteilen eines Börsengangs s.: Beck'sches HB AG/*Harrer*, § 20 Rn. 7, 8.
77 Da das gesamte Kapitalmarktgeschäft stark anglo-amerikanisch geprägt ist, dominieren in der Praxis englischsprachige Begriffe und Standards, vgl. MünchKommHGB/*Singhof*, Bd. 6, Emissionsgeschäft Rn. 141.
78 S. dazu Rdn. 75.

einer strengen gesetzlichen Regulierung, während letzterer überwiegend privatrechtlich organisiert ist.[79] Da die Anforderungen in Bezug auf Transparenz und Liquidität, die letztlich dem Schutz der Investoren dienen, im regulierten Markt höher sind als im Freiverkehr, dürfen zahlreiche institutionelle Investoren (entweder aufgrund gesetzlicher Vorschriften oder aufgrund von selbst auferlegten Investitionsrichtlinien) nur in Aktien investieren, die zum Handel in einem regulierten Markt zugelassen sind.[80] Die in Deutschland dominierende Frankfurter Wertpapierbörse (FWB)[81], die von der Deutsche Börse AG betrieben wird, hat zudem von der in § 42 BörsG vorgesehenen Ermächtigung Gebrauch gemacht und im Jahr 2003 innerhalb des regulierten Marktes die beiden Segmente »Prime Standard« und »General Standard« eingerichtet.[82]

b) Pflichten infolge des Börsengangs

49 Infolge des Börsengangs, insbesondere bei der Zulassung der Aktien an einem regulierten Markt, sind auf die Gesellschaft zahlreiche spezielle aktienrechtliche Vorschriften (vgl. nur § 161 i.V.m. § 3 Abs. 2 AktG für die Entsprechenserklärung zum Deutschen Corporate Governance Kodex) und kapitalmarktrechtliche Zulassungsfolgepflichten (Marktmissbrauchs-VO[83], WpHG etc.) anwendbar[84]. Zahlreiche Regelungen der im Jahr 2016 in Kraft getretenen Marktmissbrauchsverordnung gelten jedoch auch für Gesellschaften, deren Aktien nur im Freiverkehr gehandelt werden[85]. Insoweit sind die Unterschiede bei den Zulassungsfolgepflichten zwischen reguliertem Markt und Freiverkehr nicht mehr so gravierend wie vor Einführung der Marktmissbrauchsverordnung. Zu den zentralen Zulassungsfolgepflichten gehören insbesondere das Insiderhandelsverbot (Art. 14 Marktmissbrauchs-VO), die Pflicht zur Veröffentlichung von Ad hoc-Mitteilungen (Art. 17 Marktmissbrauchs-VO) und Directors's Dealings-Mitteilungen (Art. 19 Marktmissbrauchs-VO) sowie das Führen von Insiderlisten (Art. 18 Marktmissbrauchs-VO) und die Veröffentlichung von Stimmrechtsmitteilungen (§ 40 WpHG; gilt nicht für im Freiverkehr gehandelte Aktien). Bei Verstoß drohen mitunter erhebliche Bußgelder[86] und zum Teil auch strafrechtliche Sanktionen[87].

c) Entscheidungen der Gesellschaftsorgane

aa) Etwaig erforderliche Umwandlung in eine kapitalmarktfähige Rechtsform

50 Da nur die Rechtsformen Aktiengesellschaft, SE und KGaA börsenfähig sind, ist ggf. eine Umwandlung einer in einer anderen Rechtsform bestehenden Gesellschaft in eine dieser Rechtsformen erforderlich[88], z.B. durch Formwechsel gem. §§ 190 ff. UmwG.[89] Der Formwechsel erfordert sowohl einen notariell beurkundeten Beschluss der Anteilsinhaber (§ 193 Abs. 3 UmwG) als auch die Anmeldung zur Eintragung in das Handelsregister (§ 198 Abs. 1. UmwG).

bb) Kapitalerhöhung

51 Sowohl der Börsengang als auch die nachfolgende Platzierung von Aktien bedürfen stets der grundsätzlichen Entscheidung des Vorstands und des Aufsichtsrats und in der Regel auch der Aktionäre.

---

79 Beck'sches HB AG/*Harrer*, § 20 Rn. 46.
80 Eilers/Rödding/Schmalenbach/*König/van Aerssen*, B. Eigenkapitalfinanzierung, Rn. 196.
81 Ekkenga/*Kuntz*, Kapitel 8 Rn. 2; Marsch-Barner/Schäfer/*Meyer*, § 7 Rn. 7.41.
82 Beck'sches HB AG/*Harrer*, § 20 Rn. 35; *Baums*, § 8 Rn. 8.
83 EU VO 596/2014.
84 *Baums*, § 8 Rn. 6.
85 *Poelzig*, NZG 2016, 761, 763.
86 *Poelzig*, NZG 2016, 761, 772.
87 S. zu den strafrechtlichen Sanktionen: *Renz/Leibold*, CCZ 2016, 157 ff.
88 Ekkenga/*Kuntz*Ekkenga/*Kuntz*, Kapitel 8 Rn. 7.
89 Beck'sches HB AG/*Harrer*, § 20 Rn. 276; Hauschild/Kallrath/Wachter/*Zimmermann*, § 17 Aktiengesellschaft Rn. 827.

D. Eigenkapital

Sofern die zu platzierenden Aktien wie üblich aus einer regulären Kapitalerhöhung gem. § 182 ff. AktG stammen sollen, bedarf es zuvor eines entsprechenden Hauptversammlungsbeschlusses.[90] Dabei sollte vor weiteren Schritten zunächst die Anfechtungsfrist des § 246 Abs. 1 AktG abgewartet werden, um den Börsengang nicht einem unnötigen Risiko zu belasten.[91]

52

Bei einer Kapitalerhöhung aus genehmigten Kapital gem. § 202 ff. AktG muss der Vorstand auf Grundlage der Ermächtigung durch die Hauptversammlung über die Ausnutzung des genehmigten Kapitals nach pflichtgemäßem Ermessen Beschluss fassen.[92] Gem. § 202 Abs. 3. Satz 2. AktG soll diese Entscheidung des Vorstands nur mit **Zustimmung des Aufsichtsrats** erfolgen. Da die Ermächtigung in der Regel keine Bestimmungen über den Inhalt der Aktienrechte und die Bedingungen der Aktienausgabe enthält, muss der Vorstand auch hierüber Beschluss fassen.[93] Hierfür wiederum sieht das Gesetz in § 204 Abs. 1 Satz 2 AktG explizit einen Zustimmungsvorbehalt seitens des Aufsichtsrats vor. Erteilt der Aufsichtsrat seine Zustimmung nach § 204 Abs. 1 Satz 2 AktG, so ist dieser Zustimmung die Zustimmung nach § 202 Abs. 3 Satz 2 AktG immanent.[94] Insofern kommt dem Zustimmungsvorbehalt des Aufsichtsrats gem. § 202 Abs. 3 Satz 2 AktG in der Praxis nur eine geringe Bedeutung zu.[95] Zu beachten ist ferner, dass der Vorstand auf der Hauptversammlung, die auf die Durchführung der Kapitalerhöhung folgt, Bericht über die Ausnutzung des genehmigten Kapitals erstatten muss.[96] Bei Ausschluss des Bezugsrechts ist zudem eine mündliche Berichterstattung in der Hauptversammlung erforderlich.[97]

53

Sowohl im Falle einer regulären Kapitalerhöhung als auch bei der Ausnutzung eines genehmigten Kapitals wird in der Regel das Bezugsrecht der Altaktionäre gem. § 186 Abs. 3 Satz 1 AktG ausgeschlossen, um neue Investoren gewinnen zu können. Der Börsengang kann den Bezugsrechtsausschluss rechtfertigen.[98] Dies gilt insbesondere, wenn die für die Börseneinführung erforderliche Aktienzahl nur durch den Bezugsrechtsausschluss zur Verfügung gestellt werden kann und die Gesellschaft weitere sachliche Gründe, wie eine langfristige Erschließung des Kapitalmarkts vorbringen kann, welche die Interessen der Altaktionäre überwiegen.[99] Der vereinfachte Bezugsrechtsausschluss[100] gem. § 186 Abs. 3 Satz 4 AktG ist erst nach einem Börsengang möglich, da die Norm auf den Börsenkurs referenziert.[101]

54

cc) Zustimmung der Hauptversammlung im Fall der reinen Umplatzierung bestehender Aktien

Ob die Hauptversammlung auch einzubeziehen ist, wenn lediglich bereits bestehende Aktien an der Börse platziert werden sollen, ist umstritten.[102] Nach der **Frosta-Entscheidung** des BGH zum sogenannten Delisting[103] sprechen die besseren Gründe dafür, auch den Börsengang als reine Geschäftsführungsentscheidung zu qualifizieren, die nicht der Zustimmung der Hauptversammlung bedarf.[104] Denn die Entscheidung für einen IPO ist mit Blick auf die Folgen für die Aktionäre weniger gra-

55

---

90 Vgl. dazu Kap. 3 Rdn. 537 ff.
91 Marsch-Barner/Schäfer/*Meyer*, § 7 Rn. 7.106.
92 MünchKommAktG/*Bayer*, § 202 Rn. 5; *Hüffer/Koch*, § 202 Rn. 20.
93 MünchKommAktG/*Bayer*, § 202 Rn. 91.
94 MünchKommAktG/*Bayer*, § 202 Rn. 91; Spindler/Stilz/*Wamser*, § 202 Rn. 91.
95 Spindler/Stilz/*Wamser*, § 202 Rn. 91.
96 Marsch-Barner/Schäfer/*Busch*, § 43 Rn. 43.44.
97 BGHZ 164, 241 ff.
98 KK-AktG/*Ekkenga*, § 186 Rn. 106; Marsch-Barner/Schäfer/*Busch*, § 42. Rn. 42.84.
99 *Hüffer/Koch*, § 186 Rn. 31; Beck'sches HB AG/*Harrer*, § 20 Rn. 278.
100 S. dazu Rdn. 91.
101 Ekkenga/*Stöber*, Kapitel 5 Rn. 112; KK-AktG/*Ekkenga*, § 186 Rn. 147.
102 Zum Streitstand: *Hüffer/Koch*, § 119 Rn. 23.
103 BGH NJW 2014, 146.
104 So auch: *Hüffer/Koch*, § 119 Rn. 23; MünchKommAktG/*Kubis*, § 119 Rn. 84.

vierend als bei einem Delisting, für das der BGH eine Zuständigkeit der Hauptversammlung in der Frosta-Entscheidung verneint hat.[105]

d) Börsengang als öffentliches Angebot

56 Charakteristisch für einen Börsengang im regulierten Markt ist in der Praxis das öffentliche Angebot neu ausgegebener Aktien, welche durch ein Bankenkonsortium bei Investoren platziert, zum Handel an einer Börse zugelassen und anschließend notiert werden. Dagegen ist ein Börsengang mittels Privatplatzierung in der Praxis sehr selten, aber nicht ausgeschlossen.[106] Nach der erstmaligen Börsennotierung mittels öffentlichem Angebot haben sich Privatplatzierungen insbesondere bei späteren Kapitalerhöhungen aus genehmigtem Kapital (insb. bei einer bezugsrechtsfreien Kapitalerhöhung gem. § 186 Abs. 3 Satz 4 AktG) im Markt etabliert.[107]

57 Ein öffentliches Angebot ist eine Mitteilung an die Öffentlichkeit in jedweder Form und auf jedwede Art und Weise, die ausreichende Informationen über die Angebotsbedingungen und die anzubietenden Wertpapiere enthält, um einen Anleger in die Lage zu versetzen, sich für den Kauf oder die Zeichnung jener Wertpapiere zu entscheiden (Art. 2 d) Prospekt-VO[108]). Ein öffentliches Angebot löst grundsätzlich eine **Prospektpflicht** gem. Art. 3 Abs. 1 Prospekt-VO aus. Sofern die Gesellschaft eine Zulassung der Aktien zum regulierten Markt beabsichtigt, folgt die Prospektpflicht zudem aus Art. 3 Abs. 3 Prospekt-VO. Wesentliche Vorteile eines öffentlichen Angebots sind die damit verbundene Publizitätswirkung für die Gesellschaft und die Ansprache eines breiten Anlegerkreises.[109]

58 Damit die öffentlich angebotenen Aktien erfolgreich platziert und die weiteren Pflichten erfüllt werden, beauftragt der Vorstand in der Praxis regelmäßig ein Emissionskonsortium[110], das von der konsortialführenden Bank angeführt und gesteuert wird[111]. Daneben wird die Gesellschaft ebenso wie die Konsortialbanken weitere Dienstleister wie z.B. Rechtsberater und/oder Wirtschaftsprüfer beauftragen.[112]

aa) Emissionskonsortium

59 Das Emissionskonsortium besteht in der Praxis aus einem oder mehreren Konsortialführern mit entsprechender Kapitalmarkterfahrung und den einfachen Konsortialpartnern.[113] Die Konsortialführer haben eine herausgehobene Stellung innerhalb des Konsortiums und sind der zentrale Ansprechpartner der Gesellschaft und vertreten in diesem Zusammenhang die Interessen des Konsortiums. Darüber hinaus führen sie üblicherweise auch das sog. Orderbuch (Bookrunner).[114] Sie können aber auch lediglich als Zeichner der Aktien auftreten (Subscription Agent) und die Führung des Orderbuches anderen Konsortialpartnern überlassen.[115] Die teilweise erst zu einem späteren Zeitpunkt erfolgende Einschaltung der einfachen Konsortialpartner dient primär der Streuung des

---

105 In diese Richtung auch: KK-AktG/*Ekkenga*, § 186 Rn. 108.
106 Eilers/Rödding/Schmalenbach/*König/van Aerssen*, B. Eigenkapitalfinanzierung, Rn. 168 mit dem Beispiel der Evonik AG.
107 MünchKommHGB/*Singhof*, Bd. 6, Emissionsgeschäft Rn. 22.
108 EU VO 2017/1129.
109 Marsch-Barner/Schäfer/*Meyer*, § 7 Rn. 7.79; Ekkenga/*Kuntz*, Kapitel 8 Rn. 13.
110 Ekkenga/*Kuntz*, Kapitel 8 Rn. 8.
111 Beck'sches HB AG/*Harrer*, § 20 Rn. 9.
112 Beck'sches HB AG/*Harrer*, § 20 Rn. 9.
113 Ekkenga/*Kuntz*, Kapitel 8 Rn. 32; Marsch-Barner/Schäfer/*Meyer*, § 8 Rn. 8.17, 8.18.
114 Marsch-Barner/Schäfer/*Meyer*, § 8 Rn. 8.30.
115 Diese Vorgehensweise wird üblicherweise gewählt, wenn die Bookrunner erst im weiteren Verlauf des Emissionsverfahrens (z.B. im Rahmen eines Beauty Contest oder eines Auktionsverfahrens) ausgewählt werden sollen.

D. Eigenkapital

Übernahmerisikos der neuen Aktien sowie dem Zugang zu weiteren Märkten,[116] eine zentrale Rolle im Verhältnis zur Gesellschaft kommt ihnen hingegen nicht zu.

bb) Emissionsvorbereitende Maßnahmen

(1) Festlegung des Emissionskonzepts

Gemeinsam mit den Konsortialführern oder dem Subscription Agent erstellt die Gesellschaft das Emissionskonzept, in der z.B. der Umfang der Platzierung und das Börsensegment sowie die Preisermittlung zu bestimmen sind.[117] Bei diesen Entscheidungen kommt den Konsortialführern bzw. dem Subscription Agent als kapitalmarkterfahrenen Akteuren eine besondere Rolle zu. **60**

(2) Due Diligence

Zentraler Bestandteil eines Börsengangs wie auch jeder sich daran anschließenden Kapitalerhöhung ist die Due Diligence seitens der Konsortialbanken, mit der diese das Unternehmen auf mögliche Risiken überprüfen.[118] Die Due Diligence dient einerseits der Haftungsvermeidung zugunsten der Konsortialbanken, andererseits bildet sie die Grundlage für den zu erstellenden Wertpapierprospekt.[119] Gegenstand der Due Diligence ist neben der rechtlichen Due Diligence auch eine Commercial/Business und Financial Due Diligence.[120] **61**

In der Praxis hat sich im Rahmen der rechtlichen Due Diligence die Erstattung sogenannter »**Legal Opinions**« etabliert, mit denen die von der Gesellschaft und die von den Konsortialbanken beauftragten Rechtsberater den Konsortialbanken bestimmte, von ihnen auf Basis bestimmter Annahmen geprüfte rechtliche Umstände bestätigen.[121] Dabei wird üblicherweise bestätigt, dass die Gesellschaft ordnungsgemäß gegründet und im Handelsregister eingetragen wurde. Ferner wird bestätigt, dass es der Gesellschaft rechtlich möglich ist, die notwendigen Verträge zu schließen und diese damit wirksam sind. Schließlich wird bestätigt, dass die Kapitalerhöhung wirksam beschlossen und durchgeführt wurde und dass der Durchführung der Kapitalerhöhung keine sonstigen rechtlichen Hindernisse entgegenstehen. Mit dem darüber hinaus von den Rechtsberatern erstellten »Disclosure Letter« bestätigen die Rechtsberater, dass ihnen im Zuge der durchgeführten Legal Due Diligence keine Tatsachen bekannt geworden sind, wonach der Wertpapierprospekt unrichtig oder unvollständig wäre.[122] Ausgenommen bleiben die im Wertprospekt abgedruckten Abschlüsse und Finanzangaben der Gesellschaft, für die aber der Abschlussprüfer nach Durchführung seiner Due Diligence eine ähnliche Aussage im »Comfort Letter« trifft.[123] Diese Bestätigungen dienen letztlich der Reduzierung des Prospekthaftungsrisikos.[124] **62**

(3) Erstellung und Billigung des Wertpapierprospekts, Prospekthaftung

Parallel zur Due Diligence wird zumeist mit der Erstellung des Wertpapierprospekts begonnen. Dieser ist bei einem öffentlichen Angebot gem. Art. 3 Abs. 1 der Prospekt-VO grundsätzlich verpflichtend. Hierfür ist eine enge und zugleich umfangreiche Abstimmung zwischen Gesellschaft, Banken und den Rechtsberatern notwendig, wobei die tatsächliche Erstellung durch die beauftrag- **63**

---

116 Marsch-Barner/Schäfer/*Meyer*, § 8 Rn. 8.18.
117 Marsch-Barner/Schäfer/*Meyer*, § 8 Rn. 8.16, 8.17.
118 Marsch-Barner/Schäfer/*Meyer*, § 8. Rn. 8.21.
119 Ekkenga/*Kuntz*, Kapitel 8 Rn. 290.
120 Ekkenga/*Kuntz*, Kapitel 8 Rn. 289; Eilers/Rödding/Schmalenbach/*König/van Aerssen*, B. Eigenkapitalfinanzierung, Rn. 166.
121 Zu den weiteren Einzelheiten s.: Beck'sches HB AG/*Harrer*, § 20 Rn. 233 ff.
122 Ekkenga/*Kuntz*, Kapitel 8 Rn. 306; Beck'sches HB AG/*Harrer*, § 20 Rn. 240 ff.
123 Ekkenga/*Kuntz*, Kapitel 8 Rn. 320; Beck'sches HB AG/*Harrer*, § 20 Rn. 250 ff.
124 Eilers/Rödding/Schmalenbach/*König/van Aerssen*, B. Eigenkapitalfinanzierung, Rn. 167; Ekkenga/*Kuntz*, Kapitel 8 Rn. 320.

ten Rechtsberater erfolgt.[125] Diese sind dabei jedoch auf die Unterstützung der verschiedenen Fachabteilungen der Gesellschaft angewiesen, wobei der Rechtsabteilung als Schnittstelle eine besondere Rolle zukommen kann. Die Anforderungen an den Aufbau und Inhalt des Wertpapierprospekts richten sich nach den detaillierten Vorgaben der Prospekt-VO.[126] Der erstellte Prospekt muss zunächst von der BaFin[127] gebilligt werden und ist nach dieser Billigung und vor bzw. spätestens mit Beginn des öffentlichen Angebots zu veröffentlichen[128]. Ggf. wird ein ebenfalls von der BaFin zu billigender Nachtrag erforderlich.

64 Von großer Bedeutung ist die sogenannte Prospekthaftung bzw. deren Vermeidung.[129] Gem. § 9 WpPG kann der Erwerber von Aktien, die auf Grund eines Prospekts zum Börsenhandel zugelassen sind, von den Verantwortlichen und Veranlassern des Prospekts, also im Regelfall von der Gesellschaft und Konsortialbanken Schadensersatz verlangen, wenn wesentliche Angaben in dem Prospekt unrichtig oder unvollständig sind. Diese Haftung greift gem. § 12 WpPG nur bei grober Fahrlässigkeit ein, allerdings muss der potentiell Haftende die nachweisen, dass er die Unrichtigkeit oder Unvollständigkeit der Angaben des Prospekts nicht gekannt hat und dass die Unkenntnis nicht auf grober Fahrlässigkeit beruht.

(4) Das öffentliche Angebot

65 Nachdem der Antrag auf Billigung des Wertpapierprospekts bei der BaFin gestellt wurde und die Gesellschaft mittels einer öffentlich kommunizierten »Intention to Float« (Pressemitteilung über den geplanten Börsengang) die Öffentlichkeit informiert hat, beginnt die gezielte Kontaktaufnahme mit institutionellen Investoren.[130] Nach der Billigung durch die BaFin und der Veröffentlichung des Wertpapierprospekts beginnt das öffentliche Angebot begleitet durch eine intensive Vermarktung. In diesem Zusammenhang werden der Öffentlichkeit im Rahmen einer IPO-Pressekonferenz die Einzelheiten des geplanten Börsengangs vorgestellt.[131] Parallel werden auf der Internetseite der Gesellschaft und in den relevanten (Wirtschafts-) Medien Investoren aufgefordert, innerhalb der Zeichnungsfrist (üblicherweise zwei bis vierzehn Tage) Kaufangebote in Bezug auf die angebotenen Aktien bei den Konsortialbanken abzugeben.[132] Darüber hinaus sprechen die Konsortialbanken ihrerseits konkret (institutionelle) Investoren an. Wenn die Zeichnungsfrist abgelaufen ist, legen die Gesellschaft und die Konsortialbanken den Ausgabepreis fest. Im Anschluss werden die Aktien dann den Investoren zugeteilt.

(5) Ermittlung und Festlegung des Ausgabepreises

66 In der Praxis hat sich zur Ermittlung des Ausgabepreises[133] das sog. Bookbuilding Verfahren etabliert.[134] Die Aktien werden dabei in einer Preisspanne angeboten.[135] Diese basiert auf einer vorherigen Unternehmensbewertung, der Bewertung vergleichbarer börsennotierter Unternehmen (peer group) und entsprechender Vorgespräche mit institutionellen Investoren. Sobald die Preisspanne festgelegt worden ist, werden die Investoren aufgefordert, ihre Angebote i.S.d. § 145 BGB innerhalb

---

125 Eilers/Rödding/Schmalenbach/*König/van Aerssen*, B. Eigenkapitalfinanzierung, Rn. 178.
126 Art. 6 ff. Prospekt-VO.
127 Art. 20 Abs. 1, 4 i.V.m. Art. 31 Abs. 1 Prospekt-VO i.V.m. § 17 WpPG.
128 Art. 22 Abs. 1 Prospekt-VO.
129 Zu den Grundzügen der Prospekthaftung s.: MünchKommHGB/*Singhof*, Bd. 6, Emissionsgeschäft Rn. 283 ff. sowie Ekkenga/*Kuntz*, Kapitel 8 Rn. 337 ff.
130 Eilers/Rödding/Schmalenbach/*König/van Aerssen*, B. Eigenkapitalfinanzierung, Rn. 179; Ekkenga/*Kuntz*, Kapitel 8 Rn. 127.
131 MünchKommHGB/*Singhof*, Bd. 6, Emissionsgeschäft Rn. 71.
132 *Baums*, § 8 Rn. 18.
133 Zu den rechtlichen Anforderungen an die Preisfindung s. Ekkenga/*Kuntz*, Kapitel 8 Rn. 132 ff.
134 MünchKommHGB/*Singhof*, Bd. 6, Emissionsgeschäft Rn. 78; Ekkenga/*Kuntz*, Kapitel 8 Rn. 126.
135 Happ/Groß/Möhrle/Vetter/*Groß*, Bd. II, Muster 15.02 Rn. 31.3; auch Preiskorridor genannt: vgl. Ekkenga/*Kuntz*, Kapitel 8 Rn. 126.

dieser Preisspanne gegenüber den Konsortialbanken abzugeben[136], wobei diese Angebote innerhalb der Zeichnungsfrist frei widerruflich sind.[137] Der oder die Bookrunner führt diese Angebote zusammen und legt auf dieser Basis nach Ablauf der Zeichnungsfrist gemeinsam mit der Gesellschaft und den weiteren Konsortialbanken den Ausgabepreis fest, der sodann veröffentlicht wird.[138] Dieses Verfahren kann entweder als klassisches Bookbuilding[139] oder als Accelerated Bookbuilding[140] erfolgen. Die Unterschiede liegen zum einen in dem Zeitpunkt der Bekanntgabe der Preisspanne (bei bzw. nach der IPO-Pressekonferenz) und zum anderen in einer verkürzten Zeichnungsfrist (10 bzw. 2-4 Tage) (daher der Begriff des »beschleunigten« Bookbuilding).[141]

Weitere Verfahren wie das Festpreisverfahren oder Auktionsverfahren (z.B. Dutch Auction) sind bei einem Börsengang hierzulande kaum verbreitet.[142] 67

(6) Zuteilung der Aktien

Nach Abschluss des Preisbildungsverfahrens erfolgt die Zuteilung der Aktien an die Investoren. Beim Bookbuilding-Verfahren kann die Gesellschaft mit den Bookrunnern die Zuteilung der Aktien anhand bestimmter Kriterien übernehmen. Dabei steht der Gesellschaft bzw. dem Bookrunner ein Ermessen zu, willkürlich darf die Zuteilungsentscheidung gleichwohl nicht sein.[143] Die Gesellschaft kann insoweit bestimmte Aktionärsgruppen (Privatanleger, institutionelle Investoren) bevorzugen und zudem langfristig orientierten Anlegern den Vorzug vor spekulativ orientierten Investoren geben.[144] Diese sachgerechten Kriterien muss der Vorstand dann in Einklang mit seinem Interesse an einem möglichst hohen Emissionserlös bringen.[145] Aufgrund der besonderen Dynamik des Bookbuilding wird das Angebot der Investoren nach h.M. so ausgelegt, dass es auch mit einem geringeren Volumen und/oder zu einem geringeren Preis angenommen werden kann.[146] Ein Anspruch der Investoren auf Zuteilung besteht nach h.M. indes nicht.[147] 68

(7) Mehrzuteilung (Greenshoe)

Für den Fall einer überzeichneten Emission (Nachfrage höher als das Angebot an Aktien) hat sich auch in Deutschland eine Mehrzuteilung in Form der sog. Greenshoe Option etabliert.[148] Dazu stellen die Altaktionäre (oder seltener die Gesellschaft) den Emissionsbanken weitere Aktien (bis maximal 15 % des Emissionsvolumens) zur Verfügung, die diese dann innerhalb von 30 Tagen nach der Emission am Markt zur Befriedigung der hohen Nachfrage platzieren.[149] Die entsprechenden Aktien stammen üblicherweise aus einer Aktienleihe seitens der Altaktionäre. Zugleich wird zwischen den Altaktionären und den Emissionsbanken eine Option (Greenshoe) zum Erwerb dieser Aktien zum Emissionspreis vereinbart.[150] Wenn die Emissionsbanken diese weiteren Aktien zugeteilt 69

---

136 Ekkenga/*Kuntz*, Kapitel 8 Rn. 128.
137 MünchKommHGB/*Singhof*, Bd. 6, Emissionsgeschäft Rn. 80.
138 Ekkenga/*Kuntz*, Kapitel 8 Rn. 128; Eilers/Rödding/Schmalenbach/*König/van Aerssen*, B. Eigenkapitalfinanzierung, Rn. 188.
139 Happ/Groß/Möhrle/Vetter/*Groß*, Bd. II, Muster 15.02 Rn. 31.2.
140 Eilers/Rödding/Schmalenbach/*König/van Aerssen*, B. Eigenkapitalfinanzierung, Rn. 190.
141 Eilers/Rödding/Schmalenbach/*König/van Aerssen*, B. Eigenkapitalfinanzierung, Rn. 190; Ekkenga/*Kuntz*, Kapitel 8 Rn. 129.
142 Ekkenga/*Kuntz*, Kapitel 8 Rn. 125, 131; MünchKommHGB/*Singhof*, Bd. 6, Emissionsgeschäft Rn. 75, 77.
143 Happ/Groß/Möhrle/Vetter/*Groß*, Bd. II, Muster 15.02 Rn. 30.2.
144 Eilers/Rödding/Schmalenbach/*König/van Aerssen*, B. Eigenkapitalfinanzierung, Rn. 191.
145 Baums, § 8 Rn. 20.
146 MünchKommHGB/*Singhof*, Bd. 6, Emissionsgeschäft Rn. 85.
147 Ekkenga/*Kuntz*, Kapitel 8 Rn. 171.
148 Eilers/Rödding/Schmalenbach/*König/van Aerssen*, B. Eigenkapitalfinanzierung, Rn. 192; zu den kapitalmarktrechtlichen Grenzen s.: Happ/Groß/Möhrle/Vetter/*Groß*, Bd. II, Muster 15.02 Rn. 16.4.
149 MünchKommHGB/*Singhof*, Bd. 6, Emissionsgeschäft Rn. 101; Ekkenga/*Kuntz*, Kapitel 8 Rn. 74, 75.
150 MünchKommHGB/*Singhof*, Bd. 6, Emissionsgeschäft Rn. 101.

haben, stellt sich die Frage nach der Rückführung der Aktienleihe. Sofern der Aktienkurs nach der Emission unter den Ausgabepreis sinken sollte, sind die Emissionsbanken ggf. verpflichtet, zur Kursstabilisierung Aktien am Markt zu erwerben[151], die dann zur Rückführung verwendet werden können. Sofern der Aktienkurs den Ausgabepreis dauerhaft übersteigt, üben die Emissionsbanken ihre Erwerbsoption in Bezug auf die geliehenen Aktien aus.[152]

(8) Börsenzulassung und -einführung

70 Voraussetzung für den Handel von Aktien im regulierten Markt ist gem. § 32 BörsG deren Zulassung.[153] Da die Zulassung gem. § 32 Abs. 2 BörsG von der Gesellschaft gemeinsam mit einer Bank zu beantragen ist, wird dieser Antrag in der Praxis üblicherweise vom sog. Listing Agent gestellt. Dabei handelt es sich in der Regel um den Konsortialführer. Grundlage bildet ein zwischen der Gesellschaft und der Bank geschlossenes **Listing Agreement**[154] sowie eine Vollmacht zugunsten des Listing Agent, die Börsenzulassung zu beantragen. Die weiteren Voraussetzungen für die Zulassung der Aktien (insb. die Prospektpflicht bzw. deren sehr praxisrelevante Ausnahmen) sind im BörsG (§ 32 ff. BörsG i.V.m. Art. 1 ff. Prospekt-VO) sowie ergänzend in der BörsZulV geregelt.[155]

71 Im Anschluss entscheidet die Geschäftsführung der Börse auf Antrag der Gesellschaft über die Aufnahme der Notierung zugelassener Wertpapiere im regulierten Markt (Einführung), § 38 Abs. 1 BörsG. Dieser Antrag wird ebenfalls oftmals vom Listing Agent auf Basis des Listing Agreement gestellt. Wenn dieser Antrag erfolgreich beschieden wird, beginnt im Anschluss an die wertpapiertechnische Abwicklung der Aktienzuteilung[156] die Notierung der Aktien an der Wertpapierbörse und der Börsengang ist erfolgt.

(9) Anmeldung der Kapitalerhöhung zum Handelsregister

72 Damit die wertpapiertechnische Zuteilung der Aktien erfolgen kann, müssen die Aktien entstanden sein und ausgegeben werden, wozu es zunächst der Eintragung der Kapitalerhöhung im Handelsregister bedarf.[157] Im Falle einer Kapitalerhöhung gegen Einlagen gem. § 182 AktG ist daher zunächst der Beschluss über die Erhöhung des Grundkapitals durch Vorstandsmitglieder in vertretungsberechtigter Zahl und zusätzlich vom Vorsitzenden des Aufsichtsrats zur Eintragung in das Handelsregister anzumelden. Als Anlage ist lediglich die Niederschrift der Hauptversammlung beizufügen. Ferner ist die Durchführung der Kapitalerhöhung gegen Einlagen anzumelden, wobei diese gemeinsam mit der Anmeldung des Beschluss erfolgen kann (vgl. § 188 Abs. 4 AktG). Dieser Anmeldung sind u.a. gem. § 188 Abs. 3 AktG die Zweitschriften der Zeichnungsscheine und ein vom Vorstand unterschriebenes Verzeichnis der Zeichner sowie eine Berechnung der Kosten, die für die Gesellschaft durch die Ausgabe der neuen Aktien entstehen werden, beizufügen. Da jede **Kapitalerhöhung zugleich eine Satzungsänderung** ist,[158] ist die Satzung dementsprechend anzupassen und dem Handelsregister zu übermitteln. Zugleich muss die Satzung für die Zeit nach dem Börsengang angepasst werden, da das Aktiengesetz für börsennotierte Gesellschaften i.S.d. § 3 Abs. 2 AktG einige besondere Regelungen trifft[159], die sich teilweise in der Satzung widerspiegeln (müssen).

---

151 Eilers/Rödding/Schmalenbach/*König/van Aerssen*, B. Eigenkapitalfinanzierung, Rn. 193; Ekkenga/*Kuntz*, Kapitel 8 Rn. 73.
152 Happ/Groß/Möhrle/Vetter/*Groß*, Bd. II, Muster 15.02 Rn. 16.2; Ekkenga/*Kuntz*, Kapitel 8 Rn. 73.
153 Alternativ können Aktien unter bestimmten Voraussetzungen (vgl. § 33 BörsG) durch Entscheidung der Geschäftsführung der jeweiligen Börse in den Handel einbezogen werden.
154 S. dazu Rdn. 82.
155 Zu den weiteren Einzelheiten s.: Ekkenga/*Kuntz*, Kapitel 8 Rn. 231 ff.
156 Zu den weiteren Einzelheiten s.: Marsch-Barner/Schäfer/*Meyer*, § 7 Rn. 7.108.
157 Zu den weiteren Einzelheiten s.: Marsch-Barner/Schäfer/*Meyer*, § 7 Rn. 7.108.
158 *Hüffer/Koch*, § 182 Rn. 3; KK-AktG/*Ekkenga*, Vorb. zu § 182 Rn. 1.
159 Hauschild/Kallrath/Wachter/*Zimmermann*, § 17 Aktiengesellschaft Rn. 832.

D. Eigenkapital Kapitel 11

▶ **Checkliste: Anmeldung der Kapitalerhöhung zum Handelsregister** 73

☐ Anmeldung, durch Vorstand in vertretungsberechtigter Anzahl und Vorsitzenden des Aufsichtsrats zu unterzeichnen
☐ Notarielle Niederschrift über die Hauptversammlung, die den Beschluss über die Kapitalerhöhung gefasst hat
☐ Erklärung, ob und ggf. welche Einlagen auf das Grundkapital noch nicht geleistet wurden
☐ Erklärung über die Leistung der Bareinlagen, und dass diese nicht zurückgezahlt wurden
☐ Zweitschrift des Zeichnungsscheins
☐ Zeichnerverzeichnis
☐ Einzahlungsbestätigung
☐ Berechnung der Kosten der Ausgabe der neuen Aktien
☐ Satzung mit neuem Wortlaut

Bei einer Kapitalerhöhung aus genehmigtem Kapital gem. § 202 ff. AktG, müssen der Anmeldung 74
gem. § 203 Abs. 1 Satz 1 i.V.m. § 188 Abs. 3 AktG dieselben Anlagen beigefügt werden. In der Praxis empfiehlt sich darüber hinaus, der **Anmeldung die Beschlüsse des Vorstands und des Aufsichtsrats beizufügen**, obgleich es an einer ausdrücklichen gesetzlichen Regelung fehlt.[160]

Bei der Anmeldung der Kapitalerhöhung schlägt die Stunde des Notars. Denn aufgrund der engen 75
zeitlichen Verzahnung von Gesellschaftsrecht und Kapitalmarktrecht (Übernahme der Aktien durch die Banken, Zulassung der Aktien zum regulierten Markt, Ausgabe der Aktien an die Investoren) ist es von immenser Bedeutung für den erfolgreichen Börsengang, dass die Kapitalerhöhung zügig im Handelsregister eingetragen wird.[161]

▶ **Praxistipp:**
Zur Gewährleistung eines reibungslosen Börsengangs sollte sich der Notar sowohl mit den beteiligten Rechtsberatern als auch mit dem Registergericht kontinuierlich und eng abstimmen. Dabei empfiehlt es sich ggf. bereits im Vorfeld mit dem zuständigen Registerrichter Kontakt aufzunehmen, diesem Vorentwürfe der einzureichenden Unterlagen zu übermitteln und dessen Verfügbarkeit am geplanten Tag der Eintragung sicherzustellen.

cc) Kursstabilisierung

Um nach der Erstnotierung auftretenden Kursschwankungen zu begegnen, können die Emissionsbanken für einen Zeitraum von bis 30 Tagen Kursstabilisierungsmaßnahmen vornehmen.[162] Insbesondere im Falle eines Absinkens des Kurses erwerben die Emissionsbanken in einem vorab vereinbarten Umfang Aktien am Markt, um den Kurs zu stützen. Diese Stabilisierungsmaßnahmen werden im Wertpapierprospekt üblicherweise angekündigt, so dass sie unter bestimmten Voraussetzungen (begrenzter Zeitraum, keine Erwerbe oberhalb des Ausgabepreises) auch mit dem Verbot der Marktmanipulation vereinbar sind.[163]

---

160 Marsch-Barner/Schäfer/*Busch*, § 43 Rn. 43.42.
161 Häufig sieht der Übernahmevertrag eine Kündigungsmöglichkeit für den Fall vor, dass die Kapitalerhöhung bis zu einem bestimmten Zeitpunkt im Handelsregister eingetragen worden ist.
162 MünchKommHGB/*Singhof*, Bd. 6, Emissionsgeschäft Rn. 94; Ekkenga/*Kuntz*, Kapitel 8 Rn. 336.
163 Marsch-Barner/Schäfer/*Meyer*, § 8 Rn. 8.75; MünchKommHGB/*Singhof*, Bd. 6, Emissionsgeschäft Rn. 95 ff.

dd) Wesentliche Vereinbarungen der Gesellschaft mit den beteiligten Banken und weitere Dokumente

(1) Letter of Engagement (Mandatsvereinbarung)

77 Die Mandatsvereinbarung ist die Grundlagenvereinbarung für einen Börsengang. Sie wird zwischen der Gesellschaft und dem Konsortialführer[164] oder dem Subscription Agent geschlossen. Die weiteren Konsortialbanken sind zumeist nicht Partei dieser Vereinbarung, weil sie erst kurz vor Bekanntgabe und Durchführung der Emission feststehen.[165] Obgleich der Umfang der Mandatsvereinbarung in der Praxis durchaus unterschiedlich ausfällt, werden üblicherweise die Rechte und Pflichten des Konsortialführers bei der Emissionsvorbereitung, also insbesondere Beratung im Zusammenhang mit der geplanten Emission, Erstellung eines Zeitplans, Koordination von Öffentlichkeitsarbeit und Marketingmaßnahmen, Unterstützung bei der Erstellung des Wertpapierprospekts, Koordination des Bankenkonsortiums, Preisbildungsverfahren, Börsenzulassung etc. in der Mandatsvereinbarung geregelt.[166] Daneben werden in der Mandatsvereinbarung die Informations- und Mitwirkungspflichten der Gesellschaft im Rahmen der Due Diligence niedergelegt.[167] Schließlich enthält die Mandatsvereinbarung noch die Regelungen zur Kostenerstattung und Vergütung der Konsortialbanken, üblicherweise eine Provision in Höhe von einigen Prozentpunkten (3–5 %) des Emissionserlöses, die jedoch nur fällig wird, wenn die Emission erfolgreich durchgeführt wird.[168] Darüber hinaus werden häufig Erfolgsprovisionen vereinbart, deren Höhe bis zu einer bestimmten Höhe in das Ermessen der AG gestellt ist und als Belohnung für eine erfolgreiche Emission dient.[169]

(2) NDA (Vertraulichkeitsvereinbarung)

78 In der Praxis ist zudem der vorherige Abschluss einer Vertraulichkeitsvereinbarung üblich.[170] Die Informationen, die der Konsortialführer bzw. die Emissionsbanken im Vorfeld des Börsengangs, insbesondere im Rahmen der Due Diligence erhalten, sind größtenteils Geschäfts- und Betriebsgeheimnisse, so dass die Gesellschaft diesbezüglich ein berechtigtes Interesse an einer vertraulichen Behandlung hat.[171] Wesentlicher Regelungsgegenstand ist folglich die vertragliche Verpflichtung der Emissionsbanken zur Vertraulichkeit mit den praxisüblichen Ausnahmen.[172]

(3) Subscription oder Underwriting Agreement (Übernahme- und Platzierungsvertrag)

79 Der Übernahme- und Platzierungsvertrag bildet das Kernstück der vertraglichen Dokumentation eines Börsengangs.[173] Vertragsparteien sind die Gesellschaft, etwaige Altaktionäre und sämtliche Konsortialbanken, einschließlich des Konsortialführers.[174] In Deutschland hat sich eine Vertragspraxis etabliert, bei der die übernehmenden Banken die Aktien zwar fest übernehmen, der Übernahmevertrag aber erst sehr spät – jedoch vor Zeichnung der neuen Aktien – geschlossen wird.[175] Da das Bookbuilding zum Zeitpunkt des Vertragsschlusses schon weit fortgeschritten ist, stellen die

---

164 Ekkenga/*Kuntz*, Kapitel 8 Rn. 328; Happ/Groß/Möhrle/Vetter/*Groß*, Bd. II, Muster 15.02 Rn. 1.2.
165 MünchKommHGB/*Singhof*, Bd. 6, Emissionsgeschäft Rn. 143; Ekkenga/*Kuntz*, Kapitel 8 Rn. 328.
166 Marsch-Barner/Schäfer/*Meyer*, § 8 Rn. 8.91; Eilers/Rödding/Schmalenbach/*König/van Aerssen*, B. Eigenkapitalfinanzierung, Rn. 235; Ekkenga/*Kuntz*, Kapitel 8 Rn. 328.
167 MünchKommHGB/*Singhof*, Bd. 6, Emissionsgeschäft Rn. 146; Ekkenga/*Kuntz*, Kapitel 8 Rn. 328.
168 MünchKommHGB/*Singhof*, Bd. 6, Emissionsgeschäft Rn. 151; KK-AktG/*Ekkenga*, Vorb. zu § 182 Rn. 49.
169 KK-AktG/*Ekkenga*, Vorb. zu § 182 Rn. 49.
170 Marsch-Barner/Schäfer/*Meyer*, § 8 Rn. 8.84.
171 Ekkenga/*Kuntz*, Kapitel 8 Rn. 326; Eilers/Rödding/Schmalenbach/*König/van Aerssen*, B. Eigenkapitalfinanzierung, Rn. 230.
172 Zu weiteren Einzelheiten: Marsch-Barner/Schäfer/*Meyer*, § 8 Rn. 8.85 ff.
173 Ekkenga/*Kuntz*, Kapitel 8 Rn. 35.
174 Marsch-Barner/Schäfer/*Meyer*, § 8 Rn. 8.112; Ekkenga/*Kuntz*, Kapitel 8 Rn. 35.
175 Ekkenga/*Kuntz*, Kapitel 8 Rn. 35; MünchKommHGB/*Singhof*, Bd. 6, Emissionsgeschäft Rn. 167.

übernehmenden Banken auf diese Weise sicher, dass sie die von ihnen gezeichneten Aktien auch bei Investoren platzieren können.[176]

Zentraler Regelungsgegenstand des Übernahmevertrags im Falle der Platzierung von Aktien aus einer Kapitalerhöhung ist die Zeichnung der neuen Aktien aus der Kapitalerhöhung durch den Konsortialführer oder den Subscription Agent, der dafür den Ausgabebetrag (in der Regel den rechnerischen Nennbetrag) an die Gesellschaft leistet.[177] Die weiteren Konsortialbanken verpflichten sich einzeln als Teilschuldner, einen ihrer vorher festgelegten Quote entsprechenden Anteil der Aktien vom Konsortialführer zu übernehmen (Kaufmodell).[178] Die Gesellschaft wiederum verpflichtet sich, die Durchführung der Kapitalerhöhung unverzüglich zum Handelsregister anzumelden.[179] Da die Mandatsvereinbarung häufig keine abschließenden Regelungen zur Vergütung der Konsortialbanken enthält, erfolgt dies im Übernahmevertrag.[180]   80

(4) Pricing Agreement (Preisfestsetzungsvertrag)

Sofern bei Abschluss des Übernahme- und Platzierungsvertrags der Emissionspreis pro Aktie noch nicht feststeht, wird zusätzlich noch ein Pricing Agreement geschlossen, in dem der Preis festgesetzt wird.[181] In diesem Fall werden die Aktien von den Konsortialbanken erst mit der endgültigen Preisfestsetzung übernommen. In der Praxis wird dem Übernahmevertrag als Anlage üblicherweise ein mit Ausnahme des Preises endverhandelter Entwurf des Preisfestsetzungsvertrags beigefügt.   81

(5) Listing Agreement (Börseneinführungsvertrag)

Mit der Stellung der Anträge für die Zulassung der Aktien sowie die Aufnahme der Notierung im regulierten Markt beauftragt die Gesellschaft üblicherweise den sog. Listing Agent und schließt mit diesem zu diesem Zweck ein sog. Listing Agreement.[182] Dieses enthält zugleich die entsprechende Vollmacht zur Stellung der Anträge. Es enthält ferner die üblichen Gewährleistungen seitens der Gesellschaft und legt ihr einzelne Mitwirkungspflichten auf, ohne die die Stellung der Anträge nicht möglich wäre.   82

(6) Globalurkunde

Die Verbriefung der Aktien ist Voraussetzung für die Zulassung der Aktien zum regulierten Markt.[183] Daher werde die neuen Aktien üblicherweise in einer Globalurkunde[184] als Sammelurkunde i.S.d. § 9a DepotG verbrieft, die dem Konsortialführer oder dem Subscription Agent nach Eintragung der Kapitalerhöhung übergeben wird[185]. Dieser hinterlegt die Globalurkunde bei der Clearstream Banking AG als Wertpapiersammelbank.[186]   83

---

176 Eilers/Rödding/Schmalenbach/*König/van Aerssen*, B. Eigenkapitalfinanzierung, Rn. 243.
177 Ekkenga/*Kuntz*, Kapitel 8 Rn. 41; Eilers/Rödding/Schmalenbach/*König/van Aerssen*, B. Eigenkapitalfinanzierung, Rn. 244.
178 Marsch-Barner/Schäfer/*Meyer*, § 8 Rn. 8.115a; Ekkenga/*Kuntz*, Kapitel 8 Rn. 39, alternativ zeichnet die Konsortialführerin die Aktien im Auftrag der übrigen Konsortiumsmitglieder entsprechend den vereinbarten Quoten. (Auftragsmodell).
179 Zu den weiteren Regelungen s.a. Ekkenga/*Kuntz*, Kapitel 8 Rn. 39; Marsch-Barner/Schäfer/*Meyer*, § 8 Rn. 8.115 ff.
180 Marsch-Barner/Schäfer/*Meyer*, § 8 Rn. 8.175.
181 MünchKommHGB/*Singhof*, Bd. 6, Emissionsgeschäft Rn. 212.
182 Beck'sches HB AG/*Harrer*, § 20 Rn. 215.
183 Happ/Groß/Möhrle/Vetter/*Herchen*, Bd. II, Muster 12.03 Rn. 27.1.
184 Zu dem Begriff s.: Happ/Groß/Möhrle/Vetter/*Herchen*, Bd. II, Muster 12.03 Rn. 27.1.
185 Eilers/Rödding/Schmalenbach/*König/van Aerssen*, B. Eigenkapitalfinanzierung, Rn. 244.
186 Marsch-Barner/Schäfer/*Meyer*, § 7 Rn. 7.107; MünchKommHGB/*Singhof*, Bd. 6, Emissionsgeschäft Rn. 5.

(7) Anträge bei der BaFin und bei Börsenbetreibern

84 Daneben sind verschiedene Anträge zu stellen, insbesondere der Antrag auf Billigung des Wertpapierprospekts bei der BaFin gem. Art. 20 Abs. 2 Prospekt-VO[187], der Antrag auf Zulassung der Aktien zum regulierten Markt gem. § 32 Abs. 2 Satz 1 BörsG i.V.m. § 48 BörsZulV[188] sowie der Antrag auf Aufnahme der Notierung der zugelassenen Aktien gem. § 38 Abs. 1 BörsG[189].

2. Aktienplatzierungen nach Börsengang (Secondary Offering, Sekundärplatzierung)

a) Zulassungspflicht für später ausgegebene Aktien

85 Sofern die Aktien einer Gesellschaft börsennotiert sind und die Gesellschaft zur Finanzierung die Ausgabe weiterer Aktien beabsichtigt, ist die Gesellschaft gem. § 40 Abs. 1 BörsG verpflichtet, für diese Aktien die Zulassung zum regulierten Markt zu beantragen. Ein solcher Antrag wird allerdings im Regelfall auch im Interesse der Gesellschaft liegen, da die neuen Aktien ohne Börsenzulassung für die meisten Investoren nur bedingt attraktiv wären.

b) Arten der Sekundärplatzierung

86 In der Praxis großer börsennotierter Gesellschaften hat sich die Ausnutzung eines bestehenden genehmigten Kapitals gem. § 202 AktG kombiniert mit einem vereinfachten Bezugsrechtsausschluss gem. § 186 Abs. 3 Satz 4 AktG (sog. 10 %-er) zur Finanzierungszwecken fest etabliert.[190] Denn auf diesem Wege lässt sich verhältnismäßig schnell und flexibel eine Kapitalerhöhung in Höhe von bis zu 10 % des Grundkapitals umsetzen. Denkbar ist auch eine ordentliche Kapitalerhöhung mit einem vereinfachten Bezugsrechtsausschluss, jedoch spielt diese in der Praxis nur eine untergeordnete Rolle[191], da der mit dem Bezugsrechtsausschluss verbundene Zeitgewinn bei einer regulären Kapitalerhöhung nicht zu realisieren wäre[192].

87 Sofern der Finanzierungsbedarf größer ist, wird die Gesellschaft eine Kapitalerhöhung gem. § 182 AktG mit oder ohne Bezugsrechtsausschluss durchführen oder – sofern vorhanden – auf die Ausnutzung eines genehmigten Kapitals gem. § 202 AktG mit oder ohne Bezugsrechtsausschluss zurückgreifen.

88 Die Voraussetzungen eines Bezugsrechtsausschlusses richten sich sowohl bei der regulären Kapitalerhöhung als auch bei der Ausnutzung eines genehmigten Kapitals nach § 186 AktG. Da die Rechtsprechung an einen Bezugsrechtsausschluss, dem nicht die Erleichterungen des § 186 Abs. 3 Satz 4 AktG zugutekommen oder bei Spitzenbeträgen[193], sehr hohe Anforderungen stellt, sind Barkapitalerhöhungen mit Bezugsrechtsausschluss außer in den Fällen von § 186 Abs. 3 Satz 4 AktG eher selten geworden.[194]

89 Bei der Bezugsrechtskapitalerhöhung muss die Gesellschaft im Gegensatz zur Kapitalerhöhung mit vereinfachtem Bezugsrechtsausschluss häufig einen erheblichen Abschlag auf den Börsenkurs akzeptieren.[195] Möglich ist nicht zuletzt auch eine Kombination dieser beiden Kapitalerhöhungsformen.[196]

---

187 S. vertiefend hierzu: *Groß*, Art. 20 Verordnung (EU) 2017/1129 Rn. 4 ff.
188 S. vertiefend hierzu: *Groß*, § 32 BörsG Rn. 28 ff.
189 S. vertiefend hierzu: *Groß*, § 38 BörsG Rn. 4 ff.
190 KK-AktG/*Ekkenga*, § 186 Rn. 146.
191 *Baums*, § 8 Rn. 29.
192 KK-AktG/*Ekkenga*, § 186 Rn. 146.
193 S. dazu Rdn. 105.
194 MünchKommHGB/*Singhof*, Bd. 6, Emissionsgeschäft Rn. 109; Marsch-Barner/Schäfer/*Meyer*, § 7 Rn. 7.31.
195 Marsch-Barner/Schäfer/*Meyer*, § 7 Rn. 7.29.
196 MünchKommHGB/*Singhof*, Bd. 6, Emissionsgeschäft Rn. 113.

D. Eigenkapital

Die in den Rdn. 77 ff. genannten Dokumente werden grundsätzlich auch im Rahmen von Sekundärplatzierungen verwendet, wobei sich die Unterschiede der jeweiligen Sekundärplatzierung im Vergleich zum Börsengang in der jeweiligen Vereinbarung widerspiegeln. 90

aa) Kapitalerhöhung aus genehmigtem Kapital mit vereinfachtem Bezugsrechtsausschluss

(1) Aktienrechtliche Voraussetzungen

In der Praxis finden sich bei nahezu allen größeren börsennotierten Gesellschaften in der Satzung Ermächtigungen des Vorstands zur Erhöhung des Kapitals gem. § 202 Abs. 1 AktG.[197] Dabei sieht die Ermächtigung für die Ausgabe von Aktien gegen Bareinlagen in Höhe von bis zu 10 % des Grundkapitals regelmäßig vor, dass das Bezugsrecht der Aktionäre gem. § 186 Abs. 3 Satz 4 AktG ausgeschlossen ist, sofern der Ausgabebetrag der neuen Aktien den Börsenkurs nicht wesentlich unterschreitet.[198] Mit dem vereinfachten Bezugsrechtsausschluss gem. § 186 Abs. 3 Satz 4 AktG hat der Gesetzgeber dem Finanzierungsinteresse der Gesellschaft den Vorrang vor den Interessen der Aktionäre an einem Verwässerungsschutz eingeräumt.[199] Die Begrenzung auf die Ausgabe neuer Aktien bis zu 10 % des Grundkapitals führt bei den vom Bezugsrecht ausgeschlossenen Aktionären nur zu einer geringen Verwässerung ihrer Anteile. Ferner haben die Aktionäre aufgrund der Börsennotierung und des gleichzeitigen Verbots der wesentlichen Unterschreitung des Börsenkurses die Möglichkeit, über die Börse selbständig Aktien zu nahezu gleichen Kursen zu erwerben und dadurch eine Verwässerung weitgehend zu vermeiden.[200] Gleichwohl muss der Vorstand bei seiner Entscheidung über die Ausnutzung des genehmigten Kapitals prüfen, ob die Voraussetzungen des § 186 Abs. 3 Satz 4 AktG tatbestandlich erfüllt sind.[201] Nach h.M. wird der Börsenkurs nicht wesentlich unterschritten, wenn die die Abweichung zwischen 3 % (Regelabschlag) und 5 % (Höchstabschlag) liegt.[202] Ob ein Stichtagskurs oder ein Durchschnittsbetrag maßgeblich ist, ist umstritten, wobei jedenfalls bei Ausübung eines genehmigten Kapitals die besseren Gründe für eine Stichtagsbetrachtung auf den Zeitpunkt der Vorstandsentscheidung zur Preisfestlegung sprechen.[203] 91

(2) Durchführung der Platzierung

Die Durchführung einer solchen Platzierung ähnelt in manchen Teilen einem Börsengang, jedoch ist der Prozess aufgrund teils erheblicher gesetzlicher Erleichterungen um ein Vielfaches schneller und flexibler. So wird die Platzierung in der Regel ohne die zeit- und kostenaufwändige Erstellung und Veröffentlichung eines Wertpapierprospektes durchgeführt und hierfür entsprechend strukturiert. Dazu wird die Platzierung als Privatplatzierung (anstelle eines öffentlichen Angebots) vorgenommen, so dass die Ausnahme von der Prospektpflicht gem. Art. 1 Abs. 4 Buchst. a) Prospekt-VO greift. In der Praxis existieren im Wesentlichen zwei Formen der Privatplatzierung von börsennotierten Gesellschaften, das Accelerated Bookbuilding sowie der Block Trade.[204] 92

Das **Accelerated Bookbuilding** zeichnet sich dadurch aus, dass die Konsortialbanken von ihnen ausgewählte Investoren auffordern, innerhalb einer kurzen Frist (zumeist nur einige Stunden) ein Angebot zum Kauf der Aktien zu einem Preis innerhalb einer im Vorfeld festgesetzten Spanne abzugeben. Nach Ende der Frist wird anhand der eingegangen Angebote ein einheitlicher Platzierungspreis festgelegt, zu dem die Aktien dann zugeteilt werden. Dabei wird üblicherweise ein sog. »Back- 93

---

[197] Zu den Voraussetzungen des dafür erforderlichen Beschlusses der Hauptversammlung s. Kapitel 3 Rdn. 552 ff.
[198] Zur Zulässigkeit eines Bezugsrechtsausschlusses in der Ermächtigung: Ekkenga/Stöber, Kapitel 5 Rn. 111; Baums, § 8 Rn. 30.
[199] KK-AktG/Ekkenga, § 186 Rn. 144; MünchKommAktG/Schürnbrand, § 186 Rn. 128.
[200] MünchKommHGB/Singhof, Bd. 6, Emissionsgeschäft Rn. 112; KK-AktG/Ekkenga, § 186 Rn. 144.
[201] Ekkenga/Stöber, Kapitel 5 Rn. 111.
[202] KK-AktG/Ekkenga, § 186 Rn. 162; Hüffer/Koch, § 186 Rn. 39d.
[203] KK-AktG/Ekkenga, § 186 Rn. 160, 161; Hüffer/Koch, § 186 Rn. 39c.
[204] Marsch-Barner/Schäfer/Meyer, § 7 Rn. 7.91.

stop Price« als Mindestpreis vereinbart, den das Bankenkonsortium fest zusagt.[205] Überschreitet der endgültige Platzierungspreis diesen Backstop Price, wird die Differenz zwischen Bank und Gesellschaft auf Basis eines vereinbarten Berechnungsschlüssels aufgeteilt; das Risiko eines Unterschreitens tragen die Banken.[206]

94 Der **Block Trade** bezeichnet den außerbörslichen Verkauf von (größeren) Aktienpaketen der zur Platzierung übernommenen Aktien durch die Konsortialbanken an ausgewählte Investoren, die von den Konsortialbanken diesbezüglich angesprochen werden.[207]

95 Institutionelle Investoren US-amerikanischer Herkunft erfreuen sich bei deutschen Unternehmen nach wie vor großer Beliebtheit, zumal die Aktienkultur dort bereits sehr fortgeschritten ist. Gleichwohl ist ein öffentliches Angebot der neu auszugebenden Aktien in den USA äußerst kosten- und zeitaufwändig und mit erheblichen Folgerisiken verbunden.[208] Insoweit besteht aber die Möglichkeit, von der Ausnahmevorschrift der Rule 144A des Securities Act von 1933 Gebrauch zu machen und die Aktien im Wege einer Privatplatzierung ausschließlich institutionellen Investoren (Qualified Institutional Buyers – QIBs) anzubieten.[209]

96 Im Hinblick auf die grundsätzliche Prospektpflicht im Zusammenhang mit der Börsenzulassung greift in der Regel zudem die Ausnahme des Art. 1 Abs. 5 Satz 1 Buchst. a) Prospekt-VO; dabei ist zu beachten, dass diese Ausnahme nur greift, sofern die neuen Aktien über einen Zeitraum von 12 Monaten weniger als 20 % der Zahl der Wertpapiere ausmachen, die bereits zum Handel am selben geregelten Markt zugelassen sind.

97 Analog zum Börsengang wird auch für dieses Platzierungsvorhaben eine Mandatsvereinbarung[210] mit einer konsortialführenden Bank bzw. dem Subscription Agent, in der die Grundzüge der Transaktion dargelegt werden, abgeschlossen. Ferner wird auch bei einer solchen Sekundärplatzierung eine Due Diligence[211] seitens der Konsortialbanken durchgeführt.

98 Wenn ein positives Ergebnis der Due Diligence zu erwarten und das Marktumfeld günstig ist, fasst der Vorstand den Beschluss, die Kapitalerhöhung zu beginnen. Dabei beschließt der Vorstand die Ausnutzung des genehmigten Kapitals und regelmäßig auch die Bedingungen der Aktienausgabe gem. §§ 202, 204 AktG sowie den Ausschluss des Bezugsrechts auf der Grundlage von § 203 Abs. 2 i.V.m. § 186 Abs. 3 Satz 4 AktG. Ferner werden in diesem Beschluss die Konsortialbanken festgelegt oder jedenfalls das Verfahren bestimmt, nach dem die Konsortialbanken ausgewählt werden. Werden die Konsortialbanken erst noch in einem Verfahren ausgewählt, bietet sich z.B. ein Bieterverfahren mit Blick auf den Backstop Price an, d.h. es werden jene Banken als Konsortialbanken ausgewählt, die im Rahmen des Bieterverfahrens den höchsten Backstop Price bieten. In der Praxis folgt in der Regel die Zustimmung des Aufsichtsrats, die gem. § 204 Abs. 1 Satz 2 AktG erforderlich ist, wenn der Vorstand – wie üblich – Inhalt der Aktienrechte und die Bedingungen der Aktienausgabe sowie den Ausschluss des Bezugsrechts entscheidet.

99 Nach der Beschlussfassung von Vorstand und Aufsichtsrat werden in der Praxis die Vereinbarungen mit den Konsortialbanken abgeschlossen. Dazu gehören der Übernahme- und Platzierungsvertrag[212], etwaige Dokumente im Zusammenhang mit der Auswahl der Konsortialbanken im Rahmen eines

---

205 Eilers/Rödding/Schmalenbach/*König/van Aerssen*, B. Eigenkapitalfinanzierung, Rn. 171; Marsch-Barner/Schäfer/*Meyer*, § 8 Rn. 8.191.
206 Eilers/Rödding/Schmalenbach/*König/van Aerssen*, B. Eigenkapitalfinanzierung, Rn. 171.
207 Marsch-Barner/Schäfer/*Meyer*, § 7 Rn. 7.91; Eilers/Rödding/Schmalenbach/*König/van Aerssen*, B. Eigenkapitalfinanzierung, Rn. 171.
208 Beck'sches HB AG/*Harrer*, § 20 Rn. 111; Eilers/Rödding/Schmalenbach/*König/van Aerssen*, B. Eigenkapitalfinanzierung, Rn. 173.
209 Vertiefend hierzu: Beck'sches HB AG/*Harrer*, § 20 Rn. 111.
210 S. dazu Rdn. 77.
211 S. dazu unter Rdn. 61.
212 S. dazu Rdn. 88.

Bieterverfahrens (z.B. Invitation to Tender, Binding Tender), der Preisfestsetzungsvertrag[213] und der Börseneinführungsvertrag[214] sowie ggf. weitere Gebührenvereinbarungen.

Parallel zum Abschluss der Verträge beginnt bereits das Accelerated Bookbuilding. Anders als beim Börsengang dauert es nur wenige Stunden, da die Konsortialbanken nur und sehr gezielt institutionelle Investoren ansprechen und diese zur Abgabe eines Angebots auffordern.[215] Ferner bedarf es – anders als beim Börsengang – keines aufwändigen Preisfindungsprozesses, da der Platzierungspreis den aktuellen Börsenkurs nicht wesentlich unterschreiten darf und dieser insoweit als Referenzgröße dient.[216] Die eingehenden Angebote werden von den Bookrunnern in einem elektronischen Orderbuch gesammelt und laufend aktualisiert. Bereits zu diesem Zeitpunkt wird die Gesellschaft in Abstimmung mit den Bookrunnern auf Basis der eingehenden Angebote erste Zuteilungskriterien (Verhältnis von Altaktionären zu Neuaktionären, von langfristig und kurzfristig orientierten Aktionären, von in- und ausländischen Aktionären etc.) festlegen. 100

Unter Berücksichtigung der im Rahmen des Bookbuilding eingehenden Angebote und der festgelegten Zuteilungskriterien fasst der Vorstand sodann den Beschluss über die Durchführung der Kapitalerhöhung und den Bezugspreis. Auch die Festsetzung des Bezugspreises bedarf als Bedingung der Aktienausgabe gem. § 204 Abs. 1 Satz 2 AktG der Zustimmung des Aufsichtsrats.[217] Aufgrund einer von den Konsortialbanken vorher durchgeführten Marktsondierung[218] ist es eher unwahrscheinlich, dass die Kapitalerhöhung in diesem Stadium noch an fehlenden oder zu niedrigen Angeboten seitens der Investoren scheitert. 101

Nach Festlegung des Bezugspreises erfolgt die Zuteilung der Aktien an die Investoren, die nach denselben Grundsätzen erfolgt wie bei einem Börsengang (s. dazu Rdn. 68). 102

Die Zulassung und Einführung der Aktien sowie die Eintragung der Kapitalerhöhung im Handelsregister sind ebenfalls identisch zum Börsengang (vgl. dazu Rdn. 70 bis 75). 103

bb) Kapitalerhöhung mit Bezugsrecht

(1) Aktienrechtliche Voraussetzungen

Sofern der Finanzierungsbedarf der Gesellschaft nicht durch eine bezugsrechtsfreie Kapitalerhöhung gem. § 186 Abs. 3 Satz 4 AktG gedeckt werden kann, wird die Gesellschaft eine Kapitalerhöhung mit Bezugsrecht in Betracht ziehen. Diese wird in der Regel ebenfalls durch Ausnutzung eines bestehenden genehmigten Kapitals gem. § 202 AktG erfolgen.[219] Die meisten börsennotierten Gesellschaften verfügen in der Satzung über eine entsprechende Ermächtigung, wobei das Gesetz in § 203 Abs. 1 AktG eine Obergrenze von 50 % des Grundkapitals vorschreibt. Nur ausnahmsweise wird eine Bezugsrechtskapitalerhöhung in der Praxis auf einen unmittelbaren Beschluss der Hauptversammlung gem. § 182 AktG gestützt[220], weil der Zeitraum vom Beschluss der Kapitalerhöhung und tatsächlicher Platzierung sehr lang sein kann, wodurch das Risiko für alle beteiligten Parteien erheb- 104

---

213 S. dazu Rdn. 81.
214 S. dazu Rdn. 82.
215 MünchKommHGB/*Singhof*, Bd. 6, Emissionsgeschäft Rn. 83.
216 MünchKommHGB/*Singhof*, Bd. 6, Emissionsgeschäft Rn. 83.
217 Beck'sches HB AG/*Harrer*, § 20 Rn. 281; weitergehend MünchKommAktG/*Bayer*, § 204 Rn. 24, der auch eine Vorabzustimmung des Aufsichtsrats nach Maßgabe des – noch nicht abgeschlossenen – Ergebnisses des Bookbuilding-Verfahrens oder Festlegung einer sehr eng begrenzten Bandbreite für zulässig erachtet.
218 S. dazu auch: MünchKommHGB/*Singhof*, Bd. 6, Emissionsgeschäft Rn. 16; Marsch-Barner/Schäfer/ *Meyer*, § 8 Rn. 8.58a.
219 Happ/Groß/Möhrle/Vetter/*Herchen*, Bd. II, Muster 12.03 Sachverhalt; MünchKommHGB/*Singhof*, Bd. 6, Emissionsgeschäft Rn. 108.
220 Marsch-Barner/Schäfer/*Busch*, § 41 Rn. 41.4; MünchKommHGB/*Singhof*, Bd. 6, Emissionsgeschäft Rn. 108.

lich steigt.²²¹ In Betracht kommt dies aber z.B., wenn der Kapitalbedarf größer als 50 % des Grundkapitals ist und daher die Ausnutzung eines genehmigten Kapitals nicht ausreicht.²²²

105 Das Bezugsrecht steht jedem Aktionär gem. § 186 Abs. 1 Satz 1 AktG zu, d.h. jedem Aktionär muss im Falle einer Kapitalerhöhung ein seinem Anteil an dem bisherigen Grundkapital entsprechender Teil der neuen Aktien zugeteilt werden. Für die sog. freien Spitzen oder auch Spitzenbeträge (im Fall eines rechnerischen Bezugsverhältnisses mit Nachkommastellen) wird das Bezugsrecht in der Regel ausgeschlossen.²²³

106 Nicht als Bezugsrechtsausschluss gilt gem. § 186 Abs. 5 AktG die Übernahme der neuen Aktien durch eine oder mehrere Banken, wenn diese mit der Verpflichtung übernommen werden, sie den Aktionären zum Bezug anzubieten (sog. **mittelbares Bezugsrecht**). Diese Vorschrift bildet zugleich die Grundlage für die in der Praxis sehr verbreitete Einschaltung von zumeist mehreren Emissionsbanken (konsortialführende Bank und weitere Konsortialbanken) bei Bezugsrechtsemissionen.²²⁴ Der Übernahmevertrag zwischen der Gesellschaft und den Emissionsbanken ist ein Vertrag zugunsten Dritter (der Altaktionäre) i.S.d. § 328 BGB.²²⁵ Die Vorschriften bezüglich Bezugsfrist, Bekanntmachung und Ausgabepreis gelten auch für diesen Fall. So muss die Bezugsfrist gem. § 186 Abs. 1 Satz 2 AktG mindestens zwei Wochen betragen. Ferner ist der Bezugspreis gem. § 186 Abs. 2 AktG in den Gesellschaftsblättern bekannt zu machen. Dabei genügt zunächst die Angabe der Grundlagen der Festlegung des Bezugspreises, spätestens drei Tage vor Ablauf der Bezugsfrist ist jedoch der endgültige Bezugspreis in den Gesellschaftsblättern und über ein elektronisches Informationsmedium (z.B. Homepage der Gesellschaft²²⁶) bekannt zu machen. Ob diese vom Gesetzgeber eingeräumte Flexibilität bei der Festlegung des Bezugspreises in der Praxis zugunsten des Bookbuilding-Verfahrens Anklang gefunden hat oder weiterhin überwiegend das Festpreisverfahren verwendet wird, wird unterschiedlich beurteilt.²²⁷

(2) Durchführung

107 Die Durchführung einer Kapitalerhöhung mit mittelbarem Bezugsrecht erfolgt zweistufig²²⁸: Zunächst zeichnen die beauftragten Konsortialbanken die neuen Aktien in der Regel zum geringsten Ausgabebetrag.²²⁹ Dabei wird der jeweilige Anteil jeder Konsortialbank an den zu zeichnenden Aktien offengelegt, um eine gesamtschuldnerische Haftung einzelner Konsortiumsmitglieder zu vermeiden.²³⁰ Anschließend bieten die Emissionsbanken die Aktien den Altaktionären zum Bezug innerhalb der Bezugsfrist an.²³¹ Den Mehrerlös, der sich aus der Differenz von Bezugspreis und geringsten Ausgabepreis ergibt, abzüglich einer angemessenen Vergütung, führen die Banken an die Gesellschaft

---

221 Ekkenga/*Ekkenga/Jaspers*, Kapitel 4 Rn. 13.
222 Happ/Groß/Möhrle/Vetter/*Herchen*, Bd. II, Muster 12.03 Sachverhalt; MünchKommHGB/*Singhof*, Bd. 6, Emissionsgeschäft Rn. 108.
223 Zu den weiteren Einzelheiten: Marsch-Barner/Schäfer/*Busch*, § 42 Rn. 42.83; ein anschauliches Beispiel findet sich bei: *Baums*, § 8 Rn. 37.
224 Marsch-Barner/Schäfer/*Meyer*, § 7 Rn. 7.27.
225 KK-AktG/*Ekkenga*, § 186 Rn. 213; *Ekkenga/Jaspers*, in: Handbuch der AG-Finanzierung, 2. Auflage 2019, Kapitel 4 Rn. 119.
226 KK-AktG/*Ekkenga*, § 186 Rn. 251; MünchKommAktG/*Schürnbrand*, § 186 Rn. 72.
227 Weiterhin das Festpreisverfahren als dominierend ansehend und mit entsprechender Begründung: Marsch-Barner/Schäfer/*Busch*, § 42 Rn. 42.56; das Bookbuilding als »praktisch bei Weitem bedeutsamste Methode der Preisfindung« ansehend: Ekkenga/*Kuntz*, Kapitel 8 Rn. 126.
228 KK-AktG/*Ekkenga*, § 186 Rn. 207.
229 Marsch-Barner/Schäfer/*Busch*, § 41 Rn. 41.8; KK-AktG/*Ekkenga*, § 186 Rn. 222.
230 Marsch-Barner/Schäfer/*Busch*, § 42 Rn. 42.64; KK-AktG/*Ekkenga*, § 186 Rn. 92.
231 KK-AktG/*Ekkenga*, § 186 Rn. 241 ff.; *Baums*, § 8 Rn. 38.

D. Eigenkapital

ab.[232] Das Bezugsrecht üben die Aktionäre durch Bezugserklärung aus[233], mit deren Zugang wird der Vertrag wirksam.[234]

Sowohl Bezugsangebote mit Bezugsrechtshandel (dazu sogleich) als auch Bezugsangebote ohne entsprechenden Handel sind als öffentliche Angebote anzusehen, weswegen sie grundsätzlich prospektpflichtig i.S.d. Art. 3 Abs. 1 Prospekt-VO sind.[235] Sofern die Aktien ferner an einem regulierten Markt zugelassen werden, greift auch die Prospektpflicht gem. Art. 3 Abs. 3 Prospekt-VO. Aufgrund der Einordnung als öffentliches Angebot spielt die Erweiterung der Ausnahme von der Prospektpflicht im Zusammenhang mit der Zulassung von Aktien zum regulierten Markt gem. Art. 1 Abs. 5 Satz 1 Buchst. a) Prospekt-VO von 10 % auf 20 % bei der Bezugsrechtskapitalerhöhung für die Prospektpflichtigkeit keine Rolle. Die Anforderungen an den Wertpapierprospekt sind analog zu denjenigen beim Börsengang.[236]

In der Praxis wird häufig ein börslicher **Bezugsrechtshandel** eingerichtet, um den Aktionären Gelegenheit zu geben, ihre Bezugsrechte ohne großen Aufwand zu veräußern, wenn sie sich entscheiden, diese nicht auszuüben.[237] Indes besteht ein Anspruch des Aktionärs auf bzw. eine Pflicht der Gesellschaft zur Einrichtung eines Bezugsrechtshandels nach h.M. nicht.[238] Sofern ein solcher Bezugsrechtshandel eingerichtet wird, sind due Bezugsrechte, wenn die Aktien am regulierten Markt zugelassen sind, als Annexrecht ebenfalls zugelassen; jedoch bedarf es einer gesonderten Börseneinführung gem. § 38 BörsG.[239]

Sofern Bezugsrechte nicht bzw. innerhalb der Bezugsfrist ausgeübt werden, erlischt das entsprechende Recht; ein Nach- oder Überbezugsrecht oder eine Anwachsung zugunsten der Altaktionäre findet nicht statt.[240] Sofern die Bezugsrechte in die Depots der Altaktionäre eingebucht worden sind und von diesen nicht veräußert wurden, besteht gemäß Nr. 15 der Sonderbedingungen für Wertpapiere die Verpflichtung der Depotbanken, diese Bezugsrechte bestmöglich zu veräußern, sofern bis zum Ablauf des vorletzten Tages des Bezugsrechtshandels keine Weisung eingegangen ist.[241]

In Bezug auf die nicht von den Altaktionären bezogenen Aktien (den sog. »rump«) bieten sich zwei Alternativen an:

Entweder werden diese von den Konsortialbanken zum Bezugspreis fest übernommen (**hard underwriting**)[242] und diese verpflichten sich, die Aktien am Markt zu platzieren. Damit wird aus Sicht der Gesellschaft sichergestellt, dass der Emissionserlös in voller Höhe erreicht wird. Allerdings resultiert aus der Mindestbezugsfrist von zwei Wochen aus Sicht der Konsortialbanken ein verhältnismäßig langer Übernahmezeitraum mit entsprechenden Marktrisiken für die Banken, so dass die Banken in der Regel einen erheblichen Abschlag auf den Bezugspreis fordern, was wiederum dem Emissionserlös der Gesellschaft schmälert.[243] Abhilfe schafft die Praxis durch eine sogenannte Vorabplatzierung an institutionelle Investoren mit Clawback-Klausel.[244] Dabei werden die Aktien unter Vorbehalt der Ausübung des Bezugsrechts an die Investoren zugeteilt, was dazu dient, die Zuteilung an die Inves-

---

232 KK-AktG/*Ekkenga*, § 186 Rn. 224 ff.; MünchKommAktG/*Schürnbrand*, § 186 Rn. 159.
233 Marsch-Barner/Schäfer/*Busch*, § 42 Rn. 42.57.
234 KK-AktG/*Ekkenga*, § 186 Rn. 250.
235 *Groß*, § 2 WpPG Rn. 25.
236 *Baums*, § 8 Rn. 42; s. dazu Rn. 63.
237 KK-AktG/*Ekkenga*, § 186 Rn. 263.
238 *Hüffer/Koch*, § 186 Rn. 7 m. w.N.; a.A. *Servatius*, in: Spindler/Stilz, Aktiengesetz, 4. Auflage 2019, § 186 Rn. 17.
239 Marsch-Barner/Schäfer/*Busch*, § 42 Rn. 42.70.
240 KK-AktG/*Ekkenga*, § 186 Rn. 255; Ekkenga/*Ekkenga/Jaspers*, Kapitel 4 Rn. 166.
241 Ekkenga/*Ekkenga/Jaspers*, Kapitel 4 Rn. 166.
242 KK-AktG/*Ekkenga*, § 186 Rn. 211.
243 MünchKommHGB/*Singhof*, Bd. 6, Emissionsgeschäft Rn. 110.
244 KK-AktG/*Ekkenga*, § 186 Rn. 257; MünchKommHGB/*Singhof*, Bd. 6, Emissionsgeschäft Rn. 110.

toren im Falle einer hohen Bezugsquote entsprechend kürzen zu können.[245] Durch entsprechende Verzichte seitens der Altaktionäre auf ihre Bezugsrechte kann die Wahrscheinlichkeit des Clawbacks erheblich reduziert werden.[246] Eine weitere Möglichkeit zur Reduzierung der Risiken der Emissionsbanken besteht in einer Vereinbarung mit einem Teil der Altaktionäre, gemäß derer diese einen Großteil der Aktien übernehmen, für die das Bezugsrecht nicht ausgeübt wurde.[247]

112 Alternativ übernehmen die Konsortialbanken die **Aktien nur insoweit, wie diese von den Aktionären bezogen** werden. Darüber hinaus verpflichten sie sich lediglich, die nicht bezogenen Aktien bestmöglich (also theoretisch auch mit Aufschlägen gegenüber dem Bezugspreis[248]) für Rechnung der Gesellschaft und nach deren Weisung zu verwerten.[249] Dabei bildet der Bezugspreis die Untergrenze; bei einer Platzierung zu einem niedrigeren Preis sind sie nach h.M. zunächst wieder allen bezugsberechtigten Altaktionären anzubieten.[250]

113 Die Zulassung und Einführung der Aktien sowie die Eintragung der Kapitalerhöhung im Handelsregister sind identisch zum Börsengang (vgl. dazu Rdn. 70 bis 75).

cc) Barkapitalerhöhung unter Ausschluss des Bezugsrechts

114 Wie bereits dargelegt, sind die Anforderungen an einen Bezugsrechtsausschluss bei einer Barkapitalerhöhung – von den dargestellten praxisrelevanten Ausnahmen (Börsengang, vereinfachter Bezugsrechtsausschluss, Spitzenbeträge) einmal abgesehen – sehr hoch, weswegen diese in der Praxis regelmäßig nur in Sanierungskonstellationen relevant werden.[251]

(1) Aktienrechtliche Voraussetzungen

115 Zunächst gelten für eine Barkapitalerhöhung unter Ausschluss des Bezugsrechts dieselben Voraussetzungen wie für eine Bezugsrechtskapitalerhöhung; zusätzlich bedarf jedoch der Ausschluss des Bezugsrechts neben den formellen Voraussetzungen einer besonderen sachlichen Rechtfertigung[252]. Das Erfordernis der sachlichen Rechtfertigung entfällt, wenn alle Aktionäre dem Ausschluss des Bezugsrechts zustimmen[253]; eine Ausnahme, die bei einer börsennotierten Gesellschaft eher theoretischer Natur sein dürfte.

116 **Formelle Voraussetzungen** sind der Ausschluss des Bezugsrechts in einem Hauptversammlungsbeschluss (§ 186 Abs. 3 Satz 1 AktG), eine zwingende Kapitalmehrheit von mindestens 3/4 des vertretenen Grundkapitals (§ 186 Abs. 3 Satz 2 AktG), die ordnungsgemäße Bekanntmachung des Ausschlusses (§ 186 Abs. 4 Satz 1 AktG) sowie der schriftliche Bericht des Vorstands an die Hauptversammlung über den Grund für den Ausschluss des Bezugsrechts, der auch eine Begründung zum Ausgabebetrage enthalten muss (§ 186 Abs. 4 Satz 2 AktG).

117 Bezugspunkt für die **sachliche Rechtfertigung** ist das Interesse der Gesellschaft.[254] Davon ausgehend muss der Bezugsrechtsausschluss geeignet, erforderlich und verhältnismäßig sein.[255] Geeignet meint insoweit, dass der Bezugsrechtsausschluss tauglich ist, den angestrebten Zweck zu erreichen.[256] Erfor-

---

245 Marsch-Barner/Schäfer/*Meyer*, § 7 Rn. 7.38a.
246 MünchKommHGB/*Singhof*, Bd. 6, Emissionsgeschäft Rn. 111; *Baums*, § 8 Rn. 39.
247 *Baums*, § 8 Rn. 39; MünchKommHGB/*Singhof*, Bd. 6, Emissionsgeschäft Rn. 111.
248 Ekkenga/*Ekkenga/Jaspers*, Kapitel 4 Rn. 271; KK-AktG/*Ekkenga*, § 186 Rn. 256.
249 Marsch-Barner/Schäfer/*Busch*, § 42 Rn. 42.71; KK-AktG/*Ekkenga*, § 186 Rn. 211, 256.
250 *Hüffer/Koch*, § 186 Rn. 53; KK-AktG/*Ekkenga*, § 186 Rn. 256; a.A. Marsch-Barner/Schäfer/*Busch*, § 42 Rn. 42.71.
251 Marsch-Barner/Schäfer/*Busch*, § 42 Rn. 42.85.
252 St. Rspr. seit dem Kali & Salz-Urteil, BGHZ 71, 40, 46.
253 Ekkenga/*Ekkenga/Jaspers*, Kapitel 4 Rn. 186.
254 MünchKomm/*Schürnbrand*, § 186 Rn. 88.
255 Ekkenga/*Ekkenga/Jaspers*, Kapitel 4 Rn. 184.
256 KK-AktG/*Ekkenga*, § 186 Rn. 83; MünchKomm/*Schürnbrand*, § 186 Rn. 101.

derlich ist er dann, wenn es keine weniger einschneidenden Maßnahmen zur Erreichung des angestrebten Zwecks gibt.[257] Schließlich ist er verhältnismäßig, wenn die Interessen der Gesellschaft die nachteiligen Folgen für die Aktionäre überwiegen.[258] Auf Seiten der Gesellschaft liegt das relevante Interesse in der Regel im konkreten Finanzierungsbedürfnis.[259] Zugunsten der Aktionäre ist die konkret drohende Verwässerung sowie deren Folgen (z.B. Verlust einer Sperrminorität oder Unterschreitung der Squeeze Out-relevanten 5 %-Grenze) in die Abwägung einzustellen.[260] Daher können sich bei der Abwägung erhebliche Unterschiede aufgrund der Realstruktur der Gesellschaft ergeben, z.B. sind bei personalistisch geprägten oder Familiengesellschaften im Zweifel höhere Anforderungen zu stellen als bei Publikumsgesellschaften.[261] Neben den bereits genannten Fällen wird ein sachlicher Rechtfertigungsgrund regelmäßig bei der Ausgabe von Aktien an Arbeitnehmer[262] sowie zur Absicherung von Umtauschrechten aus Wandel- oder Optionsanleihen angenommen.[263] Als Begründung für diese Rechtfertigung dient insbesondere die privilegierende Wertung des Gesetzgebers aus § 192 Abs. 2 Nr. 1 und 3 AktG.[264] In der Praxis wird für derartige Fälle allerdings regelmäßig ein bedingtes Kapital gem. § 192 AktG vorgehalten, so dass es eines Ausschlusses des Bezugsrechts im Rahmen einer Kapitalerhöhung in diesen Fällen nur selten bedarf. Darüber hinaus wird die Kapitalerhöhung mit Bezugsrechtsausschluss vor allem in Sanierungsfällen und/oder zur Gewinnung neuer Großinvestoren[265] angewendet, wobei auch hier eine sorgfältige Begründung erforderlich ist[266]; auch in Sanierungsfällen ist der Bezugsrechtsausschluss kein Selbstläufer.

Die **gerichtliche Kontrolle** der sachlichen Rechtfertigung des Bezugsrechtsausschlusses erfolgt in der Regel im Zusammenhang mit der Anfechtung des Kapitalerhöhungsbeschlusses gem. § 243 AktG; eine isolierte Anfechtung des Bezugsrechtsausschluss ist hingegen nicht zulässig.[267] Daneben kommt ggf. auch eine Abwehrklage gegen Ausführungsmaßnahmen der Verwaltung in Bezug auf die Kapitalerhöhung in Betracht.[268] Gegenstand der gerichtlichen Kontrolle des Bezugsrechtsausschlusses ist ausschließlich der schriftliche Bericht des Vorstands an die Hauptversammlung, die Beweislast obliegt dabei der Gesellschaft.[269]

118

(2) Durchführung

Die Durchführung einer Barkapitalerhöhung unter Ausschluss des Bezugsrechts entspricht im Wesentlichen der Durchführung einer Kapitalerhöhung mit vereinfachtem Bezugsrechtsausschluss. Unterschiede ergeben sind im Wesentlichen durch das höhere Platzierungsvolumen und ggf. die Sanierungsbedürftigkeit der Gesellschaft.

119

---

257 Ekkenga/*Ekkenga/Jaspers*, Kapitel 4 Rn. 184; KK-AktG/*Ekkenga,* § 186 Rn. 84.
258 MünchKomm/*Schürnbrand*, § 186 Rn. 103; *Hüffer/Koch,* § 186 Rn. 28.
259 MünchKomm/*Schürnbrand*, § 186 Rn. 104.
260 KK-AktG/*Ekkenga,* § 186 Rn. 89; MünchKomm/*Schürnbrand,* § 186 Rn. 106.
261 Spindler/Stilz/*Servatius,* § 186 Rn. 49; Ekkenga/*Ekkenga/Jaspers,* Kapitel 4 Rn. 185.
262 KK-AktG/*Ekkenga,* § 186 Rn. 96.
263 Marsch-Barner/Schäfer/*Busch,* § 42 Rn. 42.82.
264 MünchKomm/*Schürnbrand,* § 186 Rn. 103.
265 KK-AktG/*Ekkenga,* § 186 Rn. 100.
266 Marsch-Barner/Schäfer/*Busch,* § 42 Rn. 42.85.
267 KK-AktG/*Ekkenga,* § 186 Rn. 136; Ekkenga/*Ekkenga/Jaspers,* Kapitel 4 Rn. 206, 207 m.w.N.
268 Zu weiteren Einzelheiten s.: Ekkenga/*Ekkenga/Jaspers,* Kapitel 4 Rn. 221 ff.
269 KK-AktG/*Ekkenga,* § 186 Rn. 139; MünchKomm/*Schürnbrand,* § 186 Rn. 110, 111.

Kapitel 12 Steuerrecht

Übersicht

	Rdn.
A. Das Steuerrecht der Personengesellschaften	1
I. Das Steuerrecht der Personengesellschaften	1
1. Grundlagen	1
a) Die Steuersubjektfähigkeit der Personengesellschaft im Überblick	1
aa) Einkommensteuer	2
(1) Gewinneinkünfte – insbesondere bei Einkünften aus Gewerbebetrieb	3
(2) Überschusseinkünfte	9
bb) Gewerbesteuer	11
cc) Umsatzsteuer	12
dd) Erbschaft- und Schenkungsteuer	13
ee) Grunderwerbsteuer	14
ff) Grundsteuer und sonstige Verkehrsteuern	15
b) Die Personengesellschaft im Verfahrensrecht	16
2. Die Personengesellschaft im Einkommensteuerrecht	20
a) Der Einkünfteerzielungstatbestand	21
aa) Die Einkunftsarten	22
(1) Einkünfte aus Land- und Forstwirtschaft	25
(2) Einkünfte aus Gewerbebetrieb	28
(3) Einkünfte aus selbständiger Arbeit	30
(4) Einkünfte aus Kapitalvermögen	40
(5) Einkünfte aus Vermietung und Verpachtung	44
(6) Das Konkurrenzverhältnis der Einkunftsarten und deren Umkehrung	46
bb) Die Ebene der Prüfung der Einkunftsart	51
b) Die Gemeinschaftliche Einkünfteerzielung: Die Mitunternehmerschaft	53
aa) Mitunternehmerrisiko und Mitunternehmerinitiative	53
bb) Die Mitunternehmerstellung der Komplementär-GmbH	55
cc) Mitunternehmerstellung bei Gestaltungen der vorweggenommenen Erbfolge	56

	Rdn.
(1) Bedeutung von Rückforderungsrechten	57
(2) Nießbrauchsgestaltungen	58
dd) Die verdeckte (»faktische«) Mitunternehmerschaft	61
ee) Die Mitunternehmerschaft bei doppelstöckigen Mitunternehmerschaften	62
c) Der Mitunternehmeranteil	63
aa) Die Betriebsvermögensfähigkeit von Wirtschaftsgütern	64
(1) Betriebsvermögensfähigkeit von Wirtschaftsgütern	65
(2) Die Dreiteilung des Betriebsvermögens	69
(a) Das notwendige Betriebsvermögen	69
(b) Das notwendige Privatvermögen	72
(c) Das gewillkürte Betriebsvermögen	73
(d) Einzelfälle	74
(3) Exkurs: weitere Unterscheidungen des Betriebsvermögens	81
(4) Die Betriebsvermögenseigenschaft von passiven Wirtschaftsgütern	85
bb) Das Sonderbetriebsvermögen	86
cc) Die Funktion sogenannter Ergänzungsbilanzen	87
dd) Korrespondenzprinzip bei Sonderbetriebsvermögen und Sondervergütungen	89
d) Rechtsbeziehung zwischen Gesellschafter und Gesellschaft	91
e) Die Änderung des Betriebsvermögens durch Entnahmen und Einlagen	96
aa) Der Tatbestand der Einlage und Einlagefähigkeit	97
(1) Abgrenzung Einlagen/ entgeltliches Geschäft und § 6 Abs. 5 EStG	99
(2) Die Bewertung von Einlagen und Auswirkungen auf Abschreibungen	111
bb) Entnahmen	118
f) Nachfolge	120

	Rdn.
aa) Vorweggenommene Erbfolge	121
(1) Die Übertragung von Betriebsvermögen	121
(2) Übertragung von Anteilen an Personengesellschaften	126
(3) Die unentgeltliche Aufnahme in ein bestehendes Einzelunternehmen	130
bb) Erbfolge und Erbauseinandersetzung	131
(1) Grundsätze	131
(2) Steuerliche Folgen von Nachfolgeklauseln	133
g) Änderung des Gesellschafterbestandes	137
aa) Aufnahme eines Gesellschafters in ein Einzelunternehmen	137
bb) Eintritt eines Gesellschafters in eine bestehende Personengesellschaft gegen Einlage	140
cc) Die Veräußerung eines Mitunternehmeranteils	144
dd) Die Veräußerung eines Teil eines Mitunternehmeranteils	147
ee) Sachwertabfindung und Realteilung	148
(1) Sachwertabfindung	149
(2) Realteilung	154
h) Beendigung der Gesellschaft und Betriebsaufgabe, § 16 EStG	158
aa) Gewinnzurechnung in der Liquidationsphase	159
bb) Besonderheiten bei beschränkter Haftung	162
cc) Die Betriebsaufgabe, § 16 EStG	164
i) Verluste bei beschränkter Haftung, § 15a EStG	170
aa) Die Struktur des § 15a EStG	172
bb) Der Verlustanteil des Kommanditisten	176
cc) Das steuerrechtliche Kapitalkonto (i.S.d. § 15a EStG)	177
(1) Kontenmodelle in Gesellschaftsverträgen	179
(2) Die Abgrenzung von Eigen- und Fremdkapital	184

	Rdn.
j) Steuersatz und Steuerermäßigungen: § 32d EStG § 34a und § 35 EStG, §§ 16, 34 EStG	187
aa) Tarif – Grundzüge	187
bb) Sondertarif für nicht entnommene Gewinne, § 34a EStG	188
(1) Begünstigungsfähiges Thesaurierungsvolumen	192
(2) Der nachversteuerungspflichtige Betrag und die Nachversteuerung	196
(3) Verwendungsreihenfolge für Entnahmen	200
cc) Steuerermäßigung für Einkünfte aus Gewerbebetrieb, § 35 EStG	202
(1) Der anteilige Gewerbesteuermessbetrag bei Mitunternehmerschaften	203
(2) Minderung und Verlust von Anrechnungsguthaben	204
dd) Steuerermäßigung für Veräußerungsgewinne	207
(1) Veräußerungs- oder Aufgabefreibetrag, § 16 Abs. 4 EStG	208
(2) Tarifermäßigung nach § 34 Abs. 3 EStG	212
(3) Tarifermäßigung nach § 34 Abs. 1 EStG	214
k) Steuerabzugsbeträge	215
3. Gewerbesteuer	217
a) Steuerobjekt	219
b) Beginn der Gewerbesteuerpflicht	222
c) Steuerbefreiungen	225
d) Hinzurechnungen und Kürzungen	228
aa) Hinzurechnungen	228
bb) Kürzungen	231
e) Gewerbesteuerlicher Verlustabzug	235
f) Veräußerungsgewinne	238
4. Umsatzsteuer	240
a) Beginn der Unternehmereigenschaft	242
b) Unternehmereigenschaft einer Holding	243
c) Die umsatzsteuerliche Behandlung der Gründung der Gesellschaft	244

	Rdn.		Rdn.
d) Umsatzsteuerliche Behandlung der Leistungen eines Organs (Komplementär)............	247	b) Die sinngemäße Anwendung des § 15a EStG.............	320
e) Überlassung von Wirtschaftsgütern.....................	249	4. Die freiberufliche Personengesellschaft.....................	323
f) Besteuerung von Entnahmen..	256	a) Umqualifizierungsrisiken.....	323
g) Umsatzsteuerliche Organschaft.	257	b) Freiberuflich tätige GmbH & Co. KG.................	327
5. Grunderwerbsteuer............	261	c) Keine Anwendung sog. Verpachtungsprivilegien.........	328
a) Übertragungen von Gesellschaftern auf eine Gesellschaft.....	263	d) Gewinnermittlungswahlrecht..	329
b) Änderungen des Gesellschafterbestandes.................	269	e) Interprofessionelle Personengesellschaften................	332
c) Übertragung von Gesellschaft auf Gesellschafter...........	272	5. Betriebsaufspaltung............	333
II. Sonderformen der Personengesellschaft.......................	273	a) Verflechtungsvoraussetzungen..	336
		aa) Sachliche Verflechtung....	336
1. Die GmbH & Co. KG.........	273	bb) Die personelle Verflechtung	338
a) Beteiligung und Vergütung der Komplementärin...........	276	b) Vermeidung der Betriebsaufspaltung durch Einstimmigkeitsabrede...............	342
aa) Ausgestaltung der Vergütung................	276	c) Vermeidung der Entflechtung im Erbfall................	344
bb) Angemessenheit.........	279		
cc) Änderung der Gewinnverteilung................	281	d) Vermeidung der Beendigung der mitunternehmerischen Betriebsaufspaltung.........	346
b) Die Anteile an der GmbH als notwendiges Sonderbetriebsvermögen...................	282	e) Erbschaftsteuerliche Behandlung der Betriebsaufspaltung...	347
c) GmbH-Anteile als funktional wesentliche Betriebsgrundlage..	284	6. Familienpersonengesellschaften...	349
		a) Die zivilrechtliche Wirksamkeit als Anerkennungsvoraussetzung	351
d) Sondervergütungen.........	291	b) Beteiligung minderjähriger Kinder..................	353
e) § 15a EStG...............	294		
f) Umsatzsteuer..............	295	c) Die Mitunternehmerstellung der Kinder................	355
2. Die gewerblich geprägte Personengesellschaft..................	298	d) Die Angemessenheit der Gewinnverteilung.............	358
a) Die Voraussetzungen der gewerblichen Prägung........	302	7. Die Personengesellschaft im Internationalen Steuerrecht........	360
b) Der Eintritt der gewerblichen Prägung.................	308	a) Qualifikation ausländischer Gesellschaften als Personengesellschaften................	360
c) Besonderheiten der Besteuerung....................	309	b) Einkünftequalifikation bei beschränkt Steuerpflichtigen...	363
d) Erbschaftsteuerliche Behandlung der gewerblich geprägten Personengesellschaft.........	310	c) Der Wegzug von Personengesellschaftern...............	366
aa) Anknüpfung an das Ertragsteuerrecht.............	310	III. Besondere Beratungsschwerpunkte...	368
		1. Grundstücke.................	368
bb) Hürde Verwaltungsvermögen.....................	311	a) Überführung von Grundstücken in die Personengesellschaft	368
cc) Nutzung der Thesaurierungsrücklage zur Tilgung der Erbschaft-/Schenkungsteuer.................	313	aa) Einlage aus dem Privatvermögen................	369
e) Umsatzsteuerliche Aspekte....	314	bb) Übertragung gegen Gewährung von Gesellschaftsrechten und entgeltliche Übertragung aus dem Privatvermögen.........	372
f) Die Entprägung...........	316		
3. Die vermögensverwaltende GmbH & Co. KG...................	317		
a) Die Vermeidung der gewerblichen Prägung.............	319	cc) Überführung von Grundstücken aus dem Sonderbetriebsvermögen in die Gesellschaft............	374

		Rdn.			Rdn.
	b) Bilanzierung von Grundstücken	375		aa) Fortsetzungsklausel	452
	aa) Aufteilung in verschiedene Wirtschaftsgüter.	375		bb) Einfache Nachfolgeklausel .	459
	bb) Absetzungen für Abnutzung	384		cc) Qualifizierte Nachfolgeklausel	463
	c) Übertragung von Grundstücken aus der Personengesellschaft . . .	388		dd) Eintrittsklausel.	466
	aa) Überführung in das Privatvermögen des Gesellschafters	388		c) Begünstigungstransfer im Erbschaftsteuerrecht.	468
			5.	Steuerentnahmerechte und Steuerlastenverteilung	472
	bb) Überführung in das Sonderbetriebsvermögen des Gesellschafters	390		a) Steuerentnahmerecht	472
				b) Gewerbesteuerklauseln	480
				aa) Problemstellung.	480
	cc) Neutralisierung von Veräußerungsgewinnen durch § 6b-EStG-Rücklagen	391		bb) Technik des Ausgleiches . . .	483
				(1) Kapitalgesellschaftsfall – einfacher Ausgleich.	484
	(1) Begünstigte Veräußerungsobjekte	392		
	(2) Personenbezogenheit der Rücklage	395		(2) Personenfall – Berücksichtigung der Steueranrechnung	486
	(3) Begünstigte Reinvestitionsobjekte.	396		
	(4) Reinvestitionszeitraum .	398		(3) Verzerrungsfall – Begrenzung der Steueranrechnung	488
	(5) Verhältnis zu §§ 16, 34 EStG	399		
			IV.	Steuerliche Hinweise zur Gestaltung des Personengesellschaftsvertrages	490
	d) Gewerblicher Grundstückshandel unter Beteiligung von Personengesellschaften	400		
			1.	Formzwang und Rückwirkungsverbot	490
	e) Umsatzsteuer	405		
2.	Treuhandverhältnisse	408	2.	Der Gesellschafterkreis	497
	a) Zurechnung und Anerkennung der Treuhand	408		a) Freiberuflich tätige Personengesellschaften	497
	b) Die Mitunternehmerstellung von Treugeber und Treuhänder .	410		b) Kapitalgesellschaften als Gesellschafter	499
	c) Treuhandmodell	412		c) Doppelstöckige Mitunternehmerschaften	504
	d) Begründung und Beendigung der Treuhand	413		
				d) Minderjährige Gesellschafter . .	507
	e) Erbschaftsteuerliche Beurteilung der Treuhand	414		e) Beteiligung und Gesellschafterstellung von Ehegatten	509
3.	Nießbrauchsgestaltungen.	415		
	a) Der »Vorbehaltsnießbrauch« als steuerlicher Grundfall	418		f) Bedeutung der Beteiligungsverhältnisse.	511
			3.	Gegenstand der Gesellschaft	514
	aa) Gewinnbezugsrecht des Nießbrauchers	420	4.	Beginn, Dauer, Geschäftsjahr	516
				a) Beginn	516
	bb) Stimmrechtsverteilung	424		b) Dauer.	520
	cc) Steuerliche Lastenverteilung.	426		c) Geschäftsjahr	521
			5.	Geschäftsführung und Vertretung, Kontrollrechte, Stimmverhältnisse .	523
	dd) Sonderbetriebsvermögen . .	431		
	b) Der Zuwendungsnießbrauch . .	435		a) Geschäftsführung	523
	c) Erbschaftsteuerliche Behandlung des Nießbrauches	438		b) Vertretung	528
				c) Einsichts- und Kontrollrechte, Stimmrechte.	530
4.	Nachfolge in Gesellschaftsanteile . .	443		
	a) Sonderbetriebsvermögen als Gestaltungsherausforderung . . .	445	6.	Entnahmen und Einlagen	533
				a) Einlagefähigkeit und Bewertung von Einlagen	535
	b) Wirkungsweise von Nachfolgeklauseln	451		
				aa) Bareinlagen	535
				bb) Sacheinlagen	538
				b) Bewertung von Entnahmen . . .	541
				aa) Bewertungsgrundsätze	541

	Rdn.
bb) Entnahmen und § 15a EStG	544
cc) Steuerentnahmerechte	545
7. Gesellschafterkonten	547
8. Jahresabschluss und Ergebnisverteilung	550
a) Regelung zum Jahresabschluss – Ansatz- und Bewertungswahlrechte	550
b) Verteilung nicht abziehbarer Aufwendungen	553
c) Gewinnverteilung	554
aa) Vergütung der Komplementärin einer GmbH & Co. KG	554
bb) Angemessenheit der Gewinnverteilung in einer Familiengesellschaft	555
cc) Leistungsbeziehungen zwischen Gesellschafter und Gesellschaft	556
dd) Versorgungszusagen zugunsten eines Personengesellschafters	558
9. Änderung des Gesellschafterbestandes	559
a) Verfügung über Gesellschaftsanteile	563
b) Erbfolge und Testamentsvollstreckung	565
aa) Nachfolgeklauseln	565
bb) Testamentsvollstreckung	569
c) Ausscheiden aus der Gesellschaft, Abfindung	570
aa) Steuerpflicht des Ausscheidens	570
bb) Ausgestaltung der Abfindung	572
(1) Einkommensteuer	572
(2) Erbschaftsteuer	575
B. Das Steuerrecht der Kapitalgesellschaften	579
I. Überblick	579
1. Grundlagen und allgemeine Besteuerungsprinzipien	579
2. Körperschaftsteuerpflicht	583
3. Gewerbesteuerpflicht	587
II. Besteuerung bei Gesellschaftsgründung	588
1. Behandlung bei der Gesellschaft	588
2. Behandlung beim Gesellschafter	594
III. Laufende Besteuerung	596
1. Besteuerung der Gesellschaft	596
a) Grundsätze der Einkommensermittlung	597
aa) Besteuerungszeitraum	597

	Rdn.
bb) Einkommen der Kapitalgesellschaft	601
cc) Gewinnermittlung nach Handels- und Steuerbilanz	603
dd) Außerbilanzielle Korrekturen	607
(1) Korrekturen wegen verdeckter Gewinnausschüttungen und Einlagen	608
(2) Hinzurechnung nicht abzugsfähiger Ausgaben	609
(3) Korrekturen wegen steuerfreier Beteiligungserträge und Veräußerungsgewinne	615
ee) Weitere Vorschriften des KStG zur Einkommensermittlung	616
(1) Gewinnanteile des Komplementärs einer KGaA	617
(2) Spendenabzug	619
(3) Berücksichtigung von Verlusten	622
ff) Tarif	627
b) Besonderheiten bei der Einkommensermittlung	628
aa) Zinsschranke	628
(1) Allgemeine Geltung der Zinsschranke	628
(2) Maßgebliches Einkommen	630
(3) Rückausnahmetatbestände des § 8a KStG	631
bb) Beschränkung des Verlustvortrags bei Beteiligungsveräußerungen	634
c) Einlagen und Ausschüttungen	642
aa) Einlagen	643
(1) Offene Einlagen	644
(2) Verdeckte Einlagen	649
bb) Ausschüttungen	653
(1) Offene Gewinnausschüttungen	654
(2) Verdeckte Gewinnausschüttungen	656
cc) Steuerliches Einlagekonto gem. § 27 KStG	660
d) Gewerbesteuer	667
2. Besteuerung von Geschäftsführungs- und Aufsichtsgremien	671
a) Besteuerung von Vorständen und Geschäftsführern	671
aa) Fremdgeschäftsführer	672
bb) Gesellschafter-Geschäftsführer	674

		Rdn.			Rdn.
	b) Besteuerung von Aufsichts- und Beiräten	676		a) Beteiligungen im Betriebsvermögen	740
IV.	Eigenkapitalmaßnahmen	678		b) Beteiligungen im Privatvermögen	743
	1. Kapitalerhöhung	678		aa) Der Abgeltungsteuer unterliegende laufende Beteiligungserträge und Veräußerungsgewinne	744
	a) Handels- und steuerbilanzielle Auswirkungen	679			
	b) Auswirkungen auf die Besteuerung der Kapitalgesellschaft	681			
	c) Auswirkungen auf die Besteuerung des Gesellschafters	684		bb) Veräußerungsgewinne gem. § 17 EStG	749
	d) Exkurs: Umwandlung von Aktienarten und -gattungen	686		3. Organschaft	759
	2. Kapitalherabsetzung	687		a) Überblick	759
	a) Handels- und steuerbilanzielle Auswirkungen	688		b) Voraussetzungen der Organschaft im Einzelnen	764
				aa) Organträger	765
	b) Auswirkungen auf die Besteuerung der Kapitalgesellschaft	690		bb) Organgesellschaft	769
				cc) Finanzielle Eingliederung	771
	c) Auswirkungen auf die Besteuerung des Gesellschafters	692		dd) Abschluss eines Gewinnabführungsvertrages	775
	3. Erwerb und Veräußerung eigener Anteile	696		ee) Tatsächliche Durchführung des Gewinnabführungsvertrages	783
	a) Handels- und steuerbilanzielle Auswirkungen	696		c) Rechtsfolgen der Organschaft	788
				aa) Allgemeines	788
	b) Auswirkungen auf die Besteuerung der Kapitalgesellschaft	700		bb) Ebene der Organgesellschaft	791
	c) Auswirkungen auf die Besteuerung des Gesellschafters	702		cc) Ebene des Organträgers	798
	4. Einziehung von Anteilen	703		dd) Rechtsfolgen bei verunglückter Organschaft	803
V.	Liquidation und Insolvenz	706			
	1. Liquidation der Kapitalgesellschaft	706	VII.	Umstrukturierungen	806
	2. Insolvenz der Kapitalgesellschaft	710		1. Überblick	806
VI.	Beteiligungs- und Konzernsachverhalte	712		2. Verschmelzung auf eine Personengesellschaft oder natürliche Person und Formwechsel einer Kapitalgesellschaft in eine Personengesellschaft	809
	1. Beteiligung von Kapitalgesellschaften an anderen Kapitalgesellschaften	712			
	a) Überblick	712			
	b) Besteuerung von laufenden Beteiligungserträgen	714		a) Besteuerung der übertragenden Kapitalgesellschaft	809
	aa) Beteiligungserträge	715		aa) Grundsatz: Ansatz zum gemeinen Wert	810
	bb) Behandlung von Betriebsausgaben	721		bb) Bewertungswahlrecht	811
	c) Besteuerung von Veräußerungsvorgängen	722		b) Besteuerung der übernehmenden Gesellschaft	817
	aa) Veräußerungstatbestände	724		aa) Wertverknüpfung und Übernahmeergebnis	818
	bb) Behandlung von Anschaffungs- und Veräußerungskosten sowie bestimmter Gewinnminderungen	732		bb) Eintritt in die steuerlichen Verhältnisse der übertragenden Gesellschaft	820
				c) Besteuerung des Gesellschafters	821
	d) Steuerentstrickung und Steuerverstrickung bei grenzüberschreitenden Sachverhalten	735		3. Verschmelzung einer Kapitalgesellschaft auf eine andere Kapitalgesellschaft	822
	2. Beteiligung von natürlichen Personen und Personengesellschaften an Kapitalgesellschaften	739		a) Besteuerung der übertragenden Kapitalgesellschaft	823
				aa) Grundsatz: Ansatz zum gemeinen Wert	823

	Rdn.
bb) Bewertungswahlrecht	824
b) Besteuerung der übernehmenden Gesellschaft	827
aa) Wertverknüpfung und Übernahmeergebnis	827
bb) Eintritt in die steuerlichen Verhältnisse der übertragenden Gesellschaft	830
c) Besteuerung des Gesellschafters	831
4. Auf- und Abspaltung von einer Kapitalgesellschaft	835
a) Teilbetriebe	836
aa) »Echte« Teilbetriebe	836
bb) »Fiktive« Teilbetriebe	838
b) Besteuerung der übertragenden Kapitalgesellschaft	840
aa) Grundsatz der Besteuerung zum gemeinen Wert	840
bb) Ausübung von Bewertungswahlrechten	842
cc) Ausnahmetatbestände	844
c) Besteuerung der übernehmenden Gesellschaft	847
d) Besteuerung des Gesellschafters	852
5. Formwechsel zwischen Kapitalgesellschaften	855
6. Anteilstausch	857
a) Allgemeines	857
b) Besteuerung beim Übernehmenden	862
c) Besteuerung beim Einbringenden	867
C. Erbschaft- und Schenkungsteuer	873
I. Das gegenwärtige Erbschaft- und Schenkungsteuerrecht	873
1. Vorbemerkung	873
2. Rückblick: Verfassungswidrigkeit der Betriebsvermögensvergünstigungen und Neuregelung	874
a) Vorlagebeschluss des BFH und Entscheidung des BVerfG	874
b) Grundzüge der Neuregelung	875
c) Keine rückwirkende Änderung für vor dem 01.07.2016 verwirklichte Fälle, Billigkeitsmaßnahmen und Übergangsprobleme	881
3. Kurzüberblick über das Erbschaftsteuergesetz	885
a) Steuerpflicht und Anrechnung ausländischer Erbschaft-/Schenkungsteuer	886
b) Steuerpflichtiger Erwerb	891
c) Steuerklassen, persönliche Freibeträge, Tarif	893
aa) Persönliche Freibeträge, Versorgungsfreibetrag	893

	Rdn.
bb) Steuerbefreiung des Zugewinnausgleiches	896
cc) Tarif	899
4. Gesellschaften als Zuwendende/Erwerber im Erbschaftsteuerrecht	901
5. Vermögensverwaltende Personengesellschaften	903
6. Steuerpflichtige Zuwendungen	905
a) Freigebige Zuwendungen (unter Lebenden)	905
aa) § 7 Abs. 1 Nr. 1 ErbStG	905
bb) § 7 Abs. 6 ErbStG – Gewinnübermassschenkung bei Personengesellschaften	906
cc) § 7 Abs. 7 ErbStG – Ausscheiden	907
dd) § 7 Abs. 8 ErbStG Beteiligung an Kapitalgesellschaften	910
b) Erwerbe von Todes wegen	915
7. Zuweisung der Betriebsvermögensvergünstigungen bei mehreren Erwerbern	919
8. Schuldenabzug	921
9. Bewertung von Betriebsvermögen	923
a) Bewertung von Personengesellschaften	923
b) Bewertung von Kapitalgesellschaften	927
10. Begünstigung von Betriebsvermögen	929
a) Steuerbefreiung von Betriebsvermögen	930
aa) Begünstigungsfähiges Vermögen	930
bb) Umfang der Begünstigung und Verschonungsvoraussetzungen	936
(1) Begünstigungsumfang – sogenannte Regelverschonung	936
(2) Einhaltung von Lohnsummen	943
(3) Keine Begünstigung des sogenannten Verwaltungsvermögens	945
(a) Kategorien des Verwaltungsvermögens	947
(b) Berücksichtigung von Schulden bei der Ermittlung des Nettoverwaltungsvermögens	960
(c) Junges Verwaltungsvermögen und junge Finanzmittel	967

	Rdn.		Rdn.
(d) Berücksichtigung von Schulden	973	ee) Auflösend bedingter Erlass, § 28a Abs. 4 ErbStG	1024
(e) Ermittlung des Begünstigungsumfanges	979	11. Besonderheiten bei mehrstufigen Beteiligungsstrukturen	1027
(4) Keine Veräußerung oder Aufgabe binnen 5 Jahren, § 13a Abs. 6 Satz 1 Nr. 1 und 4 ErbStG	984	a) Die Verbundvermögensaufstellung nach § 13b Abs. 9 ErbStG	1027
(5) Keine Beendigung einer Poolvereinbarung bei Kapitalgesellschaften, § 13a Abs. 6 Satz 1 Nr. 5 ErbStG	988	b) Die Ermittlung der Lohnsummenkriterien bei mehrstufigen Beteiligungsstrukturen und Betriebsaufspaltungen, § 13 Abs. 3 Satz 11 – 13 ErbStG	1040
(6) Keine »Überentnahmen«, § 13a Abs. 6 Satz 1 Nr. 3 ErbStG	989	12. Berücksichtigung mehrerer Erwerbe, § 13a Abs. 1 Satz 2 und 3 ErbStG, § 13c Abs. 2 Satz 2 – 4 ErbStG	1043
(7) Umfang des Wegfalls von Vergünstigungen	991	a) Grundsatz	1043
cc) Optionsverschonung, § 13a Abs. 10 ErbStG	992	b) Übergang zur Verschonungsbedarfsprüfung, § 28a ErbStG	1046
b) Abschlag für Familienunternehmen, § 13a Abs. 9 ErbStG	994	c) Übergang zum Verschonungsabschlag für Großvermögen, § 13c ErbStG	1048
c) § 13c ErbStG Verschonungsabschlag bei Großvermögen	1005	d) Kein Übergang vom Verschonungsabschlag für Großvermögen zur Verschonungsbedarfsprüfung	1050
d) Stundung, § 28 ErbStG	1008	e) Konsekutive Verschonungsbedarfsprüfung	1052
e) Verschonungsbedarfsprüfung, § 28a ErbStG	1012	f) Verfahrensrecht	1054
aa) Verfassungsrechtlicher Hintergrund	1012	13. Zuständigkeiten, Anzeigepflichten und Verjährung	1055
bb) Persönliche Berechtigung zur individuellen Bedürfnisprüfung, § 28a Abs. 1 ErbStG	1013	a) Zuständigkeiten	1055
		b) Anzeigepflichten	1058
cc) Umfang des Erlasses, verfügbares Vermögen, § 28a Abs. 2 ErbStG	1015	c) Festsetzungsfristen	1065
		II. Überblick über Nachsorgezeiträume im Erbschaft- und Schenkungsteuerrecht nach ErbStG	1068
dd) Stundung, § 28a Abs. 3 ErbStG	1022	III. Auswirkung der verzögerten Umsetzung der Vorgaben des BVerfG	1077

A. Das Steuerrecht der Personengesellschaften

I. Das Steuerrecht der Personengesellschaften

1. Grundlagen

a) Die Steuersubjektfähigkeit der Personengesellschaft im Überblick

Die Personengesellschaften sind steuerliche Zwitterwesen. Bei der für die Praxis wichtigsten Steuerart – der Einkommensteuer – ist sie nicht steuerrechtsfähig i.S.d. AO, also weder Steuerpflichtiger noch Steuerschuldner. Bei der Gewerbesteuer und der Umsatzsteuer hingegen ist die Personengesellschaft steuerrechtsfähig, sie ist also Gewerbebetrieb i.S.d. § 2 GewStG und Unternehmer i.S.d. § 2 UStG. Grunderwerbsteuerlich ist die Personengesellschaft möglicher Rechtsträger, bei der Erb-

1

schaft- und Schenkungssteuer folgt aus dem Transparenzgedanken, dass eine Personengesellschaft weder Erwerber noch Zuwendender sein kann.[1]

aa) Einkommensteuer

2   Die ertragsteuerliche Qualifikation und Beurteilung ist zunächst abhängig von der Einstufung in die Einkunftsarten des § 2 Abs. 1 und Abs. 2 EStG, also in die sogenannten Gewinneinkünfte nach § 2 Abs. 2 Nr. 1 EStG – Land- und Forstwirtschaft, Gewerbebetrieb oder selbständige Arbeit – oder in die Überschusseinkünfte nach § 2 Abs. 2 Nr. 2 EStG.

(1) Gewinneinkünfte – insbesondere bei Einkünften aus Gewerbebetrieb

3   Das einkommensteuerliche Transparenzprinzip führt dazu, dass die Gewinne der Personengesellschaft unmittelbar den Gesellschaftern zugerechnet werden, entweder einer natürlichen Person oder einer der Körperschaftsteuer unterliegenden Kapitalgesellschaft. Aufbauend auf dem Transparenzgedanken bezweckt § 15 Abs. 1 Satz 1 Nr. 2 EStG, die Einkünfte beim gemeinschaftlichen Bezug von Einkünften aus Gewerbebetrieb zu bestimmen und dabei den Mitunternehmer einem Einzelunternehmer gleichzustellen, zumindest soweit die Vorschriften des Gesellschaftsrechts nicht entgegenstehen. Aus dieser Gleichstellungsfiktion folgt die Einbeziehung der Sondervergütungen und die Erfassung betrieblich genutzter Wirtschaftsgüter als Sonderbetriebsvermögen.[2]

4   Die frühere »Bilanzbündeltheorie« hat der BFH aufgegeben.[3] An dessen Stelle ist eine Lehre der partiellen Steuerrechtsfähigkeit getreten,[4] ein »duales System«, dass durch ein geordnetes Nebeneinander von »Einheit und Vielheit« gekennzeichnet ist.[5] Die für die Praxis wichtigen Konsequenzen dieses dualen Systems sind:
- Veräußerungsgeschäft zwischen der Personengesellschaft und ihren Gesellschaftern sind denkbar und möglich.[6]
- Andere Leistungsbeziehungen, wie etwa Darlehensgewährungen, Dienstleistungen und Vermietungen werden ebenfalls nach normalen Regelungen behandelt.[7]
- Leistungsbeziehungen zwischen Schwesterpersonengesellschaften sind möglich.

5   Die Einkünfteermittlung und auch die Ermittlung des Umfanges des Betriebsvermögens erfolgt nach einem zweistufigen System:

6   Auf der ersten Stufe sind die Einkünfte der Personengesellschaft zu qualifizieren, § 15 Abs. 3 EStG. Das Ergebnis der ersten Stufe der Gewinnermittlung ergibt den Gewinnanteil; dabei sind die sogenannten Ergänzungsbilanzen einzelner Mitunternehmer einzubeziehen.

7   Die zweite Stufe der Gewinnermittlung erfassen dann die jeweiligen Sondervergütungen des jeweiligen Mitunternehmers und sein Sonderbetriebsvermögen.

8   Schematisch kann der Gewinn des Mitunternehmers wie folgt dargestellt werden:

Gewinnanteil laut Gesamthandsbilanz (Steuerbilanz)

+/- Ergebnisse aus Ergänzungsbilanzen

+/- Sonderbetriebseinnahmen und -ausgaben

= Einkünfte des Mitunternehmers

---

1   BFH, BStBl. II 1995, 81; BFH, BStBl. II 1998, 630.
2   L. Schmidt/*Wacker*, § 15 EStG Rn. 161.
3   BFH GrS, BStBl. II 1984, 751 ff.
4   BFH GrS, BStBl. II 1984, 751 ff.
5   L. Schmidt/*Wacker*, § 15 EStG Rn. 163.
6   BFH, BStBl. II 1993, 616.
7   Kirchhof/*Reiß*, § 15 EStG Rn. 302.

A. Das Steuerrecht der Personengesellschaften   Kapitel 12

Ebenso das Betriebsvermögen des Mitunternehmers:

Gesamthandsvermögen

+/- Ansätze der Ergänzungsbilanz

+/- Sonderbetriebsvermögen

= Betriebsvermögen des Mitunternehmers

(2) Überschusseinkünfte

Bei den Überschusseinkünften – für die Praxis relevant sind hier vor allem die Einkünfte aus Vermietung und Verpachtung nach § 21 EStG sowie die Einkünfte aus Kapitalvermögen nach § 20 EStG, jeweils einschließlich der Besteuerung eventueller Veräußerungsgewinne nach § 22 Nr. 2, 23 EStG, soll die sogenannte Bruchteilsbetrachtung nach § 39 Abs. 2 Nr. 2 AO Anwendung finden, d.h., dass das Vermögen der Gesellschaft und die Einkünfte anteilig nach dem Verhältnis ihrer Beteiligung den Gesellschaftern unmittelbar für ertragsteuerliche Zweck zugerechnet wird[8]. Aus dieser Bruchteilsbetrachtung folgt etwa, dass die Veräußerung eines Grundstückes an eine vermögensverwaltende Personengesellschaft steuerlich keine Anschaffung zu demjenigen Bruchteil ist, der der Beteiligung des Gesellschafters an dieser Gesellschaft entspricht.[9]   9

Folge der Bruchteilsbetrachtung ist, dass anders als bei der Mitunternehmerschaft im Rahmen der Gewinneinkünfte Leistungsbeziehungen zwischen Gesellschafter und Gesellschaft nur insoweit steuerlich berücksichtigt werden können, wie der Gesellschafter nicht an der Gesellschaft beteiligt ist: Gewährt etwa ein Gesellschafter seiner Personengesellschaft ein Darlehen, so unterliegen nur diejenigen anteiligen Zinsen – bei Erfüllung der übrigen Voraussetzungen – dem (reduzierten) Abgeltungssteuersatz nach § 32d Abs. 1 EStG, die auf die Anteile entfallen, die nicht dem Darlehensgeber zuzurechnen sind. Soweit zwischen Gesellschafter und Gesellschaft nach der Bruchteilsbetrachtung Identität besteht, handelt es sich bei den Zinsen um nicht abzugsfähige Werbungskosten und nicht steuerpflichtigen Einkünfte.   10

bb) Gewerbesteuer

Das Gewerbesteuerrecht übernimmt aus dem Einkommensteuerrecht (weitgehend[10]) den Umfang des Gewerbebetriebs, sieht aber als Steuersubjekt den Gewerbebetrieb und damit die Personengesellschaft[11], nicht den jeweigen Mitunternehmer oder die Mitunternehmer an. Es steht damit im Gegensatz zum Einkommensteuerrecht: Während die Einkommensteuer außerhalb der Personengesellschaft steht und damit die Steuerlast aus der Personengesellschaft heraus den Gesellschaftern überträgt[12], greift die Gewerbesteuer über die Personengesellschaft auf die Gewinnanteile der Gesellschafter über und überführt die steuerliche Belastung in die Personengesellschaft.[13]   11

cc) Umsatzsteuer

Umsatzsteuerlich ist die Personengesellschaft Unternehmer i.S.d. § 2 UStG. Leistungsbeziehungen zwischen der Personengesellschaft und ihren Gesellschaftern sind nach allgemeinen Grundsätzen zu behandeln. Innengesellschaften, die nicht nach außen in Erscheinung treten, sind keine Unternehmer i.S.d. UStG, Unternehmer ist nur der nach außen Auftretende.[14]   12

---

8   BFH, BStBl. II 2008, 679.
9   BFH, BStBl. II 2008, 679.
10 Zu Abweichungen Rdn. 222 ff., 238.
11 Seit BFH, BStBl. II 1980, 465.
12 Daher rührt die besondere Bedeutung der Steuerentnahmerechte für die Vertragsgestaltung; hierzu ausführlich Rdn. 472 ff.
13 Zu gewerbesteuerlichen Ausgleichsklauseln Rdn. 480 ff.
14 BFH, BStBl. II 1966, 28, 1970, 477.

dd) Erbschaft- und Schenkungsteuer

13 Das Erbschaft- und Schenkungsteuerrecht sieht das Gesellschaftsvermögen der Personengesellschaft als gemeinschaftliches Vermögen der Gesellschafter an,[15] so dass nicht die Personengesellschaft selbst, sondern nur deren Gesellschafter taugliche Erwerber bzw. Zuwendende i.S.d. ErbStG sein können.

ee) Grunderwerbsteuer

14 Bei der Grunderwerbsteuer ist die Personengesellschaft rechtsfähig und möglicher Schuldner der Grunderwerbsteuer. Daraus folgt, dass grundsätzlich Rechtsgeschäfte über Grundstücke zwischen der Gesellschaft und den Gesellschaftern der Grunderwerbsteuer unterliegen können, und umgekehrt, dass Übertragungen von Anteilen an grundbesitzenden Personengesellschaften mangels Rechtsträgerwechsels am Grundstück nicht der Grunderwerbsteuer unterliegen. Freilich werden diese Grundsätze durch die Steuerbefreiungen der §§ 5 und 6 GrEStG für Übertragungen zwischen Personengesellschaft und Gesellschafter und durch die Steuertatbestände des § 1 Abs. 2a und 3 GrEStG für die Anteilsvereinigung und den Anteilswechsel wiederum zur Vermeidung von Steuerumgehungen eingeschränkt.

ff) Grundsteuer und sonstige Verkehrsteuern

15 Für die Grundsteuer und weitere Steuerarten ergeben sich keine Besonderheiten, die Personengesellschaft ist möglicher Steuerschuldner der Grundsteuer.

b) Die Personengesellschaft im Verfahrensrecht

16 Soweit die Personengesellschaft nicht ohnehin Steuersubjekt ist, führt die partielle Steuerrechtsfähigkeit – vor allem im Einkommensteuerrecht – dazu, dass die von ihr erzielten Einkünfte gesondert und einheitlich festgestellt werden, § 180 Abs. 1 Nr. 2a AO. Eine gesonderte und einheitliche Feststellung ist vorzunehmen, wenn mehrere Personen den Tatbestand der Einkünfteerzielung in Form einer Gemeinschaft oder Gesellschaft erfüllen.[16] Der Zweck der gesonderten und einheitlichen Feststellung von Besteuerungsgrundlagen besteht in der Erleichterung und Vereinfachung der Steuerfestsetzung sowie in deren Vereinheitlichung, um divergierende Entscheidungen der Finanzämter bei der Beteiligung mehrerer Personen an einer Einkunftsquelle zu vermeiden.[17] Der Feststellungsbescheid wirkt für das weitere Verfahren als Grundlagenbescheid; die dortigen Feststellungen sind in den Folgebescheid – regelmäßig den Einkommen- oder Körperschaftsteuerbescheid – unverändert zu übernehmen.

17 Die gesonderte und einheitliche Feststellung umfasst jedoch nicht nur die gemeinschaftlich erzielten Einkunftsteile, also dass Ergebnis der Gesamthandsbilanz, sondern darüber hinaus auch die jeweiligen Ansätze in Ergänzungs- und Sonderbilanzen.[18] Diese steuerliche Offenbarungsverpflichtung kann im Einzelfall durchaus zur Beeinträchtigung schutzwürdiger Geheimhaltungsinteressen der Gesellschafter untereinander führen[19], dem die Bekanntgabevorschrift des § 183 Abs. 2, 3 AO nur unzureichend Rechnung trägt.

18 Grenzen findet die gesonderte und einheitliche Feststellung häufig bei (steuerpflichtigen Veräußerungsgeschäften über Grundstücke bei vermögensverwaltenden Personengesellschaften. Der Gewinn (oder Verlust) aus privaten Veräußerungsgeschäften ist nur dann Gegenstand der gesonderten und einheitlichen Feststellung, wenn Anschaffungs- und Veräußerungsgeschäft jeweils in der Einheit der Gesellschaft verwirklicht sind. Ist ein Gesellschafter zu einem späteren Zeitpunkt beigetreten, so ist

---

15 BFH, BStBl. II 1995, 81; BFH, BStBl. II 1998, 630; Moench/*Kien-Humbert*, § 20 ErbStG Rn. 6.
16 BFH GrS, BStBl. II 1984, 751.
17 Vgl. Klein/*Ratschow*, § 179 AO Rn. 2; zum Umfang der zu treffenden Feststellungen vgl. auch Lange/ *von Wedelstädt*, Rn. 6126 ff.
18 Lange/*von Wedelstädt*, Rn. 6127.
19 S. hierzu *Wichmann*, DStR 2012, 2513.

A. Das Steuerrecht der Personengesellschaften

das Veräußerungsgeschäft verfahrensrechtlich in der Einkommensteuerfestsetzung, nicht in der gesonderten und einheitlichen Gewinnfeststellung zu erklären und zu berücksichtigen.[20]

Der Bescheid über die gesonderte und einheitliche Bekanntgabe ist nach § 183 Abs. 1 AO einem bestellten gemeinsamen Empfangsbevollmächtigten, einem (Gesamt-[21]) Vertretungsberechtigten der Gesellschaft, äußerst hilfsweise den Gesellschaftern, bekannt zu geben. Eine Ausnahme von dem Grundsatz der einheitlichen Bekanntgabe gilt dann, wenn der Finanzbehörde bekannt ist, dass ernstliche Meinungsverschiedenheiten zwischen den Gesellschaftern bestehen, § 183 Abs. 2 AO. So lange jedoch die Bestellung des gemeinsamen Empfangsbevollmächtigten nicht widerrufen wurde, bleibt die Bekanntgabe an diesen zulässig. Erfolgt eine Einzelbekanntgabe nach § 183 Abs. 2 AO, so ist lediglich ein eingeschränkter Bescheidinhalt bekannt zu geben, § 183 Abs. 3 AO. Einspruchsbefugt gegen Bescheide über die gesonderte und einheitliche Feststellung sind zunächst die zur Vertretung berufenen Geschäftsführer, ersatzweise der gemeinsame Empfangsbevollmächtigte. Soweit die Beteiligung an den festgestellten Beträgen betroffen sind oder soweit es sich um Fragen handelt, die einen Beteiligten persönlich angehen, sind auch die jeweilig betroffenen Gesellschafter einspruchsbefugt, § 352 AO. Soweit eine Entscheidung über den Einspruch nur gegenüber mehreren oder allen Beteiligten einheitlich ergehen kann, sind diese bzw. die Gesellschaft zum Einspruchsverfahren hinzuzuziehen, § 360 AO, bzw. zu einem späteren Verfahren beizuladen, §§ 60, 60a FGO.

2. Die Personengesellschaft im Einkommensteuerrecht

Kennzeichnend für die Personengesellschaft im Einkommensteuerrecht ist die Verwirklichung einer Einkünfteerzielung durch mehrere Personen, wenngleich diese auch – vor allem bei den Einkünften aus Vermietung und Verpachtung – in Form der Bruchteilsgemeinschaft erfolgen kann oder als sogenannte »verdeckte Mitunternehmerschaft« auf nicht-gesellschaftsrechtlicher Basis.

a) Der Einkünfteerzielungstatbestand

Die Verwirklichung der Einkünfteerzielung setzt zunächst voraus, dass die Personengesellschaft (mindestens) eine der in § 2 Abs. 1 EStG genannten Einkunftsarten erzielt und diese Tätigkeit von einer Einkünfteerzielungsabsicht getragen ist. Die Tätigkeit muss auf einen Totalüberschuss gerichtet sein.[22] Ist die Einkünfteerzielungsabsicht nicht gegeben, so ist die Tätigkeit der Personengesellschaft regelmäßig einkommensteuerlich unbeachtlich, es sei denn, die Tätigkeit der Personengesellschaft besteht in der Unterstützung einer anderen einkommensteuerlich beachtlichen Tätigkeit, wie dies etwa bei medizinischen Apparate- oder Laborgemeinschaften der Fall ist.[23] Ist die Einkünfteerzielung nur bei einzelnen Gesellschaftern gegeben, so erfüllen auch nur diese den Einkünfteerzielungstatbestand und nur diese Gesellschafter sind Beteiligte der gesonderten und einheitlichen Gewinnfeststellung.[24]

aa) Die Einkunftsarten

Die sieben Einkunftsarten[25] werden in § 2 Abs. 2 Satz 1 EStG in die Gewinneinkünfte und die Überschusseinkünfte eingeteilt, sogenannter Einkünftedualismus. Zu den Gewinneinkünften zählen die Einkünfte aus Land- und Forstwirtschaft, aus Gewerbebetrieb und aus selbständiger Tätigkeit.

---

20 St. Rspr., zuletzt BFH, Urt. v. 19.11.2019, IX R 24/18, DStR 2020, 386 m.w.N.
21 BFH, BStBl. II 1988, 979; a.A. Kühn/*von Wedelstädt*, AO, § 183 Rn. 7; Beermann/Gosch/*Kurz*, § 183 AO Rn. 10.
22 Vgl. L. Schmidt/*Weber-Grellet*, § 2 EStG Rn. 22, dort auch zu den Voraussetzungen der Liebhaberei bei den verschiedenen Einkunftsarten.
23 Vgl. BFH, BStBl. II 2005, 752.
24 S. hierzu auch Rdn. 18.
25 Von einer Darstellung der Einkünfte aus nichtselbständiger Arbeit (§ 19 EStG) sowie der sonstigen Einkünfte (§§ 22, 23 EStG) wird im Folgenden abgesehen, da diese für die Personengesellschaften keine bzw. nur geringe Bedeutung haben.

Überschusseinkünfte sind die Einkünfte aus nichtselbständiger Tätigkeit, Kapitalvermögen, Vermietung und Verpachtung sowie die sonstigen Einkünfte.

23 Den grundlegenden Unterschied zwischen beiden Einkunftsgruppen bildete bislang die Steuerverstrickung des zur Einkünfteerzielung eingesetzten Vermögens, also die Erfassung von Veräußerungsgewinnen bei den Gewinneinkünften. Die steuerliche Nichterfassung von Veräußerungsgewinnen ist durch die neuere Gesetzgebung – Verlängerung der Behaltefristen bei der Veräußerung von Grundvermögen auf 10 Jahre und die Einführung der generellen Erfassung von Veräußerungsgewinnen im Rahmen der Abgeltungssteuer bei den Einkünften aus Kapitalvermögen – auch bei den Überschusseinkünften nicht mehr strukturprägendes Merkmal. Die Einordnung in eine bestimmte Einkunftsart hat Auswirkungen auf den Umfang des steuerverstrickten Vermögens, auf die Ermittlung des Gewinnes, den Umfang der abzugsfähigen Erwerbsaufwendungen und auf Ermäßigungen bei der Besteuerung. Über die Einkommensteuer hinaus führt die Qualifikation als gewerbliche Einkünfte (regelmäßig) zur Gewerbesteuerpflicht und damit zu einer Belastung mit Gewerbesteuer. Durch § 35 EStG wird zwar die hierdurch eintretende Steuermehrbelastung idealtypisch reduziert. Jedoch bei bereits durchschnittlich gemeindlichen Gewerbesteuerhebesätzen (Richtwert: 400 %) und insbesondere in Fällen, in denen der Gesellschafter anderweitige Verluste erzielt, verbleibt durch die Gewerbesteuerpflicht eine definitive Mehrbelastung.

24 Die (zutreffende) Einordnung in eine bestimmte Einkunftsart ist damit für die Besteuerung einer Personengesellschaft von großer Bedeutung.

(1) Einkünfte aus Land- und Forstwirtschaft

25 Die Einkünfte aus Land- und Forstwirtschaft (§§ 13 bis 14a EStG) gehören zu den sogenannten »Gewinneinkünften«. Sie werden in § 13 Abs. 1 und 2 EStG legaldefiniert und umfassen die selbständige, nachhaltige und mit Gewinnerzielungsabsicht unternommene Betätigung in der planmäßigen Nutzung der Naturkräfte, vor allem des Bodens, zur Erlangung ersetzbarer Stoffe, die sich mit Hilfe der Naturkräfte erneuern und die Verwertung der gewonnenen pflanzlichen und tierischen Erzeugnisse durch Verkauf oder als Futtermittel für die Tierhaltung.[26] Die Betätigung muss sich auch als Beteiligung am allgemeinen wirtschaftlichen Verkehr darstellen. Hieran fehlt es, wenn alle Erzeugnisse von dem Betriebsinhaber und seinen Angehörigen verbraucht werden.[27]

26 Von den Einkünften aus Gewerbebetrieb unterscheiden sich die Einkünfte aus Land- und Forstwirtschaft aus der Art der Tätigkeit heraus. Abgrenzungsschwierigkeiten ergeben sich insbesondere aus dem Handel mit fremden Produkten, aus der Einbeziehung von Nebenbetrieben zu Dienstleistungen, Nutzungsüberlassungen oder Substanzausbeute und bei der Abgrenzung zur gewerblichen Viehzucht.[28]

27 Gegenüber den Einkünften aus Gewerbebetrieb erhalten Bezieher von Einkünften aus Land- und Forstwirtschaft verschiedene Vergünstigungen: So kann bei Vorliegen der Voraussetzungen des § 13a EStG eine Gewinnermittlung nach Durchschnittssätzen erfolgen (Wahlrecht). Bestimmte Zuschüsse und erhaltene Leistungen sind steuerfrei, § 3 Nr. 17, 27 EStG. Darüber hinaus werden unter bestimmten Voraussetzungen ermäßigte Steuersätze gewährt, § 34b EStG.

(2) Einkünfte aus Gewerbebetrieb

28 Nach der Legaldefinition des § 15 Abs. 2 EStG ist eine selbständige, nachhaltige Betätigung, die mit der Absicht, Gewinn zu erzielen, unternommen wird und sich als Beteiligung am allgemeinen Verkehr darstellt, Gewerbebetrieb, wenn die Betätigung weder als Ausübung der Land- und Forstwirtschaft noch als Ausübung eines freien Berufs noch als eine andere selbständige Tätigkeit oder

---

26 Kirchhof/*Kube*, § 13 EStG Rn. 2.
27 Kirchhof/*Kube*, § 13 EStG Rn. 2; vgl. auch BFH, BStBl. II 2002, 80, 81.
28 Vgl. Abschnitt 15.5 und 13.2 EStR; Kirchhof/*Reiß*, § 15 EStG Rn. 55 ff. mwN.

als private Vermögensverwaltung anzusehen ist. Letztere Einschränkung ergibt sich allerdings nicht aus § 15 Abs. 2 EStG, sondern aus dem Sinnzusammenhang mit den Einkünften nach §§ 20, 21 EStG. Nach der Rechtsprechung ist der Begriff des Gewerbebetriebs ein kernbereichsumschreibender Typusbegriff:[29] die typusbildenden Urbilder sind Produktion, Dienstleistung und Handel, letzterer, soweit er über die Vermögensverwaltung hinausgeht.

In der Rechtsprechung dominiert zur Frage der Abgrenzung von Vermögensverwaltung und Gewerbebetrieb der sogenannte »gewerbliche Grundstückshandel«. Zudem sich inzwischen eine nahezu unübersehbare Kasuistik gebildet hat. Eine erste Abgrenzung bietet hierbei die sogenannte Drei-Objekt-Grenze, nach der die Veräußerung von mehr als drei mit bedingter Veräußerungsabsicht erworbenen Objekten innerhalb eines Zeitraumes von 5 Jahren ein Indiz für das Vorliegen eines Gewerbebetriebs darstellt.[30] Objekte, die länger als 10 Jahre gehalten wurden, sind regelmäßig nicht zu berücksichtigen, wenn nicht aufgrund besonderer Umstände der Schluss gerechtfertigt ist, dass diese in bedingter Veräußerungsabsicht erworben wurden.[31] Entsprechend den typusbildenden Urbildern kann der gewerbliche Grundstückshändler ein Händler (in den Durchhandelsfällen) oder ein Produzent (in Errichtungs- und Modernisierungsfällen) sein. Von den vorstehenden Grundregelungen kann indes nur schematisch Gebrauch gemacht werden, da es stets auf das Gesamtbild der Verhältnisse ankommt. So kann ein gewerblicher Grundstückshandel auch in »Ein-Objekt-Fällen« vorliegen. Umgekehrt kann auch bei Überschreiten der Drei-Objekt-Grenze ausnahmsweise kein gewerblicher Grundstückshandel vorliegen.

(3) Einkünfte aus selbständiger Arbeit

Die Einkünfte aus selbständiger Arbeit umfassen (in der Regel) Tätigkeiten, bei der nach wissenschaftlicher oder hochschulmäßiger Ausbildung die eigene Verantwortung sowie der wirtschaftliche Erfolg auf eigene Rechnung im Vordergrund steht. Die freiberufliche Tätigkeit setzt voraus, dass der Steuerpflichtige aufgrund eigener Fachkenntnisse leitend und eigenverantwortlich wirkt. Idealtypisch überwiegt bei einem selbständig Tätigen der Einsatz der persönlichen Arbeitskraft im Verhältnis zu den sachlichen Hilfsmitteln.[32] Die selbständige Tätigkeit wird in § 18 Abs. 1 EStG definiert. Unter den vier Gruppen haben die freiberufliche Tätigkeit und die sonstige selbständige Tätigkeit die höchste Bedeutung.

Die freiberufliche Tätigkeit kann in die intellektuell definierten Tätigkeiten – die wissenschaftliche, künstlerische, schriftstellerische, unterrichtende und erziehende Tätigkeit – in Katalogberufe und in katalogähnliche Berufe unterteilt werden.

Die sonstige selbständige Tätigkeit ist in § 18 Abs. 1 Nr. 3 EStG anhand von Beispielen – Testamentsvollstreckung, Vermögensverwaltung und Aufsichtsratstätigkeit – beschrieben. Ob eine Tätigkeit eine sonstige selbständige Tätigkeit ist, ist anhand der sogenannten »Gruppenähnlichkeit« zu beurteilen. Während diese Gruppenähnlichkeit nach früherem Verständnis der Rechtsprechung nur Tätigkeiten in fremdem Vermögensinteresse erfasste,[33] kann nunmehr auch die Tätigkeit im fremden Geschäftskreis, also die Wahrnehmung von Nicht-Vermögensinteressen zur Annahme einer sonstigen selbständigen Tätigkeit führen.[34]

Die freiberufliche – § 18 Abs. 1 Nr. 1 EStG – Tätigkeit in einer Personengesellschaft setzt voraus, dass sämtliche Gesellschafter die Merkmale eines freien Berufs erfüllen, da die tatbestandlichen Voraussetzungen der Freiberuflichkeit nur von natürlichen Personen, nicht aber von der Personengesell-

---

29 L. Schmidt/*Wacker*, § 15 EStG Rn. 8; BFH, BStBl. II 1999, 534; 2003, 520.
30 Vgl. BMF, BStBl. I 2004, 434 Tz. 5.
31 Vgl. BMF, BStBl. I 2004, 434 Tz. 6.
32 BVerfG, FR 2010, 670; BFH, BStBl. II 2002, 478; Kirchhof/*Lambrecht*, § 18 EStG Rn. 1.
33 BFH, BStBl. II 2004, 112, 2005, 611.
34 BFH, BStBl. II 2010, 906, 909.

schaft selbst erfüllt werden können.³⁵ Daraus folgt zum einen, dass die Beteiligung auch nur eines berufsfremden Gesellschafters auf der Ebene der Personengesellschaft zwingend zur Qualifikation als gewerbliche Einkünfte führt. Zum anderen folgt daraus, dass die Beteiligung einer Kapitalgesellschaft, die kraft Gesetzes Einkünfte aus Gewerbebetrieb erzielt, ebenfalls zur Qualifikation als gewerbliche Einkünfte führt, sofern die Kapitalgesellschaft als Mitunternehmerin anzusehen ist.³⁶ Ist die Kapitalgesellschaft Komplementärin, so ist sie wohl – wegen der unbeschränkten Haftung im Außenverhältnis – stets als Mitunternehmerin anzusehen.³⁷ Zu keinem anderen Ergebnis führt nach Auffassung des BFH der Umstand, dass – im Streitfall ging es um eine Wirtschaftsprüfungs- und Steuerberatungsgesellschaft mbH & Co. KG – die Komplementärin selbst berufsrechtlichen Restriktionen unterworfen ist,³⁸ da ein Durchgriff durch die GmbH auf die Gesellschafter nicht möglich ist.

34 In der Praxis ist es häufig anzutreffen, dass verschiedene freiberuflich tätige Gesellschaften sich zu gemeinsamen Investitionen zusammenschließen, vor allem im medizinischen Bereich in Form sogenannter »Apparategemeinschaften«. Die Beteiligung an einer gewerblich tätigen oder gewerblich geprägten Personengesellschaft führt allerdings dazu, dass diese auch die Tätigkeit der an sich freiberuflich tätigen Gesellschaft »infiziert« und zur Umqualifizierung in gewerbliche Einkünfte führt.³⁹ Zulässig ist es allerdings, dass solche Apparategemeinschaften ohne Einnahmenerzielung tätig werden. In einem solchen Falle werden lediglich die Betriebsausgaben festgestellt, ohne dass die Gesellschaft selbst den Einkünfteerzielungstatbestand erfüllt. In einem solchen Fall kommt es nicht zur Umqualifizierung. Zur Umqualifizierung kommt es auch dann nicht, wenn die Gesellschaftsanteile an der Apparategemeinschaft nicht von der Gesellschaft selbst, sondern von den Gesellschaftern gehalten werden.

35 Darüber hinaus ist es erforderlich, dass bei Personengesellschaften, die sich zur Ausübung ihrer Tätigkeit fachlich vorgebildeter Arbeitskräfte bedienen, die Mitunternehmer leitend und eigenverantwortlich tätig werden. Ist dies nicht der Fall und werden andere Personen als die Mitarbeiter eigenverantwortlich tätig, so erzielt die Personengesellschaft keine Einkünfte aus selbständiger Tätigkeit, sondern Einkünfte aus Gewerbebetrieb.⁴⁰ In dem dem BFH-Urteil zugrunde liegenden Fall ging es um eine Augenarztpraxis, die eine Augenärztin gegen umsatzabhängiges Entgelt beschäftigte. Der BFH kam hier zu dem Ergebnis, dass die umsatzabhängige Vergütung nicht zur Annahme einer Mitunternehmerstellung führte.⁴¹ Da die Augenärztin nach den Feststellungen des Finanzgerichtes eigenverantwortlich tätig wurde, erzielte somit die Personengesellschaft Einkünfte aus gewerblicher Tätigkeit. Die vorstehende Entscheidung ist vor dem Hintergrund der in der Praxis häufigen »testweisen Aufnahme« von Neugesellschaftern in Freiberuflerpraxen von großer Bedeutung und zwingt dazu, bisherige Modelle der Aufnahme zu überdenken. Auch das in der Vergangenheit häufig verwandte »Gewinnvorabmodell« hat der BFH nicht anerkannt.⁴²

36 Der Begriff der eigenverantwortlichen Tätigkeit ist spezifisch anhand der verschiedenen Berufsgruppen zu bestimmen.⁴³ Dabei muss die persönliche Teilnahme der Mitunternehmer an der praktischen Arbeit in ausreichendem Maße gewährleistet sein und den Stempel seiner Persönlichkeit tragen,⁴⁴ gelegentliche Stichproben genügen nicht. Bei den medizinischen Berufen dürfte die Grenze eher enger zu ziehen sein, während sie bei den rechts- und wirtschaftsberatenden Berufen eher großzügiger anzusetzen sein wird, ebenso wie bei den Ingenieursberufen. In neuerer Zeit hat der BFH – unter Aufgabe der sogenannten »Vervielfältigungstheorie« – die Tätigkeit einer Insolvenzverwalter

---

35 BFH, DStR 2012, 2532.
36 BFH, DStR 2012, 2532.
37 Offenlassend BFH, DStR 2012, 2532.
38 Vgl. § 50a Abs. 1 Nr. 1 StBerG, § 28 Abs. 4 Nr. 1 WPO.
39 S. hierzu auch BFH, BStBl. II 2014, 972.
40 BFH/NV 2016, 833.
41 BFH/NV 2016, 805 = DStR 2016, 726.
42 BFH, DStR 2016, 292.
43 L.Schmidt/*Wacker,* § 18 EStG Rn. 28.
44 BFH/NV 2007, 1319.

GbR mit 5–14 noch als leitende und eigenverantwortlich angesehen.[45] Ein Prüfingenieur mit 75 Angestellten hingegen wurde als gewerblich angesehen.[46] Die Entwicklung der Rechtsprechung erscheint derzeit schwer vorhersehbar.

Bei interprofessionellen Personengesellschaften ist es nicht erforderlich, dass jeder Gesellschafter in allen Tätigkeitsbereichen leitend tätig ist und an jedem Auftrag mitarbeitet,[47] so dass es der Annahme freiberuflicher Einkünfte nicht entgegensteht, wenn einzelne Gesellschafter nicht über sämtliche Qualifikationen verfügen. Jedoch müssen auch in der interprofessionellen Personengesellschaft die Voraussetzungen der leitenden und eigenverantwortlichen Tätigkeit erfüllt sein. Dies setzt nach Auffassung der Finanzverwaltung[48] in Bezug auf die Kapitalbeteiligung und die Arbeitsleistung voraus, dass keine unangemessene Gewinnverteilung vorliegt, so dass in extremen Fällen eine gewerbliche Tätigkeit vorliegen kann. Es ist nicht erforderlich, dass eine nach Berufsgruppen segmentierte Gewinnverteilung stattfindet. 37

Die Einordnung als Einkünfte aus selbständiger Arbeit ist vor allem mit Blick auf die Gewerbesteuerpflicht von Bedeutung. Daneben besteht für die Bezieher von Einkünften aus selbständiger Arbeit die Möglichkeit der Gewinnermittlung nach § 4 Abs. 3 EStG durch Einnahmen-Überschussrechnung, die bei der gewerblichen Tätigkeit durch die Buchführungspflicht nach Handelsrecht oder durch die Anordnung der Buchführungspflicht nach § 141 AO regelmäßig ausgeschlossen wird. Die Gewinnermittlung durch Einnahmen-Überschussrechnung soll regelmäßig zu einer Verlagerung der Besteuerung in spätere Veranlagungszeiträume führen. 38

Umsatzsteuerlich ist bei den Einkünften aus freiberuflicher Tätigkeit i.S.d. § 18 Abs. 1 Nr. 1 EStG eine Versteuerung nach vereinnahmten Entgelten möglich, § 20 Abs. 1 Satz 1 Nr. 3 UStG. Andere Unternehmen sind dagegen verpflichtet, die Umsatzsteuer nach vereinbarten Entgelten zu berechnen, § 16 Abs. 1 Satz 1 UStG[49]. 39

(4) Einkünfte aus Kapitalvermögen

Einnahmen aus Kapitalvermögen sind nach der (nicht abschließenden[50]) Aufzählung in § 20 Abs. 1 EStG die Einnahmen aus der Fruchtziehung des Kapitalvermögens im weiten Sinne. Die Nutzung besteht in der entgeltlichen Überlassung von Kapital an Dritte, eventuell gegen Gewährung bestimmter Anteilsrechte[51]. Durch die grundlegende Umgestaltung der Besteuerung der Einkünfte aus Kapitalvermögen durch die Einführung der sogenannten »Abgeltungssteuer« ab dem Veranlagungszeitraum 2009 ist die frühere Unterscheidung, nach der (Kurs-) Änderungen des eingesetzten Kapitalvermögens nur ausnahmsweise der Besteuerung unterlagen, aufgehoben worden. Nach dem 31.12.2008 angeschaffte Kapitalanlagen unterliegen daher auch nach Ablauf der früheren einjährigen Behaltefrist des § 23 EStG a.F. mit einem eventuellen Veräußerungsgewinn der Einkommensteuer. 40

Die Qualifikation als Einkünfte aus Kapitalvermögen ist gegenüber den Gewinneinkünften nachrangig. Bei Personengesellschaften findet die sogenannte Abfärbetheorie[52] Anwendung. Der Nachrang gilt auch gegenüber den Einkünften aus Vermietung und Verpachtung. Allerdings ist im Rahmen vermögensverwaltender Personengesellschaften ein Nebeneinander von Einkünften aus Vermietung und Verpachtung und Einkünften aus Kapitalvermögen denkbar. 41

---

45 BFH, BStBl. II 2011, 506.
46 BFH, BStBl. II 1968, 820.
47 BFH, BStBl. II 2001, 241.
48 OFD Hannover, DStR 2007, 1628.
49 Zu weiteren Ausnahmen von der Berechnung der Steuer nach vereinbarten Entgelten vgl. § 20 UStG.
50 Herrmann/Heuer/Raupach/*Harenberg*, § 20 EStG Rn. 46 mwN.
51 Herrmann/Heuer/Raupach/*Harenberg*, § 20 EStG Rn. 40.
52 S. Rdn. 48.

42 Die Bedeutung der Abgrenzung der Einkunftsarten besteht auch nach Einführung der Abgeltungssteuer fort und ergibt sich aus den Besonderheiten der Abgeltungssteuer. So unterliegen die Einkünfte aus Kapitalvermögen regelmäßig nur dem besonderen Steuersatz von 25 % zuzüglich Solidaritätszuschlag und Kirchensteuer, § 32d EStG. Allerdings ist der Abzug von Werbungskosten über den Pauschbetrag von 801 €, der jeder natürlichen Person, nicht aber Personengesellschaften zusteht, ausgeschlossen.

43 Durch den Einsatz gewerblich geprägter Personengesellschaften lässt sich jedoch der Abzug von Erwerbsaufwendungen herstellen, Allerdings findet dann der ermäßigte Steuersatz von 25 % keine Anwendung. Erzielt die gewerblich geprägte Personengesellschaft Dividendeneinkünfte, so kommt das Teileinkünfteverfahren, § 3 Nr. 40 EStG, zum Ansatz, nach dem die Dividendeneinkünfte nur zu 60 % besteuert werden.

(5) Einkünfte aus Vermietung und Verpachtung

44 Unter die Einkünfte aus Vermietung und Verpachtung fällt nach wirtschaftlicher[53] Betrachtungsweise die Fruchtziehung aus der befristeten Überlassung von unbeweglichem Vermögen an einen anderen, während der überlassene Gegenstand als solcher mit den Möglichkeiten einer Wertsteigerung bei ihm verbleibt.[54] Die zivilrechtliche Qualifikation ist steuerrechtlich ohne Bedeutung. Bei den Einkünften aus Vermietung und Verpachtung hat der den Überschusseinkünften innewohnende Grundsatz, wonach Wertsteigerungen des Vermögens einkommensteuerlich – vorbehaltlich der zehnjährigen Behaltefrist des § 23 EStG – unbeachtlich sind, nach wie vor Geltung.

45 Bei der Einkünftequalifikation sind Einkünfte aus Vermietung und Verpachtung gegenüber Gewinneinkünften nachrangig, gegenüber den Einkünften aus Kapitalvermögen vorrangig. Große Bedeutung hat bei den Einkünften aus Vermietung und Verpachtung die Zugehörigkeit zum Betriebsvermögen einschließlich Fragen der Betriebsaufspaltung sowie – auch nach Verlängerung der Behaltefrist von 2 auf 10 Jahren die Abgrenzung der Vermögensverwaltung vom gewerblichen Grundstückshandel.

(6) Das Konkurrenzverhältnis der Einkunftsarten und deren Umkehrung

46 Aus den negativen Abgrenzungsmerkmalen des Gewerbebetriebs nach § 15 Abs. 2 EStG, dass es sich weder um Land- und Forstwirtschaft noch um eine selbständige Tätigkeit noch um Vermögensverwaltung (vgl. §§ 20, 21 EStG) handeln darf, ergibt sich zunächst ein rechtslogischer Vorrang dieser Einkunftsarten; gegenüber den Einkünften aus Gewerbebetrieb sind dies die spezielleren Einkunftsarten.

47 Übt eine steuerpflichtige Person mehrere Tätigkeiten aus, so kann sie regelmäßig auch mehrere Einkunftsarten verwirklichen, so dass es ein Nebeneinander der Einkunftsarten geben kann. Lassen sich jedoch berufliche Tätigkeiten nicht trennen, so wird das Spezialitätsverhältnis umgekehrt mit der Folge, dass die ausgeübte Tätigkeit, die untrennbar Elemente mehrerer Einkünfte einschließlich gewerblicher Einkünfte enthält, insgesamt zu einer gewerblichen Tätigkeit wird.

48 Diese Umkehrung des Spezialitätsverhältnisses geht bei den Personengesellschaften bzw. den Mitunternehmerschaften noch weiter, indem § 15 Abs. 3 EStG gewerbliche Einkünfte insgesamt unterstellt, wenn
– nach § 15 Abs. 3 Nr. 1, 1. Alt. EStG die Mitunternehmerschaft auch nur teilweise – vorbehaltlich einer Geringfügigkeitsgrenze – gewerbliche Einkünfte erzielt; sogenannte »Abfärbewirkung« oder »Infektion«;[55] geringfügig sind diese Einkünfte dann, wenn die erzielten Umsätze (!) pro

---

53 Herrmann/Heuer/Raupach/*Kulosa*, § 21 EStG Rn. 54.
54 BFH, BStBl. III 1963, 564; Herrmann/Heuer/Raupach/*Kulosa*, § 21 EStG Rn. 54.
55 Die Abfärbewirkung ist verfassungsgemäß, vgl. BVerfG, DB 2008, 1243; sie kann durch Ausgliederung vermieden werden, s. BMF, BStBl. I 1997, 566.

zentual weniger als 3 % der Gesamtumsätze betragen und zusätzlich einen Betrag von 24.500 € nicht überschreiten;[56]
- nach § 15 Abs. 3 Nr. 1, 2. Alt. EStG die Mitunternehmerschaft Einkünfte aus einer gewerblichen Beteiligung erzielt;[57] nicht hingegen, soweit die Mitunternehmerschaft an einer Kapitalgesellschaft beteiligt ist.

oder

- nach § 15 Abs. 3 Nr. 2 EStG überhaupt keine gewerblichen Einkünfte erzielt, aber aufgrund gesellschaftsrechtlicher Verfasstheit »gewerblich geprägt« ist.[58]

Ein »Vorrang« der gewerblichen Einkünfte gegenüber den selbständigen Einkünften mit der Folge der Umqualifizierung auf Gesellschaftsebene ergibt sich auch dann, wenn an einer an sich freiberuflich tätigen Mitunternehmerschaft ein Berufsfremder als Mitunternehmer beteiligt ist.[59]

49

Für die übrigen Gewinneinkünfte – Land- und Forstwirtschaft und selbständige Tätigkeit – gilt ein Vorrang gegenüber den Überschusseinkünften aus Vermietung und Verpachtung und Kapitalvermögen.

50

bb) Die Ebene der Prüfung der Einkunftsart

Soweit es auf die Einordnung der Einkünfte der Personengesellschaft in eine bestimmte Einkunftsart ankommt, so sind für die Einkünftequalifikation nur diejenigen Einkünfte zu betrachten, die in der gesamthänderischen Verbundenheit unmittelbar oder aus Beteiligungen der Gesamthand erzielt werden. Einnahmen, die im Sonderbereich eines oder mehrerer Gesellschafter erzielt werden, vermögen die Einkünftequalifikation nicht zu ändern.[60] Hiervon zu unterscheiden sind diejenigen Fälle, in denen besondere Merkmale des jeweiligen Mitunternehmers das Vorliegen einer bestimmten Einkunftsart ausschließen, wie dies bei den Einkünften aus selbständiger Tätigkeit der Fall ist.[61]

51

Eine Umqualifizierung der auf der Ebene der Mitunternehmerschaft erzielten Einkünfte in eine andere Einkunftsart ist dem für den Gesellschafter zuständigen Finanzamt vorbehalten.[62] Dieses Finanzamt hat auch erforderlichenfalls die Umrechnungen vorzunehmen, die sich aus der geänderten Einkunftsart ergeben.[63]

52

b) Die Gemeinschaftliche Einkünfteerzielung: Die Mitunternehmerschaft

aa) Mitunternehmerrisiko und Mitunternehmerinitiative

Zur Einkünftequalifikation bei der gemeinschaftlichen Einkünfteerzielung löst sich das Einkommensteuerrecht vom Gesellschaftsrecht, indem an die Stelle der Gesellschaft der Begriff der Mitunternehmerschaft und an die Stelle des Gesellschafters der Begriff des Mitunternehmers tritt. Trotz weitgehender Parallelität sind die Begriffe Gesellschaft/Mitunternehmerschaft bzw. Gesellschafter/Mitunternehmer nicht deckungsgleich. Vielmehr ist ein Gesellschafter nur dann Mitunternehmer, wenn seine gesellschaftsrechtliche Stellung den allgemeinen Kriterien des Mitunternehmerbegriffes

53

---

56 BFH, BStBl. 2015 II 1002.
57 Nach BFH, BStBl. II 2014, 972, sollte die Abfärbewirkung nur dann eintreten, wenn der Obergesellschaft ein Gewinn zugewiesen wurde. Diese Rechtsprechung ist durch Ergänzung des § 15 Abs. 3 Nr. 2 Satz 2 EStG (rückwirkend) überholt; s.a. L. Schmidt/*Wacker* § 15 EStG Rn. 188.
58 Zur gewerblichen Prägung im Einzelnen s. Rdn. 298.
59 Vgl. BFH/NV 2011, 20; L. Schmidt/*Wacker*, § 15 EStG Rn. 43.
60 Der Gesellschafter einer freiberuflichen Mitunternehmerschaft erzielt im Sonderbetriebsvermögen gewerbliche Einkünfte.
61 S. BFH, DStR 2012, 2532.
62 BFH, GrS BStBl. II 2005, 679: Ablehnung der sog. »Ping-Pong-Lösung«.
63 Lange/*von Wedelstädt*, Rn. 6120.

genügt.⁶⁴ Umgekehrt kann auch ein Nicht-Gesellschafter Mitunternehmer sein, wenn er aufgrund eines mit einem Gesellschaftsverhältnis vergleichbaren Gemeinschaftsverhältnisses zusammen mit anderen Personen Mitunternehmerinitiative entfalten kann und Mitunternehmerrisiko trägt (sogenanntes verdecktes Gesellschaftsverhältnis).

54 Mitunternehmerrisiko ist die gesellschaftsrechtliche oder wirtschaftlich vergleichbare Teilhabe am Erfolg oder Misserfolg eines gewerblichen Unternehmens. Dieses Risiko wird im Regelfall durch Beteiligung am Gewinn und Verlust sowie an den stillen Reserven des Anlagevermögens einschließlich des Geschäftswertes ermittelt⁶⁵. Mitunternehmerinitiative bedeutet vor allem die Teilnahme an unternehmerischen Entscheidungen. Ausreichend ist bereits die Möglichkeit zur Ausübung von Gesellschafterrechten, die wenigstens den Stimm-, Kontroll- und Widerspruchsrechten angenähert sind, die z.B. den gesellschaftsrechtlichen Kontrollrechten nach § 716 Abs. 1 BGB bzw. demjenigen eines Kommanditisten entsprechen.⁶⁶ Die Merkmale der Mitunternehmerinitiative und des Mitunternehmerrisikos können – da die Mitunternehmerschaft ein Typusbegriff ist – unterschiedlich stark ausgeprägt sein. Ein geringeres Initiativrecht kann durch ein besonders stark ausgeprägtes Mitunternehmerrisiko ausgeglichen werden⁶⁷.

bb) Die Mitunternehmerstellung der Komplementär-GmbH

55 Die Komplementärin einer Kommanditgesellschaft trägt allein wegen des Risikos der unbeschränkten Außenhaftung Mitunternehmerrisiko, und zwar auch dann, wenn sie – als Komplementär-GmbH häufig – nicht am Gewinn und Verlust der Kommanditgesellschaft beteiligt ist. Dass die Komplementärin im Innenverhältnis einen Freistellungsanspruch hat, steht dem nicht entgegen.⁶⁸ Die Mitunternehmerinitiative ergibt sich aus dem nicht entziehbaren organschaftlichen Recht zur Vertretung der Gesellschaft, insoweit bleibt die Komplementärin auch dann Mitunternehmerin, wenn ihr das Recht zur Geschäftsführung entzogen wurde.⁶⁹

cc) Mitunternehmerstellung bei Gestaltungen der vorweggenommenen Erbfolge

56 Besondere Bedeutung hat die Mitunternehmerstellung bei Gestaltungen der vorweggenommenen Erbfolge, wenn für die Übertragung die erbschaftsteuerlichen Betriebsvermögensvergünstigungen nach §§ 13a, 13b ErbStG in Anspruch genommen werden sollen:

(1) Bedeutung von Rückforderungsrechten

57 Die Schenkung von Kommanditanteilen mit der Maßgabe, dass der Schenker die Rückübertragung jederzeit ohne Angabe von Gründen einseitig veranlassen kann, führt dazu, dass die Beschenkten nicht als Mitunternehmer anzusehen sind.⁷⁰ Nicht jedes Rückforderungsrecht ist allerdings von vorneherein als bedenklich anzusehen. Insbesondere Widerrufs- und Rückforderungsrechte für den Fall der Scheidung,⁷¹ der Insolvenz des Beschenkten oder der Gesellschaft⁷² oder Erweiterungen der gesetzlichen Rückforderungsrechte stehen der Mitunternehmerstellung des Beschenkten nicht entgegen⁷³.

---

64 BFH, GrS 3/92, BStBl. II 1993, 616, 621.
65 Vgl. zuletzt BFH, DStR 2012, 2532.
66 Vgl. zuletzt BFH, DStR 2012, 2532; BFH, BStBl. II 1989, 762.
67 Vgl. zuletzt BFH, DStR 2012, 2532.
68 BFH, BStBl. II 2006, 595; 2010, 751.
69 BFH/NV 1999, 1196.
70 BFH, BStBl. II 1989, 877.
71 BFH, BStBl. II 1998, 542; vgl. allerdings auch BFH, BStBl. II 1994, 645.
72 Vgl. hierzu BFH, BStBl. II 2005, 571 zum Wegfall der Betriebsvermögensvergünstigungen bei Insolvenz des Betriebs; vgl. auch BFH, BStBl. II 2010, 305: kein Erlass aus Billigkeitsgründen.
73 Vgl. auch BFH, Urt. v. 06.11.2019, II R 34/16, BFH/NV 2020, 433.

(2) Nießbrauchsgestaltungen

Bei einem reinen Ertragsnießbrauch entwickelt der Nießbraucher keine Mitunternehmerinitiative, da kennzeichnendes Merkmal das Fehlen von Mitwirkungsrechten ist.[74] Dementsprechend werden in diesem Fall nicht Einkünfte aus Gewerbebetrieb, sondern Einkünfte aus Kapitalvermögen erzielt,[75] soweit der Ertragsnießbrauch zugewandt wurde. Bei einem vorbehaltenen Ertragsnießbrauch stellen die erhaltenen Gewinnanteile Entgelt für die Veräußerung des Mitunternehmeranteiles dar.[76] Gleiches gilt für den Vermächtnisnießbrauch.

58

Bei Übertragungen von Gesellschaftsanteilen unter Vorbehaltsnießbrauch kommt es bei der Beurteilung der Mitunternehmerstellung entscheidend darauf an, ob im Einzelfall der Nießbraucher, der Nießbrauchbesteller oder beide Mitunternehmerinitiative entwickeln können. Entsprechend dem oben Ausgeführten muss dem Nießbrauchbesteller ein Mindestmaß der gesetzlichen Mitwirkungs- und Kontrollrechte eines Kommanditisten verbleiben. Hieran fehlt es, wenn dem Nießbraucher eine (unwiderrufliche) Stimmrechtsvollmacht auch für Grundlagengeschäfte eingeräumt wird.[77] In einem neueren Urteil hat der BFH hierzu ausgeführt, dass die Steuervergünstigungen nach den §§ 13a, 13b ErbStG nur zu gewähren seien, wenn das von Todes wegen oder durch Schenkung unter Lebenden erworbene Vermögen durchgehend sowohl beim bisherigen als auch beim neuen Rechtsträger den Tatbestand des § 13a Abs. 4 Nr. 1 ErbStG a.F. erfülle, was ertragsteuerlich, nicht zivilrechtlich zu verstehen sei.[78]

59

Die aus den vorstehenden Gründen erforderliche »Verdoppelung« der Mitunternehmerstellung in Nießbrauchsgestaltungen ist von der Finanzverwaltung jedenfalls bei dem Nießbrauch an Personengesellschaftsanteilen[79] dem Grunde nach akzeptiert worden,[80] nachdem an der »Verdoppelungsthese« Zweifel in der Rechtsprechung aufgekommen waren.[81] Hätte die Finanzverwaltung die Verdoppelungsthese – im Sinne der Rechtsprechung bei Einzelunternehmen – abgelehnt, so wären auch erbschaft-/schenkungsteuerlicher Sicht Übertragungen unter Nießbrauchsvorbehalt unter Nutzung der Betriebsvermögensvergünstigungen kaum noch möglich.

60

dd) Die verdeckte (»faktische«) Mitunternehmerschaft

Als verdeckte oder faktische Mitunternehmerstellungen werden Rechtsverhältnisse bezeichnet, bei denen eine nicht als Gesellschafter bezeichnete Person aufgrund des gewollten materiellen Gehaltes der Beziehungen Mitunternehmerinitiative entwickelt und Mitunternehmerrisiko trägt. Der Sache nach handelt es bei dieser faktischen Mitunternehmerschaft um ein verdecktes Gesellschaftsverhältnis in Form einer Innengesellschaft[82] und nicht, dem äußeren Anschein entsprechend um ein Bündel von Austauschverträgen. Bei der verdeckten Mitunternehmerschaft auf Grundlage eines Bündels von Austauschverträgen geht es um die Korrektur einer unzutreffenden Eigenqualifikation.[83] Jedoch liegt eine Mitunternehmerschaft nicht schon dann vor, wenn Mitunternehmerrisiko und Mitunternehmerinitiative jeweils auf einzelne, zu fremdüblichen Konditionen abgeschlossene Schuldverhältnisse zurückzuführen sind, auch wenn die Mitwirkung an unternehmerischen Entscheidungen gegeben ist.[84]

61

---

74 Rdn. 415 ff.
75 Kirchhof/*Reiß*, § 15 EStG Rn. 201.
76 BFH, BStBl. II 2011, 261.
77 BFH, BStBl. II 2010, 555.
78 Urt. v. 06.11.2019, II R 34/16, BFH/NV 2020, 433.
79 Anders hingegen bei dem Nießbrauch an Einzelunternehmen, vgl. hierzu BFH, DStR 2017, 1308.
80 BMF v. 20.11.2019 Tz. 7.
81 S. BFH, DStR 2018, 2372, 2376; *St. Viskorf/Wegener*, ZEV 2020, 85, 89.
82 BFH, BStBl. II 1997, 272.
83 *Fischer*, FR 1998, 813; Littmann/Bitz/Pust/*Bitz*, § 15 EStG Rn. 24.
84 BFH, BStBl. II 1997, 272; Littmann/Bitz/Pust/*Bitz*, § 15 EStG Rn. 24.

ee) Die Mitunternehmerschaft bei doppelstöckigen Mitunternehmerschaften

62 Bei doppelstöckigen Mitunternehmerschaften ist die Obergesellschafterin Mitunternehmerin der Untergesellschaft, nicht aber der jeweilig einzelne Gesellschafter der Obergesellschaft.[85] Zur Vermeidung von Lücken ordnet § 15 Abs. 1 Satz 1 Nr. 2 Satz 1 EStG an, dass der Mitunternehmer der Obergesellschaft, also der mittelbar beteiligte Gesellschafter dann und insoweit Mitunternehmer wird, als Vergütungen i.S.d. § 15 Abs. 1 Satz 1 Nr. 2 Satz 1 EStG (Sondervergütungen) verrechnet werden. Der mittelbar Beteiligte kann auch Sonderbetriebsvermögen bei der Untergesellschaft bilden.[86]

c) Der Mitunternehmeranteil

63 Wie bereits oben dargestellt, besteht aufgrund der partiellen Steuerrechtsfähigkeit der Personengesellschaft und aufgrund der Gleichstellungsthese des Mitunternehmers mit dem Einzelunternehmer der Mitunternehmeranteil aus seinem Anteil an dem Gesamthandsvermögen und seinem Sonderbetriebsvermögen.

aa) Die Betriebsvermögensfähigkeit von Wirtschaftsgütern

64 Das Betriebsvermögen der Personengesellschaft bildet die Grundlage für die Gewinnermittlung bei den Gewinneinkunftsarten durch Bestandsvergleich nach §§ 4 Abs. 1, 5 EStG. Der Umfang des Betriebsvermögens bei der Gewinnermittlung durch Einnahmen-Überschussrechnung nach § 4 Abs. 3 EStG ist jedoch – wegen des Grundsatzes der Gesamtgewinngleichheit – deckungsgleich.[87]

(1) Betriebsvermögensfähigkeit von Wirtschaftsgütern

65 Vor der Frage des Ansatzes eines Wirtschaftsgutes steht die Frage nach der Zurechnung zu dem Vermögen der Personengesellschaft (bzw. deren Gesellschaftern), die sich nicht nach zivilrechtlichen Maßstäben, sondern nach dem sogenannten »wirtschaftlichen Eigentum« richtet, § 39 Abs. 2 Nr. 1 Satz 1 AO. Eine von dem zivilrechtlichen Eigentum abweichende Zurechnung ist hiernach möglich, wenn der wirtschaftliche Eigentümer die tatsächliche Sachherrschaft über ein Wirtschaftsgut in der Weise ausübt, dass er den zivilrechtlichen Eigentümer für die gewöhnliche Nutzungsdauer von der Einwirkung wirtschaftlich ausschließen kann, also über das Wirtschaftsgut wie über eigenes Vermögens verfügen kann, wobei es stets auf die Umstände des Einzelfalles ankommt.[88] Eine »bilanztechnische« Erfassung »wie ein materielles Wirtschaftsgut« lässt der BFH dann zu, wenn ein Betriebsinhaber Herstellungskosten an oder auf ein Gebäude getätigt hat, um dieses für eigenbetriebliche Zwecke zu nutzen[89]. Auf das wirtschaftliche Eigentum kommt es in diesem Fall nicht an.

66 Der Begriff des Wirtschaftsgutes (bzw. der handelsrechtliche Begriff des Vermögensgegenstandes) umfasst jeden greifbaren betrieblichen Vorteil, für den der Erwerber des Betriebs etwas aufwenden würde.[90] Dabei muss es sich um einen Gegenstand handeln, der nach der Verkehrsanschauung einer gesonderten Bewertung zugänglich ist.[91] Ist ein Wirtschaftsgut mehreren Personen zuzurechnen, so kann es auch nur zu dem entsprechenden Teil einem Betriebsvermögen zugerechnet werden. Dies gilt auch bei Ehegatten, bei denen nur einer unternehmerisch tätig ist.[92]

67 Wird ein Wirtschaftsgut zu verschiedenen Zwecken genutzt, so ist eine anteilige Einlage nach dem Umfang der betrieblichen Nutzung nicht möglich. Eine Ausnahme hiervon bilden Grundstücke

---

85 BFH GrS, BStBl. II 1991, 691.
86 L. Schmidt/*Wacker*, § 15 EStG Rn. 616.
87 Vgl. BFH, BStBl. II 2004, 985; BMF BStBl. I 2004, 1064.
88 Vgl. Klein/*Ratschow*, § 39 AO Rn. 15.
89 BFH, BStBl. 2010, 670; s.a. BFH, DStR 2013, 802.
90 BFH GrS BStBl. II 2000, 632; Kirchhof/*Bode*, § 4 EStG Rn. 66.
91 BFH/NV 2003, 154.
92 Prinz/*Kanzler*, Rn. 487.

A. Das Steuerrecht der Personengesellschaften

und Gebäude. Werden lediglich einzelne Teile des Gebäudes zu betrieblichen Zwecken genutzt, so kann der entsprechende Gebäudeteil Betriebsvermögen sein.[93]

Bei der Zuordnung eines Wirtschaftsgutes zum Betriebsvermögen durch Einlage gelten weitere Einschränkungen. So können von vorneherein betriebsschädliche Wirtschaftsgüter, bei deren Erwerb bereits abzusehen ist, dass sie dem Betrieb keinen Nutzen bringen, nicht eingelegt werden.[94] Auch ein unentgeltlich überlassenes Nutzungsrecht kann nicht Gegenstand einer Einlage sein,[95] wohingegen die sogenannte »Aufwandseinlagen« mit steuerlicher Wirkung möglich sind.[96]

(2) Die Dreiteilung des Betriebsvermögens

(a) Das notwendige Betriebsvermögen

Unter das sogenannte notwendige Betriebsvermögen fallen diejenigen Wirtschaftsgüter, die dem Betrieb unmittelbar in dem Sinne dienen, dass sie objektiv erkennbar zum unmittelbaren Einsatz im Betrieb selbst bestimmt sind. Das sogenannte notwendige Betriebsvermögen rechnet ohne weitere Einlagehandlung (Erklärung oder Buchung) zum Betriebsvermögen. Das Merkmal des Dienens soll die besonders enge Beziehung zum Betrieb zum Ausdruck bringen.[97] Es ist hingegen nicht erforderlich, dass dieses Wirtschaftsgut notwendig im Sinne von erforderlich für den Betrieb, wesentlich oder unentbehrlich ist.[98] Eine solche enge betriebliche Beziehung weisen typischerweise Fabrikationsgebäude, Maschinen, sonstige Fabrikationsanlagen, Verwaltungsgebäude und Einrichtungsgegenstände des Betriebs auf,[99] ebenso Werkswohnungen oder Anteile an einer GmbH, deren Gegenstand die Vermietung von Werkswohnungen ist.[100] Auch die Anteile an der Komplementär-GmbH gehören in der Regel zum notwendigen (Sonder-) Betriebsvermögen (II) des Kommanditisten.[101] Ganz allgemein gehört ein Wirtschaftsgut dann zum notwendigen Betriebsvermögen, wenn es zu mehr als 50 % zu betrieblichen Zwecken genutzt wird.

Die vorstehenden Grundsätze gelten gleichermaßen für das gewerbliche wie für das freiberufliche Betriebsvermögen. Soweit die Rechtsprechung zum freiberuflichen Betriebsvermögen die Auffassung vertreten hat, Beteiligungen an Kapitalgesellschaften oder Wertpapiere seien den freien Berufen »wesensfremd«,[102] so stellt dies keine Einschränkung der Betriebsvermögensfähigkeit von Wirtschaftsgütern dar, sondern ist lediglich Ausdruck dessen, dass die wesensfremde Betätigung gegen die berufsfremde Veranlassung spricht.[103] Dementsprechend handelt es sich vornehmlich um eine Abgrenzungsfrage zu anderen Einkunftsarten.

Ist ein Wirtschaftsgut einmal notwendiges Betriebsvermögen, so verliert es diese Eigenschaft erst dann, wenn es veräußert oder ausdrücklich entnommen wird,[104] nicht aber dadurch, dass die betriebliche Nutzung aufgehoben wird,[105] sogenanntes geduldetes (Sonder-) Betriebsvermögen. Dies kann vor allem bei Gegenständen des notwendigen Sonderbetriebsvermögens von Bedeutung sein, da hier die Betriebsvermögenseigenschaft nicht unbedingt auf der Hand liegen muss.

---

93 L. Schmidt/*Heinicke*, § 4 EStG Rn. 134.
94 Prinz/*Kanzler*, Rn. 521 ff.
95 BFH, BStBl. II 2009, 634.
96 L. Schmidt/*Heinicke*, § 4 EStG Rn. 305 ff.
97 L. Schmidt/*Heinicke*, § 4 EStG Rn. 104.
98 Kirchhof/Bode, § 4 EStG Rn. 40.
99 Kirchhof/Bode, § 4 EStG Rn. 41.
100 BFH/NV 2010, 1096.
101 BFH, BStBl. II 1999, 286.
102 Vgl. etwa BFH, BStBl. II 2000, 297; 2011, 862.
103 L.Schmidt/*Heinicke* § 4 EStG Rn. 163.
104 BFH/NV 2010, 1096.
105 BFH, DStR 2012, 2477.

(b) Das notwendige Privatvermögen

72 Den Gegensatz zum notwendigen Betriebsvermögen bildet das sogenannte notwendige Privatvermögen, das in keiner oder nur in geringfügiger Weise, also zu weniger als 10 %, zu betrieblichen Zwecken genutzt wird.[106] Das notwendige Privatvermögen kann dem (Sonder-) Betriebsvermögen nicht zugeordnet werden.

(c) Das gewillkürte Betriebsvermögen

73 Zwischen dem notwendigen Betriebsvermögen und dem notwendigen Privatvermögen steht das sogenannte gewillkürte Betriebsvermögen, welches dem (Sonder-) Betriebsvermögen durch Willkürungsakt – also durch Erklärung oder entsprechende Buchung – zugeordnet werden kann. Ohne eine entsprechende Willkürung bleibt das Wirtschaftsgut Privatvermögen.

(d) Einzelfälle

74 Grundstücke gehören zum notwendigen Betriebsvermögen, soweit sie dem Betrieb dienen. Eine Aufteilung ist möglich, so dass nur die betrieblich genutzten Teile des Grundbesitzes Betriebsvermögen sind. Zwischen Grund und Boden und Gebäude, die steuerrechtlich verschiedene Wirtschaftsgüter darstellen, besteht grundsätzlich Nutzungsidentität. § 8 EStDV enthält für an sich notwendiges Grundvermögen ein Bilanzierungswahlrecht für eigenbetrieblich genutzte Grundstücksteile von untergeordnetem Wert. Allerdings führt allein die Besicherung eines Grundstückes mit betrieblichen Forderungen nicht zur Qualifikation als notwendiges Betriebsvermögen.

75 Arbeitnehmerwohnungen sollen zum notwendigen Betriebsvermögen gehören.[107]

76 Beteiligungen an gewerblich tätigen oder geprägten Personengesellschaften sind steuerrechtlich keine Wirtschaftsgüter und können daher nicht Betriebsvermögen sein, in der Steuerbilanz sind die anteiligen Wirtschaftsgüter jedoch »spiegelbildlich« zu erfassen.[108] Beteiligungen an nicht-gewerblichen Personengesellschaften können hingegen, soweit die allgemeinen Voraussetzungen erfüllt sind, Bestandteil des notwendigen oder gewillkürten Sonderbetriebsvermögens sein,[109] Praktisch bedeutsam kann dies vor allem bei einem gewerblichen Grundstückshandel sein, wenn durch Grundbesitzveräußerungen auf Gesellschaftsebene die »Drei-Objekt-Grenze« überschritten wird.[110]

77 Beteiligungen an Kapitalgesellschaften können zum notwendigen Betriebsvermögen gehören, wenn sie unmittelbar für eigenbetriebliche Zwecke genutzt werden, so dass sie die eigenbetriebliche Tätigkeit entscheidend fördern oder den Produktabsatz des Steuerpflichtigen gewährleisten sollen.[111] Durch die Absenkung der Beteiligungsschwelle auf nunmehr 1 % hat die Frage der Zuordnung zum (Sonder-) Betriebsvermögen jedoch an Bedeutung verloren.

78 Die Beteiligung des Kommanditisten einer GmbH & Co. KG an der Komplementär-GmbH gehört regelmäßig zu dessen (notwendigem) Sonderbetriebsvermögen.[112]

79 Wertpapiere können regelmäßig gewillkürtes Betriebsvermögen werden. Eine spekulative Absicht bei dem Erwerb schließt dies nicht aus.[113] Eine Zuordnung ist jedoch dann ausgeschlossen, wenn

---

106 Kirchhof/*Bode*, § 4 EStG Rn. 52.
107 BFH, BStBl. II 1977, 315; vgl. auch BFH IV R 86/06.
108 Sehr umstr., vgl. L.Schmidt/*Wacker* § 15 EStG Rn. 507, offenlassend BFH/NV 2009, 1953.
109 Vgl. etwa BFH, BStBl. II 2001, 798; 2006, 173.
110 Vgl. auch L.Schmidt/*Wacker* § 15 EStG Rn. 206 zu den weiteren Folgen in einer solchen Konstellation, s.a. Rdn. 400.
111 BFH, BStBl. II 2005, 694, 2009, 414.
112 Vgl. allerdings BFH, BStBl. 2015 II, 705: eine Beteiligung von weniger als 10 % an der Komplementär-GmbH ist nicht dem Sonderbetriebsvermögen II zuzuordnen, wenn die Abstimmung nach Mehrheit der abgegebenen Stimmen erfolgt.
113 BFH, BStBl. II 1997, 399.

erkennbar ist, dass sie dem Betrieb nur Verlust bringen werden. Wertpapiere werden durch Beleihung oder Verpfändung nicht zu notwendigem Betriebsvermögen.[114]

Zum notwendigen Privatvermögen gehören Versicherungen, die in erster Linie private Risiken des Unternehmers abdecken sollen, so etwa eine Sterbegeldversicherung, private Haftpflichtversicherungen, die Rentenversicherungen der Selbständigen, Kranken- und Krankentagegeldversicherungen, Risikolebensversicherungen,[115] letztere auch dann, wenn sie der Absicherung eines betrieblichen Bankkredites dienen. 80

(3) Exkurs: weitere Unterscheidungen des Betriebsvermögens

Innerhalb des Betriebsvermögens finden sich noch weitere Unterteilungen des Betriebsvermögens. 81

Der Begriff der »wesentlichen« Betriebsgrundlage entstammt der Besteuerung der Betriebsaufgabe, die voraussetzt, dass alle wesentlichen Betriebsgrundlagen veräußert oder in das Privatvermögen überführt werden.[116] Werden anlässlich einer Betriebsaufgabe wesentliche Betriebsgrundlagen in ein anderes Betriebsvermögen (zum Buchwert) überführt, so soll dies einer Begünstigung des Aufgabegewinnes entgegenstehen.[117] Diesen Grundsatz nehmen diejenigen Umstrukturierungstatbestände auf, bei denen – zumindest auf Antrag – eine Buchwertfortführung ermöglicht wird, wie vor allem bei Einbringungen in andere Personen- oder Kapitalgesellschaften. Dabei ist der Begriff der wesentlichen Betriebsgrundlage nicht einheitlich, sondern normspezifisch zu verstehen. Dies kann auf eine quantitative oder funktionale Bestimmung der Wesentlichkeit hinauslaufen.[118] 82

Der Begriff der wesentlichen Betriebsgrundlage spielt auch bei der Beurteilung der sachlichen Verflechtung bei der Betriebsaufspaltung eine Rolle, die dann vorliegt, wenn die von dem Besitzunternehmen dem Betriebsunternehmen überlassenen Wirtschaftsgüter bei letzterem wesentliche Betriebsgrundlagen darstellen. Der Begriff der wesentlichen Betriebsgrundlage ist auch in der Erbschaftsteuer von Bedeutung. Die Veräußerung wesentlicher Betriebsgrundlagen führt zum (anteiligen) Wegfall der Betriebsvermögensvergünstigungen nach §§ 13a, 13b ErbStG. 83

Deutlich zu unterscheiden ist der Begriff des notwendigen Betriebsvermögens von dem Begriff des »betriebsnotwendigen Vermögens«. Der Begriff des betriebsnotwendigen Vermögens entstammt der Unternehmensbewertung und hat ausschließlich für die Unternehmensbewertung, etwa für erbschaftsteuerliche Zwecke, Bedeutung. 84

(4) Die Betriebsvermögenseigenschaft von passiven Wirtschaftsgütern

Die Betriebsvermögenseigenschaft passiver Wirtschaftsgüter, insbesondere von Schulden, richtet sich nicht nach der oben genannten Dreiteilung, sondern folgt aus dem sogenannten Veranlassungszusammenhang. Ist die Verbindlichkeit betrieblich veranlasst, so gehört sie zum (notwendigen) Betriebsvermögen, ist sie privat veranlasst, gehört sie zum notwendigen Privatvermögen.[119] Eine Willkürung von Verbindlichkeiten ist nicht möglich.[120] 85

---

114 BFH, BStBl. III 1966, 350.
115 Vgl. Blümich/*Wied*, § 4 EStG Rn. 397, 399.
116 Kirchhof/*Reiß*, § 16 EStG Rn. 202.
117 Kirchhof/*Reiß*, § 16 EStG Rn. 202.
118 Soweit es um die Besteuerung als Veräußerungsvorgang geht, ist regelmäßig quantitativer Wesentlichkeitsbegriff anzuwenden, während bei Restrukturierungen auf eine funktionale Betrachtungsweise abgestellt wird.
119 Kirchhof/*Bode*, § 4 EStG Rn. 58.
120 Kirchhof/*Bode*, § 4 EStG Rn. 58; vgl. L. Schmidt/*Heinicke*, § 4 EStG Rn. 233.

bb) Das Sonderbetriebsvermögen

86 Wirtschaftsgüter, die dem Mitunternehmer wirtschaftlich zuzurechnen sind, sind Sonderbetriebsvermögen, wenn sie dazu geeignet und bestimmt sind, dem Betrieb der Personengesellschaft zu dienen (Sonderbetriebsvermögen I) oder der Beteiligung des Gesellschafters an der Personengesellschaft zumindest förderlich sind (Sonderbetriebsvermögen II). Auch Verbindlichkeiten eines Mitunternehmers können (passives) Sonderbetriebsvermögen sein.[121] Rechtliche Grundlage des Sonderbetriebsvermögens ist § 15 Abs. 1 Satz 1 Nr. 2 EStG. Seine Rechtfertigung findet das Sonderbetriebsvermögens in der Gleichstellungsfiktion.[122] Sonderbetriebsvermögen ist als sogenanntes notwendiges oder gewillkürtes Betriebsvermögen denkbar.[123] Ebenfalls ist sogenanntes »mittelbares Sonderbetriebsvermögen« denkbar, etwa wenn ein Grundstück über einen Dritten an die Personengesellschaft vermietet wird.[124]

cc) Die Funktion sogenannter Ergänzungsbilanzen

87 Die sogenannten Ergänzungsbilanzen bilden ein Bindeglied zwischen dem Grundsatz der einheitlichen Bilanzierung der Gesamthandsbilanz und der Anwendung personenbezogener Vergünstigungen und Besonderheiten. Eine Ergänzungsbilanz ist dann erforderlich, wenn Sachverhalte, die das Gesamthandsvermögen betreffen, sich nicht auf die steuerliche Gewinnermittlung der Gesellschaft, sondern nur auf die Einkünfte des Gesellschafters auswirken. Sie ist erforderlich, weil die Gesellschaft zwar Subjekt der Gewinnermittlung, jedoch nicht Subjekt der Besteuerung ist[125] und hat damit Korrekturfunktion.

Eine Ergänzungsbilanz ist zu erstellen:[126]
- beim entgeltlichen Erwerb eines Mitunternehmeranteils,
- in Umwandlungsfällen,
- bei der Inanspruchnahme steuerrechtlicher Regelungen, bei denen nur einzelne Mitunternehmer die hierfür erforderlichen Voraussetzungen erfüllen, etwa nach §§ 6b, 7 Abs. 5 EStG,
- bei erfolgsneutraler Übertragung von Wirtschaftsgütern nach § 6 Abs. 5 EStG.

88 Bei dem entgeltlichen Erwerb eines Mitunternehmeranteils beispielsweise kann das von dem Erwerber gezahlte Entgelt die Buchwerte der Gesamthandsbilanz übersteigen. Dieses Aufgeld ist steuerlich wegen des Grundsatzes der Totalgewinnbesteuerung zu berücksichtigen, kann jedoch nicht sofort als Betriebsausgabe geltend gemacht werden. Dementsprechend sind die gezahlten Mehrwerte nach der »Stufentheorie[127]« auf die bilanzierten Wirtschaftsgüter bis zur Höhe des Teilwertes, sodann auf die nicht bilanzierten Wirtschaftsgüter, auf den Geschäfts- oder Firmenwert, zu aktivieren. Verbleibt dann noch ein Mehrbetrag, so ist er als Betriebsausgabe abzugsfähig. Die Ergänzungsbilanz ist fortzuführen und die in ihr enthaltenen Mehrwerte nach allgemeinen Grundsätzen abzuschreiben, wobei umstritten ist, ob die Restnutzungsdauer neu zu schätzen[128] oder die Mehrwerte entsprechend der Nutzungsdauer in der Gesamthandsbilanz abzuschreiben sind.[129] Nach Auffassung des BFH sind sowohl die AfA-Methode als auch die Restnutzungsdauer neu zu schätzen.[130]

---

121 L. Schmidt/*Wacker*, § 15 EStG Rn. 506.
122 Rdn. 3.
123 Rdn. 69 und 73.
124 BFH/NV 2008, 1320.
125 Prinz/Kanzler/*Kahle*, Rn. 1397.
126 Vgl. Prinz/Kanzler/*Kahle*, Rn. 1409.
127 BFH, BStBl. II 1970, 740; 1984, 584; Prinz/Kanzler/*Kahle*, Rn. 1419.
128 So L.Schmidt/*Wacker*, § 15 EStG Rn. 465, Kirchhof/*Reiß*, § 15 EStG Rn. 325.
129 So FG Niedersachsen, EFG 2010, 558; Blümich/*Stuhrmann*, § 15 EStG Rn. 556a.
130 BFH, DStR 20115, 283.

dd) Korrespondenzprinzip bei Sonderbetriebsvermögen und Sondervergütungen

Zwischen Gesamthandsbilanz und Sonderbilanzen besteht ein enger Zusammenhang. Soweit ein Gewinnermittlungswahlrecht besteht, ist dieses einheitlich auszuüben. Dabei folgt die Methode im Sonderbetriebsvermögen der Methode der Gesamthandsbilanz. Eine abweichende Wahl auf der Sonderebene ist unzulässig. Allerdings kann der Mitunternehmer Ansatz- und Bewertungswahlrechte in der Sonderbilanz eigenständig ausüben.[131]

Nach der Rechtsprechung sind die von § 15 Abs. 1 Satz 1 Nr. 2 EStG erfassten Rechtsbeziehungen zwischen Gesellschaft und Mitunternehmer korrespondierend zu bilanzieren: Sondervergütungen werden auf der Gesamthandsebene als Aufwand und auf der Sonderebene zeit- und betragsgleich als Ertrag des Mitunternehmers erfasst.[132] Eine Ausnahme von diesem Grundsatz der korrespondierenden Bilanzierung hat der BFH jüngst in einem Fall zur Pachterneuerungsverpflichtung einer Personengesellschaft gegenüber dem Eigentümer-Gesellschafter allerdings bei der Rückstellung zur Pachterneuerung angenommen. Hier ist ein korrespondierender Instandhaltungsanspruch nicht zu aktivieren.[133]

d) Rechtsbeziehung zwischen Gesellschafter und Gesellschaft

Schuldrechtliche Vereinbarungen zwischen Gesellschaft und Gesellschafter sind ohne weiteres denkbar: sie unterliegen nicht den Grundsätzen der Angemessenheit und Fremdüblichkeit wie entsprechende Vereinbarungen zwischen Kapitalgesellschaften und ihren Gesellschaftern.[134] Liegen den entsprechenden Sondervergütungen Angehörigenverhältnisse zugrunde, so ist anhand allgemeiner Kriterien für Angehörige eine steuerliche Versagung der Anerkennung denkbar, vor allem dann, wenn die Existenz der Sondervergütungen Elemente der verdeckten Unterhaltsgewährung aufweist.

Die Anerkennung schuldrechtlicher Beziehungen zwischen Gesellschaft und Gesellschafter sowie die Möglichkeit einer Übertragung von Wirtschaftsgütern zum Buchwert nach § 6 Abs. 5 EStG eröffnet einen nicht unerheblichen Steuergestaltungsspielraum,[135] der unter anderem daraus rührt, dass für Anschaffungsvorgänge und Einlagen unterschiedliche Abschreibungsmöglichkeiten bestehen.[136] Soweit allerdings in einem solchen Falle ein schuldrechtliches Geschäft konzipiert worden ist, muss dieses einem Fremdvergleich standhalten.[137] Umgekehrt kann bei einer »Übertragung« von Wirtschaftsgütern eine Gewinnrealisierung unter Umständen vermieden werden.[138]

Besteuerungstechnisch werden Zahlungen aufgrund schuldrechtlicher Vereinbarungen auf der Ebene der Gesellschaft als Aufwand und korrespondierend auf der Sonderebene des Gesellschafters als Ertrag behandelt.

Die Einschaltung Dritter in die Leistungsbeziehungen zwischen Gesellschafter und Gesellschaft steht der Annahme von Sondervergütungen nicht zwingend entgegen. Wenn etwa ein Kommanditist über ein zwischengeschaltete Schwesterkapitalgesellschaft Dienstleistungen an die KG erbringt oder eine Leistung durch einen Drittunternehmer durchgeschleust wird, können diese Zahlungen trotz Einschaltung eines Dritten Sondervergütungen sein, wenn sich die vergütete Leistung letztlich als Leistung an die Mitunternehmerschaft darstellt.[139]

---

131 BFH/NV 2006, 874; Prinz/Kanzler/*Kahle*, Rn. 1454.
132 Prinz/Kanzler/*Kahle*, Rn. 1455; str.
133 BFH, IV R 29/12 vom 12.02.2015.
134 Vgl. Rdn. 656 ff.
135 S. beispielsweise BFH, DStR 2016, 662.
136 Vgl. einerseits § 7 Abs. 1 Satz 5 EStG, s.a. BFH, GrS BStBl. II 2007, 508 (Bodenschätze).
137 S. zuletzt BFH, DStR 2016, 662.
138 Rdn. 99.
139 BFH, BStBl. II 1999, 720; 2005, 390.

95 Die sich aus der Existenz von Sondervergütungen ergebenden Folgewirkungen können vielfältig sein. Da sich durch Sondervergütungen ein negatives Kapitalkonto eines oder mehrerer Gesellschafter bilden oder erhöhen kann, kann es zu lediglich verrechenbaren Verlusten nach § 15a EStG auf der Gesamthandsebene, gleichzeitig aber zu steuerlichen Gewinnen auf der Sonderebene kommen, so dass eine optimale Verlustnutzung nicht gegeben ist. Darüber hinaus können sich durchaus erhebliche Verschiebungen in der Steuerbelastung dadurch ergeben, dass die Sondervergütungen den Gewerbeertrag (und auch die anrechenbare Gewerbesteuer) nicht mindern und so die übrigen Gesellschafter im Ergebnis mit Gewerbesteuer belastet werden bzw. einen gewerbesteuerlichen Anrechnungsüberhang nach § 35 EStG erzielen.

e) Die Änderung des Betriebsvermögens durch Entnahmen und Einlagen

96 In der Gewinnermittlung durch Betriebsvermögensvergleich nach § 4 Abs. 1, 5 EStG unterliegt der Unterschiedsbetrag zwischen dem Betriebsvermögen zu Anfang und zu Ende des Wirtschaftsjahres der Besteuerung. Dieser Unterschiedsbetrag ist um die im Wirtschaftsjahr getätigte Einlagen und Entnahmen zu korrigieren, um lediglich den Gewinn zu erfassen. Für die Gewinnermittlung durch Einnahmen-Überschussrechnung nach § 4 Abs. 3 EStG sind zur Darstellung des zutreffenden Gesamtgewinnes Entnahmen und Einlagen ebenfalls aufzuzeichnen. Neben der Bedeutung für die zutreffende Abbildung des Gesamtgewinnes ist die Erfassung von Einlagen und Entnahmen weiter von Bedeutung, weshalb auch für die Gewinnermittlung durch Einnahmen-Überschussrechnung eine Aufzeichnungspflicht für Einlagen und Entnahmen vorgesehen ist. Ohne in der Aufzählung abschließend zu sein, ergibt sich die Bedeutung für die Anwendung für Beschränkungen des Schuldzinsenabzuges, § 4 Abs. 4a EStG, für die Gewährung der Thesaurierungsvergünstigung nach § 34a EStG und auch – allerdings eher mittelbar – für die Anwendung der Verlustausgleichsbeschränkungen nach § 15a EStG.

aa) Der Tatbestand der Einlage und Einlagefähigkeit

97 Einlagen sind alle Wirtschaftsgüter (Bareinzahlungen und sonstige Wirtschaftsgüter), die ein Steuerpflichtiger dem Betrieb im Lauf des Wirtschaftsjahres zuführt. In der eigenständigen steuerrechtlichen Auslegung handelt es sich um Vermögensmehrungen, die dem Betrieb aus dem außerbetrieblichen Bereich des Unternehmers zufließen,[140] Einlage ist ebenfalls die Entnahme eines passiven Wirtschaftsgutes. Die Einlage muss von einem Einlagewillen getragen sein und als laufender Geschäftsvorfall konkludent oder ausdrücklich dokumentiert werden.[141] Dies ist vor allem bei der Einlage von gewillkürtem Betriebsvermögen zu beachten.[142] Der Einlagewille kann im Einzelfall durch Rechtsakt substituiert werden, etwa in Erbfällen, wenn das Wirtschaftsgut hierdurch zum notwendigen Betriebsvermögen wird. Der Grundsatz der zutreffenden Erfassung des Gesamtgewinnes erfordert es, dass der Einlagebegriff einschränkend ausgelegt wird (sog. »finaler Einlagenbegriff«[143]). Diese insbesondere bei Nutzungseinlagen zu beachtende Einschränkung soll verhindern, dass der Gesamtgewinn durch künstliche Bildung neuen Abschreibungsaufwandes gemindert wird.[144] So ist eine Einlage eigenen Arbeitsaufwandes nicht möglich, soweit diese Arbeitsleistung nicht in den Wert eines Wirtschaftsgutes eingegangen ist.[145] Auch unentgeltlich überlassene Nutzungsrechte sind nicht einlagefähig.[146]

98 Das Aktivierungsverbot des § 5 Abs. 2 EStG ist für die Bewertung von Einlagen nicht anzuwenden.[147]

---

140 BFH BStBl. II 2008, 809.
141 Blümich/*Wied*, § 4 EStG Rn. 506.
142 Rdn. 73.
143 Blümich/*Wied*, § 4 EStG Rn. 506; L. Schmidt/*Heinicke*, § 4 EStG Rn. 305.
144 L. Schmidt/*Heinicke*, § 4 EStG Rn. 306.
145 L. Schmidt/*Heinicke*, § 4 EStG Rn. 309.
146 BFH, BStBl. II 2009, 634.
147 BFH, GrS BStBl. II 1988, 348; Blümich/*Ehmcke*, § 6 EStG Rn. 1033.

A. Das Steuerrecht der Personengesellschaften

(1) Abgrenzung Einlagen/entgeltliches Geschäft und § 6 Abs. 5 EStG

Die Grundsätze der steuerlichen Behandlung gesellschaftsrechtlich begründeter Einlagen und Entnahmen kollidieren mit dem Trennungsprinzip bei allgemein-schuldrechtlichen Geschäften und berühren damit den noch nicht abschließend gelösten Zielkonflikt zwischen (Teil-) Verselbständigung der Personengesellschaft und Transparenzprinzip.[148] Dementsprechend ist die Beurteilung einzelner Fälle schwer vorauszusehen. Selbst innerhalb der Rechtsprechung ist keine einheitliche Linie auszumachen.[149] Eine Vorlage an den Großen Senat des BFH[150] mit dem Ziel einer Klärung ist aus verfahrensrechtlichen Gründen unbeantwortet geblieben.[151]

99

Aus der Teilverselbständigung der Personengesellschaft folgt, dass dann, wenn der Gesellschafter der Personengesellschaft bei einem zivilrechtlichen Rechtsgeschäft der Gesellschaft wie ein fremder Dritter gegenüber tritt, dieser Vorgang im Steuerrecht auch wie ein Rechtsgeschäft unter fremden Dritten zu beurteilen ist,[152] soweit dieses Rechtsgeschäft den Grundsätzen des Fremdvergleiches standhält.[153] Es kommt dabei nicht darauf an, ob das erworbene Wirtschaftsgut dem Privatvermögen, dem Sonderbetriebsvermögen oder einem anderen Betriebsvermögen zuzuordnen ist. Fehlt es hingegen an einer Gegenleistung der Gesellschaft oder hält das vereinbarte Geschäft den Grundsätzen des Fremdvergleiches nicht stand, liegt kein Fremdgeschäft vor. Die Einlage hat dann zum Buchwert, § 6 Abs. 5 Satz 3 Nr. 1, 2 EStG[154] oder – soweit das Wirtschaftsgut dem Privatvermögen zuzuordnen war – mit dem Teilwert vorbehaltlich besonderer Bewertungsvorschriften zu erfolgen.

100

Der Anwendungsbereich des § 6 Abs. 5 EStG setzt mit den dort genannten Begriffen »Überführung« und »Übertragung« voraus, dass das überführte/übertragene Wirtschaftsgut bereits dem Betriebsvermögen zuzurechnen ist. Dabei meint »Überführung« die Zuordnungsänderung ohne Rechtsträgerwechsel, während »Übertragung« einen zivilrechtlichen Rechtsträgerwechsel, zumindest des wirtschaftlichen Eigentums, voraussetzt.

101

Werden im Zusammenhang mit der Übertragung eines Wirtschaftsgutes Verbindlichkeiten der Gesellschaft begründet oder von dieser übernommen, so kann entweder ein teilentgeltliches Geschäft vorliegen (»strenge« Trennungstheorie) oder es liegt ein einheitlich unentgeltliches Geschäft vor, wenn die Gegenleistung den Buchwert unterschreitet, resp. ein einheitlich entgeltliches Geschäft, wenn die Gegenleistung den Buchwert überschreitet (modifizierte Trennungstheorie und Einheitstheorie). Bei der modifizierten Trennungstheorie wird der Buchwert vorrangig mit dem entgeltlichen Teil verrechnet, bei der Einheitstheorie stellt sich die Zuordnungsfrage nicht.

102

Der unentgeltlichen Übertragung gleichgestellt ist die Übertragung gegen Gewährung von Gesellschaftsrechten, die nach der Rechtsprechung[155] einen tauschähnlichen Vorgang darstellt, der den Einlagentatbestand ausschließt. Bei einer teilweisen Gewährung von Gesellschafterrechten wiederum kann ein unentgeltliches, ein teilweise entgeltliches oder ein voll entgeltliches Geschäft vorliegen. Da der Begriff der Gewährung von Gesellschaftsrechten in steuerlicher Sicht noch nicht abschließend geklärt ist, ergeben sich weitere Folgeprobleme.

103

Da die vorstehenden Fragen – wie oben angedeutet – Grundprobleme der Besteuerung der Personengesellschaften betreffen, ergibt sich in Literatur und Rechtsprechung kein einheitliches oder übersichtliches Bild.

104

---

148 Westermann/*Fischer*, Rn. II 327.
149 Rdn. 104 ff.
150 BFH, DStR 2015, 2834; s. zuvor schon BFH, BStBl. II 2014, 629.
151 BFH, Beschl. v. 30.10.2018, GrS 1/16, BStBl. II 2019, 70; hierzu *Dorn*, FR 2019, 178 ff.
152 BFH, BStBl. II 1995, 617; 2002, 420.
153 BFH, DStR 2016, 662.
154 Soweit nicht – entsprechend der strengen Trennungstheorie – Verbindlichkeiten übernommen werden.
155 BFH (I. Senat), BStBl. II 2009, 464; BFH (IV. Senat), BStBl. II 2011, 617.

105 Die Finanzverwaltung hat zu den vorstehenden Fragenkomplexen – soweit sie die Übertragung von Wirtschaftsgütern nach § 6 Abs. 5 EStG betreffen – mit Schreiben vom 08.12.2011[156] Stellung genommen. Die Behandlung von Überführungen zwischen verschiedenen Betriebsvermögen und Sonderbetriebsvermögen soll – der (strengen) Trennungstheorie folgend – nach folgenden Grundsätzen erfolgen:

106 Die unentgeltliche Überführung sowie die Übertragung gegen Gewährung von Gesellschaftsrechten erfolgt zwingend zum Buchwert. Eine Teilentgeltlichkeit – etwa durch Übernahme von Verbindlichkeiten – führt zur Aufspaltung des Rechtsgeschäftes in einen entgeltlichen und einen unentgeltlichen Teil. Die Überführung des entgeltlichen Teiles führt zur anteiligen Aufdeckung stiller Reserven.[157] Bei einer Übertragung gegen Gewährung von Gesellschaftsrechten führt die nur teilweise Gewährung von Gesellschaftsrechten zu einem insgesamt entgeltlichen Vorgang.[158] Eine Gewährung von Gesellschaftsrechten liegt vor, wenn der Vorgang gegen ein Konto gebucht wird, welches Eigenkapitalcharakter hat.[159] Erfolgt die Buchung gegen ein gesamthänderisch gebundenes Rücklagenkonto, kann durch die Ausstellung von Ergänzungsbilanzen die Erfolgsneutralität zwischen den Gesellschaftern erreicht werden, um ein Überspringen von stillen Reserven auf andere Gesellschafter zu vermeiden.

107 Eine erfolgsneutrale Übertragung zwischen beteiligungsidentischen Schwesterpersonengesellschaften ist nach Auffassung der Finanzverwaltung nicht möglich.[160]

108 Nach Auffassung des IV. Senates[161] – sogenannte modifizierte Trennungstheorie – ist bei Übertragungen aus dem Sonderbetriebsvermögen in das Gesamthandsvermögen wie folgt zu verfahren: Ist das Entgelt niedriger als der Buchwert oder entspricht das Entgelt dem Buchwert, so kommt es nicht zu einer Gewinnrealisierung. Ohne Bedeutung ist es, wie der Differenzbetrag zwischen übernommener Verbindlichkeit und Buchwert verbucht worden ist. Die Anwendung der Trennungstheorie, die der Auffassung der Finanzverwaltung zugrunde liege, käme erst dann in Betracht, wenn der Differenzbetrag bzw. das Entgelt aus der Übertragung den Bereich des Betriebs verlasse. Ob in diesem Fall eine Anwendung der Trennungstheorie tatsächlich in Betracht komme, blieb in dem von dem IV. Senat entschiedenen Fall offen.

109 Der IV. Senat nimmt bei der Übertragung von Wirtschaftsgütern zwischen beteiligungsidentischen Schwesterpersonengesellschaften zum Buchwert wegen der Identität von abgebendem und aufnehmendem Steuersubjekt – abweichend von der Auffassung der Finanzverwaltung – keinen Zwang zur Übertragung zum Teilwert an. § 6 Abs. 5 EStG sei insoweit verfassungskonform auf solche Übertragungen zu erstrecken.[162]

110 In dem Urteilsfall des BFH wäre auch nach Auffassung der Finanzverwaltung ein ähnliches Ergebnis erreichbar gewesen, wenn das Wirtschaftsgut im Wege der Einlage gegen ein gesamthänderisches Rücklagenkonto gebucht worden wäre und durch Ergänzungsbilanzen der Gesellschafter der intersubjektive Reservensprung rückgängig gemacht worden wäre. Hinsichtlich der auf dem Grundstück lastenden Schuld hätte allerdings lediglich ein Schuldbeitritt erfolgen können. Eine Schuldübernahme hätte hingegen wiederum die Entgeltlichkeit begründet. Insoweit liegt in der mangelnden Möglichkeit zur Schuldübernahme dann doch ein Unterschied zwischen der Auffassung des BFH und der Finanzverwaltung, die nicht durch Gestaltungsmaßnahmen behoben werden kann.

---

156 BStBl. I 2011, 1279.
157 BMF, BStBl. I 2011, 1279 Tz. 15 unter Hinweis auf BFH, BStBl. II 2002, 420.
158 BMF, BStBl. I 2011, 1279 Tz. 16.
159 BMF, BStBl. I 1997, 627; BFH, BStBl. II 2009, 272; Rdn. 184; nach BFH, DStR 2016, 217 liegt bei einer Buchung gegen Kapitalkonto II keine Mehrung von Gesellschafterrechten vor, anders BMF, BStBl. I 2011, 713.
160 BMF, BStBl. I 2010, 1206.
161 BFH (IV. Senat), DStR 2012, 2051.
162 BFH (IV. Senat), BStBl. II 2010, 971 gegen BMF, BStBl. I 2010, 1206 und BFH (I. Senat), BStBl. II 2010, 471.

A. Das Steuerrecht der Personengesellschaften

(2) Die Bewertung von Einlagen und Auswirkungen auf Abschreibungen

Soweit ein Wirtschaftsgut Gegenstand einer Einlage sein kann, erfolgt die Bewertung regelmäßig nach § 6 Abs. 1 Nr. 5 Satz 1 Halbs. 1 EStG mit dem Teilwert. Der Teilwert ist derjenige Betrag, den ein gedachter Erwerber des ganzen Betriebs im Rahmen des Gesamtkaufpreises für das einzelne Wirtschaftsgut ansetzen würde, wenn er sich in der Lage des Steuerpflichtigen befunden hätte.[163] Zweck der Regelung ist es, die nochmalige Erfassung von steuerfrei gebildetem oder bereits versteuertem Vermögen nicht nochmals gewinnerhöhend zu erfassen.[164] 111

Nicht mit dem Teilwert, sondern mit den hierauf getätigten Aufwendungen sind eingelegte Nutzungsrechte und Nutzungen zu bewerten, da ansonsten der Gesamtgewinn durch künstlich geschaffenes Abschreibungsvolumen gemindert wird.[165] 112

Die Anschaffungs- und Herstellungskosten bilden die Obergrenze der Bewertung von Wirtschaftsgütern, die innerhalb der letzten 3 Jahre vor dem Zeitpunkt der Zuführung angeschafft oder hergestellt worden sind, § 6 Abs. 1 Nr. 5 Satz 1 a) EStG. Dadurch sollen Steuerumgehungen verhindert werden,[166] die die steuerfreie Realisierung kurzfristiger Wertsteigerungen zum Ziel haben. Ist der Teilwert allerdings niedriger, so ist dieser anzusetzen. Entsprechendes gilt, wenn das Wirtschaftsgut zwar nicht angeschafft oder hergestellt, aber innerhalb des Dreijahreszeitraumes vor der Einlage entnommen wurde. Handelt es sich in den beiden vorgenannten Fällen um abnutzbare Wirtschaftsgüter, so sind die Anschaffungs-/Herstellungskosten bzw. der Entnahmewert um die planmäßigen Abschreibungen zu vermindern. Dabei ist es ohne Belang, ob diese Abschreibungen sich als Erwerbsaufwendungen ausgewirkt haben oder nicht.[167] 113

Bei der Einlage von wesentlichen Beteiligungen an Kapitalgesellschaften i.S.d. § 17 EStG erfolgt die Einlage ebenfalls mit den Anschaffungs-/Herstellungskosten, § 6 Abs. 1 Satz 1 Nr. 5 Satz 1 b) EStG, und zwar selbst dann, wenn der Teilwert niedriger ist als die Anschaffungs- und Herstellungskosten.[168] Der Grund dieser Regelung liegt darin, dass die offene Einlage in ein Betriebsvermögen keine Veräußerung i.S.d. § 17 EStG darstellt und hierdurch die steuerliche Verstrickung der bis zum Einlagezeitpunkt entstandenen Wertänderungen sichergestellt sein soll. 114

Der Gedanke der Fortdauer der steuerlichen Verstrickung von Wertänderungen liegt auch der Bewertung von Wirtschaftsgütern i.S.d. § 20 Abs. 2 EStG – (private) Kapitalanlagen – mit den Anschaffungs- oder Herstellungskosten als Höchstwert zugrunde. 115

Wie oben dargelegt bildet regelmäßig der Einlagewert eines Wirtschaftsgutes die AfA-Bemessungsgrundlage. Von diesem Grundsatz weicht § 7 Abs. 1 Satz 5 EStG ab, wenn vor der Einlage Abschreibungen im Rahmen einer Überschusseinkunftsart vorgenommen worden sind. Um eine doppelte Inanspruchnahme von Abschreibungen zu verhindern, wird die AfA-Bemessungsgrundlage um die vorgenommenen Abschreibungen, Sonderabschreibungen und erhöhten Abschreibungen gemindert, so dass im Ergebnis nach Vollabschreibung des Wirtschaftsgutes ein Restwert in Höhe der vor der Einlage in Anspruch genommenen Abschreibungen verbleibt, der erst bei der Veräußerung des Wirtschaftsgutes realisiert werden kann. 116

Bei der Einlage eines Bodenschatzes aus dem Privatvermögen in ein Betriebsvermögen, die mit dem Teilwert erfolgt, sind Absetzungen für Substanzverringerungen nicht zulässig.[169] Es kommt wie in den 117

---

163 BFH, BStBl. II 1991, 627.
164 BFH, GrS BStBl. II 1988, 348; Kirchhof/*Fischer*, § 6 EStG Rn. 172.
165 Rdn. 97.
166 BFH, BStBl. II 2007, 163.
167 Abschnitt 6.12 Abs. 1 Satz 2 EStR; L.Schmidt/*Kulosa* § 6 EStG Rn. 559; a.A. Herrmann/Heuer/Raupach/*Eckstein*, § 6 EStG Rn. 885.
168 BFH, BStBl. II 2010, 162.
169 BFH, GrS BStBl. II 2007, 508.

Fällen des § 7 Abs. 1 Satz 5 EStG zu einem Restwert, der erst bei der Veräußerung des Bodenschatzes realisiert werden kann.

bb) Entnahmen

118 Entnahmen sind alle Wertabgaben – Wirtschaftsgüter, Nutzungen und Leistungen – für betriebsfremde[170] Zwecke. Diese dürfen den Gewinn nicht mindern. Ebenso wie bei den Einlagen erfolgt die Bewertung grundsätzlich mit dem Teilwert im Zeitpunkt der Entnahme, § 6 Abs. 1 Nr. 4 EStG. Nutzungs- und Leistungsentnahmen sind mit den Selbstkosten anzusetzen. Der Wert der eigenen Arbeitsleistung des Steuerpflichtigen ist nicht zu berücksichtigen.[171] Bei gemischt-genutzten Wirtschaftsgütern sind die Gesamtaufwendungen nach dem Verhältnis der Nutzungsanteile aufzuteilen.[172] Die private Nutzung betrieblicher Kraftfahrzeuge ist entweder nach dem Verhältnis der Nutzungsanteile, soweit dieses durch ein Fahrtenbuch nachgewiesen wurde, oder nach der sogenannten 1 %-Regelung anzusetzen.[173]

119 Wird ein Wirtschaftsgut entnommen und zur Erzielung anderer Einkünfte, etwa aus Vermietung und Verpachtung, eingesetzt, so bildet der Entnahmewert die Anschaffungs- oder Herstellungskosten als Bemessungsgrundlage für Abschreibungen oder für die Ermittlung eines späteren Veräußerungsgewinnes, etwa bei der Veräußerung von wesentlichen Beteiligungen an Kapitalgesellschaft nach § 17 EStG.

f) Nachfolge

120 Bei der unentgeltlichen Übertragung unter Lebenden und von Todes wegen geht das Einkommensteuerrecht von jeher davon aus, dass eine Aufdeckung stiller Reserven nicht erfolgt, sondern die Buchwerte und damit die stillen Reserven auf den unentgeltlichen Rechtsnachfolger übergehen.[174] Jedoch ergibt sich ein wesentlichen Unterschied zwischen Personengesellschaften, die Gewinneinkünfte erzielen, und den vermögensverwaltenden Personengesellschaften daraus, dass für letztere die Trennungstheorie gilt, wonach die Übernahme von Schulden zur Teilentgeltlichkeit führt.[175] Die Übernahme von Verbindlichkeiten, die zu einem Mitunternehmeranteil gehören, führt hingegen nicht zur Teilentgeltlichkeit.[176]

aa) Vorweggenommene Erbfolge

(1) Die Übertragung von Betriebsvermögen

121 Übertragungen von Betriebsvermögen im Wege der vorweggenommenen Erbfolge führen – soweit sie unentgeltlich sind – weder zu einem Veräußerungsgewinn noch zu Anschaffungskosten. Der Erwerber des Betriebs tritt in die Fußstapfen des Übergebers. Wird eine Gegenleistung von dem Erwerber erbracht, so ist zu unterscheiden:

122 Wird ein ganzer Betrieb, Teilbetrieb oder Mitunternehmeranteil (oder ein Teil eines Mitunternehmeranteiles) übergeben, so stellen die übernommenen Verbindlichkeiten des übertragenen Betriebs, Teilbetriebs, Mitunternehmeranteils (oder Teil eines Mitunternehmeranteiles) keine Gegenleistung dar, die zu einem Veräußerungsvorgang führt,[177] und zwar auch dann nicht, wenn das (steuerliche) Kapitalkonto des übertragenen Betriebsvermögens negativ ist.[178]

---

170 Vgl. BFH (IV. Senat), DStR 2012, 2051.
171 BFH, BStBl. II 1988, 342.
172 BFH, BStBl. II 1980, 176.
173 § 6 Abs. 1 Nr. 4 Satz 2 und 3 EStG; vgl. hierzu BMF, BStBl. I 2009, 1326.
174 So früher § 7 EStDV, nunmehr § 6 Abs. 3 EStG.
175 BMF, BStBl. I 1993, 80 Tz. 9.
176 BMF, BStBl. I 1993, 80 Tz. 29.
177 Vgl. BMF, BStBl. I 1990, 847 geänd. d. BStBl. I 1993, 269, Tz. 29.
178 Vgl. BMF, BStBl. I 1990, 847 geänd. d. BStBl. I 1993, 269, Tz. 30.

Entspricht die von dem Übernehmer zu erbringende Gegenleistung dem steuerlichen Kapitalkonto 123
oder unterschreitet sie das Kapitalkonto, so liegt ebenfalls kein Veräußerungs- und Anschaffungsvorgang, sondern ein unentgeltliches Geschäft vor,[179] »einheitstheoretischer Ansatz«. Es ist auch
unerheblich, ob das Entgelt an den Übergeber oder etwa als Gleichstellungsgeld oder Abstandzahlung an andere Personen, regelmäßig Geschwister, geleistet wird.

Verbreitet ist es auch, dass als Gegenleistung für die Übertragung Versorgungsleistungen an den 124
Übergeber erbracht werden. Solche privaten Versorgungsleistungen können bei dem Übergeber als
Sonderausgaben abzugsfähig und bei dem Empfänger als wiederkehrende Bezüge steuerpflichtig sein
und führen dann nicht zu einem entgeltlichen Vorgang, sogenannte Vermögensübergabe gegen Versorgungsleistungen.[180]

Überschreitet das zu leistende Entgelt den Buchwert, so liegt ein entgeltlicher Vorgang vor, der in 125
Höhe der aufgedeckten stillen Reserven zu einem Veräußerungsgewinn bei dem Übergeber und zu
Anschaffungskosten bei dem Erwerber führt[181].

(2) Übertragung von Anteilen an Personengesellschaften

Bei der Übertragung von Anteilen an Personengesellschaften spielt das Schicksal des Sonderbetriebs- 126
vermögens des übertragenden Gesellschafters eine bedeutende Rolle, die Finanzverwaltung hat durch
ein neues Schreiben[182] hier in vielen Fällen Sicherheit für die Gestaltungspraxis geschaffen.

Die unentgeltliche Übertragung des **gesamten Mitunternehmeranteils** einschließlich des (gesamten 127
funktional wesentlichen) Sonderbetriebsvermögens ist zum Buchwert möglich. Eine Übertragung
zum Buchwert ist ferner dann möglich, wenn zuvor[183] funktional nicht wesentliches Sonderbetriebsvermögen entnommen oder im zeitlichen und sachlichen Zusammenhang zum Buchwert in ein
anderes Betriebsvermögen überführt wurde. Anders hingegen, wenn es sich um sogenanntes funktional wesentliches Sonderbetriebsvermögen handelt und dieses zeit- und taggleich in das Privatvermögen des Übergebenden überführt wird. In diesem Fall soll die Übertragung des Mitunternehmeranteils als Aufgabe des Mitunternehmeranteils gewertet werden.[184] Unschädlich wiederum ist eine
zeitlich vorgelagerte Veräußerung,[185] soweit es sich bei dem Restbetrieb um eine funktionsfähige
betriebliche Einheit handelt.

Bei der unentgeltlichen Übertragung eines **Teils eines Mitunternehmeranteils** ist zu unterscheiden 128
zwischen der quotalen, unterquotalen und überquotalen Übertragung des Sonderbetriebsvermögens.
Bei der quotalen Übertragung führt der Erwerber die Buchwerte ohne eine Sperrfrist fort, während
im Fall der unterquotalen Übertragung der Erwerber den Betrieb über einen Zeitraum von 5 Jahren
weder veräußern noch aufgeben darf.[186] Erfolgt eine Veräußerung/Ausgabe, ist rückwirkend von einer
gewinnrealisierenden Entnahme nach §§ 4 Abs. 1 Satz 2, 6 Abs. 1 Nr. 4 EStG auszugehen, § 6
Abs. 3 Satz 2 EStG.[187] Bei einer überquotalen Übertragung von Sonderbetriebsvermögen liegt – im
Unterschied zur früheren Verwaltungsauffassung – insgesamt ein Fall des § 6 Abs. 3 Satz 1 EStG

---

179 Vgl. BMF, BStBl. I 1990, 847 geänd. d. BStBl. I 1993, 269, Tz. 38.
180 Vgl. hierzu BMF, BStBl. I 2010, 227.
181 Kirchhof/*Reiß*, § 16 EStG Rn. 123.
182 S. zu diesen Fragen insgesamt auch BMF, BStBl. I 2019, 1291.
183 Vgl. BMF v. 19.11.2019 unter Tz. 9 und 15; s. hierzu auch *St. Viskorf/Wegener*, ZEV 2020, 85, 87:
   lediglich die zeit- und taggleiche Entnahme ist schädlich; s.a. BFH, DStR 2012, 2118.
184 BMF, BStBl. I 2019, 1291 unter Tz. 9, BStBl. I 2005, 458 geänd. d. BStBl. I 2006, 766, Tz. 8; BFH,
   BStBl. II 1995, 890; a.A. zu Recht: Kirchhof/*Reiß*, § 16 EStG Rn. 187 und BFH, DStR 2012, 2118.
185 BMF, BStBl. I 2019, 1291, Tz. 13.
186 BMF, BStBl. I 2019, 1291, Tz. 26.
187 Kirchhof/*Reiß*, § 16 EStG Rn. 199.

vor,[188] entgegen früherer Verwaltungsauffassung ist es daher nicht mehr schädlich, wenn Schulden im Zusammenhang mit dem Sonderbtriebsvermögen übernommen werden.

129 Die isolierte Übertragung von Sonderbetriebsvermögen zwischen Mitunternehmern derselben Mitunternehmerschaft kann nach § 6 Abs. 5 Satz 3 Nr. 3 EStG zum Buchwert erfolgen, wenn es sich um einen unentgeltlichen Vorgang handelt. Eine bereits geringe Entgeltlichkeit schließt die Anwendung des § 6 Abs. 5 EStG aus und führt zur Behandlung als Entnahme/Einlage.

(3) Die unentgeltliche Aufnahme in ein bestehendes Einzelunternehmen

130 Bei der unentgeltlichen Aufnahme einer natürlichen Person als Gesellschafter in ein (bislang) bestehendes Einzelunternehmen führt zur Entstehung einer Mitunternehmerschaft. Anders als in Fällen der Aufnahme gegen Einlage – die nach § 24 UmwStG zu behandeln ist[189] – besteht für den Aufnehmenden kein Wahlrecht zum Ansatz von Zwischenwert oder gemeinem Wert, die Buchwertfortführung ist zwingend[190]. Unschädlich ist es jedoch, dass der Aufnehmende im Zuge der unentgeltlichen Aufnahme nicht alle (wesentlichen) Betriebsgrundlagen in die Gesamthand überführt. Vielmehr kann er im Zuge der Aufnahme Sonderbetriebsvermögen bilden. Wird Sonderbetriebsvermögen gebildet und nicht quotal übertragen, so ist die zuvor erwähnte fünfjährige Sperrfrist zu beachten. Wird innerhalb dieser Frist der entstandene Mitunternehmeranteil durch den Aufgenommenen veräußert, so kommt es zum rückwirkenden Ansatz des Teilwertes.[191]

bb) Erbfolge und Erbauseinandersetzung

(1) Grundsätze

131 Die steuerliche Behandlung von Erbfall und Erbauseinandersetzung richtet sich in der Praxis nach dem BMF-Schreiben vom 14.03.2006,[192] sog. Erbauseinandersetzungserlass. Der bzw. die Erben treten in die Fußstapfen des Erblassers, da der Erbfall kein Merkmal eines Veräußerungstatbestandes des § 16 EStG erfüllt. Auch die von dem Erben zu erfüllenden Erbfallschulden etwa aus Vermächtnissen oder Pflichtteilsschulden stellen kein Entgelt für die ererbten Wirtschaftsgüter dar.[193] Die Erbauseinandersetzung folgt im Grundsatz Realteilungsgrundsätzen und führt weitgehend nicht zur Annahme von Veräußerungsgewinnen. Vereinfacht gelten die folgenden Grundsätze, die hier jedoch lediglich stark vereinfacht dargestellt werden: Die Teilung des Nachlasses ohne Abfindungszahlungen führt nicht zur Entstehung von Anschaffungskosten oder Veräußerungsgewinnen.[194] Ein sogenannter Spitzenausgleich ist durch inkongruente Schuldenübernahme möglich. Werden hierbei private Verbindlichkeiten des Erblassers von dem Nachfolger in das Betriebsvermögen übernommen, so entsteht hierdurch eine Betriebsschuld.[195] Schädlich ist hingegen die Zahlung von Abfindungen aus Mitteln, die nicht Bestandteil des Nachlasses waren,[196] als Missbrauch rechtlicher Gestaltungsmöglichkeiten nach § 42 AO ist die Schaffung von Privatvermögen durch Entnahme liquider Mittel zur Ermöglichung der Auseinandersetzung anzusehen.[197] Teilungsanordnungen sind steuerlich unbeachtlich.

---

188 BMF BStBl. I 2019, 1291, Tz. 32; s. dazu *Werthebach*, DStR 2020, 6, 11; *St. Viskorf/Wegener*, ZEV 2020, 85, 90.
189 Rdn. 137.
190 L. Schmidt/*Kulosa*, § 6 EStG Rn. 661.
191 BMF v. 20.11.2019, Tz. 36.
192 BStBl. I 2006, 253.
193 BMF, BStBl. I 2006, 253 Tz. 63; BFH, BStBl. II 1997, 284; Kirchhof/*Reiß*, § 16 EStG Rn. 91.
194 BMF, BStBl. I 2006, 253 Tz. 32.
195 BMF, BStBl. I 2006, 253 Tz. 34.
196 BMF, BStBl. I 2006, 253 Tz. 36.
197 BMF, BStBl. I 2006, 253 Tz. 33.

Die steuerlichen Folgen bei der Erbfolge, wenn der Erblasser Gesellschafter einer Personengesellschaft war, regelt der Erbauseinandersetzungserlass in einem eigenen Abschnitt. Als problematisch erweist sich in der Praxis stets das Sonderbetriebsvermögen des Mitunternehmers. Denn soweit Personengesellschaft und Sonderbetriebsvermögen im Erbfall »auseinanderlaufen«, kommt es zu einer Entnahme und damit zu einer Aufdeckung stiller Reserven. Die Vermeidung eines Auseinanderfallens von Gesellschaftsanteil und Sonderbetriebsvermögen ist für die (steuerliche) Beratungspraxis eine besondere Herausforderung. Dies gilt umso mehr, als bei notwendigem Sonderbetriebsvermögen die Bilanziertheit nicht Zurechnungsvoraussetzung ist[198] und aus diesem Grunde häufig unerkanntes notwendiges Sonderbetriebsvermögen existiert.

(2) Steuerliche Folgen von Nachfolgeklauseln

Bei der Vereinbarung einer **Fortsetzungsklausel** scheidet der verstorbene Gesellschafter aus der Gesellschaft aus.[199] Soweit der oder die Erben einen Abfindungsanspruch erhalten und dieser den Buchwert des Mitunternehmeranteils übersteigt, ist dieser als Veräußerungsgewinn nach §§ 16, 34 EStG steuerpflichtig. Der Veräußerungsgewinn wird in der Person des Erblassers realisiert.[200] Erhalten die ausscheidenden Gesellschafter hingegen keine Abfindung, so treten die übernehmenden Gesellschafter unentgeltlich in die Rechtsstellung des Erblassers ein. Tritt zu einem späteren Zeitpunkt an die Stelle des ausgeschiedenen Gesellschafters ein neuer Gesellschafter – wie dies in freiberuflichen Gesellschaften häufig anzutreffen ist – ein, so kann dies zu deutlichen steuerlichen Mehrbelastungen führen, da nicht der untergegangene Anteil weitergereicht wird, sondern ein einheitlicher (Teil-) Anteil. Dies führt dazu, dass dann, wenn die Erben eine Abfindung erhalten haben und ein neu eintretender Gesellschafter den gleichen Betrag für seinen Eintritt in die Gesellschaft leistet, dennoch die verbliebenen Gesellschafter einen Veräußerungsgewinn (als laufenden Gewinn) versteuern müssen. Dies ist darin begründet, dass sich bei den verbliebenen Gesellschaftern – soweit nichts anderes vereinbart ist, der untergegangene Anteil mit den bestehenden Anteilen vereinigt und der vereinigte Anteil (und nicht der untergegangene Anteil) weitergereicht wird.[201]

Bei der **einfachen Nachfolgeklausel** wird die Gesellschaft mit allen Erben des Gesellschafters fortgesetzt[202]. Eine nachfolgende Erbauseinandersetzung, die unter Einbezug der Gesellschaftsanteile nach den oben genannten allgemeinen Grundsätzen – insbesondere ohne Abfindungsleistungen aus Mitteln außerhalb des Nachlasses – erfolgt, ist ohne Aufdeckung stiller Reserven und ohne die Aufdeckung stiller Reserven aus dem Sonderbetriebsvermögen möglich.[203]

Bei einer **qualifizierten Nachfolgeklausel**[204] geht der Anteil im Wege der Sonderrechtsnachfolge auf den oder die qualifizierten Miterben über. Dieser wird Mitunternehmer und führt nach § 6 Abs. 3 EStG die Buchwerte des Erblassers fort. Bei der qualifizierten Nachfolgeklausel kommt es zwingend zum Auseinanderfallen von Gesellschaftsanteil und Sonderbetriebsvermögen, soweit der qualifizierte Nachfolger nicht Erbe wird. Dementsprechend liegt insoweit eine Entnahme des Sonderbetriebsvermögens vor, und es tritt eine Versteuerung stiller Reserven ein[205]. Diese Rechtsfolge kann nicht durch eine zeitnahe Übertragung auf den qualifizierten Miterben übertragen werden.[206]

---

198 Rdn. 69.
199 Die Fortsetzung ist der gesetzliche Regelfall, daher bedarf es einer Fortsetzungsklausel nicht (mehr). S.a. Kap. 1 Rdn. 692. Allgemein zu Nachfolgeklauseln Rdn. 443 ff.
200 BMF, BStBl. I 2006, 253, Tz. 69.
201 So BFH, DStR 2019, 2404, zu möglichen Gestaltungen zur Vermeidung einer solchen »Anteilsverwässerung« s. Rdn. 457 ff.
202 Kap. 1 Rdn. 701.
203 BMF, BStBl. I 2006, 253, Tz. 71.
204 Kap. 1 Rdn. 703.
205 BMF, BStBl. I 2006, 253, Tz. 72.
206 BMF, BStBl. I 2006, 253, Tz. 73.

136 Bei der **Eintrittsklausel**[207] tritt im Fall des Nichteintritts – entsprechend der Fortsetzungsklausel – ein tarifbegünstigter Veräußerungsgewinn in Person des Erblassers vor. Machen die Erben von ihrem Eintrittsrecht innerhalb von 6 Monaten nach dem Erbfall Gebrauch, führen sie die Buchwerte nach § 6 Abs. 3 EStG fort, es entsteht kein Veräußerungs-/Aufgabegewinn. Bei teilweisem Eintritt sind die Grundsätze zur qualifizierten Nachfolgeklausel anzuwenden.

g) Änderung des Gesellschafterbestandes

aa) Aufnahme eines Gesellschafters in ein Einzelunternehmen

137 Die Gründung einer Gesellschaft durch Aufnahme in ein bestehendes Einzelunternehmen, ebenso der Zusammenschluss mehrerer Einzelunternehmen zu einer Gesellschaft werden steuerlich als Einbringungen nach § 24 UmwStG behandelt. Der Einbringende hat hier ein Wahlrecht, den Buchwert, einen Zwischenwert oder den gemeinen Wert der übertragenen Wirtschaftsgüter anzusetzen. Wird der gemeine Wert angesetzt, so können die Tarifbegünstigungen nach §§ 16, 34 EStG gewährt werden.

138 Die Einbringung ist jedoch abzugrenzen von einer Veräußerung der Wirtschaftsgüter des bisherigen Einzelunternehmers, die zur Gewinnrealisierung führt und als laufender Gewinn zu besteuern ist. Maßgebendes Kriterium der Abgrenzung ist, ob die Zuzahlung des eintretenden Gesellschafters in das Betriebsvermögen erfolgt oder ob die Zuzahlung in das Privatvermögen des bisherigen Einzelunternehmers erfolgt. Ist letzteres der Fall, so ist davon auszugehen, dass der einbringende Gesellschafter die anteiligen Wirtschaftsgüter veräußert und die veräußerten Eigentumsanteile für Rechnung des eintretenden Gesellschafters in die Personengesellschaft einlegt.[208] Eine Zuzahlung in das Privatvermögen liegt auch dann vor, wenn hierdurch eine betrieblich begründete Verbindlichkeit getilgt wird oder eine privat begründete Verbindlichkeit abgegolten wird.[209] Tätigt der einbringende Gesellschafter nach der Zuzahlung größere Entnahmen, kann bei der gebotenen wirtschaftlichen Betrachtung ebenfalls eine Zuzahlung in das Privatvermögen vorliegen.[210]

139 Liegt keine Zuzahlung in das Privatvermögen nach den vorgenannten Grundsätzen vor, so können Unterschiedsbeträge, die sich aus der Differenz zwischen Kapital und Buchwert infolge nicht aufgedeckter stiller Reserven ergeben, über Ergänzungsbilanzen neutralisiert werden.

bb) Eintritt eines Gesellschafters in eine bestehende Personengesellschaft gegen Einlage

140 Der Eintritt eines Gesellschafters in eine bestehende Personengesellschaft gegen eine Einlageleistung gilt als Einbringung der Mitunternehmeranteile der bisherigen Gesellschafter der Personengesellschaft eine neue Personengesellschaft, so dass sich die Rechtsfolgen nach § 24 UmwStG richten.[211] Bringt der Eintretende Privatvermögen ein, so sind diese Wirtschaftsgüter nach § 6 Abs. 1 Satz 1 Nr. 5 EStG mit dem Teilwert[212] zu bewerten, einzelne Wirtschaftsgüter aus einem Betriebsvermögen sind nach § 6 Abs. 5 EStG anzusetzen.[213] Wird ein Betrieb, Teilbetrieb oder Mitunternehmeranteil eingebracht, so hat der Eintretende ein Wahlrecht, die Einbringung zum Buchwert, Zwischenwert oder Teilwert durchzuführen. Bei den Alt-Gesellschaftern liegt ebenfalls eine entsprechende Einbringung vor; auch sie haben das Wahlrecht der Bilanzierung zum Buch-, Zwischen- oder Teilwert nach § 24 UmwStG[214] Eine einheitliche Ausübung des Wahlrechtes ist nicht erforderlich.[215]

---

207 Kap. 1 Rdn. 698.
208 Tz. 24.08. UmwStErl. unter Hinweis auf BFH, GrS BStBl. II 2000, 123.
209 Tz. 24.09. UmwStErl. unter Hinweis auf BStBl. II 1995, 599; BStBl. II 2005, 554.
210 Tz. 24.11. UmwStErl. unter Hinweis auf BStBl. II 1995, 599.
211 Lange/*Hunfeld* Rn. 2011.
212 Rdn. 111.
213 Rdn. 99.
214 Lange/*Hunfeld*, Rn. 2013.
215 BMF, BStBl. I 2011, 1314, Tz. 20.11. (UmwStErl); Lange/*Hunfeld*, Rn. 2013.

Ebenso wie bei der Aufnahme eines Gesellschafters in ein bestehendes Einzelunternehmen kann auch bei dem Eintritt eines Gesellschafters in eine bestehende Personengesellschaft ein Veräußerungsvorgang vorliegen, wenn eine Zuzahlung in das Privatvermögen erfolgt. Dann liegt bei den aufnehmenden Gesellschaftern eine Veräußerung eines Teils eines Mitunternehmeranteils vor.[216] 141

Bei einer Einbringung zum Buchwert werden in die buchmäßigen und tatsächlichen Kapitalanteile regelmäßig nicht übereinstimmen, da die stillen Reserven von Alt- und Neugesellschafter voneinander abweichen. Dies kann gelöst werden, indem die handels- (und steuer-)rechtlichen Kapitalanteile buchmäßig nachvollzogen werden und auf der ersten Stufe der Gewinnermittlung eine Korrektur durch Ergänzungsbilanzen[217] erfolgt.[218] Über Ergänzungsbilanzen können auch Aufstockungsfälle einzelner oder aller Mitunternehmer dargestellt werden.

Besonderheiten ergeben sich in der Praxis häufig bei der Aufnahme von Gesellschaftern in freiberufliche Gesellschaften, da hier die Gefahr einer Umqualifizierung droht, wenn der aufgenommene Freiberufler entweder leitend und eigenverantwortlich tätig wird, ohne Mitunternehmer zu sein,[219] andererseits ein Bedürfnis nach einer Sozietät auf Probe besteht. Das in der Vergangenheit häufig verwandte Gewinnvorabmodell ist vom BFH nicht anerkannt worden.[220] 142

[Nicht belegt] 143

cc) Die Veräußerung eines Mitunternehmeranteils

Die Veräußerung eines (ganzen) Mitunternehmeranteils, also der Gesellschafterwechsel, ist als Veräußerungsgewinn nach §§ 16, 34 EStG tarifbegünstigt[221], wenn der Mitunternehmeranteil mit allen im Sonderbetriebsvermögen befindlichen funktional und quantitativ wesentlichen Betriebsgrundlagen[222] auf einen Erwerber übergeht. Werden wesentliche Betriebsgrundlagen zurückbehalten, liegt eine Betriebsaufgabe vor. Eine tarifbegünstigte Besteuerung nach §§ 16, 34 EStG ist jedoch ausgeschlossen, wenn die zurückbehaltenen Wirtschaftsgüter des Sonderbetriebsvermögens gleichzeitig in ein anderes Betriebsvermögen zum Buchwert nach § 6 Abs. 5 EStG überführt werden.[223] Eine vorherige Überführung ohne Aufdeckung stiller Reserven steht einer Tarifbegünstigung entgegen, wenn sie aufgrund einheitlicher Planung und in engem zeitlichem Zusammenhang mit einer nachfolgenden Anteilsveräußerung erfolgt.[224] 144

Auf die Personengesellschaft selbst hat der Gesellschafterwechsel einkommensteuerlich[225] keine Auswirkung. Selbst ein Wechsel aller Gesellschafter lässt die Identität der Gesellschaft unberührt. 145

Ein Unterschied zwischen den Anschaffungskosten und dem Buchwert des Anteiles ist über Ergänzungsbilanzen[226] zu erfassen. Wirtschaftsgüter des neuen Gesellschafters, die (notwendiges oder gewillkürtes) Sonderbetriebsvermögen der Mitunternehmerschaft werden sind nach Einlagegrundsätzen oder – soweit sie aus einem anderen Betriebsvermögen stammen nach § 6 Abs. 5 EStG zum Buchwert zu überführen. 146

---

216 Rdn. 138.
217 Rdn. 87.
218 Vgl. Lange/*Hunfeld*, Rn. 2015 ff.
219 BFH, DStR 2016, 726; Rdn. 35.
220 BFH, DStR 2016, 292.
221 Rdn. 207.
222 Rdn. 82; L.Schmidt/*Wacker* § 16 EStG Rn. 414.
223 BFH, BStBl. II 1991, 635; 1998, 104.
224 BFH, BStBl. II 2001, 229; vgl. allerdings nunmehr BFH, DStR 2012, 211.
225 Zu gewerbesteuerlichen Auswirkungen s. Rdn. 235 und 238.
226 Rdn. 87.

dd) Die Veräußerung eines Teil eines Mitunternehmeranteils

147 Wird nicht der gesamte Mitunternehmeranteil eines Mitunternehmers veräußert, sondern lediglich ein Teil und bleibt der veräußernde Gesellschafter weiterhin Mitunternehmer, so entsteht ein laufender Gewinn, so ausdrücklich § 16 Abs. 1 Satz 2 EStG. Die Vergünstigungen nach §§ 16, 34 EStG sind nicht anzuwenden, zugleich unterliegt der Veräußerungsgewinn der Gewerbesteuer.[227]

ee) Sachwertabfindung und Realteilung

148 Die steuerliche Behandlung von Realteilung und Sachwertabfindung hatte in der Vergangenheit eine wechselvolle Gesetzgebungsgeschichte, weshalb auf die (ältere) Rechtsprechung nur beschränkt zurückgegriffen werden kann. Soweit bis zum 01.01.1999 in bestimmten Fällen ein Wahlrecht bestand, den Übergang zum Buchwert, Zwischenwert oder gemeinen Wert durchzuführen und nachdem für die Jahre 1999 und 2000 der Teilwertansatz zwingend war, ist nunmehr – soweit die entsprechenden Voraussetzungen erfüllt sind – der Buchwertansatz zwingend. Für die Fälle des Buchwertansatzes sind jedoch Sperrfristen vorgesehen.

(1) Sachwertabfindung

149 Bei der Sachwertabfindung erhält der ausscheidende Gesellschafter statt seines (grundsätzlich auf Geld gerichteten) Abfindungsanspruches einzelne Wirtschaftsgüter. In Abgrenzung von der Realteilung, deren Rechtsfolgen in § 16 Abs. 3 Satz 2 EStG geregelt sind, setzt die Sachwertabfindung des ausscheidenden Gesellschafters nicht voraus, dass die bisherige Mitunternehmerschaft beendet wird.

150 Erfolgt die Sachwertabfindung in das Privatvermögen des ausscheidenden Gesellschafters, so liegt hierin regelmäßig eine Veräußerung des Mitunternehmeranteiles mit anschließender Erfüllung des Abfindungsanspruches durch Übereignung von Geld.[228] Der bei dem Ausscheidenden erzielte Veräußerungsgewinn ist nach §§ 16, 34 EStG tarifbegünstigt.

151 Bei der Sachwertabfindung ins Betriebsvermögen kommt es nach § 6 Abs. 5 Satz 3 – 5 EStG zwingend zur Buchwertfortführung, wenn das entsprechende Wirtschaftsgut gegen »Minderung von Gesellschaftsrechten« übertragen wird. Aus dem Zusammenhang zum umgekehrten Fall der Einbringung ergibt sich, dass die Übernahme von Verbindlichkeiten durch den Ausscheidenden zur Teilentgeltlichkeit und damit zur trennungstheoretischen Aufteilung führt.[229] Im Falle der Sachwertabfindung in ein Betriebsvermögen, einhergehend mit der Veräußerung des Mitunternehmeranteiles, ist der Gesichtspunkt des IV. Senates des BFH, dass keine Entnahme für betriebsfremde Zwecke vorliege[230], nicht tragfähig, so dass diese Rechtsprechung der Anwendung der Trennungstheorie nicht entgegensteht.

152 Für die Sachwertabfindung gilt nach § 6 Abs. 5 Satz 4 EStG eine Sperrfrist von 3 Jahren, die mit der Abgabe der Steuererklärung (Feststellungserklärung) des Übertragenden für den Veranlagungszeitraum der Übertragung beginnt. Wird das übertragene Wirtschaftsgut in dieser Zeit veräußert, so ist rückwirkend für die Übertragung der Teilwert anzusetzen.

153 Da der rückwirkende Teilwertansatz für den Übertragenden zu einem höheren Gewinn, für den Empfänger hingegen zu höherer AfA und niedrigerem Buchgewinn führt, sollten bei einer Sachwertabfindung Ausgleichszahlungen für den Fall einer Verletzung von Sperrfristen vereinbart werden. Ebenso und im Ergebnis mit einer zutreffenden Verteilung der Steuerlast verbunden ist es möglich,

---

[227] Lange/*Hunfeld*, Rn. 2071.
[228] Littmann/Bitz/Pust-*Hörger/Rapp*, § 16 EStG Rn. 179.
[229] Rdn. 99, 102.
[230] BFH (IV. Senat), DStR 2012, 2051; Rdn. 108.

A. Das Steuerrecht der Personengesellschaften

in der Gesamthandsbilanz den Teilwert anzusetzen und über eine negative Ergänzungsbilanz zu neutralisieren.[231]

(2) Realteilung

Die »echte« Realteilung im steuerlichen Sinne – in § 16 Abs. 3 Satz 2 – 4 EStG gesetzlich geregelt – ist die Beendigung der bisherigen Mitunternehmerschaft. Die Betriebsaufgabe der Mitunternehmerschaft ist das kennzeichnende Merkmal.[232] Verbleiben dagegen bei einer mehrgliedrigen Personengesellschaft mindestens zwei Gesellschafter, so liegt nach neuer Auffassung der Finanzverwaltung[233] unechte Realteilung, nicht dagegen Sachwertabfindung vor, und zwar unabhängig davon, ob dem Ausscheidenden ein Teilbetrieb, ein Mitunternehmeranteil, eine 100 %ige Beteiligung an einer Kapitalgesellschaft (diese gilt als Teilbetrieb) oder lediglich Einzelwirtschaftsgüter zugewiesen werden soweit diese in ein Betriebsvermögen stattfindet. 154

Die Unterscheidung in der steuerlichen Behandlung von Sachwertabfindung und Realteilung liegt in der unterschiedlichen Reichweite der Sperrfristen. Bei der Sachwertabfindung ist die Veräußerung eines jeden Wirtschaftsgutes nachsteuerauslösend, bei der Realteilung hingegen nur die Veräußerung wesentlicher Betriebsgrundlagen. Darüber hinaus ist die (teil-)entgeltliche Sachwertabfindung nicht zum Buchwert möglich. Die Realteilung kann auch unter Mitnahme von Verbindlichkeiten erfolgen, ohne dass die Buchwertfortführung dadurch gehindert wird. 155

Die möglicherweise unterschiedliche Zuweisung von stillen Reserven, die dadurch entstehen kann, dass in den zugewiesenen Wirtschaftsgütern unterschiedliche stille Reserven vorhanden sind, wird dadurch vermieden, dass die Kapitalkonten erfolgsneutral an die Summe der Buchwerte angepasst werden.[234] Dadurch kann es zu einem »Übergang« stiller Reserven kommen, Kapitalkonto und (tatsächliche) Anschaffungskosten stimmen dann nicht mehr überein. 156

Soweit es durch die Zuweisung von Wirtschaftsgütern zu Mehrempfängen einzelner Realteiler kommt, der auszugleichen ist, (sogenannter Spitzenausgleich), führt dieser bei einer Zuzahlung aus dem Privatvermögen zu einem laufenden Gewinn.[235] Die Entstehung eines Spitzenausgleiches kann jedoch dadurch vermieden werden, dass liquide Mittel oder Verbindlichkeiten zwischen den einzelnen Realteilern frei zugewiesen werden.[236] 157

h) Beendigung der Gesellschaft und Betriebsaufgabe, § 16 EStG

In der Liquidation der Gesellschaft wird der bisherige Zweck durch die Abwicklung zumindest überlagert. Die schwebenden Geschäfte sollen beendet und das verbliebene Vermögen verteilt werden. Ertragsteuerlich kann die Liquidation zu einer (tarifbegünstigten) Betriebsaufgabe führen. 158

aa) Gewinnzurechnung in der Liquidationsphase

Der Eintritt in das Liquidationsstadium führt zivilrechtlich zur Durchsetzungssperre von Sozialansprüchen der Gesellschafter gegen die Gesellschaft,[237] die jedoch – wie der BFH klargestellt hat – nicht dazu führt, dass die Zurechnung der durch die Liquidation erzielten Gewinne und Verluste an die einzelnen Gesellschafter aufgehoben wäre,[238] so dass bei Streitigkeiten unter den Gesellschaftern es dennoch bei der Zurechnung der Gewinne nach dem vertraglichen, ersatzweise gesetzlichen Gewinnverteilungsmaßstab verbleibt. Der BFH hat es – zu Recht – abgelehnt, zurechnungsloses 159

---

231 L.Schmidt/*Kulosa* § 6 EStG Rn. 828 und 815.
232 BMF, BStBl. I 2006, 228 unter I.
233 BMF, BStBl. I 2019, 6 Rn. 2, 32; L.Schmidt/*Wacker* § 16 EStG Rn. 524.
234 BFH, BStBl. II 1972, 419; BMF, BStBl. II 12006, 228 unter VII.
235 BFH, BStBl. II 1992, 385.
236 BFH, BStBl. II 1992, 385, 2002, 420.
237 Kap. 1 Rdn. 239 f.
238 BFH, BStBl. II 2012, 207.

Einkommen zu schaffen und damit im Ergebnis den Gesellschaftern ein Dispositionsrecht über die Versteuerung zu geben.

160 Sind einzelne Gesellschafter zu Nachschüssen verpflichtet, so stellen diese Nachschüsse keine Betriebsausgaben dar, und zwar auch dann nicht, wenn dadurch im Ergebnis fremde Nachschusspflichten erfüllt werden. Gleiches gilt auch dann, wenn etwa ein Kommanditist aufgrund einer Bürgschaft in Anspruch genommen wird. Forderungsverzichte der Gesellschafter gegenüber der Gesellschaft führen nicht zur Gewinnminderung, da der Aufwand im Sonderbetriebsvermögen gleichzeitig Einlage in die Personengesellschaft ist.

Der endgültige Ausgleich der Ansprüche zwischen Gesellschafter und Gesellschaft oder auch zwischen Gesellschaftern vollzieht sich daher, zivilrechtlichen Grundsätzen ähnlich, mit der steuerlichen Schlussbilanz der Gesellschaft. Aus der Schlussbilanz ist der Totalgewinn aus der Einkunftsquelle ableitbar.

161 Eine Schlussbilanz ist auch zu erstellen, wenn zulässigerweise die Personengesellschaft ihren Gewinn nach Grundsätzen der Einnahmen-Überschussrechnung nach § 4 Abs. 3 EStG erstellt hat. Nur durch die Erstellung einer Schlussbilanz kann der Grundsatz der Totalgewinngleichheit verwirklicht werden.

bb) Besonderheiten bei beschränkter Haftung

162 Da bei der Besteuerung der Kommanditgesellschaft auch in Verlustfällen die Einkünftezurechnung zum Kommanditisten erfolgt, ist im Rahmen der Schlussbilanz ein verbleibendes negatives, nicht auszugleichendes Kapitalkonto nicht mehr dem Kommanditisten zuzurechnen, sondern es entsteht ein entsprechender betrieblicher Aufwand bei dem Komplementär.[239]

163 Hat ein Kommanditist Einlagen getätigt, die sich wegen eines negativen Kapitalkontos – § 15a EStG – nicht als Gewinnminderung ausgewirkt haben, so ergibt sich eine steuerliche Berücksichtigung ebenfalls erst in der Schlussbilanz.[240]

cc) Die Betriebsaufgabe, § 16 EStG

164 Eine Betriebsaufgabe liegt vor, wenn alle funktional und quantitativ[241] wesentlichen Betriebsgrundlagen eines Betriebs oder eines Teilbetriebs in einem einheitlichen Vorgang einzeln an verschiedene Erwerber veräußert oder ganz oder z.T. in ein anderes Vermögen überführt werden, so dass dadurch der Betrieb als selbständiger Organismus des Wirtschaftslebens zu bestehen aufhört.[242] Auch ein Mitunternehmeranteil kann aufgegeben werden, § 16 Abs. 3 Satz 1 EStG. Eine Betriebsaufgabe kann auf freiem Entschluss, aber auch auf Zwang[243] (auf einem Berufsverbot) und sogar auf einer Änderung der Verhältnisse (Wegfall der personellen und sachlichen Verflechtung bei der Betriebsaufspaltung) beruhen.

165 Kennzeichnend für die Betriebsaufgabe ist die Realisierung der stillen Reserven der Wirtschaftsgüter in einem einheitlichen Vorgang. Die hierdurch entstehende Zusammenballung rechtfertigt eine ermäßigte Besteuerung des Aufgabegewinnes nach §§ 16, 34 EStG. Liegt ein einheitlicher Entschluss nicht vor, so liegt eine zu einem laufenden Gewinn führende allmähliche Betriebsabwicklung vor. Die Betriebsaufgabe »unter Zwang« wird dagegen durch die »Zwangs-«Entnahme der Wirtschaftsgüter in das Privatvermögen unter Aufdeckung der stillen Reserven geprägt.[244] Schließlich kann die

---

239 Weitergehend L. Schmidt/*Wacker*, § 15a EStG Rn. 101; der Zurechnungswechsel erfolgt, wenn feststeht, dass künftige Gewinnanteile zum Ausgleich des negativen Kapitalkontos nicht mehr anfallen.
240 Rdn. 175.
241 Kirchhof/*Reiß*, § 16 EStG Rn. 203.
242 Tipke/Lang/*Hennrichs*, § 9/463; BStBl. II 2009, 634.
243 BFH, BStBl. II 1991, 802.
244 Etwa bei der Beendigung der Betriebsaufspaltung.

Betriebsaufgabe – so bei der Realteilung – durch Buchwertfortführung zu keinerlei steuerlichen Folgen führen.[245]

Bei der auf Willensentschluss beruhenden Betriebsaufgabe kommt es zu einer durch mehrere Teilakte geprägten Realisierung der stillen Reserven, entweder durch Veräußerung oder durch Entnahme in das Privatvermögen. Dementsprechend kann sich eine Betriebsaufgabe auch auf einen längeren, sogar mehrere Veranlagungszeiträume umfassenden Zeitraum erstrecken, eine schematische Bestimmung des Zeitraumes ist jedoch nicht möglich.[246]

166

Ist Kennzeichen der tarifbegünstigten Betriebsaufgabe die zusammengeballte Aufdeckung der in einem Betrieb gespeicherten stillen Reserven, so ist verständlich, dass bei der Überführung einer wesentlichen Betriebsgrundlage unter Fortführung des Buchwertes in ein anderes Betriebsvermögen nach § 6 Abs. 5 EStG eine Tarifbegünstigung versagt werden kann, es liegt dann keine Betriebsaufgabe vor.[247]

167

Wird ein bisher betriebener Gewerbebetrieb verpachtet, so hat der bisherige Inhaber ein Wahlrecht, ob eine Betriebsaufgabe erklärt wird mit der Folge, dass der bisherige Gewerbetreibende zukünftig Einkünfte aus Vermietung und Verpachtung erzielt oder ob weiterhin Einkünfte aus Gewerbebetrieb erzielt werden sollen. Dieses Wahlrecht kann in einer Personengesellschaft nur einheitlich ausgeübt werden.

168

Bei einer Betriebsaufgabe unter Zwang – etwa beim Wegfall der Verflechtungsvoraussetzungen bei einer Betriebsaufspaltung – sind die im Betriebsvermögen vorhandenen stillen Reserven zwangsweise in das Privatvermögen zu überführen.

169

i) Verluste bei beschränkter Haftung, § 15a EStG

§ 15a EStG wurde als gesetzgeberische Reaktion auf Verlustzuweisungsgesellschaften geschaffen. Der Vorschrift liegt der – theoretisch – einfache Gedanke zugrunde, dass Verluste eines Kommanditisten, die dieser wegen seiner beschränkten Haftung nur durch zukünftige Gewinne auszugleichen hat, keine wirtschaftliche Belastung darstellen und daher auch nur mit zukünftigen Gewinnen verrechnen darf, nicht aber mit anderweitigen Verlusten, die außerhalb der Beteiligung entstanden sind. Die Umsetzung des Grundsatzes, einen Verlustausgleich nur dann zuzulassen, wenn der Kommanditist den Verlust auch wirtschaftlich trägt, enthält § 15a EStG nur unvollkommen und zudem in höchst komplizierter Weise mit teilweise – vgl. § 15 Abs. 1a EStG – nur schwer nachvollziehbaren[248] Einschränkungen. Ziel der nachfolgenden Darstellung kann es daher nur sein, Verständnis für die Grundstrukturen § 15a EStG zu schaffen.

170

In der Terminologie wird bei § 15a EStG zwischen ausgleichsfähigen und (nur) verrechenbaren Verlusten unterschieden. Liegt ein verrechenbarer Verlust vor, so kann dieser nur mit zukünftigen Gewinnen aus der Mitunternehmerschaft verrechnet werden. Ein ausgleichsfähiger Verlust kann hingegen mit Gewinnen aus anderen Einkunftsquellen und -arten im gleichen Veranlagungszeitraum ausgeglichen werden oder als Verlustvor- und -rücktrag nach § 10d EStG verwendet werden.

171

aa) Die Struktur des § 15a EStG

Nach **§ 15a Abs. 1 Satz 1 EStG** entsteht ein nur verrechenbarer Verlust, wenn und soweit der Verlustanteil eines Kommanditisten unter sein steuerrechtliches Kapitalkonto absinkt. Ist die eingetragene Einlage höher als die geleistete Einlage, so ist nach **§ 15a Abs. 1 Satz 2 EStG** über Abs. 1 Satz 1

172

---

245 Rdn. 154.
246 36 Monate jedenfalls zu lang, BFH, BStBl. I, 2001, 798; vgl. auch L. Schmidt/*Wacker*, § 16 EStG Rn. 193.
247 BFH, BStBl. II 2008, 129.
248 L. Schmidt/*Wacker*, § 15a EStG Rn. 184: verfassungswidrig.

ein Ausgleich zulässig, soweit aufgrund der eingetragenen Einlage eine überschießende Außenhaftung nach § 171 Abs. 1 HGB[249] besteht.

173   Ein ausgleichsfähiger und abgezogener Verlust wird gem. **§ 15a Abs. 3 Satz 1 und 2 EStG** innerhalb von 11 Jahren in einen verrechenbaren Verlust umqualifiziert, wenn die als Berechnungsgröße nach § 15a Abs. 1 Satz 1 EStG dienende Einlage gemindert worden ist[250]. Die Umqualifizierung erfolgt im Jahr der Einlageminderung und führt zu einem »fiktiven Gewinn«. Wurde der ausgleichsfähige Verlust nach § 15a Abs. 1 Satz 2 EStG erhöht, so führt eine Haftungsminderung gem. **§ 15a Abs. 3 Satz 3 und 4 EStG** zur Umqualifizierung in verrechenbare Verluste, soweit die Voraussetzungen des erhöhten Verlustausgleiches hierdurch entfallen sind.

174   Als rechtsprechungsdurchbrechendes Nichtanwendungsgesetz[251] erweitert § 15a Abs. 1a EStG die oben genannten Grundsätze für Einlagen nach dem 24.12.2008 um Folgendes: Wird eine Einlage geleistet, nachdem ein verrechenbarer Verlust entstanden ist, darf nach **§ 15a Abs. 1a Satz 1 EStG** weder ein bestehender verrechenbarer Verlust in einen ausgleichsfähigen Verlust umqualifiziert werden noch darf das steuerliche Kapitalkonto i.S.d. § 15a Abs. 1 Satz 1 EStG hierdurch aufgefüllt werden. Es ist lediglich zulässig, den Verlust des laufenden Wirtschaftsjahres aufzufüllen.

175   Ist ein nur verrechenbarer Verlust entstanden, so kann dieser niemals in einen ausgleichsfähigen Verlust umqualifiziert werden, sondern bleibt – soweit keine Gewinne mehr erzielt werden, nach § 15a Abs. 2 EStG bis zur Betriebsveräußerung oder -aufgabe bestehen, ist dann mit dem Veräußerungs- oder Aufgabegewinn zu verrechnen und wird dann bis zur Höhe der nicht abgezogenen Einlagen abzugsfähig.

bb) Der Verlustanteil des Kommanditisten

176   Der Verlustanteil des Kommanditisten ist der nach steuerbilanziellen Grundsätzen ermittelte Anteil am Gewinn der Kommanditgesellschaft einschließlich etwaiger positiver/negativer Ergänzungsbilanzen. Sondervergütungen sind nicht in den Verlustanteil einzubeziehen. Stattdessen erhöht die Leistung von Sondervergütungen den Verlust der KG und ist beim empfangenden Gesellschafter voll zu versteuern.[252]

cc) Das steuerrechtliche Kapitalkonto (i.S.d. § 15a EStG)

177   Ebenso wie der Verlustanteil des Kommanditisten die Gewinnanteile der Sonderebene außer Betracht lässt, ist auch das steuerrechtliche Eigenkapital nur das Kapitalkonto in der Steuerbilanz der Kommanditgesellschaft zuzüglich dem Mehr- oder Minderkapital aus Ergänzungsbilanzen, Sonderbilanzen bleiben unberücksichtigt,[253] und zwar auch dann, wenn Wirtschaftsgüter für Schulden der Gesellschaft verpfändet wurden oder wenn Gesellschafterforderungen nach altem (Gesellschafts-) Recht eigenkapitalersetzend waren.[254]

178   Der Begriff des steuerlichen Kapitalkontos hat für § 15a EStG, aber auch in anderen Bereichen des Einkommensteuerrechts, vor allem bei der Einlage oder Einbringung gegen Gewährung von Gesellschaftsrechten wesentliche Bedeutung und ist einheitlich auszulegen.

---

249   Kap. 1 Rdn. 624.
250   Die Haftung aus § 172 Abs. 4 HGB – vgl. hierzu Kap. 1 Rdn. 625 – erweitert damit nicht das Verlustausgleichsvolumen.
251   Nach L. Schmidt/*Wacker*, § 15a EStG Rn. 184 teilweise verfassungswidrig.
252   Saldierungsverbot, L. Schmidt/*Wacker*, § 15a EStG Rn. 74.
253   L. Schmidt/*Wacker*, § 15a EStG Rn. 83.
254   BFH, BStBl. II 2000, 347.

A. Das Steuerrecht der Personengesellschaften

(1) Kontenmodelle in Gesellschaftsverträgen

In der Praxis finden sich verschiedene Kontenmodelle, die – soweit nicht Besonderheiten vorliegen – regelmäßig die nachfolgend genannten Einordnungen zur Folge haben.

Bei einem **Zweikontenmodell** wird auf dem Kapitalkonto I die Pflichteinlage verbucht, während auf dem Kapitalkonto II Entnahmen und freiwillige Einlagen, Gewinne und Verluste verbucht werden. Ist das Kapitalkonto II aufgebraucht, werden weitere Verluste von dem Kapitalkonto I abgezogen. Bei dem Zweikontenmodell zählt auch das Kapitalkonto II zum steuerlichen Eigenkapital, da auf dem Konto Verluste verbucht werden.

Beim **Dreikontenmodell** besteht neben dem Kapitalkonto I ein Rücklagenkonto (Kapitalkonto II), auf dem Entnahmen und freiwillige Einlagen, Verluste und Gewinnrücklagen verbucht werden. Auf einem Darlehenskonto werden Auszahlungen und auszahlungspflichtige Gewinnanteile verbucht. In einem solchen Drei-Kontenmodell stellt das Darlehenskonto regelmäßig ein Fremdkapital dar.

Bei einem **Vier-Kontenmodell**[255] wird das Drei-Kontenmodell um ein Verlustvortragskonto erweitert, auf diesem Verlustvortragskonto werden Verluste verbucht, das Rücklagenkonto (Kapitalkonto II) wird nicht durch Verluste belastet. Im Vier-Kontenmodell sind nur das Kapitalkonto I und das Verlustvortragskonto steuerliches Eigenkapital, während das Kapitalkonto II, auf dem keine Verluste verbucht werden, und das Darlehenskonto zu Fremdkapital führen.

Entgegen der Auffassung der Finanzverwaltung[256] hat der BFH[257] entschieden, dass die Buchung gegen ein Kapitalkonto II nicht zu einer Gewährung von Gesellschafterrechten führt, sondern als Gegenkonto für unentgeltliche Zuführungen genutzt werden kann. Bei einer – ausschließlichen – Buchung gegen ein Kapitalkonto II kommt es damit nicht zu einer Gewinnrealisierung, so jedenfalls der BFH.

(2) Die Abgrenzung von Eigen- und Fremdkapital

Der BFH[258] hat zur Unterscheidung von Eigenkapital und Fremdkapital die folgenden Grundsätze aufgestellt: Die Bezeichnung der Konten ist nicht ausschlaggebend, sondern es ist anhand des Gesellschaftsvertrages zu ermitteln, welche Rechtsnatur die Konten haben. Ebenfalls nicht ausschlaggebend ist die Zuordnung in der Handelsbilanz als Eigen- oder Fremdkapital. Entscheidend ist für die Qualifizierung regelmäßig, ob auf dem entsprechenden Konto Verluste verbucht werden. Umgekehrt spricht der Umstand, dass ein Konto gewinnunabhängig zu verzinsen ist, regelmäßig dafür, dass Fremdkapital vorliegt. Ist bei einem verzinslichen Darlehenskonto eine abschließende – also bei Ausscheiden oder Liquidation – Verrechnung mit Kapitalkonto und Verlustvortragskonten vorgesehen, so führt dies dazu, dass auch das Darlehenskonto Eigenkapitalkonto im steuerlichen Sinne ist, jedenfalls dann, wenn die Entnahmerechte beschränkt sind.

Steuerliches Eigenkapital liegt auch bei den sogenannten Finanzplankrediten im engeren Sinne vor, die vom Gesellschafter nicht gekündigt werden können und die bei Ausscheiden oder Liquidation ebenfalls mit negativen Kapitalkonten zu verrechnen sind.[259]

Die Unterscheidung von (ertrag-)steuerlichem Eigen- und Fremdkapital spielt auch bei der Erbschaft- und Schenkungsteuer eine erhebliche Rolle. Die Finanzverwaltung sieht eine als Fremdkapital zu beurteilende Gesellschafterdarlehensforderung als sogenanntes »Finanzmittelvermögen« i.S.d. § 13b Abs. 4 Satz 5 ErbStG an.[260]

---

255 Ein Muster eines Vier-Kontenmodells findet sich bei Kap. 1 Rdn. 609.
256 BMF, BStBl. I 2011, 713 unter Tz. I.1.
257 BFH, DStR 2016, 217.
258 BFH, BStBl. II 2009, 272.
259 BFH, BStBl. II 2005, 598.
260 Abschnitt E 13b.23 Abs. 2 ErbStR 2019.

j) Steuersatz und Steuerermäßigungen: § 32d EStG § 34a und § 35 EStG, §§ 16, 34 EStG

aa) Tarif – Grundzüge

187 Das zu versteuernde Einkommen unterliegt nach dem linear-progressiven Tarif des § 32a EStG nach Überschreiten des Grundfreibetrages von 8.130 € (VZ 2013) einem Steuersatz von 14 % bis 45 %. Abweichend hiervon sieht § 32d Abs. 1 EStG für die meisten Einkünfte aus Kapitalvermögen einen Abgeltungssteuersatz von 25 % vor. Der nicht entnommene Gewinn einer Gewinneinkünfte erzielenden Personengesellschaft kann nach § 34a EStG mit einem ermäßigten Steuersatz von 28,25 % versteuert werden, bei einer späteren Entnahme erfolgt allerdings regelmäßig eine Nachversteuerung in Höhe von 25 % des ermäßigt besteuerten Gewinnes abzüglich des Steuersatzes von 28,25 %. Zur Vermeidung der Doppelbelastung von Gewerbesteuer und Einkommensteuer enthält § 35 EStG eine Anrechnungsvorschrift der gezahlten bzw. der fiktiv höchstens anzurechnenden Gewerbesteuer auf die Einkommensteuer. Schließlich können Veräußerungsgewinne aus Gewinneinkünften mit einem ermäßigten Steuersatz nach § 34 EStG besteuert werden.

bb) Sondertarif für nicht entnommene Gewinne, § 34a EStG

188 Seit dem Veranlagungszeitraum 2008 besteht für die Bezieher von Gewinneinkünften, die ihren Gewinn durch Betriebsvermögensvergleich nach §§ 4 Abs. 1, 5 EStG ermitteln, die Möglichkeit, nicht entnommene Gewinne einem (nur) ermäßigten Steuersatz zu unterwerfen. Durch diese Vergünstigung soll eine faktische Angleichung der Unternehmensbesteuerung zwischen den beiden Besteuerungskonzepten der Einkommensteuer und Körperschaftsteuer erreicht werden. Bei Inanspruchnahme der Vergünstigung werden diese Einkünfteteile einem ermäßigten Steuersatz von 28,25 % (zuzüglich Solidaritätszuschlag) unterworfen. Werden zu einem späteren Zeitpunkt Entnahmen getätigt, müssen diese – abzüglich der darauf entfallenen Steuerbelastung von 28,25 % (zuzüglich SolZ) mit einem Steuersatz von 25 % (zuzüglich SolZ) nachversteuert werden.

189 Somit ergibt sich für den Regelfall[261] lediglich eine zeitliche Streckung der Steuerbelastung, die tatsächliche Steuerbelastung liegt in allen Fällen über der Regelbelastung ohne Inanspruchnahme der Thesaurierungsrücklage.[262]

190 Bei der Personengesellschaft ist die Inanspruchnahme der Thesaurierungsvergünstigung ein personen- und antragsgebundenes Recht des einzelnen Mitunternehmers. Der einzelne Mitunternehmer ist antragsberechtigt, wenn er entweder zu mehr als 10 % an der Mitunternehmerschaft beteiligt ist oder der auf ihn entfallende Gewinn mindestens 10.000 € beträgt.

191 Die Betrachtung der tatbestandlichen Voraussetzungen der Inanspruchnahme und Nachversteuerung erfolgt (streng) mitunternehmeranteilsbezogen. Es kommt somit nicht zu einer Verrechnung von Über-/Unterentnahmen zwischen einzelnen Mitunternehmern.[263]

(1) Begünstigungsfähiges Thesaurierungsvolumen

192 Begünstigungsfähig ist der nicht entnommene Gewinn. Dies ist der Gewinn des gesamten Mitunternehmeranteils i.S.d. § 4 Abs. 1 Satz 1 oder § 5 EStG abzüglich eines Entnahmenüberschusses.

193 Die Anknüpfung an § 4 Abs. 1 Satz 1 oder § 5 EStG als Gewinn – nicht die Anknüpfung an den steuerlichen Gewinn – führt dazu, dass in diesem Betrag noch die außerbilanziellen Hinzurechnungen (vor allem steuerfreie Auslandsgewinne) und Kürzungen (nicht abzugsfähige Betriebsausgaben und Gewerbesteuer) enthalten sind.[264] Deshalb führt die Hinzurechnung der nicht abzugsfähigen

---

261 Verrechnung mit Erbschaftsteuer, s.u. Rdn. 196.
262 Vgl. zu Quantifizierungen: MünchHdb. GesR II/*Levedag*, § 59 Rn. 7.
263 Verschiebungen können sich allerdings aus der Verteilung nichtabzugsfähiger Betriebsausgaben und der Gewerbesteuer ergeben s. Rdn. 203.
264 BMF, BStBl. I 2008, 838 Tz. 11.

A. Das Steuerrecht der Personengesellschaften Kapitel 12

Betriebsausgaben zu einer Erhöhung des steuerpflichtigen Gewinnes, nicht aber zu einer Erhöhung des nicht entnommenen Gewinnes, so dass für nicht abzugsfähige Betriebsausgaben die Thesaurierungsvergünstigung nicht in Anspruch genommen werden kann. Bei steuerfreien Gewinnanteilen kann begrifflich keine ermäßigte Besteuerung stattfinden, jedoch gelten diese steuerfreien Gewinne als vorrangig entnommen.[265]

Damit ergibt sich folgendes Prüfungsschema:

1. Gewinn
2. ./. Entnahmeüberschuss
   wenn 2. >0
3. ./. steuerfreie Gewinnanteile
   = nicht entnommener Gewinn

Darüber hinaus können steuerfreie Gewinnanteile auch mit nicht abzugsfähigen Betriebsausgaben und der Gewerbesteuer saldiert werden, um den nicht entnommenen Gewinn zu erhöhen.

Wird der Antrag nach § 34a EStG gestellt, so ergibt sich in der beantragten Höhe der Begünstigungsbetrag i.S.d. § 34a Abs. 3 Satz 1 EStG, lediglich mit dem ermäßigten Steuersatz von 28,25 % der Einkommensteuer unterworfen wird. Der Begünstigungsbetrag, abzüglich der Steuer von 28,25 % zuzüglich SolZ bildet den festzustellenden nachversteuerungspflichtigen Betrag.

(2) Der nachversteuerungspflichtige Betrag und die Nachversteuerung

Der nachversteuerungspflichtige Betrag kann so lange beibehalten werden, bis ein nachsteuerpflichtiger Vorgang verwirklicht ist. Er wird gemindert um Beträge, die für die Erbschaft-/Schenkungsteuer anlässlich einer (unentgeltlichen) Übertragung des Betriebs entnommen wurden, § 34a Abs. 4 Satz 3 EStG.

Die Nachversteuerung wird durchgeführt, wenn
– in einem Folgejahr ein positiver Überschuss der Entnahmen über Einlagen und Gewinn entsteht, § 34a Abs. 4 EStG
– in Fällen einer Betriebsveräußerung oder -aufgabe, § 34a Abs. 4 Satz 1 Nr. 1 EStG
– bei der Einbringung in eine Kapitalgesellschaft oder bei einem Formwechsel, § 34a Abs. 4 Satz 1 Nr. 2 EStG
– bei einem Wechsel der Gewinnermittlungsart, § 34a Abs. 4 Satz 1 Nr. 3 EStG
– auf Antrag des Steuerpflichtigen, § 34a Abs. 4 Satz 1 Nr. 4 EStG

Kein nachsteuerpflichtiges Ereignis ist hingegen die Erzielung eines Verlustes.

Die Nachversteuerung wird auf den nachversteuerungspflichtigen Betrag mit einem Steuersatz von 25 % zuzüglich SolZ durchgeführt. Dies führt zu einer Entnahmebelastung von 18,514 % einschließlich Solidaritätszuschlag.

(3) Verwendungsreihenfolge für Entnahmen

Aus dem Vorstehenden lässt – ist einmal ein nachversteuerungspflichtiger Betrag festgestellt worden, für Folgejahre eine Verwendungsreihenfolge von Entnahmen aufstellen:
1. Verrechnung mit steuerfreien Gewinnanteilen
2. Verrechnung mit dem Gewinn des laufenden Jahres
3. Verrechnung mit nachversteuerungspflichtigen Beträgen
4. Verrechnung mit sonstigen nicht nachversteuerungspflichtigen Beträgen

---

265 BMF, BStBl. I 2008, 838 Tz. 17.

201 Soweit daher die in der Mitunternehmerschaft vorhandenen Guthaben auf Kapital- und Darlehenskonten nicht der Thesaurierungsrücklage unterworfen worden sind, kommt es zu einem »lock-in Effekt«, d.h., dass solche Beträge erst dann ohne Nachversteuerung entnahmefähig sind, wenn zuvor alle nachversteuerungspflichtigen Beträge der Nachsteuer unterworfen worden sind. Dieser lock-in-Effekt mindert die praktische Attraktivität der Thesaurierungsrücklage erheblich.[266]

cc) Steuerermäßigung für Einkünfte aus Gewerbebetrieb, § 35 EStG

202 Um die Doppelbelastung von Einkommensteuer und Gewerbesteuer abzumildern, sieht § 35 EStG in der seit dem Veranlagungszeitraum 2001 geltenden Fassung eine pauschalierte Anrechnung der Gewerbesteuer auf die Einkommensteuer vor. Danach wird bei Einkünften aus Gewerbebetrieb das 3,8fache des (bei Mitunternehmerschaften anteiligen) Gewerbesteuermessbetrages auf die Einkommensteuer angerechnet. Wegen der Folgewirkungen auf die Bemessung des Solidaritätszuschlages durch die Anrechnung wird damit seit dem Veranlagungszeitraum 2008 bei einem Gewerbesteuerhebesatz von 401 % in idealtypischen Fällen eine vollständige Entlastung von der Gewerbesteuer erreicht. Da die Anrechnung auf die tatsächlich zu zahlende Gewerbesteuer begrenzt ist, § 35 Abs. 1 Satz 5 GewStG, kann es durch die pauschalierte Anrechnung nicht zu einer Minderbelastung kommen. Möglich ist jedoch die Entstehung sogenannter Anrechnungsüberhänge, also dass tatsächlich eine (verbleibende) Gewerbesteuerbelastung entsteht.

(1) Der anteilige Gewerbesteuermessbetrag bei Mitunternehmerschaften

203 Die personenbezogene Entlastung des Mitunternehmers bei der Einkommensteuer führt dazu, dass die auf der Ebene der Mitunternehmerschaft verwirklichte Gewerbesteuerbelastung umgerechnet werden muss und nur anteilig gewährt werden kann. Hierzu sieht § 35 Abs. 2 zwingend eine Bindung an den allgemeinen handelsrechtlichen Gewinnverteilungsschlüssel vor, soweit dieser steuerlich anzuerkennen ist.[267] Der »allgemeine Gewinnverteilungsschlüssel« entspricht regelmäßig dem Verhältnis der Festkapitalkonten. Dementsprechend werden die Ergebnisse aus Sonder- und Ergänzungsbilanzen ebenso wie Sondervergütungen nicht berücksichtigt. Nach früherer Verwaltungsauffassung waren Vorabgewinnanteile dann Bestandteil des allgemeinen Gewinnverteilungsschlüssels, wenn sie gewinnabhängig ausgestaltet waren,[268] dem ist die Rechtsprechung nicht gefolgt.[269]

(2) Minderung und Verlust von Anrechnungsguthaben

204 Da § 35 EStG lediglich als Tarifermäßigung, nicht aber als »echte« Anrechnungsvorschrift – vgl. § 36 EStG – ausgestaltet ist, kann die Anrechnung ins Leere laufen, wenn eine entsprechende Einkommensteuerbelastung – etwa in Folge negativer Einkünfte – zur Kompensation nicht zur Verfügung steht. Ein Vortrag des Anrechnungsguthabens auf Folgejahre ist nicht möglich.

205 Neben dem Verlust des Anrechnungsguthabens durch mangelnde kompensierbare Einkommensteuern kann ein Verlust auch durch den Ermäßigungshöchstbetrag nach § 35 Abs. 2 Satz 2 EStG eintreten, wenn in erheblichem Umfang neben den positiven gewerblichen Einkünften daneben positive Einkünfte aus anderen Einkunftsarten und negative Einkünfte von dem Steuerpflichtigen zu versteuern sind.

206 Für die Aufteilung der Gewerbesteuermessbeträge kommt es auf die Verhältnisse zum Ende des Erhebungszeitraumes an. Dies führt dazu, dass bei einer unterjährigen Veräußerung das Gewerbe-

---

266 Herrmann/Heuer/Raupach/*Stein*, § 34a EStG Rn. 5, 63.
267 BMF, BStBl. I 2009, 440, geänd. d. BMF, BStBl. I 2010, 1312 Tz. 20, 21.
268 BMF, BStBl. I 2009, 440 Tz. 23, 24; aufgehoben durch BMF, BStBl. I 2010, 1312 mit Übergangsregelung.
269 BFH, BStBl. II 2010, 116.

dd) Steuerermäßigung für Veräußerungsgewinne

Die Veräußerung oder Aufgabe des (gesamten) Mitunternehmeranteils eines Steuerpflichtigen an einer gewerbliche Mitunternehmerschaft – § 16 Abs. 1 Nr. 2, Abs. 3 Satz 1 EStG –, an einer selbständigen Mitunternehmerschaft – § 18 Abs. 3 EStG i.V.m. § 16 Abs. 1 Nr. 2, Abs. 3 Satz 1 EStG – oder einer land- und forstwirtschaftlichen Mitunternehmerschaft – § 14 EStG – unterliegt einer ermäßigten Besteuerung. Zum einen wird – nach Vollendung des 55. Lebensjahres oder bei dauernder Berufsunfähigkeit – einmalig ein Veräußerungsfreibetrag in Höhe von 45.000 € gewährt. Zum anderen können nach § 34 EStG Tarifvergünstigungen gewährt werden, entweder im Wege der Progressionsdegression durch die sogenannte »Fünftelregelung« (§ 34 Abs. 1 EStG) oder – unter den gleichen persönlichen Voraussetzungen wie bei § 16 Abs. 4 EStG – durch die Anwendung eines ermäßigten Einkommensteuersatzes auf den Veräußerungs- oder Aufgabegewinn.

207

(1) Veräußerungs- oder Aufgabefreibetrag, § 16 Abs. 4 EStG

Hat der Steuerpflichtige im Zeitpunkt der Veräußerung (Erfüllungsgeschäft) bzw. zum Ende der Betriebsaufgabe das 55. Lebensjahr vollendet oder erfolgt die Veräußerung/Aufgabe kausal wegen der eingetretenen Berufsunfähigkeit, so wird – aus sozialen Gründen und zur Vermeidung von Härten bei geringen Veräußerungsgewinnen[271] – ein Freibetrag in Höhe von 45.000 € gewährt. Der Veräußerungs- oder Aufgabegewinn ist damit insoweit von jeder Besteuerung befreit. Dem Sozialzweck folgend wird dieser Freibetrag jedoch um den Betrag abgeschmolzen, um den der Veräußerungsgewinn einen Betrag von 136.000 € übersteigt.

208

Ob eine dauernde Berufsunfähigkeit vorliegt, ist nach den Kriterien des § 240 Abs. 2 SGB VI zu beurteilen.

209

Der Veräußerungs- oder Aufgabefreibetrag kann nur einmal im Leben eines Steuerpflichtigen und auch nur für ein Betriebsvermögen gewährt werden. Werden in einem Veranlagungszeitraum mehrere Betriebsvermögen veräußert, so kann der Steuerpflichtige nur für eines dieser Betriebsvermögen den Freibetrag in Anspruch nehmen, und zwar auch dann, wenn dieser hierdurch teilweise verloren geht.

210

Nicht verbrauchte Teilbeträge gehen verloren. Soweit entsprechende Freibeträge vor dem Veranlagungszeitraum 1996 in Anspruch genommen wurden, zählen diese nicht mit, § 52 Abs. 34 Satz 5 EStG.

Erstreckt sich die Aufgabe über mehr als einen Veranlagungszeitraum, so sind Freibetrag und Abschmelzung in Zusammenbetrachtung über beide Veranlagungszeiträume zu ermitteln und in beiden Veranlagungszeiträumen anteilig zu gewähren.[272]

211

(2) Tarifermäßigung nach § 34 Abs. 3 EStG

Unter den gleichen Voraussetzungen wie in § 16 Abs. 4 EStG genannten[273] kann der Steuerpflichtige für einen Veräußerungs- oder Aufgabegewinn bis zu einer Höhe von 5.000.000 € eine Besteuerung mit einem ermäßigten – d.h. 56 %[274] des durchschnittlichen Einkommensteuersatzes – Steuer-

212

---

270 BFH, BStBl. II 2016, 875.
271 Kirchhof/*Reiß*, § 16 EStG Rn. 271.
272 BMF, BStBl. I 2006, 7 unter I.
273 Für das Merkmal »Einmalgewährung« sind Inspruchnahmen vor dem VZ 2001 unbeachtlich, § 52 Abs. 47 Satz 6 EStG.
274 Bis einschließlich VZ 2003 wurde lediglich der »halbe« durchschnittliche Steuersatz erhoben, die Erhöhung auf 56 % war eine Gegenfinanzierungsmaßnahme durch pauschale Kürzung vieler steuerlicher

satz versteuern. Dieser ermäßigte Steuersatz muss aber mindestens dem Eingangssteuersatz von derzeit 14 % entsprechen, § 34 Abs. 1 Satz 2 EStG.

213 Auch im Rahmen der Tarifermäßigung nach § 34 Abs. 3 EStG ist bei einer Betriebsaufgabe über mehrere Veranlagungszeiträume die Vergünstigung in beiden Veranlagungszeiträumen, jedoch der Höhe nach auf 5.000.000 € begrenzt, anzuwenden. Werden mehrere Betriebsvermögen veräußert, kann der Steuerpflichtigen die Wahlrechte aus § 16 Abs. 4 EStG und § 34 Abs. 3 EStG unterschiedlich ausüben, und zwar sowohl in einem Veranlagungszeitraum als auch in mehreren Veranlagungszeiträumen.

(3) Tarifermäßigung nach § 34 Abs. 1 EStG

214 Soweit bei Veräußerungsgewinnen die Tarifvergünstigungen nach § 16 Abs. 4 und § 34 Abs. 3 EStG nicht gewährt werden, wird der (verbleibende) Veräußerungsgewinn ermäßigt nach der Fünftelregelung besteuert. Das bedeutet, dass auf das zu versteuernde Einkommen ohne Berücksichtigung der ermäßigt zu besteuernden Einkünfte ein Fünftel der Einkünfte aufgeschlagen wird. Die hieraus entstehende Einkommensteuer wird sodann mit fünf multipliziert. Um Überbegünstigungen zu verhindern, beträgt die Einkommensteuer mindestens ein Fünftel des zu versteuernden Einkommens, also unter Einschluss des ermäßigt zu besteuernden Betrages. Die Minderungswirkung der Fünftelregelung besteht somit in der mehrfachen Ausnutzung des Progressionsverlaufes des Einkommensteuertarifes nach § 32a EStG.

k) Steuerabzugsbeträge

215 Erzielt die Personengesellschaft Einnahmen, die einem Steuerabzug unterlegen haben, vor allem bei Ausschüttungen aus Kapitalgesellschaften, Dividenden, Fondseinnahmen oder Zinsen, so ist der ausschüttende Gläubiger verpflichtet, die Kapitalertragsteuer einzubehalten und an das für ihn zuständige Finanzamt abzuführen, §§ 43 ff. EStG. Da die Personengesellschaft nicht selbst Einkommensteuersubjekt ist, werden diese Steuerabzugsbeträge auf der Ebene der Personengesellschaft (lediglich) gesondert festgestellt und sodann bei der Veranlagung des Personengesellschafters auf dessen Einkommensteuerschuld angerechnet bzw. erstattet.

216 Da diese Steuerabzugsbeträge (wirtschaftlich) eine Vorauszahlung auf die den Gesellschafter treffende Einkommensteuerschuld darstellen, sind diese »wie eine Entnahme« zu behandeln[275] und somit – sofern der Gesellschaftsvertrag dies vorsieht – zu erstatten. Für den Fall der Insolvenz hat der BGH nunmehr entschieden, dass – unabhängig vom Bestehen eines Steuerentnahmerechtes – die vom Insolvenzverwalter erwirtschafteten Zinseinkünfte allein der Masse zustehen und somit diese Steuerabzugsbeträge zu erstatten sind.[276]

3. Gewerbesteuer

217 Die Gewerbesteuer bildet die zweite Säule der ertragsteuerlichen Belastung der Personengesellschaften. Seit der Abschaffung der Lohnsummensteuer[277] und der Gewerbekapitalsteuer[278] als Elemente der Gewerbesteuer ist sie eine reine Ertragsteuer.[279] Die Hinzurechnung ertragsunabhängiger Bestandteile in den Gewerbeertrag[280] ändert hieran nichts, diese stellt sich im Ergebnis ausschließlich als

---

Subventionsnormen (Koch/Steinbrück-Liste).
275 BGH, DStR 2016, 1273.
276 BGH, DStR 2016, 1273; allerdings hat der BFH jüngst entschieden, dass ein Zwangsverwalter Entrichtungspflichtiger der Einkommensteuer ist, soweit diese den Gegenstand der Zwangsverwaltung betrifft, BFH, DStR 2015, 1307. Die weitere Entwicklung ist hier noch nicht absehbar, könnte aber auch Auswirkung auf eine eventuelle Erstattungspflicht im Insolvenzfall haben.
277 Seit dem Erhebungszeitraum 1980.
278 Seit dem Erhebungszeitraum 1998.
279 Tipke/Lang/*Montag*, Rn. 12/1.
280 Rdn. 228 ff.

teilweises Abzugsverbot bei (notwendigen) Betriebsausgaben dar. Die Besonderheiten der Gewerbesteuer haben ihren historischen Ursprung in dem Äquivalenzprinzp, nach dem die Gewerbesteuer einen Ausgleich der Gemeinde für die mit dem Gewerbebetrieb einhergehenden Belastungen darstellen soll. Dementsprechend wird die Gewerbesteuer als Objektsteuer bezeichnet,[281] was jedoch an dem vorstehenden Befund einer zweiten Ertragsteuer nichts ändert.

Bei der Besteuerung der Personengesellschaften führt die Belastung mit der Gewerbesteuer zu einer Doppelbelastung. Dem Rechnung tragend, wurde zunächst ab dem Veranlagungszeitraum 1994 ein ermäßigter Einkommensteuertarif für gewerbliche Einkünfte eingeführt, § 32c EStG, der ab dem Veranlagungszeitraum 2001 durch eine pauschalierte Anrechnung der Gewerbesteuer auf die Einkommensteuer ersetzt wurde, § 35 EStG. 218

a) Steuerobjekt

Wie oben dargestellt, ist bei der Gewerbesteuer der Gewerbebetrieb Steuerobjekt, die Personengesellschaft damit Steuersubjekt und Steuerschuldner, § 5 Abs. 1 Satz 3 GewStG. Die hinter der Personengesellschaft stehenden Mitunternehmer sind dagegen weder Gewerbetreibende noch Schuldner der Gewerbesteuer. Ihre Inanspruchnahme ist nur als Haftungsschuldner nach § 191 AO möglich. 219

Die Frage der Einkünftequalifikation als gewerbliche Einkünfte folgt nach den einkommensteuerlichen Wertungen, dies gilt sowohl hinsichtlich der Frage, ob eine Einkunftsquelle zu Einkünften aus Gewerbebetrieb führt als auch hinsichtlich des Umfanges des Gewerbebetriebs einer Mitunternehmerschaft, also die Einbeziehung von Gesamthands-, Ergänzungs- und Sonderbilanzen. 220

Hinsichtlich des Beginnes der sachlichen Gewerbesteuerpflicht und hinsichtlich der Besteuerung von Veräußerungsgewinnen bestehen zwischen Einkommensteuer und Gewerbesteuer erhebliche Unterschiede. 221

b) Beginn der Gewerbesteuerpflicht

Die sachliche Gewerbesteuerpflicht beginnt erst dann, wenn alle tatbestandlichen Voraussetzungen eines Gewerbebetriebes erfüllt sind und der Gewerbebetrieb in Gang gesetzt wurde.[282] Die sachliche Gewerbesteuerpflicht beginnt somit später als die einkommensteuerlichen Einkünfte aus Gewerbebetrieb, die bereits die erste Vorbereitungshandlung in die sachliche Steuerpflicht aufnehmen.[283] Der Gewerbesteuer unterliegen somit nur Gewinne und Verluste aus dem laufenden Betrieb. Dementsprechend sind Vorbereitungs- und Anlaufkosten außer Betracht zu lassen,[284] auch Kosten eines Probebetriebs[285] fallen noch nicht während der Dauer der sachlichen Gewerbesteuerpflicht an, so dass die entsprechenden Aufwendungen den gesamten während der Dauer eines Unternehmens erzielten Gewerbeertrag nicht mindern. 222

Umgekehrt unterliegen auch die Gewinne eines ruhenden oder verpachteten Gewerbebetriebs[286] nicht der Gewerbesteuer, ebenso wenig Erträge aus der Abwicklung oder nachträgliche Betriebseinnahmen, § 24 Nr. 2 EStG. 223

Bei gewerblich geprägten Personengesellschaften – § 15 Abs. 3 Nr. 2 EStG – folgt die Gewerbesteuerpflicht nicht aus der Tätigkeit der Personengesellschaft, sondern aus ihrer gesellschaftsrechtlichen Verfasstheit. Es liegt daher nahe, die gewerblich geprägte Personengesellschaft – wie auch eine Kapitalgesellschaft – als einen Gewerbebetrieb kraft Rechtsform anzusehen, der auch mit seinen 224

---

281 Tipke/Lang/*Montag*, Rn. 12/13.
282 Abschnitt 12.5 Abs. 1 GewStR 2009.
283 Rdn. 516.
284 Vgl. BFH/NV 2011, 1247 (Windpark); BFH/NV 2012, 266 (Wasserkraftwerk).
285 OFD Münster, v. 13.07.2007 (Biogasanlage), StEK § 2 Abs. 1 GewStG Nr. 182.
286 Abschnitt 2.6 GewStR 2009.

Vorbereitungshandlungen der Gewerbesteuer unterliegt.[287] Demgegenüber vertritt die Finanzverwaltung die Auffassung, dass bei einer vermögensverwaltenden gewerblich geprägten Personengesellschaft mit der Aufnahme ihrer vermögensverwaltenden Tätigkeit die Gewerbesteuerpflicht beginne,[288] so dass auch bei der gewerblich geprägten und tätigen Personengesellschaft ein vorverlagerter Beginn der Gewerbesteuerpflicht nicht in Betracht kommt.

c) Steuerbefreiungen

225 § 3 GewStG enthält einen umfangreichen Katalog von Steuerbefreiungen. Der überwiegende Teil der Befreiungen betrifft bestimmte Unternehmen der öffentlichen Hand, der Wirtschaftsförderung, gemeinnützige Unternehmen, Unternehmen der Landwirtschaft, der Altersvorsorge, Krankenpflege, Schulen und berufliche Zusammenschlüsse. In vielen Fällen liegt der Gewerbesteuerbefreiung ein Vergleich mit öffentlich-rechtlichen Einrichtungen zugrunde, etwa im Vergleich von berufsständischen Versorgungswerken nach § 3 Nr. 1 GewStG zu Sozialversicherungsträgern.[289] Bei den begünstigten landwirtschaftlichen Unternehmen, etwa nach § 3 Nr. 12 und 14 GewStG, soll die Zusammenlegung oder die agrarpolitisch erwünschte Zusammenarbeit nicht durch eine Erhebung der Gewerbesteuer konterkariert werden.

226 Soweit die Tätigkeit eines Unternehmens von der Gewerbesteuer befreit ist, aber der Einkommensteuer unterliegt, lassen sich hieraus im Allgemeinen keine wesentlichen Vorteile erzielen. Denn die Gewerbesteuerbefreiung führt dazu, dass eine Gewerbesteueranrechnungsmöglichkeit nach § 35 GewStG nicht besteht. In diesen Fällen sollte daher erwogen werden, das Unternehmen in der Rechtsform einer Kapitalgesellschaft zu führen.

227 Für die Gestaltungspraxis verbleiben als wichtige Befreiungsvorschriften:
– § 3 Nr. 13 GewStG – Steuerbefreiung von privaten Schulen und anderen allgemeinbildenden oder berufsbildenden Einrichtungen
– § 3 Nr. 20 b) – d) GewStG – Steuerbefreiung von Krankenhäusern, Altenheimen, ambulanten stationären und vorübergehend stationären Pflegeeinrichtungen
– § 9 Nr. 1 Satz 2 GewStG – erweiterte Kürzung für Grundstücksunternehmen

d) Hinzurechnungen und Kürzungen

aa) Hinzurechnungen

228 Die Hinzurechnungen nach § 8 GewStG sollen sicherstellen, dass ein »objektivierter« Gewerbeertrag der Gewerbesteuer unterworfen wird. Das Ausmaß gedachter Hinzurechnungen zum Gewerbeertrag kann wegen der unterschiedlichen Technik der Beseitigung der gewerbesteuerlichen Doppelbelastung bei Personengesellschaften und Kapitalgesellschaften die Rechtsformwahl entscheidend beeinflussen. Während auch die Hinzurechnungen bei der Personengesellschaft über die Anrechnung nach § 35 EStG Entlastung finden, stellen sie bei der Kapitalgesellschaft eine echte, definitiv werdende Zusatzbelastung dar.

229 Die wichtigste Hinzurechnung ist in § 8 Nr. 1 GewStG die Hinzurechnung von 25 % der Summe der Entgelte für Schulden unter Einschluss weiterer, enumerativ aufgezählter fingierter Zinsanteile aus dauernden Überlassungen (Miete, Pacht, Leasing, Lizenzen, Konzessionen). Dabei wird je Gewerbebetrieb ein Freibetrag von 100.000 € gewährt.

230 Die übrigen noch bestehenden Hinzurechnungsvorschriften sind demgegenüber eher technischer Struktur und dienen der Verwirklichung systemtragender Besteuerungsprinzipien im Gleichklang von Hinzurechnung und Kürzung. So folgt aus der Steuerpflicht der Personengesellschaft nach § 5

---

287 Lenski/Steinberg/*Roser*, § 7 GewStG Rn. 12.
288 Hinweis zu Abschnitt 2.5.1. GewStR 2009.
289 Vgl. hierzu BFH, DStR 2011, 1074.

GewStG, dass bei Einkünften aus anderen Personengesellschaften nicht eine zweite Gewerbebesteuerung eintritt, so dass § 8 Nr. 8 GewStG für Verlustfälle eine Hinzurechnung und § 9 Nr. 2 GewStG für Gewinnfälle eine Kürzung vorsieht.

bb) Kürzungen

Zur Minderung der Doppelbelastung durch Gewerbesteuer und Grundsteuer wird der Gewerbeertrag um 1,2 % des Einheitswertes des zum Betriebsvermögen gehörenden Grundbesitzes gekürzt, § 9 Nr. 1 Satz 1 GewStG. 231

Soweit das Unternehmen ausschließlich eigenen Grundbesitz verwaltet oder daneben Kapitalvermögen verwaltet, Wohnungsbauten betreut oder Ein- und Zweifamilienhäuser errichtet und veräußert, kann auf Antrag der Teil, der auf die Verwaltung und Nutzung des eigenen Grundbesitzes entfällt, von der Gewerbesteuer befreit werden, § 9 Nr. 1 Satz 2 ff. GewStG. Diese erweiterte Kürzung der Gewerbesteuer für Grundbesitzunternehmen läuft – wie alle Befreiungsvorschriften – bei Personengesellschaften leer, so dass gegebenenfalls eine Umwandlung in eine Kapitalgesellschaft anzuraten sein kann. 232

Soweit eine Grundbesitz haltende Kapitalgesellschaft ihrerseits an einer Grundbesitz haltenden Personengesellschaft beteiligt ist, kann durch die Beteiligung das Ausschließlichkeitserfordernis nach § 9 Nr. 1 Satz 2 ff. GewStG verletzt sein, so dass die erweiterte Kürzung nicht mehr zur Anwendung kommt. Dies ist dann der Fall, wenn die Tochter-Personengesellschaft ihrerseits gewerblich tätig oder gewerblich geprägt ist. Ist dies jedoch nicht der Fall und erfüllt auch die Tochter-Personengesellschaft die Voraussetzungen für die erweiterte Kürzung, so ist wegen der Bruchteilsbetrachtung (§ 39 Abs. 2 Nr. 2 AO) die erweiterte Kürzung zu gewähren.[290] 233

Gekürzt wird der Gewerbeertrag weiterhin um zur Vermeidung doppelter Gewerbebesteuerung bei 234
– Gewinnanteilen aus anderen Mitunternehmerschaften, § 9 Nr. 2 GewStG
– Gewinnen aus anderen Kapitalgesellschaften bei einer Beteiligung von mindestens 15 %, § 9 Nr. 2a GewStG
– Gewinnen aus ausländischen Betriebsstätten, § 9 Nr. 3 GewStG
– ausländischen Schachtelerträgen bei einer Beteiligung von mehr als 15 %, § 9 Nr. 7, 8 GewStG

e) Gewerbesteuerlicher Verlustabzug

Werden Verluste erzielt, so sind diese nach § 10a GewStG in zukünftige Erhebungszeiträume vorzutragen. Ein Verlustrücktrag ist, anders als im Einkommen- und im Körperschaftsteuerrecht, nicht vorgesehen. Der gewerbesteuerliche Verlustabzug kann in folgenden Erhebungszeiträumen jedoch nur dann erfolgen, wenn zwischen dem verlusterzielenden und dem verlustnutzenden Unternehmen Unternehmensidentität besteht und Unternehmeridentität zwischen den verlusterzielenden und verlustnutzenden Unternehmern besteht. 235

Für die Annahme eines Unternehmerwechsels ist es ohne Bedeutung, ob dieser auf einer Veräußerung, Gesamtrechtsnachfolge (Erbfall) oder unentgeltlicher Rechtsnachfolge beruht.[291] Bei Mitunternehmerschaften kommt es für die Frage der Unternehmeridentität auf die Gesellschafter (Mitunternehmer) an. Scheidet ein Gesellschafter aus einer Personengesellschaft aus, so geht sein Verlustabzug unter. Der Verlustvortrag der verbleibenden Gesellschafter bleibt bestehen, er kann jedoch nur zu demjenigen Teil auf zukünftige Gewerbeerträge verrechnet werden, der dem »Alt«-Verhältnis entspricht.[292] 236

---

290 BFH, BStBl. II 2019, 262.
291 BFH, BStBl. II 1994, 331.
292 Abschnitt 10a.3 Abs. 3 Satz 9 Nr. 2 GewStR 2009.

237 Bei doppelstöckigen Personengesellschaften soll es für die Frage der Unternehmeridentität der Untergesellschaft nicht auf die Gesellschafter der Obergesellschaft, sondern auf die Obergesellschaft selbst ankommen.[293]

f) Veräußerungsgewinne

238 Da die Gewerbesteuer als Objektsteuer an die Ergebnisse eines lebenden Gewerbebetriebs anknüpft,[294] gehören die Gründungs- und Aufgabephase abweichend von der einkommensteuerlichen Würdigung nach historischer Auffassung nicht zum Gegenstand der Gewerbesteuer. Eine Betriebsveräußerung oder -aufgabe – entsprechend die Veräußerung oder Aufgabe eines Mitunternehmeranteils – unterliegen daher nicht der Gewerbesteuer, soweit der entsprechende Gewinn auf eine natürliche Person als unmittelbar beteiligter Anteilseigner entfällt, so nunmehr § 7 Satz 2 GewStG.

239 Anderes gilt hingegen für veräußerungsähnliche Vorgänge, die nicht unter § 16 EStG fallen, wie die Veräußerung eines Teils eines Mitunternehmeranteils,[295] und nach § 7 Satz 2 GewStG für Veräußerungsgewinne, die einer nichtnatürlichen Person als unmittelbarem Anteilseigner zufallen, so bei Veräußerungsgewinnen von Kapitalgesellschaften und in doppelstöckigen Konstruktionen bei Veräußerung der Untergesellschaft. Bei der Veräußerung von Anteilen an der Obergesellschaft hingegen kann auch der auf die Untergesellschaft entfallende Gewinn ohne Gewerbesteuer vereinnahmt werden[296].

4. Umsatzsteuer

240 Die Personengesellschaft ist Unternehmerin i.S.d. § 2 UStG. Anders als bei den Ertragsteuern findet eine Zusammenfassung von Gesellschaft und Gesellschaftern nicht statt. Vielmehr treten sich Gesellschafter und Gesellschaft als unterschiedliche Personen gegenüber. Sichtbarste Konsequenz dieser Trennung von Gesellschafter und Gesellschaft ist der Vorsteuerabzug für Lieferungen und sonstige Leistungen, die der Gesellschafter im Interesse der Gesellschaft bezogen hat. Ist der Gesellschafter nicht Unternehmer oder ist die Lieferung oder sonstige Leistung nicht für sein (eigenes) Unternehmen bezogen, kommt es zum Verlust des Vorsteuerabzuges.

241 Die nachfolgende Darstellung beschränkt sich auf die Besonderheiten der Personengesellschaft im Umsatzsteuerrecht, aufgrund der starken Vorprägung der Umsatzsteuer durch EU-Recht ist eine eigenständige umsatzsteuerliche Terminologie entstanden, die von der national geprägten gesellschaftsrechtlichen und ertragsteuerlichen Begrifflichkeiten abweichen kann.

a) Beginn der Unternehmereigenschaft

242 Unternehmer i.S.d. UStG ist, wer eine gewerbliche oder berufliche Tätigkeit mit Einnahmenerzielungsabsicht (nicht: Überschusserzielungsabsicht!) ausübt. Die Unternehmereigenschaft beginnt umsatzsteuerlich mit den Vorbereitungshandlungen, hierfür reicht die Einholung von Marktanalysen, Gutachten oder Rentabilitätsstudien aus[297]. Beginnt die Unternehmereigenschaft, so entsteht auch das Recht zum Vorsteuerabzug. Dieses wird nicht dadurch in Frage gestellt, dass »letztlich« die Unternehmensgründung – etwa noch vor Eintragung in das Handelsregister – scheitert oder dass von dem Unternehmer Ausgangsumsätze nicht erzielt werden.

b) Unternehmereigenschaft einer Holding

243 Eine Personengesellschaft, deren Tätigkeit sich auf das Halten von Beteiligungen an Unternehmen im In- und Ausland beschränkt, ist keine Unternehmerin im umsatzsteuerlichen Sinne, da es an

---

[293] Abschnitt 10a.3 Abs. 3 Satz 9 Nr. 8 GewStR 2009.
[294] BFH, BStBl. II 1988, 374; 2007, 777.
[295] BFH, BStBl. II 2007, 777.
[296] Abschnitt 7.1 Abs. 3 Satz 3 GewStR 2009.
[297] So die Rspr. seit BFH, BStBl. II 2003, 426. Im Anschluss an EuGHE 2000, I-4321 = BStBl. II 2003, 452, die gegenteilige frühere Rechtsprechung wurde aufgegeben.

einer wirtschaftlichen Tätigkeit fehlt.[298] Sie ist dann und insoweit unternehmerisch tätig, wie sie nachhaltig Leistungen gegen Entgelt, etwa entgeltliche Beratungsleistungen, erbringt. Der Vorsteuerabzug steht einer solchen Gesellschaft jedoch nur anteilig zu, § 15 Abs. 4 UStG ist entsprechend anzuwenden[299]

c) Die umsatzsteuerliche Behandlung der Gründung der Gesellschaft

Gibt eine Gesellschaft gegen Bar- oder Sacheinlage Gesellschaftsanteile aus, so liegt in der Ausgabe der Anteile gegen Einlage keine steuerbare Leistung der Gesellschaft gegenüber ihrem Gesellschafter.[300]

244

Hiervon zu unterscheiden ist die umsatzsteuerliche Behandlung einer Sacheinlage auf Seiten des Gesellschafters. Diese Leistung erfolgt im Rahmen eines Leistungsaustausches gegen Gewährung von Gesellschaftsrechten,[301] soweit der Gesellschafter selbst Unternehmer ist. Als Leistung gegen Entgelt besteht Umsatzsteuerpflicht, es sei denn, es liegt eine nichtsteuerbare Geschäftsveräußerung im Ganzen gem. § 1 Abs. 1a UStG vor. Diese Differenzierung ist bedeutsam mit Blick auf den Erhalt des Vorsteuerabzuges für die von dem Gesellschafter selbst bezogenen Leistungen und mit Blick auf die Vermeidung einer anteiligen Vorsteuerkorrektur nach § 15a UStG.

245

Der Begriff der Geschäftsveräußerung im Ganzen nach § 1 Abs. 1a UStG setzt nicht voraus, dass das übertragene Unternehmen einen (ertragsteuerlichen) Betrieb oder Teilbetrieb darstellt. Ausreichend ist, dass die übertragenen Gegenstände ein hinreichendes Ganzes bilden, um dem Erwerber die Fortsetzung einer bisher durch den Veräußerer ausgeübten unternehmerischen Tätigkeit zu ermöglichen und der Erwerber (die Gesellschaft) dies auch tatsächlich tut.[302] Daher liegt keine Geschäftsveräußerung im Ganzen vor, wenn eine an die Gesellschaft vermietete Immobilie in die Gesellschaft eingebracht wird.[303]

246

d) Umsatzsteuerliche Behandlung der Leistungen eines Organs (Komplementär)

Die frühere Auffassung[304], nach der Leistungen eines Gesellschafters, die auf seiner Organstellung beruhten, nicht Gegenstand eines Leistungsaustausches sein konnten, ist durch die Rechtsprechung des EuGH[305] überholt. Seitdem können auch organschaftliche Leistungen eines Gesellschafters eine entgeltliche steuerbare Verwaltungstätigkeit darstellen, sofern sie gegen ein schuldrechtliches Sonderentgelt durchgeführt werden. Nur dann, wenn die Geschäftsführung mit der Beteiligung am Gewinn und Verlust abgegolten ist, liegt ein nicht steuerbarer Gesellschafterbeitrag vor.[306] Ein Sonderentgelt in diesem Sinne liegt immer dann vor, wenn der Leistende nach den zugrunde gelegten Regelungen den Betrag auch im Verlustfall behalten kann,[307] auf die konkrete Bezeichnung des Sonderentgeltes als Vorabgewinn, Vorwegvergütung, Aufwendungs- oder Kostenersatz kommt es nicht an.

247

Wird eine Vergütung für Geschäftsführung, Vertretung und Haftung gezahlt, so stellt die ein Entgelt für eine einheitliche Leistung dar. Eine Aufteilung kommt nicht in Betracht.[308] Keine einheitliche Leistung soll hingegen bei einem teils gewinnabhängigem, teils gewinnunabhängigen Mischentgelt vorliegen, so dass die gewinnabhängige Vergütung kein umsatzsteuerliches Entgelt sein soll[309]

248

---

298 EuGH, UR 2000, 530; BFH, BStBl. II 2005, 503.
299 BFH, DStR 2012, 518.
300 EuGH, DStRE 2003, 936; BFH, BStBl. II 2004, 1022.
301 MünchHdb. GesR II/*Levedag,* § 60 Rn. 10.
302 Abschnitt 1.5 UStAE; BFH, BStBl. II 2009, 254.
303 Vgl. BFH, BStBl. II 2010, 315.
304 BFH, BStBl. II 1980, 622.
305 EuGH, DStR 2000, 1795.
306 Lang/*Grünwald,* Rn. 5021; MünchHdb GesR II/*Levedag,* § 60 Rn. 14.
307 Lang/*Grünwald,* Rn. 5022.
308 BFH, BStBl. II 2011, 950.
309 Abschnitt 1.6.5 UStAE.

e) Überlassung von Wirtschaftsgütern

249 Wirtschaftsgüter, die ein Gesellschafter gegen Entgelt der Gesellschaft überlässt, können im Rahmen eines »Vermietungsunternehmens« im Rahmen eines steuerbaren Leistungsaustausches überlassen werden. Ertragsteuerlich liegt in einem solchen Fall Sonderbetriebsvermögen vor. Für die Annahme einer Unternehmerstellung ist – anders als im Ertragsteuerrecht – die Teilnahme am allgemeinen wirtschaftlichen Verkehr nicht erforderlich, so dass eine Unternehmerstellung auch dann vorliegen kann, wenn Lieferungen oder sonstige Leistungen ausschließlich an einen Vertragspartner (hier: die Personengesellschaft) ausgeführt werden.[310] Für die umsatzsteuerliche »Wirksamkeit« ist es auch nicht erforderlich, dass das von der Gesellschaft an den Gesellschafter gezahlte Entgelt angemessen ist. Ein solcher Fremdvergleich ist dem Umsatzsteuerrecht weitgehend fremd.

250 Die Annahme eines Leistungsaustausches ist mit Blick auf die Vorsteuerabzugsberechtigung für Eingangsleistungen des Gesellschafters regelmäßig erwünscht. Übt dagegen die Gesellschaft eine umsatzsteuerbefreite Tätigkeit aus, lässt sich durch die Annahme eines (umsatzsteuerpflichtigen) Leistungsaustausches allenfalls eine Steuerstundung herstellen, so dass regelmäßig ein Leistungsaustausch vermieden werden soll.

251 Für die umsatzsteuerliche Behandlung der Überlassung kommt es demnach darauf an, ob der überlassende Gesellschafter selbst Unternehmer oder nicht ist und ob er den Gegenstand, gegen Sonderentgelt, unentgeltlich oder gegen Beteiligung am Gewinn und Verlust überlässt:

252 Ist der Gesellschafter nicht Unternehmer und erhält er kein Sonderentgelt, so liegt kein Leistungsaustausch vor,[311] ein Vorsteuerabzug ist für die bei der Verwendung anfallenden Vorsteuern, nicht aber für die aus dem Erwerb anfallenden Vorsteuern möglich.[312]

253 Wird der Gegenstand gegen Sonderentgelt überlassen, so folgt hieraus die Unternehmerstellung,[313] ein Vorsteuerabzug ist auch für die aus dem Erwerb anfallenden Vorsteuern möglich.

254 Ist der Gesellschafter bereits unabhängig von einer Nutzungsüberlassung gegen Entgelt und ist der Gegenstand der Nutzungsüberlassung seinem Unternehmen zugeordnet, so kann bei der unentgeltlichen Überlassung eine zu besteuernde unentgeltliche Wertabgabe nach § 3 Abs. 9a UStG vorliegen.

255 Dies gilt, wenn für die Überlassung unternehmensfremde (aus Sicht des Gesellschafter-Unternehmers) Gründe maßgebend sind[314]. Die Besteuerung als eine unentgeltliche Wertabgabe hat zur Folge, dass mangels Leistungsempfängers keine korrespondierende Vorsteuerabzugsberechtigung auf Seiten der Gesellschaft entsteht. Sind hingegen unternehmerische Gründe für die unentgeltliche Überlassung maßgebend, so bleibt die Vorsteuerabzugsberechtigung bestehen.[315]

f) Besteuerung von Entnahmen

256 Die Entnahme von Gegenständen aus dem Unternehmen für unternehmensfremde Zwecke ist nach § 3 Abs. 1b Satz 1 Nr. 1 UStG einer Lieferung gegen Entgelt gleichgestellt, soweit der Gegenstand oder seine Bestandteile zum vollen oder teilweisen Vorsteuerabzug berechtigt haben. Die Entnahme von Nutzungen, insbesondere die Privatnutzung eines dem Unternehmen zugeordneten Kraftfahrzeuges, ist als unentgeltliche Wertabgabe nach § 3 Abs. 9a Nr. 1 UStG einer sonstigen Leistung gegen Entgelt gleichgestellt und nach § 10 Abs. 4 Nr. 2 UStG zu versteuern.

---

310 EuGH, UR 2000, 121.
311 Abschnitt 1.6. Abs. 7 Nr. 1 b) UStAE.
312 Abschnitt 15.20. Abs. 1 UStAE; BFH BFH/NV 2013, 418; anders BFH (XI. Senat), DStR 2013, 808 (überholt).
313 Abschnitt 1.6. Abs. 7 Nr. 1 a) UStAE.
314 Abschnitt 1.6. Abs. 7 Nr. 2 b) UStAE.
315 Abschnitt 15.20 Abs. 7 Abs. 2 UStAE.

g) Umsatzsteuerliche Organschaft

Ist eine »juristische Person« nach dem Gesamtbild der Verhältnisse finanziell, wirtschaftlich und organisatorisch in ein anderes Unternehmen eingegliedert, so liegt nach § 2 Abs. 2 Nr. 2 UStG eine umsatzsteuerliche Organschaft mit der Folge vor, dass beide Unternehmen umsatzsteuerlich als ein Unternehmen gelten. Mit der Zusammenfassung können sich unterschiedliche Rechtsfolgen bei der Vorsteuerabzugsberechtigung ergeben, vor allem aber eine Erweiterung der Steuerschuldnerschaft auf mehrere Unternehmen. Werden nämlich im Rahmen einer umsatzsteuerlichen Organschaft mehrere Gesellschaften bzw. Personen zusammengefasst, so sind die zwischen den Unternehmen ausgeführten Lieferungen und sonstigen Leistungen Innenumsätze, die nicht der Umsatzsteuer unterliegen. Soweit wegen steuerfreier Umsätze Beschränkungen des Vorsteuerabzuges bestehen, werden diese nicht innerhalb der jeweiligen Gesellschaft behandelt, sondern auf das gesamte Unternehmen, die Organschaft, bezogen. Darüber ist allein der Organträger Steuerpflichtiger i.S.d. UStG und somit Steuerschuldner. Die jeweilige Organgesellschaft haftet nach § 73 AO für die Umsatzsteuer. 257

Nach früherer Rechtsprechung[316] und früheren h.M.[317], die vor allem den Wortlaut für sich anführte, konnten Personengesellschaften keine tauglichen Organgesellschaften sein. Auf Vorlage des BFH[318] entschied der EuGH[319], dass der generelle Ausschluss von Personengesellschaft aus einer »Mehrwertsteuergruppe« (= Organschaft) nur dann mit dem Unionsrecht vereinbar sei, wenn dieser Ausschluss der Verhinderung missbräuchlicher Praktiken oder Verhaltensweisen und der Vermeidung von Steuerhinterziehung oder -umgehung diene. Die Umsatzsteuersenate des BFH entschieden daraufhin, dass unter bestimmten Voraussetzungen im Wege einer teleologischen Extension eine Personengesellschaft auch Organgesellschaft sein könne,[320] bzw. dass der Begriff der »juristischen Person« (jedenfalls) auch eine GmbH & Co. KG umfassen könne.[321] 258

Die Finanzverwaltung[322] sieht eine Personengesellschaft derzeit nur dann als mögliche Organgesellschaft an, wenn Gesellschafter der Personengesellschaft ausschließlich solche Personen sind, die nach § 2 Abs. 2 Nr. 2 UStG in das Unternehmen des Organträgers finanziell eingegliedert sind. Die – möglicherweise auch nur in einem Zwerganteil bestehende – Beteiligung eines Dritten schließt – wegen des gesetzlichen Einstimmigkeitsprinzips – die Annahme einer umsatzsteuerlichen Organschaft aus. Damit kann auch in typischen Konstellationen der »Ein-Mann-GmbH & Co. KG« eine umsatzsteuerliche Organschaft bestehen mit der Folge, dass die Haftungsbeschränkung für die Umsatzsteuer außer Kraft gesetzt wird, soweit auch der Ein-Mann-Kommanditist Unternehmer ist und zwischen der GmbH & Co. KG und dem Kommanditisten Leistungsbeziehungen, vor allem durch die Überlassung von Wirtschaftsgütern (Grundstücksvermietung),[323] vorliegen. 259

[Nicht belegt] 260

5. Grunderwerbsteuer

Die Personengesellschaft ist – einschließlich der Gesellschaft bürgerlichen Rechts – seit jeher Grunderwerbsteuersubjekt. Dementsprechend unterliegt der Übergang des zivilrechtlichen Eigentums an einem Grundstück auf eine Personengesellschaft oder von einer Personengesellschaft auf eine dritte Person der Grunderwerbsteuer, § 1 Abs. 1 GrEStG. Dementsprechend stellt die Übertragung von 261

---

316 Vgl. etwa BFH, BStBl. II 1979, 356; 2005, 671.
317 Kritisch heute noch Rau/Dürrwächter/*Stadie*, § 2 UStG Rn. 846 ff., insb. 853.
318 BFH, BStBl. II 2014, 417.
319 EuGH, Urt. v. 16.07.2915, C-198 und C-109/2014, Larentia + Minerva und Marenave, DStR 2015, 1673.
320 So: BFH (V. Senat), DStR 2016, 219.
321 So: BFH (XI. Senat), DStR 2016, 587.
322 Abschnitt 2.8 Abs. 5a UStAE.
323 S. Rdn. 249.

Anteilen an einer Personengesellschaft, da sie einen Rechtsträgerwechsel nicht zur Folge hat, keinen grunderwerbsteuerbaren Tatbestand dar.

262 Um Besteuerungslücken zu vermeiden, werden nach § 1 Abs. 2a und 3 GrEStG bestimmte Wechsel des Gesellschafterbestandes und die sogenannte Anteilsvereinigung in einer Hand der Grunderwerbsteuer unterworfen. Um der engen Verbindung von Personengesellschaft und Gesellschafter Rechnung zu tragen, enthält das GrEStG in §§ 5 und 6 Befreiungstatbestände für den Übergang von Grundstücken auf/von Personengesellschaften und von/auf Gesellschafter.

a) Übertragungen von Gesellschaftern auf eine Gesellschaft

263 Nach § 5 Abs. 1 GrEStG wird die Grunderwerbsteuer beim Übergang eines Grundstückes von einem Gesellschafter als Bruchteils- oder Alleineigentümer auf eine Gesamthandsgemeinschaft insoweit nicht erhoben, als der Übertragende nach der Übertragung im gleichen Verhältnis am Grundstück beteiligt ist wie zuvor. Damit wird dem Transparenzgedanken der Gesamthandsgemeinschaft grunderwerbssteuerlich Rechnung getragen, obwohl das Grunderwerbssteuerrecht im Übrigen allein auf den Rechtsträgerwechsel abstellt.

264 Zur Vermeidung von Umgehungen infolge der Einräumung transparenzbedingter Steuerbefreiungen bei der Weitergabe von Anteilen an der Gesamthandsgemeinschaft enthält § 5 Abs. 3 GrEStG Vorschriften über den Wegfall von Steuerbefreiungen, die rückwirkend zur Besteuerung des Übertragungsaktes auf die Gesamthandsgemeinschaft führen. Die Grunderwerbsteuerbefreiung entfällt rückwirkend, wenn innerhalb von 5 Jahren nach dem Übergang des Grundstückes auf die Gesamthand
– der Gesellschafter seiner Gesellschafterstellung durch Übertragung auf einen Dritten durch Ausscheiden aufgibt oder verliert,

oder

– seine vermögensmäßige Beteiligung sich aufgrund vertraglicher Abrede oder aufgrund des Eintrittes weiterer Gesellschafter vermindert.

265 Diese Verminderung der vermögensmäßigen Beteiligung muss sich allerdings stets auf das Grundstück beziehen. Ist vereinbart, dass die vermögensmäßige Teilhabe am Grundstück unverändert bleibt, so kann eine Herabsetzung der Beteiligungsrechte an der Gesellschaft eine Anwendung des § 5 Abs. 3 GrEStG nicht begründen[324]

266 Da Zweck der Vorschrift die Vermeidung von Steuerumgehungen ist, ist die Vorschrift des § 5 Abs. 3 GrEStG einschränkend auszulegen. Zu einer rückwirkenden Besteuerung kommt es dementsprechend nicht, wenn
– das Grundstück vor dem Gesellschafterwechsel durch die Gesellschaft veräußert wurde,[325]
– wenn die Gesellschaftsanteile unter Anwendung personenbezogener Befreiungsvorschriften (etwa bei Schenkung, § 3 Nr. 2 GrEStG) oder zwischen Angehörigen (§ 3 Nr. 4, 6) GrEStG übertragen werden.[326]

267 Letzterer Ausnahmefall ist ein weiterer Anwendungsfall der teiltransparenten Betrachtungsweise der Personengesellschaft, kann aber auch mit der fehlenden Umgehungsgeeignetheit erklärt werden.

268 Bei mehrstöckigen Beteiligungsverhältnissen kommt es nicht auf die Beteiligungsverhältnisse zwischen Ober- und Untergesellschaft, sondern auf die Beteiligungsverhältnisse der natürlichen und juristischen Personen an, die hinter den Gesellschaften stehen.[327]

---

324 Boruttau/*Viskorf*, § 5 GrEStG Rn. 79.
325 Koord. Länder-Erlass, FinMin Bayern vom 03.09.2009, S-4514 – 027 – 21974/09.
326 BFH, BStBl. II 2010, 302.
327 BFH, BStBl. 2005, 649.

A. Das Steuerrecht der Personengesellschaften   Kapitel 12

b) Änderungen des Gesellschafterbestandes

Ist die Fünfjahresfrist des § 5 Abs. 3 GrEStG abgelaufen, so unterliegen Änderungen im Gesellschafterbestand nicht mehr der Grunderwerbssteuer. Ausgenommen hiervon sind nach § 1 Abs. 2a GrEStG der (nahezu) vollständige Gesellschafterwechsel, der als Übergang auf eine neue Personengesellschaft gilt, und die Anteilsvereinigung aller Anteile in einer Hand, die wie ein Übergang auf eine natürliche Person angesehen wird. 269

Ein vollständiger Gesellschafterwechsel i.S.d. § 1 Abs. 2a GrEStG liegt vor, wenn 95 % aller Anteile innerhalb eines Zeitraumes von 5 Jahren auf neue Gesellschafter übergehen, eine Anteilsvereinigung nach § 1 Abs. 3 GrEStG liegt vor, wenn ein Gesellschafter nach einem Anteilsübergang unmittelbar oder mittelbar mehr als 95 % an dem Grundstück beteiligt ist. 270

Die Befreiungsvorschriften des § 3 GrEStG sind auf Vorgänge, die nach § 3 GrEStG steuerbefreit sind, bei Personengesellschaften uneingeschränkt anzuwenden,[328] anders hingegen bei Kapitalgesellschaften.[329] 271

c) Übertragung von Gesellschaft auf Gesellschafter

Bei dem Übergang von der Gesellschaft auf die Gesellschafter tritt nach § 6 GrEStG eine spiegelbildliche Befreiung zu § 5 GrEStG ein. Wird der Erwerb durch die Gesellschaft entsprechend der Beteiligungsquote von der Steuer befreit, so muss dies entsprechend gelten, wenn die Berechtigung von der Personengesellschaft auf die Gesellschafter zurückgeht. 272

II. Sonderformen der Personengesellschaft

1. Die GmbH & Co. KG

Bei der typischen GmbH & Co. KG sind die Kommanditisten personen- und beteiligungsgleich an der Komplementär-GmbH beteiligt, deren Zweck die Übernahme der persönlichen Haftung ist und deren Tätigkeit sich hierin erschöpft. Zunehmende Verbreitung hat auch die Einheitsgesellschaft oder wechselseitig beteiligte GmbH & Co. KG gefunden, bei der die Kommanditgesellschaft alleinige Gesellschafterin der Komplementär-GmbH ist.[330] 273

Sonderformen der GmbH & Co. KG aus steuerlicher Sicht sind die gewerblich geprägte GmbH & Co. KG[331] sowie die vermögensverwaltende GmbH & Co. KG.[332] 274

Aus steuerlicher Sicht ist bei der Konzeption besonderes Augenmerk auf die Vergütung der Komplementärin sowie auf das Schicksal des Sonderbetriebsvermögens zu legen, da die Anteile an der Komplementärin in der Regel zum notwendigen Sonderbetriebsvermögen der Kommanditisten gehören. Bei der Besteuerung der Kommanditisten ist § 15a EStG zu beachten, der zu einer Einschränkung des Verlustausgleichs mit anderen Einkunftsquellen führt. Die gesetzlichen Stimm-, Einsichts- und Kontrollrechte eines Kommanditisten bilden das Leitbild der Mitunternehmerinitiative als Teilnahme an unternehmerischen Entscheidungen. Eine starke Einschränkung dieser Rechte kann daher zum Verlust der Mitunternehmerstellung führen. 275

---

328 Koord. Länder-Erlass FinMin Bayern vom 12.10.2007 im Anschluss an BFH, BStBl. II 2007, 409.
329 BFH, 23.05.2012, II R 21/10, § 3 Nr. 2 GrEStG anwendbar, § 3 Nr. 6 GrEStG nicht, weitergehend v. Proff, DB 2007, 2616.
330 Kap. 1 Rdn. 788 ff.
331 Rdn. 298 ff.
332 Rdn. 317 ff.

a) Beteiligung und Vergütung der Komplementärin

aa) Ausgestaltung der Vergütung

276 In neueren Gesellschaftsverträgen ist in der Regel eine Beteiligung der Komplementärin am Vermögen der GmbH & Co. KG nicht mehr vorgesehen. Eine prozentuale Gewinnbeteiligung ist damit zwar möglich, jedoch nicht zwingend und auch nicht zu empfehlen. Da eine solche Beteiligung den allgemeinen Gewinnverteilungsschlüssel berührt und damit auch die Gewerbesteueranrechnung nach § 35 EStG, geht bei einer prozentualen Beteiligung die Gewerbesteueranrechnung teilweise unter.

277 Die Zuweisung eines Vorabgewinnes an die Komplementärin hat dagegen keine Auswirkung auf den Gewinnverteilungsschlüssel[333] und damit keinen Verlust von Gewerbesteueranrechnungsvolumen zur Folge. Alternativ kann eine feste Haftungsvergütung vereinbart werden. Üblich ist auch die Vereinbarung der Übernahme der Kosten der Geschäftsführung.

278 Nach Inkrafttreten des Halbeinkünfte- bzw. nunmehr Teileinkünfteverfahrens erweist sich bei einer Gewinnthesaurierung das Körperschaftsteuerregime nach reinen Steuersätzen als deutlich günstiger. Hieran hat sich durch die Einführung der Thesaurierungsbegünstigung nach § 34a EStG nichts geändert, zumal diese sehr kompliziert ausgestaltet ist. Die Verlagerung von Einkünften auf eine Komplementär-GmbH kann somit nach derzeitigem Recht zu Besteuerungsvorteilen führen, sofern die Gewerbesteueranrechnung weitgehend bei den Kommanditisten verbleibt.

bb) Angemessenheit

279 In der Art der Ausgestaltung besteht aus steuerlicher Sicht weitgehende Gestaltungsfreiheit, jedoch muss die Gewinnverteilungsabrede wirtschaftlich angemessen sein.[334] Führt die Vergütungsabrede zu einer unangemessen niedrigen Vergütung, liegt hierin aus Sicht der Komplementär-GmbH eine verdeckte Gewinnausschüttung, § 8 Abs. 3 KStG, an ihre Kommanditisten-Gesellschafter.[335] Ist dagegen der Gewinnanteil unangemessen hoch, so kann wiederum eine verdeckte Einlage der Kommanditisten in die GmbH vorliegen.[336]

280 Die Frage der Angemessenheit ist anhand der Art der Beteiligung, der Höhe des für Haftungszwecke eingesetzten Vermögens und anhand der Verzinsung des eingesetzten Kapitals zu beurteilen. Auch das Risiko eines Haftungseintrittes ist zu berücksichtigen.[337] Bei einer nicht kapitalmäßig beteiligten Komplementärin kann sich eine Haftungsvergütung nach banküblichen Bedingungen für Avale von 1 – 5 % ergeben, im Einzelfall auch höher.[338] Werden zusätzlich Mittel an die KG überlassen, so ist auch hierfür eine übliche Vergütung zu gewähren. Stets kommt es auf eine Gesamtbetrachtung an, eine isolierte Beurteilung einzelner Faktoren kann nicht zur Annahme einer verdeckten Gewinnausschüttung führen[339].

cc) Änderung der Gewinnverteilung

281 Die Änderung der Gewinnverteilung kann zu einer verdeckten Gewinnausschüttung[340] (bei Schlechterstellung der GmbH) oder zu einer verdeckten Einlage[341] (bei Besserstellung der GmbH) führen, wenn die Geschäftsführer der Komplementär-GmbH allein mit Rücksicht darauf der Änderung zuge-

---

333 BFH, BStBl. II 2010, 116; BMF, BStBl. I 2009, 440, geänd. d. BStBl. I 2010, 43 und BStBl. I 2010, 1312.
334 *Binz/Sorg*, § 16 Rn. 139 unter Hinweis auf BFH, BStBl. II 1968, 152.
335 Lange/*Biermann*, Rn. 4306.
336 Lange/*Biermann*, Rn. 4309.
337 BFH, BStBl. II 1968, 152; 1977, 346; Westermann/*Fischer*, Rn. II/1227.
338 BFH, BStBl. II 1977, 346: 6 %.
339 BFH, GmbHR 1990, 570.
340 BFH, BStBl. II 1977, 477.
341 BFH, BStBl. II 1991, 172.

stimmt haben, dass die begünstigten Kommanditisten zugleich an der GmbH beteiligt waren bzw. die Besserstellung ihre Erklärung nicht in den Verhältnissen der GmbH findet. Insoweit muss die Änderung der Gewinnverteilung auf Gründe in der GmbH & Co. KG zurückzuführen sein. Ein Austausch verschiedener, jeweils für sich angemessener Gewinnverteilungsmaßstäbe ist nicht möglich.

b) Die Anteile an der GmbH als notwendiges Sonderbetriebsvermögen

Die Anteile eines Kommanditisten an der Komplementär-GmbH gehören grundsätzlich zum Sonderbetriebsvermögen II des Mitunternehmers, da sie Einfluss auf die Geschäftsführung der KG vermitteln,[342] es sei denn, die Komplementärin übt noch eine weitere (Geschäfts-) Tätigkeit von nicht ganz untergeordneter Bedeutung aus.   282

Ist eine GmbH Komplementärin mehrerer KG's, so sind die Anteile der GmbH (im Zweifel) derjenigen Beteiligung zuzuordnen, an der die Komplementärstellung zuerst begründet wurde. Dies schließt es allerdings nicht aus, dass eine anderweitige Zuordnung möglich ist.   283

c) GmbH-Anteile als funktional wesentliche Betriebsgrundlage

Die praktisch bedeutsame Frage, ob die Anteile an der Komplementär-GmbH eine funktional wesentliche Betriebsgrundlage darstellen, wird von der Finanzverwaltung[343] derzeit nach allerdings nicht zweifelsfreier Auffassung[344] wie folgt beurteilt: 284

Aus der Zuordnung zum notwendigen Sonderbetriebsvermögen II ergibt sich eine funktionale Bedeutung der Anteile für die Mitunternehmerstellung, die allerdings nicht zwangsläufig zur funktionalen Wesentlichkeit führt. Maßgebend sind vielmehr die Umstände des Einzelfalles: 285

Ist die Komplementär-GmbH nicht am Vermögen sowie Gewinn und Verlust der KG beteiligt, so ist zu unterscheiden: 286

Ist der Mitunternehmer zu 50 % oder weniger an der KG beteiligt, verfügt er aber über die Mehrheit der Stimmrechte an der GmbH, sind die Anteile an GmbH funktional wesentliche Betriebsgrundlage, und zwar auch dann, wenn er gleichzeitig Geschäftsführer der GmbH & Co. KG oder der GmbH ist. Ist der Mitunternehmer zu mehr als 50 % an der KG beteiligt, stellt die Beteiligung an der Komplementär-GmbH keine funktional wesentliche Betriebsgrundlage dar. Ist der Mitunternehmer zu 100 % an der Kommanditgesellschaft beteiligt, so liegt wiederum eine funktional wesentliche Betriebsgrundlage vor.   287

Im Fall des Formwechsels in eine GmbH ist davon auszugehen, dass mit der Zurückbehaltung der Komplementär-GmbH nichts Wesentliches zurückbehalten wurde.   288

Ist die Komplementär-GmbH hingegen am Vermögen der GmbH & Co. KG beteiligt, stellen die Anteile stets eine funktional wesentliche Betriebsgrundlage dar. Dies gilt auch, wenn die GmbH über einen eigenen mit dem Geschäftsbetrieb der GmbH & Co. KG verflochtenen Geschäftsbetrieb verfügt.   289

Sind die Anteile an der Komplementär-GmbH hingegen kein notwendiges Sonderbetriebsvermögen, etwa weil die GmbH über einen nicht mit der GmbH & Co. KG verflochtenen eigenen Geschäftsbetrieb von nicht untergeordneter Bedeutung verfügt oder weil die GmbH Komplementärin mehrerer KG's ist und die Anteile einem anderen Sonderbetriebsvermögen zugeordnet sind, liegt auch keine funktional wesentliche Betriebsgrundlage vor.   290

---

342 BFH, BStBl. II 1999, 286; L. Schmidt/*Wacker*, § 15 EStG Rn. 714.
343 OFD Rheinland vom 23.03.2011, Az. 11 – 06 S 2242 – 25-St 111, juris.
344 Vgl. L. Schmidt/*Wacker*, § 15 EStG Rn. 714: Anwendung der »Personengruppentheorie«, vgl. zu dieser Rdn. 341.

d) Sondervergütungen

291 Die Vergütung, die ein Geschäftsführer der Komplementär-GmbH, der zugleich Kommanditist der GmbH & Co. KG ist, aus seiner Geschäftsführungstätigkeit erhält, kann zwar im Verhältnis zwischen GmbH und Geschäftsführer zu Einkünften aus nichtselbständiger Arbeit führen, jedoch sind diese Zahlungen als (mittelbare) Sondervergütungen nach § 15 Abs. 1 Satz 1 Nr. 2 EStG in gewerbliche Einkünfte umzuqualifizieren.[345] Dies gilt für alle Gehaltsbestandteile und auch für eventuelle Arbeitgeberanteile zur Sozialversicherung. Diese Umqualifizierung gilt selbst dann, wenn der Geschäftsführer zwar Kommanditist, aber nicht Gesellschafter der Komplementär-GmbH ist.[346]

292 Etwas anderes gilt nur dann, wenn die Komplementärin einen weiteren, eigenen Geschäftsbetrieb von nicht ganz untergeordneter Bedeutung hat. Denn dann wird die Geschäftsführungsvergütung nur anteilig für die Tätigkeit in der Mitunternehmerschaft gezahlt, so dass auch nur insoweit eine Umqualifizierung stattfindet.

293 Ist dem Geschäftsführer-Kommanditisten eine Pensionszusage erteilt worden, so steht der Komplementär-GmbH regelmäßig in Höhe der Pensionszusage ein Freistellungsanspruch gegen die KG zu, so dass die GmbH im Ergebnis nicht belastet ist. Die Pensionsrückstellung in der Steuerbilanz der Mitunternehmerschaft ist durch einen entsprechend hohen Aktivposten in der Sonderbilanz des begünstigten Geschäftsführer-Kommanditisten zu neutralisieren.[347]

e) § 15a EStG

294 Zentrale Bedeutung hat schließlich wegen der Haftungsbegrenzung der Kommanditisten auf die geleisteten Einlagen die Verlustbeschränkung nach § 15a EStG.[348]

f) Umsatzsteuer

295 Wird für die Übernahme der Geschäftsführung ein Sonderentgelt gezahlt, so liegt umsatzsteuerlich ein Leistungsaustausch vor, der zur Umsatzsteuerpflicht mindestens des Sonderentgeltes führt.[349] Damit korrespondiert zugleich die Vorsteuerabzugsberechtigung.

296 Die Umsatzsteuerpflicht kann durch eine Einheitsgesellschaft vermieden werden, da hier die Voraussetzungen der wirtschaftlichen, finanziellen und organisatorischen Eingliederung regelmäßig gegeben sind. In der umsatzsteuerlichen Organschaft gelten die Umsätze zwischen der KG als Organträgerin und der GmbH als Organgesellschaft als nichtsteuerbare Innenumsätze[350]. An der Vermeidung der Umsatzsteuerpflicht kann – neben dem Vereinfachungszweck – wegen umsatzsteuerfreier Umsätze auf Ebene der KG ein Interesse bestehen.

297 Nach neuester Rechtsprechung des EuGH[351] und des BFH[352] kann auch eine Personengesellschaft Organgesellschaft sein.[353] Liegt bei einer »Ein-Mann-GmbH & Co. KG« ein umsatzsteuerlicher Leistungsaustausch vor, so kann eine umsatzsteuerliche Organschaft vorliegen könnte mit der Folge, dass der Ein-Mann-Kommanditist Organträger wird und dadurch die Haftungsbeschränkung der GmbH & Co. KG für die Umsatzsteuer im Ergebnis außer Kraft gesetzt wird. Welchen Umfang der Leistungsaustausch annehmen muss, um eine umsatzsteuerliche Organschaft zu begründen, ist kaum vorhersehbar.

---

345 L. Schmidt/*Wacker*, § 15 EStG Rn. 717; Lange/*Biermann*, Rn. 4225.
346 L. Schmidt/*Wacker*, § 15 Rn. 720.
347 BFH/NV 2006, 1198, BMF, BStBl. I 2008, 317.
348 Rdn. 170.
349 Rdn. 247.
350 *Lippross*, Umsatzsteuer, 2.8.3.2.3.3.b).
351 EuGH, Urt. v. 16.07.2015 – C-108 und 109/14 Laurentia + Minverva und Marenave, DStR 2015, 1673.
352 BFH (V. Senat), DStR 2016, 219 und (XI. Senat), DStR 2016, 587.
353 Rdn. 259.

2. Die gewerblich geprägte Personengesellschaft

Die gewerblich geprägte Personengesellschaft beruht auf der früheren Geprägerechtsprechung des BFH[354] und wurde nach deren Aufgabe[355] gesetzlich in § 15 Abs. 3 Nr. 2 EStG kodifiziert. Die Tätigkeit einer gewerblich geprägten Personengesellschaft gilt danach immer und in vollem Umfang als Gewerbebetrieb. Hierdurch wird der »Gewerbebetrieb auf Antrag« ermöglicht.[356] Die Implementierung solcher Gewerbebetriebe auf Antrag hat in der steuerlichen Beratungspraxis erhebliche Bedeutung. So kann durch die Überführung eines Gewerbebetriebs in eine gewerblich geprägte Personengesellschaft möglicherweise eine Betriebsaufgabe oder eine Beendigung der Betriebsaufspaltung[357] vermieden werden, wenn diese die Aufdeckung stiller Reserven in Betriebsgrundstücken zur Folge hätte, sogenannte Konservierung von Betriebsvermögen. Ferner kann durch den Einsatz einer gewerblich geprägten Personengesellschaft und die Überführung von Sonderbetriebsvermögen in die gewerblich geprägte Personengesellschaft die Entnahme im Erbfall vermieden werden, da die gewerblich geprägte Personengesellschaft einen eigenständigen Gewerbebetrieb bildet.

298

Die Attraktivität des Einsatzes gewerblich geprägter Personengesellschaften zur Erbschaftsteuerersparnis hat durch die Erbschaftsteuerreform zum 30.06.2016[358] weiter an Attraktivität verloren, bereits seit der Änderung des ErbStG durch das Amtshilferichtlinie-Umsetzungsgesetz hatte der Einsatz solcher Vehikel zur Erbschaftsteuerersparnis an Bedeutung verloren.[359] Allenfalls unter dem Gesichtspunkt der nach § 34a EStG möglichen nicht nachsteuerpflichtigen Entnahme[360] bei der Tilgung von Erbschaftsteuern lassen sich noch Steuerminderungseffekte erzielen.

299

Die Steuerbelastung der gewerblich geprägten Personengesellschaft ist abhängig von der Einkunftsart. Bei **Einkünften aus Vermietung und Verpachtung** tritt zu der Einkommensteuerbelastung die Gewerbesteuerbelastung hinzu, die jedoch durch die Gewerbesteueranrechnung nach § 35 EStG gemildert wird. Soweit die Voraussetzungen der erweiterten Kürzung nach § 9 Nr. 1 Satz 2 ff. GewStG vorliegen und in Anspruch genommen werden sollen, erweist sich die Kapitalgesellschaft im Besteuerungsvergleich als die bessere Alternative, da hier die Gewerbesteuerfreiheit zu einem echten Besteuerungsvorteil führt. Veräußerungsgewinne hingegen sind nach Ablauf der zehnjährigen Behaltefrist bei der Anlage im Privatvermögen steuerfrei, bei der gewerblich geprägten Personengesellschaft hingegen zeitlich unbegrenzt steuerpflichtig, woraus ein deutlicher Nachteil wiederum für die gewerblich geprägte Personengesellschaft entsteht.

300

Erzielt die gewerblich geprägte Personengesellschaft **Einkünfte aus Kapitalvermögen**, so ergibt sich aus der Versteuerung nach dem tariflichen Einkommensteuersatz von bis zu 45 % gegenüber dem Abgeltungssteuersatz des § 32d EStG von 25 % ein deutlicher Nachteil. Dieser kann in Einzelfällen durch den Wegfall des Werbungskostenabzugsverbotes, § 20 Abs. 9 EStG, bei gewerblichen Einkünften kompensiert werden. Weitere Vorteile können sich auch daraus ergeben, dass auch bei nicht realisierten Wertverlusten eine dauernde Wertminderung[361] vorliegen kann, die de facto eine Verlustnutzung ohne Verkauf ermöglicht. Unterliegen hingegen die Einkünfte aus Kapitalvermögen dem Teileinkünfteverfahren, so ist dem Abgeltungssteuersatz des § 32d EStG der Teileinkünftespitzensteuersatz von 60 % x 45 % = 27 % gegenüber zu stellen, so dass der Besteuerungsnachteil deutlich geringer ausfällt. Dann fallen auch die Vorteile bei der Verlustverrechnung ins Gewicht, die sich aus dem Wegfall der Verlustverrechnungsbeschränkungen nach § 23 Abs. 3 Satz 8 EStG ergeben.

301

---

[354] BFH, BStBl. II 1972, 799, 1973, 405.
[355] BFH, GrS BStBl. II 1984, 751.
[356] Kirchhof/*Reiß*, § 15 EStG Rn. 135.
[357] Kirchhof/*Reiß*, § 15 EStG Rn. 137.
[358] Vgl. dazu ausführlich Rdn. 874.
[359] BGBl. I 2013, 1809.
[360] Rdn. 196 und Rdn. 313.
[361] Vgl. BFH, BStBl. II 2009, 294; BFH, DStR 2012, 21.

a) Die Voraussetzungen der gewerblichen Prägung

302 Soweit eine Personengesellschaft eine mehr als geringfügige gewerbliche Tätigkeit[362] ausübt, oder gewerbliche Einkünfte aus einer Beteiligung erzielt, liegt ein Gewerbebetrieb schon aus diesem Grunde vor, so dass es der gewerblichen Prägung nicht bedarf. Die gewerbliche Prägung hat daher erst und nur dann Bedeutung, wenn die Personengesellschaft ausschließlich vermögensverwaltend tätig ist. Freilich ist es auch für die Anerkennung einer gewerblich geprägten Personengesellschaft erforderlich, dass die Tätigkeit der Personengesellschaft mit Gewinnerzielungsabsicht betrieben wird.[363]

303 Die gewerbliche Prägung tritt ein, wenn an einer Personengesellschaft nur eine oder mehrere Kapitalgesellschaften als persönlich haftende Gesellschafter beteiligt sind und nur diese Kapitalgesellschaft(en) oder Nicht-Gesellschafter zur Geschäftsführung befugt sind. Leitbild der gesetzlichen Regelung ist die GmbH & Co. KG mit der GmbH als persönlich haftender Gesellschafterin und Geschäftsführerin und natürlichen Personen als Kommanditisten.

304 § 15 Abs. 3 Nr. 2 EStG liegt ein gesellschaftsrechtliches Verständnis zugrunde, keine eigenständige »wirtschaftliche« Betrachtungsweise. Dies ist für den in der Praxis recht häufigen Fall von Bedeutung, dass der Geschäftsführer der persönlich haftenden GmbH zugleich Kommanditist ist. Dies steht der gewerblichen Prägung jedenfalls dann nicht entgegen, wenn diese Geschäftsführung nicht in dem Gesellschaftsvertrag der Kommanditgesellschaft abgesichert ist[364].

305 Als persönlich haftender Gesellschafter einer gewerblich geprägten Personengesellschaft kommen nur Kapitalgesellschaften in Betracht[365], daneben sind auch doppelstöckige Konstruktionen denkbar, § 15 Abs. 3 Nr. 2 Satz 2 EStG. Die Vorgesellschaft ist in diesem Sinne Kapitalgesellschaft, sofern sie später eingetragen wird,[366] nicht aber eine rechtsfähige Stiftung.[367] Der Begriff des persönlich haftenden Gesellschafters ist dem HGB entnommen, eine Haftung im Innenverhältnis reicht für die Annahme einer persönlichen Haftung ebenso wenig aus wie die Haftung eines Kommanditisten nach § 176 HGB oder aufgrund von Bürgschaften.[368]

306 Die frühere »GmbH & Co. GbR mbH«[369] konnte keine gewerblich geprägte Personengesellschaft sein.[370]

307 Für die Vertragsgestaltung des KG-Vertrages ergeben sich zur Herstellung der gesetzlichen Prägung keine Besonderheiten. Die Einräumung einer Geschäftsführungsbefugnis für einzelne (oder alle) Kommanditisten stellt einen Ausnahmefall dar. Soweit ein Kommanditist tatsächlich Geschäftsführungsaufgaben ausführen soll, ist dafür Sorge zu tragen, dass dessen Geschäftsführungsbefugnis (mittelbar) aus der persönlich haftenden Gesellschafterin folgt und nicht aus der Personengesellschaft selbst.

b) Der Eintritt der gewerblichen Prägung

308 Bei Gründung einer gewerblich geprägten Personengesellschaft tritt die gewerbliche Prägung erst mit der Eintragung der Personengesellschaft ins Handelsregister ein. Vor der Eintragung liegt regelmäßig eine vermögensverwaltende Tätigkeit vor. Dieser Zeitpunkt des Eintrittes der gewerblichen

---

362 Rdn. 48.
363 BFH, BStBl. II 2009, 266.
364 BFH, BStBl. II 1996, 523; L. Schmidt/*Wacker*, § 15 EStG Rn. 223.
365 Schmidt-Wacker § 15 EStG Rn. 216.
366 BFH, BStBl. II 2005, 405; Schmidt-Wacker § 15 EStG Rn. 216.
367 L. Schmidt/*Wacker*, § 15 EStG Rn. 216; *Wehrheim*, StuW 2005, 234.
368 L. Schmidt/*Wacker*, § 15 EStG Rn. 218.
369 Vgl. hierzu BGH, DStR 1999, 1704.
370 Vgl. zu Übergangsproblemen aus steuerlicher Sicht: BMF, BStBl. I 2000, 1198; 2001, 614; teilweise überholt durch BFH, BStBl. II 2010, 586.

Prägung hat Bedeutung insbesondere für die erbschaftsteuerliche Inanspruchnahme der Betriebsvermögensvergünstigungen nach §§ 13a, 13b ErbStG.[371]

c) Besonderheiten der Besteuerung

Ist die gewerblich geprägte Personengesellschaft durch Aufnahme von Sonderbetriebsvermögen einer anderen (Schwester-) Personengesellschaft entstanden, so führt die gewerbliche Prägung zum Vorrang des eigenen Betriebsvermögens vor dem Sonderbetriebsvermögen,[372] so dass Entgelte für etwaige Nutzungsüberlassungen zu Hinzurechnungen zum Gewerbeertrag nach § 8 GewStG führen können. 309

d) Erbschaftsteuerliche Behandlung der gewerblich geprägten Personengesellschaft

aa) Anknüpfung an das Ertragsteuerrecht

Erbschaftsteuerlich gilt wegen der strengen Anknüpfung an die Einkommensteuer die gewerblich geprägte Personengesellschaft als Betriebsvermögen i.S.d. § 13b Abs. 1 Nr. 2 BewG. Erbschaftsteuerliche Vorteile sind vor allem dann erzielbar, wenn der Verwaltungsvermögenstest bestanden wird. Dies wird häufig schwierig sein, da – unter anderem – Wertpapiere und Grundbesitz zum Verwaltungsvermögen zählen. 310

bb) Hürde Verwaltungsvermögen

Die Finanzverwaltung hat die Grenze, ab der ein »Wohnungsunternehmen« i.S.d. § 13b Abs. 4 Nr. 1 d) ErbStG n.F. vorliegt, auf 300 Wohnungen im Sinne eines Schwellenwertes festgelegt,[373] was den Anwendungsbereich der Rückausnahmeregel stark einschränkt. Demgegenüber hat die Rechtsprechung[374] qualitative Anforderungen in den Vordergrund gestellt. Demnach sollte nicht die bloße Anzahl von Wohnungen, sondern das Angebot von Sonderleistungen, die über die eigentliche Vermietung hinausgehen, ein Wohnungsunternehmen begründen.[375] 311

Soweit in Altfällen Gegenstand der gewerblich geprägten Personengesellschaft die Verwaltung von Kapitalvermögen ist, scheitert die Betriebsvermögensvergünstigung regelmäßig daran, dass Wertpapiere und vergleichbare Forderungen zum Verwaltungsvermögen gezählt werden. Eine Verbriefung führt zur Versagung der Betriebsvermögensvergünstigungen. Wird eine vermögensverwaltende Personengesellschaft zunächst mit nicht verbrieftem Vermögen (Termingeldkonten) ausgestattet und werden diese später in Wertpapiervermögen getauscht, so können im Besteuerungszeitpunkt die Vergünstigungsvoraussetzungen vorliegen[376]. Es ist jedoch nicht auszuschließen, dass die Umschichtung eine Veräußerung wesentlicher Betriebsgrundlagen nach § 13a Abs. 2 Nr. 1 Satz 2 ErbStG a.F. als begünstigungsschädlicher Vorgang angesehen wird. 312

cc) Nutzung der Thesaurierungsrücklage zur Tilgung der Erbschaft-/Schenkungsteuer

Die gewerblich geprägte vermögensverwaltende Personengesellschaft kann aber Thesaurierungsrücklagen nach § 34a EStG bilden und diese zielgerichtet zur Zahlung einer Erbschaft- und Schenkungsteuer einsetzen, § 34a Abs. 4 Satz 3 ErbStG. Dadurch sinkt die endgültige Einkommensteuerbelastung auf 28,25 %, zuzüglich Solidaritätszuschlag und Kirchensteuer. 313

---

371 Viskorf/Knobel/*Viskorf,* § 13b ErbStG Rn. 46.
372 BFH, BStBl. II 1998, 325.
373 Abschnitt E 13b.17 ErbStR 2019 und zuvor schon Abschnitt E 13b.13 Abs. 3 Satz 2 ErbStR 2011.
374 BFH, BStBl. II 2018, 358.
375 Der argumentative Ansatz des BFH erscheint folgerichtig, läuft allerdings der gesetzgeberischen Intention, das Mietwohnungswesen zu fördern, zuwider. Die gesetzgeberische Intention ließe sich aber mit einer Erweiterung der Vergünstigungen nach § 13d ErbStG besser verfolgen.
376 Jedenfalls in Fällen, die vor dem 06.06.2013 (vgl. § 37 Abs. 8 ErbStG), übertragen worden sind.

e) Umsatzsteuerliche Aspekte

314 Werden auf der Ebene der KG ausschließlich steuerfreie Umsätze erbracht, so ist darauf zu achten, dass die Vergütung der Komplementärin nicht als Sonderentgelt ausgestaltet wird. Ist dies nicht gewünscht oder nicht möglich, so können durch die Bildung einer Einheitsgesellschaft[377] die Voraussetzungen einer umsatzsteuerlichen Organschaft nach § 2 Abs. 2 Nr. 2 UStG hergestellt werden, so dass die Sonderentgelte nicht steuerbare Innenumsätze darstellen.

315 Aufgrund der neueren Rechtsprechung zur umsatzsteuerlichen Organschaft kann auch bei Personengesellschaften – insbesonder bei Einmann-GmbH & Co. KG's – nicht ausgeschlossen werden, dass eine umsatzsteuerliche Organschaft mit der Folge vorliegt, dass der Gesellschafter (als Unternehmer) Steuerschuldner der Umsatzsteuer wird und somit eventuelle gesellschaftsrechtliche Haftungsbeschränkungen außer Kraft gesetzt werden.[378]

f) Die Entprägung

316 Bei der gewerblich geprägten Personengesellschaft führt schon die Entprägung zur (Zwangs-) Betriebsaufgabe und damit zur Aufdeckung aller stillen Reserven und Überführung in das Privatvermögen.[379]

3. Die vermögensverwaltende GmbH & Co. KG

317 Bei der vermögensverwaltenden GmbH & Co. KG liegt einkommensteuerlich kein Gewerbebetrieb vor, so dass die Personengesellschaft auch Einkünfte aus Vermietung und Verpachtung oder aus Kapitalvermögen erzielen kann. Da die Einkünfte einer GmbH oder sonstigen Kapitalgesellschaft kraft Gesetzes stets Einkünfte aus Gewerbebetrieb sind (vgl. KStG), kann trotz gesellschaftsrechtlicher Haftungsbeschränkung eines Investors die Erzielung von Vermögensverwaltungseinkünften (Kapitalvermögen oder Vermietung und Verpachtung) erfolgen.

318 Die Konzeption einer vermögensverwaltenden GmbH & Co. KG erfolgt, in dem die Voraussetzungen der gewerblichen Mitunternehmerschaft durch Sachverhaltsgestaltung oder durch Gestaltung des Gesellschaftsvertrages ausgeschlossen werden. Dies bedeutet:
– die Personengesellschaft darf keinerlei gewerbliche Einkünfte erzielen,
– die Personengesellschaft darf nicht ihrerseits an einer gewerblich tätigen Mitunternehmerschaft beteiligt sein
– die Personengesellschaft darf nicht gewerblich geprägt sein.[380]

a) Die Vermeidung der gewerblichen Prägung

319 Die gewerbliche Prägung wird dadurch vermieden, dass die Geschäftsführung einem Kommanditisten übertragen wird. Die Geschäftsführungsbefugnis des geschäftsführenden Kommanditisten muss sich unmittelbar aus dem Gesellschaftsvertrag der KG ergeben, die Übertragung der Geschäftsführungsbefugnis von der GmbH auf den Kommanditisten reicht nicht aus[381]. Nicht ausreichend ist auch die Einräumung der Geschäftsführung durch einen Dienstvertrag mit der KG.[382] Eine daneben fortbestehende Geschäftsführungsbefugnis der Komplementär-GmbH ist für die Vermeidung der gewerblichen Prägung unschädlich, ebenso unschädlich ist es, dass die Komplementär-GmbH die Geschäftsführung tatsächlich ausübt, da bereits die bloße Einräumung der Befugnis

---

377 Kap. 1 Rdn. 787 ff.
378 Rdn. 259.
379 BFH, BStBl. II 2007, 924; L. Schmidt/ *Wacker*, § 15 EStG Rn. 233.
380 Rdn. 298.
381 BFH, BStBl. II 1996, 523.
382 L. Schmidt/ *Wacker*, § 15 Rn. 222.

A. Das Steuerrecht der Personengesellschaften   Kapitel 12

ausreicht.³⁸³ Nach Auffassung der Finanzverwaltung ist es unerheblich, ob der geschäftsführende Kommanditist eine natürliche Person oder eine Kapitalgesellschaft ist.³⁸⁴

b) Die sinngemäße Anwendung des § 15a EStG

Bei einer vermögensverwaltenden GmbH & Co. KG, die Einkünfte aus Vermietung und Verpachtung erzielt, ist nach § 21 Abs. 1 Satz 2 EStG die Verlustbegrenzungsvorschrift des § 15a EStG sinngemäß anzuwenden. 320

Eine Übernahme derjenigen Grundsätze, die zur Anwendung des § 15a EStG bei gewerblichen Einkünften entwickelt wurden, ist jedoch wegen der unterschiedliche Systematik nicht möglich. Denn anders als bei den Gewinneinkünften findet die zweistufige Gewinnermittlungsmethode keine Anwendung. Die Einkünfte sind nicht durch Vermögensvergleich, sondern durch Überschussrechnung zu ermitteln. Dementsprechend kann nicht das Kapitalkonto der Steuerbilanz maßgebend sein, sondern es ist für jeden Gesellschafter ein fiktives Kapitalkonto zu ermitteln, wobei von den von dem einzelnen Gesellschafter geleisteten Einlagen auszugehen ist. Diese sind um spätere Einlagen sowie um die positiven Einkünfte der Vorjahre zu erhöhen und um die Entnahmen und negativen Einkünfte der Vorjahre zu vermindern.³⁸⁵ Auf eine etwaige Abgrenzung von (steuerlichem) Eigenkapital und Fremdkapital kommt es nicht an. 321

Bei vermögensverwaltenden Personengesellschaften, die nicht als Kommanditgesellschaften verfasst sind, kann es nach § 21 Abs. 1 Satz 2 EStG i.V.m. § 15a Abs. Abs. 5 Nr. 2 EStG zu einer mehrfach sinngemäßen Anwendung des § 15a EStG kommen, wenn die Inanspruchnahme für Schulden vertraglich ausgeschlossen ist oder nach Art und Weise des Geschäftsbetriebs unwahrscheinlich ist.³⁸⁶ 322

4. Die freiberufliche Personengesellschaft

a) Umqualifizierungsrisiken

Bei der freiberuflich tätigen Personengesellschaft ist dafür Sorge zu tragen, dass Umstände, welche die Einkünftequalifikation³⁸⁷ gefährden können, möglichst ausgeschlossen werden. Dies setzt zunächst voraus, dass Personen, die nicht über die erforderlichen Qualifikationen verfügen, nicht Gesellschafter werden dürfen, was allerdings regelmäßig schon aus berufsrechtlichen Gründen sicherzustellen ist. Das Fernhalten berufsfremder Personen aus der freiberuflich tätigen Personengesellschaft ist auch durch eine geeignete Nachfolgeklausel sicherzustellen. Statt einer Fortsetzungsklausel ist daher entweder eine Eintrittsklausel oder eine qualifizierte Nachfolgeklausel, die eine Anknüpfung an die freiberufliche Tätigkeit vorsieht, vorzusehen. 323

Bestehen bei der Gründung einer Personengesellschaft Risiken einer Umqualifizierung, die eindeutig einem Gesellschafter zugeordnet werden können, so kann durch eine Steuerklausel dieses Risiko dem entsprechenden Gesellschafter auferlegt werden. Wird eine solche (Gewerbe-) Steuerklausel verwandt, muss auch die Anrechnung der Gewerbesteuer nach § 35 EStG beachtet werden. 324

In das Vermögen der freiberuflichen tätigen Personengesellschaft sollten Beteiligungen nicht eingebracht werden, bei denen die Gefahr besteht, dass diese zu gewerblichen Beteiligungen umqualifiziert werden. Denn die Beteiligung an einer gewerblich tätigen Personengesellschaft führt zur Umqualifizierung der Einkünfte der freiberuflich tätigen Personengesellschaft. Insbesondere bei Ärzten sind Zusammenschlüsse in Form von Apparategemeinschaften oder Laborgemeinschaften häufig anzufinden. Diese zumeist in der Rechtsform der Gesellschaft bürgerlichen Rechts erfolgen- 325

---

383 L. Schmidt/*Wacker*, § 15 EStG Rn. 222.
384 Abschnitt 15.8 Abs. 6 EStR.
385 BFH, BStBl. II 1997, 250 m.w.N.; ausführlich hierzu: Engel, Vermögensverwaltende Personengesellschaften, Rn. 1331 ff.
386 BMF, BStBl. I 1994, 355.
387 Rdn. 33.

den Zusammenschlüsse werden in der Regel ohne (eigene) Gewinnerzielungsabsicht tätig. Eine solche Beteiligung – die eben ohne (eigene) Gewinnerzielungsabsicht tätig wird – stellt keine gewerbliche Betätigung dar und ist somit unschädlich. Die Beteiligung kann aber auch von den einzelnen Gesellschaftern der freiberuflichen Personengesellschaft gehalten werden. Als Bestandteil des sogenannten »Sonderbetriebsvermögens« ergeben sich dann ebenfalls keine Umqualifizierungsrisiken.

326 Gewerbliche Tätigkeiten einer an sich freiberuflich tätigen Personengesellschaft – etwa bei Hilfsgeschäften im Rahmen einer ärztlichen Tätigkeit oder bei Insolvenzverwaltern, soweit im Einzelfall eine gewerbliche Tätigkeit vorliegt – können auf eine Schwesterpersonengesellschaft ausgegliedert werden, um die Abfärbewirkung zu vermeiden. Ist die (gewerblich tätige) Schwesterpersonengesellschaft organisatorisch getrennt, so stellt dies keinen Missbrauch von Gestaltungsmöglichkeiten dar.[388]

b) Freiberuflich tätige GmbH & Co. KG

327 Die Rechtsprechung hat bei einer (an sich) freiberuflich tätigen GmbH & Co. KG im Hinblick auf die Mitunternehmerstellung der Komplementär-GmbH eine Umqualifizierung vorgenommen. Ob im Hinblick auf das nicht entziehbare Recht der Komplementärin zur Vertretung eine Reduktion der gesellschaftsrechtlichen Stimm-, Einsichts- und Kontrollrechte dazu führen kann, dass die Mitunternehmerstellung der Komplementärin an der sog. Mitunternehmerinitiative scheitert, ist sehr zweifelhaft, obwohl der BFH dies offen gelassen hat.[389]

c) Keine Anwendung sog. Verpachtungsprivilegien

328 Ein Verpachtungsprivileg, wie dies etwa für die Erben einer Arztpraxis für einen Übergangszeitraum zugelassen wird, lässt sich meines Erachtens nicht auf einen Anteil an einer freiberuflich tätigen Personengesellschaft übertragen.

d) Gewinnermittlungswahlrecht

329 Freiberuflich tätige Personengesellschaften haben ein Gewinnermittlungswahlrecht und können den Gewinn durch eine an Liquiditätsgrundsätzen orientierte Einnahmen-Überschussrechnung, § 4 Abs. 3 EStG, oder durch den an Aufwendungen und Erträgen orientierten Betriebsvermögensvergleich ermitteln. In der Gesamtbetrachtung führen beide Gewinnermittlungsarten zu dem gleichen Ergebnis (Totalgewinnidentität). In die Entscheidung über die Ausübung des Gewinnermittlungswahlrechtes sollte neben Vereinfachungsgesichtspunkten einbezogen werden, dass der Zeitpunkt der Gewinnverwirklichung je nach Art der Tätigkeit bei der Wahl zugunsten der Einnahmen-Überschussrechnung eher nach hinten verschoben ist.

330 Allerdings kann bei der Gewinnermittlung durch Einnahmen-Überschussrechnung die Thesaurierungsvergünstigung nach § 34a EStG nicht in Anspruch genommen werden.

331 Ermittelt die Personengesellschaft – wie üblich – ihren Gewinn durch Einnahmen-Überschussrechnung nach § 4 Abs. 3 EStG, so ist darauf zu achten, dass die Entnahmekonten entsprechend gepflegt werden, da ansonsten die Gefahr besteht, dass im Nachhinein nicht mehr feststellbar ist, ob die Gesellschafter entsprechend ihrem Gewinnanteil auch tatsächlich Entnahmen getätigt haben oder ob bei einzelnen Gesellschaftern Über-/Unterentnahmen getätigt wurden, die im Veräußerungs- oder Aufgabefall nicht mehr nachvollzogen werden können. Im Fall einer Veräußerung oder Aufgabe können dann sachlich nicht gerechtfertigte Besteuerungsverschiebungen eintreten.

---

388 BVerfG, DB 2008, 1243; L.Schmidt/*Wacker* § 15 EStG Rn. 193, sog. Ausgliederungsmodell.
389 BFH, DStR 2012, 2152.

e) Interprofessionelle Personengesellschaften

Bei interprofessionellen Personengesellschaften ist es nicht erforderlich, dass jeder Gesellschafter in 332
allen Tätigkeitsbereichen leitend tätig ist und an jedem Auftrag mitarbeitet,[390] so dass es der Annahme
freiberuflicher Einkünfte nicht entgegensteht, wenn einzelne Gesellschafter nicht über sämtliche
Qualifikationen verfügen. Jedoch müssen auch in der interprofessionellen Personengesellschaft die
Voraussetzungen der leitenden und eigenverantwortlichen Tätigkeit erfüllt sein. Dies setzt nach
Auffassung der Finanzverwaltung[391] in Bezug auf die Kapitalbeteiligung und die Arbeitsleistung
voraus, dass keine unangemessene Gewinnverteilung vorliegt, so dass in extremen Fällen eine gewerbliche Tätigkeit vorliegen kann. Es ist nicht erforderlich, dass eine nach Berufsgruppen segmentierte
Gewinnverteilung stattfindet.

5. Betriebsaufspaltung

Unter dem Stichwort Betriebsaufspaltung ist die Aufteilung der Funktionen und der Vermögens- 333
bestandteile eines rechtlich und wirtschaftlich einheitlichen Betriebs in zwei Unternehmen, ein
Besitzunternehmen und in ein Betriebsunternehmen zu verstehen. Zwischen Besitz- und Betriebsunternehmen muss eine enge sachliche und personelle Verflechtung bestehen.[392] In Betriebsaufspaltungsfällen stellen sich für die Vertragsgestaltung zwei Hauptproblemkreise, nämlich zum einen die
Vermeidung einer Betriebsaufspaltung durch Verhinderung vor allem der personellen Verflechtung,
zum anderen die Vermeidung des Wegfalles der personellen Verflechtung vor allem in Erbfällen.

Beide vorgenannten Problemkreise stellen sich nach dem gegenwärtigen Stand der Rechtsprechung 334
und Verwaltungsauffassung vor allem dann, wenn das Betriebsunternehmen in der Rechtsform einer
Kapitalgesellschaft geführt wird.

Wird das Betriebsunternehmen als Mitunternehmerschaft (oder als Einzelunternehmen) geführt, 335
so ist die Frage, ob eine sogenannte mitunternehmerische Betriebsaufspaltung vorliegt, eine Frage
der Bilanzierungskonkurrenz. Hier geht es um die Frage, ob das Besitzunternehmen wegen der Vermietung an die sachlich und personell verflochtene Betriebspersonengesellschaft selbst zum gewerblichen Unternehmen wird oder ob bei den Betriebsgesellschaftern entsprechend den jeweilig anteiligen Wirtschaftsgütern Sonderbetriebsvermögen vorliegt. Die Rechtsprechung räumt der
mitunternehmerischen Betriebsaufspaltung den Vorrang gegenüber dem Sonderbetriebsvermögen
ein, so dass bei Vorliegen der Verflechtungsvoraussetzungen auch die Einkünfte des Nur-Besitzgesellschafters in gewerbliche Einkünfte umqualifiziert werden.[393] Von der mitunternehmerischen
Betriebsaufspaltung zu unterscheiden sind Fallgestaltungen, in denen die Besitzpersonengesellschaft
originär gewerbliche Einkünfte erzielt oder gewerblich geprägt ist, hier ergibt sich ein »Vorrang des
eigenen gewerblichen Betriebsvermögens«[394], so dass eine »Entflechtung« nicht zur Betriebsaufgabe
führt.

a) Verflechtungsvoraussetzungen

aa) Sachliche Verflechtung

Eine sachliche Verflechtung als Voraussetzung für die Annahme einer Betriebsaufspaltung ist die 336
miet- oder pachtweise Überlassung von Anlagevermögen an das Betriebsunternehmen, wenn das
Anlagevermögen dort zumindest eine wesentliche Betriebsgrundlage darstellt.[395] Entscheidend ist

---

390 BFH, BStBl. II 2001, 241.
391 OFD Hannover, DStR 2007, 1628.
392 BFH, GrS, BStBl. II 1971, 63; Blümich/*Bode*, § 15 EStG Rn. 591.
393 L. Schmidt/*Wacker*, § 15 EStG Rn. 858, 872.
394 Vgl. L. Schmidt/*Wacker*, § 15 EStG Rn. 536.
395 Kirchhof/*Reiß*, § 15 EStG Rn. 97.

die funktionale Wesentlichkeit, die quantitative Wesentlichkeit soll demgegenüber in den Hintergrund treten.[396]

337 Die Frage, ob Gebäude – vor allem Büro- und Verwaltungsgebäude – stets wesentliche Betriebsgrundlagen darstellen, hat die Rechtsprechung dahingehend beantwortet, dass ein Gebäude bereits dann zu den wesentlichen Betriebsgrundlagen gehört, wenn es räumliche und funktionale Grundlage für den Betrieb ist. Dies ist schon dann der Fall, wenn es für den Zweck des Betriebsunternehmens benötigt und für den betrieblichen Zweck geeignet ist,[397] im Extremfall kann dies auch ein Raum im selbstgenutzten Einfamilienhaus sein.

bb) Die personelle Verflechtung

338 Für die Annahme einer personellen Verflechtung ist es ausreichend, dass die hinter beiden (Betriebs- und Besitz-) Unternehmen stehenden Personen einen einheitlichen geschäftlichen Betätigungswillen haben. Die Personen, die die Besitzgesellschaft beherrschen, müssen in der Lage sein, auch in der Betriebsgesellschaft ihren Willen durchzusetzen.[398] Eine solche Identität ist bei einer Ein-Personen-Betriebsaufspaltung und bei der Beteiligungsgleichheit zwingend gegeben, jedoch nicht erforderlich. Notwendig ist dies jedoch nicht, so dass auch konträre Beteiligungsverhältnisse zwischen Besitz- und Betriebsgesellschaft zur Annahme der personellen Verflechtung führen können,[399] nur in Extremfällen wurde bei Personengruppenidentität wegen konträrer Beteiligungsverhältnisse die personelle Verflechtung verneint.[400] Für die Gestaltungspraxis ist damit die Vereinbarung konträrer Beteiligungsverhältnisse zur Vermeidung der personellen Verflechtung nicht mehr ohne Absicherung über eine verbindliche Auskunft zu empfehlen.

339 Eine personelle Verflechtung kann sogar dann vorliegen, wenn ein (Allein-) Besitzunternehmer die Betriebsgesellschaft faktisch beherrscht und der (Mehrheits-) Betriebsgesellschafter aus den Umständen des Einzelfalls darauf angewiesen ist, sich dem Willen eines anderen so unterzuordnen, dass er keinen eigenen geschäftlichen Willen entfalten kann.[401]

340 Eine Zurechnung von Anteilen Dritter – insbesondere von Ehegatten oder minderjährigen Kindern – kann nicht aufgrund der Vermutung erfolgen, dass innerhalb der Familie gleichgerichtete Interessen verfolgt werden,[402] so dass das sogenannte Wiesbadener Modell[403], bei dem die Ehegatten jeweils ausschließlich Besitz- oder Betriebsgesellschafter sind, eine personelle Verflechtung nicht vorliegt. Eine Zurechnung solcher Anteile ist erst dann möglich, wenn die konkreten Umstände des Einzelfalles es rechtfertigen, die Anteile der Ehegatten einander zuzurechnen. Die Anforderungen an eine solche Zurechnung sind allerdings hoch, erst Dauervollmacht, Stimmrechtsbindungsvertrag oder unwiderrufliche Stimmrechtsvollmacht des einen Ehegatten zugunsten des anderen können hierzu führen,[404] anders allerdings dann, wenn zwischen Ehegatten Gütergemeinschaft vereinbart ist und einem Ehegatten die Verwaltung des Gesamtgutes obliegt. Sind minderjährige Kinder beteiligt, so erfolgt trotz des vorerwähnten Beschlusses des BVerfG nach Auffassung der Finanzverwaltung

---

396 Blümich/*Bode* § 15 EStG Rn. 622 unter Hinweis auf BFH, BStBl. II 1989, 1014.
397 BFH, BStBl. II 2000, 621.
398 BFH, GrS, BStBl. 1971, 63; 2000, 417.
399 Vgl. BFH, BStBl. II 200, 417: Besitzgesellschaft: 40: 60, Betriebsgesellschaft 60: 40; BFH/NV 2002, 185: Besitzgesellschaft: 20: 80, Betriebsgesellschaft 80: 20.
400 BFH, BStBl. II 1972, 796: Besitzgesellschaft: 10: 90, Betriebsgesellschaft 90: 10; vgl. auch BFH, BStBl. II 1994, 466: Besitzgesellschaft: 50: 50, Betriebsgesellschaft 99: 1.
401 BFH, BStBl. II 1989, 152.
402 BVerfG, BStBl. II 1985, 475.
403 BFH, BStBl. II 1989, 155.
404 BFH/NV 1990, 99.

eine Zusammenrechnung zwischen Eltern- und Kinderbeteiligungen,[405] dann kann mit Eintritt der Volljährigkeit die personelle Verflechtung entfallen.[406]

Nach dem Vorgenannten kommt es zur personellen Verflechtung, wenn der oder die Doppelgesellschafter (Personengruppentheorie) jeweils das Besitz- und die Betriebsgesellschaft beherrschen. Einer solchen Beherrschung steht jedoch ein Nur-Besitzgesellschafter entgegen, wenn dieser wegen eines vereinbarten Einstimmigkeitsprinzips ein Vetorecht durchsetzen kann. Dieses Einstimmigkeitsprinzip muss – um zum Wegfall der personellen Verflechtung führen zu können, sich auch auf die Geschäfte des täglichen Lebens in Form der laufenden Verwaltung der vermieteten Wirtschaftsgüter beziehen.[407] Auf Seiten der Betriebsgesellschaft müssen die Doppel-Gesellschafter über die Mehrheit der Stimmrechte verfügen. Sind sie lediglich zur Hälfte beteiligt, so fehlt es an der Möglichkeit, die Vorstellungen in der Betriebsgesellschaft durchzusetzen.[408]

341

b) Vermeidung der Betriebsaufspaltung durch Einstimmigkeitsabrede

Soll die Entstehung einer Betriebsaufspaltung vermieden werden, so kann die Besitzgesellschaft über eine Einstimmigkeitsabrede den Nur-Besitzgesellschafter stärken und damit eine Beherrschung durch die Doppel-Gesellschafter vermeiden. Wie zuvor dargestellt, muss sich diese Einstimmigkeitsabrede auch auf die Geschäfte des täglichen Lebens in Form der laufenden Verwaltung der vermieteten Wirtschaftsgüter beziehen.

342

Bei der Abfassung der Nachfolgeklauseln sollte zudem darauf geachtet werden, dass nicht durch einen dann erfolgenden Wegfall des Nur-Besitzgesellschafters die Voraussetzungen der personellen Verflechtung im Erbfall eintreten: Ist dies der Fall, so werden Grundstück und GmbH-Anteile steuerverstrickt. Wegen § 6 Abs. 1 Nr. 4 EStG erfolgt die Einlage der GmbH-Anteile mit den Anschaffungskosten, so dass auch bei einer kurzfristigen Beendigung der Betriebsaufspaltung eine »Aufstockung« auf den gemeinen Wert erfolgt.

343

c) Vermeidung der Entflechtung im Erbfall

Liegt umgekehrt eine Betriebsaufspaltung vor, so ist bei der Gestaltung des Gesellschaftsvertrages der Besitzpersonengesellschaft darauf zu achten, dass es nicht zur Entflechtung kommt. Dies ist durch eine einfache Nachfolgeklausel auf Ebene der Besitzpersonengesellschaft möglich, soweit auch die GmbH-Anteile auf die Erben übergehen.

344

Wird zur Vermeidung der Entflechtung eine sogenannte Einheitsbetriebsaufspaltung begründet, bei der die Besitzpersonengesellschaft Alleingesellschafterin der Betriebskapitalgesellschaft ist, besteht allerdings die Gefahr der Entstehung einer sogenannten umsatzsteuerlichen Organschaft.

345

d) Vermeidung der Beendigung der mitunternehmerischen Betriebsaufspaltung

Liegt eine mitunternehmerische Betriebsaufspaltung vor, so kann durch eine gewerbliche Infektion der Besitzpersonengesellschaft oder durch deren gewerbliche Prägung sogenanntes Eigenbetriebsvermögen[409] geschaffen werden. Ein Auseinanderfallen von Betriebspersonengesellschaft und Besitzpersonengesellschaft führt dann nicht zu einer Betriebsaufgabe mit der Folge der Aufdeckung stiller Reserven.

346

---

405 Abschnitt 15.7 Abs. 8 EStR; vgl. auch Westermann/*Fischer*, Rn. II/977.
406 Die Finanzverwaltung gewährt in diesen Fällen ein Wahlrecht zur Fortführung ohne Aufdeckung stiller Reserven, vgl. Abschnitt 16 Abs. 2 Satz 4 EStR.
407 BFH, BStBl. 2002, 771.
408 BFH/NV 1991, 454.
409 L. Schmidt/*Wacker*, § 15 EStG Rn. 536.

e) Erbschaftsteuerliche Behandlung der Betriebsaufspaltung

347 Liegen die Voraussetzungen der Betriebsaufspaltung vor, so erfolgt hinsichtlich der Betriebsgrundstücke aus erbschaftsteuerlicher Sicht eine Überlassung an Dritte, die zunächst einmal zur Annahme sogenannten Verwaltungsvermögens nach § 13b Abs. 4 Satz 1 Nr. 1 ErbStG führt. Für den »Doppelgesellschafter« stellt die Nutzungsüberlassung an die Betriebsgesellschaft eine unschädliche Nutzungsüberlassung im Sinne der Rückausnahme des § 13b Abs. 4 Satz 1 Nr. 1 Satz 2 Buchst. a) ErbStG dar. Die Gewährung der Rückausnahme setzt nach dem Kontinuitätserfordernis voraus, dass bei dem Anteilsübergang Anteile am Besitz- und Betriebsunternehmen übergehen.[410]

348 Für den Nur-Besitzgesellschafter verbleibt es allerdings bei der Betrachtung als »schädliches Verwaltungsvermögen«, so dass diesem die Betriebsvermögensvergünstigungen im Regelfall nicht zustehen.

6. Familienpersonengesellschaften

349 Während aus Sicht der Gesellschafter bei der Errichtung von Familienpersonengesellschaften die wechselseitige frühzeitige Bindung von Familien und (Unternehmens-) Vermögen im Vordergrund steht, steht für den Fiskus der Verdacht der Einkünfteverlagerung zu einem »Familiensplitting« – als eine in die Einkünfteerzielung verkleidete (steuerlich unbeachtliche) Einkommensverwendung – im Raum. Diesen Befund mit einen fehlenden Interessengegensatz bei Familienangehörigen – im Unterschied zum Leistungsaustausch – zu erklären, ist der Sache nach nicht unvollständig, da Interessensgegensätze auch innerhalb der Familie bestehen und auch außerhalb der Familie gleichlaufende Interessen üblich sind. Grund des Misstrauens ist die Vielschichtigkeit der Handlungsmöglichkeiten, die innerhalb des (funktionierenden) Familienverbandes eröffnet sind. Die Vielschichtigkeit der Handlungsmöglichkeiten schafft Gestaltungsspielräume, in denen (insbesondere) familienrechtliche Aspekte die Übertragung einer Einkunftsquelle dominieren können. Solange es allen Beteiligten frei steht, ihre Angelegenheiten frei und in steuerlich günstiger Weise zu regeln, sind auch steuerorientierte Gestaltungen im Familienverbund und aus Gründen des Familienverbundes möglich.[411]

350 Der Sache nach geht es daher bei der steuerlichen Anerkennung von Rechtsgeschäften innerhalb eines Familienverbundes stets um die Ermittlung des gewollten »wahren« Geschäftes, also um scheinähnliche und verdeckte Geschäfte: Wer eine Einkunftsquelle temporär überträgt – egal ob unter freiem Widerrufsvorbehalt oder befristet – und nach Gutdünken oder Ende der Unterhaltspflicht die Einkunftsquelle rückholt, hat damit nur die Einkünfte zugewandt und damit eine Einkommensverwendung und keine Einkunftsquellenübertragung verwirklicht.[412] In gleicher Weise kann sich auch – bei der Beurteilung der Mitunternehmerstellung – die Abgrenzungsfrage stellen, ob der aufgenommene Gesellschafter Mitunternehmer oder bloßer Kapitalgeber ist.

a) Die zivilrechtliche Wirksamkeit als Anerkennungsvoraussetzung

351 In Berücksichtigung der vorgenannten Grundsätze, wonach nur die Übertragung einer (gesicherten) Rechtsposition die Übertragung einer Einkunftsquelle zur Folge haben kann, in Abgrenzung von einer unbeachtlichen Einkommensverwendung, ist offensichtlich, dass die Übertragung einer Einkunftsquelle aus steuerlicher Sicht in der Regel nur dann anerkannt werden kann, wenn die Übertragung oder Einräumung der Rechtsposition zivilrechtlich wirksam[413] ist. Denn nur ein zivilrechtlich wirksames Rechtsgeschäft kann einem Erwerber eine gesicherte Rechtsposition vermitteln.

352 Der zivilrechtlichen Unwirksamkeit eines Rechtsgeschäftes kommt jedoch im Hinblick auf § 41 Abs. 1 Satz 1 AO[414] nur indizielle Bedeutung zu, so dass durch eine tatsächliche Durchführung der

---

410 Abschnitt 13b.10 Abs. 3 ErbStR 2011.
411 Vgl. schon BFH, BStBl. III 1951, 181.
412 Vgl. BFH, BStBl. II 1976, 324; Abschnitt 15.9 Abs. 2 EStR.
413 BFH, BStBl. 2011, 24; 2000, 386; BMF, BStBl. I 2011, 37.
414 Die Vorschrift soll allerdings auf Verträge zwischen nahe Angehörigen nicht anwendbar sein, BFH, BStBl. II 2000, 386.

A. Das Steuerrecht der Personengesellschaften　　　　　　　　　　　　　　　　**Kapitel 12**

Formmangel steuerlich geheilt werden kann. Dementsprechend steht der Formmangel einer steuerlichen Anerkennung dann nicht entgegen, wenn er den Vertragsparteien nicht angelastet werden kann.[415] Überhaupt entfaltet die tatsächliche Durchführung der Vereinbarung ein gewichtigeres Indiz für die Ernstlichkeit als die bloße zivilrechtliche Wirksamkeit.[416]

b) Beteiligung minderjähriger Kinder

Soll einem minderjährigen Kind eine Gesellschafterstellung eingeräumt werden, so bedarf es der Genehmigung des Familiengerichtes, §§ 1643, Abs. 1, 1822 Nr. 3 BGB, und das minderjährige Kind muss bei Abschluss des Vertrages von einem Ergänzungspfleger vertreten werden. Bei einer Übertragung auf mehrere Kinder soll nach der Rechtsprechung für jedes Kind ein besonderer Ergänzungspfleger bestellt werden müssen,[417] bestellt das Familiengericht allerdings im Einzelfall einen gemeinsamen Ergänzungspfleger, so kann es den Beteiligten nicht zugemutet werden, hiergegen Beschwerde einzureichen, der Fall lässt sich nach der Verwaltungsauffassung auch dadurch lösen, dass in einem solchen Fall die Unwirksamkeit (so sie denn tatsächlich gegeben ist) den Beteiligten jedenfalls nicht anzulasten ist.[418] 353

Wird die Bestellung eines Ergänzungspflegers unverzüglich beantragt und auch in angemessener Zeit erteilt, so entfaltet sie steuerliche Rückwirkung.[419] Anderenfalls wirkt die Genehmigung erst von Zeitpunkt der Erteilung an. 354

c) Die Mitunternehmerstellung der Kinder

Die steuerliche Anerkennung ist ferner davon abhängig, dass die Kinder Mitunternehmer werden, also Mitunternehmerrisiko und Mitunternehmerinitiative[420] aufweisen. Verglichen mit dem Regelstatut eines Kommanditisten als Leitbild des Mitunternehmers lässt die Rechtsprechung bei schenkweise aufgenommenen minderjährigen Kindern weitergehende Einschränkungen zu. Danach kann das Widerspruchsrecht des Kommanditisten ausgeschlossen werden, nicht aber die Überwachungsrechte.[421] Schädlich für die Annahme einer Mitunternehmerinitiative ist jedoch die Einräumung einer unwiderruflichen Stimmrechtsvollmacht zugunsten der Eltern. Auch Beschränkungen der Entnahmerechte, ein langfristiger Ausschluss der Kündigung und Abfindungsbeschränkungen für den Fall der Eigenkündigung[422] stehen einer Mitunternehmerstellung ebenfalls nicht entgegen. Stets kommt es jedoch auf eine Gesamtschau unter Berücksichtigung aller Umstände des Einzelfalles an, ob die Grenzen des Fremdüblichen überschritten sind.[423] 355

Die insoweit großzügige Rechtsprechung[424] überzeugt vor dem Hintergrund, dass in einer Familiengesellschaft regelmäßig der Zweck verfolgt wird, den Bestand des Unternehmens zu sichern und eine nachfolgende Generation (allmählich) an unternehmerische Entscheidungen heranzuführen. Dies überdeckt auch die dogmatischen Schwächen[425], die sich aus dem dogmatischen Ansatzpunkt des Fremdvergleiches ergeben, den die Rechtsprechung zur Prüfung heranzieht. 356

Einer Anerkennung der Gesellschafterstellung entgegen stehen aber solche Regelungen, in denen der wirtschaftliche Übergang der Gesellschafterstellung zweifelhaft ist und es dadurch dem Schenker ermöglicht wird, eine Zuweisung von Einkünften aus eigener Rechtsmacht zu unterbinden. Denn 357

---

415 So BMF, BStBl. I 2011, 37; weitergehend BFH, BStBl. II 2011, 24.
416 Blümich/*Bode*, § 15 EStG Rn. 374.
417 BFH, BStBl. II 1974, 289.
418 Vgl. BMF, BStBl. I 2011, 37.
419 BFH/NV 2009, 1118.
420 Rdn. 53.
421 BFH, BStBl. II 1979, 620; vgl. auch BFH, BStBl. II 2001, 186.
422 Vgl. hierzu L. Schmidt/*Wacker*, § 15 EStG Rn. 751.
423 BFH, BStBl. II 2001, 186.
424 L. Schmidt/*Wacker*, § 15 EStG Rn. 751.
425 Vgl. insoweit Westermann/*Fischer*, Rn. II/1338.

eine solche temporäre Überlassung von Einkunftsquellen stellt sich im Ergebnis als Einkommensverwendung dar.[426] Hierzu gehört
- freier Widerrufsvorbehalt[427]
- ein Hinauskündigungsrecht nach freien Ermessen ohne angemessenen Anteil an Geschäftswert und stillen Reserven[428]
- eine befristete Gesellschafterstellung[429]
- die Wahrnehmung aller Gesellschafterrechte durch einen Vorbehaltsnießbraucher[430]
- unwiderrufliche Stimmrechtsvollmacht zugunsten der Schenker[431]
- eine Abänderungsbefugnis des Mehrheitsgesellschafters und Schenkers zuungunsten der Kinder.[432]

d) Die Angemessenheit der Gewinnverteilung

358 Bei schenkweiser Aufnahme eines im Betrieb nicht mitarbeitenden Kinder-Kommanditisten nimmt die Rechtsprechung bislang eine Prüfung der Angemessenheit der Gewinnverteilung vor. Demnach soll in einem Gewinnübermaß eine (steuerlich unbeachtliche) Einkommensverwendung liegen. Dementsprechend soll die angemessene Rendite nach dem Gewinnverteilungsschlüssel einen Durchschnitt von 15 % nicht übersteigen.[433] Diese Prüfung scheint jedoch vor dem Hintergrund der Einführung des vereinfachten Ertragswertverfahrens nach §§ 199 ff. BewG und dessen Anwendbarkeit auch auf ertragsteuerliche Bewertungen faktisch überholt: Denn wenn die Bewertung nach dem vereinfachten Ertragswertverfahren von einer Verzinsung von derzeit 6,54 % nach Steuern (entsprechend 9,34 % vor Steuern) ausgeht und dieser Wert den »gemeinen Wert« als Basis der Verzinsung abbildet, so kommt es nicht zum Erreichen der 15 %-Grenze. Sollte hingegen zukünftig wegen steigender Zinsen ein Kapitalisierungszinssatz (ohne Berücksichtigung von Steuern) von mehr als 15 % für die Bewertung maßgebend sein, würde die Aufrechterhaltung der 15 %-Grenze mit Art. 6 GG eindeutig nicht vereinbar sein. Damit ist durch die gesetzgeberische Entwicklung meines Erachtens die oben genannte Angemessenheitsprüfung obsolet geworden.

359 Schenkungsteuerlich galt das Gewinnübermaß als selbständige Schenkung nach § 7 Abs. 6 EStG.

7. Die Personengesellschaft im Internationalen Steuerrecht

a) Qualifikation ausländischer Gesellschaften als Personengesellschaften

360 Bei Gesellschaften, die einem ausländischem Gründungstatut unterlegen hat, stellt sich zunächst die Frage, ob es sich um eine Körperschaft oder um eine Personengesellschaft handelt. Die Abgrenzung hin zur Personengesellschaft erfolgt negativ: Körperschaftsteuerpflichtig ist eine ausländische Gesellschaft dann, wenn sie im Typenvergleich einer inländischen, in § 1 Abs. 1 aufgezählten Körperschaft entspricht.[434] Entspricht sie dem nicht, so wird die ausländische Gesellschaft im Inland als Betriebsstätte geführt, eine Beteiligung an einer Personengesellschaft ist ein Unternehmen dieser Person i.S.d. Art. 7 OECD-Musterabkommen.[435] Es erfolgt dann eine transparente Besteuerung.

---

426 Vgl. oben Rdn. 350.
427 Rdn. 57.
428 BFH, BStBl. II 1996, 269.
429 BFH, BStBl. II 1976, 324.
430 Rdn. 58.
431 Vgl. BFH, BStBl. II 2009, 312.
432 BFH, BStBl. II 1989, 758; BFH, BStBl. II 1989, 762; BFH, BStBl. II 2001, 186.
433 BFH, GrS, BStBl. II 1973, 5.
434 BFH, BStBl. II 1992, 972; *Streck*, § 1 KStG Rn. 13; BMF, BStBl. I 2010, 1335.
435 Betriebsstätten-Verwaltungsgrundsätze, BStBl. I 1999, 1076 geänd. durch BStBl. I 2004, 917, Tz. 1.1.5.1.

A. Das Steuerrecht der Personengesellschaften   Kapitel 12

Handelt es sich um eine Gesellschaft eines EU-Mitgliedsstaates, so sind die im Anhang[436] der Mut- 361
ter-/Tochter-Richtlinie genannten Gesellschaftsformen Kapitalgesellschaften. Darüber hinaus enthalten die Betriebsstätten-Verwaltungsgrundsätze des BMF[437] auch für Gesellschaftsformen des
Nicht-EU-Auslandes entsprechende Einordnungen. Eine Einordnung kann sich auch aus Doppelbesteuerungsabkommen nebst den dazugehörigen Protokollen ergeben.

Lässt sich aufgrund des Vorgenannten eine eindeutige Zuordnung nicht vornehmen, so ist ein 362
Rechtstypenvergleich vorzunehmen. Das jeweilige ausländische Rechtsgebilde ist darauf hin zu
untersuchen, mit welcher Gesellschaft des deutschen Rechts es sich in seiner Gesamtheit unter
Beachtung seiner wirtschaftlichen Stellung und seines rechtlichen Aufbaus nach dem jeweiligen
Recht vergleichen lässt.[438] Ist dieser konkrete Rechtstypenvergleich ohne eindeutiges Ergebnis, kommt
es auf die Vergleichbarkeit mit dem abstrakten Typus einer Kapital- bzw. Personengesellschaft an.[439]

b) Einkünftequalifikation bei beschränkt Steuerpflichtigen

Der Auslandsgesellschafter einer inländischen Personengesellschaft erzielt aus der Beteiligung Ein- 363
künfte, soweit nach § 49 Abs. 1 EStG ein inländischer Anknüpfungspunkt für die Besteuerung
besteht. Besteht ein solcher Anknüpfungspunkt, so kann das über § 49 EStG begründete Besteuerungsrecht nur dann ausgeübt werden, wenn das entsprechende Doppelbesteuerungsabkommen
(mit dem entsprechenden Wohnsitzstaat) das Besteuerungsrecht der Bundesrepublik Deutschland
zuweist.

Hierbei ist einerseits § 49 EStG als inländische Norm nach dem inländischen Rechtsverständnis 364
auszulegen, während bei der Zuweisung des Besteuerungsrechtes nach dem jeweiligen Doppelbesteuerungsabkommen auch auf eigenständige Begriffe zurückgegriffen werden kann, so etwa bei
Art. 7 OECD-Musterabkommen. Zudem ergeben sich Zielkonflikte zwischen der nationalen Einkünftequalifikation mit dem Vorrang gewerblicher Einkünfte – etwa nach § 15 Abs. 1 Satz 1
Nr. 2 EStG für Sondervergütungen – und dem abkommensrechtlichen Spezialitätsgrundsatz,[440] der
einen Vorrang der Art. 6, 8, 13 bis 18 OECD-MA bei Sondervergütungen vor Art. 7 OECD-MA
vorsieht, soweit nicht in den jeweiligen DBA eine Zuweisung erfolgt[441]. Die Finanzverwaltung wiederum erkennt diesen Vorrang nicht an,[442] § 50d Abs. 10 EStG soll den Spezialitätsgrundsatz gesetzlich aushebeln.[443]

Die vorstehenden Ausführungen verdeutlichen, dass die Einkünftequalifikation bei beschränkt 365
Steuerpflichtigen nach dem gegenwärtigen Stand von Verwaltungsauffassung und Rechtsprechung
völlig offen ist.

c) Der Wegzug von Personengesellschaftern

Bei der Beteiligung an einer gewerblich tätigen Personengesellschaft bleibt das inländische Besteue- 366
rungsrecht bestehen, die stillen Reserven bleiben im Inland verhaftet, so dass – anders als bei Anteilen an Kapitalgesellschaften – für eine Entstrickung steuerverhafteter stiller Reserven kein Bedürfnis

---

436 Anhang neugefasst durch RL 2006/98/EG Abl. EG Nr. 363 S. 129.
437 BStBl. I 1999, 1076 geänd. durch BStBl. I 2004, 917; Tabelle 1 und 2.
438 *Wassermeyer/Richter/Schnittker*, Personengesellschaften im Internationalen Steuerrecht Rn. 4.9.
439 *Wassermeyer/Richter/Schnittker*, Personengesellschaften im Internationalen Steuerrecht Rn. 4.19; vgl.
    auch BMF, BStBl. I 2004, 411 ff.: Katalog der Vergleichsmerkmale.
440 Vgl. hierzu BFH, BStBl. II 2009, 356; Debatin/Wassermeyer/*Piltz/Wassermeyer*, Art. 7 OECD-MA
    Rn. 109.
441 Vgl. BMF, BStBl. I 2010, 1335 Tz. 5.2.
442 Vgl. BMF, BStBl. I 2010, 1335 Tz. 5.1.
443 Vgl. L. Schmidt/*Loschelder*, § 50 d EStG Rn. 60:»rechtsprechungsdurchbrechendes Nichtanwendungs-
    gesetz« im Sinne eines »treaty override«. Zur Vereinbarkeit des »treaty override« mit Verfassungsrecht
    s. BFH, Vorlagebeschluss vom 10.01.2012, I R 66/09; dagegen BVerfG DStR 2016, 359: verfassungs-
    rechtlich zulässig.

P. Thouet

besteht. Dementsprechend tritt hier auch keine Wegzugsbesteuerung nach § 6 AStG ein. Anderes könnte dann in Betracht kommen, wenn Anteile an Kapitalgesellschaften Sonderbetriebsvermögen darstellen und deshalb nach Maßgabe der Rechtsprechung[444] eine Betriebsstättenzuordnung nicht in Betracht kommt.

367 Anderes hingegen gilt beim Wegzug in klassischen Betriebsaufspaltungsfällen: Durch den Wegzug kann das inländische Besteuerungsrecht der Anteile an der Besitzkapitalgesellschaft verloren gehen. Dies kann entweder Entnahme i.S.d. § 4 Abs. 1 Satz 3 EStG, eine Betriebsaufgabe nach § 16 EStG oder ein nach § 6 AStG zu besteuernder Wegzug sein.

III. Besondere Beratungsschwerpunkte

1. Grundstücke

a) Überführung von Grundstücken in die Personengesellschaft

368 Bei der Überführung von Grundstücken aus dem Privatvermögen in das Betriebsvermögen einer Personengesellschaft besteht eine Vertragsgestaltungsfreiheit, die es ermöglicht, die Übertragung wahlweise in ertragsteuerlicher Sicht als entgeltliches oder unentgeltliches Geschäft zu konzipieren.

aa) Einlage aus dem Privatvermögen

369 Erfolgt die Übertragung des Grundstückes als Einlage, so erfolgt der Ansatz in der Bilanz der Personengesellschaft mit dem Teilwert, § 6 Abs. 1 Nr. 5 Satz 1 Halbs. 1 EStG, höchstens jedoch mit dem fortgeführten Buchwert, wenn das Grundstück innerhalb von 3 Jahren vor dem Zeitpunkt der Zuführung angeschafft wurde.[445] Liegt die Anschaffung mehr als 3 Jahre zurück, ist für die Bemessung der Absetzungen für Abnutzung die Sondervorschrift des § 7 Abs. 1 Satz 5 EStG zu beachten. Die Bemessungsgrundlage für die Abschreibungen wird demnach nicht um die im Rahmen der Einlage aufgedeckten stillen Reserven erhöht, diese verbleiben als nicht absetzungsfähiger Restwert bis zur Veräußerung des Grundstückes bestehen. Da die Einlage in eine Personengesellschaft ertragsteuerlich keine Veräußerung darstellt, ist die zehnjährige Behaltefrist des § 23 EStG nicht anzuwenden, so dass die eventuelle Aufdeckung stiller Reserven durch den Einlagevorgang nicht zu einem steuerpflichtigen Veräußerungsgewinn nach § 23 EStG führt. Eine (nachträgliche) Besteuerung erfolgt nach § 23 Abs. 1 Satz 5 Nr. 1 EStG jedoch dann, wenn bei einer zwischenzeitlichen Einlage zwischen der Anschaffung und der Veräußerung nicht mehr als 10 Jahre liegen. Somit kann die zehnjährige Behaltefrist nicht durch eine Einlage und anschließende Veräußerung unterlaufen werden.

370 Zur Abgrenzung, ob eine Einlage, eine tauschähnliche Übertragung gegen Gewährung von Gesellschaftsrechten oder ein Veräußerungsgeschäft vorliegt, ist aus Sicht der Finanzverwaltung entscheidend auf die gewählte Form der Verbuchung abzustellen. Eine Einlage liegt danach nur dann vor, wenn ausschließlich ein gesamthänderisch gebundenes Rücklagenkonto erhöht wird oder wenn handelsrechtlich ein Ertrag gebucht wird, der außerbilanziell als Einlage neutralisiert wird.[446]

371 In der Praxis häufig anzutreffen sind Gestaltungen, in denen eine gewerblich tätige Personengesellschaft ein Grundstück bebaut, welches dem Ehegatten gehört, der selbst nicht an der Gesellschaft beteiligt ist. In einem solchen Fall sind Grundstück und vor allem Gebäude regelmäßig dem Ehegatten – auch wirtschaftlich – zuzurechnen. In der Bilanz der Gesellschaft sind dann die Herstellungsaufwendungen der Gesellschaft »wie ein materielles Wirtschaftsgut« nach Gebäudegrundsätzen abzuschreiben.[447] Kommt es zu einer Beendigung der Nutzung, so ist der noch bilanzierte Restposten

---

444 Vgl. BFH, BStBl. II 2009, 356.
445 Rdn. 113.
446 BMF, BStBl. I 2011, 713; *Levedag*, GmbHR 2013, 243.
447 BFH, DStR 2010, 693.

des »Wie-Wirtschaftsgutes« erfolgsneutral auszubuchen[448]. Wird die Gesellschaft oder der Gesellschafter Eigentümer des Grundstückes, erfolgt eine Einlage zum Teilwert, der sodann die neue AfA-Bemessungsgrundlage bildet[449]. Auf diese Weise kann möglicherweise eine »doppelte AfA«[450] in Anspruch genommen werden.

bb) Übertragung gegen Gewährung von Gesellschaftsrechten und entgeltliche Übertragung aus dem Privatvermögen

Die Übertragung aus dem Privatvermögen gegen Gewährung von Gesellschaftsrechten ist im Unterschied zur Einlage ein tauschähnliches Geschäft und kann damit ein Veräußerungsgeschäft i.S.d. § 23 EStG darstellen. Die Einschränkungen bei der Bemessung der Absetzungen für Abnutzung nach § 7 Abs. 1 Satz 5 EStG können dann allerdings keine Anwendung finden. 372

Bei einer entgeltlichen Übertragung liegt ertragsteuerlich ein Veräußerungs- und Anschaffungsgeschäft vor. Das heißt einerseits, dass auf Seiten des Veräußerers ein steuerpflichtiges privates Veräußerungsgeschäft nach § 23 EStG vorliegen kann, soweit die zehnjährige Behaltefrist im Übertragungszeitpunkt nicht abgelaufen war. Andererseits sind die Beschränkungen hinsichtlich der Absetzungen für Abnutzung, wie sie für Einlagen in § 7 Abs. 1 Satz 5 EStG vorgesehen sind, ebenfalls keine Anwendung finden. 373

cc) Überführung von Grundstücken aus dem Sonderbetriebsvermögen in die Gesellschaft

Gehört das Grundstück zum gewillkürten oder notwendigen Sonderbetriebsvermögen, so ist nach Auffassung der Finanzverwaltung bei einer Übertragung der Buchwert fortzuführen, wenn die Übertragung unentgeltlich oder ausschließlich gegen Gewährung von Gesellschaftsrechten erfolgt, § 6 Abs. 5 EStG.[451] Die Übernahme von Verbindlichkeiten oder die teilweise Gegenbuchung auf einem Privatkonto des Gesellschafters soll hingegen nach der sogenannten Trennungstheorie zur Aufspaltung in einen entgeltlichen und einen unentgeltlichen Teil führen, bei der nur teilweisen Gewährung von Gesellschaftsrechten soll insgesamt ein entgeltliches Geschäft vorliegen. Hingegen beurteilt der IV. Senat solche Übertragungen nach der sogenannten Einheitstheorie,[452] so dass ein entgeltliches Geschäft nur dann vorliegt, wenn ein über dem Buchwert liegendes Entgelt gezahlt wird. 374

b) Bilanzierung von Grundstücken

aa) Aufteilung in verschiedene Wirtschaftsgüter

Aus steuer(bilanz-)rechtlicher Sicht ist das Grundstück in verschiedene Wirtschaftsgüter aufzuteilen. Der Grund und Boden ist ein separates, nicht abnutzbares Wirtschaftsgut, das Gebäude und die selbständigen Gebäudeteile sind ebenfalls eigenständige, aber abnutzbare Wirtschaftsgüter. Das Gebäude kann weiter aufgeteilt werden in die Nutzung für eigenbetriebliche Zwecke, für fremdbetriebliche Zwecke, für eigene und für fremde Wohnzwecke. Zu den selbständigen Gebäudeteilen gehören die Betriebsvorrichtungen, die Scheinbestandteile, Ladeneinbauten und die sonstigen Mietereinbauten. Auch die Außenanlagen sind ein separates Wirtschaftsgut. Die Unterscheidung hat vor allem für die Bemessung der Absetzungen für Abnutzung Bedeutung. 375

Bei der Überführung von Grundstücken in das Betriebsvermögen ist ein einheitlicher Erwerbspreis auf die einzelnen Wirtschaftsgüter aufzuteilen, und zwar regelmäßig nach dem Verhältnis des jeweiligen getrennt ermittelten Verkehrswertes.[453] Die von der Finanzverwaltung in der Praxis früher 376

---

448 BFH, BStBl. II 2013, 387.
449 BFH, DStR 2016, 1014.
450 So: BFH, Pressemitteilung 35/16 vom 04.05.2016 zu BFH, DStR 2016, 1014.
451 Rdn. 106.
452 BFH, DStR 2012, 2051; Rdn. 102.
453 BFH, BStBl. II 1985, 252.

häufig verwandte Restwertmethode, nach der der Wert des Grund und Bodens aus den amtlichen Bodenrichtwertkarten abgeleitet wird und der Rest auf das Gebäude und eventuell die selbständigen Gebäudeteile verteilt wird, ist in der Regel keine geeignete Methode.[454] Nach Auffassung des BFH[455] ist eine vertraglich vereinbarte Aufteilung des Kaufpreises regelmäßig maßgebend, sofern sie nicht nur zum Schein getroffen wurde und nicht im Einzelfall die vertragliche Kaufpreisaufteilung die realen Wertverhältnisse in grundsätzlicher Weise verfehlt und wirtschaftlich nicht haltbar erscheint. Demgegenüber hat das BMF nunmehr eine Arbeitshilfe[456] entwickelt, die zunehmend »quasi-bindend« auch über eine vertragliche Aufteilung hinaus angewandt wird,[457] diese führt allerdings nach meinen Erfahrungen sehr häufig zu unzutreffenden Ergebnissen.

377 ▶ Praxistipp:
Trotz der oben angeführten Zweifel ist es zu empfehlen, bei Überführungen von Grundstücken in das Betriebsvermögen einen sachgerechten Aufteilungsmaßstab in das entsprechende Vertragswerk zu übernehmen. Ein solcher sachgerechter Aufteilungsmaßstab wird regelmäßig von der Finanzverwaltung übernommen.

378 Das **Gebäude** ist grundsätzlich ein einheitliches Wirtschaftsgut, bei unterschiedlicher Nutzung muss jedoch eine Aufteilung in selbständige Wirtschaftsgüter erfolgen.[458] Dementsprechend kann für die einzelnen Wirtschaftsgüter auch eine getrennte Zuordnung zum Betriebs- oder Privatvermögen erfolgen. Bei der Nutzung für eigene Wohnzwecke liegt notwendiges Privatvermögen, bei der Nutzung für eigenbetriebliche Zwecke liegt notwendiges Betriebsvermögen vor. Bei der Nutzung für fremdbetriebliche Zwecke oder für fremde Wohnzwecke liegt regelmäßig gewillkürtes Betriebsvermögen vor, so dass der Eigentümer ein Zuordnungswahlrecht hat. Das Wirtschaftsgut »Gebäude« umfasst auch alle sogenannten unselbständigen Gebäudeteile. Das sind diejenigen Gebäudeteile, die in einem einheitlichen Nutzungs- und Funktionszusammenhang zu dem Gebäude stehen.

379 **Selbständige Gebäudeteile**, bei denen ein solcher Nutzungs- und Funktionszusammenhang nicht besteht, sind separat zu bewerten und in der Steuerbilanz als »technische Anlagen und Maschinen« oder »Andere Anlagen, Betriebs- und Geschäftsausstattung« auszuweisen.

380 Unter den Begriff der **Betriebsvorrichtung** – vgl. § 68 Abs. 2 Nr. 2 BewG – fallen Maschinen und sonstige Vorrichtungen, die zu einer Betriebsanlage gehören, und zwar auch dann, wenn sie wesentliche Bestandteile des Grundstückes darstellen.[459] Anschaulich wird die Unterscheidung anhand von Aufzügen: Während Personenaufzüge unselbständige Gebäudeteile sind, zählen Lastenaufzüge, die dem Betriebsvorgang dienen, zu den Betriebsvorrichtungen.[460]

381 **Scheinbestandteile**, vgl. § 95 BGB, sind in Übereinstimmung mit bürgerlich-rechtlichen Grundsätzen (selbständige) Wirtschaftsgüter, die nur zu einem vorübergehenden Zweck mit dem Grund und Boden verbunden sind. Sie werden regelmäßig – aber nicht zwingend – von dem Grundstücksmieter oder -pächter eingefügt und die Nutzungsdauer ist nicht länger als die Laufzeit des Miet- oder Pachtverhältnisses oder diese sie repräsentieren auch nach ihrem Ausbau noch einen Wiederverwendungswert, so dass damit zu rechnen ist, dass sie später wieder entfernt werden.[461]

---

454 BFH, BStBl. II 2001, 183; Blümich/*Ehmcke*, § 6 EStG Rn. 349.
455 BFH, DStR 2016, 33.
456 Unter www.bundesfinanzministerium.de abrufbar.
457 Ob und in welchem Umfang diese Arbeitshilfe als Maßstab für eine Kaufpreisaufteilung geeignet ist, ist Gegenstand eines vor dem BFH anhängigen Verfahrens (IX R 26/19). S.a. *Jakoby/Geiling*, DStR 2020, 481 ff.
458 BFH, GrS BStBl. II 1974, 132; BFH Urt. v. 20.12.2012 – III R 40/11, DStR 2013, 8.
459 Vgl. Ausführlich hierzu Länder-Erlass v. 15.03.2006, BStBl. I 2006, 314.
460 Länder-Erlass v. 15.03.2006, BStBl. I 2006, 314, Tz. 3.5.
461 Prinz/Kanzler/*Adrian*, Rn. 3436.

Ladeneinbauten sind selbständige Gebäudeteile, vor allem Schaufensteranlagen, die einem schnellen Wandel des modischen Geschmacks unterliegen und deshalb einer schnelleren Abnutzung – regelmäßig innerhalb von 8 Jahren – unterliegen. Ladeneinbauten sind auch dann separate Wirtschaftsgüter, wenn sie beim Neubau eines Gebäudes errichtet werden.[462]

382

Sonstige Mietereinbauten sind solche Baumaßnahmen, die ein Mieter eines Gebäudes oder eines Gebäudeteils auf eigene Rechnung an dem (fremden) Gebäude vornehmen lässt, wenn diese nicht Erhaltungsaufwand sind. Mietereinbauten sind in der Bilanz des Mieters zu aktivieren, wenn das entstehende Wirtschaftsgut in einem vom Gebäude verschiedenen Funktionszusammenhang oder im wirtschaftlichen Eigentum des Mieters steht, der Mieter hierfür Herstellungskosten aufgewandt hat, das Wirtschaftsgut dem Mieter zuzurechnen ist und sich die Nutzung des Wirtschaftsgutes erfahrungsgemäß über einen Zeitraum von mehr als einem Jahr erstreckt.[463]

383

bb) Absetzungen für Abnutzung

Das Gebäude sowie die selbständigen Gebäudeteile unterliegen der Absetzung für Abnutzung, § 7 EStG. Der reguläre AfA-Satz richtet sich nach § 7 Abs. 4 EStG und beträgt:
– bei Gebäuden, die zu einem Betriebsvermögen gehören und nicht Wohnzwecken dienen und für die der Bauantrag nach dem 31.03.1985 gestellt wurde, jährlich 3 %;
– bei Gebäuden, die vor dem 31.12.1924 fertiggestellt worden sind, jährlich 2 %;
– bei Gebäuden, die vor dem 01.01.1925 fertiggestellt worden sind, jährlich 2,5 %.

384

Ist die tatsächliche Nutzungsdauer kürzer, so kann die AfA auch nach der tatsächlichen Nutzungsdauer bemessen werden.

385

Für zu oder vor bestimmten Stichtagen angeschaffte oder hergestellte Gebäude bestehen noch erhöhte, degressive Abschreibungsmöglichkeiten nach § 7 Abs. 5 EStG. Bei Gebäuden in Sanierungsgebieten oder in städtebaulichen Entwicklungsbereichen sowie bei denkmalgeschützten Gebäuden besteht darüber hinaus bei Vorliegen weiterer Voraussetzungen die Möglichkeit, sogenannte Sonderabschreibungen in Anspruch zu nehmen, §§ 7h, 7i EStG.

386

Bei außergewöhnlicher wirtschaftlicher oder technischer Abnutzung, die über den gewöhnlichen Wertverzehr hinausgeht, kommt ebenfalls eine Abschreibung in Betracht, § 7 Abs. 1 Satz 7 EStG, bei Gebäuden im Betriebsvermögen ist eine Teilwertabschreibung möglich, wenn der Wert des Gebäudes unter den Buchwert gesunken ist.

387

c) Übertragung von Grundstücken aus der Personengesellschaft

aa) Überführung in das Privatvermögen des Gesellschafters

Die Überführung in das Privatvermögen erfolgt zum Teilwert im Zeitpunkt der Entnahme, § 6 Abs. 1 Nr. 4 EStG. Wird das Grundstück an einen Gesellschafter zu einem unter dem Teilwert liegenden Preis veräußert, so ist die Differenz zwischen Veräußerungspreis und Teilwert ebenfalls Entnahme. Auf Seiten des Erwerbers führt die Entnahme aus dem Betriebsvermögen zu einem fiktiven Anschaffungsgeschäft, § 23 Abs. 1 Satz 2 EStG und somit zu einer neuen zehnjährigen Behaltefrist nach § 23 EStG.

388

Eine Veräußerung kann zwischen Gesellschaft und Gesellschafter auch wie ein entgeltliches Geschäft zu fremdüblichen Bedingungen erfolgen. Eine solche Veräußerung ist einkommensteuerlich anzuerkennen und führt zur Begünstigungsfähigkeit etwaiger Grundstücksveräußerungsgewinne nach § 6b EStG.[464]

389

---

462 BFH, BStBl. II 1965, 291.
463 Prinz/Kanzler/*Adrian*, Rn. 3438.
464 BFH, BStBl. II 1981, 84; Rdn. 391.

bb) Überführung in das Sonderbetriebsvermögen des Gesellschafters

390 Die Überführung in das Sonderbetriebsvermögen des Gesellschafters – unentgeltlich oder gegen Minderung von Gesellschaftsrechten – erfolgt nach der Auffassung der Finanzverwaltung zum Buchwert ohne Aufdeckung stiller Reserven. Dies gilt jedoch nur dann, wenn die Übertragung ausschließlich unentgeltlich oder gegen Minderung von Gesellschaftsrechten erfolgt. Ansonsten kann nach Auffassung der Finanzverwaltung[465] ein teilentgeltliches Geschäft oder ein voll entgeltliches Geschäft vorliegen.

cc) Neutralisierung von Veräußerungsgewinnen durch § 6b-EStG-Rücklagen

391 Bei der Veräußerung von Grundstücken sowie Gebäuden entstehende Gewinne können unter bestimmten Voraussetzungen dadurch wieder neutralisiert werden, dass sie in eine Rücklage nach § 6b EStG eingestellt und dass bei der Anschaffung oder Herstellung eines Ersatzwirtschaftsgutes die aufgedeckten stillen Reserven von den Anschaffungs- und Herstellungskosten des Reinvestitionsobjektes abgezogen werden. Dementsprechend wird die (endgültige) Versteuerung der stillen Reserven verschoben. Die Ratio der steuerlichen Begünstigung besteht darin, ökonomisch sinnvolle Standortverlagerungen nicht dadurch zu erschweren, dass die aus der Veräußerung eines bisherigen Standortes rührende Liquidität nicht durch eine Besteuerung geschmälert und dadurch der Erwerb eines Ersatzstandortes erschwert wird. In der Steuerpraxis hat die Rücklage nach § 6b EStG darüber hinaus erhebliche Bedeutung, da sie die Neuordnung des Grundvermögens innerhalb von Personengesellschaftsstrukturen auch außerhalb der Regelungen des § 6 Abs. 5 EStG – insbesondere zwischen Schwesterpersonengesellschaften[466] – ermöglicht. Darüber hinaus kann die Rücklage nach § 6b EStG auch zur steuerlichen Neutralisierung der aus einer handelsbilanzpolitisch motivierten Aufdeckung von stillen Reserven rührenden Gewinne dienen.

(1) Begünstigte Veräußerungsobjekte

392 Begünstigte Veräußerungsobjekte sind (unter anderem) Grundstücke, der Aufwuchs auf Grund und Boden, sowie Gebäude einschließlich der selbständigen Gebäudeteile wie Ladeneinbauten und gegebenenfalls auch Mietereinbauten.[467] Betriebsvorrichtungen hingegen stellen bewegliche Wirtschaftsgüter dar und sind somit nicht begünstigungsfähig.[468]

393 Die veräußerten Grundstücke und Gebäude sind nur dann begünstigungsfähige Veräußerungsobjekte, § 6b Abs. 4 Satz 1 Nr. 2 EStG, wenn sie zum Anlagevermögen einer inländischen Betriebsstätte gehört haben und diese Zugehörigkeit im Zeitpunkt der Veräußerung mindestens sechs[469] Jahre bestanden hat. Wurde das Wirtschaftsgut hergestellt, so ist zur Berechnung der Sechs-Jahresfrist auf den Zeitpunkt der Fertigstellung abzustellen.[470]

394 Kein begünstigter Veräußerungsvorgang ist – trotz Aufdeckung stiller Reserven – die Entnahme eines Grundstückes in das Privatvermögen des Gesellschafters,[471] anders ein Verkauf des Grundstückes (und Gebäudes) an den Gesellschafter zu fremdüblichen Bedingungen. Dieser ist begünstigungsfähige Veräußerung.[472]

---

465 BMF, BStBl. I 2011, 1279; dagegen BFH, DStR 2012, 2051; Rdn. 105.
466 BFH (IV. Senat), BStBl. II 2010, 971.
467 L. Schmidt/*Loschelder*, § 6b EStG Rn. 21; vgl. auch Rdn. 375.
468 Prinz/Kanzler/*Sievert*, Rn. 5318.
469 Bei städtebaulichen Sanierungs- und Entwicklungsmaßnahmen kann sich die Frist auf 2 Jahre verkürzen, vgl. § 6b Abs. 8 EStG.
470 L. Schmidt/*Loschelder*, § 6b EStG Rn. 72, zu Sonderfällen: Prinz/Kanzler/*Sievert*, Rn. 5331 – 5339.
471 BFH, BStBl. II 1973, 291.
472 BFH, BStBl. II 1981, 84.

(2) Personenbezogenheit der Rücklage

§ 6b EStG enthält eine personenbezogene Steuervergünstigung, so dass für das Erfordernis der Mindestbesitzzeit und der Reinvestition jeweils auf den einzelnen Mitunternehmer abzustellen ist. Die personenbezogene Steuervergünstigung kann auch von jedem Mitunternehmer einzeln und unabhängig von anderen Mitunternehmern bzw. der Personengesellschaft in Anspruch genommen werden.

(3) Begünstigte Reinvestitionsobjekte

Begünstigungsfähige Reinvestitionsobjekte sind wiederum (unter anderem) Grund und Boden sowie Gebäude. Ein aus dem Gebäude entstandener Gewinn kann nur auf ein Gebäude übertragen werden, während ein aus dem Grund und Boden entstandener Gewinn auf Grund und Boden sowie Gebäude[473] übertragen werden kann.[474]

Veräußerungs- und Reinvestitionsobjekt können auch identisch sein,[475] wodurch bei Veräußerungen zwischen Schwesterpersonengesellschaften und mit Tochterpersonengesellschaften unabhängig von den Regelungen des § 6 Abs. 5 EStG Steuerneutralität erreicht werden kann, soweit die personenbezogenen Voraussetzungen gegeben sind.

(4) Reinvestitionszeitraum

Das Ersatzobjekt kann im Jahr der Veräußerung oder im vorangegangenen Wirtschaftsjahr angeschafft oder hergestellt worden sein, § 6b Abs. 1 EStG. Ansonsten ist die Reinvestition bis zum vierten auf die Veräußerung folgenden Wirtschaftsjahres vorzunehmen, diese Frist kann sich in Herstellungsfällen auf 6 Jahre verlängern, wenn bis zum Ende des vierten Jahres mit der Herstellung begonnen worden ist.[476]

(5) Verhältnis zu §§ 16, 34 EStG

Da § 6b EStG eine Versteuerung aufgedeckter stiller Reserven verhindert, kann die Tarifermäßigung nach §§ 16, 34 EStG nicht in Anspruch genommen werden, wenn für einen Teil des Veräußerungsgewinnes die Vergünstigungen nach § 6b EStG angewendet worden sind, § 34 Abs. 1 Satz 4 EStG. Ist bei Betriebsaufgabe allerdings noch eine nicht verwendete § 6b-EStG-Rücklage vorhanden, so zählt der Gewinn aus der Auflösung zum Veräußerungs- oder Aufgabegewinn und nicht zum laufenden Gewinn.

d) Gewerblicher Grundstückshandel unter Beteiligung von Personengesellschaften

Nach der lediglich als »Indiz« wirkenden Drei-Objekt-Grenze kann ein gewerblicher Grundstückshandel sowohl auf der Ebene der Personengesellschaft als auch auf der Ebene der Personengesellschafter verwirklicht sein. Dabei ist zu beachten, dass die Betätigung einer Personengesellschaft keine Abschirmwirkung dergestalt hat, dass hierdurch die Aktivitäten eines Personengesellschafters innerhalb der Drei-Objekt-Grenze vor einer Besteuerung als gewerbliche Einkünfte geschützt würden,[477] sofern zwischen der Tätigkeit des Gesellschafters und der Gesellschaft ein Sachzusammenhang besteht. Mangels Sachzusammenhanges bleiben daher lediglich außer Betracht solche Tätigkeiten einer Personengesellschaft, deren Zweck nicht auf Grundstücksaktivitäten, sondern zum Beispiel auf den Betrieb einer Maschinenfabrik gerichtet ist.[478]

---

473 Und auf einen Aufwuchs auf Grund und Boden.
474 Prinz/Kanzler/*Sievert*, Rn. 5300.
475 Prinz/Kanzler/*Sievert*, Rn. 5480; OFD Koblenz, DStR 2004, 314.
476 Bei städtebaulichen Sanierungs- und Entwicklungsmaßnahmen verlängern sich diese Fristen um 3 Jahre, § 6b Abs. 8 Satz 1 Nr. 1 EStG.
477 L. Schmidt/*Wacker*, § 15 EStG Rn. 73.
478 BFH, GrS BStBl. II 1995, 617.

401 Auf der Ebene der Personengesellschaft sind daher die Merkmale eines Gewerbebetriebs – in Abgrenzung von der Vermögensverwaltung – anhand der als Indiz wirkenden Drei-Objekt-Grenze oder bei Erwerb in unbedingter Veräußerungsabsicht (in Ein-Objekt-Fällen) zu prüfen. Ergibt sich aufgrund dieser Prüfung, dass die Merkmale eines Gewerbebetriebs bereits auf der Ebene der Personengesellschaft verwirklicht sind, so bildet die Personengesellschaft einen eigenständigen Gewerbebetrieb.

402 Sind hingegen auf der Ebene der Personengesellschaft die Merkmale eines Gewerbebetriebs nicht erfüllt, so kann ein Gewerbebetrieb in der Person des Gesellschafters vorliegen, wenn in der Zusammenschau der Grundstücksaktivitäten von Gesellschafter und Gesellschaft die »Drei-Objekt-Grenze« überschritten wird. Dabei kommt es zu einer Zusammenrechnung, wenn der Gesellschafter zu mehr als 10 %[479] an der Gesellschaft beteiligt ist und durch eine Addition die Grenze überschritten wird. Die Zählobjekte sind hingegen nicht dem Gesellschafter nur anteilig entsprechend seiner Beteiligungsquote zuzurechnen.

403 Werden Anteile an einer Grundbesitz haltenden Personengesellschaft veräußert, so ergeben sich so viele Zählobjekte, wie die Gesellschaft über Zählobjekte verfügt.

404 Ergibt sich die Gewerblichkeit erst auf der Ebene des Gesellschafters, so wird die Gewerbesteuerpflicht und -belastung auf den Gesellschafter verlagert, so dass ein Gewerbebetrieb auch allein aufgrund von Veräußerungen durch Personengesellschaften oder aufgrund von Anteilsveräußerungen vorliegen kann. Ist der Tatbestand des Gewerbebetriebs durch eine Personengesellschaft erfüllt, so können die Beteiligungen an nicht selbst gewerblich tätigen Personengesellschaften zum Sonderbetriebsvermögen der Gesellschaft gehören.[480]

e) Umsatzsteuer

405 Die Übertragung eines Grundstückes auf eine Personengesellschaft kann eine Leistung (Lieferung) gegen (Sonder-) Entgelt darstellen, und zwar sowohl bei einer entgeltlichen Übertragung als auch bei einer Übertragung gegen Gewährung von Gesellschaftsrechten.[481] Die Übertragung von Grundstücken kann nach § 4 Nr. 9 UStG von der Umsatzsteuer befreit sein, jedoch kann nach § 9 UStG auf die Umsatzsteuerbefreiung auch verzichtet werden. Ein solcher Verzicht ist regelmäßig dann sinnvoll, wenn das Grundstück in der Personengesellschaft ausschließlich für umsatzsteuerpflichtige Zwecke genutzt werden soll. Durch den Verzicht auf die Steuerbefreiung kann bei einer Übertragung auch vermieden werden, dass eine Vorsteuerkorrektur nach § 15a UStG durchgeführt wird.

406 Liegt hingegen eine »reine« Einlage[482] vor, werden also keine Gesellschaftsrechte gewährt, so stellt die Übertragung des Grundstückes bei einer vorherigen unternehmerischen Nutzung auf Seiten des Gesellschafters eine Entnahme aus dessen Unternehmen dar. Dementsprechend kann es zu einer Vorsteuerkorrektur nach § 15a UStG kommen.

407 Die Übertragung von Grundstücken auf eine Personengesellschaften kann auch eine nicht steuerbare Geschäftsveräußerung im Ganzen nach § 1 Abs. 1a UStG darstellen,[483] wenn das Grundstück zuvor zu unternehmerischen Zwecken genutzt wurde und der übernehmenden Personengesellschaft die Fortsetzung einer bisher durch den Gesellschafter ausgeübten unternehmerischen Tätigkeit ermöglicht wird und die übernehmende Gesellschaft dies auch tut. Dies ist etwa bei der Einbringung von Grundstücken des Sonderbetriebsvermögens in eine Besitzgesellschaft der Fall, nicht aber bei der Einbringung eines bislang an die Betriebsgesellschaft vermieteten Grundstückes, da in diesem Fall die Vermietungstätigkeit eben nicht fortgesetzt wird.[484]

---

479 L. Schmidt/*Wacker*, § 15 EStG Rn. 74.
480 Rdn. 76.
481 Rdn. 106.
482 Rdn. 100.
483 Rdn. 246.
484 BFH, BStBl. II 2010, 1114.

2. Treuhandverhältnisse

a) Zurechnung und Anerkennung der Treuhand

Nach § 39 Abs. 2 Nr. 1 Satz 2 AO ist bei Vereinbarung einer Treuhand das Wirtschaftsgut dem Treugeber zuzurechnen. Bei der Prüfung ob ein Treuhandverhältnis vorliegt, ist ein strenger Maßstab anzulegen. Das Handeln des Treuhänders im fremden Interesse muss wegen der von Zivilrecht abweichenden Zurechnung anhand objektiver Merkmale eindeutig erkennbar sein.[485]

Aus dieser Zurechnung folgt, dass es für die Beurteilung persönlicher Merkmale auf den Treugeber, nicht auf den Treuhänder ankommt.[486]

Liegt ein anzuerkennendes Treuhandverhältnis über einen Anteil an einer Personengesellschaft vor, so erfolgt die Feststellung der Einkünfte in einem zweistufigen Verfahren. Zunächst werden die Einkünfte auf der Ebene der Personengesellschaft, auf einer zweiten Stufe erfolgt die Zurechnung des treuhänderischen Gewinnanteiles an den Treugeber.[487] Eine Verbindung beider Feststellungsstufen in einem Bescheid ist zulässig, wenn das Treuhandverhältnis allen Feststellungsbeteiligten bekannt ist und keiner der Beteiligten Einwendungen erhebt und ein schutzwürdiges Interesse an der Durchführung getrennter Verfahren nicht besteht.[488]

b) Die Mitunternehmerstellung von Treugeber und Treuhänder

Bei einer fremdnützigen Treuhand ist der Treugeber regelmäßig Mitunternehmer an der Personengesellschaft, wenn bei einem anzuerkennenden Treuhandverhältnis auch der Treuhänder eine Rechtsstellung innehat, die bei einem Handeln auf eigene Rechnung diesem eine Mitunternehmerstellung vermitteln würde und dem Treugeber aufgrund des Treuhandverhältnisses und sonstiger Abreden die Mitunternehmerstellung vermittelt wird.[489] Der Treugeber muss also das Treuhandverhältnis beherrschen,[490] so dass die »mittelbare« Mitunternehmerinitiative auch auf Seiten des Treugebers gegeben ist.

Der Treuhänder kann ebenfalls Mitunternehmer der Personengesellschaft neben dem Treugeber sein, wenn er etwa wegen einer unbeschränkten Außenhaftung in erheblichem Maße Mitunternehmerrisiko trägt[491] oder wenn er selbst auch unmittelbar beteiligt ist. Regelmäßig ist jedoch nur der Treugeber Mitunternehmer.

c) Treuhandmodell

Hält ein Kommanditist einer zweigliedrigen GmbH & Co. KG seinen Kommanditanteil treuhänderisch für die Komplementär-GmbH, so ist ertragsteuerlich der Kommanditanteil der GmbH zuzurechnen, so dass eine Mitunternehmerschaft nicht entsteht, sog. Treuhandmodell.[492] Anders ist hingegen der Fall zu beurteilen, dass der Komplementäranteil treuhänderisch gehalten wird, da wegen der unbeschränkten Verlusthaftung und der nicht entziehbaren Vertretungsbefugnis eine Mitunternehmerstellung – unabhängig von einem eventuellen Freistellungsanspruch – stets gegeben ist.[493]

---

485 BFH, BStBl. II 1998, 152; Klein/*Ratschow*, § 39 AO Rn. 65.
486 Sofern nicht der Treuhänder auch Mitunternehmer oder der Treugeber nicht Mitunternehmer ist.
487 Klein/*Ratschow*, § 39 AO Rn. 33.
488 BFH, BStBl. II 1986, 584; Klein/*Ratschow*, § 39 AO Rn. 33.
489 L. Schmidt/*Wacker*, § 15 EStG Rn. 296.
490 BFH, BStBl. II 1999, 514.
491 Vgl. BFH, BStBl. II 2005, 168; BFH, DStR 2012, 2532; L. Schmidt/*Wacker*, § 15 EStG Rn. 298.
492 BFH/NV 2010, 1035.
493 Vgl. BFH, BStBl. II 2005, 168; DStR 2012, 2532; L. Schmidt/*Wacker*, § 15 EStG Rn. 298.

d) Begründung und Beendigung der Treuhand

413 Die unentgeltliche Begründung und Beendigung der Treuhand durch den Treugeber/Gesellschafter ist wegen der Zurechnungsregelungen des § 39 AO ertragsteuerlich ohne Auswirkung[494] ebenso ist der Wechsel in der Person des Treuhänders ohne Bedeutung. Die Begründung eines Treuhandverhältnisses durch die Erklärung, einen unmittelbar gehaltenen Gesellschaftsanteil zukünftig nur noch für einen anderen zu halten, führt zum Wechsel in der ertragsteuerlichen Zurechnung und kann entweder Veräußerung oder unentgeltliche Rechtsnachfolge sein.

e) Erbschaftsteuerliche Beurteilung der Treuhand

414 Erbschaftsteuerlich ist bei Treuhandverhältnissen der Herausgabeanspruch des Treugebers gegen den Treuhänder auf Rückübereignung des Treugutes Gegenstand der Zuwendung. Der Herausgabeanspruch als Sachleistungsanspruch ist nach nunmehriger Auffassung der Finanzverwaltung wie die Sache selbst zu bewerten und zu behandeln.[495] Dementsprechend können die Vergünstigungen nach §§ 13a, 13b ErbStG auch bei lediglich treuhänderische gehaltenen Beteiligungen gewährt werden,[496] soweit der Treugeber die Voraussetzungen – also insbesondere Mitunternehmerrisiko und Mitunternehmerinitiative – erfüllt.

3. Nießbrauchsgestaltungen

415 Die Übertragung von Vermögensgegenständen unter Einräumung von Nießbrauchsrechten gehört zum Standardinstrumentarium der vorweggenommenen Erbfolge, ist aber wegen der Vielschichtigkeit möglicher konkreter Ausgestaltungen und der teilweisen Offenheit der zivilrechtlichen Beurteilung[497] zumindest ertragsteuerlich noch nicht vollständig geklärt. Eine grundlegende Positionierung der Finanzverwaltung zum Nießbrauch an Mitunternehmeranteilen in ertragsteuerlicher Sicht steht noch aus.[498] Aus erbschaftsteuerlicher Sicht hat die Verwaltung hingegen Stellung genommen[499], da das Erbschaftsteuerrecht insoweit auf die ertragsteuerlichen Grundsätze abstellt, können aus diesem Erlass auch für die ertragsteuerliche Beurteilung Rückschlüsse gezogen werden.

416 Die steuerliche Problematik bei der Beurteilung von Nießbrauchsgestaltungen ergibt sich aus der Einkünftequalifikation. Auf Seiten des Gesellschafters geht es – vor allem in erbschaftsteuerlicher Sicht – um die Begründung einer (ununterbrochenen) Mitunternehmerstellung, auf Seiten des Nießbrauchers ebenfalls um den Erhalt oder die Begründung einer Mitunternehmerstellung, um gewerbliche Einkünfte zu erhalten und die Annahme von Einkünften aus Kapitalvermögen und den aus einer solchen Einkünftequalifikation folgenden Aufgabe- oder Veräußerungstatbestand zu vermeiden. Gegebenenfalls kann der reine Ertragsnießbrauch auch eine einkommensteuerlich unbeachtliche Einkommensverwendung darstellen.

417 Die zivilrechtliche Absicherung der gewollten Gestaltung erfordert es insbesondere, dass die steuerliche Belastung der auf Nießbraucher und Gesellschafter entfallenden Gewinne durch entsprechende Entnahmerechte für die auf den jeweiligen (Teil-) Gewinnanteil entfallenden Steuern gewährleistet wird.

---

[494] Littmann/Bitz/Pust/*Bitz,* § 15 EStG Rn. 30.
[495] Länder-Erl. vom 16.10.2010, DStR 2010, 2084.
[496] Länder-Erl. vom 16.10.2010, DStR 2010, 2084 unter Aufgabe der gegenteiligen Auffassung in den Länder-Erlassen vom 14.06.2005, DStR 2005, 1231 und vom 11.01.2008, DStR 2008, 508.
[497] Vgl. Kap. 1 Rdn. 563.
[498] Die Finanzverwaltung hat allerdings im BMF-Schreiben v. 20.11.2019, BStBl. I 2019, 1291, Tz. 7 die Anwendung des § 6 Abs. 3 EStG bei Anteilen an Personengesellschaften jedenfalls im Grundsatz gebilligt, nachdem für Einzelunternehmen, BFH, ZEV 2017, 471.
[499] Länder-Erl. vom 02.11.2012, DStR 2012, 2440.

a) Der »Vorbehaltsnießbrauch« als steuerlicher Grundfall

Beim Vorbehaltsnießbrauch hält der Übertragende den (entnahmefähigen) Gewinn (teilweise) aus dem Mitunternehmeranteil sowie Stimmrechte (teilweise) zurück. Dementsprechend bleibt der Übertragende in der Regel ertragsteuerlicher Mitunternehmer, wenn er entsprechend Mitunternehmerrisiko und Mitunternehmerinitiative behält.[500] Im ertragsteuerlichen Sinne – anders allerdings das Erbschaftsteuerrecht – ist der Vorbehaltsnießbrauch – soweit die Mitunternehmerstellung fortbesteht – keine Gegenleistung und führt nicht zu einem (gegebenenfalls teilentgeltlichen) Veräußerungsvorgang. 418

Am Mitunternehmerrisiko kann es fehlen, wenn der zurückbehaltene »Gewinn« betragsmäßig festgelegt wird: Dann kann möglicherweise auch eine Veräußerungsrente vorliegen. An der Mitunternehmerinitiative kann es fehlen, wenn sämtliche Mitbestimmungsrechte auf den Gesellschafter übergehen, dann liegt ein reiner »Ertragsnießbrauch« vor, der entweder Veräußerungsentgelt oder einkommensteuerlich irrelevante Einkommensverwendung des Gesellschafters ist.[501] Dem »zuviel« an übertragenen Mitbestimmungsrechten steht aus erbschaftsteuerlicher Sicht ein »zu wenig« an übertragenen Mitbestimmungsrechten gegenüber. Denn behält sich der Übertragende über eine unwiderrufliche Stimmrechtsvollmacht auch die Mitwirkungsrechte bei Grundlagengeschäften vor, so wird der Gesellschafter nicht Mitunternehmer, so dass die erbschaftsteuerlichen Vergünstigungen nach §§ 13a, 13b ErbStG auf die Übertragung keine Anwendung finden. 419

aa) Gewinnbezugsrecht des Nießbrauchers

Ist das Gewinnbezugsrecht des Nießbrauchers nicht vertraglich näher bestimmt, stehen dem Nießbraucher die Nutzungen in Gestalt der Erträge des Anteils zu, damit ist der ordentliche, durch Jahresabschluss und Gewinnverwendungsbeschluss als entnahmefähig festgestellte Gewinn einschließlich der Zinsen auf dem Guthabenkonto des Gesellschafters nach Abzug einer etwa beschlossenen Rücklage gemeint.[502] Außerordentliche Erträge und Erträge aus der Veräußerung stehen dem Gesellschafter zu[503]. Weitergehende Beschränkungen – oder auch Erweiterungen – sind allerdings möglich. 420

▶ **Praxistipp:** 421

Es sollte auf möglichst konkrete Bestimmung des dem Nießbrauchers zustehenden Gewinnanteiles geachtet werden. Soweit auf die nicht entnahmefähigen Gewinnanteile, die von dem Gesellschafter zu versteuern sind, Steuern entfallen, sollte sichergestellt werden, dass das Gewinnbezugsrecht des Nießbrauchers um diejenigen Steuerlasten gemindert wird, die aus den nicht entnahmefähigen Gewinnanteilen rühren.

Eine Anknüpfung an den Steuerbilanzgewinn ist regelmäßig nicht sinnvoll, da dieser – spätestens durch die weitgehende Loslösung von Handels- und Steuerbilanzrecht durch das Bilanzrechtsmodernisierungsgesetz im Einzelfall auch niedriger als das handelsrechtliche Ergebnis sein kann und dadurch Entnahmebeschränkungen zu Lasten des Gesellschafters – durch Haftung nach § 171 Abs. 4 HGB – unterlaufen werden könnten. 422

Es ist derzeit noch nicht abschließend geklärt, wie die Gewerbesteueranrechnung nach § 35 EStG in Nießbrauchsfällen erfolgt. Das Schrifttum geht davon aus, dass zwischen Gesellschafter und Nießbraucher eine Aufteilung stattzufinden hat, die i.S.d. § 35 EStG zum allgemeinen Gewinnverteilungsschlüssel gehört.[504] Insoweit sollten die jeweiligen Steuerentnahmerechte hinsichtlich der Gewerbesteueranrechnung möglichst »flexibel« gehandhabt werden, um eine Anpassung an die tatsächliche Aufteilung durch die Finanzverwaltung zu ermöglichen. 423

---

500 Rdn. 53.
501 BFH, BStBl. 2011, 261; *Wälzholz*, DStR 2010, 1930.
502 Kap. 1 Rdn. 564.
503 Kap. 1 Rdn. 564.
504 *Wälzholz*, DStR 2010, 1930; *Korn/Schiffers*, § 35 EStG Rn. 82.

bb) Stimmrechtsverteilung

424 Zivilrechtlich wird bei der Zuweisung von Stimmrechten zwischen den Angelegenheiten der laufenden Verwaltung (verbleiben beim Nießbraucher) und den Grundlagengeschäften (verbleiben beim Gesellschaften) unterschieden. Soweit allerdings Grundlagenentscheidungen den Bestand des Nießbrauchs tangieren, können sie nur mit Zustimmung des Nießbrauchers getroffen werden. Informations- und Kontrollrechte stehen sowohl dem Gesellschafter als auch flankierend dem Nießbraucher zu.[505] Die Übernahme dieses zivilrechtlichen Regelmodelles führt nach der Rechtsprechung[506] dazu, dass der Erwerber Mitunternehmerinitiative aufweist, die Mitunternehmerstellung des Nießbrauchers ist ebenfalls gegeben.

425 Erweiternd kann es sich anbieten, dass alle wesentlichen und auch die laufenden Entscheidungen der Gesellschaft im Innenverhältnis nur einvernehmlich getroffen werden können, dass die Stimm- und sonstigen Mitverwaltungsrechte nur einvernehmlich ausgeübt werden dürfen und das Widerspruchsrecht nach § 164 HGB dem Gesellschafter zugewiesen wird.[507] Eine solche erzwungene Einvernehmlichkeit kann jedoch dazu führen, dass das Stimmrecht im Ergebnis blockiert wird, wenn keine Einigkeit zwischen Nießbraucher und Gesellschafter erzielt wird. Schädlich für die Mitunternehmerstellung entweder des Nießbrauchers oder des Gesellschafters ist hingegen die einseitige Zuweisung von Stimmrechten an den Einen oder den Anderen.

cc) Steuerliche Lastenverteilung

426 Soweit entweder dem Nießbraucher oder dem Gesellschafter das Entscheidungsrecht über die Ausübung bilanzieller Wahlrechte zugewiesen wird, so stellt dieses Entscheidungsrecht zugleich eine Hoheit über die Abgrenzung der ertragsmäßigen Teilhabe dar. Das bedeutet, dass eine solche Entscheidung es ermöglichen kann, den Umfang des Gewinnbezugsrechtes nicht Nießbrauchers entweder zu erhöhen oder zu mindern, sei es durch die Bildung stiller Reserven oder durch die (offene) Dotierung von Rücklagen.

427 ▶ **Praxistipp:**
Soweit möglich, sollten in der Vereinbarung zwischen Nießbraucher und Gesellschafter, Leitlinien für die Ausübung (offener und faktischer) bilanzieller Wahlrechte und für die Dotierung von Rücklagen vorgesehen werden.

428 Soweit Gewinnanteile nicht entnahmefähig sind, sollte dem Gesellschafter, der die Steuerbelastung zu tragen hat, ein vorrangiges Entnahmerecht der auf diese Gewinnanteile entfallenden Steuern zugebilligt werden. Erst nach der Berücksichtigung dieses Entnahmerechtes ergibt sich ein für den Nießbraucher entnahmefähiger Gewinnanteil. Die Gewerbesteueranrechnung sollte – wie oben dargestellt – möglichst flexibel gehandhabt werden.

429 Ein separates Steuerentnahmerecht für den Nießbraucher ist nicht notwendig, das aus der Entnahmefähigkeit seines Gewinnanteiles auch die Möglichkeit zur Tilgung der hierauf entfallenden Steuer folgt.

430 ▶ **Formulierungsbeispiel: Steuerentnahmerechte in Nießbrauchsfällen**
Der Gesellschafter darf diejenigen Steuern entnehmen, die auf den ihm zuzurechnenden Gewinn entfallen, auch soweit dieser nicht entnahmefähig ist. Nur der darüber hinausgehende Gewinnanteil steht dem Nießbraucher zu.

---

505 Kap. 1 Rdn. 565.
506 BFH, BStBl. II 2009, 312.
507 So *Wälzholz*, DStR 2010, 1930 im Sinne eines »sichersten Weges«.

Bei der Bemessung der auf den jeweiligen Gewinnanteil entfallenden persönlichen Einkommensteuer muss sich der Gesellschafter die auf ihn entfallende anzurechnende Gewerbesteuer anrechnen lassen, soweit ihm eine Anrechnung nach § 35 EStG gewährt werden könnte.

dd) Sonderbetriebsvermögen

Auf ein eventuelles Sonderbetriebsvermögen des Übertragenden erstreckt sich der Nießbrauch regelmäßig nicht. In der Praxis ist zudem zu beobachten, dass wertvolles Sonderbetriebsvermögen – vor allem in Form von Betriebsgrundstücken – in der Regel eher zurückbehalten wird und lediglich der Gesellschaftsanteil übertragen wird. 431

Eine solche isolierte Übertragung führt, soweit der Übertragende Mitunternehmer bleibt, nicht zu einer Entnahme des Sonderbetriebsvermögens und damit nicht zu einer Aufdeckung stiller Reserven. Dies gilt auch dann, wenn der Übertragende seinen gesamten Gesellschaftsanteil unter Zurückbehaltung seines Sonderbetriebsvermögens übertragen hat. Das verbliebene Rest-Sonderbetriebsvermögen kann auch im Erbfall noch unter Buchwertfortführung auf den (Gesellschafter-) Erben übergehen, § 6 Abs. 5 Satz 3 Nr. 3 EStG. Mit dem Wegfall des Vorbehaltsnießbrauches im Erbfall kommt es allerdings nur zum Übergang von Sonderbetriebsvermögen, so dass eine erbschaftsteuerliche Begünstigung nach §§ 13a, 13b ErbStG meines Erachtens nicht möglich ist. 432

Um eine erbschaftsteuerliche Begünstigungsfähigkeit zu erhalten, sollte entweder ein »Zwerganteil« an der Personengesellschaft zurückbehalten werden oder das Sonderbetriebsvermögen sollte in eine eigenständige gewerbliche oder gewerblich geprägte Personengesellschaft ausgegliedert werden. 433

Bei einer Übertragung des Sonderbetriebsvermögens – auch unter Vorbehalt des Nießbrauches – auf den Gesellschafter ergeben sich keine Besonderheiten. Ein unter Nießbrauchsvorbehalt übertragenes Grundstück kann zumindest als »Vorratsbetriebsvermögen« gewillkürtes (Sonder-) Betriebsvermögen sein, so dass es nicht zu einer Entnahme kommt. 434

b) Der Zuwendungsnießbrauch

Der Zuwendungsnießbrauch unterscheidet sich – lediglich steuerlich – von dem oben behandelten Vorbehaltsnießbrauch dadurch, dass er nicht zugunsten des Übertragenden, sondern zugunsten eines Dritten eingeräumt wird. Praktisch häufig kommt der Zuwendungsnießbrauch als Vermächtnisnießbrauch zum Zwecke der Versorgung eines überlebenden Ehegatten oder anderer Angehöriger des Erblassers. 435

Der Zuwendungsnießbrauch kann – da der Zuwendungsnießbraucher den Aufwand nicht getragen hat – zum Verlust noch nicht verbrauchter AfA-Volumina führen,[508] so dass der Zuwendungsnießbrauch nur noch selten zu empfehlen ist. 436

Allerdings kann die Einräumung eines Zuwendungsnießbrauches eine nach §§ 13a, 13b ErbStG begünstigte Übertragung sein.[509] 437

c) Erbschaftsteuerliche Behandlung des Nießbrauches

Anders als das Ertragsteuerrecht ist der vorbehaltene Nießbrauch seit der Abschaffung des § 25 ErbStG seit dem 01.01.2009 als Gegenleistung abzugsfähig. Dementsprechend mindert sich der Wert einer freigebigen Zuwendung um den Kapitalwert des vorbehaltenen Nießbrauches. Zur Ermittlung des Kapitalwertes des vorbehaltenen Nießbrauches ist nach den §§ 13 bis 16 BewG der Jahreswert des Nießbrauches mit einem Vervielfältiger, der die statistische Lebenserwartung und 438

---

508 L. Schmidt/*Kulosa*, § 7 EStG Rn. 58 und § 13 EStG Rn. 99.
509 BFH, DStRE 2012, 38; Länder-Erl. vom 02.11.2012, DStR 2012, 2440.

einen Zinssatz von 5,5 % berücksichtigt, zu multiplizieren. Bei einem vorzeitigen Versterben kann der Jahreswert nach § 14 Abs. 2 BewG zu berichtigen sein. Soweit allerdings die Übertragung des Betriebsvermögens nach §§ 13a, 13b ErbStG begünstigt ist, ist der Abzug der Nießbrauchslast nach § 10 Abs. 6 ErbStG ebenfalls eingeschränkt.

439 Wie bereits dargelegt, ist die Übertragung von Anteilen an einer gewerblich tätigen oder gewerblich geprägten Personengesellschaft nach §§ 13a, 13b ErbStG auch unter Nießbrauchsvorbehalt begünstigungsfähig, wenn die Mitunternehmerstellung ununterbrochen besteht und durch den übertragenen Mitunternehmeranteil vermittelt wird,[510] also insbesondere der übertragene Mitunternehmeranteil dem Erwerber Mitunternehmerinitiative vermittelt.[511]

440 Bei einem Quotenvorbehaltsnießbrauches ist wegen der Unteilbarkeit der Mitunternehmerstellung eine Aufspaltung in zwei Mitunternehmeranteile nicht zulässig, so dass bei einer Schenkung die Betriebsvermögensvergünstigungen – wohl entgegen der Auffassung der Finanzverwaltung – auf den gesamten Mitunternehmeranteil und nicht nur auf die unbelastetete Quote zu gewähren sind.[512]

441 Begünstigungsfähig nach §§ 13a, 13b ErbStG ist auch die Einräumung eines Zuwendungs- oder Vermächtnisnießbrauches.

442 Nicht begünstigungsfähig ist hingegen der Übergang von Sonderbetriebsvermögen in Folge des Todes des Nießbrauchers und (wirtschaftlichen) Eigentümer des Sonderbetriebsvermögens. Denn in diesem Fall geht kein Mitunternehmeranteil des Nießbrauchers über, sondern die Mitunternehmerstellung des Nießbrauchers geht unter. Dementsprechend sollte entweder das Sonderbetriebsvermögen ebenfalls übertragen werden oder gegebenenfalls in eine eigenständige gewerbliche oder gewerblich geprägte Personengesellschaft überführt werden.

4. Nachfolge in Gesellschaftsanteile

443 Die unentgeltliche Rechtsnachfolge ist kein Veräußerungstatbestand, der Nachfolger tritt in die Fußstapfen des Rechtsvorgängers, ohne dass es zu einer Aufdeckung stiller Reserven kommt. Dementsprechend tritt er auch in die anderen steuerlichen Merkmale ein, dies gilt vor allem für etwaige Vorbesitzzeiten – etwa bei § 23 EStG – und Sperrfristen – vgl. § 6 Abs. 5 Satz 4 EStG –, aber auch für gesellschaftsgebundene Verlustvorträge, etwa nach § 15a EStG.[513] Anderes gilt dann, wenn gesetzliche Regelungen bei einer Anteilsübertragung ausdrücklich den Wegfall von Merkmalen vorsehen, zum Beispiel bei der Zinsschranke nach § 4h Abs. 5 EStG, oder wenn der Rechtsnachfolger bestimmte persönliche Merkmale, die zu einem Steuer(vergünstigungs-)tatbestand gehören nicht erfüllt, etwa bei selbständig tätigen Personengesellschaften.

444 Steuerrechtlich bilden Erbfall und Erbauseinandersetzung zwei unterschiedliche, voneinander zu trennende Vorgänge.[514] Soweit damit durch den Erbfall ein Steuertatbestand verwirklicht wird, wie etwa eine Entnahme von Sonderbetriebsvermögen oder die Begründung oder der Wegfall einer personellen oder sachlichen Verflechtung, kann dieser Steuertatbestand durch eine nachfolgende Erbauseinandersetzung in aller Regel nicht mehr beseitigt werden.

a) Sonderbetriebsvermögen als Gestaltungsherausforderung

445 Als gestalterische Herausforderung bei der lebzeitigen unentgeltlichen Rechtsnachfolge, aber mehr noch bei der Nachfolge von Todes wegen, erweist sich ein etwaiges Sonderbetriebsvermögen. Eine

---

510 BFH, BStBl. II 2010, 555; Rdn. 59.
511 Rdn. 54.
512 So Hessisches FG, EFG 2012, 721; aufgehoben durch BFH, DStR 2013, 1380: Wenn die Stimmrechte quotiert werden, ist dies unabhängig von zivilrechtlichen Grundsätzen nach § 41 Abs. 1 AO beachtlich und führt zur Aufteilung des Anteils.
513 Schmidt/*Wacker* § 15a EStG Rn. 234.
514 BFH GrS BStBl. II 1990, 837.

Lösung des betrieblichen Zusammenhanges zwischen Sonderbetriebsvermögen und Personengesellschaftsanteil führt zur Entnahme des Sonderbetriebsvermögens und damit zur Aufdeckung stiller Reserven mit entsprechender Steuerbelastung. Das Sonderbetriebsvermögen ist häufig – insbesondere bei Grundvermögen – aus Haftungs- oder Versorgungsgründen nicht Bestanteil des Gesellschaftsvermögens, und eben jene Versorgungsgründe bilden dann die psychologische Hürde für eine Mitübertragung des Sonderbetriebsvermögens. Ebenfalls weit verbreitet ist auch die Vorstellung, dass eben jenes Grundvermögen nicht nur die Versorgung des Vorgänger-Gesellschafters, sondern auch des Ehegatten oder weiterer Kinder darstellen soll. Spätestens bei Eintritt des Versorgungsfalles eines Nicht-Gesellschafters kommt es zu einer als laufender Gewinn zu versteuernden Entnahme zum Teilwert oder sogar zu einer Aufgabe des Mitunternehmeranteils. Eben so groß sind die Risiken bei sogenanntem »unerkannten« Sonderbetriebsvermögen. Die Zugehörigkeit eines Wirtschaftsgutes zum notwendigen (Sonder-) Betriebsvermögen bedarf keines Buchungsaktes, so dass es durchaus möglich ist, dass Wirtschaftsgüter des Sonderbetriebsvermögens unerkannt bleiben und erst bei der Entnahme oder Veräußerung die Sonderbetriebvermögenseigenschaft festgestellt wird.

Zu einer Entnahme von Sonderbetriebsvermögen kann es kommen, wenn entweder ein Nicht-Mitunternehmer (wirtschaftlicher) Eigentümer eines Wirtschaftsgutes des Sonderbetriebsvermögens wird oder bei einer Übertragung des Anteiles an der Personengesellschaft das Wirtschaftsgut des Sonderbetriebsvermögens bei einem Nicht(-mehr-) Mitunternehmer verbleibt. Ferner droht eine Entnahme des Sonderbetriebsvermögens, wenn bei einer qualifizierten Nachfolgeklausel das Sonderbetriebsvermögen auch auf nicht-qualifizierte Miterben übergeht. 446

Soweit bei Wirtschaftsgütern des (notwendigen) Sonderbetriebsvermögen absehbar ist, dass eine Loslösung aus dem betrieblichen Nutzungs- und Funktionszusammenhang, vor allem aus Versorgungsgründen, absehbar ist, bietet sich als Lösung an, durch eine Übertragung auf ein eigenständiges Betriebsvermögen, zum Beispiel auf eine gewerblich geprägte GmbH & Co. KG, eine Entnahme bei einem Übergang auf Nichtgesellschafter zu vermeiden. Die Finanzverwaltung erkennt eine solche Ausgliederung allerdings (nur dann) nicht an, wenn sie in einem engen zeitlichen und sachlichen Zusammenhang mit einer Übertragung des Mitunternehmeranteiles erfolgt.[515] 447

Bei einer GmbH & Co. KG zählen die Anteile an der Komplementär-GmbH regelmäßig zum notwendigen Sonderbetriebsvermögen,[516] so dass durch die Begründung einer Einheits-GmbH & Co. KG ein Aufdeckungsrisiko verhindert wird. 448

Darüber hinaus sollte bei der Konzeption von Anteilsübertragungsverträgen und auch bei der Konzeption letztwilliger Verfügungen stets darauf geachtet werden, dass Personengesellschaftsanteil und Sonderbetriebsvermögen nicht auseinanderfallen. 449

Bei einer qualifizierten Nachfolgeklausel kommt es zu einer zwangsweisen Entnahme des Sonderbetriebsvermögens zu derjenigen Quote, zu der die Nichtqualifizierten Erben werden. Denn der Anteil an der Personengesellschaft geht zivilrechtlich im Wege der Sonderrechtsnachfolge unmittelbar auf den qualifizierten Erben über, während die Wirtschaftsgüter des Sonderbetriebsvermögens (zunächst) auf die Erbengemeinschaft und damit anteilig auf die nicht nachfolgeberechtigten Miterben übergehen. Der Entnahmegewinn kann auch durch eine zeitnahe Übertragung des Sonderbetriebsvermögens auf die qualifizierten Miterben nicht vermieden werden[517]. 450

---

515 BMF, BStBl. I 2005, 458: Gesamtplanrechtsprechung; a.A. zu Recht Kirchhof/*Reiß*, § 16 EStG Rn. 187; s.a. BFH, DStR 2012, 2118.
516 Rdn. 282.
517 Rdn. 135.

P. Thouet

b) Wirkungsweise von Nachfolgeklauseln

451 Bei der (steuerlichen) Konzeption von Nachfolgeklauseln in Gesellschaftsverträgen sollte in möglichst enger Abstimmung mit den jeweiligen letztwilligen Verfügungen die folgenden Problempunkte betrachtet werden:
– Führt die Nachfolgeklausel zu einer erwünschten steuerlichen Neutralität, insbesondere hinsichtlich des Sonderbetriebsvermögens und unter Berücksichtigung der gegenwärtigen letztwilligen Verfügungen und unter Berücksichtigung der Versorgungsinteressen des Gesellschafters und der Versorgungsbedürftigen?

Soweit eine steuerliche Neutralität nicht gegeben ist:
– In welcher Person entsteht die Steuerbelastung?
– Bestehen Vergünstigungsmöglichkeiten, etwa nach §§ 16, 34 EStG oder nach § 6b EStG?
– In welchem Umfang sind etwaige Finanzierungslasten abzugsfähig?

aa) Fortsetzungsklausel

452 Bei Vereinbarung einer Fortsetzungsklausel scheidet der verstorbene Gesellschafter aus der Gesellschaft aus. Erhalten der oder die Erben einen Abfindungsanspruch, so ist der Unterschiedsbetrag zum Buchwert als Veräußerungsgewinn oder -verlust nach §§ 16, 34 EStG einkommensteuerpflichtig, wobei der Veräußerungsgewinn in der Person des Erblassers, nicht in der Person der Miterben entsteht.

453 Bei einem Ausscheiden ohne Abfindung kann entweder eine unentgeltliche Rechtsnachfolge unter Buchwertfortführung vorliegen oder – wenn es sich um eine echte sogenannte »Risikogesellschaft« handelt – es liegt in der Person des verstorbenen Gesellschafters ein Veräußerungsverlust in Höhe des Buchwertes der Beteiligung vor.[518] Etwaiges Sonderbetriebsvermögen des Erblassers verliert mit dem Tod die Sonderbetriebsvermögenseigenschaft, der gemeine Wert des Sonderbetriebsvermögens erhöht entsprechend § 16 Abs. 3 Satz 7 EStG den Veräußerungsgewinn des Erblassers.[519]

454 Bei einem Ausscheiden aus der Personengesellschaft gegen Abfindung liegt ein Veräußerungsgewinn in Person des Erblassers vor, soweit die Abfindung den Buchwert der Beteiligung übersteigt. Hinzuzurechnen ist die Differenz zwischen Buchwert und Teilwert des Sonderbetriebsvermögens. Ein zur Finanzierung der Abfindung aufgenommener Kredit ist Betriebsschuld, so dass die hierfür anfallenden Schuldzinsen Betriebsausgaben sind.[520]

455 Wird die Personengesellschaft (unter anderem) mit einem oder mehreren Miterben fortgesetzt, so soll nicht anderes gelten.[521] Dies ist mE im Ergebnis zweifelhaft, da unter Zugrundelegung der »Fußstapfentheorie« eine Veräußerung an sich selbst vorliegt, die mit dem Rechtsgedanken des § 6 Abs. 3 EStG nur schwer vereinbar ist. Die Zulassung der Buchwertfortführung über einen Teil des Mitunternehmeranteils hätte jedoch zur Folge, dass der Veräußerungsgewinn der »tatsächlich« ausgeschiedenen Miterben nicht nach §§ 16, 34 EStG tarifbegünstigt wäre und damit auch der Gewerbesteuer unterliegen würde.

456 ▶ Praxistipp:

Soweit im Rahmen einer bereits begonnenen vorweggenommenen Erbfolge eine Fortsetzungsklausel verwendet wird, um die Nachfolge mit dem Gesellschafter-Nachfolger abzusichern, kann statt einer Abfindung auch ein erbrechtlicher Ausgleich erfolgen. Der erbrechtliche Ausgleich führt nicht zwingend zu einem Veräußerungstatbestand[522]

---

518 Vgl. Littmann/Bitz/Pust/*Rapp*, § 16 EStG Rn. 1027.
519 L. Schmidt/*Wacker*, § 16 EStG Rn. 662; Littmann/Bitz/Pust/*Rapp*, § 16 EStG Rn. 1022.
520 L. Schmidt/*Wacker*, § 16 EStG Rn. 662.
521 L. Schmidt/*Wacker*, § 16 EStG Rn. 662; Littmann/Bitz/Pust/*Rapp*, § 16 EStG Rn. 1020.
522 Rdn. 131.

Insbesondere bei freiberuflich tätigen Personengesellschaften, bei denen zu erwarten steht, dass der Anteil des durch Tod Ausgeschiedenen durch einen neuen Teilhaber »wirtschaftlich« übernommen werden soll, ist die Verwendung einer Fortsetzungsklausel aus steuerlicher Sicht mit erheblichen Mehrbelastungen verbunden. Da zwischen dem hinzuerworbenen Anteil und dem bestehenden Anteil bei Verwendung einer Fortsetzungsklausel eine Anteilsvereinigung eintritt, ist Gegenstand des weitergereichten Anteils ein Teilanteil. Daher entsteht ein als laufender Gewinn zu versteuernder Veräußerungsgewinn.[523] Dementsprechend ist eine Fortsetzungsklausel jedenfalls dann nicht mehr zu empfehlen, wenn zu erwarten steht, dass der Anteil des durch Tod Ausgeschiedenen zeitnah auf einen Nachfolger unter Übernahme der Abfindungslast übergehen soll. 457

Die Folgen der in der vorigen Randnummer dargestellten Rechtsprechung lassen sich allerdings dadurch vermeiden, dass im Falle des Ausscheidens durch Tod eine Anteilsvereinigung nicht eintritt, sondern der Anteil von den verbleibenden Gesellschaftern gemeinschaftlich, etwa im Rahmen einer Treuhand, gehalten wird, sofern dem berufs- oder gesellschaftsrechtliche Hindernisse – etwa bei der Partnerschaftsgesellschaft oder bei einer zweigliedrigen Personengesellschaft – nicht entgegenstehen. Ist Letzteres der Fall, so kann eine Eintrittsklausel bei zeitnahem Eintritt – binnen sechs Monaten – helfen.[524] Denn bei einem Eintritt binnen einer Frist von sechs Monaten erkennt die Finanzverwaltung einen rückwirkenden Eintritt an.[525] 458

bb) Einfache Nachfolgeklausel

Bei der einfachen Nachfolgeklausel wird die Gesellschaft mit allen (mit-) Erben fortgesetzt. Es kommt gem. § 6 Abs. 3 EStG zu einer unentgeltlichen Rechtsnachfolge zum Buchwert, d.h. ohne Aufdeckung stiller Reserven. Ein Auseinanderfallen von Gesellschaftsanteil und etwaigem Sonderbetriebsvermögen (noch) in der Person des Erblassers scheidet damit aus. 459

Hat der Erblasser Gegenstände des Sonderbetriebsvermögens vermächtnisweise Nicht-Erben zugewandt, so entsteht bei den Erben ein Entnahmegewinn,[526] eine Inanspruchnahme der Begünstigung nach § 6b EStG[527] ist allerdings nicht möglich, da Entnahmen keine nach § 6b EStG begünstigungsfähigen Veräußerungsvorgänge sind. 460

Wird bei der Erbauseinandersetzung der Anteil an der Personengesellschaft (samt dem jeweiligen Sonderbetriebsvermögen) auf einen oder mehrere Miterben übertragen, so führt die Erbauseinandersetzung regelmäßig nur dann zur (anteiligen) Aufdeckung stiller Reserven, wenn Ausgleichszahlungen des übernehmenden Miterben aus Mitteln außerhalb des Nachlasses geleistet werden.[528] 461

Werden bei der Auseinandersetzung eines »Mischnachlasses«, der aus Betriebs- und Privatvermögen besteht, durch denjenigen der das Betriebsvermögen übernommen hat, zur Vermeidung von Ausgleichszahlungen auch »private« Verbindlichkeiten übernommen, so wandelt sich die Privatschuld nach Übernahme in eine Betriebsschuld mit der Folge, dass die auf diese Schuld entfallenden Schuldzinsen Betriebsausgaben darstellen.[529]

Ansonsten stellen Schuldzinsen, die auf für zur Finanzierung von Pflichtteilsverbindlichkeiten, Vermächtnisschulden, Zugewinnausgleichsschulden u.ä. aufgenommene Darlehen entfallen, keine Betriebsausgaben oder Werbungskosten dar.[530] 462

---

523 So BFH, DStR 2019, 2404.
524 So der Lösungsvorschlag von *Röhrig/Lindow/Zahn,* EStB 2020, 180 ff.
525 S. hierzu auch Rdn. 466.
526 Littmann/Bitz/Pust/*Rapp,* § 16 EStG Rn. 1047.
527 Rdn. 391.
528 Vgl. dazu im Einzelnen: BMF, BStBl. I 2006, 253; Rdn. 131.
529 BMF, BStBl. I 2006, 253, Tz. 34.
530 BFH, BStBl. II 1994, 623 u. 625; BMF, BStBl. I 2004, 603: Aufgabe der sog. Sekundärfolgenrechtsprechung.

cc) Qualifizierte Nachfolgeklausel

463 Bei einer qualifizierten Nachfolgeklausel geht der Anteil im Wege der Sonderrechtsnachfolge auf den oder die qualifizierten Miterben über. Es kommt zwingend zu einem Auseinanderfallen von Gesellschaftsanteil und Sonderbetriebsvermögen, soweit dieses auch nicht nachfolgeberechtigte Miterben übergeht. Durch Teilungsanordnungen, Vermächtnisanordnungen oder durch zeitnahe Erbauseinandersetzungen kann dieses Auseinanderfallen nicht vermieden werden.

464 Dementsprechend sollte bei der Verwendung qualifizierter Nachfolgeklausel dem Sonderbetriebsvermögen und den letztwilligen Verfügungen des Gesellschafters besondere Beachtung geschenkt werden.

465 Soweit möglich, sollte die Entstehung von Sonderbetriebsvermögen vermieden werden, etwa durch die frühzeitige Überführung des Sonderbetriebsvermögens in eigenständige gewerblich geprägte Personengesellschaften oder durch die Überführung in sonstige (nicht gewerblich geprägte) Personengesellschaft unter Synchronisierung der jeweiligen Nachfolgeklauseln. Sind solche Gestaltungen nicht möglich, so kann durch die sogenannte Alleinerben/Vermächtnisnehmerlösung die qualifizierte Nachfolgeklausel in der Anwendung zur »einfachen Nachfolgeklausel« werden, wenn ausschließlich Nachfolgeberechtigte Erben werden und Nicht-Nachfolgeberechtigte lediglich Vermächtnisnehmer.[531]

dd) Eintrittsklausel

466 Bei einer Eintrittsklausel wird einem oder mehreren (Mit-) Erben das Recht eingeräumt, in die Gesellschaft einzutreten. Die Gesellschaft wird zunächst mit den verbliebenen Gesellschaftern fortgesetzt. Dementsprechend läge zunächst eine Aufgabe des Mitunternehmeranteiles – wie bei der Fortsetzungsklausel – vor. Dennoch lässt es die Finanzverwaltung zu, dass bei zeitnaher Ausübung des Eintrittsrechtes – innerhalb von 6 Monaten – der Eintritt mit Rückwirkung erfolgen kann,[532] so dass eine Aufgabe dann nicht vorliegt.

467 Wird von dem Eintrittsrecht Gebrauch gemacht, so richtet sich die Behandlung nach den Grundsätzen der einfachen oder qualifizierten Nachfolgeklausel, je nachdem, ob alle Miterben oder nur ein bzw. einige Miterben von der Eintrittsklausel Gebrauch machen.[533]

c) Begünstigungstransfer im Erbschaftsteuerrecht

468 Erbschaftsteuerrechtlich sollen die Vergünstigungen der §§ 13a, 13b, 19a ErbStG nur demjenigen zugutekommen, der das begünstigte Betriebsvermögen auch tatsächlich erhält. Seit dem 01.01.2009 erstreckt sich dieser Begünstigungstransfer auch auf eine von Erblasser verfügte Teilungsanordnung und setzt damit den allgemeinen erbschaftsteuerlichen Grundsatz, nach dem (regelmäßig) Teilungsanordnungen erbschaftsteuerlich ohne Bedeutung sind, außer Kraft.[534]

469 Die Anbindung des Erbschaftsteuerrechts an das Ertragsteuerrecht in der Frage, was Betriebsvermögen i.S.d. §§ 13a, 13b, 19a ErbStG ist, führt dazu, dass die zuvor beschriebene Gefahr der Aufdeckung stiller Reserven aus einem Sonderbetriebsvermögen – vor allem bei der Verwendung qualifizierter Nachfolgeklauseln – auch in erbschaftsteuerlicher Sicht zum Verlust der Verschonungsvergünstigungen führt. Dass nach der neuen Rechtsprechung des BFH[535] auch Einkommensteuerbelastungen des Todesjahres und damit auch diejenige Einkommensteuer, die auf in der Person des Erblassers entstandene

---

531 Littmann/Bitz/Pust/*Rapp*, § 16 EStG Rn. 1084; *Lorz/Kirchdörfer*, Unternehmensnachfolge Rn. 7/43.
532 BMF, BStBl. I 2006, 253 Tz. 70.
533 BMF, BStBl. I 2006, 253 Tz. 70.
534 § 13a Abs. 3 Satz 2 ErbStG.
535 BFH, DStR 2012, 1698; OFD Niedersachsen, DStR 2012, 2440 unter Aufgabe von Abschnitt E 10.8 Abs. 3 ErbStR.

Aufgabe- oder Entnahmegewinne zurückzuführen ist, als Nachlassverbindlichkeit abzugsfähig ist, wiegt diesen Nachteil nicht auf.

Die Inanspruchnahme der Betriebsvermögensvergünstigungen nach §§ 13a, 13b 19a ErbStG bei einem Erwerb aufgrund einer rechtsgeschäftlichen Fortsetzungs-, Eintritts- oder qualifizierten Nachfolgeklausel unterliegt nach § 3 Abs. 1 Nr. 2 Satz 2 ErbStG der Erbschaftsteuer, so dass die Begünstigungsfähigkeit dieser Erwerbe nicht aus dem Erwerb durch Erbanfall rührt.[536] Dementsprechend kommen die Betriebsvermögensvergünstigungen auch nur dem »tatsächlichen« Erwerber des Betriebsvermögens zugute. 470

Nach § 13a Abs. 3 ErbStG erfolgt ein Begünstigungstransfer aber auch dann, wenn aufgrund eines Sachvermächtnisses, eines Vorausvermächtnisses oder Teilungsanordnung des Erblassers ein Zuweisung an einen (oder mehrere) Erben erfolgt oder wenn sich die Erbengemeinschaft zeitnah auf eine Auseinandersetzung des Nachlasses verständigt hat. Zeitnah in diesem Sinne soll ein Zeitraum von 6 Monaten seit dem Erbfall sein.[537] 471

5. Steuerentnahmerechte und Steuerlastenverteilung

a) Steuerentnahmerecht

Aus der fehlenden Steuerrechtsfähigkeit der Personengesellschaft bei der Einkommensteuer und Körperschaftsteuer ergibt sich, dass die Ertragsteuerlast der Gesellschafter diese unmittelbar trifft.[538] Der Gesellschafter hat somit – anders als bei den Kapitalgesellschaften – die auf sein Beteiligungsergebnis entfallende Einkommensteuer unabhängig davon zu tragen, ob er entsprechende Entnahmen getätigt hat oder nicht. Ist in einem solchen Fall ein Steuerentnahmerecht im Gesellschaftsvertrag nicht vorgesehen, so besteht die Gefahr, dass der Gesellschafter irgendwann die auf seine Beteiligungen entfallende Ertragsteuerlasten nicht mehr begleichen kann, ein »Aushungern« könnte die Folge sein, da die Rechtsprechung ein gesetzliches Steuerentnahmerecht nicht anerkennt.[539] 472

In der Praxis findet sich eine Vielzahl von möglichen vertraglichen Regelungen zur Bemessung der Steuerentnahmen. Die Auswahl der jeweils geeigneten Entnahmeklausel kann anhand der nachfolgenden Fragen ermittelt werden: 473
– Soll das Steuerentnahmerecht anhand abstrakter Kriterien ausgestaltet werden oder soll nur eine konkrete Steuerlast entnahmefähig sein?
– Sofern eine abstrakte Steuerentnahme gewünscht ist, soll diese nach stand alone-Gesichtspunkten ausgestaltet werden?
– Sollen Tätigkeitsvergütungen und Sondervergütungen bzw. Sonderbetriebsausgaben bei der Bemessung der Entnahmerechte berücksichtigt werden?

Ein Steuerentnahmerecht aufgrund konkreter Steuerlasten könnte wie folgt aussehen: 474

▶ Formulierungsbeispiel: Konkretes Steuerentnahmerecht

Den Gesellschaftern steht ein Entnahmerecht in Höhe ihrer jeweiligen Einkommensteuerbelastung zuzüglich etwaiger Nebenleistungen und Ergänzungsabgaben zu.

Ein solches konkretes Steuerentnahmerecht bietet sich jedoch nur dann an, wenn die Einkünfte aus der jeweiligen Beteiligung nahezu das gesamte Einkommen der Gesellschafter darstellen und dadurch nicht die Gefahr besteht, dass nicht mit der Beteiligung zusammenhängende Einkünfte zu Lasten der Personengesellschaft besteuert werden. Umgekehrt kommen bei einer solchen konkreten Ausgestaltung des Steuerentnahmerechtes der Gesellschaft Verluste aus anderen Beteiligungen oder 475

---

536 Vgl. Viskorf/Knobel/Schuck/*Philipp*, § 13a Rn. 27.
537 Abschnitt E 13a.3 ErbStR mit entspr. Hinweis auf BMF, BStBl. I 2006, 253 Tz. 8.
538 Rdn. 1, 3.
539 BGHZ 132, 263, 277= NJW 1996, 1678, 1681 f.

Sonderausgaben bzw. außergewöhnliche Belastungen durch eine Minderung der Steuerentnahmeansprüche auch dann zugute, wenn der jeweilige Gesellschafter diesen Aufwand selbst getragen hat.

Daher ist die Vereinbarung eines konkreten Steuerentnahmerechtes regelmäßig nicht anzuraten.

476 ▶ **Formulierungsbeispiel: abstrakte Steuerentnahme »stand-alone«**

Die Gesellschafter dürfen diejenigen Steuern entnehmen, die auf ihre Beteiligung entfallen. Bei der Berechnung des Entnahmeanspruches ist die Einkommensteuer so zu bemessen, als hätte der Gesellschafter keine anderen Einkünfte erzielt.

477 Die Vereinbarung eines abstrakten Steuerentnahmerechtes nach stand-alone-Gesichtspunkten kann für den betroffenen Gesellschafter dazu führen, dass die Steuerentnahmen nicht ausreichen, um die tatsächlichen Steuerschulden zu tilgen. Diese Gefahr besteht immer dann, wenn Beteiligungen an mehreren Gesellschaften bestehen und in jeder Gesellschaft das Steuerentnahmerecht nach diesen Grundsätzen ausgestaltet ist. In diesem Fall werden der Grundfreibetrag und die Proportionalzone des Steuertarifes mehrfach zur Minderung von Steuerentnahmeansprüchen herangezogen, obwohl diese dem Gesellschafter nur einmal gewährt werden.

478 ▶ **Formulierungsbeispiel: abstrakte Berechnung nach Durchschnittssteuersatz oder nach Höchststeuersatz**

Die Gesellschafter dürfen diejenigen Steuern und Ergänzungsabgaben entnehmen, die auf ihre Beteiligung entfallen. Bei der Berechnung ist der durchschnittliche Steuersatz/der Grenzsteuersatz nach § 32a EStG in seiner jeweils geltenden Fassung zugrunde zulegen.

479 Vorzugswürdig ist es daher regelmäßig, die Steuerentnahmeansprüche an den Durchschnittssteuersatz – der konkret berechnet wird – oder an den Höchststeuersatz anzuknüpfen. Die Vereinbarung der Anknüpfung an den Höchststeuersatz führt dabei regelmäßig zu höheren Steuerentnahmeansprüchen, da dann, spiegelbildlich zur oben genannten stand-alone-Klausel, der Grundfreibetrag und die Proportionalzone das Steuerentnahmerecht überhaupt nicht mindert.

b) Gewerbesteuerklauseln

aa) Problemstellung

480 Bei der Gewerbesteuer kann sich infolge des Objektsteuerprinzips und infolge der Einbeziehung der Ergebnisse der Gesellschafter in die Steuerbelastung der Gesellschaft eine Steuerlastenverschiebung ergeben.

481 Eine solche Verschiebung ist in der Praxis häufig zu beobachten, wenn
– Sondervergütungen an einzelne Gesellschafter, etwa für die Geschäftsführungstätigkeit gezahlt werden;
– einzelne Gesellschafter in Ergänzungsbilanzen Abschreibungsvolumen aufweisen, welches den Gewerbeertrag mindert;
– einzelne Gesellschafter Sonderbetriebseinnahmen und -ausgaben haben, die ebenfalls den Gewerbeertrag beeinflussen;
– ein gewerbesteuerlicher Verlustabzug besteht, der jedoch nur für einzelne Gesellschafter zur Anwendung kommt.

482 Da die Gewerbesteuerbelastung bei der Steuermeßzahl von 3,5 % und einem durchschnittlichen Gewerbesteuerhebesatz von mindestens 400 % rund 14 % beträgt, kann die gewerbesteuerliche Lastenverteilung durchaus bedeutsame Auswirkungen auf die Gewinnverteilung haben. Auf der anderen Seite kann durch die pauschalierte Anrechnung der Gewerbesteuer auf die Einkommensteuer ein Gesellschafter auch begünstigt werden, indem »sein« Anrechnungsvolumen den (rechnerischen) Anteil an dem Gewinn der Personengesellschaft übersteigt. Auch dieser Gesichtspunkt ist in eine Steuerlastenverteilung einzubeziehen.

bb) Technik des Ausgleiches

Die Durchführung eines zutreffenden Ausgleiches erfordert zunächst die Analyse der tatsächlichen Steuerwirkungen. Diese Analyse darf jedoch nicht nur an der konkreten Verursachung der zusätzlichen Lasten bzw. der Entlastungen ansetzen, sondern muss darüber hinaus – eben soweit eine Anrechnung der Gewerbesteuer nach § 35 EStG dem Grunde nach möglich ist, auch die Anrechnung mit in die Berechnungen einbeziehen. 483

(1) Kapitalgesellschaftsfall – einfacher Ausgleich

Ist eine Anrechnung der Gewerbesteuer nach § 35 EStG nicht möglich, etwa weil (ausschließlich) Kapitalgesellschaften an der Personengesellschaft beteiligt sind, muss eine gegenläufige Kompensation nicht erfolgen. Diese Ausgleichsklausel kann auch die gewerbesteuerlichen Hinzurechnungen – etwa nach § 8 Nr. 1 GewStG für Finanzierungsentgelte u. ä. – berücksichtigen: 484

▶ **Formulierungsbeispiel: einfacher Ausgleich** 485

Abweichend von der allgemeinen Gewinnverteilung wird die Gewerbesteuer nach dem Verhältnis der anteiligen Einkünfte unter Einschluss von Sondervergütungen, und Ergebnissen aus Ergänzungs- und Sonderbilanzen und unter anteiliger entsprechender Berücksichtigung von Hinzurechnungen nach § 8 GewStG verteilt.

(2) Personenfall – Berücksichtigung der Steueranrechnung

Bei einer Anrechnungsmöglichkeit nach § 35 EStG aller Gesellschafter entsteht dagegen ein Anrechnungsvolumen, welches bei der Verteilung gegenzurechnen wäre.[540] Dies macht eine Verteilung in vielen Fällen überflüssig, soweit über die pauschalierte Geerbesteueranrechnung ein (nahezu vollständiger) Ausgleich möglich ist. Da § 35 EStG zu einer vollständigen Entlastung bei einem Hebesatz von 401 % führt, kann der Ausgleich im Regelfall auf den übersteigenden Teil beschränkt werden. 486

▶ **Formulierungsbeispiel: Berücksichtigung der Steueranrechnung** 487

Soweit der Gewerbesteuerhebesatz mehr als 401 % beträgt, wird der den Hebesatz von 401 % übersteigende Anteil der Gewerbesteuer nach dem Verhältnis der anteiligen Einkünfte unter Einschluss von Sondervergütungen, und Ergebnissen aus Ergänzungs- und Sonderbilanzen verteilt und unter entsprechender Berücksichtigung von Hinzurechnungen nach § 8 GewStG verteilt.

(3) Verzerrungsfall – Begrenzung der Steueranrechnung

Eine solche Gewerbesteueranrechnung kann sich dann nicht als ausreichend erweisen, wenn durch hohe Sondervergütungen oder hohe Einkünfte aus dem Sonderbetriebsvermögen weitere Verzerrungen ergeben, die dazu führen, dass die anzurechnende Gewerbesteuer die Einkommensteuerbelastung übersteigt. 488

▶ **Formulierungsbeispiel: Begrenzung der Steueranrechnung** 489

Übersteigt die anzurechnende Gewerbesteuer 42 % des nach dem allgemeinen Gewinnverteilungsschlüssel zu verteilenden Gewinns, so ist eine hierüber hinausgehende Gewerbesteuerbelastung von den einzelnen Gesellschaftern nach dem Verhältnis der nicht dem allgemeinen Gewinnverteilungsschlüssel unterliegenden Sondervergütungen und Ergebnissen aus Ergänzungs- und Sonderbilanzen zu verteilen.

---

540 Vgl. *Levedag*, GmbHR 2009, 13, 17 mit Formulierungsvorschlag, der im Gewerbesteuerausgleich Be- und Entlastungen trennt.

IV. Steuerliche Hinweise zur Gestaltung des Personengesellschaftsvertrages

1. Formzwang und Rückwirkungsverbot

490 Soweit das Gesellschaftsrecht für die Vereinbarung des Gesellschaftsvertrages keinen Formzwang vorsieht, sieht auch das Steuerrecht keinen Formzwang vor. Für die Besteuerung der Personengesellschaft finden insbesondere die körperschaftsteuerlichen Grundsätze zur Anerkennung von Verträgen nach Fremdvergleichsgrundsätzen – etwa bei der Vergütung des GmbH-Gesellschaftergeschäftsführers – keine Anwendung, so dass weitergehende Formzwänge auch nicht mittelbar bestehen. Allerdings fordern die Finanzämter in Fällen, in denen schriftliche Vereinbarungen nicht bestehen, regelmäßig eine schriftliche Fixierung der mündlich geschlossenen Verträge an. Da die Finanzverwaltung die für Zwecke der Umsatzsteuer benötigte Steuernummer regelmäßig erst dann vergibt, wenn alle aus der Sicht der Finanzverwaltung für die Erfassung notwendigen Unterlagen, einschließlich der Gesellschaftsverträge, vorliegen,[541] ist eine frühzeitige schriftliche Fixierung auch aus steuerlichen Gründen sinnvoll.

491 Strengere Maßstäbe wendet die Finanzverwaltung hingegen an, wenn es sich um **Verträge zwischen nahen Angehörigen** handelt und diese die Übertragung von Einkunftsquellen zum Gegenstand hat. In diesem Fall müssen (in der Regel) die Vereinbarung zur Verlagerung von Einkunftsquellen zivilrechtlich wirksam, klar geregelt und vereinbarungsgemäß tatsächlich durchgeführt werden, um steuerlich anerkannt werden zu können.[542]

492 Das Steuerrecht wird durch den Grundsatz geprägt, dass ein tatsächlicher Vorgang, der einen Einkünfteerzielungstatbestand verwirklicht hat, nicht nachträglich umgestaltet werden kann. Anders als im Zivilrecht ist daher eine rückwirkende Sachverhaltsgestaltung (regelmäßig) nicht möglich: ein Gesellschafter kann aus einer Personengesellschaft nicht rückwirkend aus- oder eintreten,[543] eine Gewinnverteilungsabrede kann nicht rückwirkend geändert werden.[544] Entnahmen und Einlagen sind tatsächliche Vorgänge und können weder rückwirkend erfolgen noch aufgehoben werden.[545]

493 Eine praktisch bedeutsame **Ausnahme vom Rückwirkungsverbot** hat die Rechtsprechung für (bestimmte) **Genehmigungen** zugelassen. Demnach wirkt eine Genehmigung nicht nur zivilrechtlich, sondern auch steuerlich zurück, wenn die Beteiligten alles Erforderliche getan haben, um die Genehmigung herbeizuführen und die Genehmigung binnen angemessener Frist auch erteilt wird.[546]

494 Eine weitere, praktisch bedeutsame und auf Billigkeitsgründen beruhende Zulassung rückwirkender Sachverhaltsgestaltungen ergibt sich im Rahmen von **Erbauseinandersetzungen:** Bei der Ausübung eines Eintrittsrechtes in eine Personengesellschaft wird der Eintritt auf den Erbfall zurückbezogen, wenn er innerhalb von 6 Monaten nach dem Erbfall erfolgt.[547]

495 Auf gesetzlicher Grundlage – § 175 Abs. 1 Satz 1 Nr. 2 AO – beruht die Berücksichtigung eines **nachträglich geänderten Veräußerungsgewinnes**. Die Änderung wird dann nicht im Zeitpunkt der Änderung berücksichtigt, sondern erfolgt wegen der Konzentrationswirkung des Veräußerungsgewinnes als einmaliges, punktuelles Ereignis im Veranlagungszeitraum der Veräußerung.[548] Ausdrückliche Rückbewirkungen von Rechtsfolgen auf einen früheren Veranlagungszeitraum enthalten auch Sperrfristen wie etwa § 6 Abs. 3 Satz 2 EStG und § 6 Abs. 5 Satz 4 EStG.

---

541 Vgl. hierzu allerdings BFH, BStBl. II 2010, 712.
542 Schmidt/*Weber-Grellet*, § 2 EStG § Rn. 56; BMF, BStBl. I 2011, 37; Rdn. 349.
543 BFH, BStBl. II 1980, 66.
544 BFH, BStBl. II 1973, 389; 1980, 723.
545 BFH, BStBl. II 1978, 191.
546 BFH/NV 2009, 1118.
547 BMF, BStBl. I 2006, 243 Tz. 70; allg. zur rückwirkenden Erbauseinandersetzung s. dort Tz. 8.
548 BFH, GrS 1993, 897.

In erbschaftsteuerlicher Sicht kann durch den Widerruf einer Schenkung die Steuer nach § 29 Abs. 1 Nr. 1 ErbStG mit Wirkung für die Vergangenheit erlöschen. Grunderwerbsteuerlich kann eine Steuerfestsetzung unter den Voraussetzungen des § 16 GrEStG aufgehoben werden.

2. Der Gesellschafterkreis

a) Freiberuflich tätige Personengesellschaften

Bei freiberuflichen Personengesellschaften führt die Beteiligung von Kapitalgesellschaften oder von Berufsfremden dazu, dass die Personengesellschaft zwingend gewerbliche Einkünfte erzielt, soweit diese als Mitunternehmer anzusehen sind.[549]

Mit der Einkünftequalifizierung zu den gewerblichen Einkünften geht auch die Möglichkeit, die Gewinnermittlung durch Einnahmen-Überschussrechnung nach § 4 Abs. 3 EStG wählen zu dürfen, verloren. Darüber hinaus tritt Gewerbesteuerpflicht ein. Die Umsatzsteuer kann nicht mehr nach vereinnahmten Entgelten – § 20 UStG – ermittelt werden, sondern hat nach vereinbarten Entgelten zu erfolgen.

b) Kapitalgesellschaften als Gesellschafter

Kapitalgesellschaften können Gesellschafter einer Personengesellschaft sein, jedoch erzielt die Personengesellschaft dann zwingend gewerbliche Einkünfte, soweit die Kapitalgesellschaft als Mitunternehmerin anzusehen ist. Bei Kapitalgesellschaften ist die auf der Ebene der Mitunternehmerschaft anfallende Gewerbesteuer nicht nach § 35 EStG anrechenbar, so dass eine Definitivbelastung entsteht. Auf Ebene der Kapitalgesellschaft selbst sind die aus der Mitunternehmerschaft bezogenen Einkünfte nach § 9 Nr. 2 GewStG gewerbesteuerfrei, allerdings findet eine Verlustverrechnung nicht statt.

Ist die Personengesellschaft eine vermögensverwaltende Gesellschaft, so tritt keine Umqualifizierung in gewerbliche Einkünfte ein.

Wegen der Definitivbelastung mit Gewerbesteuer ist bei der Steuerbelastungsplanung besonderes Augenmerk auf die Gewinnverteilung und auf Gewerbesteuerausgleichsklauseln zu legen. Bei der Gestaltung von Gewerbesteuerausgleichsklauseln muss die Entlastung durch die Gewerbesteueranrechnung nach § 35 EStG nicht beachtet werden.

Bei der Übertragungen einzelner Wirtschaftsgüter nach § 6 Abs. 5 EStG auf Mitunternehmerschaften, an denen Kapitalgesellschaften beteiligt sind, kommt eine Buchwertfortführung bei Übertragungen in die Gesamthand nicht in Betracht,[550] bei Übertragungen aus der Gesamthand kann eine verdeckte Gewinnausschüttung vorliegen.[551]

Der Veräußerungsgewinn bei Veräußerung von Mitunternehmeranteilen einer Kapitalgesellschaft unterliegt der Gewerbesteuer.

c) Doppelstöckige Mitunternehmerschaften

Ist eine Personengesellschaft an einer Personengesellschaft beteiligt, sind Sondervergütungen an einen mittelbar beteiligten Gesellschafter möglich und auch als Sondervergütungen bei der Untergesellschaft zu erfassen.

Die Beteiligung einer **freiberuflichen Personengesellschaft** an einer gewerblichen Personengesellschaft führt zur Umqualifizierung in gewerbliche Einkünfte, daher sollten bei freiberuflich tätigen

---

549 Rdn. 3; Rdn. 323.
550 § 6 Abs. 5 Satz 3 Nr. 1 und 2 EStG; BMF, BStBl. I 2011, 1279 Tz. 28 ff.; Rdn. 105.
551 BMF, BStBl. I 2011, 1279 Tz. 32.

Personenzusammenschlüssen – soweit möglich – Beteiligungen von den jeweiligen Gesellschaftern gehalten werden.

506 Bei einer **doppelstöckigen Personengesellschaft** ist für die Frage der Unternehmeridentität bei der Gewerbesteuer auf die Obergesellschaft abzustellen, nicht auf die Gesellschafter der Obergesellschaft. Allerdings ist die Veräußerung von Anteilen an der Untergesellschaft durch die Obergesellschaft gewerbesteuerpflichtig. Daher sollten Gewerbesteuerausgleichsklauseln bei der Beteiligung von Personengesellschaften an Personengesellschaften vereinbart werden.

d) Minderjährige Gesellschafter

507 Für die Anerkennung einer Familienpersonengesellschaft unter Beteiligung minderjähriger Kinder ist es erforderlich, dass die entsprechenden Verträge zivilrechtlich wirksam sind. Dies setzt die familiengerichtliche Genehmigung und die Vertretung durch Ergänzungspfleger voraus.[552]

508 Bei Betriebsaufspaltungsfällen rechnet die Finanzverwaltung die Anteile minderjähriger Kinder den Eltern zu. Auf diese Weise kann es zu einer personellen Verflechtung kommen. Fällt wegen des Eintritts der Volljährigkeit der Kinder die personelle Verflechtung weg, so gewährt die Finanzverwaltung aus Billigkeitsgründen ein Wahlrecht zur Fortsetzung der gewerblichen Tätigkeit.[553]

e) Beteiligung und Gesellschafterstellung von Ehegatten

509 Die Zurechnung der Anteile eines Ehegatten-Besitzgesellschafters zu dem anderen Betriebsgesellschafter-Ehegatten allein aufgrund der Ehe ist verfassungsrechtlich unzulässig.[554]

510 Werden Grundstücke in eine Personengesellschaft eingebracht, so führt § 5 GrEStG nicht nur zur Grunderwerbsteuerbefreiung des anteiligen eigenen eingebrachten Grundstückswertes, sondern auch wegen der Anwendung des § 3 Nr. 4 GrEStG auch zur anteiligen Befreiung bezogen auf die Beteiligung des Ehegatten.[555]

f) Bedeutung der Beteiligungsverhältnisse

511 Anders als bei der Beteiligung an Kapitalgesellschaften – vgl. § 17 EStG, § 13b Abs. 1 Nr. 3 ErbStG – hat der Umfang der Beteiligung an Personengesellschaften steuerlich regelmäßig keine Bedeutung.

512 Ausnahmen hiervon gelten ertragsteuerlich für die Zurechnung beim gewerblichen Grundstückshandel. Objekte, die von einer Personengesellschaft veräußert werden, werden einem Gesellschafter als Zählobjekte nur dann zugerechnet, wenn die Beteiligung des betroffenen Gesellschafters mehr als 10 % beträgt. Darüber hinaus kann ertragsteuerlich die Beteiligungsstruktur auch bei der Anwendung der Personengruppentheorie zur personellen Verflechtung eine Rolle spielen.[556]

513 Bei der Grunderwerbsteuer führt ein Wechsel von 95 % der Gesellschaftsanteile innerhalb von 5 Jahren zu einer Besteuerung nach § 1 Abs. 2a GrEStG, eine unmittelbare oder mittelbare Vereinigung von 95 % der Anteile in einer Hand führt zu einer Besteuerung nach § 1 Abs. 3 GrEStG.

3. Gegenstand der Gesellschaft

514 Bei der Bestimmung des Gegenstandes der Gesellschaft sollte auch aus steuerlicher Sicht auf eine möglichst genaue Abfassung geachtet werden, soweit durch die Abfassung des Gegenstandes der Gesellschaft eine Zuordnung zu bestimmten Einkunftsarten oder die Nähe zu bestimmten Steuerbefreiungstatbeständen ausgedrückt werden kann oder soll. Steht eine Steuerbefreiung im Raum,

---

552 Rdn. 353.
553 Abschnitt 16 Abs. 2 Satz 4 EStR.
554 Rdn. 340.
555 Rdn. 266.
556 Rdn. 341.

so kann durch eine negative Ergänzung des Gegenstandes des Unternehmens ein Warnhinweis auf möglicherweise schädliche Tätigkeiten erfolgen.

Die nachfolgende Auflistung enthält eine Auswahl wichtiger Steuerbefreiungen aufgrund des Gegenstandes einer Gesellschaft. Soweit Steuerbefreiungen für solche Unternehmen gelten, die bestimmten öffentlich-rechtlichen Regelwerken unterliegen und deshalb unter die entsprechenden Befreiungen und -vergünstigungen fallen, wurden diese nachfolgend nicht aufgenommen.

- EStG
  - Land- und Forstwirtschaft, § 13 EStG
  - selbständige Tätigkeit, § 18 EStG
  - vermögensverwaltende Tätigkeit, insb. § 20, 21 EStG
- GewStG
  - private Schulen u. ä., § 3 Nr. 13 GewStG
  - Krankenhäuser, Altenheime, Pflegeeinrichtungen, § 3 Nr. 20 GewStG
  - Unternehmensbeteiligungsgesellschaften, § 3 Nr. 23 GewStG
  - Grundstücksunternehmen, § 9 Nr. 1 Satz 2 GewStG
- UStG
  - bestimmte Finanzdienstleistungen, § 4 Nr. 8 UStG
  - Bausparkassenvertreter, Versicherungsvertreter, Versicherungsmakler, § 4 Nr. 11 UStG
  - Heilbehandlungen, § 4 Nr. 14 UStG
  - Pflegeleistungen, § 4 Nr. 16 UStG
  - kulturelle Einrichtungen, § 4 Nr. 20 a) Satz 2 UStG
  - Schul- und Bildungsleistungen, § 4 Nr. 21 UStG
  - freiberufliche Einkünfte, § 20 UStG
  - Reisebüro, § 25 UStG
- ErbStG
  - Wohnungsunternehmen, § 13b Abs. 4 Nr. 1 d) ErbStG
- StromStG
  - Unternehmen des produzierenden Gewerbes, Land- und Forstwirtschaft § 9b StromStG

4. Beginn, Dauer, Geschäftsjahr

a) Beginn

Der Beginn der Gesellschaft hat im Allgemeinen für die Besteuerung keine Bedeutung. Steuerlich beginnt der Gewerbebetrieb mit der ersten Vorbereitungshandlung, die hiermit zusammenhängenden Aufwendungen sind bereits Betriebsausgaben. Dieser Zeitpunkt ist auch maßgeblich für den Satz von Teilwert und Anschaffungskosten der dem Betriebsvermögen zugewandten Wirtschaftsgüter.[557]

Liegt eine **gewerblich geprägte Personengesellschaft** vor, so tritt die gewerbliche Prägung erst mit der Eintragung der Kommanditgesellschaft ins Handelsregister ein. Bei einer Übertragung vor diesem Zeitpunkt können die erbschaft- und schenkungsteuerlichen Betriebsvermögensvergünstigungen nach §§ 13a, 13b ErbStG nicht in Anspruch genommen werden.

Das Gewerbesteuerrecht, das den tätigen Gewerbebetrieb – vgl. § 2 Abs. 1 Satz 2 GewStG – zum Steuergegenstand hat, verlagert den Beginn des Gewerbebetriebs auf einen späteren Zeitpunkt. Die Gewerbesteuerpflicht setzt erst ein, wenn alle Voraussetzungen eines laufenden bzw. lebenden Gewerbebetriebs vorliegen.[558]

Umsatzsteuerlich entsteht die Vorsteuerabzugsberechtigung mit den Vorbereitungshandlungen, hierfür reicht schon die Einholung von Markanalysen, Gutachten oder Rentabilitätsstudien aus. Nicht

---

557 BFH, BStBl. II 1991, 840; Blümich/*Bode*, § 15 EStG Rn. 208; vgl. dazu Rdn. 111.
558 BFH GrS BStBl. III 1964, 124; Lenski/Steinberg/*Sarrazin*, § 2 GewStG Rn. 2764.

erforderlich für den Vorsteuerabzug ist es, dass tatsächlich auch Umsätze erzielt werden, so dass bei einer gescheiterten Unternehmensgründung der Vorsteuerabzug nicht rückwirkend entfällt.[559]

b) Dauer

520 Für die Besteuerung ist die Dauer einer Personengesellschaft im Allgemeinen ohne Bedeutung, soweit auf die Dauer der Gesellschaft ein Totalüberschuss erzielt werden kann. Ist aber die zeitliche Dauer einer Gesellschaft beschränkt, so ist eine Überschussprognose auf diesen Zeitraum zu beschränken. Insbesondere dann, wenn eine Vermietung im Rahmen einer vermögensverwaltenden Personengesellschaft erfolgt, kann dies Indiz gegen eine Überschusserzielungsabsicht sein.

c) Geschäftsjahr

521 Das Geschäftsjahr einer vermögensverwaltenden Personengesellschaft entspricht dem Kalenderjahr bzw. dem Veranlagungszeitraum. Eine abweichende Bestimmung des Geschäftsjahres einer vermögensverwaltenden Gesellschaft hat steuerrechtlich keine Bedeutung.

522 Gewerblich tätige Personengesellschaften, deren Firma im Handelsregister eingetragen ist, können handelsrechtlich ein abweichendes Wirtschaftsjahr vereinbaren, welches dann auch das steuerrechtliche Wirtschaftsjahr bildet, § 4a Abs. 1 Satz 1 Nr. 2 EStG. Während die erstmalige Festlegung eines abweichenden Wirtschaftsjahres ohne die Zustimmung des Finanzamtes möglich ist, kann eine Umstellung nur dann erfolgen, wenn hierfür gewichtige Gründe vorliegen, betriebsnotwendig muss diese Umstellung jedoch nicht sein.[560] In Einzelfällen kann die Vereinbarung eines abweichenden Wirtschaftsjahres einen Gestaltungsmissbrauch darstellen, wenn hierdurch eine einjährige Steuerpause eintritt.[561] Folge der Vereinbarung eines abweichenden Wirtschaftsjahres ist, dass die Einkünfte in demjenigen Veranlagungszeitraum der Besteuerung unterliegen, in dem das Wirtschaftsjahr endet. Hierdurch kann ein Steuerstundungseffekt eintreten. Gewerbesteuerlich ordnet § 19 Abs. 1 Satz 2 GewStG an, dass bei einem abweichenden Wirtschaftsjahr die Vorauszahlungen während des laufenden Wirtschaftsjahres der Personengesellschaft und nicht während des Erhebungszeitraumes zu leisten sind. Bestand das abweichende Wirtschaftsjahr schon vor dem 01.01.1985, so bleibt der Erhebungszeitraum Vorauszahlungszeitraum. Das Umsatzsteuerrecht sieht ein abweichendes Wirtschaftsjahr nicht vor. Ist das erste Geschäftsjahr ein Rumpfgeschäftsjahr, so hat dies keine weiteren steuerlichen Folgen, es kommt insbesondere nicht zur anteiligen Kürzung von Freibeträgen oder Freigrenzen.

5. Geschäftsführung und Vertretung, Kontrollrechte, Stimmverhältnisse

a) Geschäftsführung

523 Ist bei einer GmbH & Co. KG nur die GmbH Geschäftsführerin, so tritt hierdurch die gewerbliche Prägung ein, § 15 Abs. 3 Nr. 2 EStG. Die GmbH & Co. KG erzielt damit kraft Gesetzes gewerbliche Einkünfte.[562]

524 Bei einer vermögensverwaltenden GmbH & Co. KG wird die gewerbliche Prägung dadurch vermieden, dass die Geschäftsführung einem Kommanditisten übertragen wird. Die Geschäftsführungsbefugnis des geschäftsführenden Kommanditisten muss sich unmittelbar aus dem Gesellschaftsvertrag der KG ergeben, die Übertragung der Geschäftsführungsbefugnis von der GmbH auf den

---

559 So die Rspr. Seit BFH, BStBl. II 2003, 426 im Anschluss an EuGHE 2000, I-4321 = BStBl. II 2003, 452, die gegenteilige frühere Rechtsprechung wurde aufgegeben.
560 BFH, BStBl. II 1974, 238.
561 Vgl. BFH, BStBl. II 1992, 486.
562 Rdn. 298.

Kommanditisten reicht nicht aus. Nicht ausreichend ist auch die Einräumung der Geschäftsführung durch einen Dienstvertrag mit der KG.[563]

Wird für die Übernahme der Geschäftsführung ein Sonderentgelt gezahlt, so liegt umsatzsteuerlich ein Leistungsaustausch vor, der zur Umsatzsteuerpflicht mindestens des Sonderentgeltes führt.[564] Damit korrespondiert zugleich die Vorsteuerabzugsberechtigung.

Die Umsatzsteuerpflicht kann durch eine Einheitsgesellschaft vermieden werden, soweit hierdurch die Voraussetzungen einer umsatzsteuerlichen Organschaft, § 2 Abs. 2 Nr. 2 UStG hergestellt werden. An der Vermeidung der Umsatzsteuerpflicht kann – neben dem Vereinfachungszweck – wegen umsatzsteuerfreier Umsätze auf Ebene der KG ein Interesse bestehen.

Wird in einer Besitzpersonengesellschaft eine Einstimmigkeitsabrede zur Vermeidung der personellen Verflechtung getroffen, so muss sich diese auch auf die Geschäfte des täglichen Lebens in Form der laufenden Verwaltung der vermieteten Wirtschaftsgüter beziehen.[565]

b) Vertretung

Gibt das Finanzamt einen für die Personengesellschaft bestimmten Steuerbescheid an einen zur Gesamtvertretung Berechtigten bekannt, so ist die Bekanntgabe regelmäßig wirksam, es sei denn, zwischen den Gesellschaftern bestehen ernstliche Meinungsverschiedenheiten und dieser Umstand ist dem Finanzamt bekannt.[566] Die zur Vertretung der Gesellschaft berufenen Personen sind auch zur Einlegung von Einsprüchen befugt.

Aus dem nicht entziehbaren Recht zur Vertretung der GmbH & Co. KG ergibt sich für eine Komplementär-GmbH die zur Bejahung der Mitunternehmerstellung erforderliche Mitunternehmerinitiative.[567] Die Mitunternehmerstellung der Komplementär-GmbH führt bei einer ansonsten freiberuflich tätigen GmbH & Co. KG zur Annahme gewerblicher Einkünfte.[568]

c) Einsichts- und Kontrollrechte, Stimmrechte

Die gesetzlichen Einsichts- und Kontrollrechte eines Kommanditisten bilden das Leitbild des Typus des Mitunternehmers.[569] Eine Einschränkung dieser gesetzlich vorgesehenen Rechte kann daher zum Verlust der Mitunternehmerstellung durch eine zu schwach ausgeprägte Mitunternehmerinitiative führen. Kritisch sind in diesem Zusammenhang insbesondere Nießbrauchsgestaltungen sowie die Beteiligung minderjähriger Kinder in Familienpersonengesellschaften.

Ähnliches gilt für eine Übertragung von Stimmrechten, insbesondere bei der vorweggenommenen Erbfolge. Die Zurückbehaltung der Stimmrechte oder deren Vorbehalt durch eine unwiderrufliche Stimmrechtsvollmacht führt ebenfalls zur Aberkennung der Mitunternehmerinitiative, während die vollständige Übertragung von Stimmrechten im Rahmen einer Übertragung unter Vorbehaltsnießbrauches zur Annahme eines sogenannten »Ertragsnießbrauchs« und damit zu einem Veräußerungsgeschäft führen kann.[570]

Die Stimmverhältnisse einer Personengesellschaft können nach der Personengruppentheorie die personelle Verflechtung in einer **Betriebsaufspaltung** begründen oder beenden. Eine personelle Verflechtung liegt vor, wenn die gleiche Personengruppe, die eine Betriebsgesellschaft beherrscht, auch

---

563 L. Schmidt/*Wacker*, § 15 EStG Rn. 222.
564 Rdn. 247.
565 BFH, BStBl. 2002, 771.
566 Rdn. 19.
567 BFH, BStBl. II 2012, 2532.
568 Rdn. 327.
569 Rdn. 53.
570 Rdn. 419.

die Besitzpersonengesellschaft beherrschen kann. Besteht eine Einstimmigkeitsabrede auch für Geschäfte der laufenden Verwaltung, so hindert dies die personelle Verflechtung.

6. Entnahmen und Einlagen

533 Die Begriffe Einlagen und Entnahmen werden steuerlich nicht einheitlich verwendet, sondern können je nach Sinnzusammenhang unterschiedlich auszulegen sein:
- Einlage ist zunächst die Zuführung von Wirtschaftsgütern des Privatvermögens zum Betriebsvermögen, vgl. § 6 Abs. 1 Nr. 5 Satz 1 EStG. Spiegelbildlich ist die Entnahme die Überführung von Wirtschaftsgütern oder Nutzungen von einem Betriebsvermögen in ein Privatvermögen[571].
- Für Zwecke der Ermittlung ob ein Verlust nach § 15a EStG ausgleichsfähig oder nur verrechenbar ist, umfasst der Begriff der Einlage nur Zuführungen in das Vermögen der Kapitalgesellschaft, genauer in das (steuerliche) Eigenkapital der Gesellschaft. Dementsprechend ist auch die Zuführung von Wirtschaftsgütern aus dem Sonderbetriebsvermögen in das Vermögen der Personengesellschaft Einlage i.S.d. § 15a EStG. Dementsprechend kann auch eine Umbuchung von Gesellschafterkonten Einlage sein. Spiegelbildliches gilt für die Entnahme.
- Ein wiederum anderes Verständnis von Einlage und Entnahme liegt der Vorschrift des § 6 Abs. 5 EStG beim Transfer von Wirtschaftsgütern zwischen Gesellschaftsvermögen und Sonderbetriebsvermögen zugrunde.[572]

534 Von dem steuerrechtlichen Einlagenbegriff ist wiederum der gesellschaftsrechtliche Einlagenbegriff zu unterscheiden, der Gegenstand der gesellschaftsvertraglichen Regelung ist. Insoweit muss bei der steuerlichen Konzeption auf diese unterschiedlichen Verständnisse Rücksicht genommen werden.

a) Einlagefähigkeit und Bewertung von Einlagen

aa) Bareinlagen

535 Die Pflichteinlage eines Kommanditisten bildet einen Ausgangspunkt für die Abgrenzung des ausgleichsfähigen Verlustes von lediglich verrechenbaren Verlusten nach § 15a EStG. Da Einlage des Kommanditisten und seine Haftsumme nicht identisch sein müssen, bildet eine höhere Haftsumme des Kommanditisten eine Erweiterung des Verlustausgleichspotentiales.

536 Bei einer nachträglichen Erhöhung von Pflichteinlage und/oder Haftsumme kann nach § 15a Abs. 1 Satz 2, 3 EStG ein erweiterter Verlustausgleich wegen der überschießenden Außenhaftung erfolgen. Voraussetzung ist dann die Eintragung der (erhöhten) Haftsumme zum Bilanzstichtag.

537 Die Ausgabe von Gesellschaftsanteilen stellt umsatzsteuerlich keine wirtschaftliche Tätigkeit dar.

bb) Sacheinlagen

538 Bei Sacheinlagen kommt es gesellschaftsrechtlich auf den Verkehrswert der Einlage an, während steuerrechtlich je nach Herkunft des eingelegten Vermögens (etwa aus dem Privat- oder Betriebsvermögen), nach der Art der Verbuchung oder nach der Ausgestaltung des Übertragungsaktes eine unterschiedliche Bewertung für Steuerzwecke erforderlich sein kann. Sondervorschriften für die Bewertung ergeben sich aus § 6 Abs. 1 Nr. 5 Satz 1 a) EStG für innerhalb von 3 Jahren vor dem Einlagezeitpunkt angeschaffte Wirtschaftsgüter, für wesentliche Beteiligungen i.S.d. § 17 EStG nach § 6 Abs. 1 Nr. 5 Satz 1 b) EStG und nach § 6 Abs. 5 für Wirtschaftsgüter des Sonderbetriebsvermögens.

539 Sind Grundstücke Gegenstand einer Einlage, so ist zu beachten, dass abhängig von der konkreten Ausgestaltung des Zuführungsvorganges bei spekulationsbehafteten Grundstücken eine Veräußerung nach § 23 EStG vorliegen kann. Grunderwerbsteuerlich ist vor allem die (anteilige) Befreiung nach

---

571 Rdn. 97.
572 Rdn. 99.

§ 5 GrEStG zu beachten, die Bewertung von Grundstücken richtet sich im Übrigen bei Einbringungsvorgängen auf gesellschaftsrechtlicher Grundlage gem. § 8 Abs. 2 Nr. 2 GrEStG nach den Bedarfswerten der §§ 138 ff. BewG.

Sind einzubringende Wirtschaftsgüter noch mit einer **Sperrfrist**, etwa nach § 6 Abs. 5 Satz 4 EStG, behaftet, so kann die Einbringung in eine Personengesellschaft eine rückwirkende Besteuerung auslösen. 540

b) Bewertung von Entnahmen

aa) Bewertungsgrundsätze

Entnahmen sind grundsätzlich mit dem Teilwert zu bewerten, § 6 Abs. 1 Nr. 4 EStG. Sogenannte **Nutzungsentnahmen** sind mit den Selbstkosten anzusetzen, für die Bewertung der privaten Pkw-Nutzung als Nutzungsentnahme gelten Sonderregelungen. 541

Die Überführung von **Wirtschaftsgütern** aus dem Gesamthandsvermögen in das Sonderbetriebsvermögen ist steuerrechtlich keine Entnahme und kann nach § 6 Abs. 5 EStG mit dem Buchwert zu bewerten sein. Nach Auffassung der Finanzverwaltung ist gemäß der Trennungstheorie eine Buchwertfortführung nur dann zulässig, wenn die Überführung insgesamt gegen Minderung von Gesellschaftsrechten erfolgt[573], ansonsten soll insgesamt ein entgeltliches Geschäft vorliegen. Nach Auffassung des IV. Senates hingegen liegt ein zur Aufdeckung stiller Reserven führendes entgeltliches Geschäft nur dann vor, wenn ein über dem Buchwert liegendes Entgelt gezahlt wird, sog. Einheitstheorie.[574] 542

Bei Überführungen von **Grundstücken** in das Privatvermögen steht die Entnahme einem Anschaffungsvorgang gleich, so dass eine neue zehnjährige Behaltefrist beginnt. 543

bb) Entnahmen und § 15a EStG

Entnahmen aus der Personengesellschaft können in Verlustsituationen zu einer Umpolung von ausgleichsfähigen in verrechenbare Verluste führen, es kommt dann wegen der Einlagenminderung zu einem fiktiven Gewinn, der der Besteuerung unterliegt. Gibt hingegen die Personengesellschaft dem Gesellschafter ein Darlehen zu fremdüblichen Bedingungen, bei langfristigen Darlehen insbesondere unter Bestellung adäquater Sicherheiten, so ist das Darlehen betrieblich veranlasst und führt nicht zu einer Entnahme.[575] 544

cc) Steuerentnahmerechte

Da ein gesetzliches Steuerentnahmerecht für die Gesellschafter einer Personengesellschaft nicht besteht, sollte in den Gesellschaftsvertrag auch ein Steuerentnahmerecht aufgenommen werden. 545

Das Steuerentnahmerecht kann nach der jeweiligen individuellen Steuerbelastung oder nach pauschalierten Steuerbelastungsberechnungen erfolgen.[576] Bei der Vereinbarung eines pauschalierten Steuerentnahmerechtes sollte eine eventuelle Gewerbesteueranrechnung berücksichtigt werden. 546

7. Gesellschafterkonten

Bei den in der Praxis gebräuchlichen Zwei-, Drei-, und Vierkontenmodellen ist aus steuerlicher Sicht die Abgrenzung von (steuerlichem) Eigen- und Fremdkapital von zentraler Bedeutung. Unterschiedliche Rechtsfolgen können sich vor allem bei der Abgrenzung von ausgleichsfähigen und nur 547

---

573 Vgl. sinngemäß Rdn. 105 ff.
574 BFH, DStR 2012, 2051.
575 Vgl. hierzu *Steger*, NWB 2013, 998.
576 Rdn. 472.

verrechenbaren Verlusten nach § 15a EStG ergeben. Darüber hinaus ist die Abgrenzung auch für die Frage maßgebend, ob eine Gewährung/Minderung von Gesellschaftsrechten i.S.d. § 6 Abs. 5 EStG vorliegt.[577]

Grundsätzlich gilt, dass aus steuerlicher Sicht **Eigenkapital** dann vorliegt, wenn auf dem jeweiligen Konto Verluste verbucht werden oder wenn eine abschließende Verrechnung – bei Ausscheiden oder Liquidation – mit Kapitalkonten oder Verlustvortragskonten vorgesehen ist. Umgekehrt spricht der Umstand, dass ein Konto gewinnunabhängig verzinst wird, für die Annahme von (steuerlichem) **Fremdkapital**.[578]

548 Bei einem Transfer zwischen steuerlichen Fremd- und Eigenkapitalkonten kann i.S.d. § 15a EStG eine Entnahme oder eine Einlage vorliegen.

549 Für Zwecke der Thesaurierungsbegünstigung nach § 34a EStG und für Zwecke der Feststellung von Überentnahmen nach § 4 Abs. 4a EStG oder § 13a Abs. 5 Nr. 3 ErbStG kommt es dagegen wegen der mitunternehmeranteilsbezogenen Betrachtungsweise auf die Abgrenzung von (steuerlichem) Eigenkapital und Fremdkapital nicht an, da auch die als Fremdkapital geführten Konten Sonderbetriebsvermögen darstellen.

8. Jahresabschluss und Ergebnisverteilung

a) Regelung zum Jahresabschluss – Ansatz- und Bewertungswahlrechte

550 Die früher weit verbreitete gesellschaftsvertragliche Bestimmung, dass der handelsrechtliche Jahresabschluss (so weit wie möglich) nach steuerlichen Kriterien aufzustellen ist, hat durch das Bilanzrechtsmodernisierungsgesetz und die damit verbundene Loslösung von handelsrechtlichem und steuerrechtlichem Jahresabschluss endgültig an Bedeutung verloren.

551 Der Gesellschaftsvertrag kann jedoch nach wie vor vorsehen, dass in der Steuerbilanz Ansatz- und Bewertungswahlrechte so auszuüben sind, dass es zu einer möglichst niedrigen Steuerbelastung kommt. Das bedeutet regelmäßig, dass die Versteuerung zu einem möglichst späten Zeitpunkt erfolgt.

552 Häufig sind in Gesellschaftsverträgen zudem Regelungen, die geänderte Ansätze aufgrund steuerlicher Betriebsprüfungen zum Gegenstand haben. In der Regel führen geänderte Ansätze durch (steuerliche) Betriebsprüfungen nicht dazu, dass der handelsrechtliche Jahresabschluss (rückwirkend) geändert werden muss. Wegen des erheblichen Aufwandes der Neuaufstellung des Jahresabschlusses sollte daher eine Regelung aufgenommen werden, nach der Änderungen der Steuerbilanz, die aufgrund eines Veranlagung oder aufgrund einer Betriebsprüfung erfolgen, nicht ex tunc, sondern zum nächstmöglichen Zeitpunkt zu einer Anpassung des handelsrechtlichen Jahresabschlusses führen, soweit dem nicht zwingende handelsrechtliche Bestimmungen entgegenstehen.

b) Verteilung nicht abziehbarer Aufwendungen

553 Darüber können hier Regelungen aufgenommen werden, die eine Verteilung bestimmter – vor allem nicht abziehbarer – Aufwendungen abweichend von einem allgemeinen Gewinnverteilungsschlüssel nach einem Verursachungsprinzip vorsehen. Dies gilt vor allem für die Verteilung der Gewerbesteuer, die durch die persönlichen Verhältnisse der Gesellschafter bestimmt sein kann.[579]

---

577 Rdn. 178.
578 Rdn. 184.
579 Rdn. 488.

c) Gewinnverteilung

aa) Vergütung der Komplementärin einer GmbH & Co. KG

Die Vergütung einer GmbH-Komplementärin muss angemessen sein, wobei es auf die Gesamtvergütung, nicht auf einzelne Vergütungsbestandteile ankommt. Ist die Vergütung unangemessen niedrig, kann eine verdeckte Gewinnausschüttung vorliegen, im umgekehrten Fall eine verdeckte Einlage.[580] Aus umsatzsteuerlicher Sicht ist eine gewinnabhängige Vergütung regelmäßig nicht steuerbar, während bei der Vereinbarung eines Sonderentgeltes für die Übernahme der Geschäftsführung ein Leistungsaustausch und damit ein umsatzsteuerbarer Vorgang vorliegt.

554

bb) Angemessenheit der Gewinnverteilung in einer Familiengesellschaft

Nach früherer Rechtsprechung unterliegt die Gewinnverteilung einer Familienpersonengesellschaft einer Angemessenheitskontrolle. Danach soll die Rendite eines nicht mitarbeitenden, schenkweise aufgenommenen Kindes nach dem Gewinnverteilungsschlüssel einen Durchschnitt von 15 % nicht überschreiten. Meines Erachtens ist diese 15 %-Grenze überholt, da der Verkehrswert seit der Erbschaftsteuerreform zum 01.01.2009 den Maßstab für die Bewertung von Schenkungen bildet und damit eine Begrenzung der »zulässigen« Rendite keine sachliche Rechtfertigung mehr finden kann. Allerdings ist diese Rechtsprechung bislang nicht aufgegeben worden und durch die Finanzverwaltung als überholt betrachtet worden.

555

cc) Leistungsbeziehungen zwischen Gesellschafter und Gesellschaft

Leistungsbeziehungen zwischen Gesellschafter und Gesellschaft sind aus steuerlicher Sicht anzuerkennen und werden bei der Besteuerung des Mitunternehmeranteiles auf der Ebene der Personengesellschaft als Aufwand, auf der Ebene des einzelnen Mitunternehmers als Ertrag behandelt, sogenannte Sondervergütung. Vorbehaltlich einer abweichenden Qualifizierung in DBA-Sachverhalten[581] bilden auch die Sondervergütungen gewerbliche Einkünfte.

556

Die Vereinbarung von Sondervergütungen kann dazu führen, dass eine Steuerpflicht dieser Vergütungen auch in Verlustsituationen eintritt, wenn nämlich auf der Ebene der Personengesellschaft die Verlustausgleichsbeschränkungen nach § 15a EStG eingreifen und die Sondervergütungen auf einem steuerlichen Fremdkapitalkonto stehengelassen werden. Der spätere Verzicht auf die Vergütungen wirkt zwar handelsrechtlich gewinnerhöhend, nicht aber steuerlich, da der Gewinn eine Einlage darstellt und eine Verrechnung nach § 15 Abs. 1a EStG nur mit Gewinnen des laufenden Jahres möglich ist.

557

dd) Versorgungszusagen zugunsten eines Personengesellschafters

Auch Versorgungszusagen zugunsten eines Mitunternehmers sind anzuerkennen[582], anders als bei Versorgungszusagen zugunsten der (Gesellschafter-) Geschäftsführer einer Kapitalgesellschaft entfalten diese jedoch im Ergebnis keine steuerliche Stundungswirkung. Denn während auf der Ebene der Personengesellschaft eine Pensionsrückstellung nach den steuerlichen Vorgaben des § 6a EStG zu bilden ist und die Zuführungen entsprechend Aufwand der Gesellschaft darstellen, kommt es auf der Ebene des begünstigten Mitunternehmers zu einer korrespondierenden Aktivierung in dessen Sonderbilanz.

558

9. Änderung des Gesellschafterbestandes

Die Änderung des Gesellschafterbestandes einer Personengesellschaft kann vielfältige steuerliche Folgen für die Gesellschaft selbst nach sich ziehen, so dass in den Gesellschaftsvertrag Regelungen

559

---

580 Rdn. 279, »GmbH & Co. KG«.
581 Rdn. 363, auch zur unterschiedlichen Qualifizierung durch Rechtsprechung und Finanzverwaltung.
582 BFH, BStBl. II 2008, 182.

aufgenommen werden sollten, nach der ein ausscheidender Gesellschafter oder dessen Nachfolger verpflichtet ist, die Gesellschaft von solchen (steuerlichen) Folgen freizustellen, die sich aus dem Ausscheiden des Gesellschafters ergeben. Soweit eine Änderung des Gesellschafterbestandes von der Zustimmung der (übrigen) Gesellschafter abhängt, können solche Regelungen auch in den Zustimmungsbeschluss aufgenommen werden, im Übrigen ist eine abstrakte Regelung zu empfehlen.

560 Mögliche steuerliche Folgen eines Gesellschafterwechsels auf der Ebene der **Gesellschaft** (und auch der übrigen Gesellschafter) können sein:
– Umqualifizierung in gewerbliche Einkünfte,[583]
– Verlust von Zinsvorträgen nach § 4h EStG (sog. Zinsschrankenregelung),
– Gewerbesteuerpflicht des Veräußerungsgewinnes,[584]
– Verlust gewerbesteuerlicher Verlustvorträge,[585]
– Begründung oder Beendigung einer personellen Verflechtung,[586]
– Verletzung von Sperrfristen nach § 6 Abs. 3 Satz 2 EStG, § 6 Abs. 5 Satz 4 EStG, § 16 Abs. 3 Satz 3 EStG,[587]
– Überschreiten von Größenklassen nach § 7g EStG,
– Grunderwerbsteuerlasten wegen § 1 Abs. 2a, 3 GrEStG.[588]

561 Bei Änderungen des Gesellschafterbestandes einer Personengesellschaft sind zudem noch Regelungen über die Teilnahme an laufenden Ergebnissen zu treffen. Wegen des »Rückwirkungsverbotes« werden dem ausscheidenden Gesellschafter noch diejenigen Ergebnisse zugerechnet, die bis zum Zeitpunkt des Ausscheidens auf ihn entfallen sind. Eine hiervon abweichende Vereinbarung entfaltet keine direkte steuerliche Wirkung, kann jedoch über eine eventuelle Ermittlung des Veräußerungsgewinnes indirekt wieder aufgehoben werden, wenn das Veräußerungsentgelt auf einen bestimmten Betrag unter gleichzeitiger Abgeltung vergangener Gewinnansprüche festgelegt wird.

562 Der Veräußerungsgewinn oder -verlust eines Gesellschafters unterliegt als laufender Gewinn oder als Veräußerungsgewinn der Einkommensteuer und gegebenenfalls auch der Gewerbesteuer. Wird ein Gesellschafter in Sachwerten abgefunden, so kann unter Umständen auch eine Buchwertfortführung in Betracht kommen.[589]

a) Verfügung über Gesellschaftsanteile

563 Soweit die Zustimmung zur Übertragung von Gesellschaftsanteilen im Gesellschaftsvertrag generell oder für bestimmte Fälle erteilt werden soll, empfiehlt es sich, eine Regelung zum steuerlichen Nachteilsausgleich aufzunehmen. Diese kann sowohl entgeltliche als auch unentgeltliche Verfügungen über Gesellschaftsanteile umfassen.

564 Soweit der Bestand eines »qualifizierten« Gesellschafterkreises für die steuerlichen Verhältnisse der Personengesellschaft von hoher Bedeutung – etwa bei freiberuflichen Personengesellschaften oder in Betriebsaufspaltungsfällen – ist, sollten Regelungen über die Nachfolge von Todes wegen entsprechend abgestimmt werden. Hier kann eine Eintrittsklausel statt einer einfachen oder qualifizierten Nachfolgeklausel vorzugswürdig sein.

---

583 Rdn. 48.
584 Rdn. 238.
585 Rdn. 235.
586 Rdn. 336.
587 Rdn. 128, 152, 155.
588 Rdn. 269.
589 Rdn. 151.

A. Das Steuerrecht der Personengesellschaften   Kapitel 12

b) Erbfolge und Testamentsvollstreckung

aa) Nachfolgeklauseln

Als steuerlich regelmäßig unproblematisch erweist sich die **einfache Nachfolgeklausel**, nach der die Gesellschaft mit allen Erben fortgesetzt wird, eine Gefahr der Zwangsentnahme von Sonderbetriebsvermögens besteht nicht.[590] Allerdings kann bei der einfachen Nachfolgeklausel notwendiges Sonderbetriebsvermögen entstehen, ferner kann durch die Erbfolge eine personelle und oder sachliche Verflechtung im Sinne einer Betriebsaufspaltung[591] begründet werden.   565

Bei der **qualifizierten Nachfolgeklausel** droht eine Zwangsentnahme von Sonderbetriebsvermögen, soweit durch den Erbfall Gesellschaftsanteil und Sonderbetriebsvermögen auseinanderfallen. Die Vermeidung einer Zwangsentnahme kann durch die Verringerung möglichen Sonderbetriebsvermögens – etwa durch Bildung einer Einheitsgesellschaft hinsichtlich der Komplementär-GmbH – oder durch Auslagerung von Gegenständen des Sonderbetriebsvermögens auf selbständige Betriebsvermögen oder nachfolgekongruent ausgestaltete sonstige (nicht gewerblich geprägte) Personengesellschaften erfolgen. Die Zwangsentnahme lässt sich ferner auch dadurch vermeiden, dass erbrechtlich über die sogenannte »Alleinerben-Vermächtnisnehmer-Lösung« ein Auseinanderfallen von Gesellschaftsanteil und Sonderbetriebsvermögen vermieden wird.[592]   566

Bei der Vereinbarung einer **Fortsetzungsklausel** ergibt sich im Erbfall ein Veräußerungsgewinn nach §§ 16, 34 EStG, soweit eine zu leistende Abfindung den Buchwert des Anteils übersteigt. Soll die Fortsetzungsklausel als Mittel der Nachlassverteilung eingesetzt werden, so kann statt einer gesellschaftsrechtlich begründeten Abfindung auch ein erbrechtlicher Ausgleich, gegebenenfalls im Sinne einer Anrechnung erfolgen. Eine solche Anrechnung löst einen Veräußerungstatbestand nicht aus. Ist zu erwarten, dass – insbesondere bei Freiberufler-Gesellschaften – im Falle des Todes eines Gesellschafters zeitnah ein neuer Gesellschafter einrücken soll und wird, so ist die Verwendung einer Fortsetzungsklausel wegen der sich aus der Rechtsprechung[593] ergebenden nachteiligen Folgen des »Durchgangserwerbes« nicht mehr zu empfehlen.[594]   567

Bei der **Eintrittsklausel** liegt entweder eine Betriebsaufgabe vor, wenn das Eintrittsrecht nicht zeitnah ausgeübt wird, oder es kommen – abhängig davon, ob alle oder nur einzelne Miterben von dem Eintrittsrecht Gebrauch machen – die Grundsätze über die einfache oder qualifizierte Nachfolgeklausel zur Anwendung.   568

bb) Testamentsvollstreckung

Ist die Testamentsvollstreckung an dem Gesellschaftsanteil zugelassen[595], so führt die Testamentsvollstreckung den dem Gesellschaftsanteil nicht zum Verlust der Mitunternehmerinitiative des betroffenen Nachfolgers: ähnlich wie bei Treuhandverhältnissen[596] liegt eine mittelbare Mitunternehmerinitiative vor, wobei anders als bei Treuhandverhältnissen eine »Beherrschung« des Testamentsvollstreckers nicht erforderlich ist. Auch eine personelle Verflechtung bei einer Betriebsaufspaltung besteht trotz Testamentsvollstreckung fort.   569

---

590 Rdn. 445.
591 Rdn. 343.
592 Rdn. 465.
593 BFH, DStR 2019, 2404.
594 Rdn. 164, 457; s. zu Alternativgestaltungen *Röhrig/Londow/Zahn*, EStB 2020, 180 ff.
595 Kap. 1 Rdn. 215 ff.; Kap. 1 Rdn. 578 ff.
596 Rdn. 410.

c) Ausscheiden aus der Gesellschaft, Abfindung

aa) Steuerpflicht des Ausscheidens

570 Scheidet der Gesellschafter aus der Gesellschaft aus und erhält er eine **Abfindung**, so muss er die Differenz zwischen Buchwert und Abfindung als Veräußerungsgewinn oder -verlust versteuern. Gegebenenfalls kann auch laufender Gewinn vorliegen. Besteht die Abfindung in Sachwerten und erfolgt die Sachwertabfindung in ein (anderes) Betriebsvermögen, so sind die Buchwerte fortzuführen.

571 Erfolgt ein Ausscheiden ohne Abfindung, so kann entweder eine unentgeltliche Rechtsnachfolger oder ein Veräußerungsverlust in Höhe des Buchwertes vorliegen, je nachdem, ob der Abfindungsausschluss private oder betriebliche Gründe hat.

bb) Ausgestaltung der Abfindung

(1) Einkommensteuer

572 Erhält der ausscheidende Gesellschafter eine Abfindung, so bildet diese Abfindung den Maßstab für die Ermittlung des Veräußerungsgewinnes. Unterschreitet die Abfindung den gemeinen Wert des Anteiles, so ist der Vorgang nicht nach trennungstheoretischen Grundsätzen in einen entgeltlichen und einen unentgeltlichen Teil aufzuspalten.

573 Ist in der Abfindungsregelung vorgesehen, dass eine eventuelle Abfindung in Raten ausgezahlt wird und findet eine Verzinsung nicht statt, so ist für steuerliche Zwecke eine Abzinsung anhand des gesetzlichen Zinssatzes von 5,5 % vorzunehmen.

574 Der Veräußerungsgewinn ist auf den Zeitpunkt des Ausscheidens zu ermitteln. Ändert sich der Veräußerungsgewinn nachträglich, so sind diese Änderungen auf den Zeitpunkt der Veräußerung zurückzubeziehen, es kommt zu einer Änderung der Einkommensteuerfestsetzung nach § 175 Abs. 1 Satz 1 Nr. 2 AO.

(2) Erbschaftsteuer

575 Liegt die zu leistende Abfindung unter dem Verkehrswert des Personengesellschaftsanteiles, so kann ein Erwerb der übrigen Gesellschafter nach § 3 Abs. 1 Nr. 2 Satz 2 ErbStG von Todes wegen oder nach § 7 Abs. 7 Nr. 1 ErbStG als Schenkung unter Lebenden verwirklicht sein. Da es sich um sogenannte Fiktionserwerbe handelt, ist die Verwirklichung des Tatbestandes unabhängig davon, ob eine (subjektiv) freigebige Zuwendung vorliegt. In Personengesellschaftsfällen sind Begünstigte einer solchen Zuwendung die verbleibenden Gesellschafter, da die Personengesellschaft nicht erwerberfähig ist.

576 Um eine entsprechende Steuerpflicht zu vermeiden, sollte darauf geachtet werden, dass bei der Ausgestaltung der Abfindungsregelungen ein Verfahren zugrunde gelegt wird, welches für den konkreten Fall geeignet ist. Eine Anbindung an den Standard IdW S 1 ist wegen der Komplexität und der hierfür erforderlichen Datenmenge in vielen Fällen nicht geeignet, das vereinfachte Ertragswertverfahren nach §§ 199 ff. BewG führt häufig zu überhöhten Werten[597].

577 Soweit im gewöhnlichen Geschäftsverkehr branchenspezifisch andere Bewertungsmethoden üblich sind, sollten diese übernommen werden,[598] um das Risiko etwaiger schenkungsteuerbarer Tatbestände zu minimieren. Erfolgt statt einer Abfindung eine Veräußerung des Gesellschaftsanteiles des ausscheidenden Gesellschafters, ist der Tatbestand des § 7 Abs. 7 Satz 1 ErbStG nicht einschlägig.

---

597 S.a. § 203 Abs. 2 Satz 2 BewG n.F.
598 Vgl. die Übersicht FinMin Bayern vom 30.12.2009, 34 – S 3715 – 009 – 36659/09, abgedruckt in: DWS e.V. Handbuch Erbschaftsteuer und Bewertung 2012, Anhang 4 S. 1258 ff.

B. Das Steuerrecht der Kapitalgesellschaften   Kapitel 12

§ 13a Abs. 9 ErbStG n.F. sieht – zum Schutz von Familienunternehmen – eine Befreiung für Beteiligungen vor, wenn durch Gesellschaftsvertrag oder Satzung die Entnahmerechte beschränkt sind und die Verfügungsmöglichkeiten über den Anteil dergestalt beschränkt sind, dass die Anteile nur auf Mitgesellschafter, Angehörige oder eine Familienstiftung übertragen werden dürfen. Der Abschlag entspricht dem satzungsmäßig vorgesehenen prozentualen Abschlag und darf einen Wert von 30 % nicht überschreiten. Diese Einschränkungen müssen 2 Jahre vor dem (erbschaftsteuerlichen) Besteuerungszeitpunkt und 20 Jahre nach diesem Zeitpunkt vorliegen. 578

B. Das Steuerrecht der Kapitalgesellschaften

I. Überblick

1. Grundlagen und allgemeine Besteuerungsprinzipien

Die Besteuerung von Kapitalgesellschaften und damit die nachfolgende Darstellung umfasst in erster Linie die Besteuerung von Unternehmen in der Rechtsform der Aktiengesellschaft (AG), der Gesellschaft mit beschränkter Haftung (GmbH), der Kommanditgesellschaft auf Aktien (KGaA) hinsichtlich der Kommanditaktionäre sowie der Societas Europaea (auch: Europäische Gesellschaft oder SE) und vergleichbarer ausländischer Rechtsformen, soweit sie Einkünfte in Deutschland erzielen, mit Körperschaftsteuer und Gewerbesteuer. Hiervon nicht erfasst und in diesem Kapital nicht abgehandelt wird die Besteuerung anderweitiger juristischer Personen des privaten Rechts, zu denen beispielsweise Vereine, Stiftungen und Genossenschaften zählen, und juristische Personen des öffentlichen Rechts, die mit ihren Betrieben gewerblicher Art der Körperschaftsteuer und Gewerbesteuer unterfallen. Diese Rechtsformen unterliegen prinzipiell auch der Körperschaft- und Gewerbesteuer, im Einzelnen gelten für sie jedoch zusätzliche besondere Besteuerungsregeln. In der nachfolgenden Darstellung wird auf die Bedeutung von Umsatzsteuer oder anderen Steuerarten, wie zum Beispiel die Grunderwerbsteuer, nur eingegangen, wenn dies für das Verständnis der Besteuerung von Kapitalgesellschaften unabdingbar ist. 579

Die Besteuerung von Kapitalgesellschaften unterscheidet sich systematisch grundlegend von der Besteuerung von Personengesellschaften.[599] Die Besteuerung von Kapitalgesellschaften wird vom so genannten Trennungsprinzip geprägt. Nach dem Grundgedanken des Trennungsprinzips werden das Einkommen der Kapitalgesellschaft und das Einkommen des Gesellschafters, sei er eine natürliche Person, sei er eine (andere) juristische Person, prinzipiell unabhängig voneinander ermittelt und besteuert. Demgegenüber wird die Besteuerung von Personengesellschaften vom so genannten Transparenzprinzip geprägt, das prinzipiell eine gleichartige Besteuerung der aus und im Zusammenhang mit der Personengesellschaft erzielten Einkünfte mit denen eines Einzelunternehmers gewährleisten soll.[600] 580

Auf Grundlage des Trennungsprinzips erfolgt grundsätzlich der Steuerzugriff auf Ebene der Kapitalgesellschaft mit Körperschaftsteuer und erneut auf Ebene des Gesellschafters – ggf. vermittelt durch eine Beteiligung an einer Personengesellschaft – abhängig von dessen Rechtsnatur als natürliche Person mit Einkommensteuer oder als juristische Person mit Körperschaftsteuer. Als Folge dieser doppelten Steuerzugriffsmöglichkeit ergibt sich nach allgemeiner Betrachtungsweise eine wirtschaftliche Doppelbelastung des von einer Kapitalgesellschaft erzielten Gewinns auf Ebene der Gesellschaft und auf Ebene des Gesellschafters, da die bloße Ausschüttung von Gewinnen der Gesellschaft nicht als eigene besteuerungswürdige Wertschöpfung angesehen wird. Diese wirtschaftliche Doppelbelastung wird im derzeit geltenden Recht durch einen vergleichsweise geringen Körperschaftsteuersatz in Höhe von zurzeit 15 % auf Ebene der Kapitalgesellschaft und auf Gesellschafterebene mit einer teilweisen Steuerfreistellung von laufenden Einkünften und Veräußerungseinkünften aus einer Kapitalgesellschaft im Rahmen des so genannten Teileinkünfteverfahrens gem. §§ 3 Nr. 40, 3c Abs. 2 581

---
599 Vgl. dazu die Ausführungen in Rdn. 1.
600 Vgl. Rdn. 3 ff.

EStG bzw. des so genannten Freistellungsverfahrens (durch ein Schachtelprivileg) gem. § 8b KStG oder durch Anwendung eines besonderen Steuersatzes im Rahmen der Abgeltungsteuer gem. § 32d EStG auf Gesellschafterebene pauschalisierend vereinheitlicht. Bei der Gesellschaft entstehende Verluste bleiben hingegen ohne Einfluss auf die persönliche Besteuerung des Gesellschafters.

582 Eine weitere Folge des Trennungsprinzips ist die steuerliche Beachtlichkeit von Einkünften aus schuldrechtlichen Rechtsbeziehungen zwischen Kapitalgesellschaft und Gesellschafter unabhängig von den Einkünften des Gesellschafters aus der Beteiligung an der Kapitalgesellschaft.

2. Körperschaftsteuerpflicht

583 Bei der Körperschaftsteuerpflicht wird allgemein zwischen persönlicher Steuerpflicht gem. §§ 1 ff. KStG und sachlicher Steuerpflicht gem. §§ 7 ff. KStG unterschieden.

584 Bei der **persönlichen Körperschaftsteuerpflicht** wird zwischen der unbeschränkten Steuerpflicht gem. § 1 KStG und der beschränkten Steuerpflicht gem. § 2 KStG unterschieden. Danach unterliegen gem. § 1 Abs. 1 Nr. 1 KStG Kapitalgesellschaften, das heißt insbesondere die vorstehend unter Rdn. 579 genannten Rechtsformen, mit ihren sämtlichen Einkünften der Körperschaftsteuer, wenn sie ihre Geschäftsleitung oder ihren gesellschaftsvertraglichen Sitz in Deutschland haben. Nach § 2 Nr. 1 KStG unterliegen Körperschaften, die weder ihre Geschäftsleitung noch ihren Sitz im Inland haben, (nur) mit ihren inländischen Einkünften der Körperschaftsteuer.

585 Die Körperschaftsteuerpflicht beginnt im Fall der Gründung einer Kapitalgesellschaft nicht erst mit Erlangen der zivilrechtlichen Rechtsfähigkeit durch Eintragung ins Handelsregister,[601] sondern rückwirkend auf das Stadium der Vor-Gesellschaft, die ab notarieller Beurkundung des Gründungsprotokolls einschließlich Feststellung der Satzung der Kapitalgesellschaft besteht.[602] Wird die Kapitalgesellschaft im weiteren Verlauf nicht ins Handelsregister eingetragen, so unterliegt die fehlgeschlagene Vor-Gesellschaft jedoch den Besteuerungsregeln für Personengesellschaften.[603]

586 Die **sachliche Körperschaftsteuerpflicht** umfasst Inhalt und Höhe des der Körperschaftsteuer zu unterwerfenden Einkommens und ist damit Gegenstand der nachfolgenden Darstellung.

3. Gewerbesteuerpflicht

587 Der Gewerbesteuer unterliegt jeder stehende Gewerbebetrieb, soweit er im Inland betrieben wird, § 2 Abs. 1 Satz 1 GewStG. Für Kapitalgesellschaften sieht § 2 Abs. 2 GewStG vor, dass deren Tätigkeit stets und im vollen Umfang der Gewerbesteuer unterliegt.

II. Besteuerung bei Gesellschaftsgründung

1. Behandlung bei der Gesellschaft

588 Auf Ebene der Kapitalgesellschaft ist die Gründung im Wesentlichen mit bilanzrechtlichen Fragestellungen verbunden:

Sowohl bei der Bargründung als auch bei der Sachgründung handelt es sich auf Ebene der Kapitalgesellschaft um ergebnisneutrale Vorgänge. Die Einzahlung des Nennkapitals, das heißt des Grundbzw. des Stammkapitals, stellt eine Kapitaleinzahlung dar, die für die Kapitalgesellschaft keine Gewinnauswirkung zeitigt. Das gesellschaftsvertraglich festgelegte Nennkapital von Kapitalgesellschaften ist gem. § 272 Abs. 1 Satz 1 HGB als »Gezeichnetes Kapital« auf der Passivseite der Handelsbilanz auszuweisen. Ausstehende Einlagen auf das gezeichnete Kapital, soweit gesellschaftsrechtlich zulässig,[604] sind als Negativposten von dem Posten »Gezeichnetes Kapital« offen abzusetzen,

---

601 Vgl. für die AG §§ 41, 278 AktG und für die GmbH §§ 11, 13 GmbHG.
602 H 1.1 »Beginn der Steuerpflicht« KStH.
603 H 1.1 »Unechte Vorgesellschaft« KStH.
604 Vgl. Kap. 2 Rdn. 226 ff. für die GmbH und Kap. 3 Rdn. 28 und 203 ff. für die AG.

wenn sie nicht eingefordert sind. Bereits eingeforderte, aber nicht eingezahlte ausstehende Einlagen sind auf der Aktivseite als Forderung auszuweisen.

Wird bei Gründung der Kapitalgesellschaft die Einzahlung eines Aufgeldes zusätzlich zum Nennkapital vereinbart, so stellt die Einzahlung des Aufgeldes ebenso wie die Einzahlung des Nennkapitals eine Kapitaleinzahlung ohne Gewinnauswirkung dar. Gem. § 272 Abs. 2 HGB erfolgt der bilanzielle Ausweis als Kapitalrücklage auf der Passivseite der Handelsbilanz. Für steuerliche Zwecke hat die Kapitalgesellschaft gem. § 27 KStG für andere, nicht in das Nennkapital geleistete Einlagen, wie zum Beispiel das Aufgeld, das so genannte steuerliche Einlagekonto im Sinne von § 27 KStG zu führen.[605] Entsprechendes gilt im Falle einer verdeckten Einlage, bei der der Erwerb des Einlagegegenstandes ausschließlich in der Kapitalrücklage gem. § 272 Abs. 2 Nr. 4 HGB ausgewiesen wird.

589

Bei einer Bargründung sind komplementär zum Ausweis des Eigenkapitals die Bargeldeingänge auf den Finanzkonten (Kasse, Bank), die auf der Aktivseite der Bilanz stehen, auszuweisen.

590

Bei einer Sachgründung sind die eingelegten Vermögensgegenstände in der Handelsbilanz entsprechend ihrer beabsichtigten Nutzung als Anlage- oder Umlaufvermögen auszuweisen. Unter den Begriff der Sacheinlage fallen alle einlagefähigen Gegenstände, die nicht Bargeld oder Geldeinzahlungen auf ein Bankkonto der Kapitalgesellschaft sind.[606] Als Sacheinlage einlagefähig sind Vermögensgegenstände sowie in Ausnahmefällen obligatorische Nutzungsrechte.[607] Die Einlage einer Forderung stellt ebenfalls eine Sacheinlage dar, auch wenn sie auf die Zahlung eines Geldbetrages gerichtet ist.

591

Die Bewertung von Sacheinlagen in der Handelsbilanz erfolgt – unabhängig von einzelnen gesellschaftsrechtlichen Anforderungen[608] – zu den Anschaffungskosten, die nach herrschender Auffassung höchstens zum aktuellen Verkehrswert (Zeitwert) der eingebrachten Vermögensgegenstände oder im Rahmen vernünftiger kaufmännischer Beurteilung zu einem niedrigeren Wert angesetzt werden können.[609] Die handelsbilanzielle Bewertung gilt wegen der prinzipiellen Maßgeblichkeit der Handelsbilanz für die Steuerbilanz[610] auch für steuerliche Zwecke. Steuerrechtlich werden Sacheinlagen anlässlich der Gründung als Tauschvorgang (»Wirtschaftsgut« gegen »Gesellschafterrechte«),[611] auch im Hinblick auf den die Einzahlung auf das Nennkapital übersteigenden Wert des Sacheinlagegegenstandes, betrachtet, so dass gem. § 6 Abs. 6 Satz 1 EStG die Bewertung mit dem gemeinen Wert erfolgt.[612] Im Ergebnis unterscheiden sich handels- und steuerbilanzielle Bewertung damit nur in ihrer Rechtsgrundlage, da der gemeine Wert nach § 9 Abs. 2 BewG dem Verkehrswert entspricht.

592

Neben der rechtlichen Neugründung ist im Zivilrecht auch die so genannte wirtschaftliche Neugründung anerkannt.[613] In der Fallgruppe des Mantelkaufs ist mit dem Wechsel der Anteilinhaberschaft regelmäßig auch ein Wegfall aufgelaufener Verluste aus der früheren Tätigkeit der Mantelgesellschaft gem. § 8c KStG und, bis zum Veranlagungszeitraum 2012, gem. § 8 Abs. 4 KStG verbunden. § 8c Abs. 1 KStG sieht einen vollständigen Untergang nicht genutzter Verluste vor, wenn ein schädlicher Anteilseignerwechsel durch Übertragung von mehr als 50 % der Anteils- oder Stimmrechte innerhalb von fünf Jahren vorliegt, ohne dass ein Beteiligungserwerb gem. § 8c Abs. 1a

593

---

605 S.u. Rdn. 660 ff.
606 Beck'scher Bilanzkommentar/*Schmidt/Hoffmann*, § 247 Rn. 172.
607 Beck'scher Bilanzkommentar/*Schmidt/Hoffmann*, § 247 Rn. 172.
608 Vgl. hierzu oben Kap. 2 Rdn. 509 ff.
609 Beck'scher Bilanzkommentar/*Schmidt/Hoffmann*, § 247 Rn. 190; umfassend auch *Winkeljohann/Schellhorn* in Winkeljohann/Förschle/Deubert, Sonderbilanzen, D. Gründungs- und Eröffnungsbilanz der Kapitalgesellschaft Rn. 187 ff.
610 Hierzu ausführlich unten Rdn. 603 ff.
611 So die h.A., vgl. Schmidt/*Kulosa*, EStG, § 6 Rn. 606, m.w.N., mit der Folge, dass § 6 Abs. 1 Nr. 5 EStG insgesamt unanwendbar ist.
612 Die Vorschrift des § 6 Abs. 1 Nr. 5 EStG gilt insoweit nicht, vgl. BFH v. 24.04.2007, I R 35/05, BStBl. II 2008, 253; auch Schmidt/*Kulosa*, EStG, § 6 Rn. 606.
613 S. zur zivilrechtlichen Behandlung im Einzelnen oben Kap. 2 Rdn. 4.

KStG zu Zwecken der Sanierung erfolgt bzw. der Geschäftsbetrieb der Körperschaft gem. § 8d KStG erhalten bleibt.[614]

2. Behandlung beim Gesellschafter

594 Die Bargründung einer Kapitalgesellschaft ist auf Ebene des Gesellschafters ebenfalls ohne steuerliche Auswirkung. Die eingezahlten Barmittel bilden die (ursprünglichen) Anschaffungskosten für die Beteiligung an der Kapitalgesellschaft und sind erst im weiteren Verlauf der Gesellschaft, spätestens bei Veräußerung oder Beendigung der Kapitalgesellschaft durch Liquidation[615] zu berücksichtigen.

595 Anders ist dies im Fall der Sachgründung. Im Regelfall stellt die Einbringung von Wirtschaftsgütern als Tausch einen Veräußerungsakt dar, der zu steuerpflichtigen Veräußerungsgewinnen auf der Ebene des einlegenden (einbringenden) Gesellschafters führen kann. Das ist grundsätzlich bei der Veräußerung von Wirtschaftsgütern der Fall, die im Betriebsvermögen des Gesellschafters liegen, sowie bei Wirtschaftsgütern des Privatvermögens, die ausnahmsweise einer Veräußerungsgewinnbesteuerung unterliegen. Im Wesentlichen sind damit Einbringungen aus dem Privatvermögen von Kapitalanlagen gem. § 20 Abs. 2 EStG sowie von Grundbesitz gem. §§ 22 Nr. 2, 23 Abs. 1 Nr. 1 EStG innerhalb einer Zehnjahresfrist nach Erwerb steuerpflichtig. Die Aufdeckung stiller Reserven auf Seiten des Gesellschafters kann ausnahmsweise durch eine Einbringung zum Buchwert entsprechend den Regelungen der §§ 20, 21 UmwStG vermieden werden,[616] wobei nach der Einbringung eine Frist von 7 Jahren einzuhalten ist, in der das eingebrachte Wirtschaftsgut oder die Gesellschaftsbeteiligung nicht steuerneutral veräußert werden kann. Es handelt sich insoweit um ein ausnahmsweise gewährtes steuerliches Privileg. Die Möglichkeit einer steuerneutralen Übertragung nach den §§ 20, 21 UmwStG ist in den Fällen der verdeckten Einlage nicht gegeben, da hierbei keine Gewährung von Gesellschafterrechten erfolgt, wie es die umwandlungssteuerlichen Vorschriften voraussetzen. Eine verdeckte Einlage im Rahmen einer Sachgründung löst vielmehr regelmäßig eine Veräußerungsgewinnbesteuerung des verdeckt eingelegten Wirtschaftsgutes gem. §§ 6 Abs. 6 Satz 2, 17 Abs. 1 Satz 2 oder 20 Abs. 2 Satz 2 EStG beim Gesellschafter aus, bei der das verdeckt eingelegte Wirtschaftsgut zum Teilwert (in den Fällen des § 6 Abs. 6 Satz 2 EStG) oder zum gemeinen Wert (in den übrigen Fällen) zu bewerten ist. Entsprechend erhöhen sich die Anschaffungskosten des Einbringenden in Bezug auf seine Beteiligung an der aufnehmenden Kapitalgesellschaft.

III. Laufende Besteuerung

1. Besteuerung der Gesellschaft

596 Die bei einer Kapitalgesellschaft zu erhebende Körperschaftsteuer bemisst sich gem. § 7 Abs. 1, 4 KStG nach dem zu versteuernden Einkommen der Kapitalgesellschaft im Kalenderjahr. Wegen der Ermittlung des zu versteuernden Einkommens verweist § 7 Abs. 2 KStG auf § 8 Abs. 1 KStG. Nach Satz 1 dieser Vorschrift bestimmen sich das Einkommen und dessen Ermittlung nach den Vorschriften des KStG und des EStG. Aus dem Verweis auf die Vorschriften des EStG ergibt sich, dass Kapitalgesellschaften grundsätzlich alle in § 2 Abs. 1 EStG niedergelegten Einkunftsarten erzielen können. Nach § 8 Abs. 2 KStG sind bei Kapitalgesellschaften jedoch alle Einkünfte als Einkünfte aus Gewerbebetrieb zu behandeln.

Im Einzelnen gelten folgende Grundsätze für die Einkommensermittlung:

---

614 S. im Einzelnen zu § 8c und 8d KStG unten Rdn. 634 ff.
615 S. zur Behandlung im Veräußerungsfall unten Rdn. 732 ff.
616 S. hierzu im Einzelnen unten Rdn. 857.

B. Das Steuerrecht der Kapitalgesellschaften

a) Grundsätze der Einkommensermittlung

aa) Besteuerungszeitraum

Die Körperschaftsteuer ist gem. § 7 Abs. 3 Satz 1 KStG eine Jahressteuer; Veranlagungszeitraum für die Körperschaftsteuer ist damit das **Kalenderjahr**.

Für diesen Zeitraum ist das Einkommen der Kapitalgesellschaft zu ermitteln. Bei Kapitalgesellschaften ist, da sie der handelsrechtlichen Buchführungspflicht unterliegen, gem. § 7 Abs. 4 Satz 1 KStG Ermittlungszeitraum für das Einkommen das Wirtschaftsjahr, für das sie regelmäßig Abschlüsse machen, das heißt das Geschäftsjahr, für das der handelsrechtliche Jahresabschluss aufgestellt wird. Bei einem vom Kalenderjahr abweichenden Wirtschaftsjahr wird gem. § 7 Abs. 4 Satz 2 KStG der Gewinn in dem Kalenderjahr der Körperschaftsteuer unterworfen, in dem das Wirtschaftsjahr endet.

Das Wirtschaftsjahr kann bei der Kapitalgesellschaft bei Gründung grundsätzlich frei gewählt werden.[617] Abweichend von der erstmaligen Bestimmung kann das Wirtschaftsjahr auch später umgestellt werden. Die Umstellung von einem kalenderjahrgleichen Wirtschaftsjahr auf einen vom Kalenderjahr abweichenden Zeitraum und die Umstellung eines vom Kalenderjahr abweichenden Zeitraum auf einen anderen vom Kalenderjahr abweichenden Zeitraum bedarf dabei jedoch gem. § 7 Abs. 4 Satz 3 KStG der vorherigen Zustimmung des Finanzamtes, die auf einen entsprechend begründeten Antrag hin erfolgt. Der Antrag muss dabei mit außersteuerlichen Gründen, also in erster Linie mit wirtschaftlichen Argumenten begründet werden. Die Umstellung auf ein kalenderjahrgleiches Wirtschaftsjahr ist dagegen ohne Zustimmung des Finanzamtes zulässig.[618]

Vom Jahressteuerprinzip wird im Falle der Liquidation einer Kapitalgesellschaft abgewichen, bei der der Ermittlungszeitraum den gesamten Abwicklungszeitraum bis zu einer Dauer von 3 Jahren umfasst.[619]

bb) Einkommen der Kapitalgesellschaft

Das körperschaftsteuerliche Einkommen ist gem. § 8 Abs. 1 Satz 1 KStG nach den Vorschriften des EStG und des KStG zu ermitteln. Dabei sind bei der Einkommensermittlung nur diejenigen Vorschriften des EStG anzuwenden, die nicht ausschließlich auf die Besteuerung natürlicher Personen zugeschnitten sind, wie zum Beispiel die Regelungen der §§ 10 bis 10c EStG über Sonderausgaben, oder die nicht wegen abweichender Sondervorschriften des KStG unanwendbar sind, wie zum Beispiel die Regelung zum Spendenabzug in § 9 KStG, die § 10b EStG ersetzt.[620]

Für Zwecke der Körperschaftsteuer gelten bei unbeschränkt steuerpflichtigen Kapitalgesellschaften gem. § 8 Abs. 2 KStG alle von ihr erzielten Einkünfte unabhängig von ihrer konkreten Tätigkeit als Einkünfte aus Gewerbebetrieb. Aus diesem Grund umfasst die Ermittlung des körperschaftsteuerlichen Einkommens im Wesentlichen die Ermittlung des steuerlichen Gewinns, der um weitere Positionen vermindert wird. Für die Einkommensermittlung ergibt sich folgendes (hier verkürztes) Berechnungsschema:[621]

---

617 Zum Beispiel kann mit Gründung der Kapitalgesellschaft zur Jahresmitte als Geschäftsjahr der Zeitraum v. 1. Juli bis 30. Juni des Folgejahres gewählt werden. Alternativ kann ein Rumpfgeschäftsjahr v. 1. Juli bis zum 31. Dezember des Jahres und fortan ein kalenderjahrgleiches Geschäftsjahr gewählt werden.
618 H 4a EStH.
619 S. hierzu im Einzelnen unten Rdn. 707.
620 Eine Aufzählung der anwendbaren Vorschriften des EStG ist in R 8.1 KStR abgedruckt.
621 Vgl. vollständiges Berechnungsschema R 7.1 KStR.

	Gewinn/Verlust nach Steuerbilanz bzw. Überleitungsrechnung gem. § 60 Abs. 2 EStDV
+	Hinzurechnungen von verdeckten Gewinnausschüttungen
−	Einlagen gem. § 4 Abs. 1 Satz 8 EStG
−	nicht abziehbare Aufwendungen (zum Beispiel § 10 KStG, § 4 Abs. 5 EStG, § 160 AO)
+/−	Kürzungen bzw. Hinzurechnungen gem. § 8b KStG, § 3c Abs. 1 EStG
−	Kürzung sonstiger steuerfreier Einnahmen
+/−	Korrekturen bei Organschaft (gebuchte Gewinnabführung/Verlustübernahme)
=	Steuerlicher Gewinn
−	Abzugsfähige Zuwendungen
+/−	Bei Organträgern: Zurechnung Einkommen von Organgesellschaften, bei Organgesellschaften: Abzug des dem Organträger zuzurechnenden Einkommens
=	Gesamtbetrag der Einkünfte i.S.d. § 10d EStG
−	Verlustabzug nach § 10d EStG
=	Einkommen/zu versteuerndes Einkommen

cc) Gewinnermittlung nach Handels- und Steuerbilanz

603 Ausgangspunkt für die Ermittlung des Einkommens der Kapitalgesellschaft ist der Gewinn der Kapitalgesellschaft. Gem. § 8 Abs. 1 Satz 1 KStG i.V.m. § 4 Abs. 1 EStG ist dieser durch Betriebsvermögensvergleich zwischen dem Betriebsvermögen zum Ende des Wirtschaftsjahres der Kapitalgesellschaft und dem Betriebsvermögen zum Ende des Vorjahres zu ermitteln. Besteht eine gesetzliche Pflicht zur Buchführung und regelmäßig Abschlüsse zu erstellen, wie es bei Kapitalgesellschaften nach §§ 238, 242 HGB der Fall ist,[622] so ist für den Betriebsvermögensvergleich nach dem so genannten Maßgeblichkeitsprinzip gem. § 5 Abs. 1 EStG vom im handelsrechtlichen Jahresabschluss ermittelten Reinvermögen auszugehen.

604 Im Hinblick auf § 8 Abs. 3 Satz 1 KStG ist in der Handelsbilanz an den handelsrechtlichen Gewinn vor Verwendung, das heißt nicht auf den Bilanzgewinn, sondern auf den Jahresüberschuss abzustellen. Soweit die Bilanz unter vollständiger oder teilweiser Ergebnisverwendung aufgestellt wurde, ist ggf. vom Bilanzgewinn oder -verlust durch Korrektur des Gewinn- oder Verlustvortrags, Kürzung der Entnahmen aus Kapital- und Gewinnrücklagen und Hinzurechnung der Einstellungen in Gewinnrücklagen auf den Jahresüberschuss oder -fehlbetrag zurückzurechnen.

605 Im nächsten Schritt ist das handelsrechtliche Jahresergebnis auf Grund bilanzsteuerrechtlicher Korrekturvorschriften in ein steuerliches Ergebnis überzuleiten. Dabei handelt es sich um so genannte Durchbrechungen des Maßgeblichkeitsprinzips. Die Ableitung des steuerlichen Ergebnisses kann gem. § 60 Abs. 2 EStDV entweder im Wege einer steuerlichen Überleitungsrechnung oder durch Aufstellung einer gesonderten Steuerbilanz erfolgen.

606 Durchbrechungen des Maßgeblichkeitsgrundsatzes finden sich insbesondere in § 5 Abs. 2 ff. EStG. Nach diesen Regelungen ist es zum Beispiel steuerrechtlich unzulässig, selbst hergestellte immate-

---

[622] Beispielsweise ist die GmbH gem. § 13 Abs. 3 GmbHG i.V.m. § 6 Abs. 1 HGB und die AG gem. § 3 Abs. 1 AktG i.V.m. § 6 Abs. 1 HGB Kaufmann und damit buchführungspflichtig.

rielle Wirtschaftsgüter im Anlagevermögen zu aktivieren (§ 5 Abs. 2 EStG)[623], Drohverlustrückstellungen sind generell unzulässig (§ 5 Abs. 4a EStG) und Verpflichtungen, die nur aus künftigen Einnahmen oder Gewinnen zu erfüllen sind, dürfen erst bei Anfall der Einnahmen oder Gewinne als Verbindlichkeiten in der Steuerbilanz ausgewiesen werden (§ 5 Abs. 2a EStG).[624]

dd) Außerbilanzielle Korrekturen

Der sich aus der steuerlichen Überleitungsrechnung oder Steuerbilanz ergebende steuerliche Gewinn oder Verlust wird in einem nächsten Schritt außerbilanziell um weitere, nicht steuerbilanzrechtliche Positionen korrigiert und der Gewinn bzw. Verlust nach Steuerbilanz zum steuerlichen Gewinn weiterentwickelt.

607

Im Wesentlichen werden folgende Korrekturen vorgenommen:

(1) Korrekturen wegen verdeckter Gewinnausschüttungen und Einlagen

Zunächst ist der steuerliche Gewinn um etwaige verdeckte Gewinnausschüttungen und Einlagen zu korrigieren.[625]

608

(2) Hinzurechnung nicht abzugsfähiger Ausgaben

Dem steuerlichen Gewinn sind weiterhin nach § 8 Abs. 1 Satz 1 KStG i.V.m. § 3c Abs. 1 EStG die Betriebsausgaben wieder hinzuzurechnen, die in unmittelbaren wirtschaftlichen Zusammenhang mit steuerfreien Einnahmen stehen. Beispielsweise können nach dieser Vorschrift inländische Betriebsausgaben, die im Zusammenhang mit Einkünften, die gemäß Doppelbesteuerungsabkommen steuerfrei gestellt sind, nicht abgezogen werden.

609

Weiter sind Betriebsausgaben wieder hinzuzurechnen, soweit sie durch § 8 Abs. 1 Satz 1 KStG i.V.m. § 4 Abs. 5 EStG vom Betriebsausgabenabzug ausgeschlossen sind. Hierbei handelt es sich zum Beispiel um Aufwendungen für Geschenke an Betriebsfremde, die einen Betrag in Höhe von € 35,00 je Empfänger überschreiten, und den nicht abzugsfähigen Teil von Bewirtungsaufwendungen gem. § 4 Abs. 5 Satz 1 Nr. 2 EStG.

610

Darüber hinaus ist das Steuerbilanzergebnis um solche Betriebsausgaben zu korrigieren, zu denen gem. § 160 AO der Empfänger der Beträge nicht benannt werden kann.

611

Ferner sind bei der Ermittlung des handels- bzw. steuerlichen Gewinns berücksichtigte Körperschaftsteuern und der Solidaritätszuschlag gem. § 10 Nr. 2 KStG und Gewerbesteuern gem. § 8 Abs. 1 Satz 1 KStG i.V.m. § 4 Abs. 5b EStG als nicht abzugsfähige Betriebsausgaben wieder hinzuzurechnen.

612

Nicht abzugsfähig sind schließlich gem. § 10 Nr. 3 KStG **Geldstrafen** und ähnliche Vermögenseinbußen mit Strafcharakter sowie **Geldbußen** gem. § 8 Abs. 1 Satz 1 KStG i.V.m. § 4 Abs. 5 Nr. 8 EStG.

613

Um den gem. § 9 Abs. 1 Nr. 2 KStG nur eingeschränkt zulässigen Spendenabzug zu gewährleisten, erfolgt zudem an dieser Stelle eine Hinzurechnung von in Handels- und Steuerbilanz erfassten **Spenden**.

614

---

623 Seit Reform des § 248 HGB durch das Gesetz zur Modernisierung des Bilanzrechts v. 25.05.2009 (Bilanzrechtsmodernisierungsgesetz – BilMoG; BGBl. I 2009, 1102) ist es inzwischen handelsrechtlich zulässig, bestimmte selbstgeschaffene immaterielle Vermögensgegenstände zu aktivieren.
624 Die Regelung des § 5 Abs. 2a EStG ist im Zusammenhang mit Rangrücktrittsvereinbarungen zu beachten.
625 Vgl. hierzu im Einzelnen unten Rdn. 649 ff., 656 ff.

(3) Korrekturen wegen steuerfreier Beteiligungserträge und Veräußerungsgewinne

615 Der steuerliche Gewinn ist weiter im Hinblick auf die Steuerbefreiung von Beteiligungserträgen und Veräußerungsgewinnen i.S.d. § 8b KStG zu korrigieren.[626] Hierzu wird das steuerliche Ergebnis um die entsprechenden in Handels- und Steuerbilanz erfassten Beteiligungserträge bzw. die erzielten Veräußerungserlöse gekürzt und im Rahmen von Beteiligungsveräußerungen angesetzte Buchwerte werden hinzugerechnet. Daneben wird ein Betrag in Höhe von 5 % der Beteiligungserträge gem. § 8b Abs. 5 KStG bzw. ein Betrag in Höhe von 5 % des Veräußerungsgewinns gem. § 8 Abs. 3 KStG dem steuerlichen Gewinn hinzugerechnet. Im Übrigen bleibt der Betriebsausgabenabzug im Zusammenhang mit Beteiligungserträgen bzw. Veräußerungsgewinnen gem. § 8b Abs. 5 Satz 2 KStG bzw. § 8b Abs. 3 Satz 2 KStG unberührt, so dass zum Beispiel Finanzierungsaufwendungen im Zusammenhang mit dem Beteiligungserwerb insoweit unbeschränkt abziehbar sind.

ee) Weitere Vorschriften des KStG zur Einkommensermittlung

616 Nach Vornahme der außerbilanziellen Korrekturen ist der steuerliche Gewinn bzw. Verlust um den körperschaftsteuerlichen Spendenabzug gem. § 9 Abs. 1 Nr. 2 KStG zu vermindern und es sind die Zu- bzw. Abrechnung des Einkommens im Rahmen von Organschaften beim Organträger bzw. bei der Organgesellschaft[627] vorzunehmen. Vom dem sich daraus errechnenden Gesamtbetrag der Einkünfte wird ein etwaiger Verlustvortrag i.S.d. § 10d EStG abgezogen, was im Ergebnis das Einkommen und damit bei Kapitalgesellschaften gleichzeitig das zu versteuernde Einkommen ergibt.

(1) Gewinnanteile des Komplementärs einer KGaA

617 Die besondere rechtliche Struktur der KGaA mit einem unbeschränkt haftenden Komplementär und Kommanditaktionären[628] hat für Zwecke der Körperschaftsteuer zur Folge, dass Gewinnanteile des Komplementärs nach den für seine Besteuerung geltenden Bestimmungen (Komplementär ist natürliche Person: einkommensteuerliche Vorschriften;[629] Komplementär ist juristische Person: körperschaftsteuerliche Vorschriften) und die Gewinnanteile der Kommanditaktionäre nach körperschaftsteuerlichen Regelungen zu behandeln sind.

618 Zur Abgrenzung der unterschiedlichen Behandlung der Gewinnanteile des Komplementärs aus seiner Komplementärstellung und der auf die Kommanditaktionäre entfallenden Gewinnanteile sieht § 9 Abs. 1 Nr. 1 KStG vor, dass die Gewinnanteile des Komplementärs bei der Ermittlung des körperschaftsteuerlichen Einkommens der KGaA abzuziehen sind. Im Einzelnen sind sämtliche Gewinnanteile des Komplementärs einschließlich gezahlter Vergütungen, wie zum Beispiel für die Geschäftsführung oder die Haftungsübernahme, soweit sie nicht auf eine Beteiligung des Komplementärs am Grundkapital entfallen, für körperschaftsteuerliche Zwecke abzugsfähig.

(2) Spendenabzug

619 Für körperschaftsteuerliche Zwecke ist in § 9 Abs. 1 Nr. 2 KStG eine besondere Regelung zum Abzug von Spenden für gemeinnützige Zwecke vorgesehen, die die entsprechende Regelung in § 10b EStG in Bezug auf Kapitalgesellschaften ersetzt.

Nach § 9 Abs. 1 Nr. 2 KStG sind, entsprechend der Spendenabzugsregelung in § 10b EStG, einseitige Zuwendungen für sämtliche gemeinnützigen Zwecke i.S.d. §§ 52 bis 54 AO begünstigt.

---

626 Vgl. hierzu im Einzelnen unter Rdn. 712 ff.
627 Hierzu im Einzelnen unten Rdn. 759 ff.
628 Vgl. aus gesellschaftsrechtlicher Sicht hierzu im Einzelnen Kap. 4 Rdn. 2.
629 Vgl. zur Besteuerung von Einkünften aus Gewerbebetrieb bei Personengesellschaften Rdn. 20 ff.

Spenden sind mit einem Höchstbetrag in Höhe von 20 % des Einkommens der Kapitalgesellschaft 620
vor Abzug der Spende oder in Höhe von 4 ‰ der Summe der gesamten Umsätze[630] und der im
Kalenderjahr aufgewendeten Löhne und Gehälter abzugsfähig. Maßgeblich sind dabei die Beträge
des Wirtschaftsjahres, das in einem Veranlagungszeitraum zugrunde zu legen ist.[631]

Abziehbare Spendenbeträge, die die Spendenabzugshöchstbeträge überschreiten, können auf die 621
Folgejahre vorgetragen werden und in den Folgejahren geltend gemacht werden.

(3) Berücksichtigung von Verlusten

Entstehen bei der Kapitalgesellschaft aus ihrer Tätigkeit Verluste, so richtet sich die Behandlung der 622
Verluste nach § 10d EStG, der nach allgemeinen Grundsätzen, § 8 Abs. 1 Satz 1 KStG, auch für
Kapitalgesellschaften gilt.

Gem. § 10d Abs. 1 Satz 1 EStG ist ein in einem Veranlagungszeitraum entstandener Verlust im 623
Wege des Verlustrücktrags bis zu einem Betrag in Höhe von € 1.000.000,00 in erster Linie mit
einem positiven Einkommen der Kapitalgesellschaft aus dem unmittelbar vorangegangenen Veranlagungszeitraum zu verrechnen. Dabei besteht ein Wahlrecht, den Verlustrücktrag für den ganzen
Verlust oder einen Teil hiervon in Anspruch zu nehmen oder Verluste unmittelbar auf zukünftige
Veranlagungszeiträume vorzutragen, § 10d Abs. 1 Satz 5 EStG.

Soweit Verluste nicht im Wege des Verlustrücktrags ausgeglichen werden können oder sollen, sind 624
sie zwingend und zeitlich unbeschränkt im Wege des Verlustvortrags auf zukünftige Veranlagungszeiträume vorzutragen, § 10d Abs. 2 EStG.

Sobald bei der Kapitalgesellschaft wieder Gewinne entstehen, wird der bis dahin aufgelaufene Ver- 625
lustvortrag in den Grenzen der so genannten Mindestbesteuerung gem. § 10d Abs. 2 Satz 1 EStG
mit den Gewinnen verrechnet. Die Regelungen über die Mindestbesteuerung sehen dabei vor, dass
zunächst Verluste bis zu einem Betrag in Höhe von € 1 Mio. vollständig zu verrechnen sind. Der
Abzug von etwaigen den Sockelbetrag in Höhe von € 1 Mio. übersteigenden Verlusten ist darüber
hinaus auf eine Quote von 60 % der übersteigenden Verluste beschränkt. Soweit nach vollständiger
Verrechnung des positiven Einkommens weitere nicht verrechnete Verluste verbleiben, sind diese
weiter auf die folgenden Veranlagungszeiträume vorzutragen.

In verfahrensrechtlicher Hinsicht sind zum Schluss eines Veranlagungszeitraums verbleibende Ver- 626
luste gesondert festzustellen, § 10d Abs. 4 EStG. Für die Fälle des Verlustrücktrags sieht § 10d Abs. 1
Sätze 3 und 4 EStG eine eigenständige Berichtigungsvorschrift vor, die eine Änderung des unter
Umständen bereits verfahrensrechtlich nicht änderbaren Körperschaftsteuerbescheids erlaubt.

ff) Tarif

Auf das zu versteuernde Einkommen der Kapitalgesellschaft ist der Körperschaftsteuersatz in Höhe 627
von 15 % gem. § 23 Abs. 1 KStG anzuwenden. Außerdem wird von Kapitalgesellschaften gem. § 2
Nr. 3 SolZG der Solidaritätszuschlag in Höhe von 5,5 % auf die festgesetzte Körperschaftsteuer
erhoben, §§ 3, 4 SolZG.

---

[630] Einschließlich umsatzsteuerfreier und nicht umsatzsteuerbarer Umsätze, vgl. BFH v. 04.12.1996, I R 151/93, BStBl. II 1997, 327.
[631] R 9 Abs. 3 KStR.

b) Besonderheiten bei der Einkommensermittlung

aa) Zinsschranke

(1) Allgemeine Geltung der Zinsschranke

628 Die Beschränkungen für den Abzug von Schuldzinsen als Betriebsausgaben gem. § 4h EStG sind rechtsformneutral ausgestaltet und gelten damit auch für Kapitalgesellschaften. Auch bei Kapitalgesellschaften können Schuldzinsen sowohl aus Finanzierungen von Dritten, zum Beispiel Bankfinanzierungen, als auch aus Gesellschafterfremdfinanzierungen, die die Zinseinnahmen der Kapitalgesellschaft übersteigen, grundsätzlich nur bis zu 30 % des verrechenbaren EBITDA i.S.d. § 4h Abs. 1 Satz 2 EStG abgezogen werden. Die in § 4h Abs. 2 EStG vorgesehenen Ausnahmetatbestände für die Zinsschranke, das heißt die Freigrenze in Höhe von € 3 Mio. gem. § 4h Abs. 2 Satz 1 Buchst. a) EStG, die so genannte Stand Alone-Klausel gem. § 4h Abs. 2 Satz 1 Buchst. b) EStG und die so genannte Escape-Klausel für Konzernfälle gem. § 4h Abs. 2 Satz 1 Buchst. c) EStG, die die Zinsschranke bei Einhalten einer konzernweiten Mindesteigenkapitalquote unanwendbar macht, gelten ebenfalls auch für Kapitalgesellschaften.

629 Soweit von der Zinsschranke Kapitalgesellschaften betroffen sind, gelten über die Grundregelungen hinaus die nachfolgend dargestellten Modifikationen des verrechenbaren EBITDA und Erweiterungen der Ausnahmetatbestände um besondere Rückausnahmetatbestände.

Mit Beschluss vom 14.10.2015 hat der BFH dem BVerfG die Zinsschrankenregelung zur Prüfung vorgelegt.[632] Nach Auffassung des BFH verstößt die Zinsschrankenregelung gegen das objektive Nettoprinzip und damit gegen Art. 3 Abs. 1 GG, weil der entstehende Zinsaufwand eben nur eingeschränkt abziehbar sei.

(2) Maßgebliches Einkommen

630 Bei der Anwendung der Zinsschranke auf Kapitalgesellschaften tritt anstelle des maßgeblichen Gewinns gem. § 4h Abs. 1 Satz 1 EStG das maßgebliche Einkommen gem. § 8a Abs. 1 Satz 1 KStG. Das maßgebliche Einkommen ist das Einkommen der Kapitalgesellschaft korrigiert um die Zinserträge und Zinsaufwendungen, die Abschreibungen, den Verlustabzug und Spenden.

(3) Rückausnahmetatbestände des § 8a KStG

631 Als Rückausnahmetatbestände sieht § 8a Abs. 2 und 3 KStG vor, dass die Stand Alone-Klausel und die Escape-Klausel bei der Kapitalgesellschaft nicht anwendbar sind, wenn Gesellschafterfremdfinanzierungen ein bestimmtes Maß übersteigen.

632 Die Stand Alone-Klausel ist gem. § 8a Abs. 2 KStG nur anwendbar, wenn die Kapitalgesellschaft nachweist, dass nicht mehr als 10 % des Schuldzinsenüberhangs an wesentlich, das heißt zu mehr als 25 %, beteiligte Gesellschafter, diesen nahe stehenden Personen oder an Dritte, die Rückgriff auf die vorgenannten Personen nehmen können, geleistet werden.

633 Die Escape-Klausel ist gem. § 8a Abs. 3 KStG nur anwendbar, wenn die Kapitalgesellschaft nachweist, dass der Aufwand für Schuldzinsen der Kapitalgesellschaft oder einer anderen Konzerngesellschaft nicht mehr als 10 % des Schuldzinsenüberhangs beträgt, der an wesentlich, das heißt zu mehr als 25 %, beteiligte Gesellschafter, diesen nahe stehenden Personen oder an Dritte, die Rückgriff auf die vorgenannten Personen nehmen können, geleistet wird. Hiervon sind allerdings nur Zinsaufwendungen aus Verbindlichkeiten, die in dem voll konsolidierten Konzernabschluss ausgewiesen sind bzw. die bei Finanzierung durch einen Dritten einen Rückgriff gegen einen nicht zum Konzern gehörenden Gesellschafter oder eine diesem nahestehende Person auslösen, betroffen.

---

632 BFH v. 14.10.2015, I R 20/15, DStRE 2016, 313; Az. BVerfG – 2 BvL 1/16.

bb) Beschränkung des Verlustvortrags bei Beteiligungsveräußerungen

Vor dem Hintergrund der Vorstellung, dass Verluste nur von demjenigen geltend gemacht werden können, der sie tatsächlich erlitten hat, war bis zur Unternehmensteuerreform 2008[633] in § 8 Abs. 4 KStG vorgesehen, dass Verluste nur bei rechtlicher und wirtschaftlicher Identität der Kapitalgesellschaft im Zeitpunkt der Verlustentstehung und der Verlustverrechnung abgezogen werden können. Auf diese Weise sollte die Konservierung und Übertragbarkeit von Verlusten bei Kapitalgesellschaften verhindert werden, um vordergründig dem Grundsatz der Individualbesteuerung und der Missbrauchsverhinderung gerecht zu werden und hintergründig Steueraufkommen zu sichern. Mit der Unternehmensteuerreform 2008 wurde § 8 Abs. 4 KStG aufgehoben und durch den neu eingeführten § 8c KStG ersetzt, nach dem es für die Abzugsfähigkeit von Verlusten einer Kapitalgesellschaft nur noch darauf ankommt, dass, in gewissen Abstufungen, ein unveränderter Gesellschafterbestand vorhanden ist.

634

Seit Veranlagungszeitraum 2013 hängt der Wegfall von Verlustvorträgen im Grundsatz allein vom Gesellschafterbestand einer Kapitalgesellschaft ab. Nach § 8c Abs. 1 KStG führen Anteilsübertragungen und diesen gleichgestellte Tatbestände von mehr als 50 % innerhalb eines Zeitraums von 5 Jahren an einen Erwerber oder diesem nahestehende Personen oder an eine Gruppe von Erwerbern mit gleichgerichteten Interessen zum vollständigen Untergang der Verlustvorträge der Kapitalgesellschaft. Die in der ursprünglichen Fassung des § 8c Abs. 1 Satz 1 KStG a.F. vorgesehene quotale Abzugsbeschränkung für Veräußerungen von Anteilen von mehr als 25 % und bis zu 50 % wurde vom BVerfG mit Beschluss vom 29.03.2017[634] als verfassungswidrig angesehen und in Konsequenz durch das Jahressteuergesetz 2018[635] ersatzlos und mit Rückwirkung zum Inkrafttreten des § 8c KStG aufgehoben, vgl. § 34 Abs. 6 Satz 1 KStG n.F. Anteilsübertragungen i.S.d. § 8c Abs. 1 KStG sind neben entgeltlichen auch unentgeltliche Übertragungen, zum Beispiel Übertragungen im Wege der vorweggenommenen Erbfolge, nicht jedoch Rechtsübergänge im Zusammenhang mit Erbschaften bzw. anlässlich der Auseinandersetzung einer Erbengemeinschaft. Anteilsübertragungen gleichgestellt sind insbesondere umwandlungsrechtliche Vorgänge, wie zum Beispiel die Verschmelzung, sowie Einbringungsvorgänge, wenn im Zusammenhang mit der Einbringung neu hinzutretende Gesellschafter Beteiligungen erwerben, die die vorgenannten Grenzen überschreiten.

635

Ausnahmetatbestände vom Verlustabzugsverbot bestehen nach § 8c Abs. 1 Satz 4 ff. KStG bei Eingreifen eines Konzernprivilegs[636] oder beim Vorhandensein stiller Reserven in der Kapitalgesellschaft.

636

Darüber hinaus greift das Verlustabzugsverbot nach der sog. Sanierungsklausel des § 8c Abs. 1a KStG dann nicht ein, wenn der Beteiligungserwerb zum Zweck der Sanierung des Geschäftsbetriebs der Körperschaft erfolgte. Dies wiederum setzt eine Maßnahme voraus, die darauf gerichtet ist, die Zahlungsunfähigkeit oder Überschuldung zu verhindern oder zu beseitigen und zugleich die wesentlichen Betriebsstrukturen zu erhalten, ohne dass die Körperschaft ihren Geschäftsbetrieb im Zeitpunkt des Beteiligungserwerbs im Wesentlichen eingestellt hat oder nach dem Beteiligungserwerb ein Branchenwechsel innerhalb eines Zeitraums von fünf Jahren erfolgt, vgl. § 8c Abs. 1a Sätze 2 und 4 KStG. § 8c Abs. 1a Satz 3 Nr. 1 bis 3 KStG enthält als unwiderlegliche Vermutung drei alternative Voraussetzungen, unter denen die wesentlichen Betriebsstrukturen erhalten bleiben. Hierzu zählen das Befolgen einer geschlossenen Betriebsvereinbarung mit einer Arbeitsplatzregelung (Nr. 1), das Einhalten der dort genannten Lohnsummenregelung (Nr. 2) oder die Zuführung von wesentlichem Betriebsvermögen zur Körperschaft durch Einlagen (Nr. 3).

637

---

633 Unternehmensteuerreformgesetz 2008 v. 14.08.2007, BGBl. I 2007, 1912.
634 Vgl. BVerfG v. 29.03.2017, 2 BvL 6/11, BVerfGE 145, 106.
635 Jahressteuergesetz 2018 v. 11.12.2018, BGBl. I 2018, 2338.
636 Das Konzernprivileg in § 8c Abs. 1 Satz 5 KStG a.F. wurde durch Art. 4 Abs. 7 des Steueränderungsgesetzes 2015 v. 02.11.2015, BGBl. I 2015, 1834 modifiziert. Diese nun erweiterte Konzernklausel gilt dabei für alle Beteiligungserwerbe nach dem 31.12.2009.

638 Die Sanierungsklausel ist gem. § 34 Abs. 6 Satz 3 KStG n.F. nunmehr rückwirkend für Veranlagungszeiträume ab 2008 und auf Anteilsübertragungen nach dem 31.12.2007 anzuwenden, nachdem der EuGH am 28.06.2018[637] urteilte, dass in der Sanierungsklausel keine unionsrechtswidrige Beihilfe zu sehen sei. Zuvor hatte die Einordnung der Sanierungsklausel durch die EU-Kommission[638] als unzulässige Beihilfe zur Suspendierung der Vorschrift geführt.

639 Durch das Gesetz zur Weiterentwicklung der steuerlichen Verlustverrechnung bei Körperschaften vom 20.12.2016[639] wurde in § 8d KStG ein antragsgebundener weiterer Ausnahmetatbestand von der Anwendung des § 8c KStG eingeführt, wodurch noch nicht genutzte Verluste trotz schädlichem Beteiligungserwerb fortgeführt werden können (sog. fortführungsgebundener Verlustvortrag). § 8d KStG gilt für schädliche Beteiligungswerbe, die nach dem 31.12.2015 erfolgt sind, wenn der Geschäftsbetrieb der Körperschaft vor dem 01.01.2016 weder eingestellt noch ruhend gestellt war, § 34 Abs. 6a KStG.

640 Die Suspendierung von § 8c KStG setzt gem. § 8d Abs. 1 Satz 1 KStG voraus, dass die Körperschaft seit ihrer Gründung oder zumindest seit dem Beginn des dritten Veranlagungszeitraums, der dem Veranlagungszeitraum des schädlichen Beteiligungserwerbs vorausgeht, ausschließlich denselben Geschäftsbetrieb unterhält. Ausgenommen sind jedoch Verluste aus der Zeit vor einer Einstellung oder Ruhendstellung des Geschäftsbetriebs sowie Konstellationen, in denen die Körperschaft Organträger oder an einer Mitunternehmerschaft beteiligt ist, § 8d Abs. 1 Satz 2 Nr. 1 und 2 KStG. Darüber hinaus darf bis zum Schluss des Veranlagungszeitraums des schädlichen Beteiligungserwerbs kein Ereignis im Sinne von § 8d Abs. 2 KStG stattgefunden haben. Zu einem hiernach schädlichen Ereignis zählen etwa die Einstellung oder das Ruhendstellen des relevanten Geschäftsbetriebs, seine Zuführung zu einer andersartigen Zweckbestimmung oder die Aufnahme eines weiteren Geschäftsbetriebs durch die Körperschaft.

641 Die Folge ist ein in § 8d Abs. 1 Sätze 6 bis 9 KStG geregeltes eigenes Verlustverrechnungssystem. Der am Ende des Veranlagungszeitraums des schädlichen Beteiligungserwerbs verbleibende Verlust wird zum gesondert auszuweisenden und festzustellenden fortführungsgebundenen Verlustvortrag. Dieser ist vor dem Verlustvortrag nach § 10d Abs. 4 EStG abzuziehen.

c) Einlagen und Ausschüttungen

642 Bei der Ermittlung der Körperschaftsteuer sind Vermögensmehrungen und Vermögensminderungen des Gesellschaftsvermögens, die nicht betrieblich, das heißt nicht durch die Geschäftstätigkeit der Kapitalgesellschaft veranlasst sind, nicht zu berücksichtigen. Das ergibt sich aus dem Rechtsgedanken des § 4 Abs. 1 Satz 1 EStG,[640] nach dem Einlagen den steuerlichen Gewinn nicht erhöhen und Entnahmen (bei Kapitalgesellschaften Ausschüttungen) den steuerlichen Gewinn nicht vermindern dürfen.

aa) Einlagen

643 Einlagen sind alle im Gesellschaftsverhältnis begründeten Vermögenszuführungen eines Gesellschafters in die Kapitalgesellschaft.[641] Hierbei wird zwischen offenen und verdeckten Einlagen unterschieden. Zudem können Einlagen als Bareinlage oder als Sacheinlage vorgenommen werden. Diese Unterscheidung ist für steuerliche Zwecke prinzipiell unerheblich. Bei Sacheinlagen stellt sich ähn-

---

637 Vgl. EuGH v. 28.06.2018, Rs. C-203/16 P, C-208/16 P, C-209/16 P, C-219/16 P, IStR 2018, 552, EuZW 2018, 686, EWS 2018, 333, DStR 2018, 1434.
638 Vgl. Beschl. 2011/527/EU der Kommission v. 26.01.2011, ABl. EU 2011, Nr. L 235, S. 26.
639 Gesetz zur Weiterentwicklung der steuerlichen Verlustverrechnung bei Körperschaften v. 20.12.2016, BGBl. I 2016, 2998.
640 Vgl. BFH v. 26.10.1987, GrS 2/86, BStBl. II 1988, 348.
641 Vgl. zum Beispiel BFH v. 23.02.2005, I R 44/04, BStBl. II 2005, 522.

B. Das Steuerrecht der Kapitalgesellschaften

lich dem Gesellschaftsrecht die Aufgabe der Bewertung des Sacheinlagegegenstandes. Nutzungen, wie zum Beispiel die Arbeitsleistung eines Gesellschafters, sind nicht einlagefähig.[642]

(1) Offene Einlagen

Unter den Begriff der offenen Einlage fallen sämtliche Vermögenszuführungen in das Gesellschaftsvermögen, die auf gesellschaftsrechtlicher Grundlage, insbesondere auf Grundlage eines Gesellschafterbeschlusses an die Gesellschaft zu leisten sind. Beispiele hierfür sind Pflichteinlagen in das Grund- bzw. Stammkapital der Kapitalgesellschaft, ein ggf. vereinbartes Aufgeld bei Erstausgabe einer Beteiligung (Aktie oder Geschäftsanteil), Nachschüsse i.S.d. § 26 GmbHG sowie Einzahlungen in die Kapitalrücklage im Sinne von § 272 Abs. 2 Nr. 4 HGB.

644

Rechtsfolge einer offenen Einlage ist die auf Ebene der Kapitalgesellschaft bereits angesprochene grundsätzliche Gewinnneutralität der Vermögensmehrung. Besondere Korrekturen in der Buchhaltung sind nicht erforderlich, da sowohl handelsrechtlich als auch steuerrechtlich eine erfolgsneutrale Verbuchung erfolgt.

645

Auf Ebene des Gesellschafters kann in Fällen der Sacheinlage eine Gewinnrealisierung durch die Übertragung des Einlagegegenstandes ausgelöst werden, wenn nicht ausnahmsweise eine Steuerfreiheit z.B. bei einer Übertragung von Grundbesitz aus dem steuerlichen Privatvermögen nach Ablauf der zehnjährigen Haltefrist gem. § 23 Abs. 1 Satz 1 Nr. 1 EStG oder z.B. auf Grund einer Einbringung nach den Regeln des § 20 UmwStG erfolgt.

646

Soweit die offene Einlage nicht in das Nenn- bzw. Stammkapital der Kapitalgesellschaft erfolgt, ist zudem das steuerliche Einlagekonto gem. § 27 KStG zu erhöhen.[643]

647

Bareinlagen sind dabei mit ihrem Nennwert zu bewerten. Sacheinlagen sind grundsätzlich mit dem Teilwert gem. § 8 Abs. 1 Satz 1 KStG i.V.m. § 6 Abs. 1 Nr. 5 Satz 1 Halbs. 1 EStG zu bewerten.

648

(2) Verdeckte Einlagen

Der Begriff der verdeckten Einlage ist gesetzlich nicht definiert. Unter einer verdeckten Einlage wird eine Zuwendung eines einlagefähigen Vermögensvorteils an eine Kapitalgesellschaft durch einen Gesellschafter (oder eine diesem nahestehende Person) verstanden, für die der Gesellschafter keine neuen Anteile an der Gesellschaft erhält und die ihre Ursache im Gesellschaftsverhältnis hat, das heißt die ein Nichtgesellschafter nicht vorgenommen hätte.[644] Häufige Beispiele für eine verdeckte Einlage sind der Forderungsverzicht eines Gesellschafters gegenüber der Gesellschaft, insbesondere der Verzicht auf Rückzahlung eines Gesellschafterdarlehens, oder die Übertragung von Wirtschaftsgütern zu einem unangemessen vergünstigten Preis.[645]

649

Auch verdeckte Einlagen sind auf Ebene der Kapitalgesellschaft gewinnneutral zu behandeln. Im Unterschied zur offenen Einlage ist bei der verdeckten Einlage zu prüfen, ob die verdeckte Einlage, wie zum Beispiel im Fall eines Forderungsverzichts des Gesellschafters, erfolgswirksam in der Rechnungslegung der Kapitalgesellschaft verbucht wurde oder, zum Beispiel im Falle einer Einlage in die Kapitalrücklage i.S.d. § 272 Abs. 2 Nr. 4 HGB, ohne Auswirkungen auf das handelsrechtliche Ergebnis verbucht wurde. Im Falle des Forderungsverzichts ist für steuerliche Zwecke in Höhe des werthaltigen Betrages der Forderung eine Gewinnkorrektur vorzunehmen. Auf Ebene des Gesellschafters erhöhen sich in Höhe der verdeckten Einlage die Anschaffungskosten des Gesellschafters

650

---

642 Vgl. BFH v. 26.10.1987, GrS 2/86, BStBl. II 1988, 348.
643 Vgl. hierzu im Einzelnen Rdn. 660 ff.
644 BFH v. 20.07.2005, X R 22/02, BStBl. II 2006, 457; R 8.9 Abs. 1 KStR.
645 Vgl. *Aleth/Stelmaszczyk/Roderburg* in Eilers/Rödding/Schmalenbach, Unternehmensfinanzierung, I. Eigenkapitalfinanzierung durch die Gesellschafter Rn. 115.

der Beteiligung an der Kapitalgesellschaft, § 8 Abs. 1 Satz 1 KStG i.V.m. § 6 Abs. 6 Satz 2 EStG. Schließlich ist das steuerliche Einlagekonto gem. § 27 KStG zu erhöhen.[646]

651 Verdeckte Einlagen sind bei der Kapitalgesellschaft grundsätzlich mit dem Teilwert zu bewerten, § 8 Abs. 1 Satz 1 KStG i.V.m. § 6 Abs. 1 Nr. 5 Satz 1 EStG.

652 In verfahrensrechtlicher Hinsicht ist im Zusammenhang mit verdeckten Einlagen der **Grundsatz der formellen Korrespondenz** gem. § 32a Abs. 2 KStG zu beachten.[647] Hiernach kann ein gegenüber der Kapitalgesellschaft ergangener Steuerbescheid aufgehoben, erlassen oder geändert werden, wenn ein gegenüber dem Gesellschafter erlassener Steuerbescheid hinsichtlich der Berücksichtigung einer verdeckten Einlage erlassen, aufgehoben oder geändert wird.

bb) Ausschüttungen

653 Bei Ausschüttungen handelt es sich um Vermögensabflüsse aus dem Gesellschaftsvermögen an den Gesellschafter (oder eine diesem nahestehende Person), die im Gesellschaftsverhältnis begründet sind. Diese liegen insbesondere bei offenen Gewinnausschüttungen bei der GmbH bzw. Dividenden bei der AG und bei verdeckten Gewinnausschüttungen unabhängig von der Rechtsform der Kapitalgesellschaft vor. Hierzu sieht § 8 Abs. 3 Satz 1 KStG ausdrücklich vor, dass die Körperschaftsteuer unabhängig von der Verwendung des Gewinns festgesetzt wird.

(1) Offene Gewinnausschüttungen

654 Unter den Begriff der offenen Gewinnausschüttungen fallen Gewinnausschüttungen bei der GmbH bzw. Dividenden bei der AG auf Grundlage eines Gesellschafterbeschlusses. Auf die gesellschaftsrechtliche Zulässigkeit der Gewinnausschüttung kommt es dabei nicht an. Zu den offenen Gewinnausschüttungen zählen auch bei der GmbH zulässige Vorabgewinnausschüttungen. Schließlich fallen für steuerliche Zwecke auch Ausschüttungen auf Genussrechte hierunter, mit denen das Recht auf Beteiligung am Gewinn und am Liquidationserlös der Kapitalgesellschaft verbunden ist, § 8 Abs. 3 Satz 2 KStG.

655 Offene Gewinnausschüttungen mindern den Gewinn der Kapitalgesellschaft nicht.[648] Sie lösen auf Ebene der Kapitalgesellschaft jedoch Kapitalertragsteuereinbehaltungs- und -abführungspflichten aus, § 43 EStG.

(2) Verdeckte Gewinnausschüttungen

656 Ebenso wie bei der verdeckten Einlage ist der Begriff der verdeckten Gewinnausschüttung nicht gesetzlich definiert. In §§ 8 Abs. 3 Satz 2 KStG, 32d EStG wird die verdeckte Gewinnausschüttung erwähnt, deren Voraussetzungen jedoch nicht genannt. Rechtsprechung und Finanzverwaltung definieren eine verdeckte Gewinnausschüttung übereinstimmend als Vermögensminderung oder verhinderte Vermögensmehrung, die durch das Gesellschaftsverhältnis veranlasst ist, sich auf den Gewinn der Kapitalgesellschaft auswirkt und nicht auf einem Gewinnverteilungsbeschluss beruht.[649] Die Vermögensminderung muss darüber hinaus geeignet sein, beim Gesellschafter einen Bezug von Kapitaleinkünften i.S.d. § 20 Abs. 1 Nr. 1 Satz 2 EStG auszulösen.[650]

---

646 Vgl. hierzu im Einzelnen Rdn. 661 f.
647 Zur Verfassungsmäßigkeit der Norm vgl. BVerfG-Vorlage des FG Köln vom 20.04.2016, 4 K 2717/09, NWB 2016, 1635; zuvor BFH vom 16.12.2014, VIII R 30/12, BStBl. II, 2015, 858.
648 Vgl. zur Behandlung auf Ebene der Gesellschafter unten Rdn. 714 ff. zu Gesellschaftern, die Kapitalgesellschaften sind, und Rdn. 739 ff. zu Gesellschaftern, die natürliche Personen oder Personengesellschaften sind.
649 Seit BFH v. 22.02.1989, I R 9/85, BStBl. II 1989, 631; R 8.5 Abs. 1 Satz 1 KStR.
650 BFH v. 07.08.2002, I R 2/02, BStBl. II 2004, 131.

B. Das Steuerrecht der Kapitalgesellschaften Kapitel 12

Zentrale und zugleich streitanfälligste Voraussetzung der verdeckten Gewinnausschüttung ist deren Veranlassung im Gesellschaftsverhältnis. Eine Veranlassung im Gesellschaftsverhältnis ist gegeben, wenn ein ordentlicher und gewissenhafter Geschäftsführer i.S.d. § 93 Abs. 1 Satz 1 AktG bzw. § 43 Abs. 1 GmbHG die Vermögensminderung bzw. verhinderte Vermögensmehrung unter sonst gleichen Umständen gegenüber einer anderen Person nicht vorgenommen hätte.[651] Angesichts der abstrakten Definition des Begriffs der verdeckten Gewinnausschüttung hat sich eine umfassende Kasuistik gebildet. In der steuerlichen Praxis haben die folgenden Beispiele besondere Bedeutung:[652] 657

– Ein Gesellschafter-Geschäftsführer oder als Aktionär beteiligter Vorstand erhält für seine Geschäftsführer- bzw. Vorstandstätigkeit eine unangemessen hohe Vergütung. Bei der Prüfung der Angemessenheit ist dabei die Gesamtausstattung, das heißt sämtliche fixen und variablen Vergütungsbestandteile, zu berücksichtigen.[653] Hierbei besteht eine sog. 75/25-Regelvermutung, nach der die Bezüge eines Gesellschafter-Geschäftsführers im Allgemeinen wenigstens zu 75 % aus einem festen und zu 25 % aus einem erfolgsabhängigen Anteil bestehen.[654] Überschreitet die variable Vergütung den Schwellenwert von 25 %, ist einzelfallabhängig das Vorliegen einer verdeckten Gewinnausschüttung zu prüfen. Umsatzabhängige Tantiemen sind nur in Ausnahmefällen steuerlich zulässig.[655]
– Ein Darlehen der Gesellschaft an den Gesellschafter, bei dem von Anfang an mit dessen Uneinbringlichkeit gerechnet werden muss, stellt eine verdeckte Gewinnausschüttung dar.[656]
– Die Vereinbarung von unangemessen niedrigen Zinsen bei der Gewährung von Darlehen der Gesellschaft an den Gesellschafter bzw. unangemessen hohen Zinsen bei der Darlehensgewährung durch den Gesellschafter stellen eine verdeckte Gewinnausschüttung dar.[657]
– Der Erwerb von Waren zu einem besonders günstigen Preis von der Gesellschaft an den Gesellschafter bzw. vice versa die Veräußerung von Waren zu einem besonders teuren Preis vom Gesellschafter an die Gesellschaft stellen eine verdeckte Gewinnausschüttung dar.[658]

Über diese Beispielsfälle hinaus werden bei Beziehungen zwischen einer Kapitalgesellschaft und einem beherrschenden Gesellschafter besonders strenge Anforderungen angelegt. Beherrschende Gesellschafter sind Gesellschafter, die selbst oder gemeinsam mit anderen Gesellschaftern, die gleichgerichtete Interessen verfolgen, über die Mehrheit der Stimmrechte in der Gesellschafterversammlung verfügen.[659] In diesen Fällen bedürfen Verträge zwischen Gesellschaft und beherrschenden Gesellschaftern einer zivilrechtlich wirksamen, klaren und eindeutigen Vereinbarung.[660] Insbesondere ist hierbei auf die Einhaltung von Formerfordernissen, wie zum Beispiel Schriftform bei längerfristigen Mietverträgen und Vertretungsberechtigungen, wie zum Beispiel die Befreiung vom Selbstkontrahierungsverbot gem. § 181 BGB beim GmbH-Gesellschafter-Geschäftsführer, sorgfältig zu achten.[661] Rückwirkende Vereinbarungen mit einem beherrschenden Gesellschafter sind unwirksam.[662] Auch die steuerliche Beachtlichkeit von Pensionszusagen an beherrschende Gesellschafter unterliegen strengen Voraussetzungen. Eine Pensionszusage wird dabei nur steuerlich anerkannt, wenn – neben den Voraussetzungen des § 6a EStG – insbesondere die Pensionszusage erst nach einer Probezeit gewährt wird, bis zum Eintrittstermin der Pensionszahlungen der Pensionsanspruch erdient werden kann und die Pensionszusage vor Vollendung des 60. Lebensjahres erteilt worden ist.[663] 658

---

651 H 8.5 III. »Allgemeines« KStH.
652 H 8.5 V. KStH.
653 Vgl. BMF v. 01.02.2002, BStBl. I 2002, 219 Tz. 2.
654 Vgl. auch H 8.8 »Grundsätze« KStH.
655 H 8.8 »Umsatztantieme« KStH.
656 H 8.5 V. »Darlehensgewährung« KStH.
657 H 8.5 V. »Darlehenszinsen« KStH.
658 H 8.5 V. »Waren« KStH.
659 H 8.5 III. »Beherrschender Gesellschafter, Begriff«, »Gleichgerichtete Interessen« KStH.
660 H 8.5 III. »Klare und eindeutige Vereinbarung« KStH.
661 H 8.5 I. »Zivilrechtliche Wirksamkeit« KStH.
662 H 8.5 III. »Beherrschender Gesellschafter, Rückwirkende Vereinbarung« KStH.
663 Vgl. hierzu H 8.7 KStH.

659 Als Rechtsfolge ist bei Vorliegen einer verdeckten Gewinnausschüttung auf Ebene der Kapitalgesellschaft der Jahresüberschuss um den unangemessenen Teil einer gewährten Vergütung zu erhöhen. Die Gewinnkorrektur wird im Rahmen der Ermittlung des zu versteuernden Einkommens der Kapitalgesellschaft außerhalb der Steuerbilanz vorgenommen und erhöht die festzusetzende Körperschaft- und Gewerbesteuer der Kapitalgesellschaft. Gleichzeitig wird auf Ebene der Kapitalgesellschaft eine Kapitalertragsteuereinbehaltungspflicht gem. § 43 Abs. 1 Satz 1 Nr. 1 EStG ausgelöst. Auf Ebene des Gesellschafters liegen Einkünfte aus Kapitalvermögen i.S.d. § 20 Abs. 1 Nr. 1 Satz 2 EStG vor, wenn die Beteiligung von einer natürlichen Person im Privatvermögen gehalten wird, betriebliche Einkünfte, wenn die Beteiligung in einem Betriebsvermögen einer natürlichen Person oder Personengesellschaft gehalten wird oder gem. § 8b Abs. 1 KStG steuerfreie Beteiligungserträge, wenn Gesellschafter eine Kapitalgesellschaft ist. Erfolgt die verdeckte Gewinnausschüttung gegenüber einer dem Gesellschafter nahestehenden Person, so werden die geschilderten Steuerfolgen dem Gesellschafter und nicht der nahestehenden Person zugerechnet.[664] Die steuerlichen Folgen einer verdeckten Gewinnausschüttung können nicht durch Rückgewähr der unangemessenen Leistung an die Kapitalgesellschaft rückgängig gemacht werden. Eine Rückgewähr unterliegt den Grundsätzen der verdeckten Einlage.[665] Auf Ebene des Gesellschafters kann die von der Gesellschaft einbehaltene Kapitalertragsteuer auf die zu zahlende Einkommen- bzw. Körperschaftsteuer angerechnet werden, § 36 Abs. 2 Nr. 2 EStG.

cc) Steuerliches Einlagekonto gem. § 27 KStG

660 Das steuerliche Einlagekonto gem. § 27 KStG dient im Hinblick auf die Besteuerung des Anteilseigners dazu, genau zwischen der offenen oder verdeckten Ausschüttung von Gewinnen der Kapitalgesellschaft und der Rückzahlung von Einlageleistungen des Gesellschafters zu differenzieren.

661 Beim steuerlichen Einlagekonto handelt es sich nicht um ein bilanzielles Konto im Rechnungswesen der Kapitalgesellschaft. Vielmehr handelt es sich um eine steuerliche Nebenrechnung über die vom Anteilseigner an die Kapitalgesellschaft geleisteten offenen und verdeckten Einlagen, soweit diese nicht das Nennkapital der Kapitalgesellschaft betreffen, sowie die an den Gesellschafter erfolgte Einlagerückgewähr i.S.d. § 27 Abs. 1 Satz 2 KStG. Zu- und Abgänge beim steuerlichen Einlagekonto sowie dessen Stand zum Bilanzstichtag werden gem. § 27 Abs. 2 KStG jährlich durch Bescheid gesondert festgestellt.

662 In der Praxis relevante Beispiele für Zugänge zum steuerlichen Einlagekonto sind im Einzelnen vom Anteilseigner zu zahlende Aufgelder bei der Ausgabe neuer Anteile, Nachschüsse der Gesellschafter, Rückzahlungen verdeckter Gewinnausschüttungen oder auch Leistungen in die Kapitalrücklage im Zusammenhang mit Einbringungsvorgängen nach §§ 20, 21 UmwStG.

663 Als Einlagerückgewähr gem. § 27 Abs. 1 Satz 3 KStG sind, unabhängig von ihrer handelsrechtlichen Einordnung, Leistungen der Kapitalgesellschaft an den Gesellschafter zu erfassen, die keine Rückzahlung von Nennkapital i.S.d. § 28 Abs. 2 Satz 2 und 3 KStG darstellen, und den auf den Schluss des vorangegangenen Wirtschaftsjahrs ermittelten ausschüttbaren Gewinn übersteigen.

664 Zur Unterscheidung zwischen Gewinnausschüttungen und Einlagerückgewähr wird eine Aufteilung des steuerlichen Eigenkapitals der Kapitalgesellschaft damit wie folgt vorgenommen:

	Eigenkapital gemäß Steuerbilanz
./.	gezeichnetes Kapital
./.	steuerliches Einlagekonto
=	ausschüttbarer Gewinn

---

664 H 8.5 III. »Nahestehende Person, Zurechnung der vGA« KStH.
665 BFH v. 31.05.2005, I R 35/04, BStBl. II 2006, 132.

So lange sich aus dieser Aufteilung ein Betrag für den ausschüttbaren Gewinn ermitteln lässt, werden Leistungen der Gesellschaft an die Gesellschafter wie Dividenden bzw. Gewinnausschüttungen behandelt. Das heißt, die Gesellschafter erzielen zum Beispiel Einkünfte aus Kapitalvermögen, auf deren Auszahlung die Kapitalgesellschaft Kapitalertragsteuer einzubehalten hat.

665

Ist der ausschüttbare Gewinn durch Leistungen an die Gesellschafter verbraucht, so mindert sich das steuerliche Einlagekonto, das auf den letzten Bilanzstichtag vor der Leistung festgestellt wurde. Soweit das steuerliche Einlagekonto durch Leistungen der Kapitalgesellschaft vermindert oder negativ wird, entstehen gem. § 20 Abs. 1 Nr. 1 Satz 3 EStG grundsätzlich keine steuerbaren Einnahmen auf Ebene des Gesellschafters. Vielmehr werden die Anschaffungskosten des Gesellschafters für seine Beteiligung, wenn es sich um Beteiligungen im Privatvermögen des Gesellschafters handelt, bzw. der Buchwert bei im Betriebsvermögen eines Gesellschafters gehaltenen Beteiligungen gekürzt. Insoweit erhält der Gesellschafter steuerfreie Kapitalrückzahlungen aus der Kapitalgesellschaft. Übersteigen Leistungen der Kapitalgesellschaft die Anschaffungskosten des Gesellschafters für seine Beteiligung, so entsteht, bei im Privatvermögen gehaltenen Beteiligungen, ein Veräußerungsgewinn, den der Gesellschafter nach § 17 Abs. 4 EStG zu versteuern hat.

666

d) Gewerbesteuer

Bei der laufenden Besteuerung von Kapitalgesellschaften mit Gewerbesteuer knüpft die Berechnung an den nach den Vorschriften des KStG ermittelten Gewinn an.[666] Für Zwecke der Gewerbesteuer wird der hiernach ermittelte Gewinn um die in § 8 GewStG geregelten Hinzurechnungen und die in § 9 GewStG geregelten Kürzungen[667] zum sogenannten Gewerbeertrag fortentwickelt, § 7 Abs. 1 Satz 1 GewStG.

667

Der Gewerbeertrag wird gem. § 11 Abs. 1 Satz 2 GewStG mit der in § 11 Abs. 2 GewStG geregelten Steuermesszahl von 3,5 % multipliziert, um den Steuermessbetrag i.S.d. § 11 Abs. 1 Satz 1 GewStG zu ermitteln. Vor Anwendung der Steuermesszahl ist der Gewerbeertrag auf volle 100 € abzurunden, § 11 Abs. 1 Satz 3 GewStG. Ein Freibetrag gem. § 11 Abs. 1 Satz 3 GewStG ist für Kapitalgesellschaften im Regelfall nicht vorgesehen.[668] Schließlich wird die Gewerbesteuer unter Anwendung des von der Gemeinde, in der die Kapitalgesellschaft ihren Sitz hat oder eine Betriebsstätte unterhält, gem. § 16 GewStG festgesetzten Hebesatzes berechnet. Der Hebesatz beträgt zumindest 200 %, wenn von der Gemeinde kein höherer Hebesatz festgesetzt wurde, § 16 Abs. 4 Satz 2 GewStG.

668

Hat eine Kapitalgesellschaft Betriebsstätten in mehreren Gemeinden oder liegt eine Betriebsstätte auf dem Gebiet mehrerer Gemeinden, so wird der einheitliche Gewerbesteuermessbetrag entsprechend dem in §§ 28 ff. GewStG geregelten Zerlegungsverfahren grundsätzlich nach dem Verhältnis der den Betriebsstätten zuzuordnenden Arbeitslöhnen aufgeteilt und in einem Zerlegungsbescheid festgesetzt.

669

Verfahrensrechtlich ist das Festsetzungs- und Erhebungsverfahren für die Gewerbesteuer unterschiedlichen Behörden zugewiesen: Gem. §§ 184, 188, 22 Abs. 1 Satz 1 AO erfolgt die Festsetzung und Zerlegung des Gewerbesteuermessbetrages durch das für die Kapitalgesellschaft zuständige Betriebsstättenfinanzamt. Die Festsetzung der Gewerbesteuer unter Anwendung des Hebesatzes, die Erhebung und Beitreibung wird daraufhin durch die Gemeinden durchgeführt, §§ 184 Abs. 3, 22 Abs. 2 AO. Der Gewerbesteuermessbescheid und ggf. der Zerlegungsbescheid sind dabei Grundlagenbescheide für den Gewerbesteuerbescheid.

670

---

666 Vgl. oben Rdn. 596 ff.
667 Vgl. zu den wesentlichen Hinzurechnungs- und Kürzungstatbeständen nachfolgend Rdn. 228 ff.
668 In § 11 Abs. 1 Satz 3 Nr. 2 GewStG ist nur für bestimmte, grds. gewerbesteuerbefreite Körperschaften, wie zum Beispiel gemeinnützige Körperschaften (§ 3 Nr. 6 GewStG), ein Freibetrag in Höhe von € 5.000,00 vorgesehen, soweit diese einen nicht gewerbesteuerbefreiten wirtschaftlichen Geschäftsbetrieb unterhalten.

2. Besteuerung von Geschäftsführungs- und Aufsichtsgremien

a) Besteuerung von Vorständen und Geschäftsführern

671 Die Besteuerung von Vorständen einer AG und Geschäftsführern einer GmbH unterliegt grundsätzlich den gleichen rechtlichen Rahmenbedingungen,[669] so dass nachfolgend eine einheitliche Erläuterung erfolgt. Ein wesentlicher Unterschied besteht jedoch bei der steuerlichen Behandlung von Fremd- und Gesellschaftergeschäftsführern.

aa) Fremdgeschäftsführer

672 Ein Fremdgeschäftsführer ist für steuerliche Zwecke regelmäßig Arbeitnehmer der von ihm geführten Gesellschaft und erzielt damit mit dem ihm gewährten Geschäftsführergehalt, ihm gewährten Sachbezügen, wie zum Beispiel der Gestellung eines Dienstwagens, Arbeitslohn i.S.d. § 2 LStDV. Damit erzielt der Fremdgeschäftsführer Einkünfte aus nichtselbständiger Arbeit i.S.d. § 19 Abs. 1 EStG.

673 Auf Ebene der Kapitalgesellschaft stellt der Personalaufwand für den Fremdgeschäftsführer eine Betriebsausgabe dar, die – einschließlich der Arbeitgeberzuschüsse zur gesetzlichen oder privaten Krankenversicherung – vollständig gem. § 8 Abs. 1 Satz 1 KStG i.V.m. § 4 Abs. 4 EStG abzugsfähig ist. Die Kapitalgesellschaft hat für Rechnung des Geschäftsführers Lohnsteuer einzubehalten und an die zuständige Finanzbehörde abzuführen, §§ 38 ff. EStG.

bb) Gesellschafter-Geschäftsführer

674 Im Grundsatz gelten für den Gesellschafter-Geschäftsführer hinsichtlich der steuerlichen Behandlung seiner Bezüge sowohl auf Ebene des Gesellschafter-Geschäftsführers als auch auf Ebene der Gesellschaft die gleichen Grundsätze wie für Fremdgeschäftsführer.

675 Beim Gesellschafter-Geschäftsführer kann es aber aufgrund des neben der Geschäftsführerstellung bestehenden Gesellschaftsverhältnisses zu einer Umqualifikation von unüblichen Vergütungsbestandteilen in eine verdeckte Gewinnausschüttung und damit in Einkünfte aus Kapitalvermögen i.S.d. § 20 Abs. 1 Nr. 1 Satz 2 EStG kommen.[670] Die Einkünfte sind gem. § 32d Abs. 2 Nr. 4 EStG der tariflichen Einkommensteuer zu unterwerfen, soweit sie das Einkommen der Kapitalgesellschaft gemindert haben. Entsprechend sind auf Ebene der Kapitalgesellschaft etwaige überhöhte Betriebsausgaben zu kürzen und gem. § 8 Abs. 3 Satz 2 KStG als verdeckte Gewinnausschüttung der Körperschaftsteuer und der Kapitalertragsteuer zu unterwerfen.

b) Besteuerung von Aufsichts- und Beiräten

676 Mitglieder eines Aufsichts- oder Verwaltungsrates oder andere mit der Überwachung der Geschäftsführung einer Gesellschaft betraute Personen erzielen mit den aus dieser Tätigkeit erlangten Bezügen Einkünfte aus selbstständiger Arbeit i.S.d. § 18 Abs. 1 Nr. 3 EStG. Hiervon umfasst werden sämtliche bezogenen Bar- oder Sachleistungen, wie zum Beispiel Sitzungsgelder, Aufwandsentschädigungen, die Überlassung eines PKWs oder Räumlichkeiten für die Tätigkeit. Die Einkünfte unterliegen nicht der Gewerbesteuerpflicht.

677 Auf Ebene der Kapitalgesellschaft ist gem. § 10 Nr. 4 KStG nur die Hälfte der Vergütungen, die an Mitglieder des Aufsichtsrats, Verwaltungsrats, Grubenvorstands oder andere mit der Überwachung der Geschäftsführung beauftragte Personen gewährt werden, als Betriebsausgabe abzugsfähig. Dabei kommt es, entsprechend der Öffnungsklausel in § 10 Nr. 4 KStG nicht auf eine formelle Betrach-

---

[669] So sind die Rechtsfolgen der verdeckten Gewinnausschüttung grds. auch auf Vorstände der AG anzuwenden, vgl. BFH v. 30.07.1975, I R 110/72, BStBl. II 1976, 74, auch wenn der Anwendungsschwerpunkt bei Gesellschafter-Geschäftsführern einer GmbH ist.
[670] Vgl. hierzu ausführlich Rdn. 656 ff.

tung, sondern auf eine funktionelle Betrachtung an. Dem Abzugsverbot unterliegen damit sämtliche Aufwendungen an Personen, die mit der Überwachung der Geschäftsleitung befasst sind. Neben den in § 10 Nr. 4 KStG genannten Regelbeispielen unterliegen daher auch Vergütungen an Beiratsmitglieder von Kapitalgesellschaften dem Abzugsverbot, wenn der Beirat nicht nach der Satzung der Gesellschaft nur beratende Funktionen wahrnimmt. Unmaßgeblich ist insoweit auch, ob es sich um die Tätigkeit eines obligatorischen Aufsichtsrats, wie zum Beispiel bei der AG, der SE, der KGaA und in den Fällen des § 52 GmbHG bei der GmbH handelt oder eines freiwilligen Aufsichtsrats bei der GmbH, wenn § 52 GmbHG nicht eingreift. Ebenso sind Überwachungsorgane erfasst, die neben obligatorischen Gremien bestehen, wie zum Beispiel ein gesonderter Familienbeirat in größeren Familien-GmbHs. Das Abzugsverbot greift nicht bei der GmbH & Co. KG ein, wenn das Aufsichtsorgan bei der Kommanditgesellschaft besteht.

IV. Eigenkapitalmaßnahmen

1. Kapitalerhöhung

678 Im Zusammenhang mit der Durchführung einer Kapitalerhöhung bei einer Kapitalgesellschaft[671] ist zwischen den handels- und steuerbilanziellen Folgen, den Auswirkungen auf die Besteuerung der Kapitalgesellschaft und den steuerlichen Folgen betreffend die Anteilseigner sowie jeweils zwischen der Kapitalerhöhung gegen Einlagen und der Kapitalerhöhung aus Gesellschaftsmitteln zu unterscheiden.

a) Handels- und steuerbilanzielle Auswirkungen

679 Handels- und damit auch steuerbilanziell ist eine beschlossene Kapitalerhöhung gegen Einlagen, zu der weder die Einlagen erbracht wurden noch die Kapitalerhöhung ins Handelsregister eingetragen wurde, zunächst nicht zu berücksichtigen.[672] Wurden die Einlagen nach dem Kapitalerhöhungsbeschluss geleistet, ist die Eintragung im Handelsregister jedoch noch nicht erfolgt, so ist bei einem in diesen Zeitraum fallenden Bilanzstichtag ein gesonderter Posten »Zur Durchführung der beschlossenen Kapitalerhöhung geleistete Einlagen« unmittelbar nach dem Eigenkapital aufzuführen.[673] Einlagen auf eine Kapitalerhöhung, die vor dem Kapitalerhöhungsbeschluss eingezahlt werden, sind als Verbindlichkeiten gegenüber den Gesellschaftern auszuweisen, da die Voreinzahlung keine Tilgungswirkung für eine erst in Zukunft entstehende Einlageforderung hat.[674] Entsprechend ist mit einem etwa vereinbarten Aufgeld zu verfahren. Die Kapitalerhöhung aus Gesellschaftsmitteln ist erst nach ihrer Eintragung ins Handelsregister durch Umgliederung der Rücklagenposten in das gezeichnete Kapital in der Bilanz auszuweisen.[675]

680 Soweit gesellschaftsrechtlich zulässigerweise bei Barkapitalerhöhungen[676] nur teilweise Einzahlungen auf das Stammkapital geleistet werden, ist das gezeichnete Kapital mit dem satzungsgemäßen Nennbetrag auszuweisen, § 272 Abs. 1 Satz 1 HGB. Bei ausstehenden Einlagen wird differenziert: Nicht eingeforderte ausstehende Einlagen auf das gezeichnete Kapital sind von dem Posten »Gezeichnetes Kapital« offen abzusetzen, § 272 Abs. 1 Satz 2, 1. Alt. HGB. Eingeforderte, aber noch nicht eingezahlte Beträge sind unter den Forderungen gesondert auszuweisen und entsprechend zu bezeichnen, § 272 Abs. 1 Satz 2, letzte Alternative HGB.

---

671 Zu den gesellschaftsrechtlichen Anforderungen bei der AG s. im Einzelnen unter Kap. 3 Rdn. 536 ff. und bei der GmbH unter Kap. 2 Rdn. 707 ff.
672 Beck'sche Bilanzkommentar/*Störk/Kliem/Meyer*, § 272 Rn. 51.
673 Beck'sche Bilanzkommentar/*Störk/Kliem/Meyer*, § 272 Rn. 51, 54.
674 Beck'sche Bilanzkommentar/*Störk/Kliem/Meyer*, § 272 Rn. 54.
675 Beck'sche Bilanzkommentar/*Störk/Kliem/Meyer*, § 272 Rn. 55.
676 S.o. Kap. 2 Rdn. 712.

b) Auswirkungen auf die Besteuerung der Kapitalgesellschaft

681 Weder die Leistung der Einlagen bei der Kapitalerhöhung gegen Einlagen noch die Umgliederung des Eigenkapitals bei der Kapitalerhöhung aus Gesellschaftsmitteln hat Auswirkungen auf die Einkommensermittlung der Kapitalgesellschaft. Ebenso stellt die Einzahlung eines Aufgeldes eine steuerneutrale Kapitaleinzahlung dar.

682 Die Einräumung eines günstigen Bezugskurses löst weder eine verdeckte Gewinnausschüttung aus, da nicht die Gesellschaft, sondern die übrigen Gesellschafter einen Vermögensnachteil erleiden,[677] noch liegt eine Schenkung im Verhältnis des Neugesellschafters an die Altgesellschafter i.S.d. § 7 Abs. 8 ErbStG vor, da dieser Sachverhalt nicht den Tatbestand des § 7 Abs. 8 ErbStG erfüllt. Die Kosten der Kapitalerhöhung und der Ausgabe neuer Gesellschaftsbeteiligungen, wie zum Beispiel Notar- und Gerichtskosten und Kosten der rechtlichen und steuerlichen Beratung im Zusammenhang mit der Kapitalerhöhung, sind bei der Kapitalgesellschaft als Betriebsausgabe abzugsfähig;[678] eine Aktivierung als Anschaffungskosten ist nur beim Gesellschafter möglich, soweit dieser die Kosten trägt.

683 Bei der Kapitalerhöhung gegen Einlagen hat die Leistung der Einlage auf die Aktie bzw. den GmbH-Geschäftsanteil keine Auswirkung auf das steuerliche Einlagekonto gem. § 27 KStG. Hingegen löst die Zahlung eines Aufgeldes als nicht in das Nennkapital geleistete Einlage eine Änderung des steuerlichen Einlagekontos gem. § 27 KStG aus, das sich um den Betrag des Aufgeldes erhöht. Bei der Kapitalerhöhung aus Gesellschaftsmitteln gilt der positive Bestand des steuerlichen Einlagekontos gem. § 27 KStG mit dem Stand zum Ende des Wirtschaftsjahres der Rücklagenumwandlung als verwendet, § 28 Abs. 1 Sätze 1, 2 KStG. Soweit zum Beispiel Gewinnrücklagen oder -vorträge zur Kapitalerhöhung als sonstige Rücklagen i.S.d. § 28 Abs. 1 Satz 3 KStG verwendet werden, ist für diese Beträge ein sogenannter Sonderausweis vorzunehmen, der durch Steuerbescheid gesondert festzustellen ist. In den folgenden Wirtschaftsjahren vermindert sich der Sonderausweis um einen durch neue Einlagen der Gesellschafter entstandenen positiven Saldo des steuerlichen Einlagekontos gem. § 27 KStG, das sich entsprechend vermindert. Die Bildung des Sonderausweises ermöglicht im Zusammenhang mit der Kapitalerhöhung aus Gesellschaftsmitteln summarisch die Unterscheidung zwischen Rücklagebeträgen, die aus Einlageleistungen der Gesellschafter gebildet worden sind, und Rücklagebeträgen, die aus Gewinnen der Kapitalgesellschaft gebildet worden sind. Auf diese Weise wird die Abgrenzung zwischen Auszahlungen an die Gesellschafter, die steuerpflichtige Kapitalerträge i.S.d. § 20 Abs. 1 EStG darstellen, und steuerneutralen Kapitalrückzahlungen gewährleistet.

c) Auswirkungen auf die Besteuerung des Gesellschafters

684 Im Rahmen der Kapitalerhöhung gegen Einlagen ist zwischen der Bar- und der Sachkapitalerhöhung zu unterscheiden. Die Barkapitalerhöhung stellt beim Gesellschafter einen steuerneutralen Anschaffungsvorgang dar. Bei der Sachkapitalerhöhung ergibt sich im Rahmen der Leistung der Sacheinlage ein steuerpflichtiger Veräußerungsgewinn oder -verlust beim Gesellschafter als Einlegenden, soweit die Übertragung nicht zum Beispiel gem. § 23 Abs. 1 Satz 1 Nr. 1 EStG als Grundstücksveräußerung steuerbefreit ist oder die Übertragung nicht gem. §§ 20, 21 UmwStG zum Buchwert erfolgen kann.

685 Die Kapitalerhöhung aus Gesellschaftsmitteln stellt für den Gesellschafter ebenfalls einen steuerneutralen Vorgang dar, § 1 KapErhStG. Durch die Kapitalerhöhung werden zudem die ursprünglichen Anschaffungskosten der Beteiligung nicht erhöht, da der Gesellschafter keine neuen Einlagen in das Gesellschaftsvermögen leistet. Vielmehr sind die ursprünglichen Anschaffungskosten gem.

---

[677] OFD Frankfurt v. 23.11.2007, S 2742 A – 28 – St 51, DStR 2008, 202; BFH vom 24.09.1974, VIII R 64/69, BStBl. II 1975, 230.
[678] BFH vom 19.01.2000, I R 24/99, BStBl. II 2000, 545.

§ 3 KapErhStG in dem Verhältnis auf die ursprünglichen und die neuen Anteile aufzuteilen, das deren Verhältnis am Nennkapital entspricht.

d) Exkurs: Umwandlung von Aktienarten und -gattungen

Die Umwandlung von Inhaber- in Namensaktien und von Vorzugs- in Stammaktien und umgekehrt ist sowohl auf Ebene der Aktiengesellschaft als auch auf Ebene der hiervon betroffenen Aktionäre steuerneutral.[679] Durch die Umwandlung von Vorzugs- in Stammaktien wird auch keine verdeckte Gewinnausschüttung ausgelöst, da hierin eine bloße Modifikation der Mitgliedschaftsrechte liegt und kein Tausch unterschiedlicher Aktienpapiere. Demgegenüber betrachtet der BFH die Umwandlung von Vorzugs- in Stammaktien als ein nur abgekürztes Verfahren an Stelle einer Kapitalherabsetzung durch Einziehung der Vorzugsaktien einerseits und einer gleichzeitigen Kapitalerhöhung gegen Sacheinlage andererseits, so dass eine verdeckte Gewinnausschüttung nur dann nicht vorliegt, wenn der Gesellschaft mindestens der Nennwert der Stammaktien durch Verrechnung mit dem Gegenwert der Vorzugsaktien zugeflossen ist.[680]

686

Vorstehende Grundsätze gelten auch bei besonders ausgestatteten GmbH-Geschäftsanteilen, bei denen häufig im Zusammenhang mit Nachfolgeregelungen oder der Beteiligung von Investoren Vorzugsgeschäftsanteile gesellschaftsvertraglich eingeräumt werden.

2. Kapitalherabsetzung

Auch bei der Kapitalherabsetzung ist zwischen den handels- und steuerbilanziellen Auswirkungen, den steuerlichen Folgen auf Ebene der Kapitalgesellschaft und der Gesellschafter zu unterscheiden.

687

a) Handels- und steuerbilanzielle Auswirkungen

In der Handelsbilanz der Kapitalgesellschaft[681] sind mit Wirksamwerden der Kapitalherabsetzung, bei der AG durch Eintragung des Herabsetzungsbeschlusses ins Handelsregister bzw. bei der GmbH nach Eintragung des Herabsetzungsbeschlusses nach Ablauf des Sperrjahres, das Grundkapital bei der AG bzw. das Stammkapital bei der GmbH um den Herabsetzungsbetrag zu vermindern. Gleichzeitig ist in der Gewinn- und Verlustrechnung in der Ergebnisverwendungsrechnung ein Ertrag aus der Kapitalherabsetzung auszuweisen.[682] Im Falle der Kapitalherabsetzung zur Auszahlung ist die Rückzahlungsverbindlichkeit an die Aktionäre bzw. GmbH-Gesellschafter gegen den Posten Aufwand aus Kapitalrückzahlung zu buchen. Im Falle der Kapitalherabsetzung zur Verlustdeckung oder zur Bildung von Rücklagen sind in der Ergebnisverwendungsrechnung Abführungen in die Rücklagen vorzunehmen.[683]

688

Die handelsbilanzielle Behandlung gilt auf Grund des Maßgeblichkeitsgrundsatzes auch für die Steuerbilanz.

689

b) Auswirkungen auf die Besteuerung der Kapitalgesellschaft

Auf Ebene der Kapitalgesellschaft ist die Kapitalherabsetzung steuerneutral. Die mit der Kapitalherabsetzung verbundenen Kosten sind, soweit sie auf Ebene der Kapitalgesellschaft entstehen, ohne Beschränkungen als Betriebsausgaben abzugsfähig.

690

Im Zusammenhang mit dem steuerlichen Einlagekonto gem. § 27 KStG ist bei einer Kapitalherabsetzung zunächst nach § 28 Abs. 2 Satz 1 KStG der zum Schluss des der Kapitalherabsetzung vor-

691

---

679 BMF v. 22.09.2009, BStBl. I 2010, 94, Tz. 67.
680 BFH v. 24.09.1974, VIII R 64/69, BStBl. II 1975, 230.
681 Zu den gesellschaftsrechtlichen Anforderungen bei der AG s. im Einzelnen unter Kap. 3 Rdn. 609 ff. und bei der GmbH unter Kap. 2 Rdn. 795 ff.
682 Beck'scher Bilanzkommentar/*Störk/Kliem/Meyer*, § 272 Rn. 100.
683 Beck'scher Bilanzkommentar/*Störk/Kliem/Meyer*, § 272 Rn. 100.

angegangenen Wirtschaftsjahres festgestellte Sonderausweis zu mindern und ein übersteigender Betrag ist dem steuerlichen Einlagekonto gem. § 27 KStG gutzuschreiben.

c) Auswirkungen auf die Besteuerung des Gesellschafters

692 Rückzahlungen aus der Kapitalherabsetzung stellen, soweit sie den Sonderausweis mindern, gem. § 28 Abs. 2 Satz 2 KStG Gewinnausschüttungen dar. Soweit die Beteiligung im Privatvermögen gehalten wird, liegen Einkünfte aus Kapitalvermögen i.S.d. § 20 Abs. 1 Nr. 2 EStG vor, die entweder, bei einer wesentlichen Beteiligung i.S.d. § 32d Abs. 2 Nr. 3 EStG, dem Teileinkünfteverfahren gem. § 3 Nr. 40 EStG oder der Abgeltungsteuer gem. § 32d EStG unterliegen. Soweit eine Kapitalgesellschaft Anteilseigner ist, liegen steuerfreie Einnahmen nach § 8b Abs. 1 KStG vor.

693 Die Rückzahlung von den Sonderausweis übersteigenden Beträgen, die vom positiven Bestand des steuerlichen Einlagekontos abzuziehen sind, § 28 Abs. 2 Satz 3 KStG, stellt eine Rückzahlung aus dem steuerlichen Einlagekonto dar. Nach § 20 Abs. 1 Nr. 1 Satz 3 EStG liegen damit beim Anteilseigner keine steuerpflichtigen Einnahmen vor.

694 Handelt es sich um eine Beteiligung i.S.d. § 17 EStG, stellt die Rückzahlung aus dem steuerlichen Einlagekonto eine Rückzahlung von Anschaffungskosten dar, so dass bei einer späteren Veräußerung ein Veräußerungsgewinn höher bzw. ein Veräußerungsverlust geringer ausfällt. Liegt die Rückzahlung aus dem steuerlichen Einlagekonto über den bisherigen Anschaffungskosten des Anteilseigners, so bewirkt die Rückzahlung einen Veräußerungsgewinn gem. § 17 Abs. 4 EStG. Auf diesen Veräußerungsgewinn ist gem. § 3 Nr. 40 Buchst. c) EStG das Teileinkünfteverfahren anzuwenden.

695 Bei Anteilen, die im Betriebsvermögen liegen, erfolgt bei einer Nennkapitalrückzahlung aus dem steuerlichen Einlagekonto eine Verrechnung mit dem Buchwert der Beteiligung. Ist die Rückzahlung höher als der Buchwert, so liegt eine Betriebseinnahme vor, die bei natürlichen Personen als Anteilseignern dem Teileinkünfteverfahren gem. § 3 Nr. 40 Buchst. a) EStG unterliegt bzw. bei einer Kapitalgesellschaft als Anteilseigner der Steuerbefreiung des § 8b Abs. 2 KStG.

3. Erwerb und Veräußerung eigener Anteile

a) Handels- und steuerbilanzielle Auswirkungen

696 Die handelsbilanzielle Behandlung des Erwerbs eigener Anteile hat sich durch die im Rahmen des BilMoG[684] erfolgte Neufassung des § 272 Abs. 1 HGB wesentlich geändert.

697 Vor Geltung des BilMoG bestand für erworbene eigene Anteile eine grundsätzliche Aktivierungspflicht im Umlaufvermögen. Beim Erwerb eigener Anteile zum Zweck der Einziehung war hingegen der Nennbetrag oder rechnerische Wert der eigenen Anteile offen vom gezeichneten Kapital als Korrekturposten zum Eigenkapital abzusetzen. Die Neuregelung in § 272 Abs. 1a HGB sieht nunmehr vor, dass unabhängig vom Anlass für den Erwerb eigene Anteile nicht mehr aktiviert werden dürfen, sondern stets in einer Vorspalte vom gezeichneten Kapital abzusetzen sind. Dies gilt unabhängig von der Rechtsform der Kapitalgesellschaft. Die den Nennbetrag übersteigenden Anschaffungskosten für die eigenen Anteile sind mit den frei verfügbaren Rücklagen zu verrechnen. Aufwendungen, die Anschaffungsnebenkosten auf die eigenen Anteile sind, sind Aufwand des Geschäftsjahrs.

698 Bei Veräußerung der eigenen Anteile entfällt der Vorspaltenausweis gem. § 272 Abs. 1a Satz 1 HGB. Der Veräußerungserlös ist, soweit er den Nennbetrag oder den rechnerischen Wert der veräußerten eigenen Anteile übersteigt, bis zur Höhe des mit den frei verfügbaren Rücklagen verrechneten Betrages wieder in die jeweiligen Rücklagen einzustellen. Ein darüber hinausgehender Differenzbetrag ist in die Kapitalrücklage gem. § 272 Abs. 2 Nr. 1 HGB einzustellen. Nebenkosten der Veräußerung

---

[684] Gesetz zur Modernisierung des Bilanzrechts (Bilanzrechtsmodernisierungsgesetz) v. 25.05.2009, BGBl. I 2009, 1102.

der eigenen Anteile sind Aufwand des Geschäftsjahrs. Bei Wiederveräußerung der eigenen Anteile liegt damit handelsbilanziell kein erfolgswirksamer Veräußerungstatbestand vor.[685]

Die steuerbilanziellen Folgen des Erwerbs eigener Anteile sind seit den Änderungen durch das Bil- 699
MoG wieder umstritten. Nach der früher herrschenden Meinung[686] wurde der Erwerb eigener Anteile und deren Wiederveräußerung der Besteuerung von Veräußerungsgewinnen gem. § 8b Abs. 2 und 3 KStG unterworfen, so dass im Ergebnis ein Gewinn aus der Wiederveräußerung in Höhe von 5 % der Körperschaftsteuer unterworfen wurde. Nach den Änderungen durch das BilMoG soll nach der wohl herrschenden Meinung,[687] der sich die Finanzverwaltung inzwischen angeschlossen hat,[688] abweichend hiervon und entsprechend der allgemeinen Grundsätze, insbesondere des Maßgeblichkeitsprinzips, auch steuerbilanziell ein erfolgsneutraler Vorgang gegeben sein. Höchstrichterliche Entscheidungen hierzu liegen noch nicht vor.

b) Auswirkungen auf die Besteuerung der Kapitalgesellschaft

Nach der herrschenden Meinung zur Rechtslage nach der Reform durch das BilMoG ist eine Ver- 700
äußerungsgewinnbesteuerung nach den Grundsätzen des § 8b Abs. 2 und 3 KStG bei der Kapitalgesellschaft seit Geltung des BilMoG entfallen.[689] Durch den Erwerb und die Veräußerung veranlasste Anschaffungs- und Veräußerungsnebenkosten sind entsprechend der handelsrechtlichen Bestimmung in § 272 Abs. 1a und 1b HGB als Betriebsausgaben voll abzugsfähig. Weitere Konsequenz aus der Unanwendbarkeit der Veräußerungsgewinnbesteuerung ist, dass der Erwerb eigener Anteile bei der Kapitalgesellschaft wie eine Kapitalherabsetzung und die Weiterveräußerung wie eine Kapitalerhöhung behandelt wird und sie damit über das steuerliche Einlagekonto abgewickelt werden.[690]

[Nicht belegt] 701

c) Auswirkungen auf die Besteuerung des Gesellschafters

Auf Ebene des veräußernden Gesellschafters führen die Änderungen durch das BilMoG zu keinen 702
Änderungen bei der Besteuerung. Nach wie vor ist auf Ebene des Gesellschafters ein »normaler« Veräußerungstatbestand gegeben,[691] der beim Gesellschafter entsprechend der für ihn geltenden Bestimmungen für die Veräußerungsgewinnbesteuerung zu behandeln ist.[692] Hierbei kann eine verdeckte Gewinnausschüttung gegeben sein, wenn sich der Kaufpreis für die eigenen Anteile als unangemessen hoch herausstellt.[693]

4. Einziehung von Anteilen

Die Einziehung von Aktien und GmbH-Geschäftsanteilen ist auf Ebene der Kapitalgesellschaft ein 703
handels- und steuerrechtlich erfolgsneutraler Vorgang.[694] Durch Zahlung des Einziehungsentgeltes wird das tatsächliche und buchmäßige Reinvermögen der Kapitalgesellschaft vermindert, da die

---

685 *Ortmann-Babel/Bolik/Gageur*, DStR 2009, 934, 936 f.
686 BFH v. 06.12.1995, I R 51/95, BStBl. II 1998, 781.
687 Vgl. *Ortmann-Babel/Bolik/Gageur*, DStR 2009, 934, 936 f.; dazu ausführlich *Breuninger/Müller*, GmbHR 2011, 10, 13 ff.; Blümich/*Buciek*, § 5 EStG Rn. 740 (»Eigene Anteile«); a.A. z.B. *Schmidtmann*, StuW 2010, 286, 297 ff.; vgl. auch FG Münster v. 01.10.2014, 9 K 4169/10, K, F, EFG 2015, 933.
688 BMF v. 27.11.2013, BStBl. I 2013, 1615, Tz. 8.
689 *Ortmann-Babel/Bolik/Gageur*, DStR 2009, 934, 936 f.
690 BMF v. 27.11.2013, BStBl. I 2013, 1615, Tz. 9 ff.; dazu auch *Breuninger/Müller*, GmbHR 2011, 10, 13 ff.
691 BMF v. 27.11.2013, BStBl. I 2013, 1615, Tz. 20 f.; *Breuninger/Müller*, GmbHR 2011, 10, 13 ff.
692 Bei natürlichen Personen als Gesellschafter kommt die Anwendung von §§ 17 oder 20 Abs. 2 EStG in Betracht, bei Kapitalgesellschaften § 8b Abs. 2, 3 KStG.
693 BMF v. 27.11.2013, BStBl. I 2013, 1615, Tz. 12.
694 BFH v. 29.07.1992, I R 31/91, BStBl. II 1993, 369.

Gesellschaft im Gegenzug keinen Vermögensgegenstand erwirbt.[695] Die Minderung des Reinvermögens wirkt sich in Handels- und Steuerbilanz der Kapitalgesellschaft in erster Linie auf das gezeichnete Kapital aus, das um den Nennbetrag des eingezogenen Anteils gemindert wird, und, bei Zahlung eines den Nennbetrag übersteigenden Einziehungsentgeltes, zudem auf die Höhe der Rücklagen, die um den übersteigenden Betrag gemindert werden.

704 Im Übrigen kommt eine steuerliche Auswirkung auf Ebene der Kapitalgesellschaft nur insofern in Betracht, als die Zahlung eines unangemessen hohen Einziehungsentgelts als verdeckte Gewinnausschüttung Kapitalertragsteuer auslöst und die Höhe des steuerlichen Einlagekontos beeinflussen kann.

705 Auf Ebene des Anteilseigners wird die Einziehung nach herrschender Meinung als Veräußerungsvorgang betrachtet, der dort nach den allgemeinen Regeln zu behandeln ist.[696]

V. Liquidation und Insolvenz

1. Liquidation der Kapitalgesellschaft

706 Die ertragsteuerliche Behandlung der Liquidation von Kapitalgesellschaften unterliegt den in § 11 KStG geregelten Sondervorschriften. Voraussetzung für die Anwendung des steuerlichen Sonderregimes im Rahmen der Liquidation einer Kapitalgesellschaft ist gem. § 11 Abs. 1 Satz 1 KStG die Auflösung der Gesellschaft und die sich daran anschließende Abwicklung des Vermögens der Kapitalgesellschaft.

707 Wesentliche Besonderheit bei der Liquidationsbesteuerung ist, dass die zu liquidierende Kapitalgesellschaft mit Beginn der Liquidation nicht mehr der regelmäßigen, jahresabschnittsweisen Besteuerung unterliegt. Vielmehr ist der Liquidationsgewinn grundsätzlich über die Dauer des gesamten Abwicklungszeitraums zu ermitteln und zu versteuern. Der Besteuerungszeitraum für die Abwicklung soll dabei einen Zeitraum von drei Jahren nicht überschreiten. Dauert die Abwicklung der Kapitalgesellschaft länger als drei Jahre, so soll nach Ablauf des dritten Jahres wieder zur jährlichen Besteuerung übergegangen werden.[697] Der Liquidationszeitraum kann auf Antrag jedoch verlängert werden.

708 Der dreijährige Liquidationsbesteuerungszeitraum beginnt gem. § 11 Abs. 4 KStG mit Ablauf des der Auflösung der Kapitalgesellschaft vorangegangenen Wirtschaftsjahres. Erfolgt die Auflösung der Kapitalgesellschaft im Verlauf eines Wirtschaftsjahres, kann im begonnenen Wirtschaftsjahr für den Zeitraum vor dem Auflösungsbeschluss ein Rumpfwirtschaftsjahr gebildet werden.[698]

709 Der Abwicklungsgewinn ist durch Gegenüberstellung des Liquidationsendvermögens, das ist das zur Verteilung kommende Gesellschaftsvermögen, und des Liquidationsanfangsvermögens, das ist das in der Liquidationseröffnungsbilanz ermittelte Gesellschaftsvermögen, zu ermitteln.

2. Insolvenz der Kapitalgesellschaft

710 Die Eröffnung des Insolvenzverfahrens über das Vermögen einer Kapitalgesellschaft führt nicht zum Ende der Körperschaftsteuerpflicht. Vielmehr gelten ab Eröffnung des Insolvenzverfahrens die Regelungen zur Besteuerung von Kapitalgesellschaften in Liquidation gem. § 11 Abs. 7 KStG zur Ermittlung des Einkommens und zum Veranlagungszeitraum entsprechend.

---

695 BFH v. 01.07.1992, II R 20/90, BStBl. II 1992, 912.
696 Schmidt/*Weber-Grellet*, EStG, § 17 Rn. 101, der wegen der gesellschaftsrechtlichen Voraussetzungen der Einziehung jedoch die Grundsätze einer Teilliquidation nach § 17 Abs. 4 EStG anwendbar hält.
697 R 11 Abs. 1 Satz 7 KStR.
698 R 11 Abs. 1 Satz 3 KStR.

B. Das Steuerrecht der Kapitalgesellschaften   Kapitel 12

Die wesentlichen Unterschiede[699] in der Besteuerung zwischen einer Kapitalgesellschaft in der Insolvenz und in der Liquidation finden sich in verfahrensrechtlichen Aspekten der Durchführung der Besteuerung. Die steuerlichen Pflichten der Kapitalgesellschaft sind ab Insolvenzeröffnung durch den Insolvenzverwalter wahrzunehmen, § 80 InsO i.V.m. § 34 AO. Durch Eröffnung des Insolvenzverfahrens werden vorher entstandene Steuerforderungen zu Insolvenzforderungen, vgl. § 251 Abs. 2 Satz 1 AO i.V.m. § 87 InsO, an denen der Fiskus nur in Höhe der Insolvenzquote beteiligt wird; die Finanzverwaltung darf für derartige Steuern keinen Steuerbescheid erlassen. Nach Insolvenzeröffnung, das heißt während des dreijährigen Abwicklungszeitraums, entstandene Steuerforderungen sind hingegen vorrangige Masseverbindlichkeiten.   711

VI. Beteiligungs- und Konzernsachverhalte

1. Beteiligung von Kapitalgesellschaften an anderen Kapitalgesellschaften

a) Überblick

Der Wechsel in der Besteuerung von Kapitalgesellschaften und ihren Gesellschaftern vom Vollanrechnungssystem zu einem klassischen Besteuerungssystem einer definitiven Besteuerung der Kapitalgesellschaft mit Körperschaftsteuer und einer Teilentlastung des Gesellschafters durch das Steuersenkungsgesetz[700] mit Wirkung ab dem 01.01.2001 hat zu einer umfassenden Neuregelung des § 8b KStG geführt. Durch den Systemwechsel sollte im Ergebnis eine wirtschaftliche Einmalbelastung des von einer Kapitalgesellschaft erzielten Einkommens und den vom Gesellschafter erzielten Beteiligungserträgen erreicht werden. Im Zusammenhang mit Beteiligungsstrukturen unter Kapitalgesellschaften war hierzu eine Steuerfreistellung von Beteiligungserträgen erforderlich, die in § 8b KStG umgesetzt ist.   712

Nach der grundlegenden Neufassung im Jahr 2000 wurde § 8b KStG mehrfach, etwa durch das OGAW-IV-Umsetzungsgesetz[701] und das Jahressteuergesetz 2010[702] geändert. Mit Zustimmungsbeschluss des Bundesrates vom 28.02.2013[703] wurde das »Gesetz zur Umsetzung des EuGH-Urteils vom 20.10.2011 in der Rechtssache C-284/09« beschlossen, mit dem ein neuer § 8b Abs. 4 KStG eingeführt wurde, der für die Besteuerung von Streubesitzdividenden die Steuerbefreiung gem. § 8b Abs. 1 KStG außer Kraft setzt.[704] In jüngerer Zeit erfolgten Anpassungen beispielsweise durch das StÄndG 2015,[705] wodurch mit Wirkung ab dem Veranlagungszeitraum 2016 ein Ausnahmetatbestand für Anteile an Unterstützungskassen in § 8b Abs. 11 KStG eingefügt wurde, oder durch das BEPS-UmsG,[706] das zu einer Neufassung von § 8b Abs. 7 KStG führte.   713

b) Besteuerung von laufenden Beteiligungserträgen

Durch § 8b Abs. 1 KStG werden sämtliche laufenden Beteiligungserträge, die Kapitalgesellschaften aus Beteiligungen an anderen in- und ausländischen Kapitalgesellschaften beziehen, von der Kör-   714

---

699 Ausführlich hierzu *Roth*, Insolvenzsteuerrecht, S. 434 ff.
700 Gesetz zur Senkung der Steuersätze und zur Reform der Unternehmensbesteuerung (Steuersenkungsgesetz – StSenkG) v. 23.10.2000, BGBl. I 2000, 1433.
701 Gesetz zur Umsetzung der Richtlinie 2009/65/EG zur Koordinierung der Rechts- und Verwaltungsvorschriften betreffend bestimmte Organismen für gemeinsame Anlagen in Wertpapieren (OGAW-IV-Umsetzungsgesetz – OGAW-IV-UmsG) v. 22.06.2011, BGBl. I 2011, 1126.
702 Jahressteuergesetz 2010 (JStG 2010) v. 08.12.2010, BGBl. I 2010, 1768.
703 BR-Drucks. 146/13 v. 28.02.2013.
704 Gesetz zur Umsetzung des EuGH-Urteils v. 20.10.2011 in der Rechtssache C-284/09 v. 21.03.2013, BGBl. I 2013, 561.
705 Steueränderungsgesetz 2015 (StÄndG 2015) v. 02.11.2015, BGBl. I 2015, 1834.
706 Gesetz zur Umsetzung der Änderungen der EU-Amtshilferichtlinie und von weiteren Maßnahmen gegen Gewinnkürzungen und -verlagerungen (BEPS-UmsG) v. 20.12.2016, BGBl. I 2016, 3000.

perschaftsteuer befreit. Dabei setzt § 8b Abs. 1 KStG weder eine Mindestbeteiligung noch eine Mindesthaltefrist voraus.[707]

aa) Beteiligungserträge

715 Als laufende Beteiligungserträge werden im Wesentlichen Bezüge gem. § 20 Abs. 1 Nr. 1 EStG aus offenen und verdeckten Gewinnausschüttungen sowie aus Genussrechten i.S.d. § 8 Abs. 3 Satz 2 KStG erfasst und gem. § 20 Abs. 1 Nr. 2 EStG Rückzahlungen im Rahmen einer Liquidation und Kapitalherabsetzung, die nicht Rückzahlung von Nennkapital, Beträge aus dem steuerlichen Einlagekonto oder Beträge aus der Auflösung des Sonderausweises i.S.d. § 28 KStG sind. Damit werden im Ergebnis alle Ausschüttungen aus den Rücklagen der Kapitalgesellschaft dem Regime von § 8b Abs. 1 KStG unterworfen, die aus thesaurierten Gewinnen stammen.

716 Soweit eine Kapitalgesellschaft mittelbar über eine Personengesellschaft an einer anderen Kapitalgesellschaft beteiligt ist, gilt die Steuerbefreiung gem. § 8b Abs. 1 KStG auch für die mittelbar über die Beteiligung an der Personengesellschaft zugerechneten Kapitalerträge.

717 Hinsichtlich der Bezüge aus verdeckten Gewinnausschüttungen i.S.d. § 8 Abs. 3 Satz 2 KStG gilt dabei ein Korrespondenzprinzip, nach dem die Steuerbefreiung des § 8b Abs. 1 KStG nur dann eingreift, wenn die verdeckte Gewinnausschüttung bei der ausschüttenden Kapitalgesellschaft nicht gewinnmindernd berücksichtigt wurde.

718 Die Steuerbefreiung für Beteiligungserträge gilt gem. § 8b Abs. 6 KStG auch für Beteiligungserträge, soweit eine Kapitalgesellschaft diese mittelbar über eine Personengesellschaft bezieht, bei der die Beteiligung im steuerlichen Betriebsvermögen gehalten wird. Wird die Beteiligung über eine vermögensverwaltende Personengesellschaft gehalten, so ergibt sich die gleiche Folge aus § 39 Abs. 2 Nr. 2 AO unmittelbar. Die Bezüge werden der Kapitalgesellschaft entsprechend ihrer Gewinnverteilungsquote zugerechnet.

719 Gem. § 8b Abs. 7 KStG gilt bei Kreditinstituten und Finanzdienstleistungsunternehmen die Steuerbefreiung des § 8b Abs. 1 KStG nicht für Beteiligungen an anderen Kapitalgesellschaften, die bei dem Kreditinstitut dem Handelsbestand i.S.d. § 340e Abs. 3 HGB zuzurechnen sind. Ebenso gilt die Steuerbefreiung nicht für Beteiligungen, die bei Lebens- und Krankenversicherungsunternehmen den Kapitalanlagen zuzurechnen sind, § 8b Abs. 8 KStG.

720 Durch das »Gesetz zur Umsetzung des EuGH-Urteils vom 20.10.2011 in der Rechtssache C-284/09« vom 21.03.2013[708] wird im Rahmen des § 8b Abs. 4 KStG für laufende Beteiligungserträge die Steuerbefreiung außer Kraft gesetzt, wenn die Beteiligung an der Kapitalgesellschaft zu Beginn des Kalenderjahres unmittelbar weniger als 10 % des Grund- oder Stammkapitals bzw. der Vermögensbeteiligung betragen hat. Wegen der Zurechnung von Beteiligungen sieht § 8b Abs. 4 Satz 3 ff. KStG vor, dass im Rahmen der Wertpapierleihe überlassene Anteile an einer Kapitalgesellschaft der überlassenden Kapitalgesellschaft zuzurechnen sind. Beteiligungen, die über eine Mitunternehmerschaft gehalten werden, sind der als Mitunternehmer beteiligten Kapitalgesellschaft anteilig zuzurechnen. Für Zwecke des § 8b Abs. 4 KStG gilt die anteilig zuzurechnende Beteiligung als unmittelbare Beteiligung, so dass die Steuerbefreiung von Streubesitzdividenden nicht durch eine Poolung in einer gewerblichen oder gewerblich geprägten Personengesellschaft erreicht werden kann. Bei einem Paketerwerb von zumindest 10 % im Verlauf eines Kalenderjahres gilt die Mindestbeteiligungsschwelle als zu Beginn des Kalenderjahres erfüllt.

bb) Behandlung von Betriebsausgaben

721 Betriebsausgaben, wie zum Beispiel Refinanzierungskosten aus dem Erwerb der Beteiligung, sind gem. § 8b Abs. 5 KStG grundsätzlich voll abzugsfähig. Das Betriebsausgabenabzugsverbot nach § 3c

---

707 BMF vom 28.04.2003, BStBl. I 2003, 292, Tz. 4.
708 BGBl. I 2013, 561.

Abs. 1 EStG ist gem. § 8b Abs. 5 Satz 2 KStG nicht anwendbar. Gleichzeitig sieht § 8b Abs. 5 Satz 1 KStG vor, dass ein Betrag in Höhe von 5 % der Bezüge nach § 8b Abs. 1 KStG als nicht abziehbare Betriebsausgaben gilt. Diese Regelungen führen im Ergebnis dazu, dass Kapitalerträge nach § 8b Abs. 1 KStG zu 5 % bei voller Abzugsfähigkeit der tatsächlich angefallenen Betriebsausgaben der Körperschaftsteuer unterworfen werden. Bei einer mittelbar über eine Personengesellschaft gehaltene Beteiligung werden die Betriebsausgaben der Kapitalgesellschaft nach § 8b Abs. 6 KStG anteilig entsprechend der Gewinnverteilungsquote zugerechnet. Soweit die Betriebsausgaben durch Streubesitzdividenden i.S.d. § 8b Abs. 4 KStG veranlasst sind, greift § 8b Abs. 5 KStG gem. § 8b Abs. 4 Satz 7 KStG mit der Folge nicht ein, dass ein vollständiger Betriebsausgabenabzug zulässig ist.

c) Besteuerung von Veräußerungsvorgängen

Korrespondierend zur Steuerbefreiung von laufenden Beteiligungserträgen ist in § 8b Abs. 2 KStG die prinzipielle Steuerfreiheit von Gewinnen und die steuerliche Nichtberücksichtigung von Verlusten von Kapitalgesellschaften aus der Veräußerung von Beteiligungen an anderen Kapitalgesellschaften geregelt. Die Steuerbefreiung greift dabei auch auf Veräußerungsvorgänge von Streubesitzbeteiligungen entsprechend der Regelung in § 8b Abs. 4 KStG ein. Die ursprünglich vorgesehene Herausnahme von Streubesitzbeteiligungen aus der Steuerbefreiung von Veräußerungsgewinnen gem. § 8b Abs. 2, 3 KStG wurde im Verlauf des Gesetzgebungsverfahrens aufgegeben.

722

Die Steuerbefreiung für Veräußerungsgewinne erstreckt sich ebenso wie bei den laufenden Beteiligungserträgen auf sämtliche Beteiligungen unabhängig von einer Mindestbeteiligungsquote oder einer Mindesthaltedauer und unabhängig davon, ob es sich um eine in- oder ausländische Beteiligung handelt.[709]

723

aa) Veräußerungstatbestände

Im Einzelnen unterfallen der Veräußerungsgewinnbesteuerung:
– Gewinne aus der Veräußerung eines Anteils an einer Kapitalgesellschaft,
– Gewinne aus der Veräußerung eines Anteils an einer Organgesellschaft,
– Liquidationsgewinne und Gewinne aus der Herabsetzung von Nennkapital,
– bestimmte Gewinne aus der Wertaufholung von Kapitalbeteiligungen und
– Gewinne aus verdeckten Einlagen in eine andere Kapitalgesellschaft.

724

Der Begriff des Veräußerungsgewinns ist in § 8b Abs. 2 Satz 2 KStG gesetzlich definiert als »der Betrag, um den der Veräußerungspreis oder der an dessen Stelle tretende Wert nach Abzug der Veräußerungskosten den Wert übersteigt, der sich nach den Vorschriften über die steuerliche Gewinnermittlung im Zeitpunkt der Veräußerung ergibt (Buchwert)«.

725

Im Zusammenhang mit der Veräußerung von Anteilen an Organgesellschaften ist in die Ermittlung des Veräußerungsgewinns auch der Betrag, der sich aus der Auflösung eines gebildeten passiven Ausgleichspostens[710] ergibt, gewinnerhöhend zu berücksichtigen. Aktive Ausgleichsposten sind hingegen nach Auffassung der Finanzverwaltung nicht bei der Ermittlung des Veräußerungsgewinns zu berücksichtigen.[711]

726

Bei der Ermittlung des Veräußerungsgewinns aus der Liquidation und der Herabsetzung des Nennkapitals sind nur solche Erlöse zu berücksichtigen, die nicht bereits als laufende Beteiligungserträge nach § 8b Abs. 1 KStG zu erfassen sind.

727

Schließlich sind Gewinne, die aus der Wertaufholung von Teilwertabschreibungen i.S.d. § 6 Abs. 1 Nr. 2 Satz 3 EStG auf Anteile an anderen Kapitalgesellschaften gem. § 8b Abs. 2 Satz 4 KStG entstehen, steuerfrei, wenn die Teilwertabschreibung zuvor gem. § 8b Abs. 3 Satz 3 KStG steuerfrei

728

---
709 BMF v. 28.04.2003, BStBl. I 2003, 292, Tz. 13.
710 Zur Bedeutung von Ausgleichsposten i.R.d. Organschaft s. im Einzelnen Rdn. 799.
711 BMF v. 28.04.2003, BStBl. I 2003, 292, Tz. 16.

vorgenommen bzw. soweit die Teilwertabschreibung durch steuerpflichtige Zuschreibungen steuerwirksam rückgängig gemacht wurde. In diesem Zusammenhang ergibt sich die Frage, in welcher Reihenfolge Teilwertabschreibungen, die unter Geltung des früheren Anrechnungssystems zulässigerweise steuerlich wirksam vorgenommen wurden, und spätere Teilwertabschreibungen, die nach Einführung des derzeitigen Besteuerungssystems steuerfrei vorzunehmen waren, aufgelöst werden. Nach früherer Auffassung der Finanzverwaltung[712] waren nicht vorrangig Teilwertabschreibungen, die nicht steuerwirksam vorgenommen wurden, zu verrechnen. Dem ist der BFH in einer Entscheidung im Jahr 2009[713] unter Hinweis auf die Gesetzessystematik entgegengetreten. Verschiedene Finanzverwaltungen der Bundesländer haben sich der Auffassung des BFH angeschlossen.[714]

729   Eine Teilwertaufholung fällt jedoch unter die Steuerbefreiung soweit sie die während der Geltung des Anrechnungsverfahrens erfolgte Teilwertabschreibung übersteigt.

730   Soweit im Zusammenhang mit einer Veräußerung von Anteilen an einer Kapitalgesellschaft eine verdeckte Gewinnausschüttung i.S.d. § 8 Abs. 3 Satz 2 KStG ausgelöst wird, zum Beispiel, weil bei einer Veräußerung von Anteilen an Gesellschafter der veräußernden Kapitalgesellschaft ein unangemessen niedriger Kaufpreis gezahlt wird, ist die Regelung zur verdeckten Gewinnausschüttung vorrangig vor der Ermittlung des Veräußerungsgewinns zu berücksichtigen.[715]

731   Anteilig entsprechend der Gewinnverteilungsquote werden mittelbar erzielte Veräußerungsgewinne nach § 8b Abs. 6 KStG der Kapitalgesellschaft zugerechnet.

bb) Behandlung von Anschaffungs- und Veräußerungskosten sowie bestimmter Gewinnminderungen

732   Vergleichbar mit der Regelung zum Betriebsausgabenabzug im Zusammenhang mit laufenden Beteiligungserträgen sieht § 8b Abs. 3 KStG die Steuerpflichtigkeit eines Betrages in Höhe von 5 % des Veräußerungsgewinns als nicht abzugsfähige Betriebsausgaben vor. Dies gilt einheitlich für sämtliche von § 8b Abs. 2 KStG erfassten Veräußerungsvorgänge. Der hiernach steuerpflichtige Betrag ist nach dem Gesetzeswortlaut bezogen auf den einzelnen Veräußerungsvorgang zu ermitteln, so dass die Hinzurechnung nicht durch Verrechnung von Veräußerungsgewinnen mit überschießenden Veräußerungsverlusten eines Veranlagungszeitraums erreicht werden kann. Da auch § 8b Abs. 3 KStG die Unanwendbarkeit von § 3c EStG vorsieht, können tatsächlich durch die Veräußerung veranlasste Betriebsausgaben, insbesondere entstandene Veräußerungskosten, grundsätzlich vollumfänglich abgezogen werden.

733   Klarstellend ist in § 8b Abs. 3 Satz 3 KStG geregelt, dass Gewinnminderungen aus einer Beteiligung während der Haltedauer nicht steuermindernd berücksichtigt werden können. Damit sind insbesondere Teilwertabschreibungen und Veräußerungsverluste von der steuerlichen Berücksichtigung ausgenommen.

734   Durch die Ergänzung von § 8b Abs. 3 Satz 4 ff. KStG wurde durch das Jahressteuergesetz 2008[716] das Abzugsverbot betreffend Gewinnminderungen aus Gesellschafterdarlehen von wesentlich, das heißt zu mehr als 25 % beteiligten Gesellschaftern oder diesen nach § 1 Abs. 2 AStG nahestehenden Personen ausgedehnt. Dadurch sollten Umgehungsgestaltungen über die Teilwertabschreibungen von nicht fremdüblichen Gesellschafterfremdfinanzierungen verhindert werden. Im Einzelnen schließt § 8b Abs. 3 Satz 4 ff. KStG Teilwertabschreibungen auf Gesellschafterdarlehen, Forderungsausfälle von Gesellschaftern im Rahmen der Insolvenz oder Liquidation sowie Verluste aus Forderungsver-

---

712 OFD Hannover v. 30.05.2006, GmbHR 2006, 837.
713 BFH v. 19.08.2009, I R 2/09, BStBl. II 2010, 760.
714 Vgl. etwa OFD Frankfurt am Main v. 25.08.2010, DStR 2011, 77.
715 BMF v. 28.04.2003, BStBl. I 2003, 292, Tz. 21.
716 Jahressteuergesetz 2008 (JStG 2008) v. 20.12.2007, BGBl. I 2007, 3150.

zichten in Höhe des nicht werthaltigen Teils der Forderung[717] aus. Dies gilt entsprechend, wenn ein Gesellschafter aus hingegebenen Sicherheiten in Anspruch genommen wird und soweit sein Rückgriffsanspruch nicht werthaltig ist. Laufende Betriebsausgaben im Zusammenhang mit dem Gesellschafterdarlehen bleiben beim Gesellschafter jedoch in voller Höhe abzugsfähig. Eine Rückausnahme vom Abzugsverbot ist in § 8b Abs. 3 Satz 6 KStG vorgesehen, wenn das Gesellschafterdarlehen unter fremdüblichen Bedingungen gewährt wurde, das heißt mit einer fremdüblichen Verzinsung sowie Besicherung und ggf. rechtzeitig vor Eintritt einer Krise zurückgefordert wurde oder auch von einem fremden Dritten stehengelassen worden wäre.

d) Steuerentstrickung und Steuerverstrickung bei grenzüberschreitenden Sachverhalten

Durch das SEStEG[718] hat der Steuergesetzgeber im Jahr 2006 in § 12 KStG Regelungen zur Behandlung der Überführung einzelner Wirtschaftsgüter ins Ausland, Auslandverschmelzungen und den Wegzug von Kapitalgesellschaften ins Ausland geregelt. Zuvor gab es diesbezüglich nur Regelungen durch unterschiedliche Erlasse. **735**

Die Überführung einzelner Wirtschaftsgüter ins Ausland wird gem. § 12 Abs. 1 KStG als Veräußerung des Wirtschaftsgutes behandelt, soweit das Besteuerungsrecht der Bundesrepublik Deutschland für den Gewinn aus der Veräußerung oder Nutzung durch die Überführung ausgeschlossen oder beschränkt wird. Soweit das Wirtschaftsgut einer Betriebsstätte in einem anderen EU-Mitgliedstaat zugeordnet wird, greift der Verweis auf § 4g EStG, der die Bildung eines Ausgleichspostens auf den erzielten Gewinn erlaubt, der über einen Zeitraum von fünf Jahren aufzulösen ist. **736**

Im Fall von Auslandsverschmelzungen erlaubt § 12 Abs. 2 KStG abweichend von § 12 Abs. 1 KStG die Fortführung der Buchwerte der von in der Verschmelzung betroffenen Wirtschaftsgüter in einer deutschen Betriebsstätte, wenn insbesondere sichergestellt ist, dass die Wirtschaftsgüter weiterhin bei der übernehmenden Gesellschaft der Körperschaftsteuer unterliegen. **737**

Der Wegzug einer Kapitalgesellschaft ins Nicht-EU-Ausland, zum Beispiel durch Verlegung des Verwaltungssitzes einer deutschen AG oder GmbH[719] oder Verlegung des Ortes der Geschäftsleitung, der zum Verlust des deutschen Besteuerungsrechts führt, gilt gem. § 12 Abs. 3 KStG für steuerliche Zwecke als Auflösung der Gesellschaft. Als Folge ist die weggezogene Kapitalgesellschaft den Besteuerungsregeln für die Liquidation gem. § 11 KStG zu unterwerfen. Der Wegzug einer Kapitalgesellschaft ins EU-Ausland ist ausdrücklich nicht von § 12 Abs. 3 KStG erfasst. Diese Vorgänge werden wie die Übertragung einzelner Wirtschaftsgüter ins EU-Ausland nach § 12 Abs. 1 KStG behandelt. **738**

2. Beteiligung von natürlichen Personen und Personengesellschaften an Kapitalgesellschaften

Die Besteuerung von laufenden Beteiligungserträgen und Veräußerungsgewinnen aus der Beteiligung an einer Kapitalgesellschaft durch natürliche Personen und Personengesellschaften unterlagen seit der Jahrtausendwende zwei tiefgreifenden Veränderungen. Zunächst wurde durch das Steuersenkungsgesetz[720] mit Wirkung ab dem Veranlagungszeitraum 2001 der Systemwechsel vom Anrechnungs- zum System einer Definitivbesteuerung der Kapitalgesellschaften mit einer Entlastung der Anteilseigner durch das Halbeinkünfteverfahren eingeführt. Die zweite tiefgreifende Änderung **739**

---

717 Nach BFH v. 09.06.1997, GrS 1/94, BStBl. II 1998, 307 liegt in Höhe des werthaltigen Teils der Forderung eine verdeckte Einlage vor.
718 Gesetz über steuerliche Begleitmaßnahmen zur Einführung der Europäischen Gesellschaft und zur Änderung weiterer steuerrechtlicher Vorschriften (SEStEG) v. 07.12.2006, BGBl. I 2006, 2782, berichtigt BGBl. I 2007, 68.
719 Vgl. § 5 AktG und § 4a GmbHG, sowie oben Kap. 3 Rdn. 45 ff. für die AG und Kap. 2 Rdn. 190 ff. für die GmbH.
720 Gesetz zur Senkung der Steuersätze und zur Reform der Unternehmensbesteuerung (Steuersenkungsgesetz – StSenkG) v. 23.10.2000, BGBl. I 2000, 1433.

erfolgte durch die Unternehmensteuerreform 2008.[721] In Folge dieser Reform wurde im Rahmen der Besteuerung der Anteilseigner das Halbeinkünfteverfahren zum Teileinkünfteverfahren für betriebliche Beteiligungserträge und bestimmte private Veräußerungsgewinne weiterentwickelt und im Übrigen die Abgeltungsteuer für private Beteiligungserträge und Veräußerungsgewinne mit Wirkung ab dem 01.01.2009 eingeführt.

a) Beteiligungen im Betriebsvermögen

740 Soweit eine natürliche Person eine Beteiligung an einer Kapitalgesellschaft im Betriebsvermögen seines Einzelunternehmens oder bei einer Beteiligung an einer Personengesellschaft im (Sonder-) Betriebsvermögen dieser Gesellschaft hält, unterfallen die aus der Beteiligung an der Kapitalgesellschaft erzielten Einkünfte der entsprechenden Einkunftsart, zu der das Betriebsvermögen zählt.[722] Der Einordnung als Einkünfte aus Kapitalvermögen i.S.d. § 20 EStG steht die Subsidiaritätsklausel gem. § 20 Abs. 8 EStG entgegen. Wird die Beteiligung an der Kapitalgesellschaft über eine Personengesellschaft gehalten, so sind die Beteiligungserträge jedem Gesellschafter entsprechend seiner Beteiligungsquote an der Personengesellschaft zuzurechnen.

741 Bei der Ermittlung der betrieblichen Einkünfte ist auf die Beteiligungserträge das Teileinkünfteverfahren gem. §§ 3 Nr. 40 und 3c Abs. 2 EStG anzuwenden. Bei Anwendung des Teileinkünfteverfahrens werden insbesondere folgende Einnahmen zu 40 % nach § 3 Nr. 40 EStG steuerfrei gestellt:
– Gem. § 3 Nr. 40 Buchst. a) EStG:
  – Einnahmen aus der Veräußerung oder der Entnahme von Anteilen an Körperschaften,
  – Erträge aus Zuschreibungen nach einer früher erfolgten Teilwertabschreibung, wenn auf die Teilwertabschreibung das Teileinkünfteverfahren angewendet wurde,
  – das zugerechnete Einkommen einer Organgesellschaft i.S.d. §§ 14, 17 oder 18 KStG oder
  – Erlöse aus einer Kapitalherabsetzung oder im Rahmen der Liquidation einer Kapitalgesellschaft.
– Gem. § 3 Nr. 40 Buchst. b) EStG:
  Im Rahmen einer Betriebsveräußerung, der Veräußerung eines Mitunternehmeranteils oder der Veräußerung der gesamten Beteiligung am gesamten Nennkapital einer Kapitalgesellschaft der Veräußerungspreis i.S.d. § 16 Abs. 2 EStG, soweit er auf die Veräußerung von im Betriebsvermögen enthaltenen Beteiligungen an Kapitalgesellschaften oder Beteiligungen an Organgesellschaften i.S.d. §§ 14, 17 oder 18 KStG entfällt.
– Gem. § 3 Nr. 40 Buchst. d) EStG:
  Laufende Beteiligungserträge i.S.d. § 20 Abs. 1 Nr. 1 EStG, das heißt Erträge aus offenen und verdeckten Gewinnausschüttungen und Dividendenerträge, wobei die teilweise Steuerbefreiung für verdeckte Gewinnausschüttungen nur dann eingreift, wenn die verdeckte Gewinnausschüttung das Einkommen der leistenden Körperschaft nicht gemindert hat, es sei denn, die verdeckte Gewinnausschüttung hat das Einkommen einer dem Steuerpflichtigen nahestehenden Person erhöht und eine Korrektur nach § 32a KStG ist bei der nahestehenden Person nicht anwendbar.
– Gem. § 3 Nr. 40 Buchst. e) EStG:
  Bezüge i.S.d. § 20 Abs. 1 Nr. 2 EStG, das sind Bezüge, die nach der Auflösung einer Kapitalgesellschaft anfallen und nicht in der Rückzahlung von Nennkapital bestehen sowie Bezüge aus einer Kapitalherabsetzung, die nach § 28 Abs. 2 Satz 2, 4 KStG als Gewinnausschüttung gelten.

742 Korrespondierend zur 40 %-igen Steuerfreistellung von Einnahmen im Zusammenhang mit Beteiligungserträgen ist in § 3c Abs. 2 EStG ein Abzugsverbot in Höhe von 40 % der mit den Beteiligungserträgen i.S.d. § 3 Nr. 40 EStG in wirtschaftlichen Zusammenhang stehenden Betriebsvermögensminderungen, Betriebsausgaben und Veräußerungskosten vorgesehen. Das anteilige

---

721 Unternehmensteuerreformgesetz 2008 (UntStRefG 2008) v. 14.08.2007, BGBl. I 2007, 1912.
722 Im Einzelnen können Einkünfte aus Gewerbebetrieb gem. § 15 EStG, aus selbständiger Arbeit gem. § 18 EStG oder aus Land- und Forstwirtschaft gem. § 13 EStG vorliegen.

B. Das Steuerrecht der Kapitalgesellschaften   Kapitel 12

Abzugsverbot gilt unabhängig davon, dass in einem Veranlagungszeitraum tatsächlich Beteiligungserträge bezogen werden.

b) Beteiligungen im Privatvermögen

Laufende Erträge und Veräußerungsgewinne aus Beteiligungen, die ein Anteilseigner in seinem 743 steuerlichen Privatvermögen hält, werden seit dem Veranlagungszeitraum 2009 grundsätzlich der Abgeltungsteuer unterworfen. Damit gilt für diese Einkünfte prinzipiell unabhängig von der Besteuerung anderer Einkünfte mit der tariflichen Einkommensteuer und dem progressiven persönlichen Steuersatz ein Sondersteuerrecht für Kapitaleinkünfte im Privatvermögen im Allgemeinen und laufenden Beteiligungserträgen und Veräußerungsgewinnen im Besonderen.

aa) Der Abgeltungsteuer unterliegende laufende Beteiligungserträge und Veräußerungsgewinne

Anteilseigner haben als laufende Beteiligungserträge gem. § 20 Abs. 1 Nr. 1 und 2 EStG Gewinnanteile und sonstige Bezüge unter anderen aus Aktien (Dividenden) und Anteilen an einer GmbH als Einkünfte aus Kapitalvermögen der Einkommensteuer zu unterwerfen. Zu den sonstigen Bezügen gehören insbesondere verdeckte Gewinnausschüttungen i.S.d. § 8 Abs. 2 Satz 3 KStG. Soweit Ausschüttungen Beträge aus dem steuerlichen Einlagekonto i.S.d. § 27 KStG umfassen, zählen diese nicht zu den laufenden Beteiligungserträgen. Darüber hinaus sind Bezüge aus einer so genannten Vorgesellschaft sowie Vorabausschüttungen einer Kapitalgesellschaft umfasst, die im Verlauf des Wirtschaftsjahres im Hinblick auf einen erwarteten Bilanzgewinn vorgenommen werden. Schließlich sind auch Bezüge erfasst, die aus Kapitalgesellschaften ausländischen Rechts zufließen, die den deutschen Rechtsformen der AG, GmbH und der KGaA vergleichbar sind. 744

Ferner sind Gewinne aus der Veräußerung von Anteilen an einer Kapitalgesellschaft gem. § 20 Abs. 2 745 Nr. 1 EStG der Einkommensteuer zu unterwerfen. Eine Veräußerung liegt dabei nach § 20 Abs. 2 Satz 2 EStG auch bei einer verdeckten Einlage von Anteilen in eine Kapitalgesellschaft vor. Der Veräußerungsgewinn ist nach § 20 Abs. 4 EStG der Unterschied zwischen den Einnahmen aus der Veräußerung nach Abzug der Aufwendungen, die im unmittelbaren sachlichen Zusammenhang mit dem Veräußerungsgeschäft stehen, und den Anschaffungskosten. In den Fällen der verdeckten Einlage tritt an die Stelle der Einnahmen aus der Veräußerung der Wirtschaftsgüter ihr gemeiner Wert. Im Rahmen der Ermittlung des Veräußerungsgewinns ist bei Aktien, die der Sammelverwahrung i.S.d. § 5 DepotG unterliegen, zu unterstellen, dass die zuerst angeschafften Wertpapiere zuerst veräußert wurden (»first in – first out«).

Laufende Beteiligungserträge und Veräußerungsgewinne, wenn es sich nicht um eine Beteiligung 746 i.S.d. § 17 Abs. 1 EStG handelt, aus im Privatvermögen gehaltenen Beteiligungen an Kapitalgesellschaften unterliegen der Abgeltungsteuer nach § 32d Abs. 1 Satz 1 EStG. Das bedeutet, dass die gem. § 43 Abs. 1 i.V.m. §§ 44 und 43a Abs. 1 Satz 1 Nr. 1 EStG einbehaltene Kapitalertragsteuer in Höhe von 25 % gem. § 43 Abs. 5 Satz 1 EStG abgeltende Wirkung hat und die Kapitalerträge, zumindest grundsätzlich, nicht der tariflichen Einkommensteuer des Anteilseigners zu unterwerfen sind.

Mit Einführung der Abgeltungsteuer wurde zudem der Abzug von Werbungskosten im Zusammen- 747 hang mit Kapitalerträgen gem. § 20 Abs. 9 Satz 1 EStG ausgeschlossen. Im Zusammenhang mit Kapitaleinkünften kann nur der Sparerfreibetrag in Höhe von € 801,00, bei Ehegatten in Höhe von € 1.602,00 abgezogen werden. Soweit ein Sparerfreibetrag nicht im Rahmen eines Freistellungsauftrages berücksichtigt wurde, kann ein Anteilseigner nach § 32d Abs. 4 EStG im Rahmen der so genannten kleinen Veranlagungsoption die vollständige Berücksichtigung seines Sparerfreibetrages erwirken.

Im Zusammenhang mit dem Bezug von laufenden Beteiligungserträgen haben Anteilseigner, die 748 zumindest zu 25 % an der Kapitalgesellschaft beteiligt sind oder zu mindestens 1 % an der Kapital-

Nickel 1477

gesellschaft beteiligt und beruflich für diese tätig sind, die Möglichkeit, auf Antrag zur Anwendung des Teileinkünfteverfahrens zu optieren.

bb) Veräußerungsgewinne gem. § 17 EStG

749 Veräußerungsgewinne aus Beteiligungen an Kapitalgesellschaften, die natürliche Personen im Privatvermögen halten, unterliegen der Veräußerungsgewinnbesteuerung gem. § 17 Abs. 1 EStG, wenn der Veräußerer oder sein Rechtsvorgänger, von dem der Veräußerer die Beteiligung unentgeltlich erworben hat, innerhalb der letzten 5 Jahre vor der Veräußerung am Kapital der Gesellschaft unmittelbar oder mittelbar zu mindestens 1 % beteiligt war. Wesentlicher Unterschied zur grundsätzlichen Besteuerung von Veräußerungsgewinnen aus im Privatvermögen gehaltener Beteiligungen an Kapitalgesellschaften ist, dass der Veräußerungsgewinn unter Anwendung des Teileinkünfteverfahrens der tariflichen Einkommensteuer und nicht der Abgeltungsteuer unterworfen wird.

750 Der Steuerpflicht nach § 17 Abs. 1 EStG unterliegen alle Veräußerungen von Aktien, GmbH-Geschäftsanteilen, Genussscheinen, ähnlichen Beteiligungen und Anwartschaften auf solche Beteiligungen, wenn die relevante Beteiligungsgrenze von 1 % überschritten wurde. Ähnliche Beteiligungen sind zum Beispiel Genussrechte, die eine Beteiligung am Liquidationserlös vermitteln, Anteile an einer Vorgesellschaft und Anteile an ausländischen Gesellschaften, die nach einem Typenvergleich deutschen Kapitalgesellschaften entsprechen.[723] Keine ähnlichen Beteiligungen sind die Komplementär-Anteile eines persönlich haftenden Gesellschafters einer KGaA, Unterbeteiligungen, stille Beteiligungen sowie eigenkapitalersetzende Gesellschafterdarlehen.[724] Als Anwartschaften auf Beteiligungen kommen schließlich Bezugsrechte sowie Wandlungs- und Optionsrechte in Betracht.

751 Die Beteiligungsquote von zumindest 1 % ist bezogen auf das Grund- bzw. Stammkapital der Gesellschaft zu berechnen. Soweit die Kapitalgesellschaft eigene Anteile hält oder diese eingezogen werden, sind diese Anteile bei der Bestimmung der Beteiligungsquote nicht zu berücksichtigen.[725] Dabei sind sämtliche Anteile zu berücksichtigen, die zumindest im wirtschaftlichen Eigentum des Steuerpflichtigen stehen, unabhängig davon, ob die Beteiligung zum Teil im Privatvermögen und im Übrigen im Betriebsvermögen gehalten wird. Soweit Altbeteiligungen von nicht mehr als 10 % aus der Zeit vor 2001 bzw. von nicht mehr als 25 % aus der Zeit vor 1999 bestehen, sind Veräußerungsgewinne, die bis zu der Verkündung der jeweiligen Gesetzesänderungen entstanden sind, aus der Veräußerung solcher Anteile einkommensteuerfrei, soweit sie nach früherer Rechtslage vor dem Jahr 2001 bzw. 1999 steuerfrei hätten veräußert werden können.[726]

752 Nach § 17 Abs. 2 Satz 1 EStG errechnet sich der Veräußerungsgewinn als Differenz, um den der Veräußerungspreis nach Abzug der Veräußerungskosten die Anschaffungskosten übersteigt.

Der Veräußerungspreis umfasst dabei alles, was der Veräußerer für die Anteile vom Erwerber als Gegenleistung für die Anteilsveräußerung erhält. Das umfasst insbesondere einen Barkaufpreis, aber auch die Übertragung von Sachen bzw. die Kaufpreisforderung selbst.[727]

753 Als Veräußerungskosten sind sämtliche Aufwendungen, die in unmittelbarem sachlichen Zusammenhang mit dem Veräußerungsgeschäft stehen, abzugsfähig.[728] Das sind beispielsweise Rechtsanwalts- und Notarkosten des Veräußerers im Zusammenhang mit der Veräußerung sowie Provisionen.

754 Als Anschaffungskosten sind sämtliche ursprünglichen und nachträglichen Aufwendungen für den Erwerb des veräußerten Anteils zu berücksichtigen. Ursprüngliche Anschaffungskosten sind ein für den Erwerb des Anteils gezahlter Kaufpreis oder im Falle der Gründung die geleisteten Einlagen

---

723 Schmidt/*Weber-Grellet*, EStG, § 17 Rn. 24.
724 Schmidt/*Weber-Grellet*, EStG, § 17 Rn. 25 f.
725 BFH v. 18.04.1989, VIII R 329/84, BFH/NV 1990, 27.
726 BVerfG v. 07.07.2010, 2 BvR 748/05, BStBl. II 2011, 86.
727 Schmidt/*Weber-Grellet*, EStG, § 17 Rn. 135.
728 BFH v. 01.12.1992, VIII R 43/90, BFH/NV 1993, 520.

und Aufgelder. Ferner sind Anschaffungsnebenkosten, wie zum Beispiel Notarkosten im Zusammenhang mit der Gründung oder des Erwerbs der Anteile, zu berücksichtigen. Entsprechendes gilt für Einlagen, die im Zusammenhang mit einer Kapitalerhöhung geleistet werden. Als nachträgliche Anschaffungskosten kommen zunächst Verluste aus eigenkapitalersetzenden Gesellschafterdarlehen in Betracht. Die Höhe des als Anschaffungskosten berücksichtigungsfähigen Darlehensbetrages ist dabei nach Auffassung der Finanzverwaltung[729] von der Art und des Zeitpunktes der Darlehensgewährung abhängig:

— In der Krise der Gesellschaft gegebene Darlehen sind mit dem Nennbetrag berücksichtigungsfähig,
— in der Krise der Gesellschaft stehengelassene Darlehen sind mit dem gemeinen Wert zu Beginn der Krise der Gesellschaft anzusetzen,
— Finanzplandarlehen sind mit dem Nennbetrag berücksichtigungsfähig,
— krisenbestimmte Darlehen sind mit dem Nennwert anzusetzen, wenn die Krisenbestimmtheit vertraglich vereinbart wurde, bzw. mit dem gemeinen Wert zu Beginn des Anfechtungszeitraums, wenn sich die Krisenbestimmtheit aus den Vorschriften der §§ 39, 135 InsO bzw. § 6 AnfG ergibt.

Einen weiteren Fall für nachträgliche Anschaffungskosten stellen in das Gesellschaftsvermögen geleistete verdeckte Einlagen dar. Hiervon sind insbesondere gezahlte Nachschüsse i.S.d. §§ 26 bis 28 GmbHG, der Verzicht des Gesellschafters auf Forderungen gegen die Gesellschaft in Höhe des gemeinen Wertes der Forderung im Verzichtszeitpunkt sowie Rückzahlungen von verdeckten Gewinnausschüttungen des Gesellschafters an die Gesellschaft umfasst. 755

Bei der Ermittlung des Veräußerungsgewinns ist gem. §§ 3 Nr. 40 Buchst. c), 3c Abs. 2 EStG das **Teileinkünfteverfahren** anzuwenden. Bei der Ermittlung des Veräußerungsgewinns sind damit der Veräußerungspreis, die Veräußerungskosten und die abzugsfähigen Anschaffungskosten jeweils in Höhe von 60 % anzusetzen. 756

Auf einen Veräußerungsgewinn wird gem. § 17 Abs. 3 EStG ein **Freibetrag** in Höhe von maximal € 9.060,00 gewährt. Der Freibetrag wird in dem Verhältnis gewährt, das dem Verhältnis des veräußerten Anteils zum gezeichneten Kapital der Kapitalgesellschaft entspricht. Zudem wird der Freibetrag um den Betrag abgeschmolzen, den der Veräußerungsgewinn einen auf die Beteiligungsquote des veräußerten Anteils heruntergerechneten Betrag in Höhe von € 36.100,00 übersteigt. 757

Ein ggf. erzielter **Veräußerungsverlust** kann grundsätzlich mit Gewinnen aus anderen Anteilsveräußerungen und Einkünften aus anderen Einkunftsarten verrechnet werden. Nur in den Fällen des § 17 Abs. 2 Satz 6 EStG ist die Verlustverrechnung ausgeschlossen. Eine Verlustverrechnung ist damit ausgeschlossen bei innerhalb von 5 Jahren vor der Veräußerung unentgeltlich erworbenen Anteilen sowie bei entgeltlich erworbenen Anteilen, bei denen die Beteiligungsquote von zumindest 1 % nicht durchgängig über eine Dauer von 5 Jahren vor der Veräußerung bestanden hat. 758

3. Organschaft

a) Überblick

Bei der Organschaft handelt es sich um eine Durchbrechung des Grundsatzes der individuellen Besteuerung der Kapitalgesellschaft bei wirtschaftlich miteinander verbundenen Kapitalgesellschaften bzw. ihren Gesellschaftern.[730] Eine Organschaftsbesteuerung ist im Rahmen der Körperschaftsteuer, der Gewerbesteuer und der Umsatzsteuer vorgesehen, wobei im Folgenden nur auf die körperschaft- und gewerbesteuerliche Organschaft eingegangen werden soll. 759

---

729 BMF v. 21.10.2010, BStBl. I 2010, 832.
730 Vgl. *Stangl* in Kessler/Kröner/Köhler, Konzernsteuerrecht, § 3 Laufende Besteuerung Rn. 125.

760 Bei Vorliegen der gesetzlichen Voraussetzungen führt die Organschaft zu einer Zusammenfassung der steuerlichen Betriebsergebnisse der vom Organkreis erfassten Unternehmen. Dabei findet, anders als in der handelsrechtlichen Konzernrechnungslegung, bei der im Rahmen der Konsolidierung eine Eliminierung von Zwischengewinnen erfolgt, eine Addition der steuerlichen Betriebsergebnisse von Organträger und Organgesellschaft statt. Technisch wird dies erreicht, indem die steuerlichen Betriebsergebnisse in einem ersten Schritt für jedes Unternehmen individuell nach allgemeinen Regeln ermittelt werden und in einem zweiten Schritt das Ergebnis der Organgesellschaft dem Ergebnis des Organträgers hinzugerechnet oder abgezogen wird.

761 Die Organschaft bietet gegenüber der grundsätzlichen einzelnen Besteuerung einer Kapitalgesellschaft im Wesentlichen folgende Vorteile:
– Ausgleich von steuerlichen Gewinnen und Verlusten im Rahmen des Organkreises, die bei der Regelbesteuerung insbesondere nach Einführung des § 8b KStG auf Ebene des Organträgers von Interesse sein kann;
– Vermeidung von Betriebsausgabenabzugsverboten gem. § 3c Abs. 2 EStG bzw. § 8b Abs. 5 KStG, insbesondere im Zusammenhang mit der Finanzierung von Beteiligungserwerben;
– Vermeidung des Eigenkapitalvergleichs bei Konzernsachverhalten im Rahmen der Zinsschranke gem. § 4h EStG;
– Vermeidung von Kapitalertragsteuereinbehaltungspflichten, die zu Liquiditäts- und Zinsnachteilen führen;
– Reduzierung der Gefahr verdeckter Gewinnausschüttungen im Sinne von § 8 Abs. 3 Satz 2 KStG;
– Vermeidung gewerbesteuerliche Doppelbelastungen, da Hinzurechnungen i.S.d. § 8 GewStG innerhalb des Organkreises nicht anzuwenden sind.

762 Dem stehen als wesentliche Nachteile gegenüber:
– mittelbarer Haftungsdurchgriff im Rahmen der Verlustausgleichspflicht des bei der Organschaft erforderlichen Gewinnabführungsvertrages;
– hoher Formalaufwand und umfangreiche Rechtsunsicherheit bei Errichtung und Durchführung von Organschaften (Abschluss Gewinnabführungsvertrag mit steuerlicher Mindestlaufzeit, zurzeit noch strenge Anforderungen hinsichtlich der tatsächlichen Durchführung der Organschaft).

763 Insbesondere vor dem Hintergrund der hohen formalen Hürden und der bestehenden Rechtsunsicherheiten bei Errichtung und Durchführung war die Organschaftsbesteuerung dringend reformbedürftig. Vor diesem Hintergrund wurde bis Mitte des Jahres 2012 eine Reformdiskussion mit dem Ziel einer »großen Organschaftsreform« zur Einführung einer modernen Gruppenbesteuerung diskutiert, die insbesondere die Abschaffung des Gewinnabführungsvertrages als Tatbestandsvoraussetzung für die ertragsteuerliche Organschaft zum Ziel hatte.[731] Wegen der nicht vertretbaren Auswirkungen auf das Steueraufkommen wurden die Vorschläge[732] für eine große Organschaftsreform jedoch verworfen[733] und mit dem Entwurf eines Gesetzes zur Änderung und Vereinfachung der Unternehmensbesteuerung und des steuerlichen Reisekostenrechts[734] fortan die »kleine Organschaftsreform« weiterverfolgt.[735] Die kleine Organschaftsreform hatte dabei formale Erleichterungen bei der Formulierung und Durchführung des Gewinnabführungsvertrages sowie Neuregelungen im Zusammenhang mit der grenzüberschreitenden Organschaft zum Gegenstand.[736]

---

731 V. Wolfersdorff/Rödder/Schmidt-Fehrenbacher/Beisheim/Gerner, DB 2012, 2241 m.w.N.
732 Vgl. zusammenfassend zum IFSt-Modell, zum Einkommenszurechnungsmodell und zum Gruppenbeitragsmodell den Bericht der Arbeitsgruppe Verlustverrechnung und Gruppenbesteuerung BMF Bericht v. 10.11.2011, S. 119 f.
733 BMF Bericht v. 10.11.2011, S. 140 ff.
734 V. 20.02.2013, BGBl. I 2013, 285.
735 Hierzu kritisch v. Wolfersdorff/Rödder/Schmidt-Fehrenbacher/Beisheim/Gerner, DB 2012, 2241 ff.; Rödder, Ubg 2012, 717.
736 Hierzu im Einzelnen nachfolgend Rdn. 768, 770.

B. Das Steuerrecht der Kapitalgesellschaften — Kapitel 12

b) Voraussetzungen der Organschaft im Einzelnen

Die Voraussetzungen einer Organschaft sind in § 14 Abs. 1 KStG geregelt und sehen im Einzelnen Folgendes vor: 764

aa) Organträger

Organträger kann gem. § 14 Abs. 1 Satz 1 KStG nur ein gewerbliches Unternehmen sein. Gem. § 14 Abs. 1 Nr. 2 KStG kommen als zulässige Organträger unbeschränkt steuerpflichtige natürliche Personen, nicht steuerbefreite Körperschaften, Personenvereinigungen oder Vermögensmassen i.S.d. § 1 KStG mit Geschäftsleitung im Inland und eine originär gewerblich tätige Personengesellschaft i.S.d. § 15 Abs. 1 Nr. 2 EStG mit Geschäftsleitung im Inland in Betracht. 765

Hiernach kann eine unbeschränkt einkommensteuerpflichtige natürlich Person Organträger sein, wenn sie einen Gewerbebetrieb i.S.d. § 2 GewStG im Inland unterhält, an das der Gewinn der Organgesellschaft abgeführt wird. Freiberufler und Land- und Forstwirte können nicht Organträger sein.

Körperschaften, Personenvereinigungen und Vermögensmassen i.S.d. § 1 KStG erfassen als zulässige Organträger neben Kapitalgesellschaften auch zum Beispiel rechtsfähige und nichtrechtsfähige Vereine und Stiftungen sowie Vorgesellschaften. Seit dem Veranlagungszeitraum 2002 ist es für die Organträgerfähigkeit ausreichend, dass die Körperschaft ihre Geschäftsleitung im Inland hat. Damit kommen seitdem auch ausländische Gesellschaftsformen als Organträger in Betracht. 766

Die Körperschaften, Personenvereinigungen und Vermögensmassen dürfen keiner persönlichen Steuerbefreiung im Sinne von § 5 KStG unterliegen; sachliche Steuerbefreiungen, wie zum Beispiel die Befreiung von Beteiligungserträgen gem. § 8b KStG, beeinträchtigen die Organträgerfähigkeit jedoch nicht. Bei Kapitalgesellschaften, Genossenschaften und Versicherungsvereinen auf Gegenseitigkeit ist das Erfordernis der gewerblichen Tätigkeit des Organträgers kraft Rechtsform stets gegeben, vgl. § 8 Abs. 2 KStG, § 2 Abs. 2 GewStG, während es bei den übrigen Körperschaften erforderlich ist, dass sie im Rahmen eines so genannten wirtschaftlichen Geschäftsbetriebes eine gewerbliche Tätigkeit verfolgen, der die Beteiligung an der Organgesellschaft zuzuordnen ist.

Zur Zulässigkeit von Personengesellschaften als Organträger ist in § 14 Abs. 1 Satz 1 Nr. 2 Satz 2 KStG vorgesehen, dass diese eine originäre gewerbliche Tätigkeit verfolgen müssen, die nicht nur geringfügig ausfallen darf[737]. Einzelheiten zum Mindestumfang der gewerblichen Tätigkeit sind ungeklärt. Zwar stellt die entgeltliche Erbringung von Dienstleistungen zu fremdüblichen Bedingungen, wie zum Beispiel Unterstützung beim Rechnungswesen oder EDV-Dienstleistungen, auch gegenüber Konzerngesellschaften, eine gewerbliche Tätigkeit dar,[738] jedoch ist offen, ob diese Tätigkeiten einen bestimmten Mindestumfang erreichen muss. Die gewerbliche Prägung einer vermögensverwaltenden Personengesellschaft durch Beteiligung an einer anderen gewerblich tätigen Personengesellschaft vermittelt jedenfalls nicht die für die Eigenschaft als Organträger erforderliche Gewerblichkeit.[739] Neuerdings vertritt die Finanzverwaltung die Auffassung, dass eine (steuerlich atypisch) stille Gesellschaft am Handelsgewerbe einer Kapitalgesellschaft kein tauglicher Organträger sein kann.[740] 767

Hinsichtlich ausländischer Rechtsformen wurde durch die kleine Organschaftsreform die bisherige Regelung in § 18 KStG gestrichen und § 14 Abs. 1 Satz 1 Nr. 2 KStG dahingehend neu gefasst, 768

---

737 So BMF v. 10.11.2005, BStBl. I 2005, 1038, Tz. 17.
738 BMF v. 10.11.2005, BStBl. I 2005, 1038, Tz. 19.
739 BMF v. 10.11.2005, BStBl. I 2005, 1038, Tz. 20.
740 BMF v. 20.08.2015, BStBl. I 2015, 649. Dort ist auch eine Billigkeitsregelung für bei Erlass des BMF-Schreibens bereits bestehende stille Gesellschaften vorgesehen.

dass Organträger grundsätzlich jede natürliche Person, Personengesellschaft oder Körperschaft sein kann, unabhängig von ihrer Ansässigkeit. Weitere Voraussetzung ist jedoch die ununterbrochene Zugehörigkeit der Beteiligung an der Organgesellschaft während der gesamten Dauer der Organschaft oder, bei mittelbarer Beteiligung, die Beteiligung an der vermittelnden Gesellschaft, zu einer inländischen Betriebsstätte des Organträgers i.S.d. § 12 AO. Diese Neuregelung führt bei Organträgern ausländischer Rechtsform damit in der Regel zu keinen Veränderungen.[741]

bb) Organgesellschaft

769 Als Organgesellschaft kommen gem. § 14 Abs. 1 Satz 1 KStG nur Gesellschaften in der Rechtsform der SE, AG oder der KGaA mit Geschäftsleitung im Inland und Sitz in der EU bzw. im EWR in Betracht. Durch § 17 KStG wird der Kreis der zulässigen Rechtsformen auch auf andere Kapitalgesellschaften mit Geschäftsleitung im Inland und Sitz in der EU bzw. im EWR, das heißt insbesondere auf GmbHs, ausgedehnt. Allerdings können nach neuerer Auffassung der Finanzverwaltung Kapitalgesellschaften, an deren Handelsgewerbe eine (steuerlich atypisch) stille Gesellschaft besteht, auch nicht Organgesellschaft sein.[742]

770 Durch die kleine Organschaftsreform wurde auf ein von der EU-Kommission angestrengtes Vertragsverletzungsverfahren hin[743] der Kreis der als Organgesellschaften zulässigen Rechtsformen auf Kapitalgesellschaften mit Geschäftsführung im Inland und Sitz in einem Mitgliedstaat der EU bzw. in einem Vertragsstaat des EWR-Raums erweitert. Fraglich ist jedoch, ob diese Gesetzesänderung nachhaltige Auswirkungen bewirken wird. Nach den Bestimmungen des internationalen Gesellschaftsrechts ist im Hinblick auf den Abschluss eines Gewinnabführungsvertrages i.S.d. § 291 Abs. 1 AktG das Recht, das am Satzungssitz der Tochtergesellschaft gilt, anzuwenden. Häufig ist in ausländischen Rechtsordnungen das Rechtsinstitut des Gewinnabführungsvertrages unbekannt. Ob vertragliche Ersatzkonstruktionen in Anbetracht der wegen der formellen Voraussetzungen für die Organschaft strikten Rechtsprechung des BFH[744] eingreifen können, bleibt abzuwarten.[745]

cc) Finanzielle Eingliederung

771 Die Organgesellschaft muss vom Beginn ihres Wirtschaftsjahrs ununterbrochen in den Organträger finanziell eingegliedert sein, § 14 Abs. 1 Satz 1 Nr. 1 KStG. Die finanzielle Eingliederung bedeutet, dass der Organträger an der Organgesellschaft über die Mehrheit der Stimmrechte aus den Anteilen an der Organgesellschaft verfügen muss. Im Regelfall ist die Mehrheit der Stimmrechte bei Überschreiten der einfachen Mehrheit gegeben. Ist im Gesellschaftsvertrag der Organgesellschaft jedoch generell ein höheres Quorum, zum Beispiel ein Quorum in Höhe von 75 % nicht nur für satzungsändernde Beschlüsse vorgesehen, ist dieses für die Berechnung der Stimmenmehrheit maßgeblich.

772 Die erforderliche Stimmenmehrheit kann auch über die Beteiligung an anderen Gesellschaften, sogar ausschließlich über andere Gesellschaften vermittelt werden. Hierzu ist es erforderlich, dass bei jeder vermittelnden Gesellschaftsbeteiligung die Mehrheit der Stimmrechte gehalten wird. Bei der Berechnung der erforderlichen Stimmenmehrheit bei der Organgesellschaft sind die mittelbar gehaltenen Stimmrechte nach der so genannten Durchrechnungsmethode zu ermitteln,[746] das heißt die Stimmrechte an der Organgesellschaft werden nur im Verhältnis der Beteiligung an der vermittelnden Gesellschaft beim Organträger zugerechnet.

---

741 Ausführlich zu dieser Frage *Dötsch/Pung*, DB 2013, 305, 307.
742 BMF v. 20.08.2015, BStBl. I 2015, 649.
743 EU-Kommission, Beschl. vom 29.01.2009, Nr. 2008/4909, IP/10/662.
744 Vgl. BFH v. 07.12.2011, I R 30/08, BStBl. II 2012, 507.
745 Umfassend zu dieser Frage *Dötsch/Pung*, DB 2013, 305, 306.
746 R 14.2 Beispiel 1 KStR.

B. Das Steuerrecht der Kapitalgesellschaften   Kapitel 12

Bei Personengesellschaften als Organträger ist zu beachten, dass die finanzielle Eingliederung durch eine Beteiligung vermittelt werden muss, die im Gesamthandsvermögen und nicht im Sonderbetriebsvermögen der Gesellschaft gehalten wird, § 14 Abs. 1 Satz 1 Nr. 2 Satz 3 KStG. Dadurch soll die Errichtung von so genannten Mehrmütterorganschaften verhindert werden, die seit Streichung der entsprechenden Vorschriften im Rahmen des Unternehmenssteuerfortentwicklungsgesetzes[747] seit dem Veranlagungszeitraum 2002 unzulässig sind.   773

Gestaltungsalternativen im Zusammenhang mit der Voraussetzung der finanziellen Eingliederung bietet die Rechtsform der KGaA. Die finanzielle Eingliederung wird bei dieser Rechtsform nur auf Grundlage des Kommanditaktienkapitals und nicht auch auf Basis des Kapitals des Komplementärs berechnet.[748]   774

dd) Abschluss eines Gewinnabführungsvertrages

Die körperschaftsteuerliche und die gewerbesteuerliche Organschaft, bei dieser seit Veranlagungszeitraum 2002, setzen den Abschluss eines wirksamen Gewinnabführungsvertrages i.S.d. § 291 Abs. 1 AktG voraus, der die Organgesellschaft zur Abführung ihres ganzen Gewinns an den Organträger bzw. den Ausgleich des ganzen Verlustes der Organgesellschaft durch den Organträger verpflichtet, § 14 Abs. 1 Satz 1 KStG. Der Gewinnabführungsvertrag muss auf eine Dauer von 5 Jahren ab Wirksamkeitsbeginn abgeschlossen werden und über diesen Zeitraum tatsächlich durchgeführt[749] werden, § 14 Abs. 1 Satz 1 Nr. 3 KStG. Während der Mindestvertragslaufzeit ist nur eine Kündigung aus wichtigem Grund zulässig, ohne dass die Wirkungen der Organschaft insgesamt rückwirkend aufgehoben werden.   775

Die gesellschaftsrechtlichen Voraussetzungen für den Abschluss eines wirksamen Gewinnabführungsvertrages, die beim Abschluss von Gewinnabführungsverträgen mit Gesellschaften in der Rechtsform AG, KGaA und SE strenger sind als beim Abschluss mit einer GmbH oder anderen Kapitalgesellschaft, sind im Wesentlichen folgende:[750]   776

AG, KGaA oder SE als Organgesellschaft	GmbH und andere Kapitalgesellschaften als Organgesellschaft

– Gewinnabführungsvertrag:
  Schriftform zwingend.
	– Gewinnabführungsvertrag:
	  Schriftform nicht zwingend, aber üblich.

– Bei Organgesellschaft:
  – Zustimmungsbeschluss der Haupt- bzw. Gesellschafterversammlung mit 3/4-Mehrheit.
  – Eintragung ins Handelsregister als Wirksamkeitsbeginn.
	– Bei Organgesellschaft:
	  – Zustimmungsbeschluss der Gesellschafterversammlung mit 3/4-Mehrheit; notarielle Beurkundung erforderlich.[1]
	  – Eintragung ins Handelsregister als Wirksamkeitsbeginn.

---

747 Gesetz zur Fortentwicklung des Unternehmenssteuerrechts (UntStFG) v. 20.12.2001, BGBl. I 2001, 3858.
748 *Riotte/Dümichen/Engel* in Schütz/Bürgers/Riotte, Die Kommanditgesellschaft auf Aktien, S. 427 ff.
749 Zur Voraussetzung der tatsächlichen Durchführung s.u. Rdn. 783 ff.
750 Vgl. hierzu im Einzelnen oben Kap. 9 Rdn. 15 ff.

AG, KGaA oder SE als Organgesellschaft	GmbH und andere Kapitalgesellschaften als Organgesellschaft

– Bei Organträger:
  – *Bei AG oder KGaA als Organträger:*
  – Zustimmungsbeschluss der Hauptversammlung mit 3/4-Mehrheit; notarielle Beurkundung erforderlich.
  – *Bei GmbH als Organträger:*
  – Zustimmungsbeschluss der Gesellschafterversammlung mit 3/4-Mehrheit;[2] notarielle Beurkundung nicht erforderlich.
  – *Bei natürlicher Person als Organträger:*
  – Keine besondere Zustimmung erforderlich.
  – *Bei Personengesellschaft als Organträger:*
  – Zustimmungsbeschluss entbehrlich, wenn alle Gesellschafter als Geschäftsführer den Vertrag unterzeichnen. Im Übrigen gesonderter Zustimmungsbeschluss entsprechend gesellschaftsvertraglicher Vorgaben erforderlich.
	– Bei Organträger:
	  – wie nebenstehend.

1 Nach anderer Auffassung sogar Einstimmigkeit erforderlich.
2 Nach herrschender Meinung im Schrifttum sogar Einstimmigkeitserfordernis, vgl. *Emmerich* in Emmerich/Habersack, AktG § 293 Rn. 43a.

777 Neben der Verpflichtung zur Abführung des gesamten handelsrechtlichen Gewinns hat der Gewinnabführungsvertrag bei Vorhandensein von Minderheitsgesellschaftern Vereinbarungen über Ausgleichszahlungen an diese Gesellschafter zu enthalten. Bei Gewinnabführungsverträgen mit Gesellschaften in der Rechtsform der AG, der KGaA oder der SE ist es nicht erforderlich, dass eine Verlustausgleichverpflichtung aufgenommen wird, da sich diese Verpflichtung für diese Rechtsformen bereits zwingend aus § 302 AktG ergibt. Bei Verträgen mit Gesellschaften anderer Rechtsformen, insbesondere in der Rechtsform der GmbH, ist eine Verlustausgleichungspflicht gem. § 17 Satz 2 Nr. 2 KStG ausdrücklich aufzunehmen.

778 Der Mindest- und gleichzeitig der Höchstbetrag für die Gewinnabführungsverpflichtung ergibt sich aus § 301 AktG. Hiernach darf als Gewinn höchstens der ohne die Gewinnabführung entstehende Jahresüberschuss, vermindert um einen Verlustvortrag aus dem Vorjahr, um Einstellungen in die gesetzliche und freie Rücklagen und den nach § 268 Abs. 8 HGB ausschüttungsgesperrten Betrag (bei selbstgeschaffenen immateriellen Vermögensgegenständen), zuzüglich Beträge aus Rücklagen, die während der Dauer des Gewinnabführungsvertrages gebildet worden sind, als Gewinn abgeführt werden. Gewinnrücklagen, die in der Zeit vor Abschluss des Gewinnabführungsvertrages entstanden sind, können nur an die Gesellschafter ausgeschüttet werden; eine Gewinnabführung ist insoweit unzulässig.[751]

779 Die Wirkungen der Organschaft treten gem. § 14 Abs. 1 Satz 2 KStG erstmals in dem Jahr ein, in dem das Wirtschaftsjahr der Organgesellschaft endet, in dem der Gewinnabführungsvertrag wirksam wird. Wirksam wird der Gewinnabführungsvertrag mit dessen Eintragung im Handelsregister der Organgesellschaft.

780 Die Mindestlaufzeit des Gewinnabführungsvertrages beträgt für steuerliche Zwecke fünf (Zeit-) Jahre. Der Zeitraum beginnt mit Anfang des Wirtschaftsjahres, in dem der Gewinnabführungsvertrag wirksam wird.[752] Die Vereinbarung einer unbestimmten Vertragslaufzeit ist zur Erfüllung dieser Voraussetzung nicht ausreichend. Vielmehr muss konkret der frühestmögliche Beendigungstermin vereinbart sein. Aus diesen Voraussetzungen kann sich im Zusammenhang mit der Handelsregister-

---

751 Vgl. auch R 14.5 Abs. 4 KStR.
752 R 14.5 Abs. 2 KStR.

anmeldung eines Gewinnabführungsvertrages kurzfristig vor Ablauf des Wirtschaftsjahres ein Unwirksamkeitsrisiko für die steuerliche Organschaft ergeben, wenn das Handelsregister trotz Vorliegen sämtlicher Voraussetzungen die tatsächliche Eintragung erst nach Ablauf des Wirtschaftsjahres vornimmt. In diesem Fall ist der im Gewinnabführungsvertrag festgelegte Mindestzeitraum wegen der verspäteten Handelsregistereintragung regelmäßig nicht mehr einzuhalten mit der Folge, dass der Gewinnabführungsvertrag und die hierzu zu fassenden Gesellschafterbeschlüsse zu ändern bzw. neu zu fassen sind.

Während der Mindestlaufzeit ist die Auflösung des Gewinnabführungsvertrages einseitig gem. § 14 Abs. 1 Satz 1 Nr. 3 Satz 2 KStG durch außerordentliche Kündigung i.S.d. § 297 AktG bei Vorliegen eines wichtigen Grundes oder zweiseitig durch Aufhebungsvertrag i.S.d. § 296 AktG zulässig. Als wichtiger Grund für eine vorzeitige Beendigung des Gewinnabführungsvertrages anerkannt sind einerseits der bereits in § 297 Abs. 1 Satz 2 AktG aufgeführte Grund, dass Organträger oder Organgesellschaft ihre Vertragspflichten, insbesondere die Ergebnisausgleichspflichten, voraussichtlich nicht erfüllen werden können, und andererseits jedenfalls die in R 14.5 Abs. 6 Satz 2 KStR genannten Gründe. Durch die Richtlinie sind als wichtiger Grund insbesondere anerkannt die Veräußerung der Organgesellschaft, die Durchführung von Umwandlungsmaßnahmen beim Organträger oder der Organgesellschaft oder die Liquidation einer dieser Gesellschaften. Gem. § 14 Abs. 1 Satz 1 Nr. 3 Satz 3 KStG wirken die Kündigung oder Aufhebung des Gewinnabführungsvertrags auf einen Zeitpunkt während des Wirtschaftsjahrs der Organgesellschaft auf den Beginn dieses Wirtschaftsjahrs zurück. Bei Vorliegen eines wichtigen Grundes bleiben die Rechtsfolgen der Organschaft damit bis zu Beginn des Wirtschaftsjahres der Kündigung bestehen. Bei Beendigung der Organschaft ohne Vorliegen eines wichtigen Grundes innerhalb der Mindestvertragslaufzeit fallen die Rechtsfolgen der Organschaft von Anfang an weg.

781

Im Zusammenhang mit der nach § 17 Satz 2 Nr. 2 KStG von Gesetzes wegen erforderlichen ausdrücklichen Vereinbarung der Verlustausgleichsverpflichtung bei anderen Kapitalgesellschaften als AG, KGaA und SE war unklar, ob ein bloßer Verweis auf die Vorschrift des § 302 AktG ausreichend oder eine inhaltliche Wiedergabe des Gesetzestextes erforderlich ist.[753] Im Rahmen der kleinen Organschaftsreform wurde die Vorschrift neu gefasst und lässt nunmehr einen Verweis auf § 302 AktG als Mindestinhalt ausreichen.[754] Dieser Verweis muss aber zwingend als dynamischer auf § 302 AktG in seiner jeweils gültigen Fassung ausgestaltet sein.

782

ee) Tatsächliche Durchführung des Gewinnabführungsvertrages

Nach § 14 Abs. 1 Satz 1 Nr. 3 KStG ist der Gewinnabführungsvertrag während der gesamten Vertragslaufzeit tatsächlich durchzuführen.

783

Die handelsrechtlichen Höchstgrenzen für die Gewinnabführung gem. §§ 301, 302 AktG verdichten sich damit für steuerliche Zwecke der Organschaft. Zur Begründung einer Organschaft ist es daher nicht zulässig, Teilgewinnabführungspflichten im Gewinnabführungsvertrag zu vereinbaren oder neben dem Gewinnabführungsvertrag andere Teilgewinnabführungsverträge, wie zum Beispiel eine atypisch stille Gesellschaft mit der Organgesellschaft zu unterhalten.[755]

Die Gewinnabführung darf nur durch Bildung von Gewinnrücklagen mit Ausnahme der gesetzlichen Rücklage in den Grenzen des § 14 Abs. 1 Satz 1 Nr. 4 KStG vermindert werden. Die Bildung von Rücklagen ist dabei nur aus konkretem Anlass zulässig, wenn die Rücklagenbildung bei vernünftiger kaufmännischer Beurteilung wirtschaftlich begründet ist. Die Bildung von Gewinnrücklagen kommt damit nur in Betracht, wenn zum Beispiel Mittel konkret für eine Betriebsverlegung,

784

---
753 *Rödder*, Ubg 2012, 717, 718.
754 Vgl. *Rödder*, Ubg 2012, 717, 718 f.
755 Vgl. BFH v. 31.03.2011, I B 177/10, BFH/NV 2011, 1397; vgl. auch BMF v. 20.08.2015, BStBl. I 2015, 649.

die Erneuerung von Produktionsstätten oder für eine betriebliche Expansion in der Organgesellschaft verbleiben sollen.[756]

785 Folgende Fälle stehen der Durchführung des Gewinnabführungsvertrages nicht entgegen:
- Minderung des an den Organträger abzuführenden Gewinns gem. § 301 AktG durch vororganschaftliche Verlustvorträge.[757] Der Ausgleich der vororganschaftlichen Verluste wird allerdings als Einlage in die Gesellschaft behandelt;
- dauerhafte Erwirtschaftung von Verlusten durch die Organgesellschaft;[758]
- ein unverzüglicher Ausgleich der Gewinn- bzw. Verlustausgleichsansprüche ist nicht erforderlich; insoweit ist es im Hinblick auf die Durchführung der Organschaft ausreichend, wenn zunächst entsprechende Ausgleichsforderungen aktiviert oder passiviert werden und binnen angemessener Frist getilgt werden. Sollten diese Ausgleichsforderungen nicht oder nicht angemessen verzinst werden, so beeinträchtigt dies die Durchführung ebenfalls nicht. Hinsichtlich der nicht vorgenommenen oder unangemessenen Verzinsung liegt jedoch eine (eigene) verdeckte Gewinnausschüttung vor.

786 In folgenden Fällen wird der Gewinnabführungsvertrag nach bisheriger Rechtslage als nicht durchgeführt angesehen:
- Unterlassener oder nur teilweiser Gewinn- bzw. Verlustausgleich, wobei sich eine teilweise Abführung nach bisheriger Rechtslage auch aus einem fehlerhaft aufgestellten Jahresabschluss ergeben kann. Das Gleiche gilt bei einem nachträglichen Verzicht auf entstandene Ausgleichsforderungen.
- Verletzung der steuerlichen Mindestvertragslaufzeit, zum Beispiel durch unzulässige Kündigung oder Aufhebung des Gewinnabführungsvertrages, weil etwa kein wichtiger Grund gegeben war.

787 Zur Voraussetzung der tatsächlichen Durchführung des Gewinnabführungsvertrages wurden mit der kleinen Organschaftsreform im Grundsatz zu begrüßende wesentliche Vereinfachungsregelungen eingeführt, die jedoch ihrerseits eine Reihe von neuen Detailfragen aufwerfen und den beabsichtigten Vereinfachungseffekt damit konterkarieren können.[759] Durch die Organschaftsreform wird § 14 Abs. 1 Satz 1 Nr. 3 KStG dahingehend ergänzt, dass der Gewinnabführungsvertrag zukünftig auch dann als durchgeführt gilt, wenn der abgeführte Gewinn oder Verlust auf fehlerhaften Bilanzansätzen beruht, sofern der Jahresabschluss wirksam festgestellt, der Fehler bei Anwendung der Sorgfalt eines ordentlichen Kaufmanns nicht hätte erkannt werden müssen und der von der Finanzverwaltung beanstandete Fehler im nächsten nach der Beanstandung des Fehlers aufzustellenden handelsrechtlichen Jahresabschluss korrigiert und das Ergebnis entsprechend abgeführt oder ausgeglichen wird. Dabei gilt, dass ein Bilanzierungsfehler nicht erkennbar war, wenn der Jahresabschluss testiert wurde oder eine Bescheinigung eines Steuerberaters oder Wirtschaftsprüfers mit umfassenden Beurteilungen vorlag.

c) Rechtsfolgen der Organschaft

aa) Allgemeines

788 Liegen die Voraussetzung für die körperschaftsteuerliche Organschaft vor, so sind die in einem ersten Schritt von Organträger und Organgesellschaft unter Anwendung von §§ 15, 16 KStG getrennt ermittelten Einkommen in einem zweiten Schritt bei der Einkommensermittlung des Organträgers zusammenzurechnen und beim Organträger entweder der Einkommensteuer oder der Körperschaftsteuer zu unterwerfen. Beim Organträger geht das Einkommen der Organgesellschaft in die Ermittlung des Gesamtbetrages der Einkünfte ein.[760]

---

756 R 14.5 Abs. 5 Nr. 3 KStR.
757 R 14.5 Abs. 5 Nr. 1 KStR.
758 R 14.5 Abs. 5 Nr. 4 KStR.
759 Hierzu umfassend *Schneider/Sommer*, GmbHR 2013, 22.
760 Vgl. R 7.1 KStR.

Sowohl Organträger als auch Organgesellschaft sind zur Abgabe einer Körperschaftsteuererklärung verpflichtet, wobei bei der Organgesellschaft die festzusetzende Körperschaftsteuerschuld regelmäßig € 0,00 betragen wird. Eine Körperschaftsteuerschuld bei der Organgesellschaft kommt nur in Betracht, wenn Ausgleichszahlungen an außenstehende Gesellschafter zu leisten und nach § 16 KStG zu versteuern sind oder wenn verdeckte Gewinnausschüttungen anfallen. 789

Das Einkommen der Organgesellschaft wird dem Organträger in dem Wirtschaftsjahr zugerechnet, in dem das Wirtschaftsjahr der Organgesellschaft endet. Das gilt auch bei voneinander abweichenden Wirtschaftsjahren von Organträger und Organgesellschaft. 790

bb) Ebene der Organgesellschaft

Bei der Einkommensermittlung der Organgesellschaft sehen §§ 15, 16 KStG verschiedene Sonderregelungen vor. Im Übrigen gelten für die Organgesellschaft die allgemeinen Regeln für die Einkommens- bzw. insbesondere für die Gewinnermittlung. 791

Bei der Organgesellschaft dürfen zunächst bei Eintritt in die Organschaft bereits bestehende Verlustvorträge nicht nach § 10d EStG mit während der Organschaft erzielten Gewinnen verrechnet werden, § 15 Satz 1 Nr. 1 KStG. Die Zinsschranke gem. § 4h EStG ist auf Ebene des Organträgers anzuwenden, § 15 Satz 1 Nr. 3 KStG; die Gesellschaften im Organkreis gelten damit als ein Betrieb i.S.d. Zinsschranke. 792

Weiter werden bestimmte Steuerbefreiungen nicht auf Ebene der Organgesellschaft, sondern auf Ebene des Organträgers angewendet. Hierzu sieht § 15 Satz 1 Nr. 2 KStG für nach § 8b Abs. 1 bis 6 KStG sowie § 4 Abs. 6 UmwStG steuerbefreite Einkünfte vor, dass die Steuerbefreiungen auf Ebene des Organträgers anzuwenden sind. Dadurch wird die konsistente Besteuerung von Beteiligungserträgen bei einkommen- bzw. körperschaftsteuerpflichtigen Organträgern gewährleistet. Im Übrigen sind Steuerbegünstigungen, wie zum Beispiel § 6b EStG oder § 13 InvZulG, bereits auf Ebene der Organgesellschaft zu berücksichtigen. 793

Für körperschaftsteuerliche Zwecke ist das handelsrechtliche Ergebnis, das wegen des Gewinnabführungsvertrages mit Gewinnauswirkung auf einen Bilanzgewinn in Höhe von € 0,00 ausgeglichen wurde, bei der Einkommensermittlung ebenso wie zulässigerweise gebildete Gewinnrücklagen und Ausgleichzahlungen an außenstehende Gesellschafter wieder hinzuzurechnen. 794

Ferner sind Korrekturen wegen erfolgter verdeckter Gewinnausschüttungen und verdeckter Einlagen, die insbesondere auch aus unangemessenen Leistungsbeziehungen zwischen Organträger und Organgesellschaft rühren können, auf Ebene der Organgesellschaft vorzunehmen. 795

Schließlich sind Spenden gem. § 9 KStG auf Grundlage der bei der Organgesellschaft bestehenden Verhältnisse abzuziehen. 796

In Höhe von 20/17 der geleisteten Ausgleichszahlungen hat die Organgesellschaft gem. § 16 Satz 1 KStG ihr Einkommen selbst zu versteuern, auch wenn der Organträger die Ausgleichszahlung erfüllt hat. 797

Das hiernach ermittelte Einkommen ist dem Organträger zuzurechnen.

cc) Ebene des Organträgers

Auf Ebene des Organträgers wird ebenfalls zunächst dessen eigener Gewinn nach allgemeinen Regelungen ermittelt. 798

Anschließend werden die organschaftsspezifischen Korrekturen vorgenommen, das heißt es werden insbesondere die handelsrechtliche Ergebnisabführung für steuerliche Zwecke rückgängig gemacht und das Einkommen der Organgesellschaft wird beim Organträger hinzugerechnet.

Zudem sind Aufwendungen und Erträge aus Ausgleichsposten i.S.d. § 14 Abs. 4 KStG, die im Verlauf der Organschaft entstehen können, zu korrigieren. Bei Ausgleichsposten i.S.d. § 14 Abs. 4 KStG 799 handelt es sich um Differenzbeträge, die sich aus dem Unterschied zwischen dem handelsrechtlich abzuführenden bzw. auszugleichenden Ergebnis und dem steuerlichen Ergebnis ergeben. Minderabführungen i.S.d. § 14 Abs. 4 KStG entstehen dabei, wenn die handelsrechtliche Gewinnabführung niedriger ist als der steuerliche Gewinn. Minderabführungen entstehen zum Beispiel, weil bei der Organgesellschaft gem. § 14 Abs. 1 Satz 1 Nr. 4 KStG zulässigerweise Rücklagen gebildet wurden. Umgekehrt entstehen Mehrabführungen, wenn der abgeführte handelsrechtliche Gewinn im Vergleich zum steuerlich zuzurechnenden Ergebnis höher liegt, zum Beispiel nach Auflösung von während der Organschaft gebildeten Gewinnrücklagen oder bei Bewertungsunterschieden in Handels- und Steuerbilanz.[761] Die Ausgleichposten repräsentieren handelsrechtlich bereits abgeführte stille Reserven (passive Ausgleichposten)[762] bzw. bereits berücksichtigte Verluste (aktive Ausgleichposten), so dass im Falle einer Veräußerung der Organgesellschaft, auch wenn sie nach Beendigung der Organschaft erfolgt, eine Korrektur des Veräußerungsgewinns vorgenommen wird.

800 Hingegen führen Mehr- oder Minderabführungen, die ihre Ursache in vororganschaftlicher Zeit haben, nicht zur Bildung von Ausgleichposten. Für vororganschaftliche Mehr- oder Minderabführungen fingiert § 14 Abs. 3 KStG, dass Mehrabführungen, wie z.B. Erträge aus der Auflösung vor Beginn der Organschaft gebildeter Rückstellungen,[763] als Gewinnausschüttungen an den Organträger und Minderabführungen, wie z.B. unzulässige Einstellungen in die Rücklagen der Organgesellschaft, als Einlage in die Organgesellschaft zu behandeln sind. Zeitpunkt ist jeweils das Ende des Wirtschaftsjahres, in dem die jeweilige Mehr- oder Minderabführung entsteht. In Folge der Behandlung vororganschaftlicher Mehr- oder Minderabführungen wird das steuerliche Einlagekonto entsprechend den Bestimmungen des § 27 Abs. 6 KStG vermindert oder erhöht.

801 Schließlich sind bei der Einkommensermittlung des Organträgers auf die im zugerechneten Einkommen der Organgesellschaft enthaltenen Beteiligungserträge bzw. Veräußerungsgewinne entweder die Vorschriften der §§ 3 Nr. 40, 3c Abs. 2 EStG anzuwenden, wenn es sich beim Organträger um eine natürliche Person oder Personengesellschaft handelt, oder § 8b KStG, wenn eine Kapitalgesellschaft unmittelbar oder mittelbar[764] über eine Personengesellschaft Organträger ist.

802 Verdeckte Gewinnausschüttungen an den Organträger sind im Allgemeinen vorweggenommene Gewinnabführungen, die die tatsächliche Durchführung des Gewinnabführungsvertrages nicht in Frage stellen.[765] Das Einkommen der Organgesellschaft wird erhöht. Auf Ebene des Organträgers wird zur Vermeidung einer Doppelerfassung jedoch nicht das ihm zuzurechnende Organeinkommen, sondern das eigene Einkommen gekürzt. Das gilt auch, wenn eine Personengesellschaft der Organträger ist und eine verdeckte Gewinnausschüttung an einen Gesellschafter der Personengesellschaft erfolgt.[766]

dd) Rechtsfolgen bei verunglückter Organschaft

803 Werden bei einem beabsichtigten Organschaftsverhältnis einzelne Voraussetzungen der §§ 14 ff. KStG nicht erfüllt, liegt eine so genannte verunglückte Organschaft vor.

804 Eine Organschaft kann bereits von Anfang an verunglückt sein, weil zum Beispiel wegen verspäteter Eintragung des Gewinnabführungsvertrages im Handelsregister der Organgesellschaft die konkret vertraglich vereinbarte Mindestlaufzeit nicht erreicht werden kann. Fälle einer nachträglich verunglückten Organschaft liegen vor, wenn zum Beispiel der Gewinnabführungsvertrag ohne Vorliegen eines wichtigen Grundes vorzeitig gekündigt wurde oder er tatsächlich nicht durchgeführt wurde.

---

761 BMF v. 26.08.2003, BStBl. I 2003, 437, Tz. 43 ff.
762 So BMF v. 26.08.2003, BStBl. I 2003, 437, Tz. 44.
763 Vgl. BFH v. 18.12.2002, I R 51/01, BStBl. II 2005, 49.
764 Vgl. § 8b Abs. 6 KStG.
765 R 14.6 Abs. 4 Satz 1 KStR.
766 R 14.6 Abs. 4 Satz 2 KStR.

Verunglückt die Organschaft während der fünfjährigen Mindestlaufzeit des Gewinnabführungsvertrages, so entfallen die Rechtsfolgen der Organschaft rückwirkend für die komplette Dauer der Organschaft. Die an der Organschaft beteiligten Rechtsträger werden damit rückwirkend so behandelt, als ob die Organschaft nicht bestanden hätte. Wurde die Mindestvertragslaufzeit des Gewinnabführungsvertrages bereits erreicht und wird die Organschaft zum Beispiel wegen fehlender tatsächlicher Durchführung unzulässig, fallen die Rechtsfolgen nur für das betroffene Wirtschaftsjahr weg. Um die Organschaftsbesteuerung in den Folgewirtschaftsjahren wieder einzuführen, ist jedoch eine neue Mindestvertragslaufzeit von fünf Jahren einzuhalten.[767] Im Einzelnen werden Gewinnabführungen wie verdeckte Gewinnausschüttungen behandelt und geleistete Verlustausgleichszahlungen wie verdeckte Einlagen mit den jeweiligen steuerlichen Folgen.[768] Soweit bereits bestandskräftige Veranlagungen unter Berücksichtigung der Organschaft vorgenommen wurden, ist der Wegfall der Organschaft als rückwirkendes Ereignis anzusehen und die ergangenen Steuerfestsetzungen sind gem. § 175 Abs. 1 Satz 1 Nr. 2 AO aufzuheben.

VII. Umstrukturierungen

1. Überblick

Die Rechtsfolgen der steuerlichen Möglichkeiten zur Änderung der Rechtsform einer Kapitalgesellschaft sind vollständig im UmwStG geregelt. Das UmwStG wurde im Jahr 2006 durch das SEStEG[769] vollständig neu gefasst. Ergänzend hierzu ist fast fünf Jahre später mit Datum vom 11.11.2011 der Umwandlungssteuererlass in einer neuen Fassung ergangen,[770] mit dem die Finanzverwaltung eine umfassende Kommentierung zur Anwendung des neu gefassten UmwStG vorgelegt und damit zur Rechtssicherheit im Zusammenhang mit Umwandlungsvorgängen beigetragen hat.

Das UmwStG folgt weder in seiner Struktur noch in seiner Systematik dem UmwG und den darin vorgesehenen Rechtsinstrumentarien zur Änderung der Rechtsform von Kapitalgesellschaften. Vielmehr werden die Steuerfolgen in Abhängigkeit der Rechtsform des übertragenden und des übernehmenden Rechtsträgers geregelt. Durch die Anknüpfung an die Rechtsformen der beteiligten Rechtsträger trägt das UmwStG insbesondere den mit der Änderung der Rechtsform verbundenen Veränderungen der jeweils auf die beteiligten Rechtsträger anzuwendenden Besteuerungsregimen Rechnung.

Im Zusammenhang mit Rechtsformänderungen bei Kapitalgesellschaften kommen folgende Arten von Vermögensübertragungen in Betracht, die wie folgt im UmwStG geregelt sind:
- Der Vermögensübergang bei Verschmelzung auf eine Personengesellschaft oder auf eine natürliche Person und der Formwechsel einer Kapitalgesellschaft in eine Personengesellschaft sind im zweiten Teil in den §§ 3 bis 9 UmwStG geregelt.
- Die Verschmelzung oder Vermögensübertragung (Vollübertragung) auf eine andere Körperschaft sind im dritten Teil in den §§ 11 bis 13 UmwStG geregelt.
- Die Aufspaltung, Abspaltung und Vermögensübertragung (Teilübertragung) auf andere Körperschaften ist im vierten Teil in § 15 UmwStG geregelt.
- Die Einbringung von Unternehmensteilen in eine Kapitalgesellschaft und der Anteilstausch sind im sechsten Teil in den §§ 20 bis 23 UmwStG geregelt.

Schließlich sind § 19 UmwStG die gewerbesteuerlichen Folgen bei Vermögensübergängen auf eine andere Kapitalgesellschaft geregelt.

---

767 R 14.5 Abs. 8 KStR.
768 S. zu den steuerlichen Folgen der verdeckten Gewinnausschüttung Rdn. 659 und zu den Folgen der verdeckten Einlage Rdn. 650.
769 Gesetz über steuerliche Begleitmaßnahmen zur Einführung der Europäischen Gesellschaft und zur Änderung weiterer steuerrechtlicher Vorschriften (SEStEG) v. 07.12.2006, BGBl. I 2006, 2782 (berichtigt BGBl. I 2007, 68).
770 Umwandlungssteuererlass 2011 (UmwStE 2011) v. 11.11.2011, BStBl. I 2011, 1314.

Innerhalb der vorgenannten Teile finden sich jeweils Regelungen, die die steuerliche Behandlung für den übertragenden Rechtsträger regeln, Regelungen betreffend den übernehmenden Rechtsträger sowie Regelungen betreffend die Anteilseigner der betroffenen Rechtsträger.

2. Verschmelzung auf eine Personengesellschaft oder natürliche Person und Formwechsel einer Kapitalgesellschaft in eine Personengesellschaft

a) Besteuerung der übertragenden Kapitalgesellschaft

809 Die steuerlichen Folgen für die übertragende Kapitalgesellschaft sind in § 3 i.V.m. § 9 UmwStG geregelt.

aa) Grundsatz: Ansatz zum gemeinen Wert

810 Bei einer Verschmelzung einer Kapitalgesellschaft auf eine Personengesellschaft oder natürliche Person oder bei einem Formwechsel in eine Personengesellschaft sind bei der übertragenden Kapitalgesellschaft die übergehenden Wirtschaftsgüter gem. § 3 Abs. 1 UmwStG i.V.m. § 9 UmwStG in der steuerlichen Schlussbilanz der übertragenden Kapitalgesellschaft grundsätzlich mit dem gemeinen Wert i.S.d. § 9 BewG anzusetzen. Abweichend hiervon sind Pensionsrückstellungen nach § 6a EStG zu bewerten. Die zur früheren Rechtslage vor der Reform durch das SEStEG von der Finanzverwaltung[771] vertretene Auffassung der Maßgeblichkeit der handelsrechtlichen Schlussbilanz für die steuerliche Schlussbilanz gilt nicht mehr.

bb) Bewertungswahlrecht

811 Abweichend von diesem Grundsatz können die übergehenden Wirtschaftsgüter gem. § 3 Abs. 2 UmwStG auf Antrag zum Buch- oder Zwischenwert angesetzt werden. Ein vom gemeinen Wert abweichender Ansatz ist dabei nur unter der Voraussetzung zulässig, dass die spätere Besteuerung mit Einkommen- oder Körperschaftsteuer sichergestellt ist, das deutsche Besteuerungsrecht nicht ausgeschlossen wird und außer Gesellschaftsrechten keine Gegenleistung im Rahmen der Verschmelzung gewährt wird. Die Bewertung zum Buch- oder Zwischenwert kann dabei nur einheitlich in Anspruch genommen werden, § 3 Abs. 2 Satz 1 UmwStG. Bei einer Bewertung zum Zwischenwert sind die stillen Reserven in den übergehenden Wirtschaftsgütern, einschließlich nicht entgeltlich erworbener selbst geschaffener immaterieller Wirtschaftsgüter, gleichmäßig unter Anwendung eines einheitlichen Prozentsatzes anzusetzen.[772] Die Prüfung, ob ein Ansatz zum Buch- oder Zwischenwert zulässig ist, hat dabei gesellschafterbezogen für jeden Anteilseigner der übertragenden Kapitalgesellschaft zu erfolgen.[773]

812 Für die Erfüllung der Antragsvoraussetzungen zum Buch- oder Zwischenwertansatz gilt im Einzelnen:

Ein Übergang ins Betriebsvermögen einer Personengesellschaft oder natürlichen Person im Sinne von § 3 Abs. 2 Satz 1 Nr. 1 UmwStG ist gegeben, wenn die übergehenden Wirtschaftsgüter dem einem land- und forstwirtschaftlichen, gewerblichen oder einer selbständigen Tätigkeit dienenden Betriebsvermögen zuzuordnen sind.[774] Als aufnehmendes Betriebsvermögen kommt auch das Betriebsvermögen einer gewerblich geprägten Personengesellschaft i.S.d. § 15 Abs. 3 Nr. 2 EStG[775] und, dementsprechend auch, einer gewerblichen Abfärbung i.S.d. § 15 Abs. 3 Nr. 1 EStG in Betracht.[776]

---

771 BMF v. 25.03.1998, BStBl. I 1998, 268 Tz. 03.01; a.A. bereits BFH v. 28.05.2008, I R 98/06, BStBl. II 2008, 916.
772 BMF v. 11.11.2011, BStBl. I 2011, 1314, Tz. 03.25.
773 BMF v. 11.11.2011, BStBl. I 2011, 1314, Tz. 03.11, 03.26.
774 BMF v. 11.11.2011, BStBl. I 2011, 1314, Tz. 03.15.
775 BMF v. 11.11.2011, BStBl. I 2011, 1314, Tz. 03.15.
776 Vgl. Schneider/Ruoff/Sistermann/*Maier*, Umwandlungssteuererlass 2011, 128 f.

Die Übertragung von Wirtschaftsgütern auf eine vermögensverwaltende Personengesellschaft hat zwingend den Ansatz des gemeinen Wertes zur Folge.[777] Schließlich ist die Besteuerung mit Einkommen- oder Körperschaftsteuer sichergestellt, wenn Wertsteigerungen aus den übertragenen Wirtschaftsgütern beim Übernehmer der übernehmenden Personengesellschaft der Einkommen- oder Körperschaft unterliegen und die Mitunternehmer der Personengesellschaft zum Beispiel nicht steuerbefreite Körperschaften oder Zweckvermögen i.S.d. § 11 Abs. 1 Satz 2 InvStG sind.[778] Eine Gewerbesteuerpflicht des Übernehmers ist nicht erforderlich.

Das deutsche Besteuerungsrecht bleibt i.S.d. § 3 Abs. 2 Satz 1 Nr. 2 UmwStG gewährleistet, wenn das Recht der Bundesrepublik Deutschland an der Besteuerung des Veräußerungsgewinns der übergehenden Wirtschaftsgüter nicht ausgeschlossen oder beschränkt wird (sog. Entstrickung), zum Beispiel, weil ein Wirtschaftsgut aus einer inländischen Betriebsstätte der übertragenden Kapitalgesellschaft nach der Übertragung einer ausländischen Betriebsstätte zuzuordnen ist.[779] Allerdings muss vor Übergang des Wirtschaftsgutes bereits ein deutsches Besteuerungsrecht bestanden haben. 813

Ein Ausschluss des Buch- oder Zwischenwertansatzes wegen Gewährung einer anderen Gegenleistung als Gesellschaftsrechten gem. § 3 Abs. 2 Satz 1 Nr. 3 UmwStG ist gegeben, wenn im Zusammenhang mit der Umwandlung zum Beispiel bare Zuzahlungen i.S.d. §§ 54 Abs. 4 bzw. 68 Abs. 3 UmwG oder andere Vermögenswerte, wie zum Beispiel Darlehensforderungen gewährt werden.[780] Bei Gewährung einer anderen Gegenleistung als Gesellschaftsrechten sind die übergehenden Wirtschaftsgüter in der Schlussbilanz der übertragenden Kapitalgesellschaft zumindest mit dem Wert der gewährten Gegenleistung anzusetzen.[781] 814

Der für den Ansatz zum Buchwert gem. § 3 Abs. 2 UmwStG erforderliche Antrag ist bei dem für die übertragende Kapitalgesellschaft zuständigen Finanzamt spätestens bis zur erstmaligen Abgabe der steuerlichen Schlussbilanz der übertragenden Kapitalgesellschaft zu stellen, § 3 Abs. 2 Satz 2 UmwStG. Der Antrag bedarf keiner besonderen Form und kann nur unbedingt und unwiderruflich gestellt werden.[782] Wir der Ansatz von Zwischenwerten beantragt, ist die Angabe, in welcher Höhe oder zu welchem Prozentsatz die stillen Reserven aufzudecken sind, ausdrücklich anzugeben.[783] 815

Ein bei der übertragenden Kapitalgesellschaft entstehender Gewinn unterliegt bei dieser als laufender Gewinn in vollem Umfang der Körperschaftsteuer und nach § 18 Abs. 1 Satz 1 UmwStG der Gewerbesteuer. Soweit ein Übertragungsgewinn auf Beteiligungen der übertragenden Kapitalgesellschaft entfällt, ist dieser nach § 8b Abs. 2 und 3 KStG in Höhe von im Ergebnis 95 % steuerfrei. Durch den Ansatz des gemeinen Wertes kann sich ein Übertragungsgewinn ergeben, der zum Ausgleich bestehender Verlustvorträge im Rahmen der Grenzen der Mindestbesteuerung i.S.d. § 10d EStG genutzt werden kann. Beim Buchwertansatz wird ein steuerpflichtiger Übertragungsgewinn vermieden. 816

b) Besteuerung der übernehmenden Gesellschaft

Die steuerlichen Folgen für die übernehmende Personengesellschaft bzw. natürliche Person sind in den §§ 4 und 6 UmwStG geregelt. § 9 UmwStG verweist für den Formwechsel in eine Personengesellschaft auf diese Vorschriften. 817

---

777 BMF v. 11.11.2011, BStBl. I 2011, 1314, Tz. 03.16.
778 BMF v. 11.11.2011, BStBl. I 2011, 1314, Tz. 03.16.
779 BMF v. 11.11.2011, BStBl. I 2011, 1314, Tz. 03.18.
780 BMF v. 11.11.2011, BStBl. I 2011, 1314, Tz. 03.21.
781 BMF v. 11.11.2011, BStBl. I 2011, 1314, Tz. 03.23.
782 BMF v. 11.11.2011, BStBl. I 2011, 1314, Tz. 03.29.
783 BMF v. 11.11.2011, BStBl. I 2011, 1314, Tz. 03.29.

aa) Wertverknüpfung und Übernahmeergebnis

818 Die übernehmende Gesellschaft bzw. natürliche Person hat nach § 4 Abs. 1 UmwStG die übernommenen Wirtschaftsgüter mit den in der steuerlichen Schlussbilanz der übertragenden Kapitalgesellschaft zum steuerlichen Übertragungszeitpunkt im Falle einer Verschmelzung zur Neugründung sowie beim Formwechsel in der Eröffnungsbilanz bzw. bei der Verschmelzung zur Aufnahme als laufende Geschäftsvorfälle anzusetzen.[784] Wirtschaftsgüter, die ein Anteilseigner der übertragenden Kapitalgesellschaft überlassen hatte, werden zu Sonderbetriebsvermögen bei einer übernehmenden Personengesellschaft.

819 Ferner sind zum steuerlichen Übertragungsstichtag beim übernehmenden Rechtsträger gem. § 4 Abs. 1 Satz 2 UmwStG dessen Anteile an der übertragenden Körperschaft mit dem Buchwert, erhöht um Abschreibungen, die in früheren Jahren steuerwirksam vorgenommen worden sind, sowie vermindert um Abzüge gem. § 6b EStG und ähnliche Abzüge, höchstens mit dem gemeinen Wert, anzusetzen. Dabei sind Wertaufholungen i.S.d. § 6 Abs. 1 Nr. 2 Satz 3 i.V.m. Nr. 1 Satz 4 EStG oder die Auflösung von Rücklagen i.S.d. § 6b Abs. 3 EStG vorrangig nach § 4 Abs. 1 Satz 2 UmwStG vorzunehmen.[785] Ein daraus entstehender sog. Beteiligungskorrekturgewinn gehört nicht zum Übernahmegewinn i.S.d. § 4 Abs. 4 UmwStG und ist nach allgemeinen Grundsätzen zu besteuern.[786]

bb) Eintritt in die steuerlichen Verhältnisse der übertragenden Gesellschaft

820 In § 4 Abs. 2 und 3 UmwStG ist der Eintritt des übernehmenden Rechtsträgers in die steuerliche Rechtsstellung in Abhängigkeit vom vorgenommenen Ansatz der übergehenden Wirtschaftsgüter in der Schlussbilanz der übertragenden Kapitalgesellschaft geregelt. Dabei tritt der übernehmende Rechtsträger nach § 4 Abs. 2 UmwStG grundsätzlich in die steuerliche Rechtsstellung, insbesondere hinsichtlich der Bewertung der übernommenen Wirtschaftsgüter, der AfA und der den steuerlichen Gewinn mindernden Rücklagen, ein. Verrechenbare Verluste, verbleibende Verlustvorträge, vom übertragenden Rechtsträger nicht ausgeglichene negative Einkünfte, ein Zinsvortrag nach § 4h Abs. 1 Satz 5 EStG und ein EBITDA-Vortrag nach § 4h Abs. 1 Satz 3 EStG gehen nicht auf den übernehmenden Rechtsträger über. Vorbesitzzeiten, wie sie zum Beispiel in § 6b EStG und § 9 Nr. 2a und 7 GewStG vorgesehen sind, werden jedoch beim übernehmenden Rechtsträger angerechnet. Behaltefristen, wie zum Beispiel nach § 7g EStG, werden durch die Übertragung ebenfalls nicht unterbrochen. Beim Zwischenwertansatz und beim Ansatz mit dem gemeinen Wert der übergehenden Wirtschaftsgüter ist die AfA in den Fällen des § 7 Abs. 4 Satz 1 und Abs. 5 EStG nach der bisherigen Bemessungsgrundlage zu bemessen und um einen Aufstockungsbetrag zu erhöhen, der der Differenz zwischen Buchwert und dem Wert, mit dem die Körperschaft das Wirtschaftsgut in der steuerlichen Schlussbilanz angesetzt hat, entspricht. In allen anderen Fällen bestimmt sich die Bemessungsgrundlage nach dem Wert, mit dem die Körperschaft die Wirtschaftsgüter in der steuerlichen Schlussbilanz angesetzt hat und der Restnutzungsdauer dieser Wirtschaftsgüter.[787]

c) Besteuerung des Gesellschafters

821 Für offene Rücklagen bei der übertragenden Kapitalgesellschaft wird nach § 7 UmwStG eine Vollausschüttung der Rücklagen an den Anteilseigner fingiert. Die fingierte Ausschüttung ist beim Anteilseigner nach allgemeinen Grundsätzen als Einkünfte aus Kapitalvermögen zu besteuern, das heißt bei natürlichen Personen als Anteilseignern ist entweder die Abgeltungsteuer oder das Teileinkünfteverfahren anzuwenden und bei Kapitalgesellschaften als Anteilseigner greift § 8b KStG ein. Als Einkünfte aus Kapitalvermögen ist dem Anteilseigner der Teil des in der Steuerbilanz ausgewiesenen Eigenkapitals abzüglich des Bestands des steuerlichen Einlagekontos i.S.d. § 27 KStG, der

---

784 BMF v. 11.11.2011, BStBl. I 2011, 1314, Tz. 04.03.
785 BMF v. 11.11.2011, BStBl. I 2011, 1314, Tz. 04.06.
786 BMF v. 11.11.2011, BStBl. I 2011, 1314, Tz. 04.08.
787 BMF v. 11.11.2011, BStBl. I 2011, 1314, Tz. 04.10.

B. Das Steuerrecht der Kapitalgesellschaften — Kapitel 12

sich nach Anwendung des § 29 Abs. 1 KStG ergibt, im Verhältnis seiner Beteiligung am Nennkapital der übertragenden Körperschaft zuzurechnen.

3. Verschmelzung einer Kapitalgesellschaft auf eine andere Kapitalgesellschaft

Die Verschmelzung von Kapitalgesellschaften untereinander ist einschließlich der steuerlichen Auswirkungen auf die Anteilseigner der übertragenden Kapitalgesellschaft in den §§ 11 bis 13 UmwStG geregelt. Die steuerliche Behandlung der übertragenden Kapitalgesellschaft ist dabei in § 11 UmwStG, die Behandlung der übernehmenden Kapitalgesellschaft in § 12 UmwStG und die Behandlung der Anteilseigner der übertragenden Kapitalgesellschaft in § 13 UmwStG geregelt. 822

a) Besteuerung der übertragenden Kapitalgesellschaft

aa) Grundsatz: Ansatz zum gemeinen Wert

In der bei der übertragenden Kapitalgesellschaft auf den Übertragungsstichtag aufzustellenden Schlussbilanz ist das im Rahmen der Verschmelzung übergehende Vermögen, einschließlich der nicht entgeltlich erworbenen oder selbst geschaffenen immateriellen Wirtschaftsgüter und mit Ausnahme von Pensionsrückstellungen[788], mit dem gemeinen Wert i.S.d. § 9 BewG anzusetzen, § 11 Abs. 1 UmwStG. Die Bewertung der mit der Verschmelzung übergehenden Wirtschaftsgüter zum gemeinen Wert ist immer dann zwingend vorzunehmen, wenn es sich um grenzüberschreitende Verschmelzungen handelt, bei denen die Wirtschaftsgüter ins Ausland überführt und damit in Deutschland steuerlich entstrickt werden, die übernehmende Körperschaft eine subjektive Körperschaftsteuerbefreiung in Anspruch nehmen kann oder wenn im Zusammenhang mit der Verschmelzung bare Zuzahlungen oder Gegenleistungen, die nicht ausschließlich in Gesellschafterrechten bestehen, gewährt werden, wobei im zuletzt genannten Fall stille Reserven nur insoweit aufzudecken sind als die baren Zuzahlungen den Nominalbetrag übersteigen.[789] 823

bb) Bewertungswahlrecht

Abweichend vom Grundsatz des § 11 Abs. 1 UmwStG können gem. § 11 Abs. 2 UmwStG auf Antrag die übergehenden Wirtschaftsgüter zum Buch- oder zu einem Zwischenwert angesetzt werden, höchstens jedoch zum gemeinen Wert. Antragsvoraussetzungen für einen abweichenden Bewertungsansatz sind die Sicherstellung der späteren Besteuerung der stillen Reserven des übergehenden Wirtschaftsgutes mit Körperschaftsteuer (§ 11 Abs. 2 Satz 1 Nr. 1 UmwStG), das uneingeschränkte Bestehenbleiben des deutschen Besteuerungsrechts (§ 11 Abs. 2 Satz 1 Nr. 2 UmwStG) sowie die bloße Gewährung von Gesellschaftsrechten als einzig zulässige Gegenleistung oder keine Gewährung einer Gegenleistung (§ 11 Abs. 2 Satz 1 Nr. 3 UmwStG). Eine Gegenleistung ist dabei stets nicht zu gewähren, soweit ein Kapitalerhöhungsverbot wegen Beteiligung der übernehmenden Gesellschaft an der übertragenden Gesellschaft besteht, §§ 54 Abs. 1 Satz 2 Nr. 1, 68 Abs. 1 Satz 1 Nr. 1 UmwG. Der Antrag auf Buchwert- bzw. Zwischenwertansatz ist bei dem für die Besteuerung der übertragenden Körperschaft zuständigen Finanzamt formlos zu stellen, wobei hierzu auch die Einreichung einer steuerlichen Schlussbilanz unter Ausübung eines Bewertungswahlrechts als Antrag gilt. 824

Für die Bewertung ist der bis zur Reform durch das SEStEG geltende Grundsatz der Maßgeblichkeit der Handelsbilanz für die Steuerbilanz aufgrund der erfolgten Neufassung des UmwStG auch im Bereich der Verschmelzung von Körperschaften aufgegeben worden. Bei der Bewertung zu Zwischenwerten sind die in den übergehenden bilanzierten und nicht bilanzierten Wirtschaftsgütern enthaltenen stillen Reserven einheitlich und gleichmäßig aufzustocken. Insoweit ist auf Grund des 825

---

[788] Pensionsrückstellungen sind auch in Umwandlungsfällen gem. § 6a Abs. 1, 2 EStG zu bewerten.
[789] BMF v. 11.11.2011, BStBl. I 2011, 1314, Tz. 11.06 i.V.m. 03.21.

Wortlauts von § 11 Abs. 2 Satz 1 UmwStG nach der Reform durch das SEStEG die bisher geltende modifizierte Stufentheorie nicht mehr anwendbar.[790]

826 Im Falle einer rückwirkenden Verschmelzung ist das Einkommen der übertragenden Kapitalgesellschaft so zu ermitteln, als ob ihr Vermögen tatsächlich schon mit dem Übertragungsstichtag übergegangen ist. Dies hat im Zusammenhang mit offenen und verdeckten Gewinnausschüttungen zur Folge, dass Ausschüttungen, die nach dem steuerlichen Übertragungsstichtag entstanden sind, der übernehmenden Gesellschaft und die vor diesem Zeitpunkt entstandenen offenen und verdeckten Gewinnausschüttungen der übertragenden Gesellschaft zuzurechnen sind. Der übertragenden Gesellschaft sind zudem noch solche offenen und verdeckten Gewinnausschüttungen zuzurechnen, die nach dem steuerlichen Übertragungsstichtag aber vor Eintragung der Verschmelzung ins Handelsregister von in diesem Übergangszeitraum ausgeschiedenen Gesellschaftern bezogen wurden.

b) Besteuerung der übernehmenden Gesellschaft

aa) Wertverknüpfung und Übernahmeergebnis

827 Die übernehmende Gesellschaft hat gem. § 12 Abs. 1 Satz 1 UmwStG die von ihr übernommenen Wirtschaftsgüter mit den Werten zu übernehmen, die die übertragende Gesellschaft in der steuerlichen Schlussbilanz angesetzt hat. Handelt es sich um eine Verschmelzung zur Neugründung, so hat die übernehmende Gesellschaft eine Eröffnungsbilanz aufzustellen. Bei einer Verschmelzung zur Aufnahme handelt es sich indes um einen laufenden Geschäftsvorfall.

828 Soweit die übernehmende Gesellschaft Anteile an der übertragenden Gesellschaft hält, sind diese Anteile bei der übernehmenden Gesellschaft mit dem Buchwert, erhöht um Abschreibungen, die in früheren Jahren steuerwirksam vorgenommen worden sind, um Abzüge nach § 6b EStG und ähnliche Abzüge, wie zum Beispiel von den Anschaffungs- und Herstellungskosten abgezogene Investitionszuschüsse und gemäß R 6.6 EStR übertragene stille Reserven, höchstens jedoch mit dem gemeinen Wert, anzusetzen. Diese Beteiligungskorrektur ist vor der Ermittlung des Übernahmeerfolgs vorzunehmen und bei der übernehmenden Gesellschaft als laufender Gewinn zu versteuern.

829 Bei der übernehmenden Gesellschaft ist im Verhältnis ihrer Beteiligung an der übertragenden Gesellschaft durch Gegenüberstellung der Werte der übergegangenen Wirtschaftsgüter einerseits und dem Buchwert der Anteile nach Vornahme der Beteiligungskorrektur und der Umwandlungskosten andererseits ein Übernahmeergebnis zu ermitteln.[791] Ein hierbei entstehender Übernahmegewinn oder -verlust bleibt gem. § 12 Abs. 2 Satz 1 UmwStG außer Ansatz. Soweit der Gewinn i.S.d. § 12 Abs. 2 Satz 1 UmwStG abzüglich der anteilig darauf entfallenden Kosten für den Vermögensübergang dem Anteil der übernehmenden Körperschaft an der übertragenden Körperschaft entspricht, liegt ein nach § 8b Abs. 2, 3 KStG zu beurteilender Vorgang vor.[792] Die Regelungen des § 12 Abs. 2 Satz 1, 2 UmwStG gelten gem. § 19 Abs. 1 UmwStG auch für die Gewerbesteuer.

bb) Eintritt in die steuerlichen Verhältnisse der übertragenden Gesellschaft

830 Im Übrigen sieht § 12 Abs. 3 UmwStG vor, dass die übernehmende Gesellschaft gemäß dem Prinzip der Gesamtrechtsnachfolge in die steuerliche Rechtsstellung der übertragenden Gesellschaft eintritt. Das gilt unabhängig vom Ansatz der übernommenen Wirtschaftsgüter zum gemeinen Wert, zum Zwischen- oder zum Buchwert. Beim Buchwertansatz der übernommenen Wirtschaftsgüter sind die AfA und etwaige erhöhte Absetzungen steuerlich unverändert fortzuführen. Beim Ansatz zum gemeinen Wert oder zu Zwischenwerten besteht eine Bindung an die angewendeten Bewer-

---

790 BMF v. 11.11.2011, BStBl. I 2011, 1314, Tz. 11.11 i.V.m. 03.25.; vgl. auch Sagasser/Bula/Brünger/ *Schlösser*, Umwandlungen, S. 462 f.
791 BMF v. 11.11.2011, BStBl. I 2011, 1314, Tz. 12.05.
792 Ggf. sind bei bestimmten Kreditinstituten und Kranken- und Lebensversicherungsunternehmen § 8b Abs. 7, 8 KStG zu berücksichtigen.

tungsgrundlagen, wie zum Beispiel die Abschreibungsmethode und an die Nutzungsdauer,[793] die auf die Übernahmewerte anzuwenden sind. Ferner werden Besitzzeiten der übertragenden Gesellschaft berücksichtigt. Bestehende Verluste bzw. verbleibende Verlustvorträge sowie zins- oder EBITDA-Vorträge gem. § 4h Abs. 1 EStG der übertragenden Gesellschaft gehen gem. § 12 Abs. 3 i.V.m. § 4 Abs. 2 UmwStG unter.

c) Besteuerung des Gesellschafters

Die Behandlung des Anteilseigners der übertragenden Gesellschaft richtet sich nach § 13 Abs. 1 UmwStG, soweit nicht bei nicht wesentlich i.S.d. § 17 Abs. 1 EStG beteiligten Anteilseignern die Regelung des § 20 Abs. 4a EStG anzuwenden ist. **831**

Nach § 13 Abs. 1 UmwStG gelten die Anteile an der übertragenden Gesellschaft im Grundsatz als zum gemeinen Wert veräußert und die an ihre Stelle tretenden Anteile an der übernehmenden Körperschaft als mit diesem Wert angeschafft. Beim Anteilseigner ergibt sich dann ein Veräußerungsgewinn oder -verlust, der nach allgemeinen ertragsteuerlichen Grundsätzen zu behandeln ist, das heißt unter Berücksichtigung des Teileinkünfteverfahrens gem. §§ 3 Nr. 40, 3c Abs. 2 EStG bzw. § 8b Abs. 2, 3 KStG, wenn die Anteile im Betriebsvermögen des Anteilseigners liegen, oder im Privatvermögen liegende Anteile gem. §§ 17 Abs. 1, 23 Abs. 1 Satz 1 Nr. 2[794] i.V.m. § 3 Nr. 40, 3c Abs. 2 EStG. **832**

Alternativ ist auf Antrag nach § 13 Abs. 2 UmwStG eine erfolgsneutrale Fortführung der Buchwerte bzw., bei Anteilen im Privatvermögen, der Anschaffungskosten zulässig, wenn das Besteuerungsrecht der Bundesrepublik Deutschland auf den Veräußerungsgewinn der erhaltenen Anteile nicht ausgeschlossen oder beschränkt wird, oder Art. 8 der Fusionsrichtlinie anzuwenden ist. Mit dem Buchwertansatz bzw. dem Ansatz der ursprünglichen Anschaffungskosten geht entsprechend die seit dem SEStEG in § 13 Abs. 2 Satz 2 UmwStG gesetzlich niedergelegte Fußstapfentheorie einher, wonach die steuerlichen Eigenschaften der ursprünglichen Anteile, wie zum Beispiel die Eigenschaft als qualifizierte Anteile i.S.d. § 17 Abs. 1 EStG, wenn die Quote nach dem Übergang unterschritten wird, oder der Lauf einer Spekulationsfrist gem. § 23 Abs. 1 Satz 1 Nr. 2 EStG, auf die neu erworbenen Anteile übergehen. Der erforderliche Antrag unterliegt keiner besonderen Form und ist nicht fristgebunden. **833**

Die Bewertung auf Ebene des Anteilseigners erfolgt dabei unabhängig von der Bewertung zum gemeinen Wert, zum Buch- oder Zwischenwert auf Ebene der übertragenden Gesellschaft und der an diese Werte gebundenen übernehmenden Gesellschaft. Besteuerungszeitpunkt ist abweichend von der Besteuerung auf Ebene von übertragender und übernehmender Gesellschaft der Zeitpunkt der Eintragung der Verschmelzung ins Handelsregister. Nicht von § 13 UmwStG erfasst werden andere Gegenleistungen als Gesellschaftsrechte, wie zum Beispiel Ausgleichzahlungen, für die die allgemeinen ertragsteuerlichen Bestimmungen gelten. **834**

4. Auf- und Abspaltung von einer Kapitalgesellschaft

Steuerrechtlich stellen die Auf- und Abspaltung von Vermögensteilen einer Kapitalgesellschaft einen Unterfall der Verschmelzung dar. Daher ordnet § 15 Abs. 1 Satz 2 UmwStG unter Ergänzung weiterer Voraussetzungen die entsprechende Anwendung der Vorschriften der §§ 11 bis 13 UmwStG an. Wesentliche zusätzliche Voraussetzung für die Durchführung steuerneutraler oder nur teilweise steuerpflichtiger Spaltungsvorgänge im Zusammenhang mit der Anwendung von § 15 UmwStG ist dabei das Erfordernis, dass das auf jede übernehmende Gesellschaft übertragene Vermögen einen Teilbetrieb bilden muss und, im Falle der Abspaltung, dass bei der übertragenden Gesellschaft ebenfalls ein Teilbetrieb verbleibt (sog. doppeltes Teilbetriebserfordernis), § 15 Abs. 1 Satz 2 UmwStG. **835**

---

793 Bei anderen Wirtschaftsgütern ist die Restnutzungsdauer neu zu schätzen und auf die in Folge der Übernahme erhöhte Bemessungsgrundlage anzuwenden.
794 Bei Anteilen, die vor Einführung der Abgeltungsteuer zum 01.01.2009 erworben wurden.

a) Teilbetriebe

aa) »Echte« Teilbetriebe

836 Nach neuerer Auffassung der Finanzverwaltung[795] ist der sog. europäische Teilbetriebsbegriff bei der Anwendung von § 15 UmwStG zu Grunde zu legen. Damit umfasst ein Teilbetrieb die Gesamtheit der in einem Unternehmensteil einer Gesellschaft vorhandenen aktiven und passiven Wirtschaftsgüter, die in organisatorischer Hinsicht einen selbstständigen Betrieb, das heißt eine aus eigenen Mitteln funktionsfähige Einheit darstellen. Damit wurde der bisher geltende, sog. nationale Teilbetriebsbegriff aufgegeben, der einen mit einer gewissen Selbständigkeit ausgestatteten, organisch geschlossenen Teil des Gesamtbetriebes, der für sich allein lebensfähig ist, umfasste.[796] Dieser Meinungswandel der Finanzverwaltung bedeutet eine beachtliche Verschärfung der für ertragsteuerneutrale Spaltungsvorgänge einzuhaltenden ertragsteuerlichen Voraussetzungen. Über die nach bisherigem Verständnis zu erfassenden funktional wesentlichen Wirtschaftsgüter hinaus sind bei wortwörtlichem Verständnis des europäischen Teilbetriebsbegriffs »alle funktional wesentlichen Betriebsgrundlagen sowie diesem Teilbetrieb nach wirtschaftlichen Zusammenhängen zuordenbaren Wirtschaftsgüter«[797] einzubeziehen. Diese enge Sichtweise erfordert eine im Vergleich zur bisherigen Rechtslage wesentlich detailliertere Zuordnungsentscheidung für die einzelnen übergehenden bzw. verbleibenden Wirtschaftsgüter, die im Rahmen vorbereitender verbindlicher Auskünfte mit der Finanzverwaltung abzustimmen sind. Abhängig von der Komplexität der abzugrenzenden Teilbetriebe werden damit sowohl Steuerpflichtige als auch die Finanzverwaltung häufig an die Grenzen des tatsächlich machbaren stoßen und eine abschließende Rechtssicherheit für die Ertragsteuerneutralität von Spaltungsvorgängen wird nur schwerlich mit abschließender Rechtssicherheit gewährleistet werden können.[798]

837 Eine zusätzliche Verschärfung bedeutet das von der Finanzverwaltung nunmehr geforderte Vorliegen des Teilbetriebes zum steuerlichen Übertragungsstichtag.[799] Nach bisheriger Auffassung musste der Teilbetrieb erst zum Zeitpunkt des Spaltungsbeschlusses vorliegen. Diese Verschärfung stellt im Zusammenhang mit rückwirkenden Spaltungsvorgängen ein bedeutendes Hindernis dar, da aus gestalterischer Sicht die Vorbereitung von Spaltungen zu einem Zeitpunkt abgeschlossen sein muss, der wesentlich vor, nämlich bis zu 8 Monate vor einem möglichen Beschluss der Spaltungsmaßnahme liegt.

bb) »Fiktive« Teilbetriebe

838 Gem. § 15 Abs. 1 Satz 2 UmwStG gelten als sog. fiktiver Teilbetrieb auch ein Mitunternehmeranteil und der Teil eines Mitunternehmeranteils, jeweils einschließlich des dazugehörenden Sonderbetriebsvermögens,[800] sowie die Beteiligung an einer Kapitalgesellschaft, die das gesamte Nennkapital der Gesellschaft umfasst, wenn die Beteiligung nicht ihrerseits einem Teilbetrieb zuzurechnen ist.[801]

839 Bei der Übertragung eines (echten oder fiktiven) Teilbetriebes sind sämtliche diesem Teilbetrieb zuordenbare Wirtschaftsgüter im Rahmen des Spaltungsvorgangs zu übertragen, wobei die Begründung wirtschaftlichen Eigentums ausreicht.[802] Funktional wesentliche Betriebsgrundlagen, die von mehreren Teilbetrieben genutzt werden, stellen ein Spaltungshindernis dar. Nur im Ausnahmefall ist zum Beispiel bei der Übertragung von Grundstücken die Begründung von Bruchteilseigentum

---

795 BMF v. 11.11.2011, BStBl. I 2011, 1314, Tz. 15.02.
796 Vgl. zuletzt zum Beispiel BFH v. 07.04.2010, I R 96/08, BStBl. II 2011, 467.
797 So ausdrücklich BMF v. 11.11.2011, BStBl. I 2011, 1314, Tz. 15.02.
798 Vgl. Schneider/Ruoff/Sistermann/*Beutel*, Umwandlungssteuer-Erlass 2011, S. 321.
799 BMF v. 11.11.2011, BStBl. I 2011, 1314, Tz. 15.03.
800 BMF v. 11.11.2011, BStBl. I 2011, 1314, Tz. 15.04.
801 BMF v. 11.11.2011, BStBl. I 2011, 1314, Tz. 15.06.
802 BMF v. 11.11.2011, BStBl. I 2011, 1314, Tz. 15.07; nicht ausreichend im Anschluss an BFH v. 07.04.2010, I R 96/08, BStBl. II 2011, 467 ist die bloße Nutzungsüberlassung.

aus Billigkeitsgründen zulässig.[803] Wirtschaftsgüter, die keinem Teilbetrieb als wesentliche Betriebsgrundlage zugeordnet werden können und auch nicht in wirtschaftlichen Zusammenhängen zuordenbar sind, können bis zum Zeitpunkt des Spaltungsbeschlusses jedem der Teilbetriebe zugeordnet werden.[804]

b) Besteuerung der übertragenden Kapitalgesellschaft

aa) Grundsatz der Besteuerung zum gemeinen Wert

Die Besteuerung von Spaltungsvorgängen richtet sich bei der übertragenden Gesellschaft nach §§ 11 und 13 UmwStG. Das gilt sowohl in den Fällen, in denen Teilbetriebe i.S.d. zuvor genannten Voraussetzungen übertragen werden, als auch in den Fällen, in denen die Teilbetriebserfordernisse nicht eingehalten werden. Werden die Teilbetriebserfordernisse nicht erfüllt, so ist der Spaltungsvorgang nur unter Ansatz der Wirtschaftsgüter zum gemeinen Wert gem. §§ 11 Abs. 1, 13 Abs. 1 UmwStG zulässig. Nur wenn eine Übertragung von Teilbetrieben erfolgt, können die steuerlichen Wahlrechte zum Buch- oder Zwischenwert gem. §§ 11 Abs. 2, 13 Abs. 2 UmwStG von der übertragenden Gesellschaft bzw. dem Anteilseigner in Anspruch genommen werden.

840

Bei einer Abspaltung sind die bei der übertragenden Gesellschaft verbleibenden Wirtschaftsgüter weiterhin mit den bisherigen Buchwerten anzusetzen. Bei einer unter Ansatz des gemeinen Wertes durchgeführten Abspaltung kommt es zu einem Übertragungsgewinn, der mit dem laufenden Ergebnis verrechnet wird. Ein entstehender Übertragungsverlust ist außerbilanziell zu korrigieren. Soweit es sich bei den übertragenen Wirtschaftsgütern um Beteiligungen an Kapitalgesellschaften handelt, sind die Bestimmungen des § 8b Abs. 2, 3 KStG anwendbar. Der Übertragungsgewinn unterliegt gem. § 19 Abs. 1 UmwStG der Gewerbesteuer.

841

bb) Ausübung von Bewertungswahlrechten

Soweit die Teilbetriebserfordernisse eingehalten werden, kann die übertragende Gesellschaft die Auf- bzw. Abspaltung unter Ausübung der in § 11 Abs. 2 UmwStG genannten Bewertungswahlrechte durchführen. Demnach können die übergehenden Wirtschaftsgüter zu Buch- oder Zwischenwerten, höchstens jedoch mit dem gemeinen Wert übertragen werden, wenn die Besteuerung der stillen Reserven mit Körperschaftsteuer hinsichtlich des übergehenden Vermögens sichergestellt ist, das Besteuerungsrecht der Bundesrepublik Deutschland wegen des Veräußerungsgewinns aus dem übergehenden Vermögen nicht ausgeschlossen oder beschränkt wird und keine anderen Gegenleistungen als Gesellschaftsrechte gewährt werden.

842

Nach Reform durch das SEStEG ergibt sich aber nun aus dem insoweit eindeutigen Wortlaut von § 15 Abs. 1 Satz 2 UmwStG, dass es zulässig ist, dass bei Übertragung mehrerer Teilbetriebe das Bewertungswahlrecht für jeden Teilbetrieb gesondert ausgeübt wird.[805]

843

cc) Ausnahmetatbestände

Die Anwendbarkeit der Bewertungswahlrechte nach §§ 15 Abs. 1 Satz 1, 11 Abs. 2 UmwStG ist aus den in § 15 Abs. 2 UmwStG genannten Gründen der Missbrauchsvermeidung ausgeschlossen.

844

Nach § 15 Abs. 2 Satz 1 UmwStG können als fiktive Teilbetriebe solche Mitunternehmeranteile und 100 %-Beteiligungen an einer Kapitalgesellschaft nicht übertragen werden, die innerhalb von drei Jahren vor dem steuerlichen Übertragungsstichtag durch Übertragung von Wirtschaftsgütern, die für sich genommen keinen Teilbetrieb bilden, erworben oder aufgestockt wurden. Durch diesen Ausschlusstatbestand sollen Umgehungsgestaltungen ausgeschlossen werden, mit denen nicht steuer-

845

---

803 BMF v. 11.11.2011, BStBl. I 2011, 1314, Tz. 15.08.
804 BMF v. 11.11.2011, BStBl. I 2011, 1314, Tz. 15.09.
805 H.A., vgl. Sagasser/Bula/Brünger/*Sagasser/Schöneberger*, Umwandlungen, S. 1171.

neutral übertragungsfähige Wirtschaftsgüter kurzfristig in übertragungsfähige Gegenstände umgestaltet werden.[806] Das gilt im Fall der Abspaltung für das abgespaltene Vermögen genauso wie für das zurückbleibende Vermögen.[807] Nicht von diesem Ausschlusstatbestand erfasst sein dürften entgeltliche Übertragungen, da es hierbei zu einer Aufdeckung stiller Reserven kommt und damit der Normzweck von § 15 Abs. 2 Satz 1 UmwStG nicht einschlägig ist.

846 Ferner werden von § 15 Abs. 2 Satz 2 bis 4 UmwStG Spaltungsvorgänge von der Privilegierung ausgeschlossen, wenn durch die Spaltung die Veräußerung an außenstehende Personen vollzogen wird oder durch die Spaltung die Voraussetzungen für eine Veräußerung geschaffen werden. Schädliche Veräußerungsvorgänge sind entgeltliche Übertragungen des zivilrechtlichen oder wirtschaftlichen Eigentums an Anteilen der übertragenden oder der übernehmenden Gesellschaft. Unentgeltliche Vorgänge, wie zum Beispiel Schenkungen oder Erbschaften fallen nicht unter den Veräußerungsbegriff.[808] Die Aufnahme eines neuen Gesellschafters im Wege der Kapitalerhöhung gegen ein angemessenes Aufgeld ist ebenfalls nicht als Veräußerung anzusehen.[809] Schließlich stellen Umstrukturierungen unter verbundenen Unternehmen i.S.d. § 271 Abs. 2 HGB und Anteilsveräußerungen im bisherigen Gesellschafterkreis keine schädlichen Veräußerungen dar, wenn nicht im Anschluss unmittelbare oder mittelbare Veräußerungen an Außenstehende stattfinden.[810] Soweit ein Veräußerungsvorgang nach diesen Voraussetzungen gegeben ist, sieht § 15 Abs. 2 Satz 4 UmwStG im Rahmen einer gesetzlichen Vermutung vor, dass eine schädliche Veräußerung vorliegt, wenn innerhalb von fünf Jahren nach dem steuerlichen Übertragungsstichtag Anteile an einer an der Spaltung beteiligten Körperschaft, die mehr als 20 % der vor Wirksamwerden der Spaltung an der Körperschaft bestehenden Anteile ausmachen, veräußert werden. Im Zusammenhang mit der Trennung von Gesellschafterstämmen sieht § 15 Abs. 2 Satz 5 UmwStG einen Ausnahmetatbestand von der Zulässigkeit des Buch- bzw. Zwischenwertansatzes vor, wenn die Beteiligung eines Gesellschafters nicht bereits über einen Zeitraum von fünf Jahren vor dem steuerlichen Übertragungsstichtag bestand. Auf diese Weise sollen Gestaltungen verhindert werden, die durch kurzfristige Beteiligung neuer Gesellschafter und anschließende nicht-verhältniswahrende Abspaltungen steuergünstige Übertragungen ermöglichen.

c) Besteuerung der übernehmenden Gesellschaft

847 Die Besteuerungsfolgen bei der übernehmenden Gesellschaft ergeben sich gem. § 15 Abs. 1 Satz 1 UmwStG aus entsprechender Anwendung des § 12 UmwStG, der unabhängig vom Erwerb eines Teilbetriebes oder vom Vorliegen eines Missbrauchsfalls im Sinne von § 15 Abs. 2 UmwStG eingreift. § 15 Abs. 2 UmwStG wirkt sich jedoch mittelbar auf die übernehmende Gesellschaft aus, da die Vorschrift in den zuvor genannten Fällen einen Ansatz der übergehenden Wirtschaftsgüter unterhalb des gemeinen Wertes bei der übertragenden Gesellschaft versagt und die übernehmende Gesellschaft an diese Wertansätze gebunden ist.

848 Die übernehmende Gesellschaft hat insbesondere die Wertansätze der übertragenden Gesellschaft für die übergehenden Wirtschaftsgüter gem. § 12 Abs. 1 UmwStG zu übernehmen.

849 Soweit durch die übernehmende Gesellschaft Anteile an der übertragenden Gesellschaft gehalten werden, ist gem. §§ 12 Abs. 1 Satz 2, 4 Abs. 1 Satz 2 UmwStG ein Beteiligungskorrekturgewinn zu ermitteln. Ein sich nach dieser Korrektur ergebender Übernahmegewinn oder -verlust ist gem. § 12 Abs. 2 UmwStG nicht zu berücksichtigen. Schließlich kann sich ein Übernahmefolgegewinn gem. § 12 Abs. 4 i.V.m. § 6 UmwStG ergeben, soweit Forderungen und Verbindlichkeiten zwischen übertragender und übernehmender Gesellschaft beim Spaltungsvorgang durch Konfusion untergehen. Insoweit darf der übernehmende Rechtsträger eine den steuerlichen Gewinn mindernde Rücklage

---

806 BMF v. 11.11.2011, BStBl. I 2011, 1314, Tz. 15.16.
807 BMF v. 11.11.2011, BStBl. I 2011, 1314, Tz. 15.17.
808 BMF v. 11.11.2011, BStBl. I 2011, 1314, Tz. 15.23.
809 BMF v. 11.11.2011, BStBl. I 2011, 1314, Tz. 15.25.
810 BMF v. 11.11.2011, BStBl. I 2011, 1314, Tz. 15.26.

B. Das Steuerrecht der Kapitalgesellschaften   Kapitel 12

bilden, die in den darauffolgenden drei Wirtschaftsjahren gewinnerhöhend aufzulösen ist, § 6 Abs. 1 UmwStG.

Im Übrigen tritt die übernehmende Gesellschaft hinsichtlich der übernommenen Wirtschaftsgüter in die Rechtsstellung der übertragenden Gesellschaft ein, § 12 Abs. 3 UmwStG. Insbesondere sind Abschreibungen nach den gleichen Grundsätzen fortzuführen, wie dies im Zusammenhang mit der Verschmelzung bereits erläutert wurde.[811] Bei der Berücksichtigung von Haltefristen werden die Vorbesitzzeiten der übertragenden Gesellschaft berücksichtigt. Bei der übertragenden Gesellschaft bestehende verrechenbare Verluste, verbleibende Verlustvorträge sowie EBITDA-Vorträge im Rahmen der Zinsschranke gehen nicht auf die übernehmende Gesellschaft über, sondern gehen unter. Im Falle der Abspaltung erfolgt gem. § 15 Abs. 3 UmwStG bei der übertragenden Gesellschaft eine anteilige Kürzung dieser Positionen im Verhältnis des gemeinen Wertes des übertragenen Vermögens zum gesamten Vermögen der übertragenden Gesellschaft vor der Abspaltung. Diese Folgen gelten gem. § 19 Abs. 2 UmwStG entsprechend für die gewerbesteuerliche Verlustberücksichtigung nach § 10a GewStG. 850

Soweit im Zusammenhang mit Abspaltungsvorgängen wegen der Übertragung von Vermögensteilen der übertragenden Gesellschaft eine Aufteilung des steuerlichen Einlagekontos erforderlich wird, sieht § 29 Abs. 1 KStG hierzu folgendes Verfahren vor. In einem ersten Schritt wird das Nennkapital der übertragenden Gesellschaft gem. § 29 Abs. 1 KStG fiktiv auf einen Betrag von € 0,00 herabgesetzt. Das hiernach vorhandene steuerliche Einlagekonto wird dann in einem zweiten Schritt gem. § 29 Abs. 3 KStG im Verhältnis der gemeinen Werte des jeweils übertragenen Vermögens zum gemeinen Wert des vor Übertragung bei der übertragenden Gesellschaft vorhandenen Vermögens aufgeteilt. In einem dritten und letzten Schritt wird sodann das Nennkapital der übernehmenden Gesellschaften bzw. der übertragenden im Fall der Abspaltung gem. §§ 29 Abs. 4, 28 Abs. 1, 3 KStG angepasst. 851

d) Besteuerung des Gesellschafters

Auf Ebene des Anteilseigners der übertragenden Gesellschaft liegt bei Spaltungsvorgängen ein Tauschgeschäft der Beteiligung an der übertragenden Gesellschaft gegen die Beteiligung an den bzw. der übernehmenden Gesellschaft vor. Im Rahmen dieses Tausches erfolgt die Bewertung der Anteile nach § 15 Abs. 1 Satz 1 i.V.m. § 13 Abs. 1 UmwStG, unabhängig von der Bewertung auf Ebene der übertragenden Gesellschaft, grundsätzlich zum gemeinen Wert. Wird auf Ebene der übertragenden Gesellschaft das doppelte Teilbetriebserfordernis eingehalten, schlägt dies auch auf die Ebene des Anteilseigners durch und erlaubt bei Vorliegen der Voraussetzungen des § 13 Abs. 2 UmwStG im Übrigen auf Antrag den Buchwertansatz bzw. bei einer im Privatvermögen gehaltenen Beteiligung den Ansatz der Anschaffungskosten. Bei einer Bewertung zum gemeinen Wert entsteht ein Veräußerungsgewinn, der vom Anteilseigner nach allgemeinen Grundsätzen gem. §§ 13, 15, 16, 17, 18 i.V.m. §§ 3 Nr. 40, 3c Abs. 2 EStG, §§ 20 Abs. 2, 32d EStG oder § 8b Abs. 2, 3 KStG zu besteuern ist. Bei Ausübung des Buchwertwahlrechts entsteht kein Veräußerungsgewinn und vorhandene stille Reserven gehen auf die erhaltenen Anteile an der übernehmenden Gesellschaft über. 852

Im Falle der Abspaltung erfolgt eine Aufteilung der Buchwerte bzw. Anschaffungskosten an den Anteilen der übertragenden Gesellschaft auf die neuen Anteile an der erwerbenden Gesellschaft und die verbleibenden Anteile an der übertragenden Gesellschaft nach dem Verhältnis der gemeinen Werte der jeweiligen Anteile zum Wert des vor der Spaltung vorhandenen Vermögens der übertragenden Gesellschaft. 853

Soweit ein Anteilseigner eine i.S.d. § 17 EStG wesentliche Beteiligung von über 1 % an der übertragenden Gesellschaft hielt, die in Folge der Spaltung rechnerisch jeweils auf nicht wesentliche Beteiligungen zurückgefallen ist, so gelten die neu erworbenen Beteiligungen gem. § 13 Abs. 2 Satz 2 UmwStG trotzdem als wesentliche Beteiligungen weiter (sog. spaltungsgeborene Anteile). Hinter- 854

---

811 S. Rdn. 830.

Kapitel 12

grund dieser Regelung ist die Sicherstellung der Besteuerung der in der ursprünglichen Beteiligung enthaltenen steuerpflichtigen stillen Reserven.

5. Formwechsel zwischen Kapitalgesellschaften

855 Der Formwechsel zwischen Kapitalgesellschaften (z.B. »GmbH« in »AG« oder umgekehrt) ist nicht im UmwStG geregelt. Im Zusammenhang mit dem Formwechsel unter Kapitalgesellschaften bleibt nicht nur die rechtliche, sondern auch die steuerliche Identität des Unternehmensträgers unberührt. Infolgedessen erfolgen weder Veräußerungsvorgänge noch ein Wechsel des Besteuerungsregimes, so dass eine Regelung dieses Umwandlungsvorgangs auch nicht erforderlich ist.

856 Allein ein Ausscheiden eines Anteilseigners gegen Barabfindung im Zusammenhang mit dem Formwechsel kann steuerliche Folgen auslösen. Das Ausscheiden eines Anteilseigners ist dabei nach den allgemeinen Besteuerungsgrundsätzen der §§ 13, 15, 16, 17, 18 i.V.m. §§ 3 Nr. 40, 3c Abs. 2 EStG, §§ 20 Abs. 2, 32d EStG oder § 8b Abs. 2, 3 KStG zu beurteilen.

6. Anteilstausch

a) Allgemeines

857 Für die Einbringung von Anteilen an einer Kapitalgesellschaft oder einer Genossenschaft in eine Kapitalgesellschaft ist in § 21 UmwStG als Sonderfall der Einbringung der so genannte Anteilstausch geregelt. Davon umfasst ist die isolierte Einbringung nur von Anteilen an einer Kapitalgesellschaft oder Genossenschaft. Werden die Anteile als Bestandteile eines Betriebsvermögens (Betrieb, Teilbetrieb oder Mitunternehmeranteil) übertragen, so unterliegt die Einbringung den Voraussetzungen des § 20 UmwStG.[812]

858 Einbringender kann jede in- oder ausländische natürliche oder juristische Person sein. Bei der Einbringung durch eine Personengesellschaft dürfte auf Grundlage des Umwandlungssteuererlasses zu differenzieren sein, ob die einbringende Personengesellschaft infolge der Einbringung fortbesteht.[813] Hiernach sind die Mitunternehmer als Einbringende anzusehen, wenn die Personengesellschaft in Folge des Anteilstausches untergeht, und die Personengesellschaft selbst bei Einbringungsvorgängen in doppelstöckigen Strukturen.

859 Als übernehmende Gesellschaft kommt grundsätzlich jede in- und ausländische Kapitalgesellschaft und Genossenschaft in Betracht, wenn es sich um eine nach dem Recht eines EU-Mitgliedstaates oder eines EWR-Staates gegründete Gesellschaft i.S.d. Art. 54 AEUV oder des Art. 34 des EWR-Abkommens handelt, deren Sitz und Ort der Geschäftsleitung sich in einem dieser Staaten befindet.[814]

860 Schließlich kommt als so genannte erworbene Gesellschaft, das ist die Gesellschaft, deren Anteile in die übernehmende Gesellschaft eingebracht werden, jede in § 1 Abs. 1 Nr. 1 und 2 KStG aufgezählte in- oder ausländische[815] Kapitalgesellschaft oder Genossenschaft in Betracht. Der Einbringende muss vor Durchführung des Anteilstauschs zumindest wirtschaftlicher Eigentümer der Anteile an der erworbenen Gesellschaft sein.[816]

861 Im Übrigen setzt die Anwendung von § 21 UmwStG auf den Anteilstausch voraus, dass als Gegenleistung für die eingebrachten Anteile neue Anteile an der aufnehmenden Gesellschaft gewährt wer-

---

812 BMF v. 11.11.2011, BStBl. I 2011, 1314, Tz. 21.01.
813 Vgl. hierzu Schneider/Ruoff/Sistermann/*Schulz*, Der neue Umwandlungssteuer-Erlass 2011, S. 443 unter Hinweis auf BMF v. 11.11.2011, BStBl. I 2011, 1314, Tz. 20.03.
814 BMF v. 11.11.2011, BStBl. I 2011, 1314, Tz. 21.04 i.V.m. 20.04 und 1.54.
815 Umfasst sind ausländische Gesellschaften aus EU- und EWR-Staaten sowie aus Drittstaaten, soweit diese nach den Wertungen des deutschen Steuerrechts als Kapitalgesellschaft oder Genossenschaft anzusehen sind, vgl. BMF v. 11.11.2011, BStBl. I 2011, 1314, Tz. 21.05.
816 BMF v. 11.11.2011, BStBl. I 2011, 1314, Tz. 21.06.

den. Daher ist es zum Beispiel nicht ausreichend, wenn im Rahmen des Anteilstausches von der übernehmenden Gesellschaft gehaltene eigene Anteile gewährt werden. Vielmehr müssen die neuen Anteile durch den Einbringungsvorgang durch eine Kapitalerhöhung neu entstehen. Nicht erforderlich ist demgegenüber, dass als Gegenleistung ausschließlich neue Anteile gewährt werden. So können zum Beispiel auch Darlehen gewährt werden.

b) Besteuerung beim Übernehmenden

Die steuerliche Behandlung bei der übernehmenden Gesellschaft unterscheidet sich in erster Linie danach, ob ein einfacher oder ein qualifizierter Anteilstausch gegeben ist. 862

Ein **einfacher Anteilstausch** ist gegeben, wenn die übernehmende Gesellschaft durch die Einbringung nicht die Mehrheit der Stimmrechte erlangt, § 21 Abs. 1 Satz 1 UmwStG. Beim einfachen Anteilstausch hat die übernehmende Gesellschaft die erworbenen Anteile immer mit dem gemeinen Wert anzusetzen. 863

Ein **qualifizierter Anteilstausch** ist gegeben, wenn die übernehmende Gesellschaft nach der Einbringung auf Grund ihrer Beteiligung einschließlich der eingebrachten Anteile nachweisbar unmittelbar die Mehrheit der Stimmrechte an der erworbenen Gesellschaft hat, § 21 Abs. 1 Satz 2 UmwStG. In diesem Zusammenhang ist es ausreichend, wenn die übernehmende Gesellschaft durch einen Hinzuerwerb zu einer bereits bestehenden Beteiligung die Stimmrechtsmehrheit erwirbt oder eine bereits bestehende Stimmenmehrheit weiter aufstockt.[817] Bei der Bestimmung der Stimmrechte kommt es auf die aus einer Beteiligung herrührenden Stimmrechte, ggf. unter Berücksichtigung von satzungsmäßigen Mehr- oder Minderstimmrechten an. Stimmbindungsverträge und Vetorechte vermitteln hingegen keine berücksichtigungsfähigen Stimmrechte.[818] 864

Beim qualifizierten Anteilstausch besteht, vergleichbar zu den übrigen im Umwandlungssteuergesetz vorhandenen Besteuerungstatbeständen, ein Wahlrecht, anstelle des gemeinen Wertes die übernommenen Anteile zu einem Buch- oder Zwischenwert anzusetzen. Im Falle einer Einbringung aus dem Privatvermögen sind an Stelle der Buchwerte die Anschaffungskosten abzusetzen. Für den Übernehmenden wird das Wahlrecht eingeschränkt, soweit der Einbringende neben den neuen Anteilen auch andere Wirtschaftsgüter erhält, deren gemeiner Wert mehr beträgt als 25 % des Buchwertes der eingebrachten Anteile oder als ein Betrag in Höhe von € 500.000,00, höchstens jedoch den Buchwert der eingebrachten Anteile, § 21 Abs. 1 Satz 2 UmwStG.[819] Bei Überschreiten der vorgenannten Werte sind die eingebrachten Anteile beim Übernehmenden insoweit mindestens mit dem gemeinen Wert der anderen Wirtschaftsgüter anzusetzen. Der Ansatz eines Buch- oder Zwischenwertes in der Steuerbilanz des Übernehmenden ist unabhängig von einem übereinstimmenden Ansatz in der Handelsbilanz.[820] Formell ist zur Ausübung des Bewertungswahlrechts ein Antrag beim für den Übernehmenden zuständigen Finanzamt erforderlich, der bis zur Einreichung der steuerlichen Schlussbilanz zu stellen ist. 865

Für die übernommenen Anteile sieht § 23 Abs. 1 UmwStG im Fall des Ansatzes eines unter dem gemeinen Wert liegenden Wertes für die übernommenen Anteile vor, dass die übernehmende Gesellschaft entsprechend § 12 Abs. 3 Halbs. 1 UmwStG in die steuerliche Rechtsstellung der übertragenden Gesellschaft eintritt. Etwaige Haltefristen des Einbringenden sind bei der übernehmenden Gesellschaft anzurechnen, § 4 Abs. 2 Satz 3 UmwStG. 866

---

817 BMF v. 11.11.2011, BStBl. I 2011, 1314, Tz. 21.09.
818 Sagasser/Bula/Brünger/*Abele*, Umwandlungen, S. 1404 f.
819 Diese Wertgrenzen wurden durch Art. 6 Abs. 2 des Steueränderungsgesetzes 2015 v. 02.11.2015, BGBl. I 2015, 1834, 1839, eingeführt.
820 BMF v. 11.11.2011, BStBl. I 2011, 1314, Tz. 21.11.

c) Besteuerung beim Einbringenden

867 Beim Einbringenden gilt der Wert, mit dem der Übernehmende die eingebrachten Anteile ansetzt, nach § 21 Abs. 2 Satz 1 UmwStG als Veräußerungspreis für die eingebrachten Anteile und gleichzeitig als Anschaffungskosten für die erhaltenen Anteile.

868 Abweichend hiervon ist der Ansatz des gemeinen Wertes als Veräußerungspreis und als Anschaffungskosten vorzunehmen, wenn das Besteuerungsrecht der Bundesrepublik Deutschland für die eingebrachten Anteile nach der Einbringung für die Besteuerung des Veräußerungsgewinns der eingebrachten oder der erhaltenen Anteile ausgeschlossen oder beschränkt ist. Auf Antrag besteht eine Ausnahme vom Ansatz des gemeinen Wertes im Falle des qualifizierten Anteilstausches. Ein Buch- oder Zwischenwertansatz als Veräußerungspreis der eingebrachten Anteile und als Anschaffungskosten der erhaltenen Anteile ist dann zulässig, wenn das Besteuerungsrecht der Bundesrepublik Deutschland für den Veräußerungsgewinn aus der Veräußerung der erhaltenen Anteile nicht ausgeschlossen oder beschränkt ist, § 21 Abs. 2 Nr. 1 UmwStG, oder der Gewinn aus dem qualifizierten Anteilstausch den Bestimmungen des Art. 8 der Fusionsrichtlinie[821]1 nicht besteuert werden darf. Ist die Besteuerung nach Art. 8 der Fusionsrichtlinie ausgeschlossen, so ist ein späterer Veräußerungsgewinn bei den erhaltenen Anteilen ungeachtet bestehender DBA-rechtlicher Bestimmungen so zu besteuern, wie die Veräußerung der Anteile an der erworbenen Gesellschaft zu besteuern gewesen wäre, § 21 Abs. 2 Satz 3 Nr. 2 UmwStG. Der Antrag zur Ausübung des Bewertungswahlrechtes ist spätestens bis zur erstmaligen Abgabe der Steuererklärung zu stellen.

869 Werden die Anteile zu einem über dem Buchwert bzw. im Falle der Einbringung aus dem Privatvermögen über den Anschaffungskosten liegenden Wert eingebracht, entsteht beim Einbringenden ein Veräußerungsgewinn, der nach allgemeinen Regeln zu versteuern ist, das heißt als laufender Gewinn gem. §§ 13, 15, 16, 18 i.V.m. § 3 Nr. 40 EStG bei Einbringungen aus dem Betriebsvermögen natürlicher Personen oder Personengesellschaften, nach § 17 i.V.m. § 3 Nr. 40 EStG bei der Veräußerung von Beteiligungen von mehr als 1 % an der erworbenen Gesellschaft, nach §§ 20, 32d EStG bei sonstigen Beteiligungen, die im Privatvermögen gehalten werden sowie nach § 8b Abs. 2 KStG, wenn Kapitalgesellschaften Anteilseigner waren.[822] Für die Besteuerung ist auf den Übertragungsstichtag abzustellen. Das ist der Zeitpunkt der Übertragung des wirtschaftlichen Eigentums i.S.d. § 39 AO auf die übernehmende Gesellschaft. Eine steuerliche Rückwirkung, wie in §§ 2 und 20 Abs. 5 und 6 UmwStG für andere Übertragungstatbestände vorgesehen, ist für den Anteilstausch nicht zulässig.[823]

870 Zur Verhinderung von Steuermissbräuchen ist in § 22 Abs. 2 UmwStG zudem die Steuerpflicht des so genannten Einbringungsgewinns II vorgesehen. Durch diesen Besteuerungstatbestand soll verhindert werden, dass Steuerpflichtige, die vor der Einbringung die Anteile nicht unter Anwendung des Schachtelprivilegs gem. § 8b Abs. 2, 3 KStG veräußern konnten, sich in den Genuss der 95 %-igen Steuerfreistellung von Veräußerungsgewinnen aus Anteilsveräußerungen setzen können. Vom Einbringungsgewinn II sind damit neben natürlichen Personen und Personengesellschaften auch Körperschaften betroffen, für die § 8b Abs. 2, 3 KStG nicht gilt. Das sind insbesondere bestimmte Kreditinstitute gem. § 8b Abs. 7 KStG oder bestimmte Lebens- und Krankenversicherungsunternehmen gem. § 8b Abs. 8 KStG.[824] Hierzu sieht § 22 Abs. 2 UmwStG vor, dass zu einem unter dem gemeinen Wert eingebrachte Anteile, die innerhalb eines Zeitraums von sieben Jahren nach dem Einbringungszeitpunkt unmittelbar oder mittelbar vom Übernehmer veräußert werden, rückwirkend als Veräußerungsgewinn zum gemeinen Wert zu besteuern sind, soweit der Einbringende die Anteile nicht nach § 8b Abs. 2, 3 KStG hätte versteuern können. Mit Urteil vom 24.01.2018 hat

---

821 Richtlinie 2005/19/EG des Rates über das gemeinsame Steuersystem für Fusionen, Spaltungen, die Einbringung von Unternehmensteilen und den Austausch von Anteilen, die Gesellschaften verschiedener Mitgliedstaaten betreffen (Fusionsrichtlinie) v. 17.02.2005, ABl. 2005, L 58/19.
822 BMF v. 11.11.2011, BStBl. I 2011, 1314, Tz. 21.16.
823 BMF v. 11.11.2011, BStBl. I 2011, 1314, Tz. 21.17.
824 BMF v. 11.11.2011, BStBl. I 2011, 1314, Tz. 22.12.

der BFH zur alten Rechtslage des § 22 Abs. 2 Satz 1 UmwStG 2006 i.d.F. des JStG 2009 entschieden, dass auch eine Verschmelzung der Tochtergesellschaft auf die Muttergesellschaft (Aufwärtsverschmelzung) eine Veräußerung i.S.d. § 22 Abs. 2 Satz 1 UmwStG a.F. darstellt.[825] Da bis heute keine systematische Änderung von § 22 UmwStG erfolgte, ist die Entscheidung auch für die aktuelle Rechtslage zu beachten.[826] Neben der Veräußerung der erhaltenen Anteile durch die erwerbende Gesellschaft lösen auch schädliche Ereignisse i.S.d. 22 Abs. 1 Satz 6 Nr. 1 bis 5 UmwStG die rückwirkende Besteuerung mit dem Einbringungsgewinn II aus. Im Einzelnen kommen hiernach als schädliche Ereignisse in Betracht: die unentgeltliche Übertragung der erhaltenen Anteile auf eine Kapitalgesellschaft oder Genossenschaft, die Auflösung, Abwicklung oder Kapitalherabsetzung der übernehmenden Gesellschaft bei Rückzahlung des Kapitals sowie Ausschüttungen aus dem Einlagekonto gem. § 27 KStG oder Ketteneinbringungen i.S.d. § 22 Abs. 1 Satz 6 Nr. 4 und 5 UmwStG.

Der Einbringungsgewinn errechnet sich in einem ersten Schritt aus der Differenz zwischen dem gemeinen Wert der Anteile zum Zeitpunkt des Anteilstausches und der Kosten der Einbringung sowie dem bisherigen Wert der eingebrachten Anteile, den der Einbringende angesetzt hatte. In einem zweiten Schritt ist dieser Gewinn ist für jedes seit dem Einbringungszeitpunkt bis zum Veräußerungszeitpunkt abgelaufene Zeitjahr um 1/7 zu mindern und ergibt den Einbringungsgewinn II. Der Einbringungsgewinn II ist, wie auch ein außerhalb des Buchwertansatzes entstehender Veräußerungsgewinn, nach allgemeinen Grundsätzen gem. §§ 13, 15, 16, 17, 18 i.V.m. § 3 Nr. 40 EStG bzw. § 20 i.V.m. § 32d EStG zu versteuern.[827] Der Einbringungsgewinn II gilt zudem beim Einbringenden als nachträgliche Anschaffungskosten für die erhaltenen Anteile an der übernehmenden Gesellschaft, § 22 Abs. 2 Satz 4 UmwStG. Bei einer Weitereinbringung der erhaltenen Anteile zu Buchwerten erhöht ein Einbringungsgewinn II auch die Anschaffungskosten der auf den erhaltenen Anteilen beruhenden Anteile beim Einbringenden und der übernehmenden Gesellschaft entsprechend.[828] Soweit der Einbringende die erhaltenen Anteile bereits ganz oder teilweise weiterveräußert hat, wird kein rückwirkender Einbringungsgewinn II ausgelöst.[829]

871

Für diesen Einbringungsgewinn können die Begünstigungen nach §§ 16 Abs. 4, 34 EStG nicht in Anspruch genommen werden. Verfahrensrechtlich gilt die nachträgliche Veräußerung als rückwirkendes Ereignis und ermöglicht damit die Änderung von bereits ergangenen Steuerbescheiden gem. § 175 Abs. 1 Satz 1 Nr. 2 AO. Zudem hat der Einbringende während der sieben auf den Einbringungszeitpunkt folgenden Jahren jährlich jeweils bis zum 31. Mai nachzuweisen, wem zum Jahrestag der Einbringung die eingebrachten Anteile und die auf diesen Anteilen beruhenden Anteile zuzurechnen sind, § 22 Abs. 3 UmwStG. Bei Nichteinhaltung der Frist gelten die eingebrachten Anteile als veräußert. Der Nachweis des Anteilsbesitzes kann durch Bestätigung der Gesellschaft über das wirtschaftliche Eigentum an den eingebrachten Anteilen und zur Gesellschafterstellung erbracht werden. Der Nachweis kann zudem durch Vorlage eines Auszuges aus dem Aktienregister, der Gesellschafterliste oder einer Mitgliederliste geführt werden.[830]

872

C. Erbschaft- und Schenkungsteuer

I. Das gegenwärtige Erbschaft- und Schenkungsteuerrecht

1. Vorbemerkung

Die Erbschaft- und Schenkungsteuer hat in den vergangenen Jahren verfassungsrechtlich turbulente Zeiten erlebt. Strukturelle Unterbewertungen und Überbegünstigungen haben seit 1995 zu drei

873

---

825 BFH v. 24.01.2018, I R 48/15, BStBl. II 2019, 45.
826 Vgl. *v. Glasenapp*, BB 2018, 1648, 1650.
827 BMF v. 11.11.2011, BStBl. I 2011, 1314, Tz. 22.12.
828 BMF v. 11.11.2011, BStBl. I 2011, 1314, Tz. 22.16.
829 BMF v. 11.11.2011, BStBl. I 2011, 1314, Tz. 22.17.
830 BMF v. 11.11.2011, BStBl. I 2011, 1314, Tz. 22.30.

wesentlichen verfassungsgerichtlichen Entscheidungen geführt und den Gesetzgeber jeweils zu umfangreichen Neuregelungen veranlasst. Das derzeit geltende Erbschaft- und Schenkungsteuerrecht ist – in dem Bemühen, einerseits die Vorgaben des Bundesverfassungsgerichtes aus dem Beschluss vom 17.12.2014 einzuhalten – zu einem teilweisen Monstrum geworden. Die praktische Handhabbarkeit der Regelungen ist noch nicht nachgewiesen. Immerhin sind zum Jahresende 2019 die Erbschaftsteuerrichtlinien 2019 erschienen, die einige Zweifelsfragen aus Sicht der Finanzverwaltung klären.

2. Rückblick: Verfassungswidrigkeit der Betriebsvermögensvergünstigungen und Neuregelung

a) Vorlagebeschluss des BFH und Entscheidung des BVerfG

874 Mit Vorlagebeschluss vom 27.09.2012 hat der BFH zum dritten Mal innerhalb der vergangenen 20 Jahre ein geltendes Erbschaft- und Schenkungsteuerrecht dem BVerfG vorgelegt.[831] Im Unterschied zu den beiden vorangegangenen Vorlagen stehen nunmehr nicht Bewertungsfragen, sondern das System der Verschonungssubventionen im Zentrum der verfassungsrechtlichen Kritik. Dies betrifft sowohl den Umfang der gewährten Vergünstigungen als auch die (nicht) folgerichtige Ausgestaltung der Vergünstigungsvoraussetzungen. Das BVerfG entschied über die Vorlage des BFH mit Beschluss vom 17.12.2014. Das BVerfG billigte im Kern die Berechtigung des Gesetzgebers zur Einführung von Verschonungssubventionen für Betriebsvermögen. Es forderte jedoch den Gesetzgeber auf, Nachbesserungen vorzunehmen:
– bei der Begünstigung großer Vermögen ohne Bedürfnisprüfung
– bei der (früher geltenden) festen Verwaltungsvermögensgrenze
– bei der Lohnsummengrenze
– bei dem sogenannten Kaskadeneffekt, der in Holding-Strukturen dazu führen konnte, dass die Verwaltungsvermögensgrenze überschritten wurde
– bei den »cash-Gesellschaften«

b) Grundzüge der Neuregelung

875 Bei den »**Großerwerben**« hat der Gesetzgeber – der Systematik des ErbStG folgend – an den steuerpflichtigen Erwerb angeknüpft. Überschreitet der steuerpflichtige Erwerb einen Wert von 26.000.000 €, also den Betrag, ab dem die oberste Tarifstufe des ErbStG[832] beginnt, so fällt die Begünstigung insgesamt weg, § 13a Abs. 1 Satz 1 Halbs. 2 ErbStG. Der Steuerpflichtige kann in diesen Fällen wahlweise für einen Erwerb bis zu 90.000.000 € ein Abschlagsverfahren nutzen, in dem eine allmähliche Aufzehrung der Betriebsvermögensvergünstigungen erfolgt,[833] oder die sogenannte »Verschonungsbedarfsprüfung« nach § 28a ErbStG wählen, bei der er die Hälfte des nicht nach §§ 13a, 13b ErbStG begünstigten Vermögens zur Zahlung der Erbschaftsteuer einsetzen muss.[834] Bei mehreren, zeitlich aufeinanderfolgenden Erwerben erfolgt, angelehnt an die Regelung des § 14 ErbStG, eine Zusammenrechnung mehrere Erwerbe, die von derselben Person angefallen sind.

876 Soweit nach § 13b Abs. 2 ErbStG a.F. eine **feste Verwaltungsvermögensgrenze** von 50 % begünstigungsunschädlich war, und bei einem Überschreiten nach der »Alles-oder-Nichts-Regelung« ein Begünstigungsausschluss eintrat, wird nunmehr das Verwaltungsvermögen, soweit es einen Anteil von 10 % des gemeinen Wertes des Betriebsvermögens überschreitet, mit seinem Nettowert, also nach anteiliger Berücksichtigung von Schulden, aus den Begünstigungsvorschriften ausgenommen. Die »Nettobetrachtung« des Verwaltungsvermögens, also die anteilige Berücksichtigung von Schul-

---

831 DStR 2012, 2063 hierzu ausführlich *Wachter*, DStR 2012, 2301 und *Meincke*, ZEV 2013, 1.
832 § 19 Abs. 1 ErbStG.
833 § 13c ErbStG.
834 § 28a ErbStG.

den bei der Ermittlung des Verwaltungsvermögens, ist ebenfalls gegenüber dem bisherigen Recht geändert worden.

Bei der **Lohnsummengrenze** wird statt der früheren Grenze von 20 Arbeitnehmern, die das Bundesverfassungsgericht beanstandet hat, diese Grenze auf 15 Arbeitnehmer herabgesetzt. Oberhalb dieser Arbeitnehmeranzahl muss – wie bisher – eine Lohnsumme von 400 % (=80 % der durchschnittlichen Lohnsumme) in den 5 folgenden Jahren erreicht werden. Bei der »Vollverschonung« muss ein Wert von 700 % (= 100 % der durchschnittlichen Lohnsumme) erreicht werden. Unterhalb dieser Schwelle von 15 Arbeitnehmern bestehen zwei weitere Lohnsummenstufen, soweit mehr als zehn (300 %/565 %) oder mehr als fünf (250 %/500 %) Arbeitnehmer beschäftigt werden.[835] In mehrstufigen Strukturen und Betriebsaufspaltungsfällen erfolgt eine (anteilige) Zusammenrechnung.[836] 877

Bei dem sogenannten **Kaskadeneffekt** konnte nach bisherigem Recht über mehrstufige Beteiligungsstrukturen die Vermögensverwaltungsquote mehrfach ausgenutzt werden. Betrug das Verwaltungsvermögen einer Tochtergesellschaft beispielsweise 48 %, so zählte die Beteiligung auf der Ebene der Muttergesellschaft zu 100 % zum begünstigten Vermögen. Durch die Einführung der »Verbundvermögensaufstellung« ist nunmehr in mehrstufigen Strukturen eine an Konzernrechnungslegungsgrundsätze angelehnte Ermittlung des Verwaltungsvermögens vorzunehmen.[837] Diese Verbundvermögensaufstellung erstreckt sich jedoch nur auf die Ermittlung des Verwaltungsvermögens. Die Bewertung von Betriebsvermögen ist – wie im bisherigen Recht – einzeln, d.h. je Beteiligung, vorzunehmen. 878

Die steuerliche Begünstigung sogenannter **Cash-Gesellschaften** hatte der Gesetzgeber bereits im Jahr 2013 durch die Einführung der Verwaltungsvermögenskategorie »Finanzmittelvermögen« eingeschränkt. Gegenstand der Vorlage des BVerfG war das ErbStG in der vorherigen Fassung, so dass sich hier eigentlich kein Änderungsbedarf ergab. Jedoch wurde die Grenze des zulässigen Finanzmittelvermögens – nach Abzug von Schulden – von 20 % auf 15 % herabgesetzt.[838] In der Praxis erweist sich mittlerweile der in § 13b Abs. 2 Satz 2 ErbStG vorgesehene Finanzmitteltest zunehmend als gestalterische Herausforderung, insbesondere bei Personengesellschaften.[839] 879

Nicht durch das BVerfG veranlasst war die Berücksichtigung von **gesellschaftsrechtlichen Entnahme- und Verfügungsbeschränkungen**, wie sie insbesondere in Familienunternehmen üblich sind. In solchen Fällen kann ein Abschlag von bis zu 30 % gewährt werden, soweit die Entnahme- und Veräußerungsbeschränkungen für einen Zeitraum von 2 Jahren vor dem Besteuerungszeitpunkt und 20 Jahre nach dem Besteuerungszeitpunkt vorliegen.[840] Dieser Bewertungsabschlag ist unabhängig von den anderen Betriebsvermögensvergünstigungen zu gewähren. 880

c) Keine rückwirkende Änderung für vor dem 01.07.2016 verwirklichte Fälle, Billigkeitsmaßnahmen und Übergangsprobleme

Die Finanzverwaltung veranlagte nach der Veröffentlichung des Vorlagebeschlusses Erbschaft- und Schenkungsteuerfestsetzungen im Hinblick auf die beim BVerfG anhängige Vorlage vorläufig nach § 165 AO. Das BVerfG ließ in seinem Beschluss dem Gesetzgeber die Möglichkeit, zur Vermeidung von exzessiven Gestaltungen auch rückwirkende Gesetzesänderungen zu erlassen.[841] Hiervon hat der Gesetzgeber jedoch keinen Gebrauch gemacht. 881

---

835 § 13a Abs. 3, Abs. 10 ErbStG.
836 § 13a Abs. 3 Satz 11 – 13 ErbStG.
837 § 13b Abs. 9 ErbStG.
838 § 13b Abs. 4 Nr. 5 ErbStG.
839 Rdn. 982.
840 § 13a Abs. 9 ErbStG.
841 BVerfG, BStBl. II 2015, 50 unter Tz. 292.

882 Rückwirkend zum 01.01.2016 wurde der Kapitalisierungszinssatz für das vereinfachte Ertragswertverfahren herabgesetzt. Regelmäßig hatte diese Regelung lediglich begünstigende Wirkung. Durch die niedrigere Bewertung konnte es allerdings auch zu einer Überschreitung der Verwaltungsvermögensgrenze nach § 13b Abs. 2 Satz 1 ErbStG a.F. (50 %) bzw. § 13a Abs. 8 Nr. 3 ErbStG kommen. In einem solchen Fall können Billigkeitsmaßnahmen nach §§ 163, 227 AO mit dem Ziel der Anwendung des »alten« Kapitalisierungsfaktors auf Antrag gewährt werden[842].

883 Welche Auswirkungen die verzögerte Verabschiedung eines neuen Erbschaft- und Schenkungsteuerrechts für steuerpflichtige Erwerbe in der Zeit zwischen dem 01.07.2016 und der tatsächlichen Verabschiedung des neuen Rechts hat, ist kaum vorhersehbar.[843]

884 Nach Auffassung der Finanzverwaltung[844] sind für die Berechnung der Begünstigungshöchstberechnung von 26.000.000 € auch solche Erwerbe einzubeziehen, für die die Steuer vor Inkrafttreten des neuen Rechts (also vor dem 30.06.2016) entstanden ist.[845]

3. Kurzüberblick über das Erbschaftsteuergesetz

885 Der Erbschaft- und Schenkungsteuer unterliegen die Erwerbe von Todes wegen nach Maßgabe des § 3 ErbStG sowie die Zuwendungen unter Lebenden nach Maßgabe des § 7 ErbStG. Das Vermögen einer Familienstiftung unterliegt nach § 1 Abs. 1 Nr. 4 ErbStG in einem Abstand von je 30 Jahren der sogenannten Ersatzerbschaftsteuer.

a) Steuerpflicht und Anrechnung ausländischer Erbschaft-/Schenkungsteuer

886 Die **unbeschränkte Steuerpflicht** knüpft an einen inländischen Wohnsitz des Erblassers/Schenkers oder des Erwerbers an und umfasst grundsätzlich das sogenannte »Weltvermögen«, also alles Vermögen unabhängig von seiner Belegenheit. Diese weiten Anknüpfungsbereiche werden allerdings durch den Abschluss von Doppelbesteuerungsabkommen oder aber durch die unilaterale Anrechnung ausländischer Erbschaftsteuer nach Maßgabe des § 21 ErbStG auf Antrag des Steuerpflichtigen in Teilen zurückgeführt.

887 Deutschland hat bislang sieben Doppelbesteuerungsabkommen auf dem Gebiet der Erbschaft- und Schenkungsteuer abgeschlossen; und zwar mit Dänemark, Frankreich, Griechenland, Österreich, Schweden, der Schweiz und den USA. Das DBA Österreich ist zum 30.07.2008 gekündigt worden, nachdem Österreich die Erbschaftsteuer abgeschafft hat.[846]

888 Die Anrechnung nach § 21 ErbStG sieht bei Auslandsvermögen seine Anrechnung der ausländischen Erbschaft-/Schenkungsteuer bis zur anteiligen Höhe der deutschen Erbschaftsteuer vor, eine »Erstattung« der ausländischen Erbschaft-/Schenkungsteuer erfolgt allerdings nicht. Die Anrechnung erfolgt, soweit das Vermögen in mehreren Ländern der Besteuerung unterliegt, für jeden Staat gesondert. Als Auslandsvermögen i.S.d. § 21 ErbStG gilt, abhängig von der Inländereigenschaft des Erblassers/Schenkers, entweder das in § 121 BewG erwähnte im Ausland belegene Vermögen (bei Inländereigenschaft, sogenanntes »enges Auslandsvermögen«) oder das Vermögen mit Ausnahme des in Deutschland belegenen Vermögens i.S.d. § 121 BewG (bei fehlender Inländereigenschaft, sogenanntes »weites Auslandsvermögen«).

---

842 So auch FinVerw, BStBl. I 2017, 751; Meincke/*Hannes*/Holtz § 12 ErbStG Rn. 95.
843 Rdn. 1077. Beim BFH ist unter dem Az. II R 1/19 ein Verfahren zu der Frage anhängig, ob in der Zeit zwischen dem 01.07.2016 und dem 09.11.2016 eine »Steuerpause« eingetreten sein könnte mit der Folge, dass in dieser Zeit erfolgte Schenkungen oder Erwerbe von Todes wegen keiner Besteuerung unterliegen.
844 Abschnitt 13c.4 Abs. 1 Satz 4 ErbStR 2019; gl.A. Troll/Gebel/*Jülicher* § 13a ErbStG Rn. 39.
845 Gegen die Auffassung der Finanzverwaltung: *Wachter*, FR 2016, 690, 703; *Reich*, DStR 2016, 2447, 2449.
846 S. hierzu auch Moench/*Weinmann* § 2 ErbStG Rn. 4 ff. mit Kurzüberblick zu den einzelnen Doppelbesteuerungsabkommen.

C. Erbschaft- und Schenkungsteuer

In Wegzugsfällen kann die unbeschränkte Steuerpflicht bei deutschen Staatsangehörigen noch 5 Jahre fortdauern.[847] 889

Sind weder der Schenker/Erblasser noch der Empfänger der Zuwendung Inländer, so umfasst die **beschränkte Steuerpflicht** das Inlandsvermögen i.S.d. § 121 BewG. Dies umfasst im Wesentlichen das im Inland belegene Grundvermögen sowie das inländische Betriebsvermögen. Nach nunmehriger Gesetzesfassung[848] sind die persönlichen Freibeträge »anteilig« zu gewähren, und zwar nach dem Verhältnis der Erwerbe (der letzten zehn Jahre, § 14 ErbStG), die der beschränkten Steuerpflicht unterlegen haben, zu dem Gesamterwerb in dieser Zeit. 890

b) Steuerpflichtiger Erwerb

Ein nach den §§ 3 und 7 ErbStG steuerpflichtiger Vorgang wird zum Zeitpunkt der Entstehung der Steuer nach § 9 ErbStG nach Maßgabe des § 10 ErbStG zum steuerpflichtigen Erwerb. Steuerpflichtiger Erwerb ist die Bereicherung des Erwerbers, die nach Maßgabe der §§ 11, 12 ErbStG zu bewerten ist. Von der Bereicherung des Erwerbes sind die Steuerbefreiungen – sachliche Steuerbefreiungen nach §§ 13, 13a, 13c ErbStG und die persönlichen Steuerbefreiungen nach §§ 16, 17 ErbStG abzuziehen. 891

Mehrere Erwerbe werden, soweit sie innerhalb von 10 Jahren erfolgen, nach § 14 ErbStG zusammengerechnet. Die Zusammenrechnung erfolgt dabei in der Weise, dass bei der Ermittlung der Steuer der Wert des Vorerwerbes dem steuerpflichtigen Erwerb hinzugerechnet wird und die darauf angefallene oder zu erhebende Steuer auf die nunmehr festgesetzte Steuer auf den Gesamterwerb angerechnet wird. Die Selbständigkeit des Vorerwerbes bleibt bestehen, so dass es insbesondere nicht zu einer Erstattung kommen kann. 892

c) Steuerklassen, persönliche Freibeträge, Tarif

aa) Persönliche Freibeträge, Versorgungsfreibetrag

Zur Berücksichtigung des Verwandtschaftsverhältnisses werden die steuerpflichtigen Erwerbe in Steuerklassen eingeteilt, § 15 ErbStG. 893

Tabelle 1: Freibeträge nach Steuerklasse I

Steuerklasse I		Freibetrag
1.	Ehegatte/Lebenspartner	500.000 €
2.	Kinder/Stiefkinder	400.000 €
3.	Abkömmlinge der Kinder/Stiefkinder	200.000 €
3.	Kinder verstorbener Kinder	400.000 €
4.	Eltern/Voreltern bei Erwerben von Todes wegen	100.000 €

Zur Steuerklasse II gehören die Eltern beim Erwerb unter Lebenden, die Geschwister und deren Abkömmlinge ersten Grades, die Stiefeltern, Schwiegerkinder, Schwiegereltern sowie der geschiedene Ehegatte und der Lebenspartner einer aufgehobenen Lebenspartnerschaft. 894

---

847 § 2 Abs. 1 Nr. 1 Satz 2 Buchst. b) ErbStG.
848 Früher sah § 16 ErbStG für die Fälle beschränkter Steuerpflicht lediglich einen Freibetrag von 2.000 € vor (unionsrechtswidrig, vgl. EuGH, Urt. v. 22.04.2010, C-510/08, *Mattner*, ZEV 2010, 270), später eine antragsgebundene unbeschränkte Steuerpflicht (EuGH, Urt. v. 08.06.2016, C-474/14, *Hünnebeck*, DStR 2016, 1360).

Tabelle 2: Freibeträge nach Steuerklasse II, III

Steuerklasse		Freibetrag
Steuerklasse II	einheitlich	20.000 €
Steuerklasse III	einheitlich	20.000 €

895 Bei Erwerben von Todes wegen wird zur Sicherstellung der Versorgung von Unterhaltsverpflichteten, Ehegatten/Lebenspartnern und jungen Kindern ein besonderer Versorgungsfreibetrag gewährt, der um Versorgungsansprüche zu kürzen ist.

bb) Steuerbefreiung des Zugewinnausgleiches

896 Steuerfrei ist nach § 5 ErbStG der tatsächlich durchgeführte oder auch der lediglich fiktive Zugewinnausgleich. Da Zuwendungen aufgrund eines Zugewinnausgleichsanspruches familienrechtlicher Natur sind und daher nicht freigebig, können sie nicht der Erbschaft-/Schenkungsteuer unterliegen.

897 Nach § 5 Abs. 1 ErbStG ist der sogenannte »fiktive Zugewinnausgleich« bei Erwerben von Todes wegen frei. Der fiktive Zugewinnausgleich stellt dabei den nach den gesetzlichen Vorschriften – ohne ehevertragliche Modifikationen – ermittelten Zugewinnausgleichsanspruch steuerfrei. Eine rückwirkende Vereinbarung der Zugewinngemeinschaft wird dabei nicht berücksichtigt, ebenso wenig die Vermutung des § 1377 Abs. 3 BGB. Die Zugewinnausgleichsforderung ist nach dem Verhältnis von Verkehrswert und Steuerwert zu kürzen.[849] Sachliche Steuerbefreiungen, wie vor allem die Betriebsvermögensverschonungen nach §§ 13a ff. ErbStG, kommen erst anschließend zur Anwendung, so dass die Zugewinnausgleichsforderung insoweit keiner Kürzung unterliegt.[850]

898 Bei der güterrechtlichen Lösung hingegen sind abweichende vertragliche Regelungen zu berücksichtigen, einschließlich einer möglichen rückwirkenden Begründung. Erst dann, wenn abweichende vertragliche Vereinbarungen das Ziel haben, dem Ehegatten/Lebenspartner eine überhöhte güterrechtliche Ausgleichsforderung zu verschaffen,[851] kann eine steuerpflichtige Schenkung vorliegen. Bei der güterrechtlichen Lösung besteht entgegen einer zwischenzeitlich von der Finanzverwaltung[852] vertretenen Auffassung kein wirtschaftlicher Zusammenhang zwischen einem vom Erben erworbenen Betriebsvermögen und der Zugewinnausgleichsschuld, der zur (anteiligen) Kürzung von Betriebsvermögensvergünstigungen führen kann.[853] Ertragsteuerlich ist zu beachten, dass die Zugewinnausgleichsforderung eine reine Geldschuld ist. Wird zur Erfüllung der Zugewinnausgleichsforderung ein Vermögensgegenstand hingegeben, so stellt dies eine – gegebenenfalls auch erbschaftsteuerlich schädliche – Veräußerung dar. Wird eine frühere Zuwendung auf den Zugewinnausgleichsanspruch angerechnet, so führt die nachträgliche Anrechnung nicht zu einer »nachträglichen« Veräußerung.[854]

cc) Tarif

899 Der Erbschaftsteuertarif ist als sogenannter progressiver Vollmengentarif ausgestaltet. Wird eine Tarifstufe überschritten, so ist der Gesamterwerb nach der höheren Tarifstufe zu versteuern.

---

849 BFH, BStBl. II 1993, 510, inzwischen wohl weitgehend bedeutungslos.
850 Abschnitt E 5.1 Abs. 5 Satz 3 ErbStR.
851 Abschnitt E 5.2 Abs. 2 Satz 2 ErbStR.
852 Vgl. etwa FinMin Bayern, ZEV 2015, 67 und OFD NW, ZEV 2015, 127.
853 BFH, BStBl. II 2016, 228 (Untervermächtnis) und 230 (Pflichtteil und Zugewinnausgleichsschuld).
854 So zutreffend *Hermanns*, DStR 2002, 1065, umstr. Die Finanzverwaltung hat sich zu dieser Frage nicht eindeutig positioniert.

Tabelle 3: Steuersätze

Wert des steuerpflichtigen Erwerbs bis einschließlich EURO	Steuerklasse I	Steuerklasse II	Steuerklasse III
75.000	7	15	30
300.000	11	20	30
600.000	15	25	30
6.000.000	19	30	30
13.000.000	23	35	50
26.000.000.	27	40	50
über 26.000.000	30	43	50

Beim Überschreiten der Tarifstufen ist ein Härteausgleich vorzunehmen, die Mehrsteuer, die sich aus dem Überschreiten einer Tarifstufe ergibt, wird nur insoweit erhoben, als bei einem Steuersatz von bis 30 % aus der Hälfte, bei einem Steuersatz von über 30 % aus drei Vierteln des übersteigenden Betrages gedeckt werden kann.[855] Bei dem Erwerb von nach §§ 13a Abs. 1 oder 13c ErbStG (BT-Beschluss) begünstigtem Betriebsvermögen wird für Erwerber, die nicht der Steuerklasse I angehören, ein tariflicher Entlastungsbetrag gewährt. Dieser soll – entsprechend den Vorgaben des ersten Erbschaftsteuerbeschlusses[856] – die Fortführung von Betrieben durch andere Personen als Ehegatten/Lebenspartner/Kinder erleichtern, indem auf den Erwerb des begünstigten Vermögens die Steuer auf die Steuersätze der Steuerklasse I zurückgeführt wird. Plakativ gesprochen, wird der Nachfolger in erbschaftsteuerlicher Sicht »fiktiv adoptiert«.[857]

4. Gesellschaften als Zuwendende/Erwerber im Erbschaftsteuerrecht

Die Erbschaft- und Schenkungsteuer folgt in der Qualifizierung der **Personengesellschaft** – trotz der ansonsten starken Bindung an das Zivilrecht – weitgehend den einkommensteuerlichen Transparenzvorstellungen. Dementsprechend kann eine Personengesellschaft nicht Schenker oder Beschenkter sein,[858] eine Schenkung an eine Personengesellschaft wird wie eine Schenkung der hinter ihr stehenden Gesellschafter besteuert. So hat der BGH[859] jüngst entschieden, dass eine disquotale Einlage eine freigebige Zuwendung sein kann.

Bei **Kapitalgesellschaften** erfolgt hingegen kein »Durchgriff« auf die hinter einer Kapitalgesellschaft stehenden Miteigentümer. Da Kapitalgesellschaften über eigenes Vermögen verfügen, können sie grundsätzlich jedenfalls Zuwendender bzw. Empfänger einer freigebigen Zuwendung sein. Soweit allerdings Zuwendungen zwischen der Gesellschaft und ihren Gesellschaftern erfolgen, sind diese regelmäßig durch das Gesellschaftsverhältnis überlagert.[860] Dies schließt jedenfalls regelmäßig die Annahme einer schenkungsteuerpflichtigen freigebigen Zuwendung aus. Bei einer verdeckten Gewinnausschüttung folgt dies aus der Veranlassung aus dem Gesellschaftsverhältnis,[861] bei der (verdeckten) Einlage ist die durch die Werterhöhung eintretende Bereicherung anderer Gesellschafter lediglich Reflex der Leistung an die Kapitalgesellschaft.[862] Darüber hinaus ergibt sich bei Zuwendungen zwischen Kapitalgesellschaft und Gesellschafter eine Steuerkonkurrenz zwischen der Ein-

---

855 § 19 Abs. 3 ErbStG.
856 BVerfG, Beschl. v. 22.06.1995, 2 BvR 552/91, BStBl. II 1995, 671.
857 Begriff nach Moench/*Weinmann* § 19a ErbStG Rn. 5.
858 BFH, BStBl. II 1995, 81; 1998, 630; Moench/*Kien-Humbert*, § 20 ErbStG Rn. 6.
859 BFH, Urt. v. 05.02.2020, II R 9/17, DStR 2020, 1721.
860 S. ausführlich hierzu Wilms/Jochum/*Götz* § 7 ErbStG Rn. 37–51.
861 BFH, BStBl. II 2013, 930; a.A. BMF BStBl. I 2013, 1465 (Nichtanwendungserlass).
862 So BFH, BStBl. II 2010, 566; s. hierzu instruktiv auch die Diskussion in DStJG 22, S. 171 ff. vgl. allerdings nunmehr § 7 Abs. 8 ErbStG, dazu Rdn. 910.

kommensteuer und Erbschaftsteuer, die jedenfalls bei der verdeckten Gewinnausschüttung zugunsten der Einkommensteuer gelöst wird.[863] Liegt im Einzelfall eine Zuwendung durch eine Kapitalgesellschaft vor, so ist nach § 15 Abs. 4 ErbStG das Verhältnis zu dem »veranlassenden Gesellschafter« zugrunde zu legen, also nicht zwingend die Steuerklasse III. § 14 ErbStG ist entsprechend anzuwenden, so dass frühere Erwerbe des veranlassenden Erwerbers in die Berechnung der Steuer einzubeziehen sind.

5. Vermögensverwaltende Personengesellschaften

903 § 10 Abs. 1 Satz 4 ErbStG definiert den Besteuerungsgegenstand bei einem Erwerb von Anteilen an einer vermögensverwaltenden Personengesellschaft in Form einer Fiktion. Danach gilt ein solcher Erwerb als ein Erwerb der anteiligen Wirtschaftsgüter. Dementsprechend sind die anteiligen Schulden einer Personengesellschaft bei einer Schenkung als Gegenleistung zu berücksichtigen, es kommt nicht bereits auf Bewertungsebene zu einem Abzug.[864] Durch die im Rahmen der Erbschaftsteuerreform 2008 weitgehend erfolgte Angleichung der Steuerwerte an die Verkehrswerte hat diese Unterscheidung jedoch an Bedeutung verloren. Die Gleichstellung im Wege der Fiktion bedeutet zugleich, dass sachbezogene Freibeträge – wie etwa Kunstgegenstände nach § 13 Abs. 1 Nr. 2 ErbStG, Familienwohnheime nach § 13 Nr. 4a, 4b, 4c ErbStG, oder Mietwohngrundstücke nach § 13c ErbStG – auch bei der Übertragung von Anteilen an Personengesellschaften angewandt werden können.

904 Eine Ausnahme von der Transparenzbetrachtung nimmt die Finanzverwaltung jedoch für die Begünstigungsfähigkeit von Anteilen an Kapitalgesellschaften an, die über eine vermögensverwaltende Personengesellschaft gehalten werden. Hier soll nicht die Bruchteilsbetrachtung zur Anwendung kommen, da eine Begünstigung nur dann in Betracht kommt, wenn die Anteile unmittelbar gehalten werden.[865]

6. Steuerpflichtige Zuwendungen

a) Freigebige Zuwendungen (unter Lebenden)

aa) § 7 Abs. 1 Nr. 1 ErbStG

905 Eine freigebige Zuwendung nach § 7 Abs. 1 Nr. 1 ErbStG liegt vor, wenn objektiv der Zuwendende entreichert und der Zuwendungsempfänger bereichert ist im Sinne einer in Geld zu bewertenden Vermögensmehrung. Subjektiv ist der einseitige Wille des Zuwendenden zur Unentgeltlichkeit erforderlich. Im Zusammenhang mit Gesellschaften – zumal dann, wenn die einzelnen Gesellschafter keine Angehörigen sind – überlagert häufig die Veranlassung durch das Gesellschaftsverhältnis eine Freigebigkeit[866], etwa dann, wenn ein Gesellschafter, der nur seine Arbeitsleistung einbringt, in eine Gesellschaft aufgenommen wird. Darüber hinaus führt die Konkurrenz zwischen Ertragsteuer und Erbschaft-/Schenkungsteuer häufig zu einem Vorrang der Ertragsteuern, so dass die Erbschafts-/Schenkungsteuer auch aus diesem Grunde zurücktritt. Dies gilt jedenfalls dort, wo es nicht um die Übertragung von Anteilen an Gesellschaften geht, sondern um die angemessene Vergütung von Einlagen und Beiträgen der Gesellschafter.

bb) § 7 Abs. 6 ErbStG – Gewinnübermassschenkung bei Personengesellschaften

906 Eine freigebige Zuwendung wird nach § 7 Abs. 6 ErbStG fingiert, soweit eine Beteiligung an einer Personengesellschaft mit einer Gewinnbeteiligung ausgestattet wird, die insbesondere der Kapital-

---

863 BFH, ErbStB 2015, 315.
864 Vgl. Moench/*Weinmann*, § 10 Rn. 26; zur Problematik vor Einführung des § 10 Abs. 1 Satz 4 ErbStG: BFH, BStBl. II 1996, 546.
865 Vgl. Abschnitt E 13b.6 Abs. 2 ErbStR 2011; dagegen FG Köln, DStRE 2012, 429, aufgehoben durch BFH, DStR 2013, 1536.
866 Rdn. 902.

einlage, der Arbeits- oder sonstigen Leistung des Gesellschafters für die Gesellschaft nicht entspricht oder einem fremden Dritten üblicherweise nicht eingeräumt würde. Ein solches Gewinnübermass gilt als selbständige Schenkung, für die auch insbesondere die Steuerermäßigungen nach § 13a ErbStG (BT-Beschluss) nicht gewährt werden. Die Vorschrift hat allerdings im Zuge der Ausrichtung der Besteuerung an dem gemeinen Wert heute nur noch untergeordnete Bedeutung.

cc) § 7 Abs. 7 ErbStG – Ausscheiden

Das Ausscheiden eines Gesellschafters zu einer Abfindung, die den gemeinen Wert des Gesellschaftsanteils unterschreitet, fingiert eine freigebige Zuwendung an die Gesellschaft in Höhe der Differenz zwischen gemeinem Wert und Abfindungsanspruch. Die Vorschrift gilt allerdings nur für das Ausscheiden gegen Abfindung oder die Einziehung von Anteilen, nicht hingegen für die Übertragung von Anteilen zur Abwendung eines Ausscheidens bzw. einer Einziehung.[867] Da es sich bei der Regelung des § 7 Abs. 7 ErbStG um einen sogenannten Fiktionserwerb handelt, ist der Tatbestand auch dann verwirklicht, wenn ein Wille zur Freigebigkeit nicht besteht. Dies ist vor dem Hintergrund zwar folgerichtig, dass das Ausscheiden gegen Abfindung bzw. die Einziehung aufgrund bestehender gesellschaftsrechtlicher Regelung nicht freigebig ist, soweit nicht eine Zuwendung eben das Motiv des Ausscheidens ist. Gleichwohl führt die Fiktionswirkung seit der Anhebung der Steuerwerte durch die Erbschaftsteuerreform 2009 auf das Bewertungsniveau des gemeinen Wertes (bzw. darüber hinaus) in der Praxis zu einer Vielzahl von Folgeproblemen, etwa bei Mitarbeiter- oder Management-Beteiligungen auf Zeit oder bei sogenannten »naked in – naked out – Regelungen« bei freiberuflichen Personengesellschaften (oder auch Kapitalgesellschaften, die einer befriedigenden schenkungsteuerlichen Lösung noch nicht zugeführt sind). 907

Der Fiktionserwerb nach § 7 Abs. 7 ErbStG, der eine Bereicherung der verbleibenden Gesellschafter fingiert, soll nicht nach §§ 13a ErbStG begünstigungsfähig sein. 908

Vor dem Hintergrund, dass nunmehr § 13a Abs. 9 ErbStG (BT-Beschluss)[868] Abfindungsbeschränkungen in Familiengesellschaften anerkennt und hierfür einen zusätzlichen Abschlag von bis zu 30 % gewährt, ergeben sich zu § 7 Abs. 7 ErbStG weitere Wertungswidersprüche. 909

dd) § 7 Abs. 8 ErbStG Beteiligung an Kapitalgesellschaften

Aufgrund der Rechtsprechung des BFH zur Nichtsteuerbarkeit disquotaler Einlagen in Kapitalgesellschaften und der dadurch eröffneten »Steuersparmöglichkeiten«[869] führte der Gesetzgeber 2011 einen weiteren »Fiktionserwerb« ein. Demnach gilt als Schenkung die Werterhöhung, die ein (unmittelbarer oder mittelbarer) Gesellschafter dadurch erlangt, dass ein anderer (unmittelbarer oder mittelbarer) Gesellschafter der Gesellschaft etwas zuwendet, § 7 Abs. 8 Satz 1 ErbStG. Ziel der Änderungen war die Verhinderung von Gestaltungsmodellen, in denen ein Gesellschafter V (offene oder verdeckte) Einlagen in die Gesellschaft tätigte, an der auch Gesellschafter S beteiligt ist. Bei einer gedachten Liquidation käme dem Gesellschafter S der Wert der Einlage anteilig zugute. Während der BFH eine Zuwendung in diesem Falle ablehnte und lediglich einen »Reflex« sah, drehte der Gesetzgeber den Spieß um, in dem er wiederum durch den wohl zu weit geratenen Tatbestand – ohne Berücksichtigung der Motivation des Einlegenden – des § 7 Abs. 8 ErbStG schaffte.[870] 910

Dem Verdikt der schenkungsteuerpflichtigen Zuwendung unterfallen damit alle disquotalen Kapitalmaßnahmen, Kapitalerhöhung durch offene Einlage oder auch verdeckte Einlagen, soweit die hierdurch eintretende Werterhöhung nicht mit dem gutgeschriebenen Gegenwert (Anteile an der 911

---

867 BFH, ZEV 2016, 281.
868 Rdn. 994.
869 Rdn. 902.
870 Vgl. zu der zugrunde liegenden Problematik sehr instruktiv die Diskussion in DStJG 22, S. 171 ff.

Gesellschaft) übereinstimmt. Auch Nutzungseinlagen können eine Leistung i.S.d. § 7 Abs. 8 ErbStG darstellen.[871]

912 Bei Sanierungsmaßnahmen soll nach Auffassung der Finanzverwaltung durch einen vorgelagerten Forderungsverkauf und Übertragung der Forderungen auf die Mitgesellschafter und anschließendem anteiligen, beteiligungsproportionalen Verzicht eine Abwendung der Anwendung des § 7 Abs. 8 Satz 1 ErbStG erfolgen können. Auch ein Forderungsverzicht mit Besserungsabrede soll möglich sein[872]

913 Freigebig sind nach § 7 Abs. 8 Satz 2 ErbStG Zuwendungen zwischen Kapitalgesellschaft, die in der Absicht getätigt werden, Gesellschafter der anderen Kapitalgesellschaft zu bereichern, soweit Disquotalität besteht.

914 Bei Zuwendungen nach § 7 Abs. 8 ErbStG wird eine Zuwendung **zwischen den Gesellschaftern** fingiert. Eine Anwendung der Vergünstigungen nach § 13a ErbStG kommt allerdings nicht in Betracht.

b) Erwerbe von Todes wegen

915 Steuerpflichtige Erwerbe von Todes wegen sind die in § 3 ErbStG genannten Erwerbstatbestände. Eine Erweiterung der Erwerbstatbestände über deren Wortlaut hinaus ist nicht zulässig, so dass etwa der Erbprätendent keinen steuerpflichtigen Erwerb tätigt.[873] Nach § 3 Abs. 1 Nr. 1 ErbStG sind der Erwerb durch Erbanfall, durch Vermächtnis, aufgrund eines geltend gemachten Pflichtteilsanspruches steuerpflichtig. Ferner sind der Erwerb durch Schenkung auf den Todesfall und durch Vertrag zugunsten Dritter auf den Todesfall steuerpflichtige Tatbestände nach § 3 Abs. 1 ErbStG.

916 Der Erwerb von Anteilen an einer Kapitalgesellschaft erfolgt (regelmäßig) im Rahmen der erbrechtlichen Tatbestände von Erbeinsetzung und Vermächtnis. Der Übergang von Anteilen an Personengesellschaften wird ebenfalls von den Tatbeständen des § 3 ErbStG erfasst:
– Bei einer Fortsetzungsklausel gehört der Abfindungsanspruch zum Erwerb durch Erbanfall. Der den Abfindungsanspruch übersteigende Wert ist von den übrigen Gesellschaftern als Erwerb nach § 3 Abs. 1 Nr. 2 Satz 2 ErbStG zu versteuern. Der übersteigende Wert kann den Vergünstigungen nach § 13a ErbStG unterliegen.
– Bei einer einfachen Nachfolgeklausel erwerben die Erben den Anteil.
– Bei einer qualifizierten Nachfolgeklausel folgt der qualifizierte Erbe unmittelbar in die Gesellschafterstellung, ihm stehen auch die Vergünstigungen des § 13a ErbStG zu.
– Bei einer Eintrittsklausel liegt ein Erwerb durch Erbanfall oder ein Erwerb aufgrund eines Vertrages zugunsten Dritter vor.

917 In § 3 Abs. 2 ErbStG sind neben dem Erwerb durch Vollziehung einer Auflage vor allem die sogenannten sekundären Abfindungserwerbe (§ 3 Abs. 2 Nr. 7 ErbStG) geregelt. Dem liegt zugrunde, dass bei der Zurückweisung eines in § 3 Abs. 1 ErbStG genannten Erwerbes gegen eine Gegenleistung diese Gegenleistung der Besteuerung unterworfen werden soll.

918 Die Vergünstigungen des § 13a ErbStG können grundsätzlich bei allen Erwerbstatbeständen des § 3 ErbStG in Anspruch genommen werden.[874]

7. Zuweisung der Betriebsvermögensvergünstigungen bei mehreren Erwerbern

919 Das Erbschaftsteuerrecht unterscheidet wie auch das Ertragsteuerrecht zwischen dem Erbanfall und der Erbauseinandersetzung[875] und knüpft grundsätzlich allein an den Erbanfall an. Dementspre-

---

871 Zu § 7 Abs. 8 ErbStG insgesamt: Länder-Erlass vom 14.03.2012, BStBl. I 2012, 331 ff.
872 Länder-Erlass v. 14.03.2012, BStBl. I 2012, 331 unter Tz. 3.3.7.
873 BFH, BStBl. II 2011, 725.
874 So Abschnitt E 13b.1 ErbStR.
875 Rdn. 131.

C. Erbschaft- und Schenkungsteuer Kapitel 12

chend wäre insbesondere bei dem Erwerb von Betriebsvermögen wegen der Unbeachtlichkeit von Teilungsanordnung und Erbauseinandersetzung die Betriebsvermögensvergünstigungen nach § 13a ErbStG der das Betriebsvermögen fortführende Erbe anteilig mit einer Erbschaftsteuer belastet, von der er mit Blick auf die Ratio der Betriebsvermögensvergünstigungen eigentlich zu befreien wäre.

Die sachgerechte Zuweisung der Betriebsvermögensvergünstigungen des § 13a ErbStG (zu dem »tatsächlichen Erwerber«) beim Vorhandensein mehrerer Erwerber erfolgt bei einem Erwerb durch Erbanfall wie folgt: 920
– Den Erwerb aufgrund **qualifizierter Nachfolgeklausel** sieht die Rspr.[876] als Erwerb der Erbengemeinschaft mit sich automatisch vollziehender Teilungsanordnung an. In der qualifizierten Nachfolgeklausel liegt eine Zuweisung nach § 13a Abs. 5 ErbStG (BT-Beschluss) (=§ 13a Abs. 3 ErbStG a.F.), so dass allein der Nachfolger die Betriebsvermögensvergünstigungen erhält.
– Bei einer **Eintrittsklausel** liegt regelmäßig ein Erwerb aufgrund eines Vertrages zugunsten Dritter vor, so dass der Erwerbtatbestand des § 3 Abs. 1 Nr. 2 ErbStG verwirklicht wird, der eine unmittelbare Zuweisung der Betriebsvermögensvergünstigungen ermöglicht. § 13a Abs. 5 Satz 1, 2. Alt. ErbStG (BT-Beschluss) regelt in diesem Fall, dass die Erben insoweit die Betriebsvermögensvergünstigungen nicht in Anspruch nehmen können.
– Bei einer nachfolgenden **Teilung des Nachlasses** – gleichgültig ob aufgrund einer Teilungsanordnung oder aufgrund einer Erbauseinandersetzung – erfolgt die Zuweisung des Betriebsvermögensvergünstigungen nach § 13a Abs. 5 Satz 2 ErbStG (BT-Beschluss).

Erfolgt der Übergang des Anteils gegen Abfindung – praktisch häufig bei der Eintrittsklausel – so ist von den Abfindungsgläubigern die Abfindung als Erwerb von Todes wegen zu versteuern.

8. Schuldenabzug

Da bei einem Erwerb von Todes wegen lediglich die bei den Erwerbern eintretende Bereicherung der Erbschaftsteuer unterworfen wird, sind auf dem Erwerb lastende Schulden als Bereicherungsminderung nach § 10 Abs. 5 ErbStG abzugsfähig. Ist der Erwerb teilweise steuerbefreit, so kann der gewährte Schuldenabzug zu »Übergünstigungen« führen, so dass eine Kürzung des Schuldenabzuges geboten sein kann. Dabei ist eine Schuldenkürzung dann vorzunehmen, wenn ein wirtschaftlicher Zusammenhang zwischen der übergegangenen Schuld und dem Erwerb besteht. 921

Unter welchen Voraussetzungen ein solcher wirtschaftlicher Zusammenhang besteht, hat der BFH in drei neueren Entscheidungen geklärt. Unstreitig liegt ein wirtschaftlicher Zusammenhang vor, wenn im Falle einer Eintrittsklausel der Erwerber die gesellschaftsrechtlich geschuldete Abfindung an die Erben zahlen muss. Umstritten war jedoch die Behandlung von Untervermächtnissen, Pflichtteilsansprüchen und Zugewinnausgleichsschulden.[877] In allen Fällen hat der BFH[878] – entgegen der Auffassung der Finanzverwaltung – entschieden, dass ein zur anteiligen Schuldenkürzung wirtschaftlicher Zusammenhang nicht vorliege. 922

9. Bewertung von Betriebsvermögen

a) Bewertung von Personengesellschaften

Die Bewertung des Betriebsvermögens richtet sich nach § 109 Abs. 1 und 2 Satz 2 BewG nach § 11 Abs. 2 BewG, gegebenenfalls i.V.m. §§ 199 ff. BewG. § 11 Abs. 2 BewG sieht eine vierstufige Methodenhierarchie vor, die das Bewertungsziel, den gemeinen Wert des Betriebsvermögens, erreichen soll:
– Ableitung aus Verkäufen (zwingend), § 11 Abs. 2 Satz 1 BewG; 923

---

876 BFH; BStBl. II 1983, 329, 1992, 669; Wilms/Jochum/*Söffing* § 13a ErbStG Rn. 80.
877 Beim güterrechtlichen Zugewinnausgleich, zum fiktiven Zugewinnausgleich s. Rdn. 897.
878 BFH, BStBl. II 2016, 228 (Untervermächtnis) und 230 (Pflichtteilsanspruch und Zugewinnausgleichsschuld).

- nach dem vereinfachten Ertragswertverfahren (optional für den Steuerpflichtigen, zwingend für die Finanzverwaltung, soweit nicht zu unzutreffenden Ergebnissen führend);
- nach einer anderen, im gewöhnlichen Geschäftsverkehr für nichtsteuerliche Zwecke üblichen Methode[879] (alternativ für den Steuerpflichtigen, für die Finanzverwaltung nur, soweit das vereinfachte Ertragswertverfahren zu offensichtlich unzutreffenden Ergebnissen führt);
- mindestens jedoch Substanzwert (Wertuntergrenze zu vereinfachtem Ertragswertverfahren und zu anderen, im gewöhnlichen Geschäftsverkehr für nichtsteuerliche Zwecke üblichen Methode).

924 Anders als bei Kapitalgesellschaften, bei denen regelmäßig der Wert des Anteils an einer Gesellschaft aus dem entsprechenden Anteil am Grund- oder Stammkapital abgeleitet werden kann, ist bei der Personengesellschaft das beteiligungsinkongruente Kapital der praktische Regelfall. Dementsprechend ist nach § 97 Abs. 1a BewG der ermittelte Wert der (gesamten) Personengesellschaft noch auf die einzelnen Gesellschafter durch Bereinigung der Kapitalkonten, § 97 Abs. 1a Nr. 1 a) BewG und anschließende Restverteilung nach dem Gewinnverteilungsschlüssel, § 97 Abs. 1a Nr. 1 b) BewG, aufzuteilen.

925 Für die Bewertung kann auch das sogenannte vereinfachte Ertragswertverfahren, §§ 199 ff. BewG herangezogen werden. Bei dieser Bewertung wird zukünftig erzielbare Jahresertrag unter Berücksichtigung einer fiktiven Ertragsteuerbelastung von 30 %, der aus den Vergangenheitserträgen abgeleitet wird, §§ 201, 202 BewG, mit einem gesetzlich festgelegten Kapitalisierungsfaktor, § 203 BewG multipliziert. Der Kapitalisierungsfaktor entspricht dem Kehrwert des Kapitalisierungszinssatzes, der aus dem Zinssatz aus der langfristig erzielbaren Rendite öffentlicher Anleihen abgeleitet und um einen festen Risikozuschlag von 4,5 %-Punkten erhöht. Der maßgebende Kapitalisierungszinssatz wird jeweils nach den Verhältnissen des ersten Börsentages eines Jahres ermittelt und gilt dann für alle Wertermittlungen eines Jahres. Rückwirkend zum 01.01.2016 ist der Kapitalisierungsfaktor auf 13,75 festgesetzt worden.

926 Folgende Kapitalisierungszinssätze und Kapitalisierungsfaktoren wurden bislang veröffentlicht:

Tabelle 4: Kapitalisierungszinssätze und -faktoren

Jahr	Kapitalisierungszinssatz	Kapitalisierungsfaktor
2009	8,11 %	12,3304
2010	8,48 %	11,7924
2011	7,93 %	12,6103
2012	6,94 %	14,4092
2013	6,54 %	15,2905
2014	7,09 %	14,1043
2015	5,49 %	18,2149
2016 (nach § 199 BewG a.F.)	5,60 %	17,8571
Seit 01.01.2016 rückwirkend		13,75

b) *Bewertung von Kapitalgesellschaften*

927 Die Bewertung von Kapitalgesellschaften folgt den oben genannten Bewertungsgrundsätzen. Zu ergänzen ist allerdings, dass dann, wenn die Anteile an einer Börse notiert sind, der Börsenkurs der Anteile zugrunde zu legen ist§ 11 Abs. 1 BewG.

---

879 Vgl. Abschnitt B 11.2 Abs. 2 ErbStR 2011; zu Bewertungsverfahren vgl. die Übersicht FinMin Bayern vom 30.12.2009, 34 – S 3715 – 009 – 36659/09, abgedruckt in: DWS e.V. Handbuch Erbschaftsteuer und Bewertung 2012, Anhang IV S. 1258 ff.

C. Erbschaft- und Schenkungsteuer

Bei der Bewertung von Kapitalgesellschaften galt bislang der Grundsatz der gleichmäßigen Bewertung. Lediglich bei satzungsmäßigen Vorschriften, die an die Einzahlung des Nennkapitals anknüpften, konnte eine Abweichung von diesem Grundsatz erfolgen. § 97 Abs. 1 Satz 4 BewG in der seit dem 01.01.2016 geltenden Fassung sieht vor, dass abweichende Rechte, insbesondere eine abweichende Gewinnverteilung, unter Umständen auch in die Anteilsbewertung Eingang finden können. 928

10. Begünstigung von Betriebsvermögen[880]

Im ersten Beschluss des BVerfG zur Erbschaftsteuer vom 22.06.1995[881] wurde zur Besteuerung von Betrieben ausgeführt, dass die Erbschaftsteuer so bemessen werden muss, dass die Fortführung des Betriebes steuerlich nicht gefährdet wird. Dieser Forderung kam der Gesetzgeber durch die Einführung eines Betriebsvermögensfreibetrages und eines 40 %igen Bewertungsabschlages nach.[882] Diese Befreiung wurde im Anschluss an den zweiten Erbschaftsteuerbeschluss auf eine 85 %ige Befreiung erweitert, mit der Option zur sogenannten Vollverschonung, also einer 100 %igen Befreiung. Im dritten Erbschaftsteuerbeschluss[883] hat das BVerfG dies im Kern gebilligt, aber Nachbesserungen gefordert, soweit die Befreiungen unverhältnismäßig waren.[884] 929

a) Steuerbefreiung von Betriebsvermögen

aa) Begünstigungsfähiges Vermögen

Nach der zum 30.06.2016 rückwirkend in Kraft getretenen Neuregelung der §§ 13a, 13b, 13c ErbStG ist der Erwerb von unternehmerischem Vermögen begünstigungsfähig, wenn es sich um 930
– Betriebsvermögen, einschließlich der freiberuflich oder gewerblich tätigen Personengesellschaften handelt, und zwar unabhängig von der Höhe der Beteiligung;
– Anteile an Kapitalgesellschaften, wenn der Erblasser oder Schenker am Nennkapital der Gesellschaft wesentlich, also **mit mehr als 25 %**,[885] an der Gesellschaft beteiligt war;

und es sich um inländisches Betriebsvermögen bzw. eine Kapitalgesellschaft mit Sitz oder Geschäftsleitung im Inland handelt. Dem Inland gleichgestellt ist aus Gründen der Kapitalverkehrsfreiheit[886] die Belegenheit in einem Mitgliedstaat der Europäischen Union oder des Europäischen Wirtschaftsraumes.

Der Begriff des **Betriebsvermögens** bzw. der Begriff des Anteils an einer Gesellschaft i.S.d. § 15 Abs. 1 Satz 1 Nr. 2 EStG baut auf dem ertragsteuerlichen Begriff der Mitunternehmerschaft auf. Begünstigungsfähiges Vermögen liegt demnach immer dann vor, wenn der Erblasser/Schenker als Mitunternehmer einer Gesellschaft anzusehen ist.[887] Darüber hinaus fordert die Rechtsprechung, dass ein begünstigungsfähiger steuerpflichtiger Erwerb nur dann vorliegen kann, wenn die Mitunternehmerstellung in dem übertragenen Anteil durchgängig besteht. Dies kann vor allem bei Übertragungen von Mitunternehmeranteilen unter Nießbrauchsvorbehalt zweifelhaft sein, wenn der Nießbraucher sich zu umfassende Stimmrechte vorbehält,[888] ferner bei Familiengesellschaften, wenn den (minderjährigen) Kindern keine Mitunternehmerstellung zukommt[889]. Auch eine **isolierte** 931

---

880 Die Vergünstigungen für land- und forstwirtschaftliches Vermögen werden hier nicht behandelt.
881 BStBl. II 1995, 671.
882 Vgl. dazu Moench/*Weinmann* § 13a ErbStG Rn. 4.
883 V. 17.12.2014, 1 BvL 21/12, BStBl. II 2015, 50.
884 Rdn. 874.
885 Eine Beteiligung von genau 25 % reicht nicht aus!
886 Vgl. unter anderem EuGH, Urt. v. 17.01.2008, C-256/06 (*Jäger*), ZEV 2008, 87.
887 Zum Begriff der Mitunternehmerschaft, Rdn. 53.
888 Rdn. 418 ff.
889 Rdn. 355.

Übertragung von Sonderbetriebsvermögen ist kein nach §§ 13a, 13b ErbStG begünstigungsfähiger Vorgang[890].

932 Die Übertragung von Sonderbetriebsvermögen ist dagegen dann begünstigungsfähig, wenn das Sonderbetriebsvermögen zusammen mit dem Mitunternehmeranteil oder einem Teil eines Mitunternehmeranteils übergeht. Die Übertragung kann dabei unterquotal[891] oder auch überquotal[892] erfolgen.

933 Die Mindestbeteiligungsgrenze von mehr als 25 % bei **Anteilen an Kapitalgesellschaften**, die das BVerfG gebilligt hat,[893] muss der Erblasser/Schenker allein erfüllen. Diese Mindestbeteiligung muss allerdings nicht Gegenstand des steuerpflichtigen Erwerbs sein. Ist etwa der Erblasser/Schenker an einer Kapitalgesellschaft zu 50 % beteiligt und überträgt er jeweils 20 % auf zwei Kinder, so ist dieser Vorgang begünstigungsfähig.

934 Die Mindestbeteiligung kann jedoch durch eine sogenannte Poolvereinbarung überschritten werden, § 13b Abs. 1 Nr. 3 Satz 2 ErbStG. Dazu muss sich der Erblasser/Schenker gemeinsam mit anderen Gesellschaftern, die dann zusammen die Grenze von 25 % überschreiten, verpflichten, dass die Poolmitglieder
– über die Anteile nur einheitlich verfügen oder ausschließlich auf andere, derselben Verpflichtung unterliegende Anteilseigner zu übertragen

und
– das Stimmrecht gegenüber nichtgebundenen Gesellschafter nur einheitlich ausüben.

Die Poolvereinbarung kann sich aus dem Gesellschaftsvertrag oder aus gesonderten, schriftlichen[894] Vereinbarungen ergeben und muss im Besteuerungszeitpunkt vorliegen.

935 Grundsätzlich wäre es zivilrechtlich möglich, die Wirkungen einer solchen Poolvereinbarung auch durch die Einbringung der Anteile in eine Gesellschaft bürgerlichen Rechts herbeizuführen. Hiervor ist allerdings dringend zu warnen, da nach der Rechtsprechung eine mittelbare Beteiligung an einer Kapitalgesellschaft über eine vermögensverwaltende Personengesellschaft dazu führt, dass die Anteile an der Kapitalgesellschaft nicht begünstigungsfähig sind.[895]

bb) Umfang der Begünstigung und Verschonungsvoraussetzungen

(1) Begünstigungsumfang – sogenannte Regelverschonung[896]

936 Das begünstigungsfähige Vermögen i.S.d. 13b Abs. 1 ErbStG, gekürzt nach § 13b Abs. 2 ErbStG um das Verwaltungsvermögen[897] (= begünstigtes Vermögen), bleibt zu 85 % außer Ansatz (**Verschonungsabschlag**), wenn der Erwerb einen Betrag von 26.000.000 € nicht überschreitet.

937 Über den Verschonungsabschlag hinaus wird nach § 13a Abs. 2 ErbStG ein **Abzugsbetrag** in Höhe von 150.000 € gewährt. Somit ist die Übertragung von Betriebsvermögen bis zu einem Wert

---

890 Moench/*Weinmann* § 13a ErbStG Rn. 30.
891 S.a. Rdn. 120.
892 Bei einer überquotalen Übertragung von Sonderbetriebsvermögen ist nach Auffassung der Finanzverwaltung ertragsteuerlich nicht § 6 Abs. 3 EStG, sondern § 6 Abs. 5 EStG anzuwenden mit der Folge, dass es zu einer Sperrfrist kommen kann, vgl. Rdn. 128.
893 BVerfG, BStBl. II 2015, 50 Tz. 179.
894 Abschnitt E 13b.6 Abs. 5 ErbStR.
895 Abschnitt E 13b.6 ErbStR, BFH, DStR 2013, 1536 (a.A. – m.E. zu Recht – Vorinstanz FG Köln, DStRE2012, 429).
896 Die nachstehenden Ausführungen betreffen allein »einzelne« Betriebsvermögen, Personengesellschaften und Anteile an Kapitalgesellschaften. Zu den Besonderheiten mehrstufiger Beteiligungsstrukturen und Betriebsaufspaltungen s. unter Rdn. 1027.
897 Rdn. 947.

C. Erbschaft- und Schenkungsteuer

von 1.000.000 € vollständig von der Steuer befreit. Der Abzugsbetrag verringert sich, soweit der Erwerb einen Wert von mehr als 1.000.000 € hat, um 50 % des die Wertgrenze (also nach Abzug der Regelverschonung) übersteigenden Betrages, so dass bei einem Wert des Erwerbes zwischen 1.000.000 € und 3.000.000 € der Abzugsbetrag gleitend abgeschmolzen wird. Die Begünstigungsgrenze von 26.000.000 € folgt aus der Forderung des BVerfG, nach der bei Großerwerben eine Begünstigung nur dann verfassungsrechtlich zulässig sein soll, wenn für eine Steuerbefreiung ein Bedürfnis besteht.[898]

Die Begünstigungsgrenze von 26.000.000 € ist kein Freibetrag, sondern eine Freigrenze. Wird die Schwelle von 26.000.000 € überschritten, so fällt die Steuerbefreiung insgesamt weg. Der Erwerber kann dann wählen, ob er einen – allerdings unwiderruflichen – Antrag auf Gewährung eines Verschonungsabschlages für Großvermögen nach § 13c ErbStG stellt oder aber eine Verschonungsbedarfsprüfung beantragt, § 28a ErbStG.[899] 938

Die Wirkung des Verschonungsabschlages für Großvermögen besteht darin, dass die Fallbeilwirkung der Freigrenze nach § 13a Abs. 1 Satz 1 Halbs. 2 ErbStG abgemildert wird. In einem Korridor von 26.000.001 € bis 90.000.000 € sinkt der gewährte Verschonungsabschlag um 1 %-Punkt je 750.000 €, die der Wert des begünstigten Vermögens nach § 13b Abs. 2 ErbStG den Betrag von 26.000.000 € übersteigt. 939

Zur Vermeidung einer »Aufteilung in mehrere Erwerbe« sieht § 13a Abs. 1 Satz 2 ErbStG – ähnlich wie § 14 ErbStG – eine Zusammenrechnung mehrerer Erwerbe innerhalb eines Zeitraumes von 10 Jahren vor. Wird danach die Grenze von 26.000.000 € bei einem nachfolgenden Erwerb überschritten, so fällt die Steuerbefreiung auch für den vorangegangenen Erwerb weg. 940

Einzubeziehen in die Wertgrenze von 26.000.000 € sind nach Auffassung der Finanzverwaltung auch Erwerbe, die vor Inkrafttreten des neuen Rechts verwirklicht wurden. 941

Die Begünstigung der Erwerber von Betriebsvermögen ist an die Erfüllung von Voraussetzungen geknüpft, die der Erwerber in nachfolgenden Zeiträumen erfüllen muss. Dementsprechend erfolgt die Gewährung der Vergünstigungen unter dem Vorbehalt, dass der Erwerber in dem Nachsorgezeitraum diese Voraussetzungen erfüllen wird. Erfüllt er diese Voraussetzungen nicht, so fallen die gewährten Betriebsvermögensvergünstigungen ganz oder teilweise mit Wirkung für die Vergangenheit weg. Eine bereits durchgeführte – auch bestandskräftige – Veranlagung ist in diesem Falle nach § 175 Abs. 1 Satz 1 Nr. 2 AO in Verbindung mit der jeweiligen Einzelregelung aufzuheben. Um die Einhaltung der Verschonungsvoraussetzungen zu gewährleisten, werden den Erwerbern umfangreiche Anzeigepflichten auferlegt. 942

(2) Einhaltung von Lohnsummen

Da die Begünstigungswürdigkeit von Betriebsvermögen vor allem daraus rührt, dass der Erhalt von Arbeitsplätzen gefördert werden soll, ist es eine der zentralen Voraussetzungen für die Gewährung der Betriebsvermögensvergünstigungen, dass der Erwerber die Arbeitsplätze im Wesentlichen erhält. Die bisherige Grenze des § 13a Abs. 1 Satz 3 ErbStG a.F., nach der Betriebe ausgenommen waren, die nicht mehr als zwanzig Beschäftigte hatten, hat das BVerfG als zu hoch erachtet.[900] 943

Nach 13a Abs. 3 ErbStG sind folgende Lohnsummengrenzen, abhängig von der Zahl der Beschäftigten, einzuhalten:
– Unternehmen mit mehr als 15 Beschäftigten müssen eine Lohnsumme von 400 % des Durchschnitts der Lohnsumme der vergangenen 5 Jahre vor dem Besteuerungszeitpunkt in den nachfolgenden 5 Jahren erreichen, somit durchschnittlich jährlich 80 %. 944

---

898 Rdn. 874, 875.
899 Rdn. 1012.
900 Rdn. 874, 877.

- Bei Unternehmen mit mehr als zehn Beschäftigten beträgt die Lohnsumme 300 %, also jährlich durchschnittlich 60 %.
- Bei Unternehmen mit mehr als fünf Beschäftigten beträgt die Lohnsumme 250 %, also jährlich durchschnittlich 50 %.
- Bei Unternehmen mit weniger als fünf Beschäftigten entfällt das Lohnsummenkriterium als Verschonungsvoraussetzung.

Lohnsumme in diesem Sinne sind in Anlehnung an europäische Bestimmungen[901] definiert, im Allgemeinen lässt sich dieser Wert aus der Position »Aufwand für Löhne und Gehälter« i.S.d. § 275 Abs. 2 Nr. 6 HGB ableiten. Nicht in die Lohnsumme einzubeziehen sind die Arbeitgeberanteile zu den gesetzlichen Sozialabgaben. Die Lohnsumme wird auch nicht gemindert um etwaige Erstattungen der Bundesagentur für Arbeit für Kurzarbeitergeld.[902]

(3) Keine Begünstigung des sogenannten Verwaltungsvermögens

945 Zur Abgrenzung von förderungswürdigem und nicht förderungswürdigem Vermögen hat der Gesetzgeber die Kategorie des (nicht förderungswürdigen) Verwaltungsvermögens geschaffen. Nach § 13b ErbStG a.F. war der Übergang von Betriebsvermögen befreit, soweit die Verwaltungsvermögensgrenze von 50 % nicht überschritten war. Das BVerfG hat sowohl die »Alles-oder-Nichts-Grenze« als auch die grundsätzliche Begünstigung von Verwaltungsvermögen für verfassungswidrig erachtet.[903] Nunmehr ist nur das begünstigungsfähige Vermögen begünstigt, dies ergibt sich, indem der gemeine Wert des Betriebsvermögens um das Nettoverwaltungsvermögen gekürzt wird.

946 Anders als nach bisherigem Recht wird der Wert des Verwaltungsvermögens nicht mehr als Bruttowert festgestellt, sondern es werden anteilig betriebliche Schulden abgezogen, so dass nur ein »Nettowert« des Verwaltungsvermögens dem Begünstigungsausschluss unterliegt.[904]

(a) Kategorien des Verwaltungsvermögens

947 Der Umfang des Verwaltungsvermögens wird wie bislang katalogmäßig bestimmt. Die noch im Regierungsentwurf vorgesehene positive Beschreibung des förderungswürdigen Vermögens ist nicht Gesetz geworden. Änderungen gegenüber dem bisherigen Recht ergeben sich bei zur Nutzung überlassenen Grundstücken, bei denen die Überlassung vorrangig zum Absatz eigener Produkte erfolgt. Diese zählen nunmehr im Wege der Ausnahmeregelung nicht mehr zum Verwaltungsvermögen (§ 13b Abs. 4 Nr. 1 e) ErbStG). Daneben ergeben sich Änderungen aus dem Übergang von der Bruttomethode zur Nettomethode beim Ansatz des Verwaltungsvermögens als nicht förderungswürdigem Vermögen.

(aa) Grundstücke

948 Zum Verwaltungsvermögen gehören nach § 13b Abs. 4 Nr. 1 ErbStG Grundstücke, Grundstücksteile, grundstücksgleiche Rechte und Bauten, die an Dritte zur Nutzung überlassen werden. Diese werden typisierend der Vermögensverwaltung zugerechnet, so dass eine Förderungswürdigkeit entfällt.

949 Im Wege der Rückausnahme werden allerdings bestimmte Nutzungsüberlassungen als unschädlich erachtet. In diesem Fall erfolgt keine Zurechnung zum Verwaltungsvermögen:

---

901 Anhang I der Verordnung (EG) Nummer 1503/2006 der Kommission vom 18. September 2006 (ABl. L 281/15).
902 S. Abschnitt E 13a.5 Erbschaftsteuer-Richtlinien. Dies schafft bei vorangegangenen Übertragungen im Hinblick auf die »Corona-Krise« in 2020 eine gewisse Erleichterung.
903 Rdn. 874, 876.
904 Rdn. 960.

C. Erbschaft- und Schenkungsteuer Kapitel 12

Unschädlich ist – wie bisher – die Überlassung im Rahmen einer **Betriebsaufspaltung** (§ 13b Abs. 4 Nr. 1 a) 1. Fall ErbStG), als **Sonderbetriebsvermögen** (§ 13b Abs. 4 Nr. 1 a) 2. Fall ErbStG) oder im Rahmen eines **Konzern** i.S.d. § 4h EStG (§ 13b Abs. 4 Nr. 1 c) ErbStG). 950

Unschädlich ist auch weiterhin ferner die Nutzungsüberlassung im Rahmen einer **Betriebsverpachtung** (§ 13b Abs. 4 Nr. 1 b) ErbStG). 951

Gehören die Grundstücke zum Betriebsvermögen eines Unternehmens, dessen Hauptzweck die Vermietung von Wohnungen ist, dessen Erfüllung die Einrichtung eines wirtschaftlichen Geschäftsbetriebes erfordert, sog. **Wohnungsbauunternehmen**, so sind die Grundstücke ebenfalls kein Verwaltungsvermögen (§ 13b Abs. 4 Nr. 1 d) ErbStG) Die Finanzverwaltung nimmt auch weiter an, dass diese Grenze bei einem Wohnungsbestand von mehr als 300 Wohnungen erfüllt ist,[905] während nach der Rechtsprechung »qualitative« Kriterien zur Anwendung kommen sollen.[906] 952

Neu aufgenommen wurde in den Katalog des unschädlichen überlassenen Grundvermögens Grundstücke, die vorrangig überlassen werden, um dem **Absatz von eigenen Erzeugnissen** zu dienen (§ 13b Abs. 4 Nr. 1 d) ErbStG). Hierunter sollen nach der Gesetzesbegründung vor allem Verpachtungen durch Brauereien und Tankstellen fallen,[907] die Gaststätten unterhalten, um hier den Produktabsatz zu fördern, ohne dass die Erzielung von Verpachtungseinnahmen im Vordergrund steht. 953

(bb) Beteiligungen an Kapitalgesellschaften

Zum Verwaltungsvermögen gehören auch Beteiligungen, die nicht die Wesentlichkeitsgrenze von mehr als 25 % überschreiten (§ 13b Abs. 4 Nr. 2 ErbStG). Die Wesentlichkeitsgrenze kann auch durch eine Poolvereinbarung[908] überschritten werden. 954

(cc) Kunstgegenstände

Kunstgegenstände, Kunstsammlungen, wissenschaftliche Sammlungen, Bibliotheken und Archive, Münzen, Edelmetalle und Edelsteine gehören zum Verwaltungsvermögen, soweit nicht der Handel, die Herstellung oder Verarbeitung solcher Gegenstände Hauptzweck des Gewerbebetriebs ist (§ 13b Abs. 4 Nr. 3 ErbStG). 955

(dd) Wertpapiere und vergleichbare Forderungen

Wertpapiere und vergleichbare Forderungen gehören ebenfalls zum Verwaltungsvermögen (§ 13b Abs. 4 Nr. 4 ErbStG). Entscheidendes Merkmal zur Abgrenzung der Vergleichbarkeit ist die Verbriefung. Dementsprechend fallen alle Forderungen, die nicht verbrieft sind, nicht dieser Kategorie des Verwaltungsvermögens, sondern allenfalls dem sogenannten Finanzmittelvermögen i.S.d. § 13b Abs. 4 Nr. 5 ErbStG). In diese Kategorie fallen: 956
– Forderungspapiere des Kapitalverkehrs wie Anleihen, Pfandbriefe und Industrieobligationen,
– Pfandbriefe von Hypothekenbanken,
– Aktien,
– Schuldbuchforderungen des Bundes und der Länder,
– Investmentanteile,
– Geldmarktfonds,
– Festgeldfonds,

nicht aber[909]
– Geld,

---

[905] Abschnitt E 13b.13 Abs. 3 Satz 2 ErbStR.
[906] BFH, Urt. v. 24.10.2017, II R 44/15, ZEV 2018, 219.
[907] BT-Drucks. 18/8911, S. 44, s. BayLfSt DStR 2020, 600.
[908] Rdn. 934.
[909] Hinweise zu Abschnitt E 13b.17 ErbStR.

- Sichteinlagen,
- Sparanlagen,
- Festgeldkonten,
- Forderungen aus Lieferungen und Leistungen,
- Forderungen an verbundene Unternehmen,
- Ansprüche aus Rückdeckungsvermögen.

957 Dienen die entsprechenden Wertpapiere allerdings – wie in der Praxis häufig zu beobachten- ausschließlich der Erfüllung von Schulden aus Altersvorsorgeverpflichtungen und sind sie dem Zugriff aller übrigen nicht aus den Altersvorsorgepflichtungen berechtigten Gläubiger entzogen, so gehören diese Wertpapiere nicht zum Verwaltungsvermögen (§ 13b Abs. 3 ErbStG).

(ee) Finanzmittelvermögen

958 Die Zuordnung nur verbriefter Forderungen zum Verwaltungsvermögen i.S.d. § 13b Abs. 2 Nr. 4 ErbStG a.F. ermöglichte Gestaltungen mit sogenannten »cash-Gesellschaften«. Verfügten die Gesellschaften lediglich über Festgeldguthaben, so zählte dieses nicht zum Verwaltungsvermögen, sondern zum begünstigungsfähigen Vermögen.[910] Somit war eine Inanspruchnahme der Betriebsvermögensvergünstigungen nach §§ 13a, 13b ErbStG a.F. bei solchen Gesellschaften möglich. Der Gesetzgeber erkannte diese »Besteuerungslücke« und schaffte durch das Amtshilferichtlinie-Umsetzgesetz die neue Verwaltungsvermögenskategorie des sogenannten »schädlichen Finanzmittelvermögens« in § 13b Abs. 2 Nr. 5 ErbStG a.F., die nunmehr in § 13b Abs. 4 Nr. 5 ErbStG enthalten ist.

959 Das Finanzmittelvermögen umfasst nach Auffassung der Finanzverwaltung[911]
- Geld,
- Sichteinlagen,
- Sparanlagen,
- Festgeldkonten,
- Forderungen aus Lieferungen und Leistungen,
- Forderungen an verbundene Unternehmen,
- Ansprüche aus Rückdeckungsversicherungen,
- Forderungen im Sonderbetriebsvermögen des Gesellschafters, insbesondere Forderungen gegen die Personengesellschaft,
- Forderungen von Personen- und Kapitalgesellschaften gegen ihre Gesellschafter,
- sonstige auf Geld gerichtete Forderungen aller Art, soweit nicht zu § 13b Abs. 4 Nr. 4 ErbStG gehörend, einschließlich geleisteten Anzahlungen, Steuerforderungen und Forderungen aus stillen Beteiligungen.

Das Finanzmittelvermögen zählt – vorbehaltlich der jungen Finanzmittel[912] – nur dann zum »schädlichen« Verwaltungsvermögen, wenn nach Abzug der betrieblichen Schulden die verbleibenden Finanzmittel mehr als 15 % des gemeinen Wertes des Betriebsvermögens[913] ausmachen, § 13b Abs. 4 Nr. 5 ErbStG.

(b) Berücksichtigung von Schulden bei der Ermittlung des Nettoverwaltungsvermögens

960 Der Übergang von der Brutto- zur Nettomethode bei der Ermittlung des nicht förderungswürdigen Verwaltungsvermögens erforderte umfangreiche Anpassungen des § 13b ErbStG, die sich tabellarisch (ohne Berücksichtigung des jungen Verwaltungsvermögens) wie folgt darstellen lassen:

---

910 Vgl. Rdn. 874, Rdn. 879.
911 Länder-Erlass v. 10.10.2013, BStBl. I 2013, 1272 Tz. 2.1.
912 Rdn. 969.
913 Nach § 13 Abs. 2 Nr. 5 ErbStG a.F. lag die Unschädlichkeitsgrenze bei 20 %. Die Herabsetzung auf 15 % erfolgte erst i.R.d. letzten Entwurfes, BT-Drucks. 18/8911.

C. Erbschaft- und Schenkungsteuer

Tabelle 5: Ermittlung des Nettowerts des Verwaltungsvermögens

Vermögensposten	Schulden	Fundstelle § 13b ErbStG
Verwaltungsvermögen § 13b Abs. 4 Nr. 1 – 4		Abs. 4 Nr. 1 – 4
./. für Altersvorsorgeschulden abzusondern		Abs. 3 Satz 1
	./. für Investitionen verwandt	Abs. 5 Satz 1 und 2
Finanzmittelvermögen		Abs. 4 Nr. 5 Satz 1
	./. betriebliche Schulden	Abs. 4 Nr. 5 Satz 1
	soweit nicht schon abgezogen	Abs. 3 Satz 2 u. 3
	./. 15 % des gemeinen Wertes	Abs. 4 Nr. 5 Satz 1
	./. für Investitionen verwandt	Abs. 5 Satz 1 und 2
	./. für Löhne verwandt	Abs. 5 Satz 3 und 4
= gemeiner Wert des Verwaltungsvermögens		
	./. anteilige Schulden	Abs. 6
= Nettowert des Verwaltungsvermögens		

Dienen Vermögensgegenstände des Verwaltungsvermögens nach § 13b Abs. 4 Nr. 1 – 4 ErbStG ausschließlich und dauerhaft der von Schulden aus Altersvorsorgeverpflichtungen und sind diese dem Zugriff aller übrigen nicht aus den **Altersvorsorgeverpflichtungen** unmittelbar berechtigten Gläubiger entzogen, so gehören diese Vermögensgegenstände nicht zum Verwaltungsvermögen. Der Gesetzgeber übernimmt hiermit weitgehend den in § 246 Abs. 2 Satz 2 und 3 HGB niedergelegten Grundsatz, dass solche Vermögensgegenstände für den Unternehmer keinen Wert darstellen, da sie der Haftungsmasse und der Verfügungsgewalt entzogen sind.[914] Verbleibt nach der Saldierung von belastetem Verwaltungsvermögen i.S.d. § 13b Abs. 4 Nr. 1 – 4 ErbStG mit Altersvorsorgeverpflichtungen, so ist eine weitergehende Saldierung mit dem Finanzmittelvermögen i.S.d. § 13b Abs. 4 Nr. 5 ErbStG möglich (§ 13b Abs. 3 Satz 2 und 3 ErbStG).

Von dem Finanzmittelvermögen i.S.d. § 13b Abs. 4 Nr. 5 ErbStG sind sodann die **verbliebenen betrieblichen Schulden** abzuziehen, soweit diese nicht vorrangig abgezogen worden sind. Das zulässige Finanzmittelvermögen nach Abzug der Schulden darf **15 % des gemeinen Wertes** des Betriebsvermögens ausmachen. Erst ein übersteigender Finanzmittelfonds zählt zum Verwaltungsvermögen.

Von dem Verwaltungsvermögen i.S.d. § 13b Abs. 4 Nr. 1 – 5 ErbStG kann bei (nur!) Erwerben von Todes wegen derjenige Betrag abgezogen werden, der innerhalb von 2 Jahren nach dem Besteuerungszeitpunkt nach einem vorgefassten Plan des Erblassers in **betriebliche Investitionen**, die kein Verwaltungsvermögen darstellen, geflossen ist, § 13b Abs. 5 Satz 1 und 2 ErbStG. In diesem Fall entfällt mit der Vornahme der Investition rückwirkend die Zurechnung zum Verwaltungsvermögen.

Bei dem Finanzmittelvermögen i.S.d. § 13b Abs. 4 Nr. 5 ErbStG kann eine rückwirkenden Aufhebung der Verwaltungsvermögenseigenschaft auch dann erfolgen, wenn die Mittel verwendet werden, um bei aufgrund wiederkehrender saisonaler Schwankungen fehlenden Einnahmen die **Löhne und Gehälter** i.S.d. § 13a Abs. 3 Satz 6 – 10 ErbStG zu zahlen.[915]

Verbleibt nach der Anwendung der vorstehenden Schuldenberücksichtigung ein Verwaltungsvermögen, so ergibt sich der Nettowert des Verwaltungsvermögens nach Abzug der anteiligen Schulden, die nach folgender Formel ermittelt werden (§ 13b Abs. 6 ErbStG) sollen:

anteilige Schulden = gem. Wert Verwaltungsvermögen/(gem. Wert Betriebsvermögen+ verbl. Schulden)

---

914 S. hierzu ausführlich MünchKommBilanzR/*Hennrichs* § 246 Rn. 239 ff.
915 Beispielhaft sind hier Freizeitparks zu nennen, die lediglich während eines Teils des Jahres geöffnet sind.

966 Eine **Saldierung von Schulden ist allerdings ausgeschlossen**, soweit junges Verwaltungsvermögen und junges Finanzmittelvermögen betroffen sind sowie dann, wenn Schulden wirtschaftlich nicht belastend sind (§ 13b Abs. 8 Satz 1 und Satz 2 1. Fall ErbStG). Darüber hinaus dürfen Schulden auch dann nicht in die Saldierung einbezogen werden, wenn der Schuldenstand zum Zeitpunkt der Entstehung der Steuer den durchschnittlichen Schuldenstand der vergangenen 3 Jahre vor dem Steuerentstehungszeitpunkt übersteigt (§ 13b Abs. 8 Satz 2 2. Fall ErbStG). Mit dieser Einschränkung soll vermieden werden, dass betriebliche Schulden erhöht werden, um das Saldierungspotential zu erhöhen. Dem Steuerpflichtigen wird jedoch ermöglicht, nachzuweisen, dass die Erhöhung des Schuldenstandes durch die Betriebstätigkeit veranlasst ist.

(c) Junges Verwaltungsvermögen und junge Finanzmittel

967 Mit der Kategorie des jungen Verwaltungsvermögens soll – wie schon im alten Recht – verhindert werden, dass Verwaltungsvermögen kurzfristig in das Betriebsvermögen eingelegt wird, um in den Genuss der Verschonungsvergünstigungen zu kommen. Dabei hat allerdings die Einlage in Betriebsvermögen durch die Streichung der 50 %-Grenze ohnehin an Attraktivität verloren. Die Einlage von Verwaltungsvermögen hat daher nur noch insoweit begünstigungsfördernde Wirkung, als über Einlagen die Grenze des unschädlichen Verwaltungsvermögens von 10 % i.S.d. § 13b Abs. 7 Satz 1 ErbStG nicht überschritten wird, das zulässige Finanzmittelvermögen i.S.d. § 13 Abs. 4 Nr. 5 ErbStG ausgeschöpft wird oder es – bei einem Verbleib im Verwaltungsvermögen – es zu einer anteiligen Schuldenberücksichtigung nach § 13b Abs. 6 ErbStG kommt. Umgekehrt tritt durch Einlagen aber auch eine erhebliche Bindung des Vermögens ein, und zwar über die Entnahmebeschränkungen nach § 13a Abs. 6 Nr. 3 ErbStG. Trotz der zuvor beschriebenen gesunkenen Attraktivität der Einlage von Verwaltungsvermögen hat der Gesetzgeber die Kategorie des jungen Verwaltungsvermögens beibehalten und die Rechtsfolgen kurzfristiger Einlagen an das neue Recht angepasst.

968 **Junges Verwaltungsvermögen** ist solches Verwaltungsvermögen, welches dem Betrieb im Besteuerungszeitpunkt weniger als 2 Jahre zuzurechnen war (§ 13b Abs. 7 Satz 2 ErbStG). Wie schon nach § 13b Abs. 2 Satz 3 ErbStG a.F. gehört hierzu nicht nur eingelegtes Verwaltungsvermögen, sondern auch solches Verwaltungsvermögen, welches innerhalb dieses Zeitraumes mit betrieblichen Mitteln angeschafft worden ist.[916]

969 **Junges Finanzmittelvermögen** i.S.d. § 13b Abs. 4 Nr. 5 ErbStG ist nach Satz 2 der Vorschrift der positive Saldo von eingelegten und entnommenen Finanzmitteln. Es wird somit nicht auf einzelne Einlagen abgestellt. Die Abstellung auf einen Saldo ist geboten, da insbesondere bei (Familien-)Personengesellschaften in der Praxis ein umfangreicher Verrechnungsverkehr zwischen Gesellschaft und Gesellschaftern – unter anderem zur Zahlung (und Erstattung) von Ertragsteuern erfolgt.

970 Junge Finanzmittel sind von den Finanzmitteln nach § 13b Abs. 4 Nr. 5 Satz 1 ErbStG abzuziehen, so dass ein nach Satz 2 ermittelter positiver Einlagensaldo nur dann in das junge Finanzmittelvermögen eingeht, sofern überhaupt Finanzmittel vorhanden sind. Ohne eine solche Regelung wären sämtliche Kapitaleinlage, insbesondere in Gründungs- und Sanierungsfällen, sinnwidrigerweise kein begünstigungsfähiges Vermögen.

971 **Rechtsfolge** des »jungen Verwaltungsvermögens« ist, dass eine Verrechnung mit Schulden – außer aus Altersvorsorgeverpflichtungen i.S.d. § 13b Abs. 3 ErbStG – nicht stattfindet. § 13b Abs. 6 ErbStG schließt den darüber hinausgehenden Abzugs aus. Für das »junge Finanzmittelvermögen« ist eine Verrechnung nach § 13b Abs. 2 Nr. 5 Satz 2 Halbs. 2 ErbStG insgesamt ausgeschlossen. Das junge Verwaltungsvermögen und das junge Finanzmittelvermögen bilden das Mindest-Nettoverwaltungsvermögen (§ 13b Abs. 8 Satz 3 ErbStG).

---

[916] Abschnitt E 13b.19 Abs. 1 ErbStR, bestätigt durch BFH, Urt. v. 22.01.2020, II R 41/18, DStR 2020, 1784.

C. Erbschaft- und Schenkungsteuer

Junge Verwaltungs- und Finanzmittelvermögen können kein »unschädliches Verwaltungsvermögen« i.S.d. § 13b Abs. 7 Satz 1 ErbStG darstellen (§ 13b Abs. 7 Satz 2 ErbStG). **972**

Tabelle 6: Ermittlung des jungen Verwaltungsvermögens, Ermittlung des Mindestwerts des Nettoverwaltungsvermögens

Vermögensposten	Schulden	Fundstelle § 13b ErbStG
Verwaltungsvermögen § 13b Abs. 4 Nr. 1 – 4		Abs. 4 Nr. 1 – 4
davon weniger als 2 Jahre zuzurechnen		Abs. 7
	./. Altersvorsorgeschulden	Abs. 3 Satz 1
=junges Verwaltungsvermögen		
Einlagensaldo der vergangenen 2 Jahre		Abs. 4 Nr. 5 Satz 2
höchstens Finanzmittel		arg. ex Abs. 4 Nr. 5 Satz 2
	./. Altersvorsorgeschulden	
=junge Finanzmittel		
= Mindestwert Nettoverwaltungsvermögen		Abs. 8 Satz 3

(d) Berücksichtigung von Schulden

Aus den vorstehenden Ausführungen ergibt sich bereits im Wesentlichen, in welcher Reihenfolge betriebliche Schulden mit dem vorhandenen Verwaltungs- und Finanzmittelvermögen zu verrechnen sind. Der Gesetzgeber hat sich bewusst dagegen entschieden, eine konkrete Schuldenzuordnung nach dem Veranlassungszusammenhang vorzunehmen. Stattdessen erfolgt dem Grunde nach eine anteilige Verrechnung mit vorrangiger Verteilung bestimmter Schulden auf das Verwaltungsvermögen, im Übrigen eine vorrangige Verteilung auf das Finanzmittelvermögen. Die nachfolgende Tabelle dient dem leichteren Verständnis: **973**

Tabelle 7: Übersicht zur Schuldenberücksichtigung

Schulden	Verrechnungsmöglichkeit	Fundstelle § 13b ErbStG
betriebliche Schulden		
davon Altersvorsorge	mit (jungem) Verwaltungsvermögen	Abs. 3 Satz 2
	mit (jungem) Finanzmittelvermögen	Abs. 3 Satz 2
verbleibende Altersvorsorgeschulden	wie verbleibende Schulden	Abs. 3 Satz 3
verbleibende Schulden:		
soweit nicht wirtschaftlich belastend		Abs. 8 Satz 2, 1. Fall
soweit durchschnittlicher Schuldenstand der letzten 3 Jahre überschritten	keine (weitere Verrechnung, sofern nicht durch Betriebstätigkeit veranlasst	Abs. 8 Satz 2, 2. Fall
Rest	Verrechnung mit Finanzmitteln (nicht: junge)	Abs. 4 Nr. 5 Satz 1
Rest	anteilige Berücksichtigung bei Verwaltungsvermögen (nicht junges)	Abs. 6

Altersvorsorgeverpflichtungen i.S.d. § 13b Abs. 3 ErbStG sind die nach § 266 Abs. 3 B. 1 HGB gesondert auszuweisenden Rückstellungen für Pensionen und ähnliche Verpflichtungen, die aufgrund unmittelbarer Zusagen für laufende Pensionen und Pensionsanwartschaften zu bilden sind oder die Verpflichtungen gegenüber einer rechtlich selbständigen betrieblichen Unterstützungseinrichtung darstellen. Entscheidend ist, dass es sich um eine Verpflichtung handelt, die zu Ruhestands- **974**

bezügen führt[917]. Ob für die Verpflichtung **steuerlich** zulässigerweise eine Rückstellung gebildet worden ist und welchen **steuerlichen** Wert diese Verpflichtung aufweist, dürfte aufgrund der Anknüpfung an den Maßstab des gemeinen Wertes unerheblich sein. Voraussetzung für eine Verrechnung dieser Verpflichtungen nach § 13b Abs. 3 ErbStG in Übereinstimmung mit § 246 Abs. 2 Satz 2 HGB,[918] dass das sogenannte Deckungsvermögen (= Verwaltungsvermögen) im Falle einer Insolvenz weiterhin das Deckungsvermögen den Versorgungsberechtigten zusteht, indem für den Insolvenzfall somit ein Aussonderungsrecht i.S.d. § 47 InsO vereinbart wurde.[919]

975 Ergibt sich nach der Verrechnung ein negativer Saldo, sind also de Altersvorsorgeverpflichtungen ihrem gemeinen Wert nach höher als das verrechnete Deckungsvermögen, so ist die verbleibende Verpflichtung wie eine sonstige betriebliche Schuld weiter zu verrechnen, § 13b Abs. 3 Satz 3 ErbStG.

976 Nicht zu berücksichtigen sind **wirtschaftlich nicht belastende** Schulden, § 13b Abs. 8 Satz 2 ErbStG. Es bleibt unklar, was hierunter zu verstehen ist, da wirtschaftlich nicht belastende Schulden grundsätzlich einen gemeinen Wert von 0,-- € haben müssten. Es liegt daher nahe, dass die eigentliche Bedeutung der hierdurch eintretenden Einschränkung der Schuldenberücksichtigung in der Verbundvermögensaufstellung liegt, soweit – wegen einer bestehenden Haftungsbeschränkung einer Tochter- oder Beteiligungsgesellschaft – mit einem Ausgleich nicht zu rechnen ist. Darüber hinaus erwähnen die Erbschaftsteuer-Richtlinien[920] Fälle von Rangrücktritt oder Forderungsverzicht mit Besserungsabrede. Dies ist allerdings meines Erachtens eine Frage, die letztlich nur im Zusammenhang mit der Anteilsbewertung zu klären ist. Ergibt die Anteilsbewertung, dass der Besserungsfall eintreten wird, so ist m.E. kein Raum für die Nichtberücksichtigung.

977 Ebenfalls denkbar erscheint es, dass mit den wirtschaftlich nicht belastenden Schulden auch eine latente Ertragsteuerbelastung bei Veräußerung umfasst sein könnte. Bekanntlich hat der BGH[921] entschieden, dass im Rahmen der Ermittlung des Zugewinnausgleiches die latente Ertragsteuerbelastung zu berücksichtigen ist. Steuerrechtlich wird seit jeher die Berücksichtigung solcher Lasten verneint.[922] Die Stückzins-Entscheidung des BVerfG hat dies – allerdings eher aus Gründen der Typisierung – gebilligt,[923] allerdings ist es m.E. zweifelhaft, ob die Typisierungserwägungen des BVerfG auch dann greifen, wenn die Erfassung stiller Reserven gesetzgeberisches Ziel ist,[924]

978 Schulden sind ferner dann nicht zu berücksichtigen, wenn der Schuldenstand im Besteuerungszeitpunkt den durchschnittlichen Schuldenstand der vergangenen 3 Jahre übersteigt. Es handelt sich hierbei um eine Mißbrauchsverhinderungsregelung, da durch eine Erhöhung von Schulden der Umfang möglicher Verrechnungen im Finanzmittelvermögen nach § 13b Abs. 4 Nr. 5 ErbStG und im sonstigen Verwaltungsvermögen erhöht werden könnte. Da es sich um eine Mißbrauchsverhinderungsvorschrift handelt, die die eigentliche Betriebstätigkeit nicht einschränken soll, kann der Steuerpflichtige nachweisen, dass die Erhöhung auf die Betriebstätigkeit zurückzuführen ist. Dies ist vor allem bei Betriebserweiterungen denkbar.

(e) Ermittlung des Begünstigungsumfanges

979 Von dem begünstigungsfähigen Vermögen i.S.d. § 13b Abs. 1 ErbStG erfolgt der Übergang zu dem (tatsächlich) begünstigten Vermögen nach folgenden Schritten:

---

917 Wiedmann/*Böcking*/*Gros* Bilanzrecht § 266 Rn. 49.
918 S. ausführlich hierzu: MünchKommBilanzR/*Hennrichs* § 246 Rn. 239 ff.
919 IdW RS HFA 30 Rn. 22 ff.
920 Abschnitt E 13b.28 ErbStR.
921 BGH, NJW 2011, 2572.
922 BFH, BStBl. II 2010, 641; BFH, Urt. v. 27.09.2017, II R 15/15, ZEV 2018, 2017.
923 BVerfG Beschl.v. 13.07.2015, BFH/NV 2015, 1069.
924 Vgl. auch *Bruschke*, ErbStB 2016, 80 der die Nicht-Einbeziehung als »nicht stimmig« ansieht.

C. Erbschaft- und Schenkungsteuer

Tabelle 8: Vom begünstigungsfähigen Vermögen zum begünstigten Vermögen

begünstigungsfähiges Betriebsvermögen		Abs. 1
./. junges Verwaltungsvermögen und junge Finanzmittel	s. Tabelle 6	Abs. 8 Satz 3
./. Nettowert des Verwaltungsvermögen	s. Tabelle 5	
soweit >10 % des gemeinen Wertes		Abs. 2 Satz 1
= begünstigtes Vermögen		Abs. 2 Satz 1
Soweit Bruttoverwaltungsvermögen >90 % begünstigungsfähiges Vermögen		
= insgesamt nicht begünstigtes Vermögen		Abs. 2 Satz 2

Das junge Verwaltungsvermögen und die jungen Finanzmittel bilden das nicht begünstigte Mindestverwaltungsvermögen. Das Mindestverwaltungsvermögen ist ein Bruttowert, eine Kürzung um anteilige Schulden – außerhalb der Verrechnung mit Altersvorsorgeschulden – kommt nicht in Betracht. Das junge Verwaltungsvermögen kann auch kein unschädliches Verwaltungsvermögen darstellen. 980

Das übrige Verwaltungsvermögen ist von dem (verbleibenden) Wert des begünstigungsfähigen Vermögens abzuziehen. Dabei wird ein (Netto-) Verwaltungsvermögen von 10 % des gemeinen Wertes des Betriebsvermögens als unschädliches Vermögen behandelt. Die 10 %-Grenze ist dabei keine Freigrenze, wie es der Wortlaut des § 13b Abs. 7 Satz 1 ErbStG (BT-Beschluss) nahelegen könnte, sondern ein prozentualer Freibetrag, wie sich aus § 13b Abs. 2 Satz 1 ErbStG ergibt. 981

Nachdem in der Literatur der Hinweis aufkam, dass – auf der Basis der damaligen Entwürfe – »cash-GmbH«-Gestaltungen wieder möglich sein könnten,[925] hat der Gesetzgeber in § 13a Abs. Satz 2 Satz 2 ErbStG solches Vermögens als insgesamt nicht begünstigungsfähig angesehen, bei dem der Bruttowert des Verwaltungsvermögens vor Schuldenverrechnung nach § 13b Abs. 3 ErbStG[926] vor Anwendung des Freibetrages nach § 13b Abs. 4 Nr. 5 Satz 2 ErbStG[927] und vor Anwendung der Verrechnungen nach § 13b Abs. 7[928] und 8[929] ErbStG 90 % des gemeinen Wertes ausmacht. Dadurch soll verhindert werden, dass eine im Wesentlichen aus Verwaltungsvermögen, insbesondere Finanzmittelvermögen bestehendes Betriebsvermögen eine »Teilvergünstigung« erfährt. Diese Bruttoverwaltungsvermögensprüfung erweist sich in der Praxis zunehmend als Übertragungshindernis,[930] vor allem in Handelsunternehmen, soweit dort hohe Forderungen und Verbindlichkeiten aus Lieferungen und Leistungen bestehen. Bei Personalgesellschaften kann sich zusätzlich eine Erhöhung der Bruttoverwaltungsvermögensquote dann ergeben, wenn Forderungen aus Gesellschafterdarlehen steuerrechtliches Fremdkapital darstellen und dadurch ebenfalls zum Finanzmittelvermögen gezählt werden. Insbesondere bei Übertragungen von Personengesellschaftsanteilen sollte vorab die Bruttoverwaltungsvermögensquote sorgfältig geprüft werden. Durch die »Umwandlung« von Gesellschafterdarlehensforderungen (=steuerrechtliches Fremdkapital) in Rücklagen (=steuerrechtliches Eigen- 982

---

925 *Kischisch/Maiterth*, DStR 2015, 2111.
926 Rdn. 974.
927 Rdn. 962.
928 Rdn. 967.
929 Rdn. 976.
930 Vgl. *Brabender/Winter*, ZEV 2017, 81 und Fischer/Pahlke/Wachter, § 13b ErbStG Rn. 279 ff. Das FG Münster, ZEV 2019, 577 hat wegen der überschießenden Tendenz der Vorschrift ernstliche Zweifel an der Verfassungsmäßigkeit der Vorschrift geäußert.

kapital) in einigen Fällen die Gefahr der Überschreitung der Bruttoverwaltungsvermögensquote gehindert werden.

983 Das begünstigte Vermögen i.S.d. § 13b Abs. 2 ErbStG unterliegt der anteiligen Steuerbefreiung nach § 13a Abs. 1 Satz 1 ErbStG, das nicht begünstigte Vermögen ist hingegen ohne Berücksichtigung von Befreiungen zu versteuern. Die Begünstigungshöchstgrenze – die sich (nur) auf das begünstigte Vermögen bezieht – beträgt, wie oben ausgeführt 26.000.000 €. Bei Erwerben, die darüber hinausgehen, kann wahlweise der Verschonungsabschlag für Großvermögen (§ 13c ErbStG) oder die sogenannte Verschonungsbedarfsprüfung (§ 28a ErbStG) erfolgen.

(4) Keine Veräußerung oder Aufgabe binnen 5 Jahren, § 13a Abs. 6 Satz 1 Nr. 1 und 4 ErbStG

984 Neben dem oben beschriebenen Lohnsummenkriterium[931] können die Verschonungen nur Bestand haben, wie sie der Fortsetzung der unternehmerischen Tätigkeit des Erwerbers dienen. Aus diesem Grunde muss der Erwerber den Betrieb über einen Zeitraum von 5 Jahren (Behaltefrist) fortführen § 13a Abs. 6 Satz 1 Nr. 1 und 4 ErbStG. Insoweit haben sich keine Änderungen gegenüber dem bisherigen Recht ergeben.

985 Die Behaltefrist von 5 Jahren ist gesetzestechnisch nicht Verschonungsvoraussetzung, sondern Behaltensregelung. Wer gegen die Behaltensregelung verstößt, verstößt also nicht gegen gesetzliche Regelungen, sondern erfüllt die Voraussetzungen eines Nachsteuertatbestandes.[932] Die Erfüllung des Nachsteuertatbestandes innerhalb der Frist von 5 Jahren führt zum zeitanteiligen Wegfall der Begünstigung. § 13b Abs. 6 S. ErbStG regelt abschließend, was Veräußerung i.S.d. Nachsteuertatbestandes ist, eine Erweiterung zum Nachteil des Steuerpflichtigen ist ebenso wenig zulässig wie eine »teleologische Reduktion«, so dass auch bei Auslösung eines Nachsteuertatbestandes gegen den Willen des Steuerpflichtigen und bei einer Insolvenz die Nachsteuer ausgelöst werden kann.[933] Die anteilige Nachversteuerungspflicht ist wie bislang auch in sachlichem Umfang anteilig: Werden nur Teile des Betriebsvermögens veräußert, wird auch nur insoweit der Nachversteuerungstatbestand erfüllt.

986 Ein Verstoß gegen Behaltensregelungen liegt auch dann vor, wenn **wesentliche Betriebsgrundlagen** veräußert oder in das Privatvermögen überführt oder anderen betriebsfremden Zwecken zugeführt werden, § 13b Abs. 6 Satz 1 Nr. 1 Satz 2 ErbStG. Entsprechendes gilt auch dann, wenn eine (an sich unschädliche) Einbringung eines Betriebs, Teilbetriebs oder eines Mitunternehmeranteils in eine Kapitalgesellschaft oder Personengesellschaft erfolgt und nachfolgende eine Veräußerung des Gesellschaftsanteils stattfindet.[934]

987 Die Verwaltung[935] sieht nach wie vor die Veräußerung jungen Verwaltungsvermögens als unschädlich an. Infolge des Konzeptwechsels von der Brutto- zur Nettomethode zur Feststellung der Verwaltungsvermögensquote ergibt sich daraus mE, dass zukünftig die Veräußerung von Verwaltungsvermögen, soweit dieses nicht zum unschädlichen Verwaltungsvermögen gehört, ebenfalls unschädlich ist. Dies ergibt sich daraus, dass ein Verstoß gegen Verschonungsvoraussetzungen nur dann vorliegen kann, soweit tatsächlich eine Verschonung erfolgt ist. Soweit der Erlös aus der Veräußerung innerhalb von 6 Monaten in begünstigtes Vermögen reinvestiert wird, ist nach § 13a Abs. 6 Satz 3 und 4 ErbStG, wie bislang[936] keine schädliche Verfügung vor (**Reinvestitionsklausel**).

---

931 Rdn. 943.
932 *Meincke,* § 13a ErbStG Rn. 21.
933 BFH, BStBl. II 2005, 571.
934 Vgl. zur Veräußerung wesentlicher Betriebsgrundlagen auch Abschnitt E 13a.6 ErbStR zu § 13a Abs. 5 Nr. 1 ErbStG a.F.
935 Abschnitt E 13a.13 Abs. 2 ErbStR.
936 § 13a Abs. 5 Satz 3 und 4 ErbStG a.F.

C. Erbschaft- und Schenkungsteuer

(5) Keine Beendigung einer Poolvereinbarung bei Kapitalgesellschaften, § 13a Abs. 6 Satz 1 Nr. 5 ErbStG

Der Veräußerung steht – wie im bisherigen Recht – die Beendigung einer Poolvereinbarung, gleich, § 13a Abs. 5 Satz 1 Nr. 5 ErbStG gleich.

(6) Keine »Überentnahmen«, § 13a Abs. 6 Satz 1 Nr. 3 ErbStG

Tätigt der Erwerber innerhalb der Behaltefrist von 5 Jahren Überentnahmen, entnimmt er also mehr, als ihm als Gewinn zusteht, so stellt dies einen Verstoß gegen Behaltevorschriften dar, soweit die Überentnahme einen Betrag von 150.000 € überschreitet, § 13a Abs. 6 Nr. 3 ErbStG. Maßgebend für die Berechnung der Entnahme ist der Schluss des letzten in die Fünfjahresfrist fallenden Wirtschaftsjahres, nicht der Ablauf des Fünfjahreszeitraumes. Der Grund für die Überentnahme ist ohne Bedeutung, so dass eine Überentnahme auch dann vorliegen kann, wenn diese zur Bezahlung der fälligen Erbschaftsteuer getätigt worden ist.[937]

Mit dem Übergang zur Nettomethode stellt sich die Frage, ob getätigte Überentnahme allein auf das begünstigte Vermögen i.S.d. § 13b Abs. 2 ErbStG zu verrechnen sind, wie dies im bisherigen Recht erfolgt, oder ob eine – gegebenenfalls pauschale – Aufteilung auf das begünstigte Vermögen i.S.d. § 13b Abs. 2 ErbStG und das nicht begünstigte Verwaltungsvermögen vorgenommen werden kann. Systematisch spricht vieles für eine solche Aufteilung.[938]

(7) Umfang des Wegfalls von Vergünstigungen

Wie bislang kommt es bei einem Verstoß gegen die Veräußerungsbeschränkungen zu einem zeitanteiligen Wegfall der Betriebsvermögensvergünstigungen, bei einem Verstoß gegen die Entnahmebeschränkungen – § 13a Abs. 6 Nr. 3 ErbStG – zu einem Wegfall in Höhe der (gegebenenfalls anteilig auf das begünstigte Betriebsvermögen entfallenden) Überentnahme.[939]

cc) Optionsverschonung, § 13a Abs. 10 ErbStG

Wie im bisherigen Recht kann auch im neuen Recht auf einen allerdings unwiderruflichen Antrag eine Optionsverschonung erfolgen. An die Stelle der 85 %igen Steuerbefreiung tritt dann eine vollständige Befreiung des begünstigten Vermögens i.S.d. § 13b Abs. 2 ErbStG, die einhergeht mit erhöhten Anforderungen an die Erfüllung der Verschonungsvoraussetzungen, § 13a Abs. 10 ErbStG.

Im Einzelnen gilt:
– Die Lohnsummenfrist beträgt 7 Jahre.
– Unternehmen mit mehr als fünfzehn Beschäftigten müssen eine Lohnsumme von 700 % des Durchschnitts der Lohnsumme der vergangenen 5 Jahre vor dem Besteuerungszeitpunkt in den nachfolgenden 7 Jahren erreichen, somit durchschnittlich jährlich 100 %.
– Bei Unternehmen mit mehr als zehn Beschäftigten beträgt die Lohnsumme 565 %, also jährlich durchschnittlich 80,71 %.
– Bei Unternehmen mit mehr als fünf Beschäftigten beträgt die Lohnsumme 500 %, also jährlich durchschnittlich 71,43 %.
– Bei Unternehmen mit weniger als fünf Beschäftigten entfällt das Lohnsummenkriterium als Verschonungsvoraussetzung.

Die Behaltefrist beträgt bei der Optionsverschonung statt 5 Jahre 7 Jahre.

---

937 BFH, BStBl. II 2010, 305.
938 Vgl. auch Rdn. 987.
939 Vgl. zur Durchführung der Nachversteuerung Abschnitt E 13a.12 ErbStR mit Berechnungsbeispielen.

▶ **Praxistipp:**

Da der Antrag unwiderruflich ist und bei einer späteren – meist ungeplanten – Veräußerung die Besteuerungsfolgen eines Verstoßes gegen die Behalteregelungen bei der Optionsverschonung meist weitreichender sind, sollte der Antrag auf Optionsverschonung nicht vorschnell gestellt werden. Das Wahlrecht kann aber nur ausgeübt werden, so lange die Veranlagung noch nicht materiell bestandskräftig ist. Ist die Veranlagung lediglich vorläufig (§ 165 AO), so kommt eine Änderung wohl nicht mehr in Betracht. Anders hingegen, solange die Veranlagung noch unter dem Vorbehalt der Nachprüfung (§ 164 AO) steht.

993 Übersteigt das Verwaltungsvermögen nach § 13b Abs. 3 und 4 ErbStG die Grenze von 20 %, ist die Optionsverschonung nicht zu gewähren. Werden im Zuge einer Übertragung mehrere wirtschaftliche Einheiten übertragen, so wird die Optionsverschonung für diejenigen Einheiten gewährt, bei denen die Quote von 20 % unterschritten wird. Für diejenigen wirtschaftlichen Einheiten, bei denen diese Grenze überschritten wird, ist weder Options- noch Regelverschonung anwendbar.[940] In Schenkungsfällen kann durch zeitversetzte Übertragungen gegebenenfalls die Optionsverschonung mit der Regelverschonung »kombiniert« werden.

b) Abschlag für Familienunternehmen, § 13a Abs. 9 ErbStG

994 Vor Anwendung der Vergünstigung nach § 13 Abs. 1 ErbStG – Bewertungsabschlag von 85 % auf einen Erwerb von bis zu 26.000.000 € kann für begünstigtes Vermögen i.S.d. § 13b Abs. 2 ErbStG (BT-Beschluss) ein weiterer Abschlag von ist zu 30 % vorgenommen werden, wenn der Gesellschaftsvertrag oder die Satzung vorsehen,
- dass die Entnahme oder Ausschüttung des steuerrechtlichen Gewinnes beschränkt ist (§ 13a Abs. 9 Satz 1 Nr. 1 ErbStG, und zwar auf 37,5 % des um die auf den Gewinnanteil oder die Ausschüttungen aus der Gesellschaft entfallenden Steuern vom Einkommen und vom Ertrag gekürzten Betrages, und
- die Verfügung über die Beteiligung an der Personengesellschaft oder den Anteil an der Kapitalgesellschaft auf Mitgesellschafter, Angehörige i.S.d. § 15 AO und Familienstiftungen (§ 13a Abs. 9 Satz 1 Nr. 2 ErbStG)

und
- für den Fall des Ausscheidens aus der Gesellschaft eine Abfindung vorgesehen ist, die unter dem gemeinen Wert des Betriebsvermögens liegt (§ 13a Abs. 9 Satz 1 Nr. 3 ErbStG).

995 Solche Beschränkungen finden sich im Interesse des Gesellschaftserhaltes häufig in Familienunternehmen. Erbschaftsteuerlich waren solche Entnahme- und Abfindungsbeschränkungen bislang sogenannte besondere persönliche Umstände i.S.d. § 9 Abs. 2 Satz 3 BewG, die in eine Bewertung von Anteilen mit dem gemeinen Wert keinen Eingang fanden. Dementsprechend wurde in dem Gesetzgebungsverfahren gefordert, entgegen der Auslegung des BFH zu § 9 Abs. 2 Satz 3 BewG solche Umstände bei der Bewertung zu berücksichtigen. In einem ersten Entwurf war hierzu noch vorgesehen, dass eine Berücksichtigung nur dann in Betracht käme, wenn das Entnahmerecht nahezu vollständig ausgeschlossen sei. Eine solche restriktive Fassung des Gesetzeswortlautes hätte insbesondere Personengesellschaften massiv benachteiligt, bei denen die Ertragsbesteuerung nicht auf Gesellschaftsebene, sondern auf Gesellschafterebene erfolgt und die daher auf Steuerentnahmerechte angewiesen sind.

996 Voraussetzung der Gewährung des Abschlages ist, dass die zuvor genannten Beschränkungen im Gesellschaftsvertrag oder in der Satzung der Gesellschaft vorgesehen sind. Eine »Poolvereinbarung«, wie sie in § 13b Abs. 4 ErbStG zur Erreichung der Mindestbeteiligungsschwelle von mehr als 25 % genannt ist, reicht nach dem Gesetzeswortlaut nicht aus. Dies ist vor dem Hintergrund nachvollziehbar, dass eine solche Poolvereinbarung dem Interesse der Gesellschafter an der Sicherung eines

---

940 Vgl. Abschnitt e 13a.21 Abs. 4 ErbStR.

C. Erbschaft- und Schenkungsteuer Kapitel 12

maßgebenden Einflusses (Wesentlichkeitskriterium!) dient, nicht aber dem Interesse an dem Erhalt der Gesellschaft selbst. Der Bewertungsabschlag nach § 13a Abs. 9 ErbStG hat aber zum entscheidenden Kriterium nicht die Möglichkeit der Einflussnahme, sondern den Gesellschaftserhalt und -schutz.

▶ **Praxistipp:**
Soll den Interessen der Familie Rechnung getragen werden, besteht aber nicht der Einfluss auf die gesamte Gesellschaft, so kann durch eine Einbringung der Familienbeteiligung in eine gewerblich tätige oder geprägte Familienpersonengesellschaft die Anwendung des § 13a Abs. 9 ErbStG erreicht werden. In mehrstöckigen Beteiligungsstrukturen ist nämlich auf die Verhältnisse des Mutterunternehmens abzustellen.

Das Merkmal der **Beschränkung von Entnahmerechten oder Ausschüttungsansprüchen** ist in dem Gesetzgebungsverfahren deutlich präzisiert worden. Steuerentnahmeansprüche sind – insbesondere bei Personengesellschaften – in der tatsächlichen Höhe ohne Beschränkung zulässig, stehen diese nicht fest, können sich mit einem Satz von 30 % »fingiert« werden, was allerdings in der Regel niedriger ist als der tatsächliche Steuersatz. Wird daher erwogen, den Vorwegabschlag für Familienunternehmen in Anspruch zu nehmen, so sollte in der Satzung oder in dem Gesellschaftsvertrag möglichst nahe am Wortlaut des § 13a Abs. 9 ErbStG formuliert werden. 997

Gesellschaftsvertraglich ist bei Personengesellschaften häufig vorgesehen, dass Jahresüberschüsse den Gesellschafterdarlehenskonten gutgeschrieben werden. Die Gutschrift auf einem Gesellschafterdarlehenskonto kann handelsrechtlich bereits eine Entnahme darstellen, soweit das Gesellschafterdarlehenskonto Fremdkapital darstellt. Für die Anwendung des § 13a Abs. 9 ErbStG sollte daher dafür Sorge getragen werden, dass solche Gewinnanteile, die vereinbarungsgemäß in der Gesellschaft verbleiben sollen, nicht den Gesellschafterdarlehenskonten, sondern den Rücklagekonten gutgeschrieben werden.[941] 998

Voraussetzung der Gewährung des »Familiengesellschafts-Abzuges« ist die satzungsmäßige **Beschränkung der Übertragbarkeit** auf Angehörige i.S.d. § 15 AO, auf Mitgesellschafter und Familienstiftungen i.S.d. § Abs. 1 Nr. 4 ErbStG. Zu den Angehörigen i.S.d. § 15 AO gehören der Verlobte, der Ehegatte, der Lebenspartner, Verwandte und Verschwägerte gerader Linie, Geschwister, Kinder der Geschwister, Ehegatten oder Lebenspartner der Geschwister und Geschwister der Ehegatten oder Lebenspartner, Geschwister der Eltern, Pflegeeltern und Pflegekinder. 999

Ein Abschlag nach § 13a Abs. 9 ErbStG ist nur dann gerechtfertigt, wenn satzungsmäßig **Abfindungsansprüche beim Ausscheiden begrenzt** sind. Die satzungsmäßige Begrenzung von Abfindungsansprüchen bildet somit gleichzeitig Voraussetzung für den Umschlag und Rechtsfolge, nämlich die Gewährung eines Abschlages, der maximal auf 30 % beschränkt ist. 1000

Dabei kann nur auf die Verhältnisse des Besteuerungszeitpunktes abzustellen sein. Zu diesem Zeitpunkt ist eine Gegenüberstellung von dem gemeinen Wert, der der Besteuerung tatsächlich zugrunde gelegt wird, und dem Betrag, der sich als Abfindungsanspruch zu diesem Zeitpunkt ergeben hätte. Sieht der Gesellschaftsvertrag oder die Satzung der Gesellschaft – wie häufig – unterschiedliche Abfindungshöhen, die von dem Grund des Ausscheidens abhängig sind, so ist m.E. diejenige Abfindungshöhe maßgebend, die bei einer ordentlichen Kündigung der Gesellschaft auf Wunsch des Steuerpflichtigen (Ausscheidenden) zu zahlen wäre. Für die Höhe des Abschlages trägt der Steuerpflichtige die Feststellungslast. Der Abschlag darf allerdings höchstens 30 % betragen, und zwar auch dann, wenn der tatsächlich vorgesehene Abschlag noch höher ist. 1001

---

941 Vgl. auch Abschnitt E 13a.20 Abs. 4 ErbStR, der die unterschiedliche Behandlung von Gesamthands- und Sonderbetriebsvermögen andeutet. Allerdings deutet Abschnitt e 13a.20 Abs. 3 S. 7 ErbStR an, dass die Begriffe »Entnahme« und »Ausschüttung« nach ertragsteuerlichen Grundsätzen zu beurteilen sind. Dann wäre auch die Überführung in das Sonderbetriebsvermögen (Gesellschafterdarlehen) unschädlich.

P. Thouet

1002 Der Abschlag wird nur gewährt, wenn die oben beschriebenen Beschränkungen den **tatsächlichen Verhältnissen entsprechen**, mindestens **2 Jahre vor** dem Besteuerungszeitpunkt bestanden haben und 20 Jahre nach dem Besteuerungszeitpunkt weiter bestehen.

> ▶ Praxistipp:
>
> Mit Blick auf die zwanzigjährige Nachwirkungsdauer sollte jede Abänderung von Abfindungsregelungen in Gesellschaftsverträgen oder Satzungen durch eine verbindliche Auskunft bei dem zuständigen Finanzamt abgesichert werden, soweit der »Familiengesellschaftsabschlag« in der Vergangenheit in Anspruch genommen worden ist.

1003 Der Abschlag nach § 13a Abs. 9 ErbStG ist der Höhe nach nicht beschränkt und ist auf das begünstigte Vermögen i.S.d. § 13b Abs. 2 ErbStG vor Anwendung der sonstigen Vergünstigungen zu gewähren.

1004 Gegen den Abschlag nach § 13a Abs. 9 ErbStG sind verfassungsrechtliche Bedenken erhoben worden[942]. Es handele sich um eine Überprivilegierung von Familienunternehmen. Diese Kritik verkennt, dass für den Erwerber solcher Unternehmen die erworbenen Vermögenswerte aufgrund der satzungsmäßigen Beschränkungen lediglich eine beschränkte Realisierbarkeit beinhalten. Ist aber ein Wert für einen Erwerber nicht realisierbar – und sei es nur aufgrund satzungsmäßiger Beschränkungen – so kann es verfassungsrechtlich keine gleichheitswidrige Privilegierung sein, wenn ein nicht realisierbarer »Mehrwert« einer Besteuerung nicht unterworfen wird. Die der Rechtsprechung zu § 9 Abs. 3 BewG zugrunde liegende These, dass die gegenseitige Vereinbarung von Veräußerungsbeschränkungen auch Vorteile für die Gesamtheit der Gesellschafter haben kann, kommt jedenfalls kein Verfassungsrang zu.

c) § 13c ErbStG Verschonungsabschlag bei Großvermögen

1005 Wird die Grenze von 26.000.000 € als Höchstgrenze für das begünstigte Vermögens überschritten, so fällt dem Grunde nach die gesamte Vergünstigung weg. Der Begünstigungshöchstbetrag von 26.000.000 € bildet keinen Freibetrag, sondern eine Freigrenze, bei deren Überschreiten der Erwerb insgesamt zu besteuern ist. Oberhalb dieser Grenze kann eine Begünstigung nur noch nach Maßgabe der Verschonungsbedarfsprüfung nach § 28a ErbStG gewährt werden.

1006 Um den »Fallbeileffekt« der Überschreitung der oben genannten Grenze abzumildern, gewährt § 13c ErbStG, ähnlich wie bei der Abschmelzung des Abzugsbetrages nach § 13a Abs. 2 ErbStG die Option zu einer allmählichen Abschmelzung der für den Begünstigungshöchstbetrages gewährten Steuerbefreiung. Dementsprechend reduziert sich der Verschonungsabschlag, der für den Höchstbetrag von 26.000.000 € gewährt worden ist, um einen Prozentpunkt für jede volle 750.000 €, um die der Wert des begünstigten Vermögens den Höchstbetrag überschreitet. Die nachfolgende Tabelle veranschaulicht die Wirkungsweise.

Tabelle 9: Wirkung des Verschonungsabschlags für Großvermögen

Wert des Erwerbs	Abschlag	steuerfrei	steuerpflichtig	Steuersatz	Steuer	Gesamtsteuerbelastung
26.000.000,00	85 %	22.100.000,00	3.900.000,00	19 %	741.000,00	2,85 %
30.000.000,00	80 %	20.800.000,00	9.200.000,00	23 %	2.116.000,00	7,05 %
35.000.000,00	73 %	18.980.000,00	16.020.000,00	23 %	3.684.600,00	10,53 %
40.000.000,00	67 %	17.420.000,00	22.580.000,00	27 %	6.096.600,00	15,24 %
45.000.000,00	60 %	15.600.000,00	29.400.000,00	27 %	7.938.000,00	17,64 %
50.000.000,00	53 %	13.780.000,00	36.220.000,00	30 %	10.866.000,00	21,73 %

---

942 *Erkis*, DStR 2016, 1441.

C. Erbschaft- und Schenkungsteuer Kapitel 12

Wert des Erwerbs	Abschlag	steuerfrei	steuerpflichtig	Steuersatz	Steuer	Gesamtsteuerbelastung
55.000.000,00	47 %	12.220.000,00	42.780.000,00	30 %	12.834.000,00	23,33 %
60.000.000,00	40 %	10.400.000,00	49.600.000,00	30 %	14.880.000,00	24,80 %
70.000.000,00	27 %	7.020.000,00	62.980.000,00	30 %	18.894.000,00	26,99 %
80.000.000,00	13 %	3.380.000,00	76.620.000,00	30 %	22.986.000,00	28,73 %
90.000.000,00	0 %	–	90.000.000,00	30 %	27.000.000,00	30,00 %

Die sich für Erhöhungen des Erwerbes ergebenden Mehrbelastungen für höhere Erwerbe können allerdings beträchtlich sein. So beträgt etwa die Mehrbelastung bei einem »Sprung« im Wert des Erwerbes von 45.000.000 € auf 50.000.000 € prozentual 58,56 %. Diese Mehrbelastung ergibt sich im Beispiel aufgrund der Kombination von Tarifsprung und Abschmelzwirkung.

Soll der Verschonungsabschlag für Großvermögen nach § 13c ErbStG in Anspruch genommen werden, so hat der Steuerpflichtige dies zu beantragen. Der Antrag ist nach § 13c Abs. 2 Satz 4 ErbStG unwiderruflich. Wird der Antrag gestellt, so ist eine Bedürfnisprüfung nach § 28a ErbStG ausgeschlossen. Ein Übergang von der Bedürfnisprüfung zum Verschonungsabschlag für Großvermögen ist allerdings zulässig 1007

▶ **Praxistipp:**
Wegen der Unwiderruflichkeit des Antrages ist zu empfehlen, den Antrag zum spätestmöglichen Zeitpunkt zu stellen. Der Antrag kann so lange gestellt werden, wie die Veranlagung nicht materiell bestandskräftig ist. Ist die Veranlagung lediglich vorläufig (§ 165 AO), so kommt eine Änderung wohl nicht mehr in Betracht, anders hingegen, solange die Veranlagung noch unter dem Vorbehalt der Nachprüfung (§ 164 AO) steht.

d) Stundung, § 28 ErbStG

Nach bisherigem Recht hatte der Erwerber einen Anspruch auf Stundung der festgesetzten Erbschaftsteuer nur, soweit dies zur Erhaltung des Betriebs notwendig war. Nach den restriktiven Vorgaben der Finanzverwaltung[943] musste allerdings der Erwerber vorrangig anderweitiges erworbenes Vermögen einsetzen oder die Möglichkeiten der Kreditaufnahme ausschöpfen. Dies hat dazu geführt, dass die Stundung nach § 28 ErbStG a.F. in der Praxis bedeutungslos geblieben ist. 1008

§ 28 ErbStG gewährt nunmehr bei Erwerben von Todes wegen ohne weitere Voraussetzung einen Anspruch auf Stundung, soweit der Erwerber begünstigtes Vermögen i.S.d. § 13b Abs. 2 ErbStG[944] erhalten hat. Die Stundung erfolgt auf einen Zeitraum von bis zu sieben Jahren. 1009

Ab dem zweiten Jahr nach Festsetzung der Steuer ist allerdings der Restbetrag nach Maßgabe der §§ 234, 238 AO mit einem Zinssatz von 0,5 % je Monat zu verzinsen, also jährlich 6 %.[945] Vor dem Hintergrund des derzeit niedrigen Zinsniveaus steht daher auch für die Neuregelung nicht zu erwarten, dass die Vorschrift jemals praktische Bedeutung erlangen wird. 1010

Die Stundungsvoraussetzungen fallen allerdings weg, wenn der Erwerber einen Nachversteuerungstatbestand i.S.d. § 13a Abs. 6 ErbStG erfüllt oder wenn er das Lohnsummenkriterium des § 13a Abs. 3 ErbStG[946] nicht einhält. Bei Erfüllung eines Nachversteuerungstatbestandes i.S.d. § 13a Abs. 6 ErbStG[947] kann m.E. auch ein Verstoß außerhalb der Behaltefristen, aber innerhalb des Stundungszeitraumes zu einer vorzeitigen Beendigung der Stundung führen. 1011

---
943 Abschnitt E 28 Abs. 4 ErbStR.
944 Rdn. 979.
945 § 28 Abs. 1 Satz 3 ErbStG.
946 Rdn. 944.
947 Rdn. 989.

e) Verschonungsbedarfsprüfung, § 28a ErbStG

aa) Verfassungsrechtlicher Hintergrund

1012 Eines der Kernstücke der Erbschaftsteuerreform ist die Bedürfnisprüfung nach § 28a ErbStG. Der Gesetzgeber verlässt hier den Weg eines pauschalierten, gegebenenfalls reduzierten Abschlages. Stattdessen wird dem Erwerber eine Ermäßigung in der Form gewährt, dass er das ihm zuzurechnende nicht nach § 13b Abs. 2 ErbStG begünstigte Vermögen zur Hälfte zur Tilgung der Erbschaftsteuer einsetzen muss. Der Referentenentwurf sah noch vor, dass an Stelle der individuellen Bedürfnisprüfung dem Erwerber ein Wahlrecht zu einem reduzierten Verschonungsabschlag eingeräumt werden sollte. Ein solches Wahlrecht wäre m.E. verfassungsrechtlich unbedenklich gewesen. Die Unverhältnismäßigkeit ergab sich aus der Kombination von vollständiger bzw. weitgehender Verschonung und dem Verzicht auf die individuelle Bedürfnisprüfung,[948] ein geringerer Abschlag, wie etwa der 40 %ige (bzw. 35 %ige) Abschlag nach § 13a ErbStG i.d.F. bis 2009, wäre m.E. auch bei größeren Verschonungsumfängen unbedenklich gewesen.[949] Das Wahlrecht zugunsten eines verminderten Verschonungsabschlages hätte eine deutliche Vereinfachungs- und Befriedungsfunktion zur Folge gehabt. Der Verzicht auf die Anwendung eines reduzierten Verschonungsabschlages ohne Betragsbegrenzung ist auch deshalb bedauerlich, weil die Option zur Bedürfnisprüfung nach § 28a ErbStG letztlich ein aus wirtschaftlicher Sicht unvernünftiges Handeln im Sinne mangelnder Vorsorge belohnt und wirtschaftlich unvernünftige Gestaltungen provoziert.

bb) Persönliche Berechtigung zur individuellen Bedürfnisprüfung, § 28a Abs. 1 ErbStG

1013 Gegenstand der individuellen Bedürfnisprüfung ist das begünstigte Vermögen, § 13b Abs. 2 ErbStG. Überschreitet der Erwerb begünstigten Vermögens die Begünstigungshöchstgrenze von 26.000.000 €, so ist die Steuer auf den Erwerb begünstigten Vermögens i.S.d. § 13b Abs. 2 ErbStG insgesamt Gegenstand der individuellen Bedürfnisprüfung, da die Begünstigung – vorbehaltlich des Verschonungsabschlages für Großvermögen nach § 13c ErbStG – bei Überschreiten der Grenze insgesamt wegfällt (Fallbeileffekt).

1014 Zur sachgerechten Zuweisung des Rechtes auf individuelle Bedürfnisprüfung nach § 28a ErbStG sind die Regelungen zum Begünstigungstransfer – wie sie in § 13a Abs. 5 ErbStG enthalten sind[950] – in § 28a Abs. 1 Satz 2 und 3 ErbStG entsprechend enthalten. Muss daher beispielsweise aufgrund einer letztwilligen Verfügung des Erblassers oder einer rechtsgeschäftlichen Verfügung das nach § 13b Abs. 2 ErbStG begünstigte Vermögen auf einen Dritten übertragen werden, so entfällt das Recht auf individuelle Bedürfnisprüfung, gleichfalls dann, wenn das erworbene begünstigte Vermögen im Rahmen einer Nachlassteilung auf einen Dritten übertragen wird und dabei nicht begünstigtes Vermögen hingegeben wird.

cc) Umfang des Erlasses, verfügbares Vermögen, § 28a Abs. 2 ErbStG

1015 Die individuelle Bedürfnisprüfung nach § 28a ErbStG führt zu einem Erlassanspruch der Erbschaft-/Schenkungsteuer, soweit der Erwerber nachweist, dass er persönlich nicht in der Lage ist, die Steuer aus seinem verfügbaren Vermögen i.S.d. § 28 Abs. 2 ErbStG zu begleichen, § 28a Abs. 1 Satz 1 ErbStG.

1016 Zum verfügbaren Vermögen gehören das nicht begünstigungsfähige Vermögen, also die Differenz zwischen dem gemeinen Wert des Betriebsvermögens, vermindert gegebenenfalls um den Familienunternehmensabschlag nach § 13a Abs. 9 ErbStG[951] und dem begünstigten Vermögen i.S.d. § 13b Abs. 2 ErbStG sowie das mit dem Erwerb (im Wege der Erbschaft- oder Schenkung) übergegangene

---

948 Vgl. BVerfG, BStBl. II 2015, Tz. 170, 172.
949 S. BVerfG, DStR 2007, 235.
950 Rdn. 919.
951 Rdn. 994.

C. Erbschaft- und Schenkungsteuer

weitere Vermögen. Ferner gehört hierzu das dem Erwerber im Zeitpunkt der Entstehung der Steuer gehörende Vermögen, welches nicht zum begünstigten Vermögen i.S.d. § 13b Abs. 2 ErbStG gehört.

Vermögen i.S.d. § 28a Abs. 2 ErbStG ist das Gesamtvermögen unter Berücksichtigung von Schulden.[952] Sowohl das Vermögen als auch die Schulden sind mit dem gemeinen Wert im Zeitpunkt der Steuerentstehung zu berücksichtigen. Ohne Belang ist es, ob das Vermögen erbschaftsteuerlich, wie etwa der Hausrat,[953] das Familienwohnheim nach § 13a Abs. 1 Nr. 4a, 4b und 4c ErbStG, oder Kunstsammlungen nach § 13 Abs. 1 Nr. 2 ErbStG seinerseits erbschaftsteuerlich eine Befreiung oder Begünstigung erfährt. Dies soll nach dem Willen des Gesetzgebers dadurch abgedeckt sein, dass nur 50 % des Vermögens zur Tilgung der Erbschaftsteuer einzusetzen sein sollen. Nach dem Gesetzeswortlaut kommt es auch nicht darauf an, ob das zur Erbschaftsteuerzahlung einzusetzende Vermögen verfügbares Vermögen ist, wie dies etwa bei sogenannten Rürup-Versicherungen, die weder beleihbar noch kündbar ist, der Fall ist. Gleiches gilt für Pensionsansprüche, etwa aus Geschäftsführerversorgungen. Ob solche Anwartschaften zum Vermögen i.S.d. § 28a Abs. 2 ErbStG gehören werden, bleibt abzuwarten.

1017

Bei der Bewertung der Schulden, insbesondere im Zusammenhang mit dem übergegangenen Vermögen, sind insbesondere Nachlassverbindlichkeiten, aber auch eine etwaige auf nicht begünstigtes Vermögen entfallende Erbschaftsteuer vorab zu berichtigen. Eine Ertragsteuerbelastung aus einer Veräußerung von Vermögen, ebenso wie eine Nachversteuerung bei vorzeitiger Veräußerung eines Familienheimes i.S.d. § 13 Abs. 1 Nr. 4b und 4c ErbStG, soll hingegen nach Auffassung des Gesetzgebers[954] nicht abzuziehen sein, sondern mit dem »typisierten einzusetzenden Anteil von 50 %« abgegolten sein. Dies ist meines Erachtens vor dem Hintergrund zweifelhaft, dass das Abzugsverbot für die latente Ertragsteuerbelastung ohnehin einen Webfehler des Erbschaftsteuerrechts darstellt.[955]

1018

Ist der gemeine Wert des Vermögens im Zeitpunkt der Steuerentstehung maßgebend, so kann ein Verkauf »unter Wert« dazu führen, dass letztlich ein höherer Anteil des privaten, nicht begünstigten Vermögens als 50 % eingesetzt wird. Ob eine Berichtigung in einem solchen Fall in Betracht kommt, ist davon abhängig, ob der tatsächlich erzielte Veräußerungspreis einen Rückschluss darauf zulässt, dass der gemeine Wert doch niedriger war als zunächst angenommen.

1019

Insgesamt ergibt sich bei der Ermittlung des einzusetzenden Vermögens eine Fülle an Detailfragen und -problemen, die letztlich nur durch eine Verwaltungsregelung einer Klärung zugeführt werden können. Eine solche Präzisierung ist allerdings durch die Erbschaftsteuer-Richtlinien[956] noch nicht erfolgt.

1020

Von dem einzusetzenden Vermögen, also dem erworbenen nicht begünstigten Vermögen und dem nicht begünstigten Bestandsvermögen, hat der Erwerber 50 % zur Zahlung der Erbschaftsteuer einzusetzen. Eine darüber hinausgehende Erbschaftsteuer ist zu erlassen. Die Nachweislast trägt hierzu der Erwerber.

1021

dd) Stundung, § 28a Abs. 3 ErbStG

Um eine sachgerechte Aufbringung der Erbschaftsteuer zu ermöglichen, kann die auf das begünstigte Vermögen i.S.d. § 13b Abs. 2 ErbStG entfallende Steuer nach § 28a Abs. 3 ErbStG bis zu 6 Monate nach Fälligkeit gestundet werden, wenn die Einziehung bei Fälligkeit eine erhebliche Härte für den Erwerber bedeuten würde und der Anspruch nicht gefährdet wird. Eine erhebliche Härte in diesem Sinne soll vorliegen, wenn der Erwerber einen Kredit aufnehmen müsste oder sein ver-

1022

---

952 RegE, BT-Drucks. 18/5923, S. 23.
953 Es bleibt zu hoffen, dass die Finanzverwaltung durch Pauschalierungsmöglichkeiten eine deutliche Verwaltungsvereinfachung herbeiführen wird.
954 RegE, BT-Drucks. 18/5923, S. 33.
955 S. hierzu *Bruschke* ErbStB 2016, 80; Abschnitt 28a.2 ErbStR allerdings schreibt das Prinzip der Unbeachtlichkeit solcher Lasten für die Finanzverwaltung fest.
956 Vgl. Abschnitt 28.2 ErbStR.

fügbares, einzusetzendes Vermögen veräußern müsste. Die Stundung nach § 28 Abs. 3 ErbStG ist verzinslich, § 28a Abs. 3 Satz 2 ErbStG ordnet die entsprechende Anwendung der §§ 234, 238 AO an.

1023 Da bei Erwerben von Todes wegen nach § 28 Abs. 2 ErbStG[957] ohnehin ein Anspruch auf unverzinsliche Stundung auf einen Zeitraum von 10 Jahren besteht, der nicht unter der Voraussetzung der erheblichen Härte gewährt wird, dürfte die Stundung nach § 28a Abs. 3 ErbStG nur für Schenkungsfälle praktische Bedeutung erlangen. Neben der Stundung nach § 28 Abs. 2 ErbStG kann auch eine Stundung wegen sonstiger Härten nach allgemeinen Grundsätzen, § 222 AO, erfolgen.

ee) Auflösend bedingter Erlass, § 28a Abs. 4 ErbStG

1024 Die Gewährung eines Steuererlasses nach Durchführung der Verschonungsbedarfsprüfung erfolgt aufschiebend bedingt und unter dem Vorbehalt des Widerrufs. Dementsprechend fallen die Voraussetzungen für den gewährten Erlass nachträglich weg, sofern das Verschonungsbedürfnis wegfällt. Ein solcher Wegfall liegt dann vor, wenn der Erwerber über das Vermögen in schädlicher Weise verfügt oder aber Behaltevorschriften nicht einhält. Die Behaltevorschriften knüpfen dabei an die Regeln über die sogenannte Optionsverschonung nach § 13b Abs. 10 ErbStG[958] an. Im Einzelnen gelten die folgenden Behalteregelungen:
- zum Lohnsummenkriterium:
  - Unternehmen mit mehr als fünfzehn Beschäftigten müssen eine Lohnsumme von 700 % des Durchschnitts der Lohnsumme der vergangenen 5 Jahre vor dem Besteuerungszeitpunkt in den nachfolgenden 7 Jahren erreichen, somit durchschnittlich jährlich 100 %.
  - Bei Unternehmen mit mehr als zehn Beschäftigten beträgt die Lohnsumme 565 %, also jährlich durchschnittlich 80,71 %.
  - Bei Unternehmen mit mehr als fünf Beschäftigten beträgt die Lohnsumme 500 %, also jährlich durchschnittlich 71,43 %.
  - Bei Unternehmen mit weniger als fünf Beschäftigten entfällt das Lohnsummenkriterium als Verschonungsvoraussetzung.
- siebenjährige Behaltefrist, § 28a Abs. 4 Nr. 2 ErbStG.

1025 Weitere Erwerbe von Todes wegen sowie Schenkungen unter Lebenden, auch von anderen Erwerbern, innerhalb von 10 Jahren nach dem Zeitpunkt der Entstehung der Steuer führen zu einem (teilweisen) Wegfall des gewährten Erlasses, § 28a Abs. 4 Nr. 3 ErbStG fordert in diesem Fall eine Neuberechnung unter der Verpflichtung zum Einsatz auch diesen Vermögens zu 50 %. Rechtstechnisch ist auch der spätere Erwerb durch Schenkung oder Erwerb von Todes wegen auflösende Bedingung für den gewährten Erlass der Steuer.

1026 Tritt eine der in § 28a Abs. 4 ErbStG genannten auflösenden Bedingungen ein, so ist der gewährte Erlass mit Wirkung für die Vergangenheit ganz oder teilweise zu widerrufen, und zwar in denjenigem Umfang, wie gegen Behaltevorschriften verstoßen wurde oder wie sich durch nachträgliche Schenkungen oder Erwerbe von Todes wegen eine Änderung des einzusetzenden verfügbaren Vermögens ergeben hat.

▶ Praxistipp:

Nachträgliche Schenkungen oder Erwerbe von Todes wegen führen wegen der Kumulationswirkung von Erbschaftsteuer und nachträglicher Erhebung aufgrund eingeschränkter Erlassfähigkeit zu einer Teilsteuerbelastung von regelmäßig 65 % (30 % Steuerbelastung und 35 % [= 50 % von verbleibenden 70 %]). Daher ist bei nachfolgenden Erwerben von Todes wegen noch häufiger als bislang über Ausschlagungen oder Abfindungslösungen zu beraten. Anders

---

957 Rdn. 1015.
958 Rdn. 992.

als das Insolvenzrecht bezieht § 28a ErbStG vorherige Vermögensverlagerungen oder die Zurückweisung von Erwerben nicht in die Bemessungsgrundlage ein.

11. Besonderheiten bei mehrstufigen Beteiligungsstrukturen

a) Die Verbundvermögensaufstellung nach § 13b Abs. 9 ErbStG

Das Bundesverfassungsgericht hat in seinem Beschluss auch die Nutzbarkeit des sogenannten »Kaskadeneffektes« beanstandet.[959] Dieser Kaskadeneffekt soll nunmehr durch die Verbundvermögensaufstellung unterbunden werden, § 13b Abs. 9 ErbStG (BT-Beschluss). Der Gedanke der Verbundvermögensaufstellung beruht darauf, dass – ähnlich einer Konzernbilanz – Forderungen und Verbindlichkeiten innerhalb des Verbundes eliminiert werden und dass das Verwaltungsvermögen in seinen möglichen Differenzierungen für den Verbund im Ganzen ermittelt wird.

Da sich die Verbundvermögensaufstellung nur auf § 13b Abs. 2 bis Abs. 8 ErbStG bezieht, bleibt die Bewertung des Betriebsvermögens bei mehreren Beteiligungen dem Grundsatz der Einzelbewertung verhaftet. Wie im bisherigen Recht ist eine Bewertung des Verbundes (oder des Konzernes) zumindest bei der Bewertung nach den Grundsätzen des § 11 Abs. 2 BewG außerhalb eines Gutachtenwertes ausgeschlossen.

In die Verbundvermögensaufstellung sind alle Beteiligungen aufzunehmen, die zum begünstigungsfähigen Vermögen i.S.d. § 13b Abs. 1 ErbStG zählen. Hierzu gehören alle Beteiligungen an Personengesellschaften sowie Kapitalgesellschaften, wenn die Beteiligung unmittelbar oder mittelbar mehr als 25 % beträgt bzw. eine Poolvereinbarung besteht.[960] Liegt die maßgebende Beteiligung unter diesem Quorum, so gehören die Anteile zum Verwaltungsvermögen nach § 13b Abs. 4 Nr. 2 ErbStG, eine Aufnahme in den Verbund findet nicht statt, § 13b Abs. 9 Satz 5 Halbs. 1 ErbStG. Nicht in die Verbundvermögensaufstellung gehen nach dem Wortlaut des § 13b Abs. 9 Satz 1 ErbStG Schwestergesellschaften ein.

Da die Zugehörigkeit zum Verwaltungsvermögen bei nicht wesentlichen Beteiligungen an Kapitalgesellschaften i.S.d. § 13b Abs. 4 Nr. 2 ErbStG zu einer Sperrwirkung führt, umfasst diese Sperrwirkung auch Beteiligungen, die diese Kapitalgesellschaft hält, unabhängig davon, ob es sich um Beteiligungen an Kapital- oder Personengesellschaften handelt. Eine Betrachtung »hinter« solche Beteiligungen kann nur insoweit erfolgen, als eine Zusammenrechnung für die Frage der Beurteilung einer wesentlichen Beteiligung i.S.d. § 13 Abs. 1 Nr. 3 ErbStG erfolgt.

Wie oben dargestellt, dient die Verbundvermögensaufstellung nicht der Bewertung des begünstigungsfähigen Vermögens i.S.d. § 13b Abs. 1 ErbStG, sondern lediglich der Ermittlung des nicht begünstigungsfähigen Vermögens. Dementsprechend findet der Wert des Verbundvermögens keinen Eingang in die Verbundvermögensaufstellung.

Soweit sich im Verbund Forderungen und Verbindlichkeiten gegenüber stehen, sind diese für die Verbundvermögensaufstellung zu eliminieren, § 13b Abs. 9 Satz 3 ErbStG. Dementsprechend wird eine »Netto-Verbundverschuldung« auf der Ebene der Verbundvermögensaufstellung ermittelt. Dabei sollen – wie auch nach § 13b Abs. 8 Satz 2 ErbStG[961] – wirtschaftlich nicht belastende Schulden nicht anzusetzen sein. Der Gesetzentwurf meint hiermit explizit Gesellschafterforderungen, die mit einem Rangrücktritt versehen sind,[962] darüber hinaus fallen hierunter wohl auch Überschuldungssituationen bei Beteiligungsunternehmen. Die konsolidierten »Verbund-Schulden« des Verbundes bilden sodann den Ausgangspunkt für die entsprechende Anwendung der Schuldenverrechnungen nach § 13 Abs. 4 Nr. 5 Satz 2 ErbStG.

---

[959] Rdn. 874. Zur Funktionsweise des Kaskadeneffektes s. Rdn. 878.
[960] Rdn. 934.
[961] Rdn. 976.
[962] BT-Drucks. 18/8911, S. 49, s. hierzu aber Rdn. 976.

1033 Bei der Verbundvermögensaufstellung sind die auf der Beteiligungsebene gesondert festgestellten gemeinen Werte des Verwaltungsvermögens i.S.d. § 13b Abs. 4 Nr. 1 – 4 ErbStG und des Finanzmittelvermögens i.S.d. § 13b Abs. 4 Nr. 5 ErbStG sowie der anteiligen jungen Finanzmittel und des jungen Verwaltungsvermögens zusammenzufassen.

1034 »Zusammenfassen« i.S.d. § 13b Abs. 9 Satz 2 ErbStG geht über die bloße Addition der gesondert festgestellten Vermögen hinaus, so dass weitere Schritte erforderlich sind:

1035 Die Verrechnung von Verwaltungsvermögen i.S.d. § 13b Abs. 4 Nr. 1 – 4 ErbStG mit Altersvorsorgeverpflichtungen nach § 13b Abs. 3 ErbStG geht der Verbundvermögensaufstellung vor.

1036 Werden Forderungen, die zum Finanzmittelvermögen i.S.d. § 13b Abs. 4 Nr. 5 ErbStG gehören, mit Verbindlichkeiten verrechnet, ist im Umfang der Verrechnung auch der Wert des Finanzmittelvermögens zu verringern[963].

1037 Bei den jungen Finanzmitteln ist nicht auf die jeweilige Beteiligung abzustellen, sondern auf das begünstigungsfähige Vermögen insgesamt. Ein positiver Finanzmittelsaldo der vergangenen 2 Jahre vor dem Besteuerungszeitpunkt, § 13b Abs. 4 Nr. 5 Satz 2 ErbStG, zählt nur dann zu den jungen Finanzmitteln, wenn der Einlagenüberschuss bezogen auf den Gesamtverbund besteht. In gleicher Weise führen auch Änderungen durch Umgliederungen von Verwaltungsvermögen i.S.d. § 13b Abs. 4 Nr. 1 – 4 ErbStG nur dann zu jungem Verwaltungsvermögen, wenn die Zurechnung im Verbund weniger als 2 Jahre vorlag.

1038 Nach Durchführung der oben genannten Zusammenfassungsschritte werden
 – der gemeine Wert des begünstigungsfähigen Vermögens,
 – das Verbund-Verwaltungsvermögen nach § 13b Abs. 4 Nr. 1 – 4 ErbStG,
 – das Verbund-Finanzmittelvermögen nach § 13b Abs. 4 Nr. 5 ErbStG,
 – junges Verbund-Verwaltungsvermögen und junge Verbund-Finanzmittel,
 – Verbund-Schulden
entsprechend den für Einzelvermögen geltenden Grundsätzen in die Ermittlung des begünstigten Vermögen nach § 13b Abs. 2 ErbStG einbezogen.

1039 Es wäre aus praktischer Sicht sinnvoll, bei der notwendigen Ermittlung des Verwaltungsvermögens auf der jeweiligen Beteiligungsebene bereits nachrichtlich die vorstehenden Auswirkungen der Zusammenfassung, insbesondere durch die Schuldenkonsolidierung, durchzuführen. Denn aufgrund der oben genannten Schritte zur Zusammenfassung erweisen sich die entsprechenden Feststellungen auf der Beteiligungsebene als praktisch wertlos.

b) Die Ermittlung der Lohnsummenkriterien bei mehrstufigen Beteiligungsstrukturen und Betriebsaufspaltungen, § 13 Abs. 3 Satz 11 – 13 ErbStG

1040 In mehrstufigen Beteiligungsstrukturen ist für die Ermittlung der Beschäftigtenzahl und der Lohnsumme im Wege der anteiligen Einbeziehung zu ermitteln, § 13a Abs. 1 ErbStG. Das heißt, dass sowohl die Zahl der Beschäftigten einer Beteiligung als auch die Lohnsumme zu demjenigen Anteil hinzugerechnet werden, der der Beteiligungsquote entspricht. Diese anteilige Hinzurechnung gilt für Personengesellschaften, § 13a Abs. 3 Satz 11 ErbStG, und für Kapitalgesellschaften, an denen eine unmittelbare oder mittelbare Beteiligung zu mehr als 25 % besteht, § 13a Abs. 3 Satz 12 ErbStG. Eine Zusammenrechnung, wie in § 13b Abs. 1 Nr. 3 ErbStG aufgrund einer Poolvereinbarung[964] vorgesehen, findet bei der Ermittlung der maßgebenden Beschäftigungszahl und der Ermittlung der

---

963 Im Einzelfall ist auch denkbar, dass durch eine Schuldenkonsolidierung die Verwaltungsvermögenseigenschaft entfällt, wenn nämlich (verbriefte) Anleihen an dem (eigenen) Unternehmen gehalten werden.
964 Rdn. 934.

C. Erbschaft- und Schenkungsteuer

Lohnsumme nicht statt. Die Regelungen waren bereits in § 13a Abs. 4 Satz 5 ErbStG a.F. enthalten. Insoweit gelten die bisherigen Grundsätze[965] fort.

In Fällen der Betriebsaufspaltung sollen die Lohnsummen und die Beschäftigtenzahlen ebenfalls zusammenzurechnen sein, § 13a Abs. 3 Satz 13 ErbStG. Die Erfassung von Betriebsaufspaltungsfällen war im bisherigen Recht nicht enthalten. Zielrichtung der Einbeziehung ist m.E. weniger die Erfassung von Lohnsummen und Mitarbeitern als vielmehr die Ausdehnung der Rechtsfolgen für den Fall eines Verstoßes gegen Behaltevorschriften. Denn bei einem Verstoß gegen das Lohnsummenkriterium würde ansonsten eine Nachversteuerung nur im Betriebsunternehmen, nicht aber im Besitzunternehmen erfolgen. 1041

Es stellt sich aber die Frage, wie der Begriff der Betriebsaufspaltung in § 13a Abs. 3 Satz 13 ErbStG zu verstehen ist. Unproblematisch sind hierbei Fälle, in denen eine Besitzpersonengesellschaft und eine Betriebskapitalgesellschaft bestehen. Ebenfalls unproblematisch sind wohl Fälle der kapitalistischen Betriebsaufspaltung. Im Bereich der mitunternehmerischen Betriebsaufspaltung praktiziert der BFH allerdings die Subsidiaritätsthese, so dass eine gewerbliche Infektion der Besitzpersonengesellschaft oder auch deren gewerbliche Prägung die Grundsätze der mitunternehmerischen Betriebsaufspaltung verdrängt.[966] Die vorstehenden Fragen einer Einbeziehung solcher Fälle in das Lohnsummenkriterium wird nämlich dann zweifelhaft, wenn lediglich Anteile an einer Besitzgesellschaft übertragen werden, die Anteile an der Betriebsgesellschaft hingegen bei dem Zuwendenden oder Erblasser verbleiben. In einem solchen Fall hat nämlich der Erwerber keine Möglichkeit, auf die Einhaltung des Lohnsummenkriteriums einzuwirken. 1042

12. Berücksichtigung mehrerer Erwerbe, § 13a Abs. 1 Satz 2 und 3 ErbStG, § 13c Abs. 2 Satz 2 – 4 ErbStG

a) Grundsatz

Die Begünstigungshöchstgrenze vom 26.000.000 € soll nicht durch eine Aufspaltung in mehrere Erwerbe umgangen werden können. Dementsprechend sind – dem Rechtsgedanken des § 14 ErbStG ähnlich – mehrere Erwerbe innerhalb von 10 Jahren, die von derselben Person rühren, zusammenzurechnen, § 13a Abs. 1 Satz 2 und 3 ErbStG[967]. 1043

Folgen ergeben sich bei der Besteuerung mehrerer Erwerbe dann, wenn durch die Zusammenrechnung mehrerer Erwerbe die Verschonungshöchstgrenze von 26.000.000 € überschritten wird. Aufgrund des Fallbeileffektes fallen dann die für den Vorerwerb gewährten Betriebsvermögensabschläge mit Wirkung für die Vergangenheit weg, so dass die Besteuerung des Vorerwerbes aufzuheben und neu festzusetzen ist, § 13a Abs. 1 Satz 2 ErbStG. Infolge der Zusammenrechnung stehen dem Erwerber nunmehr der Verschonungsabschlag für Großvermögen nach § 13c ErbStG[968] oder die Verschonungsbedarfsprüfung nach § 28a ErbStG[969] offen. 1044

Besteuerungstechnisch bleibt es allerdings bei einer Besteuerung des früheren Erwerbes. Ebenso wie bei der Anwendung des § 14 ErbStG führt die Zusammenfassung nicht dazu, dass mehrere Erwerbe zu einem Erwerb gewissermaßen »verschmelzen«. 1045

b) Übergang zur Verschonungsbedarfsprüfung, § 28a ErbStG

Berührt die Zusammenrechnung mehrerer Erwerbe nicht die Selbständigkeit des vorherigen Erwerbes, so stellt sich die Frage, was Bezugspunkt der Verschonungsbedarfsprüfung nach § 28a ErbStG 1046

---

965 Vgl. Länder-Erlass v. 05.12.2012, BStBl. I 2012, 1250.
966 Rdn. 346, L.Schmidt/*Wacker* § 15 EStG Rn. 536.
967 Der Abzugsbetrag nach § 13a Abs. 2 ErbStG wird nur einmal in 10 Jahren gewährt, so dass sich hier nicht die Frage nach der Abschmelzungswirkung bei mehreren Erwerben stellt.
968 Rdn. 1005.
969 Rdn. 1012.

bei der Besteuerung des Vorerwerbes sein soll. Unter dem Gesichtspunkt der Verhältnisse zum Zeitpunkt der Entstehung der Steuer, wie dies § 28a Abs. 2 ErbStG nahe legt, wäre somit eine rückbezügliche Verschonungsbedarfsprüfung für den früheren Erwerb durchzuführen. Eine solche rückbezügliche Prüfung lässt jedoch außer Acht, dass dieses Vermögen möglicherweise zum Zeitpunkt des Eintrittes des die Besteuerung auslösenden Ereignisses möglicherweise nicht oder nicht mehr vorhanden ist. Da das die Besteuerung auslösende Ereignis – nämlich der Nacherwerb – jedoch erst zu einem späteren Zeitpunkt eintritt und der Grund für die Verschonungsbedarfsprüfung die (typisiert) mangelnde Fähigkeit zur Aufbringung der Erbschaft-/Schenkungsteuer ist, spricht meines Erachtens mehr dafür, dass im Falle des rückwirkenden Wegfalls des Begünstigungsvolumens nach § 13a Abs. 1 Satz 1 ErbStG eine auf den Zeitpunkt des den Wegfall auslösenden Erwerbes bezogene Verschonungsbedarfsprüfung vorzunehmen ist.

1047 Eine rückbezügliche Verschonungsbedarfsprüfung würde zudem dazu führen, dass das einzusetzende nichtbegünstigte Vermögen i.S.d. § 28a Abs. 2 ErbStG mehrfach in eine Verschonungsbedarfsprüfung einbezogen wird und somit ein »Kaskadeneffekt« eintritt, in dem das in der ersten Verschonungsbedarfsprüfung nicht eingesetzte Vermögen im zweiten Erwerb wiederum einzusetzen ist.

c) Übergang zum Verschonungsabschlag für Großvermögen, § 13c ErbStG

1048 Bei einem Überschreiten der Verschonungshöchstgrenze durch einen Folgeerwerb kann der Erwerber auch wahlweise zum Verschonungsabschlag für Großvermögen nach § 13c ErbStG übergehen. In diesem Fall wird nach § 13c Abs. 2 Satz 2 ErbStG der Verschonungsabschlag einheitlich für die zusammengefassten Erwerbe berechnet und der ermittelte Verschonungsabschlag einheitlich für beide Erwerbe gewährt.

1049 Wurde für einen früheren Erwerb eine Verschonungsbedarfsprüfung nach § 28a ErbStG und soll für den nachfolgenden Erwerb der Verschonungsabschlag für Großvermögen nach § 13c ErbStG in Anspruch genommen werden, so wird der einheitlich für beide (oder mehrere) Erwerbe ermittelte anteilige Abschlag nur auf den späteren Erwerb angewendet, wenn für den Vorerwerb ein Antrag auf Verschonungsabschlag gestellt wurde, § 13c Abs. 2 Satz 3 ErbStG. Das Ergebnis einer Verschonungsbedarfsprüfung kann somit bestehen bleiben, wobei allerdings zu beachten ist, dass der Erwerb weiteren, nicht nach § 13b Abs. 2 begünstigten Vermögens nach § 28a Abs. 4 Nr. 3 ErbStG zu berücksichtigen ist. Hierbei ist auch zu beachten, dass lediglich der Antrag auf den Verschonungsabschlag für Großvermögen nach § 13c ErbStG unwiderruflich ist, nicht aber der Antrag auf Durchführung einer Verschonungsbedarfsprüfung.

d) Kein Übergang vom Verschonungsabschlag für Großvermögen zur Verschonungsbedarfsprüfung

1050 Der Verschonungsabschlag für Großvermögen nach § 13c ErbStG wird auf unwiderruflichen Antrag gewährt und schließt eine Verschonungsbedarfsprüfung aus. Wird die Grenze von 90.000.000 € überschritten, so wird insgesamt kein Verschonungsabschlag für Großvermögen mehr gewährt, so dass sich die Frage stellt, ob bei einem Überschreiten der 90.000.000 €-Grenze durch mehrere Erwerbe nunmehr ein Übergang zur Verschonungsbedarfsprüfung nach § 28a ErbStG möglich ist. Die Frage ist m.E. zumindest dann zu bejahen, wenn der Verschonungsabschlag für Großvermögen insgesamt wegfällt[970].

1051 Ansonsten kann bei einem Hinzuerwerb zumindest für den Letzterwerb ein Antrag nach § 28a ErbStG gestellt werden. Ein solcher Antrag schließt es allerdings nicht aus, dass durch den Ansatz eines niedrigeren Verschonungsabschlages für Großvermögen auf der Basis des Wertes der zusammenzurechnenden Erwerbe es zu einer Nachversteuerung kommt. Hier dürfte es lediglich ein geringer Trost sein, dass die für die Vorerwerbe zu zahlende Steuer das Vermögen des Erwerbers mindert.

---

970 Die Finanzverwaltung scheint allerdings – in Anlehnung an den Wortlaut – auch den bloßen (erfolglosen) Antrag als schädlich anzusehen, vgl. Abschnitt E 28a.1 Abs. 2 Satz 3 ErbStR.

e) Konsekutive Verschonungsbedarfsprüfung

Wie bereits oben angedeutet, kann die konsekutive Durchführung von Verschonungsbedarfsprüfungen nach § 28a ErbStG dazu führen, dass das Eigenvermögen des Erwerbers gewissermaßen »mehrfach« in Anspruch genommen wird und damit ein Kaskadeneffekt eintritt, den das BVerfG in anderem Zusammenhang für verfassungswidrig erachtet hat.[971] Allerdings enthält § 28a ErbStG selbst keine Regelung, die dem Rechtsgedanken des § 14 ErbStG entspricht. 1052

Es ist allerdings zu erwägen, im Wege der teleologischen Reduktion des § 28a ErbStG bei der konsekutiven Verschonungsbedarfsprüfung eine Zusammenfassung mehrerer Prüfungen zusammenzufassen, um eine Mehrfachinanspruchnahme desselben Vermögens zu vermeiden. 1053

f) Verfahrensrecht

Die Änderung des zu gewährenden Verschonungsumfanges – durch Überschreiten der 26.000.000 €-Grenze nach § 13a Abs. 1 Satz 1 ErbStG oder durch Minderung des Abschlagsfaktors bei § 13c ErbStG – stellt besteuerungstechnisch den Wegfall einer Steuerbefreiung mit Wirkung für die Vergangenheit dar, § 13a Abs. 1 Satz 4 ErbStG und § 13c Abs. 2 Satz 3 ErbStG. Verfahrensrechtlich sind damit ergangene Steuerbescheide nach § 175 Abs. 1 Satz 1 Nr. 2 AO zu ändern. 1054

13. Zuständigkeiten, Anzeigepflichten und Verjährung

a) Zuständigkeiten

Verfahrensrechtlich sind bei der Festsetzung der Erbschaftsteuer die Festsetzungskompetenz des für die Erbschaftsteuer zuständigen Finanzamtes und die Feststellungskompetenz der für die Bewertung des Betriebsvermögens zuständigen Finanzämter[972] (Betriebsfinanzamt) zu beachten. 1055

Zuständig für die Feststellung des Wertes des Betriebsvermögens, für die Feststellung der anteiligen Beschäftigten, der Lohnsummen sowie der Summen des Verwaltungsvermögens, des Finanzmittelvermögens, der Schulden und des jungen Verwaltungsvermögens ist das Betriebsfinanzamt, § 13a Abs. 4 und § 13b Abs. 10 ErbStG. 1056

Damit verbleibt die Festsetzungskompetenz für die Ermittlung des begünstigten Vermögens i.S.d. § 13b Abs. 2 ErbStG in der Kompetenz des Erbschaftsteuerfinanzamtes, ebenso wie die Zuständigkeit für die Verbundvermögensaufstellung, § 13b Abs. 9 ErbStG. 1057

b) Anzeigepflichten

Zur Gewährleistung der Einhaltung der Behaltevorschriften und zur Überwachung des Fortbestandes der Verschonungsvoraussetzungen enthalten die §§ 13a, 13b ErbStG umfangreiche Anzeigepflichten für den Steuerpflichtigen, die gegenüber dem für die Erbschaftsteuer zuständigen Finanzamt zu erfüllen sind: 1058

Zum Ablauf der Lohnsummenfrist hat der Erwerber dem Finanzamt nach spätestens 6 Monate anzuzeigen, ob die Lohnsummengrenzen nach § 13a Abs. 3 ErbStG bzw. im Falle der Optionsverschonung nach § 13b Abs. 10 Nr. 2 – 5 ErbStG eingehalten worden sind, § 13a Abs. 7 Satz 1 ErbStG. 1059

Wird ein begünstigungsschädlicher Tatbestand nach § 13a Abs. 6 ErbStG verwirklicht, vor allem bei einer Veräußerung oder Aufgabe, aber auch bei der Aufhebung einer Poolvereinbarung, so ist der Erwerber binnen eines Monats verpflichtet, einen Verstoß anzuzeigen, § 13a Abs. 7 Satz 2 ErbStG. 1060

---

971 Rdn. 874 und Rdn. 878.
972 Vgl. §§ 151 Abs. 1 Nr. 2 und 3, 152 BewG.

1061 Die vorstehenden Anzeigepflichten über die Einhaltung der Lohnsumme und über die Anzeige schädlicher Vorgänge nach § 13b Abs. 6 ErbStG gelten auch bei Inanspruchnahme eines Erlasses nach § 28a ErbStG aufgrund einer individuellen Bedürfnisprüfung, § 28a Abs. 5 ErbStG.

1062 Nach § 28a Abs. 5 ErbStG ist auch ein Erwerb durch Schenkung oder Erwerb von Todes wegen anzuzeigen, wenn dieser bei einer durchgeführten individuellen Bedürfnisprüfung zu berücksichtigen wäre. Die Anzeige des Erwerbes nach § 30 ErbStG durch den Erwerber oder durch den Notar ersetzt diese Anzeige nicht.

1063 Gehört zu dem begünstigte Vermögen Auslandsvermögen, so hat der Erwerber nach § 13a Abs. 8 ErbStG nachzuweisen, dass die Behaltevoraussetzungen nach § 13a Abs. 3 ErbStG (Lohnsummenkriterium) und § 13a Abs. 6 ErbStG (Veräußerungs- und Überentnahmeverbote) für den gesamten Behaltezeitraum bestanden haben.

1064 Im Falle der Inanspruchnahme des Familienunternehmensabschlages nach § 13a Abs. 9 ErbStG ist eine Änderung der tatsächlichen Verhältnisse oder eine Änderung der satzungsmäßigen Bestimmungen binnen eines Monats anzuzeigen, § 13a Abs. 9 Satz 6 Nr. 1 ErbStG.

c) Festsetzungsfristen

1065 Mit den verschärften Verschonungs- und Behaltevoraussetzungen sind auch verlängerte Festsetzungsfristen eingeführt worden, die sicherstellen sollen, dass die nach den Einzelvorschriften geltenden besonderen Anzeigeverpflichtungen auch umgesetzt werden können. Dabei trägt der – gegenüber den Vorschriften über die Festsetzungsverjährung nach den §§ 169 ff. AO – ausgedehnte Zeitraum des Beginns der Festsetzungsverjährung dem Umstand Rechnung, dass zu besorgen ist, dass die Einhaltung der Anzeigepflichten in der Praxis nicht erfolgen wird. Daher endet die Festsetzungsfrist in solchen Fällen nicht vor dem Ablauf des vierten Jahres, nachdem die Finanzbehörde Kenntnis von den nachfolgend genannten, zu einer Nachbelastung führenden Ereignissen erlangt hat:
– Beim Vorliegen mehrerer Erwerbe, die zu einer Überschreitung des Begünstigungshöchstbetrages von 26.000.000 € führen, Kenntnis des letzten Erwerbes.
– Nach § 13c Abs. 2 Satz 4 ErbStG für eine Verringerung des Verschonungsabschlages für Großvermögen nach § 13c ErbStG durch nachfolgende Erwerbe, Kenntnis des letzten Erwerbes.
– Bei Inanspruchnahme der Familienunternehmensabschlages nach § 13a Abs. 9 ErbStG, Kenntnis der Änderung der tatsächlichen Verhältnisse oder Änderung der gesellschaftsvertraglichen oder satzungsmäßigen Bestimmungen, § 13a Abs. 9 Satz 6 Nr. 2 ErbStG.

1066 Eine Änderung bei den für die Verschonungsbedarfsprüfung nach § 28a ErbStG maßgebenden Verhältnissen, insbesondere bei einem Verstoß gegen Lohnsummenkriterien, Behaltevorschriften, aber auch bei einem Hinzuerwerb von Vermögen nach § 28a Abs. 4 Nr. 3 ErbStG ist nicht die Festsetzungsfrist, sondern die Zahlungsverjährungsfrist einschlägig. Diese endet nicht vor dem Ablauf des fünften Jahres, nachdem das für die Erbschaftsteuer zuständige Finanzamt Kenntnis von dem entsprechenden Tatbestand erlangt hat.

1067 So lange damit die entsprechenden Sachverhalte dem zuständigen Finanzamt nicht bekannt sind, kann eine Festsetzungsverjährung oder Zahlungsverjährung nicht eintreten. Eine absolute Verjährung ist dem Steuerrecht fremd.

II. Überblick über Nachsorgezeiträume im Erbschaft- und Schenkungsteuerrecht nach ErbStG

1068 Bei der Nachsorge in Erbschaft- und Schenkungsteuerfällen sind aufgrund der vielfältigen Behaltevorschriften Nachsorgezeiträume zu beachten. Im Einzelnen:

1069 **Sechs Monate** nach dem Zeitpunkt des Erwerbes
– Ende der Frist zur zeitnahen Auseinandersetzung,[973] es handelt sich allerdings nicht um eine starre Frist.

---

[973] Rdn. 920.

Zwei Jahre nach dem Zeitpunkt des Erwerbes 1070
- Ende der Investitionsfrist für Verwaltungsvermögen bei Erwerben von Todes wegen[974]
- Ende der Frist zur Lohnzahlung bei saisonalen Lohnschwankungen.[975]

Letzter Abschlussstichtag vor Ende des Fünfjahreszeitraumes nach dem Zeitpunkt des Erwerbes 1071
- Stichtag für die Prüfung der Frage, ob Überentnahmen vorliegen, sofern Regelverschonung in Anspruch genommen wird.[976]

Fünf Jahre nach dem Erwerb 1072
- Ende der Lohnsummenfrist im Fall der Regelverschonung[977]
- Ende des Behaltezeitraumes im Fall der Regelverschonung[978] einschließlich der Fortdauer einer Poolvereinbarung.[979]

Letzter Abschlussstichtag vor Ende des Siebenjahreszeitraumes nach dem Zeitpunkt des Erwerbes 1073
- Stichtag für die Prüfung der Frage, ob Überentnahmen vorliegen, sofern Regelverschonung in Anspruch genommen wird.[980]

Sieben Jahre nach dem Erwerb 1074
- Ende der Lohnsummenfrist im Fall der Optionsverschonung[981]
- Ende des Behaltezeitraumes im Fall der Optionsverschonung[982] einschließlich der Fortdauer einer Poolvereinbarung.[983]

Zehn Jahre nach dem Zeitpunkt des Erwerbes 1075
- Ende des Zusammenrechnungszeitraumes bei mehreren begünstigten Erwerben[984]
- Ende des Zusammenrechnungszeitraumes für durch Schenkung oder aufgrund von Erwerben von Todes wegen hinzuerworbenes Vermögen, § 28a Abs. 4 Nr. 3 ErbStG.[985]

20 Jahre nach dem Zeitpunkt des Erwerbes 1076
- Ende der Überwachungsfrist für den Familienunternehmensabschlag nach § 13a Abs. 9 ErbStG.[986]

III. Auswirkung der verzögerten Umsetzung der Vorgaben des BVerfG

Das Bundesverfassungsgericht hat dem Gesetzgeber aufgegeben, eine Neuregelung zu treffen. Das bisherige Recht bleibe längstens bis zum 30.06.2016 anwendbar. Dem Gesetzgeber ist es nicht gelungen, innerhalb dieser Frist eine Neuregelung zu verabschieden. Welchem Recht nunmehr steuerpflichtige Erwerbe unterliegen, die in der Zeit zwischen dem 01.07.2016 und der tatsächlichen Verabschiedung des neuen Rechts unterliegen werden, ist nach wie vor ungeklärt. 1077

Folgende Möglichkeiten sind (abstrakt) denkbar: 1078
- das bisherige Recht bleibt weiter anwendbar,
- die Betriebsvermögensvergünstigungen nach §§ 13a, 13b ErbStG alter Fassung fallen weg,
- die Erbschaft-/Schenkungsteuer kann insgesamt nicht mehr erhoben werden,
- ein neues Erbschaft- und Schenkungsteuerrecht tritt rückwirkend in Kraft, unabhängig von dem Zeitpunkt des Gesetzesbeschlusses.

---

974 § 13b Abs. 5 Satz 2 ErbStG, Rdn. 963.
975 § 13b Abs. 5 Satz 3 ErbStG, Rdn. 964.
976 § 13a Abs. 6 Nr. 3 ErbStG, Rdn. 989.
977 § 13a Abs. 3 ErbStG, Rdn. 944.
978 § 13a Abs. 6 Nr. 1, 4 ErbStG, Rdn. 984.
979 § 13a Abs. 6 Nr. 5 ErbStG, Rdn. 988.
980 § 13a Abs. 10 Satz 1 Nr. 6 ErbStG, Rdn. 992.
981 § 13a Abs. 10 Satz 1 Nr. 2 ErbStG, Rdn. 992.
982 § 13a Abs. 10 Satz 1 Nr. 6 ErbStG, Rdn. 992.
983 § 13a Abs. 10 Nr. 6 ErbStG, Rdn. 988.
984 § 13a Abs. 1 Satz 2 – 4 ErbStG, Rdn. 994.
985 § 28a Abs. 4 Nr. 3 ErbStG, Rdn. 1025.
986 § 13a Abs. 9 ErbStG, Rdn. 994.

1079 Nach wohl herrschender Meinung in der Literatur soll die Erbschaftsteuer mit Fristablauf am 30.06.2016 insgesamt ablaufen,[987] so dass eine »Steuerpause« zwischen dem 30.06.2016 und dem 09.11.2016 eingetreten sein soll. Das Finanzgericht Köln ist dem entgegengetreten, hiergegen ist Revision eingelegt worden, die beim BFH unter dem Az. II R 1/19 geführt wird. Ein isolierter, ersatzloser Wegfall der Betriebsvermögensvergünstigungen nach §§ 13a, 13b ErbStG a.F. mit der Folge, dass die Übertragung von Betriebsvermögen ohne jede Vergünstigung der Erbschaft- und Schenkungsteuer unterliegt, kommt wohl angesichts des ausdrücklichen Willens des Gesetzgebers zur Begünstigung von Unternehmensübertragungen nicht in Betracht.[988]

1080 Äußerungen des BVerfG[989] lassen es allerdings als wahrscheinlich erscheinen, dass das bisherige Recht weiter anwendbar bleibe. Damit träte weder der Wegfall des gesamten Erbschaft- und Schenkungsteuerrechtes ein noch die dem Willen des Gesetzgebers zuwiderlaufende Nichtbegünstigung von Unternehmensübertragungen, aus Gründen vordergründiger Staatsraison ein erträgliches Ergebnis.

1081 In einem solchen Fall wäre allerdings, aufgrund des auch vom BVerfG herausgehobenen Gesichtspunktes, dass die Beteiligten einer Unternehmensübertragung verfassungsrechtlich vorhersehen müssen können, welche Steuerbelastungen bei einer Übertragung drohen, der Gesetzgeber gut beraten, Steuerpflichtigen ein Wahlrecht zwischen dem alten und neuen Recht bis zu dessen Verabschiedung zu ermöglichen. Ohne eine solche Option zur rückwirkenden Wahl des alten Rechts könnte die Rückwirkungsfrage – mit verfassungsrechtlich völlig offenem Ausgang – in den Vordergrund rücken.

---

987 So etwa *Drüen*, DStR 2016, 643, *Wachter,* FR 2015, 193, *Seer*, GmbHR 2015, 113.
988 *Drüen*, DStR 2016, 643.
989 FAZ vom 31.03.2016, S. 17, zit. nach ZEV 2016 Heft 4, S. VIII.

Kapitel 13 Insolvenzrecht

Übersicht

		Rdn.
A.	**Grundbegriffe**	1
B.	**Unternehmenskrise**	7
I.	Begriff der »Unternehmenskrise«	7
II.	Besondere Pflichten in der Gesellschaftskrise	8
	1. Beobachtungs-, Vermögensschutz- und Informationspflicht	8
	a) Rechtslage bei der AG und GmbH	8
	b) Rechtslage bei der OHG, KG und GbR	12
	2. Verbot der Masseschmälerung	14
	a) Rechtslage bei der AG und GmbH	14
	b) Rechtslage bei der OHG, KG und GbR	17
	3. Insolvenzantragspflicht	19
	a) Rechtslage bei der AG und GmbH	20
	b) Rechtslage bei der OHG, KG und GbR	27
	4. Krisenspezifische Aufklärungspflichten	29
	5. Erfüllung öffentlich-rechtlicher Pflichten	31
III.	Übersicht wichtiger Masseschutzvorschriften	32
	1. Allgemeine Haftungstatbestände mit Krisenbezug	33
	2. Organhaftung bei AG und GmbH	34
	a) Haftung der organschaftlichen Vertreter	34
	b) Haftung der Mitglieder des Aufsichtsrates	35
	3. Gesellschafterhaftung bei AG und GmbH	36
	4. Personengesellschaften	37
IV.	Ausgewählte Phänomene aus der Praxis	38
	1. Firmenbestattung	38
	a) Ablauf einer typischen missbräuchlichen Firmenbestattung	39
	b) Rechtliche Fallstricke bei der typischen Firmenbestattung	41
	c) Besonderheiten bei nationaler Sitzverlegung	45
	d) Firmenbestattung mit Bezug zum Ausland	48
	e) Zur Erkennbarkeit des Rechtsmissbrauchs für Außenstehende	52
	f) Berufsrechtliche Aspekte	55
	2. Amtsniederlegung	58
	3. Vermögensverschiebungen	63
	a) Allgemeine Vorschriften	64

		Rdn.
	b) Gesellschaftsspezifische Vorschriften	65
	c) Berufsrechtliche Aspekte	68
C.	**Die Gesellschaft im Insolvenzverfahren**	72
I.	Insolvenzfähigkeit	72
II.	Insolvenzgründe	73
	1. (Drohende) Zahlungsunfähigkeit (§§ 17, 18 InsO)	73
	2. Überschuldung (§ 19 InsO)	76
III.	Auswirkungen der Verfahrenseröffnung auf die Verbandsstruktur	77
	1. Dogmatische Grundlagen	77
	2. ABC ausgewählter Zuständigkeiten	82
IV.	Änderungen des Gesellschaftsvertrages	108
	1. Grundlagen	108
	2. Firma	111
	3. Gesellschaftssitz	115
	4. Unternehmensgegenstand	116
	5. Organisationsstruktur, Rechtsstellung der Gesellschafter	118
	6. Wettbewerbsverbot	119
	a) Ein Beispiel	119
	b) Das Problem	120
	c) Auswirkungen der Insolvenzeröffnung auf das Wettbewerbsverbot	122
	d) Erstmalige Befreiung vom Wettbewerbsverbot nach Verfahrenseröffnung	124
V.	Besonderheiten bei Personengesellschaften	126
VI.	Insolvenz in Konzernstrukturen	128
VII.	Schicksal der Gesellschaft nach Verfahrensbeendigung	132
	1. GmbH, AG	133
	a) Abweisung des Eröffnungsantrages mangels Masse	134
	b) Verfahrenseinstellung mangels Masse und nach Masseunzulänglichkeit	136
	c) Verfahrensaufhebung nach Schlussverteilung	142
	d) Weitere Beendigungsgründe	144
	e) Fortsetzung der Gesellschaft	145
	2. OHG, KG und GbR	148
	a) Abweisung des Eröffnungsantrages mangels Masse	149
	b) Verfahrenseinstellung und Verfahrensaufhebung	150
	c) Weitere Beendigungsgründe	151
	d) Fortsetzung der Gesellschaft	152
D.	**Insolvenz eines Gesellschafters**	154

Kapitel 13

Insolvenzrecht

		Rdn.
I.	Die Gesellschaftsbeteiligung als Gegenstand der Masse	154
II.	Zu den Grenzen präventiver Vertragsgestaltung	157
III.	Insolvenz des GmbH-Gesellschafters	159
	1. Allgemeine Wirkung der Gesellschafterinsolvenz	159
	2. Ausgewählte Aspekte zum Insolvenzbeschlag	160
	a) Stimmrecht	160
	b) Gesellschafterversammlungen	164
	c) Sonstige Mitgliedschaftsrechte	165
	3. Ausschluss eines insolventen Gesellschafters	168
	a) Einziehung	169
	b) Zwangsabtretung	170
	c) Ausschluss ohne ausdrückliche Satzungsgrundlage	173
	4. Gestaltung von Abfindungsklauseln	174
	5. Vereinbarungen zum Geschäftsanteil	176
	6. Fortgeltung ausgewählter Satzungsbestimmungen	178
IV.	Insolvenz des Aktionärs	179
V.	Insolvenz des Gesellschafters einer OHG, KG und GbR	180
	1. OHG und KG	180
	a) Gesetzliche Regelung	180
	b) Abweichende Regelungen im Gesellschaftsvertrag	183
	c) »Fortsetzung« der Gesellschaft	186
	d) Besonderheiten bei der KG	188
	e) Insolvenz des »vorletzten« Gesellschafters	191
	2. Gesellschaft bürgerlichen Rechts	193
	a) Gesetzliche Regelung	193
	b) Fortsetzung der aufgelösten GbR	194
	c) Abweichende Vertragsgestaltung	195
	3. Besonderheiten bei der »Simultaninsolvenz«	198
E.	**Sanierung und Reorganisation**	201
	Vorbemerkung	201
I.	Grundbegriffe	202
II.	Die »übertragende Sanierung«	207
III.	Maßnahmen nach dem UmwG	212
	1. Zweckmäßigkeit von Umwandlungen als Sanierungsinstrument	212
	2. Beteiligte Gesellschaft ist überschuldet	215
	a) Kein Vorrang des Insolvenzrechts	215
	b) Verschmelzung	217

		Rdn.
	aa) Verschmelzung auf natürliche Person als Alleingesellschafter	217
	bb) Verschmelzung zweier Kapitalgesellschaften	219
	cc) Formwechsel	224
	dd) Abspaltung und Ausgliederung eines Teilbetriebes	225
	3. Beteiligte Gesellschaft im Eröffnungsverfahren	226
	4. Beteiligte Gesellschaft im eröffneten Verfahren	231
	5. Beteiligte Gesellschaft nach Beendigung eines Insolvenz(antrags)verfahrens	235
	6. Heilung (§ 20 Abs. 2 UmwG)	236
IV.	Veränderungen des Kapitals	237
	1. Effektive Kapitalerhöhung bei Kapitalgesellschaften	237
	2. Personengesellschaften	241
V.	Weitere Sanierungsinstrumente	243
	1. Ausgewählte Sofortmaßnahmen	243
	2. Reorganisationsstrategien nach anglo-amerikanischem Vorbild	247
VI.	Gesellschaftsrechtliche Besonderheiten nach dem ESUG	250
F.	**Besonderheiten aufgrund Covid-19-Pandemie**	254
I.	Aussetzung der Insolvenzantragspflicht	255
	1. Kausalität der COVID-19-Pandemie	259
	2. Beseitigung der Zahlungsunfähigkeit	262
	3. Überschuldung	263
	4. Ablauf der Insolvenzantragspflicht am 01.03.2020	265
	5. Beweissituation	266
	6. Dokumentation	267
II.	Einschränkung der Haftung	268
	1. Allgemeine Rechtslage	268
	2. Ausnahmetatbestand nach COVInsAG	269
III.	Ausschluss der Insolvenzanfechtung bei Rückzahlung von Krediten u.a.	273
IV.	Keine Anfechtung bestimmer Leistungen	278
	1. Allgemeine Rechtslage	278
	2. Aufhebung der Anfechtung kongruenter Deckungen	279
	3. Aufhebung der Anfechtung inkongruenter Deckungen	280
	4. Bösgläubigkeit des Leistungsempfängers	281

A. Grundbegriffe

Die Berührung der gesellschaftsrechtlichen Beratungs- und Gestaltungspraxis mit dem Phänomen der »Insolvenz« ist vielfältig. Sie beginnt bereits vor Entstehung der Gesellschaft. Denn bereits mit der Ausgestaltung des Gesellschaftsvertrages werden maßgebliche Weichen für den späteren Krisen- und Insolvenzfall gestellt, und zwar entweder zielgerichtet durch **vorbeugende Vertragsgestaltung** oder (unbewusst) durch Unterlassen einer solchen. Dies gilt für die Krise der Gesellschaft gleichermaßen wie für diejenige eines Gesellschafters.

Offenkundig wird der Beratungsbedarf, wenn erste Anzeichen einer **Unternehmenskrise** aufkommen oder gar schon ein **Insolvenzgrund** eingetreten ist. Hier sind – meist unter großem Zeitdruck – zahlreiche Aspekte zu klären. Zu nennen sind z.B. die Prüfung von etwaigen Sanierungs- und Reorganisationsmaßnahmen, Maßnahmen zur (kurzfristigen) Vermeidung der Insolvenzantragspflicht, Erkennen und Einhaltung krisenspezifischer Pflichten der organschaftlichen Vertreter, Prüfung der Zulässigkeit und Anfechtbarkeit gewünschter Vermögensdispositionen etc. Der rechtliche Berater ist in dieser sehr sensiblen Phase besonders gefragt. Etwaige Pflichtverletzungen können leicht **Schadensersatzansprüche** auslösen oder sogar **Straftatbestände** erfüllen. Dies gilt über die Teilnahmevorschriften sogar für den rechtlichen Berater selbst! Wird schließlich Insolvenzantrag gestellt, findet ein gewisser Paradigmenwechsel statt. Das weitere Schicksal des Unternehmens liegt dann kaum noch in der Hand der Gesellschaft. Aus Sicht der insolventen Gesellschaft geht es fortan in erster Linie darum, Verfahrensrechte wahrzunehmen und entsprechende Pflichten zu erfüllen.

Der rechtliche Berater sollte imstande sein, mögliche insolvenzrechtliche Implikationen eines Falles zu erkennen. Hierzu sind gewisse Kenntnisse des Insolvenzrechts unerlässlich. An dieser Stelle[1] können nur **Grundbegriffe** angerissen werden: Der **Zweck** des Insolvenzverfahrens besteht darin, die Gläubiger eines Schuldners gemeinschaftlich zu befriedigen, indem das Vermögen des Schuldners verwertet und der Erlös verteilt oder in einem Insolvenzplan eine abweichende Regelung insbesondere zum Erhalt des Unternehmens getroffen wird (§ 1 Satz 1 InsO). Die InsO steht dem Schicksal eines zur Masse gehörenden Unternehmens neutral gegenüber. Sie ermöglicht sowohl die Fortführung als auch die Zerschlagung des Unternehmens. Dabei ist ihr sehr dran zu tun, den Gläubigern einen brauchbaren Rechtsrahmen gerade für eine Entscheidung zugunsten der Unternehmensfortführung an die Hand zu geben.

Das prozessuale Verfahren beginnt mit dem Insolvenzantrag (§ 13 InsO). Die Phase ab Antragstellung bis zur Verfahrenseröffnung ist das **Eröffnungsverfahren**. In dieser Phase wird – in aller Regel durch einen Gutachter – das Vorliegen eines Insolvenzgrundes (§§ 17 ff. InsO) geprüft. Zur Sicherung der Insolvenzmasse kann das Insolvenzgericht Maßnahmen mit unterschiedlicher Intensität anordnen. Verhängt es ein allgemeines Verfügungsverbot, ist gleichzeitig ein sog. »starker« vorläufiger Insolvenzverwalter zu bestellen, auf den die Verwaltungs- und Verfügungsbefugnis über das Schuldnervermögen übergeht (§§ 21 Abs. 2 Nr. 1 und 2, 22 Abs. 1 Satz 1 InsO). Hat der Schuldner einen Betrieb, muss der »starke« vorläufige Insolvenzverwalter diesen grds. fortführen (§ 22 Abs. 1 Satz 2 Nr. 2 InsO). Weniger weitreichend ist die Einsetzung eines sog. »schwachen« vorläufigen Insolvenzverwalters (§ 21 Abs. 2 Nr. 1 und 2 InsO). Sie lässt die Verwaltungs- und Verfügungsbefugnis des Schuldners unberührt. Das Insolvenzgericht kann aber anordnen, dass alle oder nur bestimmte Verfügungen zu ihrer Wirksamkeit der Zustimmung des »schwachen« vorläufigen Insolvenzverwalters bedürfen (sog. Zustimmungsvorbehalt, § 21 Abs. 2 Nr. 2 InsO). Wird das Insolvenzverfahren als **Regelverfahren** eröffnet, hat der zu bestellende Insolvenzverwalter die Haftungsmasse zu verwalten und zu verwerten (§§ 80 Abs. 1, 148 Abs. 1, 159 InsO). Das Gesetz stellt ihm eine Reihe von Vorschriften an die Seite, um die Insolvenzmasse zu schützen und anzureichern. Beispiele sind das Wahlrecht für oder gegen die Erfüllung beidseitig noch nicht vollständig erfüllter Verträge (§ 103 InsO), das automatische Erlöschen aller noch vom Schuldner gezeichneten Aufträge,

---

1 Eine anschauliche Einführung bietet etwa *Keller*, ZJS 2010, 40 ff. und 178 ff. (kostenfrei abrufbar unter www.zjs-online.com) sowie in monografischer Form *Bork*, Einführung in das Insolvenzrecht (9. Aufl. 2019).

Geschäftsbesorgungsverträge und Vollmachten (§§ 115 ff. InsO) sowie die Insolvenzanfechtung (§§ 129 ff. InsO). Alternativ zum Regelverfahren behält der Schuldner im Verfahren der **Eigenverwaltung** (§§ 270 ff. InsO) die Verwaltungs- und Verfügungsbefugnis über sein Vermögen. Statt eines Insolvenzverwalters wird ein Sachwalter bestellt, dem lediglich eine Aufsichts- und Überwachungsfunktion zukommt. Mit dem Instrument des **Insolvenzplans** (§ 217 ff. InsO) haben die Gläubiger in jedem Verfahrensstadium die Möglichkeit, auf das Schicksal der Insolvenzmasse rechtsgestaltend Einfluss zu nehmen. Er kann inhaltlich als Sanierungsplan auf die – wie auch immer geartete – Wiederherstellung der Ertragskraft des schuldnerischen Vermögens (§ 217, 1. Alt. InsO) oder als Liquidationsplan auf die Zerschlagung der Haftungsmasse (§ 217, 2. Alt. InsO) abzielen.

5 Mit dem **ESUG 2012**[2] hat der Gesetzgeber seinerzeit eine Reihe von Neuerungen eingeführt. Mit ihrer Hilfe möchte der Gesetzgeber die rechtlichen Rahmenbedingungen für die Sanierung eines Unternehmens deutlich verbessern. Zugleich soll für den Schuldner ein Anreiz geschaffen werden, das Insolvenzverfahren schon frühzeitig selbst und auf freiwilliger Basis einzuleiten, nämlich bevor es für Sanierungsbemühungen ohnehin schon zu spät ist. Neu ist beispielsweise das sog. **Schutzschirmverfahren** (§ 270b InsO). Es ermöglicht dem Schuldner, sein Unternehmen im Eröffnungs- wie im eröffneten Verfahren in Eigenverwaltung unter Aufsicht eines von ihm vorgeschlagenen vorläufigen Sachwalters (§§ 270b Abs. 2 Satz 1, 270a Abs. 1 Satz 2 InsO) fortzuführen und einen Sanierungsplan auszuarbeiten. Optimalerweise bildet dieser später die Grundlage für einen Insolvenzplan. Das Insolvenzgericht ist in dieser Phase sogar verpflichtet, Sicherungsmaßnahmen zu ergreifen, z.B. Vollstreckungsmaßnahmen gegen den Schuldner einzufrieren, wenn der Schuldner dies beantragt (§ 270b Abs. 2 Satz 3 InsO). Flankierend hat der Gesetzgeber die Voraussetzungen für die Anordnung der Eigenverwaltung sowohl im Eröffnungs- als auch im eröffneten Verfahren geringfügig gelockert (§§ 270, 270a InsO). Darüber hinaus wurde die **Gläubigerautonomie** erheblich gestärkt. Bei größeren Unternehmen *muss*, im Übrigen *kann* bereits im Eröffnungsverfahren ein vorläufiger Gläubigerausschuss (§§ 21 Abs. 2 Nr. 1a, 22a InsO) eingesetzt werden. Dieser nimmt bereits frühzeitig erheblichen Einfluss auf das Insolvenzverfahren, z.B. bei der Auswahl des (vorläufigen) Insolvenzverwalters (§ 56a InsO) und der Entscheidung über die Anordnung der Eigenverwaltung (§ 270 Abs. 3 Satz 2 InsO). Schließlich hat der Gesetzgeber das **Planverfahren** ausgebaut, die Gestaltungsbefugnisse der Gläubiger erheblich erweitert und Möglichkeiten zur Störung einer Mehrheitsentscheidung eingedämmt, z.B. durch Ersetzung der Zustimmung nicht teilnehmender Gläubiger (§ 246a InsO) und Überstimmbarkeit obstruierender Gesellschafter (näher unten Rdn. 251).

6 Ein weiteres bereits in Kraft getretenes Reformwerk betrifft die Verbraucherinsolvenz. Mit dem **Gesetz zur Verkürzung des Restschuldbefreiungsverfahrens und zur Stärkung der Gläubigerrechte 2014**[3] wurde vor allem die Wohlverhaltensphase auf 5 Jahre bei Begleichung der Verfahrenskosten (§ 300 Abs. 1 Satz 2 Nr. 3 InsO), und sogar auf 3 Jahre bei zusätzlichem Zufluss von Mitteln in Höhe von 35 % der Forderungen (§ 300 Abs. 1 Satz 2 Nr. 2 InsO) verkürzt. Die Gläubigerrechte wurden u.a. durch Erweiterung des Kataloges in § 302 Nr. 1 InsO gestärkt. Alsdann hat sich kürzlich der Gesetzgeber der Konzerninsolvenz zugewandt und in gewissem Rahmen die Konsolidierung konzernverbunder Gesellschaften beschlossen (näher dazu unten Rdn. 128).

---

2 Gesetz zur weiteren Erleichterung der Sanierung von Unternehmen v. 07.12.2011 (BGBl. 2011, Teil 1 Nr. 64, S. 2582 ff.), vollständig in Kraft seit dem 01.03.2012. Eingehend begründete Zweifel an der Vereinbarkeit des ESUG mit europarechtlichen Vorgaben hegt Hauschild/Kallrath/Wachter/*Böttcher*, § 33 Rn. 92 ff.

3 S. weiterführend *Ahrens*, ZVI 2014, 214 ff.; *Beyer*, ZVI 2013, 334 ff.; *Blankenburg*, ZInsO 2014, 801 ff.; *Graf-Schlicker*, ZVI 2014, 202 ff.; *Pape*, ZVI 2014, 234 ff.; *Praß*, ZVI 2014, 170 ff.; *Rein*, ZVI 2014, 239 ff.; *Streck*, ZVI 2014, 205 ff.

B. Unternehmenskrise

I. Begriff der »Unternehmenskrise«

Die meisten Gesellschaften sind Träger eines Unternehmens. Dabei werden die Begriffe »Gesellschaft« und »Unternehmen« im Sprachgebrauch oft synonym verwendet. In rechtlicher Hinsicht sind sie jedoch streng zu trennen, nämlich die Gesellschaft als Rechtsträger einerseits und das von ihr geführte Unternehmen als auf Gewinnerzielung angelegte organisatorische Wirtschaftseinheit andererseits. Insolvenzfähig ist nur der Rechtsträger (§ 11 InsO). Im Zusammenhang mit der Insolvenz einer Gesellschaft fällt oft auch der Begriff der »(Unternehmens)krise«. Was unter einer »Unternehmenskrise« zu verstehen ist, wird eingehend und interdisziplinär diskutiert. Es liegt daher in der Natur der Sache, dass es **keinen einheitlichen Begriff der Unternehmenskrise** geben kann.[4] Dies gilt auch für rechtliche Kontexte.[5] In rechtlichen Kontexten ist der Begriff der Krise nicht aus sich heraus, sondern funktional, d.h. jeweils mit wertendem Blick auf die zu beantwortende Fragestellung auszufüllen.[6] Verwendet man den Begriff der Unternehmenskrise aber lediglich als zusammenfassenden Oberbegriff für ein unternehmerisches Phänomen ohne scharfe Konturen, erscheint es erlaubt, aus den unterschiedlichen Definitionsversuchen einen gewissen Grundkonsens gleichsam für den allgemeinen Sprachgebrauch zu entnehmen. So lässt sich eine **Unternehmenskrise** zum Beispiel beschreiben als den Ablauf ungeplanter und ungewollter Prozesse, die beim Ausbleiben von Korrekturmaßnahmen oder deren Misslingen den Fortbestand des Unternehmens substanziell gefährden.[7] Die so beschriebene Krise beginnt zeitlich in aller Regel deutlich vor dem Eintritt eines Insolvenztatbestandes i.S.d. §§ 17 bis 19 InsO.[8]

7

II. Besondere Pflichten in der Gesellschaftskrise

1. Beobachtungs-, Vermögensschutz- und Informationspflicht

a) Rechtslage bei der AG und GmbH

Vorstand und Geschäftsführer sind gegenüber ihrer Gesellschaft zuvörderst verpflichtet, möglichst **sorgsam mit dem Gesellschaftsvermögen umzugehen**. Diese Pflicht ist das Leitbild für die Arbeit eines jeden organschaftlichen Vertreters. Aus der Pflicht zum sorgsamen Umgang mit dem Gesellschaftsvermögen leitet sich notwendig die Pflicht ab, die wirtschaftliche Lage des Unternehmens beständig zu beobachten und zu analysieren.[9] Sie besteht jederzeit, in gesteigerter Form aber, wenn erste Anzeichen einer Unternehmenskrise auftreten.[10] Zur Erfüllung ihrer **Selbstprüfungspflicht** haben sich Vorstände und Geschäftsführer regelmäßig der Hilfe von Dritten wie z.B. Rechtsanwälten, Steuerberatern oder Wirtschaftsprüfern zu bedienen, deren Arbeit zu überwachen und zumin-

8

---

4 Vgl. auch Gottwald/*Drukarczyk/Schöntag*, § 2 Rn. 1; Schmidt/Uhlenbruck/*Sinz*, Rn. 1.1 ff.
5 Mit ausf. Darstellung des Krisenbegriffs in verschiedenen rechtlichen Zusammenhängen Schmidt/Uhlenbruck/*Sinz*, Rn. 1.10 ff.
6 So wird bzw. wurde der Begriff »Krise« z.B. verstanden als die kritische Phase i.S.d. §§ 129 ff. InsO oder als die Kreditunwürdigkeit i.S.d. alten Kapitalersatzrechts.
7 Vgl. *Gabler*, Wirtschaftslexikon, »Unternehmungskrise«; Gottwald/*Drukarczyk/Schöntag*, § 2 Rn. 1; vgl. auch IDW S 6, abrufbar unter www.idv.de.
8 Gottwald/*Drukarczyk/Schöntag*, § 2 Rn. 1.
9 So ausdrücklich § 91 Abs. 2 AktG; näher Gottwald/*Haas/Kolmann/Pauw*, § 92 Rn. 7; *Lutter*, GmbHR 2000, 301, 305; MünchKommGmbHG/*Fleischer*, § 43 Rn. 61, 63; Schmidt/Uhlenbruck/*Schluck-Amend*, Rn. 1.121 ff. Ausf. zur Krisenfrüherkennung und Frühwarnsystemen *Bauer*, Die GmbH in der Krise, Rn. 1 ff.; Gottwald/*Drukarczyk/Schöntag*, § 2 Rn. 5 ff.; Schmidt/Uhlenbruck/*Schluck-Amend*, Rn. 1.121 ff.
10 Für GmbH-Geschäftsführer etwa Lutter/Hommelhoff/*Kleindiek*, § 43 Rn. 32 ff.; Roth/Altmeppen/*Altmeppen*, Vor § 64 Rn. 33, 38; Schmidt/Uhlenbruck/*Schluck-Amend*, Rn. 1.116, 1.121 ff.; Schmidt/Uhlenbruck/*K. Schmidt*, Rn. 1.35.

dest auf Plausibilität hin auch zu überprüfen.[11] Dabei dürfen sie sich allerdings nicht allein auf deren (plausiblen) Aussagen verlassen. Sie sind gehalten, sich schon bei Amtsantritt die zur Beurteilung der Lage erforderlichen Sachkenntnisse auch persönlich anzueignen.[12]

9 Steuert das Unternehmen auf eine **Krise** zu, haben die Gesellschafter in aller Regel nur dann eine reelle Chance, durch angemessene Sanierungs- und Umstrukturierungsmaßnahmen zu reagieren, wenn sie schon von den ersten Krisenanzeichen möglichst frühzeitig in Kenntnis gesetzt werden. Den organschaftlichen Vertretern obliegt daher eine mit dem Informationsbedürfnis der Gesellschafter korrespondierende gesteigerte **Informationspflicht**.[13] Eine spezielle gesetzliche Ausprägung der Informationspflicht regeln die **§§ 93 Abs. 1 AktG und 49 Abs. 3 GmbHG**. Diese spezielle Informationspflicht schließt nicht aus, dass Vorstände und Geschäftsführer aufgrund der allgemeinen Informationspflicht die Gesellschafter auch schon früher von einer Krisenanbahnung zu unterrichten haben. Gem. den §§ 93 Abs. 1 AktG, § 49 Abs. 3 GmbHG sind Geschäftsführer und Vorstand verpflichtet, unverzüglich eine Gesellschafterversammlung bzw. Hauptversammlung einzuberufen, wenn sich bei Aufstellung der Jahresbilanz oder einer Zwischenbilanz ergibt, dass ein Verlust in Höhe der Hälfte des Grund- bzw. Stammkapitals besteht (sog. **Anzeigepflicht bei Verlust**). Eine falsche oder unterlassene Bilanzierung entlastet die Mitglieder des Vertretungsorgans dabei grds. nicht. Denn die Einberufungs- und Anzeigepflicht trifft sie schon dann, wenn sie bei pflichtgemäßer Beobachtung und Ausübung ihres Beurteilungsermessens annehmen mussten, dass der beschriebene Verlust eingetreten ist.[14] Ein Verlust i.S.d. §§ 93 Abs. 1 AktG, § 49 Abs. 3 GmbHG liegt vor, wenn das bilanzielle Reinvermögen, gleich aus welchem Grunde, auf die Hälfte des statuarischen Mindestkapitals oder tiefer gesunken ist.[15] Maßgeblich sind hierbei die Ansatz- und Bewertungsregeln der Handelsbilanz. Auszugehen ist daher grundsätzlich von *going concern*-Werten.[16] Gesellschafterdarlehen sind als Verbindlichkeiten zu passivieren, mögen sie auch aufgrund eines ausdrücklichen Rangrücktritts oder (nur) gem. § 39 Abs. 1 Nr. 5 InsO gegenüber sonstigen Gläubigerforderungen nachrangig sein.[17] Im Einzelnen ist Vieles streitig, so z.B. auch, ob die gesetzliche Einberufungspflicht (im Gesellschaftsvertrag) **abbedungen** werden kann.[18] Im Regelfall wird sich eine solche Regelung aber ohnehin nicht empfehlen.

10 Eine Verletzung der Pflichten aus § 92 Abs. 1 AktG bzw. § 49 Abs. 3 GmbHG begründet eine **Schadensersatzpflicht** gegenüber der Gesellschaft. In der Praxis wenig bekannt ist, dass eine Verletzung der Anzeigepflicht – und bei der AG auch der Einberufungspflicht – sogar **unter Strafe gestellt** ist (§§ 84 GmbHG, 401 AktG). Hierdurch sollen die Gesellschafter in ihrem eigenen Interesse am Überleben der Gesellschaft geschützt und die Regeln seriöser Unternehmensführung verstärkt werden; jene Vorschriften sind daher Schutzgesetz i.S.d. § 823 Abs. 2 BGB zu Gunsten der Gesellschafter und der Gesellschaft.

11 Bei der **Unternehmergesellschaft (UG)** gilt nicht § 49 Abs. 3 GmbHG, sondern die speziellere Vorschrift des § 5a Abs. 4 GmbHG. Danach ist der Geschäftsführer erst bei drohender Zahlungsunfähigkeit zur unverzüglichen Einberufung der Gesellschafterversammlung verpflichtet. Eine Verlet-

---

11 OLG Schleswig, ZIP 2010, 516.
12 BGH, BB 1995, 975; BFH, GmbHR 1997, 139; OLG Schleswig, ZIP 2010, 516; Baumbach/Hueck/*Zöllner/Noack*, § 49 Rn. 20; Lutter/Hommelhoff/*Bayer*, § 49 Rn. 16.
13 Lutter/Hommelhoff/*Bayer*, § 49 Rn. 16.
14 So ausdrücklich § 93 Abs. 1 AktG, der im GmbH-Recht analog angewendet wird, s. nur BGH, BB 1995, 975; Lutter/Hommelhoff/*Bayer*, § 49 Rn. 16; MünchKommGmbHG/*Liebscher*, § 49 Rn. 56.
15 Baumbach/Hueck/*Beurskens*, § 84 Rn. 5; Lutter/Hommelhoff/*Bayer*, § 49 Rn. 15.
16 Lutter/Hommelhoff/*Bayer*, § 49 Rn. 15; MünchKommGmbHG/*Liebscher*, § 49 Rn. 58 f.
17 Lutter/Hommelhoff/*Bayer*, § 49 Rn. 15; a.A. Baumbach/Hueck/*Beurskens*, § 84 Rn. 5.
18 Dagegen die h.M. wie z.B. Baumbach/Hueck/*Zöllner/Noack*, § 49 Rn. 22; Lutter/Hommelhoff/*Bayer*, § 49 Rn. 20; MünchKommGmbHG/*Liebscher*, § 49 Rn. 71; dafür Rowedder/Schmidt-Leithoff/*Ganzer*, § 49 Rn. 5.

B. Unternehmenskrise

zung dieser Verpflichtung ist in § 84 GmbH nicht erwähnt und wegen des Analogieverbotes daher nicht strafbar.[19]

b) Rechtslage bei der OHG, KG und GbR

Eine den §§ 49 Abs. 3 GmbHG, § 93 Abs. 1 AktG entsprechende Vorschrift gibt es für die geschäftsführungsbefugten Gesellschafter im Recht der Personengesellschaften nicht. Allerdings wird man aus den **zivilrechtlichen Sorgfalts- und Treuepflichten** des geschäftsführenden Gesellschafters (§§ 114 ff., § 161 Abs. 2 HGB, §§ 709 ff. BGB) die Pflicht ableiten können, die Gesellschafter von dem Heranrücken einer Krise zu unterrichten. Denn zu den Pflichten der Geschäftsführer gehört auch die Vorbereitung und Einleitung von Sanierungsmaßnahmen und die Vermeidung weiterer, die persönlich haftenden Gesellschafter auch mit ihrem Privatvermögen treffenden Verluste.[20]

Es gibt im vorliegenden Zusammenhang keine Norm, die Besonderheiten anordnet, wenn an der OHG, KG oder GbR **keine natürliche Person als unbeschränkt haftender Gesellschafter** beteiligt ist. Dogmatischer Ansatz für das Pflichtenprogramm der geschäftsführenden Gesellschafter bleibt daher die zivilrechtliche Sorgfalts- und Treuepflicht. Allerdings wird man diese eng an den Inhalten und Zielen der §§ 49 Abs. 3 GmbHG, § 93 Abs. 1 AktG zu interpretieren haben, wegen des Analogieverbotes freilich ohne strafrechtliche Relevanz.

2. Verbot der Masseschmälerung

a) Rechtslage bei der AG und GmbH

Ist die AG, GmbH oder UG zahlungsunfähig oder überschuldet, dürfen Vorstand bzw. Geschäftsführer **keine pflichtwidrigen masseschmälernden Leistungen** mehr veranlassen (§§ 92 Abs. 2, 93 Abs. 3 Nr. 6 AktG, § 64 Satz 1 GmbHG; ähnlich §§ 99, 34 Abs. 3 Nr. 4 GenG; §§ 42 Abs. 2, 53, 86 BGB). Dies gilt für alle Leistungen ab Eintritt der materiellen Insolvenzreife, also auch für solche, die innerhalb der (maximalen) Dreiwochenfrist bis zum Beginn der Insolvenzantragspflicht gem. § 15a Abs. 1 InsO erfolgt sind.[21] Ob Zahlungsunfähigkeit oder Überschuldung vorliegt, richtet sich nach den §§ 17 Abs. 2, 19 Abs. 2 InsO.[22] Entgegen dem etwas missverständlichen Wortlaut kommt es nicht auf die »Feststellung« der Überschuldung, sondern auf deren (erkennbares) objektives Vorliegen an.[23] Im Falle der schuldhaften Zuwiderhandlung haften Vorstand bzw. Geschäftsführer gegenüber der Gesellschaft auf Ersatz, es sei denn, die Zahlungen waren trotz Insolvenzreife der Gesellschaft mit der **Sorgfalt eines ordentlichen Geschäftsmanns** vereinbar. Diese Ausnahme von der Haftung aufgrund Exkulpation wird anhand der Gläubigerinteressen und demzufolge von der Rechtsprechung eher restriktiv interpretiert.[24] Sie ist z.B. zu bejahen, wenn nicht betriebsnotwendige Aussonderungsgegenstände i.S.d. § 47 InsO herausgegeben oder absonderungsberechtigte Gläubiger im Wert ihrer Sicherheit befriedigt werden, wenn den Leistungen vollwertige Gegenleistungen gegenüberstehen oder eine Nichtzahlung straf- oder bußgeldbewehrt ist (so z.B. gem. § 266a StGB für die Abführung der Arbeit*nehmer*anteile zur Sozialversicherung[25], gem. §§ 34, 69 Satz 1

---

19 H.M., s. nur Lutter/Hommelhoff/*Kleindiek*, § 84 Rn. 3; MünchKommGmbHG/*Altenhain*, § 84 Rn. 5 m.w.N.
20 MünchKommBGB/*Schäfer*, § 728 Rn. 11.
21 BGHZ 143, 184, 188; BGH, ZIP 2009, 680 zu § 92 Abs. 2 AktG unter Hinweis auf § 64 Satz 1 GmbHG; *Bork*, NZG 2009, 775 f.; Lutter/Hommelhoff/*Kleindiek*, § 64 Rn. 2.
22 BGH, ZIP 2006, 2171.
23 BGHZ 143, 184; Rowedder/Schmidt-Leithoff/*M. Schmidt-Leithoff/Schneider*, § 64 Rn. 17.
24 Zur GmbH etwa Rowedder/Schmidt-Leithoff/*M. Schmidt-Leithoff/Schneider*, § 64 Rn. 36 ff.; zu den atypischen Personengesellschaften Ebenroth/Boujong/Joost/Strohn/*Hillmann*, § 130a Rn. 22; Oetker/*Boesche*, § 130a Rn. 6.
25 BGH, DB 2011, 462; BGH, ZIP 2009, 1468. Das Privileg gilt nicht für Arbeit*geber*anteile, s. nur BGH, GmbHR 2009, 991; BGH, GmbHR 2011, 367, 368.

AO für die Abführung der Lohnsteuer[26] und gem. § 26b UStG wegen Abführung der Umsatzsteuer[27]).[28] Das Verbot der Masseschmälerung steht in einem gewissen Spannungsverhältnis zu dem Bestreben, etwaige **Sanierungschancen** nicht unnötig frühzeitig zu zerstören. Lassen sich vernünftige Sanierungschancen erkennen, müssen daher solche Leistungen erlaubt sein, die zur Aufrechterhaltung des Geschäftsbetriebes und zur Vermeidung höherer Schäden aus sofortiger Betriebsstilllegung erforderlich erscheinen.[29] Diese Prüfung haben die organschaftlichen Vertreter im antizipierten Gläubigerinteresse mit der Sorgfalt eines ordentlichen Geschäftsleiters in der Unternehmenskrise anzustellen.[30] Die Ersatzpflicht wegen Masseschmälerung ist keine Schadensersatzpflicht, sondern eine **Ersatzpflicht eigener Art** mit eher insolvenzrechtlichem Charakter; sie gilt daher in entsprechender Weise auch für **Auslandsgesellschaften**.[31] Normadressaten sind auch **faktische Organwalter**.[32]

15 Durch das MoMiG neu eingeführt wurde die **erweiterte Ersatzpflicht** des Vorstandes bzw. der Geschäftsführer wegen **Leistungen an Gesellschafter**, soweit die Leistungen zur Zahlungsunfähigkeit der Gesellschaft führen mussten, es sei denn, dass dies auch mit der Sorgfalt eines ordentlichen Geschäftsmannes nicht zu erkennen war (§ 64 Satz 3 GmbHG, § 92 Abs. 2 Satz 3 AktG). Die danach an sich erlaubte Entlastung wird dem Vorstand bzw. Geschäftsführer praktisch nur schwer gelingen. Eine Entlastung wird man jedenfalls dann bejahen können, wenn aufgrund einer Prognose nach Maßgabe des jeweils aktuellen IDW Prüfungsstandards[33] auf den Zeitpunkt der Leistung nicht zu erwarten war, dass die Gesellschaft gerade durch die fragliche Leistung zahlungsunfähig wird. Die erweiterte Haftung soll klassische **Ausplünderungen der Gesellschaft** in Insolvenznähe sanktionieren.[34] Der Gesetzgeber hat sie aber als eher eng auszulegenden Ausnahmetatbestand gedacht.[35]

16 Die Haftung wird nicht etwa dadurch verhindert, dass die pflichtwidrige Masseschmälerung aufgrund eines vorherigen »ermächtigenden« **Gesellschafterbeschluss** ergangen ist.[36] Ebenso wenig kann die einmal entstandene Haftung durch einen späteren Verzicht der Gesellschaft[37] oder durch eine spätere **Amtsniederlegung** beseitigt werden.

b) Rechtslage bei der OHG, KG und GbR

17 Eine dem Recht der Kapitalgesellschaften vergleichbare gesetzliche Regelung gibt es für die sog. **atypischen Personenhandelsgesellschaften** und über den Gesetzeswortlaut hinaus auch für die atypische GbR[38], wenn **keine natürliche Person** als unbeschränkt haftender Gesellschafter beteiligt ist (§§ 130a, 161 Abs. 2 HGB). Die Haftungsregelungen entsprechen denjenigen des § 64 Satz 1 GmbHG[39], so dass auf die vorstehenden Ausführungen verwiesen werden kann.

18 Für die **gesetzestypische Personengesellschaft** existieren Vorschriften wie die §§ 130a, § 64 Satz 1 GmbHG, § 92 Abs. 2 Satz 3 AktG nicht. Hier wirkt zum einen die Gefahr der persönlichen Eigen-

---

26 BGH, DB 2011, 462; BGH, ZIP 2008, 2220; BFH, ZInsO 2009, 153.
27 BGH, DB 2011, 462.
28 MünchKommGmbHG/*H.-F. Müller*, § 64 Rn. 153 ff.
29 BGH, ZIP 2001, 235, 238; BGH, GmbHR 2008, 142, 143; Baumbach/Hueck/*Haas*, § 64 Rn. 91; Lutter/Hommelhoff/*Kleindiek*, § 64 Rn. 33 f; Rowedder/Schmidt-Leithoff/*M. Schmidt-Leithoff/Schneider*, § 64 Rn. 38 f.
30 Lutter/Hommelhoff/*Kleindiek*, § 64 Rn. 33 f.
31 Baumbach/Hueck/*Haas*, § 64 Rn. 47 ff.
32 Ebenroth/Boujong/Joost/Strohn/*Hillmann*, § 130a Rn. 11; FK-InsO/*Ristelhuber*, Anh. Nach § 15a Rn. 12.
33 Derzeit IDW S. 11 v. 28.08.2016.
34 Lutter/Hommelhoff/*Kleindiek*, § 64 Rn. 50; *Seibert*, ZIP 2006, 1157, 1167.
35 BegrRegE MoMiG § 64 Satz 3, BT-Drucks. 16/6140, S. 47.
36 § 64 Satz 4 i.V.m. § 43 Abs. 3 Satz 3 GmbHG; §§ 92 Abs. 2, 93 Abs. 3 Nr. 6, Abs. 5 Satz 3 AktG.
37 MünchKommGmbHG/*H.-F. Müller*, § 64 Rn. 171.
38 Oetker/*Boesche*, § 130a Rn. 2.
39 BGH, ZInsO 2007, 542; Ebenroth/Boujong/Joost/Strohn/*Hillmann*, § 130a Rn. 1.

haftung des jeweils handelnden geschäftsführenden Gesellschafters institutionell unangemessenen Schmälerungen des Gesellschaftsvermögens entgegen. Zum anderen folgt auch aus der allgemeinen Treuepflicht das Gebot, mit dem Gesellschaftsvermögen sorgsam umzugehen. Hierzu gehört u.a. auch die allgemeine unternehmerische Pflicht, Verluste zu vermeiden.[40] Der Sorgfaltsmaßstab ist umso strenger, je höher die Gefahr der persönlichen Inanspruchnahme der übrigen Gesellschafter wird.

3. Insolvenzantragspflicht

Es ist zu unterscheiden zwischen einerseits dem Recht, einen Insolvenzantrag zu stellen, und andererseits der Pflicht, dies zu tun. Unter welchen Voraussetzungen der (künftige) Gemeinschuldner oder dritte Personen ein **Insolvenzantrags*recht*** haben, regeln die §§ 14, 15 InsO. Hinsichtlich der **Insolvenzantrags*pflicht*** ist bei Gesellschaften in Abhängigkeit von ihrer Rechtsform zu differenzieren.

a) Rechtslage bei der AG und GmbH

Seit Inkrafttreten des MoMiG ist die Insolvenzantragspflicht für eine Vielzahl von Gesellschaften nicht mehr spezialgesetzlich, sondern mit § 15a InsO in einer einheitlichen **Generalnorm** geregelt.[41] Dies betrifft insbesondere die hier in Rede stehenden Kapitalgesellschaften.[42] Eine grundlegende inhaltliche Neuausrichtung ist mit der Verlagerung allerdings nicht verbunden. Die zum alten Recht ergangene Rechtsprechung kann grundsätzlich weiterhin angewendet werden.[43] Soweit nach altem Recht allerdings die Voraussetzungen für die Insolvenzantragspflicht in Abhängigkeit von der Rechtsform der Gesellschaft unterschiedlich interpretiert wurde, lässt sich dies nach richtiger Ansicht nicht aufrechterhalten. Unter dem Dach einer einheitlichen Norm verbieten sich rechtsformabhängige Differenzierungen. Damit soll nicht die Streitfrage[44] entschieden sein, ob die Vorschrift des § 15a InsO ihrer Rechtsnatur nach als gesellschaftsrechtliche oder als insolvenzrechtliche Vorschrift anzusehen ist. Ihre dogmatische Verortung sollte letztlich auch nicht überbewertet und schon gar nicht als maßgebliches Kriterium für die Beurteilung ihrer materiellen Reichweite herangezogen werden.

Der Gesetzgeber wollte mit § 15a InsO der Antragspflicht statt einer gesellschaftsrechtlichen eine eher insolvenzrechtliche Rechtsnatur verleihen. Er wollte auf diesem Wege ausdrücklich ihren Anwendungsbereich auf alle Gesellschaften ohne Rücksicht auf ihre Rechtsform eröffnen und insbesondere auch auf solche **Auslandsgesellschaften** erstrecken, deren tatsächlicher Mittelpunkt der hauptsächlichen Interessen im Inland liegen (»Schein-Auslandsgesellschaften«) und auf die deshalb das deutsche Insolvenzrecht anzuwenden ist (s. Art. 3, 4 EuInsVO, 102 EGInsO; § 335 InsO).[45] Im Umkehrschluss wird man daraus ableiten müssen, dass die Insolvenzantragspflicht bei **einer deutschen Gesellschaft**, deren tatsächlicher Mittelpunkt der hauptsächlichen Interessen sich im Ausland befin-

---

40 Vgl. Ebenroth/Boujong/Joost/Strohn/*Drescher*, § 114 Rn. 32 f.; MünchKommBGB/*Schäfer*, § 728 Rn. 11.
41 Ausnahme: Juristische Personen des öff. Rechts, soweit diese insolvenzfähig sind (§§ 89 Abs. 2, 42 Abs. 2 BGB); Stiftung (§§ 86, 42 Abs. 2 BGB); Verein (§ 48 Abs. 2, 42 Abs. 2 BGB); EWiV (§ 11 Satz 2 EWiVAG, § 15a Abs. 1 Satz 2 InsO).
42 Zur str. Anwendbarkeit des § 15a InsO auf Vor-Kapitalgesellschaften s. Lutter/Hommelhoff/*Kleindiek*, Anh. zu § 64 Rn. 5; Schmidt/*K. Schmidt/Herchen*, § 15a Rn. 9; Uhlenbruck/*Hirte*, § 15a Rn. 2 i.V.m. § 11 Rn. 41), *Poerzgen*, ZInsO 2014, 165, 169, alle mit Nachw.
43 Kübler/Prütting/Bork/*Preuß*, § 15a Rn. 5.
44 S. statt aller MünchKommInsO/*Klöhn*, § 15a Rn. 30 ff. Der EuGH v. 10.12.2015 (Kornhaas), NJW 2016, 223, hat die Insolvenzantragspflicht in einem obiter dictum als insolvenzrechtlich qualifiziert; s. zum Ganzen *Kindler*, EuzW 2016, 136 und *Ringe*, JZ 2016, 573, 577 ff.
45 Begr. RegE MoMiG, BT-Drucks. 16/6140, S. 55; HambKomm/*Linker*, § 15a Rn. 4; HK-InsO/*Kleindiek*, § 15a Rn. 6; im Einzelnen ist wegen des insoweit missglückten, nämlich auf bestimmte Gesellschaftsformen ausgerichteten Wortlautes, Vieles str., s. kritisch vor allem Uhlenbruck/*Hirte*, § 15a Rn. 3; *ders.*, ZInsO 2008, 146, 147; abl. MünchKommInsO/*Klöhn*, § 15a Rn. 54 ff., 60; alle m.w.N.

det und für die deshalb eine ausländische Insolvenzrechtsordnung gilt, sich nicht aus § 15a InsO, sondern eben aus der ausländischen Rechtsordnung ergibt.[46]

22 Wird eine juristische Person zahlungsunfähig oder überschuldet, haben die Mitglieder des Vertretungsorgans gem. **§ 15a Abs. 1 Satz 1 InsO** ohne schuldhaftes Zögern, spätestens aber 3 Wochen nach Eintritt der Zahlungsunfähigkeit oder Überschuldung, einen Eröffnungsantrag zu stellen. Ob Insolvenzreife in diesem Sinne vorliegt, richtet sich nach den §§ 17, 19 InsO. In welchem Moment die Antragspflicht einsetzt, wird nicht einheitlich beantwortet. Die Vorteile eines frühen Zeitpunkts korrespondieren mit den Nachteilen eines späten und umgekehrt. So verhindert ein früher Zeitpunkt tendenziell das Abschmilzen der potentiellen Insolvenzmasse, verkürzt aber auch den Zeitraum zur Prüfung außergerichtlicher Sanierungschancen.[47] In diesem Spannungsverhältnis verdient eine gleichsam vermittelnde Ansicht den Vorzug: Die Antragspflicht setzt weder mit objektivem Vorliegen,[48] aber auch nicht erst mit (verschleierbarer) positiver Kenntnis beim Antragsverpflichteten,[49] sondern gleichsam zeitlich dazwischen mit **offensichtlicher Erkennbarkeit der Zahlungsunfähigkeit oder Überschuldung** ein.[50] Ab diesem Moment verbleibt der Geschäftsleitung eine Karenzfrist von längstens **3 Wochen**, um den Insolvenzgrund durch eine nachhaltige Besserung[51] der wirtschaftlichen Situation zu beseitigen. Zeichnet sich bei objektiver Betrachtung schon vor Ablauf der Frist ab, dass die Beseitigung nicht gelingt, muss der Insolvenzantrag sofort gestellt, d.h. dürfen die 3 Wochen nicht abgewartet werden (»spätestens«). Gelingt die Beseitigung des Insolvenzgrundes bis zum Ablauf der Frist wider Erwarten nicht, gibt es endgültig keinen Aufschub mehr. Der Eröffnungsantrag ist dann zwingend spätestens zum Ablauf der Frist zu stellen, und zwar ungeachtet der Tatsache, dass ggf. noch aussichtsreiche Sanierungsverhandlungen laufen. Die Dreiwochenfrist ist insoweit eine **starre Höchstfrist**.[52] Aus dem Gesagten ergibt sich, dass der Fristbeginn nicht von individuellen Erkenntnissen des Antragsverpflichteten abhängt. Erkennt dieser den Fristbeginn (fahrlässig) nicht, verkürzt sich für ihn faktisch das Zeitfenster für Sanierungsbemühen.

23 In der Praxis besteht nicht selten die **Schwierigkeit**, den Eintritt der Insolvenzreife und erst Recht deren »Erkennbarkeit« mit ausreichender Sicherheit festzustellen. Dies gilt vor allem für den geltenden sog. zweistufigen Überschuldungsbegriff. Danach ist die Gesellschaft trotz rechnerischer Überschuldung nicht im insolvenzrechtlichen Sinne überschuldet, wenn aufgrund einer Prognose die Fortführung des Unternehmens nach den Umständen überwiegend wahrscheinlich ist (dazu unten Rdn. 76). Für die Beurteilung der Pflichtverletzung ist nach richtiger Ansicht ein ex-ante-Standpunkt zu beziehen. Dabei steht dem Vertretungsorgan bei der Prognose ein gewisser **Beurteilungsspielraum** zu.[53] Die Antragspflicht besteht auch bei **Masselosigkeit**.[54]

24 Die **primäre Antragspflicht** obliegt jedem einzelnen Mitglied des Vertretungsorgans und, wenn die Gesellschaft bereits aufgelöst ist, jedem Abwickler, sowie nach h.M. je nach Umständen auch einem

---

46 HambKomm/*Linker*, § 15a Rn. 4; Uhlenbruck/*Hirte*, § 15a Rn. 3; zur Firmenbestattung mit Auslandsbezug s. Rdn. 48 ff.
47 Lutter/Hommelhoff/*Kleindiek*, Anh zu § 64 Rn. 61 f.
48 So wohl Schmidt/*K. Schmidt/Herchen*, § 15a Rn. 32; MünchKommInsO/*Klöhn*, § 15a Rn. 119.
49 So früher BGHZ 75, 96, 11 = NJW 1979, 1823, 1827 (später aufgegeben, s. folgende Fn.) und heute noch etwa FK-InsO/*Schmerbach*, § 15a Rn. 30; Roth/Altmeppen/*Altmeppen*, Vor § 64 Rn. 72.
50 In diesem Sinne BGH, ZIP 2012, 1174; HambKomm/*Linker*, § 15a Rn. 16; HK-InsO/*Kleindiek*, § 15a Rn. 13; MünchKommGmbH/*F.-H. Müller*, § 64 Rn. 67; Uhlenbruck/*Hirte* § 15a Rn. 14: jedenfalls auch bei grob fahrlässiger Unkenntnis.
51 BGH, ZIP 2007, 1060, 1062.
52 H.M., s. nur BGHZ 75, 96, 108, 111 f.; BGH, ZInsO 2007, 374, 376; MünchKommInsO/*Klöhn*, § 15a Rn. 120.
53 BGH, GmbHR 1994, 539, 545; Baumbach/Hueck/*Haas*, § 64 Rn. 166; MünchKommGmbH/*F.-H. Müller*, § 64 Rn. 25; MünchKommInsO/*Klöhn*, § 15a Rn. 127.
54 FK-InsO/*Schmerbach*, § 15a Rn. 14; HambKomm/*Linker*, § 15a Rn. 10; HK-InsO/*Kleindiek*, § 15a Rn. 8; Jaeger/*H.-F. Müller*, § 15 Rn. 87; MünchKommInsO/*Klöhn*, § 15a Rn. 116; Uhlenbruck/*Hirte*, § 15a InsO Rn. 18.

faktischen Geschäftsführer/Vorstand[55]. Es kommt für die Antragspflicht weder auf die Vertretungsverhältnisse noch die interne Aufgabenverteilung noch auf entgegenstehende Beschlüsse der Gesellschafter an. Durch das MoMiG wurde eine **subsidiäre Antragspflicht** bei **Führungslosigkeit** der Gesellschaft eingeführt (§ 15a Abs. 3 InsO). Danach ist jeder einzelne GmbH-Gesellschafter[56], mag seine Beteiligung auch noch so gering sein[57], und jedes einzelne Mitglied des Aufsichtsrats einer AG, einer Genossenschaft und nach Teilen der Literatur je nach den Umständen auch einer GmbH[58] antragsverpflichtet, wenn sie positive Kenntnis von denjenigen tatsächlichen Umständen haben, aus denen sich die Führungslosigkeit (§ 10 Abs. 2 InsO) sowie die Insolvenzreife ergeben[59]. Streitig ist noch, was unter dem in § 10 Abs. 2 InsO legal definierten **Begriff der Führungslosigkeit** zu verstehen ist. Nach engerer und wohl herrschender Ansicht, die sich auf die Gesetzgebungsgeschichte berufen kann, ist Führungslosigkeit nur zu bejahen, wenn ein organschaftlicher Vertreter nicht mehr vorhanden ist, insbesondere in seiner Person ein Bestellungshindernis (§ 6 Abs. 2 GmbHG, § 76 Abs. 3 AktG) vorliegt, er ersatzlos abberufen wurde oder er sein Amt niedergelegt hat.[60] Seine bloße Unerreichbarkeit, etwa weil er sich an einem unbekannten Ort aufhält, soll demgegenüber nur nach der Gegenauffassung genügen.[61] Dass ein faktischer Geschäftsführer für die Gesellschaft agiert, ändert nichts an ihrer Führungslosigkeit.[62]

Bei vorsätzlicher oder fahrlässiger Verletzung der Antragspflicht macht sich der Verpflichtete **strafbar** (§ 15a Abs. 4, 5 InsO) und **haftbar**, und zwar über die organschaftlichen Sorgfaltspflichten (§ 43 Abs. 2 GmbHG, § 93 Abs. 2 AktG) sowohl im Innenverhältnis als auch über § 823 Abs. 2 BGB im Außenverhältnis. § 15a Abs. 1 InsO ist ein Schutzgesetz i.S.d. § 823 Abs. 2 BGB zugunsten der Altgläubiger vor einer Verschlechterung ihrer Quote (sog. Quotenverringerungsschaden) sowie Neugläubiger, die in Unkenntnis der Insolvenzreife der Gesellschaft noch in Rechtsbeziehungen zu ihr getreten sind.[63] Zu beachten ist, dass der Insolvenzschuldner bei Eigenantrag verpflichtet ist, Angaben zu Unternehmensdaten und Forderungen vorzulegen (§ 13 InsO). Sind diese Angaben 25

---

55 I.e. str., grds. dafür etwa Lutter/Hommelhoff/*Kleindiek*, Anh. zu § 64 Rn. 59; MünchKommInsO/*Klöhn*, § 15a Rn. 75; dagegen HK-InsO/*Ransiek*, § 15a Rn. 40. Bejaht man die Anwendung des § 15a InsO, ist hiervon die Frage zu trennen, ob die Pflichtverletzung strafbar ist, insoweit gegen die bejahende h.M. kritisch z.B. Lutter/Hommelhoff/*Kleindiek*, Anh. zu § 64 Rn. 111.
56 Wegen seines eindeutigen Wortlauts ist § 15a Abs. 3 InsO nicht auf Aktionäre anwendbar, ebenso MünchKommInsO/*Klöhn*, § 15a Rn. 84; Uhlenbruck/*Hirte*, § 15a InsO Rn. 62. Dies ließe sich mit der gesetzgeberischen Intention, § 15a InsO als allgemeine insolvenzrechtliche Vorschrift zu sehen (oben Rdn. 2), möglicherweise, letztlich aber nicht überzeugend bestreiten.
57 Baumbach/Hueck/*Haas*, § 64 Rn. 231; MünchKommInsO/*Klöhn*, § 15a Rn. 91. Kleingesellschafter (< 10 %) sollen aber einer gerigerer Nachforschungspflicht obliegen, so Begr. RegE MoMiG, BT-Drucks. 16/6140, S. 55, zust. Uhlenbruck/*Hirte*, § 15a Rn. 63; zutr. diff. nach der Organisationsstruktur MünchKommInsO/*Klöhn*, § 15a Rn. 91.
58 Dafür z.B. Baumbach/Hueck/*Haas*, § 64 Rn. 233, wenn der Aufsichtsrat die Kompetenz zur Bestellung der Geschäftsführer hat; Nerlich/Römermann/*Mönning*, § 15a Rn. 36 für einen obligatorischen Aufsichtsrat; grds. dagegen z.B. HK-InsO/*Kleindiek*, § 15a Rn. 19; MünchKommInsO/*Klöhn*, § 15a Rn. 93; Roth/Altmeppen/*Altmeppen*, Vorb. § 64 Rn. 64; *Wälzholz*, DStR 2007, 1914, 1915.
59 Begr. RegE MoMiG, BT-Drucks. 16/6140, S. 55; Baumbach/Hueck/*Haas*, § 64 Rn. 236.
60 AG Hamburg, ZIP 2009, 333; AG Potsdam, ZInsO 2013, 515; *Brand/Brand*, NZI 2010, 712, 714; FK-InsO/*Schmerbach*, § 10 Rn. 16; HambKomm/*Linker*, § 15a Rn. 21; HK-InsO/*Kleindiek*, § 15a Rn. 17; MünchKommInsO/*Klöhn*, § 15a Rn. 88; *Römermann*, NZI 2010, 241, 243.
61 *Bauer*, Die GmbH in der Krise, Rn. 1383; *Passarge/Brete*, ZInsO 2011, 1293, 1297 ff.: wenn Geschäftsführer »handlungsunwillig« oder »nachhaltig nicht erreichbar« sei.
62 HK-InsO/*Kleindiek*, § 15a Rn. 17; MünchKommInsO/*Klöhn*, § 15a Rn. 88; *Römermann*, NZI 2010, 241, 242; a.A. *Brand/Brand*, NZI 2010, 712, 714 f.
63 BGHZ 29, 100, 104; BGHZ 171, 46 Rn. 13; BGH, Urt. v. 14.05.2012 – II ZR 130/10; weiterführend etwa Baumbach/Hueck/*Haas*, § 64 Rn. 168 ff.; MünchKommInsO/*Klöhn*, § 15a Rn. 140 ff., 181 ff. (Altgläubiger), 187 ff. (Neugläubiger).

falsch oder unvollständig, kann auch dies zu einer Haftung des Geschäftsführers wegen Insolvenzverschleppung führen.[64]

26 Endet die Organstellung des zunächst Antragsverpflichteten, z.B. infolge einer wirksamen **Amtsniederlegung** innerhalb der dreiwöchigen Karenzzeit[65], trifft ihn nach wohl überwiegender Ansicht künftig zwar keine eigene Antragspflicht mehr[66], wohl aber eine gewisse nachwirkende Pflicht, die verbliebenen Antragsverpflichteten zur Antragstellung zu bewegen[67]. Eine einmal entstandene Strafbarkeit oder Schadensersatzpflicht wird durch die Beendigung des Amtes freilich nicht berührt. Zu beachten ist, dass nach der instanzgerichtlichen Rechtsprechung eine **Amtsniederlegung zur Unzeit** rechtsmissbräuchlich und deshalb unwirksam sein soll. Eine solche unwirksame Amtsniederlegung ließe die Organstellung und damit folgerichtig auch die Insolvenzantragspflicht unberührt. Näher zur umstrittenen Rechtsfigur der rechtsmissbräuchlichen Amtsniederlegung s. Rdn. 58.

b) Rechtslage bei der OHG, KG und GbR

27 Ein Schuldner, der seinen Gläubigern persönlich haftet, ist nie zur Antragstellung verpflichtet.[68] Ebenso verhält es sich bei Gesellschaften ohne Rechtspersönlichkeit i.S.d. § 11 Abs. 2 Nr. 1 InsO, bei denen zumindest **eine natürliche Person unbeschränkt haftet** (§ 15a Abs. 1 Satz 2 Halbs. 2 InsO). Die InsO beschränkt sich in diesen Fällen darauf, mit der Aussicht auf Restschuldbefreiung einen hinreichenden Anreiz für eine frühzeitige und freiwillige Antragstellung zu setzen.[69]

28 Ist an der Gesellschaft ohne Rechtspersönlichkeit **keine natürliche Person als persönlich haftender Gesellschafter** beteiligt (z.B. **GmbHG & Co. KG**), gilt gem. § 15a Abs. 1 Satz 2 Halbs. 1 InsO dieselbe Insolvenzantragspflicht wie bei juristischen Personen.

4. Krisenspezifische Aufklärungspflichten

29 Befindet sich die Gesellschaft in einer Unternehmenskrise, kann sie über § 311 Abs. 2 BGB (früher c.i.c.) bzw. über Deliktsrecht gem. § 823 Abs. 2 BGB i.V.m. § 15a InsO eine diesbezügliche **Aufklärungspflicht** gegenüber **neuen Geschäftspartnern** treffen. Eine solche Aufklärungspflicht wird überwiegend bejaht, wenn der Geschäftspartner im Einzelfall nach Treu und Glauben eine Aufklärung erwarten durfte.[70] Es ist sachgerecht, eine solche Pflicht nur in *ganz besonderen Ausnahmefällen* anzunehmen. Es ist grundsätzlich Aufgabe eines jeden Geschäftsbeteiligten, im eigenen Interesse selbst zu prüfen, auf welchen Partner er sich einlässt. Ein solcher Ausnahmefall ist daher nicht schon deshalb gegeben, weil sich die Gesellschaft in einer Krise befindet.[71] Eine Aufklärungspflicht ist aber z.B. zu bejahen, wenn bei Geschäftsanbahnung der Partner auf einen ganz bestimmten finanziellen Aspekt Wert gelegt hat, der Aspekt für die Vertragsdurchführung wesentlich ist, beides von der krisenbehafteten Gesellschaft erkannt und das Nichtvorliegen trotzdem (bewusst) verschwiegen wird.[72] Unstreitig soll die Aufklärungspflicht für das Vorliegen der Zahlungsunfähigkeit, nach h.M. auch für das Vorliegen der Überschuldung, nach vereinzelter Ansicht sogar für dasjenige der drohenden

---

[64] Dazu *Nowak*, GmbHR 2012, 1294 ff.
[65] S. dazu näher oben Rdn. 22.
[66] FK-InsO/*Schmerbach*, § 15a Rn. 35; MünchKommInsO/*Klöhn*, § 15a Rn. 72.
[67] Baumbach/Hueck/*Haas*, § 64 Rn. 151; FK-InsO/*Schmerbach*, § 15a Rn. 35; Jaeger/*H.-F. Müller*, § 15 Rn. 84; MünchKommInsO/*Klöhn*, § 15a Rn. 73; krit. Gottwald/*Haas/Kolmann/Pauw*, § 92 Rn. 76; Uhlenbruck/*Hirte*, § 15a InsO Rn. 12. Nach Scholz/*K. Schmidt* (9. Aufl.), § 64 Rn. 22 kann die Amtsniederlegung selbst eine Insolvenzverschleppung darstellen.
[68] Kübler/Prütting/Bork/*Preuß*, § 15a Rn. 2.
[69] Kübler/Prütting/Bork/*Preuß*, § 15a Rn. 2.
[70] BGH, NJW 1984, 2284, 2286; BGH, ZIP 1991, 1140, 1144; Gottwald/*Gundlach*, § 7 Rn. 41; MünchKommGmbHG/*F.-H. Müller*, § 64 Rn. 227.
[71] So zu Recht Gottwald//*Gundlach*, § 7 Rn. 41.
[72] Vgl. auch Gottwald/*Haas/Kolmann/Pauw*, § 92 Rn. 197.

B. Unternehmenskrise

Zahlungsunfähigkeit, nicht jedoch bei Vorliegen bloßer Krisenwarnsignale (z.B. § 93 Abs. 1 AktG, § 49 Abs. 3 GmbHG, dazu oben Rdn. 9 f.) bestehen.[73]

Adressat der Aufklärungspflicht ist grundsätzlich die Gesellschaft. Die **Vertretungsorgane** trifft eine haftungsbewehrte[74] Aufklärungspflicht nur ganz ausnahmsweise, nämlich wenn sie ein besonderes Vertrauen des Vertragspartners in Anspruch genommen oder ein besonderes Eigeninteresse verfolgt haben.[75] Aber auch diese Voraussetzungen sollten nur in ganz engen Grenzen bejaht werden. Es wäre rechtssystematisch nicht vertretbar, *ohne triftigen Grund* die persönliche Haftung wegen Insolvenzverschleppung (§ 823 Abs. 2 BGB i.V.m. § 15a InsO) über § 311 Abs. 2 BGB zeitlich nach vorne zu verlagern.[76] Eine eigene Haftung kommt aber z.B. in Betracht, wenn ein organschaftlicher Vertreter dem Geschäftspartner versprochen hat, für die Zahlungsfähigkeit der Gesellschaft persönlich einzustehen, notfalls z.B. das fehlende Kapital persönlich in die Gesellschaft einlegen zu wollen. In einem solchen Fall kann sogar über die Haftung aus einem selbständigen Garantieversprechen nachgedacht werden.[77]

5. Erfüllung öffentlich-rechtlicher Pflichten

Die Verpflichtung der Gesellschaft und ihrer Vertretungsorgane zur Erfüllung öffentlich-rechtlicher Pflichten bleibt jedenfalls dann bestehen, wenn deren Nichterfüllung trotz Unternehmenskrise **straf- oder bußgeldbewehrt** ist. Beispiele sind oben in Rdn. 14 aufgeführt.[78]

III. Übersicht wichtiger Masseschutzvorschriften

Es gibt eine Vielzahl von Vorschriften, die im Interesse des Gläubigerschutzes die (potentielle) Haftungsmasse vor Schmälerungen schützen sollen.[79] Manche Vorschriften knüpfen – wie z.B. die unter Rdn. 8 ff. dargestellten – an bestimmte Krisensituationen, andere hingegen an Vorgänge ohne konkreten Krisenbezug, die aber typischerweise in der Krise zum Tragen kommen; manche gelten speziell in der Gesellschaftsinsolvenz, andere hingegen für jeden Insolvenzschuldner. Im Folgenden soll ein Überblick über die in der Gesellschaftsinsolvenz wichtigsten Vorschriften zum **Schutz der Haftungsmasse im Gläubigerinteresse** gegeben werden.

1. Allgemeine Haftungstatbestände mit Krisenbezug

– Bankrott (§§ 283, 283a StGB), insbesondere in der Variante der Unterdrückung von Vermögen (§ 283 Abs. 1 Nr. 1 StGB, ggf. i.V.m. § 823 Abs. 2 BGB)
– Gläubigerbegünstigung (§ 283c StGB, ggf. i.V.m. § 823 Abs. 2 BGB)
– Vereiteln der Zwangsvollstreckung (§ 288 StGB, ggf. i.V.m. § 823 Abs. 2 BGB)
– Haftung des Anfechtungsgegners bei Insolvenz- oder Einzelanfechtung (§§ 129 ff. InsO, §§ 2 ff. AnfG; s. erg. unten Rdn. 63 ff.)

---

73 S. zum Ganzen Gottwald/*Haas/Kolmann/Pauw*, § 92 Rn. 197.
74 In Betracht kommen § 826 BGB, § 823 Abs. 2 BGB i.V.m. § 263 StGB, §§ 280, 282, 311 Abs. 3 BGB.
75 Gottwald/*Gundlach*, § 7 Rn. 42 f.; ausf. Gottwald/*Haas/Kolmann/Pauw*, § 92 Rn. 198 ff.
76 Näher Gottwald/*Haas/Kolmann/Pauw*, § 92 Rn. 199.
77 BGH, DStR 2001, 1397, 1398; ähnlich BGH, NZG 2002, 779 f.
78 Ausf. Gottwald/*Haas/Kolmann/Pauw*, § 92 Rn. 208 ff., dort auch zum Aspekt der Kollision mit dem Gläubigergleichbehandlungsgrundsatz.
79 S.a. die Zusammenstellungen bei *Bauer*, Die GmbH in der Krise, Rn. 559 ff., 868 ff., 930 ff., 1391 ff.; Gottwald/*Haas/Kolmann/Pauw*, § 92 Rn. 161 ff. (Geschäftsführer), Rn. 245 f. (Gesellschafter).

2. Organhaftung bei AG und GmbH

a) Haftung der organschaftlichen Vertreter

34 — Falsche Angaben im Zusammenhang mit der Kapitalaufbringung (§§ 8 Abs. 2, 9a, 57 Abs. 2, 82 GmbHG; §§ 37 Abs. 1, 37a Abs. 2, 183a Abs. 2 Satz 1, 184 Abs. 3 Satz 1, 188 Abs. 2, 399 AktG; weitergehend §§ 46 ff. AktG)
— Verletzung der verbandsinternen Informationspflicht (oben Rdn. 9 ff.)
— Pflichtwidriger Masseschmälerungen (oben Rdn. 14 ff.)
— Insolvenzverschleppung (oben Rdn. 19 ff.)
— Haftung wegen Verletzung krisenspezifischer Aufklärungspflichten (oben Rdn. 29 f.)
— Haftung wegen Nichterfüllung öffentlich-rechtlicher Pflichten (oben Rdn. 31)
— Verletzung der Pflicht zur ordnungsgemäßen Buchführung (§ 283 Abs. 1 Nr. 5 und 6 StGB; § 41 GmbHG, § 91 Abs. 1 AktG)

b) Haftung der Mitglieder des Aufsichtsrates

35 Haftung der Mitglieder eines obligatorischen[80] Aufsichtsrates wegen Verletzung ihrer Pflicht zur Überwachung des Handelns der organschaftlichen Vertreter in der Krise (§§ 116, 93 Abs. 1 und 2 AktG, ggf. i.V.m. § 52 Abs. 1 GmbHG; zur subsidiären Insolvenzantragspflicht s.o. Rdn. 24).

3. Gesellschafterhaftung bei AG und GmbH

36 — Verletzung der Kapitalaufbringungsvorschriften bei der Gründung von Kapitalgesellschaften sowie späterer Kapitalerhöhungen (§§ 9, 55 ff. GmbHG; §§ 54, 182 ff. AktG), auch bei wirtschaftlicher Neugründung von Mantel- Vorratsgesellschaften.
— Verletzung der Kapitalerhaltungsvorschriften (§§ 30 f., 43 Abs. 3 GmbHG; §§ 57, 93 Abs. 3 Nr. 1 AktG).
— Rückgewährpflicht für Darlehen der GmbH an Gesellschafter aus statuarisch gebundenem Vermögen (§ 43a GmbHG).
— Haftung gegenüber der Gesellschaft wegen existenzvernichtenden Eingriffs in die unternehmerische Tätigkeit der Kapitalgesellschaft (§ 826 BGB)[81]
— Unterkapitalisierung oder Vermischung verschiedener Vermögensmassen mit dem Vermögen der Gesellschaft (§§ 128, 129 HGB analog)[82]
— Insolvenzanfechtung wegen Rückgewähr eines Gesellschafterdarlehens und gleichgestellter Finanzierungsleistungen (unten Rdn. 67).

4. Personengesellschaften

37 Bei der **gesetzestypischen Personengesellschaft**, bei der also mindestens eine natürliche Person unbeschränkt haftet, spielen die besonderen Haftungstatbestände, die es im Kapitalgesellschaftsrecht gibt, keine Rolle. Die Gesellschafter haften ohnehin für die Gesellschaftsverbindlichkeiten akzessorisch mit ihrem gesamten Vermögen. Dies gilt freilich nicht für den **Kommanditisten**. Dieser haftet im Rahmen der §§ 171 ff. HGB grds. nur für die Aufbringung seiner Einlage, ausnahmsweise aber auch unbeschränkt mit seinem gesamten Vermögen (§ 176 Abs. 1 und Abs. 2 HGB). Bei **kapitalistischen Personengesellschaften** ist zu differenzieren: Die Haftung eines jeden einzelnen Gesellschafters richtet sich zunächst ohne Besonderheiten nach den jeweils für ihn einschlägigen kapital-

---

80 Gilt nach kritisierter, wohl aber zutr. Ansicht des BGH, GmbHR 2010, 1200 = ZIP 2010, 1988, 1989 für den fakultativen Aufsichtsrat nur für der Gesellschaft entstandene Schäden; zust. Etwa Rowedder/Schmidt-Leithoff/*Schnorbus*, § 52 Rn. 44; weiterführend *Kiefner/Langen*, NJW 2011, 192 ff.; *Strohn/Simon*, GmbHR 2010, 1181, 1187.
81 BGH, GmbHR 2007, 927 ff. »Trihotel«; weiterführend etwa Lutter/Hommelhoff/*Bayer*, § 13 Rn. 25 ff.; MünchKommGmbH/*Liebscher*, § 13 Anh. Rn. 529 ff.
82 S.a. hierzu Lutter/Hommelhoff/*Bayer*, § 13 Rn. 18 ff.; MünchKommGmbH/*Schwandtner*, § 5 Rn. 34 ff.

gesellschaftsrechtlichen Haftungsvorschriften. Die Haftung der Gesellschaft selbst ist schärfer ausgestaltet als diejenige einer gesetzestypischen Personengesellschaft. Wegen ihrer Vergleichbarkeit mit einer Kapitalgesellschaft werden vereinzelte Pflichten und Haftungstatbestände aus dem Kapitalgesellschaftsrecht übertragen (z.B. Verbot der Masseschmälerung [oben Rdn. 17], Insolvenzverschleppung [oben Rdn. 28], das Recht der Gesellschafterdarlehen [unten Rdn. 66] etc.).

IV. Ausgewählte Phänomene aus der Praxis

1. Firmenbestattung

Eine Unternehmenskrise kann für die Gesellschaft verheerende Folgen haben. Gibt eine Gesellschaft (durch ihre Vertretungsorgane) z.B. die eidesstattliche Versicherung i.S.d. §§ 802c ff. ZPO ab oder werden gar insolvenzgerichtliche Maßnahmen gegen sie eingeleitet, kommt es zu negativen Eintragungen im örtlichen Schuldnerverzeichnis (§§ 882b ff. ZPO), in Datenbanken privater Auskunfteien und speziell bei Maßnahmen des Insolvenzgerichts auch in regionalen Zeitungen. Um dies zu vermeiden, haben sich seit Beginn der 90er Jahre unterschiedliche Praktiken entwickelt, deren Ziel die möglichst **risiko- und geräuschlose Entsorgung** einer krisenbedrohten Kapitalgesellschaft ist. Solche Praktiken werden allgemein unter dem Begriff der »Firmenbestattung«[83] zusammengefasst. Die Aktualität dieses Themas scheint nach wie vor ungebrochen. Sogar unter dem negativ besetzten Begriff der »Firmenbestattung« lassen sich leicht, z.B. in allgemeinen Internet-Suchmaschinen, verschiedene Serviceangebote zur schnellen Löschung krisenbehafteter Kapitalgesellschaften ausfindig machen.

38

a) Ablauf einer typischen missbräuchlichen Firmenbestattung

Die »Firmenbestattung« kommt in der Praxis in vielen Erscheinungsformen mit einer jeweils unterschiedlichen »Missbrauchsintensität« vor. Eine **typische Firmenbestattung** läuft wie folgt ab: Der »Firmenbestatter«, meist ein gewerblicher Anbieter oder ein von ihm vermittelter Dritter, erwirbt für einen geringen Kaufpreis sämtliche Anteile an der krisenbehafteten Gesellschaft. Gleichzeitig werden die bisherigen organschaftlichen Vertreter von ihrem Amt abberufen, ihnen Entlastung erteilt und neue Vertretungsorgane bestellt. Bei den Erwerbern und neuen Vertretungsorganen handelt es sich in der Regel um vermögenslose Personen, die gegen ein geringes Entgelt die formale Stellung als neuer Gesellschafter und Vertretungsorgan übernehmen. Die bisherigen Vertretungsorgane übergeben sämtliche Geschäftsunterlagen und das Inventar gegen Quittung an die neue Geschäftsleitung. Die Firma der Gesellschaft wird verändert und ihr Sitz an einen anderen unbedeutenden Ort verlegt, wahlweise auch ins Ausland. Sodann werden sämtliche Aktiva der Gesellschaft entnommen, die Gesellschaft sozusagen »ausgeplündert«, und die Geschäftsunterlagen vernichtet. Die neuen organschaftlichen Vertreter stellen (verspätet) Insolvenzantrag mit der Begründung, die Geschäftsunterlagen seien verloren gegangen und deshalb sei die Insolvenzreife erst jetzt erkennbar geworden. Alternativ sind die neuen Gesellschafter und/oder die neuen organschaftlichen Vertreter auch schlichtweg nicht mehr aufzufinden. Meist halten sie sich dann mit unbekanntem Ort im Ausland auf. Am Ende steht die amtswegige Löschung der Gesellschaft, meist wegen Vermögenslosigkeit (§ 394 Abs. 1 Satz 1 FamFG).

39

Die angestrebten **Effekte** liegen auf der Hand. Je weiter z.B. der »Bestattungsschauplatz« vom ursprünglichen Wirkungskreis der Gesellschaft verlegt wird, desto eher wirkt dies der eingangs beschriebenen Rufschädigung entgegen. Weiterhin kann es ohne Geschäftsunterlagen praktisch weder einzelnen Gläubigern noch einem Notgeschäftsführer oder einem Insolvenzverwalter gelingen, verwertbare Masse aufzuspüren oder gar Vermögensverschiebungen nachzuverfolgen. Den

40

---

83 S. die Gesamtdarstellungen etwa von *Kilper*, Unternehmensabwicklung außerhalb des gesetzlichen Insolvenz- und Liquidationsverfahren in der GmbH, 2009; *Kuhn*, Die GmbH-Bestattung, 2011; MünchKommInsO/*Ganter/Bruns*, § 3 Rn. 40 ff.; *Pape*, ZIP 2006, 877 ff.; Reul/Heckschen/Wienberg/*Heckschen*, § 4 Rn. 1112 ff.; *Schmutz*, Die »bestattete« GmbH im Insolvenzeröffnungsverfahren, 2010.

gleichen Effekt hat die Verschleierungstaktik auf die Verfolgung von Insolvenzstraftaten, soweit hierzu nämlich der punktgenaue Nachweis einer bestimmten negativen Vermögenssituation der Gesellschaft erforderlich ist. Wird der tatsächliche Verwaltungssitz der Gesellschaft ins **Ausland** verlegt oder halten sich die beteiligten Personen im Ausland auf, treten erschwerend behördliche Kooperationsförmlichkeiten, Zustellungsprobleme und nicht zuletzt sprachliche Barrieren hinzu.

b) Rechtliche Fallstricke bei der typischen Firmenbestattung

41 Bei der typischen Firmenbestattung werden in aller Regel eine Vielzahl straf- und haftungsrechtlicher Tatbestände verwirklicht, so beispielsweise die **Straftatbestände** eine Insolvenzverschleppung (§ 15a Abs. 3 InsO) durch die alten und/oder neuen organschaftlichen Vertreter, der (schwere) Bankrott in der Form der Beseitigung von Haftungsmasse, der Beseitigung von Handelsunterlagen und der Verschleierung von geschäftlichen Verhältnissen (§§ 283 Abs. 1 Nr. 1, 5, 6 und 8, 283a StGB), eine Verletzung der Buchführungspflicht (§ 283b StGB); ein Vereiteln der Zwangsvollstreckung (§ 288 StGB), Untreue (§ 266 Abs. 2, 2. Alt. StGB) und Hehlerei (§ 259 StGB). Dabei können sich die alten und neuen organschaftlichen Vertreter, die alten und neuen Gesellschafter sowie der Firmenbestatter einschließlich seiner Helfer je nach Strafnorm als **Täter**, **Anstifter** oder **Gehilfe** strafbar machen.[84] Ist der Unternehmensbestatter gewerblich tätig, kommt sogar eine Strafbarkeit des Bestatters sowie aller seiner Helfer wegen Bildung einer kriminellen Vereinigung i.S.d. § 129 StGB in Betracht.[85] Hinzu treten zahlreiche **zivilrechtliche Haftungstatbestände**. Zu nennen sind vor allem § 823 Abs. 2 i.V.m. § 15a InsO, mit §§ 266, 259 StGB, mit § 283 Abs. 1 Nr. 1 StGB, mit – wohl aber beschränkt auf etwaige Neugläubiger – §§ 283 Abs. 1 Nr. 8, 283b StGB[86], mit § 288 StGB[87], mit § 64 GmbHG bzw. 92 AktG; die Auszahlungsverbote bei Unterbilanz (§§ 30 f. GmbHG; 57 AktG); die Anfechtungstatbestände der §§ 129 ff. InsO, 2 ff. AnfG. Soweit es sich um deliktische Haftungstatbestände handelt, können alle **Teilnehmer** gem. § 830 BGB persönlich mithaften. Die im Rahmen der Anteilsabtretung meist erteilte »**Entlastung**« der alten organschaftlichen Vertreter führt nicht zu der erhofften Enthaftung. Haftungsbefreiende Wirkung hat sie allenfalls bei der GmbH[88] und dort wiederum nicht für eine Haftung wegen der Verletzung drittschützender Normen (z.B. §§ 15a InsO, 283, 283b, 288 StGB, Kapitalerhaltungsvorschriften).[89] Weiterhin spricht vieles dafür, dass eine »Entlastung«, die im Zusammenhang mit einer Firmenbestattung erteilt und mit der deshalb unlautere Zwecke verfolgt wird, ohnehin materiell-rechtlich unwirksam ist (§§ 826, 134 BGB, § 241 Nr. 4 AktG [analog]).

42 In der Praxis liefen die genannten Straf- und Haftungstatbestände nicht selten leer. Die zu ihrer Durchsetzung erforderlichen Nachweise konnten nach »Verlust« der wichtigsten Geschäftsunterlagen meist nur schwer geführt werden. Daher hat der Gesetzgeber gerade im Hinblick auf missbräuchliche Unternehmensbestattungen durch das MoMiG eine Reihe **schärferer Pflichten- und Haftungstatbestände** eingeführt. Dies sind vor allem **(1)** die Erweiterung der Ausschlussgründe für das Amt des organschaftlichen Vertreters (§ 6 Abs. 2 GmbHG; § 76 Abs. 3 AktG); **(2)** die Schadensersatzpflicht der GmbH-Gesellschafter bei schuldhafter Bestellung von organschaftlichen Vertreter trotz Vorliegen eines Ausschlussgrundes (§ 6 Abs. 5 GmbHG); **(3)** die neuen Zustellungserleichterungen (§ 10 Abs. 2 Satz 2 GmbHG; § 39 Abs. 1 Satz 2 AktG; §§ 13e Abs. 2 und 3a,

---

[84] Ausf. Dannecker/Knierim/Hagemeier/*Knierim*, Insolvenzstrafrecht (3. Aufl.), S. 211 ff.; erg. zur Strafbarkeit der alten organschaftlichen Vertreter und Gesellschafter *Bayer/Lieder*, WM 2006, 1, 8 f.; s.a. BGH, ZIP 2013, 514 ff. Die Mitwirkung eines Notars an Firmenbestattungen stellt eine Verletzung des § 14 Abs. 2 BNotO dar, BGH, ZIP 2019, 1534.
[85] *Golz/Klose*, ZNotP 2000, 333; *Hey/Regel*, ZNotP 2000, 333; *dies.*, GmbHR 2000, 115 ff.; Reul/Heckschen/Wienberg/*Heckschen*, § 4 Rn. 1116 ff.
[86] Vgl. BGHZ 125, 366; BGH, ZIP 2010, 471; ausf. zu § 283 Abs. 1 Nr. 8 StGB *Brand/Reschke*, ZIP 2010, 2134 ff.
[87] BGH, ZIP 1991, 230, 231.
[88] Zur AG s. §§ 93 Abs. 4 Satz 3, 120 Abs. 2 Satz 2 AktG.
[89] Lutter/Hommelhoff/*Bayer*, § 46 Rn. 26.

15a HGB, § 185 Nr. ZPO); (4) die Regelungen bei Führungslosigkeit der Gesellschaft (§ 35 Abs. 1 Satz 2 GmbHG: Zustellungen an Gesellschafter; § 78 Abs. 1 Satz 2 AktG und § 24 Abs. 1 Satz 2 GenG: Zustellungen an den Aufsichtsrat; § 15a Abs. 1 Satz 2 und Abs. 2 Satz 2 InsO: erweiterte Insolvenzantragspflicht); sowie (5) die Erweiterung des Tatbestandes der verbotenen Zahlungen an Gesellschafter (§ 64 Satz 3 GmbHG; § 92 Abs. 2 Satz 3 AktG).

Inwieweit die MoMiG-Vorschriften tatsächlich geeignet sind, missbräuchliche Firmenbestattungen wesentlich einzudämmen, bleibt abzuwarten. War die Gesellschaft bei Übertragung noch nicht insolvenzreif, erfassen auch die MoMiG-Vorschriften in der Regel nur ein Fehlverhalten der neuen organschaftlichen Vertreter bzw. Gesellschafter, diese freilich in stärkerem Maße als bisher. Als weitaus effektiver würden sich hingegen solche Mechanismen erweisen, die bereits die alten organschaftlichen Vertreter bzw. Gesellschafter in die Verantwortung nehmen. Erreichbar wäre dies beispielsweise mit repressiven Mechanismen, die bereits bei der **Übertragung der Gesellschaftsanteile** ansetzen.[90]

Da mit der Firmenbestattung zugleich unerlaubte Zwecke i.S.d. § 826 BGB verfolgt werden bzw. sie sich als Umgehungsgeschäft i.S.d. § 134 BGB darstellt, kommt neben der Strafbarkeit und der zivilrechtlichen Haftung als weitere Rechtsfolge die **zivilrechtliche Unwirksamkeit** einzelner Rechtsakte in Betracht. Dies gilt insbesondere für die Abtretung der Gesellschaftsanteile an den Dritten (§§ 826, 134 BGB)[91] sowie die einzelnen Gesellschafterbeschlüsse[92] wie namentlich die Bestellung der neuen Geschäftsführer, die Änderung des Unternehmensgegenstandes, die Verlegung des Gesellschaftssitzes (§§ 4a GmbHG, § 5 AktG i.V.m. 241 AktG [analog], dazu sogleich Rdn. 47, 49) und die Entlastung der abberufenen organschaftlichen Vertreter (dazu schon soeben Rdn. 41).

c) Besonderheiten bei nationaler Sitzverlegung

Unter dem Stichwort der »Firmenbestattung« wird ebenfalls diskutiert, ob und ggf. unter welchen Voraussetzungen bereits die bloße **Verlegung des Gesellschaftssitzes** an einen anderen Ort rechtsmissbräuchlich ist. Auf den ersten Blick erscheint die Sitzverlegung als solche eher »abwicklungsneutral« zu sein, jedenfalls wenn die Beteiligten auch nach der Sitzverlegung ihre besonderen krisenbezogenen Pflichten[93] beachten. Gleichwohl kann die Sitzverlegung verfahrensfremden Zwecken dienen. Dies ist etwa zu bejahen, wenn ihr Ziel ausschließlich in der »Erschleichung« der Zuständigkeit eines in den einschlägigen Kreisen als »unkompliziert« geltenden Insolvenzgerichts, einer Erschwerung des Gläubigerzugriffs oder einfach in der Eindämmung negativer Schlagzeilen im bisherigen örtlichen Wirkungskreis der Gesellschaft liegt.[94]

Aus dem in vorheriger Rdn. 45 Gesagten folgt, dass nicht jede Sitzverlegung einer wirtschaftlich angeschlagenen oder gar bereits in Abwicklung befindlichen Kapitalgesellschaft per se rechtsmissbräuchlich ist.[95] Dies wird eine Sitzverlegung erst dann, wenn sie sich nicht mehr innerhalb der sich aus dem **Wesen der Liquidation** ergebenden Grenzen bewegt.[96] Wo diese Grenzen genau liegen, ist noch nicht abschließend judiziert. Es spricht allerdings vieles dafür, dass die Rechtsprechung Sitz-

---

90 Goette/Habersack/*Kleindiek*, MoMiG in Wissenschaft und Praxis, Rn. 8.57.
91 OLG Zweibrücken, RNotZ 2013, 554, 556; Reul/Heckschen/Wienberg/*Heckschen*, § 4 Rn. 1136 ff.
92 OLG Zweibrücken, RNotZ 2013, 554, 556; Baumbach/Hueck/*Zöllner/Noack*, § 47 Anh. Rn. 55; Lutter/Hommelhoff/*Bayer*, § 47 Anh. Rn. 20; a.A. OLG Karlsruhe (Strafsenat), RNotZ 2014, 66 ff.: Beschlüsse sind nur anfechtbar, da sich die Sittenwidrigkeit nicht aus dem Inhalt der Beschlüsse selbst ergebe (analog §§ 241 Nr. 3 und 4 AktG); ebenso MünchKommGmbHG/*Wertenbruch*, § 47 Anh. Rn. 64 (zur Abberufung und Neubestellung der Geschäftsführer).
93 S. dazu oben Rdn. 8 ff., 33 ff.
94 Vgl. OLG Celle, ZInsO 2004, 91; HambKomm/*Rüther*, § 3 Rn. 37; MünchKommInsO/*Ganter/Bruns*, § 3 Rn. 40.
95 Vgl. Thüringisches OLG, DB 2006, 150 f.; KG, RNotZ 2011, 562 f.; ebenso schon Baumbach/Hueck/*Haas*, § 69 Rn. 20.
96 KG, RNotZ 2011, 562, 563; ebenso schon Baumbach/Hueck/*Haas*, § 69 Rn. 20.

verlegungen in der Krise nur anerkennen wird, wenn die Beteiligten nachvollziehbare wirtschaftliche Gründe dartun können, die eine insgesamt bessere Verwertung der Haftungsmasse erwarten lässt. Insoweit ist es zumindest missverständlich eng formuliert, wenn das KG am Ende seiner Ausführungen zur Rechtfertigung der Sitzverlegung die Darlegung einer am Markt weiterhin werbenden Tätigkeit verlangt.[97]

47 Eine rechtsmissbräuchliche Sitzverlegung führt zur **Unwirksamkeit** des entsprechenden Beschlusses (§§ 4a GmbHG, § 5 AktG i.V.m. 241 AktG [analog]).[98] Der alte Sitz bleibt nach wie vor rechtlich gültig. Die rechtsmissbräuchliche Sitzverlegung darf weder in das Handelsregister eingetragen werden[99] noch erwirkt sie die Zuständigkeit des für den neuen Sitz maßgeblichen Insolvenzgerichts.[100] Liegen für das Register- oder Insolvenzgericht objektive Anhaltspunkte für eine rechtsmissbräuchliche Sitzverlegung vor, hat es den Antragsteller aufzugeben, plausible Gründe für die Sitzverlegung darzutun.[101] Nach überwiegender Ansicht kann das Registergericht solche Darlegungen verlangen, wenn der Insolvenzantrag innerhalb von 3 Wochen nach Beurkundung des Beschlusses über die Sitzverlegung Insolvenzantrag stellt.[102]

d) Firmenbestattung mit Bezug zum Ausland

48 Seit die rechtlichen Rahmenbedingungen für eine Verlegung des tatsächlichen Verwaltungssitzes in das EU-Ausland[103] und grenzüberschreitende Verschmelzungen[104] geschaffen wurden, haben auch »Serviceanbieter« diese Wege für eine geräuschlose »Lösung« von Insolvenzproblemen entdeckt. Neben den bereits beschriebenen Effekten einer Sitzverlegung wird hier ergänzend damit geworben, dass manche **EU-ausländische Insolvenzrechte** wie namentlich das englische »United Kingdom insolvency law« deutlich liberaler seien als die deutsche Insolvenzordnung, z.B. weil bei Überschuldung nicht innerhalb einer dreimonatigen Höchstfrist Insolvenzantrag gestellt werden müsse.[105]

49 Mit der Sitzverlegung soll man sich zunutze machen, dass es für die Anwendbarkeit einer EU-ausländischen Insolvenzrechtsordnung gem. Art. 3 Abs. 1 Satz 1 EuInsVO auf den Mittelpunkt der hauptsächlichen Interessen des Schuldners (»center of main interests«, kurz »COMI«) ankommt.[106] Die Maßgeblichkeit des COMI für das Insolvenzstatut gilt mit Blick auf die Niederlassungsfreiheit nach Art. 43, 48 EG auch für seine Verlegung in einen anderen EU-Staat[107]. Wurde allerdings schon ein Insolvenzantrag gestellt, kann dies der rechtlichen Anerkennung einer Sitzverlegung entgegenstehen.[108] Auf ein schon laufendes Insolvenzverfahren hat sie ebenfalls keinen Einfluss mehr. Die **Verlegung des Verwaltungssitzes** (COMI) im Rahmen einer »Firmenbestattung« sieht formal betrach-

---

97 KG, RNotZ 2011, 562, 563.
98 BayObLG, ZInsO 2003, 1045; KG, RNotZ 2011, 562, 563; s. zur Unwirksamkeit aber auch Fn. 92.
99 BayObLG, ZInsO 2003, 1045; KG, RNotZ 2011, 562, 563.
100 BGH, ZInsO 2006, 146.
101 § 127 FamFG für die Registergerichte; § 5 InsO i.V.m. den Grundsätzen der Amtsermittlung für das Insolvenzgericht, s. hierzu HambKomm/*Rüther*, § 3 Rn. 38; Uhlenbruck/*Pape*, § 3 Rn. 14.
102 MünchKommInsO/*Ganter/Bruns*, § 3 Rn. 41; FK-InsO/*Schmerbach*, § 3 Rn. 33; zurückhaltender Jaeger/*Gerhardt*, § 3 Rn. 41 »Indiz«.
103 Mittelbar durch Neufassung der §§ 4a GmbHG, § 5 AktG, so die h.M., s. Kap. 2 Rdn. 197 und ergänzend Baumbach/Hueck/*Servatius*, § 4a Rn. 10 mit zahlr. Nachw. auch zur Gegenansicht.
104 §§ 122a ff. UmwG.
105 S. zu den nationalen Insolvenzrechtsordnungen ausgewählter EU-Staaten u. a. die zusammenfassenden Darstellungen bei *Kindler/Nachmann/Bitzer*, Handbuch Insolvenzrecht in Europa, Loseblatt, Stand Januar 2020.
106 Zum Begriff des COMI und den (gesetzlichen) Vermutungsregeln s. EuGH, ZIP 2011, 2153 ff.; Gottwald/*Kolmann/Keller*, § 131 Rn. 31 f.; Schmidt/*Brinkmann*, EuInsVO Art. 3 Rn. 11 f.
107 EuGH, ZIP 2011, 2153; *Vallender*, NZI 2008, 631, 632; *Westphal/Janjuah*, ZIP 2008, 1 ff. und zu Gläubigerstrategien *Mankowski*, ZIP 2010, 1376 ff.
108 EuGH, ZInsO 2006, 86; dazu *Kindler*, IPrax 2006, 154; *Knof/Mock*, ZIP 2006, 189; *Mankowski*, NZI 2006, 154.

tet wie folgt aus: Die Geschäftstätigkeit der Gesellschaft wird im Inland komplett eingestellt, alle Konten aufgelöst und etwa noch vorhandenes Vermögen, die Geschäftsunterlagen etc. ins Ausland gebracht. Künftige Tätigkeiten, egal welcher Art, seien sie werbend oder auf Abwicklung gerichtet, werden fortan ausschließlich aus dem Ausland gesteuert. In rechtlicher Hinsicht führt eine solche Sitzverlegung in Deutschland weder zur Löschung der Gesellschaft im einschlägigen Register noch zur Entbindung von der Pflicht, eine ladungsfähige Anschrift im Inland anzugeben. Ob die Verlegung des COMI darüber hinaus tatsächlich den gewünschten Wechsel des Insolvenzstatuts bewirkt, bedarf in jedem Einzelfall **genauerer Prüfung**. So ist z.B. ein Statutenwechsel nach zutr. Ansicht nicht mehr möglich, wenn der Geschäftsbetrieb einschließlich aller Abwicklungstätigkeiten bereits vollständig eingestellt wurde.[109] Die bloße Aufbewahrung der Akten in einem anderen Staat ist unbeachtlich. Ob und bejahendenfalls unter welchen Voraussetzungen die rechtliche Würdigung anders auszufallen hat, wenn am neuen Ort noch gewisse Abwicklungstätigkeiten stattfinden, ist bisher noch nicht geklärt.[110] Von all dem unabhängig tritt ein Statutenwechsel auch dann nicht ein, wenn die Verlegung des COMI nur **zum Schein**, d.h. in Wahrheit nur zum Zwecke der Zuständigkeitserschleichung erfolgt (»Briefkastengesellschaft«).[111] Nicht anders als bei einer rein inländischen Sitzverlegung muss Gleiches erst Recht gelten, wenn mit der Sitzverlegung sogar unerlaubte Zwecke verfolgt werden.

Im Gegensatz zur Verlegung des Verwaltungssitzes führt die **grenzüberschreitende Verschmelzung** 50 einer inländischen Gesellschaft auf eine ausländische Zielgesellschaft, meist eine zeitgleich erworbene Vorratsgesellschaft, zur Austragung der Gesellschaft aus dem deutschen Register. Das Registerblatt der übertragenden deutschen Gesellschaft wird geschlossen.[112] In der Literatur finden sich – soweit ersichtlich – bislang keine Ausführungen zur rechtlichen Behandlung einer grenzüberschreitenden Verschmelzung im Hinblick auf die Probleme einer missbräuchlichen Firmenbestattung. Es spricht einiges dafür, die einzelnen Verschmelzungsakte[113] wie vor allem den Verschmelzungsvertrag gem. §§ 826, 135 BGB als nichtig einzustufen. Wurde die Verschmelzung im Handelsregister aber einmal eingetragen und damit vollzogen, ist sie in ihrer Wirksamkeit anzuerkennen (arg. ex § 20 UmwG), dem mit der grenzüberschreitenden Verschmelzung sonst einhergehenden (und hier ggf. sogar gewünschten) Wechsel des Insolvenzstatus hingegen ist die Anerkennung zu versagen. Eine bereits verwirklichte Haftung oder Strafbarkeit nach nationalem Recht wird durch die Verschmelzung nicht beseitigt. Umwandlungsspezifische Haftungsrisiken treten hinzu.

Eine filigrane Variante der Firmenbestattung beschäftigt die Registergerichte: **Zwei englische Limit-** 51 **eds** gründen eine KG in Deutschland. Danach erwirbt die Komplementär-Limited alle Anteile an der zu entsorgenden deutschen GmbH. Im nächsten Schritt wird die GmbH auf die Komplementär-Limited oder die KG verschmolzen und in diesem Zuge aus dem deutschen Register ausgetragen. Alsdann scheidet die Kommanditisten-Limited aus der KG aus, was zur Löschung auch der KG im deutschen Register führt. Den Schlusspunkt setzt die recht unkompliziert zu bewerkstelligende Löschung der Limiteds im englischen Register. Die Registergerichte sind in dieser Konstellation dazu übergangen, die Eintragung der Verschmelzung von der Versicherung der Gesellschafter der aufnehmenden Gesellschaft abhängig zu machen, dass die aufnehmende Gesellschaft noch mindestens für die nächsten 6 Monate ab Veröffentlichung der Verschmelzung beim übertragenden Rechtsträger fortbestehe und nicht beabsichtige, die aufnehmende Gesellschaft zeitnah aufzulösen oder zu

---

109 EuGH, ZIP 2011, 2153; BGH, DB 2012, 223; so auch schon AG Hamburg, ZInsO 2006, 1006; s.a. FK-InsO/*Schmerbach*, § 3 Rn. 72; Gottwald/*Kolmann/Keller*, § 131 Rn. 46.
110 Gegen eine Verlegung des COMI Gottwald/*Kolmann/Keller*, § 131 Rn. 46; zurückhaltend auch für eine Verlegung des COMI AG Hamburg, ZInsO 2006, 559.
111 So AG Nürnberg, ZIP 2007, 81 im Fall »Hans Brochier«, ausf. die Darstellung dieses Falles bei *Ballmann*, BB 2007, 1121; AG Ludwigshafen, ZIP 2014, 1746; s.a. *Andres/Grund*, NZI 2007, 137; *Knof*, ZInsO 2007, 629; ReulHeckschen/Wienberg/*Heckschen*, § 4 Rn. 1319 ff.; *Vallender*, NZI 2007, 129.
112 Vgl. § 122k Abs. 4 UmwG; *Krafka/Kühn*, Registerrecht, Rn. 1188 f.
113 Zur Problematik der Nichtigkeit von Gesellschafterbeschlüssen im Zusammenhang mit der Firmenbestattung s. Fn. 92.

löschen.[114] Man wird kaum bestreiten können, dass auch diese Vorgehensweise der »Firmenbestattung« rechtsmissbräuchlich ist und deshalb die Nichtigkeit der einzelnen Rechtsakte nach sich ziehen kann.[115] Die von den Registergerichten geforderte Versicherung ist deshalb nicht zu beanstanden.[116]

e) Zur Erkennbarkeit des Rechtsmissbrauchs für Außenstehende

52 Für **außenstehende Dritte** (z.B. Insolvenzgericht, Registergericht, Notar etc.) ist es schwierig, eine rechtsmissbräuchliche Sitzverlegung von einer »normalen« abzugrenzen. Die zu beurkundenden Erklärungen (z.B. Anteilsabtretung und Sitzverlegung) unterscheiden sich in beiden Fällen formal betrachtet nicht voneinander. Der Unterschied liegt zum Zeitpunkt der Beurkundungen in der »unerlaubten Zwecksetzung«, d.h. im »Kopf« der Beteiligten. Der Praxis bleibt daher in aller Regel nichts anderes übrig, als zur rechtlichen Würdigung auf **Indizien** abzustellen. Im Grundsatz können die folgenden Indizien für eine Rechtsmissbräuchlichkeit sprechen. Dabei wird die Indizwirkung je eher zu bejahen sein, desto mehr Indizien gleichzeitig aufeinandertreffen. Hingegen wird das Vorliegen nur eines einzigen verdächtigenden Umstandes – mit Ausnahme der offensichtlichen Krisennähe und Insolvenzreife – die Indizwirkung in der Regel noch nicht auslösen. Insoweit ist beim Umgang mit den Indizien Vorsicht geboten:

53 – offensichtliche Krisennähe, z.B. die Abgabe der eidesstattlichen Versicherung durch die Gesellschaft[117], offensichtliche Insolvenzreife, Beantragung des Insolvenzverfahrens unmittelbar nach der Sitzverlegung; Vorliegen zahlreicher Pfändungsverfügungen;[118]
– Beteiligung von Firmen, die als gewerbliche Unternehmensbestatter bekannt sind oder sich als solche – insbesondere im Internet – präsentieren, oder sonstigen Personen als neue Gesellschafter und/oder organschaftliche Vertreter, die bereits in anderen Fällen als »Strohmänner« in Erscheinung getreten sind;[119] derselbe Dienstleister erwirbt in einer Vielzahl von Fällen Gesellschaften zu geringem Kaufpreis (1 €);[120]
– die neuen Gesellschafter und/oder organschaftlichen Vertreter sind sprachfremde Personen mit Aufenthalt im Ausland, die bisher keine geschäftliche Tätigkeiten, vor allem nicht im Inland, entfaltet haben;
– die neuen Gesellschafter und/oder organschaftlichen Vertreter haben (bei Erwerb der Anteile bzw. organschaftlichen Stellung) keinerlei konkrete Kenntnisse von den wirtschaftlichen Verhältnissen der Gesellschaft oder zeigen keinerlei Interesse an der genauen Formulierung des neuen Firmennamens und/oder neuen Unternehmensgegenstands;
– die Geschäftsräume der Gesellschaft stehen leer; keine Erreichbarkeit der (neuen) organschaftlichen Vertreter unter den angegebenen Anschriften;[121]
– überhasteter Terminwunsch.

54 Als **hinreichendes Indiz** für eine missbräuchliche Firmenbestattung kann **nicht** allein die Tatsache genügen, dass ein Erwerber eine Gesellschaft für einen geringen Kaufpreis erwirbt, den Unternehmensgegenstand verändert und den Sitz verlegt. Ein solcher Vorgang kann viele Motive haben. In diesem Sinne verfahren in der Praxis zu Recht auch die Registergerichte, die in solchen Fällen nicht die Ausräumung des Verdachts einer rechtsmissbräuchlichen Firmenbestattung verlangen.

---

114 Nach DNotI-Gutachten Nr. 144651.
115 Dazu *Melchior*, GmbHR 2013, R305 f.; *Kuhlmann*, GmbHR 2014, R 262 mit Zitaten einer entsprechenden Entscheidung des AG Berlin-Charlottenburg, Beschl. v. 29.11.2013 (HRB 141/381 B).
116 Ebenso DNotI-Gutachten Nr. 144651.
117 BayObLG, ZInsO 2003, 1045; KG, RNotZ 2011, 562, 563, wonach allein das Vorliegen dieses Umstand die Rechtsmissbräuchlichkeit bereits indiziert.
118 OLG Zweibrücken, RNotZ 2013, 554, 555.
119 HambKomm/*Rüther*, § 3 Rn. 39.
120 BGH, Beschl. v. 23.11.2015 (NotSt [Brfg] 4/15), abrufbar unter www.bundesgerichtshof.de.
121 OLG Zweibrücken, RNotZ 2013, 554, 555.

f) Berufsrechtliche Aspekte

Es sollte kaum der Erwähnung bedürften, dass eine Beratung und Mitwirkung in Richtung einer rechtsmissbräuchlichen »Firmenbestattung« standeswidrig ist, dazu strafbar und haftungsauslösend sein kann. Dies gilt für **Rechtsanwälte, Steuerberater und Notare** in gleicher Weise.

55

Was den **Notar** angeht, steht dieser in einem Spannungsverhältnis zwischen der Urkundsgewährungspflicht einerseits und dem Verbot, an unlauteren Geschäften mitzuwirken, andererseits.[122] Nur wenn die unlauteren Zwecke für ihn erkennbar sind, fällt die Entscheidung zugunsten des Beurkundungsverbots aus (§ 4 BeurkG, 14 BNotO). **Erkennbarkeit** in diesem Sinne heißt, dass der Notar von der Unvereinbarkeit mit seinen Amtspflichten überzeugt sein muss.[123] Hat er lediglich **Zweifel**, *kann* der die Beurkundung ablehnen, *muss* es aber *nicht*.[124] Seine Zweifel hat er in der Urkunde zu vermerken. Zur Ermittlung des zugrunde liegenden Sachverhaltes ist er auf die Mitwirkung der Beteiligten angewiesen. Eigene Sachverhaltsermittlungen, die über ein Drängen auf Offenlegung durch die Beteiligten selbst hinausgeht, kann und muss er nicht anstellen. Der Notar ist weder zur Amtsermittlung verpflichtet noch hat er die Mittel hierzu.[125] In den Bestattungsfällen beruht die Rechtsmissbräuchlichkeit zum Zeitpunkt der Beurkundung in erster Linie auf subjektiven Elementen (oben Rdn. 52). Eine »Überzeugung« von der Rechtsmissbräuchlichkeit ist daher nur in dem eher theoretischen Fall zu bejahen, dass die Beteiligten dem Notar ihre »Bestattungsabsicht« offen mitteilen. In allen anderen Fällen ist zu unterscheiden: Liegen keine besonderen Indizien für eine rechtsmissbräuchliche Firmenbestattung vor, darf der Notar die Beurkundungen vornehmen, ohne weitere Recherchen anzustellen. Sind hingegen Indizien für eine rechtsmissbräuchliche Firmenbestattung erkennbar, muss er nachhaken. Unterlässt er dies, verschließt er also gleichsam (bewusst) die Augen und beurkundet ohne weitere Prüfung, läuft er Gefahr, sich wegen eventualvorsätzlicher Teilnahme strafbar und haftbar zu machen.[126] Hakt der Notar nach und gelingt es den Beteiligten nicht, die Indizwirkung mit einer plausiblen Begründung auszuräumen, kann er die Beurkundung ablehnen. Er darf aber unter Beachtung der Vermerkpflicht auch beurkunden[127], es sei denn, er kann sich die rechtliche und wirtschaftliche Tragweite des Geschäfts offensichtlich nur vor einem unredlichen oder unlauteren Hintergrund sinnvoll erklären[128]. Gelingt es den Beteiligten, die Indizwirkung mit einer plausiblen Erklärung aus dem Weg zu räumen, braucht der Notar den Vortrag der Beteiligten mangels Amtsermittlungspflicht nicht in tatsächlicher Hinsicht zu überprüfen. In einem solchen Fall darf er beurkunden. Ob bei einer solchen bloßen »Nichtüberprüfbarkeit« vermerkpflichtige »Zweifel« anzunehmen sind, ist seinerseits »zweifelhaft«, aber eher zu verneinen. Ein entsprechender Hinweis kann sich gleichwohl empfehlen und wie folgt aussehen:

56

▶ Formulierungsbeispiel: Hinweis rechtsmissbräuchliche Firmenbestattung

57

Der Notar hat mit den Beteiligten das Wesen einer sog. »rechtsmissbräuchlichen Firmenbestattung« sowie die typischerweise verwirklichten Straftatbestände erörtert, insbesondere § 15a InsO (Insolvenzantragspflicht), §§ 283, 283a StGB ([schwerer] Bankrott), § 283b StGB (Verletzung

---

122 S. dazu Reul/Heckschen/Wienberg/*Heckschen*, § 10 Rn. 49 ff.; *Winkler*, § 4 Rn. 2 ff.
123 *Winkler*, § 4 Rn. 4.
124 *Winkler*, § 4 Rn. 4 mit Nachw. auch zur Gegenansicht, wonach der Notar in einem solchen Fall beurkunden *muss*.
125 BGH, DNotZ 1996, 116; Reul/Heckschen/Wienberg/*Heckschen*, § 10 Rn. 58; *Röll*, DNotZ 1976, 470; *Schumacher-Hey*, RNotZ 2004, 543, 561.
126 Die Mitwirkung eines Notars an Firmenbestattungen stellt eine Verletzung des § 14 Abs. 2 BNotO dar, BGH, ZIP 2019, 1534 ff., BGH, ZIP 2016, 220 ff. Im konkreten Fall (BGH, ZIP 2019, 1534 ff.) hatte der Notar an einer Vielzahl von GmbH-Anteilsabtretungen mit gewissen Verdachtsmomenten mitgewirkt; s. noch Reul/Heckschen/Wienberg/*Heckschen*, § 4 Rn. 1136 ff. Ausf. zur Strafbarkeit des Notars im Zusammenhang mit der Mitwirkung an Insolvenzstraftaten Reul/Heckschen/Wienberg/*Heckschen*, § 10 Rn. 86 ff.
127 Vgl. *Heckschen*, MittRhNotK 1999, 14; *Schumacher-Hey*, RNotZ 2004, 543, 561.
128 Ähnlich in anderem Zusammenhang BGH, ZNotP 2001, 117; Reul/Heckschen/Wienberg/*Heckschen*, § 10 Rn. 58.

der Buchführungspflicht) und § 288 StGB (Vereiteln der Zwangsvollstreckung). Er hat weiter darauf hingewiesen, dass eine rechtsmissbräuchliche Firmenbestattung zur Unwirksamkeit des gegenwärtigen Rechtsgeschäfts und zu einer zivilrechtlichen Haftung aller Beteiligten führen kann. Die Beteiligten versichern, dass sie mit den heutigen Beurkundungen keine rechtsmissbräuchliche Firmenbestattung bezwecken, insbesondere weil [.....]. Der Notar hat darauf hingewiesen, dass er die Darstellung der Beteiligten und damit die Zulässigkeit der gegenwärtigen Beurkundung nicht abschließend prüfen kann.

2. Amtsniederlegung

58   Steuert eine **Kapitalgesellschaft** auf eine Krise zu, suchen manche organschaftlichen Vertreter ihre persönliche Rettung in der **Flucht durch Amtsniederlegung**.[129] Eine Flucht ist dabei freilich nur vor künftig entstehenden Pflichten möglich. Eine etwa bereits verwirklichte **Haftung oder Strafbarkeit** wird durch eine Amtsniederlegung nicht (rückwirkend) beseitigt.[130]

59   In der Rechtsprechung wurde zur GmbH seit jeher vertreten, dass eine Amtsniederlegung **unwirksam** ist, wenn sie zur Unzeit erfolgte und sich insoweit sich als Rechtsmissbrauch darstellte.[131] Hierdurch sollte vor allem vermieden werden, dass der niederlegende organschaftliche Vertreter eine führungslose Gesellschaft hinterlässt und deshalb gläubigerschützende Pflichten nicht oder zu spät erfüllt werden. Nachdem nunmehr durch das MoMiG Ersatzzuständigkeiten bei Führungslosigkeit einer Gesellschaft geschaffen wurden[132], mehren sich mit guten Gründen die Stimmen, die der Rechtsprechung entgegen treten und jede Amtsniederlegung in der Krise für wirksam halten.[133] Nach **überzeugender Ansicht**[134] ist zu differenzieren: Handelt es sich um einen **Fremdgeschäftsführer**, so ist die Niederlegung auch in der Krise und sogar in der Insolvenz der Gesellschaft nicht zu beanstanden. Der Fremdgeschäftsführer bewegt sich im Spannungsfeld zwischen der optimalen Pflichterfüllung in der Krise einerseits und der Weisungsgebundenheit bzw. Verantwortlichkeit gegenüber den Gesellschaftern andererseits – ein je nach Sachlage nur schmaler Grat. Es muss ihm jederzeit freistehen, sich aus dieser Konfliktlage zu befreien. Es bleibt allein Sache der Gesellschafter, für »ihre« Gesellschaft einen neuen Geschäftsführer zu bestellen; widrigenfalls greifen die Grundsätze zur »Führungslosigkeit«. Fremdgeschäftsführer in diesem Sinne ist auch derjenige, der Anteile an der Gesellschaft ausschließlich treuhänderisch für Dritte hält.[135] Auch dieser befindet sich in dem beschriebenen Spannungsverhältnis. Von der Wirksamkeit der Amtsniederlegung als Organisationsakt zu trennen ist freilich die ggf. schadensersatzbewehrte Frage, ob und inwieweit der niederlegende Organwalter im Verhältnis zur Gesellschaft verpflichtet bleibt, sein Amt fortzuführen. Demgegenüber ist einem **Gesellschafter-Geschäftsführer**, der einen herrschenden Einfluss auf die Gesellschaft hat wie insbesondere der Mehrheitsgesellschafter ohne Stimmrechtsschranken, zuzumuten, »seine« Gesellschaft

---

129   Zur Rechtsnatur und zum Verfahren der Amtsniederlegung s. etwa *Lohr*, RNotZ 2002, 164 ff.; *ders.*, DStR 2002, 2173 ff.; Reul/Heckschen/Wienberg/*Heckschen*, § 4 Rn. 76 ff.; *Schuhmann*, GmbHR 2007, 305 ff.; *Wachter*, GmbHR 2001, 1129.

130   S. z.B. schon oben Rdn. 16, 26.

131   S. die nachfolgenden Hinweise sowie aus der Lit. etwa Lutter/Hommelhoff/*Kleindiek*, § 38 Rn. 42 ff.; nach der Gegenansicht ist auch eine Amtsniederlegung zur Unzeit wirksam, löst aber ggf. Schadensersatzansprüche aus, so etwa Baumbach/Hueck/*Beurskens*, § 38 Rn. 77; *Hohlfeld*, GmbHR 2001, 144, 146 f.; *Wachter*, GmbHR 2001, 1129.

132   So vor allem in den §§ 10 Abs. 2 Satz 2 (Legaldefinition), § 15 Abs. 1 Satz 2 (Insolvenzantragsrecht), § 15a Abs. 3 InsO (Insolvenzantragspflicht, dazu Rdn. 24) und ergänzend die Empfangszuständigkeiten in den §§ 35 Abs. 1 Satz 2 GmbHG, 78 Abs. 1 Satz 2 AktG.

133   Hauschild/Kallrath/Wachter/*Böttcher*, § 29 Rn. 67; *Borninger*, GWR 2011, 233; Gottwald/*Haas*/Kolmann/Pauw, § 92 Rn. 164; MünchKommGmbHG/*Stephan*/Tieves, § 38 Rn. 61 mit Darstellung der diesbezüglichen Gesetzgebungsgeschichte zu § 15a InsO; Reul/Heckschen/Wienberg/*Heckschen*, § 4 Rn. 77.

134   OLG Düsseldorf, Beschl. v. 10.06.2015 (I-25 Wx 18/15), abrufbar z.B. unter http://openjur.de; zuvor in diesem Sinne schon Gottwald/*Haas*/Kolmann/Pauw, § 92 Rn. 164.

135   A.A. BayObLG, DNotZ 1993, 198.

ordnungsgemäß aus der Krise herauszuführen, sei es durch Sanierung, sei es durch freie oder sei es durch insolvenzrechtliche Abwicklung.

Inwieweit die Rechtsprechung den neueren, in vorstehender Rdn. 59 referierten Ansätzen folgen wird, bleibt abzuwarten.[136] Nach den bisherigen Grundsätzen ist eine Amtsniederlegung **zum Beispiel** rechtsmissbräuchlich, wenn der letzte organschaftliche Vertreter zugleich Alleingesellschafter[137] oder Mehrheitsgesellschafter[138] ist und sein Amt ohne Bestellung eines neuen organschaftlichen Vertreters niederlegt. Mehrheitsgesellschafter in diesem Sinne ist auch derjenige, der seine Anteile nur treuhänderisch für einen Dritten hält[139]. Gleiches gilt für mehrere organschaftliche Vertreter, wenn diese die alleinigen Gesellschafter sind und ihr Amt gleichzeitig ersatzlos niederlegen.[140] Eine unwirksame Niederlegung zur Unzeit soll vorliegen, wenn sich die Gesellschaft in einer Krise befindet und infolge der Niederlegung (zunächst) handlungsunfähig wird.[141] Abweichend hiervon muss auch auf dem Boden der bisherigen Grundsätze dem organschaftlichen Vertreter die Niederlegung zur Vermeidung von Interessenkonflikten erlaubt sein, wenn die Gesellschafter von ihm die Durchführung solcher Sanierungsmaßnahmen erwarten, die er selbst für nicht verantwortlich hält.[142] 60

Inwieweit die zur GmbH ergangenen Entscheidungen auf **andere Kapitalgesellschaften**, namentlich auf die **AG**, übertragbar sind, wurde – soweit ersichtlich – von der Rechtsprechung bislang nicht entschieden. Wegen der Vergleichbarkeit der Interessenlage ist aber damit zu rechnen, dass die Rechtsprechung eine Übertragbarkeit grds. bejahen wird.[143] 61

Die Niederlegung ist eine einseitige, formlose und empfangsbedürftige **Willenserklärung**. Sie wird wirksam, wenn sie auch nur einem Mitglied desjenigen Organs zugeht, das für die Bestellung und Abberufung der organschaftlichen Vertreter zuständig ist.[144] In der Praxis ist es üblich, die Niederlegung unter der **aufschiebenden Bedingung** zu erklären, dass beim zuständigen Registergericht eine entsprechende Anmeldung eingeht.[145] Dadurch soll erreicht werden, dass der Niederlegende die Beendigung seines Amts noch selbst zur Eintragung beim Registergericht anmelden kann. 62

3. Vermögensverschiebungen

In Krisennähe wächst die Gefahr, dass der Insolvenzschuldner zu Gunsten einzelner Gläubiger – ggf. auch auf deren Druck hin – Vermögen überträgt oder sogar zu seinem eigenen Vorteil Vermögen verschiebt. Paradigma ist der Verkauf von Vermögensgegenständen unter Wert oder umgekehrt der Ankauf zu überhöhten Preisen oder die Stellung von Sicherheiten mit Mitteln der Gesellschaft. Dieses Phänomen ist ein allgemeines. Es ist keineswegs auf die Krise einer Gesellschaft beschränkt. 63

---

136 Keine neuen Schlüsse aus dem MoMiG zogen z.B. KG, ZIP 2011, 1566; OLG München, GmbHR 2012, 796 f.; ebensowenig Lutter/Hommelhoff/*Kleindiek*, § 38 Rn. 42; letztlich auch nicht das OLG Düsseldorf, Beschl. v. 10.06.2015 (I-25 Wx 18/15), abrufbar z.B. unter http://openjur.de.
137 BayObLG, GmbHR 1982, 43; BayObLG, GmbHR 1999, 980; OLG Düsseldorf, GmbHR 2001, 144 = RNotZ 2001, 236; Lutter/Hommelhoff/*Kleindiek*, § 38 Rn. 43; *Lohr*, DStR 2002, 2177 ff.; ders., RNotZ 2002, 168; nach Inkrafttreten des MoMiG ausdrücklich fortführend OLG München, Beschl. v. 16.03.2011 (31 Wx 64/11), Beschl. v. 29.05.2012 (31 Wx 188/12); mit eingehender Begründung OLG Frankfurt, ZIP 2015, 478.
138 OLG Köln, GmbHR 2008, 544.
139 BayObLG, DNotZ 1993, 198; abw. die hier in Rdn. 59 vertretene Auffassung.
140 KG, GmbHR 2001, 147.
141 OLG Koblenz, GmbHR 1995, 730, 731; Lutter/Hommelhoff/*Kleindiek*, § 38 Rn. 44.
142 Lutter/Hommelhoff/*Kleindiek*, § 38 Rn. 44.
143 Ebenso Schmidt/Lutter/*Seibt*, § 84 Rn. 56 m.w.N. zur Amtsniederlegung in Insolvenznähe.
144 BGH, ZIP 2001, 2227; BGH, GmbHR 2011, 925, 926; Lutter/Hommelhoff/*Kleindiek*, § 39 Rn. 47; Reul/Heckschen/Wienberg/*Heckschen*, § 4 Rn. 77.
145 Reul/Heckschen/Wienberg/*Heckschen*, § 4 Rn. 78.

a) Allgemeine Vorschriften

64 Der Gesetzgeber versucht mit einer Reihe von **allgemeinen Mechanismen**, masseschmälernden Vermögensverschiebungen in der Krise entgegenzutreten. Dies sind z.B. die (**Insolvenz**) **Anfechtung** (§§ 129 ff. InsO, §§ 2 ff. AnfG)[146], die **Strafbarkeit** wegen (schweren) Bankrotts in der Variante der Vermögensentziehung (§§ 283 Abs. 1 Nr. 1, 283a StGB), der Vollstreckungsvereitelung (§ 288 StGB) sowie durch eine korrespondierende **zivilrechtliche Haftung** (vgl. oben Rdn. 41). Treten bei einer Vermögensverfügung zu den Anfechtungsvoraussetzungen der §§ 129 ff. InsO *erschwerende Umstände* hinzu, kann sie wegen **Sittenwidrigkeit** unwirksam sein (§ 138 BGB).[147]

b) Gesellschaftsspezifische Vorschriften

65 Ist der Insolvenzschuldner eine **Gesellschaft**, hat dies im Einzelfall Auswirkung auf die Anwendung der allgemeinen Mechanismen der Massesicherung. So stellt das Gesetz z.B. klar, dass die **verschärften Anfechtungsregeln** im Leistungsverkehr mit sog. »nahestehenden Personen« auch gelten für das Verhältnis zwischen der Gesellschaft einerseits und den Mitgliedern des Vertretungs- oder Aufsichtsorgans, den persönlich haftenden Gesellschaftern sowie Personen, die zu mehr als einem Viertel am Kapital des Schuldners beteiligt sind (§ 138 Abs. 1 Nr. 4, Abs. 2 Nr. 1 InsO, § 3 AnfG), andererseits.

66 Darüber hinaus gibt es besondere Tatbestände, die den Leistungsverkehr zwischen der Gesellschaft und Gesellschaftern erfassen. Dies betrifft insbesondere das (neue) Recht der **Gesellschafterdarlehen** und gleichgestellter Finanzierungsleistungen.[148] Gesellschafterdarlehen sind solche, die ein Gesellschafter seiner Kapitalgesellschaft oder seiner kapitalistischen Personengesellschaft gewährt hat. Zentrale Vorschrift ist § 39 Abs. 1 Nr. 5 i.V.m. Abs. 4 und 5 InsO. Danach sind Rückforderungsansprüche aus Gesellschafterdarlehen und gleichgestellten Finanzierungsleistungen in der Gesellschaftsinsolvenz erst im **letzten Nachrang** zu befriedigen. Hiervon ausgenommen sind Sanierungskredite (§ 39 Abs. 4 Satz 2 InsO) und Kredite von Gesellschaftern mit einer Beteiligung kleiner gleich 10 % ohne Geschäftsführung (Kleinbeteiligungsprivileg gem. § 39 Abs. 5 InsO). Im Gegensatz zum alten Kapitalersatzrecht ist die neue Regelung vom Vorliegen einer »Gesellschaftskrise« entkoppelt. Alle Ansprüche aus Gesellschafterdarlehen und gleichgestellten Finanzierungsleistungen sind nunmehr nachrangig, gleichviel, ob sie innerhalb oder außerhalb einer Krise gewährt bzw. stehengelassen wurden. Diesen Gedanken erstreckt § 43a InsO auf gesellschafterbesicherte Drittkredite. § 43a InsO gewährt Drittkreditgebern eine Befriedigung aus der Insolvenzmasse der Gesellschaft nur insoweit, als sie mit ihrer Forderung trotz vorheriger Inanspruchnahme der vom Gesellschafter gestellten Sicherheit ausfallen. Auf diese Weise werden Drittkreditgeber faktisch dazu gezwungen, die ihnen gestellte Gesellschaftersicherheit auch tatsächlich zu verwerten.

67 Die §§ 39 Abs. 1 Nr. 5, Abs. 4 und 5, sowie § 43a InsO finden ihre logische Fortsetzung im **Anfechtungsrecht**. Durch Anfechtung sollen kreditbezogene Leistungen der Gesellschafter, die vor der Insolvenz an die Gesellschafter zurückgeflossen sind, wieder zur Masse gezogen werden können. Es ist deshalb eine Rechtshandlung gem. §§ 135 Abs. 1 InsO, 6 AnfG anfechtbar, die (1) für einen Rückgewähranspruch i.S.d. § 39 Abs. 1 Nr. 5 InsO eine Sicherung gewährt hat, wenn die Handlung in den letzten 10 Jahren (!) vor dem Insolvenzantrag bzw. Erlangung des vollstreckbaren Schuldtitels oder danach vorgenommen worden ist, oder die (2) Befriedigung einer solchen Forderung gewährt hat, wenn die Handlung im letzten Jahr vor dem Insolvenzantrag bzw. Erlangung des vollstreckbaren Schuldtitels oder danach vorgenommen worden ist. Entsprechendes ordnen die §§ 135

---

146 S. hierzu den praxisrelevanten Überblick bei *Schumacher-Hey*, RNotZ 2004, 543 ff.
147 So z.B. BGH, ZIP 1995, 1364 = EWiR § 11 AnfG 1/95, 845 (*Gerhardt*) = LM § 7 AnfG Nrn. 18/19 (*Eckardt*); *Bork*, ZIP 2008, 1041, 1046; HambKomm/*Rogge/Leptien*, Vorbem. zu §§ 129 ff. Rn. 8 ff.; HK-InsO/*Kreft*, § 129 Rn. 77; Uhlenbruck/*Borries/Hirte*, § 129 Rn. 29 ff.; s. erg. oben Rdn. 69.
148 Ausf. zu Gesellschafterdarlehen und -sicherheiten in der Krise kürzlich *Heckschen/Kreußlein*, RNotZ 2016, 351 ff.

Abs. 2 InsO, 6a AnfG für Rechtshandlungen an, mit der die Gesellschaft einem gesellschafterbesicherten Drittkreditgeber innerhalb der genannten Fristen eine Befriedigung gewährt hat.

c) Berufsrechtliche Aspekte

Im Zusammenhang mit »vermögensverschiebenden« Rechtshandlungen tritt regelmäßig die Frage auf, inwieweit es rechtlichen Beratern wie z.B. **Rechtsanwälten, Steuerberatern und Notaren** erlaubt ist, beratend oder gestaltend mitzuwirken. Rechtlicher Ansatz für ein solches Mitwirkungsverbot ist das jeweils einschlägige Berufsrecht.[149] 68

Nach zutreffender Ansicht ist die Mitwirkung an einer Rechtshandlung nicht allein deswegen (berufsrechtlich) verboten, weil sie nach Maßgabe der §§ 129 ff. InsO, §§ 2 ff. AnfG anfechtbar ist oder werden könnte.[150] Es sind weder die anfechtungsrechtlichen Vorschriften Verbotsgesetze i.S.d. § 134 BGB[151] noch sind anfechtbare Rechtshandlungen per se sittenwidrig[152] oder eine unerlaubte Handlung i.S.d. Deliktsrechts[153]. Dies zeigt sich vor allem an den Tatbeständen der sog. **besonderen Insolvenzanfechtung** (§§ 130 bis 132 InsO). Die davon erfassten Rechtshandlungen sind, wenn sie nicht zugleich andere strengere Tatbestände verwirklichen, nur dann anfechtbar, wenn das Insolvenzverfahren später auch tatsächlich eröffnet wird. Kommt es hierzu nicht, bleiben die betroffenen Vorgänge unangreifbar. Denn parallele Vorschriften gibt es im Recht der Einzelanfechtung nach dem AnfG nicht.[154] Die darin liegende gesetzgeberische Wertung würde unterlaufen, wenn die Mitwirkung an derlei Vorgängen verboten wäre.[155] Gleiches muss für anfechtbare Rechtshandlungen im Zusammenhang mit **Gesellschafterkrediten** bzw. gleichgestellten Finanzierungsleistungen sowie gesellschafterbesicherten Drittkrediten gelten.[156] Wird das Insolvenzverfahren nicht innerhalb der genannten Fristen eröffnet (§ 145 Abs. 1 und 2 InsO) oder der vollstreckbare Schuldtitel ausgestellt (§§ 6, 6a AnfG), bleiben die fraglichen Rechtshandlungen ebenfalls unangreifbar. Hinzu tritt, dass die – im einzelnen sehr umstrittene – dogmatische Grundlage der §§ 145 InsO, 6, 6a AnfG nicht in der Vorwerfbarkeit eines Verhaltens, sondern in der objektiven Zurechnung der im Übrigen haftungsbeschränkten Steuerbarkeit unternehmerischer und vermögensbezogener Risiken zu sehen ist.[157] Für die Praxis folgt daraus **zum Beispiel**, dass die Mitwirkung von Rechtsanwälten, Steuerberatern und Notaren an der Besicherung eines Gesellschafterkredits durch die Gesellschaft grundsätzlich unbedenklich ist. Etwas anderes gilt nur, aber auch immerhin, wenn **erschwerende Umstände** hinzutreten (dazu sogleich Rdn. 70). 69

Rechtshandlungen, die tatbestandlich unter die **Vorsatzanfechtung** (§ 133 InsO, § 3 AnfG) oder Anfechtung wegen **Unentgeltlichkeit** (§ 134 InsO, § 4 AnfG) fallen, sind ebenfalls nicht zwingend unlauter oder sittenwidrig.[158] Auch ihnen ist nicht per se die rechtliche Anerkennung versagt. Eine Mitwirkung an solchen Rechtshandlungen kann folgerichtig ebenfalls nicht ausnahmslos verboten sein. Die **Grenze** wird erst dann überschritten, wenn der Vorgang aus anderen Gründen rechtlich 70

---

149 § 43 BRAO (Rechtsanwalt), § 57 StBerG (Steuerberater), §§ 4 BeurkG, 14 BNotO (Notar).
150 H.M., s. zum strengen notariellen Berufsrecht etwa *Ganter*, DNotZ 2004, 421, 422; Reul/Heckschen/Wienberg/*Heckschen*, § 10 Rn. 59; *Röll*, DNotZ 1976, 143 ff.; *Schilling*, MittBayNot 2002, 351; *Schumacher-Hey*, RNotZ 2004, 543, 559 f.; *Winkler*, § 4 Rn. 10.
151 Uhlenbruck/*Borries/Hirte*, § 129 Rn. 29 m.w.N.
152 Ebenfalls h.M., s.a. hierzu MünchKommBGB/*Armbrüster*, § 138 Rn. 6; Uhlenbruck/*Borries/Hirte*, § 129 Rn. 30, beide m.w.N. auch aus der höchstrichterlichen Rspr. sowie schon oben Rdn. 64: Sittenwidrigkeit nur bei Hinzutritt erschwerender Umstände.
153 Uhlenbruck/*Borries/Hirte*, § 129 Rn. 27 m.w.N.
154 *Röll*, DNotZ 1976, 143 ff.; *Schumacher-Hey*, RNotZ 2004, 543, 560.
155 *Röll*, DNotZ 1976, 143 ff.; *Schumacher-Hey*, RNotZ 2004, 543, 560.
156 S. dazu oben Rdn. 66 f.
157 S. etwa Baumbach/Hueck/*Fastrich*, § 30 Anh. Rn. 6 sowie den kurzen Überblick bei HambKomm/*Schröder*, § 135 Rn. 11 mit vielen Nachw.
158 *Ganter*, DNotZ 2004, 421, 422; *Schumacher-Hey*, RNotZ 2004, 543, 560 sowie die Nachw. in Fn. 152 ff.

missbilligt wird, er insbesondere **sittenwidrig**, als Scheingeschäft **unwirksam** oder **strafbar** ist.[159] So ist eine Vermögensverschiebung z.B. gem. § 283 Abs. 1 Nr. 1 StGB strafbar, wenn dem Schuldner Zahlungsunfähigkeit droht[160] und er dennoch in einer den Rahmen einer ordnungsgemäßen Wirtschaft überschreitenden Weise[161] Vermögenswerte beiseite schafft, insbesondere unter Wert veräußert. Besondere Umstände, die auf eine Sittenwidrigkeit schließen lassen, sind etwa zu bejahen, wenn der Schuldner besonders verwerfliche Ziele verfolgt, es ihm beispielsweise nicht um seinen eigenen vermögensrechtlichen Vorteil geht, sondern er primär einem Gläubiger einen besonderen Schaden zufügen möchte.[162]

71 Der angesprochene **Berufsträger** kann seine Mitwirkung an einer sittenwidrigen, unwirksamen oder strafbaren Rechtshandlung freilich nur verweigern, wenn die dieses Urteil rechtfertigenden Umstände für ihn auch **erkennbar** sind. Zur Ermittlung des zugrunde liegenden Sachverhaltes ist er auf die Mitwirkung der Beteiligten angewiesen. Was speziell den **Notar** angeht, kann auf die Ausführungen in diesem Kapitel oben Rdn. 56 verwiesen werden. Die dortigen Ausführungen geltend für andere Fälle der Mitwirkung an möglicherweise unlauteren oder strafbaren Handlungen entsprechend.

C. Die Gesellschaft im Insolvenzverfahren

I. Insolvenzfähigkeit

72 Ein Rechtsträger, über dessen Vermögen ein Insolvenzverfahren eröffnet werden kann, wird als insolvenzfähig bezeichnet. Insolvenzfähig sind gem. **§ 11 Abs. 1 und 2 InsO** u. a. alle natürlichen und juristischen Personen, einschließlich des nicht rechtsfähigen Vereins, sowie die Gesellschaften ohne Rechtspersönlichkeit (OHG, KG, PartG, GbR, Partenreederei, EWIV). Gleiches gilt nach ganz h.M.[163] auch für die »Vorgesellschaften« als Vorstufe der Kapitalgesellschaft sowie für die Vorgründungsgesellschaft, wenn diese als Außengesellschaft aufgetreten ist. Sie ist dann eine Gesellschaft ohne Rechtspersönlichkeit. Deren Insolvenzfähigkeit ergibt sich unmittelbar aus § 11 Abs. 2 Nr. 1 InsO. Die Eröffnung eines Insolvenzverfahrens ist bei den Kapitalgesellschaften sogar dann noch zulässig, wenn der Verband im Register (zu Unrecht) gelöscht[164] wurde, solange nur die Verteilung des Vermögens noch nicht vollzogen ist (§ 11 Abs. 3 InsO).

II. Insolvenzgründe

1. (Drohende) Zahlungsunfähigkeit (§§ 17, 18 InsO)

73 § 17 Abs. 1 InsO normiert die Zahlungsunfähigkeit als allgemeinen, d.h. **für alle Rechtsträger geltenden Eröffnungsgrund**. Eine Legaldefinition gibt § 17 Abs. 2 Satz 1 InsO. Danach ist zahlungsunfähig, wer nicht in der Lage ist, seine fälligen Zahlungspflichten zu erfüllen. Bloß vorübergehende Zahlungsstockungen und geringfügige Liquiditätslücken reichen dafür nicht.[165] Der **BGH** hat in einer Reihe von grundlegenden Entscheidungen für den Begriff der Zahlungsunfähigkeit eine **Definition** gegeben: Ein Schuldner ist regelmäßig zahlungsunfähig, wenn er nicht in der Lage ist, seine

---

159 *Ganter*, DNotZ 2004, 421, 422; *Schumacher-Hey*, RNotZ 2004, 543, 560.
160 Hierbei ist streitig, ob die Begrifflichkeiten der §§ 17 ff. InsO uneingeschränkt auch i.R. strafrechtlicher Normen gelten oder stattdessen ein nicht-akzessorischer eigenständiger strafrechtlicher Begriff zur Anwendung kommt, s. etwa HambKomm/*Borchardt*, Anh. V (§ 283 StGB) Rn. 6 mit Nachw.
161 Dieses Einschränkung wird über den Wortlaut hinaus auch auf das »Beiseiteschaffen« angewandt, s. nur BGHSt 34, 310; HambKomm/*Borchardt*, Anh. V (§ 283 StGB) Rn. 12.
162 *Schumacher-Hey*, RNotZ 2004, 543, 561; weitergehend Reul/Heckschen/Wienberg/*Heckschen*, § 10 Rn. 62, der bei jeder Gläubigerbenachteiligungs*absicht* die Verfolgung unredlicher Zwecke i.S.d. §§ 14 Abs. 2 BNotO, 4 BeurkG annimmt.
163 S. statt aller Jaeger/*Ehricke*, § 11 Rn. 18 ff. mit zahlr. Nachw.
164 Uhlenbruck/*Hirte*, § 11 Rn. 45 ff.
165 Begr. RegE, BT-Drucks. 12/2443, S. 114.

C. Die Gesellschaft im Insolvenzverfahren   Kapitel 13

zum Beurteilungsstichtag fälligen und ernsthaft eingeforderten[166] Zahlungsverpflichtungen innerhalb von 3 Wochen zumindest zu 90 % zu erfüllen, sofern nicht ausnahmsweise mit an Sicherheit grenzender Wahrscheinlichkeit zu erwarten ist, dass die Liquiditätslücke demnächst vollständig oder fast vollständig beseitigt werden wird und den Gläubigern ein Zuwarten nach den besonderen Umständen des Einzelfalls zuzumuten ist.[167] Ist der Schuldner in der Lage, seine fälligen und ernsthaft eingeforderten Forderungen innerhalb der Drei-Wochen-Frist zu mehr als 90 % zu erfüllen, liegt Zahlungsunfähigkeit nur vor, wenn bereits absehbar ist, dass die Liquiditätslücke demnächst mehr als 10 % erreichen wird.[168] Bei Gesellschaften ohne Rechtspersönlichkeit fließt die Gesellschafterhaftung (vgl. § 93 InsO, dazu unten Rdn. 126) nicht in die Liquiditätsprüfung mit ein.[169]

§ 17 Abs. 2 Satz 2 InsO stellt die **widerlegliche Vermutung** auf, dass zahlungsunfähig ist, wer seine Zahlungen eingestellt hat. Zahlungseinstellung ist nach ständiger Rechtsprechung zu bejahen, wenn der Schuldner durch ein äußeres, für die beteiligten Verkehrskreise erkennbares Verhalten den Eindruck erweckt, als könne er wegen eines Mangels an Geldmitteln seine fälligen Zahlungsverpflichtungen nicht mehr erfüllen.[170] Zahlungseinstellung kann trotz weiterer beträchtlicher Zahlungen gegeben sein, wenn diese im Verhältnis zu den Gesamtverbindlichkeiten nicht den wesentlichen Teil ausmachen.[171] **Indizien**[172] für Zahlungseinstellung sind z.B. wiederholte Stundungsbitten, schleppende Zahlungen von Löhnen und Gehältern, Nichterfüllung wichtiger Zahlungen wie Sozialversicherungsbeiträge oder Steuern, Häufung von Zwangsvollstreckungsmaßnahmen etc.   74

Für den **Eigenantrag** des Schuldners genügt als Eröffnungsgrund die **drohende Zahlungsunfähigkeit**, § 18 Abs. 1 InsO. Gemäß der legalen Definition in § 18 Abs. 2 InsO droht zahlungsunfähig zu werden, wer voraussichtlich nicht in der Lage sein wird, seine bestehenden Zahlungsverpflichtungen im Zeitpunkt der Fälligkeit zu erfüllen. Im Unterschied zur bestehenden Zahlungsunfähigkeit des § 17 InsO beruht die Prüfung der »drohenden« Zahlungsfähigkeit im Kern auf einer Zukunftsprognose. Grundlage hierfür ist in aller Regel ein **Finanzplan**.[173] Methodik und Genauigkeit sind gesetzlich nicht vorgegeben, haben sich aber an den entwickelten Standards zu orientieren.[174]   75

2. Überschuldung (§ 19 InsO)

Bei juristischen Personen und diesen gleichgestellten Gesellschaften ohne Rechtspersönlichkeit ist Eröffnungsgrund auch die »Überschuldung« (§ 19 Abs. 1 und Abs. 3 InsO). § 19 Abs. 2 InsO enthält eine Legaldefinition. Im Hinblick auf die Finanz- und Wirtschaftskrise wurde diese Definition seit Oktober 2008 verschiedentlich geändert.[175] Die heutige Fassung galt zunächst nur befristet bis zum 13.12.2010, später bis zum 31.12.2013. Der Gesetzgeber hat die Befristung kürzlich ersatzlos   76

---

166 BGH, ZIP 2007, 1066 ff. = ZInsO 2007, 939 ff. = NZI 2007, 579 ff.; BGH, ZIP 2008, 420 = ZInsO 2008, 273: Stillhalteabkommen beseitigt »ernsthaftes Einfordern«; BGH, ZIP 2009, 1235, dazu *Schulz*, ZIP 2009, 2281 ff.
167 BGH, ZIP 2005, 1426; zuletzt ZIP 2012, 1174; grds. zust. die h.M., s. statt aller HambKomm/*Schröder*, § 17 Rn. 4 ff.; MünchKommGmbHG/*H.-F. Müller*, § 64 Rn. 16; Uhlenbruck/*Mock*, § 17 Rn. 20 ff.; in weiten Teilen nahestehend auch Schmidt/*K. Schmidt*, § 17 Rn. 1 bis 30.
168 S. vorherige Fn. 167.
169 Jaeger/*F.-H. Müller*, § 17 Rn. 18; Uhlenbruck/*Mock*, § 17 Rn. 61 mit Ausführungen zu den Besonderheiten bei der GmbH & Co. KG in Rn. 100 ff.
170 BGH, ZInsO 2011, 1410; BGH, ZIP 2008, 706, 707; BGH, ZIP 2007, 1469, 1470; HambKomm/*Schröder*, § 17 Rn. 36; HK-InsO/*Kirchhof*, § 17 Rn. 26 ff.; MünchKommGmbHG/*H.-F. Müller*, § 64 Rn. 18; Uhlenbruck/*Mock*, § 17 Rn. 155 ff.
171 BGH, ZIP 2007, 1469, 1470; BGH, ZIP 2006, 2222, 2223; BGH, ZInsO 2002, 29, 30.
172 Ausf. mit Nachw. HK-InsO/*Kirchhof*, § 17 Rn. 31 ff.
173 Begr.RegE, BT-Drucks. 12/2443, S. 115; BGH, ZInsO 2006, 1210, 1212; näher Kübler/Pape/Bork/*Pape*, § 18 Rn. 6 ff.; *Pape*, WM 2008, 1949 ff.; ein Muster gibt HambKomm/*Schröder*, § 18 Rn. 18 i.V.m. § 17 Rn. 49.
174 Ein Muster gibt HambKomm/*Schröder*, § 17 Rn. 49; s.a. IDW S 11 v. 28.08.2016.
175 S. dazu etwa HambKomm/*Schröder*, § 19 Rn. 3 ff.

gestrichen.[176] Damit ist der heutige, in der Sache aber bereits von der KO/GesO her bekannte sog. **(modifizierte) zweistufige Überschuldungsbegriff** wieder dauerhaft geltendes Recht. Der Schuldner ist danach trotz bilanzieller Überschuldung[177] nicht im insolvenzrechtlichen Sinne überschuldet, wenn die Fortführung des Unternehmens nach den Umständen überwiegend wahrscheinlich ist (§ 19 Abs. 2 Satz 1 InsO). Zentraler Bestandteil der Überschuldungsprüfung ist damit eine **Fortführungsprognose**. Eine positive Fortführungsprognose setzt neben dem Fortführungswillen des Schuldners bzw. seiner Organe voraus, dass aus einer aussagekräftigen Ertrags- und Finanzplanung eine Wahrscheinlichkeit von mehr als 50 % resultiert, derzufolge das Unternehmen mittelfristig ausreichende Überschüsse erzielen und seine Verbindlichkeiten bedienen wird.[178]

III. Auswirkungen der Verfahrenseröffnung auf die Verbandsstruktur

1. Dogmatische Grundlagen

77 Die Eröffnung[179] des Insolvenzverfahrens bewirkt bei einer werbenden Gesellschaft organisationsrechtlich deren **Auflösung**.[180] Der ursprüngliche Verbandszweck wird fortan durch die Zwecke des Insolvenzverfahrens überlagert.[181] Weitergehende Eingriffe in die Verbandsverfassung, gleich welcher Gesellschaftsform, sieht das Insolvenzrecht grds. aber nicht vor. Gegenstand der Haftung ist das Vermögen des Verbandes, nicht seine Organisation.[182] Für Eingriffe in die Verbandsstruktur sind daher grds. dieselben Organisationsakte erforderlich, die das verbandsrechtliche Regelwerk auch für die werbende Gesellschaft vorsieht.[183] Dieses Prinzip wird durch bestimmte Vorschriften des **ESUG** punktuell durchbrochen. Sie erlauben Änderungen der Gesellschaftsstruktur im gestaltenden Teil eines Insolvenzplans und damit außerhalb des verbandsspezifischen Regelwerkes. Dogmatisch bleibt zwar auch im Planverfahren die Zustimmung der Altgesellschafter erforderlich, kann aber in weitem Umfang durch das Obstruktionsverbot ersetzt werden (näher unten Rdn. 251).

78 Trotz Verfahrenseröffnung bleiben die Gesellschaftsorgane dem Grunde nach unverändert bestehen. Insbesondere werden die Vertretungsorgane nicht etwa zu Liquidatoren; die Gesellschaft tritt nicht neben dem Insolvenzverfahren in ein gesellschaftsrechtliches Liquidationsverfahren.[184] Die weitere

---

176 Etwas versteckt in Art. 18 des RechtsBehEG v. 05.12.2012, BGBl. I S. 2418.
177 Der Überschuldungsbegriff, insb. die bei Gegenüberstellung der Aktiva und Passiva anzusetzenden Werte, ist äußerst umstritten, s. etwa Schmidt/*K. Schmidt*, § 19 Rn. 6 ff. Ein Muster für einen Überschuldungsstatus findet sich bei HambKomm/*Schröder*, § 19 Rn. 72. Ansprüche i.S.d. § 93 InsO (unten Rdn. 126) sind nicht zu aktivieren; s. etwa HambKomm/*Schröder*, § 19 Rn. 46; HK-InsO/*Kirchhof*, § 19 Rn. 16; Jaeger/*H.-F. Müller*, § 19 Rn. 62; Uhlenbruck/*Mock*, § 19 Rn. 95, 103.
178 Mit Unterschieden im Detail: BGH, ZInsO 2007, 36, 37; OLG Hamburg, ZIP 2010, 2448, 2449; *Aleth/Harflinger*, NZI 2011, 166 ff.; *Bork*, ZIP 2000, 1709 ff.; *Ehlers*, NZI 2011, 161 ff.; *Greil/Herden*, ZInsO 2011, 109 ff.; HambKomm/*Schröder*, § 19 Rn. 21; HK-InsO/*Kirchhof*, § 19 Rn. 8 ff.; MünchKommGmbHG/*H.-F. Müller*, § 64 Rn. 25; MünchKommInsO/*Drukarczyk/Schüler*, § 19 Rn. 51 ff.; Uhlenbruck/*Mock*, § 19 Rn. 39 ff.
179 Zur Abweisung des Eröffnungsantrages mangels Masse s.u. Rdn. 134, 149.
180 § 262 Abs. 1 Nr. 3 AktG; § 60 Abs. 1 Nr. 4 GmbHG; §§ 131 Abs. 1 Nr. 3, 161 Abs. 2 HGB, § 728 BGB.
181 So z.B. Baumbach/*Hueck/Haas*, § 60 Rn. 42; Gottwald/*Kolmann/Pauw*, § 92 Rn. 289; Gottwald/*Haas/Mock*, § 93 Rn. 16; MünchKommGmbH/*F.-H. Müller*, § 64 Rn. 79 m.w.N. Das dogmatische Verständnis ist umstritten; teilw. wird statt einer »Überlagerung« auch eine »Ersetzung« des Zwecks angenommen; s. zum Ganzen *H.-F. Müller*, Der Verband in der Insolvenz (2002), S. 124 ff.
182 Allg. Begr. RegE-InsO, BT-Drucks. 12/2443, S. 83; zust. mit umfassender Darstellung der Zusammenhänge *H.-F. Müller*, Der Verband in der Insolvenz (2002), S. 318 ff., 366 ff.; *ders.*, MünchKommGmbH, § 64 Rn. 79 ff.; Reul/Heckschen/Wienberg/*Heckschen*, § 4 Rn. 66 ff.
183 Allg. Begr. RegE-InsO, BT-Drucks. 12/2443, S. 83.
184 H.M., grdl. *Weber*, KTS 1970, 73 ff.; ebenso *H.-F. Müller*, Der Verband in der Insolvenz (2002), S. 64 ff., 89; *ders.*, MünchKommGmbHG, § 64 Rn. 82; *Robrecht*, BB 1968, 471, 474; s. ergänzend z.B. für die AG § 264 Abs. 1 AktG sowie Gottwald/*Haas/Mock*, § 93 Rn. 16, 17 ff.; Schmidt/Lutter/ *Seibt*, § 84 Rn. 20; für die OHG/KG § 145 Abs. 1 HGB und die GbR § 730 Abs. 1 BGB sowie ergän-

C. Die Gesellschaft im Insolvenzverfahren   Kapitel 13

Abwicklung und Verwertung des Gesellschaftsvermögens richtet sich in erster Linie nach dem Insolvenzrecht. In der Rechtswissenschaft herrscht seit langem *de lege lata* und *de lege ferenda* eine **Diskussion** darüber, ob und bejahendenfalls mit welchen Schlussfolgerungen die Abwicklung der Gesellschaft bis hin zu ihrer **Vollbeendigung** dogmatisch eine Aufgabe des Insolvenzverfahrens ist bzw. sein sollte.[185] Der Gesetzgeber hat diesen Gedanken zwar bei Schaffung der InsO aufgegriffen[186], es dann aber doch bei der alten Systematik belassen. Die materiell-rechtlichen Voraussetzungen für eine Vollbeendigung und das registerliche Löschungsverfahren richten sich deshalb nach wie vor nach den einschlägigen verbandsspezifischen Vorschriften, mögen diese auch mit einem gewissen Automatismus an den Abschluss des Insolvenzverfahrens anknüpfen (näher unten Rdn. 132 ff.). Unabhängig davon, welchen Standpunkt man in der eher dogmatischen Diskussion bezieht, ist jedenfalls ein Unterpunkt mittlerweile höchstrichterlich geklärt, nämlich die Möglichkeit der Existenz **massefreien Vermögens**. Der Insolvenzverwalter hat auch in der Insolvenz einer Gesellschaft, gleich welcher Rechtsform, die Befugnis, Vermögen der Gesellschaft durch **Freigabe** aus dem Insolvenzbeschlag der Masse herauszulösen (s. erg. unten Rdn. 98).[187]

Die ursprünglichen **Kompetenzen der Gesellschaftsorgane** werden durch die Zuständigkeiten des Insolvenzverwalters **überlagert**. Dementsprechend verringern sich die Kompetenzen der Gesellschaftsorgane um die auf den Verwalter übergehenden Zuständigkeiten. Anschaulich ist die auf *Weber*[188] zurückgehende Unterscheidung zwischen dem »Verdrängungsbereich«, dem »Insolvenzschuldnerbereich« und dem »insolvenzfreien Bereich«.[189] Der »Verdrängungsbereich« beschreibt die auf den Insolvenzverwalter übergehenden Verwaltungs- und Verfügungsbefugnisse sowie handels- und steuerlichen Pflichten (§§ 80, 155 InsO), der »Insolvenzschuldnerbereich« die verfahrensrechtlichen Rechte und Pflichten des Schuldners im Insolvenzverfahren, und schließlich der »insolvenzfreie Bereich« die Angelegenheiten des verbandsinternen Geschäftsgangs sowie die Verwaltung und Verfügung über massefreies Vermögen. Der Insolvenzverwalter unterliegt selbstverständlich nicht den für die organschaftlichen Vertreter vorgesehenen gesellschaftsrechtlichen Kontrollmechanismen.[190] Gleiches gilt für die organschaftlichen Vertreter im Verfahren der Eigenverwaltung (§§ 270 ff. InsO). Denn sie beziehen in diesem Verfahren ihre Kompetenzen aus insolvenzrechtlichen Vorschriften (jetzt ausdrücklich § 276a InsO). 79

Befand sich die Gesellschaft bei Eröffnung des Insolvenzverfahrens bereits **in Liquidation**, überlagert das Insolvenzrecht die Organisationsverfassung in gleicher Weise wie bei einer werbenden Gesell- 80

---

zend Ebenroth/Boujong/Joost/Strohn/*Hillmann*, § 145 Rn. 9; Gottwald/*Haas/Mock*, § 94 Rn. 30; Oetker/*Kamanabrou*, § 145 Rn. 7; Uhlenbruck/*Hirte* § 11 Rn. 118, 120 (Kapitalgesellschaften), Rn. 269, 287 (Gesellschaften ohne Rechtspersönlichkeit).

185 S. hierzu Jaeger/*H.-F. Müller*, § 35 Rn. 148; *K. Schmidt*, NJW 2010, 1489, 1492 f.
186 Vgl. § 1 Abs. 2 Satz 3 RegE, BT-Drucks. 12/2443, S. 10: »Bei juristischen Personen und Gesellschaften ohne Rechtspersönlichkeit tritt dieses Verfahren an die Stelle der gesellschafts- oder organisationsrechtlichen Abwicklung.« Die Vorschrift wurde später aus Gründen der redaktionellen Straffung gestrichen, vgl. Uhlenbruck/*Pape*, § 1 Rn. 11. S. ergänzend die Begr. zum RegE, BT-Drucks. 12/2443, S. 83 und ausf. dazu *H.-F. Müller*, Der Verband in der Insolvenz (2002), S. 11 f.
187 Vgl. BVerwG, ZIP 2004, 2145, 2147; BGH, ZIP 2006, 583, 584; BGH, ZIP 2005, 1034; BGH, ZIP 2002, 1043, 1047 f.; *H.-F. Müller*, Der Verband in der Insolvenz (2002), S. 25 ff., 38 ff., 114; Gottwald/*Haas/Kolmann/Pauw*, § 92 Rn. 307, 338; *Kesseler*, RNotZ 2004, 146, 201; MünchKomm-InsO/*Peters*, § 35 Rn. 113; Uhlenbruck/*Praß/Hirte*, § 35 Rn. 71 f.; a.A. vor allem *K. Schmidt*, KTS 1994, 309 ff.; *ders.*, Schmidt/Uhlenbruck, Rn. 7.18.
188 KTS 1970, 73 ff. zur Konkursordnung mit den damaligen Begifflichkeiten.
189 Ebenso *Göcke*, Wechselwirkungen bei der Insolvenz von Gesellschaft, Gesellschafter und Organwalter, S. 28 ff., 36 mit Darstellung der umstrittenen Grenzziehung zwischen den Bereichen; s.a. Gottwald/*Haas/Kolmann/Pauw*, § 92 Rn. 291 ff., 303, 313; Lutter/Hommelhoff/*Kleindiek*, Anh. § 64 Rn. 72 ff.; *H.-F. Müller*, Der Verband in der Insolvenz (2002), S. 71 f., S. 48; *ders.*, MünchKommGmbHG, § 64 Rn. 81 ff.; Rowedder/Schmidt-Leithoff/*M. Schmidt-Leithoff/Schneider*, Vor § 64 Rn. 255 ff.; Uhlenbruck/*Hirte*, § 11 Rn. 118 ff., 185, 287 ff.
190 MünchKommGmbHG/*F.-H. Müller*, § 64 Rn. 93; Uhlenbruck/*Hirte*, § 11 Rn. 186.

schaft. Es sind dann die Liquidatoren bzw. Abwickler diejenigen, die für die Gesellschaft im »Insolvenzschuldnerbereich« und im »insolvenzfreien Bereich« handeln.

81 Wird im Eröffnungsverfahren ein **vorläufiger Insolvenzverwalter** (§ 21 Abs. 2 Nr. 1 InsO) bestellt, ist die Rechtslage vergleichbar. Auch dessen Kompetenzen überlagern diejenigen der Gesellschaftsorgane. Die Kompetenzen des vorläufigen Insolvenzverwalters unterliegen engeren inhaltlichen Grenzen als diejenigen des Insolvenzverwalters. Während der Insolvenzverwalter die Masse zu verwerten hat, zielt das Handeln des vorläufigen Insolvenzverwalters lediglich auf deren Sicherung (Beispiel unten Rdn. 227 f.).

2. ABC ausgewählter Zuständigkeiten

82 **Abtretung von Gesellschaftsanteilen.** Die Übertragung von Beteiligungen an einer Gesellschaft (z.B. GmbH-Geschäftsanteilen, Aktien, Genossenschaftsanteilen, Mitgliedschaften an Gesellschaften ohne Rechtspersönlichkeit etc.) folgt auch während des Insolvenzverfahrens der Gesellschaft den »normalen« verbandsrechtlichen Regeln. Hängt die Übertragung von einem Mitwirkungsakt eines dazu berufenen Organs ab (z.B. Mitgesellschafter, Gesellschaft, Aufsichtsrat etc.), bleibt auch dessen Zuständigkeit für die Mitwirkung erhalten.[191]

83 **Amtsniederlegung.** Das Verfahren und der Adressat für die Erklärung über die Niederlegung des Amtes eines organschaftlichen Vertreters juristischer Personen (z.B. Geschäftsführer oder Vorstand) sind dem gesellschaftsinternen Bereich zuzuordnen und ändern sich durch das Insolvenzverfahren nicht. Der Insolvenzverwalter ist zur Entgegennahme der Niederlegungserklärung nicht zuständig. Zur Zulässigkeit der Amtsniederlegung in der Krise s. im Übrigen oben Rdn. 58 ff. Das Ausscheiden des organschaftlichen Vertreters kann aber vom Insolvenzverwalter zur Eintragung in das Handelsregister angemeldet werden, wenn keine weiteren organschaftlichen Vertreter in ausreichender Zahl mehr vorhanden sind.[192]

84 **Anstellungsvertrag.** Das Recht zur Kündigung der zwischen der Gesellschaft und ihren organschaftlichen Vertretern bestehenden Anstellungsverträge geht auf den Insolvenzverwalter bzw. den starken vorläufigen Insolvenzverwalter über, und zwar mit Rücksicht auf § 113 InsO ohne Bindung an eine vereinbarte Mindestdauer.[193]

85 **Aufsichtsrat.** Der Aufsichtsrat, gleich ob obligatorisch oder fakultativ, ist Bestandteil der verbandsinternen Organisation. Diese ändert sich durch die Eröffnung des Insolvenzverfahrens dem Grunde nach nicht.[194] Wie bei den anderen Organen werden die Befugnisse des Aufsichtsrats durch die Kompetenzen des Insolvenzverwalters überlagert. Dem Aufsichtsrat verbleibt damit letztlich nur der »insolvenzfreie Bereich«. Hierzu gehören beim AG-Aufsichtsrat z.B. das Recht zur Einberufung der Hauptversammlung, das Recht zur Erhebung von Anfechtungs- und Nichtigkeitsklagen, soweit der betroffene Beschluss keinen Massebezug aufweist und die Bestellung und Abberufung des Vorstandes.[195] Die Gesellschaftsinsolvenz wird in aller Regel als wichtiger Grund (§ 84 Abs. 3 AktG) für die Abberufung des AG-Vorstandes ausreichen.[196] Das Verfahren zur Bestellung und Abberufung der Mitglieder des Aufsichtsrates ändert sich prinzipiell nicht. Der Insolvenzverwalter hat nicht das

---

191 Gottwald/*Haas/Kolmann/Pauw*, § 92 Rn. 320; MünchKommGmbHG/*Reichert/Weller*, § 15 Rn. 562 f.; MünchKommGmbHG/*F.-H. Müller*, § 64 Rn. 94; Rowedder/Schmidt-Leithoff/*Görner*, § 15 Rn. 172; Uhlenbruck/*Hirte*, § 11 Rn. 191.
192 LG Baden, ZIP 1996, 1352; Gottwald/*Haas/Kolmann/Pauw*, § 92 Rn. 292.
193 Gottwald/*Haas/Kolmann/Pauw*, § 92 Rn. 293 ff.; Reul/Heckschen/Wienberg/*Heckschen*, § 4 Rn. 66 ff.; Uhlenbruck/*Hirte*, § 11 Rn. 125.
194 Gottwald/*Haas/Kolmann/Pauw*, § 92 Rn. 330 (für GmbH); Gottwald/*Haas/Mock*, § 93 Rn. 23 ff. (für AG); *Grüneberg*, Die Rechtspositionen der Organe der GmbH und des Betriebsrates im Konkurs (1988), S. 159; Schmidt/Lutter/*Seibt*, § 84 Rn. 20 (für AG); zum Ganzen *Noack*, Der Aufsichtsrat in der Insolvenz der Kapitalgesellschaften (2003).
195 S. hierzu den Überblick bei Gottwald/*Haas/Mock*, § 93 Rn. 26.
196 Schmidt/Lutter/*Seibt*, § 84 Rn. 20.

C. Die Gesellschaft im Insolvenzverfahren   Kapitel 13

Recht, die Mitglieder des Aufsichtsrates zu bestellen oder abzuberufen, wohl aber hat bei Eigenverwaltung neuerdings der Sachwalter ein Zustimmungsrecht (§ 276a InsO).

Einziehung von Anteilen. Die innergesellschaftlich dafür zuständigen Organe können bei Vorliegen 86 der gesellschaftsrechtlichen Voraussetzungen auch die Einziehung von Geschäftsanteilen (§ 34 Abs. 1 und 2 GmbHG) und Aktien (§ 237 Abs. 1 AktG) beschließen.[197] Dies gilt für vergleichbare Akte der verbandsinternen Organisation entsprechend (z.B. Ausschluss, Kaduzierung, Zwangsabtretung etc.).[198]

Entlastung. Zwar sind die GmbH-Gesellschafter auch nach Verfahrenseröffnung nicht gehindert, 87 den organschaftlichen Vertretern Entlastung zu erteilen. Die Entlastung hat aber keinerlei haftungsbefreiende Wirkung mehr.[199] Bei der AG ergibt sich dies auch ohne Insolvenzverfahren unmittelbar aus den §§ 93 Abs. 4 Satz 3, 120 Abs. 2 Satz 2 AktG.

Firma. Zur Firma im Insolvenzverfahren s.u. Rdn. 111 f. 88

Geschäftsadresse. Die Pflicht zur Angabe einer Geschäftsadresse der Gesellschaft bleibt trotz des 89 Insolvenzverfahrens bestehen. Zuständig hierfür sind nach wie vor die organschaftlichen Vertreter.[200]

Geschäftsführer, hier: Bestellung und Abberufung. Durch die Eröffnung des Insolvenzverfahrens 90 oder die Anordnung einer vorläufigen Insolvenzverwaltung ändert sich nichts an den gesetzlichen oder, falls vorhanden, vorrangigen satzungsmäßigen Zuständigkeiten zur Bestellung und Abberufung der GmbH-Geschäftsführer.[201] Auch die Befugnis/Verpflichtung zur registerlichen Anmeldung von Änderungen in der Geschäftsführung bleibt unverändert.[202] Scheidet der letzte Geschäftsführer aus, soll auch der Insolvenzverwalter zur Anmeldung berechtigt sein.[203] Zu den »Kosten« s. zu diesem Stichwort.

Geschäftsführer, hier: Aufgabe und Verantwortlichkeit. Die Geschäftsführer werden durch die Ver- 91 fahrenseröffnung nicht zu Liquidatoren[204], so dass insoweit auch nichts beim Handelsregister anzumelden ist.[205] Dennoch hat die Reduktion ihrer organschaftlichen Kompetenzen auf den »Insolvenzschuldnerbereich« und den »insolvenzfreien Bereich« auch Einfluss auf ihre Aufgabe. Diese besteht fortan darin, die Interessen der Gesellschaft in ihrer Schuldnerrolle gegenüber dem Insolvenzgericht, dem Insolvenzverwalter und den Gläubigern zu vertreten und ihre verfahrensrechtlichen Pflichten (z.B. §§ 20, 97, 98, 101, 153 InsO) zu erfüllen, weiterhin der Gesellschaft etwa noch verbleibenden allgemeinen Pflichten nachzukommen sowie etwa vorhandenes massefreies Vermögen zu verwalten und hierüber zu verfügen (dazu noch sogleich Rdn. 98).[206] Sie unterliegen bei alledem allerdings nicht mehr den Grundsätzen der werbenden Gesellschaft, sondern haben ihr Handeln am neuen Liquidationszweck der aufgelösten Gesellschaft auszurichten. Die Änderung und Reduktion ihrer Aufgabe wirkt sich auf ihre haftungsrechtliche Verantwortung mit einer entsprechenden Änderung

---

197 Baumbach/Hueck/*Haas*, § 60 Rn. 53; MünchKommGmbHG/*F.-H. Müller*, § 64 Rn. 94; Uhlenbruck/*Hirte*, § 11 Rn. 191.
198 Uhlenbruck/*Hirte*/*Praß*, § 11 Rn. 191 (für den Ausschluss); § 35 Rn. 311 (für Kaduzierung).
199 Gottwald/*Haas*/*Kolmann*/*Pauw*, § 92 Rn. 327 (GmbH); Gottwald/*Haas*/*Mock*, § 93 Rn. 32 (AG); H.-F. *Müller*, Der Verband in der Insolvenz (2002), S. 81; *ders.*, MünchKommGmbHG, § 64 Rn. 93; Rowedder/Schmidt-Leithoff/*M. Schmidt-Leithoff*/*Schneider*, Vor § 64 Rn. 257; Uhlenbruck/*Hirte*, § 11 Rn. 188 f.
200 KG, GmbHR 2012, 1007.
201 Für GmbH z.B. OLG Rostock, Rpfleger 2003, 444, 445; OLG Köln, NZI 2001, 470, 471; Uhlenbruck/*Hirte*, § 11 Rn. 189; *H.-F. Müller*, Der Verband in der Insolvenz (2002), S. 81; *ders.*, MünchKommGmbHG, § 64 Rn. 82, 93; Lutter/Hommelhoff/*Kleindiek*, Anh § 64 Rn. 73.
202 OLG Hamm, RNotZ 2017, 399 ff.; MünchKommGmbHG/*F.-H. Müller*, § 64 Rn. 86.
203 LG Baden, ZIP 1996, 1352; Gottwald/*Haas*/*Kolmann*/*Pauw*, § 92 Rn. 269; *H.-F. Müller*, § 64 Rn. 82.
204 S. schon oben Rdn. 78.
205 *Krafka*/*Kühn*, Registerrecht, Rn. 410.
206 Gottwald/*Haas*/*Kolmann*/*Pauw*, § 92 Rn. 308 ff.

und Reduktion aus.[207] Es versteht sich von selbst, dass sich die Weisungsbefugnis der Gesellschafterversammlung gegenüber den Geschäftsführern auf den »insolvenzfreien Bereich« beschränkt. Wenn und soweit den Geschäftsführern insolvenzverfahrensrechtliche Pflichten obliegen, haben sie diese in eigener Verantwortung zu erfüllen und sind nicht weisungsgebunden.

92 **Gesellschafterliste.** Die Zuständigkeiten zur Einreichung der Gesellschafterliste bei der GmbH (§ 40 GmbHG) ändert sich durch das Insolvenzverfahren nicht.[208] Sie ist also weiterhin von der Geschäftsführung bzw. dem Notar einzureichen.

93 **Gesellschafterversammlung.** Das Recht zur Einberufung und Leitung einer Gesellschafterversammlung, die Regeln zum Ablauf der Versammlung, das Recht zur Anfechtung von Beschlüssen etc. sind unabhängig von der Rechtsform der Gesellschaft der verbandsinternen Organisation und damit dem »insolvenzfreien Bereich« zuzurechnen. An den ursprünglichen Rechten und Zuständigkeiten ändert sich daher aufgrund der Verfahrenseröffnung nichts.[209] Der Insolvenzverwalter ist nicht zur Einberufung berechtigt. Die in einer von ihm einberufenen Versammlung gefassten Beschlüsse sind grds. gem. §§ 121 Abs. 2, 241 Nr. 1 AktG (analog) nichtig, es sei denn, die Voraussetzungen einer Vollversammlung liegen vor (§ 121 Abs. 6 AktG).[210] Auch ist der Insolvenzverwalter nicht etwa zu Gesellschafterversammlungen einzuladen; er wird nicht Organ der Gesellschaft. Ist über Beschlüsse einer Gesellschafterversammlung ein **notarielles Protokoll** zu errichten, ergeben sich für die Beurkundung daher keine Besonderheiten. Etwas anderes gilt freilich, wenn und soweit die Gesellschafterversammlung die materiell-rechtliche Beschlusskompetenz für den fraglichen Beschlussgegenstand an den (vorläufigen) Insolvenzverwalter verloren hat (»Verdrängungsbereich«). Siehe zu den Beschlusskompetenzen die einzelnen Stichworte sowie unten Rdn. 108 ff. und zur Kostentragungspflicht bei dem Stichwort »Kosten«.

94 **Gesellschaftsvertrag/Satzung.** Zur Zulässigkeit von Beschlüssen, durch die der Gesellschaftsvertrag bzw. die Satzung geändert wird, s.u. Rdn. 108 ff.

95 **Geschäftsadresse.** Die Zuständigkeit für die Änderung der Geschäftsadresse verbleibt bei den Mitgliedern des Vertretungsorgans; allein sie trifft auch die Verpflichtung, die neue Geschäftsadresse beim Handelsregister anzumelden.[211]

96 **Hauptversammlung.** Die Ausführungen zur Gesellschafterversammlung einer GmbH (s. dort) gelten für die Hauptversammlung entsprechend. Die Kompetenz zur Wahl der Aufsichtsratsmitglieder bleibt trotz Verfahrenseröffnung erhalten.[212]

97 **Kosten.** So wenig wie die KO regelt die InsO die Frage, wer die Kosten zu tragen hat, wenn solche wegen der Tätigkeit der organschaftlichen Vertreter oder wegen sonstiger verbandsinterner Abläufe (Einberufung und Beurkundung einer Gesellschafterversammlung, Registeranmeldungen, Einreichung einer Gesellschafterliste etc.) entstehen. Es hat sich die **Auffassung** durchgesetzt, dass diese Kosten nicht analog § 58 Abs. 2 InsO vom Insolvenzverwalter aus der Masse, sondern aus dem – praktisch kaum vorhandenen – massefreien Geldvermögen oder aus Zahlungen z.B. der Gesellschaf-

---

207 Gottwald/*Haas*, § 91 Rn. 36.
208 Gottwald/*Haas/Kolmann/Pauw*, § 92 Rn. 305; Rowedder/Schmidt-Leithoff/*M. Schmidt-Leithoff/Schneider*, Vor § 64 Rn. 261.
209 Vgl. Gottwald/*Haas/Kolmann/Pauw*, § 92 Rn. 319 (GmbH); Gottwald/*Haas/Mock*, § 93 Rn. 16 ff., 33 mit dem Hinweis, dass bei Massebezug für Beschlussanfechtungsklage der Insolvenzverwalter passivlegitimiert sein soll (AG); Rowedder/Schmidt-Leithoff/*M. Schmidt-Leithoff/Schneider*, Vor § 64 Rn. 261; a.A. Schmidt/Lutter/*Schwab*, § 246 Rn. 22: »Insolvenzverwalter immer passivlegitimiert«.
210 Hauschild/Kallrath/Wachter/*Böttcher*, § 33 Rn. 68.
211 KG, ZIP 2012, 1352, 1353; OLG Hamm, RNotZ 2017, 399 ff.; MünchKommGmbHG/*F.-H. Müller*, § 64 Rn. 86.
212 Ausf. *Noack*, Der Aufsichtsrat in der Insolvenz der Kapitalgesellschaften (2003), S. 28.

ter zu bestreiten sind.²¹³ Unproblematisch ist dies jedenfalls für Handlungen, die zumindest als Reflex auch im Gesellschafterinteresse liegen wie z.B. die Einberufung und Abwicklung einer Gesellschafterversammlung. Möchten die Gesellschafter in den Genuss solcher Tätigkeiten kommen, müssen sie eben auch die Kosten dafür tragen. Nicht ganz unbedenklich erscheint die Auffassung in Ansehung von Rechtshandlungen, zu denen die organschaftlichen Vertreter persönlich verpflichtet sind wie z.B. zur registerlichen Anmeldung eintragungspflichtiger Tatsachen. Übernehmen die Gesellschafter die Kosten nicht freiwillig, bleibt der Anmeldeverpflichtete hierauf sitzen. Keinen Bedenken begegnet dies allerdings wiederum dann, wenn der Anmeldeverpflichtete zugleich herrschender Gesellschafter ist. Nach einer neueren Auffassung ist eine Ausnahme für die Kosten von organisationsrechtlichen Maßnahmen zu machen, die einer Sanierung dienen. Solche seien vom Insolvenzverwalter zu tragen.²¹⁴

Massefreies Vermögen. Zur möglichen Existenz massefreien Vermögens in der Gesellschaftsinsolvenz s. zunächst oben Rdn. 78. Die Verwaltungs- und Verfügungsbefugnis über massefreies Vermögen obliegt den organschaftlichen Vertretern (»insolvenzfreier Bereich«). Wer »organschaftlicher Vertreter« in diesem Sinne ist und insoweit die Verfügungsbefugnis über massefreies Vermögen hat, ist bislang – soweit ersichtlich – nicht Gegenstand einer gerichtlichen Entscheidung geworden. Zu denken wäre entweder an die vertretungsberechtigten Organe, wie sie es auch bei der werbenden Gesellschaft wären (z.B. GmbH-Geschäftsführer, AG-Vorstand), oder an Liquidatoren bzw. Abwickler. Da eine Gesellschaft mit Eröffnung des Insolvenzverfahrens nach ganz h.M. nicht in ein gesellschaftsrechtliches Liquidationsverfahren eintritt (oben Rdn. 78), ist es nur konsequent, die Vertretungsbefugnis den ursprünglichen Organen in ihrer ursprünglichen Vertretungsberechtigung zuzuweisen.²¹⁵ Eine hiervon zu unterscheidende Frage ist, ob die Gesellschafter im Hinblick auf das massefreie Vermögen ein gesellschaftsrechtliches Abwicklungsverfahren (etwa durch Beschluss) einleiten *könnten*. Es würde dann die Vertretungsbefugnis auf die Liquidatoren übergehen, die je nach Verbandsrecht ggf. neu zu bestellen und in das Register der Gesellschaft einzutragen wären. Für eine solche Option der Gesellschafter spricht, dass massefreies Vermögen auch in den Fällen der Beendigung eines Insolvenzverfahrens, wenn eine Nachtragsverteilung gem. § 203 InsO nicht angeordnet wird, im Wege einer **gesellschaftsrechtlichen Liquidation** aufzulösen ist.²¹⁶ Dem ließe sich allerdings entgegnen, dass ein Bedürfnis für die Möglichkeit eines Übergangs in das gesellschaftsrechtliche Liquidationsverfahren während eines laufenden Insolvenzverfahrens nicht besteht. Fest steht aber, dass jedenfalls mit Beendigung des Insolvenzverfahrens die Verfügungsbefugnis auf die Liquidatoren übergeht (näher unten Rdn. 133 ff.). Befand sich die Gesellschaft bereits bei Verfahrenseröffnung in Liquidation, sind ohne Besonderheiten die Liquidatoren zu Verfügungen über massefreies Vermögen befugt. 98

Prokura. Siehe zunächst die Ausführungen zum Stichwort »Vollmachten«. Prokuren wie Handlungsvollmachten erlöschen gem. § 117 InsO mit Verfahrenseröffnung. Das Erlöschen der Prokura braucht nicht gesondert angemeldet und in das Register der Gesellschaft eingetragen werden, da es wegen der Eintragung der Gesellschaftsauflösung für den Rechtsverkehr erkennbar ist.²¹⁷ Es spricht allerdings auch nichts dagegen, dass das Erlöschen angemeldet, aber auch von Amts wegen eingetragen werden *kann*. Nach Verfahrenseröffnung kann nur der Insolvenzverwalter neue Prokuren (oder 99

---

213 Vgl. Gottwald/*Haas/Kolmann/Pauw*, § 92 Rn. 306 (für GmbH); Gottwald/*Haas/Mock*, § 93 Rn. 28 (für AG); Rowedder/Schmidt-Leithoff/*M. Schmidt-Leithoff/Schneider*, Vor § 64 Rn. 261; *K. Schultz*, KTS 1986, 389, 394; Uhlenbruck/*Hirte*, § 11 Rn. 189.
214 *H.-F. Müller*, Der Verband in der Insolvenz (2002), S. 117 f.; *Uhlenbruck*, NZI 2007, 313, 316.
215 *Bauer*, Die GmbH in der Krise, Rn. 1941; Gottwald/*Haas/Kolmann/Pauw*, § 92 Rn. 307; in diese Richtung weisen auch die Ausführungen bei Lutter/Hommelhoff/*Kleindiek*, Anh. zu § 64 Rn. 72; ebenso DNotI-Gutachten Nr. 102986 (Stand: 02.12.2010).
216 S. dazu unten Rdn. 134 ff.
217 LG Halle, ZIP 2004, 2294, 2295; Gottwald/*Haas/Kolmann/Pauw*, § 92 Rn. 289.

Handlungsvollmachten) erteilen.[218] In diesem Falle ist auch nur er zur registerlichen Anmeldung unter Kostentragung (§ 58 Abs. 2 InsO) berechtigt. Gem. § 117 InsO erloschene Vollmachten und damit auch die Prokura leben nach Beendigung des Insolvenzverfahrens nicht wieder auf.

100 **Rechnungslegung und Buchführung.** § 155 Abs. 1 InsO weist die handels- und steuerlichen Pflichten zur Rechnungslegung und Buchführung, soweit sie die Insolvenzmasse betreffen, dem Insolvenzverwalter zu. Gleiches gilt für den starken vorläufigen Insolvenzverwalter, der als Verfügungsberechtigter i.S.d. § 39 AO anzusehen ist, jedoch nicht für den schwachen vorläufigen Insolvenzverwalter.[219]

101 **Registeranmeldungen.** Die organschaftlichen Vertreter sind trotz Verfahrenseröffnung verpflichtet, eintragungspflichtige Tatsachen zur Eintragung beim zuständigen Registergericht anzumelden, wenn und soweit sich diese nicht auf die Insolvenzmasse beziehen.[220] Ist letzteres der Fall, liegt die Zuständigkeit unter Kostentragungspflicht beim Insolvenzverwalter. Beispiele sind zu den einzelnen Stichworten erörtert. Zu den Kosten s. ergänzend zu diesem Stichwort.

102 **Sonderprüfer.** Das Recht der AG-Hauptversammlung sowie der gesetzlich vorgesehenen Aktionärsminderheit bleibt das Recht, nach § 142 Abs. 1 bzw. Abs. 2 AktG Sonderprüfer zu bestellen.[221]

103 **Umwandlungen nach dem UmwG.** S. dazu unten Rdn. 212 ff.

104 **Unternehmergesellschaft (UG).** Die UG bildet keine eigene Rechtsform, sondern ist eine »normale« GmbH, für die lediglich in einigen Hinsichten Besonderheiten angeordnet sind. Die Ausführungen in diesem Abschnitt zur GmbH gelten ohne Besonderheiten auch für die UG.

105 **Vertretungsberechtigung.** Siehe hierzu bei den Stichworten »Geschäftsführer«, »Vorstand« und »massefreies Vermögen«. Die dortigen Ausführungen sind auf die organschaftlichen Vertreter der OHG/KG und GbR sinngemäß zu übertragen.

106 **Vollmachten.** Mit Eröffnung des Insolvenzverfahrens erlöschen alle von der Gesellschaft erteilten Vollmachten (§ 117 InsO), es sei denn, sie sind speziell für den Insolvenzfall beschränkt auf den »Insolvenzschuldnerbereich« und den »insolvenzfreien Bereich« erteilt. Nur in diesem Umfang ist auch die Erteilung neuer Vollmachten durch die Gesellschaft zulässig. Für die Erteilung solcher eingeschränkten Vollmachten bleiben die organschaftlichen Vertreter in vertretungsberechtiger Zahl befugt. Im Übrigen liegt die Befugnis, neue Vollmachten zu erteilen, beim Insolvenzverwalter.[222] Gem. § 117 InsO erloschene Vollmachten leben nach Beendigung des Insolvenzverfahrens nicht wieder auf.

107 **Vorstand.** Die Ausführungen zum Sichtwort »Geschäftsführer« gelten für den AG-Vorstand, soweit sich nicht aus den allgemeinen aktienrechtlichen Vorschriften etwas anderes ergibt, sinngemäß. Der Vorstand bleibt dem Grunde nach im Amt. Seine Befugnisse werden durch das Insolvenzverfahren lediglich überlagert.[223]

IV. Änderungen des Gesellschaftsvertrages

1. Grundlagen

108 Die Gesellschafterversammlung bleibt bei allen Gesellschaftsformen trotz Eröffnung des Insolvenzverfahrens für Beschlüsse zuständig, durch die der Gesellschaftsvertrag geändert wird.[224] Das Insol-

---

218 Gottwald/*Haas/Kolmann/Pauw*, § 92 Rn. 290; Rowedder/Schmidt-Leithoff/*M. Schmidt-Leithoff/Schneider*, Vor § 64 Rn. 258; Uhlenbruck/*Sinz*, § 117 Rn. 14.
219 HambKomm/*Denkhaus*, § 155 Rn. 18 f.
220 BayObLG, BB 2004, 797; Gottwald/*Haas/Kolmann/Pauw*, § 92 Rn. 304: »nicht masserelevant«; Rowedder/Schmidt-Leithoff/*M. Schmidt-Leithoff/Schneider*, Vor § 64 Rn. 261.
221 Uhlenbruck/*Hirte*, § 11 Rn. 189 m.w.N.
222 Uhlenbruck/*Sinz*, § 117 Rn. 14.
223 Vgl. Schmidt/Lutter/*Seibt*, § 84 Rn. 20.
224 Allg.M., jeweils für einzelne Gesellschaftsformen z.B. Baumbach/Hueck/*Haas*, § 60 Rn. 52; *Grüneberg*, Die Rechtspositionen der Organe der GmbH und des Betriebsrates im Konkurs (1988), S. 52 ff.; *H.-F.*

venzverfahren steht solchen Änderungen auch nicht grundsätzlich im Wege. Nicht mehr zulässig sind aber Änderungen des Gesellschaftsvertrages, die den **Zwecken des Insolvenzverfahrens** zuwider laufen, insbesondere weil sie sich nachteilig auf die Insolvenzmasse auswirken würden und deshalb in die Kompetenzen des Insolvenzverwalters eingriffen.[225] Dringt die gewünschte Änderung nicht gegen die Rechte des Insolvenzverwalters durch, mag sie zwar nutzlos sein, ist aber nicht unzulässig.[226] Dies wird oft so sein, weil der Insolvenzverwalter an Bestimmungen im Gesellschaftsvertrag nicht gebunden ist.[227]

Eine Änderung des Gesellschaftsvertrages, die sich in unzulässiger Weise auf die Insolvenzmasse auswirkt, ist gem. **§ 81 Abs. 1 InsO (analog) unwirksam.** Der entsprechende Beschlussmangel kann aber geheilt werden. In Betracht kommt z.B. eine Heilung mit Wirkung ex-tunc durch Zustimmung des (vorläufigen) Insolvenzverwalters[228] oder z.B. – dem Rechtsgedanken des § 185 Abs. 2 BGB folgend – eine Heilung mit Wirkung ex-nunc entweder durch Freigabe des von der Änderung betroffenen Vermögenswertes[229] oder durch Aufhebung der Wirkungen der §§ 80, 81 InsO (z.B. durch Aufhebung des Insolvenzverfahrens oder durch Anordnung der Eigenverwaltung).

109

Bedarf die Änderung des Gesellschaftsvertrages einer entsprechenden **Eintragung in ein Register**, hat das Registergericht die Wirksamkeit des Beschlusses vor Eintragung zu überprüfen. Hegt es Zweifel an der Wirksamkeit, hat es diese zu begründen und dem Antragsteller Gelegenheit zur Darlegung des Gegenteils bzw. Behebung des Mangels zu geben. Will der Antragsteller die Bedenken durch eine Zustimmung des Insolvenzverwalters ausräumen, muss er diese nachweisen. Ein starres Formerfordernis gibt es hierfür nicht. Das Registergericht kann den Nachweis der Zustimmung in beglaubigter Form daher nur verlangen, wenn besonderere Anhaltspunkte vorliegen. Trägt das Registergericht die beschlossene Änderung trotz Unwirksamkeit (versehentlich) ein, hat die Eintragung keine heilende Wirkung. Das Registergericht ist dann während der Dauer des Insolvenzverfahrens ohne zeitliche Begrenzung befugt, die Eintragung von Amts wegen gem. **§ 395 Abs. 1 FamFG** zu löschen. Die Anmeldung zum Registergericht ist von den organschaftlichen Vertretern zu veranlassen; bei massebezogenen Änderungen ist auch der Insolvenzverwalter zur Anmeldung berechtigt.[230]

110

2. Firma

Die Firma einer Gesellschaft, gleich ob Sach-, Fantasie- oder Personalfirma, fällt als immaterieller Vermögenswert in die Insolvenzmasse.[231] Nach § 23 HGB kann die Firma nicht ohne das Handelsgeschäft, für welches sie geführt wird, veräußert werden.[232] Hierzu, also zur Veräußerung des Han-

111

Müller, Der Verband in der Insolvenz (2002), S. 166 f.; Rowedder/Schmidt-Leithoff/*M. Schmidt-Leithoff/Schneider*, Vor § 64 Rn. 259.
225 Die Unzulässigkeit insolvenzzweckwidriger Beschlüsse ist ganz h.M., s. nur Baumbach/Hueck/*Haas*, § 60 Rn. 52; Gottwald/*Haas/Kolmann/Pauw*, § 92 Rn. 321; *Grüneberg*, Die Rechtspositionen der Organe der GmbH und des Betriebsrates im Konkurs (1988), S. 52 f.: Beschlüsse sind unzulässig, wenn die Konkursmasse im Einzelfall geschmälert wird; MünchKommGmbHG/*F.-H. Müller*, § 64 Rn. 93; Rowedder/Schmidt-Leithoff/*M. Schmidt-Leithoff/Schneider*, Vor § 64 Rn. 259; Schmidt/Lutter/*Seibt*, § 179 Rn. 4.
226 Hierauf weist zu Recht hin *H.-F. Müller*, Der Verband in der Insolvenz (2002), S. 168.
227 Nach Ansicht von *H.-F. Müller*, Der Verband in der Insolvenz (2002), S. 168, kann eine Satzungsänderung nie in die Verwaltungs- und Verwertungsbefugnisse des Insolvenzverwalters eingreifen. *Müller* will deshalb ganz auf das ohnehin nicht griffige Kriterium der Vereinbarkeit mit dem Insolvenzzweck verzichten.
228 S. zur Genehmigung Gottwald/*Eickmann*, § 31 Rn. 9; HambKomm/*Kuleisa*, § 81 Rn. 17; Jaeger/*Henckel*, § 7 KO, Anm. 26; Uhlenbruck/*Mock*, § 81 Rn. 30.
229 Für *ex-nunc*-Wirkung der Freigabe etwa Gottwald/*Eickmann*, § 3 Rn. 9; HambKomm/*Kuleisa*, § 81 Rn. 16.
230 Vgl. MünchKommGmbHG/*F.-H. Müller*, § 64 Rn. 86, der bei masserelevanten Änderungen allerdings ausschließlich den Insolvenzverwalter für anmeldeberechtigt hält.
231 BGH, ZIP 2020, 266 ff. Die gilt unabhängig von der Rechtsform der Gesellschaft; s. nur Jaeger/*Henckel*, § 35 Rn. 20 ff.
232 BGH, ZIP 2020, 266, 268.

delsgeschäftes zusammen mit der Firma, ist der Insolvenzverwalter aber berechtigt.[233] Aus dem Insolvenzbeschlag der Firma folgt, dass nach Verfahrenseröffnung eine Änderung der Firma, insbesondere eine diesbezügliche **Änderung des Gesellschaftsvertrages**, ohne Zustimmung des Insolvenzverwalters nicht wirksam ist.[234] Ändern die Gesellschafter mit Zustimmung des Insolvenzverwalters die Firma, hat der Insolvenzverwalter wegen des Massebezuges einer jeden Firmenänderung das Recht, die Eintragung zum Handelsregister anzumelden.[235] Daneben sind auch die organschaftlichen Vertreter anmeldebefugt, müssen dem Handelsregister aber die Zustimmung des Insolvenzverwalters nachweisen.[236]

112 Nach ganz überwiegender Ansicht ist der Insolvenzverwalter berechtigt, mit dem Handelsgewerbe über Sach-, Fantasie-, und bei Kapitalgesellschaften[237] und diesen gleichgestellten Gesellschaftsformen[238] auch Personalfirmen ohne Zustimmung des Firmenträges oder Träger des Personalnamens **zu verfügen**, beispielsweise sie zu veräußern und dem Erwerber die Fortführung zu gestatten.[239] Gegen viele Stimmen in der Literatur hat die Rechtsprechung nur einen einzigen Fall anders behandelt: In der Insolvenz einer Personengesellschaft sollt die Verfügung des Insolvenzverwalters über eine Personalfirma nur mit Zustimmung des namensgebenden Gesellschafters zulässig sein.[240] Nach richtiger Ansicht dürfte aber auch bei einer Kapitalgesellschaft die Veräußerung der Firma, die den persönlichen Namen eines aktuellen Gesellschafters enthält, nur mit dessen Zustimmung zulässig sein.[241]

113 Veräußert der Insolvenzverwalter das Handelsgewerbe mit der Firma, stellt sich die Frage, ob die insolvente Gesellschaft eine Ersatzfirma bilden muss. Dies ist sehr streitig und wird auch im Einzelfall sehr diffenziert gesehen.[242] Der BGH[243] geht im Prinzip davon aus, dass eine Ersatzfirma nicht direkt gebildet werden muss, jedenfalls dann nicht, wenn die insolvente Gesellschaft alsbald beendigt wird. Die Weiterführung verstoße nicht zwingend gegen die §§ 18 und 30 HGB.[244] Allerdings wird der Erwerber der Firma solange an einer Eintragung für seine gekaufte Firma in das Handelsregister gehindert sein, wie die insolvente Gesellschaft die Firmenbezeichnung noch führt.[245] Dies kann zu Unterlassungs- und Ersatzansprüchen des Erwerbers führen.[246] Es ist der insolventen Gesellschaft insoweit anzuraten, die Satzung zu ändern.

114 Es stellt sich weiterhin die Frage, wer zu einer Änderung der Firma fortan berechtigt ist, nämlich die Gesellschafter oder der Insolvenzverwalter. Diese Frage war in der Literatur bislang sehr umstritten. Vielfach wurde der Insolvenzverwalter zur Änderung der Firma für befugt gehalten.[247] Dem ist

---

233 BGH, ZIP 2020, 266, 269.
234 Vgl. BGH, ZIP 2020, 266 ff.; OLG Karlsruhe, NJW 1993, 1931; Jaeger/*Henckel*, § 35 Rn. 20, 23; Rowedder/Schmidt-Leithoff/*M. Schmidt-Leithoff/Schneider*, Vor § 64 Rn. 260.
235 OLG Köln, NZI 2001, 470, 471; Gottwald/*Haas/Kolmann/Pauw*, § 92 Rn. 304; MünchKommGmbHG/*F.-H. Müller*, § 64 Rn. 86.
236 A.A. MünchKommGmbHG/*F.-H. Müller*, § 64 Rn. 86, 94: nur der Insolvenzverwalter.
237 Zur GmbH etwa BGH, NJW 1983, 755, 756.
238 Zur GmbH & Co. KG etwa BGH, NJW 1990, 1605, 1607; OLG Koblenz, ZIP 1991, 1440, 1441.
239 Vgl. Jaeger/*Henckel*, § 35 Rn. 21; Ebenroth/Boujong/Joost/Strohn/*Reuschle*, § 22 HGB, Rn. 43; MünchKommInsO/*Peters*, § 35 Rn. 484 ff.; die Einwilligung eines namensgebenden Gesellschafters (sogleich Rdn. 112) verlangend *Kern*, BB 1999, 1717, 1719.
240 OLG Koblenz, ZIP 1991, 1440, 1441; zust. Jaeger/*Henckel*, § 35 Rn. 23, 26; Uhlenbruck/*Hirte/Praß*, § 35 Rn. 379; *Wertenbruch*, ZIP 2002, 1931, 1939; a.A. Gottwald/*Haas/Kolmann/Pauw*, § 92 Rn. 340; *Herchen*, ZInsO 2004, 112 f.; *Steinbeck*, NZG 1999, 133, 136 f.
241 Wohl ähnlich HambKomm/*Lüdtke*, § 35 Rn. 107.
242 Nachweise zum Streitstand bei BGH, ZIP 2020, 266 ff.
243 BGH, ZIP 2020, 266, 268 f.
244 BGH, ZIP 2020, 266, 268.
245 BGH, ZIP 2020, 266, 268; *Linardatos*, ZIP 2017, 901, 903.
246 BGH, ZIP 2020, 266, 268; *Linardatos*, ZIP 2017, 901, 903.
247 OLG Hamm, ZInsO 2018, 1171; KG, ZInsO 2017, 1673; *Herchen*, ZInsO 2004, 1112, 1115 ff.; HambKomm/*Lüdtke*, § 35 Rn. 109; *H.-F. Müller*, Der Verband in der Insolvenz (2002), S. 177 f.;

der BGH[248] kürzlich entgegengetreten und hat entschieden, dass das Recht zur Änderung der Satzung nicht gem. § 80 InsO auf den Insolvenzverwalter übergeht; es bleiben weiterhin nur die Gesellschafter berechtigt, die Firma durch Satzungsbeschluss zu ändern. Es dürfe nie zu einem Auseinanderfallen der Satzung und der Registereintragung kommen. Handelt es sich bei der Gesellschaft um eine in einem Register eingetragene Gesellschaft, ist wird man dem Insolvenzverwalter allerdings das Recht zugestehen können, im Interesse des Rechtsverkehrs (auf Kosten der Masse gem. § 58 Abs. 2 InsO) die neue Firma zur Eintragung anzumelden.[249] Im gestaltenden Teil eines Insolvenzplans sind satzungsmäßige Änderungen der Firma selbstverständlich möglich (näher unten Rdn. 250).

3. Gesellschaftssitz

Die Verlegung des satzungsmäßigen Sitzes einer Gesellschaft, gleich welcher Rechtsform, ist ohne Zustimmung des Insolvenzverwalters zulässig.[250] Sie berührt weder die ja schon begründete Zuständigkeit des Insolvenzgerichts[251] noch die Insolvenzmasse. Der Insolvenzverwalter ist in der Wahl desjenigen Ortes, von dem aus er die Verwaltung und Verwertung des Gesellschaftsvermögens betreibt, ohnehin nicht an den »Sitz« der Gesellschaft gebunden. Gleichwohl soll eine Sitzverlegung als gem. §§ 129 ff. InsO anfechtbare Rechtshandlugn in Betracht kommen. Dem mag man dem Grunde nach zustimmen, eine gläubigerbenachteiligende Wirkung allerdings nur selten antreffen.[252] Sinnvoll ist eine satzungsmäßige Sitzverlegung in der Regel ohnehin nur im Hinblick auf eine zu erwartende Unternehmensfortführung. Bedarf der den Sitz verlegenden Gesellschafterbeschluss der notariellen Beurkundung, ändert sich für den **Notar** gegenüber der Sitzverlegung einer solventen Gesellschaft nichts. Die Sitzverlegung ist von der Gesellschaft, vertreten durch ihre Geschäftsführer, und nicht etwa vom Insolvenzverwalter zur Eintragung in das **Handelsregister** anzumelden.

115

4. Unternehmensgegenstand

Im Schrifttum herrscht Streit darüber, ob während des Insolvenzverfahrens eine Änderung des Unternehmensgegenstandes zulässig ist.[253] Praktische Bedeutung hat auch dies in aller Regel nur bei bestehender Absicht, das Unternehmen fortzuführen. Grundsätzliche dogmatische Bedenken sprechen hiergegen nicht. Die Änderung des Unternehmensgegenstandes greift weder in den Bestand der Insolvenzmasse ein noch setzt sie in irgendeiner Weise den Handlungsbefugnissen des Insolvenzverwalters Schranken. Änderungen des Unternehmensgegenstandes müssen sich aber auch im Insolvenzverfahren der Gesellschaft im **Rahmen der durch das Gesellschaftsrecht gesetzten Grenzen** bewegen. Legt der Insolvenzverwalter das Unternehmen still oder beginnt er gar mit dessen Zerschlagung, ist eine solche Änderung des Unternehmensgegenstandes gegenstandslos und unzulässig, die nur dem Fortschritt der Liquidation Rechnung tragen soll.[254] Im Übrigen muss sich der von den Gesellschaftern neu gewählte Unternehmensgegenstand mit dem tatsächlichen Betätigungsfeld der

116

Linardatos, ZIP 2017, 901, 908; MünchKommGmbHG/*H.-F. Müller*, § 64 Rn. 101; *Priester*, DNotZ 2016, 892, 895; Reul/Heckschen/Wienberg/*Heckschen*, § 4 Rn. 48.
248 BGH, ZIP 2020, 266, 269 f. m. Anm. *Heckschen*, GmbHR 2020, 425 ff.; *Thole*, ZRI 2020, 134 ff.; ebenso schon Jaeger/*Weber*, KO, 8. Aufl., §§ 207, 208 Anm. 33; *Leuering*, NJW 2016, 3265, 3268; Rowedder/Schmidt-Leithoff/*M. Schmidt-Leithoff/Schneider*, Vor § 64 Rn. 260; *Wachter*, GmbHR 2016, 930, 931.
249 *H.-F. Müller*, Der Verband in der Insolvenz (2002), S. 179.
250 Baumbach/Hueck/*Haas*, § 60 Rn. 53; *Grüneberg*, Die Rechtspositionen der Organe der GmbH und des Betriebsrates im Konkurs (1988), S. 71.
251 OLG Hamm, NZI 2000, 220, 221; OLG Naumburg, ZIP 2001, 753; s.a. *Grüneberg*, Die Rechtspositionen der Organe der GmbH und des Betriebsrates im Konkurs (1988), S. 71.
252 *Paulus*, ZInsO 1999, 242, 246; zust. Uhlenbruck/Borries/Hirte, § 129 Rn. 390.
253 Dafür *H.-F. Müller*, Der Verband in der Insolvenz (2002), S. 168; dagegen *Grüneberg*, Die Rechtspositionen der Organe der GmbH und des Betriebsrates im Konkurs (1988), S. 71 ff.; Schmidt/Lutter/*Seibt*, § 179 Rn. 4.
254 So für die Abwicklung außerhalb des Insolvenzverfahrens Baumbach/Hueck/*Haas*, GmbHG, § 69 Rn. 23.

Gesellschaft decken. Dieses bestimmt faktisch der Insolvenzverwalter im Rahmen der Masseverwaltung und -verwertung. Ändert der Insolvenzverwalter das Betätigungsfeld der Gesellschaft, sind die Gesellschafter nicht zur Anpassung des Gesellschaftsvertrages verpflichtet.

117 Die Gesellschafter können ein Interesse daran haben, einen zu weit gefassten satzungsmäßigen Unternehmensgegenstand auf das tatsächliche und allenfalls konkret zu erwartende engere Betätigungsfeld der Gesellschaft zu reduzieren. Der satzungsmäßige Unternehmensgegenstand hat z.B. je nach vertretener Auffassung[255] Auswirkung auf den Umfang eines **Wettbewerbsverbotes** (dazu noch Rdn. 119 ff.). Eine solche Reduktion des Unternehmensgegenstandes dürfte im Insolvenzverfahren ohne Mitwirkung des Insolvenzverwalters zulässig sein. Eine insolvenzzweckwidrige (mittelbare) Einwirkung auf die Insolvenzmasse ist darin nicht zu sehen. Ein Interesse »der Insolvenzmasse«, an einem über die aktuelle und allenfalls konkret zu erwartende Tätigkeit des Insolvenzverwalters hinausgehenden Wettbewerbsverbot festzuhalten, ist nicht anzuerkennen.

5. Organisationsstruktur, Rechtsstellung der Gesellschafter

118 Alle Regelungen im Gesellschaftsvertrag, deren Gegenstand die **verbandsinternen Abläufe** oder die **Rechtsstellung der Gesellschafter** betreffen, gehören grds. zum »insolvenzfreien Bereich« (dazu schon oben Rdn. 79). Daraus ergibt sich, dass diesbezügliche Änderungen nach Maßgabe der allgemeinen verbandsrechtlichen Vorgaben zulässig sind. Ob sie eine messbare Wirkung zeitigen und insoweit überhaupt sinnvoll sind, steht ihrer Zulässigkeit nicht entgegen. Ohne Mitwirkung des Insolvenzverwalters sind deshalb **zum Beispiel zulässig** Änderungen betreffend die Vertretungsverhältnisse, die Geschäftsführungsbefugnisse, die Zuständigkeiten der Verbandsorgane, insbesondere für Bestellung und Abberufung von Mitgliedern eines Vertretungsorgans oder Aufsichtsrates, die Abläufe innerhalb der Gesellschaftsorgane, die Zustimmungspflichtigkeit von Maßnahmen der Vertretungsorgane, Regelungen zur Kündigung, zum Austritt, und zum Ausschluss von Gesellschaftern, Abfindungsregelungen, Beschränkungen von Verfügungen über Gesellschaftsanteile. Dies gilt für alle Gesellschaftsformen in gleicher Weise. Zur Zulässigkeit von **Kapitalmaßnahmen** bei der AG und GmbH s. sogleich Rdn. 237 ff.

6. Wettbewerbsverbot

a) Ein Beispiel

119 Nachdem das Insolvenzverfahren über das Vermögen einer GmbH eröffnet wurde, möchte der (Gesellschafter-) Geschäftsführer seine Tätigkeit im gleichen örtlichen Wirkungskreis und im selben Geschäftszweig fortsetzen. Hierzu soll seine Ehefrau eine neue GmbH gründen und ihn zum Geschäftsführer bestellen. Die anderen (Minderheits-) Gesellschafter sind bereit, von einer entsprechenden Öffnungsklausel in der Satzung Gebrauch zu machen und ihn umfassend vom Wettbewerbsverbot zu befreien. Der Insolvenzverwalter sieht die Gefahr, dass viele Kunden zum (Gesellschafter-) Geschäftsführer abwandern.[256]

b) Das Problem

120 Auch ohne ausdrückliche Regelung im Gesellschaftsvertrag oder im Anstellungsvertrag sind die **vertretungsberechtigten Organe** gegenüber ihrer Gesellschaft zur Loyalität (Treue) verpflichtet. Die ungeschriebene Loyalitätspflicht obliegt ihnen *ex lege* auf Grund ihrer organisationsrechtlichen Stellung.[257] Die **Pflicht zum loyalen Verhalten** verbietet dem Vertretungsorgan u. a., im Geschäftszweig

---

255 Es ist streitig, ob der Umfang eines Wettbewerbsverbotes sich nach dem statutarischen oder dem tatsächlichen Unternehmensgegenstand richtet, näher Lutter/Hommelhoff/*Kleindiek*, Anh. zu § 6 Rn. 22; MünchKommGmbHG/*Merkt*, § 13 Rn. 249 m.w.N.
256 S. zu einem vergleichbaren Fall das DNotI-Gutachten Nr. 13156 (Stand: 18.11.2004).
257 Zum GmbH-Geschäftsführer etwa Lutter/Hommelhoff/*Kleindiek*, Anh. zu § 6 Rn. 20 ff.; MünchKommGmbHG/*Merkt*, § 13 Rn. 218; zum AG-Vorstand s. § 88 AktG.

C. Die Gesellschaft im Insolvenzverfahren   Kapitel 13

der Gesellschaft für eigene oder fremde Rechnung Geschäfte zu machen.[258] Eine ungeschriebene (Treue-) Pflicht zu loyalem Verhalten kann auch einen herrschenden **Gesellschafter** einer Kapital- oder Personengesellschaft treffen.[259] Vorbehaltlich abweichender Vereinbarung endet ein Wettbewerbsverbot sowohl für einen organschaftlichen Vertreter als auch für einen Gesellschafter erst mit seinem Ausscheiden aus der Gesellschaft.[260] Im Einzelnen ist Vieles streitig.[261]

Die Gesellschafter einer solventen Gesellschaft können einen oder mehrere organschaftliche Vertreter und/oder Gesellschafter ganz oder teilweise eine **Befreiung** (Dispens) vom Wettbewerbsverbot erteilen. Eine Befreiung vom Wettbewerbsverbot kann entweder unmittelbar im Gesellschaftsvertrag, oder auf Grund einer Öffnungsklausel durch einfachen Gesellschafterbeschluss, oder – jedenfalls nach Teilen der Literatur – auch auf Grund eines satzungsdurchbrechenden Gesellschafterbeschlusses erfolgen.[262]   121

c) Auswirkungen der Insolvenzeröffnung auf das Wettbewerbsverbot

Die Eröffnung des Insolvenzverfahrens beseitigt nicht die gesellschaftsrechtliche Organisation, sondern überlagert diese nur (s.o. Rdn. 79). Dieses Verständnis spricht dafür, dass auch ein etwa bestehendes Wettbewerbsverbot für Vertretungsorgane und/oder Gesellschafter **dem Grunde nach fortbesteht**.[263] Dies ist auch sachgerecht. Denn auch nach Verfahrenseröffnung kann eine konkurrierende Tätigkeit die Verwertung der Masse und damit Interessen der Gesellschaft beeinträchtigen. Dies gilt umso mehr, wenn an der Gesellschaft unbeschränkt haftende Gesellschafter beteiligt sind. Diese haben zur Vermeidung der eigenen persönlichen Haftung ein Interesse an einer optimalen Masseverwertung. Auch in anderen Fällen der Gesellschaftsauflösung ist anerkannt, dass z.B. die GmbH-Geschäftsführer als Liquidatoren keine Konkurrenzhandlungen vornehmen dürfen, welche die geordnete und wirtschaftlich erfolgreiche Abwicklung stören könnten.[264] Ähnlich wie in den Fällen einer gesellschaftsrechtlichen Liquidation wirkt sich die Eröffnung des Insolvenzverfahrens aber **abschwächend auf den Inhalt und Umfang** des Wettbewerbsverbotes aus.[265] Darüber hinaus wird man auch eine allmähliche inhaltliche Rückbildung des Wettbewerbsverbotes annehmen müssen, wenn sich im Verlauf der Insolvenzverwaltung die Bedeutung der Insider-Kenntnisse der Geschäftsführer und/oder Gesellschafter für die Tätigkeit des Insolvenzverwalters verliert, insbesondere wenn die Entscheidung für die Zerschlagung des Unternehmens gefallen ist. Schließlich wird man dem betroffenen organschaftlichen Vertreter oder Gesellschafter je eher den **Ausstieg** aus seiner Position zugestehen können, desto existenzieller die Fortsetzung seiner beruflichen Tätigkeit für ihn ist. Bei organschaftlichen Vertretern ist hierfür namentlich eine Amtsniederlegung in Betracht zu ziehen (allg. dazu oben Rdn. 58 ff.).   122

---

258   S. die in voriger Fn. 252 Genannten. Meist wird noch zwischen Wettbewerbsverbot und Geschäftschancenlehre unterschieden, s. etwa MünchKommGmbHG/*Merkt*, § 13 Rn. 214 ff., 249 und 279 ff.; Rowedder/Schmidt-Leithoff/*Pentz*, § 13 Rn. 91 m.w.Nach.
259   Für GmbH-Gesellschafter z.B. Lutter/Hommelhoff/*Bayer*, § 14 Rn. 39 ff.; MünchKommGmbHG/*Merkt*, § 13 Rn. 219; Rowedder/Schmidt-Leithoff/*Pentz*, § 13 Rn. 89; für Aktionär z.B. *Armbrüster*, ZIP 1997, 1269, 1271; *Salfeld*, Wettbewerbsverbote im Gesellschaftsrecht (1987), S. 179 f.
260   Geschäftsführer: Lutter/Hommelhoff/*Kleindiek*, Anh. zu § 6 Rn. 25; GmbH-Gesellschafter: Lutter/Hommelhoff/*Bayer*, § 14 Rn. 40; Rowedder/Schmidt-Leithoff/*Pentz*, § 13 Rn. 90; für beide MünchKommGmbHG/*Merkt*, § 13 Rn. 236 ff.
261   Eine Übersichtliche Darstellung zu Wettbewerbsverboten im Gesellschaftsrecht gibt *Rudersdorf*, RNotZ 2011, 509 ff.
262   I.e. str., vgl. Baumbach/Hueck/*Beurskens*, § 35 Rn. 43; Lutter/Hommelhoff/*Bayer*, § 14 Rn. 34; MünchKommGmbHG/*Merkt*, § 13 Rn. 266 ff.; *Rudersdorf*, RNotZ 2011, 509, 516 f., 518.
263   So auch DNotI-Gutachten, Nr. 13156 (Stand: 18.11.2004); so allg. zur Treuepflicht Baumbach/Hueck/*Haas*, § 60 Rn. 75; Lutter/Hommelhoff/*Kleindiek*, § 69 Rn. 2.
264   Lutter/Hommelhoff/*Kleindiek*, Anh. zu § 6 Rn. 21; *Salfeld*, Wettbewerbsverbote im Gesellschaftsrecht (1987), S. 194 ff.; a.A. für den Gesellschafter etwa *Rudersdorf*, RNotZ 2011, 509, 516 mit Verweis auf OLG Köln, EWiR 1986, 1067.
265   So zu sonstigen Auflösungsgründen Lutter/Hommelhoff/*Kleindiek*, Anh. zu § 6 Rn. 21.

123 Bestand schon **vor Eröffnung des Insolvenzverfahrens kein Wettbewerbsverbot**, weil eine entsprechende Befreiung erteilt worden war, ändert sich daran auch nachher nichts. Die Verfahrenseröffnung reanimiert nicht automatisch ein vorher aufgehobenes Verbot. Wurde die Befreiung **unwiderruflich**[266] erteilt, so ist der Insolvenzverwalter an diese Rechtslage gebunden. Besondere Eingriffsnormen, die ein nicht bestehendes Widerrufsrecht erstmals schaffen könnten, sieht die Insolvenzordnung nicht vor. Dabei macht es auch keinen Unterschied, ob die unwiderrufliche Befreiung im Gesellschaftsvertrag oder durch Gesellschafterbeschluss erfolgt ist. Wurde die Befreiung hingegen **widerruflich** erteilt, bleibt sie selbstverständlich auch nach Eröffnung des Insolvenzverfahrens widerruflich. Zur Beantwortung der Frage, wer alsdann für den Widerruf zuständig ist, sollte der verbandsrechtliche Charakter des Wettbewerbsverbots den Ausschlag geben. In die Verbandsstruktur greift die Insolvenzordnung grundsätzlich nur ein, wenn und soweit sie dafür eine spezielle Norm bereit stellt (s. zu diesem Grundsatz näher Rdn. 77 ff. sowie erg. Rdn. 156). Eine solche existiert hier nicht. Dass sich die Organisationsstruktur im Bereich der Wettbewerbsverbote wirtschaftlich auf die Masseverwertung auswirken könnte, ist lediglich ein Reflex. Die Zuständigkeit für den Widerruf der Befreiung verbleibt damit trotz Eröffnung des Insolvenzverfahrens bei demjenigen Organ, welches auch vor Insolvenzeröffnung zuständig war, und geht nicht auf den Insolvenzverwalter über. Dies gilt wegen des verbandsrechtlichen Begründungsansatzes konsequenterweise unabhängig davon, bei welchem Organ die Zuständigkeit kraft Gesetzes oder auf Grund Gesellschaftsvertrages angesiedelt ist (z.B. Gesellschafterversammlung, Aufsichtsrat oder Vertretungsorgan).

d) Erstmalige Befreiung vom Wettbewerbsverbot nach Verfahrenseröffnung

124 Was den **Anstellungsvertrag** zwischen einem organschaftlichen Vertreter und der Gesellschaft betrifft, so gehört dieser zum Vermögen der Gesellschaft und ist Bestandteil ihrer Insolvenzmasse. Er überdauert gem. § 108 Abs. 1 Satz 1 InsO die Eröffnung des Insolvenzverfahrens und endet nach Maßgabe des § 113 InsO erst, wenn er vom Geschäftsführer oder vom Insolvenzverwalter außerordentlich oder mit einer Frist von 3 Monaten gekündigt wird. Da der Anstellungsvertrag zur Insolvenzmasse gehört, hat ab Verfahrenseröffnung allein der Insolvenzverwalter die Kompetenz, für die Gesellschaft an einer Inhaltsänderung des Vertrages mitzuwirken. Soweit dem Geschäftsführer also (auch) auf Grundlage des Anstellungsverhältnisses ein Wettbewerbsverbot obliegt, ist zu dessen Aufhebung gem. § 80 Abs. 1 InsO allein der Insolvenzverwalter befugt.

125 Eine andere Frage ist, ob es für die erstmalige Befreiung eines Vertretungsorgans oder Gesellschafter von einem ihm obliegenden **organschaftlichen Wettbewerbsverbot** durch (gesellschaftsvertragsändernden) Beschluss einer Zustimmung des Insolvenzverwalters bedarf. Nach allgemeiner Ansicht sind Gesellschafterbeschlüsse, die den Zwecken des Insolvenzverfahrens zuwiderlaufen, unzulässig (s. dazu oben Rdn. 108). Es ist naheliegend, auch Einschränkungen des Wettbewerbsverbotes in diesem Sinne als insolvenzzweckwidrig einordnen. Sie können sich nachteilig auf die Insolvenzmasse auswirken, wie das eingangs geschilderte Beispiel zeigt. Zwar ließe sich mit Blick auf den im Zusammenhang mit dem Widerruf einer Befreiung gegebenen organisationsrechtlichen Begründungsansatz (soeben Rdn. 123) durchaus auch ein anderes Ergebnis rechtfertigen. Gleichwohl ist hier anders zu entscheiden: Während die vor der Insolvenz erteilte Befreiung die für die Masse ggf. ungünstige Organisationssturktur bereits geschaffen hat, soll sie bei der späteren erstmaligen Befreiung erst hergestellt werden.

V. Besonderheiten bei Personengesellschaften

126 Insolvenzrechtlich ist auch bei den Personengesellschaften streng zwischen der Gesellschaft als Träger des Gesellschaftsvermögens einerseits und den einzelnen Gesellschaftern als Träger ihres Privatvermögens andererseits zu unterscheiden. Die Insolvenz eines jeden dieser Rechtsträger unterliegt ihren eigenen Regeln. Die Wirkungen eines Insolvenzverfahrens über das Vermögen einer Personen-

---

[266] Mitunter wird vertreten, der Widerruf sei stets möglich und nicht ausschließbar, aber ggf. schadensersatzbewehrt; Einzelheiten dazu finden sich bei MünchKommGmbHG/*Merkt*, § 13 Rn. 277.

gesellschaft beschränken sich – wie bei den Kapitalgesellschaften – auf das Gesellschaftsvermögen.[267] Das Privatvermögen der Gesellschafter wird von den Insolvenzwirkungen nicht erfasst. Die Gesellschafter können weiterhin über ihr Privatvermögen verfügen. Gegen sie gerichtete Maßnahmen der Einzelzwangsvollstreckung scheitern nicht an den §§ 80, 87, 89 InsO. Eine Ausnahme vom freien Haftungszugriff auf das Privatvermögen der Gesellschafter macht die **Sperrfunktion des § 93 InsO** für Gesellschaftsgläubiger. Gem. § 93 InsO kann die akzessorische Gesellschafterhaftung ab Verfahrenseröffnung nur noch vom Insolvenzverwalter im Wege einer gesetzlichen Prozessstandschaft geltend gemacht werden. Umgekehrt verlieren die Gesellschafter die Befugnis, mit befreiender Wirkung an einen Gesellschaftsgläubiger zu leisten. Die Vorschrift soll vermeiden, dass sich der unerwünschte »Wettlauf« der Gesellschaftsgläubiger vom Gesellschaftsvermögen hin zum Privatvermögen der Gesellschafter als weitere Haftungsmasse verlagert.

Zu den Besonderheiten einer sog. **Simultaninsolvenz**, d.h. der Insolvenz der Gesellschaft und unbeschränkt haftenden Gesellschaftern in kapitalistischen Gesellschaftsstrukturen, s.u. Rdn. 198 f. 127

VI. Insolvenz in Konzernstrukturen

Nach früherer Rechtslage gab es überhaupt **kein Sonderrecht** für die Insolvenz konzernverbundener Gesellschaften. Für jede Gesellschaft war stets ein eigenes Insolvenzverfahren zu eröffnen, das sich jeweils nach seinen eigenen Regeln richtet. Sogar eine gemeinsame örtliche Zuständigkeit des Insolvenzgerichts kam nur in Betracht, wenn der Mittelpunkt der Tätigkeit i.S.d. § 3 InsO mehrerer Gesellschaften (zufällig) derselbe war. Das Recht zur Konzernleitung genügte als Aufhänger für den Tätigkeitsmittelpunkt der Tochtergesellschaften nicht.[268] Dies wurde allgemein und zu Recht als misslich empfunden. Eine einheitliche oder zumindest koordinierte Abwicklung der Vermögensmasse »Konzern« kann Synergieeffekte erhalten, die bei Zerschlagung des Konzerns verloren gingen.[269] Nach bisheriger Rechtslage versucht sich die Praxis innerhalb einer eher als »rechtliche Grauzone« zu bezeichnenden Weise durch Absprachen (z.B. zur Konzentration der Gerichtszuständigkeit und zur Personalunion der verantwortlichen Abwickler) zu helfen.[270] 128

So war bisher das Schicksal des Konzerns in der Insolvenz seiner Mitglieder in der Literatur sehr umstritten. Was den **Vertragskonzern** anlangt, hielt ein großer Teil des Schrifttums an der noch aus Zeiten der KO überlieferten Ansicht fest, dass etwa ein Beherrschungsvertrag mit Eröffnung des Insolvenzverfahrens über das Vermögen der Mutter- oder Tochtergesellschaft automatisch endet.[271] Demgegenüber machte sich zu Recht ein stetig wachsender Teil des neueren Schrifttums für die These stark, dass Unternehmensverträge als Bestandteil der organisationsrechtlichen Struktur der beteiligten Gesellschaften dem Grunde nach bestehen bleiben und lediglich durch die Verfahrenswirkungen überlagert würden.[272] Folgte man der neueren Literatur, schlossen sich weitere Rechtsfra- 129

---

267 Uhlenbruck/*Hirte*, § 11 Rn. 235 spricht deshalb von einem »Sonderinsolvenzverfahren«; dogmatisch zurückhaltender Jaeger/*Henckel*, § 35 Rn. 134. Praktische Auswirkungen hat die dogmatische Einordnung nicht.
268 HK-InsO/*Kirchhof*, § 3 Rn. 12; Jaeger/*Gerhardt*, § 3 Rn. 38; Kübler/Prütting/Bork/*Prütting*, § 3 Rn. 35.
269 *Bous*, Die Konzernleitungsmacht im Insolvenzverfahren konzernverbundener Kapitalgesellschaften (2001), S. 52 ff., 64; *Verhoeven*, Die Konzerninsolvenz (2011), S. 78 ff.
270 HambKomm/*Rüther*, § 3 Rn. 15a (5. Aufl.).
271 Grdl. zu KO BGHZ 103, 1, 6 = ZIP 1988, 229, 231; zu InsO ebenso Baumbach/Hueck/*Beurskens*, KonzernR 135; *Berthold*, Unternehmensverträge in der Insolvenz, 2004, Rn. 213 ff. (jedenfalls für Insolvenz der herrschenden Gesellschaft); *Hüffer*, § 297 AktG Rn. 22a, der nur im Falle der Eigenverwaltung eine andere Lösung für diskutabel hält; Lutter/Hommelhoff/*Hommelhoff*, Anh. Zu § 13 Rn. 88; MünchKommGmbHG/*Liebscher*, § 13 Anh. Rn. 1042; Schmidt/Lutter/*Langenbucher*, § 297 Rn. 30; Roth/Altmeppen/*Altmeppen*, Anh. § 13 Rn. 93 f.
272 Grdl. zur KO *K. Schmidt*, ZGR 1983, 513, 530 f.; zur InsO ebenso *Bous*, Die Konzernleitungsmacht im Insolvenzverfahren konzernverbundener Kapitalgesellschaften (2001), S. 149 ff. (für Insolvenz der Obergesellschaft), S. 290 ff. (für Insolvenz der Untergesellschaft) mit Nachw. zur KO, S. 132; *Bultmann*, ZInsO 2007, 785, 788; KK-AktG/*Koppensteiner*, § 297 Rn. 47 f.; *Mues*, RNotZ 2005, 1, 30;

gen an. Hierzu finden sich so viele Thesen mit unterschiedlichen dogmatischen Ansätzen und Nuancen im Detail wie Autoren. Dies betraf namentlich die Frage, ob und unter welchen Voraussetzungen die Insolvenz einer Konzerngesellschaft ein **Kündigungsgrund** für den anderen Vertragsteil darstellte[273], und ob die **Konzernleitungsmacht** in der Insolvenz der herrschenden und/oder abhängigen Gesellschaft, wenn auch nur in mehr oder weniger eingeschränkter Ausprägung, fortbestehen konnte. Nach hier vertretener Ansicht war letzteres sowohl in der Insolvenz der herrschenden als auch der abhängigen Gesellschaft trotz der mitunter recht scharf geäußerten Kritik zu bejahen.[274] Ziel dieses Ansatzes war es, auch schon *de lege lata* die Zerschlagung etwaiger Synergieeffekte einzudämmen. Unstreitig setzte sich ein Weisungsrecht jedenfalls nicht gegenüber dem Insolvenzverwalter der abhängigen Gesellschaft durch.[275]

130 In einem rein **faktischen Konzern** gibt es und gab es naturgemäß keinen Vertrag, über dessen Beendigung diskutiert werden konnte. Hier verlagerte sich die Problematik auf die Fragestellung, ob die abhängige Gesellschaft verpflichtet ist, einer für sie nachteiligen Weisung durch die herrschende Gesellschaft Folge zu leisten, selbstverständlich vorausgesetzt, dass es überhaupt ein derartiges Weisungsrecht gibt. Im Ergebnis war – ähnlich wie beim Vertragskonzern – zu unterscheiden: In der Insolvenz der herrschenden Gesellschaft ist eine Folgepflicht nur unter der eingeschränkten Voraussetzung zu bejahen, dass der Nachteil tatsächlich unmittelbar ausgeglichen werden kann.[276] Ist hingegen die abhängige Gesellschaft insolvent, hat das Weisungsrecht ohnehin keine praktische Bedeutung. Eine Folgepflicht für den Insolvenzverwalter der abhängigen Gesellschaft scheidet aus.[277]

131 Der Gesetzgeber hat nunmehr mit dem Gesetz vom 21.04.2017, BGBl I, 866, ein gewisses Sonderrecht für Konzerninsolvenzen geschaffen.[278] Er hält grundsätzlich am (rechtsträgerbezogenen) Gedanken der Eröffnung einzelner Insolvenzverfahren für jede insolvente Konzerngesellschaft fest und lehnt eine konsolidierte Insolvenzmasse aller Konzerngesellschaften durch Eröffnung eines einheitlichen »Konzerninsolvenzinsolvenzverfahrens« weiterhin ab. Damit dürften die bisher diskutierten Lösungsansätze dem Grunde nach weiter zu diskutieren sein. Allerdings sieht der Gesetzgeber zur Erhaltung von konzerninternen Synergieeffekten nunmehr die Möglichkeiten vor, die Insolvenzverfahren der einzelnen Konzernunternehmen zu koordinieren. So ist nun in den § 2 Abs. 3 und

---

H.-F. Müller, ZIP 2008, 1701 f.; *Piepenburg*, NZI 2004, 231, 235 f.; Uhlenbruck/*Hirte*, § 11 Rn. 398; *Zeidler*, NZG 1999, 692, 697; sowie die in nachfolgender Fn. 241 zur Gegenansicht Genannten; wohl auch AG Duisburg, ZIP 2002, 1636, 1640: »Weisungsbefugnisse ruhen«.

273 Ein sofortiges Kündigungsrecht bejahen etwa Uhlenbruck/*Hirte*, § 11 Rn. 398 (für Insolvenz der abhängigen Gesellschaft); *Zeidler*, NZG 1999, 692, 697; für eine (analoge) Anwendung des § 103 InsO hingegen etwa *Bultmann*, ZInsO 2007, 785 ff.; *Freudenberg*, ZIP 2009, 2037, 2042 ff.; *Häsemeyer*, Rn. 32.09; HK-InsO/*Marotzke*, § 115 Rn. 9; Kübler/Prütting/Bork/*Tintelnot*, § 103 Rn. 30a; das Kündigungsrecht einschränkend auch *Bous*, Die Konzernleitungsmacht im Insolvenzverfahren konzernverbundener Kapitalgesellschaften (2001), S. 270 ff., 275 ff.; sowie, wenn auch ganz ohne Erwähnung des § 103 InsO, *Trendelenburg*, NJW 2002, 647, 650.

274 Mit Unterschieden im Detail etwa *Böcker*, GmbHR 2004, 1257, 1258; *Bous*, Die Konzernleitungsmacht im Insolvenzverfahren konzernverbundener Kapitalgesellschaften (2001), S. 172 ff., 266 ff.; *Freudenberg*, ZIP 2009, 2037, 2041 ff.; *Häsemeyer*, Insolvenzrecht, Rn. 32.09; HK-InsO/*Marotzke*, § 115 Rn. 9; Jaeger/*Windel*, § 80 Rn. 82; Kübler/Prütting/Bork/*Tintelnot*, § 103 Rn. 135; *Mues*, RNotZ 2005, 1, 30 (Fn. 348); *Piepenburg*, NZI 2004, 231, 235 f.; *Rotstegge*, Konzerninsolvenz (2007), S. 241 ff., 271 f.; Uhlenbruck/*Hirte*, § 11 Rn. 410; *Zeidler*, NZG 1999, 692, 697; speziell zur Eigenverwaltung bei der Muttergesellschaft *Verhoeven*, Die Konzerninsolvenz (2011), S. 94 ff.; *Zeidler*, NZG 1999, 692, 697.

275 *Böcker*, GmbHR 2004, 1257, 1258; *Bous*, Die Konzernleitungsmacht im Insolvenzverfahren konzernverbundener Kapitalgesellschaften (2001), S. 290 ff.; Uhlenbruck/*Hirte*, § 11 Rn. 398.

276 *Bous*, Die Konzernleitungsmacht im Insolvenzverfahren konzernverbundener Kapitalgesellschaften (2001), S. 314 ff., 327 ff., 336 ff.; vgl. auch *Böcker*, GmbHR 2004, 1314, 1315; grds. dagegen Uhlenbruck/*Hirte*, § 11 Rn. 413.

277 *Böcker*, GmbHR 2004, 1257, 1259; *Bous*, Die Konzernleitungsmacht im Insolvenzverfahren konzernverbundener Kapitalgesellschaften (2001), S. 340 f.

278 S. zum Ganzen Reul/Heckschen/Wienberg/*Heckschen*, § 4 Rn. 1339 ff.

C. Die Gesellschaft im Insolvenzverfahren

§§ 3a bis 3e und 13a InsO, vorgesehen, dass mit einem sog. Gruppengerichtsstand die Insolvenzverfahren der einzelnen Konzernunternehmen an ein und demselben Gericht anhängig gemacht werden können. Darüber hinaus kann gemäß dem neu eingeführten § 56b InsO für die Insolvenzverfahren der Konzerngesellschaften dieselbe natürliche Person als Insolvenzverwalter bestellt werden. Soweit dies praktisch umgesetzt wird, haben die unterschiedlichen Lösungsansätze in der Literatur allerdings kaum noch Bedeutung, da die Konzernleitung insoweit ja in eine einzige Hand gelegt wird. Ob sich die Lösungen des Gesetzgebers in der Praxis als tauglich erweisen, bleibt noch abzuwarten.

VII. Schicksal der Gesellschaft nach Verfahrensbeendigung

Die InsO selbst regelt nicht, was aus dem insolventen Rechtsträger »Gesellschaft« wird, wenn das Insolvenzeröffnungsverfahren oder das eröffnete Verfahren endet, mag der Gesetzgeber auch die Vollbeendigung des Rechtsträgers als zumindest begleitendes Ziel des Insolvenzverfahrens im Auge gehabt haben.[279] Das Schicksal des Rechtsträgers »Gesellschaft« richtet sich daher formalrechtlich nach den für die jeweilige Gesellschaftsform einschlägigen **verbandsspezifischen materiellen und registerrechtlichen Vorschriften**. Für deren Anwendung spielt wiederum eine Rolle, aus welchem Grunde das Insolvenz(eröffnungs)verfahren endet.

132

1. GmbH, AG

Die **Vollbeendigung** einer GmbH oder AG setzt zweierlei voraus, nämlich dass sie erstens *verfahrensrechtlich* im einschlägigen Register gelöscht ist und zweitens *materiell-rechtlich* kein Vermögen mehr hat und auch keine sonstigen (nichtvermögensrechtlichen) Abwicklungsmaßnahmen mehr ausstehen (**Lehre vom [erweiterten] Doppeltatbestand**).[280] Die Löschung im Handelsregister darf erst erfolgen, wenn die erwähnten materiell-rechtlichen Voraussetzungen bestehen. Solange die Gesellschaft noch nicht gelöscht wurde, sind es die Liquidatoren, bei denen die Zuständigkeit für alle Vermögensverfügungen und sonstige Abwicklungsmaßnahmen liegt. Nach wohl h.M. gilt dies auch, wenn die Gesellschaft im Register gelöscht wurde und sich erst im Nachhinein herausstellt, dass doch noch Vermögen vorhanden ist oder Abwicklungsmaßnahmen durchzuführen sind.[281] Es handelt sich dann um eine Nachtragsliquidation bzw. um Nachtragsliquidatoren. All dies findet grds. auch dann Anwendung, wenn ein **Insolvenz(antrags)verfahrens** endet. Wegen der Einzelheiten ist nach dem Beendigungsgrund zu differenzieren:

133

a) Abweisung des Eröffnungsantrages mangels Masse

Bei der GmbH oder AG führt die Abweisung des Insolvenzeröffnungsantrages mangels Masse (§ 26 InsO) organisationsrechtlich zur Auflösung der Gesellschaft.[282] Das Insolvenzgericht hat das Registergericht von der Abweisung zu unterrichten (§ 31 Nr. 2 InsO). Das Registergericht trägt die Auflösung sowie den Auflösungsgrund in das Handelsregister ein. Gleichzeitig leitet es ein amtswegiges Löschungsverfahren wegen Vermögenslosigkeit gem. § 394 Abs. 1 FamFG ein.[283] Die Vermögenslosigkeit i.S.d. § 394 Abs. 1 FamFG ist ein eigenständiger Begriff und nicht mit Unterbilanz, Überschuldung oder Masselosigkeit gleichzusetzen; sie liegt nur vor, wenn nach kaufmännisch-wirtschaftlicher Betrachtungsweise überhaupt keine Zugriffs- und Verteilungsmasse für die Gläubiger

134

---

279 S.o. Rdn. 78.
280 Mit Differenzierungen im Detail: BGH, ZIP 1994, 1685; BAG, GmbHR 2003, 1009, 1010; OLG Köln, GmbHR 1992, 536; OLG Koblenz, NZG 1998, 637; OLG Celle, GmbHR 2008, 211; Baumbach/Hueck/*Haas*, § 60 Rn. 6 f.; Lutter/Hommelhoff/*Kleindiek*, § 60 Rn. 17, § 74 Rn. 6 f.; Rowedder/Schmidt-Leithof/*Gesell*, § 60 Rn. 56; Schmidt/Lutter/*Riesenhuber*, § 262 Rn. 15; i. e. str.
281 Näher Baumbach/Hueck/*Haas*, § 60 Rn. 105; *Krafka/Kühn*, Registerrecht, Rn. 432.
282 § 60 Abs. 1 Nr. 5 GmbHG; § 262 Abs. 1 Nr. 4 AktG; ebenso § 81a Nr. 1 GenG für die Genossenschaft.
283 S. etwa *Krafka/Kühn*, Registerrecht, Rn. 405.

zur Verfügung steht.²⁸⁴ Die Vermögenslosigkeit wird in der beschriebenen Verfahrenssituation aber vermutet.²⁸⁵ Das Registergericht gibt der Gesellschaft Gelegenheit zur Äußerung. Sind keine organschaftlichen Vertreter der Gesellschaft greifbar, braucht das Gericht nicht auf die Bestellung neuer Vertreter in Form von Liquidatoren zu drängen, um der Gesellschaft vor Löschung rechtliches Gehör zu gewähren (arg. ex § 394 Abs. 2 Satz 1 FamFG). Sind nach alledem für das Registergericht keine Anhaltspunkte für das Vorhandensein von Vermögen oder dem Erfordernis weiterer Abwicklungsmaßnahmen erkennbar, wird die Gesellschaft im Register gelöscht. Das Gericht hat hier nach richtiger Ansicht kein Ermessen, sondern ist zur Löschung verpflichtet.²⁸⁶ Ist noch Vermögen vorhanden oder stehen noch Abwicklungsmaßnahmen aus, tritt die Gesellschaft mit Abweisung des Eröffnungsantrages mangels Masse automatisch in ein **gesellschaftsrechtliches Liquidationsverfahren** ein.²⁸⁷ Sein Ziel ist die Vollbeendigung der Gesellschaft. Das Amt der bisherigen organschaftlichen Vertreter erlischt und die Vertretungsbefugnis geht auf die (ggf. neu zu bestellenden) Liquidatoren über (vgl. § 66 GmbHG, § 265 AktG). Dies ist beim **Handelsregister anzumelden**.²⁸⁸ Wird die Liquidation später beendet, ist auch dies durch die Liquidatoren zur Herbeiführung der Löschung anzumelden.²⁸⁹ Danach erfolgt die Löschung der Gesellschaft im Register.

135 Stellt sich **nach Löschung** heraus, dass die Gesellschaft doch noch **Vermögen** hat (z.B. das übersehene Notaranderkonto) oder Abwicklungsmaßnahmen erforderlich sind, findet eine Nachtragsliquidation gemäß den gesellschaftsvertraglichen Regeln statt. Hat das Vermögen verteilungsfähigen Charakter, ist (erneut) Insolvenzantrag, also kein Antrag auf Nachtragsverteilung gem. § 203 InsO, zu stellen.²⁹⁰

b) Verfahrenseinstellung mangels Masse und nach Masseunzulänglichkeit

136 Im Grundsatz gelten die soeben in Rdn. 134 dargestellten Regeln auch, wenn ein bereits eröffnetes Insolvenzverfahren mangels Masse (§ 207 InsO) oder nach Anzeige der Masseunzulänglichkeit (§§ 208, 211 InsO) eingestellt wird. Die Mitteilungspflicht des Insolvenzgerichts gegenüber dem Registergericht folgt hier aus §§ 215 Abs. 1 Satz 3, 200 Abs. 2 Satz 2, 31 ff. InsO, das Verfahren der amtswegigen Löschung aus § 394 Abs. 1 Satz 2 FamFG. Die Löschung erfolgt aber nicht allein wegen der Verfahrenseinstellung; die Gesellschaft muss vielmehr auch tatsächlich vermögenslos sein.²⁹¹ Ist noch ausnahmsweise (arg. ex § 199 Satz 2 InsO), z.B. etwa zuvor aus der Masse freigegebenes Vermögen vorhanden oder stehen noch Abwicklungsmaßnahmen aus, beginnt für die Gesellschaft mit Einstellung des Insolvenzverfahrens automatisch ein **gesellschaftsrechtliches Liquidationsverfahren**. Dementsprechend endet das Amt der bisherigen organschaftlichen Vertreter. Fortan nehmen die (ggf. neu zu bestellenden) Liquidatoren die Geschäftsführungs- und Vertretungsbefugnisse wahr (vgl. § 66 GmbHG, § 265 AktG). Dies ist nach allgemeinen Regeln beim **Handelsregister** anzumelden.

137 Findet sich nach Verfahrenseinstellung noch weiteres, **bisher nicht bekanntes Vermögen**, ist zu differenzieren: Wurde das Insolvenzverfahren nach Anzeige der **Masseunzulänglichkeit**²⁹² gem. §§ 208, 211 Abs. 1 InsO eingestellt, verweist § 211 Abs. 3 InsO auf die insolvenzrechtliche Nach-

---

284 OLG Karlsruhe, ZIP 2015, 39.
285 Vgl. Begr. zu RegE, BT-Drucks. 12/3803, S. 70 zu § 141a Abs. 1 Satz 2 FGG.
286 Lutter/Hommelhoff/*Kleindiek*, § 60 Rn. 16; Schmidt/Lutter/*Riesenhuber*, § 262 Rn. 19 m. Nachw. auch zur Gegenansicht.
287 Baumbach/Hueck/*Haas*, § 60 Rn. 27; Schmidt/*Keller*, § 26 InsO 59; Uhlenbruck/*Hirte*, § 11 Rn. 113 f.
288 *Krafka/Kühn*, Registerrecht, Rn. 1146.
289 § 74 Abs. 1 Satz 1 GmbHG, § 273 Abs. 1 Satz 1 AktG.
290 Kübler/Prütting/Bork/*Holzer*, § 203 Rn. 31.
291 Schmidt/Uhlenbruck/*Vallender*, Rn. 7.861.
292 Zum Begriff der »Masseunzulänglichkeit«: Das Insolvenzverfahren wird wegen Masseunzulänglichkeit eingestellt, wenn das Vermögen des Insolvenzschuldners zwar ausreicht, die reinen Verfahrenskosten zu decken, die anfallenden Masseverbindlichkeiten aber nicht mehr beglichen werden können (sog. »Insolvenz in der Insolvenz«).

tragsverteilung gem. §§ 203 ff. InsO. Die Nachtragsverteilung soll den Gläubigern wie ein fortgesetztes Insolvenzverfahren einen geordneten Zugriff auf das neu gefundene Vermögen sicherstellen. Sie hat – so wenig wie das Insolvenzverfahren überhaupt – nicht die Aufgabe, die Vollbeendigung des Rechtsträgers »Gesellschaft« herbeizuführen, sondern bewerkstelligt dies eher als Reflex. Wird also neues Vermögen gefunden, entscheidet das Insolvenzgericht zunächst, ob das neue Vermögen so umfangreich und werthaltig ist, dass sich die Anordnung der Nachtragsverteilung lohnt (§ 203 Abs. 3 InsO). Verneint es dies, verbleibt es ohne Besonderheiten bei der bereits in Gang gesetzten gesellschaftsrechtlichen Liquidation. Andernfalls ordnet das Insolvenzgericht die Nachtragsverteilung an. Durch die Anordnung wird der Insolvenzbeschlag wieder hergestellt und die alleinige Verfügungsbefugnis dem Insolvenzverwalter zugewiesen. Die Nachtragsverteilung ist keine Wiederaufnahme des beendeten Insolvenzverfahrens; der Insolvenzbeschlag wirkt nur ex-nunc und nur für die in der Anordnung bezeichneten Vermögenswerte.[293] In der Zwischenzeit, d.h. ab Beendigung des Insolvenzverfahrens bis zur Anordnung der Nachtragsverteilung, stand allein der Gesellschaft die umfassende Verwaltungs- und Verfügungsbefugnis über ihr (neu gefundenes) Vermögen zu. Gibt der Insolvenzverwalter im Rahmen des Nachtragsverteilungsverfahrnes Vermögen aus der Nachtragsverteilung frei oder wird die Nachtragsverteilung beendet, obwohl die Gesellschaft noch Restvermögen besitzt, ist die gesellschaftsrechtliche Liquidation diesbezüglich fortzusetzen (»insolvenzfreier Bereich«). Die gesellschaftsrechtliche Liquidation und die Nachtragsverteilung können in diesem »insolvenzfreien Bereich« sogar parallel ablaufen. Das Verhältnis beider Verfahren ist deshalb keines der Ausschließlichkeit. Treffender ließe sich von einem (gegenständlichen) **Vorrang der Nachtragsverteilung gem. §§ 203 ff. InsO** vor der gesellschaftsrechtlichen Liquidation sprechen.

Wurde das Insolvenzverfahren **mangels Masse**[294] gem. § 207 InsO eingestellt, ist die Rechtslage unklarer. Ein dem § 211 Abs. 3 InsO entsprechender Verweis auf die Nachtragsverteilung (§§ 203 ff. InsO) fehlt. Hieraus werden unterschiedliche Schlüsse gezogen: Während die einen hierin eine Regelungslücke sehen und die Anordnung der Nachtragsverteilung wegen der vergleichbaren Interessenlage wie bei Masseunzulänglichkeit (§§ 208, 211 InsO) zulassen wollen[295], lehnen die anderen die Zulässigkeit der Nachtragsverteilung strikt ab[296]. Der BGH[297] hat sich der erstgenannten Auffassung angeschlossen. Damit dürfte für die Praxis klar sein, dass die Rechtslage bei Einstellung des Insolvenzverfahrens mangels Masse letztlich nicht anders zu behandeln ist als die Verfahrenseinstellung wegen Masseunzulänglichkeit.[298] Es kann insoweit auf die Ausführungen in vorstehender Rdn. 137 verwiesen werden. 138

[Nicht belegt] 139

Praktisches Beispiel: Eine Gesellschaft hat einen Anspruch auf Auszahlung von einem **Notaranderkonto**. Zwischenzeitlich wurde ein Insolvenzverfahren mangels Masse eingestellt (§ 207 InsO). Verlangt der (Nachtrags-) Liquidator die Auszahlung, hat der Notar zu prüfen, ob der Liquidator die Verfügungsbefugnis nicht bereits durch Anordnung der Nachtragsverteilung wieder verloren hat. Es bietet sich an, hierzu eine Auskunft vom Insolvenzgericht einzuholen. Fällt sie positiv aus, darf nur der neu bestellte Insolvenzverwalter über den hinterlegten Geldbetrag disponieren. Fällt die Auskunft negativ aus, darf und muss der Notar an den Liquidator auszahlen. Er braucht und darf nicht die Auszahlung mit der Begründung verweigern, das Insolvenzgericht möge zunächst die 140

---

293 Schmidt/*Jungmann*, § 203 Rn. 14.
294 Zum Begriff der Einstellung »mangels Masse«: Die Einstellung mangels Masse erfolgt, wenn das Vermögen des Insolvenzschuldners nicht einmal ausreicht, um die reinen Verfahrenskosten zu decken.
295 Z.B. HambKomm/*Preß/Henningsmeier*, § 203 Rn. 25; MünchKommInsO/*Hintzen*, § 203 Rn. 29; Zimmer, KTS 2009, 199, 216 f.
296 Z.B. HK-InsO/*Landfermann*, § 207 Rn. 25, 27; Schmidt/*Jungmann*, § 203 Rn. 16 und § 207 Rn. 19; Uhlenbruck/*Ries*, § 207 Rn. 37.
297 BGH, ZInsO 2014, 340; BGH, NZI 2013, 1019.
298 Uhlenbruck/*Wegener*, § 203 Rn. 38; s. aber auch Schmidt/*Jungmann*, § 207 Rn. 20, der darauf hinweist, dass die BGH-Entscheidung nicht auf alle Einstellungen gem. § 207 InsO verallgemeinert werden dürfe.

Anordnung der Nachtragsverteilung gerade im Hinblick auf den hinterlegten Geldbetrag überprüfen. Vor allem darf er wegen seiner **Amtspflicht zur Verschwiegenheit** gem. § 18 BNotO dem Insolvenzgericht auch keine Auskünfte zum Notaranderkonto erteilen.[299] Zwar mag es auf den ersten Blick misslich erscheinen, dass der Notar sehenden Auges Geld auszahlt und dieses der Gefahr aussetzt, den Insolvenzgläubigern vorenthalten zu werden. Dieses Risiko ist aber hinzunehmen. Das Risiko ist notwendige Folge der gesetzgeberischen Entscheidung, mit Aufhebung des Insolvenzverfahrens die Beschlagnahmewirkungen auch für bis dato unbekanntes Vermögen entfallen zu lassen. Es ist nicht Aufgabe des Notaranderkontos, diese Entscheidung im Interesse der Insolvenzgläubiger zu korrigieren. Die Gläubigerschutzvorschriften sind vielmehr in den allgemeinen insolvenz- und strafrechtlichen Regelungen zu suchen. Der Notar darf daher (nur) in dem eher theoretischen Fall nicht auszahlen, wenn er z.B. weiß, dass der Empfänger die Absicht hat, den Geldbetrag i.S.d. § 283 Abs. 1 Nr. 1 StGB zu entziehen.

141 Wird **bisher nicht bekanntes Vermögen** erst **nach Löschung** der Gesellschaft im Handelsregister aufgefunden, gelten die Ausführungen in den Rdn. 137 f. entsprechend.[300] Insbesondere ist auch für diesen Fall vom Vorrang der insolvenzrechtlichen Nachtragsverteilung im beschriebenen Sinne auszugehen.

c) *Verfahrensaufhebung nach Schlussverteilung*

142 Wird das Insolvenzverfahren **nach Schlussverteilung aufgehoben** (§ 200 Abs. 1 InsO), erhält das Registergericht der Gesellschaft aufgrund einer Mitteilung des Insolvenzgerichts Kenntnis hiervon (§§ 200 Abs. 2, Satz 2, 31 InsO). Daraufhin löscht das Register die Gesellschaft von Amts wegen, wenn es keine Anhaltspunkte dafür erkennt, dass noch Vermögen vorhanden ist (§ 394 Abs. 1 Satz 2 FamFG). Die Vermögenslosigkeit der Gesellschaft wird hier[301] also schon kraft gesetzlicher Anordnung vermutet. Dem steht nicht der – zudem eher theoretische – Fall entgegen, dass nach Schlussverteilung noch beschlagnahmtes Massevermögen übrig ist. Denn dieses ist gem. **§ 199 Satz 2 InsO** unmittelbar an die Gesellschafter auszukehren. Spätestens damit wird die Gesellschaft vermögenslos und der Weg zur Löschung im Register ebenso eröffnet ist wie im typischen Fall ohne Überschussvermögen.[302] Vorhandenes Vermögen kann daher grds. nur solches sein, das der Insolvenzverwalter zuvor freigegeben hat. Die Ermittlungen des Registergerichts können sich hierauf beschränken. In der Regel wird eine entsprechende Auskunft des Insolvenzverwalters ausreichen. Ein Drängen des Gerichts auf die Bestellung von Liquidatoren zur Gewährung rechtlichen Gehörs ist auch hier nicht geboten (arg. ex § 394 Abs. 2 Satz 1 FamFG, s.a. schon oben Rdn. 134). Dies würde im Übrigen die Intention des § 394 Abs. 1 Satz 2 FamFG durchkreuzen. Die Gesellschaft soll auch dann gelöscht werden können, wenn sich zu diesem Zeitpunkt ihre Organe nicht mehr um die Gesellschaft kümmern.[303] Gibt es freigegebenes Vermögen, schließt sich an die Aufhebung des Insolvenzverfahrens automatisch eine **gesellschaftsrechtliche Liquidation** an, ohne dass es hierzu eines besonderen Beschlusses bedarf.[304] Wer alsdann Liquidator wird, richtet sich nach den einschlägigen verbandsrechtlichen Bestimmungen (z.B. § 66 GmbHG, 265 AktG). Die Liquidatoren sind als solche zur Eintragung in das **Handelsregister** anzumelden.

143 Stellt sich **nach Aufhebung des Insolvenzverfahrens** (überraschend) heraus, dass doch noch **verwertbare Masse** vorhanden ist, kommt eine Nachtragsverteilung gem. § 203 InsO und nachrangig

---

299 Näher *Bous/Solveen*, DNotZ 2005, 261 ff.; Hauschild/Kallrath/Wachter/*Böttcher*, § 33 Rn. 117 ff.
300 Die Nachtragsverteilung i.S.d. § 203 InsO ist – wie das Insolvenzverfahren überhaupt – auch nach Löschung der Gesellschaft im Register zulässig, vgl. etwa AG Göttingen, ZIP 1995, 145, 146.
301 Vgl. zur Verfahrensabweisung mangels Masse Rdn. 134.
302 FK-InsO/*Kießner*, § 199 Rn. 4 f.; Schmidt/*Jungmann*, § 199 Rn. 4; Uhlenbruck/*Wegener*, § 199 Rn. 6; s.a. DNotI-Gutachten Nr. 173043 (Stand: 10.09.2019).
303 Vgl. *Krafka/Kühn*, Registerrecht, Rn. 433 m.w.N.
304 Gottwald/*Haas/Mock*, § 93 Rn. 18 (AG).

C. Die Gesellschaft im Insolvenzverfahren Kapitel 13

nur noch eine gesellschaftsrechtliche Abwicklung in Betracht. Insoweit kann auf die Ausführungen in Rdn. 137 f. verwiesen werden.

d) Weitere Beendigungsgründe

Wird das Insolvenzverfahren wegen Wegfalls des Eröffnungsgrundes (§ 212 InsO), mit Zustimmung der Gläubiger (§ 213 InsO) oder nach rechtskräftiger Bestätigung eines Insolvenzplans (§ 258 InsO) aufgehoben, ändert dies zunächst nichts an der Tatsache, dass die Gesellschaft aufgelöst ist. Sie befindet sich nach wie vor in Auflösung und ist nach Maßgabe gesellschaftsrechtlicher Vorschriften, ggf. unter Berücksichtigung etwaiger Planvorgaben, durch **Liquidation** bis zur Vollbeendigung abzuwickeln. Die Vertretungsbefugnis der Liquidatoren ist zur Eintragung ins **Handelsregister** anzumelden. Etwas anders gilt nur, wenn die Gesellschafter die **Fortsetzung** beschließen oder die Fortsetzung im rechtsgestaltend Teil eines Insolvenzplans vorgesehen ist.

144

e) Fortsetzung der Gesellschaft

Die Gesellschafter können die Fortsetzung der insolvenzbedingt aufgelösten Gesellschaft aufgrund ausdrücklicher **gesetzlicher Reglung**[305] beschließen, wenn das Insolvenzverfahren nach Bestätigung eines Insolvenzplans aufgehoben wurde (§ 258 InsO) und in dem Plan die Fortsetzung der Gesellschaft vorgesehen ist, oder wenn das Insolvenzverfahren auf Antrag des Schuldner eingestellt wurde. Das Verfahren wird auf Antrag des Schuldners eingestellt, wenn der Eröffnungsgrund wegfällt (§ 212 InsO) oder alle Gläubiger zustimmen (§ 213 InsO).

145

In allen **anderen Fällen** der Beendigung eines Insolvenz(antrags)verfahrens wie namentlich der Abweisung mangels Masse (§ 26 InsO), der Verfahrenseinstellung mangels Masse (§ 207 InsO), der Verfahrenseinstellung wegen Masseunzulänglichkeit (§ 211 InsO) sowie der Verfahrensaufhebung nach Schlussverteilung (§ 200 InsO) existiert **keine gesetzliche Regelung**, die eine Fortsetzung der Gesellschaft durch Gesellschafterbeschluss erlaubt. In der Folge wurde über die Fortsetzungsfähigkeit der Gesellschaft in diesen gesetzlich nicht geregelten Fällen gestritten.[306] Der **BGH**[307] hat die Rechtsfrage entschieden und die Fortsetzungsfähigkeit in einem Fall der Verfahrensaufhebung nach Schlussverteilung (§ 200 InsO) abgelehnt. In seiner Begründung stellt der BGH im Wesentlichen auf den Schutz des Rechtsverkehrs sowie das mangelnde Schutzbedürfnis der Gesellschafter ab. Er sieht dabei in § 60 Abs. 1 Nr. 4 GmbH ausdrücklich eine Regelung mit abschließendem Charakter. Damit ist klargestellt, dass eine Fortsetzung durch Gesellschafterbeschluss auf der Grundlage der BGH-Entscheidung nicht nur nach Verfahrensaufhebung nach Schlussverteilung (§ 200 InsO), sondern in allen gesetzlich nicht geregelten Fällen ausgeschlossen ist. Im Übrigen regelt das **ESUG** (§ 210a InsO n.F.), dass trotz Masseunzulänglichkeit ein Planverfahren, und damit inzident auch eine Fortsetzung der Gesellschaft, zulässig ist.[308]

146

Die Fortsetzung der Gesellschaft (Rdn. 145) erfolgt durch Beschluss der Gesellschafter. Dieser unterliegt den allgemeinen Erfordernissen. Er ist gem. § 274 Abs. 1 Satz 2 AktG (analog) mit einer Mehrheit von 3/4 der abgegebenen Stimmen zu fassen. Wie in allen Auflösungsfällen scheidet eine Fortsetzung der Gesellschaft aus, wenn Vermögen bereits an die Gesellschafter verteilt wurde.[309] Nach den neuen **ESUG**-Vorschriften bedarf es eines Fortsetzungsbeschlusses ausnahmsweise nicht, wenn die

147

---

305 § 60 Abs. 1 Nr. 4 GmbHG; § 274 Abs. 2 Nr. 1 AktG.
306 Dagegen ewa OLG München, GmbHR 2006, 91, 92; OLG Köln, ZIP 2010, 1183, 1185 mit ausf. Darstellung des Streitstandes; OLG Celle, ZIP 2011, 278; Rowedder/Schmidt-Leithoff/*Gesell*, § 60 Rn. 76; Schmidt/Lutter/*Riesenhuber*, § 247 Rn. 3; mit unterschiedlich (strengen) Voraussetzungen dafür *Fichtelmann*, GmbHR 2003, 67, 71; Gottwald/*Haas/Kolmann/Pauw*, § 92 Rn. 282; *Kluth*, NZI 2014, 626, 627; Lutter/Hommelhoff/*Kleindiek*, § 60 Rn. 31, 33; Roth/Altmeppen/*Altmeppen*, § 60 Rn. 51; Uhlenbruck/*Hirte*, § 11 Rn. 154; sowie hier in der Vorauflage.
307 Beschl. v. 28.04.2015 (II ZB 13/14), abrufbar unter www.bundesgerichtshof.de.
308 Lutter/Hommelhoff/*Kleindiek*, § 60 Rn. 31.
309 Dazu Baumbach/Hueck/*Haas*, § 60 Rn. 91; Schmidt/Lutter/*Riesenhuber*, § 274 Rn. 4.

Fortsetzung im Insolvenzplan mit rechtsgestaltender Wirkung angeordnet ist (§§ 225a Abs. 3, 254a Abs. 2 InsO n.F. s.a. noch Rdn. 250). In allen Fällen ist die Fortsetzung beim **Handelsregister** anzumelden. Hierzu sind die Geschäftsführer bzw. Vorstände in vertretungsberechtigter Zahl, ausnahmsweise zusätzlich auch der Insolvenzverwalter (unten Rdn. 253), berechtigt und verpflichtet.

2. OHG, KG und GbR

148 Bei Personen(handels)gesellschaften tritt nach materiellem Recht **Vollbeendigung** ein, wenn die Gesellschaft aufgelöst und kein aktives Gesellschaftsvermögen (mehr) existiert.[310] Das ist der Fall, wenn mit dem vorhandenen Vermögen die Gläubiger befriedigt worden sind und ein etwaiger Überschuss an die Gesellschafter verteilt worden ist. Offene Forderungen gegen die Gesellschafter sind aktives Gesellschaftsvermögen und stehen der Vollbeendigung entgegen. Nach zutreffender Ansicht hindern offene Verbindlichkeiten der Gesellschaft, die nach Verteilung des Reinvermögens noch existieren, die Vollbeendigung nicht.[311] Solche Verbindlichkeiten werden über die fortbestehende Haftung der ehemaligen Gesellschafter nach § 128 HGB abgewickelt; der Ausgleich der Gesellschafter untereinander erfolgt außerhalb des Liquidationsverfahrens. Ist die Gesellschaft wie die OHG und KG in einem Register eingetragen, hat deren Löschung nur deklaratorische Bedeutung.[312] Diese Regeln sind auf die verschiedenen insolvenzrechtlichen Szenarien zu übertragen.

a) Abweisung des Eröffnungsantrages mangels Masse

149 Die Abweisung des Eröffnungsantrages mangels Masse hat bei der **gesetzestypischen Personengesellschaft** nach ganz überwiegender Ansicht **weder deren Auflösung** noch gar deren Vollbeendigung zur Folge (arg. ex § 131 Abs. 2 Nr. 1 HGB).[313] Sie existiert daher so lange weiter, bis ein anderer verbandspezifischer Tatbestand zur Vollbeendigung führt. Meist wird dies eine Auflösung wegen Unmöglichkeit der Zweckerreichung (§ 726 BGB)[314] oder ein (konkludenter) Auflösungsbeschluss sein, da die masselose Gesellschaft als Außengesellschaft nicht fortgeführt werden kann[315]. Etwas anderes gilt für **kapitalistische Personengesellschaften**, also bei solchen, bei denen bis zur zweiten Gesellschafterebene keine natürliche Person als Vollhafter beteiligt ist, und für bestimmte Publikums-KGs[316]. Bei diesen Gesellschaften bewirkt die Abweisung des Eröffnungsantrages mangels Masse aufgrund ausdrücklicher gesetzlicher Anordnung[317] deren Auflösung. Für diese Gesellschaften kann wegen des weiteren Verfahrens auf die Ausführungen zu den Kapitalgesellschaften (oben Rdn. 134 f.) verwiesen werden. Der Schritt zur amtswegigen Löschung aus dem Handelsregister ergibt sich hier aus § 394 Abs. 4 FamFG. Die Löschung ist nur zulässig, wenn auch die persönlich haftenden Gesellschafter vermögenslos sind (§ 394 Abs. 4 Satz 2 FamFG). Die Vollbeendigung tritt bereits mit Abschluss des gesellschaftsrechtlichen Liquidationsverfahrens ein. Die Löschung im Handelsregister bleibt deklaratorisch.

b) Verfahrenseinstellung und Verfahrensaufhebung

150 Wird das Insolvenzverfahren mangels Masse (§ 207 InsO) oder wegen Masseunzulänglichkeit (§ 211 InsO) eingestellt oder nach Schlussverteilung aufgehoben (§ 200 InsO), tritt (zufällig) Vollbeendi-

---

310 Für OHG/KG Ebenroth/Boujong/Joost/Strohn/*Hillmann*, § 155 Rn. 21; Oetker/*Kamanabrou*, § 157 Rn. 3; für GbR MünchKommBGB/*Schäfer*, Vor § 723 Rn. 5.
311 Ebenroth/Boujong/Joost/Strohn/*Hillmann*, § 155 Rn. 21.
312 BGH, NJW 1990, 1725, 1728; Ebenroth/Boujong/Joost/Strohn/*Hillmann*, § 155 Rn. 21 und § 157 Rn. 7; Oetker/*Kamanabrou*, § 157 Rn. 5.
313 BGHZ 75, 178, 179 = GmbHR 1980, 83; Ebenroth/Boujong/Joost/Strohn/*Hillmann*, § 131 Rn. 23; Henssler/Strohn/*Klöhn*, § 131 HGB Rn. 19; Oetker/*Kamanabrou*, § 131 rn. 13; Uhlenbruck/*Hirte*, § 11 Rn. 286.
314 MünchKommBGB/*Schäfer*, § 728 Rn. 24.
315 Henssler/Strohn/*Klöhn*, § 131 HGB Rn. 19; MünchKommHGB/*K. Schmidt*, § 131 Rn. 22.
316 S. dazu Gottwald/*Haas/Mock*, § 94 Rn. 33.
317 §§ 131 Abs. 2 Nr. 1, 161 Abs. 2 HGB.

gung ein, wenn die Gesellschaft auch tatsächlich kein Vermögen mehr hat. Wie § 199 Satz 2 InsO zeigt, soll dies nach der gesetzgeberischen Intention der Regelfall sein. Gem. § 199 Satz 2 InsO hat der Insolvezverwalter etwaiges Restvermögen an die Gesellschafter zu verteilen und damit die Gesellschaft zur Vermögenslosigkeit zu bringen. Hieraus wird überwiegend der Schluss gezogen, dass es zu den Aufgaben des Insolvenzverwalters (und des Insolvenzverfahrens überhaupt) gehört, die Vollbeendigung der Personengesellschaft herbeizuführen.[318] Wurde allerdings vorher (nicht verwertbares) Vermögen aus der Masse freigegeben, tritt die Vollbeendigung nicht ein. In diesem Falle ist die Gesellschaft nach gesellschaftsrechtlichen Regeln bis zur Vollbeendigung abzuwickeln und, wenn sie in einem Register geführt wird, erst sodann dort zu löschen. Taucht nach Beendigung des Insolvenzverfahrens bis dato unbekanntes Vermögen auf, ist die Vollbeendigung ebenfalls noch nicht eingetreten. Insoweit kann im Grundsatz auf die Ausführungen zur GmbH und AG (Rdn. 136 f.) verwiesen werden, auch wegen des Vorranges der Nachtragsverteilung gem. §§ 203 ff. InsO. Handelt es sich um eine kapitalistische Personengesellschaft, folgt die Pflicht des Registergerichts zur amtswegigen Löschung aus § 394 Abs. 4 FamFG. Bei einer gesetzestypischen Gesellschaft soll nach verbreiteter Ansicht der Insolvenzverwalter wegen seiner Aufgabe, die Vollbeendigung der Gesellschaft herbeizuführen, verpflichtet sein, das Erlöschen der Firma anzumelden.[319]

c) Weitere Beendigungsgründe

Wird das Insolvenzverfahren wegen Wegfalls des Eröffnungsgrundes (§ 212 InsO), mit Zustimmung der Gläubiger (§ 213 InsO) oder wegen Übergangs in das Planverfahren (§ 258 InsO) aufgehoben, gilt im Grundsatz wiederum das Gleiche wie bei der GmbH und AG. Die Gesellschaft ist nach gesellschaftsvertraglichen Vorgaben, wenn und soweit sich nicht aus einem etwaigen Insolvenzplan etwas anderes ergibt (arg ex § 210a InsO), bis zur Vollbeendigung abzuwickeln und dies, sofern sie in einem **Register** eingetragen ist, dort entsprechend anzumelden.

151

d) Fortsetzung der Gesellschaft

Bei der OHG und KG erlaubt das Gesetz ausdrücklich[320] die Fortsetzung der Gesellschaft, wenn das Insolvenzverfahren auf Antrag des Schuldners oder nach Bestätigung eines Insolvenzplans, der die Fortsetzung der Gesellschaft vorsieht, eingestellt wurde. Auch hier ist streitig, ob eine Fortsetzung nach Abweisung des Insolvenzantrages (§ 26 InsO), nach Verfahrenseinstellung mangels Masse (§ 207 InsO) oder wegen Masseunzulänglichkeit (§ 211 InsO), oder nach Verfahrensaufhebung im Anschluss an die Schlussverteilung (§ 200 InsO) zulässig ist.[321] Es spricht einiges dafür, dass die zur GmbH ergangene ablehnende Entscheidung des BGH jedenfalls auch auf Personengesellschaften ohne eine natürliche Person als Vollhafter, wohl aber auch auf die gesetzestypische Personengesellschaft Anwendung findet. Dieselben Grundsätze sind als Ausdruck eines allgemeinen Rechtsgedankens auf die GbR zu übertragen.

152

In allen Fällen der Fortsetzung ist unerlässliche Voraussetzung, dass die Gesellschaft noch **irgendwelches Vermögen** hat.[322] Ansonsten wäre die Gesellschaft bereits – trotz Registereintragung – erloschen. In diesem Falle verbleibt nur, eine neue Gesellschaft zu gründen. Sofern die Satzung nicht eine geringere Mehrheit vorsieht, hat der Fortsetzungsbeschluss bei den hier behandelten Personen-

153

---

318 Ebenroth/Boujong/Joost/Strohn/*Hillmann*, § 157 Rn. 2, § 145 Rn. 9; Gottwald/*Haas/Mock*, § 94 Rn. 31 jeweils m.w.N.
319 Ebenroth/Boujong/Joost/Strohn/*Hillmann*, § 157 Rn. 2, § 145 Rn. 9; Gottwald/*Haas/Mock*, § 94 Rn. 31 jeweils m.w.N.
320 §§ 144 Abs. 1, 161 Abs. 2 HGB; § 728 Abs. 1 Satz 2 BGB.
321 S. z.B. Ebenroth/Boujong/Joost/Strohn/*Lorz*, § 144 Rn. 6; Gottwald/*Haas/Mock*, § 94 Rn. 36 (für Verfahrenseinstellung wegen Masseunzulänglichkeit); Oetker/*Kamanabrou*, § 144 Rn. 5 m.w.N.
322 Vgl. BGH NJW 1995, 196; Ebenroth/Boujong/Joost/Strohn/*Lorz*, § 131 Rn. 32, § 144 Rn. 4; Oetker/*Kamanabrou*, § 131 Rn. 20; Uhlenbruck/*Hirte*, § 11 Rn. 306.

gesellschaften einstimmig zu ergehen.[323] Die Fortsetzung einer OHG bzw. KG setzt zudem voraus, dass ihr Zweck auf den Betrieb eines Handelsgewerbes gerichtet bleibt. Die Fortsetzung ist in diesem Fall von allen Gesellschaftern zur Eintragung in das **Handelsregister** anzumelden.[324]

D. Insolvenz eines Gesellschafters

I. Die Gesellschaftsbeteiligung als Gegenstand der Masse

154 GmbH-Geschäftsanteile, Aktien sowie die Mitgliedschaft[325] des Insolvenzschuldners an einer OHG, KG oder GbR sind pfändbar und fallen in die **Insolvenzmasse** (§ 35 InsO). Dies gilt unabhängig davon, ob die Abtretbarkeit der jeweiligen Gesellschaftsbeteiligung im Gesellschaftsvertrag eingeschränkt oder sogar ausgeschlossen wurde.[326] Bei **Personen(handels)gesellschaften** ist freilich eine Einschränkung zu beachten: Deren Organisationsverfassung erlaubt eine Vereinbarung, wonach ein Gesellschafter bei Eintritt bestimmter Voraussetzungen, hier etwa der Eröffnung eines Insolvenzverfahrens, automatisch aus der Gesellschaft ausscheidet. Die nachfolgenden Erwägungen greifen für die Personengesellschaften daher nur, wenn die Beteiligung als Mitgliedschaft auch tatsächlich Bestandteil der Insolvenzmasse wird.

155 Mit Wirksamwerden des Insolvenzbeschlages geht die **Verwaltungs- und Verfügungsbefugnis** über alle aus dem Gesellschaftsanteil resultierenden Mitgliedschaftsrechte auf den Insolvenzverwalter über (§ 80 InsO), es sei denn, sie sind **höchstpersönlicher Natur**. Der Insolvenzbeschlag erstreckt sich nicht auf das **Gesellschaftsvermögen** als solches oder gar auf einzelne Gegenstände des Gesellschaftsvermögens.[327] Die Gesellschaft kann ohne Einschränkung über ihr Vermögen verfügen und sich hierzu verpflichten.

156 Das Spannungsverhältnis, das durch das Auftauchen des Insolvenzverwalters als quasi neuem »Mitgesellschafter«[328] entsteht, liegt auf der Hand. Während die übrigen Gesellschafter typischerweise ein Interesse am langfristigen Wohlergehen der Gesellschaft haben, ist es dem Insolvenzverwalter in erster Linie um die bestmögliche Verwertung der Gesellschaftsbeteiligung als zu isolierende Vermögensmasse zu tun. Dieses **Spannungsverhältnis** spielt auch bei der Rechtsfindung eine Rolle, wenn es darum geht, die Reichweite der **Kompetenzen des Insolvenzverwalters** in einzelnen Bereichen zu definieren. Im Grundsatz ist davon auszugehen, dass der Insolvenzbeschlag nicht *ipso iure* das Geflecht, in das die Gesellschaftsbeteiligung als spätere Insolvenzmasse über den Schuldner zuvor eingebunden war, außer Kraft setzt, um es durch ein neuartiges zu ersetzen. Der Insolvenzverwalter ist vielmehr solange und insoweit an die vorgefundene Rechtslage gebunden, als ihm nicht zum Schutze der Insolvenzmasse ausdrücklich besondere insolvenzspezifische Optionen und Befugnisse eingeräumt sind.[329] Mit Blick auf die allgemeine Rechtsordnung sind solche Befugnisse systematisch betrachtet gesetzliche Ausnahmeregelungen, mögen sie im Einzelnen auch sehr viel weiter reichen als zuvor die Rechte des Insolvenzschuldners. Der Insolvenzverwalter hat daher grundsätzlich nicht mehr Rechte als zuvor der Gesellschafter, aber auch nicht weniger. Abweichungen von diesem Prinzip bedürfen einer konkreten

---

323 Vgl. BGH, ZIP 2007, 1988; Ebenroth/Boujong/Joost/Strohn/*Lorz*, § 144 Rn. 7; Gottwald/*Haas/Mock*, § 94 Rn. 32; Oetker/*Kamanabrou*, § 144 Rn. 6 m.w.N.
324 Vgl. § 144 Abs. 2 HGB für OHG/KG.
325 Nach heute ganz h.M. ist Gegenstand der Insolvenzmasse die Mitgliedschaft als solche und nicht nur ein Wertrecht (Vermögenswert der Beteiligung), s. nur MünchKommBGB/*Schäfer*, § 728 Rn. 37 i.V.m. § 725 Rn. 10; Uhlenbruck/*Hirte/Praß*, § 35 Rn. 161, jeweils m.w.N.
326 Statt aller MünchKommGmbHG/*Reichert/Weller*, § 15 Rn. 553; Uhlenbruck/*Hirte*, § 11 Rn. 249, Uhlenbruck/*Hirte/Praß* § 35 Rn. 160.
327 MünchKommBGB/*Schäfer*, § 728 Rn. 37 (für GbR); Uhlenbruck/*Hirte*, § 11 Rn. 249 (für Gesellschaften ohne Rechtspersönlichkeit).
328 So formuliert treffend Reul/Heckschen/Wienberg/*Heckschen*, § 4 Rn. 192.
329 Etwa BGH, ZIP 1995, 225, 226; *Bergmann*, ZInsO 2004, 225, 227; Uhlenbruck/*Mock*, § 80 Rn. 75 m.w.N.

II. Zu den Grenzen präventiver Vertragsgestaltung

Rechtfertigung. Wird die Rechtslage durch wirksame vertragliche Vereinbarungen bestimmt, ist der Insolvenzverwalter in der beschriebenen Weise auch an diese gebunden.

Gehen Verwaltungs- und Verfügungsrechte auf den Insolvenzverwalter über, schließt sich die Frage an, ob und bejahendenfalls in welchem Umfang sich die Rechtsmacht des Insolvenzverwalters durch **präventive Gestaltung des Gesellschaftsvertrages** einschränken lässt. Im Kern geht es darum, die Grenze zwischen der Privatautonomie einerseits und einer unzulässiger **Gläubigerbenachteiligung** (§ 138 BGB, Gedanke der §§ 129 ff. InsO) andererseits auszuloten. Wertungsmäßig sind dabei grds. **zwei Wege** zu akzeptieren: **(1)** Entweder scheidet der insolvente Gesellschafter aus der Gesellschaft aus und der Insolvenzverwalter erhält eine Abfindung. Mit der Abfindung wird die Gesellschaftsbeteiligung aus Sicht der Masse verwertet. Dies entspricht dem gesetzlichen Leitbild bei den Personenhandelsgesellschaften (näher unten Rdn. 180). Präventivklauseln, die den Ausschluss des insolventen Gesellschafters gegen Abfindung bewirken können, sind daher insolvenzrechtlich grundsätzlich unbedenklich (näher sogleich Rdn. 168 ff.). Sie benachteiligen die Gläubiger wertungsmäßig nicht. Ein Sonderrecht, die Auseinandersetzung zu verlangen, hat der Insolvenzverwalter nicht; er hat dieses Recht nur, wenn und soweit dieses auch dem insolventen Gesellschafter zusteht.[330] **(2)** Oder der insolvente Gesellschafter verbleibt (zunächst) in der Gesellschaft. Dann aber darf der Insolvenzverwalter grundsätzlich nicht weniger Verwaltungs- und Verfügungsrechte haben als zuvor der Gesellschafter (soeben Rdn. 156). Einschnitte in die Rechtsstellung des Insolvenzverwalters, die für den solventen Gesellschafter nicht gelten, haben tendenziell eine die Gläubiger diskriminierende Wirkung.[331] Mitunter wird hiergegen das *argumentum a maiore ad minus* eingewandt, vertragliche Eingriffe in die Verwaltungs- und Verfügungsbefugnisse des Insolvenzverwalters seien gegenüber einem Ausschluss ein »Weniger«.[332] Dies erscheint indes nicht zwingend. Beim Ausschluss erhält der Insolvenzverwalter eben eine Abfindung, bei einer Beschränkung der Mitgliedschaftsrechte nicht. Es ließe sich allerdings durchaus erwägen, beschränkende Präventivklauseln in größerem Umfange zuzulassen, wenn der Insolvenzverwalter dafür das Recht zum Austritt bzw. Kündigung erhält. Er kann so einen Anspruch auf Abfindung bzw. auf Teilhabe am Liquidationserlös entstehen lassen und zur Masse ziehen. Zu beachten ist allerdings, dass dem Insolvenzrecht derartige Weichenstellungen nicht geläufig sind. Der Grundsatz lautet eben, dass der Insolvenzverwalter nicht mehr, aber auch nicht weniger Rechte hat als der Schuldner (s. schon oben Rdn. 156).

Auf die Insolvenz bezogene Präventivklauseln sind nach alledem weder per se unzulässig noch per se zulässig. Ihre Zulässigkeit kann auch nicht für alle denkbaren Einzelaspekte des Insolvenzbeschlags einheitlich beantwortet werden. Erforderlich ist vielmehr eine **wertende Betrachtung** eines jeden einzelnen Aspektes. Je stärker und spezieller dabei die fragliche Präventivklausel gerade eine Schlechterstellung der (künftigen) Gläubiger bezweckt oder zumindest auf eine solche hinausläuft, desto eher wird die Grenze der Privatautonomie überschritten sein. Je weniger umgekehrt Eingriffe speziell auf die Insolvenz bezogen sind, desto eher sind sie als vorgefundene und für den Insolvenzverwalter verbindliche Rechtslage zu qualifizieren.[333] Auch werden sich Eingriffe in Rechte des (insolventen) Gesellschafters je eher legitimieren lassen, desto stärker die Insolvenz die Geschäftsgrundlage für die betroffenen Rechtspositionen zerstört.

---

330 Uhlenbruck/*Hirte*, § 84 Rn. 15.
331 So die h.M. im Zusammenhang mit Beschränkungen des Abfindungsanspruchs, s.u. Rdn. 174.
332 Vgl. Hauschild/Kallrath/Wachter/*Böttcher*, § 33 Rn. 30; *Heckschen*, ZIP 2010, 1319, 1321.
333 So die Argumentation der h.M. am Beispiel beschränkender Abfindungsklauseln, dazu unten Rdn. 174.

III. Insolvenz des GmbH-Gesellschafters

1. Allgemeine Wirkung der Gesellschafterinsolvenz

159 Die Eröffnung eines Insolvenzverfahrens über das Vermögen eines GmbH-Gesellschafters führt gesetzlich **nicht zur Auflösung** der Gesellschaft (arg. ex § 60 GmbHG). Eine entsprechende Satzungsregelung wäre allerdings möglich und als solche hinreichende Grundlage für eine Auflösungsklage analog § 140 HGB.[334] Meist wird eine solche Satzungsregelung aber nicht im Interesse der anderen Gesellschafter liegen und ist deshalb in der Praxis auch nicht üblich. In die **Insolvenzmasse des Gesellschafters** fallen nicht nur seine Geschäftsanteile, sondern auch sämtliche Ansprüche, die aus seiner gesellschaftsrechtlichen Stellung herrühren und bereits verselbständigt sind wie z.B. Ansprüche auf Gewinnausschüttung. Kommt es auf Grund oder im Laufe des Insolvenzverfahrens zum Ausscheiden des insolventen Gesellschafters, fällt der Abfindungsanspruch in die Insolvenzmasse und wird vom Insolvenzverwalter geltend gemacht. Etwaige Gegenansprüche der Gesellschaft fließen grds. im Rahmen einer Gesamtabrechnung als unselbständige Abrechnungsposten in die Ermittlung der Abfindung ein und mindern unmittelbar deren Höhe.[335] Für eine isolierte Geltendmachung, etwa durch Aufrechnung, ist insoweit kein Raum. Ob dies auch für sog. Drittansprüche zwischen Gesellschaft und Gesellschafter gilt, wird in der Lit. bezweifelt.[336] Folgt man dem, wäre die Gesellschaft auf eine Aufrechnung verwiesen. § 96 Nr. 1 InsO stünde einer solchen nicht entgegen.[337] Denn der Abfindungsanspruch ist dem Grunde nach schon vor Insolvenzeröffnung entstanden. Die Auseiandersetzung im Übrigen (z.B. Rückgabe von Gegenständen, Befreiung von Verbindlichkeiten etc.) findet allerdings – wie § 84 InsO (lediglich) klarstellt – außerhalb des Insolvenzverfahrens statt.

2. Ausgewählte Aspekte zum Insolvenzbeschlag

a) Stimmrecht

160 Die Verwaltungsbefugnis des Insolvenzverwalters erstreckt sich unter anderem auf die Ausübung des Stimmrechts.[338] Ob dies allerdings uneingeschränkt für jeden **Beschlussgegenstand** gilt, wird in der Literatur unterschiedlich gesehen. So wollen manche, dogmatisch durchaus konsequent, den Übergang des Stimmrechts auf den Insolvenzverwalter auf solche Beschlüsse beschränken, die den Vermögensbereich der Gesellschaft betreffen.[339] In der Praxis dürfte eine solche Grenzziehung allerdings kaum möglich sein. Bei nahezu jedem Beschlussgegenstand wird sich eine irgendwie geartete, zumindest mittelbare Auswirkung auf den Wert der Gesellschaftsbeteiligung begründen lassen.[340] Mit der h.M. ist daher davon auszugehen, dass das Stimmrecht dem Insolvenzverwalter uneingeschränkt, d.h. unabhängig vom Inhalt des konkreten Beschlusses zusteht.[341]

161 Enthält die Satzung für die betroffenen Geschäftsanteile **Einschränkungen des Stimmrechtes** oder gar einen Stimmrechtsausschluss, so ist auch der Insolvenzverwalter an die so vorgefundene Rechtslage gebunden. Für ihn gelten hier grds. keine Sonderrechte. Ge- oder verbietet z.B. die Treuepflicht ein

---

334 MünchKommGmbHG/*Reichert/Weller*, § 15 Rn. 551; Uhlenbruck/*Hirte*, § 11 Rn. 54.
335 Vgl. Ebenroth/Boujong/Joost/Strohn/*Lorz*, § 131 Rn. 101 m.w.N., insb. auch zur std. Rspr. des BGH.
336 So Ebenroth/Boujong/Joost/Strohn/*Lorz*, § 131 Rn. 101; MünchKommHGB/*K. Schmidt*, § 131 Rn. 132 jeweils m.w. Nachw.
337 Vgl. BGH, NJW 1989, 453; Ebenroth/Boujong/Joost/Strohn/*Lorz*, § 131 Rn. 49; Oetker/*Kamanabrou*, § 131 Rn. 30.
338 Aus der Rechsprechung kürzlich OLG München, ZInsO 2010, 1744; s. i.Ü. statt Vieler *Bergmann*, ZInsO 2004, 225, 227; MünchKommGmbHG/*Reichert/Weller*, § 15 Rn. 556.
339 Uhlenbruck/*Uhlenbruck* (13. Aufl.), § 80 Rn. 91. Ähnlich differenziert die herrschende Ansicht bei Gesellschafterbeschlüssen in der Gesellschaftsinsolvenz, dazu oben Rdn. 108.
340 Hauschild/Kallrath/Wachter/*Böttcher*, § 33 Rn. 19; Reul/Heckschen/Wienberg/*Heckschen*, § 4 Rn. 212.
341 *Bergmann*, ZInsO 2004, 225, 228; Baumbach/Hueck/*Zöllner/Noack*, § 47 Rn. 42; Jaeger/*Windel*, § 80 Rn. 82; sowie die in der vorherigen Fn. Genannten.

bestimmtes Stimmverhalten, hat dies auch der Insolvenzverwalter zu beachten.[342] Läge z.B. in der Person des insolventen Gesellschafters ein **Stimmverbot** des § 47 Abs. 4 GmbHG vor, so ist nach zutr. h.M. auch der Insolvenzverwalter an der Ausübung des Stimmrechts gehindert.[343] Erst recht ist er hieran gehindert, wenn er den Tatbestand des § 47 Abs. 4 GmbHG in eigener Person verwirklicht.[344] Streitig ist, ob die Satzung ein **Ruhen des Stimmrechts** speziell für den Fall vorsehen kann, dass ein Gesellschafter seine Verwaltungs- und Verfügungsbefugnis an einen (starken vorläufigen) Insolvenzverwalter verliert. Die vorherrschende Auffassung bejaht dies unter Hinweis auf die im GmbH-Recht bestehende Möglichkeit, Geschäftsanteile sogar gänzlich stimmrechtslos zu stellen.[345] Der Insolvenzverwalter sei durch das Ruhen des Stimmrechts auch nicht rechtlos gestellt. Er habe vor allem über das Recht auf Teilnahme an Gesellschafterversammlungen sowie Vetorechte (Zustimmungsrechte) immer noch ein gewisses Maß an Einfluss. Trotz dieser gewichtigen Argumente begegnet diese These jedenfalls in dem Fall Bedenken, dass der insolvente Gesellschafter längerfristig in der Gesellschaft verbleiben soll.[346] In diesem Fall würde das Ruhen des Stimmrechts die Handlungsmöglichkeiten des Insolvenzverwalters gegenüber der für den solventen Gesellschafter geltenden Rechtslage beeinträchtigen. Dies kann die Verwertung des Geschäftsanteils zwar nicht verhindern, wohl aber erschweren und insoweit auf eine unzulässige **Gläubigerbenachteiligung** hinauslaufen (dazu oben Rdn. 157). Im Umkehrschluss folgt daraus, dass ein Ruhen des Stimmrechts unbedenklich ist, wenn der insolvente Gesellschafter aus der Gesellschaft **ausscheiden** soll, also z.B. der Geschäftsanteil eingezogen wird. Soll ein Ruhen des Stimmrechts unabhängig vom Ausscheiden des Gesellschafters vorgesehen werden, empfiehlt es sich (vorsorglich), das Ruhen nicht auf den Fall der Insolvenz zu beschränken, sondern auf noch mindestens einen weiteren Fall zu erstrecken, z.B. auf das Vorliegen eines wichtigen Grundes i.S.d. §§ 140, 133 HGB. Der Gedanke ist letztlich derselbe, den die h.M. auf die Zulässigkeit der Beschränkung von Abfindungsansprüchen anwendet (dazu sogleich Rdn. 174). Die **Gestaltungspraxis** darf im Hinblick auf die herrschende Ansicht der Empfehlung, eine »Ruhen-Klausel« in eine GmbH-Satzung aufzunehmen, durchaus folgen. Diese könnte etwa lauten:

▶ Formulierungsbeispiel: Satzungsklausel zum Ruhen des Stimmrechts 162

Wenn und solange ein Gesellschafter die Verwaltungs- und Verfügungsbefugnis über einen Geschäftsanteil gemäß §§ 80 Abs. 1 oder 21 Abs. 2 Nr. 1, 22 InsO verloren hat oder wenn in seiner Person ein sonstiger wichtiger Grund (§§ 140, 133 HGB) eingetreten ist, ruht das Stimmrecht aus den Geschäftsanteilen dieses Gesellschafters.[347]

Wie unten in Rdn. 176 dargestellt, kann auch durch eine Vinkulierungsklausel nicht rechtsicher 163 verhindert werden, dass der Insolvenzverwalter die Geschäftsanteile optimal, möglicherweise sogar an einen Konkurrenten, veräußert (s.a. noch Rdn. 168). Daher ist trotz der vorgestellten Klausel dringend zu empfehlen, in der Satzung ein **Ausstiegsszenario** wie zum Beispiel eine Zwangseinziehung vorzusehen (dazu unten Rdn. 169).

---

342 *Bergmann*, ZInsO 2004, 225, 228.
343 *Bartholomäus*, Der GmbH-Gesellschafter in der Insolvenz (2009), S. 43; *Heckschen*, ZIP 2010, 1319, 1321; Roth/Altmeppen/*Altmeppen*, § 47 Rn. 139; Rowedder/Schmidt-Leithoff/*Koppensteiner*, § 47 Rn. 57; abw. wohl *Bergmann*, ZInsO 2004, 225, 229, der ausschließlich auf die Person des Insolvenzverwalters abstellt.
344 *Bartolomäus*, Der GmbH-Gesellschafter in der Insolvenz (2009), S. 42; *Bergmann*, ZInsO 2004, 225, 228.
345 Baumbach/Hueck/*Servatius*, § 15 Rn. 64; *Bergmann*, ZInsO 2004, 225, 229; Hauschild/Kallrath/Wachter/ *Böttcher*, § 33 Rn. 20; *Heckschen*, ZIP 2010, 1319, 1321; Lutter/Hommelhoff/*Bayer*, § 15 Rn. 102; MünchKommGmbHG/*Reichert/Weller*, § 15 Rn. 560; Reul/Heckschen/Wienberg/*Heckschen*, § 4 Rn. 220 ff.
346 Ebenso *Bartholomäus*, Der GmbH-Gesellschafter in der Insolvenz (2009), S. 40 f.; Uhlenbruck/*Uhlenbruck* (13. Aufl.), § 35 Rn. 105; kritisch auch Rowedder/Schmidt-Leithoff/*Görner*, § 15 Rn. 165; zuvor auch schon Rowedder/Schmidt-Leithoff/*Koppensteiner* (4. Aufl.), § 15 Rn. 151.
347 Etwas anders Reul/Heckschen/Wienberg/*Heckschen*, § 4 Rn. 221, der auch den Fall der Abweisung des Eröffnungsantrages mangels Masse erfasst.

b) Gesellschafterversammlungen

164 Das in der Mitgliedschaft verankerte und im Kern unentziehbare **Recht auf Teilnahme** an Gesellschafterversammlungen geht auf den Insolvenzverwalter über.[348] Das Recht auf Teilnahme umfasst das Recht, sich auf der Versammlung zu äußern und Beschlussanträge zu stellen. Der Übergang kann durch Satzungsgestaltung weder verhindert noch eingeschränkt werden.[349] Ähnlich wie beim Stimmrecht (oben Rdn. 161) wird auch hier diskutiert, ob das Teilnahmerecht nur hinsichtlich solcher Verhandlungs- und Beschlussgegenstände übergeht, die den Vermögensbereich der Gesellschaft betreffen.[350] Wie dort ist auch hier einzuwenden, dass die Grenzziehung theoretisch wie praktisch kaum möglich ist.[351] Der Praxis kann deshalb nicht geraten werden, den Insolvenzverwalter von der Versammlung bei scheinbar nicht vermögensrelevanten Tagesordnungspunkten fernzuhalten. Aus dem Übergang des Teilnahmerechts ergibt sich für die Gesellschaft zugleich die rechtliche Notwendigkeit, den Insolvenzverwalter zu Gesellschafterversammlungen **einzuladen**. Solange die Gesellschaft von der Eröffnung des Insolvenzverfahrens **keine positive Kenntnis** erlangt hat, genügt nach zutreffender Ansicht für eine ordnungsgemäße Einladung eine Versendung des Einladungsschreibens (nur) an die der Gesellschaft bekannt gegebene Adresse des (insolventen) Gesellschafters.[352] Ob die an den Gesellschafter gerichtete Einladung auch den Insolvenzverwalter erreicht, spielt dann keine Rolle. Auf eine solche Einladung hin gefasste Beschlüsse sind nicht wegen eines Ladungsmangels nichtig oder anfechtbar. Es ginge zu weit, der Gesellschaft das Einladungsrisiko für den ihr unbekannten Insolvenzfall eines Gesellschafters aufzubürden.[353] Dem Insolvenzverwalter ist es hingegen ohne Weiteres zumutbar, sich zeitnah bei der Gesellschaft zu melden und diese von seiner Existenz in Kenntnis zu setzen. Betrifft die Tagesordnung die Insolvenzmasse, braucht der insolvente Gesellschafter neben dem Insolvenzverwalter nicht mehr geladen zu werden. In allen anderen Fällen wird der vorsichtige Berater die Einladung des insolventen Gesellschafters im Hinblick auf die dargestellte Streitfrage eher empfehlen.

c) Sonstige Mitgliedschaftsrechte

165 Zu bestimmten Vorgängen ist bzw. kann kraft Gesetzes und/oder Satzung die **Zustimmung** eines oder mehrerer Gesellschafter erforderlich sein. Zu nennen sind z.B. die Zustimmung zur Abtretung oder Teilung eines Geschäftsanteils oder die Zustimmung zu einem Eingriff in eine geschützte Rechtsstellung eines Gesellschafters. Auch ein solches Zustimmungsrecht geht auf den Insolvenzverwalter über.[354] Fortan entscheidet nur noch dieser, ob der fragliche Vorgang wirksam zustande kommt oder nicht. Gleiches gilt im Grundsatz für **Sonderrechte**, die dem insolventen Gesellschafter durch die Satzung eingeräumt werden wie z.B. das Recht, einen Geschäftsführer zu bestellen, einen Sitz im Aufsichtsrat zu besetzen, erhöhte Stimmrechte, Vetorechte etc.[355] Nach zutr. Ansicht sind Sonderrechte für den Fall der Insolvenz aber insoweit einschränkbar, als sie infolge der Insol-

---

348 Reul/Heckschen/Wienberg/*Heckschen*, § 4 Rn. 198 ff.
349 Hauschild/Kallrath/Wachter/*Böttcher*, § 33 Rn. 17; Reul/Heckschen/Wienberg/*Heckschen*, § 4 Rn. 200.
350 S. Reul/Heckschen/Wienberg/*Heckschen*, § 4 Rn. 199 m.w. Nachw.
351 Vgl. auch Reul/Heckschen/Wienberg/*Heckschen*, § 4 Rn. 200.
352 Roth/Altmeppen/*Altmeppen*, § 51 Rn. 5; Baumbach/Hueck/*Zöllner/Noack*, § 51 Rn. 7; enger womöglich OLG Düsseldorf, GmbHR 1996, 443 ff.
353 Baumbach/Hueck/*Zöllner/Noack*, § 51 Rn. 7; dieses Risiko erläutert auch Reul/Heckschen/Wienberg/ *Heckschen*, § 4 Rn. 203, geht aber in diesem Fall wohl grds. von der Unwirksamkeit der in der fraglichen Versammlung gefassten Beschlüsse aus.
354 So zutr. zur Mitwirkung einer auf Grund Vinkulierungsklausel zustimmungspflichtigen Geschäftsanteilsabtretung DNotI-Rep. 2014, 89, 90, mit dem ebenso zutr. Hinweis, dass die zunächst erteilte, aber unwirksame Zustimmung des insolventen Gesellschafters mit der späteren Freigabe seiner Geschäftsanteile entsprechend § 181 Abs. 2 Satz 1, 2. Alt. BGB geheilt wird. Anders ist die Rechtlage in der Gesellschaftsinsolvenz für die von der Gesellschaft zu erteilende Zustimmung (dazu oben Rdn. 82).
355 *Heckschen*, ZIP 2010, 1319, 1323 f.; Rowedder/Schmidt-Leithoff/*Görner*, § 15 Rn. 167.

D. Insolvenz eines Gesellschafters   Kapitel 13

venz ihre Rechtfertigung verlieren.[356] Zu denken ist z.B. an Sonderrechte, die dem Gesellschafter gerade im Hinblick auf sein Know-how, seinen Arbeitseinsatz, seine Kundenbeziehungen o. ä. gewährt werden. All dies steht der Gesellschaft im Insolvenzfall typischerweise nicht mehr zur Verfügung. Enthält die Satzung keine ausdrückliche Regelung zum Schicksal solcher Sonderrechte für den Fall der Insolvenz des Berechtigten, so ist das Ergebnis im Wege der Auslegung zu bestimmen.

Auch satzungsmäßige **Vorkaufs- und Ankaufsrechte**[357] werden vom Insolvenzverwalter ausgeübt.[358] Nach zutreffender Ansicht können diese Rechte für die Dauer der Insolvenz eines Gesellschafters suspendiert werden.[359] Mit ihrer Hilfe soll ein Eindringen Fremder in personalistisch strukturierte Gesellschaften vermieden werden. Ein solches Interesse hat der Insolvenzverwalter typischerweise nicht. Ihm kann es allenfalls um bloße Machtanreicherung gehen. **Vermögensrechte** (z.B. Gewinnbezugsrechte) fallen ebenfalls in die Insolvenzmasse. Zu diesen Rechten wird vertreten, dass sie für den Insolvenzfall durch Satzung zwar eingeschränkt, wohl aber nicht vollständig ausgeschlossen werden können.[360] Es ist naheliegend, die Einschränkbarkeit in gleicher Weise zu beurteilen wie bei Sonderrechten (soeben Rdn. 165). 166

Nicht in die Insolvenzmasse fallen **höchstpersönliche Rechte** des Gesellschafters wie z.B. seine Bestellung als Geschäftsführer oder sein Sitz im Aufsichtsrat oder einem anderen Verwaltungsgremium der Gesellschaft bzw. jeweils sein entsprechendes Recht hierauf.[361] Der insolvente Geschäftsführer verliert weder automatisch sein Amt noch hat der Insolvenzverwalter ein Recht darauf, selbst zum Geschäftsführer bestellt zu werden. Das Recht zur **Einberufung der Gesellschafterversammlung** kann als an der Mitgliedschaft haftendes Sonderrecht oder als der Person des Gesellschafters zustehendes höchstpersönliches Recht ausgestaltet werden; sein Insolvenzbeschlag hängt von dieser Ausgestaltung ab.[362] Verhält sich der Gesellschaftsvertrag zu dieser Frage nicht, ist im Wege der Auslegung zu ermitteln, ob eine Zuweisung von Rechten höchstpersönlich oder abstrakt mitgliedschaftlich ausgestaltet sein soll. 167

3. Ausschluss eines insolventen Gesellschafters

Der Ausschluss eines Gesellschafters ist bekanntlich dessen zwangsweiser »Hinauswurf« aus der Gesellschaft. Das **Regelungsbedürfnis** für einen solchen Mechanismus gerade für den Fall der Gesellschafterinsolvenz ist von nicht zu unterschätzender Dringlichkeit. So ist z.B. nach zwar bestreitbarer, bislang aber h.M. der Insolvenzverwalter an Vinkulierungen eines Geschäftsanteils nicht gebunden (näher unten Rdn. 176). Auf Grundlage der h.M. ist der Insolvenzverwalter in der Lage, Geschäftsanteile nahezu frei an Dritte zu veräußern und den Altgesellschaftern neue, möglicherweise völlig unliebsame Mitgesellschafter aufzuzwingen. Die in der Gestaltungspraxis wichtigsten Mechanismen zur Durchführung des Ausschlusses eines insolventen Gesellschafters sind die **Einziehung** sowie die **Zwangsabtretung**.[363] 168

a) Einziehung

Unstreitig kann in der Satzung als **Grund** für eine Zwangseinziehung vereinbart werden z.B. die Eröffnung des Insolvenzverfahrens über das Vermögen eines Gesellschafters, die Abweisung des Eröffnungsantrages mangels Masse oder auch nur die Nichtentscheidung des Insolvenzgerichts über 169

---

356 *Heckschen*, ZIP 2010, 1319, 1323; ebenso Hauschild/Kallrath/Wachter/*Böttcher*, § 33 Rn. 33; s. allg. hierzu schon oben Rdn. 158.
357 Zu solchen Klauseln ausf. Heckschen/Heidinger/*Heckschen*, § 4 Rn. 177 ff.
358 Hauschild/Kallrath/Wachter/*Böttcher*, § 33 Rn. 30; Reul/Heckschen/Wienberg/*Heckschen*, § 4 Rn. 237 f.
359 *Heckschen*, ZIP 2010.
360 *Heckschen*, ZIP 2010, 1319, 1323; ebenso Hauschild/Kallrath/Wachter/*Böttcher*, § 33 Rn. 32.
361 MünchKommGmbHG/*Reichert*/Weller, § 15 Rn. 554; Reul/Heckschen/Wienberg/*Heckschen*, § 4 Rn. 250, 253 f.; Rowedder/Schmidt-Leithof/*Görner*, § 15 Rn. 166.
362 *Heckschen*, ZIP 2010, 1319, 1324.
363 Vgl. Baumbach/Hueck/*Kersting*, § 34 Rn. 2.

den Eröffnungsantrag innerhalb einer bestimmten Zeit (z.B. 2 oder 3 Monate[364]).[365] Enthält die Satzung Regelungen zur Einziehung, sollten diese Tatbestände ausdrücklich erwähnt werden. Unterbleibt dies, obwohl die Einziehung als solche angesprochen wird, ist nämlich zweifelhaft, ob sich diese Tatbestände trotzdem noch unter das allgemeine Merkmal des »wichtigen Grundes« i.S.d. § 140 HGB subsumieren lassen.[366] Die **erstmalige Aufnahme** einer auf die Gesellschafterinsolvenz abzielende Einziehungsklausel ist zwar theoretisch auch noch nach Eröffnung des Insolvenzverfahrens möglich, setzt aber die Zustimmung des Insolvenzverwalters voraus.[367] Das **Einziehungsverfahren** richtet sich unverändert nach den satzungsmäßigen Vorgaben. Dies gilt namentlich für die erforderliche Beschlussmehrheit, die Erklärung der Einziehung, das Wirksamwerden der Einziehung und die Vermeidung des Divergenzverbotes gem. § 5 Abs. 3 GmbHG. Der Insolvenzverwalter hat zwar bei der Beschlussfassung über die Einziehung kein Stimmrecht, wohl aber das Recht zur Teilnahme an der Gesellschafterversammlung.[368] Er ist deshalb zur Vermeidung der Beschlussnichtigkeit zwingend einzuladen.[369]

b) Zwangsabtretung

170 Einen zwangsweisen Rechtsträgerwechsel lässt sich bekanntlich auf verschiedene Wegen gestalten. In der Praxis sind vor allem drei Varianten anzutreffen. Bei der ersten (1) **Variante** erhalten die übrigen Gesellschafter ein **Wahlrecht**, statt der Einziehung alternativ die Abtretung der Geschäftsanteile an einen von ihnen ausgesuchten Dritten zu verlangen.[370] Eine solche Übertragungsverpflichtung ist Bestandteil der Verbandsverfassung und hat damit quasi-dinglichen Charakter. Sie ist – gegen vereinzelte Stimmen in der Literatur – insolvenzfest.[371] Wählen die Gesellschafter die Zwangsabtretung, ist der Insolvenzverwalter hieran als »vorgefundene Rechtslage« gebunden. Er muss die Übertragungsverpflichtung erfüllen. Selbstverständlich fällt das dem ausscheidenden Gesellschafter zustehende Entgelt für die Übertragung in die Insolvenzmasse.

171 Eine andere (2) **Variante** ist die sog. **antizipierte Abtretung**.[372] Hierbei werden die Geschäftsanteile frühzeitig an im Einzelnen genau definierte Dritte aufschiebend bedingt abgetreten. Bedingung kann z.B. die Eröffnung des Insolvenzverfahrens sein. Solche Klauseln sind nach Maßgabe der allgemeinen Regeln insolvenzfest (§ 161 Abs. 1 Satz 2 BGB).[373] In vielen Fällen eignen sie sich dennoch nicht für die Vertragsgestaltung. Abgesehen von dogmatischen Erklärungsschwierigkeiten im Einzelfall liegt ihr wesentlicher Nachteil in einer gewisse Unflexibilität. Denn bereits zum Zeitpunkt

---

364 So *Bartholomäus*, Der GmbH-Gesellschafter in der Insolvenz (2009), S. 161; folgend Reul/Heckschen/Wienberg/*Heckschen*, § 4 Rn. 270. Es ist bei Verwendung einer solchen Klausel beachten, dass sie die Rechte des strauchelnden Gesellschafters stärker einschränkt.
365 Baumbach/Hueck/*Kersting*, § 34 Rn. 10; Lutter/Hommelhoff/*Kleindiek*, § 34 Rn. 45; MünchKommGmbHG/*Reichert/Weller*, § 15 Rn. 560; Uhlenbruck/*Hirte*, § 11 Rn. 54; Schmidt/Lutter/*Veil*, § 237 Rn. 12; *Terbrack*, RNotZ 2003, 89, 109 (für AG).
366 Reul/Heckschen/Wienberg/*Heckschen*, § 4 Rn. 270.
367 Mit Einzelheiten Reul/Heckschen/Wienberg/*Heckschen*, § 4 Rn. 280. Allg. zur nachträglichen Einführung einer Einziehungsklausel Lutter/Hommelhoff/*Kleindiek*, § 34 Rn. 43.
368 Reul/Heckschen/Wienberg/*Heckschen*, § 4 Rn. 282.
369 Reul/Heckschen/Wienberg/*Heckschen*, § 4 Rn. 282.
370 S. z.B. das Muster bei *Heckschen/Heidinger*, Die GmbH in der Gestaltungs- und Beratungspraxis (4. Aufl.), § 4 Rn. 262.
371 *Baumann*, MittRhNotK 1991, 271, 275 ff.; Lutter/Hommelhoff/*Kleindiek*, § 34 Rn. 140; MünchKommGmbHG/*Reichert/Weller*, § 15 Rn. 560; Reul/Heckschen/Wienberg/*Heckschen*, § 4 Rn. 300; *Wälzholz*, GmbHR 2007, 1319; a.A. etwa *Bartholomäus*, Der GmbH-Gesellschafter in der Insolvenz (2009), 227 f. m.w.Nachw.
372 Ausf. dazu mit Mustern *Heckschen/Heidinger*, Die GmbH in der Gestaltungs- und Beratungspraxis (3. Aufl.), Rn. 194 ff.
373 Vgl. BGH, NZI 2006, 229, 230; HK-InsO/*Kayser*, § 81 Rn. 18; Uhlenbruck/*Uhlenbruck* (13. Aufl.), § 81 Rn. 10.

D. Insolvenz eines Gesellschafters   Kapitel 13

ihrer Vereinbarung muss der Abtretungsempfänger und bei mehreren die genaue Verteilung der
Geschäftsanteile bestimmbar sein.[374]

Bei der dritten (3) **Variante** erteilt der Gesellschafter einem anderen Rechtsträger, z.B. der Gesell- 172
schaft, eine **Vollmacht** oder eine **Verfügungsermächtigung** i.S.d. § 185 Abs. 2 BGB. Damit ausgestattet soll der Rechtsträger bei Eintritt bestimmter Umstände, hier der Insolvenz, die Anteile übertragen. Dies funktioniert im Fall der Insolvenz unstrittig nicht: Die Vollmacht erlischt mit Eröffnung
des Insolvenzverfahrens, die Verfügung scheitert am Insolvenzbeschlag (§§ 80, 81 bzw. im Eröffnungsverfahren §§ 21 Abs. 2 Nr. 2 InsO).[375]

c) Ausschluss ohne ausdrückliche Satzungsgrundlage

Fehlt in der Satzung eine Regelung zum Ausschluss eines Gesellschafters, verbleibt als Auffanglösung 173
nur das allgemeine Ausschlussrecht[376]. Danach ist der Ausschluss zulässig, wenn in der Person des
auszuschließenden Gesellschafters ein »**wichtiger Grund**« vorliegt. Ob die Insolvenz des Gesellschafters als wichtiger Grund in diesem Sinne ausreicht, war – soweit ersichtlich – bisher nicht Gegenstand einer gerichtlichen Entscheidung und wird in der Literatur unterschiedlich gesehen. Nach
richtiger Ansicht ist dies jedenfalls bei personalistisch strukturierten Gesellschaften zu bejahen.[377]
In solchen Fällen kann das Eindringen fremder Interessen für die übrigen Gesellschafter leicht existenzbedrohende Auswirkungen haben.

4. Gestaltung von Abfindungsklauseln

Der Abfindungsanspruch eines ausscheidenden Gesellschafters fällt in die Insolvenzmasse. Regelt 174
die Satzung Modalitäten zur Abfindung, ist der Insolvenzverwalter hieran gebunden.[378] Für ihn gilt
kein Sonderrecht. Voraussetzung ist freilich, dass die Modalitäten ihrerseits einer Wirksamkeitsprüfung Stand halten. Eine unwirksame Klausel ist selbstverständlich auch gegenüber dem Insolvenzverwalter unbeachtlich.[379] An dieser Stelle soll nur der Unwirksamkeitsgrund der **sittenwidrigen
Gläubigerbenachteiligung** als einer von vielen anderen möglichen Unwirksamkeitsgründen betrachtet werden.[380] Nach ganz h.M. ist eine Abfindungsklausel unwirksam, die eine Reduzierung des
Abfindungsanspruchs *ausschließlich* in den Fällen der Insolvenz oder Einzelzwangsvollstreckung
vorsieht.[381] Eine solche Klausel würde dem Gesellschafter selbst kein spürbares Opfer auferlegen,
sondern sich einseitig zulasten seiner Gläubiger auswirken. Die Reduzierung des Abfindungsanspruches ist aber zulässig, wenn sie neben der Insolvenz bzw. Einzelzwangsvollstreckung für zumindest
noch einen weiteren vergleichbaren Ausscheidungsgrund angeordnet ist. Hierfür wird in der Praxis
meist der »wichtige Grund« i.S.d. § 140 HGB gewählt.[382] Weiterhin darf die Reduzierung nicht
unangemessen hoch sein. Auf sicherem Boden steht hier z.B. eine Reduzierung auf 65 % des Ver-

---

374 Aus diesen Gründen erachtet Reul/Heckschen/Wienberg/*Heckschen*, § 4 Rn. 307 antizipierte Abtretungen als nicht rechtssicher.
375 Unstr., s. etwa Reul/Heckschen/Wienberg/*Heckschen*, § 4 Rn. 309.
376 Allg. zum allgemeinen Ausschlussverfahren etwa Baumbach/Hueck/*Kersting*, § 34 Anh. Rn. 1 ff.
377 Reul/Heckschen/Wienberg/*Heckschen*, § 4 Rn. 312 m.w.N.
378 *Bergmann*, ZInsO 2004, 225, 226; Reul/Heckschen/Wienberg/*Heckschen*, § 4 Rn. 319; Uhlenbruck/
 Hirte, § 11 Rn. 54.; a.A. z.B. *Roth*, ZGR 2000, 187, 215 m.w.N.
379 Baumbach/Hueck/*Kersting*, § 34 Rn. 30.
380 S. allg. zu Abfindungsbeschränkungen bereits oben Kap. 1 Rdn. 193 ff., 679 ff., sowie Kap. 2 Rdn. 413 ff.
381 S. zunächst die Nachw. oben bei Kap. 1 Rdn. 193, sowie ergänzend BGH, ZIP 2002, 258; ebenso
 BGH, NJW 1993, 2101, 2102 (für OHG); Baumbach/Hueck/*Kersting*, § 34 Rn. 30; *Bergmann*,
 ZInsO 2004, 225, 226; MünchKommGmbHG/*Strohn*, § 34 Rn. 234; Rowedder/Schmidt-Leithoff/
 Görner, § 34 Rn. 49; ausf. *Heckschen*, NZG 2010, 521 ff.
382 So die in der vorherigen Fn. Genannten. Ebenso z.B. auch das Muster von Reul/Heckschen/Wienberg/
 Heckschen, § 4 Rn. 331, sowie oben Kap. 1 Rdn. 193 (für die GbR), sowie Kap. 1 Rdn. 688 (für Personenhandelsgesellschaften) sowie oben Kap. 2 Rdn. 421 (für GmbH).

kehrswertes[383], oder die Nichtberücksichtigung des Geschäfts- oder Firmenwertes oder die Beschränkung auf den Substanzwert[384].

175 Ist eine Klausel wegen sittenwidriger Gläubigerbenachteiligung **nichtig** (§ 241 Nr. 3 AktG analog), kommt eine **Heilung** jedenfalls im Verhältnis zu den Gesellschaftergläubiger entsprechend § 242 Abs. 2 AktG **nicht in Betracht**.[385] Ist eine Klausel nichtig, muss nach der Rechtsprechung des BGH[386] der Abfindungsbetrag nach dem vollen wirtschaftlichen Wert (Verkehrswert) bemessen werden. Eine geltungserhaltende Reduktion auf das noch zulässige Maß ist ausgeschlossen. Zulässig dürfte aber eine ausdrückliche **Auffangvereinbarung** sein, etwa dergestalt, dass im Falle der Unwirksamkeit der primär vereinbarten Klausel eine bestimmte, gerade für diesen Fall vorsorglich vereinbarte Klausel zum Tragen kommen soll. Die Nichtigkeit erfasst dann nicht die gesamte Beschränkung, sondern nur den bedenklichen Teil.

5. Vereinbarungen zum Geschäftsanteil

176 Nach einem Großteil der Literatur ist der Insolvenzverwalter nicht an **Vinkulierungsklauseln** i.S.d. § 15 Abs. 5 GmbHG gebunden.[387] Der Insolvenzverwalter sei vielmehr in der Lage, Geschäftsanteile frei zu veräußern. Vereinzelt wird erwogen, den übrigen Gesellschaftern in ganz extrem gelagerten Ausnahmefällen über die §§ 226, 826 BGB eine Art Widerspruchsrecht zuzugestehen.[388] Dafür reiche allerdings die Veräußerung an einen Wettbewerber der Gesellschaft jedenfalls dann nicht aus, wenn der Insolvenzverwalter aus Sicht der Gläubiger nach pflichtgemäßem Ermessen handele, etwa weil der Wettbewerber einen besonders hohen Preis zahle. Die h.M. verweist zur Begründung im Wesentlichen auf die optimale Masseverwertung im Gläubigerinteresse sowie den Rechtsgedanken des § 851 Abs. 1 ZPO. Dies überzeugt letztlich nicht.[389] Es gibt keine Norm, die den Insolvenzverwalter von seiner Bindung an die Vinkulierung als »vorgefundene Rechtslage« befreit. Der Gedanke des § 851 Abs. 2 ZPO ist nicht übertragbar. Während § 851 Abs. 2 ZPO für Forderungen konzipiert ist, betrifft die Vinkulierung die organisationsrechtliche Einbindung des Geschäftsanteils in die körperschaftliche Verfassung der Gesellschaft.[390] Auch wertungsmäßig ist nicht recht einzusehen, warum der Insolvenzverwalter eine Verwertungsmöglichkeit erhalten soll, die dem solventen Gesellschafter zuvor versagt war. Sind dem Insolvenzverwalter die allgemeinen satzungsmäßigen Beschränkungen zu groß, soll er eben das Gesellschaftsverhältnis kündigen bzw. aus der Gesellschaft austreten. Er kann dann den Anspruch auf Teilhabe am Liquidationserlös bzw. auf die Abfindung zur Masse ziehen. Sieht die Satzung ein Kündigungs- bzw. Austrittsrecht nicht vor, ist eher das unge-

---

383 Mit Reul/Heckschen/Wienberg/*Heckschen*, § 4 Rn. 331, ist im Hinblick auf eine Sphärenbetrachtung sowie der Rechtsprechung zum sog. krassen Missverhältnis (dazu näher oben Kap. 1 Rdn. 687 sowie Kap. 2 Rdn. 423) sogar eine Reduktion auf 50 % als zulässig einzustufen, ebenso z.B. Lutter/Hommelhoff/*Kleindiek*, § 34 Rn. 175.
384 Baumbach/Hueck/*Kersting*, § 34 Rn. 30.
385 So die ganz h.LitM., etwa Baumbach/Hueck/*Kersting*, § 34 Rn. 32; Henssler/Strohn/*T. Fleischer*, § 34 GmbHG Rn. 20; Roth/Altmeppen/*Altmeppen*, § 34 Rn. 67; anders wohl BGH, NJW 2000, 2819.
386 BGH, NJW 1992, 892, 896; BGH, NZG 2011, 1420; zust. MünchKommGmbHG/*Strohn*, § 34 Rn. 238.
387 Baumbach/Hueck/*Kersting*, § 15 Rn. 64; HambKomm/*Lüdtke*, § 35 Rn. 139; Jaeger/*Henckel*, § 36 Rn. 58; MünchKommGmbHG/*Reichert/Weller*, § 15 Rn. 558; Roth/Altmeppen/*Altmeppen*, § 15 Rn. 64; Rowedder/Schmidt-Leithoff/*Görner*, § 15 Rn. 168.
388 Rowedder/Schmidt-Leithoff/*Görner*, § 15 Rn. 168; etwas großzügiger wohl HambKomm/*Lüdtke*, § 35 Rn. 139 »Widerspruchsrecht aus wichtigem Grund«; Jaeger/*Henckel*, § 36 Rn. 58 schon für Veräußerung an einen »untragbaren Dritten«.
389 Wie hier: *Bork*, FS Henckel 1995, S. 23, 35, 39; *Liebscher/Lübke*, ZIP 2004, 241, 247; Lutter/Hommelhoff/*Bayer*, § 15 Rn. 102; Reul/Heckschen/Wienberg/*Heckschen*, § 4 Rn. 258; *Skauradszun*, NZG 2012, 1244; Uhlenbruck/*Hirte*, § 11 Rn. 55; ebenso ein Großteil der aktienrechtlichen Lit. zur Vinkulierung von Namensaktien, s. sogleich Rdn. 179.
390 Ähnlich Reul/Heckschen/Wienberg/*Heckschen*, § 4 Rn. 258.

schriebene **Austrittsrecht aus wichtigem Grund**[391] auf den Insolvenzfall zu erstrecken als eine Vinkulierung zu suspendieren.[392] Es überzeugt auch nicht, das Recht der anderen Gesellschafter auf Verweigerung ihrer Zustimmung zwar grundsätzlich anzuerkennen, es aber auf das Vorliegen eines »wichtigen Grundes« zu beschränken.[393] Die Grenze hat allein die allgemeine gesellschaftsrechtliche Treuepflicht zu sein, die einen Anspruch des Gesellschafters auf Zustimmung rechtfertigen kann, und zwar des solventen Gesellschafters gleichermaßen wie des insolventen.

Die gesetzlichen, aber auch etwaige satzungsmäßige Vorgaben zur **Teilung** eines Geschäftsanteils gelten auch für den Insolvenzverwalter.[394] Hängt umgekehrt die Teilung oder Abtretung eines anderen Geschäftsanteils von der **Zustimmung** des Inhabers des insolvenzbeschlagenen Geschäftsanteils ab, übt der Insolvenzverwalter die Zustimmungsrechte aus.[395] 177

6. Fortgeltung ausgewählter Satzungsbestimmungen

Schiedsvereinbarungen und **Schiedsgutachterklauseln**, die ihrerseits wirksam vereinbart sind, gehören zur »vorgefundenen Rechtslage«. Sie binden auch den Insolvenzverwalter. Insolvenzspezifische Befreiungstatbestände (z.B. §§ 103 Abs. 2, 115 Abs. 1 InsO) sind nicht einschlägig.[396] Ebenso ist für **Mitverkaufsverpflichtungen** zu entscheiden.[397] Ein satzungsmäßiges **Wettbewerbsverbot** bleibt auch für einen insolventen Gesellschafter unverändert bestehen. Ist der Gesellschafter gesellschaftsvertraglich verpflichtet, seine **Arbeitskraft** in den Dienst der Gesellschaft zu stellen, wird man im Regelfall von einem Ruhen dieser Pflicht für die Dauer des Insolvenzverfahrens ausgehen können. Da die Arbeitskraft des Insolvenzschuldners nicht zur Insolvenzmasse gehört[398], kann er insolvenzrechtlich auch nicht verpflichtet sein, den Wert seiner Geschäftsanteile durch Einsatz seiner Arbeitskraft zu erhalten. 178

IV. Insolvenz des Aktionärs

Die Aktie ist **Bestandteil der Insolvenzmasse.** Soweit das Aktienrecht keine Besonderheiten gegenüber dem GmbH-Recht aufweist, kann auf die Ausführungen zum GmbH-Geschäftsanteil verwiesen werden. So übt z.B. der Insolvenzverwalter fortan das **Stimmrecht** aus der Aktie sowie das Recht zur **Teilnahme an der Hauptversammlung** aus.[399] Ist der Insolvenzschuldner Hauptaktionär, geht das Recht zum Squeeze-out (§§ 327a ff. AktG) auf den Insolvenzverwalter über. Anders als im GmbH-Recht[400] geht die aktienrechtliche Literatur ganz überwiegend davon aus, dass die **Vinkulierung** von Namensaktien (§ 68 Abs. 2 AktG) auch bei Verfügungen durch den Insolvenzverwalter zu beachten ist.[401] Ein in der Satzung vereinbartes Recht zum **Ausschluss** des insolventen Aktionärs, z.B. zur Zwangseinziehung gem. § 237 Abs. 1 AktG, setzt sich auch gegenüber dem Insolvenzver- 179

---

391 Zum ungeschriebenen Austrittsrecht s. Baumbach/Hueck/*Kersting*, § 34 Anh. 18 ff.
392 Zu dieser allge. Wertung s. schon oben Rdn. 157.
393 So aber z.B. *Bork*, FS Henckel 1995, S. 23, 35, 39; Uhlenbruck/*Hirte*, § 11 Rn. 55.
394 Hier h.M., etwa *Heckschen*, ZIP 2010, 1319, 1325; MünchKommGmbHG/*Reichert/Weller*, § 15 Rn. 558; Rowedder/Schmidt-Leithoff/*Görner*, § 15 Rn. 168.
395 S. schon oben Rdn. 165.
396 BGH, DZWIR 2004, 161; Reul/Heckschen/Wienberg/*Heckschen*, § 4 Rn. 263 sowie Rn. 265 ff.
397 Reul/Heckschen/Wienberg/*Heckschen*, § 4 Rn. 238.
398 OLG Düsseldorf, ZIP 1982, 720; Jaeger/*Henckel*, § 35 Rn. 19; Uhlenbruck/*Hirte/Praß*, § 35 Rn. 16.
399 Schmidt/Lutter/*Spindler*, § 134 Rn. 68.
400 S. dazu oben Rdn. 176.
401 Gottwald/*Haas/Mock*, § 93 Rn. 121; *Hüffer*, § 68 Rn. 11; MünchKommAktG/*Bayer*, § 68 Rn. 114; *Bork*, FS Henckel 1995, S. 23, 38 f.; *Liebscher/Lübke*, ZIP 2004, 241, 251 f.; Reul/Heckschen/Wienberg/*Heckschen*, § 3 Rn. 140; Schmidt/Lutter/*Bezzenberger*, § 68 Rn. 20. Alle diese Autoren – möglicherweise mit Ausnahme von *Heckschen* – vertreten dabei allerdings die Ansicht, dass die Zustimmung nur aus »wichtigem Grund« versagt werden dürfe.

walter durch. Zu beachten ist, dass die Insolvenz (und Einzelzwangsvollstreckung) ausdrücklich als Ausschlussgrund in der Satzung erwähnt sein muss.[402]

V. Insolvenz des Gesellschafters einer OHG, KG und GbR

1. OHG und KG

a) Gesetzliche Regelung

180 Gemäß dem **gesetzlichen Leitbild** wird die OHG/KG durch die Insolvenz eines Gesellschafters nicht aufgelöst (arg. ex §§ 131 Abs. 3 Nr. 2, 161 Abs. 2 HGB). Stattdessen scheidet der insolvente Gesellschafter automatisch aus der Gesellschaft aus (§§ 131 Abs. 3 Satz 2, 161 Abs. 2 HGB). Die Gesellschaft wird mit den verbleibenden Gesellschaftern fortgesetzt. Der Vermögensanteil des ausscheidenden Gesellschafters wächst den übrigen Gesellschaftern an (§ 738 Abs. 1 Satz 1 BGB).[403] Der ausscheidende Gesellschafter erhält eine **Abfindung** (§ 738 Abs. 1 Satz 2 BGB). Die Abfindung gehört zur Insolvenzmasse und wird vom Insolvenzverwalter geltend gemacht. Der Insolvenzverwalter hat den Anspruch auf Abfindung nur in dem Umfang, wie ihn auch der Gesellschafter hätte.[404]

181 Die beschriebenen Rechtsfolgen treten erst mit Eröffnung des Insolvenzverfahrens über das Vermögen des insolventen Gesellschafters ein. Die Abweisung des Eröffnungsantrages **mangels Masse** (§ 26 InsO) und die Anordnung von **Sicherungsmaßnahmen** (§§ 21, 22 InsO) führen weder zum Ausscheiden des Gesellschafters noch zur Auflösung der Gesellschaft.[405] In Betracht kommt aber eine Auflösung der Gesellschaft wegen Unmöglichkeit der Zweckerreichung (§ 726 BGB). Ist der insolvente Gesellschafter ausgeschieden, ändert sich dies auch dann nicht, wenn das Insolvenzverfahren später aufgehoben wird.[406]

182 Das Ausscheiden des insolventen Gesellschafters ist beim **Handelsregister** durch sämtliche Gesellschafter anzumelden (§§ 143 Abs. 2 i.V.m. Abs. 1 Satz 1, 162 Abs. 3, 108 HGB). Anstelle des ausgeschiedenen Gesellschafters hat der Insolvenzverwalter mitzuwirken (§ 146 Abs. 3 HGB analog).[407]

b) Abweichende Regelungen im Gesellschaftsvertrag

183 Die Gesellschafter können vom gesetzlichen Leitbild durch entsprechende **Gestaltung des Gesellschaftsvertrages** abweichen. Zulässig ist z.B., an das Ausscheiden des Gesellschafters als automatische Folge die Auflösung der Gesellschaft knüpfen. Ebenso zulässig ist eine Bestimmung, wonach der insolvente Gesellschafter zwar in der Gesellschaft verbleibt, die Gesellschaft aber mit Eröffnung des Insolvenzverfahrens aufgelöst wird.[408] Streitig ist, ob ein Verbleiben des insolventen Gesellschafters in der Gesellschaft ohne gleichzeitige Auflösung der Gesellschaft vereinbart werden kann.[409] Wer eine solche Vereinbarung zu Recht grds. für zulässig hält, muss an anderer Stelle einen rechtlichen

---

402 Reul/Heckschen/Wienberg/*Heckschen,* § 4 Rn. 336; *Terbrack,* RNotZ 2003, 90, 110 f., beide mit Formulierungsvorschlag; zum Verfahren s. *Kreklau/Schmalholz,* BB 2011, 778 ff. sowie zur Parallelproblematik bei der GmbH oben Rdn. 169.
403 Ebenroth/Boujong/Joost/Strohn/*Lorz,* § 131 Rn. 56; Oetker/*Kamanabrou,* § 131 Rn. 38.
404 Es gilt das zur GmbH Ausgeführte entsprechend, s. dort Rdn. 159, 174 ff.
405 H.M., s. Ebenroth/Boujong/Joost/Strohn/*Lorz,* § 131 Rn. 45 (für das Eröffnungsverfahren); Ebenroth/Boujong/Joost/Strohn/*Henze/Notz,* § 177a Anh. 1 Rn. 299; Gottwald/*Haas/Mock,* § 94 Rn. 97 (für das Eröffnungsverfahren); Oetker/*Kamanabrou,* § 131 Rn. 30; Henssler/Strohn/*Klöhn,* § 131 HGB Rn. 49 f.; für Abweisung manges Masse gem. § 26 InsO bisweilen bestritten, dazu *K. Schmidt,* GmbHR 1994, 829, 834.
406 Gottwald/*Haas/Mock,* § 94 Rn. 97.
407 BGH, DNotZ 1981, 453; *Krafka/Kühn,* Registerrecht, Rn. 648.
408 Oetker/*Kamanbrou,* § 131 Rn. 29; ausf. zu Vereinbarungen über den Verbleib des Anlagekommanditisten in der KG *Voigt,* NZG 2007, 695 ff.
409 Dagegen Oetker/*Kamanabrou,* § 131 Rn. 29; *Schlitt,* NZG 1998, 580, 584; Uhlenbruck/*Hirte,* § 11 Rn. 255; dafür Reul/Heckschen/Wienberg/*Heckschen,* § 4 Rn. 179; Gottwald/*Haas/Mock,* § 94 Rn. 98.

Hebel ansetzen, damit der Insolvenzverwalter die Substanz der Mitgliedschaft verwerten kann, z.B. durch Zugestehen eines Rechts zur außerordentlichen Kündigung oder zum Austritt.[410] Andernfalls wäre die Verwertung der Gesellschaftsbeteiligung zum Nachteil der Gläubiger unangemessen erschwert. Hält man eine solche Vereinbarung für zulässig, ergeben sich dieselben Probleme zur akzessorischen Haftung nach § 128 HGB, wie sie sogleich in Rdn. 187 erörtert werden.

Bleibt der insolvente Gesellschafter gemäß den gesellschaftsvertraglichen Bestimmungen (einstweilen) in der Gesellschaft, nimmt der Insolvenzverwalter dessen Rechte war.[411] Kommt es gleichzeitig zur Auflösung der Gesellschaft, folgt eine **Auseinandersetzung** der Gesellschaft nach Maßgabe der gesellschaftsvertraglichen und hilfsweise der gesetzlichen Regelungen. Die Gesellschafter können nur noch mit Zustimmung des Insolvenzverwalters die bestehenden Auseinandersetzungsregeln verändern (§ 145 Abs. 2 HGB). Die Auseinandersetzung selbst findet außerhalb des Insolvenzverfahrens statt (§ 84 InsO). Anstelle des Gesellschafters hat der Insolvenzverwalter hieran mitzuwirken. Ob und bejahendenfalls im welchem Umfang die Rechtsstellung des Insolvenzverwalters eingeschränkt werden kann, lässt sich in gleicher Weise diskutieren wie bei der GmbH und AG.[412] 184

Scheidet der insolvente Gesellschafter (automatisch) aus der Gesellschaft aus, erhält er eine Abfindung. Die Grenzen zulässiger **Beschränkungen des Abfindungsanspruches** sind im Recht der Personengesellschaft nicht anders als im Recht der Kapitalgesellschaft.[413] Auf die dortigen Ausführungen (oben Rdn. 174) kann verwiesen werden. 185

c) »Fortsetzung« der Gesellschaft

Es ist zu differenzieren: (1) Weicht der Gesellschaftsvertrag nicht vom gesetzlichen Leitbild ab, wird die Gesellschaft durch die Insolvenz des ausscheidenden Gesellschafters nicht aufgelöst. Sie wird von den übrigen Gesellschaftern (zunächst) fortgesetzt. Ein besonderer Akt ist hierfür nicht erforderlich. Soll sich der ausgeschiedene Gesellschafter wieder an der Gesellschaft beteiligen, muss er in die Gesellschaft wie ein fremder Dritter neu aufgenommen werden. Nach überzeugender, wenngleich nicht herrschender Ansicht ist die **Neuaufnahme** auch während des laufenden Insolvenzverfahrens und ohne Zustimmung des Insolvenzverwalters möglich.[414] Es entsteht hierdurch kein Wertungswiderspruch zu den §§ 131 Abs. 3 Nr. 2, 161 Abs. 2 HGB. Diese Vorschriften ordnen das Ausscheiden des insolventen Gesellschafters an, damit ein Abfindungsanspruch entstehen und die Mitgliedschaft auf diesem Wege verwertet werden kann. Hieran ändert sich durch den Neueintritt aber nichts. Der einmal entstandene Abfindungsanspruch wird durch die den Neueintritt nicht beseitigt. Selbstverständlich erstreckt sich die persönliche Haftung des neu aufgenommenen Gesellschafters nicht auf die Insolvenzmasse. Lasten oder Verpflichtungen der Masse kann der Insolvenzschuldner durch den Eintritt in eine Personengesellschaft selbstverständlich nicht begründen. Die Mitgliedschaft als solche stellt einen Neuerwerb i.S.d. § 35 InsO dar. Sie fällt wieder in die Masse. Sinnvoll wird ein Neueintritt deshalb in aller Regel nur sein, wenn der Insolvenzverwalter die neue Mitgliedschaft (vorher) freigibt. 186

(2) Der Gesellschaftsvertrag kann den Verbleib des insolventen Gesellschafters bei gleichzeitiger Auflösung der Gesellschaft anordnen (oben Rdn. 183). Auch hier ist streitig, ob die Fortsetzung **mit dem insolventen Gesellschafter** die vorherige Beseitigung der Insolvenzwirkungen in Ansehung der 187

---

410 S. zu dieser Wertung bereits oben Rdn. 157, 176.
411 Uhlenbruck/*Hirte*, § 11 Rn. 252. Insoweit kann auf die Ausführungen zur GmbH verwiesen werden (oben Rdn. 160 ff.).
412 Für die Zulässigkeit eines Ruhen des Stimmrechts speziell für die Personengesellschaften etwa Reul/Heckschen/Wienberg/*Heckschen*, § 4 Rn. 355.
413 Uhlenbruck/*Hirte*, § 11 Rn. 254; s.a. Oetker/*Kamanabrou*, § 131 Rn. 76 ff., speziell zur Gläubigerbenachteiligung Rn. 82, sowie zur GbR MünchKommBGB/*Schäfer*, § 738 Rn. 39 ff. und zur Gläubigerbenachteiligung Rn. 47 f.
414 Wie hier Reul/Heckschen/Wienberg/*Heckschen*, § 4 Rn. 169 f (zur GbR); ebenso MünchKommBGB/*Schäfer*, § 728 Rn. 44 (zur GbR); a.A. Uhlenbruck/*Hirte*, § 11 Rn. 255.

Mitgliedschaft voraussetzt. Nach hier vertretener Ansicht (s.o. Rdn. 186) ist dies zu verneinen. Die Fortführung bedarf aber in jedem Falle der Zustimmung des Insolvenzverwalters (§ 145 Abs. 2 HGB). Anders als beim Neueintritt hat die Fortführung hier Auswirkungen auf die Verwertung der Mitgliedschaft. Für neue Verbindlichkeiten der Gesellschaft haftet die Masse über § 128 HGB nur, wenn der Insolvenzverwalter an deren Begründung mitgewirkt hat. Ansonsten bleibt als Haftungsmasse nur das insolvenzfreie Vermögen.

d) Besonderheiten bei der KG

188 Wird über das Vermögen des einzigen **Komplementärs** das Insolvenzverfahren eröffnet, scheidet – vorbehaltlich einer abweichenden Gestaltung des Gesellschaftsvertrages – auch dieser gemäß den §§ 131 Abs. 3 Satz 2, 161 Abs. 2 HGB aus der Gesellschaft aus.[415] Verbleiben danach noch mindestens zwei[416] Kommanditisten, existiert die Gesellschaft begrifflich zwar fort, wird aber abweichend vom gesetzlichen Leitbild aufgelöst.[417] Eine KG ohne Komplementär kann es nicht geben. Die KG tritt *ipso iure* in ein gesellschaftsrechtliches Abwicklungsverfahren und ist als KG zu liquidieren.[418] Sie wird von den Kommanditisten vertreten.[419] Die verbleibenden Kommanditisten sind frei, die **Fortführung** der Gesellschaft zu beschließen, und zwar entweder unter künftiger Übernahme der persönlichen Haftung als OHG, oder, wenn gleichzeitig ein neuer Komplementär in die Gesellschaft aufgenommen wird bzw. einer von ihnen Komplementär wird, auch weiterhin als KG.[420] Der Fortsetzungsbeschluss muss einstimmig gefasst werden, wenn nicht der Gesellschaftsvertrag hierfür eine geringere Mehrheit ausreichen lässt.[421] Die Gesellschafter haben für ihre Entscheidung analog §§ 27 Abs. 2, 139 Abs. 3 HGB 3 Monate[422] Zeit; wird innerhalb dieser Frist keine Entscheidung getroffen oder mit der Abwicklung begonnen, wird die KG eo ipso zur OHG.[423] Entscheidet die Mehrheit, als OHG weiter zu firmieren, oder – gleichbedeutend – lassen sie die 3-Monats-Frist verstreichen, steht jedem Gesellschafter der überstimmten Minderheit analog § 139 Abs. 1 HGB das Recht zu, mit seinem bisherigen Kapitalanteil als Kommanditist in der Gesellschaft zu verbleiben.[424] Die Fortsetzung ist beim Handelsregister anzumelden (§ 144 Abs. 2 HGB analog).

189 Ist der **Komplementär eine Kapitalgesellschaft**, meist eine GmbH oder UG, ergeben sich weitere Fragen. Wird z.B. der Insolvenzantrag gegen die Komplementär-GmbH mangels Masse abgewiesen (§ 26 InsO), scheidet die Komplementär-GmbH nicht aus der KG aus,[425] obwohl sie materiell-rechtlich aufgelöst ist. Nach richtiger Ansicht ist sie in diesem Stadium wegen ihres veränderten Zwecks

---

415 BGH, ZIP 2004, 1047 = RNotZ 2004, 338; BGH, ZIP 2014, 1280 ff. = DNotZ 2014, 1280 ff.; Ebenroth/Boujong/Joost/Strohn/*Lorz*, § 131 Rn. 29, 45; Ebenroth/Boujong/Joost/Strohn/*Henze/Notz*, § 177a Anh. 1 Rn. 299; Gottwald/*Haas/Mock*, § 94 Rn. 97; zu den Besonderheiten der sog. »Simultaninsolvenz« s.u. Rdn. 198 ff.
416 Zu dem Fall, dass nur noch ein Kommanditist (oder Komplementär) übrig bleibt, s. sogl. Rdn. 191 f.
417 Ebenroth/Boujong/Joost/Strohn/*Lorz*, § 131 Rn. 29; Henssler/Strohn/*Klöhn*, § 131 HGB Rn. 23; Oetker/*Kamanabrou*, § 131 Rn. 18, 39.
418 *Bork/Jacoby*, ZGR 2005, 611, 614; Ebenroth/Boujong/Joost/Strohn/*Lorz*, § 131 Rn. 29, etwas anders nuancierend in Rn. 22; Oetker/*Kamanabrou*, § 131 Rn. 18.
419 BGH, ZIP 2014, 1280 ff. = DNotZ 2014, 1280 ff. (Ziff. II. 1); Ebenroth/Boujong/Joost/Strohn/*Lorz*, § 131 Rn. 30; Hauschild/Kallrath/Wachter/*Böttcher*, § 33 Rn. 71; MünchKommHGB/*K. Schmidt*, Anh. § 158 Rn. 64.
420 Vgl. Ebenroth/Boujong/Joost/Strohn/*Lorz*, § 131 Rn. 30; Hauschild/Kallrath/Wachter/*Böttcher*, § 33 Rn. 72; MünchKommHGB/*K. Schmidt*, § 131 Rn. 46.
421 Ebenroth/Boujong/Joost/Strohn/*Lorz*, § 131 Rn. 32; Oetker/*Kamanabrou*, § 131 Rn. 21.
422 So z.B. Ebenroth/Boujong/Joost/Strohn/*Henze/Notz*, § 177a Anh. 1 Rn. 299; a.A. Roth/Altmeppen/*Altmeppen*, § 60 Rn. 121 »innerhalb angemessener Zeit«.
423 *Bork/Jacoby*, ZGR 2005, 611, 615; Ebenroth/Boujong/Joost/Strohn/*Henze/Notz*, § 177a Anh. 1 Rn. 299; *Krings/Otte*, NZG 2012, 761, 763; MünchKommHGB/*K. Schmidt*, § 145 Rn. 88.
424 Ebenroth/Boujong/Joost/Strohn/*Henze/Notz*, § 177a Anh. 1 Rn. 299; *Krings/Otte*, NZG 2012, 761, 763 f., 765.
425 S. dazu oben Rdn. 181.

D. Insolvenz eines Gesellschafters   Kapitel 13

nicht mehr geeignet, die Geschäftsführung der KG im Sinne einer werbenden Tätigkeit zu übernehmen.[426] Ist sie die einzige Komplementärin, bewirkt ihre Auflösung deshalb auch zugleich die Auflösung der KG.[427] Die KG befindet sich fortan im Liquidationsstadium. Eine Löschung der GmbH wegen Vermögenslosigkeit gem. § 394 Abs. 1 FamFG ist nach h.M. in einem solchen Stadium nicht erlaubt.[428] Allein die Tatsache, dass die GmbH gegenüber der KG noch übergangsweise Geschäftsführungsaufgaben zu erfüllen hat, genügt für die Annahme noch offener Abwicklungsmaßnahmen (allg. dazu oben Rdn. 133). Die Kommanditisten können die **Fortsetzung** der Gesellschaft beschließen. Hierzu benötigen sie zwingend eine werbend tätige Komplementärin. Es muss deshalb entweder die alte Komplementär-GmbH fortgesetzt oder, wenn die Voraussetzungen dafür nicht gegeben sind, ein Kommanditist die Komplementärstellung übernehmen oder ein neuer Komplementär in die KG aufgenommen werden.[429] Für das Verfahren kann auf die Ausführungen in Rdn. 188 verwiesen werden.

Fraglich ist, ob man für die **Fortsetzung der KG** mit einer neuen Komplementärin zugleich verlangen muss, dass die aufgelöste Alt-Komplementärin aus der KG ausscheidet.[430] Die Beantwortung dieser Frage hängt davon ab, welchen Standpunkt man grundsätzlich zur Fortsetzung der Gesellschaft mit einem (insolvenzbedingt) aufgelösten Rechtsträger bezieht (dazu soeben Rdn. 187). Unabhängig von diesem Standpunkt wäre(n) der/die verbleibende(n) Kommanditist(en) auch ohne gesellschaftsvertragliche Vorkehrungen in der Lage, die aufgelöste Komplementär-GmbH über §§ 140 Abs. 1 Satz 1, 133 HGB aus der Gesellschaft zwangsweise **auszuschließen**.[431] Denn die aufgelöste GmbH kann ihre Aufgabe auf Dauer nicht mehr erfüllen. Der Ausschluss ist durch Gerichtsentscheid zu erwirken. Schon um dieses umständliche Verfahren zu vermeiden, empfiehlt es sich, in den Gesellschaftsvertrag rechtzeitig eine Ausschluss- und Fortsetzungsklausel aufzunehmen.[432] 190

e) Insolvenz des »vorletzten« Gesellschafters

Nach herrschender Auffassung sind die allgemeinen Regeln der §§ 131 Abs. 3 Nr. 2, 161 Abs. 2 HGB auch dann anzuwenden, wenn über das Vermögen des vorletzten Gesellschafters das Insolvenzverfahren eröffnet wird.[433] Hauptanwendungsfall ist die Insolvenz in einer **zweigliedrigen Gesellschaft**, z.B. einer GmbH & Co. KG mit nur einem Komplementär und einem Kommanditisten. Auch der vorletzte Gesellschafter scheidet, abgesehen von den streitigen Fällen der »Simultaninsolvenz«,[434] aus der Gesellschaft aus. Es bleibt begrifflich nur noch ein einziger »Gesellschafter« übrig. Eine solche Einmann-Personengesellschaft gibt es nach ganz h.M. nicht. Rechtsfolge ist deshalb die 191

---

426 Ebenroth/Boujong/Joost/Strohn/*Henze/Notz*, § 177a Anh. 1 Rn. 283; Roth/Altmeppen/*Altmeppen*, § 60 Rn. 123; *Karsten Schmidt*, GmbHR 1994, 829, 834; Reul/Heckschen/Wienberg/*Heckschen*, § 4 Rn. 364.
427 Ebenroth/Boujong/Joost/Strohn/*Henze/Notz*, § 177a Anh. 1 Rn. 299; MünchKommHGB/*K. Schmidt*, § 131 Rn. 47; Henssler/Strohn/*Klöhn*, § 131 HGB Rn. 24 m.w. Nachw.; Roth/Altmeppen/*Altmeppen*, § 60 Rn. 123.
428 Vgl. BGH, MittBayNot 1980, 31 (obiter dictum); OLG Frankfurt, ZNotZ 1976, 619; FGPrax 2005, 269; OLG Düsseldorf, DNotZ 1995, 977; a.A. aber OLG Hamm, ZIP 2007, 1233 (m. zust. Anm. *Herchen*, EwiR 2007, 528); in dieselbe Richtung geht auch ein obiter dictum des II. Zivilsenates des BGH, NZG 2011, 26 ff.; s. zum Ganzen auch DNotI-Internetgutachten Nr. 133394.
429 Ebenroth/Boujong/Joost/Strohn/*Henze/Notz*, § 177a Anh. 1 Rn. 299; *Krings/Otte*, NZG 2012, 761, 763, 765; MünchKommHGB/*K. Schmidt*, § 131 Rn. 47; Henssler/Strohn/*Klöhn*, § 131 HGB Rn. 24 m.w. Nachw.; s.a. schon soeben Rdn. 188.
430 So z.B. Hauschild/Kallrath/Wachter/*Böttcher*, § 33 Rn. 72; MünchKommHGB/*K. Schmidt*, Anh. § 158 Rn. 70.
431 Ebenso Henssler/Strohn/*Klöhn*, § 131 HGB Rn. 50.
432 Eingehend hierzu mit Formulierungsbeispiel Reul/Heckschen/Wienberg/*Heckschen*, § 4 Rn. 364, anlässlich der Entscheidung des OLG Köln, NZG 2010, 507. S. erg. *Miras*, GWR 2010, 163 ff.
433 BGH, ZIP 2004, 1047 = RNotZ 2004, 338; Henssler/Strohn/*Klöhn*, § 131 HGB Rn. 52; Reul/Heckschen/Wienberg/*Heckschen*, § 4 Rn. 362 f.; ausf. zum Ganzen *Bork/Jacoby*, ZGR 2005, 611, 647 ff.
434 Dazu unten Rdn. 198 ff.

liquidationslose Vollbeendigung der Gesellschaft; die Gesellschaft selbst erlischt.[435] Das aktive wie passive Gesellschaftsvermögen geht im Wege der Gesamtrechtsnachfolge (»automatische Übernahme«) auf den letzten Gesellschafter über.[436] Ist der letzte Gesellschafter ein **Komplementär**, kann er frei entscheiden, ob er die Firma fortführen oder abwickeln will. Für Schulden der Gesellschaft haftet er ja ohnehin schon persönlich. Ist der letzte Gesellschafter hingegen ein **Kommanditist**, wäre es systemwidrig, ihn durch die Gesamtrechtsnachfolge in eine unbeschränkte persönliche Haftung für die Gesellschaftsverbindlichkeiten fallen zu lassen. Der BGH hat dieses Problem mit einer auf das Gesellschaftsvermögen beschränkten Haftung gelöst, wenn der Kommanditist den Geschäftsbetrieb einstellt.[437] Führt der Kommanditist den Betrieb hingegen fort, haftet er gem. §§ 171 ff. oder §§ 25, 27 HGB auch persönlich unbeschränkt.[438] Selbstverständlich kann bereits im Gesellschaftsvertrag durch eine entsprechende **Fortführungsklausel** geregelt werden, dass und welcher von mehreren Komplementären und/oder Kommanditisten das Unternehmen fortführt.

192 Ist die Gesellschaft wegen des Ausscheidens des vorletzten Gesellschafters erst einmal **vollbeendet**, scheidet eine **Fortsetzung** der Gesellschaft kategorisch aus.[439] Es bleibt nur noch die Möglichkeit, eine neue Gesellschaft zu gründen und das bisherige Gesellschaftsvermögen einzubringen. Dieser Weg wird aus steuerlichen Gründen allerdings oft unattraktiv sein. Will man diese Situation vermeiden, müssen entsprechende **Vorkehrungen im Gesellschaftsvertrag** getroffen werden, nämlich der Verbleib des vorletzten (insolventen) Gesellschafters bei gleichzeitiger Auflösung der Gesellschaft vereinbart werden.[440] Es bietet sich an, dann auch das weitere Verfahren näher auszugestalten, etwa dahingehend, dass die Gesellschafter die Fortsetzung beschließen und gleichzeitig einen neuen Gesellschafter aufnehmen und/oder den insolventen Gesellschafter zur Abtretung seiner Beteiligung verpflichten[441] können. Enthält der Gesellschaftsvertrag keine ausdrückliche Regelung, ist der wahre Wille im Wege der Auslegung zu ermitteln.[442]

2. Gesellschaft bürgerlichen Rechts

a) Gesetzliche Regelung

193 Die zur OHG/KG beschriebene Rechtslage ist bei der GbR nicht grundlegend anders. Es gibt lediglich vereinzelte Unterschiede. Soweit keine rechtsformabhängigen Unterschiede bestehen, kann auf die Ausführungen zur OHG verwiesen werden. Die wichtigsten Unterschiede resultieren daraus, dass der Gesetzgeber das Regel-Ausnahme-Prinzip umgedreht hat: Die Insolvenz eines GbR-Gesellschafters führt nicht zum Ausscheiden des Gesellschafters, aber zur Auflösung der GbR (§ 728 Abs. 2 BGB). Die Gesellschaft geht kraft Gesetzes in ein **gesellschaftsrechtliches Liquidationsverfahren** über. Durch die Auflösung der Gesellschaft wird dem Insolvenzverwalter der Zugriff auf den Substanzwert der Mitgliedschaft durch Teilhabe am Liquidationserlös eröffnet. Die Gesellschaftsbeteiligung fällt – ebenso wie bei der OHG/KG – in die **Insolvenzmasse**. Die Verwaltungs- und Verfügungsrechte über die Beteiligung sowie die aus ihr resultierenden Rechte gehen auf den Insol-

---

435 BGH, NJW 1991, 844; BGH, BGH, ZIP 2004, 1047 = RNotZ 2004, 338; Oetker/*Kamanabrou*, § 131 Rn. 4, 18, 27, 39; Henssler/Strohn/*Klöhn*, § 131 HGB Rn. 22, 63; Hesselmann/Tillmann/Mueller-Thuns/ *Lüke*, Rn. 9.30 f.; Reul/Heckschen/Wienberg/*Heckschen*, § 4 Rn. 362 f; grds. auch *K. Schmidt*, ZIP 2008, 2337.
436 BGH, ZIP 2004, 1047 = RNotZ 2004, 338; BGH, ZIP 1991, 96 = NJW 1991, 844; Ebenroth/Boujong/Joost/Strohn/*Lorz*, § 131 Rn. 10; Oetker/*Kamanabrou*, § 131 Rn. 4, 42 m.w.N.
437 BGH, ZIP 2004, 1047 = RNotZ 2004, 338; BGH, ZIP 1991, 96 = NJW 1991, 844, folgend BVerwG, NJW 2011, 3671; Gottwald/*Haas/Mock*, § 94 Rn. 107.
438 BGH, ZIP 2004, 1047 = RNotZ 2004, 338; in der Lit. werden z.T. abweichende Ansätze vertreten. S. zum Ganzen auch Reul/Heckschen/Wienberg/*Heckschen*, § 4 Rn. 362.
439 Vgl. Reul/Heckschen/Wienberg/*Heckschen*, § 4 Rn. 362 f.
440 S. hierzu den Formulierungsvorschlag am Beispiel der GbR sogl. Rdn. 197.
441 Zur Insolvenzfestigkeit sog. »Zwangsabtretungen« s.o. Rdn. 170 ff.
442 Eingehend *K. Schmidt*, ZIP 2008, 2337, 2342 f.

venzverwalter über. Der Insolvenzverwalter muss folgerichtig an der gesellschaftsrechtlichen Auseinandersetzung mitwirken. Er tritt an die Stelle des insolventen Gesellschafters. Die gesellschaftsrechtliche Auseinandersetzung selbst findet außerhalb des Insolvenzverfahrens statt (§ 84 InsO). Der Insolvenzverwalter kann die Auseinandersetzung nur in dem Umfang betreiben, wie dies auch der insolvente Gesellschafter könnte. Nach überzeugender Ansicht geht die Befugnis zur Führung der Geschäfte aber nicht auf den Insolvenzverwalter über, und zwar auch dann nicht, wenn dem insolventen Gesellschafter die Geschäftsführung durch gesellschaftsvertragliche Vereinbarung übertragen war.[443] Der BGH[444] hat entschieden, dass die Befugnis, über ein gesellschaftseigenen Grundbesitz zu verfügen, auf den Insolvenzverwalter (mit)übergeht, wenn die Gesellschaft durch den Tod eines Gesellschafters aufgelöst wird und der verstorbene Gesellschafter insolvent war und über dessen Vermögen das (Nachlass) Insolvenzverfahren eröffnet wurde. In das Grundbuch ist sodann ein Insolvenzvermerk einzutragen. Wenn allerdings, so der BGH, die Gesellschaft im Fall des Todes eines Gesellschafters nicht aufgelöst, sondern mit dessen Erben fortgesetzt wird (mit sog. Nachfolgeklausel), wird durch die Eröffung des (Nachlass) Insolvenzverfahrens die Verfügungsbefugnis der Erben über im Grundbuch eingetragene Rechte der GbR nicht eingeschränkt.

b) Fortsetzung der aufgelösten GbR

Eine **Fortsetzung** der Gesellschaft ist unstreitig möglich, wenn der Auflösungsgrund, etwa durch Freigabe der Mitgliedschaft, vor oder mit Beschlussfassung beseitigt wird.[445] Nach hier vertretener Ansicht reicht aber auch eine bloße Zustimmung des Insolvenzverwalters ohne Beseitigung der Insolvenzwirkungen aus (näher s.o. Rdn. 187). Alles in allem folgt daraus für die GbR, dass ohne Vorsorge im Gesellschaftsvertrag eine Fortsetzung nicht ohne Mitwirkung des Insolvenzverwalters möglich ist. Ist der insolvente Gesellschafter aus der Gesellschaft ausgeschieden, ist eine **Neuaufnahme** nach hier vertretener Ansicht auch schon während des laufenden Insolvenzverfahrens zulässig (s.o. Rdn. 187).

194

c) Abweichende Vertragsgestaltung

Die Gesellschafter können durch entsprechende Gestaltung des Gesellschaftsvertrages von der gesetzlichen Rechtslage abweichen. So ist es z.B. erlaubt und in der Praxis auch weit verbreitet, an die Eröffnung des Insolvenzverfahrens über das Vermögen eines Gesellschafters oder die Abweisung des Eröffnungsantrages mangels Masse das automatische Ausscheiden des betroffenen Gesellschafters oder ein entsprechendes Ausschlussrecht der übrigen Gesellschafter zu knüpfen. Die Auflösungsfolge des § 728 Abs. 2 BGB kann unstreitig ganz abbedungen werden, wenn der Gesellschaftsvertrag ein automatisches Ausscheiden des insolventen Gesellschafters anordnet (sog. **Ausschluss- und Fortsetzungsklausel**). Dies entspricht der gesetzlichen Rechtslage bei der Personenhandelsgesellschaft (dazu oben Rdn. 180 ff.). Stattdessen ist es auch möglich, es bei der Auflösungsfolge zu belassen. In diesem Falle ist zur Fortsetzung der Gesellschaft ein entsprechender Beschluss erforderlich, der einstimmig[446] zu ergehen hat, wenn nicht der Gesellschaftsvertrag eine geringere Mehrheit gestattet. Wie im Recht der Personenhandelsgesellschaft ist es streitig, ob die Auflösungsfolge des § 728 Abs. 2 BGB unter Verbleib des insolventen Gesellschafters in der der Gesellschaft abbedungen werden kann (s.o. Rdn. 183).

195

Eine **übliche Fortsetzungsklausel** versagt ihrem Wortlaut nach bei einer zweigliedrigen Gesellschaft. Schon begrifflich ist es nicht möglich, die Gesellschaft unter **Ausscheiden des vorletzten Gesell-**

196

---

443 Henssler/Strohn/*Kilian*, § 728 BGB Rn. 10; MünchKommBGB/*Schäfer*, § 728 Rn. 39; a.A. oben Kap. 1 Rdn. 237, alle m.w.N.
444 DNotI-Report 2017, 188 ff.
445 Henssler/Strohn/*Kilian*, § 728 BGB Rn. 8; MünchKommBGB/*Schäfer*, § 728 Rn. 43 f.
446 Statt aller MünchKommBGB/*Schäfer*, § 709 Rn. 90 f., Vor § 723 Rn. 11, § 736 Rn. 17.

schafters fortzusetzen.[447] Eine Fortsetzungsklausel lässt sich für diesen Fall aber typischerweise als »Übernahmeklausel« auslegen. Bei einer »Übernahme« geht das aktive und passive Gesellschaftsvermögen ohne Liquidation auf den »letzten« Gesellschafter über. Die Gesellschaft wird dadurch vollbeendet. Die Rechtsprechung scheint davon auszugehen, dass die Übernahme aufgrund einer »Fortsetzungsklausel« automatisch eintritt, es hierzu also keiner Gestaltungserklärung des verbleibenden letzten »Gesellschafters« mehr bedarf.[448] Will der »letzte Gesellschafter« sich insoweit eine *Option* zur Übernahme vorbehalten, sollte dies deshalb ausdrücklich im Gesellschaftsvertrag zum Ausdruck gebracht werden.[449] Beabsichtigt der verbleibende und übernahmewillige Gesellschafter tatsächlich nicht die Fortführung der Gesellschaft, kann die Übernahme rechtsmissbräuchlich sein, etwa wenn es ihm nur darum geht, den anderen Teil in beschränkter Höhe abzufinden und selbst die Vorteile der Liquidation für sich zu nutzen.[450]

197 ▶ Formulierungsbeispiel: Fortsetzungs- und Übernahmeklausel

1. Wird über das Vermögen eines Gesellschafters das Insolvenzverfahren eröffnet oder die Eröffnung mangels Masse abgelehnt, scheidet der Gesellschafter automatisch aus der Gesellschaft aus.
2. Die übrigen Gesellschafter können mit einer Mehrheit von $3/4$ der abgegebenen Stimmen die Fortsetzung der Gesellschaft beschließen.
3. Abweichend von Abs. 1 scheidet der Gesellschafter nicht aus, wenn außer ihm nur noch ein anderer Gesellschafter vorhanden ist. In diesem Falle ist der andere Gesellschafter berechtigt, das gesamte Gesellschaftsvermögen ohne Liquidation zu übernehmen. Die Übernahme erfolgt durch Beschluss. Sie wird mit Erklärung gegenüber dem auszuschließenden Gesellschafter wirksam.

3. Besonderheiten bei der »Simultaninsolvenz«

198 Von einer Simultaninsolvenz spricht man, wenn z.B. bei der GmbH & Co. KG sowohl die Komplementär-GmbH als auch die KG (»**vertikale Simultaninsolvenz**«) oder bei sonstigen kapitalistischen Personengesellschaften alle persönlich unbeschränkt haftenden Gesellschafter (»**horizontale Simultaninsolvenz**«) insolvent sind.[451] In der Praxis führt die Insolvenz einer Personengesellschaft in aller Regel auch zur Insolvenz ihrer persönlich haftenden Gesellschafter. Dies gilt umso mehr, wenn es sich bei diesen wiederum um beschränkt haftende Kapitalgesellschaften handelt. Trotz der engen Verflechtungen findet für jede Gesellschaft ein selbständiges Insolvenzverfahren statt.[452] Verbliebe es nun auch in der Simultaninsolvenz bei den allgemeinen Regeln zum Ausscheiden aus der Gesellschaft (§ 131 Abs. 3 Satz 1 Nr. 2 HGB), würden die (sukzessiven) Zeitpunkte der insolvenzgerichtlichen Verfahrensentscheidungen und damit zeitliche Zufälle den Ausschlag darüber geben, welcher Gesellschafter unter Erhalt (nur) einer Abfindung ausscheidet und welcher Gesellschafter die gesellschaftsrechtliche Liquidation durchführt. Damit würden Zufälle darüber entscheiden, wessen (Insolvenz-) Gläubiger welchen Anteil an derselben Vermögensmasse erhielten. Um dieses Ergebnis im Interesse einer geordneten und gleichmäßigen Abwicklung aller Insolvenzen zu vermeiden, werden verschiedene Lösungsmöglichkeiten diskutiert. So befürwortet ein starker Teil des Schrifttums mit im Detail sehr unterschiedlichen dogmatischen Ansätzen für die »horizontale«[453] und/oder

---

447 S. schon oben Rdn. 191 f. sowie speziell für die GbR MünchKommBGB/*Schäfer*, Vor § 723 Rn. 9, § 736 Rn. 9.
448 So wohl BGH, ZIP 2004, 1047, 1048; OLG Stuttgart, NZG 2004, 766, 768; wohl auch MünchKommBGB/*Schäfer*, § 730 Rn. 78 mit Darstellung der Streitfrage.
449 S. zur Übernahmeklausel in einer zweigliedrigen Gesellschaft MünchKommBGB/*Schäfer*, § 737 Rn. 6.
450 Henssler/Strohn/*Kilian*, § 736 BGB Rn. 9; MünchKommBGB/*Schäfer*, § 737 Rn. 6; Reul/Heckschen/Wienberg/*Heckschen*, § 4 Rn. 352.
451 Henssler/Strohn/*Klöhn*, § 131 HGB Rn. 53.
452 Ebenroth/Boujong/Joost/Strohn/*Henze/Notz*, § 177a Anh. 1 Rn. 297; Gottwald/*Haas/Mock*, § 94 Rn. 106.
453 Grdl. *K. Schmidt*, GmbHR 2002, 1209, 1213 f.; *ders.*, GmbHR 2003, 1404, 1406; *ders.*, ZIP 2008, 2337 ff.; *ders.*, ZIP 2010, 1621; ebenso mit zahlr. Nachw. auch zu anderen Lösungsansätzen

»vertikale«[454] Simultaninsolvenz bzw. für die gleichzeitige Insolvenz der Gesellschaft und aller Gesellschafter[455] eine teleologische Reduktion der gesetzlichen Ausscheidungsgründe. Die (erste) insolvenzbefangene Gesellschaft werde mit Verfahrenseröffnung zwar aufgelöst, scheide aber entgegen § 131 Abs. 3 Satz 1 Nr. 2 HGB nicht ipso iure aus der Gesellschaft aus. Damit bleibe die Hauptgesellschaft dem Grunde nach unverändert bestehen und deren (Insolvenz-) Abwicklkung koordiniert.

Der **BGH** scheint diesen Ansätzen eher **nicht zu folgen**.[456] So hat der BGH[457] z.B. entschieden, dass die Eröffnung des Insolvenzverfahrens über das Vermögen der Komplementär-GmbH einer GmbH & Co. KG mit einem einzigen Kommanditisten zum Ausscheiden der Komplementär-GmbH aus der KG gem. §§ 161 Abs. 2, 131 Abs. 3 Nr. 2 HGB und zur liquidationslosen Vollbeendigung der KG unter Gesamtrechtsnachfolge des Kommanditisten führt. In dem entschiedenen Fall wurde das Insolvenzverfahren über das Vermögen der GmbH & Co. KG mangels Masse abgewiesen. Insoweit lag der Entscheidung freilich kein direkter Fall einer »Simultaninsolvenz«, wie er in der Literatur diskutiert wird, zu Grunde. In einem anderen Fall wurde das Insolvenzverfahren über beide Gesellschafter einer Zwei-Personen-GbR eröffnet (»vertikale Simultaninsolvenz«). Der GbR-Vertrag enthielt eine Fortsetzungsklausel, wonach der insolvente Gesellschafter aus der Gesellschaft ausscheidet und das Unternehmen vom verbleibenden Gesellschafter fortgeführt wurde. Der **BGH**[458] hat das Ausscheiden und die sich daran anknüpfende Vermögensanwachsung beim verbleibenden Gesellschafter bejaht. Die GbR sei durch Vollbeendigung erloschen und nicht mehr existent. Ein Insolvenzverfahren über das Vermögen der GbR sei unzulässig, ein gleichwohl ergangener Eröffnungsbeschluss nichtig. Für die OHG/KG muss i.E. infolge der Anwendung von § 131 Abs. 3 Satz 1 Nr. 2 HGB dasselbe gelten.[459]

199

Die Möglichkeiten einer **Fortsetzung** der jeweils insolventen Gesellschaft ist für jede Gesellschaft gesondert zu betrachten. Insoweit kann auf die jeweiligen Ausführungen verwiesen werden.[460]

200

E. Sanierung und Reorganisation

Vorbemerkung

Es gibt viele Wege zur Rettung eines »Unternehmens« aus der Krise. Zu unterscheiden ist zwischen der (teilweisen) Rettung nur des Unternehmens als wirtschaftliche Organisationseinheit einerseits und der »Rettung« seines Rechtsträgers andererseits. Zu unterscheiden ist weiterhin danach, ob sich das Unternehmen erst in einer Krise befindet oder ob bereits ein Insolvenzverfahren eröffnet ist.

201

I. Grundbegriffe

»Sanierung« und »Reorganisation« sind die **Oberbegriffe** für alle organisatorischen, finanziellen und rechtlichen Maßnahmen, die ein Unternehmen aus einer ungünstigen wirtschaftlichen Situation

202

Henssler/Strohn/*Klöhn*, § 131 HGB Rn. 53; GroßkommHGB/*Schäfer*, § 131 Rn. 92, 95; beschränkend auf die zweigliedrige GmbH & Co. KG Ebenroth/Boujong/Joost/Strohn/*Henze/Notz*, § 177a Anh. 1 Rn. 312; ähnlich *Liebs*, ZIP 2002, 1716, 1717 f.
454 GroßkommHGB/*Schäfer*, 5. Aufl., § 131 Rn. 92, 95; *K. Schmidt*, ZIP 2008, 2337 ff.
455 *Bork/Jacoby*, ZGR 2005, 611, 650 ff.; Ebenroth/Boujong/Joost/Strohn/*Lorz*, § 131 Rn. 46; folgende Oetker/*Kamanabrou*, § 131 Rn. 32.
456 Grds. ablehnend auch z.B. BVerwG, ZIP 2011, 1868; Baumbach/Hopt/*Roth*, Anh. § 177a Rn. 45a.
457 Vgl. BGH, ZIP 2004, 1047 = RNotZ 2004, 338; s. zu der Entscheidung schon oben Rdn. 191; ebenso für den echten Fall einer »Simultaninsolvenz« eine GmbH & Co. KG mit einer Komplementär-GmbH und mehreren Kommanditisten BGH, ZIP 2014, 1280 ff. = DNotZ 2014, 1280 ff.; und jetzt auch DNotI, Gutachten 169804 v. 02.04.2019.
458 BGH, NJW 2008, 2992, 2993; jetzt ebenso DNotI, Gutachten 169804 v. 02.04.2019.
459 Gottwald/*Haas/Mock*, § 94 Rn. 109.
460 Für AG/GmbH oben Rdn. 145 ff.; für OHG, KG und GbR oben Rdn. 152 f.

herausführen sollen, um seine Weiterexistenz zu sichern, also z.B. die Umstellung von Einkauf, Produktion und Absatz; die Abstoßung von Unternehmensteilen; die Neuordnung der Unternehmensleitung; die Herabsetzung und Zuführung von Eigen- und Fremdkapital; die Umwandlug von kurzfristigem in langfristiges Fremdkapital oder von Fremdkapital in Eigenkapital; die Verschmelzung mit anderen Unternehmen.[461] Die organisatorischen Wege hierzu sind mannigfaltig und erfordern mehr oder minder starke Eingriffe in die Organisations-, Vermögens- und auch Verbandstruktur des unternehmensführenden Rechtsträgers.

203 In der Praxis haben sich einige typische Wege der Umgestaltung maroder Unternehmen herausgebildet. Die im Sanierungs- und Reorganisationsprozess entstehenden neuen Gesellschaftsstrukturen werden vielfach unter dem Oberbegriff der **Fortführungsgesellschaft** zusammen gefasst.[462] Hierunter vesteht man alle Gesellschaften, deren Zweck es ist, den Betrieb notleidender und vor allem insolventer Unternehmen zu retten und fortzuführen. In mehr betriebswirtschaftlicher Hinsicht unterscheidet man als typische Formen von Fortführungsgesellschaften wiederum die sog. Sanierungsgesellschaften, Betriebsübernahmegesellschaften und Auffanggesellschaften.[463] Es handelt sich bei diesen Begriffen um **phänotypische Erscheinungen** in der Praxis. Eine Aussage zu einer bestimmten rechtlichen Maßnahme, zu einer Weichenstellung für eine außergerichtliche oder insolvenzverfahrensrechtliche Sanierung oder gar zur Erreichbarkeit des gewünschten rechtlichen Erfolges ist damit nicht verbunden. Es bleibt stets einer komplexe Prüfung des Einzelfalles vorbehalten, welche rechtlichen Konstruktionen sich zweckmäßigerweise empfehlen und welche rechtlichen Erfolge damit erreicht werden können und welche eben auch nicht. **Ausgewählte rechtliche Maßnahmen** werden in **diesem Abschnitt E.** erläutert.

204 Die **Sanierungsgesellschaft** ist dadurch gekennzeichnet, dass sie noch eine gewisse Rechtsidentität zum Krisenunternehmen aufweist, insbesondere die Verbindlichkeiten des maroden Unternehmens in irgendeiner Form übernimmt und reguliert.[464] Sie ist typischerweise der ursprüngliche Rechtsträger in einem neuen, auf die Interessen eines Kapitalgebers zugeschnittenen Gewand, kann aber auch wie bei einer Sanierungsfusion ein anderer Rechtsträger als neuer Inhaber des maroden Unternehmens in seiner Gesamtheit oder von Teilen sein. Rechtliche Wege zur Sanierungsgesellschaft sind insbesondere z.B. der Asset-Deal, der Share-Deal, Verschmelzungen, Ausgliederungen, Spaltungen, Einzelrechtsübertragungen etc.

205 Anders als bei der Sanierungsgesellschaft zielt die **Betriebsübernahmegesellschaft** gerade darauf ab, das marode Unternehmen im Ganzen oder in Teilen aus seinem Schuldengeflecht herauszuschneiden und als reines Aktivum fortzuführen. Die Betriebsübernahmegesellschaft zahlt dabei für die Übernahme eines an sich funktionierenden Betriebes im Ganzen oder in Teilen ein Entgelt, welches den Gläubigern des maroden Rechtsträgers zur (Teil-) Befriedigung als Masse zur Verfügung gestellt wird. In rechtlicher Hinsicht kommen als Maßnahmen zur Bildung von Betriebsübernahmegesellschaften vor allem in Betracht der Asset-Deal, Einzelrechtsübertragungen, Ausgliederungen und Spaltungen.

206 Die **Auffanggesellschaft** ist ein Zwischentyp zwischen der Sanierungs- und der Betriebsübernahmegesellschaft.[465] Anders als die Sanierungsgesellschaft übernimmt sie von dem krisenbefallenen Unternehmensträger den an sich brauchbaren Betrieb im Ganzen oder in Teilen, soll dafür allerdings im Unterschied zur Betriebsübernahmegesellschaft (zunächst) kein Entgelt zahlen. Ziel einer Auffanggesellschaft ist der Gewinn von Zeit, damit etwaige Sanierungs- und Reorganisationschancen in Ruhe ausgelotet werden können. Zu diesem Zweck soll die Auffanggesellschaft z.B. als Pächter oder

---

461 Grdl. *Axel Flessner*, Sanierung und Reorganisation (1982), S. 2 ff.
462 Grdl. *Paul J. Groß*, Sanierung durch Fortführungsgesellschaften (1982), S. 255 ff.; übersichtlich dargestellt z.B. von DNotI-Rep. 2009, 115; Limmer/*Limmer*, Teil 5 Rn. 40 ff.; *Wolf*, ZIP 1984, 669 ff.
463 Limmer/*Limmer*, Teil 5 Rn. 40.
464 Limmer/*Limmer*, Teil 5 Rn. 45.
465 *Groß*, Sanierung durch Fortführungsgesellschaften (1982), S. 440 ff.

II. Die »übertragende Sanierung«

Der Begriff der »übertragenden Sanierung« beschreibt die Übertragung eines angeschlagenen Unternehmens im Sinne der organisatorischen Wirtschaftseinheit bzw. Teile davon auf einen anderen Rechtsträger, der das Unternehmen bzw. die übertragenen Teile fortführt.[466] Die übertragende Sanierung rettet also nicht den Unternehmensträger. Sie zielt vielmehr auf den ganzen oder teilweisen Erhalt der organisatorischen Wirtschaftseinheit. Sie ist letztlich nichts anderes als ein **Asset Deal** in einer Krisensituation.

207

Ihre »sanierende« Wirkung entfaltet die »übertragende Sanierung« typischerweise dadurch, dass das Aktivvermögen auf den Erwerber übergeht, die Verbindlichkeiten jedoch in mehr oder weniger weitem Umfang beim Veräußerer verbleiben. Dieses Ziel lässt sich **außerhalb des Insolvenzverfahrens** allerdings auch bei sogar optimaler Vertragsgestaltung nur eingeschränkt erreichen, und bei lückenhafter Vertragsgestaltung sogar völlig verfehlen. Denn der Kauf eines Unternehmens außerhalb des Insolvenzverfahrens birgt eine Reihe von **Haftungsgefahren** für den Erwerber. Die wichtigsten (allgemeinen) Haftungstatbestände sind: § 25 Abs. 1 HGB (Fortführung eines Handelsgeschäfts unter der bisherigen Firma; ausschließbar gem. § 25 Abs. 2 HGB); § 75 Abs. 1 Satz 1 AO (Haftung für bestimmte Betriebssteuern, nicht ausschließbar); § 613a Abs. 1 BGB (Übergang der Arbeitsverhältnisse, nicht ausschließbar); § 4 Abs. 3 BBodSchG (Altlastenhaftung, grds. nicht ausschließbar), sowie eine Haftung für die Rückzahlung europarechtswidrig bezogener Beihilfen (nicht ausschließbar)[467]. Hinzu treten insolvenzspezifische Risiken, wenn der veräußernde Unternehmensträger hinterher doch noch in die Insolvenz fällt. Es besteht dann z.B. die Gefahr, dass der spätere Insolvenzverwalter die Unternehmensveräußerung gem. §§ 129 ff., 132 Abs. 1 Nr. 2, 143 InsO als nachteiliges Geschäft anficht[468] oder, soweit der Vertrag noch nicht beiderseitig voll erfüllt ist, die Erfüllung gem. § 103 InsO ablehnt.[469]

208

Die beschriebenen Risiken reduzieren sich, wenn die Veräußerung **nach Eröffnung des Insolvenzverfahrens** durch den Insolvenzverwalter stattfindet. So gilt § 25 Abs. 1 HGB nach gesicherter Rechtsprechung[470] nicht für den Verkauf vom Insolvenzverwalter[471], ebenso wenig § 75 Abs. 1 AO kraft gesetzlicher Anordnung in dessen Abs. 2[472]. § 613 BGB ist dem Grunde nach zwar auch auf den Erwerb vom Insolvenzverwalter anwendbar, wird aber auf Verbindlichkeiten beschränkt, die vor Eröffnung des Insolvenzverfahrens entstanden sind.[473] In verfahrensrechtlicher Hinsicht unterscheidet die InsO zwischen einer Unternehmensveräußerung vor und nach dem **Berichtstermin** (§ 156 InsO). Vor dem Berichtstermin ist dem Insolvenzverwalter gestattet, das Unternehmen nach Anhörung des Schuldners zu veräußern, es sei denn, das Gericht untersagt die Veräußerung (§ 158 Abs. 2 InsO). Bei einer Veräußerung nach dem Berichtstermin benötigt er die **Zustimmung** des Gläubigerausschusses oder, wenn ein solcher nicht bestellt ist, diejenige der Gläubigerversammlung (§ 160 Abs. 2

209

---

466 *K. Schmidt*, ZIP 1980, 328, 337; Schmidt/Uhlenbruck/*K. Schmidt*, Rn. 2.231.
467 Dazu etwa *Rapp/Bauer*, KTS 2001, 37 ff.; *Maier/Luke*, DB 2003, 1207.
468 Näher dazu Schmidt/Uhlenbruck/*K. Schmidt*, Rn. 2.233; Uhlenbruck/*Borries/Hirte*, § 129 Rn. 391 ff.
469 Vgl. Hauschild/Kallrath/Wachter/*Böttcher*, § 33 Rn. 83 f.
470 BGH, DNotZ 2006, 629, 631; ausf. mit Nachw. DNotI-Report 2011, S. 165, 67 mit Darstellung der kürzlich vom OLG Stuttgart, NZG 2010, 628 = RNotZ 2010, 417 entschiedenen Einschränkung, dass § 25 Abs. 1 HGB bei Veräußerung einzelner Gegenstände anwendbar sei, zu Recht krit. dazu *Paulus*, ZInsO 2011, 162; *Heinze/Hüfner*, NZG 2010, 1060; s. erg. DNotI, Internetgutachten Nr. 125135.
471 Mit Einschränkungen auch beim »großen« vorläufigen Insolvenzverwalter, dazu Jaeger/*Gerhardt*, § 22 Rn. 89; Oetker/*Vossler*, § 25 Rn. 21.
472 Gilt nach BFHE 186, 318, 321 ff. (zum Sequester) auch für den vorläufigen Insolvenzverwalter, wenn sich ein Insolvenzverfahren anschließt.
473 Grdl. BAG, NJW 1980, 1124; Gottwald/*Bertram*, § 106 Rn. 60 ff.; gilt nicht für den vorläufigen Insolvenzverwalter, so BAG, ZIP 2005, 1706, 1708 f.

Nr. 1 InsO). Ein Verstoß gegen § 160 Abs. 2 Nr. 1 InsO berührt die Wirksamkeit des Rechtsgeschäfts allerdings nicht (§ 164 InsO). Etwas anderes gilt nur, wenn der Mangel des Innenverhältnisses nach den Grundsätzen des Missbrauchs der Vertretungsmacht nach außen durchschlägt.[474] Gleiches ist für eine Veräußerung entgegen einem gerichtlichen Versagungsbeschluss (§ 158 InsO) anzunehmen.

210 Vom Asset Deal zu unterscheiden ist der Unternehmenskauf in Form des **Share Deal**. Beim Share Deal werden alle Anteile an der unternehmenstragenden Gesellschaft auf einen Dritten übertragen, der mit der Gesellschaft mittelbar das Unternehmen erwirbt. Wegen der Einzelheiten zum Share Deal betreffend GmbH-Geschäftsanteile s.o. Kap. 2 Rdn. 861 ff. Der Share Deal selbst ist kein Sanierungsinstrument. Allein durch die Abtretung der Mitgliedschaften ändert sich an der operativen und finanziellen Situation des Unternehmens nichts. Der Share Deal hat lediglich den Vorteil, dass die Sanierungsmaßnahmen nach der Transaktion direkt vom Erwerber durchgeführt werden können.[475] Der Preis für diesen Vorteil ist aus Sicht des Erwerbers allerdings hoch. Der Erwerber muss das nicht zu unterschätzende Risiko eingehen, dass es trotz *Due-Diligence-Prüfung* unentdeckte Verbindlichkeiten der Gesellschaft gibt.[476] Anders verhält es wiederum bei einem Asset Deal aus einem **eröffneten Insolvenzverfahren** über das Vermögen der unternehmenstragenden Gesellschaft heraus. Hier ermöglicht z.B. das Planverfahren eine teilweise oder sogar gänzliche Entschuldung des Unternehmens*trägers*. Da die neuen ESUG-Vorschriften einen Share Deal sogar gegen den Willen der Anteilseigner erlauben (dazu unten Rdn. 250 f.), wird dieser Weg künftig womöglich an Bedeutung gewinnen. Voraussetzung dürfte aber auch hierbei sein, dass die heute noch bestehenden steuerlichen Fallstricke überwunden werden (vgl. etwa unten Rdn. 247 zum *Debt-Equity-Swap*).

211 **Welche von den beiden Varianten** die richtige ist, muss unter Abwägung aller hinein spielenden Gesichtspunkten entschieden werden. Zu nennen sind neben den beschriebenen Haftungsgefahren noch steuerliche Aspekte oder auch nur die Prognose, ob und inwieweit es beim *Asset Deal* überhaupt gelingt, die Vertragsbeziehungen, Genehmigungen o. ä. des Veräußerers auf den Erwerber überzuleiten.[477]

III. Maßnahmen nach dem UmwG

1. Zweckmäßigkeit von Umwandlungen als Sanierungsinstrument

212 Umwandlungsmaßnahmen eigenen sich in vielfältiger Weise als Mittel zur Sanierung eines Unternehmens und Unternehmensträgers.[478] Ob und welche Maßnahmen im Einzelfall zweckmäßig sind, hängt von den wirtschaftlichen Zielvorstellungen der Beteiligten ab. Beispielsweise lässt sich mit einem **Rechtsformwechsel** einer Personengesellschaft in eine Kapitalgesellschaft oder Kommanditgesellschaft das Sanierungsrisiko für nachschusswillige Altgesellschafter oder investitionsbereite Neugesellschafter begrenzen und/oder die Unternehmensführung in die Hand externer Vertretungsorgane legen.[479] Denkbar ist auch eine **Verschmelzung** der gefährdeten Gesellschaft auf eine gesunde Gesellschaft mit (teilweisem) Forderungsverzicht.[480] Mittelbar wird so dem gefährdeten Unternehmen neues Kapital zur Verfügung gestellt. Erhalten die verzichtenden Gläubiger als Ausgleich für ihren Verzicht Anteile an der aufnehmenden Gesellschaft, spricht man von einem *Reverse-Debt-Equity-*

---

474 BGH, ZIP 2002, 1093.
475 Hauschild/Kallrath/Wachter/*Böttcher*, § 33 Rn. 75.
476 Hauschild/Kallrath/Wachter/*Böttcher*, § 33 Rn. 75, 86; *Primozic/Doetsch*, NJW 2010, 2922, 2924.
477 Vgl. Hauschild/Kallrath/Wachter/*Böttcher*, § 33 Rn. 75; Reul/Heckschen/Wienberg/*Heckschen*, § 4 Rn. 1352.
478 Ausf. hierzu *Heckschen*, DB 2005, 2283; DB 2005, 2675; DB 2010, 2675; ZInsO 2008, 885 ff.; *ders.*, Verschmelzung von Kapitalgesellschaften (1989); Reul/Heckschen/Wienberg/*Heckschen*, § 4 Rn. 501 ff.; ausf. z.B. auch Limmer/*Limmer*, Teil 5 Rn. 35 ff., s.a. soeben Rdn. 202 ff. sowie oben *Specks*, Kap. 8 Rdn. 23 ff.
479 Limmer/*Limmer*, Teil 5 Rn. 42, 96; Reul/Heckschen/Wienberg/*Heckschen*, § 4 Rn. 502.
480 Reul/Heckschen/Wienberg/*Heckschen*, § 4 Rn. 502.

E. Sanierung und Reorganisation Kapitel 13

Swap (dazu noch sogleich Rdn. 248). Umgekehrt kann einem gefährdeten Rechtsträger auch dadurch neues Kapital zugeführt werden, dass ein gesunder Rechtsträger auf ihn verschmolzen wird.

Ein anderes Motiv für eine Maßnahme nach dem UmwG kann die zeitnahe **Beseitigung eines Überschuldungsstatus** sein. Hierzu kommt z.B. ein Formwechsel einer Kapitalgesellschaft in oder die Verschmelzung einer Kapitalgesellschaft auf eine natürliche Person oder Personengesellschaft mit mindestens einer unbeschränkt haftenden natürlichen Person in Betracht.[481] Für letztere ist die »Überschuldung« weder Insolvenzgrund noch trifft sie eine Insolvenzantragspflicht. Je nach Sachlage sind die Beteiligten auch zur Zahlung aller Verbindlichkeiten bereit und wünschen nur eine schnelle und »**lautlose**« **Liquidation**.[482] Zu denken ist dann an eine Verschmelzung auf einen gesunden Rechtsträger oder das soeben beschriebene Verfahren zur Beseitigung eines Überschuldungsstatus. Bei diesen Verfahren erspart man sich ein langwieriges gesellschaftsrechtliches Liquidationsverfahren unter Einhaltung des Sperrjahres. Die **Abspaltung** eines Teilbetriebes lässt sich z.B. als Maßnahme zum Umbau des Organisationsgefüges »Unternehmen« einsetzen. Mit ihrer Hilfe kann der Erwerber möglicherweise »die rentablen Teile aus dem Betrieb herauskaufen und allen überflüssigen »Ballast« bei der späteren Konkursmasse belassen«.[483] Unter Umständen lassen sich damit zugleich die Voraussetzungen für einen späteren Verkauf des Unternehmens im Ganzen oder in Teilen schaffen.[484]

213

Wird ein in der Krise befindliches Unternehmen auf einen anderen Rechtsträger verschmolzen oder Teile davon abgespalten, kann dies den Zugriff der Gläubiger auf sein Vermögen erschweren. In derartigen Fällen sollte die geplante Umstrukturierung auch auf die Verwirklichung von **Insolvenzstraftatbeständen** hin überprüft werden.[485] Ein rechts-dogmatisch an sich zulässiger Umwandlungsvorgang wäre dann natürlich problematisch. Weiterhin sollte in die Gestaltungsüberlegungen die Frage einbezogen werden, ob die geplante Umwandlungsmaßnahme einer **Insolvenzanfechtung** (§§ 129 ff. InsO) unterliegen könnte. Ob Maßnahmen nach dem UmwG überhaupt der Anfechtung unterliegen, ist umstritten. Von der insolvenzrechtlichen Literatur wird die Anfechtbarkeit, soweit das Thema überhaupt angesprochen wird, eher bejaht, und zwar auch dann noch, wenn die Maßnahme infolge ihrer Eintragung im Handelsregister wirksam geworden ist.[486] Diese Auffassung kann sich darauf stützen, dass sich eine Umwandlungsmaßnahme bzw. deren einzelnen Rechtsakte wie z.B. der Umwandlungsvertrag, erforderliche Zustimmungsbeschlüsse, Verzichtserklärungen etc. ohne Weiteres unter den sehr weit zu verstehenden Begriff der anfechtbaren Rechtshandlung i.S.d. § 129 InsO subsumieren lassen. Darüber hinaus ist das Anfechtungsrecht nach seinem Zweck sowie hinsichtlich seiner persönlichen, zeitlichen und sachlichen Voraussetzungen gegenüber anderen Gläubigerschutzvorschriften eigenständig ausgestaltet. Genau hier setzt die überzeugende Gegenansicht an. Jedenfalls nach Eintragung einer Maßnahme nach dem UmwG in das Handelsregister ist für eine Anfechtung der Umwandlungsmaßname und deren Einzelakte aus Gründen des Verkehrsschutzes und gesellschaftsrechtlichen Bestandsschutzes (§ 20 Abs. 2 UmwG) kein Raum mehr.[487]

214

---

481 Reul/Heckschen/Wienberg/*Heckschen*, § 4 Rn. 573 ff.
482 Reul/Heckschen/Wienberg/*Heckschen*, § 4 Rn. 504.
483 *Post*, DB 1984, 280; vgl. auch Limmer/*Limmer*, Teil 5 Rn. 45.
484 Limmer/*Limmer*, Teil 5 Rn. 81.
485 Hierauf weist zu Recht hin Reul/Heckschen/Wienberg/*Heckschen*, § 4 Rn. 619 ff.; ausf. dazu *Niesert/Hohler*, NZI 2010, 127 ff. S. zu den Tatbeständen auch schon oben Rdn. 33.
486 *Jan Roth*, ZInsO 2013, 1597 ff. (für Verschmelzungen); ders., ZInsO 2013, 1709 ff. (für Spaltungsvorgänge); Kübler/Prütting/*Paulus*, § 129 Rn. 12; Uhlenbruck/Borries/Hirte § 129 Rn. 397 f., die eine vollzogene Umwandlungsmaßnahme zwar noch für anfechtbar halten, aber zu Zugeständnissen auf der Rechtsfolgenebene bereit sind (Wertersatz statt Rückgewähr *in natura*); dem Grunde nach auch *Lwowski/Wunderlich*, NZI 2008, 595, 596 ff., allerdings nur bis zum handelsregisterlichen Vollzug der Umwandlungsmaßnahme.
487 Z.B. *Lwowski/Wunderlich*, NZI 2008, 595, 596 ff.; zust. *Heckschen*, ZInsO 2008, 824, 827; Limmer/*Limmer*, Teil 5 Rn. 65; grds. auch *Keller/Klett*, DB 2010, 1220, 1223 f., die aber den Verzicht auf Anteilsgewährung für anfechtbar halten; Lutter/*Winter/Vetter*, § 54 Rn. 106, anders aber für die »sanierende Verschmelzung« eines werthaltigen Rechtsträgers auf eine insolvente Gesellschaft.

Kapitel 13

Insolvenzrecht

Der Gläubigerschutz wird durch das UmwG insoweit abschließend geregelt.[488] In Betracht kommen aber allgemeine Haftungstatbestände wie z.B. eine Haftung wegen existenzvernichtenden Eingriffs (§ 826 BGB), wegen Vollstreckungsvereitelung (§ 823 Abs. 2 BGB i.V.m. §§ 283 ff. StGB) oder wegen Verletzung der Treuepflicht etc. Mit allen diesen strafrechtlichen, haftungsrechtlichen und anfechtungsrechtlichen **Einschränkungen** sind die nachfolgenden Ausführungen zu lesen.

2. Beteiligte Gesellschaft ist überschuldet

a) Kein Vorrang des Insolvenzrechts

215 Es ist stark umstritten, ob und bejahendenfalls mit welchen Einschränkungen eine **überschuldete Gesellschaft** die Rolle eines Beteiligten an einem Umwandlungsvorgang sein kann. Überschuldung in diesem Sinne meint dabei nicht lediglich eine (handels)bilanzielle, sondern eine reale im insolvenzrechtlichen Sinne. Die Gesellschaft hat sozusagen ein »**negatives Vermögen**«. Die bloße Zahlungsunfähigkeit ist in diesem Zusammenhang kaum von Bedeutung. Sie sagt als solche noch nichts über den Wert der Gesellschaft aus.

216 Die erste Weiche wird bei der (**Streit**)**frage** gestellt, ob das Insolvenzrecht einen dergestaltigen Vorrang vor dem Umwandlungsrecht hat, dass schon allein das Vorliegen eines Insolvenzgrundes jede Beteiligung an einem Umwandlungsvorgang sperrt und bei Vorliegen eines Insolvenzgrundes vorrangig ein Insolvenzverfahren durchzuführen ist.[489] Ein derartiger **Vorrang des Insolvenzrechts** ist abzulehnen.[490] Gegen ihn spricht schon der verallgemeinerungsfähige **Rechtsgedanke der §§ 3 Abs. 3, 191 Abs. 3 UmwG**. Nach diesen Vorschriften kann ein *aufgelöster* Rechtsträger an der Verschmelzung als übertragender Rechtsträger auch beteiligt bzw. in einen Formwechsel auch einbezogen sein, wenn seine Fortsetzung beschlossen werden könnte. Vor Eröffnung des Insolvenzverfahrens ist die betroffene Gesellschaft aber noch nicht einmal aufgelöst. Zum anderen kann unter dem Sichtwort der »positiven Fortführungsprognose« gerade die beabsichtigte Umwandlung den Insolvenztatbestand entfallen lassen.[491] Besondere Zugeständnisse bei den allgemeinen tatbestandlichen Anforderungen an eine Umwandlungsmaßnahme sind damit freilich nicht verbunden. Trotz und auch gerade wegen der Überschuldung müssen alle gläubigerschützenden Voraussetzungen erfüllt werden.

b) Verschmelzung

aa) Verschmelzung auf natürliche Person als Alleingesellschafter

217 Die **Verschmelzung einer überschuldeten Gesellschaft auf eine natürliche Person als Alleingesellschafter** wird von der ganz überwiegenden Ansicht zu Recht als zulässig angesehen.[492] Hierfür spricht *prima facie* schon, dass § 120 UmwG[493] für die Verschmelzung eines überschuldeten Rechtsträgers kein Verbot anordnet. Das ausschlaggebende Argument hierfür ist aber, dass die Gläubiger der übertragenden Gesellschaft gemäß der gesetzgeberischen Wertung über die §§ 22, 25 UmwG abschlie-

---

488 Lutter/*Winter*/*Vetter*, § 54 Rn. 106.
489 In diesem Sinne früher Lutter/*Karollus*, § 120 Rn. 19 (3. Auflage), aufgegeben in der 4. Auflage, § 120 Rn. 21; s. aber auch Rowedder/Schmidt-Leithoff/*Schnorbus*, § 77 Anh. Rn. 46; Semler/Stengel/*Maier-Reimer*/*Seulen*, § 120 Rn. 26 m. Nachw. zu beiden Ansichten.
490 OLG Stuttgart, ZIP 2005, 2066 = DNotZ 2006, 302; HambKomm/*Schröder*, § 19 Rn. 49; Hauschild/Kallrath/Wachter/*Böttcher*, § 33 Rn. 51; Limmer/*Limmer*, Teil 5 Rn. 39; *Heckschen*, DB 2005, 2283; *Rubner/Leuering*, NJW Spezial 2012, 719 f.; vgl. auch Lutter//*Drygala*, § 3 Nr. 18.
491 Limmer/*Limmer*, Teil 5 Rn. 64.
492 OLG Stuttgart, ZIP 2005, 2066 = DnotZ 2006, 302; Hauschild/Kallrath/Wachter/*Böttcher*, § 33 Rn. 52; Limmer/*Limmer*, Teil 5 Rn. 80; Reul/Heckschen/Wienberg/*Heckschen*, § 4 Rn. 516 ff. mit Muster (§ 11 Rn. 5); a.A. Lutter/*Karollus*, § 120 Rn. 30 (bis zur 3. Aufl.); Rowedder/Schmidt-Leithoff/*Schnorbus*, § 77 Anh. Rn. 46.
493 Anders § 152 Satz 2 UmwG für den Parallelfall der Ausgliederung.

E. Sanierung und Reorganisation   Kapitel 13

ßend geschützt werden.[494] Ob dieser Schutz hinreichend ist, wäre allenfalls *de lege ferenda* zu diskutieren. Ist der aufnehmende Alleingesellschafter genügend solvent, scheidet auch eine Strafbarkeit etwa wegen Vollstreckungsvereitelung gem. § 288 StGB aus.[495] Trotz Zulässigkeit der Verschmelzung bleibt die **Insolvenzantragspflicht** des § 15a InsO (dazu oben Rdn. 19 ff.) auf Seiten des überschuldeten Rechtsträgers bestehen.[496] Die Anwendbarkeit des § 15a InsO entfällt erst mit Vollendung der Verschmelzung auf den Alleingesellschafter, den als natürliche Person keine Insolvenzantragspflicht trifft. Bis dahin dauert es meist länger als die dreiwöchige Karenzzeit. Einfallstor ist hier die Fortführungsprognose. Ist der aufnehmende Rechtsträger hinreichend solvent, kippt diese infolge des Verschmelzungsvorhabens typischerweise ins Positive. Für die positive Fortführungsprognose ist nicht schematisch zu fordern, dass die Verschmelzung schon ein bestimmtes Stadium erreicht hat (z.B. Abschluss des Verschmelzungsvertrages, Vorliegen der Zustimmungsbeschlüsse etc.). Entscheidend ist allein, dass die Realisierung der vorgesehenen Sanierungsmaßnahme als hinreichend gesichert angesehen werden kann.[497]

Sind in derselben Konstellation die finanziellen Rollen umgekehrt, die **übertragende Gesellschaft solvent und die aufnehmende natürliche Person als Alleingesellschafter zahlungsunfähig**, ist die Zulässigkeit der Verschmelzung dem Grunde nach ebenso zu bejahen.[498] Im Ergebnis werden die Gesellschaftsgläubiger dadurch zwar schlechter gestellt, weil sie sich die Haftungsmasse »Gesellschaftsvermögen« fortan mit den Privatgläubigern des Alleingesellschafters teilen müssen. Aber auch hier gilt, dass der Gläubigerschutz durch die §§ 22, 25 UmwG abschließend geregelt ist. 218

bb) Verschmelzung zweier Kapitalgesellschaften

Sind an der Umwandlung in übertragender und aufnehmender Rolle nur **Kapitalgesellschaften** beteiligt, lassen sich bei genauer Betrachtung sechs **verschiedene Konstellationen** unterscheiden, nämlich (1) solvente Gesellschaft auf außenstehende überschuldete Gesellschaft, (2) überschuldete Gesellschaft auf außenstehende solvente Gesellschaft, (3) solvente Tochtergesellschaft auf insolvente Muttergesellschaft, (4) überschuldete Tochtergesellschaft auf solvente Muttergesellschaft, (5) solvente Muttergesellschaft auf überschuldete Tochtergesellschaft und schließlich (6) überschuldete Muttergesellschaft auf solvente Tochtergesellschaft. In den Fällen (3) und (4) spricht man von einem **Up-Stream-Merger**, in den Fällen (5) und (6) von einem **Down-Stream-Merger**.[499] Die umwandlungsrechtliche Behandlung dieser Konstellationen ist komplex und sehr umstritten. An dieser Stelle können nur Grundgedanken angesprochen werden. 219

Ein Grundgedanke sind die **Kapitalaufbringungsvorschriften**. Erhöht die (solvente) aufnehmende Gesellschaft zum Zwecke der Verschmelzung ihr statuarisches Festkapital (§§ 55, 69 UmwG), ist ausnahmslos zu gewährleisten, dass der eingebrachte Vermögensgegenstand den Wert der übernommenen Einlage erreicht.[500] Hat der Einbringungsgegenstand – wie hier die übertragende insolvente Gesellschaft – einen »negativen Wert«, muss der Wert vor Vollzug der Verschmelzung zunächst durch 220

---

494 Vgl. auch Lutter/*Winter/Vetter*, § 54 Rn. 106.
495 So zu Recht Reul/Heckschen/Wienberg/*Heckschen*, § 4 Rn. 519; anders womöglich, wenn die Anteile zuvor aufgrund eines »Gesamtplanes« an einen anderen vermögenslosen Rechtsträger übertragen werden.
496 So zu Recht der Hinweis in ähnlich gelagerten Fällen von Hauschild/Kallrath/Wachter/*Böttcher*, § 33 Rn. 56; Limmer/*Limmer*, Teil 5 Rn. 39; Reul/Heckschen/Wienberg/*Heckschen*, § 4 Rn. 575.
497 Vgl. *Heckschen*, ZInsO 2008, 824, 827; Limmer/*Limmer*, Teil 5 Rn. 64; allg. zur Auswirkung von Sanierungsbemühungen auf die Fortführungsprognose Lutter/Hommelhoff/*Kleindiek*, Anh. zu § 64 Rn. 32 m.w. Nachw.
498 Hauschild/Kallrath/Wachter/*Böttcher*, § 33 Rn. 53; Reul/Heckschen/Wienberg/*Heckschen*, § 4 Rn. 521.
499 Ein Gesamtmuster für die Verschmelzung einer Mutter-GmbH auf eine Tochter-GmbH findet sich bei Reul/Heckschen/Wienberg/*Heckschen*, § 4 Rn. 245.
500 Henssler/Strohn/*Heidinger*, § 3 UmwG Rn. 19 f.; Limmer/*Limmer*, Teil 5 Rn. 51, 66 ff.; Lutter/*Drygala*, § 3 Rn. 24; *Specks*, oben Kap. 8 Rdn. 28 f.

geeignete (Sanierungs) Maßnahmen wie z.B. einem Forderungsverzicht[501] oder der Zuführung von Eigenkapital hergestellt werden. Dies gilt in den Fällen (2), (4) und (6) gleichermaßen.

221 Problematischer sind die Fälle (2), (4) und (6), wenn die aufnehmende Gesellschaft ihr **Festkapital nicht erhöht** (§§ 54, 68 UmwG). Eine Verletzung der Kapital*aufbringungs*vorschriften scheidet hierbei aus. Dennoch kann die Verschmelzung in diesen Fällen die **Interessen sowohl etwaiger Gläubiger als auch etwaiger Minderheitsgesellschafter** der aufnehmenden Gesellschaft beeinträchtigen.[502] Die aufnehmende Gesellschaft hat nach der Verschmelzung einen um das »negative Vermögen« der übertragenden Gesellschaft geringeren Wert. Im Extremfall ist sie danach sogar selbst insolvent. Gleichwohl sprechen überzeugende Gründe dafür, auch in diesen Fällen die Möglichkeit der Verschmelzung dem Grunde nach zu bejahen.[503] Was den Gläubigerschutz angeht, so ist auch hier wieder auf den *de lege lata* abschließenden Schutz der §§ 22, 25 UmwG zu verweisen, mag man *de lege ferenda* auch weitergehende Schutzmechanismen für sinnvoll halten[504]. Hinzu tritt, dass der Gesetzgeber die Anteilsgewährungspflicht in Einzelfällen dispositiv ausgestaltet hat (§ 54 Abs. 1 Satz 2 UmwG). Dies wäre inkonsequent, wenn er der Anteilsgewährungspflicht gleichzeitig eine gläubigerschützende Funktion zugedacht hätte.[505] In Ausnahmefällen dürfte allerdings eine Haftung der Anteilseigner des übernehmenden Rechtsträgers aus § 826 BGB unter dem Gesichtspunkt des **existenzvernichtenden Eingriffs** in Betracht zu ziehen sein.[506] Was den Minderheitenschutz anlangt, muss man akzeptieren, dass das UmwG Mehrheitsentscheidungen grds. für ausreichend erachtet. Der Schutz etwaiger Minderheitsgesellschafter vor nachteiligen Entscheidungen der Mehrheit ist insoweit kein umwandlungsspezifisches Problem und daher nicht mit der Ausdehnung umwandlungsspezifischer Einschränkungen, sondern mit allgemeinen gesellschaftsrechtlichen Instrumenten zu lösen, etwa der Treuepflicht oder einem Sittenwidrigkeitsverdikt.[507] Die Minderheitsgesellschafter sind – wie im Recht der Kapitalgesellschaften überhaupt – darauf verwiesen, ihre Rechte durch Nichtigkeits- oder Anfechtungsklage geltend zu machen. Um dies zu vermeiden, sollten in der Praxis vor Durchführung der Verschmelzung mit den betroffenen Minderheitsgesellschaftern Kompensationsleistungen vereinbart werden.

222 Im Fall (6) wird weiterhin diskutiert, ob die Abwälzung des »negativen Vermögens« durch die Gesellschafter der Muttergesellschaft auf die Tochtergesellschaft als eine Art Rückgewähr der Einlage anzusehen ist. Bejaht man dies, könnte durch die Verschmelzung je nach Ausmaß des »negativen Vermögens« und der finanziellen Verfassung der übernehmenden Gesellschaft deren **Kapitalerhaltungsvorschriften** (§§ 30 f. GmbHG, § 57 AktG) verletzt werden. Um dies zu vermeiden, müssten vor Durchführung der Verschmelzung zunächst geeignete Finanzmaßnahmen ergriffen werden. In der Literatur wird diese

---

501 Limmer/*Limmer*, Teil 5 Rn. 51, 66 ff.; der Rangrücktrittsvereinbarungen und Besserungsscheine zu Recht für unzureichend hält.
502 S. dazu näher Limmer/*Limmer*, Teil 5 Rn. 65 ff., 75 f.; *Specks*, oben Kap. 8 Rdn. 31, 32.
503 OLG Stuttgart, GmbHR 2006, 380; Hauschild/Kallrath/Wachter/*Böttcher*, § 33 Rn. 54; Limmer/*Limmer*, Teil 5 Rn. 59 ff.; Lutter/*Karollus*, § 120 Rn. 21 (anders bis zur 3. Aufl.); Reul/Heckschen/Wienberg/*Heckschen*, § 4 Rn. 524 ff.; *Specks*, oben Kap. 8 Rdn. 31, 32; grds. ablehnend Rowedder/Schmidt-Leithoff/*Schnorbus*, § 77 Anh. Rn. 46.
504 Dies räumt auch Reul/Heckschen/Wienberg/*Heckschen*, § 4 Rn. 527 ein mit der Überlegung, eine Vorschrift wie § 122j UmwG zu schaffen.
505 Darauf weist zu Recht hin Limmer/*Limmer*, Kap. 5 Rn. 59; in diesem Zusammenhang kritisch zur gesetzgeberischen Entscheidung, die Anteilsgewährungspflicht dispositiv zu stellen, *Weiler*, NZG 2008, 527 ff.
506 *Keller/Klett*, DB 2010, 1222 ff.; s.a. schon soeben Rdn. 214.
507 Dazu *Specks*, oben Kap. 8 Rdn. 32; in diesem Sinne auch Reul/Heckschen/Wienberg/*Heckschen*, § 4 Rn. 524 ff.; *Keller/Klett*, DB 2010, 1220, 1222 f.; wohl auch LG Mühlhausen, DB 1996, 1967; a.A. etwa Limmer/*Limmer*, Teil 5 Rn. 76, der für den Verschmelzungsbeschluss auf Seiten der aufnehmenden Gesellschafter die Zustimmung aller Gesellschafter verlangt; ebenso *Klein/Stephanblome*, ZGR 2007, 351, 368; Lutter/*Drygala* § 3 Rn. 24; *Weiler*, NZG 2008, 527, 530 ff.

Auffassung sehr stark vertreten.[508] Der Beratungspraxis kann daher nur empfohlen werden, sich vorsorglich nach dieser Auffassung zu richten.

Ist – wie in den Fällen (1), (3) und (5) – die übernehmende, nicht aber die übertragende Gesellschaft überschuldet, bestehen die oben beschriebenen Probleme im Zusammenhang mit der Kapitalaufbringung nicht. Die Verschmelzung einer gesunden auf eine überschuldete Gesellschaft kann aber **Nachteile für die Gläubiger und (Minderheits-) Gesellschafter** der übertragenden (gesunden) Gesellschaft mit sich bringen. Das Vermögen der übertragenden Gesellschaft wird bei wirtschaftlicher Betrachtung durch den »negativen Vermögenswert« der Zielgesellschaft geschmälert. Die Gläubiger müssen sich die Haftungsmasse nach der Verschmelzung mit den Gläubigern der übernehmenden Gesellschaft teilen. Dadurch verringert sich ihre Chance auf vollständige Befriedigung. Für die Minderheitsgesellschafter birgt die Verschmelzung die Gefahr, dass ihre neuen Anteile an der Zielgesellschaft relativ minderwertig sind.[509] Beide Gefahren rechtfertigen es jedoch nicht, eine solche Verschmelzung kategorisch zu verbieten.[510] Auch hier werden in der Literatur Lösungen zum Schutze der Gläubiger und (Minderheits)gesellschafter der übertragenden Gesellschaft gesucht.[511] Es gilt das soeben in Rdn. 221 Gesagte entsprechend. 223

cc) Formwechsel

Zulässig ist der **Formwechsel** einer im insolvenzrechtlichen Sinne »überschuldeten« gesetzestypischen Personengesellschaft in eine Kapitalgesellschaft.[512] Voraussetzung ist, dass neben den allgemeinen Formwechselvorschriften auch die (Sach-) Kapitalaufbringungsvorschriften beachtet werden (vgl. § 220 UmwG). Ebenso zulässig ist der umgekehrte Fall, also etwa die Umwandlung einer überschuldeten Kapitalgesellschaft in eine gesetzestypische Personengesellschaft.[513] Zu beachten bleibt auch hier die Insolvenzantragspflicht (Rdn. 19 ff.). Die Zulässigkeit des Formwechsels einer überschuldeten Kapitalgesellschaft in eine andere (z.B. AG in GmbH) ist streitig, wegen des Verweises in § 245 Abs. 1 Satz 2 UmwG auf § 220 UmwG und der dazu ergangenen Gesetzesbegründung aber abzulehnen.[514] 224

dd) Abspaltung und Ausgliederung eines Teilbetriebes

Die Abspaltung oder Ausgliederung eines Teilbetriebes[515] von einer GmbH oder AG, bei der eine Unterbilanz besteht, ist ausgeschlossen.[516] Aus den §§ 140, 146 UmwG ergibt sich, dass eine Abspaltung oder Ausgliederung nur gestattet ist, wenn die durch das Gesetz und Gesellschaftsvertrag vor- 225

---

508 *Keller/Klett*, DB 2010, 1220, 1222 f.; Lutter/*Priester*, § 24 Rn. 62 (für GmbH und AG); Lutter/*Winter*, § 54 Rn. 16 (für GmbH), beide m.w.N.; Widmann/Mayer/*Mayer*, § 5 UmwG Rn. 40.1; dagegen etwa *Bock*, GmbHR 2005, 1023, 1025 ff.; *Heckschen*, DB 2008, 1363 ff.; *Riegger*, ZGR 2008, 233, 247 (für AG); zurückhaltend auch Limmer/*Limmer*, Teil 5 Rn. 63.
509 Limmer/*Limmer*, Teil 5 Rn. 54; *Heckschen*, ZInsO 2008, 824, 827.
510 *Keller/Klett*, DB 2010, 1220, 1222 f.; *Heckschen*, ZInsO 2008, 824, 827; Lutter/*Drygala*, § 3 Rn. 24; ebenso Uhlenbruck/*Hirte*, § 11 Rn. 156, der aber – wohl etwas zu eng – verlangt, dass der insolvente Rechtsträger durch die Beteiligung an der Umwandlung nicht überschuldet bleibt; in bestimmten Konstellationen sogar für im Insolvenzverfahren befindliche aufnehmende Rechtsträger *Wachter*, NZG 2015, 858, 862; grds. abl. wohl Lutter/*Karollus*, § 120 Rn. 30.
511 Lutter/*Drygala*, § 3 Rn. 31; *Madaus*, ZIP 2012, 2133 ff.; *Wachter*, NZG 2015, 858, 862 m.w. Nachw.
512 Limmer/*Limmer*, Teil 5 Rn. 99 f.; Hauschild/Kallrath/Wachter/*Böttcher*, § 33 Rn. 55; Uhlenbruck/*Hirte*, § 11 Rn. 156.
513 Hauschild/Kallrath/Wachter/*Böttcher*, § 33 Rn. 56; Reul/Heckschen/Wienberg/*Heckschen*, § 4 Rn. 573 ff. mit verschiedenen Mustern unter Nr. 57 ff.
514 Limmer/*Limmer*, Teil 5 Rn. 103 ff.; *Priester*, DNotZ 1995, 427, 451 f.; *K. Schmidt*, ZIP 1995, 1385, 1386, jeweils m.w.N. auch zur Gegenansicht.
515 Ausf. dazu Kap. 8 Rdn. 941 ff.; ein Gesamtmuster für eine Abspaltung eines Teilbetriebes von einer GmbH auf bestehende GmbH bietet Reul/Heckschen/Wienberg/*Heckschen*, § 4 Nr. 250.
516 Limmer/*Limmer*, Teil 5 Rn. 89; Reul/Heckschen/Wienberg/*Heckschen*, § 4 Rn. 567.

gesehenen Voraussetzungen für die Gründung der übertragenden Gesellschaft unter Berücksichtigung der Abspaltung oder Ausgliederung vorliegen. Dies ist bei einer überschuldeten Gesellschaft nicht der Fall. Vor Anmeldung der Abspaltung oder Ausgliederung muss deshalb die Unterbilanz durch geeignete Maßnahmen zunächst beseitigt werden.

3. Beteiligte Gesellschaft im Eröffnungsverfahren

226 Ist eine Umwandlung nach Maßgabe der vorstehenden Ausführungen trotz Überschuldung zulässig, ändert sich daran nicht etwa deshalb etwas, weil bereits **Insolvenzantrag** gestellt wurde.[517] Umwandlungsrechtlich spielt der Insolvenzantrag als solcher keine Rolle. Entscheidend ist allein die wirtschaftliche Verfassung der beteiligten Gesellschaft. Hiervon zu trennen ist die Frage, ob und bejahendenfalls in welcher Weise sich im Eröffnungsverfahren die **Zuständigkeiten** für die umwandlungsspezifischen Rechtshandlungen verschieben. Dabei geht es nur um solche Rechtshandlungen, die den organschaftlichen Vertretern der insolventen Gesellschaft obliegen wie namentlich die Unterzeichnung eines Verschmelzungs-, Abspaltungs- oder Ausgliederungsvertrages. Die umwandlungsspezifischen Beschlusskompetenzen der Gesellschafterversammlung ändern sich nicht.[518]

227 Ob und inwieweit sich Zuständigkeiten im Eröffnungsverfahren verschieben, hängt davon ab, welche Sicherungsmaßnahmen das Insolvenzgericht ergreift. Setzt es einen **starken vorläufigen Insolvenzverwalter** ein, geht die Kompetenz zur Unterzeichnung des Umwandlungsvertrages auf diesen über (vgl. § 22 Abs. 1 Satz 1 InsO). Die InsO sagt nicht ausdrücklich, ob der starke vorläufige Insolvenzverwalter für die Mitwirkung an einer Umwandlungsmaßnahme seinerseits eine Zustimmung benötigt. Diese Frage ist daher im Wege der Gesetzesauslegung zu klären. Der vorläufige Insolvenzverwalter ist verpflichtet, das Schuldnervermögen zu sichern und zu erhalten (§ 22 Abs. 1 Satz 2 Nr. 1 InsO), aber nicht berechtigt, es i.S.d. §§ 159 ff., 165 ff. InsO zu verwerten.[519] Solange über den Insolvenzantrag noch nicht entschieden ist, soll der Schuldner vor irreparablen Vermögenseingriffen geschützt, dazu der Entscheidung der Gläubiger (§ 157 InsO) nicht vorgegriffen werden. Der starke vorläufige Insolvenzverwalter ist deshalb grundsätzlich nicht berechtigt ist, den **Betrieb des Insolvenzschuldners zu veräußern**.[520] Streitig ist, ob überhaupt und bejahendenfalls unter welchen Voraussetzungen hiervon eine Ausnahme gemacht werden darf. So wird z.B. vertreten, dass der »starke« vorläufige Insolvenzverwalter mit Blick auf § 22 Abs. 1 Satz 2 Nr. 2 InsO zur Betriebsveräußerung berechtigt sei, wenn sich die Veräußerung als Minus gegenüber einer ansonsten drohenden Betriebsstilllegung darstellt und das Insolvenzgericht sowie der Schuldner zustimmen.[521] Manche siedeln die Zulässigkeitsschwelle noch höher an, halten aber in jedem Falle auch die Zustimmung des Insolvenzgerichts und des Insolvenzschuldners für erforderlich.[522] Was die hier besprochenen Umwandlungsfälle anlangt, ist die Zustimmung des Schuldners unproblematisch. Sie ist im Zustimmungsbeschluss logisch enthalten. Die Zuständigkeit für die Beschlussfassung bleibt trotz Einsetzung eines »starken« vorläufigen Insolvenzverwalters bei den Gesellschaftern; sie geht – so wenig wie beim endgültigen Insolvenzverwalter – auf diesen über. Hinsichtlich des Gläubigerinteresses wäre es zu schematisch, aus den (umstrittenen) insolvenzrechtlichen Rahmenbedingungen eine prinzipielle Konsequenz für jeden Umwandlungsvorgang im Sinne *für* oder im Sinne *gegen*

---

517 Vgl. Hauschild/Kallrath/Wachter/*Böttcher*, § 33 Rn. 57; Reul/Heckschen/Wienberg/*Heckschen*, § 4 Rn. 584 ff.; *Wälzholz*, DStR 2006, 338.
518 Hauschild/Kallrath/Wachter/*Böttcher*, § 33 Rn. 58; Reul/Heckschen/Wienberg/*Heckschen*, § 4 Rn. 587.
519 BGH, ZInsO 2001, 165; ZInsO 2011, 693; MünchKommInsO/*Haarmeyer/Schildt*, § 22 Rn. 73.
520 Statt aller Jaeger/*Gerhardt*, § 22 Rn. 89.
521 OLG Düsseldorf, ZIP 1992, 334, 336; nahestehend auch Jaeger/*Gerhardt*, § 22 Rn. 90; in diese Richtung weist möglicherweise auch BGH, ZInsO 2006, 257, 259.
522 Uhlenbruck/*Vallender*, § 22 Rn. 41: »bei exorbitant günstiger Verwertungsmöglichkeit«; zurückhaltend auch HambKomm/*Schröder*, § 22 Rn. 44; tendenziell ganz abl. FK-InsO/*Schmerbach*, § 22 Rn. 87 als Zugeständnis an Entscheidungen des Gesetzgebers, aber entgegen eigenen Zweckmäßigkeitserwägungen; HK-InsO/*Kirchhof*, § 22 Rn. 31; MünchKommInsO/*Haarmeyer/Schildt*, § 22 Rn. 81; Schmidt/Uhlenbruck/*Schluck-Amend*, Rn. 5.570: »nur bei Gefahr im Verzug«.

einen generellen insolvenzgerichtlichen Zustimmungsvorbehalt herzuleiten. Es ist jeder einzelne Umwandlungsvorgang daraufhin zu untersuchen, ob und bejahendenfalls mit welcher Folge er bei wirtschaftlicher Betrachtung einer Betriebsveräußerung gleichkommt.[523] Für einen Formwechsel scheidet dies *per se* aus, ebenso bei einer Verschmelzung, Abspaltung oder Ausgliederung unter Beteiligung der insolventen Gesellschaft als aufnehmendem Rechtsträger. Wird gem. § 22a InsO i. d. F. des **ESUG** ein **vorläufiger Gläubigerausschuss** eingesetzt und stimmt dieser der Umwandlungsmaßnahme zu, bestehen gegen die Zulässigkeit des Vorganges auch insoweit keine Einwände. Sollte nach Maßgabe der vorstehenden Ausführungen das Erfordernis einer **Zustimmung** bestehen, berührt ein Verstoß hiergegen die Wirksamkeit des Rechtsgeschäfts allerdings nicht (§ 164 InsO), es sei denn, der Mangel im Innenverhältnisses schlägt nach den Grundsätzen des Missbrauchs der Vertretungsmacht nach außen durch (vgl. oben Rdn. 209).

Schließlich könnte ein Umwandlungsvorgang auch unmittelbar unter § 22 Abs. 1 Satz 2 Nr. 2 InsO zu subsumieren sein, wenn er wirtschaftlich auf eine **Betriebsstilllegung** hinausläuft. In Umwandlungsfällen hat die Betriebsstilllegung jedoch gegenüber der Betriebsveräußerung keine eigenständige Bedeutung mit neuen Wertungskriterien.[524] Eine Betriebsstilllegung ist in Umwandlungsfällen letztlich nur durch Weggabe wesentlicher Teile des Schuldnerunternehmens denkbar. **228**

In der Praxis wird meist ein **schwacher vorläufiger Insolvenzverwalter** bestellt (§§ 21 Abs. 2 Nr. 1, 22 Abs. 2 InsO). Dessen Bestellung lässt die Kompetenz der organschaftlichen Vertreter zum Abschluss eines Umwandlungsvertrages unberührt. Das Insolvenzgericht kann flankierend einen Zustimmungsvorbehalt für bestimmte Verfügungen des Insolvenzschuldners anordnen (§ 21 Abs. 2 Nr. 2 Halbs. 2 InsO). Fällt der Umwandlungsvertrag gegenständlich unter einen angeordneten Zustimmungsvorbehalt, muss der vorläufige Verwalter mitwirken. **229**

Wie sich die **vollzogene Umwandlung** auf das laufende Insolvenzeröffnungsverfahren auswirkt, hängt von der jeweiligen Maßnahme ab. Ein Formwechsel als solcher hat keine nennenswerten Auswirkungen. Es ist lediglich der Insolvenzantrag zu berichten. Bei einer Verschmelzung oder Abspaltung/Ausgliederung unter Beteiligung des Insolvenzschuldners als aufnehmendem Rechtsträger fällt das neu hinzu erworbene Vermögen ohne Weiteres in die Insolvenzmasse (§ 35 Abs. 1 Halbs. 2 InsO). Ist der Insolvenzschuldner als übertragender Rechtsträger beteiligt, muss der Insolvenzantrag auf den neuen Rechtsträger umgestellt werden. Auf diesen kommt es fortan auch für die Beurteilung des Insolvenzgrundes. **230**

4. Beteiligte Gesellschaft im eröffneten Verfahren

Nach ganz **herrschender Meinung** kann eine Gesellschaft, über deren Vermögen das Insolvenzverfahren eröffnet wurde, weder als übertragender noch als aufnehmender Rechtsträger an einer Umwandlung beteiligt sein.[525] Für Beteiligung als **übertragender Rechtsträger** ergibt sich dies unmittelbar aus dem bereits erwähnten **Rechtsgedanken der §§ 3 Abs. 3, 191 Abs. 3 UmwG**. Danach können aufgelöste Rechtsträger an der **Verschmelzung** als *übertragende* Rechtsträger auch beteiligt bzw. in einen **Formwechsel** auch einbezogen sein, wenn die Fortsetzung dieser Rechtsträger beschlossen werden *könnte*. Dies ist für die Dauer des Insolvenzverfahrens aber nur unter Mitwirkung der Gläubiger der Fall (dazu oben Rdn. 145 ff., 152 f.). Die Vergleichbarkeit der Interessenlage gebietet ohne Weiteres eine entsprechende Anwendung des Rechtsgedankens der §§ 3 Abs. 3, 191 Abs. 3 UmwG auf Abspaltungen und Ausgliederungen *von* insolventen Rechtsträgern. **231**

---

523 Im dogmatischen Ansatz ebenso Reul/Heckschen/Wienberg/*Heckschen*, § 4 Rn. 585; Uhlenbruck/*Vallender*, § 22 Rn. 41.
524 Hauschild/Kallrath/Wachter/*Böttcher*, § 33 Rn. 57; Reul/Heckschen/Wienberg/*Heckschen*, § 4 Rn. 584, demzufolge eine Umwandlung schon deshalb keine Betriebsstilllegung sei, weil das Unternehmen nachher, wenn auch in anderem Gewand, fortgeführt werden solle.
525 OLG Brandenburg, GmbHR 2015, 588; Hauschild/Kallrath/Wachter/*Böttcher*, § 33 Rn. 59; *Heckschen*, ZInsO 2008, 825, 826; bis zur 4. Aufl. Lutter/*Lutter/Drygala*, § 3 Rn. 18; Lutter/*Karollus*, § 120 Rn. 21; Reul/Heckschen/Wienberg/*Heckschen*, § 4 Rn. 588 ff.

232 Schwieriger ist die Beurteilung von Verschmelzungen und Abspaltungen bzw. Ausgliederungen *auf* eine im eröffneten Insolvenzverfahren befindliche Gesellschaft als **übernehmenden Rechtsträger**. Schon vor Inkrafttreten des ESUG war streitig, ob das Schweigen des Gesetzgebers in den §§ 3 Abs. 3, 191 Abs. 3 UmwG als fehlende Legitimation[526] oder als fehlendes Verbot[527] für solche Vorgänge anzusehen sei. In materieller Hinsicht stellen sich die bereits in Rdn. 221 erläuterten Probleme des Gläubiger- sowie des Minderheitenschutzes auf Seiten der übertragenden solventen Gesellschaft. Viele Gegner der Zulässigkeit stützen sich deshalb darauf, dass die übernehmende insolvente Gesellschaft wirtschaftlich nicht in der Lage ist, den Gläubigern der übertragenden Gesellschaft gem. § 22 UmwG Sicherheit zu leisten.[528] Andere sehen den Schwerpunkt im Zweck des Umwandlungsgesetzes, nur Sanierungs-, aber nicht Abwicklungsvorgänge zu ermöglichen.

233 Seit Inkrafttreten des **ESUG** mehren sich allerdings die Stimmen, die eine Umwandlung insolventer Gesellschaften **generell**[529] bzw. zumindest eine Verschmelzung auf eine insolvente Gesellschaft **als übernehmender Rechtsträger**[530] – gleiches dürfte wegen der Vergleichbarkeit der Interessenlagen dann auch für Spaltungen und Ausgliederungen gelten[531] – dem Grunde nach für zulässig erachten. Das hierfür geltend gemachte Argument, wegen § 225a InsO sei jetzt zumindest theoretisch die *Möglichkeit einer Fortsetzung* i.S.d. §§ 3 Abs. 3, 191 Abs. 3 UmwG immer gegeben[532], ist allerdings recht formal und wenig überzeugend. Die Möglichkeit der Fortsetzung i.S.d. §§ 3 Abs. 3, 191 Abs. 3 UmwG meint eine solche auf Grund eines Beschlusses der Gesellschafter. Überdies liefe mit dieser Begründung die Einschränkung in den §§ 3 Abs. 3, 191 Abs. 3 UmwG praktisch leer. Zuzugeben ist aber, dass die Schutzvorschriften des UmwG *de lege lata* auch nach hier vertretener Ansicht grds. abschließend sind.[533] Es macht deshalb wertungsmäßig keinen Unterschied, ob der Zielrechtsträger (nur) überschuldet ist oder sich bereits im Insolvenzverfahren befindet, solange bei dem Vorgang eben nur die umwandlungsrechtlichen Schutzmechanismen beachtet werden. Über verschärfende Korrekturen (z.B. Einstimmigkeit des Umwandlungsbeschlusses auf Seiten der übertragenden Gesellschaft, sinngemäße Anwendung des § 122j UmwG) wäre nachzudenken.[534] Gleichwohl dürften derzeit noch die besseren Gründe gegen die Zulässigkeit sprechen. Den Ausschlag für diese Wertung ist das Schweigen des ESUG-Gesetzgebers.[535] Weder in den neuen Vorschriften des ESUG noch in der Begründung dazu finden sich Anhaltspunkte dafür, dass der Gesetzgeber den Weg von Umwandlungen im Insolvenzverfahren befindlicher Rechtsträger außerhalb der insolvenzrechtlichen Instrumentarien eröffnen wollte. Solche Anhaltspunkte hätte man in Anbetracht der bis dato herrschenden Ansicht in Rechtsprechung und Literatur erwarten dürfen.

234 Der Grundsatz von der Unzulässigkeit von Umwandlungsvorgängen auf im eröffneten Insolvenzverfahren befindliche Rechtsträger erfährt selbstverständlich insoweit Ausnahmen, als die Insolvenzordnung selbst entsprechende Umstrukturierungen erlaubt und dafür eigene Instrumentarien bereit hält. Dies gilt namentlich für die durch das **ESUG** neu eingeführte Vorschrift des § 225a InsO.

---

526 So z.B. OLG Naumburg, NJW-RR 1998, 178, 179; Henssler/Strohn/*Heidinger*, § 3 UmwG Rn. 21; Lutter/*Karollus*, § 120 Rn. 21.
527 Vgl. *Heckschen*, DB 1998, 1385, 1387; *ders.*, DB 2005, 2283, 2284; *Pfeiffer*, ZInsO 1999, 547, 550; Uhlenbruck/*Hirte*, § 11 Rn. 156.
528 Lutter/*Drygala*, § 3 Rn. 31; s. aber auch *Heckschen*, DB 2005, 2283 f.
529 *Wachter*, NZG 2015, 858, 860 ff.
530 Für Sanierungsfusion (= Fortführung der übernehmenden insolventen Gesellschaft) und gläubigerlose Abwicklungsfusion *Madaus*, ZIP 2012, 2033, 2034 f.; *ders.*, NZI 2015, 568 ff.; MünchKommInsO/ *Eidenmüller*, § 225a Rn. 98.
531 Vgl. *Wachter*, NZG 2015, 858, 859.
532 So Lutter/*Drygala*, § 3 Rn. 27, letztlich für Verschmelzungen auf insolvente Rechtsträger aber ablehnend in Rn. 31, allenfalls mit der (eher theoretischen) Ausnahme, dass der übertragende Rechtsträger keine Gläubiger hat; *Wachter*, NZG 2015, 858, 860.
533 Dazu oben Rdn. 221, 223.
534 So auch *Wachter*, NZG 2015, 858, 862.
535 So vor allem OLG Brandenburg, GmbHR 2015, 588; an der Unzulässigkeit festhaltend auch z.B. Lutter/*Drygala*, § 3 Rn. 31 (dazu schon oben Fn. 527); Lutter/*Karollus*, § 120 Rn. 21.

E. Sanierung und Reorganisation   Kapitel 13

Dessen Abs. 2 ermöglicht im Rahmen des insolvenzrechtlichen Planverfahrens auch die Durchführung von Umwandlungen nach dem UmwG (näher dazu unten Rdn. 250 ff.).

5. Beteiligte Gesellschaft nach Beendigung eines Insolvenz(antrags)verfahrens

Der Rechtsgedanke der §§ 3 Abs. 3, 191 Abs. 3 UmwG ist ebenfalls zur Beantwortung der Frage heranzuziehen, ob eine Gesellschaft **nach Abweisung des Eröffnungsantrages mangels Masse** oder **nach Beendigung ihres Insolvenzverfahrens** an einer Umwandlungsmaßnahme beteiligt sein kann.[536] Es ist allein entscheidend, ob die Gesellschaft fortsetzungsfähig ist oder nicht. Nur im erstgenannten Fall ist sie einer Umwandlungsmaßnahme zugänglich. Zur Fortsetzungsfähigkeit einer Gesellschaft nach Beendigung des Insolvenzverfahrens bzw. Abweisung des Eröffnungsantrages mangels Masse s.o. Rdn. 146, dort auch zu den Neuerungen durch das **ESUG**. Die dort geschilderten Meinungsstreite haben folgerichtig auch Auswirkung auf die Umwandlungsfähigkeit einer Gesellschaft. Bejaht man etwa die Fortsetzbarkeit einer Gesellschaft auch dann, wenn der Insolvenzantrag mangels Masse abgewiesen oder das Insolvenzverfahren mangels Masse eingestellt wurde, käme rechtsdogmatisch unter denselben Voraussetzungen auch eine Umwandlung in Betracht.[537] Mit der kürzlich ergangenen klärenden Entscheidung des BGH,[538] wonach eine Fortsetzung der Gesellschft in allen andern als den gesetzlich ausdrücklich erlaubten Fällen ausscheidet, ist diese Möglichkeit in der Rechtspraxis allerdings obsolet geworden.

235

6. Heilung (§ 20 Abs. 2 UmwG)

Wird eine Verschmelzung in das Handelsregister eingetragen, obwohl sie nach Maßgabe der vorstehenden Ausführungen und je nach bezogenem Standpunkt mangelhaft ist, tritt in allen denkbaren Mangelfällen gem. § 20 Abs. 2 UmwG Heilung ein. Dies gilt namentlich dann, wenn der **Mangel** darin besteht, dass (1) ein nicht fortsetzungsfähiger Rechtsträger an der Verschmelzung beteiligt war[539], oder dass (2) die Kapitalerhöhungsvorschriften[540] oder (3) die – nach einem großen Teil der Literatur im Beispiel der obigen Rdn. 222 anwendbaren – Kapitalhaltungsvorschriften missachtet wurden, oder (4) dass der Verschmelzungsbeschluss unter Verletzung der Rechte etwaiger Minderheitsgesellschafter ergangen ist[541]. Zur Anfechtbarkeit eines Vorgangs nach dem UmwG s.o. Rdn. 214.

236

IV. Veränderungen des Kapitals

1. Effektive Kapitalerhöhung bei Kapitalgesellschaften

Bei den Kapitalgesellschaften ist die effektive Kapitalerhöhung, d.h. die Kapitalerhöhung gegen Einlage, ein klassisches Mittel der Zuführung neuen Kapitals. Einer ihrer **Vorteile** ist, dass sie in der Krise schnell umgesetzt werden kann. Da wieder der zweistufige Überschuldungsbegriff gilt (oben Rdn. 76), lässt die effektive Kapitalerhöhung auch schon vor ihrer Eintragung im Handelsregister die Überschuldung entfallen, wenn – wie regelmäßig – aufgrund der Kapitalzuführung eine positive Fortführungsprognose begründet ist. Wegen des Verfahrens allgemein sowie der Besonderheiten in den sog. Sanierungsfällen, sei auf für die GmbH auf Kap. 2 Rdn. 707 ff., 734 ff. und für die AG auf Kap. 3 Rdn. 536 ff. verwiesen.

237

Eine effektive Kapitalerhöhung kann auch während des **laufenden Insolvenzverfahrens** und auch außerhalb des Planverfahrens durchgeführt werden. Zweckmäßig wird sie selten sein, da die Ein-

238

---

536 S. Hauschild/Kallrath/Wachter/*Böttcher*, § 33 Rn. 59 f.; Lutter/*Drygala*, § 3 Rn. 19; Reul/Heckschen/ Wienberg/*Heckschen*, § 4 Rn. 588 ff.; Uhlenbruck/*Hirte*, § 11 Rn. 156.
537 Uhlenbruck/*Hirte*, § 11 Rn. 157.
538 S. dazu schon oben Rdn. 146.
539 BGH, ZIP 2001, 2006; Reul/Heckschen/Wienberg/*Heckschen*, § 4 Rn. 597.
540 Lutter/*Grunewald*, § 20 Rn. 81 ff. m.w.N.
541 Lutter/*Grunewald*, § 20 Rn. 81 ff. m.w.N.

lagen als Neuerwerb in den allgemeinen Topf der Insolvenzmasse fallen. Wird sie dennoch beschlossen, gelten für die Durchführung grundsätzlich die allgemeinen Regeln. Solange die Kapitalerhöhung noch nicht wirksam geworden ist, fällt sie als organisationsrechtliche Maßnahme in den »insolvenzfreien Bereich« (allg. dazu oben Rdn. 79). Solange behalten die Gesellschafter auch die alleinige Dispositionsbefugnis hierüber. Nach richtiger Auffassung sind deshalb die organschaftlichen Vertreter der Gesellschaft und nicht etwa der Insolvenzverwalter befugt, die Kapitalerhöhung beim **Handelsregister** anzumelden.[542] Es ist allerdings die Einschränkung zu machen, dass nur der Insolvenzverwalter die Versicherung abgeben kann und auch muss, wonach die Einlagen geleistet sind und (ihm) zur freien Verfügung stehen.[543] Denn als Neuerwerb der Masse gehören sie in seine Hand. Zu den Besonderheiten von Kapitalmaßnahmen im Rahmen des durch das **ESUG gestärkten Planverfahrens**, s.u. Rdn. 250 ff.

239 Ist der **Kapitalerhöhungsbeschluss** einmal gefasst, wird er nach Ansicht des BGH nicht dadurch unwirksam, dass später ein **Insolvenzverfahren** über das Vermögen der Gesellschaft eröffnet wird.[544] Wurde die Kapitalerhöhung bereits angemeldet, ist das Eintragungsverfahren grundsätzlich fortzusetzen. Gleichwohl nutzt all das der Insolvenzmasse noch nicht viel. Der Insolvenzverwalter kann die Einlageleistung erst zur Masse fordern, wenn die Kapitalerhöhung durch Eintragung in das Handelsregister wirksam geworden ist.[545] Dabei gesteht der BGH den Gesellschaftern das Recht zu, den Kapitalerhöhungsbeschluss (mit einfacher Mehrheit) aufzuheben und – bei der GmbH – die Geschäftsführer (mit einfacher Mehrheit) zur Rücknahme der Anmeldung anzuweisen.[546] Gegen die Antragsrücknahme kann der Insolvenzverwalter nichts unternehmen. Er ist nicht legitimiert, die Wirksamkeit durch eine eigene Anmeldung herbeizuführen.[547] In der Literatur ist – gegen den BGH – sehr umstritten, ob die Gesellschaft das Verfahren noch verhindern kann, wenn bereits der **Übernahmevertrag** abgeschlossen wurde.[548] Es wird eingewandt, der Insolvenzbeschlag erstrecke sich in diesem Stadium auch auf die Einlageforderung. Hiergegen spricht allerdings, dass eine Kapitalerhöhung als organisationsrechtliche Maßnahme bis zu ihrem Wirksamwerden durch Registereintragung dem »insolvenzfreien Bereich« zuzuordnen ist. Nach allgemeinen körperschaftlichen Regeln sind die Gesellschafter trotz abgeschlossenen Übernahmevertrages aber frei, die Kapitalerhöhung bis zur Eintragung in das Handelsregister zu stoppen.[549] Nichts anderes gilt im Insolvenzverfahren. Ungeachtet dessen gewähren der BGH und der wohl größere Teil in der Literatur dem Übernehmer richtigerweise das Recht, den Übernahmevertrag aus wichtigem Grund zu kündigen, es sei denn,

---

542 BayObLG, ZIP 2004, 1426; Gottwald/*Haas/Kolmann/Pauw*, § 92 Rn. 304; Hauschild/Kallrath/Wachter/*Böttcher*, § 33 Rn. 68; Reul/Heckschen/Wienberg/*Heckschen*, § 4 Rn. 97; a.A. MünchKommGmbHG/*F.-H. Müller*, § 64 Rn. 86; Schmidt/Lutter/*Veil*, § 182 Rn. 45; Uhlenbruck/*Hirte*, § 11 Rn. 193.
543 So zu Recht Uhlenbruck/*Hirte*, § 11 Rn. 193; a.A. möglicherweise die in vorstehender Fn. Genannten.
544 Für GmbH: BGH, ZIP 1995, 28, 29; Gottwald/*Haas/Kolmann/Pauw*, § 92 Rn. 344; *Götze*, ZIP 2002, 2204, 2205; für AG; für AG Schmidt/Lutter/*Veil*, § 182 Rn. 47; rechtsformübergreifend Uhlenbruck/*Hirte*, § 11 Rn. 194; mit beachtlichen Gründen zum Schutze von Minderheitsgesellschafter für automatische Wirkungslosigkeit mit vielen Nachw. Baumbach/Hueck/*Servatius*, § 55 Rn. 5; Lutter/Hommelhoff/*Bayer*, § 55 Rn. 43 f.; Roth/Altmeppen/*Roth*, § 55 Rn. 10.
545 BGH, ZIP 1995, 28, 29; OLG Zweibrücken, ZIP 2014, 588; Uhlenbruck/*Hirte*, § 11 Rn. 194.
546 BGH, ZIP 1995, 28, 29; OLG Zweibrücken, ZIP 2014, 588; ebenso *Kuntz*, DStR 2006, 519, 521 f.; *ders.*, DStR 2006, 1050; Uhlenbruck/*Hirte*, § 11 Rn. 194; MünchKommGmbHG/*Lieder*, § 55 Rn. 59; Schmidt/Lutter/*Veil*, § 182 Rn. 47; z.T. enger *Gundlach/Frenzel/Schmidt*, DStR 2006, 1048, 1049; abl. *H.-F. Müller*, ZGR 842, 850 ff.
547 H.M., inzident BGH, ZIP 1995, 28, 29; explizit BayObLG, NZG 2004, 582; OLG Zweibrücken, ZIP 2014, 588; *Kuntz*, DStR 2006, 519, 520; *ders.*, 2006, 1050, 1051; Uhlenbruck/*Hirte*, § 11 Rn. 194 m.w.N.
548 Dagegen *Gundlach/Frenzel/Schmidt*, DStR 2006, 1048, 1049; *dies.*, NZI 2007, 692, 693; *H.-F. Müller*, ZGR 2004, 842, 850 ff.; Uhlenbruck/*Hirte*, § 11 Rn. 194.
549 Für GmbH BGH, ZIP 1999, 310; Lutter/Hommelhoff/*Bayer*, § 55 Rn. 5; Schmidt/Lutter/*Veil*, § 182 Rn. 47.

E. Sanierung und Reorganisation

die Übernahme erfolgte gerade in Kenntnis der Krise.[550] Hatte der Übernehmer seine Einlage schon geleistet, ist sie an ihn zurückzuzahlen. Wird die Kapitalerhöhung **nicht gestoppt**, nimmt das Verfahren seinen üblichen Lauf. Insbesondere verbleibt die Zuständigkeit für die Anmeldung der Kapitalerhöhung zum Handelsregister bei den organschaftlichen Vertretern.[551] War die Einlage noch nicht geleistet, ist sie an den Insolvenzverwalter zu zahlen.[552] Sie fällt als Neuerwerb in die Masse. Es muss dann der Insolvenzverwalter die Versicherung abgeben, wonach ihm die Einlagen zur freien Verfügung stehen (s.o. Rdn. 238).

In vielen Fällen wird die Kapitalerhöhung mit einer vereinfachten Kapitalherabsetzung kombiniert (sog. **Kapitalschnitt**).[553] Die Kapitalherabsetzung an sich ist kein Sanierungsinstrument. Durch die Kapitalherabsetzung wird lediglich der Nennbetrag des statuarischen Festkapitals an den gesunkenen wahren Wert des Gesellschaftsvermögens angepasst. Auf diese Weise wird zum einen die für Außenstehende wenig werbewirksame Unterbilanz beseitigt (sog. Buchsanierung). Zum anderen ermöglicht erst die Anpassung des Festkapitals an den wahren Unternehmenswert eine Kapitalerhöhung mit disquotaler Anteilsübernahme durch die bisherigen Gesellschafter oder mit Beteiligung eines neuen Gesellschafters (Investor). Ohne die Kapitalherabsetzung wäre der wahre Wert der neuen Anteile als verhältnismäßige Bemessungsgröße für die Beteiligung am Gesamtvermögen der Gesellschaft geringer als der Wert der für sie aufzubringenden Einlage.[554] Es ist sogar eine Kapitalherabsetzung auf Null erlaubt (vgl. § 58a Abs. 4 GmbHG, § 228 Abs. 2 AktG). Dieses Mittel darf aber nicht dazu missbraucht werden, unliebsame Gesellschafter aus der Gesellschaft zu eliminieren.[555] Eine (isolierte) Kapitalherabsetzung ist ebenso wie die Kapitalerhöhung auch während des laufenden **Insolvenzverfahrens** über das Vermögen der Gesellschaft zulässig.[556] Sie berührt die Belange der Gläubiger nicht. Selbstverständlich scheitert dabei eine ordentliche Kapitalherabsetzung am Mangel an Vermögen. Aus tatsächlichen Gründen kommt daher nur eine vereinfachte Kapitalherabsetzung in Betracht. Sinnvoll ist eine Kapitalherabsetzung in der Insolvenz ohnehin nur, wenn sie gleichzeitig mit einer Kapitalerhöhung einhergeht und die Fortsetzung der Gesellschaft beschlossen wird. Zuständig für den Herabsetzungsbeschluss bleiben die Gesellschafter und für die Handelsregisteranmeldung die organschaftlichen Vertreter[557], soweit sich nicht aus den ESUG-Vorschriften etwas anderes ergibt (dazu unten Rdn. 250 ff.). Eine besondere Form des Kapitalschnitts ist der sog. *Debt-Equity-Swap* (dazu sogleich Rdn. 247 und 250).

2. Personengesellschaften

Bei der GmbH und AG geben die Kapitalerhöhungsvorschriften einer qualifizierten Mehrheit der Gesellschafter die Möglichkeit an die Hand, das Kapital der Gesellschaft und damit einhergehend den Umfang ihrer Beteiligung aufzustocken. Im Recht der Personengesellschaft gibt es keine ver-

---

550 BGH, ZIP 1999, 310; Baumbach/Hueck/*Servatius*, § 55 Rn. 37; Gottwald/*Haas/Kolmann/Pauw*, § 92 Rn. 346; *Götze*, ZIP 2002, 2204, 2208 f.; *Kuntz*, DStR 2006, 519, 522 f.; *ders.*, 2006, 1050, 1051; MünchKommGmbHG/*Lieder*, § 55 Rn. 59; Uhlenbruck/*Hirte*, § 11 Rn. 194.
551 BayObLG, GmbHR 2004, 669; OLG Zweibrücken, ZIP 2014, 588, 589; Baumbach/Hueck/*Haas*, § 60 Rn. 45; Gottwald/*Haas/Kolmann/Pauw*, § 92 Rn. 304; a.A. MünchKommGmbHG/*F.-H. Müller*, § 64 Rn. 86.
552 BGH, NZG 2008, 73.
553 S. zum Verfahren bei der GmbH ausf. oben bei Kap. 2 Rdn. 816 sowie Reul/Heckschen/Wienberg/*Heckschen*, § 4 Rn. 406 mit Muster sowie mit einem Bilanzbeispiel *Bauer*, Die GmbH in der Krise, Rn. 173 ff.
554 Hauschild/Kallrath/Wachter/*Böttcher*, § 33 Rn. 43.
555 Rowedder/Schmidt-Leithoff/*Schnorbus*, § 58a Rn. 27.
556 Bejaht von BGH, ZIP 1998, 692, 694 »Sachsenmilch« (zur AG), weil dies die Maßnahme der Aufhebung des Konkursverfahrens und der Fortführung der Gesellschaft ermöglichen sollte; Rowedder/Schmidt-Leithoff/*Schnorbus*, § 58 Rn. 20 (zur GmbH); Uhlenbruck/*Hirte*, § 11 Rn. 195; Lutter/*Veil*, § 222 Rn. 38 (zur AG).
557 S. grds. dazu oben Rdn. 79, 93 u. 108 sowie zur GmbH Baumbach/Hueck/*Zöllner/Kersting*, § 58a Rn. 5; Rowedder/Schmidt-Leithoff/*Schnorbus*, § 58 Rn. 20.

gleichbaren Vorschriften. Im Gegenteil geht das Gesetz davon aus, dass grundsätzlich kein Gesellschafter zur Leistung eines **Nachschusses** verpflichtet ist (§ 707 BGB). Diese Bestimmung ist allerdings dispositiv. Im Gesellschaftsvertrag kann abweichend von § 707 BGB die Verpflichtung zur Leistung eines Nachschusses vereinbart werden. Mit Blick auf die Kernbereichslehre ist hierfür zu fordern, dass sowohl der Anlass als auch die Höhe des Nachschusses hinreichend klar festgelegt sind.[558] Fehlt eine solche Regelung, kann eine Nachschusspflicht nur durch einstimmigen Gesellschafterbeschluss eingeführt werden. Damit ist zunächst einmal jeder (Minderheits)Gesellschafter imstande, einen von den übrigen Gesellschaftern zur Überwindung einer Krise für erforderlich erachteten Kapitalzuschuss zu blockieren.[559]

242 Der BGH ist der beschriebenen Blockademacht einzelner (obstruierender) Gesellschafter in einer Reihe neuerer Entscheidungen mit dem Kerngedanken »**Sanieren oder Ausscheiden**« entgegengetreten.[560] So hat der BGH einen mit 3/4-Mehrheit gefassten Beschluss der Gesellschafter einer OHG[561] für wirksam erachtet, der alle Gesellschafter mit Fristsetzung vor die Wahl stellte, sich entweder an einem Nachschuss zu beteiligen oder stattdessen aus der Gesellschaft auszuscheiden. Dogmatische Grundlage sei die gegenseitige Treuepflicht. Aus ihr folge, dass sich jeder Gesellschafter an der berechtigten Erwartung der übrigen Gesellschafter, alle Gesellschafter würden sich vernünftiger Weise an einer angemessenen Sanierungsmaßnahme beteiligen, festhalten lassen müsse. Ob eine derartige Erwartung berechtigt sei, müsse anhand des konkreten Gesellschaftsverhältnisses beurteilt werden. Im entschiedenen Fall fehlte im Gesellschaftsvertrag jedwede Regelung einer (sanierungsbedingten) Nachschusspflicht. Eine berechtigte Erwartungshaltung konnte nach Ansicht des BGH deshalb entstehen. Anders verhielt es sich in einem später zu entscheidenden Fall. In diesem Fall sah der Gesellschaftsvertrag eine sanierungsbedingte Nachschusspflicht zwar vor, knüpfte sie aber an einen einstimmigen Gesellschafterbeschluss. Der BGH lehnte hier die Anwendung des Prinzips »Sanieren oder Ausscheiden« ab. Es sei jedem Gesellschafter von vornherein klar gewesen, dass im Krisenfall ein Sanierungsvorhaben nur umsetzbar sein würde, wenn ausnahmslos alle (Minderheits-) Gesellschafter mitzögen. Derselbe Gedanke spricht dafür, das Prinzip »Sanierung und Ausscheiden« auch nicht auf Kommanditisten zu übertragen. Vorbehaltlich einer anderslautenden gesellschaftsvertraglichen Vereinbarung beteiligen sich auch diese mit der für alle anderen Gesellschafter erkennbaren Erwartung, für die Gesellschaft maximal bis zur Höhe ihrer Einlage persönlich einstehen zu müssen und dennoch in der Gesellschaft verbleiben zu dürfen.[562]

V. Weitere Sanierungsinstrumente

1. Ausgewählte Sofortmaßnahmen

243 Ist bereits ein Insolvenzgrund eingetreten oder steht der Eintritt unmittelbar bevor, muss u. U. innerhalb von Tagen die Entscheidung zwischen der Beantragung des Insolvenzverfahrens einerseits oder einer kurzfristig wirkenden »Sanierungsmaßnahme« zur Beseitigung des Insolvenzgrundes andererseits getroffen werden. Klassisches Mittel hierfür sind nach wie vor **Gesellschafterdarlehen** und gleichgestellte Finanzierungsleistungen. Sollen solche Leistungen bestimmungsgemäß den Eigen-

---

558 MünchKommBGB/*Schäfer*, § 707 Rn. 1, 3.
559 Anschaulich am Beispiel des Berliner Wohnungsbaumarktes Reul/Heckschen/Wienberg/*Heckschen*, § 4 Rn. 484 ff.
560 Grdl. BGH, GmbHR 2010, 32; danach BGH NJW 2010, 65; BGH, ZIP 2011, 768; BGH, ZIP 2015, 1626; KG, NZG 2010, 1184; ausf. Ebenroth/Boujong/Joost/Strohn/ *Wertenbruch*, § 105 Rn. 104 ff., demzufolge die Bedeutung der »Sanieren-oder-Ausscheiden-Rechtsprechung« durch das ESUG erheblich geringer geworden sei.
561 Von OLG Düsseldorf, abrufbar unter http://openjur.de/u/693586.html, zu Recht auf eine Publikums-GbR übertragen; ebenso schon OLG Stuttgart, ZIP 2013, 1661; Ebenroth/Boujong/Joost/Strohn/ *Wertenbruch*, § 105 Rn. 104 ff.
562 So zu Recht Reul/Heckschen/Wienberg/*Heckschen*, § 4 Rn. 500; a.A. *Dorka/Derwald*, NZG 2010, 694, 696; *Schupp*, DB 2010, 489, 494.

E. Sanierung und Reorganisation

kapitalbedarf der Gesellschaft ersetzen, spricht man von einer »Finanzplanfinanzierung«.[563] Die Finanzplanfinanzierung ist kein eigenes Rechtsinstitut und erfährt keine rechtlich Sonderbehandlung.[564] Es ist im Einzelfall – ggf. im Wege der Vertragsauslegung – zu prüfen, ob an entsprechende Gesellschafterdarlehen bestimmte Rechtsfolgen zu knüpfen sind (z.B. Rangrücktritt, Stillhaltepflichten etc.). Durch Gesellschafterdarlehen oder gleichgestellte Finanzierungsleistungen wird ein etwaiger bilanzieller Überschuldungsstatus in jedem Falle nur unter der Voraussetzung ausgeräumt, dass die Darlehen in der Überschuldungsbilanz nicht zu passivieren sind. Dies gilt für schon vor der Krise gewährte Gesellschafterdarlehen ebenso wie für in der Krise neu gewährte Darlehen. Die Passivierungspflicht entfällt gemäß der ausdrücklichen Anordnung in § 19 Abs. 2 Satz 2 InsO i.d.F. des MoMiG und FMStG allerdings nur, wenn flankierend ein **Rangrücktritt** hinter die Forderungen der Rangklassen des § 39 Abs. Abs. 1 Nr. 1 – 5 InsO vereinbart wird.[565] Die Darlehen rücken damit (nur) auf die gleiche Stufe aller anderen Forderungen mit vereinbartem Nachrang i.S.d. § 39 Abs. 2 InsO. Ein qualifizierter Nachrang i.S.d. alten Kapitalersatzrechts, also ein Rücktritt auf den Rang noch hinter die Stufe des § 39 Abs. 2 InsO und nur noch vor die Stufe des § 199 Satz 2 InsO, ist nach neuem Recht nicht mehr erforderlich.[566] In zeitlicher Hinsicht hat der BGH klargestellt, dass ein Rangrücktritt nur dann die Passivierungspflicht der entsprechenden Verbindlichkeit im Überschuldungsstatus entfallen lässt, wenn er nach dem Willen der Beteiligten nicht nur »im Insolvenzverfahren« gilt, sondern sich auch auf die Zeit davor erstreckt.[567] Eine zeitliche Befristung macht aus dem Rangrücktritt eine Stundung, die keinen Einfluss auf die Überschuldung hat.[568] Unschädlich ist allenfalls eine sog. »Besserungsabrede«.[569] Der Rangrücktritt bedarf keiner besonderen Form.[570] Zur Vermeidung etwaiger Rechtsunsicherheiten empfiehlt sich, in der Formulierung des Rangrücktritts den Gesetzeswortlaut (§ 19 Abs. 2 Satz 2 InsO) zu wiederholen und ausdrücklich auf die Zeit vor der Eröffnung eines Insolvenzverfahrens zu erstrecken.[571] Der Rangrücktritt führt grds. nicht zum Passivierungsverbot des § 5 Abs. 2a EStG und damit nicht zu einem Ertrag bei der Schuldnergesellschaft.[572] Zu beachten ist aber, dass eine Verbindlichkeit, die nur aus einem evtl. Liquidationsüberschuss oder aus künftigen Gewinnen bedient werden muss, in der Steuerbilanz nicht passiviert werden darf. Ein Rangrücktritt, der die Rückzahlungspflicht so stark einschränkt, führt dazu, dass die Verbindlichkeit gem. § 5 Abs. 2a EStG auszubuchen ist.[573] Eine etwaige Zahlungsunfähigkeit wird durch den Rangrücktritt freilich nicht beseitigt. Hierfür ist eine Vereinbarung notwendig, wonach die Fälligkeit der betroffenen Verbindlichkeit bereits im Vorfeld der Insolvenz entfällt.[574] Rangrücktritt und Fälligkeitsaufschub verbessern reflexartig die Fortführungsprognose (dazu oben Rdn. 76).

---

563 Zum Begriff s. Gottwald/*Haas*/*Kolmann*/*Pauw*, § 92 Rn. 557 ff.; Schmidt/Uhlenbruck/*Brinkmann*, Rn. 2.109.
564 Schmidt/Uhlenbruck/*Brinkmann*, Rn. 2.109.
565 Lutter/Hommelhoff/*Kleindiek*, Anh. zu § 64 Rn. 41; weiterführend *Haas*, DStR 2009, 326 ff.; *Leithaus*/*Schäfer*, NZI 2010, 844 ff.
566 BegrRegE, BT-Drucks. 16/9737, S. 105.
567 BGH, GmbHR 2015, 471; ebenso schon *Bauer*, Die GmbH in der Krise, Rn. 220; *Frystatzki*, NZI 2013, 609; Uhlenbruck/*Mock*, § 19 Rn. 161; a.A. vor der BGH-Entscheidung etwa *Bitter*/*Rauhut*, ZIP 2014, 1005.
568 BGH, GmbHR 2015, 471, 472; *Bauer*, Die GmbH in der Krise, Rn. 244 f.
569 *Bauer*, Die GmbH in der Krise, Rn. 247.
570 Hauschild/Kallrath/Wachter/*Böttcher*, § 33 Rn. 49.
571 BGH, ZIP 2019, 679; BGH, NZI 2015, 315 m. Anm. *Schäfer*, NZI 2015, 320; Rowedder/Schmidt-Leithoff/*M. Schmidt-Leithoff*/*Schneider*, Vor § 64 Rn. 154; ausf. *Bauer*, Die GmbH in der Krise, Rn. 233 ff.
572 BMF-Schreiben v. 08.09.2006, abgedr. ZIP 2006, 2236; s. aber auch BFH GmbHR 2012, 406; bestätigt durch BFH, DstR 2015, 1551, wonach eine Verbindlichkeit, die nur aus einem evtl. Liquidationsüberschuss oder aus künftigen Gewinnen bedient werden muss, in der Steuerbilanz nicht passiviert werden darf. Ein Ran.
573 Zur Frage, ob die Ausbuchung gwinnerhöhend oder als Einlage zu behandeln ist, s. BFH, DstR 2015, 1551.
574 Rowedder/Schmidt-Leithoff/*M. Schmidt-Leithoff*/*Schneider*, Vor § 64 Rn. 93, 154.

244 Eine andere Sofortmaßnahme ist die **Patronatserklärung**. »Patronatserklärung« ist der Sammelbegriff für in Inhalt und Umfang nicht normierter schuldrechtlicher Erklärungen, denen zufolge ein Dritter, der sog. »Patron«, dafür einstehen will, dass eine Gesellschaft bestimmte Zahlungsverpflichtungen erfüllen wird (Ausstattungsanspruch).[575] Dabei wird zwischen der »harten« und der »weichen« Patronatserklärung unterschieden. Bei der harten Patronatserklärung übernimmt der Patron seine Einstandspflicht mit rechtsverbindlicher Wirkung und haftet dem Gläubiger neben der Schuldnergesellschaft als Gesamtschuldner.[576] Eine harte Patronatserklärung ist bei der Tochter bilanziell zu aktivieren und bei der Ermittlung des bilanziellen Überschuldungsstatus zu berücksichtigen, wenn der insolvenzbedrohten Gesellschaft (nicht dem Gläubiger) ein eigener, kündigungsfester[577] Ausstattungsanspruch zu Gunsten aller, d.h. nicht nur einzelner Gläubiger zusteht.[578] Im Gegensatz dazu beschränkt sich die weiche Patronatserklärung auf eine nicht rechtsverbindliche Äußerung eines »guten Willens«, die allenfalls Ansprüche wegen c.i.c. auslösen kann. Sie ist bei der begünstigen Gesellschaft bilanziell nicht zu aktivieren und nicht geeignet, eine bilanzielle Überschuldung auszuräumen. Sie wird in aller Regel auch nicht geeignet sein, die Wahrscheinlichkeit der Unternehmensfortführung zu erhöhen (dazu oben Rdn. 76).

245 Das folgende **Beispiel**[579] einer harten Patronatserklärung zielt auf den Fall, dass die Tochtergesellschaft ohne die Patronatserklärung bilanziell überschuldet ist und eine positive Fortführungsprognose nicht besteht. Sie dient der vorübergehenden Überwindung der Überschuldung.

▶ Formulierungsbeispiel: Harte Patronatserklärung

Die ..... *[herrschende Gesellschafterin]* – im Folgenden »der Patron« – übernimmt hiermit gegenüber den Gläubigern der ..... *[Schuldnergesellschaft]* – im Folgenden »Tochtergesellschaft« – die uneingeschränkte Verpflichtung sicherzustellen, dass die Tochtergesellschaft in der Zeit, in der sie ihre Verbindlichkeiten nicht vollständig zurückgezahlt hat oder zurückzahlt, in der Weise finanziell ausgestattet wird, dass sie stets in der Lage ist, allen ihren Verbindlichkeiten fristgemäß nachzukommen und dass den Gläubigern die an sie gezahlten Beträge unter allen Umständen (z. B. auch im Falle einer Insolvenzanfechtung) endgültig verbleiben. Die Verpflichtung kann auch durch Zahlung der jeweils fälligen Verbindlichkeiten erfüllt werden. Der Patron übernimmt die Verpflichtung im Übrigen mit der Maßgabe, dass er aus ihr nur auf Schadensersatz in Anspruch genommen werden kann. Wird der Patron aus dieser Verpflichtung in Anspruch genommen, ist er zum Regress gegenüber der Tochtergesellschaft berechtigt. Es wird im Sinne des § 39 Abs. 2 InsO vereinbart, dass ein etwaiger Regressanspruch Rang nach allen Verbindlichkeiten der Tochtergesellschaften im Sinne des § 39 Abs. 1 Nr. 1 bis 5 InsO hat.[580]

Die Patronatserklärung dient dazu, die Sanierung der Tochtergesellschaft zu ermöglichen. Der Patronat ist berechtigt, die Patronatserklärung fristlos zu kündigen, wenn die Tochtergesellschaft ihre Sanierungsbemühungen einstellt.[581] Die Kündigung entfaltet Wirkung nur für die Zeit ab ihrem Wirksamwerden. Sie lässt alle Ansprüche aus dieser Patronatserklärung wegen vor Wirksamwerden der Kündigung fällig gewordener Verbindlichkeiten unberührt. Für die danach fällig werdenden Verbindlichkeiten hat der Patron nicht mehr einzustehen.

---

[575] Weiterführend *Haußer/Heeg*, ZIP 2010, 1427 ff.; *Heeg*, BB 2011, 1160, 1162; *Kaiser*, ZIP 2011, 2136 ff.; *Maier-Reimer/Etzbach*, NJW 2011, 1110, 1116 f.; *Raeschke-Kessler/Christopeit*, NZG 2010, 1361; *Tetzlaff*, ZInsO 2011, 226.
[576] BGH, WM 1992, 502 ff.
[577] Zur Kündbarkeit s. BGH, ZIP 2010, 2092.
[578] Lutter/Hommelhoff/*Kleindiek*, Anh. Zu § 64 Rn. 39.
[579] Das Muster beruht auf den Ausführungen von *Bauer*, Die GmbH in der Krise, Rn. 206 ff. mit dem Muster einer gegenüber allen Gläubigern erklärten Patronatserklärung (Rn. 202); HambKomm/*Schröder*, § 19 Rn. 35; Reul/Heckschen/Wienberg/*Heckschen*, § 4 Rn. 442 ff.
[580] Für die Erforderlichkeit eines (ausdrücklichen) Rangrücktritts HambKomm/*Schröder*, § 19 Rn. 36.
[581] Übernommen von Reul/Heckschen/Wienberg/*Heckschen*, § 4 Rn. 452.

E. Sanierung und Reorganisation

Als **weitere Sofortmaßnahmen** kommen in Betracht[582] z.B. Zuzahlungen der Gesellschafter und Einstellung in freie Rücklagen; ein Agio anlässlich des Erwerbs einer Mitgliedschaft; eine stille Gesellschaftereinlage oder ein Forderungsverzicht, der bei der Schuldnergesellschaft allerdings einen steuerlichen Ertrag erzeugt.

246

2. Reorganisationsstrategien nach anglo-amerikanischem Vorbild

In der anglo-amerikanischen Rechtspraxis hat der sog. *Debt-Equity-Swap* eine große Bedeutung. Dies beschreibt eine Transaktion, bei der eine (notleidende) Forderung eines Gläubigers gegenüber einem Schuldnerunternehmen zum Erlöschen gebracht wird und der Gläubiger im Gegenzug hierfür eine Beteiligung an dem Unternehmen erhält.[583] Ist der Gläubiger selbst nicht an der Umwandlung seiner Forderungen in Beteiligungen interessiert, werden die Forderungen in der Praxis zunächst – typischerweise mit einem Bewertungsabschlag – an darauf spezialisierten Investorenunternehmen verkauft. In Anwendung deutschen Rechts erfolgt der *Debt-Equity-Swap* in der Regel im Wege eines Kapitalschnitts (dazu oben Rdn. 240), bei dem die Forderungen als Sacheinlage eingebracht werden.[584] Praktische und rechtliche Schwierigkeiten bereiten hierbei u. a. die Bewertung der eingebrachten Forderungen (z.B. Nennwert, Zerschlagungswert oder Fortführungswert), die gesellschaftsrechtlichen Mitwirkungserfordernisse, sowie die möglicherweise Entstehung eines steuerlichen Ertrages. Denn selbst wenn die Forderungen im Nominalwert gewandelt würden, kann bei der erforderlichen Aufspaltung in einen werthaltigen und einen nicht werthaltigen Teil ein außerordentlicher Ertrag entstehen.[585] Ob die insoweit entstehende Steuer gemäß BMF-Schreiben v. 27.03.2003[586] als ein besonderer Sanierungsertrag erlassen werden kann, bleibt einer Einzelfallprüfung mit ungewissem Ausgang überlassen. Ferner besteht die Gefahr, dass ein Verlustvortrag gem. § 8c Abs. 1 Satz 1 KStG wegen des Übergangs von mehr als 25 % der Mitgliedschafts- und Beteiligungsrechte (anteilig) untergeht. Gegen die Anwendung des § 8c Abs. 1 KStG spricht allerdings, dass die umwandelnden Insolvenzgläubiger lediglich eine Zwangsgemeinschaft bilden und keine gleichgerichteten Interessen i.S.d. § 8c Abs. 1 Satz 3 KStG verfolgen.[587] Sieht man dies anders, könnte noch das – hier tatbestandlich allerdings kaum erfüllbare und gem. § 34 Abs. 7c KStG bis auf Weiteres suspendierte – Sanierungsprivileg des § 8c Abs. 1a KStG helfen. Nachdem das ESUG die Voraussetzungen für einen *Debt-Equity-Swap* auch gegen den Willen der Altgesellschafter geschaffen hat (dazu Rdn. 250), könnte er im insolvenzrechtlichen Planverfahren grds. eine zunehmende Bedeutung erlangen. Wichtige Voraussetzung für steigende praktische Akzeptanz wäre allerdings eine Klärung der steuerlichen Ungewissheiten durch den Gesetzgeber im Sinne angemessener Sanierungsprivilegien.

247

Eine Variante ist das sog. Ausgliederungsmodell (*Reverse-Debt-Equity-Swap*).[588] Hierbei werden zunächst die Not leidenden Forderungen im Wege der Sacheinlage gegen Gewährung von Anteilen auf eine Auffanggesellschaft übertragen. In diese wird später das strauchelnde Schuldnerunternehmen ganz oder teilweise nebst Verbindlichkeiten, z.B. durch Ausgliederung (§ 123 Abs. 3 Nr. 1 UmwG), eingebracht. Aufgrund Konfusion erlöschen damit die Not leidenden Forderungen.

248

---

582 Weiterführend *Bauer*, Die GmbH in der Krise, Rn. 274 ff.
583 Ausf. dazu etwa *Bauer*, Die GmbH in der Krise, Rn. 180 ff.; *Douven*, ZIP 2010, 1052 ff.; *Ekkenga*, DB 2012, 331, 336; Reul/Heckschen/Wienberg/*Heckschen*, § 4 Rn. 411 ff.; *Redeker*, BB 2007, 673 ff.; Schmidt/Uhlenbruck/*K. Schmidt*, Rn. 2.59; *Simon/Merkelbach*, NZG 2012, 121 ff.
584 Reul/Heckschen/Wienberg/*Heckschen*, § 4 Rn. 412.
585 Dazu HambKomm/*Thies*, § 225a Rn. 42 ff.; MünchKommInsO/*Eidenmüller*, § 225a Rn. 64; *Oelke/Wöhlert/Degen*, BB 2010, 299; *Scheunemann/Hoffmann*, DB 2009, 983.
586 BStBl. I 2003, 240. Die Rechtsmäßigkeit des BMF-Schreibens ist überdies bislang nicht geklärt, zweifelnd etwa BFH, DStR 2012, 943; FG Sachsen, ZInsO 2014, 2331 ff.; für Rechtsmäßigkeit aber BFH, BStBl. II 2010, 916; s. erg. *Bauer/Dimmling*, NZI 2011, 517, 519; *Braun/Heinrich*, NZI 2011, 505, 515.
587 S. HambKomm/*Thies*, § 225a Rn. 43; MünchKommInsO/*Eidenmüller*, § 225a Rn. 65.
588 Ausf. *Drouven*, ZIP 2009, 1052 ff.; Reul/Heckschen/Wienberg/*Heckschen*, § 4 Rn. 432 ff.

Im Gegenzug erhalten die übertragende Gesellschaft und damit auch mittelbar deren Anteilseigner Beteiligungen an der Auffanggesellschaft.

249 Eine weitere Variante ist die Umwandlung der Not leidenden Forderungen in sog. **Mezzaninekapital** (sog. *Debt-Mezzanine-Swap* oder *Debt-Hybrid-Swap*).[589] Dabei tauschen die Forderungsberechtigten ihre Forderung im Wege der Novation gegen eine andere Vermögensanlage, und zwar aus steuerlichen Gründen in der Regel in Genussrechte. Genussrechte erscheinen in der Handelsbilanz als Eigenkapital, werden aber je nach Ausgestaltung gem. § 8 Abs. 3 Satz 2 KStG steuerlich als Fremdkapital qualifiziert. Damit sollen die mit einem *Debt-Equity-Swap* ggf. verbundenen steuerlichen Nachteile vermieden werden. Ob die Forderungsumwandlung in Genussrechte tatsächlich steuerneutral durchgeführt werden kann, ist durch eine, bundesweit allerdings (noch) nicht abgestimmte, Kurzinfo der OFD Rheinland vom 14.12.2011[590] unsicher geworden. Darin tritt die OFD Rheinland einer Anwendung des § 8 Abs. 3 Satz 2 KStG auf Genussrechte entgegen.[591]

VI. Gesellschaftsrechtliche Besonderheiten nach dem ESUG

250 Nach dem Insolvenzrecht vor Inkrafttreten des ESUG waren Eingriffe in die Verbandsstruktur einer insolventen Gesellschaft nur mit Zustimmung der Gesellschafter möglich. Darin wurde eine große Schwäche des alten Rechts gesehen, weil ein Großteil von Sanierungsmaßnahmen nicht ohne solche Eingriffe auskommt. Die Mitwirkung musste von den Anteilseignern in vielen Fällen erst teuer erkauft werden, obwohl der Wert ihrer Anteile praktisch bei »Null« lag. Das ESUG soll diese Schwächen beseitigen.[592] Erklärtes Ziel ist es u. a., das Blockadepotential der Altgesellschafter zu durchbrechen und notfalls auch gegen deren Willen Eingriffe in die Gesellschaftsstruktur zu ermöglichen. Nach neuem Recht lässt sich jetzt im gestaltenden Teil des Insolvenzplans z.B. regeln, dass Forderungen von Gläubigern in Anteils- oder Mitgliedschaftsrechte am Schuldner umgewandelt werden (§ 225a Abs. 2 Satz 1 InsO). Weiterhin kann der Insolvenzplan ausdrücklich eine Kapitalherabsetzung oder -erhöhung, die Leistung von Sacheinlagen, den Ausschluss von Bezugsrechten oder die Zahlung von Abfindungen an ausscheidende Anteilsinhaber vorsehen (§ 225a Abs. 2 Satz 3 InsO). Mit diesen Formulierungen hat der Gesetzgeber die Tore namentlich für den sog. **Debt-Equity-Swap** öffnen wollen.[593] Inwieweit die »alten« Probleme des *Debt-Equity-Swap* auch im Rahmen des Planverfahrens relevant sind, ist noch nicht abschließend geklärt. Immerhin scheidet aber eine Differenzhaftung der Forderungsinhaber wegen Unterbewertung ihrer Forderungen aus (§ 254 Abs. 4 InsO). Die steuerlichen Auswirkungen des *Debt-Equity-Swap* bleiben nach bisheriger Rechtslage freilich dieselben. Auch im Übrigen kann im Insolvenzplan nunmehr ausdrücklich **jede gesellschaftsrechtlich zulässige Regelung** getroffen werden.[594] Das Gesetz nennt in § 225a Abs. 3 InsO exemplarisch die Fortsetzung einer aufgelösten Gesellschaft oder die Übertragung von Anteils- oder Mitgliedschaftsrechten. »Anteile- oder Mitgliedschaftsrechte« in diesem Sinne sind – entgegen der missverständlichen Gesetzesbegründung – selbstverständlich nicht etwa solche, die der insolventen Gesellschaft als Beteiligung an anderen Gesellschaften gehören. Über solche konnte der Insolvenzverwalter schon immer frei verfügen. Sinnvollerweise können in § 225a Abs. 3 InsO nur die Anteile an der Schuldnergesellschaft selbst gemeint sein.[595]

---

589 Weiterführend *Hofert/Möller*, GmbHR 2009, 527 ff.; *Oelke/Wöhlert/Degen*, BB 2010, 299 ff.; Reul/Heckschen/Wienberg/*Heckschen*, § 4 Rn. 435 ff. m.w.N.
590 Kurzinfo KSt 56/2011.
591 Krit. dazu etwa *Kroener/Momen*, DB 2012, 829 ff.
592 Näher *Bernaus*, BB 2011, 1 ff.; *Brinkmann*, WM 2011, 97 ff.; *Hölzle*, NZI 2011, 124 ff.; *Schmidt*, BB 2011, 1603 ff.
593 Vgl. RegBegr., BT-Drucks. 17/5712, S. 31 f.; *Hölzle*, NZI 2011, 124, 128; *Horstkotte/Martini*, ZInsO 2012, 557 ff. mit Muster; MünchKommInsO/*Eidenmüller*, § 225a Rn. 27 ff.; *Priester*, DB 2011, 1445; zum *Debt-Equity-Swap* s. schon soeben Rdn. 247.
594 S. dazu die zahlreichen Beispiele bei MünchKommInsO/*Eidenmüller*, § 225a Rn. 72 ff., 82 ff.
595 HambKomm/*Thies*, § 225a Rn. 4 ff.; MünchKommInsO/*Eidenmüller*, § 225a Rn. 18 ff., 87.

E. Sanierung und Reorganisation

Kern der Neuerungen ist, dass die Veränderungen der Verbandsstruktur sogar **gegen den Willen der Altgesellschafter** durchgesetzt werden können. Die Wirksamkeit von gesellschaftsrechtlichen Maßnahmen hängt bei Aufnahme in den gestaltenden Teil des Insolvenzplans allein von dem Ergebnis der Gruppenabstimmung nach §§ 244 ff. InsO ab. Zwar können die Altgesellschafter nach neuem Recht am Insolvenzverfahren beteiligt werden (§ 217 Satz 2 InsO) und bilden dann eine Abstimmungsgruppe (§ 222 Abs. 1 Satz 2 Nr. 4 InsO), die den Insolvenzplan in einem vom Insolvenzgericht festgelegten Abstimmungstermin (§§ 235, 241 InsO) mit Kapitalmehrheit bewilligen muss (§§ 238a, 244 Abs. 1 Nr. 2, Abs. 3 InsO). In der Regel wird es aber ein Leichtes sein, die Zustimmung der Altgesellschafter mit Hilfe des **Obstruktionsverbotes** zu ersetzen. Danach gilt die Zustimmung der Altgesellschafter u. a. als erteilt, wenn sie durch den Insolvenzplan voraussichtlich nicht schlechter gestellt werden, als sie ohne Plan stünden (§ 245 Abs. 1 Nr. 1 InsO). In nahezu allen Fällen wird sich der Anteilswert ohne Insolvenzplan auf »Null« belaufen, so dass eine planbedingte Schlechterstellung kaum vorstellbar ist. Es ist sogar möglich, im Insolvenzplan eine Kapitalherabsetzung auf »Null« und anschließender Kapitalerhöhung mit einem vollständigen Bezugsrechtsausschluss für die Altgesellschaft zu kombinieren.[596] Auf diesem Wege lassen sich Altgesellschafter aus der Gesellschaft faktisch herausdrängen. 251

Die **inhaltliche Gestaltung des Insolvenzplans** hat sich an den einschlägigen verbandsrechtlichen Bestimmungen zu orientieren, soweit sich nicht aus der InsO oder aus der Natur der Sache Ausnahmen ergeben. Soll die insolvente Gesellschaft beispielsweise auf eine andere außenstehende Gesellschaft verschmolzen werden, sind auf Seiten der aufnehmenden Gesellschaft die allgemeinen umwandlungsrechtlichen Vorgaben zu beachten. Nicht zu beachten sind aber auf Seiten der übertragenden (insolventen) Gesellschaft z.B. Schutzvorschriften, die außerhalb des Insolvenzverfahrens ausschließlich dem Interesse etwaiger Minderheitsgesellschafter (= Altgesellschafter) oder vorhandener Gläubiger (= Insolvenzgläubiger) dienen. Deren Interessen werden ausschließlich durch die Bestimmungen des Planverfahrens geschützt, vor allem durch das Schlechterstellungsverbot des § 245 Abs. 3 InsO. 252

Die **Wirkungen des Insolvenzplans** sind in den §§ 254, 254a und 254b InsO geregelt. Wird der Plan rechtskräftig bestätigt, bedarf es eines Verfahrens oder auch nur einer Abstimmung der Gesellschafter nach gesellschaftsrechtlichen Regeln nicht mehr.[597] Mit rechtskräftiger Bestätigung des Insolvenzplans treten die im gestaltenden Teil festgelegten Wirkungen für und gegen alle Beteiligten ein (§ 254 Abs. 1 InsO). Hierzu gehören jetzt auch die gesellschaftsrechtlichen Strukturänderungen. Die nach Gesellschaftsrecht an sich erforderlichen Beschlussakte, Form-, Frist- und sonstige Verfahrensvorschriften gelten als abgegeben bzw. beachtet (§ 254a Abs. 2 InsO). Eine nach verbandsspezifischem Recht etwa erforderliche notarielle Form wird ersetzt.[598] Die Planwirkungen erfassen nicht nur die Willenserklärungen zwangsweise Planunterworfener, sondern auch solche nicht zwangsweise Planunterworfener, sofern diese in den gestaltenden Planteil aufgenommen wurden und sie in einer Plananlage ihre Zustimmung erteilt haben.[599] Die im Gesetz formulierten Planwirkungen sind allerdings etwas zu weit geraten. Der Insolvenzplan fingiert freilich nur die nach materiellem Recht erforderlichen Willenserklärungen der Planunterworfenen. Sonstige nach materiellem Recht gesetzten Anforderungen bleiben unberührt wie namentlich Realakte, die Eintragung bestimmter Rechtsakte in das Handelsregister (dazu sogleich Rdn. 253) oder, wenn die Maßnahme die Mitwirkung von nicht am Insolvenzplan beteiligten Dritten erfordert, auch deren Mitwirkung in der vorgeschriebenen Form.[600] Wird beispielsweise im Insolvenzplan die Verschmelzung auf eine andere

---

596 MünchKommInsO/*Eidenmüller*, § 225a Rn. 42 f., 49 f.
597 HambKomm/*Thies*, § 225a Rn. 9; MünchKommInsO/*Eidenmüller*, § 225a Rn. 102.
598 Hiergegen zu Recht kritisch Hauschild/Kallrath/Wachter/*Böttcher*, § 33 Rn. 92, mit dem Hinweis, dass es im neuen Verfahren keine institutionelle Gewähr mehr für eine neutrale Belehrung der Beteiligten gibt. Diese Funktion übernimmt weder der Insolvenzverwalter noch das Insolvenz- oder Registergericht.
599 MünchKommInsO/*Eidenmüller*, § 225a Rn. 102; a.A. *Madaus*, ZIP 2012, 2133, 2138.
600 Vgl. MünchKommInsO/*Eidenmüller*, § 254 Rn. 17, § 254a Rn. 6 ff.

Gesellschaft beschlossen, so ersetzt der Insolvenzplan die Zustimmung der Anteilseigner des Insolvenzschuldners, aber nicht den notariellen Abschluss des Verschmelzungsvertrages sowie die notarielle Beurkundung der Zustimmungsbeschlüsse auf Seiten der übernehmenden Gesellschaft.

253 Der rechtskräftig festgestellte Insolvenzplan ersetzt nicht das Erfordernis etwaiger **Registereintragungen**. Hat eine Registereintragung konstitutive Wirkung, gilt dies auch für die im gestaltenden Teil des Insolvenzplans vorgesehenen Änderungen. Sie werden materiell-rechtlich erst mit Eintragung wirksam. Folgerichtig wird der Insolvenzverwalter gem. § 254a Abs. 2 Satz 3 InsO ausdrücklich zur Anmeldung ermächtigt. Daneben besteht die Zuständigkeit der Vertretungsorgane fort.[601] Die Registeranmeldung selbst folgt wieder den allgemeinen Vorschriften, hier also jeweils nach Inhalt und Form den einschlägigen gesellschaftsrechtlichen Bestimmungen. So ist z.B. bei einer Kapitalerhöhung auch die Versicherung abzugeben, dass die jeweilige Einlage bewirkt ist und sich der Gegenstand der Leistung endgültig in der »freien Verfügung« der vertretungsberechtigten Organe befindet (§ 57 Abs. 2 GmbHG, §§ 188 Abs. 2, 37 Abs. 1 AktG). Werden im Rahmen eines *Debt-Equity-Swap* Insolvenzforderungen eingebracht, stehen diese bereits mit Vollzug des dinglichen Einbringungsgeschäfts »zur freien Verfügung«. Der dingliche Vollzug wird in aller Regel im gestaltenden Wirkung des Insolvenzplans i.V.m. mit der Zustimmungserklärung des einbringenden Gläubigers (§ 230 Abs. 2 InsO) vorgesehen sein.[602] Der Vollzug wird dann mit der Rechtskraft des Bestätigungsbeschlusses vollendet (§ 254 Abs. 1 InsO). Die Versicherung beschränkt sich in einem solchen Fall auf die »planmäße Einbringung« der Sacheinlagen; Angaben zum Wert der eingebrachten Forderungen sind nicht zu verlangen.[603] Der Anmeldung sind die üblichen **Anlagen** beizufügen. An die Stelle des sonst erforderlichen Kapitalmaßnahmebeschlusses tritt der Insolvenzplan nebst Bestätigungsbeschluss mit Rechtskraftvermerk. Ändern sich durch den gestaltenden Teil des Insolvenzplans auch die Gesellschafterverhältnisse an einer GmbH, haben die Geschäftsführer unverzüglich eine neue **Gesellschafterliste** (§ 40 Abs. 1 GmbHG) einzureichen. Eine Zuständigkeitserstreckung auf den Insolvenzverwalter gem. § 254a Abs. 2 Satz 3 InsO findet nicht statt. Die Einreichung der Liste ist keine »Anmeldung«.

F. Besonderheiten aufgrund Covid-19-Pandemie

254 Die Ausbreitung des neuartigen SARS-CoV-2-Virus (COVID-19-Pandemie) hat zu ganz erheblichen Einschränkungen in allen Bereichen des (Privat- und) Wirtschaftslebens geführt, die noch vor wenigen Wochen undenkbar erschienen. Schon jetzt hat die Corona-Pandemie zu großen Verlusten bei vielen Unternehmen geführt. Es ist zu befürchten, dass dies erst der Anfang ist. Mit hoher Wahrscheinlichkeit werden auch künftig viele Unternehmen in schwache Phasen eintreten oder gar ganz aufgeben müssen. In dieser Situation hat der Gesetzgeber reagiert. Mit dem »Gesetz zur Abmilderung der Folgen der COVID-19-Pandemie im Zivil-, Insolvenz- und Strafverfahrensrecht« vom 25.03.2020 hat der Gesetzgeber unter anderem mit dem »Gesetz zur vorübergehenden Aussetzung der Insolvenzantragspflicht und zur Begrenzung der Organhaftung bei einer durch die COVID-19-Pandemie bedingten Insolvenz« (COVInsAG[604]) beschlossen. An dieser Stelle sollen die wichtigsten Änderungen von Interesse sein.

I. Aussetzung der Insolvenzantragspflicht

255 Geschäftsführer und, je nach Rechtsform und Sachlage, auch die Gesellschafter müssen nach normaler Rechtslage Insolvenzantrag stellen, wenn ihr Unternehmen insolvent, also zahlungsunfähig oder überschuldet ist (§§ 15, 15a InsO). Liegt einer dieser Insolvenzgründe vor, muss der Insolvenzantrag ohne schuldhaftes Zögern, spätestens innerhalb von drei Wochen gestellt werden. Dabei darf

---

601 HambKomm/*Thies*, § 254a Rn. 9; MünchKommInsO/*Eidenmüller*, § 254a Rn. 21.
602 HambKomm/*Thies*, § 254a Rn. 11; MünchKommInsO/*Eidenmüller*, § 254a Rn. 15.
603 HambKomm/*Thies*, § 254a Rn. 11.
604 Abrufbar unter https://research.wolterskluwer-online.de/citation-document/ea71c7fe-13d3–3ee0–9f97–1cfc13f97106; www.gesetze-im-internet/covinsag/.

auch innerhalb der Drei-Wochen-Frist nur so lange zugewartet werden, wie mit hinreichender Wahrscheinlichkeit zu erwarten ist, dass ein eingetretener Insolvenzgrund wieder beseitigt werden kann. Schließen die Verantwortlichen die Beseitigung der Insolvenz aus, dürfen die drei Wochen nicht gewartet, sondern muss der Insolvenzantrag sofort gestellt werden (s. schon oben unter Rdn. 19 ff.).

An dieser Stelle setzt der Gesetzgeber an. In § 1 Satz 1 COVInsAG wurde die Aussetzung der Insolvenzantragspflicht rückwirkend zum 01.03.2020 und bis zum 30.09.2020 angeordnet. Das Bundesministerium für Justiz und für Verbraucherschutz wurde ermächtigt, die Aussetzung der Insolvenzantragspflicht sowie die Regelung zum Eröffnungsgrund bei Gläubigerinsolvenzanträgen im Verordnungswege bis zum 31.03.2021 zu verlängern. 256

Aussetzung der Insolvenzantragspflicht ist zwar zunächst allgemein formuliert, gilt dann aber gem. § 1 Satz 2 COVInsAG einschränkend nicht, wenn 257
– die Insolvenzreife nicht auf den Folgen der Ausbreitung des SARS-CoV-2-Virus (COVID-19-Pandemie) beruht oder
– keine Aussichten darauf bestehen, eine bestehende Zahlungsunfähigkeit zu beseitigen.

Ziel der Regelung ist es, den Unternehmen die Beantragung staatlicher Hilfen oder allgemein Sanierungs- und Finanzierungsmaßnahmen zu ermöglichen. Solche Maßnahmen nehmen unter Umständen länger als drei Wochen Zeit in Anspruch. In dieser Zeit soll das Unternehmen nicht gezwungen werden, Insolvenzantrag zu stellen. Geschäftsleiter sollen bei der Fortführung des Unternehmens nicht durch die engen Grenzen der normalerweise geltenden Insolvenzantragspflicht beschränkt werden. Sie sollen vielmehr die erforderlichen Maßnahmen ergreifen können, um das Unternehmen im ordentlichen Geschäftsgang fortzuführen. Das schließt nicht nur Maßnahmen der Aufrechterhaltung oder Wiederaufnahme des Geschäftsbetriebs ein, sondern auch Maßnahmen im Zuge der Neuausrichtung des Geschäfts im Rahmen einer Sanierung.[605] Nicht geändert hat der Gesetzgeber die Begriffe der Zahlungsunfähigkeit und Überschuldung an sich.[606] Wenn einer der Ausschlussgründe eintritt, also die Insolvenz entweder nicht auf der Corona-Pandemie beruht, sondern allgemein an unternehmerischen Schwierigkeiten, oder keine Aussicht besteht, die Zahlungsunfähigkeit zu beseitigen, ist unverzüglich, spätestens in drei Wochen, Insolvenzantrag zu stellen. 258

1. Kausalität der COVID-19-Pandemie

Es lässt sich darüber diskutieren, was unter dem Begriff »die Insolvenzreife nicht auf den Folgen der Ausbreitung des SARS-CoV-2-Virus (COVID-19-Pandemie) beruht« zu verstehen ist. Zunächst ist der Begriff der »Insolvenzreife« weder in der InsO noch in einem anderen Gesetz definiert. Richtigerweise ist darunter der Tatbestand einer Insolvenz, also der Zahlungsunfähigkeit oder der Überschuldung zu sehen.[607] Hinsichtlich des auf der Insolvenzreife »Beruhens« könnte man daran denken, dass dies nur zutrifft, wenn der Betrieb aufgrund staatlicher Anordnung geschlossen wird. Dieses Verständnis würde aber der Vorstellung des Gesetzgebers, die Insolvenzanfälligkeit von Unternehmen zurückzuschneiden, nicht entsprechen. Es muss daher genügen, wenn die Bevölkerung nach monatelanger Kurzarbeit und vielerlei Einbußen weniger Kaufkraft hat und deswegen die Umsätze eines Unternehmens zurückgehen, oder wenn Kunden einem Ladengeschäft wegen der Angst vor Ansteckung fernbleiben oder Mitarbeiter aufgrund einer Schulschließung an der Arbeit gehindert sind.[608] Man wird auch nicht fordern dürfen, dass die COVID-19-Pandemie allein ursächlich für die Insolvenzreife ist. Es genügt eine Mitursächlichkeit im Sinne einer kumulativen Kausalität.[609] Hierbei ist streitig, ob die Kausalität der COVID-19-Pandemie ein gewisses Gewicht haben muss[610] 259

---

605 BT-Drucks. 19/18110, unter B. zu § 2 Abs. 1.
606 Schmidt/*Löser*, Rechtsfragen zur Corona-Krise, § 14 Rn. 9.
607 Schmidt/*Löser*, Rechtsfragen zur Corona-Krise, § 14 Rn. 21.
608 *Hölzle/Schulenberg*, ZIP 2020, 633, 636; Schmidt/*Löser*, Rechtsfragen zur Corona-Krise, § 14 Rn. 23.
609 *Thole*, ZIP 2020, 650, 652; Schmidt/*Löser*, Rechtsfragen zur Corona-Krise, § 14 Rn. 24.
610 So *Hölzle/Schulenberg*, ZIP 2020, 633, 637.

oder ob es ausreicht, wenn deren Kausalität eine recht untergeordnete Bedeutung hat.[611] Letztere Ansicht ist vorzuziehen, weil der Gesetzgeber den strauchelnden Unternehmen eine Chance geben wollte und es deshalb nicht auf strenge Anforderungen ankommen kann. Ob der Umstand des Umsatzrückgangs oder des Leerbleiben eines Geschäfts tatsächlich an der COVID-19-Pandemie liegt oder vielleicht an der schlechten Produktauswahl, wird man letztlich praktisch nie feststellen können. Im Hinblick auf die geltende Beweislast (dazu noch sogleich) wird in diesen Fällen und damit grds. immer unterstellt, dass die COVID-19-Pandemie ursächlich ist. Anders wird es sich nur verhalten, wenn aus unternehmerischen Gründen völlig klar ist, dass das Unternehmen sowieso insolvent wäre.[612]

260 Die Beweislast für das Vorliegen der Ausschlussgründe liegt bei demjenigen, der sich auf das Bestehen der Antragspflicht beruft.[613] Dazu wird vermutet, dass die beiden vorgenannten Ausschlussgründe nicht vorliegen, wenn das Unternehmen am 31.12.2019 nicht zahlungsunfähig war (§ 1 Satz 3 COVInsAG). Damit soll gewährleistet werden, dass die derzeit bestehenden Unsicherheiten und Schwierigkeiten hinsichtlich des Nachweises der Kausalität und der Prognostizierbarkeit der weiteren Entwicklungen in keiner Weise zulasten des Antragspflichtigen geht. Zwar ist die Vermutung widerleglich. Allerdings kann angesichts des Zwecks der Vermutung, den Antragspflichtigen von den Nachweis- und Prognoseschwierigkeiten effektiv zu entlasten, eine Widerlegung nur in solchen Fällen in Betracht kommen, bei denen kein Zweifel daran bestehen kann, dass die COVID-19-Pandemie nicht ursächlich für die Insolvenzreife war und dass die Beseitigung einer eingetretenen Insolvenzreife nicht gelingen konnte. Es sind insoweit höchste Anforderungen zu stellen.[614] Die Vermutungsregelung des § 1 Satz 3 COVInsAG ändert nichts an der Beweislast. Auch wenn der Schuldner am 31.12.2019 zahlungsunfähig war, bleibt es deshalb dabei, dass das Nichtbestehen der Insolvenzreife auf den Folgen der COVID-19-Pandemie oder das Fehlen von Aussichten auf eine Beseitigung der Zahlungsunfähigkeit von demjenigen zu beweisen ist, der sich darauf beruft, dass die Insolvenzantragspflicht ausgesetzt ist.[615]

261 Für das Widerlegen der Vermutung, dass die Insolvenzreife (Zahlungsunfähigkeit oder Überschuldung) auf dem COVID-19-Pandemie beruht, genügt nicht die Darlegung und der Nachweis, dass der Insolvenzgrund in der Zeit vom 01.01.2020 bis zum 01.03.2020 eingetreten ist.[616] Das gleiche gilt, wenn die Überschuldung oder Zahlungsunfähigkeit bereits vor dem 31.01.2019 vorgelegen hat.[617] Es bleibt auch hier bei der allgemeinen Darlegungs- und Beweislast. Es wird also grundsätzlich vermutet, dass die Insolvenzreife auf den Folgen der Ausbreitung der COVID-19-Pandemie beruht und eine Aussicht besteht, die Zahlungsunfähigkeit zu beseitigen. Wer Antrag auf Insolvenz stellt, muss insoweit das Gegenteil darlegen und beweisen. Zwar hat der Gesetzgeber in § 1 Satz 3 COVInsAG die eine Vermutung festgeschrieben, dass die Ausschlusstatbestände vorlagen, wenn der Insolvenzgrund vor dem 31.12.2020 noch nicht eingetreten war. Aber durch die allgemeine Formulierung in § 1 Satz 2 COVInsAG hat der Gesetzgeber letztlich allgemein niedergelegt, dass in jedem Falle derjenige, der den Antrag auf Eröffnung der Insolvenz stellt, darlegen und beweisen muss, dass die Ausschlussgründe nicht greifen.

---

611 Schmidt/*Löser*, Rechtsfragen zur Corona-Krise, § 14 Rn. 25; *Thole*, ZIP 2020, 650, 652.
612 *Hölzle/Schulenberg*, ZIP 2020, 633, 637; Schmidt/*Löser*, Rechtsfragen zur Corona-Krise, § 14 Rn. 26; *Thole*, ZIP 2020, 650, 652.
613 BT-Drucks. 19/18110, unter A. II. 1.
614 BT-Drucks. 19/18110, unter B. zu § 1.
615 BT-Drucks. 19/18110, unter A. II. 2. und B. zu § 1.
616 Wie hier Schmidt/*Löser*, Rechtsfragen zur Corona-Krise, § 14 Rn. 29; anders wohl *Hölzle/Schulenberg*, ZIP 2020, 633, 637; *Schluck-Amend*, NZI 2020, 289, 290; *Thole*, ZIP 2020, 650, 652.
617 Schmidt/*Löser*, Rechtsfragen zur Corona-Krise, § 14 Rn. 30, 44.

2. Beseitigung der Zahlungsunfähigkeit

Gem. § 1 Satz 2 COVInsAG ist die Insolvenzantragspflicht nicht ausgesetzt, wenn keine Aussicht dafür zu erkennen ist, dass die bestehende Zahlungsunfähigkeit beseitigt werden kann. Hier stellt sich zunächst die Frage, bis wann, also innerhalb welchen Zeitraums, die Zahlungsunfähigkeit beseitigt werden muss. Diskutiert werden hier drei Wochen in Anlehnung an § 15a InsO,[618] drei Monate[619] oder der Ablauf der Aussetzungsfrist zum 30.09.2020[620]. Richtigerweise wird man hier davon ausgehen müssen, dass die Zahlungsunfähigkeit beseitigt werden soll, wenn auch die schwerwiegenden Folgen der CORONA-19-Pandemie zu Ende gehen, also mit Ablauf der Aussetzungsfrist am 30.09.2020. Wird die Aussetzungsfrist verlängert, verlängert sich damit auch der Zeitraum, innerhalb dessen die Zahlungsfähigkeit wieder hergestellt sein muss. Die Anforderungen, die auf die Aussicht auf Beseitigung der Zahlungsunfähigkeit zu stellen sind, dürfen nicht zu hoch angesetzt werden. Es reicht die lockere Erwartung, dass die Zahlungsunfähigkeit bis zum genannten Termin beseitigt sein wird. Umgekehrt: Aussichten auf eine Beseitigung einer bestehenden Zahlungsunfähigkeit bestehen vielmehr nur dann nicht mehr, wenn gar keine Aussichten mehr bestehen, die Zahlungsunfähigkeit zum angegebenen Termin zu beseitigen, ein solches Unterfangen also offensichtlich aussichtslos ist.[621]

262

3. Überschuldung

Man kann, etwa im Internet, lesen, dass die Aussetzung der Insolvenzantragspflicht nicht bei **Überschuldung** anwendbar sei, sondern eben nur bei Zahlungsunfähigkeit. Dies trifft nicht zu.[622] Die Aussetzung der Insolvenzantragspflicht gilt auch bei Überschuldung. Das COVInsAG ist insoweit ohne Differenzierung formuliert. Entsprechend ist auch auf der Internetseite des Bundesministeriums für Justiz und für Verbraucherschutz formuliert, dass die Aussetzung der Insolvenzantragspflicht nur für Fälle gelte, in denen die »Zahlungsunfähigkeit oder Überschuldung auf den Folgen der COVID-19-Pandemie beruht«.[623]

263

Es ist streitig, ob die Vermutung des § 1 Satz 3 COVInsAG auch dann gilt, wenn die Gesellschaft am 31.12.2019 zwar zahlungsfähig, aber i.S.d. § 19 InsO überschuldet war. Nach einer Ansicht wird dies abgelehnt. Danach soll die Vermutung bei Vorliegen einer Überschuldung genauso wie beim Vorliegen der Zahlungsunfähigkeit nicht greifen.[624] Begründet wird dies damit, dass es nach derzeitigem Kenntnisstand am 31.12.2019 wohl keine nachteiligen Auswirkungen der COVID-19-Pandemie auf deutsche Unternehmen gegeben haben kann. Diese Auffassung ist aber abzulehnen. War die Gesellschaft am 31.12.2019 überschuldet, aber nicht zahlungsunfähig, greift schon nach dem klaren Wortlaut des § 1 Satz 3 COVInsAG die gesetzliche Vermutung, dass die Insolvenzreife auf den Auswirkungen der COVID-19-Pandemie beruht.[625] Davon, dass der Gesetzgeber sich bei seiner Formulierung vertan hat, ist nicht auszugehen. Wurde die Gesellschaft nach dem 31.12.2019 sogar noch zahlungsunfähig, greift gem. § 1 Satz 3 COVInsAG auch noch die Vermutung, dass die Aussicht besteht, die Zahlungsunfähigkeit zu beseitigen.

264

---

618 Diese Frage aufwerfend Schmidt/*Löser*, Rechtsfragen zur Corona-Krise, § 14 Rn. 33.
619 *Gehrlein*, DB 2020, 713, 714.
620 *Römermann*, NJW 2020, 1108, 1109; Schmidt/*Löser*, Rechtsfragen zur Corona-Krise, § 14 Rn. 30, 44; *Thole*, ZIP 2020, 650, 653.
621 Schmidt/*Löser*, Rechtsfragen zur Corona-Krise, § 14 Rn. 38. Einer Objektivierbarkeit der Annahme, wie sie *Thole*, ZIP 2020, 650, 653, vorschlägt, ist eher mit Zurückhaltung zu begegnen.
622 Ebenso Schmidt/*Löser*, Rechtsfragen zur Corona-Krise, § 14 Rd. 16.
623 Abrufbar unter www.bmjv.de/DE/Themen/FokusThemen/Corona/Insolvenzantrag/Corona_Insolvenz-antrag_node.html.
624 *Gehrlein*, DB 2020, 713, 716.
625 *Römermann*, NJW 2020, 1108, 1109; *Schluck-Amend*, NZI 2020, 289, 291; Schmidt/*Löser*, Rechtsfragen zur Corona-Krise, § 14 Rn. 49; *Thole*, ZIP 2020, 650, 653.

4. Ablauf der Insolvenzantragspflicht am 01.03.2020

265 Es sind Fälle denkbar, in denen die Insolvenzantragspflicht am 01.03.2020, also dem Beginn des Aussetzungszeitraums, bereits abgelaufen war und der Insolvenzantrag entgegen den gesetzlichen Vorgaben nicht gestellt wurde. Es handelt sich genau betrachtet bei diesen Fällen um eine Insolvenzverschleppung. Es ist zu überlegen, ob die Aussetzung der Insolvenzantragspflicht auch in diesen Fällen gelten soll. Dies wird von einem Teil der Literatur bejaht.[626] Diese Rechtsauffassung erscheint aber nicht zwingend. Zwar mag auch in einem solchen Fall die Ursächlichkeit für die Unternehmenskrise in der CORONA-19-Pandemie liegen; wahrscheinlich ist dies freilich nur nebenbei. Der Gesetzgeber hat den Ausschlusszeitraum aber auf den 01.03.2020 festgelegt, und nicht auf einen vorher liegenden Zeitraum. Bestand die Pflicht zur Stellung des Insolvenzantrages also schon vorher, so bleibt es dabei auch. Das Unternehmen muss nach hiesiger Auffassung also nach wie vor Insolvenzantrag stellen.

5. Beweissituation

266 Es ist anzunehmen, dass die Vermutung des § 1 Satz 3 COVInsAG keine große praktische Bedeutung haben wird. Denn eine Abänderung des Beweismaßes des § 286 Abs. 1 ZPO kann aus der Vorschrift nicht gefolgert werden.[627] Die Vorschrift sieht auch keine unwiderlegliche Vermutung vor und auch keine Beweisregel i.S.d. § 286 Abs. 2 ZPO.[628] Greift die Vermutung des § 1 Satz 3 COVInsAG ein, bleibt es also bei den allgemeinen prozessualen Regeln: Derjenige, der einen Insolvenzantrag stellt, muss darlegen und beweisen, dass die Ausschlussgründe des § 1 Satz 2 COVInsAG nicht vorlagen. Dies gilt wegen der Formulierung des Gesetzgebers im Aussetzungszeitraum für alle Fälle, in denen ein Insolvenzantrag gestellt wird.

6. Dokumentation

267 Es ist den Verantwortlichen bei Krisenanzeichen äußerst dringend zu empfehlen, die wirtschaftliche Lage ihres Unternehmens laufend zu kontrollieren und vor allem die Kontrolle auch zu dokumentieren. Es geht darum, in einem späteren Insolvenzverfahren oder sogar in einem Haftungsprozess zu belegen, warum man den Insolvenzantrag eben noch nicht gestellt hatte, dass also der Ausschlussgrund gegriffen hat. Im Hinblick auf § 1 Satz 3 COVInsAG sollte unbedingt auch das Fehlen der Zahlungsunfähigkeit (und Überschuldung) zum 31.12.2019 dokumentiert werden. Darüber hinaus sollten genaue Dokumentationen aller Zahlungen und deren Dienlichkeit für die Aufrechterhaltung oder Wiederaufnahme des Geschäftsbetriebs oder die Umsetzung eines Sanierungskonzepts erstellt werden.

II. Einschränkung der Haftung

1. Allgemeine Rechtslage

268 Wird ein Insolvenzantrag trotz Vorliegen eines Insolvenzgrundes und Verstreichen der Drei-Wochen-Frist nicht gestellt, drohen den Verantwortlichen im Normalfall empfindliche persönliche Haftungsgefahren. So haften die Verantwortlichen persönlich für sog. »verbotene Zahlungen« (§ 64 Satz 2 GmbHG, § 92 Abs. 2 Satz 2 AktG, §§ 130a Abs. 1 Satz 2, 177a Satz 1 HGB, § 99 Satz 2 GenG sowie die »Insolvenzverschleppungshaftung« gem. §§ 15, 15a i.V.m. § 823 Abs. 2 BGB). Unter Zahlungen fallen nicht nur Geldleistungen im Sinne einer Bargeldzahlung oder bargeldlosen Zahlung durch Überweisung, sondern auch zum Beispiel die Abtretungen von Forderungen, eine Aufrechnung, die Stellung von Sicherheiten für Gläubiger oder die Herausgabe von ungesicherten

---

626 Gehrlein, DB 2020, 713, 716; Schmidt/Löser, Rechtsfragen zur Corona-Krise, § 14 Rn. 54.
627 Hölzle/Schulenberg, ZIP 2020, 633, 635; Schmidt/Löser, Rechtsfragen zur Corona-Krise, § 14 Rn. 51; Thole, ZIP 2020, 650, 654.
628 Schmidt/Löser, Rechtsfragen zur Corona-Krise, § 14 Rn. 51; Thole, ZIP 2020, 650, 654.

Gegenständen an Gläubiger. Auch Dienstleistungen und Warenlieferungen gehören dazu. »Verbotene Zahlungen« sind dabei fast alle Zahlungen, nämlich alles, war zu einer Schmälerung der Insolvenzmasse führt. Nur einige wenige Zahlungen sind von diesem Zahlungsverbot generell ausgenommen. Ausgenommen sind nach der Gesetzessystematik Zahlungen, die mit der Sorgfalt eines ordentlichen Geschäftsmanns vereinbar sind. Das Vorliegen dieses Ausnahmetatbestandes wird aber bis auf ganz wenige Fälle verneint, und zum Beispiel nur bei Zahlungen bejaht, die nicht zu einer Schmälerung der Insolvenzmasse führten, für Zahlungen, deren Nichterbringung unter Strafe steht oder gegen öffentlich-rechtliche Normbefehle verstößt, oder für Masseschmälerungen, durch die größere Nachteile für die Insolvenzmasse abgewendet werden. Die rechtlichen Risiken sind selbst für Spezialisten nur schwer beherrschbar (s. zum Ganzen schon oben unter Rdn. 14 ff.).

2. Ausnahmetatbestand nach COVInsAG

Auch hier setzt der Gesetzgeber an (§ 2 Abs. 1 Nr. 1 COVInsAG): Soweit die Pflicht zur Stellung eines Insolvenzantrages gem. § 1 Satz 1 COVInsAG ausgesetzt ist, gelten Zahlungen, die im ordnungsgemäßen Geschäftsgang erfolgen als mit der Sorgfalt eines ordentlichen und gewissenhaften Geschäftsleiters i.S.d. § 64 Satz 2 GmbHG, des § 92 Abs. 2 Satz 1 AktG, des § 130a Abs. 1 Satz 2, auch i.V.m. § 177a Satz1 HGB und § 99 Satz 2 GenG vereinbar. § 2 Abs. 1 Nr. 1 COVInsAG ist eine gesetzliche Fiktion[629], d.h. die Handlungen des Geschäftsleiters gelten als ordnungsgemäß, egal, ob sie es tatsächlich sind. Die Vorschrift soll den Geschäftsleitern die Freiheit geben, das Unternehmen weiter zu führen und ggf. die Wirtschaftskraft zurück zu gewinnen. 269

Was unter einem »ordnungsgemäßen Geschäftsgang« zu verstehen ist, erläutert der Gesetzgeber für zwei Fälle: Nach der gesetzgeberischen Wertung bewegen sich Zahlungen, die der Aufrechterhaltung oder Wiederaufnahme des Geschäftsbetriebens dienen, und Zahlungen, die der Neuausrichtung des Geschäfts im Rahmen einer Sanierung dienen, im Rahmen eines ordnungsgemäßen Geschäftsgangs. Hierzu sagt der Gesetzgeber in der Gesetzesbegründung zu COVInsAG, dass die Geschäftsleiter nicht durch die engen Grenzen der in vorstehender Rdn. 269 genannten Vorschriften eingeengt werden sollen. Dies lässt den Schluss zu, dass der Begriff der Zahlung im ordnungsgemäßen Geschäftsgang weiter sein muss, als der Begriff der Zahlung, die mit der Sorgfalt eines ordentlichen Kaufmanns im Sinne der bisherigen (engen) Rechtsprechung vereinbar ist.[630] 270

In der Literatur finden sich Ausführungen zu der Frage, welche Zahlungen sich im Rahmen eines »ordnungsgemäßen Geschäftsgangs« bewegen. Zunächst wird negativ abgegrenzt. So sollen sich z.B. die folgenden Zahlungen nicht im Rahmen eines ordnungsgemäßen Geschäftsgangs befinden: Rückzahlungen von Gesellschafterdarlehen, die außerhalb des Aussetzungszeitraums gewährt wurden;[631] einmalige, überhöhte oder verschleierte Zahlungen an Gesellschafter;[632] Vermögensverschiebungen, Selbstbegünstigungen, Schmiergelder;[633] sonstige außergewöhnliche Zahlungen.[634] Von anderer Seite dem Begriff genähert werden Zahlungen als im ordnunsgemäßen Geschäftsgang befindlich angesehen, die z.B. auch schon vorher ganz allgemein vom Unternehmen für den operativen Geschäftsbetrieb aufgebracht wurden (Betriebskosten etc.);[635] Investitionen, die für eine vernünftige Sanierung aufgebracht werden;[636] Zahlungen auf Altverbindlichkeiten, wenn damit eine Geschäftsbeziehung aufrecht erhalten werden soll.[637] 271

---

629 Schmidt/*Löser*, Rechtsfragen zur Corona-Krise, § 14 Rn. 72; *Thole*, ZIP 2020, 650, 655.
630 *Gehrlein*, ZRI 2020, 183; Schmidt/*Löser*, Rechtsfragen zur Corona-Krise, § 14 Rn. 74.
631 *Hölzle/Schulenberg*, ZIP 2020, 633, 642; Schmidt/*Löser*, Rechtsfragen zur Corona-Krise, § 14 Rn. 75.
632 Schmidt/*Löser*, Rechtsfragen zur Corona-Krise, § 14 Rn. 74; *Thole*, ZIP 2020, 650, 655.
633 Schmidt/*Löser*, Rechtsfragen zur Corona-Krise, § 14 Rn. 75; *Thole*, ZIP 2020, 650, 655.
634 Schmidt/*Löser*, Rechtsfragen zur Corona-Krise, § 14 Rn. 75; *Thole*, ZIP 2020, 650, 655.
635 *Hölzle/Schulenberg*, ZIP 2020, 633, 641; Schmidt/*Löser*, Rechtsfragen zur Corona-Krise, § 14 Rn. 77.
636 *Schluck-Amend*, NZI 2020, 289, 292; Schmidt/*Löser*, Rechtsfragen zur Corona-Krise, § 14 Rn. 78; weitgehend auch *Römermann*, NJW 2020, 1108, 1110.
637 *Hölzle/Schulenberg*, ZIP 2020, 633, 642; *Römermann*, NJW 2020, 1108, 1110; Schmidt/*Löser*, Rechtsfragen zur Corona-Krise, § 14 Rn. 79.

272 Die Darlegungs- und Beweislast dafür, dass eine Zahlung im ordnungsgemäßen Geschäftsgang erfolgt ist, liegt beim Vertretungsorgan. Eine Beweiserleichterung kommt ihm nicht zugute.[638] Auch insoweit empfiehlt sich dringend eine sehr sorgfältige Dokumentation der Unternehmenssituation und aller Zahlungen. Denn der Verantwortliche muss damit rechnen, in einem späteren Insolvenzverfahren darlegen und beweisen zu müssen, dass die Voraussetzungen einer Aussetzung der Insolvenzantragspflicht vorlagen und ggf. rechtzeitig Insolvenzantrag gestellt wurde.

III. Ausschluss der Insolvenzanfechtung bei Rückzahlung von Krediten u.a.

273 Wesentliches Tatbestandsmerkmal einer jeden Insolvenzanfechtung i.S.d. §§ 129 ff. InsO ist die Gläubigerbenachteiligung. Fehlt eine solche, ist eine Rechtshandlung nicht anfechtbar. Der Gesetzgeber hat in § 2 Abs. 1 Nr. 2 COVInsAG auch hier angesetzt und fingiert, dass in bestimmten Fällen die Gläubigerbenachteiligung fehlt. Damit entfällt in solchen Fällen auch jede Insolvenzanfechtung und auch eine Anfechtung nach dem AnfG.[639]

274 So ist in § 2 Abs. 1 Nr. 2 COVInsAG geregelt, dass Rückzahlungen von Krediten oder die Stellung von Sicherheiten für Kredite in besonderen Fällen nicht gläubigerbenachteiligend sind. Dies gilt für Rückzahlungen auf Kredite, die im Aussetzungszeitraum (01.03. bis 30.09.2020) neu gewährt wurden und für Sicherheiten, die auf solche neu gewährten Kredite erbracht wurden. Nach der Gesetzesbegründung zählen zu den Kreditgebern nicht nur Kreditinstitute, sondern auch die Lieferanten von Waren, z.B. mit gestundeten Forderungen und andere Formen der Leistungserbringung auf Zeit. Voraussetzung ist aber in jedem Falle, dass im Aussetzungszeitraum ein neuer Kredit bzw. eine neue Stundung gewährt wurde; die Novation, Prolongation oder vergleichbare Sachverhalte, die etwa auf ein Hin- und Herzahlen hinauslaufen, reichen nicht aus.[640] Denn die Regelung zielt darauf ab, Banken und andere Kreditgeber zu motivieren, Krisenunternehmen weiterhin und zusätzliche Liquidität zur Verfügung zu stellen.

275 Der Gesetzgeber hat dies, soweit die Pflicht zur Stellung eines Insolvenzantrages nach § 1 ausgesetzt ist, auch für die Rückgewähr von Gesellschafterdarlehen und Zahlungen auf Forderungen aus Rechtshandlungen, die einem solchen Darlehen wirtschaftlich entsprechen, bestimmt (§ 2 Abs. 1 Nr. 2 COVInsAG). Es gelten auch hier alle Vermutungen und Beweislastregeln zu § 1 COVInsAG. Auch bei den Gesellschafterkrediten muss es sich aber um neue Kredite handeln. Nicht erfasst ist daher insbesondere die Prolongation oder Neuvergabe eines bislang nachrangigen Gesellschafterdarlehens zum Zwecke oder mit der Wirkung einer Rangaufwertung.[641] Eine bloße Besicherung solcher Darlehen bleibt aber gläubigerbenachteiligend, d.h. die Anfechtung bleibt insoweit bestehen. Nur Rückzahlungen als solche, nicht aber die Gewährung von Sicherheiten, ist privilegiert.

276 Für den Geschäftspartner bleibt aber dennoch das Risiko, dass der spätere Insolvenzverwalter den Beweis gem. § 1 Satz 2 COVInsAG führt, die Vermutung des § 1 Satz 3 COVInsAG also widerlegt und die Rückerstattung einer Leistung des Schuldners fordert.[642] Ein guter Glaube des Geschäftspartners wird nicht geschützt.[643]

277 Nach der Rechtsprechung des BGH kann die Gewährung eines Kredites, die Sicherungsabtretung von Forderungen oder die Bestellung einer Sicherheit für einen Kredit als sittenwidrig angesehen werden, wenn die baldige Insolvenz des Unternehmens wahrscheinlich ist. In § 2 Abs. 1 Nr. 3 ist nun niedergelegt, dass solche Kreditgewährungen und Besicherungen im Aussetzungszeitraum nicht als sittenwidriger Beitrag zur Insolvenzverschleppung angesehen werden kann.

---

638 Schmidt/*Löser*, Rechtsfragen zur Corona-Krise, § 14 Rn. 80.
639 Schmidt/*Löser*, Rechtsfragen zur Corona-Krise, § 14 Rn. 109.
640 BT-Drucks. 19/18110, unter B. zu § 2 Abs. 1 Nr. 2.
641 BT-Drucks. 19/18110, unter B. zu § 2 Abs. 1 Nr. 2.
642 *Römermann*, NJW 2020, 1108, 1110; Schmidt/*Löser*, Rechtsfragen zur Corona-Krise, § 14 Rn. 91.
643 *Hölzle/Schulenberg*, ZIP 2020, 633, 643; Schmidt/*Löser*, Rechtsfragen zur Corona-Krise, § 14 Rn. 91.

F. Besonderheiten aufgrund Covid-19-Pandemie

IV. Keine Anfechtung bestimmer Leistungen

1. Allgemeine Rechtslage

Eine kongruente Deckung ist eine Rechtshandlung, die einem Insolvenzgläubiger eine Sicherung 278
oder Befriedigung gewährt oder ermöglicht, auf die er auch einen Rechtsanspruch hat (§ 130 Abs. 1 InsO). Nach normaler Rechtslage können solche Rechtshandlungen angefochten werden, nämlich wenn sie in den letzten drei Monaten vor dem Eröffnungsverfahren oder danach vorgenommen wurden und der Leistungsempfänger die Zahlungsunfähigkeit des Insolvenzschuldners kannte oder kennen musste (§ 130 Abs. 2 InsO). Hierzu gehören zum Beispiel die Zahlung auf einen bestehenden Anspruch oder die Bestellung einer Sicherheit, die der Insolvenzschuldner aufgrund der bestehenden vertraglichen Vereinbarungen bestellen muss. Dies betrifft aber auch Vertragspartner von Dauerschuldverhältnissen wie Vermieter und Leasinggeber. Wenn solche Vertragspartner befürchten müssen, erhaltene Zahlungen im Falle des Scheiterns der Sanierungsbemühungen des Krisenunternehmens mit anschließender Eröffnung des Insolvenzverfahrens aufgrund einer Anfechtung zurückzahlen zu müssen, wären sie geneigt, die Vertragsbeziehung auf dem schnellsten Wege zu beenden, was wiederum die Sanierungsbemühungen vereiteln würde. In der Praxis kann dieses Anfechtungsrisiko für die Beteiligten sehr unangenehm sein, da der Leistungsempfänger im späteren Insolvenzverfahren seine Leistung (z.B. Zahlungen auf Warenlieferungen etc.) zurück zu gewähren hat.

2. Aufhebung der Anfechtung kongruenter Deckungen

Der Gesetzgeber für den Aussetzungszeitraum in § 2 Abs. 1 Nr. 4 COVInsAG die Anfechtbarkeit 279
wegen einer kongruenten Deckung aufgehoben. Durch die Einschränkung der Anfechtbarkeit sollen Vertragsparteien, die bereits in einer Geschäftsbeziehung zu dem betroffenen Unternehmen stehen, motiviert werden, die Geschäftsbeziehung fortzusetzen. Es gilt aber, dass der Schutz des Vertragspartners entfällt, wenn ihm bekannt war, dass die Sanierungs- und Finanzierungsbemühungen des Schuldners nicht zur Beseitigung einer eingetretenen Zahlungsunfähigkeit geeignet gewesen sind (dazu sogl. Rdn. 281).

3. Aufhebung der Anfechtung inkongruenter Deckungen

Eine inkongruente Leistung ist eine solche, auf der Leistungsempfänger keinen Anspruch hat. Ein 280
Anspruch, der im kritischen Zeitraum der Insolvenz begründet wird, spielt dabei keine Rolle. Der Gesetzgeber hat in § 2 Abs. 1 Nr. 4 COVInsAG bestimmte Fälle geregelt, in denen auch inkongruente Deckungen anfechtungsfest sind. Die sind:
a) Leistungen an Erfüllungs statt oder erfüllungshalber;
b) Zahlungen durch einen Dritten auf Anweisung des Schuldners;
c) die Bestellung einer anderen als der ursprünglich vereinbarten Sicherheit, wenn diese nicht werthaltiger ist;
d) die Verkürzung von Zahlungszielen;
e) die Gewährung von Zahlungserleichterungen.

Der Katalog, den der Gesetzgeber aufzählt, ist abschließend und kann nicht auf weitere Rechtsgeschäfte erstreckt werden.

4. Bösgläubigkeit des Leistungsempfängers

Die Aufhebung der Anfechtbarkeit gilt aber nicht, wenn dem Leistungsempfänger bekannt war, dass 281
die Sanierungs- und Finanzierungsbemühungen des Schuldners nicht zur Beseitigung einer eingetretenen Zahlungsunfähigkeit geeignet gewesen war. Die Beweislast dafür liegt bei demjenigen, der sich auf die Anfechtbarkeit berufen möchte, also in der Regel beim Insolvenzverwalter.[644] Erforderlich ist positive Kenntnis des Anfechtungsgegners von solchen Tatsachen, aus denen sich die Schluss-

---

644 BT-Drucks. 19/18110, unter B. zu § 2 Abs. 1 Nr. 4; *Gehrlein*, DB 2020, 716, 723.

folgerung der Fortbestehenden Zahlungsunfähigkeit zwingend ergibt, ähnlich § 130 Abs. 2 InsO.[645] Dabei erläutert der Gesetzgeber ausdrücklich, dass sich der Leistungsempfänger nicht positiv davon überzeugen muss, dass das Krisenunternehmen geeignete Sanierungs- und Finanzierungsbemühungen entfaltet; nur die nachgewiesene positive Kenntnis vom Fehlen von Sanierungs- und Finanzierungsbemühungen oder von der offensichtlichen Ungeeignetheit der Sanierungs- und Finanzierungsbemühungen würde den Anfechtungsschutz entfallen lassen. Damit ist gesagt, dass der Vertragspartner keine Nachforschungspflicht hat, sondern er das Geschäft einfach über sich »ergehen lassen« braucht. Unter »positiver Kenntnis« wird man eine positive Kenntnis von solchen Umständen verlangen müssen, aus denen mit an Sicherheit grenzender Wahrscheinlichkeit gefolgert werden muss, dass die Sanierungs- und Finanzierungsbemühungen des betroffenen Unternehmens untauglich sind. Die Anforderungen sind insoweit sehr hoch zu stellen. Im Ergebnis wird daher die Darlegung und der Beweis, dass der Vertragspartner eine schädliche positive Kenntnis hat, (bewußt) ins fast Unerreichbare gehoben.[646]

---

[645] Schmidt/*Löser*, Rechtsfragen zur Corona-Krise, § 14 Rn. 128; *Thole*, ZIP 2020, 650, 657.
[646] Weiterführend mit teilweise unterschiedlichen Ansätzen *Gehrlein*, DB 2020 716, 723; *Hölzle/Schulenberg*, ZIP 2020 633, 648; *Römermann*, NJW 2020, 1108, 1111; *Schluck-Amend*, NZI 2020, 289, 293; *Thole*, ZIP 2020, 650, 657.

Stichwortverzeichnis

Die halbfett gedruckten Ziffern verweisen auf die Kapitel im Handbuch; die normal gedruckten auf die entsprechenden Randnummern.

»@«-Zeichen
– Firmenbestandteil 2 174

A

Abfindung
– Aktionäre 9 10
– des ausgeschiedenen Gesellschafters einer Personenhandelsgesellschaft 1 685
– Gesellschafterinsolvenz, AG 13 179
– Gesellschafterinsolvenz, GmbH 13 174
– Gesellschafterinsolvenz, OHG, KG, GbR 13 185

Abfindung bei GmbH
– Beschränkung, Gläubigerdiskriminierung 2 421
– Fälligkeit 2 428
– Regelung, Checkliste 2 427
– Stuttgarter Verfahren 2 419

Abfindung nach Verschmelzungsvertrag
– Abfindungsangebot 8 91
– Ausgestaltung des Angebots 8 99
– Prüfung des Angebots 8 106
– Widerspruch gegen Abfindungsangebot 8 97

Abfindungsbeschränkungen 1 191
Abfindungsklausel 1 691

Abfindungsregelung
– GmbH 2 630
– Meinungsstand 1 687
– Sittenwidrigkeit 1 686

Abfindungsversicherung
– Abgabe 1 638
– Vertretung 1 639

Abgeltungsteuer 12 744
Abschlussprüfer 3 191

Abspaltung 8 945
– Anteilsgewährungspflicht 8 991
– bare Zuzahlungen 8 1000
– GmbH als übertragender Rechtsträger bei Kapitalerhöhungsverbot 8 1249
– Insolvenzeröffnungsverfahren 13 226
– Registereintragung 8 1204
– spaltungsfähige Rechtsträger 8 958
– Spaltungsprüfung 8 1155
– überschuldete Rechtsträger 13 225
– Veräußerungsbeschränkungen 8 1136
– Verzicht auf Anteilsgewährung 8 995
– von Gesellschafterrechten Personenhandelsgesellschaft 1 552

Abspaltungsverbot 1 159
– GbR 1 159
– Personenhandelsgesellschaft 1 547

Abtretung
– Beurkundungsbedürftigkeit 2 887

Abtretung von GmbH-Anteilen
– Einreichung einer neuen Gesellschafterliste 2 1024
– steuerliche Anzeigepflichten 2 1051
– Teilgeschäftsanteile 2 915
– Vollzug der dinglichen Übertragung 2 1023

Abwicklungstestamentsvollstreckung 7 220

AG
– Aktiengattungen 3 80
– Amortisation 3 655
– Amtszeit eines Vorstandsmitglieds 3 199
– Änderungen der Satzungsfassung 3 131
– Angaben zu Zeit und Ort der Hauptversammlung 3 399
– Anmeldung der Spaltung 8 1272
– Anmeldung und Wirksamwerden der Kapitalerhöhung 3 548
– Anmeldung und Wirksamwerden des Squeeze-Out 3 688
– Anmeldung zum Handelsregister 3 203
– Aufsichtsrat 3 93
– Ausländer als Vorstand 3 198; 10 41
– Bar-/Sachkapitalerhöhung 3 545
– Bargründung s. dort
– bedingte Kapitalerhöhung 3 567
– Beherrschungsvertrag 3 657
– Bekanntmachung des Verschmelzungsvertrags 8 377
– Bekanntmachung über die Zusammensetzung des Aufsichtsrats 3 333
– Beschlussfähigkeit des Aufsichtsrats 3 120
– Bestellung des Abschlussprüfers 3 191
– Bestellung des ersten Aufsichtsrats 3 192
– Bestellung des ersten Vorstands 3 194
– Betriebsüberlassungsvertrag 3 657
– Bezugsrechte 3 542
– Bildung von Ausschüssen 3 109
– Change of Control Klausel 3 72
– Delisting 3 693
– Dividendenabschlag 3 175
– Einlage-Bestätigung des Kreditinstituts 3 239
– Einlageleistung s. dort
– Einlageleistung, Zahlung an einen Treuhänder 3 207
– Eintragung in das Handelsregister 3 262
– Einzahlungsbetrag auf das Grundkapital 3 25
– Einziehung von Aktien 3 181
– Ergebnisabführungsvertrag 3 658
– erste Sitzung des Aufsichtsrats 3 194
– Erteilung einer Stimmrechtsvollmacht in der Hauptversammlung 3 152

Stichwortverzeichnis

- Fantasiefirma 3 40
- Firma 3 40
- Formwechsel, unbekannte Aktionäre 8 543
- freiwillige Bekanntmachungen 3 53
- Gegenstand der Sacheinlage bzw. Sachübernahme 3 278
- Gegenstand des Unternehmens 3 50
- gemeinsamer Vertreter 7 187
- genehmigtes Kapital 3 552
- Gesamtprokura 3 91
- Geschäftsjahr 3 49
- Geschäftsordnung des Aufsichtsrats 3 130
- Geschäftsordnung des Vorstands 3 88
- Gewinnabführungsvertrag 3 657
- Gewinngemeinschaftsvertrag 3 657
- Gewinnverwendung 3 175
- Gründung s. dort
- Gründungsurkunde 3 19
- Haftung s. dort
- Haftung der Gründer 3 360
- Haftung im Gründungsstadium 3 354
- Handelsregisteranmeldung s. dort
- Hauptversammlung s. dort; 3 391
- Höhe des Grundkapitals 3 54
- Inhaberaktien 3 59
- Insolvenzeröffnung 13 77
- Insolvenzfähigkeit 13 72
- Kapitalerhöhung aus Gesellschaftsmitteln 3 584
- Kapitalherabsetzung 3 609
- Kapitalherabsetzung durch Einziehung von Aktien 3 649
- Liste der Aufsichtsratsmitglieder 3 241
- Mehrfachvertretung 3 91
- Mischeinlage 3 336
- Mitteilung nach § 20 AktG 3 263
- Mitteilung nach § 42 AktG 3 264
- Nachgründung s. dort
- Namensaktien 3 59
- Notar und Hauptversammlung 3 422
- notarielles Hauptversammlungsprotokoll 3 432, 434
- Notwendigkeit eines Einbringungsvertrags 3 296
- Online-Hauptversammlung 3 157
- Optionsschuldverschreibung 3 569
- Ort der Hauptversammlung 3 136
- Personenfirma 3 40
- Pflichtbekanntmachungen 3 53
- Prüfungspflicht bei Sachgründungen ohne Gründungsprüfer 3 332
- Qualifikationsvoraussetzungen für Vorstandsmitglieder 3 87
- Rechnungslegung 3 175
- Regeln für übernehmende ~ zur Verschmelzung durch Aufnahme 8 395
- Sachfirma 3 40
- Sachgründung s. dort
- Sachgründungsprotokoll 3 282
- Sachübernahme 3 275
- Satzung s. dort
- satzungsergänzende Nebenabreden 3 189
- Satzungssitz 3 48
- Selbstkontrahierung 3 91
- Sitz 3 45
- Sitzung des Aufsichtsrats s. dort
- Sitzverlegung ins Ausland 10 17
- Spaltung s. dort; 8 1256
- Spaltung unter Beteiligung von ~ 8 1256
- spaltungsbedingte Kapitalerhöhung 8 1274
- Spaltungsbericht 8 1258
- Spaltungsprüfung 8 1259
- Spaltungsprüfungsbericht 8 1260
- Spaltungsvertrag 8 1257
- Squeeze-Out 3 675
- Stock-Options 3 569
- Teilnahme an der Hauptversammlung 3 143
- Übermittlung der Handelsregisteranmeldung an das Handelsregister 3 259
- übertragende ~, Verschmelzung durch Aufnahme 8 426
- Unterbilanzhaftung 3 361
- Unternehmensvertrag 3 657; 9 2
- Verbriefung der Aktien 3 77
- verdeckte Sachgründung 3 212
- Verschmelzung s. dort
- Verschmelzungsprüfung 8 376
- Verschmelzungsvertrag s. dort
- Vertretung 3 90
- Vertretung im Gründungsstadium 3 354
- Verwaltungssitz 3 48
- Vorbelastungshaftung 3 361
- Vorgründergesellschaft 3 354
- Vorratsgründung 3 338
- Vorstandsregelungen in der Satzung 3 85
- Wandelschuldverschreibung 3 569
- wirtschaftliche Neugründung 3 337, 342
- wirtschaftliche Neugründung, Anwendung der Gründungsvorschriften 3 345
- Zerlegung des Grundkapitals 3 55
- Zwangseinziehung 7 202

AG & Co. KG 1 466

AG-Insolvenz
- Auflösung 13 77
- Fortsetzung 13 145
- Gesellschaftssitz 13 115
- Hauptversammlung 13 96
- Löschung 13 133
- Registeranmeldungen 13 101
- Satzungsänderungen 13 108
- Sonderprüfer 13 102
- Unternehmensgegenstand 13 116
- Verfahrensaufhebung 13 142
- Verfahrenseinstellung 13 136
- Vollbeendigung 13 78, 133

Agio 3 26

Stichwortverzeichnis

AG-Vorstand
- AG-Insolvenz, Abberufung 13 90
- AG-Insolvenz, Amtsniederlegung 13 16, 26, 58
- AG-Insolvenz, Anstellungsvertrag 13 84
- AG-Insolvenz, Aufgabe 13 107
- AG-Insolvenz, Bestellung 13 90
- AG-Insolvenz, Entlastung 13 87
- AG-Insolvenz, Wettbewerbsverbot 13 119
- Führungslosigkeit 13 24
- Haftung in der Krise 13 34

Aktie
- AG-Insolvenz, Abtretung 13 82
- AG-Insolvenz, Einziehung 13 86
- AG-Insolvenz, Share Deal 13 210
- Aktionärsinsolvenz, Abfindung 13 179
- Aktionärsinsolvenz, Hauptversammlung 13 179
- Aktionärsinsolvenz, Insolvenzbeschlag 13 154
- Aktionärsinsolvenz, Stimmrecht 13 179
- Aktionärsinsolvenz, Vinkulierung 13 179
- angeordnete Zwangseinziehung 3 182
- Aufgeld/Agio 3 26
- gestattete Zwangseinziehung 3 182
- Vinkulierung 3 70

Aktienarten und -gattungen 12 686

Aktienoptionen
- Vergütung der Aufsichtsratsmitglieder 3 127

Aktienrecht
- Grundsatz der Satzungsstrenge 3 31

Aktienregister
- Eintragung 3 65

Aktienübernahmeerklärung 3 18

Akzessorietätstheorie
- GbR 1 10

Altschulden
- Haftung 1 618

Amortisation 3 655

Änderung des Gesellschafterbestandes
- Steuern 12 137

Änderung des GmbH-Vertrags
- Anmeldung zum Handelsregister 2 674
- Mehrheits- und Zustimmungserfordernisse 2 670
- Prüfungsumfang des Registergerichts 2 690
- Registersperre 2 687

Anleihe 11 20

Anmeldung
- Anlagen 2 473
- Anmeldung, inländische Geschäftsanschrift 2 456
- der AG zum Handelsregister 3 203
- der Kapitalerhöhung 3 548
- der Spaltung 8 1272
- des Squeeze-Out 3 688
- Einzahlungsversicherung der Geschäftsführer 2 461
- Gesellschafterliste anlässlich Gründung 2 475
- GmbH & Co. KG 1 743
- Kapitalerhöhung, Gesellschafterliste 2 750
- KG 1 739
- OHG 1 733
- Partnerschaftsgesellschaft 1 747
- Sachgründung einer GmbH zum Handelsregister 2 526
- Spaltung zur Neugründung 8 1036
- UG (haftungsbeschränkt) 2 465
- Versicherung über Nichtvorliegen von Bestellungshindernissen 2 469
- Vertretungsbefugnis 2 457
- zum Handelsregister 2 450
- zum Handelsregister bei Hin- und Herzahlung 2 570
- Zuständigkeit und anmeldepflichtige Personen 2 452

Anmeldung der GmbH
- Form 2 454

Anmeldung der Verschmelzung
- GmbH 8 352

Anmeldung zum Handelsregister
- Änderung des GmbH-Vertrags 2 674

Anteilsabtretung
- anwendbares Recht 10 149
- Gesellschaftervereinbarungen 2 1122

Anteilsgewährungspflicht bei Abspaltung 8 991

Anteilskaufvertrag
- Art der Erbringung des Kaufpreises 2 955
- feste Kaufpreisklausel 2 950
- Garantiebedingungen 2 979
- Gewährleistungs- und Garantieregelungen 2 968
- Gewinnabgrenzung 2 959
- Grundbesitz, Umweltrisiken 2 973
- Handlungen beim Closing 2 986
- Management-Buy-Outs 2 990
- Methoden zur Bestimmung des Kaufpreises 2 948
- Regelungen zum Closing 2 983
- Schiedsklausel 2 988
- umfassende Steuerklausel 2 972
- variable Kaufpreisklausel 2 950
- Verkäufergarantien für gesellschaftsrechtliche Umstände 2 970
- wirtschaftlicher Übergang 2 959
- wirtschaftlicher Übergang der Geschäftsanteile 2 964
- Zuordnung noch nicht ausgeschütteter Gewinne 2 960

Anteilstausch
- Besteuerung 12 857
- Besteuerung beim Einbringenden 12 867
- Besteuerung beim Übernehmenden 12 862

Anteilsübertragung
- ausländischer Gesellschaften im Inland 10 155
- GbR 1 160

Anwachsung 8 3

Anzeigepflichten
- Erbschaftsteuer 12 1058

1641

Stichwortverzeichnis

Apostille 10 143
– Antrag auf Erteilung 10 147
Apparategemeinschaft 12 34
Asset Deal
– Sanierung 13 207
Auf- und Abspaltung von Kapitalgesellschaften
– Besteuerung der übernehmenden Gesellschaft 12 847
– Besteuerung der übertragenden Kapitalgesellschaft 12 840
– Besteuerung des Gesellschafters 12 852
– Teilbetrieb 12 836
Aufgeld 3 26
Auflösung
– GbR 1 198, 220
– Personenhandelsgesellschaft 1 721
Auflösung der GmbH 2 834
– durch Beschluss der Gesellschafterversammlung 2 836
– Handelsregisteranmeldung 2 842
Auflösungsklausel 7 139
– Rechtsfolgen 7 141
– Übernahmerecht 7 142
Aufsichtsrat
– Besteuerung 12 676
– Gesellschaftsinsolvenz, Haftung 13 35
– Gesellschaftsinsolvenz, Kompetenzen 13 85
Aufsichtsrat der AG
– Regelungen in der Satzung 3 93
Aufsichtsrat der GmbH 2 430
– Minimalkompetenz 2 434
Aufspaltung 8 944
– Anteilsgewährungspflicht 8 991
– bare Zuzahlungen 8 1000
– GmbH als übertragender Rechtsträger, Besonderheiten bei Eingreifen eines Kapitalerhöhungsverbotes 8 1249
– Registereintragung, Folgen 8 1203
– spaltungsfähige Rechtsträger 8 958
– Spaltungsprüfung 8 1155
– Veräußerungsbeschränkungen 8 1136
– Verzicht auf Anteilsgewährung 8 995
Auseinandersetzung
– Personenhandelsgesellschaft 1 682
Auseinandersetzungsverfahren 1 239
Ausgliederung 8 946
– Anteilsgewährungspflicht 8 1001
– arbeitsrechtliche Probleme 8 1331
– beamtenrechtliche Probleme 8 1331
– Gebietskörperschaft s. dort
– Insolvenzeröffnungsverfahren 13 226
– Registereintragung, Folgen 8 1204
– Spaltung 8 961
– spaltungsfähige Rechtsträger 8 961
– Sperre bei Überschuldung 8 1309
– überschuldete Rechtsträger 13 225
– von öffentlichen Unternehmen 8 1322
– zur Neugründung, Einmanngesellschaft 8 1318

Ausgliederungsbericht
– Einzelkaufmann 8 1314
Ausgliederungsbeschluss
– Einzelkaufmann 8 1316
Ausgliederungsplan
– Einzelkaufmann 8 1313
Ausgliederungsprüfung
– Einzelkaufmann 8 1315
Ausgliederungsvertrag
– Einzelkaufmann 8 1313
Ausland
– Sitzverlegung einer deutschen Gesellschaft ins ~ 10 16
– Zweigniederlassung einer deutschen Gesellschaft im ~ 10 31
Ausländer
– als GmbH-Geschäftsführer 2 146; 10 41
– als Gründer 2 66
– Sperrvermerk 2 66
Ausländische Gesellschaft
– Anteilsübertragung im Inland 10 155
– ausländische 10 2
– besondere Hinweispflichten des Notars 10 159
– Beurkundungen in einer Fremdsprache und Übersetzung 10 161
– Nachweis der Vertretungsmacht von Organen und der Existenz 10 53
– Vertretungsbescheinigung mit den Rechtswirkungen des § 21 BNotO 10 58
Auslandsbeurkundung
– Verschmelzungsvertrag 8 131
Auslandsgesellschaft
– Anforderungen von Grundbuchamt und Handelsregister 10 55
– Nachweis der Vertretungsmacht von Organen und der Existenz 10 53
– Nachweisführung 10 58
– Vertretungsbescheinigung mit den Rechtswirkungen des § 21 BNotO 10 58
Ausscheiden eines Gesellschafters
– Erbschaftsteuer 12 907
Ausschließlichkeitsanordnung 1 326
Ausschließungsklage
– in Zwei-Personen-Gesellschaft 1 677
– Personenhandelsgesellschaft 1 675
Ausschluss
– eines Gesellschafters einer Personenhandelsgesellschaft 1 675
Ausschluss eines GbR-Gesellschafters
– Abfindungsbeschränkungen 1 191
– Zulässigkeit 1 187
Ausschuss
– Publikumsgesellschaft 1 806
Außen-GbR 1 3
Außengesellschaft 1 5
– gesamthänderisch gebundenes Gesellschaftsvermögen 1 6
Ausübung von Gesellschafterrechten
– Gesellschaftervereinbarungen 2 1120

Stichwortverzeichnis

B
Bad-Leaver-Klausel 2 1124
Bargründung
– GmbH 2 224
Bargründung der AG 3 4
– Änderung der Gründungssatzung 3 36
– Einlageleistung an die Vorgründergesellschaft 3 211
– Feststellung der Satzung 3 7, 30
– Gründungsprotokoll 3 5
– Inhalt des Gründungsprotokolls 3 17
– Mindesteinlage 3 209
– Mitarbeitervollmacht 3 36
– notwendiger Inhalt der Satzung 3 32
– Vertretung bei der Erstellung des Gründungsprotokolls 3 13
Barleistungen
– GbR 1 81
Beendigung der Gesellschaft
– Steuern 12 158
Beendigung der GmbH 2 834
Begünstigung von Betriebsvermögen 12 929
Beherrschungs- und Gewinnabführungsvertrag
– Änderung 9 62
– Aufhebung 9 63
– Beendigungsgründe 9 46
– Berichtspflichten 9 59
– Beurkundungspflicht 2 882
– Dauer 9 12
– erstmaliger Eintritt außenstehender Gesellschafter 9 65
– Form 9 15
– Formulierungsbeispiel 9 14
– fristlose Kündigung aus wichtigem Grund 9 44
– Handelsregisteranmeldung 9 32
– Informationspflichten 9 26
– Inhalt 9 54
– Kündigung 9 13, 64
– mit einer abhängigen GmbH 9 52
– ordentliche Kündigung 9 43
– Prüfungspflichten 9 26, 59
– Rechtsfolgen der Vertragsbeendigung 9 48
– Rückwirkung 9 11
– Schriftform 9 53
– Sicherheitsleistung 9 66
– Vertragsabschluss 9 15
– Vertragsänderung 9 38
– Vertragsbeendigung 9 40
– Vertragsbeendigung zur Sicherung außenstehender Aktionäre 9 46
– Zuständigkeit 9 15
– Zustimmung aller Gesellschafter 9 56
– Zustimmung der Gesellschafterversammlung der herrschenden Gesellschaft 9 24
– Zustimmung der Hauptversammlung der abhängigen Gesellschaft 9 18
Beherrschungsvertrag 3 657; 9 1, 5
– mit einer abhängigen AG 9 5

Beirat 2 430
– Besteuerung 12 676
Beitrittsvereinbarung zur Publikumsgesellschaft 1 809
Bekanntmachung
– des Verschmelzungsvertrags 8 377
– des Vorstands über die Zusammensetzung des Aufsichtsrats 3 333
Berufsausübungsgemeinschaft
– Tätigkeitsgebot bei Anwalts GmbH 1 381
– Unterbeteiligung, Nießbrauch, Treuhand 1 354
– Verbot der stillen Beteiligung 1 354
Berufsrechtsvorbehalt
– Rechtsanwaltsgesellschaft, Postulationsfähigkeit 1 384
– Sozietätsverbot 1 358
Beschluss
– Änderung des Gesellschaftsvertrags der GmbH 2 657
– Barkapitalerhöhung der GmbH 2 720
– Kapitalerhöhung bei GmbH aus Gesellschaftsmitteln 2 784
– Kapitalerhöhung der GmbH 2 777
Beschlussfähigkeit
– des Aufsichtsrats 3 120
Beschlussfassung
– Änderung des Gesellschaftsvertrags der GmbH 2 652
– außerhalb Gesellschafterversammlung der GmbH 2 358
– Personenhandelsgesellschaft 1 602
Beschlussquorum
– Gesellschafterversammlung der GbR 1 126
Beschränkt persönliche Dienstbarkeiten
– Spaltung 8 1100
Besitzgesellschaft 1 470
Bestellung
– des Abschlussprüfers 3 191
– des ersten Aufsichtsrats 3 192
– des ersten Vorstands 3 194
Bestellung von Gesellschaftsorganen
– Gesellschaftervereinbarungen 2 1108
Besteuerung von Kapitalgesellschaften 12 579
– außerbilanzielle Korrekturen 12 607
– bei Gründung 12 588
– Beteiligungserträge 12 615
– Einkommensermittlung 12 597
– Gewerbesteuer 12 667
– laufende Besteuerung 12 596
– Solidaritätszuschlag 12 627
– Spendenabzug 12 619
– Steuertarif 12 627
– Unterschied zur Besteuerung von Personengesellschaften 12 580
– Verlustberücksichtigung 12 622
– Wegfall von Verlustvorträgen 12 634
– Wegzugsbesteuerung 12 735
Besteuerung von Umstrukturierungen
– Überblick 12 806

1643

Stichwortverzeichnis

Besteuerungszeitraum 12 597
– bei Liquidation 12 600
Bestimmtheitsgrundsatz 1 111
Besuchs-/Geschäftsvisum 10 40
Beteiligung am Gesellschaftsvermögen
– GbR 1 84
Beteiligung an Kapitalgesellschaften
– Erbschaftsteuer 12 910
Beteiligung Minderjähriger
– GbR 1 32
Beteiligungserträge
– § 17 EStG 12 749
– aus Streubesitzdividenden 12 720
– bei Beteiligung im Betriebsvermögen 12 740
– bei Beteiligung im Privatvermögen 12 744
– Besteuerung von Veräußerungsvorgängen bei körperschaftsteuerpflichtigen Anteilseignern 12 722
– Betriebsausgaben 12 721
– Laufende Besteuerung bei körperschaftsteuerpflichtigen Anteilseignern 12 714
– Überblick bei einkommensteuerpflichtigen Anteilseignern 12 739
– Überblick bei körperschaftsteuerpflichtigen Anteilseignern 12 712
Beteiligungsgleichlauf 1 785
Betriebsaufspaltung
– Steuern 12 333
Betriebsmittelkredit 11 16
Betriebspachtvertrag 9 1
Betriebsüberlassungsvertrag 3 657; 9 1
Betriebsveräußerung
– durch vorläufigen Insolvenzverwalter 13 227
Betriebsvermögen 12 69
– Begünstigung von 12 929
– Steuerbefreiung 12 930
Betriebsvermögensvergünstigungen 12 919
– Erbschaftsteuer 12 874
Beurkundung
– Verschmelzungsbeschluss 8 189
Beurkundungserleichterung
– nach § 14 BeurkG 2 895
Beurkundungspflicht
– Beherrschungs- und Gewinnabführungsvertrag 2 882
Bewertung von Betriebsvermögen
– Erbschaftsteuer 12 923
Bewertung von Einlagen 12 592
Bewertungsvereinbarung
– Ehevertrag 7 44, 45
Bilanz
– UG (haftungsbeschränkt) 2 587
Bilanz der GmbH
– Gewinnrücklagen 2 778
– Kapitalrücklagen 2 778
Bilanzierung
– Grundstücke 12 375
Börsengang 11 45
– Bezugsrechtsausschluss 11 54
– Öffentliches Angebot 11 56
– Wertpapierprospekt 11 63
Börsensegmente 11 48
Börsenzulassung 11 70
Brexit 1 353, 491; 10 12
Buchwertklauseln 2 415

C
Cash-Pooling 2 544
Centros-Entscheidung 10 6
Change of Control Klausel 3 72
Closing 2 983
– Handlungen beim ~ 2 986
– Regelungen beim ~ 2 983
CoCo-Bonds 11 38
COMI
– Firmenbestattung 13 49
COVID-19-Pandemie 2 629
– Hauptversammlung 3 698
– Insolvenzverfahren 13 254
Crowdinvesting 11 26

D
D & O - Versicherungen 3 128
Darlehenskonten
– GbR 1 87
DAT/Altana-Entscheidung 8 93
Dauergesellschaft 1 3
Dauertestamentsvollstreckung 7 223
– an einer Kommanditbeteiligung 1 583
– Außenseite der Beteiligung 7 225
– Beteiligung an einer Kapitalgesellschaft 7 239
– hinsichtlich Kommanditanteilen 1 720
– Innenseite der Beteiligung 7 225
– Vollmachtlösung 7 226, 228
– Zulässigkeit 7 224
Debt-Hybrid-Swap 13 249
Debt-Mezzanine-Swap 13 249
Delisting 3 693
– kaltes ~ 8 93
Dept-Equity-Swap 13 210, 240, 247, 250
Deutsches Umwandlungsrecht
– europarechtliche Vorgaben 8 7
Deutschland
– Sitzverlegung einer ausländischen Gesellschaft nach ~ 10 19
– Zweigniederlassung einer ausländischen Gesellschaft in ~ 10 22
Dienstleistungen
– GbR 1 82
Differenzhaftung 8 697
– GmbH 2 515
Dingliche Abtretung eines GmbH-Geschäftsanteils 2 995
– Abtretungsbeschränkungen 2 996
– Ausschluss des gutgläubigen Erwerbs 2 1008, 1013
– gutgläubiger Erwerb durch den Käufer 2 1006

Stichwortverzeichnis

Dingliche Baulasten
– Bestellung durch GmbH 2 266
Dingliche Vorkaufsrechte
– Spaltung 8 1100
Discounted-Cash-Flow-Methode 2 948
Doppelverpflichtungstheorie 1 10
– GbR 1 10
Down-stream-merger 8 54
Drag along-Regelung 2 290
Drag-Along 2 1122
Drei-Konten-Modell
– GbR 1 86
Drittes Gesetz zur Änderung des Umwandlungsgesetzes 8 155
Due-Diligence 2 956

E

EBIT 2 949
EBITDA 2 949
eG
– Formwechsel *s. dort*
Ehegattengesellschaft
– Berliner Testament 1 212
Ehevertrag
– Ausschluss des Zugewinnausgleichs 7 9
– Ausschluss Verfügungsbeschränkungen 7 73
– Bewertungsvereinbarung 7 44
– Gesamtvermögensgeschäft 7 41, 72
– Gütertrennung 7 8
– Herausnahme von unternehmerischem Vermögen 7 14
– modifizierte Zugewinngemeinschaft 7 7
– Notarkosten 7 43
– Sonderbetriebsvermögen 7 15
Eigene Anteile
– Besteuerung der Gesellschaft 12 700
– Besteuerung des Gesellschafters 12 702
– Bilanzielle Auswirkungen 12 696
Eigenkapitalersetzende Gesellschafterdarlehen 12 754
Einberufung
– Gesellschafterversammlung der GbR 1 123
Einbringungsvertrag 2 517
Einbuchungsfälle 2 126
Ein-Euro-GmbH 2 579
Einfache Nachfolgeklausel 1 209, 702
Einheitsgesellschaft 1 756, 788
– Gründung 1 788
Einheits-GmbH & Co. KG
– Willensbildung 1 790
Einkommensbegriff bei Kapitalgesellschaft 12 596
Einkommensteuer *s.a. Betriebsvermögen; s.a. Mitunternehmerschaft*
– Liquidation *siehe auch dort*
– Personengesellschaft 12 2, 20
– Personenhandelsgesellschaft 1 473
Einkünftequalifikation
– bei Kapitalgesellschaften 12 602

Einlage aus – 12 369
Einlageleistung
– AG 3 203
– Zahlung an Treuhänder 3 207
Einlagen
– GbR 1 76
Einlagen/Steuerrecht *s.a. Überführung von Wirtschaftsgütern*
Einmann-Personengesellschaft 1 589
Einpersonen-GmbH
– Voraussetzungen für eine wirksame Befreiung vom Verbot des § 181 BGB 2 324
Einpersonen-Vor-GmbH 2 54
Eintragung
– der AG in das Handelsregister 3 262
– Verschmelzung durch Neugründung 8 243
Eintrittsklausel 7 173
– Aufnahmevertrag 7 179
– Ausübungsfrist 7 178
– Einlageleistung 7 180
– Eintrittsberechtigung 7 173, 177
– erbrechtliche Lösung 7 181
– Formulierungsbeispiel 1 700
– Fortsetzungskomponente 7 174
– GbR 1 206
– Kommanditanteil 7 185
– Personenhandelsgesellschaft 1 698
– Treuhandlösung 7 181
– Vertrag zu Gunsten Dritter 7 173
– Vollzug 7 179
– zweigliedrige Gesellschaft 7 184
Einzahlungsbetrag
– auf das Grundkapital 3 25
Einzelkaufmann 8 1302
– Ausgliederungsbericht 8 1314
– Ausgliederungsbeschluss 8 1316
– Ausgliederungsplan 8 1313
– Ausgliederungsprüfung 8 1315
– Ausgliederungsvertrag 8 1313
– Unternehmen, Gegenstand der Ausgliederung 8 1308
Einzelrechtsübertragung 8 1045
Einziehung von Aktien 3 181
Einziehung von Anteilen 12 703
Einziehung von GmbH-Geschäftsanteilen 2 386
– Abfindung 2 408
– Gesellschaftererstellung 2 402
– Nennbetragsanpassung des Stammkapitals 2 401
– Regelung in der Satzung 2 389
Einziehungsermächtigung 7 192
Einziehungsklauseln
– Gesellschaftervereinbarungen 2 1126
Emissionskonsortium 11 59
Enthaftungsfrist 1 619
Entherrschungsklausel 9 71
Entherrschungsvertrag 9 67, 68
– Inhalt 9 70
– Zulässigkeit 9 68

Stichwortverzeichnis

Entnahmen
- Personengesellschaften 12 118
- Überführung von Wirtschaftsgütern *s.a. dort*

Entnahmerecht
- Personenhandelsgesellschaft 1 605
- Steuern 12 472

Entstehung
- Personenhandelsgesellschaft 1 493
- Vor-GmbH 2 24

Entstehung der GbR
- aus einer anderen Personengesellschaft 1 57
- durch Abschluss eines Gesellschaftsvertrages 1 23
- durch Formwechsel nach UmwG 1 53
- durch Wechsel der Rechtsform 1 52

Erbauseinandersetzung
- Steuern 12 131

Erbeinsetzung 7 213

Erben
- Haftung für Gesellschaftsverbindlichkeiten 1 708

Erbengemeinschaft
- Personenhandelsgesellschaft 1 490

Erbfolge
- AG, Aktienregister 7 122
- Einheits-GmbH & Co. KG 7 211
- Fortsetzungsbeschluss 7 104
- GbR 7 100
- Gesellschafterliste 7 203
- GmbH 7 117
- GmbH & Co. KG 7 116, 210
- GmbH, Erbengemeinschaft 7 119
- GmbH, Gesamtrechtsnachfolge 7 117
- GmbH, Gesellschafterliste 7 120, 121
- GmbH, Transparenzregister 7 123
- Kapitalgesellschaft 7 186, 217
- KG 7 112
- KG, Fortsetzung 7 110
- KG, Singularsukzession 7 111
- KG, Sonderrechtsnachfolge 7 111
- Kommanditist 7 110
- Komplementär 7 107
- Nachfolgeklauseln *s. dort*
- OHG 7 107
- OHG, Anwachsung 7 108
- OHG, Ausscheiden 7 107
- OHG, Transparenzregister 7 109
- Partnerschaftsgesellschaft 7 115
- Personengesellschaft, Nachfolgeklausel 7 214
- personengleich GmbH & Co. KG 7 212
- persönlich haftender Gesellschafter 7 107
- qualifizierte Nachfolgeklausel 7 216
- Steuern 12 131
- Zweipersonen-GbR 7 103
- Zweipersonengesellschaft 7 113

Erbschaft- und Schenkungsteuer
- Personengesellschaften 12 13

Erbschaftsteuer 12 873
- ab 01.07.2016 12 1077
- Anzeigepflichten 12 1058
- ausländische 12 886
- Ausscheiden eines Gesellschafters 12 907
- Begünstigung von Betriebsvermögen 12 929
- Beteiligung an Kapitalgesellschaften 12 910
- Betriebsvermögensvergünstigungen 12 874, 919
- Bewertung von Betriebsvermögen 12 923
- Erwerbe von Todes wegen 12 915
- Familienunternehmen 12 994
- gewerblich geprägten Personengesellschaft 12 310
- Gewinnübermassschenkung 12 906
- Großvermögen 12 1005, 1048
- Kapitalgesellschaft 12 902
- Kaskadeneffekt 12 1027
- mehrere Erwerbe 12 1043
- mehrstufige Beteiligungsstrukturen 12 1027
- Nachsorgezeiträume 12 1068
- Personengesellschaft 12 901
- persönliche Freibeträge 12 893
- Schuldenabzug 12 921
- Steuerbefreiung des Zugewinnausgleiches 12 896
- Steuerbefreiung von Betriebsvermögen 12 930
- Steuerklassen 12 893
- steuerpflichtige Zuwendungen 12 905
- Stundung 12 1008
- Tarif 12 899
- Verbundvermögensaufstellung 12 1027
- Verjährung 12 1065
- vermögensverwaltende Personengesellschaften 12 903
- Verschonungsabschlag 12 1005, 1048
- Verschonungsbedarfsprüfung 12 1012, 1046, 1050
- Verzögerung der Reform 12 1077
- Zuständigkeiten 12 1055

Ergänzungsbilanz 12 87
Ergebnisabführungsvertrag 3 658
Ergebnisverteilung
- GbR 1 153

Ergebnisverwendung
- GmbH 2 374, 377

Errichtung
- GmbH 2 56
- GmbH & Co. KG 1 759

Erstanmeldung
- der KG 1 742

Erster Aufsichtsrat 3 192
Erster Vorstand 3 194
Ertragswertklauseln 2 420
Erwerbe von Todes wegen 12 915
Erwerbstreuhand 2 932
Erwerbsvorrechte
- Gesellschaftervereinbarungen 2 1104

ESUG
- Debt-Equity-Swap 13 250, 253

- Insolvenzantrag 13 25
- Insolvenzplan 13 250
- Neuerungen 13 5, 77, 250
- Schutzschirmverfahren 13 5
- Umwandlungen 13 227

EU-Gesellschaft
- Anwendung des Gründungsrechts 10 5

Europäische Gesellschaft
- Gründung 10 157
- Rechtsform 10 157

Euro-Umstellung 2 822

Euro-Umstellung des Stammkapitals 2 822; 8 803
- Beschluss 2 827
- Glättung 2 829
- Glättung durch eine Kapitalerhöhung 2 832

Ewige Anleihe 11 32

EWIV 1 466; 10 158
- Gesellschaftsinsolvenz, Auflösung 13 77
- Gesellschaftsinsolvenz, Gesellschafterversammlung 13 93
- Gesellschaftsinsolvenz, Registeranmeldung 13 101
- Gesellschaftsinsolvenz, Vollbeendigung 13 78
- Insolvenzeröffnung 13 77
- Insolvenzfähigkeit 13 72
- Verschmelzung 8 19

F

Fakultativer Aufsichtsrat 2 435

Familienpersonengesellschaften
- Steuern 12 349

Familienunternehmen 12 994

Finanzielle Eingliederung
- Besteuerung 12 771

Finanzierung der Gesellschaft
- Gesellschaftervereinbarungen 2 1111

Firma
- »@«-Zeichen 2 174
- AG 3 40
- GmbH 2 165
- Insolvenzmasse 13 111

Firma der GmbH 2 165
- Doktortitel 2 184
- Gattungs- oder Branchenbezeichnung 2 175
- geografische Bezeichnung 2 182
- Institut 2 183
- Internet-Domain 2 177
- Irreführungsverbot 2 178
- Namensfunktion 2 171

Firma der Personengesellschaft 1 526
- akademische Titel 1 537
- Irreführungsverbot 1 535
- Rechtsformzusatz 1 539

Firma der Personenhandelsgesellschaft
- Unterscheidungskraft 1 541

Firmenbestattung 13 38

Firmenbildung
- KG 1 771; 2 187
- Komplementär-GmbH 2 186
- OHG 2 187
- Personenhandelsgesellschaft 1 543

Firmenfortführung 1 647

Formstatut 10 32
- öffentliche Urkunde außerhalb des Errichtungsstaates 10 138

Formwechsel 8 471, 476
- Abfindungsangebot 8 496
- allgemeine Vorbereitungsmaßnahmen 8 494
- Anfechtung des Beschlusses 8 612
- anmeldepflichtige Organe oder Personen 8 648
- Anmeldung durch das Vertretungsorgan des formwechselnden Rechtsträgers 8 651
- Anmeldung zur Registereintragung 8 657
- Anspruch auf Sicherheitsleistung 8 693
- aufgelöste Rechtsträger 8 480
- Aufhebung eines satzungsändernden Gesellschafterbeschlusses 8 611
- aus der Personengesellschaft in die Kapitalgesellschaft, Aufteilung des Vermögens auf die Gesellschafter 8 714
- Ausgangsrechtsträger 8 477
- Beitrittserklärung künftiger Komplementäre 8 645
- Bekanntmachung der Eintragung 8 510
- Beschluss, Zustimmung Dritter 8 604
- Beschlussverfahren 8 578
- besondere Zustimmungserfordernisse in der AG 8 627
- Besonderheiten für die KGaA 8 743
- Bestandskraft 8 689
- Bestellung der ersten Organe 8 560
- Bestellung des ersten Geschäftsführungsorgans 8 560
- Beteiligung eines stillen Gesellschafters 8 675
- Betriebsratszuleitung 8 498
- Buchwertaufstockung 8 678
- der GmbH, Anpassung des Nennkapitals 8 797
- der GmbH, Kapitalanpassung zur Beseitigung einer Unterbilanz 8 798
- der Personengesellschaft 8 483
- Differenzhaftung 8 697
- Durchführung der Versammlung 8 580
- Eigenkapital der Personengesellschaft 8 707
- eines VVaG 8 583
- Einladung und Ankündigung 8 494
- Eintragung und Rechtsfolgen 8 665
- Erfordernis der Zustimmung vinkulierungsbegünstigter Anteilsinhaber 8 617
- Form der Zustimmungserklärung 8 642
- Fortbestand der Rechte Dritter 8 684
- Fortdauer der Haftung 8 696
- Genehmigungen und Erlaubnisse öffentlich-rechtlicher Natur 8 673
- Gläubigerschutz 8 692
- GmbH in AG, Formulierungsbeispiel 8 547
- Gründerhaftung 8 697

Stichwortverzeichnis

- Haftung der Organe 8 695
- Handelsregisteranmeldung 8 647
- Heilung von Beurkundungsmängeln 8 688
- Inhalt der Registeranmeldung 8 653
- inhaltliche Beschlusskontrolle 8 613
- Insolvenzeröffnungsverfahren 13 226
- Kapitalgesellschaft s. dort
- Kontinuität der Beteiligung 8 532
- Motive 8 475
- nach öffentlichem Recht 8 486
- nicht proportional beteiligte Anteilsinhaber, Zustimmungserfordernis 8 641
- nicht verhältniswahrender (quotenabweichender) 8 541
- Nießbrauchsrecht 8 605
- Organisation 8 494
- Organisation der Gesellschafterversammlung 8 508
- Organstellung 8 670
- Prokura 8 670
- Rechtsstreitigkeiten 8 672
- Regelung im Umwandlungsgesetz 8 470
- Reihenfolge der Eintragungen 8 665
- schuldrechtliche Beziehung 8 669
- Sonderbetriebsvermögen 8 713
- Statusverfahren 8 507
- Titelumschreibung 8 672
- überschuldete Rechtsträger 13 224
- UG (haftungsbeschränkt) in GmbH 8 484
- Unternehmensverträge 8 674
- Vollmachten 8 670
- Vollzug, Anlagen zur Registeranmeldung 8 509
- von Anstalten des öffentlichen Rechts 8 940
- von eingetragenen Vereinen 8 583
- von Körperschaften 8 940
- von Versicherungsvereinen auf Gegenseitigkeit 8 940
- Vorbereitung der Bestellung des ersten Aufsichtsrats 8 502
- Ziel 8 475
- Zielrechtsform 8 477
- zu Null 8 526
- Zuordnung der Beteiligung am formwechselnden Rechtsträger zu derjenigen am Rechtsträger neuer Rechtsform 8 538
- Zustimmung s. dort
- Zustimmung sowie ggf. Beitritt künftiger Komplementäre 8 632
- zwischen Kapitalgesellschaften, Besonderheiten für den Beschlussinhalt 8 793
- zwischen Kapitalgesellschaften, Kapitalumstellung 8 791

Formwechsel der AG 8 543

Formwechsel eG 8 583
- Barabfindungsangebot 8 879
- Beschlussverfahren 8 884
- Besonderheiten für den Beschlussinhalt 8 867
- Durchführung der Versammlung 8 858
- Einladungen 8 858
- Folgen für die Arbeitnehmer und ihre Vertretungen 8 880
- Haftung 8 901
- Handelsregisteranmeldung 8 895
- Satzung 8 883
- vorbereitende Maßnahmen 8 858
- Wahl der ersten Organe 8 881
- Zustimmung Dritter 8 892
- Zustimmung einzelner Gesellschafter 8 893

Formwechsel Gesellschafterbeschluss
- gesetzliche Vertretung 8 598
- Testamentsvollstreckung 8 598

Formwechsel GmbH
- in GmbH & Co. KG 8 525, 526
- in Personengesellschaft, Zustimmung anderer Sonderrechtsinhaber 8 626

Formwechsel GmbH & Co. KG
- in eG 8 526
- in GmbH 8 525

Formwechsel in AG 8 563, 601

Formwechsel in AG oder KGaA, Anlagen zur Registeranmeldung 8 662

Formwechsel in eG 8 564
- Anlagen zur Registeranmeldung 8 663

Formwechsel in GmbH 8 476, 562, 601
- Anlagen zur Registeranmeldung 8 661

Formwechsel in Kapitalgesellschaft anderer Rechtsform
- Zustimmung anderer Sonderrechtsinhaber 8 626

Formwechsel in KGaA 8 561

Formwechsel in Personengesellschaft 8 476, 561

Formwechsel in Personengesellschaft/PartG, Anlagen zur Registeranmeldung 8 660

Formwechsel in SE 8 485

Formwechsel Kapitalgesellschaft 8 583, 742
- Beschlussverfahren 8 828
- Einberufung und Durchführung der Versammlung 8 828
- Haftung 8 848
- Handelsregisteranmeldung 8 843
- Satzung 8 822
- Zustimmung Dritter 8 836
- Zustimmung einzelner Gesellschafter 8 838

Formwechsel Kapitalgesellschaft in eG
- Fortsetzung der Beteiligung an der eG 8 850
- Handelsregisteranmeldung 8 853

Formwechsel Kapitalgesellschaft in Personengesellschaft 8 750
- Beschlussverfahren 8 767
- Besonderheiten für den Beschlussinhalt 8 752
- Haftung 8 790
- Handelsregisteranmeldung 8 783
- Satzung 8 765
- Zustimmung Dritter 8 776
- Zustimmung einzelner Gesellschafter 8 778

Stichwortverzeichnis

Formwechsel Personengesellschaft in Kapitalgesellschaft
– (Sach-) Gründungsbericht und -prüfung 8 499
Formwechsel Personenhandelsgesellschaften und PartGen 8 583
– Ablauf des Formwechsels 8 700
– Beschlussverfahren 8 724
– Besonderheiten für den Beschlussinhalt 8 704
– Einladung 8 700
– Handelsregisteranmeldung 8 733
– Satzung 8 719
– Zustimmung einzelner Gesellschafter 8 730
Formwechsel rechtsfähiger Verein
– Barabfindungsangebot 8 917
– Beschlussverfahren 8 923
– Besonderheiten für den Beschlussinhalt 8 909
– Beurkundung des Beschlusses 8 928
– Durchführung der Versammlung 8 904
– Einladung 8 904
– Folgen für die Arbeitnehmer und deren Vertretung 8 919
– Haftung 8 939
– Handelsregisteranmeldung 8 934
– Satzung 8 922
– Vertretung 8 929
– vorbereitende Maßnahmen 8 904
– Wahl der ersten Organe 8 920
– Zustimmung Dritter 8 930
– Zustimmung einzelner Gesellschafter 8 931
Formwechsel von Kapitalgesellschaft auf Personengesellschaft
– Besteuerung 12 810
Formwechsel zwischen Kapitalgesellschaften
– Besteuerung 12 855
Formwechselbeschluss
– Ermittlung der Stimmen 8 586
Formwechselmöglichkeiten 8 477
Formwechselstichtag 8 559
Fortführungsgebundener Verlustvortrag 12 639
Fortsetzungsbeschluss 7 135
Fortsetzungsklausel 1 206; 7 127
– Abfindungsanspruch 7 132
– Ausschließungsklausel 7 131
– Form 7 128
– Kommanditanteil 7 137
– Steuern 12 133, 452
Freiberufler
– Abgrenzung Freiberufler/Gewerbe (Ingenieurbüro) 1 337
– Ausnahmen, Anwaltsnotare 1 340
– Ausnahmen, Apotheker 1 343
– Ausnahmen, Notare 1 340
– Ausnahmen, Vermessungsingenieure 1 342
– Freiberufler GmbH & Co. KG 1 388
– Freiberufler GmbH & Co. KG (Rechtsanwalts GmbH & Co. KG) 1 389
– Freiberufler GmbH & Co. KG (Wirtschaftsprüfer GmbH & Co. KG) 1 390

– Heilberufe 1 345
– Katalogberufe 1 336
– Rechts- und wirtschaftsberatende Berufe 1 349
– Sonderstellung 1 338
Freiberufliche Personengesellschaft 12 323
Freie Berufe
– in der Rechtsform der GmbH 2 216
Fremdkapital 11 14
Freundschafts-, Handels- und Schifffahrtsvertrag 10 3
Fusionskontrolle 1 669

G
Garantiebedingungen bei Anteilskauf 2 979
GbR 1 1
– Abgrenzung zwischen Eigenkapital- und Fremdkapitalkonten 1 84
– Abspaltungsverbot 1 159
– Abstimmungsverhalten, Vertreterklauseln 1 137
– Abwicklungsgesellschaft 7 100
– Akzessorietätstheorie 1 10
– Änderungen des Gesellschaftsvertrages 1 49
– Anstellungsverhältnis 1 82
– Anteilsübertragung 1 160
– Aufbau eines Gesellschaftsvertrages 1 60
– Auflösung 1 198, 220; 7 100
– Auseinandersetzungsverfahren 1 239
– Ausschluss eines Gesellschafters s. dort
– außerordentliche Kündigung 1 223
– Barleistungen 1 81
– Beendigung 1 220
– Beendigung der Vertretungsmacht 1 107
– Beendigung des Nießbrauchs 1 177
– Befugnis zur Einzelgeschäftsführung 1 93
– Beglaubigung der Unterschriften der Gesellschafter bei Abschluss des Gesellschaftsvertrags 1 506
– Beiträge 1 76
– Beschlussmängelrecht 1 141
– Beschränkungen des Stimmrechts 1 139
– Bestimmtheitsgrundsatz, Beitragserhöhungen 1 112
– Beteiligung am Gesellschaftsvermögen 1 84
– Beteiligung Minderjähriger 1 32
– Darlehenskonten 1 87
– Dienstleistungen 1 82
– Doppelverpflichtungstheorie 1 10
– Drei-Konten-Modell 1 86
– Durchführung der Gesellschafterversammlung 1 124
– Einlagen 1 76
– Eintrittsklausel 1 206
– Entlastung von Geschäftsführern 1 118
– Entstehung s. dort
– Erbfolge 7 100
– erforderliche Kennzeichnungskraft 1 64
– Ergebnisverteilung 1 153
– Ergebnisverteilung nach Köpfen 1 153

1649

Stichwortverzeichnis

- Eröffnung des Insolvenzverfahrens über das Vermögen der Gesellschaft 1 233
- Erscheinungsformen 1 8
- Erwerb von Grundbesitz 1 254
- Erwerb von Grundbesitz, Unterschiede zwischen § 19 GBO und § 20 GBO 1 255
- Form des Gesellschaftsvertrages 1 43
- Fortsetzungsklausel 1 206
- funktionell beschränkte Einzelgeschäftsführung 1 93
- Gegenstände von Gesellschafterbeschlüssen 1 110
- Geldleistungen 1 81
- Gesamtrechtsnachfolge 1 241
- Geschäftsführung 1 89
- Geschäftsführungsmaßnahmen 1 117
- Geschäftsführungsverpflichtung 1 82
- Gesellschafter s. *GbR-Gesellschafter*
- Gesellschafterausschluss 1 187
- Gesellschafterbeschlüsse 1 108
- Gesellschafterfähigkeit 1 28
- Gesellschafterinsolvenz 1 237
- Gesellschafterversammlung s. *dort*; 1 119
- Gesellschaftsname 1 62
- gesellschaftsrechtliche Treuepflicht 1 145
- Gestaltung des Gesellschaftsvertrages durch den Notar 1 59
- Gestaltung von Erbteilskaufverträgen 1 295
- grundbesitzverwaltende 1 242
- Grundlagenbeschlüsse 1 111
- Grundsatz der Einheitlichkeit 1 39
- Haftung s. *dort*
- Haftungsverhältnisse 1 10
- Irreführungsverbot 1 65
- Kapitalanteil 1 84
- Kapitalkonto 1 84
- keine Einpersonengesellschaft 1 24
- keine Prüfungskompetenz des Grundbuchamts hinsichtlich Gesellschaftsnamens 1 70
- Kernbereichslehre 1 114
- Kontenführung bei Anteilsübertragung 1 87
- Kündigung durch einen Gesellschafter 1 222
- Kündigung durch einen Pfändungsgläubiger 1 229
- Kündigungserklärung unter Bedingung 1 224
- Liquidation 1 220
- Liquidationsverfahren 1 239
- Mauracher Entwurf 1 2
- mehrheitliche Geschäftsführung 1 92
- Nachfolgeklausel 1 206
- Nachhaftung des ausscheidenden Gesellschafters 1 18
- nichtige Abfindung bei Gesellschafterausschluss 1 194
- Nießbrauch an einem Wohnungseigentum 1 180
- Nießbrauchsbestellung 1 175
- Notgeschäftsführung 1 91
- offene Treuhand 1 26
- ordentliche Kündigung 1 223
- organschaftliche Vertreter 1 105
- Personenhandelsgesellschaft 1 489
- Prinzip der Selbstorganschaft 1 90
- Rechtsfolgen der Auflösung 1 239
- Rechtsnachfolge von Todes wegen 1 198
- Rechtswidrigkeit eines Gesellschafterbeschlusses 1 141
- Regelungen über Gesellschafterversammlungen 1 121
- Sachen und Rechte als Beitrag 1 78
- Sitz der Gesellschaft 1 74
- Stimmbindungsvereinbarungen 1 136
- Stimmbindungsverträge 1 138
- Stimmrechte 1 135
- Testamentsvollstreckung 1 26
- Testamentsvollstreckung an einem Gesellschaftsanteil 1 215
- Übertragung eines Gesellschaftsanteils 1 170
- Umfang der Vertretungsmacht 1 101
- Umwandlung werbende Gesellschaft in Abwicklungsgesellschaft 1 200
- Unteilbarkeit der Beteiligung 1 39
- Veräußerung von Gesellschaftsanteilen an einer grundbesitzverwaltenden ~ 1 281
- Veräußerung von Grundbesitz 1 263
- Verfügungen über die Mitgliedschaft unter Lebenden 1 159
- Verpfändung eines Gesellschaftsanteils 1 182
- Verteilung der Mitwirkungsrechte zwischen Gesellschafter und Nießbraucher 1 180
- Verteilung nach festen Prozentsätzen 1 154
- Vertretung s. *dort*
- Verwendung eines unzulässigen Gesellschaftsnamens 1 67
- Vorhandensein mindestens zweier Gesellschafter 1 24
- Wettbewerbsverbot 1 145, 149
- Zwei-Konten-Modell 1 86

GbR mbH
- unzulässige Bezeichnung 1 14

GbR Reform 1 2

GbR-Gesellschafter
- als Vorerbe 1 26
- auf Probe 1 190
- Gesellschafterausschluss, angemessene Abfindung 1 197
- kraft Mitarbeit 1 190
- kraft Zuwendung 1 190

Gebietskörperschaft
- Ausgliederung von öffentlichen Unternehmen aus dem Vermögen einer ~ 8 1322
- Ausgliederung, Registeranmeldung 8 1330
- Ausgliederungsbericht 8 1327
- Ausgliederungsbeschluss 8 1326
- ausgliederungsfähige Rechtsträger 8 1323
- Ausgliederungsplan 8 1325

Stichwortverzeichnis

- Ausgliederungsprüfung 8 1327
- Ausgliederungsvertrag 8 1325
- Gegenstand der Ausgliederung 8 1324
- Registereintragung 8 1330

Geldleistungen
- GbR 1 81

Geldwäschegesetz 2 628
Gelegenheitsgesellschaft 1 3
Gemeinnützige GmbH 2 217
gemeinsamer Vertreter 7 187
Gemischte Sacheinlage 2 511
Genehmigtes Kapital
- AG 3 552
- GmbH 2 789

Genossenschaft 6 1
- 3/4-Mehrheit 6 60
- 90 %-Mehrheit 6 60
- Abgrenzung zu anderen Rechtsformen 6 8
- Ablauf der Gründung 6 31
- Absatzgenossenschaft 6 15
- Abschluss der Liquidation 6 192
- Abstimmungsverfahren bei Satzungsänderung 6 59
- Aktienrecht 6 22
- analoge Rechtsanwendung 6 22
- Änderung des Sitzes 6 47
- Anforderungen an Organwalter 6 77
- Angabe des Förderzwecks in der Satzung 6 50
- Anhörung des Prüfungsverbandes bei Löschung 6 195
- Anstellung von Vorstandsmitgliedern 6 179
- anwendbare Vorschriften 6 22 ff.
- Anwendung von Mietrecht 6 19
- Anzeige der Sitzänderung bei Kreditgenossenschaften 6 47
- Arbeitnehmer 6 183
- Arten 6 13 ff.
- Aufbau 6 6
- Aufbewahrungspflicht der Bücher 6 193
- Aufgaben des genossenschaftlichen Prüfungsverbandes 6 198
- Auflösung bei Unterschreitung der Mindestmitgliederzahl 6 197
- Auflösung wegen gesetzwidrigen Verhaltens 6 196
- Aufsichtsrat s. Genossenschaft, Aufsichtsrat
- Auslagerung von Geschäftsbereichen 6 48
- Auslegung der Satzung 6 40
- Ausübung der Mitgliedschaftsrechte 6 64
- Beendigung der Mitgliedschaft 6 67 ff.
- Beginn der Mitgliedschaft 6 61
- Begriff 6 8, 12
- behördliche Genehmigung des Unternehmensgegenstandes 6 49
- Beitragsleistung 6 66
- Beitrittserklärung 6 61
- Beitrittserklärung vor der Gründung 6 37
- Beschlussmehrheit für Satzungsänderung 6 59
- Besonderheiten bei der Spaltung unter Beteiligung von - 8 1287
- Betätigungsfelder 6 13 ff.
- Beteiligungshöchstbetrag 6 51
- Betriebs- und Geschäftsgeheimnisse 6 99
- Bezugsgenossenschaft 6 15
- Bildung der Firma 6 44
- Corporate Governance Kodex 6 24
- COVID-19 6 4
- COVMG 6 4
- Definition 6 12
- Doppelfunktion 6 27
- Doppelsitz 6 46
- Durchführung der Liquidation 6 191
- echte Satzungsbestandteile 6 57
- EDV-Genossenschaften 6 20
- Einkaufsgenossenschaft 6 15
- Einsicht in das Genossenschaftsregister 6 11
- Eintragung in die Mitgliederliste 6 63
- Eintrittsgeld 6 62
- Ende der Mitgliedschaft s. Genossenschaft, Ende der Mitgliedschaft
- Entwicklung 6 1 ff.
- Entwicklungstendenzen 6 29
- Firma 6 44
- Firma, als notwendiger Satzungsbestandteil 6 45
- Firma, Bank 6 45
- Firma, Löschung von Amts wegen 6 45
- Firma, Nichtigerklärung 6 45
- Firma, unzutreffende Firma 6 45
- Firmenzusatz 6 45
- Förderzweck 6 50
- Formkaufmann 6 10
- Formwechsel 6 208 ff.; 8 501
- Formwechsel, Anmeldung 6 210
- Formwechsel, Formwechselbeschluss 6 209
- Formwechsel, gutachten des Prüfungsverbands 6 209
- Formwechsel, zulässige Zielrechtsträger 6 208
- freiwillige Auflösung 6 189
- Führungslosigkeit 6 90
- Gegenstand der Prüfung 6 201
- Generalversammlung s. Genossenschaft, Generalversammlung
- GenG 6 6
- GenG, Gliederung 6 7
- genossenschaftliche Grundsätze 6 25 ff.
- genossenschaftlicher Prüfungsverband 6 198
- Genossenschaftsbanken 6 14
- Genossenschaftsgesetz 6 6
- Genossenschaftsrechtsnovelle 2006 6 3
- Genossenschaftsregister 6 11
- gesamtwirtschaftliche Bedeutung 6 28
- Geschäftsanteil 6 51
- Geschäftsguthaben 6 52
- Gesellschaft 6 8
- Gewinnbeteiligung 6 65

Stichwortverzeichnis

- Gewinnverteilung 6 52
- Gläubigerschutz 6 39
- Gründer 6 37
- Grundsatz der Selbsthilfe 6 26
- Grundsatz der Selbstverwaltung 6 26
- Gründungsverfahren 6 31 ff.
- GWB 6 215
- Haftsumme 6 53
- Heranziehung zu Nachschüssen 6 54
- Historische Grundidee 6 1
- HRefG 6 4
- im materiellen Sinn 6 12
- in der DDR 6 5
- Informationen der Genossen nach erfolgter Spaltung 8 1295
- Insolvenz 6 184 ff.
- Insolvenzantragspflicht 6 186
- Insolvenzgründe 6 185
- Insolvenzverfahren 6 187
- internationaler Rechtsverkehr 6 218
- investierende Mitglieder 6 73
- Kapitalanforderungen 6 38
- Kapitalausstattung 6 38
- Kartellrecht 6 215 ff.
- Kartellrecht, GWB 6 217
- Kartellrecht, Nachfragekartell 6 217
- Kartellrecht, Unternehmensbegriff des AEUV 6 216
- Kartellrecht, verbotene Verhaltensweisen 6 216
- Kategorien 6 21
- Körperschaft 6 8
- Kreditgenossenschaften 6 14
- KWG 6 14
- Liquidation 6 189 ff.
- Liquidationsvergleich 6 190
- Löschung 6 194
- Löschung auf Antrag der Finanzbehörde 6 194
- Löschung nach Insolvenzverfahren 6 194
- Löschung von Amts wegen 6 194
- LPG 6 5
- Mehrheitserfordernisse 6 60
- Minderheitenschutz 6 56
- Mindestinhalt der Satzung 6 42
- Mindestinhalt der Satzung, Beschränkung auf den ~ 6 43
- Mindestzahl der Gründer 6 37
- Mitglieder mit Sonderrechten 6 75
- Mitgliederliste 6 63
- Mitgliedschaft 6 61
- MoMiG 6 4
- nach dem zweiten Weltkrieg 6 2
- Nachschüsse 6 54
- Nachschusspflicht 6 54
- Nutzungsgenossenschaft 6 18
- Organe 6 76 ff.
- Organe bei Kleingenossenschaften 6 76
- Organwalter 6 77
- personalistische Struktur 6 9
- Personalwesen 6 178 ff.
- Pflichten der Mitglieder 6 66
- Pflichtmitgliedschaft im genossenschaftlichen Prüfungsverband 6 199
- Pflichtprüfung 6 200
- Prinzip der Selbstverantwortung 6 26
- Prinzipien 6 25 ff.
- Produktionsgenossenschaft 6 16
- Produktivgenossenschaft 6 16
- Prüfer 6 202
- Prüfungsrechte 6 202
- Prüfungsverfahren 6 202
- Rechnungslegung 6 23
- Rechte der Mitglieder 6 64
- Rechte investierender Mitglieder 6 74
- Rechtstatsachen 6 28
- Reform 6 2
- Reform der kleinen eG 6 3
- Satzung 6 40 ff.
- Satzungsänderung 6 56 ff., 191
- satzungsmäßiges Mindestkapital 6 38
- Satzungsmuster 6 41
- SCE 6 218
- SCE, Ausgestaltung 6 219
- SCE, Gründung 6 220
- SCE, Gründung durch grenzüberschreitende Verschmelzung 6 221
- SCE, Mindestkapital 6 221
- SCE, monistisches Leitungssystem 6 223
- SCE, Organe 6 223
- SCE, Rechtspersönlichkeit 6 221
- SCE, Sitzverlegung 6 222
- SCE-VO 6 218
- SCE-VO, Aufbau 6 219
- Selbstorganschaft 6 77
- Sitz 6 46
- Sonderrechte 6 75
- sonstige Organe 6 177
- Spaltung s. dort; 6 211 ff.; 8 1287
- Spaltung bei Genossenschaftsbanken 6 212
- Spaltung, Beteiligung genossenschaftlicher Prüfungsverbände 6 214
- Spaltung, Gutachten des Prüfungsverbandes 6 213
- Spaltung, Satzungsänderung 6 212
- Spaltungsbericht 6 213; 8 1291
- Spaltungsfähigkeit 6 211
- Spaltungsprüfung 8 1291
- Spaltungsvertrag 8 1290
- Sperrjahr 6 192
- spezialgesetzliche Regelungen 6 23
- Stellungnahme des Prüfungsverbandes 6 39
- Strohmanngründung 6 37
- Teilhaberechte 6 65
- Treueverhältnis 6 27
- Typisierung 6 13 ff.
- Überschuldung 6 185
- Umwandlung 6 203 ff.

Stichwortverzeichnis

– unbestimmte Rechtsbegriffe 6 24
– unechte Satzungsbestandteile 6 57
– Unternehmensgegenstand 6 48
– Veränderung des Geschäftsanteils 6 51
– Verbrauchergenossenschaft 6 17
– Verkehrsgenossenschaft 6 20
– Verlustbeteiligung 6 52
– Vermögensverteilung 6 193
– Verschmelzung 6 203 ff.
– Verschmelzung, Anteilsgewährungspflicht 6 204
– Verschmelzung, Bilanzstichtag 6 205
– Verschmelzung, Gutachten des Prüfungsverbands 6 206
– Verschmelzung, Informationspflichten 6 206
– Verschmelzung, Mehrheit bei Verschmelzungsbeschluss 6 207
– Verschmelzung, Schlussbilanz 6 205
– Verschmelzung, Verschmelzungsbericht 6 206
– Verschmelzung, Verschmelzungsbeschluss 6 207
– Verschmelzung, Verschmelzungsfähigkeit 6 203
– Verschmelzung, Verschmelzungsprüfung 6 206
– Verteilung des Vermögens 6 192
– Vertreterversammlung s. *Genossenschaft, Vertreterversammlung*
– Vertretung 6 88
– Vertretung bei Führungslosigkeit 6 90
– Vertretung, Prokura 6 88
– Verzinsung des Geschäftsguthabens 6 65
– Vorgenossenschaft s. *Genossenschaft, Vorgenossenschaft*
– Vorgründungsgenossenschaft 6 32
– Vorstand s. *Genossenschaft, Vorstand*
– Vorzugsrechte 6 75
– weitere Organe 6 177
– weitere Reformen 6 4
– Werkgenossenschaft 6 18
– Wettbewerb der Rechtsordnungen 6 3
– Wiedervereinigung 6 5
– Wohnungsgenossenschaft 6 19
– Zahlen und Daten 6 28
– Zahlungsunfähigkeit 6 185
– Zahlungsverbot 6 185
– zum Betrieb in Anlagen erneuerbarer Energien 6 20
– Zuständigkeit für Löschung 6 195
– Zuständigkeit für Satzungsänderung 6 58
– Zweck 6 9
– Zweck der Pflichtprüfung 6 200

Genossenschaft, Aufsichtsrat 6 115 ff.
– Abberufung 6 115
– Amtsenthebung von Vorstandsmitgliedern 6 125
– Anforderungen an die Mitglieder 6 116
– Arbeitnehmermitbestimmung 6 117
– Aufgaben 6 120
– bei Kleingenossenschaften 6 115, 122
– Besetzung nach MitbestG 6 118
– Besonderheiten bei Kreditgenossenschaften 6 127
– Dauer des Mandats 6 115
– Delegierung von Aufgaben 6 128
– Einschränkung der Inkompatibilität 6 126
– Entsendungsrecht 6 119
– Geltendmachung der Vorstandshaftung 6 112
– Geltendmachung von Ansprüchen gegen den Aufsichtsrat 6 131
– Haftung 6 129 ff.
– Heranziehung von Beratern 6 128
– Inkompatibilität 6 116
– Mitbestimmung 6 117
– Mitbestimmung nach dem MitbestG 6 118
– persönliche Anforderungen 6 116
– Pflichtverletzung durch Unterlassen 6 130
– Pflichtverletzungen 6 130
– Prinzip der Selbstorganschaft 6 117
– Prüfung des Jahresabschlusses 6 121
– Prüfung des Lageberichts 6 121
– Prüfungsausschuss 6 121
– Recht zur Einberufung der Generalversammlung 6 124
– Sonderentsendungsrecht einzelner Genossenschaftsmitglieder 6 119
– Sorgfalt 6 129
– Sorgfaltsmaßstab 6 129
– Temporäre Stellvertretung 6 126
– Überwachung des Vorstands 6 120
– Überwachungspflicht 6 129
– Überwachungspflicht bei Kleingenossenschaften 6 132
– Vergütung 6 115
– Vertretung der eG gegenüber Vorstand 6 123
– Wahrnehmung der Aufgabe durch Generalversammlung 6 122
– Weisungsunabhängigkeit 6 120
– Zusammensetzung bei Kreditgenossenschaften 6 116
– Zustimmungserfordernis für Vorstandsgeschäfte 6 127
– Zustimmungspflicht zu Vorstandsgeschäften 6 127

Genossenschaft, Ende der Mitgliedschaft
– Auseinandersetzung 6 72
– Ausschluss eines Mitglieds 6 71
– außerordentliche Kündigung 6 69, 70
– Ende der Mitgliedschaft 6 67 ff.
– Form der ordentlichen Kündigung 6 68
– Frist bei ordentlicher Kündigung 6 68
– ordentliche Kündigung 6 68
– ordentliche Kündigung durch Gläubiger des Mitglieds 6 68

Genossenschaft, Generalversammlung
– Abberufung von Liquidatoren 6 137
– Ablauf der 6 139
– Abstimmung nach Köpfen 6 143
– Abstimmungsquorum 6 143

1653

Stichwortverzeichnis

- Änderung der Satzung 6 135
- Anfechtbarkeit von Beschlüssen 6 152, 157 ff.
- Anfechtungsgründe für Beschlüsse 6 158
- Anfechtungsklage 6 162
- Anfechtungsurteil 6 165 ff.
- Antragsrecht 6 146, 149
- Aufgaben 6 134 ff.
- Auskunftsanspruch 6 148
- Auskunftsrecht 6 146
- Auskunftsverweigerung 6 148
- Beschlussfähigkeit 6 142
- Beschlussfassung 6 142
- Beschlussmängel 6 150 ff.
- Besonderheiten bei Großbeteiligung von Unternehmern 6 144
- Besonderheiten bei Kreditgenossenschaften 6 139
- Bestellung von Liquidatoren 6 137
- COVID-19 6 141
- Einberufung der 6 140
- Einberufungsmängel 6 159
- Fakultative Zuständigkeit 6 136 f.
- fehlende Beschlussfähigkeit 6 159
- fehlerhafte Stimmzählung 6 159
- Folgen von Beschlussmängeln 6 150 ff.
- Form der Einberufung 6 140
- Frist bei Anfechtungsklagen 6 164
- Funktion 6 133
- Generalversammlung 6 133 ff.
- Gestaltungswirkung des Anfechtungsurteils 6 165
- Haftung für unbegründete Anfechtungsklagen 6 167
- Heilung unwirksamer Beschlüsse 6 151
- Heilung von Beschlussmängeln 6 161
- Informationsmängel 6 158
- inhaltliche Beschlussmängel 6 158, 160
- investierende Mitglieder 6 144
- Kassationswirkung des Anfechtungsurteils 6 166
- Klagebefugnis bei Anfechtungsklagen 6 162
- Klagebefugnis für Nichtigkeitsklagen 6 156
- Klagefrist bei Nichtigkeitsklagen 6 156
- Kopfprinzip 6 143
- Ladungsfrist 6 140
- Meinungsbildung in der 6 147
- Nichtigkeit von Beschlüssen 6 152 ff.
- Nichtigkeit von Beschlüssen nach AktG analog 6 154
- Nichtigkeitsgründe für Beschlüsse 6 154
- Nichtigkeitsklage 6 156
- Nichtigkeitsklage bei Beschlüssen 6 156
- obligatorische Zuständigkeit 6 135
- Ort der 6 141
- positive Beschlussfeststellungsklage 6 166
- Prozesse gegen Vorstandsmitglieder 6 137
- Prüfungsverband 6 147
- Rechte der Mitglieder 6 146 ff.
- Rederecht 6 146
- schwebende Unwirksamkeit von Beschlüssen 6 151
- Stimmabgabe in der 6 141
- Stimmrecht 6 144
- Stimmrechtsausschluss 6 145
- Teilnichtigkeit von Beschlüssen 6 155
- Verfahrensfehler 6 158
- Verhältnis zu Vertreterversammlung 6 133
- Verlustanzeige 6 139
- Verstoß gegen genossenschaftliche Grundprinzipien 6 160
- virtuelle Generalversammlung 6 141
- Wahlrecht 6 146
- Wirkung des Urteils bei Anfechtungsklagen 6 165 ff.
- Zugangsfiktion der Ladung 6 140
- Zuständigkeit 6 134 ff.
- Zuständigkeit bei Anfechtungsklagen 6 163
- Zuständigkeit für Nichtigkeitsklagen 6 156
- Zustimmungsvorbehalte 6 138

Genossenschaft, Vertreterversammlung
- Abschaffung der 6 170
- als Organ der Genossenschaft 6 168
- Amtsdauer 6 173
- Anforderungen an die Person des Vertreters 6 172
- Aufgaben 6 174
- Auflösung 6 170
- Besetzung 6 171 ff.
- Errichtung 6 169
- Funktion der 6 168
- Mindestgröße 6 171
- Rechte der übrigen Mitglieder der Genossenschaft 6 175 f.
- Schicksal bei Absinken der Mitgliederzahl 6 170
- Verhältnis zu Mitgliederversammlungen 6 176
- Vertreterversammlung 6 168 ff.
- Voraussetzungen der Errichtung 6 169
- vorzeitige Beendigung der Amtsdauer 6 173
- Wahl der 6 172
- Wahlrecht 6 172
- Wesen der 6 168
- Wiederwahl 6 173
- Zuständigkeiten 6 174

Genossenschaft, Vorgenossenschaft 6 33
- anwendbare Vorschriften 6 33
- Aufgabe der Eintragungsabsicht 6 36
- Grundbuchfähigkeit 6 33
- Haftung des Vorstands 6 34
- Handelndenhaftung 6 35
- Kontofähigkeit 6 33
- Rechtscharakter 6 33
- Rechtsfähigkeit 6 33
- Scheitern der Eintragung 6 36
- Teilrechtsfähigkeit 6 33
- Übergang auf eG 6 36

Stichwortverzeichnis

- Universalsukzession 6 36
- Vertretung 6 34
- Vorbelastungsverbot 6 34

Genossenschaft, Vorstand 6 79 ff., 191
- Amtsdauer 6 79
- Amtsniederlegung 6 79
- Angaben auf Geschäftsbriefen 6 94
- Angaben in E-Mails 6 94
- Anstellungsverhältnis 6 179
- Anzahl der Mitglieder 6 79
- Aufgaben 6 82
- Aufstellung des Jahresabschlusses 6 86
- Außenhaftung 6 114
- außerordentliche Kündigung des Anstellungsverhältnisses 6 182
- Beendigung des Anstellungsverhältnisses 6 180
- Beschränkung der Geschäftsführungsbefugnis 6 85
- Beschränkung der Vertretungsbefugnis 6 91
- Besetzung 6 79
- Besetzung bei Kleingenossenschaften 6 79
- Betriebsgeheimnisse 6 99
- Beweislastumkehr 6 101
- Binnenausgleich bei Haftung 6 107
- Buchführungspflicht 6 86
- Business Judgement Rule 6 98, 101
- deliktische Haftung 6 110
- Durchsetzung der Haftungsansprüche 6 112
- echte Gesamtvertretung 6 89
- Einzelvertretung 6 89
- Ermessen 6 98
- Ermessensspielraum 6 98
- evident missbräuchliches Verhalten 6 92
- faktische Vorstandsmitglieder 6 80
- gemischte Vertretung 6 89
- Gesamtgeschäftsführung 6 87
- gesamtschuldnerische Haftung 6 107
- Geschäftsführung 6 83
- Geschäftsführung bei Kleingenossenschaften 6 83
- Geschäftsgeheimnisse 6 99
- Grundlagengeschäfte 6 84
- Haftung 6 95 ff.
- Haftung bei Mehrheitsbeschlüssen 6 102
- Haftung für delegierte Aufgaben 6 103
- Haftung für Verschulden von Mitarbeitern 6 104
- Haftung gegenüber der eG 6 96 ff.
- Haftung gegenüber Dritten 6 113
- Haftung nach allgemeinen Regeln 6 110
- Haftung nach Beschluss der Generalversammlung 6 106
- Haftung und Ressortverteilung 6 102
- Haftungsausschluss 6 106
- Haftungsverjährung bei Kreditgenossenschaften 6 109
- Holzmüller-Fälle 6 84
- Inkompatibilität 6 80
- Innerorganstreitigkeiten 6 91
- Insolvenzantrag 6 111
- Insolvenzantragspflicht 6 86, 111
- Insolvenzverschleppung 6 86
- Kollusion 6 92
- Koppelungsklausel im Anstellungsverhältnis 6 180
- KWG 6 81
- Leitung unter eigener Verantwortung 6 82
- Maßstab der Haftung 6 97
- Mehrvertretung 6 91
- ordentliche Kündigung des Anstellungsverhältnisses 6 181
- persönliche Voraussetzungen 6 80
- pflichtgemäßes Alternativverhalten 6 105
- Pflichtverletzung 6 100 ff.
- Schadensermittlung bei Haftung 6 105
- Selbstkontrahierung 6 91
- Sorgfalt 6 97
- Sorgfaltsmaßstab 6 97 ff.
- Tod eines Vorstandsmitglieds 6 90
- Trennungsprinzip 6 79
- unechte Gesamtvertretung 6 89
- Verjährung von Haftungsansprüchen 6 108 ff.
- Verlustanzeige 6 86
- Vermutung des Schadenseintritts 6 105
- Verschulden 6 104
- Verschulden bei Haftung 6 104
- verschuldensabhängige Haftung 6 104
- Verschuldensmaßstab 6 104
- Vertretung 6 88
- Vertretung bei Kleingenossenschaften 6 89
- Voraussetzungen bei Kreditgenossenschaften 6 81
- Wissenszurechnung 6 93
- Zurechnung 6 93
- Zurechnung von Fehlverhalten im Betrieb 6 103
- Zurechnung von Willensmängeln 6 93

Genuine link 10 4
Genussrecht 11 29
Gerichtsstand der GmbH 2 436
Gesamtprokura 3 91
Gesamtrechtsnachfolge 8 2
- GbR 1 241
- partielle 8 941

Gesamtvermögensgeschäft 7 49
- Auflösungsbeschluss 7 65
- Ausschluss Verfügungsbeschränkung 7 41, 73
- Beteiligungsveräußerung 7 59
- Ehevertrag 7 41, 72
- Einwilligung 7 49, 69
- Einzeltheorie 7 51
- Gegenleistung 7 53
- Gesellschaftsbeteiligung 7 51, 54
- Gesellschaftsgründung 7 58
- Gesellschaftsvertragsänderung 7 61
- Kosten 7 70

1655

Stichwortverzeichnis

– Kündigung der Gesellschaft 7 65
– Tochtergesellschaft 7 68
– Veräußerungsverbot 7 50
– Verfügungsbeschränkung 7 41, 49
– Wertvergleich 7 53
– Zustimmung 7 69
Gesamtvertretung
– GmbH 2 307
Gesamtvertretung der GmbH
– Modell 2 305
– modifizierte – 2 307
Gesamtverweisung 10 13
Geschäftsanteil
– Bestellung von Nießbrauchsrechten 2 1077
– Kaufvertrag 2 944
– UG (haftungsbeschränkt) 1 795
– Verpfändung 2 1070
– Vinkulierung 7 207
Geschäftsanteil der GmbH
– Anbietungspflichten 2 286
– Ankaufsrechte 2 286
– drag along-Regelung 2 290
– Nießbrauchsbestellung 2 1068
– Pfandrechtsbestellung 2 1068
– Russian Roulette-Regelung 2 295
– tag along-Regelung 2 290
– Texan-shoot-out-Regelung 2 295
– Todesfallrisiko 2 393
– Vorkaufsrechte 2 286
– Zwangsabtretung 2 400
Geschäftsanteilskauf- und -abtretungsvertrag
– Änderungen, Form 2 885
Geschäftsanteilskaufvertrag
– Beurkundung 2 893
Geschäftsanteilsübertragungsvertrag
– Beteiligte 2 863
Geschäftsführende Direktoren
– Amtszeit 5 15
– Weisungen 5 18
Geschäftsführer
– Besteuerung 12 671
Geschäftsführung 1 89
– GbR 1 89
– Geschäftsführung 1 773
– Personenhandelsgesellschaft 1 595
– Vor-GmbH 2 31
– Vorgründungsgesellschaft 2 15
Geschäftsführungsbefugnis
– Personenhandelsgesellschaft 1 596
Geschäftsführungsvertrag 9 1
Geschäftsjahr 3 49; 12 521
Geschäftsordnung
– des Aufsichtsrats der AG 3 130
– des Vorstands der AG 3 88
Geschlossener Immobilienfonds 1 242
Gesellschaft
– ausländische *s. dort*
– Außenbeziehungen 10 36

– deutsche – im Ausland, Einhaltung von Formerfordernissen bei Beurkundungen 10 150
– deutsche, Register und Vertreterbescheinigungen zur Verwendung im Ausland 10 47
– einer deutschen Gesellschaft im Ausland 10 31
– mit ausländischen Gesellschaftern, Gründung 10 33
– Personalstatus 10 2
– Vertretungsorgane 10 91
Gesellschaft (Belgien)
– Rechtsformen 10 62
– Vertretung 10 62
Gesellschaft (England)
– Rechtsformen 10 68
– Vertretungsorgane 10 68
Gesellschaft (Frankreich)
– Rechtsformen 10 74
– Vertretungsorgane 10 74
Gesellschaft (Italien)
– Rechtsformen 10 79
– Vertretungsorgane 10 79
Gesellschaft (Niederlande)
– Niederlande, Rechtsformen 10 83
– Niederlande, Vertretungsorgane 10 83
Gesellschaft (Österreich)
– Rechtsformen 10 88
– Vertretungsorgane 10 88
Gesellschaft (Schweiz)
– Rechtsformen 10 91
Gesellschaft (Spanien)
– Rechtsformen 10 95
– Vertretungsorgane 10 95
Gesellschaft (USA)
– Rechtsformen 10 98
– Vertretungsorgane 10 98
Gesellschaft Bürgerlichen Rechts
– Gesellschafterinsolvenz, Abfindung 13 185, 193
– Gesellschafterinsolvenz, Auflösung 13 193
– Gesellschafterinsolvenz, Fortsetzung 13 194, 200
– Gesellschafterinsolvenz, Fortsetzungsklausel 13 195
– Gesellschafterinsolvenz, Insolvenzbeschlag 13 154, 193
– Gesellschafterinsolvenz, Liquidation 13 193
– Gesellschaftsinsolvenz, Auflösung 13 77
– Gesellschaftsinsolvenz, Fortsetzung 13 152
– Gesellschaftsinsolvenz, Gesellschafterversammlung 13 93
– Gesellschaftsinsolvenz, Nachschusspflicht 13 241
– Gesellschaftsinsolvenz, Registeranmeldung 13 101
– Gesellschaftsinsolvenz, Verfahrensaufhebung 13 150
– Gesellschaftsinsolvenz, Verfahrenseinstellung 13 150

Stichwortverzeichnis

- Gesellschaftsinsolvenz, Vollbeendigung 13 78, 148
- Insolvenzeröffnung 13 77
- Insolvenzfähigkeit 13 72
- Simultaninsolvenz 13 198

Gesellschafter
- ausländische Gesellschaften als ~ 10 34
- ausländische natürliche Personen als ~ 10 33
- Enthaftungsfrist 1 619
- gewerbliche Einkünfte 1 475
- Haftung 1 615
- Haftung für Altschulden 1 618
- Nachhaftung 1 618
- Sitzverlegung s. dort
- Zweigniederlassung s. dort

Gesellschafter der Personenhandelsgesellschaft 1 487
- Ausschließungsbeschluss 1 679
- Austrittsvereinbarung 1 674

Gesellschafterausschluss 1 187
- Gesellschafterbeschluss 2 388
- GmbH 2 386

Gesellschafterbeschlüsse 1 108

Gesellschafterdarlehen
- in der Gesellschaftskrise 13 66, 69
- Rangrücktritt 13 243

Gesellschafterfähigkeit 1 28

Gesellschafter-Geschäftsführer
- Besteuerung 12 671

Gesellschafterhaftung
- Erfüllung 1 12
- Haftung in Geld 1 12

Gesellschafterinsolvenz 1 237

Gesellschafterkonten 1 605

Gesellschafterliste
- Aufnahme dinglicher Belastungen 2 1048
- Inhalt 2 1026
- neue, Zeitpunkt der Einreichung 2 1041
- rechtliche Bedeutung nach § 16 Abs. 1 GmbHG 2 1049
- Testamentsvollstreckervermerk 7 242
- Verpflichtung zur Einreichung 2 1032

Gesellschaftervereinbarung 1 8; 2 1080
- Änderung 2 1136
- Anteilsabtretungen 2 1122
- Ausübung von Gesellschafterrechten 2 1120
- Bad-Leaver-Klausel 2 1122
- Bestellung von Gesellschaftsorganen 2 1108
- Drag-Along 2 1122
- Einziehungsklauseln 2 1126
- Erwerbsvorrechte 2 1104
- Finanzierung der Gesellschaft 2 1111
- Form 2 1096
- Good-Leaver-Klausel 2 1122
- Kosten 2 1144
- Stimmbindungsvereinbarungen 2 1107
- Tag-Along 2 1122
- Verfügungsbeschränkungen 2 1103
- Wettbewerbsverbote 2 1128

Gesellschafterversammlung
- Regelungen 1 121

Gesellschafterversammlung der GbR
- Anwendbarkeit von § 181 BGB auf Gesellschafterbeschlüsse 1 133
- Ausübung des Stimmrechts 1 125
- Beschlussquorum 1 126
- Einberufung 1 123
- Form der Stimmabgabe 1 129

Gesellschafterversammlung der GmbH 2 330
- Einberufung durch eine Gesellschafterminderheit 2 339
- Einberufungsform 2 335
- Einberufungsfrist 2 335
- Einberufungsmängel 2 341
- kombinierte Beschlussfassung 2 361
- Rechtsfolgen fehlerhafter Einberufung 2 649
- Stimmrecht 2 363
- Stimmrechtsvertreter 2 356
- Stimmrechtsvollmacht 2 356, 663
- Tagesordnung 2 337
- Tagungsort 2 337
- Teilnahmerecht 2 348
- Versammlungsleiter 2 354

Gesellschaftsanteil
- Übertragung, Vinkulierung kraft Gesetzes 1 658

Gesellschaftsform
- europäische 10 157

Gesellschaftsgründung
- Besteuerung bei Kapitalgesellschaften 12 588
- Besteuerung des Gesellschafters bei Kapitalgesellschaft 12 594

Gesellschaftsinsolvenz
- Auflösung 13 77
- Buchführung 13 100
- Dogmatische Grundlagen 13 77
- Einziehung von Anteilen 13 86
- Fortsetzen 13 145, 152
- Gesellschafterversammlung 13 93
- Gesellschaftsorgane 13 79
- Gesellschaftssitz 13 115
- Insolvenzmasse s. dort
- Prokura 13 99
- Rechnungslegung 13 100
- Registeranmeldungen 13 101
- Satzungsänderung 13 94, 108
- Simultaninsolvenz 13 198
- Umwandlungen 13 212
- Unternehmensgegenstand 13 116
- Vollbeendigung 13 78, 133, 148
- Vollmachten 13 106

Gesellschaftskollisionsrecht
- Gesamtverweisung 10 13
- Rückverweisung 10 13
- Weiterverweisung 10 13

Gesellschaftsname
- GbR 1 62

1657

Stichwortverzeichnis

Gesellschaftsrecht
- ausländische Vollmachten 10 136
- internationales 10 1

Gesellschaftsstatut
- Anwendungsbereich 10 14
- juristische Personen als Organ 10 43
- Organfähigkeit 10 39
- organschaftliche Vertretung 10 38

Gesellschaftsvertrag
- der Personenhandelsgesellschaft 1 495
- GbR 1 43
- One Way Sell Russian Roulette 2 295
- Russian Roulette 2 295
- Spaltung zur Neugründung 8 1024
- Texan-shoot-out-Verfahren 2 295

Gesellschaftsvertrag der Personenhandelsgesellschaft 1 477
- fakultativer Inhalt 1 498
- Formbedürftigkeit in Sonderfällen 1 501
- Formfreiheit 1 500
- Gesellschaftsvertrag 1 493
- Vertragsfreiheit 1 497

Gewerbebetrieb
- Einkünfte aus 1 474

Gewerbesteuer
- Personengesellschaften 12 11, 217

Gewerbesteuerpflicht
- Kapitalgesellschaft 12 587

Gewinnabführungsvertrag 3 657; 9 1, 6
- mit einer abhängigen AG 9 6
- Organschaft 12 775

Gewinnanteile des Komplementärs bei KGaA 12 617

Gewinnbeteiligung
- KG 1 610

Gewinngemeinschaft 9 1
Gewinngemeinschaftsvertrag 3 657
Gewinnrücklagen 2 778
Gewinnübermassschenkung 12 906
Gewinnverwendung 3 175
gGmbH 2 166

Gläubigerbenachteiligung
- Abfindungsklauseln 13 174, 185
- Vermögensverschiebungen 13 63

Gläubigerdiskriminierung 2 421
Globalurkunde 11 83

GmbH
- § 181 BGB bei der Gründung 2 151
- Abfindung *s. dort*
- Abfindungsbeschränkung 2 421
- Abschluss des Gesellschaftsvertrags 2 118
- Abtretung von Geschäftsanteilen *s. dort*
- Abtretungsklausel 7 197
- Amortisation 7 190
- Änderung des Gesellschaftsvertrags *s. dort*
- Anfechtung von Gesellschafterbeschlüssen 2 370
- Anmeldung *s. dort*; 2 451
- Antrag auf Nachtragsliquidation 2 860
- Aufbringung und Erhaltung des Stammkapitals 2 483
- Auflösung *s. dort*
- Aufsichtsrat *s. dort*
- Ausländer *s. dort*
- Ausscheiden eines Gesellschafters aus einem bestehenden Organ- oder Anstellungsverhältnis 2 394
- Ausschluss eines Gesellschafters 2 386
- Ausschluss eines Gesellschafters ohne Satzungsregelung 2 387
- Austrittsrecht 2 238
- Bargründung 2 224
- Beendigung der Gesellschaft 2 834
- Befreiung der Liquidatoren von § 181 BGB 2 326
- Befreiung und Ermächtigung zur Befreiung von § 181 BGB 2 319
- Befreiung von der Einlageschuld 2 560
- Beirat 2 430
- Bekanntmachung der Auflösung 2 845
- Bekanntmachungen 2 446
- Belehrung des Geschäftsführers 2 150
- Beschlussfähigkeit der Gesellschafterversammlung 2 344
- Beschlussmängelstreitigkeiten 2 440
- Bestellung von dinglichen Belastungen 2 266
- Betrag des Stammkapitals 2 218
- Bewertung des tatsächlichen Werts des Einlagegegenstands 2 513
- Bilanz *s. dort*
- Buchwertklauseln 2 415
- Covid 19 2 629
- Dauer 2 236
- deutsche, Verlegung des satzungsmäßigen Sitzes ins Ausland 10 17
- Differenzhaftung 2 515
- dingliche Abtretung eines Geschäftsanteils *s. dort*
- Einberufung der Gesellschafterversammlung 2 331, 636
- Einbringung von Geschäftsanteilen in andere Gesellschaften 2 942
- Einbringungsvertrag 2 517
- Einbuchungsfälle 2 126
- Einlageverpflichtung, Barbetrag 2 488
- Einschränkung der Veräußerung und Belastung von Geschäftsanteilen 2 264
- Einzahlung der Einlageleistung auf Konto der Vorgesellschaft 2 492
- Einzelvertretungsmacht 2 311
- Einziehung von Geschäftsanteilen *s. dort*
- Einziehungsermächtigung 7 192
- Einziehungsvoraussetzungen 7 195
- Entstehen der konkreten Nachschusspflicht 2 248
- Erbengemeinschaft als Gründer 2 83

Stichwortverzeichnis

- Erbfolge 7 117
- Erbringung von Architektenleistungen 2 215
- erforderliche Angaben im Gesellschaftsvertrag bei Sachgründung, Checkliste 2 516
- Erfüllung der Mindesteinlagepflicht 2 487
- Erfüllung der Sacheinlageverpflichtung 2 517
- Ergebnisverwendung 2 374, 377
- Errichtung 2 56
- Ertragswertklauseln 2 420
- Europäische Wirtschaftliche Interessenvereinigung als Gründer 2 82
- Eventualeinberufung einer Gesellschafterversammlung 2 648
- fakultativer Aufsichtsrat 2 435
- Fälligkeit der Stammeinlagen 2 227
- Firma s. dort
- Firmenbildung 2 168
- Form der Anmeldung 2 454
- Form des Gesellschaftsvertrags 2 118
- Fortsetzung einer aufgelösten Gesellschaft 2 853
- Freiberufler, Standesrecht 2 67
- GbR als Gründer 2 73
- Gegenstand des Unternehmens 2 201
- Geldwäschegesetz 2 628
- gemeinnützige ~ 2 217
- gemeinsamer Vertreter 7 187
- gemischte Sacheinlage 2 511
- genehmigtes Kapital 2 789
- Gerichtsstand 2 436
- Gesamtvertretung 2 307
- Geschäftsanteil s. dort
- Geschäftsführer s. dort
- Gesellschafter 2 57
- Gesellschafterbeschlüsse, Anfechtungsfrist 2 371
- Gesellschafterdarlehen 2 511
- Gesellschafterliste bei Untergang des Geschäftsanteils 2 406
- Gesellschafterversammlung s. dort
- Gestaltung von Abfindungsregelungen 2 424
- GmbH-Insolvenz s. dort
- Gründer 2 57
- Gründung s. dort
- Gründungsprotokoll mit Satzung als Anlage 2 133
- Gütergemeinschaft als Gründer 2 83
- Güterstand der Gründer 2 58
- Handelsregisteranmeldung 2 477
- Hin- und Herzahlen der Bareinlage 2 531
- Hin- und Herzahlen gem. § 19 Abs. 5 GmbHG n.F. 2 555
- Hinauskündigungsklauseln 2 394
- individuell gestalteter Gesellschaftsvertrag 2 131
- Inhalt der Anmeldung 2 455
- Inhalt einer Schiedsvereinbarung 2 439
- inhaltliche Anforderungen an den Sachgründungsbericht 2 524
- Insolvenzeröffnung 13 77
- Insolvenzfähigkeit 13 72
- Jahresabschluss 2 374
- juristische Personen als Gründer 2 69
- Kaduzierungsermächtigung 7 196
- Kapitalaufbringung für Kapitalerhöhung 2 732
- Kapitalerhöhung s. dort
- Kapitalerhöhung aus Gesellschaftsmitteln 2 772
- Kapitalerhöhungsbeschluss, Übernahmeerklärung 2 723
- Kapitalschnitt 2 816
- Kauf von Geschäftsanteilen 2 944
- kein Verbot von Vorabausschüttungen auf den erwarteten Gewinn 2 379
- keine Befreiung von der Einlagepflicht gem. § 19 Abs. 2 S. 1 GmbHG n.F. 2 575
- Kündigung des Gesellschafters, Regelung der Rechtsfolgen 2 382
- Kündigung durch den Gesellschafter 2 380
- Kündigungsrecht für die Gesellschafter 2 239
- Liquidation 2 848
- Methoden zur Bestimmung des Kaufpreises 2 948
- Minderjährige und unter Betreuung stehende Person als Gründer und Gesellschafter 2 61
- Mindestanforderungen an Schiedsklausel 2 441
- Mitteilungspflichten gegenüber dem Finanzamt und anderen Behörden 2 479
- Modell der Gesamtvertretung 2 305
- modifizierte Gesamtvertretung 2 307
- Nachschussklausel für beschränkte Nachschusspflicht 2 253
- Nachschusspflicht 2 242
- nachträgliche Vinkulierung 2 281
- Nachtragsliquidation 2 856
- natürlich Personen als Gründer 2 58
- Nebenleistungspflichten der Gesellschafter 2 250
- Nennwertklauseln 2 417
- nichtrechtsfähiger Verein als Gründer 2 81
- notarielle Gründung 2 23
- Notarkosten bei Gründung im vereinfachten Verfahren 2 626
- Öffnungsklausel 2 262
- ordentliche Kapitalherabsetzung s. dort
- Partnerschaftsgesellschaft als Gründer 2 81
- Personenhandelsgesellschaften als Gründer 2 72
- Protokollierung von Gesellschafterbeschlüssen 2 372
- Publizität 2 374
- Rechtsfolgen der verdeckten Sacheinlage nach MoMiG 2 552
- Rechtsfolgen des ordnungsgemäßen Hin- und Herzahlens 2 574
- Rechtslage verdeckte Sachgründung nach MoMiG 2 534
- Rechtslage verdeckte Sachgründung vor MoMiG 2 532

Stichwortverzeichnis

- Rechtsnatur 2 7
- Regelung des Ausschlusses eines Gesellschafters in der Satzung 2 389
- Regelung von vertraglichen Wettbewerbsverboten 2 254
- Reichweite der Vertretungsmacht 2 302
- Sacheinlage 2 500
- Sacheinlagefähigkeit 2 505
- Sacheinlagevereinbarung 2 503
- Sachfirma 2 185
- Sachgründung 2 224, 498
- Sachgründung bei vereinfachtem Verfahren 2 530
- Sachgründungsbericht 2 520
- Sachübernahme 2 500
- Sachübernahme mit Verrechnungsabrede 2 529
- salvatorische Klausel in Satzung 2 448
- Satzung 2 158
- Satzungsänderung 2 631
- Satzungsänderung bei wirtschaftlicher Neugründung 2 700
- Satzungsbereinigung 2 632
- Satzungsdurchbrechung 2 693
- Satzungsgestaltung bei fakultativen Satzungsbestandteilen 2 242
- schenkweise Zuwendung eines Geschäftsanteils 2 921
- Schiedsgericht 2 436
- Schiedsgericht, Zuständigkeitskonzentration 2 441
- Schiedsvereinbarung 2 439
- Schiedsvereinbarung, Form 2 437
- schuldrechtliche Nebenabreden 2 158
- Sicherungsmaßnahmen bei aufschiebend bedingter Abtretung eines Geschäftsanteils 2 1021
- Sitz 2 190
- Spaltung s. dort
- Spaltung unter Beteiligung einer ~ 8 1226
- Spaltungsbericht 8 1227
- Spaltungsbeschluss 8 1230
- Spaltungsprüfung 8 1228
- Stammkapital 2 219
- steuerliche Folgen der Abfindungsregelung 2 426
- stimmrechtslose Geschäftsanteile 2 367
- Stimmverbote 2 369
- Teilung eines Geschäftsanteils 2 298, 916
- treuhänderische Übertragung von Geschäftsanteilen 2 928
- Überpariemission 2 226, 511
- Übertragung von Geschäftsanteilen s. dort
- Umstellung des Satzungstextes auf die neue Rechtschreibung 2 633
- Umstellung des Stammkapitals auf Euro 2 822
- Umwandlung 2 3
- unechte Gesamtvertretung 2 309
- Untergang eines Geschäftsanteils 2 386
- Unternehmen als Sacheinlage 2 514
- Unternehmensvertrag 9 3
- Unversehrtheitsgrundsatz 2 40
- Verbot der Unterpariemission 2 226
- verdeckte Sacheinlage nach MoMiG 2 539
- Vereinbarung einer unbeschränkten Nachschusspflicht 2 245
- vereinfachte Kapitalherabsetzung 2 813
- Vermeidung eines Verstoßes gegen Wettbewerbsverbot 2 260
- Verschmelzung s. dort
- Verschmelzung durch Neugründung 8 355
- Verschmelzung, Anmeldung der Verschmelzung 8 352
- verschmelzungsbedingter Erwerb der Anteile an der übernehmenden ~ 8 324
- Verstoß gegen ein Wettbewerbsverbot 2 260
- Vertretung 2 301
- Vertretung in der Liquidation 2 313
- Vertretung natürlicher Personen bei der Gründung 2 88
- Vertretung von Gesellschaftern bei der Gründung 2 87
- Verwaltungssitz im Ausland 2 197
- Vinkulierung s. dort
- Vinkulierungklausel, satzungsmäßige Festlegung des Zustimmungserfordernisses 2 271
- Vinkulierungklauseln 2 277
- Vollbeendigung der Gesellschaft 2 848
- völliger Ausschluss der Abfindung 2 414
- Vollmacht zur Gründung einer GmbH in Beglaubigungsform 2 94
- Vollversammlung 2 342
- Vorbereitungshandlungen 2 14
- Vorgründungsgesellschaft 2 10
- Wert der Sacheinlage 2 509
- Wettbewerbsverbot s. dort
- wirksame Befreiung vom Verbot des § 181 BGB 2 321
- Wirksamkeit der Beschränkung des Abfindungsrechts eines GmbH-Gesellschafters 2 413
- Zahl und Nennbetrag der Geschäftsanteile im Gesellschaftsvertrag 2 223
- Zahlungsmodalitäten für die Abfindung 2 428
- Zeitpunkt für die Erbringung der Einlageleistung 2 485
- Zulässigkeit der Firma, Praxisempfehlung 2 188
- zusätzliche besondere Qualifikationen der Gründer 2 85
- Zustandekommen eines Übertragungsvertrags über Geschäftsanteile 2 861
- Zwangsabtretung 7 190
- Zwangseinziehung 7 190
- Zwangsvollstreckungsmaßnahmen in ein Geschäftsanteil 2 392
- zwingende Satzungsbestandteile 2 160

GmbH & Co. KG 1 466
- als Mischform 1 755

Stichwortverzeichnis

- Anmeldung 1 743
- Befreiung von § 181 BGB 2 328
- Besonderheiten der Gesellschaftsverträge 1 769
- Beteiligungsgleichlauf 1 785
- Beurkundungsbedürftigkeit des Gesellschaftsvertrags 1 508
- doppelstöckige 1 756
- Einheitsgesellschaft 1 788
- Erbfolge 7 210
- Errichtung 1 759
- Erstanmeldung 1 746
- Geschäftsführung 1 773
- Gesellschafterinsolvenz s. *Kommanditgesellschaft*
- Gesellschafterinsolvenz, Fortführung 13 192, 200
- Gesellschafterinsolvenz, zweigliedrige Gesellschaft 13 191
- gesetzliche Vinkulierung 1 785
- GmbH-Vertrag 1 769
- Gründung der GmbH 1 760
- Gründung, Form 1 764
- Haftung 1 778
- Haftung der GmbH 1 779
- Haftung der KG 1 781
- Insolvenz des Kommanditisten 13 191
- Insolvenz des Komplementärs 13 189, 191
- Kapitalaufbringung 1 767
- KG-Vertrag 1 771
- Komplementärin 1 772
- Simultaninsolvenz 13 198
- Spaltung 8 1209
- Steuern 12 273
- Übertragung 1 656
- Übertragung von Beteiligungen 1 785
- Übertragung von GmbH-Geschäftsanteilen und Kommanditanteilen 2 890
- Vertretung 1 773
- Verzahnung der Gesellschaftsverträge von GmbH und KG 1 777
- Wettbewerbsverbot 1 776

GmbH & Co. KG-Vertrag
- Form 2 120

GmbH-Geschäftsanteil
- Gesellschafterinsolvenz, Ausschluss 13 168, 173
- Gesellschafterinsolvenz, Einziehung 13 169
- Gesellschafterinsolvenz, Gesellschafterversammlung 13 164
- Gesellschafterinsolvenz, Insolvenzbeschlag 13 154
- Gesellschafterinsolvenz, Sonderrechte 13 165
- Gesellschafterinsolvenz, Stimmrecht 13 160
- Gesellschafterinsolvenz, Teilung 13 177
- Gesellschafterinsolvenz, Vinkulierung 13 176
- Gesellschafterinsolvenz, Wettbewerbsverbot 13 178
- Gesellschafterinsolvenz, Zwangsabtretung 13 170
- GmbH-Insolvenz, Abtretung 13 82
- GmbH-Insolvenz, Einziehung 13 86
- GmbH-Insolvenz, Share Deal 13 210

GmbH-Geschäftsführer 2 301
- Anstellungsvertrag 2 140
- bedingte Bestellung 2 141
- befristete Bestellung 2 141
- Bestellung 2 135
- Bestellung durch Gesellschafterbeschluss 2 135
- Bestellung im Gesellschaftsvertrag 2 135
- Bestellungshindernisse 2 144
- Führungslosigkeit 13 24
- Geschäftsführungsbefugnis 2 302
- GmbH-Insolvenz, Abberufung 13 90
- GmbH-Insolvenz, Amtsniederlegung 13 16, 26, 58, 83
- GmbH-Insolvenz, Anstellungsvertrag 13 84, 124
- GmbH-Insolvenz, Aufgabe 13 91
- GmbH-Insolvenz, Bestellung 13 90
- GmbH-Insolvenz, Entlastung 13 87
- GmbH-Insolvenz, Wettbewerbsverbot 13 119
- Haftung in der Krise 13 34
- Muster einer schriftlichen Belehrung in englischer Sprache 10 42
- Wechsel vor Eintragung der Gesellschaft 2 472

GmbH-Gesellschafter
- gesetzliches Austrittsrecht 2 380

GmbH-Gesellschafterversammlung
- Einberufung 2 331, 636

GmbH-Gesellschaftsvertrag
- Abfindungsregelung 2 410
- Änderung 2 630

GmbH-GmbH-Verschmelzung
- besondere Vorgaben 8 345

GmbH-Gründung 8 823
- Ablauf 2 8
- Einzelkaufmann 2 68
- Erteilung der Vollmacht im Ausland 2 101
- Gründung 2 2
- Kosten 2 229
- Mangel der Vollmacht 2 97
- Mehrfachvertretung 2 96
- Musterprotokolle 2 134
- Selbstkontrahieren 2 96
- Vertretung s. *dort*
- vollmachtlose Vertretung 2 97

GmbH-Gründung im vereinfachten Verfahren 2 588
- Änderungen des Musterprotokolls nach Beurkundung 2 613
- Belehrungshinweise des Notars 2 612
- Bestellung des Geschäftsführers 2 604
- Eignung als Gesellschafter 2 596
- Firmenbildung 2 597
- Gründungskosten 2 610
- Handelsregisteranmeldung 2 614
- Notarkosten bei Gründung 2 615
- Stammkapital 2 599

Stichwortverzeichnis

- steuerliche Mitteilungspflichten 2 611
- Unternehmensgegenstand 2 598
- Vervollständigung des Musterprotokolls 2 595

GmbH-Insolvenz
- Auflösung 13 77
- Fortsetzung 13 145
- Geschäftsadresse 13 89
- Gesellschafterliste 13 92, 253
- Gesellschafterversammlung 13 93
- Gesellschaftssitz 13 115
- Löschung 13 133
- Registeranmeldungen 13 101
- Satzungsänderungen 13 108
- Unternehmensgegenstand 13 116
- Verfahrensaufhebung 13 142
- Verfahrenseinstellung 13 136
- Vollbeendigung 13 78, 133

Good-Leaver-Klausel 2 1125
Goodwill 1 685
Grundbesitz
- Veräußerung durch Namens-GbR 1 275

Grundbesitzgesellschaft 1 8, 242
- flexible Beteiligung der Gesellschafter am Gesellschaftsvermögen entsprechend der Finanzierungsbeiträge 1 248
- Grunderwerbsteuerfreiheit bei GbR-Anteilsübertragungen 1 247
- Möglichkeit der formfreien Übertragung von Gesellschaftsanteilen 1 250
- Veräußerlichkeit von Gesellschaftsanteilen 1 246

Grundbuch
- Beteiligungshöhe eines Gesellschafters nicht eintragungsfähig 1 285
- Eintragung einer GbR, positive Vermutung 1 264
- Eintragungsfähigkeit von Belastungen und Verfügungsbeschränkungen hinsichtlich Gesellschaftsanteil nach dem ERVGBG 1 278
- Personenhandelsgesellschaft und ~ 1 485

Grundbuchvollzug 1 309
Gründerhaftung 8 697
- Formwechsel 8 697

Grunderwerbsteuer
- Personengesellschaften 12 14, 261

Grundpfandrechte
- bei Spaltung 8 1101

Grundsteuer
- Personengesellschaften 12 15

Grundstücke
- Bilanzierung 12 375
- gewerblicher Handel 12 400
- Personengesellschaften 12 368, 388

Grundstücks-GbR
- Garantien 1 307
- Grundbuchvollzug 1 309
- Veräußerung von Gesellschaftsanteilen 1 282

Grundstücksgeschäft
- Beurkundungsbedürftigkeit des Gesellschaftsvertrags im Zusammenhang mit einem ~ 1 507

Gründung
- Europäische Gesellschaft 10 157
- UG (haftungsbeschränkt) 2 578, 625

Gründung der AG 3 2
- Gründungsbericht der Gründer 3 228
- Gründungsprüfung, Erforderlichkeit 3 233
- Gründungsprüfungsbericht des Gründungsprüfers 3 233
- Gründungsprüfungsbericht des Vorstands und des Aufsichtsrats 3 230
- steuerliche Mitteilungspflichten 3 265

Gründungsprotokoll 2 133
Gründungsprüfung 3 233
Gründungsprüfungsbericht
- des Gründungsprüfers 3 233
- des Vorstands und des Aufsichtsrats 3 230

Gründungstheorie 10 5
Güterstand
- Ausschluss des Zugewinnausgleichs 7 9
- Gütertrennung 7 8
- modifizierte Zugewinngemeinschaft 7 7
- modifizierte Zugewinngemeinschaft, Gütertrennung 7 6
- Sonderbetriebsvermögen 7 15

Güterstandsklausel 7 79
- Abfindung 7 96
- ausländischer Güterstand 7 90
- Beurkundungspflicht 7 85
- Ehevertragsfreiheit 7 89
- Nachweispflicht 7 92
- Pflicht zum Abschluss eines Ehevertrages 7 87
- Sanktionierung bei Verstoß 7 95
- Sittenwidrigkeit 7 89
- Verhältnismäßigkeitsgrundsatz 7 96
- Ziel 7 81
- Zugewinnausgleich 7 79
- Zulässigkeit 7 84
- Zwangsabtretung 7 95
- Zwangseinziehung 7 95

H

Haager Übereinkommen
- beigetretene Staaten 10 146

Haftung 1 615
- Altschulden 1 618
- bei Gesellschafterwechsel in GbR 1 18
- der Bank im Gründungsstadium 3 371
- der Gesellschafter im Außenverhältnis 1 630
- der GmbH 1 778
- des Gründungsprüfers 3 370
- des neu eintretenden Gesellschafters der GbR für Altverbindlichkeiten 1 20
- des Vorstands und des Aufsichtsrats im Gründungsstadium 3 368
- Formwechsel Kapitalgesellschaft 8 848
- Kommanditist 1 621
- Publikumsgesellschaft 1 15
- von Veräußerer und Erwerber der GbR für Gesellschaftserbindlichkeiten 1 171

Stichwortverzeichnis

- Vor-GmbH **2** 37
- Vorgründungsgesellschaft s. dort

Haftung der Organe
- Formwechsel **8** 695

Haftung des Kommanditisten 1 621
- bei Eintritt in eine bestehende Handelsgesellschaft **1** 626
- doppelte ~ **1** 629
- mit Privatvermögen **1** 624
- Vermeidung der doppelten ~ **1** 637
- Wiederaufleben **1** 625

Haftungsausschluss
- Handelsregister **1** 649

Haftungsverhältnisse
- Vor-GmbH **2** 36

Haftungsvermeidung
- Handelsregisteranmeldung zur ~ **1** 651

Handelndenhaftung
- gem. § 11 Abs. 2 GmbHG **2** 47
- gem. § 41 Abs. 1 S. 2 AktG **3** 369
- Vor-GmbH **2** 47

Handelsbilanz 12 603

Handelsregister
- Abspaltung **8** 1204
- Gesellschafterinsolvenz, OHG, KG **13** 180
- Gesellschaftsinsolvenz, AG und GmbH **13** 132
- Gesellschaftsinsolvenz, OHG, KG und GbR **13** 148
- Haftungsausschluss **1** 649

Handelsregisteranmeldung
- Auflösung der GmbH **2** 842
- Beherrschungs- und Gewinnabführungsvertrag **9** 32
- Formwechsel **8** 647
- Formwechsel Kapitalgesellschaft **8** 843
- GmbH **2** 477
- Personenhandelsgesellschaft **1** 481
- Transparenzregister **1** 482
- Vollmacht **1** 481
- zur Haftungsvermeidung **1** 651

Handelsregisteranmeldung der AG 3 242
- Anlagen **3** 258
- Berechnung Gründungsaufwand **3** 240
- Inhalt **3** 244

Handelsregistervollmacht
- eines Kommanditisten (deutsch/englisch) **10** 125

Hauptversammlung
- COVID-19-Pandemie **3** 698
- virtuell **3** 698

Hauptversammlung der AG 3 391
- Änderungen des Protokolls **3** 493
- Angabe der Einberufenden **3** 420
- Angabe der Teilnahmebedingungen **3** 416
- Anlagen zur Niederschrift **3** 488
- Art der Abstimmung **3** 451
- Auskunftsverweigerung **3** 470
- besondere Vorkommnisse **3** 485
- Bestellung des Abschlussprüfers **3** 511
- Bild- und Tonübertragungen **3** 169
- Einberufungsfrist **3** 393
- Einberufungsmedium **3** 394
- Einpersonengesellschaft **3** 502
- Entlastung von Vorstand und Aufsichtsrat **3** 515
- Ergebnis der Abstimmung **3** 456
- Feststellung des Jahresabschlusses **3** 505
- Gewinnverwendung **3** 508
- Hilfspersonen bei der Protokollierung **3** 480
- Minderheitsverlangen **3** 463
- Mitteilungen nach § 125 AktG **3** 163
- offensichtliche Rechtsverstöße **3** 431
- ohne Notar **3** 498
- Ordnungsentscheidungen **3** 485
- Ordnungsgemäßheit der Einberufung **3** 426
- Ort **3** 136
- Protokollierung der Beschlüsse **3** 446
- Rede- und Fragerecht **3** 171
- reguläre Kapitalerhöhung **3** 536
- Stimmrecht der Aktionäre **3** 143
- Tagesordnung **3** 406
- Übermittlung des Protokolls zum Handelsregister **3** 497
- Versammlungsleiter **3** 155
- Wahlen zum Aufsichtsrat **3** 531
- Widersprüche gegen einen Beschluss **3** 464

High yield bond 11 33
Hin- und Herzahlen 2 531, 555, 574
Hinauskündigungsklauseln 2 394
Höhe des Grundkapitals 3 54
Holdinggesellschaft 1 470

I

Identitätskonzept 8 473

Immobilienfonds
- geschlossener **1** 242

Informationsrecht
- Einschränkungen im Gesellschaftsvertrag **1** 614
- höchstpersönliches Recht des Gesellschafters **1** 613
- Personenhandelsgesellschaft **1** 612

Inhaberaktien 3 59
- Legitimationsregeln **3** 145

Innenfinanzierung 11 10
Innen-GbR 1 3
Innengesellschaft 1 5

Insolvenz
- Besteuerung der Kapitalgesellschaft **12** 710

Insolvenzanfechtung
- Vermögensverschiebungen **13** 64, 70

Insolvenzantrag
- Abweisung mangels Masse **13** 134, 149
- Antragspflicht **13** 20
- Antragsrecht **13** 19
- Auslandsgesellschaften **13** 21
- Eigenantrag **13** 75

Stichwortverzeichnis

- Inhalt 13 25

Insolvenzeröffnungsverfahren
- Begriff 13 4
- Personengesellschafter 13 181, 193
- Umwandlungen 13 226

Insolvenzgrund
- Drohende Zahlungsunfähigkeit 13 73
- Überschuldung 13 76
- Zahlungsunfähigkeit 13 73

Insolvenzmasse
- Firma 13 111
- Freigabe 13 78
- Gesellschaftsanteile 13 154, 159, 179, 193
- Gesellschaftsinsolvenz 13 78, 108
- Kapitalerhöhung 13 238
- Massefreies Vermögen 13 78, 98
- Wettbewerbsverbot 13 119

Insolvenzplan
- ESUG 13 250
- Gesellschaftsfortsetzung 13 147, 152
- Obstruktionsverbot 13 251
- Verfahrenseinstellung 13 144, 151

Insolvenzverfahren
- Abweisung mangels Masse 13 134, 146, 148, 152
- COVID-19-Pandemie 13 254
- Eigenverwaltung 13 3, 79
- Eröffnungsverfahren 13 226, 251
- Gesellschaftsinsolvenz s. dort
- Grundbegriffe 13 3
- in Konzernstrukturen 13 128
- Insolvenzantrag s. dort
- Insolvenzfähigkeit s. dort
- Insolvenzplan 13 3, 5
- Kapitalerhöhung 13 237
- Kapitalschnitt 13 240
- Massefreies Vermögen 13 78
- Masseschutz 13 32, 37
- Masseunzulänglichkeit 13 136, 146, 150, 152
- Nachtragsverteilung 13 139, 141, 150
- Obstruktionsverbot 13 251
- Regelverfahren 13 3
- Schlussverteilung 13 142, 146, 152
- Umwandlungen 13 231, 235
- Verfahrensaufhebung 13 142, 149
- Verfahrenseinstellung 13 136, 149

Insolvenzverwalter
- Kompetenzen, Gesellschafterinsolvenz 13 155
- Kompetenzen, Gesellschaftsinsolvenz 13 4, 82, 108
- vorläufiger »schwacher«, Begriff 13 4, 81
- vorläufiger »schwacher«, Umwandlungen 13 229
- vorläufiger »starker«, Begriff 13 4, 81
- vorläufiger »starker«, Betriebsveräußerung 13 227
- vorläufiger »starker«, Umwandlungen 13 227

Inspire Art-Entscheidung 10 8

Internationaler Rechtsverkehr
- Firmenvertreter 10 118

Internationales Gesellschaftsrecht 10 1

Internationales Steuerrecht
- Personengesellschaften 12 360

Irreführungsverbot
- GbR 1 65
- Personenhandelsgesellschaft 1 535

K

Kaduzierung 7 196

Kapitalanteil
- GbR 1 84

Kapitalaufbringung
- Spaltung zur Neugründung 8 1033

Kapitaldeckungserklärung
- Spaltung 8 974

Kapitalerhöhung
- aus Gesellschaftsmitteln 3 584
- bedingte ~ 3 567
- Besteuerung 12 678
- Besteuerung des Gesellschafters 12 684
- Bilanzielle Auswirkungen 12 679
- im Insolvenzverfahren 13 237
- spaltungsbedingte ~ 8 1274
- Steuerliches Einlagekonto 12 683
- Übernahme eines Geschäftsanteils durch einen Minderjährigen 2 729
- verschmelzungsbedingte 8 320

Kapitalerhöhung der GmbH 2 484
- Anzeigepflicht gegenüber dem Finanzamt 2 754
- aus Gesellschaftsmitteln 2 769
- aus Gesellschaftsmitteln, Handelsregisteranmeldung 2 785
- aus Gesellschaftsmitteln, verhältniswahrend 2 775
- Beschluss der Gesellschafter 2 709
- Bezugsrechtsausschluss 2 722
- Einzahlung zur freien Verfügung 2 734
- gegen Bareinlage 2 707
- Handelsregisteranmeldung 2 741
- verdeckte Sacheinlage 2 740
- Voreinzahlung 2 737
- Zulassungsbeschluss 2 721

Kapitalerhöhung der GmbH gegen Sacheinlage 2 755
- Beschluss der Gesellschafterversammlung 2 755
- Handelsregisteranmeldung 2 763
- Übernahmeerklärung 2 760

Kapitalerhöhungsbeschluss 2 723

Kapitalerhöhungsverbot
- Spaltung 8 1010

Kapitalgesellschaft
- Besteuerung 1 473
- Bewertung 12 927
- Erbenlegitimation 7 203
- Erbfolge 7 186
- europaweit tätige ~ 10 157

Stichwortverzeichnis

- Gewerbesteuerpflicht 12 587
- Registeranmeldung der Zweigniederlassung einer ausländischen ~ 10 23
- Vererblichkeit der Beteiligung 7 186
- Verfügung von Todes wegen 7 217

Kapitalherabsetzung 3 609
- Besteuerung 12 687
- Besteuerung des Gesellschafters 12 692
- Bilanzielle Auswirkungen 12 688
- durch Einziehung von Aktien 3 649
- spaltungsbedingte 8 980
- Steuerliches Einlagekonto 12 691

Kapitalisierungszinssätze und -faktoren 12 926

Kapitalkonto
- GbR 1 84

Kapitalrücklagen 2 778

Kapitalschnitt 2 816
- Im Insolvenzverfahren 13 240

Kartellverbot 1 149

Kaskadeneffekt 12 1027

Kaufvertrag
- Geschäftsanteil 2 944

Kennzeichnungskraft 1 64

Kernbereichslehre 1 114

Kernbereichsrelevanz 1 593

Kettenverschmelzung 8 115

KG 1 466, 471
- Anmeldung 1 739
- Entnahmen 1 611
- Erbfolge 7 110
- Erstanmeldung 1 742
- Firmenbildung 1 771; 2 187
- Gestaltungsfreiheit 1 757
- Gewinnbeteiligung 1 610
- Konten 1 609
- Rücklagen 1 611
- Spaltung 8 1209
- Verlustbeteiligung 1 610
- Wegfall des einzigen persönlich haftenden Gesellschafters 1 672

Kollisionsrecht 10 2

Kommanditanteil
- formunwirksam geschlossener Übertragungsvertrag 1 657
- Vererblichkeit 7 110

Kommanditbeteiligung
- Anmeldung der Sonderrechtsnachfolge in eine ~ 1 640
- Personenhandelsgesellschaft 1 636

Kommanditgesellschaft
- Gesellschafterinsolvenz, Abfindung 13 185
- Gesellschafterinsolvenz, Auseinandersetzung 13 184
- Gesellschafterinsolvenz, Ausscheiden 13 180
- Gesellschafterinsolvenz, Fortsetzung 13 186, 188, 191, 200
- Gesellschafterinsolvenz, GmbH & Co. KG 13 189
- Gesellschafterinsolvenz, Insolvenzbeschlag 13 154
- Gesellschafterinsolvenz, Komplementär 13 188
- Gesellschafterinsolvenz, Neuaufnahme 13 186
- Gesellschafterinsolvenz, zweigliedrige Gesellschaft 13 191
- Gesellschaftsinsolvenz, Auflösung 13 77
- Gesellschaftsinsolvenz, Fortsetzung 13 152
- Gesellschaftsinsolvenz, Gesellschafterversammlung 13 93
- Gesellschaftsinsolvenz, Nachschusspflicht 13 241
- Gesellschaftsinsolvenz, Registeranmeldung 13 101
- Gesellschaftsinsolvenz, Verfahrensaufhebung 13 150
- Gesellschaftsinsolvenz, Verfahrenseinstellung 13 150
- Gesellschaftsinsolvenz, Vollbeendigung 13 78, 148
- Insolvenzeröffnung 13 77
- Insolvenzfähigkeit 13 72
- Simultaninsolvenz 13 198

Kommanditgesellschaft auf Aktien
- Auflösung, Anmeldung zum Handelsregister 4 15
- Gründung, Anmeldung zum Handelsregister 4 10
- Gründung, Gründungsprotokoll 4 8
- Hauptversammlung, Beurkundung 4 12
- Struktur, Aufsichtsrat 4 7
- Struktur, Geschäftsführung und Vertretung 4 5
- Struktur, Kommanditaktionär 4 2
- Struktur, Komplementärfähigkeit 4 2

Kommanditist
- Einlage bei Eintritt in bestehende Handelsgesellschaft 1 628
- Einlagenrückgewähr 1 625
- Haftung s. dort; 1 621
- keine organschaftliche Vertretungsmacht 1 600
- Tod 1 692
- Wiederaufleben der Haftung 1 625

Komplementärfähigkeit
- UG (haftungsbeschränkt) 1 796; 2 587

Komplementär-GmbH
- Angabe des Unternehmensgegenstands der KG 2 209
- Bareinlage 1 767
- Firmenbildung 2 186

Konfusion 1 672

Konten
- KG 1 609

Kontrollrecht
- Einschränkungen im Gesellschaftsvertrag 1 614

Konzern
- Insolvenz 13 128

Konzernausgliederung
- Entbehrlichkeit des Spaltungsberichts 8 1145

Stichwortverzeichnis

Konzernverschmelzung 8 50
– unter Beteiligung einer AG 8 395
– Verschmelzungsbericht 8 136, 140
Körperschaftsteuerpflicht 12 583
– Beginn 12 585
– persönliche 12 584
– sachliche 12 586
Kosten
– Gesellschaftervereinbarungen 2 1144
Kündigung 2 380
– Beherrschungs- und Gewinnabführungsvertrag 9 64
– durch einen Gesellschafter der GbR 1 222
– durch einen Pfändungsgläubiger der GbR 1 229
– GmbH-Gesellschafter 2 239
Kündigung
– Beherrschungs- und Gewinnabführungsvertrag 9 13

L
Laufzeitkredit 11 17
Leaver-Klausel 2 992
Legalisation
– im Ausland verwandte öffentliche Urkunde 10 139
Leveraged-Management-Buy-Out 2 990
Leverage-Effekt 2 990
Limited & Co. KG
– Certificate of Good Standing des Registrars of Companies 1 801
– Certificate of Incorporation des Registrars of Companies 1 801
– Handelsregister 1 801
– Vertretungsbescheinigungen 1 801
– Zweigniederlassung 1 800
Liquidation
– Beendigung 2 851
– Besteuerung der Kapitalgesellschaft 12 706
– GbR 1 220
– Gesellschaftsinsolvenz 13 134
– Gesellschaftsinsolvenz, AG und GmbH 13 134
– Gesellschaftsinsolvenz, OHG, KG und GbR 13 149
– GmbH 2 848
– Personenhandelsgesellschaft 1 605, 721
Liquidationsgesellschaft
– werbende Gesellschaft 8 23
Liquidator
– Aufgaben 2 848
Lock-up-Periode 2 956
Ltd. & Co. KG 1 466

M
MAC-Klausel 2 967
Macrotron-Entscheidung 8 93
Management-Buy-Out 2 990
Manager-Modell 2 395

Mängel
– Personenhandelsgesellschaftsanteilen 1 643
Mantelkauf 2 1065
– Beurkundung 2 1065
Maßgeblichkeitsgrundsatz 12 603
– Durchbrechungen 12 606
Mehrfachverschmelzung 8 321, 329
Mehrfachvertretung 3 91
Mehrheitsklausel
– Personenhandelsgesellschaft 1 604
Mehrpersonen-GmbH
– Gründung 2 11
– Voraussetzungen für eine wirksame Befreiung vom Verbot des § 181 BGB 2 321
Mehrstaatlichkeitserfordernis
– Umgehung 5 60
Mezzaninekapital 13 249
Mezzanine-Kapital 11 22
Minderjährige
– Steuern 12 507
Mindesteinlagepflicht bei GmbH 2 487
Mini-GmbH 2 579
Mischeinlage 3 336
Mischspaltung 8 948
Mischverschmelzung 8 72
– Verschmelzungsprüfung 8 164
Mitarbeiter-Modell 2 396
Mittelbares Bezugsrecht 11 106
Mitunternehmerinitiative 1 568
Mitunternehmerrisiko 1 568
Mitunternehmerschaft
– Komplementär-GmbH 12 55
– Steuern 12 53
– vorweggenommenen Erbfolge 12 56
MoMiG
– verdeckte Sachgründung 2 532, 534
Multiplikatorverfahren 2 949
Musterprotokolle 2 134

N
Nachfolge in Gesellschaftsanteile 12 443
Nachfolgeklausel 1 208; 7 144
– Abfindung 7 168
– Ausgleich unter Miterben 7 168
– Beschränkung der Nachfolgeberechtigung 7 157
– einfache 7 145
– einfache – s. dort
– Erbengemeinschaft 7 149
– erbrechtlicher Verfügungstatbestand 7 146
– Erbschaftsteuer 12 919
– Ersatzerben 7 148
– Form 7 144
– GbR 1 206
– Personenhandelsgesellschaft 1 695
– qualifizierte 7 157
– qualifizierte – s. dort
– rechtsgeschäftlich 7 170

Stichwortverzeichnis

- Sonderbetriebsvermögen 7 167
- Sondererbfolge 7 149, 166
- Teilungsanordnung 7 150
- Universalsukzession 7 149
- Vererblichkeit der Beteiligung 7 145
- Verfügung von Todes wegen 7 163
- Vermächtnis 7 148
- Vertreterklausel 7 152
- Vor- und Nacherbschaft 7 148

Nachfolgeklauseln
- Steuern 12 133, 451

Nachgründung
- SE 5 92

Nachgründung der AG 3 372
- Rechtslage vor und nach Eintragung im Handelsregister 3 390
- Registerverfahren 3 388
- Voraussetzungen 3 373
- Wirksamkeitsvoraussetzungen 3 380

Nachhaftung 1 618, 683
- Verschmelzung einer Personenhandelsgesellschaft 8 279

Nachrangdarlehen 11 23

Nachschuss 2 242

Nachschussklausel
- GmbH 2 253

Nachschusspflicht
- GmbH 2 242, 248

Nachträgliche Vinkulierung
- GmbH 2 281

Nachtragsliquidation 2 856, 860
- GmbH 2 856

Namensaktie 3 59
- Legitimationsregeln 3 149
- Vinkulierung 7 209

Negativerklärung
- Registeranmeldung der Verschmelzung 8 202

Nennbetragsaktien 3 22

Nennwertklausel 2 417

nichtabzugsfähige Betriebsausgaben 12 609

Nichtverhältniswahrende Spaltung 8 1007, 1161

Nießbrauch
- der GbR an einem Wohnungseigentum 1 180
- Personengesellschaften 12 415
- Personenhandelsgesellschaft 1 561
- Spaltung 8 1100

Nießbrauch an einem GbR-Geschäftsanteil
- Zulässigkeit 1 175

Nießbrauch an einem Gesellschaftsanteil 1 561
- Eintrag in das Handelsregister 1 571
- steuerliche Ziele, Checkliste 1 572

Nießbraucher
- Haftung 1 565

Nießbrauchsbestellung
- GbR 1 175
- Geschäftsanteil der GmbH 2 1068
- steuerliche Ziele 1 567

Nießbrauchsvorbehalt
- an Kommanditanteil bei vorweggenommener Erbfolge 1 573

Notar
- Firmenbestattung 13 55
- Vermögensverschiebungen 13 68

Notarkosten
- Besonderheiten bei der Ausgliederung 8 1336, 1337
- Registeranmeldung der Verschmelzung 8 463
- Spaltungsvertrag 8 1332
- Verschmelzung durch Aufnahme 8 455
- Verschmelzung durch Neugründung 8 468

Notarkosten der Spaltung
- Erklärungen 8 1342
- Grundbuchberichtigungsantrag 8 1347
- Registeranmeldungen 8 1343
- Spaltungsvertrag 8 1332
- zur Neugründung 8 1335
- Zustimmungsbeschlüsse 8 1338

Notgeschäftsführung
- GbR 1 91

O

Objektgesellschaft 1 470

Objektsteuern 1 476

Offene Einlage 12 644

Offene Gewinnausschüttung 12 654

Offene Handelsgesellschaft
- Gesellschafterinsolvenz, Abfindung 13 185
- Gesellschafterinsolvenz, Auseinandersetzung 13 184
- Gesellschafterinsolvenz, Ausscheiden 13 180
- Gesellschafterinsolvenz, Fortsetzung 13 186, 200
- Gesellschafterinsolvenz, Insolvenzbeschlag 13 154
- Gesellschafterinsolvenz, Neuaufnahme 13 186
- Gesellschafterinsolvenz, zweigliedrige Gesellschaft 13 191
- Gesellschaftsinsolvenz, Auflösung 13 77
- Gesellschaftsinsolvenz, Fortsetzung 13 152
- Gesellschaftsinsolvenz, Gesellschafterversammlung 13 93
- Gesellschaftsinsolvenz, Nachschusspflicht 13 241
- Gesellschaftsinsolvenz, Registeranmeldung 13 101
- Gesellschaftsinsolvenz, Verfahrensaufhebung 13 150
- Gesellschaftsinsolvenz, Verfahrenseinstellung 13 150
- Gesellschaftsinsolvenz, Vollbeendigung 13 78, 148
- Insolvenzeröffnung 13 77
- Insolvenzfähigkeit 13 72
- Simultaninsolvenz 13 198

Öffentliche Urkunde
- Legalisation 10 139

Stichwortverzeichnis

Öffnungsklausel
– GmbH 2 262
OHG 1 466, 468
– Anmeldung 1 733
– Erbfolge 7 107
– Erstanmeldung 1 738
– Firmenbildung 2 187
– Pflicht zur Eintragung in das Handelsregister 1 468
– Spaltung 8 1209
One Way Sell Russian Roulette 2 295
Online-Hauptversammlung 3 157
Optionsanleihe 11 40
Optionsschuldverschreibung 3 569
Ordentliche Kapitalherabsetzung bei GmbH 2 795
– Beschluss der Gesellschafterversammlung 2 798
– Handelsregisteranmeldung 2 809
– Sicherstellung der Gläubiger 2 804
Organfähigkeit 10 39
Organgesellschaft 12 769
Organschaft 12 759
– Kleine Organschaftsreform 12 763
– körperschaftsteuerliche – 9 4
– Rechtsfolgen 12 788
– steuerliche – 9 4
– Überblick 12 759
– Verunglückte Organschaft 12 803
– Voraussetzungen 12 764
Organträger 12 765
Ortsform
– für gesellschaftsrechtliche Beurkundungen 10 153

P

Partenreederei 1 466
– Gesellschaftsinsolvenz, Auflösung 13 77
– Gesellschaftsinsolvenz, Gesellschafterversammlung 13 93
– Gesellschaftsinsolvenz, Registeranmeldung 13 101
– Gesellschaftsinsolvenz, Vollbeendigung 13 78
– Insolvenzeröffnung 13 77
– Insolvenzfähigkeit 13 72
PartGG
– Gesetzgebungsverfahren 1 312
– Motive 1 313
Partiarisches Darlehen 11 25
Partnerschaft
– Auflösung der Partnerschaft 1 454
– Ausscheiden aus der Partnerschaft 1 448
– Haftung bei Ausscheiden und Eintritt 1 434
– Haftung von Scheinpartnern 1 436
– Haftungskonzentration nach § 8 Abs. 2 1 429
– Haftungskonzentration nach § 8 Abs. 2, Mandatsausführungsklausel 1 430
– Haftungskonzentration nach § 8 Abs. 6, Beitrag von lediglich untergeordneter Bedeutung 1 431
– Haftungsverhältnisse 1 427
– Umwandlungsfragen 1 421
– Vererblichkeit des Partnerschaftsanteils 1 456
– Verlust der Zulassung 1 449
– Wege in die PartGmbB 1 445
Partnerschaft von Trägern eines Freien Berufes
– Ersteintragung 1 753
Partnerschaftsgesellschaft
– Anmeldung 1 747
– Bilanzierungspflicht 1 369
– Firmengrundsätze 1 325
– Gewerbesteuerpflicht 1 367
– Gewerbesteuerpflicht, berufsfremde Tätigkeit 1 367
– Gewerbesteuerpflicht, Infektionswirkung 1 348
– Grundbuchfähigkeit 1 320
– Insolvenzfähigkeit 1 320
– Limited Liability Partnership 1 399
– nach dem PartGG 1 466, 544
– Name 1 327
– Name, Anwaltliche Berufsausübungsgemeinschaft 1 330
– Name, Ärztepartnerschaft 1 327
– Name, Medizinische Kooperationsgemeinschaft 1 331
– Name, Tierärzte 1 329
– Name, Wirtschaftsprüfungsgesellschaft 1 332
– Partei-/Prozessfähigkeit 1 320
– Prokura 1 379
– Rechtsfähigkeit 1 320
– Rechtsform, Vergleich zur Freiberufler GmbH 1 378
– Rechtsform, Vergleich zur Freiberufler GmbH & Co. KG 1 388
– Rechtsform, Vergleich zur GbR 1 370
– Registerfähigkeit 1 334
– Spaltung unter Beteiligung von – 8 1220
– Steuerrecht, Etragsteuern 1 366
– Umsatzsteuer 1 368
– Unzulässigkeit der 1-Mann-Gründung 1 379
– Vergleich zur GbR 1 365
Partnerschaftsgesellschaft mit beschränkter Berufsausübungshaftung
– Bloßer Firmenzusatz 1 443
– Haftungsbeschränkung 1 401
– Personengesellschaft 1 401
– Umwandlung 1 445
– Unterhaltung einer Berufshaftpflichtversicherung 1 443
– Versicherungsbescheinigung 1 445
– Zusatz 1 401
Partnerschaftsregister
– Bezeichnungsschutz 1 335
– Haftungskonzentration vor Eintragung 1 334
– Partnerschaftsregisterverordnung 1 402
– Registerfähigkeit der Partnerschaft 1 334, 373
– Registergericht, Prüfungskompetenz 1 416
– Registerpflicht der Partnerschaft 1 334

Stichwortverzeichnis

- Registerpublizität, Geschäftsaufnahme »vor« Eintragung 1 413
- Registerpublizität, Konstitutive Eintragung 1 413
- Registerpublizität, Scheinpartnerschaft 1 415
- Verfahren *s. Partnerschaftsregisterverfahren*
- Zweigniederlassungen 1 402

Partnerschaftsregisterverfahren
- Anmeldung zum Partnerschaftsregister 1 409
- Funktionelle Zuständigkeit 1 405
- Gebühren 1 412
- Örtliche Zuständigkeit 1 406
- Sachliche Zuständigkeit 1 403
- Unterstützung durch Berufskammern und Mitwirkungspflicht 1 407

Partnerschaftsvertrag
- Fakultative Angaben 1 419
- Mindestangaben 1 418
- Schriftform 1 418
- Vorlagepflicht 1 418

Patronatserklärung 13 244

Personenfirma
- AG 3 40

Personengesellschaft
- Betriebsaufspaltung 12 333
- Bewertung 12 923
- Einkommensteuer 12 20
- Einlage aus Privatvermögen 12 369
- Einmommensteuer 12 2
- Entnahmen 12 118
- Erbschaft- und Schenkungsteuer 12 13
- Familienpersonengesellschaften 12 349
- Firma *s. dort*
- freiberuflich tätige 12 497
- freiberufliche 12 323
- Funktion des Namens 1 529
- Gegenstand 12 514
- Gesellschafterinsolvenz, gesetzliches Leitbild 13 180
- Gesellschafterinsolvenz, Insolvenzbeschlag 13 154
- Gesellschaftsinsolvenz, »Sanieren oder Ausscheiden« 13 241
- Gesellschaftsinsolvenz, Auflösung 13 77
- Gesellschaftsinsolvenz, Fortsetzung 13 152, 186, 192, 200
- Gesellschaftsinsolvenz, Gesellschafterhaftung 13 126
- Gesellschaftsinsolvenz, Gesellschafterversammlung 13 93
- Gesellschaftsinsolvenz, Nachschusspflicht 13 241
- Gesellschaftsinsolvenz, Registeranmeldung 13 101
- Gesellschaftsinsolvenz, Verfahrensaufhebung 13 150
- Gesellschaftsinsolvenz, Verfahrenseinstellung 13 150
- Gesellschaftsinsolvenz, Vollbeendigung 13 78, 148
- Gewerbesteuer 12 11, 217
- gewerblich geprägte 12 298
- gewerblicher Grundstückshandel 12 400
- Gewinnübermassschenkung 12 906
- Grunderwerbsteuer 12 14, 261
- Grundsteuer 12 15
- Grundstücke 12 368, 388
- identitätswahrender Formwechsel 8 483
- Insolvenzeröffnung 13 77
- Insolvenzfähigkeit 13 72
- internationales Steuerrecht 12 360
- Nachfolge in Gesellschaftsanteile 12 443
- Nießbrauch 12 415
- Objektsteuern 1 476
- Simultaninsolvenz 13 198
- Sonderbetriebsvermögen 12 374, 390
- Steuerentnahmerecht 12 472
- Steuern 12 1
- Steuerverfahren 12 16
- Treuhandverhältnisse 12 408
- Umgestaltung 8 493
- Umsatzsteuer 12 12, 240, 405
- Verkehrssteuern 1 476
- Verkehrsteuern 12 15
- vermögensverwaltende 12 903
- vermögensverwaltende GmbH & Co. KG 12 317
- Verschmelzungsbericht 8 141
- Vetrag 12 490

Personengesellschaft/Steuerrecht
- Betriebsvermögen, Erbschaft- und Schenkungsteuer *s. dort*
- Betriebsvermögen, Sonderbetriebsvermögen *s. dort*
- Einkommensteuer *s.a. Betriebsvermögen*; *s.a. Mitunternehmerschaft*
- Einkommensteuer, Liquidation *s.a. dort*
- Einlage *s.a. Überführung von Wirtschaftsgütern*
- Umsatzsteuer *s.a. dort*

Personenhandelsgesellschaft 1 489
- Abfindung des ausgeschiedenen Gesellschafters 1 685
- Abspaltung von Gesellschafterrechten, Stimmrechtsvollmacht 1 552
- Abspaltungsverbot 1 547
- allgemeine Mehrheitsklauseln 1 604
- Anmeldung zur Eintragung in das Handelsregister 1 727
- Auflösung 1 721
- Auflösung wegen Zeitablaufs 1 723
- Auseinandersetzung 1 682
- ausländische Gesellschafter 1 491
- Ausscheiden eines Gesellschafters unter Lebenden 1 670
- Ausschließungsklage 1 675
- Ausschluss eines Gesellschafters 1 675

Stichwortverzeichnis

- Ausübung der Mitgliedschaftsrechte von minderjährigen Gesellschaftern 1 594
- Beschlussfassung 1 602
- Besteuerung 1 473
- Durchbrechung des Abspaltungsverbots 1 549
- einfache Nachfolgeklausel 1 701
- Einheitlichkeit der Beteiligung 1 585
- Einheitlichkeit der Beteiligung, Durchbrechung bei Testamentsvollstreckung 1 587
- Einkommensteuer 1 473
- Einmann-Personengesellschaft 1 589
- Eintrittsklausel 1 698
- Entnahmerecht 1 605
- Entstehung 1 493
- Erbengemeinschaft 1 490
- Eröffnung des Insolvenzverfahrens über das Vermögen der Gesellschaft 1 723
- Ertragsteuern 1 473
- familiengerichtliche Genehmigung 1 517
- Firma 1 541
- Firmenbildung 1 543
- Form bei Übertragung von Beteiligungen 1 787
- freies Ausschließungsrecht ohne wichtigen Grund 1 680
- GbR 1 489
- Genehmigungserfordernisse 1 510
- Geschäftsführung 1 595
- Geschäftsführungsbefugnis 1 596
- Gesellschafter s. dort
- Gesellschafterkonten 1 605
- Gesellschaftsvertrag s. dort
- Gewinnverwendung 1 605
- Grundsatz der Unternehmenskontinuität 1 670
- Gründung 1 477
- Haftung 1 615, 618
- Haftung des Erben für Gesellschaftsverbindlichkeiten 1 708
- Handelsregisteranmeldung 1 481
- Informationsrecht 1 612
- Inhalt des Gesellschaftsvertrags 1 495
- Irreführungsverbot 1 535
- kartellrechtliche Freigabe bei bestimmten Rechtsgeschäften 1 524
- kennzeichnende Merkmale 1 461
- Kernbereichsrelevanz 1 593
- Kernbestand von Mitgliedschaftsrechten 1 592
- Kommanditbeteiligungen 1 636
- Kommanditist, keine organschaftliche Vertretungsmacht 1 600
- Kontrollrecht 1 612
- Kündigungsrecht des Gesellschafters 1 673
- Liquidation 1 605
- Minderjährige 1 512
- Mindestinhalt des Gesellschaftsvertrags 1 495
- Mitgliedschaft 1 545
- Mitgliedschaftsrechte 1 545
- Nachfolgeklausel 1 695
- Nachfolgeklausel, Wahlrecht der Erben 1 706
- Nießbrauch 1 561
- Nießbrauchsvorbehalt in der Praxis 1 590
- Partnerschaft 1 544
- Prägung 1 461
- qualifizierte Nachfolgeklausel 1 703
- Rechtsfähigkeit 1 464
- Rechtsformen 1 466
- Sonderrechtsnachfolge 1 631
- Spaltung s. dort
- Stimmrecht 1 602
- Testamentsvollstreckung 1 710
- Testamentsvollstreckung hinsichtlich eines Gesellschaftsanteils 1 578
- Tod eines Gesellschafters 1 579, 692
- Transparenzregister 1 482
- Treuhandlösung 1 713
- Treuhandvereinbarungen über Gesellschaftsbeteiligungen 1 557
- Übernahme des gesamten Vermögens durch einen Gesellschafter 1 725
- Übertragung von Gesellschaftsanteilen s. dort
- und Grundbuch 1 485
- Veränderungen der Gesellschaft und der Gesellschafter 1 754
- Verfügung über gesamtes Vermögen 1 525
- Vermögenslosigkeit 1 725
- Vermögensverfügung eines Gesellschafters, Zustimmung des Ehegatten 1 522
- Verpfändung eines Gesellschaftsanteils 1 574
- Vertreterklauseln 1 556
- Vertretung s. dort
- Vertretungsmacht im Außenverhältnis 1 598
- Verwaltungs-, Dauertestamentsvollstreckung 1 582, 711
- Vollmacht 1 510
- Vollmachtslösung 1 714

Pflichtwandelanleihe 11 37
Phantom stocks 3 127
Poolvereinbarungen 2 1120
Private Company Limited by Shares 1 799
Privatvermögen 12 369
Prokura
- Gesellschaftsinsolvenz 13 99
- Spaltungsvertrag 8 1125

Prospekthaftung 11 64
Prüfungsbericht
- Verschmelzungsprüfer 8 176

Prüfungspflichten
- Beherrschungs- und Gewinnabführungsvertrag 9 26, 59

Pseudo-Foreign-Corporation 10 4
Publikumsgesellschaft 1 802
- Ausschuss 1 806
- Beirat 1 806
- Beitrittsvereinbarung 1 809
- Erwerb der Beteiligungen 1 806
- Gesellschaftsvertrag 1 809
- Haftung der Gesellschafter 1 15

- kennzeichnende Merkmale 1 806
- Sonderrecht 1 808
- steuerliche Motive 1 803
- Treuhandkonstruktionen 1 806

Publizität
- GmbH 2 374

Q

Qualifikation
- der GmbH-Gründer 2 85

Qualifizierte Nachfolgeklausel 1 210, 703, 705
- Fehlschlagen 7 165
- Personenhandelsgesellschaft 1 703

Quotennießbrauch
- Geschäftsanteil 2 1077

R

Realteilung
- Steuern 12 154

Rechtsanwalts-GmbH
- Zulässigkeit 2 213

Rechtsfähiger Verein
- Formwechsel s. dort

Rechtsverkehr
- bilaterale Abkommen 10 148
- Handlungsbevollmächtigte 10 118
- internationaler ~ s. dort
- kollisionsrechtliche Behandlung der Vollmacht 10 108
- Prokuristen 10 118
- Vollmacht zur Verfügung über Grundstücke oder grundstücksgleiche Rechte 10 116

Rechtswidrigkeit eines Gesellschafterbeschlusses
- GbR 1 141

Reform des Personengesellschaftsrechts
- GbR 1 2

Registeranmeldung
- Spaltung 8 1187, 1192
- Zweigniederlassung ausländischer Kapitalgesellschaft 10 23

Registeranmeldung der Spaltung 8 1176
- Abfolge der Eintragungen 8 1199
- Anlagen 8 1184
- Besonderheiten der Spaltungsbilanz 8 1197
- vereinfachte Kapitalherabsetzung 8 1186

Registeranmeldung der Verschmelzung 8 198
- Anlagen 8 214
- Art der Übermittlung 8 222
- Beifügung der Schlussbilanz 8 217
- Entbehrlichkeit der Negativerklärung wegen Verzichts 8 211
- Folgen fehlender Anlagen 8 221
- Inhalt, Zeitpunkt und Formalien der Negativerklärung 8 208
- Negativerklärung 8 202
- Notarkosten 8 463
- Registersperre 8 203
- Unbedenklichkeitsverfahren 8 212

Registereintragung der Abspaltung
- Folgen 8 1204

Registereintragung der Spaltung
- Eintragungsfolgen 8 1203
- Folgen eines Verstoßes gegen Eintragungsreihenfolge 8 1202
- Heilung von Beurkundungsmängeln 8 1208

Registersperre 2 687
- Registeranmeldung der Verschmelzung 8 203

Reorganisation s. Sanierung
Reverse-Dept-Equity-Swap 13 212, 248
Rücklagen
- KG 1 611

Rückverweisung 10 13
Russian Roulette 2 295
Russian Roulette-Regelung 2 295

S

Sacheinlage 1 624
- Gegenstand 3 278
- GmbH 2 500

Sacheinlagevereinbarung 3 295
Sacheinlageverpflichtung GmbH 2 517
Sachfirma
- AG 3 40
- GmbH 2 185

Sachgründung
- verdeckte ~ 2 531; 3 77

Sachgründung der AG 3 275
- Aufgeld/Agio 3 287
- Aufsichtsrat 3 294
- Ausgabebetrag 3 286
- Bewertung 3 280
- Einbringungsvertrag 3 295
- Gründungsbericht der Gründer 3 304
- Gründungsprüfungsbericht des Gründungsprüfers 3 315
- Gründungsprüfungsbericht des Vorstands und des Aufsichtsrats 3 311
- Handelsregisteranmeldung 3 324
- Leistungszeitpunkt der Sacheinlagen 3 302
- Nichterbringung der Sacheinlage 3 292
- ohne externe Gründungsprüfung 3 328
- Sacheinlageverpflichtung 3 293
- Satzung 3 282
- Unterbewertung der Sacheinlage 3 289

Sachgründung einer GmbH 2 224
- bei vereinfachtem Verfahren 2 530

Sachgründungsbericht 2 528
Sachgründungsprotokoll 3 282
Sachübernahme 3 275
- Gegenstand 3 278
- GmbH 2 500

Sachwertabfindung
- Steuern 12 148

Salvatorische Klausel
- in GmbH-Satzung 2 448

Sandrock'sche-Formel 10 11

Stichwortverzeichnis

Sanierung
- »übertragende Sanierung« 13 207
- »Sanieren oder Ausscheiden« 13 241
- Debt-Equity-Swap 13 210, 247
- Debt-Hybrid-Swap 13 249
- Debt-Mezzanine-Swap 13 249
- Kapitalschnitt 13 240
- Konzepte 13 201
- Patronatserklärung 13 244
- Rangrücktritt 13 243
- Reverse-Debt-Equity-Swap 13 212, 248
- Umwandlungen 13 212

Sanierungsklausel 12 637

Sanierungsverschmelzung 8 23, 27
- Minderheitenschutz 8 31
- ordnungsgemäße Kapitalaufbringung 8 28
- überschuldete übernehmende Rechtsträger 8 33
- Verschmelzung ohne Kapitalerhöhung 8 31

Satzung
- Formwechsel Kapitalgesellschaft 8 822
- GmbH *s. dort*
- Umwandlungsbeschluss 8 566

Satzung der AG 3 39
- Abberufung Aufsichtsrat 3 105
- Amtszeit der Aufsichtsratsmitglieder 3 99
- Angabe von Sondervorteilen gem. § 26 Abs. 1 AktG 3 186
- Anzahl der Aufsichtsratsmitglieder 3 94
- Anzahl und Form der Aufsichtsratssitzungen 3 112
- Aufsichtsratsmitglied, besondere Qualifikationen 3 98
- Aufsichtsratsmitglied, Entsenderechte 3 96
- Ersatzmitglieder Aufsichtsrat 3 99
- Hauptversammlung 3 135
- Legitimationsregeln bei Inhaberaktien 3 145
- Legitimationsregeln bei Namensaktien 3 149
- Niederlegung Aufsichtsrat 3 105
- Regelungen zum Gründungsaufwand 3 187
- Vergütung der Aufsichtsratsmitglieder 3 124
- Wahl des Vorsitzenden des Aufsichtsrats und des Stellvertreters 3 110

Satzungsänderung 2 631
- Spaltungsvertrag 8 1117

Satzungsbereinigung 2 632

Satzungsbestandteile
- GmbH 2 160

Satzungsdurchbrechung 2 693

Satzungsmaßnahmen
- anwendbares Recht 10 149

Satzungssitz der AG 3 48

Scheinauslandsgesellschaft 10 4

Schiedsgericht
- GmbH 2 436

Schiedsgutachterklausel
- Gesellschaftsinsolvenz 13 178, 179

Schiedsklausel
- Anteilskaufvertrag 2 988

Schlussbilanz
- Verschmelzung 8 79

Schuldenabzug
- Erbschaftsteuer 12 921

SE
- dualistisches Leitungssystem 5 4
- Firma 5 28
- Geschäftsführende Direktoren 5 12
- Grundkapital 5 29
- Gründung durch Verschmelzung 5 63
- Gründungsvarianten 5 58
- Hauptversammlung 5 19
- Mitbestimmung 5 50
- monistisches Leitungssystem 5 7
- Nachgründung 5 92
- Satzung 5 27
- Verschmelzungsbericht 5 90
- Verschmelzungsplan 5 66
- Verwaltungsrat 5 8
- Vorrats-~ 5 62

Sekundärplatzierung 11 86

Selbstkontrahieren
- GmbH-Gründung 2 96

Selbstorganschaft 1 90

Share Deal
- Sanierung 13 210

Simultaninsolvenz 13 198

Sitz
- GbR 1 74

Sitztheorie 10 10

Sitzung des Aufsichtsrats der AG
- Bekanntgabe der Tagesordnung 3 117
- Formen und Fristen der Einberufung 3 116
- Teilnahmerecht 3 119

Sitzverlegung
- einer ausländischen Gesellschaft nach Deutschland 10 19
- einer deutschen Gesellschaft ins Ausland 10 16
- Firmenbestattung 13 45, 48
- Gesellschaftsinsolvenz 13 115

Sitzverlegung einer Gesellschaft
- einer ausländischen ~ nach Deutschland 10 19
- einer deutschen ~ ins Ausland 10 16

Sitzverlegung ins Ausland 10 16

Societas Europea
- Gründung 10 157
- Rechtsform 10 157

Sonderbetriebsvermögen 7 15; 12 86, 89
- Nachfolge in Gesellschaftsanteile 12 445
- Überführung von Grundstücken 12 374, 390

Sonderrechtsnachfolge
- Anmeldung der ~ in eine Kommanditbeteiligung 1 640
- Übertragung von Kommanditbeteiligungen 1 636

Sondervergütungen 12 89

Spaltung
- Ablauf 8 1048

Stichwortverzeichnis

- Anlagen 8 1184
- Anmeldung zum Register des neu gegründeten Rechtsträgers 8 1192
- Anmeldung zum Register des übernehmenden Rechtsträgers 8 1187
- Anteilsgewährung beim übernehmenden Rechtsträger 8 989
- Anteilsgewährungspflicht, Umtauschverhältnis 8 1003
- Arten 8 943
- Aufteilung von Vertragsverhältnissen 8 1104
- Ausgliederung aus dem Vermögen eines Einzelkaufmanns 8 1300
- beschränkt persönliche Dienstbarkeiten 8 1100
- Besonderheiten der Ausgliederung 8 961
- Besonderheiten für übernehmende AG 8 1273
- Besonderheiten für übertragende AG 8 1263
- Beteiligung aufgelöster Rechtsträger 8 969
- Beteiligung Dritter 8 970
- bewegliche Sachen 8 1102
- Bilanzaufstellung 8 1049
- dingliche Vorkaufsrechte 8 1100
- Durchführung der Kapitalerhöhung 8 1009
- Einzelheiten zur Anmeldung hinsichtlich des übertragenden Rechtsträgers 8 1181
- Erfüllung der Anteilsgewährung 8 1008
- Genehmigungen 8 1053
- gesamtschuldnerische Haftung der beteiligten Rechtsträger 8 1014
- GmbH & Co. KG 8 1209
- GmbH als übernehmender Rechtsträger 8 1243
- GmbH als übertragender Rechtsträger 8 1233
- grenzüberschreitende ~ 8 1041
- grunderwerbsteuerliche Unbedenklichkeitsbescheinigung 8 1096
- Grundpfandrechte 8 1101
- Kapitaldeckungserklärung 8 974
- Kapitalerhaltung und Kapitalherabsetzung beim übertragenden Rechtsträger 8 973
- Kapitalerhöhungsverbot 8 1010
- KG 8 1209
- neu gegründete GmbH 8 1251
- nichtverhältniswahrende ~ 8 1007, 1161
- Nießbrauchsrechte 8 1100
- öffentlich-rechtliche Genehmigungen 8 1105
- OHG 8 1209
- Partnerschaftsgesellschaft als übernehmender Rechtsträger 8 1225
- Partnerschaftsgesellschaft als übertragender Rechtsträger 8 1224
- Personenhandelsgesellschaft als übernehmender Rechtsträger 8 1217
- Personenhandelsgesellschaft als übertragender Rechtsträger 8 1213
- Prüfung der Kapitalaufbringung 8 1012
- Registeranmeldung *s. dort*
- Registereintragung *s. dort*
- Spaltungsvorgänge außerhalb des Umwandlungsrechts 8 1045
- unter Beteiligung einer AG 8 1256
- unter Beteiligung einer Genossenschaft 8 1287
- unter Beteiligung einer UG 8 964
- unter Beteiligung einer Vorgesellschaft 8 968
- unter Beteiligung eines Vereines 8 1298
- Unterbewertung 8 1006
- Verbindlichkeiten 8 1103
- vereinfachte Kapitalherabsetzung 8 980
- vergessene Aktiva und Passiva 8 1107
- Verzichtsmöglichkeiten hinsichtlich Vorschriften 8 1172
- von Personenhandelsgesellschaften 8 1209
- von Rechtsträgern 8 941
- Vorbereitung 8 1048
- zur Aufnahme 8 1008
- zur Neugründung 8 1021
- zur Neugründung auf eine AG 8 1282
- Zustimmung einzelner Gesellschafter 8 1168
- Zustimmungserfordernisse 8 1168

Spaltung der AG
- Bekanntmachung 8 1257
- Kapitalherabsetzung 8 1266
- Kapitalherabsetzungsbeschluss 8 1267
- Vorbereitung der Hauptversammlung 8 1261
- Zustimmungsbeschluss 8 1262

Spaltung der GmbH
- Anmeldung und Eintragung der Kapitalerhöhung 8 1246
- Handelsregisteranmeldung 8 1232
- Kapitalerhöhung 8 1243
- Kapitalherabsetzung 8 1234
- Vorbereitung der Gesellschafterversammlung 8 1229
- Zustimmung von Sonderrechtsinhabern 8 1230

Spaltung der Personenhandelsgesellschaft 8 1209
- Spaltungsbericht 8 1211
- Spaltungsbeschluss 8 1212
- Spaltungsprüfung 8 1211
- Spaltungsvertrag 8 1210
- Unterrichtung der Gesellschafter 8 1211

Spaltung einer Genossenschaft
- Anmeldeverfahren 8 1297
- besonderes Ausschlagungsrecht 8 1294
- Durchführung der Generalversammlung 8 1293
- Fortdauer der Nachschusspflicht 8 1296
- Spaltungsbericht 8 1291
- Spaltungsprüfung 8 1291
- Spaltungsvertrag 8 1290
- Vorbereitung der Generalversammlung 8 1292

Spaltung einer Partnerschaftsgesellschaft 8 1220
- Spaltungsbericht 8 1222
- Spaltungsbeschluss 8 1223
- Spaltungsprüfung 8 1222
- Spaltungsvertrag 8 1221
- Unterrichtung der Gesellschafter 8 1222

Stichwortverzeichnis

Spaltung zur Neugründung 8 1008
- Anmeldung 8 1036
- auf eine AG 8 1282
- Gesellschaftsvertrag 8 1024
- Kapitalaufbringung 8 1033
- Sachgründungsbericht bei Kapitalgesellschaften 8 1039
- Spaltungsplan 8 1024
- Vorgesellschaft 8 1040

Spaltungsbericht 8 1258
- Angaben zum Spaltungsvorhaben 8 1150
- Angaben zum Umtauschverhältnis 8 1151
- Entbehrlichkeit 8 1145
- Entfallen bei bestimmten Ausgliederungsvorgängen 8 1147
- fehlerhafter ~ 8 1154
- Genossenschaft 8 1291
- GmbH 8 1227
- Grenzen der Berichtspflicht 8 1154
- Informationen der Anteilshaber 8 1153
- Partnerschaftsgesellschaft 8 1222
- Personengesellschaften 8 1148
- Verzicht 8 1146
- Zuständigkeit für die Erstattung 8 1144

Spaltungsbeschluss 8 1158
- Form 8 1171
- GmbH 8 1230
- Modalitäten der Beschlussfassung 8 1159
- Partnerschaftsgesellschaft 8 1223
- Vorbereitung der Beschlussfassung 8 1159

Spaltungsbilanz 8 1197

Spaltungsplan
- arbeitsrechtliche Folgen 8 1112
- Entwurf 8 1050
- Form 8 1140
- Spaltung zur Neugründung 8 1024
- Zuleitung an den Betriebsrat 8 1052, 1139

Spaltungsprüfung 8 1155, 1259
- Entbehrlichkeit 8 1156
- Genossenschaft 8 1291
- GmbH 8 1228
- Partnerschaftsgesellschaft 8 1222

Spaltungsprüfungsbericht 8 1260

Spaltungsstichtag 8 1076

Spaltungsvertrag 8 1257
- Abfindungsangebot 8 1114
- Abschluss 8 1059
- arbeitsrechtliche Folgen 8 1112
- Aufteilung der Haftung der an der Spaltung beteiligten Rechtsträger 8 1126
- Aufteilungsfreiheit 8 1084
- Auslandsvermögen 8 1132
- bare Zuzahlungen 8 1069
- Bedingungen 8 1129
- Befristungen 8 1129
- Beginn der Bilanzgewinnteilhabe 8 1074
- Bestellung von Organen 8 1118
- Beteiligtenangabe 8 1065
- Bezeichnung und Aufteilung der Aktiven und Passiven 8 1083
- Einzelheiten für die Übertragung der Anteile 8 1071
- Entwurf 8 1050
- fakultativer Inhalt 8 1116
- Form 8 1140
- Genossenschaft 8 1290
- Gewährleistungen 8 1134
- Grundstücke 8 1092
- grundstücksbezogene Rechte 8 1092
- Inhalt 8 1064
- kartellrechtliche Regelungen 8 1137
- Kostentragung 8 1131
- Notarkosten 8 1332
- Partnerschaftsgesellschaft 8 1221
- Prokuren 8 1125
- Regelungen über Zweigniederlassungen 8 1125
- Satzungsänderung 8 1117
- Sonderrechte 8 1079
- Sondervorteile für Amtsträger und Prüfer 8 1081
- Spaltungsstichtag 8 1076
- Surrogationsregelung für Änderungen und Zusammensetzungen des übergehenden Vermögens 8 1121
- Übergang der Arbeitsverhältnisse 8 1119
- Umtauschverhältnis 8 1068
- Vereinbarung des Vermögensübergangs gegen Anteilsgewährung 8 1066
- Verpflichtung zur Abberufung 8 1118
- Zuleitung an den Betriebsrat 8 1052, 1139
- zwingender Inhalt 8 1115

Spartenaktien 3 82
Sperrvermerk 2 66
Squeeze-Out 3 675
Stammkapital
- Euro-Umstellung *s. dort*
- GmbH 2 219

Stand-alone-Prinzip 8 167
Steuerbefreiung von Betriebsvermögen 12 930
Steuerberatungsgesellschaft
- als GmbH 2 214

Steuerbilanz 12 605
Steuerentnahmerecht
- Personengesellschaften 12 472

steuerliches Einlagekonto
- bei Gründung 12 589

Steuerliches Einlagekonto 12 660
Steuern
- ~satz 12 187
- Änderung des Gesellschafterbestandes 12 137
- Beendigung der Gesellschaft 12 158
- Betriebsaufspaltung 12 333
- Einlage aus Privatvermögen 12 369
- Entnahmerecht 12 472
- Erbauseinandersetzung 12 131
- Erbfolge 12 131

- Familienpersonengesellschaften 12 349
- Fortsetzungsklausel 12 133
- freiberufliche Personengesellschaft 12 323
- gewerblich geprägte Personengesellschaft 12 298
- GmbH & Co. KG 12 273
- Grundstücke 12 368, 388
- Grundstücke in Sonderbetriebsvermögen 12 374, 390
- internationales Steuerrecht 12 360
- Komplementär-GmbH 12 55
- Minderjährige 12 507
- Mitunternehmerschaft 12 53
- Nachfolge in Gesellschaftsanteile 12 443
- Nachfolgeklauseln 12 133
- Personengesellschaften 12 1
- Realteilung 12 154
- Sachwertabfindung 12 148
- Verluste 12 170
- vermögensverwaltende GmbH & Co. KG 12 317
- vorweggenommene Erbfolge 12 121
- vorweggenommenen Erbfolge 12 56

Steuerpflichtige Zuwendungen
- Erbschaftsteuer 12 905

Steuersatz 12 187

Steuerverfahren
- Personengesellschaften 12 16

Stille Gesellschaft 1 466; 11 27
Stimmbindungsgemeinschaft 1 8
Stimmbindungsvereinbarungen
- GbR 1 136
- Gesellschaftervereinbarungen 2 1107

Stimmbindungsverträge
- GbR 1 138

Stimmrechte 2 363
- GbR 1 135

Stimmrechtsvertreter 2 356
Stimmrechtsvollmacht 2 356, 663
Stock appreciation rights 3 127
Stock-Options 3 569
Stückaktien 3 23
Stufengründung 8 1045

T
Tag along-Regelung 2 290
Tag-Along 2 1122
Teilgewinnabführungsvertrag 9 1
Testamentsvollstreckervermerk 1 717
- Aktienregister 7 242
- Gesellschafterliste 7 242

Testamentsvollstreckung 7 219
- Abfindungsanspruch 7 221
- Abwicklungsvollstreckung 7 220
- Aktienregister 7 242
- an GbR-Geschäftsanteil 1 215
- an Kommanditbeteiligungen, Checkliste 1 719
- an voll haftenden Beteiligungen 1 584

- Außenseite der Beteiligung 7 225
- Beteiligung an einer Kapitalgesellschaft 7 239
- Dauertestamentsvollstreckung 7 223
- einfache Nachfolgeklausel 7 220
- Eintrittsklausel 7 223
- Gesellschafterliste 7 242
- hinsichtlich eines Gesellschaftsanteils 1 578
- Innenseite der Beteiligung 7 225
- Kommanditbeteiligung 7 230
- Nachfolgeklause 7 223
- Personenhandelsgesellschaft 1 582, 710, 711
- Sondererbfolge 7 220
- Treuhandlösung 7 228
- Umwandlung in Kommanditbeteiligung 7 229
- Vollmachtlösung 7 226
- Zulässigkeit 7 224

Texan-shoot-out-Verfahren 2 295
Tochter-Mutter-Verschmelzung 8 68
Todesfallrisiko
- Geschäftsanteil der GmbH 2 393

Tracking Stocks 3 82
Transparenzprinzip 12 580
Transparenzregister
- Erbfolge 7 112
- GmbH, Erbfolge 7 123
- Handelsregisteranmeldung 1 482
- KG 7 112
- OHG, Erbfolge 7 109
- Personenhandelsgesellschaft 1 482

Trennungsprinzip 12 580
Treuhand
- offene – 1 559

Treuhandlösung
- Personenhandelsgesellschaft 1 713

Treuhandvereinbarung
- über Gesellschaftsbeteiligungen 1 557

Treuhandverhältnis
- Personengesellschaften 12 408
- wirksame Begründung 2 934

Treuhandvertrag
- Abschluss, Form 2 884
- typischer Inhalt 2 935

U
Überentnahme 1 625
Überpariemission
- GmbH 2 226, 511

Überseering-Entscheidung 10 7
Übertragung von GmbH-Geschäftsanteilen 2 861
- Anwendung und Handhabung von § 181 BGB 2 869
- Auslandsbeurkundungen 2 908
- Beurkundungsmängel, Heilung 2 901
- bevollmächtigter Vertreter 2 871
- Formerfordernis des § 15 GmbHG 2 878
- Formulierungsbeispiel Erbausgleichsanordnung 2 925

Stichwortverzeichnis

- Inhalt des schuldrechtlichen Verpflichtungsgeschäfts 2 912
- Minderjährigenbeteiligung 2 866
- ordnungsgemäße Mitwirkung der Vertragsbeteiligten 2 862
- organschaftlicher Vertreter 2 875
- vertretene Vertragsbeteiligte 2 869
- Voraussetzungen der Beurkundungsbedürftigkeit 2 879

Übertragung von Personenhandelsgesellschaftsanteilen 1 631
- Ehegatten 1 667
- Form 1 652
- Formbedürftigkeit in Sonderfällen 1 654
- Haftung aufgrund Firmenfortführung 1 645
- Handelsregisteranmeldung 1 653
- Mängelhaftung 1 643
- Minderjährige 1 662
- Zustimmungserfordernisse 1 658

Übertragungstreuhand 2 930

UG
- Gesellschaftsinsolvenz 13 104
- Unterform der GmbH 8 22
- Verschmelzung 8 22

UG (haftungsbeschränkt) 2 167
- Anmeldung 2 465
- Bilanz 2 587
- Form des Gesellschaftsvertrags 2 118
- Formwechsel in GmbH 8 484
- Geschäftsanteil 1 795
- gesetzliche Rücklage 2 587
- Grundsätze zum Hin- und Herzahlen 2 586
- Gründung 2 578
- Gründung, Notarkosten 2 625
- Komplementärfähigkeit 1 796; 2 587
- Mindeststammkapital 2 581
- Spaltung 8 964
- Stammkapital 1 795
- Variante der GmbH 1 796
- Vereinbarung von Sacheinlagen 2 583

UG (haftungsbeschränkt) & Co. KG 1 466, 794

Umsatzsteuer
- Personengesellschaften 12 12, 240, 405

Umwandlung
- Beendetes Insolvenzverfahren 13 235
- eröffnetes Insolvenzverfahren 13 231
- Gesellschaftsinsolvenz 13 212
- Insolvenz und Heilung durch Eintragung 13 236
- Insolvenzeröffnungsverfahren 13 226
- öffentlich-rechtliche 8 1047
- Sanierungskonzepte 13 212
- überschuldete Rechtsträger 13 215

Umwandlungsarten 8 2

Umwandlungsbericht 8 495
- Aufstellungsverpflichtete 8 512
- Entbehrlichkeit 8 516
- gesetzliche Regelung 8 512
- Inhalt 8 514
- Rechtsfolgen bei Mängeln 8 517
- Schutzzweck 8 512
- Verzicht 8 516

Umwandlungsbeschluss
- Abweichungen von Gesellschaftsvertrag oder Satzung des formwechselnden Rechtsträgers 8 570
- Änderungen gegenüber Betriebsratsvorlage 8 588
- Barabfindungsangebot 8 549
- besondere Rechte für einzelne Anteilsinhaber 8 545
- Beurkundung 8 589
- Firma des Rechtsträgers 8 523
- Folgen für die Arbeitnehmer 8 554
- Identität der Anteilsinhaber 8 524
- Inhalt 8 519
- Satzung 8 566
- Umfang der Anteile 8 534
- Vertretung 8 595
- Zahl der Anteile 8 534
- Zielrechtsform 8 522

Umwandlungsgesetz
- Gesetzesaufbau 8 5
- Schutzziele 8 9

Umwandlungsprüfung 8 497

Umwandlungsrecht 8 7
- deutsches – s. dort
- Reform 8 1

Umwandlungssteuererlass 12 806

Unbedenklichkeitsverfahren 8 212

Unterbewertung bei Spaltung 8 1006

Unterbilanzhaftung 2 38; 3 361

Unternehmensbewertung
- Bewertungsstichtag 8 169
- Gebot der Methodengleichheit 8 172

Unternehmenskrise
- Begriff 13 7
- COVID-19-Pandemie 13 254
- Kapitalgesellschaften, Organhaftung 13 8, 33
- Kapitalgesellschaften, Organpflichten 13 8, 14
- Personengesellschaften 13 12, 17, 27, 37
- Sanierung s. dort
- Vermögensverschiebungen 13 63

Unternehmensvertrag 9 1
- AG 9 2
- GmbH 9 3
- Vertragsänderung 9 38

Unternehmensverträge 3 657; 9 2

Unternehmer
- Erwerb, Zusammenschluss i.S.d. GWB oder der EG-Fusionskontrollverordnung 1 669

Unternehmergesellschaft (UG) s. UG

Unterrichtung der Gesellschafter
- Verschmelzung einer Personenhandelsgesellschaft 8 272

Urkunde
- Echtheitsbestätigung 10 148

- öffentliche - s. dort
- vereinfachte Legalisation (Apostille) 10 143
- Zwischenbeglaubigung 10 141

V

Venture-Capital-Gesellschaft
- Mitveräußerungspflichten 2 290
- Mitveräußerungsrechte 2 290

Veräußerer-Nießbraucher 1 569

Veräußerung von Gesellschaftsanteilen
- GbR 1 281

Veräußerung von Grundbesitz
- GbR 1 263

Veräußerungsbeschränkungen 2 1084; 8 1136

Verbriefung der Aktien 3 77

Verbundvermögensaufstellung 12 1027

Verdeckte Einlage 12 649

verdeckte Gewinnausschüttung 12 608, 656
- Beherrschender Gesellschafter 12 658
- Beispielsfälle 12 657
- Definition 12 656
- Rechtsfolge 12 659

Verdeckte Sacheinlage
- bei der GmbH nach MoMiG 2 539
- nach MoMiG 2 552

Verdeckte Sachgründung 2 531; 3 212
- Hin- und Herzahlen 3 224

Verein
- Besonderheiten bei Spaltung unter Beteiligung von - 8 1298
- Formwechsel in eine Kapitalgesellschaft 8 501
- Spaltung 8 1298
- Spaltungsverfahren 8 1299

Vereinbarung
- völkerrechtliche - 10 3

Vereinbarungstreuhand 2 931

Verfügung von Todes wegen 7 213
- Kapitalgesellschaft 7 217
- Nachfolgeklausel 7 214
- qualifizierte Nachfolgeklausel 7 216
- Teilungsanordnung 7 218
- Testamentsvollstreckung 7 219

Verfügungsbeschränkungen
- Gesellschaftervereinbarungen 2 1103

Verjährung
- Erbschaftsteuer 12 1065

Verkehrssteuern 1 476
- Personengesellschaften 12 15

Verlustbeteiligung
- KG 1 610

Verlustdeckungshaftung 2 43
- Vor-AG 3 360

Verluste
- Steuern 12 170

Verlustübernahme
- durch das herrschende Unternehmen 9 8

Vermächtnis 7 213

Vermögenslosigkeit der Personenhandelsgesellschaft 1 725

Vermögensverwaltende Personengesellschaften
- Erbschaftsteuer 12 903

Verpfändung
- eines oHG-Gesellschaftsanteils 1 577
- Geschäftsanteil 2 1070

Verschmelzung
- Ablauf 8 13
- AG als übertragender Rechtsträger 8 434
- Angemessenheit des Umtauschverhältnisses 8 166
- auf eine übernehmende AG, Verschmelzung mit Kapitalerhöhung 8 410
- auf eine übernehmende AG, Verschmelzung ohne Kapitalerhöhung 8 407
- auf Kapitalgesellschaft, Besteuerung der übernehmenden Gesellschaft 12 827
- auf Kapitalgesellschaft, Besteuerung der übertragenden Kapitalgesellschaft 12 822
- auf Kapitalgesellschaft, Besteuerung des Gesellschafters 12 831
- auf natürliche Person oder Personengesellschaft, Besteuerung der übertragenden Kapitalgesellschaft 12 809
- auf natürliche Person oder Personengesellschaft, Besteuerung des Gesellschafters 12 821
- auf natürliche Person oder Personengesellschaft, Besteuerung des Übernehmenden 12 817
- aufgelöste Gesellschaft 8 23, 252
- Barabfindungsprüfung 8 165
- bei Beteiligung einer Partnerschaftsgesellschaft, Checkliste 8 290
- Beschlussphase 8 13
- Beteiligung einer AG 8 374
- Beteiligung einer AG, Nachgründungsrecht 8 402
- Beteiligung einer GmbH 8 291
- Beteiligung einer KGaA 8 449
- Beteiligung von Europäischen Gesellschaften (SE) 8 452
- Beteiligung von Partnerschaftsgesellschaften 8 281
- Beteiligung von Personenhandelsgesellschaften 8 248
- börsennotierte Unternehmen 8 170
- Dogma der Anteilsgewährungspflicht 8 10
- durch Aufnahme 8 10
- durch Neugründung 8 10
- einer 100 %-igen Tochtergesellschaft auf ihre Mutter 8 75
- Eintragbarkeit 8 152
- Eintragungsfolgen 8 226
- Eintragungsreihenfolge 8 225
- Erlöschen der übertragenden Rechtsträger bei Gesamtrechtsnachfolge 8 228
- EWIV 8 19
- Firmenbestattung 13 50
- Folgen für Arbeitnehmer und ihre Vertretungen 8 88

Stichwortverzeichnis

- Gesamtrechtsnachfolge 8 226
- gesellschaftsvertragliche Vinkulierungsbestimmungen 8 94
- Gleichbehandlungsgebot 8 83
- GmbH-Gesellschafterversammlung 8 301
- Information vorhandener Betriebsräte 8 88
- Inhalt der Anmeldung 8 201
- Insolvenzeröffnungsverfahren 13 226
- Kapitalerhöhung bei der übernehmenden GmbH 8 307
- künftiges Recht 8 155
- Mängel, Bestandskraft 8 236
- mehrere AGs 8 61
- Mitwirkung von Prokuristen bei der Anmeldung 8 198
- nur für übernehmende GmbH anwendbare Regeln zur - durch Aufnahme 8 306
- nur für übertragende GmbH geltende Vorgaben für die - durch Aufnahme 8 340
- offene Einlagen bei der übernehmenden GmbH 8 337
- Registeranmeldung s. dort
- Schlussbilanz 8 79
- Schutz der unbeschränkt haftenden Gesellschafter der übernehmenden Personenhandelsgesellschaft 8 270
- steuerlicher Übertragungsstichtag 8 79
- übernehmende GmbH, Absicherung der Eintragung der Kapitalerhöhung 8 326
- übernehmende GmbH, Anmeldung der Kapitalerhöhung 8 347
- überschuldete Rechtsträger 13 217
- UG 8 22
- uneingeschränkte Verschmelzungsfähigkeit 8 17
- unter Beteiligung einer Personenhandelsgesellschaft, Checkliste 8 280
- verschmelzungsfähige Rechtsträger 8 16
- Vollzugsphase 8 13
- von Rechtsträgern unterschiedlicher Rechtsform 8 72
- Vorbereitungsphase 8 13
- Vorgesellschaft 8 20
- Wechsel der Rechnungslegung 8 77

Verschmelzung der AG
- Mehrheitserfordernisse 8 389
- Vorbereitung der Hauptversammlung 8 380

Verschmelzung durch Aufnahme 8 10
- Notarkosten 8 455
- unter Beteiligung einer AG, Checkliste 8 447
- unter Beteiligung einer GmbH, Checkliste 8 372

Verschmelzung durch Neugründung 8 10, 109, 237
- AG als Zielgesellschaft 8 437
- Anmeldung 8 243
- Beteiligung Dritter 8 246
- Eintragung 8 243
- GmbH 8 355

- Notarkosten 8 468
- Sachgründungsbericht 8 362
- unter Beteiligung einer AG 8 432
- unter Beteiligung einer AG, Checkliste 8 448
- unter Beteiligung einer GmbH, Checkliste 8 373
- Verschmelzungsbericht 8 242
- Verschmelzungsbeschluss 8 242
- Verschmelzungsprüfung 8 242
- Verschmelzungsvertrag 8 239
- Verweis auf Gründungsrecht 8 246

Verschmelzung einer Personenhandelsgesellschaft
- Nachhaftung 8 279
- Unterrichtung der Gesellschafter 8 272
- Verschmelzungsbericht 8 272
- Verschmelzungsbeschluss 8 273
- Verschmelzungsprüfung 8 272
- Verschmelzungsvertrag 8 253

Verschmelzung von AGs
- bare Zuzahlung 8 69

Verschmelzungbeschluss
- Verschmelzung durch Neugründung 8 242

Verschmelzungsbericht 8 140
- fehlerhafte Berichte 8 145
- Grenzen der Berichtpflicht 8 144
- Heilung von Mängeln 8 145
- Information der Anteilsinhaber 8 143
- Inhalt 8 136
- Konzernverschmelzung 8 140
- Personengesellschaften 8 141
- Verschmelzung durch Neugründung 8 242
- Verschmelzung einer Personenhandelsgesellschaft 8 272
- Verzicht 8 139
- Zuständigkeit für die Erstattung des Berichts 8 138

Verschmelzungsbeschluss
- Beurkundung 8 189
- Gegenstand 8 183
- Mehrheitserfordernisse 8 182
- Versammlungserfordernis 8 179
- Verschmelzung einer Personenhandelsgesellschaft 8 273
- Vertretung durch Bevollmächtigte 8 184
- Vinkulierungen 8 194
- Vollmacht zur Stimmabgabe 8 188
- Zweck des Zustimmungserfordernisses 8 178

Verschmelzungsplan
- Form 5 68
- Inhalt 5 70
- Sprache 5 69

Verschmelzungsprüfer
- Bestellung 8 175
- Prüfungsbericht 8 176

Verschmelzungsprüfung 8 156
- Beteiligung einer AG oder KGaA 8 163
- Beteiligung einer GmbH an Verschmelzung 8 162

Stichwortverzeichnis

- Beteiligung von Personengesellschaften an Verschmelzung 8 159
- Erforderlichkeit 8 157
- Gegenstand 8 166
- Minderheitsschutz 8 160
- Mischverschmelzungen 8 164
- Prüfungsbericht 8 157
- Umfang 8 166
- Verschmelzung durch Neugründung 8 242
- Verschmelzung einer Personenhandelsgesellschaft 8 272
- Ziel 8 166

Verschmelzungsstichtag 8 73, 76
Verschmelzungsvertrag 8 44, 125
- Abfindung *s. dort*
- Abschlusskompetenz 8 35
- Absehen von der Gewährung von Geschäftsanteilen 8 56
- Angaben über die Mitgliedschaft bei dem übernehmenden Rechtsträger 8 60
- Anteilsgewährung 8 44
- Auslandsbeurkundung 8 131
- bare Zuzahlung 8 424
- Beginn der Gewinnberechtigung 8 73
- bei der Verschmelzung auf eine übernehmende GmbH 8 327
- Beschränkungen in § 181 BGB 8 39
- Besonderheit des Gewinnanspruchs 8 81
- Beteiligungsangaben 8 42
- Beurkundung 8 126
- Einzelheiten der Übertragung 8 71
- fakultative Bestandteile 8 111
- Form 8 126
- GmbH & Co. KG mit Komplementärin ohne Vermögensbeteiligung 8 58
- Grundlagengeschäft 8 35
- Grundsatz der Einheitlichkeit der Beteiligung an einer Personengesellschaft 8 59
- Heilung von Formmängeln 8 135
- Höhe der baren Zuzahlung 8 60
- Inhalt 8 41
- maßgebliche Unterlagen bei Zuleitung an den Betriebsrat 8 119
- Minderheitsschutz 8 91
- Ortsform 8 132
- Prüfung der Vollständigkeit 8 166
- Rechtsfolgen bei Missachtung von Vorgaben 8 108
- rechtsformspezifische Bestandteile 8 110
- rechtsgeschäftliche Vertretung 8 36
- Sonderrechte 8 83
- Sondervorteile für Amtsträger 8 87
- Sondervorteile für Prüfer 8 87
- Treuhänderbestellung 8 425
- Umtauschverhältnis der Anteile 8 60
- unechte Gesamtvertretung 8 35
- unter einer auflösenden Bedingung 8 117
- unter einer aufschiebenden Bedingung 8 115
- Verbot der Mehrfachbeteiligung bei Personenhandelsgesellschaften 8 59
- Verfahren und Umfang der Beurkundung 8 127
- Vermögensübertragung 8 44
- Verschmelzung durch Neugründung 8 239
- Verschmelzung einer Personenhandelsgesellschaft 8 253
- Verschmelzungsstichtag 8 73
- Vertragsparteien 8 34
- Verzicht auf die Zuleitung an den Betriebsrat 8 124
- vollmachtslos handelnde Vertreter 8 39
- Zuleitung an den Betriebsrat 8 118
- zwingender Inhalt 8 109

Verschmelzungswertrelation 8 167
Verschonungsabschlag 12 1048
Verschonungsabschlag bei Großvermögen 12 1005
Verschonungsbedarfsprüfung 12 1012, 1046, 1050
Vertragskonzern 9 1
Vertretung
- bevollmächtigte Vertreter 2 1092
- der GmbH in der Liquidation 2 313
- der Vor-AG 3 357
- natürlicher Personen bei GmbH-Gründung 2 88
- organschaftliche Vertreter 2 1089
- von Gesellschaften bei der GmbH Gründung 2 87
- Vorgründungsgesellschaft 2 15

Vertretung bei der GmbH-Gründung
- ausländische Gesellschaften 2 110
- organschaftliche Vertreter 2 107
- Personengesellschaften und juristische Personen 2 106
- rechtsgeschäftliche Vertreter 2 109

Vertretung der GbR 1 96
- keine Registerpublizität 1 105

Vertretung der GmbH 2 301
Vertretung der Personenhandelsgesellschaft 1 510, 595
- Beschleunigung des gerichtlichen Genehmigungsverfahrens 1 521

Vertretungsmacht
- GbR 1 101
- GmbH 2 302

Verwaltungs-, Dauertestamentsvollstreckung
- Personenhandelsgesellschaft 1 582, 711

Verwaltungsgesellschaft 1 470
Verwaltungsrat
- Amtszeiten 5 36
- Anzahl 5 39

Verwaltungssitz 3 48
Verwaltungstestamentsvollstreckung 7 223
Vinkulierung
- Gesellschafterinsolvenz 13 176, 179

Stichwortverzeichnis

- GmbH & Co. KG 1 785
- Verschmelzungsbeschluss 8 194
- von Aktien 3 70

Vinkulierung der GmbH 2 264
- Change of Control-Fälle 2 283
- Treuhand- und Sicherungsabtretungen 2 283

Vinkulierungsklauseln
- GmbH 2 271, 277

Vollmacht
- ausländische ~, Verwendung in Deutschland 10 121
- deutsche ~, Verwendung im Ausland 10 129
- Handelsregisteranmeldung 1 481
- Personenhandelsgesellschaft 1 510

Vollmachtslösung
- Personenhandelsgesellschaft 1 714

Vollversammlung der GmbH 2 342

Vor-AG
- Rechtsnatur 3 355
- Verlustdeckungshaftung 3 360
- Vertretung durch Vorstand 3 357

Vorbehaltsnießbrauch 1 569
- Geschäftsanteilsübertragung 2 1077

Vorbelastungshaftung 3 361

Vorgesellschaft
- Insolvenzeröffnung 13 77
- Insolvenzfähigkeit 13 72
- Spaltung 8 968
- Spaltung zur Neugründung 8 1040
- Verschmelzung 8 20

Vor-GmbH
- Ende 2 30
- Entstehung 2 24
- Geschäftsführung 2 31
- Haftung 2 37
- Haftungsverhältnisse 2 36
- Handelndenhaftung 2 47
- interne Verlustdeckungshaftung der Gesellschafter 2 39
- persönliche Haftung der Gesellschafter 2 38
- Rechtsnatur 2 24
- Teilrechtsfähigkeit 2 27
- Umfang und Vertretungsbefugnis der Geschäftsführer 2 34
- unechte 2 26, 44
- Verpflichtung zur Rechnungslegung 2 29
- Vertretung 2 31

Vorgründergesellschaft 3 354

Vorgründungsgesellschaft 2 10
- Ende der Haftung 2 20
- Entstehung 2 11
- Form 2 13
- Geschäftsführung 2 15
- Haftung, Vereinbarung mit dem Gläubiger 2 21
- Haftungsbeschränkung 2 19
- Haftungsverhältnisse 2 17
- Rechtsnatur 2 11

- Verjährungsregelung 2 22
- Vertretung 2 15

Vorkaufsrechte
- Geschäftsanteil der GmbH 2 286

Vorratsgesellschaft 2 210

Vorrats-GmbH 2 4
- Erwerb 2 1061

Vorratsgründung
- AG 3 338

Vorrats-SE 5 62

Vorstand
- Besteuerung 12 671

Vorweggenommene Erbfolge
- Steuern 12 56, 121

Vorzugsaktien 3 82

VVaG
- Formwechsel in eine AG 8 501

W

Wandelanleihe 11 35
Wegfall von Verlustvorträgen 12 634
Weiterverweisung 10 13
Wettbewerbskontrolle 1 669
Wettbewerbsverbot 1 145, 149
- für GmbH-Geschäftsführer 2 255
- für GmbH-Gesellschafter 2 258
- Gesellschafterinsolvenz 13 178, 179
- Gesellschaftsinsolvenz 13 117, 119
- GmbH & Co. KG 1 776

Wettbewerbsverbote
- Gesellschaftervereinbarungen 2 1128

wirtschaftliche Neugründung 12 593
- AG 3 337
- Anwendung der Gründungsvorschriften 3 345

Wirtschaftsjahr 12 598

Wirtschaftsprüfungsgesellschaft
- als GmbH 2 214

Z

Zahnärzte-GmbH 2 216
Zinsschranke 12 628
Zugewinnausgleich 7 1
- Anfangsvermögen 7 2
- Ausschluss 7 9
- Begrenzung der Ausgleichsforderung 7 35
- Beschränkung der Zwangsvollstreckung 7 37
- Bewertung 7 3
- Ehevertrag, Unternehmen 7 4
- Erträge 7 18
- Gesellschaftsbeteiligung 7 6
- Herausnahme von unternehmerischem Vermögen 7 14
- Scheidung 7 17
- Sonderbetriebsvermögen 7 15
- Surrogate 7 33
- Todesfall 7 17
- Umkehrung der Ausgleichsrichtung 7 38
- Verwendungen 7 27

Stichwortverzeichnis

– Wertsteigerungen Anfangsvermögen 7 2
Zugewinngemeinschaft
– Gesamtvermögensgeschäft 7 41
Zulassungsfolgepflichten 11 49
Zustimmung zum Formwechsel
– besonders verpflichtete Gesellschafter 8 628
– bisherige Komplementäre 8 637
– Ehepartner 8 606
– einzelne Gesellschafter 8 616
– Erklärung 8 644
– Familien- oder Betreuungsgericht 8 608
Zuwendungsnießbrauch 1 570
– Geschäftsanteilsübertragung 2 1077
Zwangsabtretung von Geschäftsanteilen 7 190
Zwangseinziehung von Aktien
– angeordnete 3 182
– gestattete 3 182

Zwangseinziehung von Geschäftsanteilen 7 190
Zweigniederlassung
– Anmeldung der – einer englischen Limited 10 30
– einer ausländischen Gesellschaft in Deutschland 10 22
– einer deutschen Gesellschaft im Ausland 10 31
– Limited & Co. KG 1 800
Zweigniederlassung im Ausland 10 31
Zweigniederlassungen
– Spaltungsvertrag 8 1125
Zwei-Konten-Modell 1 86
Zwischenbeglaubigung 10 141

Wolters Kluwer

Über 30 bewährte Top-Werke für Ihr Notariat

Mit dem Modul Notarrecht Plus auf dem neuesten Stand:

- Bietet ein maßgeschneidertes Komplett-Angebot für Ihr Notariat
- Mit zahlreichen Kommentaren, Formularen, Handbüchern und zwei Zeitschriften
- Inkl. notarspezifischer Titel zu den Rechtsgebieten Vertragsrecht, Erbrecht, Familienrecht, Handels- und Gesellschaftsrecht

Jetzt abonnieren ab **111 €** mtl. zzgl. MwSt.

Heymanns MODUL — Notarrecht Plus

Profitieren Sie von den Vorteilen eines Abonnements: stets aktuelle Inhalte und komfortable Tools, die Ihre Recherche erleichtern.
Mit Wolters Kluwer Recherche haben Sie außerdem Zugriff auf unsere kostenlose Rechtsprechungs- und Gesetzesdatenbank.

wolterskluwer-online.de

ALLES, WAS EXPERTEN BEWEGT.

Wolters Kluwer

Fundiertes Fachwissen für richtige Entscheidungen

Mit dem Modul Handels- und Gesellschaftsrecht Plus auf dem neuesten Stand:

- Basiswissen für die alltägliche Praxis und zusätzliche Inhalte zu spezifischen Fragestellungen
- Mit *Karsten Schmidt*, Handelsrecht, *Happ*, Aktienrecht, *Mehrbrey*, Handbuch Gesellschaftsrechtliche Streitigkeiten
- Inkl. der renommierten Reihe der Kölner Kommentare zum Aktienrecht, Kartellrecht, Umwandlungsgesetz

Jetzt abonnieren ab 117 € mtl. zzgl. MwSt.

Wolters Kluwer MODUL
Handels- und Gesellschaftsrecht Plus

Profitieren Sie von den Vorteilen eines Abonnements: stets aktuelle Inhalte und komfortable Tools, die Ihre Recherche erleichtern.
Mit Wolters Kluwer Recherche haben Sie außerdem Zugriff auf unsere kostenlose Rechtsprechungs- und Gesetzesdatenbank.

wolterskluwer-online.de

ALLES, WAS EXPERTEN BEWEGT.

im Lesesaal vom 4. JAN. 2021
bis 09. Jan. 2025